P9-EGK-765

DICCIONARIO del ESTUDIANTE

Con la colaboración de la

FUNDACIÓN
RAFAEL DEL PINO

REAL ACADEMIA
ESPAÑOLA

ISBN: 84-294-0547-X
Depósito legal: B-35.733-2005
Impreso en España – Printed in Spain

Impreso en el mes de agosto de 2005
en los Talleres Gráficos de Printer Industria Gráfica
Sant Vicenç dels Horts (Barcelona),
en papel Bibloprint de Miquel y Costas & Miquel, S. A.

Índice

Más que un diccionario

Si la palabra es lo que nos hace humanos, el cultivo de la capacidad léxica se convierte en una empresa de la máxima trascendencia individual y social. En la medida en la que una persona enriquece su caudal de palabras, amplía su posibilidad de entender el mundo y de disfrutar de él, al tiempo que ensancha y refuerza el dominio de su libertad.

En un buen diccionario se encierra todo, y en el caso del español, el tesoro que generaciones y generaciones de hombres y mujeres de nuestra cultura, de España y de América, han ido acumulando a lo largo de los siglos. No es un mausoleo de voces muertas, sino granero de semillas que pueden producir frutos multiplicados.

Este DICCIONARIO DEL ESTUDIANTE es el resultado de años de trabajo de los equipos de la Real Academia Española y de las veintiuna Academias de América y Filipinas que con ella integran la Asociación de Academias de la Lengua Española. Su objetivo es introducir a los alumnos de secundaria en el maravilloso mundo de la palabra y guiarlos en el conocimiento de nuestro idioma.

Ha sido construido el Diccionario de nueva planta sobre la base de un banco de datos léxicos extraído de los libros de texto y de consulta utilizados en los sistemas educativos de España y de América, con el respaldo añadido de los ricos archivos lingüísticos de las Academias, cada una de las cuales ha cuidado lo relativo a su área lingüística.

La globalización de las comunicaciones, los flujos migratorios y la movilidad cada vez mayor de las personas, hacen que hoy nos llegue de las más distintas partes del mundo un español variado en su léxico. Este DICCIONARIO DEL ESTUDIANTE quiere facilitar la comprensión de ese español total. Y no se limita para ello a registrar términos y definirlos. Con el apoyo constante de ejemplos de uso real, aporta una gran cantidad de aclaraciones y precisiones de índole gramatical, ortográfica o semántica, proporciona sinónimos posibles y completa su documentación con apéndices sobre conjugaciones, sobre numerales, etc.

Por todo ello puede decirse con justicia que este DICCIONARIO DEL ESTUDIANTE es más que un diccionario.

ACADÉMICO ASESOR

Manuel Seco, de la Real Academia Española

EQUIPO DE REDACCIÓN

COORDINADORA: Elena Zamora

Redactores:

Marta Criado González
María Luisa Álvarez Rubio

Natalia Beltrán Zarzuela
Luisa Diez Bulnes
Silvia Rebollo Conde
Susana Rodríguez Andrea
Jorge Sánchez Arribas
Eduardo Vallejo Palomo
Juan Antonio Villafáñez Gallego

Con la colaboración extraordinaria de Olimpia Andrés

Nuestro agradecimiento se extiende a Laura Fernández-Salinero San Martín, Guadalupe Galán Izquierdo, Marta García Gutiérrez, Julián Gimeno Almenar, Fernando de la Orden, Fernando Sánchez León, María del Mar Venegas García y Lourdes Leandra Yagüe Olmos.

ESPAÑOL DE AMÉRICA

Han colaborado:

- Humberto López Morales, Secretario General de la Asociación de Academias de la Lengua Española
- Jaime Bernal León-Gómez, de la Academia Colombiana de la Lengua
- Susana Cordero, de la Academia Ecuatoriana de la Lengua
- José G. Moreno de Alba, de la Academia Mexicana de la Lengua
- Matías Romero Coto, de la Academia Salvadoreña de la Lengua
- María Josefina Tejera, de la Academia Venezolana de la Lengua
- Alfredo Matus Olivier, Marianne Peronard y Felipe Alliende, de la Academia Chilena de la Lengua
- Rodolfo Cerrón-Palomino, de la Academia Peruana de la Lengua
- Francisco Albizúrez Palma, de la Academia Guatemalteca de la Lengua
- Miguel Ángel Quesada Pacheco, de la Academia Costarricense de la Lengua
- Martín Jamieson, de la Academia Panameña de la Lengua
- Gisela Cárdenas Molina, de la Academia Cubana de la Lengua
- Manuel Argüello, de la Academia Paraguaya de la Lengua Española
- Carlos Coello, de la Academia Boliviana de la Lengua
- Bruno Rosario Candelier y Ramón Emilio Reyes, de la Academia Dominicana de la Lengua
- Róger Matus Lazo, de la Academia Nicaragüense de la Lengua
- Pedro Luis Barcia, de la Academia Argentina de Letras
- Carolina Escudero y Héctor Balsas, de la Academia Nacional de Letras del Uruguay
- María Elba Nieto Segovia, de la Academia Hondureña de la Lengua
- María Vaquero y Amparo Morales, de la Academia Puertorriqueña de la Lengua Española
- Gerardo Piña-Rosales, de la Academia Norteamericana de la Lengua Española

Nuestro agradecimiento se extiende a Rocío Mandujano, María Luisa González, Soledad Chávez, Carlos Garatea, Guillermo Pérez Castillo, María Antonia Osés, Rigoberto Paredes y Juan Luis Martínez Guzmán.

ARTÍCULOS DE MUESTRA

Lema (palabra estudiada).

Número de la acepción.

Ejemplo (impreso en cursiva).

Signo de palabra que representa al lema (véase SIGNOS).

Sinónimo de lexía (véase SIGNOS).

Remisión al apéndice de conjugación verbal.

Complemento directo del verbo en la acepción estudiada.

Separación de las acepciones en bloques, según su subcategoría gramatical (véase SIGNOS).

Sujeto de la locución.

Complemento de la locución.

café. m. **1.** Semilla del cafeto, convexa por una parte y plana por la otra, con un surco longitudinal. *Un paquete de café molido torrefacto.* Tb. su árbol (→ **cafeto**). *Plantaciones de café.* **2.** Infusión que se hace con granos de café (→ 1) tostados y molidos. *Todos los días desayuno café con leche.* Tb. una taza o un vaso de esta infusión. *¿Te apetece un café?* **3.** Establecimiento comercial en el que se sirven café (→ 2) y otras bebidas. *Quedamos en el café de la plaza.* ● adj. **4.** frecAm. Marrón. *El color de la araña es pardo o café claro* [C]. *Tenía un ojo café y el otro verde* [C]. ■ **~ cantante.** m. Establecimiento nocturno en que se sirven bebidas y se interpretan canciones de género frívolo. *Reservaron una mesa próxima al escenario en el café cantante.* ■ **~ descafeinado.** m. Café (→ 1, 2) con bajo o nulo contenido de cafeína. *Tomo café descafeinado porque el café normal me pone nerviosa.* ⇒ DESCAFEINADO. ■ **~ irlandés.** m. Café (→ 2) que se prepara con nata y whisky. *Hemos pedido un café irlandés y dos cervezas.* ⇒ IRLANDÉS. ■ **~ solo.** m. Café (→ 2) sin leche. *En verano, después de comer, le gusta tomarse un café solo con hielo.* ■ **~ teatro.** m. Establecimiento en que se sirven bebidas y se representan obras de teatro cortas. *Actúa en un café teatro con unos monólogos muy divertidos.* ■ **~ tinto.** m. Am. Café solo (→ **café solo**). *Desea tomarse un café tinto* [C]. ⇒ Am: TINTO. ■ **~ vienés.** m. Café (→ 2) que se prepara con nata. *Por favor, póngame un café vienés con mucha nata.* ⇒ VIENÉS. □ **mal ~.** loc. s. coloq. eufem. Mal humor. *Se levantó de la siesta medio dormido y con mal café.* ▶ **3:** CAFETÍN.

vestir. (conjug. PEDIR). tr. **1.** Cubrir (a alguien) con ropa. *¿Puedes vestir al niño, por favor? Espérame, que tardo un segundo en vestirme.* **2.** Cubrir (algo), espec. para adornar(lo). *Va a vestir los suelos* DE/CON *moqueta. Viste la mesa, que hay invitados. La hierba viste los campos.* Tb. fig. *Ha vestido* DE *progresismo sus anticuadas ideas.* **3.** Proporcionar o hacer vestidos (a alguien). *Su patrón lo alimenta y lo viste. La viste una famosa modista.* ○ intr. **4.** Llevar ropa de unas características determinadas. *Siempre viste* DE *rojo. ¿Viste* DE *uniforme o* DE *paisano?* Tb. prnl. *Se visten como los jóvenes.* **5.** Llevar ropa de un determinado gusto. Frec. con adv. como *bien* o *mal. Ella viste muy bien.* **6.** Ser algo, espec. la ropa o el material de que está hecha, elegante. *Esa chaqueta no viste. El color negro viste mucho.* ■ **de ~.** loc. adj. Dicho de ropa o calzado: Elegante o formal. *Me he comprado unos zapatos de vestir.* ■ **el mismo que viste y calza.** expr. coloq. Se usa para confirmar la identidad de la persona nombrada. *–¿Te refieres a Iván? –El mismo que viste y calza.*

encontradizo, za. hacerse alguien **el ~** (con otra persona). loc. v. Fingir que se encuentra (con ella) por casualidad cuando ha sido intencionadamente. *Se hizo el encontradizo* CON *ella para pedirle una cita.*

Remisión a otro artículo.

Separación de las acepciones en bloques, según su categoría gramatical (véase SIGNOS).

Lexía (combinación estable del lema).

Remisión a otras acepciones del mismo artículo (véase SIGNOS).

Remisión a otra lexía del mismo artículo.

Sinónimo de acepción (véase SIGNOS).

Información sobre las preposiciones con las que suele combinarse la palabra estudiada.

Sujeto del verbo en la acepción estudiada.

En la definición, complemento correspondiente al de la locución.

Número diferenciador de palabras homónimas.

Nivel de uso.

Precisión acerca del ámbito social de uso.

molar1. intr. coloq. Gustar. Frec. en el lenguaje de los jóvenes. *Me mola ir de acampada. Este videojuego mola un montón.*

molar2. adj. **1.** Apto para moler. *Para triturar el cereal, se coloca entre dos discos de piedra molar.* ● m. **2.** *Anat.* Diente molar (→ **diente**). *El primer molar superior tiene una caries.*

Especialidad a la que corresponde la palabra o la acepción.

Símbolo asociado a una acepción.

estroncio. m. *Quím.* Elemento del grupo de los metales, de color blanco brillante, blando y que se oxida con facilidad (Símb. *Sr*). *En las inmediaciones de la central nuclear se detectó estroncio radiactivo.*

Separación entre el bloque de acepciones y el de formas complejas (véase SIGNOS).

Información complementaria en forma condensada.

Separación de acepciones en bloques, según su subcategoría gramatical (véase SIGNOS).

oso, sa. m. **1.** Mamífero de gran tamaño, pelaje largo y espeso y andar pesado, del que existen varias especies, por ej.: ~ *polar,* o *blanco,* ~ *pardo. Los osos hibernan.* Tb. designa específicamente al macho adulto. ○ f. **2.** Hembra del oso (→ 1). *Una osa amamanta a sus crías.* ■ **oso hormiguero.** m. Mamífero americano, de hocico alargado, que se alimenta de hormigas. *El oso hormiguero hembra.* ■ **oso panda.** m. Mamífero chino semejante al oso (→ 1), de pelaje blanco y negro, y que se alimenta de bambú. *El oso panda hembra.* ⇒ PANDA. □ **anda la osa.** expr. coloq. Se usa para expresar sorpresa. *¡Anda la osa, si pensé que no ibas a venir!* ■ **hacer** alguien **el oso.** loc. v. coloq. Hacer o decir tonterías, exponiéndose a que los demás se burlen. *Para conquistar a una chica no necesitas pasarte el día haciendo el oso.*

Separación entre el bloque de lexías y el del resto de las locuciones (véase SIGNOS).

Separación entre formas complejas (véase SIGNOS).

Información sobre la construcción de la palabra estudiada.

adolecer. (conjug. AGRADECER). intr. Seguido de un complemento introducido por *de:* Tener como defecto lo expresado por él. *El informe adolece de falta de rigor. Adolece de una presunción exagerada.*

Información gramatical rica, con abundancia de ejemplos ilustrativos.

entrelazar. tr. Enlazar entre sí (dos o más cosas). *Tejía una red entrelazando los hilos.* Tb.: *Entrelazó su mano* CON *la mía.* Tb. en constr. prnl. media. *Las raíces del árbol se retuercen y entrelazan.* Tb.: *La hiedra se entrelaza* CON *las ramas del moral.*

Uso exclusivo de América, atestiguado al menos en dos países.

Observaciones gramaticales.

reelegir. (conjug. PEDIR; part. **reelegido** o, Am., **reelecto**). tr. Volver a elegir (a alguien). *Los miembros del consejo lo han reelegido como director. Aspira a ser reelecto en las próximas elecciones* [C].

Ejemplos ilustrativos de usos americanos, extraídos del Banco de datos de la Real Academia.

estadía. f. frecAm. Estancia (hecho de permanecer en un lugar durante un tiempo). *Acompañó a su padre durante su estadía en Costa Rica* [C]. En Esp. sobre todo tiene carácter literario o formal. *Tras una larga estadía en el extranjero, retornó a su país.* ► *ESTANCIA.

Uso frecuente de América, al menos en dos países, no desconocido en España.

Atención a diferencias entre usos de América y de España.

Remisión al apéndice de numerales.

doce. (APÉND. NUM.). adj. **1.** Once más uno. *Los doce apóstoles.* Tb. sustantivado. *–¿Cuál de estos libros quieres? –Los doce.* Tb. pron. *Esperaba a cuatro amigos y vinieron doce.* **2.** Duodécimo. *Página doce.* Tb. sustantivado. *–¿A qué piso va? –Al doce.* ● m. **3.** Número que sigue al once. *El doce es mi número de la suerte.* Frec. *número* ~.

Información gramatical y de construcción.

Significados asociados a una acepción.

judía. f. Cada una de las semillas comestibles en forma de riñón y de diversos colores según la variedad, que crecen en hilera en frutos con forma de vaina aplastada y terminada en dos puntas. *Compra judías blancas para hacer una fabada. Un guiso de judías pintas.* Tb. la planta y el fruto. *En el huerto ha plantado judías. Yo pelo las judías y tú las vas cortando.* ■ ~ **verde.** f. Fruto de la planta de la judía, que se consume cuando está verde. *El filete lleva de guarnición judías verdes.* ⇒ Am: CHAUCHA, EJOTE, POROTO. ▶ ALUBIA, HABICHUELA. ‖ **Am** o **frecAm:** CARAOTA, FRÉJOL, FRIJOL, POROTO.

Sinónimos de lexía.

Grupo de sinónimos o afines, destacando los americanos.

Definición sinonímica en que se especifica el valor concreto del sinónimo empleado.

alubia. f. Judía (planta, fruto, o semilla). *En Ávila y Segovia abundan los huertos de alubias. Se le quitan las hebras a las alubias, se lavan y se dejan escurriendo. Compró alubias y chorizo para la fabada.* ▶ * JUDÍA.

Sinónimo o afín básico (véase SIGNOS).

Prefijos más productivos.

trans-. (Tb. **tras-**). pref. Significa 'a través' (*transoceánico, trascutáneo*) o 'al otro lado' (*transmontano, trasmuro*).

Variante ortográfica del lema.

subsahariano, na. (pronunc. "subsajariáno" o "subsaariáno"). adj. Del sur del Sahara (desierto de África). *Ha expuesto un plan de desarrollo para el África subsahariana.* Dicho de pers., tb. m. y f. *En la patera viajan magrebíes y subsaharianos.*

Pronunciación de las palabras que tienen alguna dificultad a este respecto.

Siglas más usuales.

DVD. (sigla; pronunc. "de-uve-de"). m. Disco óptico que contiene en forma codificada imágenes y sonidos que se reproducen en la pantalla y los altavoces de un equipo electrónico. *La película se ha puesto a la venta en DVD.*

Abreviaturas de uso general seleccionadas.

c/ abrev. **1.** Calle. *Vive en c/ Mayor.* **2.** Cuenta. *Haga el ingreso en la c/ 510007143 del Banco de Elche.*

Qué es el Diccionario del estudiante

Con el DICCIONARIO DEL ESTUDIANTE, la Real Academia Española se propone cubrir un espacio no siempre atendido por los diccionarios escolares tradicionales, y dedica su esfuerzo a una franja de usuarios, tanto españoles como hispanoamericanos, que abarca a los **estudiantes de edades comprendidas entre los doce y los dieciocho años.**

Es un diccionario totalmente nuevo, donde se han redactado de nueva planta, con lenguaje actual y fácilmente comprensible, todas y cada una de las entradas y acepciones. Todos los artículos se han estructurado con criterio nuevo en busca de una mayor claridad y accesibilidad.

Léxico actual. Contiene más de 40 000 palabras y locuciones del español, representativas del léxico actual de España e Hispanoamérica. Se ha estudiado y seleccionado rigurosamente el vocabulario fundamental que debe manejar un estudiante de Secundaria, para lo cual se ha tomado como base la consulta continua de un Banco de datos léxicos específico, creado al efecto por la Real Academia para la elaboración de este Diccionario e integrado exclusivamente por libros de texto de todas las materias.

Una rica base documental. El Diccionario se ha elaborado tomando como punto de partida la amplia base documental contenida en el gran Banco de datos léxicos de la Academia. Todas las voces y acepciones han sido cotejadas para asegurar su actualidad y desechar los usos anticuados.

Un diccionario panhispánico. Forma parte del Diccionario una selección de los americanismos más usuales y extendidos. Todos ellos han sido contrastados también con las Academias americanas para asegurar el resultado final.

Un diccionario normativo. Se incluye la información de normas básicas de corrección lingüística que debe conocer un estudiante de habla española.

Ejemplos vivos de uso. Cada definición va acompañada de uno o más ejemplos basados en el uso real, que ilustran también las construcciones y combinaciones más características. En el caso de la variedad americana, los ejemplos están directamente extraídos del Banco de datos léxicos de la Academia.

Información detallada y abundante. Cada acepción informa de los ámbitos sociales y niveles de uso. Además incluye, en muchos casos, aparte del significado principal, aclaraciones y precisiones sobre modos de empleo, combinaciones y significados relacionados, todo ello también con ejemplos de uso. El Diccionario incluye asimismo las pronunciaciones de las palabras que tienen alguna peculiaridad en este aspecto.

Sinónimos y afines. Contiene una selección de los sinónimos y voces afines del vocabulario registrado.

Abreviaturas y siglas. Las abreviaturas y siglas más usuales del español se han incorporado a la estructura general del Diccionario, ocupando su lugar alfabético junto con el resto del vocabulario.

Apéndices. El Diccionario se acompaña de apéndices que muestran los modelos de conjugación de todos los verbos irregulares o que plantean alguna dificultad de conjugación, así como la lista de los numerales y un repertorio de reglas ortográficas básicas consensuadas por las Academias de la lengua española.

Toda la información se presenta en **un formato moderno y accesible**, en donde aparecen destacadas en color las voces estudiadas y los símbolos con que se estructura la información de cada uno de los artículos.

CÓMO USAR ESTE DICCIONARIO

El léxico que va a encontrar el lector. Solo hemos incluido voces o acepciones que se encuentran en el *Diccionario de la lengua española* de la Real Academia Española (a partir de ahora, *DRAE*), o, en su defecto, en otros diccionarios publicados por la Academia. Hemos estudiado además, en forma pormenorizada, los libros de texto correspondientes al ciclo de la educación secundaria, con vistas a la selección del vocabulario básico que debe manejar un estudiante de este nivel.

Léxico general, actual, documentado. El Diccionario registra el léxico general **de hoy**, reflejando tanto el uso real como la norma, si bien se detiene más atentamente en el primero. Para asegurarnos de la existencia en el uso actual de las voces y acepciones seleccionadas, nos hemos basado sobre todo en la consulta asidua del gran Banco de datos léxicos de la Academia, cotejando cada voz y cada acepción con los textos registrados en el Corpus de referencia del español actual (*CREA*), y en algunos casos hemos completado la información en el Corpus diacrónico del español (*CORDE*). Además, teniendo en cuenta las necesidades de los destinatarios de esta obra, creamos un Banco de datos específico de libros de texto.

El léxico actual recogido es del **español general** de España y América, prescindiendo de los usos regionales y locales.

Al ser un diccionario actual, **desecha los usos anticuados.** No obstante, no excluye una selección de los términos que se conservan en la actualidad para designar realidades del pasado, como *calendas, califato, encomendero, arcabuz.* Todos ellos van consignados con la marca "histór.".

Niveles de uso. Toda forma de uso de la lengua se realiza en situaciones concretas, que influyen en la elección de una forma de expresión u otra, de una palabra u otra. Sin embargo, la mayor parte de las palabras son válidas para prácticamente todas las situaciones. Esas palabras aparecen en este Diccionario sin ninguna marca de uso; por ejemplo, *tener, cabeza, bueno.* Otras situaciones de comunicación reclaman o admiten palabras adecuadas a ellas; por ejemplo, en conversación entre amigos o familiares son normales o posibles voces como *coco* 'cabeza' o *fenomenal* 'bueno': en casos así, usamos la marca "coloq."; entre personas de grupos marginales, *bofia* 'policía' o *caballo* 'heroína': aquí la marca usada es "jerg."; en obras literarias o en textos formales, se emplearían palabras como *finar* 'morir una persona': estas voces las marcamos como "cult."; entre personas de poca cultura se podría oír *coger* 'caber': en estas ocasiones, la marca es "vulg."; palabras que no deben pronunciarse ante personas respetables, como *mierda,* llevan la marca "malson."; cuando una voz es utilizada para hablar con niños, como *caca,* la marca que hemos utilizado es "infant.". Otras marcas utilizadas han sido "despect." (*armatoste, valentón*), "humoríst." (*titulitis, carpetovetónico*) y "eufem." (*jolín, hacer de vientre*).

Léxico americano. Respondiendo a su carácter selectivo, el Diccionario recoge una muestra que no pretende ser extensa, pero sí significativa, de voces de América, indicando su naturaleza por medio de las marcas adecuadas. Hemos realizado esta selección aplicando los siguientes criterios:

1° **Constan en el *DRAE*,** aunque no siempre lleven allí marca americana.
2° **Son usuales,** no de empleo restringido.
3° Están atestiguadas **al menos en dos países americanos** distintos, de acuerdo con los datos del *CREA*.
4° Han sido **sometidas para su estudio a las Academias americanas.**

Las **marcas** utilizadas en el Diccionario para señalar los usos americanos son dos: "Am." y "frecAm.". En ningún caso se debe interpretar que la voz o la acepción así marcadas se usen en todo el ámbito americano: solo hacen referencia a que el uso se da en dos o más países del continente. **La primera marca, Am.,** acompaña a usos exclusivamente americanos. Por ejemplo, *alebrestarse* 'alborotarse o agitarse', *chévere* 'estupendo', *encomienda* 'paquete postal'. **La segunda marca, frecAm.,** indica voces o acepciones conocidas también en España, pero mayoritarias en América. Por ejemplo, *almorzar* 'tomar la comida del mediodía', *ají* 'pimiento', *casimir* 'cachemir'.

No empleamos estas marcas en las voces que, aun designando realidades americanas, se utilizan sin alternativas en el español general y han dejado, por tanto, de ser privativas del español americano. Por ejemplo: *llama, chicha, cumbia, ceiba.*

Sobre las **definiciones** y los **ejemplos** presentados en las entradas de voces americanas, véanse más adelante los apartados **La definición** y **Los ejemplos.**

Voces de ciencias, técnicas y otras actividades. De la extensa terminología que pertenece a las ciencias y a las técnicas hemos escogido las voces y acepciones más difundidas, marcándolas convenientemente. Sin embargo, claro está, no hemos marcado como tales las que han pasado al dominio general. Así, hemos registrado como del lenguaje de la Medicina la voz *lumbalgia,* pero no la voz *lumbago,* pues esta pertenece ya a la lengua común; asimismo hemos marcado como de la Bioquímica y de la Medicina la voz *riboflavina,* pero no *vitamina.* Cuando una voz técnica se utiliza frecuentemente en distintos ámbitos, con la misma definición, hemos optado por marcarla con *tecn.*, esto es, "de lenguaje técnico"; es lo que hemos aplicado a *tomografía,* voz que se utiliza, por ejemplo, en Geología, Ingeniería y Medicina.

Al lado de los términos de ciencias y técnicas están los especiales de diversas actividades o disciplinas, como la marina, la milicia, los oficios, las artes, el teatro y el cine, la radio y la televisión, la literatura, la filosofía, la religión, la mitología, los deportes y los juegos. Aunque algunas actividades más especiales no tienen asignada marca propia, sus acepciones van introducidas por indicaciones como "En atletismo", "En poesía", "En joyería", "En ajedrez", etc.

A propósito de la marca *Rel.*, "religión", conviene aclarar que la mayoría de las referencias son al catolicismo. Si se trata de alguna otra religión en particular lo hemos aclarado en la definición.

Voces extranjeras. Integramos en el cuerpo del Diccionario las voces extranjeras más frecuentes en el uso español, seleccionándolas de entre las que ya aparecen en el *DRAE*. Para señalar estas voces claramente como no españolas, se han registrado en cursiva y seguidas de una aclaración entre paréntesis, que las adscribe al idioma al que pertenecen. (No debe confundirse este dato con la etimología de la voz). Además, se ha añadido, al final del artículo y cuando se ha considerado necesario, información normativa consensuada por las Academias de la lengua española, identificable tras el signo ¶. Así, por ejemplo, la palabra inglesa *camping* se ha registrado en el Diccionario como "***camping.*** (pal. ingl.)", y tras la explicación de la voz se ha añadido: "¶ [Adaptación recomendada: *campin,* pl. *cámpines*]".

Latinismos. El Diccionario recoge algunas de las principales palabras y locuciones latinas en gran parte alojadas desde hace mucho tiempo en el español y que se emplean con cierta frecuencia. A diferencia de las voces de lenguas modernas, presentamos las latinas sin indicar el idioma de origen –salvo cuando son locuciones– e impresas en letra redonda, y les aplicamos las reglas de acentuación ortográfica como si fueran palabras españolas (así lo hace el *DRAE*); por ejemplo, **alma máter, vox pópuli.** Cuando es necesario, indicamos la pronunciación: **in illo témpore,** pronunc. "in-ílo-témpore"; **statu quo,** pronunc. "estátu-kuó"; **sine qua non,** pronunc. "sine-kua-nón".

Siglas y abreviaturas. También hemos dado cabida dentro del cuerpo del Diccionario a las abreviaturas y siglas más extendidas y usuales, teniendo en cuenta que forman parte de la lengua de hoy en día. Desechamos, lógicamente, las muy especializadas.

Otros elementos léxicos: A) Prefijos. Damos entrada propia a los principales prefijos vivos de nuestra lengua, es decir, los que son **productivos,** capaces de combinarse con palabras ya existentes en el idioma para crear palabras nuevas. Por ejemplo, **re-**, que ya se encuentra en voces tradicionales como *remachar, reponer, retiro*, puede formarlas nuevas con idea de 'repetición', como *repensar, reexplicación*, o con idea de 'intensidad', como *relisto, remacho*. Estas formaciones con prefijos productivos tienen la particularidad de ser fácilmente comprendidas por un hablante aunque no las haya oído nunca, al ser perfectamente conocidos por él los componentes de la voz nueva. Por esta razón, algunas que ya se oyen ocasionalmente (como la citada *reexplicación*) pueden ser omitidas en los diccionarios sin ningún problema.

Los prefijos productivos, como el mencionado **re-**, tienen un sentido determinado, que nosotros damos entre comillas simples:

> re-. pref. **1.** Significa 'repetición'. *Revaluar, reexplicación.* **2.** coloq. Denota 'intensidad o intensificación'. Se usa con intención enfática. *Relisto, remacho.*

Pero hay algunos, muy importantes, que no parecen tener un valor preciso, sino solo la misión de intervenir en la formación de palabras derivadas: **a-** (*aserrar, anacarado*), **en-** (*enturbiar, embarcadero*).

Además de los prefijos tradicionales, cuyo origen y valor están siempre relacionados con preposiciones y con adverbios, existen otros prefijos, relativamente modernos, a menudo relacionados con sustantivos, adjetivos o verbos. Todos los prefijos de esta serie, distintos de los clásicos, los marcamos como **elementos compositivos.** Por ejemplo, **tardo-** ('tardío o final'), en *tardomedieval, tardofranquismo*; **auto-**, de origen griego ('el mismo'), en *autocorrección, autolesionarse,* y otro **auto-** ('de automóvil'), en *autorradio*; o **tele-**, de origen griego ('lejos'), en *teleoperador, teletransportar*, y otro **tele-** ('de televisión'), en *teleconcurso.*

Algunos prefijos, por apócope común en la lengua coloquial, se convierten en **palabras independientes,** sin perjuicio de la pervivencia del uso propio de prefijo. Tal es el caso de **ex** o de **micro,** que registramos ya sin el guión final con que hemos encabezado las entradas de los verdaderos prefijos.

> ex. m. y f. Persona que, respecto de otra, ha dejado de ser su cónyuge o pareja sentimental. *El ex de María ahora sale con su amiga Inés.*

> micro. m. coloq. Micrófono. *Se nos acercó un periodista con un micro.*

No hemos dado entrada a los prefijos técnicos, como **meso-, ecto-,** etc., a no ser, claro está, que sean productivos en la lengua común, como **bio-** ('biológico'), en *biocombustible.* Sin embargo, sí hemos incluido una selección de los prefijos que sirven para formar múltiplos o submúltiplos de unidades de medida, como **deca-** ('diez'), en *decalitro.*

Otros elementos léxicos: B) Adjetivos en *-ble* y adverbios en *-mente*. No hemos registrado, por razones de espacio, aquellas voces terminadas en los sufijos *-ble* y *-mente* cuyo significado hemos considerado fácilmente deducible a partir de la palabra de la que derivan. Así, no hemos incluido la voz *elegible* por entender que su significado, "Que puede ser elegido", es fácil de deducir del significado de *elegir,* del que deriva. En cambio, sí hemos registrado **navegable,** porque su significado, "Apto para la navegación", no es inmediatamente deducible de los significados de la voz *navegar*. Algo distinto es lo que sucede con **imperdible,** que además de su significado de fácil deducción, "Que no se puede perder", tiene una acepción sustantiva: "Alfiler que se abrocha...". En estos casos, hemos recogido tanto las acepciones deducibles como las que no lo son.

En lo que se refiere a los adverbios terminados en *-mente,* hemos eliminado de nuestra nomenclatura los que se podrían definir como "De manera + *adjetivo base*", por ejemplo, *astutamente* "De manera astuta". En cambio, hemos incluido **remotamente,** porque, además de la acepción "De manera remota", tiene la siguiente: "En un lugar o tiempo remotos". También en estos casos hemos registrado las acepciones deducibles y las no deducibles.

Otros elementos léxicos: C) Participios, participios-adjetivos, participios-sustantivos. Aparte de su papel como componente de los tiempos compuestos en todos los verbos, el participio es la forma adjetiva del verbo. En principio, un participio puede funcionar como adjetivo sin abandonar su sentido verbal pasivo. En este Diccionario no damos entrada a ningún participio-adjetivo cuyo significado sea el de pura forma adjetiva del verbo.

Damos entrada, en cambio, a los participios que en su uso adjetivo han adquirido una función sustantiva, o han desarrollado acepciones particulares que no estaban en el verbo de origen. Por ejemplo:

> proscrito, ta. part. **1.** → **proscribir. 2.** cult. Que ha sido proscrito (→ 1) de su tierra. Tb. m. y f. *Los dos proscritos atraviesan la frontera.*

desaparecido, da. part. **1.** → **desaparecer. 2.** Que ha desaparecido (→ 1) o se halla en paradero desconocido. Dicho de pers., tb. m. y f. *Tres muertos y cinco desaparecidos en las últimas inundaciones.* **3.** Que ha desaparecido (→ 1) o muerto. Dicho de pers., tb. m. y f. *Se ofició una misa por los desaparecidos.*

separado, da. part. **1.** → **separar. 2.** Que se ha separado (→ 1) de su cónyuge. Tb. m. y f. *Al mes de empezar a salir con él se enteró de que era un separado y con dos hijos.*

empleado, da. part. **1.** → **emplear.** • m. y f. **2.** Persona que desempeña un trabajo a cambio de un sueldo. *En mi tienda trabajan cinco empleados.*

Como se ve en los ejemplos, no dejamos de reconocer, en todos estos adjetivos que han cobrado cierta autonomía, su primera acepción de participio, susceptible por tanto de un uso adjetivo con el sentido de la forma verbal pasiva ("que ha sido separado", "que ha sido empleado", etc.).

La puerta del artículo: el lema. El lema es la voz, normalmente una sola, que es objeto de estudio en el artículo y por ello la que lo encabeza. Si la voz tiene variación de género, la forma masculina va seguida de la terminación femenina: **niño, ña; algún, na; barón, nesa.** A veces el femenino tiene una segunda forma que se hace constar a continuación: **director, tora** (o **triz**). Si se trata de una unidad léxica latina o extranjera compuesta de dos o más palabras, figura como lema tal cual es, ordenándola alfabéticamente como si estuviera escrita en una sola palabra: **in illo témpore**, entre **inigualado, da** e **inimaginable.**

Variantes gráficas. Algunas palabras pueden existir en dos formas distintas, ambas aceptadas, aunque generalmente preferida una a otra. La diferencia de forma conlleva a menudo alguna diferencia de pronunciación. En este Diccionario damos las dos al comienzo de la entrada, poniendo en primer lugar la que suele considerarse más aceptable. Por ejemplo: "**transoceánico, ca.** (Tb. **trasoceánico**)"; "**enseguida.** (Tb. **en seguida**)"; "**período** o **periodo**". Si la segunda forma requiere un lugar alfabético distinto, se inserta allí, remitida a la primera: "**trasoceánico, ca.** → **transoceánico**".

Las variantes en las voces de otros idiomas han sido tratadas como entradas diferentes. Así, **ex libris** y **exlibris.**

El artículo por dentro. En el caso del tipo de artículo más desarrollado, las **acepciones**, esto es, los significados, se dividen en dos bloques: el de las acepciones simples y el de las formas complejas, que quedan separados por el signo ■.

Las **acepciones simples** –las de la palabra cuando no se combina de manera fija con otra– van numeradas, y se intercala el signo • cuando hay cambio de categoría gramatical (adjetivo/sustantivo, adjetivo/adverbio, etc.). El signo ○ separa subdivisiones dentro de una misma categoría (en un verbo, transitivo/intransitivo, etc.; en un nombre, masculino/masculino y femenino, etc.). El orden de las categorías y de sus subdivisiones depende de la naturaleza básica de la voz: por ejemplo, en **más,** el orden es adverbio, adjetivo, pronombre y sustantivo; en el verbo **coger,** se comienza por las acepciones transitivas y se sigue con las intransitivas, mientras que en el verbo **andar,** el orden es el contrario.

Las **formas complejas** –combinaciones de la palabra estudiada, más o menos fijas, con otras palabras, o bien formas especiales del lema– se reparten en dos grupos, el de las **lexías** y el constituido por las otras formas complejas, que son las **locuciones** y las **expresiones,** y algunas **interjecciones.**

Las **lexías** van marcadas como nombres. Por ejemplo, en el artículo **número** son lexías **número romano,** nombre masculino; **número uno,** nombre masculino y femenino, y **números rojos,** nombre masculino plural. Si la lexía contiene un adjetivo con variación de género, esta se indica añadiendo la terminación del femenino separada por una raya oblicua; por ejemplo, en el artículo **hijo, ja,** aparece la lexía ~ **adoptivo/va.** Las lexías se ordenan alfabéticamente, poniendo en primer lugar las que comienzan con el lema y a continuación las que lo contienen en segundo término.

Las **locuciones** tienen distintas funciones en la frase. Hay locuciones verbales, como **poner en solfa** (algo o a alguien); sustantivas, como **el ojo derecho** (de alguien), o **los más;** adjetivas, como **de provecho;** adverbiales, como **fuera de quicio;** prepositivas, como **en vez de,** y conjuntivas, como **por cuanto.** También consideramos locuciones verbales las construcciones formadas por un verbo y un pronombre enclítico, como **apañárselas,** en el artículo **apañar.**

En general, las **expresiones** son combinaciones de palabras con una forma fija y con cierta independencia dentro de la frase, aunque no son necesariamente oraciones independientes: **ha llovido mucho, dale que te pego, hasta luego, por todos los santos, por favor.** Si tienen un verbo, este suele experimentar muy poca variación morfológica, a diferencia de las locuciones verbales. Por ejemplo, la expresión **ha llovido mucho** en el sentido de "ha transcurrido mucho tiempo" no admitiría apenas modificación, salvo, por ejemplo, al ser usada en estilo indirecto: *Le dijimos que había llovido mucho desde que nos casamos.*

Las interjecciones que no tienen entrada propia, como **arrea,** que se incluye en **arrear,** o **caracoles,** que va en el artículo **caracol,** se registran también en el apartado de formas complejas.

La definición. Cada una de las acepciones del artículo, sea acepción simple o forma compleja, está constituida básicamente por una definición, esto es, por la explicación de uno de los significados de la palabra simple o de su combinación fija con otras. Esta explicación puede consistir en una palabra o una frase con una categoría gramatical igual y un sentido equivalente a los de la definida, es decir, prácticamente es un sinónimo suyo (**definición propia**); por ejemplo, del adjetivo **burgués, sa,** es definición propia la frase "de la clase media o acomodada", que tiene valor adjetivo y que por su sentido puede sustituir en un contexto al adjetivo *burgués*. Pero también la explicación del significado puede no reunir las condiciones de la definición propia, sino consistir en una oración que exponga el contenido de la palabra diciendo para qué sirve (**definición impropia**). La forma característica de esta modalidad comienza por "se dice de" o "se usa para"; por ejemplo, en el caso de nuestra palabra, sería: "Se dice de lo que corresponde o pertenece a la clase media o acomodada". En este Diccionario utilizamos normalmente la definición propia, recurriendo a la impropia solo en los casos en que esto no es posible; por ejemplo, "**excelentísimo, ma.** adj. [...] Se usa, antepuesto a *señor* o *señora*, como tratamiento que corresponde a determinados cargos o dignidades"; en el artículo **haber,** "**no hay de qué.** expr. Se usa como fórmula de cortesía para contestar a alguien que da las gracias".

Tanto la definición propia como la impropia van precedidas siempre de la marca que expresa la categoría gramatical.

Es una afirmación muy repetida que "la palabra definida no debe entrar en la definición". Pero el uso es perfectamente válido si la palabra aparece referida a una acepción distinta de la que se define, y así se hace en este Diccionario siempre que es conveniente. Por ejemplo, "**valla.** f. **1.** Construcción de madera [...]. **3.** En una carrera deportiva: Obstáculo en forma de valla (→ 1) que debe ser saltado por los participantes".

Las definiciones de las palabras de América siguen las normas generales aplicadas al resto de las contenidas en el Diccionario. En el caso de las voces que, designando unas mismas realidades existentes a ambos lados del Atlántico, son diferentes en España y América, la exigencia de economía de espacio nos ha llevado a menudo a optar por la definición sinonímica, utilizando como definidor una voz equivalente considerada más general, o, a falta de alguna de aceptación común, una perteneciente al español peninsular estándar.

Informaciones adicionales. A la información general expuesta en cada acepción añadimos con frecuencia, presentado entre paréntesis, algún dato suplementario, de tipo gramatical u otro, que afecta a todo el artículo o solo a algunas acepciones. Esta información es muy variada:

- *peculiaridades en cuanto al género o al número:* "**mar.** m. (En aceps. 1, 2 y 4, tb. f.)" o "**boicot.** m. (pl. **boicots**)";
- *pronunciación de las palabras* que ofrecen alguna dificultad en este aspecto: "**texano, na.** (pronunc. "tejáno")" o "**SOS.** (pronunc. "ese-o-ese")";
- *variantes* del lema: "**en-.** (Tb. **em-** ante *b* y *p*)", o de una forma compleja: "**contra reloj.** (Tb. **contrarreloj**)";
- *usos en mayúscula:* "**avemaría.** f. **1.** (Frec. en mayúsc.). Oración cristiana...";
- *presencia o ausencia de artículo:* "**carrerilla.** (Frec. sin art.). f. Carrera corta para tomar impulso...";
- *apócopes:* "**bueno, na.** (apóc. **buen**: se usa ante m. sing. ...);
- *comparativos y superlativos irregulares* (junto con los regulares, si pueden alternar): "**bueno, na.** ([...] compar. **mejor;** sup. **buenísimo, óptimo;** sup. cult., **bonísimo**)";
- *naturaleza extranjera de una voz:* "***adagio***^{2}. (pal. it.)";
- *indicación de siglas:* "**ADN.** (sigla)";
- *advertencia sobre marcas registradas:* "**celofán.** (Marca reg.: *Cellophane*)", etc.

A veces la información es especialmente rica, debido a la complejidad de la voz: "**el, la.** art. det. (pl. **los, las.** La forma *el*, precedida de *a* o *de*, se contrae en *al* o *del*, salvo cuando, con mayúscula, acompaña a un nombre propio: *el vuelo del águila; viajar al Japón; ir al cine; avión procedente de El Cairo*. Inmediatamente antes de f. sing. que empieza por *a-* o *ha-* tónicas se usa *el: el aula, el hacha*)".

Los verbos irregulares, o los que tienen alguna peculiaridad en su conjugación, remiten al apéndice correspondiente, CONJUGACIÓN DE LOS VERBOS: "**pacer.** (conjug. AGRADECER)". También los numerales: "**veintidós.** (APÉND. NUM.)".

Verbos de sentido recíproco. Hay verbos como *coincidir* o los usos pronominales de *liar, casar, distanciar* que pueden aparecer con dos tipos de sujeto: uno "total" (A + B): *Los hinchas del Osasuna y del Numancia han coincidido en la estación;* y otro "parcial" (A) más un complemento prepositivo (CON B): *Los hinchas del Osasuna han coincidido* CON *los del Numancia en la estación.*

En el Diccionario se ejemplifican las dos construcciones separando los ejemplos de una y otra con "Tb.:":

coincidir. intr. **1.** Encontrarse una persona con otra en el mismo lugar de manera casual. *Coincidí* CON *mi vecino comprando el periódico.* Tb.: *Un día coincidieron en un bar y ahora salen juntos.*

Algo similar ocurre cuando el sentido recíproco se relaciona con el complemento directo. Así en verbos como *enemistar, comparar, embarullar, empalmar...* También en estas ocasiones hemos señalado la doble construcción:

combinar. tr. **1.** Unir (dos o más cosas) de manera que formen una unidad o un conjunto armonioso. *En sus diseños combina elementos tradicionales y modernos.* Tb.: *El color verde se consigue al combinar el azul* CON *el amarillo.*

Precisiones semánticas complementarias. En ocasiones, al margen de la definición, es necesaria una nota que precise en qué circunstancia física o temporal, con relación a qué clase de seres u objetos o a qué clase de personas, tiene validez propia la fórmula expuesta. Esa precisión va normalmente antepuesta. Por ejemplo: "**valla.** [...] En una carrera deportiva: Obstáculo en forma de valla (→ 1) que debe ser saltado por los participantes"; "**sofista.** [...] m. **2.** histór. En la Grecia del s. V a. C.: Maestro de retórica y de filosofía que enseñaba el arte de hablar en público y de defender una tesis mediante cualquier tipo de argumento"; "**cirílico, ca.** adj. Dicho de alfabeto o de sus signos: Que se usa en ruso y otras lenguas eslavas"; "**teórico, ca.** adj. [...] Dicho de persona: Que se dedica al estudio de la teoría de una ciencia, arte o actividad"; "**trotón, na.** adj. Dicho de caballería: Que tiene por paso ordinario el trote"; "**yerno.** m. Respecto a los padres de una mujer: Marido de ella".

El contorno de la definición. El contorno es un elemento del concepto que se define, pero que no forma parte propiamente de la definición, sino que es un elemento obligatorio en un contexto real de uso de la palabra definida. Se puede ver esto con el siguiente ejemplo:

rapar. tr. **1.** Cortar (el pelo) al rape. *Me quiero rapar el pelo antes de ir al campamento.* **2.** Cortar el pelo (a alguien o algo) al rape. *El barbero rapa al niño con la máquina. Le han rapado la cabeza para despiojarlo.*

La definición de la primera acepción incluye un elemento entre paréntesis, *el pelo,* que no forma parte de la definición, sino del uso real que, en forma de frase, se hace de la palabra definida. En este caso, *el pelo* es el complemento directo de *rapar* en la frase real.

En la definición de la segunda acepción, el elemento que va entre paréntesis, *a alguien o algo,* no es parte de la definición, sino el complemento directo del mismo verbo *rapar* en la frase real. En cambio, aquí *el pelo* sí forma parte de la definición.

El contorno de complemento directo se marca entre paréntesis. Pero el contorno puede ser también de sujeto, y en este caso lo marcamos presentándolo en letra pequeña:

pintar. [...] intr. **6.** Dibujar o dejar marca un lápiz u otro utensilio para escribir. *El rotulador no pinta.*

A veces el contorno de sujeto o de complemento directo no es necesariamente el sujeto o el complemento directo, respectivamente, del enunciado definidor, sino que cumple en él otra función:

doblar. [...] intr. **8.** Pasar a estar una parte de alguien o algo formando curva o ángulo. *Estas láminas de metal doblarán fácilmente.*

convencer. tr. **1.** Conseguir una persona con razones que (otra) haga algo o cambie de opinión. *Intentaré convencerla* PARA *que no lo haga. No trato de convencerte* DE *nada. Nunca la convencerás; es muy cabezota.*

Los ejemplos. Hemos concedido gran importancia a los ejemplos contenidos en los artículos. Cada definición y cada explicación van acompañadas de uno o más ejemplos de uso, que ilustran distintos aspectos, lo que nos ha permitido no tener que abundar en detalles pormenorizados. Así, en el artículo ***cargante***, los ejemplos "*¡Qué niño tan cargante!*" y "*Esa manía de discutirlo todo resulta cargante*" muestran que este adjetivo se combina tanto con "personas" como con "cosas". Los ejemplos pueden revelarse especialmente útiles para ilustrar construcciones habituales y el funcionamiento de algunos tipos de palabras, como los verbos y las palabras gramaticales:

llegar. intr. **1.** Acabar alguien o algo su trayectoria o su recorrido hacia un lugar. *Llegó* A *la puerta y se dio la vuelta sin llamar. Su avión llega* A *las ocho de la mañana. Llega* DEL *trabajo agotado. Llegaremos* HACIA *el mediodía. Aún faltan por llegar muchos participantes en la maratón.* Tb. fig. *Su ambición era llegar* AL *poder.*

En esta muestra, el primer ejemplo (*Llegó* A *la puerta y se dio la vuelta sin llamar*) presenta un complemento prepositivo que indica un lugar que es término del movimiento. El segundo (*Su avión llega* A *las ocho de la mañana*) y el cuarto (*Llegaremos* HACIA *el mediodía*) presentan un complemento de tiempo, en un caso tiempo puntual, y en otro, tiempo aproximado. El tercero (*Llega* DEL *trabajo agotado*) indica el punto de partida del movimiento. El quinto (*Aún faltan por llegar muchos participantes en la maratón*) muestra el hecho de llegar omitiendo el complemento de lugar por consabido. El último (*Su ambición era llegar* AL *poder*) es un ejemplo de uso de *llegar* referido a un lugar no físico, que es también el término del movimiento figurado.

Aunque hemos ejemplificado todas las voces y acepciones del Diccionario, hemos hecho excepción con las voces y acepciones malsonantes (marcadas con "malson.").

Los ejemplos que ilustran las voces o acepciones de América son citas exactas o casi exactas de textos americanos, tomadas del *CREA*, circunstancia que se certifica por medio de la marca "[C]" que sigue a cada ejemplo.

Al ser este un diccionario selectivo y no exhaustivo, pueden aparecer en los ejemplos voces no incluidas en el cuerpo de la obra. Puede ocurrir esto con más frecuencia en los ejemplos americanos, extraídos directamente del *CREA*. Siempre que la presencia de una voz desconocida no oscurezca el sentido de la voz que se quiere ilustrar, nos ha parecido más oportuno respetar la frase tal cual, en beneficio de la expresividad y autenticidad del texto.

Sinónimos y afines. Al final de muchas entradas se abre un apartado, que comienza con el signo ►, donde se presentan los principales sinónimos y afines de la voz. Llamamos *afines* a las palabras que, sin ser sinónimos perfectos (los cuales raramente existen), tienen un significado próximo al de la voz estudiada, lo que las hace susceptibles en muchos casos de ser empleadas como equivalentes de la voz en cuestión. Si la entrada tiene más de una acepción, el sinónimo o afín que se expone va precedido de uno o más números que indican la acepción o acepciones a las que se asigna. Naturalmente, no hay números si el sinónimo o afín vale para todas las acepciones de la voz.

La información de sinónimos y afines solo la damos tratándose de nombres, adjetivos, verbos y lexías.

Los sinónimos o afines propios del español americano se presentan separados de los otros por medio del signo || y precedidos de la marca **Am** o **frecAm** (que ya hemos explicado a propósito de los americanismos).

Un sinónimo o afín marcado con un asterisco significa que lo damos como cabeza de grupo y que en la entrada correspondiente a esa palabra se podrán encontrar otros términos igualmente relacionados. Por ejemplo, en el artículo **taladrar,** *AGUJEREAR.

En el caso de las lexías, sus sinónimos y afines se exponen al final de la acepción, señalados con el signo ⇒. Por ejemplo, en la lexía **número quebrado,** ⇒ FRACCIÓN, QUEBRADO.

Conscientemente hemos limitado el número de sinónimos citados. Ante todo, debemos recordar el carácter selectivo de esta obra, que en este aspecto no es un diccionario *de* sinónimos y afines, sino un diccionario *con* sinónimos y afines. A veces esta información explícita se omite por innecesaria, al ser un sinónimo la propia definición.

En el caso de que la definición en forma de sinónimo tenga además algún tipo de especificación, hacemos constar el sinónimo.

Por otra parte, hemos prescindido de aquellos que pertenecen a un nivel marcado, ya que en tales niveles se da con frecuencia una sinonimia muy amplia. (Piénsese, por ejemplo, en los numerosos sinónimos que en la lengua coloquial tiene una voz de nivel no marcado como *tonto*).

Como consecuencia, un caso como **chancho** solo lleva indicación de sinónimo para la primera acepción, no marcada, y no para la segunda, que va marcada como "coloq.":

> chancho. m. **1.** Am. Cerdo (mamífero doméstico, o su carne). *Yo crié hartas gallinas, pavos, chanchos* [C]. *Estaba sirviendo mi tercera porción del chancho* [C]. **2.** Am. coloq. Cerdo (persona sucia, o persona despreciable). Frec. se usa como insulto. *Le dije que era un chancho* [C]. *Chancho desgraciado, yo te boto del periódico ahorita mismo* [C]. Tb. adj. *¡Es muy chancho!, ¡cuidensé!* [C]. ► **1:** *CERDO.

Tampoco mencionamos en los sinónimos las simples variantes gráficas o fonéticas: en el artículo **judía** 'legumbre', se menciona el sinónimo **frijol,** omitiendo la variante **fríjol.**

Abreviaturas

Por economía de espacio, solo se recogen como explicación las formas masculinas en singular, aunque la abreviatura concreta sirva indistintamente para masculino o femenino, singular o plural. Cuando una abreviatura se ha utilizado exclusivamente para el femenino, solo se hace explícita esta forma.

abrev.	abreviatura
acep.	acepción
adj.	adjetivo
adv.	adverbio o adverbial
Aer.	Aeronáutica
Agric.	Agricultura
al.	alemana
Am.	América
Anat.	Anatomía
antecopret.	antecopretérito
antefut.	antefuturo
antepospret.	antepospretérito
antepret.	antepretérito
Antropol.	Antropología
APÉND.	apéndice
apóc.	apócope
Arq.	Arquitectura
Arqueol.	Arqueología
art.	artículo
Astrol.	Astrología
aux.	verbo auxiliar
Biol.	Biología
Bioquím.	Bioquímica
Bot.	Botánica
Coc.	Cocina
coloq.	coloquial
Com.	Comercio
compar.	comparativo
compl.	complemento
compos.	compositivo
condic.	condicional
conj.	conjunción
conjug.	conjugación
conjunt.	conjuntiva
constr.	construcción
Constr.	Construcción
copret.	copretérito
copul.	verbo copulativo
cult.	culto
dem.	demostrativo
Dep.	Deportes
Der.	Derecho
despect.	despectivo
det.	determinado
dim.	diminutivo
Ecol.	Ecología
Econ.	Economía
Electrón.	Electrónica
elem.	elemento
Encuad.	Encuadernación
Enseñ.	Enseñanza
Esp.	España
espec.	especialmente
eufem.	eufemismo
exclam.	exclamativo
expr.	expresión
f.	femenino o nombre femenino
fig.	figurado
Fil.	Filosofía
Fís.	Física
Fisiol.	Fisiología
Fon.	Fonética y Fonología
fr.	francesa
frec.	frecuente o frecuentemente
frecAm.	frecuente en América
fut.	futuro
gén.	género
Geogr.	Geografía
Geol.	Geología
Gráf.	Artes gráficas
gralm.	generalmente
Gram.	Gramática
Heráld.	Heráldica
histór.	ámbito histórico
humoríst.	humorístico
imperf.	imperfecto
impers.	impersonal
indef.	indefinido
indet.	indeterminado
infant.	infantil
Inform.	Informática
Ingen.	Ingeniería
ingl.	inglesa
interj.	interjección

interrog.	interrogativo
intr.	verbo intransitivo
invar.	invariable
it.	italiana
jap.	japonesa
jerg.	jergal
lat.	latina
Ling.	Lingüística
Lit.	Literatura
loc.	locución
m.	masculino o nombre masculino
malson.	malsonante
Mar.	Marina
Mat.	Matemáticas
mayúsc.	mayúscula
Mec.	Mecánica
Med.	Medicina
Meteor.	Meteorología
Mil.	Milicia
Mineral.	Mineralogía
Mús.	Música
n.	nombre
NUM.	numerales
núm.	número
Of.	Oficios
pal.	palabra
part.	participio
perf.	perfecto
Period.	Periodismo
pers.	persona o personal
pl.	plural
pluscuamperf.	pluscuamperfecto
Polít.	Política
poses.	posesivo
pospret.	pospretérito
pralm.	principalmente
pref.	prefijo
Prehist.	Prehistoria
prep.	preposición
prepos.	prepositiva
pret.	pretérito
prnl.	pronominal
pron.	pronombre
pronunc.	pronunciación
Psicol.	Psicología
Quím.	Química
reg.	regular (verbo) o registrada (marca)
Rel.	Religión
relat.	relativo
s.	sustantiva
sent.	sentido
Símb.	símbolo
sing.	singular
Sociol.	Sociología
sup.	superlativo
Taurom.	Tauromaquia
tb.	también
tecn.	tecnicismo
tr.	verbo transitivo
TV	Televisión
v.	verbo o verbal
vasc.	vascuence
vulg.	vulgar
Zool.	Zoología

Signos

~	Sustituye al lema cuando este se cita en el interior del artículo. Si el lema presenta variación de género, el signo ~ representa las dos formas. Por ej., en el artículo **muerto, ta,** ~ *de hambre* significa "muerto o muerta de hambre".
( )	a) Indica elementos opcionales. Por ej., en el artículo **taifa,** se recoge la construcción *reino de* ~(*s*); en el artículo **lugar,** se recoge la locución ***en buen*** (o ***mal***) **~.** b) En la definición de los verbos, indica el complemento directo. Por ej., en el artículo **presentir,** "Tener la sensación de que (algo) va a suceder". c) En la lematización de las formas complejas, encierra los complementos. Por ej., en el artículo **dar,** se recoge la forma compleja ***dárselas*** alguien (de algo). d) En algunas definiciones sinonímicas, sirve para especificar el valor concreto del sinónimo empleado. Por ej., en el artículo **talle,** "Cintura (parte del cuerpo, o parte de una prenda)". e) En las definiciones, si se incluye un nombre propio, encierra una información básica para identificar lo nombrado. Por ej., en el artículo **fernandino, na,** "De Fernando VII (rey de España, 1784-1833)".
→	Remite a un artículo o a una acepción. Por ej., en el artículo **estrella,** la definición de la acepción 2, "Figura de una estrella (→ 1)...", indica que el sentido que aquí tiene *estrella* es el presentado en la acepción 1, "Cuerpo celeste...".
⇒	Remite al sinónimo o afín de una lexía. Por ej., en el artículo **cuarto, ta,** la lexía **cuarto de baño** incluye los sinónimos o afines del siguiente modo "⇒ BAÑO, LAVABO. ‖ Am: LAVATORIO".
▶	Indica remisión a sinónimos o afines del lema o de alguna de sus acepciones. Por ej., en el artículo **adeudo,** "▶ DEUDA" significa que *deuda* es sinónimo o afín de *adeudo* en sentido general. En el artículo **tablón,** "▶ **3:** TABLERO" significa que *tablero* es sinónimo o afín de *tablón* en su acepción 3.
‖	En el apartado donde se recoge la sinonimia, separa los sinónimos o afines propios del español general, de los que corresponden a la variedad americana. Por ej., en el artículo **doblar,** "▶ **3:** VOLVER. ‖ **Am: 3:** VOLTEAR" significa que, en la acepción 3, *volver* es sinónimo o afín de *doblar* en el español general, mientras que *voltear* lo es en el español americano.
*	En el apartado donde se recoge la sinonimia, va antepuesto a una voz para indicar que esta es un sinónimo o afín básico. Por ej., en el artículo **ameritar,** "*MERECER" significa que en el artículo *merecer* se encuentra la serie de sinónimos o afines correspondientes.
●	Separa las acepciones o grupos de acepciones pertenecientes a categorías gramaticales distintas (adjetivo, pronombre, sustantivo, etc.). Por ej., en el artículo **oficial, la,** separa las acepciones adjetivas de las sustantivas.
○	Separa las acepciones o grupos de acepciones pertenecientes a subcategorías gramaticales (en los sustantivos: m. / f. / m. y f. / pl., etc.). Por ej., en el artículo **parar,** separa las acepciones intransitivas de las transitivas.
■	Señala, en un artículo, el comienzo del apartado destinado a las formas complejas. Por ej., en el artículo **bala,** tras el signo, aparecen las formas complejas: ~ **perdida, como una** ~ y **tirar con** ~.
□	Separa, dentro de las formas complejas, las lexías del resto de las formas complejas. Por ej., en el artículo **bala,** antes del signo, aparece la lexía ~ **perdida** y después las formas complejas **como una** ~ y **tirar con** ~.
▪	Separa entre sí las distintas formas complejas. Por ej., en el artículo **bala,** las formas complejas **como una** ~ y **tirar con** ~ van separadas entre sí por este signo.
▫	Separa las acepciones de una forma compleja cuando tienen distinta categoría o subcategoría gramatical. Por ej., en el artículo **bala,** la forma compleja ~ **perdida** tiene dos acepciones, una que es nombre femenino y otra que es nombre masculino y femenino.
¶	En los artículos correspondientes a palabras extranjeras, señala el apartado que recoge información normativa de la Academia. Por ej., en el artículo ***camping,*** la adaptación recomendada es *campin.*

a

a[1]. (pl. **aes**). f. Letra del abecedario español que corresponde al sonido vocálico más abierto y que se articula en la parte central de la boca. *La a mayúscula de "África" se escribe con tilde.*

a[2]. prep. (Se pronuncia siempre átona). **1.** Introduce el complemento directo, cuando designa persona, animal o, con determinados verbos, cosa. *Mira a los demás por encima del hombro. A mí no me importa. No conozco a nadie. A su socio también lo estafó. Acabamos de vacunar al perro. El perro persigue a los gatos. El lunes precede al martes. La audiencia de la película superó a la del partido de fútbol. Una mañana soleada siguió a la tormenta. Adelantó al autocar.* **2.** Introduce el complemento indirecto. *A Alfonso le dan pánico las serpientes. Gasta bromas a todo el mundo. Hay que ponerle tinta a la impresora.* **3.** Introduce un complemento que indica el término de un movimiento o una trayectoria, o el punto en que acaban. *El vuelo a Londres dura dos horas. Vaya a la ventanilla de reclamaciones. No tires las migas al suelo. Lo vi echárselo al bolsillo. Han cortado la carretera al pueblo. El atajo a la playa está por allí.* **4.** Introduce un complemento que indica el límite hasta el que llega o se extiende algo. *El vestido le llegaba a los tobillos. Es más baja que yo, me llegará al hombro.* Frec. precedido de un compl. introducido por *de*, que expresa el límite inicial. *El horario de trabajo es de ocho a tres. El plazo de inscripción va del 15 al 30 de septiembre. Ha recorrido España de norte a sur.* **5.** Introduce un complemento que expresa el aspecto en el que se considera la cualidad designada por el adjetivo que precede. *La angora es muy suave al tacto. Por lo menos es agradable a la vista. Se ha vuelto duro e insensible a todo. Es de un material resistente al fuego.* **6.** Introduce un complemento que expresa el tiempo en que ocurre un hecho. *Volvieron a mediodía. Te veré a la noche. ¿Quedamos a las tres? Volvieron al mismo hotel al año siguiente.* A veces el compl. es un infinitivo precedido de art. *Al entrar yo, él salía. Al recordarla, siempre se pone triste.* **7.** Introduce un complemento que expresa la situación o localización de la acción verbal con respecto a un punto expresado o sobrentendido. *Queda a la izquierda de la calle. ¿A qué distancia queda la comisaría? Está a 800 m sobre el nivel del mar. Tienen una casa a la orilla del mar. Siéntate a mi derecha.* **8.** Seguida de un infinitivo, introduce una construcción que expresa una orden o una exhortación. *Venga, ¡a bailar todos! ¡A dormir!, que ya son las doce.* **9.** Seguida de un nombre, se usa para expresar la orden de que alguien vaya al lugar designado por él. *¡A la mesa!, que se enfría la comida.* **10.** Forma parte de varias locuciones y construcciones que expresan modo o medio. *Está muy cerca, podemos ir a pie. El juicio se celebró a puerta cerrada. Duerme a pierna suelta. Pagó el televisor a plazos. Es un boceto a lápiz. Cantaron a dos voces. Le hicieron un contrato a tiempo parcial. Se abrieron paso a empujones. Llevó la falda a rayas. Siempre va a la última moda. Decoraron el piso a su gusto. Pilotaba un avión a reacción.* **11.** Seguida de una expresión de cantidad, indica el precio de la unidad considerada. *Los caramelos se vendían a seis pesetas la docena. La merluza está a treinta euros el kilo. Me parece muy caro el menú del día a quince euros.* **12.** Introduce un complemento que indica distribución o reparto. *Tome una cucharada de jarabe tres veces al día. Tocamos a diez euros por persona.* **13.** Introduce un complemento que expresa una cantidad respecto a la cual se establece una proporción. *Le concedieron un crédito al diez por ciento de interés.* **14.** En algunas construcciones fijas, precede a un infinitivo indicando condición. *A decir verdad, no esperaba ganar. Tengo que reconocer que, a no ser por él, no estaría aquí. Tráigame una cerveza, bien fría a poder ser.* **15.** Introduce un complemento que indica dirección u orientación hacia un punto. *Se fue a él hecha una furia. Mire a la luz y sonría. La casa mira al Norte. La cocina da a un patio interior. Desvió la vista a la ventana.* **16.** Introduce un complemento que expresa finalidad. *¿A qué has venido? Voy al oculista a que me revisen los ojos. Corre a vestirte.* **17.** Introduce el complemento propio de ciertos verbos, adjetivos y nombres. *Se parece a su padre. Nos disponíamos a cenar. Compra caramelos de sabor a fresa. Es propenso a coger anginas. Se convirtió en un aficionado a la jardinería. El temor a hacer el ridículo lo paraliza. Me siento obligado a colaborar.* **18.** Con ciertos adverbios forma locuciones prepositivas como *frente a* o *respecto a*. *Viven en un piso frente al parque.*

a-. pref. Se usa en la formación de algunos derivados. *Aserrar, anacarado.*

abacial. adj. **1.** Del abad. *Silla abacial.* **2.** De la abadía. *Iglesia abacial.*

ábaco. m. **1.** Instrumento que sirve para contar, formado por un marco de madera con diez alambres paralelos, en cada uno de los cuales hay insertadas diez bolas móviles. *En algunos países orientales aún se usan ábacos para calcular.* **2.** *Arq.* En una columna: Parte en forma de tablero que está encima del capitel. *El ábaco se encuentra debajo del arquitrabe.*

abad, desa. m. y f. **1.** Superior de un monasterio. *Es abadesa del convento de Santa Rita.* ○ m. **2.** Superior de una colegiata. *El abad de la colegiata de Lerma.*

abadejo. m. **1.** Pez comestible de la misma familia que el bacalao, de lomo gralm. verdoso y mandíbula inferior saliente, que habita en aguas del Atlántico. *El abadejo abunda en las costas noruegas.* **2.** Bacalao. *Abadejo al pilpil.*

abadesa. → **abad.**

abadía. f. **1.** Monasterio regido por un abad o una abadesa. *La abadía de Montserrat.* Tb. su iglesia. *La abadía del monasterio.* **2.** Dignidad de abad o de abadesa.

abajo. adv. **1.** Hacia, o en, un lugar más bajo o que está debajo. *Ve abajo, al sótano, y sube la caja de herramientas. Tardamos dos horas en llegar abajo desde la cima. Hacen la vida aquí abajo, solo suben al* *piso de arriba para dormir. Más abajo, en el valle, hay un pueblo abandonado.* A veces precedido de prep. *El vestido llevaba botones hasta abajo. Echaron a los vecinos de abajo por no pagar el alquiler.* **2.** En una situación más baja en la escala social o jerárquica. *Los que están abajo no pueden cuestionar las órdenes de los jefes.* A veces precedido de prep. *Siempre son los de abajo los que sufren las consecuencias de las crisis.* **3.** En un texto escrito: En un lugar que está después o más adelante. *Eso queda explicado más abajo, en la página siguiente.* **4.** Seguido de un nombre, se usa exclamativamente para expresar protesta o rechazo. *Hicieron una pintada que decía: ¡Abajo el Gobierno!* **5.** Precedido de un nombre sin artículo que designa algo que tiene un recorrido: Hacia, o en, la parte baja de lo designado. *Cayó rodando escaleras abajo. La corriente los arrastró río abajo. Calle abajo hay un quiosco.* ■ **echar,** o **tirar,** ~ (algo). loc. v. Derribar(lo), o hacer que caiga al suelo. *La policía echó la puerta abajo de una patada. Como el edificio amenazaba ruina, lo tiraron abajo.* Tb. fig. *Echaron abajo su propuesta.*

abalanzarse. intr. prnl. Lanzarse sobre alguien o algo, o ir hacia ellos con ímpetu. *En el descanso, el público se abalanza* HACIA *la cafetería. El gato se abalanzó* SOBRE *mí.* Tb. fig. *En rebajas se abalanza* A *la compra irreflexiva.*

abalear. tr. Am. Tirotear (a alguien o algo). *Con el menor pretexto acuchillan o abalean a cualquiera en sus pendencias* [C]. ▶ *TIROTEAR.

abalorio. m. **1.** Objeto de adorno personal de poco valor. *Le gusta llevar collares, pulseras y otros abalorios.* **2.** Cuenta o pieza agujereada, gralm. de vidrio, que se ensarta como adorno. *La blusa lleva abalorios cosidos.*

abanderado, da. part. **1.** → **abanderar.** ● m. y f. **2.** Persona que lleva la bandera. *El Príncipe fue el abanderado del equipo olímpico.* **3.** Oficial designado para llevar la bandera de un cuerpo de tropas. *Es el abanderado del regimiento.* **4.** Persona que representa o defiende una causa, movimiento u organización. *El actor es un abanderado* DE *la lucha contra la pena de muerte.*

abanderar. tr. **1.** Ponerse al frente (de una causa o de un movimiento) para defender(los) o luchar (por ellos). *Abandera la lucha contra el sida.* **2.** Matricular o registrar (un barco) bajo la bandera de un país. *Abanderaron el buque* EN *Holanda.*

abandonado, da. part. **1.** → **abandonar.** ● adj. **2.** Descuidado o que pone poco cuidado en lo que hace. *Es muy abandonado y tiene el coche hecho un desastre.* **3.** Sucio o desaseado. *Su aspecto era algo abandonado.*

abandonar. tr. **1.** Dejar solos (algo o a alguien) apartándose (de ellos), o dejar de cuidar(los). *Su padre los abandonó cuando eran pequeños.* Tb. fig. *Por mucho que dormía, la cara de cansancio no la abandonaba.* **2.** Dejar (una actividad) o no seguir realizándo(la). *Abandonó la medicina para dedicarse al periodismo. Ha abandonado la carrera.* Tb. usado en constr. intr., espec. en deporte. *La atleta rusa abandonó en el último kilómetro.* **3.** Dejar (un lugar) o alejarse (de él). *El acusado abandonó la casa a las seis.* ○ intr. prnl. **4.** Dejar alguien de cuidar de su aseo, sus intereses o sus obligaciones. *Aunque te cueste esfuerzo, arréglate, no te abandones.* **5.** Dejar de ofrecer resistencia a algo, frec. a un sentimiento o una sensación. *Ya tarde, nos abandonamos* AL *sueño.*

abandono. m. Hecho de abandonar o abandonarse. *Hay muchas denuncias por abandono de perros. Exigen el abandono inmediato del territorio ocupado.*

abanicar. tr. Dar aire (a alguien o algo) con un abanico u otra cosa. *Se había mareado y la abanicaban* CON *una revista. La abuela se abanicaba en su mecedora.*

abanico. m. **1.** Instrumento para dar o darse aire, formado gralm. por una serie de varillas articuladas por un extremo y pegadas por el otro a una superficie de tela o papel que se despliega con ellas en semicírculo. *Las señoras, acaloradas, se dan aire con el abanico.* **2.** Cosa que tiene forma de abanico (→ 1) desplegado. *El mago me ofreció un abanico de cartas para que escogiera una.* **3.** Conjunto de cosas de la misma clase que se presentan o se proponen. *Los electores disponen de un amplio abanico* DE *opciones.* ■ **en ~.** loc. adv. En forma de abanico (→ 1) desplegado. *Desplegó los naipes en abanico.* Tb. loc. adj. *Esta palmera tiene hojas en abanico.*

abaniqueo. m. Hecho de abanicar o abanicarse. *Miraba el abaniqueo de las mujeres.*

abaratamiento. m. Hecho de abaratar o abaratarse. *Piden un abaratamiento de los libros de texto.*

abaratar. tr. Hacer (algo) barato o más barato, o bajar su precio. *Suprimiendo intermediarios, abaratamos costes.* Tb. en constr. prnl. media. *Con la crisis inmobiliaria, se abarataron los pisos.*

abarca. m. Calzado tosco de cuero o caucho, que cubre solo la planta del pie, con reborde alrededor, y que se sujeta con correas o cuerdas. *El pastor lleva unas abarcas.* ▶ ALBARCA.

abarcar. tr. **1.** Contener una cosa (otra) o tener(la) dentro de ella. *La zona afectada abarca tres localidades. Nuestro Siglo de Oro abarca los siglos* XVI *y* XVII. Tb. usado en constr. intr. *Cantabria abarca* DESDE *el País Vasco* HASTA *Asturias.* **2.** Rodear (algo) apretándo(lo), espec. con los brazos. *Enrollé el colchón, pero no podía abarcarlo con mis brazos.* **3.** Encargarse u ocuparse (de muchas cosas) al mismo tiempo. *Deja algo; no puedes abarcar tantas actividades.* **4.** Dominar con la vista o ser capaz de ver (algo) en su totalidad. *Desde la terraza se abarca toda la llanura.* ▶ **1:** *CONTENER.

abaritonado, da. adj. Dicho de voz: Semejante a la de barítono.

abarloar. tr. *Mar.* Situar (un barco) con el costado muy próximo al de otro barco o a un muelle. *Una lancha se abarloó* AL/CON *el carguero.* Tb.: *Abarloamos los barcos para dar provisiones al otro regatista.*

abarquillado, da. part. **1.** → **abarquillar.** ● adj. **2.** Que tiene forma aproximadamente cilíndrica o de barquillo. *Las tejas son abarquilladas.*

abarquillamiento. m. Hecho o efecto de abarquillar o abarquillarse. *La humedad produjo el abarquillamiento de las tablas.*

abarquillar. tr. Dar (a una cosa plana, como un papel o una lámina) forma aproximadamente cilíndrica o de barquillo. *Al pintar con acuarela, el agua abarquilla el papel.* Tb. en constr. prnl. media. *Las hojas del limonero se han abarquillado por falta de riego.* Frec. en part. *Viejas fotos abarquilladas.*

abarrotar. tr. Llenar (algo) por completo de personas o de cosas. *Ha abarrotado* DE *bolsas el maletero. Un local abarrotado.*

abarrote. m. Am. Artículo básico de abastecimiento, espec. alimento. Frec. en pl. *Pusimos una tienda de abarrotes en Guadalajara* [C].

abastecedor, ra. adj. Que abastece. *Compañías abastecedoras* DE *gas.* Dicho de pers., tb. m. y f. *Han detenido al principal abastecedor* DE *hachís de la zona.* Tb. sustantivado. *Alemania es un importante abastecedor* DE *carne en Europa.*

abastecer. (conjug. AGRADECER). tr. Proveer (a alguien o algo) de las cosas necesarias. *Nuestra fábrica abastece* DE *repuestos el mercado. Ya no nos abastece el mismo proveedor.* ► *PROVEER.

abastecimiento. m. Hecho o efecto de abastecer. *Trabajamos en el abastecimiento* DE *medicinas a la zona.* ► *PROVISIÓN.

abasto. m. **1.** Provisión de productos básicos, espec. alimentos. *Los animales de abasto se destinan a la obtención de carne.* ○ pl. **2.** Comestibles o alimentos, espec. los frescos. *El mercado central de abastos surte a la ciudad de productos del campo.* ■ **dar ~.** loc. v. Bastar algo o alguien para una cosa. *No doy abasto* A *atender llamadas. El auditorio no da abasto* PARA *tanta gente.* ► **1:** *PROVISIÓN.

abate. m. **1.** Clérigo o sacerdote extranjero, espec. francés o italiano. *El abate Prévost fue el autor de "Manon Lescaut".* **2.** histór. Eclesiástico o clérigo que solo ha recibido las órdenes menores. *El abate Marchena incitó a España a unirse a la Revolución francesa.*

abatible. adj. Dicho de objeto: Que puede pasar de la posición vertical a la horizontal y viceversa, girando sobre un eje o sobre bisagras. *La pantalla del ordenador portátil es abatible. Asientos con respaldo abatible.*

abatimiento. m. **1.** Desánimo o falta de ánimo. *Se encogió de hombros con gesto de abatimiento.* **2.** Hecho de abatir. *Luchábamos por el abatimiento del régimen dictatorial.*

abatir. tr. **1.** Bajar o inclinar (una cosa o una parte del cuerpo). *La gaviota tomó tierra y abatió las alas. Abatir el respaldo del asiento.* **2.** Derribar (algo o a alguien) o hacer que caiga. *En el torneo, el caballero de la divisa azul abatió al contrario. Los misiles han abatido un avión de guerra.* Tb. fig. *El objetivo de la oposición es abatir al presidente.* **3.** Desanimar o quitar los ánimos (a alguien). *La pérdida del perro lo abatió mucho.* ○ intr. prnl. **4.** Precipitarse, o descender con violencia, sobre algo o alguien. *El halcón se abate* SOBRE *su presa.* Tb. fig. *La desgracia se ha abatido* SOBRE *la familia. Una tormenta se abatió* SOBRE *la ciudad.*

abdicación. f. Hecho de abdicar. *Fue proclamado rey tras la abdicación de su padre. Eso supondría una abdicación* DE *mis principios.*

abdicar. tr. **1.** Ceder un soberano, espec. un rey, la soberanía (de su reino o su corona) a otra persona. *El zar abdicó el trono* EN *su hijo.* Tb. usado en constr. intr. *Carlos V abdicó en 1555.* **2.** Renunciar (a algo propio, espec. ideas o creencias). Más frec. usado en constr. intr. *No lograron que abdicara* DE *sus ideas.*

abdomen. m. **1.** *Anat.* Vientre (cavidad del cuerpo de los vertebrados, o parte exterior de esta). *El canguro tiene una bolsa en el abdomen. El herido presenta cortes en el abdomen.* **2.** *Zool.* En animales invertebrados: Parte inferior que sigue al tórax. *El cuerpo del insecto consta de cabeza, tórax y abdomen.* ► **1:** *VIENTRE.

abdominal. adj. Del abdomen. *Músculos abdominales. Dolores abdominales.*

abducción. f. Secuestro de seres humanos realizado por extraterrestres. *Dice haber sufrido una abducción.*

abductor, ra. adj. *Anat.* Que hace que un miembro u otro órgano se muevan alejándose del eje central del cuerpo. *Para abrir las piernas movemos los músculos abductores.* Dicho de músculo, tb. m. *Sufre una contractura en el abductor de la pierna derecha.*

abecé. m. **1.** Abecedario (serie de letras). *Los niños recitan el abecé con su maestra.* **2.** Conjunto de principios básicos de algo, espec. de una ciencia o técnica. *Con este manual aprenderás el abecé de la fotografía.* ► **1:** *ABECEDARIO.

abecedario. m. **1.** Serie ordenada de las letras de un idioma. *Para manejar un diccionario hay que conocer bien el abecedario.* **2.** Cartel o libro con las letras del abecedario (→ 1), que sirven para enseñar a leer. ► **1:** ABECÉ, ALFABETO.

abedul. m. Árbol de tronco esbelto, corteza lisa y blanquecina, y hoja caduca de borde dentado. *Junto al río hay un bosque de abedules.* Tb. su madera. *Contrachapado de abedul.*

abeja. f. Insecto volador de color pardo negruzco, que vive en colonias donde hay una única hembra fecunda, muchos machos y muchísimas hembras estériles que producen cera y miel. *Las abejas macho, o zánganos, carecen de aguijón.* ■ **~ obrera.** f. Abeja hembra que no puede reproducirse y que fabrica cera y miel. *Las abejas obreras construyen los panales y alimentan a las larvas.* ⇒ OBRERA. ■ **~ reina.** f. Abeja hembra que es la única fecunda de la colonia y no fabrica cera ni miel. *Cada enjambre tiene una sola abeja reina.* ⇒ REINA.

abejaruco. m. Ave de mediano tamaño, de pico largo y algo curvo y vistosos colores, que se alimenta de insectos, espec. de abejas. *El abejaruco hembra. Los abejarucos capturan sus presas al vuelo.*

abejorro. m. Insecto semejante a la abeja pero más grande, de cuerpo velludo, gralm. negro y con bandas amarillas, que produce zumbido al volar. *Un abejorro va de flor en flor en busca de néctar.*

abencerraje. (Frec. en mayúsc.). m. y f. histór. Miembro de una familia que rivalizaba por el poder en el reino de Granada en el s. XV. *El rey Muley Hacen ordenó matar a varios abencerrajes.*

aberración. f. **1.** Hecho o dicho aberrantes. *Gastar tanto dinero en joyas me parece una aberración.* **2.** *Fís.* Imperfección que presenta la imagen producida por un sistema óptico. *El espejo, mal pulido en la fábrica, produce aberración esférica.*

aberrante. adj. Dicho de cosa: Que se aparta de lo normal, lo natural o lo lícito. *Han cometido crímenes aberrantes.*

abertura. f. **1.** Hecho o efecto de abrir o abrirse. *La abertura del paquete requería tijeras y mucha habilidad. La "a" se realiza con una abertura mayor que la "e" y la "o".* **2.** Espacio que divide parcialmente en dos la superficie de un cuerpo y que gralm. permite el paso de algo. *El frío se colaba por una abertura de la pared. La falda lleva aberturas laterales.* ► **2:** AGUJERO, BOQUETE, BRECHA, FISURA, HENDEDURA, HENDIDURA, INTERSTICIO, OQUEDAD, ORIFICIO, RAJA, RANURA, RENDIJA, RESQUICIO. ‖ **frecAm: 2:** HENDIJA.

aberzale. adj. **1.** Seguidor o partidario del nacionalismo vasco radical. *La izquierda aberzale.* Dicho de pers., tb. m. y f. *Los aberzales formaron coalición.*

2. Del movimiento aberzale (→ 1) o de sus seguidores. *Voto aberzale.*

abeto. m. Árbol propio de regiones montañosas, de tronco recto, copa cónica, ramas horizontales y hojas perennes en aguja, del que existen varias especies, por ej.: ~ *blanco*, ~ *rojo*. *En la ladera hay pinos, abetos y otras coníferas.* Tb. su madera. *Una mesa de abeto.*

abierto, ta. part. **1.** → **abrir.** • adj. **2.** Dicho de lugar o espacio: Extenso, despejado y sin obstáculos. *La agorafobia es el miedo a los espacios abiertos. Cazan al animal en campo abierto. Pusimos rumbo a mar abierto.* **3.** Dicho de curva: Que se aparta de la línea recta de manera poco pronunciada. *En las curvas muy abiertas no hace falta cambiar de marcha.* **4.** Dicho de cosa: Que tiene sus elementos dispersos o más separados de lo normal. *Jugáis con la defensa muy abierta. El ejército atacó en orden abierto.* **5.** Franco y comunicativo. *Los italianos tienen fama de gente abierta.* **6.** Receptivo y tolerante, espec. ante lo que es nuevo o distinto. *Sus padres eran abiertos y aceptaron bien su homosexualidad. Un talante abierto.* **7.** Patente o manifiesto. *Hay escaramuzas, pero la guerra abierta no se ha declarado. Mostró su abierta oposición a los despidos.* **8.** Dicho de asunto: Pendiente de ser resuelto. *El caso sigue abierto y la policía continúa investigando.* **9.** Dicho de lista o texto: Que está incompleto y puede sufrir cambios. *El sistema de listas abiertas permite elaborar una nómina propia de candidatos. El proyecto de ley se tramita como un texto abierto.* **10.** *Fon.* Dicho de sonido o de fonema vocálicos: Que se articula con gran abertura de la boca, dejando pasar el aire sin obstáculos. *La "a" es una vocal abierta.* • m. **11.** *Dep.* Competición en que pueden participar tanto aficionados como profesionales. *Ha ganado el abierto de golf. Abierto de tenis.* ■ **en abierto.** loc. adv. *TV* Sin codificar, de manera que lo pueda ver todo el público, abonado o no. *Retransmitirán el partido de fútbol en abierto.* Tb. loc. adj. *Programas en abierto.* ▶ **11:** OPEN.

abigarrado, da. adj. **1.** De varios colores, espec. mal combinados. *Se cubría con una abigarrada manta escocesa.* **2.** Formado por elementos heterogéneos. *Una multitud abigarrada llena la plaza.*

abigarramiento. m. Cualidad de abigarrado. *El colorido es vivo, pero sin abigarramiento. Arte popular de gran abigarramiento ornamental.*

abigeo. m. Am. Ladrón de ganado. *En este municipio tuvieron su influencia bandas de abigeos y atracadores* [C]. ▶ CUATRERO.

abiótico, ca. adj. *Biol.* Dicho de medio: Que no permite la vida en él. *Si la temperatura subiera en exceso, la Tierra sería un medio abiótico.*

abisal. adj. **1.** *Geol.* Dicho de zona submarina: Que se encuentra a gran profundidad, más allá del talud continental. *Fondos abisales.* **2.** *Geol.* De la zona abisal (→ 1). *Fauna abisal.*

abisinio, nia. adj. histór. De Abisinia, hoy Etiopía. *El imperio abisinio.* Dicho de pers., tb. m. y f. *Los abisinios habitaban en el noreste de África.*

abismal. adj. **1.** Del abismo. *En las profundidades abismales las aguas son frías y oscuras.* **2.** coloq. Muy grande. Se usa con intención enfática. *La diferencia entre hacer la colada a mano o a máquina es abismal.*

abismar. tr. **1.** cult. Hundir (a alguien) en un abismo. *El ángel abisma a Satán en las simas oscuras.* **2.** cult. Sumir o sumergir (a alguien) en algo, espec. en una situación o una actividad. *Estos recuerdos lo abismaban* EN *la tristeza. Se abisma* EN *la lectura.*

abismo. m. **1.** Lugar de profundidad muy grande y peligrosa. *El automóvil frenó al borde del abismo.* Tb. fig. *Se ha sumido en un abismo de desesperación.* **2.** Diferencia muy grande entre personas o cosas. *El abismo entre pobres y ricos era cada día mayor. De este tejido a la seda hay un abismo.*

abjuración. f. Hecho de abjurar. *La abjuración de Enrique IV de Francia* DEL *calvinismo tuvo lugar en 1593.* ▶ APOSTASÍA.

abjurar. tr. **1.** Abandonar públicamente (una creencia o un compromiso). *Ha abjurado su religión.* Tb. usado en constr. intr. *Los que abjuraron fueron perdonados.* ○ intr. **2.** Seguido de un complemento introducido por *de:* Abandonar públicamente la creencia o el compromiso expresados por él. *Abjuraron de su fe y se convirtieron al islam.* Tb. fig. *El poeta dijo que abjuraba de toda su obra anterior.* ▶ *RENEGAR.

ablación. f. *Med.* Separación o extirpación de una parte del cuerpo. *En algunos países se somete a la mujer a la ablación del clítoris.*

ablandamiento. m. Hecho de ablandar o ablandarse. *La lluvia produce un ablandamiento del terreno. Piden un ablandamiento de las sanciones.*

ablandar. tr. Poner o volver blando (algo o a alguien). *La grasa ablandará la piel de las botas.* Tb. fig. *Nuestras súplicas ablandaron al profesor.* Tb. en constr. prnl. media. *Rehoga la cebolla hasta que se ablande.* Tb. fig. *Al verlo llorar, me ablandé y le levanté el castigo.* ▶ REBLANDECER.

ablativo. m. *Gram.* Caso de la declinación con que se expresa la función de complemento circunstancial. *El nominativo y el ablativo de la primera declinación tienen la misma terminación.* Tb. *caso* ~. ■ **~ absoluto.** m. *Gram.* Construcción propia del latín, formada por dos elementos en ablativo, que expresa una circunstancia con respecto a la oración a la que gralm. precede. *En clase de latín señalamos el ablativo absoluto "Rege Carolo tertio...".*

ablución. f. **1.** cult. Hecho de lavarse. Frec. en pl. con significado sing. *Por la mañana emplea media hora en sus abluciones.* **2.** En algunas religiones: Hecho de purificarse con agua. *En el patio de la mezquita hay una fuente donde los fieles hacen las abluciones.*

ablusado, da. adj. Ancho y fruncido, como una blusa. *El cuerpo del vestido no es ajustado sino ablusado.*

abnegación. f. Cualidad de abnegado. *Me admira la abnegación de esa madre.*

abnegado, da. adj. Dicho de persona: Que se sacrifica o renuncia a sus deseos o intereses por alguien o algo. *Es abnegada y trabajadora, y nunca tiene un minuto para sí misma.*

abobado, da. adj. **1.** Dicho de persona: Que parece bobo. *Se quedó mirando abobado.* **2.** Propio de la persona boba o abobada (→ 1). *Me miró con cara abobada.* ▶ **1:** *TONTO.

abocado, da. part. **1.** → **abocar.** • adj. **2.** Dicho de vino: Que tiene mezcla de seco y dulce.

abocar. intr. **1.** Desembocar en un lugar o una situación, o ir a parar a ellos. *El estrés puede abocar* A *la depresión.* **2.** Comenzar a entrar alguien o algo, espec. un barco, en un lugar, espec. en un puerto o canal. *El carguero abocaba* EN *el puerto de Brindisi.* ○ intr.

prnl. **3.** Se usa en constr. como *estar* alguien o algo *abocado a* una cosa, para expresar que esa cosa se les presenta como un fin inevitable. *La producción artesanal parecía abocada a la desaparición. Con tantas deudas, se vio abocado a pedir un préstamo.*

abocetado, da. part. **1.** → **abocetar.** ● adj. **2.** Dicho espec. de pintura: Que parece un boceto o tiene carácter de boceto. *En el cuadro, las figuras son imprecisas, casi abocetadas.*

abocetar. tr. Hacer un boceto (de algo, espec. de una obra de arte). *Abocetaba un retrato con carboncillo.*

abochornar. tr. Hacer que (alguien) sienta bochorno o vergüenza. *Nos abochorna con sus meteduras de pata.* Tb. en constr. prnl. media. *No me abochorno* DE *mi comportamiento.*

abocinado, da. part. **1.** → **abocinar.** ● adj. **2.** *Arq.* Dicho de arco o vano: Que tiene mayor anchura por una parte que por la opuesta. *Ventana abocinada. Arcos de medio punto abocinados.*

abocinar. tr. Dar (a algo) forma de bocina. *El fontanero abocinaba el tubo para hacer el empalme.*

abofetear. tr. Dar (a alguien) una o más bofetadas. *La novia lo abofeteó.* Tb. fig. *Al entrar, nos abofeteó un fuerte olor a amoniaco.* ► **Am:** CACHETEAR.

abogacía. f. **1.** Profesión de abogado. *Ejerce la abogacía desde hace años.* **2.** Conjunto de los abogados. *La abogacía reclama mejoras en el sistema judicial.*

abogado, da. m. y f. (A veces se usa **abogado** como f.). **1.** Persona legalmente capacitada para defender a otra en un juicio y para asesorarla en cuestiones legales. *El detenido solo hablará en presencia de su abogado.* **2.** Persona que habla o actúa en favor de otra. *Se ha erigido en abogada* DE *las personas sin hogar.* ■ **abogado del diablo.** m. Persona que de manera sistemática contradice o pone dificultades a lo que otro dice. Frec. en la constr. *hacer de abogado del diablo. Hacía de abogado del diablo y le sacaba fallos a todo lo que yo decía.* ■ **~ del Estado.** m. y f. Abogado (→ 1) que asesora, representa y defiende en los juicios al Estado. *Prepara oposiciones al cuerpo de abogados del Estado.* ■ **~ de oficio.** m. y f. Abogado (→ 1) que asigna el juez a una parte implicada en un juicio para que la defienda de manera gratuita. *Si no puede contratar un abogado particular, tendrá un abogado de oficio.* ► **1:** LETRADO.

abogar. intr. **1.** Defender algo. *Abogan* POR *un aumento de la seguridad. La diputada aboga* A FAVOR DE *las medidas antitabaco.* **2.** Hablar en favor de algo o de alguien. *Ella abogó* POR *el escritor cuando lo acusaron de plagio.*

abolengo. m. Ascendencia de alguien, espec. si es ilustre. *Pertenece a una familia de abolengo. Los Peláez son gente de rancio abolengo.*

abolición. f. Hecho de abolir. *Una ley establece la abolición de la esclavitud.* ► DEROGACIÓN.

abolicionismo. m. Doctrina que defiende la abolición de una ley, una norma o una costumbre, espec. la que defendía la abolición de la esclavitud. *En la Guerra de Secesión norteamericana, los estados del norte defendían el abolicionismo.*

abolicionista. adj. **1.** Del abolicionismo. *Campaña abolicionista.* **2.** Partidario del abolicionismo. *Respecto a la pena de muerte, el partido se declara abolicionista.* Dicho de pers., tb. m. y f. *Lincoln era el líder de los abolicionistas.*

abolir. (conjug. reg., aunque normalmente solo se usa en las formas cuya desinencia empieza por *i*). tr. Anular o declarar nula (una ley, una norma o una costumbre). *Piden que el Parlamento abola la pena de muerte.* Tb. fig. *No se ha conseguido abolir las diferencias entre las dos razas.* ► DEROGAR.

abolladura. f. Efecto de abollar o abollarse. *Me devolvió el coche con una abolladura en la aleta.* ► ABOLLÓN.

abollar. tr. Producir en la superficie (de algo) uno o más hundimientos, o hacer que (alguna de sus partes) quede hundida, espec. con un golpe. *Dando marcha atrás, me abolló el parachoques.* Tb. en constr. prnl. media. *Varias latas se han abollado al caer al suelo.*

abollón. m. Abolladura. *Intenté reparar el abollón de la cazuela golpeando con un martillo.*

abolsado, da. part. **1.** → **abolsarse.** ● adj. **2.** Que forma bolsas. *Lleva pantalones abolsados.*

abolsarse. intr. prnl. Tomar una cosa forma de bolsa. *El asiento de rejilla se había abolsado con los años.*

abombado, da. part. **1.** → **abombar.** ● adj. **2.** Convexo y redondeado. *La cazuela tiene una base algo abombada y se sujeta mal.*

abombamiento. m. Hecho o efecto de abombar o abombarse. *Cerciórese de que las latas de conserva no presentan abombamiento.*

abombar. tr. Dar (a algo) forma convexa. *La humedad ha abombado el tablero de la mesa.* Tb. en constr. prnl. media. *Si dejas al sol la bolsa de plástico cerrada, se abombará.*

abominable. adj. **1.** Digno de abominación. *Crímenes abominables.* **2.** Muy malo, espec. por su baja calidad. *No sé cómo pude tragar aquella abominable comida.* ► **1:** ABORRECIBLE.

abominación. f. **1.** Hecho de abominar. *Su abominación* DE *aquellas ideas le costó la cárcel.* **2.** Cosa digna de abominación (→ 1). *Han cometido todo tipo de abominaciones.*

abominar. intr. **1.** Expresar la mala consideración en que se tiene algo o a alguien, o la desaprobación que provocan. *La mayoría de los entrevistados abomina* DE *los videojuegos violentos.* **2.** Aborrecer algo o a alguien, o tenerles aversión. *De niño abominaba* DE *la verdura.* ○ tr. **3.** Aborrecer (algo o a alguien), o tener(les) aversión. *Abomina el boxeo. Era un ser abominado por todos.* ► **2, 3:** ABORRECER.

abonable. adj. Que puede o debe ser abonado o pagado. *El crédito es abonable en cinco años.*

abonado[1]. m. Hecho de abonar la tierra. *Hacemos el abonado de los campos en primavera, antes de sembrar.*

abonado[2], da. part. **1.** → **abonar. 2.** Que ha sido abonado (→ 1) o se ha abonado para disfrutar de un servicio o un espectáculo. Tb. m. y f. *Los abonados recogerán sus entradas en la taquilla. Los abonados* A *la televisión digital podrán ver el partido.*

abonar. tr. **1.** Pagar (una cosa, el dinero que cuesta o el tiempo en que se realiza). *Abone su consumición en la caja. Ya he abonado el dinero que debía. Aboné tres noches de hotel por adelantado.* **2.** Echar abono (en un cultivo). *Hemos abonado los limoneros.* **3.** Suscribir o apuntar (a alguien), mediante el pago de una cantidad, para que reciba un artículo o un servicio o para que pueda acudir a un espectáculo de manera periódica o durante un tiempo. *Te he abonado* AL *pe-*

riódico de la región. Nos hemos abonado A *un canal de noticias.* **4.** Acreditar o garantizar que (algo) se ajusta a la verdad o a la realidad. *Los hechos abonan la tesis de la conspiración.* ▶ **1:** PAGAR.

abono. m. **1.** Hecho o efecto de abonar o abonarse. *El abono de los premios se hará en efectivo. Se ha duplicado el abono* A *la televisión por cable.* **2.** Sustancia que se echa en la tierra para fertilizarla. *El estiércol se emplea como abono.* **3.** Documento en que está registrado el derecho de una persona a recibir un servicio o acudir a un espectáculo de manera periódica o durante un tiempo. *Para ahorrar, compro un abono de veinte baños para la piscina.* Tb. ese derecho. *Una corrida de abono.* **4.** frecAm. Pago parcial de un préstamo o de una compra a plazos. *Los zapatos que compré en abonos los usé hasta el fin* [C]. *Ha hecho abonos de 14 millones de sucres y hoy debe 42 millones* [C].

abordaje. m. Hecho de abordar un barco a otro, espec. con la intención de combatir. *Las cámaras filmaron el abordaje del barco ecologista.* ■ **al ~.** loc. adv. Abordando el barco al que se hace referencia. *Los bucaneros tomaban al abordaje las naves españolas.*

abordar. tr. **1.** Llegar un barco (hasta otro) y tocar(lo) o chocar (con él). *Una patrullera ha abordado la lancha de los traficantes.* **2.** Acercarse (a alguien) para hablar(le). *Por la calle me ha abordado una chica para hacerme una encuesta.* **3.** Analizar o discutir (un asunto, espec. un problema), frec. para solucionar(lo). *En la reunión abordarán el problema del transporte urbano. El curso aborda algunos aspectos del bilingüismo.* **4.** Empezar a ocuparse (de algo). *Abordó el proyecto con entusiasmo.* **5.** frecAm. Subir una persona (a un medio de transporte). *Pensó que le convenía abordar el ómnibus lejos del centro* [C].

aborigen. adj. **1.** Dicho de persona o colectividad: Habitante de un lugar, anterior al establecimiento de los pobladores posteriores. *Los colonizadores adoptan costumbres de los pueblos aborígenes.* Dicho de pers., tb. m. y f. *En la Amazonia perviven tribus de aborígenes. Un aborigen ha conseguido un escaño en el parlamento australiano.* **2.** Dicho de especie animal o vegetal: Originaria del lugar en que habita. *Plantas aborígenes de la flora ibérica.*

aborrecer. (conjug. AGRADECER). tr. **1.** Sentir aversión o rechazo (hacia alguien o algo). *Después de horas esperando, aborrecía aquella sala. Aborrece a su jefe.* **2.** Abandonar un animal, espec. un ave, (el nido o las crías). *Dijo que si tocábamos a los polluelos, la madre los aborrecería.* ▶ **1:** ABOMINAR.

aborrecible. adj. Digno de ser aborrecido o detestado. *Un aborrecible bloque de pisos tapa el paisaje. Tu vecino me resulta aborrecible.* ▶ ABOMINABLE.

aborrecimiento. m. Sentimiento de aversión o rechazo hacia alguien o algo. *Su aborrecimiento hacia mí es evidente. Le tiene aborrecimiento a la leche.*

aborregado, da. part. **1.** → **aborregarse.** ● adj. **2.** Dicho de cosa: Semejante a un conjunto de vellones de lana. *Un cielo cubierto de nubes aborregadas.* **3.** Dicho de persona o de animal: Que reúne características atribuidas al borrego, como la mansedumbre o el gregarismo. *El quinto de la tarde fue flojo y aborregado. Son gente aborregada y servil.*

aborregarse. intr. prnl. **1.** Adquirir algo, espec. las nubes, aspecto aborregado. *En el horizonte, las nubes se aborregaban.* **2.** despect. Volverse alguien manso como un borrego, o dejar de tener ideas u opiniones propias y empezar a seguir las de los demás. *Su jefe lo tiene dominado y él se aborrega cada día más.*

abortar. intr. **1.** Expulsar una hembra el feto, de manera natural o provocada, antes de que este termine su desarrollo. *La mujer sufrió una caída y abortó. No quería tener el niño y decidió abortar.* ○ tr. **2.** Interrumpir o detener el desarrollo (de algo). *Al ver el peligro, el capitán abortó la operación.*

abortista. adj. Partidario de la práctica legal y libre del aborto. *Asociación abortista.* Dicho de pers., tb. m. y f. *Los abortistas reclaman la despenalización.*

abortivo, va. adj. Que sirve para hacer abortar. *Fármaco abortivo.* Dicho de sustancia o producto, tb. m. *La píldora es un conocido abortivo.*

aborto. m. **1.** Hecho o efecto de abortar. *Debe hacer reposo porque hay riesgo de aborto. La torre de control ordenó el aborto del despegue.* **2.** Persona o cosa muy feas y que causan repulsión o asco. Frec. despect. *Se cree muy guapa, pero a mí me parece un aborto.*

abotagamiento. m. Abotargamiento. *Después de comer tengo sensación de abotagamiento.*

abotagarse. intr. prnl. Abotargarse. *Con la edad, los rasgos se le han abotagado. Despertó de la siesta abotagado.*

abotargamiento. m. Hecho o efecto de abotargarse. *Después de horas en pie, el abotargamiento de los pies es insoportable.* ▶ ABOTAGAMIENTO.

abotargarse. intr. prnl. Hincharse alguien o una parte de su cuerpo, o aumentar de volumen. *El rostro se le ha abotargado a causa del vino. Después de llorar, tenía la cara roja y abotargada.* ▶ ABOTAGARSE.

abotinado, da. adj. Dicho de calzado: Que cubre el empeine, a modo de botín. *Lleva zapatos abotinados.*

abotonadura. f. Botonadura. *La chaqueta del uniforme tiene abotonadura dorada.*

abotonar. tr. Cerrar (una prenda de vestir) metiendo los botones por sus ojales. *Me pidió que le abotonara el vestido. Se abotonó la camisa.*

abovedado, da. part. **1.** → **abovedar.** ● adj. **2.** Que tiene bóveda. *La iglesia es abovedada.* **3.** Que tiene forma de bóveda. *Techo abovedado.*

abovedar. tr. Cubrir (un espacio o un edificio) con una bóveda. *Los constructores abovedaron la nave central de la iglesia.*

abra. f. Pequeña bahía o entrada del mar en la costa. *Fondearon en una pequeña abra desierta.*

abracadabra. m. Palabra cabalística a la que se atribuyen poderes mágicos. *El mago dijo "abracadabra" e hizo desaparecer la paloma.*

abracadabrante. adj. humoríst. Muy sorprendente o desconcertante. *Tuvo una de sus salidas abracadabrantes que dejan a todo el mundo perplejo.*

abrasador, ra. adj. Que abrasa. *El sol abrasador del desierto. Un deseo abrasador. Sed abrasadora.*

abrasamiento. m. Hecho o efecto de abrasar o abrasarse. *La falta de salidas de emergencia causó el abrasamiento de las víctimas.*

abrasar. tr. **1.** Quemar (algo o a alguien) intensamente o por completo. *Las llamas abrasaron el edificio. Aleja el soplete, que me vas a abrasar. El tabasco me abrasaba la lengua. El sol abrasa los campos.* Tb. en constr. prnl. media. *El pinar se ha abrasado. Me he abrasado la mano con la estufa.* **2.** Apoderarse (de alguien) un sentimiento intenso. *Me abrasan los celos.* Tb. en constr. prnl. media. *Me abrasaba* DE *ganas de oír su voz.* **3.** Producir la sed su efecto intensamente (en alguien). *Después de horas caminando, nos abrasaba la sed.* ○ intr. **4.** Quemar algo mucho. *El agua de la ducha abrasa.* ▶ **1, 4:** *QUEMAR.

abrasión. f. **1.** *tecn.* Desgaste de un cuerpo producido por fricción o roce de otro. *Las partículas arrastradas por el agua del mar producen abrasión en las rocas.* **2.** *Med.* Herida superficial producida por roce, por golpe o por quemadura. *La motocicleta arrastró al piloto, causándole abrasiones en los brazos.*

abrasivo, va. adj. **1.** De la abrasión. *Las piedras que se deslizan con el glaciar tienen un efecto abrasivo sobre la montaña.* **2.** Que sirve para pulir o limpiar mediante abrasión un cuerpo o superficie. *Limpie el aparato con un producto no abrasivo. Líquido abrasivo.* Dicho de sustancia o producto, tb. m. *La piedra pómez es un abrasivo.*

abrazadera. f. Pieza, gralm. en forma de anillo, que sirve para sujetar algo rodeándolo. *Encajó el tubo en la tubería del gas, asegurándolo con una abrazadera.*

abrazar. tr. **1.** Rodear (a alguien) con los brazos en señal de cariño. *Al despedirnos me abrazó. Los amigos se abrazaban con alegría.* **2.** Rodear (algo) con los brazos. *El niño abrazó con fuerza la almohada.* **3.** Rodear (una cosa) con otra que sirve para sujetar(la). *La peluquera separa los mechones de pelo y los abraza* CON *un papel de plata.* **4.** Rodear una cosa (a otra) para sujetar(la). *Se rompió la goma que abrazaba los billetes.* **5.** Empezar a seguir alguien (una doctrina, una opinión o una conducta). *Ha abandonado su religión para abrazar el budismo. Abrazaba siempre las ideas más innovadoras.* ○ intr. prnl. **6.** Rodear algo o a alguien con los brazos, sujetándose a ellos fuertemente. *El niño se abrazaba llorando* A *las piernas de su madre.*

abrazo. m. Hecho de abrazar o rodear algo o a alguien con los brazos. *En el andén, padre e hijo se dieron un abrazo.*

abrebotellas. m. Utensilio que sirve para quitar las chapas de las botellas. *El camarero debe llevar su propio abrebotellas.* ▶ ABRIDOR. || **Am:** DESTAPADOR.

abrecartas. m. Utensilio puntiagudo semejante a un cuchillo, pero menos afilado, que sirve para abrir los sobres de las cartas. *En el escritorio hay un abrecartas.*

ábrego. m. Viento templado y húmedo que sopla del Sudoeste. *El ábrego dejará lluvias en la Península Ibérica.*

abrelatas. m. Instrumento que sirve para abrir las latas de conserva. *La navaja multiuso incluye abrelatas y sacacorchos.* ▶ ABRIDOR.

abrevadero. m. Lugar, gralm. un pilón o un tramo de río, donde abrevan los animales. *Construyeron un abrevadero de piedra junto al manantial. La charca sirve de abrevadero a las vacas.*

abrevar. intr. **1.** Beber un animal. *En el remanso abrevan corzos y jabalíes.* ○ tr. **2.** Dar de beber (a un animal). *El pastor abrevaba sus ovejas en un riachuelo.*

abreviación. f. **1.** Hecho o efecto de abreviar o hacer algo más breve. *La llamaban "Sole", que es la abreviación de "Soledad".* **2.** *Ling.* Procedimiento de reducción de una palabra o de una expresión mediante la supresión de determinadas letras o sílabas de su escritura completa. *Las abreviaturas y las siglas son dos formas de abreviación.*

abreviado, da. part. **1.** → **abreviar.** ● adj. **2.** Que es más breve o más corto de lo normal. *El juicio se hará por procedimiento abreviado. Un cursillo abreviado de paracaidismo.*

abreviar. (conjug. ANUNCIAR). tr. **1.** Hacer (algo) más breve. *El artículo es muy largo, deberías abreviarlo un poco.* ○ intr. **2.** Actuar brevemente o más brevemente. *Abrevia, que no llegamos.*

abreviatura. f. Representación gráfica abreviada de una palabra o grupo de palabras que consiste en una o varias de sus letras seguidas gralm. de un punto. *El diccionario tiene una lista de abreviaturas.*

abridor, ra. adj. **1.** Que abre o sirve para abrir. ● m. **2.** Abrebotellas. *Necesito un abridor para los refrescos.* **3.** Abrelatas. *¿Me pasas el abridor para esta lata?*

abrigar. tr. **1.** Defender o proteger del frío (algo o a alguien) cubriéndo(los) con una cosa. *Vio que tenía frío y la abrigó* CON *una manta. Se abrigó los pies* CON *dos pares de calcetines. Abrígate para salir.* **2.** Proteger una cosa del frío (algo o a alguien). *Una rebeca no te abriga mucho.* Tb. usado en constr. intr. *Este jersey es de los que abrigan.* **3.** Tener (un deseo, una esperanza o un sentimiento). *Abrigaba el sueño de ser escritor. Abrigo sospechas sobre su honradez.*

abrigo. m. **1.** Prenda de abrigo (→ 2) gralm. larga, con mangas y abierta por delante, que se pone encima de las demás prendas. *Lleva un abrigo de lana hasta las rodillas.* **2.** Hecho de abrigar o abrigarse. *Con el abrigo de las mantas, se puso a leer en el sofá. Prendas de abrigo.* **3.** Lugar resguardado o defendido del viento. *Los escaladores se refugiaron en un abrigo.* ■ **al ~ de.** loc. prepos. **1.** Detrás de, o bajo la protección de. *El pueblo está en un valle al abrigo de la montaña.* Tb. fig. *Los documentos han sido robados al abrigo de la noche.* **2.** A salvo de, o a cubierto de. *Encontramos una cueva al abrigo de la lluvia.* Tb. fig. *Su coartada lo deja al abrigo de toda sospecha.* ■ **de ~.** loc. adj. coloq. Temible. *Es un niño de abrigo.*

abril. m. **1.** Cuarto mes del año. *Este año la Semana Santa cae a principios de abril. Aquel fue un abril lluvioso.* ○ pl. **2.** Años de edad de una persona joven. *Solo tenía dieciséis abriles cuando lo conocí.* A veces en sent. irónico. *El ganador de la carrera tiene 79 abriles.* ▶ **2:** *AÑO.

abrillantador, ra. adj. Que abrillanta o sirve para abrillantar. *Pasan la máquina abrillantadora por el vestíbulo del hotel. Líquido abrillantador.* Dicho de instrumento o sustancia, tb. m. *Un bote de abrillantador de suelos.*

abrillantar. tr. Poner brillante (algo). *Limpie y abrillante la plata con un paño suave. Abrillantar los suelos.*

abrir. (part. **abierto**). tr. **1.** Hacer que el interior (de algo) quede comunicado con el exterior. *Si abres la cocina saldrá el humo. El mando permite abrir el coche a distancia. Abre el cajón y guarda esto. Abrió el sobre y leyó la carta. No puedo abrir los ojos.* Tb. en constr. prnl. media. *La lata de galletas cayó al suelo y se abrió.* **2.** Poner (una puerta, una tapa, un cerrojo o algo similar) en la posición que deja una cosa comunicada con el exterior. *Abre la ventana, que hace calor. Se pilló al abrir la tapa del baúl. Trata de abrir el cerrojo. Si abro las cortinas, entra mucho sol.* Tb. en constr. prnl. media. *La ventana se abrió con el aire. Mientras conducía se abrió la portezuela.* **3.** Separar (los párpados, los labios, o los dientes). *Abrió los labios para decir algo.* **4.** Separar los extremos libres (de dos miembros del cuerpo), o de dos partes (de una cosa) articuladas por el otro extremo. *El ejercicio consiste en abrir y cerrar las piernas y los brazos. Al abrir las tijeras se pinchó. Abrió la navaja y lo amenazó. Abre un poco el compás.* **5.** Separar las hojas (de un libro, cuaderno u objeto similar) de manera que se puedan ver las páginas interiores. *Abrió el libro y leyó el poema.* Tb. en constr. prnl. media. *Se le cayó el bloc de dibujo y se abrió por tu retrato.* **6.** Separar las hojas unidas (de un libro) cortando los bordes. *Dame un cuchillo para abrir el libro.* Tb. referido a las hojas. *Abría las hojas de un libro con un cuchillo.* **7.** Cortar o partir (un cuerpo sólido) o dividir su superficie. *Para el postre, abriremos el melón. El cirujano abrió la piel con un pequeño bisturí.* Tb. en constr. prnl. media. *La tierra se abrió bajo sus pies. Con la humedad, la madera se abre.* **8.** Hacer (una abertura, un paso o un camino). *La bomba abrió un boquete en la pared. Los prisioneros abrieron un túnel. Han abierto un camino en la selva.* **9.** Hacer que deje de estar obstruido (algo, espec. una abertura o un conducto). *El conducto está obstruido y tendremos que abrirlo.* **10.** Permitir el paso (por un lugar, espec. una vía o camino). *Han vuelto a abrir al tráfico la calle Mayor. La nieve obligó a cerrar el puerto, pero lo han vuelto a abrir.* Tb. fig. *Los exámenes de acceso abren el camino a muchos alumnos.* **11.** Permitir (el paso) apartando los obstáculos que lo impiden. *Abran paso, por favor.* **12.** Poner (un grifo o dispositivo similar) en la posición que permita el paso de fluido. *Abre bien el grifo para que salga abundante agua. Abre la llave de paso del gas.* **13.** Permitir el paso (de fluido) mediante un grifo o dispositivo similar. *Abre el gas y enciende el calentador.* **14.** Extender (algo que estaba doblado o plegado). *Abre la mano. Abrió el paraguas porque empezaba a llover. El pavo real abrió la cola.* **15.** Hacer que (un grupo o sus elementos) se separen o dejen de formar un conjunto compacto. *El general ordenó a sus soldados abrir las filas.* **16.** Dar comienzo (a algo). *Abrió el debate con esta pregunta. La Universidad ha decidido abrir más tarde el plazo de matriculación.* **17.** Dar comienzo a la actividad (de un establecimiento u organismo). *Han abierto un negocio. El lunes próximo se abre de nuevo el Parlamento.* **18.** Ir en primer lugar (en una marcha o en una sucesión de personas o cosas). *La reina de las fiestas abría el desfile. El reportaje del lince abre la serie sobre la fauna ibérica.* **19.** Ingresar dinero en un banco y hacer otras gestiones necesarias para empezar a tener (una cuenta bancaria). *He abierto una cuenta de ahorro en el banco de la esquina.* **20.** Producir (una herida). *Me golpeó abriéndome varias heridas. La guerra había abierto demasiadas llagas.* Tb. en constr. prnl. media. *Se me ha abierto una herida en la pierna.* **21.** Separar los bordes (de una herida). *La herida había cicatrizado en falso y me la han vuelto a abrir.* Tb. fig. *Las heridas morales se abren con facilidad.* Tb. en constr. prnl. media. *La herida parecía curada, pero se me ha vuelto a abrir.* **22.** *Fon.* Pronunciar (un sonido o fonema vocálicos) con mucha abertura de la boca y separando los órganos articulatorios. *En esta región tienden a abrir la "e", que suena casi como "a".* ○ intr. **23.** Poder ser abierto (→ 1, 2, 4 y 14) algo, espec. un recipiente, una puerta o un objeto articulado o plegable. *Esta cerradura abre muy mal. La ventana no abre y pasamos mucho calor. El cajón del centro no abre. Este compás abre fatal.* **24.** Pasar una flor a tener los pétalos separados. *Ya han abierto las flores de la retama.* Frec. prnl. *La margarita se abre al salir el sol.* **25.** Comenzar su actividad un establecimiento u organismo. *La tienda abre a las diez y cierra a las ocho. Son muchas las empresas inmobiliarias que abren en esta época de expansión del sector.* **26.** Empezar a clarear el día o el cielo. *Se levantaba antes de que abriera el día. Estaba muy nublado, pero parece que quiere abrir.* **27.** En algunos juegos de cartas: Empezar un jugador haciendo su apuesta. *–Abro con cien. –Veo tus cien y cien más.* ○ intr. prnl. **28.** Tomar un vehículo o su conductor una curva arrimándose a su parte exterior. *Al tomar la curva, no te abras tanto.* **29.** Contar una persona a otra sus problemas o preocupaciones. *Era muy callado, pero una tarde se abrió* CON *nosotros.* **30.** coloq. Irse de un lugar. *Bueno, chicos, yo me abro. A las cinco me abro, que tengo que estudiar.*

abrochar. tr. Cerrar (una prenda de vestir o una parte de ella) con botones, corchetes u otro tipo de cierre. *Se empeña en abrocharle las camisas hasta arriba. Abróchate los pantalones.* Tb. usado en constr. intr. *No te abroches, que hace calor.*

abrogación. f. *Der.* Hecho de abrogar. *Piden la abrogación de la Ley.*

abrogar. tr. *Der.* Abolir o declarar nula (una ley). *El Gobierno abrogará esa ley por su impopularidad.*

abrojo. m. Planta espinosa que crece en tierras sin cultivar y de la que existen varias especies. *Se ha pinchado con los abrojos que había en la cuneta.*

abroncar. tr. **1.** coloq. Regañar o reñir (a alguien). *Lo abroncan cada vez que llega tarde a cenar.* **2.** coloq. Expresar el público su enfado o su desacuerdo con el desarrollo de un espectáculo (a sus responsables). *Los aficionados abroncaron al árbitro al final del partido.*

abrótano. m. Planta aromática, de hojas grisáceas y flores amarillas, que tiene propiedades medicinales. Tb. ~ *macho. El abrótano macho se usa para tónicos capilares.*

abrumador, ra. adj. Que abruma. *Tener tanto trabajo atrasado resulta abrumador.* Frec. con intención enfática. *Se votó de forma abrumadora a favor de la Constitución.*

abrumar. tr. Agobiar (a alguien). *El exceso de obligaciones la abruma. El jefe nos está abrumando* CON *tanto trabajo.* ▶ *AGOBIAR.

abrupto, ta. adj. **1.** Dicho de terreno: Desigual, de mucha pendiente y difícil tránsito. *Un abrupto barranco nos impedía continuar.* **2.** Violento o brusco. *Sienten una abrupta sacudida y el tren se detiene.* Tb. fig. *La llegada del bebé supuso un cambio abrupto en nuestras vidas.*

ABS. (sigla; pronunc. "a-be-ese"). m. *Mec.* En un automóvil: Sistema de frenado que evita el bloqueo de las ruedas. *Los nuevos modelos van equipados con ABS.* Frec. en aposición. *Frenos ABS.*

absceso. m. *Med.* Acumulación de pus en los tejidos orgánicos. *La infección de la herida le produjo un absceso.*

abscisa. f. *Mat.* Coordenada horizontal, que sirve, junto con la ordenada, para determinar la posición de un punto en el plano. *El valor de "x" en una función se representa en el eje de abscisas.* Tb. el eje de abscisas (→ **eje**). *En un plano cartesiano, la abscisa es el eje horizontal.*

absenta. f. Ajenjo (licor). *Ten cuidado con la absenta, que es muy fuerte.* ▶ AJENJO.

absentismo. m. Ausencia deliberada de un lugar al que se debe acudir, espec. del lugar de trabajo. *La gente se queja del absentismo de los parlamentarios. Absentismo laboral.* ▶ **frecAm:** AUSENTISMO.

absentista. adj. **1.** Del absentismo. *El fenómeno absentista dio el triunfo al "no" en el referéndum.* **2.** Que practica el absentismo. *Diputados absentistas.* Tb. m. y f. *Los absentistas podrían perder su empleo.*

ábside. m. *Arq.* En una iglesia: Parte abovedada y gralm. semicircular, que sobresale en la fachada posterior y en la que originalmente se situaba el altar. *Un ábside remata la nave central de la iglesia románica.*

absidiolo. m. *Arq.* En una iglesia: Ábside pequeño, gralm. adosado al principal. *En el ábside de la catedral gótica se abren radialmente pequeñas capillas, o absidiolos.*

absolución. f. Hecho de absolver. *El abogado defensor ha pedido la absolución de su cliente.*

absolutamente. adv. De manera absoluta. *La sala está absolutamente vacía.* A veces con intención enfática. *No tengo absolutamente nada que hablar contigo.*

absolutismo. m. Sistema de gobierno absoluto. *El absolutismo se desarrolló en Europa entre los siglos* XVI *y* XIX.

absolutista. adj. **1.** Del absolutismo. *Régimen absolutista. Monarca absolutista.* **2.** Partidario del absolutismo. *Políticos absolutistas.* Dicho de pers., tb. m. y f. *Los revolucionarios franceses luchaban contra los absolutistas.*

absoluto, ta. adj. **1.** Completo y sin ninguna restricción. *En la sala de lectura el silencio es absoluto. La casa estaba en un estado de abandono absoluto. El enfermo debe guardar absoluto reposo.* **2.** Dicho de cosa: Que se considera excluyendo cualquier relación o comparación con otra u otras. *La natalidad creció algo en términos absolutos, pero en términos relativos sigue bajando.* **3.** Dicho de sistema de gobierno: Que reúne todos los poderes sin limitación en una sola persona, espec. en un monarca. *La Revolución acabó con la monarquía absoluta.* Tb. referido a sus gobernantes o al poder que ejercen. *Fernando VII fue un monarca absoluto.* ■ **en absoluto.** loc. adv. De ninguna manera. Se usa para negar enfáticamente, o como refuerzo de una negación. *–¿Te molestó lo que te dije? –En absoluto. No estoy en absoluto de acuerdo.* ▶ **1:** *COMPLETO.

absolutorio, ria. adj. Que absuelve o sirve para absolver. *El veredicto ha sido absolutorio.*

absolver. (conjug. MOVER; part. **absuelto**). tr. **1.** Declarar (a un acusado) no culpable. *El jurado absuelve al acusado* DEL *delito de asesinato.* **2.** *Rel.* En la confesión: Perdonar el sacerdote (al penitente) sus pecados. *Le dijo que rezara tres padrenuestros y lo absolvió* DE *sus pecados.*

absorbente. adj. **1.** Dicho de cosa: Que absorbe. *Para que la fritura desprenda bien el aceite, póngala sobre papel absorbente. Tiene un trabajo muy absorbente.* **2.** Dicho de persona: Que trata de acaparar la atención y el interés de otro u otros. *Su novia es muy absorbente.*

absorber. tr. **1.** Atraer una sustancia sólida (otra sustancia, espec. líquida) de manera que penetre y quede retenida en ella. *La bayeta absorbió el café que se cayó en la mesa. El pan absorbe el aceite.* **2.** Incorporar una entidad (otra que desaparece dentro de ella). *La multinacional ha absorbido a la empresa peruana.* **3.** Atraer la atención (de alguien) o mantener (a esa persona) ocupada por completo. *Cuando me pongo a coser, la labor me absorbe por completo. El trabajo la absorbe.* **4.** *Fís.* Retener o conservar un cuerpo (las radiaciones que lo atraviesan). *La capa de ozono absorbe las radiaciones ultravioletas del Sol.* **5.** *Biol.* Recibir un tejido o una célula (materias externas) para asimilar(las). *El organismo absorbe los nutrientes.* ▶ **1:** EMBEBER, EMPAPAR.

absorción. f. Hecho de absorber. *Aplique el líquido en la madera y frote con un paño hasta su total absorción. Se oponen a la absorción de su empresa por una multinacional.*

absorto, ta. adj. **1.** Completamente atento a algo, espec. a una actividad intelectual o contemplativa, y sin hacer caso a nada más. *Se quedó absorta contemplando el cuadro. Está absorto* EN *sus pensamientos.* **2.** Admirado o asombrado. *La inteligencia de sus comentarios deja absortos a sus maestros.* ▶ **2:** *ATÓNITO.

abstemio, mia. adj. Que no toma bebidas alcohólicas. *A ella no le pongas vino, que es abstemia.* Tb. m. y f. *Para los abstemios habrá zumos y agua.*

abstención. f. Hecho de abstenerse, espec. en una votación. *La abstención ha subido en estas elecciones. Hay cuarenta votos a favor y cinco abstenciones. En el ramadán se practica la abstención* DE *alimento.*

abstencionismo. m. Actitud o práctica de abstenerse, espec. en una votación. *Se hacen campañas para evitar el abstencionismo en las elecciones.*

abstencionista. adj. Que practica o defiende el abstencionismo. *El electorado abstencionista.* Dicho de pers., tb. m. y f. *El político pide a los abstencionistas que acudan a votar.*

abstenerse. (conjug. TENER). intr. prnl. **1.** Renunciar a algo, o dejar de hacerlo de manera voluntaria. *Absténgase* DE *beber alcohol mientras toma el medicamento.* **2.** No participar en una votación. *Muchos votantes se han abstenido.*

abstinencia. f. **1.** Hecho de abstenerse de algo, espec. de tomar un alimento, bebida o droga. *La abstinencia* DE *nicotina produce irritabilidad en el fumador.* **2.** *Rel.* Abstinencia (→ 1) de tomar determinados alimentos o bebidas para cumplir con un precepto religioso. *Respeta la abstinencia y no come carne los viernes de Cuaresma.*

abstracción. f. Hecho de abstraer o abstraerse. *La abstracción permite pensar en la belleza sin recordar todas las cosas bellas.*

abstracto, ta. adj. **1.** Dicho de cualidad: Que está abstraída o considerada con independencia de la persona o cosa en que se encuentra. *La bondad es un concepto abstracto con realización concreta en cada individuo.* **2.** Dicho de arte o de obra artística: Que emplea líneas, formas, materias y colores por sí mismos, sin intención de representar seres o cosas del mundo material. *El arte abstracto nace a principios del siglo* XX. *Pintura abstracta.* **3.** Dicho de artista: Que cultiva el arte abstracto (→ 2). *Escultor abstracto.* Tb. m. y f. *Kandinsky fue uno de los primeros abstractos.* **4.** *Gram.* Dicho de nombre: Que designa una cualidad, una acción o un proceso. *"Belleza" y "llegada" son nombres abstractos.* ■ **en abstracto.** loc. adv. Considerando una cualidad con independencia de la persona o cosa en que se encuentra. *Resulta difícil hablar del bien y el mal en abstracto.*

abstraer. (conjug. TRAER). tr. **1.** Separar mentalmente (una cualidad) para considerar(la) independientemente de la persona o cosa en que se encuentra. *Observe los cuadros y abstraiga* DE *ellos sus rasgos comunes.* Tb. usado en constr. intr. *El ser humano no recuerda todo detalladamente, porque es capaz de abstraer.* ○ intr. prnl. **2.** Concentrarse alguien en sus propios pensamientos sin prestar atención a lo que lo rodea. *No puedo estudiar porque no me abstraigo* DEL *ruido que hay en la sala. Cuando se sienta a escribir, se abstrae por completo.*

abstraído, da. part. **1.** → **abstraer.** ● adj. **2.** Que denota abstracción o falta de atención. *Me miró con aire abstraído, ausente.*

abstruso, sa. adj. cult. Difícil de comprender. *El texto está escrito en un lenguaje abstruso.*

absurdo, da. adj. **1.** Dicho de cosa: Que no tiene sentido, o que es contraria a la razón. *Es absurdo que apagues el ordenador si vas a volver en cinco minutos.* **2.** Dicho de persona: Que actúa sin lógica. *No seas absurdo.* ● m. **3.** Cosa absurda (→ 1). *Que me acusasen de falsificar mi propia firma sería un absurdo.*

abubilla. f. Ave de mediano tamaño, cuerpo rojizo, pico largo y curvo, alas y cola negras con franjas blancas, y un penacho de plumas eréctiles en la cabeza. *La abubilla macho. Una abubilla picotea en el suelo buscando gusanos.*

abuchear. tr. Expresar alguien, espec. un grupo de personas, su enfado o su desacuerdo (con una persona o cosa que están presentes) mediante gritos, silbidos y otros ruidos. *Los aficionados abuchean al equipo visitante.*

abucheo. m. Hecho de abuchear. *Abandonó la sala en medio del abucheo de los estudiantes.*

abuelo, la. m. y f. **1.** Respecto de una persona: Padre o madre de su padre o de su madre. *La abuela adora a su nieto.* **2.** coloq. Persona anciana. *En el café hay dos abuelos jugando al ajedrez.* Frec. se usa como tratamiento. *Abuela, ¿quiere que le ayude a llevar las bolsas?* ○ m. pl. **3.** Abuelo (→ 1) y abuela. *Si salen por la noche, llevan al niño a casa de sus abuelos.* **4.** Mechones cortos de la nuca. *Cuando se hace moño, le quedan sueltos los abuelos.* ■ **no tener,** o **no necesitar, abuela.** loc. v. coloq. Se usa para criticar a alguien que se alaba mucho a sí mismo. *–La verdad es que hoy estoy realmente guapa. –Tú no necesitas abuela, ¿eh?*

abuhardillado, da. adj. Que tiene forma de buhardilla. *El desván es abuhardillado. Habitación abuhardillada.*

abulense. adj. De Ávila. *La llanura abulense.* Dicho de pers., tb. m. y f. *Los abulenses homenajearán a Santa Teresa, su ilustre paisana.* ▶ AVILÉS.

abulia. f. Falta de voluntad. *Debes vencer la abulia y empezar a tomar decisiones.*

abúlico, ca. adj. **1.** Que tiene abulia. *A final de curso los alumnos están algo abúlicos.* **2.** Que manifiesta o implica abulia. *Lleva una vida triste y abúlica.*

abultado, da. part. **1.** → **abultar.** ● adj. **2.** Grande o que tiene mucho volumen. *Va con una abultada carpeta bajo el brazo. Labios abultados.* **3.** Grande o importante. *El club tiene una abultada deuda.*

abultamiento. m. **1.** Hecho o efecto de abultar. *La investigación prueba que hubo un abultamiento de los beneficios.* **2.** Bulto o parte de una superficie que se eleva o sobresale. *Esos abultamientos de la piel son solo ampollas.*

abultar. intr. **1.** Ocupar espacio. *El paracaídas abulta poco al doblarlo.* ○ tr. **2.** Hacer que aumente el volumen (de algo). *La ropa sucia abulta la mochila.* **3.** Exagerar (algo), o hacer que parezca más grande o más importante de lo que es en realidad. *Acusan al Gobierno de abultar las cifras de creación de empleo.*

abundancia. f. **1.** Gran cantidad. *Este diccionario tiene gran abundancia* DE *ejemplos.* Frec. en la constr. *en ~. Hay comida en abundancia. En la sierra nevará en abundancia.* **2.** Riqueza o prosperidad. *No digas que vivimos en la abundancia, cuando casi no llegamos a fin de mes.* ■ **nadar en la ~.** loc. v. Ser muy rico. *No es que nademos en la abundancia, pero vivimos bien.*

abundante. adj. **1.** Que abunda. *La abundante nieve caída ayer dificulta la circulación. Una dieta abundante* EN *fibra.* **2.** Referido a un nombre en plural: Muchos. *Tiene abundantes razones para actuar así.* ▶ **2:** *MUCHOS.

abundar. intr. **1.** Existir algo o alguien en gran cantidad. *En el parque abundan las ardillas. Entre los encuestados abunda la desconfianza.* **2.** Tener algo o alguien una cosa en gran cantidad. *Andalucía abunda* EN *olivares.* **3.** Compartir alguien una idea o una opinión de otra persona. *Yo abundo* EN *la opinión del compañero que ha intervenido antes.*

abur. interj. Adiós. Se usa como despedida. *–Hasta el lunes. –¡Abur!*

aburguesamiento. m. Hecho o efecto de aburguesarse. *El crecimiento de las clases medias produjo un aburguesamiento del arte.*

aburguesarse. intr. prnl. Tomar alguien o algo carácter burgués. *Acusan a los líderes sindicales de haberse aburguesado. Sus costumbres se aburguesaron.*

aburrición. f. frecAm. coloq. Aburrimiento. *Aquí nadie se muere de aburrición* [C].

aburrido, da. part. **1.** → **aburrir.** ● adj. **2.** Que causa aburrimiento. *La película era aburrida. Tu amigo me parece muy aburrido.* ▶ **2:** PESADO, PLÚMBEO. ‖ **frecAm: 2:** ABURRIDOR.

aburridor, ra. adj. frecAm. Aburrido. *El alumno debe estudiar o tendrá que repetir ese curso tan aburridor* [C]. *Es un color cálido, pero aburridor* [C].

aburrimiento. m. Hecho de aburrirse. *Cuando me toca guardia, me llevo un libro para vencer el aburrimiento.*

aburrir. tr. **1.** Producir molestia o un estado de ánimo de cansancio (a alguien). *Me aburren las películas del oeste. Seguro que te aburro con mis batallitas.* ○ intr. prnl. **2.** Sentir cansancio o molestia debido a la falta de algo que interese, distraiga o divierta. *Llévate un libro para el viaje y así no te aburrirás.* **3.** Cansarse de alguien o algo, o hartarse de ellos. *No le compres juguetes complicados, que enseguida se aburre* DE *ellos.* ▶ **1:** HARTAR, HASTIAR. **2, 3:** HARTARSE, HASTIARSE.

abusado, da. adj. Am. Inteligente o despierto. *Eres muy listo, muy abusado para sacar provecho de los pendejos.* [C]. *El tal animalito es abusadísimo; sólo se le puede atrapar con trampas* [C]. ▶ *INTELIGENTE.

abusar. intr. **1.** Servirse de alguien o algo de manera excesiva o que se considera injusta o incorrecta. *No abuses* DEL *café, que no te sienta bien. Está abusando* DE *ti. Ha abusado* DE *mi confianza.* **2.** Obligar una persona a otra a mantener contacto sexual con ella. *Será juzgado el hombre que abusó* DE *una niña.*

abusivo, va. adj. Que implica abuso o se hace con abuso. *La pesca abusiva podría terminar con esta especie. El interés que te cobra el banco es abusivo.*

abuso. m. Hecho de abusar. *Se desaconseja el abuso* DE *carne en la dieta. Una denuncia por abusos sexuales. Abuso* DE *confianza.*

abusón, na. adj. Dicho de persona: Que abusa o se aprovecha de manera excesiva de algo o alguien. *Mi hermana mayor es muy abusona.* Tb. m. y f. *Los abusones del colegio quitaron el balón a los pequeños.*

abyección. f. cult. Cualidad de abyecto. *La dependencia de las drogas lo ha hundido en la abyección.*

abyecto, ta. adj. cult. Vil o despreciable en extremo. *Un abyecto crimen. Un torturador abyecto.*

a. C. abrev. Antes de Cristo. *La inscripción data de 190 a. C.*

acá. adv. **1.** frecAm. En este lugar. *Tenemos pensado poner la mesa acá y la estantería allá. ¿Qué estás haciendo acá?* [C]. *No estamos acá para pelearnos* [C]. *Yo acá a tu papá no lo dejo* [C]. *¿Cuántos de los industriales acá presentes pagan el 2%?* [C]. A veces precedido de prep. *De acá a Valencia se tarda muy poco. Yo salgo de acá y me muero* [C]. **2.** frecAm. A este lugar. *¿No puedes venir acá y traerme el libro? Te traemos acá porque estás muy fatigado y necesitas descansar* [C]. *¡Hágame el favor de venir acá!* [C]. A veces precedido de prep. *Arrímate hacia acá para que quepamos todos. Hasta acá llegó la onda expansiva. Viniendo hacia acá precisamente me encontré a Eugenio Mendoza* [C]. *Véngase para acá* [C]. **3.** Precedido de adverbios como *tan, más* o *muy*: Cerca con respecto a este lugar o al que se toma como referencia. *Siéntate más acá, que hay sitio. La tienda que te digo queda bastante más acá* DEL *almacén.* A veces precedido de prep. *Mi amigo es el de más acá.* **4.** Precedido de un complemento de tiempo que expresa el límite inicial: Hasta el momento en que se encuentra la persona que habla. *Desde entonces acá la situación ha cambiado mucho. De un tiempo acá no hay quien lo soporte. Del domingo acá no he vuelto a hablar con ella.* ● pron. **5.** frecAm. coloq. Esta persona. *Acá tiene razón en quejarse.* ■ **~ y allá,** o **~ y acullá.** loc. adv. cult. En diversos lugares que no se precisan. *Acá y allá crecían plantas aromáticas. La sentencia suscitó críticas acá y acullá.* (→ **acullá**). ■ **de ~ para allá.** loc. adv. De una parte a otra, sin parar de moverse. *Estoy harto de ir todo el día con el coche de acá para allá.*

acabado[1]. m. Hecho o efecto de acabar algo, espec. para que quede perfecto. *Cuando la pieza ya está tallada, dedico dos horas al acabado. El acabado del interior del coche es magnífico.*

acabado[2], da. part. **1.** → **acabar.** ● adj. **2.** Perfecto o completo. *El cuadro es uno de los más acabados ejemplos del impresionismo.* **3.** Dicho de persona: Decrépita. *No lo veía desde hace años y lo encontré muy acabado.* **4.** Dicho de persona: Que ha perdido la energía para seguir viviendo o actuando. *Desde que murió su hijo, es un hombre acabado. Como cantante, está acabado.*

acabar. tr. **1.** Hacer (una cosa) hasta el final o hacer que quede completa. *Por fin he acabado el trabajo. Si acabo pronto la carta, iré al cine.* **2.** Hacer la última parte (de una obra) poniendo cuidado para que quede perfecta. Frec. en part. *El pintor ha dejado las paredes muy bien acabadas.* **3.** Consumir o usar (algo) gastándo(lo) por completo. *¿Quién ha acabado el papel de la impresora? He acabado la tarta que sobró.* ○ intr. **4.** Llegar algo a su fin. *Hoy acaba el invierno.* Tb. prnl. *Se ha acabado el plazo de matrícula.* **5.** Tener una cosa su final de determinada manera. *La torre acaba* EN *punta. La reunión acabó* EN *una violenta disputa. Es una película bonita, pero acaba mal.* **6.** Hacer que alguien o algo desaparezcan o lleguen a su fin. *El cine sonoro acabó* CON *las estrellas del cine mudo. Las drogas han acabado* CON *su vida.* Tb. fig. *Vas a acabar* CONMIGO *a fuerza de disgustos.* **7.** Seguido de *de* y un infinitivo: Realizar por completo lo expresado por el infinitivo. *Cuando acabes de hacer los deberes, me avisas.* A veces el infinitivo está sobrentendido. *Me pillas comiendo; cuando acabe, te llamo.* **8.** Precedido de negación y seguido de *de* y un infinitivo, indica que no se consigue hacer lo expresado por el infinitivo. *Por más vueltas que le doy, no acabo de entender cómo ocurrió el accidente.* **9.** Seguido de *de* y un infinitivo, indica que lo expresado por el infinitivo ha sucedido poco tiempo antes. *Acabo de llegar hace cinco minutos. Acaban de decir en la radio que mañana lloverá.* ■ **acabáramos.** expr. Se usa para expresar que algo se aclara o se entiende por fin. *–Lo que trato de decirte es que me prestes dinero. –¡Acabáramos, haber empezado por ahí!* ■ **de nunca ~.** loc. adj. Dicho de cosa: Interminable. Con intención enfática. *Esta es una historia de nunca acabar.* ■ **san se acabó.** → **sanseacabó.** ■ **se acabó,** o **se acabó lo que se daba.** expr. coloq. Se usa para expresar que algo se ha terminado. *–Se está nublando. –Sí, se acabó lo que se daba; habrá que recoger la barbacoa.* ▶ **1:** CONCLUIR, FINALIZAR, FINIQUITAR, LIQUIDAR, REMATAR, TERMINAR, ULTIMAR. **2, 3:** TERMINAR. **4, 5:** CONCLUIR, FINALIZAR, TERMINAR. **6-8:** TERMINAR.

acabose. **el ~.** loc. s. coloq. Cosa que ha alcanzado el máximo grado en algún aspecto. Gralm. con *ser. Remató la faena con una certera estocada, lo cual fue ya el acabose.*

acacia. f. Árbol de fruto en forma de vaina y flores olorosas, frec. en racimos colgantes, que suele cultivarse como ornamental y del que existen varias especies, por ej.: *~ blanca* o *falsa, ~ rosa. Un paseo de acacias.* Tb. su madera. *Una mesa de acacia.*

academia. f. **1.** Sociedad literaria, artística o científica, gralm. con carácter oficial. *Galdós fue miembro de la Real Academia Española.* Tb. el edificio en que se reúnen sus miembros. *El insigne doctor dará una conferencia en la Real Academia de Medicina.* **2.** Centro docente, oficial o privado, en que se enseña una materia, técnica o profesión. *Una academia de idiomas. Una academia de vuelo. La academia militar.*

academicismo. m. Actitud o tendencia de quien sigue con rigor las normas clásicas o más tradicionales. Se usa espec. en arte. *Picasso abandonó pronto el academicismo.* Frec. despect. *Su obra peca de cierto academicismo.*

academicista. adj. **1.** Del academicismo, o propio de la persona academicista (→ 2). *Normas academicistas. Pintura academicista.* **2.** Partidario del academicismo o que lo practica. *La exposición no gustará al público más academicista.* Tb. m. y f. *Goya se apartó de los academicistas.*

académico, ca. adj. **1.** De una academia científica, literaria o artística. *El "Diccionario de la Lengua Española" es la más célebre de las publicaciones académicas.* **2.** De los centros oficiales de enseñanza, o de los estudios que en ellos se imparten. *Pon en el currículum tu formación académica. El curso académi-*

co comienza en septiembre. **3.** Dicho espec. de obra, estilo o autor: Que sigue con rigor las normas clásicas o más tradicionales. *Sus primeras obras son de estilo académico.* A veces despect. *Hace una pintura académica y convencional.* ● m. y f. **4.** Miembro de una academia científica, literaria o artística. *El nuevo académico leerá su discurso de ingreso en el salón de actos.*

acadio, dia. adj. histór. De un pueblo semita que habitó en la antigua Mesopotamia en el tercer milenio a. C. *Imperio acadio.* Dicho de pers., tb. m. y f. *Los acadios ocuparon el centro y el norte de Mesopotamia.*

acaecer. (conjug. AGRADECER). intr. **1.** cult. Suceder un hecho. *Los crímenes acaecieron en Zaragoza hace veinte años.* ● m. **2.** cult. Acaecimiento. *La obra narra los acaeceres de la España del XIX.*

acaecimiento. m. cult. Cosa que acaece o sucede. *Acaecimientos como el incendio del rascacielos ponen en duda la seguridad de nuestros edificios.*

acalambrar. tr. **1.** frecAm. Dar calambre (a una persona o a una parte de su cuerpo). *Los nervios me acalambraban.* ○ intr. prnl. **2.** frecAm. Sufrir calambre. *El brazo se había acalambrado* [C].

acallar. tr. **1.** Hacer callar (algo o a alguien). *El perro gemía y yo procuraba acallarlo con caricias. Nadie acallará nuestra voz.* **2.** Aplacar o calmar (algo). *Come un trozo de pan para acallar el hambre.*

acalorado, da. part. **1.** → **acalorar.** ● adj. **2.** Dicho de cosa, espec. de discusión: Apasionada o vehemente. *Hizo una acalorada defensa de su amigo. Una acalorada discusión.*

acaloramiento. m. **1.** Hecho o efecto de acalorarse o excitarse. *El acaloramiento de los diputados hizo que el presidente interrumpiera la sesión.* **2.** Sofoco (sensación repentina de calor). *Sentí tal acaloramiento que me quité el jersey y abrí la ventana.* ▶ **2:** SOFOCO.

acalorar. tr. **1.** Causar congestión o sofoco (a alguien). *La carrera me ha acalorado mucho.* ○ intr. prnl. **2.** Sufrir congestión o sofoco, espec. a causa del calor. *Subí la cuesta corriendo y me acaloré.* **3.** Excitarse o perder la calma. *Se acalora al hablar de fútbol.*

acampada. f. Hecho de acampar. *Este fin de semana me voy de acampada.*

acampanado, da. adj. Que tiene forma de campana. *Lleva una falda larga y acampanada.*

acampar. intr. Instalarse por un tiempo en un lugar al aire libre, gralm. utilizando tiendas de campaña para alojarse. *Acamparemos al lado del río.*

acanalado, da. part. **1.** → **acanalar.** ● adj. **2.** Dicho de cosa: Que tiene canales o hendiduras cóncavas en su superficie. *Las barritas de regaliz son acanaladas.* **3.** Dicho de cosa: Alargada y cóncava. *El apio tiene forma acanalada.*

acanaladura. f. Canal o hendidura cóncava. *El fuste de la columna jónica tiene acanaladuras.*

acanalar. tr. **1.** Hacer canales o hendiduras cóncavas (en una cosa). *Los picapedreros acanalan el granito con un cincel.* **2.** Dar (a una cosa) forma cóncava o de canal. *Acanaló una hoja de papel para recoger en ella las virutas.*

acanallado, da. adj. Dicho de persona: Que participa de los defectos de la canalla o gente ruin. *Se ha vuelto muy acanallado, aceptando sobornos y haciendo negocios sucios.*

acantilado, da. adj. **1.** Dicho de costa: Que tiene un corte vertical o casi vertical. *Esta parte de costa es acantilada.* ● m. **2.** Parte de un terreno, espec. de la costa, que tiene un corte vertical o casi vertical. *Las gaviotas se posaban en lo alto del acantilado.*

acanto. m. **1.** Planta siempre verde, de hojas largas, rizadas y espinosas, muy usada como ornamental. *El capitel corintio imita un cesto de hojas de acanto.* **2.** *Arq.* Adorno que imita la hoja del acanto (→ 1). *Los capiteles corintios están decorados con acantos.*

acantonamiento. m. **1.** Hecho de acantonar. *Han permitido el acantonamiento de las fuerzas de la ONU en su territorio.* **2.** Lugar en el que se instalan las tropas acantonadas. *Un camión lleva las provisiones a los acantonamientos.*

acantonar. tr. Distribuir (las tropas) y hacer que se alojen o acampen en diferentes lugares. *Los soldados se acantonan en las montañas cercanas al frente.*

acaparador, ra. adj. Que acapara. *No seáis acaparadores, que en vuestro lado de la mesa está todo el marisco.* Dicho de pers., tb. m. y f. *Los acaparadores compran todo el aceite que pueden por si sube de precio.*

acaparamiento. m. Hecho de acaparar. *Las autoridades han prohibido el acaparamiento de cereales.*

acaparar. tr. **1.** Comprar y retener (algo) en gran cantidad por si sube de precio o escasea. *La gente acaparó alimentos y las tiendas se quedaron casi vacías.* **2.** Conseguir (algo) o apropiarse (de ello) en gran parte o en su totalidad. *No acapares todos los libros. Ella acapara la atención de todos.*

acápite. m. **1.** Am. Párrafo (división de un escrito). *En un acápite subordinado, se dice que el proyecto se ejecuta en dos fases* [C]. **2.** Am. Título o subtítulo de un escrito. *Esta cita sirve de acápite al libro que acaba de publicar* [C]. **3.** Am. Capítulo (división de un escrito, gralm. numerada y titulada). *En este acápite presentaremos los principales argumentos elaborados por estos autores* [C]. ▶ **1:** *PÁRRAFO. **2:** *TÍTULO. **3:** CAPÍTULO.

acaramelar. tr. **1.** Bañar (algo) con azúcar a punto de caramelo. *Hay que acaramelar la flanera.* ○ intr. prnl. **2.** Mostrarse muy cariñosas dos personas enamoradas. *Estaban muy acaramelados.*

acariciador, ra. adj. Que acaricia o roza con suavidad. *Mano acariciadora.* Frec. fig. *Voz acariciadora. Música acariciadora.*

acariciar. (conjug. ANUNCIAR). tr. **1.** Hacer caricias (a alguien o algo) o rozar(los) suavemente como demostración de cariño. *Mientras hablan, él le acaricia la mano. El gato está sobre su regazo y ella lo acaricia.* **2.** Rozar o tocar con suavidad (algo). *Acarició satisfecho la superficie de la mesa que había reparado. Se acaricia la barba pensativo.* Tb. fig. *La brisa le acaricia la cara.* **3.** Pensar (en algo que se desea) con idea de realizar(lo) o esperanza de conseguir(lo). *Siempre he acariciado la idea de escribir un libro.*

acárido. m. *Zool.* Ácaro. *Algunos acáridos transmiten enfermedades.*

ácaro. m. *Zool.* Arácnido, gralm. microscópico, que tiene el cuerpo sin divisiones y que frec. vive parásito de plantas o de otros animales. *Tiene alergia a los ácaros del polvo.* ▶ ACÁRIDO.

acarrear. tr. **1.** Transportar (algo) en carro. *Tienen que acarrear la leña desde el monte.* **2.** Transportar (algo). *El bibliotecario se pasa el día acarreando li-*

bros. **3.** Ocasionar o producir algo (un daño u otra cosa negativa). *El tabaco te acarreará problemas de salud.*

acarreo. m. Hecho de acarrear o transportar. *Me ayudó en el acarreo de los trastos de una habitación a la otra.*

acartonado, da. adj. **1.** Que tiene la consistencia del cartón. *Le ha comprado unas camisas acartonadas y ásperas.* **2.** despect. Que carece de vitalidad o espontaneidad. *A los actores se los ve algo acartonados.*

acartonarse. intr. prnl. Ponerse una persona o su piel rígidas como el cartón. *Si no te pones crema protectora, se te va a acartonar la piel.*

acaso. adv. Quizá. *¿Acaso no sabes que debes ser puntual?* ■ **por si ~.** loc. adv. En previsión de lo que pueda ocurrir. *No te acerques tanto al precipicio por si acaso. Por si acaso, coge el abrigo.* ■ **si ~.** loc. adv. En todo caso, o a lo sumo. *No sacaré un notable; si acaso, un aprobado. No se lo cuentes a nadie; salvo, si acaso, a Juan.* (→ **si**[1]).

acatamiento. m. Hecho de acatar. *Ha manifestado su acatamiento a la Constitución.*

acatar. tr. Aceptar (una orden, una ley o una autoridad) subordinándose (a ellas). *Acatamos la sentencia. La policía acataba órdenes del Gobierno.*

acatarrarse. intr. prnl. Pasar a tener catarro. *Abrígate, no sea que te acatarres.* ▶ CONSTIPARSE, ENFRIARSE, RESFRIARSE.

acaudalado, da. adj. Que tiene muchos bienes o mucho dinero. *Una familia acaudalada.* ▶ *RICO.

acaudillar. tr. Dirigir o mandar, como caudillo o jefe, (un movimiento o un grupo de gente). *Acaudilló un golpe de Estado. Acaudilla a los revolucionarios.*

acceder. intr. **1.** Aceptar una persona lo que le piden, o estar de acuerdo con ello. *Accedió* A *acompañarme. No han accedido* A *mi petición. Le pedí que fuera y ha accedido.* **2.** Entrar o llegar alguien a un lugar. *Accedimos* A *la terraza por una escalera de caracol.* **3.** Llegar alguien a alcanzar una situación o posición, espec. si son superiores a las que tenía. *Los hijos han accedido* A *un estatus más alto que el de sus padres.* ▶ **1:** *ACEPTAR.

accesibilidad. f. Cualidad de accesible. *El piso bajo mejora la accesibilidad del autobús. Le tienen cariño por su accesibilidad y simpatía.*

accesible. adj. **1.** Dicho de cosa, espec. de lugar: Que tiene acceso o es de fácil acceso. *Pon el botiquín en un sitio más accesible.* **2.** Dicho de persona: De fácil trato. *El catedrático es una persona muy accesible.* **3.** De fácil comprensión. *Es necesario explicar con un lenguaje accesible qué es el sida.*

accésit. (pl. **accésits**). m. En un certamen científico, literario o artístico: Recompensa inmediatamente inferior al premio. *En el concurso de poesía se otorgan tres premios y un accésit.*

acceso. m. **1.** Hecho de acceder a un lugar, o a una situación o posición. *Se prohíbe el acceso* A *este bar a menores de 18 años.* **2.** Lugar por el que se accede o entra a un sitio. *El acceso* AL *puerto está cerrado. El edificio tiene dos accesos.* **3.** Aparición repentina de un estado físico o moral. *Le ha dado un acceso* DE *tos. Sufrí un acceso* DE *pánico.* ▶ **3:** *ATAQUE.

accesorio, ria. adj. **1.** Dicho de cosa: De importancia menor. *La ropa que lleves es algo accesorio, lo principal es que vengas. El personal de servicio utiliza una puerta accesoria.* **2.** Dicho de cosa: Unida a otra principal y dependiente de ella. *Junto a las oficinas hay un edificio accesorio que se usa como almacén.* ● m. **3.** Cosa, espec. pieza o utensilio, que sirve como elemento complementario de otra. *Este accesorio de la olla sirve para cocer al vapor. Vendemos bolsos, guantes y otros accesorios.* ▶ **1:** SECUNDARIO. **2:** AUXILIAR.

accidentado, da. part. **1.** → **accidentar. 2.** Que se ha accidentado (→ 1). Tb. m. y f. *Llevaron a los accidentados al hospital.* ● adj. **3.** Que se desarrolla con accidentes o sucesos repentinos e inesperados. *La reunión fue accidentada. Tuve un viaje accidentado.* **4.** Dicho espec. de terreno: Desigual o que tiene cambios de nivel en su superficie. *En lo alto de la montaña el terreno es muy accidentado. Un país de relieve accidentado.*

accidental. adj. **1.** Casual o imprevisto. *El descubrimiento de la vacuna fue accidental. Tuvieron un encuentro accidental.* **2.** Que no es esencial y depende de las circunstancias. *Para unos el lenguaje es una facultad innata; para otros, algo accidental y adquirido.*

accidentalidad. f. Cualidad de accidental. *La empresa trata de demostrar la accidentalidad del vertido.*

accidentarse. intr. prnl. Tener alguien un accidente. *Un perito examinará el coche con el que nos accidentamos.*

accidente. m. **1.** Suceso repentino e inesperado que produce daño físico. *Ha tenido un accidente de coche. Aumentan los accidentes laborales en la construcción.* **2.** Suceso imprevisto y casual. *Ha sido un accidente que nos encontráramos.* Frec. en la constr. *por ~. Me confundí de carretera y llegué a tu pueblo por accidente.* **3.** Elemento que constituye una irregularidad de la superficie terrestre. *En el mapa se pueden ver los ríos, montes y demás accidentes del relieve.* **4.** *Gram.* Cambio de forma que puede sufrir una palabra para expresar determinados rasgos gramaticales. *Los accidentes del nombre son género y número.* Tb. *~ gramatical.* **5.** *Fil.* Cosa, como una cualidad o un estado, que aparece en algo o en un ser, pero no forma parte de su esencia o naturaleza. *Para Aristóteles, accidente es algo que se puede decir de un ser pero no necesariamente.*

acción. f. **1.** Expresa, en forma sustantivada, la idea de hacer. *Sus palabras no se corresponden con sus acciones. Eso es una mala acción. La evaporación se produce por la acción del calor.* **2.** En una obra de ficción: Conjunto de acontecimientos o sucesos que constituyen el argumento. *La acción de la novela se desarrolla en París.* **3.** Combate. *Las tropas esperan la orden de entrar en acción.* Tb. *~ de guerra. Amenazan con llevar a cabo acciones de guerra.* **4.** *Econ.* Cada una de las partes en que está dividido el capital de una sociedad anónima. *Uno de los socios de la empresa tiene el 75% de las acciones. Invirtió en acciones de una compañía eléctrica.* Tb. el título o documento que representa su valor. *En cada acción aparece el nombre del titular.* **5.** Se usa en el rodaje de películas para ordenar el comienzo de una toma. *Cuando el director grita "¡acción!", los actores empiezan a interpretar la escena.* ■ **~ de gracias.** f. *Rel.* Expresión o manifestación de agradecimiento gralm. dirigida a la divinidad. *En la misa hay una parte dedicada a la acción de gracias. En EE. UU. se celebra el día de Acción de Gracias.* ■ **~ directa.** f. *Polít.* Uso de la violencia o de medios como la huelga o la manifestación, con fines políticos o sociales. *El partido no excluye la acción directa.* □ **de ~.** loc. adj. Dicho espec. de película: Que tiene un argumento abundante en peripecias y acontecimientos gralm. violentos. *Ha rodado varias películas de acción.* ▶ **1:** ACTO, HECHO.

accionamiento. m. Hecho de accionar o poner en marcha un mecanismo. *Si baja la temperatura, se produce el accionamiento automático del calentador.*

accionar. tr. **1.** Poner en marcha (un mecanismo o una parte de él). *Accionando esta palanca se abre la compuerta. Un motor acciona la cortina del teatro.* ○ intr. **2.** Hacer al hablar gestos y movimientos, espec. con las manos. *Acciona tanto que se le entiende aunque no diga nada.*

accionariado. m. *Econ.* Conjunto de accionistas. *El accionariado tendrá preferencia en la compra de nuevas acciones de la sociedad.*

accionarial. adj. *Econ.* De las acciones de una sociedad anónima. *El banco controla el 5% de la petrolera tras la compra de varios paquetes accionariales.*

accionista. m. y f. *Econ.* Persona que tiene acciones de una sociedad o compañía. *Cada año hay una junta general de accionistas.*

acebo. m. Árbol siempre verde, de hojas brillantes y con borde espinoso, flores blancas y frutos en forma de bolitas rojas. *Las ramas del acebo se usan como adorno navideño.* Tb. su madera.

acebuche. m. Olivo que crece espontáneamente en zonas semiáridas, menos ramoso que el cultivado, y de hojas más pequeñas. *En Grecia, el acebuche, u olivo silvestre, estaba consagrado a Atenea.* Tb. su madera.

acechanza. f. Hecho de acechar. *Mira alrededor como sospechando acechanzas.*

acechar. tr. Vigilar u observar (algo o a alguien) con atención y cuidado, gralm. con alguna intención. *Desde detrás de las cortinas, acechaba mis movimientos. El dependiente acecha a posibles clientes. Los gorriones lo acechan, esperando que deje caer algunas migas.* ▶ AVIZORAR. ‖ **Am:** AGUAITAR.

acecho. m. Hecho de acechar. *Para el acecho de su presa, el leopardo permanece quieto y silencioso.* ■ **al ~.** loc. adv. Observando con atención y gralm. a escondidas. *El fotógrafo estaba tras un arbusto al acecho* DE *los famosos. El cazador permanecerá al acecho durante horas.*

acedera. f. Planta de flores pequeñas y rojizas y hojas de sabor ácido que se utilizan como condimento. *Recogen hojas de acedera para comerlas en ensalada.*

acedía. f. Pez marino plano, semejante al lenguado pero de menor tamaño y carne menos apreciada. *De segundo, tomaré unas acedías fritas.*

acéfalo, la. adj. **1.** Que no tiene cabeza. *Estatua acéfala.* **2.** Que no tiene jefe. *Nuestra generación, hasta entonces acéfala, encontró en él a un líder.*

aceitar. (conjug. PEINAR). tr. Dar aceite (a algo) o untar(lo) con él. *Hay que aceitar las bisagras que chirríen.*

aceite. m. **1.** Líquido graso, viscoso y gralm. no mezclable con agua, que se extrae de vegetales, animales o minerales, o se obtiene sintéticamente, y se emplea pralm. para el consumo humano o para usos industriales. *Cambie el aceite al coche periódicamente. Cocinan con aceite* DE *girasol. Un cosmético con aceite* DE *coco.* **2.** Aceite (→ 1) que se obtiene prensando las aceitunas. *Jaén es tierra de olivares y buen aceite.* Tb. ~ *de oliva. Aliña la ensalada con sal, vinagre y aceite de oliva.* ■ ~ **esencial.** m. Esencia (sustancia líquida extraída de una planta). *El aceite esencial* DE *valeriana tiene propiedades sedantes.*

aceitero, ra. adj. **1.** Del aceite, espec. del que se emplea para el consumo humano. *Región aceitera. Empresa aceitera.* ● m. y f. **2.** Persona que tiene por oficio fabricar o vender aceite para el consumo humano. *Los pequeños aceiteros venden su producción a una multinacional.* ○ f. **3.** Recipiente que se usa para guardar aceite, espec. el comestible. *Vertió el aceite de freír las patatas en la aceitera.* **4.** Empresa que fabrica aceite para el consumo humano. *Las aceiteras andaluzas venden sus productos a toda Europa.* ○ f. pl. **5.** Vinagreras (utensilio de mesa). *Pídele al camarero las aceiteras para aliñar la ensalada.* ▶ **3:** ALCUZA. **5:** *VINAGRERAS.

aceitoso, sa. adj. **1.** Que tiene aceite o mucho aceite. *La semilla del girasol es aceitosa. Le gustan las ensaladas aceitosas.* **2.** De características semejantes a las del aceite. *La nitroglicerina es un líquido amarillo y aceitoso.* ▶ OLEAGINOSO, OLEOSO.

aceituna. f. Fruto del olivo, de pequeño tamaño, forma ovalada y color verde, marrón o negro, del que se extrae aceite y que presenta diversas variedades, por ej.: ~ *gordal*, ~ *manzanilla. De aperitivo trajo bebidas, frutos secos y aceitunas.* ▶ OLIVA.

aceitunado, da. adj. De color verde como el de la aceituna. *Tiene la piel aceitunada y los ojos negros.* ▶ OLIVÁCEO.

aceitunero, ra. m. y f. Persona que trabaja en la recogida de las aceitunas. *El sábado cobran su jornal los aceituneros.*

aceleración. f. **1.** Hecho de acelerar o acelerarse. *Hizo una aceleración muy brusca. Habrá aumento de presupuesto para la aceleración de las obras.* **2.** *Fís.* Aumento de la velocidad de un móvil en la unidad de tiempo. *La unidad de aceleración en el Sistema Internacional es el metro por segundo cada segundo. Calcula la aceleración de una moto que alcanza los 45 km/h en 10 segundos.*

acelerado, da. part. **1.** → **acelerar.** ● adj. **2.** Dicho de persona: Nerviosa o impaciente. *Estaba tan acelerada que no encontré los papeles.*

acelerador, ra. adj. **1.** Que acelera. *Curan el jamón al modo tradicional, sin emplear ningún agente acelerador en el proceso.* ● m. **2.** En un vehículo: Mecanismo que, regulando la entrada de carburante, permite aumentar o disminuir la velocidad del motor. *Al presionar el pedal del acelerador, el motor sube de revoluciones.* Tb. el pedal que lo hace funcionar. *Da al contacto, mete primera y pisa el acelerador.* ■ **acelerador de partículas.** m. *Fís.* Máquina o instalación que sirven para acelerar partículas subatómicas con carga eléctrica, como los protones y electrones, dotándolas de alta energía. *El acelerador de partículas permite estudiar la estructura íntima de la materia.* □ **pisar el ~.** loc. v. Aumentar la velocidad de una acción o un proceso. *Habrá que pisar el acelerador, si queremos aprobar la reforma en esta legislatura.*

aceleramiento. m. Hecho de acelerar o acelerarse. *Afronta los problemas con calma y sin aceleramiento.*

acelerar. tr. **1.** Aumentar la velocidad (de algo). *Acelera el paso, que llegamos tarde. El uso de tecno-*

logía punta acelera el proceso de producción. **2.** Accionar o hacer que funcione el acelerador (de un vehículo). *Cuando se abrió el semáforo, aceleró la moto y salió disparado.* Tb. usado en constr. intr. *Aceleró para adelantar al camión.* ○ intr. prnl. **3.** Aumentar una cosa su velocidad. *Cuando dan las notas de fin de curso, se me acelera el corazón.* **4.** Excitarse o ponerse nervioso. *Tranquila, no te aceleres y cuenta despacio lo que te ha pasado.*

acelerón. m. Aceleración fuerte y repentina, espec. la del motor de un vehículo. *El acelerón hace chirriar las ruedas del coche.* Tb. fig. *Contratando gente, el proyecto daría un acelerón.*

acelga. f. Hortaliza de grandes hojas verdes, con nervio central blanco y grueso, que se consume como verdura. *De primero hay acelgas rehogadas con patatas.*

acémila. f. **1.** Mula o mulo de carga. *Suben las provisiones al refugio de montaña en acémilas.* **2.** Persona ruda o ignorante. Se usa como insulto. *¿Es que no ves, pedazo de acémila, que ahí está prohibido aparcar?* Tb. adj. *Las mujeres no lo quieren por ser tan acémila.*

acendrado, da. part. **1.** → **acendrar.** ● adj. **2.** cult. Dicho espec. de sentimiento o cualidad: Puro y fuerte o intenso. *Sirvió siempre a su país con acendrada lealtad.*

acendrar. tr. cult. Depurar o purificar (algo, espec. un sentimiento o una cualidad). *Aquella experiencia acendró su fe. El crisol de los tiempos ha acendrado su fama.*

acento. m. **1.** Conjunto de rasgos fonéticos y rítmicos característicos de una lengua o de una de sus variedades. *Hablan inglés con acento español. Es de Buenos Aires y tiene acento argentino.* **2.** Modulación o entonación peculiares de la voz, con las que el hablante expresa algo. *¡Papá, Jorge me está pegando! –dijo el propio Jorge con acento burlón.* **3.** *Fon.* Mayor intensidad con que se pronuncia una sílaba respecto de las demás de una palabra o de una oración. *El acento de "animal" recae en la última sílaba.* Tb. ~ *de intensidad,* o *tónico,* o *prosódico.* **4.** Signo ortográfico consistente en una rayita oblicua que baja de derecha a izquierda y que, siguiendo unas reglas, se escribe sobre determinadas vocales de sílabas con acento (→ 3). *Se te ha olvidado poner el acento a la palabra "azúcar".* Tb. ~ *gráfico,* u *ortográfico. Llevarán acento gráfico todas las palabras esdrújulas.* ■ **~ agudo.** m. Signo ortográfico consistente en una rayita oblicua que baja de derecha a izquierda y que se emplea en diversas lenguas para indicar algún rasgo fonético. *En francés, el acento agudo no indica la intensidad, sino la apertura de la vocal.* ■ **~ circunflejo.** m. Signo ortográfico que consiste en una pequeña uve invertida y que se emplea en diversas lenguas. *La palabra francesa "boîte" lleva acento circunflejo.* ■ **~ grave.** m. Signo ortográfico que consiste en una rayita oblicua que baja de izquierda a derecha y que se emplea en diversas lenguas para indicar algún rasgo fonético. *En la palabra italiana "verità" hay un acento grave.* □ **poner el ~** (en algo). loc. v. Dar(le) especial relieve o importancia. *El ministro ha puesto el acento* EN *la necesidad de crear más empleo.* ▶ **4:** TILDE.

acentuación. f. Hecho o efecto de acentuar o acentuarse. *Cuida la acentuación en tus escritos. Su dimisión contribuyó a la acentuación de la crisis.*

acentuado, da. part. **1.** → **acentuar.** ● adj. **2.** Intenso o muy perceptible. *Las diferencias climáticas son muy acentuadas.*

acentual. adj. *Fon.* Del acento. *Un cambio acentual puede distinguir dos palabras muy dispares, como "lúcido" y "lucido".*

acentuar. (conjug. ACTUAR). tr. **1.** Poner acento o tilde (en una vocal o en un palabra). *El ejercicio consistía en acentuar algunas palabras.* **2.** Pronunciar (una vocal o una sílaba) con mayor intensidad que las otras. *Al decir "cuadriga", debes acentuar la "i".* **3.** Destacar (algo), o hacer que se vea o se note más. *Habló de los incendios, acentuando la importancia de la prevención. Ese vestido acentúa tu delgadez.* **4.** Aumentar la intensidad o la importancia (de algo). *La enfermedad acentúa su palidez habitual. Lo que le dijiste acentuó su enfado.* Tb. en constr. prnl. media. *La crisis se acentuaba día a día.* ▶ **3:** *DESTACAR.

aceña. f. Molino de harina situado en el cauce de un río y movido por su corriente. *Los campesinos llevaban el grano a moler a la aceña.*

acepción. f. Sentido o significado de una palabra o grupo de palabras. *El diccionario da una definición para cada acepción de la palabra. La palabra "pino" tiene dos acepciones: 'árbol' y 'ejercicio gimnástico'.*

aceptabilidad. f. Cualidad de aceptable. *Muchos ponen en duda la aceptabilidad de sus métodos de investigación.*

aceptable. adj. Que se puede aceptar. *El ejercicio tiene errores, pero es aceptable.* ▶ ADMISIBLE.

aceptación. f. **1.** Hecho de aceptar. *Discutimos mucho hasta lograr la aceptación de todos los puntos del contrato.* **2.** Buena acogida o éxito que tiene algo entre la gente. *La cocina japonesa goza cada vez de mayor aceptación.*

aceptar. tr. **1.** Dar alguien una respuesta afirmativa (a una petición o un ofrecimiento). *Aceptaron que los acompañara a la estación. No sé si aceptarán mi solicitud de traslado.* **2.** Asumir o sobrellevar (algo negativo). *Le ha costado mucho aceptar la muerte de su hermano.* **3.** Dar por buenos o válidos (algo o a alguien). *No lo aceptan por sus ideas. Esta máquina no acepta monedas.* ▶ **1:** ACCEDER, ADMITIR, APROBAR. **3:** ACOGER, ADMITIR, APROBRAR.

acequia. f. Canal o zanja por donde corre el agua que se usa para regar o para otros fines. *Una acequia lleva el agua desde el río hasta la huerta.*

acera. f. En una calle: Parte lateral situada junto a las casas, algo más elevada que la calzada y destinada al tránsito de peatones. *Súbete a la acera, no te vaya a pillar un coche. Cuando me ve venir se cruza de acera.* Tb. la fila de casas que hay junto a ella. *Yo vivo un poco más adelante en esta misma acera.* ■ **de la ~ de enfrente,** o **de la otra ~.** loc. adj. coloq. Homosexual. *No le preguntes si tiene novia, que él es de la acera de enfrente.* ▶ **Am:** BANQUETA, VEREDA.

acerado, da. part. **1.** → **acerar.** ● adj. **2.** De acero o que contiene acero. *Al abrir la navaja, brilló la hoja acerada.* **3.** De características semejantes a las del acero, espec. la dureza o la capacidad de penetración. *El pavimento húmedo tiene un brillo acerado. El buitre arranca la carne con su acerado pico.* Tb. fig. *Hizo una acerada crítica de la película. Su mirada es acerada.*

acerar. tr. Dar (al hierro) las propiedades del acero. Frec. en part. *La espada tiene una hoja de hierro acerado.*

acerbo, ba. adj. cult. Áspero o desagradable. *Acerbas disputas en el seno del partido. Críticas acerbas al machismo. El acerbo tufo de la bilis.*

acerca. ~ **de.** loc. prepos. Introduce un complemento que expresa el tema o asunto de que trata lo indicado por el nombre precedente, o aquello a que se refiere la acción del verbo.. *Danos tu opinión acerca del problema. Un libro acerca de la vida de las abejas Hablamos acerca de las vacaciones.*

acercamiento. m. Hecho o efecto de acercar o acercarse. *La reunión tiene como objetivo el acercamiento de posturas.*

acercar. tr. **1.** Poner (una cosa o a una persona) cerca o más cerca de otra. *No acerques tanto el coche* A *la acera. Acerca la silla* HASTA *aquí. Acércate, que te voy a decir un secreto. Cuando nos vio, se acercó* HACIA *nuestra mesa.* Tb.: *Si acercas un poco los vasos, te cabrán más en la bandeja.* Tb. fig. *El viaje que hicimos me acercó* A *mis compañeros.* Tb. en constr. prnl. media. *Al subir la marea, el agua empezó a acercarse* A *nosotros peligrosamente. Una enorme nube negra se acerca* HACIA *aquí. Lentamente el barco se acercaba* A *la dársena. Se acerca una tormenta.* Tb. fig. *Tras horas de negociaciones, las posiciones se habían acercado un poco. Su segunda película está bien, pero ni se acerca* A *la anterior en calidad.* **2.** Llevar (algo o a alguien) a un lugar. *Tengo coche, ¿te acerco* A *algún sitio?* ○ intr. prnl. **3.** Ir a un lugar. *Había pensado acercarme* A *tu casa esta tarde.* ▶ **1:** APROXIMAR, ARRIMAR, PEGAR.

acerería. f. Acería. *En la acerería funden chatarra para obtener acero.*

acería. f. Fábrica de acero. *La acería se halla cerca de una cuenca minera de hierro y carbón.* ▶ ACERERÍA.

acerico. m. Alfiletero (almohadilla). *Hay agujas y alfileres clavados en el acerico.* ▶ ALFILETERO.

acero. m. **1.** Aleación de hierro y carbono, a veces con pequeñas cantidades de otros elementos, que, según su tratamiento, se caracteriza por la elasticidad, la dureza o la resistencia. *Las piezas de la cerradura son de acero. En los altos hornos se obtiene acero fundido.* **2.** cult. Arma blanca, espec. la espada. *El caballero desenvainó el acero. El diestro no ha estado bien con el acero.* ■ ~ **inoxidable.** m. Acero (→ 1) que contiene cromo y níquel y que es especialmente resistente a la corrosión. *Una olla de acero inoxidable.* □ **de ~.** loc. adj. Muy duro, fuerte o resistente. *Un boxeador con brazos de acero. Hacen falta nervios de acero para aguantar tanta presión.*

acérrimo, ma. adj. Muy fuerte, tenaz o firme. *Es una defensora acérrima del deporte y la vida sana. Posee un acérrimo individualismo.*

acertado, da. part. **1.** → **acertar.** ● adj. **2.** Dicho de cosa: Que implica acierto. *Su opinión me parece muy acertada.* **3.** Dicho de persona: Que actúa con acierto. *El base ha estado acertado en los tiros libres.*

acertante. adj. Que acierta la solución o la respuesta, espec. en un sorteo, concurso o apuesta. *Han aparecido dos boletos acertantes en la quiniela del domingo.* Dicho de pers., tb. m. y f. *Solo hay un acertante en la lotería primitiva.*

acertar. (conjug. ACERTAR). tr. **1.** Encontrar (la solución o la respuesta) a un problema o a una pregunta. *Acertó cinco respuestas. No he acertado el resultado de ningún partido.* **2.** Encontrar la solución o la respuesta (a un problema o a una pregunta). *No eres capaz de acertar la adivinanza.* **3.** Dar o golpear (en el lugar al que se dirige o apunta algo). Más frec. usado en constr. intr. *Acertó a la botella que servía de diana. En el tiro al blanco siempre acierta y se lleva algún premio.* ○ intr. **4.** Actuar de manera correcta o adecuada. *Hemos acertado trayendo ropa de abrigo. Acertarás* EN *la elección de la carrera.* **5.** Seguido de *a* y un infinitivo, expresa que sucede o tiene lugar lo denotado por él. *Nos perdimos en el monte, pero acertó a pasar por allí un pastor que nos orientó.*

acertijo. m. Pasatiempo que consiste en acertar la solución a un enigma comprendiendo su sentido oculto. *El acertijo dice: "Si en un lago hay seis patos y tres patas, ¿cuántos picos y patas hay?".* ▶ *ADIVINANZA.

acervo. m. cult. Conjunto de bienes morales o culturales de una comunidad de personas acumulados por tradición o herencia. *Las lenguas forman parte del acervo cultural de la humanidad. El disco recopila canciones de nuestro acervo musical.*

acetato. m. **1.** *Quím.* Sal del ácido acético. *El acetato* DE *plomo se utiliza en la industria textil.* **2.** Material transparente fabricado con acetato (→ 1) y presentado gralm. en forma de láminas. *Un destornillador con mango de acetato.* Tb. cada una de esas láminas. *Ve a la papelería y compra acetatos para hacer transparencias.*

acetileno. m. *Quím.* Gas incoloro e inflamable, del grupo de los hidrocarburos, que se emplea en soldadura y en la industria química. *Antiguamente las calles se iluminaban con lámparas de acetileno. Soplete de acetileno.*

acetona. f. Líquido incoloro e inflamable, de olor fuerte, presente a veces en la sangre y en la orina por alguna alteración orgánica, y muy empleado como disolvente. *Se quita la pintura de las uñas con acetona. El niño ha tenido una subida de acetona.*

achacar. tr. **1.** Atribuir la culpa o la causa (de un hecho, gralm. negativo) a algo. *Achacan el accidente* A *un error humano. No lo achaques todo* A *la mala suerte.* **2.** Atribuir la culpa o la responsabilidad (de un hecho, gralm. negativo) a alguien. *Le achacaban a él no haber pasado a semifinales. Me achacan el robo de los documentos.* **3.** Atribuir (un defecto) a alguien o algo. *Conociéndola, yo no le achacaría mala intención.* ▶ **2:** *ACUSAR.

achacoso, sa. adj. Que padece achaques o indisposiciones. *La abuela está algo achacosa.*

achaflanado, da. adj. Que forma chaflán. *En las esquinas achaflanadas instalan terrazas. Un edificio de muros achaflanados.*

achampanado, da. adj. Dicho de bebida: Que se parece al champán. *Un vino blanco achampanado.* ▶ ACHAMPAÑADO.

achampañado, da. adj. Achampanado. *Sidra achampañada.*

achantar. tr. **1.** coloq. Acobardar (a alguien). *Me enfrenté a él y le dije que a mí no me achantaba.* Tb. en constr. prnl. media. *Cuando ha visto que llamaba a la policía, se ha achantado y me ha dejado en paz.* ○ intr. prnl. **2.** coloq. Callarse, espec. por resignación o cobardía. *Tú no te achantes y reclama lo que es tuyo.*

achaparrado, da. part. **1.** → **achaparrarse.** ● adj. **2.** De poca altura y más grueso o ancho de lo normal. *Su padre es achaparrado y fuerte. Un pino achaparrado.*

achaparrarse. intr. prnl. Tomar un árbol forma de chaparro o empezar sus ramas a crecer hacia los lados y no hacia arriba. *Con tanto matorral alrededor, el árbol no tiene fuerza y se achaparra.*

achaque. m. **1.** Indisposición o enfermedad leve, espec. las que son propias de la vejez y se padecen por largo tiempo. *A mis 87 años es normal que tenga reúma y otros achaques.* **2.** Excusa o pretexto. *Se acercó a ella con el achaque de consultarle unas dudas.* **3.** Defecto físico o moral. *La intransigencia es un achaque común en todos ellos.*

acharolado, da. part. **1.** → **acharolar.** ● adj. **2.** Que tiene el brillo o el aspecto del charol. *Le gusta acariciar el pelo negro y acharolado de su perro.*

acharolar. tr. Poner (algo) brillante como el charol. *El aceite bronceador acharola su piel.*

achatamiento. m. Cualidad de chato o achatado. *El achatamiento de los polos hace que la Tierra no tenga forma totalmente esférica.*

achatar. tr. Dar forma chata (a algo). *Al limarme las uñas, me las has achatado demasiado.* Tb. en constr. prnl. media. *Las zapatas de los frenos se van achatando.*

achicamiento. m. Hecho o efecto de achicar o achicarse. *El achicamiento de los despachos permitirá construir una sala de juntas.*

achicar. tr. **1.** Hacer pequeño o más pequeño (algo). *Hemos achicado este modelo de coche para que sea más económico.* Tb. en constr. prnl. media. *El jersey se ha achicado al lavarlo.* **2.** Sacar (el agua) de un lugar inundado, espec. de un barco. *Achicaremos con cubos el agua que ha entrado en la bodega.* **3.** coloq. Acobardar (a alguien). *Por mucho que grite, a mí no me achica.* Tb. en constr. prnl. media. *Cuando veo su cara de mal genio, me achico y no me atrevo a decirle nada.*

achicharramiento. m. coloq. Hecho o efecto de achicharrar o achicharrarse. *Sin aire acondicionado en el autocar, el achicharramiento está asegurado.*

achicharrar. tr. **1.** coloq. Quemar (algo o a alguien) intensamente o por completo. *La descarga lo achicharró. Al calentar la comida, la he achicharrado.* Frec. con intención enfática. *El sol de mediodía nos achicharraba.* Tb. en constr. prnl. media. *Con la helada, se han achicharrado los brotes de los frutales. Hoy era el primer día que íbamos a la playa y nos hemos achicharrado.* Frec. con intención enfática. *Me he achicharrado al coger la cazuela.* ○ intr. prnl. **2.** coloq. Experimentar alguien mucho calor. *Abre la ventanilla, que me estoy achicharrando.*

achicoria. f. **1.** Planta de raíces amargas, empleadas como sucedáneo del café, y hojas ásperas y comestibles que poseen propiedades medicinales. *Puso hojas de achicoria en la ensalada.* **2.** Bebida que se hace con la raíz tostada de la achicoria (→ 1) y que se toma como sucedáneo del café. *En épocas de escasez, desayunaban con achicoria.*

achinado, da. adj. **1.** Dicho de persona o de su rostro: De rasgos o facciones parecidos a los de los chinos. *Entró un hombre moreno y achinado. Una niña de carita achinada.* **2.** Dicho de ojos: Rasgados e inclinados hacia arriba, como los de los chinos. *Tiene los ojos achinados.*

achiote. m. **1.** Am. Árbol de pequeño tamaño, propio de las regiones cálidas de América, de flores rojas y olorosas y fruto carnoso y ovalado. *El tono anaranjado lo extraían de la semilla del achiote* [C]. Tb. su fruto y la semilla. *El achiote se vende en panecillos envueltos en hojas de maíz* [C]. **2.** Am. Sustancia de color rojo, extraída de la semilla del achiote (→ 1), que se usa como condimento o como tinte. *Acostumbran peinarse con achiote, de donde les vino el nombre de colorados* [C].

achique. m. Hecho de achicar, espec. agua de un lugar inundado. *El achique del agua del sótano llevó a los bomberos varias horas.*

achís. interj. Se usa para imitar el sonido de un estornudo. *–¡Achís! –Vaya, parece que te has resfriado.*

achisparse. intr. prnl. Emborracharse un poco o empezar a mostrar los efectos producidos por el alcohol consumido. *Con el vino de la cena nos achispamos.*

achocolatado, da. adj. De color parecido al del chocolate. *Por la acequia corre un agua achocolatada.*

achuchado, da. part. **1.** → **achuchar.** ● adj. **2.** coloq. Que padece dificultades, espec. por motivos económicos. *Ando achuchada de dinero. La profesión está muy achuchada.*

achuchar. tr. **1.** coloq. Apremiar o meter prisa (a alguien). *No me achuches, ya te he dicho que iré cuando termine de recoger.* **2.** coloq. Empujar (a alguien). *La gente nos achuchaba a la salida del local.* **3.** coloq. Azuzar (a un perro), o incitar(lo) para que ataque. *Como te acerques un paso más, te achucho al perro.*

achuchón. m. coloq. Hecho de achuchar o empujar a alguien. *Espere su turno y no dé más achuchones.*

achulado, da. part. **1.** → **achularse.** ● adj. **2.** Que tiene aspecto o comportamiento de chulo. *Un tipo achulado se apoyó en la barra y llamó al camarero chasqueando los dedos.*

achularse. intr. prnl. Adquirir alguien aspecto o comportamiento de chulo. *Cada vez se achula más: se contonea y arrastra las palabras cuando habla.*

aciago, ga. adj. Dicho espec. de período de tiempo: Infeliz o desgraciado. *Nadie olvida el aciago día en que estalló la guerra. Maldice su aciago destino.*

acial. m. Instrumento con que se oprime el hocico de un animal para inmovilizarlo mientras lo hierran, curan o esquilan. *El herrador puso el acial al caballo.*

aciano. m. Planta de tallo erguido y ramoso, con agrupaciones de flores rojizas por la parte interna y azules por la externa. *En el barbecho crecen los acianos.*

acíbar. m. **1.** Jugo amargo extraído de las hojas del áloe, que se emplea como sustancia medicinal. *El acíbar se empleaba como purgante.* Tb. la planta. *Hojas de acíbar.* **2.** cult. Amargura o pesadumbre. *Sufrimos el acíbar de la derrota.* ▶ **1:** ÁLOE.

acicalamiento. m. Hecho o efecto de acicalar o acicalarse. *Antes de ser momificado, el cadáver era objeto de un minucioso acicalamiento.*

acicalar. tr. Arreglar (a alguien) con especial cuidado para que su aspecto sea limpio y agradable. *Acicaló al bebé para el bautizo. Es un acto informal, no hace falta que te acicales tanto.*

acicate. m. Incentivo o estímulo. *La felicitación del profesor es un acicate para el alumno. La bajada de tipos servirá de acicate* A *la compra de viviendas.* ▶ *ESTÍMULO.

acicular. adj. cult. De forma de aguja. Se usa espec. en botánica. *Las hojas del pino son aciculares.*

acidez. f. **1.** Cualidad de ácido. *Echo azúcar al zumo de naranja para quitarle la acidez. Miden la acidez del agua con una pastilla de reactivo. Me molestaba* *la acidez de sus comentarios.* **2.** Malestar por exceso de ácidos en el estómago, que se manifiesta con sensación de calor en el tubo digestivo, sabor agrio en la boca y frec. eructos. *He comido mucho y ahora tengo acidez.* Tb. ~ *de estómago. Suele padecer acidez de estómago.* **3.** *Quím.* Índice de concentración de iones de hidrógeno en una disolución acuosa. *Aceite de oliva con una acidez máxima de 1°.*

acidificar. tr. Poner ácido (algo) o hacer que adquiera las propiedades de un ácido. *El exceso de CO_2 ha acidificado las aguas del lago.*

ácido, da. adj. **1.** Que tiene un sabor fuerte, como el del vinagre o el del zumo de limón. *Aún no han madurado las ciruelas y están muy ácidas.* **2.** Dicho de sabor: Propio del vinagre o del zumo de limón. *Me gusta el sabor ácido.* Tb. m. *Le gusta el ácido de las naranjas.* **3.** Dicho de persona o de su carácter, actitud o modo de expresarse: Áspero o mordaz. *Sus ácidos comentarios hirieron a mucha gente.* **4.** *Quím.* Que tiene las características o las propiedades de un ácido (→ 5). *El pH de una disolución ácida está entre 0 y 7.* ● m. **5.** *Quím.* Sustancia corrosiva y de sabor ácido (→ 2), que contiene hidrógeno y se descompone al disolverse en agua. *Los ácidos se combinan con las bases para formar sales. El ácido nítrico o el fluorhídrico son ácidos inorgánicos, mientras que el cítrico o el fórmico son ácidos orgánicos.* ■ **ácido acético.** m. *Quím.* Ácido (→ 5) líquido, incoloro y de olor picante, producido por oxidación del alcohol etílico y presente en el vinagre, al que da su sabor característico. *El ácido acético se usa en el revelado de fotografías.* ■ **ácido acetilsalicílico.** m. *Quím.* Ácido (→ 5) que constituye el principal componente de la aspirina, a la que da sus propiedades farmacológicas. *El médico le ha recetado comprimidos de ácido acetilsalicílico para las jaquecas.* ■ **ácido bórico.** m. *Quím.* Ácido (→ 5) sólido de color blanco, derivado del boro, que adopta forma de escamas y tiene usos industriales y antisépticos. *Se lava los pies con ácido bórico disuelto en agua para combatir el mal olor.* ■ **ácido carbónico.** m. *Quím.* Ácido (→ 5) resultante de la disolución de dióxido de carbono en agua. *En la fermentación alcohólica, el azúcar se convierte en alcohol y ácido carbónico.* ■ **ácido cianhídrico,** o **prúsico.** m. *Quím.* Ácido (→ 5) líquido, incoloro y venenoso, de olor fuerte y sabor amargo. *Las almendras amargas contienen ácido cianhídrico.* ■ **ácido cítrico.** m. *Quím.* Ácido (→ 5) de sabor agrio, presente en cítricos como el limón, del que se extrae, y frec. empleado como aditivo. *El ácido cítrico es un ingrediente habitual en las bebidas refrescantes.* ■ **ácido clorhídrico.** m. *Quím.* Ácido (→ 5) gaseoso, incoloro y corrosivo, compuesto de cloro e hidrógeno, que se emplea en el tratamiento de aguas y en diversas industrias. *Los fluidos digestivos contienen ácido clorhídrico.* ■ **ácido desoxirribonucleico.** m. *Biol.* Ácido nucleico (→ **ácido nucleico**) que forma cadenas dobles en espiral y cuya función principal es transmitir la información genética de las células. *El ácido desoxirribonucleico permite que las características de un ser vivo pasen a su descendencia.* ⇒ ADN, DNA. ■ **ácido láctico.** m. *Quím.* Ácido (→ 5) líquido e incoloro resultante de la fermentación de azúcares, espec. de los de la leche. *Las agujetas se producen cuando el ácido láctico cristaliza en los músculos.* ■ **ácido nítrico.** m. *Quím.* Ácido (→ 5) líquido, corrosivo y venenoso, compuesto por nitrógeno, oxígeno e hidrógeno, que se emplea para fabricar abonos y explosivos. *Las sales del ácido nítrico son los nitratos.* ■ **ácido nucleico.** m. *Biol.* Ácido (→ 5) que se encuentra en las células y es esencial para diversos procesos vitales, como la transmisión de la información genética o la síntesis de las proteínas. *Los seres vivos tienen dos ácidos nucleicos: el ADN y el ARN.* ■ **ácido prúsico.** → **ácido cianhídrico.** ■ **ácido ribonucleico.** m. *Biol.* Ácido nucleico (→ **ácido nucleico**) formado por una sola cadena enrollada y cuya función principal es la síntesis de las proteínas. *El ácido ribonucleico se encuentra en el núcleo y en el citoplasma de la célula.* ⇒ ARN, RNA. ■ **ácido sulfhídrico.** m. *Quím.* Ácido (→ 5) gaseoso de olor desagradable, compuesto de azufre e hidrógeno, que se genera por descomposición de la materia orgánica. *Los gases que salen del volcán tienen ácido sulfhídrico.* ■ **ácido sulfúrico.** m. *Quím.* Ácido (→ 5) líquido, incoloro y corrosivo, compuesto de azufre, hidrógeno y oxígeno, que tiene muy diversas aplicaciones en la industria. *La batería del coche contiene ácido sulfúrico y agua destilada.* ⇒ SULFÚRICO, VITRIOLO. ■ **ácido úrico.** m. *Quím.* Ácido (→ 5) sólido de color blanquecino, que se encuentra en la sangre y en la orina de los mamíferos y otros animales. *El exceso de ácido úrico puede producir trastornos como la enfermedad de la gota.* ▶ **1:** AGRIO.

acidulante. m. Sustancia o producto que se añaden a otros para hacerlos más ácidos. *Los refrescos suelen contener acidulantes.*

acientífico, ca. adj. Que no es científico o no sigue los métodos de la ciencia. *Tachan de acientífica esa recreación cinematográfica del Paleolítico.*

acierto. m. Hecho de acertar. *Los concursantes consiguen cinco puntos por cada acierto. Ha sido un acierto elegir este restaurante.*

acimut. (Tb. **azimut**). m. *Fís.* Ángulo que forma con el meridiano el círculo vertical que pasa por un punto de la esfera celeste o del globo terráqueo. *El capitán del barco calculó el acimut y la altura de la estrella.*

aclamación. f. Hecho o efecto de aclamar. *Las aclamaciones del público interrumpían a cada momento el discurso.* ■ **por ~.** loc. adv. Por unanimidad o con el acuerdo de todos los presentes. *Fue elegida presidenta por aclamación.*

aclamar. tr. Expresar una multitud de personas aprobación o simpatía (hacia alguien o algo) con gritos y frec. con aplausos. *El público aclamó al cantante cuando salió al escenario.* ▶ VITOREAR.

aclaración. f. Hecho o efecto de aclarar o explicar algo para que se comprenda mejor. *Se le ha pedido una aclaración de lo que dijo ayer. Gracias a tus aclaraciones ahora comprendo el texto.*

aclarado. m. Hecho de aclarar, espec. para eliminar los restos de jabón o de otro producto. *Si quedan restos de detergente, repita el aclarado.*

aclarador, ra. adj. Que aclara algo, espec. lo que necesita explicación. *Expuso su teoría y después dio ejemplos aclaradores.*

aclarar. tr. **1.** Volver claro o más claro (algo). *Aclaramos la pintura azul oscuro echando pintura blanca. La sopa me ha quedado espesa, la aclararé con un poco de agua.* **2.** Quitar con agua el jabón u otro producto que se ha aplicado (a algo). *Pon el tinte en el pelo, espera media hora y acláralo. Este programa de la lavadora aclara la ropa.* **3.** Explicar (algo), o hacer(lo) fácil de comprender. *Necesito que me aclares qué pone aquí, porque no entiendo tu letra. Aclaró a los periodistas las medidas aprobadas.* **4.** Hacer que alguien comprenda (sus ideas) con mayor claridad. *Vete a dar un paseo, a ver si el aire libre te aclara las ideas.* Tb. en constr. prnl. media. *Necesito pensar un rato a solas para que se me aclaren las ideas.* **5.** Hacer que (la voz o la garganta) se vuelvan más limpias para que los sonidos emitidos sean más claros. *El zumo de limón con miel te aclarará la voz. Se aclaró la garganta antes de empezar a hablar.* ○ intr. **6.** Volverse algo claro o más claro. *Al añadirle leche, el chocolate aclara.* Más frec. prnl. *En verano el pelo se le aclara y parece casi rubio.* **7.** Disiparse la niebla. *Esperaron en el refugio a que aclarase la niebla.* Tb. prnl. *Saldremos cuando se aclare la niebla.* ○ intr. impers. **8.** Amanecer, o comenzar a aparecer la primera luz del día. *En invierno aclara más tarde.* **9.** Despejarse el cielo, o disiparse las nubes de tormenta. *Amaneció nublado, pero luego aclaró.* ► **3:** CLARIFICAR, DILUCIDAR, ELUCIDAR, ESCLARECER. **8:** *AMANECER. **9:** CLAREAR.

aclaratorio, ria. adj. Que aclara o explica algo. *El traductor da notas aclaratorias a pie de página. Explicó la fórmula y puso ejemplos aclaratorios.*

aclimatación. f. Hecho de aclimatar o aclimatarse. *Los atletas tendrán que pasar un período de aclimatación* AL *calor antes de competir. Hemos conseguido una buena aclimatación de la uva francesa.*

aclimatar. tr. Hacer que (algo o alguien) se acostumbren a un clima o a una situación diferentes a los del lugar del que proceden. *Es un animal de zonas polares, pero lo hemos aclimatado* AL *clima mediterráneo. Traen osos panda de China y tratan de aclimatarlos.* Tb. en constr. prnl. media. *Ya me he aclimatado* A *la vida de Tokio. ¿Tardaste en aclimatarte* EN *París? El calor llegó de pronto y nos costó aclimatarnos.*

acné. m. (Tb., más raro, f.). Enfermedad de la piel caracterizada por la inflamación e infección de las glándulas sebáceas con aparición de granos y espinillas. *Es frecuente que en la adolescencia aparezca en la cara el acné juvenil.*

acobardamiento. m. Hecho o efecto de acobardar o acobardarse. *El mono gruñía y golpeaba la jaula, pero el niño no demostraba acobardamiento.*

acobardar. tr. Hacer sentir miedo (a alguien). *Tus amenazas no nos acobardan.* Tb. en constr. prnl. media. *Al ver al mastín, la liebre se acobardó y salió huyendo.* ► *ATEMORIZAR.

acodado, da. part. **1.** → **acodar.** ● adj. **2.** Que tiene forma de codo. *El lavabo tiene una tubería acodada.*

acodarse. intr. prnl. Apoyar una persona los codos sobre algo. *Me acodé* EN *la barandilla para ver el desfile.*

acogedor, ra. adj. **1.** Dicho de lugar: Agradable, espec. debido a su comodidad o su ambientación. *La tenue iluminación y los confortables asientos hacen del bar un lugar muy acogedor.* **2.** Que acoge, espec. dando alojamiento o refugio. *Los habitantes de la isla son gente abierta y acogedora.*

acoger. tr. **1.** Admitir una persona (a otra) en su casa, espec. para dar(le) alojamiento o ayudar(la). *Cuando llegué a la ciudad, una amiga me acogió en su casa.* **2.** Servir un lugar de albergue o refugio (a alguien). *El campo acoge a dos mil refugiados.* **3.** Recibir (algo o a alguien) de una determinada manera. *Han acogido mal nuestra idea. La afición acogió al equipo olímpico con aplausos.* **4.** Aceptar o admitir (algo o a alguien). *No han acogido nuestra propuesta. Los compañeros acogieron al nuevo alumno en su pandilla.* ○ intr. prnl. **5.** Reclamar o pedir alguien que se le reconozca el derecho que se expresa. *Se acogió* A *la ley de protección de testigos. Puede acogerse* A *su derecho a no declarar.* ► **1:** *ALOJAR. **4:** *ACEPTAR.

acogida. f. Hecho de acoger. *El estadio dará acogida a los que han perdido sus casas. El plan tuvo muy buena acogida entre los compañeros.* ► ACOGIMIENTO.

acogimiento. m. Acogida. *Existe un plan de acogimiento para los niños de familias con problemas. Ha agradecido a la población el amable acogimiento dispensado.*

acogotar. tr. **1.** coloq. Dominar o atemorizar (a alguien). *Los pequeños se quejan de que los alumnos mayores los acogotan.* **2.** coloq. Sujetar (a alguien) por el cuello con mucha fuerza. *Uno de los atracadores lo acogotaba para que no se moviese.*

acojonante. adj. malson. Que acojona.

acojonar. tr. **1.** malson. Acobardar (a alguien). Tb. en constr. prnl. media. **2.** malson. Impresionar mucho (a alguien).

acolchado. m. **1.** Hecho de acolchar. *Para el acolchado del edredón necesitamos guata.* **2.** Revestimiento de material blando. *La mochila lleva un acolchado para que no se clave en la espalda.*

acolchar. tr. **1.** Recubrir o forrar la superficie (de algo) con un material blando. *Acolchó la cuna para que el bebé no se hiciera daño.* **2.** Poner algodón, lana u otra materia blanda entre dos piezas (de una tela o de una prenda) y unirlas con pespuntes. *Para hacer el edredón, primero cosí las piezas de tela y luego las acolché.*

acólito. m. **1.** Persona que depende de alguien, o está sometida a él, y lo sigue a todas partes. *Él se convirtió en el jefe de la banda, y los demás, en sus acólitos.* Frec. despect. *Se niegan a ser meros acólitos de los americanos.* **2.** *Rel.* Seglar que puede ayudar al sacerdote en la misa y administrar la eucaristía. *La imagen sale de la catedral precedida de varios acólitos con incensarios.*

acometer. tr. **1.** Atacar (a alguien o algo) con fuerza. *El caballero sacó la espada y acometió a su oponente.* **2.** Empezar a dejarse sentir de repente (en alguien) un estado físico o mental. *Me acometió un ataque de tos. Después de comer me acomete el sueño.* **3.** Empezar a realizar (una actividad). *El Ayuntamiento acometerá las obras este verano.* ► **1, 3:** *ATACAR.

acometida. f. **1.** Hecho de acometer, espec. un obstáculo o a un contrario. *El dibujo representa la acometida de don Quijote a los molinos de viento. Los sitiados resistían las acometidas del enemigo.* **2.** Instalación que sirve para hacer que el agua, el gas o la electricidad se desvíen de una conducción principal a un edificio. *Están reparando la acometida* DE *gas del edificio.* ► **1:** *ATAQUE.

acometimiento. m. Acometida (hecho de acometer). *Huyen del acometimiento de los toros. No hay fecha para el acometimiento de la restauración del edificio.* ► *ATAQUE.

acometividad. f. Inclinación a acometer, espec. un obstáculo o a un contrario. *Al toro le faltaba acometividad.*

acomodación. f. Hecho o efecto de acomodar o acomodarse a alguien o algo. *Es necesaria una acomodación del programa del curso* AL *calendario escolar.*

Algunas especies sobrevivieron por su acomodación AL *medio.*

acomodado, da. part. **1.** → **acomodar.** ● adj. **2.** Dicho de persona o grupo social: Que tiene una buena posición económica. *La gente acomodada vive en grandes chalés. Pertenece a la clase media acomodada.* **3.** Propio de la persona acomodada (→ 2). *Disfruta de una posición acomodada. Llevan una vida acomodada.*

acomodador, ra. m. y f. En un local de espectáculos, espec. un cine o un teatro: Persona encargada de indicar a los espectadores el asiento que les corresponde. *Seguimos al acomodador por el pasillo central hasta nuestras butacas.*

acomodar. tr. **1.** Colocar (algo o a alguien) en un lugar conveniente o cómodo. *Tengo una habitación libre para acomodar a las visitas. Pasen y acomódense, que en seguida los atiendo. Se puso el abrigo, se acomodó el sombrero y se fue.* **2.** Amoldar (una cosa o a una persona) a otra, o a una norma. *Procura acomodar tu conducta* A *las exigencias de tu cargo. Me costó acomodarme* A *sus costumbres.* Tb. en constr. prnl. media. *Sus cualidades no se acomodan* AL *perfil de la persona que buscan. Aprende a acomodarte* A *tu sueldo.* **3.** Preparar o disponer (algo) de manera conveniente para un fin. *Hay que acomodar el pabellón para la celebración del congreso.* ▶ **1:** *COLOCAR.

acomodaticio, cia. adj. Que se acomoda fácilmente a todo, espec. a ideas ajenas o contrarias a las propias. *Lo mismo le da vivir en un sitio que en otro, porque es una persona muy acomodaticia.* Frec. despect. *El sindicato pide a los obreros que abandonen su actitud pasiva y acomodaticia.*

acomodo. m. Hecho o efecto de acomodar o acomodarse. *No encontraba acomodo en aquella familia de costumbres tan distintas a las suyas.*

acompañamiento. m. **1.** Hecho de acompañar. *El verano llegó con el acompañamiento de incendios forestales. Cantará sus canciones con el acompañamiento de una guitarra acústica.* **2.** Conjunto de personas que acompañan a otra o van con ella. *El acompañamiento del presidente se alojará en otro edificio.* **3.** Alimento que se sirve junto a un plato principal como complemento. *Todos los platos llevan acompañamiento de patatas fritas o ensalada.* **4.** *Mús.* Parte instrumental o vocal de una composición que sirve de soporte armónico a la parte melódica principal. *El primer pentagrama es para el solista, y los siguientes, para el acompañamiento.* ▶ **2:** COMITIVA.

acompañante. adj. Que acompaña. *El catarro es un síntoma acompañante de la fiebre en la gripe.* Dicho de pers., tb. m. y f. *Con la invitación entráis gratis tú y tu acompañante. Ese guitarrista es el acompañante habitual de la bailaora.*

acompañar. tr. **1.** Ir alguien a un lugar (con otro u otros). *Mañana acompañaré a Lucía al médico. ¿Te marchas ya?, te acompaño. Su perro lo acompaña a todas partes.* **2.** Estar una persona (con otra u otras). *Te acompaño mientras haces la comida. La acompañó todos los días que estuvo en el hospital.* **3.** Unir o añadir una cosa (a otra). *Acompañó sus palabras* DE *un cariñoso abrazo. El mago acompaña los números* CON *bromas y chistes.* **4.** Existir u ocurrir una cosa al mismo tiempo (que otra). *Grandes atascos acompañaron el comienzo de las vacaciones.* **5.** Existir o estar presente una cosa (en otra). *La pompa acompañó a la ceremonia de inauguración del edificio.* **6.** Favorecer o ayudar una cosa (a alguien). *Pensaban que ganarían el campeonato, pero la suerte no los ha acompañado.* **7.** Compartir los sentimientos (de alguien). *En el funeral una mujer la abrazó y le dijo: "Te acompaño en el sentimiento".* **8.** *Mús.* Apoyar (a alguien, gralm. a un solista) en su interpretación de una composición musical tocando el acompañamiento. *La orquesta acompaña al cantante. Cantaban sevillanas acompañándose* DE *palmas y guitarra.* Tb. usado en constr. intr. *Es un pianista genial, pero no vale para acompañar.* ○ intr. prnl. **9.** Ir una cosa unida a otra. *El texto se acompaña siempre* DE *una ilustración.*

acompasado, da. part. **1.** → **acompasar.** ● adj. **2.** Dicho de cosa: Que sigue un compás o ritmo. *Me dormí con el traqueteo acompasado del tren. Camina con movimientos acompasados.*

acompasar. tr. Hacer que (algo) siga un ritmo o compás, o que siga el compás de la persona o cosa que se expresan. *Hay que aprender a acompasar la respiración. El atleta español logró acompasar su marcha* A *la del keniata. Es difícil acompasar su ritmo de aprendizaje* CON *el del resto de la clase.* Tb.: *Los dos bailarines trataban de acompasar sus movimientos.*

acomplejado, da. part. **1.** → **acomplejar.** ● adj. **2.** Que padece un complejo. *Encuentro al niño un poco acomplejado.* Tb. m. y f. *Es un acomplejado y cree que todo lo hace mal.*

acomplejar. tr. Causar (a alguien) complejo. *Es tan lista que me acompleja. No dejes que te acompleje el éxito de tu hermano.* Tb. en constr. prnl. media. *Me acomplejé cuando vi que todos se habían vestido de fiesta y yo no.*

acondicionador. m. **1.** Cosmético, gralm. en forma de crema, que se usa después de lavar el pelo para facilitar el peinado. *Date acondicionador en el pelo, que lo tienes muy seco.* **2.** Aparato de aire acondicionado. *Antes de irse, desconecte el acondicionador.* Tb. ~ *de aire. Se ha estropeado el acondicionador de aire y pasamos calor.*

acondicionamiento. m. Hecho de acondicionar. *Mañana empiezan las obras de acondicionamiento del estadio con vistas a la olimpiada.*

acondicionar. tr. **1.** Hacer que (algo) quede en las condiciones o el estado adecuados. *Antes de irnos al piso nuevo, lo acondicionaremos.* **2.** Hacer que (algo) quede en las condiciones o el estado que se expresan. Frec. en part. y con adv. como *bien* o *mal. El accidente se produjo porque la calzada no estaba debidamente acondicionada.*

aconfesional. adj. Que no pertenece a ninguna confesión o creencia religiosa. *La Constitución establece que España es un Estado aconfesional.*

acongojar. tr. Causar congoja o inquietud (a alguien). *Su inexplicable tardanza me acongojaba. Nos acongojó ver cómo maltrataban al animal.* Tb. en constr. prnl. media. *No te acongojes, que tú no has tenido la culpa del accidente.*

aconsejable. adj. Dicho de cosa: Que puede o debe ser aconsejada. *Es aconsejable hacer copias de seguridad de los archivos.*

aconsejar. tr. **1.** Decir a alguien que (algo) es bueno o beneficioso para él. *Si vas a madrugar, te aconsejo que te acuestes pronto. Los especialistas aconsejan comidas ligeras para los viajes largos.* **2.** Dar (a alguien) un consejo u opinión sobre lo que debe hacer. *Ven conmigo a comprar el vestido, porque necesito que me aconsejes.* **3.** Hacer algo que alguien vea o comprenda que (otra cosa) es necesaria. *El estado del enfermo aconseja su ingreso inmediato en el hospital.* ▶ **1:** RECOMENDAR. **2:** ASESORAR, ORIENTAR.

acontecer. (conjug. AGRADECER; solo se usa en las terceras personas y en part., ger. e infin.). intr. **1.** cult. Suceder un hecho. *El libro relata los hechos que acontecieron durante la guerra. Fue como un presagio de lo que habría de acontecer.* ● m. **2.** cult. Cosa que sucede. *En sus memorias narra los aconteceres de su vida.*

acontecimiento. m. Cosa que sucede, espec. si es importante. *Se va a casar y me escribe para anunciarme el acontecimiento. Cuando el hombre llegó a la Luna, el acontecimiento pudo verse por televisión.* ▶ HECHO, SUCESO.

acopiar. (conjug. ANUNCIAR). tr. Reunir o acumular (algo) en gran cantidad, espec. por si hace falta o para usar(lo) más tarde. *Anunciaron cortes de suministro y la población acopió agua en bidones y botellas. Acopié datos sobre el tema antes de escribir el artículo.* ▶ *ACUMULAR.

acopio. m. Hecho o efecto de acopiar. *Dedicaron varios días al acopio de reservas para el invierno. Hice acopio de valor y le dije lo que pensaba.*

acoplado. m. Am. Remolque (vehículo). *Otro hombre baja del acoplado del camión* [C]. ▶ REMOLQUE.

acoplador, ra. adj. Que acopla o sirve para acoplar. Gralm. m., referido a pieza o dispositivo. *Las ruedas de válvula grande se hinchan poniendo un acoplador en la boquilla de la bomba.*

acoplamiento. m. Hecho o efecto de acoplar o acoplarse. *El buen acoplamiento de los tramos de tubería impide las fugas. La hembra se come al macho después del acoplamiento.*

acoplar. **1.** tr. Unir entre sí (dos piezas o elementos) de modo que ajusten exactamente. *Antes de colocarlas en su lugar, acopla bien las piezas.* Tb.: *Ahora debes acoplar el asa* AL *cántaro.* **2.** Unir entre sí (dos elementos) de modo que formen un todo o funcionen conjuntamente. *Acoplamos el remolque y el tractor.* Tb.: *Acoplamos el remolque* AL *tractor.* **3.** Adaptar (algo o a alguien) a una cosa. *Hay que acoplar los horarios* A *las necesidades de los clientes.* Tb. en constr. prnl. media. *El horario se acopla perfectamente* A *mis necesidades.* **4.** Encontrar acomodo u ocupación (para una persona) o emplear(la) en algún trabajo. *Trataré de acoplar a tu hijo en mi empresa.* ○ intr. prnl. **5.** Unirse sexualmente dos animales. *El macho corteja a la hembra hasta que se acoplan.* **6.** coloq. Unirse una persona a otra o a varias para hacer algo coordinadamente. *Se acopló a nosotros para ir de excursión.*

acoquinar. tr. coloq. Acobardar (a alguien). *No es verdad que la excursión sea peligrosa; es que quieren acoquinarnos.* Tb. en constr. prnl. media. *Tienes derecho a protestar; da la cara y no te acoquines.*

acorazado, da. part. **1.** → **acorazar.** ● adj. **2.** Dicho de división u otra unidad militar: Constituida fundamentalmente por carros de combate o fuerzas transportadas en vehículos blindados. *Han movilizado a sus divisiones acorazadas.* ● m. **3.** Buque de guerra blindado y de grandes dimensiones. *Japón firmó su rendición en 1945 en la cubierta del acorazado "Missouri".* ▶ **2:** BLINDADO.

acorazar. tr. Blindar (algo), o cubrir con planchas de metal su superficie para proteger(lo). *Acorazaron el vehículo para que no lo pudieran traspasar las balas.*

acorazonado, da. adj. Dicho espec. de hoja de árbol: De forma de corazón. *El chopo tiene hojas acorazonadas.*

acorchamiento. m. Hecho o efecto de acorchar o acorcharse. *Para evitar el acorchamiento, envuelva el bizcocho en papel de plata.*

acorchar. tr. **1.** Embotar (la sensibilidad). *Los años acorcharon su sensibilidad.* Tb. en constr. prnl. media. *Se le ha acorchado la sensibilidad.* **2.** Dejar sin sensibilidad (a una persona o a una parte de su cuerpo). *La anestesia me ha acorchado la mejilla.* Tb. en constr. prnl. media. *Se me ha acorchado el pie.* ○ intr. prnl. **3.** Adquirir algo, espec. la fruta o la madera el aspecto o la consistencia del corcho al perder su jugo. *La carcoma ha hecho que la madera se acorche. Estos melocotones están acorchados.* ▶ **1, 2:** EMBOTAR.

acordar. (conjug. CONTAR). tr. **1.** Llegar dos o más personas a decidir o fijar (algo) juntas y estando conformes. *Acordamos suspender la reunión. Juan y Lola han acordado que se verán mañana. Acordaron poner fin a su matrimonio.* **2.** Decidir alguien (una cosa). *Después de varias denuncias, el juez acordó ordenar una investigación.* ○ intr. prnl. **3.** Recordar algo o a alguien, o tenerlos presentes en la memoria. *Me acuerdo* DE *cosas de mi niñez. Todavía se acuerda* DE *que le debo una invitación. Acuérdate* DE *apagar el gas. –¿Te acuerdas* DE *Sergio? –No, no me acuerdo.*

acorde. adj. **1.** Dicho de persona: Que está de acuerdo con algo o alguien. *Todos los vecinos se muestran acordes* CON *la propuesta. No estaban acordes* CON *él* EN *el enfoque del proyecto.* **2.** Que está en correspondencia o en consonancia con algo. *Buscaremos una casa más acorde* CON *nuestras necesidades. Viste acorde* CON *su modo de ser.* ● m. **3.** *Mús.* Conjunto de tres o más sonidos diferentes combinados armónicamente. *Las notas do, mi, sol, do forman un acorde de do mayor.* ▶ **1, 2:** CONFORME.

acordeón. m. Instrumento musical de viento que se cuelga de los hombros y está formado por un fuelle con teclados en cada extremo, gralm. un teclado de botones en el lado izquierdo y otro de teclas de piano en el derecho. *El cantante interpreta tangos acompañado del acordeón.*

acordeonista. m. y f. Músico que toca el acordeón. *El acordeonista toca en los pasillos del metro.*

acordonamiento. m. Hecho de acordonar. *Las autoridades han ordenado el acordonamiento de la zona.*

acordonar. tr. Rodear (un lugar) un conjunto de personas, espec. policías o soldados, colocadas en línea para impedir el acceso o la salida. *Después de la explosión, los agentes de la Guardia Civil acordonaron la zona.*

acorralamiento. m. Hecho de acorralar. *El acorralamiento por parte del fiscal hizo que el acusado terminara confesando.*

acorralar. tr. **1.** Hacer que (alguien) quede en un lugar del que no puede escapar. *La policía acorraló al fugitivo en la azotea. El perro ha acorralado a la gata.* **2.** Dejar (a alguien) confundido o sin respuesta. *En el debate, el líder de la oposición acorraló al ministro.*

acortamiento. m. Hecho o efecto de acortar o acortarse. *El túnel proporcionará un acortamiento de las distancias. "Bici" es el acortamiento de "bicicleta".*

acortar. tr. Hacer (algo) más corto espacial o temporalmente. *El vestido me está largo y la modista me* *lo va a acortar. Acorté mi paseo habitual porque tenía una cita.* Tb. usado en constr. intr. *Cruzó campo a través para acortar. Acortaremos yendo por aquí.* Tb. en constr. prnl. media. *La prenda es de algodón y se acortará un poco al lavarla. Los días se han acortado y se hace de noche antes.*

acosador, ra. adj. Que acosa. *Allí puede ir de paseo sin fotógrafos acosadores.* Dicho de pers., tb. m. y f. *La ley castigará con dureza a los acosadores sexuales.*

acosar. tr. **1.** Perseguir sin descanso (a una persona o a un animal) para coger(los) o atacar(los). *La jauría acosó al zorro hasta darle caza.* Tb. fig. *Lo acosaban las deudas.* **2.** Perseguir o molestar (a alguien) haciéndo(le) continuas peticiones. *Desde que salió a la luz el escándalo, la oposición lo acosa para que dé una explicación.* ▶ **1:** HOSTIGAR, PERSEGUIR.

acoso. m. Hecho de acosar. *El cantante se queja del acoso de los medios de comunicación. Acusó a su jefe de acoso sexual.*

acostar. (conjug. CONTAR). tr. **1.** Poner (a alguien) tumbado en un lugar, espec. en la cama, para que descanse o duerma. *El niño estaba muy cansado, así que lo cogí en brazos y lo acosté. Acostaron a la mujer* EN *un banco para que se recuperara del mareo. Normalmente nos acostamos a las once. Como no tenía cama, me acosté* EN *el suelo.* ○ intr. prnl. **2.** Tener una persona relaciones sexuales con otra. *No tiene por qué explicar* CON *quién se acuesta.* Tb.: *Salí con ella unos meses, pero no nos acostamos.*

acostumbrado, da. part. **1.** → **acostumbrar.** ● adj. **2.** Dicho de cosa: Habitual. *Los trenes llegaron a la hora acostumbrada. Dio su acostumbrado paseo.* ▶ **2:** *HABITUAL.

acostumbrar. tr. **1.** Hacer que (alguien) adquiera una costumbre determinada. *Mi madre nos había acostumbrado* A *que nos hiciésemos la cama. Acostumbré al perro* A *las largas caminatas.* Tb. en constr. prnl. media. *Se ha acostumbrado* A *ir en coche. Desde niño me acostumbré* A *los madrugones.* ○ intr. **2.** Seguido de *a* y un infinitivo: Tener alguien por costumbre lo expresado por el infinitivo. *Acostumbra a leer el periódico en la cafetería.* ■ **mal ~.** → **malacostumbrar.** ▶ **1:** ENSEÑAR, HABITUAR.

acotación[1]. f. **1.** Hecho de acotar algo, espec. un terreno o un texto. *Se hará la acotación del sembrado para que el ganado no lo pise. Usa lápiz para la acotación del texto y bolígrafo rojo para la corrección.* **2.** Nota escrita en el margen de un texto. *El manuscrito contenía numerosas acotaciones del propio autor.* **3.** *Lit.* En el texto de una obra teatral: Nota en que el autor da detalles explicativos relacionados con la acción, los personajes o la escena. *En las acotaciones se aclara que el personaje está en pijama.*

acotación[2]. f. *tecn.* Hecho de acotar un plano. *Debemos revisar el plano y, si es necesario, hacer de nuevo la acotación.*

acotamiento. m. Hecho o efecto de acotar o marcar los límites de un terreno u otra cosa. *El acotamiento de los pastos dificultó la trashumancia.*

acotar[1]. tr. **1.** Señalar los límites (de un terreno) para reservar su uso o aprovechamiento. *El propietario acotó sus tierras con mojones.* **2.** Delimitar (algo). *El profesor acotó el período de la historia del que iba a hablar.* **3.** Poner notas o aclaraciones en el margen (de un texto). *Ha acotado el guión que le di con muchas correcciones y sugerencias.*

acotar[2]. tr. *tecn.* Poner (en un plano) las cotas o números que indican la altura de un punto. *El topógrafo está midiendo el terreno para luego acotar el plano.*

acracia. f. *Polít.* Doctrina que propugna la desaparición de toda forma de autoridad. *La acracia y el colectivismo eran dos pilares del ideario anarquista.* ▶ ANARQUISMO.

ácrata. adj. **1.** *Polít.* De la acracia. *Ideología ácrata.* **2.** *Polít.* Partidario de la acracia. *Grupos ácratas.* Dicho de pers., tb. m. y f. *La coalición izquierdista agrupa desde socialistas moderados hasta ácratas.* ▶ *ANARQUISTA.

acre[1]. m. Unidad de superficie del sistema anglosajón que equivale a 4046,85 m^2. *El rancho mide más de mil acres.*

acre[2]. adj. **1.** Dicho de olor o sabor: Fuerte, áspero e irritante. *Cuando tiran cohetes, la pólvora deja un olor acre en el aire. El ajo deja un sabor acre en el paladar.* **2.** cult. Dicho del carácter de alguien o de su modo de expresarse: Áspero o falto de amabilidad. *El capitán se dirigió a ellos con voz acre.*

acrecentamiento. m. Hecho de acrecentar o acrecentarse. *Si prosigue el acrecentamiento de los gastos, nos arruinaremos.*

acrecentar. (conjug. ACERTAR). tr. Aumentar (algo). *La publicidad que se dio al producto acrecentó las ventas. Vuestros comentarios acrecientan su miedo.* Tb. en constr. prnl. media. *Al no hablar el idioma del país, se acrecentaba nuestro aislamiento.* ▶ *AUMENTAR.

acrecer. (conjug. AGRADECER). tr. **1.** Aumentar (algo). *Las noticias que llegaban no eran buenas y acrecían aún más nuestra preocupación.* ○ intr. **2.** Aumentar algo. *A medida que pasaban los minutos acrecía la impaciencia de los que esperaban.* ▶ *AUMENTAR.

acreditación. f. **1.** Documento o escrito en que consta una acreditación (→ 2). *Los participantes en el congreso enseñan su acreditación a la entrada. Dice que es licenciado, pero no hay acreditación que lo pruebe.* **2.** Hecho de acreditar. *Se recomienda a los usuarios que no dejen pasar a los inspectores sin la acreditación previa.*

acreditado, da. part. **1.** → **acreditar.** ● adj. **2.** Que tiene prestigio o fama. *Acreditados expertos declaran que no hay peligro de epidemia. Lleve su coche a un taller acreditado.*

acreditar. tr. **1.** Probar o demostrar que (algo) es real o verdadero. *Para poder votar en Sevilla, tengo que acreditar que vivo allí. Acreditó estar preparado para ejercer de socorrista.* **2.** Seguido de un complemento introducido por *como* o *de:* Probar o demostrar que (alguien o algo) son lo expresado por él. *Me enseñó un carné que lo acreditaba como instalador de gas autorizado. Sus opiniones lo acreditaban de persona entendida en la materia.* **3.** Entregar (a alguien) los documentos que demuestran su formación profesional o que ha sido nombrado para un cargo o empleo. *El monarca acreditará al nuevo embajador en la ceremonia. Los periodistas acreditados podrán asistir a la rueda de prensa.* **4.** Hacer que (alguien o algo) adquieran prestigio o buena fama. *Sus últimas novelas lo acreditan como escritor.* Tb. en constr. prnl. media. *Con este caso se ha acreditado como abogado*

acreditativo, va. adj. Que acredita o demuestra. *Presente un documento acreditativo* DE *su identidad. Al final del curso te dan un diploma acreditativo.*

acreedor, ra. adj. **1.** Que tiene derecho a que se le pague una deuda. *La empresa no podía devolver a los bancos acreedores el capital prestado.* Dicho de pers., tb. m. y f. *Sus acreedores lo llevarán a juicio si no paga.* **2.** Que merece algo. *No se considera acreedor* DEL *castigo.* Frec. con *hacer. El descubrimiento lo hizo acreedor* AL *Nobel de medicina. Poco a poco se hizo acreedora* DE *nuestra admiración.* **3.** *Com.* Dicho de cuenta: Que presenta saldo favorable a su titular. *Retiró los fondos de sus cuentas acreedoras.* Tb. dicho del saldo de esa cuenta. *Su cuenta arroja un saldo acreedor de mil euros.*

acreencia. f. Am. Crédito (cantidad que se debe). *El monto de las acreencias estimadas sugiere una multitud de pequeños deudores* [C]. ▶ CRÉDITO.

acribillar. tr. **1.** Hacer muchas heridas o picaduras (a alguien). *Los soldados enemigos lo acribillaron. Me han acribillado los mosquitos.* **2.** Hacer muchos agujeros (a algo). *Lanzó una lata al aire y la acribilló a balazos.* **3.** Molestar mucho (a alguien), espec. haciéndo(le) muchas preguntas. *Los niños me acribillaban* A *preguntas. Me acribilla* CON *órdenes y gritos. Lo acribillan los acreedores.*

acrílico, ca. adj. **1.** Dicho de materia o fibra: Que se obtiene del ácido acrílico (→ 2) o de sus derivados. *Sus cuadros están hechos con pintura acrílica. El vestido se arruga poco porque es de fibra acrílica.* **2.** *Quím.* Dicho de ácido: Líquido e incoloro, obtenido por oxidación de un derivado de la glicerina y muy empleado en la fabricación de fibras, plásticos y pinturas. *El ácido acrílico y sus derivados forman polímeros con facilidad.*

acrimonia. f. cult. Acritud. *Fue atacada con acrimonia por los críticos.*

acriollarse. intr. prnl. Am. Adoptar un extranjero las costumbres del país hispanohablante donde vive. *Venías de Europa y te acriollaste, te americanizaste* [C]. *Se estaba acriollando el gringo* [C].

acrisolado, da. part. **1.** → **acrisolar.** ● adj. **2.** cult. Dicho espec. de virtud: Pura e intachable. *Es un hombre de honradez acrisolada.*

acrisolar. tr. cult. Purificar o depurar (algo no material), espec. mediante pruebas o dificultades. *Los sufrimientos han acrisolado su fe.* Tb. en constr. prnl. media. *Su fe se acrisoló con el sufrimiento. En esta novela se renuevan y acrisolan las cualidades de la autora.*

acristalado[1]. m. Hecho de acristalar. *Dos obreros trabajan en el acristalado de la fachada.*

acristalado[2], da. part. **1.** → **acristalar.** ● adj. **2.** Que tiene cristales. *Podía ver el cielo a través de la cubierta acristalada de la estación.*

acristalamiento. m. Hecho o efecto de acristalar. *El acristalamiento del tejado del museo dará más luz a las salas. Con el doble acristalamiento hay menos ruido de la calle.*

acristalar. tr. Poner cristales (en un lugar) de modo que quede cerrado o cubierto. *Han acristalado la terraza para utilizarla también en invierno.* ▶ ENCRISTALAR.

acritud. f. Cualidad de acre o poco amable. *Me sorprende la acritud de sus comentarios.*

acrobacia. f. **1.** Ejercicio gimnástico o de equilibrio que requiere gran habilidad, espec. el que se realiza como parte de un espectáculo de circo. *El camarero pasa entre las mesas haciendo acrobacias para no tirar las bebidas.* Tb. fig. *Hacemos acrobacias para llegar a fin de mes.* **2.** Maniobra o movimiento espectaculares realizados con un avión. *Los pilotos ejecutaban descensos en picado, rizos y otras acrobacias.* **3.** Actividad de realizar acrobacias (→ 1, 2). *Se hizo famoso por sus números de acrobacia en el circo. Es experto en acrobacia aérea.*

acróbata. m. y f. Persona que realiza acrobacias o ejercicios gimnásticos difíciles, espec. en el circo. *Un acróbata camina por el alambre con una pértiga en la mano.* ▶ ALAMBRISTA, EQUILIBRISTA, FUNÁMBULO, TITIRITERO, TRAPECISTA, VOLATINERO.

acrobático, ca. adj. De la acrobacia. *Un redoble de tambor acompaña los ejercicios acrobáticos. Exhibición de vuelo acrobático.*

acromático, ca. adj. *Fís.* Dicho de cristal o de sistema óptico: Que transmite la luz blanca sin descomponerla en colores. *Con las lentes acromáticas, la imagen del telescopio no aparecerá rodeada por una banda irisada.*

acrónimo. m. **1.** *Ling.* Palabra formada por la unión de partes de otras palabras. *"Ofimática" es un acrónimo formado por el principio de "oficina" y el final de "informática". Al principio del manual hay una lista de siglas y acrónimos.* **2.** *Ling.* Sigla que se pronuncia como una palabra. *La palabra "ovni" es un acrónimo.*

acrópolis. f. histór. En la antigua Grecia: Parte más alta y fortificada de una ciudad. *El Partenón está en la acrópolis de Atenas.*

acróstico, ca. adj. **1.** *Lit.* Dicho de composición poética: Constituida por versos cuyas letras iniciales, leídas de arriba abajo, forman una palabra o una frase. Gralm. m. *El tema de un acróstico suele tener relación con el enunciado que se lee en vertical.* ● m. **2.** *Lit.* Palabra o frase formadas por las letras iniciales de una composición acróstica (→ 1). *El acróstico del soneto es el nombre de la amada de Garcilaso.* **3.** Pasatiempo consistente en hallar, a partir de unas definiciones o indicaciones, una serie de palabras que, colocadas en columna, forman con sus iniciales un enunciado. *En la revista de pasatiempos hay crucigramas y acrósticos.*

acta. f. **1.** Documento en que se expone lo tratado o acordado en una junta. *En el acta consta que tres vecinos se oponen a las reformas.* **2.** Documento que constituye la certificación o constancia oficiales de un hecho. *El árbitro anotó en el acta del partido que el público arrojó objetos al campo. Acta notarial.* **3.** Documento que constituye la certificación oficial de la elección de alguien para un cargo público. *En las elecciones obtuvo el acta de diputado.* ■ **levantar ~.** loc. v. Escribir un acta (→ 1, 2). *Se levantó acta de la reunión. Un notario levantará acta del sorteo.*

actinia. f. Anémona de mar. *Las actinias son pólipos con tentáculos que comen pequeños peces y crustáceos.* ▶ ANÉMONA.

actínido. m. *Quím.* Elemento radiactivo de número atómico comprendido entre el 90 y el 103. *El plutonio es un actínido.* Frec., en pl., designa el grupo correspondiente de la tabla periódica de los elementos. *La mayor parte de los actínidos no se hallan en la naturaleza.* Tb. adj. *El uranio es un elemento actínido.*

actitud. f. **1.** Disposición de ánimo hacia alguien o algo manifestada de determinada manera, espec. en el comportamiento. *El alumno ha cambiado de actitud* *y ahora es más participativo. Su actitud hacia mí es de desprecio. Mantienen una actitud crítica ante las innovaciones.* **2.** Postura del cuerpo de una persona, espec. la que indica estado de ánimo o intención. *El cuadro retrata a los apóstoles en actitud orante. Extendió el brazo en actitud de pedir algo.*

activación. f. Hecho de activar. *La activación de la bomba se hizo por control remoto. La activación de las ventas se debe a la campaña publicitaria.*

activador, ra. adj. Que activa o sirve para activar. *Una corriente de aire pudo ser el agente activador del fuego.* Dicho de cosa, tb. m. *Los artificieros han desconectado el activador electrónico de la bomba.* Dicho de pers., tb. m. y f. *Los estudiantes y los obreros fueron los activadores de la revolución.*

activar. tr. **1.** Poner en funcionamiento (algo, espec. un mecanismo). *Activé la alarma del despertador.* Tb. en constr. prnl. media. *El sistema antiincendios se activa cuando el sensor detecta humo.* **2.** Hacer que aumente la velocidad o intensidad (de algo). *El estrés puede activar la caída del cabello.*

actividad. f. **1.** Cualidad de activo. *Admiro su actividad, yo sería incapaz de hacer tantas cosas.* **2.** Conjunto de acciones propias de algo o de alguien y encaminadas a un fin. *Después de unos años dedicado al periodismo, cambió de actividad. Hay actividades extraescolares en el mismo centro.* ■ **en ~.** loc. adv. En acción o en situación de activo. *El volcán entró en actividad.* Tb. loc. adj. *Reclaman el cierre de las centrales nucleares en actividad.*

activismo. m. Actitud o cualidad de activista. *La generación* hippie *se caracterizó por el activismo pacifista.* Tb. el conjunto de actividades de los activistas. *Al final del régimen aumentó el activismo contra la dictadura.*

activista. m. y f. Miembro de una tendencia o grupo, gralm. políticos, que interviene activamente en su difusión o practica la acción directa. *En el piso de los activistas se encontraron armas y explosivos.*

activo, va. adj. **1.** Que actúa. *Es una de las organizaciones más activas en la lucha contra el racismo.* **2.** Dicho de persona: Que tiende a actuar por propia decisión o a tomar la iniciativa. *Es muy activa y no se quedará encerrada en casa sin hacer nada.* **3.** Dicho de cosa: Capaz de producir su efecto o desarrollar su actividad. *Los volcanes activos de la isla tienen erupciones cada cierto tiempo. El fármaco es más activo si se conserva en frío.* **4.** Dicho de trabajador: Que trabaja o ejerce su profesión y no está retirado. *La medida afecta a los funcionarios activos o en excedencia. Población activa.* Tb. referido a las cosas propias de ese trabajador. *Al cesar en el servicio activo, pasó a cobrar una pensión.* **5.** *Gram.* Dicho de oración: Que tiene el verbo en activa (→ 7). *Una oración activa puede tener complemento directo o no tenerlo.* ● m. **6.** *Econ.* Conjunto de los bienes con valor monetario que son propiedad de una empresa, institución o individuo. *El activo de la empresa es de un millón de euros, lo que incluye capital, instalaciones, maquinaria, etc.* ○ f. **7.** *Gram.* Voz activa (→ **voz**). *Cuando el verbo está en activa, el sujeto de la oración es agente.* ■ **en activo.** loc. adv. **1.** Trabajando o ejerciendo una persona su profesión. *Pese a su avanzada edad, el concertista sigue en activo.* Tb. loc. adj. *En la carrera participan tanto deportistas en activo como retirados.* **2.** En funcionamiento. *La central nuclear permanecerá en activo un año más.* Tb. loc. adj. *La Diputación Permanente es el órgano en activo durante el receso parlamentario.* ■ **por activa o por pasiva,** o **por activa y por pasiva.** loc. adv. coloq. De todas las maneras posibles. *Hemos dicho ya por activa y por pasiva que no cederemos al chantaje.*

acto. m. **1.** Acción. Expresa, en forma sustantivada, la idea de hacer. *Reconocer los errores es un acto de humildad. No es responsable de sus actos. Antes del juicio hubo un acto de conciliación.* **2.** Hecho público, frec. solemne. *Entre los actos programados hay un concierto. La conferencia será en el salón de actos.* **3.** Parte de las varias en que se divide una obra teatral, y que, en la representación, está separada de las otras por una pausa. *Es una comedia en tres actos.* ■ **~ sexual.** m. Coito. *Hubo besos y caricias, pero no llegó a consumarse el acto sexual.* □ **~ seguido.** loc. adv. Inmediatamente después. *El entrenador se reunió con la plantilla y acto seguido dio una rueda de prensa.* ■ **en el ~.** loc. adv. Inmediatamente. *Sonó la alarma y en el acto apareció el vigilante.* ■ **hacer** alguien **~ de presencia.** loc. v. Estar presente en un lugar durante un tiempo muy breve y solo por cumplir. *El homenajeado ni siquiera hizo acto de presencia.* ▶ **1:** *ACCIÓN. **3:** JORNADA.

actor[1], triz. m. y f. Persona que interpreta un papel en el teatro, el cine, la televisión o la radio. *Los actores salen a saludar al final de la obra. Una actriz de cine. Un actor de doblaje.* ■ **~ de reparto.** m. y f. Actor que interpreta un papel secundario o que no es de protagonista. *Obtuvo el premio a la mejor actriz de reparto.* ▶ COMEDIANTE, CÓMICO.

actor[2], ra. adj. **1.** *Der.* Dicho de parte: Demandante o acusadora. *El fallo es favorable a la empresa actora.* ● m. y f. **2.** *Der.* Demandante o acusador. *En la demanda, el actor hace una petición al juez y este decide sobre dicha petición.*

actoral. adj. Del actor. *La crítica ha destacado de la película el buen trabajo actoral.*

actriz. → **actor[1].**

actuación. f. Hecho de actuar. *Todos recuerdan su actuación en "Gilda". La actuación del árbitro ha sido muy criticada. Esta pastilla es como la aspirina, pero de actuación más lenta y prolongada.*

actual. adj. De ahora. *El actual presidente termina su mandato en un mes. En el momento actual, nuestras relaciones son inmejorables. La moda actual busca la comodidad.*

actualidad. f. **1.** Tiempo actual o presente. *Estudiaremos desde la Prehistoria hasta la actualidad. Fue profesor, pero en la actualidad se dedica a escribir.* **2.** Condición de actual. *El reportaje ha perdido actualidad y ya no interesa.* **3.** Conjunto de cosas, como noticias o sucesos, que tienen interés para la gente en un momento determinado. *Me gusta estar informado de la actualidad. La cadena solo emite boletines informativos y programas de actualidad.*

actualización. f. Hecho de actualizar. *Cada año se hace una actualización de la enciclopedia. El próximo curso habrá una actualización de las tasas de matrícula.*

actualizar. tr. Hacer que (algo que se ha quedado atrasado) se adapte o corresponda al momento actual. *Estos datos no son fiables, porque no los han actualizado en años. Lee obras de divulgación para actualizar sus conocimientos.*

actualmente. adv. En la actualidad o en el tiempo presente. *Actualmente vivo en Perú, pero el año próximo volveré a mi país.*

actuar. (conjug. ACTUAR). intr. **1.** Realizar acciones. *Si no actuamos pronto, el edificio se hundirá. Actúa siempre de manera independiente.* **2.** Hacer una persona o cosa algo que es característico de ellas. *Los jugos gástricos actúan* EN *la digestión. La publicidad actúa* SOBRE *los hábitos de los consumidores.* **3.** Seguido de *de* o *como* y un nombre: Hacer una persona o cosa funciones de lo expresado por él. *La madre del novio actuó de madrina. La inmobiliaria actúa como mediadora en la venta.* **4.** Producir algo un efecto determinado sobre una persona o sobre otra cosa. *La superproducción de café actuará* SOBRE *los precios y hará que bajen. El compuesto actúa* EN *el organismo haciendo que aumente la absorción de calcio.* **5.** Interpretar un papel en una obra de teatro, cine, televisión o radio. *Antes de dedicarse al cine, actuó en varias obras de teatro.*

actuarial. adj. *Econ.* Del actuario. *El informe actuarial concluye que el sistema público de salud debe reducir gastos.*

actuario, ria. m. y f. *Econ.* Persona legalmente capacitada para asesorar a las compañías de seguros y servir como perito en sus operaciones. *Un actuario revisará las pólizas con más riesgo.* Tb. *~ de seguros. Estudió económicas y es actuario de seguros.*

acuarela. f. **1.** Técnica de pintar sobre papel o cartón con colores disueltos en agua. *Este pintor domina bien el óleo y la acuarela.* **2.** Color empleado para la acuarela (→ 1). *Tiene los dedos manchados de acuarela.* Frec. en pl. *Lleva las acuarelas en un estuche.* **3.** Pintura realizada con acuarela (→ 1). *Se ha inaugurado una exposición de acuarelas.*

acuarelista. m. y f. Pintor de acuarelas. *Los acuarelistas muestran preferencia por los paisajes.*

acuario[1]. m. **1.** Depósito de agua donde se tienen animales y vegetales acuáticos vivos. *En la sala de espera del dentista hay un acuario con peces de colores.* **2.** Edificio en que se exhiben al público animales acuáticos vivos. *En el acuario del zoológico hay una sala donde se pueden ver tiburones.*

acuario[2]. m. y f. Persona nacida bajo el signo de Acuario. *Un acuario de febrero.* Tb. adj. *Mujer acuario.*

acuartelamiento. m. **1.** Lugar en el que se aloja la tropa. *El general ha visitado los acuartelamientos de la región.* **2.** Hecho de acuartelar o acuartelarse. *El acuartelamiento de las fuerzas durará hasta que la situación se estabilice.*

acuartelar. tr. Hacer que (la tropa) permanezca en los cuarteles y preparada para actuar en caso de emergencia. *Las autoridades acuartelaron a las tropas hasta el cese de los disturbios.* Tb. en constr. prnl. media. *Llegó la orden de que nos acuarteláramos y los permisos quedaron cancelados.*

acuático, ca. adj. **1.** Que vive en el agua. *Planta acuática. Fauna acuática.* **2.** Del agua. *Los anfibios pueden vivir tanto en el medio acuático como en el terrestre.*

acuatizar. intr. Amerizar. *El hidroavión acuatizó en la laguna.*

acuchillado[1]. m. Hecho o efecto de acuchillar o alisar una superficie de madera. *Antes de empezar el acuchillado de los suelos, apartamos todos los muebles.*

acuchillado[2], da. part. **1.** → **acuchillar.** ● adj. **2.** histór. Dicho de prenda de vestir o de una parte de ella: Que tiene aberturas en sentido vertical, debajo de las que hay otra pieza de tela, gralm. de distinto color. *En "Las meninas" de Velázquez, el pintor lleva mangas acuchilladas.*

acuchillador, ra. adj. **1.** Que acuchilla. Dicho de pers., tb. m. y f. *El acuchillador de la víctima es un psicópata peligroso.* ● m. y f. **2.** Persona que tiene por oficio acuchillar o alisar suelos de madera. *Cuando termina de pulir el suelo, el acuchillador lo vuelve a barnizar.*

acuchillar. tr. **1.** Herir o matar (a alguien) con un cuchillo u otra arma blanca. *Sus asaltantes huyeron después de acuchillarla.* **2.** Alisar con cuchilla o con otra herramienta (una superficie de madera, espec. el suelo). *Este verano pintaremos las paredes y acuchillaremos el parqué.* Tb. usado en constr. intr. *Hay que pintar y acuchillar.*

acuciante. adj. Dicho de cosa: Que acucia o urge. *Tengo la necesidad acuciante de encontrar un empleo. No dijo que el informe fuera urgente, pero su tono de voz era acuciante.* ▶ *URGENTE.

acuciar. (conjug. ANUNCIAR). tr. **1.** Meter prisa (a alguien). *Nos acuciaba para que terminásemos de comer.* **2.** Inquietar o desazonar (a alguien). *Me acuciaba con sus continuas preguntas. Se siente acuciado por la curiosidad.* ▶ **1:** *URGIR. **2:** *INQUIETAR.

acucioso, sa. adj. cult. Acuciante o urgente. *Tenía la acuciosa necesidad de verla y contarle lo sucedido.*

acuclillarse. intr. prnl. Ponerse en cuclillas. *Me acuclillé para recoger las monedas del suelo.*

acudir. intr. **1.** Ir alguien a un lugar, espec. porque debe ir o porque lo llaman. *Tenía una cita con él, pero no ha acudido. Acude* AL *gimnasio tres veces por semana. Ayer no acudió* A *trabajar. A la conferencia acudieron cien personas. Cuando cayó de la bici, un camionero acudió en su ayuda.* **2.** Buscar la ayuda de alguien. *Tengo tantas dudas que al final tendré que acudir* A *mi hermano.* **3.** Utilizar algo como remedio o para conseguir otra cosa. *Nos manifestaremos contra la reforma, pero sin acudir* A *la violencia. Como no podía dormir, acudí* AL *viejo remedio de tomar un vaso de leche.* **4.** Venir o presentarse algo no material. *Los recuerdos acuden* A *mi mente al pasear por esas calles.* ▶ **2, 3:** RECURRIR.

acueducto. m. Conducto construido para llevar el agua a un lugar, espec. a una población, frec. elevado sobre arcadas o sobre un puente. *El acueducto de Segovia es una construcción romana.*

acuerdo. m. **1.** Hecho de acordar. *Hemos llegado a un acuerdo que nos beneficia a los dos. Según el acuerdo que tenemos, te toca a ti pasear al perro.* **2.** Cosa que se acuerda o decide, espec. por dos o más personas de forma conjunta. *Nos reunió para comunicarnos los acuerdos de la asamblea.* ■ **~ marco.** m. Acuerdo (→ 2) normativo general al que han de ajustarse otros de carácter más concreto. *Los sindicatos están dispuestos a discutir un acuerdo marco sobre el empleo.* □ **de ~.** loc. adv. **1.** Con la misma opinión. Frec. con v. como *estar, poner* o *ponerse. No insistas: no estamos de acuerdo. Lo que dices es cierto, estoy totalmente de acuerdo* CONTIGO. *Los miembros del jurado no se ponían de acuerdo* EN *cuál era la mejor novela. Los científicos no se ponen de acuerdo* SOBRE *la causa de la enfermedad.* **2.** Se usa para expresar asentimiento o aprobación ante lo que otro dice. *–Te llamaré mañana a las cinco. –De acuerdo.* ■ **de ~ con.** loc. prepos. Correspondiéndose con. *Se le impondrá la pena de acuerdo con lo que establezca la ley.*

acuícola. adj. *Biol.* Dicho de ser vivo: Que vive o se desarrolla en el agua. *El pelaje denso es típico del castor y de otros mamíferos acuícolas. Cultivos acuícolas.*

acuicultura. f. Cultivo de especies acuáticas vegetales o animales. *El centro de acuicultura produce toneladas de langostinos al año.* Tb. la técnica correspondiente.

acuífero, ra. adj. Dicho de capa o vena subterráneas: Que contiene agua. *Se hará una cala para medir la profundidad de la capa acuífera.* Dicho de vena, tb. m. *El vertido contaminó los acuíferos del parque.*

acullá. adv. cult. En un lugar distinto más alejado. Se usa en contraposición a *aquí, acá, allí* o *allá*. (→ **allá**). *En el paisaje otoñal no quedan ya tonos verdes, apenas unos reflejos acá y acullá.*

aculturación. f. *Sociol.* y *Antropol.* Adopción y asimilación de elementos culturales de un grupo humano por parte de otro. *La población indígena sufrió un proceso de aculturación.*

acumulación. f. Hecho o efecto de acumular o acumularse. *Pasó meses dedicada a la acumulación de material para su libro. La fotografía muestra la acumulación de basura en las calles. La excesiva acumulación de poder es peligrosa.*

acumulador, ra. adj. **1.** Que acumula o sirve para acumular. *Un tanque acumulador de agua.* ● m. **2.** Aparato que permite acumular energía, gralm. eléctrica, para ser utilizada después. *Calientan la casa con acumuladores eléctricos, que almacenan energía por la noche. Una batería es un acumulador.*

acumular. tr. Juntar gran cantidad (de algo). *Jaime acumula los periódicos hasta que no le caben en casa.* Tb. en constr. prnl. media. *Mientras estuvimos de vacaciones, el correo se acumuló en el buzón. Se le ha acumulado mucho trabajo durante su ausencia.* ▶ *JUNTAR.

acumulativo, va. adj. **1.** De la acumulación. *Tras la fase acumulativa procederemos a la fase selectiva de datos.* **2.** Que actúa o se produce por acumulación. *El efecto de este veneno es acumulativo.*

acunar. tr. Mecer (a un niño) en la cuna o sosteniéndo(lo) entre los brazos. *Acunaba al bebé caminando de un lado a otro de la habitación.*

acuñación. f. Hecho de acuñar, espec. una moneda. *Antiguamente, la acuñación de las monedas se hacía a mano.*

acuñador, ra. adj. Que acuña. Dicho de pers., tb. m. y f. *Los acuñadores de moneda daban forma al metal con martillos. Es un orador ingenioso y un gran acuñador de frases.*

acuñar. tr. **1.** Fabricar (monedas o medallas). *Han acuñado unas monedas conmemorativas.* **2.** Crear (una palabra o expresión que alcanzan difusión). *Los pacifistas acuñaron el lema "haz el amor y no la guerra".* **3.** Dar forma y relieves (a un metal) para fabricar monedas o medallas. *Nos dijo que el hombre empezó a acuñar los metales en el año 700 a. C.* ▶ **1:** TROQUELAR.

acuosidad. f. Cualidad de acuoso. *La acuosidad del tomate hará que la salsa se diluya.*

acuoso, sa. adj. **1.** Líquido como el agua, o de características semejantes a las suyas. *Al partir el coco salió una sustancia acuosa.* **2.** Del agua. *Es preferible cocer las verduras al vapor a hacerlo en un medio acuoso.* **3.** Abundante en agua u otro líquido semejante. *La sandía es una fruta muy acuosa.* **4.** *Quím.* Dicho de disolución: Que tiene como disolvente el agua. *Guarde las lentillas en una solución acuosa.*

acupuntor, ra. m. y f. Especialista en acupuntura. *El acupuntor le puso agujas en las orejas y las muñecas.*

acupuntura. f. Técnica para curar enfermedades o dolores, que consiste en clavar agujas en puntos determinados del cuerpo. *Es especialista en reflexología y acupuntura.*

acurrucarse. intr. prnl. Encogerse alguien o doblar el cuerpo, espec. para protegerse del frío. *Sentí frío y me acurruqué bajo la manta. El cachorro se acurrucó en mi regazo y se durmió.*

acusación. f. **1.** Hecho de acusar o acusarse. *Si no tienes pruebas, no hagas acusaciones. Ha sido absuelto de la acusación de agredir a un policía.* Tb. el escrito o las palabras con que se acusa a alguien. *Como me fui de la reunión, no pude oír sus acusaciones contra mí. El fiscal presenta la acusación y solicita la apertura del juicio.* **2.** *Der.* Persona o personas que acusan a otra ante un tribunal. *La acusación reclama una indemnización por daños y perjuicios.*

acusado, da. part. **1.** → **acusar. 2.** Que ha sido acusado (→ 1) de un delito o falta. Tb. m. y f. *Los acusados tendrán derecho a asistencia legal gratuita.* ● adj. **3.** Dicho de cosa: Que destaca o se nota con claridad. *Habla con acusado acento extranjero. Ha habido un acusado descenso del turismo.*

acusador, ra. adj. Que acusa a alguien. *La parte acusadora ha llegado a un acuerdo con los representantes del procesado.* Dicho de pers., tb. m. y f. *El abogado protestó por las preguntas que el acusador hacía al testigo.*

acusar. tr. **1.** Señalar (a alguien) atribuyéndo(le) la responsabilidad o la culpa de una falta o un delito. *No me acuses a mí: yo no he cogido tu camiseta. Lo acusó* DE *llegar siempre tarde a las reuniones.* Frec. en derecho. *El fiscal lo acusa* DE *robo.* **2.** Dar muestras (de algo) o reflejar el efecto (de ello). *A estas alturas de la etapa, los ciclistas acusan el cansancio. La vegetación acusaba la prolongada sequía.* ▶ **1:** ACHACAR, IMPUTAR, INCRIMINAR, INCULPAR. ‖ **Am: 1:** SINDICAR.

acusativo. m. *Gram.* Caso de la declinación con que se expresa pralm. la función de complemento directo. *¿Te acuerdas de que en alemán "in" puede regir acusativo o dativo?* Tb. *caso ~*.

acusatorio, ria. adj. De la acusación. *Se presentó un vídeo como prueba acusatoria. La función acusatoria corresponde al fiscal.*

acuse. ~ **de recibo.** m. Hecho de avisar que se ha recibido algo, espec. una carta. *Envía el paquete por correo certificado y con acuse de recibo.* Tb. el documento en que consta. *Firmó el acuse de recibo y se lo entregó al cartero.* (→ **recibo**).

acusica. adj. coloq. Dicho de persona, espec. de niño: Que tiene el hábito de acusar a otros. *Me revientan los niños acusicas.* Tb. m. y f. *Si te ve cogiendo chocolate, se lo dirá a mamá, porque es una acusica.*

acústico, ca. adj. **1.** Del sentido del oído. *El esquizofrénico padecía alucinaciones acústicas, tales como oír voces.* **2.** Del sonido. *La intensidad acústica se mide en decibelios. En la ciudad hay mucha contaminación acústica. Ondas acústicas.* **3.** De la acústica (→ 5, 6). *Se reformará el teatro para mejorar sus* *condiciones acústicas.* **4.** Dicho de instrumento musical: Que no está modificado con medios electrónicos. *El grupo dio un concierto con instrumentos acústicos. Bajo acústico.* Tb. referido a la música hecha con estos instrumentos. *Han sacado un disco con versiones acústicas de sus éxitos.* ● f. **5.** Parte de la física que se ocupa del sonido. *Los expertos en acústica estudian los efectos del ruido sobre los seres humanos.* **6.** En un recinto o una sala: Conjunto de características de las que depende la calidad con que los sonidos se perciben en su interior. *La acústica del auditorio es deficiente.*

adagio[1]. m. Dicho o sentencia breves, gralm. de carácter tradicional, que suelen expresar un consejo o una norma de conducta. *El adagio "ojos que no ven, corazón que no siente" nos enseña que no se sufre por lo que se desconoce.* ▶ *DICHO.

adagio[2]. (pal. it.; pronunc. "adáyo"). m. *Mús.* Tempo lento. *El* adagio *es más lento que el andante.* Tb. la composición o fragmento que deben ejecutarse con ese tempo. *El segundo movimiento de la sinfonía es un* adagio.

adalid. m. cult. Persona que dirige o encabeza un grupo o un movimiento, espec. si es de defensa de algo. *Concedieron el Nobel de la paz a un adalid de la democracia.*

adamascado, da. adj. Dicho espec. de tela: De textura o características semejantes a las del damasco. *Lleva una bata de seda adamascada.*

adán. m. coloq. Hombre que descuida su aspecto o su aseo personal. *No sé cómo puedes ir tan mal vestido: ¡eres un adán!*

adaptable. adj. Que se puede adaptar. *Al constar de módulos, la librería es adaptable* A *diferentes espacios. Parece una novela fácilmente adaptable* AL *cine. Los tejidos adaptables dan más libertad de movimientos.*

adaptación. f. Hecho o efecto de adaptar o adaptarse. *Comienzan las obras de adaptación de los edificios públicos* A *la nueva normativa. Se hará una adaptación de la obra teatral* PARA *la televisión. Los cangrejos con que se repobló el río lograron una rápida adaptación.*

adaptador, ra. adj. Que adapta o sirve para adaptar. *Trabajó de guionista adaptador de novelas* PARA *el cine.* Dicho de pers., tb. m. y f. *El guionista de la película fue también el adaptador para la versión teatral.* Dicho de pieza o aparato, tb. m. *Se pueden acoplar distintos teleobjetivos a la cámara con un adaptador.*

adaptar. tr. **1.** Modificar (una cosa) de manera conveniente para un fin o unas circunstancias nuevos. *He adaptado mi horario de trabajo* AL *cuidado del bebé. Como necesita silla de ruedas, adaptamos la vivienda.* **2.** Adecuar (una obra, gralm. literaria o musical) a las necesidades de otro público o de otro medio de difusión. *Adaptó "Alicia en el país de las maravillas"* PARA *niños. Un guionista adaptará la novela* AL *cine.* **3.** Ajustar (algo) a los límites o a la forma de otra cosa. *Procura adaptar tus gastos* AL *presupuesto.* Tb. en constr. prnl. media. *Las prendas elásticas se adaptan completamente* AL *cuerpo.* Tb. fig. *El perfil del candidato no se adapta* A *las necesidades de la empresa.* **4.** Hacer que (una persona) cambie su comportamiento de acuerdo con las condiciones de una situación o un entorno nuevos. *El entrenamiento de los astronautas los adapta* A *la vida en el espacio.* Frec. en constr. prnl. media. *Me cuesta adaptarme* A *la rutina diaria.* ○ intr. prnl. **5.** *Biol.* Cambiar un organismo o ser vivo sus características para integrarse mejor en un medio natural nuevo. *Algunos animales terrestres se adaptaron* AL *medio acuático transformando sus extremidades en aletas.*

adarga. f. histór. Escudo de cuero, ovalado o de forma de corazón. *El dibujo retrata a don Quijote con la espada en una mano y la adarga en la otra.*

adarme. m. Cantidad mínima de algo. *Eso lo sabe cualquiera que tenga un adarme* DE *sentido común.* Frec. en constr. negativas. *Sus palabras no añaden un adarme* DE *claridad a la situación.*

adarve. m. Camino situado en lo alto de una muralla o fortificación, detrás de las almenas o del parapeto. *Los soldados hacían guardia por el adarve.*

a. de C. abrev. Antes de Cristo. *El templo fue construido en 560 a. de C.*

adecentar. tr. Poner (algo o a alguien) limpios y con buen aspecto. *Adecenta el salón antes de que lleguen los invitados. Estuve limpiando y luego me adecenté un poco para salir.*

adecuación. f. Hecho o efecto de adecuar o adecuarse. *Los profesores piden una mayor adecuación de los materiales* A *las necesidades del alumno. No se ha logrado una total adecuación de la ciudad* A *los minusválidos.*

adecuado, da. part. **1.** → **adecuar.** ● adj. **2.** Que se adapta a las necesidades o a las condiciones de algo o alguien. *Los zapatos de tacón no son adecuados* PARA *la montaña. Tienen una red de metro adecuada* A *las necesidades de los ciudadanos. Por fin he encontrado un vehículo adecuado* PARA *mí. Los bombones me parecen un regalo más adecuado que el pañuelo.*

adecuar. (conjug. AVERIGUAR). tr. Adaptar (algo) a las necesidades o condiciones de una persona o de una cosa. *Adecuaremos el programa del curso* A *los intereses de los alumnos. Un termostato adecua el funcionamiento de la calefacción* A *la temperatura de la sala. Adecuaremos el gimnasio* PARA *que sirva de auditorio.* Tb. en constr. prnl. media. *Pedimos que suban las pensiones para que se adecuen mejor* A *los precios del mercado.*

adefesio. m. coloq. Persona o cosa de gran fealdad o de aspecto ridículo. *Aunque se vista muy elegante, no deja de ser un adefesio. Se han edificado muchos adefesios en primera línea de playa.*

a. de J. C. abrev. Antes de Jesucristo. *El filósofo nació en 340 a. de J. C.*

adelantado, da. part. **1.** → **adelantar.** ● adj. **2.** Que tiene un desarrollo superior a lo normal en su edad o en su momento. *Algunos alumnos adelantados ya leen con soltura. Hay frutos tardíos y adelantados.* ● m. **3.** histór. Gobernador político y militar de una zona fronteriza. *En territorios como Murcia* o *Andalucía, los adelantados gobernaban en nombre de los reyes de Castilla.* ■ **por adelantado.** loc. adv. Con antelación. *Pagó la limpieza del traje por adelantado.*

adelantamiento. m. **1.** Hecho de adelantar algo con respecto al tiempo debido o acordado. *El presidente ha anunciado el adelantamiento de las elecciones.* **2.** Hecho de adelantar o colocarse delante. *Lo multaron por adelantamiento indebido.* ▶ **1:** ADELANTO.

adelantar. tr. **1.** Hacer que (alguien o algo) estén delante. *El fotógrafo le pidió que adelantara el pie. Adelanta el sofá para que quede más cerca de la ventana. No te adelantes, colócate en línea con el resto.* **2.** Dar a conocer (algo, como una noticia) antes del tiempo previsto. *–Mañana te cuento lo que pasó. –¿No puedes adelantarme algo?* **3.** Dar (una cantidad de dinero) antes del tiempo que corresponde. *Necesito que me adelante el sueldo del próximo mes.* **4.** Hacer que (algo) suceda antes del tiempo debido o acordado. *Tuvieron que adelantar las elecciones. Han adelantado la boda a la primavera.* **5.** Colocarse una persona o cosa delante (de otra). *El Betis ha adelantado al Mallorca en la clasificación. Adelantó al camión en una curva.* **6.** Hacer que (un reloj) marque una hora posterior a la que marcaba. *Tiene la costumbre de adelantar el reloj para ir siempre con tiempo de sobra.* **7.** Marcar un reloj (la cantidad de tiempo que se indica superior a la debida). *El reloj adelantaba casi un cuarto de hora.* ○ intr. **8.** Funcionar un reloj a más velocidad de la debida. *Mi reloj adelanta.* Tb. prnl. *No pueden ser ya las seis, este reloj se adelanta.* **9.** Progresar alguien, o ir hacia adelante en una acción o en un proceso. *El enfermo ha adelantado en la última semana y pronto le darán el alta. Así no adelantamos nada, tienes que poner algo de tu parte.* ○ intr. prnl. **10.** Realizar una persona una acción antes que otra, o antes de que suceda algo. *Lo hubiera hecho yo, pero se me adelantaron. Adivinó su reacción y se adelantó. Se adelantó* A *defenderlo antes de que lo atacaran.* **11.** Colocarse delante de otra persona o cosa. *Se adelantó* A *todos los corredores a pocos metros de la meta.* ▶ **2, 4:** ANTICIPAR. **10:** ANTICIPARSE.

adelante. adv. **1.** Hacia un lugar que está delante. *Cuando pidieron un voluntario, dio un paso adelante. No se detengan, sigan adelante.* Tb. fig. *Decidieron no seguir adelante con la denuncia.* A veces precedido de prep. *Mueve la mesa para adelante. Maniobró hacia adelante y hacia atrás hasta que logró aparcar.* **2.** Precedido de un nombre de algo que tiene un recorrido, expresa progresión o avance a lo largo de él. *El coche aceleró y se perdió carretera adelante. Se dirigió pasillo adelante hacia el dormitorio.* **3.** frecAm. En un lugar que está delante. *Tu equipo va adelante en la clasificación. Si te mareas, siéntate adelante con el conductor. La única condición fue que la casa tuviera suficiente terreno adelante, atrás y a los lados* [C]. *Lucían un uniforme de color café con un pollerín de cuero abierto adelante* [C]. *Le propuso a mi tío que subiera adelante* [C]. A veces precedido de prep. *Los asientos de adelante están reservados. La señora de adelante se demora porque no le autorizan la tarjeta* [C]. **4.** Precedido de un nombre que puede ir cuantificado: Hacia, o en, un lugar que está, con respecto al de referencia, a la distancia expresada por ese nombre. *Las soluciones del crucigrama están unas páginas más adelante. El baile consiste en dar tres pasos adelante y dos atrás.* ● interj. **5.** Se usa para permitir entrar a alguien que lo ha pedido. *–¿Se puede? –Adelante.* **6.** Se usa para exhortar a alguien a que lleve a cabo una acción o la prosiga. *¡Adelante!, pregunten lo que quieran. Te he interrumpido, ¡adelante!* ■ **en ~.** loc. adv. Desde el punto que se toma como referencia. *Ella se encargará en adelante de revisar el trabajo. En adelante, el camino es más ancho.* Frec. precedido de un compl. introducido por *de*, que expresa el lugar, tiempo o cantidad que se toman como punto de partida. *Habrá que ver cómo actúa de ahora en adelante. De Despeñaperros en adelante conducirás tú. Calcula que el precio será de 6000 euros en adelante.* ■ **más ~.** Después en el tiempo o en el espacio. *Pararemos más adelante.* A veces precedido de prep., espec. *para. Dejaremos este asunto para más adelante. No se volverán a ver hasta más adelante.*

adelanto. m. **1.** Hecho o efecto de adelantar o adelantarse. *El adelanto del reloj se debe a una avería. Esta madrugada se producirá el adelanto de la hora. Ha habido un adelanto de la fecha.* **2.** Progreso o mejora. *El adelanto en la investigación ha sido espectacular.* ▶ **1:** ADELANTAMIENTO.

adelfa. f. Arbusto mediterráneo, muy ramoso, de hojas parecidas a las del laurel, flores blancas o rojizas con forma de embudo y abiertas en cinco partes a modo de pétalos, muy cultivado como ornamental. *Han plantado adelfas en la mediana de la carretera.* Tb. la flor. *Un ramo con adelfas.*

adelgazamiento. m. Hecho de adelgazar. *Sigue una dieta de adelgazamiento.* ▶ ENFLAQUECIMIENTO.

adelgazante. adj. Que hace adelgazar. *Tratamiento adelgazante. Productos adelgazantes.* Dicho de producto o sustancia, tb. m. *Este adelgazante quita el apetito.*

adelgazar. tr. **1.** Hacer que (alguien o algo) pasen a estar delgados o más delgados. *Las comidas grasientas no te adelgazarán. Los sucesivos acuchillados adelgazaron el parqué.* Tb. usado en constr. intr. *Estas pastillas adelgazan.* **2.** Rebajar alguien de peso (la cantidad que se indica). *Adelgacé cuatro kilos.* ○ intr. **3.** Ponerse delgado o más delgado alguien o algo. *Le conviene adelgazar. Cuando adelgazó, mejoraron sus problemas de espalda. Le ha adelgazado la cara.* Tb. prnl. *Está irreconocible de tanto como se ha adelgazado. En ese tramo de carretera la capa de brea se ha adelgazado.* ▶ **1, 3:** ENFLAQUECER.

ademán. m. **1.** Movimiento del cuerpo o de una parte de este que indica la intención, la actitud o el estado de ánimo. *Hice ademán* DE *coger la cartera, pero no me dejó pagar. Alzó la mano en ademán* DE *saludo. El profesor nos miró con ademán serio.* ○ m. pl. **2.** Modo particular de moverse y de actuar de una persona. *Por su voz y sus ademanes se ve que es una persona muy tranquila.*

además. adv. Indica que lo expresado en la oración o el elemento de oración a los que modifica se añade a algo mencionado antes. *Ganó un viaje y, además, dinero en efectivo.* Se usa frec. seguido de un compl. introducido por *de. Además de Luis, vino su mejor amigo. Además de ponerle una multa, le quitaron el carné.*

adenda. f. Añadido que se hace al final de un texto y que sirve de complemento. *La biografía se completa con una adenda que incluye cartas personales del autor.*

adenoides. f. pl. *Med.* Vegetaciones, espec. las de la parte de la faringe próxima a las fosas nasales. *El niño presenta problemas de respiración debido al tamaño de las adenoides.* ▶ VEGETACIONES.

adenoma. m. *Med.* Tumor, gralm. benigno, de estructura semejante a la de una glándula. *El escáner revela un adenoma en la hipófisis.*

adensar. tr. Hacer o poner denso o más denso (algo). *La harina adensará la salsa. El humo de los cigarrillos adensaba el aire de la habitación.* Tb. en constr. prnl. media. *La niebla se ha adensado y casi no se ve el camino. A medida que bajas de la montaña, la vegetación se adensa.*

adentrar. tr. Meter o hacer entrar (a alguien) en el interior de un lugar. *No se atrevía a adentrarse solo* EN *el bosque.* Frec. fig. *En la novela, el autor nos* *adentra* EN *el mundo de los piratas.* Tb. en constr. prnl. media, referido a cosa. *El camino sale del pueblo y se adentra* EN *los campos de girasoles. La península del Sinaí se adentra* EN *el mar Rojo.*

adentro. adv. **1.** A un lugar que está dentro. *Si vas adentro, tráeme la chaqueta. Estás tiritando, pasa adentro y arrímate a la lumbre.* A veces precedido de prep. *Las olas lo arrastraban hacia adentro. La puerta abre para adentro. La acompañó hasta adentro.* **2.** frecAm. En un lugar que está dentro. *Están todos adentro viendo la televisión. Si no quieres que te vean, escóndete adentro. El delantero puso la pelota adentro* [C]. *Así es esto de esperar a alguien adentro de un café* [C]. *Adentro había luz* [C]. *Metía el chorizo adentro del pan* [C]. *Hace calor aquí adentro, vámonos* [C]. A veces precedido de prep. *Lo que dijo le salió de adentro. Se guardó la carta en el bolsillo de adentro del saco sin querer leerla* [C]. **3.** Precedido de un nombre sin artículo: Hacia, o en, la parte interior de lo designado por ese nombre. *El velero puso proa a alta mar y se alejó aguas adentro. Se internaron selva adentro. Mar adentro hay tiburones.* ● m. pl. **4.** Precedido de un adjetivo posesivo: La intimidad del propio pensamiento. Se usa gralm. con la prep. *para* antepuesta. *Se rió para sus adentros. Me prometí para mis adentros que no me dejaría avasallar.*

adepto, ta. adj. Partidario de una persona, de una idea o de un grupo o concepción ideológicos. *La gente de izquierdas era adepta* AL *republicanismo.* Tb. m. y f. *El líder pronunció un largo discurso ante sus adeptos. La cocina tradicional está ganando adeptos. Los adeptos* A *la secta entregaban todos sus bienes.*

aderezar. tr. **1.** Añadir condimentos (a la comida) para dar(le) buen sabor. *He aderezado la ensalada. Antes de asar la carne, la aderezo con ajo y perejil.* **2.** cult. Adornar (una cosa) con otra. *La corresponsal adereza las crónicas* CON *comentarios sobre el carácter ruso. El modista adereza sus vestidos* CON *piedras y lentejuelas.* ▶ **1:** *CONDIMENTAR.

aderezo. m. **1.** Hecho de aderezar. *El aderezo de los boquerones lleva un rato.* **2.** Cosa que sirve para aderezar o adornar otra. *No le gusta rellenar sus discursos de chistes y otros aderezos.* **3.** Condimento o conjunto de ingredientes que se emplean para dar buen sabor a una comida. *Probó el aderezo, le añadió sal y lo echó al pescado.* ▶ **1:** *CONDIMENTACIÓN. **3:** *CONDIMENTO.

adeudar. (conjug. ADEUDAR). tr. **1.** Deber (una cantidad de dinero). *El banco nos reclama lo que le adeudamos de la hipoteca.* **2.** *Com.* Cargar (una cantidad de dinero) en una cuenta corriente. *Cuando alguien cobra un cheque mío, el banco adeuda esa cantidad* EN *mi cuenta.* ▶ **1:** DEBER. **2:** CARGAR.

adeudo. m. **1.** Hecho de adeudar. *La causa del desalojo es el adeudo de meses de alquiler. El adeudo en cuenta se realiza el día 1 de cada mes.* **2.** Cantidad que se adeuda. *El adeudo de cien euros que figura en su cuenta corresponde al pago del seguro.* ▶ DEUDA.

adherencia. f. **1.** Cualidad de adherente. *La cola pierde adherencia con el tiempo.* **2.** Cosa adherida. *Lave las setas para quitarles el barro y otras adherencias.* **3.** *Fís.* Resistencia que impide el deslizamiento de las superficies de dos cuerpos en contacto. *Cuando hay nieve en la calzada, la adherencia de los neumáticos es menor.*

adherente. adj. Que adhiere o se adhiere. *Forra los libros con plástico adherente. El engrudo es adherente. Los países adherentes* AL *tratado.* Dicho de pers., tb. m. y f. *El partido ha ganado muchos adherentes desde las últimas elecciones.*

adherir. (conjug. SENTIR). tr. **1.** Pegar o unir (una cosa) a otra, frec. utilizando una sustancia, como pegamento. *Adhiera una fotografía* A *la solicitud. Adhirió el mensaje* A *la puerta de la nevera con celo.* Tb. en constr. prnl. media. *El sello está viejo y ya no se adhiere* AL *papel. Cuando llueve, las hojas caídas se adhieren* A *las suelas de los zapatos.* ○ intr. prnl. **2.** Estar una persona de acuerdo con otra o unirse a ella, a una idea o a una organización. *El concejal propuso un minuto de silencio y todos se adhirieron* A *la propuesta. En 1986 España y Portugal se adhieren* A *la Comunidad Económica Europea.* ▶ **1:** PEGAR.

adhesión. f. Hecho de adherirse. *Los líderes de la Unión Europea discutirán sobre la adhesión de nuevos países. Para asegurar una buena adhesión del parche, planche la pieza sobre la prenda de vestir.*

adhesivo, va. adj. **1.** Capaz de adherirse o pegarse. *Sujetó el faro roto con cinta adhesiva. La caja tiene aún la etiqueta adhesiva del precio.* ● m. **2.** Sustancia o producto que sirven para adherir. *Necesito un adhesivo especial para loza.* **3.** Objeto, gralm. de papel o plástico, impregnado de una sustancia adhesiva (→ 1) y destinado a ser adherido en una superficie. *Pegó un adhesivo de su equipo en la carpeta. Un adhesivo en la puerta indica que no se admiten perros.*

ad hoc. (loc. lat.; pronunc. "ad-óc"; pl. invar.). loc. adj. Creado o dispuesto especialmente para un fin determinado. *Se creó una comisión ad hoc para investigar el caso. El restaurante japonés tiene una decoración muy ad hoc.* Tb. loc. adv. *Guarda su colección de discos en una estantería construida ad hoc.*

adicción. f. **1.** Hábito incontenible de consumir una droga o de practicar ciertos juegos de azar. *Le gustaría dejar el alcohol, pero su adicción se lo impide. Tiene adicción* A *las máquinas tragaperras.* **2.** Afición muy grande a algo. *La nueva serie es emocionante y crea adicción. Su adicción* A *la lectura es enorme.*

adición. f. **1.** Hecho o efecto de añadir una cosa a otra. *Muchos alimentos no precisan la adición de sal. El último capítulo es una adición aparecida en la edición mexicana.* **2.** *Mat.* Suma (operación aritmética). *La adición y la multiplicación cumplen la propiedad conmutativa.* ▶ **2:** SUMA.

adicional. adj. Que se añade a algo. *Además del descuento, hay una rebaja adicional por la compra de dos artículos. La Constitución tiene cuatro disposiciones adicionales.*

adicionar. tr. Añadir (una cosa) a otra. *De vez en cuando se puede adicionar jabón al agua del limpiaparabrisas.*

adictivo, va. adj. **1.** De la adicción. *El efecto adictivo de la nicotina es muy alto.* **2.** Que crea adicción. *La heroína es una droga muy adictiva. No puede abandonar el toreo porque para él es adictivo.*

adicto, ta. adj. **1.** Que tiene adicción. *Una persona adicta* AL *juego puede llegar a gastarse todo su dinero. Cada día es más adicto* A *las telenovelas.* Tb. m. y f. *Al dejar la droga, el adicto sufre el síndrome de abstinencia.* **2.** Partidario fiel de alguien o algo. *Los medios de comunicación adictos* AL *Gobierno recibían trato de favor.* Dicho de pers., tb. m. y f. *Se llamó "afrancesados" a los adictos* A *Napoleón.*

adiestrador, ra. adj. Que adiestra. Más frec., m. y f. *El adiestrador de perros enseña al lazarillo a guiar al ciego.*

adiestramiento. m. Hecho o efecto de adiestrar. *En el adiestramiento de los futuros policías se incluye la preparación física. Para que un perro sirva como guía, debe recibir un adiestramiento especial.* ▶ AMAESTRAMIENTO.

adiestrar. tr. **1.** Enseñar (a alguien) o preparar(lo) para una actividad. *Un técnico adiestra al personal para que sepa manejar el sistema de seguridad. Durante el curso adiestraremos a los alumnos* EN *las técnicas de búsqueda de empleo.* **2.** Amaestrar (a un animal). *Adiestran a los perros para que detecten explosivos y drogas.* ▶ **1:** *ENTRENAR. **2:** AMAESTRAR.

adinerado, da. adj. Que tiene mucho dinero. *Pertenece a una familia adinerada.* ▶ *RICO.

ad infinítum. (loc. lat.; pl. invar.). loc. adv. Indefinidamente o sin límite. *Hay que llegar a un acuerdo: no podemos prolongar el debate ad infinítum.*

adintelado, da. adj. *Arq.* Que tiene dintel, o que lo utiliza como elemento preferente para cubrir vanos. *Los egipcios conocían el arco y la bóveda, pero casi todas sus construcciones eran adinteladas. Puerta adintelada.*

adiós. interj. **1.** Se usa como despedida. *Adiós, que tengas buen viaje.* **2.** Se usa para expresar disgusto ante un olvido u otro hecho adverso, espec. si ya no tiene remedio. *¡Adiós!, me he dejado las llaves en casa. –¿No tenías que apagar el arroz a la una? –¡Adiós!* ● m. **3.** Despedida. *El momento del adiós fue muy triste.* ■ **y ~ muy buenas.** expr. coloq. Se usa para expresar despedida o conclusión bruscas. *Yo a las cinco me marcho y adiós muy buenas, ahí os quedáis. Era una charla divertida, pero empezaron a discutir de política y adiós muy buenas.*

adiposidad. f. **1.** cult. Cualidad de adiposo. Frec. en biología. *La paciente presenta exceso de peso y adiposidad.* **2.** cult. Acumulación de grasa o de tejido adiposo. Frec. en biología. *El cirujano le extirpó una pequeña adiposidad.*

adiposo, sa. adj. **1.** cult. De grasa, o cargado de grasa. Frec. en biología. *La niña anoréxica había sufrido una fuerte pérdida de masa muscular y adiposa. El tejido adiposo. Células adiposas.* **2.** cult. Gordo (que tiene mucha carne). *Era un hombre adiposo, en parte por su afición a la buena mesa.*

aditamento. m. cult. Añadidura. *Escribe de forma sencilla y sin aditamentos innecesarios. La iglesia fue terminada en el siglo* XV*; las torres son un aditamento posterior.*

aditivo, va. adj. **1.** De la adición. *El sistema de numeración decimal es aditivo: cada número es la suma de los valores de posición de sus cifras (465 = 400 + 60 + 5).* **2.** Que se añade. *La industria alimenticia emplea muchas sustancias aditivas.* ● m. **3.** Sustancia que se añade a otra para darle alguna cualidad o mejorar las que ya tiene. *Este bizcocho es casero, sin aditivos ni conservantes. El plomo se usaba como aditivo de la gasolina.*

adivinación. f. Hecho de adivinar. *En la antigua Roma, se practicaba la adivinación a través de los sueños.* ▶ *PREDICCIÓN.

adivinador, ra. adj. **1.** Que adivina. *Ya en el siglo* XIX*, el ingenio adivinador de Verne imaginó que el hombre llegaría a la Luna.* ● m. y f. **2.** Persona que adivina algo, espec. hechos futuros a través de la magia. *Una adivinadora le dijo que pronto se casaría.* ▶ **2:** *ADIVINO.

adivinanza. f. Juego que consiste en adivinar o acertar algo a partir de unas pistas que se dan. *La adivinanza decía: "Si dices su nombre, se rompe", y la respuesta era "el silencio".* ▶ ACERTIJO, ENIGMA.

adivinar. tr. **1.** Predecir (un hecho futuro) o descubrir (algo que está oculto) utilizando la magia. *Dice que adivina lo que va a ocurrir leyendo las cartas del tarot.* **2.** Descubrir por indicios o por intuición (algo oculto o ignorado). *Al ver su cara, adiviné que le había pasado algo.* **3.** Acertar (algo), espec. por azar. *Piensa un número del uno al diez y, si lo adivino, me invitas a comer.* ▶ **1:** *PREDECIR.

adivinatorio, ria. adj. De la adivinación. *Practica técnicas adivinatorias, como leer las cartas o las líneas de la mano. El chamán tiene poderes adivinatorios.*

adivino, na. m. y f. Persona con capacidad para adivinar algo, espec. hechos futuros a través de la magia. *En Grecia, los adivinos comunicaban a los hombres la voluntad de los dioses. No sé qué pasará mañana: no soy adivino.* ▶ ADIVINADOR, CLARIVIDENTE, PITONISA, VIDENTE.

adjetivación. f. **1.** *Gram.* Hecho o efecto de adjetivar o adjetivarse. *La adjetivación modifica el significado de los sustantivos.* **2.** Conjunto de adjetivos, espec. los empleados en un texto o por un autor. *La adjetivación del poema es variada y original.*

adjetival. adj. *Gram.* Del adjetivo o de los adjetivos. *El autor emplea largas series adjetivales.*

adjetivar. tr. **1.** Aplicar adjetivos (a algo). *Emplea frases cortas y las adjetiva con sencillez.* ○ intr. prnl. **2.** *Gram.* Tomar una palabra el valor de adjetivo. *El sustantivo "hombre" se adjetiva en la oración "es muy hombre".*

adjetivo, va. adj. **1.** *Gram.* Que tiene valor adjetivo (→ 2). *Oración subordinada adjetiva.* **2.** *Gram.* Del adjetivo (→ 3). *Función adjetiva.* ● m. **3.** *Gram.* Palabra que delimita el contenido de un nombre, concordando con él. *En "mi nuevo ordenador", las palabras "mi" y "nuevo" son adjetivos.* ■ **adjetivo calificativo.** m. *Gram.* Adjetivo (→ 3) que expresa una cualidad de lo designado por el nombre. *En "las manzanas rojas", "rojas" es un adjetivo calificativo.* ⇒ CALIFICATIVO. ■ **adjetivo de relación, o relacional.** m. *Gram.* Adjetivo (→ 3) que expresa el ámbito o campo a los que pertenece lo designado por el nombre. *En "producción cinematográfica", "cinematográfica" es un adjetivo relacional.* ■ **adjetivo determinativo.** m. *Gram.* Adjetivo (→ 3) que delimita de un modo no calificador el contenido de un nombre. *"Este", "nuestro" y "ningún" son adjetivos determinativos.*

adjudicación. f. Hecho de adjudicar. *La adjudicación del contrato se hará mediante concurso público. La adjudicación de una herencia.*

adjudicar. tr. **1.** Declarar que (algo) corresponde a alguien. *Han adjudicado las obras* A *una constructora. La casa está terminada, pero aún no nos han adjudicado un piso.* ○ tr. prnl. **2.** Obtener (la victoria o un premio) en ciertas competiciones. *El equipo se ha adjudicado la medalla de plata. Lograron adjudicarse la victoria en la final.* **3.** Apropiarse (de algo), o quedarse (con ello). *Como dijiste que esos lápices no eran de nadie, me los adjudiqué.*

adjudicatario, ria. adj. Dicho espec. de persona: A quien se adjudica algo. *La empresa adjudicataria será la responsable de la recogida de basuras.* Dicho de pers., tb. m. y f. *El testamento deja a su esposa como adjudicataria* DE *todos sus bienes.*

adjuntar. tr. Enviar (algo) junto a una carta u otro escrito. *Si manda el impreso por correo, adjunte una fotocopia del carné.* ▶ **frecAm:** ANEXAR.

adjunto, ta. adj. **1.** Dicho de cosa: Unida a otra. *Para localizar las ciudades nombradas, véase el mapa adjunto. En una hoja adjunta* AL *escrito de protesta viene la lista de los firmantes.* **2.** Dicho de persona: Que tiene como función acompañar y ayudar al titular de un cargo en la realización de su trabajo. *En ausencia del titular, nos pondrá el examen un profesor adjunto.* Tb. m. y f. *Es la adjunta* A *la dirección del banco. Trabajó de adjunto en la cátedra de Teoría Económica.*

adlátere. m. y f. coloq. Persona que está a las órdenes de otra y casi siempre a su lado. *De entre sus adláteres, el presidente la escogió a ella como brazo derecho.* Frec. despect. *Ya se ocuparán sus adláteres de decirle lo bien que lo ha hecho.*

ad líbitum. (loc. lat.; pl. invar.). loc. adv. A voluntad o según convenga. *El suero oral es inocuo y puede administrarse ad líbitum.* Tb. loc. adj. *En este punto de la obra, los actores se retiran entre comentarios ad líbitum.*

adminículo. m. Objeto pequeño que tiene alguna utilidad. *En una cajita lleva aguja, hilo y otros adminículos.*

administración. f. **1.** Hecho de administrar o administrarse. *Los virreyes se encargaban de la administración de las colonias. La administración de la vacuna de la gripe comenzará en octubre. El sacerdote prepara al enfermo para la administración del sacramento.* **2.** Cargo o actividad de administrador. *Alberto trabaja en administración de fincas.* **3.** Oficina del administrador. *Para la firma del contrato, preséntese en administración.* **4.** (Frec. en mayúsc.). Conjunto de organismos que se ocupan de defender los intereses públicos y de hacer cumplir las leyes. *Trabaja de funcionario en la Administración.* Tb. ~ *pública. Cada comunidad autónoma tiene su administración pública.* **5.** Gobierno, espec. el de los Estados Unidos de América. *Hubo una remodelación en la administración Bush.*

administrador, ra. adj. **1.** Que administra. *La madre era la figura administradora de autoridad.* Dicho de pers., tb. m. y f. *El dinero guárdalo tú, que yo soy un mal administrador.* ● m. y f. **2.** Persona que tiene por oficio administrar los bienes de otro. *Un administrador de fincas lleva la contabilidad de la comunidad de vecinos.*

administrar. tr. **1.** Organizar (los bienes) de alguien o algo, y decidir su empleo. *Administra su patrimonio y les recomienda las inversiones más beneficiosas.* **2.** Graduar el uso (de algo) para que dure más o para obtener mayores beneficios. *Si administras bien tu sueldo, no pasarás apuros. Los excursionistas administraron la escasa comida de que disponían.* **3.** Aplicar o dar (un medicamento). *El médico ordenó que le administraran un sedante. Debe administrarse una dosis de insulina diaria.* **4.** Gobernar o dirigir (un territorio o a un conjunto de personas). *La oposición se queja de cómo el Gobierno administra el país.* **5.** *Rel.* Dar (un sacramento). *Dos sacerdotes administran la eucaristía al pie del altar.* ○ intr. prnl. **6.** Graduar alguien el gasto de su dinero. *No ganamos mucho, pero nos administramos para vivir bien.*

administrativo, va. adj. **1.** De la administración, espec. de la administración pública. *En la empresa, yo me ocupo de la parte técnica y él de la administrativa. Por un error administrativo, no aparezco en el censo electoral.* ● m. y f. **2.** Persona que realiza tareas administrativas (→ 1) en una oficina. *Trabaja de administrativa en un despacho de abogados.*

admirable. adj. Digno de admiración. *Hizo un esfuerzo admirable en los últimos metros de la carrera. Esta mujer es admirable.*

admiración. f. **1.** Hecho o efecto de admirar o admirarse. *Siento admiración por los voluntarios. Su rostro reflejaba admiración.* **2.** Signo ortográfico que se pone antes (¡) y después (!) de una frase o una palabra para indicar que tienen entonación exclamativa. *No hace falta que pongas esa oración entre admiraciones.* ▶ **1:** *ASOMBRO.

admirador, ra. adj. Que admira. *Era un hombre de su tiempo, muy admirador de las innovaciones tecnológicas.* Dicho de pers., tb. m. y f. *Los admiradores de la cantante acuden a pedirle autógrafos.*

admirar. tr. **1.** Reconocer y apreciar el valor o las cualidades (de alguien o algo). *Todos la admiran por su paciencia. Admiro la constancia de los deportistas.* **2.** Contemplar o mirar con agrado (a alguien o algo bellos). *Un grupo de visitantes admiraba el cuadro mientras el guía lo explicaba.* **3.** Causar sorpresa (a una persona) algo que se sale de lo común u ordinario. *Nos admiró el tamaño de las construcciones egipcias. Me admira tu despreocupación.* Tb. en constr. prnl. media. *Me admiré* DE *lo que había crecido el niño en pocos meses.* ▶ **3:** *ASOMBRAR.

admirativo, va. adj. **1.** Que denota o implica admiración. *Me dijo en tono admirativo: –¡Qué guapa estás! Sus guisos suscitan comentarios admirativos.* **2.** Admirado o maravillado. *Los transeúntes contemplaban la escena entre admirativos y perplejos.*

admisible. adj. Que se puede admitir. *No nos parece admisible el uso de la violencia.* ▶ ACEPTABLE.

admisión. f. Hecho de admitir. *El plazo de admisión de cuentos para el concurso se cierra el martes.*

admitir. tr. **1.** Permitir que (alguien o algo) entren en un lugar. *No lo admitieron en la Universidad. El taxi admite cuatro viajeros.* **2.** Aceptar alguien voluntariamente (algo que se le ofrece o propone). *Si no admites que te lleve en coche, coge un taxi. Admití el dinero que me ofrecía, porque lo necesitaba.* **3.** Permitir una cosa (otra) o hacer(la) posible. *Su traslado al hospital no admite demora.* **4.** Aceptar (algo o a alguien), o dar(los) por buenos o válidos. *Admite tu error. Ni siquiera nuestras compañeras nos admiten.* ▶ **2, 4:** *ACEPTAR.

admón. abrev. Administración. *El rótulo dice "Admón. de lotería".*

admonición. f. **1.** cult. Amonestación o advertencia. *Se lanzó a invertir sin escuchar las admoniciones de su asesor.* **2.** cult. Amonestación o reprensión. *Los díscolos reciben severas admoniciones del tutor.*

admonitorio, ria. adj. **1.** cult. Que advierte o reprende. *La campaña de seguridad vial está llena de mensajes admonitorios.* **2.** cult. Que denota admonición. *Nos dirigió una mirada admonitoria. Levantó un dedo admonitorio y dijo: Si lo vuelve a hacer, me iré.*

ADN. (sigla; pronunc. "a-de-ene"). m. *Biol.* Ácido desoxirribonucleico. *El ADN contiene los rasgos genéticos característicos del individuo y de su especie.*

adobar. tr. **1.** Poner en adobo (un alimento, espec. una carne o un pescado). *Para adobar las perdices, necesito vinagre, cebolla, laurel, pimienta y sal.* **2.** Curtir (la piel de un animal). *Al adobar la piel, se convierte en cuero.* ▶ **2:** CURTIR.

adobe. m. Masa de barro y paja, moldeada en forma de ladrillo y secada al aire, que se emplea para construir paredes. *La mayoría de las viviendas destruidas por el terremoto eran de adobe.*

adobo. m. **1.** Salsa hecha con varios ingredientes, pralm. aceite, vinagre, sal, ajo y especias, que sirve para sazonar y conservar alimentos, espec. carnes y pescados. *Hice un adobo para el lomo con aceite, ajo y laurel.* Frec. en la constr. *en ~*. *Ponga el pescado en adobo. La carne en adobo aguanta más tiempo sin estropearse.* **2.** Hecho o efecto de adobar. *Para hacer el chorizo se pica la carne y después se procede a su adobo.*

adocenado, da. part. **1.** → **adocenar.** ● adj. **2.** Vulgar o mediocre. *Se niega a ser un ama de casa adocenada y sin horizontes. Sus versos son más bien ramplones y adocenados.*

adocenarse. intr. prnl. Volverse vulgar o mediocre. *En un ambiente tan provinciano el artista corre el peligro de adocenarse.*

adoctrinamiento. m. Hecho de adoctrinar. *Los miembros de la secta recibían un intenso adoctrinamiento.*

adoctrinar. tr. Enseñar (a alguien) algo, espec. las ideas de una doctrina o creencia. *Los adoctrina en colegios religiosos. Antes de partir, don Quijote adoctrinó a Sancho sobre cómo debía comportarse.*

adolecer. (conjug. AGRADECER). intr. Seguido de un complemento introducido por *de:* Tener como defecto lo expresado por él. *El informe adolece de falta de rigor. Adolece de una presunción exagerada.*

adolescencia. f. Período de la vida de una persona, que se extiende desde la pubertad hasta el completo desarrollo del organismo. *Me enamoré de él en la adolescencia.* Tb. el conjunto de las personas que están en ese período. *Hoy la adolescencia vive muy desorientada.*

adolescente. adj. Que está en la adolescencia. Tb. m. y f. *Entre los seguidores de la cantante predominan los adolescentes.* ▶ ¤ MUCHACHO.

adonde. (En acep. 2, más frec. **a donde**). adv. relat. **1.** Al que, o al cual. Se usa con antecedente. *El pueblo adonde nos dirigimos. Me encuentro ya en el lugar adonde me enviaron.* (→ **donde**). **2.** Al lugar al que o al cual. *Adonde vamos no puedes ir tú.* ● prep. **3.** A casa de, o junto a. *Fue adonde su tía. Ve adonde la fuente.*

adónde. adv. interrog. A qué lugar. *¿Adónde vas con tanta prisa? Le preguntaron adónde iba de vacaciones.* (→ **dónde**).

adondequiera. adv. cult. A cualquier parte. Se usa seguido de una oración introducida por *que*. *Adondequiera que mirara me parecía verlo.*

adonis. m. Hombre muy guapo y gralm. joven. *Ganó el concurso de belleza un adonis de veinte años.*

adopción. f. Hecho de adoptar. *Las adopciones de niños extranjeros han aumentado. Apoyamos la adopción de un acuerdo internacional para la protección del medio ambiente.*

adoptante. adj. Que adopta. *Padres adoptantes.* Dicho de pers., más frec., m. y f. *La adopción crea un vínculo jurídico entre el adoptante y el adoptado.*

adoptar. tr. **1.** Tomar como hijo (a alguien que no lo es naturalmente) cumpliendo los requisitos legales establecidos. *Adoptaron a un niño que no tenía padres.* **2.** Tomar (algo ajeno, como ideas o costumbres) haciéndo(lo) propio. *Han adoptado un nuevo método de enseñanza. En España adopté la costumbre de cenar tarde.* **3.** Tomar (una decisión o un acuerdo). *Adoptaremos medidas sanitarias para acabar con la epidemia.* **4.** Tomar algo (una forma determinada). *Los líquidos adoptan la forma del recipiente que los contiene.*

adoptivo, va. adj. **1.** Dicho de hijo: Que lo es por haber sido adoptado. *Es hija adoptiva y no conoce a sus padres naturales.* (→ **hijo**). **2.** Dicho de padre o de madre: Que lo es por haber adoptado a alguien. *Cuando quedé huérfana, ellos se convirtieron en mis padres adoptivos.* **3.** Dicho de cosa o persona: Elegida por alguien como propia, aunque no es la que le corresponde originariamente. *No nací en Galicia, pero llevo aquí diez años y es mi tierra adoptiva. Nos llevábamos tan bien con su tío, que acabó siendo tío adoptivo de todos.*

adoquín. m. **1.** Bloque de piedra labrado en forma de prisma rectangular, que se usa para empedrar las calles. *Las calles de la parte antigua tienen adoquines y el coche tiembla al pasar por encima.* **2.** Caramelo grande de forma parecida a la del adoquín (→ 1). *Una bolsa de adoquines.* **3.** coloq. Persona torpe o ignorante. *Es un adoquín que no piensa antes de hacer las cosas.* Tb. adj. *No seas tan adoquín y fíjate por dónde pisas.*

adoquinado. m. **1.** Suelo hecho con adoquines. *El adoquinado estaba brillante y resbaladizo después de la lluvia.* **2.** Hecho de adoquinar. *Cuando estuvieron hechas las alcantarillas, comenzó el adoquinado de la calle.*

adoquinar. tr. Cubrir con adoquines el suelo (de una calle o carretera). *Antes, en lugar de cubrir las calles con asfalto, las adoquinaban.*

adorable. adj. Encantador. *Sus vecinos son gente adorable. ¡Qué gatito tan adorable! La enternecía la adorable sonrisa del niño.*

adoración. f. Hecho de adorar. *La imagen muestra la adoración de la Kaaba por los peregrinos musulmanes en La Meca.* Frec., en mayúsc., designa el que hicieron los Reyes Magos al Niño Jesús y, en ese caso, tb. *Adoración de los Reyes. Según el Evangelio de San Mateo, la Adoración de los Reyes se produjo en el portal de Belén.*

adorador, ra. adj. Que adora. *Los antiguos egipcios eran un pueblo adorador del Sol.* Dicho de pers., tb. m. y f. *Es una ferviente adoradora de la Virgen.*

adorar. tr. **1.** Venerar o rendir culto (a alguien o algo que se consideran de naturaleza divina). *Los incas adoraban al dios del trueno. El día de Navidad, el Papa invitó a los fieles a adorar a Jesús.* **2.** Amar mucho (a alguien). *Adora a su tío.* **3.** Sentir mucho gusto o placer (con algo). *Adora el chocolate.* **4.** Sentir o demostrar veneración o gran respeto (hacia alguien o algo). *Es una gran figura de la ópera y lo adoran allá donde va.*

adoratriz. adj. *Rel.* De la orden de las Esclavas del Santísimo Sacramento, fundada para educar o rehabilitar a mujeres jóvenes. *Monjas adoratrices.* Dicho de religiosa, tb. f. *Comunidad de adoratrices.*

adormecedor, ra. adj. Que adormece o produce sueño. *Se oía el murmullo adormecedor del agua del río. Abatieron al animal con un dardo adormecedor.*

adormecer. (conjug. AGRADECER). tr. **1.** Producir sueño (a alguien). *El traqueteo del tren me adormece.* Tb. en constr. prnl. media. *Llevaba tiempo esperando y me adormecí en la butaca.* **2.** Reducir la sensibilidad (de alguien o algo). *El hielo me adormeció la ceja herida.* Tb. en constr. prnl. media. *Cuando te ponga la anestesia, se te adormecerá la mejilla.*

adormecimiento. m. Hecho o efecto de adormecer o adormecerse. *La anestesia local produce el adormecimiento de una zona del cuerpo. Si noto adormecimiento, dejo el libro y apago la luz.*

adormidera. f. Planta de hojas grandes, flores vistosas, gralm. blancas o rojizas, y frutos en forma de cápsula, de los que se extrae el opio. *En una hectárea plantada de adormidera se pueden cosechar 15 kg de opio.* Tb. el fruto. *El opio se extrae mediante incisión de la adormidera cuando está verde.*

adormilarse. intr. prnl. Quedarse medio dormido. *Me adormilé un rato antes de que sonara de nuevo el despertador. Se quedó adormilado después de comer.*

adornar. tr. **1.** Poner adornos (a alguien o algo). *Adornó la carta* CON *dibujos en los márgenes. Han colocado el árbol de Navidad, pero aún no lo han adornado.* **2.** Servir algo de adorno (de una persona o cosa). *Un florero con lirios adorna la habitación.* ▶ ENGALANAR, ORNAMENTAR.

adorno. m. Cosa que sirve para embellecer o dar mejor aspecto a algo o alguien. *Tienen el mueble lleno de adornos. Llevaba una túnica de hilo blanco sin adornos.* Tb. el hecho de embellecer con algo. *El Ayuntamiento se encarga del adorno de las calles en Navidad.* ■ **de ~.** loc. adj. Que sirve como adorno (→ 1), pero no tiene otra utilidad. *Ese molinillo no muele; es de adorno.* ▶ ORNAMENTACIÓN, ORNAMENTO.

adosado, da. part. **1.** → **adosar.** ● adj. **2.** Dicho de edificación o de elemento constructivo: Que está construido uniéndose a otro por uno de sus lados. *En esta parcela construirán diez chalés adosados y dos independientes. La fachada del templo presenta columnas adosadas.* Dicho de chalé, tb. m. *Cada adosado tiene un pequeño jardín.*

adosar. tr. Poner (una cosa) al lado de otra o unida a ella. *Adosó los tiestos* AL *muro para protegerlos de la lluvia. La bomba estaba adosada* A *los bajos del vehículo.*

adquirente. adj. Que adquiere o compra. *El socio adquirente pagó cien mil euros por las acciones.* Dicho de pers., tb. m. y f. *Los adquirentes de las viviendas protestan por el retraso en la entrega.* ▶ ADQUIRIENTE.

adquiriente. adj. Adquirente. *La compañía adquiriente absorberá a todo el personal de la empresa vendida.* Dicho de pers., tb. m. y f. *En el permiso de circulación figura el nombre del adquiriente del vehículo.*

adquirir. (conjug. ADQUIRIR). tr. **1.** Comprar (algo) *Adquiera todo lo necesario para su cocina a un buen precio. Le hacemos un descuento al adquirir sus entradas de teatro.* **2.** Empezar a tener (algo). *En la primaria adquirimos los conocimientos básicos. La película adquirió mucha fama.* ▶ **1:** COMPRAR.

adquisición. f. **1.** Hecho de adquirir. *La adquisición de maquinaria aumentará la producción. Para la adquisición de destreza al volante necesitas práctica.* **2.** Cosa adquirida. *He ido de compras y vengo a enseñarte mis últimas adquisiciones.* **3.** Persona o cosa que se consideran valiosas. *El nuevo becario es toda una adquisición.*

adquisitivo, va. adj. De adquisición o de la adquisición. *Al subir los precios más que los salarios, disminuye el poder adquisitivo de los trabajadores. El patronato decide la política adquisitiva del museo.*

adrede. adv. A propósito o de manera intencionada. *No lo hice adrede, fue sin querer. –Olvidaste la bolsa en casa. –No, la dejé allí adrede.*

adrenalina. f. *Biol.* Hormona producida en las glándulas suprarrenales, que estimula el sistema nervioso y aumenta la actividad cardíaca y la presión arterial. *Ante estados de miedo o excitación, el cuerpo segrega adrenalina.* Frec. alude a la tensión nerviosa. *La montaña rusa es ideal para descargar adrenalina.*

adriático, ca. adj. Del mar Adriático. *El puerto de Bari está en la costa adriática.*

adscribir. (part. **adscrito,** o Am., **adscripto**). tr. **1.** Destinar (a alguien) a un trabajo o a un organismo. *Cuando entré en la fábrica, me adscribieron* A *la sección de mantenimiento. Solo los investigadores adscritos* AL *centro podrán acceder al laboratorio.* **2.** Atribuir (una cosa) a otra o poner(la) en relación con ella. *El profesor no adscribió la obra del poeta* A *ningún movimiento. Los expertos adscriben los efectos de la nueva droga* A *los opiáceos que contiene.*

adscripción. f. Hecho o efecto de adscribir. *La adscripción de los profesores de español* A *los centros extranjeros será temporal. Cada empleado lleva un distintivo que demuestra su adscripción* AL *departamento.*

adsorbente. adj. *Fís.* y *Quím.* Que adsorbe. *El gel de sílice, por su estructura porosa y adsorbente, se usa como agente desecante.* Dicho de cuerpo, tb. m.

adsorber. tr. *Fís.* y *Quím.* Atraer un cuerpo sólido las moléculas (de una sustancia, frec. líquida o gaseosa) reteniéndolas en su superficie. *En la sangre, las moléculas de proteínas adsorben las grasas y las transportan.*

adsorción. f. *Fís.* y *Quím.* Hecho de adsorber. *En las máscaras antigás se emplea carbón para la adsorción de gases tóxicos.*

aduana. f. **1.** Oficina pública situada en la frontera de un país, donde se registran las mercancías que entran y salen y se cobran los derechos correspondientes. *Recogimos el equipaje y pasamos por la aduana. Un inspector de aduanas revisa los contenedores del carguero.* **2.** Derechos percibidos por la aduana (→ 1). *Estas mercancías ya han pagado aduana.*

aduanal. adj. Am. De la aduana. *Ejercían presión contra algunas autoridades aduanales* [C]. ▶ ADUANERO.

aduanero, ra. adj. **1.** De la aduana. *Entre países de la Unión Europea no hay barreras aduaneras. Autoridades aduaneras. Tarifas aduaneras.* ● m. y f. **2.** Empleado o funcionario de aduanas. *El aduanero le ha dicho que no puede llevar consigo más de 200 cigarrillos.* ▶ **Am: 1:** ADUANAL.

aducir. (conjug. CONDUCIR). tr. Presentar o exponer (algo) como argumento o justificación de otra cosa. *Para explicar su dimisión, adujo que quería dedicarse a escribir. No puede aducir desconocimiento de la ley.* ▶ *ALEGAR.

aductor, ra. adj. *Anat.* Que hace que un miembro u otro órgano se muevan acercándose al eje central del cuerpo. *Los futbolistas sufren a menudo lesiones en el músculo aductor.* Dicho de músculo, tb. m. *Los aductores se encuentran en la parte interior de la pierna.*

adueñarse. intr. prnl. Apoderarse de alguien o algo, o hacerse dueño de ellos. *Lo acusan de adueñarse* DEL *dinero. Empiezan las vacaciones y los estudiantes se adueñan* DE *las calles.* Tb. fig. *El pánico se adueñó* DE *mí. La noche iba adueñándose* DE *la ciudad.*

adulación. f. Hecho de adular. *Utilizó la adulación para ganarse mi confianza.*

adulador, ra. adj. Que adula. *No me gusta la gente aduladora.* Dicho de pers., tb. m. y f. *Vive rodeado de un grupo de aduladores que aplauden todo lo que hace.* ▶ HALAGADOR, ZALAMERO.

adular. tr. Hacer o decir alguien de manera interesada lo que cree que puede agradar (a otra persona). *La adula con piropos y mostrando interés por todos sus asuntos.* ▶ HALAGAR.

adulón, na. adj. coloq. Adulador. Dicho de pers., tb. m. y f. *Estoy harta de moscones y adulones.*

adulteración. f. Hecho de adulterar. *La adulteración de la heroína causaba centenares de muertes.*

adulterar. tr. **1.** Alterar la composición (de algo, espec. de un alimento) al mezclar(lo) con otra cosa o al añadírsela. *Adulteraron el vino* CON *sustancias químicas. Los traficantes adulteraban la droga. Adulteran el chocolate añadiéndole harina.* **2.** Falsear (algo) modificando su naturaleza o su contenido. *Para la soprano, cantar con micrófono supone adulterar la ópera.*

adulterino, na. adj. **1.** Del adulterio. *Su mujer lo acusa de mantener relaciones adulterinas.* **2.** Dicho de hijo: Procedente de adulterio. *Las hijas adulterinas eran acogidas en conventos.*

adulterio. m. Relación sexual de una persona casada, con otra que no es su cónyuge. *Fue infiel a su marido, cometiendo adulterio con varios amantes.*

adúltero, ra. adj. **1.** Que comete adulterio. *Marido adúltero.* Tb. m. y f. *No somos unos adúlteros, porque ella está divorciada y yo soy soltero.* **2.** Del adulterio. *Mantuvieron una relación adúltera.*

adultez. f. **1.** Condición de adulto. *Los chicos suelen fumar para reivindicar su adultez.* **2.** Edad adulta. *Muchos desean vivir la adultez en pareja.*

adulto, ta. adj. **1.** Dicho de ser vivo: Que ha alcanzado su pleno desarrollo biológico. *Tres personas adultas acompañarán a los niños en la excursión. El peso de un toro bravo adulto ronda la media tonelada.* Dicho de pers., tb. m. y f. *La entrada infantil es más barata que la de los adultos.* Tb. fig. *Una nación adulta debe ser crítica y exigente con sus gobernantes.* **2.** Propio del ser vivo adulto (→ 1). *En su estado adulto, el percebe vive fijo a las rocas. Comportamiento adulto.* ▶ **1:** GRANDE.

adustez. f. Cualidad de adusto. *Dicta sentencia con la adustez propia de los jueces. Acostumbrado al verdor del norte, me chocó la adustez del paisaje castellano.*

adusto, ta. adj. **1.** Dicho de persona: Poco amable o expresiva en el trato. *El mayordomo era un hombre adusto y poco propenso a las familiaridades.* **2.** Dicho de cosa: Propia de la persona adusta (→ 1). *La directora mira con semblante adusto a los niños que han sido castigados.* **3.** Dicho de cosa: Áspera o desagradable. *En el adusto páramo no hay una sombra donde cobijarse.*

advenedizo, za. adj. despect. Dicho de persona: Que se ha establecido en un lugar, una posición o una actividad considerados superiores a los que le son propios. *Aristócratas advenedizos trataban de codearse con la gente de sangre noble.* Tb. m. y f. *Los militantes de base ven a los tecnócratas como unos advenedizos de la política.*

advenimiento. m. **1.** cult. Hecho de venir o llegar. *Tras el advenimiento de la democracia, se legalizaron los partidos políticos.* **2.** cult. Hecho de subir o llegar al trono un rey. *El advenimiento de los Reyes Católicos tuvo lugar en 1474.*

adventicio, cia. adj. **1.** cult. Dicho de cosa: Que sucede o se presenta de manera imprevista. *Nos prepararemos para obstáculos adventicios que puedan surgir.* **2.** *Biol.* Dicho órgano: Que se desarrolla en un lugar distinto del habitual. *La hiedra trepa por la pared con raicillas adventicias que brotan de sus ramas.*

adventismo. m. *Rel.* Doctrina protestante que afirma que habrá un segundo advenimiento o llegada de Cristo a la Tierra. *El adventismo nace en Estados Unidos durante la primera mitad del siglo* XIX.

adventista. adj. **1.** *Rel.* Del adventismo. *Iglesia adventista.* **2.** *Rel.* Que profesa el adventismo. *Congregación adventista.* Dicho de pers., tb. m. y f. *El mensaje de los adventistas se centra en el advenimiento de Cristo a la Tierra.*

adverbial. adj. **1.** *Gram.* Del adverbio. *Función adverbial.* **2.** *Gram.* Que tiene valor adverbial (→ 1). *Oración subordinada adverbial. Locución adverbial.*

adverbio. m. *Gram.* Palabra invariable cuya función es la de complementar a un verbo, un adjetivo, una oración o a una palabra de la misma clase. *En "los más altamente cualificados", "más" y "altamente" son adverbios.*

adversario, ria. m. y f. **1.** Respecto de una persona o un animal: Otro que lucha contra él o se le opone. *La tenista saludó a su adversaria al final del partido. El jefe de la manada se enfrenta a su adversario, un macho joven. El portavoz del grupo será el adversario del ministro en el debate.* ○ m. **2.** Conjunto de adversarios (→ 1). *El entrenador nos dijo que no diéramos tregua al adversario.*

adversativo, va. adj. **1.** *Gram.* Dicho espec. de conjunción: Que une palabras u oraciones de sentido opuesto o contrario. *"Pero" es una conjunción adversativa.* **2.** *Gram.* Dicho de oración: Que está coordinada con otra por medio de una conjunción adversativa (→ 1). *En "llegamos tarde, pero no mucho", "pero no mucho" es una oración adversativa.*

adversidad. f. **1.** Situación o suceso adversos. *Es una mujer luchadora, de las que se crecen en la adversidad. A pesar de las adversidades, concluimos nuestro viaje.* **2.** Suerte adversa. *Parecía que la adversidad nos perseguía y el negocio terminó por quebrar.*

adverso, sa. adj. Contrario o desfavorable. *No es fácil sobrevivir en circunstancias tan adversas. Estudian los efectos adversos de la energía nuclear sobre el medio ambiente.*

advertencia. f. **1.** Hecho o efecto de advertir. *Os hago esta advertencia: si no entregamos el informe el lunes, nos pueden sancionar. Me dijo que en Perú ahora es verano y hace calor, y yo le agradecí sus advertencias.* **2.** Escrito, gralm. breve, en que se advierte de algo. *La advertencia del envase dice que no se deje el producto al alcance de los niños.*

advertir. (conjug. SENTIR). tr. **1.** Notar (algo) o darse cuenta (de ello). *Iba distraído y no advirtió mi presencia. Al abrir la caja fuerte, advirtió que faltaba dinero.* **2.** Hacer notar u observar (algo) a alguien. *Te* *advierto que ese producto es tóxico. Otro conductor me advirtió que llevaba una rueda pinchada. Le advertí el riesgo que corría.* **3.** Hacer notar u observar algo (a alguien). *El examen será mañana; por favor, adviertan a sus compañeros. Un cartel advertía a los visitantes* DE *la presencia de osos en libertad. Nos advirtieron* DE *que había peligro de tormenta.* Tb. usado en constr. intr. *Una luz roja advertía* DEL *peligro.* **4.** Avisar o informar a alguien (de algo) por adelantado, frec. como amenaza. *Les advierto que si las piezas no están aquí mañana, iré a otro distribuidor. Te advierto que no voy a tolerar más faltas de respeto.* ▶ **1:** NOTAR. **3:** APERCIBIR.

adviento. (Frec. en mayúsc.). m. *Rel.* Período que comprende las cuatro semanas anteriores al día de Navidad. *En el Adviento, los cristianos preparan la Navidad.*

advocación. f. **1.** Nombre de un personaje sagrado con que se denomina una iglesia u otra institución religiosa que se encuentra bajo su protección. *La iglesia de N.ª S.ª de la Piedad cambió de advocación; ahora es de la Virgen de la Asunción.* Tb. dicha protección. *El convento está bajo la advocación de San Luis.* **2.** Nombre complementario de un personaje sagrado, que hace referencia a algo que le es propio, por ej. una de sus virtudes o atributos. *"Guardiana de la fe" es una de las advocaciones de la Virgen María.*

adyacencia. f. Condición de adyacente. *Su estudio aborda las relaciones de adyacencia en la sintaxis española.*

adyacente. adj. **1.** Contiguo o muy próximo. *El incendio comenzó en el almacén y se propagó al edificio adyacente. La cuarentena afecta a toda la comarca y territorios adyacentes.* **2.** *Gram.* Dicho de palabra o grupo de palabras: Que determina, complementa o modifica a otra. *Términos adyacentes.* Más frec. m. *En "gafas negras de sol", "negras" y "de sol" son adyacentes del nombre. El verbo y sus adyacentes forman el predicado.*

aéreo, a. adj. **1.** De aire o del aire. *Hizo un estudio sobre sustentación de superficies planas en corrientes aéreas. Los animales viven en el medio acuático, terrestre o aéreo.* **2.** Que se desarrolla por el aire y no por la superficie. *Envió el paquete por correo aéreo. Practica vuelo sin motor y otros deportes aéreos. Navegación aérea.* **3.** De la aviación o del avión. *El ataque aéreo comenzó de madrugada. Compañía aérea. Accidente aéreo.* **4.** *Biol.* Dicho de ser vivo o de una de sus partes: Que está en contacto directo con el aire atmosférico. *Las hojas son órganos aéreos. Raíces aéreas.*

aero-. elem. compos. Significa 'aire' (*aerofobia, aeronavegación*) o 'aviación' (*aeroescuela*).

aeróbic o aerobic. m. Modalidad gimnástica acompañada de música, que se practica gralm. en grupo y consiste en hacer ejercicios enérgicos controlando el ritmo respiratorio, pralm. para activar la circulación y fortalecer los músculos. *Voy a clases de aeróbic para ver si adelgazo. Es profesora de aerobic.*

aeróbico, ca. adj. *Biol.* De los seres que necesitan oxígeno para vivir, o del consumo de oxígeno con este fin. *Ambientes aeróbicos. El ejercicio mejora la capacidad aeróbica.*

aerobio, bia. adj. *Biol.* Dicho de ser vivo: Que necesita oxígeno para subsistir. *Microorganismos aerobios.* Tb. m.

aerobús. m. Avión de gran capacidad destinado al transporte de pasajeros en viajes de corta o media distancia. *La compañía utiliza aerobuses para sus vuelos dentro de Europa.*

aeroclub. (pl. **aeroclubs** o **aeroclubes**). m. Asociación de aficionados a la aviación deportiva o a los deportes aéreos. *Los pilotos de ultraligero formaron un aeroclub.* Tb. sus instalaciones. *Tiene la avioneta en el hangar del aeroclub.*

aerodeslizador. m. Vehículo que se desplaza, ligeramente por encima del agua o de la tierra, sobre un colchón o una capa de aire a presión expulsado por los motores del propio vehículo. *Fuimos a la isla en aerodeslizador. Los personajes de la película se desplazan por el planeta en aerodeslizadores.*

aerodinámico, ca. adj. **1.** Dicho de vehículo u otro cuerpo móvil: Que tiene forma adecuada para disminuir la resistencia del aire. *Un deportivo es mucho más aerodinámico que un monovolumen.* **2.** De la aerodinámica (→ 3), o de su objeto de estudio. *El cálculo aerodinámico se emplea en la construcción de aviones.* ● f. **3.** Parte de la física que estudia el movimiento de los gases y espec. el de los cuerpos sólidos que se mueven en ellos. *Han probado el nuevo modelo de bicicleta en un laboratorio de aerodinámica.*

aeródromo. m. Terreno llano con pistas y otras instalaciones para el despegue y aterrizaje de aviones, gralm. menor que un aeropuerto. *La ciudad no tiene aeropuerto, pero sí un pequeño aeródromo militar.* ▶ *AEROPUERTO.

aeroespacial. adj. **1.** De la atmósfera terrestre y el espacio exterior a ella. *La llegada del hombre a la Luna es un hito en la navegación aeroespacial. Vehículo aeroespacial.* **2.** De los vehículos aeroespaciales (→ 1). *La industria aeroespacial fabrica cohetes, transbordores, satélites, etc. Ingeniero aeroespacial.*

aerofagia. f. *Med.* Entrada excesiva de aire en el estómago que ocurre por contracción muscular involuntaria al tragar. *La aerofagia produce eructos y gases.*

aerofaro. m. *Aer.* En un aeropuerto o aeródromo: Luz potente para orientar a los aviones y facilitar el aterrizaje cuando hay poca visibilidad. *El aeródromo tiene pista con balizas y aerofaro.*

aerofotografía. f. Fotografía tomada desde un vehículo aéreo. *El servicio geográfico del Ejército tomó aerofotografías de la zona.*

aerógrafo. m. *tecn.* Aparato de aire comprimido, a modo de pistola, que sirve para lanzar pintura pulverizada. *Pinta sus maquetas de aviones con aerógrafo.*

aerolínea. f. Compañía de transporte aéreo. *La aerolínea aumentará el número de vuelos a Lima.* Frec. en pl. con significado sing. *El vuelo de las aerolíneas mexicanas llega a las 15:30.*

aerolito. m. *Fís.* y *Mineral.* Meteorito rocoso formado pralm. por silicatos. *En la Tierra caen más aerolitos, o meteoritos pétreos, que meteoritos de hierro o níquel.*

aeromodelismo. m. Actividad consistente en construir pequeños modelos de aviones que puedan volar. *Los aficionados al aeromodelismo pasan horas reparando las maquetas. Campeón de Europa de aeromodelismo.*

aeromodelista. m. y f. Persona que practica el aeromodelismo. *El aeromodelista dirige su avión con un mando a distancia.*

aeromoza. f. Am. Azafata (mujer encargada de atender a los pasajeros de un avión). *Oí la voz de la aeromoza que nos rogaba que no fumásemos mientras durase el ascenso* [C]. ▶ AZAFATA.

aeronauta. m. y f. Piloto o tripulante de una aeronave. *Tres aeronautas pretenden dar la vuelta al mundo en globo.*

aeronáutico, ca. adj. **1.** De la aeronáutica (→ 2). *Industria aeronáutica. Ingeniero aeronáutico.* ● f. **2.** Estudio científico de la navegación aérea. *Las investigaciones sobre materiales tuvieron gran influencia en la aeronáutica. Aeronáutica militar.*

aeronaval. adj. *Mil.* De la Aviación y de la Marina conjuntamente. *Los aviones estadounidenses repostaron en la base aeronaval de Rota. Maniobras aeronavales.*

aeronave. f. Vehículo capaz de desplazarse por el aire. *Volamos a México en una moderna aeronave. Un planeador es una aeronave sin motor.*

aeroparque. m. Am. Aeropuerto pequeño, espec. el situado en área urbana. *Esta actividad es compatible con el tránsito aéreo desde y hacia el aeroparque cercano* [C]. ▶ *AEROPUERTO.

aeroplano. m. Avión, espec. el de reducidas dimensiones. *Los hermanos Wright fueron los primeros en hacer volar un aeroplano. El aeroplano que cayó al mar era un bimotor.* ▶ AVIÓN.

aeroportuario, ria. adj. Del aeropuerto. *Las autoridades aeroportuarias anuncian más medidas de seguridad. Instalaciones aeroportuarias.*

aeropuerto. m. Terreno llano provisto de diversas instalaciones y de pistas de despegue y aterrizaje para el tráfico regular de aviones. *El aterrizaje de aviones se regula desde la torre de control del aeropuerto. Hay que estar con tiempo en el aeropuerto para facturar las maletas.* ▶ AERÓDROMO. || **Am:** AEROPARQUE.

aerosol. m. Mezcla de partículas microscópicas de un líquido o un sólido dispersas en un gas. *Le han recetado un aerosol contra el asma. Los chicos hacen pintadas con aerosol.* Tb. el envase que la contiene. *No arroje aerosoles vacíos al fuego.* ▶ *SPRAY.*

aerostato o **aeróstato.** m. Aeronave provista de un recipiente con un gas más ligero que el aire, lo que hace que se eleve y flote en la atmósfera. *Los aerostatos funcionaban con aire caliente. El dirigible es un aeróstato alargado con motores y hélices.*

aerotaxi. m. Avión o avioneta de alquiler, destinados al tráfico no regular. *Los ejecutivos contrataron un aerotaxi de diez plazas para viajar de Valencia a Ibiza.*

aerotransportar. tr. Transportar (algo o a alguien) en un vehículo aéreo. Frec. en part. *Una unidad de tropas aerotransportadas hará maniobras en la isla.*

aerotrén. m. Vehículo que se desplaza a gran velocidad por una vía especial sobre un colchón de aire comprimido. *La vía de un aerotrén suele tener forma de T invertida.*

aerovía. f. *Aer.* Ruta establecida para el vuelo de los aviones. *Tras el despegue, el avión asciende hasta incorporarse a una aerovía.*

afabilidad. f. Cualidad de afable. *Con su afabilidad se ganó el cariño de todos.*

afable. adj. **1.** Amable o agradable en el trato. *La dueña de la pensión es una mujer sencilla y afable.* **2.** Propio de la persona afable (→ 1). *Se dirigió a nosotros con gesto afable.* ▶ *AMABLE.

afamado, da. adj. Famoso. *La empanada es uno de los productos gallegos más afamados. Un afamado actor.*

afán. m. **1.** Esfuerzo o empeño grandes. *Estudió con afán hasta sacarse el título.* **2.** Deseo intenso de algo. *Su afán* DE/POR *llamar la atención es constante. Elogian el afán* DE *superación del deportista. El afán* POR *el dinero.*

afanar. tr. **1.** coloq. Robar (algo) a alguien, espec. sin violencia. *Cuando se quiso dar cuenta, le habían afanado la cartera.* ○ intr. prnl. **2.** Esforzarse en algo, o poner mucho afán o empeño en ello. *Se afana* POR *hablar en inglés, a pesar de lo poco que sabe. Se afanaron* EN *recogerlo todo antes de que volviera su madre. Me afané mucho, pero no conseguí entregar el trabajo a tiempo.*

afanoso, sa. adj. **1.** Que se afana o esfuerza. *Se movía afanosa por la cocina.* **2.** Dicho de cosa: Que manifiesta afán o empeño. *A pesar de sus afanosos intentos, no ha conseguido lo que pretendía.*

afasia. f. *Med.* Trastorno del lenguaje producido por una lesión cerebral y consistente en la incapacidad, total o parcial, de producir o comprender mensajes lingüísticos. *Las diferentes formas de afasia dependen de la zona del cerebro que esté dañada.*

afásico, ca. adj. **1.** *Med.* Que tiene afasia. *Paciente afásico.* Tb. m. y f. *Algunos afásicos comprenden el lenguaje, pero lo que dicen es ininteligible.* **2.** *Med.* De la afasia. *Trastorno afásico.*

afeamiento. m. Hecho de afear o afearse. *Los vecinos se quejan del afeamiento de las calles debido a las obras.*

afear. tr. **1.** Hacer o poner (algo o a alguien) feos o más feos. *Te afean las muecas que haces. Las cicatrices le afean el rostro.* Tb. en constr. prnl. media. *Los zapatos se han afeado con el uso.* **2.** Criticar o reprochar (algo) a alguien. *Se permitió afearme mi forma de hablar. Le afearon su comportamiento.*

afección. f. cult. Enfermedad (alteración de la salud). Se usa espec. en medicina. *El paciente fue ingresado por una grave afección pulmonar.*

afectación. f. Cualidad de afectado o poco natural. *Habla claro y sin afectación.*

afectado, da. part. **1.** → **afectar. 2.** Que ha sido afectado (→ 1) por algo, espec. negativo. Dicho de pers., tb. m. y f. *En la nota se advierte que los afectados podrán reclamar.* ● adj. **3.** Poco natural o falto de espontaneidad. *Es una actriz muy afectada. Tiene una forma de hablar afectada y pedante.* ▶ **3:** DRAMÁTICO.

afectar. tr. **1.** Tener o producir una cosa efecto (en alguien o algo). *El cambio del horario de trenes afecta solo a los que viajan por las mañanas. La zona noroeste quedará afectada por el descenso de las temperaturas. El tipo de gasolina empleado afecta al rendimiento del vehículo.* **2.** Producir una cosa daño o efecto negativo (en alguien o algo). *La subida de los billetes de avión ha afectado al turismo. Muchas familias fueron afectadas por la inundación.* **3.** Producir impresión (en alguien). *Nos afectó mucho el accidente y no lo podemos olvidar.* **4.** Fingir o aparentar (algo). *Afectaba indiferencia, pero en realidad estaba muy interesada en lo que decíamos.* ▶ **4:** *FINGIR.

afectísimo, ma. adj. **1.** sup. → **afecto**[2]. **2.** Se usa en fórmulas de despedida de cartas y documentos formales. Frec. en la constr. *suyo ~. El solicitante se despedía con un "suyo afectísimo, J. Peñarrubia".*

afectividad. f. Conjunto de los fenómenos afectivos. *Cuando hay afectividad, el niño crece feliz y seguro.*

afectivo, va. adj. **1.** Del afecto. *Los niños abandonados sufren carencias afectivas. El desarraigado pierde los vínculos afectivos con su tierra.* **2.** Que encierra afecto o simpatía. *Los diminutivos puede tener valor afectivo, como "hermanito".*

afecto[1]. m. **1.** Inclinación favorable hacia alguien o algo con los que se crea cierto grado de unión. *Agradeció al público sus muestras de afecto. Muestra especial afecto hacia los dibujos y obras menores.* **2.** cult. Sentimiento o estado de ánimo. *Frente al racionalismo ilustrado, el romanticismo valora el instinto y los afectos.* ▶ **1:** AMOR, APEGO, APRECIO, CARIÑO, ESTIMA, ESTIMACIÓN.

afecto[2], ta. adj. **1.** Que muestra preferencia o inclinación por algo o alguien. *Era una mujer culta y muy afecta* A *la literatura. Personas afectas* A *la monarquía acompañaron al rey en su exilio.* **2.** Dicho de persona: Destinada a prestar servicio en determinado puesto, actividad o dependencia. *Habrá una subida salarial para el personal afecto* A *los servicios sanitarios.* **3.** *Med.* Que padece una enfermedad. *Enfermos afectos* DE *sida.*

afectuosidad. f. Cualidad de afectuoso. *Saluda con afectuosidad a los que se acercan a pedirle un autógrafo.*

afectuoso, sa. adj. **1.** Que siente o muestra afecto. *Era un maestro afectuoso, muy querido por los alumnos. Aunque no nos conocía, estuvo afectuoso con nosotros.* **2.** Que manifiesta o implica afecto. *Nos manda un saludo afectuoso.* ▶ CARIÑOSO.

afeitado. m. Hecho de afeitar o afeitarse. *Usa loción después del afeitado. El afeitado de astas está prohibido por el reglamento taurino.*

afeitador, ra. adj. **1.** Que afeita. • f. **2.** Máquina de afeitar eléctrica. *Al otro lado de la puerta del baño se escucha el ronroneo de la afeitadora.*

afeitar. (conjug. PEINAR). tr. **1.** Cortar el pelo (de alguien o de una parte de su cuerpo), espec. el de la barba o el bigote, al nivel de la piel. *El barbero me puso espuma en la cara y me afeitó. Se afeita todas las mañanas.* **2.** Cortar (el pelo, espec. el de la barba o el bigote) al nivel de la piel. *Se ha afeitado la barba. Aféitate esos pelos de las piernas.* **3.** *Taurom.* Cortar las puntas de los cuernos (a un toro). *Afeitan a los toros para que sea menos peligroso torearlos.* **4.** *Taurom.* Cortar las puntas (de los cuernos) a un toro. *A este toro le han afeitado los cuernos.* ▶ **1, 2:** RASURAR.

afeite. m. cult. Cosmético. *Las alcahuetas iban de casa en casa vendiendo afeites a las mujeres.*

afelio. m. *Fís.* Punto de la órbita de un planeta o de un cometa en que está más alejado del Sol. *A medida que un planeta se acerca al afelio, su velocidad disminuye.*

afelpado, da. adj. De aspecto o características semejantes a los de la felpa. *Tejido afelpado.*

afeminado, da. part. **1.** → **afeminar.** • adj. **2.** Dicho de hombre: Que tiene características propias de las mujeres, espec. en el aspecto o el comportamiento. *Tu amigo es un poco afeminado.* Tb. m. *Hace años habrían dicho que eras un afeminado si te hubieran visto llorar así.* 3. Que parece de mujer. *Tanto su cara como su voz resultan afeminadas.*

afeminamiento. m. Hecho o efecto de afeminar o afeminarse. *Un trastorno hormonal produjo su afeminamiento.*

afeminar. tr. Hacer que (un hombre) adquiera características propias de las mujeres, espec. en el aspecto o el comportamiento. *Trabajar como estilista de mujeres lo afeminó un poco.* Tb. en constr. prnl. media. *Decía que en una casa llena de mujeres el niño podía afeminarse.*

aferente. adj. **1.** *Anat.* Dicho de elemento anatómico: Que va desde una parte del organismo a otra considerada central respecto de ella. *Los impulsos nerviosos pasan por las vías aferentes al sistema nervioso central.* **2.** *Anat.* Transmitido por un elemento aferente (→ 1). *El cerebro recibe los impulsos aferentes que vienen de los sentidos.*

aféresis. f. *Fon.* Supresión de uno o más sonidos al principio de una palabra. *La forma popular americana "ña" procede de "doña" por aféresis.* Tb. la palabra que resulta de esa supresión. *La llamaban "Lena", que es aféresis de "Magdalena".*

aferrar. tr. Agarrar o coger (algo o a alguien) con fuerza. *Aferraba el bolso por miedo a que se lo robaran. Me aferró por una mano y no me soltaba. Me aferré* A *su brazo para no tropezar.* Tb. fig. *Se aferraba* A *su puesto y no quería dimitir. Se aferra* A *esa esperanza para no hundirse.*

affaire. (pal. fr.; pronunc. "afér"). m. **1.** Asunto o caso que se hace famoso, espec. el que causa escándalo. *Los periódicos hablaron durante semanas del* affaire *de las comisiones ilegales.* **2.** Relación amorosa, gralm. secreta. *Tuvo un* affaire *con su jefe.* ¶ [Equivalentes recomendados: 1: *caso, asunto, escándalo;* 2: *aventura* (*amorosa*), *lío*].

afgano, na. adj. De Afganistán. *La población afgana ha sufrido guerras y ocupaciones. Territorio afgano.* Dicho de pers., tb. m. y f. *La mayoría de los afganos son musulmanes.*

afianzamiento. m. Hecho de afianzar o afianzarse. *El edificio es antiguo y hay que hacer un afianzamiento de la estructura. La manifestación confirma el afianzamiento de la oposición a la guerra.*

afianzar. tr. **1.** Afirmar o asegurar (algo) de modo que quede seguro o estable. *Afianzó la maleta para que no se abriera durante el viaje. Las fuerzas de paz afianzan sus posiciones en la zona del conflicto. Con el nuevo éxito, la cantante ha afianzado su carrera.* Tb. en constr. prnl. media. *La valla se ha afianzado al ponerle cemento en la base.* **2.** Apoyar (una cosa) sobre otra. *Afianzó la carga* SOBRE *la grupa del animal y la aseguró con cuerdas. Afianzarán la cubierta de uralita* EN *los muros de la casa. Afianzaba su poder* EN *su riqueza y* EN *sus contactos.* ▶ **1:** *ASEGURAR.

afiche. m. frecAm. Cartel (lámina con fines informativos o publicitarios). *El dibujante se dedica al diseño de afiches publicitarios. Los afiches de las corridas se confundían con la propaganda electoral* [C]. ▶ *CARTEL.

afición. f. **1.** Inclinación habitual de una persona o un animal hacia aquello que les gusta, espec. una actividad o un tipo de cosas o de personas. *Hay mucha afición* AL *tenis. Siente gran afición* HACIA *la escultura. Tenía afición* POR *los hombres jóvenes. A todos nos gusta el cine, pero ella es quien tiene más afición. Una de sus aficiones son los sellos. La afición favorita de mi perro es traer las piedras que le lanzas.* **2.** Afecto por alguien. *Antes no me caía bien Andrés, pero este verano le he tomado afición.* **3.** Conjunto personas que tienen afición (→ 1) a algo, espec. a un espectáculo. *La afición gallega anima con fuerza a su equipo. El torero no defraudó a la afición.*

aficionado, da. part. **1.** → **aficionar.** ● adj. **2.** Que siente afición a algo, espec. a una actividad o a un espectáculo. *Es muy aficionado* A *la cocina. Es aficionada* A *los toros. No es muy aficionado* A *escribir cartas. Los niños son muy aficionados* A *los dulces.* Tb. m. y f. *Los aficionados* AL *atletismo no se pueden perder esta final. La ópera cuenta con miles de aficionados.* **3.** Que practica una actividad sin ser profesional de ella. *De profesión es pediatra, pero además es fotógrafa aficionada.* Tb. m. y f. *No soy profesional del teatro, solo un aficionado.* Frec. despect. *El anuncio es tan chapucero que parece hecho por aficionados.*

aficionar. tr. Hacer que (alguien) sienta afición a algo. *La profesora de lengua fue la que nos aficionó* A *leer.* Tb. en constr. prnl. media. *Cuando estuve en Italia me aficioné* A *los helados.*

afijo, ja. adj. *Ling.* Dicho de elemento: Que, añadido a una raíz, aporta un matiz gramatical o semántico y permite formar una palabra. *Los elementos afijos pueden ir al principio, en medio o al final de la palabra.* Más frec. m. *La palabra "comunicación" se forma al añadir un afijo a la raíz: el sufijo "-ación".*

afilado[1]. m. Hecho o efecto de afilar. *Consiga un buen afilado de sus cuchillos de cocina.*

afilado[2], da. part. **1.** → **afilar.** ● adj. **2.** Que tiene filo o punta. *En el río había muchas piedras, unas redondeadas y otras de bordes afilados. Sus dientes son fuertes y muy afilados.* **3.** Hiriente o mordaz. *¡Qué lengua tan afilada tienes!* ▶ **2, 3:** FILOSO. || **Am: 2, 3:** FILUDO.

afilador, ra. adj. **1.** Que afila o sirve para afilar. Dicho de máquina o instrumento, tb. m. o f. *Una afiladora de herramientas. Un afilador de cuchillos eléctrico.* ● m. y f. **2.** Persona que tiene por oficio afilar instrumentos cortantes. *Cuando oíamos al afilador, bajábamos a llevarle los cuchillos que no cortaban bien.*

afilalápices. m. Sacapuntas. *En el plumier lleva lapiceros, goma de borrar y afilalápices.*

afilar. tr. **1.** Hacer que (algo) tenga filo o que su filo sea más delgado y cortante. *Afilamos el cuchillo y volvió a cortar bien.* **2.** Hacer que (algo) tenga punta o que su punta sea más aguda. *Afiló un palo con la navaja y lo clavó en el suelo. Tengo que afilar el lápiz.* ○ intr. prnl. **3.** Hacerse más delgada una parte del cuerpo, espec. la cara, la nariz o los dedos. *Con la edad, su rostro se ha ido afilando.*

afiliación. f. Hecho de afiliar o afiliarse. *La afiliación a un partido político es libre.*

afiliado, da. part. **1.** → **afiliar. 2.** Que se ha afiliado (→ 1) a una asociación. Tb. m. y f. *Aumentó el número de afiliados* A *la Seguridad Social.*

afiliar. (conjug. ANUNCIAR). tr. Inscribir o apuntar (a alguien) en una asociación. *En mi ausencia me afilió* A *una organización ecologista. Los trabajadores tienen derecho a afiliarse* A *un sindicato.*

afiligranado, da. adj. De filigrana, o de características semejantes a las de la filigrana. *Pendientes afiligranados. La arquitectura mudéjar se caracteriza por las yeserías afiligranadas.*

afín. adj. **1.** Que es semejante a otro, o comparte con él alguna característica. *El perro es afín* AL *lobo en algunos aspectos. Nos llevamos bien porque tenemos gustos afines.* **2.** Que está próximo a alguien o algo en cuanto a las ideas o los sentimientos. *La noticia fue difundida por medios afines* AL *Gobierno. Votantes afines* AL *nacionalismo.*

afinación. f. Hecho o efecto de afinar un instrumento musical. *Se necesita técnico en afinación y reparación de pianos.*

afinador, ra. adj. **1.** Que afina o sirve para afinar. *El mineral extraído era llevado a las plantas afinadoras.* Dicho de utensilio o aparato, tb. m. *Al pulsar la cuerda, el afinador electrónico indica si está afinada.* ● m. y f. **2.** Persona que tiene por oficio afinar instrumentos musicales. *El afinador de pianos abrió la tapa del teclado para probar el instrumento.*

afinamiento. m. Hecho o efecto de afinar. *Sin un buen afinamiento, los instrumentos de la orquesta no suenan acordes.*

afinar. tr. **1.** Hacer (algo o a alguien) finos o más finos. *Afine la masa con el rodillo hasta convertirla en una lámina. La gimnasia le ha afinado la silueta. Era un grosero, pero el trato con gente educada lo afinó mucho.* Tb. en constr. prnl. media. *Con los años se le han ido afinando las facciones.* **2.** Poner (un instrumento) en el tono justo con arreglo a un diapasón, o hacer que suene acorde con otros instrumentos. *El cuarteto afinaba sus instrumentos antes de empezar a tocar.* **3.** Perfeccionar (algo), o hacer(lo) más perfecto. *Si quiero dar en el blanco, tendré que afinar la puntería. La ciencia ha afinado mucho sus métodos de investigación.* ▶ **2:** TEMPLAR.

afincarse. intr. prnl. Establecerse alguien en un lugar, o fijar en él su residencia. *Vino para un mes, pero se afincó aquí definitivamente. Se han afincado* EN *París.*

afinidad. f. **1.** Cualidad de afín. *Son hermanos, pero no existe la menor afinidad entre ellos. La afinidad de intereses hizo que nos entendiéramos. No oculta su afinidad* AL *régimen.* Tb. aquello en que dos personas o cosas son afines. *El español del sur de España tiene afinidades con el de Hispanoamérica.* **2.** *Der.* Parentesco entre una persona y los parientes consanguíneos de su cónyuge. *Existe permiso por fallecimiento de parientes hasta segundo grado de afinidad (suegros, cuñados, etc.).*

afirmación. f. Hecho de afirmar o afirmarse. *Terminó con una afirmación tajante: –Nadie sabrá nunca lo que pasó. La última victoria del equipo contribuyó a la afirmación de su liderazgo.*

afirmar. tr. **1.** Decir (algo), gralm. dándo(lo) por cierto. *Afirmó que no estaba dispuesta a tolerar aquello. El cristianismo afirma la existencia de un solo Dios.* **2.** Hacer que (algo) pase a estar estable o sujeto. *Plantó el árbol y lo afirmó apretando la tierra junto a la base del tronco.* ○ intr. **3.** Decir que sí. *Le pregunté si lo había hecho él y afirmó con la cabeza.* ○ intr. prnl. **4.** Pasar alguien a estar seguro de lo dicho o pensado antes. *Se afirmó* EN *lo que dijo en la rueda de prensa.* **5.** Hacerse algo firme o más firme. *La edificación se afirma a medida que el cemento va fraguando.* Tb. fig. *Tras el primer fracaso se afirmó aún más su deseo de convertirse en cantante.* ▶ **1:** *DECIR. **2:** *ASEGURAR. **3:** ASENTIR.

afirmativo, va. adj. Que denota o implica afirmación, o que afirma. *Le dije por señas que me llamara y él hizo gestos afirmativos desde el vagón. Respondió a la pregunta de forma afirmativa. Oración afirmativa.*

aflamencado, da. adj. Que tiene aire de flamenco. *La coreografía mezcla pasos aflamencados con elementos de danza clásica. Un cantante folclórico aflamencado. Voz aflamencada.*

aflautado, da. part. **1.** → **aflautar.** • adj. **2.** Dicho de sonido, espec. de voz: Agudo, como el de la flauta. *Reconocí su voz aflautada. Se oía el canto aflautado de los pájaros.*

aflautar. (conjug. CAUSAR). tr. Hacer aflautada (la voz). *Aflautaba la voz para imitar a la abuela.* Tb. en constr. prnl. media. *Cuando gritaba, se le aflautaba la voz.*

aflicción. f. Efecto de afligir o afligirse. *La noticia nos produjo una enorme aflicción.*

afligir. tr. Causar tristeza (a alguien). *Su muerte nos afligió a todos.* Tb. en constr. prnl. media. *Se afligió mucho al enterarse de que ya te habías marchado.*

aflojamiento. m. Hecho o efecto de aflojar o aflojarse. *Un aflojamiento excesivo del cable podría producir un accidente en el teleférico.*

aflojar. tr. **1.** Hacer que (algo) quede más flojo, o menos apretado o tirante. *Tuvo que aflojarse el cinturón, porque no podía respirar. Afloja un poco la cuerda. La distancia aflojó los lazos de cariño entre ellos.* Tb. en constr. prnl. media. *Se te han aflojado los cordones de los zapatos.* **2.** Hacer que (algo) sea más flojo, o que pierda intensidad o fuerza. *El pelotón ha aflojado el ritmo. Afloja el paso, que no puedo seguirte.* **3.** coloq. Entregar (dinero). *Le dije que aflojara la pasta que me debía.* Tb. usado en constr. intr. *Hoy te toca invitar a ti, así que afloja.* ○ intr. **4.** Perder algo intensidad o fuerza. *Si no afloja la fiebre, habrá que llevarlo al hospital.* **5.** Dejar de poner alguien la misma energía o empeño en algo. *A principio de curso se esforzaba mucho, pero luego ha aflojado.*

afloramiento. m. **1.** Hecho de aflorar. *Con el cambio de moneda, hubo un gran afloramiento de dinero negro. La zona de afloramiento del acuífero es el lugar en el que brota el agua subterránea.* **2.** Mineral que aflora o asoma a la superficie. *En ese lugar hay numerosos afloramientos.*

aflorar. intr. **1.** Aparecer algo que estaba oculto. *Cuando hablamos, afloran las diferencias de opinión. Durante la inspección fiscal afloraron casos de fraude.* **2.** Asomar a la superficie de la tierra algo, espec. un mineral o agua. *La tierra brilla en las zonas en las que aflora el mineral.*

afluencia. f. Hecho de afluir. *La gran afluencia de público obligó a prorrogar la exposición. En el fin de semana aumenta la afluencia de vehículos* A *los parques.* ▶ AFLUJO.

afluente. m. Río o arroyo que desembocan en otro. *El Segre y el Aragón son afluentes del Ebro.* Tb. adj. *Río afluente.*

afluir. (conjug. CONSTRUIR). intr. **1.** Desembocar un río o arroyo en otro. *El Pisuerga afluye* AL *Duero.* **2.** Acudir o llegar gran cantidad de personas o cosas a un lugar. *Cientos de peregrinos afluyen* A *la plaza de la catedral de Santiago.*

aflujo. m. Afluencia. *El aflujo de turistas* A *las costas disminuyó a causa del mal tiempo.*

afmo., afma. abrev. Afectísimo, afectísima. *Sin otro particular, queda de Ud. afmo. Luis Sánchez.*

afonía. f. Pérdida o disminución de la voz. *Forzar la voz para hablar alto puede producir afonía.*

afónico, ca. adj. Que padece afonía. *Suspendieron el recital porque el tenor se había quedado afónico.*

aforado, da. adj. Que goza de fuero. *Los diputados y los senadores son personas aforadas. Navarra es un territorio aforado.* Dicho de pers., tb. m. y f. *El Tribunal Supremo se hará cargo del proceso judicial, porque hay aforados implicados.*

aforar. tr. **1.** Calcular la cantidad o el valor (de una mercancía). *Aforó el heno del cobertizo para saber por cuánto podría venderlo.* **2.** Medir la cantidad (de agua) de una corriente en una unidad de tiempo. *Un equipo de ingenieros va a aforar el agua del acuífero.* **3.** Calcular la capacidad (de un lugar o un recipiente). *Hemos aforado la balsa y el resultado es de 200 m^3.*

aforismo. m. Sentencia breve y doctrinal que se propone como regla, espec. en una ciencia o arte. *En televisión recurren mucho al aforismo de "una imagen vale más que mil palabras".* ▶ *DICHO.

aforístico, ca. adj. Del aforismo. *Es un libro de género aforístico, compuesto por pensamientos profundos expresados en frases cortas.*

aforo. m. Número máximo de personas que puede admitir un recinto de espectáculos o de otro tipo de actos públicos. *Tras la reforma, el estadio tendrá un aforo de 40 000 espectadores.*

afortunadamente. adv. De manera afortunada. Se usa para expresar que aquello a que se hace referencia se considera un hecho afortunado o feliz. *Afortunadamente, hemos llegado a tiempo para coger el tren.*

afortunado, da. adj. **1.** Que tiene fortuna o buena suerte. *Eres muy afortunado por vivir tan cerca de la playa. No soy afortunado* EN *el juego.* Dicho de pers., tb. m. y f. *Son pocos los afortunados que trabajan en algo que les gusta.* **2.** Oportuno o acertado. *La traducción no es muy afortunada. No estuvo afortunado en sus respuestas.* **3.** Feliz o que produce felicidad. *Fue un encuentro afortunado, porque llevaba días buscándote.* ▶ **3:** BIENAVENTURADO.

afrancesado, da. part. **1.** → **afrancesar.** • adj. **2.** Partidario de los franceses o de lo francés, espec. durante la Guerra de la Independencia (1808-1814) entre España y Francia. Dicho de pers., tb. m. y f. *Los afrancesados defendían a José Bonaparte como rey de España.* **3.** Que imita lo francés. *En el* XIX, *la arquitectura afrancesada triunfa entre las clases adineradas españolas.*

afrancesamiento. m. Hecho de afrancesar o afrancesarse. *El afrancesamiento en la corte española era patente antes de la llegada de Napoleón.*

afrancesar. tr. **1.** Dar carácter francés (a alguien o algo). *Ha afrancesado su manera de hablar.* Tb. en constr. prnl. media. *Me casé con una parisina, pero no me he afrancesado en mis costumbres.* **2.** Hacer (a alguien) afrancesado o partidario de los franceses. Tb. en constr. prnl. media. *A la llegada de José I, los españoles deben elegir entre afrancesarse u oponerse al nuevo régimen.*

afrenta. f. Ofensa o humillación. *No olvidará la afrenta que sufrió cuando lo acusaron de plagio.* ▶ *OFENSA.

afrentar. tr. Causar afrenta (a alguien). *Me afrenta cada vez que pone en duda mi honradez.* ▶ *OFENDER.

afrentoso, sa. adj. Dicho de cosa: Que causa afrenta. *Los prisioneros caminan al cadalso con un afrentoso capirote. Me hizo acusaciones falsas y afrentosas.*

africanidad. f. Carácter africano. *La música brasileña tiene rasgos de africanidad.*

africanismo. m. **1.** Carácter africano. *El compositor cubano emplea motivos musicales folclóricos, acen-*

tuando su africanismo. **2.** Estudio de lo relacionado con África, espec. sus lenguas y su cultura. *Las religiones indígenas africanas son objeto de estudio del africanismo.* **3.** Palabra o uso propios de una lengua africana empleados en otra que no lo es. *La palabra "vudú" es un africanismo.*

africanista. m. y f. Especialista en el africanismo o estudio de lo relacionado con África. *El africanista ha escrito un libro sobre la historia reciente del Congo.*

africanizar. tr. Dar carácter africano (a alguien o algo). *Hemos africanizado la moda europea incorporando tejidos y diseños del continente negro.* Tb. en constr. prnl. media. *Nuestras costumbres se africanizaron después de varios años en Kenia.*

africano, na. adj. De África. *El Nilo es el más largo de los ríos africanos. Mujeres africanas.* Dicho de pers., tb. m. y f. *La mayoría de los africanos del centro y del sur del continente son de raza negra.*

afrikáans. (pronunc. "africáns"). m. Variedad lingüística del neerlandés hablada en Sudáfrica. *Las lenguas oficiales de Sudáfrica son el afrikáans y el inglés.*

afrikáner. (pl. **afrikáneres** o **afrikáners**). adj. Sudafricano de raza blanca que desciende de colonos holandeses. *La mayor parte de la población afrikáner habita en las ciudades.* Dicho de pers., tb. m. y f. *Había afrikáners opuestos a la segregación racial.*

afro. adj. De origen africano o de características africanas. *El peinado afro tiene rizos pequeños y apretados. En el festival de música afro sonarán ritmos senegaleses.*

afro-. elem. compos. Significa 'africano'. *Afrocubano, afronorteamericano.*

afroamericano, na. adj. **1.** Dicho de persona: Americana y descendiente de africanos. *Ciudadanos afroamericanos.* Tb. m. y f. *En 1993 el Nobel de Literatura fue otorgado a una afroamericana.* **2.** De los afroamericanos (→ 1). *El alcalde fue elegido gracias al voto afroamericano. Música afroamericana.*

afroasiático, ca. adj. De África y Asia. *Se celebrará una cumbre afroasiática en Egipto.*

afrodisíaco, ca o **afrodisiaco, ca.** adj. Que estimula el deseo sexual. *Dicen que las ostras son afrodisíacas. Bebida afrodisiaca.* Dicho de sustancia, tb. m. *En algunos países el cuerno de rinoceronte se tomaba como afrodisiaco.*

afrontar. tr. Hacer frente (a un problema o a una situación difícil o negativa). *El Gobierno tomará medidas para afrontar la crisis. Afrontó la enfermedad con fortaleza.* ▶ ENFRENTAR.

afrutado, da. adj. De olor o sabor similares a los de la fruta. *En la cena nos sirvieron un vino blanco afrutado.*

afta. f. *Med.* Herida pequeña y blanquecina que se forma pralm. en la mucosa de la boca. *Le han salido aftas en las paredes de la boca.*

afuera. adv. **1.** A un lugar que está fuera. *Salgamos afuera a tomar el aire. Deja de mirar afuera.* A veces precedido de prep. *Tira de la manivela hacia afuera.* **2.** frecAm. En un lugar que está fuera. *Pasamos la tarde sentados afuera, en el jardín. Afuera estaremos más frescos. Había sol afuera* [C]. *Tres señores de la compañía lo esperaban afuera* [C]. *Una vez afuera de la cueva, se vio de nuevo desnudo* [C]. A veces precedido de prep. *De afuera entraba un olor nauseabundo. Apagó la luz y, de afuera, echó llave a su cueva* [C]. ● f. pl. **3.** Alrededores o contornos de un lugar. *Las afueras de la ciudad necesitan mejores transportes. Vive en las afueras.* ▶ **3:** *INMEDIACIONES.

afuerino, na. adj. Am. Dicho de persona: Que viene de fuera. *Gentes afuerinas* [C]. Tb. m. y f. *La gente terminó de perderle la desconfianza con que se recibe a todos los afuerinos* [C]. ▶ *FORASTERO.

agachadiza. f. Ave de mediano tamaño, plumaje pardo moteado y pico largo y recto, que vive en marismas y terrenos pantanosos. *La agachadiza macho. La agachadiza se alimenta de gusanos e insectos.*

agachar. tr. **1.** Inclinar o bajar (una parte del cuerpo, espec. la cabeza). *Es tan alto que tiene que agachar la cabeza para pasar por la puerta.* ○ intr. prnl. **2.** Encogerse alguien o doblar el cuerpo hacia el suelo. *Se agachó a recoger las monedas del suelo. Se agachó detrás de un matorral para esconderse de sus compañeros.*

agalla. f. **1.** Branquia, espec. la del pez. *Dile al pescadero que te aparte la raspa, la cabeza y las agallas para hacer caldo.* **2.** Abultamiento redondeado que se forma anormalmente en la corteza de un árbol o de otra planta por la acción de insectos o microorganismos parásitos. *Esas bolas marrones que crecen en las ramas del roble son agallas y no frutos.* ○ pl. **3.** coloq. Valor o valentía. *El que se enfrentó a los atracadores le echó muchas agallas. Hay que tener agallas para subir ahí arriba.* ▶ **1:** BRANQUIA.

ágape. m. cult. Banquete (comida para celebrar un acontecimiento). *Tras la ceremonia, los novios ofrecieron un ágape.* Frec. humoríst. *Cuando juegan a las cartas, no se limitan a picar algo, sino que organizan un buen ágape.*

agarrada. f. coloq. Pelea fuerte, verbalmente o a golpes. *Ha tenido una agarrada con el jefe. Se metió conmigo, yo lo empujé y al final tuvimos una agarrada.*

agarradera. f. **1.** Agarradero. *Hay agarraderas en el baño para que las personas mayores no se caigan al salir.* ○ pl. **2.** Influencia con que alguien cuenta para conseguir algo, espec. en el terreno laboral. *Tiene buenas agarraderas en el ministerio y, gracias a ello, consiguió el puesto.*

agarradero. m. Parte de una cosa que sirve para agarrarla, o cosa que sirve para agarrarse. *En las curvas me cogía al agarradero que hay sobre la ventanilla.* Tb. fig. *Los hijos son su único agarradero para salir adelante.* ▶ AGARRADERA.

agarrado, da. part. **1.** → **agarrar.** ● adj. **2.** coloq. Tacaño. *No creo que me preste un duro, porque es muy agarrada.* Tb. m. y f. *¡Eres un agarrado!* **3.** coloq. Dicho de baile: Que se ejecuta por una pareja enlazada. *Me pidieron que pusiera música lenta para un baile agarrado.*

agarrador. m. Utensilio para agarrar, espec. la almohadilla con que se cogen por el asa objetos calientes. *Usa los agarradores para sacar el bizcocho del horno. El agarrador de la puerta.*

agarrar. tr. **1.** Coger (algo o a alguien), espec. con fuerza. *Agarré la cuerda y la sujeté fuerte para que el caballo no escapara. En una secuencia, el policía lo agarra de las solapas y lo obliga a confesar. La agarró por los pelos y casi la tira.* **2.** coloq. Coger o empezar a tener (algo, espec. una enfermedad o un estado de ánimo). *Si no te abrigas, vas a agarrar una pulmonía. El niño agarró una buena rabieta.* ○ intr. **3.** Arraigar una planta. *El cerezo ha agarrado bien.* **4.** coloq. Seguido de *y* y de otro verbo, se usa para resaltar la acción expresada por ese verbo. *Como no me hagáis caso,* *agarro y me voy.* ○ intr. prnl. **5.** Cogerse a alguien o algo, espec. con fuerza. *Me agarré* A *la barandilla para no caerme. Le dije que se agarrara* DE *mi mano para cruzar la calle. Agárrate* A *mí.* **6.** Pegarse un guiso. *Se han agarrado las lentejas.* ■ **agárrate.** interj. Se usa para avisar al oyente de que lo que sigue es sorprendente o inesperado. *¡Agárrate!, me dijo que se va a divorciar.* ▶ **1:** COGER. **3:** *ARRAIGAR. **5:** COGERSE. **6:** PEGARSE.

agarre. m. Hecho de agarrar o agarrarse. *El agarre del volante debe ser firme, pero no excesivamente fuerte.*

agarrón. m. coloq. Hecho de agarrar y tirar con fuerza. *El árbitro le sacó la tarjeta amarilla por un agarrón al contrario. Hubo agarrones y empujones, pero no se pegaron.*

agarrotamiento. m. Hecho o efecto de agarrotar o agarrotarse. *Una mala postura al sentarse puede producir agarrotamiento de los músculos.*

agarrotar. tr. Poner rígido o inmóvil (algo o a alguien). *El frío me agarrota las manos. Tantas horas sentado terminan agarrotándolo a uno.* Tb. en constr. prnl. media. *Se me han agarrotado los brazos de cargar con este paquete.*

agasajar. tr. Tratar (a alguien) con atención y cariño, frec. ofreciéndo(le) regalos u otras muestras de consideración. *Darán una cena para agasajar al ganador. Agasajó a sus invitados con vinos del país.*

agasajo. m. **1.** Hecho de agasajar. *A su llegada, los reyes fueron objeto de una ceremonia de agasajo.* **2.** Cosa o acción con que se agasaja. *No sé cómo voy a agradecer los banquetes y demás agasajos que me han hecho.*

ágata. f. Variedad de cuarzo con vetas concéntricas de diferentes tonalidades, muy empleada en joyería. *El ágata es una piedra semipreciosa. Unos pendientes de ágata.*

agave. m. o f. Pita (planta). *En este desierto abundan las agaves y los nopales.* ▶ *PITA.

agavillador, ra. m. y f. **1.** Persona que agavilla. ● f. **2.** Máquina que siega y agavilla. *La agavilladora hace montones de mieses y los ata con un cordel.*

agavillar. tr. Hacer gavillas (con algo, espec. con los cereales). *Hoy agavillan el trigo con máquinas. Una mujer agavillaba mieses en la era.*

agazaparse. intr. prnl. Agacharse o encogerse, gralm. para esconderse. *El detective se agazapó en el asiento del coche para no ser descubierto.*

agencia. f. **1.** Empresa que realiza determinadas gestiones o servicios para el público o para otras entidades. *La agencia inmobiliaria se encarga de enseñar el piso a posibles compradores. La noticia llegó a la redacción por un teletipo de agencia. Agencia matrimonial.* **2.** Sucursal o delegación de una empresa. *El banco tiene cinco agencias en la ciudad.* **3.** Organismo administrativo encargado de un determinado servicio o actividad. *Una agencia estatal se encarga de lo relativo al medio ambiente. Es inspector de la Agencia Tributaria.*

agenciar. (conjug. ANUNCIAR). tr. Conseguir o proporcionar (algo) a alguien. *Os he agenciado unas entradas. Como me gustaba su traje, me agencié uno igual.*

agenda. f. **1.** Libro o cuaderno para apuntar cosas que no se quieren olvidar, en los que cada día del año tiene asignado un espacio. *Tengo su número de teléfono en la agenda.* **2.** Relación o lista de los temas que han de tratarse en una junta. *La reforma educativa es el principal asunto en la agenda del Consejo de Ministros.* **3.** Conjunto de actividades sucesivas que han de ejecutarse en un tiempo determinado. *El alcalde tiene para esta semana una agenda muy apretada.*

agente. adj. **1.** Que actúa *Elemento agente.* Dicho de pers. o cosa, tb. m. *El agua y el viento son agentes erosivos. Los sindicatos fueron los principales agentes de la reforma.* **2.** *Gram.* Dicho de palabra o grupo de palabras: Que designan la persona o cosa que realiza la acción expresada por el verbo. *Se llama sujeto agente al de un verbo en voz activa.* Tb. m. *En las oraciones pasivas el agente va precedido de la preposición "por".* ● m. y f. **3.** Persona que actúa en representación o al servicio de otra o de una organización. *Su agente le va a conseguir un contrato con una gran editorial. Agente de seguros. Agente judicial.* **4.** Persona que tiene a su cargo una agencia dedicada a hacer gestiones o servicios. *Un agente publicitario ha contratado a la modelo.* **5.** Miembro de la policía que tiene la graduación básica. *Fue arrestado por agentes de la policía. Un agente de tráfico.* ■ **~ comercial.** m. y f. *Com.* Agente (→ 3) que se dedica a hacer operaciones de venta por cuenta ajena, recibiendo por ello una comisión. *Quiero hablar con un agente comercial para que me informe de las tarifas.* ⇒ COMERCIAL. ■ **~ de (cambio y) bolsa.** m. y f. *Econ.* Persona legalmente capacitada para intervenir en la negociación de valores públicos cotizables y otras operaciones de bolsa. *Confió sus ahorros a un agente de bolsa.* ■ **~ doble.** m. y f. Espía que trabaja al servicio de dos países rivales. *Uno de sus espías era un agente doble que pasaba información al enemigo.*

agigantar. tr. Volver (algo o a alguien) gigantescos o muy grandes. *El foco de luz agiganta nuestras sombras.* Tb. en constr. prnl. media. *Los problemas de la población se agigantaron con la sequía.*

ágil. adj. **1.** Que se mueve con facilidad y rapidez. *El mono es muy ágil. Estuvo ágil y agarró el vaso antes de que llegara al suelo. El buen tenista debe tener piernas ágiles.* **2.** Dicho de movimiento: Fácil y rápido. *Con movimientos ágiles trepó hasta la copa del árbol.* **3.** Que actúa o se desarrolla con rapidez o prontitud. *Necesitamos un sistema judicial más ágil. Tiene una prosa ágil.*

agilidad. f. Cualidad de ágil. *Salta con la agilidad de un gimnasta. Responde con agilidad a las preguntas de los periodistas.*

agilización. f. Hecho de agilizar o agilizarse. *Los emigrantes piden la agilización de los trámites para conseguir el permiso de trabajo.*

agilizar. tr. Volver (algo o a alguien) ágiles o más ágiles. *Internet ha agilizado las comunicaciones. El pianista hace ejercicios para agilizar los dedos.* Tb. en constr. prnl. media. *Si se pone la dirección completa, la distribución del correo se agiliza.*

agitación. f. **1.** Hecho de agitar o agitarse. *La alegría de la hinchada se manifiesta en una constante agitación de bufandas y banderas.* **2.** Estado de excitación o nerviosismo fuertes. *Cuando la rescataron, su agitación era tan grande que le dieron un sedante.* ▶ **2:** EFERVESCENCIA.

agitado, da. part. **1.** → **agitar.** ● adj. **2.** Dicho de cosa: Que implica mucha actividad. *Las Navidades son una época muy agitada, porque hay muchos compromisos y cosas que hacer.* **3.** Dicho de respiración o pulso: Que se ha acelerado. *Como vino corriendo, su respiración era agitada y le costaba hablar.*

agitador, ra. adj. **1.** Que agita o sirve para agitar. Dicho de instrumento o dispositivo, tb. m. *El barman sirve el cóctel, no sin antes removerlo bien con el agitador.* • m. y f. **2.** Persona que agita a otras para conseguir algún cambio político o social. *Los agitadores han quemado coches y levantado barricadas. Un agitador de masas.*

agitanado, da. part. **1.** → **agitanar.** • adj. **2.** Que tiene las características consideradas propias de los gitanos o de lo gitano. *Venía con un joven moreno, algo agitanado. En su rostro agitanado destacan los enormes ojos negros.*

agitanar. tr. Dar (a alguien o algo) carácter o aspecto gitanos. *El coreógrafo ha agitanado su estilo y el último montaje es casi flamenco puro.* Tb. en constr. prnl. media. *Aunque es un cantaor payo, su forma de cantar se ha ido agitanando.*

agitar. tr. **1.** Mover (algo) repetidamente de un lado a otro. *El náufrago agitaba los brazos pidiendo ayuda.* Tb. en constr. prnl. media. *Las ramas de los árboles se agitan por el viento.* **2.** Hacer que (un grupo de personas) proteste o se rebele. *Los acusan de agitar a los mineros y de provocar la huelga.* **3.** Inquietar o poner nervioso (a alguien). *Verlo en mi propia casa, después de lo que hizo, me agitó mucho.* Tb. en constr. prnl. media. *Al oír la explosión todos nos agitamos y nadie sabía qué hacer.*

aglomeración. f. Hecho o efecto de aglomerar o aglomerarse. *Para evitar la aglomeración de vehículos, se pide el uso del transporte público. El inicio de las rebajas origina aglomeraciones ante las tiendas. En las aglomeraciones urbanas se pierde mucho tiempo con los desplazamientos.*

aglomerado, da. part. **1.** → **aglomerar.** • m. **2.** Producto obtenido por aglomeración. *Los cálculos son un aglomerado de cristales de colesterol.* **3.** Plancha obtenida por aglomeración de fragmentos de madera prensados. *Los muebles de la cocina son de aglomerado.*

aglomerante. adj. Dicho de material: Capaz de unir fragmentos de una o varias sustancias y dar cohesión al conjunto por efectos de tipo exclusivamente físico. *La resina es una sustancia aglomerante.* Tb. m. *Para unir las piezas, emplee cola u otro aglomerante.*

aglomerar. tr. **1.** Amontonar o juntar (personas o cosas). *El acto aglomeró a miles de personas. El castillo aglomera elementos romanos y mudéjares. Una multitud se aglomeraba en la taquilla.* **2.** Unir fragmentos (de una o varias sustancias) con un aglomerante. *El procedimiento consiste en fermentar las basuras y aglomerarlas en pequeñas piezas combustibles.* ▶ **1:** *AMONTONAR.

aglutinación. f. Hecho de aglutinar o aglutinarse. *La máquina facilita la aglutinación del agua y el cemento. Pretenden la aglutinación en un solo bloque de todos los partidos de izquierdas.*

aglutinador, ra. adj. Que aglutina o sirve para aglutinar. *Una coalición aglutinadora de partidos de centro. Sustancia aglutinadora.* Dicho de pers., tb. m. y f. *Ella fue la aglutinadora de un grupo de artistas que acudía regularmente a su casa.* Dicho de cosa, tb. m. *Para hacer conglomerado de madera se emplea cola u otro aglutinador.*

aglutinante. adj. Que aglutina o sirve para aglutinar. *La pasión por el cine es el elemento aglutinante del grupo. Sustancia aglutinante.* Dicho de sustancia, tb. m. *Un aglutinante, como la grasa animal, servía para hacer las pinturas rupestres.*

aglutinar. tr. **1.** Unir o pegar (dos o más cosas) formando un cuerpo compacto. *El agua y la cola aglutinan los trozos de papel y los convierten en una pasta moldeable.* Tb. en constr. prnl. media. *Al añadir el huevo a la masa, la harina y el azúcar se aglutinan.* **2.** Reunir o juntar (personas o cosas). *Si aglutinamos nuestros esfuerzos, el proyecto saldrá adelante.* ▶ **2:** AUNAR.

agnosticismo. m. *Fil.* Actitud filosófica que afirma que el entendimiento humano no puede tener conocimiento de lo divino, sino solo de las cosas constatables a través de la experiencia. *Según el agnosticismo, no se puede saber nada que no descubra la ciencia.*

agnóstico, ca. adj. **1.** *Fil.* Del agnosticismo. *El pensamiento agnóstico.* **2.** *Fil.* Seguidor del agnosticismo. *Autores agnósticos.* Dicho de pers., tb. m. y f. *Para los agnósticos, el conocimiento de Dios es inaccesible al entendimiento humano.*

agobiante. adj. Que agobia. *La falta de dinero llegó a ser agobiante. ¡Qué mujer tan agobiante!*

agobiar. (conjug. ANUNCIAR). tr. **1.** Causar tristeza o abatimiento (a alguien). *No la agobies* CON *tus problemas.* **2.** Causar agobio o intranquilidad (a alguien) algo que debe afrontar o hacer. *Nos agobia el trabajo. Me agobia tener muchas tareas pendientes.* ▶ **1:** ABRUMAR. **2:** ABRUMAR, AHOGAR, APRETAR.

agobio. m. **1.** Sensación de intranquilidad o inquietud por algo que se debe afrontar o hacer. *Siempre le entra agobio el día antes del examen. Con tu sueldo llegamos a fin de mes sin agobios.* Tb. aquello que la produce. *Hacia el 20 de diciembre empiezan las compras navideñas y otros agobios. ¡Qué agobio de niños!, no me dejan en paz ni un momento.* **2.** Ahogo o sofoco. *¡Qué agobio!, ¿ponemos el aire acondicionado?* Tb. aquello que lo produce. *Esta bufanda es un agobio.*

agolpamiento. m. Hecho de agolparse. *Se colocarán vallas para evitar el agolpamiento del público delante del escenario.*

agolparse. intr. prnl. **1.** Juntarse de golpe en un lugar personas o cosas. *La multitud se agolpa* A/EN *la salida. Las palabras se le agolpaban* A/EN *los labios.* **2.** Estar juntos en un lugar personas o animales. EN *el autobús se agolpan cien personas.* ▶ **2:** *AMONTONARSE.

agonía. f. **1.** Estado de quien está enfermo o herido y próximo a morir. *Acompañan al amigo en su agonía. Atrapado en el cepo, el animal tuvo una dolorosa agonía.* Tb. fig. *La emigración a las ciudades supuso la agonía de la vida rural.* **2.** Angustia o agobio. *Quiero tomar una decisión y terminar con esta agonía de no saber qué hacer.*

agonías. m. y f. coloq. Persona pesimista o que siente angustia e inquietud por cosas sin importancia. *Como es un agonías, no dejaba de repetir que llegaríamos tarde.* Tb. adj. *No seas tan agonías y deja ya de quejarte.*

agónico, ca. adj. **1.** De la agonía, espec. de la de quien está próximo a morir. *Es terrible oír el jadeo agónico de un enfermo. El partido tuvo un final agónico, con canasta decisiva en el último segundo. La dictadura se hallaba en estado agónico.* **2.** Que agoniza. *El enfermo, ya agónico, reclama un sacerdote. Las invasiones bárbaras suponen el fin del agónico imperio.*

agonizante. adj. Que agoniza. *Cuando llegó el cazador, el ciervo estaba agonizante.* Dicho de pers., tb.

m. y f. *El agonizante ha pedido ver a su hijo para despedirse de él.*

agonizar. intr. Estar una persona o un animal en la agonía. *Llegó al hospital agonizando y murió poco después.* Tb. fig. *Algunos oficios tradicionales agonizan debido al progreso tecnológico. Apenas quedan unos minutos de luz: el día agoniza.*

ágora. f. histór. En las antiguas ciudades griegas: Plaza pública que servía de punto de reunión. *En el ágora de la polis se reunía la asamblea popular.*

agorafobia. f. cult. Temor patológico a los lugares abiertos. *No voy a manifestaciones porque tengo agorafobia.* Se usa espec. en medicina. *El psiquiatra explica su agorafobia como parte de un cuadro general de ansiedad.*

agorero, ra. adj. Que predice o anuncia desgracias. *–Este viaje terminará mal. –¡Anda, no seas agorera!* Dicho de pers., tb. m. y f. *Los pronósticos de los agoreros fallaron y la película fue todo un éxito.*

agostamiento. m. Hecho o efecto de agostar o agostarse. *La escasez de lluvias ha traído consigo el agostamiento de los cultivos.*

agostar. tr. **1.** Secar (las plantas) algo, espec. el calor excesivo o la falta de agua. *El sol ha agostado la hierba.* Tb. en constr. prnl. media. *Con la sequía se agostará el centeno.* **2.** cult. Consumir o destruir (algo o a alguien) haciendo que pierdan lozanía o vigor. *El sufrimiento ha agostado su belleza. La enfermedad la agostó en pocos meses.* Tb. en constr. prnl. media. *Después de tantos fracasos, su ilusión se agosta.*

agosteño, ña. adj. Del mes de agosto. *Los vecinos se refugian en sus casas del calor agosteño.*

agosto. m. Octavo mes del año. *En agosto iremos de vacaciones a Benidorm.* ■ **hacer** alguien **su ~.** loc. v. coloq. Conseguir muchas ganancias aprovechando una ocasión oportuna. *Cuando las entradas se agotan, los revendedores hacen su agosto.*

agotador, ra. adj. Que agota o cansa mucho. *El viaje fue largo y agotador.*

agotamiento. m. Hecho de agotar o agotarse. *El atleta ha abandonado la carrera por agotamiento. Predicen un agotamiento de las reservas de petróleo.*

agotar. tr. **1.** Consumir o gastar (algo) por completo. *Hemos agotado las reservas de agua. Hubo muchos gastos y agotamos todos los ahorros.* Tb. en constr. prnl. media. *Decidimos repostar antes de que se agotara la gasolina. Se han agotado las entradas para la sesión de las cuatro. Ya se ha agotado el plazo de matrícula.* **2.** Cansar mucho (a alguien). *Nuestras caminatas eran tan largas que me agotaban.* Tb. en constr. prnl. media. *Nos agotamos de tanto bailar.*

agracejo. m. Arbusto espinoso, de flores amarillas y fruto rojo comestible, que crece en los montes y se cultiva en los jardines. *Un matorral de espinos y agracejos.*

agraciado, da. part. **1.** → **agraciar.** ● adj. **2.** Dicho espec. de persona o de su presencia: Que tiene belleza o atractivo físico. *Es una muchacha alta y bastante agraciada. Sus facciones son poco agraciadas.*

agraciar. (conjug. ANUNCIAR). tr. Dar o conceder (a alguien) algo, espec. una gracia, un don o un premio. *La naturaleza la había agraciado* CON *muchas virtudes. Acababa de ser agraciado* CON *un título nobiliario. Resultó agraciado* CON *un viaje a Suiza en un concurso.*

agradable. adj. **1.** Que causa agrado, placer o satisfacción. *Fue una agradable sorpresa encontrarme con él. El canto de los pájaros era agradable* AL *oído.* **2.** Dicho de persona: Amable en el trato. *La dependienta es muy agradable* CON *los clientes. Han contratado a un portero agradable y servicial.* ▶ **1:** PLACENTERO. **2:** *AMABLE.

agradar. intr. Causar placer o satisfacción a alguien. *Me agrada que por fin alguien reconozca mi trabajo. Su decisión agradará a algunos y molestará a otros. La obra agradó al público, que aplaudió entusiasmado. Se esfuerza por agradar a todo el mundo.* ▶ COMPLACER, CONTENTAR, ENCANTAR, GRATIFICAR, GUSTAR, SATISFACER.

agradecer. (conjug. AGRADECER). tr. **1.** Sentir gratitud (por algo). *Te agradezco tu ayuda. No sabes cómo agradezco lo que hiciste por mí.* **2.** Expresar gratitud (por algo). *He pasado por su casa para agradecerle la invitación. Escribió una carta agradeciendo el favor.* **3.** Mostrar una cosa el efecto beneficioso (de otra). *Los artículos de piel agradecen la limpieza y el engrasado regulares.*

agradecido, da. part. **1.** → **agradecer.** ● adj. **2.** Dicho de persona: Que siente o muestra gratitud. *Es muy agradecido y aún recuerda que hace años le presté mi casa. Me llamó muy agradecida por la información que le di.* **3.** Dicho de cosa: Que responde favorablemente al trabajo o esfuerzo que se le dedica. *La limpieza de la casa es poco agradecida, porque enseguida vuelve a ensuciarse todo.*

agradecimiento. m. Hecho de agradecer algo una persona. *La organización pide a los premiados que no se extiendan mucho en los agradecimientos. Lo hizo como muestra de agradecimiento por mi hospitalidad.*

agrado. m. **1.** Placer o satisfacción. *Acogimos con agrado la noticia de la subida de sueldo.* **2.** Gusto o deseo. *El vino no es del todo de mi agrado, pero no es malo.*

ágrafo, fa. adj. Que no puede o no sabe escribir, o es poco dado a ello. *Un 15% de la población seguía siendo ágrafa. Hay personas ágrafas debido a lesiones cerebrales.*

agramatical. adj. *Ling.* Que no se ajusta a las reglas de la gramática. *¿Por qué es agramatical la oración "Ella es alto"?*

agrandamiento. m. Hecho de agrandar o agrandarse. *Se ha producido un agrandamiento del agujero de la capa de ozono.*

agrandar. tr. Hacer (algo) más grande. *Agrandarán el aparcamiento.* Tb. fig. *El lápiz de ojos agranda la mirada.* Tb. en constr. prnl. media. *El cuello y los puños del jersey se han agrandado con el uso.*

agrario, ria. adj. Del campo que se cultiva o se puede cultivar. *Superficie agraria. Reforma agraria.*

agravación. f. Agravamiento. *Los médicos temen una agravación de su enfermedad.*

agravamiento. m. Hecho de agravar o agravarse. *Se ha producido un agravamiento de las tensiones entre ambos países. El agravamiento de una enfermedad.* ▶ AGRAVACIÓN.

agravante. adj. **1.** Que agrava. *Tener la tensión alta es un factor agravante del peligro de infarto.* ● f. (Tb. m.). **2.** Circunstancia o factor que aumentan la gravedad de algo. *A sus problemas digestivos se añade la agravante del insomnio. Está perdido en aquella ciudad, con el agravante de que no conoce a nadie.* **3.** *Der.* Circunstancia agravante (→ **circunstancia**). *El juez aplica al delito la agravante de nocturnidad.*

agravar. tr. Hacer (algo) más grave o preocupante. *El cierre de la mina agravará la situación económica del pueblo. La contaminación agrava las enfermedades respiratorias.* Tb. en constr. prnl. media. *Durante la noche, el estado del enfermo se ha agravado.*

agraviar. (conjug. ANUNCIAR). tr. Hacer agravio u ofensa (a alguien). *Quiere disculparse por haberme agraviado.* ▶ *OFENDER.

agravio. m. **1.** Ofensa al honor de alguien. *Llamarme mentiroso en público es un agravio imperdonable.* **2.** Perjuicio causado a alguien. *No pienso tolerar el agravio de que se queden con lo que nos pertenece.* ■ **~ comparativo.** m. Agravio (→ 2) que consiste en dar un trato desigual a personas con los mismos derechos y en la misma situación. *Es un agravio comparativo que haga el mismo trabajo que nosotros y cobre el doble.* ▶ **1:** *OFENSA. **2:** *PERJUICIO.

agraz. adj. Dicho de uva: Que está sin madurar. *Es mejor no coger la uvas agraces y esperar a que se pongan dulces.* ■ **en ~.** loc. adv. Antes de madurar. Frec. fig. *El cuerpo y la mente de la joven estaban en agraz.* Tb. loc. adj. *Ahora es un escritor en agraz, pero llegará a ser un maestro.*

agredir. tr. Cometer una agresión (contra alguien o contra algo como sus sentidos o sus sentimientos). *Fue condenado por agredir a un hombre y romperle varias costillas. No me pegó, pero me agredió verbalmente. Esta película puede agredir la sensibilidad del espectador.* Tb. fig. *Hay que evitar el empleo de materiales que puedan agredir el entorno.* ▶ *ATACAR.

agregación. f. Hecho o efecto de agregar. *Las bebidas carbónicas se obtienen por agregación de dióxido de carbono* EN *un líquido. La revisión del estudio incluye la agregación de nuevos datos.*

agregado[1]**.** m. Conjunto de cosas homogéneas que se consideran formando un cuerpo. *El huevo se convierte en un agregado de pequeñas células.*

agregado[2]**, da.** part. **1.** → **agregar.** ● m. y f. **2.** Funcionario de una embajada que se ocupa de los asuntos de su especialidad. *Agregado comercial. Agregado cultural. Agregado militar.* **3.** Profesor agregado (→ **profesor**). *Antes de ser catedrático, trabajó de agregado durante varios años.*

agregaduría. f. **1.** Cargo de agregado, espec. del diplomático. *Un coronel desempeña la agregaduría militar en Japón.* **2.** Oficina del agregado diplomático. *Preséntense en la agregaduría laboral de la embajada española.*

agregar. tr. **1.** Añadir (algo) a lo que se ha dicho o escrito antes. *Me dijo adiós y después agregó: –¡No te olvides de llamarme!* **2.** Añadir (algo, espec. una sustancia) a otra cosa. *Se agrega la leche* A *la besamel poco a poco para que no se formen grumos. Antes de servir, agregue* EN *la sopa la sal y las especias.*

agresión. f. Hecho de atacar con violencia para causar algún daño. *Ha sido víctima de una agresión con arma blanca. Aumentan las denuncias por agresiones sexuales.* Tb. fig. *Es un monumento tan feo que constituye una agresión para la vista.* ▶ *ATAQUE.

agresividad. f. **1.** Cualidad de agresivo. *Se sienten intimidados por la agresividad de sus palabras. La cárcel atenuará su agresividad.* **2.** Actitud agresiva. *El perro muestra agresividad con las personas. El director comercial pide a su equipo más agresividad.*

agresivo, va. adj. **1.** Dicho de persona o animal: Propenso o dispuesto a agredir. *Cuando bebe, se pone agresivo. El delfín no es agresivo.* **2.** Propio de la persona o el animal agresivos (→ 1). *El boxeador rival le lanzaba miradas agresivas. La conducta de la tortuga no suele ser agresiva.* **3.** Dicho de persona: Que actúa con decisión y energía en su trabajo o en otra actividad. *Nuestros vendedores deben conocer bien el producto y ser agresivos.*

agresor, ra. adj. Que comete agresión. *Toda la sociedad se movilizará para responder al país agresor.* Dicho de pers., tb. m. y f. *Un testigo ha identificado a los agresores de la mujer.*

agreste. adj. **1.** Dicho espec. de terreno: Áspero o desigual. *Al acercarnos a la cima, el paisaje se hace agreste y pedregoso.* **2.** Dicho de terreno: No cultivado. *Gran parte de la finca son extensiones agrestes.* **3.** Dicho de persona: Ruda o tosca en sus modales. *Los legionarios eran unos tipos agrestes.*

agriar. (conjug. ENVIAR). tr. **1.** Poner agrio o ácido (algo). *El calor ha agriado la nata.* Tb. en constr. prnl. media. *La salsa se agrió al tenerla fuera de la nevera.* **2.** Volver agrio o poco amable (algo, espec. el carácter de alguien). *Las desilusiones le han agriado el carácter.* Tb. en constr. prnl. media. *Me encontré todo hecho un desastre y se me agrió el buen humor que traía. Las relaciones entre los dos países se han agriado a raíz del incidente.*

agrícola. adj. De la agricultura. *Sector agrícola. Productos agrícolas. Trabajador agrícola.*

agricultor, ra. m. y f. Persona que se dedica a la agricultura. *Los agricultores temen que la sequía arruine su cosecha.*

agricultura. f. Cultivo de la tierra para la obtención de productos vegetales destinados al uso o consumo humanos. *La agricultura nace cuando el hombre se hace sedentario.* Tb. la técnica correspondiente. *La cosechadora y el tractor revolucionaron la agricultura tradicional.*

agridulce. adj. Que en el sabor tiene mezcla de agrio y de dulce. *La carne de caza se suele acompañar de salsas agridulces.* Tb. fig. *Conserva un recuerdo agridulce del colegio.*

agrietamiento. m. Hecho o efecto de agrietar o agrietarse. *El viento y el frío producen el agrietamiento de las manos. El edificio presenta agrietamientos en la fachada.* ▶ QUEBRANTAMIENTO, RESQUEBRAJAMIENTO.

agrietar. tr. Hacer grietas (en algo). *El terremoto agrietó el suelo y las paredes.* Tb. en constr. prnl. media. *La taza no se ha roto con el golpe, pero se ha agrietado. Hacía mucho frío y se me agrietaban los labios.* ▶ QUEBRANTAR, RESQUEBRAJAR.

agrimensor, ra. m. y f. Especialista en técnicas de medición de tierras. *Topógrafos y agrimensores estudian técnicas para el diseño de redes viarias.* ▶ TOPÓGRAFO.

agringarse. intr. prnl. Am. Adoptar alguien o algo las costumbres o las características del gringo. *Pueblos como los japoneses o los árabes se han afrancesado en vez de agringarse* [C].

agrio, gria. adj. **1.** Ácido (que tiene un sabor fuerte, como el del vinagre o el del zumo de limón). *El pomelo es agrio. La fruta verde es más agria que la madura.* **2.** Que se ha agriado. *Dejó la leche fuera de la nevera y ahora está agria.* **3.** Dicho de persona o de cosas como su carácter o su modo de expresarse: Áspero o falto de amabilidad. *La dueña de la pensión era una mujer agria. Ha estado agrio con la prensa. Rechazó mi ayuda con gesto agrio.* ● m. pl. **4.** Frutas agrias (→ 1) o agridulces, como el limón o la naranja. *Los agrios son ricos en vitamina C y ácido cítrico.* ▶ **1:** ÁCIDO. **3:** *ANTIPÁTICO. **4:** CÍTRICOS.

agriparse. intr. prnl. Am. Contraer alguien gripe. *Estoy agripado y le iba a pedir que me exonerara de salir esta noche* [C]. ▶ **Am:** ENGRIPARSE.

agrisado, da. adj. Grisáceo. *El traje tiene un tono agrisado. Cabello agrisado.*

agro. m. cult. Campo dedicado a la agricultura. *Prefiere la tranquilidad del agro al bullicio de la ciudad.*

agro-. elem. compos. Significa 'del campo' (*agroturismo*) o 'de la agricultura' (*agroindustria*).

agroalimentario, ria. adj. **1.** Dicho de producto agrícola: Destinado a la alimentación, tras ser sometido a un tratamiento industrial. *El pan y el aceite son productos agroalimentarios.* **2.** De los productos agroalimentarios (→ 1). *Industria agroalimentaria.*

agronomía. f. Estudio científico y técnico del cultivo de la tierra. *La agronomía se ocupa de cosas como la fertilidad del suelo, los abonos o las plagas.*

agronómico, ca. adj. De la agronomía. *Técnicas agronómicas.*

agrónomo, ma. m. y f. Especialista o titulado en agronomía. *Biólogos y agrónomos estudian las enfermedades de los cultivos.* Tb. adj. *Ingeniero agrónomo.*

agropecuario, ria. adj. De la agricultura y la ganadería. *Las granjas son explotaciones agropecuarias. Sector agropecuario.*

agrupación. f. **1.** Hecho de agrupar o agruparse. *Para ganar las elecciones sería necesaria la agrupación de los pequeños partidos en uno solo.* **2.** Conjunto de personas o cosas agrupadas. *Pertenece a una agrupación deportiva. La agrupación de agricultores reclama ayudas para el sector.*

agrupamiento. m. Hecho o efecto de agrupar o agruparse. *El agrupamiento de los alumnos en diferentes clases se hará a principio de curso.*

agrupar. tr. Reunir o juntar (personas, animales o cosas) en un grupo. *Agrupa en un montón la ropa para el viaje. El entrenador agrupó a los jugadores para darles instrucciones. La asociación de hostelería agrupa a cien empresas de la región. El perro agrupó a las ovejas desperdigadas.* Tb. en constr. prnl. media. *El público se agrupaba alrededor de los músicos callejeros. En torno a los montones de paja se agrupa el ganado.*

agua. f. **1.** Sustancia líquida que, en estado puro, no tiene olor ni sabor y que es el componente más abundante de la superficie terrestre y el esencial de los seres vivos. *El agua del mar es salada. La molécula de agua está formada por dos átomos de hidrógeno y uno de oxígeno. Un aljibe recoge el agua de lluvia.* Frec. en pl. con significado sing. para designar la de un determinado mar o río. *El barco surca las aguas del Atlántico.* **2.** Seguido de *de* y de un nombre de planta, flor o fruto, se usa para designar productos obtenidos al disolver o mezclar en agua (→ 1) sustancias procedentes de aquellos. *Me gusta perfumarme con agua de rosas o de azahar. No hay nada tan refrescante como el agua de limón.* **3.** Lluvia. *Ha sido un año de poca agua.* **4.** Vertiente o parte inclinada de un tejado. *El Partenón presenta una cubierta a dos aguas. Torreones de tejado piramidal a cuatro aguas.* ○ pl. **5.** Zona marítima próxima a la costa de un lugar. *El bote fue encontrado en aguas* DE *Almería.* **6.** Destellos o dibujos ondulantes que presentan en su superficie algunas cosas, como telas o piedras. *La seda que he comprado es satinada y con aguas. El ágata hace aguas.* **7.** Agua (→ 1) de manantial con propiedades medicinales. *Vichy es famoso por sus aguas.* Frec. en la constr. *tomar las ~s. Vamos a tomar las aguas a un balneario.* Tb. el manantial donde surge. *Visitaremos las aguas de Mondariz.* ● interj. **8.** jerg. Se usa para avisar de la presencia de la policía u otra autoridad. *Al grito de "¡agua!", los vendedores ambulantes salieron huyendo.* ■ **~ corriente.** f. Agua (→ 1) que llega hasta las casas a través de canales y tuberías. *Cuando no había agua corriente, traíamos el agua del pozo.* ■ **~ de colonia,** o **de Colonia.** f. Perfume hecho con agua (→ 1), alcohol y esencias aromáticas. *Después de la ducha, se pone un poco de agua de colonia.* ⇒ COLONIA. ■ **~ de Seltz.** f. Agua (→ 1) con gas, de alto contenido carbónico natural o artificial. *Échale al vermú un chorrito de agua de Seltz del sifón.* ■ **~ dulce.** f. Agua (→ 1) de escasa salinidad, gralm. potable. *La trucha es un pez de agua dulce.* ■ **~ dura.** f. Agua (→ 1) que contiene gran cantidad de sales disueltas. *Cuando se lava con aguas duras, el jabón no forma espuma.* ■ **~ fuerte.** f. **1.** Disolución concentrada de ácido nítrico en agua (→ 1). *El agua fuerte es muy corrosiva.* □ m. **2.** → **aguafuerte.** ■ **~ mineral.** f. Agua (→ 1) de manantial que tiene sustancias minerales disueltas. *Para beber pedimos una botella de agua mineral.* ■ **~ nieve.** → **aguanieve.** ■ **~ oxigenada.** f. Líquido incoloro que se usa para desinfectar o decolorar. *Limpió la herida y se puso agua oxigenada. Se aclara el pelo con agua oxigenada.* ■ **~ pesada.** f. *Fís.* Agua (→ 1) empleada en los reactores nucleares, en la que el hidrógeno normal ha sido reemplazado por uno de sus isótopos. *En fisión nuclear, el agua pesada se utiliza para absorber neutrones.* ■ **~ tónica.** f. Bebida gaseosa de sabor ligeramente amargo y que contiene quinina. *Sírvame un agua tónica con hielo y una rodaja de limón.* ⇒ TÓNICA. ■ **~s jurisdiccionales.** → **aguas territoriales.** ■ **~s mayores.** f. pl. eufem. Excremento. Frec. con *hacer.* ■ **~s menores.** f. pl. eufem. Orina. Frec. con *hacer.* ■ **~s residuales.** f. pl. Agua (→ 1) que arrastra suciedad y residuos después de haber sido utilizada con fines domésticos o industriales. *Las aguas residuales se canalizan hacia una planta de tratamiento.* ■ **~s termales.** f. pl. Agua (→ 1) de manantial que brota a temperatura superior a la ambiental. ■ **~s territoriales,** o **jurisdiccionales.** f. pl. Zona marítima contigua a las costas de un Estado y que está bajo su jurisdicción. *Los contrabandistas actúan en aguas territoriales de España.* □ **bailarle el ~** (a alguien). loc. v. Hacer lo que se cree que puede agradar (a esa persona), frec. de manera interesada. *No me bailes el agua, que no pienso prestarte ni un céntimo.* ■ **como ~ de mayo.** loc. adv. Se usa para enfatizar lo bien recibido que es aquello que se necesita o se desea mucho. Frec. con v. como *esperar* o *venir. Esperan sus becas como agua de mayo. El nuevo fichaje vendrá como agua de mayo al equipo.* ■ **con el ~ al cuello.** loc. adv. En una situación muy difícil o peligrosa. *Estaba con el agua al cuello y tuvo que pedir dinero prestado.* ■ **entre dos ~s.** loc. adv. Bajo el agua (→ 1) pero sin tocar el fondo. *Si el huevo sumergido en salmuera queda en el fondo, es fresco; entre dos aguas, lo es, pero menos.* Tb. fig. *La cotización del euro se movió toda la jornada entre dos aguas.* Frec. en la constr. *nadar entre dos ~s* para expresar actitud ambigua. *Solo unos pocos dicen claramente lo que piensan, los demás nadan entre dos aguas.* ■ **hacer ~** una embarcación. loc. v. Tener una grieta o abertura por la que entra el agua (→ 1). *Las rocas han roto el casco y el barco hace agua.* ■ **hacer ~** algo, espec. un proyecto. loc. v. Empezar a fallar o a fracasar. *Como vio que su Gobierno hacía agua, convocó elecciones anticipadas. El negocio ha hecho agua y habrá que cerrar.* ■ **más claro que el ~.** loc. adj. Muy claro o evidente. Frec. con *estar. Está más claro que el agua que no quiere ayudarte.* ■ **meterse** el día o el tiempo **en ~.** loc. v. Ponerse lluvioso. *Habrá que suspender la excursión porque el día se ha metido en agua.* ■ **quedar**(**se**) algo, espec. un proyecto o una promesa, **en ~ de borrajas.** loc. v. Quedar en nada, o no llegar a realizarse o cumplirse. *El viaje del que tanto hablamos se ha quedado en agua de borrajas.* ■ **romper ~s** una embarazada. loc. v. Sufrir la rotura de la bolsa de líquido que envuelve al feto, lo que indica el inicio del parto. *Debía llegar al hospital deprisa, pues ya había roto aguas.* ■ **ser** algo **~ pasada.** loc. v. Haber perdido interés o importancia por pertenecer ya al pasado. *Ese asunto es agua pasada y no merece la pena discutir sobre él.*

aguacate. m. Fruto comestible en forma de pera, de piel verde oscura y rugosa y pulpa amarillenta e insulsa con un hueso grande en el centro. *Pela unos aguacates para hacer guacamole.* Tb. su árbol (→ **palto**). ▶ **Am:** PALTA.

aguacero. m. Lluvia repentina, intensa y de poca duración. *El aguacero nos pilló en la calle.* ▶ *CHUBASCO.

aguachirle. f. despect. Bebida o alimento líquido de escaso sabor o sustancia. *Esta sopa no es más que aguachirle.*

aguada. f. **1.** *Arte* Técnica pictórica en que se emplean colores muy diluidos, bien en agua sola o con cola u otros ingredientes. *Domina bien la aguada.* Tb. el producto obtenido al diluir esos colores. *Para hacer el retrato utilizó aguada.* **2.** *Arte* Pintura realizada mediante la aguada (→ 1). *En el museo se exponen varias aguadas del artista.* ■ **a la ~.** loc. adj. Dicho de pintura: Realizada mediante la aguada (→ 1). *Un grabado a la aguada.* ▶ GOUACHE.

aguadilla. f. Ahogadilla. *Me hizo una aguadilla en la piscina y tragué mucha agua.*

aguador, ra. m. y f. Persona que tiene por oficio vender o llevar agua. *Los aguadores, cargados con grandes cántaros, hacían cola en la fuente.*

aguafiestas. m. y f. coloq. Persona que, con lo que hace o lo que dice, hace que los demás dejen de divertirse o de estar alegres. *–Yo me voy. –Eres un aguafiestas, ¡con lo bien que lo estamos pasando!*

aguafuerte. (Tb. **agua fuerte**). m. (Tb. f.). **1.** *Arte* Técnica de grabado que consiste en dibujar con agua fuerte (→ **agua**) en una plancha metálica. *En el aguafuerte, la lámina de metal se cubre con un barniz antes de dibujar sobre ella.* **2.** *Arte* Estampa hecha mediante el aguafuerte (→ 1). *Los aguafuertes de Goya.*

aguaitar. (conjug. BAILAR). tr. Am. Observar a escondidas (a alguien o algo). *Subieron a los caballos y se fueron; los aguaitó hasta tanta lejura* [C]. *Lo salían a aguaitar y le robaban la carne* [C]. ▶ ACECHAR.

aguamanil. m. **1.** Palangana o recipiente semejante para lavarse las manos. *Un aguamanil de porcelana con una jarra a juego.* **2.** Palanganero. *Vació la jofaina y volvió a colocarla en el aguamanil de madera.* ▶ **1:** *PALANGANA.

aguamarina. f. *Mineral.* Variedad del berilo, transparente y de color azul, muy apreciada en joyería. *La sortija lleva engastada una aguamarina.*

aguamiel. f. Agua mezclada con miel. *Dejaba fermentar la aguamiel para elaborar un licor.* ▶ HIDROMIEL.

aguanieve. (Tb. **agua nieve**). f. Lluvia fina que cae mezclada con nieve. *La aguanieve azota el rostro de los montañeros. En la sierra habrá precipitaciones en forma de agua nieve.*

aguantar. tr. **1.** Sostener una persona o cosa sobre sí el peso (de otra) para evitar que se caiga *Le pedí que me aguantara las bolsas mientras abría la puerta. Los puntales aguantan la fachada de la casa en ruinas. Aguántala porque se está mareando.* **2.** Experimentar alguien el efecto (de un sufrimiento o una circunstancia desfavorable) sin dejarse vencer (por ellos). *No aguanto más este calor. Ha aguantado todo tipo de humillaciones.* **3.** Resistir la acción (de algo) sin cambiar ni deteriorarse. *Los rosales no aguantarán las heladas. No sé si aguantaré un entrenamiento tan duro.* **4.** Tolerar o llevar con paciencia (algo o a alguien molestos o desagradables). *A esta mujer no hay quien la aguante. Aguantamos mal sus impertinencias. No aguanto que me griten.* **5.** Contener (algo), o impedir que salga o se manifieste. *Aguanta el aliento esperando la respuesta. No pudo aguantar las ganas y se comió otro pastel.* Tb. usado en constr. intr. *Ha pasado tres días sin fumar, pero no sabe si aguantará más.* ▶ **1:** *SOSTENER. **2:** *TOLERAR. **3:** RESISTIR. **4:** *TOLERAR. **5:** *CONTENER.

aguante. m. Capacidad de aguantar. *Tengo poco aguante corriendo. La silla es vieja y no tiene aguante para tanto peso. Para estar con los niños hace falta mucho aguante.*

aguar. (conjug. AVERIGUAR). tr. **1.** Echar agua (a otro líquido), gralm. para rebajar(lo). *Corre el rumor de que en el bar aguan los licores.* **2.** Estropear (algo divertido o alegre). *Las obras nos van a aguar las vacaciones. Llegó de mal humor y nos aguó la cena.*

aguardar. tr. **1.** Esperar en un sitio a que lleguen (alguien o algo) o a que suceda (algo). *Aguárdeme aquí un minuto y la atenderé enseguida. Llevo aguardando el autobús más de media hora. Siempre aguardo el fin de semana con ilusión.* Tb. usado en constr. intr. *Llevo una hora aguardando.* **2.** Creer que sucederá (algo). *Todavía estoy aguardando una disculpa.* **3.** Dar tiempo (a que llegue alguien o a que suceda algo). *Aguarda que haga una llamada y nos vamos. Aguardaba la oportunidad de demostrar su valía.* **4.** Estar algo reservado (para alguien) en el futuro. *La aguarda una larga noche de trabajo. No se imaginan la sorpresa que los aguarda.* ○ intr. **5.** Detenerse en la acción. *Aguarda, que te vas sin las llaves.* ▶ ESPERAR.

aguardentoso, sa. adj. Dicho de voz: Áspera y ronca. *El marinero nos contaba historias con su voz aguardentosa.*

aguardiente. m. Bebida alcohólica obtenida por destilación del vino o de otras sustancias fermentadas. *Tomaremos una copa de aguardiente para entrar en calor. Aguardiente de caña. Aguardiente de hierbas.* ▶ ORUJO.

aguarrás. m. Líquido incoloro de olor penetrante, que se obtiene de la trementina y se emplea como disolvente de pinturas y barnices. *Limpia los pinceles con aguarrás.*

aguatinta. f. **1.** *Arte* Técnica de grabado parecida al aguafuerte, pero en la que la plancha metálica se recubre de resina antes de pintarla y bañarla en la disolución ácida. *Goya empleó la aguatinta en sus "Caprichos".* **2.** *Arte* Estampa hecha mediante la aguatinta (→ 1). *En la exposición se exhiben varias aguatintas.*

agudeza. f. **1.** Cualidad de agudo. *Ha deslumbrado a todos con su agudeza y sus conocimientos. Me admira la agudeza de las sátiras de Quevedo. El águila posee gran agudeza visual.* **2.** Hecho o dicho agudos o ingeniosos. *Anima las reuniones con sus chistes y agudezas.* ▶ INGENIOSIDAD.

agudización. f. Hecho de agudizar o agudizarse. *Cada cierto tiempo sufría una agudización de la enfermedad.*

agudizar. tr. Volver (algo) agudo o más agudo. *El ruido agudiza su dolor de cabeza. El estudio ha agudizado sus capacidades. La falta de medicamentos agudizó la epidemia.* Tb. en constr. prnl. media. *El dolor se ha agudizado y habrá que llevarla al hospital.*

agudo, da. adj. **1.** Dicho de cosa: Que tiene el extremo más estrecho que el resto. *Como armas usaban flechas y lanzas muy agudas. El lápiz tiene la punta muy aguda.* **2.** Dicho de sonido: Que tiene una frecuencia de vibración grande. *El sonido del silbato es tan agudo que hace daño en los oídos. La voz de soprano es más aguda que la de contralto.* Tb. m. *Con este botón se regulan los agudos.* **3.** Dicho espec. de dolor: Fuerte o intenso. *Tiene un dolor de tripa tan agudo que no lo puede soportar.* **4.** Dicho de enfermedad: Grave y de corta duración. *Padece apendicitis aguda. La infección puede ser aguda o crónica.* **5.** Dicho espec. de vista o de oído: Que percibe las cosas con exactitud o precisión. *La vista del águila es muy aguda. Tienes un oído muy agudo.* **6.** Dicho espec. de persona o de mente: Que comprende con exactitud o precisión. *Es una persona muy aguda y lo entiende todo enseguida. Se necesita una mente aguda para comprender esas sutilezas.* **7.** Dicho de persona o de sus ideas o palabras: Ingeniosas. *Es un humorista muy agudo. Inventa chistes muy agudos y graciosos.* **8.** *Fon.* Dicho de palabra: Que lleva el acento de intensidad en la última sílaba. *Las palabras "pincel" y "lección"son agudas.* ▶ **2:** ALTO. **6:** *INTELIGENTE. **7:** INGENIOSO. **8:** OXÍTONO.

agüero. m. **1.** Pronóstico favorable o adverso basado en la interpretación supersticiosa de ciertas señales, como el vuelo de las aves o los fenómenos meteorológicos. *El cura aconsejaba desatender los agüeros engañosos de las brujas.* **2.** Señal o indicio de algo futuro. *El marinero vio en aquella nube de gaviotas un mal agüero.* ■ **de buen** (o **mal**) ~. loc. adj. Que es señal de buena (o mala) suerte, o las causa. *Se negaba a decir "culebra" y otras palabras de mal agüero.* ▶ **1:** *PREDICCIÓN. **2:** *PRESAGIO.

aguerrido, da. adj. **1.** Valiente o valeroso. *El cuerpo de bomberos está compuesto por hombres aguerridos que no temen a nada.* **2.** Que tiene experiencia en la guerra. *Cuenta con un ejército aguerrido.*

aguijada. f. Vara larga con punta de hierro para aguijar a los bueyes y demás ganado vacuno. *El pastor camina detrás de las vacas con la aguijada al hombro.*

aguijar. tr. **1.** Estimular o incitar (a un animal) pinchándo(lo) con la aguijada u otra cosa para que ande más deprisa. *Aguijó al caballo y se alejó al galope.* **2.** Estimular o animar (a alguien). *Está muy callado; habrá que aguijarlo un poco para que hable.* ▶ **2:** AGUIJONEAR.

aguijón. m. **1.** Órgano punzante, gralm. con veneno, de los escorpiones y de algunos insectos. *Cuando la abeja clava su aguijón, este se desprende y la abeja muere.* **2.** Estímulo o acicate. *Los emigrantes eran gente humilde que sintió el aguijón de la necesidad.* ▶ **2:** *ESTÍMULO.

aguijonazo. m. **1.** Pinchazo del aguijón de un animal. *La avispa volaba a mi alrededor y de pronto sentí su aguijonazo.* **2.** Comentario hiriente, gralm. en tono de reproche. *Los rivales se muestran conciliadores ante la prensa, aunque no ha faltado algún aguijonazo.*

aguijonear. tr. **1.** Picar un animal (a alguien) con su aguijón. *Un tábano aguijoneó a la vaca, que salió corriendo asustada.* **2.** Estimular o animar (a alguien). *Me aguijoneaba para que retomara los estudios.* ▶ **2:** AGUIJAR.

águila. f. **1.** Ave rapaz diurna de tamaño grande, pico curvado en la punta, garras muy desarrolladas y vuelo rápido, de la cual existen varias especies, por ej.: ~ *calzada,* ~ *culebrera,* ~ *imperial,* ~ *pescadora,* ~ *real. El águila macho. El águila es una especie protegida.* **2.** Persona muy lista y perspicaz. *Consúltale a ella, que es un águila para las inversiones. No hay que ser un águila para darse cuenta de su cara dura.*

aguileño, ña. adj. **1.** Dicho de nariz: Afilada y algo ganchuda. *Julio César tenía nariz aguileña.* **2.** Dicho de rostro: Largo y delgado. *Es una muchacha esbelta y alta, de rostro aguileño.* Dicho tb. de la persona que lo tiene. *Su amigo era un tipo flaco y aguileño.*

aguilucho. m. **1.** Ave rapaz de menor tamaño que un águila, con plumaje pardo o grisáceo y alas y cola alargadas. *El aguilucho hembra. Los aguiluchos se alimentan de pájaros y pequeños mamíferos.* **2.** Pollo del águila. *En el nido, dos aguiluchos esperan a que el águila les traiga el alimento.*

aguinaldo. m. Regalo, gralm. consistente en dinero, que se da en las fiestas de Navidad. *Los barrenderos felicitaban las fiestas a los vecinos, que les daban un pequeño aguinaldo. Un grupo de niños canta villancicos y pide el aguinaldo a los viandantes.*

agüita. f. Am. Infusión de hierbas u hojas medicinales. *Me muero por el dolor; he tomado agüitas de hierbas y nada me resulta* [C]. *El agüita de canela sienta bien para el dolor de estómago* [C].

aguja. f. **1.** Barrita metálica muy fina, puntiaguda en un extremo y con un agujero para pasar el hilo en el otro, que sirve para coser o bordar. *Enhebra una aguja con hilo para coser el botón. El médico le cose la herida con una aguja muy fina.* **2.** Varilla larga y delgada, puntiaguda en un extremo y con un remate en el otro, que sirve para hacer labores de punto. *Sujeta una aguja en cada mano mientras teje el jersey.* **3.** Tubito metálico muy fino, puntiagudo por uno de sus extremos, que se acopla en una jeringuilla para inyectar sustancias en el organismo. *La enfermera saca una aguja estéril del envoltorio y la pone en el extremo de la jeringuilla.* **4.** En algunos instrumentos: Pieza alargada y gralm. puntiaguda, cuya función es señalar hacia un punto o una marca determinados. *Las agujas del reloj marcan las nueve en punto. La aguja de la brújula apunta al Norte. Puso las manzanas en la báscula y la aguja marcó un kilo.* **5.** En un tocadiscos: Pieza terminada en punta, que recorre los surcos del disco para reproducir los sonidos grabados en él. *Posó la aguja sobre la primera canción del disco.* **6.** Pastel de hojaldre, alargado y relleno de carne o de pescado. *Para merendar, podéis tomar agujas de bonito o de ternera.* **7.** Parte de la carne de una res que corresponde a las agujas (→ 12). *Compra un kilo de* *aguja de ternera para guisar. Un filete de aguja.* **8.** Raíl móvil que sirve para que los trenes o los tranvías cambien de vía. *Antes los cambios de aguja se hacían manualmente con una palanca.* **9.** En una torre: Chapitel largo y estrecho. *El punto más alto del pueblo es la aguja de la torre de la iglesia.* **10.** Hoja en forma de aguja (→ 1) que tienen los pinos y otras coníferas. *El jardinero recoge con el rastrillo las agujas de los pinos.* **11.** Ligero picor y acidez que tienen algunos vinos. *Este blanco tiene un poquitín de aguja.* Frec. en la constr. *de ~. Vino de aguja.* ○ pl. **12.** En una res: Costillas del cuarto delantero. *La carne de las agujas es más tierna que la de tapa.* ■ **~ de marear.** f. *Mar.* Brújula. *El capitán me pidió que estuviese atento a la aguja de marear para no perder el rumbo.* □ **buscar una ~ en un pajar.** loc. v. Empeñarse en encontrar algo muy difícil o imposible. *Quiso enseñarme una foto, pero, en aquel desorden, era buscar una aguja en un pajar.* ▶ **4:** MANECILLA, MANILLA, SAETA.

agujerear. tr. Hacer uno o más agujeros (a alguien o algo). *Una colilla ha agujereado la alfombra. Lanzó una moneda al aire y la agujereó con su revólver.* Tb. en constr. prnl. media. *Con el uso se han agujereado las suelas de los zapatos.* ▶ HORADAR, PERFORAR, TALADRAR.

agujero. m. **1.** Abertura, más o menos redondeada, que traspasa una cosa o que penetra en ella sin traspasarla. *Los espiaban por un agujero que había en la puerta. Haz un agujero en la tierra y planta las semillas.* **2.** Falta o pérdida injustificadas de dinero en la administración de una entidad. *Se han marchado, dejando en la empresa un agujero de millones.* ■ **~ de ozono.** m. *Fís.* Región de la atmósfera, situada sobre la Antártida, que presenta una notable disminución de la concentración de ozono. *El agujero de ozono podría producir un calentamiento del planeta.* ■ **~ negro.** m. **1.** *Fís.* Zona invisible del espacio cósmico cuyo campo gravitatorio es tan fuerte que no deja escapar nada de la materia o energía que absorbe. *La masa del agujero negro detectado es trescientas veces mayor que la del Sol.* **2.** Grave pérdida económica que se produce en una entidad o institución y que se mantiene oculta. *El nuevo Gobierno habla de un agujero negro en las finanzas del Estado.* ▶ **1:** *ABERTURA.

agujetas. f. pl. Dolores musculares que se sienten tras un esfuerzo intenso y no habitual. *Me he levantado con agujetas después del entrenamiento de ayer.*

agur. interj. Adiós. Se usa como despedida. *–Hasta mañana, chicos. –¡Agur!*

agusanarse. intr. prnl. Criar gusanos una cosa. *Las manzanas que cayeron del árbol se han agusanado.*

agustiniano, na. adj. **1.** De San Agustín (filósofo y teólogo cristiano, 354-430). *Doctrina agustiniana.* **2.** Agustino. *Frailes agustinianos.* Dicho de pers., tb. m. y f. *Una congregación de agustinianos.*

agustino, na. adj. De la orden de San Agustín. *Fraile agustino.* Dicho de pers., tb. m. y f. *Convento de agustinos.* ▶ AGUSTINIANO.

aguzado, da. part. **1.** → **aguzar.** ● adj. **2.** Que tiene forma aguda. *El lobo enseña sus aguzados colmillos.*

aguzanieves. f. Lavandera blanca. *A la orilla del pantano, las aguzanieves emiten su pitido característico.*

aguzar. tr. **1.** Hacer o sacar punta (a algo). *El animal aguza su cuerno contra las rocas.* **2.** Hacer que (un sentido, el ingenio o el entendimiento) tengan mayor capacidad de percepción o de penetración. *Aguza la vista para ver quién llega. El hambre y la necesidad aguzan el ingenio.*

ah. interj. **1.** Se usa para expresar ciertos sentimientos, como sorpresa o admiración. *¿Que se casan? ¡Ah!, pues no lo sabía. ¡Ah, qué bonito está el campo!* **2.** cult. Seguida de la preposición *de* y un nombre de lugar, se usa para llamar a las personas que están en su interior. *El alguacil aporreó la puerta mientras gritaba: –¡Ah de la casa!* **3.** Am. Se usa para interrogar. *–¡Tú! ¿Eres sordo? –¿Ah? –¿Que si eres sordo?* [C].

aherrojar. tr. **1.** cult. Aprisionar (a alguien) con grilletes, cadenas u otros instrumentos de hierro. *A los ladrones los aherrojaban y los mandaban a galeras.* **2.** cult. Oprimir o someter (a alguien). *El marxismo pretendía devolver al obrero los medios de producción que lo aherrojaban.* Tb. fig. *La libertad estaba aherrojada por la violencia.*

ahí. adv. **1.** En ese lugar. *Está ahí al lado, a la vuelta de la esquina. Lo tienes ahí, delante de ti. Ahí cerca de donde vives tienes un ambulatorio.* A veces precedido de prep. *No te muevas de ahí.* **2.** A ese lugar. *Llévalo ahí adentro. Ahí era adonde nos dirigíamos.* A veces precedido de prep. *¿Te llega hasta ahí el humo del cigarro?* **3.** En ese punto o asunto. *Ahí está el quid de la cuestión. Ahí no estamos de acuerdo.* A veces precedido de prep. *Por ahí no tendrás ningún problema.* ■ **por ~.** loc. adv. **1.** Por un lugar no lejano o indeterminado. *¿Tienes por ahí una llave inglesa? Me voy por ahí a dar una vuelta. –¿Está tu padre? –Sí, por ahí anda.* **2.** Se usa en oraciones con el verbo en 3ª persona del plural para subrayar el carácter indeterminado de un sujeto que no se expresa. Frec. con *decir. Dicen por ahí que van a despedir a mucha gente. ¿Sabes lo que andan contando por ahí de tu repentina dimisión?* **3.** Poco más o menos, o aproximadamente. *Costará seis euros o por ahí. –Tendrá unos treinta años. –Por ahí, por ahí.*

ahijado, da. m. y f. Persona respecto de su padrino o de su madrina. *Es el mejor amigo de mi padre y yo soy su ahijado.*

ahínco. m. Gran empeño o perseverancia en la realización de algo. *Estudiaba con ahínco para entrar en la universidad.* ▶ EMPEÑO.

ahíto, ta. adj. Harto o saciado, espec. de comida. *Había comido demasiado y se encontraba ahíta. Los niños, ahítos* DE *golosinas, empezaron a quejarse de la tripa.* Tb. fig. *Los telespectadores están ahítos* DE *publicidad.*

ahogadilla. f. Broma consistente en sumergir a alguien la cabeza en el agua durante unos instantes. *Los niños se hacen ahogadillas en la piscina.* ▶ AGUADILLA.

ahogado[1]. m. Am. Salsa que se prepara con diversos ingredientes. *Hacer un ahogado de tomate, cebolla, cimarrón, sal y pimienta* [C].

ahogado[2], da. part. **1.** → **ahogar.** **2.** Que ha muerto ahogado (→ 1), espec. en el agua. Tb. m. y f. *Los buzos lograron rescatar los cuerpos de los ahogados.* ● adj. **3.** Dicho de respiración o sonido: Que se emite o se escucha con dificultad. *El herido gemía con voz ahogada.* **4.** Dicho de lugar: Estrecho y sin ventilación. *Tu piso lo veo un poco ahogado, ¿no podrías quitar algún mueble?*

ahogamiento. m. Hecho de ahogar o ahogarse por falta de aire para respirar. *Murió por ahogamiento al precipitarse a una laguna.*

ahogar. tr. **1.** Matar (a alguien) impidiéndo(le) respirar. *Lo ahogaron con una almohada mientras dormía.* Tb. en constr. prnl. media. *Cayó al río y se ahogó.* **2.** Causar ahogo o sensación de falta de aire (a alguien). *La corbata me ahoga un poco.* Tb. en constr. prnl. media. *Nos ahogamos* DE *calor.* **3.** Causar angustia o inquietud (a alguien). *La rutina y el tedio nos ahogaban.* Frec. en la constr. *estar* o *verse ahogado. Se ven ahogados* POR *las deudas.* Tb. en constr. prnl. media. *Yo en un trabajo así me ahogaría.* **4.** Perjudicar el desarrollo (de una planta) algo, espec. el exceso de agua o la sobreabundancia de otras plantas. *El riego excesivo puede ahogar sus plantas.* **5.** Hacer que (algo) cese o se extinga. *El ejército ahogó la revuelta.* **6.** Hacer que (un sonido) se oiga poco o deje de oírse. *El estruendo de la radio ahoga el trino de los pájaros.* **7.** Inundar con exceso de combustible el carburador (de un motor). *Si tratas de arrancar tantas veces seguidas, ahogarás el motor.* Tb. en constr. prnl. media. *Trate de arrancar sin que se le ahogue el motor.* **8.** En ajedrez: Hacer que (el rey contrario) no pueda moverse sin quedar en jaque. *El ataque del caballo había dejado a su rey ahogado.* ▶ **3:** *AGOBIAR.

ahogo. m. **1.** Dificultad para respirar. *El asma le producía ahogos.* **2.** Aprieto o congoja. *Solo quería ganar un sueldo normal y vivir sin ahogos.*

ahondamiento. m. Hecho de ahondar o ahondarse. *La reforma fiscal provocó un ahondamiento de la diferencias sociales.* ▶ PROFUNDIZACIÓN.

ahondar. tr. **1.** Hacer (algo) hondo o más hondo. *El perro ahondaba el hoyo con sus patas. La segunda cuchillada ahondó la herida.* Tb. fig. *El cruel bombardeo ahondará el sentimiento de revancha entre la población.* Tb. en constr. prnl. media. *Tras las lluvias, el socavón se fue ahondando.* ○ intr. **2.** Penetrar profundamente en algo. *Buscaba el marisco ahondando con la cuchara* EN *la paella.* Tb. prnl. *Las raíces del árbol se ahondan* EN *la tierra.* **3.** Investigar o estudiar algo en profundidad. *Ahondaremos* EN *este asunto en el siguiente capítulo.* ▶ **2, 3:** PROFUNDIZAR.

ahora. adv. **1.** En, o a, este momento, o en el, o al, tiempo en que está o vive el que habla. *Ahora es cuando más te necesita. Ahora no puedo atenderle. Ahora que empezaba a animarse la reunión, tengo que irme. Las costumbres han cambiado mucho de entonces ahora. Ahora está trabajando en una imprenta. Ahora mismo no sé qué responderte.* A veces precedido de prep. *Tenéis de tiempo desde ahora hasta las seis. De ahora en adelante ve más despacio. No me había dado cuenta hasta ahora.* **2.** Recientemente, o en un momento del pasado muy próximo a aquel en que se encuentra la persona que habla. *¿Lo has oído ahora?, ha sonado muy cerca. Ahora lo he visto pasar por aquí delante. Acaba de marcharse ahora mismo.* **3.** Inmediatamente, o en un momento del futuro muy próximo a aquel en que se encuentra la persona que habla. *Salimos ahora, en cuanto metamos las maletas en el coche. Dice que ahora baja, que tiene que cambiarse. Ahora cuando llegue, se lo preguntas a él. Ahora mismo voy.* **4.** cult. Repetido ante dos oraciones, introduce otras tantas posibilidades contrapuestas. *No sabemos a qué atenernos: ahora quiere estudiar, ahora dedicarse a la canción.* ■ **~ bien.** loc. adv. Una vez sentado o establecido lo que acaba de decirse. *Voy esta tarde al cine; ahora bien, no sé si sola o acompañada.* Tb. *ahora,* frec. seguido de una oración introducida por *que. Es un piso grande y con mucha luz; ahora, que no tiene ascensor.* ■ **hasta ~.** expr. Se usa para despedirse de alguien a quien se espera volver a ver dentro de poco. *Vuelvo dentro de diez minutos, hasta ahora.* ■ **por ~.** loc. adv. De momento. *Por ahora es mejor no decírselo.*

ahorcado, da. part. **1.** → **ahorcar. 2.** Que ha muerto ahorcado (→ 1). Tb. m. y f. *El ahorcado había utilizado el cable de la lámpara para quitarse la vida.*

ahorcamiento. m. Hecho de ahorcar o ahorcarse. *Todavía muere gente por ahorcamiento en países donde está vigente la pena de muerte.*

ahorcar. tr. Matar (a alguien) colgándo(lo) del cuello con una cuerda o algo similar. *Era costumbre ahorcar a los ladrones de caballos. El recluso se ahorcó en su celda con jirones de sábana.*

ahormar. tr. Ajustar (algo) a su horma o molde. *Un zapatero artesano fabrica y ahorma el calzado a medida.* Tb. fig. *Lope crea una comedia de enredo de alta calidad y convenientemente ahormada al gusto de la época.*

ahorquillado, da. part. **1.** → **ahorquillar.** ● adj. **2.** Que tiene forma de horquilla. *En la golondrina es característica su cola ahorquillada.*

ahorquillar. tr. Dar forma de horquilla (a algo). *Ahorquille el cable, separándolo en dos cabos.* Tb. en constr. prnl. media. *Las ramas de esta planta crecen ahorquillándose.*

ahorrador, ra. adj. Que ahorra. *Como es muy ahorrador, siempre busca el mejor precio.* Dicho de pers., tb. m. y f. *Multitud de ahorradores decidieron arriesgar su dinero invirtiendo en bolsa.*

ahorrar. tr. **1.** Guardar (dinero) para un uso futuro. *Es imposible ahorrar dinero con este sueldo.* Tb. usado en constr. intr. *Debemos ahorrar para el día de mañana.* **2.** Gastar (algo) en menor cantidad de la habitual, frec. para reservar(lo). *Este motor ahorra combustible.* **3.** Evitar el gasto o consumo (de algo). *Yendo en avión nos ahorramos varios días de viaje.* Tb. fig. *La crítica no ahorró elogios a la obra.* **4.** Evitar o excusar (algo, espec. molesto o problemático). *Unas sencillas medidas de seguridad ahorrarán riesgos innecesarios.* ▶ **1, 2:** ECONOMIZAR.

ahorrativo, va. adj. **1.** Del ahorro. *Quieren fomentar el espíritu ahorrativo entre los ciudadanos.* **2.** Dicho de persona: Que ahorra. *Tenemos que ser más ahorrativos con el agua.*

ahorrista. m. y f. Am. Persona que tiene una cuenta de ahorros en un banco u otro establecimiento de crédito. *Miles de ahorristas perdieron sus ahorros por culpa y negligencia del Banco Central* [C].

ahorro. m. **1.** Hecho de ahorrar. *Es necesario el ahorro de energía.* ○ pl. **2.** Dinero ahorrado o guardado para un uso futuro. *Perdió en el casino los ahorros de toda una vida.*

ahuecar. tr. **1.** Hacer que (algo) quede hueco o vacío. *Ahueque las patatas y rellénelas con carne picada.* **2.** Dar (a algo) forma cóncava. *El hombre le ofreció fuego ahuecando las manos en torno a la cerilla.* **3.** Poner hueco o hacer menos compacto (algo). *Se ahuecó el pelo con la mano.* Tb. en constr. prnl. media. *Sacó los ovillos de lana de su caja y poco a poco se fueron ahuecando.* **4.** Dar un tono retumbante y profundo (a la voz). *Cuando hacía el personaje del lobo, ahuecaba la voz.* ○ intr. **5.** coloq. Irse o marcharse. *Chaval, ahueca, que aquí estaba sentado yo.*

ahuevado, da. part. **1.** → **ahuevar.** ● adj. **2.** Que tiene forma de huevo. *Tenía un rostro muy peculiar, de ojos ahuevados y labios prominentes.*

ahumado[1]**.** m. Hecho o efecto de ahumar. *Nos explicó el proceso de ahumado del salmón.*

ahumado[2]**, da.** part. **1.** → **ahumar.** ● adj. **2.** Dicho de alimento: Que ha sido ahumado (→ 1). *Salmón ahumado. Jamón ahumado.* Tb. m. *Para picar pidieron una tabla de quesos y otra de ahumados.* **3.** Dicho de un cuerpo transparente: Que, sin haber estado expuesto al humo, tiene color oscuro. *Usa gafas de cristal ahumado.*

ahumar. (conjug. AUNAR). tr. **1.** Someter (un alimento) a la acción del humo para conservar(lo) o dar(le) sabor. *Ahúman los chorizos colgándolos del techo de la cocina.* Tb. en constr. prnl. media. *Se cuelgan las morcillas en la cocina para que se ahúmen.* **2.** Ennegrecer (algo) con humo. *La gente ahumaba cristales para poder ver el eclipse de Sol.* Tb. en constr. prnl. media. *Tengo estas ollas desde hace años y no se me han ahumado nada.* **3.** Llenar de humo (algo, espec. un lugar, o a alguien). *Abre el tiro de la chimenea, que nos ahúmas.* Tb. en constr. prnl. media. *Cada vez que asamos sardinas se nos ahúma toda la casa.*

ahuyentar. tr. **1.** Hacer huir (a una persona o animal). *La vaca ahuyenta las moscas con el rabo.* **2.** Desechar o apartar (algo inmaterial que estorba o desagrada). *Hablaba para ahuyentar el miedo.* ▶ ESPANTAR.

aikido. m. Arte marcial de origen japonés, semejante al yudo y en el que se aprovecha la energía del atacante para vencerlo. *El aikido es una modalidad de defensa personal.*

aimara. adj. **1.** De un pueblo indígena que habita en la región del lago Titicaca, entre Perú y Bolivia. *Territorio aimara.* Dicho de pers., tb. m. y f. *Muchos aimaras siguen viviendo de la agricultura y el pastoreo.* **2.** Del aimara (→ 3). *Vocablo aimara.* ● m. **3.** Lengua hablada por los aimaras (→ 1). *La palabra "alpaca", referida al animal, proviene del aimara.*

airado, da. part. **1.** → **airarse.** ● adj. **2.** Dicho de cosa: Que expresa o denota ira. *El juez pidió silencio en tono airado.*

airarse. (conjug. AISLAR). intr. prnl. Llenarse de ira una persona. Frec. en part. *Se levantó airado para responderle.* ▶ *ENFURECERSE.

airbag. (pl. **airbags**). m. Dispositivo de seguridad de un automóvil, consistente en una bolsa que, en caso de colisión violenta, se infla automáticamente para proteger a sus ocupantes. *Todos los nuevos modelos llevan airbag de serie.*

aire. m. **1.** Mezcla gaseosa, constituida pralm. por oxígeno y nitrógeno, que forma la atmósfera terrestre y es imprescindible para respirar. *El aire en aquella discoteca estaba muy viciado. Tome aire y expúlselo poco a poco.* **2.** Viento, o movimiento del aire (→ 1). *Estos ventiladores dan poco aire.* Tb. fig., gralm. en pl. *Soplan aires* DE *cambio en el país.* **3.** Apariencia o aspecto. *Me impresionó su aire* DE *tristeza. Esta operación tiene todo el aire* DE *ser un fraude.* Frec. en pl. con significado sing. *Darío tenía aires* DE *bohemio.* **4.** Parecido o semejanza, espec. entre personas. *Se puede ver en todos ellos cierto aire* DE *familia.* Frec. en la constr. *darse,* o *tener, un* ~ a alguien. *Se da un aire a su padre* EN *los gestos.* **5.** Gracia o garbo. *¡Con qué aire le da la vuelta a las tortillas!* **6.** (En mayúsc.; frec. con art.). Fuerzas aéreas de un ejército. *Se enroló en el Aire. Habrá una exhibición aérea en el Cuartel General del Aire.* **7.** coloq. Ataque de parálisis. Frec. con *dar. De pequeño le dio un aire y se quedó con ese rictus en la boca.* Tb. fig. *¿Y a ti te ha dado un aire o qué? ¡Vamos, espabila!* **8.** Canción o melodía. *La muñeira es un aire gallego. En su música se mezclan aires populares argelinos con rumba gitana.* ○ pl. **9.** Alardes o pretensiones arrogantes. *Se dirigía a todo el mundo con aires* DE *suficiencia.* Frec. con *darse. Se da aires* DE *gran señora.* ● interj. **10.** coloq. Se usa para pedir u ordenar a alguien que se marche. *Venga, niños, si no vais a comprar nada, ¡aire!* ■ **~ acondicionado.** m. Aire (→ 1) de un local o espacio cerrado, sometido artificialmente a determinadas condiciones de temperatura y humedad. *El aire acondicionado puede provocar molestias físicas.* Tb. la máquina o el aparato que lo produce. *¿Funciona ya el aire acondicionado?* ■ **~ comprimido.** m. Aire (→ 1) que está sometido a mayor presión de la normal en un volumen reducido y que al expansionarse libera energía. *La policía encontró varias pistolas de aire comprimido.* □ **al ~.** loc. adv. **1.** Sin cubrir. *Es mejor dejar la herida al aire.* Tb. loc. adj. *Llevaba un vestido con la espalda al aire.* **2.** Hacia arriba y sin intención de dar. Gralm. con v. como *disparar* o *tirar. Durante la manifestación la policía disparó al aire.* Tb. loc. adj. *Hubo disparos al aire.* **3.** En la operación de montar o engastar piedras preciosas: Sujetándolas únicamente por sus bordes, de modo que queden visibles por encima y por debajo. *La esmeralda va montada al aire.* ■ **al ~ libre.** loc. adv. En un espacio abierto. *En cuanto mejore el tiempo, saldremos a pasar un fin de semana al aire libre.* Tb. loc. adj. *La residencia organiza muchas actividades al aire libre.* ■ **alimentarse del ~.** loc. v. coloq. Comer muy poco. *Esta niña se alimenta del aire.* ■ **a su ~.** loc. adv. coloq. Con arreglo al propio estilo y sin depender de nada ni de nadie. *Le gusta vivir a su aire.* ■ **cambiar de ~s.** loc. v. Cambiar de lugar de residencia. *El médico le recomendó que cambiara de aires y se fuera al mar.* ■ **coger el ~** (a algo). loc. v. coloq. Adaptarse (a ello) o aprender a hacer(lo). *Ya le voy cogiendo el aire a esto de cambiar de marchas.* ■ **coger el ~** (a alguien). loc. v. coloq. Adaptarse (a él) o tratar(lo) adecuadamente. *El portero parece antipático, pero solo hasta que le coges el aire.* ■ **dar ~** (al dinero o a los bienes). loc. v. coloq. Gastar(los) pronto. *Verás qué pronto le da aire a la herencia.* ■ **de un ~.** loc. adj. coloq. Pasmado o atónito. Frec. con *dejar* o *quedar. Se quedó de un aire cuando lo vio aparecer.* ■ **en el ~.** loc. adv. **1.** En el ambiente o en el entorno. *La tensión se siente en el aire.* **2.** En situación insegura o sin resolver. *Su nombramiento está en el aire.* ■ **llevarse el ~** (algo). loc. v. Desaparecer o caer en el olvido esa cosa. *Sus palabras y sus promesas se las llevó el aire.* ■ **llevarle el ~** (a alguien). loc. v. coloq. Acomodarse al carácter (de esa persona). *Sabe llevarle el aire al jefe.* ■ **saltar** alguien o algo **por los ~s.** loc. v. Hacerse pedazos como consecuencia de una explosión. *Hubo una fuga de gas y la casa saltó por los aires.* Tb. fig. *Sus convicciones saltaron por los aires.* ■ **tomar el ~.** loc. v. Pasearse o salir a algún sitio descubierto donde corra el aire (→ 1). *Voy al parque a tomar un poco el aire.* ■ **vivir del ~.** loc. v. coloq. Vivir sin recursos o sin alimentarse. *No puedo quedarme sin empleo y vivir del aire. Tú debes de vivir del aire, con lo delgaducho que estás.* ▶ **9:** ÍNFULAS.

aireación. f. Hecho de airear o airearse. *El viñedo habrá de tener un suelo poco compacto que facilite la aireación de las raíces. Vigile periódicamente las rejillas de aireación. La aireación de esos temas preocupa a las autoridades.*

aireamiento. m. Hecho de airear o airearse. *Años más tarde se produjo el aireamiento por parte de la prensa de los abusos cometidos.*

airear. tr. **1.** Ventilar (algo), exponiéndo(lo) al aire o haciendo que el aire penetre (en ello). *Cada cierto tiempo conviene airear bien los colchones.* Tb. en constr. prnl. media. *Abre las ventanillas para que se airee el coche.* **2.** Hacer público (algo), o dar(le) publicidad. *La prensa del corazón aireó su romance con la modelo.* ○ intr. prnl. **3.** Tomar el aire para refrescarse o respirar mejor. *Aquí hay mucho humo; voy fuera a airearme un poco.*

airón. m. Adorno de plumas en un casco, sombrero u objeto similar. *Desfilaron los soldados de la guardia real con los airones de sus cascos ondeando al viento.*

airoso, sa. adj. **1.** Que tiene aire o garbo. *El diestro dio unos airosos muletazos.* **2.** Que lleva a cabo una empresa con éxito o lucimiento. *Todos han salido airosos del examen.*

aislable. adj. Que se puede aislar. *La mesa de mezclas permite que el sonido de cada instrumento sea aislable* DEL *resto.*

aislacionismo. m. *Polít.* Política de aislamiento o no intervención en asuntos internacionales. *El país vivió muchos años de aislacionismo.*

aislacionista. adj. **1.** *Polít.* Del aislacionismo. *Medidas aislacionistas.* **2.** *Polít.* Partidario del aislacionismo. *Gobierno aislacionista.* Dicho de pers., tb. m. y f. *Los aislacionistas sumieron al país en el atraso.*

aislado, da. part. **1.** → **aislar.** ● adj. **2.** Dicho persona o cosa: Que está sola, sin formar conjunto con otras. *Los ermitaños viven aislados.* **3.** Que ocurre o aparece ocasionalmente y sin continuidad. *Se ha dado algún caso aislado de tuberculosis. Se producirán chubascos aislados.*

aislamiento. m. **1.** Hecho de aislar o aislarse. *La empresa realiza aislamientos de cubiertas y fachadas.* **2.** Cosa o sistema que aísla, espec. de la acción de un agente físico. *El local deberá tener instalado el aislamiento acústico reglamentario.*

aislante. adj. Que aísla, espec. de la acción de un agente físico. *Conviene colocar bajo el saco de dormir una colchoneta aislante.* Dicho de material o cuerpo, tb. m. *El cobre es un conductor eléctrico, y la madera, un aislante.*

aislar. (conjug. AISLAR). tr. **1.** Dejar (algo o a alguien) separados físicamente de otros. *Han aislado a los presos más peligrosos. Pretendía aislar la caballería* DEL *grueso del ejército.* **2.** Apartar (a alguien) de la comunicación con los demás o de la realidad externa. *La heroína aísla al toxicómano, destruyendo sus relaciones personales. Hay que intentar que el paciente con depresión no se aísle.* **3.** Impedir que el calor, la humedad u otro agente físico penetren (en alguien o algo). *Un grueso cable de goma aísla los hilos conductores.* Tb. usado en constr. intr. *El muro consta de una cámara interna que aísla* DE *las humedades.* **4.** *Quím.* Separar (un elemento o un cuerpo) de la combinación o del medio en que se halla, gralm. para su identificación o análisis. *Han aislado el virus del sida.*

aizcolari. m. Hombre que practica el deporte vasco de cortar con hacha troncos de árbol. *Las fiestas patronales incluirán competición de aizcolaris y de levantamiento de piedras.*

ajá. interj. Se usa para expresar satisfacción, aprobación o sorpresa. *Veamos qué hay en la cajita... ¡Ajá, un anillo!*

ajajá. interj. Se usa para expresar satisfacción, espec. al descubrir algo. *¡Ajajá!, conque esas tenemos, ¿eh?*

ajar. tr. **1.** Hacer que (alguien o algo) pierdan su vigor natural y su buen aspecto. *Aquel frío ajaba las plantas.* Tb. en constr. prnl. media. *Se le ha ajado la piel.* **2.** Deslucir o deteriorar (algo), espec. con el uso o el tiempo. *Temía que, de tanto tocarlo, le ajaran el vestido.* Tb. en constr. prnl. media. *La tapicería del sofá se irá ajando y le irán saliendo brillos.*

ajardinamiento. m. Hecho de ajardinar. *Hay un proyecto de ajardinamiento del paseo.*

ajardinar. tr. **1.** Convertir en jardín (un lugar). *El Ayuntamiento tiene previsto ajardinar el descampado.* **2.** Dotar de jardín o jardines (un lugar). *Venden una casa ajardinada junto al mar.*

ajedrecista. m. y f. Jugador de ajedrez. *Unos ajedrecistas aficionados se enfrentarán simultáneamente al campeón del mundo.*

ajedrecístico, ca. adj. Del ajedrez. *Ha ganado varios torneos del circuito ajedrecístico profesional.*

ajedrez. m. **1.** Juego que se practica sobre un tablero de cuadros alternativamente blancos y negros, entre dos jugadores con dieciséis piezas cada uno, de las cuales la más importante es el rey. *Con un jaque mate se acaba la partida de ajedrez.* **2.** Conjunto del tablero y las piezas con que se juega al ajedrez (→ 1). *Sacó el ajedrez y empezaron a jugar.*

ajedrezado[1]. m. Conjunto de cuadros de colores alternados, como los de un tablero de ajedrez. *El sol se filtra por la celosía, formando sobre la mesa un ajedrezado casi perfecto.* Se usa espec. en arquitectura. *Algunas casas muestran en sus fachadas el ajedrezado típico de la zona.*

ajedrezado[2], da. adj. Que presenta cuadros de colores alternados, como los de un tablero de ajedrez. *La corona real descansa sobre un cojín de seda ajedrezado.*

ajenjo. m. **1.** Planta medicinal y aromática, de sabor amargo, empleada para elaborar un licor. *Añade nuez moscada y una ramita de ajenjo.* **2.** Licor elaborado con ajenjo (→ 1) y otras hierbas aromáticas. *Sentados en la terraza de un café, tomaban ajenjo y pastas.* ► **2:** ABSENTA.

ajeno, na. adj. **1.** Que es de otra persona. *No le gusta inmiscuirse en vidas ajenas.* **2.** Que carece de relación o correspondencia con alguien o algo. *Por causas ajenas* A *nuestra voluntad, debemos interrumpir la emisión.* **3.** Ignorante o desconocedor de algo, espec. de lo que va a ocurrir. *Era totalmente ajeno* A *lo que allí estaba pasando.* **4.** Alejado de algo o indiferente a ello. *Los ciudadanos no deben permanecer ajenos* A *la vida política.*

ajete. m. Ajo tierno al que aún no le ha crecido el bulbo o cabeza. *Como entrante, tomaremos revuelto de ajetes con gambas.*

ajetrearse. intr. prnl. Realizar una actividad intensa que gralm. obliga a moverse mucho de un sitio a otro. *En la cocina todos se ajetreaban con los preparativos del banquete.*

ajetreo. m. Actividad intensa que gralm. obliga a moverse mucho de un sitio a otro. *Se sentía abrumado por el ajetreo de la gran ciudad.* ► TRAJÍN.

ají. m. frecAm. Pimiento (planta, o fruto). *Los caracoles son ingeridos luego de untarlos con ají molido* [C]. ► PIMIENTO.

ajiaceite. m. Alioli. *Sobre la mesa hay platos de marisco y salseras de ajiaceite.*

ajiaco. m. Am. Guiso gralm. caldoso, que suele llevar carne, verduras, patatas u otros tubérculos, y que varía según los países. *Las cholas sentadas frente a sus cazuelas venden sopas, ajiacos y toda clase de alimentos* [C].

ajillo. m. Salsa hecha de ajo y otros ingredientes. Gralm. en la constr. *al ~*. *Pediremos gambas al ajillo.*

ajimez. m. *Arq.* Ventana dividida en el centro por una columna sobre la que descansan dos arcos gemelos. *Oteaban el horizonte desde un ajimez del castillo.*

ajo[1]. m. **1.** Planta con un bulbo redondo, de olor fuerte y sabor picante, muy usado como condimento. *En aquel rincón plantaremos ajos.* Tb. el bulbo. *Hay una ristra de ajos en la despensa.* **2.** Diente de ajo (→ **diente**). *Pela un ajo y échalo a la sartén.* ■ **~ blanco.** m. Especie de gazpacho que se hace con ajos (→ 2) machacados, miga de pan, sal, aceite, vinagre y agua, pero sin tomate u hortalizas similares. *En Málaga es típico hacer el ajoblanco con almendras.* □ **estar en el ~.** loc. v. coloq. Estar enterado de un asunto reservado o secreto. *La estaban chantajeando y nadie de su familia estaba en el ajo* DE *la historia.*

ajo[2] o **ajó.** interj. Se usa para dirigirse cariñosamente a un bebé y estimularle a hablar. *¡Ajo, mi nene!*

ajoaceite. m. Alioli. *La especialidad del mesón son las tortillas con ajoaceite.*

ajoarriero. m. Guiso de bacalao con ajos, aceite y otros ingredientes. *Su especialidad era el ajoarriero con patatas y huevo duro.*

ajonjolí. m. Sésamo. *Las semillas del ajonjolí tienen un alto contenido en aceite.*

ajorca. f. Aro metálico que se lleva de adorno en la muñeca, el brazo o el tobillo. *Las odaliscas ceñían sus tobillos con ajorcas doradas o plateadas.*

ajuar. m. **1.** Conjunto de muebles y otros objetos, espec. ropa para la casa, que aporta la mujer al matrimonio. *Pasaban muchas horas cosiendo para el ajuar de la novia.* **2.** Canastilla (ropa y otros objetos para el recién nacido). *Ha comprado sábanas, toallas y productos de higiene para el ajuar del bebé.* **3.** Conjunto de muebles, ropa y utensilios de uso común en una casa. *El seguro cubre todo el ajuar doméstico, así como joyas y otros objetos de valor.* ▶ **2:** CANASTILLA.

ajumarse. intr. prnl. coloq. Emborracharse. *Se ponen a beber y enseguida se ajuman.*

ajuntar. tr. **1.** infant. o humoríst. Ser amigo (de alguien). *Como no me dejes la pelota, ya no te ajunto.* ○ intr. prnl. **2.** vulg. Amancebarse dos personas. *Lo tenían claro: ellos, de casarse, nada; ellos se ajuntarían.*

ajustable. adj. Que se puede ajustar, espec. adaptándose o graduándose. *La sábana bajera es ajustable.*

ajustado, da. part. **1.** → **ajustar.** ● adj. **2.** Que se ajusta a unas normas o exigencias. *El senequismo es el modo de vida ajustado* A *los dictados de la moral de Séneca.* **3.** Justo o proporcionado. *Me parece caro: habrá que negociar para conseguir un precio más ajustado.* **4.** Dicho de ropa: Que se ajusta o ciñe al cuerpo. *El atleta de competición trata de llevar una indumentaria lo más ajustada posible.* **5.** Dicho de resultado o triunfo: Que se produce con una diferencia mínima de puntos o tantos. *Ha logrado una de las victorias más ajustadas que se recuerdan.*

ajustador, ra. m. y f. **1.** *Mec.* Persona que tiene por oficio ajustar piezas para colocarlas en su lugar correspondiente. *Entró como aprendiz de ajustador en una fábrica naval.* Tb. en aposición. *Mecánico ajustador.* ○ m. **2.** frecAm. Sujetador (prenda interior femenina). *Trató de ayudarla a soltar el broche del ajustador* [C]. ▶ **2:** *SUJETADOR.

ajustar. tr. **1.** Hacer que (una cosa) quede justa, adaptándo(la) a la medida correspondiente. *Tirando de este cordel puedes ajustar la capucha del anorak.* **2.** Hacer que (una cosa) armonice o se corresponda con otra, sin que haya desigualdad entre ellas. *Debes ajustar tus necesidades* A *tu sueldo.* Tb. en constr. prnl. media. *Su declaración no se ajusta* A *la versión de otros testigos.* **3.** Dejar (algo) perfectamente graduado o arreglado. *Con estos botones podrá ajustar el brillo y el contraste de su televisor.* **4.** Ponerse de acuerdo (sobre algo), o para realizar (algo). *Este no es el precio que yo ajusté con ustedes.* **5.** Contratar (algo o a alguien). *Han ajustado sus servicios como guarda.* **6.** Hacer cálculos para liquidar (una cuenta). *El camarero ajustó la cuenta, pagamos y nos fuimos.* ○ intr. **7.** Quedar una cosa justa o adaptada a la medida correspondiente. *La tapa de la fiambrera no ajusta bien.* Frec. prnl. *La chaqueta se ajusta* EN *la cintura y se abre en las caderas.* ○ intr. prnl. **8.** Comprometerse por contrato a prestar algún servicio o ejecutar algo. *Se ajustó con el alcalde como guarda forestal.* ▶ **1:** APRETAR. **7:** ENCAJAR.

ajuste. m. Hecho o efecto de ajustar o ajustarse. *El sillín de la bicicleta tiene una palanca de ajuste de la altura.* ■ **~ de cuentas.** m. Acto de venganza, gralm. entre delincuentes. *Su muerte se debió a un ajuste de cuentas entre bandas.*

ajusticiado, da. part. **1.** → **ajusticiar.** **2.** Que ha sido ajusticiado (→ 1). Tb. m. y f. *Entre los ajusticiados había intelectuales opuestos al régimen.*

ajusticiamiento. m. Hecho de ajusticiar. *Ha ordenado el ajusticiamiento de los cabecillas de la revuelta.*

ajusticiar. (conjug. ANUNCIAR). tr. Ejecutar (a un reo condenado a muerte). *Ajusticiaron al reo al amanecer.* ▶ EJECUTAR.

al. → **el.**

ala. f. **1.** Extremidad o apéndice que tienen las aves, los murciélagos y algunos insectos a cada lado de su cuerpo, y cuya función principal es el vuelo. *El buitre desplegó sus alas y echó a volar. El avestruz, provisto de alas cortas, es incapaz de volar.* **2.** Superficie plana que sobresale a cada lado de un avión y sirve para mantenerlo en vuelo. *La avioneta se estrelló al rozar el acantilado con el ala izquierda.* **3.** Sección en que se divide un espacio o un edificio, espec. la que se extiende o se sitúa hacia un lado. *Se declaró un incendio en el ala norte del edificio.* **4.** Grupo que constituye una tendencia, gralm. extremista, dentro de un partido, una organización o una asamblea. *Del partido conservador se escindió su ala más radical.* **5.** Parte saliente del sombrero, que rodea el extremo inferior de la copa. *Usa sombrero de ala ancha para proteger su rostro del sol.* **6.** Aleta (ensanchamiento lateral de la nariz). *Se acerca el inhalador a uno de los orificios nasales mientras se oprime el ala del orificio contrario.* **7.** *Mil.* Tropa situada a cada uno de los lados de la formación de batalla. *El ala derecha logró mantener sus posiciones.* Tb. dicho lado. *El enemigo ha atacado por las alas.* **8.** *Mil.* Unidad del Ejército del Aire equivalente al regimiento en el Ejército de Tierra y mandada por un coronel. *Llegó a la zona un nuevo portaaviones, cuya ala de bombardeo se sumará a las maniobras.* ○ m. y f. **9.** En baloncesto y otros deportes de equipo: Jugador que se sitúa en el ala (→ 3) derecha o izquierda del campo. *El* *ala malagueño ha anotado siete canastas triples.* ■ ~ **de mosca.** loc. adj. Dicho de un color: Negro, que tira a pardo o verdusco. *La tinta tiene color ala de mosca.* □ **ahuecar el ~.** loc. v. coloq. Irse o marcharse. *Si la cosa se pone fea, ahuecamos el ala.* ■ **cortar las ~s** (a alguien). loc. v. Quitar(le) los ánimos, los medios o la libertad para hacer lo que desea. *La dirección corta las alas a todo el que quiere innovar en la empresa.* ■ **dar ~s** (a alguien). loc. v. Dar(le) ánimos o libertad para hacer lo que desea. *Da alas a los críos y ellos hacen con él lo que quieren.* ■ **del ~.** loc. adj. coloq. Se usa siguiendo a la mención de una cantidad de dinero. *Pagué cinco mil del ala.* ▶ **6:** ALETA.

alabanza. f. **1.** Hecho de alabar. *Su humildad es digna de alabanza. Rezan oraciones en alabanza del Señor.* **2.** Expresión o expresiones con que se alaba. *Sus alabanzas y palabras de ánimo la confortaron.* ▶ **1:** APLAUSO, ELOGIO, ENALTECIMIENTO, ENCOMIO, ENSALZAMIENTO. **2:** ELOGIO.

alabar. tr. Resaltar las cualidades o méritos (de alguien o algo) o expresar admiración (por ellos). *Todos alaban su buen gusto.* ▶ APLAUDIR, CELEBRAR, ELOGIAR, ENALTECER, ENCARECER, ENCOMIAR, ENSALZAR, PONDERAR.

alabarda. f. Arma antigua, compuesta por un asta larga de madera y una punta de lanza cruzada por una cuchilla con un lado agudo y otro en forma de media luna. *Entró el rey precedido de dos soldados con alabarda.*

alabardero. m. Soldado armado de alabarda. Hoy designa al que forma parte de la Guardia Real. *Un piquete de alabarderos monta guardia a las puertas del Palacio Real.*

alabastrino, na. adj. De alabastro o de características similares a las suyas, espec. la blancura. *Decoraron el mueble con objetos de porcelana y figuras alabastrinas.*

alabastro. m. Piedra translúcida, veteada como el mármol y gralm. blanca, utilizada en adornos, esculturas y decoración arquitectónica. *Sobre la mesa hay un cenicero de alabastro.*

álabe. m. Paleta curva de una turbina o de una rueda hidráulica. *Las tradicionales aspas planas de la rueda hidráulica fueron sustituidas por álabes.*

alabeado, da. part. **1.** → **alabear.** ● adj. **2.** Que posee forma combada o curva. *El gusto de Gaudí por las superficies alabeadas se observa claramente en sus obras.* ▶ **2:** *CURVO.

alabear. tr. Hacer que (algo, espec. de madera) se combe o se curve. *El peso de la enciclopedia ha terminado por alabear los anaqueles.* Tb. en constr. prnl. media. *Se nos inundó el piso y las tablillas del parqué se alabearon.* ▶ *CURVAR.

alabeo. m. Hecho o efecto de alabear o alabearse. *La madera debe preservarse de la humedad para evitar el alabeo.*

alacena. f. Armario con estantes, gralm. empotrado en la pared, que sirve espec. para guardar alimentos y objetos de cocina. *Saca el juego de té de la alacena.*

alacrán. m. Escorpión (arácnido). *Hay que tener cuidado con las picaduras del alacrán.* ■ ~ **cebollero.** m. Insecto parecido al grillo, pero de mayor tamaño, con patas delanteras muy desarrolladas que usa para excavar. ▶ ESCORPIÓN.

aladar. m. Mechón de pelo que cae sobre la sien. Gralm. en pl. *Humedeció el peine, pasándolo después por los encanecidos aladares.*

alado, da. adj. Que tiene alas. *La esfinge era un monstruo mitad mujer, mitad león alado.*

alamar. m. **1.** Presilla y su botón correspondiente, que van cosidos sobre el borde de una prenda de ropa y sirven para abotonarse y adornar. *La amazona lucía una elegante casaca roja con alamares negros.* **2.** Adorno con flecos, espec. el del traje de luces de un torero. *El diestro viste de grana y oro, con alamares en el pecho.*

alambicado, da. part. **1.** → **alambicar.** ● adj. **2.** Complicado o difícil, frec. por su sutileza o su falta de naturalidad. *En la poesía barroca se observan un estilo y un vocabulario alambicados.* ▶ **2:** *COMPLICADO.

alambicamiento. m. Hecho o efecto de alambicar o complicar. *En sus escritos huye del alambicamiento.*

alambicar. tr. **1.** Destilar (algo) en un alambique. *Para fabricar este licor, ponen las flores a macerar al sol con vino añejo y luego lo alambican.* **2.** Hacer complicado o difícil (algo). *Le gustaba alambicar su discurso con sutiles argumentaciones.*

alambique. m. Aparato para destilar sustancias mediante calor, compuesto por un recipiente para calentar el líquido y un conducto refrigerado donde se condensan los vapores de la sustancia destilada. *Aún pervive la costumbre de elaborar licores caseros en alambiques de vidrio o cobre.* ▶ ALQUITARA.

alambrada. f. Cerca hecha con alambre o tela metálica. *La finca está protegida con una alambrada.*

alambrado. m. Red de alambre. *Se instalará alambrado alrededor de las canchas de tenis.*

alambrar. tr. Cercar (un lugar) con alambre o tela metálica. *Están alambrando la parcela.*

alambre. m. Hilo o filamento metálicos. *El traje cuelga de una percha de alambre.* Tb. una porción de dicha materia. *Abrió la puerta con la ayuda de un alambre.*

alambrera. f. Red de alambre que sirve para cubrir y proteger ventanas, alimentos u otras cosas. *Unas alambreras cubren las ventanas de la factoría.*

alambrista. m. y f. Acróbata que realiza ejercicios sobre un alambre suspendido en el aire. *La plaza alberga cualquier actuación callejera: desde músicos hasta alambristas.* ▶ *ACRÓBATA.

alameda. f. **1.** Lugar poblado de álamos. *Merendamos en una alameda junto al río.* **2.** Paseo con álamos. *Los chavales van y vienen en bici por la alameda del parque.*

álamo. m. Árbol de tronco esbelto y hojas caducas en forma de corazón, que crece junto a los ríos o en lugares húmedos y del que existen varias especies, por ej.: ~ *blanco,* ~ *negro,* ~ *temblón. Paseamos bajo los álamos.* Tb. su madera. *La mesa es de álamo.* ▶ CHOPO.

alano, na. adj. **1.** histór. De un pueblo germánico que invadió la Península Ibérica a principios del s. V. *Tropas alanas.* Dicho de pers., tb. m. y f. *Los alanos fueron derrotados por los suevos.* ● m. **2.** Perro alano (→ **perro**). *Tenían ya dispuestas para la cacería las traíllas de alanos y podencos.*

alarde. m. Demostración clara y ostentosa de algo, hecha frec. para impresionar o presumir. *Va por ahí haciendo alarde* DE *sus amistades.* ▶ OSTENTACIÓN.

alardear. intr. Hacer alarde de algo. *Alardea* DE *sus conquistas amorosas. No alardees* DE *valiente, que luego eres el primero en achantarte.* ▶ *PRESUMIR.

alargadera. f. Pieza que se acopla a algo para alargarlo. *El cable del ordenador no llegaba al enchufe, así que pidió una alargadera.* ▶ ALARGADOR.

alargado, da. part. **1.** → **alargar.** ● adj. **2.** Que es más largo que ancho. *La mesa del comedor es alargada. Tiene el rostro alargado.*

alargador. m. Pieza o dispositivo que sirven para alargar algo. Frec. designa un cable que permite que la conexión de un aparato eléctrico llegue hasta la toma de corriente. *Si pones la lámpara lejos del enchufe, te va a hacer falta un alargador.* ▶ ALARGADERA.

alargamiento. m. Hecho o efecto de alargar o alargarse. *Se emprenderá un alargamiento de las principales líneas férreas.*

alargar. tr. **1.** Hacer (algo) más largo en el espacio o en el tiempo. *La modista puede alargarte la falda. Las interrupciones alargaron el debate.* Tb. en constr. prnl. media. *La reunión se alargó más de la cuenta.* **2.** Estirar (un miembro del cuerpo, espec. la mano o el brazo). *Alargó el brazo para ajustar el retrovisor.* **3.** Dar a alguien (algo) estirando la mano hacia él. *Alárgame ese destornillador, por favor.* **4.** Retardar o retrasar (algo). *La niebla alargará la salida de todos los vuelos.* **5.** Aumentar la cantidad (de algo). *Le han alargado la ración.* ○ intr. prnl. **6.** Superar el límite adecuado de tiempo o espacio. *No quiero alargarme mucho con este asunto.* **7.** Ir a un sitio algo más lejano del que antes se pensó. *Llegamos pronto a Ávila, así que decidimos alargarnos* HASTA *Piedrahíta para comer.*

alarido. m. Grito fuerte y agudo, espec. de miedo o de dolor. *El herido profería grandes alaridos.* ▶ *GRITO.

alarma. f. **1.** Aviso o señal para advertir de un peligro. *Al ver las llamas, corrió a dar la alarma. Gritos de alarma.* **2.** Aparato o mecanismo que sirven para avisar de algo, espec. de un peligro. *Olvidó conectar la alarma antirrobo de su automóvil.* **3.** Inquietud o susto provocados por la aparición repentina de un riesgo o amenaza. *Los rumores de golpe de Estado sembraron la alarma entre la población.*

alarmante. adj. Dicho de cosa: Que alarma. *La situación es alarmante.*

alarmar. tr. Causar alarma o asustar (a alguien). *Los terribles gritos alarmaron a los vecinos.* Tb. en constr. prnl. media. *No se alarme: su familia se encuentra bien.*

alarmismo. m. Tendencia a causar alarma, espec. propagando rumores o noticias alarmantes. *Cundió el alarmismo en la Bolsa ante la sospecha de una subida de los tipos de interés.*

alarmista. adj. **1.** Que tiende a causar alarma. *El Gobierno ha acusado a la oposición de alarmista.* Dicho de pers., tb. m. y f. *Los alarmistas creían en la inminencia de un conflicto nuclear.* **2.** Dicho de cosa: Que alarma. *Llegan noticias alarmistas desde la zona del conflicto.*

alauí. (pl. **alauíes**). adj. De la dinastía que reina actualmente en Marruecos. *El monarca alauí visitará nuestro país.* ▶ ALAUITA.

alauita. adj. Alauí. *Familia real alauita.*

alavés, sa. adj. De Álava. *Vitoria es la capital alavesa.* Dicho de pers., tb. m. y f. *Los alaveses celebran sus fiestas patronales.*

alazán, na. adj. Dicho de caballo o yegua: Que tiene el pelo de color canela. *Una yegua alazana se alzó con el triunfo.* Tb. m. y f. *Por la pradera trota un hermoso alazán.*

alba. → **albo.**

albacea. m. y f. *Der.* Persona encargada de custodiar los bienes de alguien que ha muerto y de hacer que se cumpla su testamento. *Nombró albacea a su secretario.*

albacetense. adj. Albaceteño. *Localidad albacetense.* Dicho de pers., tb. m. y f. *Los albacetenses están en fiestas.*

albaceteño, ña. adj. De Albacete. *Capital albaceteña.* Dicho de pers., tb. m. y f. *Rivalizan albaceteños y castellonenses.* ▶ ALBACETENSE.

albahaca. f. Planta aromática, de flores blancas o rosadas y hojas muy verdes, que se cultiva en los jardines y se usa como condimento. *Aderezó el plato de macarrones con una salsa de albahaca.*

albanés, sa. adj. **1.** De Albania. *Hubo disturbios en Tirana, la capital albanesa.* Dicho de pers., tb. m. y f. *Los albaneses acudirán a las urnas.* **2.** Del albanés (→ 3). *Dialecto albanés.* ● m. **3.** Lengua hablada en Albania. *El albanés es una lengua de origen incierto.*

albañal. m. **1.** Conducto de salida para aguas residuales. *Los albañales iban a desembocar al río.* **2.** Depósito de inmundicias. Más frec. fig. *Tras el jolgorio del sábado, el parque era un auténtico albañal.* ▶ **1:** *CLOACA.

albañil. m. Hombre que tiene por oficio realizar tareas de construcción con piedra, cemento, ladrillos o materiales semejantes. *Está de albañil en una constructora.*

albañilería. f. Oficio o actividad de albañil. *Realizan obras de albañilería.*

albar. adj. Blanco o que tira a blanco. *Tomillo albar. Espino albar.*

albarán. m. Nota de entrega que firma la persona que recibe una mercancía. *El mensajero arrancó una copia del albarán y se la entregó.*

albarca. f. Abarca. *Si vais a regar con albarcas, volveréis con los pies mojados.*

albarda. f. Pieza del aparejo de las caballerías de carga, consistente en dos almohadillas unidas que protegen el lomo del animal por cada costado. *Pusieron la albarda al burro y luego lo cargaron de leña.*

albardilla. f. Tejadillo de un muro, que sirve para protegerlo de la lluvia. *El agua repiqueteaba en las albardillas de la tapia del cementerio.*

albaricoque. m. Fruto del albaricoquero, comestible, parecido al melocotón pero más pequeño y con la piel de color amarillo anaranjado. *De postre tomamos albaricoques.* Tb. su árbol (→ **albaricoquero**). *En la huerta hay dos albaricoques y tres manzanos.* ▶ **Am:** CHABACANO.

albaricoquero. m. Árbol frutal, de hojas en forma de corazón y flores blancas, cuyo fruto es el albaricoque. *Hemos plantado un albaricoquero en el jardín.* ▶ ALBARICOQUE. ‖ **Am:** CHABACANO.

albariño. m. Vino blanco afrutado, originario de la comunidad autónoma española de Galicia. *Les recomiendo marisco de la zona regado con un buen albariño.*

albatros. m. Ave marina de gran tamaño, buena voladora, con plumaje blanco y alas largas y estrechas, propia del hemisferio sur. *El albatros hembra.*

albayalde. m. Sustancia de color blanco, constituida por carbonato de plomo y empleada en pintura, en farmacia y, en la antigüedad, como cosmético. *Las damas de la corte llevaban el rostro blanqueado con albayalde.*

albedo. m. *Fís.* Proporción existente entre la energía luminosa que incide en una superficie y la que se refleja. *Una superficie de hielo, que refleja muy bien la luz, tendrá un albedo muy alto.*

albedrío. f. Capacidad de una persona para actuar según su propia voluntad y elección. *Para ella el matrimonio supuso la pérdida del albedrío.* Tb., más frec., *libre ~. La propaganda es un atentado contra el libre albedrío del ciudadano.* ■ **al (libre) ~** (de alguien). loc. adv. Según el gusto o la voluntad (de esa persona). *El profesor permitió que los alumnos decoraran la clase a su libre albedrío. Puedes actuar a tu albedrío.*

alberca. f. **1.** Depósito artificial de agua para riego, construido con muros de piedra, cemento o materiales similares. *Con las últimas lluvias, muchas albercas corren el peligro de desbordarse.* **2.** Am. Piscina. *Hay muchos estados que no cuentan con una alberca olímpica de cincuenta metros* [C].

albérchigo. m. Variedad de melocotón. *De postre hay manzanas y albérchigos.* Tb. su árbol (→ **alberchiguero**). *Han plantado un albérchigo en la huerta.*

alberchiguero. m. Variedad de melocotonero. *Los alberchigueros están en flor.* ▶ ALBÉRCHIGO.

albergar. tr. **1.** Dar alojamiento o cobijo (a una persona o a un animal). *Tuvo la amabilidad de albergarnos en su casa. Durante varios meses el canguro hembra albergará a su cría en la bolsa o marsupio.* **2.** Servir un lugar de alojamiento o cobijo (para una persona o un animal). *Un cobertizo nos albergó durante el chaparrón. El parque alberga gran cantidad de especies protegidas.* **3.** Servir un lugar de emplazamiento o escenario (para una cosa). *En la fotografía se observa el edificio que alberga el Tribunal Internacional de La Haya. Este es el estadio que albergará la final del campeonato.* **4.** Contener algo dentro de sí (una cosa o a una persona). *El capó alberga la maquinaria del coche. La carpa puede albergar un total de doscientos espectadores.* **5.** Tener o guardar (un sentimiento o una idea). *Aún alberga esperanzas de hacerse rico. ¿Qué razones podía albergar aquella mujer para tan extraño comportamiento?* ○ intr. prnl. **6.** Alojarse o cobijarse en un lugar. *La expedición española se alberga en un hotel a las afueras de El Cairo. El alimoche gusta de albergarse entre las rocas.* ▶ **1:** *ALOJAR. **6:** *ALOJARSE.

albergue. m. **1.** Lugar para albergar o albergarse. *En estas fechas es difícil encontrar albergue en la ciudad. Un lugareño nos dio albergue. La iglesia sirve de albergue a magníficas obras de arte.* **2.** Establecimiento hotelero para estancias cortas, gralm. situado en un lugar de paso o estratégico. *Recorrieron Europa alojándose en* campings *y albergues juveniles. Junto a la estación de esquí hay un albergue de montaña muy lujoso.* **3.** Establecimiento benéfico en que se da alojamiento provisional a personas necesitadas. *Durante el invierno duerme en un albergue para indigentes.*

albero. m. **1.** Tierra para jardines y plazas de toros. *Caminos de albero atraviesan el parque.* **2.** *Taurom.* Ruedo. *El diestro cordobés abandona el albero por la puerta grande.*

albinismo. m. Condición de albino. *El albinismo es un fenómeno de carácter congénito.*

albino, na. adj. Dicho de un ser vivo: Que presenta ausencia congénita de pigmentación, por lo que su piel, pelo, iris, plumas o flores son más o menos blancos a diferencia de los colores propios de su especie, variedad o raza. *Copito de Nieve era un gorila albino.* Dicho de pers., tb. m. y f. *Los albinos deben tener cuidado con las exposiciones al sol.*

albo, ba. adj. **1.** cult. Blanco. *Su rostro moreno resaltaba sobre el albo sudario.* ● f. **2.** Amanecer (tiempo). *Saldremos al alba. Trabaja desde el atardecer hasta el alba.* **3.** Primera luz del día, antes de salir el sol. *El alba ya se dibuja en el horizonte.* Frec. con v. como *despuntar, rayar* o *romper. Emprendieron camino al despuntar el alba.* **4.** *Rel.* Túnica blanca empleada por el sacerdote católico en la misa y otras ceremonias. *El sacerdote se puso el alba y, sobre esta, la casulla.* ▶ **2:** *AMANECER.

albóndiga. f. Bola de carne o pescado picados, mezclada con huevo batido, pan rallado y especias, cubierta de harina, y posteriormente frita y gralm. guisada. *Acompañe las albóndigas en salsa con patatas fritas.* ▶ ALBONDIGUILLA.

albondiguilla. f. **1.** Albóndiga. *De la cocina sale un delicioso olor a albondiguillas guisadas.* **2.** coloq. Pelotilla de moco hecha con los dedos. *Un conductor se hace albondiguillas en un atasco.*

albor. m. **1.** Comienzo o principio de algo, espec. de un período. *En el albor del siglo* XX *comienza a fraguarse la Revolución rusa.* Frec. en pl. *Se conservan imágenes de los albores de la aviación.* **2.** Luz del alba o del amanecer. *Con los primeros albores, se levanta para ir a su trabajo.*

alborada. f. **1.** cult. Amanecer (tiempo). *Regresaron al pueblo con la alborada.* **2.** Composición poética o musical destinada a cantar la mañana. *En los cancioneros abundan las cantigas y alboradas.*

alborear. intr. impers. **1.** cult. Amanecer. *Empieza a alborear en el valle.* ○ intr. **2.** cult. Empezar o tener principio el día. *Se despertó cuando alboreaba el día.* Tb. fig. *Alborea la primavera y los almendros ya están en flor.*

albornoz. m. Prenda similar a una bata, hecha de tejido de toalla y a veces provista de capucha, que se utiliza para secarse después del baño. *Se dio una ducha y se puso el albornoz.*

alborotado, da. part. **1.** → **alborotar.** ● adj. **2.** Que actúa precipitadamente y sin reflexionar. *Era una adolescente dicharachera y algo alborotada.*

alborotador, ra. adj. Que alborota o altera el orden de un lugar. *Sus hijos son traviesos y alborotadores. Unos marineros alborotadores organizaron la trifulca.* Dicho de pers., tb. m. y f. *Grupos de alborotadores boicotearon el acto.*

alborotar. tr. **1.** Revolver o agitar (algo). *El viento le alborotaba el pelo. La tormenta alborota las tranquilas aguas del lago.* Tb. en constr. prnl. media. *Se levantó una fuerte brisa y las aguas empezaron a alborotarse.* **2.** Alterar el orden o la tranquilidad (de un lugar) con ruido, espec. de voces. *Un grupo de chicos alborotaba la biblioteca.* Tb. usado en constr. intr. *Tiene unos vecinos que alborotan mucho por la noche.* **3.** Causar inquietud o alteración (en alguien o algo). *La noticia alborotó los mercados bursátiles. Se pasa el día alborotando al resto de la clase.* Tb. en constr. prnl. media. *Los mercados bursátiles se alborotaron con la noticia.* ▶ **3:** **Am:** ALEBRESTARSE.

alboroto. m. **1.** Ruido fuerte, espec. de voces o gritos. *Los vecinos arman mucho alboroto. Los perros organizaron un alboroto terrible.* **2.** Confusión o desorden producidos gralm. por una multitud. *La escalada de precios provocó alborotos en las calles.* ▶ ALGARADA, BARAHÚNDA, BARAÚNDA, BULLA, BULLICIO, DISTURBIO, ESCÁNDALO, TUMULTO.

alborozar. tr. Causar alborozo (a alguien). *El quinto gol alborozó a la afición.* Tb. en constr. prnl. media. *Los niños se alborozaron al ver la bolsa de caramelos.*

alborozo. m. Alegría extraordinaria, frec. exteriorizada de manera festiva o ruidosa. *La gente en la calle celebra con alborozo la entrada del nuevo año. Gestos de alborozo.*

albricias. interj. Se usa para expresar alegría ante un hecho o una noticia favorables. *Al verlo, el mago exclamó: "¡Albricias, majestad! ¡Pensé que os había pasado algo!".*

albufera. f. Laguna litoral, de agua más o menos salobre, separada del mar por una franja de arena. *La corriente oceánica va depositando un cordón de sedimento arenoso hasta formar la albufera. La albufera de Valencia.*

álbum. (pl. **álbumes**). m. **1.** Libro con páginas en blanco y encuadernación más o menos lujosa, que sirve para guardar colecciones de retratos, autógrafos, sellos u otras cosas similares. *Tiene un álbum de fotos de su viaje a Nepal. Álbumes de cromos.* **2.** Disco o conjunto de discos sonoros, de larga duración, presentados en un estuche o carpeta. *Su último álbum tiene diez canciones.* Tb. dicho estuche o carpeta. *Del diseño del álbum se encargó el propio grupo.*

albumen. m. **1.** *Bot.* Tejido con sustancias nutritivas que rodea el embrión de algunas plantas. *En algunas semillas, los cotiledones del embrión absorben todo el albumen.* **2.** *tecn.* Clara (materia que rodea la yema del huevo). *Este compuesto experimenta con el calor una coagulación similar a la del albumen.* ▶ **2:** CLARA.

albúmina. f. *Bioquím.* Proteína soluble en agua y coagulable al calor, presente en la sangre, en la leche y, como componente principal, en la clara del huevo. *La albúmina se halla en tejidos animales y vegetales.*

albuminoide. m. *Bioquím.* Proteína que presenta en disolución el aspecto y las propiedades de la clara del huevo.

albur. m. Suerte o azar que afectan al resultado de algo. *La predicción meteorológica depende en parte del albur de fenómenos naturales incontrolables. La operación se prepara cuidadosamente y sin dejar nada al albur.*

albura. f. **1.** cult. Blancura. *Callejean por el Albaicín cegados por la resplandeciente albura de las paredes encaladas.* **2.** *Bot.* Capa blanda y blanquecina del tronco y las ramas de un árbol, situada inmediatamente debajo de la corteza y formada por células vivas. *La albura la forman los anillos más jóvenes del tronco.*

alcabala. f. **1.** históг. Tributo que se pagaba al fisco por la venta o permuta de bienes. *A mediados del siglo* XIV *la nobleza consigue la dispensa de pago de la alcabala.* **2.** Am. Puesto de control de la policía en las carreteras. *Mi único temor eran las alcabalas móviles, que se levantaban en los lugares más inesperados de la vía* [C].

alcachofa. f. **1.** Hortaliza cuyas flores son cabezuelas comestibles en forma de piña. *En el huerto ha plantado pimientos y alcachofas.* Tb. la cabezuela. *Carne con alcachofas. Corazones de alcachofa.* **2.** Pieza ensanchada y con agujeros que sirve para esparcir un chorro de agua, espec. la de una ducha o la de una regadera. *La alcachofa de la ducha se ha llenado de cal.* ▶ **1:** ALCAUCIL.

alcahuete, ta. m. y f. **1.** Persona que hace de mediadora para facilitar o encubrir una relación amorosa, gralm. ilícita. *Un amigo le hacía de alcahuete, concertándole citas.* **2.** coloq. Persona que lleva y trae chismes. *No le cuentes nada, que es una alcahueta incapaz de guardar un secreto.* ▶ **1:** CELESTINA, TERCERO.

alcahuetear. intr. Hacer o servir de alcahuete. *El paseo de la tarde era ideal para alcahuetear en busca de un buen novio. ¡Cuánto te gusta alcahuetear con las vecinas!*

alcahuetería. f. Actividad o acción propias de un alcahuete. *El amor debía llegarles de forma natural, sin hechizos ni alcahueterías.*

alcaide. m. **1.** Persona que dirige una cárcel. *Entre los reclusos el alcaide tiene fama de tolerante.* **2.** histór. Hombre encargado de la custodia y defensa de una fortaleza. *En estas dependencias se alojaba el alcaide del alcázar.*

alcaldada. f. despect. Acción o decisión de un alcalde en que se comete abuso de autoridad. *La prensa califica de alcaldada la subida de impuestos municipales.* Tb. fig. *El ciclista dice que la decisión de descalificarlo es una alcaldada de la federación.*

alcalde, desa. m. y f. Persona que dirige un ayuntamiento y es la máxima autoridad de su municipio. *Fue elegida alcaldesa de la ciudad por amplia mayoría.* ■ ~ **pedáneo/a.** m. y f. Concejal de un municipio que ejerce las funciones de alcalde en una pedanía o población dependiente de dicho municipio. *La sierra está salpicada de aldeas que solo tienen alcaldes pedáneos.* ▶ **1:** REGIDOR.

alcaldía. f. **1.** Cargo o actividad del alcalde. *Desempeñó la alcaldía durante ocho años.* **2.** Lugar donde se halla la sede de un ayuntamiento y la oficina de su alcalde. *Los vecinos se manifestaron a las puertas de la alcaldía.*

álcali. m. *Quím.* Hidróxido de un metal alcalino. *Los álcalis son muy solubles en el agua.*

alcalinidad. f. *Quím.* Cualidad de alcalino. *Necesita un test de pH para mantener la alcalinidad del agua de su acuario.*

alcalino, na. adj. *Quím.* De álcali o que tiene álcali. *Las pilas alcalinas combinan alto rendimiento con larga duración. El sodio, el litio y el potasio son metales alcalinos.*

alcaloide. m. *Quím.* Compuesto orgánico nitrogenado, producido gralm. por vegetales, que según sus efectos puede ser empleado como medicamento, como droga o como veneno. *La morfina, la nicotina y la estricnina son alcaloides.*

alcance. m. **1.** Capacidad de alcanzar un punto, cubrir una distancia o llegar a tocar algo. *El alcance visual de algunas aves se reduce notablemente por la noche. La zona fue bombardeada con misiles de largo alcance.* Frec. en las constr. *al* ~ o *fuera del* ~. *No deje medicamentos al alcance* DE *los niños. La emisora cubre casi toda la provincia; solo algunos pueblos quedan fuera de su alcance.* **2.** Capacidad de realizar algo o de alcanzar lo que se busca o se desea. En las constr. *al* ~ o *fuera del* ~. *Montar una empresa no está al alcance* DE *todos. El título de liga ha quedado* *fuera de su alcance.* **3.** Importancia o trascendencia de algo. *Se reservan para la portada los sucesos de mayor alcance. Aquel desastre tuvo alcance nacional.* **4.** Hecho de alcanzar. *Las imágenes recogen el momento del alcance de los escapados. Los embotellamientos son propicios para que se produzcan alcances entre vehículos. Todos se esfuerzan en el alcance de una solución al conflicto.* **5.** Inteligencia o capacidad de comprender. *Las cuestiones metafísicas están fuera de mi alcance.* Gralm. en pl. *Se esfuerza, pero no se le ven muchos alcances.* Frec. en la constr. *de pocos,* o *cortos, ~s. El capataz era un hombre muy trabajador, aunque de pocos alcances.* **6.** *Period., Radio* y *TV* Noticia o sección de noticias recibidas a última hora. *A nuestra redacción llega un alcance sobre el pleno del Congreso.* ■ **dar ~** (a alguien). loc. v. Llegar avanzando hasta juntarse o igualarse (con él). *La policía le dio alcance tras una espectacular persecución.* Tb. fig. *Los países mediterráneos se modernizaron, en un esfuerzo por dar alcance a sus socios centroeuropeos.*

alcancía. f. Hucha, gralm. de barro. *Con un martillo rompió la alcancía, pero solo había unas monedas dentro.* ▶ HUCHA.

alcándara. f. Percha para que se posen aves de cetrería. *Se enfundó la manopla de hierro y, acercándola a la alcándara, cogió a uno de los halcones.*

alcanfor. m. **1.** Sustancia sólida, blanca y de olor penetrante, utilizada en medicina e industria y espec. contra la polilla de la ropa. *Pon bolitas de alcanfor en el ropero y en los cajones de la cómoda.* **2.** Alcanforero. *El alcanfor es un árbol abundante en Japón.*

alcanforado, da. adj. Dicho de líquido: Que contiene alcanfor. *Le calman el dolor con masajes de alcohol alcanforado.*

alcanforero. m. Árbol originario de China, Japón y otros países orientales, de cuyas ramas y raíces se extrae alcanfor. *El alcanforero pertenece a la familia del laurel.*

alcantarilla. f. **1.** Conducto subterráneo que recoge las aguas residuales y el agua de lluvia de una población para darles salida. *La policía recorre las alcantarillas en busca de explosivos.* **2.** Boca o abertura de una alcantarilla (→ 1). *Tropezó con una tapa de alcantarilla. Se le cayeron las monedas en la alcantarilla.* ▶ **1:** *CLOACA.

alcantarillado. m. **1.** Conjunto de alcantarillas. *El mantenimiento del alcantarillado es responsabilidad del Ayuntamiento.* **2.** Hecho de alcantarillar. *En agosto se acometerá el alcantarillado de la nueva urbanización.*

alcantarillar. tr. Instalar alcantarillas (en un lugar). *Tras el terremoto hubo que volver a alcantarillar las calles.*

alcanzable. adj. Que se puede alcanzar. *Aquel equipo logró triunfos difícilmente alcanzables hoy.*

alcanzar. tr. **1.** Llegar a juntarse o igualarse (con alguien o algo que va por delante). *Alcanzaron al corredor portugués en la recta final.* Tb. fig. *El alumno necesita clases de apoyo para alcanzar al resto de la clase.* **2.** Llegar (hasta un punto en el espacio, en el tiempo o en una escala). *Nuestra expedición alcanzará la cima mañana. Alcanzó los setenta años de edad en perfecto estado de salud. La contaminación ha alcanzado niveles alarmantes.* **3.** Llegar a tocar (algo). *¿Alcanzas el techo?* **4.** Llegar a golpear o herir (a alguien o algo). *El disparo le alcanzó* EN *una pierna. Varios misiles alcanzaron los depósitos de municiones. Al salir del garaje, alcanzó a un coche mal estacionado.* **5.** Coger (algo) estirando el brazo, frec. para dárse(lo) a alguien. *Alcánzame unos platos* DE *lo alto del aparador. ¿Me alcanzas la sal, por favor?* **6.** Llegar a tener (algo que se busca o se desea). *Alcanzó la victoria en el último momento. Está dispuesta a lo que sea para alcanzar su sueño de ser estrella.* **7.** Afectar (a alguien). *Se desató una epidemia que alcanzó a las capas más desfavorecidas de la población.* **8.** Llegar a percibir o a comprender (algo). *Hay sonidos que el oído humano no puede alcanzar. Nadie alcanza los motivos de esta separación.* **9.** Llegar a vivir (en determinado tiempo), o cuando vive (alguien) o se produce (un suceso). *Mi padre alcanzó la época en que no había luz en el pueblo. El abuelo alcanzó la Primera Guerra Mundial.* ○ intr. **10.** Llegar hasta un punto en el espacio. *Sus terrenos alcanzan* HASTA *el río. La multitudinaria manifestación se extiende hasta donde alcanza la vista.* **11.** Llegar a tocar algo. *Aún era pequeño y no alcanzaba* AL *botón del ascensor.* **12.** Seguido de *a* más infinitivo: Llegar a hacer algo o tener capacidad para ello. *No alcanzamos a reunir el dinero necesario. No alcanzo a entender por qué se comporta así.* **13.** Ser algo suficiente para un fin. *Esta lana no me alcanza* PARA *un jersey. ¿Este pan alcanzará* PARA *todos?* ■ **alcanzársele** algo (a alguien). loc. v. Comprender o entender eso (esa persona). Frec. en constr. negativas. *No se me alcanzan las razones de su actitud.*

alcaparra. f. Arbusto de tallos espinosos y grandes flores blancas, cuyo fruto es el alcaparrón y cuyos capullos, recogidos antes de que se abran, se usan como condimento o, preparados en vinagre, como aperitivo. *En la huerta ha sembrado alcaparras.* Tb. cada capullo. *El salmón ahumado puede llevar guarnición de huevo duro y alcaparras. Alcaparras en vinagre.*

alcaparrón. m. Fruto de la alcaparra, parecido a un higo pequeño, que suele consumirse preparado en vinagre.

alcaraván. m. Ave de color pardo, patas largas y amarillentas, pico corto y fuerte y ojos amarillos. *El alcaraván hembra. El alcaraván es un ave típicamente esteparia.*

alcaravea. f. Planta de tallos ramosos, hojas estrechas y flores blancas, cuya semilla es aromática y se usa como condimento. *La alcaravea tiene las flores en umbela.* Tb. la semilla. *Hacen pan de centeno aderezado con alcaravea.*

alcarreño, ña. adj. De la Alcarria (comarca de España). *La miel alcarreña tiene mucha fama.* Dicho de pers., tb. m. y f.

alcatraz. m. Ave marina de gran envergadura, de plumaje blanco con las puntas de las alas negras, que se alimenta de peces que captura lanzándose en picado. *El alcatraz hembra. En el islote frente a la costa abundan los alcatraces.*

alcaucil. m. Alcachofa, espec. la silvestre. *Para comer tenemos alcauciles y filete.* ▶ ALCACHOFA.

alcaudón. m. Pájaro de pico fuerte y curvado, que tiene por costumbre clavar a sus presas en las espinas de los arbustos. *El alcaudón hembra. Los alcaudones son pájaros predadores.*

alcayata. f. Escarpia. *El cuadro cuelga de dos alcayatas.*

alcazaba. f. histór. Fortaleza árabe dentro de una población amurallada. *En el casco antiguo están la mezquita y la alcazaba.*

alcázar. m. **1.** Fortaleza o palacio utilizados gralm. como residencia, espec. por un monarca. *La familia real escogió como residencia el antiguo alcázar árabe. Hemos visitado el Alcázar de Toledo.* **2.** *Mar.* Espacio de la cubierta superior de un buque, que va desde el palo mayor hasta popa o hasta la toldilla. *Desde el alcázar de popa daba órdenes a la marinería.*

alce. m. Mamífero rumiante de zonas frías septentrionales, parecido al ciervo pero más corpulento, cuyo macho tiene grandes cuernos en forma de pala. *El alce hembra. El esquimal lleva ropas hechas con piel de alce.*

alcista. adj. **1.** *Econ.* Del alza de los valores en bolsa, los precios, los salarios u otros valores semejantes. *La bajada de tipos de interés ha generado una corriente alcista en los mercados.* ● m. y f. **2.** *Econ.* Persona que realiza operaciones en bolsa previendo que suba la cotización de los valores. *La mala situación económica retrajo a los alcistas.*

alcoba. f. Dormitorio (habitación, o mobiliario). *El mayordomo lo condujo a una de las alcobas de invitados. Sus padres les han regalado la alcoba.* ▶ *DORMITORIO.

alcohol. m. **1.** Líquido incoloro e inflamable, de olor y sabor fuertes, producido por la fermentación de azúcares de origen vegetal y presente en numerosas bebidas, tales como el vino o la cerveza. *Los licores tienen mucho alcohol. Toma cerveza sin alcohol. Desinfectan la herida con alcohol.* Tb. ~ *etílico. Ingresó en la UVI por una intoxicación de alcohol etílico.* **2.** Bebidas que contienen alcohol (→ 1). *El médico le ha prohibido el alcohol.* **3.** *Quím.* Compuesto orgánico formado por carbono, hidrógeno y oxígeno y con las propiedades químicas del alcohol (→ 1). *Los alcoholes son derivados de hidrocarburos. Ciertos alcoholes se fabrican sintéticamente.* ■ **~ metílico.** m. *Quím.* Alcohol (→ 3) tóxico cuya molécula tiene un átomo de carbono. *El alcohol metílico es de uso industrial y su ingestión puede provocar ceguera.* ▶ **1:** ETANOL.

alcoholemia. f. Presencia de alcohol en la sangre, debida a la ingestión de bebidas. *La policía establecerá más controles de alcoholemia. Prueba de alcoholemia.*

alcoholero, ra. adj. De producción y comercio de alcohol. *Empresa alcoholera.* Dicho de fábrica, tb. f. *Gran parte de la uva se vende a alcoholeras de otros países.*

alcohólico, ca. adj. **1.** Que contiene alcohol. *Si va a conducir, evite el consumo de bebidas alcohólicas.* **2.** Del alcohol. *La ginebra tiene un alto contenido alcohólico.* **3.** Producido por el alcohol. *Varias personas ingresaron en el hospital con intoxicación alcohólica y algunas en coma alcohólico.* **4.** Que padece alcoholismo crónico. *Programa de desintoxicación para personas alcohólicas.* Tb. m. y f. *Es un alcohólico.* ▶ **4:** ALCOHOLIZADO.

alcoholímetro. m. Aparato que sirve para medir la cantidad de alcohol presente en el aire espirado por una persona o en la composición de un líquido. *Provisto de un alcoholímetro, el agente comprueba si el conductor ha bebido demasiado.*

alcoholismo. m. **1.** Abuso de bebidas alcohólicas. *El alcoholismo daña el hígado.* **2.** Intoxicación o enfermedad, frec. crónicas, producidas por el alcoholismo (→ 1). *En un centro especializado le curaron su alcoholismo.*

alcoholización. f. Hecho o efecto de alcoholizarse. *Aquella tragedia aceleró aún más su alcoholización.*

alcoholizado, da. part. **1.** → **alcoholizarse.** ● adj. **2.** Que se ha alcoholizado (→ 1). Tb. m. y f. *Crece el número de alcoholizados y drogodependientes.* ▶ **2:** ALCOHÓLICO.

alcoholizarse. intr. prnl. Adquirir la enfermedad del alcoholismo crónico. *La familia debe actuar antes de que el enfermo se alcoholice definitivamente.*

alcor. m. cult. Cerro o colina. *La vista se recrea en el paisaje soriano, en esos cárdenos alcores que tan bien describiera Machado.*

alcornocal. m. Terreno poblado de alcornoques. *Comimos bellotas de un alcornocal de la zona.*

alcornoque. m. **1.** Árbol de hoja perenne, tronco retorcido, corteza muy gruesa y rugosa de la que se obtiene el corcho, y cuyo fruto es la bellota. *En Extremadura abundan los alcornoques y las encinas.* Tb. su madera. *Una mesa de alcornoque.* **2.** coloq. Persona ignorante o torpe para comprender. *Siempre fue un alcornoque para las ciencias.* Tb. adj. *Tiene buen corazón, pero es un poco alcornoque.* Se usa como insulto. *¡A ver si estudias más, pedazo de alcornoque!*

alcorque. m. Hoyo excavado alrededor de una planta para retener el agua de riego. *Los árboles del paseo tienen alcorques bordeados de adoquines.*

alcotán. m. Ave parecida al halcón, con la parte inferior del cuerpo listada y las plumas de las patas y la cola de color rojo o castaño. *El alcotán hembra. En Cabañeros se pueden observar alcotanes y otras aves rapaces.*

alcurnia. f. Ascendencia o linaje, espec. noble. *Se casó con una dama de alcurnia. En las ejecuciones se daba cita gente de toda alcurnia y condición.*

alcuza. f. Vasija, gralm. de barro u hojalata y de forma cónica, que se usa para guardar aceite. *En el taller del alfarero se acumulan lebrillos, alcuzas y toda suerte de vasijas.* ▶ ACEITERA.

aldaba. f. **1.** Pieza metálica, gralm. de hierro o bronce, que se pone en las puertas para llamar golpeando con ella. *En mitad de la noche se oyeron fuertes golpes de aldaba.* **2.** Barra o travesaño con que se asegura una puerta o un postigo después de cerrarlos. *Por una rendija metió el dedo y abrió el postigo, que solo tenía echada la aldaba.* ▶ **1:** ALDABÓN.

aldabilla. f. Gancho de hierro que, entrando en una hembrilla, sirve para cerrar una puerta, una caja o cosas similares. *Entorna las contraventanas y echa la aldabilla por si el viento las abre.*

aldabón. m. Aldaba (pieza para llamar a las puertas). *Agarró el aldabón y lo dejó caer sobre la puerta.*

aldabonazo. m. **1.** Golpe dado con la aldaba o el aldabón. *Los aldabonazos sobre el portón despertaron a la vecindad.* **2.** Llamada de atención o señal de aviso. *Los datos sobre la pobreza en el Tercer Mundo son un aldabonazo en la conciencia de Occidente.*

aldea. f. Pueblo pequeño, con muy pocos habitantes y gralm. sin ayuntamiento propio. *Este recóndito valle se halla salpicado de aldeas.*

aldeanismo. m. Incultura o tosquedad propias de una sociedad aislada. *El rechazo de las innovaciones tecnológicas no es más que un síntoma del aldeanismo imperante.*

aldeano, na. adj. **1.** De la aldea. *Prefiere la vida aldeana al tráfago de la ciudad.* Dicho de pers., tb. m. y f.

Unos aldeanos les indicaron el camino. **2.** Rústico o inculto. *Es raro encontrar un político tan alejado del chovinismo aldeano.*

aldehído. m. *Quím.* Compuesto orgánico que es producto de la oxidación de un alcohol. *Se realizan análisis para determinar el contenido de aldehídos en las bebidas alcohólicas destiladas.*

ale. → **hale.**

aleación. f. Producto, con propiedades metálicas, compuesto de dos o más elementos, uno de los cuales, al menos, es un metal. *El acero, el latón y el bronce son aleaciones.* ■ **~ ligera.** f. Aleación que contiene aluminio o magnesio como elemento principal. *Este coche viene equipado con llantas de aleación ligera.*

alear. tr. Fundir (dos o más elementos) para producir una aleación. *El bronce es el resultado de alear cobre y cinc.*

aleatoriedad. f. Cualidad de aleatorio. *El científico explica la aparente aleatoriedad de estos fenómenos.*

aleatorio, ria. adj. Que depende del azar o de la casualidad. *El sondeo se realiza de manera aleatoria entre menores de treinta años. Se practicarán controles aleatorios de los vehículos.*

alebrestarse. intr. prnl. Am. Alborotarse o agitarse. *¡Al próximo que se alebreste, truénenselo!* [C]. ▶ ALBOROTARSE.

aleccionador, ra. adj. Que alecciona o sirve para aleccionar. *Termina sus discursos con una moraleja aleccionadora. Las penurias del viaje resultaron aleccionadoras para muchos.*

aleccionamiento. m. Hecho de aleccionar. *En los internados el aleccionamiento era severo.*

aleccionar. tr. Enseñar o instruir (a alguien). *Alecciona a sus soldados* EN/SOBRE *el manejo de las armas. La triste historia de este boxeador aleccionará a futuras generaciones.*

aledaño, ña. adj. **1.** Dicho de lugar: Lindante o contiguo a otro. *Hubo disturbios en el casco viejo y en calles aledañas. La procesión recorre los barrios aledaños* A *la catedral.* ● m. pl. **2.** Zona situada alrededor de un espacio. *Se montan tenderetes con bufandas y banderas en los aledaños del estadio. Las restricciones de agua afectan a la capital y sus aledaños.* ▶ **2:** *INMEDIACIONES.

alegación. f. Hecho o efecto de alegar. *El juez escuchará las alegaciones de ambas partes. Se abre el plazo de alegaciones* AL *plan urbanístico.*

alegar. tr. **1.** Exponer (algo) como argumento o justificación de otra cosa. *Ha pedido una gratificación alegando tener méritos para ello.* ○ intr. **2.** Am. Discutir o disputar una persona con otra. *¿Para qué alegar* CON *él?* [C]. ▶ **1:** ADUCIR, ARGÜIR. **2:** *DISCUTIR.

alegato. m. **1.** Exposición de argumentos a favor o en contra de algo o alguien. *Su discurso es un alegato* CONTRA *las centrales nucleares.* **2.** *Der.* Escrito en que un abogado expone los argumentos a favor de su cliente y en contra del adversario. *El juez pidió a la defensa que leyera su alegato.* **3.** Am. Discusión o disputa. *Pasaba horas interminables en alegatos y discusiones entre compañeros* [C]. ▶ **3:** *DISCUSIÓN.

alegoría. f. Representación, normalmente artística o literaria, de ideas o hechos mediante personajes u objetos. *En la poesía medieval y renacentista se hace amplio uso de la alegoría.* Tb. la obra en la que se emplea esta representación. *El bajorrelieve de la fachada es una alegoría* DE *la lucha entre el bien y el mal.*

alegórico, ca. adj. De la alegoría. *En la obra hay personajes alegóricos como el Tiempo, la Vida o el Mundo.*

alegorizar. tr. Representar (algo) mediante una alegoría. *El autor alegoriza la desesperanza en los personajes de los mendigos.*

alegrar. tr. **1.** Causar un sentimiento de alegría (a alguien). *Me alegra que te hayan admitido en la facultad. Pon alguna música que nos alegre.* Tb. en constr. prnl. media. *He aprobado, ¿no te alegras? No sabes cuánto me alegro* DE *verte. Todos nos alegramos mucho* POR *ti.* **2.** Hacer alegre (algo). *Alegró el salón con unas flores. Estos verdes paisajes alegran la vista. Con sus chistes alegra cualquier reunión.* ○ intr. prnl. **3.** coloq. Ponerse alegre o ligeramente borracho. *No le des mucho de beber, que enseguida se alegra.* ▶ **2:** ANIMAR.

alegre. adj. **1.** Que siente alegría pasajeramente o por alguna circunstancia. *Últimamente se las ve muy alegres. Está muy alegre* DE/POR *haber aprobado.* **2.** Que tiende, por naturaleza, a sentir o manifestar alegría. *De pequeña era muy alegre. Paco es un malagueño alegre y chistoso.* **3.** Dicho de cosa: Que manifiesta o implica alegría. *La alegre charla se prolongó hasta la madrugada. Los niños se arremolinan con rostro alegre alrededor de la tarta.* **4.** Dicho de cosa: Que causa o infunde alegría. *Todos celebraron la alegre noticia. La gente baila al son de una música alegre. El salón es alegre por su decoración y luminosidad.* **5.** Dicho de color: Vivo o intenso. *La guardería está decorada con colores alegres: amarillo, rojo, verde.* **6.** coloq. Ligeramente borracho. *Yo con dos copas ya me pongo alegre.* **7.** Irreflexivo o poco responsable. *No se puede juzgar a la gente de forma tan alegre. Era muy alegre gastando el dinero.* **8.** Libre en cuanto a las costumbres sexuales. *En la corte abundaban las mujeres de vida alegre.* ▶ **1:** CONTENTO, JOVIAL. **3:** JOVIAL.

alegreto. m. *Mús.* Tempo algo menos vivo que el alegro. *El alegreto es más rápido que el moderato.* Tb. la composición o fragmento que deben ejecutarse con ese tempo. *El segundo movimiento del concierto es un alegreto.*

alegría. f. **1.** Sentimiento de placer y animación producido gralm. por algo agradable y que suele manifestarse con risa u otros gestos. *La proximidad de las vacaciones trajo la alegría al colegio. Lleva la alegría dibujada en el rostro. Tantas calamidades le han arrebatado la alegría.* **2.** Persona o cosa que causan alegría (→ 1). *El pequeñín era la alegría de la casa. Es una alegría ver los campos tan verdes.* Frec. en constr. como *dar,* o *llevarse, una ~. El equipo ya ha dado varias alegrías a la afición.* **3.** Irresponsabilidad o falta de reflexión. *En algunas tertulias los temas más complicados se comentan con una alegría pasmosa.* Tb. la acción irresponsable o irreflexiva. *¿Unas vacaciones en el Caribe?; mi sueldo no da para esas alegrías.* ○ pl. **4.** Cante popular andaluz de ritmo vivo y alegre. *Cantó por alegrías. Interpretará a la guitarra unas alegrías.* Tb. el baile que se ejecuta con él. *Bailan alegrías y fandangos.* ▶ **1:** CONTENTO, GOZO, JOVIALIDAD.

alegro. m. *Mús.* Tempo moderadamente vivo. *El alegro es más lento que el presto.* Tb. la composición o fragmento que deben ejecutarse con ese tempo. *El segundo movimiento del concierto es un alegro.*

alegrón. m. coloq. Sentimiento grande de alegría. *Aún le dura el alegrón de haber aprobado los exámenes.* Tb. la cosa que lo produce. *Si vas a visitarlos, les darás un alegrón.*

alejado, da. part. **1.** → **alejar.** ● adj. **2.** Lejano o distante. *Al acto acudirá gente desde los puntos más alejados del país.* Tb. fig. *Su pintura está tan alejada* DEL *hiperrealismo como del expresionismo abstracto.* ▶ **2:** *LEJANO.

alejamiento. m. Hecho o efecto de alejar o alejarse. *El encuadre exige movimientos de aproximación o alejamiento de la cámara. El diestro ha decidido poner fin a su alejamiento* DE *los ruedos. El creciente alejamiento entre la patronal y los sindicatos.*

alejandrino, na. adj. **1.** De Alejandría (ciudad de Egipto). *El puerto alejandrino es el principal de Egipto.* Frec. referido a la Antigüedad clásica. *La biblioteca alejandrina fue creada por Ptolomeo I en el s.* IV *a. C.* Dicho de pers., tb. m. y f. **2.** De Alejandro Magno (emperador macedonio, 356-323 a. C.), o del estilo o las características propios de su época. *Las tropas alejandrinas cruzaron el Helesponto para enfrentarse a los persas.* **3.** *Lit.* Dicho de verso: De catorce sílabas. Tb. m. *El "Libro de Alexandre" está escrito en alejandrinos.* **4.** Dicho de estrofa o composición: De versos alejandrinos (→ 3). *Los poetas cultivaron el tetrástrofo monorrimo alejandrino.*

alejar. tr. **1.** Llevar o poner (a alguien o algo) lejos o más lejos. *Aleja al niño* DE *la chimenea. El defensa alejó el balón de un chupinazo. Alejaos un poco, o no salís todos en la foto. Aléjame un poco esa luz, por favor.* Tb. fig. *Aleja esa idea* DE *tu mente. Los partidos de centro se alejan* DE *todo radicalismo.* Tb. en constr. prnl. media. *A medida que avanzábamos, el bosque se alejaba lentamente.* Tb. fig. *Si las posturas no vuelven a alejarse, habrá acuerdo.* **2.** Ahuyentar o hacer huir (a alguien). *El primer disparo bastó para alejar al león.*

alelado, da. part. **1.** → **alelar.** ● adj. **2.** Lelo o tonto. *¡No seas alelado, que estoy hablando en broma!* ▶ **2:** *TONTO.

alelamiento. m. Hecho o efecto de alelar o alelarse. *Los programas de cotilleo contribuyen al alelamiento de los telespectadores.*

alelar. tr. Dejar o volver lelo o tonto (a alguien). *Hablaba de tal modo que alelaba a sus oyentes.* Tb. en constr. prnl. media. *En cuanto aparece esa chica, perece que te alelas.*

alelí. → **alhelí.**

alelo. m. *Biol.* Cada uno de los dos genes que ocupan el mismo lugar en un par de cromosomas homólogos y controlan un rasgo o carácter determinado, como el color de los ojos. *El alzhéimer podría estar relacionado con la presencia de ciertos alelos.*

aleluya. interj. **1.** Se usa para expresar alegría. *¡Aleluya, estamos de vacaciones! Yo ya estaba derrengado y, cuando decidieron parar, pensé: "¡Aleluya!".* **2.** *Rel.* Se usa durante la Pascua en determinadas oraciones para expresar alegría. ● m. (Tb. f.) **3.** *Rel.* Canto litúrgico en el que se dice "aleluya" (→ 2). *Se canta el aleluya en demostración del júbilo pascual.* Tb. la composición musical creada sobre este canto. *El concierto acabó con el "Aleluya" de Haendel.* ○ f. **4.** Pareado de versos octosílabos, gralm. de carácter popular. *Hay en el acervo tradicional aleluyas dedicadas a aquella boda real.* ○ f. pl. **5.** coloq. Versos vulgares y mal rimados. *Se corearon aleluyas como "Con este gobierno, no salimos del infierno".*

alemán, na. adj. **1.** De Alemania. *Río alemán.* Dicho de pers., tb. m. y f. *Los alemanes tienen fama de metódicos.* **2.** Del alemán (→ 3). *Gramática alemana.* ● m. **3.** Lengua hablada en Alemania y otros países, como Austria o Suiza. *El alemán lo hablan más de cien millones de personas.* ▶ **1:** GERMÁNICO, GERMANO, TEUTÓN, TUDESCO.

alentador, ra. adj. Que alienta o anima. *Las noticias que llegan son alentadoras. Se corearon eslóganes alentadores* DE *la xenofobia y el racismo.*

alentar. (conjug. ACERTAR). tr. **1.** Dar ánimos o energía moral (a alguien). *El entrenador alentaba a sus jugadores desde la banda.* **2.** Dar estímulo o impulso (a algo). *Las malas condiciones de vida alentaron la revolución. No quisiera alentar falsas esperanzas.* ○ intr. **3.** Respirar, o absorber y expulsar aire. *El herido aún alentaba cuando llegó la ambulancia.* ▶ **1:** ANIMAR. **2:** *ESTIMULAR.

alerce. m. Árbol de la familia del pino, de gran altura, tronco recto, copa cónica y hoja caduca de color verde claro, propio de regiones montañosas. *Del alerce se extrae un tipo de trementina.* Tb. su madera. *Tablones de alerce.*

alergénico, ca. adj. Que produce alergia. *Alimentos alergénicos. Productos alergénicos.*

alérgeno. m. Sustancia que produce alergia. *Alérgenos como el polen o el polvo pueden desencadenar ataques de asma.*

alergia. f. **1.** Sensibilidad especial del organismo ante determinados agentes, que se manifiesta con alteraciones respiratorias, nerviosas o cutáneas. *Tiene alergia* A *los ácaros. Le dan alergia las fibras sintéticas.* **2.** Aversión o rechazo a algo o a alguien. *Le tiene alergia* AL *trabajo. La gente tan pedante me produce alergia.*

alérgico, ca. adj. **1.** De la alergia (sensibilidad). *Los conservantes pueden producir reacciones alérgicas.* **2.** Que padece alergia (sensibilidad). *El paciente es alérgico* A *los antibióticos.* Tb. m. y f. *La floración afecta a los alérgicos* AL *polen.* **3.** Que tiene alergia o aversión. *Este actor es alérgico* A *las entrevistas.*

alergología. f. *Med.* Rama de la medicina que estudia las alergias y su tratamiento. *Aumenta el número de pacientes atendidos en el servicio de alergología.*

alergólogo, ga. m. y f. *Med.* Especialista en alergología. *Las pruebas cutáneas son una de las herramientas fundamentales del alergólogo.*

alero. m. **1.** Parte inferior de un tejado, que sobresale de la pared y sirve para desviar de ella el agua de lluvia. *Caen chorros de agua de los aleros. Bajo el alero hay nidos de golondrina.* ○ m y f. **2.** Jugador de baloncesto que ocupa una posición lateral, suele tirar a canasta desde media o larga distancia, y sirve de apoyo al base y al pívot. *Juega de alero en el equipo del colegio.*

alerón. m. **1.** Pieza articulada del borde trasero de las alas de un avión, que sirve para variar la inclinación del aparato y facilitar otras maniobras. *La fuerza del aire contra los alerones provoca la inclinación del avión.* **2.** Reborde que sobresale hacia arriba en la parte superior trasera de la carrocería de un automóvil. *El modelo deportivo lleva incorporados alerones.* Tb. ~ *trasero. Su bólido perdió el alerón trasero al chocar con la valla.*

alerta. adv. **1.** En actitud vigilante o con atención. *Tras la ola de robos, la policía aconsejó a los vecinos que se mantuvieran alerta.* ● adj. **2.** Vigilante o atento. *Los niños hiperactivos están más alertas y suelen dormir mal. Pasó la noche en blanco, el cuerpo tenso, los ojos alertas.* ● f. **3.** Situación de vigilancia o atención. *Se puso en alerta a la población por el peligro de inundaciones. Estamos en alerta roja.* **4.** (Tb., más raro, m.). Aviso o llamada para ejercer vigilancia. *Se ha dado la alerta ante la aparición de un nuevo virus informático.* ● interj. **5.** Se usa para advertir a alguien que esté vigilante. *¡Alerta, a todas las patrullas!: el sospechoso conduce un coche rojo.* ▶ **2:** *ATENTO.

alertado, da. part. **1.** → **alertar.** ● adj. **2.** Alerta o vigilante. *Tenía el gesto alertado y la mirada hosca de quien ha pasado tiempo entre rejas.* ▶ **2:** *ATENTO.

alertar. tr. Poner alerta (a alguien). *El olor a quemado y el nerviosismo de los animales alertaron al granjero. Los médicos alertan a las autoridades* DE *un posible brote epidémico.*

aleta. f. **1.** Miembro plano que permite a un pez u otro vertebrado acuático desplazarse por el agua. *Sobre el agua apareció la aleta de un tiburón. La foca se arrastra hasta la orilla con ayuda de sus aletas delanteras.* **2.** Calzado de goma en forma de aleta (→ 1) y que se usa para nadar o bucear. *El buzo se calzó las aletas y se zambulló.* **3.** Ensanchamiento lateral inferior de cada orificio de la nariz. *De tanto sonarse, tiene irritadas las aletas de la nariz.* **4.** Parte de la carrocería de un automóvil que va sobre la rueda y sirve para evitar salpicaduras. *El accidente ha producido daños en la aleta trasera derecha.* ■ ~ **abdominal,** o **pelviana.** f. *Zool.* Cada una de las dos aletas (→ 1) situadas en la región del abdomen. ■ ~ **anal.** f. *Zool.* Aleta (→ 1) situada detrás del ano y junto a él. ■ ~ **caudal.** f. *Zool.* Aleta (→ 1) situada en el extremo de la cola. ■ ~ **dorsal.** f. *Zool.* Aleta (→ 1) situada en la línea media del dorso. ■ ~ **pectoral,** o **torácica.** f. *Zool.* Cada una de las dos aletas (→ 1) situadas inmediatamente detrás de la cabeza. ■ ~ **pelviana.** → **aleta abdominal.** ▶ **3:** ALA. **4:** *GUARDABARROS.

aletargamiento. m. Hecho o efecto de aletargar o aletargarse. *Al principio del verano, la víbora despierta de su aletargamiento.* Tb. fig. *La economía está en una fase de aletargamiento.*

aletargar. tr. **1.** Causar letargo (a alguien). *El narcótico lo aletargó durante varias horas.* ○ intr. prnl. **2.** Entrar un animal en estado de letargo. *Los osos se aletargan durante el invierno.* Tb. fig. *Tras la copiosa comida, todos van aletargándose. A la hora de la siesta, el pueblo se aletarga.*

aletear. intr. **1.** Agitar repetidamente las alas un animal. *El pajarillo, preso en el lazo, aleteaba asustado. Una mariposa aletea de flor en flor.* **2.** Agitar las aletas un animal acuático. *Las truchas aletean en la cesta del pescador.* **3.** Mover una persona los brazos como si fueran alas. *Los niños lo llamaban gallina mientras aleteaban con los brazos encogidos.*

aleteo. m. Hecho de aletear. *Con su rápido aleteo, el colibrí parece suspendido en el aire. Bajó las escaleras tropezando y con un torpe aleteo de brazos.*

aleutiano, na. adj. De un pueblo indígena de las islas Aleutianas y del oeste de Alaska. *Lengua aleutiana.* Dicho de pers., tb. m. y f. *Algunos aleutianos son nativos de Alaska.*

aleve. adj. cult. Alevoso. *Con el puñal bajo el manto, Casio y Bruto se acercan aleves a César. Espera el aleve ataque de la muerte.*

alevín. m. **1.** Cría de pez para repoblación de ríos, lagos o estanques. *Van a echar alevines de carpa al estanque.* **2.** Principiante en una actividad o profesión. *Estos alevines* DE *delincuente tienen atemorizado al barrio. En la emisora local, los alevines* DE *periodista hacen sus primeras crónicas.*

alevosía. f. **1.** *Der.* Precaución que toma un delincuente para evitar su propio riesgo al cometer un delito contra las personas. *La agresión se ha cometido con premeditación y alevosía.* **2.** cult. Traición o deslealtad. *Cuando el rey descubrió la alevosía de sus cortesanos, mandó decapitarlos.*

alevoso, sa. adj. **1.** Que denota o implica alevosía. *El alevoso atentado ocurrió a plena luz del día. El Ayuntamiento ha realizado una alevosa subida de tasas en verano.* **2.** Que comete alevosía. *La policía ha aprehendido al alevoso asesino.*

alfa. f. Letra del alfabeto griego (Α, α), que corresponde al sonido de *a.* ■ ~ **y omega.** f. cult. Principio y fin. *Para este pintor el sexo es el alfa y omega de su actividad creadora.*

alfabético, ca. adj. **1.** Del alfabeto o abecedario. *El callejero sigue un riguroso orden alfabético.* **2.** Dispuesto según el orden alfabético (→ 1). *Nuestro catálogo incluye un índice alfabético de autores.*

alfabetización. m. Hecho de alfabetizar. *El gobierno ha creado un programa de alfabetización de adultos. La base de datos permite la alfabetización de los registros.*

alfabetizar. tr. **1.** Enseñar (a alguien) a leer y escribir. *Entre los objetivos de la misión está alfabetizar a la población indígena.* **2.** Ordenar (algo) alfabéticamente. *Partes de la lista se hallan mal alfabetizadas.*

alfabeto[1]**.** m. **1.** Serie ordenada de las letras de un idioma o de un conjunto de idiomas. *En ruso se emplea el alfabeto cirílico; en francés, inglés y español, el latino.* **2.** Conjunto de símbolos empleados en un sistema de comunicación y gralm. basados en un alfabeto (→ 1). *Para la telegrafía se ideó el alfabeto Morse con combinaciones de rayas y puntos.* ▶ **1:** *ABECEDARIO.

alfabeto[2]**, ta.** adj. frecAm. Que sabe leer y escribir. *El público fue cada vez más alfabeto, gracias a los programas educativos* [C]. Tb. m y f. *Aprobaron el sufragio obligatorio y el voto secreto para los alfabetos* [C].

alfajor. m. **1.** Dulce hecho con una pasta de nueces, almendras o piñones, miel, pan rallado y especias. *El alfajor es típico de Navidad.* **2.** Am. Dulce hecho con dos láminas de masa unidas entre sí con dulce de leche u otros ingredientes. *Las religiosas de Santa Clara ofrecen a la venta alfajores rellenos de membrillo* [C].

alfalfa. f. Planta de flores azules y fruto en forma de vaina retorcida, que se cultiva para forraje. *Ve al establo a echar alfalfa al ganado.*

alfanje. m. histór. Sable corto, ancho y curvo, con un filo en la hoja y doble filo en la punta, propio de los árabes. *Aladino llevaba babuchas, turbante y alfanje al cinto.*

alfanumérico, ca. adj. *Inform.* Formado por letras, números y otros caracteres. *Teclado alfanumérico.*

alfar. m. Alfarería (taller). *En los alfares de Talavera se produce una de las cerámicas de más tradición en España.* ▶ ALFARERÍA.

alfarería. f. **1.** Arte u oficio de fabricar objetos de barro cocido, pralm. vasijas. *En la casa de cultura se organizan cursos de alfarería.* **2.** Taller donde se fabrican objetos de alfarería (→ 1). *El torno y el horno son fundamentales en una alfarería.* ▶ **2:** ALFAR.

alfarero, ra. m. y f. Persona que tiene por oficio la alfarería. *Esta es una familia de alfareros.*

alféizar. m. Superficie horizontal que en la parte inferior de una ventana cubre el muro por dentro y por fuera. *Los de arriba acuden el mantel por la ventana y las migas caen en mi alféizar. Se asoma a la ventana, acodándose en el alféizar.*

alfeñique. m. coloq., despect. Persona delgada y de complexión débil. *Cuando entró en el gimnasio era un alfeñique y ahora mira qué músculos.*

alférez. m. y f. Oficial del Ejército o de la Armada cuyo empleo es inmediatamente superior al de suboficial mayor. *El rango de alférez de fragata es inferior al de alférez de navío.*

alfil. m. En ajedrez: Cada una de las dos piezas que al inicio del juego se sitúan junto al rey y la reina respectivamente, y que se mueven en diagonal por las casillas de su color. *Los alfiles blancos atacaban a la reina por los flancos.*

alfiler. m. **1.** Utensilio metálico largo y muy fino, puntiagudo por un extremo y con cabeza por el otro, que sirve para prender o sujetar algo. *La modista coge los bajos del pantalón con alfileres. Me ha sacado la espina del dedo con la punta de un alfiler.* **2.** Joya con forma de alfiler (→ 1), o de broche u horquilla, que se usa como adorno o para sujetar algo, espec. una prenda. *Lleva gemelos, sortija y alfiler de corbata, todos de oro y a juego.* ■ **~ de gancho.** m. Am. Imperdible. *Llevaba el traje escotado, sujeto a los lados con alfileres de gancho* [C]. □ **con ~s.** loc. adv. Con poca firmeza o seguridad. *Llevo el examen con alfileres.* Gralm. en la constr. *prendido, o cogido, con ~s. Su tesis, aunque original e interesante, está cogida con alfileres.* ■ **no caber un ~** (en un lugar). loc. v. coloq. Estar (ese lugar) lleno de gente. *En el estadio no cabía un alfiler.*

alfilerazo. m. **1.** Pinchazo de alfiler. *Ha reventado el globo de un alfilerazo.* Tb. fig. *Acercó la mano al aparato y sintió un alfilerazo en los dedos.* **2.** Pulla. *En su discurso dedica varios alfilerazos a su oponente.*

alfiletero. m. **1.** Tubito con tapa para guardar alfileres y agujas. *Busca el alfiletero en la caja de la costura.* **2.** Almohadilla para clavar en ella alfileres y agujas. *La dependienta va quitando los alfileres de la camisa y pinchándolos en un alfiletero de espuma.* ▶ **2:** ACERICO.

alfiz. m. *Arq.* Recuadro que bordea un arco árabe, desde las impostas o desde el suelo. *Las ventanas son arcos de herradura encuadrados en el típico alfiz.*

alfombra. f. **1.** Pieza de tejido grueso que sirve para cubrir el suelo, gralm. de una habitación o una escalera. *Una alfombra cubre el centro del salón. Hay una alfombra roja tendida desde la marquesina hasta el vestíbulo del hotel.* **2.** Cosa o conjunto de cosas que cubren el suelo. *Los novios avanzan sobre una alfombra* DE *flores.* ▶ **Am: 1:** TAPETE.

alfombrado. m. Conjunto de alfombras. *Por la mañana se aspira todo el alfombrado del palacio.*

alfombrar. tr. **1.** Cubrir con alfombras (un lugar o su suelo). *Alfombraron la iglesia para la ceremonia. Están alfombrando el suelo del salón.* **2.** Cubrir (un lugar o su suelo) con algo a manera de alfombra. *Es costumbre alfombrar las calles* CON *flores. El suelo de la ebanistería estaba alfombrado* DE *serrín.*

alfombrilla. f. Alfombra de tamaño reducido, o pieza similar de goma u otro material, que sirve para cubrir un espacio pequeño. *Se quitó los zapatos en la alfombrilla del recibidor. Hay que lavar las alfombrillas del coche. Ponga una alfombrilla antideslizante en su bañera.*

alfonsí. adj. De Alfonso X el Sabio (1221-1284). *En el período alfonsí hay una incesante actividad cultural. La obra alfonsí incluye poesía en gallego.*

alfonsino, na. adj. De alguno de los reyes españoles llamados Alfonso, espec. Alfonso XII (1857-1885). *En 1874 comienza el reinado alfonsino y el período conocido como Restauración.*

alforja. f. Tira ancha de material resistente, frec. tela o cuero, rematada en cada extremo por una bolsa grande y empleada para transportar carga al hombro o a lomos de un animal. *El cazador sacó una cantimplora de la alforja.* Frec. en pl. con significado sing. *El borrico lleva las alforjas repletas de aceitunas.*

alfoz. m. (Tb. f.). Territorio que rodea a una población y que antiguamente dependía de ella. *Se otorga a Sepúlveda en 1076 un fuero especial por el que recibe un amplio alfoz.*

alga. f. Vegetal unicelular o pluricelular, gralm. provisto de clorofila, sin raíces, tallo u hojas verdaderos, y cuyas especies más conocidas son acuáticas. *Hoy los biólogos agrupan muchas algas en un reino distinto del de las plantas. Las algas rojas habitan en aguas cálidas.*

algarabía. f. Ruido confuso de personas hablando o gritando todas a la vez. *El café se iba llenando y la algarabía de las tertulias crecía.* Tb. fig. *De pronto una algarabía de sirenas policiales atravesó la avenida.*

algarada. f. **1.** Tumulto o disturbio causados por una multitud de gente, espec. en señal de protesta. *Los rumores de fraude electoral provocaron algaradas callejeras.* **2.** histór. En la Edad Media: Incursión de una tropa a caballo por territorio enemigo para saquearlo. *Se tienen noticias de algaradas de cristianos por estas tierras durante la dominación árabe.* ▶ **1:** *ALBOROTO.

algarroba. f. **1.** Fruto del algarrobo, en forma de vaina de color castaño oscuro, con semillas oscuras, azucaradas y comestibles, que se usan como pienso. *Estaba en el portal pelando algarrobas.* Tb. su semilla. **2.** Planta herbácea del mismo grupo que el haba, utilizada como forraje. *Ha plantado la huerta de algarrobas.* Tb. su semilla, que se utiliza como pienso. ▶ **2:** ARVEJA.

algarrobo. m. Árbol mediterráneo, de copa densa y ancha, grandes hojas persistentes de color verde oscuro y cuyo fruto es la algarroba.

algazara. f. Ruido de muchas voces alegres. *Los niños chapotean en el río con gran algazara.*

álgebra. f. Rama de las matemáticas en la que se generalizan operaciones mediante letras y símbolos. *El álgebra se centra en la resolución de ecuaciones.*

algebraico, ca. adj. Del álgebra. *Operaciones algebraicas.*

álgido, da. adj. **1.** Dicho de momento o período: Culminante o principal. *La controversia está en su momento álgido. El punto álgido del concierto fue su solo de violín.* **2.** cult. Muy frío. *Llega la primavera y las álgidas aguas de la torrentera se desbocan garganta abajo.*

algo. (No tiene pl.). pron. **1.** Designa una cosa o una acción no determinadas. *No te quedes ahí parado, haz algo. ¿Te pasa algo?, estás muy callada. Préstame algo para ponerme esta noche. Eso es algo inadmi-*

sible. Si hay algo que le molesta es la improvisación. **2.** Una cantidad pequeña de algo (→ 1). *Queda algo* DE *zumo de naranja. Habla algo* DE *alemán. Tiene algo* DE *tirano.* A veces se omite el compl. *Apuesta algo, a lo mejor tienes suerte. Aún falta algo para llegar.* ● adv. **3.** Un poco. *Entiende algo el ruso. Son algo despistados. Acércate algo más. Conseguí que se tranquilizara algo.* ■ **~ es ~.** expr. Se usa para expresar que se está o se debe estar conforme con lo conseguido, aunque no sea suficiente. *Pensé que tendría un mes de permiso y solo me han dado 15 días, ¡algo es algo! –Solo he aprobado una asignatura. –¡No te quejes!, algo es algo.* ■ **darle ~** (a alguien). loc. v. Sobrevenir(le) un síncope. *A Ana casi le da algo cuando vio la factura del teléfono.* ■ **por ~.** loc. adv. Por una causa justificada. *Si te ha dicho eso, por algo será. Por algo no querrá ir contigo.*

algodón. m. **1.** Planta cuyo fruto consiste en una cápsula que contiene unas semillas rodeadas de una pelusa fibrosa, blanca y suave. *Una plantación de algodón.* **2.** Pelusa del fruto del algodón (→ 1). *Los esclavos recogían algodón de sol a sol.* **3.** Masa compacta de algodón (→ 2) limpio y esterilizado, que se utiliza en medicina y cosmética. *Compré algodón en la farmacia.* Tb. trozo de esta masa. *Le limpió la herida con un algodón. Duerme con algodones en los oídos.* **4.** Hilo de algodón (→ 2). *El tejido lleva mezcla de algodón, lana y fibra.* **5.** Tejido confeccionado con hilo de algodón (→ 2). *Un pantalón de algodón.* ■ **entre algodones.** loc. adv. Con mucho cuidado y delicadeza. *El niño se había criado entre algodones. El apoderado había llevado a su novillero entre algodones para convertirlo en figura del toreo.*

algodonal. m. Terreno cultivado con plantas de algodón. *El fugado se había escondido en los algodonales.*

algodonero, ra. adj. **1.** Del algodón. *Cultivo algodonero. Industria algodonera.* ● m. y f. **2.** Persona que cultiva algodón o comercia con él. *Los algodoneros protestan por los altos aranceles.*

algodonoso, sa. adj. Que tiene el aspecto o las propiedades del algodón. *Solo alguna nubecilla algodonosa surca el cielo. Esta seta tiene un sombrero cónico cubierto de escamas algodonosas.*

algol. m. *Inform.* Lenguaje de programación de alto nivel, diseñado para la resolución de problemas científicos y matemáticos.

algorítmico, ca. adj. Del algoritmo. *La ecuación se resuelve por un procedimiento algorítmico.*

algoritmo. m. Conjunto ordenado de operaciones matemáticas que permite hallar la solución de un problema. *Un programa de ordenador consta de una serie de algoritmos con operaciones lógicas elementales.*

alguacil. m. y f. **1.** Funcionario municipal subalterno que ejecuta las órdenes del alcalde o de los tenientes de alcalde. *Se convoca oposición para cubrir plazas de alguacil en el Ayuntamiento.* **2.** Funcionario de justicia que ejecuta las órdenes de un tribunal. *El juez ordenó a los alguaciles que se llevaran a la acusada.* ○ m. **3.** *Taurom.* Alguacilillo. *Los alguaciles hacen la entrega simbólica de la llave de toriles.*

alguacilillo. m. *Taurom.* Cada uno de los dos agentes que, vestidos de negro como los alguaciles antiguos, están a las órdenes del presidente de una plaza de toros con la misión de hacer que se cumpla el reglamento. *Los dos alguacilillos, montados a caballo, abren el paseíllo. El alguacilillo hizo entrega de la oreja al diestro.* ▶ ALGUACIL.

alguicida. m. Producto o sustancia que elimina las algas. *Hay que tratar la piscina con cloro y algún alguicida.*

alguien. (No tiene pl.). pron. **1.** Designa una persona existente no determinada. *–¿Esperas a alguien? –Sí, a mis padres. Si alguien pregunta por mí, dile que me llame más tarde. De alguien así puedes esperar cualquier cosa. Quiero hablar con alguien que pueda aclarármelo.* ● m. **2.** Persona de importancia. Con v. como *creerse* o *ser. Se creía alguien por tener un pequeño negocio.*

alguno, na. (En acep. 1 y 2, apóc. **algún:** se usa delante de m. sing., tb. cuando entre los dos se interpone un adj.: *algún inconveniente; algún mal hábito; algún alta médica*). adj. **1.** Antepuesto a un nombre contable, expresa que la persona o cosa designadas por él son una cualquiera, o más de una, no determinadas. *Decidió regalarle algunos vestidos que ya no se ponía. ¿Hay aquí algún médico? ¿Alguna otra pregunta? El mal olor procede de algún vertedero cercano.* Tb. *algún* (o, más raro, *~*) *que otro,* que se usa solo en sing. *Nos encontramos con algún que otro imprevisto durante el viaje. La policía hizo alguna que otra detención.* **2.** Seguido de un nombre abstracto o de materia en singular, expresa que lo designado por ellos se presenta en una cantidad o intensidad pequeñas no determinadas. *¿Tenéis todavía alguna esperanza de encontrarla? Me llevará algún tiempo arreglarlo. Tendrás que ahorrar algún dinero.* **3.** cult. Pospuesto a un nombre: Ninguno. Se usa en constr. negativas. *No tenía motivo alguno para hacerlo. Ya camina sin apoyo alguno. Carecían de prueba alguna en su contra.* ● pron. **4.** Designa una o varias personas o cosas no determinadas. *Solo algunos pueden permitirse ese lujo. ¿Ha vendido alguno de sus grabados? Si te interesan las novelas de misterio, te puedo prestar alguna. Algunos de los corredores no llegaron a la meta.* Tb. *~ que otro,* que se usa solo en sing. *–¿Se lo dijiste a muchas amigas? –Solo a alguna que otra. En cuanto a los museos, solo nos dará tiempo a ver alguno que otro.*

alhaja. f. **1.** Joya (adorno personal). *A la fiesta acudió gente de la aristocracia luciendo sus mejores alhajas.* **2.** Persona, animal o cosa de excelentes cualidades. *Te digo que es una alhaja, que no he visto chica más lista y dispuesta que ella. Este sello es una alhaja de la filatelia.* A veces con intención irónica. *El chico no quiere estudiar ni trabajar; ¡vamos, que es una alhaja!* ▶ *JOYA.

alharaca. f. Expresión o demostración exageradas de un sentimiento. *Ha aguantado estoicamente el chaparrón de críticas, sin la menor alharaca.* Frec. en pl. *Recibió la noticia del galardón sin grandes alharacas.*

alhelí. (Tb. **alelí;** pl. **alhelíes** o **alhelís**). m. Planta ornamental cuyas flores tienen olor agradable y muy diversos colores. *Los alhelíes crecen a veces de forma espontánea junto a los muros.* Tb. la flor. *Para la novia hicieron una guirnalda de alelíes.*

alheña. f. **1.** Aligustre. *Seto de alheña.* **2.** Polvo obtenido de hojas secas de alheña (→ 1), usado como tinte o cosmético. *Lleva el pelo teñido con alheña.*

alhóndiga. f. Local público utilizado para la compraventa o almacén de grano, espec. de trigo, y de comestibles u otras mercancías. *En años de abundancia se acumulaba el grano en las alhóndigas*

aliado, da. part. **1.** → **aliar.** ● adj. **2.** Dicho de Estado, nación o ejército: Que está aliado (→ 1) militar o políticamente con otro. *Francia era uno de los paí-*

ses aliados contra Alemania. Los ejércitos aliados de España y Gran Bretaña derrotaron a los franceses en Arapiles. Tb. sustantivado. *El desembarco de Normandía supone un paso decisivo para el triunfo de los aliados. A las viejas aliadas Austria y Alemania se unió Italia.* **3.** Dicho de persona: Que está aliada (→ 1) con otra para conseguir un mismo fin. Tb. m. y f. *El jefe busca aliados entre el personal para mantener el orden en la empresa.* Tb. fig. *La lluvia fue la mejor aliada de nuestros deportistas.*

aliaga. f. Aulaga. *El barranco es muy estrecho y está poblado de aliagas.*

aliancista. adj. Que forma parte de una alianza política o es partidario de ella. *El referéndum demostró que la población tenía poco de aliancista.* Tb. m. y f. *Aliancistas y radicales se enfrentan en el seno del partido.*

alianza. f. **1.** Hecho de aliarse personas, organizaciones o estados. *Piensa que los vecinos han hecho una alianza contra él. El capital extranjero entraba a través de alianzas con empresas nacionales.* Tb. el conjunto que forman. *Los países que integran la alianza celebrarán una cumbre en mayo.* **2.** Anillo de matrimonio. *El padrino entrega las alianzas a los novios.* **3.** cult. Matrimonio o casamiento. *Tras la ceremonia de alianza se celebró un banquete.* Tb. ~ *matrimonial. Europa se iba modificando mediante alianzas matrimoniales entre sus monarquías.*

aliar. (conjug. ENVIAR). tr. **1.** Unir (a una persona o cosa) con otra para un fin. *El miedo los alió contra el poder. El atleta leonés alió su sed de triunfo* CON/A *una excelente preparación física, y terminó ganando la prueba.* ○ intr. prnl. **2.** Unirse un estado con otro, gralm. mediante tratado, para defender intereses políticos o militares comunes. *Los países mediterráneos se aliaban en las votaciones del parlamento europeo. En la Segunda Guerra Mundial, Japón se alió* CON/A *Alemania.* **3.** Unirse una persona o una colectividad con otra para un mismo fin. *Las alumnas se habían aliado* CONTRA *ella. Un banco americano entró en el mercado financiero europeo aliándose* CON/A *pequeñas entidades locales.*

alias. adv. **1.** Por otro nombre. Se usa siguiendo al nombre de una persona y antepuesto a su apodo o sobrenombre. *Alfonso Tostado, alias el Abulense.* ● m. **2.** Apodo o sobrenombre. *Fue la gente del barrio quien le puso el alias de "el Rati".*

alicaído, da. adj. **1.** Triste o desanimado. *Los continuos desengaños amorosos lo dejaron muy alicaído.* **2.** Débil o falto de fuerzas. *Si se nota alicaído, tal vez necesite un aporte vitamínico adicional.*

alicantino, na. adj. De Alicante. *Localidad alicantina.* Dicho de pers., tb. m. y f. *Los alicantinos celebran San Juan por todo lo alto.*

alicatado. m. Hecho o efecto de alicatar. *La obra de alicatado está casi terminada. Cuarto de baño y cocina vienen con alicatado hasta el techo.*

alicatar. tr. Revestir (algo) de azulejos. *Alicatamos la piscina con azulejo celeste.*

alicate. m. Herramienta en forma de tenaza pequeña, con brazos gralm. curvos y puntas cuadradas o de forma de cono truncado, que sirve para sujetar objetos pequeños o para torcer o cortar cables, alambres y cosas parecidas. *Extraiga el taco de la pared con un alicate.* Gralm. en pl. con significado sing. *Para empalmar dos cables eléctricos solo se necesitan unos alicates y cinta aislante.*

aliciente. m. Cosa atractiva o que estimula a hacer algo. *Sin duda el mayor aliciente del concurso era el premio del coche. El clima benigno y la suculenta gastronomía de la zona sirven de aliciente al turismo.* ► *ESTÍMULO.

alicorto, ta. adj. **1.** Dicho de ave: Que tiene las alas cortas o cortadas. *Una paloma alicorta.* **2.** De poca imaginación o pocas aspiraciones. *La película adolece de un guión alicorto y previsible.*

alícuota. f. *tecn.* Parte alícuota (→ **parte**). *Han dispuesto una disminución progresiva de la alícuota del impuesto.*

alienación. f. Transformación de la conciencia, gralm. por causas externas, que lleva a un individuo o a una colectividad a perder su identidad o a estar en contradicción con ella. *El fanatismo religioso llevó a estas sociedades a un proceso de alienación. El trabajo mecánico y repetitivo provoca alienación en el individuo.*

alienado, da. part. **1.** → **alienar.** ● adj. **2.** Loco o demente. Tb. m. y f. *El agresor era un alienado que había escapado del hospital psiquiátrico.* ► **2:** *LOCO.

alienante. adj. Que produce alienación. *El trabajo mecánico es un factor alienante.*

alienar. tr. Producir alienación (en alguien). *La sociedad industrial aliena al individuo.*

alienígena. adj. Extraterrestre. *Una invasión alienígena.* Dicho de ser, tb. m. y f. *La película es una historia de amistad entre un niño y un alienígena.*

aliento. m. **1.** Aire expulsado al respirar. *Echó el aliento a las gafas y las limpió con un pañuelo.* **2.** Olor del aliento (→ 1). *Echa un aliento* A *tabaco que apesta. Las caries producen mal aliento.* **3.** Respiración (hecho de respirar). *Del susto se me cortó el aliento. Llegó al rellano casi sin aliento.* **4.** Hecho de alentar o dar ánimos a alguien. *Con los nuevos fichajes y el aliento de su afición, el equipo espera llegar muy lejos. El presidente tuvo palabras de aliento para los familiares del fallecido.* **5.** cult. Ánimo o vigor. Frec. en pl. con significado sing. *Herido como estaba, aún tuvo alientos para llegar nadando hasta la orilla. Le faltaron alientos para culminar las reformas.* **6.** cult. Inspiración o impulso creativo. *Es la suya una pintura de aliento picassiano.* ► **3:** *RESPIRACIÓN.

alifático, ca. adj. *Quím.* Dicho de compuesto orgánico: Que posee una estructura molecular de cadena abierta. *Hidrocarburos alifáticos.*

aligátor. m. Caimán. *En el río vimos un enorme aligátor. Los cocodrilos y los aligátores son parecidos.*

aligeramiento. m. Hecho de aligerar. *Con el aligeramiento del fuselaje, la nave mejora su rendimiento.*

aligerar. tr. **1.** Hacer (algo o a alguien) más ligero o menos pesado, gralm. quitándo(le) carga o peso. *El fabricante ha aligerado el cuadro y los manillares del nuevo modelo de bicicleta. En cuanto sale el sol, se aligeran* DE *ropa. Antes de la ascensión, aligeraron sus mochilas* DE *todo objeto superfluo.* Tb. fig. *El corrector aligeró el texto* DE *repeticiones.* Tb. en constr. prnl. media. *Con el calor, el aire se aligera y asciende.* **2.** Hacer (algo) más ligero, o menos grave o intenso. *El club aligeró sus problemas económicos con algunos traspasos. Han aligerado las penas por estos delitos.* **3.** Hacer (algo) más rápido. *Oyó pisadas detrás de ella y aligeró el paso.* ○ intr. **4.** Darse prisa. *¡Aligera, que no llegamos!*

aligustre. m. Arbusto de hojas brillantes de color verde oscuro y florecillas blancas olorosas, muy utilizado en jardinería para setos. *Dos filas de aligustre bordeaban el camino empedrado hasta el garaje.* ▶ ALHEÑA.

alijar. tr. **1.** Desembarcar total o parcialmente (la carga de una embarcación). *Un buque entró en el puerto para alijar una partida de trigo.* **2.** Transbordar o echar en tierra (géneros de contrabando). *Los pillaron alijando armas.*

alijo. m. **1.** Acción de alijar. *Había varios hombres dedicados al alijo de la carga del barco.* **2.** Conjunto de géneros o mercancía de contrabando. *En la bodega del barco se ha encontrado un alijo de heroína. La policía incautó un alijo de diamantes.*

alimaña. f. **1.** Animal salvaje perjudicial, espec. para la caza menor o el ganado. *Aquella noche el rebaño quedó fuera del redil, expuesto a las alimañas del bosque.* **2.** Persona con mala intención o malos sentimientos. *Los mercenarios, unas alimañas, siembran el terror con saqueos y secuestros.*

alimentación. f. **1.** Hecho de alimentar o alimentarse. *La madre se encarga de la alimentación del lactante. Se ha estropeado la fuente de alimentación del ordenador.* **2.** Conjunto de sustancias que se toman o se proporcionan como alimento. *El médico le recomendó ejercicio y alimentación variada.*

alimentador, ra. adj. **1.** Que alimenta, espec. para que algo funcione. *La cámara de cine tiene una bobina alimentadora y otra receptora por las que circula la película.* ● m. **2.** Pieza o mecanismo que proporciona la materia o energía necesarias para el funcionamiento de una máquina. *La impresora tiene alimentador automático de papel.*

alimentar. tr. **1.** Dar alimento (a un ser vivo). *Alimentaba al bebé con papillas de cereales. En invierno tiene que alimentar al ganado con pienso.* **2.** Proporcionar (a algo) lo necesario para que funcione, como materia o energía. *Se necesitan más centrales eléctricas para alimentar la red. Alimentaban la base de datos* CON/DE *información errónea o inexacta.* **3.** Servir para que se produzca o se mantenga (algo, espec. el fuego). *La abundancia de maleza alimentó las llamas.* **4.** Fomentar el desarrollo o mantenimiento (de algo inmaterial, espec. facultades o sentimientos). *Se complace en alimentar viejos rencores. Aquella extraña actitud alimentó las sospechas de los vecinos. Su respuesta alimentó mi esperanza.* **5.** *Der.* Suministrar (a alguien) lo necesario para su manutención y subsistencia. *El padre divorciado tiene obligación de alimentar a sus hijos.* ○ intr. prnl. **6.** Tomar u obtener alimento. *Estuvieron una semana perdidos en el bosque, alimentándose* DE/CON *bayas y raíces.* ▶ **6:** MANTENERSE.

alimentario, ria. adj. De la alimentación. *Suben los precios en el sector alimentario. Intoxicación alimentaria.*

alimenticio, cia. adj. **1.** Que alimenta o tiene la propiedad de alimentar. *Consume productos alimenticios naturales. El pescado es muy alimenticio.* **2.** De la alimentación o de los alimentos. *Debería modificar sus hábitos alimenticios.*

alimento. m. **1.** Conjunto de sustancias que un ser vivo toma para nutrirse y subsistir. *La cigüeña va en busca de alimento para sus crías. La planta absorbe alimento por las raíces.* Tb. cada una de dichas sustancias. *El arroz es un alimento básico en la dieta oriental.* **2.** Poder nutritivo o capacidad para nutrir. *Las legumbres tienen mucho alimento. Eso que tomas es de poco alimento.* **3.** Cosa que permite o favorece la existencia, el desarrollo o el funcionamiento de algo. *Su frase ha sido alimento de las más diversas especulaciones. Los textos clásicos sirvieron de alimento a la cultura occidental.* ○ pl. **4.** *Der.* Prestación debida entre parientes próximos cuando quien la recibe no tiene la posibilidad de subvenir a sus necesidades. *Son muchos los divorciados que se sustraen a la prestación de alimentos a sus hijos.* ▶ **1:** COMIDA.

alimoche. m. Ave rapaz carroñera, similar al buitre pero de menor tamaño, con la cabeza y el cuello cubiertos de plumas. *El alimoche hembra. Entre las rocas había un nido de alimoche.*

alimón. **al ~.** loc. adv. **1.** Conjuntamente. *La línea férrea será construida al alimón por España y Portugal. Ha grabado su último disco al alimón* CON *la Filarmónica de Londres.* **2.** *Taurom.* Sujetando el capote entre dos toreros, cada uno por un extremo. *Ambos diestros torearon al alimón en un quite por chicuelinas al segundo de la tarde.*

alineación. f. **1.** Hecho o efecto de alinear. *El mecánico ha revisado la alineación de ruedas y ejes. Es dudosa su alineación para el encuentro. Sorprende su alineación* CON *los conservadores en la campaña electoral.* **2.** Disposición de los jugadores de un equipo deportivo según el puesto y función asignados a cada uno para determinado partido. *El equipo presenta una alineación ofensiva. No dará la alineación hasta minutos antes del partido.* ▶ **1:** ALINEAMIENTO.

alineado, da. part. **1.** → **alinear.** ● adj. **2.** Que ha tomado partido en un conflicto o disidencia. Se usa gralm. en la constr. *no ~*, en referencia a colectividades que proclaman así su neutralidad. *Países no alineados.* Tb. m. pl. *España fue invitada a la cumbre de los no alineados celebrada en La Habana.*

alineamiento. m. **1.** Alineación (hecho o efecto de alinear). *Desde la loma se contemplaba un alineamiento de chopos junto al río. Se produjo un alineamiento generalizado de los intelectuales* CON *la oposición a la dictadura.* **2.** *Prehist.* Conjunto de menhires colocados en fila. *Hay un alineamiento de menhires junto a la tumba.* ▶ **1:** ALINEACIÓN.

alinear. tr. **1.** Poner en línea recta (un grupo de personas, animales o cosas). *Alineó a los corredores para que saliesen por orden. Mandaron a los presos alinearse de cara a la pared. Se entretenía en alinear las sillas.* Tb. en constr. prnl. media. *Sobre la cómoda se alineaban toda suerte de frascos.* **2.** Incluir (a un jugador) en un equipo para un encuentro deportivo. *El seleccionador alineó a varios suplentes para el partido.* **3.** Vincular (a una persona o colectividad) a una tendencia o un bando. *La crítica lo alineaba siempre* CON *la corriente del neorrealismo italiano. Dudaba si alinearse o no* CON *los nacionalistas en la votación.* Tb. en constr. prnl. media. *Habitualmente se alineaba más* CON *las ideas progresistas que* CON *las conservadoras.*

aliñar. tr. **1.** Añadir condimentos (a un alimento o a una comida) para dar(le) buen gusto. *¿Has aliñado la ensalada? En esta comarca se aliñan los asados con una salsa a base de hierbas. Aceitunas aliñadas.* **2.** Adornar o embellecer (algo). *Aliña sus novelas y relatos* CON *un oscuro sentido del humor.* **3.** Arreglar o asear (algo o a alguien). *Aliña un poco esta leonera, que hoy viene la inspección. Dame dos minutos para aliñarme un poco y nos vamos.* **4.** *Taurom.* Preparar (al toro) para una suerte, espec. la de matar, sin adorno ni intención artística. *A su segundo, un toro muy peligroso, lo aliñó con presteza.* ▶ **1:** *CONDIMENTAR.

aliño. m. **1.** Hecho o efecto de aliñar o aliñarse. *Un buen cocinero debe poner cuidado en el aliño de las* *carnes. Su estilo ágil da el justo aliño a un puñado de excelentes relatos. El buen aliño de las mujeres y la alegría de los niños delatan la inminencia de las fiestas.* **2.** Salsa o conjunto de condimentos con que se aliña un alimento o una comida. *A las endibias con queso les va bien una vinagreta u otro aliño similar.* ■ **de ~.** loc. adj. *Taurom.* Que sirve para aliñar al toro. *El viento le obligó a hacer una faena de aliño. Tras unos pases de aliño, se dispuso a matar.* ▶ **1:** *CONDIMENTACIÓN. **2:** *CONDIMENTO.

alioli. m. Salsa que se elabora mezclando ajo machacado y aceite hasta lograr cierta consistencia. *Patatas al alioli. Preparó un alioli para el pescado.* ▶ AJIACEITE, AJOACEITE.

alirón. interj. **1.** Se usa. para celebrar la victoria en una competición deportiva. *¡Alirón, alirón, nuestro equipo es campeón!* ● m. **2.** Cántico para celebrar la victoria en una competición deportiva. *El empate supone que la afición deberá retrasar el alirón hasta el domingo que viene.* Frec. en la constr. *cantar,* o *entonar, el ~. Se espera que hoy los tinerfeños canten el alirón.*

alisado. m. Hecho de alisar. *El cepillo permite un mejor alisado del cabello.*

alisamiento. m. Hecho o efecto de alisar. *Pulió la piedra hasta lograr un perfecto alisamiento de su superficie.*

alisar. tr. **1.** Poner liso (algo). *Tiene el pelo muy rizado y va a la peluquería para que se lo alisen. Se levantó y se alisó la falda. Alise el cemento con una llana.* Tb. en constr. prnl. media. *Sus rizados cabellos se alisaron con los años.* **2.** Arreglar (el pelo) pasándo(le) ligeramente el peine, la mano o algo similar. *Un mozo alisaba las crines a la yegua con un cepillo. Tenía el tic de alisarse el pelo con la mano.*

aliseda. f. Lugar poblado de alisos. *Merendaron en una aliseda junto al río.*

alisios. m. pl. Vientos alisios (→ **viento**). *Surcaron el Atlántico, rumbo a América, empujados por los alisios.*

aliso. m. Árbol alto, de tronco recto y corteza pardusca y agrietada, que da una especie de piña pequeña y crece en lugares húmedos. *En las riberas se forman bosquecillos de alisos, sauces y fresnos.* Tb. su madera. *Son típicos de esta zona los zuecos de aliso o abedul.*

alistamiento¹. m. Hecho de alistar o alistarse en el ejército. *Han denunciado el alistamiento forzoso de campesinos. Tras la declaración de guerra hubo numerosos alistamientos voluntarios.*

alistamiento². m. Am. Hecho de alistar o alistarse (→ **alistar²**). *La selección de fútbol inició su etapa de alistamiento en la altura* [C].

alistar¹. tr. Inscribir (a alguien) en el ejército. *Lo alistaron sin su consentimiento. Se alistó* EN *la Armada.* ▶ ENROLAR. || **Am:** ENLISTAR.

alistar². tr. **1.** Am. Preparar o disponer (algo o a alguien) para un fin. *Estaba alistando los accesorios de buceo* [C]. *Parecía que los hombres armados se alistaban para salir temprano* [C]. **2.** Am. Arreglar (a alguien), o dar(le) un aspecto limpio y agradable. *Su esposo se alista en el baño, desayuna de pie en la cocina y sale con apuro* [C]. ▶ **1:** *PREPARAR. **2:** *ARREGLAR.

aliteración. f. *Lit.* Repetición de uno o varios fonemas, espec. consonánticos, para dar expresividad a una frase o a un verso. *La aliteración de la ese sirve para evocar el zumbido de las abejas.*

aliviadero. m. Abertura o conducto por donde sale el agua sobrante de un embalse o canalización. *Los niveles de agua embalsada son muy altos y en algunas presas se están abriendo los aliviaderos.* ▶ *DESAGÜE.

alivianar. tr. Am. Aliviar (algo o a alguien). *Para alivianar zozobras entré en un sitio proclive a la serenidad* [C]. *–Probá, te va a alivianar. –Es caro, ¿y si me hago adicto?* [C]. ▶ *ALIVIAR.

aliviar. (conjug. ANUNCIAR). tr. **1.** Disminuir o suavizar la intensidad (de algo malo o molesto, espec. el padecimiento físico o moral de alguien). *Esta pastilla te aliviará el dolor. El vino aliviaba sus penas.* **2.** Hacer que (alguien) sienta con menor intensidad algo malo o molesto, espec. un padecimiento físico o moral. *Os aliviará saber que todos están sanos y salvos. Los turistas se aliviaban* DEL *calor mojando los pies en las fuentes.* Frec. en part. *Al oír la buena noticia, ella suspiró aliviada.* **3.** Quitar (a alguien o algo) parte del peso que lleva o que tiene. *Sacó de la alforja una gran garrafa, aliviando así al pobre burro* DE *su carga.* Tb. fig. *Las pequeñas limosnas aliviaban su conciencia.* ○ intr. prnl. **4.** eufem. Orinar o evacuar excrementos. *La gente de la verbena se aliviaba en una arboleda cercana.* ▶ **1:** MITIGAR. || **Am: 1-3:** ALIVIANAR.

alivio. m. **1.** Hecho o efecto de aliviar o aliviarse. *Hay hierbas especialmente indicadas para el alivio de la tensión y el insomnio. Al otro lado del teléfono se oyó un suspiro de alivio.* **2.** Atenuación de las señales externas de duelo una vez transcurrido el tiempo de luto riguroso. Tb. *~ de luto. Tenía un vestido gris guardado para el alivio de luto.* ■ **de ~.** loc. adj. coloq. Dicho de persona o cosa: Tremenda o terrible. Se usa para enfatizar una mala cualidad o una circunstancia desagradable. *Tiene unos alumnos que son de alivio. El restaurante era de primera y la factura fue de alivio.*

aljaba. f. Carcaj. *El arquero sacó una flecha de su aljaba y la colocó en el arco.*

aljama. f. **1.** histór. En la Edad Media: Judería. *La aljama de Ribadavia es de las mejor conservadas de Galicia.* Tb. la comunidad o colectividad judía. *Las persecuciones sembraban el terror entre los miembros de la aljama.* **2.** histór. En la Edad Media: Morería (barrio). *Los mudéjares vivían en las aljamas de las ciudades cristianas.* Tb. la comunidad o colectividad musulmana. *La aljama se regía según sus propias normas.* **3.** histór. En la Edad Media: Sinagoga. *Junto a la muralla sobreviven restos de una aljama.* **4.** histór. En la Edad Media: Mezquita. *Los cristianos edificaron una iglesia sobre la antigua aljama.*

aljamía. f. histór. Entre los antiguos musulmanes habitantes de España: Lenguas de los cristianos peninsulares. *Algunos musulmanes hablaban en aljamía.*

aljamiado, da. adj. Dicho de texto romance: Escrito en caracteres árabes o hebreos. *Se transcribió al castellano un texto aljamiado del siglo* XIII.

aljibe. m. **1.** Depósito para almacenar el agua de lluvia o la que se lleva de un río o manantial. *Al levantar el suelo del patio encontraron un antiguo aljibe medieval.* **2.** Depósito destinado al transporte de un líquido. *El agua tomó sabor a pintura del aljibe en que fue transportada.* Frec. en aposición. *Buque aljibe. Camión aljibe.* ▶ **1:** CISTERNA.

aljófar. m. Perla pequeña y de forma irregular. *Al cuello llevaba una gargantilla de aljófares.* Tb. conjunto de ellas. *Los navegantes comerciaban con aljófar y coral.*

allá. adv. **1.** En un lugar lejano no determinado. *Podemos comer allá, a la sombra.* A veces precedido de prep. *El ruido viene de la parte de allá.* **2.** A un lugar lejano no determinado. *–¿Cuánto tardaremos de aquí allá? –Unas siete horas.* A veces precedido de prep. *Salgo ahora mismo para allá.* **3.** Precedido de adverbios como *tan, más* o *muy:* En un lugar lejano no determinado con respecto al lugar en que está la persona que habla o al que se toma como referencia. *No te metas tan allá, que no sabes nadar. El pueblo queda bastante más allá* DE *Toledo.* A veces precedido de prep. *Viene de muy allá, del otro extremo del mundo.* **4.** En un tiempo lejano no determinado. Se usa seguido de una expresión que concreta la referencia temporal. *Fue la actriz de moda allá por los años cincuenta. Eso ocurrió allá en tiempos de mis tatarabuelos.* **5.** Precediendo a un adverbio o a un complemento adverbial, se usa para enfatizar la lejanía de lo designado. *¿No ves allá a lo lejos una cabaña? Allá en Japón la gente come pescado crudo.* **6.** Se usa, seguido de un nombre o un pronombre que designa persona, o en construcciones como ~ *se las componga,* para expresar despreocupación respecto a los problemas que atañen a la persona designada. *Si quiere hacer esa locura, allá él, pero a mí que no me meta. Allá tú con tu conciencia. Allá cada cual con sus manías.* ■ **el más ~.** loc. s. cult., eufem. La vida de ultratumba. *Los ateos no creen en el más allá.* ■ **muy ~.** loc. adv. coloq. Muy bien. Se usa con el v. en forma negativa. *Si no estás muy allá, lo dejamos para otro día. La verdad es que no cocina muy allá que digamos. Este dibujo no me ha salido muy allá.*

allanamiento. m. **1.** Hecho de allanar o allanarse. *Antes de la cimentación, se procede al allanamiento del terreno. Ha habido un allanamiento del camino hacia el referéndum. Durante la represión se practicaron allanamientos de domicilios y sedes sindicales.* **2.** Am. Registro policial de un domicilio. *El juez firmó la orden de allanamiento de la casa del empresario* [C]. ■ ~ **de morada.** m. *Der.* Delito que comete quien, sin habitar en ella, entra o se mantiene en morada ajena contra la voluntad de su ocupante. *Serán juzgados por allanamiento de morada y robo con intimidación.* ▶ **2:** *REGISTRO.

allanar. tr. **1.** Poner o dejar llano (algo). *Una apisonadora allanó el terreno.* Tb. en constr. prnl. media. *Sobrepasada la cima, el paisaje se allana.* **2.** Dejar libre de obstáculos (un camino). *Con machetes desbrozaron y allanaron el camino.* Frec. fig. *El objetivo de las negociaciones es allanar el camino para una pacificación del Ulster.* **3.** Vencer o superar (una dificultad o inconveniente). *El mediador tratará de allanar las diferencias políticas entre ambos países.* **4.** Entrar (en casa ajena) contra la voluntad del dueño. *Unos ladrones allanaron su domicilio.* **5.** Am. Registrar (un domicilio) por orden judicial. *La policía allanó el apartamento y me llevaron presa* [C]. O intr. prnl. **6.** Avenirse o acceder a algo. *No quiso allanarse* A *lo que le pedían.* ▶ **1:** APLANAR. **5:** *REGISTRAR.

allegado, da. part. **1.** → **allegar.** ● adj. **2.** Dicho de persona: Cercana a otra en parentesco, amistad o trato. *Invitaron a la boda a sus amigos más allegados. Fuentes allegadas* AL *ministro aseguran que no piensa dimitir.* Tb. m. y f. *Al funeral asistirán solo parientes y allegados de la familia.*

allegar. tr. **1.** Juntar o reunir (cosas o personas). *El tesorero se encarga de allegar fondos.* **2.** Acercar o aproximar (una cosa o a una persona) a otra. *Allega una silla y siéntate con nosotros. Allégate a la lumbre.* O intr. prnl. **3.** Ir o acudir a un lugar. *Nos allegamos* A *los pueblos vecinos para llevar ayuda.*

allende. prep. cult. Más allá de o al otro lado de. *Tiendas especializadas importan la mejor música de allende nuestras fronteras.* Tb. ~ *de. Los misioneros se embarcaban para predicar el evangelio allende del océano.*

allí. adv. **1.** En aquel lugar. *Nació en Barcelona y vivió allí toda su vida. Fue allí donde lo atropellaron. Déjaselo allí, en su mesa. ¿Ves allí abajo, en el valle, un riachuelo?* A veces precedido de prep. *Antes el camino iba por allí.* **2.** A aquel lugar. *Todos se dirigieron allí en cuanto los avisaron. La civilización nunca llegó allí.* A veces precedido de prep. *Se arrastró hasta allí como pudo.* **3.** Entonces, o en ese momento. *Empezó a criticar su trabajo y allí intervino él para defenderse.* A veces precedido de prep. *Se conocieron un día, y de allí en adelante se hicieron inseparables.*

alma. f. **1.** Parte inmaterial del ser humano, que según muchas religiones es inmortal. *Sus familiares y amigos ruegan una oración por su alma. En algunas religiones se cree en la transmigración: el paso del alma por distintos cuerpos.* **2.** Parte del ser humano relativa a los sentimientos, los valores morales y todo lo que constituye su personalidad. *Las grandes tragedias exploran complejos aspectos del alma, como la ambición o el amor. Los reporteros de guerra son periodistas con alma aventurera. Ya de niño tenía alma* DE *comerciante.* Tb. fig., para designar la de una colectividad. *En su cante se trasluce el desgarrado apasionamiento del alma gitana.* **3.** Energía, espec. en la realización de algo. *Técnicamente es un excelente violinista, pero interpreta sin alma.* Frec. en constr. como *con toda el ~, dejarse el ~, poner (toda) el ~. Golpeé el balón con toda mi alma. Se deja el alma en cada función. Querían ganar el concurso y pusieron toda el alma* EN *ello.* **4.** Persona o cosa que da fuerza o impulso a algo. *Por su carisma, el alero aragonés es el alma* DEL *equipo. Ella, siempre tan locuaz e ingeniosa, era el alma* DE *cualquier reunión. El comercio era el alma* DE *la economía fenicia.* **5.** Precedido de un numeral o un cuantificador: Persona. *Más de cien mil almas se apiñaban en las gradas. El municipio cuenta con cerca de 5000 almas.* **6.** Seguido de un adjetivo: Persona con la característica o la cualidad expresadas por este. *Los mendigos esperaban que algún alma caritativa se apiadara de ellos.* **7.** *Fil.* Principio que da vida a los seres. *Para Aristóteles el estadio superior del alma, o alma intelectiva, es el característico del ser humano. Alma vegetativa, sensitiva e intelectual.* **8.** Parte hueca del interior de algunas cosas, como un cañón o una tubería. *Han puesto una tubería de hormigón con alma de aluminio.* ■ ~ **de cántaro.** f. coloq. Persona ingenua o pasmada. *¿Pero no te das cuenta de que te están engañando, alma de cántaro?* ■ ~ **de Dios.** f. Persona sencilla y bondadosa. *Cuando se enfada gruñe mucho, pero en el fondo es un alma de Dios.* ■ ~ **en pena.** f. **1.** *Rel.* Alma (→ 1) que está en el purgatorio o que va errante sin hallar reposo definitivo. *Se cuenta que el viejo castillo está encantado y que por él vaga el alma en pena de su último dueño.* **2.** Persona que anda triste y sola. *La imagen que tenemos del poeta romántico es la de un alma en pena, siempre al borde del suicidio o la depresión.* □ ~ **mía.** → **mi alma.** ■ **caérsele** (a alguien) **el ~ a los pies.** loc. v. Sentir gran desánimo y decepción. *Se te cae el alma a los pies cuando ves las moles que se construyen jun-*

to al mar. ■ **clavársele** algo **en el ~** (a alguien). loc. v. Dejar(lo) muy afectado. *Sus amargas quejas se le clavaron en el alma.* ■ **como ~ que lleva el diablo.** loc. adv. A gran velocidad y con gran agitación. Frec. con v. como *correr, huir* o *salir. Los ladrones subieron al coche y huyeron como alma que lleva el diablo.* ■ **con ~ y vida,** o **con el ~ y la vida.** loc. adv. Con mucho gusto o de muy buena gana. *–Quieres venir? –Con alma y vida.* ■ **con el ~ en un hilo,** o **en vilo.** loc. adv. Con gran temor o inquietud. *El espectador pasa toda la película con el alma en un hilo. Los familiares de los montañeros extraviados esperaban con el alma en vilo.* ■ **dar,** o **entregar,** alguien **el ~** (**a Dios**). loc. v. cult. Morir. *Al amanecer entregó su alma a Dios con infinita paz.* ■ **en el ~.** loc. adv. Profundamente o en lo más íntimo. *Te agradezco en el alma que quieras ayudarnos. Lo siento en el alma, pero tenéis que marcharos.* ■ **llegarle al ~** algo (a alguien). loc. v. Producir(le) una gran emoción. *Las palabras de elogio de su rival le llegaron al alma.* ■ **mi ~,** o **~ mía.** expr. Se usa para dirigirse a una persona cariñosamente. *¡Date prisa, mi alma, que no tenemos todo el día! ¡Ven que te dé un beso, alma mía!* ■ **(ni) un ~.** loc. s. Nadie, ni una sola persona. *El sendero estaba oscuro y por allí no pasaba ni un alma. A la hora de la siesta no hay un alma por la calle.* ■ **partir,** o **romper, el ~** (a alguien). loc. v. **1.** Matar(lo). Más frec. con intención enfática. *¡Como vuelvas a hacerlo, te parto el alma, gamberro!* **2.** Causar(le) gran tristeza. *Verte tan triste me parte el alma.* ■ **partírsele el ~** (a alguien). loc. v. Sentir (esa persona) gran pena o tristeza. *Cada vez que veo las imágenes de esos niños hambrientos se me parte el alma.* ▶ **1:** ÁNIMA.

almacén. m. **1.** Edificio o local donde se guardan cosas, espec. productos o mercancías. *La editorial dispone de un almacén en un polígono industrial. El dependiente ha bajado al almacén para ver si quedan zapatos de mi número.* Tb. fig. *Su memoria era un almacén de datos.* **2.** Establecimiento comercial que vende productos de un tipo determinado, gralm. al por mayor. *Para la reparación del barco se encargan tablas al almacén de maderas.* **3.** Am. Tienda donde se venden al por menor comestibles, bebidas y otros artículos, gralm. de uso doméstico. *Están obligados a comprar su comida en el almacén de la propia villa* [C]. ○ pl. **4.** Establecimiento comercial que vende al por menor productos, gralm. de un tipo determinado. *Encontrará todo lo necesario para el menaje del hogar en Almacenes Casado.* ■ **grandes almacenes.** m. pl. Establecimiento comercial de grandes dimensiones y dividido en departamentos, donde se vende gran variedad de productos. *Trabaja en la sección de perfumería de unos grandes almacenes.* ▶ **Am: 1:** BODEGA.

almacenaje. m. Almacenamiento. *Tras su almacenaje en silos, el grano es transportado en grandes contenedores.*

almacenamiento. m. Hecho de almacenar. *La empresa importadora correrá con los gastos de almacenamiento. Un disquete sirve para el almacenamiento de datos.* ▶ ALMACENAJE.

almacenar. tr. **1.** Guardar (algo, espec. productos o mercancías) en un almacén. *El tendero almacenaba género en la trastienda. Almacenan la fruta en cajas para enviarla después a los centros de distribución.* **2.** Reunir o acumular (algo) en grandes cantidades. *Con los años había almacenado toda suerte de cachivaches en la azotea. La campana extractora va almacenando grasa.* **3.** *Inform.* Guardar (información) en la memoria de un ordenador o en otro soporte adecuado. *Almacenamos los ficheros en el disco duro.*

almacenista. m. y f. Persona que posee un almacén para el depósito de productos o mercancías, o para su venta. *Se recogió tal cantidad de ayuda humanitaria que hubo que recurrir a almacenistas particulares. Las pequeñas cooperativas agrícolas venden sus productos a los grandes almacenistas.* Tb. la que los despacha. *Su padre consiguió trabajo como almacenista de vinos.*

almáciga[1]. f. Resina amarillenta y aromática que se extrae del lentisco. *La almáciga sirve para hacer barnices.*

almáciga[2]. f. Lugar donde se siembran plantas que luego han de trasplantarse. *Las plantitas pasan el invierno en la almáciga para trasplantarlas en primavera.*

almádena. f. Mazo de hierro con mango largo, que sirve para romper piedras. *A golpe de almádena se desgajaron trozos de roca con los que represar el río.*

almadía. f. Conjunto de maderos que, unidos entre sí y formando una superficie plana, se pueden conducir flotando por una corriente de agua. *La madera cortada en los bosques bajaba en almadías hasta los aserraderos.* ▶ ARMADÍA.

almadraba. f. **1.** Red o cerco de redes con que se pesca el atún. *Los atunes son capturados en el sur de España mediante la tradicional almadraba.* **2.** Lugar donde se hace la pesca del atún. *La almadraba de Barbate ha batido el récord de capturas.*

almadreña. f. Zueco (zapato de madera). *Antes de entrar, dejaba las embarradas almadreñas en el zaguán.* ▶ *ZUECO.

almagre. m. Óxido de hierro, arcilloso y de color rojo, que suele emplearse en pintura. *A la entrada del caserío había enormes tinajas pintadas con almagre.*

alma máter. (loc. lat.). f. cult. Madre nutricia. Designa la Universidad. *Expresó su agradecimiento a la Universidad de Santiago, alma máter de la que tanto aprendió.*

almanaque. m. **1.** Calendario distribuido por meses, que registra datos astronómicos, festividades religiosas y civiles, y otras noticias. *El almanaque indica luna llena para mitad de mes.* **2.** Publicación anual que recoge datos, noticias y escritos de diverso carácter. *La asociación de cocineros publica por Navidad su almanaque gastronómico.* ▶ **1:** CALENDARIO. **2:** ANUARIO.

almazara. f. Molino de aceite. *La cooperativa recibirá una subvención para la modernización de sus almazaras.*

almeja. f. Molusco marino, con valvas casi ovales, mates o poco lustrosas por fuera, y carne comestible muy apreciada. *Las almejas viven enterradas en la arena de las playas.*

almena. f. Cada uno de los bloques prismáticos que coronan la muralla de una fortaleza y sirven para resguardar a sus defensores. *Los arcabuceros se parapetaban tras las almenas del castillo.*

almenado, da. adj. Coronado de almenas. *Los niños construyen castillos de arena con torreones almenados.*

almenara. f. histór. Fuego que se encendía en atalayas o torres para dar aviso de algo. *Se hicieron almenaras en el promontorio para guiar el desembarco de las fragatas.*

almendra. f. **1.** Semilla del almendro, comestible, de forma ovalada, blanca y recubierta por una piel pardusca. *El bote trae almendras, avellanas y otros frutos secos.* Tb. el fruto que la contiene. *Parten las almendras con una piedra.* **2.** Semilla o parte interior del hueso de algunas frutas. *Las larvas de este insecto se alimentan de la almendra de la aceituna.*

almendrado, da. adj. **1.** Que tiene forma ovalada como la de una almendra. *Ojos almendrados.* ● m. **2.** Dulce hecho principalmente con almendras, harina y miel o azúcar. *Entre la repostería típica de la comarca destacan los almendrados.*

almendro. m. Árbol de madera dura, flores blancas o rosadas que aparecen a principios del año, y cuyo fruto es la almendra. *En enero comenzaron a florecer los almendros.*

almendruco. m. Fruto inmaduro del almendro. *Los chavales saltaban la tapia para robar almendrucos.*

almeriense. adj. De Almería. *Playa almeriense.* Dicho de pers., tb. m. y f. *La agricultura y la pesca son fuentes de empleo básicas para los almerienses.*

almez. m. Árbol de la familia del olmo, de hoja caduca y corteza grisácea, cuya madera se emplea en la fabricación de diversos objetos, espec. herramientas de labranza. *En la zona se fabrican horcas y cayados de madera de almez.*

almiar. m. Montón grande y compacto de paja o de heno, que se hace en el campo en torno a un palo vertical con el fin de almacenarlos. *Tras la siega, el heno se acumula en almiares.*

almíbar. m. Líquido que se obtiene cociendo azúcar en agua y que se emplea en conservas y repostería. *La copa de helado lleva dos bolas cubiertas de almíbar.* Frec. en la constr. *en ~*. *Abrió una lata de melocotones en almíbar.* Tb. fig. para designar dulzura. *La abuela, de ordinario adusta, se hacía de almíbar con sus nietos.*

almibarado, da. part. **1.** → **almibarar.** ● adj. **2.** Muy dulce o delicado. *Añora los besos almibarados de la adolescencia.* Gralm. despect. *Abundan los seriales televisivos con galanes almibarados. El guión tiene un final un tanto almibarado.*

almibarar. tr. Bañar o cubrir (algo) con almíbar. *Una vez horneado el bizcocho, lo almibaras por encima. Me enseñaron a almibarar frutas.*

almidón. m. Sustancia blanca y granulada que constituye la reserva energética de muchos vegetales, como los cereales o la patata, y que se emplea pralm. en la industria alimentaria y para dar rigidez a la ropa. *La pasta es un alimento rico en almidón. Con el almidón los cuellos y puños de las camisas quedan tiesos.*

almidonado. m. Hecho o efecto de almidonar. *Después del lavado, venían las labores de planchado y almidonado.*

almidonar. tr. Mojar (la ropa) con almidón para dar(le) rigidez y blancura. *Las planchadoras almidonaban los cuellos y puños de las camisas.*

almimbar. m. Púlpito de una mezquita. *Los sermones se pronuncian desde el almimbar.*

alminar. m. Torre elevada de una mezquita, desde la que el almuédano convoca a la oración. *En Occidente predominan los alminares de planta cuadrada, como la Giralda de Sevilla.* ▶ MINARETE.

almirantazgo. m. **1.** Empleo o cargo de almirante. *Obtuvo muy joven el almirantazgo.* **2.** Conjunto de los almirantes. *Al acto está invitado todo el almirantazgo.* **3.** Alto tribunal o consejo de la Armada. *El almirantazgo ha anunciado el hundimiento de un submarino.* **4.** histór. Territorio bajo la autoridad de un almirante. *Como almirante de Castilla, tenía derecho a una décima parte de las riquezas obtenidas en su almirantazgo.*

almirante. m. y f. Oficial general de la Armada cuyo empleo es inmediatamente superior al de vicealmirante. *La junta de almirantes solicita al Ministro de Defensa una renovación de la flota.* ■ **~ general.** m. y f. Oficial general de la Armada cuyo empleo es inmediatamente superior al de almirante. ■ **~ de Castilla.** m. histór. Persona con un determinado título honorífico. *El Almirante de Castilla mandó edificar el castillo en el siglo* XV.

almirez. m. Recipiente pequeño y metálico, en forma de vaso, que se emplea en cocina y farmacia para machacar ingredientes. *Se machaca ajo y perejil en el almirez. Uno canta la jota y otros lo acompañan con almireces o botellas de anís.* ▶ MORTERO.

almizcle. m. Sustancia grasa y de olor intenso, segregada por algunos mamíferos, espec. por el almizclero macho, y utilizada en cosméticos y perfumería. *Almizcle e incienso eran dos de las sustancias predilectas de los antiguos perfumistas.*

almizclero, ra. adj. **1.** Que huele a almizcle. Se usa gralm. como especificativo de una especie animal o vegetal. *Buey almizclero.* ● m. **2.** Mamífero asiático de la familia del ciervo, de pequeño tamaño y desprovisto de cuernos, cuyo macho segrega almizcle de una glándula abdominal. *El almizclero se halla en peligro de extinción.*

almogávar. m. histór. En la Edad Media: Soldado de una tropa especializada en hacer incursiones y ataques por sorpresa en territorio enemigo. Se usa espec. en pl. para designar a las tropas al servicio de la corona catalano-aragonesa en el s. XIV. *En 1311 los almogávares catalanes conquistan el ducado de Atenas.*

almohada. f. **1.** Objeto de tela, de forma gralm. alargada y relleno de una materia blanda, que sirve para apoyar la cabeza en la cama. *Duerme sin almohada. El niño metió el diente que se le cayó bajo la almohada.* **2.** Funda de tela para la almohada (→ 1). *El juego de cama incluye dos sábanas y almohada.* ■ **consultar** (algo) **con la ~.** loc. v. coloq. Meditar(lo) con tiempo suficiente antes de tomar una decisión. *La oferta es tentadora, pero necesito consultarlo con la almohada.* ▶ **1:** CABEZAL. **2:** ALMOHADÓN.

almohade. adj. histór. Del conjunto de tribus musulmanas del noroeste de África que, derrotando a los almorávides, fundaron en el s. XII un imperio que dominó el sur de la Península Ibérica. *La Sevilla almohade y la Granada nazarí legaron notables ejemplos de arte islámico.* Dicho de pers., tb. m. y f. *Alfonso VIII frena la expansión de los almohades en las Navas de Tolosa.*

almohadilla. f. **1.** Cojín pequeño que se coloca sobre asientos duros, como los de una plaza de toros o un estadio de fútbol. *El público lanza almohadillas en señal de protesta.* **2.** Pieza blanda que sirve pralm. para proteger superficies del roce o de los choques. *La almohadilla del electrodo lleva impreso un gráfico que indica en qué parte del pecho debe colocarse. Los auriculares van protegidos por almohadillas.* **3.** Masa de tejido blando que tienen en la parte inferior del pie algunos animales, como el perro o el gato, y que les sirve de protección. *El perro tiene clavado un cristal en la almohadilla del pie.*

almohadillado, da. part. **1.** → **almohadillar.** ● adj. **2.** *Arq.* Formado por sillares que sobresalen del muro al tener las aristas labradas hacia dentro. *El palacio presenta zócalo almohadillado.* Tb. m. para designar el modo de construcción correspondiente. *El almohadillado se empleó mucho en los palacios florentinos renacentistas.*

almohadillar. tr. Cubrir o acolchar (una superficie) con almohadillas o con un material blando. *Para evitar roturas en el traslado, conviene almohadillar los objetos delicados. Traía un cofre almohadillado en terciopelo rojo.*

almohadón. m. **1.** Cojín, gralm. cuadrado, que se emplea pralm. para sentarse o recostarse sobre él. *La gente tomaba té alrededor de las mesas sentada en el suelo o sobre un almohadón. Si quieres incorporarte, te traigo un almohadón para la espalda.* **2.** Almohada (funda). *El juego de cama se compone de dos sábanas y un almohadón.* ▶ **2:** ALMOHADA.

almoneda. f. **1.** Venta pública de objetos, que se hace mediante subasta u ofreciéndolos a bajo precio. *Se organizó una almoneda a beneficio de los niños huérfanos.* Frec. en las constr. *en ~* y *hacer ~*. *A su muerte, sus joyas fueron vendidas en almoneda. Cogió los libros de texto viejos y con ellos hizo almoneda.* Tb. fig. *Acusan al gobierno de hacer almoneda del sector público.* **2.** Establecimiento comercial donde se hace almoneda (→ 1) o se venden artículos que proceden de ella. *Se dedica a buscar antigüedades en almonedas y mercadillos.*

almorávide. adj. histór. De una tribu musulmana procedente del noroeste de África, que habitó y dominó el sur de la Península Ibérica desde finales del s. XI hasta mediados del XII. *El imperio almorávide dominaba el Magreb occidental.* Dicho de pers., tb. m. y f. *A finales del siglo XI los almorávides invaden Al Ándalus derrotando a los almohades.*

almorrana. f. Bulto con acumulación de sangre, que aparece en la zona del ano o del recto debido a una dilatación de las venas. *Le ha salido una almorrana en el ano.* Frec. en pl. *El estreñimiento favorece la aparición de almorranas.* ▶ HEMORROIDE.

almorta. f. Planta de hojas en forma de punta de lanza y fruto en vaina con cuatro semillas, que se utiliza espec. para alimento de animales. Tb. la semilla. *En tiempos de escasez se comía puré de almortas.*

almorzar. (conjug. CONTAR). intr. **1.** frecAm. Tomar la comida del mediodía. *Haremos un descanso para almorzar y seguiremos esta tarde. Los invitó a almorzar en el restaurante campestre El Rosado* [C]. **2.** Tomar una comida por la mañana. *Almorcé a las diez y comí dos horas después. Los segadores hacían una pausa por la mañana para almorzar.* ○ tr. **3.** Tomar (una comida) para almorzar (→ 1, 2). *Almorzamos paella en un quiosco de la playa. Almuerza un ligero menú de coliflor* [C].

almuecín. m. Almuédano. *Amanece en Fez; el almuecín entona su primera llamada del día.*

almuédano. m. En el islamismo: Hombre que desde el alminar de la mezquita convoca en voz alta al pueblo para la oración. *Siguiendo la llamada del almuédano, los fieles rezan mirando a La Meca.* ▶ ALMUECÍN, MUECÍN.

almuerzo. m. **1.** frecAm. Hecho de almorzar al mediodía. *El almuerzo y la sobremesa duraron hasta las seis de la tarde* [C]. *Después del almuerzo, la viuda le trajo el café en un cuenquito* [C]. **2.** Hecho de almorzar por la mañana. *Nuestro almuerzo fue ligero porque íbamos a comer pronto.* **3.** Conjunto de alimentos que se toman en el almuerzo (→ 1, 2). *Tomaron un almuerzo a base de legumbres y pescado. Nos daban almuerzo en la escuela y salíamos a las cuatro de la tarde* [C].

alocado, da. adj. **1.** Dicho de persona: Que hace las cosas sin reflexionar o con poco sentido común. *Era un chaval muy alocado, siempre metido en líos.* **2.** Dicho de cosa: Propia de la persona alocada (→ 1). *Lleva una vida alocada. Se debe frenar esta alocada explotación de los recursos naturales.*

alocución. f. Discurso breve, gralm. dirigido por un superior a sus inferiores. *Durante la cena, el director pronunció una alocución para felicitar a todos por su trabajo.*

áloe o **aloe.** m. Planta propia de climas cálidos, de cuyas hojas, alargadas, carnosas y terminadas en punta, se extrae el acíbar. *En el sur de España abunda el áloe.* Tb. el jugo. *Crema de aloe.* ▶ ACÍBAR.

alojamiento. m. **1.** Hecho de alojar. *Ella se encargó del alojamiento de todos los asistentes al congreso. Se aconseja que el alojamiento del diafragma lo realice el ginecólogo.* **2.** Lugar donde se aloja alguien o algo. *El taxista te dejará en tu alojamiento. El vigilante no conocía el alojamiento de todas las alarmas.*

alojar. tr. **1.** Proporcionar (a alguien) habitación o lugar bajo techo donde instalarse a vivir, gralm. de forma temporal, o donde pasar la noche. *Se construyó una ciudad olímpica para alojar a los atletas durante los juegos. La noche los sorprendió en plena sierra, así que buscaron una cueva donde alojarse y alojar también a la tropa.* **2.** Situar (algo) en el interior de una cosa o de un lugar. *De una tacada alojó dos bolas en el mismo agujero. Las obreras pasan mucho tiempo acarreando comida y alojándola en el hormiguero.* ○ intr. prnl. **3.** Estar instalado o viviendo, gralm. de forma temporal, en un lugar bajo techo. *¿En qué hotel se aloja usted, señorita? En estas chabolas se alojan más de cien familias.* **4.** Situarse en el interior de una cosa o de un lugar. *La radiografía muestra que la bala se aloja en uno de los espacios intercostales. El vehículo rodó por la ladera hasta alojarse entre unos peñascos.* ▶ **1:** ACOGER, ALBERGAR, APOSENTAR, HOSPEDAR. **3:** ALBERGARSE, APOSENTARSE, HOSPEDARSE.

alomorfo. m. *Ling.* Cada una de las variantes de un mismo morfema. *En español, "-s" y "-es" son alomorfos del morfema plural.*

alón. m. Ala entera de un ave, despojada de las plumas. *Lo que más le gustaba de la pepitoria eran los alones de la gallina.*

alondra. f. Pájaro de plumaje pardo, con el vientre blanco y una pequeña cresta, cuyo canto es muy melodioso. *La alondra macho.*

alopecia. f. *Med.* Caída o pérdida patológica del pelo. *La quimioterapia suele provocar trastornos gástricos y alopecia.* ▶ CALVICIE.

alopécico, ca. adj. *Med.* Que padece alopecia. *Los pacientes alopécicos deben acudir al dermatólogo.* Dicho de pers., tb. m. y f. *Algunos alopécicos usan peluca.* ▶ CALVO.

alotropía. f. *Quím.* Propiedad de algunos elementos químicos de presentarse bajo estructuras moleculares diferentes o con características físicas distintas. *Es notable la alotropía del carbono (grafito y diamante).*

alotrópico, ca. adj. *Quím.* De alotropía. *El carbono tiene dos formas o estados alotrópicos: diamante y grafito.*

alpaca[1]**.** f. **1.** Mamífero rumiante doméstico sudamericano, semejante a la llama, cuyo pelo es muy apreciado en la industria textil. *La alpaca macho.* Tb. el pelo, y el tejido con este fabricado. *De Perú le trajeron una manta de alpaca. Jersey de alpaca. Abrigo de alpaca.* **2.** Tela de algodón abrillantado empleada en trajes de verano. *Cuando llega el buen tiempo, saca del armario las chaquetas de lino y los trajes de alpaca.*

alpaca[2]**.** f. Aleación de cobre, níquel y cinc, parecida a la plata y empleada en la fabricación de cubiertos y objetos de orfebrería. *El barman ganador del concurso recibirá una magnífica coctelera de alpaca.*

alpargata. f. Calzado de tela, con suela de goma, cáñamo o esparto, que se sujeta con cintas o se ajusta al pie. *Un grupo de baturros con alpargatas y cachirulo subió al escenario a cantar jotas.*

alpargatería. f. Tienda o taller de alpargatas. *En mi calle hay una alpargatería.*

alpargatero, ra. m. y f. Persona que hace o vende alpargatas. *Lleva muchos años trabajando como alpargatero.*

alpechín. m. Líquido oscuro y maloliente que sale de las aceitunas cuando están apiladas y cuando se las exprime con agua hirviendo. *El molino de aceite despedía un fuerte olor a alpechín.*

alpinismo. m. Deporte consistente en escalar montañas, espec. las de gran altura. *La primera ascensión al Everest es uno de los hitos del alpinismo. Equipo de alpinismo.* ► MONTAÑISMO.

alpinista. m. y f. **1.** Persona que practica el alpinismo. *El equipo de rescate salió en busca del alpinista extraviado.* ● adj. **2.** Del alpinismo. *Ha participado en varias experiencias alpinistas. Un grupo alpinista organiza una expedición al Himalaya.* ► **1:** MONTAÑERO.

alpino, na. adj. **1.** De los Alpes (cordillera europea). *El ciclista colombiano ganó la primera etapa alpina del Tour.* **2.** De alta montaña. *En las altas cumbres la vegetación se reduce a pequeños arbustos y flores alpinas. Los Picos de Europa tienen clima alpino, con largos y fríos inviernos y veranos cálidos.* Tb. se usa como especificativo de una especie animal o vegetal. *En la zona leonesa es común una especie de vaca lechera: la parda alpina.*

alpiste. m. **1.** Semilla pequeña en forma de grano alargado y amarillento, que se usa como alimento para pájaros. Frec. en sent. colectivo. *Alpiste para canarios.* Tb. su planta. *Plantaciones de alpiste.* **2.** coloq. Bebida alcohólica. Frec. *el ~. Le gusta el alpiste y anda siempre colocado.*

alquería. f. **1.** Casa o conjunto de casas de labranza con campos de cultivo. *El hotel se ubica en una antigua alquería rodeada de un enorme huerto de naranjos.* **2.** Caserío (conjunto reducido de casas). *Esta parroquia agrupa varias aldeas y alquerías.*

alquibla. f. Punto del horizonte o lugar de la mezquita hacia donde los musulmanes dirigen la vista cuando rezan. *La alquibla está orientada a La Meca.*

alquilar. tr. **1.** Dar (algo) a alguien para que haga uso (de ello) por un tiempo determinado y a un precio convenido. *Les he alquilado mi apartamento en la playa. Alquilo yate de lujo para cruceros.* **2.** Tomar (algo) de alguien para hacer uso (de ello) por un tiempo determinado y a un precio convenido. *Alquilaremos un coche para recorrer la isla. Alquiló un local céntrico para montar la tienda.* ○ intr. prnl. **3.** Ponerse una persona al servicio de otra por un tiempo determinado y a un precio convenido. *Muchos nativos se alquilan* DE *guías o porteadores para las expediciones.* ► **1, 2:** ARRENDAR.

alquiler. m. **1.** Hecho de alquilar. *Se dedica al alquiler de coches. ¿Cuánto costaría el alquiler de este almacén?* **2.** Precio por el que algo es alquilado. *El casero nos ha subido el alquiler.* ■ **de ~.** loc. adj. Dicho de cosa: Que se alquila y está destinada a ese fin. *El televisor no es nuestro; es de alquiler. En esta zona hay pocos pisos de alquiler.* ► **1:** ARRENDAMIENTO, ARRIENDO. **2:** ARRIENDO.

alquimia. f. histór. Disciplina antigua basada en un conjunto de experimentos con la materia, gralm. de carácter mágico y secreto, encaminados pralm. a la obtención de oro a partir de otros metales y al hallazgo de un remedio para todas las enfermedades. *Los orígenes de la química se remontan a la alquimia.*

alquímico, ca. adj. De la alquimia. *El manuscrito describe varios procesos alquímicos.*

alquimista. m. histór. Hombre dedicado a la alquimia. *Muchos monarcas medievales tenían alquimistas a su servicio.*

alquitara. f. Alambique. *Los manuales de farmacia advertían del peligro de destilar agua en alquitaras de plomo.*

alquitrán. m. Sustancia de uso industrial, viscosa e inflamable, de color muy oscuro y olor fuerte, obtenida por destilación de materiales vegetales y minerales, pralm. madera y carbón. *El alquitrán de petróleo es un buen impermeabilizante. Al fumar se ingiere nicotina y alquitrán.*

alquitranado[1]**.** m. Hecho de alquitranar. *Comienzan las labores de alquitranado y asfaltado de la carretera.*

alquitranado[2]**, da.** part. **1.** → **alquitranar.** ● adj. **2.** De alquitrán. *Se vertieron al mar residuos alquitranados de alta toxicidad.*

alquitranar. tr. Untar o cubrir (algo) de alquitrán. *Da gusto rodar por la carretera recién alquitranada. Han alquitranado el tejado.*

alrededor. adv. **1.** Indica situación o movimiento en círculo respecto de un punto situado en el centro. *Hicieron un viaje alrededor* DEL *mundo. Siempre lleva un montón de gente alrededor. Echa una mirada a tu alrededor. Se colocaron todos alrededor suyo para felicitarla.* A veces precedido de prep. *Las casas de alrededor todavía no tienen luz eléctrica.* **2.** Indica aproximación respecto de una cantidad o de un punto en el espacio o en el tiempo. Se usa seguido de un compl. introducido por *de*. *En el pueblo había censados alrededor* DE *mil habitantes. Dista alrededor* DE *2 km. La entrada cuesta alrededor* DE *5 euros. Tiene pensado marcharse alrededor* DEL *20 de enero. Alrededor* DE *medianoche se desató una tormenta terrible.* ● m. pl. **3.** Zonas que rodean a un lugar. *El pueblo tiene unos alrededores preciosos. Tiene una casa en los alrededores de Madrid. Van a peatonalizar el paseo principal y sus alrededores.* ► **3:** *INMEDIACIONES.

alsaciano, na. adj. **1.** De Alsacia (región francesa). *Estrasburgo es la capital alsaciana.* Dicho de pers., tb. m. y f. *Los alsacianos hacen buenos vinos.* ● m. **2.** Dialecto germánico hablado en Alsacia. *Entre ellos hablan en alsaciano.*

alta. f. **1.** Autorización que da el médico para que un paciente se reincorpore a la vida ordinaria. *No po-*

drás volver a trabajar sin el alta médica. Frec. en la constr. *dar el ~. Permanece en el hospital a la espera de que le den el alta.* Tb. el documento que la acredita. *El doctor le firmó el alta y hoy ha vuelto a entrenarse.* **2.** Inscripción de alguien o algo en un registro, como el de una persona en una colectividad u organización, o el de una cosa en un inventario. *Se reduce el número de altas en el padrón municipal. El banco le solicitó justificante del alta del piso en el registro de la propiedad.* Tb. el documento que la acredita. *Deberá presentar fotocopia del alta en el impuesto de actividades económicas.* ■ **dar de ~** (a alguien o algo). loc. v. Inscribir(los) en un registro o realizar el alta (→ 2) (de ellos). *Mi padre me dio de alta como socio del club a los seis años. Debe dar de alta su vehículo* EN *la jefatura de tráfico. Nos hemos dado de alta* EN *el sindicato.* ■ **ser ~.** loc. v. Incorporarse de nuevo, o por primera vez, a una colectividad u organización. *Debido a la lesión del portero titular, Sebas será alta para el partido del domingo.*

altamente. adv. Seguido de un adjetivo: Muy. *Para este trabajo se requiere personal altamente cualificado. Residuos altamente tóxicos.*

altanería. f. **1.** Cualidad de altanero. *La señora trataba a la servidumbre con una altanería que rayaba en desprecio. Miró al agente con altanería y le dijo: "Usted no sabe quién soy yo".* **2.** Cetrería. *Tiene varios tratados de altanería. Son cazadores de altanería.* ▶ **1:** *ORGULLO.

altanero, ra. adj. Dicho de persona: Que muestra excesivo orgullo y tiene una actitud de superioridad hacia los demás. *Es demasiado altanera para escuchar los consejos de nadie. El éxito se le subió a la cabeza, volviéndose engreído y altanero.* ▶ *ORGULLOSO.

altar. m. **1.** *Rel.* Mesa alargada donde el sacerdote celebra el sacrificio de la misa. *El cura se situó delante del altar para dar la comunión a los fieles.* **2.** *Rel.* Lugar o construcción elevados donde se hacen ritos religiosos, como sacrificios u ofrendas. *El museo arqueológico conserva altares de la cultura azteca.* **3.** Se usa para simbolizar la admiración o el respeto que se siente por alguien. Gralm. en constr. como *poner,* o *tener, en un ~. Tiene a su marido en un altar y es incapaz de verle ningún defecto.* ■ **llevar** (a alguien) **al ~.** loc. v. Casarse (con él). *Se le conocieron muchas novias, pero ninguna logró llevarlo al altar.* ▶ **1, 2:** ARA.

altavoz. m. Aparato que transforma una señal eléctrica en sonido audible. *El precio del ordenador incluye altavoces y micrófono. A ambos lados del escenario retumbaban los altavoces.* ▶ **Am** o **frecAm:** ALTOPARLANTE, PARLANTE.

alteración. f. Hecho o efecto de alterar o alterarse. *La organización realizó alteraciones en el recorrido de la prueba. ¿Notó usted alguna alteración en los hábitos del sospechoso? Una correcta descongelación evitará alteraciones en los alimentos. Se produjeron alteraciones del orden público. Presa de la alteración, fue incapaz de abrir la salida de emergencia.*

alterar. tr. **1.** Cambiar la forma o naturaleza (de algo). *Las riadas alteraron el curso del río. El orden de los factores no altera el producto.* Tb. en constr. prnl. media. *El tiempo se ha alterado con la llegada de las tormentas.* **2.** Dañar o estropear (una sustancia, un órgano u otra cosa similar). *El calor puede alterar las conservas. Se pretende reducir la emisión de gases que alteran la capa de ozono.* Tb. en constr. prnl. media. *Las conservas se alteran con el calor.* **3.** Causar inquietud o nerviosismo (a alguien). *Su sola presencia nos altera.* Tb. en constr. prnl. media. *El montañero experimentado procura no alterarse ante una situación de riesgo.* **4.** Causar enojo o irritación (a alguien). *Los comentarios machistas del diputado alteraron mucho a las parlamentarias.* Tb. en constr. prnl. media. *No hay por qué alterarse tanto, ¡solo es una mancha de café!*

altercado. m. Pelea o disputa. *A la salida del bar se produjo un altercado en el que varias personas resultaron heridas. Este alumno ya ha tenido varios altercados con profesores.* ▶ *PELEA.

álter ego. (loc. lat). m. **1.** Persona real o imaginaria que representa a otra o que constituye su segunda personalidad. *El protagonista de la obra es el álter ego del propio autor. El doctor Jekyll sufre porque es incapaz de dominar a su álter ego, el señor Hyde.* **2.** Persona real o imaginaria que normalmente acompaña a otra y es de su absoluta confianza. *En "Luces de bohemia", Max Estrella y su álter ego, Don Latino, recorren el Madrid nocturno.*

alteridad. f. cult. Condición de ser otro. Se usa espec. en filosofía. *Parménides afirma la imposibilidad del movimiento, del cambio y de la alteridad.*

alternador. m. Aparato eléctrico que genera corriente alterna. *El alternador del coche se encarga de reponer la energía eléctrica que consume la batería.*

alternancia. f. Hecho de alternar o alternarse repetidamente, gralm. siguiendo un turno. *En una democracia la alternancia en el poder no solo es necesaria sino deseable. Para la sede de la Feria Nacional del Mueble se sugirió la alternancia* ENTRE *dos ciudades.*

alternante. adj. Dicho de cosa: Que alterna. *El tablero de ajedrez se compone de 64 casillas blancas y negras alternantes. En algunos trastornos afectivos se dan fases depresivas alternantes* CON *otras de euforia.*

alternar. intr. **1.** Hacer algo dos o más personas repetidamente y por turno. *Se acordó que todos los propietarios alternarían* EN *la presidencia de la comunidad de vecinos.* Tb.: *En los viajes largos conviene alternar* CON *otra persona al volante.* Tb. prnl. *Los dos detectives se alternaban para tener la casa vigilada día y noche.* **2.** Sucederse dos o más cosas repetidamente. *En octubre alternaron los días claros y los lluviosos.* Tb.: *En octubre alternaron los días claros* CON *los lluviosos.* Tb. prnl. *A lo largo de la temporada se fueron alternando las penas y las alegrías entre la hinchada local.* **3.** Hacer vida social o tener relaciones sociales con otras personas. *Anímate, mujer; lo que necesitas es salir y alternar. Si se aburre, se baja al café a alternar* CON *los parroquianos.* **4.** En una sala de fiestas o lugar semejante: Tratar una mujer con los clientes para animarles a hacer gasto en su compañía, gralm. a cambio de un porcentaje. *El dueño decía que no obligaba a las chicas a nada, tan solo a alternar y ser simpáticas.* ○ tr. **5.** Hacer que (una cosa) alterne (→ 2) con otra. *Para él lo ideal sería alternar la vida en el campo* CON *la vida urbana.* Tb.: *Sabe alternar el ocio y el trabajo. Conviene tener dos cepillos de dientes y alternarlos.*

alternativa. → **alternativo.**

alternativo, va. adj. **1.** Dicho de cosa: Que alterna. *El fenómeno de las mareas produce movimientos alternativos de subida y bajada del nivel de las aguas.* **2.** Dicho de persona o cosa: Que puede sustituir a otra cumpliendo su misma función. *Tras la dimisión de su líder, el partido conservador no disponía de un candidato alternativo. Ante posibles atascos, la jefatura de tráfico informa sobre rutas alternativas. La* *escasez de petróleo facilitará el desarrollo de energías alternativas.* **3.** Dicho de actividad, espec. cultural: Que se aparta de los cánones o modelos comúnmente aceptados. *El Ayuntamiento organiza un festival de teatro alternativo. Los tratamientos convencionales fallaron, así que recurrió a la medicina alternativa.* ● f. **4.** Posibilidad de elegir entre dos o más cosas. *No tengo alternativa; debo vender el negocio para pagar las deudas.* Tb. cada una de las posibilidades entre las que se puede elegir. *No le queda otra alternativa que dimitir. Barajamos varias alternativas para el veraneo, y al final nos decidimos por Menorca.* **5.** Efecto de alternar o alternarse personas o cosas repetidamente. *Tras constantes alternativas en el marcador, el partido terminó en empate.* **6.** *Taurom.* Autorización formal que da uno de los espadas a un matador principiante para que pueda ejercer junto a otros como matador de toros. Frec. en las constr. *dar* o *tomar la ~. Su propio padre le dio la alternativa en la Maestranza. El novillero declaró sentirse preparado para tomar la alternativa.* Tb. la ceremonia con la que se otorga dicha autorización. *En la alternativa, el hasta entonces novillero recibe del torero más veterano su estoque y su muleta.* ▶ **1:** ALTERNO.

alterne. m. Hecho de alternar con los clientes en una sala de fiestas u otro lugar semejante. *En algunos locales el alterne se confunde con la prostitución.* ■ **de ~.** loc. adj. Dicho de una mujer o de un local: Dedicados al alterne (→ 1). *Chica de alterne. Bar de alterne.*

alterno, na. adj. **1.** Dicho de cosa: Alternativa (que alterna). *El tablero del ajedrez tiene cuadros alternos blancos y negros.* **2.** Dicho de elementos de una serie, espec. de unidades de tiempo: Que, en lugar de ir seguidos, se toman uno sí y otro no. *Viene a la oficina en días alternos.* **3.** *Bot.* Dicho de hoja u otro órgano de una planta: Situado en un punto del tallo, o de una rama, que en el lado contrario presenta un espacio libre entre dos de esos órganos. *El naranjo y el limonero son árboles con hojas delgadas y alternas.* ▶ **1:** ALTERNATIVO.

alteza. f. Se usa como tratamiento que corresponde a príncipes o infantes. *¿Quiere tomar asiento, Alteza?* Frec. precedido de posesivo y en constr. como *Su ~ Real,* o *Imperial. El acto fue presidido por Su Alteza Real el Príncipe de Asturias.*

alti-. Elemento compositivo que significa 'alto'. *Altiplanicie.*

altibajos. m. pl. **1.** Desigualdades o desniveles del terreno. *La carretera está llena de altibajos.* **2.** Alternancia de sucesos prósperos y adversos, o cambios de estado sucesivos en un orden de cosas. *El negocio ha tenido muchos altibajos en estos últimos tiempos. Desde el accidente ha sufrido altibajos de salud.*

altillo. m. **1.** Armario que se construye rebajando el techo, o que está empotrado en lo alto de la pared. *Junto al salón hay un distribuidor sobre el que se halla el altillo, ideal como maletero.* **2.** Habitación situada en la parte más alta de la casa. *Por la escalera de caracol se accede a un altillo con tragaluz que nos sirve de estudio.*

altimetría. f. Estudio y medición de alturas geográficas. *Los mapas del ejército incluyen una detallada altimetría de la zona.*

altímetro. m. Instrumento que indica la diferencia de altitud entre el punto en que está situado y un punto de referencia, gralm. el nivel del mar o la superficie terrestre. Se usa espec. en navegación aérea. *Se cree que el avión pudo estrellarse por un fallo en el altímetro.*

altiplanicie. f. Meseta muy extensa, situada a gran altitud. *Los fondistas africanos de las altiplanicies de Kenia y Etiopía se acostumbran a correr con menos oxígeno.* ▶ ALTIPLANO.

altiplano. m. Altiplanicie. *En los altiplanos del Sistema Ibérico el frío es muy intenso en invierno.* Frec. designa el de los Andes. *El pastoreo de llamas es común en el altiplano boliviano.*

altísimo, ma. adj. sup. → **alto.** ■ **el Altísimo.** loc. s. cult. Dios. *El misionero se encomendó al Altísimo antes del viaje.*

altisonancia. f. Cualidad de altisonante. *Se empeña en recitar los sencillos versos con una altisonancia y un dramatismo innecesarios.*

altisonante. adj. **1.** Dicho espec. de lenguaje o estilo: Elevado o solemne, espec. con afectación. *Sus altisonantes discursos no hacen mella en la gente corriente. El himno describe con estilo altisonante los valores morales del club.* **2.** Dicho de persona: Que emplea un estilo altisonante (→ 1). *A principios del siglo* XX *surge una reacción contra los altisonantes dramaturgos del* XIX.

altitud. f. **1.** Distancia vertical de un punto de la tierra respecto al nivel del mar. *La cima del Teide se halla a más de 3700 m de altitud.* **2.** Altura (distancia vertical entre un punto y una superficie tomada como referencia). *Sobrevolaremos París a una altitud de más de tres mil metros.* ▶ ALTURA.

altivez. f. Cualidad de altivo. *Trata a los visitantes con una altivez impropia de un simple conserje. El equipo afrontó la derrota con dignidad y altivez. Tras un recodo del camino, aparece la montaña en toda su gloriosa altivez.* ▶ *ORGULLO.

altivo, va. adj. **1.** Dicho de persona: Que muestra gran orgullo, frec. con una actitud de superioridad hacia los demás. *Cuanto más se congraciaba con el jefe, más altiva y distante era con sus compañeros. Pese a las penurias, la población se mantuvo firme y altiva ante el asedio.* **2.** cult. Dicho de cosa: Elevada y grandiosa. *Sobre la ciudad se yerguen las altivas torres de la catedral.* ▶ **1:** *ORGULLOSO.

alto[1]. interj. **1.** Se usa para ordenar a alguien que se detenga. *¡Alto!, es mejor no mover al herido. Un vigilante los vio acercarse y gritó: –¡Alto!* Tb. m., para designar la orden. *Dicen que no oyeron el alto de la policía.* Frec. en la constr. *dar el ~. Un soldado les dio el alto desde la garita.* **2.** Se usa para interrumpir a alguien y mostrar desacuerdo. *¡Alto, chico!, me parece que estás sacando conclusiones precipitadas.* Frec. en la constr. *~ ahí. ¡Alto ahí!, yo nunca dije tal cosa.* ● m. **3.** Detención o parada, en la marcha o en una actividad. *Nos concedió la entrevista durante un alto en el rodaje.* Gralm. en la constr. *hacer un ~. Los más cansados pidieron hacer un alto en el camino. A las once hacemos un alto para tomar café.* ■ **~ el fuego.** expr. **1.** Se usa para ordenar que se deje de disparar. *El capitán gritó: –¡Alto el fuego!* □ m. **2.** Suspensión de las acciones militares en un conflicto armado. *Ambos bandos acordaron declarar un alto el fuego temporal para la evacuación de los heridos.*

alto[2], ta. adj. **1.** Que verticalmente mide más de lo normal o más que otros de su clase. *Es un chico alto y moreno. Le gustaba llevar zapatos de tacón alto.* **2.** Que se sitúa, respecto al suelo, al nivel del mar o a otra superficie de referencia, a una distancia vertical superior a la normal o a la que tienen otros de su clase. *Quieren una casa con los techos altos. El sol asomaba tras las altas cimas. Las zonas residenciales se agrupan en la parte alta de la ciudad.* **3.** Que está levantado o dirigido hacia arriba. *Para no caerte de la bici, lleva la cabeza alta y no mires al suelo. Desfilaban sacando el pecho y con la barbilla bien alta. Las persianas están altas.* **4.** De valor, nivel o intensidad, superiores a lo normal. *Tiene el colesterol alto. Los precios eran muy altos. Hay altos niveles de radiación. Se le acusa de alta traición. Hablaban en voz alta. Los cables de alta tensión son peligrosos. Construirán una prisión de alta seguridad. El volumen de la tele está muy alto. Siguió una dieta alta* EN *calorías.* **5.** De importancia, categoría o calidad superiores a lo normal. *Se presentó recurso al Supremo y el alto tribunal deberá dictaminar. Es un alto ejecutivo de la compañía. Emparentó con una familia de clase alta. Practica la alta cocina. Es gente con altos ideales.* **6.** Dicho de río: Crecido. *Con las lluvias el río baja bastante alto.* **7.** Dicho de parte de un río: Que está cerca del nacimiento. *Durante la mañana habrá neblinas en la cuenca alta del Guadalquivir.* Tb., seguido de nombre de río, se refiere a esa parte de él. *Hicieron piragüismo por el alto Tajo.* **8.** Dicho de sonido o tono: Agudo. *La voz más alta es la de soprano. No puedo cantar en ese tono tan alto.* Tb., dicho de instrumento, que emite un sonido más agudo que otros de su serie. *En* jazz *se emplean sobre todo el saxo tenor y el saxo alto.* **9.** (Frec. en mayúsc.). Antepuesto a un nombre que designa período histórico: De la etapa primera o más antigua. *En la Alta Edad Media las mujeres podían heredar igual que los hombres. La Roma imperial comienza con el Alto Imperio.* **10.** Dicho de tiempo nocturno: Avanzado o muy entrado. *Huiremos cuando la noche esté alta.* Más frec. antepuesto. *Vuelve del trabajo a altas horas de la noche. Alta ya la madrugada, dejó de llover.* **11.** Dicho de un animal hembra: En celo. *La perra está alta.* ● m. **12.** Altura (medida vertical). *Midió el alto, el ancho y el fondo del armario.* Frec. en la constr. *de alto. La mesa tiene un metro de alto.* **13.** Lugar alto (→ 2) en el campo. *Detrás de aquel alto está la aldea. Tras coronar el alto de la Bonaigua, el pelotón emprende un vertiginoso descenso.* A veces se usa como parte de un nombre geográfico. *Pasamos por el Alto de los Leones.* ○ m. pl. **14.** Parte alta (→ 2) de una cosa, espec. de un edificio por contraposición a la planta baja. *Se construyó un gimnasio en los altos del colegio.* ● adv. **15.** En lugar alto (→ 2). *No pongas los platos arriba, que yo tan alto no alcanzo. La avioneta volaba muy alto.* **16.** En voz alta (→ 4) o con voz lo suficientemente fuerte. *No me hables tan alto, que no soy sorda. –¿Se me oye bien? –La escuchamos alto y claro, señora.* **17.** En tono agudo. *Has empezado a cantar muy alto, no puedo seguirte.* **18.** Con valor, nivel o intensidad altos (→ 4). *Para el concurso de méritos, las publicaciones puntúan bastante alto. La libra sigue cotizando alto. Las campanas de la iglesia sonaban muy alto.* ■ **altos y bajos.** m. pl. Altibajos. *El terreno presenta altos y bajos. Nuestra relación ha tenido altos y bajos.* □ **en alto.** loc. adv. **1.** En posición alta (→ 2). *Se arrellanó en el butacón y puso los pies en alto. Salga del coche con los brazos en alto.* **2.** En voz alta (→ 4) o con voz lo suficientemente fuerte. *No leas en alto, que no me concentro. Lo que tengas que decir, lo dices en alto y no cuchicheando.* ■ **lo alto.** loc. s. El cielo, material o espiritual. *En el cuadro se ve a una mujer dirigiendo sus ojos hacia lo alto. Solo pensaba en dejar este mundo y reencontrarse con ella en lo alto.* ■ **por todo lo alto.** loc. adv. Con mucho gasto y lujo. *La victoria se celebró por todo lo alto.* Tb. loc. adj. *Fueron unas vacaciones por todo lo alto.* ▶ **2:** ELEVADO. **8:** AGUDO. **12:** *ALTURA.

altomedieval. adj. De la Alta Edad Media. *La cultura clásica sobrevivió en los monasterios altomedievales. Arquitectura altomedieval.*

altoparlante. m. frecAm. Altavoz. *El altoparlante anuncia la salida del avión* [C].

altorrelieve. (Tb. **alto relieve**). m. *Arte* Relieve cuyas figuras resaltan sobre el plano más de la mitad de su volumen. *El pórtico de la catedral consta de ocho arcos con magníficos altorrelieves. El alto relieve representa una escena de caza.*

altozano. m. Cerro o montículo aislado en un terreno llano. *La ermita está a las afueras del pueblo, sobre un altozano.*

altramuz. m. Semilla comestible, de sabor amargo y con forma de grano achatado, que se emplea también como pienso. *Los altramuces se remojan en agua con sal para quitarles el amargor.* Tb. la planta y su fruto. *La finca estaba dedicada al cultivo de altramuces.*

altruismo. m. Actitud de quien procura el bien de los demás aun a costa del propio. *La donación de órganos debe hacerse por puro altruismo y sin afán de lucro.*

altruista. adj. Que tiene altruismo. *Las asociaciones de vecinos funcionan gracias a gente altruista que no cobra por su trabajo.* Dicho de pers., tb. m. y f. *Aunque le sobra el dinero, no es precisamente un altruista.*

altura. f. **1.** Medida vertical de una persona o cosa. *El equipo necesitará jugadores de mayor altura. Algunos robles alcanzan los cuarenta metros de altura.* **2.** Distancia vertical de un cuerpo respecto al suelo o a otra superficie tomada como referencia. *El helicóptero volaba a poca altura. El último piso se halla a más de cien metros de altura.* **3.** Altitud (distancia vertical de un punto de la tierra respecto al nivel del mar). *La cima del Teide se halla a más de 3700 m de altura.* **4.** Lugar alto o elevado, espec. la cumbre de un monte. *Treparon hasta una altura desde la que poder contemplar el ocaso. Le tiene pánico a las alturas.* Tb. fig., en pl. *La orden de gratificar al personal llegó directamente de las alturas.* **5.** Cualidad de alto, en cuanto a importancia, categoría o calidad. *Es un escritor que destaca por su altura moral e intelectual. En Argentina se practica un fútbol de gran altura.* **6.** Cualidad de alto, en cuanto a valor, nivel o intensidad. *La inflación alcanzó una altura desconocida hasta entonces. La frecuencia de las vibraciones determina la altura del sonido.* **7.** *Mat.* En una figura o cuerpo geométricos: Distancia perpendicular entre un lado o una cara y el punto opuesto más alejado. *El área de un triángulo se halla multiplicando su base por su altura y dividiendo por dos.* Tb. la recta que mide dicha distancia. *Una vez dibujado el cono, se traza la altura con una línea discontinua.* **8.** *Fís.* Tono (cualidad del sonido, que permite identificarlo como grave o agudo). *Esta prueba mide la capacidad para apreciar cambios de altura en los sonidos.* ○ pl. **9.** Cielo, material o espiritual. *Un águila de vuelo majestuoso surca las alturas. ¡Gloria a Dios en las alturas!* ■ **a estas ~s.** loc. adv. En este tiempo u ocasión, o cuando han llegado las cosas a este punto. *A estas alturas es imposible encontrar entradas para el concierto. A estas alturas* DEL *relato, los personajes son tan-*

tos que el lector no recuerda quién es quién. ■ **a la ~.** loc. adv. A tono, o al nivel adecuado. *El debate fue interesantísimo, pero el moderador no supo estar a la altura. El equipo nacional estará a la altura* DE *las circunstancias. Fue una ceremonia deslucida, en absoluto a la altura* DE *unos Juegos Olímpicos.* ■ **a la ~** (de alguien o algo). loc. adv. Al nivel (de ellos) o en paralelo (con ellos). *Cuando el corredor africano se puso a su altura, él decidió avivar el ritmo. Al llegar a la altura* DE *la iglesia, gire a la derecha.* ■ **a la ~ del betún.** loc. adv. coloq. En mal lugar o en una situación poco lucida. Gralm. con los v. *dejar* o *quedar*. *Tras su éxito, los que la criticaban han quedado a la altura del betún. Con su facilidad de palabra es capaz de dejar a cualquiera a la altura del betún.* ■ **de ~.** loc. adj. Dicho de pesca: Que se realiza en alta mar. *Se buscan nuevos caladeros para la pesca de altura.* Tb. dicho de lo relacionado con esa modalidad de pesca. *Las restricciones europeas harán que disminuya la flota de altura.* ▶ **1:** ALTO, ALZADA. **2, 3:** ALTITUD. **8:** TONO.

alubia. f. Judía (planta, fruto, o semilla). *En Ávila y Segovia abundan los huertos de alubias. Se le quitan las hebras a las alubias, se lavan y se dejan escurriendo. Compró alubias y chorizo para la fabada.* ▶ *JUDÍA.

alucinación. f. **1.** Sensación subjetiva y engañosa que no va precedida de impresión en los sentidos. *Veía reptiles en el techo, escuchaba voces y tenía otras alucinaciones. Los opiáceos producen alucinaciones.* **2.** Hecho de alucinar. *El heroinómano, sumido en la alucinación, se aísla del mundo exterior. Sus admiradoras lo adoran con la alucinación propia de la adolescencia.*

alucinado, da. part. **1.** → **alucinar.** ● adj. **2.** Que tiene alucinaciones. *Se está volviendo un borracho alucinado y cobarde.* **3.** Loco o trastornado. *Un crimen tan horrendo solo puede ser obra de gente fanática y alucinada.* ▶ **3:** *LOCO.

alucinante. adj. **1.** Que produce alucinaciones. *En Centroamérica hay una gran variedad de setas alucinantes.* **2.** Asombroso o increíble. Se usa con intención enfática. *Es alucinante que nadie oyera entrar a los ladrones. Tiene un coche alucinante.* ▶ **1:** ALUCINÓGENO. **2:** *ASOMBROSO.

alucinar. tr. **1.** Asombrar o deslumbrar (a alguien). *El mago alucinaba a todos con sus trucos. Lo que me alucina es que, con lo pequeña que es, hable tan bien.* **2.** Engañar (a alguien) haciendo que tome por cierto algo que no lo es. *Proliferan sectas y predicadores que alucinan a gente incauta.* ○ intr. **3.** Padecer alucinaciones o sensaciones engañosas. *Al poco de tomar las pastillas comenzó a alucinar. La fiebre le hacía alucinar.* **4.** Asombrarse o deslumbrarse. *Es una película plagada de efectos especiales para que el público alucine.* Tb., menos frec., prnl. *Los niños se alucinan con facilidad.* **5.** coloq. Desvariar. *Alucinas, si piensas que me voy a tragar esa excusa. ¿Que quieres volver andando?, ¡tú alucinas!* ▶ **1:** *ASOMBRAR.

alucinatorio, ria. adj. De la alucinación o sensación engañosa. *En el paciente se observan convulsiones, delirios y cuadros alucinatorios.*

alucine. m. coloq. Asombro. *Tenías que haber visto la cara de alucine que puso cuando le dije que me iba de casa.* Frec. con intención enfática. *¿Os tuvo esperando dos horas? ¡Qué alucine!* ■ **de ~.** loc. adj. coloq. Asombroso o impresionante. *En los mercadillos encuentras de todo y a unos precios de alucine. Su casa es de alucine.* Tb. loc. adv. *Lo pasamos de alucine.*

alucinógeno, na. adj. Dicho espec. de sustancia: Que produce alucinaciones o sensaciones engañosas. *Droga alucinógena. Hongo alucinógeno. Hierba alucinógena.* Tb. m. *El LSD es un potente alucinógeno.* ▶ ALUCINANTE.

alud. m. Masa grande de una materia, espec. de nieve, que se desprende de una ladera y cae violentamente. *Un alud sepultó a los montañeros. La carretera está cortada por un alud de tierra.* Tb. fig. *Ha habido un alud de llamadas a nuestra centralita pidiendo información.* ▶ AVALANCHA.

aludido, da. part. **1.** → **aludir.** **2.** Dicho de persona: Que ha sido aludida (→ 1). Tb. m. y f. *En el programa existe un teléfono para que intervengan los aludidos. Aunque no se mencionaron nombres, los aludidos protestaron.* ■ **darse por ~.** loc. v. Demostrar haberse enterado de una alusión, efectiva o aparente, que le atañe de algún modo. *Nunca rebasa el límite de velocidad y, si la adelantan tocando el claxon, no se da por aludida. Lo mejor ante las calumnias es no contestar, no darse por aludido.*

aludir. intr. **1.** Mencionar o nombrar a alguien o algo. *La novela alude mucho* A *personajes históricos. En su discurso aludió* A *la escasa financiación de la escuela pública.* **2.** Referirse a alguien o algo, sin mencionarlo directamente. *¿A quién aludía al hablar de ladrones de votos? Con el mote de "Pepe Botella", la gente aludía* A *su supuesta afición a la bebida.* **3.** Tener algo, espec. una palabra, relación, a veces velada, con alguien o algo. *El nombre de "cianuro" alude* A *su color azul.* ○ tr. **4.** Aludir (→ 1, 2) (a alguien o algo). *Durante la conversación lo aludieron muchas veces. Muchos manuales de filosofía no se atrevían a mentar a Marx, ni siquiera a aludirlo.* ▶ **1-3:** REFERIRSE.

alumbrado[1]. m. Conjunto de luces instaladas para alumbrar un espacio, espec. una vía o lugar públicos. *Se efectuarán mejoras en el alumbrado del parque. El edificio dispone de un alumbrado de emergencia.*

alumbrado[2], **da.** part. **1.** → **alumbrar.** ● adj. **2.** coloq. Borracho. *Se presentó al examen completamente alumbrado.* **3.** histór. *Rel.* Seguidor de una secta herética española surgida en el s. XVI, que afirmaba que con la oración se llegaba a tal estado de perfección que no eran necesarios los sacramentos o las buenas obras. Más frec. m. y f. *La Inquisición actuó contra los alumbrados.*

alumbramiento. m. **1.** Parto. *El alumbramiento de las quintillizas discurrió con normalidad.* Tb. fig. *Para el alumbramiento del texto constitucional se buscó el consenso.* **2.** Hecho de alumbrar aguas subterráneas. *Tiene una empresa de prospección y alumbramiento de aguas subterráneas.*

alumbrar. tr. **1.** Dar luz (a algo o a alguien). *Una sola lámpara alumbra todo el salón. Alúmbrame con la linterna.* Tb. usado en constr. intr. *Cuando el sol comience a alumbrar, podremos emprender la marcha.* **2.** Poner o instalar luces (en un lugar). *Alumbraron el camino con antorchas. El consistorio se comprometió a alumbrar adecuadamente el barrio.* **3.** Parir. *Alumbró un precioso bebé.* Tb. fig. *Giménez ha alumbrado una hermosa novela.* **4.** Descubrir (aguas subterráneas) y sacar(las) a la superficie. *Se realizan sondeos para alumbrar aguas subterráneas.*

alumbre. m. *Quím.* Compuesto de aluminio y potasio, de color blanco, que se extrae de algunas rocas y tiene aplicaciones médicas e industriales. *El alumbre se usa en tintorería.*

alúmina. f. *Quím.* Óxido de aluminio, que aparece frec. en la composición de feldespatos y arcillas. *La alúmina se obtiene habitualmente a partir de la bauxita.*

aluminio. m. Elemento químico metálico, ligero y maleable, de color y brillo similares a los de la plata, con numerosas aplicaciones, espec. en industria y construcción (Símb. *Al*). *Limpia la parrilla con un estropajo de aluminio. Pusieron ventanas de aluminio.*

aluminosis. f. *Constr.* Degradación del cemento de un edificio por contener aluminio de mala calidad o en una proporción inadecuada. *Varios bloques de pisos afectados de aluminosis deberán ser derribados.*

alumnado. m. Conjunto de los alumnos. *La directora del instituto se reunió con representantes del alumnado. El sindicato de estudiantes convoca al alumnado a una huelga general.*

alumno, na. m. y f. Persona que recibe enseñanza de otra o en un centro educativo. *Fue alumno de mi padre en el instituto. Existe una asociación de antiguos alumnos del colegio. Daba clases particulares en su casa y llegó a tener muchos alumnos. La entrada al museo es gratuita para los alumnos de Bellas Artes.*

alunizaje. m. Hecho de alunizar. *En 1969 los estadounidenses realizan el primer alunizaje tripulado.*

alunizar. intr. Posarse una nave espacial o sus ocupantes en la superficie de la Luna. *Soviéticos y estadounidenses rivalizaban por ser los primeros en alunizar.*

alusión. f. Hecho de aludir, frec. sin mención directa. *Hizo veladas alusiones* A *una trama para derrocarlo. Lo llaman "Bola de billar", en alusión* A *su ostensible calvicie. Por alusiones, tiene la palabra el señor ministro de Economía.*

alusivo, va. adj. Que alude a algo o a alguien. *Hubo insinuaciones alusivas* A *su supuesto embarazo. En la puerta del centro hay una placa alusiva* AL *acto de inauguración.*

aluvial. adj. *Geol.* De aluvión o formado por acumulación de aluviones. *El yacimiento arqueológico se halla en una zona de terrenos aluviales.*

aluvión. m. **1.** Sedimento arrastrado por las lluvias y las corrientes de agua. *El arbolado y la vegetación actúan como elemento de contención de los aluviones.* **2.** Afluencia grande de personas o cosas. *El primer día de las rebajas hay un aluvión* DE *clientes. Un aluvión* DE *insultos cayó sobre el conductor.* ■ **de ~.** loc. adj. **1.** *Geol.* Dicho de terreno: Formado por acumulación de aluviones (→ 1). *La fértil vega del Ebro se extiende sobre suelos de aluvión.* **2.** Heterogéneo o de diversa procedencia. *Madrid tiene una población de aluvión.*

alveolar. adj. **1.** Del alvéolo o de los alvéolos. *Sufre descalcificación de los huesos alveolares. En los sacos alveolares se produce el intercambio gaseoso de los pulmones.* **2.** *Fon.* Dicho de articulación o de sonido: Que se produce al tocar con la lengua los alvéolos de los incisivos superiores. *El sonido "n" es alveolar.* Tb. f., referido a consonante. *La "l" es una alveolar sonora.*

alvéolo o **alveolo.** m. **1.** *Anat.* Cada una de las cavidades en que están encajados los dientes en la mandíbula. *El diente tiene una parte implantada en el alvéolo, la raíz, y otra que sobresale, la corona.* **2.** *Anat.* Cada una de las diminutas cavidades en que terminan las últimas ramificaciones bronquiales. *En los alveolos, el oxígeno pasa del aire a la sangre de los capilares.* **3.** Celdilla (receptáculo de un panal). *Las abejas construyen alvéolos hexagonales.* ▶ **3:** *CELDILLA.

alza. f. **1.** Subida del valor de algo. *Se espera un alza* EN *los precios. Se registrarán fuertes alzas* EN *las temperaturas.* **2.** Pieza que se añade a la suela de un zapato para darle mayor altura. *Un defecto en la pierna izquierda le obligaba a llevar alza en los zapatos.* **3.** Regla graduada, situada en la parte superior del cañón de un arma de fuego, que sirve para precisar la puntería. *El cazador disponía de un fusil de largo alcance provisto de alza.* ■ **al ~.** loc. adv. *Com.* Previendo alza (→ 1) en la cotización de un valor público o mercantil. *El pequeño ahorrador invirtió al alza.* Tb. adj. *La bajada de tipos provocó especulaciones al alza en la bolsa.* ■ **en ~.** loc. adv. Aumentando de nivel, valor o estimación. *El interés por el flamenco está cada vez más en alza.* Tb. loc. adj. *El veterano político español es una figura en alza en Bruselas.* ■ **jugar al ~.** loc. v. *Com.* Especular con los cambios de la cotización de los valores públicos o mercantiles, previendo alza (→ 1) en ella. *Hoy todos jugaban al alza en las bolsas europeas.*

alzacuello. m. Tira rígida de tela blanca que el sacerdote cristiano lleva ceñida al cuello. *Raras veces se veía al párroco sin su sotana y su alzacuello.*

alzada. f. **1.** Altura de algunos cuadrúpedos, espec. el caballo, desde el pie hasta la parte más alta de la cruz. *El rey aparece retratado sobre una jaca de gran alzada. Los toros de esta ganadería se caracterizan por su poca alzada.* **2.** Altura (medida vertical). *En la sala hay un reloj de pie de casi dos metros de alzada. Una mesa de poca alzada.* **3.** Hecho de alzar o levantar hacia arriba. *El levantador de piedras realizó diez alzadas seguidas de 200 kilos.* **4.** *Der.* Recurso de alzada (→ **recurso**). *Los manifestantes multados recurrieron en alzada a la delegación de gobierno.* ▶ **2:** *ALTURA.

alzado[1]. m. *tecn.* Dibujo que representa un cuerpo, por ej. una máquina o la fachada de un edificio, en un plano vertical y sin perspectiva. Se usa espec. en arquitectura e ingeniería. *Los planos de la casa incluyen planta, alzado y perspectiva aérea. El examen de dibujo técnico consistirá en trazar planta, alzado y perfil lateral de un sólido.*

alzado[2], da. part. **1.** → **alzar.** ● adj. **2.** Dicho de precio o cantidad: Fijados de manera global, sin una evaluación detallada. *La empresa ofreció como indemnización una cantidad alzada, igual para todos. La obra se contrató a tanto alzado.*

alzamiento. m. **1.** Rebelión o sublevación, espec. contra el poder político establecido. *El gobierno movilizó al ejército para sofocar el alzamiento de los campesinos.* Frec., precedido del art. *el* y a veces en mayúsc., designa el que precedió a la Guerra Civil española. *Una parte del estamento militar lleva a cabo el alzamiento en julio de 1936.* **2.** Hecho de alzar o levantar hacia arriba. *El alzamiento brusco de las piernas puede provocar tirones.* ■ **~ de bienes.** m. *Der.* Delito que consiste en ocultar o hacer desaparecer bienes o dinero para evitar el pago a los acreedores. *Queda probado que cometió alzamiento de bienes al desviar dinero de la empresa a cuentas bancarias propias.* ▶ **1:** *SUBLEVACIÓN.

alzapaño. m. **1.** Pieza, gralm. metálica y en forma de gancho, que se fija en la pared y sirve para tener la cortina recogida hacia un lado. *Entraron en una estancia con lujosos cortinajes sujetos a alzapaños dorados.* **2.** Tira o cordón de tela que se emplean para sujetar la cortina al alzapaño (→ 1). *Los alzapaños, a juego con las cortinas, van provistos de anilla y cierre con velcro.*

alzar. tr. **1.** Levantar (algo o a alguien), poniéndo(lo) en un lugar más alto que el que tenía. *Alzó los hombros en señal de indiferencia. El viento le alzaba la falda. Entre varios alzaron al accidentado y lo colocaron en la camilla.* **2.** Levantar o dirigir hacia arriba (algo, espec. los ojos o la mirada). *Cuando el maestro los reprendía, ninguno se atrevía a alzar la mirada. Tomaba apuntes y de vez en cuando alzaba la cabeza para mirar la pizarra.* **3.** Levantar (algo o a alguien), poniéndo(lo) derecho o en posición vertical. *Caí y, al intentar alzarme, noté un fuerte dolor en el tobillo. Los jugadores se turnaban para alzar los bolos que los otros derribaban.* **4.** Levantar o construir (algo). *El ayuntamiento alzará un monumento en honor a los bomberos fallecidos. Los estudiantes alzaron barricadas.* Tb. fig. *No sin esfuerzo, la familia logró alzar un gran negocio.* **5.** Subir el nivel, valor o intensidad (de algo). *No alces el tono, que te van a oír. Si no alzas más la voz, los de atrás no te oyen. Se acusa a las compañías petroleras de alzar los precios de manera concertada.* **6.** Quitar o retirar (algo) de un lugar. *Los camareros alzaron los manteles y se marcharon. Al amanecer, alzamos las tiendas y reemprendimos la marcha.* **7.** Levantar o hacer que cese (un castigo o prohibición). *Los vecinos consiguieron que el juzgado alzara la suspensión de las obras. Estados Unidos ha decidido alzar el embargo económico que pesa sobre este país.* **8.** En los juegos de naipes: Cortar (la baraja). Frec. usado en constr. intr. *Te toca alzar.* ○ intr. prnl. **9.** Levantarse o sobresalir de una superficie, espec. del suelo. *En lo alto de la ciudad se alza su impresionante castillo.* Tb. fig. *La película argentina se alza como una de las candidatas al primer premio.* **10.** Rebelarse o sublevarse, espec. contra el poder político establecido. *El pueblo se alzó* CONTRA *el tirano.* **11.** Apoderarse de algo, frec. con usurpación o injusticia. *Los ladrones se alzaron* CON *el botín y huyeron.* Tb. fig. *El equipo gaditano se alzó* CON *el triunfo en la prórroga.* ▶ **1-4:** *LEVANTAR. **5:** *ELEVAR. **6, 7:** *LEVANTAR. **9:** *LEVANTARSE. **10:** *SUBLEVARSE.

alzhéimer. m. *Med.* Enfermedad de Alzheimer (→ **enfermedad**). *El alzhéimer suele darse en personas mayores. Enfermos de alzhéimer.*

a. m. abrev. Ante merídiem. *El dispositivo se pondrá en marcha a las 10.00 a. m.*

AM. (sigla; pronunc. "a-eme"). f. **1.** *Fís.* Modulación de amplitud de la onda portadora de acuerdo con las variaciones de la señal emitida. *Transmisor de AM.* **2.** *Radio* Onda media. *El automóvil va provisto de radiocasete AM/FM.*

ama. → **amo.**

amabilidad. f. **1.** Cualidad de amable. *Un dependiente debe tener buena presencia y amabilidad* CON *los clientes.* **2.** Hecho o dicho amables. *El personal del hotel se deshacía en amabilidades y atenciones con ella.*

amable. adj. **1.** Dicho de persona: Que trata a los demás manera agradable y con ganas de complacer. *Un amable conserje nos condujo hasta el salón de actos. Ha sido usted muy amable al invitarnos. Los españoles suelen ser amables* CON/PARA CON *los turistas. ¿Sería tan amable* DE *acompañarme?* **2.** Dicho de cosa: Propia de la persona amable (→ 1). *Una mirada o una palabra amable bastaban para convencer al cliente. Declinó mi ofrecimiento con gesto amable.* ▶ **1:** AFABLE, AGRADABLE, ATENTO.

amado, da. part. **1.** → **amar.** ● m. y f. **2.** cult. Persona amada (→ 1) o de la que se está enamorado. *Lloraba desconsoladamente al ver partir a su amado. La figura de la amada es fundamental en la poesía de Garcilaso.*

amadrinar. tr. Hacer de madrina (de alguien o algo). *Los padres decidieron que una tía suya lo amadrinara en el bautizo. La esposa del alcalde amadrinó la botadura del buque.*

amaestramiento. m. Hecho de amaestrar. *Se dedica al amaestramiento de caballos.* ▶ ADIESTRAMIENTO.

amaestrar. tr. Enseñar (a un animal) a hacer habilidades. *Los espías criaban y amaestraban palomas mensajeras.* ▶ ADIESTRAR.

amagar. tr. **1.** Hacer un gesto que indica la intención de efectuar (una acción o movimiento, espec. un golpe). *La gata amagó un zarpazo. El alero amaga el lanzamiento, sortea a un contrario y entra a canasta.* Tb. usado en constr. intr. *Amagar y no dar.* **2.** Amenazar (a una persona, animal o cosa) con algo. *El secretario general ha amagado al partido* CON *la dimisión en muchas ocasiones.* ○ intr. **3.** Estar próximo o presentarse como inminente algo, gralm. malo. *Nos pusimos a cubierto porque amagaba ya la tormenta.* ○ intr. prnl. **4.** Esconderse u ocultarse. *La liebre, acosada por los cazadores, se amaga entre la maleza.*

amago. m. Hecho de amagar. *El perro hizo amago de morder. Cualquier amago de crítica era rápidamente acallado. Fue hospitalizado por un amago de infarto.*

amainar. (conjug. BAILAR). intr. **1.** Perder fuerza o intensidad una cosa, espec. el viento, la tormenta o un fenómeno similar. *La flota aguarda a que amaine el temporal. Menudo verano nos espera, como no amaine este calor.* Tb. fig. *Lejos de amainar, las protestas estudiantiles van a más.* ○ tr. **2.** Aflojar (algo) o hacer que amaine (→ 1). *Al ver el refugio amainaron el paso. El régimen ha amainado su campaña de propaganda contra la oposición.*

amalgama. f. **1.** Unión o mezcla de cosas de naturaleza distinta o contraria. *El espectáculo es una curiosa amalgama de circo, teatro y música.* **2.** *Quím.* Aleación de mercurio y otro metal. Frec. designa la de mercurio y plata, empleada en odontología. *El dentista le ha puesto un empaste de amalgama.*

amalgamar. tr. **1.** Unir o mezclar (cosas de diversa naturaleza). *Ha sabido amalgamar con éxito el arte abstracto y el figurativo.* Tb. en constr. prnl. media. *En Londres se amalgaman razas y culturas de todo el mundo.* **2.** *Quím.* Alear el mercurio (con otro u otros metales) para formar amalgamas. *El mercurio se usa para amalgamar la plata.* Tb. en constr. prnl. media. *La gota de mercurio corrió por su mano y el oro de su anillo se amalgamó.*

amamantamiento. m. Hecho de amamantar. *El médico le explicó los beneficios del amamantamiento.*

amamantar. tr. Dar de mamar (a un hijo o a una cría). *Al cuarto mes dejó de amamantar al bebé. La perra amamantaba a sus cachorros.*

amancebamiento. m. Hecho o efecto de amancebarse. *Una reforma legal suprimió los delitos de adulterio y amancebamiento.* ▶ *CONCUBINATO.

amancebarse. intr. prnl. Pasar dos personas a hacer vida de matrimonio sin haberse casado. *Ante la imposibilidad de conseguir sus respectivos divorcios,* *terminaron amancebándose.* Tb.: *Se amancebó* CON *su novia.*

amanecer. (conjug. AGRADECER). intr. impers. **1.** Aparecer la luz del día al salir el sol. *Hoy amanecerá a las ocho. Ayer amaneció nublado. Saldremos al amanecer.* ○ intr. **2.** Encontrarse en determinado lugar o estado al comenzar el día o al despertar. *Viajaron en un* ferry *nocturno y amanecieron en Mallorca. El valle ha amanecido envuelto en nubes. Volvió de madrugada y, a las cuatro de la tarde, amaneció cansado y hambriento.* **3.** Nacer o comenzar a existir una cosa. *El siglo amanece en medio de fuertes convulsiones políticas. Un nuevo día amanece sobre las cumbres pirenaicas.* **4.** Aparecer o presentarse, espec. de manera inesperada. *Un día amaneció ante su puerta un inspector de Hacienda.* ● m. **5.** Hecho de amanecer (→ 1-3). *Una de sus aficiones es fotografiar ocasos y amaneceres. Tuve un amanecer un tanto brusco. En Gran Bretaña se produce el amanecer de la revolución industrial.* **6.** Tiempo durante el que amanece (→ 1). *Llegó el amanecer y cantó el gallo.* ▶ **1:** ACLARAR, CLAREAR. **6:** ALBA, AMANECIDA.

amanecida. f. Amanecer, o tiempo durante el que amanece. *La tenue claridad de la amanecida fue disipando la oscuridad del bosque. Salieron a la amanecida.* ▶ *AMANECER.

amanerado, da. part. **1.** → **amanerar.** ● adj. Falto de naturalidad o espontaneidad, espec. por sujeción a unas formas dadas. *Es un actor tan amanerado que sus interpretaciones rayan en la parodia. Su estilo resulta frío y un tanto amanerado.*

amaneramiento. m. Hecho o efecto de amanerar o amanerarse. *La reiteración lleva al amaneramiento del estilo. Los críticos alaban su toreo templado y sin amaneramiento.*

amanerar. tr. Volver amanerado (a alguien o algo). *La reiteración de los temas acabó por amanerar su estilo.* Tb. en constr. prnl. media. *Era un escritor ágil, pero se fue amanerando.*

amansar. tr. **1.** Domesticar o hacer manso (a un animal). *La tarea del domador es amansar al tigre y acostumbrarlo a obedecer.* Tb. en constr. prnl. media. *Por mucho que la montaban, la yegua no se amansaba.* **2.** Sosegar o apaciguar (algo o a alguien). *¿Que está enfadado?; no te preocupes, ya verás qué pronto lo amanso yo. Los nietos le han amansado el carácter.* Tb. en constr. prnl. media. *El río baja brioso hasta las lagunas, donde sus aguas se amansan. Antes era gruñón, pero se ha amansado con los años.* ▶ **1, 2:** *DOMESTICAR.

amante. adj. **1.** Que ama algo o a alguien. *Siempre fue un hombre amante* DE *su esposa y de sus hijos. La agencia ofrece viajes especiales para gente amante* DE *la aventura.* Tb. m. y f. *El nuevo auditorio hará las delicias de los amantes* DE *la buena música.* **2.** Dicho de cosa: Que manifiesta amor. *Actitud amante.* ● m. y f. **3.** Respecto de una persona: Otra que mantiene relaciones sexuales con ella sin estar casados. *Sospechaba que su mujer tenía un amante. Se murmura que el conserje y la señora de la limpieza son amantes.* ○ m. pl. **4.** cult. Pareja de enamorados. *"La Celestina" es la historia de unos amantes, Calixto y Melibea, entre los que media una vieja alcahueta. Los amantes de Teruel.*

amanuense. m. y f. Persona que tiene por oficio escribir a mano textos de otras personas, al dictado o pasándolos a limpio. *En la Edad Media los libros eran copiados por amanuenses, la mayoría monjes. Los amanuenses del zoco de Fez redactan cartas por encargo y al dictado.*

amañar. tr. Preparar (algo) con trampa o engaño. *Lo denunciaron por amañar el combate. Un policía había amañado las pruebas. El resultado de la votación estaba amañado.*

amaño. m. Hecho o efecto de amañar. *Se sospecha que hubo amaño en la subasta.*

amapola. f. Flor silvestre, común en sembrados, con semilla negruzca y cuatro pétalos de color rojo intenso. *Recogió amapolas y otras flores para hacer un ramo.* Tb. su planta. *Un campo de amapolas.*

amar. tr. Tener amor (a alguien o algo). *Aunque la amaba, no podía casarse con ella. Jesús dijo: "Amaos los unos a los otros como yo os he amado". Si amas la naturaleza, respétala. Los que aman el atletismo no deben perderse esta retransmisión.* ▶ *QUERER.

amaraje. m. Hecho o efecto de amarar. *La tripulación del avión tiene instrucciones precisas en caso de aterrizaje o amaraje forzosos.* ▶ AMERIZAJE.

amaranto. m. Planta ornamental, ramosa y provista de una densa espiga de flores de vivos colores, frec. rojo carmesí. Tb. la flor. *En la floristería se preparan crisantemos y amarantos para el día de difuntos.*

amarar. intr. Amerizar. *Se espera que la nave espacial amare en algún lugar del Pacífico.*

amargado, da. part. **1.** → **amargar.** ● adj. **2.** Dicho de persona: De carácter triste y resentido debido a frustraciones o disgustos. *Yo creo que es así de amargado por haber tenido tan mala suerte con las mujeres.* Tb. m. y f. *Esa chica es una amargada.*

amargar. tr. **1.** Dar sabor amargo (a algo). *Las pastillas del mareo amargan la boca.* **2.** Hacer triste o desagradable (algo). *No quisiera amargaros la fiesta, pero hay que bajar la música.* **3.** Causar tristeza o disgusto (a alguien). *La rotunda negativa a seguir estudiando amargaba a sus padres.* Tb. en constr. prnl. media. *Tú no te amargues; seguro que tarde o temprano encuentras trabajo.* **4.** Hacer que (alguien) se vuelva triste y resentido. *Tanta desgracia terminó amargándola para siempre.* Tb. en constr. prnl. media. *Uno se va amargando con tantos palos que da la vida.* ○ intr. **5.** Tener sabor amargo. *Estos pepinos amargan un poco.*

amargo, ga. adj. **1.** Dicho de sabor: Fuerte y desagradable como el de la bilis o hiel. *Después de vomitar le quedó un regusto amargo en la boca.* **2.** Dicho de cosa: Que tiene sabor amargo (→ 1). *Las endibias son amargas. Esta pastilla deja la boca amarga.* **3.** Que causa tristeza o disgusto. *La goleada ha supuesto una amarga derrota para el equipo.* **4.** Que implica o demuestra tristeza o disgusto. *Con gesto amargo se despidió de todos. En el libro hace una amarga descripción de su exilio.*

amargor. m. **1.** Sabor o gusto amargo. *No soporta el amargor del café. Notaba fiebre y amargor de boca.* **2.** Amargura (sentimiento). *Aunque es simpático, en sus palabras siempre hay un tono de amargor.* ▶ **2:** AMARGURA.

amargura. f. **1.** Sentimiento de tristeza o disgusto. *En sus poemas sobre la vejez el tono es de melancolía y amargura.* **2.** Cosa que causa amargura (→ 1). *La vida está llena de amarguras.* ▶ **1:** AMARGOR.

amariconado, da. part. **1.** → **amariconar.** ● adj. **2.** malson. Dicho de hombre: Afeminado, o que tiene características propias de las mujeres, espec. en el aspecto o el comportamiento. **3.** malson. Afeminado, o que parece de mujer.

amariconar. tr. malson. Afeminar (a un hombre), o hacer que adquiera características propias de las mujeres, espec. en el aspecto o el comportamiento. Tb. en constr. prnl. media.

amarillear. intr. Tomar color amarillo o amarillento. *Las hojas de la vieja enciclopedia comenzaban a amarillear.*

amarillento, ta. adj. Que tira a amarillo. *Las fotos eran antiguas y habían tomado un color amarillento. Fumaba tanto que tenía los dedos amarillentos.* ▶ **frecAm:** AMARILLOSO.

amarillez. f. Cualidad de amarillo. *Desde la loma se puede contemplar la espléndida amarillez de los trigales. Destaca en su rostro la amarillez de la ictericia.*

amarillismo. m. Periodismo sensacionalista. *El periódico fue acusado de amarillismo por desvelar detalles de la vida íntima de la gente.*

amarillista. adj. Que practica el amarillismo. *Periódico amarillista.*

amarillo, lla. adj. **1.** Dicho de color: Semejante al del oro o al de yema del huevo. *Las flores son de color amarillo.* Tb. m. *Un amarillo claro, casi blanco.* **2.** De color amarillo (→ 1). *Margaritas amarillas.* **3.** Dicho de persona: Pálido por un susto o por enfermedad. *De pronto se puso amarillo y empezó a temblar.* **4.** Dicho de persona o de su raza: De piel amarillenta y ojos oblicuos. *En Asia oriental predomina la población de raza amarilla.* Dicho de pers., tb. m. y f. *Todos los amarillos le parecen iguales.* **5.** Dicho de prensa o periodismo: Sensacionalista. *Están cansados de los escándalos de la prensa amarilla.*

amarilloso, sa. adj. frecAm. Amarillento. *Los médicos le mirarían los globos amarillosos de los ojos teñidos de bilis* [C].

amariposado, da. adj. *Bot.* Dicho de flor o corola: De forma semejante a la de una mariposa. *La flor del guisante es amariposada.*

amarra. f. Cuerda, cable o cadena con que se asegura una embarcación a un lugar, frec. a un muelle o, mediante el ancla, al fondo de las aguas. *Ante el aviso de temporal, los barcos del puerto reforzaron sus amarras. Los pesqueros sueltan amarras al caer la noche.*

amarraco. m. En el juego del mus: Tanteo de cinco puntos. *Si sacan un amarraco, se van: ¡órdago a grande y a chica!* Tb. la ficha que vale cinco puntos. *Has metido cinco a grande; como no las quieren, te llevas un amarraco.*

amarradero. m. Lugar donde se amarran embarcaciones. *El encargado del alquiler de barcas aguardaba sentado en uno de los amarraderos.*

amarrar. tr. **1.** Sujetar (algo o a alguien) firmemente con cuerdas, cadenas u objetos similares, gralm. a un sitio fijo. *Se apeó del caballo y lo amarró* EN *un poste.* Tb. fig. *Vive amarrado* A *su trabajo.* **2.** Sujetar (una embarcación) en el puerto o en cualquier fondeadero mediante amarras, cadenas o anclas. *Las barcas, amarradas en el muelle, se agitan con el temporal.* **3.** Asegurar (algo que se pretende, o que se ha logrado en parte). *El equipo amarró el triunfo en la segunda mitad con dos nuevos goles.*

amarre. m. Hecho de amarrar. *El capitán daba instrucciones para la operación de amarre. El temporal obligó al amarre de la flota pesquera.*

amarrete, ta. adj. frecAm. coloq. Tacaño. *Eres un poco amarrete con las propinas. ¡Qué despierta la Agraciada, procurándose mucamas de manera tan tramposa y amarreta!* [C]. Dicho de pers., tb. m. y f. *Papi es un amarrete y siempre se lo agarra todo para él* [C].

amartelarse. intr. prnl. Mostrarse muy cariñosos dos enamorados. *Se apagan las luces del cine y las parejas comienzan a amartelarse. Los novios pasean muy amartelados por el parque.*

amartillar. tr. **1.** Poner (un arma de fuego) en posición de disparo. *Cargó la pistola y la amartilló.* **2.** Asegurar (un trato o negocio). *En la conversación de ayer quedó bien amartillado el acuerdo.*

amasado. m. Hecho de amasar o formar una masa. *Las tres tareas principales de la panificación tradicional son: molienda, amasado y horneado.*

amasar. tr. **1.** Formar una masa (con algo). *Debes poner agua, harina y huevos y amasarlo todo.* **2.** Formar la masa (de algo, espec. de pan). *Pasaba la noche en la tahona amasando pan. El alfarero amasa el barro.* **3.** Acumular o reunir (dinero o bienes). *Amasó una pequeña fortuna invirtiendo en bolsa.*

amasiato. m. Am. Concubinato. *No sé por qué me da más vergüenza estar casado que viviendo en amasiato* [C].

amasijo. m. **1.** Mezcla desordenada de cosas diversas. *El edificio quedó reducido a un amasijo de escombros y vigas retorcidas.* **2.** Masa sin forma determinada. *De tanto masticar, se le hizo un amasijo de carne en la boca y terminó por escupirlo.*

amate. m. Am. Árbol propio de las regiones cálidas de México, cuya savia se usa como laxante y cuya corteza se emplea para hacer papel. *Un material utilizado para los códices fue la corteza del amate* [C].

amatista. f. Piedra preciosa de color violeta, variedad de cuarzo o de corindón. *La princesa lucía una diadema con amatistas.*

amatorio, ria. adj. Del amor. *La pasión por su amada inspiró a Bécquer encendidas composiciones amatorias.*

amazacotado, da. adj. **1.** Demasiado compacto. *Este arroz está amazacotado. El texto está muy amazacotado, hay que espaciar más los párrafos.* **2.** Pesado o falto de gracia. *La catedral resulta amazacotada.*

amazona. f. **1.** Mujer que monta a caballo. *La amazona española finalizó su recorrido sin derribos ni penalizaciones.* **2.** En la mitología grecorromana: Mujer guerrera de ciertas tribus. *Según la leyenda, las amazonas se amputaban un pecho para manejar mejor el arco y la lanza.*

amazónico, ca. adj. Del río Amazonas. *En la cuenca amazónica viven muchas tribus indígenas. La selva amazónica está en peligro.*

ambages. m. pl. Rodeos en la manera de expresarse que implican falta de claridad. *La dirección abordó con ambages el espinoso tema de los despidos.* Gralm. en la constr. *sin ~s. La prensa lo ha criticado sin ambages por su floja película. El libro describe sin ambages los horrores de la guerra.*

ámbar. m. **1.** Resina fósil, dura, opaca o semitransparente y de color amarillo o anaranjado, muy empleada en adornos y bisutería. *Lleva anillo y pendientes de ámbar. Se han hallado insectos fosilizados en gotas de ámbar.* **2.** Color amarillo o anaranjado propio del ámbar (→ 1). *Antes de ponerse en rojo, el semáforo pasa de verde a ámbar.* Tb. adj. *Color ámbar.*

ambarino, na. adj. Del ámbar. *El málaga es un vino dulce de color ambarino.*

ambición. f. **1.** Deseo vehemente de algo, espec. de poder, honores, riqueza o fama. *Su ambición* DE *poder le condujo a la tiranía. Siempre tuvo la ambición* DE *conocer mundo. Es inteligente y trabajador, pero le falta ambición.* **2.** Cosa que se desea con vehemencia. *Su mayor ambición es construirse una casa en el campo. La secretaría del partido no está entre sus ambiciones políticas.*

ambicionar. tr. Tener ambición o deseo vehemente (de algo). *Ambiciona convertirse en una escritora famosa. Por fin consiguió el cargo que tanto ambicionaba.*

ambicioso, sa. adj. **1.** Dicho de persona: Que tiene ambición o deseo vehemente de algo. *Un gran campeón es siempre ambicioso y aspira a lo más alto.* Tb. m. y f. *Los ambiciosos y los emprendedores medraban rápido en la empresa.* **2.** Dicho de cosa: Que denota o manifiesta ambición. *El gobierno se ha embarcado en un ambicioso proyecto de reforma educativa.*

ambidextro, tra. adj. Que usa igual la mano izquierda que la derecha. *Le han escayolado un brazo pero, como es ambidextro, no tiene problema para escribir.* ▶ AMBIDIESTRO.

ambidiestro, tra. adj. Ambidextro. *Un jugador de balonmano ambidiestro es imprevisible: puede lanzar por cualquier lado.*

ambientación. f. Hecho o efecto de ambientar. *La serie es un drama de época con una ambientación y un vestuario muy cuidados.*

ambientador, ra. m. y f. **1.** Persona encargada de ambientar una obra de cine, radio o televisión. *Trabajó de ambientadora en varias adaptaciones televisivas de obras de Galdós.* ○ m. **2.** Sustancia para perfumar el ambiente y eliminar malos olores. *El aire olía a ambientador de pino.*

ambiental. adj. Del ambiente. *La contaminación ambiental es uno de los problemas de las grandes urbes. En la reunión se respiraba cierta tensión ambiental.*

ambientar. tr. **1.** Situar (algo o a alguien) en determinado ambiente histórico, social o geográfico. *Cervantes ambienta "Rinconete y Cortadillo" en el submundo sevillano.* **2.** Sugerir, mediante pormenores verosímiles, los rasgos históricos, locales o sociales del medio en que ocurre la acción (de una obra literaria, de cine, de radio, o de televisión). *La nueva serie televisiva está muy bien ambientada.* **3.** Dar (a un lugar) un ambiente adecuado mediante elementos como la decoración o la iluminación. *Ambientaron el local con luces tenues y música suave.* ○ intr. prnl. **4.** Adaptarse o acostumbrarse a un ambiente. *Aunque parezca tímida, cuando se ambienta es divertidísima. Tardó en ambientarse porque el modo de vida europeo es distinto al americano.*

ambiente. m. **1.** Aire o atmósfera de un lugar. *El bar es tan pequeño que enseguida se carga el ambiente. Seguirán los cielos despejados y el ambiente seco en toda España.* **2.** Conjunto de circunstancias físicas o morales propias de un lugar, una colectividad o una época. *El ambiente familiar es muy agradable. El libro describe el ambiente previo a la Revolución rusa.* **3.** Ambiente (→ 2) agradable de un lugar, espec. el de animación. *Nos fuimos de la discoteca porque no había ambiente.* **4.** Grupo o círculo social. *En cuanto lo sacas de su ambiente, se vuelve muy tímido. En ambientes financieros se habla de una nueva bajada de los tipos de interés.* **5.** Actitud de un conjunto de personas con respecto de alguien o algo. *En el nuevo consejo escolar se ha creado muy buen ambiente. Hay mal ambiente en la empresa por los últimos despidos.* **6.** frecAm. Habitación de una vivienda. *Mi casita tenía dos ambientes y un garaje con parrilla* [C]. ● adj. Circundante o que rodea. *Aire ambiente. Temperatura ambiente. Música ambiente. Sonidos ambientes.* ▶ **2:** CLIMA. **6:** *HABITACIÓN.

ambigú. (pl. **ambigús**). m. **1.** En una sala de baile o de espectáculos: Lugar donde se sirven bebidas y cosas de comer. *Después de la función, críticos y actores acudían al ambigú del teatro.* **2.** Bufé. *La cena consistirá en un ambigú organizado en los jardines del palacio.*

ambigüedad. f. Cualidad de ambiguo. *La señalización de tráfico no debería dar lugar a ninguna ambigüedad. Se expresa con ambigüedad premeditada.*

ambiguo, gua. adj. **1.** Dicho de cosa: Que se puede entender de varias maneras y dar lugar a duda o confusión. *A mi sugerencia contestó con una ambigua sonrisa, no sé si afectuosa o irónica. La postura del gobierno en ese conflicto fue ambigua.* **2.** Dicho de persona: Que, con sus palabras o su comportamiento, deja poco clara su opinión o su actitud. *Algunos condenaron sin paliativos el atentado; otros fueron menos claros, incluso ambiguos.* **3.** *Gram.* Dicho de nombre de cosa : Que se puede usar como masculino o como femenino. *Podemos decir "el mar" o "la mar" porque "mar" es un nombre ambiguo.*

ámbito. m. **1.** Espacio real comprendido dentro de unos límites. *Un camarote es un ámbito cerrado. La empresa aumentará su presencia en el ámbito de los países iberoamericanos.* **2.** Espacio inmaterial en que se sitúa una persona o cosa, espec. una actividad. *Al acto acudirán personalidades del ámbito de las artes y las letras. Durante años el uso del catalán se vio restringido al ámbito privado.* ▶ **1:** ÁREA. **2:** ÁREA, CAMPO, TERRENO.

ambivalencia. f. Cualidad o condición de ambivalente. *La ironía juega con la ambivalencia de las palabras.*

ambivalente. adj. Que presenta dos interpretaciones o dos valores, frec. opuestos. *El director hace un cine ambivalente, que entretiene y conmueve al mismo tiempo. Tenía con su padre una relación ambivalente de amor-odio.*

ambos, bas. adj. pl. Los dos. Se usa siempre antepuesto al n. *Ambos hermanos coincidían en sus aficiones. Tenía miopía en ambos ojos.* Tb. pron. *Se enfrentaban dos equipos importantes, ambos con posibilidades de triunfo.* Tb. ~ *a dos*, cult. *–¿Cuál de las dos ciudades te gustó menos? –Ambas a dos.*

ambrosía. f. **1.** En la mitología grecorromana: Alimento de los dioses. *La ambrosía daba la inmortalidad y la eterna juventud.* **2.** cult. Alimento o bebida exquisitos. *Estos pasteles son pura ambrosía.*

ambulacral. adj. *Zool.* De los ambulacros. *El aparato ambulacral se origina a partir del celoma.*

ambulacro. m. *Zool.* En los equinodermos: Apéndice con forma de tubito, que sale del esqueleto y les sirve pralm. para desplazarse. *La estrella de mar tiene ventosas en los extremos de sus ambulacros.* Tb. cada una de las bandas radiales en que se agrupan dichos apéndices. *En la región ventral de la estrella de mar están la boca y los cinco ambulacros.*

ambulancia. f. Vehículo destinado al transporte de enfermos o heridos. *Las víctimas del accidente fueron trasladadas en ambulancia al hospital provincial.*

ambulante. adj. **1.** Que va de un lugar a otro sin tener asiento fijo. *Al pueblo llegó un circo ambulante. Vendedores ambulantes.* **2.** Que se realiza cambiando de lugar. *El ayuntamiento ha prohibido la venta ambulante.* ● m. y f. **3.** Am. Persona que se dedica a la venta ambulante. *Estaba plantado observando a los ambulantes: lustrabotas, alfajoreros, heladeros* [C]. ▶ **1:** ITINERANTE.

ambulatorio, ria. adj. **1.** Dicho de tratamiento médico: Que no obliga al enfermo a estar hospitalizado. *Se quiere reducir la lista de espera para asistencia ambulatoria en hospitales. Ha recibido tratamiento de desintoxicación en régimen ambulatorio.* ● m. **2.** Centro público de asistencia médica, frec. especializada, a enfermos que no están hospitalizados. *El médico de cabecera le dio un volante para que la viera el oftalmólogo en el ambulatorio.* ▶ **2:** DISPENSARIO.

ameba. f. *Zool.* Ser microscópico unicelular, frec. acuático y a veces parásito, que se alimenta y se desplaza mediante prolongaciones de su cuerpo. *La ameba y el paramecio son del grupo de los protozoos. Una infección por amebas.* ▶ AMIBA.

amebiano, na. adj. *Biol.* y *Med.* De las amebas. *Existen dos tipos de disentería: la bacilar y la amebiana. Infección amebiana.*

amebiasis. f. *Med.* Infección producida por amebas. *Los análisis de heces confirmaban que se trataba de un caso de amebiasis.*

amedrentador, ra. adj. cult. Que amedrenta. *Una carcajada estruendosa y amedrentadora se oyó en el interior del castillo.*

amedrentar. tr. cult. Atemorizar (a alguien). *Hay unas pandillas callejeras que amedrentan al barrio. La presencia de perros guardianes no amedrentó a los ladrones.* Tb. en constr. prnl. media. *El regimiento seguía avanzando, sin amedrentarse ante el fuego enemigo.*

amén[1]. interj. **1.** En la religión cristiana: Así sea. Se usa gralm. al final de una oración. *"No nos dejes caer en la tentación, y líbranos del mal. Amén".* Tb. m. *El amén de los feligreses resonó en el templo.* **2.** Se usa para expresar asentimiento o deseo de que algo se cumpla. *–A ver si nos toca la lotería y nos podemos retirar. –¡Amén!* Tb. m. *No me sorprende su amén ante tal hipótesis.* ■ **decir ~** (a algo o a alguien). loc. v. coloq. Mostrarse de acuerdo (con ellos) sin protestar o discutir. *Si no le decías amén al presidente, te metía en la lista negra.* Frec. en la constr. *decir ~ a todo. Cuando no había sindicatos el trabajador tenía que decir amén a todo.* ■ **en un decir ~.** loc. adv. coloq. En un instante o en muy poco tiempo. *En un decir amén se vistió, se arregló y salió pitando.*

amén[2]. **~ de.** loc. prepos. cult. Además de. *Amén de su ingente producción pictórica, Picasso también realizó esculturas y cerámica. Lucía, amén de inteligente, era guapísima.*

amenaza. f. **1.** Hecho de amenazar. *El atracador alzó la pistola en un gesto de amenaza. Ha reconocido ser el autor de la amenaza* DE *bomba. Se desalojó el edificio ante la amenaza* DE *derrumbamiento.* **2.** Dicho o expresión con que se amenaza. *Uno de los conductores bajó de su vehículo profiriendo insultos y amenazas.* **3.** Peligro o daño que amenaza. *La existencia de material radiactivo en núcleos urbanos es una grave amenaza para la población.*

amenazador, ra. adj. **1.** Que amenaza. *El toro se planta, amenazador y desafiante, en mitad del ruedo. Vislumbró unas sombras amenazadoras al fondo del callejón.* **2.** Que expresa o denota amenaza. *Se dirigió a él en tono amenazador.* ▶ AMENAZANTE.

amenazante. adj. Amenazador. *Esgrimió sus puños amenazante. El pistolero se dirigió al* sheriff *con tono frío y amenazante.*

amenazar. tr. **1.** Dar a entender (a alguien), mediante palabras o actos, que se (le) quiere hacer algún mal. *Unos individuos les salieron al paso, amenazándolos* CON *navajas. Fue detenido tras maltratar y amenazar* DE *muerte a su esposa.* Tb. usado en constr. intr. *El secuestrador amenazó* CON *disparar.* A veces con intención irónica. *Rafael amenazaba* CON *soltar otro de sus discursitos.* **2.** Presentarse como inminente (a una persona o a una cosa) algo malo, espec. un peligro o daño. *Nuevas enfermedades amenazan a la población. Los peligros que amenazan nuestra existencia.* **3.** Dar una cosa indicios de ir a sufrir (algo malo o desagradable). *La tarde amenaza tormenta. El edificio amenaza ruina.* ○ intr. **4.** Presentarse como inminente algo malo o desagradable. *Por el sur amenaza tormenta.*

amenidad. f. Cualidad de ameno. *La cadena emite documentales muy educativos y de gran amenidad. Nada perturba la amenidad del frondoso bosque.*

amenizar. tr. Hacer ameno (algo). *Un grupo de mariachis amenizará la velada. Las actividades extraescolares contribuyen a amenizar el curso.*

ameno, na. adj. **1.** Que agrada y entretiene. *La conferencia fue larga pero amena. Además de ser un gran narrador, es muy ameno.* **2.** cult. Dicho de lugar: Agradable o placentero por su rica vegetación. *Desde la cima se observan amenos valles surcados por arroyos cristalinos.*

amenorrea. f. *Med.* Falta de menstruación. *El trastorno hormonal ha producido en la paciente períodos irregulares y fases de amenorrea.*

amento. m. *Bot.* Espiga, gralm. colgante, de flores de un mismo sexo. *El nogal posee flores masculinas en amento y flores femeninas en racimo.*

americana. → **americano.**

americanada. f. coloq., despect. Película típicamente estadounidense. *Después de comer echaron una de esas americanadas de niñatos descerebrados.*

americanismo. m. **1.** Carácter o condición de americano. *En su obra se percibe un sello especial de americanismo.* **2.** Palabra o uso propios del español hablado en América o en alguno de sus países. *La palabra "pollera" es un americanismo que quiere decir "falda".* **3.** Palabra o uso propios de alguna lengua indígena de América, o procedentes de ella. *Palabras como "cóndor" o "cancha" son americanismos que provienen del quechua.*

americanista. adj. **1.** Relacionado con lo americano o que lo exalta. *La política americanista del gobierno español.* ● m. y f. **2.** Especialista en lenguas y culturas americanas. *Van a hacer una serie de documentales sobre Iberoamérica con la ayuda de prestigiosos americanistas.*

americanización. f. Hecho de americanizar o americanizarse. *La juventud rechazaba las hamburguesas, el cine de Hollywood y toda forma de americanización.*

americanizar. tr. **1.** Dar carácter americano (a alguien o a algo). *Años de exilio en Argentina americanizaron su poesía. La cultura estadounidense ha americanizado a muchos europeos.* Tb. en constr. prnl. media. *Los emigrantes italianos se americanizaban, pero sin renunciar a su rica gastronomía.*

americano, na. adj. **1.** De América. *Continúan los esfuerzos por eliminar las barreras comerciales en el continente americano.* Dicho de pers., tb. m. y f. *García Márquez es un americano de fama universal.* **2.** Estadounidense. *La Monroe fue una de las grandes estrellas del cine americano.* Dicho de pers., tb. m. y f. *Los americanos tuvieron numerosas bajas en la guerra de Vietnam.* ● f. **3.** Chaqueta de tela, con solapas y botones, que llega por debajo de la cadera. *El modelo viste americana y pantalones de lino a juego.*

Américas. hacer las ~. loc. v. **1.** Hacerse rico un extranjero en América. *Huyendo de la pobreza, muchos españoles se embarcaban para hacer las Américas.* **2.** Ir de gira un artista por América. *El grupo dará conciertos por España durante el verano, y en otoño hará las Américas.*

amerindio, dia. adj. **1.** Indio de América. *Tribus y pueblos amerindios, desde los apaches hasta los yanomamis, luchan por preservar su cultura.* Dicho de pers., tb. m. y f. *El mestizaje en Iberoamérica es fruto de la mezcla de colonizadores y amerindios.* **2.** De los indios de América. *En el museo etnológico hay varias salas dedicadas a la civilización amerindia. Lengua amerindia.* ▶ INDOAMERICANO.

ameritar. tr. Am. Merecer (algo). *Este mural amerita un comentario adicional* [C]. *Al menos han hecho algo que amerite una noticia* [C]. ▶ *MERECER.

amerizaje. m. Hecho de amerizar. *La nave ha realizado un amerizaje forzoso en aguas del Mar del Norte.* ▶ AMARAJE.

amerizar. intr. Posarse en el agua un vehículo aéreo o espacial, o sus ocupantes. *Un hidroavión de rescate amerizó cerca del buque naufragado.* ▶ ACUATIZAR, AMARAR.

ametrallador, ra. adj. **1.** Dicho de arma de fuego: Automática y de tiro rápido y continuado, como el de la ametralladora (→ 2). *Fusil ametrallador. Pistola ametralladora.* ● f. **2.** Arma automática de fuego, de tiro rápido y continuado, que se utiliza apoyada en el terreno. *El enemigo había apostado varias ametralladoras en lo alto del desfiladero.*

ametrallamiento. m. Hecho de ametrallar. *El ametrallamiento indiscriminado por parte de la policía causó decenas de víctimas.*

ametrallar. tr. Disparar (contra alguien o algo) con una ametralladora o arma similar. *Los hicieron bajar del camión y luego los ametrallaron. Ametrallan las líneas enemigas desde helicópteros.*

amianto. m. Mineral formado por silicatos de calcio y magnesio, que se presenta en fibras blancas y flexibles, utilizadas como aislante térmico y para fabricar materiales incombustibles. *Los pilotos de pruebas iban protegidos por trajes de amianto. La investigación demuestra que el amianto es cancerígeno.*

amiba. f. *Zool.* Ameba. *Las amibas se multiplican por bipartición.*

amicísimo, ma. → **amigo.**

amida. f. *Quím.* Compuesto resultante de la sustitución en el amoniaco de alguno de sus átomos de hidrógeno por un radical derivado de un ácido orgánico. *La principal aplicación industrial de las amidas es la fabricación de poliamidas, como el nailon.*

amigable. adj. **1.** Dicho de persona o de su personalidad: Afable, o inclinada a la amistad. *Sus compañeros son gente amigable y cordial. Su marido era un hombre de carácter amigable.* **2.** Dicho de cosa: Amistosa (de amistad o de amigo). *El clima de la reunión fue amigable. Siempre tiene una sonrisa o un gesto amigable para todos. Estaban en amigable charla.* ▶ **2:** *AMISTOSO.

amígdala. f. Cada uno de los dos órganos, con forma de almendra y color rojizo, que hay a cada lado del velo del paladar. *De pequeña la operaron de las amígdalas.* ▶ ANGINA.

amigdalitis. f. *Med.* Inflamación de las amígdalas. *La amigdalitis puede ser de origen vírico o bacteriano.*

amigo, ga. adj. (sup. **amiguísimo**, sup. cult. **amicísimo**). **1.** Que tiene relación de amistad. *El profesor era muy amigo* DE *su padre. Nuestros concursantes de hoy son amigos y residentes en Sevilla. España y Argentina son países amigos.* Dicho de pers., tb. m. y f. *Al sepelio acudieron familiares y amigos del difunto. Puedes contárnoslo; estamos entre amigos.* **2.** Que tiene gusto o afición por algo. *Julio era derrochador y amigo* DE *la buena mesa. No es muy amiga* DE *salir de noche.* Tb. m. y f. *Este rioja hará las delicias de los amigos* DEL *buen vino.* **3.** Amistoso (de amistad). *En situaciones difíciles se agradece que alguien tienda una mano amiga. No veía ningún rostro amigo entre la multitud.* ● m. y f. **4.** Se usa para dirigirse a una persona conocida, con la que se tiene o no amistad, o desconocida. *¡Hola, amigo!; ¿cómo te va? Amigos, en primer lugar quiero agradeceros vuestra asistencia a este homenaje.* Frec. en la constr. ~ *mío/mía. No se ponga usted así, amigo mío, que solo le he dado un golpecito de nada.* **5.** coloq. Amante (persona con quien otra mantiene relaciones sexuales). *Sospechaba que su marido se había echado una amiga.* ■ **tan ~s.** expr. Se usa para manifestar la disposición del hablante a continuar una buena relación con su interlocutor, interrumpida o en peligro de romperse. *Mire, usted me trae el aparato defectuoso, yo se lo cambio por uno nuevo, y tan amigos.* ▶ **1:** AMISTAD. **3:** *AMISTOSO.

amigote. m. coloq. o despect. Compañero habitual en fiestas y diversiones. *Estoy harta de que todas las noches me deje sola y se vaya de parranda con sus amigotes.*

amiguete. m. coloq. Amigo (persona con quien se tiene amistad). *Por la tarde se va a jugar al parque con sus amiguetes del cole.*

amiguísimo, ma. → **amigo.**

amiguismo. m. Tendencia y práctica de favorecer a los amigos perjudicando a otras personas. *El concejal fue acusado de amiguismo en su política de adjudicación de obras.*

amilanamiento. m. Hecho o efecto de amilanar o amilanarse. *Sin caer en el amilanamiento, el equipo nacional buscó el empate hasta el último momento.*

amilanar. tr. Asustar o desanimar (a alguien). *Los disparos al aire de la policía no amilanaron a los alborotadores. Su discapacidad física, lejos de amilanarlo, le animaba a superarse.* Tb. en constr. prnl. media. *El coronel avanzaba intrépido, sin amilanarse* ANTE *nada. La expedición no se amilanó por el mal tiempo y continuó su ascensión a la cima.* ▶ *ATEMORIZAR.

amina. f. *Quím.* Compuesto resultante de la sustitución en el amoniaco de alguno de sus átomos de hidrógeno por un radical alcohólico. *La anilina es una amina tóxica y de olor desagradable, muy empleada en tintes.*

amino. m. *Quím.* Radical monovalente formado por un átomo de nitrógeno y dos de hidrógeno. *El amino constituye el grupo funcional de las aminas.*

aminoácido. m. *Quím.* Sustancia orgánica que posee las funciones de amino y de ácido, y que es componente fundamental de las proteínas. *Se conocen veinte aminoácidos que forman las estructuras de las proteínas. Hay aminoácidos que el organismo humano no puede sintetizar.*

aminoración. f. Hecho o efecto de aminorar o aminorarse. *A última hora de la tarde se producirá una aminoración de las precipitaciones.* ▶ *DISMINUCIÓN.

aminorar. tr. **1.** Reducir en cantidad o intensidad (algo). *El Gobierno logró aminorar el déficit público. En caso de retenciones, aminore la velocidad y mantenga la distancia de seguridad.* ○ intr. **2.** Disminuir en cantidad o intensidad algo. *Si no aminora el viento, la flota deberá permanecer amarrada.* Tb. prnl. *Los casos de meningitis se han aminorado.* ▶ *DISMINUIR.

amistad. f. **1.** Relación de afecto y confianza personal, que nace y se fortalece con el trato y no está basada en lazos familiares o sexuales. *Quizá terminara enamorándose de él, pero tenía claro que no quería perder su amistad. Tiene mucha amistad con actores y artistas.* Frec. en las constr. *hacer,* o *trabar,* ~. *En la cárcel hizo amistad* CON *otros presos políticos. Se conocieron en clase y rápidamente trabaron amistad.* **2.** Relación de paz y concordia entre países u otras colectividades. *España quiere reforzar sus vínculos de amistad con los países mediterráneos.* **3.** Amigo, o persona con quien se tiene amistad (→ 1). *Al poco de mudarse al pueblo, ya tenía alguna amistad entre los lugareños.* Gralm. en pl. *Solo invitaron al banquete a los parientes más allegados y a algunas amistades.* ■ **romper las ~es.** loc. v. Dejar de ser amigos. *Pepe y Luis han roto las amistades. Ha roto las amistades con su vecina.* ▶ **3:** AMIGO.

amistoso, sa. adj. **1.** De amistad o de amigo. *Existe un trato amistoso entre los dos líderes. Le dio una palmada amistosa en la espalda.* **2.** Dicho de encuentro deportivo: Que no es de competición. *Los dos tenistas disputaron un partido amistoso. Como el encuentro es amistoso, importa más el juego del equipo que el resultado.* ▶ **1:** AMIGABLE, AMIGO.

amnesia. f. Pérdida total o parcial de la memoria. *Entre las secuelas que pueden sufrir las víctimas de catástrofes o accidentes se halla la amnesia.*

amnésico, ca. adj. **1.** De la amnesia. *Algunos accidentados presentaban cuadros amnésicos.* **2.** Que padece amnesia. *Tras el accidente quedó amnésico.* Tb. m. y f. *Los amnésicos a veces no recuerdan ni su nombre.*

amnios. m. *Biol.* Membrana en forma de saco, llena de líquido acuoso, que envuelve y protege el embrión de reptiles, aves y mamíferos. *En el interior del amnios, flotando en líquido amniótico, se irá desarrollando el embrión.*

amniótico, ca. adj. *Biol.* Del amnios. *En el parto, el saco amniótico se rompe durante la fase de dilatación. Le han extraído líquido amniótico.*

amnistía. f. Perdón de cierto tipo de delitos, gralm. de carácter político, que anula las penas correspondientes. *En octubre de 1977 se promulga la ley de amnistía en España y los presos políticos salen a la calle.*

amnistiar. (conjug. ENVIAR). tr. Conceder la amnistía (a alguien). *Los presos por el levantamiento militar fueron amnistiados años más tarde.*

amo, ma. m. y f. **1.** Dueño o poseedor de una cosa o de un animal. *La duquesa era el ama de todas aquellas tierras. ¿Quién es el amo de este perro?* **2.** Persona que domina, espec. en una actividad o un lugar. *Durante años, este corredor marroquí fue el amo* DEL *medio fondo. Los niños más revoltosos se hicieron los amos* DE *la clase.* **3.** Respecto de un criado, persona a la que sirve. *El ama trataba a la servidumbre con altivez.* ○ f. **4.** Nodriza (mujer que amamanta). Más frec. *ama de cría,* o *de leche. Con la madre postrada en cama, fue un ama de cría quien alimentó al recién nacido.* ■ **~ de casa.** m. y f. Persona que se ocupa de las tareas domésticas en su propia casa. *El manual de cocina tiene una tabla de menús para las amas de casa.* ■ **ama de llaves.** f. Mujer contratada para dirigir la organización y la economía de una casa. *El conde vive en una mansión, acompañado solamente de su ama de llaves y un jardinero.* □ **el amo del cotarro.** loc. s. coloq. La persona que domina en aquello a que se hace referencia. *A la pista de baile saltaron unos chicos que rápidamente se hicieron los amos del cotarro.* ▶ **1:** *DUEÑO. **4:** NODRIZA.

amodorramiento. m. Hecho o efecto de amodorrar o amodorrarse. *Tras la opulenta comida notó que le invadía el amodorramiento.*

amodorrar. tr. Causar (a alguien) modorra o somnolencia. *El licor lo amodorró. Amodorrado por el calor y el cansancio, decidió detener el coche y reposar un rato.* Tb. en constr. prnl. media. *El despertador estaba a punto de sonar, así que no le convenía volver a amodorrarse.*

amohinar. (conjug. PROHIJAR). tr. Poner mohíno o triste (a alguien). *La regañina amohinó al muchacho.* Tb. en constr. prnl. media. *La madre le dice que no le compra chucherías y el niño se amohína y rompe a llorar.*

amojamar. tr. Dejar reseco y delgado como la mojama (a alguien o algo). *El sol y los años la habían amojamado. El padecimiento físico amojama las carnes.* Tb. en constr. prnl. media. *La abuela no está dispuesta a amojamarse en un asilo.*

amojonar. tr. Señalar con mojones los límites (de un terreno). *Una vez adquirida la finca, la familia ordenó amojonarla y vallarla.*

amolar. (conjug. CONTAR). tr. **1.** coloq. Molestar o fastidiar (a alguien). *No sabe hacer otra cosa que amolar al prójimo.* Se usa frec. en las expr. *nos ha amolado* y *no te amuela,* para manifestar rechazo o enfado. *Dicen que vengamos a trabajar el domingo, ¡nos ha amolado! –¡Qué cara se te ha puesto! –¡No te amuela, menudo susto!* ○ intr. prnl. **2.** Fastidiarse o aguantarse. *Si no te gusta, te amuelas.*

amoldamiento. m. Hecho de amoldar o amoldarse. *La caída de Numancia supone el definitivo amoldamiento de los pueblos hispánicos al estilo de vida romano.*

amoldar. tr. **1.** Adaptar o adecuar (una cosa) a algo, espec. a una situación nueva. *No tardó en amoldar su paladar* A *los sabores de la cocina japonesa. El buen guía de montaña debe amoldar su paso* AL *de la expedición.* **2.** Hacer que (alguien) se amolde (→ 4).

No es sencillo implantar un nuevo sistema educativo: hace falta tiempo para amoldar a los alumnos. ○ intr. prnl. **3.** Adaptarse o adecuarse una cosa a algo. *El anillo se amoldaba perfectamente* A *su dedo. La ley de medio ambiente se amolda* A *la normativa europea.* **4.** Adaptar alguien su conducta y sus costumbres a algo, espec. a una nueva situación. *Le costó amoldarse* AL *modo de vida americano.*

amonal. m. Explosivo que contiene nitrato amónico y aluminio en polvo. *El coche bomba contenía amonal y dinamita.*

amonarse. intr. prnl. coloq. Emborracharse. *Se amona con un par de copas. Todas las noches llega amonado.*

amonestación. f. **1.** Hecho o efecto de amonestar. *"¿No has terminado aún?", dijo ella con tono de amonestación. El defensa fue expulsado por doble amonestación.* **2.** *Rel.* Notificación pública, realizada en la iglesia, de los nombres de quienes se van a casar u ordenar, para que, si alguien conoce algún impedimento, lo denuncie. *Sabía que nos casábamos porque había escuchado las amonestaciones del domingo.* Frec. en las constr. *correr(se)*, o *publicar(se), las amonestaciones. Se concertó la boda y, al domingo siguiente, se corrieron las amonestaciones.* ▶ **1:** *REPRENSIÓN.

amonestar. tr. **1.** Reprender o censurar (a alguien) por lo que ha hecho o dicho. *Varios diputados fueron amonestados por no acatar la disciplina de partido. El árbitro amonestó verbalmente al portero por pérdida de tiempo.* **2.** Advertir o prevenir (a alguien). *Su padre lo amonestó diciendo: procura llevar cuidado.* ▶ **1:** *REÑIR.

amoniacal. adj. Del amoniaco. *Los hongos aprovechan el nitrógeno de las sales amoniacales contenidas en el subsuelo.*

amoniaco o **amoníaco.** m. **1.** Gas incoloro, soluble en agua, de olor fuerte y penetrante, compuesto de un átomo de nitrógeno y tres de hidrógeno. *El amoníaco se emplea mucho en la fabricación de abonos nitrogenados.* **2.** Disolución acuosa de amoniaco (→ 1), empleada pralm. como producto de limpieza. *Cuando friegues el suelo, llena el cubo y échale un chorro de amoniaco.*

amónico, ca. adj. *Quím.* Del amonio. *El sulfato amónico es un abono nitrogenado usado en jardinería.*

amonio. m. *Quím.* Radical monovalente formado por un átomo de nitrógeno y cuatro de hidrógeno. *Las plantas no pueden tomar el nitrógeno del aire; necesitan una forma asimilable por ellas, como nitrato o amonio.*

amonita. f. Mezcla explosiva cuyo componente principal es el nitrato de amonio. *El explosivo utilizado en el coche bomba era amonita.*

amonites. m. *Zool.* Molusco fósil con concha en espiral, muy abundante en la era mesozoica. *En el museo de ciencias naturales hay varias reproducciones de amonites.*

amontillado, da. adj. Dicho de vino: Suave, de color ambarino y alta graduación, semejante al vino de Montilla. *Al consomé se le puede echar un chorrito de vino amontillado.* Tb. m. *El amontillado es ideal para aperitivos.*

amontonamiento. m. Hecho o efecto de amontonar o amontonarse. *La cresta más alta del valle está formada por un amontonamiento de bloques rocosos. El casco viejo es un amontonamiento desordenado de casas marineras.*

amontonar. tr. **1.** Formar un montón (con algo). *La ventisca amontonaba nieve delante de la puerta. Por falta de espacio, amontonamos los libros en los rincones. La riada había amontonado palos y piedras.* Tb. en constr. prnl. media. *Durante la noche la nieve se había amontonado delante de la puerta.* **2.** Reunir o juntar (personas, animales o cosas) en abundancia. *De nada vale amontonar títulos y cursillos. El entrenador ordenó amontonar jugadores en la defensa.* Tb. en constr. prnl. media. *Se me amontonan los recuerdos en la memoria. Se nos amontona el trabajo.* ○ intr. prnl. **3.** Hallarse algo dispuesto en montón. *Las bolsas de basura se amontonaban junto al portal.* **4.** Hallarse personas, animales o cosas reunidos en gran cantidad, y a veces muy apretados. *Los presos se amontonan en inmundos barracones. El polvo se amontona en las estanterías.* **5.** coloq. Amancebarse. *No se han casado, viven amontonados.* ▶ **1, 2:** ACOPIAR, ACUMULAR, AGLOMERAR, APIÑAR. **3, 4:** AGLOMERARSE, AGOLPARSE, APELOTONARSE, APIÑARSE, APRETARSE. ‖ **frecAm: 1:** ARRUMAR.

amor. m. **1.** Atracción sexual y emocional hacia una persona con quien se desea emprender una relación afectiva estable. *Eran amigos, pero un día surgió el amor y terminaron casándose. El amor que sentía nunca fue correspondido.* **2.** Sentimiento de intenso afecto e inclinación hacia alguien. *Contemplaba a su bebé con la mirada llena de amor. Entre todos reina un amor fraternal.* Tb. fig. *Los maestros inculcan en los niños el amor* A *la naturaleza. En su prosa elegante se trasluce un gran amor* POR *el lenguaje.* **3.** Afición fuerte a algo. *Tu amor* AL *juego terminará costándote caro.* **4.** Persona hacia la que se tiene amor (→ 1, 2). *Tú fuiste mi primer amor. Gracias por ayudarme con la compra; eres un amor.* Tb. fig. *Las motos de carreras son el amor de su vida.* Se usa para dirigirse a una persona cariñosamente. *¡Ven aquí, amor mío!* **5.** Suavidad o dulzura en el trato. *Es digno de ver el amor con que trata los soldaditos de su colección. Habla al gato con amor.* **6.** Cuidado o esmero con que se hace una cosa. *Esta paella se nota que está hecha con amor. El buen artesano pone amor en todo lo que hace.* **7.** Relación sexual con una persona. *Tuvieron una noche de amor apasionado.* Frec. en pl. con significado sing. *Tuvo amores con una moza del pueblo.* ■ **~ libre.** m. Relaciones sexuales mantenidas libremente y sin intención de crear una pareja o un vínculo estable. *El movimiento* hippy *preconizaba el pacifismo y el amor libre.* ■ **~ platónico.** m. Amor (→ 1) idealizado en el que no existe atracción o relación sexual. *Sentía un amor platónico por su profesora.* ■ **~ propio.** m. Estimación de uno mismo, que impulsa a superarse y a conseguir la aceptación de los demás. *A pesar de la goleada, el equipo luchó hasta el final por una cuestión de amor propio.* □ **al ~ de la lumbre**, o **del fuego.** loc. adv. Cerca del fuego o de algo que calienta. *Allí, al amor de la lumbre, la abuela nos contaba cosas de su juventud.* ■ **de**, o **con, mil ~es.** loc. adv. Con mucho gusto. *Te acompañaría de mil amores, pero tengo que estudiar. –¿Me ayuda con estas bolsas? –¡Con mil amores, señora!* ■ **hacer el ~.** loc. v. **1.** Tener una relación sexual. *Las parejas se escabullían a hacer el amor en la era. Aún recuerda la primera vez que hizo el amor* CON *alguien.* **2.** Cortejar (a una mujer). *Nadie acudía a su reja a hacerle el amor.* ■ **por ~ al arte.** loc. adv. coloq. Gratuitamente, o sin obtener recompensa o remuneración. *Si contratas a un aprendiz, tendrás que pagarle; no va a trabajar por amor al arte.* ■ **por** (el) **~ de Dios.** expr. Se usa para pedir algo encarecidamente, o para expresar asombro o protesta. *Hágame ese favor, por el amor de Dios. ¡Por amor de Dios, qué precios!* ■ **requerir de ~s** (a alguien). loc. v. cult. Proponer(le) relación sexual. *Un caballero de la corte la requería de amores.* ▶ **1:** QUERER. **2:** *AFECTO.

amoral. adj. Falto de preocupación o sentido moral. *Se quiere evitar que políticos amorales cambien de orientación según las circunstancias. Hay series de dibujos animados que fomentan conductas amorales y antisociales.*

amoralidad. f. Cualidad de amoral. *El crítico compara la amoralidad de Lázaro de Tormes con la inmoralidad de Pascual Duarte.*

amoratado, da. part. **1.** → **amoratar.** ● adj. **2.** Dicho de color: Que tira a morado. *El color amoratado de la piel se debe a un problema de circulación.* Tb. m. *Su blusa, de un amoratado desvaído, estaba en la silla.* **3.** De color amoratado (→ 2). *El cielo amoratado presagiaba tormenta.*

amoratar. tr. Poner morado (algo o a alguien). *La presión de las asas amorataba sus dedos.* Tb. en constr. prnl. media. *Le dieron un puñetazo y, al poco, el ojo se le amoratό.*

amorcillo. m. *Arte* Figura de niño, desnudo y con alas, que simboliza el amor y gralm. lleva alguno de sus emblemas, como un carcaj con flechas o una venda. *En "El triunfo de la primavera", de Botticelli, revolotea un amorcillo que representa a Cupido.*

amordazamiento. m. Hecho de amordazar. *En la boca de la víctima hay señales de amordazamiento. El régimen se encargaba del amordazamiento de cualquier voz discrepante.*

amordazar. tr. **1.** Poner una mordaza en la boca (a alguien). *El atracador ató y amordazó al dueño de la casa para que no gritara.* **2.** Impedir, gralm. mediante coacción, que (alguien o algo) se exprese libremente. *El gobierno y el ejército trataban de amordazar a la prensa.*

amorfo, fa. adj. **1.** Que carece de una forma regular o bien determinada. *Algo falló en la cocción porque el bizcocho era una masa amorfa. Dentro del saco se adivina un bulto amorfo.* **2.** Que carece de personalidad o carácter propios. *La audiencia no es un colectivo amorfo, sino un grupo selectivo y con criterio.*

amorío. m. Relación amorosa superficial y pasajera. *Ha tenido más de un problema por sus amoríos con mujeres casadas.* A veces en pl. con significado sing. *Fueron famosos los amoríos de Godoy con la reina María Luisa.*

amoroso, sa. adj. **1.** Del amor. *La pareja tuvo una intensa relación amorosa. En el Renacimiento abunda la poesía de tema amoroso. Su hijo fue fruto de algún encuentro amoroso.* **2.** Dicho de persona: Que siente amor. *Las parejas se besan amorosas en el parque. Ha sido un padre muy amoroso con sus hijos.* **3.** Dicho de cosa: Que denota o manifiesta amor. *El poeta dirige palabras amorosas a su amada. El abuelo prodiga amorosas caricias a sus nietos. Los miniaturistas medievales trabajaban con amorosa meticulosidad.* **4.** Suave o dulce. *Al amanecer se escucha el canto amoroso de los pájaros.* **5.** Am. coloq. Encantador o muy amable. *La verdad es que es un amor, un chico amoroso* [C].

amortajador, ra. m. y f. Persona que amortaja o realiza esta actividad como oficio.

amortajamiento. m. Hecho de amortajar. *El cuadro retrata el ritual del amortajamiento de un difunto.*

amortajar. tr. Poner la mortaja (a un cadáver). *Amortajaron al difunto con una sábana.*

amortiguación. f. **1.** Hecho de amortiguar o amortiguarse. *Para la amortiguación de la fiebre se le administró un antitérmico. El calzado para atletismo debe garantizar una perfecta amortiguación para evitar las tendinitis.* **2.** En un aparato o un vehículo: Conjunto o sistema de amortiguadores. *Tuvo que retirarse del* rally *por una avería en la amortiguación.*

amortiguador, ra. adj. **1.** Que amortigua. *El líquido amniótico aísla al feto y ejerce una acción amortiguadora en caso de movimientos bruscos.* ● m. **2.** En un aparato o un vehículo: Pieza o dispositivo que sirve para reducir el efecto de choques, sacudidas o movimientos bruscos. *Una moto de trial debe tener buenos amortiguadores.*

amortiguamiento. m. Hecho de amortiguar o amortiguarse. *Se percibía cierto amortiguamiento de la señal. Hay amortiguamiento del ritmo cardiaco.*

amortiguar. (conjug. AVERIGUAR). tr. Reducir la fuerza o la intensidad (de algo). *Los grandes muros amortiguan el ruido del tráfico. Milagrosamente, la cartera que llevaba en el bolsillo amortiguó el impacto de la bala.* Tb. en constr. prnl. media. *La luz de la tarde se fue amortiguando.*

amortizable. adj. *Econ.* Que puede amortizarse. *El banco ofrece créditos hipotecarios amortizables a veinte años. La empresa estima amortizables los empleos con funciones que puedan subcontratarse.*

amortización. f. *Econ.* Hecho de amortizar. *El banco cobra una comisión por la amortización anticipada del préstamo. El plan de mejora de la productividad incluía la amortización de numerosos puestos de trabajo.*

amortizar. tr. **1.** Aprovechar (algo) lo suficiente para compensar lo que ha costado. *Si una nevera te dura treinta años, ya la has amortizado con creces. Empeñado en amortizar el viaje, visitó todos los museos de la ciudad.* **2.** *Econ.* Devolver el dinero (de una deuda o un préstamo), gralm. mediante pagos periódicos. *El crédito será amortizado en pagos semestrales a un interés del 7%. Para los países pobres es difícil amortizar la deuda externa.* **3.** *Econ.* Recuperar (el capital invertido en una empresa). *Una vez amortizado el capital inicial, los socios comienzan a tener beneficios.* **4.** *Econ.* Suprimir (puestos de trabajo) al dejar sin cubrir las vacantes que se producen. *La compañía pretende amortizar plazas mediante prejubilaciones.*

amoscarse. intr. prnl. coloq. Enfadarse. *Le toman tanto el pelo que termina amoscándose.*

amostazarse. intr. prnl. coloq. Enfadarse. *Amostazado por los cuchicheos y las risitas, decidió irse de la fiesta.*

amotinado, da. part. **1.** → **amotinar.** **2.** Que se ha amotinado (→ 1). Tb. m. y f. *Los amotinados serán juzgados por un tribunal militar.*

amotinamiento. m. Hecho o efecto de amotinar o amotinarse. *La falta de alimentos produjo el amotinamiento de la tropa. Nuevo amotinamiento en la cárcel.*

amotinar. tr. **1.** Hacer que (alguien) se amotine (→ 2). *El general golpista amotinó a las tropas.* ○ intr. prnl. **2.** Alzarse en motín. *La marinería se amotinó, tomando presos a los oficiales.*

amparar. tr. **1.** Proteger o defender (a alguien o algo) de un peligro o un daño. *La marquesina nos ampara* DE *la lluvia. La madre los abrazaba para ampararlos durante el bombardeo.* **2.** Dar cobijo o acoger (a alguien o algo). *Han recibido críticas por amparar en su territorio a grupos terroristas.* **3.** Favorecer o apoyar (algo). *El Gobierno ampara la iniciativa privada en el sector educativo.* **4.** Estar el derecho o la razón de parte (de alguien). *El casero les ha dicho que los echará si no pagan, y que la ley lo ampara.* ○ intr. prnl. **5.** Valerse de la protección o el apoyo de algo o alguien. *Amparándose* EN *la oscuridad, unos ladrones asaltaron la casa. El abogado se amparó* EN *una vieja ley. Varias alumnas, amparadas* EN *el anonimato, denunciaron los hechos.*

amparo. m. **1.** Hecho de amparar. *Se puso a llover y buscamos el amparo de los soportales. Lo acusan de dar amparo a un prófugo de la justicia.* **2.** Persona o cosa que ampara. *Vivía sola, sin otro amparo que sus libros y sus recuerdos.* ■ **al ~** (de alguien o algo). loc. adv. Con la protección (de esa persona o cosa). *Hemos actuado al amparo* DE *la ley.*

amperaje. m. *Fís.* Intensidad de una corriente eléctrica expresada en amperios. *Una subida brusca del amperaje puede descargar la batería del automóvil.*

ampere. m. *Fís.* Amperio (Símb. *A*). *Un acumulador de 40 amperes.*

amperímetro. m. *Fís.* Aparato que sirve para medir el número de amperios de una corriente eléctrica. *El cargador de baterías lleva incorporado un amperímetro.*

amperio. m. *Fís.* Unidad básica de intensidad de corriente eléctrica del Sistema Internacional (Símb. *A*). *La capacidad de la batería del coche se suele expresar en amperios por hora.* ▶ AMPERE.

ampliable. adj. Que puede ampliarse. *Firmó contrato por dos años, ampliables* A *tres. La memoria del ordenador es ampliable.*

ampliación. f. **1.** Hecho o efecto de ampliar o ampliarse. *El alcalde visitó las obras de ampliación del velódromo. Pidió una ampliación del plazo para terminar la tesis.* **2.** Copia o reproducción ampliada de una fotografía, un texto u otra cosa similar. *Revelando aquí su carrete le regalamos dos ampliaciones.*

ampliador, ra. adj. **1.** Que amplía. Dicho de pers., tb. m. y f. *El joven poeta fue el catalizador y ampliador del grupo.* ● f. **2.** Máquina que sirve para ampliar imágenes, espec. fotográficas. *Tenía la ampliadora en el cuarto de revelado.* ○ m. **3.** Aparato que sirve para ampliar. *En el interior de la radio hay un ampliador de señal.*

ampliar. (conjug. ENVIAR). tr. **1.** Hacer (algo) más amplio. *La Universidad ha ampliado el plazo de matriculación. El entrenador quiere ampliar la plantilla. Ampliamos el salón metiendo la terraza. Esta carretera tiene cada vez más tráfico: deberían ampliarla.* Tb. en constr. prnl. media. *A medida que salimos del valle, la estrecha vereda se va ampliando.* **2.** Reproducir (una imagen, espec. una fotografía) en tamaño mayor que el del original. *Mandó ampliar y enmarcar el viejo retrato.* ▶ **1:** AMPLIFICAR.

amplificación. f. Hecho o efecto de amplificar. *El aparato da gran amplificación del sonido sin pérdida apreciable de fidelidad. Muchas de estas amplificaciones y glosas de los textos bíblicos se remontan a la Edad Media.*

amplificador, ra. adj. **1.** Que amplifica. *El telescopio va provisto de lentes amplificadoras.* ● m. **2.** Aparato que sirve para aumentar la amplitud o intensidad de un fenómeno físico, espec. el sonido. *El equipo consta de amplificador, altavoces y reproductor de CD. El antenista ha instalado un amplificador de señal.*

amplificar. tr. **1.** Ampliar (algo, espec. inmaterial). *En la rueda de prensa amplificó y aclaró sus declaraciones previas. La imagen de la diapositiva aparece amplificada en la pared.* **2.** Aumentar la amplitud o intensidad (de un fenómeno físico, espec. del sonido). *Desde el control técnico amplificaron la señal, que llegaba muy débil. La gruta amplifica el sonido.* ▶ **1:** AMPLIAR.

amplio, plia. adj. **1.** Dicho de cosa: Grande en extensión, tamaño, cantidad o importancia. *Dispone de un plazo amplio para presentar su proyecto. El equipo ha sufrido una amplia derrota. La policía encontró en el piso un amplio arsenal de pistolas y ametralladoras. La ley otorga amplias ventajas fiscales a las empresas.* **2.** Dicho de local o recinto: Espacioso. *Los dormitorios son amplios y luminosos. Por la puerta de atrás se accede a un amplio jardín.* **3.** Ancho o que tiene más anchura de la normal. *Buenos Aires es una ciudad con amplias avenidas.* **4.** Dicho de prenda de vestir o de parte de ella: Holgada. *Esta primavera se llevarán las faldas amplias. Una blusa de mangas amplias.* ▶ **1:** DILATADO, EXTENSO. **2-4:** *ANCHO.

amplitud. f. **1.** Cualidad de amplio. *Vencieron con amplitud en las elecciones. Un estadista con amplitud de miras. En el museo hay salas de gran amplitud. En la ropa veraniega priman la amplitud y la ligereza.* **2.** *Fís.* Diferencia entre los valores máximo y mínimo de un fenómeno, espec. oscilatorio. *Amplitud de onda.*

ampolla. f. **1.** Abultamiento o elevación de la piel por acumulación de fluido, debido gralm. a roce o quemadura. *Con esta caminata me van a salir ampollas en los pies.* **2.** Cápsula pequeña de vidrio, cerrada herméticamente, que sirve para contener líquidos, espec. medicamentos. *La enfermera introduce el líquido de la ampolla en la jeringuilla. Loción capilar en ampollas.* **3.** Burbuja de aire que se forma en un líquido o en una materia sólida. *Explícame cómo evitar que queden ampollas al pintar con rodillo. Se han formado ampollas en el contrachapado.* **4.** Vasija, gralm. de vidrio, de cuerpo inferior ancho y redondo, y cuello largo y estrecho. *En el monasterio se conserva una ampolla con la sangre de San Pantaleón.* **5.** Pieza de vidrio que contiene el filamento o los electrodos de una lámpara eléctrica. *El* flash *de lámpara era efectivo, pero exigía la sustitución de la ampolla después de cada disparo.* ■ **levantar ~s.** loc. v. Causar gran disgusto o desasosiego. *Los comentarios machistas del ministro levantaron ampollas entre las diputadas.* ▶ **1:** VEJIGA.

ampolleta. f. Am. Bombilla (lámpara). *Leía a la luz mortecina de la ampolleta* [C]. ▶ *BOMBILLA.

ampulosidad. f. Cualidad de ampuloso. *Se oyeron en el senado discursos de gran ampulosidad.*

ampuloso, sa. adj. Dicho de persona, o de su lenguaje o estilo: Grandilocuente o enfático. *Cuando habla de los proyectos de la empresa, el jefe se pone ampuloso. Se inauguró la casa de cultura con ampulosas declaraciones de los concejales.*

ampurdanés, sa. adj. Del Ampurdán (comarca catalana). *Figueras es la capital ampurdanesa.* Dicho de pers., tb. m. y f. *Los ampurdaneses fueron los más afectados por las riadas.*

amputación. f. Hecho de amputar. *Ha sufrido la amputación de un pie.*

amputar. tr. Cortar y separar totalmente del cuerpo (un miembro o parte de él). *Hubo que amputarle la pierna gangrenada.*

amueblar. tr. Dotar de muebles (un recinto, espec. una vivienda o una habitación). *Quieren amueblar el piso antes de mudarse a vivir en él. Oficinas lujosamente amuebladas.*

amuermar. tr. **1.** coloq. Causar muermo o aburrimiento (a alguien). *Toca algo más divertido, que nos estás amuermando.* O intr. prnl. **2.** coloq. Sentir muermo o aburrimiento. *Si no tengo nada que hacer, me amuermo.*

amuleto. m. Objeto pequeño que se lleva encima porque se piensa que da buena suerte o que aleja el mal. *El cazador lleva como amuleto una pluma de pato.*

amura. f. *Mar.* Parte de los costados de una embarcación por donde comienza a estrecharse para formar la proa. *El buque encalló y se le abrió una vía de agua en la amura de estribor.*

amurallar. tr. Rodear (algo) de murallas. *El rey decidió amurallar la ciudad e instalar la corte en ella. Dominando Granada, se halla el conjunto amurallado de la Alhambra.*

anabaptismo. m. *Rel.* Doctrina protestante que rechaza el bautismo de los niños antes de que tengan uso de razón. *Los comienzos del anabaptismo tuvieron lugar en Alemania en el siglo* XVI.

anabaptista. adj. **1.** *Rel.* Del anabaptismo. *La confesión anabaptista adopta los elementos más radicales del protestantismo.* **2.** *Rel.* Seguidor del anabaptismo. *Grupos anabaptistas.* Dicho de pers., tb. m. y f. *Una comunidad de anabaptistas.*

anabólico, ca. adj. *Biol.* Del anabolismo. *La síntesis de proteínas es un proceso anabólico.*

anabolismo. m. *Biol.* Conjunto de procesos metabólicos en que se forman moléculas complejas, como proteínas o grasas, a partir de otras más sencillas. *La fotosíntesis es un ejemplo de anabolismo.*

anabolizante. m. *Quím.* Sustancia o producto utilizados para aumentar la intensidad del anabolismo. *Un atleta ha sido sancionado por tomar anabolizantes.*

anacarado, da. adj. Nacarado. *El agua del estanque tenía reflejos anacarados.*

anacardo. m. Fruto con forma de riñón, rico en grasa y proteínas, que se consume gralm. tostado. *Tomamos anacardos salados de aperitivo.* Tb. su árbol.

anacoluto. m. *Gram.* Ruptura de la construcción sintáctica empezada, para adoptar otra, dando lugar a una incoherencia gramatical. *En "Yo me parece que no voy a ir", hay un anacoluto.*

anaconda. f. Serpiente sudamericana de gran tamaño, no venenosa, que vive en los ríos tropicales y se alimenta de animales a los que estrangula con su cuerpo. *De la familia de las boas es la anaconda.*

anacoreta. m. y f. Persona que vive en un lugar solitario, entregada por completo a la meditación y la penitencia. *Un anacoreta vivía en la gruta.*

anacreóntico, ca. adj. *Lit.* Dicho de composición poética: Que, a imitación de las del poeta griego Anacreonte (s. V a. C.), canta en tono ligero los placeres del amor, del vino y otros semejantes. *Poesías anacreónticas.* Tb. f. *Una anacreóntica en heptasílabos.*

anacrónico, ca. adj. Que no es propio de la época de la que se trata. *El reloj de pulsera resulta anacrónico en una película de romanos.*

anacronismo. m. **1.** Condición de anacrónico. *Llama la atención el anacronismo de la escena: un rebaño cruzando la ciudad.* **2.** Cosa anacrónica. *Con las fotocopiadoras, el papel de calco se convierte en un anacronismo.* **3.** Error consistente en confundir épocas o situar algo fuera de su época. *El montaje teatral adolece de anacronismos, como la presencia de objetos inexistentes en la época.*

ánade. m. (Tb., más raro, f.). Ave silvestre del mismo género que el pato, con el que se suele identificar, de la cual existen varias especies, p. ej.: ~ *real*, ~ *silbón. El ánade hembra. En época nupcial, el ánade real macho tiene la cabeza de color verde brillante.*

anaerobio, bia. adj. *Biol.* Dicho de ser vivo: Que no necesita oxígeno para subsistir. *Microorganismos anaerobios.*

anáfora. f. *Lit.* Figura retórica que consiste en la repetición de una o más palabras al comienzo de cada frase o verso. *Paralelismos y anáforas refuerzan el ritmo de los versos.*

anafórico, ca. adj. *Lit.* De la anáfora. *El poema presenta iteración anafórica.*

anagrama. m. **1.** Palabra o frase que resulta de cambiar el orden de las letras de otra. *Firma sus poemas como "Tamar", anagrama de "Marta".* **2.** Símbolo o emblema constituidos por letras. *Las letras YVS, iniciales del diseñador, forman el anagrama de su marca.*

anal. adj. Del ano. *El medicamento se administra por vía anal.*

anales. m. pl. **1.** Relaciones de sucesos ordenados por años. *Encontramos datos sobre el autor en unos anales del siglo* XIV. **2.** Publicación periódica especializada de carácter cultural, técnico o científico. *El artículo se publicó en el n.º 12 de la revista "Anales de Cardiología".* **3.** cult. Historia (conjunto de acontecimientos pasados, o su narración cronológica). *Figura en los anales del ciclismo como ganador de la primera Vuelta a España.*

analfabetismo. m. **1.** Existencia de analfabetos en un lugar o un colectivo. *Un plan de escolarización reduciría el índice de analfabetismo.* **2.** Condición de analfabeto. *Su analfabetismo es una desventaja a la hora de buscar trabajo.*

analfabeto, ta. adj. **1.** Que no sabe leer ni escribir. *Población analfabeta.* Dicho de pers., tb. m. y f. *La escolarización obligatoria redujo el porcentaje de analfabetos.* **2.** Ignorante o carente de cultura. Se usa con intención enfática. *¡Qué analfabeta, no saber quién es Einstein!* Tb. m. y f. *Esa falta de interés por el arte demuestra que es un país de analfabetos.* ▶ **2:** *IGNORANTE.

analgésico, ca. adj. Que calma el dolor. *Plantas con propiedades analgésicas.* Frec. m., referido a medicamento. *Después de la operación, le inyectaron un analgésico.*

análisis. m. **1.** Distinción y separación de las partes de algo para conocer su composición. *Con un análisis químico del agua, se determinará si es potable.* **2.** Estudio detallado de algo. *Antes de decidir, hagamos un análisis de la situación.* **3.** *Med.* Análisis (→ 1) de sustancias o componentes del organismo, realizado con fines diagnósticos. *El médico me ha mandado un análisis de sangre.* Tb. ~ *clínico. El análisis clínico revela anemia.* Tb. el resultado de esta prueba. *Puede usted recoger los análisis pasado mañana.* **4.** *Ling.*

Análisis (→ 1) de los componentes de una unidad del discurso y examen de sus características y funciones. *En un análisis sintáctico se determina cuáles son el sujeto y el predicado de la oración. Análisis morfológico.* **5.** *Inform.* Análisis (→ 1) de un proceso o de un sistema complejos, con vistas a aplicarles un tratamiento informático. *Expertos en análisis y programación han creado un sistema informático para el almacén.* **6.** *Mat.* Parte de las matemáticas que estudia las funciones por medio del cálculo infinitesimal y que comprende áreas como el cálculo diferencial, el cálculo integral o la teoría de funciones. Tb. ~ *matemático. El análisis matemático está en la base de ciencias como la Mecánica.*

analista[1]**.** m. y f. Autor de anales. *Los analistas de la época cuentan que el rey era muy religioso.*

analista[2]**.** m. y f. **1.** Persona que se dedica a hacer análisis químicos o médicos. *El analista somete las muestras de sangre a la prueba del sida.* **2.** Especialista en análisis informáticos. *Un analista ha descubierto un fallo de seguridad en el programa. Analista de sistemas.* **3.** Persona que se dedica a analizar determinado campo de la vida social o cultural. *Los analistas financieros anunciaron una caída del dólar.* ▶ **Am: 1:** LABORATORISTA.

analítico, ca. adj. **1.** Del análisis. *Los veterinarios proponen un nuevo método analítico para detectar carne adulterada.* **2.** Que procede por análisis o utiliza el análisis. *Es una persona analítica, no se fía de las primeras impresiones.* ● f. **3.** *Med.* Conjunto de análisis clínicos. *El chequeo incluye una analítica completa.*

analizador, ra. adj. Que analiza o sirve para analizar. *Laboratorio analizador.* Dicho de aparato o mecanismo, tb. m. *Hay analizadores de aire para medir los niveles de contaminación.*

analizar. tr. Hacer un análisis (de alguien o algo). *No sabrán la composición del meteorito hasta que no lo analicen. El profesor dictó varias oraciones para que las analizáramos.*

analogía. f. Condición de análogo. *Por la analogía entre ambos casos, se sospecha que el asesino es el mismo.*

analógico, ca. adj. *tecn.* Dicho de aparato o instrumento: Que presenta o manipula información, espec. una medida, mediante una magnitud física continua proporcional al valor de dicha información. *Un reloj analógico muestra el paso del tiempo con el movimiento de las agujas; uno digital, mediante cifras. Termómetro analógico.*

análogo, ga. adj. Semejante o parecido. *Han sacado un modelo de características análogas* A *las del competidor. Ambos países viven procesos análogos.*

ananá. m. Am. Piña (fruto tropical, o su planta). *Mezclar la miel con el jugo de ananá y la manteca* [C]. ▶ *PIÑA.

ananás. (pl. invar.). m. Am. Piña (fruto tropical, o su planta). *Nos invitó a comer y nosotros le regalamos el ananás y un racimo de bananas* [C]. ▶ *PIÑA.

anapesto. m. *Lit.* En la poesía grecolatina: Pie formado por dos sílabas breves seguidas de una larga.

anaquel. m. Estante. *Los anaqueles de las estanterías están repletos de libros.*

anaranjado, da. adj. **1.** Dicho de color: Que tira a naranja. *Al atardecer, las nubes se tiñen de un tono anaranjado.* Tb. m. *En los estampados predomina el anaranjado.* **2.** De color anaranjado (→ 1). *La luz anaranjada de una vela.*

anarco. adj. coloq. Anarquista. *Allí iban los estudiantes más anarcos.* Dicho de pers., tb. m. y f. *Un grupo de anarcos reventó la manifestación.*

anarcosindicalismo. m. *Polít.* Movimiento sindical revolucionario de orientación anarquista. *El anarcosindicalismo español creó colectividades agrícolas.*

anarcosindicalista. adj. **1.** *Polít.* Del anarcosindicalismo. *Levantamientos anarcosindicalistas.* **2.** *Polít.* Partidario del anarcosindicalismo. *Milita en una organización anarcosindicalista.* Dicho de pers., tb. m. y f. *Los anarcosindicalistas proponían la autogestión en las empresas.*

anarquía. f. **1.** Sistema político en que no hay Estado ni gobierno y en que se defiende la libertad total del individuo. *Duda que se viva mejor en una anarquía que en una democracia.* **2.** Desorden o confusión, espec. los producidos por la ausencia de autoridad o de normas. *Se suceden las revueltas y la anarquía reina en las calles.*

anárquico, ca. adj. **1.** De la anarquía. *El pensamiento anárquico rechaza cualquier forma de poder.* **2.** Que manifiesta o implica anarquía. *Es inteligente, aunque anárquico al exponer sus ideas.*

anarquismo. m. Doctrina que propugna la libertad total del individuo y la desaparición del Estado y de toda forma de poder. *Bakunin fue un teórico del anarquismo.* Tb. el movimiento político que se apoya en esta doctrina. *Un sindicato lideraba el anarquismo de la época.* ▶ ACRACIA.

anarquista. adj. **1.** Del anarquismo. *Ideas anarquistas.* **2.** Partidario del anarquismo. *Sindicato anarquista.* Dicho de pers., tb. m. y f. *Algunos anarquistas defendían el uso de la violencia para conseguir sus objetivos.* ▶ ÁCRATA, LIBERTARIO.

anatema. m. **1.** *Rel.* Excomunión. *Los ritos ajenos al catolicismo eran causa de anatema por parte de la Inquisición.* **2.** cult. Reprobación o condena. *Muchos lanzan anatemas contra la clase dirigente.* **3.** cult. Cosa reprobada o condenada. *Para un vegetariano, la carne es anatema.*

anatematizar. tr. **1.** *Rel.* Imponer (a alguien) el anatema o excomunión. *La Iglesia católica anatematizó a Enrique VIII por su divorcio.* **2.** cult. Reprobar o considerar malo (algo o a alguien). *Desde la jerarquía habían anatematizado el libro por su contenido.* ▶ **1:** ANATEMIZAR.

anatemizar. tr. Anatematizar (algo o a alguien). *A menudo la Inquisición anatemizaba a un acusado por hereje.* ▶ ANATEMATIZAR.

anatomía. f. **1.** Estudio de la forma, la situación y las relaciones de las diferentes partes del cuerpo de los seres vivos. *En clase de Anatomía estudiaremos los huesos.* **2.** Disposición, tamaño y forma del cuerpo de un ser vivo o de alguna de sus partes. *La anatomía del ser humano no le permite volar.*

anatómicamente. adv. Desde el punto de vista anatómico. *Hombres y mujeres somos anatómicamente distintos.*

anatómico, ca. adj. **1.** De la anatomía. *Descripción de la estructura anatómica del cráneo.* **2.** Dicho de objeto: Diseñado para adaptarse perfectamente al cuerpo humano o a una de sus partes. *El coche dispone de asientos anatómicos.*

anatomista. m. y f. Especialista en anatomía. *Fue un gran anatomista y profesor de la Facultad de Medicina.*

anca. f. **1.** Mitad lateral de las dos que forman la parte trasera de algunos animales, espec. caballerías. *El toro corneó al caballo en el anca derecha.* Frec. en pl. *Hoy comeremos ancas de rana en salsa.* ○ pl. **2.** Grupa. *Cada jinete llevaba a las ancas de su caballo a una mujer.* **3.** coloq. Cadera, espec. la de mujer. *Menea las ancas al andar.* **4.** coloq. Nalgas, espec. las de mujer. *Él le dio una palmada en las ancas; ella, un bofetón.*

ancestral. adj. **1.** Tradicional y de origen remoto. *La ancestral vendimia se sigue haciendo a mano.* **2.** De los ancestros. *Investiga para reconstruir la historia ancestral de su familia.*

ancestro. m. Antepasado remoto. *El homínido encontrado es un ancestro del hombre moderno.* Frec. en pl. *Somos parientes lejanos: tenemos ancestros comunes.*

ancho, cha. adj. **1.** Que tiene más anchura de la normal o adecuada. *Vivimos en una calle ancha. Es muy ancho de hombros. Esa falda te queda ancha de cintura.* **2.** Dicho de cosa, espec. de prenda de vestir: Sobradamente grande para lo que debe contener. *La ropa se lleva ancha esta temporada.* **3.** Dicho de persona o cosa: Que tiene espacio sobrante dentro de lo que la contiene. *En esa cama dormirás bien ancha.* **4.** Dicho espec. de lugar: Que tiene mucho espacio o es de gran extensión. *El águila recorre el ancho cielo.* **5.** coloq. Satisfecho o tranquilo. Se usa precedido de adv. como *tan* y a veces en la constr. *más ~ que largo. Se va dejándome todo el trabajo, ¡y se queda tan ancho! Arma un lío terrible y ahí la tienes, más ancha que larga.* **6.** coloq. Orgulloso o ufano. Se usa gralm. precedido de adv. como *tan* y a veces en la constr. *más ~ que largo. Mira qué ancho va en su coche nuevo. Está más ancha que larga con el nuevo puesto.* ● m. **7.** Anchura. *El ancho del colchón es de 90 cm. En un rectángulo, el ancho es mayor que el alto.* ■ **a sus anchas.** loc. adv. Cómodamente o con toda libertad. *No me agobia, me deja trabajar a mis anchas.* ▶ **1:** AMPLIO. **2:** AMPLIO, HOLGADO. **3:** HOLGADO. **4:** AMPLIO, ESPACIOSO.

anchoa. f. Boquerón hecho filetes y curado en salmuera. *Echa anchoas a la ensalada.*

anchoveta. f. Am. Pez semejante a la anchoa. *La anchoveta es la base para la fabricación de harina y aceite de pescado* [C].

anchura. f. **1.** Medida horizontal de una persona o cosa, vistas de frente o de espaldas. *La anchura del camión es de tres metros. El sastre me midió la anchura de hombros.* **2.** En un objeto: Dimensión que no es la altura ni la longitud. *La figura tiene 15 cm de largo, 10 de alto y 6 de anchura. El punto no tiene longitud, ni anchura ni altura.* **3.** En una figura plana: Dimensión menor de las dos que tiene. *En un cuadrado, la anchura es igual a la altura. La anchura del rectángulo es 3 cm y la longitud, 6 cm.* **4.** Cualidad de ancho. *Contemplaba extasiado la anchura del mar.* ▶ **1:** ANCHO. **2:** ANCHO, ESPESOR, GROSOR, GRUESO. **3, 4:** ANCHO.

anchuroso, sa. adj. Muy ancho o espacioso. *Pasearon por el anchuroso recinto del castillo.*

ancianidad. f. **1.** Condición o estado de anciano. *Todos esos achaques son signos de ancianidad.* **2.** Período de la vida de una persona en el que se es anciano. *Sueña con una ancianidad tranquila, rodeado de los suyos.*

anciano, na. adj. Que tiene mucha edad y está en el final del ciclo vital. *Un anciano roble.* Dicho de pers., tb. m. y f. *Los dos ancianos charlan sobre sus nietos.* ▶ VIEJO.

ancla. f. Instrumento de hierro formado por una barra de la que salen unos ganchos curvos, que, unido a una cadena, se lanza al fondo del agua para sujetar la embarcación. *El crucero levó anclas y zarpó.* ▶ ÁNCORA.

anclaje. m. **1.** Hecho de anclar. *Cada asiento del autobús tiene cuatro puntos de anclaje.* **2.** Pieza o dispositivo para fijar algo firmemente a un lugar. *Las papeleras están sujetas al suelo con anclajes.*

anclar. intr. **1.** Sujetarse una embarcación al fondo por medio del ancla. *El buque anclará* EN *el puerto.* **2.** Quedarse o detenerse en un lugar. *Viajó por varios países hasta anclar definitivamente* EN *su tierra.* Tb. prnl. y frec. fig. *Te has quedado anclado* EN *el pasado.* ○ tr. **3.** Sujetar (algo) firmemente al suelo o a otro lugar. *Anclan los postes* EN *el suelo mediante una base de cemento.*

áncora. f. Ancla. *El áncora se enganchó en las rocas.*

andadas. volver a las ~. loc. v. Volver a incurrir en una mala acción o en una mala costumbre. *Tras meses sin fumar, ha vuelto a las andadas.*

andador, ra. adj. **1.** Dicho de persona: Que anda mucho y por afición. *Va a todas partes a pie, es muy andadora.* Tb. m. y f. ● m. **2.** Aparato consistente en una armazón con patas, frec. provistas de ruedas, que sirve para aprender a andar o para ayudarse si se tiene dificultad para ello. *Después de la operación de cadera, usaba un andador.* Tb. en pl. con significado sing. *El niño ya camina sin andadores.* ▶ **1:** ANDARIEGO, ANDARÍN. **2:** TACATÁ, TACATACA.

andadura. f. Hecho de andar o ir a un lugar dando pasos. *Tras larga andadura, la expedición llega al refugio.* Tb. fig. *Comenzó su andadura en el cine haciendo cortometrajes.*

andalucismo. m. **1.** Gusto o predilección por lo andaluz. *La novela, ambientada en Sevilla, refleja el andalucismo del escritor.* **2.** Palabra o uso propios de la variedad andaluza de la lengua española. *El ceceo es un andalucismo.*

andalucista. adj. **1.** Del andalucismo. *Su música combina ecos andalucistas con ritmos clásicos.* **2.** Que siente gusto o predilección por lo andaluz. *Pemán era muy andalucista.* Tb. m. y f.

andalusí. adj. histór. Del Ándalus (España musulmana). *Territorio andalusí.* Dicho de pers., tb. m. y f. *Entre los andalusíes había cristianos, judíos y musulmanes.*

andaluz, za. adj. **1.** De Andalucía. *Conozca Sevilla, la capital andaluza.* Dicho de pers., tb. m. y f. *Picasso y Lorca son dos andaluces universales.* **2.** Del andaluz (→ 3). *Habla con acento andaluz.* ● m. **3.** Variedad de la lengua española que se habla en Andalucía. *Ceceo y seseo son rasgos característicos del andaluz.*

andamiaje. m. **1.** Conjunto de andamios. *El andamiaje cubre los cuatro lados del edificio.* **2.** Estructura abstracta sobre la que se sustenta algo, espec. un sistema u organización. *Una red de colaboradores y espías forma el andamiaje de la organización.*

andamio. m. Armazón desmontable, compuesta de tablones y tubos metálicos, que permite hacer tareas de construcción, reparación o pintura en las partes altas de un edificio. *Varios albañiles arreglan la fachada subidos al andamio.*

andana[1]. f. Fila de cosas colocadas unas junto a otras. *El navío presenta una andana de cañones en cada costado.*

andana[2]. **llamarse** (a) ~. loc. v. coloq. Desentenderse de algo, espec. de lo que supone o constituye un compromiso. *Reclamamos, pero la compañía de seguros se llamó a andana.*

andanada. f. **1.** Descarga de una batería de cañones, espec. de la situada en el costado de un buque. *La andanada abrió una vía de agua en el barco enemigo.* Frec. fig. *¡Qué andanada de insultos ha soltado!* **2.** Reprensión o recriminación agria y severa. *Terminó su andanada al Gobierno pidiendo dimisiones.* **3.** *Taurom.* Conjunto de localidades cubiertas de una plaza de toros. *Tengo entradas de andanada para esta tarde.* Tb. cada localidad. *En la reventa se paga un dineral por una andanada.*

andante[1]. adj. Que anda o camina. *Una multitud andante abarrota las calles.*

andante[2]. m. *Mús.* Tempo moderadamente lento. *El andante es más pausado que el moderato.* Tb. la composición o fragmento que deben ejecutarse con este tempo. *Lo mejor de la sinfonía es el andante interpretado por violas y chelos.*

andantino. m. *Mús.* Tempo algo más vivo que el andante. *El andantino es más lento que el alegro.* Tb. la composición o fragmento que deben ejecutarse con este tempo. *La obertura empieza con un andantino.*

andanza. f. **1.** Hecho de andar o ir de un lugar a otro. Gralm. en pl. *En sus andanzas por tierras africanas conoció muchas culturas.* ○ pl. **2.** Peripecias o vicisitudes. *"El Lazarillo" narra las andanzas de un pícaro.*

andar. (conjug. ANDAR). intr. **1.** Ir de un lugar a otro dando pasos. *Andaba rápido moviendo los brazos. Para llegar a la ciudad anduvieron durante dos horas.* **2.** Ir de un lugar a otro. *Cada vez más gente anda en bicicleta por la ciudad. Este coche anda demasiado rápido.* **3.** Estar o encontrarse en un lugar, situación o estado. *No sé dónde anda mi hermano. La niña anda algo resfriada. Andan* A *gritos todo el día. Andará* POR *los cuarenta de edad. ¿Cómo andas* DE *dinero? La policía anda* TRAS *su pista.* **4.** Seguido de un gerundio, forma con él una perífrasis que indica progresión o continuidad de la acción expresada por el gerundio. *Anduvieron regateando hasta fijar el precio. Andan buscando piso por el barrio.* **5.** Funcionar una máquina o un mecanismo. *El reloj ha dejado de andar. Este coche anda con luz solar.* **6.** Haber o existir. *Anda mucho loco suelto.* **7.** Ocuparse en algo. *Anda* EN *negocios inmobiliarios. Los novios andan* CON *los preparativos de la boda.* **8.** Tocar una cosa con las manos, espec. con insistencia o revolviendo en su interior. *Me molesta que me anden* EN *el bolso. No es conveniente andar* EN *las heridas.* **9.** Actuar o comportarse de determinada manera. *No te fíes, anda* CON *cuidado.* Frec. prnl. *Hace lo que debe y no se anda* CON *tonterías. Ándate* CON *ojo.* ○ tr. **10.** Recorrer (un trayecto o una distancia). *El último tramo del camino lo anduvimos muy deprisa. Hemos andado varios kilómetros bajo la lluvia.* **11.** Am. Tener o llevar (algo). *Las dos andamos el pelo suelto* [C]. *Él anda un carro color blanco* [C]. *En la bolsa del pantalón todos andaban cinco dólares* [C]. ● m. **12.** Modo de andar (→ 1). *Tiene un andar inconfundible.* Frec. en pl. con significado sing. *Salió al escenario con andares garbosos. Lo reconozco por sus andares.* ■ **anda.** expr. **1.** coloq. Se usa para animar a alguien a hacer algo. *¡Anda, acompáñame! Deme usted una ayudita, ande.* **2.** coloq. Se usa para expresar satisfacción por algo que molesta a la persona con la que se habla. *Anda, chincha, que yo tengo más cromos. Lo ha hecho el niño, ande, para que se entere.* □ interj. **3.** coloq. Se usa para expresar sorpresa o admiración. *¡Anda, usted por aquí!* ■ **andando.** interj. coloq. Se usa para exhortar a alguien a ponerse en marcha. *Andando, chicos, que es tarde.* ■ **todo se andará.** expr. coloq. Se usa para expresar que algo se hará o sucederá en el momento oportuno. *Ahora no podemos resolver ese problema, pero todo se andará.* ▶ **1:** CAMINAR. **3, 4:** *ESTAR. **10:** CAMINAR, RECORRER. **11:** LLEVAR.

andariego, ga. adj. **1.** Andador. *Vivir en el campo es ideal para gente andariega.* **2.** Dicho de persona: Que anda o viaja mucho de un lugar a otro. *El andariego periodista ha recorrido medio mundo.*

andarín, na. adj. Andador. *Gente andarina.* Dicho de pers., tb. m. y f. *Hombre andarín, acostumbra a dar largos paseos.*

andarivel. m. **1.** Cuerda o cable tendidos entre las dos orillas de un río para ayudar a vadearlo. *Los expedicionarios tendieron un andarivel para cruzar el río.* **2.** Dispositivo para pasar ríos u hondonadas sin puente consistente en una cesta o cajón que, pendiente de unas argollas, se desliza por una cuerda o un cable. *Los soldados debían pasar al otro lado del barranco por un andarivel.* **3.** *Mar.* Cuerda colocada como pasamanos en diferentes partes de una embarcación. *La cubierta resbalaba y se agarró al andarivel para no caerse.* **4.** Am. En algunas competiciones deportivas: Pista o banda delimitadas por la que se desplaza cada participante. *La piscina temperada posee ocho andariveles de 25 metros de largo* [C]. *La pista del estadio consta de ocho andariveles para correr las pruebas* [C]. ▶ **4:** *PISTA.

andarríos. m. Lavandera blanca. *El andarríos corretea agitando la cola arriba y abajo.*

andas. f. pl. Tablero provisto de dos varas paralelas y horizontales que se emplea para conducir, gralm. a hombros, efigies o personas en actos solemnes. *En la procesión llevan a la Virgen en andas.* ▶ ANGARILLAS.

andén. m. **1.** En una estación de ferrocarril o de metro: Espacio elevado y pavimentado que se sitúa a lo largo de la vía y sirve para el tránsito de viajeros, así como para la carga y descarga de equipaje y mercancías. *Esperaba su tren sentado en un banco del andén.* **2.** frecAm. Acera. *La gente deja los carros parqueados en cualquier andén* [C]. **3.** Am. Bancal o terraza para el cultivo. *La tierra que araban estos bueyes era un andén hermosísimo* [C]. ▶ **3:** *BANCAL.

andinismo. m. frecAm. Deporte que consiste en la ascensión a los Andes y a otras montañas altas. *Algunos equipos de andinismo contienen instrumentos para encender fuego* [C].

andinista. m. y f. frecAm. Persona que practica el andinismo. *Un andinista alcanzó la cumbre del Everest sin la máscara de oxígeno* [C].

andino, na. adj. De los Andes (cordillera de América del Sur). *Perú, Ecuador y Bolivia son países andinos. La cordillera andina.*

andoba. m. y f. coloq. Persona cuyo nombre se ignora. Frec. despect. *No me gusta un pelo esos andobas con los que te juntas.*

andorga. f. coloq. Barriga o vientre. *A estas horas ya solo pienso en llenar la andorga.*

andorrano, na. adj. De Andorra (país de Europa). *La capital andorrana es Andorra la Vella.* Dicho de pers., tb. m. y f. *Los andorranos utilizan el euro.*

andrajo. m. **1.** Prenda de vestir vieja y rota. *Un hombre vestido con andrajos pedía limosna.* Frec. en pl. con significado sing. *Cambió aquellos sucios andrajos por una camisa nueva.* **2.** Jirón, o trozo desgarrado de una prenda de tela. *Se enganchó en las alambradas y llegó con la chaqueta llena de andrajos.* ▶ **1:** GUIÑAPO, HARAPO. **2:** HARAPO.

andrajoso, sa. adj. **1.** Dicho de persona: Vestida con andrajos o ropa vieja y rota. *Chiquillos descalzos y andrajosos mendigan por las calles.* Frec. con intención enfática. *Arréglate un poco, que vas muy andrajoso.* **2.** Dicho de prenda de vestir: Vieja y rota. *El jersey está ya tan andrajoso que lo voy a tirar.*

androceo. m. *Bot.* En una flor: Conjunto de estambres u órganos masculinos. *El lirio tiene un androceo de seis estambres que rodean al pistilo, su órgano femenino.*

andrógeno. m. *Biol.* Hormona que regula la aparición de los caracteres sexuales secundarios masculinos, como la barba o el cambio de voz. *Los testículos segregan andrógenos como la testosterona.*

androginia. f. Condición de andrógino. *La androginia es una característica de muchas plantas con flores.*

andrógino, na. adj. **1.** Dicho de persona: De rasgos externos que no se corresponden con los propios de su sexo. *Las revistas de moda se ven muchas modelos andróginas y sin pecho.* Tb. m. y f. *Se enamoraba de bellos andróginos.* **2.** Hermafrodita. *Cuenta Platón que antes del hombre y la mujer había unos seres andróginos.* Dicho de pers., tb. m. y f.

androide. m. Robot o autómata con forma humana. *Un androide acompaña al protagonista en su viaje por las galaxias.*

andropausia. f. *Fisiol.* Período de la vida de un hombre en que declina y se extingue la actividad genital. *Con la andropausia desciende el nivel de testosterona en la sangre.*

andurrial. m. Lugar apartado o poco transitado. *Encontraron el cadáver en un solitario andurrial.* Más frec. en pl. *Le gusta salir al monte y perderse por esos andurriales.*

anea. f. Espadaña (planta). *La anea crece a menudo entre los juncos.* Tb. su hoja. *Una silla de madera con asiento de anea.* ▶ *ESPADAÑA.

anécdota. f. **1.** Relato breve de un hecho curioso. *Cuéntanos más anécdotas de tu viaje.* Tb. el hecho relatado. *Allí me sucedió una anécdota muy divertida.* **2.** Cosa circunstancial o sin importancia. *El lugar donde se ambiente la obra es pura anécdota, lo fundamental es el contenido. Riñeron, pero al final todo quedó en una anécdota.*

anecdotario. m. Colección de anécdotas o relatos de hechos curiosos. *Los sucesos ocurridos en el juzgado forman un amplio anecdotario.* Tb. el libro en que se publica. *El periodista ha publicado un anecdotario sobre personajes famosos.*

anecdótico, ca. adj. De la anécdota. *A menudo se aparta del tema principal y hace digresiones anecdóticas. Los daños materiales resultan anecdóticos en comparación con el número de víctimas.*

anegamiento. m. Hecho de anegar o anegarse. *Las fuertes lluvias produjeron el anegamiento de las calles.*

anegar. tr. **1.** Inundar el agua u otro líquido (un lugar). *Hay riesgo de que las aguas del río aneguen barrios ribereños.* Tb. fig. *Cómo vencer la tristeza que anega su alma.* Tb. en constr. prnl. media. *Con el aguacero se anegaron varias estaciones de metro.* **2.** Inundar (un lugar) con agua u otro líquido. *Abrí la lavadora antes de tiempo y anegué* DE *agua la cocina. Se pueden fregar los suelos sin necesidad de anegarlos.* **3.** Ahogar (a alguien) sumergiéndo(lo) en un líquido. Más frec. fig. *Su desesperación la anegaba* EN *llanto. La guerra anega al mundo* EN *sangre.* ▶ **1, 2:** INUNDAR.

anejo, ja. adj. **1.** Dicho de lugar o edificación: Unido o próximo a otro del que depende. *La caldera está en un cobertizo anejo* A *la casa. El jurado se retiró a deliberar a una sala aneja.* Tb. m. *Por la parte trasera del colegio hay un anejo que se usa como gimnasio.* **2.** Dicho de texto, documento o escrito: Adjunto o agregado a otro. *Las condiciones se detallan en el documento anejo* A *esta carta. Para más información sobre este punto, véase el cuadro anejo.* Tb. m. *Rellene el formulario según las instrucciones que figuran en el anejo.* **3.** Dicho de cosa: Estrechamente unida a otra o relacionada con ella. *El puesto de presidente lleva anejos unos privilegios. Derechos y deberes anejos* AL *cargo.* ● m. **4.** Población rural sin ayuntamiento propio, incorporada a otra que constituye un municipio. *Un anejo de Albarracín.* **5.** Libro que se edita como complemento de una revista científica. *Anejos de la Revista de Filología Española.* ▶ **1-3:** ANEXO.

anélido. adj. **1.** *Zool.* Del grupo de los anélidos (→ 2). *Invertebrados anélidos.* ● m. **2.** *Zool.* Gusano de cuerpo casi cilíndrico y dividido en anillos exteriores. *La sanguijuela es un anélido de agua dulce.*

anemia. f. Empobrecimiento de la sangre debido a una disminución anormal del número de glóbulos rojos o de la cantidad de hemoglobina. *La falta de hierro en la dieta puede causar anemia.*

anémico, ca. adj. **1.** De la anemia. *Al verla tan débil, el médico pensó que sufría un proceso anémico.* **2.** Que padece anemia. *Los análisis muestran que está anémica.* Dicho de pers., tb. m. y f. *Los anémicos suelen tener el rostro muy pálido.*

anemófilo, la. adj. *Bot.* Dicho de planta o flor: Que efectúa la polinización por medio del viento. *Las flores anemófilas no necesitan atraer a los insectos para que transporten su polen.*

anemómetro. m. *Meteor.* Instrumento para medir la velocidad del viento. *Para que la marca del atleta sea válida, el anemómetro no debe superar cierta velocidad.*

anémona o **anemona.** f. **1.** Planta ornamental con flores solitarias, grandes y de vivos colores, de la que existen diversas especies y variedades. *Cultivan anémonas y narcisos en su jardín.* Tb. la flor. *Un ramo de anémonas.* **2.** Animal marino, de vivos colores, cuerpo blando y boca rodeada de tentáculos, que vive adherido a las rocas. *Por su forma, la anémona recuerda a una flor.* Tb. ~ *de mar. La anémona de mar espera a que la presa se acerque a sus tentáculos.* ▶ **2:** ACTINIA.

anestesia. f. **1.** Hecho o efecto de anestesiar. *La operación se hará con anestesia general. Despertó de la anestesia muy desorientado.* **2.** Sustancia que sirve para anestesiar. *Le han administrado la anestesia por medio de una inyección.*

anestesiar. (conjug. ANUNCIAR). tr. Hacer que (una persona o una parte de su cuerpo) pierda total o parcialmente la sensibilidad, espec. empleando un fármaco. *Van a anestesiar al paciente para operarlo. El dentista me anestesió el nervio antes de sacarme la muela.* Tb. fig. *Se miente a sí mismo para anestesiar su conciencia.*

anestésico, ca. adj. **1.** De la anestesia. *La morfina tiene propiedades anestésicas.* **2.** Que produce anestesia. *Puede haber reacciones alérgicas a los medicamentos anestésicos.* Dicho de sustancia o medicamento, tb. m. *El cloroformo se empleaba como anestésico.*

anestesiología. f. *Med.* Rama de la medicina que se ocupa de la anestesia. *Estudió Medicina, especializándose en Anestesiología.*

anestesiólogo, ga. m. y f. *Med.* Anestesista. *Antes de la intervención, el anestesiólogo estudia el estado del paciente y su historial.*

anestesista. m. y f. Médico especialista en técnicas de anestesia. Designa espec. al que interviene en operaciones quirúrgicas. *El anestesista vigila las constantes vitales del paciente durante la operación.* ▶ ANESTESIÓLOGO.

aneurisma. m. (Tb., más raro, f.). *Med.* Bolsa formada por una dilatación anormal y localizada de las paredes de un vaso sanguíneo. *La hipertensión es una de las causas del aneurisma cerebral. Aneurisma de la arteria aorta.*

anexar. tr. **1.** Anexionar (algo), o unir(lo) a otra cosa. *Hitler anexó Austria* A *Alemania.* **2.** frecAm. Adjuntar (algo). *Morales remite un oficio a Guzmán anexándole la carta firmada por la esposa de Schidlowski* [C]. ▶ **1:** ANEXIONAR. **2:** ADJUNTAR.

anexión. f. Hecho de anexionar. *El crecimiento urbano produjo la anexión* A *la gran ciudad de poblaciones cercanas.*

anexionar. tr. Unir o añadir (una cosa, espec. un territorio) a otra. *Tras años de ocupación militar, anexionaron la zona* A *su territorio. Hace diez años fue anexionado* A *este edificio el contiguo.* ▶ ANEXAR.

anexionismo. m. *Polít.* Tendencia o doctrina que favorece o defiende la anexión de territorios. *Los defensores del anexionismo esgrimen los derechos de su país sobre el territorio en disputa.*

anexionista. adj. *Polít.* Partidario del anexionismo. *Estado anexionista.* Dicho de pers., tb. m. y f. *Anexionistas e independentistas vivían enfrentados en las colonias.*

anexo, xa. adj. Anejo. *Hay una escuela coránica anexa* A *la mezquita. Para la rehabilitación emplean quiromasaje, acupuntura y técnicas anexas.* Dicho de lugar, edificación o escrito, tb. m. *Se discute si ampliar el museo con anexos o construyendo un nuevo edificio. La bibliografía figura en un anexo al final del libro.*

anfeta. f. coloq. Anfetamina. *El día antes del examen tomaban anfetas y se daban un atracón de estudiar.*

anfetamina. f. Sustancia estimulante del sistema nervioso central, que se usa como medicamento y para aumentar el rendimiento físico e intelectual. *La anfetamina es una droga que inhibe el sueño.* Tb. la pastilla de esta sustancia. *Otro alumno le pasó unas anfetaminas para estudiar.*

anfibio, bia. adj. **1.** Dicho de animal: Del grupo de los anfibios (→ 5). *Las salamandras son vertebrados anfibios.* **2.** Dicho de planta: Que puede vivir dentro o fuera del agua. *Algunas plantas anfibias tienen sus raíces bajo el agua.* **3.** Dicho de vehículo, de aparato o de tropa militar: Que puede actuar tanto por el agua como por la tierra o el aire. *En la extinción del incendio participan aviones anfibios. Cámara fotográfica anfibia. Una unidad anfibia del Ejército de Tierra.* **4.** Dicho de operación o maniobra militares: Ejecutada a la vez por mar, por tierra y frec. también por aire. *El desembarco de Normandía fue la mayor operación anfibia de la Historia.* ● m. **5.** Vertebrado que puede vivir indistintamente en la tierra o en el agua, como la salamandra, o que vive en el agua cuando joven y en la tierra cuando adulto, como la rana y el sapo. ▶ **1, 5:** BATRACIO.

anfíbol. m. *Mineral.* Mineral compuesto por silicatos de calcio, sodio, potasio, magnesio, hierro y otros metales, de color gralm. verde o negro. *Los anfíboles están presentes en rocas ígneas y metamórficas.*

anfibología. f. *Ling.* Doble sentido de una palabra u oración. *Los pronombres demostrativos se acentuarán si hay riesgo de anfibología.*

anfiteatro. m. **1.** Edificio de gran tamaño, de forma circular u ovalada, con una zona central de arena rodeada de gradas, usado en la antigüedad para celebrar espectáculos públicos. *En los anfiteatros romanos se celebraban combates de fieras y de gladiadores.* **2.** Aula con gradas, de forma gralm. semicircular. *La conferencia tendrá lugar en el anfiteatro de la facultad.* **3.** En un cine o teatro: Piso alto con asientos en gradería. *Desde las localidades de anfiteatro se ve mejor a toda la orquesta.*

anfitrión, na. m. y f. **1.** Persona que tiene invitados a su mesa o a su casa. *El anfitrión ofreció una espléndida cena. Hoy tú eres mi invitado y yo tu anfitrión.* Tb. en aposición. *Al final de la velada, dimos las gracias a la pareja anfitriona.* **2.** Persona o entidad que recibe invitados o visitantes en su país o en su sede habitual. *El presidente argentino fue el anfitrión de la cumbre iberoamericana.* Frec. en aposición. *La selección anfitriona juega el partido inaugural del campeonato.*

ánfora. f. Vasija alta, de cuello largo y estrecho, con dos asas, empleada en la Antigüedad clásica para guardar granos y líquidos. *Se han encontrado ánforas romanas para el transporte de aceite.*

anfractuosidad. f. cult. Cavidad sinuosa e irregular en una superficie, espec. en el terreno. Gralm. en pl. *Los ingenieros estudian las anfractuosidades de la montaña con vistas a construir un túnel.*

anfractuoso, sa. adj. cult. Que tiene anfractuosidades. *Entramos en una zona serrana, de relieve anfractuoso.*

angarillas. f. pl. **1.** Andas para transportar una imagen en procesión o un cadáver en un funeral. *Trasladaron el cuerpo hasta el cementerio sobre unas angarillas. Una vez al año sacan a la Virgen en angarillas.* **2.** Camilla portátil para transportar enfermos o heridos. *Con dos palos y una lona se improvisan unas angarillas para llevar al herido.* ▶ **1:** ANDAS.

ángel. m. **1.** En algunas religiones, pralm. la cristiana, la judía y la musulmana: Espíritu celeste creado por Dios para actuar como su servidor y mensajero. *La iconografía cristiana representa al ángel como una figura humana alada. Los ángeles revelaron el Corán a Mahoma.* **2.** Persona que posee cualidades atribuidas a un ángel (→ 1), espec. la bondad, la belleza o la inocencia. *Gracias por ayudarme, eres un ángel.* **3.** coloq. Gracia y encanto. *Aunque no es especialmente guapa, tiene mucho ángel. Escribe poemas correctos, pero sin ángel.* ■ **~ de la guarda,** o **~ custodio.** m. En el catolicismo: Ángel (→ 1) que Dios asigna a cada persona para que cuide de ella. *Lo salvó su ángel de la guarda, porque el golpe era mortal.* □ **como los (propios) ~es.** loc. adv. Muy bien. *Toca el violín como los propios ángeles.* ■ **pasar un ~.** loc. v. coloq. Se usa cuando en una conversación se produce un largo silencio. *De pronto nos quedamos todos callados y alguien dijo: –Ha pasado un ángel.*

Ángela. ~ **María.** expr. Se usa para expresar sorpresa o el hecho de caer en la cuenta de algo. *¡Ángela María, me he dejado encendido el gas! –¿Sabes que murió el vecino? –¡Ángela María!*

angelical. adj. **1.** De los ángeles. *Coro angelical.* **2.** Que tiene alguna de las cualidades atribuidas a los ángeles, espec. la bondad. *Es un niño angelical que nunca da problemas.* **3.** Que parece de ángel. *Tras ese rostro angelical se esconde una mala persona.* ► **1, 2:** ANGÉLICO.

angélico, ca. adj. Angelical (de los ángeles, o que tiene cualidades atribuidas a ellos). *El cuadro representa a Dios rodeado de los nueve coros angélicos. Todos la tienen por una criatura angélica.* ► ANGELICAL.

angelino, na. adj. De Los Ángeles (ciudad de los Estados Unidos de América). *El pívot fichará por el equipo de baloncesto angelino.* Dicho de pers., tb. m. y f.

angelito. m. **1.** dim. → **ángel. 2.** coloq. Niño. Se usa aludiendo a su inocencia o expresando compasión por él. *–¿Cómo sigue tu nieto? –El angelito ha pasado la noche tosiendo.* A veces en sent. irónico y, en este caso, frec. referido a un adulto. *Estos angelitos neonazis se dedican a dar palizas por ahí.*

angelote. m. Figura grande de ángel alado con cuerpo de niño, que se usa como adorno. *En lo alto de la fuente hay cuatro angelotes de mármol.*

ángelus. m. *Rel.* Oración en honor del misterio de la Encarnación, que comienza con las palabras "Angelus Domini". *Como cada mediodía, las monjas se disponían a rezar el ángelus.*

angina. f. **1.** Inflamación de las amígdalas. Gralm. en pl. con significado sing. *Mañana no irá al colegio, porque tiene anginas.* **2.** Amígdala. Gralm. en pl. *Mamá, me duelen las anginas.* ■ ~ **de pecho.** f. *Med.* Síndrome producido por un fallo en el riego del músculo cardíaco, que comprende dolor fuerte en el pecho, frec. extendiéndose por el brazo izquierdo, y sensación de angustia. *El estrés puede producir una angina de pecho.*

angioma. m. *Med.* Tumor benigno que aparece gralm. en la piel y se produce por acumulación de pequeños vasos sanguíneos. *Tenía una mancha violácea en la cara: un angioma de nacimiento.*

angiosperma. adj. **1.** *Bot.* Del grupo de las angiospermas (→ 1). *Planta angiosperma.* ● f. **2.** *Bot.* Planta con flores que tiene las semillas en el interior de un fruto, como el melocotonero o el guisante.

anglicanismo. m. Religión protestante predominante en Inglaterra, cuya máxima autoridad es el monarca de este país. *Abandonó el catolicismo y se convirtió al anglicanismo.*

anglicano, na. adj. **1.** Del anglicanismo. *La Iglesia anglicana permite la ordenación de mujeres.* **2.** Que profesa el anglicanismo. *Arzobispo anglicano.* Dicho de pers., tb. m. y f. *Los anglicanos son cristianos.*

anglicismo. m. Palabra o uso propios de la lengua inglesa empleados en otra. *El anglicismo "cocktail" se castellaniza en la forma "cóctel".*

anglicista. adj. **1.** Del anglicismo. *Abundan en la prensa los usos anglicistas.* **2.** Que emplea frecuentemente anglicismos. *Los informáticos suelen ser bastante anglicistas.* Dicho de pers., tb. m. y f.

anglo, gla. adj. **1.** histór. De un pueblo germánico que se estableció en Inglaterra en el s. V. *Territorio anglo.* Dicho de pers., tb. m. y f. *Los anglos invadieron el norte y este de Inglaterra.* **2.** cult. Inglés (de Inglaterra, o del Reino Unido). *Leía más a los poetas anglos que a los hispanos.* Dicho de pers., tb. m. y f.

anglo-. elem. compos. Significa 'inglés'. *Anglofilia, anglocanadiense.*

angloamericano, na. adj. **1.** De ingleses y americanos conjuntamente. *Dieron su apoyo a la coalición angloamericana.* **2.** Estadounidense. *El cine angloamericano tiene mayor difusión que el europeo.* Dicho de pers., tb. m. y f.

anglófilo, la. adj. Simpatizante o admirador de lo inglés. *Borges era un escritor anglófilo.* Dicho de pers., tb. m. y f. *El ciclo sobre el nuevo cine británico hará las delicias de los anglófilos.*

anglófono, na. adj. De habla inglesa. *En el Canadá hay zonas francófonas y zonas anglófonas.* Dicho de pers., tb. m. y f. *La pronunciación de los anglófonos británicos es distinta de la de los americanos.*

anglohablante. adj. Que tiene como lengua propia o materna el inglés. *La revista está destinada a la comunidad anglohablante.* Dicho de pers., tb. m. y f. *El sistema verbal español resulta difícil para un anglohablante.* ► ANGLOPARLANTE.

angloparlante. adj. Anglohablante. *Crece la población angloparlante en zonas turísticas.* Dicho de pers., tb. m. y f. *Los angloparlantes tienen la ventaja de que su lengua se habla en muchas partes.*

anglosajón, na. adj. **1.** De lengua y cultura inglesas. *Gran Bretaña y Australia son países anglosajones.* Dicho de pers., tb. m. y f. *Los anglosajones emplean unidades de medida propias, como la libra o el galón.* **2.** histór. De los pueblos germánicos que se establecieron en Inglaterra en el s. V. *Arte anglosajón.* Dicho de pers., tb. m. y f. *Los anglosajones lucharon contra los invasores normandos y daneses.* ► **1:** SAJÓN.

angoleño, ña. adj. De Angola. *Territorio angoleño.* Dicho de pers., tb. m. y f. *Los angoleños tienen como lengua oficial el portugués.*

angora. f. Lana suave obtenida a partir del pelo del conejo de Angora o de la cabra de Angora. *El jersey tiene mezcla de angora y algodón.* Tb. el tejido hecho con esta lana. *Evite lavar la angora en agua caliente.*

angorina. f. Fibra textil que contiene angora o que la imita. *Hilo de angorina.* Tb. el tejido hecho con esta fibra. *Acarició la suave angorina de su chaqueta.*

angostamiento. m. Hecho de angostarse. *El fármaco frena el angostamiento y endurecimiento de las arterias.*

angostarse. intr. prnl. Hacerse algo angosto o más angosto. *A medida que nos acercamos a la cima, el camino se angosta.*

angosto, ta. adj. Estrecho (que tiene menos anchura). En Esp. sobre todo tiene carácter literario o formal. *Las calles son tan angostas que la gente camina en fila. Varios presos se apiñan en una celda angosta. ¡Cómo le gustaría poseer una de sus angostas y largas corbatas!* [C]. *Es una muchacha trigueña, de cintura angosta y acentuadas caderas* [C]. ► ESTRECHO.

angostura[1]. f. **1.** Cualidad de angosto. *Dada la angostura del valle, a algunas zonas no llega el sol.* **2.** Paso estrecho o parte que se estrecha. *A lo largo del sendero se suceden desniveles y angosturas.*

angostura[2]. f. Bebida alcohólica amarga que se elabora a partir de la corteza de una planta y se emplea como ingrediente de algunos cócteles. *El "Manhattan" lleva* whisky *de centeno, vermú rojo y angostura.*

angstrom. (pal. sueca; pronunc. "ánstrom"). m. *Fís.* Unidad de longitud equivalente a una diezmillonésima de milímetro, empleada pralm. para medir longitudes de onda (Símb. *Å*). *La membrana de una neurona mide unos 100* angstroms.

anguila. f. Pez comestible, de cuerpo largo y cilíndrico y piel resbaladiza, que vive en los ríos, pero desciende hasta el océano para reproducirse. *Por las noches van al río a pescar anguilas.*

angula. f. Cría de la anguila, muy apreciada en gastronomía. *Pruebe nuestra especialidad: angulas a la cazuela.*

angular. adj. **1.** Del ángulo o que tiene forma de ángulo. *La puerta lleva refuerzos angulares de acero en el cerco.* ● m. **2.** Objetivo de una cámara fotográfica, cinematográfica o de televisión, que por su reducida distancia focal permite cubrir un ángulo visual muy amplio. *La escena del tren cruzando el desierto se rodó con un angular.* Más frec. *gran ~. Foto panorámica tomada con gran angular.*

ángulo. m. **1.** Figura geométrica formada por dos líneas que parten del mismo punto o por dos planos que parten de la misma línea. *Las paredes suelen formar ángulos rectos. Cada ángulo del cuadrado mide 90º.* **2.** Ángulo (→ 1) formado en el encuentro de dos paredes o de dos superficies, considerado por su parte interior. Tb., más frec., el espacio correspondiente. *El piano está en un ángulo de la habitación. En los ángulos del techo había telarañas.* **3.** Ángulo (→ 1) formado en el encuentro de dos paredes o de dos superficies, considerado por su parte exterior. Tb., más frec., el espacio correspondiente. *Se golpeó con el ángulo de la mesa. La torre es de ladrillo con los ángulos de piedra.* **4.** Punto de vista. *Consultar un problema con alguien permite ver las cosas desde otro ángulo.* ■ ~ **adyacente.** m. *Mat.* Cada ángulo (→ 1) de los dos formados a un mismo lado de una línea recta por otra que la corta. *Dibuja un ángulo recto adyacente* A *otro agudo.* Frec. en pl. *Dos ángulos adyacentes suman 180º.* ■ ~ **agudo.** m. *Mat.* Ángulo (→ 1) menor que el recto. *Cuando las agujas del reloj marcan la una, forman un ángulo agudo. Dibuja un ángulo agudo de 60º.* ■ ~ **complementario.** m. *Mat.* Ángulo (→ 1) que al unirse a otro forma uno recto. *El ángulo complementario* DE *uno de 70º es uno de 20º. Dos ángulos de 45º son ángulos complementarios entre sí.* ■ ~ **muerto.** m. Zona, en la parte lateral trasera de un vehículo, que el conductor no puede ver por los retrovisores. *La moto estaba en el ángulo muerto y le cerré el paso sin querer.* ■ ~ **obtuso.** m. *Mat.* Ángulo (→ 1) mayor que el recto, pero menor que el plano. *Cuando las agujas del reloj marcan las cuatro, forman un ángulo obtuso. Trazó un ángulo obtuso de 120º.* ■ ~ **plano.** m. *Mat.* Ángulo (→ 1) formado por dos líneas que están en el mismo plano y que equivale a la suma de dos ángulos rectos. *Al abrir el compás completamente, sus brazos forman un ángulo plano.* ■ ~ **recto.** m. *Mat.* Ángulo (→ 1) formado por dos líneas o dos planos que se cortan perpendicularmente y que mide 90º. *Las esquinas de la ventana tienen forma de ángulo recto.* ■ ~ **suplementario.** m. *Mat.* Ángulo (→ 1) que al unirse a otro forma uno plano. *El ángulo suplementario* DE *uno de 120º es otro de 60º. Dos ángulos de 90º son suplementarios entre sí.* ■ **~s consecutivos.** m. pl. *Mat.* Ángulos (→ 1) que tienen el vértice y un lado comunes, sin estar uno comprendido en el otro. *Las dos porciones de queso unidas tienen forma de ángulos consecutivos.* ■ **~s opuestos por el vértice.** m. pl. *Mat.* Ángulos (→ 1) que tienen el vértice común y los lados de cada uno en prolongación de los del otro. *Dos ángulos opuestos por el vértice tienen siempre la misma medida.* ▶ **2:** RINCÓN. **3:** ESQUINA.

angulosidad. f. **1.** Cualidad de anguloso. *Los años han acentuado la angulosidad de sus rasgos.* **2.** Parte angulosa. Frec. en pl. *El hombre prehistórico pintaba figuras aprovechando las angulosidades de la roca.*

anguloso, sa. adj. **1.** Que tiene ángulos. *A lo lejos se distingue el perfil anguloso de la sierra.* **2.** Dicho de persona, animal o parte del cuerpo, espec. la cara humana: Que presenta formas huesudas y prominentes a causa de su delgadez. *Un anciano demacrado, de rostro anguloso.*

angustia. f. **1.** Sufrimiento o inquietud intensos, frec. ante algo peligroso o desagradable. *No encontrar trabajo le produce angustia.* **2.** Aprieto o situación apurada. *Los protagonistas pasan por todo tipo de angustias y privaciones.* **3.** Sensación de opresión en las regiones torácica o abdominal. *Siento una angustia en el pecho que no me deja respirar.* ▶ **1:** ANSIA, ANSIEDAD.

angustiado, da. part. **1.** → **angustiar.** ● adj. **2.** Que manifiesta o implica angustia. *Supe que necesitaba ayuda por su gesto angustiado.* ▶ **2:** ANGUSTIOSO.

angustiar. (conjug. ANUNCIAR). tr. Causar angustia (a alguien). *Me angustia pensar en lo que queda por hacer.* Tb. en constr. prnl. media. *Empezó a angustiarse cuando se hizo de noche.*

angustioso, sa. adj. **1.** Que causa angustia. *Es angustioso quedarse encerrado en un ascensor.* **2.** Que manifiesta o implica angustia. *Pedía auxilio con gestos angustiosos.* ▶ **2:** ANGUSTIADO.

anhelante. adj. **1.** Que anhela. *Espero anhelante la cita de mañana.* **2.** Que manifiesta o implica anhelo. *El niño mira con ojos anhelantes sus regalos.* ▶ *DESEOSO.

anhelar. tr. Desear (algo) intensamente. *Anhelo volver a verla. Le regalaron la moto que tanto anhelaba.* ▶ *DESEAR.

anhelo. m. Hecho de anhelar. *Nada satisface su anhelo de poder.* ▶ *DESEO.

anheloso, sa. adj. **1.** Que anhela algo. *Está anhelosa* DE *conocer mundo. Anheloso* DE *un éxito político, se presentó a las elecciones.* **2.** Que manifiesta o implica anhelo. *Piensa con anhelosa esperanza en lo que haría si obtuviese el dinero.* **3.** Dicho de respiración: Acelerada y fatigosa. *Subió los últimos tramos de escalera con respiración anhelosa.* ▶ **1, 2:** *DESEOSO.

anhídrido o **anhidrido.** m. *Quím.* Compuesto que procede de la combinación de oxígeno con otro elemento no metal. *Anhídrido sulfúrico. Cuando un anhídrido reacciona con agua, da lugar a un ácido.* ■ ~ **carbónico.** m. *Quím.* Dióxido de carbono. *Al respirar expulsamos anhídrido carbónico.*

anidamiento. m. Hecho de anidar, espec. un ave u otro animal. *Si se tala el bosque, los pájaros buscarán otros lugares de anidamiento.*

anidar. intr. **1.** Hacer un animal, espec. un ave, un nido para vivir en él. *Las golondrinas han anidado* EN *el tejadillo de la casa. Los ratones anidan* EN *lugares escondidos.* **2.** Existir o hallarse una cualidad o un sentimiento en el interior de alguien o algo. *No tiene pruebas contra mí, pero la sospecha anida* EN *su alma. Desde pequeño empezó a demostrar el talento que anidaba* EN *él.* ▶ **1:** NIDIFICAR.

anilina. f. Líquido incoloro y aceitoso, altamente tóxico, que se obtiene a partir del benceno y se emplea pralm. en la fabricación de colorantes. *El aceite adulterado contenía anilinas.* Tb. el producto colorante que la contiene. *Hace figuras de barro que luego pinta con anilina y barniz.*

anilla. f. **1.** Anillo, frec. metálico, que sirve para sujetar algo. *Para abrir el paracaídas, tire de la anilla. Guarda los apuntes en una carpeta de anillas.* **2.** Pieza cilíndrica, de metal o de plástico, que se coloca en la pata de un ave para su identificación y para el control y estudio de sus desplazamientos. *Los biólogos han ido marcando con anillas aves que pasan el invierno en estos humedales.* ○ pl. **3.** Aparato gimnástico formado por dos anillas (→ 1), pendientes de cuerdas o cadenas, y de las que se cuelga el gimnasta para hacer ejercicios. *El entrenador aupó al gimnasta para ayudarle a alcanzar las anillas.*

anillado[1]**.** m. Hecho de anillar. *Ha participado en el anillado de patos del Parque Nacional.*

anillado[2]**, da.** part. **1.** → **anillar.** ● adj. **2.** Que tiene uno o más anillos o elementos circulares. *El cuerpo anillado de la oruga subía lentamente por la hoja.*

anillamiento. m. Hecho de anillar. *Diez mil aves acuáticas serán marcadas en la próxima campaña de anillamiento.*

anillar. tr. Marcar (un ave) con una anilla. *Los ornitólogos anillan a las golondrinas para estudiar sus hábitos de reproducción.*

anillo. m. **1.** Aro pequeño de metal o de otra materia que se pone en los dedos normalmente como adorno. *Lleva un anillo de oro en el dedo anular. El anillo del obispo es símbolo de su jerarquía.* **2.** Cosa en forma circular o de anillo (→ 1). *Al tirar una piedra al agua se forman anillos concéntricos. Tres enormes anillos de carreteras rodean la ciudad.* **3.** *Taurom.* Redondel de la plaza de toros. *El torero se situó en el centro del anillo.* **4.** *Fís.* Conjunto de partículas distribuidas en forma circular alrededor de algunos planetas. *Los planetas que tienen anillos son Saturno, Urano y Júpiter.* **5.** *Bot.* Cada uno de los círculos concéntricos que forman el tronco de un árbol. *En el tronco cortado se ven los anillos de diferentes tonos.* **6.** *Zool.* Cada uno de los segmentos en que está dividido el cuerpo de los gusanos y artrópodos. *La lombriz de tierra tiene el tronco dividido en anillos.* ■ **caérsele** (a alguien) **los ~s.** loc. v. coloq. Sentirse (esa persona) humillada por hacer una determinada cosa. Frec. en constr. negativas. *No se me caen los anillos por fregar.* ■ **como ~ al dedo.** loc. adv. coloq. Muy bien o de manera muy oportuna. Frec. con *ir* o *venir*. *Nos vienes como anillo al dedo, porque necesitamos ayuda. Este trabajo le va como anillo al dedo.* ▶ **1:** SORTIJA.

ánima. f. **1.** Alma de una persona muerta. *Recemos una oración por el ánima del difunto.* **2.** cult. Alma (parte del ser humano relativa a los sentimientos y los valores morales). *Tenía el ánima agitada por la inquietud. Su recuerdo ha quedado grabado en mi ánima.* **3.** *Rel.* Ánima (→ 1) que está penando en el purgatorio. Tb. ~ *del purgatorio* o ~ *bendita.* Frec. en pl. *Se celebrará una misa por las ánimas del purgatorio.* **4.** Hueco del cañón de un arma de fuego. *Un mecanismo hace girar el tambor para alinear las recámaras con el ánima del cañón.* ○ pl. **5.** Toque de campanas con que se avisa a los fieles para que recen por las ánimas (→ 3) del purgatorio. Tb. *toque de ~s. Al atardecer se oía el toque de ánimas.* ▶ **1:** ALMA.

animación. f. **1.** Hecho o efecto de animar o animarse. *No lo hubiéramos pasado tan bien sin la animación del mariachi. El sorteo de premios produjo gran animación entre el público. Un buen presentador sabe cuándo el concurso necesita más animación.* **2.** Cualidad de animado. *Sorprende la animación de las calles a estas horas. Tiene una animación y un sentido del humor contagiosos.* **3.** Conjunto de acciones destinadas a impulsar la participación de las personas en una actividad, espec. en el desarrollo sociocultural del grupo de que forman parte. Se usa espec. en sociología y psicología. *El museo pondrá en marcha actividades de animación cultural. Cursillo de animación destinado a monitores infantiles.* **4.** *Cine* Técnica para crear imágenes en movimiento a partir de dibujos u otras imágenes fijas. *Walt Disney fue un pionero en el cine de animación.* ▶ **2:** VIDA.

animado, da. part. **1.** → **animar.** ● adj. **2.** Que tiene alma. *Los animales son seres animados, y las rocas, objetos inanimados.* **3.** Alegre o divertido. *Es un chico muy animado, da gusto estar con él.* **4.** Que muestra vitalidad o viveza. *Ya no tiene fiebre y está algo más animado. Tuvimos una animada charla sobre ese tema.* **5.** Dicho espec. de lugar: Concurrido y con cierto bullicio. *Es un bar muy animado. Cuando llegamos, la fiesta estaba muy animada.*

animador, ra. adj. **1.** Que anima. Frec. m. y f., referido a pers. *Cientos de animadores alientan a los ciclistas desde el arcén.* ● m. y f. **2.** Persona que se dedica a la animación en actividades de grupo. *Los animadores culturales del hotel organizan actividades para niños.* **3.** *Cine* Especialista en animación. *Hoy los animadores cinematográficos utilizan imágenes creadas por ordenador.* **4.** *Radio* y *TV* Persona que presenta y anima un programa de variedades. *El animador contó un par de chistes antes de presentar a los invitados.*

animadversión. f. Aversión u hostilidad. *Se tienen tal animadversión que no se hablan.*

animal. m. **1.** Ser vivo dotado de sensibilidad y que se mueve por propio impulso. *El agua es imprescindible para la vida de animales y vegetales. El hombre es un animal racional.* **2.** Animal (→ 1) irracional. *Los animales carecen de la facultad del habla, que es exclusiva del hombre. Muchas personas que viven solas tienen animal de compañía.* **3.** coloq. Persona ignorante, torpe o bruta. *Algún animal puso un cartel en la puerta lleno de faltas de ortografía.* Se usa como insulto. *Atenas es la capital de Grecia, no de Turquía, ¡animal!* Tb. ~ *de bellota. Hace falta ser un animal de bellota para hablarle así a un niño.* Tb. adj. *¿Te vas a comer todo eso?, no sé cómo puedes ser tan animal.* **4.** coloq. Persona que destaca extraordinariamente en algo. *Es un animal: ha sacado sobresaliente en todas las asignaturas.* ● adj. **5.** De animal (→ 1, 2) o de los animales. *Los biólogos distinguían los reinos animal, vegetal y mineral. Nuestros bollos no contienen grasa animal. Vehículos de tracción animal.* **6.** Del aspecto físico o sensitivo del ser humano, y no del espiritual o racional. *Los individuos de aquellas tribus eran seres salvajes, gobernados por su parte animal.*

animalada. f. **1.** coloq. Hecho o dicho propios de una persona bruta o ignorante. *No dejes que saquen al canario de la jaula, no vayan a hacer alguna animalada. Has suspendido porque tu examen está lleno de animaladas.* **2.** coloq. Cantidad grande o excesiva. *Cobran una animalada por cada concierto.*

animalesco, ca. adj. Propio de animal irracional. *Hace extrañas muecas y gestos animalescos.*

animalidad. f. Condición de animal, racional o irracional. *La evolución del hombre supone la pérdida de la animalidad y la adquisición de la razón.*

animalización. f. Hecho de animalizar o animalizarse. *Para él, la vida sin cultura nos sumiría en una progresiva animalización.*

animalizar. tr. Dar carácter animal (a alguien o algo). *En sus viñetas, el humorista animaliza a los políticos de moda.* Frec. en constr. prnl. media. *La falta de comunicación hace que nos animalicemos.*

animar. tr. **1.** Dar ánimo o valor (a alguien). *Ha suspendido y necesita que lo animemos.* Frec. en constr. prnl. media. *La noticia la entristeció, pero con la ayuda de sus amigos se va animando.* **2.** Estimular o impulsar (a alguien) a hacer algo. *Me ha animado* A *que juegue de nuevo al baloncesto. Fue Javier quien me animó* PARA *sacarme el carné de conducir. Cuando decidí abrir un nuevo negocio, la familia me animó mucho.* **3.** Hacer que (algo) pase a ser agradable o alegre. *La música de la banda anima las fiestas. Unas telas de colores vivos animarán la habitación.* **4.** Dar vitalidad o viveza (a algo). *El entusiasmo con que los contertulios defienden sus ideas anima el debate.* ► **1:** ALENTAR. **3:** ALEGRAR. **4:** AVIVAR.

anímico, ca. adj. Del ánimo. *Le quedan secuelas físicas y anímicas del accidente.*

animismo. m. Creencia religiosa que consiste en atribuir alma y poderes a los seres, los objetos o los fenómenos de la naturaleza. *Entre los tipos de creencias religiosas, citemos el politeísmo, el monoteísmo y el animismo.*

animista. adj. **1.** Del animismo. *Religión animista.* **2.** Que profesa el animismo. *Muchos pueblos y tribus de África son animistas.* Dicho de pers., tb. m. y f. *Los animistas atribuyen poderes a los árboles, las montañas, la lluvia...*

ánimo. m. **1.** Valor o energía. *El público lanza gritos de ánimo a los corredores. ¡Venga, hombre, levanta ese ánimo!* Frec. en pl. con significado sing. *Estoy cansado y no tengo ánimos* DE *ir al cine. Cuando se está deprimido no se tienen ánimos* PARA *nada. Te llamo para darte ánimos.* **2.** Actitud o disposición. *Se hará una encuesta para sondear el ánimo de la gente. Afronta las dificultades con ánimo tranquilo.* **3.** Intención o voluntad. *Lo dijo con ánimo* DE *ofender. Una asociación sin ánimo* DE *lucro.* **4.** Alma o espíritu. *Tus palabras llenan mi ánimo de incertidumbre.* ● interj. **5.** Se usa para dar ánimo (→ 1) a alguien. *Desde las gradas gritaron: –¡Ánimo, chicos, que vais a ganar!* ► **3:** *INTENCIÓN.

animosidad. f. Hostilidad o aversión. *No siente animosidad hacia su ex jefe.*

animoso, sa. adj. Que tiene ánimo o valor. *Fracasó en el primer salto, pero, siempre animoso, volvió a intentarlo.*

aniñado, da. part. **1.** → **aniñar.** ● adj. **2.** Dicho de persona: Que tiene rasgos o comportamiento de niño. *Interpreta a un hombre aniñado e ingenuo.* **3.** Dicho espec. de rasgo físico: Propio de niño. *Una mujer de rostro aniñado. Atuendo aniñado.*

aniñar. tr. **1.** Dar (a alguien) carácter o aspecto de niño. *Lleva siempre vestidos que la aniñan.* Frec. en constr. prnl. media. *Cuando se peina con trenzas, se aniña.* **2.** Dar (a algo) carácter o aspecto propios de niño. *La sonrisa le aniña la cara.* Tb. en constr. prnl. media. *Ha adelgazado y su carita se ha aniñado aún más.*

anión. m. *Fís.* Ión con carga negativa. *En la electrolisis, los aniones se dirigen al ánodo o electrodo positivo.*

aniquilación. f. Hecho de aniquilar o aniquilarse. *La aniquilación de la especie.* ► ANIQUILAMIENTO.

aniquilador, ra. adj. Que aniquila. *El monte tardará en reponerse del aniquilador incendio.* Dicho de pers., tb. m. y f. *Los aniquiladores de ilusiones.*

aniquilamiento. m. Aniquilación. *No se conforman con derrotar al enemigo: quieren su aniquilamiento.*

aniquilar. tr. Destruir (algo o a alguien) por completo o reducir(los) a la nada. Frec. con intención enfática. *El vertido de petróleo aniquiló miles de animales marinos. Solo aniquilando su voluntad lo someterías.* Tb. fig. *Lucharemos contra los que aniquilan nuestros derechos.* Tb. en constr. prnl. media. *Con las fuertes heladas se ha aniquilado la cosecha.*

anís. m. **1.** Planta de flores pequeñas y blancas, que da una semilla de pequeño tamaño, verdosa y aromática, que se emplea en cocina y en medicina. Tb. la semilla. *Espolvoree azúcar y eche unos anises sobre las rosquillas.* Frec. en sent. colectivo. *Torta de anís.* **2.** Aguardiente aromatizado con semillas de anís (→ 1). *Después de comer, un café y una copita de anís.* **3.** Bolita azucarada de distintos colores, que contiene un grano de anís (→ 1) o esencia de anís. *Una bolsita de anises.* ► **1:** MATALAHÚGA, MATALAHÚVA.

anisado, da. part. **1.** → **anisar.** ● adj. **2.** Que contiene anís o esencia de anís. *Aguardiente anisado. Rosquillas anisadas.* Dicho de licor, tb. m. *Con el café, solía tomar una copa de anisado.*

anisar. tr. Añadir semillas o esencia de anís (a un alimento o bebida). *Le preparó un té y lo anisó un poco.*

anisete. m. Licor elaborado con aguardiente, azúcar y anís. *Trae unas pastas y una botella de anisete.*

aniversario. m. Día en que se cumplen años de un acontecimiento, espec. del nacimiento o de la muerte de una persona. *La viuda ha encargado una misa de aniversario por su marido. Primer aniversario de boda.*

ano. m. Orificio exterior en que termina el conducto digestivo y por el que se expulsan los excrementos. *Expulsamos los excrementos por el ano. En el erizo de mar, el ano se encuentra en el extremo opuesto a la boca.*

anoche. adv. Ayer por la noche. *Anoche me acosté tarde.* A veces precedido de prep. *La velada de anoche fue muy divertida.*

anochecer. (conjug. AGRADECER). intr. impers. **1.** Desaparecer la luz del día al ponerse el sol. *Está anocheciendo: enciende la luz. Al anochecer, la plaza se queda desierta.* ● m. **2.** Hecho de anochecer (→ 1). *Es bonito contemplar el anochecer desde las montañas.* **3.** Tiempo durante el que anochece (→ 1). *Tenemos que instalar la tienda de campaña antes del anochecer. Recuerdo los fríos anocheceres del invierno.* ► **3:** ANOCHECIDA.

anochecida. f. Anochecer (tiempo durante el que anochece). *La anochecida llegó de repente. Volveremos de anochecida.* ▶ ANOCHECER.

anódico, ca. adj. *Fís.* Del ánodo. *Oxidación anódica.*

anodino, na. adj. Falto de interés o de originalidad. *Su anodina existencia cambió cuando conoció a aquella chica. Uno de tantos burócratas anodinos.*

ánodo. m. *Fís.* Electrodo positivo. *En las pilas hay dos polos: ánodo y cátodo.*

anofeles. m. Mosquito que transmite el paludismo. *El anofeles hembra.* Tb. *mosquito ~. La hembra del mosquito anofeles es portadora de un parásito que produce el paludismo.*

anomalía. f. **1.** Condición de anómalo. *La anomalía de la situación exige medidas inusuales.* **2.** Cosa o hecho anómalos. *El feto no presenta anomalías. La inspección ha detectado anomalías en la contabilidad.*

anómalo, la. adj. Que se aparta de lo normal o habitual. *Procede abrir una investigación si la muerte se produce en circunstancias anómalas.*

anonadamiento. m. Hecho o efecto de anonadar. *Nos mira con cara de anonadamiento, como si hubiera visto un fantasma. Tardaron en salir del anonadamiento que les causó lo que vieron.*

anonadar. tr. **1.** Causar gran sorpresa o desconcierto (a alguien). *Me anonadas, no sé cómo agradecerte este favor. Increíble, me dejas anonadada.* **2.** cult. Aniquilar (algo o a alguien), o reducir(los) a la nada. *Los invasores anonadaron a la población indígena.* Tb. en constr. prnl. media. *Su amor por ella se anonadó con el tiempo.*

anonimato. m. Condición de anónimo. *El anonimato de la obra da pie a diversas conjeturas sobre su autoría. La policía garantiza el anonimato a todo el que colabore.*

anónimo, ma. adj. **1.** Dicho de cosa, espec. de escrito o de obra artística: De autor desconocido. *El romance antiguo suele ser anónimo. Una donación anónima.* **2.** Dicho de persona, espec. de autor: De nombre desconocido o que se oculta. *El manuscrito pertenece a un autor anónimo. El cuadro ha sido adquirido en subasta por un comprador anónimo.* ● m. **3.** Carta o mensaje de autor anónimo (→ 2) y de contenido gralm. desagradable, amenazante u ofensivo. *Ante un anónimo con amenazas de muerte, acuda a la policía.*

anorak. (pl. **anoraks**). m. Chaquetón impermeable, gralm. con capucha, empleado espec. en actividades y deportes de montaña. *Si subimos a la sierra, me pondré el anorak.*

anorexia. f. **1.** *Med.* Trastorno nervioso caracterizado por el rechazo a ingerir alimentos y la pérdida de apetito. Tb. *~ mental,* o *nerviosa. La anorexia nerviosa se presenta más en mujeres jóvenes o adolescentes.* **2.** *Med.* Pérdida anormal del apetito.

anoréxico, ca. adj. **1.** *Med.* De la anorexia. *Cuadro anoréxico. Síndrome anoréxico.* **2.** *Med.* Que padece anorexia. *Paciente anoréxico.* Tb. m. y f. *Algunos anoréxicos se provocan vómitos para eliminar los alimentos ingeridos.*

anormal. adj. **1.** Dicho de cosa: Que no se corresponde con lo normal o habitual. *El médico no ha visto nada anormal en los análisis. Hace un calor anormal para estas fechas.* **2.** Dicho de persona: Que presenta un desarrollo físico o mental inferior al normal. *El niño nació anormal.* Tb. m. y f. *Eliminemos barreras entre los normales y los anormales o discapacitados.* Frec. se usa como insulto. *¡Deja ya de gritar, anormal!*

anormalidad. f. **1.** Cualidad de anormal. *Hay que terminar con la situación de anormalidad política creada por la guerra. Nos preocupa la posible anormalidad del niño.* **2.** Cosa o hecho anormales. *El feto no presenta anormalidades. La falta de legación diplomática en el país vecino constituye una anormalidad.*

anotación. f. Hecho o efecto de anotar. *Tiene un cuaderno con anotaciones sobre la novela. El jugador ha logrado la máxima anotación en un partido.*

anotador, ra. adj. **1.** Que anota. Dicho de pers., tb. m. y f. *El pívot ha sido el máximo anotador del campeonato. Los anotadores del "Quijote".* ● m. y f. **2.** *Cine* Ayudante del director que se encarga de apuntar durante el rodaje todos los pormenores de cada toma para evitar incoherencias. *El anotador advirtió que en la toma precedente el actor llevaba otra corbata.*

anotar. tr. **1.** Apuntar o escribir (algo). *¿Tienes un papel para anotar mi teléfono?* **2.** Poner notas o aclaraciones (en un texto). *Un medievalista anotará la edición de "La Celestina".* **3.** En algunos deportes: Marcar o conseguir (un tanto). *El alero ha anotado 22 puntos.* ▶ **1:** APUNTAR. **3:** MARCAR.

anovulatorio, ria. adj. *Med.* Que suspende o impide la ovulación. *Píldora anovulatoria.* Dicho de medicamento, tb. m. *Los anovulatorios son muy empleados como anticonceptivos.*

anquilosamiento. m. Hecho o efecto de anquilosar o anquilosarse. *Para vencer el anquilosamiento, realiza nuevas actividades. Necesitamos nuevas ideas que saquen a la empresa de su anquilosamiento. Sufre anquilosamiento a causa del reúma.*

anquilosar. tr. **1.** Paralizar (algo o a alguien) o impedir su evolución o progreso. *La rutina anquilosa la mente.* Tb. en constr. prnl. media. *Lleva muchos años en el mismo puesto y se ha anquilosado.* **2.** *Med.* Hacer que disminuya o desaparezca la movilidad (de una persona, o de una articulación o un miembro). *Las enfermedades articulatorias pueden anquilosar los miembros.* Tb. en constr. prnl. media. *Se ha anquilosado y casi no puede caminar. Se le anquilosaron las piernas.*

ánsar. m. Ganso, espec. el silvestre. *En el parque natural abundan las grullas y los ánsares. El ánsar hembra.* ▶ *GANSO.

anseriforme. adj. **1.** *Zool.* Del grupo de las anseriformes (→ 2). *Ave anseriforme.* ● f. **2.** Ave acuática que tiene dedos unidos por membranas, cuello largo y pico filtrador, como el pato o el cisne.

ansia. f. **1.** Deseo intenso de algo. *La dictadura reprime las ansias* DE *libertad del pueblo. Su ansia* POR *destacar lo lleva a hacer cosas extrañas. ¡Qué ansia consumista!* **2.** Angustia o congoja que causan agitación. *No saber la fecha de la prueba me llena de ansia.* ▶ **1:** *DESEO. **2:** *ANGUSTIA.

ansiar. (conjug. ENVIAR). tr. Desear (algo) intensamente. *Ansiaba abandonar de una vez aquel lugar. Todos ansían la victoria.* ▶ *QUERER.

ansiedad. f. **1.** Angustia o inquietud por algo que va a suceder o que se teme que suceda. *Esperaba con ansiedad el momento en que lo llamaran a declarar.* **2.** *Med.* Estado de angustia o inquietud de carácter patológico. *Durante la desintoxicación, el paciente sufre ansiedad y deseos de volver a beber.* ► **1:** *ANGUSTIA.

ansiolítico, ca. adj. *Med.* Que disminuye o calma la ansiedad. *Sustancias ansiolíticas.* Dicho de medicamento, tb. m. *Los ansiolíticos pueden producir somnolencia.*

ansioso, sa. adj. **1.** Que tiene ansia o deseo intenso de algo. *El público estaba ansioso* POR *entrar. Turistas ansiosos* DE *playa.* **2.** Que tiene ansia o angustia. *No sé qué le pasa, pero está muy ansiosa.* **3.** Que come o bebe con voracidad. *Mastica bien y no seas ansioso.* ► **1:** *DESEOSO.

antagónico, ca. adj. Opuesto o contrario. *No nos entendemos, defendemos ideas antagónicas. Derechistas e izquierdistas forman grupos antagónicos.*

antagonismo. m. Carácter o condición de antagonista. *Entre don Quijote y Sancho hay cierto antagonismo. Un profundo antagonismo de intereses los distancia.*

antagonista. adj. **1.** Opuesto o contrario. *Dos sentimientos antagonistas: amor y odio.* Dicho de pers., tb. m. y f. *Muchos antagonistas de la dictadura se exiliaron. Los personajes eje son el galán y su antagonista, el criado.* **2.** *Biol.* y *Fisiol.* Que tiene acción contraria. *Se trata de tensar el músculo, de modo que el músculo antagonista quede relajado.* Dicho de elemento o agente, tb. m. *Con el antagonista del veneno se elabora el antídoto.* ● m. y f. **3.** Rival o adversario. *El líder no tiene en el pelotón ningún antagonista de peso.* **4.** En una obra de ficción: Personaje que se opone al protagonista. *Protagonista y antagonista luchan por el amor de la dama.*

antaño. adv. cult. En aquella época. *Lo que antaño eran caminos hoy son carreteras.* A veces precedido de prep. *Ya no tiene contacto con sus amigos de antaño.*

antártico, ca. adj. Del Polo Sur. *Tierras antárticas.*

ante[1]**.** m. Piel de alce o de otros animales, curtida y utilizada por el lado opuesto al del pelo. *Unos zapatos de ante.*

ante[2]**.** prep. **1.** cult. Delante de, o frente a. *Ante mí se extendía un campo de trigo. Mantén la calma ante los insultos. España perdió ante Alemania por un tanto.* **2.** cult. En presencia de. *Cometió el crimen ante testigos. Nos hallamos ante un caso de corrupción.* **3.** cult. En comparación con. *Cualquier gesto queda empequeñecido ante su valentía.* **4.** cult. Por, o a causa de. *Ante su rotunda negativa, he dejado de insistir.*

anteanoche. adv. Anteayer por la noche. *Lo detuvieron anteanoche en una redada.* A veces precedido de prep. *¡Memorable la función de anteanoche!*

anteayer. adv. En el día inmediatamente anterior al de ayer. *Nos encontramos anteayer y quedamos en vernos hoy.* A veces precedido de prep. *La visita del ministro estaba prevista para anteayer.*

antebrazo. m. Parte inferior del brazo de una persona, que va desde la muñeca hasta el codo. *Lleva el antebrazo lleno de pulseras.* Tb. la parte correspondiente de una prenda de vestir. *Camiseta deportiva con refuerzos en los antebrazos.*

antecámara. f. En un palacio o casa grande: Habitación que precede a la sala principal o a la sala donde se reciben visitas. *Lo hicieron esperar en la antecámara del salón antes de ser recibido.*

antecedente. adj. **1.** Que antecede. *Existen diferencias entre los jóvenes de ahora y las generaciones antecedentes.* ● m. **2.** Hecho o circunstancia que preceden a algo y que lo causan o sirven para comprenderlo o valorarlo. *La organización política de la Antigua Grecia es el antecedente de nuestras democracias.* Frec. en pl. *Antes de estudiar la Segunda Guerra Mundial, explicaré sus antecedentes históricos. El abogado expuso al jurado los antecedentes del caso.* **3.** *Gram.* Nombre, o expresión con valor de nombre, a los que hace referencia un pronombre relativo. *"La compañera" es el antecedente de "que" en "la compañera que te presenté".* ○ pl. **4.** Datos sobre el comportamiento pasado de una persona, espec. los que quedan registrados en los archivos de la policía. *Había sido condenado hace años, así que tiene antecedentes penales. El acusado tiene antecedentes por tráfico de drogas.* ■ **estar** alguien **en ~s.** loc. v. Conocer los antecedentes (→ 2) de algo. *No me explique lo que pasó, ya estoy en antecedentes.* ■ **poner** (a alguien) **en ~s.** loc. v. Informar(lo) de los antecedentes (→ 2) de algo. *Para que comprendas el problema, te pondré en antecedentes.*

anteceder. tr. Preceder una persona o cosa (a otra). *El trueno antecede al relámpago. Intentaré describir las horas que antecedieron al suceso. Carlos V antecedió a Felipe II en el trono.* Tb. usado en constr. intr. *He empezado por el primer capítulo, sin leer el prólogo que antecede.* ► PRECEDER.

antecesor, ra. adj. **1.** Que antecede a alguien o algo en el tiempo. *Continuamos la labor emprendida por generaciones antecesoras.* Dicho de pers., tb. m. y f. *El nuevo alcalde seguirá la línea de su antecesor en el cargo.* ● m. y f. **2.** Respecto de una persona, animal o cosa: Otro del que procede. *Los homínidos descienden de un antecesor común. El antecesor del nuevo modelo de automóvil era menos aerodinámico.*

antecopretérito. m. frecAm. *Gram.* Pretérito pluscuamperfecto de indicativo.

antedicho, cha. adj. Dicho o mencionado antes. *El fiscal concluye: –Por las razones antedichas, este hombre debe ser condenado.*

antediluviano, na. adj. **1.** Muy antiguo. *Tiene unas ideas antediluvianas sobre el papel de la mujer en la sociedad.* **2.** Anterior al Diluvio universal. *El libro trata sobre la desaparición de los grandes herbívoros antediluvianos.*

antefirma. f. En un documento oficial: Línea de texto que precede a la firma y que expresa el cargo del firmante o la fórmula de tratamiento correspondiente al destinatario. *En la antefirma de la carta de despido se lee: "Tomás Ruiz, jefe de personal".*

antefuturo. m. frecAm. *Gram.* Futuro perfecto.

antelación. f. Anticipación en el tiempo. *Siempre llega a las citas con antelación y tiene que esperar. Reserve su billete con dos días de antelación.* ► ANTICIPACIÓN.

antemano. de ~. loc. adv. Con anticipación. *Si hubiera sabido de antemano lo que me esperaba, no habría ido.*

ante merídiem. (loc. lat.). loc. adv. Antes del mediodía. *La abreviatura "a. m." que sigue a la expresión de una hora significa 'ante merídiem'.*

antena. f. **1.** Dispositivo que sirve para emitir o captar ondas electromagnéticas. *Si despliega la antena, sintonizará mejor la radio. Con la antena parabólica podemos ver canales extranjeros. Antena colectiva.*

2. Apéndice sensorial móvil que en número de dos o cuatro presentan algunos insectos y crustáceos en la cabeza. *El bogavante tiene dos largas antenas.* **3.** coloq. Se usa para referirse a la capacidad para captar conversaciones ajenas o al interés por ellas. *Luego te cuento, que está ahí la niña con la antena puesta.* Frec. en pl. con significado sing. *Se entera de todo, ¡menudas antenas tiene!* **4.** *Radio* y *TV* Emisión. *El programa fue retirado de antena ante las quejas de los radioyentes. La cadena ha adquirido los derechos de antena de los partidos de liga.* Frec. en la constr. *en ~. El espacio aspira a estar en antena largo tiempo.*

antenista. m. y f. Persona que se dedica a la instalación, reparación y mantenimiento de antenas. *El antenista está en la azotea arreglando la antena de televisión.*

anteojera. f. **1.** Pieza de cuero de las dos que se ponen junto a los ojos de las caballerías para que no vean por los lados, sino de frente. Frec. en pl. *La mula cabeceaba tratando de librarse de las anteojeras.* O pl. **2.** Actitud moral o intelectual que solo permite una visión limitada de la realidad. *Intentemos analizar los hechos sin anteojeras.*

anteojo. m. **1.** Instrumento óptico compuesto por un juego de lentes en el interior de un tubo, que sirve para ver de cerca objetos lejanos. *Observa las estrellas con un anteojo colocado sobre un trípode.* O pl. **2.** Instrumento óptico formado por dos tubos provistos de lentes, que sirve para ver de cerca objetos lejanos con ambos ojos. *Desde cubierta, el capitán observa la costa con unos anteojos.* **3.** frecAm. Gafas o lentes. *El juez se puso los anteojos para leer la sentencia. El óptico debe preparar los anteojos y ajustarlos correctamente* [C]. ▶ **1:** *TELESCOPIO. **2:** *PRISMÁTICOS. **3:** *GAFAS.

antepalco. m. *Teatro* Cuarto que precede y da acceso a un palco. *Durante el descanso de la obra, charlan en el antepalco.*

antepasado, da. adj. **1.** Dicho de período de tiempo: Inmediatamente anterior al último transcurrido. *El año antepasado fue más frío que el pasado.* • m. y f. **2.** Respecto de una persona o grupo: Ascendiente más o menos remoto. *En el salón hay retratos de los antepasados del duque. Nuestros antepasados se establecieron en esta ciudad hace un siglo.* Tb. fig. *Las plumas de ganso son las antepasadas de nuestros actuales bolígrafos.*

antepecho. m. Murete o barandilla colocados en un lugar alto para evitar caídas. *El antepecho de la terraza está adornado con jardineras. La gente se apoya en el antepecho de cemento para contemplar el barranco.*

antepenúltimo, ma. adj. Inmediatamente anterior al penúltimo o a lo penúltimo. *Ha llegado a la meta en antepenúltimo lugar.* Tb. sustantivado. *De los tres últimos clasificados, solo el antepenúltimo puede salvarse del descenso.*

anteponer. (conjug. PONER). tr. **1.** Dar más importancia (a una persona o cosa) que a otra. *Antepuso su carrera profesional a su familia. Está acostumbrado a anteponer sus deseos.* **2.** Poner (una cosa o a una persona) antes o delante de otra. *Antepón la abreviatura "Sr." al apellido del destinatario.*

anteportada. f. *Gráf.* Primera página de un libro, que precede a la portada y en la que gralm. aparece sólo el título de la obra. *El ejemplar tiene una dedicatoria manuscrita en la anteportada.* ▶ PORTADILLA.

anteposición. f. Hecho de anteponer. *Le critican la anteposición de sus intereses personales a los generales. La anteposición del adjetivo al nombre es más frecuente en el lenguaje formal.*

antepospretérito. m. frecAm. *Gram.* Condicional compuesto.

antepresente. m. frecAm. *Gram.* Pretérito perfecto.

antepretérito. m. frecAm. *Gram.* Pretérito anterior.

anteproyecto. m. **1.** Texto previo o provisional de una ley o de un documento legal. *El Consejo de Ministros aprobó el anteproyecto de ley de reforma sanitaria.* **2.** Proyecto previo o provisional de un trabajo, espec. de una obra arquitectónica o de ingeniería. *Se abre el plazo de presentación de anteproyectos para la construcción del polideportivo.*

antera. f. *Bot.* En una flor: Parte del estambre en que se produce y almacena el polen. *Es una planta con anteras de color violeta y pétalos de un rojo vivo.*

anterior. adj. **1.** Que ocurre o va antes. *Habían coincidido en anteriores ocasiones. Ese hecho es anterior* AL *narrado.* **2.** Que está delante. *Tiene una herida en la parte anterior del cráneo. Ocupa el puesto anterior* AL *mío.* **3.** *Fon.* Dicho de sonido o de fonema vocálicos: Que se articulan en la parte anterior (→ 2) de la boca. *La "e" y la "i" son vocales anteriores.*

anterioridad. f. Cualidad de anterior. *En "saldremos cuando haya amanecido", la subordinada indica anterioridad. La posición de la lengua determina la anterioridad o posterioridad del sonido vocálico.* Frec. en la constr. *con ~. ¿Qué enfermedades ha padecido usted con anterioridad? Se discute si algún europeo estuvo en América con anterioridad* A *Colón.*

anteriormente. adv. **1.** Antes. *Su nueva novela es muy distinta a todo lo que ha escrito anteriormente.* **2.** En la parte anterior o delantera. *La cabeza del perro se alarga anteriormente formando el hocico.*

antes. adv. **1.** En un tiempo ya pasado con respecto a otro que se toma como referencia, que, cuando se expresa, va introducido por *de* o *que*. *Antes desayunaba siempre café con leche. Iré a veros antes de Navidad. Estará acabado antes de lo que creéis. Piénsalo bien antes de aceptar. Se preocupa de las cosas antes de que sucedan. Vete antes que se dé cuenta. Se levantó antes que nadie.* A veces precedido de prep. *Nos conocíamos de antes. Lo sé desde antes que vosotras.* **2.** Precedido de un nombre que puede ir cuantificado: En un tiempo o momento pasados, con respecto al de referencia, que distan de él la medida expresada por ese nombre. *Años antes hubiera reaccionado de otro modo. Una semana antes de la boda dijo que no se casaba.* **3.** Precedido de un nombre que puede ir cuantificado: En un lugar que está, con respecto al de referencia, a la distancia expresada por ese nombre. *Pocos kilómetros antes de llegar empezó a marearse. Vive tres puertas antes de la mía. Bájese dos paradas antes.* **4.** En un lugar físico que se presenta o aparece delante. *Antes de la plaza hay un aparcamiento. En la guía de teléfonos, "Sánchez" está antes que "Sanz". En la última novela que he leído no pasa nada antes del capítulo cuarto.* **5.** En un lugar no físico más importante o de más interés. *Su conveniencia está antes que todo lo demás. Lógicamente, antes está tu salud. Como es natural, antes coloca el bienestar de su familia.* **6.** Indica preferencia de algo. *Antes de llegar a eso, dimito. Cualquier cosa antes que dejar que conduzca él. Prefiero decírselo yo antes que se entere por otros. –Pídele un adelanto a* *tu jefe. –Antes prefiero pasar hambre.* ● adj. (pl. invar.). **7.** Precedido de un nombre que designa unidad de tiempo: Anterior. *¿Leíste el periódico del día antes? La semana antes había defendido lo contrario. Sucedió la noche antes de tu llegada. Tenía que haberme bajado en la parada antes.* ■ **~ bien.** loc. adv. cult. Al contrario, o por el contrario. *La sentencia no les sorprendió, antes bien, la esperaban.* ■ **~ de anoche.** loc. adv. Anteanoche. *Lo ingresaron antes de anoche con convulsiones y fiebre muy alta.* A veces precedido de prep. *Desde antes de anoche, no tenemos noticias suyas.* ■ **~ de ayer.** loc. adv. Anteayer. *Lo esperábamos antes de ayer y ha llegado hoy.* A veces precedido de prep. *No lo supe hasta antes de ayer.*

antesala. f. Habitación que precede a la sala principal o al lugar donde se reciben visitas. *El director lo recibirá en su despacho; espere en la antesala, por favor.* Tb. fig. *Entramos en Huesca, antesala de los Pirineos. Aquel atentado sería la antesala de un año sangriento.*

antetítulo. m. En un periódico o una revista: Titular secundario que precede al principal. *Bajo el antetítulo "Guerra en el Golfo Pérsico" había este titular: "Sigue el bombardeo".*

antevíspera. f. Día inmediatamente anterior a la víspera. *Nos reunimos el 30 de diciembre, antevíspera de Año Nuevo. Ni la víspera ni la antevíspera había llovido, pero ese día...*

anti-. pref. Significa 'opuesto o contrario'. *Antiamericano, antisistema, antihumedad.*

antiabortista. adj. Contrario a la práctica del aborto. *Postura antiabortista. Organización antiabortista.* Dicho de pers., tb. m. y f. *Los antiabortistas protestan por la despenalización del aborto.*

antiacadémico, ca. adj. Opuesto a las Academias, o a una de ellas, al academicismo o a lo académico. *El pintor descubre la abstracción y se vuelve antiacadémico.* Dicho de pers., tb. m. y f.

antiácido, da. adj. **1.** *Med.* Que neutraliza el exceso de acidez del estómago. *Toma con frecuencia sales antiácidas.* Frec. m., referido a medicamento. *Creo que después del banquete tomaré un antiácido.* **2.** tecn. Que resiste a la acción de los ácidos. *En el laboratorio han puesto un pavimento antiácido.*

antiadherente. adj. Que impide la adherencia. *Para hacer tortillas, utiliza una sartén antiadherente. Superficie antiadherente.* Dicho de sustancia o producto, tb. m. *El teflón es un antiadherente.*

antiaéreo, a. adj. Destinado a la defensa contra ataques aéreos. *La artillería antiaérea ha derribado dos aviones enemigos. Misiles antiaéreos. Refugio antiaéreo.* Dicho de cañón, tb. m. *Durante la guerra nos acostumbramos a las detonaciones de los antiaéreos.*

antialcohólico, ca. adj. Que combate el alcoholismo o el consumo de alcohol. *Está siguiendo un tratamiento antialcohólico. Campaña antialcohólica.*

antialérgico, ca. adj. Que combate la alergia. *Vacuna antialérgica.* Frec. m., referido a medicamento. *Si se le hincha la picadura, tome un antialérgico.*

antiatómico, ca. adj. Destinado a proteger de las armas atómicas o de sus radiaciones. *Búnker antiatómico.*

antibacteriano, na. adj. Que combate o sirve para combatir las bacterias. *Pasteur preparó la primera vacuna antibacteriana.* Tb. m., referido a medicamento. *La gripe está causada por un virus y no se cura con antibacterianos.*

antibalas. adj. Que protege de las balas. *Vigilan la embajada policías con chalecos antibalas. Cristal antibalas.*

antibiótico, ca. adj. **1.** Dicho espec. de sustancia: Capaz de paralizar el desarrollo de algunos microorganismos portadores de enfermedades o de causar su muerte. *Pomada antibiótica.* Frec. m., referido a medicamento. *Quizás tengan que recetarte un antibiótico para la infección.* **2.** De los antibióticos (→ 1). *Una sustancia de acción antibiótica.*

anticarro. (pl. gralm. invar.). adj. *Mil.* Destinado a combatir los carros de combate. *Misil anticarro. Granadas anticarro.* ▶ ANTITANQUE.

anticiclón. m. *Meteor.* Área de altas presiones en la atmósfera, que suele producir tiempo despejado. *El anticiclón de las Azores hace que en la Península Ibérica haya cielos poco nubosos.*

anticiclónico, ca. adj. *Meteor.* Del anticiclón. *El tiempo anticiclónico permitirá disfrutar un fin de semana soleado.*

anticipación. f. Hecho o efecto de anticipar o anticiparse. *El tren partió con anticipación y varios viajeros se quedaron en tierra. Han anunciado la anticipación de las elecciones. Con la anticipación de la primavera, muchos árboles han florecido ya.* ■ **de ~.** loc. adj. *Lit.* De ciencia ficción. *Se dedica a la literatura de anticipación.* ▶ ANTELACIÓN.

anticipadamente. adv. Con anticipación. *Se ha jubilado anticipadamente.*

anticipado. **por ~.** loc. adv. Con anticipación. *El billete se abonará por anticipado. Disfruto por anticipado de la broma que les voy a gastar.*

anticipar. tr. **1.** Hacer que (algo) suceda antes del tiempo previsto o del que corresponde. *Debido al calor, anticiparán quince días la apertura de la piscina. Han anticipado las elecciones. Van a anticipar la salida del libro* AL *día 5.* Tb. en constr. prnl. media. *El parto debía ser en diciembre, pero se ha anticipado. La llegada del tornado se anticipó* A *la fecha prevista por los meteorólogos.* **2.** Anunciar o comunicar (algo) antes del tiempo previsto o del que corresponde. *Les anticipo que la semana próxima tendremos como invitada a una famosa actriz.* **3.** Prever (algo), o ver(lo) con anticipación. *No pudo anticipar las terribles consecuencias de su decisión.* ○ intr. prnl. **4.** Adelantarse a alguien en una acción o un hecho. *Quería haberos invitado yo, pero María se ha anticipado. La competencia se anticipó a nuestra empresa* EN *la campaña de Navidad.* ▶ **1, 2:** ADELANTAR. **3:** PREVER. **4:** ADELANTARSE.

anticipatorio, ria. adj. Que anticipa o sirve para anticipar. *Convendría hacer un análisis anticipatorio de las necesidades de formación.*

anticipo. m. **1.** Hecho de anticipar. *Hay razones para un anticipo de la mayoría de edad de los 21* A *los 18 años.* **2.** Dinero que se da por anticipado. *Voy a solicitar un anticipo del sueldo.*

anticlerical. adj. Contrario al clero o a la Iglesia, o a su influencia en la vida civil. *Movimiento anticlerical.* Dicho de pers., tb. m. y f. *Los anticlericales reclamaban que el Estado se desvinculara de la Iglesia.*

anticlericalismo. m. Actitud o tendencia anticlericales. *Hay un anticlericalismo arraigado en partidos de izquierda.*

anticlímax. m. Momento o período de descenso de la tensión posteriores al clímax. Frec. en literatura o cine. *Si la victoria del protagonista constituye el* *clímax de la obra, las escenas siguientes suponen un anticlímax.*

anticlinal. adj. *Geol.* Dicho de plegamiento: Que tiene forma de "V" invertida. *Pliegues sinclinales y anticlinales.* Más frec. m. *En los anticlinales, las capas más modernas rodean a las más antiguas.*

anticolonial. adj. Anticolonialista. *Luchas anticoloniales.*

anticolonialista. adj. Opuesto al colonialismo. *El movimiento anticolonialista era cada vez más fuerte.* Dicho de pers., tb. m. y f. *Mucho debe nuestra independencia a los anticolonialistas.*

anticomunismo. m. Actitud o tendencia opuestas al comunismo. *Desde el gobierno conservador se fomenta el anticomunismo.*

anticomunista. adj. Opuesto al comunismo. *Durante la guerra fría crece el sentimiento anticomunista en Occidente.* Dicho de pers., tb. m. y f. *Es un anticomunista radical.*

anticoncepción. f. Hecho de impedir el embarazo. *La anticoncepción –uso del preservativo, píldora, etc.– es decisión de la pareja.* ▶ CONTRACEPCIÓN, CONTRACONCEPCIÓN.

anticonceptivo, va. adj. Que impide el embarazo. *Métodos anticonceptivos. Píldora anticonceptiva.* Dicho de medio, agente o producto, tb. m. *Para el control de natalidad se fomenta el uso de anticonceptivos.* ▶ CONTRACEPTIVO, CONTRACONCEPTIVO.

anticongelante. adj. **1.** Que impide la congelación. *Líquido anticongelante.* ● m. **2.** Producto anticongelante (→ 1) que se añade al agua de refrigeración de un motor. *Pon anticongelante en el depósito del agua antes de que lleguen las heladas.*

anticonstitucional. adj. Contrario a la Constitución o ley fundamental de un Estado. *Es anticonstitucional toda discriminación por sexo, raza, religión u opinión.*

anticorrosivo, va. adj. Que impide la corrosión de los metales. *Tratamiento anticorrosivo de vigas y barandillas. Material anticorrosivo.* Dicho de sustancia o producto, tb. m. *Un anticorrosivo para hierro y acero.*

anticorrupción. (pl. invar.). adj. Destinado a la lucha contra la corrupción moral, espec. en el ámbito político, económico o administrativo. *El fiscal anticorrupción investiga los presuntos sobornos a altos cargos. Leyes anticorrupción.*

anticristo. m. (Frec. en mayúsc.). *Rel.* En el cristianismo: Ser maligno que aparecerá antes de la segunda venida de Cristo para apartar a los cristianos de su fe. *Según la Biblia, el Anticristo llegará tras una época de guerras y epidemias.*

anticuado, da. part. **1.** → **anticuarse.** ● adj. **2.** Dicho de cosa: Que se ha pasado de moda o es propia de otra época. *Lleva unas gafas grandes y anticuadas. Casarse les parece una costumbre anticuada.* **3.** Dicho de persona: Que tiene ideas o costumbres anticuadas (→ 2). *Qué anticuada eres, mamá: los chicos ya no pagamos siempre la cuenta.* ▶ **2:** ANTIGUO, ARCAICO. **3:** ANTIGUO.

anticuarse. (conjug. ACTUAR). intr. prnl. Volverse anticuado. Frec. en part. *Cuando saqué el vestido después de tantos años, estaba anticuado. Me he quedado anticuada.*

anticuario, ria. m. y f. **1.** Persona que se dedica al comercio de antigüedades. *Compramos este escritorio del siglo XIX a un anticuario.* ○ m. **2.** Tienda en que se venden antigüedades. *El espejo estaba expuesto en un anticuario del barrio viejo.*

anticucho. m. Am. Trozo del corazón de la vaca, que, condimentado y ensartado en una varilla, se asa a la parrilla. *Las aceras estaban tomadas por vendedores de velas, estampitas, anticuchos* [C].

anticuerpo. m. *Biol.* Sustancia producida por un organismo animal como reacción de defensa ante la introducción de virus, bacterias u otras sustancias extrañas. *Al inyectar la vacuna, provocamos que el organismo genere anticuerpos. Anticuerpos del sida.*

antidemocrático, ca. adj. Contrario a la democracia. *Tachan de antidemocrática la actitud del alcalde.*

antideportivo, va. adj. Que carece de deportividad. *Merece la expulsión por conducta antideportiva. Equipo antideportivo.*

antidepresivo, va. adj. *Med.* Que combate la depresión. *Tratamiento antidepresivo.* Frec. m., referido a medicamento. *Mientras tome antidepresivos, no beba alcohol.*

antideslizante. adj. Que impide el deslizamiento. *El suelo es de material antideslizante para evitar caídas.*

antidisturbios. adj. Destinado a combatir disturbios callejeros. *Unidad antidisturbios.* Dicho de persona, tb. m. *Protegidos con escudos, los antidisturbios avanzan hacia los manifestantes.*

antídoto. m. **1.** Sustancia que contrarresta o anula los efectos de un veneno. *No hay antídoto* CONTRA *el veneno de esta serpiente.* **2.** Medio para evitar o prevenir algo negativo. *Transporte público: el antídoto* PARA *el problema del tráfico. Ha encontrado en el trabajo un antídoto* DE *su tristeza.* ▶ **1:** CONTRAVENENO.

antidroga. (pl. invar.). adj. Que trata de evitar el consumo o el tráfico de drogas. *El Ministerio de Sanidad lanza una campaña antidroga. Policías antidroga.*

antiemético, ca. adj. *Med.* Que detiene o sirve para detener el vómito. *El jengibre tiene efecto antiemético.* Frec. m., referido a sustancia o medicamento. *El médico de a bordo le administró un antiemético.*

antier. adv. frecAm. coloq. Anteayer. *Hoy es día de asueto, como fue el día de ayer y antier* [C].

antiespasmódico, ca. adj. *Med.* Que calma o cura los espasmos. *La manzanilla tiene propiedades antiespasmódicas.* Frec. m., referido a sustancia o medicamento. *Para el cólico, le recetaré un antiespasmódico.*

antiestático, ca. adj. Que impide la formación de electricidad estática. *Los bomberos llevan guantes de fibra antiestática.* Dicho de producto, tb. m. *Limpia la pantalla del ordenador con un antiestático.*

antiestético, ca. adj. **1.** Contrario a la estética. *Algunas corrientes modernas parecen tener una concepción antiestética del arte.* **2.** eufem. Feo o de mal gusto. *Con un poco de ejercicio eliminará esos antiestéticos michelines.*

antifascismo. m. Actitud o tendencia contrarias al fascismo. *Intelectual comprometida, se ha convertido en símbolo del antifascismo.*

antifascista. adj. Contrario al fascismo. *Manifestación antifascista.* Dicho de pers., tb. m. y f. *Los antifascistas organizaron el movimiento de resistencia contra Mussolini.*

antifaz. m. **1.** Pieza de tela, cartón u otro material, provista de agujeros para los ojos y empleada para cubrir la parte superior de la cara, espec. el contorno de los ojos. *Es carnaval y todos van con máscaras o antifaces.* **2.** Pieza en forma de antifaz (→ 1), pero sin agujeros, con que se cubren los ojos para evitar que les dé la luz. *Duerme con antifaz para no despertarse al amanecer.*

antífona. f. *Rel.* Texto breve, gralm. de la Biblia, que se canta o se reza antes y después de los salmos y de los cánticos en las horas canónicas. *El coro canta la antífona.*

antífrasis. f. *Lit.* Figura retórica que consiste en designar a una persona o una cosa con una voz o expresión que significan lo contrario. *Muestra de la ironía del autor son las abundantes antífrasis del texto.*

antigás. (pl. invar.). adj. Dicho de máscara o careta: Destinada a proteger de la acción de los gases tóxicos. *Ante el temor de un ataque químico, se han distribuido máscaras antigás.*

antigénico, ca. adj. **1.** *Biol.* Del antígeno. *Unas proteínas de enorme capacidad antigénica.* **2.** *Biol.* Que tiene carácter de antígeno. *La vacuna es un preparado antigénico que proporciona inmunidad ante determinadas enfermedades.*

antígeno. m. *Biol.* Sustancia que, introducida en un organismo animal, produce reacciones de defensa, como la formación de anticuerpos. *Los antígenos suelen ser proteínas. El antígeno de la hepatitis.*

antigripal. adj. Que combate la gripe. *Vacuna antigripal.* Frec. m., referido a medicamento. *Pide en la farmacia un antigripal.*

antigualla. f. **1.** despect. Cosa anticuada. *Te compras un vestido y en dos temporadas se ha convertido en una antigualla.* **2.** Cosa antigua o de otro tiempo. *Recorre ferias y almonedas en busca de antiguallas.* Frec. despect. *Con esa antigualla de coche no llegamos.*

antiguamente. adv. En el pasado o en tiempos remotos. *Antiguamente no había luz eléctrica.*

antigubernamental. adj. Contrario al gobierno constituido. *Fuerzas antigubernamentales han bombardeado posiciones del ejército.*

antigüedad. f. **1.** Cualidad de antiguo. *La muralla tiene doce siglos de antigüedad. La antigüedad de los hechos hace difícil su comprobación.* **2.** Tiempo antiguo o remoto. *En la antigüedad creían que la Tierra era el centro del Universo.* Tb. designa la Edad Antigua. *Con el declive de Roma, el último gran imperio de la Antigüedad, comienza la Edad Media.* Frec. para referirse a la época griega y romana, y, entonces, gralm. en mayúsc. y tb. ~ *clásica. Aristóteles es el gran filósofo de la Antigüedad clásica.* **3.** Objeto valioso por su antigüedad (→ 1). *El aparador es una antigüedad de gran valor. Tienda de antigüedades.* **4.** Tiempo que lleva alguien en un cargo o empleo. *Le darán a él el ascenso, porque tiene más antigüedad que yo.*

antiguo, gua. (sup. **antiquísimo**). adj. **1.** Que existe desde hace tiempo o desde hace mucho tiempo. *Los libros antiguos de la biblioteca no se prestan. Este antiquísimo puente data de época romana.* **2.** Que existió hace tiempo o hace mucho tiempo. *Sus antiguos miedos reaparecen. Estudia las costumbres de los antiguos egipcios. Han descubierto restos de antiquísimas civilizaciones.* **3.** Dicho de tiempo: Pasado, espec. muy lejano. *El origen de la alfarería se remonta a tiempos antiguos.* **4.** Antepuesto a un nombre: Que fue, pero ya no es, lo expresado por este. *El antiguo molino es hoy un restaurante. Reunión de antiguos alumnos.* **5.** Anticuado. *Sus ideas sobre educación se han quedado antiguas.* Dicho de pers., tb. m. y f. *Eres una antigua, ¡a ver cuándo renuevas tu vestuario!* **6.** Dicho de persona: Que lleva tiempo en un puesto o empleo. *Es el empleado más antiguo* EN *la empresa.* **7.** Dicho de lengua: Que se encuentra en un estadio primitivo de su evolución histórica. *Cuesta leer las obras en castellano antiguo.* ● m. pl. **8.** Personas que vivieron en épocas pasadas o remotas. *Como la zona era seca, los antiguos desarrollaron técnicas para transportar agua.* ■ **a la antigua.** loc. adv. Siguiendo las costumbres o usos de épocas pasadas. *Hace el café a la antigua, colándolo con una manga.* Tb. loc. adj. *Es un hombre a la antigua y no permite que paguen las mujeres.* ■ **de antiguo.** loc. adv. Desde hace mucho tiempo. *Muchas propiedades de las plantas se conocen de antiguo.* ▶ **2:** ARCAICO.

antihemorrágico, ca. adj. Que contiene o sirve para contener la hemorragia. *La vitamina K es antihemorrágica.* Frec. m., referido a sustancia o medicamento. *Si sangra mucho, le administrarán un antihemorrágico.*

antihéroe. m. Persona, espec. personaje de ficción, de cualidades opuestas a las propias de un héroe. *El protagonista es un antihéroe: un detective fracasado.*

antihigiénico, ca. adj. Contrario a la higiene. *Se quejan de las condiciones antihigiénicas de los vestuarios.*

antihistamínico, ca. adj. *Med.* Que limita la producción de histamina y contrarresta sus efectos, espec. en reacciones alérgicas. *Pomada antihistamínica.* Frec. m., referido a medicamento. *Toma antihistamínicos por su alergia al polen.*

antiimperialista. adj. Opuesto al imperialismo. *Mensajes antiimperialistas.* Dicho de pers., tb. m. y f. *Los antiimperialistas piden el cese del bloqueo económico a la isla.*

antiinflamatorio, ria. adj. *Med.* Que combate la inflamación. *La aspirina tiene propiedades antiinflamatorias.* Frec. m., referido a medicamento. *Para la artritis le han recetado un antiinflamatorio.*

antillano, na. adj. De las Antillas (archipiélago de América Central). *La isla antillana de Jamaica.* Dicho de pers., tb. m. y f. *Muchos antillanos se dedican al cultivo de la caña de azúcar.*

antílope. m. Mamífero rumiante de África y Asia, gralm. esbelto y veloz, con cuernos de forma y tamaño variables, del que existen varias especies, como la gacela y el ñu. *El antílope hembra. El impala es un antílope africano.*

antimafia. (pl. invar.). adj. Destinado a la lucha contra la mafia. *La operación antimafia concluyó con veinte detenciones. Jueces antimafia.*

antimateria. f. *Fís.* Materia compuesta de antipartículas. *Se ha logrado crear antimateria en los laboratorios de física de partículas.*

antimilitarismo. m. Actitud o tendencia contrarias al militarismo. *Las guerras hacen crecer el antimilitarismo entre la población.*

antimilitarista. adj. Contrario al militarismo. *Organizaciones antimilitaristas.* Dicho de pers., tb. m. y f. *Los antimilitaristas rechazan la intervención del ejército.*

antimisil. adj. Destinado a interceptar o destruir misiles. *Radar antimisil.* Dicho de misil, tb. m. *El tratado limita la instalación de baterías de antimisiles.*

antimonio. m. *Quím.* Elemento sólido, duro y quebradizo, de color blanco azulado, que se emplea en aleaciones para transmitir dureza (Símb. *Sb*). *Se pintaban los ojos con un cosmético de polvos de antimonio. Óxido de antimonio.*

antinatural. adj. Contrario a lo natural. *Con tanto ejercicio, los músculos se desarrollan de manera antinatural. Ella es muy educada, pero resulta antinatural.*

antiniebla. (pl. invar.). adj. Dicho de dispositivo luminoso: Destinado a combatir la falta de visibilidad causada por la niebla. *Con niebla densa, utilice la luz antiniebla trasera. Faros antiniebla.* Dicho de faro, tb. m. *En los extremos del parachoques van los antiniebla.*

antinomia. f. cult. Contradicción u oposición. *El hombre ha tratado de resolver la antinomia entre fe y razón.* Frec. en derecho. *Ante posibles antinomias, el tribunal decidirá qué ley es oportuno aplicar.*

antinómico, ca. adj. cult. Que implica antinomia. *Se debate entre los impulsos antinómicos del deber y el deseo.*

antinuclear. adj. **1.** Contrario al uso de la energía o de las armas nucleares. *Han organizado una manifestación antinuclear frente a la central.* **2.** Destinado a proteger de las armas nucleares. *En caso de guerra, el centro de mando se trasladaría a un búnker antinuclear.*

antioxidante. adj. Que evita la oxidación. *Algunas vitaminas tienen un efecto antioxidante.* Dicho de sustancia o producto, tb. m. *Las superficies metálicas se protegen de la corrosión con minio u otro antioxidante.*

antipapa. m. *Rel.* Papa elegido de manera ilegítima, en oposición al elegido canónicamente. *Algunos cardenales se rebelan contra el Pontífice eligiendo a un antipapa.*

antiparasitario, ria. adj. Que elimina o combate los organismos parásitos. *El gato lleva un collar antiparasitario.* Dicho de sustancia o producto, tb. m. *Da a su perro un antiparasitario contra los gusanos intestinales.*

antiparras. f. pl. coloq. Gafas o lentes. *Sin las antiparras no ve ni torta.*

antipartícula. f. *Fís.* Partícula elemental con una masa y una carga iguales que las de una partícula determinada, pero con propiedades eléctricas y magnéticas de sentido contrario. *El positrón, con carga eléctrica positiva, es la antipartícula del electrón.*

antipatía. f. **1.** Sentimiento de rechazo hacia alguien o algo. *Se tienen antipatía. Su antipatía* HACIA/POR *el autor le impide ser objetiva. Hay antipatía* ENTRE *las dos hinchadas. Tengo antipatía* A *las matemáticas.* **2.** Cualidad de antipático, espec. por falta de amabilidad. *No debería trabajar cara al público por su antipatía.* ▶ **1:** AVERSIÓN, MANÍA, OJERIZA.

antipático, ca. adj. Que causa antipatía o rechazo, espec. por falta de amabilidad. *Estuviste muy antipático con los invitados. Le toca la antipática tarea de comunicar los despidos.* Dicho de pers., tb. m. y f. *Eres un antipático, saluda al menos.* ▶ AGRIO, ARISCO, ÁSPERO, BRUSCO, HOSCO.

antipatriótico, ca. adj. Contrario al patriotismo. *Lo tachan de antipatriótico por criticar a su país. Conducta antipatriótica.*

antipirético, ca. adj. *Med.* Antitérmico (que combate la fiebre). Frec. m., referido a medicamento. *La aspirina es un antipirético.* ▶ *ANTITÉRMICO.

antípoda. m. y f. **1.** Respecto de una persona: Otra que habita en el lugar de la Tierra diametralmente opuesto. Gralm. en pl. *Los neozelandeses son los antípodas de los españoles.* ○ f. pl. (Tb. m. pl.). **2.** Respecto de un lugar: Otro que se encuentra en el punto de la Tierra diametralmente opuesto. *Los tenistas europeos viajarán a las antípodas para disputar el abierto de Australia.* Frec. con intención enfática, designando un lugar lejano. *Me dan ganas de irme a los antípodas y no volver.* **3.** Lugar no material, o posición, radicalmente opuestos a otro. Frec. en constr. como *estar en las,* o *los, ~s* de algo. *Este disco está en las antípodas de sus primeros trabajos. Sus ideas políticas se hallan en los antípodas de las nuestras.* ● adj. **4.** Opuesto o contrario. *Cuántas veces la realidad y el deseo tienen referentes antípodas. El comunismo era el sistema antípoda* DEL *capitalismo.* Dicho de pers., tb. m. y f. *Si un hermano era optimista y alegre, el otro era su antípoda: pesimista y tristón.*

antiquísimo, ma. → **antiguo.**

antirrábico, ca. adj. *Med.* Dicho espec. de vacuna: Que sirve para prevenir la rabia. *Hay que poner al gato la vacuna antirrábica.*

antirreglamentario, ria. adj. Dicho de cosa: Contraria al reglamento. *La causa del accidente ha sido un adelantamiento antirreglamentario.*

antirrobo. (pl. invar.). adj. Dicho de sistema o aparato. Destinado a evitar el robo. *Para desconectar el sistema antirrobo hay que pulsar un botón.* Tb. m. *Al sacar la llave, se activa el antirrobo del coche.*

antisemita. adj. Contrario a los judíos. *Aparecían pintadas antisemitas en los comercios judíos.* Dicho de pers., tb. m. y f. *Es un conocido antisemita.*

antisemitismo. m. Actitud o tendencia antisemitas. *En la España medieval se producen brotes de antisemitismo.*

antisepsia. f. *Med.* Conjunto de procedimientos destinados a impedir o combatir las infecciones destruyendo los microbios que las causan. *El cirujano debe aplicar rigurosas medidas de antisepsia.*

antiséptico, ca. adj. *Med.* Destinado a impedir o combatir las infecciones. *Productos antisépticos.* Frec. m., referido a medicamento. *Limpie la herida con un antiséptico.*

antisocial. adj. **1.** Contrario a la sociedad o a las normas sociales. *El fraude al fisco es una actividad antisocial.* **2.** Contrario a los intereses de las clases sociales menos favorecidas. *Sería antisocial una congelación de los salarios.* ● m. **3.** Am. Delincuente. *La detención de los tres antisociales podría derivar en el esclarecimiento de varios robos* [C].

antisubmarino, na. adj. *Mil.* Destinado a la defensa y ataque contra submarinos. *El buque está equipado con torpedos antisubmarinos.*

antitabaco. (pl. invar.). adj. Contrario al consumo de tabaco. *Preparan una campaña antitabaco destinada a los jóvenes. Normas antitabaco.*

antitanque. adj. *Mil.* Destinado a combatir a los tanques. *Una granada antitanque destruyó el carro blindado. Misiles antitanques.* ▶ ANTICARRO.

antitérmico, ca. adj. **1.** Que aísla del calor. *La zona contigua al horno tiene revestimiento antitérmico.* **2.** *Med.* Que combate la fiebre. *Un baño frío puede tener un efecto antitérmico.* Frec. m., referido a medicamento. *Si la fiebre sube de 38°, tome este antitérmico.* ▶ **2:** ANTIPIRÉTICO, FEBRÍFUGO.

antiterrorista. adj. **1.** Que tiene como objetivo combatir el terrorismo. *Los partidos firmarán un pacto antiterrorista.* **2.** Contrario al terrorismo. *Casi todos los países mantienen una postura antiterrorista.*

antítesis. f. Persona o cosa completamente opuestas a otra. *Es un charlatán; la antítesis de su hermano, que no habla nada. Para los vecinos, el nuevo edificio es la antítesis del buen gusto.*

antitetánico, ca. adj. *Med.* Que combate o previene el tétanos. *Inyección antitetánica.* Frec. f., referido a vacuna. *Se ha pinchado con un alambre oxidado y le han puesto la antitetánica.*

antitético, ca. adj. **1.** Dicho de persona o cosa: Completamente opuesta a otra. *"Claro" es el adjetivo antitético* DE *"oscuro". El ideario republicano era antitético* AL *monárquico. Somos antitéticos en casi todo.* **2.** Que manifiesta o implica oposición. *En el poema abundan expresiones antitéticas como "ardiente nieve".*

antitumoral. adj. *Med.* Eficaz contra los tumores. *Fármaco antitumoral.*

antiviral. adj. *Med.* Antivírico. *Tratamiento antiviral.* Frec. m., referido a medicamento. *Un antiviral contra la hepatitis.*

antivírico, ca. adj. *Med.* Que combate el desarrollo de los virus. *Agente antivírico.* Frec. m., referido a medicamento. *Los herpes se tratan con antivíricos.*

antivirus. adj. *Inform.* Dicho de programa: Destinado a detectar la presencia de virus y a eliminarlos. *El programa antivirus se ejecuta al arrancar el ordenador.* Tb. m. *Le aconsejo que pase el antivirus a los mensajes de correo.*

antojadizo, za. adj. Dicho de persona: Que tiene antojos o caprichos con frecuencia. *La gran diva tiene fama de antojadiza.* ▶ CAPRICHOSO.

antojarse. intr. prnl. **1.** Hacerse algo objeto de intenso deseo para alguien, espec. por capricho. *Se le han antojado unas zapatillas. Se le antojó comer en la terraza.* **2.** Seguido de un adjetivo o un nombre: Parecerle a alguien que algo es lo expresado por ellos. *Se me antoja innecesario hacerlo.* **3.** Seguido de un infinitivo o de una oración introducida por *que:* Parecerle a alguien lo expresado por ellos. *Se me antoja que va a llover.*

antojitos. m. pl. Am. Aperitivo o tapa. *Los antojitos son perfectos para picar y acompañar un trago* [C]. ▶ *APERITIVO.

antojo. m. **1.** Deseo intenso y pasajero, espec. si es poco razonable. *Dice que quiere estudiar periodismo, pero no sé si será un antojo.* Frec. referido al propio de las embarazadas. *Durante el embarazo, solía tener antojo de helado de fresa.* **2.** coloq. Lunar o mancha en la piel que suele atribuirse a un antojo (→ 1) de la madre no satisfecho durante el embarazo. *Tiene un antojo en el brazo izquierdo.* ■ **al ~** (de alguien). loc. adv. Según la libre voluntad (de él). *La sociedad era manipulada al antojo de sus gobernantes. Dispón del coche a tu antojo.* ▶ **1:** CAPRICHO.

antología. f. En literatura, música u otras artes: Colección de fragmentos o de obras escogidas, gralm. de varios autores. *La discográfica prepara una antología del bolero. Antología de poetas renacentistas.* Tb. fig. *La frase podría figurar en una antología del disparate.* ■ **de ~.** loc. adj. Excelente o digno de ser destacado. *Cuenta unos chistes de antología.*

antológico, ca. adj. **1.** De la antología. *No se trata de una recopilación exhaustiva, sino de carácter antológico.* **2.** Que tiene carácter de antología. *Hoy se inaugura la exposición antológica de Dalí.* Dicho de exposición, tb. f. *Una antológica de pintores abstractos.* **3.** Excelente o digno de ser destacado. *Dio un concierto antológico.*

antólogo, ga. m. y f. Persona que hace una antología. *Estos son, a juicio del antólogo, los poemas más representativos de la Generación del 27.*

antonimia. f. *Ling.* Condición de antónimo. *Entre los términos "mortal" e "inmortal" existe una relación de antonimia.*

antónimo, ma. adj. *Ling.* Dicho de palabra o expresión: Que tiene significado opuesto al de otra. *"Alto" y "bajo" son palabras antónimas.* Tb. m. *El antónimo de "entrar" es "salir".*

antonomasia. f. *Lit.* Figura retórica que consiste en emplear el apelativo o el calificativo en lugar del nombre propio, o viceversa, para designar a una persona o cosa. *Llamar a Roma "la ciudad eterna" es una antonomasia.* ■ **por ~.** loc. adv. Aplicando el nombre que se expresa a la persona o cosa en cuestión con más propiedad que a cualquier otra que pudiera llevarlo. Tb. loc. adj. *Las Vegas es la ciudad del juego por antonomasia. Hitler pasó a ser el dictador por antonomasia.*

antorcha. f. Utensilio para alumbrar consistente en un trozo alargado de madera u otro material que, impregnado en materia combustible, arde por un extremo y puede agarrarse con la mano por el otro. *En el castillo se iluminaban con antorchas.* Tb. fig. *Su figura ha sido una antorcha para decenas de discípulos.*

antozoo. adj. **1.** *Zool.* Del grupo de los antozoos (→ 2). *Animal antozoo.* ● m. **2.** *Zool.* Animal acuático con cuerpo en forma de tubo y boca rodeada de tentáculos que vive, solo o en colonias, adherido al fondo del mar, como la anémona y el coral.

antracita. f. Carbón mineral negro y brillante, que arde lentamente, desprendiendo mucho calor y poco humo, y se emplea como combustible. *Minas de antracita y hulla.*

ántrax. m. **1.** *Med.* Inflamación dura y dolorosa con acumulación de pus, que se presenta concentrada en zonas de la piel. *El ántrax lo causa generalmente un estafilococo.* **2.** *Med.* Carbunco. Tb. *~ maligno. Los granjeros contrajeron el ántrax maligno de vacas enfermas.*

antro. m. **1.** despect. Local o vivienda de mal aspecto. *No sé cómo pueden vivir en ese antro, rodeados de mugre.* **2.** coloq., despect. Establecimiento público oscuro o de mal aspecto y frec. con mala reputación. *Terminaron la juerga en un antro que abría hasta el amanecer.*

antropo-. elem. compos. Significa 'hombre, ser humano'. *Antropofobia, antropometría.*

antropocéntrico, ca. adj. *Fil.* Del antropocentrismo. *El renacentista tiene una concepción antropocéntrica del universo.*

antropocentrismo. m. *Fil.* Teoría que considera al hombre como el centro de referencia del universo. *La Ilustración recupera el antropocentrismo clásico.* Tb. la actitud correspondiente. *El antropocentrismo del hombre le impide creer que existan seres más inteligentes que él.*

antropofagia. f. cult. Hecho de comer las personas carne humana. *De no recurrir a la antropofagia,* *los náufragos habrían muerto de hambre.* Tb. la costumbre alimentaria correspondiente. Se usa espec. en antropología. *Cuentan los cronistas que entre los indígenas existía la antropofagia.*

antropófago, ga. adj. cult. Dicho de persona: Que come carne humana. Tb. m. y f. Se usa espec. en antropología. *Una tribu de antropófagos.*

antropoide. adj. *Zool.* Dicho de animal, espec. de primate: De características morfológicas semejantes a las del hombre. Tb. m. *Los antropólogos investigan cómo los antropoides se hicieron bípedos.*

antropología. f. Estudio científico del ser humano en sus aspectos biológicos y sociales. *La paleontología y la antropología van arrojando luz sobre el hombre primitivo. Antropología social.*

antropológico, ca. adj. De la antropología. *Es interesante el análisis antropológico de cómo interaccionan las culturas en contacto.*

antropólogo, ga. m. y f. Especialista o titulado en antropología. *El antropólogo vivió en la selva amazónica para estudiar las costumbres de los indios.*

antropométrico, ca. adj. *tecn.* De las medidas y proporciones del cuerpo humano. *La policía tiene una ficha antropométrica de cada delincuente.*

antropomórfico, ca. adj. Del antropomorfismo. *Muchas religiones tenían una concepción antropomórfica de sus dioses.*

antropomorfismo. m. Tendencia a atribuir cualidades o rasgos humanos a las cosas o a otros seres. *El antropomorfismo es común en las fábulas.*

antropomorfo, fa. adj. **1.** De forma o apariencia humanas. *En la cueva hay pinturas de figuras antropomorfas.* **2.** *Zool.* Del grupo de los antropomorfos (→ 3). *Mono antropomorfo.* ● m. **3.** *Zool.* Mono que carece de cola y tiene ciertas semejanzas morfológicas con el hombre, como el chimpancé, el gorila y el orangután.

antropónimo. m. *Ling.* Nombre propio de persona. *"Margarita" se escribe con mayúscula cuando es un antropónimo.*

antropopiteco. m. *Antropol.* Pitecántropo. *Consideran al antropopiteco como el antecesor del hombre.*

anual. adj. **1.** Que sucede cada año o corresponde a cada año. *Se convoca a los accionistas para la junta general anual. En la fábrica se producen mil toneladas anuales de envases. Esta cuenta dará un interés anual del 4%.* **2.** Que dura un año. *La suscripción anual da derecho a doce números y dos suplementos.* **3.** *Bot.* Dicho de planta: Que completa su ciclo vital en un año, como el girasol o la amapola. *En el plazo de un año, la planta anual germina, florece, da semillas y muere.*

anualidad. f. Cantidad de dinero que se paga o se cobra de manera periódica una vez al año. *El préstamo, de seis millones, será amortizado en seis anualidades de un millón cada una.*

anualizado, da. adj. *Econ.* Dicho de valor: Calculado para períodos de menos de un año sobre la base aplicable a un año completo. *La industria del automóvil ha registrado en el primer trimestre un crecimiento anualizado del 1%.*

anualmente. adv. Cada año. *La pensión se actualiza anualmente.*

anuario. m. Publicación que aparece una vez al año, espec. la que, con carácter de guía, recopila información y datos de utilidad para determinados profesionales. *Descienden los casos de sida, según el anuario del Colegio de Médicos.* ▶ ALMANAQUE.

anubarrado, da. adj. Cubierto de nubes. *El cielo anubarrado anuncia tormenta.*

anudar. tr. **1.** Hacer uno o más nudos (en algo flexible y gralm. alargado). *Cubrió la herida con un pañuelo y lo anudó.* **2.** Unir (dos hilos o cuerdas u otras cosas semejantes) mediante uno o más nudos. *¿Me anudas las cintas del delantal a la espalda?*

anuencia. f. cult. Consentimiento o conformidad. *Se ha tomado la decisión con la anuencia del claustro de profesores.*

anulación. f. Hecho de anular. *Hay que llamar al hotel para la anulación de la reserva. Ha solicitado a la Iglesia la anulación de su primer matrimonio.*

anular^1. adj. **1.** De anillo. *Una red de carreteras de forma anular rodea la ciudad.* **2.** De forma de anillo. *Cuando la piedra se hunde en el río, se forman en la superficie ondas anulares.* ● m. **3.** Dedo anular (→ **dedo**). *Lleva la alianza en el anular.*

anular^2. tr. **1.** Dejar nula o sin efecto (una cosa). *Si le roban la tarjeta de crédito, llame al banco y anúlela. El tribunal anuló la sentencia.* **2.** Suspender (algo anunciado o proyectado). *Han anulado veinte vuelos a causa de la huelga.* **3.** Quitar (a alguien) su capacidad o su poder para hacer algo. *La desesperación la anula y no es capaz de hacer nada. Los anula a todos con su fuerte personalidad.*

anunciación. f. Hecho de anunciar. Frec., en mayúsc., designa el que hizo el Arcángel San Gabriel a la Virgen del misterio de la Encarnación. *El cuadro representa la Anunciación.*

anunciador, ra. adj. Que anuncia o sirve para anunciar. *Se ha presentado el cartel anunciador de las fiestas. El ángel anunciador.*

anunciante. adj. **1.** Que anuncia. *Suenan los tambores anunciantes del salto mortal.* **2.** Que contrata la difusión de un anuncio, espec. publicitario. *La empresa anunciante patrocina el programa.* Más frec. m. y f. *Es triste que un periódico tenga que cerrar por falta de anunciantes.*

anunciar. (conjug. ANUNCIAR). tr. **1.** Hacer que (algo, espec. un hecho futuro) se conozca o se sepa. *Les anunciamos que este tren no para en San Juan. Han anunciado a los vecinos que deben desalojar la casa. El jugador anunciará su retirada.* **2.** Dar publicidad (a alguien o algo) con fines comerciales. *El cantante sale en televisión anunciando una marca de refrescos.* **3.** Anunciar (→ 1) que (alguien o algo) llegarán o se presentarán muy pronto. *Han anunciado chubascos para mañana. Las luces que adornan las calles anuncian la Navidad.*

anuncio. m. **1.** Hecho o efecto de anunciar. *Las protestas se han disparado tras el anuncio de una nueva subida de precios. Los servicios de emergencia se preparan ante el anuncio del temporal.* Tb. el texto en que se anuncia algo. *He leído el anuncio de su nombramiento en el Boletín Oficial.* **2.** Conjunto de palabras, imágenes o signos con que se anuncia algo o se hace publicidad de ello. *En el anuncio de colchones se ve a un hombre durmiendo sobre una nube.* ▶ **2:** *SPOT.* ‖ **Am: 2:** AVISO, COMERCIAL.

anuro. adj. **1.** *Zool.* Del grupo de los anuros (→ 1). *Anfibios anuros.* ● m. **2.** *Zool.* Anfibio que en estado adulto no tiene cola, como la rana y el sapo.

anverso. m. En una cosa con dos caras: Cara frontal o principal, espec. la que en una moneda o en una medalla lleva grabado el busto de una persona. *La moneda lleva la efigie del rey en el anverso y el escudo en el reverso. En el anverso de la ficha policial hay una foto del delincuente.* ▶ CARA.

anzuelo. m. **1.** Gancho metálico pequeño, con una o varias puntas, que, colgado de un hilo y provisto de cebo, sirve para pescar. *Puso un trocito de carne en el anzuelo y lo echó al agua.* **2.** Persona o cosa que sirven para atraer con engaño. *La oferta de "dos por uno" es un anzuelo para potenciales compradores.* ■ **picar,** o **morder,** (**en**) **el ~,** o **tragar**(**se**) **el ~.** loc. v. coloq. Caer en el engaño. *El timador espera que algún primo pique en el anzuelo. Muchos muerden el anzuelo de estos falsos sanadores.*

añada. f. Cosecha anual, espec. la de vino. *Excelente vino, fruto de la excepcional añada de 1978. Ha habido buena añada de patatas.* Tb. el año de esa cosecha. *En la etiqueta figuran la añada y la denominación de origen del vino.*

añadido[1]. m. Hecho de añadir. *Va a ampliar el texto mediante el añadido de un epílogo.*

añadido[2], da. part. **1.** → **añadir.** ● m. **2.** Cosa añadida (→ 1). *El edificio antiguo tiene ahora varios añadidos. Quítale a la sopa todos los añadidos que no figuren en la receta.* ▶ **2:** AÑADIDURA.

añadidura. f. **1.** Hecho de añadir. *Diferentes arquitectos han ido haciendo añadiduras a la obra original.* **2.** Cosa añadida. *Al revisar el texto, he visto tus añadiduras y me parecen adecuadas.* ■ **por ~.** loc. adv. Además. *He tenido que hacer la comida y, por añadidura, limpiar la casa.* ▶ **2:** AÑADIDO.

añadir. tr. Unir (una persona o cosa) a otra haciendo que formen un conjunto. *Ante el aumento de pedidos, tuvo que añadir varios obreros a la plantilla. Se sofríe todo y se le añade sal. Si está salado, añade agua.* Tb. en constr. prnl. media. *A estas circunstancias se añade ahora la crisis ministerial.*

añagaza. f. Trampa para atraer o engañar. *Utiliza todo tipo de añagazas para no pagar impuestos.*

añejo, ja. adj. **1.** Dicho de producto, espec. de vino: Que tiene uno o más años. *Se recomienda servir el vino añejo después del joven. Ron añejo. Tocino añejo.* **2.** Antiguo o viejo. *Las romerías son tradiciones añejas. Pertenece a una añeja familia aristocrática.*

añicos. m. pl. Trozos pequeños en que se divide algo al romperse. *Aún quedan añicos del jarrón por el suelo.* Frec. con *hacer. Se me cayó el plato y se hizo añicos.* Tb. fig. *El escándalo ha hecho añicos su imagen pública.* ▶ *PARTE.

añil. m. **1.** Sustancia de color azul intenso que se emplea como colorante y para blanquear la ropa. *Las sábanas recién lavadas olían a añil.* **2.** Color azul como el del añil (→ 1). Tb. adj., gralm. siguiendo a *azul. Paredes pintadas de azul añil. Cielo añil.* ▶ ÍNDIGO.

año. m. **1.** Tiempo que tarda la Tierra en dar una vuelta alrededor del Sol, equivalente a 365 días y aproximadamente 6 horas. *Dentro de un año, la Tierra volverá a estar en la misma posición que ahora.* **2.** Período de doce meses, a contar desde el día 1 de enero hasta el 31 de diciembre. *A principios del próximo año, en enero, cambiará de trabajo.* **3.** Período de doce meses, a contar desde un día cualquiera. *Se casaron dos años después de conocerse.* **4.** Curso académico. *Esta asignatura se da en el segundo año de bachillerato.* Tb. *~ académico,* o *escolar. El año escolar comienza a mediados de septiembre. Año académico 1995-96.* **5.** Año (→ 1) de existencia de alguien o algo. *Ya tienes quince años. La casa tiene más de cien años. No es frecuente que un niño de sus años sepa leer.* ■ **~ bisiesto.** m. Año (→ 1) de 366 días, en que el mes de febrero tiene 29 días. *Cada cuatro años hay un año bisiesto.* ⇒ BISIESTO. ■ **~ de gracia.** m. Año (→ 2) de la era cristiana. *El hecho sucedió el año de gracia de 1976.* ■ **~ litúrgico,** o **eclesiástico.** m. Año (→ 3) que rige las solemnidades de la Iglesia y empieza en el primer domingo de Adviento. *La fiesta de la Epifanía es una de las más solemnes del año litúrgico.* ■ **~ luz.** m. *Fís.* Unidad de longitud que equivale a la distancia que recorre la luz en el vacío en un año. *La Osa Mayor está a veinte años luz de la Tierra.* ■ **~ nuevo.** m. **1.** Año (→ 2) que está a punto de empezar o que ha empezado recientemente. *Me llamó mi madre para felicitarme el año nuevo.* **2.** (Frec. en mayúsc.). Primer día del año (→ 2). *En Año Nuevo vamos todos a comer a casa de los abuelos.* Tb. *día de ~ nuevo. El día de Año Nuevo hay pocos coches por las calles.* ■ **~ sabático.** m. Año (→ 4) de licencia con sueldo que algunas instituciones docentes e investigadoras conceden a su personal cada cierto tiempo. *El catedrático aprovechará el año sabático para proseguir su investigación.* ⇒ SABÁTICO. ■ **~ santo.** m. *Rel.* Año (→ 2) de jubileo. *Visitaron Roma con ocasión del año santo. El año santo compostelano se celebra siempre que la fiesta de Santiago cae en domingo.* □ **a ~s luz.** loc. adv. A gran distancia. Se usa para destacar la diferencia que hay entre dos términos comparados. *A pesar del éxito, estamos a años luz* DE *los campeones. Jaime y Elena no se parecen nada: están a años luz.* ■ **de buen ~.** loc. adj. coloq. Dicho de persona: Gorda. *La conocí muy delgada, pero ahora está de buen año.* ■ **echársele** (a alguien) **los ~s encima.** loc. v. Envejecer de golpe (esa persona). *A María se le han echado los años encima con la enfermedad de su marido.* ■ **el ~ de la nana,** o **de la pera,** o **de la polca.** loc. s. coloq. Una época muy remota. Frec. con intención enfática. *Tiene una máquina de escribir del año de la nana. Ese abrigo lleva ahí desde el año de la pera. Es un libro publicado en el año de la polca.* ■ **entrado en ~s.** loc. adj. De edad avanzada. *A pesar de ser una mujer entrada en años, lleva una vida muy activa.* ■ **los ~s.** loc. s. Seguido de un número de decena, designa la década del siglo del que se habla. *Los felices años veinte. En los años setenta empieza la transición española.* ▶ **5:** ABRILES, EDAD, PRIMAVERA.

añojo, ja. m. y f. **1.** Becerro o cordero de un año. *Los principiantes torearon una becerrada con añojos.* ○ m. **2.** Carne de añojo (→ 1). *Para el guiso llévate añojo, que sale muy tierno.*

añoranza. f. **1.** Hecho de añorar. *La añoranza de sus hijos se le hace insoportable.* **2.** Sentimiento de pena causado por el recuerdo de alguien o algo queridos que no están o que se han perdido. *Recuerda su tierra natal con añoranza.*

añorar. tr. Recordar con pena (algo o a alguien muy queridos que no están o que se han perdido). *Veinte años en el piso y aún añora su casa del pueblo. Lo que más añoraba de mi país era a los amigos.*

añoso, sa. adj. De muchos años. *Un bosque de árboles añosos cubre la ladera.*

añublo. m. Hongo parásito que ataca los cereales, formando manchas negruzcas. *Si el añublo se extiende por la plantación, arruinará el maíz.*

aorta. f. *Anat.* Arteria principal que conduce la sangre oxigenada desde el corazón al resto del cuerpo. *Padece problemas cardíacos asociados a una lesión de la aorta.*

aovado, da. adj. De forma de huevo. *El niño nació con la cabeza aovada.*

apabullamiento. m. coloq. Hecho de apabullar. *Estoy harta de su apabullamiento.*

apabullante. adj. coloq. Que apabulla. *La oferta de productos es tan apabullante que cuesta elegir. Cuando habla de su especialidad, resulta apabullante.* Frec. con intención enfática. *Una derrota apabullante.*

apabullar. tr. coloq. Hacer una persona que se muestra superior o una cosa de características poco corrientes que (alguien) sienta confusión o desconcierto ante ellas. *No dejes que te apabulle con sus fanfarronadas. Las dimensiones del edificio apabullan al visitante.*

apacentar. (conjug. ACERTAR). tr. **1.** Proporcionar pasto (al ganado), conduciéndo(lo) a los lugares adecuados y vigilándo(lo) mientras pasta. *Un pastor apacienta las ovejas a las afueras del pueblo.* ○ intr. **2.** Pacer el ganado. *Vimos un rebaño de cabras apacentando en la ladera.* Tb. prnl. *Las vacas se apacentaban en el prado.* ▶ **2:** *PACER.

apache. adj. De un pueblo indio, nómada y belicoso, que habitaba al suroeste de Norteamérica. *Territorio apache.* Dicho de pers., tb. m. y f. *Los apaches lucharon contra las tropas estadounidenses.*

apachurrar. tr. frecAm. coloq. Espachurrar (algo o a alguien). *Metió las manos a la bolsa para tocar la cajetilla y apachurrarla* [C]. *Se metió en la cama, apachurró a Paloma* [C].

apacibilidad. f. Cualidad de apacible. *Añora la apacibilidad de las tardes veraniegas.*

apacible. adj. **1.** Dicho de persona: Dulce y agradable en el trato o en la forma de ser. *Las gentes de la comarca son apacibles y hospitalarias.* **2.** Dicho de cosa: Agradable, espec. por su tranquilidad o su suavidad. *Del mar sopla una brisa apacible.* ▶ **2:** *TRANQUILO.

apaciguador, ra. adj. Que apacigua. *Es hombre dialogante y apaciguador. De nada servían los gestos apaciguadores del moderador.*

apaciguamiento. m. Hecho de apaciguar o apaciguarse. *La intervención internacional ha sido esencial para el apaciguamiento de la zona.*

apaciguar. (conjug. AVERIGUAR). tr. **1.** Poner paz (entre dos o más personas que estaban en conflicto). *Tras apaciguarlas, intentó que se dieran un abrazo.* **2.** Hacer que (alguien o algo) recuperen la paz o la calma. *Está furioso, trata de apaciguarlo. La noticia de que pagarán los atrasos ha apaciguado un poco los ánimos.* Tb. en constr. prnl. media. *Al ver a su amo, el perro se apaciguó y dejó de ladrar.*

apadrinamiento. m. Hecho de apadrinar o proteger. *Publicará su primera novela gracias al apadrinamiento de un famoso escritor.*

apadrinar. tr. **1.** Hacer de padrino (de alguien o algo). *Voy a apadrinar a mi sobrino en su bautizo. El hermano de la novia apadrinó la boda. Un ilustre torero apadrinará su alternativa en Madrid.* **2.** Proteger o favorecer (algo o a alguien). *Apadrina un proyecto de ayuda a países de África.*

apagado, da. part. **1.** → **apagar.** ● adj. **2.** Dicho espec. de color o sonido: Poco vivo o poco intenso. *Lleva una camisa de un azul apagado. Un lamento apagado se oía a través de la pared.* **3.** Que tiene poca vitalidad o viveza. *Es su cumpleaños, pero él está apagado y silencioso. Tiene la mirada apagada.*

apagar. tr. **1.** Hacer que deje de arder o lucir (el fuego o la luz, o algo que arde o luce). *Cuando salgan, apaguen la luz. Antes de dejar el campamento, apagamos el fuego. Apagaron las llamas con un extintor. Todos apagaron sus cigarrillos. Apaga la lámpara.* Tb. usado en constr. intr. *Apaga ya, que quiero dormir.* Tb. en constr. prnl. media. *Durante la noche se apagó la fogata. Cuando se apagaron las luces, la gente gritó asustada. Las farolas se apagan al amanecer.* **2.** Interrumpir el funcionamiento (de un aparato) desconectándo(lo) de su fuente de energía. *Apagó el vídeo con el mando a distancia.* Tb. usado en constr. intr. *Como no estáis viendo la película, voy a apagar.* Tb. en constr. prnl. media. *Se ha ido la luz y se han apagado los ordenadores.* **3.** Hacer que disminuya la intensidad o la fuerza (de algo). *Los duros castigos no lograron apagar su rebeldía. Las persianas apagaban los ruidos de la calle.* Tb. en constr. prnl. media. *Con el tiempo, se fue apagando su entusiasmo. Después de varios lavados, los colores de la ropa se apagan.* **4.** Echar agua (a la cal viva) para que pueda emplearse. *Para usar la cal debes apagarla con agua. La cal viva se transforma en apagada por efecto del agua.* ■ **apaga y vámonos.** expr. Se usa para expresar la imposibilidad o inutilidad de hacer nada más en las circunstancias aludidas. *Si no estás dispuesto a colaborar, apaga y vámonos.*

apagavelas. m. Instrumento para apagar velas consistente en un pequeño cono metálico con una varilla a modo de mango. *El sacristán apagaba los cirios que estaban más altos con un apagavelas.*

apagón. m. Interrupción brusca y pasajera del suministro de energía eléctrica. *Aquí tienes velas por si hay un apagón.* Tb. fig. para designar la interrupción de una actividad. *Hay tantas limitaciones a la prensa que se habla de apagón informativo.*

apaisado, da. adj. Dicho de objeto de forma rectangular: Más ancho que alto. *Cuadro apaisado. Ventana apaisada.*

apalabrar. tr. Acordar o pactar (algo) de palabra. *He apalabrado el precio del coche con el comprador. Propietario e inquilino apalabraron un contrato.*

apalancamiento. m. Hecho de apalancar o apalancarse. *Los ladrones se introducen en la vivienda mediante el apalancamiento de alguna ventana. Critican el apalancamiento del presidente en el poder.*

apalancar. tr. **1.** Mover o abrir (algo) con una palanca. *Los bomberos tuvieron que apalancar la puerta para rescatarnos.* ○ intr. prnl. **2.** coloq. Acomodarse en un sitio sin querer moverse de él. *Se apalanca delante la tele durante horas.*

apaleamiento. m. Hecho de apalear. *Hay varios detenidos por el apaleamiento de un joven en la calle.*

apalear. tr. Dar golpes (a alguien o algo) con un palo o algo parecido. *Un grupo de encapuchados apaleó y pateó al hombre. Con los ojos vendados, los niños intentan apalear la piñata.*

apantallar. tr. Am. Impresionar (a alguien) o deslumbrar(lo). *Esa novedad sirve sobre todo para apantallar a la prensa y al gran público* [C]. ▶ *ASOMBRAR.

apañado, da. part. **1.** → **apañar.** ● adj. **2.** coloq. Hábil o mañoso. *Es más apañada que yo para la cos-*

tura. **3.** coloq. Adecuado para aquello a lo que se destina. *No necesito otro bolso; este es muy apañado para ir al trabajo.*

apañar. tr. **1.** coloq. Hacer que (alguien o algo) queden en el estado deseado o conveniente. *Apaña un poco al niño, que está sucio. Ha apañado el tubo de escape para que la moto corra más.* **2.** coloq. Alterar o modificar (algo) con engaño o disimulo. *Apañaron el resultado de las elecciones.* **3.** coloq. Reparar o arreglar (algo estropeado). *El palo de la fregona se ha salido, ¿me lo apañas?* **4.** coloq. Se usa en constr. como *estar,* o *ir,* alguien *apañado,* para expresar que esa persona está muy equivocada o se encuentra en una situación complicada. *Como no consigamos dinero pronto, estamos apañados. Si esperas que los demás te resuelvan la vida, vas apañado.* ○ intr. prnl. **5.** coloq. Tener habilidad o destreza para algo. *No me apaño* A *comer los espaguetis con el tenedor. Prefiere hacer la cuenta a mano: con la calculadora no se apaña.* ■ **apañárselas.** loc. v. coloq. Encontrar la manera de salir adelante o de conseguir algo. *Por un día, podemos apañárnoslas sin aceite. No sé cómo nos las apañaremos* PARA *terminar el trabajo con tan poco personal.*

apaño. m. **1.** coloq. Hecho o efecto de apañar o apañarse. *No tenía rueda de repuesto e hicimos un apaño para llegar al taller. He pegado el azucarero, pero el apaño se nota mucho.* **2.** coloq. Relación amorosa, espec. si es ilícita. *Tiene un apaño con una mujer casada.* Tb. la persona con la que se tiene la relación. *Le puso un piso a su apaño para verse a escondidas.*

apapachar. tr. Am. coloq. Dar apapachos (a alguien o algo). *Le dio por poseer toda clase de animales a los que apapachaba y hacía versos* [C].

apapacho. m. Am. coloq. Mimo o caricia. *Se la vive de casa en casa en busca de los apapachos que los suyos no le hacen* [C].

aparador. m. Mueble con puertas, cajones y tablero superior a modo de mesa, donde se tiene lo necesario para el servicio de comedor. *Saca el mantel del aparador y pon la mesa.*

aparato. m. **1.** Conjunto organizado de piezas que cumple una función determinada. *Pido a los oyentes que apaguen su aparato receptor cuando nos llamen. Se ha comprado un aparato para hacer la pasta en casa. En la carrera participan todo tipo de aparatos voladores. El pequeño lleva un aparato en los dientes.* **2.** Conjunto de personas o de cosas preparadas para un fin. *El aparato escénico de una obra musical es muy costoso.* **3.** Conjunto de personas que dirigen una organización política o sindical. *El aparato del partido apoya la decisión del presidente.* **4.** Conjunto de truenos y relámpagos que acompañan a una tormenta. Frec. ~ *eléctrico. Hubo una tormenta con mucho aparato eléctrico.* **5.** Pompa o lujo. *La ceremonia de entrega de premios se celebró con mucho aparato.* **6.** En gimnasia: Cada uno de los aparatos (→ 1) que se emplean para hacer ejercicios. *El gimnasta ruso es especialista en el aparato de caballo con arcos.* **7.** *Biol.* Conjunto de órganos que realizan una función. *El estómago y el intestino forman parte del aparato digestivo. Las heridas le han afectado al aparato respiratorio y al circulatorio.* ■ ~ **crítico.** m. En una edición crítica: Conjunto de las notas que registran las variantes y explican los criterios utilizados para establecer el texto. ▶ **1:** ARTEFACTO, ARTIFICIO, ARTILUGIO, INGENIO.

aparatosidad. f. Cualidad de aparatoso. *Antiguamente, la vestimenta femenina tenía gran aparatosidad. El incendio sobrecoge por su aparatosidad.*

aparatoso, sa. adj. Llamativo, espec. por su exagerada ostentosidad, complicación o magnitud. *Lleva un aparatoso reloj. No quiero cargar con trastos aparatosos. En la aparatosa caída se vieron envueltos ocho ciclistas.*

aparcacoches. m. y f. Persona que en un establecimiento público, espec. un hotel o un restaurante, se encarga de aparcar los coches de los clientes. *Por favor, entregue las llaves de su vehículo al aparcacoches.*

aparcamiento. m. **1.** Hecho de aparcar o colocar un vehículo en un lugar. *El aparcamiento en un paso de peatones se castiga con multa.* **2.** Lugar para aparcar vehículos. *El aparcamiento del auditorio tiene capacidad para mil vehículos.* ▶ **Am: 1:** PARQUEO. **2:** PARQUEADERO, PARQUEO.

aparcar. tr. **1.** Colocar transitoriamente (un vehículo) en un lugar. *He aparcado el coche enfrente de la tienda. Aparquen las motos* EN *la zona reservada.* Tb. usado en constr. intr. *Aparcó* EN *un hueco que encontró por casualidad.* **2.** Aplazar (un asunto) o dejar(lo) pendiente durante un tiempo. *Hemos aparcado el tema del aumento de sueldo hasta la próxima reunión.* ▶ **2:** *RETRASAR. ‖ **Am: 1:** PARQUEAR.

aparcería. f. Contrato por el que el propietario de tierras o de ganado cede su explotación a otra persona a cambio de un reparto proporcional de los beneficios obtenidos. *Trabajaban la tierra en régimen de aparcería o como jornaleros.*

aparcero, ra. m. y f. Persona que tiene aparcería con otra u otras, espec. si es la que explota las tierras o el ganado. *Eran aparceros de un terrateniente.*

apareamiento. m. Hecho de aparear o aparearse. *En algunas especies de arañas, la hembra se come al macho después del apareamiento.*

aparear. tr. **1.** Juntar (a un animal macho) con la hembra para que se reproduzcan. *Quiere aparear a su mastín* CON *una perra de la misma raza.* Tb.: *Es la época de aparear a los cerdos.* ○ intr. prnl. **2.** Juntarse dos animales de distinto sexo para reproducirse o formar pareja. *Los tigres se aparean en cualquier época del año.* Tb.: *Generalmente el lobo se aparea* CON *la misma hembra toda la vida.*

aparecer. (conjug. AGRADECER). intr. **1.** Pasar a hacerse visibles alguien o algo. *Al oscurecer, aparecieron en el cielo cientos de estrellas. Cuando se enciende el aparato, aparece una luz roja.* **2.** Hacer acto de presencia alguien en un lugar, frec. por sorpresa o repentinamente. *Justo cuando hablábamos de él, ha aparecido José. No apareció por su casa hasta el día siguiente.* **3.** Ser encontrados alguien o algo que estaban ocultos o perdidos. *El informe no aparece por ninguna parte. Tras horas de búsqueda, el niño sigue sin aparecer.* **4.** Pasar a tener existencia conocida algo. *Han aparecido nuevos casos de legionela.* **5.** Publicarse o salir a la luz un escrito o una publicación. *Su nueva novela aparecerá en abril.* ○ intr. prnl. **6.** Aparecer (→ 1) alguien o algo de manera sobrenatural ante una persona. *La mujer asegura que se le ha aparecido la Virgen. Construyeron una ermita en el lugar en que se apareció la santa.*

aparecido, da. part. **1.** → **aparecer.** ● m. **2.** Fantasma de un muerto que se aparece a los vivos. *Por las noches contaban historias de brujas y aparecidos.*

aparejador, ra. m. y f. (A veces como f. se usa **aparejador**). Técnico titulado en arquitectura, que se encarga de preparar y supervisar la ejecución de las obras proyectadas por el arquitecto. *Con el arquitecto trabajaban un aparejador y varios delineantes.*

aparejar. tr. **1.** Preparar (una cosa) o hacer que esté en las condiciones adecuadas para algo. *Las dos mujeres aparejan la sala* PARA *la fiesta.* **2.** Poner el aparejo (a una caballería). *Coge las riendas y la montura para aparejar al caballo.* **3.** Se usa en constr. como *llevar,* o *traer,* una cosa *aparejada* otra, para expresar que la primera implica o conlleva la segunda. *Esa decisión lleva aparejadas graves consecuencias.*

aparejo. m. **1.** Conjunto de objetos, frec. utensilios, necesarios para algo, espec. para una actividad u oficio. *El fontanero lleva su aparejo en una bolsa de cuero.* Tb. cada objeto. *La tijera de esquilar es un aparejo que ya se usa poco. Aparejos de pesca.* **2.** Conjunto de correas y piezas necesarias para montar o cargar una caballería. *Quitó el aparejo a la mula y la metió en la cuadra.* Tb. cada correa o pieza. *El caballo lleva su silla, su manta y el resto de los aparejos.* **3.** Conjunto formado por las velas, palos, vergas y cabos de un buque. *La tripulación comprueba que el aparejo esté en buen estado para la navegación.* ▶ **2:** *ARNÉS.

aparentar. tr. **1.** Hacer ver o creer (algo que no existe o no sucede en realidad). *Aparenta que no pasa nada, pero sabe que estamos en la ruina. Aparentaré estar interesado en el cuadro. Terminó sintiendo el cariño que aparentaba.* Tb. usado en constr. intr., referido a nivel social o importancia. *Se ha gastado un dineral en un reloj solo por aparentar. Como le gusta aparentar, da unas propinas de millonario.* **2.** Tener el aspecto correspondiente (a determinada edad). *Tiene casi sesenta años, pero aparenta cuarenta.* ▶ **1:** FINGIR.

aparente. adj. **1.** Que parece real y no lo es. *Su indiferencia es solo aparente; en el fondo está muy interesado.* **2.** Que se puede ver o percibir. *De pronto, sin razón aparente, se puso de mal humor.* **3.** coloq. De buena apariencia o aspecto. *La casa es vieja, pero con una mano de pintura quedaría muy aparente.*

aparición. f. **1.** Hecho de aparecer o aparecerse. *Esa fue su última aparición en la televisión. Me preocupa la aparición de unas manchas oscuras en la piel. Afirma haber presenciado la aparición de la santa.* **2.** Imagen de alguien o algo que se aparecen. *No era una aparición; era él en carne y hueso.*

apariencia. f. **1.** Conjunto de cualidades o características con que se muestra o se percibe un ser o una cosa. *Tras su apariencia* DE *bruto se esconde un hombre tierno. Esto tiene toda la apariencia* DE *un timo.* Frec. en pl. con significado sing. *No lo juzgues por su aspecto: las apariencias engañan.* **2.** Cosa que parece real y no lo es. *La armonía que reina entre ellos es mera apariencia.* ■ **en ~.** loc. adv. Según las apariencias (→ 1). *Es una receta sencilla, al menos en apariencia. Algunos juguetes en apariencia inofensivos son peligrosos.* ■ **guardar,** o **salvar,** o **cubrir, las ~s.** loc. v. Disimular la realidad para evitar críticas. *No se divorcian por guardar las apariencias. Trataron de salvar las apariencias después de apoyar al régimen.* ▶ **1:** ASPECTO, PINTA, TRAZA, VISO.

apartadero. m. Lugar situado en el lateral de un camino u otra vía, donde las personas o los vehículos pueden apartarse temporalmente para dejar libre el paso. *La carretera de montaña dispone de apartaderos en los tramos más estrechos.*

apartado[1]. m. Hecho o efecto de apartar o separar. *El apartado de los toros tiene lugar el día de la corrida por la mañana.*

apartado[2], da. part. **1.** → **apartar.** ● adj. **2.** Dicho de lugar: Alejado o distante. *A los pueblos más apartados aún no llega la prensa diaria.* ● m. **3.** En un escrito: Párrafo o párrafos en que se trata de un asunto por separado. *En el primer apartado del artículo 27 de la Constitución dice que todos tenemos derecho a la educación. El último apartado del trabajo está dedicado a las conclusiones.* **4.** En una oficina de correos: Servicio por el que se alquila al usuario una caja o sección con un número, en donde se deposita su correspondencia. *En esta oficina no hay apartado.* Tb. esa caja o sección y su número. *Envíen la respuesta al apartado 233 de Almería.* Frec. *~ de correos. Me voy a informar sobre el alquiler de un apartado de correos.* ▶ **2:** *LEJANO.

apartamento. m. Piso o vivienda, gralm. pequeños, en un edificio de varias plantas. *Su apartamento tiene comedor, dormitorio, aseo y cocina.* ▶ *PISO.

apartamiento. m. Hecho de apartar o apartarse. *Los últimos sucesos contribuirán aún más al apartamiento de los dos países. La sanción supone el apartamiento del jugador* DE *su equipo durante varios partidos.*

apartar. tr. **1.** Separar (personas, animales o cosas que estaban unidas o próximas). *No conseguíamos apartar a los perros que se estaban peleando. Me aparté un poco para que hablaran con tranquilidad. En los corrales de la plaza, sortean las reses, las apartan y las meten en los chiqueros.* Tb.: *Aparta las ciruelas maduras* DE *las verdes. Apartó* DE *sí el plato diciendo que no podía comer más. Apártate* DEL *fuego, que te vas a quemar.* **2.** Quitar (algo o a alguien) del lugar en que estaban, gralm. para que no estorben. *Se apartó el pelo* DE *la cara. Caminaban por el bosque apartando las ramas. Por favor, apártense* DE *la puerta para dejar el paso libre.* **3.** Alejar (algo o a alguien) de otra persona o cosa. *Quiero apartar* DE *mi cabeza esos pensamientos.* Tb. en constr. prnl. media. *Al casarse se apartó* DE *la pandilla de amigos. El camino se apartaba* DEL *pueblo y subía a la ermita.* **4.** Hacer que (una persona) abandone un cargo o empleo. *Lo han apartado* DE *la dirección.* ▶ **4:** *DESTITUIR.

aparte. adv. **1.** En un lugar separado de las personas o cosas que se mencionan o que son identificables por el oyente. *Pon la ropa blanca aparte* DE *la de color. Ve guardando aparte el dinero para la fiesta. Esas castañas están aparte porque son de otra clase.* **2.** Por separado o en situación separada o diferenciada. *Vosotros haced vuestro trabajo, que yo haré el mío aparte. Lo llamó aparte para comunicarle la noticia. El segundo grupo de alpinistas llegó aparte* DEL *resto.* **3.** Gralm. precedido de un nombre sin artículo: Dejando a un lado o no teniendo en cuenta lo designado por ese nombre. *Bromas aparte, de verdad que tengo ganas de verlo. La habitación sencilla cuesta 10 euros por noche, desayuno aparte.* ● adj. (pl. invar.). **4.** Diferente o distinto. *Coloca en montones aparte los recibos de la luz y los del gas. Lola es un caso aparte: genial pero intratable.* ● m. (Frec. con el art. *un*). **5.** En una obra teatral: Lo que dice un personaje hablando para sí o con otro personaje, de forma que se supone que no lo oyen los demás. *En el tercer acto, en un aparte, el galán admite estar enamorado.* **6.** Conversación privada mantenida al margen de las demás personas presentes en una reunión. *A ver si podemos hacer después un aparte y me cuentas lo de Rosa. Me lo dijo en un aparte para que los demás no lo oyeran.* ● prep. **7.** Excepto, o a excepción de. *Aparte pequeños errores, el trabajo está bien.* Tb. *~ de. Aparte de a mi* *jefe, no vi a nadie más. No soporto sus bromas, pero, aparte de eso, no me cae mal.*

apartheid. (pal. afrikáans; pronunc. "aparjéid"). m. Sistema de segregación racial, espec. el establecido en la República de Sudáfrica por la minoría blanca. *En la década de 1990 se abolió el* apartheid *en Sudáfrica.*

apartotel. m. Hotel que, en lugar de habitaciones, ofrece apartamentos acondicionados para cocinar y comer en ellos. *Se aloja en un apartotel donde dispone de cocina y frigorífico.*

apasionado, da. part. **1.** → **apasionar.** ● adj. **2.** Que siente pasión por alguien o algo. *Los fans más apasionados iban vestidos como el cantante.* Tb. m. y f. *Es una apasionada de Beethoven.* **3.** Que se deja llevar de la pasión. *Es una mujer muy apasionada. Tiene un carácter apasionado y alegre.* ▶ **2:** *ENTUSIASTA. **3:** ARDIENTE, ARDOROSO, FEBRIL, FOGOSO, IMPETUOSO, VEHEMENTE.

apasionamiento. m. Hecho o efecto de apasionar o apasionarse. *El apasionamiento con que defiende sus propuestas convence al auditorio. Discutidlo con calma y no os dejéis llevar por el apasionamiento.* ▶ *ENTUSIASMO.

apasionante. adj. Que apasiona. Frec. con intención enfática. *La novela es tan apasionante que no puedo dejar de leer. Es un hombre apasionante.*

apasionar. tr. Provocar pasión (en alguien). Frec. con intención enfática. *Me apasiona el mundo del motociclismo. La representación apasionó al público.* Tb. en constr. prnl. media. *Desde muy joven se apasionó* POR *la lectura. Se apasiona* CON *los juegos de lógica.* ▶ *ENTUSIASMAR.

apatía. f. Falta de vigor o de energía para actuar. *Intenta motivar a los alumnos, acabar con su apatía.*

apático, ca. adj. Dicho de persona: Que tiene apatía. *La enfermedad lo ha vuelto apático. Los delanteros estuvieron apáticos todo el partido.* Tb. m. y f. *Siempre hay descontentos y apáticos que no votan.*

apátrida. adj. Dicho de persona: Que carece de nacionalidad legal. *Expulsados de su país, estas gentes apátridas viven en campos de refugiados.* Tb. m. y f. *Renunció a su pasaporte, convirtiéndose en un apátrida.*

apdo. abrev. Apartado. *Envíe la carta al Apdo. de Correos 183.*

apeadero. m. Lugar preparado para que los trenes hagan parada para que suban y bajen viajeros, pero que carece de estación u otras instalaciones. *Voy a coger el cercanías, ¿me acompañas hasta el apeadero?*

apear. tr. **1.** Bajar (a alguien) de un vehículo o de una caballería. *Los apearon* DEL *autobús por ir sin billete. El vaquero se apeó* DEL *caballo. No se apeen hasta que pare el tren.* **2.** Hacer que (alguien) deje de tener una idea o una actitud. *No conseguirás apearla* DE *su empeño. Dice que quiere irse a casa y no hay quien la apee* DE *esa idea.*

apechar. intr. Aguantar por obligación algo o a alguien que resultan desagradables o molestos. *Que cada uno apeche* CON *sus responsabilidades.*

apechugar. intr. coloq. Aguantar por obligación algo o a alguien que resultan desagradables o molestos. *Si llegan tus invitados y no estás, me tocará a mí apechugar* CON *ellos. Hemos metido la pata y ahora hay que apechugar* CON *la situación.*

apedreamiento. m. Hecho o efecto de apedrear. *Están detenidos por el apedreamiento de un autobús.*

apedrear. tr. **1.** Tirar piedras (a alguien o algo). *Durante las revueltas apedrearon los escaparates de las tiendas.* **2.** Lapidar (a alguien). *Antiguamente apedreaban a las mujeres acusadas de brujería.* ▶ **2:** LAPIDAR.

apegarse. intr. prnl. Tomar o tener apego a alguien o algo. *El niño se apegó tanto* A *los abuelos que no quería volver con sus padres. Con el tiempo, he terminado por apegarme* A *este paisaje.*

apego. m. **1.** Afición o inclinación hacia algo. *Su apego* AL *poder le impide dimitir.* **2.** Cariño o afecto hacia alguien o algo. *Se ha criado con sus primos y siente apego* POR *ellos. Muchos vuelven por el apego* AL *lugar donde crecieron.* ▶ **2:** *AFECTO.

apelación. f. cult. Hecho o efecto de apelar. *Su discurso fue una apelación* A *la colaboración ciudadana. Hizo una apelación* A *nuestra generosidad.* Frec. en derecho. *La defensa interpondrá un recurso de apelación* CONTRA *la sentencia* ANTE *el tribunal superior. La apelación debe estar lista antes del lunes. Hemos perdido el juicio, pero nos queda el camino de la apelación.*

apelar. intr. **1.** cult. Hacer referencia a algo como apoyo o argumento de lo que se pide o defiende. *Apeló* A *nuestra caridad para que le diéramos cobijo. No os diré cómo actuar, apelo* A *vuestro buen sentido.* **2.** cult. Recurrir a alguien o algo para obtener ayuda o apoyo. *La situación es tan desesperada que tendremos que apelar* A *medidas drásticas. Quiero vivir por mis medios, sin apelar* A *la ayuda de nadie.* **3.** *Der.* Solicitar a un tribunal superior la revisión de una sentencia dictada por otro inferior y considerada injusta. *El fiscal apelará* CONTRA *la resolución* ANTE *el Tribunal Superior de Justicia. No estamos de acuerdo con la sentencia y vamos a apelar.*

apelativo, va. adj. **1.** *Ling.* Que tiene como objetivo influir en el oyente o destinatario. *La función apelativa es propia de la lengua oral.* Dicho de palabra, tb. m. *Solía dirigirse a su esposa con el apelativo cariñoso de "tesoro".* ● m. **2.** Sobrenombre. *Al rey Ricardo I de Inglaterra se le puso el apelativo de "Corazón de León".*

apellidar. tr. **1.** Nombrar o llamar (a alguien o algo). *A los partidos ecologistas los apellidan "verdes".* **2.** Seguido por *de* y un adjetivo o un nombre: Llamar (a alguien o algo) lo expresado por ellos, o calificar(los) de ello. *Los periódicos han apellidado de patética su actuación. La crítica apellidó su obra de mamarrachada.* ○ intr. prnl. **3.** Tener alguien el apellido o apellidos que se indican. *Marta se apellida Delgado.*

apellido. m. Nombre que sigue al nombre de pila, compartido por los miembros de una familia y que pasa de padres a hijos. *El primer apellido de Luis es Álvarez, y el segundo, Perea.*

apelmazar. tr. Hacer que (algo) se ponga compacto o apretado. *Apelmazaba la nieve con las manos para hacer bolas. El exceso de harina apelmaza la masa.* Tb. en constr. prnl. media. *Con la humedad, el detergente en polvo se ha apelmazado.*

apelotonarse. intr. prnl. **1.** Formar una cosa pelotones o bolas. *El polvo y la suciedad se apelotonaban debajo de la cama.* **2.** Formar varias personas, animales o cosas un grupo apretado. *La gente se había apelotonado ante el mostrador para reclamar. Cientos de abejas se apelotonan a la entrada de la colmena.* ▶ **2:** *AMONTONARSE.

apenar. tr. **1.** Causar pena (a alguien). *Nos apenaría que no vinieras a visitarnos.* Tb. en constr. prnl. media. *Se apenarán mucho cuando se enteren de la noticia.* ○ intr. prnl. **2.** Am. Avergonzarse alguien. *Soy especialista –y no me apena confesarlo– en las llamadas enfermedades secretas* [C]. ▶ **2:** AVERGONZARSE.

apenas. adv. **1.** Casi no. *Apenas la vemos últimamente. Apenas había luz en la sala. Apenas tuvimos tiempo de visitar la ciudad.* Tb. ~ *si. Apenas si va al dentista. Apenas si ve con el ojo izquierdo.* **2.** Después de un verbo en forma negativa: Casi. *No había apenas luz en la sala. No la conocía apenas.* **3.** Escasamente. *Hace apenas un año que se conocen. Habría apenas cien personas.* **4.** Recién. Se usa antepuesto a un part. *Apenas acabada la guerra, se marchó al exilio. Apenas casados, se divorciaron.* ● conj. **5.** En cuanto. *Apenas salimos a la calle, empezó a nevar.*

apencar. intr. coloq. Apechugar. *Como él ha desaparecido, nos toca a los demás apencar* CON *el embrollo.*

apéndice. m. **1.** Parte unida o añadida a otra principal a modo de prolongación o complemento. *Al final del libro hay un apéndice bibliográfico. La obra gráfica de Goya no es un apéndice de la pictórica: tiene entidad propia.* Tb. fig. *Ya no se considera a la mujer un mero apéndice del marido.* **2.** Prolongación delgada y hueca del intestino ciego. *El doctor le palpó la tripa y dijo que tenía inflamado el apéndice.* Tb. ~ *cecal,* o *vermicular,* o *vermiforme.* **3.** *Anat.* Parte del cuerpo del hombre o de otros animales que sobresale de otra principal o que constituye su prolongación. *Hay apéndices locomotores (aletas), prensiles (dedos, tentáculos)...*

apendicitis. f. Inflamación del apéndice del intestino ciego. *Está operado de apendicitis.*

apercibimiento. m. Hecho o efecto de apercibir o advertir. *El dueño del local recibirá una sanción con apercibimiento de cierre si hay reincidencia. Le dijeron que corría peligro, pero no hizo caso de los apercibimientos.*

apercibir[1]. tr. **1.** Preparar o disponer (algo) para un fin. *Hay que apercibir una habitación* PARA *acomodar al invitado.* **2.** Advertir (a alguien) de algo o hacérselo notar. *Un guardia apercibe a los conductores* DEL *peligro de hielo en la calzada. Ya nos habían apercibido* CONTRA *su mal carácter.* **3.** *Der.* Advertir (a alguien) de las consecuencias que pueden tener determinados actos. *El Ministerio del Interior apercibe de inhabilitación a los que infrinjan la norma. El juez apercibió al testigo por segunda vez explicándole que no decir la verdad constituía un delito.* ○ intr. prnl. **4.** Seguido de *a* y un infintivo: Disponerse a hacer lo expresado por él. *Supo que venían a matarlo y se apercibió a huir.* ▶ **1:** *PREPARAR. **2:** ADVERTIR. **4:** *PREPARAR.

apercibir[2]. tr. **1.** Percibir o notar (algo). *En la película, el hombre da veneno a su mujer sin que ella lo aperciba.* ○ intr. prnl. **2.** Darse cuenta de algo. *Al entrar, se han apercibido en seguida* DEL *olor a quemado. Me apercibí* DE *que ponía cara de aburrimiento. Salió sin que yo me apercibiera.*

apergaminarse. intr. prnl. Ponerse una persona o una parte de su cuerpo delgadas y secas como el pergamino. Frec. en part. *La piel apergaminada del anciano ha perdido su brillo de antaño.*

aperitivo. m. **1.** Bebida que se toma antes de una comida principal, espec. la de mediodía, acompañada normalmente de alguna porción pequeña de comida ligera. *Aquí el vermú y el jerez son los aperitivos tradicionales.* **2.** Comida ligera que suele acompañar al aperitivo (→ 1). *¿Les pongo unas patatas fritas o unas aceitunas de aperitivo?* ▶ **2:** TAPA. ‖ **Am: 2:** ANTOJITOS, BOTANA.

apero. m. Instrumento o utensilio para el cultivo de la tierra. *El motocultor puede servir para arrastrar un apero o máquina agrícola.* Tb. ~ *de labranza.* Frec. en pl. *En el cobertizo hay palas, azadones y otros aperos de labranza.* ▶ *TRASTOS.

aperreado, da. adj. Dicho de cosa, espec. de vida: Penosa o trabajosa. *Lleva una vida muy aperreada.*

apertura. f. **1.** Hecho o efecto de abrir o abrirse. *La apertura de la caja fuerte solo es posible con la clave secreta. Nuestro horario de apertura es de ocho a dos. Para la apertura de una cuenta, diríjase a la ventanilla 3. Discurso de apertura del año académico.* **2.** Aumento de la transigencia en lo político, lo moral o lo intelectual. *El régimen empieza a dar muestras de apertura democrática.* **3.** En el juego del ajedrez: Combinación de jugadas con que se inicia una partida. *El que jugaba con blancas empleó la apertura llamada "española".*

aperturismo. m. Actitud o tendencia favorables a la apertura política, moral o intelectual. *El estreno de obras antes prohibidas es un signo de aperturismo.*

aperturista. adj. **1.** De la apertura o del aperturismo. *Política aperturista.* **2.** Partidario de la apertura o del aperturismo. *El Concilio Vaticano II fue calificado de aperturista.* Dicho de pers., tb. m. y f. *En círculos conservadores lo consideran un aperturista.*

apesadumbrar. tr. Causar pesadumbre (a alguien). *Nos ha apesadumbrado enterarnos de su muerte.* Tb. en constr. prnl. media. *No os apesadumbréis tanto: la próxima vez habrá más suerte.*

apestar. intr. **1.** Despedir mal olor. *Su aliento apestaba. La basura apesta* A *pescado podrido.* Tb. fig. *El negocio apesta: seguro que hay algo ilegal. Esa historia apesta* A *mentira.* **2.** Fastidiar o resultar molesto. *Hemos hablado tantas veces de ese tema que ya apesta.*

apestoso, sa. adj. Que apesta o despide mal olor. *Tiene la casa sembrada de ceniceros apestosos.*

apetecer. (conjug. AGRADECER). intr. **1.** Ser algo objeto de deseo para alguien, o tener ganas de ello. *¿Le apetece un café? No me apetece seguir discutiendo. ¡Cómo me apetece que llegue mi cumpleaños!* ○ tr. **2.** cult. Desear (algo). *Apetecía la fama por encima de todo.* ▶ **1:** *QUERER.

apetecible. adj. Digno de ser apetecido. *Tengo hambre, pero no hay nada apetecible en la cocina. Era el chico más apetecible del colegio.* ▶ *DESEABLE.

apetencia. f. Deseo. *La ingestión de alimentos salados aumenta la apetencia de líquidos. En su diario hablaba de sus ilusiones y apetencias.*

apetito. m. **1.** Ganas de comer. *Tengo tanto apetito que me comería un pollo entero.* **2.** Impulso instintivo que lleva a satisfacer los propios deseos o necesidades. *Con la edad disminuyó su apetito sexual. Que ninguna ofensa agite en nosotros el apetito de venganza.* Frec. en pl. designa los más primarios, espec. los sexuales. *No piensa más que en saciar sus apetitos.* ■ **abrir el** ~ una cosa. loc. v. Producir apetito (→ 1). *Un largo paseo abre el apetito.* ▶ **2:** *DESEO.

apetitoso, sa. adj. **1.** Que excita el apetito o las ganas de comer. *Una bandeja de apetitosos pasteles.* **2.** Digno de ser apetecido o deseado. *El cuadro es una pieza apetitosa para cualquier coleccionista. Los hombres la encuentran apetitosa.* ▶ **2:** *DESEABLE.

api. m. Am. Comida hecha a base de maíz triturado, que se sazona con diversos ingredientes. *Un api es mejor que un té* [C].

apiadarse. intr. prnl. Tener piedad de alguien o algo. *Soy pobre, que alguien se apiade* DE *mí. Se apiadó* DE *su situación y lo alojó en su casa.*

apical. adj. *tecn.* Del ápice o punta. *Las heladas afectan más a los brotes apicales de los árboles.*

ápice. m. **1.** Cima o culminación. *Con la concesión del Nobel, alcanza el ápice de su carrera.* **2.** *tecn.* Punta o extremo, gralm. superiores, de una cosa. *En el ápice del tallo hay una pequeña espiga. La ele se pronuncia llevando el ápice de la lengua hasta los alvéolos superiores.* ■ **un ~.** loc. s. Una parte o cantidad pequeñísima. *Para la cocina hace falta un ápice de imaginación.*

apícola. adj. De la apicultura. *Productos apícolas.*

apicultor, ra. m. y f. Persona que se dedica a la apicultura. *De las colmenas, el apicultor obtiene miel, cera y jalea real.*

apicultura. f. Cría de abejas para el aprovechamiento de sus productos. *El clima benigno favorecía el desarrollo de la apicultura.* Tb. la técnica correspondiente. *Curso de apicultura.*

apilamiento. m. Hecho o efecto de apilar. *El apilamiento de objetos en los pasillos dificultaba el paso.*

apilar. tr. Poner (varias cosas) formando una pila. *Apila los platos sucios en el fregadero.*

apiñamiento. m. Hecho o efecto de apiñar o apiñarse. *Hay que evitar el apiñamiento de varias familias en un solo piso. ¡Qué apiñamiento de sombrillas en la playa!*

apiñar. tr. **1.** Juntar (varias personas o cosas) haciendo que formen un grupo apretado. *Los vigilantes apiñaban al público dentro del cordón de seguridad. Apiñaremos todos los trastos inútiles en un rincón.* ○ intr. prnl. **2.** Estar juntas varias personas o cosas formando un grupo apretado. *Todos se apiñaron alrededor suyo para darle la enhorabuena. Una gran muchedumbre se apiñaba en la plaza.* ▶ **1:** *AMONTONAR. **2:** *AMONTONARSE.

apio. m. Hortaliza aromática que tiene un cogollo de tallos comestibles, anchos, huecos y estriados. *De primero, puré de apio y zanahorias.*

apiolar. tr. **1.** coloq. Matar (a alguien). *El héroe termina apiolando a todos los malos.* **2.** coloq. Apresar (a alguien). *Los apioló la policía.*

apisonador, ra. adj. **1.** Que apisona o sirve para apisonar. *Máquina apisonadora. Rodillo apisonador.* ● f. **2.** Vehículo automóvil que rueda sobre grandes cilindros de acero y sirve para apisonar. *Después de echar grava en el pavimento, la apisonadora pasa por encima.* Tb. fig. *La selección ha sido goleada por la apisonadora alemana.* ▶ **Am: 2:** APLANADORA.

apisonamiento. m. Hecho de apisonar. *Tras extender una capa de grava se procede a su apisonamiento.*

apisonar. tr. Apretar (una capa de terreno o sus materiales) o ejercer presión (sobre ellos) para hacer(los) más firmes y resistentes. *Antes de empezar a construir han apisonado bien el terreno.*

aplacamiento. m. Hecho de aplacar o aplacarse. *Pese al aplacamiento de las protestas, el conflicto sigue vivo.*

aplacar. tr. **1.** Hacer que disminuya la fuerza o la intensidad (de algo). *La aspirina aplacará un poco el dolor. En vez de aplacar su ira, lo pone más furioso.* Tb. en constr. prnl. media. *Su inquietud se aplacó cuando nos vio sanos y salvos.* **2.** Hacer que (alguien o algo) pasen a estar en calma. *Si no lo aplacan, se enzarza en una pelea.* Tb. en constr. prnl. media. *La opinión pública solo se aplacará con la dimisión del ministro.* ▶ *CALMAR.

aplanadora. f. Am. Apisonadora. *Las aplanadoras continuaron allanando los terrenos tras los incidentes* [C]. Tb. fig. *Son una aplanadora del rock latino que repleta cualquier recinto* [C]. ▶ APISONADORA.

aplanamiento. m. Hecho de aplanar. *Para construir la nueva pista de aterrizaje es necesario el aplanamiento del terreno.*

aplanar. tr. Dar (a algo) forma plana. *Aplanamos la masa con un rodillo. Se necesita una apisonadora para aplanar el camino.* ▶ ALLANAR.

aplastamiento. m. Hecho o efecto de aplastar. *El embalaje evita el aplastamiento de la fruta durante el transporte.*

aplastante. adj. Que aplasta. *He soñado que me ahogaba bajo un peso aplastante.* Frec. con intención enfática. *Nos han ganado por una diferencia aplastante. Sus argumentos son aplastantes.*

aplastar. tr. **1.** Deformar (algo) reduciendo su altura o grosor al hacer presión (sobre ello) o al golpear(lo). *Como se siente sobre el sombrero, lo aplasta.* Tb. fig. *Este calor me aplasta.* Tb. en constr. prnl. media. *No meta los pasteles en la bolsa para que no se aplasten.* **2.** Vencer o superar (algo o a alguien) de manera clara y absoluta. *El equipo inglés aplasta al alemán y lo deja fuera del campeonato.*

aplatanamiento. m. Hecho o efecto de aplatanar o aplatanarse. *¡Qué aplatanamiento produce este calor!*

aplatanar. tr. Producir indolencia o pereza (a alguien), o dejar(lo) sin ganas ni energía para realizar una actividad. *Las sobremesas largas me aplatanan.* Tb. en constr. prnl. media. *Si me siento a ver la televisión, me aplatano y no estudio.*

aplaudir. tr. **1.** Golpear una con otra las palmas de las manos para expresar aprobación, admiración o apoyo (a alguien o algo). *El público aplaudió con entusiasmo a los actores. Aplauden todos sus chistes.* Tb. usado en constr. intr. *Al terminar el discurso todos aplaudieron.* **2.** Expresar aprobación (a alguien o algo) con palabras u otras demostraciones. *No se puede por menos que aplaudir su actitud. Te aplaudo por el valor que has tenido.* ▶ **1:** OVACIONAR. **2:** *ALABAR.

aplauso. m. **1.** Hecho de aplaudir o golpear una con otra las palmas de las manos. *Su intervención fue recibida con un prolongado aplauso.* Frec. en pl. *Uno a uno, los premiados van subiendo al estrado entre aplausos.* **2.** Aprobación o aceptación. *El libro ha merecido el aplauso de la crítica.* ▶ **1:** OVACIÓN. **2:** *ALABANZA.

aplazamiento. m. Hecho de aplazar. *Van a solicitar un aplazamiento del juicio.*

aplazado, da. adj. Am. Suspenso (que está suspendido en una prueba o un examen). *Se elimina el concepto de alumno aplazado* [C]. ▶ SUSPENSO.

aplazar. tr. **1.** Retrasar el momento de realizar (algo). *La profesora ha accedido a aplazar el examen.* **2.** Am. Suspender (a alguien) en un examen o en una asignatura. *Un catedrático de la Universidad de San Marcos aplazó cierta vez a un alumno* [C]. ▶ **1:** *RETRASAR. **2:** *SUSPENDER.

aplicabilidad. f. Cualidad de aplicable. *La nueva ley es de dudosa aplicabilidad.*

aplicable. adj. Que puede o debe ser aplicado. *Busco una pintura aplicable* A *todo tipo de superficies. La obra cumple las normas de seguridad aplicables* A *edificios públicos. Técnicas aplicables* EN *la curación de grandes quemaduras.*

aplicación. f. **1.** Hecho de aplicar o aplicarse. *Conviene agitar el producto antes de su aplicación. Es muy exigente en la aplicación del reglamento. Lo han felicitado por su esfuerzo y aplicación.* **2.** Adorno hecho de un material diferente al del objeto al que se sobrepone. *Una mesa de madera con aplicaciones de metal.* **3.** *Inform.* Programa o conjunto de programas que permiten realizar una tarea determinada. *En secretaría utilizan una aplicación para la gestión de nóminas.* **4.** *Mat.* Relación entre dos conjuntos que hace corresponder a cada elemento del primero un solo elemento del segundo. *Las flechas representan la aplicación entre el conjunto de los alumnos y el de sus nombres.*

aplicado, da. part. **1.** → **aplicar.** ● adj. **2.** Dicho de persona: Que se aplica. *El alumno más aplicado ha ganado la beca.* **3.** Dicho de ciencia o arte: Que se orienta a una utilidad práctica. *Física aplicada. La lingüística aplicada estudia los mecanismos de aprendizaje de lenguas extranjeras. Aprendió cerámica en una escuela de artes aplicadas.*

aplicador, ra. adj. **1.** Que aplica. *Los órganos aplicadores de las leyes.* Dicho de pers., tb. m. y f. *Fue el primer aplicador en España de este método quirúrgico.* ● m. **2.** Aparato o dispositivo que sirven para aplicar o poner algo. *El bote de betún lleva un cómodo aplicador con esponja. Coloque el aplicador en la boca y apriete el* spray *dos veces.*

aplicar. tr. **1.** Poner (una cosa) sobre otra o en contacto con otra, gralm. para que cause un efecto. *Aplicó desinfectante a la herida. Cuando la madera esté lijada, le aplicas el barniz. Puedes aplicarte una bolsa de hielo* SOBRE *la zona dolorida.* **2.** Hacer que (algo, espec. una norma, una medida o un principio) recaigan en alguien o algo. *Le aplicaron la pena máxima. Hay que aplicar las leyes con rigor. Aplicarán sanciones económicas a los infractores. Siempre le aplican el sambenito de vago.* **3.** Emplear (una cosa) para algo. *El dinero recaudado lo aplicaremos* A *la ampliación del hospital. Tenéis que aplicar vuestros conocimientos teóricos* EN *la resolución del problema. Aplica el sentido común. Intenta aplicar los mismos criterios para todos.* ○ intr. prnl. **4.** Esforzarse o poner interés en una actividad. *Me apliqué* A *la tarea de limpiarlo todo a fondo. Este curso me aplicaré más* AL *estudio. Si te aplicas, sacarás buenas notas.*

aplique. m. Lámpara que se fija en la pared. *Los apliques de la escalera se encienden al pulsar el interruptor del portal.*

aplomo. m. Serenidad o seguridad al actuar. *Ha hablado con mucho aplomo ante el tribunal.*

apnea. f. *tecn.* Interrupción de la respiración. *Padece episodios de apnea durante el sueño. Aprenderemos a sumergirnos en apnea y bucear.*

apocado, da. part. **1.** → **apocarse.** ● adj. **2.** Dicho de persona: Que se comporta con miedo o falta de decisión. *Es muy apocado y no se atreverá a reclamar. Delante de tanta gente me siento apocada.*

apocalíptico, ca. adj. **1.** Del Apocalipsis de San Juan (último libro del Nuevo Testamento, en que se anuncia el fin del mundo). *El códice tiene miniaturas de tema apocalíptico.* **2.** Terrorífico o espantoso. *De la guerra llegan imágenes apocalípticas.* **3.** Que anuncia catástrofes. *Pretende sembrar miedo entre los electores con discursos apocalípticos.*

apocamiento. m. Condición de apocado. *Tiene que superar su apocamiento e intervenir más en las discusiones.*

apocarse. intr. prnl. Acobardarse o sentir miedo. *Cuando se vio ante el director, se apocó y no pudo decir palabra.* ▶ *ATEMORIZARSE.

apocopar. tr. *Ling.* Acortar (una palabra) por apócope. *Todos la llaman "Maca", apocopando el nombre de "Macarena". En la lengua hablada tendemos a apocopar las palabras.*

apócope. f. *Ling.* Supresión de uno o más sonidos al final de una palabra. *La palabra "malo" sufre apócope cuando se antepone a un nombre.* Tb. la palabra resultante de esta supresión. *"Buen" es la apócope de "bueno".*

apócrifo, fa. adj. **1.** Falso o fingido. *Compararemos el "Quijote" de Cervantes con el texto apócrifo de Avellaneda. La policía cree que el comunicado es apócrifo.* **2.** *Rel.* Dicho de texto: Que se atribuye a autor sagrado, pero no es considerado canónico por la Iglesia. *Evangelios apócrifos.*

apodar. tr. Poner de apodo (a alguien) el nombre que se indica. *A Luis lo apodan "Gafitas".* Tb. en constr. prnl. media. *Se apoda "el Largo".*

apoderado, da. part. **1.** → **apoderar.** ● adj. **2.** Dicho de persona: Que tiene poderes o autorización de otra para representarla o actuar en su nombre. Más frec. m. y f. *El contrato lo firmará el propietario o un apoderado suyo. Según su apoderado, el diestro volverá a torear muy pronto.*

apoderamiento. m. Hecho de apoderar o apoderarse. *Ha firmado un contrato de apoderamiento con el tenista. No todo apoderamiento de una cosa ajena es hurto.*

apoderar. tr. **1.** Dar una persona (a otra) poderes o autorización para que la represente o actúe en su nombre. *Apoderará a su hijo para que pueda firmar documentos en su ausencia.* ○ intr. prnl. **2.** Hacerse alguien dueño de algo, o ponerlo bajo su poder. *El ejército se ha apoderado* DE *la ciudad. Los ladrones se apoderaron* DE *valiosas joyas.* Tb. fig. *Que el pánico no se apodere* DE *ti. Las células se apoderan* DEL *oxígeno de la sangre.* ▶ **2:** APREHENDER, APRESAR, CAPTURAR.

apodíctico, ca. adj. cult. Que es necesariamente cierto o válido, y no necesita demostración. *No pretendo esgrimir argumentos apodícticos, sino sugerir hipótesis.* Frec. en filosofía. *El juicio apodíctico enuncia algo evidente por sí mismo.*

apodo. m. Nombre, frec. humorístico, que se da a una persona en lugar del suyo o añadido a este. *Me pusieron de apodo "Marmota", porque soy muy dormilón. El rey Pedro I tenía como apodo "el Cruel".* ▶ *SOBRENOMBRE.

ápodo, da. adj. *Zool.* Que no tiene pies o extremidades. *La víbora es un animal ápodo.*

apódosis. f. *Gram.* En una construcción condicional: Oración que expresa la consecuencia o la conclusión. *En la oración "Si llegas tarde, llámame", la apódosis es "llámame".*

apófisis. f. *Anat.* Parte saliente de un hueso que permite la articulación con otro hueso o la unión con un músculo. *La mandíbula y el hueso temporal están articulados por una apófisis redondeada.*

apogeo. m. **1.** Punto o momento culminantes. *A las tres de la mañana la fiesta alcanzó su apogeo. Con veinte años se encuentra en el apogeo de su vida. Está en su apogeo como ciclista.* **2.** *Fís.* Punto de la órbita de la Luna o de un satélite artificial que está más alejado de la Tierra. *En el calendario figuran las fechas del perigeo y apogeo lunares.*

apolillado, da. part. **1.** → **apolillarse.** ● adj. **2.** despect. Antiguo o anticuado. *Deja esas ideas apolilladas y ponte al día. No es un escritor apolillado: es un clásico.*

apolillarse. intr. prnl. Ser agujereada por la polilla una tela o una prenda. *Pone bolas de naftalina en el armario para que la ropa no se apolille.*

apolíneo, a. adj. **1.** De Apolo (dios griego). *Una sacerdotisa entregada al culto apolíneo.* **2.** De características atribuidas al dios Apolo, espec. el equilibrio o la serenidad. *Los críticos oponían el arte clásico, o apolíneo, al romántico, o dionisíaco.* **3.** Dicho de hombre: De gran belleza corporal. *Modelos apolíneos desfilan por la pasarela.*

apolítico, ca. adj. Ajeno a la política. *Esta es una organización apolítica de ayuda al Tercer Mundo.*

apologético, ca. adj. **1.** De la apología. *Ha hecho un discurso equilibrado, ni crítico ni apologético.* ● f. **2.** Ciencia que se ocupa de probar y defender los principios de la fe o de la religión. *Argumentos utilizados por la apologética cristiana.*

apología. f. Defensa o alabanza que, por escrito o de palabra, se hacen de alguien o algo. *Acusan al periódico de hacer apología del terrorismo. Sus palabras fueron una apología del homenajeado.* ▶ PANEGÍRICO.

apologista. m. y f. Persona que hace apología de alguien o algo. *La nueva cocina tiene detractores y apologistas.*

apólogo. m. Relato tradicional breve cuya intención es dar una enseñanza moral. *En la Edad Media eran frecuentes las colecciones de apólogos.* ▶ FÁBULA.

apoltronamiento. m. Hecho de apoltronarse. *Busca actividades que te gusten para evitar el apoltronamiento.*

apoltronarse. intr. prnl. **1.** Arrellanarse o sentarse cómodamente en un sitio. *Para leer el periódico se apoltrona* EN *su sillón favorito.* **2.** Hacerse vago o perezoso. *Se ha apoltronado y ya no se esfuerza como antes.*

apoplejía. f. *Med.* Suspensión de las funciones cerebrales producida frec. por hemorragia u obstrucción de una arteria del cerebro. *Ha perdido movilidad en una parte del cuerpo debido a una apoplejía.*

apopléjico, ca. adj. *Med.* Apoplético. *Un anciano apopléjico.* Dicho de pers., tb. m. y f. *Los apopléjicos pueden sufrir pérdida del conocimiento.*

apoplético, ca. adj. *Med.* **1.** De la apoplejía. *Ataque apoplético.* **2.** *Med.* Que padece apoplejía. *Murió octogenario y apoplético.* Tb. m. y f. *Un apoplético en silla de ruedas.* ▶ APOPLÉJICO.

apoquinar. tr. coloq. Pagar (una determinada cantidad de dinero). *Nos toca apoquinar cinco euros a cada uno.*

aporía. f. *Fil.* Enunciado que contiene una dificultad de orden lógico que parece irresoluble. *Se plantea esta aporía: Dios no habría creado un mundo imperfecto, pero este mundo imperfecto no existiría sin un Dios.*

aporrear. tr. Golpear (algo) repetidamente, espec. con una porra. *Se había quedado encerrado y aporreaba la puerta para que lo oyeran. Lo tiraron al suelo y lo aporrearon.* Tb. fig. *Aporrea la máquina de escribir.*

aporreo. m. Hecho de aporrear. *Después de diez minutos de aporreo, por fin abrieron la puerta.*

aportación. m. **1.** Hecho de aportar. *Se han comprometido a la aportación de ayuda para reconstruir la zona.* **2.** *Com.* Conjunto de bienes aportados a una sociedad. *Los socios reciben una parte de los beneficios proporcional a sus aportaciones.* ▶ **1:** APORTE.

aportar. tr. **1.** Dar o proporcionar (una cosa) a alguien o algo. *Sus viajes le aportaron experiencias muy interesantes. El chocolate aporta mucha energía al organismo. El folleto no aporta al viajero suficiente información. En la reunión cada uno aporta sus ideas.* **2.** Poner alguien (la parte que le corresponde) en una empresa o sociedad. *La mujer debía aportar una dote* AL *matrimonio. El número de acciones de cada socio dependerá del capital que aporte.*

aporte. m. Aportación (hecho de aportar). *Para asegurar el aporte de los nutrientes necesarios al organismo, haga una dieta variada. Se ha aprobado el aporte de fondos estatales para el proyecto.* ▶ APORTACIÓN.

aposentar. tr. **1.** Dar (a alguien) un lugar para alojarse, frec. de forma temporal. *Unos parientes nos aposentarán en su casa.* ○ intr. prnl. **2.** Alojarse en un lugar, frec. de forma temporal. *Se aposentó un mes* EN *nuestro apartamento.* ▶ **1:** *ALOJAR. **2:** *ALOJARSE.

aposento. m. **1.** cult. En una vivienda u otro edificio: Habitación. *El aposento más amplio del palacio es el salón de baile.* Frec. designa la de una persona y, en este caso, tb. en pl. con significado sing. *Lleven el baúl a mi aposento. Dos soldados custodian la puerta de los aposentos del rey.* **2.** cult. Alojamiento, o lugar donde se aloja alguien. *Buscaron aposento cerca de la estación.*

aposición. f. *Gram.* Construcción en que un nombre, o una construcción con valor de nombre, van unidos a otro al que complementan y que se refiere a la misma realidad. *"El río Miño" y "mi primo Javier" son aposiciones.* Tb. ese nombre. *En "el rey Carlos", "Carlos" es aposición de "rey".*

apósito. m. *Med.* Pieza de material curativo que se pone sobre una herida o lesión. *Desinfecte la herida y cúbrala con un apósito estéril.*

aposta. (Tb. **a posta**). adv. A propósito, o de manera intencionada. *Le he tirado el café encima, pero no ha sido aposta. Llega tarde a posta.*

apostante. adj. Que apuesta algo, espec. una cantidad de dinero en un juego o una competición. Más frec. m. y f. *El único apostante con pleno en la primitiva cobrará una millonada.*

apostar[1]. (conjug. CONTAR). tr. **1.** Pactar una persona con otra que el que pierda en una discusión o competición dará al otro (una cantidad de dinero u otra cosa acordada). *Aposté* CON *ella mucho dinero y lo perdí. Le he apostado a mi hermano diez euros* A *que mañana llueve.* Tb.: *¿Apostamos algo* A *que tengo razón? Se apostaron la última entrada del cine a cara o cruz.* Frec. con un pron. expresivo de interés. *Me aposté una comida* CON *mis compañeros* A *que ganaba mi equipo.* Tb. usado en constr. intr. *No apuesto* CON *él porque siempre me gana.* **2.** En un juego o una competición: Arriesgar alguien que pertenece al público (algo, espec. una cantidad de dinero) de modo que, si gana, recibe una cantidad mayor. *Apostó todo* A *un solo caballo.* Tb. usado en constr. intr. *No hemos apostado* POR *el favorito.* ○ intr. **3.** Elegir o preferir algo o a alguien. *Los diseñadores apuestan* POR *los tonos claros para el verano. El jurado ha apostado este año* POR *una joven promesa.*

apostar[2]**.** tr. Poner (algo o a alguien) en un lugar para esperar o vigilar. *Llega orden de apostar a dos policías en cada salida. Los francotiradores se apostaban en ventanas y azoteas.* Tb. en constr. prnl. media. *El taxi se apostó frente a la puerta.*

apostasía. f. Hecho de apostatar. *Será acusado de apostasía y condenado. Interpretaron el escrito como una apostasía* DE *su fe.* ▶ ABJURACIÓN.

apóstata. m. y f. Persona que hace apostasía. *El Santo Oficio perseguía a los apóstatas.* ▶ RENEGADO.

apostatar. intr. Abandonar alguien públicamente sus creencias religiosas. *Medita apostatar* DE *su fe. Había sido educado en el cristianismo, pero apostató.* Tb. fig. *Nunca apostatará* DE *sus ideales.* ▶ *RENEGAR.

a posteriori. (loc. lat.). loc. adv. Después de conocer un hecho determinado, o después del momento que se toma como referencia. *Se ha demostrado a posteriori que fue un asesinato.* Tb. loc. adj.

apostilla. f. Nota o explicación añadidas a un texto. *El manuscrito está lleno de apostillas al margen.*

apostillar. tr. Poner apostillas (a un texto). *El texto aparece apostillado por el autor.*

apóstol. m. **1.** Cada uno de los doce discípulos principales de Jesucristo. *Jesús envío a los apóstoles a predicar el Evangelio.* **2.** Hombre dedicado a la difusión de la doctrina cristiana. *A San Francisco Javier se lo conoce como "el apóstol de las Indias".* **3.** Hombre dedicado a la difusión de una idea o de una doctrina. *Es un apóstol del ecologismo.*

apostolado. m. **1.** Difusión de la doctrina cristiana. *Ejerce su apostolado como misionero en África.* **2.** Difusión de una idea o de una doctrina. *Lleva a cabo una intensa labor de apostolado pacifista.*

apostólico, ca. adj. **1.** De los apóstoles de Jesucristo, o de uno de ellos. *Los Evangelios son relatos apostólicos de la vida de Jesús. Esta vieja rúa compostelana es anterior al culto apostólico.* **2.** Del Papa. *Su Santidad impartirá la bendición apostólica.*

apostrofar. tr. cult. Dirigir (a alguien) un insulto o una recriminación vehemente. *No deja de apostrofar a su ayudante: –¡Inútil, incompetente! Los apostrofaba con palabras injuriosas.*

apóstrofe. m. (Tb. f.). **1.** cult. Insulto o recriminación vehemente. *Mientras lo sujetaban, lanzaba apóstrofes a su enemigo.* **2.** *Lit.* Figura retórica que consiste en dirigir la palabra con vehemencia a algo o a alguien presentes o ausentes. *La égloga comienza con un apóstrofe: "¡A ti te canto, valle umbroso!".*

apóstrofo. m. Signo ortográfico (') que indica la supresión de uno o más sonidos. *En inglés, el apóstrofo seguido de "s" suele indicar posesión.*

apostura. f. Buen aspecto o apariencia de una persona. *Tiene la apostura de un galán de cine.*

apotegma. m. cult. Dicho breve que contiene alguna enseñanza, espec. el que tiene celebridad porque procede de alguien ilustre. *Siempre sentencioso, lo mismo cita un apotegma de Confucio que un refrán popular.*

apotema. f. *Mat.* Línea perpendicular que une el centro de un polígono regular con uno de los lados. *Calcula el valor de la apotema de un pentágono regular de 10 cm de lado.*

apoteósico, ca. adj. Impresionante o espectacular. *Concluirá la fiesta con un apoteósico final de fuegos artificiales. Un triunfo apoteósico.*

apoteosis. f. **1.** Momento o grado culminantes de algo o de alguien. *El último movimiento constituye la apoteosis de la sinfonía. Murió en la apoteosis de su carrera.* **2.** En un espectáculo teatral, espec. de revista o de variedades: Escena final espectacular en que intervienen todos los actores. *Sale a escena el resto de la compañía para la apoteosis final.*

apoyar. tr. **1.** Poner (una cosa) de manera que su peso recaiga sobre otra. *Apoyé la escoba* EN *la pared. Apoyaba la cabeza* SOBRE *mi hombro.* **2.** Ayudar (a una persona o cosa) con el propio esfuerzo o trabajo, o mostrándose de acuerdo (con ellas). *Apoyamos su decisión. Su familia la ha apoyado en todo. Tres grandes empresas apoyan el proyecto.* **3.** Hacer que (una cosa) tenga otra como base o punto de partida. *Apoyan sus previsiones* EN *el resultado de los sondeos electorales.* Tb. en constr. prnl. media. *Su teoría se apoya* EN *la observación del comportamiento animal. La labor de la organización se apoya únicamente* EN *el trabajo de los voluntarios.* ○ intr. **4.** Estar colocada una cosa de manera que su peso recae sobre otra. *Las vigas apoyan* EN/SOBRE *unos pilares de piedra.* Frec. prnl. *El capitel se apoya* SOBRE/EN *el fuste de la columna.* ○ intr. prnl. **5.** Dejar una persona o una cosa que su peso recaiga sobre otra para sostenerse o mantenerse en una posición determinada. *Necesita apoyarse* EN *alguien para andar.* ▶ **3:** BASAR, FUNDAR.

apoyatura. f. **1.** Apoyo, espec. persona o cosa en que se apoya otra. *Los hallazgos arqueológicos sirvieron de apoyatura a nuevas teorías.* **2.** *Mús.* Nota de adorno cuyo valor se toma de la nota siguiente para no alterar la duración del compás. ▶ **1:** APOYO.

apoyo. m. **1.** Hecho de apoyar o apoyarse. *El director ha agradecido al equipo su apoyo y su dedicación. La ley se ha aprobado con el apoyo de todos los partidos. De la central mandaron otra patrulla en su apoyo. Hemos recibido muchas cartas en apoyo de nuestra propuesta.* **2.** Persona o cosa en que se apoya alguien o algo. *No tiene familia, los amigos son su único apoyo. Usó una piedra como apoyo para subirse a la tapia.* ▶ APOYATURA.

apreciable. adj. **1.** Que se puede apreciar o percibir. *La diferencia entre el original y la réplica es difícilmente apreciable.* **2.** Dicho de persona: Digna de aprecio. *No es un genio, pero sí un poeta apreciable. Comienza la carta: "Apreciable y distinguido colega".*

apreciación. f. Hecho de apreciar o apreciarse. *Pensamos que no había peligro, pero fue un error de apreciación. Visitar museos influye en la apreciación que los alumnos hacen del arte. Nueva apreciación del euro frente al dólar.*

apreciar. (conjug. ANUNCIAR). tr. **1.** Reconocer el mérito o la valía (de alguien o algo). *Lo que más aprecio de él es su sencillez. Aprecio el esfuerzo que haces para ayudarme. La apreciamos mucho porque es una de nuestras mejores vendedoras.* **2.** Sentir afecto (hacia alguien). *Lo aprecio y no quiero que le ocurra nada malo.* **3.** Percibir (algo) a través de los sentidos o de la mente. *Con tan poca luz no puedo apreciar el color del vestido. En la segunda etapa del pintor podemos apreciar un cambio de estilo.* ○ intr. prnl.

4. *Econ.* Aumentar algo, espec. una moneda su valor o cotización. *El euro se apreció hasta los 99 centavos de dólar.* ▶ **1:** ESTIMAR, VALORAR, VALORIZAR. **2:** *QUERER. **3:** *PERCIBIR.

apreciativo, va. adj. De la apreciación. *Trata de mantener la objetividad y evitar juicios apreciativos.*

aprecio. m. Hecho o efecto de apreciar. *Tengo mucho aprecio a Carmen y a su familia. Ha sabido ganarse el aprecio de todos. La diferencia entre ambos vinos es de difícil aprecio para los poco entendidos.* ▶ *AFECTO.

aprehender. tr. **1.** Apoderarse (de algo, espec. de contrabando). *La guardia civil aprehendió un cargamento de mil kilos de hachís.* **2.** Apresar (a alguien), o hacer(lo) prisionero. *La policía ha aprehendido a tres terroristas.* **3.** cult. Percibir (algo) a través de los sentidos o de la mente. *Hay imágenes aprehendidas en la infancia que permanecen en la memoria.* ▶ **1:** *APODERARSE. **2:** *APRESAR.

aprehensión. f. Hecho de aprehender. *La operación policial se ha cerrado con la aprehensión de un alijo de heroína. Confiamos en una rápida aprehensión de los delincuentes.*

apremiante. adj. Que apremia. *Pedían auxilio con tono apremiante. Hay dinero para cubrir las necesidades más apremiantes.* ▶ *URGENTE.

apremiar. (conjug. ANUNCIAR). tr. **1.** Meter prisa (a alguien) para que haga algo. *Nos apremian* PARA *que terminemos el trabajo cuanto antes. La orden apremiaba a la población* A *entregar las armas a las autoridades.* **2.** Empujar (a alguien) a hacer algo. *Cuando la necesidad los apremia, comen cualquier cosa.* Tb. usado en constr. intr. *Tenemos que decidirnos ya, que el tiempo apremia.* ▶ **1:** *URGIR.

apremio. m. **1.** Hecho o efecto de apremiar. *Lo agobiaba el apremio de los acreedores para que pagara. Los apremios de la vida cotidiana nos impiden a menudo hacer lo que nos gusta.* **2.** *Der.* Mandamiento de una autoridad por el que se reclama a alguien que cumpla una obligación, espec. un pago. *La Administración le abrió un expediente de apremio.*

aprender. tr. **1.** Adquirir el conocimiento (de algo). *Ha aprendido inglés en Australia. Aún no he aprendido cómo funciona la lavadora.* Tb. usado en constr. intr. *Aprende de tus errores.* **2.** Grabar una persona (algo) en la memoria. *No consigo aprender tu número de teléfono.* Frec. con un pron. expresivo de interés. *Tuve que aprendérmelo de memoria.*

aprendiz, za. m. y f. **1.** Persona que está en el primer grado de un oficio, normalmente antes de pasar al grado de oficial. *Trabaja como aprendiz de carpintero. Se necesita aprendiza para peluquería.* **2.** Persona que está aprendiendo algo, espec. una profesión o actividad. *En la facultad no eres más que un aprendiz de periodista.*

aprendizaje. m. Hecho o efecto de aprender. *El contacto con hablantes nativos facilita el aprendizaje del idioma. La motivación es fundamental en el proceso de aprendizaje.* Tb. el tiempo que dura. *Es normal que se cometan errores durante el aprendizaje.*

aprensión. f. **1.** Temor o desconfianza instintivos hacia algo. *Pasar por el cementerio de noche me da cierta aprensión.* **2.** Rechazo instintivo al contacto con algo o alguien por asco o por temor a contagio. *Atendían a los leprosos sin sentir la menor aprensión.* **3.** Idea que carece de fundamento. Frec. en pl. *No le caes mal; son solo aprensiones tuyas.* ▶ **1:** *MIEDO.

aprensivo, va. adj. Dicho de persona: Que siente aprensión. *–¿Te importa que use tu peine? –No, no soy aprensivo.* Tb. m. y f. *Al aprensivo cualquier indisposición le hace pensar en una grave enfermedad.*

apresamiento. m. Hecho de apresar. *Perseguiremos a los traficantes hasta su apresamiento.*

apresar. tr. **1.** Detener (a alguien), o hacer(lo) prisionero. *Han apresado al ladrón cuando intentaba huir.* **2.** Apoderarse (de algo) por la fuerza. *Apresaron un cargamento de cocaína.* **3.** Aprisionar o sujetar (algo o a alguien) impidiendo que se muevan. *Los escombros le apresaban las piernas y no podía moverse.* ▶ **1:** APREHENDER, CAPTURAR, PRENDER. **2:** *APODERARSE. **3:** APRISIONAR.

aprestar. tr. **1.** Preparar (algo) para un fin. *La noche anterior habían aprestado todo lo necesario* PARA *el viaje. El detective oyó un ruido sospechoso y aprestó su arma.* **2.** Poner apresto (a algo, espec. a un tejido). *Los polvos para aprestar telas y alfombras se fabricaban con harina y almidón.* ○ intr. prnl. **3.** Seguido de *a* y un infinitivo: Disponerse a hacer lo expresado por él. *Cuando sonaba la sirena, la gente se aprestaba* A *meterse en los refugios. Sonó el teléfono en el momento en que se aprestaban* A *salir.* ▶ **1, 3:** *PREPARAR.

apresto. m. **1.** Sustancia que se aplica a tejidos, pieles y otros objetos para darles consistencia o mejorar su aspecto. *En cuanto laves la camisa, se le irá el apresto.* **2.** Hecho de aprestar o poner apresto (→ 1). *El apresto del papel con una capa de cola evita que la hoja absorba la tinta.*

apresurado, da. part. **1.** → **apresurar.** ● adj. **2.** Que manifiesta o implica apresuramiento. *Cientos de viajeros recorren la estación con aspecto apresurado.*

apresuramiento. m. Hecho de apresurar o apresurarse. *Hizo la maleta con apresuramiento. El apresuramiento del ritmo de la carrera puede hacer que algún participante abandone.*

apresurar. tr. **1.** Hacer que (algo) se produzca más rápido o más deprisa. *Miró de nuevo el reloj y apresuró el paso.* ○ intr. prnl. **2.** Darse prisa. *Tienes una semana para pensarlo, no hace falta que te apresures.* Se usa frec. en la constr. *~se* a hacer algo. *Empieza a llover y todos se apresuran* A *abrir los paraguas.*

apretado, da. part. **1.** → **apretar.** ● adj. **2.** Dicho espec. de período de tiempo o de programa: Lleno de actividades o compromisos. *Tengo un día muy apretado. El programa del curso resulta apretado.* **3.** Dicho espec. de resultado: Que presenta o supone una diferencia muy pequeña. *La victoria ha sido muy apretada.* **4.** Escaso de recursos económicos. *Andan muy apretados últimamente.*

apretar. (conjug. ACERTAR). tr. **1.** Ejercer presión o fuerza física (sobre algo o alguien). *Apriete el botón rojo para apagar el aparato. Debe apretar el algodón sobre la herida durante unos minutos. Al felicitarme, me apretó la mano cordialmente.* **2.** Juntar estrechamente (una persona o cosa) a otra. *Apretaba el peluche* CONTRA *su pecho. La niña no quería irse y se apretaba* CONTRA *su madre.* Tb.: *Tuve que apretar la ropa en la maleta para poder cerrarla. Si nos apretamos un poco, todavía cabe en el ascensor otra persona. Escribe en renglones tan apretados que cuesta leer lo que pone.* **3.** Presionar o agobiar (a alguien). *Cuando los problemas te aprieten, procura mantener la calma.* Tb. usado en constr. intr. *No podemos disfrutar del trabajo porque los jefes aprietan con los plazos.* **4.** Hacer que (algo que sirve para sujetar o ajustar) quede firme o ejerza presión. *Colocó la rueda de re-*

puesto y apretó bien las tuercas. Le apretaron tanto la venda que el brazo se le puso morado. **5.** Acelerar (algo, como el paso o el ritmo). *Tuvimos que apretar el paso para llegar a tiempo.* ○ intr. **6.** Quedar una prenda demasiado ajustada. *No me gustan los pantalones elásticos porque aprietan mucho. Me aprietan los zapatos en la punta. Cuando engordé, todas las faldas me apretaban.* **7.** Esforzarse más de lo habitual. *Con que apretaras un poco, aprobarías.* **8.** Actuar algo dejando sentir su efecto con mayor intensidad de lo habitual, frec. causando molestia. *A esta hora, el hambre aprieta y necesito comer para no marearme. Para ir a la playa, no esperes a que el sol apriete.* ○ intr. prnl. **9.** Estar estrechamente juntas en un lugar muchas personas o cosas. *Decenas de viajeros se apretaban de pie en el vagón.* ▶ **1:** *PRESIONAR. **3:** *AGOBIAR. **4:** AJUSTAR. **9:** *AMONTONARSE.

apretón. m. **1.** Hecho de apretar o ejercer presión de manera fuerte y rápida. *Me dio un apretón en el brazo para que me callara.* **2.** coloq. Necesidad fuerte e incontenible de defecar. *Me está dando un apretón, tengo que ir al baño.* ■ **~ de manos.** m. Hecho de estrecharse la mano dos personas con energía y afecto. *Para cerrar el acuerdo, démonos un apretón de manos.*

apretujar. tr. **1.** coloq. Apretar mucho (una cosa o a una persona) juntándo(las) estrechamente a otra. *Apretujaba nerviosa el pañuelo en el puño. Mi hermano ocupa todo el asiento y me apretuja* CONTRA *la puerta. Apretujaos un poco para hacerme sitio. Le gusta apretujar al cachorrito* ENTRE *sus brazos.* ○ intr. prnl. **2.** coloq. Apretarse muchas personas o cosas en un lugar. *Decenas de fans se apretujaban* A *la puerta del camerino.*

apretujón. m. coloq. Hecho de apretujar o apretujarse. Frec. en pl. *Avanzamos hasta el escenario entre codazos y apretujones.*

apretura. f. **1.** Concentración excesiva de gente. Frec. en pl. con significado sing. *Madrugo para evitar las apreturas de la hora punta en el autobús.* **2.** Apuro o dificultad. Frec. en pl. *Mientras estuvo en el paro, pasó apreturas económicas.*

aprieto. m. Situación difícil o complicada. *Me pones en un aprieto. Esto nos ayudará a salir del aprieto.* ▶ APURO, EMBROLLO.

a priori. (loc. lat.). loc. adv. Antes de conocer un hecho determinado, o antes del momento que se toma como referencia. *A priori, el equipo argentino es el favorito. Las consecuencias de la decisión no se pueden determinar a priori.* Tb. loc. adj. *Es difícil defenderse de los prejuicios, de las condenas a priori.*

apriorismo. m. cult. Método en que se emplea sistemáticamente el razonamiento o las ideas a priori. Frec. en filosofía. *Los empiristas se oponían al apriorismo racionalista.* Tb. dicho razonamiento o dicha idea. *Conviene evitar apriorismos sobre el tema y analizar los datos reales.*

apriorístico, ca. adj. cult. Del apriorismo. *El investigador evita el enfoque apriorístico y se atiene al resultado de la experimentación.*

aprisa. (Tb. **a prisa**). adv. Con rapidez. *Caminaba muy aprisa y no lo alcancé. Como hablas tan aprisa casi no se te entiende.*

aprisco. m. Lugar cercado, a veces cubierto, donde se guarda el ganado. *El pastor metió a las ovejas en el aprisco.*

aprisionamiento. m. Hecho de aprisionar. *El aprisionamiento en trampas de animales protegidos constituye un delito.*

aprisionar. tr. Sujetar con fuerza (algo o a alguien) impidiendo que se muevan. *Al cerrar la ventanilla, casi me aprisiona la mano. Luchaba por soltar las ataduras que lo aprisionaban.* ▶ APRESAR.

aproar. intr. *Mar.* Volver una embarcación la proa hacia un lugar. *El buque averiado aproó* AL *puerto. Un fuerte viento impide que la nave aproe* HACIA *Levante.*

aprobación. f. Hecho de aprobar algo, espec. dándolo por bueno. *La ley será enviada al Congreso para su aprobación. Asentía con gesto de aprobación.*

aprobado. m. Calificación mínima de las que indican que se ha superado un examen o una asignatura. *He sacado un aprobado en Literatura.* Frec. fig. *Según la encuesta, el alcalde no alcanza el aprobado.*

aprobar. (conjug. CONTAR). tr. **1.** Dar por bueno (algo) o mostrar que se está de acuerdo (con ello). *El Parlamento aprobó la reforma del Código Civil. Los padres de la novia no aprueban la boda.* **2.** Declarar capacitado (a un alumno) en un examen. *La profesora no aprobará a los que cometan faltas de ortografía.* **3.** Obtener la calificación de aprobado (en un examen o en una asignatura). *He aprobado Matemáticas. Los que aprueben el test pasarán a la siguiente fase.* ▶ **1:** *ACEPTAR.

aprobatorio, ria. adj. Que aprueba o da por bueno algo. *Se ha alcanzado un acuerdo aprobatorio del proyecto. Al final de su intervención se oyeron comentarios aprobatorios.*

apropiación. f. Hecho de apropiarse. *No hubo intento de apropiación, solo se confundió de maleta. Lo juzgarán por estafa y apropiación indebida de fondos.*

apropiado, da. part. **1.** → **apropiarse.** ● adj. **2.** Adecuado para alguien o algo. *Los jerséis de lana no son apropiados* PARA *el calor. No lo puedo reparar sin las herramientas apropiadas.*

apropiarse. (conjug. ANUNCIAR). tr. prnl. **1.** Hacerse dueño (de algo que pertenece a otro). *Siempre se apropia las ideas ajenas.* ○ intr. prnl. **2.** Hacerse dueño de algo que pertenece a otro. *Piensa por tu cuenta y no te apropies* DE *mis ideas. Los ladrones se apropiaron* DEL *dinero que había en la casa.*

aprovechable. adj. Que puede ser aprovechado. *A veces se encuentran cosas aprovechables en la basura. Las sustancias aprovechables pasan a la sangre por el intestino.*

aprovechado, da. part. **1.** → **aprovechar.** ● adj. **2.** Dicho de persona: Que se aprovecha de las circunstancias favorables. Frec. despect. *Deja algo para los demás, no seas tan aprovechado.* Tb. m. y f. *Durante el tumulto, algunos aprovechados robaron cosas.*

aprovechamiento. m. Hecho o efecto de aprovechar o aprovecharse. *La instalación de placas permite el aprovechamiento de la energía solar. Se obtiene mayor aprovechamiento del curso si se practica en casa. El edificio abandonado podría tener aprovechamiento como escuela.*

aprovechar. tr. **1.** Emplear (algo) de forma provechosa o útil. *Aprovecharé las vacaciones para estudiar inglés. Aprovecha las bolsas del supermercado para tirar la basura.* Tb. usado en constr. intr. *Si no salimos, aprovecharé para ordenar la habitación.* ○ intr. **2.** Resultar una cosa provechosa. *Para descu-*

brir al culpable se preguntaba a quién podía aprovechar el crimen. Una campaña informativa aprovecharía más a los usuarios que tanta publicidad. ○ intr. prnl. **3.** Sacar provecho de alguien o algo, espec. con astucia o abuso. *Solo quiere aprovecharse* DE *ti. Eso sería aprovecharnos* DE *vuestra generosidad. Como todos se brindan a ayudarle, se aprovecha.*

aprovisionamiento. m. Hecho de aprovisionar. *Las rutas de aprovisionamiento quedaron cortadas por la guerra. Si se agotan los recursos naturales, no se podrá garantizar el aprovisionamiento de energía.* ▶ *PROVISIÓN.

aprovisionar. tr. Abastecer (a alguien o algo) de las cosas necesarias. *Un avión aprovisiona* DE *víveres a las tropas desplazadas. El barco cisterna aprovisionará al portaaviones.* ▶ *PROVEER.

aproximación. f. **1.** Hecho de aproximar o aproximarse. *Los viajes permiten una aproximación del viajero* A *nuevas costumbres. El avión inicia maniobras de aproximación* AL *aeropuerto.* **2.** Premio que se concede en la lotería a los números anterior y posterior al que obtiene uno de los primeros premios. *En el sorteo de Navidad me ha tocado una aproximación.* **3.** *Mat.* Resultado inexacto, pero próximo al exacto, que se obtiene en una medición o en un cálculo cuando no se puede precisar absolutamente. *El número 2,7 es solo una aproximación al número "e".* Tb. el grado de acercamiento al resultado exacto. *Calcular la trayectoria de un proyectil con una aproximación del 90%.*

aproximado, da. part. **1.** → **aproximar.** ● adj. **2.** Dicho de cosa: Que no es exacta, pero que se aproxima a la exacta. *La película tiene una duración aproximada de dos horas. Haz un cálculo aproximado de los gastos.* ▶ **2:** APROXIMATIVO.

aproximar. tr. **1.** Acercar (una cosa o a una persona) a otra. *Al aproximar la botella* A *la copa, casi la rompe. Nos aproximamos* HASTA *los policías para preguntarles por una calle.* Tb. fig. *El ciclo aproximará el cine asiático al gran público.* Tb. en constr. prnl. media. *Hacia las ocho de la tarde el Sol se aproxima* AL *horizonte.* Tb. fig. *Su declaración de hoy se aproxima más* A *la verdad.* **2.** *Mat.* Obtener en una operación (un resultado tan próximo al exacto como sea necesario). *Si aproximamos el valor de pi con una precisión de milésimas, obtenemos 3,142.* ▶ **1:** *ACERCAR.

aproximativo, va. adj. Aproximado. *Estas cifras son aproximativas, el resultado definitivo se sabrá al término del escrutinio.*

áptero, ra. adj. *Zool.* Que no tiene alas. *Dentro del orden de los coleópteros, unas especies son ápteras y otras aladas.*

aptitud. f. **1.** Cualidad de apto. *Se dará un certificado de aptitud a los que superen el examen.* **2.** Conjunto de cualidades que hacen a alguien especialmente apto para ejercer una actividad o una función. *Tiene aptitud* PARA *los deportes.* Más frec. en pl. *Por sus aptitudes y experiencia, es la persona ideal para el puesto. Desde niño demostró aptitudes artísticas.* ▶ **2:** CAPACIDADES.

apto, ta. adj. Idóneo o adecuado para algo. *Aceite no apto* PARA *el consumo humano. Su formación lo hace apto* PARA *este trabajo.* Se usa para calificar a quien supera una prueba o un examen. *Los aspirantes declarados aptos en la última fase de la oposición obtendrán una plaza.*

apuesta. f. **1.** Hecho de apostar algo, espec. dinero. *Hice una apuesta* CON *mi hermano y he perdido. El que pierda la apuesta invita a cenar al otro. La apuesta* A/POR *un caballo desconocido es más arriesgada.* **2.** Cosa apostada. *La apuesta mínima para poder jugar es de cuatro euros.* ▶ **Am:** POLLA.

apuesto, ta. adj. Dicho espec. de hombre: Guapo y de buena presencia. *Es tan alto y apuesto que llama la atención.*

apuntado, da. part. **1.** → **apuntar.** ● adj. **2.** Dicho de cosa: Que termina en punta. *Las tijeras son largas y apuntadas. Tiene la nariz aguileña y la barbilla apuntada.*

apuntador, ra. adj. **1.** Que apunta o sirve para apuntar. *El ordenador portátil dispone de un dispositivo apuntador que hace las veces de ratón.* ● m. y f. **2.** En el teatro: Persona que, situada fuera de la vista del público, apunta a los actores lo que deben decir. *Mientras los actores declaman, el apuntador sigue el texto entre bastidores.* Tb. fig. *Sabe expresarse sola y no necesita apuntadores.*

apuntalamiento. m. Hecho o efecto de apuntalar. *Será necesario el apuntalamiento del edificio incendiado.* Tb. fig. *Se otorgaron subvenciones para el apuntalamiento de una industria en crisis.*

apuntalar. tr. Poner puntales para sostener o asegurar (un edificio o alguna de sus partes). *Han tenido que apuntalar la fachada.* Tb. fig. *Hay que tomar medidas drásticas para apuntalar la economía.*

apuntar. tr. **1.** Escribir (algo, espec. un dato). *Apunta mi teléfono en tu libreta.* **2.** Escribir el nombre (de alguien) en una lista. *Ya no hay plazas, pero me han apuntado en la lista de espera. Se han apuntado* AL *concurso doscientos participantes.* **3.** Dirigir (un arma) hacia alguien o algo que constituyen el blanco. *Apuntaron los morteros* A *la ciudad.* **4.** Señalar o indicar (algo o a alguien). *Me apuntó con el dedo y dijo: –Te toca a ti. En la entrevista apuntó que el accidente pudo tener otras causas.* **5.** Decir a alguien (lo que tiene que decir). *Un compañero le apuntó la respuesta.* ○ intr. **6.** Dirigir un arma hacia alguien o algo que constituyen el blanco. *Me apunta* CON *una pistola. Apuntó* CON *la escopeta y disparó. La policía apuntaba* A *los dos detenidos.* **7.** Empezar a aparecer algo. *Se pusieron en camino cuando apuntaba el día. Ya está apuntando el centeno en las tierras.* ○ tr. prnl. **8.** Conseguir (algo, espec. un éxito o una ventaja). *Se apuntó su segundo gol con un remate de cabeza. Si mejora los transportes, el alcalde se apuntará una victoria de cara a las elecciones.* ○ intr. prnl. **9.** Decidir alguien unirse a algo. *Se apuntaba* A *todo. Si se enteran de que nos vamos de excursión, seguro que se apuntan.* ▶ **1:** ANOTAR. **2:** INSCRIBIR. **4:** *SEÑALAR. ‖ **frecAm: 2:** ENLISTAR.

apunte. m. **1.** Hecho o efecto de apuntar. *Haré un apunte en la agenda para recordar la cita. Cada pago tiene su apunte en el libro de contabilidad. Para terminar esta conferencia, quiero hacer un último apunte sobre la situación en otros países.* **2.** Dibujo rápido tomado del natural. *El pintor hizo en su cuaderno varios apuntes de los niños que jugaban.* ○ pl. **3.** Resumen escrito hecho gralm. a partir de lo que se oye en una clase o conferencia, o de lo que se lee en un libro. *Como falté a clase, pedí los apuntes a un compañero. Mientras el profesor explica, los alumnos toman apuntes.*

apuntillar. tr. *Taurom.* Rematar (a un toro) con la puntilla. *El diestro estoqueó al toro y un subalterno* *lo apuntilló.* Tb. fig. *Estaban jugando mal y el gol encajado terminó de apuntillar al equipo.*

apuñalamiento. m. Hecho de apuñalar. *Lo han detenido por el apuñalamiento de un hombre.*

apuñalar. tr. Dar una o más puñaladas (a alguien). *Los atracadores apuñalaron a su víctima y huyeron.*

apurado, da. part. **1.** → **apurar.** • adj. **2.** Dicho de persona: Que está en apuros. *No puedo pararme, que voy muy apurado de tiempo. Si estás apurado, yo te presto dinero.* **3.** Dicho espec. de situación: Difícil o angustiosa. *Sería una situación apurada quedarse sin gasolina en este lugar desierto.*

apurar. tr. **1.** Causar preocupación o angustia (a alguien). *La apura mucho pensar en lo que queda por hacer.* Tb. en constr. prnl. media. *No se apuren* POR *sus maletas, se las enviaremos a casa. Te apuras demasiado, ya verás como todo se arregla.* **2.** Consumir por completo (una cosa). *Apuró su café y salió del bar.* **3.** Agotar (algo), o aprovechar(lo) al máximo. *No comimos para apurar el poco tiempo que nos quedaba. Volvemos a casa mañana para apurar el último día de vacaciones.* ○ intr. prnl. **4.** frecAm. Darse prisa. *Si no te apuras, no llegaremos nunca. Ya los soldados tenían que apurarse para igualar nuestro paso* [C].

apuro. m. **1.** Situación difícil, angustiosa o arriesgada. *Nadie me ayudará a salir del apuro.* Frec. en pl. con significado sing. *La huelga general puso en apuros al Gobierno. ¡Qué apuros cuando pinchó la rueda!* **2.** coloq. Vergüenza o turbación. *Paso mucho apuro cuando me elogias delante de todos. Que no te dé apuro preguntar.* **3.** frecAm. Prisa (rapidez al hacer algo). *Sin apuro, durante una hora larga, saquearon la casa* [C]. ▶ **1:** *APRIETO. **3:** PRISA.

aquejar. tr. Afectar una enfermedad (a una persona o a una parte de su cuerpo). *Se le han pasado los dolores que lo aquejaban. La ingresaron aquejada* DE *neumonía.* Tb. fig. *Se discutirán los problemas que aquejan a la agricultura.*

aquel, lla. adj. **1.** Que está lejos, en el espacio o en el tiempo, de la persona que habla y de la que escucha. *Aquella arma no era el arma del crimen. Aquel hotel es el que me gusta. Aquellos momentos son irrepetibles.* A veces se pospone al n. y entonces este va precedido de art. *¿Te acuerdas de la película aquella que vimos el mes pasado?* **2.** cult. Que se ha mencionado muy anteriormente. *Me aseguró que existían unos documentos que probaban que la propiedad había pertenecido a su familia durante generaciones, pero nunca llegaron a encontrarse aquellos papeles.* • pron. (Puede llevar acento, pero este solo es obligatorio cuando existe riesgo de ambigüedad entre la interpretación como pronombre y como adjetivo). *Al contarnos aquéllos* ('aquellos chicos') *relatos de terror nos asustamos*). **3.** El que está lejos, en el espacio o en el tiempo, de la persona que habla y de la que escucha. *Aquel fue un buen año. Aquella del escaparate es la que más me gusta.* **4.** cult. El que se ha mencionado en primer lugar. *Se probó un vestido azul y uno rojo, pero este tenía mucho escote y aquel era demasiado largo. Los jugadores del equipo visitante perdieron ante los locales, aunque aquellos habían jugado mejor.* • m. **5.** Cualidad positiva que no se quiere o no se acierta a precisar. *Tenía un aquel que lo hacía muy atractivo. No es guapa, pero tiene su aquel. No era una blusa especialmente elegante, aunque tenía su aquel.*

aquelarre. m. Reunión nocturna de brujos y brujas con la intervención del demonio. *El cuadro representa un aquelarre con el demonio en forma de macho cabrío.*

aquenio. m. *Bot.* Fruto seco que no se abre al madurar y tiene una sola semilla que no está soldada a la parte exterior. *La bellota es un aquenio.*

aqueo, a. adj. histór. De un pueblo que invadió la península helénica hacia el año 2000 a. C. *Guerreros aqueos.* Dicho de pers., tb. m. y f. *Los aqueos fundaron la cultura micénica.*

aquí. adv. **1.** En este lugar. *Cuelga el cuadro aquí mismo. ¿Qué haces aquí a estas horas? Aquí dentro hace un calor insoportable. "¿Te duele aquí?, ¿y aquí?", iba preguntando el médico mientras lo palpaba.* A veces precedido de prep. *Vete de aquí. Desde aquí puede verse el campanario.* **2.** A este lugar. *¡Ven aquí inmediatamente!* A veces precedido de prep. *Camina hacia aquí despacio.* **3.** En este punto o asunto. *Aquí es donde radica la dificultad. El problema está aquí. Aquí no voy a transigir. Te conviene hacer más hincapié aquí.* A veces precedido de prep. *De aquí se deduce lo siguiente.* **4.** En este momento. *Aquí llegó Alberto. No paraba de toser, y aquí empezamos a preocuparnos.* A veces precedido de prep. *Con lo que has dicho hasta aquí, me hago una idea. De aquí a un mes habremos acabado el trabajo.* **5.** coloq. Seguido de un nombre de persona, se usa como fórmula de presentación. *Aquí Juan, un amigo de toda la vida.* ■ **~ y allí,** o **~ y allá.** loc. adv. En varios lugares indeterminados. *Han encontrado desperdigados aquí y allí restos del avión siniestrado.* ■ **de ~ para allá.** loc. adv. De una parte a otra, sin parar de moverse. *Se pasa el día de aquí para allá sin hacer nada.*

aquiescencia. f. Asentimiento o consentimiento. *La directiva ha tomado la decisión con la aquiescencia de todos.*

aquiescente. adj. Que consiente o que asiente. *Mientras yo hablaba, él movía la cabeza aquiescente.*

aquietar. tr. Tranquilizar o calmar (algo o a alguien). *Por más que le he dicho, no he conseguido aquietarla.* Tb. en constr. prnl. media. *Lloró largo rato y al fin se aquietó.* ▶ *CALMAR.

aquilatar. tr. Calcular o determinar (el valor de algo). *Un gemólogo aquilatará el valor de la piedra preciosa.*

aquilino, na. adj. cult. Dicho de nariz o de rostro: Aguileño. *En su familia todos tienen la nariz aquilina. Era enjuto y de rostro aquilino.*

aquilón. m. cult. Norte (viento). *El aquilón soplaba furioso.*

ar. interj. *Mil.* Se usa para ordenar la ejecución inmediata de la orden que se acaba de dar. *Se oye al sargento: –Carguen armas, ¡ar!; apunten, ¡ar!; disparen, ¡ar!*

ara. f. Altar (mesa para celebrar la misa, o lugar para sacrificios). *El ara de la iglesia está cubierta de una tela blanca. El arúspice puso el animal sobre el ara.* ■ **en ~s de.** loc. prepos. En favor de. *Sacrifican la calidad del producto en aras de una mayor producción.* ▶ ALTAR.

árabe. adj. **1.** De Arabia (península del sudoeste de Asia). *En muchos países árabes la principal fuente de riqueza es el petróleo.* Dicho de pers., tb. m. y f. *El objetivo es la convivencia pacífica de árabes e israelíes.* **2.** De los pueblos que tienen como lengua el árabe (→ 4). *El Magreb es la parte del mundo árabe más cercana a España.* Dicho de pers., tb. m. y f. *Gran parte de los árabes son musulmanes. Los árabes lle-*

garon a España en el s. VIII. **3.** Del árabe (→ 4). *Alfabeto árabe.* ● m. **4.** Lengua semítica hablada en los países del norte de África y del sudoeste de Asia. *El español tiene muchas palabras procedentes del árabe. El Corán está escrito en árabe clásico.* ▶ **1-3:** ARÁBIGO.

arabesco. m. Adorno, pintado o esculpido, constituido por una complicada combinación de figuras geométricas y vegetales, y empleado frec. en frisos, zócalos u otros elementos arquitectónicos. *Estucos dorados y arabescos de yeso adornan las paredes del palacio califal.*

arábigo, ga. adj. Árabe. *Escritura arábiga.*

arabismo. m. Palabra o uso propios de la lengua árabe empleados en otra. *Hasta el siglo* XVI, *la lengua española asimiló muchos arabismos.*

arabista. m. y f. Especialista en lengua y cultura árabes. *Un arabista elabora una antología de poesía andalusí.*

arabización. f. Hecho o efecto de arabizar o arabizarse. *A partir del siglo* VIII, *se produce en la Península, una arabización de las costumbres.*

arabizar. tr. Dar carácter árabe (a alguien o algo). *Los años de estancia en Jordania han arabizado su manera de ver la vida.* Tb. en constr. prnl. media. *Su forma de vestir se ha arabizado.*

arácnido. adj. **1.** *Zool.* Del grupo de los arácnidos (→ 2). *Un artrópodo arácnido.* ● m. **2.** *Zool.* Animal invertebrado terrestre con cuatro pares de patas y la cabeza unida al tórax, como la araña y el escorpión. *El museo posee una interesante colección de insectos y arácnidos.*

arado. m. **1.** Instrumento agrícola que, movido por fuerza animal o mecánica, sirve para arar. *Los primeros arados eran de madera.* **2.** Hecho de arar. *Tienen que terminar el arado de la tierra antes de empezar la siembra.*

arador. m. Ácaro diminuto, parásito del hombre, que produce la sarna. *El arador pone los huevos debajo de la piel.* Tb. ~ *de la sarna.*

aragonés, sa. adj. **1.** De Aragón. *Sabe bailar la jota aragonesa.* Dicho de pers., tb. m. y f. *Los aragoneses son vecinos de los catalanes.* **2.** Del aragonés (→ 3 y 4). *Tiene acento aragonés.* ● m. **3.** histór. Dialecto romance usado en el antiguo reino de Aragón. *Algunos fueros se redactaron en aragonés.* **4.** Variedad de la lengua española que se habla en Aragón. *En aragonés es habitual el sufijo diminutivo "-ico".*

aragonesismo. m. Palabra o uso propios de la variedad aragonesa de la lengua española. *El apelativo "maño" es un aragonesismo.*

aragonito. m. *Mineral.* Variedad de carbonato de calcio, de brillo nacarado, cuyos cristales se agrupan en prismas de apariencia hexagonal. *Yacimientos de aragonito.*

arahuaco, ca. adj. De un grupo de pueblos indígenas de las Antillas que se extendió por Sudamérica. *Los primeros pobladores de Jamaica eran indios arahuacos. Lengua arahuaca.* Dicho de pers., tb. m. y f. *En Venezuela perviven los arahuacos y los yanomamis.*

arameo, a. adj. **1.** Del arameo (→ 2). *Gramática aramea.* ● m. **2.** Grupo de lenguas semíticas habladas antiguamente en Oriente Próximo y hoy en algunas partes de Siria, Líbano y otros países de la zona. *Los arqueólogos han encontrado textos antiguos en arameo.*

arancel. m. **1.** Impuesto que se aplica a un bien o producto importados en un país. *Por la mercancía se paga un arancel que encarece su precio final.* **2.** Tarifa oficial que determina la cantidad que se ha de pagar por determinados servicios. *Se rebajarán los aranceles que cobran los notarios en los préstamos hipotecarios.*

arancelario, ria. adj. Del arancel, espec. del aduanero. *Al desaparecer las barreras arancelarias, los productos circulan libremente.*

arándano. m. Fruto comestible y de sabor agridulce, de pequeño tamaño, con forma globosa y color negruzco o azulado. *Mermelada de arándanos.* Tb. su planta. *El arándano crece en zonas montañosas.*

arandela. f. **1.** Pieza plana y circular, perforada en el centro, que se usa para mantener una tuerca o un tornillo apretados, para asegurar el cierre de una junta o para evitar que dos piezas rocen entre sí. *Cada tirador se fija al armario con un tornillo y una arandela. La arandela de la cafetera se ha podrido.* **2.** Pieza u objeto en forma de arandela (→ 1). *Para buscar a gente sepultada en la nieve emplean un bastón de esquí sin la arandela.*

araña. f. **1.** Animal invertebrado con cuatro pares de patas y el abdomen abultado, que segrega un hilo viscoso con el que caza a sus presas y se traslada de un lugar a otro. *La araña macho. Los insectos quedan atrapados en la red tejida por la araña.* **2.** Lámpara de varios brazos que va sujeta al techo y de la que suelen colgar pequeñas piezas de cristal. *Una enorme araña ilumina el patio de butacas.*

arañar. tr. **1.** Hacer una persona o animal heridas superficiales en forma de rayas con las uñas o con un objeto puntiagudo en la piel (de alguien o de una parte de su cuerpo). *El gato ha arañado al niño en la cara. La arañé con el lápiz sin darme cuenta.* Tb. referido a las uñas o al objeto que hacen esas heridas. *Al pasar, una rama me arañó en el brazo. El alambre le ha arañado las manos.* **2.** Hacer rayas poco profundas en la superficie (de algo). *No dejes las llaves sobre la mesa del comedor, que la arañan. Su coche pasó tan cerca del mío que me arañó la carrocería.* **3.** Obtener (algo) con empeño, espec. tomándo(lo) de varios sitios y en pequeñas porciones. *Para pagar el ordenador he ido arañando unos euros del presupuesto de cada mes. El candidato recorrerá el resto de los pueblos para arañar algún voto más.*

arañazo. m. **1.** Hecho de arañar o hacer rayas o heridas superficiales. *Estas señales son de arañazos del gato.* **2.** Marca o herida producida por un arañazo (→ 1). *Me escuecen los arañazos que me hice con las zarzas. Los patines dejan el suelo lleno de arañazos.*

arar. tr. Remover (la tierra) o hacer surcos (en ella) con el arado. *Empiezan a arar la tierra en febrero y después plantan el maíz.* Tb. usado en constr. intr. *Antiguamente araban con bueyes.* ▶ LABRAR.

araucano, na. adj. **1.** De un pueblo indígena de Sudamérica que en la época de la conquista española habitaba en la zona central de Chile, y que después se extendió por la pampa argentina. *Caudillo araucano.* Dicho de pers., tb. m. y f. *Los araucanos se enfrentaron a los conquistadores.* ● m. **2.** Lengua de los araucanos (→ 1). *Muchos términos del español de Chile provienen del araucano.* ▶ MAPUCHE.

araucaria. f. Árbol originario de América, de gran tamaño, con forma parecida a la del abeto y hojas siempre verdes, que se cultiva como ornamental. *En Chile hay bosques de araucarias.*

arbitraje. m. Hecho de arbitrar. *Los trabajadores han aceptado el arbitraje de la Consejería de Trabajo.*

arbitral. adj. Del árbitro. *El entrenador no está de acuerdo con la decisión arbitral.*

arbitrar. tr. Hacer de árbitro (de alguien o algo). *Un colegiado valenciano arbitrará el partido. El Gobierno arbitra el conflicto entre la empresa y los trabajadores. No es lo mismo arbitrar a niños que a adultos.* Tb. usado en constr. intr. *Necesitamos a una persona neutral para que arbitre.*

arbitrariedad. f. **1.** Acto arbitrario. *Han cometido muchas arbitrariedades, como bajarnos de categoría sin motivo.* **2.** Conducta arbitraria. *No se puede gobernar con arbitrariedad, ignorando al Parlamento.*

arbitrario, ria. adj. **1.** Dicho de persona: Que actúa siguiendo su voluntad o capricho, sin ajustarse a las leyes o a la razón. *Es arbitrario e imprevisible en sus decisiones.* **2.** Dicho de cosa: Que depende de la voluntad o el capricho de alguien, sin ajustarse a las leyes o a la razón. *Han seleccionado a los candidatos con criterios arbitrarios, sin hacerles ninguna prueba.*

arbitrio. m. **1.** Facultad que tiene alguien de decidir o de adoptar una resolución. *La naturaleza tiene sus leyes y no está sujeta al arbitrio humano.* Frec. en la constr. *al* ~ de alguien. *Queda al arbitrio* DE *cada cual votar a uno u otro partido. Dejo a su arbitrio la elección de una fecha para vernos.* **2.** Medio extraordinario para conseguir un fin. *Ya encontraré algún arbitrio para salir de esta ruina.* **3.** *Der.* Impuesto, gralm. municipal, establecido con el fin de obtener fondos para gastos públicos. *El arbitrio que grava las gasolinas se destinará a financiar el gasto sanitario.*

arbitrismo. m. Actitud propia del arbitrista. *Tanto arbitrismo impide que el país avance.*

arbitrista. m. y f. Persona que propone proyectos disparatados o poco realistas para resolver problemas políticos o económicos. *Un pueblo sin educación es presa fácil de arbitristas y demagogos.* Frec. referido a personas de la España de los ss. XVII y XVIII. *Los arbitristas escribían extensos memoriales con soluciones a la crisis económica.*

árbitro, tra. m. y f. **1.** Persona encargada de que se cumpla el reglamento en un encuentro deportivo. *Es árbitro de fútbol. Cada vez se ven más árbitras en las canchas de baloncesto.* **2.** Persona, o grupo de ellas, encargadas de resolver un conflicto entre dos o más partes. *Si el cliente y el comerciante no se ponen de acuerdo, intervendrá un árbitro de la Consejería de Consumo. Una comisión internacional interviene como árbitro en la conferencia de paz.* **3.** Persona cuyo criterio se toma como autoridad en un asunto o materia. *Los científicos no desean convertirse en árbitros de la moral.*

árbol. m. **1.** Planta de tallo leñoso, frec. elevado, que se divide en ramas a cierta altura del suelo. *En otoño algunos árboles pierden las hojas.* **2.** Representación gráfica en forma de árbol (→ 1) de la estructura de una cosa y de las relaciones entre sus elementos. *El profesor explica la estructura de la oración mediante un árbol.* **3.** *Mec.* Eje que sirve para transmitir o transformar movimiento, o para soportar piezas giratorias. *Al meter la marcha atrás se invierte el sentido de giro del árbol de transmisión. Árbol de levas.* ■ ~ **de Navidad.** m. Árbol (→ 1) natural o artificial, gralm. un pino o un abeto, que se decora con luces, adornos y regalos para las celebraciones navideñas. *Después del día de Reyes quitamos el árbol de Navidad.* ■ ~ **genealógico.** m. Árbol (→ 2) de las relaciones de parentesco entre los miembros de una familia. *En el libro figura el árbol genealógico de los Austrias.* ▶ **Am: 1:** PALO.

arbolado[1]**.** m. Conjunto de árboles. *El incendio afecta a cincuenta hectáreas de arbolado.*

arbolado[2]**, da.** adj. Dicho de lugar: Poblado de árboles. *El terreno está densamente arbolado. Calles arboladas.*

arboladura. f. *Mar.* Conjunto de palos y vergas de un buque. *Arriaron las velas, dejando al desnudo la arboladura del navío.*

arboleda. f. Terreno poblado de árboles. *El ganado se cobija en la arboleda a las horas de calor.*

arbóreo, a. adj. **1.** Del árbol o de los árboles. *El pino es una especie arbórea que se adapta bien a las sequías.* **2.** Semejante a un árbol. *Una planta arbórea.*

arborescencia. f. Cosa que tiene forma o estructura de árbol. *Los pulmones aparecen representados como dos arborescencias a ambos lados del corazón.*

arborescente. adj. De forma o estructura de árbol. *Podemos representar la estructura de mandos mediante un diagrama arborescente.*

arborícola. adj. *Zool.* Dicho de animal: Que vive en los árboles. *En la selva abundan las especies arborícolas.*

arboricultor, ra. m. y f. Persona que se dedica a la arboricultura. *El Ministerio de Medio Ambiente subvencionará a los arboricultores.*

arboricultura. f. Cultivo de los árboles. *Terrenos dedicados a arboricultura y horticultura.* Tb. la técnica correspondiente. *El curso de arboricultura lo da un ingeniero forestal.*

arbotante. m. *Arq.* Arco que hace que el empuje de una bóveda recaiga sobre un contrafuerte exterior. *La catedral presenta los típicos arbotantes góticos.*

arbustivo, va. adj. Del arbusto, o de características semejantes a las suyas. *El ficus puede tener porte arbóreo o arbustivo. Plantas arbustivas.*

arbusto. m. Planta de tallos leñosos divididos en ramas desde la base. *Un arbusto abundante en estos montes es la jara.*

arca. f. **1.** Caja grande de madera, de base rectangular y tapa gralm. convexa, con bisagras y cerradura, que sirve para guardar objetos. *Guardaban los vestidos en un arca ricamente decorada.* **2.** Caja para guardar dinero. *La recaudación diaria se guarda en un arca metálica.* Frec. fig. y en pl. *Los impuestos van a parar a las arcas del Estado.* ■ ~ **de la Alianza.** f. *Rel.* Arca (→ 1) en que se guardaban las Tablas de la Ley que Dios entregó a Moisés. *El arca de la Alianza se encontraba en un templo de Jerusalén.* ■ ~ **de Noé.** f. Embarcación en que, según la Biblia, se salvaron del Diluvio Noé y su familia y los animales encerrados en ella. *En el arca de Noé había una pareja de cada especie animal.* ▶ **1:** *BAÚL.

arcabucero. m. histór. Soldado armado de arcabuz. *Unidades de arcabuceros disparan contra la caballería.*

arcabuz. m. histór. Arma de fuego semejante al fusil, que se disparaba prendiendo una mecha. *Desfilaban los soldados con sus arcabuces al hombro.*

arcada[1]**.** f. Conjunto o serie de arcos de una construcción. *Una arcada de piedra rodea el patio del convento.*

arcada². f. Movimiento violento del estómago, gralm. seguido o acompañado de vómito. *Tuvo una arcada y un sabor acre le llenó la boca.* Frec. en pl. *Es un olor tan repugnante que me produce arcadas.*

arcádico, ca. adj. **1.** De Arcadia (región de Grecia). Frec. referido a la Antigüedad clásica. *Los ejércitos arcádicos lucharon contra los espartanos.* **2.** cult. Bucólico. *El pintor sitúa a sus modelos en escenarios arcádicos.*

arcaico, ca. adj. **1.** Muy antiguo o de época remota. *Historia de las religiones desde el mundo arcaico hasta nuestros días.* **2.** Muy anticuado. *Hay que modernizar las arcaicas estructuras económicas del país.* Frec. despect. *Sus detractores consideran las corridas un espectáculo brutal y arcaico.* **3.** (Como m. se usa en mayúsc.). *Geol.* Dicho de división geológica: Que es la más antigua de la historia de la Tierra y constituye la primera parte del Precámbrico. Tb. m. *Al parecer, en el Arcaico, la atmósfera no tenía oxígeno.* **4.** *Geol.* Del Arcaico (→ 3). *Terrenos arcaicos.* ▶ **1:** ANTIGUO. **2:** *ANTICUADO.

arcaísmo. m. **1.** Cualidad de arcaico. *El arcaísmo de la escultura se percibe en su inexpresividad.* **2.** Palabra o expresión arcaicas. *Hoy, "desfacer" es un arcaísmo.*

arcaizante. adj. Que tiende a arcaico. *La iglesia es de estilo románico arcaizante. Lenguaje arcaizante.*

arcángel. m. *Rel.* En el cristianismo: Espíritu celeste de orden inmediatamente superior al del ángel. *El retablo muestra un ejército de ángeles con el arcángel San Miguel al frente.*

arcano, na. adj. **1.** Secreto u oculto. *Un brujo le enseñó arcanas recetas.* ● m. **2.** Secreto o misterio. *El libro se adentra en los arcanos de la prehistoria.*

arce. m. Árbol grande y de madera dura, cuyos frutos están provistos de una especie de alas que giran al caer. *La bandera del Canadá tiene una hoja de arce roja en el centro.*

arcediano. m. *Rel.* Eclesiástico con cargo de dignidad dentro del cabildo catedralicio, que antiguamente ejercía jurisdicción delegada del obispo en determinado territorio. *Próxima a la catedral está la antigua casa del arcediano.*

arcén. m. En una carretera: Margen lateral reservado espec. para el uso de los peatones y de determinados vehículos. *Las bicicletas deben circular por el arcén.* ▶ **Am:** BANQUINA.

archi-. pref. Significa 'muy'. *Archisabido, archifamoso.*

archicofradía. f. Cofradía que se caracteriza por su antigüedad o sus especiales privilegios. *Esta archicofradía fue fundada en el siglo* XVII *para rendir culto a Jesús Nazareno.*

archidiócesis. f. Diócesis dirigida por un arzobispo. *La archidiócesis de Toledo.*

archiducado. m. Territorio vinculado al título nobiliario de archiduque o sometido a la autoridad de un archiduque. *Entre las posesiones del emperador se encontraba el archiducado de Austria.*

archiduque, quesa. m. y f. **1.** Duque con autoridad superior a la de otros duques. Se usa gralm. como título de los príncipes de la casa de Austria. *Pretendían el trono el archiduque Carlos y Felipe de Anjou.* **2.** Consorte de un archiduque (→ 1) o de una archiduquesa (→ 1).

archipiélago. m. Conjunto de islas. *Tenerife es la mayor isla del archipiélago canario.*

archivador, ra. adj. **1.** Que archiva o sirve para archivar. *Carpeta archivadora.* Dicho de carpeta o caja, tb. m. o f. *Con la primera entrega se regala el archivador de fichas. Una archivadora para disquetes.* ● m. **2.** Mueble que sirve para archivar documentos. *Los expedientes se guardan en un archivador metálico.*

archivar. tr. **1.** Guardar (algo, espec. documentos) en un archivo. *Archivamos las fichas de los pacientes por orden alfabético.* **2.** Dar por terminado (algo) o dejar de dedicarse (a ello). *El juez ha archivado el caso por falta de pruebas.*

archivero, ra. m. y f. Persona que tiene a su cargo un archivo o que trabaja como técnico en él. *Los archiveros elaboran catálogos de los fondos para facilitar su consulta.*

archivístico, ca. adj. **1.** Del archivo. *Documentos archivísticos.* ● f. **2.** Estudio de las técnicas de organización y conservación de archivos. *La Facultad de Historia organiza cursos de biblioteconomía y archivística.*

archivo. m. **1.** Lugar en que se guarda, gralm. de forma ordenada, un conjunto de documentos. *Los expedientes están almacenados en el archivo.* Tb. ese conjunto. *Para escribir la biografía consultó archivos públicos y privados.* **2.** Hecho de archivar algo, espec. dándolo por terminado. *Los imputados piden el archivo del caso.* **3.** *Inform.* Espacio que se reserva en la memoria de un ordenador para almacenar información que pueda manejarse mediante una instrucción única. *He creado un archivo en el disco duro para guardar el trabajo.* ▶ **3:** FICHERO.

archivolta. f. *Arq.* Arquivolta. *El arco de la entrada está decorado con doble archivolta.*

arcilla. f. Tierra fina, formada pralm. por silicato de aluminio, que al humedecerse se hace moldeable y por ello se emplea en cerámica y alfarería. *Jarras de arcilla.*

arcilloso, sa. adj. Que tiene arcilla. *Cuando llueve, es difícil caminar por los suelos arcillosos.*

arcipreste. m. **1.** *Rel.* Eclesiástico con cargo de dignidad en una catedral, que antiguamente era el presbítero principal del cabildo. *El arcipreste rivalizaba con el deán del cabildo.* **2.** *Rel.* Eclesiástico que, por nombramiento del obispo, tiene cierta autoridad sobre los curas y las iglesias de un territorio determinado. *Ha sido nombrado arcipreste de la diócesis.*

arco. m. **1.** Elemento arquitectónico cóncavo y gralm. curvo que cubre un hueco y descarga los empujes que recibe hacia los lados. *Los romanos utilizaban los arcos en la construcción de puentes y acueductos.* Tb. designa otras cosas cuya forma recuerda la de ese elemento. *Usa plantillas porque tiene el arco del pie muy pronunciado.* **2.** Arma para disparar flechas, compuesta por una vara flexible sujeta por sus extremos con una cuerda que la curva al tensarse. *Cazan con arcos y flechas.* **3.** Varilla delgada, curva o doblada en sus extremos, que sirve para frotar las cuerdas de algunos instrumentos musicales. *El músico coge el violín con la mano izquierda, y el arco, con la derecha.* **4.** *Mat.* Porción de una curva. *Traza el arco de una circunferencia con el compás.* ■ **~ apuntado.** m. *Arq.* Arco (→ 1) constituido por dos porciones de circunferencia que forman ángulo agudo. *Los arcos del claustro son apuntados.* ■ **~ carpanel.** m. *Arq.* Arco (→ 1) formado por varias porciones de circunferencia tangentes entre sí y trazadas desde distintos centros. *La iglesia tiene elementos góticos, como el arco carpanel de entrada a la sacristía.* ■ **~ conopial.** m. *Arq.*

Arco (→ 1) formado por cuatro porciones de circunferencia, dos cóncavas y dos convexas, y que termina en punta. *La forma del arco conopial recuerda la de una llama de fuego.* ■ ~ **de herradura.** m. *Arq.* Arco (→ 1) formado por más de media circunferencia, característico de la arquitectura árabe. *Los arcos de herradura de la mezquita de Córdoba.* ■ ~ **de medio punto.** m. *Arq.* Arco (→ 1) formado por media circunferencia. *El arco de medio punto es característico del Románico.* ■ ~ **de triunfo,** o **triunfal.** m. Monumento compuesto de uno o más arcos (→ 1) y adornado con esculturas, que conmemora una victoria u otro acontecimiento. *El arco de triunfo de París se construyó en época de Napoleón. Arcos triunfales romanos.* ■ ~ **eléctrico,** o **voltaico.** m. *Fís.* Descarga eléctrica luminosa que se produce entre dos electrodos próximos y que hace que estos se pongan incandescentes. *Los arcos eléctricos se emplean en hornos de altas temperaturas. Para generar luz de alta intensidad se emplean arcos voltaicos.* ■ ~ **fajón.** m. *Arq.* Arco (→ 1) que atraviesa el eje de la nave y que rodea la bóveda. *El arco fajón en la arquitectura románica.* ⇒ FAJÓN. ■ ~ **iris.** m. Banda de colores en forma de arco (→ 4) que aparece en el cielo cuando los rayos del Sol se refractan y reflejan en las gotas de lluvia. *Cuando llueve y hace sol a la vez sale el arco iris.* ■ ~ **triunfal.** → **arco de triunfo.** ■ ~ **voltaico.** → **arco eléctrico.**

arcón. m. Arca grande para guardar objetos. *Guardan la ropa blanca en un viejo arcón.* ▶ *BAÚL.

arconte. m. histór. En la antigua Grecia: Magistrado de los nueve que se encargaban del gobierno de Atenas. *Los arcontes eran elegidos cada año entre los miembros de la nobleza.*

ardentísimo, ma. → **ardiente.**

arder. intr. **1.** Sufrir algo la acción del fuego. *Un tronco arde en la chimenea. Las piñas arden enseguida.* **2.** Experimentar alguien sensación de calor en una parte de su cuerpo. *Con esa salsa tan picante me arde la lengua.* **3.** Estar alguien bajo la influencia de una pasión o un sentimiento intensos. *Ardo* EN *deseos de volver a verla. Arde* DE *impaciencia por conocerlo. Ardía* POR *saber qué había ocurrido.*

ardid. m. Medio hábil o astuto que se emplea para lograr algo. *Se hizo pasar por uno de los nuestros, pero se descubrió el ardid.* ▶ *ARTIMAÑA.

ardido, da. adj. cult. Valiente o intrépido. *Un ejército de ardidos guerreros.*

ardiente. (sup. **ardentísimo**). adj. **1.** Que arde. *Torturan a los prisioneros con un hierro ardiente. Tiene las mejillas ardientes.* **2.** Que causa ardor en alguna parte del cuerpo. *El sabor de la guindilla es ardiente.* **3.** Vehemente o apasionado. *Es un ardiente defensor de los derechos humanos. Siente un amor ardiente.* ▶ **1:** ARDOROSO. **3:** *APASIONADO.

ardilla. f. **1.** Mamífero roedor muy ágil e inquieto, de cola larga y poblada de mucho pelo, que vive en los bosques y del cual existen varias especies, por ej.: *~ común, ~ gris, ~ voladora. La ardilla macho. Una ardilla salta de árbol en árbol.* **2.** coloq. Persona muy viva y ágil, física o mentalmente. *El pequeño futbolista es una ardilla en el área.*

ardite. un ~. loc. adv. Muy poco o nada. Frec. con *importar*. *Al tirano le importa un ardite el pueblo.*

ardor. m. **1.** Sensación de calor o quemazón intensos en alguna parte del cuerpo. *La crema calmará el ardor de la quemadura. Tengo ardor de estómago.* **2.** Vehemencia o apasionamiento. *Defiende sus ideas con ardor.* **3.** Calor intenso. *A estas horas se siente más el ardor de la tarde.* **4.** Encendimiento o tensión máximos que alcanza algo, espec. una disputa. *En el ardor de la pelea, ni se da cuenta de sus heridas.*

ardoroso, sa. adj. **1.** Dicho de persona: Que tiene ardor o vehemencia. *Aquel pajar había servido de refugio a amantes ardorosos.* **2.** Propio de la persona ardorosa (→ 1). *Ha hecho una ardorosa defensa de la monarquía.* **3.** Ardiente o muy caliente. *Tiene la frente ardorosa por la fiebre.* ▶ **1:** *APASIONADO. **3:** ARDIENTE.

arduo, dua. adj. cult. Difícil o que requiere mucho esfuerzo. *Encontrar el documento entre tantos papeles va a ser una tarea ardua.*

área. f. **1.** Espacio de tierra comprendido dentro de determinados límites. *Hay retenciones de tráfico en toda el área metropolitana.* Tb. su medida. *El número de pistas de tenis dependerá del área del recinto.* **2.** Espacio que se distingue por determinadas características o que está destinado a un fin. *Países del área mediterránea. El edificio se situará en el área de expansión de la ciudad.* **3.** En algunos deportes: Zona marcada delante de la meta, en la que las faltas tienen sanciones especiales. *Si el futbolista toca el balón con la mano en su área, será penalti.* **4.** Ámbito (espacio inmaterial). *Quiere estudiar una carrera del área de humanidades. Es responsable del área de publicidad.* **5.** *Mat.* Superficie comprendida dentro del perímetro de una figura geométrica. *Los lados del polígono limitan su área. Para calcular el área de un triángulo, se multiplica la base por la altura.* Tb. su medida. *El área del rectángulo es 20 cm^2.* **6.** *Mat.* Unidad de superficie que equivale a 100 m^2 (Símb. *a*). *Cien áreas forman una hectárea.* ■ ~ **de descanso.** f. Zona habilitada para aparcamiento junto a las autopistas y autovías. *La próxima área de descanso está a dos kilómetros.* ■ ~ **de servicio.** f. Zona habilitada junto a las autopistas y autovías, dotada con gasolineras y otras instalaciones de ayuda a los viajeros, como cafeterías y tiendas. *Paramos a tomar café en el área de servicio.* ▶ **2, 4:** *ÁMBITO.

areito o **areíto.** m. frecAm. histór. Canto de los indios antillanos. *Cantadora y poetisa de areítos* [C]. Tb. su baile. *Acabando el areito comenzaban otra manera de danzar* [C].

arena. f. **1.** Conjunto de partículas desprendidas de las rocas y acumuladas pralm. en las orillas del mar o de los ríos y en los desiertos. *Se nos hunden los pies en la arena de las dunas.* Tb. en pl. con significado sing. *Una playa de arenas blancas y finas.* **2.** Ruedo (círculo donde se desarrolla la corrida de toros). *Se abre la puerta de toriles y aparece en la arena el toro.* **3.** En un circo o anfiteatro romanos: Lugar en que se desarrolla el combate u otro espectáculo. *Las cuadrigas salen a la arena.* Tb. fig. *Entró muy joven en la arena política.* ■ **~s movedizas.** f. pl. Arena (→ 1) muy húmeda y poco estable en que los cuerpos no pueden sostenerse y se hunden. *Lo salvaron de las arenas movedizas con ayuda de unas cuerdas.* ▶ **2:** *RUEDO.

arenal. m. Terreno cubierto de arena. *En los arenales de la costa crecen palmeras.*

arenero. m. *Taurom.* Mozo encargado de mantener en buenas condiciones la arena del ruedo durante la corrida. *Entre toro y toro, los areneros alisan el ruedo con sus rastrillos.*

arenga. f. Discurso pronunciado para excitar los ánimos de los oyentes, espec. el dirigido por una autoridad a una multitud, por ej. un militar a sus soldados. *Antes del combate, el general lanza una arenga a sus tropas.* ▶ SOFLAMA.

arengar. tr. Dirigir (a alguien) una arenga. *El líder arengaba a la multitud.*

arenilla. f. **1.** Arena fina. *Las almejas se meten en agua con sal para que suelten la arenilla.* **2.** *Med.* Cálculo de pequeño tamaño que se forma en el riñón o en la vejiga. Frec. en pl. *Según el médico, las arenillas se eliminarán con la orina.*

arenisca. f. *Geol.* Roca sedimentaria formada por arena de cuarzo y un cemento natural, normalmente silíceo, arcilloso o calizo. *En las paredes del barranco se ven estratos de areniscas y calizas.*

arenoso, sa. adj. Que tiene arena o características semejantes a las suyas. *Caminan por el suelo arenoso de un cauce seco. Unas peras de textura arenosa.*

arenque. m. Pez marino comestible, semejante a la sardina, que se consume pralm. ahumado. *La tabla de ahumados tiene salmón, arenque y trucha.*

areola o **aréola.** f. *Anat.* Círculo rojizo o algo oscuro que rodea el pezón del pecho. *La operación de mama requiere una incisión en la areola.* ▶ AUREOLA.

arepa. f. frecAm. Torta de maíz. *El maíz para las arepas del desayuno debía ser de Fonseca* [C].

arete. m. **1.** Pendiente en forma de aro. *Lleva aretes y collar de plata.* **2.** Am. Pendiente (adorno). *Me fijé en sus uñas pintadas de rojo, los aretes de perlas* [C]. ▶ *PENDIENTE.

arévaco, ca. adj. histór. De un pueblo hispánico prerromano que habitaba territorios correspondientes a las actuales provincias de Soria y Segovia. *Cultura arévaca.* Dicho de pers., tb. m. y f. *Se han encontrado restos de los arévacos.*

argamasa. f. Masa hecha de cal, arena y agua, que se emplea en albañilería para unir materiales o recubrir superficies. *El muro es de bloques de piedra unidos con argamasa.* ▶ MEZCLA.

argelino, na. adj. De Argelia. *Gran parte de la población argelina es musulmana.* Dicho de pers., tb. m. y f. *Los argelinos se independizaron de Francia tras una guerra.*

argénteo, a. adj. cult. De plata, o de características semejantes a las suyas. *Los hilos argénteos de una filigrana. Una anciana de argénteos cabellos.*

argentífero, ra. adj. Que contiene plata. *Yacimiento argentífero.*

argentino[1], na. adj. De la Argentina. *La frontera argentina con Chile recorre los Andes.* Dicho de pers., tb. m. y f. *Muchos argentinos descienden de emigrantes.*

argentino[2], na. adj. **1.** cult. Dicho espec. de brillo o color: De características semejantes a las de la plata. *Entre el gentío divisa el brillo argentino de sus canas.* **2.** cult. Que suena de manera clara y sonora, como la plata. *Lo despertó el argentino tañido de la campanilla.*

argivo, va. adj. histór. De Argos o de la Argólida (ciudad y región de la antigua Grecia). *Soldados argivos.* Dicho de pers., tb. m. y f. *El rey de los argivos.*

argolla. f. **1.** Anilla gruesa, gralm. de hierro, que va fija en un sitio y sirve pralm. para atar o sujetar algo. *El jinete amarra el caballo a una argolla de la pared.* **2.** Am. Anillo de compromiso o de matrimonio. *Un joyero de su vecindad le hizo las argollas matrimoniales* [C].

argón. m. *Quím.* Elemento del grupo de los gases nobles, que está presente en el aire y se emplea en el llenado de bombillas y en la industria metalúrgica (Símb. *Ar*). *El argón y otros gases inertes constituyen un 1% de la atmósfera.*

argonauta. m. En la mitología grecorromana: Héroe de los que van con Jasón en la nave Argos a la búsqueda del vellocino de oro. *Cástor y Pólux eran dos de los argonautas.*

argot. (pl. **argots**). m. Jerga de una profesión o actividad. *Van chupando rueda, como se dice en el argot ciclístico.*

argucia. f. Argumento falso presentado con habilidad y con apariencia de verdadero. *No trates de convencernos con argucias.*

argüir. (conjug. CONSTRUIR). tr. Exponer (algo) como argumento o justificación de otra cosa. *Han rechazado la solicitud arguyendo que faltaban documentos.* ▶ *ALEGAR.

argumentación. m. Hecho o efecto de argumentar. *Al final de su argumentación, el defensor pidió la absolución del acusado. Es difícil rebatir una argumentación tan sólida.*

argumental. adj. Del argumento, espec. de una obra de ficción. *La complejidad argumental de la novela exige cierto esfuerzo al lector.*

argumentar. intr. **1.** Aducir o exponer argumentos o razones. *Cada contertulio argumenta para defender su postura.* ○ tr. **2.** Apoyar (algo) con argumentos. *Suele argumentar sus opiniones con eficacia. Es una tesis bien argumentada.*

argumentativo, va. adj. De la argumentación. *La acusación popular respalda la línea argumentativa del fiscal. Textos descriptivos y argumentativos.*

argumento. m. **1.** Razonamiento que se emplea para demostrar o para rechazar algo. *Sus argumentos no me convencen. Ese es un argumento de peso para votar a favor.* **2.** Conjunto de hechos encadenados que se narran en una obra de ficción. *El argumento de la película está basado en un suceso real.* Tb. el resumen que se hace de este conjunto de hechos. *En la solapa del libro viene el argumento.*

aria. f. Composición musical para que la cante una sola voz, con acompañamiento instrumental y frec. como parte de una obra mayor. *La soprano interpretará un aria de la ópera "Carmen".*

aridez. f. Cualidad de árido. *La vegetación del oasis contrasta con la aridez del desierto circundante. Ante la aridez del texto el lector se desanima.*

árido, da. adj. **1.** Dicho espec. de terreno: Seco, o que tiene poca humedad. *El cactus es propio de terrenos áridos.* **2.** Dicho de clima: Seco, o caracterizado por la escasez de lluvias. *En los climas áridos el verano suele ser una época de sequía.* **3.** Que resulta pesado o aburrido. *Es un texto técnico y un poco árido.* ● m. pl. **4.** Granos, legumbres y otros frutos que se miden con medidas de capacidad. *Los cereales y otros áridos se miden por fanegas.* **5.** *Constr.* Materiales rocosos, como la arena o la grava, que se emplean para hacer hormigón y otras mezclas. *La empresa constructora solicitó un permiso para la extracción de áridos.*

aries. m. y f. Persona nacida bajo el signo de Aries. *Un aries de principios de abril.* Tb. adj. *El horóscopo anuncia un buen mes para las chicas aries.*

ariete. m. **1.** histór. Máquina militar para derribar murallas, consistente en una viga larga y pesada, reforzada en un extremo con una pieza metálica, frec. en forma de cabeza de carnero. *A golpes de ariete, derriban la puerta de la fortaleza.* **2.** *Dep.* En el fútbol: Delantero centro. *El ariete lleva ya tres goles.*

ario, ria. adj. **1.** De un pueblo antiguo que habitó en Asia central y se extendió por otras zonas de Asia y Europa. *Lenguas arias.* Dicho de pers., tb. m. y f. *Los arios invaden Irán en el II milenio a. C.* **2.** De un pueblo de estirpe nórdica formado supuestamente por descendientes de los antiguos indoeuropeos. *Los nazis sostenían que la raza aria era superior.* Dicho de pers., tb. m. y f. *El ario ideal era rubio y de ojos azules.*

arisco, ca. adj. Áspero o desagradable en el trato. *El crío es arisco y rehúye las carantoñas. Es una gata muy arisca.* ▶ *ANTIPÁTICO.

arista. f. Línea resultante de la intersección de dos planos o superficies, considerada desde la parte exterior del ángulo que forman. *Las cabezas de las flechas tienen las aristas afiladas.*

aristocracia. f. **1.** Clase social constituida por los aristócratas. *Pertenece a la aristocracia terrateniente.* **2.** Grupo de personas que sobresale en un ámbito determinado. *La aristocracia de las letras se da cita en la feria del libro.* **3.** histór. Forma de gobierno en que el poder es ejercido por un grupo de personas destacadas. *En la Antigüedad hubo monarquías, tiranías, aristocracias, etc.* ▶ **1:** NOBLEZA.

aristócrata. m. y f. Persona noble o con título nobiliario. *Asistirán al evento condes, duques y otros aristócratas.* ▶ NOBLE.

aristocrático, ca. adj. **1.** De la aristocracia. *Casó con un hombre de ascendencia aristocrática.* **2.** Refinado o distinguido. *Es una mujer aristocrática en su aspecto y sus maneras.* ▶ NOBLE.

aristotélico, ca. adj. **1.** De Aristóteles (filósofo griego, s. IV a. C.) o del aristotelismo. *De los escritos aristotélicos solo se conserva una parte. Una concepción aristotélica de la ética.* **2.** Seguidor de Aristóteles o del aristotelismo. *Filósofos aristotélicos.* Dicho de pers., tb. m. y f. *Discrepancias entre platónicos y aristotélicos.*

aristotelismo. m. *Fil.* Doctrina y escuela filosóficas de Aristóteles (filósofo griego, s. IV a. C.) y de sus seguidores. *Para el aristotelismo, la sustancia se divide en materia y forma.*

aritmético, ca. adj. **1.** De la aritmética (→ 2). *Para cálculos aritméticos complejos, es útil una calculadora.* • f. **2.** Parte de las matemáticas que estudia los números y las operaciones que se hacen con ellos. *En clase de aritmética aprendimos a dividir números con decimales.*

arlequín. m. Persona disfrazada de Arlequín (personaje de la comedia del arte), con una máscara negra y un traje de rombos de colores. *Picasso pintó arlequines en distintas etapas de su trayectoria.*

arma. f. **1.** Instrumento que sirve para atacar o defenderse. *Usaban armas defensivas, como el casco, y ofensivas, como la espada. Se acuerda la reducción de armas nucleares y bacteriológicas.* **2.** Medio natural de defensa o ataque de las personas o de los animales. *El arma del rinoceronte es su cuerno. Las armas del hombre son sus puños.* **3.** Medio que se utiliza para conseguir algo. *La mejor arma de la compañía es la competitividad de sus precios.* **4.** Cada una de las partes del ejército con una función determinada. *Es teniente del arma de infantería. El arma de ingenieros.* ○ pl. **5.** Profesión de militar. *En su vida profesional supo unir las armas y las letras.* ■ ~ **blanca.** f. Arma (→ 1) que tiene una hoja de acero y puede herir por el filo o por la punta. *En la reyerta hubo dos heridos por arma blanca.* ■ ~ **de doble filo,** o **de dos filos.** f. Cosa que puede tener un efecto perjudicial, contrario al que se pretende. *La tecnología es un arma de doble filo: es útil pero puede emplearse con malos fines.* ■ ~ **de fuego.** f. Arma (→ 1) que emplea un material explosivo para lanzar proyectiles. *La policía encontró pistolas y otras armas de fuego.* □ **alzarse en ~s.** loc. v. Sublevarse con armas (→ 1). *El pueblo se alzará en armas contra los invasores.* ■ **de ~s tomar.** loc. adj. Dicho de persona: Decidida y que no se deja atropellar. *Es una mujer de armas tomar, no la vas a manejar a tu antojo.* ■ **descansar las ~s** un soldado. loc. v. Apoyarlas en el suelo. *El comandante ordena: –¡Descansen armas!* ■ **en ~s.** loc. adv. En lucha armada. Gralm. con *estar* o *ponerse. El pueblo está en armas contra el invasor.* ■ **pasar** (a alguien) **por las ~s.** loc. v. Fusilar(lo). *Los acusaron de traición y los pasaron por las armas.* ■ **presentar ~s** los soldados. loc. v. Rendir honores militares poniendo el fusil frente al pecho, con el disparador hacia fuera. *El presidente pasa ante un batallón que presenta armas. El comandante ordenó: –¡Presenten armas!* ■ **velar las ~s** quien va a ser armado caballero. loc. v. histór. Pasar una noche en vela cerca de ellas y vigilándolas. *Cuenta la leyenda que el Cid veló sus armas en un templo.*

armada. f. **1.** (En mayúsc.). Conjunto de fuerzas navales de un Estado. *Una fragata de la Armada francesa ha apresado a un pesquero.* **2.** Conjunto de barcos de guerra. *Divisan a lo lejos la armada enemiga.* ▶ **2:** ESCUADRA.

armadía. f. Almadía. *Forman una armadía con los troncos cortados para transportarlos río abajo.*

armadillo. m. Mamífero americano con el cuerpo protegido por un caparazón óseo cubierto de escamas articuladas que le permite enrollarse sobre sí mismo. *El armadillo hembra. Los armadillos son animales nocturnos.*

armado, da. part. **1.** → **armar.** • adj. **2.** Dicho espec. de cuerpo militar: Provisto de armas. *Las Fuerzas Armadas intervendrán en misiones de paz. La Guardia Civil investiga el caso, según fuentes del instituto armado. Existen facciones armadas entre los insurrectos.* **3.** Que se desarrolla con la utilización de armas. *En los enfrentamientos armados murieron veinte personas.* **4.** Dicho de cemento o de hormigón: Reforzado con barras metálicas. *Las vigas de cemento armado han resistido el fuego.*

armador, ra. adj. Que prepara o equipa barcos con todo lo necesario para su explotación comercial. *Compañía armadora.* Dicho de pers., tb. m. *El amarre de la flota perjudica a pescadores y armadores.* Dicho de empresa, tb. f. *La armadora tiene su sede en Vigo.*

armadura. f. **1.** Armazón. *Primero se monta la armadura de la tienda de campaña y luego se pone la lona.* **2.** histór. Conjunto de piezas de hierro con que se cubría el cuerpo el guerrero para su protección durante el combate. *Viejas armaduras decoran el vestíbulo del palacio.*

armamentismo. m. Actitud a favor del aumento y mejora del armamento. *Considera el armamentismo uno de los grandes problemas de nuestro mundo.*

armamentista. adj. Del armamento o del armamentismo. *Las potencias deben poner fin a la carrera armamentista.*

armamentístico, ca. adj. Del armamento. *El comercio armamentístico mueve mucho dinero.*

armamento. m. Conjunto de armas, espec. militares o de guerra. *Ambos países se comprometen a no emplear armamento nuclear.*

armañac. m. Aguardiente de uva originario de la región francesa de Armagnac. *Una copa de armañac.* Tb. una copa de esta bebida. *Pidió un armañac.*

armar. tr. **1.** Formar (algo como un ruido o un lío). *La máquina arma un ruido infernal. ¡Menudo lío has armado!* Frec. en la constr. coloq. *~la,* para referirse a una pelea o un alboroto. *Si no me devuelven mi dinero, la armo.* Tb. en constr. prnl. media. *Temo que se arme un escándalo. A la hora punta se arma un gran atasco.* **2.** Unir o ajustar entre sí las piezas (de algo). *Ayúdame a desembalar las tablas y armar la estantería.* **3.** Proporcionar armas (a alguien o algo). *Armó a sus hombres para que lo protegieran. Se han armado* DE *rifles y pistolas.* ○ intr. prnl. **4.** Adoptar determinada actitud, espec. de paciencia o valor, para conseguir o soportar algo. *Tendrás que armarte* DE *valor y enfrentarte a ella.* ▶ **2:** MONTAR.

armario. m. **1.** Mueble con puertas, provisto en su interior de estantes y gralm. de una barra para colgar perchas, que sirve para guardar ropa u otros objetos. *Voy a colgar las camisas en el armario. Guardamos la vajilla en los armarios de la cocina.* **2.** Espacio cerrado por puertas, a semejanza de un armario (→ 1), que se construye aprovechando un hueco entre paredes o el espesor de un muro. Más frec. ~ *empotrado. El piso tiene armarios empotrados en todos los dormitorios.*

armatoste. m. despect. Objeto, espec. mueble o aparato, excesivamente grande, que molesta o es de escasa utilidad. *Este sofá es un armatoste, necesitamos algo más funcional. Nadie se atrevería a volar en ese armatoste.*

armazón. m. o f. Pieza o conjunto de piezas unidas que sirven como soporte o estructura de una cosa o para darle resistencia. *La tienda de campaña se sostiene con una armazón de tubos metálicos.* Tb. fig. *Sus experiencias del viaje servirán de armazón para la novela.* ▶ ARMADURA.

armella. f. Hembrilla (clavo o tornillo con cabeza en forma de anilla). *Las contraventanas se cierran por dentro con un ganchito y una armella.* ▶ HEMBRILLA.

armenio, nia. adj. **1.** De Armenia (país europeo). *Territorio armenio.* Dicho de pers., tb. m. y f. *Hay lugares poblados por armenios en Azerbaiyán.* ● m. **2.** Lengua hablada en Armenia. *El armenio tiene alfabeto propio.*

armería. f. **1.** Tienda en que se venden armas. *Compran la munición en una armería.* **2.** Lugar en que se guardan armas. *A la armería del cuartel solo acceden personas autorizadas.*

armero. m. **1.** Persona que fabrica, vende o repara armas. *Para adquirir un arma de fuego debe mostrar su licencia al armero.* **2.** Persona encargada de guardar y cuidar las armas. *El armero del cuartel le entregó un fusil.* **3.** Mueble o aparato para tener colocadas las armas. *Las escopetas de caza están en el armero.*

armiño. m. Mamífero carnívoro semejante a la comadreja, de piel suave, muy apreciada en peletería, parda en verano y blanca en invierno, salvo la de la punta de la cola, que es siempre negra. *El armiño hembra.* Tb. su piel. *El rey del cuento llevaba una capa de armiño.*

armisticio. m. Suspensión temporal de la lucha, pactada entre dos bandos que están en guerra. *Cuando firmen el armisticio, empezarán las negociaciones de paz.*

armonía. (Tb. **harmonía**). f. **1.** Correspondencia adecuada entre las partes de un todo, que hace que este resulte agradable. *El nuevo mobiliario urbano rompe la armonía de la plaza. Al bailar, te falta armonía en los movimientos.* **2.** Buena relación entre personas. *Se han reconciliado y en la casa vuelve a reinar la armonía.* **3.** *Mús.* Arte de formar y enlazar los acordes. *Estudia armonía y composición en el conservatorio.*

armónico, ca. (Tb. **harmónico**). adj. **1.** De la armonía. *El acompañamiento da soporte armónico a la melodía.* **2.** Que tiene armonía. *La combinación de colores en el salón es poco armónica. El plan pretende que la ciudad tenga un desarrollo armónico.* ● f. **3.** Instrumento musical de viento, en forma de caja alargada, provisto de una serie de orificios con lengüeta por los que se sopla o se aspira. *Interpretó un* blues *con guitarra y armónica.* ● m. **4.** *Fís.* y *Mús.* Sonido secundario que se produce por resonancia de otro principal. *Cuando se toca una nota, suenan a la vez todos sus armónicos.*

armonio. (Tb. **harmonio**). m. Órgano pequeño, con aspecto de piano, al cual se da aire por medio de fuelles accionados con los pies. *Desde el coro llegan las notas de un armonio.* ▶ ARMÓNIUM.

armonioso, sa. (Tb. **harmonioso**). adj. Que tiene o manifiesta armonía. *La negociación se desarrolla en un clima armonioso. El armonioso sonido del violín.*

armónium. (pl. **armóniums**). m. Armonio. *El armónium se popularizó en el siglo* XIX.

armonización. (Tb. **harmonización**). f. Hecho o efecto de armonizar. *Piden una armonización de los salarios* CON *el incremento de los precios. El arquitecto ha logrado una armonización de formas clásicas y modernas.*

armonizar. (Tb. **harmonizar**). tr. **1.** Poner en armonía (dos o más personas o cosas) haciendo que formen un todo. *Será necesario armonizar las legislaciones de los diferentes países comunitarios.* Tb.: *El director armonizó magistralmente las imágenes* CON *la música.* ○ intr. **2.** Estar en armonía dos o más personas o cosas. *Las cortinas y la tapicería no armonizan.* Tb.: *Los pendientes de oro armonizan* CON *la blusa azul.*

ARN. (sigla; pronunc. "a-erre-ene"). m. *Biol.* Ácido ribonucleico (→ **ácido**). *La función principal del ARN es la síntesis de proteínas.*

arnés. m. **1.** Conjunto de correas ajustables que sirve para sujetar o transportar algo o a alguien. *Los obreros que montan el andamio llevan un arnés para no caer al vacío.* **2.** Conjunto de correajes y piezas que se ponen a las caballerías para que tiren de los carruajes o para montarlas o cargarlas. *El cochero ajustó las correas del arnés.* Tb. en pl. con significado sing. *¡Mozo!, ensilla el caballo y asegura los arneses.* ▶ **2:** APAREJO, ARREOS, GUARNICIONES.

árnica. f. Planta silvestre de flores amarillas que se emplea en medicina para el tratamiento de golpes y contusiones. *Las flores de árnica se dejan macerar en alcohol.* Tb. la sustancia medicinal obtenida de esta planta. *Le han aplicado árnica en el tobillo.*

aro. m. **1.** Pieza de material rígido en forma de circunferencia. *El balón rebotó en el aro de la canasta.*

El escudo olímpico lo forman cinco aros entrelazados. Te quedan mejor los aros que los pendientes de perlas. **2.** Aparato gimnástico consistente en un aro (→ 1) grande y ligero, que se usa para hacer ejercicios de gimnasia rítmica. *Lanzó el aro hacia arriba, dio un salto mortal y lo volvió a recoger.* **3.** Juguete que consiste en un aro (→ 1) que se hace rodar empujándolo con un palo. *De pequeño, hacía carreras de aros con sus amigos.* **4.** Am. Pendiente (adorno). *Se había puesto unos aros de brillantes que seguían el contorno de los lóbulos* [C]. ■ **pasar, o entrar, por el ~.** loc. v. coloq. Aceptar algo que no se deseaba o que se rechazaba. *No quiere casarse, pero terminará pasando por el aro.* ▶ **4:** *PENDIENTE.

aroma. m. Olor muy bueno o agradable. *Desde el jardín llega el aroma de las flores.* Frec. en sent. irónico. *Menudo aroma suelta el pescado, ¿seguro que es fresco?* ▶ PERFUME.

aromaterapia. f. Tratamiento de enfermedades o trastornos por medio de esencias vegetales aromáticas. *Contra el estrés puede ir muy bien la aromaterapia.*

aromático, ca. adj. Que tiene aroma. *Me ha servido una taza de aromático café.*

aromatizante. adj. Que aromatiza. *Sustancias aromatizantes.* Dicho de sustancia, tb. m. *El refresco contiene agua, azúcar y aromatizantes.*

aromatizar. tr. Dar aroma (a algo). *Emplean lavanda para aromatizar la ropa de los armarios. Aromatizo el té con unos granos de anís.* ▶ PERFUMAR.

arpa. (Tb. **harpa**). f. Instrumento musical de forma triangular, con cuerdas verticales que se pulsan con ambas manos. *Concierto para flauta y arpa.*

arpegio. m. *Mús.* Serie de los sonidos de un acorde tocados de manera sucesiva, en lugar de simultáneamente. *El guitarrista hacía arpegios.*

arpía. (Tb. **harpía**). f. **1.** Mujer mala o malvada. *Ten cuidado con ella, es una arpía.* Se usa como insulto. *¡Deja de criticar a los demás, arpía!* **2.** En la mitología grecorromana: Animal fabuloso con rostro de mujer y cuerpo de ave rapaz. *En algunos mitos, las harpías son el instrumento de un castigo de los dioses.*

arpillera. f. Tejido fuerte, hecho de estopa basta, empleado para proteger o embalar cosas. *Transportan el grano en sacos de arpillera.*

arpista. m. y f. Músico que toca el arpa. *El arpista actuará acompañado de la orquesta filarmónica.*

arpón. m. Instrumento empleado pralm. para capturar peces grandes, consistente en un mango alargado que en el extremo lleva una pieza puntiaguda de metal con varios ganchos orientados hacia atrás. *Cazaban ballenas lanzándoles arpones.*

arponear. tr. Clavar un arpón (a un animal) lanzándoselo. *Los marineros arponean a los tiburones desde la cubierta.*

arponero. m. Pescador que lanza el arpón. *El arponero se situó en la proa de la embarcación.*

arquear. tr. Poner (algo) en forma de arco. *Arquea las cejas sorprendido. El gato arqueó la espalda.* Tb. en constr. prnl. media. *Con el peso del tejado, las vigas se han ido arqueando.*

arqueo[1]**.** m. Hecho o efecto de arquear o arquearse. *Ese característico arqueo de cejas indica que no te entiende. Apóyese bien en el respaldo para evitar el arqueo de la columna.*

arqueo[2]**.** m. *Com.* Análisis comparativo de los gastos e ingresos de un negocio o una empresa para conocer su situación económica. *Las sociedades hacen arqueo al término de cada ejercicio económico.* ▶ BALANCE.

arqueología. f. Ciencia que estudia las civilizaciones antiguas a través de los restos que se conservan de ellas. *Hizo la carrera de Historia, especializándose en Arqueología.*

arqueológico, ca. adj. De la arqueología o de su objeto de estudio. *Los hallazgos arqueológicos ayudan a conocer la vida de los pueblos antiguos. Un yacimiento arqueológico.*

arqueólogo, ga. m. y f. Especialista en arqueología. *En sus excavaciones, los arqueólogos encontraron restos de una ciudad griega.*

arquería. f. *Arq.* Serie de arcos. *Una arquería rodea el claustro de la iglesia.*

arquero, ra. m. y f. **1.** Persona que practica el tiro con arco. *En el torneo participan arqueros de todo el país.* **2.** *Dep.* Portero (jugador). *La actuación del arquero ha evitado una goleada.* ○ m. **3.** histór. Soldado que luchaba con arco y flechas. *Los arqueros disparaban desde las almenas del castillo.* ▶ **2:** *PORTERO.

arqueta. f. **1.** Caja pequeña en forma de arca, espec. la hecha con materiales nobles para guardar objetos de valor. *Guarda sus joyas en una arqueta forrada de terciopelo.* **2.** Depósito pequeño para recepción y distribución del agua canalizada. *Es necesario limpiar la arqueta para que el agua de lluvia no inunde la acera.*

arquetípico, ca. adj. Del arquetipo. *La madrastra malvada es un personaje arquetípico del cuento infantil.*

arquetipo. m. Modelo ideal o primario de algo. *A través de la pintura, se ve cómo ha ido cambiando el arquetipo de belleza. Don Juan es el arquetipo del conquistador.*

arquitecto, ta. m. y f. (A veces como f. se usa **arquitecto**). Persona legalmente capacitada para ejercer la arquitectura. *La ley exige que el proyecto de reforma del edificio vaya firmado por un arquitecto. El premio ha recaído en una prestigiosa arquitecta. Mi hermana es arquitecto.* ■ **~ técnico/ca.** m. y f. Aparejador. *Un arquitecto técnico supervisará la ejecución de las obras.*

arquitectónico, ca. adj. De la arquitectura. *El románico y el gótico son estilos arquitectónicos medievales.*

arquitectura. f. **1.** Arte o técnica de proyectar y construir edificios. *Estudió Arquitectura en la Universidad. La catedral es una impresionante obra de arquitectura religiosa.* **2.** Obra de arquitectura (→ 1). Frec. en sent. colectivo. *La ciudad es famosa por sus museos y su arquitectura.* **3.** *Inform.* Estructura y disposición de los componentes de un ordenador o de un sistema informático. *La arquitectura de este procesador es compatible con todos los sistemas operativos habituales.* Tb. la técnica de diseñarlas. *Se necesita experto en arquitectura de redes.* ■ **~ naval.** f. Arte o técnica de proyectar y construir embarcaciones. *La exposición se centra en los avances en arquitectura naval a lo largo del siglo* XVIII.

arquitrabe. m. *Arq.* Parte inferior del entablamento, que descansa directamente sobre la columna. *En el orden dórico, el arquitrabe es una sola banda lisa.*

arquivolta. f. *Arq.* Conjunto de molduras y otros elementos que decoran la cara exterior vertical de un arco. *En la arquivolta de la portada aparecen esculpidas las figuras de los evangelistas.* ▶ ARCHIVOLTA.

arrabal. m. **1.** Barrio de las afueras de una población. *Antes esto era un arrabal mal comunicado, pero ahora forma parte del casco urbano.* Frec. en pl. *Al crecer la población, se formaron arrabales alrededor de la muralla.* ○ pl. **2.** Afueras o alrededores de una población. *Los polígonos industriales se encuentran en los arrabales de la capital.*

arrabalero, ra. adj. **1.** Del arrabal o de los arrabales. *Barrios arrabaleros.* **2.** despect. Dicho de persona: Maleducada. *Es un tipo arrabalero y deslenguado.*

arrabio. m. *tecn.* Hierro con mezcla de carbono, que se obtiene de una primera fusión en los altos hornos. *El arrabio constituye la materia prima en la industria del hierro y el acero.*

arracimarse. intr. prnl. Juntarse formando grupos apretados. *La multitud se arracima alrededor del herido.*

arraigar. (conjug. BAILAR). intr. **1.** Hacerse firme o duradero algo, como una idea o una costumbre. *La afición al nuevo deporte ha arraigado rápidamente entre los jóvenes. Es un hábito muy arraigado en él.* **2.** Establecerse alguien en un lugar de manera permanente. *Son hijos de emigrantes que arraigaron* EN *Argentina.* **3.** Echar raíces una planta. *No ha arraigado el manzano que planté.* ▶ **3:** AGARRAR, ENRAIZAR, PRENDER.

arraigo. m. Hecho o efecto de arraigar. *La costumbre de llevar sombrero no tiene mucho arraigo entre nosotros.*

arramblar. intr. coloq. Llevarse algo de un lugar codiciosamente. *Cuando viene arrambla* CON *todo lo que hay en la nevera.*

arramplar. intr. coloq. Arramblar. *Los ladrones han arramplado* CON *todas las cosas de valor.*

arrancada. f. Hecho de arrancar, espec. el de empezar a correr una persona o un animal. *El torero mueve el capote, buscando la arrancada del toro. La brusca arrancada del coche nos ha dejado cubiertos de polvo.*

arrancar. tr. **1.** Sacar (algo) de raíz. *Arrancaron las plantas secas y plantaron otras nuevas. Al quitarme la tirita, me arranqué el vello.* **2.** Separar, frec. con fuerza o con violencia, (algo) del lugar en que está fijo o sujeto. *Arranca una hoja* DEL *cuaderno. Han arrancado* DE *la pared el anuncio que pusisteis. El viento arrancó la sombrilla. No arranques las ciruelas hasta que no estén maduras. Si te arrancas los pellejos luego te dolerá.* **3.** Quitar (algo) a alguien con fuerza o con violencia. *Me arrancó el periódico* DE *las manos para leer la noticia.* **4.** Poner en funcionamiento (una máquina o un vehículo). *Arrancó el coche y metió la primera. Tirad del cable para arrancar la motosierra.* **5.** Obtener o conseguir (algo) de una persona o cosa con astucia, esfuerzo o violencia. *No me arrancarás ni una palabra. Los periodistas arrancaron al ministro una declaración.* **6.** Hacer que (alguien) deje un lugar o salga de un estado o situación. Frec. en constr. negativas con intención enfática. *Después de comer, no hay quien la arranque* DEL *sofá. Quiere quedarse con su madre y nadie conseguirá arrancarlo* DE *allí. Es difícil arrancarlo* DE *su aislamiento.* ○ intr. **7.** Empezar a correr una persona o un animal de forma rápida e imprevista. Más frec. prnl. *El toro se arrancó y embistió con fuerza.* **8.** Empezar a moverse o a funcionar un vehículo o una máquina. *Al girar la llave de contacto, el coche arrancó. El motor no tiene gasolina, por eso no arranca.* **9.** Salir o marcharse de un lugar. *En cuanto estés lista, arrancamos. Llevan media hora despidiéndose, pero no arrancan.* **10.** Seguido de *a* y un infinitivo: Empezar a hacer lo expresado por él, frec. de forma imprevista. *El policía ha arrancado a correr detrás del ladrón.* Frec. prnl., y entonces el complemento puede omitirse por sobrentendido. *El bebé se ha arrancado a llorar. La cantaora se arrancó por fandangos.* **11.** Tener una cosa su origen o su comienzo en otra. *El camino a la ermita arranca* DE *la plaza del pueblo. El razonamiento es falso porque arranca* DE *una premisa equivocada.*

arranque. m. **1.** Hecho de arrancar. *La falta de batería impide el arranque del vehículo.* **2.** Ataque, o manifestación repentina y violenta de un sentimiento o una emoción. *En un arranque de ira lo echó de su casa.* **3.** Dispositivo que pone en marcha el motor de una máquina, espec. el de un vehículo. *El arranque de mi moto es eléctrico.* ▶ **2:** *ATAQUE.

arras. f. pl. Conjunto de trece monedas que el novio entrega a la novia durante la ceremonia del matrimonio. *Un niño suele llevar las arras hasta el altar.*

arrasador, ra. adj. Que arrasa. *La fuerza arrasadora del ciclón.*

arrasar. tr. Destruir (algo) por completo. *El fuego ha arrasado el bosque. Los bombardeos arrasaron la ciudad.*

arrastrado, da. part. **1.** → **arrastrar.** ● adj. **2.** coloq. Dicho espec. de vida: Llena de angustias y dificultades. *Lleva una vida triste y arrastrada. La muerte pondrá fin a su arrastrada existencia.*

arrastrar. tr. **1.** Mover (algo) de manera que roce el suelo u otra superficie. *Caminaba arrastrando los pies. Arrastra una pesada maleta. La grúa arrastró el coche averiado.* **2.** Mover (algo o a alguien) de un lado a otro, espec. tirando (de él o ello). *Las olas me arrastran mar adentro.* Tb. fig. *No quería ir, pero lo arrastré a la consulta del médico. Nueva York ha arrastrado al resto de las bolsas en su caída.* **3.** Hacer una persona que (otra u otras) vayan tras ella. *El cantante arrastra a miles de fans en sus giras. Cuando se fue del partido, arrastró a varios miembros más.* **4.** Tener algo como consecuencia (otra cosa). *Sus declaraciones arrastraron una larga polémica. Una decisión precipitada puede arrastrar desagradables consecuencias.* **5.** Soportar (algo negativo y que dura mucho). *Arrastra el cansancio desde hace meses.* ○ intr. **6.** Rozar el suelo una cosa. *El mantel es muy grande y arrastra.* **7.** En juegos de cartas: Jugar una carta cuyo palo han de seguir los demás jugadores. *Si arrastras, nos dejas sin triunfos.* ○ intr. prnl. **8.** Moverse rozando el suelo con el cuerpo. *La serpiente se arrastra. El vaquero herido se arrastró para recuperar su revólver.* **9.** Humillarse completamente. *Aunque te arrastres y me supliques, no haré lo que me pides.*

arrastre. m. Hecho de arrastrar o arrastrarse. *Una lancha se encargará del arrastre del barco averiado. El candidato tiene carisma y capacidad de arrastre.* ■ **de ~.** loc. adj. Dicho de pesca: Que se realiza arrastrando las redes o tirando de ellas. *Los pescadores de camarón hacen pesca de arrastre en alta mar.* Tb. dicho de lo relacionado con esa modalidad de pesca. *Redes de arrastre. La flota de arrastre permanece amarrada debido a la parada biológica.* ■ **para el ~.** loc. adv. coloq. En muy mal estado. Frec. con v. como *dejar* o *quedar*. *La caminata me ha dejado para el arrastre. Este vestido está ya para el arrastre.*

arrastrero, ra. adj. Dicho de embarcación: Destinada o dedicada a la pesca de arrastre. *Se otorgaron* *licencias para que faenen barcos arrastreros.* Tb. m. *Han detenido dos arrastreros por pescar en áreas protegidas.*

arrayán. m. Mirto. *El jardinero poda los setos de arrayán.*

arre. interj. Se usa para animar a una caballería a que ande. *¡Arre, caballo!*

arrear[1]. tr. **1.** Estimular (a un animal) con la voz o con un golpe para que ande o para que lo haga más deprisa. *Arreó al caballo dándole con la fusta. Los vaqueros arrean las reses con sus voces.* ○ intr. **2.** coloq. Darse prisa. *Arrea, que tenemos mucho que hacer.* Frec. en la forma *arreando* o en constr. como *ir* o *salir arreando. Arreando, que se nos hace tarde. Tuvo que salir arreando para la oficina.* ■ **arrea.** interj. Se usa para expresar sorpresa. *¡Arrea!, si está diluviando.*

arrear[2]. tr. coloq. Dar (un golpe) a alguien o algo. *Le ha arreado un tortazo que casi lo tira al suelo.* Tb. referido a la persona o cosa que reciben el golpe. *Como te pongas pesado, te arreo.*

arrebañar. tr. Rebañar (algo). *Arrebañó el plato.* ▶ REBAÑAR.

arrebatado, da. part. **1.** → **arrebatar.** ● adj. **2.** Vehemente o impetuoso. *Su arrebatada pasión lo condujo al suicidio. Un discurso arrebatado.* **3.** Dicho de persona o de su rostro: Enrojecido. *Estuvo mucho rato al sol y volvió sudoroso y con la cara arrebatada.*

arrebatador, ra. adj. Que arrebata, espec. conmoviendo a alguien intensamente. *Tiene una sonrisa arrebatadora. El paisaje es de una belleza arrebatadora.*

arrebatar. tr. **1.** Quitar (algo o a alguien) a una persona con violencia. *Le arrebataron el bolso y salieron huyendo. Les han arrebatado a su único hijo.* **2.** Conmover o impresionar mucho (a alguien) provocándo(le) entusiasmo. *La cantante ha logrado arrebatar al auditorio.* **3.** cult. Arrobar o embelesar (a alguien). *La contemplación de aquel paisaje la arrebataba.* ○ intr. prnl. **4.** Dejarse llevar por una pasión, espec. por la ira. *Me arrebaté tanto que no medía mis palabras. A veces pierde la calma y se arrebata.* **5.** Asarse o cocerse un alimento demasiado rápido por exceso de fuego. *Para que no se arrebate el guiso, póngalo a fuego suave.* ▶ **2:** *ENTUSIASMAR.

arrebato. m. **1.** Hecho o efecto de arrebatar o arrebatarse. *Estaba extasiada mirando los cuadros, hasta que unas voces la sacaron de su arrebato.* **2.** Ataque, o manifestación repentina y violenta de un sentimiento, espec. de ira. *En un arrebato de cólera, rompí todas sus fotografías. Le dio un arrebato, pero luego se calmó.* ▶ **2:** *ATAQUE.

arrebol. m. cult. Color rojizo de las nubes iluminadas por los rayos del Sol o del rostro de una persona. *El cielo se tiñe con los arreboles del ocaso. El aire del campo teñía de arrebol las mejillas de los niños.*

arrebolar. tr. cult. Poner (algo o a alguien) de color rojizo. *La luz de la aurora arrebolaba el cielo. El calor le arrebola las mejillas.*

arrebujar. tr. **1.** Formar una masa arrugada y apretada (con algo flexible, como una tela). *Arrebujó las sábanas sucias y las metió en la lavadora.* ○ intr. prnl. **2.** Cubrirse alguien con una prenda, gralm. amplia y envolvente, encogiendo el cuerpo dentro de ella. *Se arrebuja* EN *la manta, muerta de frío.*

arrecho, cha. adj. **1.** frecAm. malson. Dicho de persona, espec. de hombre: Excitada sexualmente. **2.** Am. coloq. Dicho de persona: Valiente o esforzada. *Sois gente arrecha de mar, no moluscos* [C]. *Hasta aprendí a leer y a tortear bien; por eso dicen las monjas que soy bien arrecha* [C]. **3.** Am. coloq. Dicho de persona: Enfadada o llena de ira. *Estoy sumamente arrecho con el presupuesto que le han dado a la cultura* [C].

arrechucho. m. coloq. Indisposición repentina y pasajera. *Le ha dado un arrechucho y la han llevado a la enfermería.*

arreciar. (conjug. ANUNCIAR). intr. Hacerse algo más fuerte o más violento. *La lluvia arreció y tuvimos que cobijarnos en un portal. Arrecian las críticas al seleccionador.*

arrecife. m. Elevación del fondo marino formada por rocas o por masas calcáreas de pólipos, espec. de corales, que asoma sobre la superficie del agua o se halla cerca de ella. *El barco encalló en un arrecife. La gran barrera de arrecifes de coral australiana.*

arrecirse. intr. prnl. Entumecerse o entorpecerse por el frío una persona o una parte de su cuerpo. *Vas a arrecirte, si sales sin abrigo. Me he quedado arrecida esperando el autobús.*

arredrar. tr. cult. Atemorizar (a alguien), o hacer que se sienta sin ánimo o sin valor. *No lo arredraba nada.* Tb. en constr. prnl. media. *No se arredra ante las dificultades.*

arreglado, da. part. **1.** → **arreglar.** ● adj. **2.** Dicho de persona: Ordenado o que sabe organizarse. *Es muy arreglado: tiene siempre a punto sus cosas.* **3.** Dicho de cosa: Moderada o no excesiva. *El precio me parece muy arreglado.*

arreglar. tr. **1.** Hacer que (algo roto o estropeado) vuelva a su estado normal o funcione de nuevo. *El fontanero ha arreglado el grifo y ya no gotea. Me arreglaron el coche en un taller.* **2.** Hacer que (algo o alguien) pasen al estado adecuado o conveniente. *La dependienta arregla las prendas que han quedado en desorden. Arregló la moto para correr en pista.* **3.** Dar (a alguien o algo) un aspecto limpio y agradable. *Hizo la cama y arregló un poco el cuarto. Se arregla para ir a la cena.* **4.** coloq. Se usa en constr. como *estar,* o *ir,* alguien *arreglado,* para expresar que esa persona está muy equivocada o se encuentra en una situación complicada. *Si esperas que los demás te resuelvan la vida, vas arreglado. Como no consigamos el dinero antes de las doce, estamos arregladas.* ■ **arreglárselas.** loc. v. Encontrar la manera para hacer algo. *No sé cómo se las arreglan* PARA *sobrevivir con tan poco dinero. Si tú no me ayudas, ya me las arreglaré sola.* ▶ **1:** COMPONER, RECOMPONER, REPARAR. **3:** COMPONER. ‖ **Am: 3:** ALISTAR.

arreglista. m. y f. Persona que hace arreglos de composiciones musicales. *Además de componer, ha colaborado con varios grupos como arreglista.*

arreglo. m. **1.** Hecho o efecto de arreglar o arreglarse. *El arreglo del coche me ha costado muy caro. Se me mojó el reloj y no tiene arreglo. Tuve que hacerle algunos arreglos al traje.* **2.** Transformación de una composición musical para que pueda ser interpretada por voces o instrumentos distintos a los originales. *El grupo grabará un tema clásico de* rock *con arreglos orquestales.* ■ **con ~ a.** loc. prepos. Según, o de acuerdo con. *Las reformas se harán con arreglo a la normativa vigente.*

arrejuntarse. intr. prnl. vulg. Pasar dos personas a vivir maritalmente sin haberse casado. *Los criticaron mucho por arrejuntarse.* Tb.: *Se arrejuntó* CON *el novio que tenía.*

arrellanarse. intr. prnl. Sentarse cómodamente en un sitio. *Se arrellana* EN *el sillón para ver la película.*

arremangar. tr. coloq. Remangar (una prenda de vestir). *Andan por la orilla con los pantalones arremangados. Arremángale la camisa al niño para que no se ensucie los puños. Camina arremangando la falda.* Frec. con un pron. expresivo de interés. *Se arremangó el jersey hasta los codos. Arremángate el abrigo, que te arrastra.*

arremeter. intr. Atacar con violencia a alguien o algo. *Ha arremetido* CONTRA *una de sus atacantes.* Tb. fig. *En su artículo, la periodista arremete* CONTRA *el gobierno.* ▶ *ATACAR.

arremetida. f. Hecho de arremeter. *Una fuerte arremetida del toro ha derribado la improvisada barrera.* Tb. fig. *El ministro se defendió como pudo de las arremetidas de la oposición.* ▶ *ATAQUE.

arremolinar. tr. **1.** Formar remolinos (con algo). *El viento arremolina los papeles dispersos por el suelo.* ○ intr. prnl. **2.** Amontonarse o apiñarse desordenadamente personas o cosas en movimiento. *La multitud se arremolina alrededor del herido. Los fans se arremolinaban* A *la puerta del hotel.* **3.** Formar remolinos algo. *El agua se arremolina a la altura del puente.*

arrendador, ra. adj. Que arrienda o cede algo para que otro lo use o aproveche. En Esp. designa sobre todo al que arrienda fincas o bienes inmuebles. *El arrendador de las tierras viene a cobrar la renta a principios de mes. Se envía un folleto con ofertas en hoteles y empresas arrendadoras de autos* [C]. Dicho de pers., tb. m. y f. *Hablen con el arrendador del apartamento* [C].

arrendajo. m. Ave semejante al cuervo, pero más pequeña, de cuerpo gralm. rosado y alas, cola y pico negros. *El arrendajo es capaz de imitar el canto de otras aves.*

arrendamiento. m. Hecho de arrendar. En Esp., sobre todo referido a fincas o bienes inmuebles. *El inquilino y el dueño del piso firmaron el contrato de arrendamiento. Ha aumentado la oferta de pisos en arrendamiento. Se peleaban el arrendamiento de botes y mulas para hacer el recorrido de Chagres a Panamá* [C]. *Arrendamiento de automóviles* [C]. ▶ *ALQUILER.

arrendar. (conjug. ACERTAR). tr. **1.** Ceder a alguien el derecho a usar o aprovechar (algo) por un precio y durante un tiempo determinado. En Esp. sobre todo referido a fincas o bienes inmuebles. *Una empresa les ha arrendado el local para la oficina. Usted me dirá qué necesita como garantía para arrendarme la habitación* [C]. **2.** Adquirir el derecho a usar o aprovechar (algo) por un precio y durante un tiempo determinado. En Esp., sobre todo referido a fincas o bienes inmuebles. *El ganadero ha arrendado nuestra finca para que pasten sus vacas. Arrendaron el helicóptero* [C]. *Los delincuentes incluso arrendaron una* suite [C]. *Arrendé un auto* [C]. ▶ ALQUILAR.

arrendatario, ria. adj. Que arrienda o adquiere el derecho a usar o aprovechar algo durante un tiempo. *La sociedad arrendataria paga una cuota por la explotación de las instalaciones.* Dicho de pers., tb. m. y f. *El propietario del local y el arrendatario discutían las condiciones del contrato.*

arreo. m. **1.** Am. Hecho de arrear. *Suspendió el arreo de las ovejas y se quedó observando el paso de los vehículos* [C]. **2.** Am. Recua (conjunto de animales). *Las carreteras eran de tierra y la carga se transportaba en arreos de equinos* [C]. Tb. conjunto de animales que se arrean. *Había partido desde Luján con un arreo de quinientas cabezas* [C]. ▶ **2:** RECUA.

arreos. m. pl. Correas y piezas que se ponen a las caballerías para montarlas o cargarlas, o para que tiren de un carruaje. *Pone a la yegua su montura, su cabezada y el resto de los arreos.* ▶ *ARNÉS.

arrepentimiento. m. Hecho o efecto de arrepentirse. *Sintió un gran arrepentimiento. Luego vendrán los lloros y los arrepentimientos.*

arrepentirse. (conjug. SENTIR). intr. prnl. **1.** Sentirse disgustado o apenado por algo que se ha hecho o se ha dejado de hacer. *Si me das otra oportunidad, no te arrepentirás. Se arrepintió* DE *haberle hablado con tanta crudeza.* **2.** Cambiar de opinión. *Iba a decir algo, pero me he arrepentido.*

arrestar. tr. Detener o privar de libertad (a alguien) una autoridad. *La agente ha arrestado a dos sospechosos.* ▶ DETENER.

arresto. m. **1.** Hecho de arrestar. *El arresto de los ladrones tuvo lugar en una calle céntrica.* **2.** Valor o decisión para hacer algo arriesgado. Más frec. en pl. con significado sing. *No tiene arrestos para oponerse a la decisión de los demás.* **3.** *Der.* Pena de privación de libertad por un tiempo breve. *El juez lo ha condenado a cuatro meses de arresto.*

arriada. f. Hecho de arriar. *La arriada de la bandera simboliza el final de los juegos olímpicos.* ▶ ARRIADO.

arriado. m. Arriada. *La ceremonia de arriado de la bandera.*

arrianismo. m. *Rel.* En el cristianismo: Doctrina de Arrio (sacerdote de Alejandría, s. IV), condenada como herejía por el Concilio de Nicea, según la cual el Hijo no es igual o de la misma sustancia que el Padre. *El arrianismo afirma que Jesucristo es solo una criatura de Dios.*

arriano, na. adj. **1.** Del arrianismo. *Los visigodos adoptan el credo arriano antes de la invasión de Hispania.* **2.** Seguidor del arrianismo. Tb. m. y f. *Los arrianos eran considerados herejes.*

arriar. (conjug. ENVIAR). tr. Bajar (una bandera o una vela que están izadas). *El capitán ordena arriar las velas.*

arriate. m. Porción de tierra acotada, gralm. estrecha y pegada a una pared, destinada para plantas de adorno en un patio o jardín. *Un arriate con rosales bordea la fachada de la casa.*

arriba. adv. **1.** Hacia, o en, un lugar que está más alto o en la parte alta. *Ve arriba por los abrigos. Mira arriba y abajo de la calle antes de cruzar. Un poco más arriba el sendero desaparece. No alcanzo el libro, está muy arriba.* A veces precedido de prep. *Sube, desde arriba se divisa mejor el panorama. Quedó desnudo de cintura para arriba. Hay un gorrión en la rama de arriba.* **2.** frecAm. En un lugar que está encima. *Lleva gruesas medias que le llegan arriba de la rodilla* [C]. A veces precedido de prep. *Desde arriba del carro le pregunté sobre la dirección* [C]. **3.** En una situación más alta en la escala social o jerárquica. *Si está más arriba en el escalafón, es porque tiene más méritos.* A veces precedido de prep. *Los de arriba nunca tenían en cuenta las demandas de los empleados. La orden de archivar el caso ha venido de arriba.* **4.** Precedido de un nombre sin artículo que designa algo que tiene un recorrido: Hacia, o en, la parte alta de lo designado. *Echó a correr escaleras arriba. Vamos cuesta arriba en fila india. Río arriba hay un si-*

tio para bañarse. **5.** En un texto escrito: En un lugar que está antes. *La errata está más arriba, en un capítulo anterior.* **6.** Seguido de *de* y un nombre que expresa cantidad: Por encima del límite expresado. Se usa con el v. en forma negativa. *No tendrá arriba de 20 años. Esa chaqueta no le ha costado arriba de 15 euros.* ● interj. **7.** Se usa para animar a alguien a levantarse o a subir. *¡Arriba, perezoso, que ya son las 11! ¡Arriba, hombre, cualquiera diría que nunca te has subido a un árbol!* **8.** Seguida de un nombre, se usa para ensalzar lo designado por él. *¡Abajo la intolerancia, arriba la libertad!* ■ **de ~ abajo.** loc. adv. **1.** Totalmente, o de un extremo a otro. *He leído el informe de arriba abajo. Se ensució de pintura de arriba abajo. En un momento se cambió de arriba abajo.* **2.** Con desdén. Con *mirar*. *No soporto que me mire de arriba abajo cada vez que cometo una equivocación.*

arribada. f. Hecho de arribar. Frec. en lenguaje marítimo. *Sevilla era el puerto de partida y arribada de los barcos que viajaban a América.*

arribar. intr. Llegar a un lugar una embarcación. Frec. en lenguaje marítimo. *El barco ya ha arribado* AL *puerto.*

arribismo. m. Condición de arribista. *Su arribismo le valdrá la antipatía de los compañeros.*

arribista. adj. Dicho de persona: Que emplea todos los medios y actúa sin escrúpulos para progresar rápidamente. Tb. m. y f. *Los arribistas como él pasan por encima de todos con tal de triunfar.*

arribo. m. Llegada de algo o alguien a un lugar. *El mal tiempo ha retrasado el arribo de los barcos a puerto. El puente aéreo facilita el arribo de las mercancías a la población.*

arriendo. m. **1.** Hecho de arrendar. En Esp., sobre todo referido a fincas o bienes inmuebles. *Se dedica a la compra y arriendo de inmuebles. Les interesa el arriendo de la finca. Es el mejor local para arriendo de bicicletas* [C]. **2.** Precio que se paga por el arriendo (→ 1) de algo. En Esp., sobre todo referido a fincas o bienes inmuebles. *Lo echaron de las tierras porque dejó de pagar el arriendo. Escasamente le daba para pagar el arriendo de una habitación humilde* [C]. ▶ *ALQUILER.

arriero, ra. m. y f. Persona que se dedica al transporte de mercancías con animales de carga. *En sus mulas, los arrieros llevaban el hielo hasta la ciudad.*

arriesgado, da. part. **1.** → **arriesgar.** ● adj. **2.** Dicho de persona: Que actúa con riesgo o con osadía. *Solo escaladores muy arriesgados han llegado a la cima.* **3.** Dicho de cosa: Que implica riesgo o peligro. *Es una maniobra muy arriesgada.* ▶ **3:** *PELIGROSO.

arriesgar. tr. Poner en peligro (algo o a alguien). *Arriesgó todo su dinero en la apuesta. El mar parece tranquilo, pero es mejor que no os arriesguéis.* Frec. en constr. como *~se a* algo. *Si sale con poco tiempo, se arriesga* A *perder el tren.*

arrimar. tr. Acercar (algo o a alguien) a un sitio. *Arrima los pies* A *la lumbre. Se arrimó* AL *cristal para ver lo que había dentro.* Tb. fig. *Me ha aconsejado que no me arrime* A *ellos, porque no son de fiar.* ▶ *ACERCAR.

arrimo. m. **1.** Hecho de arrimar o arrimarse. *Os ayudaré en el arrimo de material para construir el tejado.* **2.** Apoyo o sostén. *No hay ningún edificio alrededor que sirva de arrimo a la casa.* ■ **al ~** (de algo o alguien). loc. adv. Al amparo (de esa persona o cosa). *Pasan las tardes al arrimo de la chimenea. Planté la higuera al lado de la tapia y ha crecido a su arrimo.* Tb. fig. *Progresó al arrimo de su suegro, un importante industrial.*

arrinconamiento. m. Hecho de arrinconar. *La evolución de las modas provocó un arrinconamiento progresivo del sombrero.*

arrinconar. tr. **1.** Poner (algo) en un rincón o lugar apartado. *En una habitación vacía fuimos arrinconando los trastos inútiles.* **2.** Acorralar (a alguien) en un lugar. *Arrinconó a su adversario contra la pared y lo obligó a rendirse.* **3.** Abandonar (algo o a alguien) o no prestar(les) atención. *Ya no estudia, poco a poco ha arrinconado los libros. Sus compañeros lo arrinconan y no le dejan jugar con ellos.*

arriñonado, da. adj. De forma de riñón. *Hojas arriñonadas. Piscina arriñonada.*

arriscado[1], da. adj. cult. Atrevido o resuelto. *En el país en guerra permanecen arriscados misioneros.*

arriscado[2], da. adj. cult. Lleno de riscos. *La senda asciende hacia la cima, haciéndose cada vez más arriscada. Arriscadas serranías.*

arriscar. tr. **1.** Am. Levantar o subir (algo). *Mi mula clava la cabeza y arrisca el labio para morder la hierba tierna* [C]. *En un acto de confianza extrema, se arriscaba las mangas de la camisa* [C]. ○ intr. prnl. **2.** cult. Arriesgarse o hacer algo que implica riesgo. *Se ha arriscado mucho internándose en la selva.* Frec. en constr. como *~se a* algo. *Nadie se arriscaba a socorrerlos.* ▶ **1:** *LEVANTAR.

arritmia. f. cult. Falta de regularidad en el ritmo, espec. en el de las contracciones del corazón. Se usa espec. en medicina. *Al auscultarme, el médico ha detectado una arritmia cardíaca.*

arrítmico, ca. adj. cult. De la arritmia. *Se oye el tecleo arrítmico de una máquina de escribir. El paciente presenta pulso arrítmico.*

arroba. f. **1.** Unidad tradicional de peso que en Castilla equivale a 11,502 kg. *Las cosechas se solían medir en arrobas. El cerdo de la matanza pesaba doce arrobas.* **2.** *Inform.* Símbolo (@) usado en las direcciones de correo electrónico, gralm. después del nombre del usuario. *Para mandarme un mensaje, escribe mi nombre antes de la arroba.*

arrobamiento. m. Hecho o efecto de arrobar. *Escucha con arrobamiento el relato.* ▶ *EMBELESO.

arrobar. tr. Embelesar (a alguien). *Lo arroba escuchar su dulce voz.* Tb. en constr. prnl. media. *Se arroba mirándola.* ▶ *EMBELESAR.

arrobo. m. Arrobamiento. *Se pasa las horas contemplándome con arrobo.* ▶ *EMBELESO.

arrocero, ra. adj. **1.** Del arroz. *La producción arrocera ha descendido este año.* **2.** Dedicado al cultivo o la comercialización del arroz. *Una empresaria arrocera.* Dicho de pers., tb. m. y f. *Las inundaciones han supuesto la ruina para los arroceros de la comarca.*

arrodillarse. intr. prnl. Ponerse de rodillas. *Se arrodilla ante el altar.* ▶ HINCARSE, PROSTERNARSE.

arrogancia. f. Cualidad de arrogante. *No soporto que hable con tanta arrogancia de sus propios méritos.* ▶ *ORGULLO.

arrogante. adj. **1.** Dicho de persona: Orgullosa o altanera. *Si fueras menos arrogante, la gente te tendría más aprecio.* **2.** Dicho de cosa: Propia de la persona arrogante (→ 1). *El púgil se planta en medio del cuadrilátero con gesto arrogante.* ▶ **1:** *ORGULLOSO.

arrogarse. tr. prnl. Atribuirse alguien (algo, espec. un derecho o una facultad) de manera indebida. *Nadie puede arrogarse el derecho a decidir por ella.*

arrojadizo, za. adj. Dicho de objeto, espec. de arma: Que se puede arrojar o lanzar, gralm. con la mano. *El aborigen australiano caza con un arma arrojadiza característica: el bumerán.* Tb. fig. *Han acordado no utilizar las pensiones como arma arrojadiza durante la campaña electoral.*

arrojado, da. part. **1.** → **arrojar.** ● adj. **2.** cult. Valiente u osado. *Los marineros más arrojados se han presentado voluntarios.*

arrojar. tr. **1.** Lanzar (algo o a alguien). *El atleta toma impulso y arroja el disco con fuerza. Algunos manifestantes arrojaron piedras a la policía. Se arroja* SOBRE *el atracador y le arrebata el arma. Los muchachos se arrojan* AL *río desde una roca.* **2.** Echar o dejar caer (algo) en un lugar. *Arrojó la colilla al suelo y la pisó. El niño arroja pan a los patos.* **3.** Expulsar una persona o cosa (algo que contienen en su interior). *La fábrica arrojaba gases contaminantes a la atmósfera. De repente ha empezado a arrojar sangre por la nariz.* **4.** Vomitar (lo contenido en el estómago). *Se sintió mal y arrojó todo lo que había comido.* Tb. en constr. intr. *Me cuesta mucho arrojar.* **5.** Echar o expulsar (a alguien) de un lugar. *El ángel arrojó a Adán y Eva del Paraíso.* **6.** Dar algo, espec. una cuenta, (un determinado resultado). *El balance de este año arroja un saldo positivo.* ▶ **1:** *LANZAR. **4:** *VOMITAR.

arrojo. m. Cualidad de arrojado o valiente. *Felicito a los bomberos por su arrojo. Para ganar dinero en los negocios, hace falta algo de arrojo.* ▶ *VALENTÍA.

arrollado. m. **1.** Am. Carne cocinada en forma de rollo. *El arrollado se pone a cocer en agua hirviendo hasta que esté muy blando* [C]. *Calentar la bandeja doradora, colocar el arrollado de pollo* [C]. **2.** Am. Fiambre (carne). *Extrajo un pan con arrollado* [C]. ▶ **2:** FIAMBRE.

arrollador, ra. adj. Que arrolla. *El tenista se ha mostrado arrollador en todos los torneos. El éxito de esta película va a ser arrollador. Tiene una personalidad arrolladora.*

arrollar. tr. **1.** Atropellar o pasar por encima (de alguien o algo) algo en movimiento. *El coche no pudo frenar y arrolló al ciclista.* **2.** Vencer por completo (a alguien). *El equipo ruso ha arrollado al alemán en la final.*

arropamiento. m. Hecho de arropar o arroparse. Frec. fig. *Con el arropamiento de familiares y amigos superará la experiencia.*

arropar. tr. Cubrir (a alguien) con ropa. *Arropa al niño. Tiró de la manta para arroparse.* Tb. fig. para dar idea de protección o apoyo. *El partido entero arropa a su líder.*

arrope. m. Mosto cocido hasta que toma consistencia de jarabe, en el que frec. se echan trozos de calabaza o de frutas. *Son típicos del lugar los buñuelos bañados en arrope.*

arrostrar. tr. cult. Enfrentarse (a un peligro o una dificultad). *A lo largo de la novela, el héroe arrostra todo tipo de peligros.*

arroyo. m. **1.** Corriente de agua de recorrido corto y caudal escaso o irregular. *En verano se seca el arroyo.* **2.** Situación de pobreza o desamparo extremos. *El cura la sacó del arroyo. Muchos toxicómanos acaban en la cárcel o en el arroyo.*

arroz. m. Cereal que se cultiva en terrenos inundables y cuyo fruto es un grano blanco y alargado. *Campos de arroz.* Tb. el grano. *El arroz es un ingrediente básico en la cocina china.* ■ **~ abanda,** o **a banda.** m. Guiso de arroz cocido con el caldo de diferentes pescados, los cuales se sirven aparte. *En Alicante comimos un delicioso arroz a banda.*

arrozal. m. Terreno plantado de arroz. *Contemplaba la enorme extensión inundada de los arrozales.*

arruga. f. **1.** Pliegue irregular que se forma en una tela u otra materia flexible. *Al levantarse tenía los pantalones llenos de arrugas. Forra los libros con plástico adhesivo sin que queden arrugas.* **2.** Pliegue que se forma en la piel, espec. a causa de la edad. *Le han empezado a salir arrugas alrededor de los ojos.*

arrugamiento. m. Hecho o efecto de arrugar o arrugarse. *Use protectores solares para evitar el arrugamiento prematuro de la piel.*

arrugar. tr. **1.** Hacer arrugas (a alguien o algo). *Arrugó la hoja y la tiró a la papelera.* Tb. en constr. prnl. media. *Metida en la bolsa, la ropa se arruga mucho.* **2.** Arrugar (→ 1) (una parte de la cara, como el ceño o el entrecejo) como muestra de enojo o preocupación. *Cuando vi que arrugaba el entrecejo, supe que no estaba de acuerdo. Mientras escucha, arruga la frente pensativo.* ○ intr. prnl. **3.** coloq. Acobardarse o sentir miedo. *Aunque el rival sea más fuerte, no me arrugaré.* ▶ **2:** FRUNCIR.

arruinar. tr. **1.** Causar (a alguien o algo) la ruina o una gran pérdida económica. *Con su despilfarro ha arruinado a la familia.* Tb. en constr. prnl. media. *Al descender la demanda del producto, la empresa se arruinó.* **2.** Destruir (algo o a alguien) o causar(les) un grave daño. *El granizo ha arruinado las flores del jardín.* Tb. fig. *La avería del coche nos arruinó el viaje.* Tb. en constr. prnl. media. *Los muebles de madera se arruinan cuando se dejan a la intemperie.* Tb. fig. *Se nos arruinó el viaje con la avería del coche.*

arrullador, ra. adj. Que arrulla. *Una voz arrulladora.*

arrullar. tr. **1.** Adormecer una persona (a otra, espec. a un niño) emitiendo un sonido monótono y suave. *Arrulló a la niña hasta que se durmió en sus brazos.* **2.** Producir un sonido una sensación agradable o de adormecimiento (a alguien). *Lo arrulla el traqueteo del tren.* **3.** Emitir la paloma o la tórtola un sonido suave y monótono para atraer (a su pareja). *El palomo persigue a la hembra arrullándola.*

arrullo. m. Hecho o efecto de arrullar. *El arrullo de las olas.*

arrumaco. m. Demostración de cariño hecha con gestos o caricias. *Todos le hacen arrumacos al bebé. Cuando me vienes con tantos arrumacos, es que me vas a pedir algo.*

arrumbar. tr. Apartar o retirar (algo o a alguien) por considerar(los) faltos de interés o de utilidad. *Han ido arrumbando los muebles viejos en el desván.*

arrumar. tr. frecAm. Amontonar (algo). *Otra cosa es dejar arrumados sus cadáveres, uno sobre otro* [C]. *Yo arrumé todo atrás, para poder dormir* [C]. ▶ AMONTONAR.

arsenal. m. **1.** Almacén de armas y municiones. *Un soldado custodia la entrada al arsenal del cuartel.* Tb. el conjunto de esas armas. *El arsenal de los terroristas se compone de pistolas y ametralladoras.* **2.** Conjunto abundante de cosas de un mismo tipo. *Sobre el tocador hay un arsenal de cosméticos.* Tb. sitio en que está depositado. *El estudio publicado es un arsenal de valiosa información.* **3.** Lugar donde se construyen, reparan y equipan buques de guerra. *El buque escuela atracará en el muelle del arsenal.*

arsénico. m. **1.** *Quím.* Elemento sólido y de color grisáceo, escaso en la corteza terrestre, muy tóxico y frec. usado en medicina y en las industrias electrónica y del vidrio (Símb. *As*). *El arsénico se emplea en la fabricación de insecticidas.* **2.** Sustancia venenosa compuesta de arsénico (→ 1). *El envenenamiento por arsénico presenta síntomas parecidos a los de una enfermedad digestiva.*

art. abrev. Artículo. *Este caso se trata en el art. 15 del Reglamento.*

arte. m. o f. (Gralm. en sing. se usa como m., y en pl., como f.). **1.** Actividad humana que tiene como objetivo la creación de cosas bellas. *El nacimiento del arte se remonta a la Prehistoria. Museo Español de Arte Contemporáneo. Detienen a un falsificador de obras de arte. Fue una gran innovadora del arte escultórico.* **2.** Habilidad o destreza para hacer algo. *Juan tiene mucho arte para la cocina.* **3.** Conjunto de reglas que regulan una actividad. *El libro contiene un arte poética.* **4.** Instrumento que sirve para pescar. *La red es un arte muy antiguo. Las normas sobre pesca prohíben el uso de algunas artes.* Tb. *~ de pesca. Puso sus artes de pesca en el bote.* ■ **~ marcial.** m. o f. Técnica de lucha originaria de Extremo Oriente y que se practica como deporte. *El aikido es un arte marcial que se practica sin armas.* Frec. en pl. *Una profesora de artes marciales.* ■ **bellas ~s.** f. pl. Conjunto de artes (→ 1) constituido espec. por la pintura, la escultura, la arquitectura y la música. *Estudia en la Academia de Bellas Artes.* ■ **malas ~s.** f. pl. Medios reprobables para conseguir algo. *Empleó sus malas artes para sonsacarme.* □ **el séptimo ~.** loc. s. cult. El arte (→ 1) del cine. *Alfred Hitchcock es uno de los grandes directores del séptimo arte.* ■ **no tener** alguien **~ ni parte** (en algo). loc. v. coloq. No intervenir (en ello) de ningún modo. *Yo no soy responsable, no tuve arte ni parte* EN *el asunto.* ■ **por ~ de magia,** o **por ~ de birlibirloque.** loc. adv. Por medios extraordinarios o inexplicables. *Si tú no limpias el polvo, no va a desaparecer por arte de magia. Aparecía y desaparecía por arte de birlibirloque.*

artefacto. m. **1.** Máquina o aparato. *El protagonista viaja a través del tiempo en un extraño artefacto.* A veces despect. *El abuelo se hace un lío en la cocina con tanto artefacto eléctrico.* **2.** Carga o aparato explosivos. *Una unidad de artificieros de la policía desactivó el artefacto.* ▶ **1:** *APARATO.

artejo. m. *Zool.* Pieza articulada de las que forman los apéndices de los artrópodos. *Las patas de la langosta están divididas en artejos.*

artemisa. f. Planta aromática de flores blancas o amarillentas, que tiene propiedades medicinales. *La infusión de hojas de artemisa se usaba como tónico estomacal.*

arteria. f. **1.** Vaso sanguíneo de los que llevan la sangre desde el corazón a las demás partes del cuerpo. *Un consumo excesivo de grasas puede producir obstrucción de las arterias. El balazo en el muslo ha afectado a la arteria femoral.* **2.** Calle o vía importante en la que desembocan muchas otras. *Las principales arterias de la ciudad están colapsadas por el tráfico.* ■ **~ coronaria.** f. *Anat.* Arteria (→ 1) de las dos que nacen de la aorta y se ramifican rodeando el corazón. *Para que la sangre llegara al corazón, los médicos dilataron la arteria coronaria.* ⇒ CORONARIA.

artería. f. **1.** cult., despect. Cualidad de artero. *Fue adquiriendo la artería del recluta veterano.* **2.** cult., depect. Hecho o dicho arteros. *Conseguirá su propósito con arterías.*

arterial. adj. De las arterias. *La sangre arterial ha pasado por los pulmones, donde se ha oxigenado. Hipertensión arterial.*

arterioesclerosis. f. *Med.* Arteriosclerosis. *A menudo los ancianos padecen arterioesclerosis.*

arteriola. f. *Anat.* Rama pequeña de una arteria. *El calibre de las arterias disminuye progresivamente hasta convertirse en arteriolas.*

arteriosclerosis. f. *Med.* Endurecimiento de las arterias. *La arteriosclerosis produce una reducción del flujo sanguíneo.* ▶ ARTERIOESCLEROSIS.

arteriosclerótico, ca. adj. **1.** *Med.* De la arteriosclerosis. *La circulación empeora cuando hay lesiones arterioscleróticas.* **2.** *Med.* Que padece arteriosclerosis. Dicho de pers., tb. m. y f. *Los arterioscleróticos deben tomar muy poca sal.*

artero, ra. adj. cult., despect. Astuto. *Cortesanos arteros e intrigantes. De nada le valdrán sus trucos arteros.*

artesa. f. Recipiente rectangular, gralm. de madera, que se estrecha hacia el fondo y se emplea pralm. para amasar pan. *El panadero añade harina a la masa y hunde las manos en la artesa. Las mujeres lavaban la ropa en artesas de zinc.* ▶ **Am:** BATEA.

artesanado. m. Conjunto de los artesanos. *Al crecer la importación de manufacturas, el artesanado local se ve perjudicado.*

artesanal. adj. De la artesanía o del artesano. *En la cerámica artesanal no hay dos piezas idénticas. Productos artesanales.* ▶ ARTESANO.

artesanía. f. **1.** Actividad u oficio del artesano. *La artesanía y el comercio han experimentado un notable crecimiento.* Frec. en la constr. *de ~. Las paredes están decoradas con piezas de artesanía.* **2.** Obra de artesanía (→ 1). *Compran tejidos y artesanías fabricados por indígenas.* Frec. en sent. colectivo. *En el mercadillo abunda la artesanía local.*

artesano, na. m. y f. **1.** Persona que realiza a mano o con herramientas sencillas trabajos de uso normalmente doméstico o decorativo, imprimiéndoles un sello personal. *Los artesanos del cuero muestran sus productos en la feria anual. Nuestros muebles no están hechos en serie, sino por artesanos.* **2.** histór. Persona que ejercía un oficio manual. *Cada barrio del casco antiguo pertenecía a un gremio de artesanos.* ● adj. **3.** De la artesanía o del artesano (→ 1). *La gente prefiere el pan artesano al de elaboración industrial. Este vino se hace siguiendo métodos artesanos.* ▶ **3:** ARTESANAL.

artesón. m. *Arq.* Elemento constructivo poligonal, cóncavo y con adornos, que se dispone en serie para cubrir la parte interior de una cubierta. *Los artesones del techo son de madera, con un rosetón en el centro.* ▶ CASETÓN.

artesonado, da. adj. **1.** *Arq.* Decorado con artesones. *Los techos del palacio son artesonados.* ● m. **2.** *Arq.* Techo o bóveda de artesones. *La iglesia tiene un bonito artesonado de madera.*

ártico, ca. adj. Del Polo Norte. *La expedición llegó a tierras árticas. En las glaciaciones, la fauna ártica se desplazó hacia el Sur.*

articulación. f. **1.** Hecho o efecto de articular o articularse. *La articulación de los vagones permite* *que el tren se adapte mejor a las vías. La oposición se queja de la falta de articulación de los proyectos. La anestesia le impedía la correcta articulación de las palabras.* **2.** Unión de dos cosas, como dos piezas o dos huesos, que permite que se muevan. *El corredor sentía dolor en las articulaciones de las piernas.* **3.** *Fon.* Proceso de producción de los sonidos de la lengua. *Los labios intervienen en la articulación de muchos sonidos. Según el punto y el modo de articulación, "f" es un sonido labiodental fricativo.*

articulado[1]**.** m. Conjunto o serie de los artículos de un tratado, de una ley o de un reglamento. *El articulado de la ley ha sufrido modificaciones.*

articulado[2]**, da.** part. **1.** → **articular**[2]. ● adj. **2.** Que tiene articulaciones. *Un muñeco articulado. Un brazo articulado coge los objetos de la cinta transportadora.*

articular[1]**.** adj. *Anat.* De las articulaciones. *La artritis consiste en una dolorosa inflamación articular.*

articular[2]**.** tr. **1.** Unir (dos piezas) de manera que puedan moverse. *Un alambre articula las piezas del muñeco.* Tb. en constr. prnl. media. *La mandíbula y los huesos del cráneo se articulan mediante una pequeña pieza esférica.* **2.** Organizar (algo formado por varios elementos) para lograr un conjunto coherente. *Hay que articular un proyecto de creación de empleo.* **3.** Pronunciar o emitir (un sonido o una palabra). *El sonido "za" se articula poniendo la punta de la lengua en los incisivos. Estaba tan asombrado que no pudo articular palabra.* ○ intr. prnl. **4.** Estar algo formado por varios elementos organizado como un conjunto coherente. *La ley se articula en treinta preceptos.*

articulatorio, ria. adj. *Ling.* De la articulación de los sonidos. *Una dificultad articulatoria le impide pronunciar la erre. Órganos articulatorios.*

articulista. m. y f. Persona que escribe artículos para periódicos o revistas. *El articulista opina sobre los últimos acontecimientos mundiales.*

artículo. m. **1.** Cosa que es objeto de venta o comercio. *Los artículos del mostrador están rebajados. Entró en una tienda de artículos de regalo.* **2.** Escrito, gralm. de autor conocido, que se publica en un periódico o revista y en el que se reflexiona sobre un tema determinado. *Junto al editorial suelen ir los artículos de opinión. La revista incluye un artículo sobre la eutanasia.* **3.** Norma o precepto numerados de los varios que componen un tratado, una ley o un reglamento. *El artículo doce de la Constitución habla de la mayoría de edad.* **4.** En un diccionario o enciclopedia: División encabezada por una palabra y cuyo contenido proporciona información sobre esta. *Cada artículo comienza con la palabra definida. El nuevo diccionario tiene 40 000 artículos.* **5.** *Gram.* Palabra que precede a un nombre o a una expresión con valor de nombre para indicar si lo designado por ellos es o no conocido o consabido. *Los artículos son palabras átonas.* ■ **~ de fondo.** m. *Period.* Artículo (→ 2) que se inserta en lugar preferente, normalmente sin firma, y que trata temas de actualidad, gralm. siguiendo la línea editorial de la publicación. *Hoy se publica un artículo de fondo sobre los resultados de la huelga de ayer.* ■ **~ determinado,** o **definido.** m. *Gram.* Artículo (→ 5) que indica que lo designado por el nombre al que precede es conocido o consabido. *Las formas del artículo determinado son "el", "la", "lo", "las" y "los".* ■ **~ indeterminado,** o **indefinido.** m. *Gram.* Artículo (→ 5) que indica que lo designado por el nombre al que precede no es conocido o consabido. *"Una" es artículo indeterminado.* ▶ **4:** ENTRADA.

artífice. m. y f. Persona que realiza algo o es responsable de ello. *La directora es la artífice de la expansión de la empresa.*

artificial. adj. **1.** Hecho por el hombre, frec. a imitación o en sustitución de algo natural. *El sótano solo tiene luz artificial. En el jardín hay una pequeña laguna artificial. Técnicas de fecundación artificial.* **2.** Falto de naturalidad. *Mantiene una sonrisa artificial y forzada.* ▶ **2:** ARTIFICIOSO.

artificialidad. f. Cualidad de artificial. *Se comporta con artificialidad. Un problema derivado del colonialismo es la artificialidad de algunas fronteras.*

artificiero, ra. m. y f. Especialista en el manejo de explosivos, espec. si es militar o miembro de un cuerpo armado. *Artificieros de la policía desactivarán la bomba. Los artificieros del ejército pertenecen al arma de artillería.*

artificio. m. **1.** Falta de naturalidad. *Se muestran tal como son, sin ningún artificio.* **2.** Aparato o mecanismo. *A lo largo de la historia se han empleado distintos artificios para la perforación de pozos.* **3.** Medio hábil para conseguir algo, espec. si implica engaño. *La auditoría reveló el empleo de artificios contables.* ▶ **2:** *APARATO. **3:** *ARTIMAÑA.

artificiosidad. f. Cualidad de artificioso. *Critican al autor por la artificiosidad de su estilo.*

artificioso, sa. adj. Artificial (falto de naturalidad). *Su amabilidad resulta artificiosa.* ▶ ARTIFICIAL.

artillería. f. **1.** Armamento de guerra constituido por cañones, morteros y otras armas de gran calibre. *Utilizan artillería antiaérea para defenderse de los misiles enemigos.* Tb. fig. *El fiscal usa toda su artillería para convencer al jurado.* **2.** Arma del ejército encargada del uso de la artillería (→ 1). *Un regimiento de artillería apoya el avance de las tropas de a pie.*

artillero, ra. adj. **1.** De la artillería. *El fuego artillero ha destruido el cuartel general.* ● m. y f. **2.** Militar que sirve en el arma de artillería. *Los artilleros bombardearán el puente.*

artilugio. m. Mecanismo o aparato, espec. si son raros o complicados. *Tiene un artilugio que le riega las plantas cuando se va de vacaciones.* Frec. despect. *Prefiero exprimir la fruta a mano a tener que usar ese artilugio.* ▶ *APARATO.

artimaña. f. Medio hábil y engañoso para conseguir algo. *Su artimaña para arrebatarnos el dinero no funcionó.* ▶ ARDID, ARTIFICIO, ASTUCIA, MAÑA, TRETA, TRUCO. ‖ **Am:** TRÁCALA.

artiodáctilo. adj. **1.** *Zool.* Del grupo de los artiodáctilos (→ 2). *Mamífero artiodáctilo.* ● m. **2.** *Zool.* Mamífero que tiene un número par de dedos en cada extremidad, como el cerdo, el ciervo y el camello. *Las patas de los artiodáctilos suelen terminar en pezuña.*

artista. m. y f. **1.** Persona que se dedica a la actividad del arte, espec. a alguna de las bellas artes. *La exposición reúne pinturas y esculturas de artistas de vanguardia. Fue mecenas de artistas y escritores.* **2.** Persona que se dedica profesionalmente a la música, al teatro, al cine o al circo, actuando para el público. *Ya de niña cantaba, bailaba y decía que quería ser artista. Es la artista de cine más famosa del país.* **3.** Persona que hace algo con gran perfección. *Era una artista de la aguja y se hacía la ropa ella misma. Eres un artista aparcando.*

artístico, ca. adj. Del arte o actividad de crear cosas bellas. *Desde niño tuvo inclinaciones artísticas. En el museo hay tesoros artísticos de todas las épocas.*

artrítico, ca. adj. **1.** *Med.* De la artritis. *Dolores artríticos.* **2.** Que padece artritis. *Con la mano artrítica no podía gesticular.* Dicho de pers., tb. m. y f. *A los artríticos se les quedan los dedos rígidos y encogidos.*

artritis. f. *Med.* Inflamación de las articulaciones. *La artritis le impedía caminar bien.*

artrópodo. adj. **1.** *Zool.* Del grupo de los artrópodos (→ 2). *Invertebrado artrópodo.* • m. **2.** *Zool.* Animal invertebrado que tiene esqueleto exterior y apéndices compuestos de piezas articuladas, como el cangrejo y la araña. *El cuerpo de los artrópodos está dividido en segmentos.*

artrosis. f. Enfermedad consistente en un deterioro progresivo de las articulaciones sin que se produzca inflamación. *La artrosis es más frecuente entre las personas mayores.*

artúrico, ca. adj. De Arturo o Artús (rey legendario de los bretones). *Las leyendas artúricas narran las victorias del rey contra los sajones.*

arúspice. m. histór. En la antigua Roma: Sacerdote que hacía predicciones examinando las entrañas de animales sacrificados. *Los vaticinios del arúspice se tomaban muy en serio.*

arveja. f. **1.** Algarroba (planta, o semilla). *Han cultivado cereales, garbanzos y arvejas. Pruebe el plato de liebre con alubias o arvejas.* **2.** Am. Guisante. *Las arvejas se desgranan y se cuecen en agua hirviendo con sal* [C]. Tb. la planta. *Las arvejas se secaron por falta de agua* [C]. ▶ **1:** ALGARROBA.

arzobispado. m. **1.** Cargo o dignidad de arzobispo. *Al morir el cardenal Mendoza, Cisneros lo sucedió en el arzobispado de Toledo.* **2.** Territorio bajo la jurisdicción de un arzobispo. *La iglesia de San Esteban pertenece al arzobispado de Sevilla.* **3.** Edificio donde están las oficinas del arzobispo. *Se entrevistarán en el arzobispado.*

arzobispal. adj. Del arzobispo. *El museo se encuentra en el antiguo palacio arzobispal.*

arzobispo. m. Obispo de la diócesis principal de una provincia eclesiástica. *Los obispos de las diferentes diócesis están bajo la autoridad del arzobispo.*

arzón. m. Parte delantera o trasera de una silla de montar. *Puso el pie en el estribo y se agarró al arzón.*

as. m. **1.** En una baraja: Carta que lleva el número uno. *Echa el as de copas y ganarás la mano. Póquer de ases.* **2.** En un dado: Cara señalada con un solo punto. **3.** Persona que sobresale extraordinariamente en una actividad o profesión. *El as del baloncesto fue fichado por un equipo estadounidense.*

asa. f. En un utensilio, espec. un recipiente: Parte que sobresale, gralm. de forma curva o de anillo, y que sirve para cogerlo con la mano. *Si agarras la taza por el asa, no te quemarás.*

asado. m. **1.** Carne asada. *De segundo hay asado de ternera.* **2.** Am. Pieza de carne de vacuno, preferentemente costillar, que se asa a la parrilla. *El asado es el corte más popular de los que se venden* [C]. Tb. la reunión en que se prepara pralm. esa pieza de carne. *Hicimos un asado a la sombra de un bosquecito de pinos* [C]. *Le habría manifestado que no se trataba de una entrevista, durante un asado entre ellos* [C].

asador, ra. m. y f. **1.** Persona que se dedica a asar. *El asador tiene una técnica secreta para hacer el cochinillo.* • m. **2.** Varilla puntiaguda en que se clava y se pone al fuego lo que se quiere asar. *El cocinero ensartó el pollo en el asador y lo metió en el horno.* **3.** Aparato que sirve para asar. *En el bar de la esquina tienen asador de pollos.* **4.** Restaurante especializado en carnes asadas. *Si os gusta el cordero, venid al asador de nuestro barrio.*

asadura. f. Conjunto de las vísceras de un animal, pralm. el hígado, el corazón y los pulmones. *Preparan un plato con asadura de cerdo.* Frec. en pl. *Antes de despiezar el animal, se sacan el estómago y las asaduras.*

asaetear. tr. **1.** Disparar saetas (contra alguien o algo). *Los cazadores primitivos asaeteaban a sus presas.* **2.** Molestar de manera insistente (a alguien) con algo. *Los periodistas los asaetean* A *preguntas. Me asaeteaba* CON *cartas y telegramas pidiendo una respuesta.*

asalariado, da. adj. Que recibe un salario por su trabajo. *El sindicato pide que suban los sueldos de los trabajadores asalariados.* Tb. m. y f. *Ha aumentado el número de asalariados contratados por empresas privadas.*

asalmonado, da. adj. **1.** Dicho de pescado: De carne parecida a la del salmón. *Una trucha asalmonada.* **2.** Que tiene color semejante al salmón. *Lleva una camisa asalmonada muy bonita.* **3.** Dicho de color: Semejante al salmón. *El rosa asalmonado te queda bien. El cielo tiene una tonalidad asalmonada.*

asaltante. adj. Que asalta. *Han detenido a varios miembros del comando asaltante.* Dicho de pers., tb. m. y f. *Los asaltantes amenazaron a su víctima con una navaja.*

asaltar. tr. **1.** Atacar por sorpresa (algo o a alguien) para robar(los). *Asaltaron la gasolinera y huyeron en un coche robado. Los que me asaltaron me quitaron el dinero y el reloj.* Tb. fig. *Cuando llega hambriento, asalta la nevera y la deja vacía.* **2.** Atacar por sorpresa (un lugar) para entrar (en él). *El enemigo asaltó la fortaleza e hizo prisioneros a los soldados.* **3.** coloq. Aparecer repentinamente un pensamiento o un sentimiento en la mente (de alguien). *Después me asaltó la duda de si había hecho bien. Cuando pienso en el futuro, me asalta una terrible inquietud.*

asalto. m. **1.** Hecho de asaltar. *Los detenidos habían intervenido en el asalto al banco. Aumenta el número de asaltos a los turistas. El asalto al campamento tuvo lugar al amanecer.* **2.** *Dep.* En boxeo: Parte de las varias en que se divide un combate. *La campana anuncia el comienzo y final de cada asalto.*

asamblea. f. **1.** Reunión de los miembros de una colectividad para discutir algún asunto. *El comité de empresa convocará una asamblea. Los estudiantes, reunidos en asamblea, han decidido secundar la huelga.* **2.** Conjunto de los miembros de una corporación, espec. de un órgano político, cuya función es debatir y resolver determinados asuntos. *Fue elegido diputado de la Asamblea Constituyente.* Tb. dicha corporación u órgano. *La sede de la Asamblea General de la ONU está en Nueva York.*

asambleario, ria. adj. De la asamblea. *El congreso del partido tiene carácter asambleario. La protesta obrera desembocó en movimiento asambleario.*

asambleísta. m. y f. Persona que forma parte de una asamblea. *Todos los asambleístas han votado a favor de la propuesta.*

asar. tr. **1.** Preparar (un alimento) para su consumo sometiéndo(lo) a la acción directa del fuego y sin sumergir(lo) en un líquido. *He asado el pollo en el horno.* ○ intr. prnl. **2.** Sentir alguien mucho calor. *Vas a asarte con ese jersey.*

asaz. adv. cult. Bastante. *En su artículo vierte críticas asaz irrespetuosas.*

asbesto. m. *tecn.* Mineral de composición y características semejantes a las del amianto, pero de fibras duras y rígidas, empleado en la industria como material aislante. *El uso del asbesto es cada vez más restringido por su carácter tóxico.*

ascendencia. f. **1.** Procedencia u origen de alguien o algo. *A Sudamérica llegaron muchos emigrantes de ascendencia gallega. La obra del arquitecto es de ascendencia modernista.* **2.** Conjunto de ascendientes o antepasados de una persona. *En el árbol genealógico del rey aparecen su ascendencia y su descendencia.*

ascendente. adj. **1.** Que asciende. *Un camino ascendente conduce a la cima del cerro. Masajee la espalda en sentido ascendente. Desde su debut ha tenido una carrera ascendente.* ● m. **2.** *Astrol.* Constelación que aparece en el horizonte en el momento en que nace alguien y que sirve para hacer predicciones sobre su futuro. *Soy Leo, de ascendente Sagitario.*

ascender. (conjug. ENTENDER). intr. **1.** Subir, o ir a un lugar más alto. *Al soltarlos, los globos ascendieron* HACIA *el cielo. Ascendimos* A/HASTA *la cima de la montaña.* **2.** Pasar alguien a un estado o situación más altos. *Acaba de ascender* A *jefe de ventas. Si el equipo gana el partido, ascenderá de categoría.* **3.** Llegar una cuenta a una cantidad determinada. *Las deudas de la compañía ascienden* A *dos millones de euros.* ○ tr. **4.** Hacer que (alguien) pase a ocupar un cargo más alto. *Si te ascienden, ganarás más. Lo han ascendido* A *sargento.* ▶ **1-3:** SUBIR.

ascendiente. m. y f. **1.** Persona de la que desciende o procede otra. *Los ascendientes de Juan eran originarios de Navarra.* ○ m. **2.** Influencia sobre alguien. *Como tengo cierto ascendiente* SOBRE *él, a lo mejor lo convenzo.*

ascensión. f. Hecho de ascender a un lugar o a una situación más altos. *La velocidad del pelotón disminuye en la ascensión* AL *puerto. Su ascensión como cantante es imparable.* Frec., en mayúsc., designa el de Cristo a los cielos y la festividad correspondiente. *San Lucas narra la Ascensión de Cristo. La Ascensión cae en mayo.*

ascensional. adj. De la ascensión. *En el torbellino se produce un movimiento ascensional del viento.*

ascenso. m. Hecho de ascender. *Los equipos de segunda luchan por el ascenso. Consiguió el ascenso* A *teniente. Las encuestas muestran un ascenso del partido ecologista. El ascenso* HASTA *la cumbre dura dos horas.*

ascensor. m. Aparato para trasladarse de un piso a otro de un edificio. *Pulsa el botón para llamar al ascensor.* ▶ **frecAm:** ELEVADOR.

ascensorista. m. y f. Persona encargada del manejo de un ascensor. *Trabaja de ascensorista en un hotel de lujo.*

ascesis. f. Conjunto de prácticas y ejercicios propios de un asceta. *Algunos santos practicaban la ascesis.*

asceta. m. y f. Persona que intenta alcanzar la perfección espiritual renunciando al placer físico, a las necesidades materiales y a la vida mundana. *El asceta vivía solo, en medio de la pobreza, entregado a la oración y la penitencia.* Tb. fig. *En época de exámenes hace vida de asceta.*

ascético, ca. adj. **1.** Del asceta o de la ascesis. *Buda abandonó sus posesiones para llevar una vida ascética y de meditación.* **2.** Dicho de persona: Dedicada a la vida ascética (→ 1). *Un santo ascético.* Tb. fig. *Es un tipo ascético en sus costumbres.* **3.** Dicho de obra, autor o literatura: Que trata de la vida ascética (→ 1). *Fray Luis de León fue el gran poeta ascético español.* Dicho de pers., tb. m. y f. *El libro estudia a los místicos y ascéticos del Siglo de Oro.* ● f. **4.** Ascetismo. *La pobreza es uno de los pilares de la ascética franciscana.*

ascetismo. m. Doctrina y práctica de la vida ascética. *El ascetismo y el misticismo son vías para lograr la virtud. La gente se burlaba del ascetismo de los primeros cristianos.* ▶ ASCÉTICA.

asco. m. **1.** Sensación de intenso desagrado físico que puede producir náuseas. *No puede comer ostras, porque le dan asco. Sentí asco al ver la casa tan sucia.* **2.** Sentimiento de desagrado o rechazo hacia alguien o algo. *Me da asco que sea tan falso y tan mentiroso.* ■ **hacer ~s** (a alguien o algo). loc. v. coloq. Rechazar(lo) afectadamente o sin justificación. *No sé por qué le haces tantos ascos a aceptar ese dinero.* ■ **no hacer ~s** (a alguien o algo). loc. v. coloq. Aceptar(lo) con gusto. *Aunque prefiero la carne, no le hago ascos a un buen pescado.* ■ **un ~.** loc. s. **1.** Cosa de mal aspecto o de mala calidad. *Estas tijeras son un asco y apenas cortan. El trabajo que presentó era un asco, porque lo hizo a toda prisa.* **2.** Persona o cosa que producen asco (→ 1, 2), espec. por estar muy sucias. *Esta cocina es un asco; ¿es que nunca la limpiáis? El puesto que le ofrecen es un asco, teniendo en cuenta su valía.* Frec. en la constr. *hecho un ~. Vino al teatro hecha un asco.* ▶ REPUGNANCIA.

ascua. f. Trozo de materia sólida que está incandescente y no despide llama. *Para avivar el fuego sopló las ascuas.* ■ **arrimar** alguien **el ~ a su sardina.** loc. v. coloq. Aprovechar la situación en beneficio propio. *En una negociación, cada cual trata de arrimar el ascua a su sardina.* ■ **en,** o **sobre, ~s.** loc. adv. En estado de inquietud o de incertidumbre. *Cuéntanos ya el final de la historia, que nos tienes en ascuas. Estoy sobre ascuas hasta que den los resultados del examen.*

aseado, da. part. **1.** → **asear.** ● adj. **2.** Que tiene o muestra limpieza y arreglo. *Tras las obras, el local tiene un aspecto más aseado. Es un hombre aseado y cuida su apariencia.*

asear. tr. Limpiar (algo o a alguien), dándo(les) un aspecto agradable y arreglado. *Aseó al niño y le puso colonia. Cada mañana se asea y se pone ropa limpia. Dedico una mañana a asear la casa.*

asechanza. f. Engaño para perjudicar a alguien. Frec. en pl. *Fue víctima de las asechanzas de su enemigo para arrebatarle el poder.* ▶ *ENGAÑO.

asediar. (conjug. ANUNCIAR). tr. **1.** Cercar (un lugar) para conseguir su rendición. *Las tropas enemigas asediaban la capital.* **2.** Agobiar o importunar (a alguien), espec. con continuas peticiones o preguntas. *Me asedia* CON *regalos e invitaciones. Cada vez que aparece en público, lo asedian los fotógrafos.* ▶ **1:** *CERCAR.

asedio. m. Hecho de asediar. *El asedio de Leningrado duró años. Los guardaespaldas lo protegen del asedio de los periodistas.* ▶ *CERCO.

asegurado, da. part. **1.** → **asegurar. 2.** Que ha sido asegurado (→ 1) contra algún riesgo mediante un contrato de seguro. Dicho de pers., tb. m. y f. *Los asegurados perciben una indemnización en caso de enfermedad.*

asegurador, ra. adj. Dicho espec. de empresa: Que se dedica a asumir riesgos ajenos a cambio de la percepción de primas. *La empresa aseguradora pagó la reparación de la casa tras el incendio.* Tb. m. o f. *El asegurador responde del daño que puedan sufrir los bienes del asegurado. Provocaron un incendio para estafar a la aseguradora.*

aseguramiento. m. Hecho de asegurar. *Es recomendable el aseguramiento de las obras de arte valiosas.*

asegurar. tr. **1.** Hacer que (alguien o algo) queden seguros o firmes. *Aseguran la puerta con una barra de hierro. Asegura bien al niño en su sillita.* **2.** Hacer que (alguien o algo) queden seguros o libres de peligro. *Los castillos tenían como fin asegurar el reino frente a ataques enemigos.* **3.** Hacer un contrato de seguro para cubrir los daños que puedan sufrir (alguien o algo). *La empresa tiene obligación de asegurar a sus empleados. Hemos asegurado la casa* CONTRA *incendios. Aseguró el collar* EN *dos millones.* **4.** Hacer que (algo) quede seguro o garantizado. *La policía asegura el cumplimiento de la ley.* **5.** Decir (algo) con seguridad. *Me aseguró que vendría. Creo que es así, pero no puedo asegurarlo.* **6.** Dejar (a alguien) seguro de la realidad o certeza de algo. *Asegúrate* DE *cerrar bien las ventanas. Le gusta rodearse de cosas que conoce y que lo aseguran* DE *que está vivo.* ▶ **1:** AFIANZAR, AFIRMAR, SUJETAR. **6:** CERCIORARSE.

asemejar. intr. Parecerse una persona o cosa a otra. *La flor de la manzanilla asemeja* A *la margarita.* Frec. prnl. *Su sabor se asemeja* AL *del melocotón.* Tb.: *Los dos hermanos se asemejan mucho.* ▶ PARECER.

asenso. m. Asentimiento. *La propuesta se ha aprobado con el asenso de los presentes.*

asentaderas. f. pl. coloq. Nalgas (parte del cuerpo humano). *Si sigues engordando, vas a echar unas buenas asentaderas.*

asentador, ra. m. y f. Persona que contrata alimentos al por mayor para un mercado público. *En la lonja los asentadores gritan los precios a la baja hasta que sale un comprador.*

asentamiento. m. Hecho o efecto de asentar o asentarse. *Los vecinos no aprueban el asentamiento de la fábrica en su municipio.* Tb. el lugar donde se produce. *Visitamos las ruinas de un asentamiento romano.*

asentar. (conjug. ACERTAR). tr. **1.** Poner (una cosa) sobre otra de manera que quede firme. *He asentado la mesa* SOBRE *cuatro tacos de madera. Para que no se caiga la moto, debe asentarla* EN *un terreno liso.* **2.** Situar (una población o un edificio) en un lugar. *Los prerromanos asentaron su ciudad en lo alto de una colina.* ○ intr. prnl. **3.** Establecerse alguien, espec. un pueblo, o fijar su residencia en un lugar. *Varios pueblos mediterráneos se asentaron* EN *las costas y fundaron ciudades. Los refugiados se han ido asentando* A *las afueras de la capital.* **4.** Posarse o depositarse las partículas sólidas que hay en un líquido o en el aire. *Hasta que no se asiente el polvo de las obras, es inútil limpiar. Los posos del vino se asentaron en el fondo de la copa.*

asentimiento. m. Hecho o efecto de asentir. *Mientras me escucha, hace gestos de asentimiento.* ▶ ASENSO.

asentir. (conjug. SENTIR). intr. Mostrar acuerdo con lo que otro dice o propone. *Los diputados asentían* A *las palabras de su compañero de partido. Pedí permiso para entrar y ella asintió con la cabeza.* ▶ AFIRMAR.

aseo. m. **1.** Hecho o efecto de asear o asearse. *Necesito jabón, champú y otros productos de aseo. Los gatos emplean mucho tiempo en su propio aseo.* **2.** Cualidad de aseado. *Destaca por su aseo y pulcritud.* **3.** Cuarto de aseo (→ **cuarto**). *El camarero le indicará dónde están los aseos.*

asepsia. f. **1.** Ausencia de organismos que causan enfermedades. *Para una asepsia completa de la herida se recomienda primero un buen lavado.* **2.** Procedimiento para evitar infecciones destruyendo o evitando los organismos que las causan. *El uso de material quirúrgico estéril es una norma elemental de asepsia.*

aséptico, ca. adj. **1.** De la asepsia. *La esterilización mediante hervido es un método aséptico. Las gasas y vendas que usa la enfermera son material aséptico.* **2.** Frío o desapasionado. *Su objetivismo se basa en una forma de narrar aséptica, exenta de valoraciones.* **3.** Neutral o falto de compromiso. *El asunto no admite posturas asépticas: hay que tomar partido.*

asequible. adj. Que se puede conseguir o alcanzar. *Este coche no es asequible para nosotros. La agencia ofrece viajes a precios asequibles. Ganar el maratón es demasiado, busca un objetivo más asequible.*

aserción. f. Afirmación o aseveración. *Terminó su discurso con una aserción tajante: –Yo cumplo mis promesas.*

aserradero. m. Lugar donde se sierra la madera. *Los troncos bajan por el río hasta el aserradero.*

aserrado[1]. m. Hecho de aserrar. *Durante el aserrado, la madera desprende virutas y serrín.*

aserrado[2], da. part. **1.** → **aserrar.** ● adj. **2.** Que tiene dientes como los de una sierra. *Hoja aserrada. Bordes aserrados.* ▶ SERRADO.

aserrador, ra. adj. **1.** Que sierra o sirve para serrar. *Máquinas aserradoras.* ● m. **2.** Hombre que tiene por oficio serrar. *Se buscan aserradores que sepan manejar la sierra circular.* ○ f. **3.** Máquina para serrar. *El ruido de las aserradoras se oye en todo el valle.*

aserrar. (conjug. ACERTAR). tr. Serrar (algo). *Aserraba madera para hacer muebles. Aserró las patas de la mesa para que quedara más baja.* ▶ SERRAR.

asertivo, va. adj. Afirmativo o aseverativo. *En la oración "Yo voy a ir, ¿y tú?", hay una frase asertiva seguida de otra interrogativa.*

aserto. m. Afirmación o aseveración. *El juez pidió al abogado que demostrara sus asertos.*

asesinar. tr. Matar (a alguien) de manera intencionada y sin justificación legal. *Asesinó a su marido dándole veneno. Contrató a unos matones para que asesinaran a su rival.* ▶ *MATAR.

asesinato. m. Hecho de asesinar. *Matar a un enemigo en tiempos de guerra no se considera un asesinato. El tribunal lo ha declarado culpable de asesinato.*

asesino, na. adj. **1.** Que asesina. *La policía busca el arma asesina.* Dicho de pers., tb. m. y f. *El asesino será condenado a cadena perpetua.* **2.** Hostil o dañino. *Cuando le repliqué, me lanzó una mirada asesina. Estas clases tan teóricas justo después de comer son asesinas.*

asesor, ra. adj. **1.** Que asesora. *El ministro se reunirá con la comisión asesora sobre privatizaciones.* ● m. y f. **2.** Persona que asesora a otras sobre determinados asuntos. *El asesor financiero de la empresa desaconseja la operación. El político cuenta con la ayuda de un asesor de imagen.*

asesoramiento. m. Hecho de asesorar. *Necesitas asesoramiento jurídico de un abogado. No haremos la reforma sin el asesoramiento de un arquitecto.*

asesorar. tr. **1.** Aconsejar o informar (a alguien) sobre determinado asunto. *El pediatra te asesora sobre la alimentación del bebé. Acude a un experto para que te asesore.* ○ intr. prnl. **2.** Recibir de alguien consejo o información sobre determinado asunto. *Antes de invertir el dinero, asesórese* CON *expertos en bolsa. Se asesoró* DE *un abogado.* ▶ **1:** *ACONSEJAR.

asesoría. f. **1.** Oficio o actividad de asesor. *Desempeña la asesoría jurídica de una empresa.* **2.** Oficina del asesor. *Trabaja en una asesoría situada en el centro.*

asestar. tr. Dar a alguien o a algo (un golpe o un disparo). *Asestó dos puñaladas a su víctima. Le asestó un golpe al televisor.* ▶ *PEGAR.

aseveración. f. Hecho o efecto de aseverar. *Dice que su fábrica es la más moderna, pero los datos contradicen esa aseveración. Termina su artículo con la siguiente aseveración: –Ya no hay vuelta atrás.*

aseverar. tr. **1.** Afirmar o decir (algo). *Miró a su alrededor y aseveró: –Aquí lo que hace falta es una buena limpieza.* **2.** Decir que (algo) es cierto. *Varios testigos aseveran la declaración del acusado.*

aseverativo, va. adj. **1.** Que asevera o afirma. *Declaración aseverativa.* **2.** *Ling.* Dicho de oración: Enunciativa. *"No lo sé" es una oración aseverativa.* ▶ **2:** ENUNCIATIVO.

asexuado, da. adj. Que no tiene sexo. *La escultura era una figura asexuada. Las abejas obreras son seres asexuados.* ▶ ASEXUAL.

asexual. adj. **1.** Asexuado. *Las esporas son células asexuales.* **2.** *Biol.* Dicho de reproducción: Que se produce sin la intervención de células sexuales. *En la reproducción asexual, la célula se divide dando lugar a otra idéntica.*

asfaltado. m. **1.** Hecho de asfaltar. *El asfaltado de las calles se hará en los meses de verano.* **2.** Suelo de asfalto. *El asfaltado tiene socavones.*

asfaltar. tr. Cubrir con asfalto (algo, espec. una carretera o una calle). *Cortaron la calle para asfaltarla. Tome el camino asfaltado que hay a la derecha.*

asfáltico, ca. adj. **1.** De asfalto o del asfalto. *El pavimento está deteriorado y se cubrirá con una capa asfáltica.* **2.** Que tiene asfalto. *Colocaron tela asfáltica en la azotea para evitar las goteras.*

asfalto. m. Sustancia negra obtenida del petróleo y de yacimientos naturales, que se emplea en la pavimentación de calles y en la impermeabilización de muros y tejados. *Este neumático se adhiere bien al asfalto.*

asfixia. f. **1.** Suspensión de la respiración. *El minero quedó sepultado y murió por asfixia.* **2.** Dificultad grande en la respiración. *Cuando le da el ataque de asma, siente un poco de asfixia.* **3.** Sensación de agobio por razones físicas, como el calor o la estrechez. *Los techos son tan bajos que se nota cierta asfixia.* Tb. fig. *Lleva meses sin salir del pueblo y empieza a sentir asfixia.* **4.** Eliminación de algo, o dificultad grande para su desarrollo o existencia. *Se teme que los nuevos horarios comerciales causen la asfixia del pequeño comercio.*

asfixiante. adj. Que asfixia. *Durante la guerra se utilizaron gases asfixiantes. El clima tropical es asfixiante. La deuda externa del país es asfixiante.*

asfixiar. (conjug. ANUNCIAR). tr. Producir asfixia (a alguien). *El asesino le apretó el cuello hasta asfixiarla. Este jersey me está asfixiando. Si no permites al niño que haga cosas por su cuenta, lo vas a asfixiar.* Tb. en constr. prnl. media. *Se asfixiaron con el humo del incendio. Salí a respirar a la superficie porque me asfixiaba.*

así. adv. **1.** De esta o esa manera. *Sigue así y lo conseguirás. ¿Me dejas así, sin una explicación? Pon así el paraguas para que no nos mojemos. ¡Haciendo trampas, así es como ganas tú siempre!* **2.** No muy bien, o regular. Se usa repetido en la constr. *así así. El examen le salió así así.* **3.** Entonces, o en consecuencia. *Quería enriquecerse rápidamente, y así, decidió probar suerte con la lotería.* Tb. ~ *pues. –No se fía de su abogado. –Así pues, contratará a otro, ¿no? Una mañana el caballero decidió salir en busca de aventuras; así pues, ensilló su caballo y partió al galope.* ● adj. (pl. invar.). **4.** De estas o esas características o clase. *De una persona así no te puedes fiar. ¿Has salido a pasear con un tiempo así?* **5.** No muy bueno, o mediocre. Se usa repetido en la constr. *así así. El abogado que me recomendaste es así así. Unos resultados así así no son suficientes para clasificarse.* ● conj. **6.** Aunque. *No paran de hablar así los maten.* ● interj. **7.** Ojalá. *¡Así te lleves tu merecido!* ■ **~ como.** loc. conjunt. **1.** cult. Tan pronto como. *Así como entró el presidente al Congreso, dio comienzo la sesión.* **2.** cult. De la misma forma que. *El sistema democrático, así como garantiza que se cumpla la decisión de la mayoría, debe garantizar también el respeto a las minorías.* ■ **~ como ~.** loc. adv. **1.** Fácilmente. *No te librarás de tus obligaciones así como así.* **2.** Sin reflexionar. *¿Vas a tomar una decisión tan importante así como así?* ■ **~ de.** loc. adv. Tan. *¿Cómo te has puesto así de gordo? No creí que fuera así de tarde.* ■ **~ o asá.** loc. adv. De una manera o de otra. *Igual le da hacerlo así o asá.* Tb. adj. *Luego dirán que somos así o asá.* ■ **~ que.** loc. conjunt. **1.** Introduce una proposición coordinada que expresa una consecuencia lógica. *Es preferible que no te vea aquí, así que vete. Llovía a cántaros, así que decidimos regresar.* Tb. ~ *es que. Llovía a cántaros, así es que decidimos regresar.* **2.** cult. En cuanto. *Así que pasen unos meses, lo intentarán de nuevo.*

asiático, ca. adj. De Asia. *Parte de Rusia está en el continente asiático.* Dicho de pers., tb. m. y f. *Muchos asiáticos son de raza amarilla.*

asidero. m. **1.** Parte de una cosa que permite cogerla o sujetarse a ella. *El autobús aceleró y me agarré a un asidero para no caerme.* **2.** Persona o cosa que sirven de apoyo o ayuda. *Cuando estaba tan triste, las ocupaciones cotidianas eran su único asidero.*

asiduidad. adj. Cualidad de asiduo. *Va a misa con asiduidad. Cada vez era mayor la asiduidad de sus visitas.*

asiduo, dua. adj. **1.** Dicho de persona: Que hace algo o acude a un lugar con frecuencia y constancia. *Soy lector asiduo de su periódico. El camarero conoce los gustos de los clientes asiduos.* **2.** Dicho de cosa: Que se hace con frecuencia y constancia. *Le recomiendo la práctica asidua de algún deporte.*

asiento. m. **1.** Mueble para sentarse, o lugar adecuado para ello. *En la sala hay una mesa con cuatro asientos. Íbamos tres en el asiento trasero del coche. No quedan asientos libres en el patio de butacas. Cada miembro del consejo ocupó su asiento.* Tb. la parte del mismo donde descansan las nalgas. *Las sillas tienen asiento de anea y respaldo de madera.* **2.** Parte sobre la que se asienta o descansa algo. *Si la vasija baila, es que no tiene el asiento liso. Las encías constituyen el asiento de la dentadura.* **3.** Lugar donde alguien se asienta o donde algo está situado. *Las costas del sur sirvieron de asiento a comunidades cartaginesas. El auditorio tendrá su asiento en la parte nueva de la ciudad.* **4.** Anotación de algo en un registro o documento semejante, espec. de una operación en un libro de cuentas. *El contable ha hecho un asiento de cien euros en la columna del haber. La compraventa consta en los asientos del registro de la propiedad.*

asignación. f. **1.** Hecho de asignar. *Se ha convocado un examen para la asignación de los puestos vacantes.* **2.** Cantidad asignada a alguien o algo. *Tiene que pagar a su ex cónyuge una asignación mensual. Han reducido la asignación que recibe el departamento de investigación.*

asignar. tr. Señalar o determinar que (una cosa) les corresponda a alguien o algo. *El director me asignó la tarea de ordenar el archivo. Les asignaban el tema del examen por sorteo.*

asignatura. f. Materia de las que se enseñan en un centro educativo o forman un plan de estudios. *He aprobado todas las asignaturas menos Matemáticas.* ■ ~ **pendiente.** m. Asunto o problema que permanecen sin solucionar. *La reducción del desempleo era la asignatura pendiente del Gobierno.* ▶ MATERIA.

asilado, da. part. **1.** → **asilar. 2.** Que ha sido asilado (→ 1). Tb. m. y f. *Muchos extranjeros viven en el país como asilados.* ● m. y f. **3.** Persona que vive en un asilo. *Los asilados del albergue son atendidos por religiosas y voluntarios.*

asilar. tr. Dar asilo o protección (a alguien). *Francia asiló al escritor, que estaba amenazado de muerte en su país.* Tb. en constr. prnl. media. *Se asiló* EN *Gran Bretaña.*

asilo. m. **1.** Establecimiento benéfico en que se acoge y atiende a personas necesitadas. *No tiene familia y vive en un asilo de ancianos.* **2.** Protección concedida a una persona que huye de su país por motivos políticos. *Muchos opositores al régimen pidieron asilo en las embajadas.* Tb. *~ político. Se ofrecerá asilo político a los exiliados.* **3.** Protección o amparo. *Llovía a mares y un lugareño nos dio asilo en su casa.* **4.** Lugar de refugio infranqueable para los perseguidos. *La iglesia era el único asilo del prófugo.* ▶ **1:** HOGAR.

asilvestrarse. intr. prnl. **1.** Volverse salvaje un animal doméstico. Frec. en part. *Los perros asilvestrados bajan a la población en busca de comida.* **2.** Crecer en estado silvestre una planta que procede de otra cultivada. Frec. en part. *En el huerto abandonado solo quedan unas matas de frambuesa asilvestradas.*

asimetría. f. Falta de simetría. *En todos los rostros existe un cierto grado de asimetría.*

asimétrico, ca. adj. **1.** Que no tiene simetría. *El fémur es un hueso largo y asimétrico. La modelo luce un vestido de escote asimétrico con un único tirante.* ● f. pl. **2.** *Dep.* Barras asimétricas (→ **barra**). *Obtuvo medalla olímpica en la prueba de asimétricas.*

asimilación. f. **1.** Hecho de asimilar o asimilarse. *Si se estudia a diario, la asimilación de los conocimientos es mejor. Las vitaminas intervienen en la buena asimilación de los nutrientes.* **2.** *Fon.* Modificación de un sonido por influencia de otro, de forma que el primero adquiere uno o varios rasgos del segundo. *La "n" se pronuncia eme delante de una bilabial por asimilación.*

asimilar. tr. **1.** Hacer un organismo que (una sustancia) pase a formar parte de él. *La célula asimila las sustancias que necesita a través de la membrana.* **2.** Comprender una persona (algo), incorporándo(lo) a lo que ya sabe. *No puedo asimilar tanta información nueva.* **3.** Considerar que (una persona o cosa) son iguales a otra en algún aspecto. *Han asimilado el título del conservatorio* AL *de licenciado.* ○ intr. prnl. **4.** Parecerse una persona o cosa a otra. *El sol del atardecer se asimilaba* A *una gran bola de fuego.* Tb.: *Las diferentes variedades de pera se asimilan bastante.*

asimilativo, va. adj. De la asimilación. *La falta de sueño reduce la capacidad asimilativa del estudiante. El proceso asimilativo de nutrientes comienza con la digestión.*

asimismo. (Tb. **así mismo**). adv. También. *Han pronosticado asimismo fuertes lluvias en el norte. El actor protagonista, director así mismo de la película, abandonó el plató.*

asíndeton. m. *Gram.* Supresión de conjunciones entre oraciones o palabras, gralm. con fines expresivos. *El uso del asíndeton hace más vivo el lenguaje literario.*

asintomático, ca. adj. *Med.* Que no presenta síntomas. *En la fase de incubación, esta enfermedad es asintomática. Hay enfermos de SIDA que son asintomáticos durante largo tiempo.*

asíntota. f. *Mat.* Línea recta que, prolongada indefinidamente, se acerca progresivamente a una curva sin llegar a tocarla. *En el ejercicio hay que dibujar las asíntotas de una hipérbola.*

asir. (conjug. ASIR). tr. **1.** cult. Coger o sujetar con las manos (algo o a alguien). *El conductor asía con firmeza el volante. Lo asió por la muñeca para que soltara el arma.* ○ intr. prnl. **2.** cult. Agarrarse o cogerse a alguien o algo. *El niño se asía con fuerza* AL *cuello de su madre. Tiene que asirse* DE *mi brazo para caminar.*

asirio, ria. adj. histór. De Asiria (antiguo reino de Asia occidental). *La destrucción de Nínive marcó el fin del Imperio asirio. Arte asirio.* Dicho de pers., tb. m. y f. *Los asirios conquistaron Babilonia.*

asistemático, ca. adj. cult. Que no se ajusta a un sistema. *Las prisas lo obligaron a preparar el examen de manera asistemática.*

asistencia. f. **1.** Hecho de asistir. *Para aprobar el curso es necesaria la asistencia a clase. Les agradezco su asistencia. Los heridos precisan asistencia médica.* **2.** Conjunto de personas que están presentes en un acto. *La asistencia recibió a la cantante con un aplauso.* **3.** En baloncesto y otros deportes: Pase que hace un jugador a otro de su equipo para que marque un tanto. *El alero ha dado seis asistencias.*

asistencial. adj. De la asistencia, espec. la médica o la social. *Acude al médico en un centro asistencial.*

asistente, ta. (Como adj. se usa solo **asistente,** forma que se usa frec. como f. en la acep. 2). adj. **1.** Que asiste. *El público asistente gritaba y aplaudía.* ● m. y f. **2.** Persona que ayuda a otra en alguna actividad. *Tiene* *un asistente que se ocupa de sus citas y del correo. Es la asistente personal del ministro.* ○ f. **3.** Mujer que trabaja por horas haciendo trabajos domésticos. *Por las mañanas viene una asistenta a casa.* ○ m. **4.** *Mil.* Soldado destinado al servicio personal de un general, jefe u oficial. *El asistente del general ha preparado el uniforme.* ■ **asistente social.** m. y f. Persona titulada que se dedica a prevenir y solucionar problemas sociales, dando asesoramiento y ayuda material, sanitaria o moral. *Un equipo de asistentes sociales ha visitado el poblado chabolista.*

asistido, da. part. **1.** → **asistir.** ● adj. **2.** Que se hace con ayuda de algún medio mecánico. *Precisa respiración asistida.*

asistir. intr. **1.** Ir alguien a un lugar donde se celebra un acto. *Hoy ha asistido menos gente* AL *teatro.* **2.** Estar alguien presente en un acto. *El padre asistió* AL *nacimiento de su hijo.* **3.** Hacer trabajos domésticos por horas. *Ha tenido que ponerse a asistir.* **4.** Ayudar o colaborar en algo. *Es una obra colectiva y todos hemos asistido* A *su realización.* ○ tr. **5.** Socorrer o ayudar (a alguien). *El médico que la asistió en el parto es amigo suyo.* **6.** Proporcionar cuidados (a alguien). *Al enfermo lo asiste un familiar.* **7.** Estar la razón o el derecho de parte (de alguien). *A los consumidores los asiste el derecho a reclamar si no quedan satisfechos.*

askenazí. (Tb. **asquenazí**). adj. Dicho de judío: Que proviene de Europa central u oriental. *Los campos de concentración se llenaron de judíos asquenazíes.* Tb. m. y f. *Hay coincidencias entre las tradiciones de los sefardíes y de los askenazíes.*

asma. f. Enfermedad caracterizada por la dificultad para respirar, la tos y la sensación de ahogo. *Le ha dado un ataque de asma.*

asmático, ca. adj. **1.** Del asma. *La alergia puede desencadenar un cuadro asmático.* **2.** Que padece asma. *Pacientes asmáticos.* Tb. m. y f. *Los asmáticos pueden usar inhaladores para facilitar la respiración.*

asno, na. m. **1.** Burro (mamífero). *Desde tiempos antiguos, el asno se ha usado como animal de carga.* Tb. designa específicamente al macho. *Montado en su asno, Sancho seguía a don Quijote.* ○ f. **2.** Hembra del asno (→ 1). *Del cruce del asno con el caballo nace la mula.* ○ m. y f. **3.** cult. Persona ignorante o de corto entendimiento. *Cuando suspendía, el profesor le decía que era un asno.* Tb. adj. *No seas tan asno y razona un poco.* ▶ **1:** *BURRO.

asociación. f. **1.** Hecho o efecto de asociar o asociarse. *De la asociación de los dos grandes bancos nacerá una gran entidad financiera. Vi la nieve y, por asociación de ideas, pensé en la Navidad.* **2.** Conjunto de personas asociadas para un fin. *Pertenece a una asociación ecologista. Asociación de padres de alumnos.* ▶ **2:** *SOCIEDAD.

asociacionismo. m. **1.** Tendencia a la formación de asociaciones, espec. de carácter cívico o político, para defender los intereses de sus miembros. *Defiende el asociacionismo como medio para luchar por los derechos de los consumidores.* **2.** *Psicol.* Doctrina que sostiene que la actividad psíquica se basa en la asociación de ideas. *Según el asociacionismo, la percepción se compone de una suma de sensaciones simples.*

asociacionista. adj. **1.** Del asociacionismo. Frec. en psicología. *Teoría asociacionista del aprendizaje.* **2.** Partidario del asociacionismo. *El movimiento vecinal y asociacionista.* Frec. en psicología. *Escuela asociacionista.* Dicho de pers., tb. m. y f. *Para un asociacionista, la conducta se puede analizar en términos de asociaciones mentales.*

asociado, da. part. **1.** → **asociar. 2.** Que se ha asociado (→ 1) a otra persona o entidad para un fin o actividad comunes. Tb. m. y f. *El abogado ha puesto un despacho con varios asociados.*

asocial. adj. Dicho de persona: Que no se integra, o no quiere integrarse, en la sociedad. *Es un sujeto violento y asocial.* Tb. referido a características de esa persona. *Conductas asociales. Personalidad asocial.*

asociar. (conjug. ANUNCIAR). tr. **1.** Relacionar mentalmente (una cosa) con otra. *Asocia el pueblo* CON *los veraneos de su infancia. Asocio el sonido del despertador* A *la obligación de trabajar.* Tb.: *El fuerte dolor le hizo asociar en adelante deporte y sufrimiento.* Tb. en constr. prnl. media. *En su memoria se asocia el sabor de pan recién hecho* A/CON *las comidas de su abuela.* **2.** Juntar (a una persona o una entidad) con otra para un fin o actividad comunes. *Han asociado a Juan* A *la nueva empresa. La empresa se ha asociado* CON/A *otra constructora.* Tb.: *Se han asociado para abrir un restaurante.* **3.** Juntar (una cosa) con otra, espec. para una actividad común. *Debe asociar el medicamento con otro.*

asociativo, va. adj. **1.** De la asociación. *La memoria tiene mecanismos asociativos. Movimiento asociativo vecinal.* **2.** *Mat.* Dicho de operación: Que se puede aplicar parcialmente a dos o más de sus términos sin que varíe el resultado final. Tb. dicho de la propiedad correspondiente. *La suma y la multiplicación tienen la propiedad asociativa.*

asolador, ra. adj. Que asola. *Un vendaval asolador.*

asolar. (conjug. CONTAR o reg.). tr. Destruir (algo) totalmente. *Un huracán ha asolado la región. La guerra ha dejado el país asolado.*

asolamiento. m. Hecho de asolar. *Asolamiento de grandes masas forestales.*

asolear. tr. frecAm. Poner (algo o a alguien) al sol. *Las mujeres asoleaban en los balcones fondos y camisetas de lunes* [C]. *La playa perfecta para nadar y asolearse queda al este* [C]. ▶ SOLEAR.

asomar. tr. **1.** Sacar (algo o a alguien) por una abertura o por detrás de algo. *No asomes la cabeza* POR *la ventanilla del coche. Al oír los gritos, varios vecinos se han asomado* A *la calle. Voy a asomarme para ver si llueve.* ○ intr. **2.** Empezar a estar a la vista una cosa. *El sol asoma entre los nubarrones.*

asombrar. tr. Causar asombro (a alguien). *Me asombra la rapidez con que has terminado el trabajo.* Tb. en constr. prnl. media. *Ya no se asombra* DE/POR *nada.* ▶ ADMIRAR, ALUCINAR, DESLUMBRAR, ENCANDILAR, EPATAR, IMPACTAR, PASMAR, SORPRENDER. ‖ **Am:** APANTALLAR.

asombro. m. Sorpresa o extrañeza producidas por algo repentino o extraordinario. *Cuando se lo he dicho, ha puesto cara de asombro.* ▶ ADMIRACIÓN, ESTUPEFACCIÓN, ESTUPOR, EXTRAÑEZA, PASMO, PERPLEJIDAD, SORPRESA.

asombroso, sa. adj. Que causa asombro. *Ha demostrado una calma asombrosa. Resulta asombroso que nadie notara el error.* ▶ ALUCINANTE, DESLUMBRANTE, DESLUMBRADOR, IMPACTANTE, IMPRESIONANTE, PASMOSO, SORPRENDENTE, SORPRESIVO.

asomo. m. Indicio o señal de algo. *No muestra el menor asomo de cansancio.* ■ **ni por ~.** loc. adv. coloq. De ningún modo. *No voy a tolerar ni por asomo que me faltéis al respeto.*

asonada. f. Tumulto o disturbio violento con fines políticos. *Ha habido una asonada popular contra las medidas del Gobierno. Asonada militar.*

asonancia. f. *Lit.* Rima asonante. *Los versos que terminan en "hoja" y "loma" tienen asonancia.*

asonante. adj. *Lit.* Dicho de rima: Que se produce con coincidencia solo de los sonidos vocálicos. *Los versos terminados en "cala" y "dama" tienen rima asonante.* Tb. dicho del verso con ese tipo de rima. *En el romance, los versos pares son asonantes.*

aspa. f. **1.** Figura en forma de "X". *Para detener la máquina, pulse el botón con un aspa roja.* **2.** En una máquina o aparato: Pieza giratoria constituida por cuatro brazos en aspa (→ 1), cuya función es impulsar o producir movimiento. *Para Don Quijote, el molino era un gigante y el aspa eran sus brazos.* Tb. cada brazo. *Las aspas de la batidora giran a gran velocidad.*

aspado, da. part. **1.** → **aspar.** ● adj. **2.** De forma de aspa. *En las representaciones de San Andrés suele aparecer una cruz aspada.*

aspar. tr. histór. Martirizar (a alguien) clavándo(lo) en un aspa. Se usa en expr. como *que me aspen* para enfatizar lo contrario de lo que se afirma a continuación. *¡Que me aspen si lo entiendo!*

aspaviento. m. Demostración excesiva o afectada de una sensación o de un sentimiento. Frec. en pl. *Deja de hacer aspavientos: solo es un ratón.*

aspecto. m. **1.** Apariencia de algo o alguien a la vista. *El guiso tiene muy buen aspecto. Ha vuelto con aspecto de estar enfadado.* **2.** Parte de algo que se toma en consideración, o modo en que se considera. *Solo lo conozco en el aspecto profesional.* **3.** *Gram.* Accidente gramatical que expresa la manera en que se desarrolla la acción expresada por el verbo, en su cumplimiento, en su duración o en su desarrollo. *Las formas "vino" y "ha venido" se diferencian por el aspecto.* ▶ **1:** *APARIENCIA.

aspectual. adj. *Gram.* Del aspecto. *Valor aspectual de una perífrasis verbal.*

aspereza. f. **1.** Cualidad de áspero. *Sus manos tienen la aspereza de una lija. La aspereza de su carácter lo hace antipático.* **2.** Desigualdad del terreno. Gralm. en pl. *Las asperezas del barranco hacen imposible caminar por allí.* ■ **limar ~s.** loc. v. Vencer dificultades o diferencias de opinión entre dos o más personas. *Habla con él para tratar de limar asperezas.*

asperger. tr. Asperjar (algo o a alguien). *El sacerdote aspergió el ataúd y rezó un responso. Hay que asperger agua sobre la ropa puesta al sol.* ▶ ASPERJAR.

asperjar. tr. **1.** Rociar (algo o a alguien) con agua bendita. *En el bautizo, el sacerdote asperjó al niño.* **2.** Esparcir (algo) en gotas. *Asperja el agua de un cubo para refrescar el patio.* ▶ ASPERGER.

áspero, ra. adj. **1.** Que resulta desagradable al tacto por tener la superficie desigual. *La toalla se ha quedado áspera de tanto lavarla. El granito es una piedra áspera y rugosa.* **2.** Dicho de persona: Antipático o poco agradable en el trato. *Es áspero y cortante.* **3.** Propio de la persona áspera (→ 2). *Demuestra su enojo con palabras ásperas y gestos bruscos.* **4.** Dicho de terreno: Desigual o irregular. *El camino es áspero y empinado.* **5.** Dicho de cosa: Desagradable al gusto o al oído. *Esta pera es muy áspera. Su voz suena áspera y crispada.* **6.** Dicho del tiempo: Desapacible y tempestuoso. *El día ha amanecido áspero, con lluvia y viento fuerte.* **7.** Dicho de cosa, espec. de disidencia o de combate: Duro o violento. *A propósito de ese tema se ha producido un áspero debate.* ▶ **2, 3:** *ANTIPÁTICO. **4:** ESCABROSO. **6:** *DESAPACIBLE.

aspersión. f. Hecho de asperjar. *Para la aspersión del agua bendita se usa el hisopo. Riego por aspersión.*

aspersor. m. Mecanismo para esparcir líquidos a presión. *Los aspersores para regar el césped se ponen en marcha al amanecer.*

áspid. m. **1.** Víbora venenosa que vive en regiones montañosas de Europa. *Los áspides suelen ocultarse entre las rocas.* **2.** Serpiente venenosa de color verde amarillento, con manchas pardas y cuello extensible, que vive pralm. en zonas rocosas y desérticas de África. *Cleopatra fue mordida por un áspid.*

aspidistra. f. Planta ornamental originaria de China, caracterizada por sus hojas grandes, de color verde oscuro y acabadas en punta. *Unas macetas de aspidistras adornan el patio.*

aspillera. f. En una fortificación: Abertura larga y estrecha en un muro, para disparar por ella. *Los arqueros disparaban desde las aspilleras de la torre.*

aspiración. f. Hecho o efecto de aspirar. *Ha enfermado por la aspiración de gases tóxicos. Es una mujer con grandes aspiraciones. La aspiración de la "j" es una característica del andaluz.*

aspirador, ra. adj. **1.** Que aspira o absorbe. *Bomba aspiradora.* Dicho de aparato, tb. m. *Un aspirador para liposucción.* ● m. **2.** Aspiradora (→ 3). *Con el aspirador quitaré las migas de la moqueta.* ○ f. **3.** Electrodoméstico para limpiar que aspira o absorbe el polvo y la suciedad. *Pasa la aspiradora por la alfombra.*

aspirante. adj. Que aspira a conseguir algo. *Son varios los escritores aspirantes* AL *premio.* Dicho de pers., tb. m. y f. *Hay dos aspirantes* A *ocupar el sillón presidencial. Cientos de aspirantes se han presentado a las pruebas.*

aspirar. tr. **1.** Hacer que (el aire) entre en los pulmones. *El hombre aspira seis mil litros de aire al día.* Tb. usado en constr. intr. *Antes de tirarse al agua, aspiró profundamente.* **2.** Absorber una máquina (algo) hacia su interior mediante una corriente de aire. *La depuradora de la piscina aspira el agua y la envía a un filtro.* **3.** *Fon.* Pronunciar (un sonido) expulsando con fuerza el aire de la garganta. *Los alemanes aspiran la "h" inicial. La palabra "saharaui" se pronuncia con "h" aspirada.* ○ intr. **4.** Seguido de un complemento introducido por *a:* Desear lo expresado por él o querer conseguirlo. *Todos los participantes aspiran* A *ganar el campeonato. Solo aspiro* A *una vida tranquila.*

aspirina. (Marca reg.). f. Medicamento sólido, constituido por ácido acetilsalicílico, que se usa para combatir el dolor y la fiebre. *Dicen que la aspirina ayuda a prevenir enfermedades cardiovasculares.* Tb. cada comprimido de este medicamento. *Si te duele la cabeza, tómate una aspirina.*

asquear. intr. Causar asco a alguien una persona o cosa. *Le asquea la gente así. Me asquea verlo comer.*

asquenazí. → **askenazí.**

asquerosidad. f. Persona o cosa asquerosas. *Hay que limpiar la cocina, porque es una asquerosidad.*

asqueroso, sa. adj. **1.** Que da o causa asco. *Lávate las manos, que las tienes asquerosas. El jarabe está asqueroso. La manera en que adula al jefe es asquerosa.* A veces se usa como insulto. *¡Cállate ya, asqueroso!* **2.** Dicho de persona: Propensa a sentir asco. *Hay que limpiarlo todo bien, porque es muy asquerosa.*

asta. f. **1.** Palo al que se sujeta una bandera. *En el balcón del ayuntamiento hay un asta con la bandera de la ciudad.* **2.** Cuerno de algunos animales, como el toro o el ciervo. *Tiene una herida por asta de toro.* **3.** Palo de una lanza u otra arma semejante. *El soldado asía la pica por el asta.* ■ **a media ~.** loc. adj. Dicho de bandera: Que está a medio izar, en señal de luto. *Las banderas a media asta indican que ha muerto alguien.* Tb. loc. adv. *Han izado las banderas a media asta.* ▶ **2:** *CUERNO.

astado, da. adj. Que tiene astas o cuernos. *En la moneda aparece la figura de un animal astado.* Dicho de toro, tb. m. *El matador ha tumbado al astado con una certera estocada.*

astenia. f. *Med.* Falta o pérdida de fuerzas. *Una alimentación deficiente puede producir astenia.*

asténico, ca. adj. **1.** *Med.* De la astenia. *El paciente presenta un cuadro asténico.* **2.** *Med.* Que padece astenia. *Si la ingesta de vitaminas es muy baja, el paciente se vuelve asténico.* Tb. m. y f. *A los asténicos les cuesta realizar esfuerzos físicos.*

asterisco. m. Signo ortográfico (*) que se emplea para remitir a una nota o para otros usos convencionales. *Las notas a pie de página pueden indicarse con asteriscos.*

asteroide. m. *Fís.* Cuerpo rocoso que gira alrededor del Sol, gralm. entre las órbitas de Marte y Júpiter, solo visible a través del telescopio. *La sonda espacial ha atarvesado el cinturón de asteroides.*

astifino, na. adj. *Taurom.* Dicho de toro: De astas delgadas y finas. *El cuarto de la tarde era un toro negro y astifino.*

astigmático, ca. adj. *Med.* Que padece astigmatismo. *En el ojo astigmático, la córnea es achatada en lugar de esférica.* Tb. m. y f. *Los astigmáticos ven las imágenes borrosas.*

astigmatismo. m. *Med.* Defecto de visión, gralm. por curvatura irregular de la córnea, consistente en percibir las imágenes de manera imprecisa. *El astigmatismo impide que se enfoquen bien tanto los objetos cercanos como los lejanos.*

astil. m. Mango, gralm. de madera, de algunos utensilios o herramientas, como el hacha o el martillo. *Se ha roto el astil de la guadaña.*

astilla. f. Fragmento irregular que se desprende de la madera, o de otra materia dura, cuando se parte o se rompe. *Me he clavado una astilla. Ha hecho astillas el tablón. Hay astillas de vidrio en el suelo.*

astillar. tr. Hacer que se formen astillas (en algo). *Le han dado un golpe tan fuerte a la puerta que la han astillado.* Tb. en constr. prnl. media. *Cuando el toro golpeó la barrera, uno de sus cuernos se astilló.*

astillero. m. Lugar donde se construyen y reparan buques. *Han remolcado el barco hasta los astilleros.*

astracán. m. Piel de cordero aún no nacido o recién nacido, fina y de pelo rizado, que se usa en peletería. *Lleva un abrigo de astracán.*

astracanada. f. *Lit.* Obra de teatro cuyo objetivo es hacer reír mediante chistes y situaciones disparatadas. *"La venganza de don Mendo" es un ejemplo de astracanada.*

astrágalo. m. **1.** *Anat.* Hueso del tarso que está articulado con la tibia y el peroné. *El astrágalo y el calcáneo hacen posible el movimiento del pie.* **2.** *Arq.* Moldura en forma de anillo que rodea el fuste de una columna en su unión con el capitel. *El astrágalo de la columna jónica tiene el aspecto de una serie de cuentas.* ▶ **1:** TABA.

astral. adj. De los astros. *Los adivinos hacían predicciones interpretando las posiciones astrales. Un plano astral.*

astringente. adj. **1.** Que estriñe. *La manzana es astringente.* Dicho de alimento o producto, tb. m. *Para cortar la diarrea, toma un astringente.* **2.** Que contrae y seca los tejidos. *Si tiene la piel grasa, debe aplicarse un tónico astringente.*

astro. m. **1.** Cuerpo celeste. *Las estrellas y los planetas son astros. Con el telescopio observan los astros.* **2.** Persona que sobresale extraordinariamente en una actividad o profesión. *El astro argentino ha marcado cinco goles. Al festival acudirán grandes astros del cine.* ▶ **2:** ESTRELLA.

astrofísico, ca. adj. **1.** De la astrofísica (→ 3), o de su objeto de estudio. *Observatorio astrofísico.* ● m. y f. **2.** Especialista en astrofísica (→ 3). *Los astrofísicos debaten sobre la edad del Universo.* ○ f. **3.** Parte de la astronomía que estudia las propiedades físicas de los astros. *La astrofísica comienza a desarrollarse en el siglo XIX. Laboratorio de astrofísica.*

astrolabio. m. Instrumento para observar y determinar la posición de los astros. *El astrolabio era empleado antiguamente por los navegantes.*

astrología. f. Estudio de la posición y el movimiento de los astros como medio para predecir hechos futuros y conocer el carácter de las personas. *La astrología atribuye una forma de ser a cada signo del zodiaco.*

astrológico, ca. adj. De la astrología. *Las previsiones astrológicas auguran un buen año a los géminis.*

astrólogo, ga. m. y f. Persona que se dedica a la astrología. *Un astrólogo elabora el horóscopo de la revista.*

astronauta. m. y f. Persona que tripula una nave espacial. *Los astronautas deben acostumbrarse a la ausencia de gravedad.* ▶ COSMONAUTA.

astronáutico, ca. adj. **1.** De la astronáutica (→ 2), o de su objeto de estudio. *Las grandes potencias competían por la supremacía astronáutica. Vehículo astronáutico.* ● f. **2.** Ciencia y técnica de la navegación espacial. *El desarrollo de la astronáutica en los años sesenta culmina con la llegada del hombre a la Luna.*

astronave. f. Nave espacial. *La astronave ha aterrizado en la Luna.* ▶ *NAVE.

astronomía. f. Ciencia que estudia los astros. *Copérnico revolucionó la astronomía al afirmar que los planetas giran alrededor del Sol.*

astronómico, ca. adj. **1.** De la astronomía, o de su objeto de estudio. *El observatorio realiza investigaciones astronómicas. Mapa astronómico.* **2.** Dicho de cantidad, precio o cosa semejante: Extraordinariamente grande. *El marisco ha alcanzado precios astronómicos.*

astrónomo, ma. m. y f. Especialista en astronomía. *Los astrónomos han descubierto una nueva estrella.*

astroso, sa. adj. **1.** Dicho de persona: Desaseada y mal vestida. *Lo rodearon unos chiquillos astrosos.* **2.** Dicho de cosa: Sucia y rota. *El mendigo lleva una chaqueta astrosa.*

astucia. f. **1.** Cualidad de astuto. *Han negociado con astucia. Es un plan lleno de astucia.* **2.** Medio hábil o ingenioso que se emplea para conseguir algo. *Esos pillos no me engañarán otra vez: ya conozco sus astucias.* ▶ **2:** *ARTIMAÑA.

astur. adj. **1.** histór. De un pueblo prerromano que habitaba al norte de la Península Ibérica. *La capital astur era Astúrica, la actual Astorga.* Dicho de pers., tb. m. y f. *Los romanos dominaron a los astures y a los cántabros.* **2.** cult. Asturiano. *Se ha ido de viaje por tierras astures.* Dicho de pers., tb. m. y f.

asturcón, na. adj. Dicho de caballo: De una raza originaria de Asturias caracterizada por su poca alzada. *El caballo asturcón corre peligro de extinguirse.* Tb. m. *Los asturcones suelen vivir en libertad en las zonas montañosas.*

asturianismo. m. Palabra o uso propios de la variedad asturiana de la lengua española. *La posposición del pronombre, como en "gústame", es un asturianismo.*

asturiano, na. adj. De Asturias. *Te cautivará el paisaje asturiano.* Dicho de pers., tb. m. y f. *El grupo de asturianos bebe sidra.*

astuto, ta. adj. **1.** Dicho de persona: Que tiene habilidad e ingenio para lograr su propósito, espec. con engaño o disimulo. *Hay que ser astuto para buscarse la vida en la calle.* **2.** Propio de la persona astuta (→ 1). *Con una maniobra astuta ha despistado a su perseguidor. Tiene una mirada astuta.* ▶ **1:** LADINO, RAPOSO, TAIMADO.

asueto. m. Interrupción temporal por descanso del trabajo, los estudios u otra actividad habitual, espec. si dura un día o unas horas. *Aprovecha los ratos de asueto para leer. El domingo es su único día de asueto.*

asumir. tr. **1.** Tomar alguien para sí (algo, espec. una responsabilidad). *El director de la fábrica ha asumido la responsabilidad del accidente.* **2.** Darse cuenta (de algo) y aceptar(lo). *Ha tenido que asumir la pérdida del anonimato.*

asunceno, na. adj. De Asunción (capital de Paraguay). *Barrio asunceno.* Dicho de pers., tb. m. y f. *Los asuncenos hablan guaraní y español.*

asunción. f. **1.** Hecho de asumir. *Le exigen la asunción de sus responsabilidades. Para conocerse es necesaria la asunción de las propias limitaciones.* **2.** (En mayúsc.). *Rel.* Hecho de ser elevada la Virgen María al cielo en cuerpo y alma. *La Asunción se celebra el 15 de agosto.* Tb. la festividad correspondiente. *Su cumpleaños cae en la Asunción.*

asunto. m. **1.** Cosa que interesa o importa a alguien, o sobre la que se habla o se piensa. *Se ha reunido con el propietario para hablar del asunto del alquiler. Los sábados los dedico a resolver mis asuntos. No quiero discutir más del asunto.* **2.** Tema de una obra literaria o artística. *El profesor pregunta a los estudiantes cuál es el asunto de la novela. En la pintura antigua abundan los cuadros de asunto religioso.* **3.** Negocio (actividad encaminada a obtener una ganancia). *Se dedica a asuntos de importación y exportación.* **4.** Relación amorosa, más o menos secreta, de carácter sexual. *Ha pedido el divorcio al descubrir que tenía un asuntillo con otra mujer.* ■ **de Asuntos Exteriores.** loc. adj. Dicho de ministerio: Que se ocupa de las relaciones con otros países. *El Ministerio de Asuntos Exteriores hizo las gestiones de la repatriación.* Tb. dicho del ministro o de otros altos cargos de ese ministerio. *La han nombrado Secretaria de Estado de Asuntos Exteriores.* ▶ **1:** TEMA, MATERIA. **3.** NEGOCIO.

asustadizo, za. adj. Que se asusta con facilidad. *De niño era asustadizo.*

asustar. tr. Causar susto (a alguien). *El trueno sonó tan fuerte que nos asustó. El trabajo duro no me asusta.* Tb. usado en constr. intr. *El tigre tiene unos colmillos tan grandes que asustan.* Tb. en constr. prnl. media. *Se ha asustado al ver la herida.* ▶ *ATEMORIZAR.

atabal. m. histór. Timbal. *Los monarcas avanzaron mientras redoblaban tambores y atabales.*

atacante. adj. Que ataca, espec. para causar algún daño. *Ejército atacante. Equipo atacante.* Dicho de pers., tb. m. y f. *La víctima ha podido identificar a su atacante.*

atacar. tr. **1.** Lanzarse violentamente (contra alguien o algo) para causar(les) algún daño. *El león atacó al domador.* Tb. fig. *El artículo ataca las teorías del filósofo.* Tb. usado en constr. intr. *Muchos animales atacan solo por hambre.* **2.** Emprender una acción (contra alguien o algo) en un combate. *El ejército atacó posiciones enemigas. Han atacado a los inmigrantes en la frontera.* Tb. usado en constr. intr. *La guerrilla atacó al amanecer.* **3.** Actuar (contra algo) para destruir(lo). *Los antitérmicos atacan la fiebre. Ese virus ataca el sistema inmunológico.* **4.** Acometer (una tarea o una actividad) o empezar a realizar(las). *El temario era tan amplio que no sabía por dónde atacar su estudio.* **5.** Aparecer o presentarse repentinamente (en alguien) un determinado estado físico o moral. *Cuando me ataca el sueño no me puedo concentrar en lo que estoy haciendo.* **6.** Alterar o crispar (los nervios) a alguien. *Me ataca los nervios verla todo el día sin hacer nada. No soporta a su jefe, le ataca los nervios.* **7.** coloq. Irritar (a alguien) o hacer(le) perder la calma. *Es que me ataca, no puedo ni verlo.* **8.** Ejercer una sustancia su acción (sobre otra) alterando su estado. *El óxido ataca el hierro y lo corroe.* **9.** Empezar a ejecutar (una nota o una composición musical). *La banda de* rock *atacó los primeros acordes de su tema más conocido y el público empezó a aplaudir.* ▶ **1:** ACOMETER, AGREDIR, ARREMETER. **4:** ACOMETER.

atadijo. m. Atado hecho sin esmero. *Me entregó un atadijo de cartas.*

atado, da. part. **1.** → **atar.** ● m. **2.** Conjunto de cosas atadas. *Llevaba un atado de ropa bajo el brazo.*

atadura. f. **1.** Hecho o efecto de atar. *La atadura debe hacerse con cuidado para que no queden señales. La lazada es un tipo de atadura que se deshace fácilmente.* **2.** Cosa que ata o sirve para atar. *El prisionero rompió sus ataduras y escapó. No tenía compromisos ni ataduras en su país. Los hijos pequeños son una auténtica atadura.*

atajar. intr. **1.** Tomar por un atajo. *Por aquí atajaremos y llegaremos antes que ellos.* ○ tr. **2.** Salir al encuentro (de alguien que va delante) empleando un atajo. *Por aquí los atajaremos.* **3.** Cortar o interrumpir (algo). *Los bomberos no podían atajar el fuego. Tómate algún medicamento para atajar la fiebre.*

atajo[1]. m. Camino más corto que el habitual. *Cogeremos un atajo que nos evitará la caravana.* Tb. fig. *Hay que encontrar un atajo para resolver este problema.*

atajo[2]. → **hatajo.**

atalaya. f. **1.** Torre de vigilancia, situada gralm. en un lugar alto, desde la que se tiene una vista muy amplia. *En lo alto de la atalaya había un vigía controlando todo el valle.* **2.** Lugar alto desde donde se tiene una vista muy amplia. *Se subió al árbol y, desde esa atala-*

ya, buscó la cabaña de los forestales. **3.** Estado o situación en los cuales se puede apreciar algo en las mejores condiciones. *Desde la atalaya capitalina estaba al tanto de todas las novedades en el mundo editorial.*

atañer. (conjug. TAÑER; solo se usa en las terceras personas y en part., ger. e infin.). intr. cult. Concernir a alguien o algo. *Sus problemas no nos atañen. La crisis económica atañe a todos los países europeos.*

ataque. m. **1.** Hecho de atacar, espec. para causar un daño o una derrota. *Fue víctima del ataque de una banda callejera. Durante el debate, los ataques a su novela fueron constantes. El ataque militar sobre la ciudad se produjo de madrugada.* **2.** Manifestación repentina de un trastorno o un sentimiento extremo. *Tiene ataques de asma a menudo. Le dan ataques de celos. Todos temían sus ataques de ira.* ▶ **1:** ACOMETIDA, ACOMETIMIENTO, AGRESIÓN, ARREMETIDA. **2:** ACCESO, ARRANQUE, ARREBATO, RAPTO.

atar. tr. **1.** Sujetar (algo o a alguien) con una cuerda o algo parecido. *Le ataron las manos a la espalda. Átate el delantal. Ató el perro a la farola y entró en la tienda.* **2.** Impedir el movimiento o la capacidad de acción (a alguien). *Tus obligaciones profesionales te atan demasiado.* ■ **~ corto** (a alguien). loc. v. Reprimir(lo) o controlar(lo). *Ata corto a tu hijo, que es muy rebelde.* ■ **loco de ~.** loc. adj. coloq. Muy loco. *Estaba loco de atar.* ▶ **1:** LIGAR.

atarantado, da. part. **1.** → **atarantar.** ● adj. **2.** frecAm. Atolondrado. *Iba con su burro, y un chofer atarantado lo atropelló* [C]. ▶ **2:** *ATURDIDO.

atarantar. tr. frecAm. Aturdir o confundir (a alguien). *¡Y ya no me atarantes!* [C]. ▶ *ATURDIR.

ataraxia. f. *Fil.* Imperturbabilidad o serenidad. *Para Epicuro la felicidad solo se alcanza en un estado de ataraxia.*

atarazana. f. Lugar donde se construyen y reparan embarcaciones. *Han llevado la barca a una atarazana para calafatearla.*

atardecer. (conjug. AGRADECER). intr. impers. **1.** Empezar a caer la tarde. *Suelo llegar a casa cuando atardece. Al atardecer, el cielo se tiñe de rojo.* ● m. **2.** Hecho de atardecer (→ 1). *Contemplemos el atardecer desde la ventana.* **3.** Tiempo durante el que atardece (→ 1). *Los atardeceres en otoño me parecen muy románticos.* ▶ **3:** ATARDECIDA.

atardecida. f. Atardecer (tiempo durante el que atardece). *Salimos de viaje a la atardecida.* ▶ ATARDECER.

atarearse. intr. prnl. Dedicarse a algo con empeño. *Por las tardes se atarea* EN/CON *los quehaceres domésticos.*

atascar. tr. **1.** Obstruir (un conducto o una vía). *El tráfico atascaba las calles principales de la ciudad.* Tb. en constr. prnl. media. *La tubería se ha atascado por la acumulación de residuos.* **2.** Poner obstáculos al progreso (de alguien o algo). *El desacuerdo entre los dos representantes ha atascado las negociaciones.* ○ intr. prnl. **3.** Quedarse detenidos o paralizados alguien o algo por algún obstáculo o dificultad. *Se ha atascado el papel de la impresora. Siempre me atasco en los exámenes orales por culpa de los nervios.*

atasco. m. Hecho o efecto de atascar o atascarse. *Un fontanero arreglará el atasco del lavabo. He llegado tarde porque había un atasco terrible.* ▶ EMBOTELLAMIENTO.

ataúd. m. Caja, gralm. de madera, donde se pone un cadáver para ser enterrado. *Los compañeros de la víctima llevarán el ataúd a hombros.* ▶ CAJA, FÉRETRO.

ataurique. m. *Arq.* y *Arte* Decoración de tipo vegetal característica del arte árabe. *Los arcos del palacio mudéjar conservan bellos atauriques y lacerías.*

ataviar. (conjug. ENVIAR). tr. Arreglar (a alguien) poniéndo(le) vestido y adornos. *La han ataviado* CON *sus mejores galas.*

atávico, ca. adj. Heredado de los antepasados remotos. *El ritual contenía componentes atávicos. El ser humano conserva terrores atávicos.*

atavío. m. **1.** Hecho de ataviar o ataviarse. *Emplea mucho tiempo en su atavío.* **2.** Conjunto de prendas con que se viste y adorna una persona. *En su atavío destaca un valioso collar de perlas.* Tb. en pl. con significado sing. *Llevaba unos atavíos sencillos y cómodos.*

atavismo. m. **1.** Tendencia a imitar o mantener ideas y formas de vida arcaicas. *Luchemos por superar los atavismos y las barreras religiosas y sociales.* **2.** *Biol.* Reaparición en un ser vivo de los caracteres propios de sus ascendientes remotos. *El zoólogo estudió los fenómenos de atavismo en varias especies cruzadas.*

ataxia. f. *Med.* Alteración que se caracteriza por la dificultad para coordinar los movimientos. *Una lesión en la médula espinal puede provocar ataxia.*

ateísmo. m. Actitud o doctrina del ateo. *Fue un librepensador que preconizaba el ateísmo. No abandonará su ateísmo ni en el lecho de muerte.*

atemorizador, ra. adj. Que atemoriza. *Lanzarse en paracaídas es siempre una experiencia atemorizadora.* ▶ ATEMORIZANTE.

atemorizante. adj. Que atemoriza. *El bosque de noche estaba lleno de sombras atemorizantes.* ▶ ATEMORIZADOR.

atemorizar. tr. Causar temor (a alguien). *Una banda de jóvenes violentos atemoriza a los vecinos del barrio.* Tb. en constr. prnl. media. *Se atemorizó al encontrarse la puerta de su casa abierta. El niño, atemorizado con las escenas de la película, no paraba de llorar.* ▶ ACOBARDAR, AMILANAR, APOCARSE, ASUSTAR, INTIMIDAR.

atemperar. tr. Moderar o suavizar (algo). *La tormenta atemperó algo el calor reinante. Las explicaciones que nos dieron no atemperaron la indignación que sentíamos.* Tb. en constr. prnl. media. *Su mal genio se fue atemperando con los años.*

atemporal. adj. Intemporal. *Sus obras se leen hoy con gusto porque plantean cuestiones atemporales.*

atemporalidad. f. Intemporalidad. *En el interior de la catedral experimentó una sensación de atemporalidad.*

atenazar. tr. **1.** Sujetar u oprimir con fuerza (algo). *Unos grilletes le atenazaban los tobillos.* **2.** Torturar o afligir (a alguien) gralm. un pensamiento o un sentimiento. *El miedo me atenazaba. La angustia la atenaza cuando recuerda el accidente.*

atención. f. **1.** Hecho de atender. *Presta atención* A *lo que te voy a decir para no tener que repetírtelo. Es un asunto que merece especial atención. El herido necesitaba atención sanitaria urgentemente.* **2.** Demostración de respeto o cortesía. Frec. en pl. *Mis padres tuvieron muchas atenciones* CON *él cuando vino a visitarnos.* ● interj. **3.** Se usa para pedir que se ponga especial cuidado en lo que se va a decir o hacer. *¡Atención! Ha habido un accidente.* ■ **en ~ a.** loc. prepos. Atendiendo a. *En atención a su larga trayectoria como actor, recibió un premio honorífico.* ■ **llamar** algo o alguien **la ~.** loc. v. Destacar o resultar llamativo. *Es tan guapa que llama la atención.* ■ **llamar** algo **la ~** (a alguien). loc. v. Sorprender(lo). *Me llama la atención que pienses así.* ■ **llamar** alguien **la** ~ (a otra persona). loc. v. Reprender(la). *Mi padre me llamó la atención por haberme portado mal.* ■ **llamar** algo o alguien **la** ~ (a otra persona). loc. v. Atraer(la) despertando su agrado o su interés. *No me disgusta ese tipo de música, pero tampoco me llama la atención.* ■ **llamar** algo o alguien **la** ~ (de una persona). loc. v. Hacer que repare en él o en ello. *El cliente levantó la mano para llamar la atención* DEL *camarero. Llamo su atención* SOBRE *el punto 3 del informe.* ▶ **2:** *CORTESÍA.

atender. (conjug. ENTENDER). intr. **1.** Aplicar voluntariamente la actividad mental a la captación de algo. *Si no atiendes en clase, no aprobarás. ¿Estás atendiendo* A *lo que digo?* **2.** Seguido de un complemento introducido por *a:* Tener en cuenta lo expresado por él. *Hay que atender a todos los aspectos del problema. No atiende a razones.* **3.** Tener un animal por nombre el que se indica. *El perro perdido atiende* POR *Rayo.* **4.** Ocuparse o encargarse alguien de una cosa. *Trabaja de recepcionista atendiendo* AL *teléfono. Atiende* A *lo que estás haciendo.* **5.** Seguido de un complemento introducido por *a:* Acoger favorablemente algo, espec. un deseo o una petición. *Atendieron a mi reclamación y me devolverán el dinero.* ○ tr. **6.** Aplicar la actividad mental a la captación (de algo). *No atiende las explicaciones del profesor.* **7.** Acoger favorablemente (algo, espec. un deseo o una petición). *Atendieron mi reclamación y me devolverán el dinero. No han atendido mi petición de traslado.* **8.** Ocuparse o encargarse alguien (de una persona o cosa). *Me ha atendido una dependienta amabilísima. Atiende a la niña mientras voy a la compra. Atiendo el negocio por las mañanas. Atiende el fuego, no dejes que se apague.*

atendible. adj. Digno de atención o de ser atendido. *No encontraríamos motivos atendibles que justifiquen las guerras. Consideré sus peticiones muy lógicas y atendibles.*

ateneo. m. Asociación cultural, gralm. de tipo científico o literario. *El ateneo pretende limitar el número de sus miembros.* Tb. el lugar en donde se reúne. *El ateneo de la ciudad está siendo restaurado.*

atenerse. (conjug. TENER). intr. prnl. Ajustarse o someterse a algo. *Se atuvo* A *las órdenes de su superior. Si no nos pagas lo que nos debes, atente* A *las consecuencias.*

ateniense. adj. De Atenas. *El tráfico ateniense perjudica la conservación de las ruinas clásicas.* Frec. referido a la Antigüedad clásica. *El Partenón es un gran templo ateniense dedicado a Atenea.* Dicho de pers., tb. m. y f. *Con Pericles, los atenienses vivieron un tiempo de esplendor.*

atentado. m. **1.** Agresión contra la vida de alguien o contra algo, espec. por motivos políticos. *El presidente sufrió un atentado en el que hubo dos muertos. El atentado* CONTRA *el banco ha sido reivindicado por una banda terrorista.* **2.** Ataque contra algo, espec. contra un principio que se considera justo. *Unas imágenes tan duras son un atentado* A *mi sensibilidad. Tu decisión representa un atentado* CONTRA *nuestros intereses.*

atentamente. adv. **1.** De manera atenta. *Escuche atentamente las noticias.* **2.** Se usa en fórmulas de despedida de cartas y documentos formales. *La carta terminaba: "Atentamente, Sr. Gómez".*

atentar. intr. Cometer un atentado. *La banda terrorista ha atentado* CONTRA *la vida del presidente. Denunciará a todo el que atente* CONTRA *su intimidad.*

atentatorio, ria. adj. Que atenta. *El denunciante consideraba el reportaje gravemente atentatorio* CONTRA *su honor.*

atento, ta. adj. **1.** Que presta atención. *No estabas atento* A *la pregunta que te he hecho, ¿verdad? Los guardaespaldas permanecían atentos* A *cualquier movimiento.* **2.** Que tiene atenciones con los demás. *Es un señor muy atento que siempre me saluda cuando me ve. Tienes que ser más atenta* CON *los clientes.* ▶ **1:** ALERTA, ALERTADO, PENDIENTE, VIGILANTE. **2:** *AMABLE.

atenuación. f. Hecho de atenuar. *Ese medicamento favorece la atenuación de los síntomas, pero no cura la enfermedad.*

atenuante. adj. **1.** Que atenúa. *El aumento de inversiones extranjeras es un factor atenuante de la crisis económica del país.* ● f. (Tb. m.). **2.** *Der.* Circunstancia atenuante (→ **circunstancia**). *El juez desestimó la atenuante de enajenación mental al dictar la sentencia.* **3.** Cosa que disminuye la gravedad de algo. *No encuentro ninguna atenuante que disculpe su conducta contigo.*

atenuar. (conjug. ACTUAR). tr. Disminuir la gravedad, la intensidad o la fuerza (de algo). *No hay nada que pueda atenuar su tristeza.* Tb. en const. prnl. media. *Todos esperan que la crisis económica se atenúe con las medidas adoptadas por el gobierno.*

ateo, a. adj. Que niega la existencia de Dios. *El golpe de estado había dado paso a un régimen ateo. Se declaraba atea.* Dicho de pers., tb. m. y f. *El autor del libro es un ateo convencido.*

aterciopelado, da. adj. Que tiene características semejantes al terciopelo, espec. la suavidad. *Tejido aterciopelado. Cutis aterciopelado. El roble tiene hojas tiernas y aterciopeladas.*

aterir. (Solo se usa en las formas cuya desinencia empieza por *i*). tr. Dejar entumecido (a alguien) el frío. *El frío de la mañana atería a los que esperaban el autobús.* Tb. en constr. prnl. media. *Hemos tenido que encender la estufa para no aterirnos. Volví aterido del paseo.*

ateroesclerosis. f. *Med.* Aterosclerosis. *Padece ateroesclerosis coronaria.*

ateroma. m. *Med.* Acumulación local de fibras y lípidos, pralm. colesterol, en la pared interna de una arteria. *Los ateromas producen el estrechamiento de las arterias.*

aterosclerosis. f. *Med.* Endurecimiento de los vasos sanguíneos, en especial de ciertas arterias, por la formación de ateromas. *La aterosclerosis se previene con una dieta hipocalórica.* ▶ ATEROESCLEROSIS.

aterrador, ra. adj. Que aterra. *El cuento está lleno de personajes aterradores.* Frec. con intención enfática. *Nunca podremos olvidar la imagen aterradora del accidente.* ▶ *TERRIBLE.

aterrar. tr. Aterrorizar (a alguien). *Me aterran las películas de miedo.* Tb. en constr. prnl. media. *Se aterra cuando tiene que viajar en avión.* ▶ ATERRORIZAR.

aterrizaje. m. Hecho de aterrizar. *El avión tuvo que efectuar un aterrizaje de emergencia. La pista de aterrizaje no estaba en buenas condiciones. Nadie me había invitado, así que mi aterrizaje en la fiesta dejó a todos boquiabiertos.*

aterrizar. intr. **1.** Posarse un vehículo aéreo o espacial, o sus ocupantes sobre tierra firme u otra superficie que sirva para ello. *El avión aterrizó en la pista uno del aeropuerto. La nave espacial aterrizó en Marte. La azafata nos informó de que íbamos a aterrizar* *en unos minutos.* **2.** coloq. Aparecer de forma inesperada en un lugar. *Después de buscar alojamiento durante horas, aterrizamos en un pequeño hotel muy acogedor.*

aterrorizar. tr. Causar terror (a alguien). *Me aterroriza la idea de no volver a verla.* Tb. en constr. prnl. media. *Se aterrorizó al oír los gritos y las voces de la calle.* ▶ ATERRAR.

atesoramiento. m. Hecho o efecto de atesorar. *El museo muestra dos mil años de atesoramiento artístico. Lo obsesionaba el atesoramiento de obras de arte.*

atesorar. tr. **1.** Reunir y guardar (dinero o cosas de valor). *A lo largo de los años ha ido atesorando una gran fortuna.* **2.** Poseer o tener (algo de valor). *Atesora una gran cultura. El palacio atesora magníficas pinturas.*

atestado. m. Documento oficial en que una autoridad o sus delegados hacen constar algo como cierto, espec. las circunstancias de un delito o accidente. *En el atestado figuraba la hora exacta del atentado y el testimonio de algunas personas que lo presenciaron.*

atestar. tr. Llenar (algo, espec. un lugar) hasta el límite de su capacidad. *Miles de manifestantes atestaban las calles de la capital.* Frec. en part. *El bar estaba atestado* DE *gente. La estantería está atestada* DE *libros.* ▶ INFESTAR.

atestiguar. (conjug. AVERIGUAR). tr. **1.** Declarar (algo) como testigo. *La ceremonia fue un éxito y así lo atestiguaron todos los asistentes.* Tb. usado en constr. intr. *Atestiguó* CONTRA *él en el juicio.* **2.** Dar una cosa prueba (de algo). *El documento atestigua que la finca es suya. Las numerosas ediciones atestiguan el éxito de la novela.* ▶ **2:** TESTIFICAR.

atezar. tr. Tostar (la piel, espec. del rostro) el sol u otro elemento. *La nieve y la intemperie les han atezado el rostro. Era un hombre enjuto, atezado por el sol.* Frec. en part. *Tenía la piel atezada y un aspecto saludable.*

atiborrar. tr. **1.** Hartar (a alguien) de algo, espec. de comida o bebida. *Mis amigos me atiborraron* DE *vino durante la cena. Se atiborra* DE *somníferos. No puedo comer más, estoy atiborrada.* Tb. fig. *Sabe mucho de plantas porque se ha atiborrado* DE *libros sobre el tema.* **2.** Llenar (algo) hasta el límite de su capacidad. *Has atiborrado la maleta* DE *ropa y no la puedes cerrar. El vagón iba atiborrado* DE *gente.* ▶ **1:** HARTAR.

ático[1]**.** m. Último piso de un edificio, gralm. con azotea o terraza. *Tenemos que subir muchas escaleras porque vivo en el ático. Se ha comprado un ático en el centro.*

ático[2]**, ca.** adj. **1.** Del Ática (provincia griega). *Literatura ática.* Dicho de pers., tb. m. y f. *Los áticos desarrollaron una importante actividad comercial.* ● m. **2.** histór. Dialecto de la lengua griega. *El ático constituyó la base del griego moderno.*

atigrado, da. adj. **1.** Manchado como la piel del tigre. *Tela atigrada. Piel atigrada.* **2.** Dicho de un animal: De piel atigrada. *Caballo atigrado.*

atildado, da. part. **1.** → **atildar.** ● adj. **2.** Pulcro y elegante. *Lucía un bigote digno del más atildado galán.* Frec. despect. *Su estilo puede calificarse de atildado y en ocasiones incluso de cursi.*

atildamiento. m. Cualidad de atildado. *Vestía con un atildamiento que resultaba anticuado.*

atildar. tr. Arreglar (a alguien) con cuidado. *Se atildó para la cita con su novio.*

atinar. intr. **1.** Encontrar lo que se busca, espec. a tientas. *Con este desorden no atino* CON *la llave.* **2.** Dar con lo oportuno, o con lo que se busca o necesita por sagacidad natural o por casualidad. *Has atinado* CON *la palabra exacta. Atinó* EN *la respuesta y ganó el concurso.* **3.** Acertar en el blanco. *Lanzando los dardos desde una distancia tan grande, será difícil atinar.* **4.** Seguido de *a* y un infinitivo: Conseguir hacer lo expresado por él. *No atiné* A *abrir la puerta.* ○ tr. **5.** Acertar (algo). *Estaba tan nervioso que no atinó ni una sola pregunta.*

atípico, ca. adj. Que se aparta de lo habitual. *Ha triunfado en el festival con una película atípica. Fue un personaje moderno y atípico para su época.*

atiplado, da. part. **1.** → **atiplar.** ● adj. **2.** Dicho de voz: Aguda, como de tiple. *La voz de algunos adultos es demasiado atiplada y suena como la de los niños.*

atiplar. tr. Dar (a la voz) un tono agudo, como de tiple. *El actor atiplaba la voz para imitar la de un niño.* Tb. en constr. prnl. media. *Su voz se atipla cuando me chilla.*

atisbar. tr. **1.** Mirar u observar (algo) atenta y disimuladamente. *A través de la puerta entreabierta, atisbaba lo que ocurría en la habitación.* **2.** Vislumbrar (algo), o ver(lo) de forma confusa por la distancia o la falta de luz. *Atisbó una figura de mujer al final del túnel.* **3.** Vislumbrar (algo), o suponer(lo) por indicios. *Atisbo cierta ironía en tus palabras.* ▶ **2, 3:** VISLUMBRAR.

atisbo. m. Vislumbre o indicio. *En sus ojos había un atisbo de tristeza. Lo ha dicho sin un atisbo de duda.* ▶ *INDICIO.

atizador, ra. adj. **1.** Que atiza o sirve para atizar. Dicho de pers., tb. m. y f. *Hoy reinaría la paz si no hubiera habido tantos atizadores de la guerra.* ● m. **2.** Instrumento que sirve para atizar el fuego. *De vez en cuando removía las brasas con el atizador.*

atizar. tr. **1.** Remover (el fuego) o añadir(le) combustible para que arda más. *Atiza la lumbre, que se está apagando.* **2.** Avivar o hacer más intenso (algo, espec. una pasión o una discordia). *Las constantes injusticias y persecuciones atizaron el odio entre los dos pueblos.* **3.** coloq. Dar (un golpe) a alguien o algo. *Me atizó un coscorrón. Atizó una patada a la puerta.* Tb. usado en constr. intr. *No hace más que atizar a su hermano pequeño.* ○ tr. prnl. **4.** coloq. Comerse o beberse (algo). *Se atizó un buen chuletón.* ■ **atiza.** interj. Se usa para expresar sorpresa. *¡Atiza, qué rápido has acabado!*

atlante. m. *Arq.* Escultura con figura de hombre que sirve de columna. *Los arqueólogos encontraron los restos de un pórtico griego con atlantes.*

atlántico, ca. adj. Del océano Atlántico, o de los territorios que baña. *Fauna atlántica. Clima atlántico. Portugal ocupa la mayor parte de la costa atlántica de la Península Ibérica. Las Canarias son islas atlánticas.*

atlantismo. m. *Polít.* Actitud de adhesión a la Organización del Tratado del Atlántico Norte (OTAN). *En su discurso, hizo gala de su atlantismo incondicional.* Tb. la política llevada a cabo por esta organización. *Se convocarán manifestaciones de protesta contra el atlantismo.*

atlantista. adj. **1.** *Polít.* Del atlantismo. *Pactos atlantistas.* **2.** *Polít.* Partidario del atlantismo. *Políticos atlantistas.* Tb. m. y f. *Varios atlantistas intervendrán en el debate de radio.*

atlas. m. **1.** Colección de mapas gralm. geográficos, que suele aparecer encuadernada como libro. *Encontrarás el nombre de la capital de ese país en un atlas* *universal.* **2.** Colección de láminas descriptivas pertenecientes a una disciplina, y que suele aparecer encuadernada como libro. *Atlas de anatomía. Atlas lingüístico.* **3.** *Anat.* Primera vértebra de las cervicales. *El atlas sostiene el peso de la cabeza.*

atleta. m. y f. **1.** Persona que practica el atletismo. *Un atleta africano ha ganado la final.* **2.** Persona fuerte y musculosa. *De entre las olas surgió la figura de un atleta alto y rubio.* ○ m. **3.** histór. Hombre que tomaba parte en los juegos públicos de Grecia y Roma. *Los atletas que vencían eran galardonados con una rama de olivo.*

atlético, ca. adj. **1.** Del atleta o del atletismo. *El maratón es una disciplina atlética.* **2.** Dicho de persona: Que tiene una constitución física fuerte y musculosa. *Le gustan los tipos atléticos y deportistas.* **3.** Propio del atleta. *Tiene condiciones atléticas que hacen pensar en que pueda ser un futuro campeón. Es una joven de complexión atlética.*

atletismo. m. Conjunto de actividades deportivas que comprende pruebas de velocidad, saltos y lanzamiento. *De joven practicaba el atletismo y la natación. El estadio cuenta con varias pistas de atletismo.*

atmósfera. f. **1.** Capa de aire que rodea la Tierra. *Muchas fábricas emitían gases tóxicos a la atmósfera.* **2.** *Fís.* Capa gaseosa que rodea un astro. *La atmósfera marciana es diferente a la de la Tierra.* **3.** Ambiente que rodea a las personas o a las cosas. *La novela ha conseguido crear una atmósfera de suspense continuo.* **4.** Estado de ánimo colectivo. *Las negociaciones se desarrollaron en una atmósfera de cordialidad.* **5.** *Fís.* Unidad de presión del Sistema Internacional equivalente a la ejercida por la atmósfera (→ 1) al nivel del mar, y que es igual a la presión de una columna de mercurio de 760 mm de alto. *El gas será sometido a una presión de 20 atmósferas.*

atmosférico, ca. adj. De la atmósfera o capa de aire que rodea la Tierra o un astro. *El meteorólogo realizó mediciones de la humedad atmosférica. La sonda espacial enviará datos sobre la composición atmosférica de Neptuno.*

atocinado, da. adj. coloq. Dicho de persona: Muy gorda. *Era un tipo atocinado y fofo.*

atole. dar ~ con el dedo (a alguien). loc. v. Am. coloq. Engañar(lo). *Nos siguen dando atole con el dedo; todo es mentira* [C].

atolladero. m. **1.** Lugar donde se atascan personas o cosas. *Fueron necesarias varias personas para sacar el todoterreno del atolladero.* **2.** Situación comprometida. Frec. en la constr. *salir del ~*. *No sabía cómo hacer para salir del atolladero sin mentir.*

atolón. m. Isla de coral de forma anular, con una laguna interior que comunica con el mar por pasos estrechos. *Esta foto de tiburones se hizo cerca de un atolón de la Polinesia.*

atolondrado, da. part. **1.** → **atolondrar.** ● adj. **2.** Que actúa sin reflexión. *Es un adolescente un poco atolondrado.* Tb. m. y f. *Su hijo mayor es muy sensato, pero el pequeño es un atolondrado.* ▶ **2:** *ATURDIDO.

atolondramiento. m. Hecho o efecto de atolondrar o atolondrarse. *El golpe que se dio en la cabeza le produjo cierto atolondramiento.*

atolondrar. tr. Aturdir o confundir (a alguien). *Su inesperada respuesta me atolondró.* Tb. en constr. prnl. media. *No te atolondres y pon atención en lo que estás haciendo.* ▶ *ATURDIR.

atómico, ca. adj. **1.** Del átomo que interviene en las reacciones químicas o que constituye la materia. *Núcleo atómico.* **2.** Que usa la energía procedente de la fusión o de la fisión de núcleos atómicos (→ 1). *Bomba atómica.*

atomismo. m. *Fil.* Doctrina que explica la formación del mundo por la agrupación fortuita de átomos indivisibles de materia. *Demócrito fue un precursor del atomismo.*

atomista. adj. **1.** *Fil.* Del atomismo. *Las ideas de Aristóteles se apartaban del modelo atomista.* **2.** *Fil.* Partidario del atomismo. *Filósofo atomista. Escuela atomista.* Dicho de pers., tb. m. y f. *Para los atomistas griegos no hay nada más allá de los átomos y el vacío.*

atomización. f. Hecho o efecto de atomizar. *La excesiva atomización del sector le resta competitividad.*

atomizador, ra. adj. **1.** Que atomiza o sirve para atomizar. *Tiene un enfoque atomizador y fragmentario del problema.* ● m. **2.** Aparato que atomiza líquidos. *La marca de perfume presenta una gama de aromas en frasco de cristal con atomizador.* ▶ **2:** *PULVERIZADOR.

atomizar. tr. **1.** Dividir o separar (algo) en átomos o partes muy pequeñas. *Atomizaron el cálculo renal con el láser.* Frec. fig. *El Parlamento está atomizado.* **2.** Esparcir (una sustancia líquida) en átomos o partes muy pequeñas. *El aerosol sirve para atomizar la laca. Con el aspersor el agua sale atomizada.* ▶ **2:** *PULVERIZAR.

átomo. m. **1.** *Fís.* y *Quím.* Partícula más pequeña de un elemento químico capaz de tomar parte en una reacción y permanecer inalterada. *La molécula de agua está formada por dos átomos de hidrógeno y uno de oxígeno.* **2.** histór. Elemento constitutivo de la materia, considerado indivisible y homogéneo. *Para Demócrito los átomos eran los elementos más simples del universo.* **3.** coloq. Parte muy pequeña de algo. *No perdió ni un átomo de calma a pesar del peligro que corría. No te vas hasta que limpies el último átomo de suciedad de esta cocina.*

atonal. adj. *Mús.* Dicho de música o de composición: Que no siguen las reglas de la tonalidad. *Schoenberg compone las primeras obras atonales.*

atonalidad. f. **1.** *Mús.* Cualidad de atonal. *La atonalidad caracteriza a muchas obras vanguardistas.* **2.** *Mús.* Sistema atonal de composición. *A principios del siglo XX se empiezan a concebir distintas formas de atonalidad.* Designa espec. el sistema dodecafónico. ▶ ATONALISMO.

atonalismo. m. *Mús.* Atonalidad. *Los vanguardistas experimentaban procedimientos que solo tenían en común su atonalismo. Antes de crear el sistema dodecafónico, Schoenberg practicó un atonalismo libre.* Tb. el movimiento caracterizado por aplicar ese sistema de composición. *Se ha visto en Wagner a un precursor del atonalismo.*

atonía. f. **1.** cult. Falta de vigor o de energía. *Tras la derrota se instaló el desánimo y la atonía. El turismo atravesaba un período de atonía y estancamiento.* **2.** *Biol.* Falta de tono o de elasticidad, espec. de un órgano que se puede contraer. *Atonía muscular. La administración continuada de laxantes puede provocar atonía intestinal.*

atónito, ta. adj. Asombrado hasta el punto de no poder reaccionar. *Todos se quedaron atónitos cuando se supo quién era el ladrón.* ▶ ABSORTO, ESTUPEFACTO, PERPLEJO.

átono, na. adj. *Fon.* Dicho de vocal, sílaba o palabra: Que se pronuncia sin acento. *En la palabra "coche", la sílaba átona es "-che".*

atontado, da. part. **1.** → **atontar.** ● adj. **2.** Dicho de persona: Tonta o que no sabe cómo comportarse. *Qué muchacho más atontado.* A veces se usa como insulto. *Quita, atontado, déjame en paz.* Tb. m. y f. *Este chico es un atontado.* ▶ **2:** *TONTO.

atontamiento. m. Hecho o efecto de atontar o atontarse. *La anestesia de la operación le produjo cierto atontamiento.*

atontar. tr. **1.** Aturdir (a alguien). *El incienso me atonta.* Tb. en constr. prnl. media. *Con el bullicio me atonto.* **2.** Entontecer o volver tonto (a alguien). *Algunos programas de televisión atontan al espectador.* Tb. en constr. prnl. media. *La gente se atonta con la televisión.* ▶ **1:** *ATURDIR.

atontolinar. tr. coloq. Atontar (a alguien). *El susto me dejó atontolinada.* Tb. en constr. prnl. media. *Se atontolina cuando está delante de su novio.*

atorar. tr. **1.** Atascar u obstruir (algo). *Vas a atorar el lavabo con tantos pelos.* Tb. en constr. prnl. media. *La cañería se ha atorado por la acumulación de residuos.* ○ intr. prnl. **2.** Atascarse alguien al hablar. *Cuando tiene que hablar en público se pone nervioso y se atora.* **3.** Am. Atragantarse o ahogarse. *Estaba tomando un trago de coca-cola y se atoró* [C].

atormentar. tr. **1.** Causar (a alguien) tormento o dolor físico o moral. *No te atormentes más, tú no has tenido la culpa. Los remordimientos la atormentaban. A veces lo atormentan fuertes dolores de cabeza.* **2.** Dar tormento (a alguien) como castigo o para que realice una confesión. *Cuando estuvo preso lo atormentaron a base de palizas.*

atornillar. tr. **1.** Introducir (un tornillo) haciéndo(lo) girar alrededor de su eje. *Atornilla bien los tornillos de la mesa.* **2.** Sujetar (algo) con tornillos. *Los bancos del parque están atornillados al suelo.*

atorrante, ta. adj. **1.** Am. coloq., despect. Sinvergüenza o caradura. *Los muchachos atorrantes ya no tienen novias, sino relaciones de pareja* [C]. Tb. m. y f. **2.** Am. coloq., despect. Vago u holgazán. *La afición por las series detectivescas de la TV lo llevó a resolver el autosecuestro del hijo atorrante de un millonario* [C]. Tb. m. y f. *Por eso la Universidad está llena de atorrantes y de paredes escritas ¿eh?* [C].

atosigamiento. m. Hecho de atosigar. *Le gusta que lo dejen trabajar a su aire, sin atosigamientos.*

atosigar. tr. **1.** Agobiar (a alguien) metiéndo(le) prisa. *No me atosigues, que me pones nerviosa.* **2.** Inquietar o preocupar (a alguien). *Atosiga continuamente a sus amigos con sus complejos y problemas.* ▶ *AGOBIAR.

atrabiliario, ria. adj. Irritable o violento. *Es un tipo atrabiliario que siempre está chillando y metiéndose con la gente.*

atracadero. m. Lugar acondicionado para que atraquen las embarcaciones de pequeño tamaño. *La lancha está amarrada en el atracadero.*

atracador, ra. m. y f. Persona que atraca un establecimiento o a alguien con intención de robar. *Los atracadores forzaron la cerradura de la vivienda. Un atracador me ha amenazado con una navaja.*

atracar. tr. **1.** Asaltar (un establecimiento o a alguien) con intención de robar. *Me atracaron cuando iba a entrar en mi casa. Atracaron el banco de madrugada.* **2.** Arrimar (una embarcación) a otra o a tierra. *Atracaron el yate* EN *el muelle.* **3.** coloq. Hartar (a alguien), o hacer que coma o beba en exceso. *No atraques a tu hijo* DE *comida. Dice que está a régimen, pero se atracó* DE *pasteles.* ○ intr. **4.** Arrimarse una embarcación a otra o a tierra. *El transatlántico atracó* EN *el puerto.*

atracción. f. **1.** Hecho de atraer. *El experimento se basa en la fuerza de atracción y de repulsión entre cargas eléctricas.* **2.** Capacidad de atracción (→ 1). *Su compañera ejerce una gran atracción sobre él. Al asomarse sintió la atracción del abismo.* Tb. la persona o cosa que tienen esa capacidad. *El bebé fue la atracción de la fiesta de cumpleaños. Este cuadro constituye la principal atracción de la exposición de pintura.* **3.** Número o actuación de un espectáculo. *En el programa se han incluido atracciones circenses como el malabarismo y las acrobacias.* **4.** Instalación recreativa, gralm. situada en un recinto de ocio. *La montaña rusa es una de mis atracciones favoritas.*

atraco. m. Hecho de atracar con intención de robar. *La banda perpetró un atraco* A *una joyería.*

atracón. m. **1.** coloq. Hecho o efecto de atracar de comida o bebida. Gralm. con v. como *darse* o *meterse. Tuvo un cólico porque se dio un atracón de plátanos.* **2.** coloq. Hartazgo de algo, espec. de una actividad que se realiza con exceso. Gralm. con v. como *darse* o *pegarse. Se pegó un atracón* DE *llorar cuando le dijeron que había suspendido. Se ha dado un atracón* A *estudiar.*

atractivo, va. adj. **1.** Que atrae. *Me han ofrecido un trabajo muy atractivo. Tiene un novio muy atractivo. El libro es ameno y de contenido atractivo. El estudio da cuenta de la fuerza atractiva ejercida por el planeta.* ● m. **2.** Conjunto de cualidades de algo o alguien que sirven para atraer. *Es una mujer con un gran atractivo. Recomendamos que viajen al norte por el atractivo de su paisaje y su gastronomía.* Tb. aquello que tiene esas cualidades. *El museo y las ruinas romanas son los grandes atractivos de la ciudad.* ▶ **2:** IMÁN.

atraer. (conjug. TRAER). tr. **1.** Hacer una persona o cosa que (otra) se acerque a ellas o acuda al lugar en que están en virtud de una fuerza física o de otro tipo. *El imán atrae los objetos de hierro. La miel atrajo a las moscas. La tomó por las manos y la atrajo* HACIA *sí.* **2.** Despertar una persona o cosa (en alguien) un sentimiento de afecto, inclinación o deseo hacia ellas. *Tu amigo no me atrae físicamente. Las nuevas medidas fiscales atrajeron a los inversores.* Frec. con un pron. expresivo de interés. *Supo atraérselo con su simpatía.* **3.** Ser una persona o cosa la responsable o la causa de que (algo, frec. un sentimiento) recaiga en alguien. *Su buen humor le atrae las simpatías de todos. Se atrajo el odio de sus compañeros.* ▶ **2:** CAUTIVAR, FASCINAR, MAGNETIZAR, SEDUCIR.

atragantarse. intr. prnl. **1.** Sufrir ahogos una persona por quedarle algo detenido en la garganta. *Me atraganté* CON *el hueso de la ciruela.* **2.** Resultarle a alguien desagradables o fastidiosas una persona o cosa. *No soporto a su primo, se me ha atragantado. Las matemáticas se le atragantaron desde el principio de curso.* **3.** coloq. Cortarse alguien cuando habla. *Se atraganta al leer en voz alta.*

atrancar. tr. **1.** Cerrar (algo, espec. una puerta) asegurándo(lo) con una tranca u otro sistema de cierre. *No olvides atrancar la puerta.* **2.** Atascar (algo) u obstruir(lo). *Los pelos atrancaron el desagüe de la* *ducha.* Tb. en constr. prnl. media. *El fregadero se ha atrancado.* ○ intr. prnl. **3.** coloq. Cortarse alguien cuando habla. *Cuando tiene que hablar en público, se pone nerviosa y se atranca.* ▶ **1:** TRANCAR.

atrapamoscas. m. Planta americana cuyas hojas, dotadas de pelos sensitivos, se cierran para atrapar los insectos que se posan sobre ellas, los cuales sirven a aquella de alimento. *Se entretenía echando bichitos a un atrapamoscas.*

atrapar. tr. **1.** coloq. Coger con rapidez y habilidad (algo o a alguien que se mueven o pueden escapar). *Me tiró la pelota desde lejos y la atrapé. La policía no consiguió atrapar al ladrón. Los cazadores no atraparon ni una sola liebre.* **2.** coloq. Conseguir (algo o a alguien que se desean). *Presumía de que muchas mujeres habían querido atraparlo. Tengo que atrapar ese empleo.*

atraque. m. **1.** Hecho de atracar una embarcación. *Las autoridades portuarias negaron el permiso de atraque al buque.* **2.** Lugar donde se atracan embarcaciones. *En el puerto se va a construir un nuevo atraque.*

atrás. adv. **1.** Hacia, o en, un lugar que está detrás. *Tuvimos que volver atrás a recoger a unos amigos. Se asustó y dio un paso atrás. Dejamos atrás la Meseta para adentrarnos en tierras del Bierzo. En el autobús, prefiero ir sentada atrás.* Tb. fig. *Cuando echo la vista atrás, pienso que volvería a hacer lo mismo.* A veces precedido de prep. *Desde atrás no se ve nada. Echa la cabeza hacia atrás. Salieron por la puerta de atrás.* **2.** A, o en, un tiempo anterior respecto al que se toma como referencia. *La historia se remonta más atrás del siglo* XIX. *Atrás quedaron los años de la carrera.* **3.** Precedido de un nombre que puede ir cuantificado: En un tiempo o lugar anteriores al de referencia en la medida expresada. *Nos conocimos un par de años atrás. Semanas atrás se habían peleado. Ese personaje aparece por primera vez cuatro capítulos más atrás. Tengo el coche aparcado varias calles más atrás.* **4.** En una situación de desventaja en relación con una persona o cosa que se toman como referencia. Frec. con v. como *dejar* o *quedarse. Ha crecido tanto que ha dejado a su padre atrás. La sopa estaba exquisita, pero estos espárragos no se quedan atrás. Con la enfermedad, se quedó muy atrás en los estudios.* ● interj. **5.** Se usa para mandar retroceder a alguien. *"¡Atrás!", gritaba la policía, "¡dejen paso!".*

atrasar. tr. **1.** Hacer que (algo) suceda más tarde del tiempo debido o acordado. *Los problemas de financiación atrasarán la puesta en marcha del proyecto.* Tb. en constr. prnl. media. *La floración de los cerezos se ha atrasado a causa del frío.* **2.** Fijar (la datación) de un suceso más tarde. *Recientes estudios arqueológicos atrasan la fecha de la aparición del hombre en la zona.* **3.** Hacer que (un reloj) marque una hora anterior a la que marcaba. *Esta madrugada hay que atrasar los relojes.* **4.** Marcar un reloj (la cantidad de tiempo que se indica inferior a la debida). *Este reloj atrasa varios minutos.* ○ intr. **5.** Funcionar un reloj a menos velocidad de la debida. *Tu reloj atrasa.* Tb. prnl. *Desde que se me cayó, este reloj se atrasa.* ○ intr. prnl. **6.** Retrasarse en el espacio o en el tiempo. *Dos de los que iban en el grupo se atrasaron para hablar sin que los oyesen. Si un contribuyente se atrasa en el pago de los impuestos, tiene multa. Tengo que echar más horas para intentar poner al día el trabajo atrasado.* **7.** No alcanzar un ser vivo el desarrollo adecuado. *La uva se atrasó este año porque ha llovido poco.* ▶ **1, 3:** *RETRASAR. **6.** *RETRASARSE.

atraso. m. **1.** Hecho o efecto de atrasar o atrasarse. *El tren entró en la estación con un atraso de veinte minutos. El atraso en la construcción del edificio ocasionará enormes pérdidas económicas.* **2.** Falta o insuficiencia de desarrollo o avance. *Se han tomado medidas para combatir el atraso de la región. No tener agua corriente en casa es un atraso.* **3.** Cantidad que se debe por haberse atrasado su pago. Más frec. en pl. *Aún no me han pagado los atrasos.* ▶ **1:** *RETRASO. ‖ **Am: 2:** REZAGO.

atravesado, da. part. **1.** → **atravesar.** ● adj. **2.** Dicho de persona: Que tiene mala intención o mal carácter. *Tu compañero es muy atravesado y tratará de ponerte la zancadilla.* Tb. m. y f. *María es una atravesada y se ha alegrado de tu fracaso.*

atravesar. (conjug. ACERTAR). tr. **1.** Poner (algo) en un lugar de modo que llegue de una parte a otra, frec. para impedir el paso. *Atravesaron un madero en el arroyo para cruzarlo. Atravesaron el aparador detrás de la puerta para impedir que entrase. Los huelguistas atravesaron un camión en la calle para cortarla.* **2.** Estar extendida una cosa cruzando (a otra). *El camino atraviesa las vías del tren. La línea de alta tensión atraviesa la autopista.* **3.** Pasar a través (de alguien o algo) penetrándo(los) de parte a parte. *La bala le atravesó un pulmón.* **4.** Marchar cruzando al otro lado (de algo, como una calle, una línea o un río). *Atravesó la plaza corriendo para saludarme. No atravieses la calle sin mirar.* **5.** Recorrer (un lugar) de un extremo a otro. *La línea de teléfono atraviesa el océano. Atravesamos la ciudad buscando un hotel para pasar la noche.* **6.** Pasar (por una determinada situación). *La empresa atraviesa una crisis. Está atravesando un mal momento.* ○ intr. prnl. **7.** Aparecer alguien o algo que obstaculizan. *Una mujer se atravesó en su vida. Íbamos muy bien, pero se nos han atravesado algunas dificultades.* **8.** Pasar a ser alguien o algo repulsivos o antipáticos para una persona. *No soporto esas reuniones, se me han atravesado. Como se me atraviese alguien, ya todo lo que hace me parece mal.*

atrayente. adj. Que atrae. *Esa idea me resulta atrayente. Era un caballero muy atrayente y distinguido.*

atreverse. intr. prnl. **1.** Tener alguien el valor de hacer algo arriesgado, indebido o que puede provocar rechazo. *No me atrevo* A *salir con este frío. No te atrevas* A *contradecirle. No se atreve* A *ponerse esos escotes. Venga, salta, ¡atrévete!* **2.** Tener alguien el valor de enfrentarse a otra persona o a una cosa. *No te atreves* CON *mi primo porque es mayor que tú. Me gusta mucho leer, pero no me atrevo* CON *un libro tan técnico.*

atrevido, da. part. **1.** → **atreverse.** ● adj. **2.** Que se atreve o actúa con valor o con insolencia. *Como es muy atrevido hizo un curso de paracaidismo.* Tb. m. y f. *¿Quién se ha creído que es ese atrevido para soltarme semejante grosería?* **3.** Propio de la persona atrevida (→ 2). *Se ha puesto un vestido rojo muy atrevido.* ▶ **2, 3:** AUDAZ, INSOLENTE. ‖ **Am: 2:** AVENTADO.

atrevimiento. m. **1.** Cualidad de atrevido. *Para unos es atrevimiento lo que para otros es sinceridad.* **2.** Acción atrevida. *Ha sido un atrevimiento por mi parte venir sin avisar.* ▶ AUDACIA, INSOLENCIA.

atrezo. m. *Cine* y *Teatro* Utilería. *Sobre la mesa del plató había unas copas de plástico de atrezo.*

atribución. f. **1.** Hecho de atribuir. *Todavía está por confirmar la atribución de la autoría de la novela* A *un escritor español. Con la atribución de nuevas funciones, el secretario se convierte en una figura* *más destacada dentro de la empresa.* **2.** Facultad o competencia que corresponde a una persona o a una organización por su cargo o función. Frec. en pl. *La toma de decisiones en asuntos económicos entra dentro de las atribuciones del consejo.*

atribuir. (conjug. CONSTRUIR). tr. **1.** Considerar algo como causa (de otra cosa). *Atribuimos su éxito* A *su esfuerzo y trabajo continuados.* **2.** Considerar a alguien como autor o responsable (de algo). *Los expertos han atribuido la pintura* A *Miguel Ángel. Atribuyen el crimen* A *un desequilibrado.* **3.** Considerar que alguien o algo poseen (una determinada cualidad o característica). *Le atribuyen cierta falta de delicadeza y de tacto. Atribuyen a esa planta propiedades curativas.* **4.** Establecer o asignar (algo) a alguien como de su competencia. *Me han atribuido la tarea de organizar la reunión. Usted se ha atribuido funciones que no le corresponden.*

atribular. tr. Causar tribulación o pena (a alguien). *La muerte de su amigo la atribuló.* Tb. en constr. prnl. media. *Se atribuló mucho al conocer la noticia del accidente. Se echó a llorar atribulada y confundida.*

atributivo, va. adj. **1.** *Gram.* Del atributo. *Función atributiva.* **2.** *Gram.* Dicho de verbo: Que une el sujeto con el atributo. Tb. dicho de la oración con ese verbo. *"Ana es rubia" es una oración atributiva.*

atributo. m. **1.** Cualidad o característica propia de un ser. *El lenguaje es un atributo del ser humano.* Tb. cualquier cualidad o característica propia de alguien o algo. *Valoraba mucho en él atributos como la generosidad y la fidelidad.* **2.** Símbolo que sirve para representar algo o a alguien. *La palma es atributo de la victoria. A Júpiter lo suelen mostrar con su atributo, el rayo.* **3.** *Gram.* Adjetivo o nombre del predicado que, unido a los verbos *ser, estar,* o a otro equivalente, expresan una cualidad de lo designado por el sujeto. *El atributo concuerda con el sujeto.*

atrición. f. *Rel.* Pesar de haber ofendido a Dios causado por el temor a las consecuencias derivadas de la ofensa cometida. *No muestra atrición por haber pecado.*

atril. m. Soporte en forma de plano inclinado, con pie o sin él, que sirve para sostener libros, partituras u otros papeles y leerlos con más comodidad. *El orador colocó las hojas de su discurso en el atril.*

atrincheramiento. m. **1.** Hecho o efecto de atrincherar o atrincherarse. *Criticó su atrincheramiento* EN *posturas radicales.* **2.** Obra de defensa o fortificación provisional o de campaña, espec. la constituida por un conjunto de trincheras. *Los soldados se refugiaron en un atrincheramiento inexpugnable. El mando ordenó la construcción de atrincheramientos.*

atrincherar. tr. **1.** Fortificar (una posición militar) con trincheras u otra obra de defensa. *Ordenaron atrincherar el cuartel.* **2.** Poner (a alguien) a cubierto del enemigo en trincheras u otra obra de defensa. *Atrincheró a sus tropas en el castillo. Los guerrilleros se atrincheraron en un edificio en ruinas.* O intr. prnl. **3.** Mantenerse firme y obstinadamente en una posición o en una actitud. *Se atrincheró* EN *el escepticismo. Si sigues atrincherado* EN *tu silencio, no podré ayudarte.*

atrio. m. Espacio cerrado, gralm. rodeado de pórticos, que hay delante de la entrada de algunos edificios, como templos o palacios. *A la entrada de la iglesia se construyó un atrio y una escalinata.*

atrocidad. f. Hecho o dicho atroz. *Durante la guerra se cometieron muchas atrocidades. Calla, y no digas más atrocidades.*

atrofia. f. Falta de desarrollo o disminución de volumen de un órgano o una parte de él, debidas a causas patológicas. *El alcoholismo le produjo atrofia cerebral. El animal sufría atrofia muscular por desnutrición.* Tb. fig. *La atrofia de la empresa se debe a su deficiente gestión.*

atrofiar. (conjug. ANUNCIAR). tr. Producir atrofia (a alguien o algo). *La falta de ejercicio atrofia los músculos.* Tb. en constr. prnl. media. *Se le ha atrofiado una mano.*

atronador, ra. adj. Que atruena. *El público recibió al artista con un aplauso atronador. De una ventana salía el ruido atronador de una trompeta.*

atronar. (conjug. CONTAR). tr. Perturbar (algo o a alguien) con un ruido parecido al del trueno. *Los pitidos de los coches atronaban la habitación. Los niños nos atronaban con sus gritos.*

atropellado, da. part. **1.** → **atropellar.** ● adj. **2.** Dicho de persona: Que actúa con precipitación. *Escribe con faltas de ortografía porque es muy atropellada.*

atropellamiento. m. Hecho de atropellar o atropellarse. *No tuvo tiempo de frenar para evitar el atropellamiento del peatón. Explícanos sin atropellamiento qué ha pasado.*

atropellar. tr. **1.** Pasar un vehículo o alguien precipitadamente por encima (de una persona o cosa) o chocar (con ellas) ocasionándo(les) daños. *La moto atropelló al anciano cuando cruzaba por el paso de peatones. El niño salió corriendo y casi nos atropella en la escalera.* **2.** Derribar o empujar violentamente (a alguien) para abrirse paso. *¡No me atropelle, que hay demasiada gente en el autobús y no se puede pasar!* **3.** Proceder sin respeto (hacia alguien o algo). *Que sea mi superior no le da derecho a atropellarme. Los empresarios no pueden atropellar los derechos de los trabajadores.* O intr. prnl. **4.** Hablar o actuar con precipitación. *No te atropelles, contesta a la pregunta cuando estés seguro de la respuesta.* ► **1:** COGER, PILLAR.

atropello. m. Hecho de atropellar o atropellarse. *En este cruce se han producido varios atropellos. El gobierno estaba cometiendo un atropello al forzar la aprobación de la ley. Haz los deberes sin atropellos para que te salgan bien.*

atropina. f. *Med.* Sustancia que se extrae de la belladona y se emplea para dilatar las pupilas y para otros usos terapéuticos. *El colirio que te echas tiene atropina.*

atroz. adj. **1.** Que causa terror o espanto. *Se le acusa de haber cometido crímenes atroces.* **2.** Muy grande o extraordinario. *Tengo un hambre atroz. En el momento del ataque sentimos un miedo atroz.* ► **1:** *TERRIBLE. **2:** *ENORME.

atuendo. m. Conjunto de prendas y adornos que lleva una persona. *Se presentó a la ceremonia con un atuendo informal, poco apropiado para la ocasión.*

atufar. tr. **1.** Causar aturdimiento (a alguien) con el tufo o emanación gaseosa. *Cuando la chimenea no tira bien, nos atufa.* Tb. en constr. prnl. media. *Apártate de los contenedores de basura, que te atufas.* O intr. **2.** coloq. Despedir alguien o algo un olor desagradable y penetrante. *Atufas* A *sudor. Como dejé que la carne se pudriera, ahora el frigorífico atufa.*

atún. m. Pez marino de gran tamaño, negro azulado por encima y plateado por debajo, cuya carne se consume fresca o en conserva. *Para el relleno de la empanada necesitamos una lata de atún.*

atunero, ra. adj. **1.** Dicho de embarcación: Que está destinada a la pesca del atún. *Flota atunera. Los recientes acuerdos sobre pesca no favorecerán a los buques atuneros.* Frec. m. *Los pescadores del atunero estuvieron varios días perdidos en el mar.* ● m. **2.** Pescador de atún. *Los atuneros se afanaban en recoger las redes.*

aturdido, da. part. **1.** → **aturdir.** ● adj. **2.** Dicho de persona: Atolondrada o que actúa sin reflexión. *Su hermano era un muchacho tímido y algo aturdido.* ▶ ATOLONDRADO. || **frecAm:** ATARANTADO.

aturdimiento. m. **1.** Hecho o efecto de aturdir o aturdirse. *El puñetazo le causó un gran aturdimiento.* **2.** Cualidad de aturdido. *Su aturdimiento y falta de formación hacen que no se le pueda confiar un asunto tan delicado.*

aturdir. tr. Hacer una persona o una cosa, espec. un golpe o una fuerte impresión que (alguien) pierda el uso normal de los sentidos o no sepa qué decir o hacer. *Cuando me das voces y no me explicas lo que tengo que arreglar, me aturdes. El golpe que me di en la cabeza me aturdió.* Tb. en constr. prnl. media. *La joven artista se aturdió con el bombardeo de preguntas de los periodistas. Con los gritos que pegas se aturde cualquiera.* ▶ ATOLONDRAR, ATONTAR. || **frecAm:** ATARANTAR.

aturrullar. tr. Aturullar (a alguien). *Las prisas me aturrullan.* Tb. en constr. prnl. media. *Es normal que con los nervios te aturrulles en el examen.* ▶ ATURULLAR.

aturullamiento. m. Hecho o efecto de aturullar o aturullarse. *Lee el texto lentamente y sin aturullamiento.*

aturullar. tr. Confundir (a alguien) dejándo(lo) sin saber qué decir o hacer. *Gritándole solo conseguirás aturullarlo.* Tb. en constr. prnl. media. *Con las prisas, se aturulló y metía la llave al revés en la cerradura.* ▶ ATURRULLAR.

atusar. tr. **1.** Arreglar un poco (el pelo) pasando la mano o el peine. *Deja que te atuse el pelo, que lo tienes alborotado. Se atusaba el bigote con el meñique con gesto pensativo.* **2.** Arreglar o componer un poco (a alguien). *La madre atusó a la niña antes de salir. Dame cinco minutos para atusarme.*

audacia. f. **1.** Cualidad de audaz. *Con tu audacia y tu carácter, superarás todos los obstáculos.* **2.** Acción audaz. *La película se hizo famosa en su época por ese desnudo y otras audacias similares.* ▶ *ATREVIMIENTO.

audaz. adj. **1.** Que actúa de manera atrevida o arriesgada. *Demostraron ser muy audaces al emprender esas reformas. Ni los gorriones más audaces se arriesgan a coger las migas que hay junto a ti.* Dicho de pers., tb. m. y f. *La fortuna ayuda a los audaces.* **2.** Propio de la persona audaz (→ 1). *Un plan tan audaz necesita de personas de mucho carácter.* ▶ *ATREVIDO.

audible. adj. Que se puede oír. *Hablaba tan bajo que su voz apenas era audible.*

audición. f. **1.** Hecho de oír. *Después de la audición de la cinta, se hará un ejercicio de comprensión oral.* **2.** Concierto, recital o lectura en público. *Asistimos a la primera audición del cantante en Valencia.* **3.** Prueba que se realiza a un artista con vistas a su contratación. *Me fue muy bien en la audición y creo que conseguiré el papel.*

audiencia. f. **1.** Acto de recibir oficialmente una persona de alta jerarquía a otra persona para escuchar sus peticiones, reclamaciones o exposiciones. *El rey recibió en audiencia a la embajadora.* **2.** *Der.* Acto por el que las partes tienen ocasión de exponer sus argumentos ante un juez o un tribunal y por el que se decide un pleito o una causa. *Citaron al testigo para que declarara en la audiencia. El fiscal solicitó que se juzgara al acusado en audiencia pública.* **3.** (Frec. en mayúsc.). *Der.* Tribunal de justicia formado por varios miembros, que se ocupa de las causas y los pleitos de determinado territorio. *La Audiencia Provincial lo ha condenado a un año de prisión menor por apropiación indebida.* Tb. el territorio y el edificio correspondientes. *Los periodistas entrevistarán al juez en la entrada de la Audiencia Nacional.* **4.** Conjunto de oyentes. *La tertulia radiofónica ha batido récords de audiencia.* Tb. el conjunto de personas que asiste a un espectáculo o lo ve. *La audiencia recibió a los actores con un caluroso aplauso. La audiencia de ese programa de televisión está compuesta por adolescentes.*

audífono. m. Aparato para percibir mejor los sonidos, usado por los sordos. *Está un poco sorda, pero no necesita todavía un audífono.* En Am. designa tb. el auricular de algunos aparatos. *Aparece Raquel con audífonos en las orejas dando varios pasitos sensuales con la música que solo ella escucha* [C].

audímetro. m. **1.** Aparato que se acopla a un receptor de radio o de televisión para medir el tiempo en que están funcionando. *Van a instalar un audímetro en mi televisor para unos estudios de audiencia.* **2.** *Fís.* y *Med.* Instrumento para medir la sensibilidad del aparato auditivo. *El otorrino le hará una prueba de audición con el audímetro.* ▶ AUDIÓMETRO.

audio. m. Sonido, espec. el que se reproduce, graba o transmite. *El equipo de audio cuenta con dos altavoces. He descargado en mi ordenador unos archivos de audio.* U. t. c. adj. *Seleccione en el menú una línea audio de entrada.*

audio-. elem. compos. Significa 'sonido' o 'audición'. *Audioprótesis, audiómetro.*

audiómetro. m. Audímetro. *El audiómetro digital permitirá diagnósticos de audición más precisos.*

audiovisual. adj. De la imagen y el sonido conjuntamente. *El festival incluía algunos experimentos audiovisuales.* Referido tb. a aquellos medios, espec. métodos didácticos, que se valen de imagen y sonido conjuntamente. *En la enseñanza de idiomas suelen emplearse herramientas audiovisuales. Los medios de comunicación audiovisual tienen una gran influencia en nuestros días.*

auditar. tr. Examinar la gestión económica (de una entidad) para comprobar si se ajusta a lo establecido por la ley. *Han auditado a varias empresas.*

auditivo, va. adj. Del oído. *Nervio auditivo.* Tb. dicho de lo relacionado con la percepción a través del oído. *La retención de información dependerá de la memoria auditiva del oyente.*

auditor, ra. adj. **1.** Que realiza auditorías. *Es economista y trabaja en una de las principales firmas auditoras del país.* Dicho de empresa, tb. f. *Según un informe de la auditora, la sociedad está al borde de la quiebra.* ● m. y f. **2.** Persona que se dedica a realizar auditorías. *El auditor determinará el valor real de las acciones de la compañía a solicitud del consejo de administración.* Tb. ~ *contable.* ■ **~ de guerra.** m. Funcionario del cuerpo jurídico militar que informa sobre la interpretación o aplicación de las leyes en los procedimientos judiciales militares. *El expediente ha sido remitido al auditor de guerra.* ■ ~ **de la Rota.** m. Eclesiástico que forma parte del Tribunal de la Rota. *Los auditores de la Rota se pronunciaron sobre la nulidad de su matrimonio.*

auditoría. f. **1.** Revisión de la contabilidad o de la gestión de una sociedad o una empresa, realizada como procedimiento de control de estas. *La auditoría destapó el cobro de comisiones ilegales.* Tb. *~ contable.* **2.** Profesión de auditor. *Se necesitan personas con una experiencia de cinco años en auditoría.* **3.** Despacho del auditor. *Un grupo de abogados ha abierto una auditoría en el centro.*

auditorio. m. **1.** Conjunto de oyentes. *Todo el auditorio aplaudió la interpretación del tenor.* **2.** Sala destinada a conciertos, conferencias u otros actos culturales. *Asistimos a un concierto de la orquesta nacional en el auditorio.* ▶ **2:** AUDITÓRIUM.

auditórium. (pl. **auditóriums**). m. Auditorio (sala). *El auditórium tendrá una capacidad para tres mil personas.* ▶ AUDITORIO.

auge. m. Momento de mayor desarrollo, intensidad o altura. *El turismo alcanzó un gran auge en aquellos años. La figura de este gran pintor está en auge.*

augur. m. **1.** histór. En la antigua Roma: Sacerdote que practicaba oficialmente la adivinación, basándose espec. en el canto, el vuelo y la manera de comer de las aves. *Los augures se encargaban de interpretar la voluntad divina.* **2.** Persona que pronostica o predice algo. *No hacía falta ser ningún augur para predecir que ese proyecto fracasaría. A pesar de los vaticinios de ciertos augures, creo que podemos confiar en él.*

augurar. tr. **1.** Presagiar una cosa (algo) o ser augurio (de ello). *Las constantes discusiones de la pareja auguraban una inminente ruptura.* **2.** Pronosticar o predecir (algo futuro). *Todos le auguraban un brillante porvenir.* ▶ **1:** PRESAGIAR. **2:** *PREDECIR.

augurio. m. Señal o indicio de algo futuro. Frec. con *buen* o *mal*. *Tuve aquel encuentro como un buen augurio. Seguirá adelante con su plan a pesar de los malos augurios.* ▶ *PRESAGIO.

augusto, ta. adj. **1.** Que infunde o merece gran respeto y veneración. *Los jueces tienen la augusta misión de impartir justicia.* Se usa como tratamiento que corresponde a ciertos miembros de la realeza. *La reina regente agradeció los regalos en nombre de su augusto hijo.* ● m. **2.** Payaso de circo. *El augusto le estrelló una tarta al clown. Llevaba la cara pintada de blanco, como un augusto.* ▶ **2:** *PAYASO.

aula. f. Sala donde se dan las clases en un centro docente. *El examen se realizará en el aula que está al lado del laboratorio.* ▶ CLASE.

aulaga. f. Planta mediterránea, como de un metro de altura, muy espinosa y ramificada, de flores amarillas, y de la que existen varias especies. *La liebre se refugió en unas aulagas.* ▶ ALIAGA.

áulico, ca. adj. cult. De la corte o del palacio. *Círculos áulicos. Poetas áulicos.*

aullador, ra. adj. Que aúlla. *Su pesadilla estaba llena de bestias y lobos aulladores.*

aullar. (conjug. AUNAR). intr. Dar aullidos el lobo, el perro u otros animales. *Mis perros no han parado de aullar en toda la noche.* Tb. fig. *El herido aullaba de dolor.*

aullido. m. Voz triste y prolongada característica del lobo, el perro u otros animales. Tb. fig. *Conforme se adentraba en el bosque, empezó a oír los aullidos de los lobos. El herido daba aullidos de dolor. Escucha el aullido del viento.*

aumentar. tr. **1.** Hacer mayor (algo). *El Gobierno ha anunciado que no va a aumentar los impuestos. Aumentaremos las ayudas a las pequeñas empresas.* ○ intr. **2.** Hacerse mayor algo. *La venta de cosméticos ha aumentado* EN *un cinco por ciento respecto al año anterior. Se prevé que aumenten los beneficios de la empresa. Ha aumentado* DE *peso. Ha aumentado* EN *tamaño.* ▶ **1:** ACRECENTAR, ACRECER, INCREMENTAR. **2:** ACRECER.

aumentativo, va. adj. **1.** *Ling.* Dicho de sufijo: Que se utiliza para expresar, en general, aumento de tamaño, aportando a veces un matiz subjetivo. *Los sufijos "-ón" y "-azo" son aumentativos.* ● m. **2.** *Ling.* Palabra formada con un sufijo aumentativo (→ 1). *La palabra "cochazo" es un aumentativo.*

aumento. m. **1.** Hecho de aumentar. *El aumento del precio del petróleo produjo una grave crisis. Vamos a solicitar un aumento de sueldo.* Tb. la cantidad que se aumenta. *El paro ha registrado un aumento* DEL *cinco por ciento en los dos últimos meses.* **2.** *Fís.* Unidad de medida de la potencia amplificadora de una lente u otro instrumento óptico. Más frec. en pl. *Los prismáticos que me regalaron están provistos de lentes de diez aumentos.* ▶ **1:** INCREMENTO.

aun. (Se pronuncia tónico, pero en la acep. 4 y en la loc. *aun cuando* también puede pronunciarse átono. Lleva tilde en las acep. 1, 2, 3 y 5). adv. **1.** Todavía. Indica que lo expuesto continúa vigente en el momento en que se habla o al que se hace referencia. *Aún no se ha despertado. Faltan aún tres días para el bautizo.* **2.** Todavía, o a pesar de lo expuesto. *Después de lo que he hecho por ella, aún me dice que nunca la he ayudado.* **3.** Todavía. Acompaña a una palabra comparativa para indicar enfáticamente grado o intensidad superiores. *El socavón se ha hecho aún más grande. Es peor aún de lo que esperaba.* **4.** Hasta o incluso. *Salen a pasear, aun con mal tiempo. Aun así siguió insistiendo.* **5.** cult. Todavía, o al menos o por lo menos. Se usa con intención enfática. *Aún si quisiera escucharme, podría explicárselo.* ■ ~ **cuando.** loc. conjunt. cult. Aunque. *Es de estilo gótico, aun cuando tenga algunos elementos románicos.*

aunar. (conjug. AUNAR). tr. **1.** Coordinar (dos o más cosas), o unir(las) para un fin. *Aunando tu fuerza de voluntad y tu talento, conseguirás llegar lejos. Los empresarios aunaron sus voluntades para poner en práctica nuevos proyectos. Tenemos que aunar esfuerzos.* **2.** Poner juntas o reunir (varias personas o cosas). *Sus diseños aúnan modernidad y tradición.* Tb.: *La ciudad ha sabido aunar el desarrollo* CON *la conservación del medio.* Tb. en constr. prnl. media. *En su espectáculo se aúnan la danza y la interpretación.* ▶ **1:** COORDINAR. **2:** AGLUTINAR.

aunque. (Se pronuncia siempre átona). conj. **1.** Introduce una proposición que expresa una dificultad o un obstáculo que no impiden que se cumpla el hecho expuesto en la oración principal. *Iré a trabajar aunque tenga algo de gripe. Aunque le ofrecen una buena indemnización, no quiere jubilarse.* **2.** Introduce una oración coordinada que expresa un hecho que se cumple a pesar de que se contrapone a lo expuesto antes. *Seguramente se ha marchado ya, aunque no puedo asegurarlo. Tengo un coche, aunque no sé conducir.*

aúpa. interj. Se usa para animar a alguien a levantarse o a levantar algo. *La madre decía al bebé que tenía sobre sus rodillas: ¡Aúpa, mi nene! A la de tres lo subimos entre todos: uno, dos y tres... ¡aúpa!* ■ **de ~.** loc. adj. coloq. Impresionante o extraordinario. Frec. con intención enfática. *Hace un frío de aúpa.* Tb. loc. adv. *Nos lo vamos a pasar de aúpa este verano.*

aupar. (conjug. AUNAR). tr. **1.** Levantar o subir (algo o a alguien). *Aúpame, que no llego a lo alto de la estantería. Tiene que auparse para ver el escenario.* **2.** Elevar (a alguien) a una posición social o económica más alta. *La confianza del electorado lo aupó* A *la presidencia.*

aura[1]. f. **1.** En parapsicología: Halo de energía que aparece alrededor de determinados cuerpos. *Fotografiaron el aura de varias personas con una cámara especial.* **2.** Atmósfera que rodea a alguien o algo. *Las tonalidades grises confieren a la pintura un aura de misterio. Su aspecto distinguido y sus años de experiencia le daban un aura de sabiduría.*

aura[2]. f. frecAm. Ave carroñera sin plumas en la cabeza y en el cuello, de color rojizo, y plumaje negro. *Los quebrantahuesos y las auras no se resignaban a perder su parte en la carroña* [C].

áureo, a. adj. cult. De oro, o de características semejantes a las suyas, espec. el color. *El monarca apareció con su regio manto áureo. El ciclo de conferencias trata sobre los poetas de la edad áurea de nuestra literatura.*

aureola. f. **1.** Círculo o resplandor luminoso que suele rodear la cabeza de las imágenes sagradas. *En la pintura, la Virgen aparece representada con una aureola y rodeada de ángeles.* **2.** Fama o gloria que alcanza alguien o algo. *Accedió a la presidencia con una aureola de héroe popular. Aún hoy conserva una aureola de película maldita.* **3.** Areola. *Con el embarazo, sus aureolas se pusieron más oscuras.* **4.** *Fís.* Círculo luminoso que rodea a ciertos astros. *El meteorito era de color blanco y con una aureola verde. La estrella está rodeada de una aureola de partículas.* ▶ **1:** CORONA, HALO, NIMBO.

aureolar. tr. Rodear (algo o a alguien) como una aureola. *Todos conocen la leyenda que ha aureolado al gran músico. El sol de la tarde aureolaba su cabeza.*

aurícula. f. *Anat.* Cavidad del corazón que recibe la sangre de las venas y la vierte en un ventrículo. *La puñalada atravesó el pericardio y afectó a la aurícula derecha.*

auricular[1]. adj. **1.** Del oído o de la oreja. *Pabellón auricular. Lesión auricular.* ● m. **2.** En los aparatos telefónicos y en los empleados para percibir sonidos: Parte o pieza que se aplica a los oídos. *Descolgué el auricular y marqué el número de teléfono. Los asistentes se pusieron los auriculares para escuchar la traducción simultánea de la conferencia.* ▶ **Am: 2:** FONO.

auricular[2]. adj. *Anat.* De la aurícula. *La fibrilación auricular provocó que se acumulara sangre en el corazón.*

aurífero, ra. adj. Que lleva o contiene oro. *Yacimiento aurífero. Arenas auríferas.*

auriga. m. **1.** histór. En las antiguas Grecia y Roma: Hombre que dirigía los caballos de los carros en las carreras de circo. *La escultura representa a un auriga conduciendo una cuadriga.* **2.** cult. Hombre que conduce las caballerías de un carruaje. *El auriga ayudó a la dama a descender del coche de caballos.*

aurora. f. **1.** Luz rosada que precede inmediatamente a la salida del Sol. *Nos levantamos temprano para ver la aurora.* **2.** cult. Principio de algo. *Nos hallamos ante la aurora de una nueva era.* ■ **~ austral.** f. *Meteor.* Aurora polar (→ **aurora polar**) del hemisferio sur. *Contemplamos la belleza de una aurora austral en la Patagonia.* ■ **~ boreal.** f. *Meteor.* Aurora polar (→ **aurora polar**) del hemisferio norte. *Las auroras boreales iluminaban el cielo islandés con intensas tonalidades verdes y moradas.* ■ **~ polar.** f. *Meteor.* Fenómeno atmosférico luminoso que se observa cerca de los polos magnéticos, producido por partículas cargadas eléctricamente que proceden de las erupciones solares. *Las auroras polares son más frecuentes en otoño y en primavera.*

aurresku. m. Danza tradicional del País Vasco. *Antes del partido de pelota, un grupo de hombres bailó un aurresku.*

auscultación. f. Hecho o efecto de auscultar. *Tanto la auscultación del paciente como las radiografías indican alteraciones pulmonares. La auscultación de los resultados obtenidos en el estudio permite extraer conclusiones inesperadas.*

auscultar. tr. **1.** *Med.* Explorar con instrumentos o sin ellos los sonidos que se producen dentro del organismo (de una persona o de una de sus partes, espec. de las cavidades del pecho o vientre). *El médico me auscultó el pecho con un fonendoscopio.* **2.** cult. Sondear (algo o a alguien), o hacer averiguaciones (sobre ellos). *Auscultaba su conciencia intentando averiguar sus verdaderos motivos. La auscultó para conocer sus intenciones.*

ausencia. f. **1.** Hecho de ausentarse de un lugar. *Si nos marchamos ahora, no notarán nuestra ausencia. Se me hace muy difícil soportar tu ausencia.* Tb. el tiempo que dura. *Tras una larga ausencia, la cantante reaparecerá en los escenarios con un nuevo disco.* **2.** Falta o privación de algo. *La ausencia de medios no nos permitió acabar el proyecto.* ■ **brillar** alguien o algo **por su ~.** loc. v. coloq. Faltar o no existir. *Las autoridades brillaron por su ausencia en el acto de inauguración del museo. En él, la educación y los buenos modales brillan por su ausencia.*

ausentarse. intr. prnl. Irse alguien de un lugar. *Se ausentó* DE *su trabajo un par de horas. Solo me ausenté unos minutos.*

ausente. adj. **1.** Dicho de persona o cosa: Que no está en el lugar en que se encuentra habitualmente, o en el que debería encontrarse. *Mientras esté ausente, utilizaré sus armarios para guardar mi ropa. La coherencia y la precisión son dos características ausentes en su escrito.* Dicho de pers., tb. m. y f. *El gran ausente del torneo fue el ganador del año pasado.* **2.** Dicho de persona: Distraída o ensimismada. *Perdona, estaba ausente, ¿puedes repetirme la pregunta?*

ausentismo. m. frecAm. Absentismo. *El asma es una de las principales causas de ausentismo escolar y laboral* [C].

auspiciar. (conjug. ANUNCIAR). tr. **1.** Favorecer o apoyar (algo). *La editorial auspició la publicación de varias obras del joven autor. El ministerio auspiciará nuevos proyectos culturales para el próximo año.* **2.** Augurar o pronosticar (algo). *Las encuestas auspiciaban unos buenos resultados electorales.* ▶ **2:** *PREDECIR.

auspicio. m. **1.** Favor o apoyo. Frec. en la constr. *bajo los ~s. El pacto fue firmado bajo los auspicios de la Unión Europea.* **2.** Señal o indicio de algo futuro. *El equipo comenzó su gestión con los mejores* *auspicios.* **3.** Agüero (pronóstico). *El libro trataba de la interpretación de los auspicios relacionados con el vuelo de las aves.* ▶ **2:** *PRESAGIO. **3:** *PREDICCIÓN.

austeridad. f. Cualidad de austero. *La empresa ha puesto en marcha un plan de ahorro y austeridad. Viste con austeridad. Las celdas del convento destacaban por su austeridad.*

austero, ra. adj. **1.** Dicho de persona: Que se ajusta rigurosamente a las normas de la moral. *Tiene un padre muy austero con unos principios muy estrictos.* **2.** Dicho de persona: Que es sencilla y sobria en sus necesidades y se aparta del lujo. *El vivir en un pueblo le hizo más austero y menos consumista.* **3.** Dicho de cosa: Que es sencilla y sobria, y carece de lujos. *La sede del ministerio es un edificio austero.* **4.** Propio de la persona austera (→ 1, 2). *Tiene un despacho austero. Ya pasaron los tiempos en que la mujer ideal tenía que tener un carácter austero y recatado.*

austral. adj. **1.** Del sur. Referido espec. al hemisferio terrestre correspondiente. *Paraguay se encuentra en el hemisferio austral.* **2.** Del hemisferio austral (→ 1). *Bosques australes. Luz austral.* ▶ **1:** *SUREÑO.

australiano, na. adj. De Australia. *Desierto australiano.* Dicho de pers., tb. m. y f. *Los australianos hablan inglés.*

australopiteco. m. *Antropol.* Homínido fósil, que caminaba erguido y era capaz de tallar la piedra. *En el sur de África se han encontrado numerosos restos de australopiteco.*

austriaco, ca o **austríaco, ca.** adj. De Austria. *Viena es la capital austriaca.* Dicho de pers., tb. m. y f. *Los austriacos son vecinos de los alemanes.*

austro. m. cult. (Referido a punto cardinal, se usa en mayúsc.). Sur (punto cardinal, o viento). *El barco surcó las aguas del Septentrión al Austro. El austro recorría los campos.*

autarquía. f. Política económica de un país que prescinde de las importaciones y pretende autoabastecerse con el aprovechamiento de los propios recursos. *Aquellos años del franquismo se caracterizaron por la autarquía y el proteccionismo.*

autárquico, ca. adj. De la autarquía. *Tras la guerra civil se adoptó un modelo autárquico en economía.*

autenticación. f. *Der.* Hecho de autenticar. *Los trámites de autenticación de los certificados de nacimiento y defunción tendrán un coste reducido.*

autenticar. tr. *Der.* Autentificar (algo, espec. un documento). *El notario autenticó las copias del documento redactado por el abogado.* ▶ AUTENTIFICAR.

autenticidad. f. Cualidad de auténtico. *Los expertos han confirmado la autenticidad de la obra pictórica. Cae tan bien porque todos reconocen en ella su autenticidad.*

auténtico, ca. adj. **1.** Dicho de persona o cosa: Acreditada como cierta o verdadera. *La firma es auténtica. Se ha demostrado que el lienzo es un Picasso auténtico. En las duras es donde reconoces a los amigos auténticos.* **2.** Antepuesto a un nombre, se usa para enfatizar el significado de este. *Se va a armar un auténtico lío. Ya te dije que era un auténtico imbécil.* **3.** Dicho de persona: Que es fiel a sus sentimientos y convicciones. *No te defraudará porque es un tipo muy auténtico.*

autentificar. tr. Certificar como auténtico o verdadero (algo). *El sello y la firma autentifican el testamento. Es necesario autentificar la firma que consta en el documento ante un notario.* ▶ AUTENTICAR.

autillo. m. Ave rapaz nocturna, la más pequeña de la Península Ibérica, parecida al búho y de color pardo rojizo. *El autillo se alimenta de insectos, vive en lugares arbolados y es frecuente en la Península y en Baleares.*

autismo. m. *Med.* Trastorno psicológico que se manifiesta pralm. en niños y que se caracteriza por la dificultad para establecer contacto con el mundo exterior. *La comunicación con niños que padecen autismo requiere paciencia y comprensión.*

autista. adj. *Med.* Que padece autismo. *Los niños autistas rechazan que los toquen.* Dicho de pers., tb. m. y f. *Los autistas suelen evitar mirar a los ojos.*

auto[1]. m. **1.** *Der.* Resolución judicial que decide motivadamente sobre cuestiones para las que no se requiere sentencia. *El juez firmó un auto para la apertura del juicio contra los vecinos implicados en las agresiones.* **2.** *Lit.* Composición dramática breve en la que suelen intervenir personajes bíblicos o alegóricos. *Los autos se representaban en la Edad Media haciéndolos coincidir con festividades como el Corpus.* ○ pl. **3.** *Der.* Conjunto de actuaciones o documentos de un procedimiento judicial. *Los autos contendrán los originales de los documentos procesales presentados por las partes.* ■ ~ **de fe.** m. histór. Ejecución pública de las sentencias dictadas por el tribunal de la Inquisición. *Fue quemado vivo en un auto de fe celebrado a mediados del siglo* XVI. ■ ~ **sacramental.** m. *Lit.* Auto (→ 2) que se representa en alabanza del sacramento de la Eucaristía. *"El gran teatro del mundo" de Calderón es un auto sacramental.*

auto[2]. m. Automóvil (vehículo para no más de nueve personas). *Oyó el frenazo de un auto que casi choca con un camión.* ▶ *AUTOMÓVIL.

auto-[1]. elem. compos. Significa 'de o por sí mismo'. *Autocompasivo, autocorrección, autolesionarse.*

auto-[2]. elem. compos. Significa 'de automóvil o de automóviles'. *Autorradios.*

autoadhesivo, va. adj. Dicho de algunas cosas, como papel o cinta: Que tiene una sustancia que le permite adherirse con facilidad. *Cierra las cajas de la mudanza con cinta autoadhesiva. Para el sellado de las juntas se ha utilizado una lámina asfáltica autoadhesiva.* Tb. m. *Los manifestantes llevaban un autoadhesivo en las solapas con el lema "paz".*

autoafirmación. f. Defensa de la propia personalidad. *Tiene una baja autoestima y una gran necesidad de autoafirmación.*

autobiografía. f. Biografía de una persona escrita por ella misma. *En su autobiografía, la artista desvela muchos secretos de su juventud.*

autobiográfico, ca. adj. **1.** De la autobiografía. *La novela tiene contenido autobiográfico.* **2.** Que tiene carácter autobiográfico (→ 1). *Dirigió una película claramente autobiográfica.*

autobombo. m. humoríst. Demostración pública de la propia valía hecha de manera desmesurada. *En una sesión de autobombo, me expuso todas las razones por las que debía ser ella misma la premiada.*

autobús. m. **1.** Vehículo automóvil de gran capacidad, destinado al transporte de pasajeros, frec. con trayecto fijo y urbano. *Cojo el autobús todos los días para ir de casa al trabajo.* **2.** Autocar. *Preferían el tren al autobús para realizar viajes de largo recorrido.* ▶ **Am** o **frecAm: 1:** CAMIÓN, COLECTIVO, GÓNDOLA, GUAGUA.

autobusero, ra. m. y f. coloq. Conductor de autobús. *El autobusero arrancó el autobús cuando subieron todos los niños.*

autocar. m. Vehículo automóvil de gran capacidad, destinado al transporte de pasajeros, que gralm. realiza largos recorridos por carretera. *Los autocares que van a la costa en vacaciones salen de la estación sur.* ▶ AUTOBÚS.

autocensura. f. Censura que se imponen una persona o una entidad a sí mismos. *Todos los medios de comunicación crean un sistema de autocensura.*

autocensurar. tr. Ejercer la autocensura (contra sí mismo). *No te autocensures de antemano y dime lo que piensas.*

autoclave. f. Aparato que sirve para esterilizar objetos y sustancias por medio de vapor y altas temperaturas. *La ropa de cama del hospital se esterilizaba en una autoclave.*

autocomplaciente. adj. Que manifiesta complacencia consigo mismo o con sus obras. *Siempre ha sido un tipo autocomplaciente y nada crítico con su gestión. El discurso pecó de autocomplaciente y triunfalista.*

autocracia. f. Sistema de gobierno en que una sola persona ejerce el poder absoluto. *El golpe dio paso a un periodo de autocracia.*

autócrata. m. y f. Persona que gobierna con poder absoluto. *Algunos autócratas orientales tenían carácter semidivino.*

autocrático, ca. adj. Del autócrata o de la autocracia. *Su ascensión al poder dio comienzo a un régimen autocrático, basado en la fuerza del ejército.*

autocrítico, ca. adj. **1.** De la autocrítica (→ 3). *El informe incluía algunos planteamientos autocríticos.* **2.** Que practica la autocrítica (→ 3). *Es un periodista autocrítico y objetivo.* ○ f. **3.** Juicio crítico que se realiza sobre obras o comportamientos propios. *El presidente del partido realizó una autocrítica de su gestión. No tiene capacidad de autocrítica.*

autóctono, na. adj. **1.** Dicho de persona: Nacida en el mismo lugar en que vive. *Los inmigrantes convivían con la población autóctona.* Dicho de pers., tb. m. y f. *Los autóctonos son gente muy hospitalaria.* **2.** Dicho de especie animal o vegetal: Nacida en el mismo lugar en que se encuentra y no introducida por el hombre. *Nuestra fauna autóctona se ve afectada por la presencia de especies foráneas.*

autodefensa. f. Defensa propia. *Nos gustaría aprender técnicas de autodefensa. Pertenece a una patrulla de autodefensa civil. Sé que fue un mecanismo de autodefensa, pero estuvo mal que me echara la culpa.*

autodefinirse. intr. prnl. Definirse a sí mismo. *Se autodefine* COMO *una luchadora nata. No siente la necesidad de autodefinirse.*

autodefinición. f. Hecho o efecto de autodefinirse. *Me sorprendió su autodefinición* COMO *independiente.*

autodestrucción. f. Destrucción de sí mismo. *Está tan deprimida que ha comenzado un proceso de autodestrucción. Si no respetamos la naturaleza, la humanidad caminará hacia su autodestrucción.*

autodestructivo, va. adj. Que causa la autodestrucción. *La anorexia está asociada a conductas autodestructivas. Era una persona autodestructiva y pesimista.*

autodeterminación. f. Decisión del estatuto político de un territorio tomada por sus propios habitantes. *Algunas regiones reivindicaban su derecho a la autodeterminación.*

autodidacta. → **autodidacto.**

autodidactismo. m. Condición de autodidacta. *Su autodidactismo hace de él un artista heterodoxo.*

autodidacto, ta. (Frec. se usa la forma **autodidacta** como invar. en género). adj. Que se ha instruido por sí mismo sin ayuda de maestro. *Un filósofo autodidacto. Pintores autodidactas.* Tb. m. y f. *La falta de medios lo convirtió en un autodidacto. El autodidacta debe tener mucha fuerza de voluntad.*

autodominio. m. Dominio de sí mismo. *Gracias a su autodominio pudo ocultar su dolor.*

autoedición. f. *Inform.* Diseño, composición e impresión de textos y gráficos por ordenador. *Se han apuntado a un curso de diseño gráfico y autoedición.*

autoescuela. f. Centro donde se enseña a conducir automóviles. *Asiste a las clases teóricas de la autoescuela para obtener el permiso de conducir.*

autoestima. f. Estima o consideración de sí mismo. *Sus palabras de elogio subieron mi autoestima.*

autoestop. m. Autostop. *Queremos ir de Jaén a la costa haciendo autoestop. El viaje en autoestop se me hizo interminable.*

autoestopista. m. y f. Autostopista. *Hemos recogido a un autoestopista en el cruce.*

autofoco. m. Dispositivo de enfoque automático de una cámara fotográfica. *Se ha comprado una cámara con autofoco y* flash *incorporados.* ▶ AUTOFOCUS.

autofocus. m. Autofoco. *El autofocus se ocupa de enfocar con precisión cuando realizas una fotografía.*

autógeno, na. adj. Dicho de soldadura de metales: Que se hace sin intermedio de materia extraña, fundiendo con el soplete de oxígeno y acetileno las partes por donde se hace la unión. *La soldadura autógena asegura uniones de un mismo metal muy duraderas.*

autogestión. f. *Econ.* Gestión de una empresa por sus propios trabajadores. *La fábrica funciona en régimen de autogestión desde que los dueños quebraron.* Tb. designa la que corresponde a otras actividades. *Los ciudadanos reclaman la autogestión de servicios como la educación.*

autogiro. m. histór. Avión provisto de unas alas en forma de hélice, articuladas en un eje vertical, que giran por efecto de la resistencia del aire durante el avance del aparato y le sirven de sustentación. *A diferencia del helicóptero, el autogiro no podía marchar hacia atrás ni quedar detenido en un punto.*

autogol. m. *Dep.* Gol que marca involuntariamente un jugador en su propia portería. *El autogol se produjo cuando el defensa intentaba despejar un balón.*

autogolpe. m. Golpe de estado realizado por quien está en el poder para afianzarse en él. *El presidente dio un autogolpe y disolvió el Congreso.*

autógrafo, fa. adj. **1.** Dicho de escrito: Que está escrito de mano de su mismo autor. *Hallaron varias cartas autógrafas del rey a su ministro.* Tb. m. *El autógrafo del "Don Juan" de Zorrilla se halla en la Academia.* ● m. **2.** Firma de una persona famosa o importante. *El cantante está acostumbrado a que le pidan autógrafos.* Tb., con intención humoríst., designa la firma de un jefe. *A ver si el director me echa un autógrafo y me concede el permiso.* ▶ **1:** OLÓGRAFO.

autoinducir. (conjug. CONDUCIR). tr. Inducir o causar (algo) en sí mismo. *En la bulimia, los vómitos son autoinducidos.*

autoliquidación. f. Declaración por parte de un particular o una empresa de los ingresos propios y de los importes de los tributos correspondientes. *Hacienda ha presentado los formularios con el nuevo modelo de autoliquidación. Si al realizar la autoliquidación, el contribuyente comete algún error, la Administración puede enviarle una liquidación paralela.*

autómata. m. **1.** Máquina que imita la figura y los movimientos de un ser animado, espec. de una persona. *En el museo se exponían autómatas que se movían y hablaban al echar una moneda.* **2.** Persona que se comporta como una máquina, y que se deja dirigir por otra. *Estaba harto de convivir con autómatas en una sociedad alienada.* ▶ ROBOT.

automático, ca. adj. **1.** Dicho de algo, espec. un mecanismo: Que funciona parcial o totalmente por sí solo. *La caja de cambios del vehículo es automática. Pásale el traductor automático a esa página web.* **2.** Dicho de arma de fuego: Que carga, amartilla y dispara de manera completamente mecánica. *Dos hombres, armados de rifles automáticos, entraron en el banco.* Dicho espec. de pistola, tb. f. *Puso sobre la mesa una automática reluciente.* **3.** Que se produce inmediata y necesariamente como consecuencia de algo. *Su mala gestión fue la causa de su cese automático.* **4.** Maquinal o no deliberado. *Agarró al niño con un movimiento automático cuando estaba a punto de caerse.* ● m. **5.** Cierre que sirve para abrochar una prenda, formado por dos piezas que encajan a presión. *La falda se sujeta con automáticos y no tiene cremallera.* **6.** Dispositivo automático (→ 1) para interrumpir el paso de una corriente eléctrica. *Se fue la luz porque saltó el automático.* ○ f. **7.** Ciencia que trata de sustituir en un proceso el operador humano por dispositivos mecánicos o electrónicos. *Está especializada en automática y electrónica industrial.*

automatismo. m. **1.** Cualidad de automático. *El automatismo de sus movimientos revelaba el cansancio acumulado. Caminaba con el automatismo de un robot.* **2.** Acto mecánico o no deliberado. *Para aprender a conducir hay que incorporar ciertos automatismos.*

automatización. f. Hecho de automatizar. *La automatización de ciertas tareas ahorra tiempo y aumenta la productividad.*

automatizar. tr. **1.** Convertir en automáticos o maquinales (ciertos procesos o movimientos). *Con la práctica automatizas la conducción del coche.* **2.** Aplicar mecanismos o dispositivos automáticos (a algo). *La fábrica dispone de una cadena de montaje de automóviles automatizada. La empresa quería automatizar los procesos de fabricación.*

automedicación. f. Hecho de automedicarse. *No es recomendable recurrir a la automedicación.*

automedicarse. intr. prnl. Tomar un medicamento, o seguir un tratamiento, sin prescripción médica. *Tenía la mala costumbre de automedicarse.*

automoción. f. Sector de la industria relacionado con los vehículos automóviles. *La automoción experimentó una crisis por el descenso de las ventas de vehículos. El gasóleo de automoción aumentará de precio.*

automotor, tora (o **triz**). adj. **1.** Dicho de máquina, aparato o vehículo: Que se mueve sin la intervención directa de una acción exterior. *Una carretilla automotora servía para trasladar y apilar las cajas. Vehículo automotor.* Dicho de la máquina de un tren o del tren mismo, tb. m. *El convoy estaba formado por cuatro vagones y un automotor. El automotor paró en la estación.* **2.** De los vehículos automotores (→ 1), espec. de los automóviles. *Este nuevo material tiene aplicaciones en la industria automotriz.*

automóvil. adj. **1.** Dicho espec. de vehículo: Que está dotado de un motor para trasladarse. Tb. m. *Dentro del grupo de los automóviles se encuentran, entre otros, los turismos, las motocicletas y los autobuses.* ● m. **2.** Vehículo automóvil (→ 1) destinado al transporte de personas, gralm. con cuatro ruedas, y con capacidad no superior a nueve plazas. *Se ha comprado un automóvil de cinco plazas.* ■ ~ **deportivo.** m. Automóvil (→ 2) gralm. pequeño y de dos plazas, diseñado para alcanzar grandes velocidades. *Se va a comercializar un nuevo neumático especial para automóviles deportivos.* ⇒ DEPORTIVO. ■ ~ **de turismo.** m. Automóvil (→ 2) destinado al transporte de personas, con capacidad de hasta nueve plazas, incluido el conductor. *La policía ha tomado los datos de muchos vehículos, en su mayoría automóviles de turismo.* ⇒ TURISMO. ▶ **2:** AUTO, COCHE. ‖ **Am: 2:** CARRO.

automovilismo. m. **1.** Conjunto de conocimientos teóricos y prácticos sobre la construcción, el funcionamiento y el manejo de vehículos automóviles. *Varios expertos en automovilismo han diseñado un turismo muy confortable.* Tb. la actividad correspondiente. *Antes de comprarte el coche, consulta alguna revista de automovilismo.* **2.** Deporte que se practica con el automóvil, en el que los participantes compiten en velocidad, habilidad y resistencia. *Se proclamó campeón mundial de automovilismo.*

automovilista. m. y f. Persona que conduce un automóvil. *Los automovilistas tendrán que seguir un itinerario alternativo.*

automovilístico, ca. adj. Del automovilismo o de los automóviles. *Han aumentado las ventas del sector automovilístico. La carrera automovilística se celebrará en un circuito extranjero.*

autonomía. f. **1.** Capacidad de actuar libremente, sin depender de nada o de nadie. *Necesita trabajar y ganar un sueldo para adquirir autonomía. El hospital tendrá autonomía para decidir su organización interna.* Tb. fig. *¿Quién duda de la autonomía de las artes?* Tb. la capacidad de un aparato para funcionar sin depender de otro. *La batería se encarga de proporcionar autonomía al aparato.* **2.** Capacidad de una región, dentro de un Estado, para regirse mediante normas y órganos de gobierno propios. *Los ciudadanos fueron consultados sobre la autonomía de la región.* Tb. referido a ciertas entidades. *El nuevo reglamento vulnera la autonomía de la Diputación.* **3.** Comunidad autónoma. *Andalucía y Extremadura serán las autonomías más beneficiadas.* **4.** Tiempo máximo que puede funcionar un aparato, espec. un vehículo, sin recargar energía. *Me he comprado un ordenador portátil con una autonomía de tres horas.* Tb. el recorrido de un vehículo correspondiente a ese tiempo. *El avión tiene una autonomía de vuelo de 6500 km.* ▶ **3:** COMUNIDAD.

autonómico, ca. adj. De la autonomía o de las autonomías, espec. de una región o una entidad. *Las elecciones autonómicas se celebrarán antes de las generales. Aquí tienes el mapa autonómico de España.*

autonomista. adj. Partidario de la autonomía política. *Hay dos facciones en el partido: la centrista y la autonomista.* Dicho de pers., tb. m. y f. *Los auto-*

nomistas reclamaron al Gobierno la transferencia de ciertas competencias.

autónomo, ma. adj. **1.** Que tiene autonomía. *El organismo autónomo se ocupa de la gestión de los parques nacionales. Van a instalar una unidad autónoma de aire acondicionado. Es una persona autónoma y responsable.* **2.** Dicho de persona: Que trabaja por cuenta propia. *Le he enviado el texto a una traductora autónoma.* Tb. m. y f. *Sería necesario que se diese de alta en el régimen de autónomos.*

autoparte. f. Am. Pieza o conjunto de piezas de automóvil, que pueden venderse por separado. *El valor agregado es de entre 70 y 80% para una autoparte típica* [C]. Más frec. en pl. *Se acusaba al dueño del desarmadero de compra de vehículos y autopartes robadas* [C].

autopista. f. Carretera con calzadas separadas para los dos sentidos de circulación, cada una de ellas con dos o más carriles, y sin cruces a nivel. *Está prohibido que los peatones y los animales circulen por las autopistas.* ▶ PISTA.

autopropulsado, da. adj. Dicho de vehículo o aparato: Movido por autopropulsión. *Vehículos agrícolas autopropulsados. Maquinaria autopropulsada. Proyectil autopropulsado.*

autopropulsión. f. Propulsión de un vehículo o una máquina por su propia fuerza motriz. *La ilustración muestra varios vehículos de autopropulsión por tierra.*

autopsia. f. Examen anatómico de un cadáver para determinar las causas de la muerte. *La autopsia reveló que el perro había sido envenenado. Un forense practicará la autopsia.*

autor, ra. m. y f. **1.** Persona que realiza algo o es responsable de ello. *¿Quiénes fueron los autores del incendio?* **2.** Persona que ha realizado alguna obra científica o artística. *Calderón de la Barca es el autor de "La vida es sueño". Han premiado a una autora mexicana.* ■ **de autor.** loc. adj. Dicho de obra o actividad artísticas: Realizadas por un autor (→ 2) con el estilo y las características que le son propios. *Frente a las grandes superproducciones estadounidenses, en Europa se hace cine de autor. Este festival apoyará las películas de autor. La canción de autor se puso de moda.*

autoría. f. Condición de autor. *Han reivindicado la autoría del atentado.*

autoridad. f. **1.** Poder otorgado de ejercer el mando o de exigir obediencia. *El general tiene autoridad sobre la tropa.* **2.** Capacidad de hacerse obedecer. *Es una maestra seria y con autoridad.* **3.** Persona o grupo de personas que ejercen o poseen la autoridad (→ 1). *Una representación de la autoridad local dio comienzo a los festejos. Las autoridades se han presentado en el lugar del accidente. Los soldados desfilarán ante las autoridades militares.* **4.** Prestigio o crédito que se reconocen a una persona o una institución por su legitimidad o por su competencia en alguna materia. *Es innegable la autoridad* EN *derecho penal del abogado que lleva el caso.* Tb. la persona que goza de ese prestigio o crédito. *Todos la consideran una autoridad* EN *medicina.* **5.** Texto o expresión de un autor que se citan o alegan en apoyo de lo que se dice. *Los artículos del primer diccionario de la Academia incluían autoridades.* **6.** Superioridad grande. *Ganó con autoridad el maratón.* ▶ **1, 3:** MANDO.

autoritario, ria. adj. **1.** Dicho de persona: Que ejerce la autoridad sin admitir ninguna objeción o de manera abusiva. *Tiene un padre muy autoritario y no le dará permiso.* Tb. m. y f. *A los autoritarios como tu marido es mejor no pasarles ni una.* **2.** Dicho de régimen o de organización política: Que ejerce un poder sin límites ni control. *La democracia acabó con los regímenes autoritarios de España y Portugal.* **3.** Dicho de cosa: Que se funda en el principio de autoridad o de obediencia obligada. *Ha recibido una educación autoritaria. Aquellas mujeres de entonces se vieron limitadas por una sociedad patriarcal y autoritaria.*

autoritarismo. m. **1.** Cualidad o actitud autoritarias, o propias de quien ejerce la autoridad sin admitir ninguna objeción o de manera abusiva. *No soportan que los traten con autoritarismo. El autoritarismo del primer ministro tuvo muchos detractores.* **2.** Régimen de gobierno autoritario o que tiene un poder sin límites ni control. *Hitler fue el líder del autoritarismo alemán.*

autorización. f. Hecho o efecto de autorizar. *Usted no puede hacer uso de nuestras instalaciones sin autorización del director. La fusión de las dos compañías está pendiente de la autorización del Gobierno.* Tb. el documento en que consta. *Si no entrego la autorización firmada por mis padres antes del lunes, no podré ir de excursión.* ▶ CONSENTIMIENTO, PERMISO.

autorizado, da. part. **1.** → **autorizar.** ● adj. **2.** Dicho de una persona: Que es respetada o digna de respeto por sus cualidades o circunstancias. *Es una persona muy autorizada en ese campo. Los rumores han sido desmentidos por fuentes autorizadas.*

autorizar. tr. **1.** Dar o reconocer (a alguien) la facultad o el derecho de hacer algo. *¿Quién te ha autorizado* PARA *tomar una decisión tan importante para la empresa? La ley la autoriza* A *actuar por sí misma.* **2.** Dar permiso para hacer (algo). *El presidente autorizó el ataque aéreo.* **3.** Dar validez (a algo, espec. a un documento). *El traductor jurado autoriza la traducción del contrato estampando su firma y sello.* ▶ **2:** CONSENTIR, PERMITIR.

autorregulación. f. Hecho o efecto de autorregularse. *Los termostatos son mecanismos de autorregulación que mantienen constante la temperatura. Algunas especies establecen sistemas de autorregulación para controlar su crecimiento.*

autorregulador, ra. adj. Que se autorregula o sirve para autorregularse. *La televisión ha creado medidas autorreguladoras para controlar sus contenidos.*

autorregularse. intr. prnl. Regularse por sí mismo. *Los ecosistemas tienden a autorregularse. La asociación se autorregulaba sin intervención estatal.*

autorretrato. m. Retrato de una persona hecho por ella misma. *La exposición incluía un autorretrato de Rembrandt. El libro comienza con una descripción del protagonista que constituye el autorretrato del autor.*

autoservicio. m. Sistema de venta o de servicio por el que los clientes toman los productos que desean. *El barrio cuenta con una lavandería en régimen de autoservicio. Se sirvió un bocadillo y unos frutos secos en una máquina de autoservicio.* Tb. el establecimiento que utiliza este sistema. *Compremos unos refrescos en el autoservicio de la gasolinera. Cuando va a trabajar come en un autoservicio.*

autostop. m. Hecho de solicitar transporte gratuito a los vehículos en circulación haciéndoles determinadas señas. *De joven se recorrió Estados Unidos en autostop.* ▶ AUTOESTOP. ‖ **Am:** AVENTÓN.

autostopista. m. y f. Persona que practica el autostop. *Había una autostopista a la salida del pueblo que se dirigía a la frontera.* ▶ AUTOESTOPISTA.

autosuficiencia. f. Condición de autosuficiente, espec. de engreído. *Muchas naciones pobres aspiran a conseguir la autosuficiencia en la producción de alimentos. Me habló con una autosuficiencia propia de quien se cree superior.*

autosuficiente. adj. **1.** Que se basta a sí mismo. *Es una mujer autosuficiente que no depende de nadie.* **2.** Suficiente o engreído. *Deja de mostrarte tan autosuficiente, o perderás a tus amigos.*

autosugestión. f. Sugestión que nace espontáneamente en una persona, independientemente de cualquier influencia externa. *Acabará enfermando de verdad por autosugestión.*

autótrofo, fa. adj. **1.** *Biol.* Dicho de ser vivo: Que es capaz de elaborar su propia materia orgánica a partir de sustancias inorgánicas. *Las plantas clorofílicas son autótrofas.* **2.** *Biol.* Propio del organismo autótrofo (→ 1). *Nutrición autótrofa.*

autovía. f. Carretera con calzadas separadas para los dos sentidos de la circulación, cuyas entradas y salidas no se someten a las exigencias de seguridad de las autopistas. *En autovía, está prohibido circular con bicicletas. Sigue por la autovía y toma el desvío que está a unos treinta kilómetros.*

auxiliar[1]. adj. **1.** Dicho de persona o cosa: Que auxilia o sirve de auxilio en una tarea. *Tras consultar con el árbitro auxiliar, el árbitro decidió suspender el partido. Habrá unos 200 empleados, entre personal técnico y auxiliar.* Dicho de pers., tb. m. y f. *La auxiliar de enfermería trabaja en un hospital. Los auxiliares de equipo cambiaron la rueda pinchada.* Dicho de cosa, tb. m. *La informática es un excelente auxiliar de muchas ciencias.* **2.** Dicho de profesor: Encargado de ayudar a un catedrático o de sustituirlo en su ausencia. *Ha trabajado en la Facultad como profesora auxiliar.* Tb. m. y f. *El auxiliar del catedrático nos puso el examen final.* **3.** Dicho de cosa: Accesorio o secundario. *El mueble está compuesto por un aparador y un módulo auxiliar. Han habilitado un carril auxiliar para descongestionar el tráfico.* ● m. **4.** *Gram.* Verbo auxiliar (→ **verbo**). *Los tiempos compuestos del verbo se forman con el auxiliar "haber".* ○ m. y f. **5.** Empleado técnico o administrativo de categoría subalterna. *El gerente cuenta con la colaboración de dos auxiliares administrativos. He aprobado las oposiciones de auxiliar en el Ministerio.* ■ **~ de vuelo.** m. y f. Persona que se ocupa de la atención de los pasajeros y de la tripulación en los aviones. *El auxiliar de vuelo nos explicó cómo actuar en caso de emergencia.* ⇒ AZAFATA. ‖ Am: AEROMOZA. ▶ **3:** ACCESORIO.

auxiliar[2]. (conjug. ANUNCIAR). tr. Prestar auxilio o ayuda (a alguien). *El socorrista se tiró al agua para auxiliar a un niño.* ▶ *AYUDAR.

auxilio. m. Ayuda o socorro. *Al ver que su casa ardía, pidió auxilio a los vecinos.* ▶ *AYUDA.

auyama. f. Am. Calabaza (planta, o fruto). *El viejo fundó esa finca para sembrar patillas, yuca y auyamas* [C]. *Cuando las habichuelas estén blandas, agregar la yuca y la auyama en pedazos* [C]. ▶ *CALABAZA.

av. abrev. Avenida. *Viven en Av. Andalucía, 58.*

aval. m. **1.** *Com.* Firma al pie de una letra u otro documento de crédito, para responder de su pago en caso de no efectuarlo la persona obligada a él. *Si no conseguimos el aval del banco no podremos hacer frente a las deudas.* Tb. el documento en que consta. *Me he quedado con dos copias del aval bancario.* **2.** Confianza o favor. *Su nuevo disco no ha obtenido el aval del público. El candidato cuenta con el aval de su partido.*

avalancha. f. Alud. *El esquiador ha quedado sepultado por una avalancha. Una avalancha de piedras y barro hizo desaparecer el campamento.* Tb. fig. *En verano, una avalancha de turistas acude a nuestras costas.*

avalar. tr. Garantizar (algo o a alguien) por medio de un aval. *Mi hermano me avaló en la compra del piso. Numerosos premios avalan su carrera.*

avalista. m. y f. Persona que avala, espec. para garantizar un pago. *Necesitará un avalista si quiere que le concedan la hipoteca.*

avaluar. (conjug. ACTUAR). tr. frecAm. Valorar (algo) o establecer su valor. *Las pérdidas de la provincia, en sólo su cosecha de cereales, se avalúan* EN *50 000 000 millones* [C]. ▶ *VALORAR.

avalúo. m. Am. Valoración o tasación. *Si lo que se ordena es la venta, una vez hecho el avalúo se vende en pública subasta* [C]. ▶ *VALORACIÓN.

avance. m. **1.** Hecho o efecto de avanzar. *El barro impide el avance del coche. Ese descubrimiento supone un avance importante en el campo de la medicina. Ha habido un avance en las negociaciones de paz.* **2.** *Cine* Serie de fragmentos cortos de una película que se proyectan en salas de cine o en televisión antes de su estreno, con fines publicitarios. *He visto ya un avance de la película.* ▶ **2:** TRÁILER.

avanzada. f. Avanzadilla. *Una avanzada de infantería realizará un reconocimiento del terreno antes del ataque. Gómez de la Serna representa la avanzada de las vanguardias en España.*

avanzadilla. f. **1.** Grupo de soldados destacado del cuerpo principal, para observar de cerca al enemigo y evitar sorpresas. *Una avanzadilla informó de la existencia de explosivos cerca del destacamento.* Tb. fig. *Mandamos a Marta de avanzadilla para que comprobara si había mesas libres en la cafetería.* **2.** Persona o grupo de personas que se adelantan a la tendencia general. *Estos escritores constituyen la avanzadilla cultural de la ciudad. Consideran a ese diseñador como la avanzadilla en moda para novias.* ▶ AVANZADA.

avanzado, da. part. **1.** → **avanzar.** ● adj. **2.** Que está muy adelantado o próximo al fin en su desarrollo. *Se encuentra en un avanzado estado de gestación. Me desperté cuando ya la mañana estaba muy avanzada.* **3.** Que se distingue por su audacia, novedad o carácter progresista. *La clínica utiliza técnicas de cirugía estética muy avanzadas. Para ser tan mayor, tiene una mentalidad muy avanzada.* ▶ **3:** PUNTERO.

avanzar. intr. **1.** Ir hacia adelante. *Avanzábamos con dificultad por entre los arbustos.* **2.** Ir o moverse un ejército hacia adelante por un territorio con el propósito de conquistarlo. *El ejército avanzaba* SOBRE *la capital. Ordenó que una división acorazada avanzara* HACIA *la zona.* **3.** Acercarse a su fin un período de tiempo. *Conforme avanza el día, va acumulando cansancio. Avanzaba el mes de diciembre y seguía sin saberse nada de los desaparecidos.* **4.** Progresar o ir a más en algo. *Tiene la impresión de no avanzar nada* EN *su inglés. No han avanzado* EN *la solución del problema.* ○ tr. **5.** cult. Adelantar (algo), o mover(lo) hacia delante. *Avanzó una mano para coger el dinero.*

avaricia. f. Tacañería o afán desmedido por acumular riquezas. *Su avaricia lo llevó a morir rico pero solo.* ▶ *TACAÑERÍA.

avaricioso, sa. adj. Tacaño o avaro. *Es tan avaricioso que nunca está satisfecho con lo que posee.* Dicho de pers., tb. m. y f. *Como es una avariciosa, querrá quedarse con todo el dinero.* ▶ *TACAÑO.

avariento, ta. adj. Tacaño o avaro. *Banquero avariento.* Dicho de pers., tb. m. y f. *Aquel avariento jamás se permitió ni un lujo.* ▶ *TACAÑO.

avaro, ra. adj. Que tiene un afán desmesurado de acumular riquezas y escatima exageradamente en lo que gasta o en lo que da. *Es tan avaro que, por ahorrar, no enciende la calefacción.* Dicho de pers., tb. m. y f. *Un avaro como tú siempre evita pagar la parte que le corresponde.* ▶ *TACAÑO.

avasallador, ra. adj. Que avasalla. *Siente un deseo avasallador de poseer aquello. La tenista venció haciendo gala de una fuerza y un ímpetu avasalladores.* ▶ AVASALLANTE.

avasallamiento. m. Hecho de avasallar. *Fueron tiempos de retroceso en los derechos y avasallamiento de la libertad.*

avasallante. adj. Avasallador. *Es una mujer de una belleza avasallante.*

avasallar. tr. Someter (algo o a alguien), o dominar(los) por la fuerza. *El ejército invasor avasalla y sojuzga a la población.* Tb. fig. ▶ *SOMETER.

avatar. m. Vicisitud. Más frec. en pl. *El protagonista pasa por una serie de avatares antes de encontrar el tesoro. Le cuenta los avatares de su vida desde que emigró.*

avd. abrev. Avenida. *La dirección es Avd. Real, 86.*

avda. abrev. Avenida. *La piscina municipal está en Avda. Miramar, 34.*

ave[1]. f. Animal vertebrado ovíparo, con pico córneo y el cuerpo cubierto de plumas, provisto de dos patas y de dos alas, gralm. aptas para el vuelo. *Vimos milanos, buitres, cigüeñas y otras aves. La gallina es un ave.* ■ ~ **del paraíso.** f. Ave de tamaño medio propia de Oceanía, cuyo macho, de vistoso colorido, posee largas plumas en la cola. *Los indígenas iban adornados con plumas del ave del paraíso.* ■ ~ **de paso.** f. **1.** Ave que se detiene en un lugar solo el tiempo necesario para descansar y comer durante sus viajes migratorios. *Vimos varias bandadas de gansos y otras aves de paso.* **2.** coloq. Persona que se detiene durante poco tiempo en los lugares por los que pasa. *Los marinos son aves de paso que van de puerto en puerto.* ■ ~ **de rapiña.** f. **1.** → **ave rapaz. 2.** despect. Persona codiciosa. *Cuídese de esas aves de rapiña, que solo van por su dinero.* ■ ~ **fría.** → **avefría.** ■ ~ **rapaz,** o **de rapiña.** f. Ave carnívora, que se caracteriza por tener el pico curvado y fuerte, y las uñas afiladas, como el búho y el águila. *Vayamos al zoo a ver la exhibición de vuelo de las aves rapaces.* ⇒ RAPAZ.

ave[2]. ~ **María (Purísima).** expr. **1.** Se usa para expresar sorpresa o asombro. *¡Ave María Purísima, qué golpe se ha dado!* **2.** Se usa como saludo al entrar en ciertos lugares religiosos. *A su "ave María Purísima" la monjita contestó "sin pecado concebida".*

AVE[3]. (sigla; pronunc. "ave"). m. Tren de gran velocidad. *Iremos a Sevilla en AVE desde Madrid.*

avecinarse. intr. prnl. Acercarse o aproximarse algo. *Esos nubarrones indican que se avecina una tormenta.*

avecindarse. intr. prnl. Establecerse en una población en calidad de vecino. *Cuando se case, se avecindará en el pueblo de sus padres.*

avefría. (Tb. **ave fría**). f. Ave de mediano tamaño, de color verde oscuro en el dorso y blanco en el vientre, con patas largas y un penacho de plumas, que vive en las orillas de los lagos y otras zonas húmedas. *En invierno abundan las avefrías en las marismas.*

avejentar. tr. Hacer que (alguien o algo) parezcan viejos o más viejos. *Esa forma de vestir la avejenta.* Tb. en constr. prnl. media. *Se ha avejentado mucho con la enfermedad. La última vez que lo vi estaba muy avejentado.* ▶ *ENVEJECER.

avellana. f. Fruto comestible del avellano, pequeño y redondeado, que está cubierto por una cáscara dura de color marrón. *Saca unas nueces y unas avellanas para el aperitivo.*

avellano. m. Arbusto grande y muy ramoso, propio de zonas montañosas, cuyo fruto es la avellana. *En su finca de Asturias tiene avellanos y castaños.* Tb. su madera. *Cestos de avellano.*

avemaría. f. **1.** (Frec. en mayúsc.). Oración cristiana que contiene las palabras con que el arcángel San Gabriel saludó a la Virgen María, y que comienza con las palabras "Ave María". *Rece diez avemarías y una salve.* Tb. la composición musical creada sobre esta oración. *El Avemaría de Schubert.* **2.** Cada una de las cuentas del rosario. *El rosario de la religiosa tenía las avemarías de nácar.*

avena. f. Cereal de cañas delgadas y protegidas por hojas estrechas, cuyo grano se emplea como pienso y en la alimentación humana. *A ambos lados del camino había campos de trigo y avena.* Tb. el grano. *Desayuno copos de maíz y avena tostados.*

avenar. tr. Drenar (un terreno) dando salida al exceso de agua por medio de zanjas o cañerías. *Tuvieron que avenar las tierras inundadas.* ▶ DRENAR.

avenencia. f. Acuerdo o conformidad. *Si no se logra la avenencia, las partes pueden acudir a los tribunales o someterse a arbitraje.*

avenida. f. **1.** Vía ancha, a veces con árboles a los lados. *Vive en una avenida donde hay muchas tiendas.* Frec. se usa como parte del nombre de esa vía. *La Avenida de Bruselas es una de las calles principales de mi barrio.* **2.** Creciente impetuosa del caudal de un curso de agua. *Las fuertes lluvias provocaron avenidas torrenciales.*

avenir. (conjug. VENIR). tr. **1.** Poner de acuerdo (a dos o más partes en desacuerdo). *El abogado trataba de avenir a los herederos respecto a la herencia.* ○ intr. prnl. **2.** Acceder a algo. *Dijo que se avendría* A *aceptar la decisión que adoptemos.* **3.** Entenderse con alguien. *No se aviene* CON *sus compañeros de trabajo.* Frec. en part. y con los adv. *bien* o *mal*. *Daban la imagen de pareja bien avenida, pero discutían constantemente.* **4.** Estar en armonía o conformidad dos o más cosas. *Mal se avienen el rigor y las prisas.* Tb.: *Esas patrioterías no se avienen* CON *su carácter.*

aventado, da. adj. Am. Atrevido (que actúa con valor o insolencia). *Hay pocos actores aventados que se la juegan aunque no les paguen; otros, de plano están sin trabajar* [C]. ▶ *ATREVIDO.

aventador, ra. adj. Que avienta o sirve para aventar. *Máquina aventadora.* Dicho de máquina, tb. f. *El museo del pueblo expone una vieja aventadora.* Dicho de pers., tb. m. y f. *Los aventadores tiraban la mezcla de grano y paja al aire.*

aventajado, da. part. **1.** → **aventajar.** ● adj. **2.** Que aventaja a lo ordinario o común en su línea. *Fernando era uno de mis alumnos más aventajados. Ocupa un lugar aventajado en la clasificación.*

aventajar. tr. Llevar o sacar ventaja una persona o cosa (a otra). *Aventaja a su hermano* EN *altura y* EN *simpatía. El primer clasificado aventaja al segundo* EN *tres puntos.*

aventar. (conjug. ACERTAR). tr. **1.** Echar al viento (algo, espec. el grano trillado) para limpiarlo separándolo de la paja. *Aventaban el trigo en la era. Aventaron sus cenizas en el mar.* **2.** Echar o expulsar (algo o a alguien). *La luz del día aventó sus temores.* **3.** Am. Arrojar o tirar (algo o a alguien). *Me golpearon arriba y luego me aventaron por la escalera* [C]. *Los mejores platos para aventarse a la cabeza son los platos irrompibles* [C]. ▶ **3:** *LANZAR.

aventón. m. **1.** Am. Autostop. *Se bajó del carro y me dio las gracias por el aventón* [C]. *Es un turismo pobre, que sólo practican mochileros que piden aventón* [C]. **2.** Am. Empujón. *Sufrió una revolcada en el piso a causa del aventón que le dio el torbellino de gallinas* [C]. *Ese resultado les daría un aventón para consolidarse en el interior del país* [C].

aventura. f. **1.** Experiencia o suceso extraordinarios. *El protagonista de la historia vive insólitas aventuras.* **2.** Acción que presenta riesgos. *Hoy hace treinta años que comenzamos la aventura de fundar esta asociación.* **3.** Relación amorosa entre dos personas, gralm. breve y que se produce cuando alguna de ellas está comprometida. *Tiene una aventura con una compañera del trabajo.*

aventurado, da. part. **1.** → **aventurar.** ● adj. **2.** Arriesgado o atrevido. *Resulta aventurado predecir nada. Realizó un juicio un tanto aventurado sobre las cualidades del joven.*

aventurar. tr. **1.** Arriesgar o poner en peligro (algo o a alguien). *No aventures tanto dinero en la empresa porque tal vez no resulte rentable. Se aventuró* A *salir a la plaza y dar unos capotazos al toro.* **2.** Presentar o proponer (algo atrevido o de lo que se tiene duda o recelo). *Aventuré una nueva estrategia empresarial en la última reunión.*

aventurero, ra. adj. **1.** Dicho de persona: Que busca aventuras o experiencias extraordinarias o arriesgadas. *Era una mujer muy aventurera que no paraba de viajar a lugares exóticos.* Tb. m. y f. *Un aventurero quiere ir remando hasta la Antártida.* ● m. y f. **2.** Persona que por medios ilícitos trata de conquistar una situación social o económica que no le corresponde. *Estuvo a punto de casarse con un aventurero sin escrúpulos.*

avergonzar. (conjug. CONTAR). tr. Causar vergüenza (a alguien). *Me has avergonzado delante de tus amigos.* Tb. en constr. prnl. media. *No se avergüenza* DE *nada de lo que ha hecho.* ▶ **Am:** APENARSE.

avería. f. Daño o desperfecto que impide o dificulta el normal funcionamiento de algo, espec. de un aparato o un vehículo. *El técnico arregló la avería del frigorífico.* Tb. fig. *Ya se le van notando las averías de la vejez.*

averiar. (conjug. ENVIAR). tr. Producir una avería (en algo). *Cayó un rayo en la casa y averió el televisor.* Tb. en constr. prnl. media. *El ascensor se ha averiado.*

averiguación. f. Hecho o efecto de averiguar. *Todavía no han concluido las averiguaciones del caso.*

averiguar. (conjug. AVERIGUAR). tr. Llegar a saber (algo) realizando las operaciones necesarias para ello. *El detective averiguó el paradero del asesino.*

averno. m. cult. Infierno (lugar donde habitan los espíritus de los muertos). *Iluminada con esa tenue luz parecía un ser del averno.* Frec., en mayúsc., referido a la Antigüedad clásica. *Orfeo descendió al Averno en busca de su amada muerta.*

averroísmo. m. **1.** *Fil.* Doctrina de Averroes (filósofo hispanoárabe, 1126-1198), que cultivó los elementos materialistas de la filosofía de Aristóteles sin romper con la religión musulmana. *El averroísmo rechazaba el neoplatonismo de los filósofos musulmanes.* **2.** *Fil.* Tendencia filosófica del final de la Edad Media que sostiene que algo puede ser verdadero en filosofía y falso en teología, o a la inversa. *Sigerio de Brabante fue un seguidor del averroísmo.*

averroísta. adj. **1.** Del averroísmo. *Teoría averroísta.* **2.** Seguidor del averroísmo. *Filósofos averroístas.* Dicho de pers., tb. m. y f. *La Iglesia persiguió a los averroístas.*

aversión. f. Rechazo a alguien o algo. *Casi se ahoga y ahora tiene aversión* AL *agua. No puede disimular su aversión* POR *la mentira. Sentía aversión* HACIA *su hija.* ▶ *ANTIPATÍA.

avestruz. m. Ave de gran tamaño, con alas cortas no aptas para el vuelo, cuello largo y desnudo, y largas patas que le permiten correr a gran velocidad. *Desde el todoterreno vimos a unos avestruces corriendo.* ■ **de(l) ~.** loc. adj. Dicho espec. de táctica: Que responde a la actitud de no afrontar los problemas. *No puedes encogerte de hombros y seguir siempre la táctica del avestruz.*

avetoro. m. Ave del grupo de las garzas, pero más rechoncha, de plumaje pardo moteado, que vive en marismas y terrenos pantanosos. *Al atardecer, pudimos observar a un avetoro entre los carrizos.*

avezarse. intr. prnl. Acostumbrarse alguien a algo. *Es conveniente que los niños vayan avezándose* AL *estudio.* Frec. en part. *La complejidad de la trama no debe ser un obstáculo para el lector avezado.*

aviación. f. **1.** Navegación aérea por medio de aparatos más pesados que el aire. *Falleció en un accidente de aviación. Trabaja como azafata en una compañía de aviación.* Tb. el conjunto de actividades y técnicas correspondientes. *Abandonó el ejército para incorporarse a la aviación comercial. La medida afectará a todo el personal de aviación civil.* **2.** Cuerpo militar especializado en aviación (→ 1). *La zona fue bombardeada primero por la artillería y después por la aviación.*

aviador, ra. m. y f. Persona que está legalmente capacitada para conducir un aparato de aviación, espec. militar. *Combatió como aviador en la Primera Guerra Mundial.*

aviar¹. (conjug. ENVIAR). tr. **1.** coloq. Preparar o disponer (algo). *Hay que aviar todo lo necesario para el viaje. En un momento avió unos aperitivos para que picáramos algo. Avía la ensalada con poca sal.* **2.** coloq. Arreglar o componer (algo o a alguien) dándo(les) un aspecto limpio y agradable. *Tarda horas en aviarse. Avía un poco tu habitación.* **3.** coloq. Proporcionar (a alguien) lo que necesita para salvar una situación. *El dinero que me prestaste me avió hasta que cobré.* **4.** coloq. Acabar (lo que se está haciendo). *Avía la tarea, que no tenemos todo el día.* Tb. usado en constr. intr. *Avía ya, que se nos hace tarde.* **5.** coloq.

Se usa en constr. como *estar,* o *ir,* alguien *aviado,* para expresar que esa persona está muy equivocada o se encuentra en una situación complicada. *¡Como nos quedemos sin gasolina en esta carretera desierta, estamos aviados!* ○ intr. prnl. **6.** coloq. Atender alguien a sus necesidades con lo mínimo aceptable. *Con 6 euros me avío.*

aviar[2]. adj. Dicho espec. de enfermedad: De las aves. *La peste aviar ha afectado ya a toda la región.* ▶ AVIARIO.

aviario, ria. adj. **1.** Aviar. *Enfermedades aviarias.* ● m. **2.** Colección de aves, vivas o disecadas, que se tiene para su exhibición o estudio. *Tucanes y guacamayos formaban parte de un aviario tropical.*

avícola. adj. De la avicultura. *Trabaja en una granja avícola.*

avicultor, ra. m. y f. Persona que se dedica a la avicultura. *Varios avicultores han conseguido aumentar la producción de huevos de sus gallinas.*

avicultura. f. Cría de aves para el aprovechamiento de sus productos. Tb. la técnica correspondiente. *La feria expone comederos, incubadoras y otros artículos de avicultura.*

avidez. f. Cualidad de ávido. *Se bebió el agua con avidez. Tenía avidez* DE *emociones.*

ávido, da. adj. Que desea o ansía algo con vehemencia. *Es un hombre ávido* DE *riquezas. Es un lector ávido y apasionado.* Tb. fig. *El colesterol es muy ávido* DE *agua.*

aviejar. tr. Hacer que (alguien o algo) parezcan viejos o más viejos. *Ese peinado te avieja.* Tb. en constr. prnl. media. *Su hermana se ha aviejado mucho en estos últimos años.* ▶ *ENVEJECER.

avieso, sa. adj. Malvado o que tiene malicia. *Usted ha hecho una interpretación aviesa de mis palabras. Me miró con una aviesa sonrisa.*

avifauna. f. *Zool.* Conjunto de las aves de un país o un lugar. *La garza imperial forma parte de la avifauna local.*

avilés, sa. adj. Abulense. *Artista avilesa. Monumento avilés.* Dicho de pers., tb. m. y f. *Los avileses son vecinos de los salmantinos.*

avinagrado, da. part. **1.** → **avinagrar.** ● adj. **2.** Áspero o desabrido. *Es una persona avinagrada y se queja de todo. Carácter avinagrado. Gesto avinagrado.*

avinagrar. tr. **1.** Poner agrio (algo). *La entrada de oxígeno en el barril avinagró el vino.* Tb. en constr. prnl. media. *Si dejas destapada la botella, el vino se avinagrará.* **2.** Volver áspero o desabrido (a alguien o algo). *El resentimiento avinagraba su carácter.* Tb. en constr. prnl. media. *El carácter de su padre se ha avinagrado con los años.*

avío. m. **1.** Hecho de aviar. *Hago el avío de mi cuarto todos los lunes.* **2.** Provisión de alimentos, espec. los que se llevan al campo. *Hay que ir a llevarles el avío a los que están segando. No hace falta que vayas a comprar, para hoy ya tenemos el avío.* **3.** Interés o provecho personal. *Aquí cada uno va a su avío.* ○ pl. **4.** coloq. Utensilios necesarios para alguna actividad. *Cogí los avíos de escribir y me puse a redactar la carta. Entró en la habitación con los avíos de limpieza.*

avión[1]. m. Pájaro semejante a la golondrina pero con la parte inferior blanca y la cola menos ahorquillada. *Una bandada de aviones estaba posada en los cables del tendido.*

avión[2]. m. Vehículo aéreo más pesado que el aire, provisto de alas y de uno o más motores, que le sirven de propulsión. *El avión despegó puntualmente.* ■ ~ **de caza.** m. Avión (→ 1) de pequeño tamaño y gran velocidad destinado pralm. a reconocimientos y combates aéreos. *Un avión de caza derribó a dos aviones enemigos.* ⇒ CAZA. ▶ AEROPLANO.

avioneta. f. Avión pequeño y de poca potencia. *Una avioneta se estrelló mientras sobrevolaba el desierto.*

avisado, da. part. **1.** → **avisar.** ● adj. **2.** Sagaz, o que prevé y previene las cosas. *Los inversores más avisados suelen conseguir buenos rendimientos de sus operaciones.*

avisar. tr. **1.** Dar noticia (de algo) a alguien, o hacer que (lo) sepa. *Nos avisaron que teníamos que ir a recoger un paquete a correos. Te aviso que, como no termines a tiempo, no te pagamos.* **2.** Dar noticia de algo (a alguien). *No me avisó* DE *su llegada.* Tb. usado en constr. intr. *Una señal avisa* DEL *riesgo de desprendimiento.* **3.** Llamar (a alguien o algo) para que preste un servicio. *Avisa al médico si te encuentras peor. Si no abandona el edificio inmediatamente, avisaremos a seguridad.*

aviso. m. **1.** Hecho o efecto de avisar. *Se presentó en mi casa sin previo aviso. Los bomberos recibieron el aviso media hora después de haberse declarado el incendio.* **2.** Indicio o señal de algo. *Su dolor de pecho fue el primer aviso de infarto.* **3.** *Taurom.* Advertencia que hace la presidencia de la corrida de toros al espada cuando prolonga la faena de matar más tiempo del reglamentario. *El torero se dispuso a matar al toro después de que le dieran el segundo aviso.* **4.** Am. Anuncio (conjunto de palabras, imágenes o signos). *Las empresas suelen ofrecer sus servicios a través de avisos de prensa* [C]. ■ **estar sobre ~** (de algo). loc. v. Estar prevenido (de ello). *Está sobre aviso* DE *sus intenciones.* ▶ **4:** *ANUNCIO.

avispa. f. Insecto volador semejante a la abeja, de abdomen amarillo con franjas negras, cuya picadura causa escozor e inflamación. *Me ha picado una avispa junto a la piscina.* ■ **de ~.** loc. adj. Dicho de cintura o de talle: Estrechos o finos. *Ese vestido tan ajustado resalta tu busto y tu cintura de avispa.*

avispado, da. adj. coloq. Listo o despierto. *Es un muchacho muy avispado.*

avispero. m. **1.** Panal que fabrican las avispas. *No te acerques a ese avispero, niña.* Tb. el conjunto de avispas. *Todo el avispero salió a perseguirnos para picarnos.* **2.** Aglomeración de personas que causan gran alboroto. *El parque de al lado solía ser un avispero de niños.* **3.** Asunto enredado y que ocasiona disgustos. *Con la compra del piso se van a meter en un avispero de denuncias y juicios.* ■ **alborotar el ~.** loc. v. Causar alteración y desorden en un asunto. *Mejor que te calles, no vayas a alborotar el avispero.*

avistar. tr. Alcanzar con la vista (algo o a alguien que están lejos). *Desde la cubierta del barco avistamos un grupo de ballenas.*

avitaminosis. f. *Med.* Carencia de vitaminas. *Una avitaminosis prolongada fue la causa de sus problemas de salud.* Tb. la enfermedad producida por ella. *El raquitismo es una avitaminosis.*

avituallamiento. m. Hecho de avituallar. *El ciclista se cayó de la bicicleta en el avituallamiento y tardó varios segundos en reanudar la carrera.* Tb.

el conjunto de víveres con que se avitualla. Frec. en pl. *Los soldados han quedado atrapados en la zona, sin posibilidad de recibir avituallamientos del exterior.*

avituallar. tr. Proveer de vituallas o víveres (a alguien o algo). *Una nave avitualla a la estación espacial. El ejército interceptó los camiones que pretendían avituallar a la ciudad sitiada.*

avivar. tr. **1.** Hacer que (algo) sea más vivo o intenso. *Aquellos comentarios avivaron viejos rencores. El recuerdo avivó su tristeza. La limpieza del cuadro avivó los colores.* Tb. en constr. prnl. media. *La polémica se avivó con la publicación del artículo.* **2.** Hacer que (algo, espec. el fuego) arda más. *La dirección del viento cambió y avivó las llamas del incendio.* **3.** Hacer que (algo) sea más vivo o rápido. *Avivó el paso para llegar antes.* **4.** Animar (algo o a alguien) dándo(les) vitalidad o viveza. *La alegría que sentía avivaba su mirada.* ▶ **4:** ANIMAR.

avizor. adj. cult. Atento o vigilante. *El padre, siempre avizor, velaba por la seguridad de su familia.* Frec. en la constr. *ojo ~*. *Los ojos avizores del centinela escrutaban el horizonte.* (→ **ojo**).

avizorar. tr. Acechar (algo o a alguien). *El vigía avizoraba la llegada de los barcos.* ▶ ACECHAR.

avoceta. f. Ave de patas largas, plumaje blanco con manchas negras, y pico largo curvado hacia arriba. *Unas avocetas descansaban en la laguna apoyadas sobre una sola pata.*

avutarda. f. Ave de gran tamaño y peso, patas largas y plumaje pardo, cuyo vuelo es corto y pesado. *A lo lejos, un grupo de avutardas picoteaba en el campo de cereal.*

axial. adj. **1.** *tecn.* Del eje. *Simetría axial.* **2.** Fundamental o principal. *Determinemos los rasgos axiales de su personalidad.*

axila. f. Concavidad que forma el arranque del brazo con el cuerpo. *Se depila las axilas con cera fría.* ▶ SOBACO.

axilar. adj. *Anat.* De la axila. *Vello axilar. La temperatura axilar asciende cuando existe fiebre.*

axiología. f. *Fil.* Teoría de los valores. *La axiología jurídica toma en consideración el valor de lo justo.*

axiológico, ca. adj. *Fil.* De la axiología. *Ética axiológica.*

axioma. m. Proposición tan clara y evidente que se admite sin necesidad de demostración. *Recordemos el axioma del que partimos: "No hay efecto sin causa".* Tb. fig. *Esa opinión se ha convertido en axioma a fuerza de oírse.*

axiomático, ca. adj. **1.** Del axioma o de los axiomas. *Teoría axiomática.* ● f. **2.** Conjunto de definiciones, axiomas y postulados en que se basa una teoría científica. *El matemático realizó importantes aportaciones a la axiomática de la teoría de conjuntos.*

axis. m. *Anat.* Segunda vértebra del cuello, sobre la que se produce el movimiento de rotación de la cabeza. *El axis solo está bien diferenciado en reptiles, aves y mamíferos.*

axón. m. *Anat.* Prolongación en forma de hilo de la neurona, por la que esta transmite impulsos nerviosos a otras células. *El nervio óptico contiene numerosos axones.* ▶ CILINDROEJE, NEURITA.

ay. interj. **1.** Se usa para expresar pena, dolor o sobresalto. *¡Ay, qué daño me he hecho! ¡Ay, qué solos nos hemos quedado!* **2.** Seguida de *de* y un nombre o un pronombre, expresa temor, conmiseración o amenaza. *Como se entere, ¡ay de nosotros! ¡Ay de ti como no hagas los deberes! ¡Ay de ese pobre niñito sin madre!* ● m. **3.** Quejido o suspiro. *Los ayes de los heridos se mezclaban con los llantos de los familiares. Cuando lanzó la noticia bomba se oyeron un par de ayes de sorpresa.* ■ **en un ~.** loc. adv. En estado de dolor que provoca queja. *Estoy en un ay desde que tengo la úlcera.* Tb. fig. *Dame ya la noticia, que me tienes en un ay.*

ayatolá. m. Autoridad religiosa de los chiitas islámicos. *El ayatolá regresó a Irán después de años de exilio.*

ayer. adv. **1.** En el día inmediatamente anterior al de hoy. *Se lo recordé ayer mismo. Ayer, 6 de enero, fue el día de Reyes.* A veces precedido de prep. *Este pan es de ayer. Me aseguraron que estaría arreglado para ayer lunes. De ayer a hoy han cambiado mucho las cosas.* **2.** En el pasado reciente. *Nos conocimos hace apenas un año, ayer como quien dice. ¿Ya camina?, ¡si ayer todavía mamaba!* **3.** En un tiempo pasado. *En la actualidad es impensable que ayer la mujer no tuviera derecho al voto.* A veces precedido de prep. *Han pasado muchos años y no somos los mismos de ayer.* ● m. (Frec. con art.). **4.** Tiempo pasado. *Prefiere no recordar un ayer lleno de penalidades. En la exposición puede contemplarse el ayer de un pintor consagrado.* ■ **~ noche.** loc. adv. Anoche. *Llegué ayer noche a las once.* ■ **~ tarde.** loc. adv. Ayer (→ 1) por la tarde. *Ayer tarde se presentaron en casa sin avisar.*

ayo, ya. m. y f. histór. Persona encargada en una casa principal de la crianza y la educación de los niños o de los jóvenes. *El príncipe pasaba mucho tiempo con su aya. Un religioso fue el ayo del caballero.*

ayuda. f. **1.** Hecho de ayudar. *Tu intervención en la reunión ha sido de gran ayuda. Acudió en ayuda del accidentado. No puedo hacerlo sin tu ayuda.* **2.** Persona o cosa que ayudan o cooperan. *No tiene ninguna ayuda en casa. Algunos programas informáticos están diseñados como ayuda* A *las tareas de traducción.* ■ **~ de cámara.** m. Criado que se ocupa del vestido de su señor. *El ayuda de cámara preparó el calzado que el duque llevaría a la boda de su hija.* ▶ **1:** AUXILIO, SOCORRO.

ayudante, ta. (Más frec. se usa la forma **ayudante** para el f.). m. y f. **1.** Persona que ayuda a otra o coopera con ella. *Para trasladar el armario necesitas un par de ayudantes. La ayudante de la cocinera picó la verdura.* **2.** Persona que desempeña su trabajo bajo la dirección de otra. *El ayudante del seleccionador entrenó al equipo mientras aquel estuvo enfermo. Se ofrece un puesto de ayudanta de peluquería.* **3.** *Mil.* Oficial destinado personalmente a las órdenes de un general u otro jefe superior. *El ayudante del coronel le abrió la puerta.* Tb. *~ de campo. Ha servido varios años como ayudante de campo de un general.*

ayudar. tr. **1.** Cooperar una persona o cosa (con otra) para facilitar una acción, o realizarla con más rapidez o eficacia. *Mi padre me ayudó* EN *la compra del coche. Ayúdame* A *mover el sofá. ¿Quieres que te ayude?* **2.** Prestar cooperación para que (alguien o algo) salgan de una situación, frec. difícil o peligrosa. *Ayudamos a los heridos en el accidente. Ayúdeme, me he perdido.* ○ intr. prnl. **3.** Valerse de alguien o algo, o utilizarlos para algo. *Tuvo que ayudarse* DEL *diccionario para traducir el texto. Es aconsejable ayudarse*

CON *mapa y brújula cuando se recorre una zona desconocida. Ayúdate* CON *las manos para levantarte.* ▶ **2:** AUXILIAR, SOCORRER.

ayunar. intr. **1.** Abstenerse total o parcialmente de comer y beber. *No es saludable ayunar para perder peso.* **2.** Abstenerse parcialmente de comer y beber cumpliendo con un precepto eclesiástico. *Ayuna los viernes de Cuaresma.*

ayunas. en ~. loc. adv. **1.** Sin haber tomado ninguna comida, espec. el desayuno. *Para hacerse los análisis de sangre tendrá que venir en ayunas. Pide algo para picar; no me gusta tomar alcohol en ayunas.* **2.** coloq. Sin haber entendido o comprendido algo. Frec. con v. como *quedar. Me lo explicó de una forma tan atropellada que me quedé en ayunas.*

ayuno[1]. m. Hecho de ayunar. *Los musulmanes guardan ayuno en el mes de Ramadán.*

ayuno[2], na. adj. cult. Privado o falto de algo. *Es un guión entretenido pero ayuno* DE *originalidad.*

ayuntamiento. (Frec. en mayúsc. en acep. 1, 2). m. **1.** Corporación compuesta por un alcalde y varios concejales para la administración de los intereses de un municipio. *El pleno del ayuntamiento se ha reunido para aprobar los presupuestos.* **2.** Edificio donde se reúne el ayuntamiento (→ 1). *El ayuntamiento está situado en la Plaza de la Constitución.* **3.** cult. Coito. *El libro aconsejaba no realizar el ayuntamiento hasta el matrimonio.* ▶ **1:** CABILDO, CONCEJO, CONSISTORIO, MUNICIPALIDAD. **2:** CONCEJO, CONSISTORIO.

azabache. m. **1.** Variedad de lignito, dura, de color negro y susceptible de pulimento, que se emplea como adorno en joyería. *Ha heredado un collar con cuentas de azabache.* **2.** Color negro como el del azabache (→ 1). *El azabache de sus grandes ojos refulgía al mirarme.* Frec. en aposición. *La joven tiene una preciosa melena azabache.*

azada. f. Instrumento que consiste en una lámina o pala cuadrangular de hierro, cortante por un extremo y encajada por el opuesto a un mango, con el que forma un ángulo un tanto agudo, y que sirve para remover la tierra. *El agricultor cavó una zanja con la azada.*

azadilla. f. Azada pequeña que sirve pralm. para escardar y para trasplantar plantas pequeñas. *Acércame la azadilla, que voy a hacer un agujero para plantar este geranio.*

azadón. m. Azada, espec. la que tiene la pala algo más curva y más larga que ancha. *El peón guardó en la caseta los picos, las palas y los azadones.*

azafata. f. **1.** Mujer encargada de atender a los pasajeros a bordo de un avión. *Las azafatas servirán una cena fría durante el vuelo.* Tb. la que atiende al público en aeropuertos o estaciones. *En el mostrador de facturación, la azafata nos informó de que nuestro vuelo saldría con retraso.* **2.** Mujer que proporciona información y ayuda al público en exposiciones, congresos u otros eventos. *Las azafatas del congreso repartían folletos informativos en los pasillos.* **3.** histór. Criada de la reina que se ocupaba de sus vestidos y alhajas. *Una azafata ayudó a la reina a vestirse.* ▶ **Am: 1:** AEROMOZA.

azafate. m. Am. Bandeja (recipiente plano). *El mozo se acercó con un azafate y puso los platos y las bebidas sobre la mesa* [C]. ▶ *BANDEJA.

azafrán. m. **1.** Planta con flores moradas, cuyos estigmas, de color rojo anaranjado, se usan como condimento. *Han florecido ya los bulbos de azafrán que había junto al árbol.* Tb. ese estigma usado como condimento. *Maja el azafrán en el mortero y échalo a la paella.* **2.** Color rojo anaranjado, como el de los estigmas del azafrán (→ 1). Frec. en aposición a *color. Los miembros de la secta iban vestidos con túnicas color azafrán.*

azafranado, da. adj. **1.** Dicho de color: Rojo anaranjado, como el del azafrán. *Me he comprado un chal de tonos azafranados.* **2.** De color azafranado (→ 1). *Era una muchacha pecosa, con el cabello azafranado.*

azahar. m. Flor blanca del naranjo y del limonero, muy olorosa y apreciada en perfumería. *La novia llevaba un ramo de azahar.*

azalea. f. Arbusto de hermosas flores de color rojo, rosa o blanco, que se cultiva con fines ornamentales. *En el salón había una azalea y una palmera tropical.*

azar. m. **1.** Causa atribuida a sucesos imprevisibles o inexplicables. *El azar quiso que nos conociéramos una tarde de abril. El accidente ha sido fruto del azar.* **2.** Suceso imprevisto, gralm. desgraciado. *Un azar se nos llevó de este mundo a nuestro querido padre.* ■ **al ~.** loc. adv. Sin una motivación determinada. *Diga al azar un número. La poesía dadaísta se basa en una combinación de palabras puestas al azar.*

azaramiento. m. Hecho o efecto de azarar o azararse. *Se rió para disimular su azaramiento.* ▶ *AZORAMIENTO.

azarar. tr. **1.** Avergonzar (a alguien). *Vas a azarar a la pobre chica de tanto mirarla.* Tb. en constr. prnl. media. *Se azara cuando le dicen algún piropo.* **2.** Inquietar (a alguien), o hacer que se sienta incómodo. *Cuando me azaran, se me traba la lengua.* Tb. en constr. prnl. media. *Si me azaro, no doy pie con bola.* ▶ AZORAR.

azaroso, sa. adj. Que implica azar o suceso desgraciado. *Tras un pasado azaroso, ha sentado por fin la cabeza. Acabo de llegar de un largo y azaroso viaje.*

azerí. adj. **1.** Azerbaiyano. *Río azerí.* Dicho de pers., tb. m. y f. *Una azerí se entrevistará con el presidente.* **2.** Del azerí (→ 3). *Gramática azerí.* ● m. **3.** Lengua hablada en Azerbaiyán. *Pidió permiso para hablar en azerí.*

azerbaiyano, na. adj. De Azerbaiyán (país de Asia). *Bakú es la capital azerbaiyana.* Dicho de pers., tb. m. y f. *La mayoría de los azerbaiyanos son musulmanes.* ▶ AZERÍ.

azimut. → **acimut.**

azogue. m. **1.** Mercurio. *Almadén ya era conocido en época romana por sus minas de azogue.* **2.** coloq. Persona inquieta. Frec. en la constr. *ser un ~. Este niño es un azogue; a ver si para un poco.*

azor. m. Ave rapaz grande, de plumaje gris oscuro y alas redondeadas, especializada en volar entre los árboles para capturar a sus presas. *Un azor sobrevolaba el bosque.*

azoramiento. m. Hecho o efecto de azorar o azorarse. *Todos la vieron caerse y no pudo evitar su azoramiento. Pensó con azoramiento en la tontería que había dicho. No sabía cómo sofocar su azoramiento.* ▶ AZARAMIENTO. ‖ **frecAm:** AZORO.

azorar. tr. **1.** Inquietar (a alguien), o hacer que se sienta incómodo. *No azores al profesor haciéndole preguntas difíciles.* Tb. en constr. prnl. media. *Se azoraba cuando tenía que hablar en público.* **2.** Avergonzar (a alguien). *La burla de que había sido objeto lo azoraba.* Tb. en constr. prnl. media. *Me azoré al dar-*

me cuenta de que se me había caído un botón de la blusa. ▶ AZARAR.

azoro. m. frecAm. Azoramiento. *No estaba avergonzada pero sí con cierto azoro por estar desnuda. Me ofreció un trago de tequila y, viendo mi azoro, se puso a reír* [C].

azotaina. f. coloq. Serie de azotes o golpes. *Como te portes mal, te voy a dar una azotaina.*

azotamiento. m. Hecho de azotar. *En la procesión, impresionaba ver las escenas de azotamientos en señal de penitencia.*

azotar. tr. **1.** Dar azotes o golpes (a alguien). *Lo azotaron con un látigo.* **2.** Golpear una cosa (otra), o dar repetida y violentamente (contra ella). *El mar azota los peñascos.* **3.** Ejercer su acción un agente meteorológico (sobre alguien o algo). *Un fuerte temporal azotará mañana el sur del archipiélago.* **4.** Producir daños o destrozos de importancia (en alguien o algo). *El hambre azotó el país.*

azote. m. **1.** Instrumento de castigo formado por un mango y unas cuerdas anudadas o erizadas de puntas. *Los penitentes iban golpeándose la espalda con un azote.* **2.** Golpe dado con el azote (→ 1). *El condenado fue encarcelado y recibió cien azotes.* **3.** Golpe dado en las nalgas con la mano. *Cuando su padre le dio unos azotes, se echó a llorar.* **4.** Hecho de azotar. *Construirán la ermita en un lugar protegido del azote del viento. En ese país aún sufren el azote de la peste. El azote de las olas contra las rocas provocaba un fuerte estruendo.* **5.** Persona o cosa que causan daños o destrozos de importancia. *El terrorismo es uno de los principales azotes de la sociedad actual.* ▶ **1:** *LÁTIGO.

azotea. f. **1.** Cubierta llana de un edificio por la que se puede andar. *Muchos vecinos del edificio tienden la ropa en la azotea.* **2.** coloq. Cabeza humana. *Se ha hecho un rapado al cero para lucir la azotea.* ■ **mal de la ~.** loc. adv. coloq. Con el juicio trastornado. Frec. con *estar*. *Ese tío debe de estar mal de la azotea si te ha dicho ese disparate.* ▶ **1:** *TERRAZA.

azteca. adj. **1.** De un antiguo pueblo que habitaba México. *Imperio azteca. Civilización azteca.* Dicho de pers., tb. m. y f. *Los aztecas son recordados por sus ritos sangrientos.* **2.** Del azteca (→ 3). *Voces aztecas.* ● m. **3.** Lengua nahua. *Esa lengua tiene semejanza con el azteca.*

azúcar. m. **1.** (Tb. f.; dim. **azuquítar**). Sustancia blanca soluble en agua y de sabor dulce. *El azúcar se extrae de la caña dulce y la remolacha. Échame un poquito más de azuquítar en el café, anda.* **2.** *Quím.* Hidrato de carbono, caracterizado por su sabor dulce. *La glucosa y la fructosa pertenecen al grupo de los azúcares.* ■ **~ blanquilla.** f. Azúcar (→ 1) semirrefinado, en forma de pequeños trozos. *Tras batir bien los huevos, añada una taza de azúcar blanquilla.* ■ **~ cande,** o **candi.** m. (Tb. f.). Azúcar (→ 1) en cristales grandes. *Nos sirvió un té con azúcar cande y unas galletas.* ■ **~ glas,** o **glasé.** m. (Tb. f.). Azúcar (→ 1) pulverizado que se utiliza en confitería y repostería. *Procura que el azúcar glas quede bien extendido por todo el bizcocho.* ■ **~ moreno.** m. (Tb. **~ morena,** f.). Azúcar (→ 1) cuyo color varía desde el amarillo claro al pardo oscuro.

azucarado, da. part. **1.** → **azucarar.** ● adj. **2.** Dicho de sabor: Propio del azúcar. *El cloroformo es un líquido incoloro de olor agradable y de sabor azucarado.* **3.** De sabor azucarado (→ 2). *El néctar de las flores es un jugo azucarado que chupan las abejas y otros insectos.* **4.** Dulce o blando, espec. en las palabras. Frec. despect. *Le gusta pronunciar discursos azucarados y melifluos.*

azucarar. tr. Echar azúcar (en algo). *Puedes azucarar un poco el zumo de naranja, si está muy ácido. El café le gusta muy azucarado.*

azucarero, ra. adj. **1.** Del azúcar, o de su fabricación y comercio. *Se prevé que ascienda la cosecha azucarera el próximo año. Industria azucarera.* ● m. **2.** Recipiente para servir el azúcar. *Si quieres azúcar con el café, te traigo el azucarero.* ○ f. **3.** Fábrica o empresa azucareras (→ 1). *Es accionista de la azucarera más importante del país.* ○ m. y f. **4.** Persona que se dedica a la producción de azúcar. *Azucareros y cafeteros reclamaban ayudas para sus plantaciones tras el temporal.*

azucarillo. m. Terrón de azúcar. *Échele un azucarillo al zumo de naranja, que hoy está muy ácido.*

azucena. f. Planta bulbosa que se cultiva como ornamental por sus grandes y olorosas flores blancas. Tb. la flor. *En la foto de su primera comunión aparece vestida de blanco y con una azucena.*

azuela. f. Herramienta parecida a una azada pequeña, que se utiliza espec. para desbastar la madera y cortar ramas. *El carpintero trabajaba la madera con azuela y formón. El museo expondrá una muestra de hachas y azuelas del Neolítico.*

azufre. m. Elemento químico del grupo de los metales, muy abundante en la corteza terrestre, de color amarillo y olor intenso característico, que se utiliza pralm. en la fabricación de productos industriales y medicinales (Símb. *S*). *Las aguas de este balneario tienen un alto contenido de azufre.*

azul. adj. **1.** Dicho de color: Semejante al del cielo sin nubes o el mar en un día soleado. *Tengo un jersey de color azul.* Tb. m. *Pintaron la habitación de un azul intenso.* **2.** De color azul (→ 1). *La luz del flexo es azul.* ■ **~ celeste.** loc. adj. Azul (→ 1, 2) claro. *Una blusa azul celeste.* Tb. m. *El azul celeste de la falda combina mal con el verde de la chaqueta.* (→ **celeste**). ■ **~ marino.** loc. adj. Azul (→ 1, 2) oscuro. *Un traje azul marino.* Tb. m. *Los uniformes son de un elegante azul marino.* ■ **~ turquí.** loc. adj. Azul (→ 1, 2) muy oscuro. *Los guardias reales vestían una guerrera azul turquí con cuello grana.* Tb. m. *El cielo se fue tiñendo de un azul turquí casi negro.*

azulado, da. adj. **1.** Dicho de color: Que tira a azul. *El anillo tenía una piedra de color azulado.* Tb. m. *Al elegir la pintura dudé entre un violeta y un azulado verdoso.* **2.** De color azulado (→ 1). *Se le marcan las venas azuladas de las manos.*

azulejo. m. Ladrillo vidriado, usado para revestir o decorar, espec. paredes. *Las fachadas de las casas del barrio antiguo están revestidas con azulejos portugueses. Quiero que los azulejos del baño sean de color claro.*

azulgrana. adj. Del Fútbol Club Barcelona. *Campo azulgrana. La afición azulgrana recibirá a su equipo con una gran ovación.* Dicho de jugador o de seguidor, tb. m. y f. *Los azulgranas habían marcado un tanto en el minuto diez. Un azulgrana lanzó una botella al campo.*

azulón, na. adj. **1.** Dicho de color: Azul intenso y luminoso. *El rótulo de "casino", con su llamativo color azulón, se veía de lejos.* Tb. m. *El azulón combina bien con el blanco y el dorado.* **2.** De color azulón (→ 1). *Se ha comprado un vestido azulón de ra-*

so. ● m. **3.** Pato de gran tamaño, frecuente en lagos y albuferas. *Cazaron dos azulones.*

azumbre. m. o f. Medida de capacidad para líquidos, que equivale a unos dos litros.

azuquítar. → **azúcar.**

azuzar. tr. **1.** Incitar (a un perro) para que ataque. *Nos amenazó con azuzarnos el mastín si no nos íbamos. Han azuzado a los perros* CONTRA *él.* **2.** Incitar o estimular (a alguien). *Mis amigos me azuzaban dándome ánimos. Su amiga la azuza* A *enemistarse con el resto de la pandilla. Azuzó a su caballo para ponerlo al galope.* **3.** Excitar (algo), o hacer que aparezca o se intensifique. *Aquellos hechos azuzaron el odio contra los gobernantes.*

b

b. f. Letra del abecedario español cuyo nombre es *be.*

baba. f. **1.** Saliva espesa que fluye a veces de la boca de las personas y de algunos animales. *Al bebé se le caía un hilillo de baba.* Frec. en pl. con significado sing. *El perro me ha llenado de babas.* **2.** Líquido viscoso segregado por el cuerpo de algunos animales o por algunas plantas. *Lava los caracoles hasta que suelten toda la baba.* ■ **mala ~.** f. coloq. Mala intención. *Hay que tener mala baba para hacerle una faena así.* □ **caérsele** (a alguien) **la ~.** loc. v. coloq. Experimentar (esa persona) gran complacencia, cariño o admiración hacia alguien o algo. *Se le cae la baba* CON *su nieto. Al público se le caía la baba viéndola bailar.* ■ **de ~.** loc. adj. coloq. Pospuesto a un adjetivo despectivo, como *tonto,* se usa para enfatizar el significado de este. *Estos niños bien son tontos de baba.*

babear. intr. **1.** Expeler o expulsar baba o saliva. *Los bebés babean mucho cuando les están saliendo los dientes.* **2.** coloq. Hacer demostraciones de gran admiración o cariño con relación a una persona. *Babea* CON/POR *su hijo recién nacido.*

babel. f. (Tb. m.). **1.** Desorden o confusión por la acumulación de cosas o personas. *El proyecto le ha parecido una babel de cifras y tecnicismos.* **2.** Torre de Babel (→ **torre**). *La sala de congresos es una babel en que se oyen acentos e idiomas de todo tipo.*

babélico, ca. adj. Confuso o difícil de entender. *Se oye el murmullo babélico de varias voces. Razonamiento babélico.*

babeo. m. Hecho de babear, espec. de expulsar baba. *El babeo del perro aumenta cuando le muestran el plato de comida.*

babero. m. Prenda que se pone a los niños sobre el pecho, colgada del cuello, para evitar que se mojen de baba o se manchen al comer. *Sienta al niño en la trona y ponle el babero.*

babi. m. Prenda a modo de blusón hasta las rodillas, que se pone a los niños de corta edad sobre la ropa para evitar que esta se ensucie o estropee. *Los niños de educación infantil llevan babi.*

Babia. en ~. loc. adv. coloq. Sin prestar atención o sin enterarse de lo que pasa alrededor. *No me contesta porque está en Babia.*

babilla. f. Parte de la carne de una res que corresponde a los músculos y tendones que, en las extremidades posteriores, articulan el fémur con la tibia y la rótula. *Compraré filetes de babilla.* Tb. la región correspondiente de dichas extremidades. *La carne de la babilla es bastante tierna.*

babilónico, ca. adj. **1.** histór. De Babilonia (antigua ciudad de Asia). *Imperio babilónico. El rey babilónico Hammurabi compiló un código de leyes.* **2.** Fastuoso u ostentoso. *El centenario de la independencia ha sido objeto de una conmemoración babilónica.*

babilonio, nia. adj. histór. Babilónico. *Cultura babilonia.* Dicho de pers., tb. m. y f. *Los babilonios tomaron Jerusalén en el s.* VI *a. C.*

babirusa. m. Animal salvaje semejante al jabalí pero de mayor tamaño, que vive en Asia y cuyos colmillos superiores sobresalen curvándose hacia atrás. *El hábitat más frecuente de los babirusas es la selva tropical indonesia.*

bable. m. Dialecto de los asturianos. *Los pastores hablaban en bable entre ellos.*

babor. m. (Se usa sin art.). Lado izquierdo de una embarcación, mirando de popa a proa. *El capitán ha ordenado un viraje a babor. La isla empezó a divisarse por babor.*

babosa. → **baboso.**

babosada. f. Am. coloq. Tontería (hecho o dicho tontos). *Unos imbéciles que se decían críticos habían escrito babosada tras babosada sobre la vida y obra del Cholo* [C].

babosear. tr. Llenar de babas (algo o a alguien). *Mi cachorro empezó a lamerme y me baboseó toda la cara.*

baboso, sa. adj. **1.** Que suelta o echa mucha baba. *Es un perro muy baboso.* **2.** coloq. Adulador. *El entrevistador estuvo un poco baboso con su invitado.* Tb. m. y f. *En esta empresa no hace falta ser un baboso para prosperar.* **3.** coloq. Dicho de hombre: Excesivamente obsequioso con las mujeres. *No sabía cómo quitarme de encima a ese tipo baboso.* Tb. m. *Es un baboso: siempre piropeando a todas las mujeres.* **4.** frecAm. coloq. Tonto (de corto entendimiento). *¡Qué baboso soy yo, cómo no se me había ocurrido antes!* [C]. Tb. m. y f. *Me dijo que era un baboso, como esto me molestó le contesté que el baboso era él* [C]. ● f. **5.** Molusco terrestre, semejante al caracol pero sin concha, que se arrastra dejando a su paso un rastro de baba. *Las babosas suelen subir a los árboles en busca de alimento.*

babucha. f. Zapato ligero, sin tacón ni talón, propio de países orientales y norteafricanos. *El moro llevaba chilaba y babuchas.*

babuino. m. Mono africano de cuerpo esbelto y pelaje pardo claro, con callosidades en las nalgas. *El babuino hembra. Está estudiando el comportamiento de los babuinos.*

baca. f. Portaequipajes. *Pondremos tus maletas en la baca.*

bacalada. f. Bacalao curado. *Hay que poner la bacalada en remojo.*

bacaladero, ra. adj. **1.** Del bacalao, de su pesca o de su comercio. *Trabaja en una factoría bacaladera.* ● m. **2.** Barco destinado a la pesca del bacalao. *Los bacaladeros no saldrán a faenar.*

bacaladilla. f. Pez marino comestible, de color gris azulado, tamaño medio, cuerpo alargado y mandíbula prominente. *En el Cantábrico abunda la bacaladilla.*

bacalao. m. Pez marino comestible, de tamaño grande y color gralm. pardo o verdoso, cuya carne se consume fresca o en salazón. *Los grandes bancos de bacalao están en el Atlántico norte. El potaje de gar-*

banzos con espinacas y bacalao es típico de los días de vigilia. ■ **cortar el ~.** loc. v. coloq. Mandar o tener el mando. *En casa, su mujer es la que corta el bacalao.* ■ **te conozco, ~.** expr. coloq. Se usa para indicarle a alguien que se conocen sus intenciones o su modo de actuar. *No me digas que has solucionado tú solo el problema, que te conozco, bacalao.* ▶ ABADEJO.

bacán, na. adj. **1.** Am. coloq. Estupendo o muy bueno. *Que Bolivia nos saque del atolladero les parece recontra bacán* [C]. **2.** Am. coloq. Ricachón (rico o adinerado). Frec. m. y f. *Usted anduvo por Chile bien "forrado", hecho un bacán, con una camioneta y hasta un "chófer"* [C].

bacanal. f. **1.** Orgía (fiesta en que se cometen excesos). *Organiza bacanales en su apartamento.* **2.** histór. Fiesta en honor del dios Baco. Frec. en pl. *El Senado romano llegó a prohibir las bacanales.* ▶ **1:** ORGÍA.

bacante. f. histór. Sacerdotisa que participaba en las bacanales. *El corredor está adornado con pinturas de bacantes.*

bacará. m. Bacarrá. *El bacará se juega con baraja francesa.*

bacarrá. m. Juego de cartas en que los jugadores juegan contra la banca. *Fuimos al casino a jugar al bacarrá.* ▶ BACARÁ.

bache. m. **1.** Hoyo en el pavimento de una calle, carretera o camino, producido pralm. por el uso. *El coche tiene buena amortiguación y apenas se notan los baches.* **2.** Desigualdad de la densidad atmosférica que produce un descenso repentino de una aeronave. *El avión ha entrado en una zona de baches.* **3.** Período, frec. pasajero, negativo para la salud, el estado de ánimo o el desarrollo de una actividad. *Anímate; ya verás como pronto superas este bache. La empresa ha salido del bache económico.*

bacheado, da. adj. Que tiene muchos baches u hoyos. *Los ciclistas tendrán que completar un circuito muy duro y bacheado.*

bachear. tr. Arreglar (una vía pública) rellenando los baches u hoyos que presenta. *El Ayuntamiento tiene previsto bachear las calles.*

bachiller, ra. m. y f. **1.** (A veces como f. se usa **bachiller**). Persona que ha cursado estudios de enseñanza secundaria o, más raramente, que los está cursando. *Querían a un bachiller para cubrir el puesto de trabajo. Pilar es ya bachiller y pronto irá a la universidad.* **2.** histór. Persona que ha recibido el primer grado académico que se otorgaba a los estudiantes de facultad. *En unos versos de "La Celestina" se lee que fue compuesta por el bachiller Fernando de Rojas.* ○ m. **3.** coloq. Bachillerato (estudios). *En el bachiller elegí la opción de Humanidades.*

bachillerato. m. **1.** Estudios de enseñanza secundaria que preceden a la enseñanza superior. *Después de acabar el bachillerato, entró en la Facultad de Medicina.* **2.** Grado o título académico que se obtienen al concluir el bachillerato (→ 1). *Necesitarás el bachillerato si quieres estudiar en la universidad.*

bacía. f. Vasija redonda, con un corte semicircular en el borde, usada por los barberos para remojar la barba. *Es de los pocos barberos que aún afeitan con bacía.*

bacilar. adj. *Biol.* De los bacilos, o producido por ellos. *Multiplicación bacilar. Neumonía bacilar.*

bacilo. m. *Biol.* Bacteria en forma de bastoncillo. *La tuberculosis es una enfermedad producida por el bacilo de Koch.*

bacín. m. Orinal, espec. el alto y de barro vidriado. *Bajo el jergón había un bacín medio desconchado.*

bacinilla. f. Bacín bajo y pequeño. *Orinó en la bacinilla y se volvió a acostar.*

bacón. m. Panceta ahumada. *Tomaré un bocadillo de bacón con queso.* ▶ BEICON.

bacteria. f. Organismo microscópico unicelular, que participa en las fermentaciones y la putrefacción y, como parásito, es causante de enfermedades. *Padece una infección provocada por una bacteria.*

bacteriano, na. adj. De las bacterias, o producido por ellas. *En las aguas estancadas hay una abundante flora bacteriana. Infección bacteriana.*

bactericida. adj. Que destruye o sirve para destruir bacterias. *La penicilina es una sustancia bactericida.* Dicho de producto, tb. m. *Si se trata de un proceso vírico, es inútil emplear bactericidas.*

bacteriología. f. Rama de la microbiología que estudia las bacterias. *Los avances en bacteriología han permitido curar enfermedades antes mortales.*

bacteriológico, ca. adj. De la bacteriología o de su objeto de estudio. *Los análisis bacteriológicos revelaron la presencia de salmonela en los huevos. El agua no presenta contaminación bacteriológica.*

bacteriólogo, ga. m. y f. Especialista en bacteriología. *Trabaja como bacteriólogo en un proyecto de investigación sobre vacunas.*

báculo. m. **1.** cult. Bastón con la parte superior curva, que sirve para apoyarse. *Estaba de pie, apoyado en su báculo.* **2.** Báculo (→ 1) largo que usan los obispos como símbolo de su autoridad. *El arzobispo porta mitra y báculo.* Tb. *~ pastoral. El obispo lleva en la mano izquierda el báculo pastoral.* **3.** cult. Persona que da apoyo o consuelo. *Su esposa fue el báculo de su vejez.*

badajo. m. Pieza alargada, gralm. metálica y en forma de pera, que cuelga en el interior de una campana o un cencerro, y con la cual se golpean estos para hacerlos sonar. *El badajo golpea rítmicamente la campana de la catedral.*

badajocense. adj. De Badajoz. *Zafra es una localidad badajocense.* Dicho de pers., tb. m. y f. *Los cacereños y los badajocenses son extremeños.*

badana. f. **1.** Piel curtida y fina de carnero u oveja. *Un sillón de badana. Una carpeta de badana.* **2.** Tira de badana (→ 1), espec. la cosida en el borde interior de la copa de un sombrero para evitar que este se manche de sudor. *Con la badana del sombrero se hizo un tirachinas.* ■ **zurrar,** o **sacudir, la ~** (a alguien). loc. v. coloq. Dar(le) muchos golpes. *Yo con esa gente no me meto, que no quiero que me zurren la badana.* Tb. fig. *El orador aprovechó para sacudir bien la badana a sus adversarios.*

badanas. m. coloq. Hombre flojo y perezoso. Se usa como insulto. *¡Anda, badanas, haz tu cama por lo menos!*

badén. m. **1.** Hondonada en la superficie de una carretera o de un camino. *La señal indica peligro por la proximidad de un badén en la vía.* **2.** Cauce enlosado o empedrado que atraviesa una carretera o un camino para dar paso a un corto caudal de agua. *Los bomberos han acudido a desaguar un badén.*

badil. m. Paleta metálica para mover y recoger la lumbre de una chimenea, de un hogar o de un brasero. *Removió las ascuas con el badil.*

badila. f. Badil, espec. el de forma circular utilizado en los braseros. *Escarba las brasas con la badila.*

bádminton. m. Deporte semejante al tenis, practicado en una cancha pequeña, con la red alta, raquetas ligeras y un volante en lugar de una pelota. *Las chicas juegan al bádminton en el patio del colegio.*

badulaque. m. y f. coloq. Persona necia o tonta. *El profesor les dijo que eran una pandilla de badulaques.*

bafle. m. Caja que contiene un altavoz o un juego de altavoces y proporciona mejor calidad y difusión del sonido. *Se puso tan cerca de los bafles que salió del concierto medio sordo. Tiene un equipo de música con cuatro bafles.*

bagaje. m. **1.** cult. Conjunto de conocimientos o ideas adquiridos por alguien. *Tiene un gran bagaje intelectual. Su bagaje profesional es insuficiente para asumir la jefatura.* **2.** cult. Equipaje. *Lleva una maleta por todo bagaje.*

bagatela. f. Cosa de poco valor o importancia. *No os enfadéis por semejante bagatela. Tráele alguna bagatela de tu viaje; seguro que le hace ilusión.*

bagdadí. adj. De Bagdad (capital de Iraq). *Aeropuerto bagdadí.* Dicho de pers., tb. m. y f. *Los bagdadíes ansiaban la paz.*

bagre. m. Pez comestible, de cabeza grande y con barbillas, propio de los ríos de América. *El bagre tiene pocas espinas. La furia del amo no se apaciguó ni con un canasto de bagres pescados en el manantial* [C].

bah. interj. Se usa para expresar incredulidad o desdén. *–Nos van a subir el sueldo. –¡Bah, seguro que será una miseria!*

bahameño, ña. adj. De las Bahamas (país de América). *Al este de las costas de Florida se halla el archipiélago bahameño.* Dicho de pers., tb. m. y f. *Los bahameños hablan inglés.*

bahareque. m. Am. Bajareque. *La mayoría de los inmuebles estaban construidos con bahareque* [C].

bahía. f. Entrada de mar en la costa, de extensión considerable, que puede servir de abrigo a las embarcaciones. *La regata tendrá lugar en aguas de la bahía de Cádiz.*

bailable. adj. Dicho de composición musical: Compuesta para ser bailada. *El pinchadiscos puso temas bailables y la pista se llenó.*

bailador, ra. m. y f. Persona que baila, espec. bailes populares. *Es bailador de tango profesional.*

bailaor, ra. m. y f. Persona que se dedica a bailar flamenco. *En el espectáculo participan bailaores y cantaores sevillanos.*

bailar. (conjug. BAILAR). intr. **1.** Ejecutar movimientos con el cuerpo, los brazos y los pies al compás de una pieza musical. *Cuando voy a una fiesta, me gusta bailar.* **2.** Moverse u oscilar algo en su sitio por no estar suficientemente fijado. *Le bailan varios dientes de leche. Tendrás que apretar el tornillo del cajón porque baila.* **3.** Girar algo, espec. una peonza, sobre su eje manteniéndose en equilibrio. *La peonza bailaba sobre el suelo.* **4.** Reflejar o mostrar los ojos viveza o alegría. *Está tan enamorado de ella que, cuando la mira, le bailan los ojos.* **5.** Expresar alguien satisfacción o alegría. *Los resultados no son para bailar de alegría.* **6.** Desplazarse o moverse por error algo, como una letra o una palabra, del lugar que le corresponde. *Han bailado las letras de algunas palabras.* ○ tr. **7.** Bailar (→ 1) siguiendo el compás (de una pieza musical). *La pareja bailó un chotis.* **8.** Hacer que (algo, espec. una peonza) gire sobre su eje manteniéndose en equilibrio. *¿Sabes bailar la peonza? No consigo bailar esta moneda.* ■ **que me, o te, o le, etc., quiten lo bailado.** expr. coloq. Se usa para expresar que las consecuencias negativas que le surgen a alguien, o que le pueden surgir, se ven compensadas por las satisfacciones obtenidas antes. *Y si algún día nos pillan, ¡que nos quiten lo bailado! Aprovéchate mientras dure y luego, que te quiten lo bailado.* ▶ **1, 7:** DANZAR.

bailarín, na. adj. **1.** Dicho de persona: Que baila o es aficionada a bailar. *En este pueblo somos muy bailarines.* ● m. y f. **2.** Persona que se dedica al arte de bailar. *Es primera bailarina en la Compañía Nacional de Danza.* ○ f. **3.** Zapato femenino plano, flexible y de empeine redondeado. *Suele llevar bailarinas.*

baile. m. **1.** Hecho de bailar. *Todavía no sé quién será mi pareja de baile en la fiesta. ¡Vaya baile que tiene este diente! Contempla el baile de la peonza. El error en la contabilidad se debió a un baile de cifras.* **2.** Arte de bailar o ejecutar movimientos con el cuerpo. *Es un maestro en el baile flamenco.* **3.** Serie de movimientos que se realizan al compás de un determinado tipo de música siguiendo una técnica y unas pautas establecidas. *El charlestón y la jota son bailes.* **4.** Fiesta en que se reúnen varias personas para bailar. *Se organizará un baile benéfico.* **5.** Lugar o recinto público donde se reúnen las personas para bailar. *En el pueblo hay dos cines y un baile.* **6.** Cambio reiterado de algo en su configuración, o de personas en relación con el puesto u orden que ocupaban. *Los últimos acontecimientos han supuesto un baile de fronteras. Se espera un nuevo baile de ministros.* ■ **~ de disfraces.** m. Baile (→ 4) al que los asistentes acuden disfrazados. *Para Carnaval van a organizar un baile de disfraces.* ■ **~ de máscaras.** m. Baile (→ 4) en el que los asistentes llevan máscaras. ■ **~ de salón.** m. Baile (→ 3) por parejas. *Vamos a clases de bailes de salón. El vals y el tango son bailes de salón.* ■ **~ de San Vito.** m. Enfermedad que se caracteriza por movimientos involuntarios, bruscos y arrítmicos. *Parece que tienes el baile de san Vito.* ▶ **1-3:** DANZA.

bailón, na. adj. coloq. Dicho de persona: Aficionada a bailar. *Tengo una amiga muy bailona.* Tb. m. y f. *Los bailones ocupan el centro de la pista.*

bailongo, ga. m. y f. **1.** coloq. Bailón. Frec. despect. *Ya ha llegado a la discoteca el bailongo de turno que se hace el amo de la pista.* ○ m. **2.** coloq. Baile (fiesta, o lugar donde se reúne gente para bailar). Frec. despect. o humoríst. *Todas las noches hay bailongo con orquesta en las fiestas del pueblo.*

bailotear. intr. coloq. Bailar al compás de la música sin gracia ni formalidad. *Varias parejas se han puesto a bailotear.*

bailoteo. m. coloq. Hecho de bailotear. *Han acabado agotados de tanto bailoteo.*

baja. f. **1.** Hecho de bajar. *Se nota una baja en su rendimiento. Hay fuertes bajas en la Bolsa.* **2.** Autorización que da el médico a una persona para que falte a su trabajo por causa de enfermedad o accidente. *No puedes faltar al trabajo sin la baja médica.* Frec. en la constr. *dar la ~. Con esa fiebre, el médico te da la baja inmediatamente.* Tb. el documento que la acredita. *El médico le ha firmado la baja.* **3.** Cese temporal o definitivo de alguien o algo en un registro, como el de una persona en una colectividad u organización, o el de una cosa en un inventario. *El número de bajas en el padrón municipal ha aumentado. Le piden el justificante de la baja del piso en el registro de la propiedad.* Tb. el documento que lo acredita. *Deberá presentar fotocopia de la baja en el impuesto de* *actividades económicas.* **4.** *Mil.* Pérdida o falta de un individuo. *El ejército enemigo ha tenido muchas bajas.* ■ **a la ~.** loc. adv. *Com.* Previendo baja (→ 1) en la cotización de un valor público o mercantil. *El pequeño ahorrador invirtió a la baja.* Tb. loc. adj. *La subida de tipos provocó especulaciones a la baja en la Bolsa.* ■ **dar de ~** (algo o a alguien). loc. v. Borrar(los) de un registro o realizar su baja (→ 3). *Se ha dado de baja como socio del club. Debe dar de baja su vehículo* EN *la jefatura de tráfico. Me he dado de baja* EN *el sindicato.* ■ **de ~.** loc. adv. Con autorización médica para faltar al trabajo por causa de enfermedad o accidente. *Lleva varios días de baja.* ■ **en ~.** loc. adv. Bajando de nivel, valor o estimación. *El interés por ese tema está cada vez más en baja.* Tb. loc. adj. *El veterano político es una figura en baja en Bruselas.* ■ **jugar a la ~.** loc. v. *Com.* Especular con los cambios de la cotización de los valores públicos o mercantiles, previendo baja (→ 1) en ella. *Se decidió a jugar a la baja.* ■ **ser ~.** loc. v. Dejar de formar parte de una colectividad u organización. *Debido a una lesión, López será baja para el partido del domingo.*

bajá. m. **1.** histór. En el Imperio otomano: Hombre que poseía un alto cargo, espec. el de gobernador o virrey. *El bajá del mar dirigía la flota turca.* **2.** En algunos países musulmanes: Título honorífico.

bajada. f. **1.** Hecho de bajar. *La bajada del monte les ha llevado un par de horas. Se ha producido una bajada de las temperaturas. Han anunciado una bajada de los precios de los combustibles.* **2.** Lugar inclinado por el que se va de un punto a otro más bajo. *Al llegar a la bajada, pisa un poco el freno. La bajada es sinuosa.* ■ **~ de bandera.** f. Puesta en marcha del contador de un taxi. *¿Cuánto cobran por la bajada de bandera en esta ciudad?* Tb. la tarifa correspondiente. *La bajada de bandera ha subido mucho.*

bajamar. f. Nivel más bajo que alcanza la marea. *Los pescadores aprovechan la bajamar para arrancar los percebes de las rocas.* Tb. el tiempo que dura. *Se pasea mejor por la playa en la bajamar.*

bajante. f. (Tb. m.). En un edificio: Tubería de desagüe para la bajada de aguas. *La gotera que les ha salido en el dormitorio es por una fuga de la bajante. El canalón vierte el agua de lluvia en el bajante.*

bajar. intr. **1.** Ir de un lugar a otro inferior o más bajo. *Bajaremos* AL *primer piso en ascensor.* Frec. con un pron. expresivo de interés. *El niño no quería bajarse* DEL *árbol.* **2.** Dejar de estar encima de un animal o de una cosa. *Bajó* DEL *caballo y se puso a andar.* Frec. con un pron. expresivo de interés. *Bájate* DE *la silla, que te vas a caer.* **3.** Salir de un vehículo. *Los pasajeros empezaron a bajar* DEL *avión.* Frec. con un pron. expresivo de interés. *Tuvo que bajarse* DEL *coche y dejarlo estacionado.* **4.** Disminuir algo o ponerse más bajo. *Ha bajado el valor de las acciones en Bolsa. Cuando te baje la fiebre, podrás levantarte. Es previsible que bajen las temperaturas.* **5.** Ponerse más bajo el precio de algo. *El besugo ha bajado.* **6.** Llegar a un punto más bajo. *La carretera baja hasta el pueblo.* ○ tr. **7.** Ir desde la parte de arriba hasta la parte de abajo (de un sitio). *Baja toda esta calle y en el primer cruce tuerce a la izquierda. Bajó las escaleras muy despacio.* **8.** Llevar (algo o a alguien) desde un lugar a otro más bajo. *Bajaremos los trastos* AL *sótano. Baja al niño* DE *la cuna. Baja la persiana.* **9.** Hacer que (algo) pierda intensidad o valor. *Bajad un poco la voz. Si no bajas la radio, me va a dar dolor de cabeza. El banco ha bajado los intereses.* **10.** Poner más bajo el precio (de algo). *El frutero ha bajado las naranjas.* **11.** Inclinar (algo, espec. una parte del cuerpo) hacia abajo. *Bajó la cabeza en señal de arrepentimiento.* ▶ **1, 4, 7:** DESCENDER.

bajareque. m. Am. Pared hecha de palos entretejidos con cañas y barro. Tb. ese material. *La casa típica es un rancho con techo de material vegetal, paredes de bajareque y piso de tierra* [C]. ▶ **Am:** BAHAREQUE.

bajel. m. histór. Buque de vela. *La tormenta destrozó la arboladura del bajel.*

bajero, ra. adj. **1.** Que se usa o se pone debajo. *En verano duermo solo con la sábana bajera. Falda bajera.* **2.** Que está abajo. *Colocaron armarios bajeros en la cocina.*

bajeza. f. **1.** Acción baja o ruin. *Contar a todo el mundo el secreto que te confié ha sido una bajeza.* **2.** Cualidad de bajo o ruin. *Actuó con la bajeza propia del traidor.*

bajines. por lo ~. loc. adv. coloq. Por lo bajini. *Los alumnos cuchicheaban por lo bajines. Al decir esto, sonrió por lo bajines.*

bajini. por lo ~. loc. adv. **1.** coloq. En voz baja. *Está canturreando por lo bajini.* **2.** coloq. Con disimulo. *Algunos presumen de honrados y luego se llevan el dinero por lo bajini.*

bajinis. por lo ~. loc. adv. coloq. Por lo bajini. *Se marchó refunfuñando por lo bajinis. Se burlan de ella por lo bajinis.*

bajío. m. En los mares, ríos y lagos navegables: Elevación del fondo que impide flotar a las embarcaciones. *El barco ha encallado en un bajío.* ▶ BAJO.

bajista[1]**.** m. y f. Músico que toca el bajo. *Se ha suspendido el concierto del grupo por enfermedad del bajista.*

bajista[2]**.** adj. **1.** *Econ.* De la baja de los valores en bolsa. *La tendencia bajista ha sembrado la desconfianza entre los pequeños inversores.* ● m. y f. **2.** *Econ.* Persona que realiza operaciones en bolsa previendo que baje la cotización de los valores. *Los bajistas se anticipan a la caída de los precios para vender sus acciones.*

bajo[1]**.** prep. **1.** Debajo de o en lugar inferior a. *Estamos bajo techado. Las ramas quedaron detenidas bajo el puente.* **2.** Denota dependencia, subordinación o sometimiento. *Nació bajo el signo de Leo. Está bajo la tutela de su abuelo.* **3.** Denota ocultación o disimulo. *Se ha presentado bajo seudónimo.* **4.** En una gradación numérica, indica una posición inferior a la que se toma como referencia. *Estamos a seis grados bajo cero.* **5.** Denota localización dentro de un conjunto. *Está clasificado bajo la etiqueta de "varios".* **6.** Durante el período correspondiente a un determinado mandato o modo de gobernar. *Bajo el reinado de Isabel II. Bajo la dictadura.*

bajo[2]**, ja.** adj. **1.** Que verticalmente mide menos de lo normal o menos que otros de su clase. *Es un chico bajo y moreno. El naranjo es un árbol bastante bajo. Le gusta llevar zapato bajo.* **2.** Que se sitúa, respecto al suelo, al nivel del mar o a otra superficie de referencia, a una distancia vertical inferior a la normal o a la que tienen otros de su clase. *Las nubes bajas ocultan el monte. La avioneta va muy baja. Tiene una casa con los techos muy bajos. Las fábricas se agrupaban en la parte baja de la ciudad.* **3.** Que está inclinado o dirigido hacia abajo. *Volvía con la cabeza baja. Permaneció con los ojos bajos y en actitud humilde. Tienen las persianas bajas, pero se ve luz.* **4.** De valor, nivel o intensidad inferiores a lo normal.

Tiene la tensión baja. Los precios son muy bajos. Hay bajos niveles de radiación. Hablaron en voz baja. El volumen de la tele está muy bajo. La temperatura era muy baja. Sigue una dieta baja EN *grasas.* **5.** De importancia, categoría o calidad inferiores a lo normal. *Su familia pertenece a la clase baja. Hasta ahora ha ocupado puestos relativamente bajos en la empresa.* **6.** Ruin o mezquino. *En su pecho anidan bajos sentimientos.* **7.** Dicho espec. de una expresión, del lenguaje o del estilo: Vulgar u ordinario. *Su estilo es bajo, chabacano incluso.* **8.** Dicho del oro o de la plata: Que tiene exceso de mezcla. *La pulsera es de oro bajo.* **9.** Dicho de río: Que lleva poca agua. *En verano el río viene bajo, casi seco.* **10.** Dicho de parte de un río: Que está cerca de la desembocadura. *El pueblo está situado en la cuenca baja del Turia.* Tb., seguido de nombre de río, se refiere a esa parte de él. *Navegaron por el bajo Guadalquivir.* **11.** Dicho de sonido o tono: Grave. *No puedo cantar en ese tono tan bajo.* Tb. dicho del instrumento que emite un sonido más grave que otros de su serie. *Toca el clarinete bajo. Flauta dulce baja.* **12.** (Frec. en mayúsc.). Antepuesto a un nombre que designa período histórico: De la etapa final o más moderna. *Es especialista en historia de la Baja Edad Media. Los hallazgos corresponden a la época del Bajo Imperio Romano.* **13.** *Taurom.* Dicho del puyazo, de las banderillas, del pinchazo o de la estocada: Que hiere al toro por debajo de las agujas. *Acabó con el toro de una estocada algo baja.* ● m. **14.** Piso bajo (→ 2) de las casas que tienen dos o más. *Vive en el bajo.* **15.** Sitio o lugar hondo. *La superficie presenta altos y bajos. La flora de los bajos es distinta a la de las cumbres.* **16.** En los mares, ríos y lagos navegables: Elevación del fondo que impide flotar a las embarcaciones. *La barca ha quedado varada en los bajos.* **17.** Dobladillo de la parte inferior de la ropa. *Se me ha descosido el bajo de la falda.* **18.** *Mús.* Persona cuya voz tiene el registro más grave de las humanas. *En el concierto participan un bajo y dos sopranos.* Tb. la voz. *El bajo es la voz que más me gusta.* **19.** *Mús.* En una composición musical: Línea, frec. de acompañamiento, formada por los sonidos más graves. *La flauta toca la melodía y un violonchelo hace el bajo.* **20.** *Mús.* Instrumento, como un contrabajo o un violonchelo, destinado a ejecutar un bajo (→ 19). *Mi hermano toca el bajo.* Tb. el músico que toca ese instrumento. *Van a contratar a un nuevo bajo para su orquesta.* ○ m. pl. **21.** Parte baja (→ 2) de una cosa, espec. de un edificio. *El almacén está en los bajos del bar.* **22.** Parte inferior externa de la carrocería de un vehículo. *Tienes que limpiar los bajos del coche.* ● adv. **23.** En lugar bajo (→ 2). *La avioneta vuela muy bajo.* **24.** En voz baja (→ 4). *No me hables tan bajo, que no te oigo.* **25.** En tono grave. *Has empezado a cantar muy bajo: no puedo seguirte.* **26.** Con valor, nivel o intensidad bajos (→ 4). *Para el concurso de méritos, las publicaciones puntúan bastante bajo. La libra sigue cotizando bajo. Las campanas de la iglesia sonaban muy bajo.* ■ **bajo continuo.** m. *Mús.* Bajo (→ 19) que se extiende a lo largo de una composición y sobre cuya base se improvisan armonías con un instrumento de teclado u otros instrumentos productores de acordes. *En el siglo* XVII *triunfa el acompañamiento basado en el bajo continuo.* □ **por bajo.** loc. adv. Por debajo. *Mete la mano por bajo y sujeta este cable. Su sueldo está muy por bajo de lo que merece.* ■ **por lo bajo.** loc. adv. **1.** En voz baja. *Le dijo algo por lo bajo y ella se calló.* **2.** Con disimulo. *Se miraron y sonrieron por lo bajo.* **3.** Se usa acompañando a la expresión de una cantidad para indicar que esta no es exacta, sino la mínima que se considera como probable. *Habría cincuenta personas, calculando por lo bajo.* ▶ **11:** GRAVE. **16:** BAJÍO.

bajomedieval. adj. De la baja Edad Media. *Floreció una clase mercantil heredera de los mercaderes bajomedievales. La Castilla bajomedieval.*

bajón. m. **1.** Descenso brusco y notable de algo, espec. de algo que se puede medir. *La subida de los precios causó un bajón del turismo. Las temperaturas han experimentado un bajón.* **2.** Deterioro, más o menos notable, de la salud o del estado de ánimo. *Desde el accidente, ha dado un bajón. En general soy feliz, aunque de vez en cuando tengo bajones.*

bajonazo. m. *Taurom.* Estocada excesivamente baja. *El diestro despachó al toro de un bajonazo.*

bajorrelieve. (Tb. **bajo relieve**). m. *Arte* Relieve cuyas figuras resaltan poco del plano. *Los bajorrelieves del friso representan pasajes de la Biblia. El bajo relieve muestra a unos músicos tocando.*

bajura. de ~. loc. adj. Dicho de pesca: Que se realiza cerca de la costa. *Embarcación dedicada a la pesca de bajura.* Tb. dicho de lo relacionado con esa modalidad de pesca. *Flota de bajura. Pescadoras de bajura.*

bala. f. **1.** Proyectil metálico para armas de fuego. *Solo le queda una bala en el revólver. Una bala de cañón.* **2.** Paquete grande y apretado de una materia blanda que se ha de transportar. *El camión transporta balas de heno.* ■ **~ perdida.** f. **1.** Bala (→ 1) que da en un punto apartado de aquel al que apuntaba el tirador. *Durante el tiroteo, un transeúnte resultó herido por una bala perdida.* □ m. y f. **2.** coloq. Persona alocada y de poco juicio. *Es normal que esté en la ruina: toda su vida ha sido un bala perdida.* □ **como una ~.** loc. adv. coloq. Muy deprisa. *Pensé que era algo grave y me fui al hospital como una bala.* ■ **tirar con ~.** loc. v. coloq. Hacer alusiones o comentarios malintencionados. *El articulista tira con bala.*

balacera. f. Am. Tiroteo. *En la balacera resultó herido con tres impactos de bala uno de los guardaespaldas* [C].

balada. f. **1.** Canción de ritmo lento y tema gralm. amoroso. *De vez en cuando tocan una balada para que las parejas bailen agarradas.* **2.** *Lit.* Composición poética de carácter lírico, dividida gralm. en estrofas iguales, que relata en tono melancólico sucesos legendarios o tradicionales. *Los románticos alemanes cultivaron con éxito el género de la balada.*

baladí. adj. cult. De escasa importancia. *No voy a perder el tiempo discutiendo sobre temas baladíes. Hay que ponerle título a la novela, lo cual no es baladí.*

baladista. m. y f. Cantante de baladas. *Sinatra brilló como baladista.*

baladronada. f. Hecho o dicho propios de un fanfarrón o bravucón. *Sus amenazas no son más que baladronadas.*

balalaica. f. Instrumento musical popular, originario de Rusia, semejante a la guitarra pero con caja triangular. *La balalaica se utiliza para interpretar músicas folclóricas del este de Europa.*

balance. m. **1.** Análisis de los aspectos positivos y negativos de una situación para tratar de prever su evolución. *El presidente hizo balance de sus cuatro años de gobierno.* **2.** *Com.* Análisis comparativo de los gastos e ingresos de un negocio o una empresa para establecer su situación económica o el nivel de beneficios y pérdidas. *Al cierre del ejercicio económico,* *el balance de la sociedad es negativo.* Tb. el documento en que consta este análisis. *Los accionistas recibirán una copia del balance anual de la empresa.* ▶ **2:** ARQUEO.

balancear. tr. **1.** Mover (algo o a alguien) haciendo que se inclinen a un lado y a otro. *Balancea los brazos al caminar.* ○ intr. prnl. **2.** Moverse alguien o algo inclinándose a un lado y a otro. *Se balanceaba en una mecedora.* Tb. fig. *Su ánimo se balancea entre el temor y la esperanza.* ▶ **2:** COLUMPIARSE.

balanceo. m. Hecho de balancear o balancearse. *El balanceo del barco me marea.*

balancín. m. **1.** Barra de madera o de metal apoyada en equilibrio en su punto medio, de modo que quienes se sitúan en sus extremos suben y bajan alternativamente. *Los niños quieren montarse en el balancín.* **2.** Palo largo que usan los equilibristas para mantenerse sobre la cuerda. **3.** En lugares al aire libre: Asiento colgante cubierto de toldo. *Los novios charlan sentados en el balancín.*

balandra. f. Embarcación pequeña, con cubierta y un solo palo. *La balandra se utiliza para la navegación de cabotaje.*

balandro. m. Embarcación de vela, de pequeño tamaño, usada gralm. con fines deportivos o recreativos. *Ha conseguido una medalla olímpica en la modalidad de balandro.*

bálano. m. cult. Glande.

balanza. f. Instrumento que sirve para pesar. *Todas las mañanas se pesa en la balanza del cuarto de baño. La balanza es el símbolo de la justicia.* ■ ~ **comercial,** o **de comercio.** f. *Econ.* Estado comparativo de los ingresos por exportaciones y los gastos por importaciones de un país. *Se han tomado medidas proteccionistas para atajar el déficit de la balanza comercial.* ■ ~ **de pagos.** f. *Econ.* Estado comparativo de los cobros y pagos exteriores de una economía nacional. *La balanza de pagos revela un aumento de las inversiones en el extranjero.* □ **inclinar la ~.** loc. v. Inclinar el asunto en cuestión a favor de alguien o algo. *El voto de los jóvenes inclinó la balanza a favor de los progresistas.*

balar. intr. Dar balidos el carnero, el cordero, la oveja, la cabra, el gamo o el ciervo. *Las ovejas balan asustadas por los aullidos del lobo.*

balarrasa. m. y f. coloq. Persona alocada y de poco juicio. *El muchacho es el clásico balarrasa que no quiere estudiar ni trabajar.*

balasto. m. Capa de grava o de piedra machacada sobre la que se colocan las traviesas del ferrocarril. *Los operarios vierten y extienden el balasto.* ▶ BALASTRO.

balastro. m. Balasto. *Aún quedan restos del accidente sobre el balastro de la vía.*

balaustrada. f. Barandilla formada por una serie de balaustres. *Contemplan el paisaje acodados en la balaustrada de la terraza.*

balaustre o **balaústre.** m. Columna pequeña, gralm. de piedra o madera, de las que forman las barandillas de balcones, azoteas, corredores y escaleras. *El pequeño asoma la cabeza entre los balaustres del balcón.*

balazo. m. Impacto de bala. *Se ha suicidado de un balazo en la cabeza.* Tb. la herida producida. *El herido tiene un balazo en el vientre.*

balboa. m. Unidad monetaria de Panamá.

balbuceante. adj. **1.** Que balbucea. *El niño repetía balbuceante que tenía miedo.* **2.** Que está en sus balbuceos o primeras manifestaciones. *Es una democracia balbuceante.*

balbucear. intr. **1.** Hablar con pronunciación dificultosa y vacilante. *Se puso tan nervioso con la pregunta que contestó balbuceando.* ○ tr. **2.** Decir (algo) con pronunciación dificultosa y vacilante. *El bebé ya balbucea algunas palabras.*

balbuceo. m. **1.** Hecho o efecto de balbucear. *Está tan emocionado que solo emite balbuceos.* ○ pl. **2.** Primeras manifestaciones de algo. *Los balbuceos* DE *la agricultura se remontan a la prehistoria.*

balbuciente. adj. cult. Balbuceante. *Tímido y balbuciente, le confesó su amor. Los coleccionistas empezaron a interesarse por el balbuciente arte de vanguardia.*

balbucir. (Solo se usa en las formas cuya desinencia empieza por *i*). intr. **1.** cult. Balbucear. *El nerviosismo lo hace balbucir.* ○ tr. **2.** cult. Balbucear (algo). *Balbució unas palabras de agradecimiento.*

balcánico, ca. adj. De los Balcanes (región del sur de Europa). *Grecia y Albania son países balcánicos.* Dicho de pers., tb. m. y f. *Los balcánicos son muy aficionados al baloncesto.*

balcanización. f. *Polít.* Desmembración de un país o territorio en Estados pequeños. *Muchos predijeron una balcanización de la Unión Soviética tras la caída del muro de Berlín.*

balcón. m. **1.** Hueco abierto al exterior desde el suelo de una habitación, protegido por barandilla y frec. con prolongación voladiza sobre la fachada. *Riega las macetas del balcón.* Tb. la barandilla. *Los balcones de la casa están oxidados.* **2.** Lugar elevado desde el que puede contemplarse un paisaje extenso. *Este monte constituye un balcón sobre el valle.* ■ ~ **corrido.** m. Conjunto de balcones (→ 1) con barandilla común. *El bloque tiene balcones corridos.*

balconada. f. Conjunto de balcones con barandilla común. *El alcalde pronunció el pregón de las fiestas desde la balconada del Ayuntamiento.*

balconcillo. m. En una plaza de toros: Asiento con barandilla situado sobre alguna puerta o sobre la salida del toril. *Presencian la corrida desde un balconcillo.*

balda. f. Estante, espec. de un armario o una estantería. *Las tazas están en la primera balda de la alacena.* ▶ *ESTANTE.

baldaquín. m. Baldaquino. *Un baldaquín de madera tallada y cortinas de terciopelo cubre la cama.*

baldaquino. m. Construcción de madera o de otro material sólido, que, adornada con telas y cortinas, se instala como cubierta ornamental sobre un altar, un trono u otro lugar solemne. *El baldaquino del altar mayor es de mármol.* ▶ BALDAQUÍN.

baldar. tr. Impedir algo, espec. una enfermedad o un accidente el movimiento (de una persona o de una parte de su cuerpo). *El accidente la ha baldado y quedará postrada en la cama durante varios meses.* Frec. en part. y fig., para dar idea de agotamiento. *La mudanza nos ha dejado baldados.*

balde[1]**.** m. **1.** Recipiente con forma y tamaño de barreño, utilizado espec. para lavar. *Vuelve del río con la colada en un balde de cinc.* **2.** Cubo que se emplea para sacar y transportar agua, espec. en embarcaciones. *Los marineros achican el agua con baldes.*

balde[2]**. de ~.** loc. adv. Gratuitamente o sin coste alguno. *Entramos de balde a la discoteca porque so-*

mos amigos del dueño. ■ **en ~.** loc. adv. Inútilmente o en vano. *Los médicos trataron de salvarlo, pero fue en balde.*

baldear. tr. Regar con baldes (un suelo, espec. la cubierta de un barco), gralm. para limpiar(lo) o refrescar(lo). *Ha baldeado la acera delante de su puerta.*

baldeo. m. Hecho de baldear. *Dio un baldeo a la cubierta del barco.*

baldío, a. adj. **1.** Inútil o vano. *Los esfuerzos diplomáticos resultaron baldíos y no se pudo evitar la guerra.* **2.** Dicho de terreno: Que no está cultivado. *El fuego ha empezado en una tierra baldía llena de hierbajos.* Tb. m. *En el baldío hay un poblado de chabolas.* ● m. **3.** Am. Solar (terreno). *Los baldíos existentes serían construidos* [C]. ▶ **1:** *INÚTIL. **2:** *YERMO. **3:** *SOLAR.

baldón. m. cult. Deshonra u ofensa. *El divorcio de la pareja real ha constituido un baldón para la monarquía.*

baldosa. f. Pieza plana y delgada de material duro, gralm. de forma cuadrangular, que se utiliza para cubrir suelos. *Vamos a quitar las baldosas para poner parqué.* ▶ LOSA, LOSETA.

baldosín. m. Baldosa pequeña y fina, espec. la de barro esmaltado que se emplea para cubrir paredes. *Los baldosines de la cocina son blancos.*

balear[1]**.** adj. **1.** De las islas Baleares. *Mallorca es la mayor isla del archipiélago balear.* Dicho de pers., tb. m. y f. *Los baleares piden más vuelos con la Península.* ● m. **2.** Variedad del catalán que se habla en las islas Baleares. *Habla un poco de balear.*

balear[2]**.** tr. frecAm. Tirotear (algo o a alguien). *Allí lo envenenaron, lo apuñalaron, lo balearon* [C]. *Ninguno de los dos estaba en el grupo que baleó el camión* [C]. ▶ *TIROTEAR.

balido. m. Voz característica del carnero, el cordero, la oveja, la cabra, el gamo o el ciervo. *Solo se oyen los balidos de cabras y ovejas.*

balín. m. Bala de menor calibre que la ordinaria. *Tiran al blanco con escopeta y balines. Pistola de balines.*

balístico, ca. adj. **1.** De la balística (→ 2). *Las pruebas balísticas revelan que el autor del disparo era zurdo.* ● f. **2.** Ciencia que estudia la trayectoria de los proyectiles. *La policía judicial cuenta con expertos en balística.*

baliza. f. **1.** Señal fija o móvil que, en aguas marinas, se utiliza para indicar un peligro u orientar a navegantes. *Las balizas en la bocana del puerto indican a los barcos el paso seguro.* **2.** Señal utilizada para delimitar una ruta de tráfico aéreo o terrestre. *La pista de aterrizaje tiene balizas luminosas.*

balizamiento. m. Hecho o efecto de balizar. *No hay luces de balizamiento en la pista principal del aeropuerto.*

balizar. tr. Señalizar (un lugar) con balizas. *Balizarán la calzada para habilitar un carril adicional.*

ballena. f. **1.** Mamífero marino con forma de pez, el mayor de los animales conocidos, de color gralm. oscuro por encima y blanquecino por debajo, que vive pralm. en aguas frías. *La ballena macho. Piden la prohibición de la caza de ballenas.* **2.** Lámina córnea y elástica de las que tiene la ballena (→ 1) en la mandíbula superior. *El rorcual se alimenta del krill que retiene con las ballenas de su boca.* **3.** Tira elástica que se obtiene de la ballena (→ 2) o de un material semejante. *Se le rompió la ballena del sostén.*

ballenato. m. Cría de la ballena. *El ballenato puede nadar desde el mismo instante en que nace.*

ballenero, ra. adj. **1.** De la pesca de la ballena. *La flota ballenera. Un arpón ballenero.* Dicho de pescador, tb. m. *El ballenero lanza el arpón.* ● m. **2.** Embarcación destinada a la captura de ballenas. *Los balleneros modernos van equipados con cañones para lanzar los arpones.* ○ f. **3.** Bote o lancha auxiliar que suelen llevar los balleneros (→ 2). *Ha embarcado en una ballenera que va a faenar en el mar del Norte.*

ballesta. f. **1.** Arma portátil compuesta de una caja alargada de madera, semejante a la del fusil, con un canal por donde salen flechas u otros proyectiles impulsados por la fuerza de una cuerda tensada en los extremos de un muelle. *El guardia del rey armó su ballesta y disparó.* **2.** Muelle en forma de arco, constituido por varias láminas elásticas de acero superpuestas, y utilizado en la suspensión de coches y carruajes. *La suspensión de los camiones era de ballesta.*

ballestera. f. histór. En un muro o en una embarcación: Abertura por donde se disparaban las ballestas. *Los soldados disparan sus flechas desde las ballesteras del castillo.*

ballestero. m. histór. Soldado armado con ballesta. *Los ballesteros dispararon sus flechas al primer toque de trompeta.*

ballet. (pal. fr.; pronunc. "balé"). m. **1.** Danza, espec. clásica, ejecutada por un conjunto de bailarines sobre un escenario y con acompañamiento musical. *Asistimos a un espectáculo de* ballet *en el teatro. Es bailarina de* ballet. Tb. su música. *El disco contiene fragmentos del* ballet *"El lago de los cisnes".* **2.** Compañía de *ballet* (→ 1). *Ha tenido que abandonar el* Ballet *Nacional por culpa de una lesión.*

balneario. m. Establecimiento de baños medicinales, que gralm. da alojamiento y otros servicios a sus clientes. *Ha pasado unos días en un balneario.* ▶ BAÑOS.

balneoterapia. f. *Med.* Tratamiento de las enfermedades por medio de baños medicinales. *La balneoterapia es eficaz para combatir las dolencias musculares.*

balompédico, ca. adj. Del balompié. *Con los torneos de verano comienza el calendario balompédico.*

balompié. m. Fútbol. *Sueña con ser un as del balompié.*

balón. m. **1.** Bola grande, inflada de aire y forrada de cuero, que se usa en diversos deportes y con fines terapéuticos. *El balón de voleibol es duro y ligero.* **2.** Recipiente para gases. *El equipo de salvamento lleva botiquín y un balón de oxígeno.* ■ **~ de oxígeno.** m. Ayuda que sirve para superar, temporal o parcialmente, una situación difícil. *La bajada del dólar es un balón de oxígeno para el euro.* □ **echar, o lanzar, balones fuera.** loc. v. coloq. Responder con evasivas, o eludir una situación comprometida. *Deja de echar balones fuera y dinos cuánto te pagan.* ▶ **1:** BOLA, CUERO, ESFÉRICO, PELOTA.

balonazo. m. **1.** Golpe fuerte dado con un balón. *El balonazo dejó grogui al portero.* **2.** Disparo o tiro de balón. *Consiguió el primer gol de un balonazo raso.*

baloncestista. m. y f. Jugador de baloncesto. *Con esa altura podría ser un buen baloncestista.*

baloncestístico, ca. adj. Del baloncesto. *El equipo se ha proclamado campeón de la liga baloncestística.*

baloncesto. m. Deporte entre dos equipos de cinco jugadores, que consiste en introducir con las manos un balón en la canasta del contrario situada a cierta altura. *Como era un niño muy alto, comenzó a jugar al baloncesto.* ▶ **Am** o **frecAm:** BÁSQUET, BASQUETBOL.

balonmanista. m. y f. Jugador de balonmano. *El balonmanista sufre una lesión en el hombro.*

balonmano. m. Deporte entre dos equipos de siete jugadores, que consiste en introducir con la mano un balón en la portería del contrario. *Un portero de balonmano debe tener buenos reflejos.*

balonvolea. m. Deporte entre dos equipos de seis jugadores, separados por una red colocada en mitad del campo y por encima de la cual tienen que enviar el balón con la mano hacia la zona del contrario. *El colegio tiene un equipo femenino de balonvolea.* ▶ VOLEIBOL.

balsa[1]. f. Plataforma flotante formada gralm. por maderos unidos, que se usa como embarcación. *Los náufragos construyeron una balsa con troncos.*

balsa[2]. f. Masa de agua que se acumula natural o artificialmente en una hondonada del terreno. *Con las lluvias se han formado balsas de agua en la carretera.* ■ **~ de aceite.** f. Lugar muy tranquilo donde no hay conflicto. *Desde que se ha ido ese alumno, la clase es una balsa de aceite.*

balsámico, ca. adj. Que tiene bálsamo o propiedades de bálsamo. *Si le escuece la herida, aplíquese esta pomada balsámica.* Tb. fig. *Sus palabras resultaron balsámicas.*

bálsamo. m. **1.** Medicamento líquido o cremoso, compuesto gralm. de sustancias aromáticas, que se aplica en la piel como remedio para heridas, llagas u otras enfermedades. *Aplicado sobre el pecho, este bálsamo ayuda a expectorar.* Tb. fig. *No hay bálsamo que calme el dolor de perder a un ser querido.* **2.** Sustancia aromática obtenida por incisión de ciertos árboles. *El cadáver es ungido con bálsamos.*

balsero, ra. m. y f. **1.** Persona que conduce una balsa. *Por unas monedas el balsero los cruzó al otro lado del río.* **2.** En el Caribe: Persona que huye de su país en una balsa u otra embarcación precaria para entrar ilegalmente en otro. *Cuba ha solicitado a Estados Unidos la repatriación de los balseros interceptados por el guardacostas.*

báltico, ca. adj. Del mar Báltico, o de los territorios que baña. *Las repúblicas bálticas de Estonia, Letonia y Lituania.* Dicho de pers., tb. m. y f. *Participan bálticos y eslovenos.*

baluarte. m. **1.** Obra de fortificación que sobresale entre dos tramos de muralla. *Aún se conservan algunos baluartes de las murallas de la ciudad.* **2.** Persona o cosa que proporcionan defensa y apoyo a algo. *París y Nueva York se convirtieron en baluartes del arte de vanguardia.* ▶ **1:** BASTIÓN.

balumba. f. Conjunto desordenado y excesivo de cosas. *Con esta balumba* DE *datos, harán falta horas para tener un resultado definitivo.*

bamba[1]. f. Bollo redondo abierto parcialmente por la mitad y relleno de crema o nata. *Se ha comido una bamba para merendar.*

bamba[2]. (Marca reg.: *Wamba*). f. Playera (zapatilla de lona). *Lleva vaqueros y bambas.* ▶ PLAYERA.

bambalina. f. *Teatro* Tira de tela pintada que cuelga de la parte superior del escenario completando el decorado. *Hay que subir las bambalinas porque el decorado mide más de lo previsto.* ■ **entre ~s.** loc. adv. **1.** En la representación de un espectáculo: Detrás o a un lado del escenario, fuera de la vista del público. *El director observa la actuación entre bambalinas.* **2.** De manera encubierta. *Entre bambalinas se fraguaba una conspiración.*

bamboleante. adj. Que se bambolea. *Atravesó los vagones bamboleantes del tren en busca de su compartimento. El bebé avanza bamboleante.*

bambolear. tr. Hacer que (alguien o algo) oscilen con un movimiento de vaivén. *El oleaje bambolea el barco.* Tb. en constr. prnl. media. *Dio un portazo tan fuerte que la lámpara del techo empezó a bambolearse.*

bamboleo. m. Hecho o efecto de bambolear o bambolearse. *Se alejó con un bamboleo de caderas.*

bambú. m. Planta tropical de tallo leñoso y de gran altura, cuyas cañas, huecas, ligeras y resistentes, se emplean para construir viviendas, muebles y diversos instrumentos. *Bosques de bambú.* Tb. su madera. *Una mesa de bambú.*

banal. adj. Trivial, o de escasa importancia o sustancia. *Hizo algunos comentarios banales para romper el hielo. Ese no es un asunto banal.* ▶ *NIMIO.

banalidad. f. **1.** Cualidad de banal. *La banalidad de sus opiniones.* **2.** Cosa banal. *Solo han hablado de banalidades.* ▶ *NIMIEDAD.

banalización. f. Hecho o efecto de banalizar o banalizarse. *No podemos caer en la banalización de problemas tan graves.*

banalizar. tr. Dar (a algo) carácter banal. *La película ha recibido muchas críticas por banalizar la violencia.* Tb. en constr. prnl. media. *El problema acabó banalizándose de tanto hablar sobre él.*

banana. f. Plátano (fruto). *El gorila está comiendo una banana.* ▶ *PLÁTANO.

bananal. m. frecAm. Terreno plantado de bananos. *Se va a los bananales más alejados que hay para de paso saludar a sus peones* [C].

bananero, ra. adj. **1.** De la banana o del banano. *Empresa bananera. Producción bananera. Finca bananera.* **2.** despect. Dicho de país o república, espec. iberoamericanos: Que presenta escaso desarrollo económico, social y político, pralm. por su sometimiento a intereses extranjeros. *Íbamos en un tren más propio de una república bananera que de un país moderno.* ● m. **3.** Platanero (planta). *En el huerto hay mangos, bananeros y otros frutales.* ▶ **3:** *PLATANERO.

banano. m. **1.** Platanero (planta). *En la América tropical hay grandes plantaciones de bananos.* **2.** Plátano (fruto). *Costa Rica es un exportador de bananos.* ▶ **1:** *PLATANERO. **2:** *PLÁTANO.

banasta. f. Cesto grande de mimbres o listas de madera delgadas y entretejidas. *El panadero ha llenado una banasta de pan recién horneado.* ▶ *CESTA.

banasto. m. Banasta redonda. *Lleva manzanas en un banasto.* ▶ *CESTA.

banca. f. **1.** Actividad económica consistente en realizar operaciones con dinero, espec. aceptándolo en depósito y prestándolo con intereses. *La banca experimentó un gran desarrollo en Europa en el siglo* XIX. **2.** Conjunto de los banqueros y los bancos. *La banca anuncia despidos masivos.* **3.** Asiento de madera, sin respaldo y a modo de mesa baja. *Se sentaron en las bancas para ver la representación teatral al aire libre.* **4.** frecAm. Banco (asiento largo y estrecho). *Andaba en hoteles de segunda y bancas de parque* [C]. *En la* *sala de conferencias, delante de las bancas reservadas al público, había una mesa con cuatro sillas* [C]. **5.** Am. Escaño parlamentario. *Al perder su banca de diputado, la dictadura cobró con creces su lealtad al socialismo* [C]. ▶ **4:** BANCO. **5:** *ESCAÑO.

bancada. f. **1.** *Mar.* Tabla o banco donde se sientan los remeros. *El capitán grita órdenes desde la bancada de proa.* **2.** *tecn.* Base firme para una máquina o un conjunto de ellas. *Las placas solares están instaladas sobre una bancada de hormigón.* **3.** Am. Grupo de parlamentarios de un mismo partido. *La bancada conservadora ha anunciado que votará en blanco* [C].

bancal. m. **1.** En un terreno pendiente: Porción horizontal de tierra que se forma natural o artificialmente y se aprovecha para el cultivo. *Cultivan los cerezos en bancales.* **2.** Pedazo de tierra rectangular destinado a un determinado cultivo. *En el huerto ha preparado un bancal para cebollas y otro para lechugas.* ▶ **1:** TERRAZA. ‖ **Am: 1:** ANDÉN.

bancar. tr. Am. coloq. Soportar o aguantar (algo o a alguien). *Muchas veces nos tiramos al río para bancar el calor* [C]. Frec. con un pron. expresivo de interés. *Yo no lo quería a él, pero me lo tenía que bancar* [C].

bancario, ria. adj. De la banca como actividad económica, o de los bancos. *Trabaja en una sucursal bancaria. Crédito bancario.*

bancarrota. f. **1.** Quiebra comercial completa, espec. por gestión ineficaz o fraudulenta. *La empresa se ha declarado en bancarrota.* **2.** Situación económica ruinosa. *Su afición al juego lo ha llevado a la bancarrota.* **3.** Hundimiento o desastre de algo inmaterial. *Proclama la bancarrota del arte.* ▶ **1, 2:** *QUIEBRA.

banco. m. **1.** Asiento largo y estrecho, con o sin respaldo, gralm. de piedra o madera, en que pueden sentarse varias personas. *Me senté en el primer banco de la iglesia. Los bancos del parque son de piedra.* **2.** Tablero que se coloca horizontalmente sobre cuatro pies y sirve de mesa de trabajo en labores manuales, espec. de artesanía. *Sierra la madera en el banco de carpintero.* **3.** Establecimiento público que se dedica a realizar operaciones con dinero, espec. conceder créditos a los clientes y guardar sus ahorros. *Tengo que ir al banco para actualizar mi libreta de ahorro.* **4.** Establecimiento médico donde se conservan y almacenan órganos, tejidos o líquidos fisiológicos humanos para cubrir necesidades quirúrgicas, terapéuticas o de investigación. *Los hospitales buscan donantes para abastecer sus bancos de sangre. Banco de ojos. Banco de semen.* **5.** Conjunto numeroso de peces que se desplazan juntos. *La pesca intensiva está agotando los bancos de sardinas de la zona.* ■ **~ azul.** m. En las Cortes españolas: Conjunto de los asientos de los ministros del Gobierno. *Un nuevo ministro se sentará a partir del lunes en el banco azul.* ■ **~ de arena.** m. En aguas navegables: Fondo elevado y arenoso. *El barco ha encallado en un banco de arena.* ■ **~ de datos.** m. *Inform.* Conjunto de información sobre una materia, que puede ser consultado por diversos usuarios. *Hacienda ha creado un banco de datos fiscales.* ■ **~ de niebla.** m. Masa de niebla que se encuentra diseminada en una superficie. *Mañana se formarán bancos de niebla en el norte de la Península.* ■ **~ de pruebas.** m. *Ingen.* Instalación en la que se verifican las características de una máquina o un aparato simulando su funcionamiento. *Se ha construido un banco de pruebas para el desarrollo de motores de aviación.* ▶ **frecAm: 1:** BANCA.

banda¹. f. **1.** Cinta ancha de tela que se lleva gralm. atravesada de un hombro al costado opuesto como símbolo de honor o distinción. *La reina acudió a la cena luciendo una banda azul.* **2.** Tira o trozo alargado de algo. *La falda lleva una banda de raso en el bajo.* **3.** Intervalo entre dos límites donde pueden darse variaciones. *Las clases se impartirán en una banda horaria comprendida entre las cuatro y las siete de la tarde.* **4.** Línea que delimita cada uno de los lados más largos de un campo deportivo. *Tuvieron que volver a pintar las bandas, que se habían borrado con la lluvia.* Tb. la franja de terreno próxima a ella, tanto por dentro como por fuera del campo. *El defensa comenzó a calentar en la banda.* **5.** Borde de la mesa de billar. *La bola golpeó en la banda derecha y luego en la bola roja.* **6.** Costado de una embarcación. *El barco se desplaza inclinado sobre la banda de babor.* **7.** Lado de algo. *De la banda de acá del río hay un pueblecito.* **8.** *Radio* y *TV* Intervalo de frecuencias entre dos límites definidos. Tb. *~ de frecuencia. La señal de radio se emitirá por una banda de frecuencia especial que evite interferencias.* ■ **~ de rodadura.** f. Parte del neumático que está en contacto con el suelo. *El desgaste de la banda de rodadura aumenta el riesgo de reventón.* ■ **~ de sonido,** o **sonora.** f. En una película cinematográfica: Franja en que está registrado el sonido. Tb. la música registrada en ella. *El largometraje ha recibido el premio a la mejor banda sonora.* ■ **~ magnética.** f. En las tarjetas electrónicas: Espacio largo y estrecho en que quedan registrados magnéticamente una serie de datos. *La tarjeta tiene arañada la banda magnética.* □ **a dos,** o **tres,** etc., **~s.** loc. adj. **1.** Dicho del billar: Que se juega de modo que la bola impulsada deba tocar las bandas (→ 5) que se indican antes de hacer carambola. *El billar a tres bandas y el billar libre son las modalidades más conocidas.* Tb. loc. adv. *Jugaremos a cuatro bandas en esta partida.* Tb. referido a la carambola así ejecutada. *Una carambola a tres bandas.* **2.** Dicho espec. de reunión o de acuerdo: Que se realiza con la intervención del número de partes o elementos indicados. *Mantuvieron una conversación a cuatro bandas.* Tb. loc. adv. *Pactaremos a dos bandas.* ■ **cerrarse en ~.** loc. v. coloq. Mantenerse firme en un propósito negándose rotundamente a algo que se pretende o desea. *Intenté hacerle cambiar de opinión, pero se cerró en banda y no quiso escucharme.* ■ **coger,** o **pillar,** (a alguien) **por ~.** loc. v. coloq. Abordar(lo) de forma imprevista y enérgica para tratar un asunto. *Me pilló por banda y me pidió explicaciones sobre el proyecto.*

banda². f. **1.** Grupo de delincuentes armados que opera de manera organizada. *Una banda de ladrones pretende atracar la joyería. Fueron atacados por una banda juvenil.* **2.** Grupo numeroso de animales que se desplazan juntos. *Una banda de pájaros alzó el vuelo. Se ha acercado al barco una banda de peces.* Tb. fig., referido a personas. *Va con su banda de amigos.* **3.** Grupo de músicos que tocan instrumentos de viento y percusión. *El desfile de carrozas irá precedido de la banda de cornetas y tambores. Toca en la banda municipal.* **4.** Conjunto de instrumentistas, con o sin cantantes, que interpreta música ligera. *Es el cantante de una banda de* rock.

bandada. f. **1.** Grupo numeroso de animales de la misma especie, espec. de aves, peces o insectos, que se desplazan juntos. *Abrimos la ventana y entró una bandada de moscas. Una bandada de grullas.* **2.** Grupo bullicioso de personas que van juntas. *Acaba de pasar una bandada de niños gritando.*

bandarra. m. y f. coloq. Sinvergüenza. *Su hijo va con unos bandarras que siempre están haciendo gamberradas.*

bandazo. m. **1.** Movimiento violento de un vehículo, espec. de una embarcación, hacia un costado. *Arreció el temporal y con él los bandazos del barco. El coche dio unos cuantos bandazos antes de salirse de la carretera.* **2.** Cambio brusco de dirección o de actitud. *La opinión pública critica los bandazos de la política del Gobierno.*

bandearse. intr. prnl. Ingeniárselas para superar las dificultades o para satisfacer las necesidades de la vida. *Aunque no conoce nuestro idioma, sabe bandearse.*

bandeja. f. **1.** Recipiente plano y poco profundo que se usa para servir, presentar o depositar cosas. *Sirve el desayuno en una bandeja. Ha traido una bandeja de pasteles. Deja el informe en la bandeja de mi mesa de trabajo.* **2.** Pieza movible, en forma de caja descubierta y de poca altura, que divide horizontalmente el interior de algunos objetos, como un baúl o una maleta. *Guarda las camisas en una bandeja del baúl.* **3.** En un automóvil: Pieza horizontal, plana y a veces abatible, situada entre los asientos y el cristal traseros, y destinada a depositar objetos. *El cojín que ha puesto en la bandeja le resta visibilidad al conducir.* ■ **pasar la ~.** loc. v. Recoger donativos o limosnas pasando una bandeja (→ 1) u otro objeto similar. *El sacristán es el encargado de pasar la bandeja en la misa.* ■ **poner,** o **servir,** (algo) **en ~** (**de plata**) (a alguien). loc. v. coloq. Dar(le) grandes facilidades para que (lo) consiga. *El profesor nos ha puesto en bandeja el aprobado al poner un examen tan sencillo.* ▶ **Am: 1:** AZAFATE, CHAROLA.

bandera. f. **1.** Pieza de tela, gralm. rectangular, que se sujeta por uno de sus lados a un palo o una cuerda y que se emplea como símbolo de una nación, una colectividad o una institución. *La bandera española y la de la Comunidad de Madrid ondean en el Ayuntamiento.* **2.** Nacionalidad a que pertenece un buque y que se representa por la bandera (→ 1) que ostenta. *Un barco de bandera española.* **3.** Pieza de tela con marcas y colores distintivos que se utiliza para indicar algo, para hacer señales o como adorno. *La bandera amarilla en las playas indica baño permitido pero con precaución.* **4.** En algunos cuerpos del ejército: Cierta unidad táctica. *En el ataque ha participado una bandera de paracaidistas.* ■ **~ blanca.** f. Bandera (→ 2) que se levanta en señal de rendición o de amistad. *Los insurgentes temían que, si levantaban la bandera blanca y se entregaban, morirían fusilados por el ejército.* □ **de ~.** loc. adj. Excelente en su clase. *El torero realizó una brillante faena a un toro de bandera.* ■ **hasta la ~.** loc. adv. Por completo. *El estadio está lleno hasta la bandera.* Tb. loc. adj. *Un lleno hasta la bandera en la corrida de ayer.* ■ **jurar** (**la**) **~.** loc. v. Prestar juramento militar o civil ante la bandera. (→ 1). *Ha jurado bandera y lo han destinado a un cuartel de Zaragoza.*

bandería. f. Bando o facción. *Se ha conseguido un partido unido, sin banderías internas.*

banderilla. f. **1.** Palo delgado, rematado por una punta de hierro en forma de arpón y revestido de papel de colores, que los toreros clavan de dos en dos al toro en la cerviz. *El público aplaudió el temple del torero con el par de banderillas.* **2.** Aperitivo compuesto por trozos pequeños de varios alimentos, frec. encurtidos, pinchados en un palillo. *Pedimos unas cañas y unas banderillas.* ■ **~ negra.** f. Banderilla (→ 1) larga y gruesa, de color negro y punta doble, que se utiliza como castigo en los toros que no toman las varas reglamentarias. *El toro rehuyó los puyazos y el presidente lo condenó a banderillas negras.* ▶ **1:** REHILETE.

banderillear. tr. Poner banderillas (al toro). *El torero ha banderilleado al animal con pericia.*

banderillero, ra. m. y f. Torero que pone banderillas. *El banderillero tropezó y solo consiguió clavar una banderilla.*

banderín. m. Bandera pequeña, gralm. triangular, usada como adorno, emblema o señal. *Cuerdas con banderines de colores engalanan las calles del pueblo. La pelota dio en el banderín de córner.* ■ **~ de enganche.** m. **1.** Oficina destinada a la inscripción de voluntarios para el ejército. *La llamada a las armas produjo colas en los banderines de enganche.* **2.** Idea o reclamo que sirven para atraer simpatizantes a una causa. *Algunos ayatolás invocan la guerra santa como banderín de enganche.*

banderola. f. Bandera pequeña, usada gralm. como adorno o señal. *En el recinto ferial han colgado hileras de banderolas y farolillos de colores.*

bandidaje. m. Conjunto de acciones propias de los bandidos o los bandoleros. *La población está atemorizada por los actos de bandidaje de la guerrilla.*

bandido, da. m. y f. **1.** Persona que roba o asalta, espec. en caminos o lugares despoblados. *En la sierra fueron asaltados por unos bandidos.* **2.** Persona que engaña o estafa a los demás. Tb. adj. Frec. con intención afectiva. *¡Qué bandido!; quería cambiarme su reloj viejo por el mío nuevo.*

bando¹. m. Comunicado oficial sobre algún aspecto de interés para la población, publicado, gralm. en las calles, por una autoridad. *El alcalde hizo público un bando municipal por el que se cierran al tráfico varias calles.*

bando². m. Conjunto de personas que se mueven por ideas o intereses comunes. *En la Guerra Civil se enfrentaron el bando nacional y el bando republicano.*

bandolera. f. Correa que cruza por el pecho y la espalda desde uno de los hombros hasta la cadera contraria y sirve para colgar un objeto, espec. un arma. *El guardia ha sacado la pistola que lleva colgada de la bandolera.* ■ **en ~.** loc. adv. Cruzando por el pecho y la espalda desde uno de los hombros hasta la cadera contraria. *Lleva la cámara fotográfica en bandolera.*

bandolerismo. m. Conjunto de acciones propias de los bandoleros. *Algunos delincuentes huían al monte para dedicarse al bandolerismo.*

bandolero, ra. m. y f. Persona armada que comete robos o asaltos en caminos o lugares despoblados. *Los bandoleros asaltaban las diligencias.*

bandolina. f. Mandolina. *Interpretó una serenata acompañado de bandolinas.*

bandoneón. m. Acordeón de pequeño tamaño y forma hexagonal, propio de Argentina. *Bailan un tango al son del bandoneón.*

bandurria. f. Instrumento musical popular semejante a una guitarra, pero algo más pequeño, con caja de forma aovada, mástil corto y seis cuerdas dobles que se pulsan con púa. *Cantan una jota con acompañamiento de bandurrias y castañuelas.*

banjo. (pronunc. "bányo"; tb. **banyo**). m. Instrumento musical compuesto por una caja de resonancia redonda cubierta por una piel tensada, un mástil largo y un número variable de cuerdas, que se toca como la guitarra y es propio de la música popular norteamericana. *El banjo era un instrumento usual en las primeras orquestas de* jazz.

banquero, ra. m. y f. Propietario o director de una entidad bancaria. *Ha nacido en una familia de banqueros.*

banqueta. f. **1.** Asiento de tres o cuatro patas y sin respaldo, para una sola persona. *Si no hay sillas para todos, trae la banqueta de la cocina.* **2.** Am. Acera. *Con el vehículo robado, se subió a la banqueta y destruyó la carretilla de hot-dogs* [C]. ▶ **1:** TABURETE.

banquete. m. **1.** Comida a la que asisten muchas personas para celebrar algún acontecimiento. *Han celebrado su boda en un salón de banquetes.* **2.** coloq. Comida abundante y excelente. *Siempre que vamos a su casa nos prepara un gran banquete.* Frec. en la constr. *darse un ~. Vamos a darnos un banquete con las truchas que hemos pescado.*

banquillo. m. **1.** En un juicio: Asiento en que se coloca el acusado ante el tribunal. *El procesado declaró desde el banquillo.* **2.** En deporte: Banco alargado situado fuera del campo de juego, donde se sientan los reservas, el entrenador y el masajista. *El entrenador ha dejado al delantero en el banquillo.*

banquina. f. Am. Arcén. *El vehículo fue abandonado en la banquina y retirado ayer con una grúa* [C].

bantú. (pl. **bantúes**). adj. **1.** Dicho de lengua: Que pertenece a un grupo de lenguas habladas en África ecuatorial y meridional por pueblos de caracteres étnicos diversos. *Habla una lengua bantú.* Tb. m., referido a lengua o a grupo de lenguas. *En bantú hay declinaciones como en alemán. El* swahili *es la lengua más conocida del bantú.* **2.** Dicho de persona: Que pertenece a uno de los pueblos que hablan lenguas bantúes (→ 1). *La mujer bantú suele ser alta.* Tb. m. y f. *Los bantúes habitan en gran parte de África.*

banyo. → **banjo.**

bañadera. f. Am. Bañera. *Como apenas podía mantenerse de pie, tomó una ducha sin jabón, sentado en la bañadera* [C].

bañador. m. Prenda de baño de una sola pieza, que cubre todo el tronco en las mujeres y solo la parte inferior en los hombres, usada en playas, piscinas u otros lugares públicos. *Para tomar el sol prefiere el biquini al bañador.* ▶ **Am:** MALLA, TRUSA.

bañar. tr. **1.** Meter (algo o a alguien) en agua u otro líquido, gralm. para limpiar(lo), refrescar(lo) o con un fin medicinal. *Baña al niño todas las noches antes de acostarlo. No te bañes sin flotador.* **2.** Humedecer el agua u otro líquido (algo). *Las lágrimas bañaban sus mejillas.* **3.** Cubrir (algo) con una capa de una sustancia, mediante su inmersión en ella o untándo(lo) con ella. *Baña los trozos de pan* EN *leche para preparar las torrijas. Bañó el bizcocho* CON *mermelada.* **4.** Tocar el agua de un mar o un río (un lugar). *El océano Atlántico baña el litoral portugués.* **5.** Dar de lleno el sol o la luz (en alguien o algo). *La luz baña la estancia.*

bañera. f. Recipiente hondo y frec. alargado, instalado normalmente en un cuarto de baño, que permite que una persona se introduzca en él para bañarse. *Llenó la bañera para darse un baño de espuma.* ▶ BAÑO. ‖ **Am:** BAÑADERA.

bañista. m. y f. Persona que se baña en un lugar público. *Los bañistas deben ducharse antes de meterse en la piscina.*

baño. m. **1.** Hecho de bañar o bañarse. *Este niño necesita un baño. Vamos a darnos el último baño en el mar antes de irnos a comer. El alfarero estaba dando un baño de barniz a las piezas.* **2.** Hecho de someter al cuerpo o parte de él al influjo intenso o prolongado de un agente físico. *Le recomendaron baños de lodo y de vapor. Un baño de sol.* **3.** Agua o líquido para bañarse. *Todas las noches me preparo un baño con sales.* **4.** Capa de una sustancia con que se cubre algo. *Prefiero los pasteles con baño de chocolate. El anillo ha perdido el baño de oro original.* **5.** Conocimiento superficial de un saber. *En cuanto escarbas un poco, te das cuenta de que solo tiene un baño* DE *cultura.* **6.** Bañera. *Pon el tapón del baño.* **7.** Cuarto de baño (→ **cuarto**). *El piso tiene tres habitaciones, cocina y baño.* **8.** histór. Corral grande o patio con aposentos alrededor, en los que los moros tenían encerrados a los cautivos. *Cervantes fue capturado por los corsarios berberiscos y encarcelado en los baños de Argel.* **9.** coloq. Derrota que se inflige a otro, mostrando una clara superioridad. Frec. con *dar. El equipo visitante ha dado un baño al equipo local.* ○ pl. **10.** Balneario. *Va a pasar unos días en unos baños para someterse a un tratamiento contra el estrés.* ■ **~ de asiento.** m. *Med.* Baño (→ 1) en el cual se sienta en la bañera quien lo toma, con objeto de no mojarse más que las piernas, las caderas y las nalgas. *Las hojas de frambuesa se han usado en baños de asiento para curar hemorroides.* ■ **~ de multitudes.** m. Inmersión en un ambiente populoso y entusiasta. *El Papa recibió en su viaje un baño de multitudes.* ■ **~ de sangre.** m. Matanza de un elevado número de personas. *Los enfrentamientos entre las dos tribus han acabado en un baño de sangre.* ■ **~ (de) María.** m. Método para cocinar o calentar sustancias que consiste en introducir el recipiente con la sustancia en otro que contiene agua y que se pone al fuego. Frec. en la constr. *al ~ María. He hecho un flan al baño María. Se calienta al baño de María.* ■ **~ turco.** m. Baño (→ 2) de vapor. *Después de hacer ejercicio, tomé un baño turco para relajar los músculos.* Tb. el establecimiento o instalación donde se toma. *El club cuenta con un baño turco y una piscina.*

baobab. (pl. **baobabs**). m. Árbol tropical africano de gran altura, tronco ancho, largas ramas horizontales y flores grandes y blancas. *Un enorme baobab se alza en mitad de la sabana.*

baptista. adj. **1.** *Rel.* De una doctrina protestante cuya idea esencial es que el bautismo debe administrarse por inmersión y solo a personas adultas. *Iglesias baptistas.* **2.** *Rel.* Adepto a la corriente baptista (→ 1). *Predicador baptista.* Dicho de pers., tb. m. y f. *En Estados Unidos hay muchos baptistas.*

baptisterio. m. Edificio de planta circular o poligonal, unido o próximo a un templo y destinado a la administración del bautismo. *La catedral tiene un baptisterio de planta circular.*

baqueano, na. adj. **1.** Am. Baquiano (experto). *Gente baqueana nos había advertido que atravesar los médanos era una empresa difícil* [C]. ● m. **2.** Am. Baquiano (guía). *El baqueano parece guiado por una brújula invisible y avanza sin titubear* [C]. ▶ **1:** *EXPERTO. **2:** *GUÍA.

baquelita. f. Resina sintética de gran dureza muy utilizada en la industria, espec. en la fabricación de plásticos y de aislantes eléctricos. *Las mesas del bar son de baquelita.*

baqueta. f. **1.** Varilla metálica que se introduce por el cañón de un arma de fuego para limpiarla. *Con la* *baqueta quitó los restos de pólvora que quedaron en el fusil.* **2.** Palo alargado, de borde redondeado y remate en forma de perilla, que sirve para tocar el tambor y otros instrumentos de percusión. *Le han regalado unas baquetas para tocar la batería.* ▶ **2:** PALILLO.

baqueteado, da. part. **1.** → **baquetear.** • adj. **2.** Experimentado o curtido por haber pasado por situaciones difíciles. *Todos esperan que gane el campeonato porque es un atleta baqueteado y muy astuto.*

baquetear. tr. Tratar con dureza o violencia (a alguien o algo) o someter(los) a condiciones difíciles o duras. *Después de tantas desgracias se siente baqueteado por la vida. Los muebles están bastante baqueteados.*

baquiano, na. adj. **1.** Am. Experto o entendido. *Jamás había conocido a alguien tan baquiano a la hora de zambullirse en la marejada de una reunión social* [C]. • m. **2.** Am. Guía (persona que muestra el camino). *Era un veterano de la selva, el mejor baquiano de Guayana* [C]. ▶ **1:** *EXPERTO. **2:** *GUÍA.

báquico, ca. adj. De Baco (dios de la mitología grecorromana), o de cosas relacionadas con él, como el vino o la embriaguez. *Su cumpleaños se convirtió en una fiesta báquica. Culto báquico.*

bar[1]**.** m. Establecimiento público donde se sirven bebidas y, a veces, raciones de comida, que suelen tomarse de pie en el mostrador. *Tomamos unas cañas en un bar.*

bar[2]**.** m. *Fís.* Unidad de presión atmosférica que equivale a 100 000 pascales (Símb. *bar*). *Como el bar es una unidad de medida demasiado grande, en meteorología suele emplearse el milibar.*

barahúnda. f. Confusión grande, espec. si va acompañada de ruidos. *La publicidad nos invade con su barahúnda* DE *imágenes, textos y sonidos. En la avenida me he topado con una barahúnda* DE *coches atascados.* ▶ *ALBOROTO.

baraja. f. **1.** Conjunto de cartas o naipes empleado para juegos de azar. *El mus se juega con la baraja española.* **2.** Conjunto variado de personas o cosas de un mismo tipo. *En el cartel de la feria figura una amplia baraja* DE *toreros. El niño está sometido a una baraja* DE *influencias.* ■ **jugar con dos ~s.** loc. v. coloq. Actuar engañosamente apoyando al mismo tiempo, o según la ocasión, a dos bandos o posiciones enfrentados. *Han descubierto que el agente secreto jugaba con dos barajas.* ■ **romper la ~.** loc. v. Romper el trato o las negociaciones. *O aceptan nuestras condiciones o rompemos la baraja.* ▶ **1:** NAIPES.

barajar. tr. **1.** Mezclar (las cartas de la baraja) para alterar su orden antes de repartir(las). *Baraja las cartas y reparte cinco a cada jugador.* **2.** Considerar (varias posibilidades o alternativas). *Han barajado varias fechas para la celebración.*

baranda[1]**.** f. Barandilla. *Contempla el río apoyado en la baranda del puente.*

baranda[2]**.** m. coloq. o jerg. Hombre, espec. el dotado de autoridad. *Han metido en la cárcel a un baranda de la mafia.*

barandal. m. **1.** Barra o listón horizontales que sujetan los balaustres de una barandilla por la parte superior o inferior. *Una fila de tiestos cuelga del barandal del balcón.* **2.** Barandilla. *Se hacen trabajos de forja: rejas, cancelas, barandales, etc.*

barandilla. f. Estructura compuesta de balaustres u otros elementos verticales y de los barandales que los sujetan, que sirve pralm. para apoyarse y evitar caídas en lugares como escaleras o balcones. *Baja las escaleras agarrándose a la barandilla.* ▶ BARANDA, BARANDAL.

baratija. f. Mercancía pequeña y de poco valor. *En el mercadillo venden baratijas y objetos de segunda mano.*

baratillo. m. **1.** Conjunto de cosas que se venden a bajo precio. *Siempre se encuentra alguna ganga en las tiendas de baratillo.* **2.** Tienda o puesto de baratillo (→ 1). *Se ha puesto a regatear con uno de los que atienden en el baratillo.*

barato, ta. adj. **1.** De precio bajo o más bajo de lo normal. *Lleva ropa barata. En temporada, las naranjas están baratas. El viaje resulta más barato en tren.* Tb. dicho de ese precio. *El comprador busca calidad y precios baratos.* **2.** Fácil, o que cuesta poco esfuerzo. *Esa es una excusa barata.* • adv. **3.** A bajo precio. *El buen negocio consiste en comprar barato y vender caro.* ▶ **1:** ECONÓMICO.

baratura. f. Cualidad de barato de precio. *No daba crédito ante la baratura de aquellos productos.*

baraúnda. f. Barahúnda. *Es imposible entenderse entre esta baraúnda* DE *música y voces.* ▶ *ALBOROTO.

barba. f. **1.** Pelo que nace debajo de la boca y en las mejillas de una persona. *Se afeita la barba todos los días.* Frec. en pl. con significado sing. *Le han crecido mucho las barbas.* **2.** Barbilla. *Lleva las solapas del abrigo subidas hasta la barba.* **3.** Barba (→ 1) crecida y gralm. cuidada y cortada de diversas formas. *El teniente lleva barba y bigote.* **4.** En algunos mamíferos, espec. en el ganado cabrío: Mechón de pelo que cuelga de la mandíbula inferior. *La barba y los cuernos son característicos de la cabra.* **5.** En la ballena: Láminas córneas de la mandíbula superior. Tb. ~ *de ballena. Algunos indios utilizaban las barbas de ballena para construir cañas de pescar.* ○ pl. **6.** Irregularidades que quedan en una cosa, espec. en un papel mal cortado o en un metal. *No abras el libro con esa navaja, que quedan barbas.* **7.** *Zool.* Filamentos finos que arrancan del eje de una pluma. *Las barbas de una pluma grande son menos elásticas que las de una pequeña.* **8.** *Bot.* Aristas o filamentos de la espiga. *La espiga de esta variedad de trigo tiene largas barbas.* ■ **~ de chivo.** f. Barba (→ 1) escasa en las mejillas y larga debajo de la boca. *Valle-Inclán tenía barba de chivo.* □ **con toda la ~.** loc. adj. coloq. Con todas las cualidades. *Es un tío con toda la barba. El quinto de la tarde era un toro con toda la barba.* ■ **en las ~s** (de una persona). loc. adv. coloq. En su presencia o en su cara. *Ha insultado a mi familia en mis barbas.* ■ **por ~.** loc. adv. coloq. Por cabeza o por persona. *Tocamos a tres croquetas por barba.* ■ **subirse** alguien **a las ~s** (de otra persona). loc. v. coloq. Perder el respeto (a esa persona). *No ha educado bien a sus hijos y ahora se le suben a las barbas.*

barbacana. f. **1.** Construcción aislada que sirve para defender la puerta de una fortaleza, fortificación o puente. *Un foso y una barbacana protegen la entrada al castillo.* **2.** Muro bajo que rodea una iglesia o el espacio que hay delante de su puerta. *A la salida de misa se sientan a charlar en la barbacana.*

barbacoa. f. **1.** Parrilla que sirve para asar al aire libre carne o pescado. *Echa más carbón a la barbacoa.* **2.** Conjunto de alimentos preparados en una barbacoa (→ 1). *Anoche hicimos una barbacoa en el jardín.*

barbado, da. adj. Que tiene barba o pelo debajo de la boca y en las mejillas. *Abundan los jóvenes bar-*

bados. En el cuadro aparecen varios rostros barbados. Dicho de pers., tb. m. y f. *En la reunión había algunos barbados.*

barbaridad. f. **1.** Acto bárbaro, cruel o incivilizado. *El bombardeo ha sido una barbaridad. En una guerra se cometen muchas barbaridades.* **2.** Hecho o dicho disparatados o imprudentes. *No dice más que barbaridades.* ■ **una ~.** loc. s. coloq. Gran cantidad de personas o cosas. Frec. con intención enfática. *Ha llegado una barbaridad* DE *gente.* Tb. loc. adv. *Le cuesta una barbaridad hablar en otra lengua.*

barbarie. f. Condición de bárbaro, cruel o incivilizado. *El cronista habla de la barbarie de los pueblos indígenas.*

barbarismo. m. **1.** *Ling.* Empleo de una forma incorrecta de una palabra. *Decir "semos" en lugar de "somos" es un barbarismo.* Tb. la palabra así empleada. *El examen tenía anacolutos, faltas de ortografía y barbarismos.* **2.** *Ling.* Extranjerismo no incorporado totalmente a la lengua. *Por presumir de que sabe idiomas, llena su lenguaje de barbarismos.*

bárbaro, ra. adj. **1.** Cruel o salvaje. *Sus instintos bárbaros le hicieron cometer el asesinato.* Dicho de pers., tb. m. y f. *Un bárbaro le ha disparado cuatro tiros en la cabeza.* **2.** Poco civilizado o falto de educación. *Durante la cena puso de manifiesto sus bárbaros modales.* Dicho de pers., tb. m. y f. *Este niño es un bárbaro: no deja de decir palabrotas.* **3.** coloq. Grande o extraordinario. Se usa con intención enfática. *Tiene una fuerza de voluntad bárbara.* **4.** coloq. Excelente o magnífico. Se usa con intención enfática. *El orador ha estado bárbaro en su discurso.* **5.** histór. De los pueblos que desde el s. V invadieron el Imperio romano y se fueron extendiendo por la mayor parte de Europa. *Incursiones bárbaras.* Dicho de pers., tb. m. y f. *Los bárbaros fundaron diversos reinos.* ■ **qué bárbaro.** expr. coloq. Se usa para expresar sorpresa o admiración. *¡Qué bárbaro, qué coche tan bonito se ha comprado!*

barbechar. tr. Arar (la tierra) para que descanse. *Barbecharemos la tierra y dentro de un año la sembraremos.*

barbecho. m. **1.** Tierra de labranza que se deja un tiempo sin sembrar para que descanse. *El camino discurre entre sembrados y barbechos.* **2.** Sistema de cultivo en que la tierra se deja un tiempo sin sembrar para que descanse. *Los agricultores han abandonado el barbecho en beneficio del cultivo intensivo.* **3.** Hecho de barbechar. *Han preparado el arado para el barbecho.* ■ **en ~.** loc. adj. Dicho de tierra: Que se deja un tiempo sin sembrar para que descanse. *Los cardillos crecen en las tierras en barbecho.* Tb. loc. adv. *Cada año dejan un campo en barbecho.*

barbería. f. Establecimiento donde trabaja el barbero. *Se afeita en una barbería.*

barbero, ra. m. y f. Persona que tiene por oficio afeitar y arreglar la barba o el bigote, y cortar el pelo. *No me gusta cómo me ha dejado el barbero las patillas.*

barbián, na. adj. coloq. Pícaro o pillo. Tb. m. y f. *No son más que unos chiquillos, una pandilla de barbianes inofensivos.*

barbilampiño, ña. adj. Que no tiene barba o que tiene poca. *Adolescentes barbilampiños. Rostro barbilampiño.* Dicho de hombre, tb. m. *A ella le gustan los barbilampiños.*

barbilla. f. **1.** Parte de la cara que está debajo de la boca, espec. la punta saliente de la mandíbula inferior. *Cuando se ríe, le sale un hoyuelo en la barbilla.* **2.** *Zool.* En algunos peces: Apéndice carnoso y alargado situado alrededor de la boca. *El barbo tiene cuatro barbillas en la mandíbula superior.* **3.** *Zool.* Filamentos finos que arrancan de las barbas de una pluma. *Las barbillas hacen que la pluma sea tupida.* ▶ **1:** BARBA, MENTÓN. **2:** BARBILLÓN. ‖ **Am: 1:** PERA.

barbillón. m. *Zool.* En algunos peces: Barbilla. *El bacalao tiene un barbillón en la mandíbula inferior.*

barbitúrico. m. Sustancia derivada de un ácido orgánico, que tiene propiedades hipnóticas y sedantes y, en dosis excesivas, puede ser tóxica. *Toma barbitúricos para poder dormir.*

barbo. m. Pez de agua dulce, comestible, de tamaño medio, con el lomo oscuro y el vientre blanquecino y con barbillas en su mandíbula superior. *En el río hay barbos y truchas.*

barboquejo. m. Cinta o correa que pasan por debajo de la barbilla y sirven para sujetar el gorro, el sombrero o el casco. *Se le cayó el casco porque llevaba mal ajustado el barboquejo.* ▶ BARBUQUEJO.

barbotar. intr. **1.** Hablar de forma atropellada y confusa. *Se marchó barbotando.* ○ tr. **2.** Decir (algo) de forma atropellada y confusa. *Cuando se enfada, se pone a barbotar improperios.* ▶ BARBOTEAR.

barbotear. intr. **1.** Barbotar. *Se ha pasado la tarde barboteando y quejándose de todo.* ○ tr. **2.** Barbotar (algo). *Barboteaba obscenidades.*

barbudo, da. adj. Que tiene mucha barba o pelo debajo de la boca y en las mejillas. *Un hombre barbudo.* Tb. m. y f. *No le gustan los barbudos.*

barbuquejo. m. Barboquejo. *Para que el casco cumpla su función, debes llevar el barbuquejo ajustado.*

barca. f. Embarcación pequeña, gralm. de remo, que se utiliza espec. para pescar, transportar viajeros o mercancías, o pasear. *Cruzaron el río en una barca. Dimos un paseo en barca.* ▶ *EMBARCACIÓN.

barcarola. f. Canción popular, propia de marineros y espec. de los gondoleros venecianos, cuyo ritmo sugiere el movimiento cadencioso de los remos. *El gondolero entona una barcarola.* Tb. la composición de carácter culto que se inspira en ella. *Ha interpretado la barcarola de la ópera "Los cuentos de Hoffmann".*

barcaza. f. Lancha grande usada para transportar carga entre buques o entre un buque y tierra firme. *Las barcazas surcan las aguas del puerto cargadas de mercancías.*

barcelonés, sa. adj. De Barcelona. *El barco ha atracado en el puerto barcelonés.* Dicho de pers., tb. m. y f. *Los barceloneses abarrotan el estadio olímpico.*

barcino, na. adj. Dicho de algunos animales: De pelo blanco y pardo, y a veces rojizo. *Un gato barcino. Un caballo barcino.*

barco. m. Embarcación grande y con cubierta. *Van a cruzar el Atlántico en un barco velero. Un barco pesquero. Un barco de guerra.* ▶ *EMBARCACIÓN.

barda. f. **1.** Cubierta de sarmientos, espinos o broza, que se pone como resguardo sobre la tapia de un corral, un huerto u otra propiedad. *Es una cabaña de madera con techo de barda.* **2.** Tapia o vallado que rodea un lugar. *Han escapado del colegio saltando la barda.*

bardo. m. **1.** cult. Poeta heroico o lírico. *Leía con deleite a Nervo y Neruda, grandes bardos americanos.* **2.** histór. Poeta de los antiguos celtas. *Los bardos eran los transmisores de los mitos y las genealogías heroicas.*

baremación. f. Hecho de baremar. *En la convocatoria se detallan los criterios de baremación de méritos.*

baremar. tr. Evaluar (algo) sometiéndo(lo) a un baremo establecido. *Una comisión se encargará de baremar los méritos de los candidatos.*

baremo. m. **1.** Conjunto de normas o escala de valores, establecidos convencionalmente para medir o evaluar algo. *Según el baremo de méritos, se tendrán en cuenta los cursos realizados.* **2.** Lista de tarifas. *El baremo de tarifas debe estar bien visible en el interior del taxi.*

bargueño. m. Mueble de madera con muchos cajoncitos, adornado con labores de talla o de taracea normalmente doradas o de vivos colores, propio de los ss. XVI y XVII. *El palacio ducal cuenta con bargueños muy bien conservados.*

baricentro. m. **1.** *Mat.* Punto de intersección de las medianas de un triángulo. *Halla el baricentro de un triángulo equilátero.* **2.** *Fís.* Centro de gravedad. *Al andar, el baricentro del gato se desplaza hacia la cabeza y sus patas delanteras soportan más peso.*

bario. m. *Quím.* Elemento del grupo de los metales, abundante en la corteza terrestre, de color blanco amarillento, especialmente reactivo y de rápida oxidación (Símb. *Ba*). *El sulfato de bario se usa como contraste en las radiografías.*

barisfera. f. *Geol.* Capa interna de la Tierra, que constituye su núcleo central. *En la barisfera se alcanzan temperaturas elevadas.*

barítono. m. *Mús.* Hombre cuya voz tiene un registro entre el de tenor y el de bajo. *El barítono cantó un fragmento de "Las bodas de Fígaro".* Tb. esa voz. *El barítono es la más habitual de las voces masculinas.* Frec. en aposición, referido a un instrumento. *Saxo barítono.*

barlovento. m. *Mar.* Parte de donde viene el viento. *Su velero ha llegado a la baliza de barlovento en primer lugar. Gira el timón y ponte a barlovento.*

barman. (pl. **bármanes**). m. y f. Encargado de preparar y servir bebidas en la barra de un bar. *Ha quedado vacante un puesto de barman.* Frec. designa al especializado en cócteles. *Este barman prepara los mejores daiquiris de la ciudad.*

barniz. m. **1.** Disolución transparente de una o más resinas en un líquido volátil, que se extiende sobre la madera o la pintura para dar a estas brillo y protección. *Hay que lijar las contraventanas y darles baniz.* **2.** Conocimiento elemental y superficial de una materia. *Salió de la facultad con un barniz* DE *cultura clásica.*

barnizado. m. Hecho o efecto de barnizar. *El barnizado de los muebles sirve para conservarlos por más tiempo.*

barnizar. tr. Dar un baño de barniz (a algo). *Lijaremos las puertas y las barnizaremos.*

barométrico, ca. adj. **1.** Del barómetro. *El meteorólogo traza las isobaras y pone las lecturas barométricas en el mapa.* **2.** De la presión atmosférica. *Las variaciones barométricas y de temperatura afectan a nuestro estado físico.*

barómetro. m. **1.** Instrumento que sirve para medir la presión atmosférica. *El barómetro anuncia tormenta.* **2.** Cosa que sirve de medida de algo como un proceso o un fenómeno. *La bolsa es uno de los principales barómetros de la economía.*

barón, nesa. m. y f. **1.** Persona con título nobiliario inmediatamente inferior al de vizconde. *El barón ha asistido a la recepción ofrecida por el rey.* **2.** Consorte de un barón o una baronesa (→ 1). *El barón y la baronesa acudirán al baile.* ○ m. **3.** Persona que tiene gran influencia y poder dentro de una organización o una institución. *Se han reunido los barones del partido.*

baronía. f. **1.** Título nobiliario de barón. *Al casarse con el barón, ha adquirido la baronía.* **2.** Territorio vinculado a una baronía (→ 1) o sometido a la autoridad de su titular. *El pueblo perteneció a una antigua baronía.*

barquero, ra. m. y f. Persona que guía una barca. *El barquero ha dejado la barca amarrada al muelle.*

barquilla. f. Cesto en que viajan los tripulantes de un globo o de un aerostato. *Subimos a la barquilla y soltamos las amarras.*

barquillero, ra. m. y f. **1.** Persona que fabrica o vende barquillos. *A la entrada de la verbena había un barquillero.* ○ f. **2.** Recipiente cilíndrico donde el barquillero (→ 1) lleva su mercancía. *El barquillero pregona su producto con la barquillera a la espalda.*

barquillo. m. Dulce crujiente, en forma de cilindro o de cono, hecho con una hoja delgada de pasta elaborada con harina sin levadura, azúcar y gralm. canela. *Se tomó la bola de helado pero dejó el barquillo.*

barra. f. **1.** Pieza de metal u otra materia, gralm. de forma prismática o cilíndrica y mucho más larga que gruesa. *El armario lleva una barra metálica para colgar las perchas. La barra de la cortina es de madera de roble.* **2.** Pieza de pan de forma alargada. *Compra dos barras y una hogaza.* **3.** Bloque de oro, plata u otro metal sin labrar. *El cofre contenía cinco barras de oro.* **4.** Mostrador de un bar u otro establecimiento similar. *Tomamos un café en la barra.* **5.** Barra (→ 1) sujeta horizontalmente a la pared a una altura determinada para realizar ciertos ejercicios gimnásticos o para aprender y practicar danza. *Las bailarinas se colocaron a lo largo de la barra para ensayar los ejercicios.* Tb. ~ *fija.* **6.** Signo gráfico en forma de raya vertical (|) u oblicua (/), que se utiliza frec. para separar. *La barra forma parte de abreviaturas, como en "c/" por "calle".* **7.** Banco de arena que se forma a la entrada de algunas rías, en la embocadura de algunos ríos y en el estrechamiento de ciertos mares o lagos, y que hace peligrosa su navegación. *El barco fue advertido de la presencia de una barra en la ría.* **8.** *Heráld.* Lista o bastón verticales. *El escudo de Aragón presenta en su parte inferior derecha una combinación de barras amarillas y rojas.* **9.** Am. Hinchada. *Para los partidos la sola barra comprará mil boletas* [C]. **10.** Am. Conjunto de seguidores o partidarios, espec. de un partido político. *El rumor provocó la ira de la barra en la escandalosa sesión* [C]. **11.** Am. Espacio destinado al público que asiste a determinados actos. *Unos jóvenes alentaron desde las barras a los distintos intervinientes en el debate* [C]. ■ ~ **americana.** f. Mostrador de un bar o establecimiento similar, espec. el que está atendido por chicas de alterne. Tb. ese establecimiento. *Frecuenta una barra americana.* ■ ~ **brava.** f. Am. coloq. Grupo de hinchas de un equipo de fútbol que suelen tener un comportamiento agresivo. *El triunfo de los boquenses se vio empañado por los graves incidentes que provocó su barra brava* [C]. ■ ~ **de equilibrio.** f. Aparato gimnástico formado por una barra (→ 1) de madera, de largo, ancho y alto reglamentarios, sobre la que se realizan movimientos acrobáticos. *La gimnasta realiza volteretas en la barra de equilibrio.* ■ ~ **de labios.** f. Pintalabios en forma de barra (→ 1). *En el bolso lleva siempre una barra de labios.* ■ ~ **fija.** f. Aparato gimnástico formado por una barra (→ 1) cilíndrica horizontal, sostenida por dos postes verticales. *El gimnasta entrena en la barra fija.* ■ ~ **libre.** f. En ciertos actos sociales o en algunos establecimientos: Derecho a consumir cuantas bebidas se deseen por un precio fijo previamente concertado. *Después del banquete, los novios anunciaron que había barra libre y baile. La discoteca ofrece barra libre de cerveza.* ■ **~s paralelas.** f. pl. Aparato gimnástico formado por dos barras (→ 1) colocadas paralelamente a una altura de 1,75 m. *Finalizó su ejercicio en las barras paralelas con un salto mortal.* ⇒ PARALELAS. ■ **~s (paralelas) asimétricas.** f. pl. Aparato gimnástico formado por dos barras (→ 1) paralelas colocadas a diferente altura. *Ha obtenido un 10 en su ejercicio en las barras asimétricas.* ⇒ ASIMÉTRICAS. □ **pararse en ~s.** loc. v. Poner reparos o tener en cuenta los inconvenientes. Frec. en constr. negativas. *Sin pararse en barras, confesó que había cometido el crimen. No se para en barras: dice lo que piensa.*

barrabasada. f. coloq. Mala acción o travesura grave. *El profesor se enfada con las barrabasadas de los alumnos.*

barraca. f. **1.** Vivienda construida toscamente y con materiales ligeros. *La gente pobre se hacina en barracas a las afueras de la ciudad.* **2.** En una fiesta popular: Construcción provisional desmontable destinada a diversiones o espectáculos. *Ha ganado una muñeca en la barraca de tiro al blanco.* Tb. ~ *de feria. La mujer barbuda era exhibida en barracas de feria.* **3.** Casa de labranza típica de las huertas valenciana y murciana, hecha de adobe y con el tejado de paja, a dos aguas y muy inclinado. *El huertano construía la barraca al pie de su parcela.*

barracón. m. Edificio grande y de un solo piso, construido gralm. con materiales ligeros, para albergar grupos de personas, espec. tropas. *Allí están los barracones donde duerme la tropa.*

barracuda. f. Pez marino, grande y voraz, de cuerpo alargado y poderosos dientes, propio de mares tropicales o templados. *Una barracuda caza sus presas entre los arrecifes coralinos.*

barragana. f. histór. Concubina. *El arcipreste tenía una barragana.*

barranca. f. Barranco. *La expedición avanza por sierras y barrancas.*

barranco. m. Desnivel abrupto y profundo del terreno, espec. el producido por corrientes de aguas. *El coche ha caído por un barranco. El río discurre entre barrancos.* ▶ BARRANCA, BARRANQUERA.

barranquera. f. Barranco. *El sol asoma entre las barranqueras.*

barrena. f. Barra fina de acero con la punta en espiral, provista normalmente de un mango en el otro extemo, que sirve para taladrar madera, metal u otros cuerpos duros. *Antes de poner los clavos, perfore la madera con una barrena.* ■ **entrar en** ~ un avión. loc. v. Empezar a descender verticalmente y girando sobre su eje, por haber perdido la velocidad mínima indispensable para sostenerse en el aire. *Una avería hizo que el avión entrara en barrena y se estrellara.*

barrenar. tr. Abrir agujeros (en algo) con barrena o barreno. *Están barrenando la montaña para construir el túnel.*

barrendero, ra. m. y f. Persona que tiene por oficio barrer, espec. las vías o zonas públicas. *Los barrenderos quitan las hojas secas de las aceras.*

barrenero. m. Operario que abre barrenos en minas, canteras u otros lugares semejantes. *El barrenero murió al reventarle una carga explosiva en las manos.*

barreno. m. Agujero abierto en una roca y relleno de explosivo para volarla. *Trabaja en la cantera haciendo barrenos.* Tb. la carga explosiva. *Ha estallado un barreno de dinamita.*

barreño. m. Recipiente circular, gralm. de barro, metal o plástico, de poca altura y más ancho por la boca que por el fondo, que se utiliza pralm. para fregar o lavar. *Pon la ropa blanca en un barreño con agua y lejía.*

barrer. tr. **1.** Quitar del suelo (el polvo o la basura) con la escoba u otro utensilio semejante. *El peluquero barrió los pelos que habían caído al suelo.* Tb. usado en constr. intr. *Levanta mucho polvo al barrer.* **2.** Quitar el polvo o la basura (de un lugar) con la escoba u otro utensilio semejante. *Barre tu habitación.* **3.** Eliminar (algo o a alguien), o hacer que desaparezcan. *Han barrido de un plumazo algunos de sus derechos.* **4.** Recorrer (un lugar o un espacio) con un instrumento electrónico adecuado para observar o descubrir algo. *Los expertos barrerán la zona con un detector de minas.* **5.** Examinar detenidamente (un lugar) recorriéndo(lo) con la vista, frec. buscando algo. *Cuando entró, barrió el local buscando una mesa libre.* **6.** Vencer de manera clara y aplastante (a un adversario). *La tenista ha barrido a su contrincante en el primer set.* Tb. usado en constr. intr. *El partido de la oposición ha barrido en las urnas.* ○ intr. **7.** Seguido de un complemento introducido por *con:* No dejar en un lugar nada de lo expresado por él. *Llegaron hambrientos y barrieron con todo lo que había en la nevera.* ■ ~ **para casa,** o **para dentro.** loc. v. coloq. Aprovechar las circunstancias para actuar en beneficio propio. *Se le da muy bien barrer para casa.*

barrera. f. **1.** Dispositivo fijo o móvil, compuesto por piezas de metal o de madera, con que se cierra un paso o se cerca un lugar. *El público espera al otro lado de las barreras metálicas la llegada de su ídolo. Cuando llegamos al paso a nivel, la barrera estaba bajada.* **2.** En una plaza de toros: Valla de madera con que se cerca el ruedo. *El toro ha intentado saltar la barrera.* **3.** En una plaza de toros: Primera fila de asientos situada inmediatamente después de la barrera (→ 2). *Hemos comprado unas entradas de barrera.* **4.** En ciertos deportes: Fila de jugadores que, uno al lado del otro, se coloca delante de su meta para protegerla de un lanzamiento del contrario. *Al tirar la falta, el balón chocó en la barrera y se desvió a córner.* **5.** Obstáculo o dificultad. *Defienden la desaparición de las barreras sociales.* ■ ~ **de(l) sonido.** f. Resistencia brusca e intensa que experimenta un móvil al sobrepasar la velocidad del sonido. *El avión traspasa la barrera del sonido.*

barretina. f. Gorro de lana, en forma de manga cerrada por un extremo, típico de Cataluña. *Los hombres, ataviados con traje de payés y barretina, bailan una sardana.*

barriada. f. **1.** Barrio, espec. el periférico o alejado del centro. *Una línea de metro llegará a esta barriada obrera.* **2.** Parte de un barrio. *La asociación de vecinos agrupa a representantes de las distintas barriadas.* **3.** Am. Barrio pobre y marginal. *Se acordó inme-*

diatamente de las esqueléticas criaturas de las barriadas [C]. ▶ **1:** BARRIO.

barrial[1]**.** m. Am. Barrizal. *La avenida era un polvoriento callejón que se convertía en barrial todos los inviernos* [C].

barrial[2]**.** adj. Am. Del barrio. *Desde el lunes, funcionarán cursos y talleres en todos los centros culturales barriales* [C].

barrica. f. Tonel de tamaño mediano para contener pralm. vino u otros líquidos. *Este vino ha envejecido en barrica de roble.* ▶ *CUBA.

barricada. f. Obstáculo levantado en la calle con objetos diversos para impedir el paso o parapetarse tras él, espec. en revueltas populares. *Los manifestantes han levantado una barricada con contenedores.*

barrido. m. Hecho de barrer. *Hay que dar un barrido al salón. Ha realizado un barrido de toda la bibliografía del autor.*

barriga. f. **1.** Vientre (cavidad, o parte exterior del cuerpo). *El veterinario palpa la barriga del animal.* **2.** Vientre abultado de una persona. *Tiene barriga porque come muchas grasas.* **3.** Parte saliente y convexa de una cosa. *La barriga de una vasija de barro.* ■ **tocarse,** o **rascarse, la ~.** loc. v. Holgazanear o no hacer nada de provecho. *Deja de rascarte la barriga y ven a ayudarme.* ▶ **1:** *VIENTRE. **3:** *PANZA.

barrigón, na. adj. coloq. Barrigudo. *Fíjate en el tipo bigotudo y barrigón de la fotografía. Un aparador barrigón.*

barrigudo, da. adj. Que tiene mucha barriga. *El mesonero era un hombre barrigudo y cordial. Entre las piezas de cerámica había algunas tinajas barrigudas.*

barril. m. **1.** Recipiente grande, de madera o metal, gralm. cilíndrico, que sirve para conservar y transportar mercancías, espec. líquidos. *Le gusta la cerveza de barril.* **2.** Unidad de capacidad utilizada en la industria del petróleo, que equivale a 158,98 litros. *El precio del barril de petróleo ha subido.* Tb. la cantidad de petróleo que cabe en ella. *Venezuela aumentará su producción de petróleo en 5000 barriles diarios.* ■ **un ~ de pólvora.** loc. s. Una cosa muy conflictiva y llena de tensión. *Las rivalidades étnicas y religiosas hacen de la zona un barril de pólvora.* ▶ **1:** *CUBA.

barrilete. m. Am. Cometa (juguete). *Se fue corriendo, dándole hilo al barrilete que ya volaba por encima de la arboleda* [C]. ▶ *COMETA.

barrillo. m. Barro (grano). *Es una pomada para los barrillos.* ▶ BARRO.

barrio. m. **1.** Zona de las que componen una población o uno de sus distritos. *Vive en un barrio céntrico. La medina es el barrio antiguo de la ciudad árabe. El hecho se produjo en el barrio de Los Milagros, en el distrito Centro.* **2.** Barrio (→ 1) periférico o alejado del centro. *El fin de semana los chicos de los barrios se van de juerga al centro. Muchos cines de barrio se han convertido en bingos.* ■ **~ chino.** m. Barrio (→ 1) donde se concentra la prostitución. *Ha habido una reyerta en el barrio chino.* □ **el otro ~.** loc. s. coloq. El otro mundo. *Tuve un accidente y me vi con un pie en el otro barrio.* Frec. en las constr. *irse al otro ~* o *mandar al otro ~*. *De un disparo lo mandaron al otro barrio.* ▶ BARRIADA.

barriobajero, ra. adj. despect. De los barrios bajos, o de características atribuidas a ellos o a sus gentes, como la vulgaridad o los malos modales. *¿Dónde has aprendido esa jerga barriobajera?* Dicho de pers., tb. m. y f. *Hablas y te comportas como un barriobajero.*

barritar. intr. Dar barritos un elefante. *Oímos barritar a un elefante.*

barrito. m. Voz característica del elefante. *Desde la selva llegaban barritos, rugidos y otras voces de animales.*

barrizal. m. Lugar lleno de barro. *La lluvia ha convertido el sendero en un barrizal.* ▶ CENAGAL, LODAZAL. ‖ **Am:** BARRIAL.

barro[1]**.** m. **1.** Masa que resulta de la mezcla de tierra y agua, espec. la que se forma en el suelo cuando llueve. *Ha llegado con las botas llenas de barro.* **2.** Material arcilloso moldeable que se endurece por cocción en el horno y se utiliza en la fabricación de objetos de cerámica. *El alfarero moldea el barro en el torno. Las gambas al ajillo se hacen en cazuela de barro.* ▶ **1:** CIENO, FANGO, LAMA, LÉGAMO, LIMO, LODO.

barro[2]**.** m. Grano rojizo de pequeño tamaño que aparece en la cara. *En la adolescencia se le llenó la cara de barros.* ▶ BARRILLO.

barroco, ca. adj. **1.** Del Barroco (→ 4). *Teatro barroco. Música barroca.* **2.** Partidario o cultivador del Barroco (→ 4). *Góngora fue un autor barroco.* Dicho de pers., tb. m. y f. **3.** Recargado de adornos. *No me gustan los vestidos de novia muy barrocos.* ● m. **4.** (Frec. en mayúsc.). Estilo artístico caracterizado por la abundante ornamentación, que en Europa se desarrolló desde finales del s. XVI hasta principios del s. XVIII. *Velázquez fue el máximo exponente pictórico del Barroco español. Barroco colonial.*

barroquismo. m. Tendencia a lo barroco. *En la catedral destaca el barroquismo del altar.*

barroquizante. adj. Que tiene tendencia a lo barroco. *Hay un gusto barroquizante en el arte de ese período.*

barrote. m. Barra metálica gruesa, espec. la que con otras forma una reja u otro objeto semejante. *El carcelero dejó la bandeja de comida al otro lado de los barrotes.*

barruntar. tr. Conjeturar o presentir (algo) por alguna señal o indicio. *Por tu tono de voz, barrunté que ibas a darme una mala noticia.* ▶ PRESENTIR.

barrunto. m. **1.** Hecho o efecto de barruntar. *Salí de la entrevista con el barrunto de que me iban a contratar.* **2.** Indicio o noticia. *Hay barruntos de tormenta.* ▶ **1:** *PRESENTIMIENTO.

bartola. a la ~. loc. adv. coloq. Sin ninguna actividad o preocupación. Frec. con *tumbarse*. *Lo que quiero es irme de vacaciones y tumbarme a la bartola.*

bartolillo. m. Pastelillo de forma gralm. triangular, hecho con masa frita de harina y huevos, y relleno de crema o de carne. *He comprado unos bartolillos para merendar.*

bartolina. f. Am. Calabozo. *Vivía en una covacha del mismo cuartel donde estaban las bartolinas de los presos* [C].

bártulos. m. pl. coloq. Enseres u objetos de uso personal o necesarios para una actividad. *El pintor ha metido todos sus bártulos en la furgoneta.*

barullo. m. **1.** coloq. Confusión o desorden. *Me he armado un barullo con su explicación. ¿Cómo vas a encontrar lo que buscas en este barullo* DE *papeles?* **2.** coloq. Mezcla confusa de ruidos y voces. *Se oye mucho barullo en casa de los vecinos.*

basa. f. *Arq.* Pieza inferior de una columna. *Las partes básicas de una columna son: basa, fuste y capitel. La columna dórica carece de basa.* ▶ BASE.

basal. adj. **1.** *tecn.* Situado en la base de algo, espec. de un órgano o formación orgánica, o de una construcción. *El análisis revela que las células basales de la epidermis presentan alteraciones.* **2.** *Fisiol.* Que se produce cuando el organismo está en reposo y en ayunas. *La frecuencia cardíaca basal es más elevada en los niños que en los adultos. Metabolismo basal.*

basáltico, ca. adj. De basalto. *Emisión de lavas basálticas.*

basalto. m. Roca volcánica de color negro o verdoso, de grano fino y gran dureza. *El basalto se usa en la producción de grava.*

basamento. m. **1.** Base en que descansa algo. *El edificio tiene un basamento de piedra de sillería.* **2.** *Arq.* Cuerpo situado debajo del fuste de la columna, que comprende la basa y el pedestal. *Unas columnas de mármol con basamento de tres escalones.*

basar. tr. **1.** Apoyar (una cosa) en otra que sirve como base o punto de partida. *Ha basado su teoría* EN *hipótesis incorrectas.* ○ intr. prnl. **2.** Apoyarse en algo como base o punto de partida. *Sus acusaciones se basan* EN *simples rumores.* ▶ **1:** *APOYAR. **2:** *APOYARSE.

basca. f. **1.** Náusea (gana de vomitar). *Se metió los dedos en la boca para forzar la basca.* Más frec. en pl. *El olor que sale del sumidero le da bascas.* **2.** coloq. Pandilla o grupo de amigos. *Hoy voy a salir con la basca del barrio.* **3.** coloq. Gente o conjunto de personas. *Este sitio está lleno de basca.* ▶ **1:** NÁUSEA.

báscula. f. Aparato que sirve para medir pesos. *Se ha pesado en la báscula de la farmacia.*

basculante. adj. **1.** Que bascula, espec. si lo hace sobre un eje vertical u horizontal. *Una puerta basculante da paso a la cocina del restaurante. Maquinilla de afeitar con cabezal basculante.* ● m. **2.** Dispositivo que permite bascular, espec. el de un vehículo de carga. *El camionero accionó la palanca del basculante.* **3.** Vehículo de carga provisto de basculante (→ 2). *El basculante descarga la arena en mitad del solar.*

bascular. intr. **1.** Moverse de un lado a otro sobre un eje vertical u horizontal. *La mecedora bascula silenciosamente.* **2.** Inclinarse, mediante un mecanismo adecuado, la caja de algunos vehículos de transporte de modo que la carga resbale hacia fuera por su propio peso. *El volquete del camión bascula para descargar la basura.* **3.** Inclinarse excesivamente hacia un lado alguien o algo en movimiento. *La grúa basculó sobre su base. El coche ha basculado en la curva.* **4.** Inclinarse hacia una preferencia, opción o estado, o vacilar entre varios. *El partido ha basculado* HACIA *posturas más conservadoras. Su ideología bascula* ENTRE *el centro y la derecha.*

base. f. **1.** Parte inferior de algo, sobre la que se apoya o asienta. *La base de la copa tiene un filo dorado. Han construido la casa en la base de la montaña.* **2.** Elemento principal o fundamental de algo. *La base del cocido son los garbanzos.* **3.** Elemento que sirve de fundamento o punto de partida. *Los países de la Unión Europea sentarán las bases de la reforma económica.* **4.** Cada una de las normas que regulan un sorteo, un concurso o un procedimiento determinado. Más frec. en pl. *Entre las bases del concurso figura ser mayor de edad.* **5.** Conjunto de militantes de un partido, un sindicato u otra organización respecto a sus mandatarios o delegados. Frec. en pl. con significado sing. *Las bases reclaman una participación más activa en el sindicato.* **6.** Conjunto de instalaciones, espec. de carácter militar, donde se concentra personal y equipos para desarrollar una determinada actividad a partir de ellas. *Los bombarderos parten de la base aeronaval con rumbo a la zona del conflicto. La guerrilla tiene su base de operaciones al sur del país.* **7.** *Arq.* Basa. *La base y el fuste de la columna son de mármol.* **8.** *Mat.* Lado o cara horizontales sobre los que se supone que descansa una figura o un cuerpo. *El área del triángulo se halla multiplicando la base por la altura y dividiendo por dos.* **9.** *Mat.* Número sobre el que se construye un sistema de numeración o de logaritmos. *En el sistema decimal la base es 10, y en notación binaria, 2.* **10.** *Quím.* Sustancia que se combina con los ácidos para formar sales. *El amoníaco es una base.* **11.** En béisbol: Cada una de las cuatro esquinas del campo por las que el jugador tiene que pasar para completar una carrera. *Bateó muy fuerte y llegó hasta la segunda base.* ○ m. y f. **12.** En baloncesto: Jugador que organiza el juego de su equipo. *El base ha encestado un triple.* ■ **~ de datos.** f. *Inform.* Conjunto de datos organizado de tal modo que permita obtener con rapidez diversos tipos de información. *La empresa dispone de una base de datos de los clientes.* ■ **~ del cráneo.** f. Porción inferior del cráneo, formada pralm. por los huesos occipital y temporales. *Le ha disparado en la base del cráneo.* ■ **~ imponible.** f. *Econ.* Cantidad que expresa la suma de todos los rendimientos de una actividad económica y sobre la que se calcula el pago de los impuestos. *En la factura aplicaremos el IVA y las retenciones pertinentes a la base imponible.* □ **a ~ de.** loc. prepos. Teniendo la base (→ 2) de. *He comprado un ungüento a base de hierbas naturales.* ■ **a ~ de bien.** loc. adv. **1.** coloq. Mucho o con gran intensidad. *Me insultaron a base de bien.* **2.** coloq. Muy bien o perfectamente. *Este aparato funciona a base de bien.* ■ **de ~.** loc. adj. Dicho de un militante o afiliado: Que no ocupa ningún cargo directivo. *Son simples militantes de base.*

básicamente. adv. De manera básica o fundamental. *Los dos proyectos son básicamente iguales. El plan está dirigido básicamente a revitalizar las regiones más atrasadas.*

básico, ca. adj. **1.** Que tiene carácter de base, o sirve como elemento principal o de partida de algo. *El aceite de oliva es un ingrediente básico en la cocina española. Tiene unos conocimientos básicos de alemán.* **2.** *Quím.* De las bases, o que posee sus propiedades. *El bicarbonato sódico es un compuesto básico.*

basílica. f. **1.** Iglesia notable por su antigüedad o magnificencia, o que goza de ciertos privilegios. *En Estambul, visitamos la basílica de Santa Sofía.* **2.** histór. Edificio público, dividido en varias naves, que servía a los romanos de tribunal y de centro de reunión y contratación. *La basílica romana era un edificio cubierto y normalmente de planta longitudinal.*

basilical. adj. De la basílica. *La iglesia tiene planta basilical.*

basilisco. m. **1.** Reptil de América tropical, semejante a una iguana pequeña, de color verde, cola larga y cresta en la cabeza y el lomo. *Los basiliscos pueden correr sobre el agua sin hundirse.* **2.** Animal fabuloso que tiene la propiedad de matar con la vista. *En los capiteles del claustro hay esculpidos basiliscos y grifos.* ■ **como un ~.** loc. adv. coloq. En estado de gran irritación o enfado. *Se ha puesto como un basilisco.*

básquet. m. frecAm. Baloncesto. *Viéndolo jugar, parece que el básquet es un deporte sencillo* [C].

basquetbol. m. Am. Baloncesto. *Ha manifestado su deseo de ingresar alguna vez al basquetbol de la NBA* [C].

basta. f. Hilván (costura). *Una vez que hayas cosido el dobladillo, quita las bastas.* ▶ HILVÁN.

bastante. adj. **1.** Que basta. *¿Tienes bastante pintura* PARA *acabar la habitación? Comprobaron que hubiera uniformes bastantes* PARA *todos.* Tb. pron. *Cuando contaron los cubiertos se dieron cuenta de que no había bastantes.* **2.** Que se presenta en una cantidad o un grado elevados. *Tiene bastante dinero. Lo hizo con bastante rapidez* PARA *su poca experiencia.* Tb. pron. *Necesitaba diez folios y no tenía bastantes.* ● adv. **3.** En cantidad o grado bastantes (→ 1). *Ya he comido bastante, no quiero más. ¿No has llorado ya bastante?* **4.** En cantidad o grado elevados. *Nos pone bastante nerviosas. Hay pantalones bastante menos caros. Hemos trabajado bastante* PARA *lo que nos pagan.* ▶ **1:** SUFICIENTE.

bastar. intr. **1.** Ser suficiente y proporcionado para algo. *Bastó que la empresa anunciara la congelación de los salarios* PARA *que los trabajadores se pusieran en huelga.* Tb. en constr. impers. PARA *acceder al edificio, bastará* CON *mostrar el DNI.* ○ intr. prnl. **2.** Tener alguien suficiente capacidad por sí mismo para hacer algo. *Le ofrecí mi ayuda, pero me dijo que ella sola se bastaba.* ■ **basta.** interj. Se usa exclamativamente para exhortar a poner término a lo que se está haciendo o diciendo. *¡Basta ya* DE *perder el tiempo y ponte a trabajar! ¡Basta, no me atosigues más!*

bastarda. → **bastardo.**

bastardía. f. **1.** Condición de bastardo. Referido espec. a la pers. nacida fuera del matrimonio. *En la corte todos sospechaban de la bastardía del príncipe heredero.* **2.** Dicho o hecho bastardos o indignos. *Cometió una bastardía traicionando al rey.*

bastardilla. f. *Gráf.* Letra bastardilla (→ **letra**). *Cuando un extranjerismo no está castellanizado suele ponerse en bastardilla.*

bastardo, da. adj. **1.** Dicho de persona: Que ha nacido fuera del matrimonio. *Doña Urraca fue hija bastarda de Alfonso VII. Don Juan de Austria era hermano bastardo de Felipe II.* Tb. m. y f. *El reino pasaría a manos de un bastardo.* **2.** Indigno o poco noble. *Sus ambiciones bastardas lo llevarán a la perdición.* ● f. **3.** Letra bastarda (→ **letra**). ▶ **1:** ESPURIO.

bastedad. f. Cualidad de basto. *La bastedad de la tela la hace poco apropiada para un vestido.*

bastidor. m. **1.** Armazón de madera o metal que sirve de soporte, espec. la de madera en que se fijan lienzos para pintar o telas para bordar. *Tiene un mantel a medio bordar en el bastidor. El pintor grapó el lienzo a la parte trasera del los bastidor.* **2.** *Teatro* Armazón de madera en que se fija un lienzo o papel pintados y que se coloca verticalmente a cada lado del escenario como parte del decorado. *Se oye el murmullo de los actores detrás de los bastidores.* **3.** *Mec.* Armazón metálica que sirve de soporte a la carrocería de un vehículo y en la que se instala el motor. *El automóvil lleva grabado en el bastidor un número que lo identifica.* ■ **entre ~es.** loc. adv. **1.** En teatro: Fuera del escenario y de la vista del público. *En el día del estreno, el nerviosismo era enorme entre bastidores.* **2.** Reservadamente, o sin que el asunto trascienda al público. *Han llegado a un acuerdo entre bastidores.*

bastilla. f. Doblez que, asegurado con puntadas o hilvanes, se hace en los extremos de una tela para que no se deshilache. *Hay que bajarle la bastilla a la falda.*

bastión. m. Baluarte (obra de fortificación). *La ciudad estaba defendida por una muralla con bastiones y foso.* Tb. fig. *Cuba fue el último bastión de España en América.* ▶ BALUARTE.

basto¹. m. **1.** En la baraja española: Carta del palo de bastos (→ 2). *Me han tocado dos bastos y dos copas.* ○ pl. **2.** Palo de la baraja española cuyas cartas tienen representados uno o varios palos gruesos. *El cuatro de bastos. En esta partida pintan bastos.* ■ **el ~.** loc. s. El as de bastos (→ 2). *He ganado la última mano con el basto.*

basto², ta. adj. **1.** Dicho de cosa: Tosca, o que carece de pulimento o suavidad. *Es una mesa de pino basto. Se ha comprado un traje de un tejido muy basto.* **2.** Dicho de persona: Grosera o maleducada. *¡Mira que eres basto!* ▶ **2:** *MALEDUCADO.

bastón. m. **1.** Vara con mango o empuñadura, que sirve para apoyarse al andar. *Lleva bastón.* Tb. designa otros objetos cuya forma recuerda la de esa vara. *El esquiador se impulsa con los bastones hasta coger velocidad. Bastón de ciego.* **2.** Objeto con forma de bastón (→ 1), que es símbolo de mando o autoridad. *El faraón aparece en el jeroglífico con el bastón de su autoridad.* Tb. *~ de mando. La alcaldesa saliente entrega el bastón de mando a su sucesor.* **3.** *Biol.* Bastoncillo. *Los conos y los bastones forman una de las capas de la retina.*

bastonazo. m. Golpe dado con un bastón. *Me ha dado un bastonazo tremendo.*

bastoncillo. m. *Anat.* Prolongación cilíndrica de ciertas células de la retina, que recibe las impresiones luminosas incoloras. *Los bastoncillos intervienen decisivamente en la visión nocturna.* Tb. la misma célula. *La capa de conos y bastoncillos.* ▶ BASTÓN.

basura. f. **1.** Conjunto de residuos u otros desperdicios. *La basura se acumula en las calles. El camión de la basura pasa todas las mañanas.* Tb. el lugar donde se tiran. *Echa las cáscaras de huevo a la basura.* **2.** Suciedad (conjunto de cosas que hacen que algo esté sucio). *No sabes la basura que se forma encima de los muebles.* **3.** Persona o cosa repugnantes o despreciables. *La película es una basura. Para mí no eres más que basura.* **4.** Excrementos, espec. de las caballerías. *Huele muy mal en el establo por la acumulación de basura.* **5.** Se usa en aposición para expresar la baja calidad de lo designado por el nombre al que sigue. *Le han hecho un contrato basura. Abusa de la comida basura.* ▶ **2:** SUCIEDAD.

basural. m. Am. Basurero (lugar). *Miles de canes deambulan por las calles y basurales de la ciudad* [C]. ▶ *BASURERO.

basurero, ra. m. y f. **1.** Persona que tiene por oficio recoger basura. *Hay huelga de basureros.* ○ m. **2.** Lugar usado para arrojar y acumular en él las basuras. *El Ayuntamiento planea ampliar el basurero municipal.* ▶ **2:** VERTEDERO. ‖ **Am: 2:** BASURAL, TIRADERO.

bata. f. **1.** Prenda de vestir larga, holgada, abierta por delante y con mangas, que usa para estar por casa. *Me levanté y me puse la bata. Nos ha recibido en bata.* **2.** Prenda de vestir larga, de tela lavable y gralm. blanca, que se usa como ropa de trabajo, espec. en laboratorios, clínicas o peluquerías. *La enfermera sacó un termómetro del bolsillo de su bata. Los dependientes de la ferretería llevan una bata azul.* ■ **~ de cola.**

f. Vestido largo femenino, con cola y volantes, usado espec. por las bailaoras de flamenco. *Se pasean por el real de la feria con bata de cola.*

batacazo. m. **1.** Golpe fuerte que se da una persona cuando cae. *Resbaló y se dio un batacazo.* **2.** Derrota o fracaso inesperados. *El resultado electoral supone un batacazo para la derecha.*

batahola. (Tb., más raro, **bataola**). f. cult. Ruido o bullicio grandes. *El profesor entró en clase y la batahola se acalló al instante.*

batalla. f. **1.** Combate o serie de combates entre dos fuerzas armadas rivales. *La batalla de las Navas de Tolosa provocó la caída del Imperio almohade.* Tb. fig. *Libra una batalla interior entre el deber y el querer.* **2.** Relato de acontecimientos pasados en los que el narrador se atribuye un protagonismo gralm. excesivo. Más frec. *batallita* y gralm. en pl. *Me cuenta sus batallitas de cuando era joven.* ■ **~ campal.** f. **1.** Batalla (→ 1) que se desarrolla en campo abierto. *Los ejércitos se han enfrentado en batalla campal.* **2.** Enfrentamiento violento entre dos grupos de personas, espec. numerosos. *La manifestación ha desembocado en una batalla campal entre manifestantes y fuerzas de seguridad.* ■ **~ de flores.** f. Festejo público en que los concurrentes se arrojan flores. *En las fiestas patronales hay fuegos artificiales y batalla de flores.* □ **dar la ~**, o **presentar ~.** loc. v. Enfrentarse con energía y decisión a una dificultad para conseguir algo. *El presidente dará la batalla para conseguir su reelección. Los jugadores están listos para presentar batalla en el partido.* ■ **de ~.** loc. adj. coloq. Dicho de cosa, espec. de prenda de ropa: De uso ordinario. *En la maleta he traído unos pantalones de batalla.*

batallador, ra. adj. Que batalla. Frec. fig. *La etapa reina es durísima, ideal para ciclistas batalladores. El comité de empresa es muy batallador.*

batallar. intr. Combatir o luchar. Frec. fig. *Ha tenido que batallar mucho* PARA *salir adelante. Está harto de batallar* CONTRA/CON *todo el mundo.*

batallón. m. **1.** En el Ejército: Unidad de soldados compuesta de varias compañías y que suele estar a las órdenes de un teniente coronel o un comandante. *Han sido movilizados varios batallones de infantería.* **2.** Grupo numeroso de personas. *A la rueda de prensa ha acudido un batallón* DE *periodistas y fotógrafos.* ▶ **2:** EJÉRCITO, LEGIÓN, TROPA.

batán. m. Máquina que, por medio de gruesos mazos de madera, sirve para golpear los tejidos y los cueros, dándoles cuerpo y eliminando su grasa. *La energía hidráulica de los ríos se aprovechaba para el movimiento de batanes y molinos.* Tb. el edificio en que funciona. *Trabajaba en los batanes.*

bataola. → **batahola.**

batata. f. Tubérculo comestible de forma alargada, carne blanca o amarillenta y sabor dulce. *Buñuelos de batata. De la batata se extrae fécula.* Tb. su planta. *Tiene plantadas batatas en el huerto.* ▶ BONIATO. ‖ **Am:** CAMOTE.

batazo. m. Golpe dado con un bate. *De un batazo ha sacado la pelota del estadio.*

bate. m. En béisbol y otros deportes: Palo para golpear la pelota, más grueso por el extremo libre que por la empuñadura. *Los pandilleros van armados con bates de béisbol. Un bate de* cricket.

batea. f. **1.** Plataforma flotante de madera para la cría de mejillones y otros moluscos marinos. *En las rías gallegas abundan las bateas de mejillón.* **2.** Recipiente que se usa para el lavado de arenas y minerales. *Un buscador de oro filtra la arena del río con su batea.* **3.** Am. Artesa para lavar. *Estuve como tres horas restregando sábanas y vestidos en la batea* [C]. ▶ **3:** ARTESA.

bateador, ra. m. y f. En béisbol y otros deportes: Jugador que maneja el bate. *El bateador golpeó la pelota y corrió hacia la primera base.*

batear. tr. En béisbol y otros deportes: Dar (a la pelota) con el bate. *Ha bateado la pelota tan fuerte que ha salido fuera del campo.* Tb. usado en constr. intr. *Para batear bien es necesario estar atento al lanzador.*

batel. m. Bote (embarcación pequeña). *Cruzamos el río en un batel.* ▶ BOTE.

batería. f. **1.** Aparato o conjunto de aparatos que sirven para acumular energía eléctrica para su posterior utilización. *La energía eléctrica que utiliza un coche cuando arranca procede de la batería.* Tb. *~ eléctrica. El ordenador portátil funciona con una batería eléctrica.* **2.** Conjunto de instrumentos de percusión montados en un dispositivo único y que toca un solo ejecutante. *El percusionista de* jazz *ha aprendido muy joven a tocar la batería.* **3.** Conjunto de piezas de artillería dispuestas para abrir fuego. *Los aviones enemigos han destruido una batería de misiles antiaéreos.* **4.** Conjunto de recipientes, gralm. con un diseño común, que se utilizan para cocinar. *Me han regalado una batería de doce piezas de acero inoxidable.* Tb. *~ de cocina. La batería de cocina incluye dos cazos de distinto tamaño.* **5.** Conjunto o serie de cosas iguales o análogas. *El invitado contestó con humor a toda la batería de preguntas del entrevistador.* ○ m. y f. **6.** Músico que toca la batería (→ 2). *Va a interpretar su canción acompañado de un bajista y un batería.* ■ **en ~.** loc. adv. Dicho de la forma de estacionar un vehículo: En posición paralela a otro vehículo. *Se me da mejor aparcar en batería que en línea.* Tb. adj. *Hay varios vehículos en batería. Se prohíbe el estacionamiento en batería.* ▶ **6:** BATERISTA.

baterista. m. y f. Batería (músico). *Un baterista de jazz.* ▶ BATERÍA.

batey. m. frecAm. Lugar en donde se encuentran las viviendas, oficinas y otros edificios en una explotación de caña de azúcar. Referido espec. a algunos países americanos. *En los bateyes y bohíos, en los centrales, está la gente sana y trabajadora de este país* [C].

batial. adj. **1.** *Geol.* Dicho de zona submarina: Que se encuentra a una profundidad de entre 200 y 2000 metros, precediendo a la zona abisal. *A la zona batial llega muy poca luz y por eso escasea la vegetación.* **2.** *Geol.* De la zona batial (→ 1). *Sedimentación batial.*

batiburrillo. m. coloq. Mezcla desordenada de cosas inconexas. *Es imposible encontrar algo en este batiburrillo* DE *notas y papeles. Tiene un batiburrillo* DE *ideas en la cabeza.*

batida. f. Hecho de batir un lugar para buscar algo o a alguien. *En la batida policial han detenido a dos sospechosos. Los cazadores empezarán su batida por el monte al amanecer.*

batido, da. part. **1.** → **batir.** ● m. **2.** Bebida elaborada con leche, helado u otros ingredientes batidos (→ 1). *Me he tomado un batido de fresa.*

batidor, ra. adj. **1.** Que bate o sirve para batir. *Máquina batidora.* ● m. **2.** Utensilio de cocina que sirve para batir. *Utiliza un batidor de varillas para montar las claras.* **3.** *Caza* Hombre encargado de levantar la caza en las batidas. *Los batidores agitan la maleza para hacer salir al animal.* ○ f. **4.** Máquina provista de un mecanismo giratorio, que sirve para batir o triturar alimentos. *Para hacer el gazpacho, pasa todos los ingredientes por la batidora.*

batiente. m. **1.** Parte del cerco de una puerta o ventana, en que bate y se detiene la hoja al cerrarse. *Ha puesto el pie entre el batiente y la hoja para que no se cierre la puerta.* **2.** Hoja de una puerta o ventana. *Abre un batiente del balcón.* ▶ **2:** HOJA.

batik. m. Técnica de estampado en color de tejidos, en la que se cubre con cera fundida las partes que deben quedar sin teñir. *El batik es originario de la isla de Java.* Tb. el tejido. *Tiene unos asientos de bambú con cojines de batik.*

batín. m. Bata que llega normalmente hasta la mitad del muslo y que usan los hombres para estar por casa. *Le abrió la puerta en batín y pantuflas.*

batintín. m. Instrumento consistente en un disco metálico suspendido de un soporte, que se hace sonar con una bola forrada, fija al extremo de un palo. *Los monjes del monasterio budista acuden a la llamada del batintín.*

batipelágico, ca. adj. *Biol.* De las grandes profundidades marinas. *Fauna batipelágica.*

batir. tr. **1.** Golpear (algo). *A lo lejos alguien batía un tambor.* **2.** Mover y revolver con algún instrumento (una sustancia) para que se condense o se licue. *Bate las claras a punto de nieve. Hay que batir tres huevos para la tortilla.* **3.** Agitar (algo), o mover(lo) reiteradamente con fuerza. *El águila remontó el vuelo batiendo las alas.* **4.** Golpear (sobre algo) una fuerza, como el agua, el viento o las olas. *Las olas baten el casco del buque. El viento batía la puerta abierta.* **5.** Registrar exhaustivamente (un lugar) para buscar algo o a alguien, espec. caza o delincuentes. *Han batido el bosque en busca del preso huido.* **6.** Derrotar o vencer (a un enemigo o adversario). *La selección española ha batido a la francesa en semifinales.* **7.** *Dep.* Superar (una marca o récord). *El atleta ha batido el récord mundial de salto de longitud.* ○ intr. **8.** Golpear. *La lluvia batía contra los cristales.* ○ intr. prnl. **9.** Combatir en duelo dos personas. *Los dos caballeros se batieron en duelo.* ▶ **6:** *VENCER.

batiscafo. m. Vehículo sumergible destinado a explorar las profundidades del mar. *Se han sumergido en un batiscafo.*

batista. f. Tejido fino y delgado de lino o algodón. *Lleva un vestido blanco de batista.*

batracio. adj. **1.** *Zool.* Del grupo de los batracios (→ 2). *Animal batracio.* ● m. **2.** *Zool.* Vertebrado sin pelo ni escamas, con sangre de temperatura variable, que puede vivir en la tierra o en el agua, como la salamandra y el sapo. ▶ ANFIBIO.

batúa. m. Forma unificada de la lengua vasca, basada en el dialecto guipuzcoano con incorporaciones de otros dialectos vascos. *En las ikastolas se emplea el batúa.*

baturro, rra. adj. **1.** Aragonés. Referido espec. a lo aragonés que tiene carácter tradicional o rural. *Cachirulo baturro.* Dicho de pers., tb. m. y f. *Dos baturros bailan una jota.* **2.** De los baturros (→ 1). *Cuento baturro.*

batuta. f. **1.** Varita con que el director de una orquesta, banda o coro marca el compás y dirige la ejecución de la pieza. *El director hizo una señal con la batuta y los músicos empezaron a tocar.* **2.** Director de orquesta. *Es una de las mejores batutas del mundo.* **3.** Dirección o mando. *Es la primera vez que actúa bajo la batuta de este director. El embajador ha llevado la batuta en las negociaciones.*

baudio. m. *Inform.* Unidad de velocidad de transmisión de las señales, que equivale a un bit por segundo. *La rapidez de emisión y recepción de correo electrónico depende de los baudios con que funciona el módem.*

baúl. m. **1.** Caja grande y resistente de forma rectangular, con tapa frec. convexa, provista de bisagras por un lado y cerraduras por el opuesto, que se usa para guardar objetos o transportarlos en un viaje. *Guarda las sábanas y las toallas en un baúl.* **2.** Am. Maletero de un automóvil. *Ayudó al chofer a poner la valija en el baúl* [C]. ▶ **1:** ARCA, ARCÓN, COFRE. **2:** *MALETERO.

bauprés. m. *Mar.* Palo grueso, horizontal o algo inclinado, que sobresale de la proa y sirve para sujetar algunas velas o cabos. *Como castigo por amotinarse, lo colgaron cabeza abajo del bauprés.*

bautismal. adj. Del bautismo. *Rito bautismal. Agua bautismal.*

bautismo. m. **1.** *Rel.* Sacramento por el que una persona se hace cristiana. *Por medio del bautismo, el cristiano recibe un nombre.* **2.** Hecho de recibir el bautismo (→ 1). *El bautismo de sus hijos tuvo lugar en la iglesia del pueblo.* **3.** Primera intervención de alguien en una actividad. *Este papel ha supuesto su bautismo teatral.* ■ **~ de fuego.** m. *Mil.* Hecho de entrar por primera vez en combate. *Los soldados aguardan nerviosos su bautismo de fuego.* Tb. fig. *La crónica de un incendio fue su bautismo de fuego como periodista.*

bautista. m. **1.** (En mayúsc.). Hombre que administra el bautismo. Designa a San Juan, el Precursor de Cristo. *Jesús fue bautizado por el Bautista en las aguas del Jordán.* ○ m. y f. **2.** Persona que bautiza o pone nombre. *No solo fue el bautista del grupo poético, sino su principal antólogo.*

bautizar. tr. **1.** Administrar (a alguien) el sacramento del bautismo. *Mañana bautizarán a su hijo.* **2.** Poner nombre (a alguien o algo). *Aún no hemos bautizado el barco.* **3.** Poner (a alguien o algo) el nombre que se indica. *La bautizaron* CON *el nombre de su madre. Decidieron bautizar la moneda única europea como "euro".* **4.** coloq. Echar agua (al vino). *Dicen que en ese bar bautizan el vino.* ▶ **1:** CRISTIANAR.

bautizo. m. Hecho de bautizar, espec. de administrar el sacramento del bautismo. *Durante el bautizo, el bautizado recibe agua bendita como símbolo de purificación.* Tb. la ceremonia con que se celebra. *El año pasado fui al bautizo de dos sobrinos.*

bauxita. f. Roca arcillosa, frec. de color blanquecino, gris o rojizo, compuesta pralm. por óxido hidratado de aluminio. *Minas de bauxita.*

bávaro, ra. adj. De Baviera (Estado de Alemania). *Múnich es la capital bávara.* Dicho de pers., tb. m. y f. *Los bávaros tienen su propio parlamento.*

baya. f. Fruto carnoso y jugoso, con semillas rodeadas de pulpa, como la uva, la frambuesa y el tomate. *El acebo tiene bayas rojas.*

bayadera. f. Bailarina y cantora de la India, que interviene en espectáculos o en funciones religiosas. *Las bayaderas van ataviadas con sedas de vivos colores.*

bayeta. f. **1.** Paño que sirve para limpiar superficies. *Limpia la mesa con una bayeta humeda.* **2.** Tela de lana, floja y poco tupida. *Una camisa de bayeta.*

bayo, ya. adj. Dicho de caballo: De color blanco amarillento. *El rejoneador sacó dos monturas: una baya y otra torda.* Tb. m.

bayonesa. f. Dulce hecho con dos capas delgadas de masa de hojaldre que llevan entremedias cabello de ángel. *Ha merendado un café con leche y una bayonesa.*

bayoneta. f. Arma blanca de los soldados de infantería, que normalmente va acoplada junto a la boca del cañón del fusil. *El capitán ordenó a los soldados calar bayonetas y cargar contra el enemigo.*

bayonetazo. m. Golpe de bayoneta. *Los enemigos irrumpieron en la fortaleza dando bayonetazos.* Tb. la herida producida. *El bayonetazo que tenía en la pierna era muy profundo.*

baza. f. **1.** En algunos juegos de naipes: Conjunto de cartas que recoge quien gana cada mano. *No he ganado ninguna baza en esta partida.* **2.** Cosa que permite obtener una ventaja o beneficio. *El* sprint *es su mejor baza para ganar la carrera.* ■ **meter ~.** loc. v. coloq. Intervenir o participar en algo, espec. en una conversación. *No me han dejado meter baza en la discusión.*

bazar. m. **1.** Tienda en que se venden productos muy variados, a veces a un precio fijo. *En el bazar de la esquina se puede comprar desde un cortaúñas hasta un florero.* **2.** En Oriente Próximo: Mercado público o lugar destinado al comercio. *He comprado la alfombra en un bazar de Estambul.*

bazo. m. En los vertebrados: Órgano de color rojo oscuro, situado a la izquierda del estómago, que destruye los glóbulos rojos inservibles y participa en la formación de glóbulos blancos. *El bazo se halla en el abdomen, delante del riñón izquierdo.*

bazofia. f. **1.** Comida de aspecto y sabor repugnantes. *Estoy harto de comer esta bazofia.* **2.** Cosa despreciable o de ínfima calidad. *La película es una bazofia.* Tb. fig. *Los delatores no son más que bazofia.*

bazuca. f. (Tb., más raro, m.). Lanzagranadas portátil consistente en un tubo abierto por los extremos, que se dispara apoyado sobre el hombro y se utiliza pralm. contra carros de combate. *El soldado, rodilla en tierra, apuntaba la bazuca.*

be. f. Letra *b*. En Am., tb. ~ *larga*, o *alta*.

beata. → **beato.**

beatería. f. **1.** despect. Condición de beato en asuntos religiosos. *Algunas feligresas muestran una devoción tal que roza la beatería.* **2.** despect. Acción propia de la persona beata en asuntos religiosos. *Los padres aceptaron sin beaterías su decisión de no casarse por la Iglesia.*

beaterio. m. Casa en que vive un grupo de beatas en comunidad y bajo la regla de una determinada orden religiosa. *Fue acogida como novicia en un beaterio.*

beatificación. f. Hecho de beatificar. *El Vaticano ha anunciado la beatificación de varios mártires.*

beatificar. tr. Declarar el Papa que (un difunto) es digno de culto debido a sus virtudes y comportamiento cristianos a lo largo de su vida. *El Papa beatificará a dos sacerdotes martirizados.*

beatífico, ca. adj. Que manifiesta o implica beatitud. *Sonrisa beatífica. En aquel remoto paraje nadie perturbaba su beatífica soledad.*

beatitud. f. Felicidad o bienestar, espec. los producidos por la serenidad y la paz espiritual. *La niña dormía con una expresión de beatitud en el rostro.*

beato, ta. adj. **1.** Dicho de persona: Beatificada por el Papa. *Los huesos de la beata María serán trasladados a la iglesia.* Tb. m. y f. *El Papa ha proclamado tres nuevos beatos.* **2.** despect. Que frecuenta mucho la iglesia y manifiesta una virtud y devoción exageradas. *En su familia son muy beatos y van a misa todos los días.* Tb. m. y f. *Procura ponerte ropa que no escandalice a los beatos.* ● f. **3.** Mujer que vive con otras, en clausura o sin ella, bajo la regla de una determinada orden religiosa. *Una congregación de beatas adoratrices.*

bebe, ba. m. y f. Am. Bebé. *Tiene una beba de cuatro meses* [C].

bebé. m. Niño de corta edad, espec. si aún está lactando o no sabe andar. *Voy a darle el biberón al bebé.* ▶ **Am:** BEBE, GUAGUA.

bebedero. m. **1.** Recipiente en que se echa la bebida a un animal doméstico, espec. a un pájaro de jaula. *Rellena el bebedero del canario.* **2.** Paraje o lugar al que acuden a beber los animales, espec. el ganado. *Las aves de la zona tienen esta laguna como bebedero.*

bebedizo. m. **1.** Bebida a la que se atribuye la virtud de hacer que el amor nazca en quien la toma. *La curandera le preparó un bebedizo.* **2.** Bebida preparada con veneno. *La princesa toma un bebedizo y muere en el acto.*

bebedor, ra. adj. **1.** Dicho de persona: Que bebe algún líquido. Tb. m. y f. *Los buenos bebedores de café aprecian que el grano sea molido en el momento.* **2.** Que consume bebidas alcohólicas, espec. en exceso y por vicio. *Tiene un marido bebedor.* Tb. m. y f. *El bebedor habitual puede hacerse alcohólico.*

beber. tr. **1.** Ingerir (un líquido). *Está bebiendo un refresco.* Tb. usado en constr. intr. *Bebe más despacio.* **2.** Absorber algo (un líquido). *El arroz ha bebido toda el agua y todavía está duro.* **3.** cult. Tomar de un lugar (información o ideas). *Bebió esas ideas* EN *la cultura clásica.* Tb. usado en constr. intr. *El autor ha bebido* EN *diversas fuentes.* ○ intr. **4.** Consumir bebidas alcohólicas, espec. en exceso y por vicio. *Ha intentado dejar de beber.* **5.** Brindar por alguien o algo. *¡Bebamos* POR *tu ascenso!* ▶ **5:** BRINDAR. ‖ **Am: 4:** TOMAR.

bebercio. m. **1.** coloq., humoríst. Consumo de bebidas alcohólicas. *Se nota que le va el bebercio: ¡menuda tajada lleva!* **2.** coloq., humoríst. Bebida, espec. alcohólica. *¿Quién se encarga de comprar el bebercio para la fiesta?*

bebestible. adj. coloq. Que se puede beber. *El agua de la fuente no es bebestible.* Tb. m. *Hicimos acopio de comestibles y bebestibles.*

bebible. adj. Que se puede beber, espec. por resultar agradable al paladar. *Le echan tanto cloro que el agua no está bebible. Solución bebible.*

bebida. f. **1.** Líquido que se bebe. *Está prohibida la venta de bebidas alcohólicas a menores.* **2.** Vicio de tomar bebidas (→ 1) alcohólicas. *Cuando murió su mujer, se dio a la bebida.*

bebido, da. part. **1.** → **beber.** ● adj. **2.** Embriagado o borracho. *Lo echaron del restaurante porque estaba bebido.* ▶ **2:** *BORRACHO.

bebistrajo. m. coloq. Bebida repugnante. *Me dio un bebistrajo de hierbas que me hizo vomitar.*

beca. f. Ayuda económica para realizar estudios o tareas de investigación. *Ha ganado una beca para estudiar fuera.*

becada. f. Ave del tamaño de una perdiz, de plumaje pardo y pico largo y recto, cuya carne es muy apreciada. *Estofado de becada. La becada es una pieza codiciada por los cazadores.* ▶ CHOCHA.

becar. tr. Conceder (a alguien) una beca. *El Ministerio de Medio Ambiente becará a veinte biólogos.*

becario, ria. m. y f. Persona que disfruta de una beca. *Los becarios extranjeros se alojarán en la residencia universitaria.*

becerrada. f. Corrida o lidia de becerros. *Se ha organizado una becerrada con fines benéficos.*

becerro, rra. m. y f. **1.** Ternero de menos de dos años. *Se compró unas botas de piel de becerro.* **2.** *Taurom.* Novillo. *En la capea torearon varios becerros.*

bechamel. f. Besamel. *Canelones con bechamel. Remueve la bechamel para que no se formen grumos.*

becuadro. m. *Mús.* Signo que se coloca gralm. a la izquierda de una nota y que anula el efecto de los sostenidos o bemoles anteriores. *El primer "si" es bemol, pero el segundo es natural, porque lleva becuadro.*

bedel, la. m. y f. **1.** En un centro de enseñanza: Persona encargada de mantener el orden fuera de las aulas y de otras funciones auxiliares. *Al término de las clases, el bedel hace sonar el timbre.* **2.** Ordenanza (empleado con funciones subalternas). *El bedel ha recogido el paquete dirigido al director del museo.* ▶ **2:** ORDENANZA.

beduino, na. adj. Árabe nómada que vive en Siria y el norte de África. *Tribu beduina.* Dicho de pers., tb. m. y f. *Campamento de beduinos.*

befa. f. Burla grosera y despreciativa. *Los alumnos hacían befa del profesor.* ▶ *BURLA.

begonia. f. Planta ornamental de hojas grandes y dentadas, en forma de corazón, verdes por encima y rojizas por debajo, con flores rosadas. *Macetas de begonias.*

behaviorismo. (pronunc. "bejabiorísmo"). m. *Psicol.* Conductismo. *El behaviorismo basa el estudio del ser humano en la observación de su comportamiento.*

beicon. m. Bacón. *Huevos fritos con beicon.*

beige. (pal. fr.; pronunc. "beis"). adj. Beis. *Una blusa* beige. *Un automóvil de color* beige. Tb. m., referido a color. *El* beige *combina bien con el negro.*

beirutí. adj. De Beirut (capital del Líbano). *Barrio beirutí.* Dicho de pers., tb. m. y f. *Una pareja de beirutíes regenta el restaurante.*

beis. (pl. invar.). adj. **1.** Dicho de color: Castaño muy claro, semejante al del café con leche. *Una bufanda de color beis.* Tb. m. *El vestido es marrón con estampados en beis.* **2.** De color beis (→ 1). *Una falda beis.* ▶ BEIGE.

béisbol. m. Deporte que se juega entre dos equipos que se turnan para golpear con un bate la pelota que lanza el contrario y tratar de completar corriendo un circuito con cuatro puestos, o bases, situados en las esquinas del campo. *El béisbol es muy popular en ciertos países de Hispanoamérica.*

beisbolista. m. y f. Jugador de béisbol. *Es un beisbolista que sabe lanzar y batear bien.* ▶ **Am:** PELOTERO.

bejuco. m. Planta trepadora, propia de regiones tropicales, cuyos tallos se utilizan para tejidos y muebles, y de la cual existen diversas variedades. *Los árboles de la selva están cubiertos de bejucos, musgos y orquídeas.*

belcantista. adj. **1.** *Mús.* Del bel canto. *La ópera de Donizetti es una de las obras más populares del repertorio belcantista.* **2.** *Mús.* Que se dedica al bel canto. *Está considerado como el mejor tenor belcantista del momento.* Tb. m. y f. *La belcantista actúa hoy en el Teatro de la Ópera.*

bel canto. m. *Mús.* Arte del canto según el estilo tradicional de la ópera italiana, en que priman el gusto por la belleza sonora y las florituras, y la técnica interpretativa ágil y poco esforzada. *En aquella época, el público huía de Wagner en busca del bel canto.*

beldad. f. **1.** cult. Belleza o hermosura, espec. la de la mujer. *Los hombres caían rendidos ante su beldad.* **2.** cult. Mujer que destaca por su belleza. *Don Juan, más que en poseer beldades, se complace en seducirlas.*

belén. m. **1.** Nacimiento (representación del nacimiento de Jesucristo). *Se nos han roto varias figuritas del belén. Belén viviente.* **2.** coloq. Alboroto o situación confusa. Frec. con *armar* o *armarse*. *Con los cortes de tráfico se armó un belén monumental.* **3.** coloq. Situación o asunto complicados. *Hazme caso: no te metas en belenes de política.* ▶ **1:** *NACIMIENTO.

beleño. m. Planta de hojas grandes y flores amarillas, que posee propiedades narcóticas. *Para el aquelarre, las brujas quemaban beleño en un incensario.*

belfo. m. **1.** En algunos animales, espec. el caballo: Labio. *El potro tenía los belfos babeantes.* **2.** En una persona: Labio inferior, espec. cuando es muy abultado. *Es poco agraciado: calvo, feo y con el belfo caído.*

belga. adj. De Bélgica. *Chocolate belga.* Dicho de pers., tb. m. y f. *Los belgas, los neerlandeses y los luxemburgueses constituyeron el Benelux.*

beliceño, ña. adj. De Belice (país de Centroamérica). *Territorio beliceño.* Dicho de pers., tb. m. y f. *Los beliceños hablan inglés.*

belicismo. m. Actitud o tendencia favorables a la participación en conflictos armados. *Muchos condenan el belicismo del presidente.*

belicista. adj. **1.** Del belicismo. *Los pacifistas critican la política belicista del gobierno.* **2.** Partidario del belicismo o que lo practica. *Este país no es belicista; la prueba es que carece de ejército.* Tb. m. y f. *El ala de los belicistas es mayoritaria en el partido.*

bélico, ca. adj. De la guerra. *Ha estallado un conflicto bélico en la región. La industria bélica.* ▶ GUERRERO.

belicosidad. f. Cualidad de belicoso. *La pobreza del país es consecuencia de la belicosidad de su líder.*

belicoso, sa. adj. **1.** Dicho de persona o pueblo: Guerrero (inclinado a la guerra). *Los pueblos bárbaros eran muy belicosos.* **2.** Propio de la persona o el pueblo belicosos (→ 1). *El gobierno veía intenciones belicosas en sus vecinos.* **3.** Agresivo y pendenciero. *Hubo altercados debido a la actitud belicosa de algunos hinchas.* ▶ **1:** GUERRERO.

beligerancia. f. Condición de beligerante. *España optó por la no beligerancia en la Segunda Guerra Mundial.*

beligerante. adj. **1.** Que está en guerra. *El conflicto se resolverá si las partes beligerantes llegan a un acuerdo.* Dicho de país, tb. m. *La comunidad internacional ha pedido a los beligerantes el cese de las* *hostilidades.* **2.** Propenso al combate o al enfrentamiento. *Es normal que los jóvenes se muestren beligerantes con la generación de sus padres.*

bellaco, ca. adj. cult. Dicho de persona: Que actúa con maldad o con poca honradez. *¡Cuán bellaca es esta gente!* Frec. humoríst. *¡No huyas, bellaco, que tienes que sacar la basura!* Tb. m. y f.

belladona. f. Planta muy venenosa, de hojas ovaladas y flores violáceas, que se utiliza con fines terapéuticos. *De la belladona se extrae la atropina, que sirve para dilatar las pupilas.*

bellaquería. f. **1.** cult. Cualidad de bellaco. *Era grande la bellaquería de estos piratas.* **2.** cult. Hecho o dicho propios de un bellaco. *Pagarás cara la bellaquería de habernos traicionado.*

belleza. f. **1.** Cualidad de bello. *Quedó extasiado ante la belleza del paisaje.* **2.** Persona o cosa bellas. *Su mujer es una belleza.* **3.** Cuidado de la belleza (→ 1) femenina. *Gasta una fortuna en productos de belleza.*

bello, lla. adj. **1.** Dicho de cosa: Que produce placer a la vista o al oído. *El pianista interpretó una bella melodía.* **2.** Que produce placer espiritual o intelectual. *La de Romeo y Julieta es una bella historia de amor.* **3.** Dicho de persona, espec. de mujer: Que tiene un físico bello (→ 1). *La reina era una mujer muy bella.* **4.** Bueno en el aspecto moral. *Es una bella persona.* ► BONITO, HERMOSO, LINDO.

bellota. f. Fruto de la encina, el roble y otros árboles del mismo género, ovalado, recubierto en la base por una cúpula leñosa, gralm. semiesférica, y compuesto por una sola semilla carnosa y comestible. *Aquí los cerdos se crían en libertad, comiendo bellotas en los encinares.*

bemol. adj. **1.** *Mús.* Dicho de nota: Que está alterada en un semitono por debajo de su sonido natural. *Una sinfonía en do bemol.* Tb. m. • m. **2.** *Mús.* Signo semejante a una *b*, que se coloca delante de una nota para indicar que es bemol (→ 1). ■ **tener ~es.** loc. v. coloq. Se usa para expresar enfáticamente lo negativo que resulta algo, o la sorpresa o indignación que causa. *Tiene bemoles que diga que soy tacaño cuando le presté todo lo que llevaba.*

benceno. m. *Quím.* Hidrocarburo líquido, incoloro e inflamable, que se utiliza pralm. como combustible y disolvente. *Los trabajadores de las gasolineras tienen una alta exposición al benceno.* ► BENZOL.

bencina. f. **1.** *Quím.* Líquido incoloro, volátil e inflamable, que se obtiene del petróleo y se emplea como disolvente. *Intenta quitar el pegote de pintura con un poco de bencina.* **2.** (Tb. **benzina**). Am. Gasolina. *No tenía plata para la bencina del auto* [C].

bendecir. (conjug. BENDECIR). tr. **1.** Invocar el sacerdote la gracia divina (en favor de alguien o algo) haciendo la señal de la cruz. *El sacerdote bendijo a los fieles.* **2.** Consagrar (algo) al culto divino mediante una ceremonia. *El obispo ha bendecido las obras de la nueva capilla.* **3.** Conceder Dios bienes y protección (a alguien). *Que Dios te bendiga por tu bondad.* **4.** Alabar o glorificar (a Dios, la Virgen o los santos). *El coro bendijo a la Virgen María entonando un canto.* **5.** Dar gracias (a alguien o algo) exaltándo(los) o alabándo(los). *Bendigo al médico que me salvó la vida.*

bendición. f. **1.** Hecho o efecto de bendecir. *El cura dio la bendición a los fieles. La bendición de Dios descienda sobre vosotros.* **2.** Cosa excelente. *Esta lluvia es una bendición para el campo.* Tb. ~ *de Dios. Tener un parque cerca de casa es una bendición de Dios.*

bendito, ta. adj. **1.** Bendecido. *Se persignó con agua bendita. ¡Bendito seas!* **2.** Santo o bienaventurado. *Las benditas almas del purgatorio.* **3.** Dicho de persona: Que es muy buena. Tb. m. y f. *Este niño es un bendito: no llora nunca.* **4.** Que produce felicidad o resulta beneficioso. *¡Cuándo llegarán las benditas vacaciones!* **5.** coloq. Antepuesto a un nombre, se usa para expresar la molestia o rechazo que causa lo designado por este. *¿Quién tendría la bendita idea de dejar las llaves dentro del coche?* • m. y f. **6.** Persona sencilla y de pocos alcances. *Se casó con un bendito que satisfacía todos sus caprichos.* Tb. ~ *de Dios.*

benedictino, na. adj. **1.** De la orden de San Benito. *Monje benedictino.* Dicho de pers., tb. m. y f. *Convento de benedictinos.* • m. **2.** Licor fabricado originariamente por los monjes benedictinos (→ 1). *Nos ofreció una copita de benedictino.*

benefactor, ra. adj. Bienhechor. *Los indígenas confundieron al hombre blanco con un Dios benefactor.* Dicho de pers., tb. m. y f. *Los benefactores del museo aportan lo necesario para su mantenimiento.*

beneficencia. f. **1.** Prestación de ayuda gratuita y desinteresada a los necesitados. *Ingresó en una orden religiosa dedicada a la beneficencia.* **2.** Conjunto de instituciones y servicios que se dedican a la beneficencia (→ 1). *La gente sin techo no tiene otro remedio que recurrir a la beneficencia.*

beneficiado, da. part. **1.** → **beneficiar.** • m. **2.** *Rel.* Sacerdote, o clérigo de rango inferior, que goza de un beneficio eclesiástico. *Fernando de Herrera era beneficiado de la iglesia de San Andrés.*

beneficiar. (conjug. ANUNCIAR). tr. **1.** Proporcionar beneficio o provecho (a alguien o algo). *Respetar el medio ambiente nos beneficia a todos.* ○ tr. prnl. **2.** coloq. Tener una persona relaciones sexuales (con otra). *Es un ligón; se ha beneficiado a todas las mozas del pueblo.* ○ intr. prnl. **3.** Obtener beneficio o provecho de alguien o algo. *El cliente podrá beneficiarse* DE *nuestros descuentos.*

beneficiario, ria. adj. Dicho de persona o cosa: Que resulta beneficiada, espec. al percibir una prestación o indemnización. *Se ha publicado la lista de alumnos beneficiarios* DE *las becas.* Dicho de pers., tb. m. y f. *En su orden de transferencia consigne el número de cuenta del beneficiario.*

beneficio. m. **1.** Provecho o utilidad. *La corrida de toros se celebrará a beneficio de una ONG.* **2.** Ganancia económica que se obtiene de un negocio, inversión o cualquier otra actividad mercantil. *Este año la empresa no ha tenido beneficios.* **3.** *Rel.* Renta que se le concede a un eclesiástico. Tb. ~ *eclesiástico. Góngora vivió de los beneficios eclesiásticos cedidos por su tío materno.* ■ **el ~ de la duda.** loc. s. El derecho de una persona acusada a ser considerada inocente mientras no se demuestre lo contrario. *Hasta que no haya sentencia firme, merece el beneficio de la duda.*

beneficioso, sa. adj. Que proporciona beneficio o provecho. *Los lácteos son beneficiosos para el organismo. Llegaron a un acuerdo beneficioso para ambas partes.*

benéfico, ca. adj. **1.** Que hace bien. *El ejercicio moderado resulta benéfico para los ancianos.* **2.** De la beneficencia. *Dejó parte de su herencia a una institución benéfica. Gala benéfica.*

benemérito, ta. adj. Digno de reconocimiento por sus méritos o servicios. *Estos jueces beneméritos se han enfrentado a la mafia.* ■ **la Benemérita.** loc. s. La Guardia Civil. *El detenido fue conducido hasta un cuartel de la Benemérita.*

beneplácito. m. **1.** Aprobación o permiso. *Los padres dieron su beneplácito al enlace.* **2.** Complacencia o satisfacción. *La obra ha contado con el beneplácito del público y la crítica.*

benevolencia. f. Cualidad o actitud de la persona benévola. *Salió absuelto gracias a la benevolencia del juez.*

benevolente. adj. Benévolo. *El árbitro fue benevolente y no expulsó al defensa. La ley, en este punto, es demasiado benevolente.*

benévolo, la. adj. **1.** Que tiene o muestra buena voluntad o indulgencia hacia los demás. *Aprobaron porque el profesor fue benévolo con ellos.* **2.** Propio de la persona benévola (→ 1). *La película me parece floja, por utilizar un calificativo benévolo.* ▶ BENEVOLENTE.

bengala. f. **1.** Fuego artificial que despide una luz muy viva, frec. de distintos colores, y se emplea para hacer señales. *Los náufragos lanzan bengalas de auxilio.* **2.** Varilla que arde por uno de sus extremos echando chispas de luz muy vivas y que se emplea como juego o como adorno. *Trajeron la tarta de cumpleaños con las velas y una bengala en el centro.*

bengalí. adj. De Bengala (región asiática entre la India y Bangladesh). *Ciudad bengalí.* Dicho de pers., tb. m. y f. *El tren iba lleno de indios y bengalíes.*

benignidad. f. Cualidad de benigno. *La benignidad del invierno canario atrae al turismo. Las pruebas confirman la benignidad del tumor.*

benigno, na. adj. **1.** Benévolo. *Con un jurado más benigno el concursante no habría sido descalificado.* **2.** Templado o suave. *Aquel clima benigno le hacía bien a sus huesos.* **3.** Dicho de lesión o enfermedad: Que no es grave. *La gripe este año será más benigna que en años anteriores.*

benimerín. adj. histór. De una tribu guerrera de Marruecos, que durante los siglos XIII y XIV fundó una dinastía en el norte de África y sustituyó a los almohades en el dominio de la España musulmana. *Sultanes benimerines.* Dicho de pers., tb. m. y f. *Los benimerines fueron derrotados por Alfonso XI.*

beninés, sa. adj. De Benín (país de África occidental). *Territorio beninés.* Dicho de pers., tb. m. y f. *Los benineses hablan francés y lenguas africanas.*

benjamín, na. m. y f. **1.** Hijo menor de una familia. *Mi hijo mayor tiene doce años, y el benjamín, solo tres.* **2.** Miembro más joven de un grupo. *Ella es la benjamina del equipo de profesores.*

benjuí. m. Bálsamo aromático que se obtiene por incisión en la corteza de ciertos árboles tropicales. *El aroma del benjuí invadía la estancia.*

bentónico, ca. adj. *Biol.* Del bentos. *Ecosistema bentónico. La contaminación de la ría afectó a las algas bentónicas.*

bentos. m. *Biol.* Conjunto de organismos que viven en los fondos acuáticos. *El equipo de buceo elabora un catálogo completo de los peces del bentos.*

benzina. → **bencina.**

benzol. m. *Quím.* Benceno. *El ámbar es soluble en benzol o en cloroformo.*

beodo, da. adj. cult. Embriagado o borracho. *Según el informe, el conductor estaba beodo.* Tb. m. y f. *El beodo se tambaleaba entre las mesas.*

berberecho. m. Molusco marino comestible de valvas amarillentas, estriadas y casi circulares, que vive enterrado en la arena. *Abre una lata de berberechos para el aperitivo.*

berberisco, ca. adj. histór. Bereber. *Piratas berberiscos.* Dicho de pers., tb. m. y f. *Tribu de berberiscos.*

berbiquí. m. Herramienta para taladrar, consistente en un manubrio en forma de doble codo, con una empuñadura en un extremo y una punta en espiral en el otro. *El carpintero hace un agujero en la madera con el berbiquí.*

berciano, na. adj. Del Bierzo (comarca de España). *Tierras bercianas.* Dicho de pers., tb. m. y f. *Muchos bercianos trabajaban en las minas.*

bereber o **beréber.** adj. **1.** De Berbería (región del norte de África). *En Argelia abunda la población beréber.* Dicho de pers., tb. m. y f. *La Península Ibérica fue invadida en el año 711 por árabes y bereberes.* **2.** Lengua hablada por los bereberes (→ 1). *El bereber coexiste con el árabe en Marruecos y otras áreas de influencia.* ▶ BEREBERE.

berebere. adj. Bereber. *La cultura berebere.* Dicho de pers., tb. m. y f. *Bereberes del Rif.*

berenjena. f. Hortaliza de hojas verdes, llenas de púas, y flores moradas, que da un fruto comestible, ovoide y carnoso, de color morado intenso por fuera y blanquecino por dentro. *En el huerto tiene un cuadro de berenjenas.* Tb., más frec., su fruto. *Se rebozan las berenjenas en rodajas y se fríen.*

berenjenal. m. coloq. Situación o asunto complicados. Frec. en la constr. *meterse en un ~*, o *en ~es*. *Explícalo de manera sencilla y no te metas en berenjenales.*

bergamota. f. Variedad de lima muy aromática, de la que se extrae una esencia usada en perfumería. *Perfume de bergamota.*

bergante. m. Pícaro o bribón. *–¡No huyáis, bergantes! –gritó el espadachín.*

bergantín. m. Buque de vela, gralm. de dos palos y vela cuadrangular. *Recorrió el mundo a bordo de un bergantín.*

beriberi. m. *Med.* Enfermedad propia de países tropicales, debida a la carencia de vitamina B_1 y caracterizada por debilidad general, rigidez de los miembros y aparición de edemas. *El consumo de arroz descascarillado está relacionado con la avitaminosis del beriberi.*

berilio. m. *Quím.* Elemento del grupo de los metales, de color gris negruzco, ligero, duro y no corrosible, que se usa en la industria nuclear (Símb. *Be*). *El berilio está presente en el berilo.*

berilo. m. *Mineral.* Mineral compuesto por berilio y silicato de aluminio, translúcido y de diversos colores. *La variedad verde del berilo, la esmeralda, es una piedra preciosa.*

berlina. f. **1.** Automóvil de cuatro puertas y de cuatro a seis plazas. *La berlina es el vehículo ideal para la familia media.* **2.** histór. Coche de caballos cerrado, gralm. de dos asientos. *Una berlina paró ante la puerta y el cochero bajó a abrir la puerta.*

berlinés, sa. adj. De Berlín (capital de Alemania). *Un muro dividía en dos el territorio berlinés.* Dicho de pers., tb. m. y f. *Los berlineses celebraron la reunificación alemana.*

bermejo, ja. adj. Rojizo. *Era un caballero alto, de barba bermeja.*

bermellón. m. **1.** Color rojo vivo como el del bermellón (→ 2). *El bermellón de sus mejillas indica buena salud.* Tb. adj. *En primavera, la planta se cubre de flores bermellón.* **2.** *Mineral.* Cinabrio reducido a polvo, de color rojo vivo.

bermudas. f. pl. (Tb. m. pl.). **1.** Pantalón bermudas (→ **pantalón**). *En verano se va más cómodo con bermudas que con vaqueros.* **2.** Prenda de baño masculina, semejante a unas bermudas (→ 1). *Se fue a la playa con las bermudas ya puestas.*

bernardo, da. adj. De la orden del Císter. *Monja bernarda.* Dicho de pers., tb. m. y f. *Monasterio de bernardos.*

bernés, sa. adj. De Berna (capital de Suiza). *Catedral bernesa.* Dicho de pers., tb. m. y f. *Cientos de berneses visitarán la exposición.*

berrea. f. **1.** Hecho de berrear un animal. *Se oía la berrea de los camellos de la caravana.* **2.** Celo de los ciervos y de otros animales salvajes. *Es la época de berrea.* Tb. la época de celo. *Las cuernas de los venados tienen que estar preparadas para las luchas de la berrea.* ▶ BRAMA.

berrear. intr. **1.** Dar berridos un animal, espec. el becerro. *El cerdo empezó a berrear cuando intentaron cogerlo.* **2.** coloq. Llorar una persona, espec. un niño dando gritos. *El bebé se despertó y empezó a berrear.* **3.** coloq. despect. Gritar una persona. *Aquí para que te atiendan tienes que berrear.*

berrendo, da. adj. Dicho de animal, espec. de toro: Que tiene el pelo de color blanco con manchas más o menos grandes de otro color. Tb. m. y f. *El primer toro de la tarde, un berrendo* EN *negro, fue muy bravo.*

berreo. m. Hecho de berrear. *El berreo del pequeño no me dejaba concentrarme.*

berrido. m. **1.** Voz propia del becerro y de algunos otros animales. *La vaca conoce los berridos de su becerro.* **2.** coloq. Grito estridente de una persona, frec. al llorar. *El niño se puso a dar berridos porque quería comer. Tú no cantas, lo que haces es pegar berridos.*

berrinche. m. coloq. Enfado o disgusto grandes, espec. si se muestran de manera vehemente. *Deja que el crío llore hasta que se le pase el berrinche.*

berro. m. Planta de tallos rastreros y flores blancas, que crece en terrenos con mucha agua y cuyas hojas, de gusto picante, se comen en ensalada. *Ensalada de berros.*

berrocal. m. Lugar lleno de peñascos graníticos. *El sendero se adentra en un paisaje de berrocales y pinos.*

berroqueño, ña. adj. **1.** De granito. *Viven en una vieja casa de piedra berroqueña.* **2.** Duro o poco sensible. *Tenía un carácter berroqueño y era poco dado a las concesiones.*

berza. f. Col. *Caldo de berzas.*

berzas. m. y f. coloq. Berzotas. *Algún berzas ha escrito "hermano" sin hache.* Tb. adj. *¡Cómo has podido ser tan berzas!*

berzotas. m. y f. coloq. Persona torpe o ignorante. *Sois unos berzotas; ese armario no cabe en el ascensor.* Tb. adj. *El tío berzotas se saltó un semáforo y suspendió el examen de conducir.*

besamanos. m. **1.** Acto público en que se saluda a un monarca u otra alta autoridad en señal de adhesión y respeto. *La cena de gala en el Palacio Real estuvo precedida del tradicional besamanos.* **2.** Modo de saludar a una persona acercando la boca a su mano derecha. *Los diplomáticos saludaban a la esposa del embajador con un besamanos.*

besamel. f. Salsa blanca que se hace con harina, leche y mantequilla. *Espinacas con besamel.* ▶ BECHAMEL.

besar. tr. **1.** Tocar u oprimir con los labios (algo o a alguien), en señal de amor, afecto o reverencia, o como saludo. *Le declaró su amor y la besó en los labios.* **2.** cult. Tocar una cosa (a otra). *El mar Mediterráneo besa las costas alicantinas.*

beso. m. Hecho de besar. *Me dio un beso de despedida.* Tb. el hecho de realizar el mismo ademán, sin llegar a tocar con los labios. *Me tiró un beso desde el coche.* ■ **comerse a ~s** (a alguien). loc. v. coloq. Besar(lo) repetida e intensamente. *La abuela se comía a besos a la niña.*

bestia. f. **1.** Animal cuadrúpedo, espec. de carga o de tiro. *Engancha las bestias al arado. Andar erguido diferencia a los hombres de las bestias.* ○ m. y f. **2.** Persona bruta o sin delicadeza. *Un bestia me ha dado un empujón.* Tb. adj. *Tu hermano es muy bestia.* **3.** Persona ignorante o torpe para razonar o comprender. *Solo un bestia como tú puede decir que el Ebro pasa por Sevilla.* Tb. adj. *Es tan bestia que ha escrito "deber" con "v".* ■ **~ negra.** f. Persona que despierta el rechazo o la enemistad de otra. *El nuevo profesor se ha convertido en la bestia negra de los que no estudian.* Tb. fig. *Su bestia negra son las matemáticas.* ■ **~ parda.** f. Persona bruta o sin delicadeza. *Ese tipo es una bestia parda.* □ **a lo ~.** loc. adv. coloq. Con violencia o sin contemplaciones. *Entraron en la discoteca a lo bestia, pisando y empujando a todo el mundo.* ▶ **2:** BRUTO.

bestial. adj. **1.** Brutal o irracional. *La prensa calificó el asesinato de crimen bestial.* **2.** coloq. Extraordinario o que se sale de lo normal. Se usa con intención enfática. *Tengo un hambre bestial. El boxeador le arreó un derechazo bestial.*

bestialidad. f. **1.** Condición de bestial o brutal. *La bestialidad de las torturas conmociona a los telespectadores.* **2.** Hecho o dicho bestiales o brutales. *Un conductor gritaba bestialidades desde su coche.* **3.** Bestialismo. ■ **una ~.** loc. s. coloq. Gran cantidad. Se usa con intención enfática. *En el concierto había una bestialidad de gente.* Tb. loc. adv. *Trabajas una bestialidad.*

bestialismo. m. Relación sexual de una persona con un animal. ▶ BESTIALIDAD, ZOOFILIA.

bestiario. m. En literatura, espec. medieval: Colección de relatos, descripciones e imágenes de animales reales o fantásticos. *Las sirenas y los dragones aparecen frecuentemente en los bestiarios medievales.*

best seller. (loc. ingl.; pronunc. "bés-séler"). m. Libro de gran éxito y mucha venta. *Su recetario de cocina se convirtió en un* best seller. ¶ [Equivalente recomendado: *superventas*].

besucón, na. adj. coloq. Muy dado a besar. *A los centroeuropeos les sorprende que seamos tan besucones.* Tb. m. y f. *Anda, quita, que eres una besucona.*

besugo. m. **1.** Pez marino de color rosáceo, gralm. con una mancha negra en la zona de las aletas pectorales, cuya carne es muy apreciada. *Besugo al horno.* **2.** coloq. Persona torpe o ignorante. *¡Cómo le van a dar una beca a un besugo como él!*

besuquear. tr. coloq. Besar de forma reiterada (a alguien). *La pareja se pasó toda la fiesta besuqueándose.*

besuqueo. m. Hecho de besuquear. *No sé a qué viene tanto besuqueo si vas a volver a verlo mañana.*

beta. f. Letra del alfabeto griego (Β, β), que corresponde al sonido de *b*.

betabloqueante. adj. *Med.* Dicho de sustancia o agente: Que suspende la acción de la adrenalina en la transmisión nerviosa. *Fármaco betabloqueante.* Tb. m. *Los betabloqueantes se utilizan en el tratamiento de la hipertensión.*

bético, ca. adj. histór. De la Bética (antigua provincia hispanorromana). *Gracias a los emperadores béticos Trajano y Adriano se edifican grandes monumentos.* Dicho de pers., tb. m. y f. *Los béticos desarrollaron el comercio y la agricultura en Hispania.*

betún. m. **1.** Mezcla de varios ingredientes, líquida o pastosa, que se usa para dar brillo al calzado. *Dales betún a los zapatos y te quedarán como nuevos.* **2.** Sustancia natural, compuesta pralm. de carbono e hidrógeno, que arde con llama, humo espeso y olor peculiar. *Los betunes más conocidos son el petróleo sin procesar, el asfalto y el alquitrán.* ■ ~ **de Judea.** m. Asfalto que se encuentra en depósitos naturales, espec. en Judea. *Empleó betún de Judea para envejecer la madera del mueble.*

bi-. elem. compos. Significa 'dos' (*bidimensional, bidireccional*) o 'dos veces' (*bilaureado*).

bianual. adj. Que sucede dos veces al año. *Mantenemos reuniones bianuales: una en invierno y otra en verano.*

bibelot. (pl. **bibelots**). m. Figurita decorativa. *Tenía los muebles del salón repletos de bibelots y cacharritos.*

biberón. m. Recipiente semejante a un frasco y provisto de una tetina, que se usa para dar leche u otros líquidos a los niños pequeños y a las crías de animales, espec. durante la lactancia. *Antes de cada toma, conviene esterilizar el biberón.* Tb. su contenido. *Si el niño se despierta, le preparas un biberón.* ▶ **Am:** MAMADERA, TETERO.

biblia. f. Obra que reúne los conocimientos o ideas fundamentales de una disciplina o doctrina, o que constituye la máxima autoridad para un grupo de personas. *El "Curso de lingüística general" de Saussure es la biblia de muchos lingüistas.*

bíblico, ca. adj. De la Biblia. *Sus pinturas representan escenas bíblicas.*

biblio-. elem. compos. Significa 'libro'. *Bibliología, bibliómano.*

bibliobús. m. Biblioteca ambulante instalada en un autobús. *Los jueves viene el bibliobús del Ayuntamiento a mi barrio.*

bibliofilia. f. Afición por los libros, espec. por los raros y curiosos. *Llevado de su bibliofilia, llegó a formar una impresionante biblioteca particular.*

bibliófilo, la. m. y f. **1.** Persona aficionada a coleccionar libros en ediciones originales y raras. *Es un gran bibliófilo y posee algunas primeras ediciones de valor incalculable.* **2.** Persona aficionada a los libros. *Como es un bibliófilo no soporta que se escriba en los libros.*

bibliografía. f. **1.** Catálogo o repertorio de publicaciones sobre una materia, un autor o una época determinados. *Consulté en una bibliografía sobre Cervantes qué estudios hay de las "Novelas ejemplares".* Tb. el repertorio de publicaciones empleadas en la elaboración de una obra o trabajo. *Al final del libro viene un apéndice con la bibliografía citada.* **2.** Estudio científico que tiene por objeto la descripción y el conocimiento de los textos y ediciones publicados. *El encargado de la biblioteca debe tener conocimientos de bibliografía.*

bibliográfico, ca. adj. De la bibliografía. *Las búsquedas bibliográficas son más fáciles en un catálogo informatizado.*

bibliógrafo, fa. m. y f. Especialista en bibliografía. *El bibliógrafo conoce como nadie las mejores ediciones.*

biblioteca. f. **1.** Institución o servicio que tienen como finalidad la adquisición, conservación y clasificación de libros y documentos, para que puedan ser consultados o leídos por el público. *Después de clase pasaré por la biblioteca de la facultad.* **2.** Lugar donde se guardan ordenados los libros. *La casa tiene un salón y una biblioteca muy amplios.* **3.** Librería (mueble). *Encargamos una biblioteca de nogal para el salón.* **4.** Colección de libros. *El científico donó su biblioteca a la Universidad.* ▶ **3:** *LIBRERÍA.

bibliotecario, ria. m. y f. Persona encargada del cuidado, organización y servicio de una biblioteca. *El bibliotecario me ayudó a encontrar el libro que buscaba.*

biblioteconomía. f. Estudio de las técnicas de conservación y organización de las bibliotecas. *Un experto en biblioteconomía cataloga los fondos bibliográficos del archivo.*

bicameral. adj. *Polít.* Dicho espec. de sistema político o de poder legislativo: Constituido por dos cámaras. *En España el poder legislativo es bicameral, constituido por el Congreso y el Senado.*

bicameralismo. m. *Polít.* Sistema parlamentario bicameral. *En muchas constituciones se consagra el bicameralismo.*

bicampeón, na. adj. *Dep.* Dicho de persona o de equipo: Que ha sido campeón dos veces. *Es la única deportista bicampeona de su especialidad.* Tb. m. y f. *El bicampeón del mundo de motociclismo anuncia su retirada.*

bicarbonatado, da. adj. Que contiene bicarbonato. *Agua mineral bicarbonatada.*

bicarbonato. m. **1.** *Quím.* Sal ácida del ácido carbónico. *La alcalinidad de un agua está en relación con la presencia de carbonatos, bicarbonatos e hidróxidos.* **2.** Producto constituido por bicarbonato (→ 1) de sodio, presentado gralm. en forma de polvos blancos, muy usado como medicamento y en la elaboración de alimentos y productos de limpieza. *Los refrescos con gas contienen bicarbonato.*

bicefalia. f. cult. Existencia de dos cabezas. Frec. fig. *La bicefalia en la cúpula del partido puede ser fuente de conflictos.*

bicéfalo, la. adj. cult. Que tiene dos cabezas. *El caballero mató al dragón bicéfalo.* Tb. fig. *Preferimos un director único a la confusión de esta dirección bicéfala.*

bicentenario, ria. adj. **1.** Que tiene doscientos años o más. *Roble bicentenario.* ● m. **2.** Fecha en que se cumplen doscientos años de un acontecimiento, frec. del nacimiento o la muerte de un personaje. *Se organizará un concierto para conmemorar el bicentenario de la muerte del compositor.*

bíceps. adj. *Anat.* Dicho de músculo: Que tiene dos porciones o cabezas en su parte superior. Referido espec. al que está situado en la parte anterior del brazo. Más frec. m. *Tiene los bíceps muy desarrollados.*

bicha. f. coloq. Culebra. Se usa por superstición, por creer que trae mala suerte pronunciar el nombre de este animal. *–Eres peor que el veneno de una bicha –dijo el gitano.*

bichero. m. *Mar.* Palo largo con un gancho en el extremo, que se usa en las embarcaciones pequeñas para atracar o desatracar. *Acercó el bote al embarcadero ayudándose del bichero.*

bicho. m. **1.** coloq. Animal pequeño, espec. insecto. *¡Qué asco!, hay un bicho en la comida.* **2.** coloq. o despect. Animal. *El perro guardián era un bicho imponente.* **3.** despect. Persona despreciable o con malas intenciones. *Es un bicho, parece que disfruta malmetiendo.* Tb. *mal ~.* *No te fíes de esa chica, que es un mal bicho.* ■ **~ raro.** m. coloq. Persona de carácter o comportamiento que se salen de lo común. *El alumno nuevo es un bicho raro y apenas se relaciona con nadie.* □ **todo ~ viviente.** loc. s. coloq. Todo el mundo. *Si le cuentas un secreto a ese cotilla, pronto lo sabrá todo bicho viviente.*

bici. f. coloq. Bicicleta. *Nos vamos de excursión en bici.*

bicicleta. f. Vehículo formado por un caballete montado sobre dos ruedas, gralm. de igual tamaño y que se mueven mediante pedales. *Le han regalado una bicicleta de montaña por su cumpleaños.*

biciclo. m. histór. Vehículo de dos ruedas, de las cuales la delantera era bastante mayor y llevaba montados directamente sobre su eje los pedales. *En la vieja foto aparece un señor con hongo montando en un biciclo.*

bicoca. f. coloq. Ganga (cosa valiosa o beneficiosa). *Ese empleo es una bicoca: gana un pastón y trabaja poquísimo.*

bicolor. adj. De dos colores. *La bandera española es bicolor.*

bicornio. m. Sombrero de dos picos. *En el cuadro aparece Napoleón con su bicornio característico.*

bidé. m. Instalación sanitaria con forma de recipiente, ovalada y baja, sobre la que se sienta una persona para lavarse. *Mi cuarto de baño tiene lavabo, retrete, ducha y bidé.*

bidón. m. Recipiente hermético, gralm. cilíndrico, destinado a contener líquidos u otras sustancias que requieren aislamiento. *Es más económico comprar un bidón de aceite que varias botellas.*

biela. f. Pieza que en una maquinaria sirve para transformar un movimiento de vaivén en otro de rotación, o viceversa. *Las ruedas del tren están unidas mediante bielas.*

bieldo. m. Instrumento agrícola formado por un palo largo que está atravesado en un extremo por otro palo más corto con cuatro púas o dientes, y que sirve para separar la paja del grano. *En la era se usaban la horca y el bieldo.*

bielorruso, sa. adj. **1.** De Bielorrusia (país de Europa). *La tenista bielorrusa derrotó a la belga.* Dicho de pers., tb. m. y f. *Los bielorrusos eran ciudadanos soviéticos.* **2.** Del bielorruso (→ 3). *Fonética bielorrusa.* ● m. **3.** Lengua hablada en Bielorrusia. *El bielorruso y el ruso son lenguas eslavas.*

biempensante. adj. Dicho de persona: Que piensa y actúa de acuerdo con las ideas más tradicionales. Frec. despect. *Es un hombre biempensante, de reputación intachable.* Tb. m. y f. *El revolucionario filósofo está mal visto entre los biempensantes.*

bien[1]. m. **1.** Lo bueno. Frec. con art. *Es muy pequeño, pero ya sabe distinguir entre el bien y el mal. Pasó toda su vida haciendo el bien a sus semejantes.* **2.** Cosa buena. *El nacimiento de su hijo fue un bien para él.* **3.** Beneficio o utilidad. *Si te regaño, lo hago por tu bien.* **4.** Posesión material. *En la aduana le preguntaron si tenía algún bien que declarar.* Gralm. en pl. *Dejó la totalidad de sus bienes a su único hijo.* ■ **~es gananciales.** m. pl. Bienes (→ 4) adquiridos durante el matrimonio. *Cuando se divorciaron, tuvieron que dividir los bienes gananciales.* ⇒ GANANCIALES. ■ **~es inmuebles,** o **~es raíces.** m. pl. Bienes (→ 4) que no pueden trasladarse. *Los edificios y los terrenos son bienes inmuebles.* ■ **~es muebles.** m. pl. Bienes (→ 4) que pueden trasladarse. *Las cuentas bancarias son bienes muebles.* □ **de ~.** loc. adj. Dicho de una persona: Honrada o de buen proceder. *Es un hombre de bien.* ■ **tener** alguien **a ~** (algo). loc. v. Estimar(lo) justo o conveniente. *El director tuvo a bien concederle el premio.*

bien[2]. ● adv. **1.** Según es debido o de manera adecuada. *Juan se porta siempre bien. Ella lo hace todo bien.* **2.** Según se desea o requiere. *No sé si saldré bien de esta. Me parece bien lo que hace.* **3.** Con buena salud. *No me encuentro bien. –¿Cómo estás? –Bien, gracias.* **4.** Sin inconveniente o dificultad. *Bien puedes creerlo.* **5.** Seguramente o aproximadamente. *No lo sé fijo, pero bien andaríamos cinco kilómetros hasta la casa.* **6.** De acuerdo. Se usa para manifestar asentimiento o conformidad. *–¿Vamos al teatro esta noche? –Bien.* **7.** Mucho. *Te has equivocado bien. Hoy ha llovido pero bien.* Frec. antepuesto a un adjetivo o adverbio, con intención enfática. *El jamón está bien rico. Has llegado bien tarde.* **8.** cult. Enunciado ante dos o más elementos de oración, introduce otras tantas posibilidades contrapuestas. *Se te enviará el diploma, bien por el correo de hoy, bien por el de mañana.* ■ **~ de.** loc. adj. Mucho. *Había bien de comida en la mesa.* ■ **~ que.** loc. conj. Aunque. *Consiguió su aprobación, bien que con dificultades.* ■ **pues ~.** loc. conj. Se usa para admitir o conceder algo. *Estamos en verano; pues bien, aun así hace frío.* ■ **si ~.** loc. conj. Aunque. Se usa para contraponer un concepto a otro o denotar alguna excepción. *Suelen estar de acuerdo, si bien no siempre.* ■ **y ~.** loc. conj. Se usa para preguntar algo. *Y bien, ¿cómo van tus cosas?*

bienal. adj. **1.** Que sucede cada dos años. *Congreso bienal de escritores.* Tb. f., referido a exposición o acontecimiento cultural. *La bienal de pintura se celebra en los años pares.* **2.** Que dura dos años. *La etapa de cuatro años se divide en dos ciclos bienales.*

bienaventurado, da. adj. **1.** Afortunado (feliz). *Puede considerarse bienaventurado si lo consigue.* **2.** *Rel.* Que disfruta de la felicidad eterna en el cielo. *Almas bienaventuradas.* Frec. m. y f. *El día del Juicio Final espera contarse entre los bienaventurados.* ▶ **1:** AFORTUNADO.

bienaventuranza. f. **1.** *Rel.* Felicidad eterna que se alcanza en el cielo ante la presencia de Dios. *El cristiano aspira a gozar de la bienaventuranza.* **2.** *Rel.* Cada una de las frases pronunciadas por Jesucristo en el Sermón de la Montaña que comienzan con la palabra "bienaventurados" y en las que explicó quiénes merecerán bienaventuranza (→ 1). *En la catequesis aprendió las bienaventuranzas.*

bienestar. m. **1.** Situación desahogada que permite vivir con comodidad y disfrutar de bienes materiales. *Aspiro a un sueldo que asegure el bienestar de mi familia.* **2.** Estado de la persona que se siente bien física y psíquicamente. *Hacer deporte me produce bienestar.*

bienhablado, da. (Tb. **bien hablado**). adj. **1.** Que habla educadamente y sin decir groserías. *Mis alumnos son bienhablados y se comportan bien.* **2.** Que habla con corrección. *Alguien tan bien hablado no diría "pienso de que".*

bienhechor, ra. adj. Que hace bien a alguien o algo. *El campo parecía agradecer aquellas lluvias bienhechoras.* Frec. referido a la persona que proporciona ayuda material o económica. Dicho de pers., tb. m. y f. *La condesa fue la bienhechora del monasterio.* ▶ BENEFACTOR.

bienintencionado, da. (Tb. **bien intencionado**). adj. Que tiene buena intención. *Aunque es bienintencionada, siempre lo hace todo mal.*

bienio. m. **1.** Tiempo de dos años. *Se ha aprobado el plan empresarial para el próximo bienio.* **2.** Incremento económico de un sueldo o salario, correspondiente a un bienio (→ 1) de trabajo. *Aunque el sueldo base es bajo, con los bienios que cobra gana suficiente.*

bienmandado, da. (Tb. **bien mandado**). adj. Obediente. *Qué bienmandado es tu hijo, no como el mío. De pequeña era una niña muy bien mandada.*

bienquisto, ta. (Tb. **bien quisto**). adj. cult. Dicho de persona: Apreciada y de buena reputación. *El alcalde era persona bienquista* DE *todos sus convecinos.*

bienvenida. f. Recibimiento que se hace a una persona. *Sus amigos fueron al aeropuerto para darle la bienvenida.*

bienvenido, da. adj. Que es recibido con agrado. *Mis amigos siempre son bienvenidos. Todas las ayudas serán bienvenidas.* Frec. como expresión de cortesía para saludar a una persona que acaba de llegar a un lugar. *Bienvenido a España.*

bies. m. Trozo de tela cortado en diagonal respecto al hilo, y que se suele poner en los bordes de otra tela o de una prenda de vestir. *Lleva una falda clara terminada en un bies más oscuro.* ■ **al** ~. loc. adv. En diagonal, o de forma oblicua. *El cuerpo del vestido está cortado al bies.* Tb. loc. adj. *Calzaba botas de piel con ribetes al bies.*

bifásico, ca. adj. *Fís.* Dicho de corriente eléctrica: Que está constituida por dos corrientes alternas iguales, procedentes del mismo generador y desplazadas entre sí en medio período. *Las líneas eléctricas tienen distinta sección si están destinadas a transportar corriente monofásica, bifásica o trifásica.* Tb. dicho del sistema o aparato eléctricos que tienen ese tipo de corriente. *Alternador bifásico.*

bifaz. adj. *Prehist.* Dicho de hacha de piedra: Que está tallada por las dos caras. *El "Homo erectus" ya construía herramientas, como las hachas bifaces.* Tb. m. *Los arqueólogos hallaron un bifaz en las excavaciones.*

bife. m. **1.** Am. Bistec. *Comieron en un sitio donde servían pastas y asaban bifes en una hoguera de leña* [C]. **2.** Am. Bofetada (golpe). *Me dijiste que era una rata miserable y me pegaste un bife en la cara* [C]. ▶ **2:** *BOFETADA.

bífido, da. adj. *Biol.* Que está dividido en dos partes. *Las serpientes tienen la lengua bífida.*

bifocal. adj. *Fís.* Dicho espec. de lente: Que tiene dos focos. *Los cristales bifocales evitan la molestia de andar cambiando de gafas.*

bifronte. adj. De dos caras. *El dios romano Jano se representa como un hombre de cabeza bifronte.*

bifurcación. f. **1.** Hecho de bifurcarse. *El caminante llega a un punto de bifurcación del camino.* Tb. fig. *La trama de la novela tiene tantas bifurcaciones que es complicado seguirla.* **2.** Lugar donde algo se bifurca, espec. un camino, río o cosa semejante. *Cuando llegues a la bifurcación, continúa por la derecha.*

bifurcarse. intr. prnl. Dividirse algo en dos ramales o brazos. *A la altura de mi pueblo, la carretera se bifurca.*

bigamia. f. Estado de bígamo. *La bigamia es una práctica común en algunas culturas.*

bígamo, ma. adj. Que está casado con dos personas al mismo tiempo. *Descubrió que su esposa era una mujer bígama.* Tb. m. y f. *Un bígamo puede ser condenado a la cárcel.*

bigardo, da. m. y f. coloq., despect. Persona alta y corpulenta. *El jugador era un bigardo de dos metros.*

bígaro. m. Caracol marino comestible, de pequeño tamaño y concha oscura. *Me gustan los bígaros cocidos con aceite, sal y laurel.*

big bang. (loc. ingl.; pronunc. "bíg-bán"). m. *Fís.* Gran explosión que dio origen al universo. *A partir del* big bang *la materia se expandió en todas direcciones.* ¶ [Equivalente recomendado: *gran explosión*].

bigote. m. **1.** Conjunto de pelos que nacen sobre el labio superior. *Mi padre se afeitó la barba y se dejó bigote.* Frec. en pl. con significado sing. *Pidió al peluquero que le recortara los bigotes.* Tb., coloq., la parte correspondiente de la cara. *Te ha salido una espinilla en el bigote.* **2.** En algunos mamíferos: Conjunto de pelos largos que nacen a ambos lados de la boca. *Dibujó un ratón de minúsculas orejas y enorme bigote.* Más frec. en pl. con significado sing. *El gato se relamía los bigotes.* **3.** coloq. Rastro de bebida o comida que queda sobre el labio superior después de beber o comer. *Límpiate la boca, que tienes bigote de zumo de naranja.* ■ **de** ~(s). loc. adj. coloq. Muy grande o extraordinario. *¡Hace un frío de bigotes! Montaron un festín de bigotes.*

bigotera. f. Compás pequeño, provisto de una varilla con una rosca que permite regular su abertura. *Necesito compás, bigotera y tiralíneas para la clase de Dibujo.*

bigotudo, da. adj. Que tiene mucho bigote. *El portero de mi casa es calvo y bigotudo.*

bigudí. (pl. **bigudíes** o **bigudís**). m. Lámina pequeña de metal, larga, estrecha y forrada, en la que se enrolla un mechón de pelo para rizarlo. *La peluquera le puso un montón de bigudíes para hacerle la permanente.*

bikini. → **biquini.**

bilabial. adj. *Fon.* Dicho de articulación o de sonido: Que se produce con la intervención de los dos labios. *El sonido "b" es bilabial.* Tb. f., referido a consonante. *La "p" es una bilabial sorda.*

bilateral. adj. **1.** Que se refiere o afecta a dos lados o aspectos. *El paciente sufría pérdida de visión bilateral.* **2.** Que se produce entre dos lados o partes, o con la intervención de ambos. *La firma bilateral del acuerdo supone un avance hacia la paz definitiva.*

bilbaíno, na. adj. De Bilbao. *Ría bilbaína. Industria bilbaína.* Dicho de pers., tb. m. y f. *Bilbaínos y donostiarras empataron en el derbi vasco.*

biliar. adj. *Anat.* De la bilis. *Los cálculos biliares son piedras que se forman en la vesícula.*

bilingüe. adj. **1.** Que habla dos lenguas. *Es bilingüe porque su madre es española y su padre portugués.* **2.** Que tiene dos lenguas, o desarrolla su actividad en dos lenguas. *Canadá es un país oficialmente bilingüe. Estudia en un colegio bilingüe.* **3.** Expresado en dos lenguas. *Me han regalado la edición bilingüe de los "Sonetos" de Shakespeare. Utiliza el diccionario bilingüe para traducir el texto.*

bilingüismo. m. Condición de bilingüe. *Su bilingüismo le ayudó a encontrar trabajo como profesor de idiomas.*

bilioso, sa. adj. **1.** Abundante en bilis, o que tiene exceso o predominio de bilis. *Los vómitos biliosos son síntoma de cólico de vesícula.* **2.** Dicho de persona: Que tiene mal genio. *Era un ser bilioso e intratable.* **3.** Propio de la persona biliosa (→ 2). *Aquella expresión biliosa de su cara no le ayudaba a hacer amigos.*

bilirrubina. f. *Fisiol.* Pigmento de color amarillo que está presente en un alto porcentaje en la bilis. *El aumento de bilirrubina suele ser síntoma de un problema hepático.*

bilis. f. **1.** Líquido viscoso, amargo y de color amarillento o verdoso, que segrega el hígado de muchos vertebrados e interviene en la digestión. *Después de la comida, la vesícula vierte la bilis almacenada al duodeno.* **2.** coloq. Rabia o irritación. *Dio una contestación cargada de bilis.* ■ **tragar** alguien **~.** loc. v. coloq. Aguantar la rabia o la irritación. *El subcampeón tragó bilis y felicitó al ganador.* ▶ **1:** HIEL.

billar. m. **1.** Juego que se practica sobre una mesa rectangular forrada de paño y que consiste en impulsar bolas de marfil o de un material parecido con un taco. *En esta modalidad de billar hay que meter las bolas en las troneras.* Tb. la mesa. *Han puesto un billar y un futbolín en el bar.* **2.** Sala o establecimiento público donde se juega al billar (→ 1) y frec. a otros juegos recreativos. Gralm. en pl. con significado sing. *Su padre lo pilló haciendo pellas en los billares.*

billarista. m. y f. Jugador de billar. *Es un billarista con un gran golpe de muñeca.*

billarístico, ca. adj. Del billar. *Una cadena de televisión retransmite el torneo billarístico.*

billetaje. m. Conjunto de los billetes que autorizan la entrada a determinados lugares, gralm. de ocio, o la utilización de un medio de transporte. *El billetaje se vendió por completo un mes antes de que empezara la feria taurina.*

billete. m. **1.** Papel impreso emitido gralm. por el banco central de un país y que circula como dinero legal. *Le dieron parte de la vuelta en billetes y parte en monedas.* Tb. *~ de banco. Con la llegada del euro aparecieron nuevos billetes de banco.* **2.** Papel o tarjeta impresos que dan derecho a entrar en determinados lugares, frec. para presenciar un espectáculo, o a utilizar un medio de transporte. *En la taquilla del teatro han colgado el cartel de "No hay billetes". Viajar en tren sin billete está castigado con multa.* **3.** Papel impreso que da derecho a participar en un sorteo de lotería. Designa espec. el que corresponde a un número entero y que suele venderse en décimos. *Compra un billete para el sorteo de Navidad.* ■ **~ kilométrico.** m. Billete (→ 2) de tren que da derecho a recorrer cierto número de kilómetros en un plazo determinado. *Compró un billete kilométrico para un mes por Europa.* ⇒ KILOMÉTRICO. ▶ **2:** ENTRADA. ‖ **Am** o **frecAm: 2:** BOLETO, TIQUETE. **3:** TIQUETE.

billetera. f. Cartera pequeña de bolsillo para llevar billetes y tarjetas. *Un carterista le robó la billetera en el metro.* ▶ BILLETERO.

billetero. m. Billetera. *Llevaba en el bolso un monedero y un billetero.*

billón. (APÉND. NUM.). m. Conjunto de un millón de millones. *Se gastan billones en armamento.*

bimembre. adj. De dos miembros o partes. *Una oración bimembre está compuesta de sujeto y predicado.*

bimensual. adj. Que sucede dos veces al mes. *La asociación tiene una revista de edición bimensual.*

bimestral. adj. **1.** Que sucede cada dos meses. *La facturación del gasto telefónico es bimestral.* **2.** Que dura dos meses. *Asiste a un curso intensivo bimestral.*

bimestre. m. Tiempo de dos meses. *Las rebajas de verano ocupan el bimestre de julio y agosto.*

bimotor. m. Avión provisto de dos motores. *El bimotor aterrizó puntualmente en el aeropuerto.* Tb. adj. *Avión bimotor.*

binario, ria. adj. Que está formado por dos elementos. *La cal es un compuesto binario de oxígeno y calcio.*

bingo. m. **1.** Juego de azar semejante a la lotería, en el que cada jugador debe completar los números de su cartón según van saliendo en el sorteo, y en el que gana el que antes complete todos. *Mi abuela y sus amigas juegan a las cartas y al bingo.* Tb. la jugada con la que se gana. *Cantó bingo tres veces.* **2.** Establecimiento público donde se juega al bingo (→ 1). *Los domingos va a un bingo a probar su suerte.* ● interj. **3.** Se usa para expresar que se ha acertado algo o se ha encontrado una solución. *Entusiasmado por haber resuelto el problema, gritó: –¡Bingo!*

binocular. adj. **1.** *tecn.* De los dos ojos, o que implica la intervención simultánea de los dos ojos. *En el ser humano, los ojos se sitúan frontalmente, lo que facilita la visión binocular.* **2.** *Fís.* Dicho de instrumento óptico: Que sirve para mirar con los dos ojos simultáneamente. *Telescopio binocular.* Tb. m. *Observaron la muestra de laboratorio con un binocular.* Frec. m. pl. para designar los anteojos con esa característica. *La isla solo se divisaba con ayuda de binoculares.*

binóculo. m. Anteojo con lentes para ambos ojos. *La mujer del palco miraba el escenario con un binóculo.* ▶ *PRISMÁTICOS.

binomio. m. **1.** *Mat.* Expresión algebraica formada por dos términos unidos por los signos más o menos. *La expresión "5x - 8" es un binomio.* **2.** Conjunto de dos personas o elementos que actúan como uno solo. *La Iglesia y el Estado formaron un binomio consolidado hasta bien entrado el siglo* XX.

bio-. elem. compos. Significa 'biológico'. *Biodegradación, bioprotección, biocombustible.*

biocenosis. f. *Biol.* Conjunto de especies animales y vegetales que conviven en un biotopo. *La biocenosis y el biotopo constituyen el ecosistema.*

biodegradable. adj. *Quím.* Dicho espec. de sustancia: Que puede descomponerse por la acción de organismos vivos. *Envase biodegradable. Proteja el medio ambiente: use lejía biodegradable.*

biodiversidad. f. *Biol.* Variedad de especies animales y vegetales. *Es necesario restringir la pesca para conservar la biodiversidad del fondo marino.*

bioética. f. Estudio de los problemas éticos que plantean la investigación y la aplicación de técnicas biológicas o médicas. *Los expertos en bioética denuncian la manipulación genética de embriones.*

biofísico, ca. adj. **1.** De la biofísica (→ 3), o de su objeto de estudio. *Experimentos biofísicos. La respiración es un proceso biofísico complejo.* ● m. y f. **2.** Especialista en biofísica (→ 3). *Los biofísicos investigan sobre el peligro de las radiaciones de los teléfonos móviles.* ○ f. **3.** Rama de la física que estudia los fenómenos biológicos. *La biofísica ha ampliado los conocimientos sobre el tránsito de sustancias por el organismo.*

biografía. f. **1.** Obra escrita que narra la vida de una persona. *Han publicado una nueva biografía de Picasso.* **2.** Género literario constituido por las biografías (→ 1). *La biografía y el ensayo son géneros en auge.* **3.** Historia de la vida de una persona. *Ya en nuestra primera charla me contó su biografía entera.* ▶ **3:** VIDA.

biografiado, da. part. **1.** → **biografiar. 2.** Que ha sido biografiado (→ 1). Tb. m. y f. *El biografiado declaró no haber autorizado la biografía de la que había sido objeto.*

biografiar. (conjug. ENVIAR). tr. Escribir la biografía (de una persona). *La revista indemnizó a la cantante por biografiarla sin su consentimiento.*

biográfico, ca. adj. De la biografía. *El libro se cierra con un apunte biográfico sobre el autor.*

biógrafo, fa. m. y f. Autor de biografías. *Su biógrafo reveló algunas sombras de su exitosa vida.*

biología. f. Ciencia que estudia los seres vivos y los fenómenos vitales. *En biología, la asociación de seres vivos de diferente especie se llama "simbiosis".* Tb. el conjunto de esos fenómenos vitales. *El artículo trata de la biología y el hábitat del lince ibérico.* ■ **~ molecular.** f. Rama de la biología que estudia los seres vivos y los fenómenos biológicos en función de las propiedades fisicoquímicas de las moléculas en la célula. *Las técnicas de la biología molecular han permitido conocer información genética de los seres vivos.*

biológico, ca. adj. De la biología, o de su objeto de estudio. *Al estudiar Medicina, adquirió también muchos conocimientos biológicos. La sensación de hambre es un mecanismo biológico que advierte de la necesidad de comer.*

biólogo, ga. m. y f. Especialista o titulado en biología. *El premio de ciencias recayó en dos biólogos.*

biomasa. f. *Biol.* Masa total de la materia de los seres que viven en una comunidad o en un ecosistema. *Los incendios supusieron una pérdida irreparable de biomasa.*

biomaterial. m. *Biol.* y *Med.* Material tolerable por el organismo, que se utiliza como implante para sustituir un órgano o un tejido orgánico dañados o enfermos. *Los clavos para fijar huesos fracturados están hechos de biomateriales como el titanio.*

biombo. m. Mampara formada por varias láminas, unidas por bisagras, que se pueden plegar y desplegar. *Entramos en un restaurante chino, con sus mesas separadas por biombos.*

biomedicina. f. Medicina basada en los principios de las ciencias naturales, como la biología, la bioquímica o la biofísica. *Expertos en biomedicina investigan cómo combatir la resistencia a los antibióticos.*

biomédico, ca. adj. De la biomedicina, o de su objeto de estudio. *Se fomentará la investigación biomédica y en ciencias de la salud.*

biónico, ca. adj. **1.** De la biónica (→ 2), o de su objeto de estudio. *Cuando perdió el brazo, le pusieron una prótesis biónica.* ● f. **2.** Ciencia que aplica el estudio de los fenómenos biológicos y de la organización de los seres vivos a la creación de sistemas y mecanismos tecnológicos. *Los avances de la biónica han permitido crear tejidos artificiales que imitan los del cuerpo humano.*

biopsia. f. *Med.* Extracción y examen microscópico de una muestra de tejido de un ser vivo, que se hacen para dar un diagnóstico. *El cirujano le practicó una biopsia para comprobar si el tumor era benigno.* Tb. esa muestra. *La biopsia de la próstata presentaba células cancerosas.*

bioquímico, ca. adj. **1.** De la bioquímica (→ 3), o de su objeto de estudio. *Investigación bioquímica. Los genes determinan rasgos anatómicos, bioquímicos y de conducta del individuo.* ● m. y f. **2.** Especialista en bioquímica (→ 3). *Un bioquímico ha publicado un trabajo sobre la nicotina.* ○ f. **3.** Rama de la química que estudia los fenómenos biológicos. *Las aportaciones de la bioquímica han ayudado a desvelar mecanismos de la evolución biológica.*

biorritmo. m. Ciclo de fenómenos fisiológicos de un ser vivo, que se repite periódicamente y que en las personas puede traducirse en variaciones de comportamiento o de estado de ánimo. *El ciclo vigilia-sueño es un biorritmo.*

biosfera. f. *Biol.* Zona constituida por las partes de la corteza terrestre y de la atmósfera donde se desarrollan los seres vivos. *La hidrosfera forma parte de la biosfera.*

biotecnología. f. *Biol.* Utilización de microorganismos vivos y procesos biológicos para la obtención y mejora de productos útiles. *Los expertos en biotecnología de los alimentos investigan sobre cereales transgénicos.* Tb. el estudio científico correspondiente. *Es profesor del Departamento de Biotecnología de la facultad.*

biótico, ca. adj. *Biol.* De los seres vivos. *Un estudio evaluará el impacto de las obras sobre el medio biótico.*

biotipo. m. *Biol.* Forma de animal o planta que puede considerarse representativa de su especie, variedad o raza por reunir las características típicas de estas. *El nuevo biotipo de esta especie de insectos afecta a la planta del tabaco.*

biotopo. m. *Biol.* Lugar con las características ambientales adecuadas para que se desarrolle en él una determinada comunidad de seres vivos. *El tipo de respiración de los peces, condicionado por el biotopo acuático, es branquial.*

bióxido. m. *Quím.* Compuesto que contiene dos átomos de oxígeno. *Bióxido de carbono. Bióxido de uranio.*

bipartición. f. División de algo en dos partes. *Reproducción de la célula por bipartición.*

bipartidismo. m. Sistema político en que predominan dos grandes partidos. *El bipartidismo rige en Estados Unidos, donde republicanos y demócratas alternan en el poder.*

bipartidista. adj. Del bipartidismo. *Durante la Restauración se implantó un sistema bipartidista protagonizado por conservadores y liberales.*

bipartito, ta. adj. Que consta de dos partes. *Se constituirá una comisión bipartita de seguimiento, integrada por empresarios y sindicatos.*

bípedo, da. adj. Que tiene dos pies. *Las aves son animales bípedos.* Tb. m. y f. *Se trata de un bípedo corredor.*

biplano. m. Avión con cuatro alas, dos en cada costado, que forman dos planos paralelos. *El único vehículo para salir de la isla era un viejo biplano.*

biplaza. adj. Dicho de vehículo: De dos plazas. *El paracaidista saltó desde una avioneta biplaza.* Tb. m. *Dudaba entre comprar un biplaza o un coche familiar.*

bipolar. adj. Que tiene dos polos. *La Tierra posee un campo magnético bipolar.* Tb. fig. *Existe una concepción bipolar del ser humano en la que este se divide en cuerpo y alma.*

bipolaridad. f. Condición de bipolar. *Bipolaridad de una pila.* Tb. fig. *La bipolaridad existente durante la guerra fría dejó paso a una hegemonía estadounidense.*

biquini. (Tb. **bikini**, frecAm., y a veces f.). m. Traje de baño femenino constituido por un sujetador y una braguita. *Para tomar el sol prefiere el biquini al bañador. Todos los días salía a navegar luciendo diminutas bikinis* [C].

birlar. tr. coloq. Hurtar o quitar con malas artes (algo) a alguien. *Alguien me ha birlado el bocadillo que llevaba en la mochila.* Tb. fig. *No se habla con su amigo desde que le birló la novia.*

birmano, na. adj. **1.** De Myanmar. *Gobierno birmano.* Dicho de pers., tb. m. y f. *Un grupo de birmanos hace cola ante el consulado.* **2.** histór. De Birmania, hoy Myanmar. *Templo birmano.* Dicho de pers., tb. m. y f. *Los birmanos estuvieron bajo el dominio británico.*

birome. (Marca reg.). f. Am. Bolígrafo. *Mary, buscá un papel y una birome* [C].

birreta. f. Birrete (gorro que usan los clérigos). *El Papa impondrá la birreta cardenalicia a veinte nuevos cardenales.* ▶ *BIRRETE.

birrete. m. **1.** Gorro en forma de prisma y con una borla en la parte superior, usado por jueces, abogados y profesores universitarios en los actos solemnes. *El rector iba tocado con un birrete durante la ceremonia de apertura del curso.* **2.** Gorro cuadrangular y gralm. provisto de una borla en la parte superior, que usan los clérigos. *Los cardenales llevan birrete rojo; los obispos, morado.* ▶ **2:** BIRRETA, BONETE.

birria. f. **1.** coloq. Persona o cosa feas o de aspecto lamentable. *Tras la enfermedad, se quedó hecho una birria. ¿Cómo pueden llamar "obra de arte" a esa birria?* **2.** coloq. Persona o cosa de poco valor o importancia. *¡Tanto estudiar para luego conseguir una birria de empleo!*

birrioso, sa. adj. coloq. Que es una birria. *Iba con un chico escuchimizado y birrioso. No sé cómo se atreve a hacerme un regalo tan birrioso.*

biruji. m. coloq. Viento frío. *Por la rendija de la puerta entra un biruji que te deja helado.*

bis. adv. **1.** Dos veces. Se usa en un escrito o en una partitura para indicar que algo debe repetirse o está repetido. *En la última línea de la canción pone: "Y siempre lo será. (Bis)".* ● m. **2.** En un concierto o en un espectáculo teatral: Ejecución repetida de una pieza o fragmento para responder a los aplausos o a la petición del público. *Cuando terminó el concierto, los asistentes reclamaron a coro un bis.* ● adj. **3.** Se usa pospuesto a un número de una serie para indicar que este sigue inmediatamente a ese mismo número ya empleado. *Vive en la calle Mayor, 31 bis. El cuadro 8 bis muestra una gráfica del proceso.*

bisabuelo, la. m. y f. **1.** Respecto de una persona: Padre o madre de su abuelo o de su abuela. *Mi bisabuela tuvo a mi abuela a la edad de veinte años.* ○ m. pl. **2.** Bisabuelo (→ 1) y bisabuela. *La casa donde vivo era de mis bisabuelos.*

bisagra. f. Pieza metálica constituida por dos láminas articuladas sobre un eje, y que sirve para unir dos superficies permitiendo el giro de ambas o de una sobre la otra. *Engrasa las bisagras de la puerta para que no rechine al abrirla.*

bisar. tr. Repetir, a petición del público, la ejecución (de algo, como una pieza musical o un fragmento). *El entusiasmo del público era tal que la soprano se vio obligada a bisar el aria entera.*

bisaya. m. Bisayo (lengua). *La entrada de hispanismos en el bisaya fue muy intensa.* ▶ BISAYO.

bisayo, ya. adj. **1.** De las islas Bisayas (archipiélago de Filipinas, en el Pacífico). *Costa bisaya.* Dicho de pers., tb. m. y f. *La población filipina está compuesta de diversas etnias, como los bisayos y los tagalos.* ● m. **2.** Lengua hablada en las islas Bisayas. *Muchos de estos isleños hablan inglés y bisayo.* ▶ **2:** BISAYA.

bisbisear. intr. **1.** Hablar en voz muy baja, de forma que se perciban espec. los sonidos silbantes. *Se pasaron toda la película bisbiseando.* ○ tr. **2.** Decir (algo) bisbiseando (→ 1). *¿Qué estáis bisbiseando?*

bisbiseo. m. Hecho o efecto de bisbisear. *El profesor oyó el bisbiseo de los alumnos durante el examen, pero hizo la vista gorda.*

biscote. m. Rebanada cuadrada de pan tostado, fabricada de forma industrial y que se conserva durante mucho tiempo. *Desayuna un té y biscotes con mermelada.*

bisector, triz. adj. *Mat.* Dicho de línea o de plano: Que divide en dos partes iguales. Tb. f. referido a línea recta. *Traza la bisectriz de los ángulos de un triángulo isósceles.*

bisel. m. Corte oblicuo en el borde de una superficie. *El afilado de las herramientas se hace siempre por el lado del bisel.*

biselar. tr. Hacer un bisel (en algo). *He comprado un espejo biselado para el baño. El ebanista biseló los bordes de la mesa con un formón.*

bisemanal. adj. Que sucede dos veces a la semana. *Durante la huelga, la recogida de basura será bisemanal: lunes y jueves.*

bisexual. adj. Dicho de persona: Que mantiene relaciones sexuales con individuos de ambos sexos. *Mujer bisexual.* Tb. m. y f. *La afección se propagaba más rápidamente entre los homosexuales y los bisexuales.*

bisexualidad. f. Condición de bisexual. *Defiende su bisexualidad como una opción más.*

bisiesto. m. Año bisiesto (→ **año**). *Como nació en bisiesto, dice que solo cumple cada cuatro años.*

bisilábico, ca. adj. *Gram.* y *Lit.* Bisílabo. *"Dúo", con tilde, es palabra bisilábica.*

bisílabo, ba. adj. *Gram.* y *Lit.* De dos sílabas. *El verso bisílabo es el más corto posible.* ▶ BISILÁBICO.

bismuto. m. *Quím.* Elemento del grupo de los metales, sólido en estado natural, de color blanquecino con reflejos rojos, muy frágil y fácilmente fusible, algunas de cuyas sales se emplean en medicina y en cosmética (Símb. *Bi*). *Nitrato de bismuto. En el tratamiento de la úlcera se emplean antisecretores, antibióticos y bismuto.*

bisnieto, ta. m. y f. Respecto de una persona: Hijo o hija de su nieto o de su nieta. *Mi abuela tiene siete nietos y ya un bisnieto.* ▶ BIZNIETO.

bisojo, ja. adj. coloq. Estrábico. *Como era un poco bisoja, nunca sabíamos si nos estaba mirando.* Dicho de pers., tb. m. y f. *No quiero ver a la bisoja, que da mal fario.*

bisonte. m. Mamífero rumiante parecido al toro, con abundante pelo, la parte anterior del cuerpo muy abultada y con una giba, y la cabeza grande y con cuernos poco desarrollados, del cual existen dos especies: *~ americano* (→ **búfalo**) y *~ europeo. El bisonte hembra. Los cazadores avistaron una manada de bisontes.*

bisoñé. m. Peluca que cubre solo la parte delantera de la cabeza. *Lleva bisoñé para ocultar la calva.*

bisoñez. f. Condición de bisoño. *El recién llegado, consciente de su bisoñez, intentaba aprender de los veteranos.*

bisoño, ña. adj. Nuevo e inexperto en una actividad. *Comete los errores propios de un escritor bisoño.* Dicho de pers., tb. m. y f. *Lo que para un bisoño sería una dificultad, él lo resuelve enseguida.*

bisté. m. Bistec. *De segundo tomaré un bisté de ternera.*

bistec. m. Filete de vaca. *He comido gazpacho y un bistec a la plancha con patatas fritas.* ▶ BISTÉ. || **Am:** BIFE.

bisturí. (pl. **bisturíes** o **bisturís**). m. Instrumento semejante a un cuchillo pequeño, que se emplea en cirugía para hacer cortes en tejidos blandos. *El cirujano pidió el bisturí a la enfermera.*

bisutería. f. **1.** Conjunto de objetos de adorno parecidos a las joyas, pero realizados con materiales no preciosos. *Iba tan maquillada y cargada de bisutería que llamaba la atención.* **2.** Industria dedicada a la fabricación de bisutería (→ 1). *Me he comprado unos pendientes de bisutería que dan muy bien el pego.*

bit. (pl. **bits**). m. *Inform.* Unidad mínima de información que equivale a la elección entre dos posibilidades igualmente probables. *Microprocesadores de 32 bits.*

bitácora. f. *Mar.* En una embarcación: Armario pequeño, situado cerca del timón, en que está colocada la brújula. *Fue girando el timón sin perder de vista la aguja de la brújula iluminada en la bitácora.*

bíter. (pl. **bíteres**). m. Bebida de color rojo y sabor amargo, que se toma espec. como aperitivo. *En vez del vermut, un bíter, por favor.*

bituminoso, sa. adj. Que tiene betún, o características semejantes a las suyas. *El petróleo es una sustancia bituminosa.*

biunívoco, ca. adj. Dicho espec. de correspondencia o relación: Que se establece entre los elementos de dos conjuntos cuando, a cada elemento de un conjunto, le corresponde uno y solo uno de los elementos del otro, y viceversa. *Dado que entre síntomas y enfermedades no hay una relación biunívoca, siempre cabe un error en el diagnóstico.* Se usa espec. en matemáticas.

bivalente. adj. *Quím.* Que tiene dos valencias. *El mercurio es un elemento bivalente, con valencias 1 y 2.*

bivalvo, va. adj. **1.** *Zool.* Dicho de concha: De dos valvas. *La concha de la almeja es bivalva.* **2.** *Zool.* Dicho de molusco: De concha bivalva (→ 1). *La ostra es un molusco bivalvo.* Tb. m. *Cita las especies más frecuentes de bivalvos, univalvos y cefalópodos.*

bizantinismo. m. cult. Tendencia a mantener discusiones bizantinas. *Aquellas disputas sobre la naturaleza del alma le parecían de un bizantinismo exasperante.*

bizantino, na. adj. **1.** histór. De Bizancio (antiguo Imperio romano de Oriente, y su capital). *Imperio bizantino.* Dicho de pers., tb. m. y f. *Los turcos sometieron a los bizantinos en el año 1453.* **2.** Del arte bizantino (→ 1). *Mosaico bizantino.* **3.** Dicho espec. de discusión: Que es demasiado sutil, o que se enreda con detalles o aspectos poco significativos. *Se enzarzaron en una discusión bizantina sobre si es más elevado el arte de la pintura o el de la música.*

bizarría. f. cult. Cualidad de bizarro. *Los altos mandos del Ejército ensalzaron la bizarría de la tropa.*

bizarro, rra. adj. cult. Valiente o valeroso. *Las bizarras legiones entraron triunfantes en la capital del imperio.*

bizco, ca. adj. **1.** Estrábico. *Cuando te habla, parece que mira para otro lado, porque es bizco.* Dicho de pers., tb. m. y f. *Me parece cruel hacer chistes sobre los bizcos.* **2.** coloq. Asombrado o impresionado. Frec. con *dejar* y *quedarse*. *Lleva unas joyas de quedarse bizco.*

bizcocho. m. Dulce elaborado con una masa de harina, azúcar, huevos y otros ingredientes, y cocido al horno. *He preparado un bizcocho de limón para merendar.* ■ **~ borracho.** m. Bizcocho empapado en almíbar o en vino. *Deme medio kilo de pasteles, pero no me ponga bizcochos borrachos.* ⇒ BORRACHO. ■ **~ de soletilla.** m. Bizcocho blando y pequeño en forma de suela. *Con el café nos pusieron bizcochos de soletilla.* ⇒ SOLETILLA. ▶ **Am:** BIZCOCHUELO.

bizcochuelo. m. Am. Bizcocho. *Cocine en molde liso, como todo bizcochuelo, deje enfriar y decore con la crema de manteca* [C].

biznieto, ta. m. y f. Bisnieto. *Tiene nietos, biznietos y hasta tataranietos.*

bizquear. intr. Tener bizquera o simularla. *Ana bizquea un poco del ojo derecho. Se puso a bizquear y a hacer muecas para que me riese.*

bizquera. f. Condición de bizco. *Lleva gafas oscuras para disimular su bizquera.* ▶ ESTRABISMO.

bla-bla-bla o **blablablá.** interj. **1.** coloq. Se usa para imitar el ruido de la conversación ininterrumpida e insustancial. *En seguida empieza con que si está enfermo, y no tiene dinero, y nadie le quiere, y bla-bla-bla.* ● m. **2.** coloq. Discurso o conversación prolongados e insustanciales. *No soporto ese blablablá de los que se creen muy listos.*

blanco, ca. adj. **1.** Dicho de color: Semejante al de la nieve o la leche. *El traje es de color blanco.* Tb. m. *El traje tiene un blanco muy bonito.* **2.** De color blanco (→ 1). *Nubes blancas. Dientes blancos.* **3.** Dicho de persona: De piel clara y el pelo fino. *Los habitantes de Europa son blancos.* Tb. m. y f. *La igualdad entre blancos y negros aún no es total.* **4.** De los blancos o propio de los blancos (→ 3). *Raza blanca. El dominio blanco en grandes regiones de África era innegable.* **5.** Que ha perdido el color a causa de una emoción fuerte, un susto o una sorpresa. *Cuando me vio aparecer se quedó blanca.* **6.** Dicho de cosa: De color más claro que otros de su misma clase. *Pan blanco. Vino blanco.* ● m. **7.** Objeto situado a distancia sobre el que se dispara para practicar el tiro y la puntería. *Has errado el tiro porque el blanco estaba demasiado lejos.* **8.** Persona o cosa a las que se dirige un disparo. *Sin escolta, el diputado se había convertido en un blanco fácil para los terroristas.* **9.** Persona o cosa a las que se dirige una acción determinada. *En la recepción, la actriz ganadora del premio fue el blanco de todas las miradas.* **10.** Vino blanco (→ **vino**). *Acompañaron el pescado con un blanco de Rueda.* **11.** En un escrito: Espacio que queda por completar. *Rellena con tus datos personales los blancos del impreso.* ○ f. **12.** *Mús.* Nota cuyo valor es la mitad de una redonda. *En un compás de cuatro por cuatro caben dos blancas.* ■ **blanco de los ojos.** m. Parte blanca (→ 2) de los ojos. *Tienes un derrame en el blanco de los ojos.* □ **dar en el blanco.** loc. v. Acertar. *El alcalde dio en el blanco con su proyecto sobre la mejora de los parques y jardines de la ciudad.* ■ **en blanco.** loc. adv. **1.** Sin texto escrito, o sin estar pintado o dibujado. *Entregó el examen en blanco.* Tb. loc. adj. *Coge una hoja en blanco y repite la redacción.* **2.** Sin dormir. *Me sentó mal la cena y he pasado la noche en blanco.* **3.** Sin recordar o pensar nada. *Se quedó en blanco durante el examen.* Tb. loc. adj. *Ahora mismo no lo recuerdo, porque tengo la mente en blanco.* **4.** Sin entender nada. *Con las explicaciones del profesor de Química me quedo en blanco.* ■ **en blanco y negro.** loc. adv. Sin colores. *Se ha estropeado el televisor y solo se ve en blanco y negro.* Tb. loc. adj. *Ayer vi un documental en blanco y negro sobre la Guerra Civil.* ■ **sin blanca.** loc. adv. Sin dinero. Frec. con *estar*, *quedarse* o *dejar*. *No voy a poder irme de vacaciones, porque estoy sin blanca.* ■ **parecerse** dos personas **en el blanco de los ojos.** loc. v. coloq. No parecerse en nada. *–Eres idéntica a tu hermana. –Sí, claro, nos parecemos en el blanco de los ojos.*

blancor. m. cult. Blancura. *La luz tenía un blancor que dañaba los ojos.*

blancura. f. Cualidad de blanco. *La blancura de su piel contrasta con el negro de sus cabellos. El nuevo detergente intensifica la blancura de toda su ropa.*

blancuzco, ca. adj. Que tira a blanco o a un blanco sucio. *Color blancuzco. Sirvieron la carne con una salsa blancuzca parecida a la bechamel.* ▶ BLANQUECINO.

blandengue. adj. despect. Blando. *Has dejado el helado fuera del frigorífico y se ha puesto blandengue. No sé cómo puedes hacer tanto deporte, con lo blandengue que eres.* Tb. m. y f. *Es una blandengue que llora cuando ve cualquier película.*

blandenguería. f. despect. Cualidad de blandengue. *En sus palabras se nota ternura, nunca blandenguería.*

blandir. tr. Mover (algo, espec. un arma) agitándo(lo) en la mano. *Los mosqueteros blandían sus espadas contra los guardias del cardenal.* Tb. fig. *El poeta blandía su pluma en defensa de los desfavorecidos.*

blando, da. adj. **1.** Que cede fácilmente a la presión o al tacto. *Esta cama es muy blanda. Solo puede comer cosas blandas.* **2.** Dicho de persona: Que soporta mal el cansancio, el trabajo o las contrariedades. *Es muy agradable, pero un poco blanda para el trabajo.* **3.** Dicho de persona: Que tiene un carácter débil, sensible o excesivamente benévolo. *Mi jefe es demasiado blando, por eso abusan de él.* Tb. m. y f. *Mi padre es un blando: me perdona todo.* **4.** Propio de la persona blanda (→ 2, 3). *Tiene un carácter excesivamente blando.* **5.** Dicho de cosa: Suave o moderada. *Droga blanda. Los castigos en este deporte son más blandos que en otros.* **6.** Dicho de cosa: Suave o delicada. *Sus dibujos se caracterizan por tener trazos blandos.*

blandura. f. Cualidad de blando. *Hoy me he levantado con dolor de cuello por la blandura de la almohada. Se acusa a la justicia de blandura con los narcotraficantes.*

blanqueamiento. m. Hecho de blanquear o poner blanco. *Clínica especializada en blanqueamiento dental.* ▶ BLANQUEO.

blanquear. tr. **1.** Poner blanco (algo). *Mete la ropa en lejía para blanquearla.* **2.** Pintar (una pared o un edificio) con cal o yeso blanco. *Blanquean las fachadas del chalé, ennegrecidas por la lluvia.* **3.** Legalizar (dinero conseguido de forma ilegal o no declarado). *Utilizaban la empresa para blanquear dinero procedente del narcotráfico.* ○ intr. **4.** Mostrar algo su color blanco o que tira a blanco. *Con la luz del día, los cabellos de la abuela blanqueaban con más intensidad.* **5.** Tomar o ir tomando algo color blanco o que tira a blanco. *Después de tantos lavados, la camisa azul empieza a blanquear.* ▶ **1, 2, 5:** EMBLANQUECER.

blanquecino, na. adj. Que tira a blanco. *Color blanquecino. Cuando toma el sol, le salen manchas blanquecinas en la piel.* ▶ BLANCUZCO.

blanqueo. m. Hecho o efecto de blanquear algo. *Utilizan la cal para el blanqueo de las casas. La policía se incautó de un millón de euros procedentes del blanqueo de dinero.* ▶ BLANQUEAMIENTO.

blanquillo. m. **1.** Am. Huevo (cuerpo de forma redondeada, o huevo de gallina). *Les encanta un platillo: blanquillos estrellados puestos en una tortilla y bañados en salsa roja* [C]. **2.** Am. Melocotón de piel blanca. *Su nombre vulgar es durazno de carne blanca en Colombia, blanquillos en Perú y melocotón en Europa* [C]. ▶ **1:** HUEVO.

blasfemar. intr. Decir blasfemias. *El hereje murió en la hoguera blasfemando* CONTRA *la Iglesia. Parece muy fina hasta que abre la bocaza y se pone a blasfemar.*

blasfematorio, ria. adj. Blasfemo (que contiene blasfemia). *La Inquisición hizo quemar libros que consideraba blasfematorios.* ▶ BLASFEMO.

blasfemia. f. **1.** Palabra o expresión injuriosas contra Dios, la Virgen o los santos. *Lleno de ira, empezó a soltar blasfemias.* **2.** Palabra o expresión gravemente ofensivas o irrespetuosas contra alguien o algo. *Es una blasfemia llamar "aficionado" a un artista de su talento.*

blasfemo, ma. adj. **1.** Que dice blasfemias. *Se escandalizaba al oír los juramentos de aquellos jugadores blasfemos.* Dicho de pers., tb. m. y f. *La Iglesia la excomulgó por ser una blasfema.* **2.** Que contiene o constituye blasfemia. *La película fue censurada por irreverente y blasfema.* ▶ **2:** BLASFEMATORIO.

blasón. m. **1.** Escudo de armas. *El blasón de la familia presidía la portada del palacio.* **2.** Figura, pieza o partición de las que aparecen en un blasón (→ 1). *La flor de lis es un blasón. Los blasones de su escudo representan las posesiones y los títulos familiares.* **3.** cult. Honor o gloria. *Presidir aquella institución había sido el mayor blasón de su vida.* ▶ **1:** ESCUDO.

blasonado, da. part. **1. → blasonar.** ● adj. **2.** Que tiene blasón o escudo de armas. *En este pueblo abundan las casas blasonadas.*

blasonar. intr. cult. Presumir o vanagloriarse. *Blasona* DE *un linaje que no tiene.*

blazer. (pal. ingl.; pronunc. "bléiser"). m. (Tb. f.). Chaqueta de *sport* parecida a una americana. *El uniforme de mi colegio consta de pantalón gris, camisa blanca y* blazer *azul marino.* ¶ [Adaptación recomendada: *bléiser*, pl. *bléiseres*].

bledo. un ~. loc. adv. coloq. Muy poco o nada. Con intención enfática. Gralm. con *importar*. *Estamos enfadadas y me importa un bledo si viene a la fiesta o no.*

blenda. f. Mineral de sulfuro de cinc, que se halla en la naturaleza en cristales muy brillantes, de color que varía desde el amarillo rojizo al pardo oscuro, y del que se extrae el cinc. *La blenda se forma con otros minerales, como la cuarcita y la galena.*

blenorragia. f. *Med.* Gonorrea. *Entre las enfermedades de transmisión sexual cabe citar la blenorragia y la sífilis.*

blindado, da. part. **1. → blindar.** ● adj. **2.** Dicho de división u otra unidad militar: Acorazada. *Ha ordenado avanzar a sus divisiones blindadas.*

blindaje. m. **1.** Hecho o efecto de blindar. *Se recomienda el blindaje de los vehículos destinados a los altos cargos. El blindaje de su contrato supondrá un extra de varios millones.* **2.** Conjunto de materiales usados para blindar. *La caja fuerte lleva un blindaje de acero a prueba de ladrones.*

blindar. tr. **1.** Proteger (algo) cubriéndo(lo) con un material resistente, espec. con planchas metálicas. *Tras el robo blindamos la puerta de entrada. Construirán un refugio blindado.* **2.** Poner (en un contrato laboral) una cláusula que garantice una indemnización en caso de rescisión anticipada. *El club quiere blindar el contrato de su nueva estrella. La empresa ha pagado una millonada por despedir a un ejecutivo con contrato blindado.*

blíster. (pl. **blísteres**). m. Envase para productos pequeños, consistente en un soporte de cartón o aluminio al que va pegada una lámina de plástico transparente con cavidades en las que se alojan los artículos. *Cada caja trae dos blísteres con diez aspirinas cada uno.*

bloc. m. Conjunto de hojas de papel del mismo tamaño, superpuestas y unidas por uno de sus lados de modo que se puedan arrancar con facilidad. *Bloc de notas. Salió al campo con su bloc de dibujo y unos lápices.*

blocar. tr. En el fútbol: Parar (el balón) agarrándo(lo) con las dos manos y gralm. protegiéndo(lo) con el cuerpo. *El portero blocó un balón peligrosísimo.*

blonda. f. Encaje de seda. *El vestido de la novia tenía las mangas de blonda.*

blondo, da. adj. cult. Rubio. *Miraba extasiado su blonda melena.*

bloque. m. **1.** Trozo, gralm. grande y pesado, de un material sólido o compacto. *La iglesia está construida con enormes bloques de piedra. El buque ha chocado con un bloque de hielo.* **2.** Conjunto coherente u homogéneo de cosas o personas. *El concursante contestó bien al primer bloque de preguntas.* **3.** Edificio grande de pisos. *En mi bloque hay 54 viviendas.* **4.** Agrupación de Estados, partidos o asociaciones con fines políticos comunes. *Los partidos de izquierdas formaron un bloque contra el gobierno conservador.* **5.** *Mec.* En un motor de explosión: Pieza que contiene los cilindros y por la que circula el líquido refrigerante. *El nuevo motor es más ligero, con bloque y culata de aluminio.* ■ **en ~.** loc. adv. En conjunto o sin hacer distinciones ni separaciones. *Mi propuesta debe aceptarse en bloque, sin excluir ningún punto.*

bloquear. tr. **1.** Obstruir o cerrar (un paso o camino). *Varios camiones han bloqueado la frontera.* **2.** Impedir el desarrollo normal (de algo, espec. una acción). *El atentado ha bloqueado las conversaciones de paz.* **3.** Impedir o paralizar el funcionamiento (de algo). *Un virus informático puede bloquear el ordenador.* Tb. en constr. prnl. media. *La cerradura se ha bloqueado.* **4.** Paralizar la capacidad de actuar o de pensar (de alguien). *En el examen de conducir me bloquearon los nervios.* Tb. en constr. prnl. media. *Se bloqueó y no pudo articular palabra.* **5.** Inmovilizar la autoridad (una cantidad de dinero o un crédito), privando a su dueño de disponer (de ellos). *El fiscal general ordena bloquear las cuentas del empresario.* **6.** Cortar la comunicación (de un lugar) con el exterior por medio de una operación militar. *El ejército invasor bloquea la ciudad.*

bloqueo. m. Hecho o efecto de bloquear. *La jueza ha ordenado el bloqueo de sus cuentas bancarias. Nadie ha logrado burlar el bloqueo del ejército enemigo.*

blues. (pal. ingl.; pronunc. "blus"). m. Género de música que tiene su origen en el folclore de los negros estadounidenses, y se caracteriza por su ritmo lento y su tono triste y melancólico. *Anoche fui a un concierto de* blues.

blusa. f. Prenda de vestir femenina o infantil semejante a una camisa, que cubre la parte superior del cuerpo y gralm. es de tela fina y abierta por delante. *Lleva falda corta y una blusa de lunares.*

blusón. m. Blusa larga y holgada, gralm. sin cuello. *Desde que está embarazada, solo viste blusones y ropa suelta.*

boa. f. **1.** Serpiente americana de gran tamaño, no venenosa, que mata a sus presas comprimiéndolas con su cuerpo. *La boa es capaz de engullir animales enormes.* ○ m. **2.** Prenda femenina de piel o de plumas y en forma de serpiente, que se usa como abrigo o adorno del cuello y los hombros. *La* vedette *llevaba un boa de plumas rosadas.*

boato. m. Ostentación de riqueza con que se presenta algo o alguien. *La ceremonia fue sencilla y sin boato.*

bobada. f. **1.** Hecho o dicho bobos. *Anda, deja ya de decir bobadas.* **2.** Cosa de poca importancia. *No sé cómo puedes enfadarte por una bobada así.* ▶ **1:** *TONTERÍA. **2:** *NIMIEDAD.

bobalicón, na. adj. coloq. Bobo. Tb. m. y f. *El bobalicón de tu hermano se cree todo lo que le cuentan.*

bobear. intr. Hacer o decir bobadas. *Deja de bobear y ponte a estudiar de una vez.*

bobería. f. Bobada. *Déjate de boberías y contesta en serio. Con cualquier bobería que le regales, se pone tan contento.* ▶ *TONTERÍA.

bobina. f. **1.** Cilindro de hilo o cordel enrollados alrededor de un canuto de cartón u otro material. *Ve a la mercería y compra una bobina de hilo blanco.* **2.** Rollo de un material flexible, gralm. montado sobre un soporte. *La película ocupa tres bobinas.* **3.** *Fís.*

Elemento de un circuito eléctrico constituido por un hilo conductor aislado y enrollado formando capas de espiras, que sirve para crear un campo magnético al pasar por él la corriente. *Construye un circuito con una resistencia, un condensador y una bobina conectados en serie a un generador de corriente alterna.*

bobinado. m. Hecho o efecto de bobinar. *Junto al botón de avance de la cinta, está el de bobinado y rebobinado rápido.*

bobinar. tr. **1.** Enrollar (algo, como hilo o cordel) en forma de bobina. *Bobina el hilo que te sobre después de coser la falda.* **2.** Enrollar (un material flexible), gralm. alrededor de un soporte. *La máquina tiene un dispositivo para bobinar la película automáticamente.*

bobo, ba. adj. **1.** Dicho de persona: De corto entendimiento o capacidad. *¿Pero eres bobo?, ¿no entiendes lo que te estoy diciendo?* Tb. m. y f. *El libro era tan elemental que parecía escrito para bobos.* **2.** Dicho de persona: Extremadamente simple o ingenuo. Frec. se usa para dirigirse a una persona cariñosamente. *¡No te lo creas, boba, que lo dice de broma!* Tb. m. y f. ● m. **3.** En el teatro clásico español: Personaje que hace reír por su simpleza y estupidez. *Los actores que encarnan al bobo y al galán bordan sus papeles.* ▶ **1:** *TONTO.

boca. f. **1.** En una persona o en un animal: Abertura anterior del aparato digestivo, situada en la cabeza. *Toma aire por la nariz y expúlsalo por la boca.* **2.** Cavidad a la que sirve de entrada la boca (→ 1), y que contiene la lengua y los dientes. *Tengo llagas en la boca. No hables con la boca llena.* **3.** Conjunto de los dos labios. *Se despidieron con un apasionado beso en la boca. Apenas se maquilla, pero siempre lleva la boca pintada.* **4.** Órgano de la palabra. *Tiene una boca de verdulera, que da miedo oírla.* **5.** Persona o animal a los que hay que alimentar o mantener. *Tiene cinco bocas a su cargo y no le llega el sueldo.* **6.** Entrada o salida de un lugar. *Han cerrado por obras varias bocas de metro. La boca de una ría.* **7.** Abertura o agujero. *No vayas a cortarte al beber de esa botella, que tiene la boca rota.* ■ **~ de dragón.** f. Planta con flores de hermosos colores, pralm. encarnados o amarillos, que crecen en racimo y tienen la forma de un tubo cuyo extremo se abre y se cierra recordando el hocico de un animal. *Eligieron para el jardín alguna boca de dragón y otras plantas resistentes.* ⇒ DRAGÓN. ■ **~ del estómago.** f. Parte del abdomen donde está la entrada del estómago. *Tenía una sensación de pesadez en la boca del estómago.* Tb. la parte exterior correspondiente del cuerpo. *Le dio un balonazo en la boca del estómago que lo dejó sin respiración.* ■ **~ de riego.** f. Abertura hecha en un conducto de agua y provista de una llave o un dispositivo de cierre, a la que puede acoplarse una manguera para regar calles o jardines. *El jardinero se dejó abierta la boca de riego.* □ **a ~ de jarro.** loc. adv. A bocajarro. *Le descerrajó un tiro a boca de jarro. Me ha lanzado la pregunta a boca de jarro.* ■ **abrir,** o **hacer, ~.** loc. v. Despertar el apetito tomando algún alimento ligero o alguna bebida estimulante antes de una comida. *Empezaremos abriendo boca con unos entremeses.* Tb. fig. *Antes de la aparición de la novela, se publicó en prensa el primer capítulo para abrir boca.* ■ **abrir la ~.** loc. v. coloq. Decir algo. *Era uno de esos niños tímidos que rara vez abren la boca.* Frec. en constr. negativas. *Se enfadó y no volvió a abrir la boca en toda la noche.* ■ **a pedir de ~.** loc. adv. Tan bien como sería deseable. *No te quejes, todo te ha salido a pedir de boca.* ■ **~ abajo.** (Tb. **bocabajo**). loc. adv. **1.** Con el cuerpo tendido con la cara hacia abajo. *Me ha hecho ponerme bocabajo para darme un masaje en la espalda.* **2.** En posición invertida. *Cientos de murciélagos colgaban boca abajo en las paredes de la cueva.* ■ **~ a ~.** loc. adj. **1.** Dicho de respiración: Que consiste en aplicar la boca (→ 1) a la de una persona accidentada para introducirle aire con un ritmo determinado. Frec. m. *El socorrista la sacó del agua inconsciente y le hizo el boca a boca.* □ loc. adv. **2.** Verbalmente o de palabra. *La convocatoria del paro se difundió boca a boca.* ■ **~ arriba.** loc. adv. Con el cuerpo tendido de espaldas. *Se quedó dormida boca arriba tomando el sol.* ■ **buscar** (a alguien) **la ~.** loc. v. Dar(le) motivo, gralm. provocándo(le) de palabra, para que diga lo que de otro modo callaría. *No me busques la boca, a ver si vas a oír lo que no quieres.* ■ **calentársele la ~** (a alguien). loc. v. coloq. Acalorarse (esa persona) en la conversación hasta el punto de hablar demasiado o decir cosas inconvenientes o imprudentes. *Cuando bebe, se le calienta la boca y despotrica contra todo.* ■ **callar,** o **cerrar, la ~** alguien. loc. v. coloq. Callar. *Aquello le parecía injusto, pero cerró la boca y siguió a lo suyo. Te compraré el helado, pero calla la boca de una vez.* ■ **cerrar,** o **tapar, la ~** (a alguien). loc. v. coloq. Dar(le) argumentos tan concluyentes que lo dejen sin respuesta. *Si protesta, dile que lo ha mandado el jefe y con eso le cierras la boca.* ■ **como ~ de lobo.** loc. adv. En total oscuridad. Con intención enfática. *No había una luz, todo estaba como boca de lobo.* ■ **con la ~ abierta.** loc. adv. En estado de asombro. Frec. con v. como *dejar* o *quedarse*. *Se quedaron con la boca abierta ante el espectáculo de fuegos artificiales.* ■ **con la ~ chica,** o **chiquita,** o **pequeña.** loc. adv. coloq. Por cumplir, o sin mucho convencimiento. Con v. que significan "decir". *Pidió perdón, pero lo hizo con la boca chica.* ■ **de ~ en ~.** loc. adv. Propagándose o divulgándose en las conversaciones de unas personas con otras. Frec. con v. como *correr* o *circular*. *Corre de boca en boca el rumor de que dejas la empresa.* ■ **decir esta ~ es mía.** loc. v. coloq. Decir algo. *Como se te ocurra decir esta boca es mía, te enteras.* Frec. en constr. negativas. *Se marchó dando un portazo y sin decir esta boca es mía.* ■ **decir** alguien **lo** (**primero**) **que** (**se**) **le viene a la ~.** loc. v. coloq. Hablar de forma irreflexiva o sin reparar en nada. *He dicho lo primero que se me ha venido a la boca y he metido la pata.* ■ **en ~** (de alguien). loc. adv. En sus conversaciones o habladurías. Con v. como *andar* o *estar*. *Desde que sale con el jefe, está en boca de todos sus compañeros.* ■ **haberle hecho la ~ un fraile** (a alguien). loc. v. coloq. Ser (esa persona) muy inclinada a pedir. *No le compres todo lo que te pida, que a esa chica le ha hecho la boca un fraile.* ■ **hablar** alguien **por ~** (de otra persona). loc. v. Expresarse haciendo suyas las palabras o el pensamiento (de esa otra persona). *Tú no eres quién para hablar por boca de Lucía.* ■ **hacer ~.** → **abrir boca.** ■ **hacérsele** (a alguien) **la ~ agua.** loc. v. **1.** coloq. Deleitarse (esa persona) pensando en el sabor de algo apetitoso. *Se me hace la boca agua solo con leer los platos del menú.* **2.** coloq. Disfrutar (esa persona) pensando o recordando algo agradable. *Se le hacía la boca agua al hablar de las vacaciones.* ■ **meterse** alguien **en la ~ del lobo.** loc. v. coloq. Exponerse a un peligro seguro. *Destapando aquel caso de corrupción, el periodista se metió solo en la boca del lobo.* ■ **no caérsele** algo o alguien **de la ~** (a una persona). loc. v. coloq. Ser mencionados con mucha frecuencia (por esa persona).

¿Qué tendrá el dichoso Paco, que no se te cae de la boca? ■ **poner** (un dicho) **en ~** (de alguien). loc. v. Atribuír(selo). *Alguien puso en boca de Juan calumnias que le han granjeado el rechazo de todos.* ■ **quitar** (a alguien) **de la ~** (algo). loc. v. Anticipárse(le) a decir(lo). *¡Eso iba a decir yo!, me lo has quitado de la boca.* ■ **quitarse** alguien (algo) **de la ~**. loc. v. Privarse (de ello) para dárselo a otra persona. *Prefiere quitarse ella el pan de la boca antes que ver pasar privaciones a su familia.* ■ **salir** (algo) **de la ~** (de alguien). loc. v. coloq. Decir(lo) o contar(lo) (esa persona). *Como salga de tu boca lo que te he dicho, no vuelvo a confiar en ti.* Frec. en constr. negativas. *Por muy dolida que esté, no saldrá de su boca una palabra de queja.* ■ **tapar la ~** (a alguien). loc. v. **1.** coloq. Hacer(le) callar sobornándo(lo). *Han tapado la boca al testigo de la acusación y dice que no recuerda nada.* **2.** → **cerrar la boca.**

bocabajo. → **boca.**

bocacalle. f. **1.** Calle secundaria que da a otra. *El cine está en la segunda bocacalle a la derecha.* **2.** Entrada de una calle. *Levantaron barricadas en las bocacalles para impedir el paso.*

bocadillo. m. **1.** Panecillo o trozo de pan cortado en dos mitades, entre las que se colocan alimentos. *Nos hicimos unos bocadillos de fiambre.* **2.** Refrigerio que se toma a media mañana, gralm. en un descanso de la jornada de trabajo o de estudio. *Vamos a un café cerca de la oficina a tomar el bocadillo.* **3.** En una viñeta o un dibujo: Espacio gralm. delimitado por una línea curva, que sale de la boca o la cabeza de un personaje y en el que se reproducen sus palabras o pensamientos. *Dibujó una caricatura del profesor con un bocadillo en el que ponía: "¿Quién ha estudiado hoy?".* ▶ **3:** GLOBO.

bocadito. m. Pastel pequeño, relleno gralm. de nata o crema. *Sacó una bandeja con bocaditos de nata.*

bocado. m. **1.** Porción de comida que se mete en la boca de una vez. *Se ventiló el postre en dos bocados. Disfrutó de la deliciosa cena saboreando cada bocado.* **2.** Porción pequeña de comida. *–¿Quieres comer algo? –No, gracias, he tomado un bocado antes de salir de casa.* **3.** Mordisco o mordedura. *Le dio un bocado al sándwich que lo dejó por la mitad. Mi perro le tiró un bocado a la pierna.* **4.** Trozo que se arranca de un bocado (→ 3). *Cuando volví del cuarto de baño, a mi pizza le faltaba un bocado.* **5.** Parte del freno que entra en la boca de la caballería. *Cada caballo precisa un tipo de bocado.* ■ **~ de Adán.** m. Nuez de la garganta. *El bocado de Adán le subía y bajaba deprisa.* ■ **buen ~.** m. Cosa buena o provechosa. *Hizo de intermediario en la venta del piso y se ha llevado un buen bocado.* □ **con el ~ en la boca.** loc. adv. Inmediatamente después de comer. *Tuve que salir de casa con el bocado en la boca.* ■ **no probar ~.** loc. v. No comer nada. *Se mareó porque no había probado bocado desde el día anterior.*

bocajarro. a ~. loc. adv. **1.** Desde muy cerca. Gralm. con v. como *disparar. El ladrón disparó al policía a bocajarro.* Tb. loc. adj. *El tiro, a bocajarro, le dio entre ceja y ceja.* **2.** De improviso o de manera brusca y sin preparación. *Me soltó a bocajarro que se iba a vivir al extranjero.*

bocamanga. f. Parte de la manga de una prenda de vestir que está más cerca de la muñeca, espec. por el interior o por el forro. *Se me está deshilachando la chaqueta por la bocamanga.*

bocamina. f. Boca que sirve de entrada a una mina. *Desde la bocamina hasta la galería más profunda había tres kilómetros.*

bocana. f. Paso estrecho de mar que sirve de entrada a una bahía o a un puerto. *Al bajar la marea, el barco quedó varado en la bocana del puerto.*

bocanada. f. **1.** Porción de humo que se echa de una vez de la boca al fumar. *Cuando fuma puros, echa bocanadas blancas y espesas.* **2.** Ráfaga de aire, de olor o de calor, que llega y cesa de repente. *Una bocanada de perfume rancio inundó la habitación. De la boca del metro salía una bocanada de calor.* **3.** Cantidad de líquido que llega de una vez a la boca o se expulsa de ella. *En la montaña rusa, me vino una bocanada y casi vomito.*

bocata. m. coloq. Bocadillo (panecillo o trozo de pan). *Te he preparado un bocata de jamón para merendar.*

bocaza. m. y f. coloq. Bocazas. *Perdona lo que te dije, que soy un bocaza.*

bocazas. m. y f. coloq. Persona que habla más de lo debido y de manera indiscreta o inoportuna. *Eres una bocazas, ya has vuelto a meter la pata.*

bocel. m. *Arq.* Moldura semicircular, convexa y lisa. *La portada románica de la catedral está formada por cuatro arquivoltas decoradas con bocel.*

bocera. f. **1.** Rastro o huella de bebida o comida que quedan alrededor de la boca. *Límpiale al niño las boceras de papilla.* **2.** Boquera. *Con la fiebre, me ha salido una bocera.*

boceras. (Tb. **voceras**). m. y f. coloq. Persona que habla más de lo debido y de manera indiscreta o jactanciosa. *¡Cállate, que eres un boceras!*

boceto. m. **1.** Proyecto o apunte de una obra artística, trazados en líneas generales y como paso previo a la ejecución. *Hace varios bocetos a carboncillo antes de pintar un cuadro.* **2.** Proyecto o esquema en que se apuntan las líneas generales de algo. *Una comisión trabajará sobre el boceto de ley para darle la forma definitiva.*

bochinche. m. **1.** coloq. Situación confusa y gralm. ruidosa. Frec. con *armar* o *montar. Anoche despertasteis a todo el vecindario con el bochinche que armasteis.* **2.** coloq. Conjunto de cosas revueltas o enredadas. *¡Menudo bochinche de platos y cacerolas había en la cocina!*

bochinchero, ra. adj. Am. coloq. Alborotador o pendenciero. *Le dijo que él era autoridad y que no quería indios bochincheros* [C]. Dicho de pers., tb. m. y f. *Iba a volver la vieja anarquía, los bochincheros en la ciudad y los guerrilleros en el campo* [C].

bochorno. m. **1.** Calor sofocante propio del verano, espec. de los días tormentosos. *Los días de bochorno me producen jaqueca.* **2.** Sentimiento de vergüenza, frec. acompañado de rubor en el rostro. *¡Qué bochorno cuando fui a pagar y no tenía dinero!*

bochornoso, sa. adj. **1.** Dicho espec. de tiempo o elemento atmosférico: De bochorno. *Una tarde bochornosa como esta solo puede significar tormenta.* **2.** Que causa bochorno o vergüenza. *El numerito que montó cuando apareció borracho en la oficina fue bochornoso.* ▶ **1:** CARGADO.

bocina. f. **1.** Pieza o instrumento de metal, de forma cónica, que se emplea para amplificar el sonido emitido. *En casa de mi abuela había un gramófono con una gran bocina de latón.* **2.** Instrumento en forma de bocina (→ 1), que sirve para emitir señales acústicas. *Con la mano izquierda iba tocando la bocina de su bicicleta.* Tb. designa otros instrumentos o dispositivos, frec. eléctricos, que sirven para el mismo fin. *Los coches avanzaban lentamente haciendo sonar sus bocinas.* ▶ **2:** CLAXON, PITO.

bocinazo. m. **1.** Ruido fuerte producido con una bocina. *Los bocinazos del autobús alertan a unos peatones que cruzan sin mirar.* **2.** coloq. Grito que se dirige a alguien, gralm. para regañarlo. *Su padre le dio tal bocinazo por llegar tarde, que no ha vuelto a retrasarse.*

bocio. m. Aumento de la glándula tiroides, que produce un abultamiento en el cuello. *En casos graves, el bocio va acompañado de retraso físico y mental.* Tb. ese abultamiento. *Lleva siempre un pañuelo anudado al cuello para esconder el bocio.*

bocón, na. adj. frecAm. coloq. Que habla más de lo debido y de manera indiscreta o inoportuna. *El chulo cubano era muy bocón y engreído* [C]. Tb. m y f. *Tendré que andar con pies de plomo delante de ese bocón* [C].

boda. f. **1.** Hecho de casar o casarse dos personas. *Mi boda será por amor.* Tb. la ceremonia correspondiente. *Al terminar la boda, los invitados esperan a los novios a las puertas de la iglesia.* Tb., cult., en pl. con significado sing. *Escribió un poema mitológico sobre las bodas de Tetis y Peleo.* **2.** Fiesta con que se celebra una boda (→ 1). *Encargaron el banquete a un restaurante especializado en bodas.* ■ **~s de diamante.** f. pl. Fecha en que se cumplen sesenta años de una boda (→ 1) o de otro acontecimiento. *Sus hijos les regalaron un viaje a Italia en sus bodas de diamante.* ■ **~s de oro.** f. pl. Fecha en que se cumplen cincuenta años de una boda (→ 1) o de otro acontecimiento. *El domingo que viene mis abuelos celebran sus bodas de oro.* ■ **~s de plata.** f. pl. Fecha en que se cumplen veinticinco años de una boda (→ 1) o de otro acontecimiento. *El Rey dio una recepción para festejar sus bodas de plata en el trono.* ▶ **1:** CASAMIENTO, ENLACE.

bodega. f. **1.** Lugar donde se elabora, cría y guarda el vino. *Antes de embotellarlos, los vinos de crianza pasan años en las barricas de las bodegas.* **2.** Almacén de vinos y bebidas alcohólicas. *En el sótano de la casa tiene una pequeña bodega donde conserva sus vinos preferidos.* **3.** Establecimiento público en que se venden y sirven vinos y otras bebidas alcohólicas. *Acércate a la bodega y compra unas cervezas.* **4.** En una embarcación: Espacio interior que hay entre la cubierta inferior y la quilla. *Encontraron un tesoro en la bodega del galeón hundido.* **5.** Am. Almacén (lugar donde se guardan cosas). *Las instalaciones se convirtieron en bodegas para pertrechos de guerra de los soldados* [C]. **6.** Am. Tienda pequeña. *Estaban en fila frente a una bodega donde se suponía que en la tarde venderían embutidos* [C]. ▶ **5:** ALMACÉN.

bodegón. m. Composición pictórica que representa alimentos y cacharros o utensilios domésticos. *El museo expone varios bodegones de Zurbarán.*

bodeguero, ra. m. y f. **1.** Persona que atiende una bodega. *Pídele al bodeguero unas olivitas para acompañar el chato de vino.* **2.** Dueño de una bodega de vinos. *Los viticultores y bodegueros esperan una gran cosecha este año.*

bodoque. m. **1.** Relieve redondeado que sirve de adorno en algunos bordados. *Una colcha de ganchillo con bodoques.* **2.** coloq. Persona torpe para comprender o razonar. *El pobre era un bodoque y nunca se enteraba de nada.*

bodorrio. m. despect. Boda. *Todas las revistas del corazón publican fotos del dichoso bodorrio.*

bodrio. m. **1.** Guiso mal hecho. *Se metió en la cocina y nos preparó un bodrio incomible.* **2.** coloq. Cosa mal hecha o de mala calidad. Frec. referido a una obra artística. *No soporto los bodrios que ponen en televisión. ¿Cómo puede gustarte ese bodrio de novela?*

body. (pal. ingl.; pronunc. "bódi"). m. Prenda interior femenina de una sola pieza, elástica y ajustada, que cubre el tronco. *Prefiero el sujetador y las braguitas al* body, *que es muy incómodo.* Tb. la prenda exterior de forma semejante. *Fue a la fiesta con un* body *de lentejuelas y una falda a juego.* ¶ [Adaptación recomendada: *bodi*, pl. *bodis*].

bóer. (pl. **bóeres**). adj. **1.** Dicho de persona: Que es habitante de Sudáfrica, descendiente de los colonos holandeses. *Soldado bóer.* Tb. m. y f. *Los bóeres se enfrentaron a los británicos por los territorios del sur de África.* **2.** De los bóeres (→ 1). *Lengua bóer.*

bofe. m. Pulmón, espec. el de una res destinado al consumo. *El bofe se vende en las casquerías.* ■ **echar** alguien **el ~,** o **los ~s.** loc. v. coloq. Cansarse mucho por trabajar o esforzarse en exceso. *Se ha estropeado el ascensor y he llegado a la sexta planta echando el bofe.* ▶ PULMÓN.

bofetada. f. **1.** Golpe dado en la cara con la mano abierta. *De la bofetada que le dio, le dejó la cara enrojecida.* **2.** Desaire o humillación. *El estrepitoso fracaso en las urnas fue una bofetada para el candidato.* **3.** coloq. Sensación fuerte y repentina de calor o de olor. *Al entrar en el coche sentimos una bofetada de calor asfixiante.* ■ **darse** dos cosas **de ~s.** loc. v. coloq. Contrastar desagradablemente por no tener armonía entre sí. *El rojo y el marrón se dan de bofetadas.* Tb.: *El vestido playero se da de bofetadas* CON *las sandalias de vestir.* ▶ **1:** BOFETÓN, CACHETE, GUANTADA, GUANTAZO. ‖ **Am** o **frecAm: 1:** BIFE, CACHETADA.

bofetón. m. Bofetada, espec. la que se da con fuerza. *Le saltó dos dientes de un bofetón.* ▶ *BOFETADA.

bofia. f. jerg. Policía (cuerpo). *Alguien dio el soplo y la bofia los pilló con toda la pasta.*

boga[1]**.** f. *Mar.* Hecho de bogar. *El equipo cántabro comenzó la boga dispuesto a ganar la regata.*

boga[2]**.** f. Buena aceptación de que goza algo, frec. de manera pasajera. Frec. en la constr. *estar en ~. Desde hace unos años está en boga practicar deportes de riesgo.*

bogar. intr. *Mar.* Remar. *Los condenados a galeras bogaban sin descanso.*

bogavante. m. Crustáceo marino comestible similar a la langosta, de color negro azulado y con el primer par de patas terminadas en grandes pinzas. *Hoy le recomendamos el arroz con bogavante.*

bogotano, na. adj. De Santafé de Bogotá (capital de Colombia). *Muchas iglesias bogotanas son muestras de la arquitectura colonial.* Dicho de pers., tb. m. y f. *Los bogotanos que conocí me hablaron de las costumbres colombianas.*

bohardilla. f. Buhardilla. *Una escalerita de caracol comunica el salón con la bohardilla.* ▶ *DESVÁN.

bohemio, mia. adj. **1.** De Bohemia (región de la República Checa). *El Elba es un río bohemio.* Dicho de pers., tb. m. y f. *La población checa está constituida mayoritariamente por bohemios.* **2.** Dicho espec. de modo de vida: Informal, desordenado y que se aparta de las convenciones sociales. *Costumbres bohemias.*

Como otros escritores románticos, se dedicó a la vida bohemia. Dicho de vida, tb. f. *Prefirió la bohemia antes que someterse a las exigencias burguesas.* **3.** Dicho de persona, espec. de artista: Que lleva una vida bohemia (→ 2). *Max, el protagonista de la obra de Valle-Inclán, es un poeta bohemio.* Tb. m. y f. *Esa imagen del artista como un bohemio incomprendido es un mito.* ● m. **4.** Dialecto checo hablado en Bohemia. Tb. la lengua checa (→ **checo**). *Habla bohemio.* ○ f. **5.** Mundo de los bohemios (→ 3). *El autor se introdujo en la bohemia parisina y conoció a Hugo y a Verlaine.*

bohío. m. Cabaña americana construida con madera y ramas, cañas o pajas, y sin otra abertura que la puerta. *La lava destruyó los bohíos del valle. Construían por lo general casas de dos aguas, como también bohíos circulares* [C].

boicot. (pl. **boicots**). m. Boicoteo. *Los agricultores propusieron hacer un boicot a los productos extranjeros.*

boicotear. tr. **1.** Impedir o dificultar la realización (de un acto o proceso) como medio de presión para conseguir un objetivo. *Han intentado boicotear la ceremonia de apertura de los Juegos.* **2.** Impedir que (una persona, un colectivo o una entidad) tengan relaciones sociales o comerciales, como medio de presión para conseguir lo que se exige (de ellos). *Amenazan con boicotear a algunas empresas.*

boicoteo. m. Hecho de boicotear. *Propugnan el boicoteo a las elecciones.* ▶ BOICOT.

boina. f. Gorra de lana sin visera, redonda y plana, y gralm. de una sola pieza. *Lleva la boina calada.*

boj. m. Arbusto mediterráneo de tallos derechos y muy ramosos, hojas elípticas, flores pequeñas y blanquecinas, y cuya madera, amarillenta, dura y compacta, se usa mucho para el grabado y en ebanistería. *En el jardín hay un laberinto de setos de boj.* Tb. su madera. *Una pipa de boj.* ▶ BOJE.

boje. m. Boj.

bol. m. Recipiente semejante a un tazón y sin asas. *Bate claras de huevo en un bol hasta montarlas.*

bola. f. **1.** Cuerpo esférico de un material gralm. macizo. *Antes de empezar el sorteo, se meten todas las bolas en el bombo. En invierno echamos guerras de bolas de nieve.* En deporte designa el balón o la pelota de juego (→ **balón**). *La tenista lanzó una bola cruzada imparable.* **2.** Canica. *Si el jugador introduce su canica en el gua, gana una bola al otro jugador.* Tb. el juego que se practica con ellas. *Jugábamos a las bolas y a las chapas.* **3.** coloq. Mentira. *El muy estúpido se tragó sin pestañear la bola que le conté.* **4.** malson. Testículo. Más frec. en pl. **5.** Am. coloq. Montón (gran cantidad de personas o cosas). *Los diputados son todos una bola de incompetentes e incapaces* [C]. **6.** Am. coloq. Revolución o revuelta. *Ya te hubiera yo querido ver en la mera bola: cañonazos, trenes que volaban por el aire, cargas de caballería* [C]. ■ **~ del mundo.** f. Globo terráqueo. *Vista desde el espacio, la bola del mundo parece un puntito azul. Tiene en el despacho una bola del mundo de madera.* ■ **~ de nieve.** f. Situación o asunto que van adquiriendo dimensiones cada vez mayores o más graves. *El rumor del noviazgo del heredero se convirtió en una gran bola de nieve.* □ **a su ~.** loc. adv. coloq. A lo suyo. Con v. como *estar* o *ir*. *Tú, a tu bola, y no te distraigas. Iba a su bola, con los auriculares puestos.* ■ **dar,** o **parar, ~(s).** loc. v. Am. coloq. Hacer caso. *Él te quiere montones, Chelita, ¿por qué no le paras bolas?* [C]. ■ **hacerse ~s.** loc. v. Am. coloq. Hacerse un lío. *Fueron tantos recuerdos que se agolparon en mi mente, que me hice bolas* [C]. ■ **sacar ~.** loc. v. coloq. Doblar el brazo para que se marque el bíceps al contraerse. *Se puso a sacar bola para impresionar a las chicas.* ■ **tener ~s.** loc. v. Am. malson. Tener valor o coraje. ▶ **1:** PELOTA.

bolardo. m. **1.** Poste de hierro clavado en el suelo para impedir el paso o el estacionamiento de vehículos. *Los coches ya no pueden aparcar en la acera porque han puesto bolardos.* **2.** *Mar.* Pieza de hierro o de acero, con la parte superior curvada, donde se amarran las embarcaciones en los muelles de los puertos. *Hay un yate amarrado a un bolardo del embarcadero.*

bolazo. m. Golpe dado con una bola. *Jugando con la nieve, me dio un bolazo impresionante en la cara.*

bolchevique. adj. **1.** Del bolchevismo. *Las ideas bolcheviques se extendieron a movimientos revolucionarios de distintos países.* **2.** Partidario del bolchevismo. Referido espec. a miembro de la facción más radical del Partido Socialdemócrata ruso, tras su división en 1903. *Lenin, Stalin y Trotski fueron dirigentes bolcheviques.* Dicho de pers., tb. m. y f. *Lenin era el líder de los bolcheviques, y Martov, el de los mencheviques.* **3.** Comunista. *El gobierno estadounidense alertaba del peligro bolchevique.* Frec. despect. Dicho de pers., tb. m. y f. *Decía de los sindicalistas que eran todos unos agitadores, unos bolcheviques.*

bolchevismo. m. Sistema político implantado en Rusia con la revolución de 1917, basado en las doctrinas marxistas-leninistas, y que establece el colectivismo mediante la dictadura del proletariado. *El bolchevismo acabó con la propiedad privada en Rusia.* Tb. el conjunto de doctrinas en las que se apoya. *Defendía un socialismo muy próximo al bolchevismo.*

bolera. f. Establecimiento público o local destinados al juego de bolos. *Va a la bolera a pasar la tarde con sus amigos.*

bolero, ra. adj. **1.** coloq. Dicho de persona: Que dice muchas bolas o mentiras. *Su padre lo ha castigado sin salir por bolero.* Tb. m. y f. *Todos saben que eres una bolera y ya nunca te creen.* ● m. **2.** Baile de origen popular andaluz, de compás ternario, que se ejecuta por una o más parejas. *En la romería se bailan boleros, fandangos y seguidillas.* Tb. su música. *Interpretó un bolero a la guitarra.* **3.** Composición musical de origen popular caribeño, de compás binario, ritmo lento y letras melancólicas. *"Contigo aprendí" es el título de un bolero clásico.* Tb. el baile que se ejecuta con ella. *Los novios abrieron el baile con un bolero.*

boleta. f. **1.** Am. Recibo o tique de compra. *Los comprobantes de pago serán las boletas que se expidan al efectuarse el pago* [C]. **2.** Am. Multa de tráfico. *Los conductores tendrán que revisar las boletas archivadas para saldarlas* [C]. ■ **dar (la) ~** (a alguien). loc. v. coloq. Despedir(lo) o echar(lo). *Trabajas años en la misma empresa y un buen día te dan la boleta.*

boletería. f. **1.** Am. Taquilla (lugar donde se venden entradas o billetes). *Fuimos a la boletería a comprar nuestros pasajes* [C]. **2.** Am. Taquillaje (conjunto de las entradas). *La boletería está agotada y aún sigue la gente llamando a hacer reservaciones* [C]. ▶ **1:** TAQUILLA. **2:** TAQUILLAJE.

boletero, ra. m. y f. Am. Taquillero (persona que vende entradas o billetes). *El boletero me avisó que el* *próximo tren partiría a las ocho de la noche* [C]. ▶ TAQUILLERO.

boletín. m. **1.** Publicación periódica informativa, gralm. de carácter cultural o científico y editada por una entidad. *La Real Academia Española publica un artículo sobre latinismos en el último número en su boletín.* **2.** Publicación periódica informativa que contiene disposiciones oficiales. *Boletín Oficial del Estado. La convocatoria de oposiciones saldrá publicada en el Boletín Oficial de la Comunidad.* **3.** Cuadernillo o papel en que se anotan las calificaciones de un alumno. Tb. ~ *de notas*, o *de calificaciones. El boletín de notas se entregará a los alumnos el último día del curso.* **4.** Espacio breve de noticias, que se retransmite por radio o por televisión gralm. a horas determinadas. *Después del boletín de las siete dan la información del tiempo.* Tb. ~ *de noticias*, o *informativo. La televisión se hizo eco del atentado en un boletín informativo especial.* **5.** Impreso de suscripción a algo. *Rellene el boletín adjunto y recibirá nuestro catálogo todos los meses.*

boleto. m. **1.** Papeleta impresa que da derecho a participar en un sorteo o en otros juegos de azar. *Llevaba un boleto para la rifa y le ha tocado una muñeca.* **2.** frecAm. Billete (papel o tarjeta impresos para presenciar un espectáculo o utilizar un medio de transporte). *Compraron boletos de tercera clase y partieron en un tren que los dejaría en París* [C]. *Le traía unos boletos para la ópera* [C]. ▶ **2:** BILLETE.

boli. m. coloq. Bolígrafo. *Déjame el boli para apuntar una cosa.*

boliche. m. **1.** Adorno en forma de bola, que remata una parte de un mueble. *Los extremos del cabecero de mi cama acaban en dos boliches de latón.* **2.** En el juego de la petanca: Bola más pequeña y que se lanza en primer lugar. *La bola que quede pegada al boliche valdrá tres puntos.* **3.** Am. Establecimiento público de poca importancia, en que se sirven comidas y bebidas. *Salen, apurados, después de desayunar en cualquier boliche, para asistir a la clase de las nueve y diez* [C].

bólido. m. Automóvil que alcanza gran velocidad. Frec. designa el de carreras. *El bólido se salió del circuito en la última vuelta.*

bolígrafo. m. Instrumento para escribir, que tiene en su interior un tubo de tinta y, en la punta, una bolita metálica que gira libremente. *Sacó un bolígrafo para firmar el recibo.* ▶ **Am:** BIROME, LAPICERA, LAPICERO.

bolillo. m. **1.** Cada uno de los palos pequeños y redondeados que se usan para hacer encajes y pasamanería. *Encaje de bolillos.* Frec., en pl., designa la labor hecha con esos palos. *Por las tardes se entretiene haciendo ganchillo o bolillos.* **2.** Am. Pieza de pan blanco. *Su cena se redujo a un jarro de café negro y dos bolillos* [C].

bolita. f. Am. Canica. *Todo niño poseía una bolita preferida, que era la que utilizaba para jugar* [C]. Tb. el juego que se practica con ellas. *Podemos jugar a las bolitas o al balero* [C].

bolívar. m. Unidad monetaria de Venezuela. *Tengo que comprar bolívares para mi viaje a Caracas.*

boliviano, na. adj. **1.** De Bolivia. *Paisajes bolivianos.* Dicho de pers., tb. m. y f. *Comparto piso con un boliviano.* ● m. **2.** Unidad monetaria de Bolivia. *El camarero me dio como cambio cinco bolivianos*

bollería. f. **1.** Establecimiento en que se hacen o se venden bollos. *He comprado en la bollería suizos recién hechos.* **2.** Conjunto de bollos de diversas clases, destinados a la venta o al consumo. *El camarero dijo que se le había terminado la bollería, y nos sugirió unas tostadas.*

bollero, ra. m. y f. **1.** Persona que tiene por oficio hacer o vender bollos. *El bollero acaba de sacar las magdalenas del horno.* ○ f. **2.** malson., despect. Lesbiana.

bollo[1]**.** m. **1.** Pieza esponjosa hecha con una masa de harina, agua y otros ingredientes, y cocida al horno. *La ensaimada es el bollo que más me gusta.* **2.** coloq. Chichón. *Se dio con el pico de la mesa y le ha salido un bollo en la cabeza.* **3.** coloq. Situación confusa y gralm. ruidosa. Frec. con v. como *armar* o *armarse*. *Una señora intentó colarse en la cola y se armó un bollo de narices.* **4.** coloq. Confusión o falta de claridad, espec. en las ideas. Frec. con v. como *armar* o *armarse*. *Con tantos datos, me he armado un bollo que no me aclaro.*

bollo[2]**.** m. coloq. Abolladura. *Solo hace dos meses que tiene el coche y ya está lleno de bollos.*

bolo. m. **1.** Objeto gralm. de madera, alargado, cilíndrico y de base plana para que se tenga derecho. *Perdió la partida al quedar un bolo en pie.* **2.** coloq. Hombre ignorante o de poca habilidad. *El sargento me tenía por un bolo, más de campo que las amapolas.* Tb. adj. *Qué bolo es, ha escrito "hacer" sin "h".* ○ pl. **3.** Juego que consiste en colocar derechos sobre el suelo una serie de bolos (→ 1) e intentar derribarlos lanzando una bola desde cierta distancia. *En la última partida de bolos consiguió dos plenos seguidos.* **4.** Conjunto de actuaciones que, en escaso número, hace un artista o una compañía recorriendo distintas poblaciones. Frec. con *hacer*. *Antes de alcanzar el éxito, solía salir a hacer bolos por los pueblos del sur.* ■ ~ **alimenticio.** m. *Fisiol.* Masa de alimento masticado y ensalivado, que se deglute de una vez. *El bolo alimenticio pasa de la boca al estómago y, de ahí, al intestino.*

boloñés, sa. adj. **1.** De Bolonia (ciudad del norte de Italia). *Universidad boloñesa.* Dicho de pers., tb. m. y f. *Entre los boloñeses hay grandes especialistas de la pintura al fresco.* ● f. **2.** Salsa boloñesa (→ **salsa**). *A los espaguetis les va muy bien una buena boloñesa.*

bolsa[1]**.** f. **1.** Recipiente de tela, plástico u otro material flexible, frec. abierto por arriba y con asas, que sirve para llevar o guardar cosas. *En cada mano traía varias bolsas de la compra. Abre una bolsa de patatas fritas.* **2.** Bolsa (→ 1) de material resistente, gralm. provista de cierre, con asas o correa para llevarla a mano o colgada del hombro, y que suele usarse en viajes o traslados. *No he traído maleta, solo una bolsa de viaje. Olvidó la bolsa de deporte en el gimnasio.* **3.** Arruga o abultamiento que se forman en una prenda de vestir cuando no ajusta bien al cuerpo. *Ha adelgazado y los vestidos le hacen bolsas en las caderas.* **4.** Abultamiento de la piel que se forma debajo del ojo. *Por las ojeras y las bolsas que tiene, no debe de haber descansado nada.* **5.** Acumulación de una sustancia líquida o gaseosa en un determinado lugar. *Al volcar un bote, se forma una bolsa de aire entre el casco y la superficie del agua. Se han descubierto nuevas bolsas de petróleo en el subsuelo magrebí.* **6.** Caudal o dinero de una persona. *Ha duplicado su bolsa con la última inversión.* **7.** En deporte, espec. en el boxeo: Cantidad de dinero que recibe el ganador de una competición o de un combate. *Fue una sorpresa para todos que, en la última velada de boxeo, el* *aspirante al título se llevara la bolsa.* **8.** *Anat.* Cavidad corporal que contiene un líquido. *La enfermera le sajó la bolsa de pus que tenía en la espalda.* ○ pl. **9.** *Anat.* Cavidades que contienen los testículos. *El pene se halla encima de las bolsas donde se alojan los testículos.* ■ ~ **de estudios.** f. Beca. *La fundación concederá bolsas de estudios para cursos en el extranjero.* ■ ~ **de la compra.** f. Cesta de la compra. *La subida del marisco en Navidad encareció la bolsa de la compra.* ■ ~ **de pobreza.** f. Zona de marginalidad y atraso económico en un entorno desarrollado. *El desarrollo del país fue desigual y aún subsisten grandes bolsas de pobreza.* ■ ~ **de trabajo.** f. Registro de ofertas y demandas de empleo, gralm. creado y gestionado por una entidad para facilitar esa información a los interesados. *Conseguí mi primer empleo gracias a la bolsa de trabajo de la universidad.* ■ ~ **marsupial.** f. *Zool.* Marsupio. *Nada más nacer, los koalas se deslizan hasta la bolsa marsupial.* ► **6:** BOLSILLO.

bolsa^{2}. f. **1.** Institución económica donde se realizan operaciones de compra y venta de valores. *Las grandes multinacionales cotizan en la bolsa de Nueva York.* **2.** Edificio donde está situada la bolsa (→ 1). *Los estudiantes fueron de visita cultural a la bolsa.* **3.** Cotización o precio del conjunto de los valores negociados en la bolsa (→ 1). Gralm. con los v. *bajar* o *subir*. *La bolsa bajó tres enteros en la jornada del viernes.*

bolsillo. m. **1.** Pieza pequeña en forma de bolsa, cosida en una prenda de vestir, y que sirve para llevar pequeños objetos. *Guárdame las llaves, que yo no tengo bolsillos.* **2.** Caudal o dinero de una persona. *Aunque era una comida de trabajo, quiso pagarla de su bolsillo.* ■ **de ~.** loc. adj. Dicho de cosa: De tamaño adecuado para ser llevada en el bolsillo. *Iba en el metro leyendo una novela de bolsillo.* Tb. fig. para calificar cosas de tamaño mucho menor de lo habitual. *Tiene un coche de bolsillo en el que no caben más de dos personas.* ■ **rascarse** alguien **el ~.** loc. v. coloq. Soltar dinero, gralm. de mala gana. *Estuvo toda la noche dejándose invitar, pero al final tuvo que rascarse el bolsillo.* ► **2:** BOLSA.

bolsista. m. y f. Persona que se dedica a realizar operaciones en bolsa como actividad profesional. *La caída de la bolsa pilló por sorpresa a muchos bolsistas.*

bolso. m. Bolsa de mano gralm. pequeña, de piel, tela u otro material flexible y resistente, con una o dos asas, o una correa, y que usan espec. las mujeres para llevar dinero, documentos y objetos personales. *Le abrieron el bolso sin que se diera cuenta y le robaron la cartera.* ► **Am:** CARTERA.

boludez. f. Am. coloq. Tontería. *Son todas pequeñas cosas, boludeces, de las que uno no se puede quejar* [C]. *Me puse a decir boludeces* [C].

boludo, da. adj. Am. coloq. Tonto o de corto entendimiento. *¿Estás boluda o qué tenés en la cabeza?* [C]. Dicho de pers., tb. m. y f. *No te hagas el boludo; sabes a qué me refiero* [C].

bomba. f. **1.** Artefacto explosivo provisto de un mecanismo que lo hace estallar en el momento adecuado. *Desalojaron el local por una amenaza de bomba. Bomba de hidrógeno.* **2.** Se usa en aposición para expresar que lo designado por el nombre al que sigue va cargado con una bomba (→ 1). *Perdió dos dedos de la mano al abrir un paquete bomba. Coche bomba.* **3.** Máquina o aparato para elevar o mover agua u otros líquidos, e impulsarlos en una dirección determinada. *Sacaban agua del pozo mediante una bomba.* **4.** Aparato para extraer, inyectar o comprimir aire. *La bicicleta lleva, acoplada bajo el sillín, una bomba para hinchar las ruedas.* Tb. ~ *neumática.* **5.** coloq. Persona, cosa o suceso extraordinarios y que producen gran impresión o sorpresa. *Aún ha publicado poco, pero este autor será una bomba.* Frec. referido a noticia. *La noticia de la boda entre el futbolista y la aristócrata fue una bomba.* **6.** Am. Gasolinera. Tb. ~ *de gasolina. Lo seguí hasta una bomba de gasolina en los arrabales de la ciudad* [C]. ● adv. **7.** coloq. Muy bien o de manera muy divertida. *Lo pasamos bomba en el parque de atracciones.* ■ ~ **de cobalto.** f. *Med.* Aparato empleado en radioterapia para aplicar radiaciones de cobalto. *Tras detectársele el cáncer, se sometió a varias sesiones de bomba de cobalto.* ■ ~ **de relojería.** f. Bomba (→ 1) cuyo mecanismo para hacerla estallar está conectado a un reloj o dispositivo similar para controlar con precisión el momento del estallido. *La bomba de relojería estaba programada para estallar a la hora en punto del inicio de la cumbre.* Tb. fig., referido a algo o alguien que pueden dar lugar a una situación de gran tensión o violencia. *Si el paro sigue creciendo, puede convertirse en una bomba de relojería.* ■ ~ **fétida.** f. Artículo de broma consistente en una cápsula que, al estallar o romperse, produce muy mal olor. *Tiraron una bomba fétida en el ascensor y el olor era vomitivo.* □ **caer** algo **como una ~.** loc. v. Producir por sorpresa un efecto fuerte, gralm. negativo o de desagrado. *La noticia de los despidos cayó como una bomba entre los trabajadores.* ■ **hacer** alguien **la ~.** loc. v. coloq. Tirarse al agua, espec. en una piscina, con las piernas encogidas y haciendo mucho ruido. *Se divertían haciendo la bomba y mojando a cualquiera que pasara cerca.*

bombacha. f. **1.** Am. Pantalón bombacho (→ **pantalón**). *Los domingos estaba de bombacha blanca impecable, con alpargatas también blancas* [C]. Frec. en pl. con significado sing. *Me dejó atónita viéndola encaramada sobre un andamio, vistiendo ¡bombachas de gaucho!* [C]. **2.** Am. Braga. *Si se gasta el elástico de una bombacha, un alfiler de gancho es muy útil para pasar uno nuevo* [C]. Frec. en pl. con significado sing. *Estaba casi inmóvil, con las bombachas en las rodillas* [C].

bombacho. m. Pantalón bombacho (→ **pantalón**). Frec. en pl. con significado sing. *La odalisca vestía unos bombachos de seda roja.*

bombarda. f. **1.** histór. Instrumento musical de viento, de madera, de la familia de la chirimía y antecesora del oboe y el fagot. *La chirimía, la bombarda y la dulzaina tuvieron gran auge en el Renacimiento.* **2.** histór. Pieza de artillería de gran calibre, con la que se lanzaban grandes bolas de piedra.

bombardear. tr. **1.** Arrojar o disparar bombas u otros proyectiles explosivos (sobre un lugar). *Aviones estadounidenses bombardearon la capital iraquí.* **2.** Acosar o agobiar (a alguien) con acciones muy reiteradas o insistentes. *Durante toda la cena me bombardeó* CON *sus preguntas. La publicidad no deja de bombardearnos para condicionar nuestro comportamiento.* **3.** *Fís.* Someter (un cuerpo) al impacto de radiaciones o partículas. *La fisión atómica se produce al bombardear con neutrones el núcleo atómico de ciertos materiales.*

bombardeo. m. Hecho de bombardear. *Cuando empezaban los bombardeos, la gente corría despavorida buscando refugio. No atinaba a responder ante el bombardeo de preguntas al que lo sometieron.* ■ **apuntarse** alguien **a un ~.** loc. v. coloq. Estar dispuesto a participar en cualquier cosa. *Con tal de no aburrirse, esta se apunta a un bombardeo.*

bombardero. m. Avión preparado para bombardear. *Los bombarderos sobrevolaban el objetivo esperando la orden de atacar.*

bombardino. m. Instrumento musical de viento, de metal, formado por un tubo cónico plegado sobre sí mismo y provisto de pistones. *Entre los metales de la banda hay trompetas, trombones, tubas y bombardinos.*

bombazo. m. **1.** Disparo o lanzamiento de una bomba. *La población intentaba resguardarse de los bombazos.* Tb. la explosión y el daño así producidos. *Los bombazos se confundían con los truenos.* **2.** coloq. Bomba (persona o cosa que producen gran impresión). *El divorcio de los príncipes fue un bombazo.*

bombear. tr. **1.** Elevar o impulsar en una dirección determinada (un líquido u otro fluido) por medio de una bomba. *El molino bombeaba el agua del río para hacerla llegar a los cultivos. Intentarán bombear el crudo que queda en el barco hundido.* **2.** En deporte, espec. en el fútbol: Lanzar (un balón o una pelota) por alto, de modo que sigan una trayectoria curva. *El delantero bombeó la pelota para salvar la barrera y la metió por la escuadra.*

bombeo. m. Hecho o efecto de bombear un líquido. *El corazón es el músculo responsable del bombeo de la sangre por el organismo.*

bombero, ra. m. y f. Persona que tiene por oficio extinguir incendios y realizar otras labores de salvamento. *Los bomberos tardaron horas en sofocar las llamas.*

bombilla. f. **1.** Lámpara consistente en un globo de cristal, en cuyo interior se ha hecho el vacío y se ha colocado un hilo metálico que se pone incandescente al paso de la corriente eléctrica. *Se fundió la bombilla y nos quedamos a oscuras.* **2.** Am. Tubo de caña o de metal terminado en forma de almendra agujereada, que se utiliza para sorber el mate. *Si me llevan la bolsa donde guardo el mate, la yerba y la bombilla, me llevan la vida* [C]. ▶ **Am: 1:** AMPOLLETA, BOMBILLO.

bombillo. m. Am. Bombilla (lámpara). *Ella encendió un bombillo solitario que pendía del techo* [C]. ▶ *BOMBILLA.

bombín. m. Sombrero hongo. *Charlot lleva bombín y un bastón en la mano izquierda.*

bombo. m. **1.** Instrumento musical de percusión consistente en un tambor cilíndrico de gran tamaño que se toca con una maza. *En la percusión de la orquesta hay timbales, bombo, caja y tambor. Toca el bombo en los partidos para animar a su equipo.* **2.** Músico que toca el bombo (→ 1). *El bombo y los gaiteros iban abriendo la marcha.* **3.** Caja cilíndrica o esférica y giratoria, que sirve para contener las bolas o las papeletas que deben sacarse a la suerte en un sorteo o una rifa. *A la media hora del sorteo, la niña extrajo del bombo la bola del premio gordo.* **4.** coloq. Elogio exagerado que se hace públicamente de alguien o de algo. Frec. con *dar* o *darse*. *Han dado demasiado bombo a una película que no es gran cosa. ¿Modesto?, ¡si se pasa el día dándose bombo!* **5.** coloq. Vientre voluminoso de una mujer embarazada. *Solo estoy de cinco meses, pero tengo ya un buen bombo.* ■ **a ~ y platillo.** loc. adv. coloq. Con mucha publicidad. *Anunciaron su boda a bombo y platillo.* ■ **hacer un ~** (a una mujer). loc. v. coloq. Dejar(la) embarazada. *Se casó después de hacerle un bombo a su novia.*

bombón. m. **1.** Pieza pequeña de chocolate, frec. rellena de licor, crema u otros ingredientes. *Me regalaron una caja de bombones por mi cumpleaños.* **2.** coloq. Persona muy guapa y atractiva. *El novio de Ana es un bombón.*

bombona. f. **1.** Recipiente de metal de forma cilíndrica y cierre hermético, que sirve para contener gases a presión y líquidos muy volátiles. *Cambia la bombona de butano, que esta se ha terminado. Para el submarinismo a grandes profundidades, conviene ir provisto de una bombona de oxígeno.* **2.** Recipiente resistente, muy barrigudo y de boca estrecha, que sirve para contener líquidos. *Compramos bombonas de agua mineral para llevar al campamento.*

bombonera. f. Recipiente gralm. pequeño para contener bombones. *Sobre la mesa había una cestita con caramelos y una bombonera.*

bombonería. f. Establecimiento donde se hacen o venden bombones. *Le gusta tanto el chocolate que es un asiduo de la bombonería.*

bonachón, na. adj. De carácter apacible y amable. *La mujer, bienintencionada y bonachona, nunca se metía con nadie.* Dicho de pers., tb. m. y f. *Sus amigos eran todos unos bonachones.*

bonachonería. f. Cualidad de bonachón. *Admiraba la sencillez y bonachonería de aquel hombre tan sabio.*

bonaerense. adj. De Buenos Aires (provincia de la Argentina). *Productos bonaerenses.* Dicho de pers., tb. m. y f. *Un matrimonio de bonaerenses me enseñó a bailar el tango.*

bonancible. adj. Dicho espec. de tiempo, de mar o de viento: Tranquilo o apacible. *Navegábamos con mar bonancible y brisa favorable.*

bonanza. f. **1.** Tiempo tranquilo o apacible en el mar. *Varios días de bonanza propiciaron una buena pesca en alta mar.* Tb. fig. *Su mandato tuvo etapas tormentosas y etapas de bonanza.* **2.** Prosperidad, espec. económica. *El país, empobrecido, añoraba la bonanza de tiempos pasados. La bonanza económica llegó tras un largo período de crisis.* ▶ **2:** PROSPERIDAD.

bonapartismo. m. Movimiento político francés partidario del sistema de gobierno implantado por Napoleón Bonaparte (emperador francés, 1769-1821) y su dinastía. *Con el golpe de Estado de Luis Napoleón, el bonapartismo recupera el trono de Francia.* Tb. ese sistema y la forma de gobierno caracterizada por el cesarismo y populismo propios de él. *Se ha visto en el estalinismo una forma de bonapartismo.*

bonapartista. adj. **1.** Del bonapartismo. *Régimen bonapartista.* **2.** Partidario de Napoleón Bonaparte, o del bonapartismo. Dicho de pers., tb. m. y f. *Entre los ilustrados hubo bonapartistas y detractores de José Bonaparte.*

bondad. f. **1.** Cualidad de bueno. *Era un hombre de gran bondad. No dudo de la bondad de tus intenciones, pero te equivocaste. Está comprobada la bondad de las aguas termales para la salud.* **2.** Cualidad buena o positiva de algo o de alguien. Gralm. en pl. *El poeta canta las bondades de la vida en el campo. Todos alaban sus bondades como profesor.* **3.** Amabilidad con que se atiende a otra persona. Frec. en constr. imperativas o interrogativas para solicitar cortésmente algo. *Acompáñeme, tenga la bondad. ¿Tendría usted la bon-*

dad de ayudarme? **4.** cult. Acción buena. Frec. en pl. *Benefactor generoso, nunca pidió nada a cambio de sus bondades para con el pueblo.*

bondadoso, sa. adj. **1.** Dicho de persona: De carácter apacible y llena de bondad. *El hada bondadosa convirtió a la huérfana en princesa por una noche.* **2.** Propio de la persona bondadosa (→ 1). *Su fiero aspecto ocultaba un carácter sereno y bondadoso.*

bonete. m. Gorro, gralm. de cuatro picos, usado por los eclesiásticos y antiguamente por los colegiales y graduados. *Sobre la mesa de la sacristía había un bonete y una sotana.* ▶ **2:** *BIRRETE.

bongó. m. Instrumento musical de percusión, originario de Cuba, que está formado por dos tambores de forma cilíndrica o cónica cubiertos por una de sus bases con una piel tensa, y que se toca con las manos. *Sonaba música de salsa caribeña, con su ritmo de maracas y bongó.*

bonhomía. f. cult. Carácter o comportamiento propios de la persona buena, sencilla y amable. *Se prestó a ayudarnos con la generosidad y la bonhomía que le caracterizaban.*

boniato. m. Batata. *Se pelan los boniatos, se cortan en rodajas y se fríen. Plantación de boniatos.*

bonificación. f. **1.** Hecho de bonificar. *Premiaron su trabajo con una bonificación equivalente a medio sueldo. Ofrecemos bonificaciones a estudiantes en las compras de libros.* Tb. la cantidad de dinero con que se bonifica. *Se gastó la bonificación en un viaje a París.* **2.** *Dep.* Premio que consiste en un descuento en el tiempo empleado en una carrera, o en la suma de determinados puntos. *El vencedor de la etapa obtendrá además una bonificación de 30 segundos en la clasificación general.*

bonificar. tr. Conceder (a alguien) un aumento en la cantidad de dinero que ha de cobrar, o un descuento en la que ha de pagar. *La empresa bonificará al mejor vendedor del mes. Los diez primeros compradores serán bonificados.*

bonísimo, ma. → **bueno.**

bonitero, ra. adj. **1.** Del bonito, o de su pesca. *El puerto asturiano es de los más importantes en capturas boniteras. Industria bonitera.* **2.** Dicho espec. de embarcación: Destinada a la pesca del bonito. *La flota bonitera se hizo a la mar al amanecer.* Dicho de barco, tb. m. *El patrón del bonitero puso rumbo al caladero.* Dicho de lancha, tb. f. *Amarrados en el puerto había botes, traineras y boniteras.*

bonito[1]**.** m. Pez marino, parecido al atún pero de menor tamaño, cuya carne se consume fresca o en conserva. *Dame una lata de bonito para la ensalada.*

bonito[2]**, ta.** adj. **1.** Agradable a la vista o al oído. *Tarareaba una canción muy bonita y alegre.* **2.** Agradable desde un punto de vista moral o intelectual. *El libro cuenta una historia muy bonita sobre un niño y su perro. Es bonito ser madre.* **3.** coloq. Antepuesto a un nombre, se usa para enfatizar las dimensiones o la intensidad de lo designado por este. *No le entusiasma su trabajo, pero gana un bonito sueldo.* Frec. en sent. irónico. *¡Bonito resfriado has pescado!* ▶ **1, 2:** *BELLO.

bono. m. **1.** Tarjeta de abono que da derecho a utilizar un servicio durante un período de tiempo determinado o un número específico de veces. *Cada verano me compro un bono de veinte baños en la piscina.* **2.** Tarjeta que se puede canjear por determinados artículos o por dinero. *Fui a cambiar la falda a la tienda y me hicieron un bono por el importe de la prenda.* **3.** *Econ.* Título de deuda emitido por una tesorería pública o una empresa y por el que estas se comprometen a pagar una cantidad a su vencimiento. *Invierta en bonos del Tesoro a dos, tres o cinco años.*

bonobús. m. Tarjeta que autoriza al portador a realizar un determinado número de viajes en autobús. *Si vas a hacer varios viajes, te compensa comprar un bonobús en vez de billetes sencillos.*

bonoloto. f. Variedad de lotería primitiva que consiste en participar con un solo boleto en uno o en varios de los sorteos que se realizan por semana. *Llevo años jugando a la bonoloto y nunca me ha tocado nada.*

bonsái. m. Árbol enano, cultivado gralm. en un recipiente mediante una técnica de corte de raíces y ramas que impide su crecimiento, y destinado a la ornamentación. *Llamaban la atención en el jardín algunas macetas de bonsáis, sobre todo un almendro.*

bonzo. m. Monje budista. *Unos bonzos, vestidos con sus túnicas color azafrán, oraban ante el Buda de la misericordia.* ■ **a lo ~.** loc. adv. Rociándose el cuerpo de gasolina u otro líquido inflamable y prendiéndose fuego, gralm. como acción de protesta o sacrificio. *Los miembros de una secta se quemaron a lo bonzo.* Tb. loc. adj. *Muerte a lo bonzo.*

boñiga. f. Excremento de animal, espec. de ganado vacuno. *Pisó una boñiga de vaca y resbaló.* ▶ BOÑIGO.

boñigo. m. Boñiga. *Empleaban los boñigos de las caballerías como abono.*

boom. (pal. ingl.; pronunc. "bum"). m. Auge o éxito repentinos de algo o de alguien. *En los años sesenta hubo un gran* boom *de la narrativa hispanoamericana. El* boom *de algunos jóvenes diseñadores está revolucionando el mundo de la moda.* ¶ [Adaptación recomendada: *bum,* pl. *bums*].

boqueada. f. **1.** Hecho de abrir la boca un moribundo. Frec. en pl. y en constr. como *dar las (últimas) ~s. Su último pensamiento, ya en sus boqueadas, fue para su esposa. Se ha agravado: está dando las últimas boqueadas.* **2.** Momento final de algo. Frec. en pl. *En las últimas boqueadas del régimen, la represión se endureció aún más.* ■ **dar** algo **las (últimas) ~s.** loc. v. coloq. Estar acabándose. *El verano daba las boqueadas y había que aprovechar los últimos días de sol.*

boquear. intr. **1.** Abrir la boca. *Con el miedo, no le salía la voz, solo conseguía boquear. Paso las horas mirando cómo nadan y boquean los peces del acuario.* **2.** Dar las últimas boqueadas un moribundo. *El herido boqueaba y no había médico ni sacerdote que lo asistiera.* **3.** coloq. Dar las últimas boqueadas algo. *De poco sirve ponerse a estudiar cuando el curso ya boquea.*

boquera. f. Herida que se forma en las comisuras de los labios, con fisuras y enrojecimiento de la piel. *Le salen boqueras cuando le sube mucho la fiebre.* ▶ BOCERA.

boquerón. m. Pez marino comestible, parecido a la sardina pero más pequeño y alargado, abundante en el Mediterráneo y en zonas del Atlántico. *El camarero nos puso de aperitivo unos boquerones en vinagre con aceitunas.*

boquete. m. **1.** Abertura o brecha, espec. en una pared. *Están tapando los boquetes de la calzada. El proyectil le hizo un boquete en el costado.* **2.** Entrada estrecha de un lugar. *Tras la tormenta, el boquete de la madriguera quedó cubierto por el barro.* ▶ **1:** *ABERTURA.

boquetero. m. Am. Ladrón que hace un agujero en una pared, un suelo o un techo para robar. *Una banda de boqueteros hizo una obra de ingeniería para robar un banco* [C].

boquiabierto, ta. adj. Que tiene la boca abierta, espec. por asombro o admiración. *La corredora quedó tendida en el suelo, desmayada y boquiabierta. Se quedaron boquiabiertos al ver mi nuevo descapotable.*

boquilla. f. **1.** Instrumento para fumar constituido por un tubo pequeño, con un extremo más ancho en el que se coloca el cigarrillo, y otro más estrecho por el que se aspira el humo. *Siempre fuma en boquilla. Era la época del charlestón y de las mujeres que fumaban cigarrillos con boquilla larga.* **2.** Parte de la pipa de fumar que se introduce en la boca. *Fumaba en una vieja pipa con la boquilla mordisqueada.* **3.** Rollo pequeño de papel o cartulina, frec. provisto de un filtro interno de algodón u otras sustancias, que se pone en un extremo de algunos cigarrillos y por el que se aspira el humo al fumar. *Apuró el cigarrillo hasta la boquilla. Fuma cigarrillos sin boquilla. Con un trozo de cartón, improvisó una boquilla para hacerse un canuto.* **4.** Pieza pequeña y hueca que se adapta al tubo de algunos instrumentos musicales de viento y por la que se sopla para producir el sonido. *La boquilla del clarinete está constituida por una lengüeta simple de caña.* **5.** Pieza con un orificio de entrada o salida que se coloca en algunos objetos, espec. en recipientes. *El balón lleva dentro una cámara de goma con una boquilla por la que se infla. La boquilla de la pistola pulverizadora se elegirá en función de la pintura empleada y del efecto deseado.* ■ **de ~.** loc. adv. coloq. Fingiendo sinceridad en lo que se dice, pero sin respaldarlo con hechos. *Prometió ayudarme, pero lo dijo de boquilla.* Tb. loc. adj. *He aquí otro fanfarrón, otro valiente de boquilla. Es muy cómoda esa solidaridad de boquilla que no supone ningún esfuerzo.* ▶ **4:** EMBOCADURA.

bórax. m. *Quím.* Sal cristalina e incolora, compuesta de ácido bórico, sosa y agua, que se emplea en medicina y en la industria. *Para limpiar y desinfectar los suelos, se puede emplear una mezcla de agua y bórax.*

borbollar. intr. Borbotear. *En el claustro solo se oía borbollar el agua de la fuente.*

borbollón. m. Borbotón. *Caliente la leche moderadamente, sin que llegue a hacer borbollones.* ■ **a borbollones.** loc. adv. Atropelladamente. *Hablaba a borbollones y no dejaba que nadie la interrumpiera.*

borbónico, ca. adj. De los Borbones (dinastía real de origen francés y reinante en España a partir del s. XVIII). *La dinastía borbónica se inicia en España con el reinado de Felipe V.*

borbotar. intr. Borbotear. *La lava resbalaba borbotando por la falda del volcán.*

borbotear. intr. Agitarse impetuosamente un líquido, espec. el agua, haciendo borbotones. *Echa los fideos cuando el caldo empiece a borbotear.* ▶ BORBOLLAR, BORBOTAR.

borboteo. m. Hecho de borbotear. *En el silencio de la casa solo se oía el borboteo del agua en el fogón.*

borbotón. m. Burbuja que se forma en la superficie de un líquido, espec. del agua, cuando este se agita con fuerza, gralm. al hervir. *Sacaron la comida muy caliente, con la salsa haciendo borbotones.* ■ **a borbotones.** loc. adv. Atropelladamente. *La sangre salía a borbotones de la herida. Cuando se impacientaba, hablaba a borbotones y casi sin respirar.* ▶ BORBOLLÓN.

borceguí. (pl. **borceguíes** o **borceguís**). m. Calzado parecido a un botín, que llega hasta más arriba del tobillo, es abierto por delante y se ajusta con cordones o correas. *La cabrera se calzó unos recios borceguíes.*

borda. f. Borde superior del costado de una embarcación. *Con la mar en calma, le gustaba acodarse en la borda y quedarse mirando al infinito.* ■ **echar,** o **tirar,** (algo o a alguien) **por la ~.** loc. v. Prescindir (de esa cosa o persona) sin considerar la pérdida o el desperdicio que ello supone. *Si no terminas la carrera, habrás echado por la borda varios años de tu vida.*

bordado[1]. m. Hecho de bordar. *Da clases de bordado a mano y a máquina.*

bordado[2], da. part. **1.** → **bordar.** ● m. **2.** Labor en relieve hecha en tela u otro material, con aguja e hilo. *La modelo viste una falda de seda con bordados.*

bordador, ra. m. y f. Persona que tiene por oficio bordar. *Ha encargado el ajuar a una bordadora de su pueblo.*

bordar. tr. **1.** Hacer labores en relieve (en una prenda, tela u otro material) con aguja e hilo. *Su madre le bordó las camisas con sus iniciales.* Tb. usado en constr. intr. *Aprendió a bordar en el colegio.* **2.** Hacer (una figura o un dibujo) en relieve con aguja e hilo. *Mandó bordar el escudo de la familia en las sábanas.* **3.** Hacer (algo) con maestría. *El fallecido actor bordó su último papel.*

borde[1]. m. **1.** Límite o extremo de la superficie de algo. *La tortilla empezará a cuajar por la base y por los bordes. Las casas más próximas distaban treinta metros del borde del camino. Se sentaron en el borde de la cama.* **2.** Borde (→ 1) o contorno de la boca de un recipiente. *No bebas en ese vaso, que tiene el borde roto.* Frec. en pl. con significado sing. *Llenó la copa hasta los bordes.* ■ **a,** o **al, ~ de.** loc. prepos. A punto de, o muy cerca de. *Estoy al borde de un ataque de nervios.* ▶ **1:** ORILLA.

borde[2]. adj. coloq. Dicho de persona: Antipática y de trato difícil. *Nuestro portero es tan borde que no da ni los buenos días.* Tb. m. y f. *La novia de mi hermano es una borde insoportable.*

bordear. tr. **1.** Ir por el borde (de algo) o cerca de él. *El tren bordea la costa.* **2.** Estar en el borde (de algo) o junto a él. *Los juncos bordean el río.* **3.** Aproximarse mucho (a algo no material, espec. una cualidad o un estado). *Sus poemas bordean la perfección. Habla siempre provocando, bordeando la ofensa.*

bordillo. m. Franja de piedras alargadas y estrechas que forman el borde de una acera. *La rueda reventó al chocar contra el bordillo.* ▶ **Am:** CORDÓN.

bordo. a ~. loc. adv. En el, o al, interior de una embarcación. *Pasaron las vacaciones a bordo del yate familiar. La tripulación subió a bordo.* Tb. hablando de otro tipo de vehículos. *El avión despegó con 70 personas a bordo.* A veces precedido de prep. *Un pasajero fue atendido por el médico de a bordo. Las vicisitudes de la travesía quedaron anotadas en el diario de a bordo. El moderno automóvil viene equipado con un ordenador de a bordo.* ■ **de alto ~.** loc. adj. **1.** Dicho de embarcación: De grandes dimensiones. *Para la travesía del Atlántico, eligieron naves de alto bordo.* **2.** Dicho de cosa o persona: De gran importancia o categoría. *En el Parlamento se debatieron cuestiones políticas de alto bordo. Al acto acudieron artistas e intelectuales de alto bordo.*

bordón. m. **1.** Bastón más alto que la estatura de un hombre, gralm. con una punta de hierro. *El pere-*

grino caminaba con su bordón y su calabaza de agua. **2.** En un instrumento musical de cuerda: Cuerda gruesa de sonido grave. *Mientras el pulgar, tocando el bordón, hace el bajo, los otros dedos tocan la melodía.* **3.** *Lit.* Conjunto de tres versos, gralm. dos pentasílabos y un heptasílabo o viceversa, que se añaden a una seguidilla. *Miguel Hernández emplea la seguidilla con bordón en sus "Nanas de la cebolla".*

boreal. adj. **1.** Del norte. Referido espec. al hemisferio terrestre correspondiente. *España se encuentra en el hemisferio boreal.* **2.** Del hemisferio boreal (→ 1). *Vientos boreales. Visitarán Laponia y otras zonas boreales.* ▶ **1:** NORTEÑO.

borgoña. m. Vino originario de la región francesa de Borgoña. *El sumiller les recomendó un borgoña para acompañar la carne.*

boricua. adj. frecAm. Puertorriqueño. *Destacó la belleza del paisaje boricua y la calidez de su gente* [C]. Dicho de pers., tb. m. y f. *El venezolano fue siempre más un bateador completo que un aporreador nato, como sí lo es el boricua* [C].

borla. f. **1.** Adorno consistente en un conjunto de hilos o cordoncillos que, unidos por uno de sus extremos o por su mitad y sueltos por el otro extremo o por ambos, penden en forma de cilindro o se esparcen en forma de media bola. *Las cortinas estaban recogidas con gruesos cordones rematados en borlas. Lleva unos mocasines con borlas.* **2.** Utensilio de forma redondeada, hecho de pluma o de otro material suave, y que se usa para aplicar polvos cosméticos. *Para extender bien el colorete, utilice la borla o una brocha.* **3.** Insignia de doctor universitario, consistente en una borla (→ 1) sujeta en el centro del birrete y cuyos hilos caen por los bordes de este. *A los doctores en Filología les corresponde un birrete con borla azul celeste.*

borna. f. Borne. *Compruebe que las bornas y la toma de tierra están correctamente conectadas.*

borne. m. Pieza de metal en que terminan algunos dispositivos o aparatos eléctricos, y a la que se unen los hilos conductores. *Si los bornes de la batería se sulfatan, límpialos y protégelos después con vaselina.* ▶ BORNA.

boro. m. *Quím.* Elemento sólido y de color pardo oscuro, escaso en la corteza terrestre y presente en el ácido bórico y en el bórax, que se usa en medicina y en distintas industrias (Símb. *B*). *El cobre, el boro o el manganeso, aunque existentes en el suelo en pequeñas cantidades, son necesarios para el crecimiento de las plantas. Los investigadores sintetizan compuestos del boro destinados al tratamiento contra el cáncer.*

borona. f. Pan de maíz. *El pastor sacó del zurrón un pedazo de borona con queso.*

borra. f. **1.** Pelo de cabra o de otros animales que se usa como relleno de almohadas, colchones u otros objetos. Tb. designa los restos de materiales textiles empleados con el mismo fin. *He cambiado las viejas almohadas de borra por otras de plumas.* **2.** Pelusa polvorienta que se forma en sitios como los bolsillos o entre los muebles por falta de limpieza. *Los bolsillos de su americana estaban llenos de borra. Sacude la borra de las alfombras y llévalas a la tintorería.*

borrachera. f. **1.** Estado de la persona borracha por consumo excesivo de bebidas alcohólicas. *Con esa borrachera no puedes conducir. Se agarró una borrachera monumental en la fiesta.* **2.** Estado de la persona borracha de algo como un sentimiento o una sensación intensas. *La borrachera* DE *felicidad le duró varios días.*

borrachín, na. adj. coloq. Borracho (que se emborracha habitualmente). Frec. con intención afectiva. *Eres un poco borrachín, ¿no?* Frec. m. y f. *En el bar solo quedaban los borrachines habituales.*

borracho, cha. adj. **1.** Que tiene trastornadas transitoriamente las facultades mentales por consumo excesivo de bebidas alcohólicas. *Estaba tan borracho que no podía articular palabra.* Tb. m. y f. *Los camareros echaron a un borracho que estaba molestando a los clientes.* **2.** Que se emborracha habitualmente. *Lo despidieron por incompetente y borracho.* Tb. m. y f. *Convivir con un borracho se convirtió en un infierno.* **3.** Exaltado o dominado por algo, como un sentimiento o una sensación intensos. *Estaba borracho* DE *poder y no admitía sus errores.* ● m. **4.** Bizcocho borracho (→ **bizcocho**). *Miró la bandeja de pasteles y cogió un borracho.* ▶ **1:** BEBIDO. || **Am: 1:** TOMADO.

borrador, ra. adj. **1.** Que borra o sirve para borrar. *Los casetes disponen de cabezas grabadoras, reproductoras y borradoras.* ● m. **2.** Texto provisional en el que pueden hacerse modificaciones para alcanzar la redacción definitiva. *Este no es el contrato real, es solo un borrador para empezar a negociar. En un primer borrador de la novela, el protagonista era una mujer.* **3.** Utensilio que sirve para borrar lo escrito en una pizarra o en una superficie semejante. *Sacude los borradores, que están llenos de tiza.* **4.** Goma de borrar. *Para hacer los ejercicios necesitáis papel, un lápiz y un borrador.* ▶ **4:** GOMA.

borraja. f. Hortaliza de tallo grueso, hojas grandes y flores azuladas en racimo, cubierta de pelos ásperos y punzantes. *Rehoga la borraja con ajo y pimentón.*

borrar. tr. **1.** Hacer desaparecer (algo escrito, dibujado, pintado o marcado). *Han borrado su nombre de la lista de invitados.* Tb. fig. *La amnesia ha borrado sus recuerdos anteriores al accidente.* Tb. en constr. prnl. media. *Los frescos de la iglesia se han ido borrando con el paso de los años.* **2.** Hacer desaparecer (algo o a alguien). *Las zarzas han borrado el sendero.* Tb. en constr. prnl. media. *Se le borró la sonrisa en cuanto lo vio aparecer.*

borrasca. f. **1.** *Meteor.* Perturbación atmosférica caracterizada por fuertes vientos, lluvia abundante y baja presión. *Se anuncia la entrada de una borrasca por el noroeste de la península. En los mapas meteorológicos, los centros de anticiclones se indican con una "A", y los de borrascas, con una "B".* Tb. fig. *Se avecinan borrascas en los mercados internacionales.* **2.** Tormenta grande, espec. en el mar. *La borrasca obligó a los barcos a volver a puerto.* ▶ **1:** CICLÓN. **2:** *TORMENTA.

borrascoso, sa. adj. **1.** De la borrasca, o de borrasca. *Nubes borrascosas amenazan la estabilidad climática. El Cantábrico es un mar borrascoso.* **2.** Agitado o violento. *La ley fue aprobada después de una borrascosa sesión del Parlamento. Padre e hija chocaban bastante porque ambos tenían un carácter borrascoso.* **3.** Dicho espec. de forma de vida: Desordenada y libertina. *Fuera de la escena, llevó la vida borrascosa que se atribuye a las gentes del teatro.* ▶ **1, 2:** *TORMENTOSO.

borrego, ga. m. y f. **1.** Cordero de uno a dos años. *La hija del pastor jugaba con un borreguito blanco. Cría borregas destinadas a la reproducción y el ordeño.* **2.** coloq., despect. Persona, frec. simple o ignorante, que sigue dócilmente las ideas o iniciativas ajenas. *Decía el profesor: –No quiero una clase de borregos, que cada uno actúe según su propio criterio.* Tb. adj. *La gente no es tan tonta ni tan borrega como piensan algunos.*

borreguil. adj. Del borrego, o propio del borrego. *El toro era de una mansedumbre borreguil. Muestran una sumisión borreguil con su jefe.*

borreguismo. m. despect. Actitud o condición de la persona borrega. *Solo el borreguismo de muchos espectadores explica el éxito de ciertos programas de televisión.*

borricada. f. **1.** Cabalgata o recorrido que se hacen en borricos, frec. como acto festivo o por diversión. *En las fiestas del pueblo se organiza una borricada desde la plaza hasta el río.* **2.** coloq. Hecho o dicho propios de una persona borrica. *Eso de maltratar animales para divertirse es una borricada. No sabe hablar sin soltar alguna borricada.*

borrico, ca. m. **1.** Burro (mamífero). *Unos iban a caballo; otros, en borricos.* Tb. designa específicamente al macho. *Cuando el borrico detecta a una burra en celo, empieza a rebuznar con fuerza.* ○ f. **2.** Burra (hembra del burro). *Una borrica destinada a la cría puede tener un pollino cada dos años.* ○ m. y f. **3.** coloq. Persona bruta o carente de delicadeza. *He sido una borrica, no sé cómo he podido hablarle así.* Tb. adj. *El muy borrico va y le dice que ese dolorcito a lo mejor es cáncer.* **4.** coloq. Persona de corto entendimiento. *Viendo este examen, una de dos: o no has estudiado nada, o eres un borrico.* Tb. adj. *Es el ser más inepto y borrico del mundo.* ▶ **1:** *BURRO.

borrón. m. **1.** Mancha de tinta que se hace en el papel. *Presenten los exámenes con letra legible, sin faltas y sin borrones.* **2.** Imperfección o hecho que suponen un deslucimiento o dañan la buena reputación. *La amonestación por mala conducta es un borrón en su brillante expediente académico. Sorprende la despótica reacción del ministro: un borrón en su trayectoria de hombre dialogante.* ■ **~ y cuenta nueva.** expr. Se usa para expresar el propósito de olvidar deudas o errores pasados y continuar como si no hubieran existido. *Rompe todos los bocetos e intenta otro enfoque, borrón y cuenta nueva.* Tb. m. para designar ese propósito; frec. con *hacer*. *Le propuso hacer borrón y cuenta nueva e intentar salvar su relación.*

borronear. tr. Emborronar (algo). *Más que dibujar, lo que hacía era borronear hojas.* ▶ EMBORRONAR.

borrosidad. f. Cualidad de borroso. *La niebla dotaba al paisaje de una espesa borrosidad.*

borroso, sa. adj. Impreciso o que no se distingue con claridad. *La fotografía está tan borrosa que no se reconoce a nadie. Sin gafas, solo ve bultos borrosos.*

boscaje. m. Bosque pequeño. *Los niños jugaban en el boscaje próximo a la casa.*

boscoso, sa. adj. Que tiene bosque. *Los ecologistas protestaban por la deforestación de zonas boscosas.*

bosnio, nia. adj. De Bosnia-Herzegovina (país de Europa). *Sarajevo es la capital bosnia.* Dicho de pers., tb. m. y f. *Los bosnios son mayoritariamente musulmanes.*

bosque. m. Extensión de terreno constituida por abundantes árboles y plantas. Tb. el ecosistema correspondiente. *Hay tres tipos fundamentales de bosques: el templado o caducifolio, el seco o mediterráneo y el tropical o selva.* Tb. fig. *El abogado se perdió en un bosque de argumentos absurdos.*

bosquejar. tr. Hacer o presentar el bosquejo (de algo). *Cogió el lápiz y en un momento bosquejó mi retrato. Los publicistas bosquejaron ante el cliente la campaña que habían diseñado.* ▶ ESBOZAR.

bosquejo. m. **1.** Diseño primero, hecho a grandes rasgos y no definitivo, de una obra pictórica o de creación. *Hizo un bosquejo del bodegón para ver cómo quedaba la composición.* **2.** Idea o plan vagos o poco perfilados de algo. *Expuso solo un bosquejo del libro que quiere escribir.* ▶ ESBOZO.

bosquimán, na. adj. Bosquimano. *Niño bosquimán.* Dicho de pers., tb. m. y f. *Bosquimanes y pigmeos mantienen modos de vida muy primitivos.*

bosquimano, na. adj. De un pueblo indígena del África meridional, que habita espec. la zona del desierto de Kalahari. *Cazador bosquimano.* Dicho de pers., tb. m. y f. *Es característica la baja estatura de los bosquimanos.* ▶ BOSQUIMÁN.

bosta. f. Excremento de ganado vacuno o caballar. *El establo estaba lleno de bosta de caballo.*

bostezar. intr. Abrir la boca involuntariamente tomando aire lentamente y expulsándolo luego de forma a veces ruidosa, gralm. por sueño o aburrimiento. *El profesor le preguntó si se aburría cuando lo vio bostezar por tercera vez.*

bostezo. m. Hecho de bostezar. *Me dijo entre bostezos que no había pegado ojo.*

bota[1]**.** f. Recipiente de cuero para contener vino, en forma de pera y con un tapón en la parte más estrecha por el que sale el líquido en chorro muy fino. *Empinó la bota y echó un buen trago.* ▶ CUERO.

bota[2]**.** f. Calzado, gralm. de cuero, que cubre el pie y parte de la pierna. *Quítate las botas, que vas a ponerlo todo perdido de barro.* Tb. designa otro tipo de calzado espec. reforzado para la práctica de determinadas actividades, frec. deportivas. *Las botas de fútbol llevan tacos para favorecer el agarre del pie al terreno.* ■ **~ de montar.** f. Bota que cubre la pierna hasta la rodilla, se pone por encima del pantalón y se usa para montar a caballo o como parte del uniforme militar de cuerpos montados. *El capitán llevaba botas de montar sin espuelas.* ■ **con las ~s puestas.** loc. adv. En disposición para realizar una actividad, o realizándola. *Nunca me retiraré, me encontrará la muerte con las botas puestas.* □ **ponerse las ~s.** loc. v. **1.** coloq. Conseguir un gran beneficio. *Con tantos turistas, los restaurantes se están poniendo las botas.* **2.** coloq. Hartarse o saciarse de algo placentero. *Se puso las botas con las golosinas que le compró su abuelo.*

botadura. f. Hecho de botar un barco. *El Ministro de Defensa asistió a la botadura del nuevo buque de la Armada.*

botafumeiro. m. coloq. Adulación. *Tan pronto te meten caña como te llenan de botafumeiro.*

botana. f. Am. Aperitivo (comida ligera). *Los visitantes pueden disfrutar de refrescos, cervezas y botanas que se expenden en el atracadero de salida* [C]. ▶ *APERITIVO.

botánico, ca. adj. **1.** De la botánica (→ 2), o de su objeto de estudio. *Clasificación botánica de las plantas. El parque cuenta con más de 300 especies botánicas, especialmente coníferas.* ● f. **2.** Ciencia que estudia los organismos vegetales. *Da clases de botánica en la facultad de Biología.* ○ m. y f. **3.** Especialista en botánica (→ 2). *Botánicos y zoólogos de todo el mundo participaron en el congreso sobre biodiversidad.*

botar. tr. **1.** Lanzar (una pelota u otro cuerpo elástico) contra una superficie dura para que retroceda con impulso. *El alero botó el balón dos veces antes de encestar.* **2.** Echar al agua (una embarcación, espec. si está recién construida). *Mañana botarán el barco.* **3.** Echar (a alguien) de un lugar. *Lo han botado de clase por armar jaleo.* ○ intr. **4.** Saltar o salir despedida una pelota al chocar contra una superficie dura. *El juez de silla dijo que la pelota botó fuera.* **5.** Saltar alguien desde el suelo o desde la superficie donde se encuentra. *Los aficionados botan en las gradas para animar a su equipo.* ■ **estar** alguien **que bota.** loc. v. coloq. Estar muy excitado, espec. por la ira. *Le han denegado el permiso de apertura y está que bota.*

botarate. m. coloq. Hombre alocado e informal. *El botarate de tu hermano ha apostado todo el sueldo en las carreras.* Tb. adj. *Era un tipo charlatán y algo botarate.*

botavara. f. *Mar.* En una embarcación de vela: Palo horizontal fijado a un mástil y al que se sujeta la vela cuadrada de popa. *El fuerte viento arrancó la vela de la botavara.*

bote[1]. m. **1.** Hecho o efecto de botar una pelota. *El tenista no esperaba el bote de la pelota y la dejó pasar, perdiendo el punto.* **2.** Hecho o efecto de botar o saltar. *Le di tal susto que pegó un bote.* ■ **a ~ pronto.** loc. adv. coloq. Sobre la marcha o improvisadamente. *Así, a bote pronto, el coche puede costar dieciocho mil euros.* ■ **darse el ~.** loc. v. coloq. Irse o marcharse. *Los rateros se dieron el bote cuando oyeron las sirenas de la policía.*

bote[2]. m. **1.** Recipiente pequeño y cilíndrico, frec. de vidrio o de metal, que sirve para contener alimentos o diversas sustancias. *Compra un bote de tomate frito para los macarrones. Preparaba mermelada y la conservaba en botes con tapa hermética. La antigua farmacia estaba llena de botes de cerámica para pomadas y ungüentos.* **2.** Conjunto de propinas destinadas al personal de un establecimiento. *Al final de la jornada, los camareros se repartieron el bote.* **3.** Recipiente en que se deposita el bote (→ 2). *Muchos clientes echaban las vueltas en el bote.* **4.** En determinados juegos de azar: Cantidad de dinero acumulada, procedente de premios no adjudicados, que se suma a los fondos de un sorteo posterior. *Este sábado hay bote en el sorteo de la lotería primitiva.* ■ **~ sifónico.** m. Recipiente cilíndrico empotrado en el pavimento y con la tapa a ras del suelo, donde se reúnen las aguas residuales de los aparatos sanitarios próximos para llevarlas al desagüe general. *El fontanero tuvo que abrir el bote sifónico para desatascar la tubería.* □ **chupar del ~.** loc. v. coloq. Obtener beneficios de una situación sin hacer méritos para ello. *Le han nombrado director y ahora, toda su familia a chupar del bote.* ■ **en el ~.** loc. adv. coloq. En situación que permite considerar como ganadas o conseguidas la persona o cosa de que se habla. Gralm. con *estar* o *tener*. *Ha buscado el ascenso y por fin lo tiene en el bote. Ese chico está en el bote: no tiene ojos más que para mí.* ▶ **Am: 1:** POTE.

bote[3]. m. Embarcación pequeña, gralm. de remo, sin cubierta y atravesada por unos tablones que sirven de asiento. *Los piratas anclaron el barco y se dirigieron en botes a la isla.* ▶ BATEL.

bote[4]. **de ~ en ~.** loc. adv. coloq. Al máximo de ocupación. Gralm. con *estar* y *lleno*, hablando de local. *No pudimos entrar en la discoteca porque estaba de bote en bote.*

botella. f. **1.** Recipiente gralm. de vidrio o de plástico, cilíndrico, alto y de cuello estrecho, que sirve para contener líquidos. *El camarero descorchó la botella de vino y la dejó en la mesa.* Tb. su contenido. *Entre todos nos bebimos una botella de licor.* **2.** Recipiente de metal, cilíndrico y alargado, que sirve para contener gases a presión. *El buzo llevaba dos botellas de oxígeno a la espalda.* ○ m. **3.** Color verde oscuro. *Con ese marrón combina bien un botella o un verde esmeralda.* Frec. en aposición y gralm. siguiendo a *verde*. *Iba con un traje de chaqueta verde botella.*

botellazo. m. Golpe dado con una botella. *Dos clientes se liaron a botellazos en el bar.*

botellero. m. Mueble que sirve para colocar botellas. *Trae una botella de vino del botellero de la cocina.*

botellín. m. Botella de poca capacidad. *Tenía tanta sed que tuve que comprar un botellín de agua en un quiosco.* Designa espec. la de cerveza. *En la cervecería, él pidió una caña, y yo, un botellín.*

botellón. m. Am. Recipiente grande y gralm. de vidrio, de cuello corto y estrecho, y frec. protegido por un revestimiento, que se usa para contener líquidos. *El agua purificada solo se debe consumir si viene en botellones cerrados herméticamente* [C].

botica. f. **1.** Farmacia (establecimiento). *La vieja botica es el único edificio anterior a la guerra que queda en pie.* **2.** coloq. Medicamento o preparado medicinal. *Con mis achaques, no hay día que no tenga que tomar alguna botica.* ■ **haber de todo como en ~.** loc. v. coloq. Haber gran variedad de cosas o de personas. *–¿No tendrás unas chinchetas? –Pues claro, aquí hay de todo como en botica. Con la gente no te puedes fiar, porque hay de todo como en botica.* ▶ **1:** FARMACIA.

boticario, ria. m. y f. Persona con formación farmacéutica que atiende una botica y prepara los medicamentos. *Pidió al boticario un remedio para la tos.* ▶ FARMACÉUTICO.

botija. f. Recipiente de barro de mediano tamaño, redondo y de cuello corto y estrecho, que se usa para contener líquidos, espec. agua. *Sobre la mesa de la cocina había una botija de cerámica con vino.*

botijo. m. Recipiente de barro poroso que se usa para refrescar el agua, de vientre abultado, con un asa en la parte superior, una boca a un lado de esta para echar el líquido, y un pitorro en el lado opuesto para beber. *En las tardes calurosas de verano, nada como un trago de agua del botijo.*

botillería. f. Am. Establecimiento en que se venden bebidas. En Esp. sobre todo tiene carácter histórico. *Celebraban sus victorias callejeras en francachelas en tabernas y botillerías* [C].

botín[1]. m. **1.** Prenda gralm. de paño o de lienzo, que se ajusta sobre el zapato con botones, hebillas o cordones, y cubre la parte del empeine y del tobillo. *El señor iba siempre engominado, con traje a medida y zapatos con botines.* **2.** Calzado semejante a una bota, que cubre el pie y el tobillo. *El bailaor llevaba botines de tacón alto.*

botín[2]. m. **1.** Conjunto de armas, provisiones y otros bienes pertenecientes a un ejército o población vencidos y de los que se apodera el vencedor. *El general entregó al césar el botín de sus campañas en África.* **2.** Conjunto del dinero u otros bienes que se obtienen de un robo o atraco. *Uno de los ladrones del banco escapó con su parte del botín.* Tb. fig. *El grupo minoritario espera obtener algún botín por su apoyo al Gobierno.*

botiquín. m. **1.** Armario o caja donde se guardan medicamentos. *Las aspirinas están en la parte de arriba del botiquín.* Tb. el conjunto de esos medicamentos. *Cuando sale de viaje, lleva medio botiquín en el bolso.* **2.** Habitación de un establecimiento público o de un lugar de trabajo en la que hay un botiquín (→ 1) y donde se aplican primeros auxilios. *Me picó una avispa y fui al botiquín a que me sacasen el aguijón.*

boto. m. Bota alta de una sola pieza. *Las romeras llevaban botos bajo sus vestidos de rocieras.*

botón. m. **1.** Pieza pequeña y frec. redonda, de un material duro, que se cose en una prenda de vestir para que, entrando en un ojal, la abroche, o para que sirva de adorno. *A esta camisa le falta un botón.* **2.** Pieza que, al oprimirla o hacerla girar, activa o desactiva un mecanismo. *Mete la cinta en el radiocasete y pulsa el botón de rebobinar.* **3.** Yema (brote de un vegetal). *En la corteza de estos pinos jóvenes, aparecen unos botones resinosos.* **4.** Capullo de una flor, completamente cerrado y cubierto de hojas que lo protegen. *Al rosal le han salido varios botones.* ■ **~ de muestra.** m. Cosa que se presenta como muestra representativa de algo. *Ya los bocetos constituyen por sí solos un botón de muestra del talento del artista.* ■ **~ de oro.** m. Ranúnculo. *En zonas húmedas de la sierra, abunda una vegetación de juncos, botones de oro y tréboles.* ▶ **3:** YEMA.

botonadura. f. Juego de botones de una prenda de vestir. *La guerrera del uniforme tiene la botonadura dorada.* ▶ ABOTONADURA.

botones. m. Muchacho que trabaja en un hotel haciendo recados y otros servicios. *Nada más bajar del taxi, un botones se hizo cargo del equipaje.*

botsuano, na. adj. De Botsuana (país de África). *Gaborone es la capital botsuana.* Dicho de pers., tb. m. y f. *El inglés es la lengua oficial de los botsuanos.*

botulismo. m. *Med.* Intoxicación producida por la toxina de un bacilo contenido en alimentos envasados en malas condiciones. *El botulismo provoca trastornos gastrointestinales y musculares.*

bourbon. (pal. ingl.; pronunc. "búrbon"). m. Variedad de *whisky* elaborado con maíz, originario de los Estados Unidos de América. *Pidió un* bourbon *solo y se lo bebió de un trago.* ¶ [Adaptación recomendada: *burbon,* pl. *búrbones*].

boutique. (pal. fr.; pronunc. "butík"). f. **1.** Tienda de ropa y complementos de moda selectos. *Se ha comprado un modelo exclusivo en una* boutique *del centro.* **2.** Tienda de productos selectos. *Compra una chapata en la* boutique *del pan.* ¶ [Adaptación recomendada: *butic,* pl. *butics*].

bóveda. f. *Arq.* Techo curvado que cubre el espacio entre dos muros o entre varios pilares. *Varios arcos fajones refuerzan la bóveda de la capilla.* ■ **~ celeste.** f. cult. Cielo (esfera aparente que rodea la Tierra). *El telescopio ayuda a localizar las constelaciones en la bóveda celeste.* ■ **~ craneal.** f. *Anat.* Parte superior interna del cráneo. *Los huesos parietales constituyen la bóveda craneal.* ■ **~ de cañón.** f. *Arq.* Bóveda con una superficie semicilíndrica engendrada por el desplazamiento de un arco de medio punto a lo largo de una línea longitudinal. *Una bóveda de cañón cubre la nave central de la iglesia románica.* ■ **~ palatina.** f. *Anat.* Paladar. *En la bóveda palatina se distingue una parte anterior o paladar duro, y una posterior o paladar blando.*

bovedilla. f. Bóveda pequeña, gralm. de ladrillo u hormigón, que cubre el espacio entre dos vigas. *Los ángulos que forma el muro del retablo con los laterales están cubiertos por bovedillas.*

bóvido. adj. **1.** *Zool.* Del grupo de los bóvidos (→ 2). *Animal bóvido.* ● m. **2.** *Zool.* Mamífero rumiante, con cuernos óseos permanentes tanto en el macho como en la hembra, como la cabra y el toro.

bovino, na. adj. **1.** Del toro o de la vaca. *Carne bovina. Ganado bovino.* ● m. **2.** Ejemplar de ganado bovino (→ 1). *El buey es un bovino.* Tb. ese ganado. *Carne de bovino.*

box[1]**.** m. **1.** En un circuito de carreras: Zona destinada a la asistencia técnica de los vehículos que compiten en la carrera. Frec. en pl. *La entrada en los boxes para cambiar los neumáticos le hizo perder el segundo puesto.* **2.** En una cuadra o un hipódromo: Compartimento para un solo caballo. *El caballo estaba inquieto y no dejaba de patear la puerta de su box.* **3.** En un hospital: Compartimento individual destinado a enfermos que llegan a las urgencias o que necesitan estar aislados. *En el pase para entrar a ver al enfermo ponía su nombre y número de box.* **4.** En determinados establecimientos: Compartimento individual. *Nuestro salón de belleza cuenta con boxes para masajes y depilación.*

box[2]**.** m. Am. Boxeo. *Tal y como ocurre en las peleas de box al sonar la campana, los contendientes se separaron al instante* [C].

boxeador, ra. m. y f. Persona que practica el boxeo. *El boxeador entrena duramente para su próximo combate.* ▶ PÚGIL, PUGILISTA.

boxear. intr. Practicar el boxeo. *El campeón empezó boxeando en el gimnasio de su barrio.*

boxeo. m. Deporte de lucha en el que dos rivales se enfrentan a puñetazos, provistos de guantes especiales. *El combate de boxeo se acabó cuando el colombiano noqueó a su rival.* ▶ PUGILISMO. ‖ **Am:** BOX.

bóxer. (pl. **bóxers**). m. histór. Miembro de una sociedad secreta china de carácter nacionalista y religioso, que en 1900 dirigió una rebelión para expulsar a los extranjeros del país. *Los bóxers sitiaron las embajadas extranjeras.*

boxístico, ca. adj. Del boxeo. *El vencedor del combate será el nuevo campeón boxístico de peso pluma.* ▶ PUGILÍSTICO.

boya. f. **1.** Cuerpo flotante sujeto al fondo del mar, de un lago o de un río, que se coloca como señal de algo, como la peligrosidad del lugar o la existencia de un objeto sumergido. *Desde la playa se ven dos grandes boyas amarillas.* **2.** Corcho que se pone en una red o en el hilo de una caña de pescar para que las plomadas no los lleven al fondo.

boyante. adj. Que tiene prosperidad o experimenta un éxito o felicidad crecientes. *Se enriqueció gracias al boyante negocio familiar. Al volver del exilio, su situación no era precisamente boyante.*

boyero, ra. m. y f. Persona que guarda o conduce bueyes. *Cada día, el boyero llevaba los bueyes a pastar al campo.*

bozal. m. Aparato, frec. de cuero o de plástico, que se coloca a los perros en el hocico para que no muerdan. *Tenía un perro muy agresivo, que llevaba siempre atado y con bozal.*

bozo. m. Vello que nace sobre el labio superior antes de salir el bigote. *Empezó a afeitarse en cuanto le salió el bozo.*

bracear. intr. Mover repetidamente los brazos, frec. al andar o para avanzar en el agua al nadar. *Tan* *pronto aceleraba el paso como lo ralentizaba y dejaba de bracear. Se lanzó al agua y braceó con fuerza hasta el barco. Estaba todo alborotado, pataleando y braceando como un loco.*

braceo. m. Hecho de bracear. *Tras una hora de duro braceo, el náufrago llegó a la isla.*

bracero. m. Jornalero del campo que realiza trabajos básicos no especializados. *Al pueblo llegaba gente para trabajar como braceros durante la vendimia.* ▶ *JORNALERO.

bracista. m. y f. *Dep.* Nadador que practica el estilo braza. *El equipo olímpico de natación cuenta con grandes bracistas.*

bráctea. f. *Bot.* Hoja de algunas plantas, muy transformada, que nace próxima a la flor y que, por su forma y colorido, a veces se confunde con los pétalos de esta. *Las hojas de la alcachofa son brácteas.*

bradicardia. f. *Med.* Ritmo cardíaco anormalmente lento. *La bradicardia es síntoma de enfermedades tan graves como la anorexia.*

braga. f. **1.** Prenda interior femenina o infantil, ajustada, que cubre el cuerpo desde debajo de la cintura hasta las ingles. *Necesito pañales y braguitas para el bebé.* Frec. en pl. con significado sing. *Me ha regalado un conjunto de sujetador y bragas.* **2.** Prenda de abrigo semejante a una bufanda cerrada. *El motorista llevaba una braga debajo del casco.* ■ **en ~s.** loc. adv. coloq. Sin preparación, o desprevenidamente. Con v. como *coger* o *pillar*. *El profesor puso un examen sorpresa y pilló a toda la clase en bragas.* ■ **hecho una ~.** loc. adj. coloq. Destrozado física o psíquicamente. *Le pregunté si estaba enfermo porque lo vi hecho una braga.* ▶ **Am: 1:** BOMBACHA, CALZÓN, PANTALETA, TRUSA.

bragado, da. adj. **1.** Dicho de persona: Valiente y decidida. *Era un tipo bragado, de eso no había duda.* **2.** *Taurom.* Dicho de toro: Que tiene blancas la panza y la entrepierna. *El quinto de la tarde era negro bragado, de 550 kilos.*

bragazas. m. coloq. Hombre que se deja dominar con facilidad, espec. por su mujer. *Quiero un hombre con carácter como marido, no un bragazas.* Tb. adj. *¿Cómo puedes ser tan bragazas?*

braguero. m. Aparato que sirve para contener una hernia. *El médico le recomendó que llevara braguero hasta que se operara.*

bragueta. f. Abertura delantera de un pantalón o de un calzoncillo. *Súbete la cremallera, que llevas la bragueta abierta.*

braguetazo. m. coloq. Matrimonio por interés con una mujer rica. Frec. con v. como *dar*. *¡Menudo braguetazo dio!: se casó con la hija del alcalde.*

brahmán. m. Miembro de la casta sacerdotal de los hindúes, la primera de las cuatro tradicionales en que se divide su sociedad. *Los brahmanes son los guardianes de la ley expresada en los Vedas.* ▶ BRAHMÍN.

brahmanismo. m. Sistema religioso y social de la India, basado en el reconocimiento de Brahma como dios supremo y principio único de todo, y caracterizado por la penetración de lo religioso en todos los ámbitos de la vida civil. *El hinduismo deriva del brahmanismo.*

brahmín. m. Brahmán. *El templo estaba habitado por brahmines.*

braille. m. Sistema de lectura y escritura para ciegos, cuyos signos son combinaciones de puntos marcados en relieve para poder leerlos con los dedos. *Existen ediciones en braille de los libros de texto.*

brama. f. **1.** Hecho de bramar un animal. *La brama de los ciervos atrajo a los cazadores furtivos.* **2.** Celo de los ciervos y de otros animales salvajes. *Es la época de brama.* Tb. la época de celo. *El corzo macho adulto suele vivir solo, excepto durante la brama.* ▶ BERREA.

bramante. m. Cordel delgado hecho de cáñamo. *Hizo un ramo de flores y ató los tallos con bramante.*

bramar. intr. **1.** Dar bramidos el toro, el ciervo u otros animales semejantes. *A lo lejos se oye bramar a los toros. Los venados bramaban en el bosque.* **2.** Gritar alguien furiosamente. *El director bramaba indignado.* **3.** Producir algo, espec. el mar o el viento, un ruido áspero y grave. *El mar bramaba enfurecido.* ▶ **2:** *GRITAR.

bramido. m. **1.** Voz característica del toro, el ciervo u otros animales semejantes. *El ciervo atrae a la hembra con sus bramidos.* **2.** Grito de la persona furiosa y colérica. *Los bramidos de un conductor indignado se oían en toda la manzana.* **3.** Ruido áspero y grave producido por el mar embravecido o por el viento agitado. *Los bramidos del viento no me han dejado dormir en toda la noche.* ▶ **2:** *GRITO.

brandy. (pal. ingl.; pronunc. "brándi"). m. Coñac elaborado fuera de Francia. *Tras el postre, pidió un café y una copita de* brandy. ¶ [Adaptación recomendada: *brandi*, pl. *brandis*].

branquia. f. *Zool.* Órgano de la respiración de los peces y de otros animales acuáticos. Frec. en pl. *Los langostinos y las estrellas de mar respiran por medio de branquias.* ▶ AGALLA.

branquial. adj. *Zool.* De las branquias. *Los crustáceos tienen respiración branquial.*

braquial. adj. *Anat.* Del brazo. *Arteria braquial.*

braquicéfalo, la. adj. *Anat.* y *Antropol.* Que tiene un cráneo casi redondo, cuyo diámetro mayor excede en menos de un cuarto al menor. *Era el típico nórdico: alto, rubio y braquicéfalo. Perro braquicéfalo.* Dicho tb. del cráneo. *La raza amarilla suele presentar baja estatura y cráneo braquicéfalo.* Dicho de individuo, espec. de pers., tb. m. y f. *Los primeros braquicéfalos aparecen en Europa en el Mesolítico.*

braquiópodo. adj. **1.** *Zool.* Del grupo de los braquiópodos (→ 2). *Animal braquiópodo.* ● m. **2.** *Zool.* Animal marino, viviente o fósil, que tiene el cuerpo cubierto por dos valvas y vive sujeto al fondo del mar.

brasa. f. Trozo encendido e incandescente de leña o de carbón. *Mete una patata entre las brasas y, cuando esté asada, cómetela con sal.* Frec. en sent. colectivo. *La brasa de la chimenea empezaba a apagarse.* ■ **a la ~.** loc. adj. Asado directamente sobre las brasas. *La especialidad del restaurante es la carne a la brasa.* Tb. loc. adv. *El cordero lo suelen preparar a la brasa o al horno.*

brasear. tr. Asar (un alimento) a la brasa. *Después de cocer y escurrir las verduras, se brasean durante tres minutos. Truchas braseadas.*

brasero. m. Recipiente de metal, gralm. circular y poco hondo, en el que se echan brasas o se hace arder lentamente carbón, y que se usa para calentar el ambiente, frec. colocándolo bajo una mesa camilla. *En las tardes de invierno, la familia se reunía alrededor del brasero.* Tb. el aparato eléctrico semejante y destinado al mismo fin. *Usan brasero eléctrico.*

brasileño, ña. adj. **1.** Del Brasil. *Río de Janeiro es una ciudad brasileña.* Dicho de pers., tb. m. y f. *Los brasileños son expertos bailarines de samba.* **2.** Del brasileño (→ 3). *Fonética brasileña.* • m. **3.** Variedad lingüística del portugués que se habla en el Brasil. *Uno hablaba en español, y otro, en brasileño, pero se entendían.* ▶ **frecAm: 1:** BRASILERO.

brasilero, ra. adj. frecAm. Del Brasil. *La armada brasilera era respetada en todo el mundo* [C]. Dicho de pers., tb. m. y f. *El público invadió la cancha: no se sabía si para linchar a los brasileros o a los peruanos* [C]. ▶ BRASILEÑO.

bravata. f. **1.** despect. Amenaza hecha con arrogancia para intimidar a alguien. *No me achantan tus bravatas de matón.* **2.** despect. Hecho o dicho propios de una persona que alardea de brava o valiente. *Eso de que él no teme ni a la muerte es otra de sus bravatas.*

braveza. f. cult. Bravura. *El mar se estrellaba en las rocas con toda su braveza. Era hombre altivo y de indómita braveza.*

bravío, a. adj. **1.** Dicho de animal: Fiero o difícil de domar. *Intentó montar una yegua bravía que una y otra vez la tiraba al suelo.* Frec. fig. *El barco era zarandeado por un mar de aguas bravías. Aquellos pobladores eran gentes recias y de carácter bravío.* **2.** Dicho de planta o árbol: Silvestre. *Aquí y allá, surgían brotes de hierbas bravías que el jardinero arrancaba.* ▶ **2:** SILVESTRE. ‖ **Am: 1:** CHÚCARO.

bravo, va. adj. **1.** Dicho de persona: Valiente (que tiene valor para emprender acciones arriesgadas). *Los bravos guerreros partieron hacia el combate.* **2.** Propio de la persona brava (→ 1). *El general ensalzó el bravo comportamiento de la tropa.* **3.** Dicho de animal: Fiero o feroz. *El toro más bravo de la corrida fue el quinto. Se dedica a la cría de ganado bravo.* **4.** Propio del animal bravo (→ 3). *Las bravas embestidas del animal arrancaron vítores del público.* **5.** Dicho de mar: Agitado o embravecido. *El mar está bravo y es peligrosa la navegación.* **6.** Am. Enfadado o furioso. *Su mamá y su papá se le enojaron mucho, se pusieron muy bravos al saber lo ocurrido* [C]. ■ **bravo.** interj. Se usa para expresar aplauso o aprobación. Frec. repetido. *Cuando cayó el telón, los espectadores gritaron entusiasmados: –¡Bravo, bravo!* Tb. m. *Los bravos y los aplausos han emocionado a la cantante.* ■ **por la(s) brava(s), o a la(s) brava(s).** loc. adv. Por la fuerza, o sin miramientos. *Los vencedores impondrán su ley por las bravas. Se enfadaron y la echó de su casa a las bravas.* ▶ **1:** *VALIENTE.

bravucón, na. adj. **1.** despect. Dicho de persona: Que alardea o tiene apariencia de brava o valiente. *El cabecilla de la banda era el más bravucón.* Tb. m. y f. *Para unos era un hombre aguerrido; para otros, solo un bravucón.* **2.** despect. Propio de la persona bravucona (→ 1). *Se me acercó un tipo de aspecto desafiante y bravucón.*

bravuconada. f. despect. Hecho o dicho propios de una persona bravucona. *Salió del bar borracho y gritando bravuconadas.*

bravuconería. f. **1.** despect. Cualidad de bravucón. *En un soldado, se admira el valor, no la bravuconería.* **2.** despect. Bravuconada. *La vida del dictador fue una cadena de bravuconerías.*

bravura. f. Cualidad de bravo. *Los dos contendientes lucharon con bravura. Los toreros se quejaron de la falta de bravura de las reses.* ▶ *VALENTÍA.

braza. f. **1.** Unidad de longitud, usada espec. en marina, que equivale a 1,6718 metros. *El galeón hundido estaba a más de 300 brazas de profundidad.* **2.** *Dep.* Estilo de natación en que el nadador avanza boca abajo, dando brazadas sin sacar los brazos del agua, y moviendo a la vez las piernas. Frec. en aposición, pospuesto a *estilo* o a una expresión de longitud. *Ganó la medalla de plata en los 200 metros braza.*

brazada. f. Movimiento enérgico de los brazos, consistente en estirarlos y recogerlos, gralm. para impulsarse al nadar. *Cruzó la piscina de cuatro brazadas.*

brazal. m. Brazalete (tira de tela). *Se distinguía al personal sanitario por los brazales blancos con una cruz roja.* ▶ BRAZALETE.

brazalete. m. **1.** Aro de adorno, frec. de metal, que rodea el brazo por encima de la muñeca. *La actriz llevaba un impresionante brazalete de oro y diamantes a juego con los pendientes.* **2.** Tira de tela que rodea el brazo por encima del codo y que sirve de distintivo. *El jugador entregó el brazalete de capitán a su compañero cuando salió del campo. Llevaban un brazalete negro en señal de luto.* ▶ **2:** BRAZAL.

brazo. m. **1.** Extremidad superior de una persona, que va desde el hombro hasta la mano. *Tienes los brazos muy largos. Lleva el periódico debajo del brazo.* **2.** Parte del brazo (→ 1) que va desde el hombro hasta el codo. *Tiene heridas en el brazo y en el antebrazo. La vacuna me la pusieron en el brazo.* **3.** Pata delantera de un animal cuadrúpedo. *El potrillo movía los brazos y hacía cabriolas.* **4.** Cada una de las piezas laterales que en un sillón o en una butaca sirven para apoyar los brazos (→ 1). *Me quedé dormida con la cabeza apoyada en el brazo del sillón.* **5.** Pieza alargada que sale del cuerpo central de un objeto y que sirve para sostener algo. *El candelabro de siete brazos es un símbolo judío. Los ocho brazos del perchero estaban ocupados.* **6.** Cada una de las dos mitades del palo horizontal de una cruz. *Están restaurando los brazos de la cruz que preside el altar.* Tb. designa cada mitad de cualquiera de los dos palos. *La cruz griega tiene los cuatro brazos iguales.* **7.** Cada una de las dos mitades de la barra horizontal que sujeta los platillos de una balanza. *La balanza está descompensada porque uno de sus brazos se inclina más que el otro.* **8.** Rama de un árbol. *El viento rompió un brazo del sauce.* **9.** Parte de un río u otra corriente de agua, que se separa y corre independientemente hasta reunirse de nuevo con el cauce principal o desembocar en el mar. *En esta zona, el río se divide en varios brazos.* **10.** Parte de una colectividad, encargada de una función determinada. *El brazo militar de la organización actúa con independencia del brazo político.* **11.** Poder o autoridad. *El brazo de la justicia caerá sobre los asesinos.* **12.** *Mec.* Cada una de las distancias entre el punto de apoyo de una palanca y los puntos de acción de la potencia y la resistencia. *La longitud del brazo de la palanca es un factor muy importante.* ○ pl. **13.** Trabajadores, espec. jornaleros o peones. *El capataz contrató más brazos para acabar la obra a tiempo.* ■ **~ de gitano.** m. Pastel formado por una capa fina de bizcocho, untada gralm. con crema o nata, y enrollada en forma de cilindro. *Para postre he comprado un brazo de gitano.* ■ **~ de mar.** m. Canal ancho y largo del mar, que se adentra en la tierra. *El brazo de mar se interna formando una ría.* □ **a ~ partido.** loc. adv. Con mucho empeño y tesón. *Lucharon a brazo partido con las olas para llegar a la orilla.* ■ **con los ~s abiertos.** loc. adv. Con agrado y complacencia. *Cuando regresó, su familia lo recibió con los brazos abiertos.* ■ **con los ~s cruzados.** loc. adv. Sin hacer nada. *No te quedes con los brazos cruzados y echa una mano.* ■ **cruzarse de ~s.** loc. v. Quedarse sin hacer nada o sin intervenir en el asunto de que se trata. *El Gobierno no puede cruzarse de brazos ante esta situación.* ■ **dar** alguien **su ~ a torcer.** loc. v. Desistir de su opinión o propósito. Frec. en constr. negativas. *Es muy cabezota y no dará su brazo a torcer fácilmente.* ■ **del ~.** loc. adv. Con el brazo (→ 1) agarrado al de otra persona. *La novia entra en la iglesia del brazo de su padre. Las dos mujeres iban del brazo por la calle.* ■ **hecho un ~ de mar.** loc. adj. Muy arreglado y vestido con elegancia. *Apareció en el cóctel hecho un brazo de mar.* ■ **ser el ~ derecho** (de alguien). loc. v. Ser la persona en quien (este) tiene su máxima confianza y de quien se sirve pralm. para que le ayude en sus asuntos. *Es el brazo derecho* DE *su jefe.* ▶ **8:** *RAMA.

brazuelo. m. Parte de la pata delantera de un animal cuadrúpedo, comprendida entre el codo y la rodilla. *El menú era sopa de cocido y brazuelo de cerdo con patatas asadas.*

brea. f. Sustancia viscosa, de color rojo oscuro o negruzco, que se obtiene por destilación de la madera de varios árboles, del carbón mineral o de otras sustancias orgánicas, y como residuo de la destilación del alquitrán. *Entraron en la cueva alumbrándose con antorchas de brea. El camino está asfaltado con brea rojiza. Usaban jabón de brea para el pelo.*

brear. tr. **1.** coloq. Pegar o dar una paliza (a alguien). *¡Como vuelvas a hacer eso, te voy a brear! Los defensas del equipo contrario lo brearon* A *patadas.* Tb. fig. *Esta noche me han breado los mosquitos. Los críticos despreciaron su obra y lo brearon a base de bien.* **2.** coloq. Molestar (a alguien) haciendo o diciendo algo insistentemente. *En la rueda de prensa, lo brearon* A *preguntas sobre su turbio pasado.*

brebaje. m. despect. Bebida, espec. la que resulta desagradable por su sabor o su aspecto. *El curandero le preparó un extraño brebaje. ¿Cómo puedes llamar café a este brebaje?*

breca. f. Pez marino semejante al besugo, pero más pequeño, de cuerpo cubierto de escamas rosadas y de carne apreciada. *En la pescadería solo quedaban brecas y sardinas.* ▶ PAGEL.

brecha. f. **1.** Abertura alargada y gralm. irregular, espec. la que se produce en un muro o una pared. *Los ratones se colaban por una brecha de la pared del garaje.* **2.** Herida abierta, espec. en la cabeza. *Se hizo una brecha con el pico de la ventana.* **3.** Rotura de una muralla defensiva o de un frente de combate, producida gralm. por un ataque. Frec. con *abrir. Bombardearon la fortaleza hasta conseguir abrir brecha. La última ofensiva abrió una brecha en las líneas enemigas.* **4.** Resquicio por donde algo empieza a perder estabilidad o consistencia. Frec. con *abrir. La desconfianza ha abierto una brecha en su relación.* ■ **abrir ~** (en algo, espec. en una actividad o ámbito). loc. v. Dar los primeros pasos (en ello), facilitando así que otros sigan el mismo camino. *Como científico, abrió brecha* EN *el campo de la biología molecular. Hacía falta un pionero que abriera brecha.* ■ **en la ~.** loc. adv. Luchando o trabajando con empeño. *Sus compañeros se han ido retirando, pero él sigue en la brecha.* ▶ **1:** *ABERTURA.

brécol. m. Variedad de col, con las hojas de color verde oscuro en forma de ramilletes. *Prepara una crema de zanahoria y brécol.* ▶ BRÓCULI.

brega. f. Hecho de bregar. *Los vendimiadores vuelven a la brega tras una jornada de descanso. Su vida fue una brega constante contra la injusticia.*

bregar. intr. **1.** Trabajar con mucho empeño y esfuerzo. *Le gustaba librar en día laborable, cuando otros bregaban en sus oficinas. Está harta de bregar para sacar adelante a los suyos.* **2.** Luchar o enfrentarse con alguien o algo. *Los sindicatos siguen bregando* CON *el ministro para conseguir mejoras laborales. Para llegar lejos, hay que estar dispuesto a bregar* CON *las dificultades.*

breña. f. Terreno escarpado y lleno de maleza. *Las cabras triscaban por las breñas.*

brete. m. Aprieto o situación de difícil salida. Gralm. en constr. como *estar* alguien *en un ~*, o *poner* a alguien *en un ~. A veces me veo en un brete para contestar las preguntas del niño. Me puso en un brete cuando me dio a elegir entre mis amigos y él.*

bretón, na. adj. **1.** De Bretaña (región del noroeste de Francia). *Rennes es una ciudad bretona.* Dicho de pers., tb. m. y f. *Los bretones desarrollan una importante actividad ganadera y pesquera.* **2.** Del bretón (→ 3). *Acento bretón.* ● m. **3.** Lengua hablada en Bretaña. *El bretón, de origen celta, alcanza su mayor extensión en el siglo* X.

breva. f. Primer fruto comestible de la higuera, más grande que el higo y de color morado o casi negro. *Recogen las brevas en el mes de junio.* ■ **no caerá esa ~.** expr. coloq. Se usa para expresar falta de esperanza en que ocurra o se consiga algo muy deseado. *–El fin de semana hará buen tiempo, ya verás. –No caerá esa breva.*

breve. adj. **1.** De corta duración o extensión. *Bastó una breve conversación para aclarar lo ocurrido. Escribe con frases breves y sencillas.* **2.** *Fon.* En determinadas lenguas, dicho de sílaba: De la duración menor, de las dos posibles. Se usa en contraposición a *larga. Un dáctilo es un pie formado por una sílaba larga y dos breves.* Tb. dicho de la vocal correspondiente. *En la palabra latina "filia", la segunda "i" es breve.* ● m. **3.** Texto periodístico de corta extensión, publicado en columna o en bloque con otros semejantes. *El periódico solo dedica un breve a las elecciones universitarias.* ■ **en ~.** loc. adv. Dentro de poco tiempo. *Los nubarrones hacían pensar que empezaría a llover en breve.*

brevedad. f. Cualidad de breve. *La profesora aprecia la brevedad y la claridad de ideas en los exámenes. El poema habla de la fugacidad del tiempo y la brevedad de la vida.*

breviario. m. **1.** Libro que contiene el rezo eclesiástico de todo el año. *El sacerdote siempre llevaba consigo su breviario.* **2.** Compendio de una obra extensa o de una materia. *Breviario de mitología clásica.*

brezo. m. Arbusto mediterráneo que crece formando matorrales, muy ramoso y con cuyas raíces se hace carbón y carboncillo de dibujo. *El campo olía a brezo y a jara.*

bribón, na. adj. Dicho de persona: Poco honrada y astuta para engañar a los demás. *¡Será bribón, cómo me ha estafado!* Frec. se usa como insulto y para referirse a una pers., espec. a un niño, cariñosamente. *¡Sinvergüenza, bribona, quítate de mi vista! ¡Qué bribón el crío, se ha comido todos los caramelos!* Tb. m. y f. *El abogado era un bribón y se largó con el dinero de sus clientes.* ▶ *PÍCARO.

bribonada. f. Hecho propio de un bribón. *Las víctimas de sus bribonadas lo denunciaron por estafa.*

bricolaje. m. Conjunto de reparaciones, instalaciones u otros trabajos manuales caseros, realizados sin ayuda profesional. *Es un manitas y le encanta hacer bricolaje en sus ratos de ocio.*

brida. f. Conjunto formado por el freno del caballo, el correaje que lo sujeta a la cabeza y las riendas. *El mozo quitó la brida y la silla de montar al caballo y lo llevó a la cuadra.*

brigada. f. **1.** Conjunto de personas organizado para realizar un trabajo determinado. *Los recolectores trabajaban en brigadas de ocho a diez hombres. Las brigadas de limpieza arreglaban las calles para el desfile.* **2.** En el ejército: Unidad integrada por dos o más regimientos de un arma determinada. *La tercera brigada de infantería ligera entró en combate.* ○ m. y f. **3.** Suboficial del ejército cuyo empleo es superior al de sargento e inferior al de subteniente. *Vieron salir del acuartelamiento a un brigada y dos cabos. A sus órdenes, mi brigada.*

brigadier. m. **1.** histór. Militar cuya categoría equivalía a la de general de brigada del Ejército o contraalmirante de la Armada. *Fue ascendido primero a coronel y luego a brigadier.* **2.** En algunos países de América: Militar de categoría inferior a la de general. *El golpe militar lo iba a dirigir un brigadier.*

brillante. adj. **1.** Que brilla. *El sol se reflejaba en la brillante armadura del caballero. Ganó el festival una película brillante.* ● m. **2.** Diamante tallado en diversas caras. *Le regaló una sortija de brillantes por su aniversario de boda.* ▶ **1:** LUCIENTE, RELUCIENTE, RESPLANDECIENTE. ‖ **Am: 1:** BRILLOSO.

brillantez. f. Cualidad de brillante. *El profesor ensalzó la inteligencia y brillantez de su alumno.*

brillantina. f. Cosmético que se usa para dar brillo al pelo. *Iba todo repeinado y lleno de brillantina.*

brillar. intr. **1.** Emitir o reflejar luz un cuerpo. *El sol brillaba en el cielo azul. Una magnífica gargantilla de esmeraldas brillaba en su cuello.* **2.** Sobresalir o destacar despertando admiración. *La actriz brilló en cuantas obras intervino. No digo que sea tacaño pero, desde luego, no brilla* POR *su generosidad.* ▶ **1:** LUCIR, RELUCIR, RESPLANDECER.

brillo. m. Hecho o efecto de brillar. *El brillo del traje delataba sus años y su estado. El mayordomo sacaba brillo a los cubiertos de plata. La presencia del príncipe dio brillo a la inauguración de la feria.* ▶ RESPLANDOR.

brilloso, sa. adj. frecAm. Brillante (que brilla). *La muchacha vio los ojos brillosos de Alejandro* [C]. *Tiene el pelo negro, brilloso, peinado hacia atrás y sin raya* [C]. ▶ *BRILLANTE.

brincar. intr. **1.** Dar saltos ligeros. *Brincaba de alegría por haber aprobado.* Tb. fig. *Su corazón brincaba de emoción.* ○ tr. **2.** frecAm. Pasar de un lado a otro (de algo) brincando (→ 1). *Dicen que Manolo brincó el mostrador donde se ubican las cajas y que él mismo las limpió de dinero* [C].

brinco. m. Hecho de brincar. *De un brinco alcanzó la caja de galletas, que estaba encima del armario de la cocina.* Tb. fig. *Cuando sonó el timbre, me dio un brinco el corazón.*

brindar. intr. **1.** Expresar, al ir a beber una bebida gralm. alcohólica, el bien que se desea a alguien o algo. *¡Brindo* POR *ti, que todo te vaya bien en la vida! Brindemos porque nuestro proyecto culmine con éxito. Se desearon feliz año nuevo y brindaron con champán.* ○ intr. prnl. **2.** Ofrecerse voluntariamente a hacer algo. *Se brindó* A *ayudarme con la mudanza.* ○ tr. **3.** Ofrecer una persona o una cosa (algo) a alguien. *Como no tenía dónde alojarme, me brindó una habitación en su casa. No sabía qué hacer y un amigo me brindó la solución. Mi trabajo me brinda la oportunidad de conocer a mucha gente.* ▶ **1:** BEBER. **3:** OFRECER.

brindis. m. Hecho de brindar al ir a beber. *El padrino hizo un brindis* POR *los novios.* Tb. las palabras con que se brinda. *Tras pronunciar un emotivo brindis, apuró la copa de un trago.*

brío. m. **1.** Energía o resolución para actuar o impulsar una acción. *Empieza el curso con mucho brío, pero luego se va apagando.* Frec. en pl. *Me siento recuperada y con nuevos bríos para seguir.* **2.** Garbo o ímpetu con que se hace algo. *Los bailarines se movían con brío al compás de la música. Barre el suelo con más brío, que te vas a dormir.*

briofito, ta. adj. **1.** *Bot.* Del grupo de las briofitas (→ 2). *Planta briofita.* ● f. **2.** *Bot.* Planta que carece de raíces y de vasos conductores, y que crece en terrenos húmedos, como el musgo.

bríos. voto a ~. expr. cult. o humoríst. Se usa para expresar cólera. *¡Voto a bríos, que pagaréis la traición!*

brioso, sa. adj. Que tiene brío. *Llegó cabalgando sobre un brioso corcel.*

brisa. f. **1.** Viento suave. *Se levantó una ligera brisa que refrescó el ambiente.* **2.** Viento suave de periodicidad diaria que se origina en la costa y que por el día sopla del mar a la tierra y, por la noche, a la inversa. *La brisa marina favorecía la práctica de deportes náuticos.*

brisca. f. **1.** Juego de cartas en que se reparten tres a cada jugador, se descubre otra que indica el palo de triunfo, y gana el que consigue mayor número de puntos. *Mi abuelo me enseñó a jugar al tute y a la brisca.* **2.** En la brisca (→ 1) y otros juegos: As o tres de un palo que no es triunfo. *Echa una brisca.*

británico, ca. adj. Del Reino Unido de Gran Bretaña e Irlanda del Norte. *Londres es la capital británica. Monarquía británica.* Dicho de pers., tb. m. y f. *Los británicos son mayoritariamente anglicanos.*

brizna. f. **1.** Filamento o hebra de una planta. *Tenía briznas de paja en el pelo de haber dormido en el establo.* **2.** Parte muy pequeña de algo. *Entró aire y las briznas de ceniza se extendieron por el suelo. Aunque desanimado, intentaba mantener una brizna de esperanza.*

broca. f. Pieza de acero alargada y gralm. de punta cónica y con una rosca en espiral, que se coloca en las máquinas taladradoras para hacer los agujeros. *Pon una broca más pequeña a la taladradora para no abrir un agujero demasiado grande.*

brocado, da. adj. **1.** Dicho de tela: Entretejida con hilos de oro y plata. *Llevaba una bata de seda brocada.* ● m. **2.** Tela de seda con dibujos en relieve, bordados con hilos de oro y plata. *Las damas de la corte, vestidas con ricos brocados, rivalizaban en hermosura.*

brocal. m. Muro pequeño que rodea la boca de un pozo. *Apoyada en el brocal, tiró una moneda al pozo y pidió un deseo.*

brocha. f. Utensilio compuesto por un manojo gralm. grande de pelos o cerdas, unido al extremo de un mango, que se usa espec. para pintar. *Después de pintar, limpie las brochas y pinceles con aguarrás. Mi padre se afeita con brocha. Extiende el colorete con la brocha.* ■ **de ~ gorda.** loc. adj. **1.** coloq. Dicho de pintor o de pintura: De paredes, puertas y ventanas.

No pinta cuadros: es pintor, pero de brocha gorda. **2.** despect. Dicho espec. de obra artística o intelectual: Tosca o burda. *No se puede hacer una buena película con un guión de brocha gorda.*

brochazo. m. Pasada que se da con una brocha sobre una superficie. *Dé el barniz sin levantar la brocha, de un brochazo y en una sola dirección.*

broche. m. **1.** Objeto, gralm. de metal, formado por dos piezas, una de las cuales engancha o encaja en la otra, y que suele servir como mecanismo de cierre en ropas u otras cosas. **2.** Joya provista de un broche (→ 1) o un alfiler, que se lleva prendida en la ropa como adorno o para sujetar alguna prenda. *Lucía un llamativo broche en la solapa del abrigo. Se puso un pañuelo de seda en el cuello y lo sujetó con un broche.* **3.** Remate o final de algo, espec. si aporta brillantez o realce. *La ceremonia de entrega de premios puso el broche a unas jornadas memorables. El homenaje fue un broche de oro a su carrera. ¡Amarga derrota, triste broche de una trayectoria triunfal!*

brocheta. f. Pincho o varilla en que se ensartan pedazos de carne u otros alimentos para asarlos. *Fue poniendo en la brocheta trozos de carne y de beicon alternados.* Tb. el plato consistente en alimentos así preparados. *Cenamos brocheta de verduras.* ▶ BROQUETA.

bróculi. m. Brécol. *De primero tomamos sopa de bróculi.*

broma[1]. f. **1.** Cosa dicha o hecha a alguien para reírse de él, gralm. sin mala intención. *Quitarle la silla para que se caiga me parece una broma de mal gusto. ¿Hablas en serio o me estás gastando una broma?* **2.** Diversión o fiesta. *Me encuentro mal y no tengo ganas de broma.* **3.** Cosa enojosa o molesta. *La grúa se ha llevado mi coche y la broma me va a costar un ojo de la cara.* ▶ **1:** CHACOTA, CHISTE. ‖ **Am: 1:** RELAJO.

broma[2]. f. Molusco marino con aspecto de gusano y una concha muy pequeña, cuyas valvas funcionan como mandíbulas y perforan las maderas sumergidas. *Untaban con pez el casco de los barcos para protegerlos de la broma.*

bromatología. f. *Med.* Ciencia que estudia los alimentos. *En el departamento de Bromatología y Nutrición se someten los alimentos a análisis químicos.*

bromatológico, ca. adj. *Med.* De la bromatología. *Estudio bromatológico del agua.*

bromazo. m. coloq. Broma pesada. *¿A quién se le ha ocurrido el bromazo de decirle que lo han despedido?*

bromear. intr. Gastar bromas. *No te enfades, que solo estaba bromeando. ¿Cómo puedes bromear* CON *algo tan serio como una enfermedad?*

bromista. adj. Dicho de persona: Aficionada a gastar bromas. *¡Usted, siempre tan bromista, qué gracioso!* Tb. m. y f. *Ya saltó la bromista de turno con su chistecito.*

bromo. m. *Quím.* Elemento del grupo de los halógenos, líquido en estado natural, de color rojo pardusco y olor fuerte, muy tóxico y que se usa en la elaboración de productos farmacéuticos y en otras industrias (Símb. *Br*).

bromuro. m. Compuesto químico de bromo, que se usa en medicina como sedante. *El boticario aconsejaba tomar bromuro para calmar los nervios.*

bronca. f. **1.** Riña o disputa fuertes. *Tuvo una bronca con un conductor que casi lo atropella.* **2.** Reprensión fuerte. Frec. con *echar*. *El jefe me echó la bronca por llegar tarde.* **3.** En un espectáculo público: Manifestación ruidosa de protesta o desagrado por parte de los espectadores. *El torero recibió la bronca del tendido cuando se negó a matar al toro.* **4.** Am. Rabia (sentimiento de enojo o disgusto grandes). *En un arranque de bronca pateó una corona marchita que rodó hasta el portal de la capilla* [C]. ▶ **1:** *PELEA. **4:** RABIA.

bronce. m. **1.** Aleación de cobre y estaño, frec. con pequeñas proporciones de otros metales y gralm. de color marrón amarillento. *Las campanas de la iglesia son de bronce.* **2.** Escultura u objeto de bronce (→ 1). *Se expone un bronce renacentista que representa a Apolo.* **3.** Medalla de bronce (→ **medalla**). *Ganamos el bronce en el campeonato de baloncesto.*

bronceado[1]. m. Hecho o efecto de broncear o broncearse. *Las nuevas cremas para el sol garantizan un bronceado seguro y duradero.*

bronceado[2]**, da.** part. **1.** → **broncear.** ● adj. **2.** De color semejante al del bronce. *Volvió de vacaciones con un tono bronceado muy bonito.*

bronceador, ra. adj. **1.** Que broncea o sirve para broncear. *Sistema bronceador por medio de rayos ultravioletas.* ● m. **2.** Cosmético, gralm. en forma de crema, que se usa para favorecer el bronceado de la piel. *Si vas a la playa, ponte bronceador con protector solar para no quemarte.*

broncear. tr. Poner morena (a una persona o su piel). *Los rayos del sol nos iban bronceando. Los chicos bronceaban su piel en la piscina.* Tb. en constr. prnl. media. *Las piernas se broncean más despacio que el resto del cuerpo.*

broncíneo, a. adj. cult. De bronce, o de características semejantes a las suyas, espec. el color o el brillo. *Del baptisterio florentino destacan las broncíneas puertas. Era esbelto, de cabello negrísimo y tez broncínea.*

broncista. m. y f. Persona que tiene por oficio trabajar el bronce. *El púlpito de bronce está atribuido a un broncista veneciano.*

bronco, ca. adj. **1.** Dicho de persona: De carácter y trato ásperos o desagradables. *Tantas fatalidades lo convirtieron en un hombre bronco y de pocos amigos.* Tb. dicho del carácter. *Era adusto y de carácter bronco.* **2.** Dicho de voz o de sonido: Ronco o desagradable. *Tenía una voz bronca de fumador. En Semana Santa retumba por las calles el bronco ruido de las matracas.* Tb. dicho de instrumento musical con ese sonido. *Tambores broncos.* **3.** Dicho de cosa: Tosca o dura. *Pintaba de una manera bronca, casi primitiva. El libro refleja una realidad bronca y terrible.*

bronconeumonía. f. *Med.* Inflamación de los bronquios que se extiende a los pulmones, cuyos síntomas son tos, fiebre y dificultad respiratoria. *Fue ingresado con una bronconeumonía bacteriana aguda.*

bronquedad. f. Cualidad de bronco. *Desconcertaba aquella combinación de bronquedad y dulzura en sus palabras.*

bronquial. adj. De los bronquios. *Padece una afección bronquial de nacimiento.*

bronquio. m. *Anat.* Cada uno de los dos conductos en que se bifurca la tráquea al entrar en los pulmones, y sus ramificaciones mayores. *El aire inspirado se distribuye a los pulmones a través de los bronquios.*

bronquiolo o **bronquíolo.** m. *Anat.* Cada uno de los pequeños conductos en que se dividen los bronquios dentro de los pulmones. *Los bronquiolos terminan en los alvéolos pulmonares.*

bronquítico, ca. adj. **1.** De la bronquitis. *Síntomas bronquíticos.* **2.** Que padece bronquitis. *Los inhaladores son una gran ayuda para pacientes bronquíticos.* Dicho de pers., tb. m. y f. *Se recomienda la vacunación contra la gripe a bronquíticos y asmáticos.*

bronquitis. f. *Med.* Inflamación de la mucosa de los bronquios. *El tabaquismo puede producir bronquitis crónica.*

broquel. m. histór. Escudo, espec. el pequeño de madera o de corcho. *Soldados armados de lanza y broquel asaltaron el castillo.*

broqueta. f. Brocheta. *Preparó una deliciosa langosta en broqueta. El menú incluye broqueta de marisco.*

brotar. intr. **1.** Nacer una planta. *Ya ha brotado el trigo.* **2.** Nacer o salir flores, hojas o renuevos en una planta. *Las flores de los almendros brotan a principios de la primavera.* **3.** Echar una planta flores, hojas o renuevos. *El tilo ha empezado a brotar.* **4.** Manar agua u otro líquido. *El agua brota sin cesar* DE *la tubería rota.* **5.** Manifestarse una enfermedad en la piel. *La varicela le brotó cuando era muy pequeño.* **6.** Empezar algo a manifestarse o desarrollarse. *Se afeita desde que empezó a brotarle la barba.* ▶ **1-2:** *SALIR. **4:** *MANAR. **6:** *NACER.

brote. m. **1.** Hecho de brotar. *La humedad favorece el brote de las setas. De niña tuvo un brote de reumatismo. El Gobierno intenta combatir los brotes de racismo.* **2.** En una planta: Renuevo que empieza a desarrollarse. *El árbol que podaron ya ha echado brotes.*

broza. f. **1.** Conjunto de hojas, ramas y otros restos de plantas que se acumula en un lugar. *Una colilla puede prender la broza del monte y originar un incendio.* **2.** Maleza (arbustos y hierbas salvajes). *Hay que arrancar la broza que crece junto a las hortalizas.* **3.** Desperdicio o suciedad acumulados. *La casa estaba abandonada y llena de broza y telarañas.* **4.** despect. Conjunto de cosas inútiles dichas de palabra o por escrito. *La mitad de la novela era broza y palabrería.* ▶ **2:** MALEZA.

brucelosis. f. *Med.* Enfermedad infecciosa del ganado, que se transmite al hombre por el contacto con animales infectados o por la ingestión de sus productos. *La pasteurización destruye las bacterias de la brucelosis en la leche.*

bruces. de ~. loc. adv. Boca abajo. Frec. con v. como *caer* o *echarse*. *Resbaló y cayó de bruces sobre el suelo.* ■ **darse** alguien **de ~** (con una persona o una cosa). loc. v. Chocar de cara o de frente (con ellas). *Al salir se dio de bruces* CON *un hombre que entraba. Se giró y se dio de bruces* CON *el armario.* Tb. fig. *Después de horas pensando, se dieron de bruces* CON *la solución del problema.* Tb.: *Se levantaron a un tiempo y casi se dan de bruces. A veces la justicia y los intereses económicos se dan de bruces.*

bruja. → **brujo.**

brujería. f. Conjunto de prácticas mágicas o sobrenaturales propias de los brujos. *En un viejo libro de brujería, encontramos un conjuro para desaparecer.* Tb. la acción consistente en aplicar esas prácticas. *Le hizo una brujería para librarlo del mal de ojo.*

brujeril. adj. De la brujería, o de los brujos. *Las mujeres fueron condenadas a la hoguera por su actividad brujeril.*

brujo, ja. adj. **1.** De los brujos (→ 3). *Dice la leyenda que murió por un hechizo brujo.* **2.** cult. Embrujador. *Me sentía hipnotizado cuando clavaba en mí sus profundos ojos brujos.* ● m. y f. **3.** Persona a la que se atribuyen poderes mágicos obtenidos de un pacto con el diablo. *La Inquisición condenó a la hoguera a muchos sospechosos de brujos.* Más frec. referido a mujer. ○ m. **4.** En algunas sociedades tribales: Hombre al que se atribuyen poderes mágicos y que ejerce de sacerdote y curandero. *El brujo ejecutó una danza para honrar a los dioses.* ○ f. **5.** En los cuentos infantiles tradicionales: Mujer fea, vieja y malvada, dotada de poderes mágicos, y que vuela montada en una escoba. *La bruja, que vivía en una casita de chocolate, tenía una verruga en su narizota.* **6.** Mujer con características consideradas propias de una bruja (→ 5), espec. su maldad, su fealdad o su astucia. *Péinate, que pareces una bruja.* Frec. se usa como insulto. *¡Métete en tus asuntos, bruja!* Tb., espec. referido a mujeres o niñas, se usa con intención afectiva. Tb. adj. *La muy bruja se ha comido toda la tarta que quedaba en la nevera.*

brújula. f. **1.** Instrumento consistente en una caja en cuyo interior una aguja imantada gira sobre un eje y señala el norte magnético, y que sirve para orientarse en la superficie terrestre. *Se adentró en el bosque con una brújula de bolsillo por si se perdía.* Tb. fig. *Su fe era su brújula en la vida.* **2.** *Mar.* En una embarcación: Instrumento que indica el rumbo, consistente en dos círculos concéntricos, uno de los cuales gira con una aguja imantada que señala el norte magnético, y el otro está fijo y lleva señalada la dirección de la quilla. *Se valían de una aguja de marear o brújula para determinar la posición de la nave.*

brujulear. intr. **1.** Moverse yendo de un lado a otro o intentando con habilidad distintas vías para conseguir algo. *Brujuleó por la biblioteca hasta dar con el libro que buscaba. Tuvo que brujulear mucho para que le reconocieran su derecho.* **2.** Andar sin rumbo fijo de un lado para otro. *Pasó la tarde brujuleando por el centro de la ciudad.*

bruma. f. Niebla, espec. la que se forma sobre el mar. *La luz del faro apenas se distinguía a través de la bruma.* Tb. fig. *En su cabeza una idea se abría paso en medio de la bruma.* ▶ NIEBLA.

brumario. m. histór. Segundo mes del calendario republicano francés, que transcurre entre el 22 de octubre y el 20 de noviembre del calendario occidental. *Napoleón Bonaparte llegó al poder el 18 de brumario de 1799.*

brumoso, sa. adj. Que tiene bruma. *Atravesaron el brumoso pantano en un bote de remos.* Tb. fig. *Apenas tenía una idea vaga y brumosa de la situación.*

bruneano, na. adj. De Brunéi Darussalam (país de Asia). *Sultán bruneano.* Dicho de pers., tb. m. y f. *Los bruneanos son mayoritariamente musulmanes.*

bruno, na. adj. cult. De color negro o muy oscuro. *Se adentraron en las brunas profundidades de la cueva.* Tb. fig. *Brunos pensamientos la atormentaban.*

bruñido[1]. m. Hecho o efecto de bruñir. *El señor ordenó al escudero el bruñido de su armadura.*

bruñido[2], da. part. **1.** → **bruñir.** ● adj. **2.** cult. Reluciente. *El sol se refleja en la bruñida superficie del mar.*

bruñir. (conjug. MULLIR). tr. Sacar brillo (a algo, espec. si es metálico). *El soldado bruñía la hebilla de su uniforme.*

brusco, ca. adj. **1.** Rápido y repentino. *El accidente puso un brusco final a su carrera deportiva.* **2.** Falto de amabilidad y agrado. *Tenían una portera brusca y antipática.* ▶ **2:** *ANTIPÁTICO.

bruselense. adj. De Bruselas (capital de Bélgica). *Los agricultores se manifestaron ante la sede bruselense de la Comisión Europea.* Dicho de pers., tb. m. y f. *Las lenguas mayoritarias entre los bruselenses son el francés y el flamenco.*

brusquedad. f. **1.** Cualidad de brusco. *La novela acaba con una brusquedad desconcertante. La brusquedad de su carácter le granjeó muchas antipatías.* **2.** Hecho propio de la persona brusca. *Le echó en cara sus constantes brusquedades y desconsideraciones.*

brut. (pl. **bruts**). adj. Dicho de cava o de champán: Muy seco, por su bajo contenido de azúcar. Tb. m. *Abre una botella de brut para celebrar tu ascenso.*

brutal. adj. **1.** Dicho de persona: De carácter violento o inhumano. *El protagonista sufre el maltrato de un padrastro brutal.* **2.** Propio de la persona brutal (→ 1). *Las cámaras filmaron la actuación brutal de algunos hinchas.* **3.** coloq. Muy grande o extraordinario. *¡Hace un calor brutal! Las diferencias sociales entre el primer y el tercer mundo son brutales.*

brutalidad. f. **1.** Cualidad de brutal o violento. *La actuación de los agentes frente a los manifestantes fue de una brutalidad injustificable.* **2.** Hecho brutal o violento. *Pegar a un niño es una brutalidad.*

brutalizar. tr. Embrutecer, o dar carácter brutal (a alguien o algo). *La guerra deshumaniza y brutaliza a los pueblos.* Tb. en constr. prnl. media. *En esas condiciones tan duras, la gente acaba por brutalizarse.* ▶ EMBRUTECER.

bruto, ta. adj. **1.** Dicho de persona: Ignorante o torpe para comprender o razonar. *Se lo expliqué mil veces, pero, como es tan bruto, no lo entendía.* Tb. m. y f. *La bruta de ella creía que un percebe era una planta.* **2.** Dicho de persona: Ruda o falta de delicadeza. *Qué tía más bruta, casi me tira al pasar a mi lado.* Tb. m. y f. *Será un gran médico pero, para hablar con la gente, es un bruto.* **3.** Dicho de producto: Que está en estado natural, o que no ha sido sometido a procesos de elaboración o refinado. *Toneladas de petróleo bruto contaminan las aguas del canal. Alcohol bruto.* **4.** Dicho de cantidad de dinero: Que no ha experimentado retención o descuento. *Las ganancias brutas de la empresa ascienden a millones de dólares.* Se usa en contraposición a *neto*. *Su sueldo neto, más pluses de antigüedad y retenciones, supone un sueldo bruto de 2000 euros.* **5.** Dicho de peso de una cosa: Total, incluida la tara. *El peso bruto del camión era de una tonelada.* Se usa en contraposición a *neto*. ● m. **6.** cult. Animal irracional. Gralm. referido a cuadrúpedo y, espec., a caballo. *El jinete desmontó y quitó los aparejos al bruto.* ■ **a lo bruto.** loc. adv. **1.** Con brusquedad o violencia. *Bajaron del autobús a lo bruto, empujando a otros pasajeros.* **2.** Intensamente o sin medida. *Si sigues comiendo a lo bruto, te sentará mal.* ■ **en bruto.** loc. adv. **1.** Sin pulir. *Los diamantes en bruto parecían guijarros.* **2.** Considerando la cantidad o el peso brutos (→ 4, 5). *En bruto, su sueldo era de 1200 euros.* ▶ **1:** *IGNORANTE. **2:** BESTIA.

buba. f. **1.** Pústula. *Tenía el cuerpo plagado de bubas.* **2.** Tumor blando, gralm. doloroso y lleno de pus, que sale espec. en las ingles como consecuencia de la sífilis. Frec., en pl., designa esta enfermedad. *Se pasaba la vida en los burdeles y acabó enfermando de bubas.*

bucal. adj. De la boca. *La digestión empieza en la cavidad bucal.*

bucanero. m. histór. En los ss. XVII y XVIII: Pirata que saqueaba las posesiones españolas en América. *Los bucaneros asaltaron el palacio del virrey.*

búcaro. m. Florero. *Sobre la mesa había una vela y un búcaro con flores.*

buceador, ra. adj. **1.** Que bucea. *Aves buceadoras.* ● m. y f. **2.** Persona que practica el buceo, espec. por deporte o como profesión. *Tu hermana es una excelente buceadora. Los buceadores del ejército recuperaron restos del naufragio.*

bucear. intr. **1.** Nadar o mantenerse en el agua con todo el cuerpo sumergido, frec. con ayuda de aparatos para respirar. *Estaba buceando y se encontró un anillo en el fondo de la piscina.* **2.** Profundizar en un tema o asunto. *Bucear* EN *la Historia ayuda a comprender el presente.*

buceo. m. Hecho de bucear. *Condecoraron al equipo de buceo por su labor de rescate. El biógrafo hizo un exhaustivo buceo* EN *el pasado del personaje.*

buche. m. **1.** Bolsa membranosa que constituye un ensanchamiento del esófago de las aves, y en la que se reblandece el alimento. *La gaviota llevaba un pez en el buche para su cría.* **2.** Estómago de algunos animales. *Con el buche del cerdo se prepara un embutido.* **3.** coloq. Estómago de una persona. *Solo viene a casa a llenar el buche.* **4.** coloq. Cantidad de líquido que cabe en la boca o que se toma de una vez. *Bebe un buchito de agua para pasar la comida.* ▶ **1:** PAPO.

bucle. m. Rizo de pelo en forma circular o de hélice. *Tenía una melena de bucles rubios.* Tb. designa otras cosas o figuras cuya forma recuerda la de ese rizo. *El avión descendió describiendo un bucle acrobático.* Tb. fig. para dar idea de un proceso que se repite indefinidamente. *Su pensamiento entró en un bucle sin salida.*

bucodental. adj. De la boca y los dientes. *Cuida la higiene bucodental cepillándote los dientes después de cada comida.*

bucólico, ca. adj. **1.** Dicho de obra o género literarios: Que trata sobre la vida pastoril o campestre idealizadas, gralm. en forma dialogada. *Algunos de sus poemas amorosos se inscriben dentro del género bucólico.* **2.** De la poesía bucólica (→ 1) o de características semejantes a las suyas, espec. la idealización de la naturaleza. *En la exposición había pinturas de tema bucólico.* **3.** Dicho de autor: Que cultiva la poesía bucólica (→ 1). *Como poeta bucólico, Garcilaso fue autor de varias églogas.* Tb. m. y f. ● f. **4.** Composición poética del género bucólico (→ 1). *Escribió un poema heroico y varias bucólicas.*

bucolismo. m. Carácter o tendencia bucólicos. *La profesora habló del idealismo y bucolismo de la novela pastoril.*

buda. m. En el budismo: Persona que ha alcanzado la sabiduría y el conocimiento perfectos. En mayúsc. designa al fundador del budismo. Tb. la imagen o representación de este fundador. *En la sala de Oriente había varios budas de jade.*

búdico, ca. adj. Del budismo, o de Buda. *Templo búdico. Los lamas lo iniciaron en las enseñanzas búdicas.* ▶ BUDISTA.

budín. m. Pudin. *Tomamos un budín de espinacas.*

budismo. m. Doctrina filosófica y religiosa basada en las enseñanzas de Buda (s. VI a. C.), fundada en la

India y muy extendida hoy por Asia. *El dalái lama es la máxima autoridad para los seguidores del budismo.*

budista. adj. **1.** Del budismo. *Monje budista.* **2.** Que profesa el budismo. Tb. m. y f. *Un budista tibetano nos habló del nirvana.* ▶ **1:** BÚDICO.

buen. → **bueno.**

buenamente. adv. **1.** Dentro de las posibilidades que se tienen. *No dispongo de mucho tiempo, pero te ayudaré como buenamente pueda.* **2.** De manera voluntaria. *Que venga el que buenamente quiera venir.*

buenaventura. (Tb. **buena ventura**). f. Adivinación del futuro de una persona mediante la interpretación de las rayas de su mano. Frec. en la constr. *echar,* o *leer, la ~. La gitana tomó su mano y le echó la buenaventura.*

buenazo, za. adj. coloq. Dicho de persona: De carácter bueno y bondadoso. Tb. m. y f. *¡Cómo va a querer hacerte daño ese buenazo!*

bueno, na. (apóc. **buen:** se usa ante m. sing.; compar. **mejor;** sup. **buenísimo, óptimo;** sup. cult., **bonísimo**). adj. **1.** Que es como debe o se desea, según su naturaleza o su función. *Nunca escribirá un buen libro. Necesitas una buena mesa para estudiar. Este helado es mejor que ese. El caso lo lleva una jurista buenísima. El resultado será óptimo.* **2.** Dicho de cosa: Que se ajusta a la norma moral. *Su buena acción ha sido recompensada. Tiene buenos sentimientos.* **3.** Dicho de persona: Que piensa o actúa de acuerdo con la norma moral. *Es un hombre bueno.* Tb. m. y f. *En la vida real no siempre ganan los buenos.* **4.** Dicho de persona: Simple o bonachona. Frec. m. y f. Frec. en sent. irónico. *El bueno de Andrés se ha creído tus cuentos.* **5.** Dicho de persona o animal: Sano. *He estado con la gripe, pero ya estoy buena.* **6.** Dicho de cosa: Útil y a propósito para algo. *No es buen momento para discutir eso.* **7.** Dicho de cosa: Agradable o gustosa. *¡Qué olor tan bueno! Me preparó un bocadillo muy bueno. Hace un tiempo muy bueno.* **8.** Dicho de cosa: Grande o que supera lo común. *Le han dado una buena paliza. Va a caer un buen chaparrón. Tiene buena fiebre.* **9.** Dicho de cosa: Que está en buen estado. *Estos zapatos aún están buenos. ¿Puedes probar el pescado a ver si está bueno?* ■ **a buenas.** loc. adv. coloq. En buena disposición. *No está a buenas con su familia.* ■ **bueno.** interj. Se usa para expresar aprobación, aceptación o sorpresa. *–¿Vienes al cine? –Bueno. –Está lloviendo. –¡Bueno!, pues estamos listos.* ■ **bueno está.** expr. coloq. Basta, o ya está bien. *¡Bueno está, no quiero oír una palabra!* ■ **bueno está lo bueno.** expr. **1.** coloq. Se usa para dar a entender que cuando algo está bien no conviene empeñarse en que esté mejor. *Bueno está lo bueno, no lo toques más.* **2.** Se usa para expresar protesta o disconformidad con algo que se viene tolerando y que ya ha llegado a su límite. *Oye, bueno está lo bueno, no te tolero que la insultes en mi presencia.* ■ **cuánto bueno.** expr. Se usa para saludar afectuosamente a alguien. *Hombre, cuánto bueno, cómo me alegra verte.* ■ **de buenas.** loc. adv. coloq. De buen humor, alegre y complaciente. *Parece que el jefe está de buenas.* ■ **de buenas a primeras.** loc. adv. De manera inesperada. *Así, de buenas a primeras, no sé qué contestar.* ■ **estaría bueno.** expr. coloq. Se usa para subrayar la oposición a algo o su inconveniencia. *Eso no se lo consiento a nadie, estaría bueno.* Frec. en sent. irónico. *Estaría bueno que encima tuviese que pagarlo él.* ■ **lo ~ es.** loc. v. Seguida de una oración introducida por *que,* se usa para indicar que lo expresado por ella es curioso, gracioso o chocante. Frec. en sent. irónico. *Es muy avaricioso, pero lo bueno es que dice que no le importa el dinero.* ■ **lo que es bueno.** loc. s. coloq. Situación más o menos adversa a la que alguien ha de enfrentarse. *Cuando tengas que madrugar ya verás lo que es bueno. Se va a enterar de lo que es bueno.* ■ **por las buenas.** loc. adv. Voluntariamente. *Lo hará, por las buenas o por las malas.* ▶ **8:** GRANDE.

buey. m. **1.** Toro castrado. *Transportaban el heno en un carro tirado por dos bueyes.* **2.** Crustáceo marino comestible, parecido al cangrejo pero de mayor tamaño, con el caparazón oval y cinco pares de patas, el primero de ellos con pinzas. Tb. *~ de mar. La nécora o el centollo son más finos que el buey de mar.*

bufa. → **bufo.**

búfalo, la. m. **1.** Mamífero rumiante parecido al toro, con largos cuernos curvados hacia atrás, que vive en zonas de África y Asia. *La tierra temblaba por una estampida de búfalos.* Tb. designa específicamente al macho. **2.** Bisonte de América del Norte, muy corpulento y de pelo largo. *En el oeste había grandes manadas de búfalos o bisontes americanos.* Tb. designa específicamente al macho. ○ f. **3.** Hembra del búfalo (→ 1, 2). *La* mozzarella *se hacía con leche de búfala.*

bufanda. f. Prenda de abrigo larga y estrecha, gralm. de lana, que se pone alrededor del cuello. *No salgas sin la bufanda y los guantes, que hace mucho frío.*

bufar. intr. **1.** Resoplar con furor un animal, espec. un toro o un caballo. *El toro bufaba mientras se preparaba para embestir al picador. La yegua bufó cuando el jinete intentó montarla.* **2.** coloq. Manifestar una persona gran ira o enfado. Frec. en la constr. *estar* alguien *que bufa. Estaba que bufaba porque habían cogido el coche sin su permiso.*

bufé. m. Comida compuesta de una diversidad de alimentos fríos y calientes, dispuestos a la vez sobre una o varias mesas, y ofrecidos gralm. en hoteles y actos sociales. *En el hotel, el desayuno consistía en un bufé variado.* Tb. la mesa o conjunto de mesas. *Tráeme una ensalada del bufé.* ▶ AMBIGÚ, BUFET.

bufet. m. Bufé. *Los novios agasajaron a los invitados con un bufet.*

bufete. m. **1.** Despacho de un abogado. *Trabaja como pasante en un bufete.* **2.** Mesa de escribir con cajones. *Tenía sobre el bufete pluma, tintero y papel de escribir.*

bufido. m. **1.** Hecho de bufar un animal. Tb. el sonido que emite. *Se oyen los bufidos de los toros encerrados en los toriles.* **2.** coloq. Expresión brusca de ira o enfado. *Al pedirle el favor me metió tal bufido que no he vuelto a insistir.*

bufo, fa. adj. **1.** Cómico y grotesco. *La obra es una comedia bufa que busca la risotada. Espectáculo bufo.* ● f. **2.** Burla. *Nadie pretendía hacer bufa de tu dolor.*

bufón, na. m. y f. **1.** Persona que pretende hacer reír continuamente. *El muchacho es un bufón, no hay quien se aburra con él.* **2.** histór. Persona encargada de divertir a los reyes y señores con sus dichos y gestos. *El bufón de la corte llevaba un traje de cuadros y un gorro con cascabeles.*

bufonada. f. Hecho o dicho propios de un bufón. *No pude contener la risa al oír semejante bufonada. Los cortesanos aplaudían las bufonadas de su bufón favorito.*

bufonesco, ca. adj. Propio de un bufón. *Tiene un aspecto estrafalario y una sonrisa bufonesca.*

buganvilia. f. Buganvilla.

buganvilla. f. Arbusto trepador propio de Sudamérica, de hojas verdes y ovaladas, flores pequeñas y blancas, y brácteas de colores vistosos como el rojo o el malva. *Las buganvillas tapizaban la fachada del caserón.* ▶ BUGANVILIA.

buhardilla. f. **1.** Desván, frec. usado como vivienda. *Vive en una buhardilla en la parte antigua de la ciudad. En la buhardilla hay un baúl lleno de disfraces.* **2.** En una buhardilla (→ 1): Ventana que se levanta por encima del tejado de la casa y que tiene un tejadillo cubierto gralm. de tejas o pizarras. *La gente se agolpaba en balcones, ventanas y buhardillas para ver la procesión.* ▶ **1:** *DESVÁN.

búho. m. Ave rapaz nocturna, de cabeza grande y redondeada, con pico encorvado, ojos redondos situados en la parte anterior, y dos penachos de plumas sobre ellos, que parecen orejas, y de la que existen varias especies. *El búho hembra. En el silencio de la noche se oía el ulular de un búho.* ▶ **Am:** TECOLOTE.

buhonero, ra. m. y f. Vendedor ambulante de objetos de poco valor. *Le compró unas horquillas a un buhonero que solía pasar por el pueblo.*

buitre. m. **1.** Ave rapaz diurna de gran tamaño, con el cuello desnudo y rodeado de un collar de plumas largas, que se alimenta de carroña, y de la cual existen varias especies, por ej.: ~ *común,* o *leonado,* o *negro. El buitre hembra. Los buitres devoraban el cadáver de un antílope.* **2.** coloq. Persona que se ceba en la desgracia de otro, o que busca obtener de ella beneficio o enriquecimiento. *Aquellos periodistas de la prensa sensacionalista eran unos buitres. Todavía no ha muerto y ya han acudido algunos buitres a reclamar su herencia.*

buitrera. f. Lugar donde anidan los buitres. *Se encuentran buitreras en los riscos de esta montaña.*

bujarrón. m. jerg. Sodomita. *Decían que era un bujarrón y que trataba con chaperos.* Frec., despect., designa a un hombre homosexual.

buje. m. *Mec.* Pieza cilíndrica que protege interiormente el cubo de la rueda de un vehículo. *En el buje trasero de la bicicleta va acoplado, además de los radios, el piñón.*

bujía. f. **1.** En un motor de explosión: Pieza que produce una chispa eléctrica para inflamar la mezcla de combustible y aire. *El motor del coche falla porque las bujías están sucias.* **2.** Vela de cera, de esperma de ballena o de otra sustancia semejante. *La tenue luz de una bujía iluminaba el aposento.*

bula. f. **1.** Documento pontificio autorizado con el sello del papa, sobre materia de fe o de interés general, concesión de gracias o privilegios, u otros asuntos judiciales o administrativos. *El Tribunal de la Inquisición se constituyó en Castilla por una bula de Sixto IV.* **2.** Documento por el que el papa concedía alguna indulgencia o dispensaba de alguna obligación religiosa a cambio de una limosna para sufragar los gastos de la Iglesia. *Por una cantidad de dinero, se podía obtener una bula papal que eximía del ayuno.* **3.** coloq. Facilidad o privilegio con que cuenta alguien para conseguir o hacer algo, y que se niegan a los demás. Frec. en constr. como *tener* ~ para algo. *Algunos periodistas tienen bula* PARA *entrevistar al Presidente. Ser director no le da bula* PARA *hacer lo que quiera.*

bulbo. m. *Bot.* Yema abultada, gralm. subterránea, envuelta en hojas ricas en sustancias de reserva. *Pon unos bulbos de jacinto en un lugar oscuro hasta que broten.* ■ ~ **piloso.** m. *Anat.* Abultamiento en que termina la raíz del pelo. *La loción mejora la irrigación sanguínea del bulbo piloso.* ■ ~ **raquídeo.** m. *Anat.* Parte superior y abultada de la médula espinal, que se encuentra en la base del encéfalo. *El bulbo raquídeo controla la respuesta refleja de la respiración.* ▶ CEBOLLA.

bulboso, sa. adj. **1.** *Bot.* Que tiene bulbos. *El narciso y el jacinto son plantas bulbosas.* **2.** cult. Que tiene forma de bulbo. *Unos frescos decoran las cúpulas bulbosas de la basílica.*

buldero. m. histór. Bulero. *El quinto amo de Lázaro de Tormes fue un buldero.*

bulerías. f. pl. Cante popular andaluz de ritmo vivo y que se acompaña con palmas. *En el tablao flamenco cantarán por bulerías y por soleares.* Tb. el baile que se ejecuta con él. *Terminamos el espectáculo bailando unas bulerías.*

bulero. m. histór. Hombre autorizado para vender bulas que concedían indulgencias o dispensaban de obligaciones religiosas. *Proliferaron los buleros que engañaban a la gente vendiendo bulas falsas.*

bulevar. m. Calle ancha con un paseo central gralm. arbolado. *Se sienta a leer el periódico en un banco del bulevar.* Frec. se usa como parte del nombre de esa calle. *Vive en el Bulevar de los Capuchinos, en París.*

búlgaro, ra. adj. **1.** De Bulgaria. *Sofía es la capital búlgara.* Dicho de pers., tb. m. y f. *Las búlgaras quedaron segundas en el campeonato de gimnasia rítmica.* **2.** Del búlgaro (→ 3). *Pronunciación búlgara.* ● m. **3.** Lengua hablada en Bulgaria. *El búlgaro es una lengua eslava.*

bulimia. f. *Med.* Sensación patológica de hambre desmesurada y difícil de saciar. *La bulimia es un auténtico ataque de hambre, y el individuo no puede controlarse.* Tb. la enfermedad caracterizada por episodios en que se tiene esa sensación y se come descontroladamente, gralm. seguidos de vómitos provocados o ingestión de laxantes para evitar el aumento de peso. *La bulimia, como la anorexia, suelen tener origen psicológico.*

bulín. m. **1.** Am. coloq. Vivienda modesta de gente soltera. *¡Qué lindo te quedó el bulín, Carlitos! ¡Qué maravilla de vivienda!* [C]. **2.** Am. coloq. Habitación o vivienda destinadas a las citas amorosas. *La encontró en el bulín y en otros brazos, como en el tango de Rivero* [C].

bulla. f. **1.** Confusión de gritos o voces altas y ruidos. Frec. con los v. *armar, montar* o *hacer. Estaban de fiesta y armaban tal bulla que no podíamos dormir.* **2.** Concurrencia de mucha gente. *Se agarraron de la mano para no perderse en medio de la bulla.* ▶ **1:** *ALBOROTO.

bullabesa. f. Sopa de pescados y mariscos, sazonada con especias fuertes, tomate, vino y aceite, y que se suele servir con rebanadas de pan. *De entrada nos sirvieron una bullabesa.* Frec. en aposición siguiendo a *sopa* o a *crema. Sopa bullabesa.*

bullanga. f. coloq. Tumulto o bullicio. *Con tantos bares, por aquí siempre hay bullanga.*

bullanguero, ra. adj. coloq. Alborotador o bullicioso. *Las calles rebosaban de estudiantes bullangueros en busca de diversión.* Dicho de pers., tb. m. y f. *¡Menuda panda de bullangueros estáis hechos!*

bulldozer. (pal. ingl.; pronunc. "buldócer"). m. Máquina muy potente, constituida por un tractor movido por orugas y provisto de una pala móvil de acero en la parte delantera, que se usa para explanar terrenos. *Un* bulldozer *dejó el solar preparado para la edificación.* ¶ [Adaptación recomendada: *buldócer,* pl. *buldóceres*].

bullente. adj. **1.** Que bulle. *La bruja removía el contenido bullente del caldero. El mar, bullente y encrespado, hizo zozobrar el barco.* **2.** Que tiene agitación o movimiento producidos por seres o cosas que bullen. *Entramos en un mercado abarrotado y bullente.*

bullicio. m. **1.** Ruido causado por la concentración de mucha gente. *Desde el interior de las casas se oye el bullicio de los manifestantes.* **2.** Situación confusa y gralm. ruidosa. *El bullicio de las calles anunciaba la llegada de las fiestas navideñas.* ▶ *ALBOROTO.

bullicioso, sa. adj. **1.** Que causa bullicio. *Suele ir de copas con unos amigos bastante bulliciosos.* **2.** Que tiene bullicio. *La reunión se convirtió en una fiesta bulliciosa.*

bullidor, ra. adj. Que bulle o se mueve con viveza. *Sentía agobio en medio de aquella multitud bullidora. Tienen un defensa bullidor y muy hábil para el regate.*

bullir. (conjug. MULLIR). intr. **1.** Hervir un líquido, o algo en un líquido, o el recipiente que los contiene. *La sopa bulle en el fogón. Una olla bullía a fuego lento.* Tb. fig. *Las calles bullían* DE *gente.* **2.** Agitarse algo, frec. una masa de personas, animales o cosas. *La balsa se balancea entre el bullir de las olas.* Tb. fig. *Las preguntas del examen bullían en mi cabeza. La idea de ir a África le bulle desde hace tiempo.* **3.** Moverse como dando señales de vida. *Aquello es un páramo donde nada se oye y nada bulle.* **4.** Moverse alguien con viveza, o desarrollar mucha actividad. *Cientos de estudiantes bullen por los pasillos. Los pajarillos piaban y bullían sin parar entre los árboles.* ▶ **1:** HERVIR. **4:** HORMIGUEAR.

bulo. m. Noticia falsa, gralm. propagada de forma oral con un fin determinado. *Corre por ahí el bulo de que se casa porque está embarazada.* ▶ *RUMOR.

bulto. m. **1.** Elevación o parte que sobresale en una superficie. *Le salió un bulto en el pecho y temió que fuera un tumor.* **2.** Volumen o masa de un cuerpo. *Al estirar el brazo, notó el bulto del niño a su lado.* **3.** Cuerpo que no se distingue bien. *Se me han roto las gafas y solo veo bultos.* **4.** Paquete, maleta u otro objeto preparado para ser transportado. *Ya en la estación, pide a un mozo que te ayude con los bultos.* ■ **~ redondo.** m. *Arte* Escultura aislada y tallada por todas sus caras. *La cabeza de la figura es un bulto redondo, y el cuerpo, un altorrelieve.* Frec. en la constr. *de ~ redondo* para calificar ese tipo de escultura. *Preside la sala una estatua de bulto redondo que representa al fundador.* □ **a ~.** loc. adv. Aproximadamente, o sin precisión. *Calculando a bulto, debe de haber unas doscientas personas en el local.* ■ **de ~.** loc. adj. Dicho de error: Muy evidente o considerable. *En el examen cometió un solo error, pero era de bulto.* ■ **escurrir el ~.** loc. v. coloq. Eludir un trabajo, un riesgo o un compromiso. *Siempre que le pido un favor, escurre el bulto.* ■ **hacer ~.** loc. v. coloq. Contribuir a dar aspecto concurrido a una reunión con la mera presencia. *Varios amigos del autor asistieron a la presentación del libro para hacer bulto.*

bum. interj. Se usa para imitar el ruido de un golpe o de una explosión. *Agarró el jarrón y, ¡bum!, lo estrelló contra el suelo.* Tb. m. *El bum de la detonación se oyó en cinco kilómetros a la redonda.*

bumerán. m. Objeto arrojadizo consistente en una lámina curvada, gralm. de madera, que, al lanzarla con movimiento giratorio, vuelve al punto de partida. *Los indígenas australianos utilizaban el bumerán como arma.*

bungalow. (pal. ingl.; pronunc. "bungaló" o "bungalóu", o, Am., "búngalo"). m. Casa pequeña de una sola planta, gralm. construida en un lugar de vacaciones. *Ganó un* bungalow *en la playa en un concurso de televisión.* ¶ [Adaptación recomendada: *bungaló* o *búngalo*; pl. *bungalós* o *búngalos,* respectivamente].

búnker. (pl. **búnkeres**). m. **1.** Refugio, gralm. subterráneo, para protegerse de bombardeos. *Han construido un búnker en la residencia oficial del presidente.* Tb. fig. *Su habitación era su búnker, y allí se encerraba a leer.* **2.** Grupo político resistente a cualquier cambio. *Las propuestas renovadoras tropezaron con el búnker formado por los más veteranos.*

buñuelo. m. Pastelito en forma de bola, hecho con una masa de harina, huevo y otros ingredientes, frito y frec. relleno. *Buñuelos de bacalao.* ■ **~ de viento.** m. Buñuelo relleno de cabello de ángel, crema u otra pasta dulce. *Los buñuelos de viento son dulces típicos de Todos los Santos.*

buque. m. Barco con cubierta que, por su tamaño, solidez y fuerza, es adecuado para navegaciones de importancia. *Los buques de guerra se dirigen a la zona del conflicto. Hay dos buques mercantes atracados en el puerto.* ▶ *EMBARCACIÓN.

buqué. m. Aroma de un vino. *Probamos un rioja de excelente sabor y buqué.*

burbuja. f. **1.** Globo de aire u otro gas, que se forma en el interior de un líquido y sube hasta la superficie. *Las burbujas del refresco me hacen cosquillas en la garganta. Al remover el agua, se formaron burbujas de jabón.* Frec. fig. para dar idea de algo inconsistente, espec. un proceso de crecimiento. *Los expertos advierten del peligro de una burbuja en los precios del mercado de la vivienda.* **2.** Recinto estéril y aislado del exterior, que sirve de habitáculo para personas con deficiencia inmunitaria. *Si no tiene éxito el trasplante de médula ósea, el niño sólo podrá sobrevivir en una burbuja.* Tb. fig. *Vivía en una burbuja de felicidad, ajeno a los problemas de su entorno.* **3.** Se usa en aposición para expresar que la persona designada por el nombre al que sigue está sometida a tratamiento en una burbuja (→ 2). *Los niños burbuja carecen de defensas frente a las infecciones.*

burbujear. intr. Hacer burbujas. *El agua burbujeaba al disolverse la aspirina.*

burbujeo. m. Hecho o efecto de burbujear. *El burbujeo del acuario se oía desde el salón.*

burdel. m. Prostíbulo. *Solía frecuentar los burdeles.*

burdeos. m. **1.** Vino originario de la región de la ciudad francesa de Burdeos. *En la bodega hay botellas de burdeos, borgoñas y otros vinos franceses.* **2.** Color rojo oscuro como el del burdeos (→ 1). *Pintaron los muros de un burdeos intenso.* Tb. adj. *Lleva una bufanda de color burdeos.*

burdo, da. adj. Tosco o basto. *La tela que has escogido es demasiado burda para hacer una blusa. Se porta como un burdo campesino. Todo era una burda mentira.*

bureo. m. coloq. Juerga o diversión. *Esta noche nos vamos de bureo.*

bureta. f. Tubo graduado de vidrio, con una llave en su extremo inferior para regular la salida del líquido contenido, que se usa en laboratorios para medidas y análisis de volúmenes. *Mide 25 ml de la disolución en la bureta y viértelos en el matraz.*

burgalés, sa. adj. De Burgos. *La catedral burgalesa es una joya del gótico.* Dicho de pers., tb. m. y f. *Burgaleses y riojanos comparten muchas tradiciones.*

burgo. m. histór. En la Edad Media: Ciudad pequeña, surgida gralm. en el recinto de una fortaleza o en torno a ella. *Los burgos eran los centros de actividad de artesanos y comerciantes.* Tb. esa fortaleza.

burgomaestre. m. En algunos países: Alcalde de una ciudad. *El burgomaestre entregó las llaves de la ciudad al ilustre visitante. Los casó en el Ayuntamiento el burgomaestre de Bruselas.*

burgués, sa. adj. **1.** De la clase media o acomodada. *El enriquecimiento burgués se asentaba en la explotación del proletariado.* Dicho de pers., tb. m. y f. *Desde su orgullo de aristócrata despreciaba tanto a obreros como a burgueses.* **2.** despect. Mediocre e inclinado al bienestar material y sin grandes inquietudes espirituales. *Aquella vida monótona y burguesa no era para él.* Dicho de pers., tb. m. y f. *Se ha ido deshumanizando y se ha vuelto un burgués.* **3.** histór. En la Edad Media: Del burgo o que habita en él. Dicho de pers., tb. m. y f. *Explique qué vinculación había entre el señor feudal y los burgueses.* ■ **pequeño ~.** → **pequeñoburgués.**

burguesía. f. Clase social constituida por los burgueses. *Abogados, médicos y otros profesionales liberales pertenecían a la burguesía.*

buril. m. Instrumento constituido por un mango de madera y una barra de acero, gralm. prismática y puntiaguda o terminada en bisel, que se usa para grabar en metal o en otros materiales. *Se pone la plantilla sobre la lámina de estaño y se perfila el dibujo con un buril de punta fina.*

burilar. tr. Grabar (algo) con buril. *La arqueta es de oro, con adornos primorosamente burilados.*

burla. f. Hecho de burlar o burlarse. *Tiene que soportar las burlas de sus compañeros.* ▶ BEFA, BUFA, ESCARNECIMIENTO, ESCARNIO, MOFA.

burladero. m. Valla situada delante de la barrera de una plaza de toros, y detrás de la cual puede refugiarse el torero para burlar al toro. *El matador perdió el capote y corrió hasta el burladero.*

burlador, ra. adj. **1.** Que burla. Dicho de pers., tb. m. y f. *El personaje de la muerte aparece como la gran burladora de los deseos humanos.* ● m. **2.** Hombre libertino que presume de deshonrar a las mujeres, seduciéndolas y engañándolas. *Don Juan es el burlador más famoso de la literatura.*

burlar. tr. **1.** Engañar (a alguien). *Ha burlado a todo el vecindario vendiendo propiedades que no existen.* **2.** Esquivar o eludir (algo o a alguien que intentan impedir el paso, detener o atacar). *No conseguirá burlar a la justicia.* **3.** Seducir con engaño (a una mujer). *Ha burlado a muchas mujeres.* ○ intr. prnl. **4.** Reírse de alguien o algo. *No tolera que se burlen* DE *él.* ▶ **1:** ENGAÑAR.

burlesco, ca. adj. Que manifiesta o implica burla. *Uno de los mejores sonetos burlescos de Quevedo está dirigido a un narigudo. Me sacó la lengua en actitud burlesca.*

burlete. m. Tira de tela, caucho u otro material, que se fija en las rendijas y en las juntas de puertas y ventanas para impedir la entrada de aire frío. *La colocación de burletes ayuda a reducir el gasto en calefacción.*

burlón, na. adj. **1.** Dicho de persona: Que se burla o es inclinada a burlarse. *Su hermana imitaba burlona sus gestos.* Tb. m. y f. *Es el típico burlón que se ríe hasta de su sombra.* **2.** Que denota o implica burla. *Sentía las miradas burlonas de mis compañeros mientras el profesor me regañaba.*

buró. m. **1.** Escritorio que tiene una parte más alta que el tablero, provista de pequeños cajones y compartimentos, y que se cierra levantando el tablero o mediante una cubierta corredera de tablillas articuladas. *Guarda las cartas de amor en un compartimento secreto del buró.* **2.** En algunas organizaciones, espec. en un partido político: Órgano colegiado de dirección. *Además de ministro, era miembro del buró político del Partido Comunista. Se reunió el buró de la Internacional Socialista.*

burocracia. f. **1.** Organización administrativa, espec. la estatal o pública. *¿Acaso existe una burocracia que satisfaga todas las necesidades de una sociedad? El procedimiento no extrañará a quien conozca por dentro la institución y su burocracia.* **2.** Conjunto de los empleados públicos. *El emperador se apoyaba en un ejército fuerte y en una burocracia leal.* **3.** Burocracia (→ 1) que ejerce una influencia excesiva o impone excesiva rigidez y formalidades. Frec. despect. *La burocracia entorpecía el funcionamiento del Estado.* Tb. el conjunto de trámites y papeleo exigidos por esa organización. *Las nuevas normas supusieron un aumento de la burocracia.*

burócrata. m. y f. Empleado público. Frec. despect. *Lleva una vida gris y rutinaria de burócrata.* ▶ FUNCIONARIO.

burocrático, ca. adj. De la burocracia. *¿Qué trámites burocráticos hay que realizar para obtener el pasaporte?*

burocratismo. m. Presencia o influencia excesivas de la burocracia pública. *El partido reformista se comprometió a acabar con el burocratismo.*

burocratización. f. Hecho de burocratizar. *La excesiva burocratización de la enseñanza conduce a deshumanizarla.*

burocratizar. tr. Aumentar de manera excesiva la burocracia (de una organización o sociedad). *Acusaban al Gobierno de burocratizar la sanidad. Se queja de vivir en un país completamente burocratizado.*

burra. → **burro.**

burrada. f. coloq. Hecho o dicho propios de una persona burra. *Escribir "haber" sin "h" es una burrada. ¡Cómo va a desearte ningún mal, no digas burradas!* ■ **una ~.** loc. s. coloq. Gran cantidad de personas o de cosas. Frec. con intención enfática. *Compramos una burrada de libros.* Tb. loc. adv. *Nos reímos una burrada.*

burricie. f. coloq. Cualidad de burro o bruto. *Indigna que la burricie de algunos pueda más que el civismo de muchos.*

burriciego, ga. adj. De vista defectuosa. Frec. en tauromaquia referido a res y, entonces, tb. m. y f. *El cuarto de la tarde era un burriciego que fue despedido con pitos.* Frec., coloq. o despect., referido a pers. *Él es un borracho y ella burriciega.*

burro, rra. m. **1.** Mamífero doméstico parecido al caballo pero de menor tamaño y orejas más largas, que se utiliza espec. como animal de carga y tiro. *Los burros espantaban las moscas con el rabo.* Tb. designa específicamente al macho. *El burro de la obra de Juan Ramón se llama Platero.* **2.** Juego de cartas en que se reparten cuatro a cada jugador, y gana quien se queda antes sin cartas. *Solíamos jugar al burro o al tute.* Tb. el jugador que pierde. ○ f. **3.** Hembra del burro (→ 1). *Cuentan que la reina Cleopatra se bañaba en leche de burra.* ○ m. y f. **4.** coloq. Persona bruta o carente de delicadeza. *Este burro ha roto una taza al lavarla.* Tb. adj. Se usa como insulto. *¡Burra, que casi me tiras!* **5.** coloq. Persona ignorante o de corto entendimiento. Tb. adj. *Es tan burra que escribe "mujer" con "g".* Se usa como insulto. ■ **~ de carga.** m. y f. coloq. Persona que se esfuerza y aguanta mucho, espec. en trabajos físicos. *Dile a ese burro de carga que descanse un poco.* □ **bajar,** o **apear,** (a alguien) **del burro.** loc. v. coloq. Convencer(lo) de su error. *Se empecinó en que llevaba razón y costó Dios y ayuda bajarla del burro.* ■ **bajarse,** o **apearse,** o **caerse,** alguien **del burro.** loc. v. coloq. Reconocer su error. *Es tan cabezota que, por más pruebas que vea, no se apeará del burro.* ■ **no ver** alguien **tres en un burro.** loc. v. coloq. Ver muy poco. *Sin gafas no veo tres en un burro.* ■ **poner** (a alguien) **a caer de un burro.** loc. v. coloq. Insultar(lo) o criticar(lo). *Empezaron a hablar de ella y la pusieron a caer de un burro.* ■ **vender la burra** (a alguien). loc. v. coloq. Tratar de convencer(lo) de algo, espec. si es falso o poco creíble. *Ustedes pretenden vendernos la burra, pero no somos idiotas.* ► **1:** ASNO, BORRICO, JUMENTO, POLLINO.

bursátil. adj. De la bolsa de valores, o de las operaciones que se realizan en ella. *Es asesor financiero especializado en inversiones bursátiles.*

burujo. m. Bola que se forma apretando algo como una masa, papel o tela. *Hizo un burujo con los envoltorios de los regalos y lo encestó en la papelera.*

burundés, sa. adj. De Burundi (país de África). *Bujumbura es la capital burundesa.* Dicho de pers., tb. m. y f. *Los burundeses son mayoritariamente protestantes.*

bus. m. coloq. Autobús. *Te espero en la parada del bus.*

busca[1]. f. Hecho de buscar o hacer lo necesario para encontrar. *Varios equipos de rescate participan en la busca de los desaparecidos.* Frec. en la constr. *en ~* de algo o alguien. *Zarparon en busca del tesoro. Como tardaba en volver, salió en su busca.* ► BÚSQUEDA.

busca[2]. m. coloq. Buscapersonas. *El médico se disculpó porque le estaba sonando el busca y tenía que irse.*

buscador, ra. adj. Que busca. *Hay una juventud inquieta y buscadora de emociones.* Dicho de pers., tb. m. y f. *Los buscadores de oro encontraban pepitas entre la arena del río.* En informática, como m., designa el *software* diseñado para buscar información en una red. *Para navegar por Internet, es muy útil usar un buscador.*

buscapersonas. m. Aparato electrónico pequeño y portátil, que sirve para recibir avisos, gralm. en forma de señales acústicas, a distancia. *Cada empleado lleva un buscapersonas para estar siempre localizable.*

buscapiés. m. Cohete sin varilla que, al encenderlo, corre a ras del suelo. *Los mozos soltaron un buscapiés que me quemó la zapatilla.* ► TRIQUITRAQUE.

buscapleitos. m. y f. frecAm. coloq. Persona inclinada a provocar broncas o peleas. *Apártate de ese buscapleitos, que te meterá en problemas. Además es contrabandista, bebedor y buscapleitos* [C].

buscar. tr. **1.** Hacer lo necesario para encontrar (algo o a alguien). *Llevo una hora buscando las llaves y ya no sé dónde mirar. Si jugamos al escondite, vosotros os escondéis y yo os busco.* **2.** Hacer lo necesario para que ocurra (algo) o para conseguir(lo). *Ocúpate de lo tuyo y no busques problemas.* Frec. con un pron. expresivo de interés. *Te lo mereces, tú te lo has buscado.* **3.** Recoger (a alguien) para llevar(lo) o ir (con él) a algún sitio. *Va a buscar a su hijo a la salida del colegio.* **4.** Provocar (a alguien) para iniciar una pelea. *Es una persona pacífica, pero, si la buscas, se puede enfadar mucho.*

buscavidas. m. y f. coloq. Persona hábil en buscarse la forma de salir adelante en la vida. *Ni en las épocas más duras pasó hambre: fue siempre un buscavidas.*

buscón, na. adj. **1.** Que busca. Dicho de pers., tb. m. y f. *Al mercadillo acuden curiosos y buscones de gangas de todo tipo.* ● f. **2.** Prostituta. *La calle estaba llena de busconas que se acercaban a los coches.*

buseta. f. Am. Autobús pequeño. *Piden una limosna a las personas que esperan el bus o la buseta para regresar a sus casas* [C].

búsqueda. f. Hecho de buscar. *La policía empezó la búsqueda del preso fugado. En la oficina de empleo enseñan técnicas de búsqueda de trabajo.* ► BUSCA.

busto. m. **1.** Escultura o pintura de la cabeza y la parte superior del tórax. *En el auditorio hay un busto en mármol de Beethoven.* **2.** Parte superior del cuerpo humano, entre el cuello y la cintura. *El ciclista adopta una posición aerodinámica, con el busto casi paralelo a la carretera.* **3.** Pechos de una mujer. *Lleva un vestido ajustado que resalta el busto y las caderas.* ► **3:** PECHO.

butaca. f. **1.** Asiento semejante a un sillón, gralm. menos voluminoso y con el respaldo inclinado hacia atrás. *Se ha quedado dormido en la butaca del salón.* **2.** En un teatro o un cine: Asiento para una persona, con brazos y respaldo. Designa espec. cada uno de los colocados en la planta inferior, en filas, frente al escenario. *Desde las primeras filas de butacas se aprecian mejor los gestos de los actores.* **3.** Entrada que da derecho a ocupar una butaca (→ 2). *Tengo dos butacas para la función de esta noche.* ► **1:** POLTRONA.

butacón. m. Butaca grande. *Junto a la chimenea hay un butacón donde me suelo sentar a leer.*

butanero. m. Repartidor de bombonas de butano. *El butanero dejó una bombona en la puerta de la casa y se llevó la vacía.*

butanés, sa. adj. De Bután (país de Asia). *Timbu es la capital butanesa.* Dicho de pers., tb. m. y f. *Los butaneses hablan un dialecto tibetano.*

butano. m. **1.** Gas derivado del petróleo y que, envasado a presión en bombonas, se usa espec. como combustible doméstico e industrial. *Cambia la bombona de butano de la estufa.* Frec. en aposición, siguiendo a *gas*. *Un inspector revisó la instalación de gas butano.* **2.** Color naranja como el de las bombonas de butano (→ 1). Frec. en aposición y gralm. siguiendo a *color* o *naranja*. *Lleva una camiseta naranja butano.*

buten. de ~. loc. adj. jerg. o coloq. Excelente. *Nos pusieron una cena de buten, colega.* Tb. loc. adv. *Esta noche he dormido de buten.*

butifarra. f. Embutido típico de Cataluña, las Baleares y Valencia, hecho gralm. con carne y tocino de cerdo, y condimentado con especias. *En Tarragona comimos escalivada y butifarras asadas.*

butrón. m. jerg. Agujero hecho en una pared, un suelo o un techo para robar. *Los ladrones entraron en el banco por un butrón hecho desde la casa vecina.*

butronero, ra. m. y f. jerg. Ladrón que hace butrones para robar. *La policía ha desarticulado una banda de butroneros.*

buzamiento. m. *Geol.* Ángulo de inclinación de un filón o de una capa de terreno. *La falla presenta un buzamiento de 76° N.*

buzo. m. **1.** Buceador, gralm. profesional, equipado con una escafandra. *Dos buzos tomaban muestras del fondo marino.* **2.** Prenda de abrigo para niños pequeños, que cubre todo el cuerpo y tiene capucha. *El bebé iba embutido en su buzo y solo se le veía la carita.* **3.** Mono (prenda de vestir). *La empresa proveerá anualmente a cada trabajador de un buzo y unas botas de seguridad.* **4.** Am. Chándal. *Se despoja del pantalón del buzo y apaga la luz* [C]. **5.** Am. Sudadera. *Salí así, vestido con un buzo azul, un pantalón corto blanco y chancletas* [C]. **6.** Am. Jersey. *Vestía camisa blanca, buzo verde, pantalón gris y saco marrón* [C]. ▶ **3:** MONO.

buzón. m. **1.** Receptáculo con una abertura alargada para echar por ella cartas u otro tipo de correo o de envíos. *El cartero no ha dejado correo en mi buzón. Echa esta carta en el buzón de la esquina.* **2.** Depósito en el que se almacenan los mensajes transmitidos por correo electrónico. *Cuando llegue un mensaje a su buzón, aparecerá un icono en la parte inferior de su pantalla.* Tb. ~ *electrónico. Pueden enviar sus consultas por fax, o por Internet, a nuestro buzón electrónico.* ■ **~ de voz.** m. Depósito asociado a un teléfono, en el que se almacenan los mensajes dejados por quienes llaman a ese número, y que permite al usuario escucharlos después. *Como tenías el móvil apagado, te dejé un mensaje en el buzón de voz.*

buzonear. tr. Repartir (publicidad o propaganda) por los buzones particulares. *En el portal había un chico buzoneando folletos.* Tb. usado en constr. intr. *La pizzería contrató gente para buzonear por el barrio.*

buzoneo. m. Hecho de buzonear. *Con el reparto de publicidad por las calles y el buzoneo, se saca un dinero.*

byte. (pal. ingl.; pronunc. "bait"). m. *Inform.* Octeto (unidad de información). *En el disco quedan solo 30 000 bytes de espacio libre.* ▶ OCTETO.

c[1]. f. Letra del abecedario español cuyo nombre es *ce,* que se pronuncia como *k* delante de *a, o, u* o de consonante, o en final de palabra (*calor, loco, cual, acción, perfecto, tic*), y con un sonido propio delante de *e* o *i* (*acero, cine*). En este último caso se pronuncia como *s* en Am. y algunas zonas de España.

c.[2] abrev. Calle. *El restaurante está en c. Rosal, 25.*

c/ abrev. **1.** Calle. *Vive en c/ Mayor.* **2.** Cuenta. *Haga el ingreso en la c/ 510007143 del Banco de Elche.*

ca. interj. Se usa para expresar incredulidad o negación respecto de lo que se acaba de oír. *–Creo que hoy llegará pronto. –¡Ca!, vendrá tarde como siempre.*

C.ª abrev. Compañía. *La oficina se llama Larramendi y C.ª.*

C. A. abrev. **1.** Compañía Anónima. *Al lado de la cafetería está el comercio "Herranz, C. A.".* **2.** Comunidad Autónoma.

cabal. adj. **1.** Exacto o ajustado. *El libro nos ofrece un retrato cabal del siglo pasado. Nadie mejor que tú para dar cuenta cabal de lo que ocurra.* **2.** Dicho de persona: Justa e íntegra. *Para el puesto de editor necesitamos a alguien organizado y cabal.* ■ **en sus ~es.** loc. adv. coloq. Con las facultades mentales en perfecto estado. Frec. con *estar,* y en constr. de sentido negativo. *No le haga caso porque no está en sus cabales.* Tb. loc. adj. *Nadie en sus cabales se hubiera bañado en el río en invierno.*

cábala. f. **1.** Suposición o conjetura. *Será mejor no hacer cábalas y esperar a que ocurran los acontecimientos.* **2.** Conjunto de doctrinas teosóficas basadas en la Biblia, de tradición hebrea, que pretende revelar, a través de un método esotérico de interpretación, verdades ocultas acerca de Dios y del mundo. *La cábala se basa en combinaciones de números y signos. Spinoza tuvo una sólida formación en la cábala.*

cabalgada. f. Hecho de cabalgar sobre un caballo u otra montura. *Disfrutaba con las cabalgadas de indios y vaqueros de las películas del oeste.*

cabalgadura. f. Animal en que se cabalga. *La luz se reflejaba sobre los arneses de las cabalgaduras.* ▶ MONTURA.

cabalgar. intr. **1.** Andar, o estar, montado en un caballo u otra montura. *Le gustaba cabalgar por el campo* SOBRE *su caballo. Cabalgamos* EN *unos camellos por el desierto.* ○ tr. **2.** Andar, o estar, montado (en un caballo u otra montura). *El jinete cabalgaba un purasangre.* **3.** Poner o apoyar (una cosa) sobre otra. *Cabalgó las gafas sobre la nariz para leer el periódico.* ▶ **1, 2:** MONTAR.

cabalgata. f. Desfile de carrozas, bandas de música y personas a pie que se celebra como festejo popular, espec. el que tiene lugar la víspera de Reyes Magos. *La cabalgata del carnaval recorrió el centro de la ciudad. ¿Vendrás a la cabalgata este año?*

cabalista. m. Hombre que profesa la cábala. *Entre los cabalistas destacó Maimónides.*

cabalístico, ca. adj. **1.** De la cábala o conjunto de doctrinas teosóficas. *Le apasionaban los libros cabalísticos y de esoterismo. Número cabalístico.* **2.** Enigmático u oscuro. *Cultiva una poesía hermética y cabalística. El indígena trazó unos signos cabalísticos en la arena.*

caballa. f. Pez marino comestible, alargado, de color azul con rayas negras en el lomo, y apreciado en la industria conservera. *Abrió una lata de caballa y se hizo un bocadillo.*

caballar. adj. **1.** Del caballo o de los caballos. *Se ha extendido una enfermedad que afecta al ganado caballar.* **2.** Que tiene características consideradas propias de un caballo. *Era un tipo de ojos saltones y dentadura caballar.*

caballeresco, ca. adj. **1.** Propio del caballero o de los caballeros que se comportan con nobleza y cortesía. *Abrió la puerta a la señorita en un gesto caballeresco.* **2.** De la caballería o institución medieval. *El historiador publicó un libro centrado en el mundo caballeresco de la Edad Media.* **3.** Dicho espec. de obra o género literarios: Que tratan de hechos o hazañas protagonizados por caballeros medievales. *La obra "Amadís de Gaula" pertenece al género caballeresco.*

caballerete. m. coloq. Caballero o varón joven. *Tras la función, varios caballeretes esperaban a la actriz para pedirle un autógrafo.* A veces despect. Tb. referido a niño. *–Espero, caballeretes, que no tenga que llamarles la atención –dijo a sus alumnos.*

caballería. f. **1.** Caballo, o animal del mismo grupo, que se utiliza para cabalgar o transportar cosas. *Antes de la carrera paseaban a las caballerías para lucir su estampa. Dos caballerías cayeron enfermas: un burro y una mula.* **2.** Parte del ejército formada por las tropas montadas a caballo o en vehículos de motor. *Los carros de combate de la caballería tomaban posiciones en el frente. En la película, la caballería acudía en rescate de los colonos.* **3.** histór. En la Edad Media: Institución formada por los caballeros o nobles que luchaban a caballo. *El caballero debía ser moderado en sus riquezas para no dañar el honor de la caballería.* ■ **~ andante.** f. En la Edad Media: Institución del caballero andante. *Alonso Quijano enloqueció y le dio por la caballería andante.*

caballeriza. f. Lugar cubierto y cerrado destinado a los caballos y las bestias de carga. *Las caballerizas del palacio pueden albergar hasta doscientos caballos y yeguas.* ▶ CUADRA.

caballerizo. m. Hombre encargado de la caballeriza. *El caballerizo cepillaba a una yegua.*

caballero, ra. adj. **1.** Que va a caballo. *La niña comenzó a corretear, caballera en su potro de madera.* ● m. **2.** Hombre que se comporta con nobleza y cortesía. *Si quieres ser un caballero, debes ceder el asiento a las señoras.* **3.** Hombre o varón, espec. adulto. *Dos señoras de la limpieza fregaban el lavabo de caballeros.* **4.** Se usa como tratamiento de cortesía aplicado a un hombre. *–Los caballeros pueden sentarse a la mesa cuando deseen –dijo el camarero.* **5.** histór. En la Edad Media: Noble que luchaba a caballo a las órdenes del rey. *Roldán fue caballero en los ejércitos de Carlomagno.* **6.** histór. Hombre que pertenece a una orden militar o civil. *El cuadro era un retrato de un caballero de la orden de Calatrava. Es caballero de la Orden de Carlos III.* ■ ~ **andante.** m. histór. En la Edad Media: Noble que viajaba por el mundo buscando aventuras para demostrar su valor y aumentar su fama. *Los caballeros andantes fueron los protagonistas de las novelas de caballerías.* □ **armar caballero** (a alguien). loc. v. Vestir(le) las armas para dar(le) entrada en una orden de caballería. *El Cid fue armado caballero durante el reinado de Sancho II.*

caballerosidad. f. Cualidad de caballeroso. *Reconoció con caballerosidad su derrota, felicitando al vencedor.*

caballeroso, sa. adj. Propio del caballero o del hombre que se comporta con nobleza y cortesía. *Tuvo un gesto muy caballeroso al cederme el asiento.*

caballete. m. **1.** Armazón de madera, gralm. con tres pies, en que se colocan el lienzo o la tabla sobre los que se pinta. *En un caballete había un bodegón casi terminado.* **2.** Soporte formado por una pieza horizontal que se apoya sobre unos pies con forma de uve invertida. Tb. esos pies. *Colocó la puerta sobre dos caballetes para pintarla.* **3.** Prominencia o elevación curva de la nariz en su parte media. *Se operó la nariz porque no le gustaba el caballete que tenía.* **4.** Línea horizontal y más elevada de un tejado, de la que arrancan dos vertientes. *Hay que cambiar un par de tejas cercanas al caballete.*

caballista. m. y f. **1.** Persona que monta bien a caballo. *La caballista se puso de pie sobre su caballo, mientras el público aplaudía.* **2.** Persona que entiende de caballos. *Esa teoría sobre los orígenes del caballo andaluz es defendida por ilustres caballistas.*

caballito. m. **1.** dim. → **caballo.** ○ pl. **2.** Tiovivo. *La niña dio solo una vuelta en los caballitos.* ■ ~ **del diablo.** m. Insecto parecido a la libélula, que se distingue de esta por ser de menor tamaño y plegar sus alas cuando se posa. *Un caballito del diablo pasó volando junto a la orilla.* ■ ~ **de mar.** m. Pez marino de pequeño tamaño, cola prensil, que nada en posición vertical, y cuya cabeza recuerda la del caballo. *En el acuario vimos unos caballitos de mar australianos que parecían plantas.* ⇒ HIPOCAMPO.

caballo. m. **1.** Mamífero de gran tamaño, con extremidades, cabeza y cuello largos, y que suele utilizarse como montura o animal de tiro. *Los caballos son herbívoros.* Tb. designa específicamente al macho adulto. *Cruzó a su mejor caballo con las dos yeguas.* **2.** En el juego del ajedrez: Pieza cuya forma recuerda a la de un caballo (→ 1) y que se desplaza con movimientos en forma de "L". *Le dio jaque mate con un caballo y una torre.* **3.** En la baraja española: Carta que tiene representada la figura de un caballo (→ 1) con su jinete. *En la primera mano me entraron dos caballos.* **4.** *Mec.* Unidad de potencia que equivale a 745,7 vatios (Símb. *CV*). *Su coche tiene 120 caballos.* Tb. *~ de vapor. El coche de carreras tenía 500 caballos de vapor.* **5.** jerg. Heroína (droga). *Dos yonquis buscaban caballo en un barrio de la ciudad.* **6.** Aparato gimnástico parecido al potro, pero más alargado, a veces con uno de sus extremos terminado en punta. *La gimnasta tratará de conseguir la máxima altura en el salto de caballo.* ■ ~ **con arcos.** m. Aparato gimnástico formado por cuatro patas y un cuerpo superior provisto de dos arcos, sobre el que se realizan ejercicios apoyándose únicamente en las manos. *El gimnasta hizo su ejercicio sobre el caballo con arcos.* ■ ~ **de batalla.** m. Punto más debatido en una discusión. *El paro fue el caballo de batalla del II Congreso sobre la mujer trabajadora.* ■ ~ **de Troya.** m. Persona o cosa que se introduce subrepticiamente en algo para lograr un determinado objetivo. *Han acusado al periódico de ser el caballo de Troya de la organización terrorista. Cuando el diputado votó en contra, quedó probada su condición de caballo de Troya.* □ **a ~.** loc. adv. **1.** Montando una caballería a horcajadas. Tb. fig. *El padre se puso a cuatro patas y su hijo se montó a caballo.* **2.** Apoyándose en dos cosas contiguas, participando de ambas, o entre ambas. *La pintora vivió a caballo* DE *los dos siglos.* ■ **a mata ~.** → **matacaballo.** ■ **de ~.** loc. adv. coloq. Intenso o muy grande, espec. referido a una enfermedad. *Tengo una gripe de caballo. Se ha agarrado una trompa de caballo.*

caballón. m. Lomo de tierra, como el que queda entre surco y surco de un terreno arado, o al levantar tierra cuando se prepara una huerta. *La reja del tractor iba dejando surcos y caballones. Los tomates están separados de las berenjenas por caballones.* ▶ **frecAm:** CAMELLÓN.

caballuno, na. adj. Que tiene características consideradas propias de un caballo. Frec. despect. *Tenía unos andares caballunos. Su risa caballuna es muy grotesca.*

cabalmente. adv. **1.** De manera cabal. *Si piensa cabalmente lo que acaba de decir se dará cuenta de que es una tontería.* **2.** Precisa o justamente. Se usa frec. con intención enfática. *Ese fue, cabalmente, mi caso. Eran cabalmente las siete de la mañana cuando salió de su casa.*

cabaña. f. **1.** Construcción pequeña y tosca hecha gralm. con palos, cañas y ramas, que se usa como refugio en el campo. *Cuando empezó a llover nos metimos en la cabaña de unos pastores.* **2.** Conjunto de ganado de una región o de un país. *La cabaña vacuna ha disminuido en el último año. La peste afectará a la cabaña caballar andaluza.* ▶ **1:** CHAMIZO, CHOZA, CHOZO.

cabaré. (pl. **cabarés**). m. Establecimiento nocturno en el que se sirven bebidas y se ofrecen espectáculos de variedades. *El encargado del cabaré nos colocará cerca del escenario.*

cabaretero, ra. adj. **1.** Del cabaré. *El documental quiere mostrar el mundo cabaretero.* ● f. **2.** Artista de cabaré. *Se enamoró de una conocida cabaretera.*

cabás. m. Pequeña caja rígida con asa que usan pralm. los niños para llevar material escolar o la comida. *Tenía un cabás de metal con el dibujo de un autobús. Sacó un bocadillo, el termo y una manzana del cabás.*

cabe. (Se pronuncia siempre átona). prep. cult. Junto a. *Había un cementerio cabe la iglesia.*

cabecear. intr. **1.** Dar cabezadas una persona al quedarse dormida sin tener la cabeza apoyada. *Cabeceaba en el asiento del tren cuando llegó el revisor.* **2.** Mover la cabeza de un lado a otro en demostración de negación o desaprobación. *Cuando se lo contaron, cabeceó contrariado.* **3.** Mover la cabeza de arriba abajo en demostración de asentimiento o aprobación. *Preguntó al niño si quería un caramelo y este* *cabeceó alegremente.* **4.** Mover un animal la cabeza a un lado y a otro, o arriba y abajo. *Para que el caballo no cabecee, mantén firmes la riendas.* **5.** Moverse una embarcación bajando y subiendo alternativamente la proa y la popa. *El velero cabeceaba mucho a causa del fuerte oleaje.* Tb. fig., referido a otros vehículos. *El coche iba cabeceando por el camino de piedras.* **6.** Moverse a un lado y a otro algo que suele estar en equilibrio. *La carga de la grúa cabeceaba peligrosamente con el viento.* **7.** En fútbol: Golpear el balón con la cabeza, gralm. rematando. *El defensa ha cabeceado hacia el medio campo.*

cabeceo. m. Hecho de cabecear. *Tras varios cabeceos en el sillón, decidió irse a la cama. Lo negó con un cabeceo enérgico.*

cabecera. f. **1.** Parte de la cama donde se ponen las almohadas. *Me desperté con la cabeza en los pies de la cama, y los pies en la cabecera.* **2.** Cabecero. *La cama de sus abuelos tenía la cabecera de hierro.* **3.** Lugar principal, gralm. de una mesa, un estrado, un tribunal. *El director general se sentará en la cabecera de la mesa.* Tb. lugar delantero de una lista. *En la cabecera de los países que más pescado consumen se encontraban España y Japón.* **4.** Principio de un escrito. *Escribió sus datos personales en la cabecera del impreso.* **5.** Nombre de un periódico registrado como propiedad de una persona o entidad mercantil. *Ha salido una nuevo semanario de economía que tiene como cabecera "Nuevas finanzas".* **6.** Origen de algo, espec. un río o un trayecto. *Subiendo río arriba, llegamos hasta su cabecera. Esa estación de metro es cabecera y final de trayecto de una línea.* **7.** Población principal de un territorio o un distrito. *Las aldeas dependían de su cabecera de comarca.*

cabecero. m. Pieza vertical de la cama que limita con la cabecera. *Apoyó la espalda en el cabecero para poder leer mejor. La cama tiene un cabecero de pino.* ▶ CABECERA.

cabecilla. m. y f. Persona que está a la cabeza de un grupo rebelde o contrario a la ley. *Está acusada de ser la cabecilla de la banda. Entre los alborotadores detenidos se encuentra uno de los cabecillas.*

cabellera. f. **1.** Conjunto de los cabellos de la cabeza. *Una hermosa cabellera le caía por la espalda. El indio de la película le arrancó la cabellera a un colono.* **2.** *Fís.* Ráfaga luminosa de que aparece rodeado el núcleo de un cometa. *Los gases liberados del núcleo formaban la cabellera del cometa.*

cabello. m. **1.** Pelo de la cabeza de una persona. *¿Y ese cabello rubio que tienes en la solapa, de quién es?* **2.** Conjunto de cabellos (→ 1). *Échese laca en el cabello para fijar el peinado.* ○ pl. **3.** Barbas de la mazorca de maíz. *En México le prepararon una infusión a base de cabellos de maíz.* ■ **~ de ángel.** m. Dulce de textura fibrosa que se prepara con calabaza en almíbar. *Compramos hojaldres rellenos de cabello de ángel.* ▶ **1, 2:** PELO.

caber. (conjug. CABER). intr. **1.** Poder contenerse una persona o cosa dentro de algo. *No cabíamos todos* EN *el taxi. ¿Cabe mi mochila* EN *el maletero de tu coche?* EN *este armario cabe mucha ropa.* **2.** Poder pasar alguien o algo por un lugar o entre unos límites. *Tuvieron que desmontar el armario porque no cabía por la puerta.* **3.** Ser posible algo. *Solo cabe esperar. Cabían varias respuestas.* **4.** Tocarle o corresponderle algo a alguien. *Le cupo el honor de leer el pregón en las fiestas de su pueblo.* ■ **no ~** alguien **en sí.** loc. v. Estar muy contento o alegre. Más frec. en constr. como *no ~ en sí de gozo o de satisfacción. Desde que le dieron el premio no cabe en sí de gozo. Cuando supo que había ganado, no cabía en sí de satisfacción.* ▶ **1, 2:** ENTRAR.

cabestrillo. m. Banda o aparato que se cuelgan del hombro y sirven para sostener el brazo o, a veces, la mano lesionados. *Se fracturó la muñeca jugando al fútbol y le han puesto un cabestrillo.* Frec. en la constr. *en ~. Llevaba el brazo escayolado y en cabestrillo.*

cabestro. m. **1.** Buey manso que sirve de guía a las reses bravas. *Un cabestro arrolló a dos mozos del encierro.* **2.** coloq. Persona bruta o ruda. Se usa como insulto. *Oye, cabestro, que te metas con tu familia.*

cabeza. f. **1.** Parte superior del cuerpo de una persona, o anterior o superior de algunos animales, en la que se encuentran la boca y los principales órganos sensoriales. *Llevaba un pasamontañas que le cubría toda la cabeza menos los ojos. El ciervo tiene grandes cuernos en la cabeza. La escolopendra tiene dos uñas venenosas que le salen de la cabeza.* **2.** Parte superior y posterior de la cabeza (→ 1) de las personas y de algunos animales, que comprende desde la frente hasta el cuello, excluida la cara. *El sombrero no le cabía en la cabeza. Los leones macho tienen abundante pelo en la cabeza.* **3.** Parte superior de algo. *Los márgenes de la página son iguales a la cabeza y al pie.* **4.** Parte extrema y abultada de un objeto, gralm. opuesta a la punta. *Tenía chinchetas con las cabezas de colores. Se ha roto la cabeza del fémur.* **5.** Parte extrema de un objeto. *Las cabezas de la viga se apoyan en el muro.* **6.** Primer lugar. Frec. en las constr. *en ~* o *a la ~* . *Dos equipos comparten la cabeza de la clasificación. El corredor español marcha en cabeza. Los dirigentes sindicalistas iban a la cabeza de la manifestación.* **7.** Persona. Se usa en la constr. *por ~*, hablando de distribución o reparto. *Tocamos a tres pasteles por cabeza. Tenéis que poner seis euros por cabeza.* **8.** Res, espec. la doméstica criada para la explotación. *Tiene un rebaño de mil cabezas.* Tb. *~ de ganado. En la granja hay cien cabezas de ganado.* **9.** Mente, o capacidad de razonar. *Dije lo primero que me vino a la cabeza. El abuelo está muy bien de cabeza. He bebido mucho y no tengo la cabeza despejada.* **10.** Talento, o capacidad intelectual. *Si no aprueba es porque no estudia, pero cabeza no le falta.* Tb. la persona que destaca por esa capacidad. *Le han dado el premio Nobel de Física a una de las mejores cabezas del país.* **11.** Cordura o prudencia. *Conduce con cabeza y no juegues a las carreras.* ○ m. y f. **12.** Persona de mayor importancia en una colectividad, que frec. preside o dirige. *David estaba destinado a ser cabeza de su pueblo. El Rey era también cabeza del ejército.* ■ **~ cuadrada.** m. y f. coloq. Persona de mentalidad poco flexible o de ideas fijas. *Es un tozudo y un cabeza cuadrada.* ■ **~ de ajo**(s). f. Conjunto de las partes o dientes que forman el bulbo del ajo, cuando todavía están unidos. *Se añade una cabeza de ajo entera. Préstame una cabeza de ajos.* ■ **~ de chorlito.** m. y f. Persona de poco juicio. *No te asocies con ese cabeza de chorlito.* ■ **~ de familia.** m. y f. Persona de mayor responsabilidad en una familia que vive reunida. *Cuando murió el padre, la madre pasó a ser cabeza de familia.* ■ **~ de partido.** f. Población principal dentro de un distrito provincial, de la que dependen judicialmente los municipios que pertenecen a dicho distrito. *Navalmoral de la Mata es la cabeza de partido de la comarca de Campo Arañuelo.* ■ **~ de puente.** f. **1.** Posición militar que establece un ejército en territorio enemigo, para preparar el avance del grueso de las fuerzas. *La misión de aquellas tropas era establecer una cabeza de puente en la zona.* **2.** En actividades no bélicas: Logro que permite ulteriores ventajas o ganancias. *Este descubrimiento puede servir de cabeza de puente para nuevas conquistas médicas.* ■ **~ de serie.** m. y f. Jugador o equipo que por resultados anteriores se sitúa el primero entre los de su grupo y que en una competición no se enfrenta a otros de su misma categoría en las primeras fases. *En el sorteo del mundial la selección argentina de fútbol partía como cabeza de serie. La cabeza de serie número tres ganó el partido de ayer.* ■ **~ de turco.** m. y f. Persona en quien recaen las culpas de un error o fracaso cometido por muchos. *Se necesitaba una cabeza de turco y la han encontrado. La opinión pública considera que es tan solo el cabeza de turco del escándalo.* ■ **~ rapada.** m. y f. Persona, gralm. joven, con el pelo rapado y con indumentaria de inspiración militar, que pertenece a un grupo violento de extrema derecha. *Han sido detenidos dos cabezas rapadas por atacar a un inmigrante.* ■ **mala ~.** m. y f. coloq. Persona alocada y de vida desordenada. *En la familia lo tenían por un mala cabeza.* □ **~ abajo.** loc. adv. Con la parte superior hacia abajo y la inferior hacia arriba, en posición vertical. *El trapecista colgaba cabeza abajo del trapecio.* ■ **calentarle la ~** (a alguien). loc. v. coloq. Cansar(lo) hablando insistentemente de un tema. *No me calientes la cabeza con tus problemas.* ■ **calentarse** alguien **la ~.** loc. v. coloq. Cansarse con cavilaciones. *No merece la pena calentarse la cabeza por esa tontería.* ■ **de ~.** loc. adv. **1.** coloq. Con preocupaciones o con quehaceres urgentes. Frec. con los v. *andar, ir* o *traer. El examen final me trae de cabeza. Andamos de cabeza con la obra de la cocina.* **2.** Sin vacilar o con mucha decisión. *Se metió de cabeza en el negocio.* ■ **írsele** (a alguien) **la ~.** loc. v. Comenzar (esa persona) a tener un mareo. *Tuvo que salir a tomar aire fresco porque se le iba la cabeza.* ■ **levantar ~.** loc. v. coloq. Salir de una situación desgraciada, como una enfermedad o pobreza. Frec. en constr. negativas. *Desde que murió su mujer, no ha levantado cabeza.* ■ **meter** (algo) **en la ~** (a alguien). loc. v. coloq. **1.** Persuadir(le) o convencer(le) (de ello). *Le fue metiendo en la cabeza la idea de estudiar medicina. No hay quien te meta en la cabeza que es necesario estudiar.* **2.** Enseñárse(lo) o hacérse(lo) comprender. *Le costó meterle en la cabeza las cuatro reglas.* ■ **metérsele** algo **en la ~** (a alguien). loc. v. coloq. Obstinarse o insistir de forma obsesiva (esa persona) en ello. *Se le ha metido en la cabeza irse de vacaciones a Cuba.* ■ **meter la ~** en un lugar. loc. v. coloq. Conseguir introducirse o ser admitido en él. *Si no tienes contactos, no vas a poder meter la cabeza en esa empresa.* ■ **perder la ~.** loc. v. coloq. Perder el juicio. Frec. con intención enfática. *¿Quieres conducir más despacio, o es que has perdido la cabeza? Perdió la cabeza por ese chico.* ■ **quitar,** o **sacar,** (algo) **de la ~** (a alguien). loc. v. Disuadirle (de ello). *Lleva tiempo con la idea de comprarse una moto y no hay quien se la quite de la cabeza.* ■ **romperse** alguien **la ~.** loc. v. coloq. Pensar insistentemente en algo. *Se rompía la cabeza intentando hallar la solución del problema.* ■ **sentar (la) ~.** loc. v. coloq. Hacerse juicioso. *Al casarse sentó la cabeza y abandonó la vida desordenada que llevaba.* ■ **subirse** algo, espec. una bebida alcohólica **a la ~.** loc. v. coloq. Alterar o trastornar la mente. *Este vino se sube a la cabeza. El champán se le subió a la cabeza.* Tb. fig. *El éxito se le ha subido a la cabeza.* ■ **tener la ~ a pájaros,** o **tener la ~ llena de pájaros.** loc. v. coloq. No tener juicio o sensatez. *No sé cómo confías en él, porque tiene la cabeza a pájaros. Esa chica tiene la cabeza llena de pájaros.* (→ **pájaro**). ■ **tener la ~ como una olla de grillos.** loc. v. coloq. Estar atolondrado. *Con este ruido tengo la cabeza como una olla de grillos.* ■ **tener la ~ en su sitio.** loc. v. Ser muy juicioso. *Es una mujer seria y tiene la cabeza en su sitio.* ▶ **8:** RES. **11:** *SENSATEZ.

cabezada. f. **1.** Movimiento brusco dado con la cabeza. *El toro embistió tirando cabezadas.* **2.** Inclinación brusca de la cabeza, que hace alguien que se queda dormido sin estar acostado. Frec. en la constr. *dar ~s. Un anciano daba cabezadas en un banco del parque.* **3.** Inclinación de la cabeza, como saludo de cortesía. *Al pasar junto a ella la saludó con una cumplida cabezada.* **4.** Guarnición que se pone en la cabeza de una caballería para afianzar el bocado. *Tenía a la yegua cogida por la cabezada.* ■ **echar una ~.** loc. v. Dormir un sueño breve. *Tuve que parar de conducir para echar una cabezada.*

cabezal. m. **1.** Pieza de una máquina de afeitar donde se aloja la cuchilla. *Su máquina de afeitar tiene cuatro cabezales.* **2.** En algunos aparatos, como un magnetófono o un vídeo: Pieza que sirve para la lectura o la grabación de cintas magnéticas. *Hay que limpiar los cabezales del vídeo.* **3.** Pieza que se coloca en el extremo de algunos aparatos. *Quisiera cambiar el cabezal de la ducha por otro más moderno. El cabezal de tu cepillo eléctrico está muy gastado.* **4.** Almohada (objeto de tela). *Retiró las sábanas, las mantas y el cabezal para hacer la cama.* ▶ **4:** ALMOHADA.

cabezazo. m. Golpe dado con la cabeza. *Le ha dado un cabezazo en la nariz sin querer.*

cabezo. m. **1.** Cerro o colina. *Viajábamos por una llanura, rota por la presencia de varios cabezos.* **2.** Monte pequeño. *El águila planeaba sobre los cabezos de la sierra.*

cabezón, na. adj. **1.** coloq. Terco. *Es tan cabezona que siempre quiere tener razón. ¡Qué mula tan cabezona!* Dicho de pers., tb. m. y f. *Eres un cabezón.* **2.** coloq. Que tiene la cabeza grande. *Todos los hermanos se parecían entre sí: eran bajitos y cabezones. Creo que me ha picado esa hormiga cabezona.* Dicho de pers., tb. m. y f. **3.** coloq. Dicho de bebida alcohólica: Que produce dolor de cabeza. *Nos sirvieron un vino cabezón de los peores que he tomado.* ● m. **4.** Cabeza grande. *La estatua tenía un cuerpo demasiado pequeño para ese cabezón.*

cabezonada. f. coloq. Hecho propio de una persona cabezona o terca. *No querer ir a la boda es una cabezonada de las tuyas.*

cabezonería. f. coloq. Cualidad de cabezón o terco. *La cabezonería con que defendió su postura dice mucho de su modo de ser.*

cabezota. adj. **1.** coloq. Dicho de persona: Terca. *El muy cabezota se empeñaba en entrenar con el dedo roto.* Tb. m. y f. *Eres una cabezota, pero ya se demostrará que tengo yo razón.* **2.** coloq. Dicho de persona: Cabezona (que tiene la cabeza muy grande). *El guardia de seguridad era cabezota y corpulento.* Tb. m. y f.

cabezudo, da. adj. **1.** Cabezón (que tiene la cabeza muy grande). *Tenía complejo de cabezuda y bajita.* Tb. m. y f. **2.** Dicho de persona: Terca. *Si no fueras tan cabezudo discutirías menos con la gente.* Tb. m. y f. ● m. **3.** Persona disfrazada con una gran cabeza de cartón piedra, que desfila por las calles en algunas fiestas populares. *Gigantes y cabezudos recorrían las calles en la fiesta de San Juan.* ▶ **2:** *TERCO.

cabezuela. f. *Bot.* Inflorescencia cuyas flores están insertas unas junto a otras en un receptáculo, dando la apariencia de una sola flor. *La parte comestible de la alcachofa es la cabezuela.*

cabida. f. **1.** Espacio o capacidad que tiene una cosa para contener otra. *El estadio tiene cabida para sesenta mil espectadores.* **2.** Extensión o superficie de un terreno. *Le gustaba exagerar la cabida de sus tierras.*

cabila. f. Tribu de beduinos o de bereberes. *Pactó con los jeques de las cabilas del Rif.*

cabildo. m. **1.** Ayuntamiento (corporación). *El cabildo se ha reunido para discutir el nuevo plan de ordenación urbana.* **2.** Conjunto de los eclesiásticos que tienen un cargo en una catedral. *Las obras de la catedral fueron costeadas en un 30% por el cabildo.* **3.** En Canarias: Corporación que representa a los pueblos de cada isla y administra sus intereses. Tb. *~ insular. El consejero del Cabildo Insular de Las Palmas recibirá a una delegación del Gobierno.* ▶ **1:** *AYUNTAMIENTO.

cabina. f. **1.** Compartimento cerrado en que hay un teléfono para uso individual. *Unos gamberros habían roto los cristales de la cabina. ¿Dónde habrá una cabina de teléfono?* **2.** En lugares como cines o salas de grabación: Recinto pequeño y aislado, contiguo a otro más grande, que puede tener diferentes usos. *El técnico de sonido daba instrucciones al cantante desde la cabina de control. El proyector de películas se encuentra en la cabina del cine.* **3.** Espacio reservado para el conductor y sus ayudantes en un vehículo terrestre o aéreo. *Cabina del camión. Pregúntale a la azafata si podemos visitar la cabina del avión.* Tb. el espacio reservado para los pasajeros. *Cabina del teleférico. El nuevo avión incorpora varias mejoras en la cabina de pasajeros.* **4.** Camarote. *Durante el crucero compartieron una cabina.* **5.** Compartimento que se utiliza para garantizar el secreto del voto antes de depositar este en la urna. *Si no corres bien las cortinas de la cabina, verán a quién votas.* Tb. *~ electoral.*

cabizbajo, ja. adj. Dicho de persona: Que tiene la cabeza inclinada hacia abajo, por tristeza, preocupación o vergüenza. *Los perdedores se han retirado cabizbajos del terreno de juego. Volví a casa cabizbaja, sin saber cómo dar la mala noticia.*

cable. m. **1.** Cordón formado por varios conductores aislados unos de otros, y que tiene diversas utilidades, como hacer llegar la energía a diversos aparatos. *Si no te llega el cable al enchufe, utiliza un alargador. Las redes del pesquero se enredaron en un cable submarino.* **2.** Mensaje transmitido por cable (→ 1) submarino. *Le llegó un cable de un amigo argentino.* **3.** Cuerda de alambres torcidos capaz de soportar grandes pesos y tensiones. *La cabina del teleférico se balanceaba ligeramente colgada del cable.* **4.** *Mar.* Cabo grueso. *Los tripulantes fueron rescatados gracias a un cable que les lanzaron desde otro barco.* ■ **cruzársele** (a alguien) **los ~s.** loc. v. coloq. Ofuscarse o perder transitoriamente el juicio o la claridad de ideas. *Se le cruzaron los cables y empezó a disparar contra todo bicho viviente. Al verte con otra, se me han cruzado los cables, y he pensado que me engañabas.* ▶ **2:** CABLEGRAMA.

cableado. m. **1.** Hecho o efecto de cablear. *Varios electricistas trabajaban en el cableado del nuevo hotel.* **2.** Conjunto de los cables de un sistema o aparato eléctrico. *Un cortocircuito en el cableado del ascensor hizo que este se detuviera bruscamente.*

cablear. tr. Colocar cables (en un lugar). *Están cableando la sala para instalar ordenadores.*

cablegrafiar. (conjug. ENVIAR). tr. Transmitir (un mensaje) por cable submarino. Más frec. usado en constr. intr. *El cónsul cablegrafió al ministro para comunicarle la noticia.*

cablegrama. m. Cable (mensaje). *Envió un cablegrama desde México.* ▶ CABLE.

cabo. m. **1.** Extremo en que termina algo. *Sujeta este cabo de la cuerda.* **2.** Parte pequeña que queda de algunas cosas alargadas, como una vela o una cuerda. *Busqué en el cajón algún cabo de vela con que alumbrarme. Le ataron las manos con un cabo de cuerda.* **3.** Hilo (porción). *Entresaca varios cabos de la tela para hacer una labor de calado.* Tb. cada una de las hebras de que está formado un hilo. *Cosía la lona del toldo con un hilo de cuatro cabos.* **4.** Extensión de terreno de la costa que penetra en el mar. *El barco doblará el cabo de Hornos.* **5.** *Mar.* Cuerda. *Con varios cabos aseguró la vela del trinquete.* ○ m. y f. **6.** Militar cuyo empleo es superior al de soldado, en el Ejército, y al de marinero, en la Armada. *El rango de cabo mayor es superior al de cabo primero, y este al de cabo.* ■ **~ suelto.** m. Punto de un asunto que queda sin resolver o sin conexión con los demás. *Repasemos el plan no vaya a ser que nos hayamos dejado algún cabo suelto.* □ **al ~ de.** loc. prepos. Después de. Se usa seguido de una expresión de tiempo. *Regresó al cabo de dos horas. Los dolores desaparecerán al cabo de algún tiempo.* ■ **al ~ de la calle.** loc. adv. coloq. Con conocimiento detallado de algo, espec. de una noticia. Frec. con *estar. Creo que su familia está al cabo de la calle de sus juergas.* ■ **atar ~s.** loc. v. Caer en la cuenta de algo al hallar la relación existente entre datos sueltos. *Su testimonio nos permitió atar cabos y comprender qué había pasado.* ■ **de ~ a rabo.** loc. adv. coloq. Del principio al fin. *Se leyó el periódico de cabo a rabo.* Tb. fig. *Conoce Andalucía de cabo a rabo.* ■ **llevar a ~** (una cosa). loc. v. Realizar(la) o ejecutar(la). *Quiere llevar a cabo unas reformas en la empresa.* ▶ **3:** HILO.

cabotaje. m. *Mar.* Navegación que hacen los buques entre los puertos de un mismo país sin apartarse de la costa. *Se enroló en un buque de cabotaje.*

caboverdiano, na. adj. De Cabo Verde. *El territorio caboverdiano corresponde a un archipiélago.* Dicho de pers., tb. m. y f. *Los caboverdianos hablan portugués.*

cabra. f. **1.** Mamífero rumiante doméstico, con cuernos vueltos hacia atrás, muy ágil para saltar y subir por lugares escarpados. *Un rebaño de cabras.* Tb. designa específicamente a la hembra adulta. *Ordeñaron a la cabra muy temprano.* **2.** Cabrilla (mancha). Frec. en pl. *Le salieron cabras de tanto calentarse con el brasero.* ■ **~ montés.** f. Mamífero salvaje del mismo género que la cabra (→ 1), que vive en zonas montañosas. *Vimos una cabra montés en lo alto de un risco.* □ **como una ~.** loc. adv. coloq. Con la mente trastornada. Frec. con *estar* y con intención enfática. *No te tomes muy en serio lo que diga, que está como una cabra.* ■ **la ~ (siempre) tira al monte.** expr. coloq. Se usa para expresar que una persona suele obrar conforme a su carácter y que es difícil que cambie. *Lloró y juró portarse bien, pero ya sabes que la cabra tira al monte.* ▶ **2:** CABRILLA.

cabracho. m. Pez marino comestible, de color rojizo, con una aleta dorsal con espinas que producen picaduras dolorosas. *Tomé en el restaurante pastel de cabracho.*

cabrales. m. Queso asturiano de consistencia untuosa, aroma y sabor intensos, y entreverado de manchas verdosas. *Les serviré unas tostadas con cabrales y anchoas.*

cabrear. tr. coloq. Enfadar (a alguien), o poner(lo) de mal humor. *Si sigues dando la lata, me vas a cabrear.* Tb. en constr. prnl. media. *Se cabreó con nosotros porque llegamos tarde. Es muy susceptible y se cabrea con facilidad.*

cabreo. m. coloq. Hecho o efecto de cabrear o cabrearse. *Agarró un buen cabreo cuando vio que le habían rayado el coche.*

cabrero, ra. m. y f. Pastor de cabras. *El cabrero llevaba a su ganado por la cañada.*

cabrestante. m. Torno de eje vertical que se emplea para mover grandes pesos por medio de un cable que se va enrollando en él. *El operario accionó el cabrestante, y el vehículo se deslizó hasta la plataforma de la grúa.*

cabria. f. Máquina para levantar pesos que consiste gralm. en dos vigas ensambladas en ángulo agudo, mantenidas por otra que forma trípode con ellas, y que dispone de un torno y una polea con los que se maniobra el peso. *Para la explotación de la mina utilizaron cabrias y grúas.*

cabrilla. f. **1.** Mancha que sale en las piernas por permanecer mucho tiempo cerca de una fuente de calor. Frec. en pl. *Si no te apartas de la chimenea, te van a salir cabrillas.* **2.** Ola pequeña, blanca y espumosa que se forma en el mar cuando está agitado. Frec. en pl. *Conforme se acercaba el temporal, el mar empezó a formar cabrillas.* ▶ **1:** CABRA.

cabrillear. intr. **1.** Formar cabrillas u olas espumosas el mar. *Desde la cubierta del barco observábamos cómo cabrilleaba el mar.* **2.** Vibrar o temblar la luz. *A lo lejos cabrillean las luces de la ciudad. El sol cabrillea en las aguas del lago.*

cabrilleo. m. Hecho o efecto de cabrillear. *El pintor plasmó el cabrilleo del mar. El cabrilleo de las llamas se reflejaba en el vidrio.*

cabrío, a. adj. De las cabras. *Ganado cabrío.*

cabriola. f. **1.** Brinco o salto, espec. el que se da cruzando varias veces los pies en el aire. *La gimnasta hizo unas cabriolas en la barra de equilibrio.* **2.** Salto que da el caballo, soltando un par de coces mientras se mantiene en el aire. *A un gesto del domador, el caballo hizo una cabriola.*

cabriolé. m. **1.** Coche de caballos ligero, sin cubierta, y abierto por los costados. *La yegua tiraba del cabriolé.* **2.** Automóvil descapotable. *La capota automática del cabriolé se accionó cuando empezó a llover.*

cabritilla. f. Piel curtida de algunos animales pequeños, como el cabrito o el cordero. *Llevaba unos guantes de cabritilla. El códice tiene las tapas de cabritilla.*

cabrito, ta. m. y f. **1.** Cría de la cabra hasta que deja de mamar. *Sacrificaron un cabrito para la cena.* **2.** malson., eufem. Cabrón (persona que juega malas pasadas). Tb. adj. ▶ **1:** CHOTO.

cabro[1]. m. Am. Macho de la cabra. *Es tradicional el hervido y el charquicán y cabro asado* [C].

cabro[2], bra. m. y f. Am. coloq. Muchacho (niño o adolescente). *Y tienen un hijo, un cabro muy habiloso que lo resuelve todo* [C].

cabrón, na. m. **1.** Macho de la cabra. *Los cabrones son de mayor tamaño que las cabras. En el cuadro, el diablo aparecía representado por un cabrón.* **2.** malson. Hombre al que le es infiel su mujer, espec. si él lo consiente. **3.** malson. Hombre que aguanta cobardemente los agravios de que es objeto. ○ m. y f. **4.** malson. Persona que hace malas pasadas. Se usa como insulto. Frec. ~ *con pintas,* con intención enfática. Tb. adj.

cabronada. f. **1.** malson. Hecho propio de un cabrón o persona malintencionada. **2.** malson. Hecho que incomoda mucho.

cabuya. f. Am. Cuerda (objeto delgado, alargado y flexible). *Cuelga los ocho calzoncillos en una cabuya, en el patio de la casa* [C]. *Una estera amarrada con dos cabuyas para colgar una hamaca* [C]. ▶ *CUERDA.

caca. f. **1.** eufem., coloq. o infant. Excremento. *Dicen que pisar una caca de perro trae buena suerte. Mira, nene, eso son caquitas de oveja.* Frec. en la constr. *hacer ~. La niña ya hace caca en el orinal.* **2.** eufem., coloq. o infant. Suciedad o inmundicia. *Niños, lavaos las manos antes de comer, que las tenéis llenas de caca.* **3.** eufem., coloq. Cosa sin ningún valor o mal hecha. *La película era una caca.*

cacahuate. m. Am. Cacahuete (planta, o fruto). *Se masajea la cara con aceite de cacahuates* [C]. *Dicen que anda por ahí en una granja, sembrando cacahuates.* ▶ *CACAHUETE.

cacahuete. m. Fruto consistente en una cáscara que contiene varias semillas comestibles, redondeadas, blancas y cubiertas por una fina piel marrón, y de las que se extrae aceite. *El mono se comía los cacahuetes enteros, con la cáscara.* Tb. cada semilla y la planta. *Sírvame unos cacahuetes bien doraditos. Cultivo del cacahuete.* ▶ PANCHITO. ‖ **Am** o **frecAm:** CACAHUATE, MANÍ.

cacao. m. **1.** Árbol tropical de tronco liso, cuyo fruto contiene muchas semillas, con las que se elabora el chocolate. *El fruto del cacao brota directamente del tronco.* **2.** Polvo soluble que se obtiene de las semillas del cacao (→ 1), y que se toma como alimento. *Échame una cucharada más de cacao en la leche.* Tb. la bebida elaborada con este polvo. *Sírvanos dos cafés con leche, y un cacao para el niño.* **3.** Producto cosmético hidratante para los labios, elaborado con manteca de las semillas del cacao (→ 1). *Si vas a esquiar, ponte cacao en los labios.* **4.** coloq. Confusión o falta de claridad, espec. en las ideas. Frec. con v. como *armar* o *armarse. En la última pregunta del examen me armé un cacao.* Tb. ~ *mental. Lo que tiene ese es un cacao mental.* **5.** coloq. Situación confusa y gralm. ruidosa. Frec. con v. como *armar* o *armarse. Exigió ver al encargado y le armó un cacao.*

cacaotal. m. Am. Terreno poblado de cacaos. *Una nueva plaga afectó los cacaotales* [C].

cacarear. intr. **1.** Dar cacareos el gallo o la gallina. *Las gallinas empezaron a cacarear cuando entré en el gallinero.* ○ tr. **2.** coloq. Ponderar o alabar de forma exagerada (algo, espec. propio). *Le gustaba cacarear sus logros.*

cacareo. m. Voz característica del gallo o la gallina. *Oyó a lo lejos el cacareo de un gallo.*

cacatúa. f. **1.** Ave del mismo grupo que el loro, gralm. de color blanco, con una cresta que despliega en abanico. *En la jaula había una cacatúa que sabía decir algunas palabras.* **2.** coloq., humoríst. Mujer vieja que, con ropas y adornos impropios de su edad, pretende pasar por joven.

cacereño, ña. adj. De Cáceres. *El Monfragüe es un parque natural cacereño cercano a Trujillo.* Dicho de pers., tb. m. y f. *Es hija de una cacereña.*

cacería. f. Partida de caza. *Al día siguiente de abrirse la veda fueron de cacería al monte.*

cacerola. f. Recipiente de metal, gralm. de forma cilíndrica y con dos asas, que se utiliza para cocinar. *Puso agua en la cacerola para cocer unas verduras.*

cacerolada. f. Protesta, gralm. política, consistente en golpear cacerolas u otros objetos metálicos haciendo mucho ruido. *Los ciudadanos se movilizaron con manifestaciones y caceroladas.*

cacha. f. **1.** Cada una de las dos piezas que cubren el mango de una navaja, un cuchillo o algunas armas de fuego. *Dame el cuchillo que tiene las cachas blancas. El matón hizo una muesca más en las cachas de su pistola.* **2.** coloq. Nalga. Frec. en pl. *Tiene las cachas duras de hacer tanto deporte.* ■ **hasta las ~s.** loc. adv. coloq. En un grado o intensidad muy altos. *Estaba implicado hasta las cachas en el robo.*

cachaco. m. Am. despect. Militar. *Cuando la dictadura nos quitó el periódico, Zamorano se portó como un señor y se agarró a trompadas con los cachacos* [C].

cachalote. m. Cetáceo de gran tamaño, cuya cabeza ocupa aproximadamente un tercio de la longitud total del cuerpo, y del que se puede obtener ámbar gris. *El cachalote hembra. La ballena de "Moby Dick" probablemente estaba inspirada en un cachalote.*

cachar. tr. Am. coloq. Sorprender o descubrir (a alguien). *¿Y si me cachan? ¿Y si me denuncian?* [C]. *Apenas tuve tiempo de echar un suspiro y de pensar que por poco nos cachan* [C].

cacharrazo. m. coloq. Golpe fuerte, espec. producido por un choque. *Se ha pegado un cacharrazo con una furgoneta.*

cacharrería. f. Establecimiento donde se venden pralm. cacharros o vasijas. *Compré varias cazuelas y un mortero en una cacharrería.*

cacharrero, ra. m. y f. Persona que fabrica o vende cacharros o vasijas. *Preguntamos al cacharrero si vendía orzas.*

cacharro. m. **1.** Vasija o recipiente, espec. de cocina. *Primero friegas los vasos, luego los cacharros y, por último, los cubiertos. Buscad algún cacharro en el garaje y regad estas macetas.* **2.** coloq. Aparato viejo, estropeado o que funciona mal. *Llevas un cacharro por reloj. Tengo que llevar el cacharro al mecánico, a ver si le arreglan el embrague.* Se usa tb. para designar cualquier objeto sin especificar su nombre. *¿Qué es ese cacharro que llevas en el bolso?*

cachas. adj. coloq. Dicho de persona: Musculosa y fornida. *Para ponerte cachas necesitas muchas horas de gimnasio.* Tb. m. y f. *Varios cachas se paseaban por la playa luciendo su cuerpo.*

cachava. f. Cayado. *El pastor se apoyaba en su cachava para bajar al río.*

cachaza. f. coloq. Lentitud o calma excesivas. *Con esa cachaza no creo que sufra de estrés.*

cachazudo, da. adj. coloq. Que tiene cachaza. *Es cachazudo y tranquilo; no tiene prisa para nada.* Dicho de pers., tb. m. y f.

caché. m. **1.** Distinción o elegancia. *En la forma de hablar y de vestirse se nota que es una persona con caché.* **2.** Cotización de un artista o de ciertos profesionales que trabajan en público. *El caché del actor rondaba el millón de euros por película.*

cachear. tr. Registrar (a alguien) palpándo(lo) para comprobar si oculta objetos prohibidos, espec. armas. *La policía cacheó a los sospechosos.*

cachelos. m. pl. Trozos grandes de patata cocida que se sirven acompañando al pescado o a la carne, y que son típicos de la cocina gallega. *Vamos a comer lacón con grelos y cachelos.*

cachemir. m. Tejido hecho con lana de cabra de Cachemira (región asiática al oeste del Himalaya). *Es un abrigo de cachemir.* ▶ CACHEMIRA. ‖ **frecAm:** CASIMIR.

cachemira. f. Cachemir. *Llevaba unos guantes de piel de cabra y una bufanda de cachemira a juego.*

cacheo. m. Hecho de cachear. *El policía sometió al detenido a un cacheo.*

cachetada. f. frecAm. Cachete o golpe dado en la mejilla con la mano abierta. *Él había tratado de calmarla, pero todo resultó inútil; Rosi le seguía dando carterazos, arañándolo, soltándole cachetada tras cachetada* [C]. ▶ *BOFETADA.

cachete. m. **1.** Golpe dado con la palma de la mano sobre una parte del cuerpo, espec. la mejilla o la nalga. *Si sigues portándote mal, niño, te voy a dar un cachete en el culo.* **2.** Mejilla. *Me guiñó un ojo y me dio un tirón en los cachetes.* ▶ **1:** *BOFETADA.

cachetear. tr. Am. Golpear (a alguien) en la cara con la mano abierta. *Lo atrapan y lo empiezan a empujar y cachetear* [C]. ▶ ABOFETEAR.

cachetón, na. adj. Am. Mofletudo. *Parecía una querubina cachetona y sonrosada* [C]. *Tiene el rostro redondo, pecoso, cachetón* [C].

cachimba. f. Pipa (utensilio para fumar). *Compramos una cachimba en un puesto de artesanía.* ▶ PIPA.

cachiporra. f. Palo con un extremo terminado en bola o cabeza abultada. *Cogió una cachiporra y se puso a dar golpes.*

cachiporrazo. m. Golpe dado con una cachiporra u otro instrumento parecido. *Se puso a repartir cachiporrazos a diestro y siniestro.*

cachivache. m. coloq. o despect. Trasto (cosa inútil o estropeada). Frec. en pl. *Es capaz de arreglar cachivaches de todo tipo, desde sillas viejas hasta juguetes rotos.* Tb. designa cualquier objeto o utensilio. *Abrió su neceser y colocó sus cachivaches en la repisa del baño.*

cacho[1]. m. **1.** coloq. Pedazo de algo. *Partió la tortilla de patatas en cachitos cuadrados. –¿Cuánto falta para llegar a la sierra? –Todavía queda un cacho.* **2.** coloq. Seguido de la preposición *de* y un nombre, se usa para enfatizar el significado de este. *¡Vaya cacho de casa que se ha comprado!* La prep. *de*, en la lengua hablada, suele omitirse. *¡Cacho animal, mira por dónde vas!*

cacho[2]. m. Am. Cuerno. *Los animales grandes, especialmente los que poseen cachos, resisten golpes fuertes en la cabeza* [C]. *Se me había ocurrido salir de mi refugio, asomar los cachos al sol, como los caracoles* [C]. *Si ve una culebra, le hace cachos con índice y meñique para conjurar la mala suerte* [C]. *Saben que tanto la mujer de asiento como la querida le ponen los cachos* [C].

cachondearse. intr. prnl. coloq. Burlarse de alguien o algo. *Se cachondeaban* DE *un compañero de clase que tenía las orejas muy grandes. Cuando el jefe llegó a la oficina, dejaron de cachondearse.*

cachondeo. m. coloq. Hecho o efecto de cachondearse. *Con él, el cachondeo está asegurado. Eso me suena a cachondeo.*

cachondo, da. adj. **1.** malson. Dicho de animal: Que está en celo. **2.** malson. Dicho de persona: Que siente apetito sexual. **3.** coloq. Dicho de persona: Graciosa o divertida. *Es un tío muy cachondo.* Tb. m. y f. *Nos reiremos mucho con él: es un cachondo.*

cachorro, rra. m. y f. Cría del perro o de otros mamíferos, espec. salvajes, como el león, el lobo o el oso. *La loba tuvo cinco cachorros. Recogimos a la perrita cuando era solo una cachorra.*

cachucha. f. Am. Gorra con visera. *Se recomienda llevar cachucha para protegerse del sol* [C]. ▶ GORRA.

cacica. → **cacique.**

cacicada. f. Hecho o dicho propios de un cacique. *Han criticado mucho la última cacicada del alcalde.*

cacillo. m. Cazo (utensilio de cocina para trasvasar líquidos). *Ayúdate del cacillo para servir la sangría.* Tb. su contenido. *Añada un cacillo de agua y deje hervir las verduras.* ▶ CAZO.

cacique, ca. m. y f. **1.** coloq. Persona que ejerce excesiva influencia en los asuntos políticos de un pueblo o comarca. *El cacique del pueblo influía en las decisiones que se tomaban en el ayuntamiento.* **2.** coloq. Persona que en una comunidad o colectividad ejerce un poder abusivo. *Los cuatro caciques que dirigen el club de fútbol lo están llevando a la ruina.* **3.** histór. Jefe o señor de un pueblo o tribu de indios. *En "La Araucana" de Alonso de Ercilla se alaba la figura del cacique Lautaro. Decía que era descendiente de una cacica caribe.*

caciquear. intr. coloq. Actuar como cacique. *La acusaban de caciquear en los proyectos urbanísticos del municipio.*

caciquil. adj. coloq. Del cacique. *No sé si será capaz de acabar con las prácticas caciquiles en ese pueblo.*

caciquismo. m. Dominación o influencia del cacique. *El caciquismo estaba muy extendido en las zonas rurales del país.*

caco. m. coloq. Ladrón, espec. el que roba aprovechando el descuido de su víctima. *Unos cacos entraron en el chalé y lo desvalijaron.*

cacofonía. f. Sonido desagradable que resulta de una determinada combinación repetitiva de los elementos acústicos de una palabra o una secuencia de palabras. *Juan José Ajenjo Jaén estaba acostumbrado a que su nombre produjera cacofonía.*

cacofónico, ca. adj. Que tiene cacofonía. *La redacción estaba llena de frases cacofónicas.*

cacto. m. Planta de zonas desérticas, cuyas especies más representativas tienen tallos gruesos, carnosos, gralm. espinosos, y capaces de almacenar agua. *Me pinché con el cacto que había en el recibidor.* ▶ CACTUS.

cactus. m. Cacto. *Han florecido los cactus de la terraza.*

cacumen. m. coloq. Inteligencia o agudeza. *Con tu cacumen llegarás muy lejos.*

cada. adj. (No tiene forma pl.). **1.** Seguido de un nombre en singular, expresa que se considera individualmente a las personas o cosas designadas por ese nombre, las cuales forman parte de un conjunto. *En cada coche iban cinco personas. A cada cosa que digo le pone un pero. Cada producto lleva su código de barras. Cada agricultor recibió una indemnización.* **2.** Seguido de un adjetivo de cantidad y un nombre gralm. en plural, indica que las personas o cosas designadas por ese nombre se agrupan según la cantidad expresada por el adjetivo. *Teníamos un ejemplar de consulta para cada cinco. Cada cuatro años hay elecciones. Hay que intercalar un dibujo cada veinte páginas. Le hacían una revisión cada pocas semanas. Tienen previsto despedir a uno de cada cinco empleados. Se reúnen cada poco tiempo.* **3.** Antepuesto a un nombre en singular, intensifica su significado por medio de la consecuencia de lo expuesto, la cual va introducida por *que. Me cuenta cada historia que me deja estupefacta. Hace cada viaje que nos morimos de envidia.* A veces se omite la consecuencia. *¡Tiene cada idea!* ■ **~ cual.** loc. s. Cada (→ 1) persona de un conjunto mencionado. *Que cada cual haga lo que le parezca. Varios perros, cada cual de una raza distinta, jugaban en el parque. Sabía sacar lo mejor de cada cual.* ■ **~ que.** loc. conjunt. Am. Cada vez que o siempre que. *Le aconsejo que tome una aspirina cada que se sienta mal* [C]. *Mándame cada que puedas algún poema que escribas* [C]. ■ **~ uno.** loc. s. Cada (→ 1) persona o cosa de un conjunto mencionado. *Colgó los pantalones cada uno en una percha. Tocamos a un trozo de pollo cada uno.*

cadalso. m. Tablado que se levanta para la ejecución de una pena de muerte. *Robespierre murió ejecutado en el cadalso en 1794.*

cadáver. m. Cuerpo muerto, espec. de una persona. *Los alumnos de Medicina estudiaban un cadáver en clase de Anatomía. Junto al raticida había varios cadáveres de ratones.* ▶ CUERPO.

cadavérico, ca. adj. **1.** Del cadáver. *Cuando llegó el forense ya había comenzado el proceso de rigidez cadavérica.* **2.** Pálido y muy desmejorado. *Su aspecto cadavérico denotaba las penalidades sufridas.*

caddie. (pal. ingl.; pronunc. "cádi"). m. y f. Persona que lleva los palos a un jugador de golf. *El golfista pidió otro palo a su* caddie *para golpear la pelota.* ¶ [Adaptación recomendada: *cadi,* pl. *cadis*].

cadena. f. **1.** Serie de piezas, gralm. metálicas y en forma de anillo, enlazadas unas con otras. *Llevaba en el cuello una cadena de plata con un colgante. Ata la moto a una farola con la cadena.* Tb. designa específicamente la que tiene como fin transmitir un movimiento en una máquina. *Algunos tractores tienen cadenas articuladas en vez de ruedas.* **2.** Opresión que convierte a alguien en esclavo. *El pueblo luchaba para librarse de las cadenas de la dictadura.* **3.** Fila de personas que se unen cogiéndose de las manos. *Una cadena policial impedía el paso de los manifestantes.* Tb. la que se forma para ir pasando algo de mano en mano. *Formaron una cadena para llevar cubos de agua y apagar el incendio.* **4.** Conjunto de establecimientos o instalaciones que pertenecen a una sola empresa, o que están bajo una sola dirección. *Es dueño de una cadena de restaurantes.* **5.** Conjunto de instalaciones emisoras y receptoras de radio o televisión que se encargan de una misma programación. *El actor presentará un concurso en una cadena privada.* **6.** Equipo estereofónico compuesto por diversos aparatos de reproducción de sonido, independientes unos de otros. Tb. *~ de música,* o *~ musical. En el mueble hay sitio para la cadena de música y el televisor.* **7.** Sucesión de hechos relacionados entre sí, cada uno de los cuales está desencadenado a causa del anterior. *La cadena de atentados pretendía aterrorizar a los ciudadanos.* **8.** *Quím.* Serie de átomos, gralm. iguales, unidos por enlaces covalentes. *Estos ácidos grasos están formados por cadenas de átomos de carbono.* ○ pl. **9.** Dispositivo formado por cadenas (→ 1), que cubre los neumáticos de un vehículo para evitar deslizamientos sobre la nieve o el hielo. *El temporal ha provocado el uso obligatorio de cadenas en diez puertos.* ■ **~ alimentaria,** o **trófica.** f. *Biol.* Sucesión de seres vivos que se nutren unos con otros en un orden determinado. *Los grandes depredadores se encuentran al final de la cadena alimentaria.* ■ ~ **de frío.** f. Proceso que asegura la continuidad en el estado de congelación de productos orgánicos perecederos. *Las vacunas se estropearán si se rompe la cadena de frío durante el transporte.* ■ ~ **de montaje.** f. Conjunto de instalaciones industriales destinadas a la fabricación en serie de un producto siguiendo un proceso de transformación sucesiva del mismo, en distintos puntos y por distintos operarios. *Trabaja como remachador en la cadena de montaje de una fábrica de coches.* ■ ~ **de montañas,** o **montañosa.** f. Cordillera. *Desde este punto podemos divisar la cadena de montañas que rodea el valle.* ■ ~ **perpetua.** f. Pena máxima de prisión. *En su país no existe la cadena perpetua. Fue condenado a cadena perpetua.* ■ ~ **trófica.** → **cadena alimentaria.** □ **en ~.** loc. adj. Que se produce por transmisión o sucesión continuada, y en el que cada paso suele dar lugar al siguiente. *La niebla provocó un choque en cadena en la autovía.* Tb. loc. adv. *Varias bombas han explotado en cadena.* ■ **tirar de la ~.** loc. v. Descargar la cisterna de un inodoro. *El tabique es tan delgado que oímos cuando alguien tira de la cadena.* ▶ **5:** CANAL.

cadencia. f. **1.** Repetición de un fenómeno que se sucede de forma regular. *La cadencia de pedaleo del ciclista disminuyó al subir el puerto. Sentía la cadencia de su respiración.* **2.** Serie de sonidos o de movimientos que se suceden de forma regular. *Se dejó llevar por la cadencia de la música. El danzón cubano tiene pasos de suave cadencia.* **3.** Distribución proporcionada de los acentos y las pausas al hablar o expresarse. *El actor recitaba con pausada cadencia.*

cadencioso, sa. adj. Que tiene cadencia. *La voz cadenciosa de la soprano llenó de sensualidad la sala. La bailarina se movía con ritmo cadencioso.*

cadeneta. f. **1.** Labor de costura que forma un dibujo parecido a una cadena. *Las flores del bordado están hechas en punto de cadeneta.* **2.** Adorno que se hace con tiras de papel de colores formando una cadena, propio de verbenas y otros actos festivos. *El Ayuntamiento decorará las calles de la verbena con cadenetas y globos.*

cadera. f. **1.** Cada una de las dos partes salientes que hay a los lados del cuerpo humano formadas por los huesos superiores de la pelvis. *Sufre una fractura de cadera tras el accidente de tráfico.* **2.** Parte lateral del anca de algunos animales, como el caballo. *La leona logró alcanzar a la cebra por la cadera.*

cadete. m. y f. Alumno de una academia militar. *Los cadetes desfilaron ante las autoridades.*

cadí. m. En el islamismo: Juez. *El cadí imparte justicia basándose en el Corán.*

caducar. intr. Perder una cosa validez o eficacia. *Mi pasaporte ha caducado. Tu licencia de pesca caducará la temporada que viene. Estos antibióticos caducaron hace un mes.*

caduceo. m. Vara delgada, rodeada por dos culebras, atributo del dios Mercurio. *Encima estaba representado Mercurio con el caduceo; debajo, Neptuno con el tridente.*

caducidad. f. Cualidad de caduco. *La caducidad de la vida es uno de los temas principales en su obra. En los productos perecederos debe figurar la fecha de caducidad.*

caducifolio, lia. adj. *Bot.* Dicho de árbol o planta: Que pierden las hojas anualmente. *Los ciruelos son caducifolios.*

caduco, ca. adj. **1.** Anticuado o en desuso. *Lo acusan de inculcar unos valores caducos y retrógrados.* **2.** cult. Decrépito o muy viejo. *Se sentía achacoso y caduco.* **3.** cult. Perecedero o de corta duración. *Buscaba en lo sobrenatural una salida a este mundo caduco y en trance de desaparición.* **4.** *Bot.* Dicho de órgano vegetal, espec. de hoja: Destinado a caer. *Hayas y castaños son árboles de hoja caduca.*

caedizo, za. adj. Que cae fácilmente o que amenaza caer. *Viejos muros caedizos.*

caer. (conjug. CAER). intr. **1.** Ir algo hacia abajo por efecto del propio peso. *El libro cayó del estante y se desencuadernó. Han caído varias bombas en la ciudad. Aquí cayó un meteorito.* Tb. prnl. *Al ir a pagar, se me cayeron unas monedas. Se van a caer esas piedras sueltas de la pared.* **2.** Pender o colgar algo de la manera que se indica. *El flequillo le cae sobre la frente. Las cortinas caían con gracia.* **3.** Perder alguien el equilibrio hasta dar contra una superficie que está abajo, espec. el suelo. *La barca volcó y caímos al agua.* Tb. prnl. *He tropezado y por poco me caigo.* **4.** Seguido de un adjetivo o un nombre, o de un complemento introducido por *en,* que expresan un estado o situación negativos: Pasar al estado o situación expresados. *Corren el peligro de caer en una emboscada. Ha caído enferma. No caigas en el error de subestimarlo. Cayeron prisioneros. Su fama cayó en el olvido. Caerán víctimas de su vanidad.* **5.** Dejar de existir. *Cuando caiga el régimen, muchos exiliados volverán. Jorge Manrique cayó ante el castillo de Garci Muñoz.* **6.** Disminuir algo o perder fuerza. *El caudal del río cae en verano. Las ventas de electrodomésticos cayeron el mes pasado. Su salud ha caído mucho. Las reservas de petróleo cayeron hasta límites preocupantes.* **7.** Ir a parar a un lugar sin haberlo previsto. *Nos perdimos y fuimos a caer* EN *un pueblecito muy pintoresco.* **8.** Tocar o corresponder algo por suerte. *Seguro que en el examen caen justo las preguntas que no me he estudiado. Le han caído unos cuantos millones en la quiniela.* **9.** Estar algo aproximadamente situado en un cierto lugar o a una cierta distancia. *Me preguntó por dónde caía la plaza. El taller cae a mano derecha. El río caía muy lejos para ir andando.* **10.** Estar incluido algo en una categoría o ámbito determinados. *La fonología cae dentro de la lingüística. Eso no cae* EN *mis atribuciones.* **11.** Corresponder una fecha a un determinado espacio de tiempo, como día o mes. *Este año la Semana Santa cae* EN *marzo. La Inmaculada cayó* EN *lunes. Su cumpleaños cae* EN *primavera.* **12.** Acercarse el Sol a su ocaso. *¿Salimos de paseo cuando caiga el sol?* Tb. referido a las últimas horas del día o de la tarde. *Se pusieron en marcha al caer la tarde.* **13.** Ocurrir o presentarse algo negativo. *Menuda desgracia nos ha caído. Una epidemia cayó sobre la población.* **14.** Sentarle algo a alguien de la manera que se indica. Frec. con los adv. *bien* y *mal. La cena me ha caído fatal. Sus declaraciones no cayeron bien.* **15.** Provocarle una persona a otra la impresión que se indica. Frec. con los adv. *bien* y *mal. Nos cae mal porque es un chulo y un prepotente. Me cayeron genial las chicas que me presentaste.* **16.** coloq. Darse cuenta de algo o llegar a comprenderlo. *Entonces cayó* EN *lo que quería decir. –¿Sabes de quién hablo? –Pues no caigo.* ○ intr. prnl. **17.** Desprenderse algo del lugar al que estaba adherido o sujeto. *No se le han caído todavía los dientes de leche. Se me cae mucho el pelo. ¡Cuidado, se te va a caer un pendiente!* **18.** Seguido por *de* y un nombre como *sueño* o *cansancio:* Sentir en gran medida lo designado por él. *Me voy a la cama, que me caigo de sueño. Estaban que se caían de debilidad.* ■ ~ **redondo.** loc. v. coloq. Caerse (→ 3) por causa de un desmayo o pérdida de conocimiento. *Como sigas bebiendo, vas a caer redondo.* Tb. prnl. *Le dio una bajada de tensión y se cayó redondo al suelo.* ■ **al ~.** loc. adv. coloq. A punto de llegar. Con v. como *estar. Está al caer su cumpleaños y todavía no sé qué regalarle. Los invitados estarán al caer.*

café. m. **1.** Semilla del cafeto, convexa por una parte y plana por la otra, con un surco longitudinal. *Un paquete de café molido torrefacto.* Tb. su árbol (→ **cafeto**). *Plantaciones de café.* **2.** Infusión que se hace con granos de café (→ 1) tostados y molidos. *Todos los días desayuno café con leche.* Tb. una taza o un vaso de esta infusión. *¿Te apetece un café?* **3.** Establecimiento comercial en el que se sirven café (→ 2) y otras bebidas. *Quedamos en el café de la plaza.* ● adj. **4.** frecAm. Marrón. *El color de la araña es pardo o café claro* [C]. *Tenía un ojo café y el otro verde* [C]. ■ ~ **cantante.** m. Establecimiento nocturno en que se sirven bebidas y se interpretan canciones de género frívolo. *Reservaron una mesa próxima al escenario en el café cantante.* ■ ~ **descafeinado.** m. Café (→ 1, 2) con bajo o nulo contenido de cafeína. *Tomo café descafeinado porque el café normal me pone nerviosa.* ⇒ DESCAFEINADO. ■ ~ **irlandés.** m. Café (→ 2) que se prepara con nata y whisky. *Hemos pedido un café irlandés y dos cervezas.* ⇒ IRLANDÉS. ■ ~ **solo.** m. Café (→ 2) sin leche. *En verano, después de comer, le gusta tomarse un café solo con hielo.* ■ ~ **teatro.** m. Establecimiento en que se sirven bebidas y se representan obras de teatro cortas. *Actúa en un café teatro con unos monólogos muy divertidos.* ■ ~ **tinto.** m. Am. Café solo (→ **café solo**). *Desea tomarse un café tinto* [C]. ⇒ Am: TINTO. ■ ~ **vienés.** m. Café (→ 2) que se prepara con nata. *Por favor, póngame un café vienés con mucha nata.* ⇒ VIENÉS. □ **mal ~.** loc. s. coloq. eufem. Mal humor. *Se levantó de la siesta medio dormido y con mal café.* ▶ **3:** CAFETÍN.

cafeína. f. Alcaloide con propiedades excitantes que se obtiene de la semilla del café, el té y otros vegetales. *Tomar bebidas con cafeína provoca alteraciones en el sueño.*

cafetal. m. Terreno plantado de cafetos. *La sequía ha afectado a muchos cafetales.*

cafetería. f. Establecimiento en que se sirven café, bebidas y algunos alimentos ligeros. *Desayuna en una cafetería que hay cerca de su trabajo.*

cafetero, ra. adj. **1.** Del café. *La industria cafetera es muy importante en América.* **2.** Dicho de persona: Aficionada a tomar café. *En su casa eran todos muy cafeteros.* Tb. m. y f. *Servir café recalentado es una ofensa para un cafetero.* ● m. y f. **3.** Persona que se dedica a la recolección o comercialización de café. *Varios cafeteros del país se asociaron y montaron una cooperativa.* ○ f. **4.** Máquina para hacer café. *Tengo que comprar filtros para la cafetera. El camarero abrió el tubo de presión de la cafetera y calentó la leche.* Tb. el recipiente para servirlo. *El juego de café incluye una cafetera de porcelana.* **5.** coloq. Vehículo viejo o que funciona defectuosamente. *A ver si llevas tu cafetera al taller o, mejor, a un desguace.*

cafetín. m. Café (establecimiento). *Nos pasábamos las tardes en el cafetín de los soportales jugando a las cartas.* ▶ CAFÉ.

cafeto. m. Árbol tropical pequeño, cuyo fruto, de color rojo, contiene los granos de café. *El cafeto tarda unos siete años en dar fruto.* ▶ CAFÉ.

cafiche. m. Am. coloq. Proxeneta. *A las dueñas de prostíbulo no les gusta tratar con mujeres, prefieren entenderse con los cafiches* [C].

caficultor, ra. m. y f. Am. Persona que cultiva café. *Se ha orientado a los caficultores para que hagan uso racional de prácticas agronómicas* [C].

cafre. adj. coloq. Bárbaro o bruto. *No seas cafre y deja de pintarrajear el libro.* Dicho de pers., tb. m. y f. *Tres cafres volcaban contenedores y armaban jaleo en el parque.*

caftán. m. Vestido parecido a una túnica amplia, que usan algunos pueblos pralm. musulmanes. *En un viaje a Estambul compró unas babuchas y un caftán.*

cagada. f. **1.** malson. Porción de excremento. **2.** coloq. Equivocación o desacierto. *La idea de regalarle un electrodoméstico para la cocina fue una cagada.*

cagadero. malson. Lugar destinado o usado para defecar.

cagado, da. part. **1.** → **cagar.** ● adj. **2.** coloq. Dicho de persona: Cobarde o de poco espíritu. Tb. m. y f. *No eres capaz de llevarle la contraria porque eres un cagado.* **3.** coloq. Dicho de persona: Que tiene mucho miedo. *Cuando fue a mirar los resultados de los exámenes estaba cagada.*

cagajón. m. malson. Porción de excremento de una caballería.

cagalera. f. malson. Diarrea.

cagar. intr. **1.** malson. Evacuar el vientre. ○ tr. **2.** malson. Expulsar (algo) por el ano. ○ intr. prnl. **3.** malson. Cagar (→ 1) involuntariamente. **4.** malson. Acobardarse o sentir miedo. ■ **~la.** loc. v. malson. Cometer un error de difícil solución. ■ **me cago en diez,** o **en la leche,** o **en la mar,** etc. loc. v. malson. Se usan exclamativamente para expresar enfado o irritación. ■ **me cago** (en alguien o algo). loc. v. malson. Se usa exclamativamente para expresar desprecio o rechazo hacia él o ello.

cagarruta. f. coloq. Porción de excremento, espec. de ganado menor, como la oveja o la cabra. *El rebaño de ovejas iba dejando un rastro de cagarrutas. La cueva está llena de cagarrutas de murciélago.*

cagón, na. adj. **1.** malson. Que defeca con mucha frecuencia. Tb. m. y f. **2.** coloq. Cobarde. *Si no vienes a ver la película de miedo es porque eres un cagón.* Tb. m. y f. *Aunque sea un dóberman, tu perro es un cagón.*

cagueta. adj. coloq. Dicho de persona: Cobarde o pusilánime. *Anda, no seas cagueta y súbete conmigo a la montaña rusa.* Tb. m. y f. *Este mundo es de los emprendedores y no de los caguetas.*

caíd. m. En algunos países musulmanes: Persona que administra justicia. *El gobernador recibió a los caídes del Rif.*

caída. f. **1.** Hecho o efecto de caer. *El ciclista sufrió una caída bajando el puerto. Compró una loción para prevenir la caída del pelo. La caída* EN *el olvido lo hundió. El pillaje y el saqueo se produjeron tras la caída de la ciudad. Sufre frecuentes caídas de tensión. ¡Qué caída de ojos tiene esa chica!* **2.** Manera de plegarse o pender un paño o una prenda de vestir. *Esa falda tiene buena caída.* ■ ~ **libre.** f. *Dep.* Modalidad de salto con paracaídas en que se retrasa la apertura de este. *Practica caída libre y parapente.* □ **a la ~ de la noche.** loc. adv. Al comienzo de la noche. *Salimos a dar un paseo a la caída de la noche.* ■ **a la ~ de la tarde.** loc. adv. Al acabar la tarde. *A la caída de la tarde* *el cielo se nubló y se puso a llover.* ■ **a la ~ del sol.** loc. adv. Al ponerse el sol. *Quedamos en vernos a la caída del sol.*

caído, da. part. **1.** → **caer.** ● adj. **2.** Desanimado o abatido. *Habla con ella a ver si la animas, porque está un poco caída.* **3.** Dicho de parte del cuerpo: Que está más baja de lo normal. *Es delgado y tiene los hombros caídos.* **4.** Muerto en defensa de una causa, espec. en una guerra. Tb. m. y f. Frec. en pl. *Han erigido un monolito en memoria de los caídos de la última guerra.*

caimán. m. Reptil americano parecido al cocodrilo, pero de menor tamaño y hocico redondeado. *Un caimán se arrojó al río en busca de una presa.* ▶ ALIGÁTOR. ‖ **Am:** YACARÉ.

caimito. m. frecAm. Árbol de corteza rojiza y madera blanda, cuyo fruto, redondo y de tamaño menor que el de una naranja, tiene la pulpa azucarada. *Árboles frutales –naranjos, caimitos, zapotes, mamoncillos– convidaban a pasearse bajo su sombra* [C]. Tb. su fruto. *Nos fuimos a buscar algunas frutas silvestres, como caimitos y aguacates* [C].

Caín. **las de ~.** loc. s. pl. **1.** coloq. Malas intenciones. *Se acercaba a nosotras con las de Caín y tuvimos que pedir ayuda.* **2.** coloq. Situación difícil o apuro. Gralm. con *pasar. Pasé las de Caín hasta que conseguí demostrar mi inocencia.*

cainita. adj. Dicho de sentimiento o de actitud de rechazo: Que se dirigen contra sus familiares o amigos. *La guerra civil alimentó un odio cainita entre la población.*

cairel. m. Fleco que se usa como adorno en algunas ropas. *El jefe de pista del circo lucía una casaca con caireles, bombachos y botas de cuero.*

cairota. adj. De El Cairo (capital de Egipto). *Barrio cairota.* Dicho de pers., tb. m. y f. *Un cairota fue nobel de literatura en 1988.*

caite. m. Am. Sandalia de cuero. *En ocasiones festivas llevan los caites de siete suelas de cuero* [C].

caja. f. **1.** Recipiente de diferentes formas y materiales, gralm. con tapa, que sirve para guardar o transportar cosas. *Guardaba sus juguetes en una caja de cartón. Los pendientes están metidos en una cajita de madera.* **2.** Ataúd. *Dos enterradores introducían la caja en el sepulcro.* **3.** Cubierta o armazón que protegen un aparato o un mecanismo. *El relojero abrió la caja del reloj para arreglarlo.* **4.** En un vehículo de transporte de mercancías: Parte donde va la carga. *La policía descubrió la droga en la caja de un camión, camuflada entre las mercancías.* **5.** En un banco, en una tesorería o en un establecimiento comercial: Lugar donde se realizan los pagos y se recibe y guarda el dinero. *Hizo un ingreso de mil euros en la caja del banco. No soporto hacer cola en las cajas de los supermercados.* **6.** Registradora (máquina). *El camarero abrió la caja y le dio cambio para sacar tabaco.* **7.** Tambor (instrumento). *Toca la caja en un grupo músical.* **8.** En algunos instrumentos musicales: Cavidad donde se produce la resonancia. *La tapa de la caja de un violín tiene generalmente dos aberturas en forma de "s".* **9.** Espacio o hueco en que se forma la escalera de un edificio. *La caja de la escalera resulta algo estrecha.* **10.** *Anat.* Cavidad que encierra y protege un órgano. *La caja torácica alberga el corazón y los pulmones.* ■ **~ alta.** f. *Gráf.* Letra mayúscula. *Escribe la "b" en caja alta.* ■ **~ baja.** f. *Gráf.* Letra minúscula. *Escribe "enero" en caja baja.* ■ **~ de ahorros.** f. Establecimiento destinado a guardar los ahorros de los particulares, proporcionándoles un interés. *Pidió un crédito hipotecario en la caja de ahorros.* ■ **~ de cambios,** o **de velocidades.** f. En un automóvil: Caja (→ 3) que contiene el mecanismo que permite cambiar de velocidad. *El nuevo modelo deportivo incorpora una caja de cambios de seis velocidades. La caja de cambios está formada por un complejo mecanismo de engranajes.* ■ **~ de música.** f. Caja (→ 1) que contiene un mecanismo, formado por un cilindro de púas y un muelle de reloj, que, al abrir la tapa, hace sonar una melodía. *Cuando abría la caja de música, la bailarina daba vueltas.* ■ **~ de Pandora.** f. Acción o decisión de la que, de manera imprevista, derivan consecuencias desastrosas. *Será necesaria mucha prudencia, antes de abrir la caja de Pandora de la intervención militar.* ■ **~ de resonancia.** f. **1.** Cavidad que sirve para amplificar y modular el sonido. *Al pronunciar una oclusiva, permanece abierto el canal que comunica la caja de resonancia de la boca, con la que forma la nariz.* **2.** Persona o cosa que pueden difundir ideas o noticias de manera que estas lleguen a un gran número de personas. *El congreso en que han participado los países más pobres ha sido una caja de resonancia de sus graves problemas.* ■ **~ fuerte,** o **de caudales.** f. Caja (→ 1) de material fuerte y resistente, que se utiliza para guardar dinero y cosas de valor. *Guardaba sus joyas en una caja fuerte camuflada detrás de un cuadro. El ladrón abrió la caja de caudales poniendo una pequeña carga explosiva en la puerta.* ■ **~ negra.** f. En una aeronave: Caja (→ 1) hermética y de material muy resistente, que contiene un mecanismo que registra y almacena las incidencias del vuelo. *Según la caja negra del avión la causa del accidente fue debida a un fallo humano.* □ **con ~s destempladas.** loc. adv. Con malos modos. Frec. con v. como *echar* o *despedir. El guardia de seguridad echó con cajas destempladas a varios jóvenes que estaban armando bronca.* ■ **hacer ~.** loc. v. **1.** En un establecimiento comercial: Contabilizar las ventas de un día o de otro período de tiempo. *El carnicero, cuando terminó de hacer caja, se dio cuenta de que faltaba dinero.* **2.** En un establecimiento comercial: Recaudar dinero. *No ha habido muchos clientes en el restaurante y hemos hecho poca caja.* ■ **la ~ tonta.** loc. s. coloq., depect. La televisión. *Apaga ya la caja tonta. La caja tonta te anula la voluntad y te impede pensar.* ▶ **6:** REGISTRADORA. **7:** TAMBOR.

cajero, ra. m. y f. **1.** Persona encargada de la caja de un banco o un comercio. *Pediré a la cajera del banco que me cambie cien dólares en euros. El cajero del supermercado nos devolvió mal las vueltas.* ○ m. **2.** Máquina que permite realizar operaciones bancarias, mediante una tarjeta a la que se le asigna una clave personal. *No he podido sacar dinero del cajero porque no está operativo.* Tb. ~ *automático. Actualiza la libreta de ahorros en el cajero automático.*

cajetilla. f. Paquete de cigarrillos. *Compró en el estanco un par de cajetillas de tabaco negro.*

cajetín. m. **1.** Caja cerrada con una tapa, que permite examinar los componentes de algunas conducciones. *Para ver el cajetín de la luz tendrás que subirte a la escalera.* **2.** Compartimento de algunas máquinas. *La vuelta de los dos euros tiene que estar en el cajetín de la tragaperras.*

cajista. m. y f. histór. *Gráf.* Persona que tenía por oficio componer textos para imprimirlos. *El cajista componía los textos con tipos de plomo.*

cajón. m. **1.** Receptáculo que forma parte de un mueble, y que se puede meter y sacar del hueco donde va encajado. *–¿Dónde están las servilletas? –En el segundo cajón del aparador. Abrió el cajón del escritorio y encontró la factura que buscaba.* **2.** Caja con forma de prisma, que se utiliza para guardar o transportar algo. *Los cajones de fruta se amontonaban en los puestos del mercado.* **3.** *Taurom.* Cabina que se utiliza para el traslado de los toros. *En el accidente, el toro estuvo a punto de salir del cajón.* ■ **~ de sastre.** m. Lugar donde se encuentra un conjunto de cosas diversas y desordenadas. *El último apartado es un cajón de sastre para dar cabida a los casos anómalos.* □ **de ~.** loc. adj. coloq. Evidente o fuera de toda discusión. *Es de cajón que no puedas jugar mañana si estás lesionado.*

cajonera. f. **1.** Especie de cajón de un pupitre escolar donde se guardan los libros y el resto del material de trabajo. *Los rotuladores y lápices están en la cajonera del pupitre.* **2.** Conjunto de cajones de un mueble. *Uno de los cuerpos del armario tiene una cajonera.*

cajuela. f. Am. Maletero de un automóvil. *La cerradura de la cajuela del auto se bloqueó* [C]. ▶ *MALETERO.

cal. f. Sustancia blanca, alcalina, de origen mineral, constituida por óxido de calcio, que se utiliza pralm. en la fabricación de cementos. *Vivía en un pueblo del sur, en una casa pequeña blanqueada con cal.* Tb. *~ viva. Intentaron borrar las pistas echando cal viva sobre el cadáver.* ■ **~ apagada,** o **muerta.** f. Polvo blanco que se obtiene al añadir agua a la cal. *Para neutralizar un suelo ácido puedes utilizar cal apagada.* □ **a ~ y canto.** loc. adv. Sin posibilidad de entrar o salir. *Los rebeldes se encerraron a cal y canto en una embajada.* ■ **una de ~ y otra de arena.** loc. s. coloq. Alternancia de cosas positivas y negativas. *Este año el piloto nos está dando una de cal y otra de arena.*

cala[1]. f. **1.** Hecho de calar un melón u otra fruta semejante. *El vendedor de melones hizo una cala en uno y nos lo dio a probar.* **2.** Perforación que se hace en algo para analizar las características de lo que está debajo. *Los geólogos realizarán una cala para averiguar la antigüedad de los estratos.* **3.** Investigación superficial y no sistemática en un campo del saber. *El artículo se titula "Seis calas en la poesía andaluza de principios de siglo".* **4.** coloq. Peseta. *Por aquel entonces me debías dos mil calas.*

cala[2]. f. Ensenada pequeña. *Fondearemos el velero en una cala del norte de la isla.*

cala[3]. f. Planta ornamental acuática, de hojas en forma de flecha e inflorescencias amarillas rodeadas de grandes brácteas blancas. *Las calas del estanque ya han florecido.*

calabacera. f. Hortaliza de tallos rastreros muy largos, cuyo fruto es la calabaza. *En el huerto había plantado varias calabaceras, judías y tomateras.* ▶ *CALABAZA.

calabacín. m. **1.** Calabaza de forma cilíndrica, corteza verde y carne blanca y tierna. *Crema de calabacines.* Tb. su planta. *Los calabacines se han secado por no regarlos.* **2.** coloq. Persona tonta. *Eso te pasa por hacer caso a ese par de calabacines.* ▶ **Am: 1:** ZAPALLITO.

calabaza. f. **1.** Fruto de la calabacera, comestible, gralm. grande, redondeado, de color amarillo o anaranjado y con numerosas semillas en su interior. *La calabaza se utiliza para hacer cabello de ángel.* Tb. su planta (→ **calabacera**). *Las calabazas aún no habían dado fruto.* ○ pl. **2.** coloq. Rechazo de una proposición amorosa. *Se declaró, pero ella le dio calabazas.* **3.** coloq. Suspenso en un examen o en una asignatura. *Como sigas sin estudiar, te van a dar calabazas.* ▶ **Am: 1:** AUYAMA, ZAPALLO.

calabobos. m. coloq. Lluvia fina y constante. *Por la mañana caía un calabobos.*

calabozo. m. Lugar seguro, gralm. incomunicado, donde se encierra a un preso. *Los detenidos están ya en los calabozos de la comisaría.* ▶ **Am:** BARTOLINA.

calada. f. Chupada que se da a un cigarrillo, cigarro o pipa, al fumarlos. *No quiero el cigarrillo entero, solo un par de caladas.*

caladero. m. Lugar apropiado para echar las redes de pesca. *Suele faenar en los caladeros de Terranova.*

calado. m. **1.** Labor que se hace con aguja sobre un tejido, a imitación del encaje. *Tenía una colcha con un calado en forma de mariposa.* **2.** *Mar.* Profundidad que alcanza en el agua la parte sumergida de un barco. *Era un velero de poco calado.* **3.** *Mar.* Altura que alcanza la superficie del agua sobre el fondo. *Las obras del puerto estaban encaminadas a aumentar su calado.*

calafate. m. Hombre que tiene por oficio calafatear las embarcaciones. *El calafate metía estopa alquitranada en las junturas de una barca de pesca.*

calafateado. m. Hecho o efecto de calafatear. *Hay que hacer trabajos de calafateado y pintura en el barco.*

calafatear. tr. Cerrar las junturas de las maderas (de un barco) con estopa y brea para que no entre el agua. *El capitán mandó calafatear el barco.*

calamar. m. Molusco comestible, con diez tentáculos provistos de ventosas, que segrega un líquido negro para defenderse de los ataques. *Se preparó unos calamares a la romana.*

calambre. m. **1.** Contracción espasmódica, momentánea y dolorosa de un músculo. *El jugador ha sufrido un calambre en los gemelos.* **2.** Estremecimiento del cuerpo causado por el paso de una corriente eléctrica, gralm. de baja intensidad. *Ten cuidado con esos cables sueltos, que te pueden dar calambre.*

calambur. m. *Lit.* Agrupación de las sílabas de una o más palabras de tal manera que se produzca un significado distinto. *Algunas adivinanzas se basan en el calambur, como "oro parece, plata no es".*

calamidad. f. **1.** Desgracia o infortunio, espec. cuando afecta a una colectividad. *La población ha tenido que aguantar guerras, dictaduras y otras calamidades. La muerte de la madre fue una calamidad para el bebé.* **2.** coloq. Persona inútil o incapaz. *Niño, eres una calamidad: no das una.*

calamina. f. **1.** *Mineral.* Mineral del que se suele extraer el cinc. *Han encontrado una mena de calamina.* **2.** frecAm. Aleación de cinc, plomo y estaño. *Golpeaban las puertas con las cucharas de calamina y los jarros y platos* [C]. Tb., en Am., la plancha hecha de ese material. *Vi una miserable población de cartones, calaminas y tablas* [C].

calamitoso, sa. adj. Que constituye una calamidad o es causa de ellas. *Sufrimos los estragos de una guerra civil calamitosa. Fue un director calamitoso para la empresa.*

cálamo. m. **1.** *Zool.* Parte inferior hueca del eje de las plumas de las aves, desprovista de filamentos y que se inserta en la piel. *El cálamo es la única parte de la pluma que no tiene color.* **2.** histór. Pluma de ave que se utilizaba para escribir. *Mojó su cálamo en tinta para redactar el testamento.* Tb., cult. y fig, designa la pluma del escritor. *El poeta tomó su cálamo y escribió sus versos más inspirados.*

calandria[1]**.** f. Pájaro parecido a la alondra pero de mayor tamaño, con manchas negras a cada lado del cuello y canto melodioso. *La calandria macho. Encontramos un nido de calandrias en el trigal.*

calandria[2]**.** f. Máquina compuesta por varios cilindros giratorios, que se utiliza para prensar, satinar o planchar tela o papel. *Un operario nos enseñó el funcionamiento de la calandria en nuestra visita a la papelera.*

calaña. f. coloq., despect. Índole o naturaleza, espec. de alguien. *Trabajaba en los juzgados y trataba con individuos de toda calaña. No estoy dispuesta a asistir a espectáculos de esa calaña.*

calar. tr. **1.** Penetrar un líquido (en un cuerpo permeable). *Ha llovido tan poco que el agua apenas ha calado la tierra.* **2.** Cortar un pedazo (de melón o de otra fruta) para probar(los). *El melonero caló una sandía para que la probáramos.* **3.** Agujerear (una tela, un papel o cualquier otra materia en láminas) de forma que resulte un dibujo parecido al del encaje. *Improvisó una cadeneta con tiras de papel calado.* **4.** coloq. Llegar a conocer la naturaleza o las intenciones ocultas (de alguien). *El inspector de policía caló en seguida al detenido, y supo que mentía.* Tb. referido al pensamiento o las intenciones ocultos. *Le calé que estaba mintiendo.* **5.** Ponerse (un sombrero o una gorra) en la cabeza haciéndo(los) encajar bien. *Me calé el sombrero y salí a la calle. Le puso un gorro y se lo caló hasta las cejas.* **6.** Encajar (la bayoneta) en la boca del fusil. *En la película se veía a un escuadrón de soldados calar las bayonetas y cargar contra el enemigo.* **7.** *Mar.* Echar al agua (un instrumento de pesca). *Los pesqueros se preparan para calar las redes.* ○ intr. **8.** Causar impresión o efecto profundos en alguien o algo. *Sus palabras calarán en los asistentes al mitin. Las imágenes de los atentados han calado hondo en las conciencias de los ciudadanos.* **9.** Permitir un material o un objeto que el agua pase a través de ellos. *Este impermeable cala.* ○ intr. prnl. **10.** Mojarse una persona al calar (→ 1) su ropa la lluvia. *No llevaba paraguas y me he calado de arriba abajo.*

calarse. intr. prnl. Pararse bruscamente un motor de explosión por estar frío o porque no le llega combustible suficiente. *En mi primera clase práctica de conducir se me caló el coche cuatro veces.*

calasancio. adj. Escolapio. *Orden calasancia.* Dicho de pers., tb. m. y f. *Estudió el bachillerato en un colegio de calasancios.*

calato, ta. adj. Am. Desnudo (que no lleva puesta ninguna prenda). *Estaba calato, sí, tal como lo habían parido* [C]. ▶ DESNUDO.

calavera. f. **1.** Conjunto de los huesos de la cabeza cuando permanecen unidos, espec. despojados de la carne y la piel. *En la bandera pirata aparecen una calavera y dos tibias cruzadas. Unos buitres pelaron la calavera de la vaca.* ○ m. **2.** coloq. Hombre de vida desordenada y libertina. *Era un calavera, que nunca sentaría la cabeza.*

calaverada. f. coloq. Hecho propio de un calavera. *Su mujer no estaba dispuesta a consentirle más calaveradas.*

calcado, da. part. **1** → calcar. ● adj. **2.** Idéntico o muy parecido. *Esa chica es calcada* A *tu hermana. El profesor nos suspendió porque decía que nuestros trabajos eran calcados.*

calcáneo. m. *Anat.* Hueso del tarso, que en el cuerpo humano está situado en el talón. *El jugador de baloncesto se hizo una fisura en el calcáneo del pie derecho.*

calcañal. m. Calcañar. *Lo miró de arriba abajo, desde la coronilla hasta el calcañal.*

calcañar. m. Parte posterior de la planta del pie. *Se bajó el calcetín y empezó a rascarse el calcañar.* ▶ CALCAÑAL.

calcar. tr. **1.** Sacar copia (de un dibujo o un texto escrito) trazando sus líneas sobre un papel o una tela transparentes que se ponen encima. *Colocó un papel cebolla sobre el mapa y lo calcó.* **2.** Copiar (una cosa) de otra, imitándola o reproduciéndola con exactitud. *Aunque calques sus movimientos, nunca serás tan elegante.*

calcáreo, a. adj. Que tiene cal. *Las grutas están excavadas en roca calcárea. Aguas calcáreas.* ▶ CALIZO.

calce. m. **1.** Am. Pie de un documento. *No aparecía firma alguna al calce, pero la letra era de Luis, no cabía la menor duda* [C]. **2.** Am. Texto explicativo que va al pie de una foto. *El calce de la foto decía que en ese buque navegaban el presidente y el almirante* [C].

calcedonia. f. Ágata muy traslúcida, de color azulado o lechoso. *El collar tenía cuentas de lapislázuli y calcedonia.*

calceta. f. Labor de punto. *Se te da muy bien la calceta.* Frec. con *hacer. Enseñó a su hija a coger las agujas de punto y a hacer calceta.*

calcetín. m. Prenda de punto que cubre el pie y parte de la pierna, sin llegar a la rodilla. *Con zapatillas deportivas siempre llevo calcetines de algodón.* ▶ **Am:** MEDIA.

cálcico, ca. adj. De calcio o del calcio. *El médico le recetó un suplemento cálcico de 500 mg por día. La piedra caliza está compuesta mayoritariamente por carbonato cálcico.*

calcificación. f. *Biol.* Hecho de calcificar o calcificarse. *El raquitismo se caracteriza por una calcificación insuficiente del esqueleto.*

calcificar. tr. *Biol.* Proporcionar sales de calcio (a un tejido orgánico). *Tomar leche es aconsejable para calcificar los huesos.* Tb. en constr. prnl. media. *Se le han calcificado las vértebras cervicales.*

calcinación. f. Hecho de calcinar. *La explosión provocó la calcinación de varios coches.*

calcinar. tr. **1.** Quemar o abrasar por completo (algo o a alguien). *El incendio calcinó el edificio.* **2.** *Quím.* Someter (un mineral u otro material) a temperatura muy alta para eliminar las sustancias volátiles. *El vitriolo de cobre se obtiene tras calcinar en un crisol el cobre con el azufre.* ▶ **1:** *QUEMAR.

calcio. m. Elemento químico del grupo de los metales, muy ligero, y que en contacto con el aire y el agua se altera rápidamente (Símb. *Ca*). *Le recetaron calcio para fortalecer los huesos.*

calcita. f. *Mineral.* Mineral compuesto por carbonato de calcio cristalizado, blanco o incoloro, muy abundante en la corteza terrestre. *El yacimiento de calcita era explotado para la industria del vidrio.*

calco. m. **1.** Hecho o efecto de calcar. *Utilizó papel cebolla y rotuladores para el calco del dibujo.* **2.** Cosa muy parecida a otra. *La película que estrenaron ayer es un calco de otra de los años 70.* **3.** *Ling.* Expresión que se adapta de una lengua a otra mediante la traducción de cada uno de sus componentes. *"Rascacielos" es un calco del inglés "sky scraper".*

calcografía. f. **1.** Arte de estampar con láminas metálicas grabadas. *El curso de artes gráficas incluye un seminario de calcografía. Los billetes estaban realizados en calcografía.* **2.** Estampa realizada mediante la calcografía (→ 1). *El investigador ha catalogado varias xilografías y calcografías.*

calcográfico, ca. adj. De la calcografía. *Láminas calcográficas.*

calcomanía. f. Estampa coloreada que se transfiere por contacto de un papel, al que va adherida, a otra materia. *Pusieron calcomanías de peces en la cuna del bebé.* Tb. el papel con la estampa, antes de ser esta transferida. *Los bollos que comprábamos de pequeños incluían calcomanías de regalo.*

calcopirita. f. *Mineral.* Mineral compuesto por sulfuro de cobre y hierro, de color amarillo brillante. *La calcopirita puede tener un aspecto semejante al oro.*

calculadamente. adv. Con cálculo o con reflexión. *La respuesta fue calculadamente ambigua.*

calculador, ra. adj. **1.** Que calcula, o sirve para calcular. *Aparato calculador.* Dicho de pers., tb. m. y f. *Los adivinos y los calculadores de efemérides se apoyaron en la llegada del cometa.* **2.** Dicho de persona: Que se mueve por el interés que le pueda producir, sin dejarse afectar por los sentimientos. *No me fío de una persona tan ambiciosa y calculadora.* ● f. **3.** Máquina que realiza cálculos matemáticos por procedimientos electrónicos. *En el examen de matemáticas nos dejaron utilizar la calculadora.* Tb. el sistema que permite realizar estos cálculos. *Este móvil tiene calculadora.*

calcular. tr. **1.** Relizar las operaciones matemáticas necesarias para averiguar (una cantidad o una magnitud). *El arquitecto calculó el peso que debían soportar los pilares del edificio. Calcula el dinero que nos vamos a gastar en el viaje.* **2.** Suponer (algo) por indicios u observaciones. *Calculo que tendrá dos años menos que yo.* **3.** Reflexionar atentamente (sobre algo que se va a hacer). *El político calculó la respuesta que debía dar. El atraco al banco fue un golpe muy bien calculado.*

cálculo[1]. m. Hecho o efecto de calcular. *Hicimos un cálculo aproximado de los costes de la obra. Según sus cálculos, ella caería rendida al ver el ramo de flores.* ■ ~ **diferencial.** m. Parte de las matemáticas que opera con las diferencias infinitamente pequeñas de las cantidades variables. *Demuestre que la trayectoria es una elipse valiéndose del cálculo diferencial.* ■ ~ **infinitesimal.** m. Parte de las matemáticas que incluye el cálculo diferencial y el integral (→ **cálculo diferencial** y **cálculo integral**). *Newton es considerado el inventor del cálculo infinitesimal.* ■ ~ **integral.** m. Parte de las matemáticas que trata de obtener una función a partir de su derivada. *El curso trata de las aplicaciones del cálculo integral en la empresa.*

cálculo[2]. m. *Med.* Acumulación anormal de sales minerales que se forma en el riñón, en la vesícula biliar o en la vejiga. *El cólico de riñón se produce cuando un cálculo obstruye las vías urinarias.* ▶ PIEDRA.

caldas. f. pl. Termas (baños de aguas minerales calientes). *En el balneario nos dimos un baño de lodo y luego pasamos a las caldas.* ▶ TERMAS.

caldeamiento. m. Hecho de caldear o caldearse algo que estaba frío. *El caldeamiento del aire en las capas bajas de la atmósfera produce bajas presiones.*

caldear. tr. **1.** Hacer que (algo que estaba frío, espec. un lugar) aumente perceptiblemente la temperatura. *Enciende el radiador para que caldee el salón.* Tb. en constr. prnl. media. *El agua del estanque se caldeó con los rayos de sol.* **2.** Excitar (a alguien), o hacer que pierda la calma. *Las decisiones del árbitro caldearon al público.* Tb. referido a los ánimos. *La propuesta caldeó los ánimos de los presentes.* Tb. en constr. prnl. media. *La presencia de antidisturbios en la manifestación hizo que los ánimos se caldearan.*

caldeo[1]. m. Hecho de caldear o caldearse. *El agua de la piscina necesitará más horas de sol para su caldeo.*

caldeo[2]**, a.** adj. De Caldea (antigua región de Asia). *En las ruinas de la ciudad caldea de Ur se encontró una importante necrópolis.* Dicho de pers., tb. m. y f. *Los caldeos dominaron Mesopotamia durante los siglos* VI *y* VII *a. C.*

caldera. f. **1.** Recipiente metálico provisto de una fuente de calor, en que se calienta el agua para servicios como la calefacción de un edificio. *No tenemos agua caliente en nuestro edificio porque la caldera se ha estropeado.* **2.** Depósito de una máquina, en que se hace hervir agua cuyo vapor se utiliza como energía. *La caldera de un barco.* Tb. ~ *de vapor. En el museo del ferrocarril vimos una máquina de tren que funcionaba con una caldera de vapor.* **3.** Recipiente con dos asas, semiesférico y de gran tamaño, que se utiliza para calentar o cocer algo. *La bruja removía con un palo el interior de una caldera mientras recitaba un conjuro.* ■ **la(s) ~(s) de Pedro Botero.** loc. s. coloq. El infierno. *Como te portes mal, vas a ir a las calderas de Pedro Botero.* ▶ **1:** *CALENTADOR.

caldereta. f. **1.** Guiso que se hace con pescado, cebolla y pimiento. *Aquí hacen una caldereta con langosta de chuparse los dedos.* **2.** Guiso que se hace con cordero o cabrito. *Los cazadores recuperaron fuerzas con una caldereta de cabrito.*

calderilla. f. Conjunto de monedas de escaso valor. *La niña sacó del bolsillo un puñado de calderilla para pagar las chucherías.*

calderín. m. Depósito pequeño en forma de caldera. *Los compresores tienen un calderín para almacenar el aire a una presión determinada.*

caldero. m. Caldera pequeña con una sola asa que va sujeta de lado a lado por dos argollas. *Preparó unas migas en el caldero de cinc.*

calderón. m. **1.** Cetáceo semejante al delfín, pero de mayor tamaño y cabeza voluminosa. *En la playa ha aparecido varado un calderón.* **2.** Signo gráfico (¶) que se utiliza para señalar un párrafo. *Los ordenadores disponen de la opción de marcar con un calderón los distintos párrafos.* **3.** *Mús.* Signo gráfico que, colocado sobre una nota o un silencio, indica que la duración de estos puede prolongarse según decida el ejecutante. Tb. esa prolongación. *Esta soprano es proclive a los calderones técnicamente complejos, pero de escasos matices.*

caldo. m. **1.** Líquido que se obtiene de la cocción de un alimento en agua. *Haz el caldo con un hueso de jamón y unas verduritas.* Tb. el propio líquido de un alimento. *Los berberechos sueltan un caldo muy sabroso al abrirse.* **2.** Vino. *Para el cordero les aconsejamos cualquiera de nuestros caldos riojanos.* ■ ~ **corto.** m. Caldo (→ 1) compuesto básicamente de agua y vino blanco, que se utiliza para cocer pescados. *Hierva dos minutos los langostinos en el caldo corto.* ■ ~ **de cultivo.** m. **1.** *Biol.* Líquido preparado para potenciar la proliferación de ciertos microorganismos. *Fleming* *descubrió el hongo de la penicilina en un caldo de cultivo.* **2.** Ambiente propicio para el desarrollo de algo, espec. negativo. *El racismo y la xenofobia son el caldo de cultivo del fascismo.* ■ ~ **gallego.** m. Guiso de verduras y carne, típico de Galicia. *Qué rico este caldo gallego, con su berza y sus patatitas.* □ **hacer el ~ gordo** (a alguien). loc. v. coloq. Favorecer(lo), gralm. de modo inadvertido o involuntario. *Con vuestro silencio, estáis haciendo el caldo gordo a los terroristas.* ■ **poner a ~** (a alguien). loc. v. coloq. Criticar(lo) o reprender(lo) duramente. *Me puso a caldo por llegar una hora tarde. Menos mal que apareciste, porque esa te estaba poniendo a caldo.*

caldoso, sa. adj. Que tiene caldo o mucho caldo. *De primero, un arroz caldoso.*

calé. adj. Gitano (de un pueblo originario de la India). *Es andaluza y descendiente de una familia calé.* Dicho de pers., tb. m. y f. *Se celebraba la boda entre una paya y un calé.* ▶ *GITANO.

calefacción. f. **1.** Hecho o efecto de calentar o poner caliente. *Para mantener la calefacción del salón cierra todas las puertas. Utiliza un sistema de calefacción que se basa en la energía eléctrica.* **2.** Conjunto de aparatos destinados a calentar un lugar. *Llamaron a los técnicos para arreglar la calefacción. Tuvo que poner la calefacción del coche.* ■ ~ **central.** f. Calefacción (→ 2) que produce calor desde un solo foco y sirve para calentar todo un edificio. *No tiene calefacción central en su edificio.*

calefactor, ra. adj. **1.** Que calienta. *El sistema calefactor del rascacielos es muy complejo.* Dicho de aparato, tb. m. *No dejes ropa sobre el calefactor del baño, que podríamos salir ardiendo.* ● m. y f. **2.** Persona que tiene por oficio instalar o reparar aparatos de calefacción. *El calefactor comentó que convenía cambiar la caldera del edificio.*

calefón. m. Am. Calentador (aparato). *Nos muestra el funcionamiento del calefón y del aire acondicionado* [C]. ▶ *CALENTADOR.

caleidoscópico, ca. adj. Del caleidoscopio. *Un resplandor caleidoscópico se filtraba por las vidrieras de la catedral. Se trata de una exposición caleidoscópica sobre la sociedad española.* ▶ CALIDOSCÓPICO.

caleidoscopio. m. **1.** Aparato formado por un tubo, por uno de cuyos extremos se mira, que permite ver en su interior, al hacerlo girar, diferentes imágenes simétricas y de colores. *Los Reyes Magos le trajeron un caleidoscopio y un juego de magia.* **2.** Conjunto de cosas o elementos variados y cambiantes. *México es un caleidoscopio de gentes y culturas.* ▶ CALIDOSCOPIO.

calendario. m. **1.** Sistema de representación del paso del tiempo, dividido en años, meses y días. *La huida de Mahoma a Medina marca el comienzo del calendario mahometano. El Gobierno aún no ha fijado el calendario laboral. El calendario escolar de aquel año incluía menos días festivos.* **2.** Hoja o conjunto de hojas en que se representan los días del año distribuidos en meses y semanas, gralm. con indicación de las festividades. *Marcó en el calendario con un círculo rojo el día que tenía dentista.* Tb. el mecanismo de algunas máquinas o aparatos que muestra el día del año en que se está. *Mi reloj tiene calendario y cronómetro.* **3.** Distribución de determinadas actividades por días, meses o años. *Tenemos que plantearnos un calendario de trabajo para cumplir los plazos.* ■ ~ **gregoriano.** m. Calendario (→ 1) que rectifica los errores del juliano, y que es el adoptado mayoritariamente en el mundo occidental. *España sigue el calendario gregoriano desde 1582.* ■ ~ **juliano.** m. histór. Calendario (→ 1) que considera bisiestos todos los años cuya numeración es múltiplo de cuatro. *Julio César y el astrónomo Sosígenes crearon el calendario juliano.* ▶ **2:** ALMANAQUE.

calendas. f. pl. **1.** histór. En el calendario de los antiguos romanos: Primer día del mes. *Los romanos festejaban a la diosa de la primavera en las calendas de mayo.* **2.** humoríst. Época o tiempo pasados. *Por aquellas calendas él tendría unos 20 años.* ■ **las ~ griegas.** loc. s. cult. humoríst. El tiempo que no ha de llegar nunca. *Me temo que la decisión se relegará hasta las calendas griegas.*

caléndula. f. Planta de flores circulares y anaranjadas, usada a menudo como ornamental. *La firma ha sacado una crema de caléndula para pieles irritadas.*

calentador, ra. adj. **1.** Que calienta o transmite calor. *Placa calentadora.* ● m. **2.** Aparato o dispositivo que se utiliza para calentar, espec. el agua de una vivienda. *Enciende el calentador de gas, que quiero ducharme.* **3.** Media de lana, sin pie, que se utiliza en algunos deportes para evitar el enfriamiento de los músculos de las piernas. *El profesor de ballet nos dijo que necesitábamos zapatillas, calentadores y mallas.* ▶ **2:** CALDERA. ‖ **Am: 2:** CALEFÓN.

calentamiento. m. Hecho o efecto de calentarse. *El calentamiento progresivo de la Tierra está provocando el deshielo de los casquetes polares. La sesión de calentamiento fue muy corta. Hicieron unos ejercicios de calentamiento.*

calentar. (conjug. ACERTAR). tr. **1.** Poner (algo o a alguien) calientes o más calientes, o hacer que se eleve su temperatura. *Calentó la comida en el microondas. Encendió un buen fuego para calentarse.* **2.** coloq. Pegar o dar golpes (a alguien). *Como sigas dando guerra, te caliento.* **3.** coloq. Excitar (a alguien), o hacer que pierda la calma. *Si sigues dando guerra, me vas a calentar. No me calientes con tus bromitas pesadas, que te mando a paseo en un momento.* Tb. en constr. prnl. media. *Tiene muy mal genio y se calienta enseguida.* **4.** coloq. Excitar sexualmente (a alguien). Tb. en constr. prnl. media. **5.** Realizar ejercicios suaves para que (los músculos) adquieran agilidad y soltura. Se usa frec. en deporte. *Calentó los músculos antes de empezar a correr.* Tb. usado en constr. intr. *Me hice una luxación en el hombro por no calentar antes del partido de tenis.*

calentísimo, ma. → **caliente.**

calentón[1]**.** m. **1.** Calentamiento intenso y breve. *Si sigues acelerando para salir del barro, el coche va a tener un calentón.* **2.** coloq. Enfado intenso y pasajero. *Con el calentón, estuvieron a punto de llegar a las manos.* **3.** coloq. Excitación sexual.

calentón, na[2]**.** adj. coloq. Dicho de persona: Capaz de excitar o excitarse sexualmente con facilidad.

calentorro, rra. adj. coloq. Dicho de persona: Calentona.

calentura. f. **1.** Fiebre (aumento de la temperatura). *Se puso el termómetro para comprobar si tenía calentura.* **2.** Erupción que sale en los labios. *Me han salido unas calenturas con la fiebre.* ▶ **1:** FIEBRE. **2:** PUPA.

calenturiento, ta. adj. despect. Dicho de imaginación o mente: Exaltadas o desbordadas. *La idea era producto de la imaginación calenturienta de un insensato.*

calesa. f. Coche de caballos de dos o cuatro ruedas, con la caja abierta por delante y con capota. *Dimos un paseo en calesa por las zonas turísticas de la ciudad.*

caletre. m. coloq. Inteligencia (capacidad de razonar). *Tiene mucho caletre para vender su producto a las empresas.* Tb. mente. *Le daba vueltas al problema en su caletre.*

calibración. f. Hecho de calibrar. *El departamento de balística realizará la calibración de la bala.*

calibrador, ra. adj. **1.** Que calibra. *Mirada calibradora.* • m. **2.** Instrumento para calibrar. *El fontanero tomó el calibrador y apuntó el diámetro del tubo. Necesitaríamos un calibrador para controlar el estado del manómetro.*

calibrar. tr. **1.** Medir el calibre o el diámetro (de algo, espec. del cañón de un arma de fuego, o de un proyectil). *En el laboratorio calibraron las balas.* **2.** Dar (a algo, espec. al cañón de un arma de fuego o a un proyectil) el calibre que se desea. *Esta máquina se utiliza para calibrar los tubos dándoles diferentes medidas.* **3.** Ajustar las indicaciones (de un instrumento de medida) con los valores de la magnitud que ha de medir. *Llamaron a un técnico para que calibrara el escáner.* **4.** Medir el calibre o la importancia (de alguien o algo). *No calibró las consecuencias de sus actos. Emplearán criterios objetivos para calibrar a los candidatos.*

calibre. m. **1.** Diámetro interior de un objeto hueco con forma de cilindro, espec. del cañón de un arma de fuego. *Tiene un rifle del calibre 22, con mira telescópica, para salir de caza.* Tb. el diámetro de algunos objetos no huecos con forma de cilindro, espec. de un proyectil. *Junto al cadáver había dos casquillos de bala del calibre nueve. Compra alambre de calibre muy fino.* **2.** Tamaño o importancia de una cosa. *El escándalo financiero fue de tal calibre que obligó a dimitir al ministro.*

calicata. f. Excavación de prueba que se hace en un terreno para averiguar su composición. *Una empresa minera está practicando calicatas en las laderas del monte.*

calidad. f. **1.** Conjunto de propiedades inherentes a una persona o cosa, que permiten valorarlas con respecto a otras de su misma clase o especie. *Compre una tela de buena calidad.* **2.** Buena calidad (→ 1). *La calidad del queso de nuestra comarca ha sido reconocida internacionalmente.* Frec. en la constr. *de ~*. *La firma está especializada en productos de calidad. La escuela formará bailarines de calidad.* **3.** Nobleza o categoría alta de una persona. Se usa en la constr. *de ~*. *Por la puerta principal solo tenían acceso las personas de calidad.* ■ **en ~ de.** loc. prep. Con carácter de, o en función de. *En el juicio va a declarar en calidad de imputada.*

calidez. f. cult. Cualidad de cálido. *Metió la mano en la laguna y notó la calidez de sus aguas. Su sonrisa transmite calidez.*

cálido, da. adj. **1.** Que proporciona calor o tiene una temperatura elevada. *Vive en una zona cálida del país. Le gusta sentir la brisa cálida del mar. El cálido saco de dormir los protegió del frío de la noche.* **2.** Afectuoso o cariñoso. *El equipo recibió la cálida acogida de su público al salir al campo.* **3.** Agradable o placentero. *La soprano deleitó a los espectadores con su voz potente y cálida.* **4.** Dicho de colorido o gama de colores: De tonos rojizos o amarillos. *Va a pintar las paredes de la habitación del niño con colores cálidos.* ▶ **1, 4:** CALIENTE.

calidoscópico, ca. adj. Caleidoscópico. *Imágenes calidoscópicas.*

calidoscopio. m. Caleidoscopio. *Cada vez que giraba el calidoscopio aparecía una combinación nueva y multicolor.*

calientaplatos. m. Utensilio que sirve para mantener calientes platos cocinados. *El camarero colocó un calientaplatos en la mesa y puso encima la bandeja de pescado.*

calientapollas. m. y f. malson. Persona que incita sexualmente a un hombre sin intención de satisfacerlo.

caliente. adj. (sup. **calentísimo**). **1.** Que tiene una temperatura superior a la normal. *La arena de la playa estaba muy caliente. Tómate un café caliente.* **2.** Dicho de habitación o de prenda de vestir: Que proporcionan calor. *El salón y la cocina son las piezas más calientes de la casa. Ese jersey de lana es muy caliente.* **3.** Dicho de colorido o de gama de colores: Cálido. *En el cuadro predominan los colores calientes.* **4.** Dicho de lugar o época: Conflictivos o problemáticos. *La frontera es una zona caliente en la que hay enfrentamientos armados. Los sindicatos nos amenazaban con un otoño caliente.* **5.** coloq. Excitado o que ha perdido la calma. *Acaba de tener una fuerte discusión con su jefe y está muy caliente. Tuvieron que suspender la reunión porque los ánimos estaban calientes.* **6.** coloq. Excitado sexualmente. **7.** coloq. Que acaba de producirse o suceder. *El periódico trae noticias calentitas sobre el escándalo.* • interj. **8.** Se usa para indicar a alguien que está cerca de encontrar un objeto escondido o de acertar algo. *–¿A que tienes diecisiete años? –No, pero caliente, caliente.* ■ **en ~.** loc. adv. Inmediatamente, o sin dejar que pase el interés o motivo iniciales. *Nada de dejarlo para mañana: las cosas en caliente. El ministro, tras conocer la noticia del atentado, hizo unas polémicas declaraciones en caliente.* ▶ **2, 3:** CÁLIDO.

califa. m. histór. Príncipe musulmán que, como sucesor de Mahoma, ejercía el poder religioso y civil. *En la Península Ibérica los califas ejercieron su poder en el Ándalus.*

califal. adj. Del califato. *En el siglo* VIII *Bagdad se convirtió en la capital califal. La Mezquita de Córdoba se construyó durante el período califal.*

califato. m. **1.** histór. Dignidad de califa. *A Otman le sucedió en el califato Alí.* **2.** histór. Territorio gobernado por el califa. *El Ándalus fue solo una provincia del gran califato de los Omeyas.* **3.** histór. Tiempo que duraba el gobierno de un califa. *Durante el califato de Abderramán III, Córdoba llegó a alcanzar su mayor florecimiento.* **4.** histór. Período histórico en el que gobernaron los califas. *Los árabes conquistaron numerosos territorios durante el califato.*

calificación. f. Hecho o efecto de calificar. *El momento de la entrega de las calificaciones era temido por los alumnos. El Ayuntamiento ha modificado la calificación urbanística de la zona.*

calificado, da. part. **1.** → **calificar.** • adj. **2.** Que tiene autoridad o es respetado. *El programa buscaba opiniones calificadas de médicos para debatir sobre la sanidad pública.* **3.** Dicho de trabajador o profesional: Cualificado. *Lo eligieron por ser una persona muy calificada para su puesto.* ▶ **3:** CUALIFICADO.

calificador, ra. adj. Que califica. *El jurado calificador del certamen declaró el primer premio desierto.*

calificar. tr. **1.** Seguido de *de* o *como* y un adjetivo: Expresar que (alguien o algo) tienen la cualidad o la propiedad indicadas por él. *Calificó la sentencia de injusta. Lo calificaron de cobarde. Sus pinturas pueden calificarse como excepcionales.* **2.** Valorar el grado de suficiencia o insuficiencia de los conocimientos demostrados (por una persona) en una prueba o examen. *No ha calificado aún a todos los que se presentaron al examen.* **3.** Valorar el grado de suficiencia o insuficiencia de los conocimientos demostrados por un alumno (en una prueba o examen). *El profesor calificó su examen con un aprobado.* **4.** *Gram.* Atribuir un adjetivo una cualidad (a lo designado por un nombre). *En "la casa grande", el adjetivo "grande" califica al nombre "casa".* ▶ **1:** CATALOGAR, TACHAR, TILDAR.

calificativo. m. *Gram.* Adjetivo calificativo (→ **adjetivo**). *El error merece el calificativo de garrafal.*

californiano, na. adj. De California (estado de EE.UU.). *Visitamos la ciudad californiana de San Francisco.* Tb. m. y f. *Una californiana me enseñó a hacer surf.*

calígine. f. cult. Niebla o tenebrosidad. *La calígine de la tarde envolvía las figuras que paseaban por el parque.*

caliginoso, sa. adj. cult. Nebuloso o tenebroso. *Los pescadores se dirigieron hacia el puerto en la caliginosa madrugada.*

caligrafía. f. **1.** Arte de escribir con letra bella y correctamente formada, según diferentes estilos. *Los niños aprendían caligrafía copiando las palabras que les escribía su profesor.* **2.** Conjunto de rasgos que caracterizan una escritura. *A ver si mejoras tu caligrafía, que no se entiende lo que escribes. Lo reconocieron por la abigarrada caligrafía de su firma.*

caligrafiar. (conjug. ENVIAR). tr. Escribir (caracteres) con letra bella, según un estilo determinado. *El copista caligrafió el título en el manuscrito.*

caligráfico, ca. adj. De la caligrafía. *El arte caligráfico chino es muy esmerado. El informe caligráfico será determinante para hallar al culpable.*

calígrafo, fa. m. y f. **1.** Persona que escribe a mano con letra bella y correctamente formada. *Los calígrafos de la abadía copiaban los manuscritos antiguos.* **2.** Persona que tiene especiales conocimientos en el arte de la caligrafía. *En el Palacio Real se conservan obras de prestigiosos calígrafos.*

caligrama. m. *Lit.* Composición poética que utiliza como recurso expresivo la disposición tipográfica para intentar representar el contenido del poema. *Apollinaire escribió un conocido caligrama que representaba una paloma y un surtidor.*

calima. f. Calina. *Apenas podíamos respirar en la agobiante calima de la tarde.*

calimocho. m. Bebida que consiste en una mezcla de vino tinto y refresco de cola. *Para la fiesta preparamos un barreño de sangría y otro de calimocho.*

calina. f. Niebla ligera propia de épocas calurosas, que se produce por la existencia de partículas en suspensión. *Los meteorólogos anunciaban calinas en el interior de la Península.* ▶ CALIMA.

calipso. m. Baile popular caribeño. *Unos bailarines bailaban calipsos en los carnavales.* Tb. su música. *El disco incluye toques de calipso y samba.*

cáliz. m. **1.** Copa de oro o plata que se utiliza en la misa para contener el vino que se ha de consagrar. *El sacerdote bebió del cáliz. En la exposición sobre arte cristiano había cálices de oro y pedrería.* **2.** cult. Amargura o aflicción. *Apuró el cáliz doloroso de la despedida.* **3.** *Bot.* Cubierta exterior de una flor formada por hojas, gralm. verdes, por donde se une al tallo. *El cáliz de la rosa está lleno de pulgón.*

calizo, za. adj. **1.** Dicho frec. de piedra o terreno: Que contienen cal. *La fábrica de cemento estaba cerca de unos terrenos calizos. Con esta agua tan caliza, no consigo que los garbanzos queden tiernos.* ● f. **2.** Roca compuesta por carbonato de cal. *La caliza se aprovecha como material de construcción.* ▶ **1:** CALCÁREO.

callada. f. Hecho de no contestar. *No me respondió, pero yo percibí en su callada un rechazo de mi propuesta.* ■ **dar** alguien **la callada por respuesta.** loc. v. Dejar intencionadamente de contestar. *Le pregunté de dónde venía, y ella me dio la callada por respuesta.*

callado, da. part. **1.** → **callar.** ● adj. **2.** Dicho de persona: Silenciosa o reservada. *Deberías abrirte un poco más a la gente y no ser tan callado.* **3.** Dicho de persona o cosa: Silenciosa o que no hace ruido. *Sus vecinos son gente callada que no alborotan ni molestan con gritos.* **4.** Dicho de cosa: Hecha con silencio o reserva. *Su labor, callada y eficaz, ha sido reconocida al fin.*

callar. intr. **1.** Cesar de hablar. *Callaron cuando entré en la sala. Callaos ya, que lleváis una hora discutiendo.* Frec. prnl. *El profesor nos dijo que, si no nos callábamos, nos echaría de clase.* **2.** Cesar de emitir un sonido. *En el segundo movimiento callan los violines y entran las flautas. El bebé no ha callado en toda la noche. El perro calló cuando se lo ordenó su amo.* **3.** No hablar. *Durante la reunión callaba, abstraído en sus pensamientos.* Tb. prnl. *Es muy tímido y siempre que conoce a gente se calla y no dice nada.* ○ tr. **4.** No decir (algo) u omitir(lo). *Sabe muchas cosas, pero las calla.* Frec. con un pron. expresivo de interés. *Prefirió callarse lo que pensaba.* ■ **calla.** interj. Se usa para expresar sorpresa. *–¿Sabes que Pepe y Rosa se van a divorciar? –¡Calla, no tenía ni idea!* ■ **callando.** adv. coloq. En silencio o sin hacer ruido. Más frec. *callandito. Llegué tarde a casa y entré callandito para no despertar a nadie.*

calle. f. **1.** Camino entre dos filas de edificios o solares de una población. *La casa está en una de las calles más transitadas de la ciudad. En esa calle no se puede aparcar.* Frec. se usa como parte del nombre de ese camino. *Tiene una zapatería en la Calle Real. Vive en la Calle de Alcalá.* **2.** Zona urbana al aire libre por la que se puede transitar. *Después de hacer los deberes salió a la calle a jugar. El otro día me encontré en la calle, en un parque, a mi profesor.* **3.** Camino limitado por dos hileras de plantas. *Los árboles del plantío forman calles.* **4.** Público en general, como conjunto mayoritario que opina. *El político utiliza el lenguaje de la calle para acercarse a su público. La opinión de la calle no coincidía con las decisiones del Gobierno.* **5.** Libertad, o estado de quien no está preso. Gralm. en las constr. *en la ~* o *a la ~*. *A los dos días de detenerlos, el juez los pone de nuevo en la calle. Recién salido a la calle, volvió a delinquir.* **6.** *Dep.* En ciertas competiciones de atletismo y natación: Franja por la que ha de desplazarse cada deportista. *El plusmarquista español de braza nadaba por la calle cuatro.* ■ **echar a la ~, o plantar, o poner, en la ~** (a alguien). loc. v. coloq. Expulsar(lo) de su casa, de un cargo o de un trabajo. *Se metieron en su casa como invitados y acabaron echándola a la calle. El jefe lo echó a la calle por indisciplinado. La empresa pondrá en la calle a cinco trabajadores.* ■ **echar, o tirar, por la ~ de en medio, o del medio.** loc. v. coloq. Tomar una decisión terminante sin reparar en los inconvenientes. *El presidente, ante la crisis, decidió tirar por la calle de en medio y convocar elecciones.* ■ **echarse a la ~.** loc. v. **1.** Salir de casa. *Cuando oyó aquello, cogió el abrigo y se echó a la calle.* **2.** Sublevarse o amotinarse. *Los trabajadores de la fábrica se echaron a la calle ante la inminente quiebra de la empresa.* ■ **en la ~.** loc. adv. **1.** Sin alojamiento. Frec. con los v. *dejar* o *quedarse*. *La casa se hundió y varias familias se quedaron en la calle.* **2.** coloq. Sin bienes o sin trabajo. Frec. con los v. *dejar* o *quedarse*. *La quiebra de la empresa dejó en la calle a miles de trabajadores.* ■ **hacer la ~** una persona que se dedica a la prostitución. loc. v. coloq. Buscar clientes en la vía pública. *Son muchas las inmigrantes que se dedican a hacer la calle para sobrevivir.* ■ **llevarse** (a alguien) **de ~.** loc. v. coloq. Conquistar(lo) o cautivar(lo) con facilidad. *Con su simpatía y sencillez se lleva de calle a todos los que la conocen.* ■ **llevar,** o **traer, por la ~ de la amargura** (a alguien). loc. v. coloq. Producir(le) muchas preocupaciones. *El pago de la letra le trae por la calle de la amargura.* ■ **plantar,** o **poner, en la ~.** → **echar a la ~.** ■ **rondar,** o **pasear, la ~** (a una mujer) un pretendiente. loc. v. Hacerse notar (ante ella), paseando ante su casa o de otro modo. *Después de aquel baile, Felipe comenzó a rondarle la calle.* ▶ **1:** RÚA. **6:** *PISTA.

calleja. f. Calle estrecha. *El restaurante al que vamos está en una calleja del barrio viejo.*

callejear. intr. Andar por las calles sin dirección ni propósito determinados. *Pasamos la tarde callejeando por la ciudad.*

callejeo. m. Hecho de callejear. *Los vecinos estaban acostumbrados al callejeo continuo de los turistas.*

callejero, ra. adj. **1.** De las calles o vías. *Compré este bocadillo en un puesto callejero. Unos perros callejeros hurgaban en las bolsas de basura.* **2.** Dicho de persona: Que gusta de callejear. *Qué callejero ha salido tu hijo.* ● m. **3.** Índice o lista de calles de una ciudad. *Al callejero de la ciudad se ha incorporado el nombre de una conocida pintora.* Tb. el libro que incluye este índice o lista de calles acompañado de planos que ayudan a situar las mismas. *El turista llevaba en la mochila el callejero de Roma.*

callejón. m. **1.** Paso estrecho y largo entre paredes o casas. *Paseaba por los callejones empedrados del casco antiguo.* **2.** *Taurom.* En una plaza de toros: Espacio que existe entre la barrera y el muro en que comienza el tendido. *Salta al callejón si ves que la vaquilla se te viene encima.* ■ **~ sin salida.** m. Situación difícil o imposible de resolver. *El paro nos llevó a un callejón sin salida.*

callejuela. f. Calle estrecha y corta. *La callejuela daba a una plaza donde se encontraba la iglesia.*

callicida. m. Sustancia para eliminar los callos o durezas. *El pedicuro me recomendó un callicida.*

callista. m. y f. Persona que tiene por oficio tratar y curar callos o durezas, y otras dolencias de los pies. *Tenía consulta con el callista para que le curara un uñero.* ▶ PEDICURO.

callo. m. **1.** Dureza por roce o presión, que se forma en algunas partes del cuerpo, espec. en manos y pies. *Tenía la mano llena de callos, de trabajar con la azada en el campo. El calzado estrecho me ha producido un callo en el dedo pequeño del pie.* **2.** coloq. Mujer muy fea. *Qué sorpresa cuando vimos a su novia: ¡pero si es un callo!* **3.** coloq. Insensibilidad que se obtiene por el hábito de experimentar una situación molesta o desagradable. *No conseguirás que ceda: lleva diez años en el cargo y ya ha criado callo.* ○ pl. **4.** Pedazos del estómago de la vaca, ternera o carnero, que se comen guisados. *Con las cervezas, nos pusieron un aperitivo de callos con garbanzos.* ■ **dar el ~.** loc. v. coloq. Trabajar duramente. *Se pasaba el día dando el callo para ganar cuatro perras. Si no das el callo en este curso, repetirás.* ▶ **1:** CALLOSIDAD, DUREZA.

callosidad. f. Callo, espec. el que es más superficial. *Se aplicaba crema en las manos para que no le salieran callosidades y asperezas.* ▶ *CALLO.

calloso, sa. adj. Que tiene callos o durezas. *¿Sentiste su mano callosa cuando te saludó?*

calma. f. **1.** Estado de la atmósfera cuando no hay viento. *La búsqueda del pesquero se reanudará cuando termine la tormenta y vuelva la calma.* **2.** Paz o tranquilidad. *Tómatelo con calma. La calma llegó al cesar los bombardeos.* **3.** Lentitud para hacer algo. *Me pone de los nervios esa calma tuya cuando nos están esperando. La anciana pronunció con calma las palabras del conjuro.* ■ **~ chicha.** f. **1.** Quietud completa del aire, espec. en el mar. *El parte meteorológico pronostica calma chicha cerca de las islas.* **2.** coloq. Quietud o inactividad. *Sus años de presidencia se caracterizaron por la calma chicha en los negocios.* □ **en ~.** loc. adj. Dicho del mar: Que no tiene olas. *El día era azul y el mar estaba en calma.* ▶ **2:** SERENIDAD, TRANQUILIDAD.

calmante. adj. Que calma o alivia el dolor. *En el balneario recibirá baños calmantes.* Frec. m., referido a medicamento. *Tras la noticia, tuvieron que administrarle un calmante.*

calmar. tr. **1.** Poner en calma (algo o a alguien). *Trataba de calmarla* CON *palabras tranquilizadoras.* Tb. en constr. prnl. media. *Se calmó cuando el médico le dijo que no tenía nada.* **2.** Aliviar (un dolor o una necesidad). *Toma una aspirina para calmar el dolor de cabeza.* ▶ **1:** APLACAR, AQUIETAR, SERENAR, TRANQUILIZAR. **2:** APLACAR.

calmo, ma. adj. cult. Tranquilo o sosegado. *Era una hombre calmo y reservado.*

calmoso, sa. adj. **1.** Tranquilo o sosegado. *Se dirigió a la audiencia con voz calmosa para apaciguar los ánimos.* **2.** Que tiene calma o lentitud. *Para lo que le interesa es muy vivo, y para lo que no, muy calmoso.*

caló. m. Lengua de los gitanos. *La palabra "pinrel" viene del caló.* ▶ ROMANÍ.

calor. m. **1.** Sensación similar a la que produce en el cuerpo la exposición a los rayos solares. *¿No tienes calor con el abrigo puesto?* **2.** Cualidad que posee algo, espec. el aire o la atmósfera, cuando causa calor (→ 1). *Esperamos a que el calor del mediodía se pasara para salir a dar un paseo.* Frec. con *hacer*. *Lleva toda la tarde dando el sol en la habitación y hace mucho calor.* **3.** Actitud favorable o afectuosa. *El calor de sus amigos le ayudó a superar su depresión. Los compañeros de su nuevo equipo lo acogerán con mucho calor.* **4.** Entusiasmo o apasionamiento. *Debatían con tanto calor que casi llegan a las manos.* **5.** *Fís.* Energía que se produce por el movimiento de las moléculas de los cuerpos y que causa la dilatación y los cambios de estado de estos. *Por el calor, los sólidos se vuelven líquidos y los líquidos se vaporizan.* ■ **al ~ de.** loc. prepos. coloq. Al amparo o con la ayuda de. *Al calor de la revuelta estudiantil, surgen varias asociaciones.* ■ **entrar en ~** una persona que tenía frío. loc. v. Empezar a sentir calor (→ 1). *Hacía tanto frío que tuvo que tomarse un café para entrar en calor.*

caloría. f. *Fís.* Unidad de energía térmica equivalente a la cantidad de calor necesaria para elevar la temperatura de un gramo de agua en un grado centígrado, de 14,5° a 15,5°, a la presión normal (Símb. *cal*). *Los dulces tienen muchas calorías.* Tb. ~ *gramo* o ~ *pequeña.*

calorífico, ca. adj. **1.** De producción o distribución de calor. *La antracita es el carbón con mayor capacidad calorífica.* **2.** Del calor. *Un aislamiento térmico adecuado evitará las pérdidas caloríficas.*

calorina. f. coloq. Calor sofocante. *¿Quién es el valiente que se pone a correr con esta calorina?*

calostro. m. Primera leche que da la hembra después de parir. *El calostro proporciona los anticuerpos de la madre al recién nacido.* Tb. en pl. con significado sing.

calumnia. f. Hecho o efecto de calumniar. *Las calumnias levantadas contra él dañaron su imagen pública.*

calumniador, ra. adj. Que calumnia. *Personas desaprensivas y calumniadoras.* Dicho de pers., tb. m. y f. *Lo que ha dicho es mentira: es usted un calumniador.*

calumniar. (conjug. ANUNCIAR). tr. Acusar falsa y maliciosamente (a una persona) para causar(le) daño o perjuicio. *Denunció a los que lo habían calumniado.*

calumnioso, sa. adj. Que contiene calumnia. *No estoy dispuesta a tolerar esas descalificaciones calumniosas.*

caluroso, sa. adj. **1.** Que tiene calor o lo produce. *Qué noche tan calurosa.* **2.** Cálido o afectuoso. *Se despidieron con un caluroso abrazo. El cantante recibió una calurosa ovación.*

calva. f. **1.** Parte de la cabeza que ha perdido total o parcialmente el pelo. *Ocultaba su calva con un peluquín. Le han salido unas calvas en la cabeza debido a una enfermedad.* Tb. designa la parte de un tejido, o pieza de tejido, que ha perdido su pelo. *Esta alfombra está para tirarla, con tantas calvas.* **2.** Parte de un terreno desprovista de vegetación. *Tenía el césped del jardín muy descuidado y lleno de calvas.*

calvados. m. Aguardiente de sidra, originario de Calvados (departamento de Francia). *El camarero nos preparó un cóctel a base de zumo de naranja, ginebra y calvados.*

calvario. m. Sucesión de adversidades o desgracias que sufre una persona. *Está viviendo un calvario desde que murió su mujer.* Frec. con intención enfática. *¡Ay, Dios mío, qué calvario estoy pasando con ese hombre!* ▶ *TORMENTO.

calvero. m. Zona sin árboles en el interior de un bosque. *Pusimos la tienda de campaña en un calvero del pinar.*

calvicie. f. Falta o pérdida de pelo en la cabeza. *Seguía un tratamiento capilar para frenar la calvicie.* ▶ ALOPECIA.

calvinismo. m. Doctrina religiosa protestante de Juan Calvino (teólogo y reformador francés, 1509-1564). *El calvinismo se arraigó en Francia.*

calvinista. adj. **1.** Del calvinismo. *Dogmas calvinistas.* **2.** Seguidor del calvinismo o que lo practica. *Comunidades calvinistas.* Tb. m. y f. *Ofició la boda entre una calvinista y un católico.*

calvo, va. adj. Dicho de persona: Que ha perdido total o parcialmente el pelo de la cabeza. *A los cuarenta años se quedó calvo.* Tb. dicho de la parte del cuerpo correspondiente. *Coronilla calva.* Dicho de pers., tb. m. y f. *El sargento era un calvo con muy mal genio.* ▶ ALOPÉCICO. || **Am:** PELADO.

calza. f. histór. Prenda de vestir masculina que cubría el muslo y la pierna. *El personaje del retrato vestía calzas y jubón.*

calzada. f. **1.** Parte de una calle o de una carretera por donde circulan los vehículos. *La moto derrapó y se salió de la calzada.* **2.** histór. Vía o camino empedrados construidos por los antiguos romanos. *Los romanos construyeron puentes, calzadas y acueductos.* Tb. ~ *romana. Cerca de su pueblo pasa una calzada romana.* ▶ **1:** *CAMINO.

calzado¹. m. Conjunto de prendas destinadas a cubrir y proteger el pie. *Necesitaba calzado ligero y cómodo, y se compró unas sandalias.*

calzado², da. part. **1.** → **calzar.** ● adj. **2.** Dicho de religioso: Que pertenece a una orden que usa zapatos, en contraposición a otra que usa sandalias. *Estudiaba en un colegio de carmelitas calzados.* **3.** Dicho de animal: Que en la parte inferior de sus patas tiene color distinto que en el resto del cuerpo. *El premio hípico lo ganó una yegua negra y calzada.* **4.** Dicho de ave: Que tiene los tarsos cubiertos de plumas hasta el nacimiento de los dedos. *Nos habló de una variedad de gallinas calzadas.*

calzador. m. Utensilio de forma acanalada y material rígido, que se utiliza para que el pie entre fácilmente en el zapato. *El vendedor le dejó un calzador para que se probara los mocasines.* ■ **con ~.** loc. adv. coloq. Forzadamente o con dificultad. *El autobús estaba tan lleno que entramos con calzador. Solo con calzador podríamos considerar que el cuadro pertenece al impresionismo.*

calzar. tr. **1.** Cubrir los pies (de alguien) con calzado. *Calza al niño, que puede clavarse algo en un pie. Aún no sabe calzarse solo.* Tb. referido al calzado. *Se calzaron las botas de montaña.* Tb. fig., referido a gafas o a otras prendas de vestir. *Se calzó un gorro de lana para salir a la calle.* **2.** Cubrir (los pies) con calzado. *Calzaba los pies con zapatos de tacón.* **3.** Proporcionar calzado (a alguien). *Esa zapatería calza a todo el barrio.* **4.** Tener (una medida de calzado determinada). *Calza un 48.* **5.** Poner una cuña u otro objeto (a algo, espec. a un vehículo o a un mueble) para impedir que se mueva. *El mecánico calzó el coche para revisarlo. Calza la mesa con esta hoja de periódico.*

calzo. m. Cuña para calzar algo, como un vehículo o un mueble. *El remolque estaba asegurado con calzos en las ruedas.*

calzón. m. **1.** Prenda deportiva que se ajusta a la cintura y llega hasta una altura variable de los muslos, cubriendo cada pierna por separado. *El campeón de boxeo peleaba con calzón negro. Las jugadoras del Sevilla llevarán hoy camiseta y calzón rojos.* Tb. la prenda interior masculina de forma semejante, y entonces frec. en pl. con significado sing. *Desde bien pequeño, no consentía que su madre le bajara los calzones.* **2.** Am. Braga (prenda femenina). *Usaban calzones y sostenes de seda* [C]. Frec. en pl. con significado sing. *Se quitó la bata de algodón, la enagua y los calzones de lienzo* [C]. ■ **a ~ quitado.** loc. adv. coloq. Sin ocultar nada y sin reparos. *Hablaron a calzón quitado.* ▶ **2:** *BRAGA.

calzonazos. m. coloq. Hombre de carácter débil y fácilmente gobernable, espec. por una mujer. *Acabó casándose con un calzonazos.* Tb. adj. *Ese tipo es un poco calzonazos.*

calzoncillo. m. Prenda interior masculina que llega aproximadamente desde la cintura hasta una altura variable de los muslos, cubriendo cada pierna por separado. *Echa a la maleta un calzoncillo más.* Frec. en pl. con significado sing. *El toro ha desgarrado los calzoncillos del mozo.* ▶ SLIP. || **Am:** TRUSA.

cama. f. **1.** Mueble formado por una armazón sobre la que se coloca un colchón, una almohada y otras prendas que lo cubren, y que sirve para dormir o descansar. *Como compremos esa cama, no nos quedará dinero para el colchón.* Tb. el conjunto de esa armazón, el colchón y las prendas que lo cubren. *Se echó en la cama para dormir la siesta.* **2.** En un hospital: Plaza para un enfermo. *En la admisión de pacientes del hospital nos dijeron que no había camas.* **3.** Capa de paja u otro material adecuado que, en un establo, sirve para que el ganado descanse. *El granjero cambia la paja de las camas a sus vacas.* **4.** Lugar donde se echa un animal salvaje para descansar. *Al abrigo de unos matorrales hallaron una cama de jabalí.* **5.** En un plato cocinado: Conjunto de alimentos que se ponen debajo del resto de ingredientes, y que sirven como base de ellos. *Sobre una cama de lechuga, disponga los filetes de salmón.* ■ **~ de matrimonio.** f. Cama (→ 1) grande para dos personas. *Alquilaron una habitación con cama de matrimonio.* ■ **~ camera.** f. Cama (→ 1) de tamaño adecuado para una sola persona. *El apartamento de la playa tiene seis camas cameras.* ■ **~ elástica.** f. Aparato formado por una lona sujeta con muelles a un soporte fijo, que se utiliza para realizar saltos gimnásticos. *Unos niños se divertían saltando en las camas elásticas del parque de atracciones. El gimnasta calentaba en la cama elástica.* ■ **~ mueble.** f. Mueble que alberga una cama (→ 1) en su interior. *La habitación es tan pequeña que solo hay espacio para una cama mueble.* Tb. *mueble ~*. ■ **~ redonda.** f. Relación sexual que se practica entre más de dos personas. *Aquella fiesta acabó en cama redonda.* ■ **~ turca.** f. Especie de sofá sin respaldo ni brazos que sirve de cama (→ 1). *En su piso de soltero tenía una cama turca.* □ **estar en ~**, o **guardar ~.** loc. v. Permanecer echado en la cama (→ 1) por causa de una enfermedad. *Llamó al trabajo diciendo que estaba en cama por una gripe. El médico me recomienda guardar cama hasta el martes.* ■ **hacerle** (a alguien) **la ~.** loc. v. coloq. Trabajar en secreto para perjudicar(lo). *Sus compañeros, en su ausencia, le habían estado haciendo la cama.* ▶ **1:** CATRE.

camada. f. **1.** Conjunto de las crías de determinados mamíferos, nacidas del mismo parto. *La coneja cuidaba su camada en la madriguera. La camada de gatitos jugaba sobre la alfombra.* **2.** despect. Grupo de personas que comparten un origen común. *Si la situación del poblado no se soluciona, tendremos una camada de delincuentes e inadaptados.*

camafeo. m. Figura tallada en relieve sobre una piedra preciosa, gralm. ónice. *Este camafeo de nácar es herencia de mi familia.* Tb. la piedra preciosa.

camaleón. m. **1.** Reptil capaz de cambiar de color para camuflarse, cuyos ojos tienen movimiento independiente, y que posee una larga lengua pegajosa para cazar insectos. *El guía nos indicó la presencia de un camaleón en las ramas de un arbusto.* **2.** coloq. Persona que tiene habilidad para cambiar de aspecto o comportamiento según las circunstancias. *El actor demuestra ser un camaleón de la interpretación.*

camaleónico, ca. adj. Propio del camaleón o de la persona con habilidad para cambiar de aspecto o comportamiento. *Tiene una capacidad camaleónica para hacer imitaciones de famosos.*

cámara. f. **1.** Espacio o recinto. *Cámara anterior del ojo. En la cámara de combustión del motor se produce la ignición de los gases.* **2.** Recinto dotado de instalaciones que producen frío artificial, destinado a conservar alimentos u otros productos que se pueden deteriorar a temperatura ambiente. *El carnicero entró en la cámara y sacó una pieza de carne. La fruta se conserva en cámaras.* Frec. *~ frigorífica. El buque está dotado de cámara frigorífica.* **3.** En un barco: Compartimento, espec. el destinado a alojamiento de un oficial o jefe. *El capitán los invitará a cenar en su cámara.* **4.** cult. Habitación, frec. de uso privado. *El Papa salió de su cámara y se dirigió al balcón para saludar a los fieles. Los novios se retiraron a la cámara nupcial.* **5.** (Frec. en mayúsc.). En un sistema político representativo: Órgano legislativo. *Se habla de sistema unicameral o bicameral, según tenga una o dos cámaras. La Cámara no aprobó la propuesta de ley del Gobierno.* **6.** Organismo que se encarga de organizar y regular los asuntos de una actividad profesional. *Cámara de comercio. Cámara agraria.* **7.** Aparato que sirve para hacer fotografías. *Es fotógrafo de prensa y siempre utiliza un par de cámaras.* Tb. *~ fotográfica. Mi cámara fotográfica hace unas fotos estupendas.* **8.** Aparato que sirve para registrar imágenes en movimiento. *Una cámara conectada a un circuito de seguridad graba a la gente que entra en el recinto. Se aficionó al cine haciendo películas caseras con una cámara de vídeo.* **9.** Pieza de goma, provista de una válvula para inyectar aire a presión, que va alojada en el interior de un neumático o de un balón de deporte. *Ha arreglado el pinchazo de la bicicleta pegando un parche en la cámara. Infló tanto el balón que la cámara reventó.* ○ m. y f. **10.** Persona que se dedica al manejo de una cámara (→ 8). *Es cámara de una televisión privada.* ■ **Cámara alta.** f. Senado. *El partido del gobierno tiene mayoría en la Cámara alta.* ■ **Cámara baja.** f. Congreso de los Diputados. *La Cámara baja aprobó los presupuestos para el próximo año.* ■ **~ de aire.** f. Espacio que se deja en el interior de un muro o de una pared y que sirve de aislamiento. *La casa tiene un doble aislamiento térmico situado en la cámara de aire.* ■ **~ de compensación.** f. Asociación de bancos, destinada a simplificar y facilitar el intercambio de cheques, letras de cambio y otros efectos. *Las cámaras de compensación ofrecen la garantía plena del cumplimiento de los contratos.* ■ **~ de gas.** f. Recinto hermético destinado a ejecutar a una o más personas por medio de gases tóxicos. *Fue condenado a muerte y será ejecutado en la cámara de gas. Miles de judíos murieron en las cámaras de gas de los nazis.* ■ **Cámara de los Comunes.** f. En Gran Bretaña: Asamblea legislativa equivalente al Congreso de los Diputados. *El Primer Ministro hablará hoy en la Cámara de los Comunes.* ■ **Cámara de los Lores.** f. En Gran Bretaña: Asamblea legislativa constituida por los nobles. *Los laboristas pedían la abolición de la Cámara de los Lores.* ■ **~ lenta.** f. Rodaje acelerado de una película para producir un efecto de lentitud al proyectar la imagen a velocidad normal. *El director utiliza la cámara lenta en su última película.* Frec. en la constr. *a ~ lenta. En la repetición del gol a cámara lenta, se vio que había fuera de juego.* ⇒ RALENTÍ. ■ **~ mortuoria.** f. Capilla ardiente. *Los familiares velaban el cadáver en la cámara mortuoria.* ■ **~ oscura.** f. *Fís.* Aparato óptico que consiste en una caja cerrada y opaca con una abertura por donde entra la luz, la cual reproduce dentro de la caja una imagen invertida de los objetos situados frente al orificio. *La cámara oscura fue el precedente de la* *cámara fotográfica.* □ **chupar ~.** loc. v. coloq. En televisión o fotografía: Situarse en primer plano o hacerse notar. *El tertuliano quería chupar cámara, porque no hacía más que interrumpir.* ■ **de ~.** loc. adj. **1.** Dicho de conjunto musical, espec. de orquesta: Que está compuesto por un número reducido de músicos, gralm. con predominio de instrumentos de cuerda. *Los alumnos de violín han formado una orquesta de cámara.* **2.** Dicho de música o composición musical: Destinada a ser interpretada por un conjunto de cámara (→ **de cámara** 1). *Asistimos a un concierto de música de cámara interpretado por un cuarteto de cuerda.* **3.** histór. Dicho de persona: Que en el palacio real estaba al servicio del rey con un determinado cometido. *Velázquez fue pintor de cámara en la corte de Felipe IV.* ▶ **10:** CAMERAMAN. ‖ **frecAm: 10:** CAMARÓGRAFO.

camarada. m. y f. **1.** Compañero con el que se mantiene un trato de amistad y confianza. *Eran camaradas desde niños.* **2.** En determinadas asociaciones políticas o sindicales: Correligionario. *Un sindicalista exhortaba a sus camaradas a una huelga general.* ▶ **1:** COMPAÑERO. **2:** CORRELIGIONARIO.

camaradería. f. Relación amistosa y cordial propia de camaradas. *La ceremonia de traspaso de poder se desarrolló en un ambiente de camaradería.*

camaranchón. m. despect. Desván de una casa. *Lo alojaron provisionalmente en un camaranchón donde instalaron una cama.*

camarero, ra. m. y f. **1.** Persona que tiene por oficio servir consumiciones en restaurantes, bares u otros establecimientos similares. *Los camareros de la boda retiraron los platos.* **2.** Persona que tiene por oficio acondicionar las habitaciones o atender a los clientes en un hotel o un barco. *La camarera aún no ha cambiado las sábanas.* ○ m. **3.** histór. Jefe de la cámara del rey. Tb. *camarero mayor. Uno de sus antepasados fue camarero mayor del rey.* ○ f. **4.** histór. Dama de más autoridad entre las que servían a la reina. Tb. *camarera mayor. El príncipe Baltasar Carlos fue educado por la camarera mayor de la reina Isabel.* ▶ **Am: 1:** MESERO, MESONERO.

camarilla. f. Conjunto de personas que influyen en los asuntos de Estado o en las decisiones que toma un gobernante. *Aconsejado por su camarilla, el rey destituyó al ministro.*

camarín. m. **1.** Capilla pequeña de una iglesia, en que se venera una imagen. *La imagen del apóstol volvió al camarín de la iglesia tras ser restaurada.* **2.** Camerino. *Un admirador le ha mandado flores a su camarín.*

camarlengo. m. Cardenal que preside la Cámara Apostólica, y que es el encargado de gobernar el Vaticano cuando fallece el Papa. *El camarlengo llamará a un cónclave para elegir al nuevo Papa.*

camarógrafo, fa. m. y f. frecAm. Cámara (persona). *En los disturbios, un camarógrafo de Canal 13 fue herido mientras filmaba* [C]. ▶ *CÁMARA.

camarón. m. Crustáceo comestible parecido a la gamba pero de pequeño tamaño. *Con la caña de cerveza les pusieron un platito de camarones.* ▶ QUISQUILLA.

camarote. m. Compartimento de un barco, con una o varias camas. *La luz entraba por el ojo de buey del camarote.* ▶ CABINA.

camastro. m. despect. Cama pobre y sin comodidades. *No puede ser que en un hotel tan caro tengan estos camastros.*

cambalache. m. coloq., despect. Trueque, frec. malicioso. *Es un artista del regateo y el cambalache.* Tb. fig., para designar un acuerdo o negocio que tiene componentes censurables. *¡Se acabaron las componendas y los cambalaches en este ayuntamiento!*

cambiador, ra. adj. **1.** Que cambia o sirve para cambiar. *Bandeja cambiadora de CD.* Dicho de máquina o dispositivo, tb. m. ● m. **2.** Colchón de tela, gralm. impermeable, sobre el que se coloca a un bebé para cambiarle de pañales. *La colonia y la crema hidratante del bebé están junto al cambiador.*

cambiante. adj. Que cambia. *Tiene un carácter cambiante. Me mareaba la luz cambiante de la discoteca.*

cambiar. (conjug. ANUNCIAR). tr. **1.** Convertir (algo) en otra cosa distinta u opuesta. *La noticia de que le había tocado la lotería cambió su llanto* EN *alegría.* **2.** Dar o tomar (algo) a cambio de otra cosa. *Cambio mi viejo ordenador* POR *otro más potente.* **3.** Dar o tomar (dinero o valores) por otros equivalentes. *En el banco te cambiarán los pesos* POR/EN *euros. En Perú podremos cambiar los cheques de viaje.* **4.** Poner (algo) de manera distinta a como era o estaba. *Van a cambiar el horario de las tiendas.* **5.** Poner (algo) en lugar de otra cosa de similares características. *Van a cambiarle el aceite del coche en el taller.* **6.** Trasladar o llevar (algo o a alguien) de un lugar a otro. *El camarero cambió la mesa* DE *sitio. El detective se cambió* DE *esquina.* **7.** Poner (a alguien) una cosa, espec. una prenda, en lugar de otra de similares características. *Cambié* DE *pañales al bebé. Se cambió* DE *traje para la fiesta.* ○ intr. **8.** Volverse distinto o variar de apariencia o condición. *En verano el pueblo cambia con la llegada de extranjeros. Noté que había cambiado mucho tras su experiencia de casado.* **9.** Tomar una cosa por otra de similares características. *Cambiaré* DE *sofá cuando me compre mi nueva casa.* **10.** Tomar el viento otra dirección. *Tras la tormenta el viento cambió y ahora sopla de sudoeste.* **11.** En un vehículo de motor o en una bicicleta: Pasar de una marcha a otra. *El camionero cambió a primera para poder subir la cuesta.* ▶ **4:** VARIAR. **5, 7:** MUDAR. **8:** VARIAR.

cambiazo. m. coloq. Hecho de cambiar una cosa por otra de manera fraudulenta. Frec. con *dar. Le pillaron dando el cambiazo en un examen.*

cambio. m. **1.** Hecho o efecto de cambiar. *El cambio de dirección supuso una mejora para la empresa. Ha introducido una serie de cambios en su indumentaria.* **2.** Conjunto de dinero en monedas o billetes de poco valor. *Pagó con un billete de diez mil porque no tenía cambio.* **3.** Dinero que se devuelve al realizar un pago con una cantidad superior a la necesaria. *Como cajera es un desastre: siempre se equivoca al dar los cambios.* **4.** Valor relativo de la moneda de un país con respecto a la de otro. *En el banco te podrán decir a cuánto está hoy el cambio de marcos.* **5.** En un vehículo de motor o en una bicicleta: Mecanismo que permite pasar de una velocidad a otra. *La palanca de cambios está situada a la derecha del conductor. Se le ha estropeado el cambio de la bicicleta.* Tb. ~ *de marchas,* o *de velocidades. Su coche tiene el cambio de marchas automático.* ■ **libre ~.** → **librecambio.** □ **a ~.** loc. adv. En compensación o como contrapartida. *Confíe en nosotros y a cambio no le fallaremos.* ■ **a ~ de.** loc. prepos. En lugar de. *Le entregaron un vehículo nuevo a cambio del suyo usado.* ■ **a las primeras de ~.** loc. adv. A la primera oportunidad u ocasión. *Prometió no beber más y a las primeras de cambio le vimos con una copa en la mano.* ■ **en ~.** loc. adv. Por el contrario. *Es muy prudente; en cambio, su hermano es un alocado.* ▶ **1:** VARIACIÓN. **3:** *VUELTA.

cambista. m. y f. Persona que cambia moneda o que realiza esta actividad como profesión. *En el barrio viejo abundaban los cambistas y los mercaderes a la caza del turista.*

cámbium. m. *Bot.* Estrato celular de las plantas leñosas, que es el responsable del crecimiento en grosor de la planta. *El tronco de un árbol está formado por el leño o parte central, el cámbium o segundo estrato, y el líber o parte más externa.*

camboyano, na. adj. De Camboya. *La agricultura es muy importante para la economía camboyana.* Dicho de pers., tb. m. y f. *Se ha casado con una camboyana.*

cámbrico, ca. adj. **1.** (Como m. se usa en mayúsc.). *Geol.* Dicho de división geológica: Que es la primera o más antigua de la era paleozoica. Tb. m. *Los crustáceos aparecen en el Cámbrico.* **2.** *Geol.* Del Cámbrico (→ 1). *Fósiles cámbricos.*

cambur. m. Am. Plátano (fruto, o planta). *Se comía dos cambures o un racimo de uvas* [C]. *Sembraba cafetos y cambures* [C]. ▶ *PLÁTANO.

camelar. tr. coloq. Engañar (a alguien), espec. con halagos, para conseguir algo (de él). *A ver si la camelo para que me lo regale. Tú a mí no me camelas.*

camelia. f. Arbusto de flores muy vistosas, blancas, rosas o rojas, y sin aroma, y hojas lustrosas. *En la umbría del jardín crecía una camelia.* Tb. su flor. *Le regalaron un ramo de camelias rojas.*

camélido, da. adj. **1.** *Zool.* Del grupo de los camélidos (→ 2). *Especies camélidas.* ● m. **2.** *Zool.* Mamífero rumiante sin cuernos, de patas largas, adaptadas para caminar en la arena o la nieve, como el camello y la llama.

camella. → **camello.**

camellero. m. Persona que cuida o conduce camellos. *En nuestro viaje a Túnez un camellero nos guió por el desierto.*

camello, lla. m. **1.** Mamífero rumiante de gran tamaño, con dos jorobas, pelo largo, y que se utiliza como montura o animal de carga. *Divisamos una caravana de camellos.* Tb. designa específicamente al macho. **2.** coloq. Persona que vende droga al por menor. *La policía detuvo a varios camellos que pasaban hachís en el barrio.* ○ f. **3.** Hembra del camello (→ 1). *El jeque pidió que le trajeran leche de camella para desayunar.*

camellón. m. **1.** frecAm. Caballón. *Se pueden trazar camellones, si el terreno es en declive* [C]. **2.** Am. Franja, frec. ajardinada, que divide las dos calzadas de una avenida. *Caminaron hasta una avenida con camellón* [C].

camelo. m. coloq. Engaño o falsedad. *Lo de que este detergente quita todas las manchas es un camelo.*

camembert. m. Queso de vaca originario de la región francesa de Camembert, cubierto por una capa de moho blanca, y de textura blanda y untuosa. *Preparó unas tostadas con camembert y anchoas.*

cameraman. m. Cámara (hombre que maneja una cámara). *Este cameraman participó en algunas conocidas películas mudas.* ▶ *CÁMARA.

camerino. m. Habitación de un teatro o de una sala de espectáculos, donde los artistas se visten y maquillan para salir a escena. *El camerino tenía un espejo rodeado por bombillas.* ▶ CAMARÍN.

camero, ra. adj. De la cama camera (→ **cama**). *Necesitamos un par de sábanas cameras más.*

camerunés, sa. adj. De Camerún. *El equipo camerunés de fútbol se clasificará para el mundial.* Dicho de pers., tb. m. y f. *El premio ha sido para una camerunesa.*

camilla. f. **1.** Cama estrecha y portátil, provista de brazos o ruedas, que se utiliza para transportar heridos, enfermos o cadáveres. *Sacaron del campo en camilla al jugador lesionado. Un celador del hospital empuja la camilla de la accidentada.* **2.** Mesa camilla (→ **mesa**). *Alrededor de la camilla, se juntaban para jugar a las cartas.*

camillero, ra. m. y f. Persona encargada de transportar enfermos, heridos o cadáveres en una camilla. *Se necesitan conductores y camilleros para las nuevas ambulancias.*

caminante. adj. Que camina. *Muchedumbre caminante.* Dicho de pers., frec. m. y f. *Muy pocos caminantes se atreven a adentrarse en el bosque de noche.*

caminar. intr. **1.** Andar de un lugar a otro. *Camina apoyándose en un bastón.* **2.** Seguir algo su curso, o desplazarse. *El río camina por el desfiladero.* **3.** Dirigirse a un lugar. *Lo vio caminar* HACIA *la salida. Fuimos caminando* A *la estación.* Tb. fig. *La dictadura caminaba* HACIA *su fin. Caminamos* HACIA *una economía global. Con esa actitud, caminan* AL *desastre.* ○ tr. **4.** Andar (una determinada distancia). *Caminamos un par de kilómetros monte a través.* ▶ **1, 3, 4:** *ANDAR.

caminata. f. Paseo o recorrido a pie largo y fatigoso. *Lograron llegar al refugio tras horas de caminata.*

caminero. m. Peón caminero (→ **peón**). *Varios camineros se cambiaban de ropa en una caseta.*

camino. m. **1.** Franja de terreno por donde se transita habitualmente, espec. la que no está asfaltada. *Del bosque sale un camino que lleva al refugio de la montaña.* **2.** Trayecto que se recorre de un punto a otro. *A mitad de camino se nos estropeó el coche. Aunque tardamos lo mismo que siempre, el camino se me hizo corto.* **3.** Dirección que ha de seguirse para llegar a un lugar. *Conozco bien el camino de su casa. Pregúntele cuál es el mejor camino para ir a la estación.* **4.** Dirección u orientación en el modo de comportarse, actuar o razonar. *Trata de salvar la empresa, pero el camino elegido no parece el más acertado.* Frec. precedido de los adj. *buen* o *mal*. *Sus nuevas amistades le están llevando por el mal camino. Lleva años en el mundo de la droga y su familia trata de traerlo al buen camino.* ■ **~ de cabras.** m. Camino (→ 1) estrecho y accidentado. *Nos perdimos en el campo y nos metimos por un camino de cabras.* ■ **~ de herradura.** m. Camino (→ 1) por el que solo pueden transitar caballerías, pero no carros. *Al pueblo solo se podía llegar por un camino de herradura.* ■ **~ de ronda.** m. Camino (→ 1) exterior e inmediato a la muralla de una plaza o contiguo al borde de ella. *La muralla de Lugo, por su camino de ronda, tiene un perímetro de más de 2 km.* ■ **~ trillado.** m. Modo común o regular de obrar o discurrir. *Odia los caminos trillados, lo suyo es la innovación.* ■ **~ vecinal.** m. Camino (→ 1) construido y conservado por un municipio y que suele ser más estrecho que las carreteras. *El conductor dejó la carretera y se metió por un camino vecinal, donde abandonó el coche.* □ **abrir ~.** loc. v. Facilitar el tránsito de una parte a otra. *Fue cortando ramas para abrir camino.* Tb. prnl. *Se abrió camino entre las zarzas hasta llegar al descampado.* ■ **abrir** alguien **el ~.** loc. v. Ser el pionero o el que da los primeros pasos en una actividad. *Menéndez Pidal abrió el camino de los estudios históricos.* ■ **abrirse ~** una persona. loc. v. Ir salvando dificultades hasta llegar a un objetivo deseado. *Su ambición le ha hecho abrirse camino en el mundo de los negocios.* ■ **a medio ~.** loc. adv. coloq. Se usa para indicar que una acción no ha llegado a su fin. Frec. con *quedarse*. *Quería ser ingeniero, pero se quedó a medio camino.* ■ **~ de.** loc. prepos. Hacia, o en dirección a. *Iban camino de la estación cuando los encontramos.* Tb. fig. *Los sindicatos van camino de la huelga general a causa de la nueva ley.* ■ **coger,** o **pillar, de ~** algo (a alguien). loc. v. Estar en la dirección que lleva (esa persona). *Yo te traigo el pan; el supermercado me coge de camino.* ■ **cruzarse** una persona **en el ~** (de otra). loc. v. Entorpecer o impedir los propósitos (de esta). *El boxeador español optaba al título, pero el púgil mexicano se cruzó en su camino y lo venció.* ■ **de ~ .** loc. adv. **1.** De paso, o al ir de un lugar a otro. *Compra leche y de camino te pasas por el quiosco y me traes el periódico.* **2.** De paso, o aprovechando la ocasión. *Si estás haciendo la redacción, de camino te podías poner con el comentario de textos.* ■ **llevar ~** (de algo). loc. v. Dirigirse (a ello) como resultado final. *Llevas camino* DE *repetir curso si sigues haciendo el vago. Las obras llevaban camino* DE *eternizarse.* ■ **ponerse en ~.** loc. v. Emprender viaje. *A primera hora se pusieron en camino rumbo a la capital. La nave espacial se pondrá en camino dentro de una hora.* ▶ **1:** CALZADA, VÍA.

camión. m. **1.** Vehículo automóvil de cuatro o más ruedas, que sirve para transportar cargas grandes o pesadas. *Hará falta un camión para la mudanza.* **2.** Am. Autobús. *Al mediodía de ayer, un camión con cerca de treinta pasajeros se precipitó a un barranco* [C]. ■ **~ de volteo.** m. Am. Volquete. *Llegaron veintisiete obreros, dos máquinas y tres camiones de volteo* [C].

camionero, ra. m. y f. Persona que conduce un camión o realiza esta actividad como oficio. *La Guardia Civil pidió la documentación al camionero.*

camioneta. f. **1.** Vehículo automóvil de menor tamaño que el camión. *Alquiló una camioneta para transportar la nevera.* **2.** Autocar. *La camioneta paró en el pueblo para recoger a varios pasajeros.*

camisa. f. **1.** Prenda de vestir que cubre el torso, con cuello y mangas, gralm. abierta y abotonada por delante. *Esa camisa de rayas te combina muy bien con la corbata.* **2.** Prenda de dormir ancha, que cubre el tronco y cae hasta una altura variable de las piernas. Frec. *~ de dormir. El vecino salió al rellano de la escalera en camisa de dormir.* **3.** Cubierta de papel que protege la encuadernación de un libro, y que lleva impresos los datos de este. *El libro es de tapa dura y lleva una camisa de color amarillo.* **4.** Piel vieja de un ofidio, que se desprende de forma periódica cuando se ha formado debajo de ella una nueva. *Vimos la camisa de una culebra enganchada en una zarza.* ■ **~ de fuerza.** f. Prenda de tejido fuerte parecida a una camisa (→ 1), que se cierra por detrás, con mangas cerradas, y que se pone a los enfermos mentales cuando es necesario inmovilizarlos. *Dos celadores redujeron al paciente que había tenido el ataque con una camisa de fuerza.* □ **(hasta) la ~.** loc. s. coloq. Todo lo que se posee. Frec. con *vender* o *jugarse*. *Perdió hasta la camisa en una timba.* ■ **meterse** alguien **en ~ de once varas.** loc. v. coloq. Inmiscuirse en algo, gralm. complicado, que no le incumbe. *No te metas en camisa de once varas, que vas a salir muy mal parada.* ■ **no llegarle** a alguien **la ~ al cuerpo.** loc. v. coloq. Sentir un temor intenso por algún riesgo o amenaza. *No le llegaba la camisa al cuerpo desde que supo que tendría que declarar.* ▶ **2:** CAMISÓN.

camisería. f. Tienda donde se venden camisas. *En el escaparate de la camisería hay unas cuantas camisas de lino.* Tb. el taller o fábrica donde se confeccionan. *En la fábrica de telas han montado una camisería.*

camisero, ra. adj. **1.** Dicho de vestido o de blusa: Que tiene características propias de la camisa. *Se puso una blusa camisera.* Dicho de vestido, tb. m. *La chica vestía un sencillo camisero azul.* Dicho tb. de alguna de las partes de una prenda de vestir, con respecto a la parte respectiva de la camisa. *Escote camisero. Se ha comprado un jersey ajustado, de cuello camisero.* ● m. y f. **2.** Persona que vende o confecciona camisas. *El camisero me recomienda una camisa de seda.*

camiseta. f. **1.** Prenda de vestir interior, que cubre el torso, con o sin mangas, gralm. sin cuello y de punto. *Lleva una camiseta térmica debajo del jersey.* **2.** Prenda de vestir exterior semejante a una camiseta (→ 1). *Para el fin de semana solo me llevo un par de camisetas y unos pantalones cortos.* Tb. la prenda que se utiliza en la práctica de algunos deportes. *El jugador celebró su gol quitándose la camiseta.* ■ **sudar la ~** alguien, espec. un deportista. loc. v. coloq. Trabajar duro. *Si queréis ganar el partido, tendréis que sudar la camiseta.* ▶ **Am: 2:** POLERA.

camisola. f. **1.** Camisa larga y holgada que se lleva por fuera. *Se puso el bañador y la camisola estampada para bajar a la playa.* **2.** Camiseta deportiva. *Un fuerte agarrón de un jugador contrario le rasgó la camisola.*

camisón. m. Prenda de dormir femenina, que cubre el tronco y cae suelta hasta una altura variable de las piernas. *Se levantó y se puso una bata sobre el camisón.* ▶ CAMISA.

camita. adj. De un grupo étnico descendiente de Cam (hijo del patriarca bíblico Noé). *Los pueblos camitas se asentaron en el nordeste de África.* Dicho de pers., tb. m. y f.

camítico, ca. adj. De los camitas. *Libios, somalíes y etíopes son descendientes de pueblos camíticos.*

camomila. f. Manzanilla (planta, o flor). *Utiliza un champú de camomila.* ▶ MANZANILLA.

camorra. f. **1.** coloq. Riña o pelea. *Los guardias de seguridad han echado a un tipo que buscaba camorra.* **2.** (Frec. en mayúsc.). Mafia napolitana. *El asesinato del juez italiano fue atribuido a la Camorra.*

camorrista. adj. coloq. Que fácilmente arma camorra. *Es un tipo inestable, violento y camorrista.* Tb. m. y f. *Dos camorristas empezaron a provocar a un grupo de adolescentes.*

camote. m. Am. Batata. *El potaje se complementa con yuca, camote, lenteja o choclo* [C]. *Se puede aumentar el número de brotes, hijos o esquejes del camote, calentando las raíces* [C].

campamento. m. Conjunto de instalaciones temporales, en terreno abierto, que se montan para alojar o albergar personas. *Envió a sus hijos a un campamento de verano en la montaña. La Cruz Roja montará un campamento para los refugiados. Los soldados volvían al campamento tras realizar unas prácticas de tiro.*

campana. f. **1.** Instrumento metálico hueco, gralm. en forma de copa invertida, que produce un sonido al ser golpeado en su interior o exterior. *El monaguillo* *tocaba las campanas de la iglesia.* **2.** Objeto cuya forma recuerda a la de la campana (→ 1). *En la repisa había un reloj antiguo cubierto por una campana de cristal. El queso está protegido bajo una campana de metacrilato. La campana de la chimenea recoge y absorbe el humo.* **3.** Aparato que aspira y extrae los humos que se producen al cocinar. *Enciende la campana, que estás haciendo mucho humo al freír el filete.* Tb. ~ *extractora.* ■ **echar,** o **lanzar, las ~s al vuelo.** loc. v. coloq. Expresar mucha alegría u optimismo por un suceso favorable. *El informe se cuida mucho de lanzar las campanas al vuelo. Realmente es una buena noticia, pero aún no podemos echar las campanas al vuelo.* ■ **oír ~s (y no saber dónde).** loc. v. coloq. Conocer de forma parcial e incorrecta una noticia o un suceso. *No le hagas caso: ese ha oído campanas y no sabe dónde.*

campanada. f. **1.** Sonido que produce una campana al ser golpeada. *A mediodía escuchamos doce campanadas en el reloj del ayuntamiento.* **2.** Noticia que provoca sorpresa o escándalo en todos los que la conocen. Frec. en la constr. *dar la ~. Como te quedes embarazada siendo soltera, seguro que das la campanada. La campanada la dio un artista desconocido al ganar el premio.*

campanario. m. Torre, gralm. en una iglesia, donde están colocadas las campanas. *Desde el campanario de la catedral se divisaba toda la ciudad.* ■ **de ~.** loc. adj. coloq., despect. Dicho de cosa: Estrecha de miras y falta de sentido universal. *El Gobierno practicaba una política de campanario.* ▶ CAMPANIL.

campaneo. m. Toque reiterado de campanas. *Cuando los recién casados salieron de la iglesia el campaneo era ensordecedor.*

campanero, ra. m. y f. Persona que toca las campanas, espec. si lo hace como oficio. *El campanero lleva encargándose de las campanas desde hace treinta años.*

campaniforme. adj. De forma de campana. *Han encontrado muestras de cerámica campaniforme del s. III a. de C.*

campanil. m. Campanario. *La capilla posee un esbelto campanil.*

campanilla. f. **1.** Campana pequeña, gralm. con un mango para hacerla sonar. *La señora cogió la campanilla para llamar a la criada. He oído la campanilla; alguien está llamando a la puerta.* **2.** Flor de algunas plantas, cuya corola es de una pieza y tiene forma de campana. *El prado está lleno de campanillas y amapolas.* **3.** Parte membranosa y carnosa, de forma parecida a una gota, que cuelga en la zona media del paladar, y que divide la entrada de la garganta en dos mitades a modo de arcos. *Dio un bostezo tan grande que le vi hasta la campanilla.* ■ **de ~s.** loc. adj. coloq. De importancia o renombre. *Para su nueva película ha conseguido un reparto de campanillas.* ▶ **3:** ÚVULA.

campanillear. intr. Producir algo un sonido como el de una campanilla. *Los caballos, al trotar, hacían campanillear sus cascabeles.*

campanilleo. m. Sonido de una campanilla o semejante al que produce esta. *Le despertó el campanilleo del despertador. Los cristalitos del móvil producen un agradable campanilleo al chocar entre sí.*

campante. adj. coloq. Despreocupado y tranquilo. Frec. precedido del adv. *tan. Pensé que se resentiría de su primer día de colegio, pero salió tan campante. Nuestra relación seguirá tan campante, a pesar de este problema.*

campanudo, da. adj. **1.** Dicho de lenguaje o estilo: Hinchado y pomposo. *Tiene un estilo grandilocuente y campanudo.* **2.** Dicho de persona: Que se expresa en estilo campanudo (→ 1). *Es un presentador un poco campanudo.*

campaña. f. **1.** Conjunto de actividades de distinta índole o encaminadas a un fin, que se realizan en un período de tiempo determinado. *Se ha lanzado una campaña para prevenir accidentes laborales.* Tb. ese período de tiempo. *La campaña electoral durará quince días.* **2.** Conjunto de operaciones militares de guerra que se realizan en un período de tiempo o en un territorio determinados. *Julio César comandaba los ejércitos romanos en la campaña de las Galias. Felipe II pidió dinero a los banqueros para financiar sus campañas.* Tb. ese período de tiempo. *Creen que la campaña bélica terminará en abril.* ■ **de ~.** loc. adj. Que tiene algunas de las características propias de las operaciones militares. *Tras el atentado, el polideportivo se convirtió en un hospital de campaña.*

campar. intr. Moverse o actuar con libertad. *Las ratas campaban a sus anchas por el edificio en ruinas.*

campechanía. f. Cualidad de campechano. *Era muy estimado por su campechanía y sencillez.*

campechano, na. adj. Que se comporta con sencillez y cordialidad, sin ceremonias ni formulismos. *Nuestro médico es una persona campechana que les habla de tú a todos.*

campeón, na. m. y f. **1.** Persona, animal o conjunto de personas que vencen en una competición. *La campeona del torneo de tenis recibió los aplausos del público. Es criador de perros y ha preparado a varios campeones.* Tb. fig. con intención enfática. *Como sigas comportándose así, te vas a convertir en el campeón de los tontos. Es la campeona del mal gusto.* **2.** Persona que defiende con mucho empeño una causa o una idea. *Desde que lo conozco, siempre fue el campeón de las causas perdidas.*

campeonato. m. **1.** Competición deportiva en que el vencedor obtiene un título o un premio. *Participó en un campeonato de motociclismo y obtuvo el cuarto puesto.* **2.** Primer premio del campeonato (→ 1). *Se han alzado con el campeonato del mundo de waterpolo.* ■ **de ~.** loc. adj. **1.** coloq. Grande. *Os van a echar una bronca de campeonato. Tengo un dolor de cabeza de campeonato.* **2.** coloq. Muy bueno. *Esa chica tiene unas piernas de campeonato.*

campero, ra. adj. **1.** De campo o del campo. *Nos invitan a una fiesta campera en un cortijo andaluz.* **2.** Dicho de bota: De caña alta y sin tacón, y material resistente, apropiada para ciertas tareas del campo. *Compró unas botas camperas para montar a caballo.* ● f. **3.** Am. Cazadora (chaqueta). *Es buena idea llevar un saco o campera a mano porque suele refrescar* [C]. ▶ **3:** *CAZADORA.

campesinado. m. Conjunto o clase social de los campesinos. *El campesinado reivindicaba un mayor apoyo económico.*

campesino, na. adj. **1.** De campo o del campo. *Pinta bodegones y paisajes campesinos.* **2.** Dicho de persona: Que vive y trabaja en el campo. *Mujeres campesinas.* Tb. m. y f. *El campesino se subió al tractor y se puso a arar.* **3.** De los campesinos (→ 2). *El ejército sofocó la revuelta campesina.* **4.** Propio de los campesinos (→ 2). *El libro da cuenta de antiguas* *costumbres campesinas.* ▶ **1:** CAMPESTRE. || **Am: 1, 2:** POBLANO.

campestre. adj. **1.** Campesino (del campo). *Recogimos margaritas y otras flores campestres.* **2.** Que se celebra en el campo. *¿Y si mañana hiciéramos una comida campestre?* ▶ **1:** *CAMPESINO.

camping. (pal. ingl.; pronunc. "cámpin"). m. **1.** Lugar al aire libre, preparado para hacer *camping* (→ 2). *Pasaremos nuestras vacaciones en un* camping *de Tarragona. El alquiler de la parcela del* camping *no fue muy caro.* **2.** Actividad turística o deportiva que consiste en vivir al aire libre alojándose en tiendas de campaña o caravanas. *Prefieren hacer* camping *a alquilar un apartamento en la playa.* ▶ **2:** CAMPISMO. ¶ [Adaptación recomendada: *campin,* pl. *cámpines*].

campiña. f. Terreno grande y llano de tierra de labor. *Viñedos, olivos y cereales son cultivos característicos de la campiña andaluza.* Tb. fig. designa el campo. *Nada más grato que darse un paseo por la campiña.*

campismo. m. Actividad del campista. *Quieren fundar un club de amigos del campismo.* ▶ CAMPING.

campista. m. y f. Persona que practica la acampada o el *camping. Los campistas suelen ser amantes de la naturaleza.*

campo. m. **1.** Conjunto de terrenos que se encuentran situados fuera de los núcleos de población. *Vive en el campo porque la ciudad le crea estrés. Los fines de semana solíamos ir al campo.* **2.** Conjunto de terrenos destinados a la agricultura o a la ganadería. *El temporal provocó grandes pérdidas en el campo.* **3.** Porción de tierra que se destina al cultivo de productos vegetales. *Poseía un enorme campo de vides. Cada labrador se ocupa de sus campos.* **4.** Espacio delimitado para realizar una actividad determinada. *Se dirigían al campo de tiro para hacer prácticas.* **5.** Conjunto de instalaciones destinadas a la práctica de uno o varios deportes. *Construyeron un campo municipal de deportes. Los focos del campo de béisbol se han estropeado.* **6.** Terreno de juego en algunos deportes. *El césped del campo de fútbol estaba en malas condiciones. Las medidas de un campo de baloncesto son de 26 × 14 m.* Tb. la mitad de este que debe defender un equipo. *El portero sacó de puerta y la pelota llegó cerca del área del campo contrario.* **7.** Terreno que ocupa un ejército durante las operaciones de guerra. *El espía se infiltró en el campo enemigo para conseguir información.* Tb. fig. *Su victoria en las elecciones supuso una sorpresa en el campo conservador.* **8.** Ámbito propio de una actividad o de un conocimiento. *Es un investigador muy reconocido en el campo de la biología.* **9.** *Fís.* Espacio en que un cuerpo experimenta una fuerza provocada por la presencia de otro u otros cuerpos. *La materia de un astro engendra un campo de gravitación que atrae los cuerpos sumidos en este. Todos los cuerpos electrizados tienen a su alrededor un campo eléctrico cuya fuerza se manifiesta sobre todas las cargas eléctricas presentes en su ámbito.* **10.** *Inform.* En una base de datos: Espacio usado para una categoría particular de datos. *Crea una base de datos con cuatro campos cuyos nombres sean "título", "autor", "género", y "editorial".* ■ **~ de batalla.** m. Lugar donde combaten dos ejércitos. *El campo de batalla aparecía lleno de cadáveres.* Tb. fig. *La avenida fue el campo de batalla donde se enfrentaron manifestantes y policías.* ■ **~ de concentración.** m. Recinto cercado para reclusos, espec. presos políticos y prisioneros de guerra. *Estuvo preso en un campo de concentración nazi.* ■ **~ de refugiados.** m. Lugar acondicionado para la instalación temporal de personas que se han visto obligadas a abandonar el lugar en que viven. *Fletaron dos barcos con ayuda humanitaria para el campo de refugiados.* ■ **~ libre.** m. Independencia o libertad a la hora de actuar, sin dificultades ni competidores. *El comisario pidió campo libre a sus superiores para investigar el asesinato.* ■ **~ santo.** m. → **camposanto.** ■ **~ semántico.** m. *Ling.* Conjunto de palabras de una lengua agrupadas entre sí por referirse a un mismo tipo de realidades o ideas. *El campo semántico de "ropa" está integrado por términos como "pantalón" o "media".* ■ **~ visual.** m. Espacio que abarca la vista estando inmóvil el ojo del observador. *El exceso de alcohol reduce notablemente el campo visual del conductor.* ■ **Campos Elíseos.** m. pl. En la mitología grecorromana: Lugar paradisíaco al que van las almas de las personas que han llevado una vida virtuosa. ⇒ ELÍSEO. □ **(a) ~ través,** o **(a) ~ traviesa,** o **a ~ travieso.** loc. adv. Dejando el camino y cruzando el campo (→ 1). *Nos dirigimos al pueblo a campo traviesa para llegar antes.* ■ **de ~.** loc. adj. Dicho de investigación: Que se realiza en el lugar donde se encuentra el objeto de estudio. *Prefería la investigación de campo a estar en un despacho. Lo admitieron para hacer un trabajo de campo en un yacimiento arqueológico.* ▶ **6:** TERRENO. **8:** *ÁMBITO.

camposanto. (Tb. **campo santo**). m. Cementerio. *El difunto descansa ya en la paz de un camposanto.*

campus. m. Conjunto de terrenos y edificios pertenecientes a una universidad. *La profesora invitada se alojará en el campus.*

camuflaje. m. Hecho o efecto de camuflar. *La capacidad de camuflaje del camaleón es sorprendente.*

camuflar. tr. **1.** Disimular el aspecto (de alguien o algo) con el fin de que no sean reconocidos. *Los soldados iban camuflados con ramas para mimetizarse con la selva.* **2.** Disimular la presencia (de alguien o algo) u ocultar(los). *Camuflaban la cocaína dentro de botes de detergente. Trató de escapar camuflado en un camión.*

can. m. cult. Perro (mamífero doméstico). *Al otro lado de la puerta se oían los ladridos de un can.*

cana[1]**.** → **cano.**

cana[2]**.** f. **1.** Am. coloq. Cárcel. *Me metieron en cana porque me afané todos los discos* [C]. **2.** Am. coloq. Policía (cuerpo). *Llegó la cana y nos llevaron a todos presos* [C]. ○ m. y f. **3.** Am. coloq. Policía (miembro). *Iba al lado del cana que mandaba el operativo* [C].

canadiense. adj. De Canadá. *En la bandera canadiense aparece una hoja de arce roja. Una parte de la población canadiense es francófona y otra anglófona.* Dicho de pers., tb. m. y f. *Se ha casado con una canadiense.*

canal. m. **1.** Cauce artificial por donde se conduce el agua u otro líquido. *La finca tiene un sistema de riego formado por varios canales. El alcantarillado de la ciudad es un laberinto de pasillos y canales.* Tb. el cauce natural de pequeña envergadura. *El agua de la lluvia formaba canales que discurrían ladera abajo.* **2.** Paso estrecho de mar, entre dos zonas más anchas o abiertas. *El canal de Panamá une el Caribe con el Pacífico. Se ha construido un túnel bajo el canal de la Mancha.* **3.** Conducto del cuerpo. *Al inhalar los vahos se abren los canales respiratorios.* **4.** Vía o conducto no materiales. *Está intentando encontrar canales para expresar su creatividad. El aire es el canal más frecuente en la comunicación oral.* **5.** Banda de frecuencia en que puede emitir una estación de televisión o radio. *Esta radio puede captar hasta treinta canales diferentes.* Tb. la estación. *Trabaja de cámara en un canal de televisión.* ○ f. (Tb., más raro, m.) **6.** Conducto alargado y cóncavo, como el que sirve para recoger el agua de lluvia. *El agua que se escurría de las macetas iba a parar a una canal.* **7.** Paso libre de obstáculos desde el mar hasta un puerto. *El barco ya ha entrado en la canal del puerto.* **8.** Res muerta y abierta, sin las vísceras. *El carnicero preparó una canal en piezas.* ■ **abrir en ~** (una res). loc. v. Abrir(la) de arriba abajo, despojándo(la) de las vísceras. *Tras sacrificar al cerdo, lo abrieron en canal.* Tb. fig. *Unos mafiosos la amenazaron con abrirla en canal.* ▶ **5:** CADENA.

canaleta. f. **1.** Am. Canalón. *Subía al balcón, donde una canaleta de fierro dejaba caer la lluvia* [C]. **2.** Am. Canal o cauce artificial pequeños por donde se conduce el agua. *Siguiendo un camino a cuyo costado pasa la canaleta que transporta el agua, se llega al caserío* [C].

canalización. f. Hecho de canalizar. *Este verano empiezan las obras de canalización del río.*

canalizar. tr. **1.** Regularizar (una corriente de agua). *Van a canalizar el río para evitar inundaciones.* **2.** Llevar (el agua) a un lugar por medio de canales, tubos o acequias. *Canalizaron el agua* A *la urbanización.* **3.** Orientar o dirigir (algo) de forma eficaz y hacia un fin determinado. *Debemos canalizar nuestros esfuerzos. Canalizarán la ayuda a través de diferentes organizaciones.*

canalla. m. y f. **1.** Persona despreciable y de malas intenciones. *Solo un canalla es capaz de abusar de un niño.* Frec. se usa como insulto. *¡Fuera de aquí, canallas!* ○ f. **2.** cult. Gente despreciable o ruin. *Prendieron fuego al edificio, ante la hilaridad de la canalla.* ▶ **1:** MISERABLE.

canallada. f. Hecho o dicho propios de un canalla. *Es una canallada que lo despidan sin indemnizarlo.*

canallesco, ca. adj. Propio del canalla o de la canalla. *Sería canallesco aprovecharse de esos infelices. Las fotos recogen asaltos a los comercios y otras escenas canallescas.*

canalón. m. Conducto que recibe y vierte el agua de los tejados. *Se protegió de la lluvia bajo el alero, evitando el agua que caía de los canalones.* ▶ **Am:** CANALETA.

canana. f. Cinto o cinturón para llevar cartuchos. *Cogió un cartucho de la canana y lo cargó en la escopeta.*

cananeo, a. adj. histór. De Canaán (antiguo territorio de Asia occidental). *Jericó fue una importante población cananea.* Dicho de pers., tb. m. y f. *Los cananeos se instalaron en la actual Palestina.*

canapé. m. **1.** Asiento en forma de banco, con el asiento y el respaldo acolchados. *Se tumbó en el canapé y se echó una siesta.* **2.** Soporte rígido y acolchado sobre el que se coloca a veces el colchón. *El somier de su cama se rompió y compró un canapé en su lugar.* **3.** Alimento consistente en una porción de pan o de otra base similar, sobre la que se coloca o extiende algún alimento, y que se suele servir como aperitivo. *Los camareros pasaban entre los invitados con bandejas de canapés.*

canario, ria. adj. **1.** De las islas Canarias. *Plátanos canarios. Casi toda su familia es canaria.* Dicho de pers., tb. m. y f. *Unos canarios nos enseñaron Tenerife.* **2.** Del canario (→ 4). *Han publicado un vocabulario canario.* ● m. **3.** Pájaro de tamaño similar a un gorrión, de plumaje variado, que se suele criar por su canto. *En la pajarería hay una jaula llena de canarios.* Tb. designa específicamente al macho. *Compró un canario y una canaria para que criaran.* ○ f. **4.** Variedad de la lengua española que se habla en las islas Canarias. *El seseo es característico del canario.* **5.** Hembra del canario (→ 3). *Las canarias no suelen cantar, a diferencia de los machos.*

canasta. f. **1.** Cesta ancha, gralm. con dos asas. *Las legumbres de la frutería están expuestas en canastas. La vendedora llevaba en la canasta pirulíes, regalices y otros dulces.* **2.** En baloncesto: Aro metálico, del que cuelga una red sin fondo, sujeto a un tablero vertical, y por el que hay que introducir el balón para marcar puntos. *El pívot encestó colgándose de la canasta.* **3.** En baloncesto: Hecho de introducir el balón en la canasta (→ 2). *Una canasta en el último segundo ha dado la victoria a su equipo.* **4.** Juego de naipes con dos o más barajas francesas entre dos bandos de jugadores. *Se reúne por las tardes con sus amigas para jugar a la canasta.* ▶ **1:** *CESTA. **2:** CESTA, CESTO. **3:** CESTA, ENCESTE.

canastilla. f. **1.** Cesta pequeña, frec. para objetos menudos de uso doméstico. *Mira en la canastilla de la costura, a ver si hay hilo rosa. Salió al huerto y recogió en una canastilla las fresas más maduras.* **2.** Equipo de ropa y otros objetos que se preparan para un recién nacido. *La canastilla incluía cremas, polvos de talco, termómetro y peine.* ▶ **1:** *CESTA. **2:** AJUAR.

canastillo. m. Cesta pequeña con forma de bandeja o fuente. *El camarero nos trajo las bebidas y un canastillo con pan.* ▶ *CESTA.

canasto. m. Cesta, gralm. alta, estrecha y con dos asas. *Sacó la ropa sucia del canasto y la metió en la lavadora.* ■ **~s.** interj. Se usa para expresar sorpresa o contrariedad. *–¡Canastos!, lo que cambian los tiempos, –decía el viejo personaje.* ▶ *CESTA.

cancán. f. **1.** Baile de ritmo rápido, ejecutado por mujeres como parte de un espectáculo de cabaret. *Las bailarinas elevaban las piernas por encima de la cabeza al bailar un cancán.* **2.** Enagua con muchos volantes para ahuecar la falda. *El vestido de novia incluía corpiño y cancán.*

cancela. f. Verja pequeña que se pone gralm. en el umbral de algunas casas y que sirve para impedir el acceso a su interior. *Al otro lado de la cancela esperaba el repartidor de la frutería. Cerraron la cancela del jardín con cadena y candado.*

cancelación. f. Hecho de cancelar. *Los países más pobres piden la cancelación de su deuda externa. La lluvia provocó la cancelación del concierto. Ha habido muchas cancelaciones de última hora.*

cancelar. tr. **1.** Anular (algo que se había establecido previamente). *Han cancelado la reunión. Con el dinero del premio canceló la hipoteca del piso. Dicen que van a cancelar todos los vuelos a esa ciudad.* **2.** Liquidar (una deuda), o pagar(la) enteramente. *Por fin he cancelado todas mis deudas.* ▶ **2:** *LIQUIDAR.

cáncer. m. y f. **1.** Persona nacida bajo el signo de Cáncer. *Mi prima es una cáncer nacida el 28 de junio.* Tb. adj. *Hombre cáncer.* ○ m. **2.** Enfermedad grave causada por una multiplicación anormal de las células, que destruye los tejidos orgánicos animales. *Superó un cáncer de colon con un tratamiento de quimioterapia.* Tb. fig. *La corrupción había sido el cáncer de su país.*

cancerbero, ra. m. y f. **1.** humoríst. Portero o vigilante, espec. severos y de modales bruscos. *Un par de cancerberos vigilaban la entrada de la discoteca.* **2.** *Dep.* Portero (jugador). *El cancerbero adivinó la intención del delantero y paró el penalti.* ▶ **2:** *PORTERO.

cancerígeno, na. adj. Que puede provocar cáncer. *El pesticida era un producto cancerígeno.* Dicho de sustancia, tb. m. *El Ministerio ha publicado una lista de cancerígenos.* ▶ CARCINÓGENO.

canceroso, sa. adj. **1.** Que tiene cáncer. *Le extirparon tejido canceroso del bazo. Células cancerosas.* Dicho de pers., tb. m. y f. *La clínica está especializada en cancerosos.* **2.** Del cáncer. *La mortalidad por enfermedades cancerosas y coronarias ha disminuido.*

cancha. f. **1.** Espacio destinado a la práctica de determinados deportes. *En su urbanización hay una piscina y dos canchas de tenis. El pívot abandonó la cancha al cometer su quinta personal.* En Am., referido a deportes en general. *Hay un lago al frente y una cancha de golf en la parte de atrás de la casa* [C]. *Pondrán una cancha de fútbol en esta plaza* [C]. **2.** Am. Terreno llano y despejado preparado para determinados usos. *Volaron la cancha de aterrizaje del aeropuerto* [C]. ■ **dar ~** (a alguien). loc. v. coloq. Dejar(le) el espacio o la oportunidad para actuar. *Es un director de cine que suele dar cancha a nuevos actores. Ya no me dan cancha en el trabajo para expresar mi opinión.*

canchal. m. Peñascal. *El sendero atraviesa un canchal.*

canchero, ra. adj. Am. coloq. Experimentado. *Dicen que es un tipo canchero y audaz en los asuntos de gobierno* [C].

cancilla. f. Puerta con forma de verja, que cierra un huerto, un corral o un jardín. *Al ir a echar de comer a las gallinas se hizo un desgarrón con la cancilla.*

canciller. m. y f. **1.** En algunos países: Presidente del Gobierno. *El canciller austriaco visitará nuestro país en mayo.* **2.** En algunos países, espec. americanos: Ministro de Asuntos Exteriores. *La canciller colombiana se entrevistó con el ministro de Asuntos Exteriores español.* **3.** Empleado auxiliar en una embajada o en un consulado. *El BOE ha convocado una plaza de canciller de embajada.* ○ m. **4.** histór. Secretario encargado del sello real, con el que autorizaba los privilegios y cartas reales. *En el documento aparece el sello del canciller del rey.*

cancillería. f. **1.** Cargo de canciller. *El escándalo en el que se ha visto involucrado el primer ministro alemán le puede costar la cancillería.* **2.** En algunos países, espec. americanos: Ministerio de Asuntos Exteriores. *El nuevo edificio de la Cancillería está situado junto al del Ministerio de Defensa.* **3.** Oficina de una embajada o un consulado. *La cancillería de la embajada se halla en un lugar muy céntrico de la ciudad.*

canción. f. **1.** Composición, a veces en verso, a la que se le pone música para ser cantada. *El vocalista escribía las canciones del grupo.* **2.** Música que acompaña a una canción (→ 1). *Se me iban los pies al escuchar esa canción.* **3.** coloq. Cosa que se repite con insistencia hasta llegar a resultar pesada. *Lleva un tiempo con la canción de que le compremos una moto.* **4.** *Lit.* Composición lírica en versos heptasílabos y endecasílabos, divididos frec. en estancias. *Boscán introdujo la canción en España.* ■ **~ de cuna.** f. Nana. *La madre tarareaba una canción de cuna a su hijo.* □ **ser algo otra ~.** loc. v. coloq. Ser distinto. *En aquel tiempo no se atrevía ni a rechistar; ahora, es otra canción.*

cancioneril. adj. De los cancioneros antiguos, espec. del s. XV o XVI. *San Juan de la Cruz cultivó la poesía cancioneril.*

cancionero. m. Colección de canciones y poemas. *El "Cancionero de Palacio" contiene muchas composiciones Juan del Enzina.*

candado. m. Cerradura suelta contenida en una caja de metal, de la que sobresale un gancho, y que se utiliza para asegurar, fijar o cerrar objetos. *Con un candado aseguró la cadena que sujetaba la rueda de la bicicleta a la farola.*

candar. tr. Cerrar (algo), espec. con llave. *Olvidó candar la puerta. ¿Quieres candar la boca de una vez?*

candeal. adj. **1.** Dicho de trigo: De una variedad que tiene la espiga cuadrada, y que da harina blanca de gran calidad. *Ha cultivado maíz, centeno y trigo candeal.* **2.** Dicho de pan: Elaborado con harina de trigo candeal (→ 1). *Compró dos hogazas de pan candeal.*

candela. f. **1.** Vela (pieza de cera). *Entró en la iglesia y encendió una candela al santo.* **2.** frecAm. Lumbre o fuego. *El carbón daba una candela azul más fuerte, con llamas altas* [C]. **3.** *Fís.* Unidad básica de intensidad luminosa del Sistema Internacional (Símb. *cd*). *Las luces de carretera debían tener una intensidad máxima de 225 000 candelas.* ▶ **1:** VELA.

candelabro. m. Candelero de dos o más brazos. *Uno de los símbolos del judaísmo es el candelabro de siete brazos. Pon la vajilla buena y los candelabros de plata.*

candelero. m. Utensilio consistente en un cilindro hueco unido a un pie, que sirve para sujetar una vela o una candela. *Varios candeleros con cirios daban luz a la catedral.* ■ **en (el) ~.** loc. adv. coloq. De actualidad, de moda, o disfrutando de fama o éxito. *La noticia estuvo un par de semanas en candelero. Algunos son capaces de cualquier cosa por seguir en el candelero.*

candente. adj. **1.** Dicho de cuerpo, gralm. metálico: Que ha alcanzado el color rojo o blanco por la acción del calor. *El herrero martilleaba un hierro candente en el yunque.* **2.** Que provoca un vivo interés. *Los malos tratos son una cuestión de candente actualidad.* ▶ **2:** PALPITANTE.

candidatear. tr. **1.** Am. Proponer (un candidato) para un cargo electivo. *El pueblo comenzó a candidatear a seis presidenciables* [C]. ○ intr. **2.** Am. Presentarse como candidato. *He venido dispuesta a candidatear para Defensora del Pueblo* [C]. Frec. prnl. *La senadora porteña pensaba candidatearse en el primer distrito electoral del país* [C].

candidato, ta. m. y f. Persona que pretende algo, espec. un cargo, premio o distinción. *De los veinte candidatos* AL *premio literario solo cinco pasarán a la final. Lo eligieron para el puesto de trabajo de entre tres candidatos.* Tb la persona que es propuesta para ello. *Quieren que sea candidata* A *la alcaldía.* Tb. fig., referido a cosa. *La ciudad es candidata a ser elegida como sede de los Juegos Olímpicos.* ▶ **frecAm:** POSTULANTE.

candidatura. f. **1.** Aspiración de alguien a algo, espec. un cargo, premio o distinción. *Las dos amigas presentaron su candidatura* A *la presidencia. Se acaba de hacer pública la candidatura del edificio* AL *premio de arquitectura.* Tb. la propuesta correspondiente. **2.** Conjunto de candidatos que se presentan a algo. *Figura con el número tres en la candidatura del partido de la oposición. Me han ofrecido formar parte de la candidatura.*

candidez. f. Cualidad de cándido. *Mucha gente se aprovechaba de él por su candidez.* ▶ *INGENUIDAD.

cándido, da. adj. Ingenuo o simple. *Si no fueras tan cándido no te tomarían el pelo.* ▶ *INGENUO.

candil. m. Utensilio para alumbrar dotado de un recipiente de aceite, donde se encuentra la mecha, y un gancho en uno de los extremos para colgarlo. *Antes de que hubiera luz eléctrica, utilizaban candiles y quinqués en las casas.*

candilejas. f. pl. Línea de luces que hay en la parte del escenario de un teatro más cercana al público. *La luz general del teatro se apagó y se encendieron las candilejas.*

candombe. m. Baile de ritmo muy vivo, de origen africano, propio de algunos países de América del Sur, y asociado a ciertos cultos religiosos. Tb. su música. *El disco tiene ritmos de cumbia y candombe.*

candor. m. **1.** Pureza o inocencia. *El blanco del traje de comunión simboliza el candor del alma infantil.* **2.** Ingenuidad o candidez. *El candor de su propuesta hizo reír a todos.* ▶ **2:** *INGENUIDAD.

candoroso, sa. adj. Que tiene candor. *Poseía la mirada de un niño candoroso. Sorprende que una persona tan inteligente pueda ser a veces tan candorosa.* ▶ *INGENUO.

caneca. f. **1.** Am. Recipiente de cristal que se usa para contener licor. *Traía una caneca de ron en su mochila* [C]. **2.** Am. Envase de latón para transportar líquidos. *Se decomisaron 18 canecas de acetona* [C].

canela. f. **1.** Corteza interior del canelo, de color entre amarillento y rojizo, muy aromática, y que se usa como condimento, gralm. en repostería. *Echa un poquito más de canela a las natillas.* **2.** coloq. Cosa muy fina y exquisita. *En este restaurante te ponen una morcilla... que es canela.* Tb. fig. con intención enfática, referido a personas, y, entonces, frec. ~ *fina* o ~ *en rama. Su hermana es canela fina: más guapa no puede ser.* **3.** Color marrón como el de la canela (→ 1). Más frec. en aposición. *Ojos canela. Se compró unos zapatos color canela.*

canelo, la. adj. **1.** Dicho espec. de perro: Que tiene el pelo de color canela. *Van a cruzar a la perra con un galgo canelo.* ● m. **2.** Árbol originario de Ceilán, de la familia del laurel, y de cuya corteza aromática se extrae la canela. *Las ramas del canelo se recolectan para extraer la especia.* ■ **hacer** alguien **el canelo.** loc. v. coloq. Dejarse engañar fácilmente. *Si te asocias con él vas a perder pasta y hacer el canelo.*

canelón. m. Pasta alimenticia de harina en forma cuadrangular, con la que se envuelve un relleno. *Después de cocer los canelones, los rellenó de verduras y los cubrió de bechamel.* Tb. cada rollo de esa pasta con el relleno. *Sírvele otro canelón más.*

canesú. m. Pieza superior de una camisa o blusa, a la que van unidos el cuello, las mangas y el resto de la prenda. *La blusa del uniforme colegial tiene el canesú con rayas azules horizontales.* Tb. la pieza superior de un vestido, a la que va unido el vuelo del delantero o de la espalda, o ambos. *El traje de novia era entallado en la cintura y con el canesú bordado.*

cangilón. m. Cada uno de los recipientes de una noria con los que se recoge el agua. *Los cangilones de la noria vertían el agua en una acequia.* Tb. cada uno de los recipientes equivalentes de una draga. *En los cangilones de la draga va el fango procedente del fondo marino.*

cangreja. f. *Mar.* Vela cangreja (→ **vela**[2]). *El velero de un solo tripulante tenía una cangreja.*

cangrejo. m. Crustáceo de diez patas, las dos primeras acabadas en pinza, y cuerpo redondeado, del cual existen varias especies, por ej.: ~ *de mar,* ~ *de río,* ~ *ermitaño* (→ **ermitaño**), ~ *violinista. Compró un cuarto de kilo de cangrejos para la paella. Los cangrejos de río se encuentran en las aguas menos contaminadas.* ▶ **Am:** JAIBA.

canguelo. m. coloq. Miedo. *En su vida había pasado tanto canguelo.*

canguis. m. coloq. Miedo. *Me daba un poco de canguis quedarme sola.*

canguro. m. **1.** Mamífero australiano con las extremidades posteriores muy desarrolladas que le permiten desplazarse a grandes saltos, y cuya hembra posee en el vientre una bolsa donde lleva las crías. *El canguro hembra. La cola del canguro le da estabilidad a la hora de saltar.* ○ m. y f. **2.** Persona que se encarga de cuidar niños pequeños a domicilio en ausencia corta de sus padres, gralm. cobrando un sueldo por ello. *La canguro nos llamó porque la niña tenía fiebre.*

caníbal. adj. **1.** Dicho de persona: Que come carne humana. *Se cree que muchos antiguos homínidos eran especies caníbales.* Tb. m. y f. *Realizó un estudio sobre las costumbres de los caníbales de Nueva Guinea.* **2.** Dicho de animal: Que come a otros de su misma especie. *Las hembras de las mantis religiosas son caníbales.* **3.** Cruel o feroz. *Nadie está a salvo de nadie en esta sociedad caníbal y competitiva.*

canibalismo. m. **1.** Hecho de comer las personas o los animales carne de su misma especie. *Prácticas de canibalismo.* Tb. la costumbre alimentaria correspondiente. *El antropólogo analiza el canibalismo de algunas tribus, hoy desaparecidas.* **2.** Condición de caníbal o cruel. *Con el tiempo se hizo más obvio el canibalismo de la empresa con sus empleados.*

canica. f. **1.** Bola pequeña, gralm. de vidrio, que utilizan los niños para jugar. *Compró en el quiosco cinco canicas de colores.* ○ pl. **2.** Juego infantil que se practica con canicas (→ 1), y que consiste en hacerlas rodar, chocándolas unas contra otras, según ciertas reglas. *Hicieron un gua para jugar a las canicas.* ▶ **1:** BOLA. **2:** BOLAS. ‖ **Am: 1:** BOLITA. **2:** BOLITAS.

caniche. m. Perro caniche (→ **perro**). *Del deportivo se apeó una señora con su caniche.*

canícula. f. Período del año en que es más fuerte el calor. *Poco después de amanecer ya se adivinaban calores de canícula.*

canicular. adj. De la canícula. *Se tumbaron en la playa, bajo el fuerte sol canicular.*

cánido, da. adj. **1.** *Zool.* Del grupo de los cánidos (→ 2). *Los zorros y los coyotes son mamíferos cánidos.* ● m. **2.** *Zool.* Mamífero carnívoro, con cuatro dedos en sus patas traseras y cinco en sus delanteras, como el perro o el lobo.

canijo, ja. adj. **1.** Pequeño o de pequeño tamaño. *Con lo alto que es no sé cómo puede dormir en esa cama tan canija.* Dicho de pers., tb. m. y f., y frec. despect. *Un canijo se bajó del coche y me amenazó con denunciarme.* **2.** coloq. Raquítico (débil o enfermizo). *Toma mucha leche para crecer fuerte y no quedarte canija. Tenía un huerto descuidado, con unas cuantas plantas canijas.*

canilla. f. **1.** Parte más delgada de la pierna o del brazo. *Le asomaban las canillas por las mangas y las perneras.* **2.** coloq. Pierna, espec. si es muy delgada. *Con esas canillas que tienes, las faldas no te sientan* *bien.* **3.** Am. Grifo (llave). *Reguló el termostato a veinte grados y abrió las canillas* [C]. ■ ~ **libre.** f. Am. Barra libre. *La velada contará con un excelente show gastronómico y canilla libre de bebidas* [C]. ▶ **1:** CAÑA. **3:** GRIFO.

canillita. m. y f. Am. Vendedor callejero de periódicos. *Un canillita vendía El Comercio y El Universo junto a nosotros* [C].

canino, na. adj. **1.** De perro o del perro. *El Ayuntamiento quiere evitar que las aceras se llenen de excrementos caninos. Su mastín participará en una exposición canina.* ● m. **2.** *Anat.* Diente canino (→ **diente**). *Los leones tienen unos caninos muy potentes y desarrollados. El dentista dijo que había una caries en un canino del maxilar inferior.* ▶ *COLMILLO.

canje. m. Intercambio de personas o cosas. *Los terroristas propusieron a la policía un canje de rehenes. Esta semana se producirá el canje de acciones entre las dos empresas fusionadas.*

canjear. tr. Hacer canje (de una persona o cosa) por otra. *Por cada compra te daban puntos que podías canjear* POR *regalos. La guerrilla quiere canjear a los rehenes* POR *sus dirigentes encarcelados.*

cannabis. m. Cáñamo índico, usado como droga. *El cannabis posee propiedades narcóticas y analgésicas.* ▶ *MARIHUANA.

cano, na. adj. **1.** Canoso. *Tiene una barba espesa y cana. Era un hombre cano, algo avejentado.* ● f. **2.** Pelo que se ha vuelto blanco. *Utilizaba un tinte de un color similar al de su cabello para teñirse las canas.* ■ **echar una ~, o una canita, al aire.** loc. v. coloq. Divertirse o esparcirse. *Va siendo hora de dejar en casa al marido y los niños, y echar una canita al aire.* ■ **peinar ~s.** loc. v. coloq. Ser viejo o llevar camino de serlo. *Niños, tened un poco de respeto a alguien que ya peina canas. Es un hombre cincuentón, que ya peina canas.*

canoa. f. Embarcación de remo, estrecha y ligera, con la popa y la proa rematadas frec. en punta. *Hicieron un recorrido en canoa por el Amazonas.*

canódromo. m. Instalación destinada a las carreras de galgos. *Le gustaba ir al canódromo y apostar en las carreras.*

canon. m. **1.** Regla o norma. *Los impresionistas fueron criticados por apartarse de los cánones pictóricos del momento.* Frec. en pl., a veces con intención humoríst., para referirse a las establecidas por el uso o la costumbre. *Eso sí que es torear bien y según los cánones. Fue a visitar a sus suegros, como mandan los cánones.* **2.** Modelo que posee las características perfectas dentro de su clase. *El canon de belleza ha variado a lo largo de la historia.* **3.** Cantidad de dinero, establecido por ley o acuerdo entre las partes, que se paga de forma periódica por el uso de algo. *El Ayuntamiento aumentará en un 5% el canon por la recogida de basuras.* **4.** *Arte* Regla de las proporciones de la figura humana, espec. conforme al tipo ideal aceptado por los escultores de la Antigüedad clásica. *Sus esculturas eran un fiel reflejo de los cánones grecolatinos.* **5.** *Mús.* Composición en la que varias voces van entrando sucesivamente, repitiendo cada una el canto de la anterior. *El concierto de música clásica incluye dos sonatas y un canon.* **6.** *Rel.* En la Iglesia católica: Catálogo de los libros considerados como auténticamente sagrados. *Solo son cuatro los evangelios admitidos en el canon.* ○ pl. **7.** Conjunto de normas establecidas por la Iglesia católica que determinan su organización y regulan la vida de sus fieles. *El derecho canónico se basa fundamentalmente en los cánones sagrados.* ▶ **1:** *REGLA.

canónico, ca. adj. **1.** De acuerdo con los cánones eclesiásticos. *El sacerdote en su sermón destacó las virtudes del matrimonio canónico.* **2.** Que se ajusta a los cánones, reglas o modelos establecidos. *En sus novelas utiliza un estilo poco canónico y vanguardista.* **3.** *Rel.* Dicho de libro o texto: Aceptado por la Iglesia católica en el catálogo de los considerados sagrados. *El Génesis es un texto canónico. A los textos no canónicos también se los llama "apócrifos".*

canónigo. m. Eclesiástico que tiene una prebenda por la que pertenece al cabildo de una iglesia catedral. *Es canónigo en la catedral de Burgos y profesor de teología en la universidad.*

canonista. m. Persona especializada en derecho canónico. *El dominico fue un gran teólogo y canonista.*

canonizable. adj. Digno de ser canonizado. *El Papa consideró canonizable al sacerdote brasileño.*

canonización. f. Hecho de canonizar. *La canonización del beato congregó a miles de personas en la plaza de San Pedro.*

canonizar. tr. Declarar el Papa oficialmente santa (a una persona que ha sido previamente beatificada). *El Papa canonizó a varios sacerdotes.*

canonjía. f. **1.** Prebenda de canónigo. *Ofrecieron al párroco la canonjía de Sevilla.* **2.** coloq. Empleo de poco trabajo y mucho provecho. *Se destapó el tinglado de canonjías y nombramientos que hubo en aquella época.*

canoro, ra. adj. cult. Dicho de ave: De canto agradable y melodioso. *Aves canoras.* Tb. fig., dicho de pers. *Dúo canoro de tenores.*

canoso, sa. adj. Que tiene canas. *Bigote canoso. La víctima describió al atracador como una persona de mediana edad, alta y canosa.* ▶ CANO.

cansado, da. part. **1.** → **cansar.** ● adj. **2.** Dicho de cosa: Que denota cansancio. *Sus andares y gestos cansados indicaban que había tenido un duro día de trabajo.* **3.** Dicho de cosa: Que produce cansancio. *El viaje en coche fue muy cansado.*

cansancio. m. Hecho o efecto de cansar o cansarse. *Estoy muerto de cansancio.*

cansar. tr. **1.** Hacer que disminuya la fuerza o la resistencia (de alguien). *La caminata nos cansó a todos.* Tb. en constr. prnl. media. *Estaba muy débil y se cansaba enseguida.* **2.** Hacer que disminuya el interés (de alguien). *Me cansan los programas de deportes.* Tb. usado en constr. intr. *Tanta charla banal acaba cansando.* Tb. en constr. prnl. media. *No se cansan nunca* DE *jugar.* **3.** Quitar fertilidad (a la tierra), gralm. por la continuidad o el tipo de cultivos. *La agricultura intensiva cansa la tierra.* Tb. en constr. prnl. media. *Hay que dejar en barbecho la tierra para que no se canse.*

cansino, na. adj. **1.** Que cansa o hace que disminuya la fuerza o el interés. *La canción tiene un ritmo cansino que aburre a las piedras.* **2.** Que manifiesta cansancio. *La viveza del camarero contrastaba con los movimientos cansinos de su compañero.*

cantábile. adj. *Mús.* Dicho de fragmento musical: Melodioso y expresivo. Tb. m. *La soprano interpretó un cantábile de manera excelente.* ▶ CANTABLE.

cantable. adj. **1.** Que se puede cantar. *El himno tiene una parte cantable.* **2.** *Mús.* Dicho de fragmento musical: Melodioso y expresivo. *Aria cantable.* Tb. m.

● m. **3.** *Mús.* Parte del libreto de una zarzuela escrita en verso para ser cantada. *Chueca era capaz de escribir los cantables con mucha facilidad.* ▶ **2:** CANTÁBILE.

cantábrico, ca. adj. **1.** Del mar Cantábrico. *El pesquero se hundió en aguas del litoral cantábrico.* Tb. de las tierras próximas a este mar. *El incendio ha afectado a varias hectáreas de encinar cantábrico. Lloverá en toda la cornisa cantábrica.* **2.** De Cantabria (comunidad autónoma). *El cocido montañés es un plato estrella de la cocina cantábrica.* ▶ **2:** CÁNTABRO.

cántabro, bra. adj. **1.** De Cantabria (comunidad autónoma). *Los reyes visitarán varias localidades cántabras.* Dicho de pers., tb. m. y f. *Un cántabro ganó el concurso.* **2.** De Cantabria (antigua región de la Península Ibérica). *El museo exhibe utensilios de los pueblos cántabros.* Dicho de pers., tb. m. y f. *Los cántabros fueron conquistados por los romanos en la época del emperador Augusto.* ▶ **1:** CANTÁBRICO.

cantado, da. part. **1.** → **cantar.** ● adj. **2.** Que es previsible o seguro que ocurra. Frec. con *estar*. *Su derrota en las elecciones estaba cantada. Era un gol cantado.*

cantamañanas. m. y f. coloq. Persona informal e irresponsable, que no merece crédito. *Asegura que su proyecto no tiene fisuras, pero yo no me fiaría de él: es un cantamañanas.*

cantante. m. y f. Persona que canta, espec. si lo hace como profesión. *Una famosa cantante hará el papel de Aída. Quería ser cantante en un grupo de rock.* ▶ VOZ.

cantaor, ra. m. y f. Cantante de flamenco. *El cantaor se arrancó por bulerías.*

cantar. intr. **1.** Producir una persona con la voz sonidos melodiosos. *Le gusta cantar en la ducha. El tenor cantaba con voz potente.* **2.** Producir un animal, espec. un ave, sonidos gralm. melodiosos. *Un jilguero cantaba en el árbol. En las tardes de verano se oye cantar a los grillos.* **3.** coloq. Sonar algo, o hacer un ruido característico. *El mecánico aceleró el coche y escuchó cómo cantaba el motor. Te cantan las tripas. A lo lejos se oía cantar a las ametralladoras.* **4.** coloq. Oler mal algo, espec. una parte del cuerpo. *A ese le cantan los sobacos. Abre la habitación, que el barniz canta mucho.* **5.** coloq. Llamar algo la atención. *Va a cantar mucho que no vaya nadie a la reunión. ¡Cómo canta esa mancha en los pantalones blancos!* ○ tr. **6.** Interpretar con la voz (una composición musical). *Lo animamos a que nos cantara algún tango.* **7.** Componer una obra, gralm. en verso, que ensalza las virtudes (de alguien o algo). *En el poema canta a su tierra. Muchos poetas cantaron sus hazañas.* **8.** Ensalzar (las virtudes o las cualidades de alguien o algo). *A su vuelta de Chile, cantaba las maravillas de sus paisajes.* **9.** coloq. Confesar (algo) bajo presión. *No voy a parar hasta que cantes dónde te habías metido.* Tb. usado en constr. intr. *Aunque lo torturaron, no consiguieron que cantara.* **10.** En algunos juegos de cartas: Anunciar (el número de puntos obtenidos) por tener una combinación especial. *Lleva tres partidas seguidas cantando las cuarenta.* **11.** En el bingo: Anunciar que se ha completado (una línea) o un cartón (de bingo). *Fue el primero en cantar línea. Estoy a punto de cantar bingo.* ● m. Composición poética popular destinada a ser cantada. *Entonaron cantares de su región.* ■ ~ **de gesta.** m. Composición poética medieval, que narra los hechos de personajes históricos o legendarios. *El "Poema de Mio Cid" es un cantar de gesta.* □ **cantárselas** (a alguien), o **cantárselas claras** (a alguien). loc. v. coloq. Decir(le) abiertamente las quejas que se tienen (contra él). *Se las cantó bien cantadas. Ese se las canta a cualquiera.* ■ **ser** alguien o algo **otro ~.** loc. v. coloq. No ser igual, o no ser lo mismo. *Ella es muy simpática, pero su novio es otro cantar. La segunda parte del partido fue otro cantar.*

cántara. f. Cántaro. *La indígena lleva una cántara al hombro.*

cantárida. f. Insecto del grupo del escarabajo, que se utilizaba en medicina como irritante, y al que se atribuían poderes afrodisiacos. *Le echó en la comida polvo de cantárida.*

cantarín, na. adj. **1.** De sonido suave y agradable. *Risa cantarina. El duende se quedó dormido al lado de un riachuelo cantarín.* **2.** Aficionado a cantar. *De pequeña era muy cantarina y pizpireta.*

cántaro. m. Recipiente de barro o metal, ancho por el cuerpo y estrecho por la boca y el pie, gralm. con una o dos asas, y que se utiliza para contener líquidos. *Antiguamente la gente iba a la fuente con sus cántaros para recoger agua.* ■ **a ~s.** loc. adv. En abundancia. Frec. con *llover*. *Refugiémonos en los soportales, que está lloviendo a cántaros.* ▶ CÁNTARA.

cantata. f. Composición musical de carácter vocal, con acompañamiento instrumental. *En el auditorio escuchamos varias cantatas de Bach.*

cantautor, ra. m. y f. Cantante, por lo común solista, autor de sus propias composiciones, las cuales tienen gralm. una intención crítica o poética. *La dictadura prohibió varias canciones del cantautor.*

cante. m. **1.** Canto popular andaluz y gitano. *El libro indaga sobre las fuentes de la copla y el cante.* Frec. ~ *flamenco*. *El cantaor sevillano ganó el concurso de cante flamenco.* **2.** coloq. Hecho de cantar o llamar la atención. Frec. en la constr. *dar el ~*. *Con ese vestido tan escotado vas a dar el cante en la boda. ¡Menudo cante como te pongas eso!* ■ ~ **hondo,** o **jondo.** m. Cante (→ 1) genuinamente andaluz y gitano, de profundo sentimiento y gran pureza. *Los gestos compungidos de los cantaores emocionaban al público que asistía al certamen de cante jondo.*

cantera. f. **1.** Sitio de donde se extrae piedra u otro material semejante. *En la zona hay una cantera de áridos.* **2.** Lugar de donde proceden personas cualificadas o adecuadas para desarrollar una actividad. *La escuela tiene fama de ser una cantera de bailarines de éxito. La directiva del equipo de fútbol se ha propuesto potenciar la cantera.* ▶ **1:** PEDRERA.

canterano, na. adj. Dicho de deportista: De la cantera de su equipo. *Las bajas obligaron al entrenador a recurrir a varios jugadores canteranos.* Tb. m. y f. *En su debut en la primera división el canterano metió doce goles.*

cantería. f. **1.** Oficio o técnica de labrar las piedras para las construcciones. *Maestro de cantería.* **2.** Obra hecha de piedra labrada. *Un recorrido por las calles nos permite apreciar la cantería típica de la región.*

cantero. m. **1.** Hombre que tiene por oficio extraer la piedra de una cantera o labrarla para las construcciones. *Trabaja como cantero labrando mármol y granito para hacer lápidas. Se oía el golpeteo de los cinceles y las mazas de los canteros.* **2.** Extremo de algo. *Se cayó y se dio con el cantero de la mesa.* Frec. designa el de un pan, con mucha corteza. *Córtame un cantero de pan, que no tenga miga.* **3.** Am. Macizo (conjunto de plantas). *Un cantero de claveles adornaba el portalillo de la casa* [C]. ▶ **1:** PICAPEDRERO. **3:** MACIZO.

cántico. m. **1.** Canto, espec. de carácter religioso, solemne o ceremonioso. *En el templo se escuchaban cánticos sagrados. Los independentistas entonaron cánticos e himnos de su tierra.* **2.** Poesía que exalta las virtudes de alguien o algo. *El poeta escribió este cántico nupcial con motivo de la boda de sus amigos.*

cantidad. f. **1.** Número de unidades. *En su biblioteca tenía gran cantidad de libros. La cantidad de visitantes aumenta en verano.* **2.** Medida de una porción de algo. *En el laboratorio el profesor nos indica las cantidades de las sustancias que tenemos que mezclar.* **3.** Porción grande de algo o abundancia de personas o cosas. *Cantidad de jóvenes acudirán al concierto. Hay cantidad de cuestiones más importantes que esa.* **4.** Porción indeterminada de dinero. *Ha ingresado en el banco una importante cantidad.* **5.** *Fon.* En determinadas lenguas: Tiempo que dura la pronunciación de una vocal o de una sílaba. *El acento, en latín, depende de la cantidad silábica.* ● adv. **6.** coloq. Mucho. *¡Tu moto me gusta cantidad, tío!* ■ **~ de.** loc. adv. coloq. Seguido de un adjetivo: Muy. *Es cantidad de vergonzosa.* ■ **en ~.** loc. adv. En abundancia. *El herido perdía sangre en cantidad.* ▶ **1:** CUANTÍA.

cantiga. f. Composición poética medieval destinada al canto. *Las cantigas gallegoportuguesas tienen su origen en la poesía trovadoresca.*

cantil. m. **1.** Lugar que forma escalón en la costa o en el fondo del mar. *Muchas aves marinas anidan en los cantiles del litoral.* **2.** Borde de un despeñadero. *El paisaje de montaña nos muestra espectaculares hoces y cantiles.*

cantilena. f. **1.** Composición poética breve y sencilla, compuesta para ser cantada. *Recuerdo aquella hermosa cantilena infantil.* **2.** coloq. Cantinela. *Siempre estás con la cantilena de que me busque un trabajo.*

cantimplora. f. Recipiente aplanado, gralm. de metal, revestido de un material aislante, que se utiliza en un viaje para transportar la bebida. *Antes de empezar la subida a la montaña, llenamos las cantimploras en la fuente.*

cantina. f. **1.** Establecimiento donde se sirven comidas y bebidas, y que forma parte de una instalación más amplia. *Los soldados comían en la cantina del cuartel.* **2.** frecAm. Taberna. *Encontró a su padre bebiendo café cerrero con brandy en la cantina* [C].

cantinela. f. Cosa que se dice con reiteración y que causa molestia. *No quiero oír más esa cantinela de que no tienes qué ponerte.*

cantinero, ra. m. y f. Propietario de una cantina o persona que trabaja en ella. *La cantinera nos servirá unas cervezas.*

canto[1]. m. **1.** Hecho o efecto de cantar. *Al pasar por el pasillo de la escuela, se oyen los cantos de los niños en clase. ¿Oyes el canto de un cuco? La novela es un canto a la tolerancia.* **2.** Arte o técnica de cantar. *Ha sacado una plaza de profesor de canto en el Conservatorio.* **3.** Composición poética. *En su canto el poeta ensalza la belleza de una mujer.* **4.** *Lit.* Parte en que se divide un poema épico. *La "Odisea" se compone de veinticuatro cantos.* ■ **~ de(l) cisne.** m. Última obra o actividad de alguien. *Una película autobiográfica fue su canto de cisne como director.* ■ **~ de sirena.** m. Halago interesado para atraer a alguien y engañarlo. Frec. en pl. *Se había dejado arrastrar por los cantos de sirena de los que le prometieron el éxito.* ■ **~ llano,** o **gregoriano.** m. *Mús.* Canto (→ 1) interpretado por varias voces a la vez, sin acompañamiento musical, propio de la liturgia cristiana latina. *El coro de monjes interpretó un bello canto gregoriano en el monasterio de Silos. El disco incluye varias composiciones medievales y canto llano.*

canto[2]. m. **1.** Borde o lado de algo estrecho o aplanado. *Si pasas la mano por el canto de un folio, te puedes hacer un corte. Pegó un golpe con el canto de la regla.* **2.** Grosor de algo estrecho o aplanado. *El canto de la mesa es de tres centímetros.* **3.** Corte del libro, opuesto al lomo. *Cogió un libro antiguo con el canto dorado.* **4.** Piedra pequeña, espec. la que tiene los bordes alisados y redondeados. *Varios niños tiran cantos a la charca para ver quién llega más lejos.* ■ **~ rodado.** m. Canto (→ 4) alisado y redondeado debido al desgaste producido por una corriente de agua. *Algunas calles del pueblo son aún de cantos rodados.* □ **al ~.** expr. coloq. Precedida de un nombre, indica que lo designado por este se realizará de forma inmediata o irremediable. *En cuanto me ve, pregunta al canto.* ■ **darse con un ~ en los dientes.** loc. v. coloq. Sentirse satisfecho por haber conseguido algo menos malo de lo que se podía esperar. *Ya te puedes dar con un canto en los dientes por haber aprobado.* ■ **de ~.** loc. adv. Sobre el canto (→ 1), o de lado. *Después de aclarar los platos, los coloca de canto en el escurridor. La moneda cayó de canto.* ■ **el ~ de un duro.** loc. s. Muy poca cosa. Frec. con *faltar. Ha faltado el canto de un duro para que chocáramos contra un camión. Te mosqueas por el canto de un duro.*

cantón. m. División administrativa del territorio en algunos estados. *Suiza es una confederación formada por varios cantones.* En algunos países de Am., designa un distrito o un municipio. *La víctima residía en el cantón Santa Lucía, en el municipio de Bolívar* [C]. *Había que cambiar la proporción de representantes (diputados, consejeros, concejales) que se eligen en cada circunscripción (país, provincia, cantón)* [C].

cantonal. adj. **1.** Del cantón o de los cantones. *Suiza tiene una estructura cantonal. El político defiende una política cantonal para el país.* **2.** Partidario o defensor del cantonalismo. Tb. m. y f. *Los cantonales estaban a favor de la descentralización de los poderes del estado.* ▶ **2:** CANTONALISTA.

cantonalismo. m. Sistema político que defiende la división del estado en cantones dotados de gran autonomía. *Pertenecía a un partido político que propugnaba el cantonalismo.*

cantonalista. adj. **1.** Del cantonalismo. *Movimiento cantonalista.* **2.** Cantonal (partidario). Tb. m. y f. *Los cantonalistas fueron derrotados en las urnas.* ▶ **2:** CANTONAL.

cantonera. f. Pieza que se pone en las esquinas de las tapas de los libros, en muebles u otros objetos para adornarlos o protegerlos. *Aún utiliza una antigua maleta con cantoneras de metal. Un coleccionista le ha vendido un libro encuadernado en terciopelo con cantoneras de plata.*

cantor, ra. adj. **1.** Dicho de persona: Que canta. *La escuela tiene un coro de niños cantores.* Tb. m. y f. *La cantautora se considera una cantora popular. Se celebrará un homenaje a Neruda, el cantor del pueblo.* **2.** Dicho de ave: Que canta. *El ruiseñor es un pájaro cantor.*

cantoral. m. Libro de coro. *En la iglesia hay un antiguo cantoral colocado en un facistol.*

cantueso. m. Planta siempre verde, semejante al espliego, aromática, de flores moradas y en espiga. *La dehesa está preciosa en primavera, con el cantueso florecido.*

canturrear. intr. Cantar a media voz y de forma descuidada. *Iba canturreando en el coche.*

canturreo. m. Hecho de canturrear. *Se oye el canturreo de una mujer en la otra habitación.*

cánula. f. *Med.* Tubo corto que se emplea en diferentes operaciones de cirugía, o que forma parte de aparatos físicos o quirúrgicos. *El médico practicará una traqueotomía a la enferma y le pondrá una cánula.*

canutas. pasarlas ~. loc. v. coloq. Encontrarse en una situación difícil o apurada. *Cada vez que habla en público las pasa canutas.*

canuto. m. **1.** Objeto cilíndrico, gralm. hueco y de longitud no muy grande. *El muchacho utilizaba el canuto del bolígrafo a modo de cerbatana.* **2.** coloq. Porro. *Hay unos jóvenes en el concierto liándose unos canutos. Lo echaron del local por fumarse un canuto.*

caña. f. **1.** Planta de tallo hueco, flexible y con nudos, propia de lugares húmedos. *Las cañas y los juncos crecen hasta las orillas de la laguna.* **2.** Tallo de algunas plantas gramíneas, espec. de la caña (→ 1), gralm. hueco y con nudos. *Las cañas del bambú se utilizan en la construcción de muebles. Clava unas cañas para sujetar las tomateras. La avena tiene cañas delgadas.* **3.** Vaso de forma cilíndrica y ligeramente cónica, gralm. para beber cerveza. *El camarero recoge los cristales de una caña que se había caído.* Tb. la cantidad de bebida que cabe en él. *Después del trabajo he quedado para tomar unas cañas. El dueño del lagar nos escanció varias cañas de sidra.* **4.** Canilla de la pierna. *La gabardina llega a media caña.* **5.** Tuétano de la pierna de la vaca. *El carnicero le ha puesto un trozo de morcillo y hueso de caña para el cocido.* Tb. el hueso. **6.** Parte de la bota que cubre entre la rodilla y el pie. *La caña de la bota me aprieta. Le sientan bien las botas de caña alta.* **7.** Vara flexible y larga que se utiliza para pescar, y de cuyo extremo más delgado cuelga el sedal con el anzuelo. *El pescador tiró de la caña y esta se dobló por el peso del pez que había mordido el anzuelo.* Tb. *~ de pescar.* **8.** Planta tropical de unos dos metros de altura, cuyo tallo contiene un tejido esponjoso y dulce del que se extrae azúcar. *La caña y el tabaco son productos típicos cubanos.* Tb. *~ de azúcar. El ron se obtiene a partir del zumo fermentado de la caña de azúcar.* ■ **~ brava.** (Tb. **cañabrava**). f. Am. Planta de gran altura que crece en las orillas de los ríos y cuyo tallo se utiliza en la construcción de techos y paredes. *Se perdió entre las cañas bravas de la ribera* [C]. Tb. su tallo. *Vivió en pueblos y en aldeas con casas de barro y cañabrava* [C]. □ **dar,** o **meter, ~** (a alguien o algo). loc. v. **1.** coloq. Golpear o vapulear. *El equipo local se ha dedicado a dar caña al visitante.* Frec. fig. *El diputado de la oposición mete caña al ministro reprochándole su ineptitud.* **2.** coloq. Imprimir velocidad (a esa persona o cosa). *No le metas tanta caña al coche, que nos vamos a matar. Necesito ese informe para hoy, así que métele caña.* ▶ **4:** CANILLA. **5:** CAÑADA.

cañabrava. → **caña.**

cañada. f. **1.** Paso entre dos alturas poco distantes entre sí. *En lo hondo de la cañada la vegetación se hacía más densa.* **2.** Vía para los ganados trashumantes, de 90 varas de ancho. *Pretendían edificar en una zona por donde discurre una cañada.* Frec. *~ real. Los rebaños iban por la cañada real desde Castilla hasta Extremadura.* **3.** Caña (tuétano). *Para el caldo utilizaremos verduras, perejil y un hueso de cañada.* ▶ **3:** CAÑA.

cañadilla. f. Molusco marino comestible, provisto de una concha con espinas que se prolonga en un tubo largo y estrecho. *En un restaurante de la playa pidieron una ración de almejas y otra de cañadillas.*

cañamazo. m. **1.** Tela tosca de cáñamo. *En la frutería había varios sacos de cañamazo repletos de legumbres.* **2.** Tela cuyos hilos están muy separados, y que se utiliza para bordar. *El cañamazo tenía un dibujo impreso para facilitar el bordado.* Tb. fig. para designar aquello que sirve de base para algo. *La película narraba la vida de dos hermanos utilizando sus cartas como cañamazo.*

cáñamo. m. **1.** Planta de gran altura y tallo hueco, erguido y áspero, del cual se obtiene una fibra textil. *De las hojas del cáñamo se extrae un aceite utilizado en cosmética.* **2.** Fibra textil, áspera y resistente, que se obtiene del tallo del cáñamo (→ 1). *El cubo del pozo estaba atado a una cuerda de cáñamo.* ■ **~ índico.** m. Variedad de cáñamo (→ 1), de pequeño tamaño y sin aplicaciones textiles, que tiene propiedades estupefacientes y narcóticas. *La marihuana y el hachís se obtienen del cáñamo índico.*

cañamón. m. Semilla del cáñamo, pequeña y redonda, utilizada como alimento para pájaros. *Compró alpiste y cañamones en la pajarería.*

cañaveral. m. Terreno poblado de cañas o carrizos. *Tras los cañaverales hay una laguna.* ▶ CAÑIZAL, CAÑIZAR.

cañería. f. Tubo o conjunto de tubos por donde se distribuye el agua o el gas. *La rotura de una cañería ha causado goteras en el piso de abajo. ¿Te han instalado ya la cañería del gas?*

cañí. adj. coloq. Gitano (de un pueblo originario de la India). *Tomábamos unos finos en un tablao mientras escuchábamos música cañí.* Dicho de pers., tb. m. y f.

cañizal. m. Cañaveral. *El cazador esperaba la llegada de los patos agazapado en un cañizal.*

cañizar. m. Cañaveral. *Es una playa enorme, con dunas y cañizares.*

cañizo. m. Tejido hecho con cañas que se utiliza espec. para cubrir techos. *La casa de campo tiene un porche con un tejadillo de cañizo.*

caño. m. Tubo corto por el que sale un chorro de un líquido, pralm. el de una fuente. *El viajero tomó agua de la fuente acercando la boca al caño.*

cañón. m. **1.** Pieza de artillería, de gran longitud respecto a su calibre, que se utiliza para lanzar proyectiles pesados. *La artillería antiaérea contaba con cañones y proyectiles autopropulsados.* **2.** Pieza hueca y cilíndrica de un arma de fuego, por donde sale el proyectil. *Sentí en la espalda el cañón de la pistola del atracador. Tiene una escopeta de caza de dos cañones.* **3.** Pieza hueca y alargada de algo. *Un deshollinador limpiaba el cañón de la chimenea. Le han regalado un catalejo con el cañón dorado.* **4.** Parte inferior hueca del eje de las plumas de las aves, desprovista de filamentos y que se inserta en la piel. *Para desplumar a la gallina, agarra las plumas por el cañón.* Tb. el eje mismo. *La pluma tenía el cañón roto por la punta.* **5.** Pluma del ave cuando empieza a nacer. *El pichón está echando ya los cañones.* **6.** Paso estrecho entre dos montañas por donde discurre o ha discurrido un río. *Para llegar al nacimiento del río había que pasar por un cañón donde anidaban los buitres.* **7.** En un teatro: Foco de luz concentrada que se puede dirigir a un punto determinado. *El cañón seguía los movimientos* *del actor por el escenario.* ● adj. **8.** coloq. Muy bueno. Frec. con intención enfática. *Tu hermano está cañón.* ■ ~ **de nieve.** m. Aparato que lanza nieve artificial. *La estación de esquí tendrá que poner en funcionamiento los cañones de nieve.*

cañonazo. m. **1.** Disparo hecho con un cañón. *El caza fue derribado por los cañonazos del destructor.* Tb. el ruido y el daño así producidos. *Se oyeron los veintiún cañonazos de salva en honor del presidente extranjero. Los cañonazos dejaron sin agua ni suministro eléctrico a la ciudad sitiada.* **2.** En algunos deportes, espec. en fútbol: Lanzamiento muy fuerte de la pelota. *El lateral izquierdo lanzó un cañonazo que se coló por la escuadra.* ▶ **2:** TRALLAZO.

cañonear. tr. Disparar cañonazos (a alguien o algo). *Cañonearon el edificio del Parlamento.*

cañoneo. m. Hecho o efecto de cañonear. *El cañoneo no cesó en toda la noche. Se oía el cañoneo de las baterías antiaéreas.*

cañonero, ra. adj. Dicho de embarcación: Que está equipada con cañones. *Una lancha cañonera de la Guardia Civil patrullaba la costa.* Tb. f. *La cañonera apresó un barco que transportaba inmigrantes ilegales.*

caoba. f. **1.** Árbol americano cuya madera, de color rojizo, es muy apreciada. *Junto a la casa había una caoba centenaria.* Tb. su madera. *Compraron un comedor de caoba.* ○ m. **2.** Color rojizo como el de la madera de la caoba (→ 1). *Se quiere teñir el pelo de caoba.* Tb. adj. *En el cuadro predominan los tonos negros y caobas.*

caolín. m. Arcilla blanca muy pura que se emplea espec. en la fabricación de porcelana. *El caolín proporciona plasticidad y blancura a las piezas de porcelana.*

caos. m. **1.** Confusión o desorden muy grandes. *El pánico y el caos se apoderaron de la ciudad bombardeada.* Frec. con intención enfática. *A ver si ordenas tu habitación, que está hecha un caos.* **2.** Estado de desorden y confusión que se supone anterior a la ordenación del mundo. *En la mitología griega el caos duró hasta que Zeus mató a su padre, Cronos, y ordenó el mundo.*

caótico, ca. adj. Del caos. *La huelga de pilotos provocó una situación caótica en los aeropuertos. Sales de juerga, faltas al trabajo, no te ocupas de tus hijos; en definitiva, llevas una vida caótica.*

cap. abrev. Capítulo. *El asesinato sucede en el cap. 5 de la novela.*

capa. f. **1.** Prenda de vestir larga, suelta y sin mangas, abierta por delante y ancha en su parte inferior, que se lleva sobre los hombros encima del vestido. *La dama lleva una capa de terciopelo verde con capucha.* **2.** Capote (pieza de tela). *El subalterno perdió la capa en un derrote del toro.* **3.** Sustancia que recubre o baña a otra. *Con una espátula quitaba la capa de hielo que se había formado en el parabrisas. Los muebles tienen una capa de polvo.* **4.** Parte o zona superpuestas a otras, con las que forman un todo. *La primera capa de la tarta lleva bizcocho bañado en chocolate. La estratosfera es una capa de la atmósfera inmediatamente superior a la troposfera.* Frec. designa estrato social. *El atracador procede de las capas más marginales de la sociedad.* **5.** Color de los caballos y algunos otros animales. *El tercero de la tarde era un hermoso ejemplar de capa negra y enormes pitones. La capa de la yegua es castaña.* ■ ~ **de ozono.** m. Capa (→ 4) de la estratosfera en la que se concentra la mayor proporción de ozono. *Algunos gases dañan la capa de ozono.* ⇒ OZONOSFERA. ■ ~ **española.** f. Capa (→ 1) de paño, de amplio vuelo, con los bordes delanteros gralm. forrados de terciopelo, y tradicionalmente usada por los hombres. *Vestía una capa española con esclavina.* □ **a ~ y espada.** loc. adv. Con mucho afán o con todas las fuerzas posibles. *El ministro defendía a capa y espada en el parlamento su nueva propuesta de ley. Mantuvo a capa y espada que él no lo había hecho.* ■ **de ~ caída.** loc. adv. coloq. En decadencia o en una mala situación. *Su pequeña tienda está de capa caída desde que abrieron el centro comercial. Anda de capa caída por un desengaño amoroso.* ■ **de ~ y espada.** loc. adj. Dicho de obra artística, espec. de comedia del s. XVII: De ambiente caballeresco y amatorio. *"La dama duende" es una comedia de capa y espada de Calderón de la Barca. Espadachines, aventuras y mucha acción son los ingredientes de las películas de capa y espada.* ■ **hacer** alguien **de su ~ un sayo.** loc. v. coloq. Obrar con independencia y libertad en sus propios asuntos. *Que me critiquen, que yo seguiré haciendo de mi capa un sayo. Si haces de tu capa un sayo en el trabajo, te van a despedir.* ■ **so ~ de,** o **bajo ~ de.** loc. prepos. Con la apariencia de, o con el pretexto de. *So capa de ingenuidad encubría su propia ambición.* ▶ **2:** *CAPOTE.

capacho. m. **1.** Recipiente parecido a la espuerta, gralm. de esparto. *Los albañiles sacaban los escombros con capachos y los tiraban a un contenedor.* Frec. designa el recipiente que se utiliza para hacer la compra. *Deme una bolsa para la lechuga, que ya no me cabe en el capacho.* **2.** Capazo (cuna). *El padre metió el capacho con el bebé en el coche.* ▶ CAPAZO.

capacidad. f. **1.** Cualidad de capaz. *La capacidad del estadio es* DE *cien mil espectadores. El aparcamiento tiene capacidad* PARA *trescientos vehículos. El litro es una medida de capacidad. No tenía capacidad* PARA *dirigir el proyecto. El ser humano tiene la capacidad* DE *hablar. Las semillas conservan su capacidad germinativa mucho tiempo. Tiene capacidad legal para testar.* **2.** *Fís.* Cociente que resulta de dividir la carga de una de las armaduras de un condensador eléctrico por la diferencia de potencial existente entre ambas. *La unidad de capacidad es el faradio.* ○ pl. **3.** Aptitud (conjunto de cualidades). *Posee grandes capacidades* PARA *aprender idiomas.* ▶ **3:** APTITUD.

capacitación. f. Hecho o efecto de capacitar. *El trabajo requería una capacitación especial. Tenía un alto nivel de capacitación profesional. Hizo un curso de capacitación industrial.*

capacitar. tr. Hacer (a alguien o algo) capaces o aptos. *Este curso te capacita* PARA *dar clase de español a extranjeros.*

capador. m. Hombre que tiene por oficio capar animales. *El capador iba de pueblo en pueblo para capar a los cerdos.*

capar. tr. Castrar (a una persona o un animal). *Hay que capar al cerdo.* ▶ CASTRAR.

caparazón. m. **1.** Cubierta dura que protege el cuerpo de algunos animales, como el de las tortugas, los crustáceos y algunos insectos y protozoos. *Rebaña bien la carne del caparazón del centollo. La tortuga se ha escondido en su caparazón para protegerse del perro.* Tb. fig. *Se quedó tranquilo, envuelto en el caparazón del sueño. Cuando le preguntan sobre su vida privada, se encierra en su caparazón e intenta desviar el tema.* **2.** Esqueleto del cuerpo de un ave. *Prepara el caldo con un caparazón de gallina.*

capataz, za. m. y f. **1.** Persona que organiza y vigila las tareas de un grupo de trabajadores. *El capataz de la fábrica ordenó a varios peones que limpiaran la fresadora. Apilamos las cajas en el almacén bajo la atenta mirada de la capataza.* **2.** Persona que tiene a su cargo la administración de una finca en el campo. *Trabajaba como capataz en un cortijo sevillano. El capataz del viñedo avisó de que la uva ya estaba lista para ser recogida.*

capaz. adj. **1.** Que tiene espacio suficiente para contener a alguien o algo en su interior. *Una sala de conciertos capaz* PARA *mil personas. El depósito del coche es capaz* PARA *cuarenta y cinco litros de gasolina.* **2.** Grande o espacioso. *Los armarios empotrados son capaces y están bien terminados.* **3.** Dicho de persona: Apta, o que posee cualidades para algo. *No sé si será capaz* PARA *una carrera tan dura. Es una chica capaz y responsable.* **4.** Que puede realizar la acción designada. *No soy capaz* DE *leer el cartel a esta distancia. El salmón es capaz de remontar fuertes corrientes. Es un avión capaz* DE *volar mucho tiempo sin repostar.* **5.** Dicho de persona: Que se atreve a algo. *No soy capaz* DE *decirle la verdad. –Mañana mismo lo dejo todo. –¡No serás capaz!* **6.** *Der.* Que posee aptitud legal para algo. *Al alcanzar la mayoría de edad se es capaz* PARA *votar en unas elecciones.* ● adv. **7.** Am. coloq. Quizá o tal vez. *Yo no sé, capaz que no fue cierto, pero así anduvieron diciendo* [C].

capazo. m. **1.** Cesta con dos asas que se usa como cuna y que se encaja gralm. en una armazón con ruedas para su desplazamiento. *Metió al bebé en el capazo y lo cubrió con una mantita.* **2.** Capacho (recipiente). *Las legumbres están en esos capazos, al fondo de la tienda.* ▶ CAPACHO.

capcioso, sa. adj. Dicho de una pregunta o un argumento: Que se formulan para poner en un aprieto al interlocutor. *Dio una respuesta evasiva a la pregunta capciosa del entrevistador.*

capea. f. Lidia de becerros o novillos por aficionados. *Comenzó su carrera toreando en capeas y fiestas de pueblo.*

capear. tr. **1.** Eludir con habilidad (un compromiso o una situación difícil). *Supo capear el escándalo político en el que se vio implicado. Se le da muy bien capear las dificultades.* **2.** *Mar.* Sortear (el mal tiempo) con las maniobras adecuadas. *El capitán ordenó virar a babor y aminorar la marcha para capear la tormenta.* **3.** *Taurom.* Torear con la capa (al toro). *El torero capeó al toro por chicuelinas.* ▶ **3:** CAPOTEAR.

capellán. m. Sacerdote que tiene a su cargo decir misa en una capilla o un oratorio privado. *El capellán de la facultad dirá una misa por el profesor difunto.*

capelo. m. **1.** Sombrero rojo de los cardenales. *El cardenal llegó con capelo y manto cardenalicio.* **2.** Dignidad de cardenal. *El Papa impuso el capelo a veinte nuevos cardenales.*

caperuza. f. **1.** Gorro que remata en punta. *El peregrino vestía una túnica marrón con caperuza y unas sandalias.* **2.** Pieza que cubre o protege el extremo de algo. *Se ha secado la tinta del bolígrafo por no ponerle la caperuza.*

capicúa. m. **1.** Número que es igual leído de derecha a izquierda que de izquierda a derecha. *Es un capicúa de seis cifras.* Tb. adj. *El 5335 es un número capicúa.* **2.** Cosa, espec. billete de lotería, que contiene un número capicúa (→ 1). *El lotero le vendió un capicúa para el sorteo de Navidad.* Tb. adj. *La matrícula de ese coche es capicúa.*

capilar. adj. **1.** Del cabello. *El dermatólogo le recomendó una loción capilar contra la caída del cabello.* **2.** Dicho de tubo: Muy fino o estrecho, como un cabello. *Los vasos capilares extienden la savia por todo el árbol.* Dicho espec. de los vasos muy finos que constituyen la última ramificación de las venas y las arterias en un vertebrado, y, entonces, frec. m. *Red capilar del cuerpo humano. Los capilares enlazan el sistema circulatorio arterial con el venoso.* **3.** *Fís.* Dicho de un fenómeno: Producido por capilaridad. *La superficie de este terreno es salina por el efecto de absorción capilar de las aguas de lluvia.*

capilaridad. f. *Fís.* Fenómeno por el cual la superficie de un líquido en contacto con un sólido se eleva o desciende según aquel moje o no a este. *La humedad de las paredes se ha producido por capilaridad.*

capilla. f. **1.** Lugar secundario de una iglesia, que tiene un altar propio o en el que se venera una imagen. *Hay unos frescos muy hermosos en una de las capillas de la basílica.* **2.** Lugar dedicado al culto cristiano que forma parte de un edificio o un recinto. *Los domingos la capilla del hospital está atestada de gente. Hará la primera comunión en la capilla de su colegio.* **3.** Grupo de músicos asalariados especialistas en música religiosa. *El músico pertenecía a la capilla del rey.* **4.** despect. Grupo de personas que tienen los mismos intereses o comparten las mismas ideas. *Su libro recibirá críticas de las consabidas capillas de intelectuales.* Frec. *capillita. Buscó el apoyo de personas influyentes, pero huyó de las capillitas.* ■ ~ **ardiente.** f. Lugar en que se coloca a un difunto para velarlo y celebrar honras fúnebres por él. *La capilla ardiente del capitán asesinado quedará instalada en la comandancia de marina. Por la capilla ardiente de la cantante pasaron numerosos admiradores.* □ **en ~.** loc. adv. **1.** Esperando un condenado a muerte que se cumpla la sentencia. Frec. con *estar. El preso que estaba en capilla pidió un sacerdote para confesarse.* **2.** coloq. Esperando el momento de enfrentarse a una prueba o de conocer el resultado de algo que causa inquietud. Frec. con *estar. Solo falta una semana para la boda y los novios ya están en capilla.*

capirotazo. m. Golpe, gralm. en la cabeza, que se da haciendo resbalar sobre la yema del pulgar el envés de la última falange de otro dedo de la misma mano. *Como no me devuelvas la pelota, te doy un capirotazo en el cogote.*

capirote. m. **1.** Gorro rematado en punta, de cartón y cubierto de tela, que utilizan los penitentes en las procesiones de Semana Santa. *Dos filas de penitentes con túnicas y capirotes morados caminaban detrás del paso.* **2.** Caperuza de cuero que se pone en la cabeza de un ave de cetrería para que permanezca quieta. *El halconero le quitó el capirote al halcón y lanzó al ave.* ■ **de ~.** loc. adj. coloq. Pospuesto a un adjetivo despectivo como *tonto*, se usa para enfatizar el significado de este. *No sé cómo vas con ese tonto de capirote que no sabe ni hablar.* ▶ **1:** CUCURUCHO.

capital. adj. **1.** Principal, o de mayor importancia. *Pocos años antes de su muerte escribió su obra capital. El objetivo capital de la campaña publicitaria era la gente joven. Es una figura capital del toreo.* ● m. **2.** Cantidad de bienes que se poseen, espec. dinero. *Ha ahorrado un capital considerable. Al morir dejó todo su capital a sus hijos.* **3.** Cantidad de dinero que se invierte para obtener un rendimiento. *Invirtió un capital en acciones y ha obtenido un diez por ciento de beneficios.* **4.** *Econ.* Factor de producción constituido por todos aquellos elementos que, combinados pralm. con el trabajo, se destinan a la consecución de bienes. *El capital está integrado por inmuebles, maquinaria o instalaciones.* ○ f. **5.** Ciudad principal y cabeza de un estado. *La capital de Argentina es Buenos Aires.* Tb. la ciudad principal y cabeza de una comunidad autónoma, provincia o distrito. *La Junta de Andalucía se encuentra en Sevilla, capital de la Comunidad Autónoma de Andalucía. Astorga es la capital de la comarca de la Maragatería.* **6.** Lugar o población que destacan en algún aspecto o actividad. *Milán es una de las capitales mundiales de la moda.* **7.** Letra capital (→ **letra**). *En la parte inferior del cuadro aparece el nombre del autor en capitales doradas.* ■ **~ social.** m. *Econ.* Conjunto de dinero y bienes materiales aportados por los socios o accionistas a una sociedad. *La junta general decidió ampliar el capital social del banco en 1500 millones de euros.*

capitalidad. f. Condición de capital de un Estado u otro territorio. *En el siglo* XVI *la capitalidad de España pasó de Valladolid a Madrid. Cinco ciudades optan a la capitalidad europea de la cultura.*

capitalino, na. adj. De la capital de un Estado. *Periódico capitalino.* Dicho de pers., tb. m. y f. *Los capitalinos podrán disfrutar de este espectáculo teatral.*

capitalismo. m. **1.** Sistema económico que se basa en el predominio del capital como elemento de producción y creador de riqueza. *La libre competencia y el trabajo asalariado son dos postulados del capitalismo.* **2.** Conjunto de los capitales o de los capitalistas. *El gobierno es una simple marioneta en manos del capitalismo del país.*

capitalista. adj. **1.** Del capital o del capitalismo. *El sistema capitalista está muy consolidado en los países de la Unión Europea.* **2.** Partidario del capitalismo. Tb. m. y f. *Capitalistas y comunistas tienen ideas contrarias sobre la política económica de un estado.* ● m. y f. **3.** Persona acaudalada. *A la recepción asistieron algunos famosos y los capitalistas del país.* **4.** Socio capitalista (→ **socio**). *Para montar la empresa solo le faltaba un capitalista que pusiera el dinero.* ▶ **3:** *RICO.

capitalización. f. Hecho o efecto de capitalizar. *Criticaron al Gobierno por la capitalización que hacía de la lucha antiterrorista.*

capitalizar. tr. **1.** Agregar al capital (los intereses que ha producido). *El banco capitaliza los intereses trimestralmente.* **2.** Utilizar alguien (un hecho o dicho ajenos) en beneficio propio. *El escándalo fue capitalizado por la oposición.*

capitán, na. (La forma **capitán** se usa como f. en las acep. 1-3). m. y f. **1.** Persona que manda un barco, espec. mercante o de pasajeros. *El capitán del mercante ordenó al piloto que comenzara la maniobra de atraque.* **2.** Oficial del Ejército cuyo empleo es inmediatamente superior al de teniente. *Lo ascendieron a capitán.* **3.** Oficial de la Armada cuyo empleo es inmediatamente superior al de teniente de navío. *El rango de capitán de navío es superior al de capitán de fragata, y este al de capitán de corbeta.* **4.** Jefe absoluto de un ejército. *Don Juan de Austria fue el capitán de los ejércitos cristianos en la batalla de Lepanto. El general comunicó a la Presidenta que el Ejército estaba a las órdenes de su capitana.* **5.** Persona que dirige o encabeza un grupo de personas, espec. un equipo deportivo. *El árbitro llamará a los capitanes de los dos equipos. La capitana del equipo de baloncesto se ha lesionado. La policía pudo detener a todos los integrantes de la banda menos a su capitán.* ● adj. **6.** Dicho de nave: En que va embarcado y arbola su insignia el jefe de una escuadra. *Nao capitana.* Tb. f. *La Santa María fue la capitana en el primer viaje de Colón.* ■ **capitán general.** m. y f. Oficial general del ejército cuyo empleo es el de rango superior. *El capitán general se reunió con el rey para informarle de la misión.*

capitanear. tr. **1.** Mandar (algo, como una tropa o un barco) como capitán. *Capitaneó el escuadrón de asalto. Se ha hundido el petrolero que capitaneaba.* **2.** Mandar o guiar (un grupo de personas, una empresa o una acción). *Capitanea el equipo nacional de baloncesto. Recorrimos el museo capitaneados por un guía. Ha capitaneado una expedición a la Antártida. Lo acusaron de capitanear la revuelta.* ▶ **2:** *DIRIGIR.

capitanía. f. **1.** Empleo o cargo de capitán. *Después de ocho años en el puesto de teniente le concedieron la capitanía.* ■ **~ general.** f. **1.** Empleo o cargo de capitán general. *Alcanzó la capitanía general a los 55 años.* **2.** Territorio bajo el mando de un capitán general. *Las nuevas ordenanzas se harán llegar a toda la capitanía general.* **3.** Edificio y oficinas donde ejerce su cargo el capitán general. *El ministro será invitado a un almuerzo en la capitanía general.*

capitel. m. *Arq.* Parte superior de la columna, que suele estar decorada. *El arco de medio punto descansa sobre capiteles corintios.*

capitidisminuido, da. adj. Debilitado o mermado. *Un equipo capitidisminuido, sin sus figuras y con jugadores lesionados, perdió el encuentro.*

capitolio. m. **1.** En algunos países: Palacio que alberga los órganos legislativos del Estado. *Quedaron junto al Capitolio de La Habana.* **2.** histór. Acrópolis. *Paseamos por el capitolio romano.*

capitoste. m. despect. Persona con influencia o poder. *Al acto acudieron el alcalde y algunos capitostes.*

capitulación. f. **1.** Hecho de capitular o rendirse. *El ejército tuvo que pactar su capitulación. Se reunieron para fijar los términos de la capitulación.* **2.** Acuerdo o pacto entre dos o más personas sobre algún asunto. Frec. en pl. con significado. sing. *Firmó unas capitulaciones en las que se le reconocían sus derechos sobre la herencia.* ○ f. pl. **3.** Acuerdo ante notario que conciertan los futuros esposos sobre el régimen económico de su matrimonio. *Las capitulaciones matrimoniales se otorgaron después de haberse celebrado el matrimonio.* Tb. el documento en que consta. *En las capitulaciones matrimoniales figuran las condiciones pactadas.*

capitular[1]. adj. **1.** Del cabildo seglar o eclesiástico. *A un lado del claustro se encuentran la sala capitular y el locutorio.* **2.** Del capítulo de una orden. *Han comenzado los solemnes actos capitulares de la orden.*

capitular[2]. intr. **1.** En un conflicto bélico: Rendirse bajo determinadas condiciones. *Tras unos meses de sitio, tuvieron que capitular. La capital fue la última ciudad en capitular.* ○ tr. **2.** Pactar o acordar (algo). *España y Portugal capitularon una serie de cláusulas en el Tratado de Tordesillas.*

capítulo. m. **1.** División de un escrito o de algunas otras narraciones, gralm. numerada y titulada. *Me faltan cinco capítulos para terminar la novela. Van a rodar nuevos capítulos de la serie. En la radio se oía el comienzo del serial: "Cuando estés a mi lado; capítulo 163". La participación de los trabajadores en la empresa se regula en el capítulo* IV *de la ley.* Tb. fig. *La estancia en París fue un importante capítulo en su producción poética.* **2.** Junta de los religiosos de una orden, o de los miembros de algunas organizaciones, para tratar determinados asuntos. *Los benedictinos se reunieron en capítulo.* ■ **llamar,** o **traer, a ~** (a alguien). loc. v. Pedir(le) cuentas de su comportamiento o recriminar(le) por este. *La junta de accionistas llamó a capítulo al gerente para que explicara el porqué de las pérdidas.* ■ **ser,** o **merecer,** alguien o algo **~ aparte.** loc. v. Ser un caso diferente o digno de una consideración más detenida. *Dentro de su extensa obra musical las sinfonías merecen capítulo aparte. Aquella pariente era capítulo aparte en la historia de la familia.* ▶ **Am: 1:** ACÁPITE.

capo. m. Jefe de una mafia, espec. de narcotraficantes. *El capo de la coca fue condenado a veinte años de prisión.*

capó. m. Cubierta del motor de un automóvil. *Levantó el capó y extrajo la varilla del aceite para comprobar el nivel de este.*

capón[1]**.** adj. **1.** Castrado. *Un burro capón.* Dicho de animal macho o de hombre, tb. m. ● m. **2.** Pollo que se castra cuando es joven y que se ceba para comerlo. *Hoy cenaremos capón relleno.*

capón[2]**.** m. Golpe dado en la cabeza con los nudillos. *Al pasar junto a su pupitre le dio un capón.*

caporal. m. frecAm. Capataz de una finca o hacienda. *Los caporales vigilan a los trabajadores cómo cortan el café* [C].

capota. f. Cubierta plegable que llevan algunos vehículos. *La capota del deportivo se acciona con un interruptor. El carruaje tenía la capota negra.*

capotar. intr. **1.** Volcar un vehículo automóvil quedando en posición invertida. *El coche dio dos vueltas de campana y capotó.* **2.** Dar con la proa en tierra un vehículo aéreo. *El avión capotó contra la pista antes de despegar.*

capotazo. m. *Taurom.* Suerte que se ejecuta con el capote para confundir o detener al toro. *El subalterno acercó el toro al picador con un par de capotazos.*

capote. m. **1.** Abrigo ceñido al cuerpo y con largos faldones que usan los militares. *El soldado se puso el capote para hacer la guardia nocturna.* **2.** Pieza de tela con vuelo, que recuerda a una capa, de color vivo, usada por los toreros para la lidia. *Sufrió una cogida muy grave cuando toreaba con el capote.* Tb. **~ de brega.** *Tuvo una gran actuación tanto con el capote de brega como con la muleta.* ■ **~ de monte.** m. Manta, con una abertura en el centro para sacar la cabeza, que se utiliza como prenda de abrigo. *El ganadero se puso su capote de monte y las botas de montar.* ■ **~ de paseo.** m. Capa corta de seda con esclavina, con la que los toreros de a pie se envuelven al desfilar las cuadrillas. *Al terminar el paseíllo, el torero entrega el capote de paseo a un subalterno.* □ **echar un ~** (a alguien). loc. v. coloq. Intervenir en una discusión para ayudar (a esa persona) y evitar(le) un conflicto. *Si no es porque me echaste un capote cuando se mencionó el asunto, me meto en un buen lío.* ▶ **2:** CAPA, MULETA, PERCAL, TELA, TRAPO.

capotear. tr. *Taurom.* Torear con el capote (al toro). *El diestro capoteó al toro con una serie de verónicas.* ▶ CAPEAR.

capricho. m. **1.** Deseo pasajero, gralm. irracional o sin motivación aparente. *Estáis malcriando a vuestro hijo dándole todos los caprichos que pide.* **2.** Persona, animal o cosa que es objeto de un capricho (→ 1). *El reloj me ha costado muy caro, pero es que era un capricho. Para él solo fuiste un capricho.* **3.** Obra de arte, como un cuadro o una pieza musical, que se aleja de los modelos tradicionales y en la que predominan el ingenio y la fantasía. *Paganini y Rimsky-Korsakov compusieron famosos caprichos.* ▶ **1:** ANTOJO.

caprichoso, sa. adj. **1.** Dicho de persona: Que actúa movida por caprichos. *Era una chica consentida y caprichosa.* Tb. m. y f. *A los caprichosos como él hay que ponerles freno.* **2.** Que se aparta de la norma o de lo que cabría esperar, y parece debido a un capricho de la fantasía. *Las nubes iban adoptando formas caprichosas.* ▶ **1:** ANTOJADIZO.

capricornio. m. y f. Persona nacida bajo el signo de Capricornio. *Es un capricornio nacido en diciembre.* Tb. adj. *Mujer capricornio.*

caprino, na. adj. De la cabra. *Ganado caprino.*

cápsula. f. **1.** Envoltura insípida y soluble de ciertos medicamentos de sabor desagradable. *El antibiótico se presenta en cápsulas e inyectable.* Tb. el conjunto de la envoltura y el medicamento. *Tome la cápsula con un vaso de agua.* **2.** Pieza de metal con que se cierra herméticamente una botella después de llena y taponada con un corcho. *El camarero quitó la cápsula a la botella, la descorchó y nos sirvió el vino.* **3.** En una nave espacial: Cabina para la tripulación donde se encuentran los mandos de control. *La cápsula espacial se desprendió de los cohetes propulsores.* **4.** *Anat.* Envoltura membranosa o fibrosa que recubre un órgano o una articulación. *El hígado está rodeado por una cápsula que lo envuelve y protege. Cápsula sinovial.* **5.** *Bot.* Fruto seco, con una o más cavidades que contienen semillas. *El fruto de la amapola es una cápsula.*

capsular. adj. *Bot.* De forma de cápsula. *El azafrán tiene fruto capsular con numerosas semillas.*

captación. f. Hecho o efecto de captar. *La empresa mejoró su estrategia de captación de clientes. Ya han empezado los trabajos de captación de aguas subterráneas. Ha instalado en el tejado un sistema de captación de televisión digital.*

captador, ra. adj. Que capta. *Sistema captador de ultrasonidos.* Dicho de pers., tb. m. y f. *Uno de los captadores de la secta frecuentaba los sitios donde se reunían los jóvenes.* Dicho de aparato, tb. m. *Los captadores solares se orientan automáticamente.*

captar. tr. **1.** Percibir (algo) por medio de los sentidos. *Los perros tienen el olfato muy desarrollado y captan infinidad de olores.* **2.** Percibir (algo) por medio de la inteligencia. *No creo que haya captado la indirecta. No es fácil captar el sentido del texto.* **3.** Recoger o registrar alguien o algo (sonidos o imágenes). *Un radioaficionado captó una señal de socorro. Una cámara había captado imágenes de los atracadores.* **4.** Recoger (las aguas de un río o un lago) para su utilización. *Hay que captar el agua para el riego.* **5.** Atraer (a alguien) para ganar su voluntad o su afecto. *La secta captaba a sus miembros entre los jóvenes.* **6.** Atraer o provocar una persona o cosa (admiración o interés) en alguien. *La novela capta en seguida la atención del lector. Su película captó el interés de la crítica.* ▶ **1, 2:** *PERCIBIR.

captor, ra. adj. **1.** Que capta. *Superficie captora de un panel solar.* **2.** Que captura. Dicho de pers., tb. m. y f. *Logró huir de sus captores.*

captura. f. Hecho o efecto de capturar. *El juez emitirá una orden de busca y captura. Ha habido una campaña en contra de la captura de ballenas. El cazador mostró orgulloso su captura.*

capturar. tr. **1.** Apoderarse (de alguien o algo). *El martín pescador se zambulló para capturar al pez.* **2.** Apresar o hacer prisionero (a alguien, espec. a un delincuente). *La policía ha capturado a los ladrones.* ▶ **1:** *APODERARSE. **2:** *APRESAR.

capucha. f. Pieza de una prenda de vestir, gralm. acabada en punta, y que sirve para cubrir la cabeza. *Se cubrió la cabeza con la capucha de la trenca.* Tb. la prenda independiente que cubre la cabeza y el rostro. *Los atracadores llevaban capuchas negras.* ▶ CAPUCHÓN.

capuchino, na. adj. **1.** Dicho de religioso descalzo: Que pertenece a la orden reformada de San Francisco. *Una monja capuchina.* Tb. m. y f. *Lo matricularon en un colegio de capuchinos.* **2.** De los capuchinos (→ 1). *Convento capuchino.* ● m. **3.** Café con leche y crema espumosa. *¡Dos con leche, un cortado y un capuchino!*

capuchón. m. **1.** Pieza que tapa o protege una cosa o parte de ella. *Pon el capuchón a la pluma o se secará la tinta.* **2.** Capucha. *Se ha comprado un abrigo con capuchón para los días de mucho frío.*

capullo. m. **1.** Envoltura de forma oval que fabrican las larvas de algunos insectos, y en la que se encierran para transformarse en adultos. *El gusano de seda está tejiendo su capullo.* Tb. el conjunto de la envoltura y la larva encerrada. *En el tronco del árbol hay un capullo verde.* **2.** Flor, espec. la rosa, que aún no ha abierto los pétalos. *El ramo tiene doce capullos de rosas rojas.* **3.** coloq. Persona ingenua o inexperta. *¿Quién ha sido el capullo que ha puesto al coche gasolina en vez de gasoil?* **4.** malson. Prepucio.

capuz. m. Capucha. *El penitente vestía una túnica parda de paño y capuz blanco.*

caqui[1]. (Tb. **kaki**). m. Árbol originario de Japón y de China, cuyo fruto, de forma esférica y color rojo o anaranjado, es comestible. *La madera de algunas variedades de caqui es de gran resistencia.* Tb. el fruto. *El caqui, cuando está maduro, tiene un sabor muy dulce.*

caqui[2]. (Tb. **kaki**). adj. **1.** Dicho de color: Que varía entre amarillo u ocre y verde grisáceo. *Compró un pantalón de lino color caqui.* Tb. m. *El verde y el caqui siempre le han favorecido.* **2.** De color caqui (→ 1). *Vestía una camiseta negra y un pantalón kaki.* ● m. **3.** Uniforme militar de color caqui (→ 1). *El soldado cogió la cantimplora, que colgaba del caqui, y bebió un trago.*

cara[1]. f. **1.** En el cuerpo humano: Parte delantera de la cabeza, desde la frente hasta la barbilla. *Le dieron un balonazo en la cara. La cara se le ha llenado de granos.* **2.** En un animal: Parte análoga a la cara (→ 1). *El guepardo tiene en la cara dos rayas negras características, que van de los ojos a la boca.* **3.** Persona (individuo). Gralm. con adj. como *nueva, famosa* o *conocida. El actor escocés es una de las caras más famosas del cine europeo. Este año habrá caras nuevas en el claustro de profesores.* **4.** Expresión o aspecto de la cara (→ 1), espec. como reflejo de un estado físico o psíquico. *Tienes mala cara, ¿te pasa algo? Se asomó con cara asustada. Se le ve cara* DE *cansado. Tiene cara* DE *buena persona.* **5.** Aspecto o apariencia de una cosa. *Hoy tiene cara* DE *que va a llover. ¡Qué buena cara tiene esta paella!* **6.** Cada uno de los lados o de las superficies de algo, espec. de un cuerpo plano. *El folio estaba escrito por las dos caras. La cara B de la cinta está en blanco. Un dado tiene seis caras. Ascendieron a la montaña por la cara norte.* Tb. fig. *Las lesiones y las derrotas representan la cara amarga del deporte.* **7.** Cara (→ 6) principal de una moneda o de una medalla. *Algunas pesetas tenían un busto del rey en la cara, y el escudo de España en la cruz. Lo echamos a suertes y salió cara.* **8.** coloq. Descaro o atrevimiento. *¡Qué cara!, os habéis comido todos los bombones.* Frec. con v. como *echar* o *tener. Hay gente que le echa mucha cara y aparca encima de la acera. ¿Cómo puedes tener la cara de decir que yo te di permiso?* Tb. ~ *dura. ¡Qué cara más dura!, ¿has visto cómo se ha colado?* **9.** *Mat.* Cada uno de los planos que forman un poliedro, o un ángulo diedro o poliedro. *Un dodecaedro es un poliedro de doce caras.* ■ **~ de perro.** f. coloq. Cara (→ 4) de disgusto u hostilidad. *La funcionaria puso cara de perro cuando tuvo que rehacer el impreso.* ■ **~ de pocos amigos.** f. coloq. Cara (→ 4) adusta o de mal humor. *Un vigilante con cara de pocos amigos les dijo que estaba prohibido hacer fotos.* ■ **~ dura.** m. y f. coloq. Caradura. *Cualquier cara dura puede llegar y robarte el bolso.* ■ **~ larga.** f. coloq. Cara (→ 4) de tristeza o contrariedad. *El día de la despedida todo eran llantos y caras largas.* □ **a ~ descubierta.** loc. adv. Públicamente y sin disimulo. *Los atracadores actuaron a cara descubierta. Pocos se atrevían a hablar contra el régimen a cara descubierta.* ■ **a ~ o cruz.** loc. adv. Lanzando al aire una moneda que, al caer con la cara (→ 7) o la cruz hacia arriba, decide entre dos posibilidades. Frec. con v. como *echar* o *jugarse. Ninguno de los dos quiere ser el primero en entrar, así que lo echarán a cara o cruz. Se jugó la casa a cara o cruz.* ■ **caérsele la ~ de vergüenza** (a alguien). loc. v. coloq. Sentir (esa persona) mucha vergüenza. *Nadie cedía su asiento al anciano; se les debería caer la cara de vergüenza.* ■ **~ a.** loc. prepos. **1.** En dirección a o mirando a. *Para cachearlos los colocaban cara a la pared. El balcón se halla cara al mar.* **2.** Con vistas a, o para. *¿Qué novedades tendrá el programa del partido cara a las elecciones?* ■ **~ a ~.** loc. adv. En presencia de la persona o las personas en cuestión. *El candidato ha hablado cara a cara con los votantes.* ■ **cruzar la ~** (a alguien). loc. v. Dar(le) uno o más golpes en la cara (→ 1), espec. un latigazo o un par de bofetadas. *Como lo vuelvas a hacer, te cruzo la cara.* ■ **dar la ~.** loc. v. Responder de los propios actos y afrontar las consecuencias. *Si el culpable no daba la cara, castigarían a toda la clase.* ■ **dar la ~** (por alguien). loc. v. Salir en defensa o apoyo (de él). *La población gitana necesitaba alguien que diera la cara por ella en el Parlamento.* ■ **de ~.** loc. adv. De frente o por delante. *El viento sopla de cara. Me di de cara contra una farola.* ■ **de ~ a.** loc. prepos. En relación con. *Estas novedades supondrán una mejora de cara al cliente.* ■ **echar en ~** (algo a alguien). loc. v. **1.** Criticár(selo) o censurár(selo). *La empresa echa en cara a los trabajadores su falta de diligencia.* **2.** Recordar(le algún beneficio que se le ha hecho) para hacer(le) ver que no (lo) agradece. *Me ha echado en cara que el piso en que vivimos es suyo.* ■ **echarse** (algo o a alguien) **a la ~.** loc. v. coloq. Encontrar(lo). *Cuando me eche a la cara al que te ha pegado, se va a enterar.* ■ **en la ~** (de alguien). loc. adv. En presencia (de él). *Si tiene algo que reprocharme, dígamelo en la cara. Se reían de él en su cara.* ■ **lavar la ~** (a algo). loc. v. coloq. Limpiar(lo) o arreglar(lo) superficialmente. *Para las fiestas, el Ayuntamiento lavó la cara a la plaza mayor.* ■ **no mirar** (a alguien) **a la ~.** loc. v. coloq. Estar enfadado (con él) y no dirigir(le) la palabra. *Desde que rompimos, no me mira a la cara.* ■ **partir la ~** (a alguien). loc. v. coloq. Golpear (a esa persona) o dejar(la) maltrecha en una pelea. *Si sigues provocando, un día te van a partir la cara.* Se usa frec. para amenazar. *Como te vuelvas a meter con mi hermana, te parto la cara.* ■ **plantar** ~ (a alguien). loc. v. Oponerse o enfrentarse (a él). *La policía cargó y algunos manifestantes le plantaron cara. Nuevas empresas plantan cara a la compañía que monopoliza el sector informático.* ■ **poner buena** (o **mala**) ~ (a alguien o algo). loc. v. Acoger(lo) bien (o mal). *El portero no les puso buena cara, pero los dejó pasar. Ella ponía mala cara a todo lo que le proponían.* ■ **por su bella,** o **linda,** ~. loc. adv. coloq. Injustificadamente y sin méritos. *Tienes que cumplir una serie de requisitos; no te van a dar la beca por tu linda cara.* ■ **sacar la** ~ (por alguien). loc. v. Salir en defensa (de él). *El teniente siempre sacaba la cara por sus hombres.* ■ **salvar la** ~. loc. v. Mantener la dignidad en una situación desfavorable. *La selección nacional salvó la cara marcando en el último partido.* ■ **verse las** ~**s.** loc. v. coloq. Encontrarse para pelear o enfrentarse. *No hay más que discutir: nos veremos las caras ante el juez.* ▶ **4, 5:** SEMBLANTE. **7:** ANVERSO.

cara[2]**.** m. y f. coloq. Caradura. *Este tipo es un cara.*

caraba. **la** ~. loc. s. Una persona o cosa extraordinaria o que se sale de lo normal. *Rifaban a precio de saldo aspiradoras, televisores... ¡la caraba!* Frec. con *ser*. *Tu madre es la caraba; tiene que estar muriéndose para ir al médico.*

carabao. m. Búfalo asiático, de color gris azulado y cuernos largos y dirigidos hacia atrás. *Los carabaos se suelen emplear como animales de tiro en Filipinas.*

carabela. f. histór. Embarcación de vela, larga y ligera, con una sola cubierta y tres palos. *Para acompañar a la Santa María, Cristóbal Colón mandó fletar dos carabelas: la Pinta y la Niña.*

carabina. f. **1.** Arma de fuego parecida al fusil, pero de menor longitud. *El tiro con carabina es modalidad olímpica.* **2.** coloq. histór. Mujer mayor que acompañaba a una señorita cuando salía a la calle. *Las jovencitas veían a sus pretendientes acompañadas de carabina.* Tb. fig. *Estaba harta de que su hermana fuera de carabina con ella a la discoteca.* ■ **ser** alguien o algo **la** ~ **de Ambrosio.** loc. v. coloq. No servir para nada. *Para mí que tu maravilloso remedio es la carabina de Ambrosio.*

carabinero[1]**, ra.** m. y f. **1.** Soldado perteneciente a un cuerpo destinado a la persecución del contrabando. *El cuerpo de carabineros se incautó de un alijo de tabaco de contrabando.* **2.** Am. Policía (miembro). *Fui detenido por un carabinero* [C]. *Su ilusión es llegar a ser carabinera* [C]. ▶ **2:** POLICÍA.

carabinero[2]**.** m. Crustáceo marino comestible parecido al langostino pero de mayor tamaño y de color rojo oscuro. *Cóctel de gambas y carabineros.*

cárabo. m. Ave rapaz nocturna, parecida al búho, de cuerpo rechoncho, plumaje pardusco o grisáceo, y ojos negros. *El cárabo abunda en los bosques de la Península Ibérica.*

caracol. m. **1.** Molusco acuático o terrestre, que posee tentáculos en la cabeza y una concha en espiral, y del que existen numerosas especies, algunas de ellas comestibles. *Iremos al campo a coger caracoles.* **2.** Concha del caracol (→ 1). *La caja va adornada con conchas y caracoles.* **3.** Rizo de pelo. *Con ayuda de gomina se hacía un caracol en la frente.* **4.** *Anat.* Cavidad en forma de caracol (→ 2) situada en el oído interno de los vertebrados. *Las ondas sonoras pasan por los huesecillos del oído medio hasta llegar al caracol.* ■ ~**es.** interj. Se usa para expresar asombro o enfado. *¡Caracoles, qué frío!* ▶ **4:** CÓCLEA.

caracola. f. **1.** Concha de un caracol marino, gralm. de gran tamaño y forma cónica. *Dicen que arrimando el oído a la boca de la caracola se oye el mar.* **2.** Bollo aplanado, con forma espiral, hecho frec. de hojaldre. *La especialidad de la pastelería son unas caracolas con pasas.*

caracolear. intr. Dar un caballo vueltas en círculo sobre sí mismo. *El rejoneador cita al toro haciendo caracolear a su caballo.*

caracoleo. m. Hecho de caracolear. *El caballo se agita con un caracoleo nervioso.*

carácter. (pl. **caracteres**). m. **1.** Conjunto de cualidades de una persona o colectividad, que determinan su conducta y la distinguen de las demás. *Era una mujer reflexiva y de carácter introvertido. El carácter mediterráneo es alegre y comunicativo.* **2.** Fuerza o firmeza de carácter (→ 1). *Tiene carácter y no creo que se deje manipular.* Frec. en la constr. *de* ~. *Es una persona flexible pero de carácter: un perfecto negociador.* **3.** Condición de una persona o cosa. *Los bancos son entidades de carácter lucrativo. La ley se tramitará con carácter de urgencia.* **4.** Fuerza y originalidad de estilo. *La sierra se ha poblado de casas con una arquitectura anodina y sin carácter.* **5.** Rasgo distintivo. *Estos fondos presentan, entre otros caracteres, una alta rentabilidad.* Se usa espec. en biología. *Los estrógenos son hormonas que desarrollan los caracteres sexuales femeninos.* **6.** *Gráf.* Signo de escritura o de imprenta. *El procesador permite contar el número de caracteres de un texto. En la alcazaba hay una inscripción en caracteres árabes.* **7.** Señal espiritual que queda en una persona como efecto de un conocimiento o experiencia importantes, como, en la religión católica, la dejada por los sacramentos del bautismo, confirmación y orden. Gralm. con *imprimir*. *El bautismo imprime carácter.* Tb. fig. *Jugar en primera división imprime carácter.* ▶ **1:** GENIO.

característico, ca. adj. **1.** Que distingue o sirve para distinguir algo o a alguien. *Los monzones son vientos característicos* DEL *océano Índico. Nos acogió con su jovialidad característica.* ● f. **2.** Cualidad característica (→ 1) de algo o alguien. *En la primera pregunta se piden las características del Barroco. La tenacidad es la característica más notable de esta tenista.* **3.** *Mat.* Parte entera de un logaritmo. *La característica del logaritmo de 15 en base 2 es 3, es decir:* $2^{3,\cdots} = 15$. ○ m. y f. **4.** *Cine* y *Teatro* Actor que representa papeles de persona de edad. *Con los años fueron dándole menos papeles de galán y más de característico.* ▶ **1:** CLÁSICO, INDIVIDUAL, PECULIAR, PROPIO, REPRESENTATIVO.

caracterización. f. Hecho o efecto de caracterizar o caracterizarse. *Tras una breve introducción, el autor procede a la caracterización del empirismo. Bajo esa estupenda caracterización se esconde un conocido actor.*

caracterizado, da. part. **1.** → **caracterizar.** ● adj. **2.** Destacado o importante. *Se ha emprendido una depuración de los disidentes más caracterizados.*

caracterizador, ra. adj. **1.** Que caracteriza. *La defensa de los derechos humanos es uno de sus rasgos más caracterizadores.* ● m. y f. **2.** *Cine* y *Teatro* Persona que tiene por oficio caracterizar a los actores. *Como caracterizador, su función es adecuar el aspecto y la fisonomía del actor al de su personaje.*

caracterizar. tr. **1.** Ser algo característico o distintivo (de algo o alguien). *La baja pluviosidad caracteriza* este clima. *Nos ha recibido con la amabilidad que la caracteriza.* **2.** Presentar las cualidades características o distintivas (de algo o alguien). *Las crónicas de la época lo caracterizan como un rey justo y bondadoso.* **3.** Vestir y maquillar (a un actor) de acuerdo con el personaje que representa. *Lo caracterizaron* DE *hombre lobo.* ○ intr. prnl. **4.** Poseer una cualidad característica o distintiva. *El león se caracteriza* POR *su fiereza.*

caracterología. f. *Psicol.* Parte de la psicología que estudia el carácter o las cualidades psíquicas del ser humano. *Tiene amplios conocimientos de caracterología.*

caracterológico, ca. adj. *Psicol.* De la caracterología. *Teoría caracterológica.*

caradura. adj. coloq. Descarado o atrevido. *Hay tipos caraduras que siempre intentan colarse.* Tb. m. y f. *Cuando volvió del servicio, un caradura le había quitado su silla.*

carajillo. m. Bebida que se prepara añadiendo un chorro de licor, gralm. coñac, a un café. *Después del almuerzo se tomaba un carajillo de anís.*

carajo. m. **1.** malson. Pene. **2.** malson. Se usa, pospuesto a una palabra interrogativa, para enfatizar expresiones que indican disgusto, sorpresa o rechazo. **3.** Am. despect., malson. Se usa para mencionar a una persona desvalorizándola. ● interj. **4.** malson. Se usa para expresar sorpresa, contrariedad o enfado. Tb. *qué* ~ . ■ **al** ~. expr. malson. Se usa para expresar rechazo o enfado. Frec. con v. como *mandar* y en constr. imperativas con *irse* o *andar.* ■ **del** ~. loc. adj. malson. Muy grande o extraordinario. ■ **un** ~. loc. adv. **1.** malson. Muy poco o nada. **2.** malson. Mucho. Frec. hablando de esfuerzo o de dinero. □ expr. **3.** malson. Se usa para enfatizar una negativa o una reacción de rechazo.

caramba. interj. Se usa para expresar sorpresa o enfado. *¡Caramba, no sabía que te hubieras casado! ¡Caramba* CON *el niño, qué bien se expresa!* A veces *qué* ~. *A nadie le gusta que lo humillen; ¡qué caramba, uno tiene su dignidad!*

carámbano. m. Pedazo de hielo alargado y puntiagudo, formado al helarse el agua que gotea. *Hay carámbanos en la ventana.* ■ **hecho un** ~. loc. adj. coloq. Que tiene mucho frío. *Llevo un rato esperando y estoy hecho un carámbano.*

carambola. f. **1.** Jugada de billar en que la bola impulsada toca a otras dos. *Con su primer golpe hizo una carambola a tres bandas.* **2.** coloq. Resultado, frec. favorable, producido por casualidad o de manera indirecta. *Fue pura carambola que salieran ilesos. Una extraña carambola hizo que campeón y subcampeón se enfrentaran en cuartos de final.* **3.** Resultado doble que se alcanza mediante una sola acción. *La reforma produjo la carambola de reducir el desempleo y frenar la inflación.*

caramelizar. tr. Bañar o cubrir (algo) con caramelo. *Carameliza el molde y vierte en él el flan. La crema catalana se sirve caramelizada.*

caramelo. m. **1.** Pasta de azúcar fundido. *Ha pedido que le echen caramelo líquido en la copa de helado.* **2.** Dulce pequeño hecho de caramelo (→ 1) endurecido y aromatizado con esencias, gralm. de frutas o de hierbas. *El payaso reparte caramelos entre los niños.*

caramillo. m. Flautilla de caña, madera o hueso, de sonido muy agudo. *Los cantos populares se acompañaban de caramillos y sonajas.*

carancho. m. Am. Ave rapaz americana de tamaño grande, de color pardo oscuro y costumbres a menudo terrestres, que se alimenta de carroña, reptiles o insectos. *Los caranchos esconden sus presas para devorarlas sin temor a que se las arrebaten los halcones* [C].

carantoña. f. coloq. Muestra de cariño, gralm. mediante una caricia, que a veces se hace para conseguir algo de alguien. *Todos se acercaban a hacerle carantoñas al bebé.*

caraota. f. Am. Judía (planta, o semilla). *Tienen gente que se organizó sembrando caraotas* [C]. *El peón regresa a su choza donde le espera la modesta mesa con su plato de caraotas* [C]. ▶ *JUDÍA.

caraqueño, ña. adj. De Caracas (capital de Venezuela). *Playas caraqueñas.* Dicho de pers., tb. m. y f. *Entre los caraqueños hay grandes escritores, como Gallegos o Uslar Pietri.*

carátula. f. **1.** Máscara para ocultar la cara. *Para el carnaval tendré que alquilar una carátula o un antifaz.* **2.** Portada o cubierta de la funda de un disco o del estuche de una cinta. *En la carátula de su nuevo CD figura una foto del grupo. Hay miles de copias ilegales del vídeo, con la carátula fotocopiada en color.* **3.** frecAm. Portada de un libro, de una revista o de otro conjunto de hojas encuadernadas. *Según la carátula del libro, fue impreso en 1960 en la Ciudad de México* [C]. *Baste ver la carátula que le dedicó recientemente una revista chilena* [C]. *La carátula de los cuadernos tendrá que reemplazarse* [C].

caravana. f. **1.** Grupo de personas que, cabalgando o en vehículos, viajan o se desplazan en fila. *Una caravana de beduinos en camello avanza lentamente por el desierto. La caravana publicitaria precede al pelotón de ciclistas.* **2.** Fila de vehículos que avanzan por la carretera lentamente y con frecuentes retenciones. *Si hay caravana en la autopista, toma la vía de servicio.* Frec. en la constr. *en* ~. **3.** Vehículo provisto de motor propio o remolcado por un automóvil, que está acondicionado como vivienda y se usa espec. en viajes. *Se fueron de viaje por Asturias con una caravana. Durante el rodaje, la actriz comía y dormía en su caravana.*

caray. interj. Se usa para expresar sorpresa o enfado. *¡Caray, qué mal huele aquí! ¡Déjame tranquilo, caray! ¡Caray* CON *la niña, qué modales!* A veces *qué* ~. *Si no estás de acuerdo, pon una reclamación, ¡qué caray!*

carbón. m. **1.** Mineral de color negro u oscuro, constituido por materia vegetal fosilizada, y usado como combustible. *Trabaja en una mina de carbón.* Tb. ~ *mineral* o *de piedra.* **2.** Materia sólida y ligera, de color negro u oscuro, que se obtiene quemando leña u otros cuerpos orgánicos y se usa como combustible. *Están en el bosque fabricando carbón.* **3.** Carboncillo (palito carbonizado). *Un retrato a carbón.* ■ ~ **animal.** m. Carbón (→ 2) que se obtiene por calcinación de los huesos. *El carbón animal sirve para decolorar ciertos líquidos.* ■ ~ **vegetal.** m. Carbón (→ 2) que se obtiene al quemar leña. *Comprad carbón vegetal para hacer una barbacoa.* ▶ **3:** CARBONCILLO.

carbonario, ria. adj. históř. De algunas sociedades secretas fundadas en Italia en el s. XIX con fines políticos o revolucionarios. *El movimiento carbonario nace en Nápoles.* Dicho de pers., tb. m. *El objetivo de los carbonarios era la unificación de Italia.*

carbonatar. tr. *Quím.* Convertir (una sustancia) en carbonato. *La alta temperatura logra carbonatar la piedra.* Tb. en constr. prnl. media. *La cal formada durante la cocción tiende a carbonatarse e hidratarse al salir del horno.*

carbonato. m. *Quím.* Sal del ácido carbónico. *El mármol está compuesto principalmente de carbonato cálcico.*

carboncillo. m. **1.** Palito carbonizado de una madera ligera, como sauce o brezo, que sirve para dibujar. *Se gana la vida haciendo retratos a carboncillo.* **2.** Dibujo hecho con carboncillo (→ 1). *La galería expone acuarelas y carboncillos del artista.* ▶ **1:** CARBÓN.

carbonera. → **carbonero.**

carbonería. f. Establecimiento en que se vende carbón. *En el barrio aún había hasta hace poco una carbonería.*

carbonero, ra. adj. **1.** Del carbón. *Empresa carbonera. Producción carbonera.* ● m. y f. **2.** Persona que tiene por oficio hacer o vender carbón. *Antes de que llegue el frío los carboneros salen a repartir su mercancía.* ○ m. **3.** Pájaro insectívoro de pequeño tamaño, con cabeza y cuello negros, y pico corto y afilado. *El carbonero hembra. El carbonero y el herrerillo son buenos aliados para el control de plagas.* ○ f. **4.** Lugar donde se guarda carbón. *En el sótano están la caldera de la calefacción y la carbonera.* **5.** Pila de leña cubierta de arcilla para hacer carbón. *La transformación de la leña en carbón vegetal se realiza en las carboneras.*

carbónico, ca. adj. *Quím.* Del carbono. *Los vinos espumosos contienen gas carbónico.*

carbonífero, ra. adj. **1.** Dicho de terreno: Que contiene carbón mineral. *La explotación de las cuencas carboníferas asturianas trajo prosperidad a la zona.* **2.** (Como m. se usa en mayúsc.). *Geol.* Dicho de división geológica: Que es la quinta de la era paleozoica, posterior al Devónico. Tb. m. *En el Carbonífero abundan los grandes bosques que dieron lugar a los yacimientos de carbón mineral.* **3.** *Geol.* Del Carbonífero (→ 2). *Materiales carboníferos.*

carbonilla. f. Polvo o partículas de carbón que quedan como residuo. *Se ha llenado las manos de carbonilla limpiando la carbonera.*

carbonización. f. Hecho de carbonizar o carbonizarse. *Grado de carbonización de la antracita. La identificación de los cadáveres resultó laboriosa debido a su carbonización.*

carbonizar. tr. **1.** Reducir a carbón (un cuerpo orgánico). *El fuego carboniza los cadáveres.* Tb. en constr. prnl. media. Tb. fig. *Cuando quiso darse cuenta, el pollo ya se había carbonizado en el horno.*

carbono. m. Elemento químico muy abundante en la naturaleza, que es el componente principal de las sustancias orgánicas y tiene gran variedad de usos y aplicaciones (Símb. C). *La antracita es el carbón que contiene mayor porcentaje de carbono.* ■ ~ **14.** m. *Quím.* Isótopo radiactivo del carbono, que se utiliza para fechar objetos y restos antiguos. *La datación por carbono 14 permite fechar material orgánico de hasta 50 000 años de antigüedad.*

carbunclo. m. *Med.* Carbunco. *Tenían cultivos de la bacteria del carbunclo con fines militares.*

carbunco. m. *Med.* Enfermedad contagiosa de los animales, espec. del ganado, producida por un bacilo y transmisible al ser humano. *Varios granjeros y cientos de reses murieron por el carbunco.* ▶ ÁNTRAX, CARBUNCLO.

carburación. f. Hecho de carburar aire. *La moto falla por problemas de carburación.*

carburador. m. Parte de un motor de explosión donde se efectúa la mezcla de aire con el carburante. *El mecánico va a limpiar el carburador del coche.*

carburante. m. Mezcla de hidrocarburos que se emplea como fuente de energía en los motores de explosión y de combustión interna. *El gasóleo se emplea como carburante en los motores diésel.*

carburar. tr. **1.** Mezclar (aire) con los vapores o gases de un carburante para hacerlos combustibles o detonantes. *El motor gira más o menos rápido según la cantidad de aire carburado.* ○ intr. **2.** coloq. Funcionar o realizar su función una persona o una cosa. *¡Con los años que tiene, y lo bien que le carbura el coco!* Frec. en constr. negativas. *Esta radio ya no carbura.*

carburo. m. *Quím.* Compuesto químico de carbono y otro cuerpo simple. *El carburo de aluminio produce metano.*

carca. adj. coloq., despect. De ideas o actitudes retrógradas. *No seas carca: a su edad es normal que llegue tarde.* Tb. m. y f. *Sus padres son unos carcas.*

carcaj. m. Caja para flechas, alargada y abierta por arriba, que se lleva colgada del hombro. *En el cuadro aparece Cupido con su carcaj y su venda en los ojos.* ▶ ALJABA.

carcajada. f. Risa impetuosa y ruidosa. *Soltó una carcajada. El público ríe a carcajadas.*

carcajearse. intr. prnl. **1.** Reír a carcajadas. *El payaso tropezó y los niños se carcajearon.* **2.** Reírse o burlarse de alguien o algo. *En sus ensayos se carcajea* DE *todo lo que encuentra ridículo.*

carcamal. m. coloq., despect. Persona vieja y gralm. achacosa. *Que seamos jubilados no quiere decir que seamos unos carcamales.*

carcasa. f. **1.** Esqueleto de animal. *Se puede aprovechar la carcasa del pollo para hacer un buen caldo.* **2.** Armazón o estructura de un objeto. *La carcasa del ordenador.* **3.** Cierta bomba incendiaria. *En la fiesta dispararon carcasas.*

cárcava. f. Zanja u hondonada grandes formadas por las crecidas de agua. *Ascenderemos a la cima bordeando profundas cárcavas.*

cárcel. f. Establecimiento destinado a la reclusión de presos. *Ha sido declarado culpable y tendrá que ir a la cárcel.* Frec. fig. *La ciudad asediada se ha convertido en una cárcel para sus habitantes.* ▶ PENAL, PENITENCIARÍA, PRESIDIO, PRISIÓN.

carcelario, ria. adj. De la cárcel. *Palabras como "talego" o "trullo" provienen del argot carcelario.* ▶ CARCELERO.

carcelero, ra. adj. **1.** Carcelario. *Jerga carcelera. Vida carcelera.* ● m. y f. **2.** Persona que vigila una cárcel. *Desde su celda oyó los pasos del carcelero.* ○ f. **3.** Cante popular andaluz cuyo tema son los trabajos y penalidades de los presidiarios. *Nos cantará unas carceleras.*

carcinógeno, na. adj. *Med.* Que produce cáncer. *Los rayos del sol pueden constituir un agente carcinógeno.* ▶ CANCERÍGENO.

carcinoma. m. *Med.* Cáncer del tejido epitelial. *Carcinoma gástrico.*

carcoma. f. **1.** Insecto de pequeño tamaño cuya larva roe la madera y del cual existen varias especies. *Se oye el ruido de la carcoma taladrando las vigas.* **2.** Polvo que produce la carcoma (→ 1) después de digerir la madera que ha roído. *Al correr la cómoda hemos visto un reguero de carcoma junto al rodapié.*

carcomer. tr. **1.** Roer la carcoma (la madera, o una cosa de madera). Frec. en part. *Al fondo del desván hay un baúl carcomido.* **2.** Consumir poco a poco una cosa (algo o a alguien). *El cáncer fue carcomiendo su organismo. Los celos la carcomen.*

carda. f. Cepillo con púas de alambre, que se emplea para limpiar y separar las fibras textiles. *La abuela cardaba la lana con cardas.*

cardado. m. Hecho o efecto de cardar. *La peluquera le hacía el cardado mientras ella leía una revista. Una de las primeras operaciones en la manufactura de la lana es la del cardado.*

cardador, ra. m. y f. Persona que tiene por oficio cardar, espec. materias textiles o tejidos. *Muchos oficios antiguos, como el de tejedor o el de cardador, casi han desaparecido.*

cardán. m. *Mec.* Mecanismo que transmite un movimiento de rotación a dos ejes con direcciones o ángulos distintos. *El cardán se comunica con el eje de transmisión.* Gralm. en aposición. *La columna de dirección del vehículo va equipada con doble junta cardán.*

cardar. tr. **1.** Peinar o cepillar (el pelo) desde la punta hacia la raíz para que quede hueco. *Le han cardado el pelo en la peluquería.* **2.** Preparar con la carda (una materia textil) para el hilado. *Los esquiladores iban apilando la lana, que luego sería cuidadosamente cardada.* **3.** Sacar el pelo con la carda (a un paño u otro tejido). *La fibra polar es un tejido que ha sido cardado por ambas caras.*

cardenal[1]**.** m. Eclesiástico de rango superior, que es miembro del colegio consultivo del papa y del cónclave que se reúne para elegir a este. *La designación de los cardenales corresponde exclusivamente al papa.*

cardenal[2]**.** m. Mancha amoratada que sale en la piel debido gralm. a un golpe. *Cuando terminó el partido, tenía las piernas llenas de cardenales.* ▶ MORADURA.

cardenalato. m. Dignidad de cardenal. *Al acceder al cardenalato, trasladó su residencia a Roma.*

cardenalicio, cia. adj. Del cardenal o de los cardenales de la Iglesia. *El colegio cardenalicio asesora al papa.*

cardenillo. m. Materia tóxica, verdosa o azulada, que se forma sobre los objetos de cobre o de sus aleaciones. *De la pared de la cocina cuelgan calderos manchados de cardenillo.*

cárdeno, na. adj. **1.** cult. Amoratado. *El cielo iba adquiriendo los tonos cárdenos del atardecer.* **2.** *Taurom.* Dicho de toro: De pelo negro y blanco. *El segundo de la tarde era un toro cárdeno.*

cardíaco, ca o **cardiaco, ca.** adj. **1.** Del corazón. *Enfermedad cardíaca. Músculo cardiaco.* **2.** Dicho de persona: Que padece del corazón. *Enfermo cardíaco.* Tb. m. y f. *Este medicamento puede ser perjudicial para cardiacos y diabéticos.*

cardias. m. *Anat.* Orificio que comunica el esófago con el estómago. *Los alimentos entran en el estómago a través del cardias.*

cárdigan. (pl. **cárdigan**). m. Chaqueta deportiva de punto con escote en pico. *El golfista lleva un cárdigan y suéter de cuello alto.*

cardillo. m. Planta de flores amarillentas y hojas rizadas con borde espinoso, cuya penca tierna se consume cocida. *Han ido a recoger cardillos para echarlos al cocido.*

cardinal. adj. **1.** cult. Principal o fundamental. *El fomento de la enseñanza es un elemento cardinal de su programa político.* **2.** *Gram.* Dicho de adjetivo o pronombre numerales: Que expresa una cantidad precisa de elementos. *"Diez" es un numeral cardinal.* Tb. m. *"Duodécimo" corresponde al cardinal "doce".*

cardio-. elem. compos. Significa 'del corazón'. *Cardiocirujano, cardiorrespiratorio.*

cardiógrafo. m. *Med.* Aparato que registra gráficamente la intensidad y el ritmo de los movimientos del corazón. *Con el cardiógrafo se obtienen cardiogramas.*

cardiograma. m. *Med.* Representación gráfica que se obtiene con el cardiógrafo. *El cardiograma muestra el ritmo de sístoles y diástoles.*

cardiología. f. Rama de la medicina que estudia el corazón, sus funciones y enfermedades. *Está especializada en Cardiología.*

cardiológico, ca. adj. De la cardiología o de su objeto de estudio. *La insuficiencia coronaria es un trastorno cardiológico.*

cardiólogo, ga. m. y f. Especialista en cardiología. *Padecía taquicardias frecuentes y decidió acudir al cardiólogo.*

cardiopatía. f. *Med.* Enfermedad del corazón. *El cardiólogo trata las arritmias, los soplos y demás cardiopatías.*

cardiovascular. adj. *Med.* Del corazón y el aparato circulatorio. *Una dieta poco equilibrada puede producir trastornos cardiovasculares.*

cardo. m. **1.** Planta de hojas grandes y espinosas, flores azules en cabezuela y pencas comestibles. *Cueza las pencas del cardo hasta que estén tiernas.* Tb. dicha penca. *Hace un guiso de cardos y guisantes en salsa.* **2.** Planta con espinas similar al cardo (→ 1), cuyas pencas no son comestibles y de la que existen diversas especies, por ej.: ~ *borriquero. El solar está lleno de matojos y cardos.* **3.** coloq. Persona desagradable o arisca. *Dejé de ir a la tienda porque el dependiente era un cardo.* Tb. ~ *borriquero. Niña, eres un cardo borriquero.*

cardumen. m. cult. o *tecn.* Banco de peces. *Las sardinas se agrupaban en enormes cardúmenes.*

carear. tr. Poner (a una persona) en presencia de otra o de otras, para contrastar sus declaraciones y así determinar la verdad de lo que afirman. *El fiscal ha pedido permiso al juez para carear al acusado* CON *un testigo.* Tb.: *El juez mandó carear a los testigos.*

carecer. (conjug. AGRADECER). intr. No tener algo. *El edificio carece* DE *ascensor. Carecía* DE *escrúpulos.*

carenado. m. Revestimiento de fibra de vidrio, plástico u otro material, que se añade a un vehículo, espec. a una motocicleta o a un coche de carreras, con fines gralm. ornamentales o aerodinámicos. *El piloto enfila la recta final agazapado en el carenado de su motocicleta.*

carenar. tr. *Mar.* Reparar el casco (de una nave). *El puerto dispone de dos diques para carenar las embarcaciones.*

carencia. f. **1.** Hecho de carecer de algo. *Los vecinos denuncian la carencia* DE *zonas verdes.* **2.** *Econ.* Hecho de carecer, durante un período inicial, del derecho a las prestaciones de un seguro o de la obligación a devolver el dinero de un crédito. *El seguro cubre a los trabajadores autónomos con un período de carencia de dos semanas.* Tb. dicho período. *La* *empresa sobrevivió gracias a un crédito a diez años, a bajo interés y con una carencia de tres años.* **3.** *Med.* Falta de determinadas sustancias en la dieta alimenticia, espec. vitaminas. *Hay enfermedades que se producen por simple carencia.*

carencial. adj. *Med.* De la carencia de sustancias alimenticias o vitaminas. *El complejo vitamínico está indicado en estados carenciales.*

carente. adj. Que carece de algo. *Su nueva novela es una obra carente* DE *originalidad. Se prohíbe el acceso a toda persona carente* DE *la preceptiva acreditación.* ▶ DESPROVISTO, EXENTO, FALTO.

careo. m. Hecho de carear. *Han sometido a los acusados a un careo.*

carero, ra. adj. coloq. Que vende caro. *La tienda de la esquina es la más carera del barrio.* Dicho de pers., tb. m. y f. *A ese no le compres, que es un carero.*

carestía. f. **1.** Precio alto de las cosas, espec. de las de uso común. *La carestía de la vivienda es un gran problema.* Frec. en la constr. ~ *de la vida. La población vive oprimida por los bajos salarios y la carestía de la vida.* **2.** Falta o escasez de algo, espec. de alimentos. *Tras la guerra se vivió una época de tremenda carestía.*

careta. f. **1.** Máscara que puede estar hecha de diversos materiales y sirve para cubrir, proteger u ocultar la cara. *A cada niño le regalan un globo y una careta de cartón. Al final del combate de esgrima, los contendientes se quitaron las caretas.* **2.** Aspecto o imagen que ofrece una persona y que oculta su estado real o su verdadera naturaleza. *Su careta de hombre fuerte no es sino una forma de disimular sus debilidades.* Frec. con v. como *ponerse* o *quitarse*. *Sé que te pasa algo: conmigo puedes quitarte la careta.* **3.** Parte delantera de la cabeza del cerdo usada como alimento. *En el último día de las fiestas se suele comer caldereta de cerdo con rabo, oreja y careta.*

carey. (pl. **careyes**). m. **1.** Tortuga marina de aguas tropicales, con extremidades delanteras más largas que las traseras, y caparazón pardo compuesto por escamas superpuestas, cuya carne no es comestible. *En las Antillas es común la pesca del carey.* **2.** Materia córnea, translúcida y de color ambarino, que se obtiene del caparazón del carey (→ 1) y que se emplea para fabricar adornos y otros objetos. *El armario tiene incrustaciones de nácar y carey.* ▶ **2:** CONCHA.

carga. f. **1.** Hecho de cargar. *Zona de carga y descarga. Lavadoras de carga superior o frontal. Pulse la tecla "cancelar" para interrumpir la carga del programa. La policía efectuó varias cargas.* **2.** Cosa o conjunto de cosas que se cargan en un vehículo, sobre un animal o sobre una persona. *En el camión la carga debe ir bien amarrada.* **3.** Peso que lleva una persona, un animal o un vehículo, o que soporta una estructura. *La carga máxima del camión es de 18 toneladas. La pared es demasiado débil para la carga de esa cubierta.* **4.** Repuesto del depósito de un utensilio. *Necesito comprar una carga para el bolígrafo.* Tb. aparato cuyo contenido se agota periódicamente. **5.** Cantidad de explosivo que se pone en un arma de fuego, un artefacto explosivo u otras cosas semejantes. *El soldado introdujo la carga en el fusil. Un barrenero murió al estallar antes de tiempo la carga de dinamita.* **6.** Cantidad de electricidad acumulada en un cuerpo. *El electrón es una partícula con carga negativa.* Tb. ~ *eléctrica. El neutrón es una partícula sin carga eléctrica.* **7.** Persona o cosa que produce molestia, preocupación o sufrimiento. *Me voy, no quiero ser una carga para vosotros.* **8.** Obligación que viene dada por un estado o empleo determinados. *Hacienda retiene menos dinero a los trabajadores con cargas familiares.* **9.** Impuesto o tributo. *Cargas fiscales.* **10.** *Econ.* Deuda u obligación que pesan sobre una propiedad, espec. un inmueble. *El banco concede el crédito para la compra de la vivienda, si esta se halla libre de cargas.* ■ ~ **de profundidad.** f. Explosivo que se lanza contra un objetivo sumergido en el agua. *El avión lanzó una carga de profundidad que destruyó el submarino.* Tb. fig. *La prensa ha soltado varias cargas de profundidad publicando documentos comprometedores.* □ **de** ~. loc. adj. **1.** Dicho de animal o vehículo: Destinado a llevar carga (→ 2). *El burro y el mulo son dos animales de carga. Salió como polizón en un buque de carga.* **2.** Dicho de persona: Que tiene por oficio llevar carga (→ 2). *Trabajó como mozo de carga en la estación de ferrocarril.* **3.** Dicho de muro: Destinado a soportar el peso de las vigas. *Se deben evitar las instalaciones empotradas en muros de carga.* ■ **volver a la** ~. loc. v. Insistir en un empeño o tema. *Le dije que no quería ni oír hablar del tema de la boda, pero él volvía a la carga.*

cargadero. m. Lugar donde se cargan y descargan mercancías. *Los tablones se van apilando en el cargadero de la serrería.*

cargado, da. part. **1.** → **cargar.** ● adj. **2.** Dicho de la atmósfera o del tiempo: Bochornoso. *La tarde estaba cargada y amenazaba tormenta.* ■ ~ **de hombros,** o **de espaldas.** loc. adj. Que tiene la parte superior de la espalda algo saliente y lleva los hombros echados hacia delante. *Era un hombre alto y desgarbado, algo cargado de hombros. Una mujer cargada de espaldas.* ▶ **2:** BOCHORNOSO.

cargador, ra. adj. **1.** Que carga o sirve para cargar. *Se ha activado el dispositivo de alerta con camiones cisterna y cintas cargadoras de sal.* Dicho de máquina o aparato, tb. m. o f. *Las pilas recargables se venden con un pequeño cargador.* ● m. y f. **2.** Persona que tiene por oficio cargar mercancías. *Era alto y fuerte como un cargador de muelle. En algunas zonas las mujeres se empleaban como cargadoras en las minas.* ○ m. **3.** Dispositivo de un arma de fuego en el que se colocan los proyectiles, espec. el estuche extraíble para armas automáticas. *Cambió el cargador de su pistola y siguió disparando.*

cargamento. m. Conjunto de mercancías que transporta un vehículo, espec. una embarcación. *Ha zarpado un buque con un cargamento de cítricos. Envían un cargamento de ayuda humanitaria.* Tb. fig. *Ya llegan los Reyes Magos con su cargamento de regalos.*

cargante. adj. coloq. Que carga o molesta. *¡Qué niño tan cargante! Esa manía de discutirlo todo resulta cargante.*

cargar. tr. **1.** Poner cosas que se van a transportar (en un vehículo, sobre un animal o sobre una persona). *Cargaron la furgoneta* DE *patatas. El burro está viejo y no conviene cargarlo mucho. Siempre vuelve muy cargada de la compra.* **2.** Poner (cosas que se van a transportar) en un vehículo, sobre un animal o sobre una persona. *Cargaron patatas* EN *la furgoneta. Carga los haces de leña* EN *el burro. Carga el saco de cemento* A *mis espaldas.* **3.** Hacer que (alguien o algo) soporten un peso. *Al llegar a la puerta me cargó* CON *los paquetes mientras buscaba las llaves.* Tb. fig. *No deberían cargar a alguien tan inexperto* CON *semejante responsabilidad.* **4.** Proporcionar (a un aparato o a un utensilio) lo que necesita para funcionar. *Se me olvidó cargar el teléfono móvil y estoy sin batería.* **5.** Introducir la carga o el proyectil (en un arma de fuego). *Cargó la escopeta y apuntó al conejo. El ladrón llevaba pistola, aunque no iba cargada.* **6.** Imputar o achacar (algo) a alguien. *Todos los testigos cargaron las culpas* SOBRE *él. Le cargaron un crimen que no había cometido.* **7.** Hacer que (una persona o una cosa) tengan algo en abundancia. *No cargues la habitación* DE *trastos inútiles. En su discurso había frases cargadas* DE *ironía.* Tb. en constr. prnl. media. *Se cargó* DE *hijos muy joven. Nos hemos ido cargando* DE *años.* **8.** Poner (en una bebida) abundante cantidad del componente básico para hacer(la) más fuerte. *No cargues tanto el café. Pidió un* gin-tonic *bien cargado.* **9.** Añadir (una cantidad extra) al precio de algo. *Le hemos cargado diez euros por gastos de envío.* **10.** Anotar (una cantidad) en el debe de una cuenta. *Pidió al banco que cargaran los recibos del gas* EN *su cuenta.* **11.** coloq. Molestar o fastidiar (a alguien). *Le cargan los tertulianos pedantes. Me carga que no pare de hablar.* **12.** coloq. Suspender (a alguien) en un examen o una asignatura. *El profesor tiene fama de cargar a mucha gente.* Frec. prnl. *El profesor de Física se cargó a la mitad de la clase.* **13.** coloq. Suspender a alguien (en un examen o una asignatura). *Le cargaron el examen de conducir. Estudia, si no quieres que te carguen las matemáticas.* **14.** *Inform.* Instalar en un ordenador (el programa que se va a utilizar). *Para cargar el programa debes seguir las instrucciones. He cargado un procesador de textos y una hoja de cálculo.* ○ tr. prnl. **15.** coloq. Matar (a una persona o a un animal). *Se cargó al ladrón con la escopeta de caza. ¡No aprietes así al hámster, que te lo cargas!* **16.** coloq. Romper o estropear (algo). *Si subís tantos en el ascensor, os lo vais a cargar.* Tb. fig. *Han edificado delante de la casa y se han cargado las vistas que tenía.* ○ intr. **17.** Tomar o llevar encima un peso. *El botones cargó* CON *las maletas y se fue al ascensor. No cargue* CON *las bolsas hasta su casa: tenemos reparto a domicilio.* Tb. fig. *Él cargó* CON *la responsabilidad de negociar con la dirección. Como está sin canguro, tiene que cargar* CON *los niños a todas partes.* **18.** Coger algo para llevárselo. *¿Es que siempre tienes que cargar* CON *todo lo que te encuentras por la calle?* **19.** Lanzarse al ataque, espec. el ejército o la policía, contra el enemigo o una multitud. *La caballería cargó* CONTRA *el enemigo. Los manifestantes temían que cargaran los antidisturbios.* Tb. fig. *En su discurso cargó* CONTRA *el Gobierno.* **20.** En algunos deportes, espec. fútbol: Chocar con el cuerpo contra un jugador para desplazarlo. *En la repetición se observa cómo el delantero carga* CONTRA *el portero.* **21.** Descansar o apoyarse una cosa sobre otra. *La techumbre carga* SOBRE *cuatro grandes pilares.* ○ intr. prnl. **22.** Llenarse de nubes el cielo, el horizonte o cosas semejantes. *La tarde se ha ido cargando y amenaza tormenta.* ▶ **10:** ADEUDAR.

cargazón. f. Pesadez sentida en alguna parte del cuerpo, como la cabeza o las piernas. *Después de varias horas delante del ordenador, sentía cargazón de cabeza.*

cargo. m. **1.** Puesto o empleo que tiene una persona dentro de una organización o de una empresa. *En la junta se procedió a la renovación de cargos. El Presidente ha tomado posesión de su cargo.* **2.** Persona que desempeña un cargo (→ 1). *A la reunión acudieron varios cargos ministeriales. Los altos cargos tienen coche oficial.* **3.** Falta que se imputa a alguien. *De ser ciertos los cargos, estos justificarían la expulsión del alumno.* Se usa espec. en derecho. *El juez leyó los cargos al acusado.* **4.** Cantidad anotada en una cuenta en concepto de gasto o deuda. *En su libreta de ahorros figura un cargo correspondiente a la comisión anual de la tarjeta de crédito.* Tb. el hecho de anotarla. *Le hemos hecho un cargo en su cuenta por valor de 500 euros.* **5.** Cantidad que se carga sobre el precio de algo. *En la factura no figuraba el preceptivo cargo por IVA.* Tb. el hecho de cargarla. *Le he cobrado la mano de obra, pero no le he hecho ningún cargo por el desplazamiento.* ■ **~ de conciencia.** m. Remordimiento o sentimiento de culpabilidad. *Nos daba cargo de conciencia dejarla sola.* Tb. cosa que lo produce. *Es un cargo de conciencia tirar la ropa usada habiendo tanto pobre.* □ **a ~** (de alguien). loc. adv. **1.** Bajo su cuidado o responsabilidad. *El vestuario de la película corrió a cargo* DE *un conocido modista. El capataz tenía más de cien obreros a su cargo.* **2.** A sus expensas. *Todos los gastos corren a cargo* DE *la empresa.* ■ **con ~** (a alguien o algo). loc. adv. Cubriendo (ellos) los gastos. *El gobierno autónomo concede becas con cargo a los presupuestos de educación.* ■ **hacerse** alguien **~** (de una persona o cosa). loc. v. Tomar(la) bajo su cuidado o responsabilidad. *Al morir los padres, el Estado se hizo cargo* DE *los niños. En conserjería se hicieron cargo* DE *las maletas.* ■ **hacerse** alguien **cargo** (de algo). loc. v. Entender(lo) o hacerse una idea (de ello). *Hazte cargo* DE *mi situación; no puedo prestarte el dinero.* Tb.: *No tenemos farmacia; hágase cargo: esto es apenas una aldea.* ▶ **1:** *TRABAJO.

cargoso, sa. adj. Am. coloq. Cargante. *Apenas atinaba a prestarse a las cargosas atenciones de Chalukián* [C]. *Debo estar poniéndome cargoso; mejor me callo...* [C].

carguero, ra. adj. Dicho de vehículo, espec. de un buque: Destinado a llevar carga. *El barco carguero atracó en el puerto. La ayuda humanitaria se envía en aviones cargueros.* Más frec. m. *Un carguero panameño embarranca frente a la costa.*

cariacontecido, da. adj. Que muestra pena o tristeza en el rostro. *El entrenador contempla cariacontecido cómo su equipo encaja el quinto gol.*

cariar. (conjug. ENVIAR). tr. Producir caries (en un diente). *Tanto dulce terminó cariándole la dentadura.* Tb. en constr. prnl. media. *Se me ha cariado una muela.*

cariátide. f. *Arq.* Escultura con figura de mujer que sirve de columna. *En la Acrópolis se halla el Erecteion, templo famoso por su pórtico de cariátides.*

caribe. adj. **1.** histór. De un pueblo que dominó una parte de las Antillas y se extendió por el norte de Sudamérica. *Indios caribes.* Dicho de pers., tb. m. y f. *Antiguamente se pensaba que los caribes eran caníbales.* **2.** Del caribe (→ 3). *La palabra "guateque" es una voz caribe.* ● m. **3.** Lengua hablada por los caribes (→ 1). *El español tiene voces procedentes del caribe, como "boniato".*

caribeño, ña. adj. Del mar Caribe o de la región que ocupa. *Cuba se halla en aguas caribeñas. Me encanta la música caribeña.* Dicho de pers., tb. m. y f. *Los caribeños se preparan ante la llegada del huracán.*

caribú. m. Mamífero parecido al reno pero de mayor tamaño y cuernos más grandes, que habita en el norte de América. *Los esquimales construían lanzas con astas de caribú. El caribú hembra.*

caricato. m. **1.** Humorista o actor cómico especializado en imitaciones. *Todos los caricatos del país pa-*

rodian el acento del político. **2.** *Mús.* Cantante que interpreta un personaje cómico en una ópera. *Por su comicidad y su sólida voz de bajo, resulta un caricato espléndido.*

caricatura. f. **1.** Dibujo satírico en que se deforman las facciones y el aspecto de alguien. *El periódico publica caricaturas de conocidos personajes.* **2.** Obra artística que ridiculiza el modelo que tiene por objeto. *Muchas de las obras de Valle-Inclán son una caricatura de la sociedad de su época.* **3.** despect. Persona o cosa que no alcanza a ser lo que pretende. *En la final, el tenista fue una caricatura del gran jugador que todos conocemos.*

caricaturesco, ca. adj. **1.** De la caricatura. *Dibujo caricaturesco.* **2.** Que parece una caricatura o tiene características propias de ella. *Su humor, entre absurdo y caricaturesco, ridiculiza los comportamientos más cotidianos.*

caricaturista. m. y f. Persona que hace caricaturas, espec. el dibujante profesional. *Se gana la vida como caricaturista en una revista satírica.*

caricaturización. f. Hecho de caricaturizar. *En la novela hay una caricaturización de algunos personajes conocidos.*

caricaturizar. tr. Hacer una caricatura (de alguien o algo). *Los dibujantes suelen caricaturizar a Churchill con un gran puro. La serie de televisión caricaturiza la vida política del país.*

caricia. f. Hecho de tocar o rozar algo o a alguien con suavidad como demostración de cariño. *Trató de hacerle una caricia al gato. Una pareja se hacía caricias.* Tb. fig. *Le gusta notar la caricia de la brisa en su rostro.*

caridad. f. **1.** Actitud o sentimiento de quien está dispuesto a ayudar a otros cuando sufren o están necesitados. *La caridad le impulsa a recoger a cualquier niño o animal abandonado.* Frec. en la constr. *por ~*, para expresar ruego o súplica. *"Deme algo, por caridad", clamaba el mendigo.* **2.** Ayuda o limosna que se da a una persona necesitada. *Un tullido imploraba una caridad a las puertas de la iglesia.* **3.** *Rel.* En el cristianismo: Virtud que consiste en amar a Dios sobre todas las cosas y a los demás como a uno mismo. *Las virtudes teologales son fe, esperanza y caridad.*

caries. f. Erosión del esmalte de un diente por la acción de bacterias. *El dentista le ha localizado dos caries en una muela.* Tb. *~ dental. Una adecuada higiene bucal evita la aparición de la caries dental.*

carilla. f. **1.** Plana o cara de una hoja de papel. *La carta eran dos folios escritos por ambas carillas.* **2.** Variedad de judía pequeña, de color blanco con una manchita negra y redonda. *La carilla se cultiva en Extremadura.*

carillón. m. **1.** Conjunto de campanas situadas en una torre y preparadas para producir un sonido armónico. *El carillón de la catedral.* **2.** Reloj con carillón (→ 1). *El tictac del carillón resuena en el comedor.* **3.** Instrumento musical de percusión, consistente en un juego de tubos o planchas de acero. *El festival de música contemporánea se clausurará con un concierto de carillón.*

cariñena. m. Vino tinto originario de la ciudad española de Cariñena, en Zaragoza. *Tomamos una ración de jamón con un cariñena.*

cariño. m. **1.** Sentimiento de afecto hacia alguien o algo que se desea tener cerca. *Se tienen mucho cariño. Le tenía cariño* AL *viejo sofá y le costaba desprenderse de él. Su cariño* A/POR *los gatos es enorme.* Se usa para dirigirse a una persona que es objeto de ese sentimiento. *Oye, cariño, ¿has visto mis gafas?* **2.** Manifestación de cariño (→ 1) mediante hechos o palabras. Gralm. en pl. *El niño le hace cariños al bebé.* **3.** Cuidado o esmero con que se hace algo. *Trata las copas con cariño, que son de cristal fino.* ▶ **1:** *AFECTO.

cariñoso, sa. adj. **1.** Dicho de persona: Que siente cariño. *Es una madre muy cariñosa* CON *sus hijos. Tiene un novio cariñoso y atento.* **2.** Dicho de cosa: Que denota o manifiesta cariño. *Siempre tiene una sonrisa o un gesto cariñoso para todos.* ▶ AFECTUOSO.

carioca. adj. De Río de Janeiro (ciudad de Brasil). *La final del mundial se disputó en el estadio carioca de Maracaná.* Dicho de pers., tb. m. y f. *El carnaval es la fiesta más importante del año para los cariocas.*

cariotipo. m. *Biol.* Juego completo de los pares de cromosomas de una célula. *Un cariotipo humano normal consta de 46 cromosomas agrupados en 23 parejas.* Tb. la imagen fotográfica de estos. *La infertilidad puede deberse a una alteración cromosómica, detectable mediante el cariotipo.*

carisma. m. Capacidad para atraer o fascinar. *No tiene buena voz, pero es una cantante con carisma.* Tb. fig. *El Museo Guggenheim transmite mucho carisma a la ciudad de Bilbao.*

carismático, ca. adj. **1.** Del carisma. *El liderazgo carismático de Hitler empujó a toda una nación a la guerra.* **2.** Que tiene carisma. *Solo un líder carismático como él podía conducir a todo un pueblo a la revolución.* Tb. fig. *Hay dos edificios carismáticos del arte hispanoárabe: la Alhambra y la mezquita de Córdoba.*

caritativo, va. adj. **1.** De la caridad. *De vez en cuando realiza algún acto caritativo para descargar su conciencia.* **2.** Que tiene caridad o la ejerce. *Es una mujer caritativa.*

cariz. m. Aspecto que presenta una cosa, espec. un asunto. *No me gusta el cariz que toman los acontecimientos.*

carlinga. f. Espacio interior de un avión, destinado para la tripulación y los pasajeros. *El piloto subió a la avioneta y nosotros nos sentamos en los demás asientos de la carlinga.*

carlismo. m. Movimiento político de carácter absolutista y tradicionalista, defensor de las aspiraciones del infante don Carlos de Borbón (1788-1855) y sus descendientes a acceder al trono español. *La Pragmática sanción prendió la mecha del carlismo.*

carlista. adj. **1.** Del carlismo. *La primera guerra carlista estalla en 1833.* **2.** Partidario del carlismo. *En Navarra se hallaba el principal núcleo carlista.* Dicho de pers., tb. m. y f. *Espartero derrotó a los carlistas en Luchana.*

carmelita. adj. De la orden del Carmen o del Carmelo. *Santa Teresa de Jesús fue monja carmelita. Convento carmelita.* Dicho de pers., tb. m. y f. *Pertenece a la orden de las carmelitas descalzas.* ▶ CARMELITANO.

carmelitano, na. adj. Carmelita. *San Juan emprendió junto a Santa Teresa la reforma carmelitana. Fraile carmelitano.*

carmen. m. Casa de recreo con huerto o jardín, típica de Granada. *Subimos por las callejas del Albaicín, donde se alzan los cármenes.*

carmesí. (pl. **carmesíes** o **carmesís**). adj. **1.** Dicho de color: Rojo grana u oscuro. *Terciopelo color car-*

mesí. Tb. m. *Las butacas están tapizadas en un elegante carmesí.* **2.** Que tiene color carmesí (→ 1). *El rey llevaba un manto carmesí con cuello de armiño.*

carmín. m. **1.** Pintalabios. *Ha dejado una mancha de carmín en el borde de la copa.* ● adj. **2.** Dicho de color: Rojo vivo o intenso. *Lleva una boina color carmín.* Tb. m. *El rojo de su túnica tiende más al carmín que al naranja.* **3.** Que tiene color carmín (→ 2). *Al atardecer el cielo se convirtió en una gran mancha carmín.*

carminativo, va. adj. *Med.* Que favorece la expulsión de gases del tubo digestivo. *El ajo posee propiedades carminativas.* Frec. m., referido a medicamento. *Le han recetado un carminativo.*

carnada. f. Cebo animal para pescar o cazar. *Corta la sardina en trocitos y pone estos de carnada en el anzuelo.* Tb. fig. *La policía utilizó a una de sus agentes como carnada para atrapar al violador.* ▶ CARNAZA.

carnal. adj. De la carne o parte material del ser humano, espec. considerada como vehículo de la sensualidad y el goce sexual. *En "La Celestina" triunfan las pasiones y el amor carnal.*

carnalidad. f. Condición de carnal. *En la romería del Rocío se mezclan la espiritualidad y la carnalidad.*

carnaval. m. **1.** (Frec. sin art.). Fiesta popular en que la gente se disfraza y participa en bailes y comparsas, gralm. en la calle, durante los tres días que preceden a la Cuaresma. *En el carnaval de Río de Janeiro hay vistosos desfiles de comparsas y carrozas.* Frec. en pl. con significado sing. *Son muy famosas las chirigotas de los carnavales de Cádiz.* **2.** (Frec. sin art.). Período de tres días que precede a la Cuaresma. *Pasado carnaval, llega el Miércoles de Ceniza y comienza la Cuaresma.* **3.** despect. Conjunto de engaños, simulaciones o informalidades. *Se niega a participar en el carnaval de consumo en que se ha convertido la Navidad.* ▶ **1, 2:** CARNESTOLENDAS.

carnavalada. f. Acción o broma propias del carnaval. *"Esto es una carnavalada", pensaba el actor mientras se embutía la falda y se ajustaba la peluca. Los tejemanejes políticos convirtieron las elecciones en una carnavalada.*

carnavalesco, ca. adj. Del carnaval. *Una comparsa de universitarios encabeza el desfile carnavalesco.*

carnaza. f. **1.** Carnada. *El tiburón entra en la jaula atraído por la carnaza.* Frec. fig. *Los amoríos de la actriz servían a la prensa del corazón como carnaza para atraer lectores.* **2.** coloq. Víctima inocente. *Los ecologistas protestan por que se emplee a esos monos como carnaza de laboratorio.*

carne. f. **1.** Parte muscular del cuerpo humano o animal. *Si la uña crece mal, puede incrustarse en la carne y producir una herida. Una vez cocida la gamba, su carne y su caparazón adquieren un tono rosáceo.* Frec. en pl., espec. referido al cuerpo humano. *Un niño de carnes sonrosadas. Era una vaca raquítica, de pocas carnes.* **2.** Carne (→ 1) comestible de animal terrestre o de ave. *Preparamos un guiso de carne con patatas. Jamás prueba la carne o el pescado. La carne de serpiente es muy apreciada en algunas culturas.* **3.** Parte blanda de un fruto, que está bajo la cáscara o el pellejo. *La carne del tomate es roja y jugosa.* **4.** En el cristianismo: Parte material o corporal del ser humano, considerada en oposición al espíritu y como vehículo de la sensualidad y el goce sexual. *Al monje le está vedado disfrutar de los placeres de la carne.* ■ **~ de cañón.** f. Persona o grupo de personas expuestas a peligro de muerte u otro riesgo grave. *Permanecer en campo abierto era convertir a la tropa en carne de cañón.* Tb. fig. *En una situación de despidos masivos, el trabajador es carne de cañón.* ■ **~ de gallina.** f. Aspecto que toma la piel humana cuando, por frío o por una emoción fuerte, aparecen pequeños abultamientos que recuerdan los de la piel de un ave desplumada. *Al salir del agua, los niños tenían carne de gallina.* Frec. con *poner* para enfatizar esa emoción o la sensación. *El testimonio de los torturados ponía carne de gallina. Con esa música se me pone la carne de gallina.* ■ **~ de membrillo.** f. Dulce compacto hecho a base de carne (→ 3) de membrillo cocida con azúcar. *El queso con carne de membrillo es un postre muy nutritivo.* ⇒ MEMBRILLO. □ **abrírsele** (a alguien) **las ~s.** loc. v. coloq. Estremecerse de horror (esa persona). *Cuando veo a esos niños desnutridos, se me abren las carnes.* ■ **de ~ y hueso.** loc. adj. **1.** Real, o que existe de verdad. *Mezclan personajes de dibujos animados con actores de carne y hueso.* **2.** coloq. Sensible, física o moralmente, a los acontecimientos y a los estímulos externos. Frec. con *ser. Deja ya de martirizarme, que yo también soy de carne y hueso, ¿sabes?* ■ **en ~ viva.** loc. adj. Dicho de parte del cuerpo: Accidentalmente despojada de la piel. *El perro llegó con las patas en carne viva.* Tb. loc. adv. *De tanto cavar, las manos se le quedaban en carne viva.* ■ **metido en ~s.** loc. adj. coloq. Dicho de una persona: Algo gruesa, sin llegar a la obesidad. *Es una muchacha rubia y metidita en carnes.* ■ **no ser ni ~ ni pescado.** loc. v. coloq. despect. Ser indefinido. *Para el electorado, el partido liberal no era ni carne ni pescado, ni de derechas ni de izquierdas.* ■ **poner toda la ~ en el asador.** loc. v. Esforzarse o arriesgarse al máximo. *El equipo deberá poner toda la carne en el asador si quiere llegar a la final.*

carné. m. Documento que se expide a favor de una persona, provisto de su fotografía, y que sirve para acreditar su identidad, su pertenencia a un colectivo o su facultad para realizar una actividad. *Le han pedido el carné a la entrada de la discoteca. Para asistir al congreso era necesario tener el carné del partido. Carné de conducir.* ■ **~ de identidad.** m. Carné que sirve para acreditar oficialmente la identidad del titular. *En España, para sacarse el pasaporte hace falta presentar el carné de identidad.*

carnero. m. Macho adulto de la oveja, provisto de cuernos enrollados hacia atrás. *En el rebaño había numerosas ovejas y varios carneros.*

carnestolendas. (Frec. sin art. y a veces en mayúsc.). f. pl. Carnaval (fiesta popular, o período en que se celebra). *El pueblo se echó a la calle a celebrar las carnestolendas. Por Carnestolendas se bebía y se comía sin tasa.* ▶ CARNAVAL.

carnicería. f. **1.** Establecimiento en que se vende carne al por menor. *Había mucha gente haciendo cola en la carnicería.* **2.** Gran cantidad de muertes causadas por la guerra u otra catástrofe. *La toma de la ciudad por las tropas enemigas acabó siendo una tremenda carnicería.* **3.** Herida, o conjunto de ellas, con derramamiento de sangre. Frec. con *hacer. No te muerdas las uñas, que vas a hacerte una carnicería.* ▶ **2:** *MATANZA.

carnicero, ra. adj. **1.** Dicho de animal: Que mata a otros para comérselos. *El animal carnicero atrapa y devora a sus víctimas, a diferencia del carroñero.* **2.** Cruel o sanguinario. *Atila adquirió fama de caudillo temible y carnicero.* Dicho de pers., tb. m. y f. *El autor de estos horrendos crímenes no es otra cosa* *que un carnicero.* ● m. y f. **3.** Persona que tiene por oficio vender carne. *El buen carnicero debe conocer las piezas y saber cortarlas.* ▶ **1:** *DEPREDADOR.

cárnico, ca. adj. De la carne destinada al consumo. *La ley restringe el empleo de conservantes en productos cárnicos. Sector cárnico.*

carnívoro, ra. adj. **1.** Dicho de animal: Que se alimenta de carne. *La foca es un animal carnívoro, que se alimenta fundamentalmente de peces.* **2.** Dicho de planta: Que se nutre de insectos que atrapa con órganos adaptados para ello. *Las hojas de la planta carnívora se cierran cuando un insecto se posa en ellas.* **3.** *Zool.* Del grupo de los carnívoros (→ 4). *Animal carnívoro.* ● m. **4.** *Zool.* Mamífero terrestre que se alimenta pralm. de carne y cuya dentadura, provista de colmillos fuertes y molares cortantes, le permite desgarrar aquella, como el oso o el tigre. *La hiena es un carnívoro carroñero.*

carnosidad. f. Carne que sobresale en una parte del cuerpo. *El lóbulo de la oreja es una carnosidad situada en la parte inferior del pabellón auricular.*

carnoso, sa. adj. **1.** De carne. *Un grupo de músculos converge para formar la masa carnosa de la lengua.* **2.** Que tiene mucha carne. *El púgil era un mulato de labios carnosos y nariz aplastada.* **3.** *Bot.* Dicho de órgano: Formado por tejido blando y con jugo. *Fruto carnoso. Hoja carnosa.*

caro, ra. adj. **1.** De precio alto o más alto de lo normal. *Se viste con ropa cara. La gasolina está cara.* Tb. dicho de ese precio. *En las tiendas céntricas los precios son caros.* Tb. fig. *Su osadía le saldrá cara.* **2.** cult. Querido o amado. *Mi caro y dilecto amigo, espero que al recibo de esta carta se encuentre usted bien.* ● adv. **3.** A un precio alto. *Aquí venden caro.* Tb. fig. *Pagarán caro por lo que han hecho.*

carolingio, gia. adj. De Carlomagno (emperador de Occidente, 742?-814), de su dinastía o de su época. *Arte carolingio. Imperio carolingio.* Dicho de pers., tb. m. y f. *Los carolingios fueron destronados a finales del siglo* X.

carolino, na. adj. De cualquiera de los reyes llamados Carlos, espec. de los de España, o del estilo o las características propios de su época. *A mediados del siglo* XVI*, el reinado carolino toca a su fin con la abdicación del emperador y su retirada a Yuste.*

carota. m. y f. coloq. Caradura. *¡Eres un carota, te has llevado el trozo más grande de tarta!*

caroteno. m. *Quím.* Sustancia de color rojo o anaranjado, presente en vegetales, como el tomate o la zanahoria, y que los organismos de los animales transforman en vitamina A. *El caroteno forma parte de la clorofila.* ▶ CAROTINA.

carótida. adj. *Anat.* Dicho de arteria: Que es una de las dos que llevan sangre a la cabeza a través del cuello. Frec. f. *El navajazo le seccionó la carótida y le produjo la muerte en el acto.*

carotina. f. *Quím.* Caroteno. *La zanahoria es rica en carotina.*

carozo. m. Am. Hueso de un fruto. *Partir las ciruelas por la mitad, sacarles el carozo y acomodarlas en una fuente* [C]. *Aceitunas verdes sin carozo* [C]. ▶ *HUESO.

carpa[1]**.** f. Pez de agua dulce, gralm. con dos pequeñas barbas a ambos lados de la boca, que habita en aguas tranquilas, del que existen varias especies. *En el estanque hay carpas de colores.*

carpa[2]**.** f. **1.** Toldo de grandes dimensiones que cubre un circo u otro recinto amplio. *La carpa del circo se montará junto a la plaza de toros.* Tb. dicho recinto. *En la carpa central de la feria del libro habrá un coloquio sobre edición electrónica.* **2.** Am. Tienda de campaña. *Los gringos mandaron alimentos y carpas* [C]. **3.** Am. Tienda de playa. *Usted descansa en la carpa mientras su familia da un paseo por la playa* [C]. **4.** Am. Tienda que se monta en algunas fiestas populares para vender bebidas y comestibles. *Se montan carpas y se hace toda una semana de comidas, bailes y bebidas* [C]. ▶ **2:** TIENDA.

carpelo. m. *Bot.* Parte de un pistilo. *El pistilo puede estar compuesto por uno o más carpelos.*

carpeta. f. **1.** Utensilio rectangular de cartón o plástico que, doblado por la mitad de su lado más largo, forma dos tapas que se unen mediante gomas o cintas y sirve para guardar papeles. *Acude a clase con una carpeta de apuntes y un bolígrafo.* **2.** Cartera grande, gralm. de piel, que a modo de carpeta (→ 1) se coloca sobre la mesa de trabajo para escribir sobre ella y guardar papeles. *El notario nos esperaba sentado, con las manos reposando sobre la carpeta de su escritorio.* ▶ **Am: 1:** FÓLDER.

carpetano, na. adj. histór. De un pueblo hispánico prerromano que habitaba territorios correspondientes a las actuales provincias de Madrid, Guadalajara, Toledo y Ciudad Real. *Plinio hablaba de Toletum como la capital del territorio carpetano.* Dicho de pers., tb. m. y f. *Los carpetanos se enfrentaron a Aníbal.*

carpetazo. dar ~ (a algo). loc. v. Dar(lo) por terminado o abandonar(lo). *Ante la falta de pruebas, la policía ha dado carpetazo a la investigación.*

carpetovetónico, ca. adj. cult., humoríst. Típicamente español. *Por las tardes nos entregábamos a esa costumbre carpetovetónica que es la siesta.* Frec. con intención despect. *Me salió con esa frase tan carpetovetónica de "usted no sabe con quién está hablando".*

carpiano, na. adj. *Anat.* Del carpo. *Síndrome del canal carpiano.*

carpintería. f. **1.** Taller donde trabaja el carpintero. *El suelo de la carpintería está lleno de serrín.* **2.** Oficio de carpintero. *Se dedicará a la carpintería, como su padre.* **3.** Conjunto de obras o trabajos de carpintería (→ 2). *Toda la carpintería de la casa es de madera de roble.*

carpintero, ra. m. y f. Persona que tiene por oficio trabajar la madera y fabricar con ella muebles u otros objetos. *Encargamos una mesa al carpintero.*

carpo. m. *Anat.* Conjunto de huesos situados entre la mano y el brazo, que en el hombre constituye el esqueleto de la muñeca. *Tiene una lesión en uno de los huesos del carpo.*

carraca[1]**.** f. **1.** Instrumento de madera provisto de un mango y una rueda dentada que, al girar, va levantando una lengüeta y produciendo un ruido seco y desagradable. *Los hinchas celebran su victoria haciendo sonar sus carracas.* **2.** Ave de plumaje azul con el dorso pardo, que emite un sonido parecido al del cuervo. *La carraca es del grupo del abejaruco y la abubilla. La carraca macho.*

carraca[2]**.** f. coloq. Vehículo o artefacto que está viejo o en mal estado. *Esperábamos un autocar lujoso, pero nos tocó ir en una carraca.*

Carracuca. más... que ~. expr. coloq. Se usa para enfatizar una característica o una situación negativas.

Es más feo que Carracuca. Está más perdida que Carracuca.

carrasca. f. Encina, espec. pequeña. *Las reses sestean a la sombra de una carrasca.* Tb. su mata. *La aliaga y la carrasca suelen aparecer como elemento arbustivo.* ▶ *ENCINA.

carrascal. m. Terreno poblado de carrascas. *El perro se adentra en un carrascal para cobrar la pieza.* ▶ ENCINAR.

carrasco. m. Carrasca. *Un conejo asomó entre los carrascos.* ▶ *ENCINA.

carraspear. intr. Emitir una tosecilla suave y repetida para aclarar la garganta y evitar que la voz salga ronca. *Bebió de la bota, carraspeó y se dispuso a cantar.*

carraspeo. m. Hecho o efecto de carraspear. *El constante carraspeo de un espectador desconcentra a la soprano.*

carraspera. f. Aspereza de garganta que hace que la voz salga ronca. *El polvo le produce carraspera.*

carrera. f. **1.** Hecho de correr. *Me di una carrera para no perder el autobús. Se oía ruido de carreras y voces en la calle.* **2.** Competición de velocidad entre personas a pie, sobre un animal o en un vehículo, o entre animales. *Te echo una carrera hasta la esquina. Los atletas africanos son especialistas en las carreras de fondo. Carreras de galgos.* Frec. en la constr. *de ~s. Caballo de carreras. Coche de carreras. Piloto de carreras.* Tb. fig. *Los candidatos se lanzan a una loca carrera por alcanzar la presidencia.* **3.** Conjunto de estudios, espec. universitarios, que capacitan para el ejercicio de una profesión. *Estudiaba Medicina, pero no terminó la carrera. Quiere cursar la carrera militar en la escuela de Zaragoza. Sus padres pasan estrecheces por darles una carrera.* **4.** Profesión, o actividad profesional. *Si escoges la carrera de cantante, debes practicar mucho.* **5.** Camino o curso que sigue una persona en sus acciones. *Es su sexto matrimonio: ¡menuda carrera lleva! Este chico lleva mala carrera juntándose con esa gente.* **6.** Línea de puntos que se sueltan en una media o en otro tejido análogo. *Se enganchó la media con la cremallera y se le hizo una carrera.* **7.** Servicio o recorrido que hace un vehículo de alquiler con cada cliente. *No llevo dinero para pagarle la carrera al taxista.* **8.** Se usa para dar nombre a algunas calles que antes eran caminos. *El Congreso de los Diputados se halla en la madrileña Carrera de San Jerónimo.* ■ **a la ~.** loc. adv. A toda velocidad y frec. de manera precipitada. *Se nota que el texto está hecho a la carrera. Madruga más, si no quieres ir a la carrera.* ■ **hacer ~.** loc. v. Prosperar social, profesional o económicamente. *El libro explica cómo hacer carrera* EN *el mundo de las finanzas.* ■ **hacer ~** (de, o con, alguien). loc. v. coloq. Conseguir que (esa persona) haga lo que es razonable o lo que debe hacer. *El chico está muy revoltoso; a ver si usted puede hacer carrera* DE *él.* Gralm. en constr. negativa. *No hago carrera* CON *estos chicos: son indomables.* ■ **hacer la ~.** loc. v. Recorrer la calle en busca de clientes una persona que se prostituye. *Muchas hacen la carrera en este parque.*

carrerilla. (Frec. sin art.). f. Carrera corta para tomar impulso, gralm. antes de un salto. *En clase de gimnasia hacíamos salto de longitud sin carrerilla.* Frec. con *coger* o *tomar*. *Retrocedió unos pasos para tomar carrerilla.* ■ **de ~.** loc. adv. De memoria y todo seguido, gralm. sin asimilar el contenido. *Los niños decían de carrerilla la alineación del equipo.*

carreta. f. Carro alargado, gralm. de dos ruedas y a veces cubierto, provisto de un larguero de madera al que va sujeto el yugo donde se uncen los animales de tiro. *El campesino conducía una carreta cargada de heno. Los colonos atravesaban América en carreta hasta llegar al Lejano Oeste.*

carretada. f. **1.** Carga que lleva una carreta o un carro. *Han traído una carretada de paja.* **2.** coloq. Gran cantidad. *En el último curso hubo que leer carretadas de libros.* ■ **a ~s.** loc. adv. coloq. En abundancia. *En esa casa entra el dinero a carretadas.*

carrete. m. **1.** Pieza cilíndrica, gralm. hueca y con rebordes en las bases, que sirve para enrollar en ella hilo, cable, película o cosas similares. *El gato se puso a jugar con la cinta y la sacó del carrete.* Tb. el conjunto de dicha pieza con el material enrollado en ella, o solo dicho material. *Compra dos carretes de hilo. Al llegar al final del carrete, la cámara lo rebobina automáticamente.* **2.** Carrete (→ 1) con manivela en que se enrolla el sedal de una caña de pescar. *El pescador soltó un poco el carrete.* ■ **dar ~** (a alguien). loc. v. coloq. Entretener(lo) hablando. *Tú te acercas al portero y le das carrete; mientras, nosotros nos colamos dentro.*

carretera. f. Vía pública, ancha y pavimentada, diseñada para el tránsito de vehículos. *Han pedido a las autoridades que desvíen la carretera que cruza el pueblo.* Gralm. designa la que une poblaciones. *Seguimos viaje por carreteras comarcales.*

carretero. m. Hombre que por oficio conduce carros o carretas. *Los carreteros llevaban una vida trashumante.* ■ **como un ~.** loc. adv. coloq. Mucho. Gralm. con *jurar* o *fumar*. *Los de la taberna gritaban y blasfemaban como carreteros.*

carretilla. f. Carrito de mano, gralm. con una sola rueda y dos patas, provisto de un cajón para la carga y dos barras detrás para empujarlo y dirigirlo. *Los albañiles van y vienen con carretillas cargadas de ladrillos.*

carretón. m. Carro pequeño con dos o cuatro ruedas, que puede ser tirado por una caballería. *El caballo arrastra un viejo carretón con frutas.*

carricoche. m. Coche viejo o de mal aspecto. *Con aquel carricoche no lograrían subir los puertos.*

carril. m. **1.** Banda longitudinal de las que en la calzada están destinadas al tránsito de una sola fila de vehículos. *La autovía tiene dos carriles en cada sentido. Carril para bicicletas.* **2.** Canal o ranura por los que puede deslizarse un objeto o una pieza de un mecanismo. *Se ha atascado el carril de las cortinas. La bola impacta contra los bolos y después le vuelve al jugador deslizándose por un carril.* **3.** Cada una de las dos barras metálicas paralelas por las que circula un ferrocarril. *Jugaban a colocar monedas en los carriles de la vía para ver cómo las aplastaba el tren.*

carrillada. f. Parte grasa de los lados de la cara del cerdo. *El lacón con grelos suele llevar carrillada y oreja.*

carrillo. m. Mejilla. *Al trompetista se le inflan los carrillos cuando toca.* ■ **a dos ~s.** loc. adv. Rápidamente y con voracidad. Gralm. con *comer*. *No dejaba de hablarme, mientras masticaba a dos carrillos.*

carrizal. m. Lugar poblado de carrizos. *Entre los carrizales de la albufera anidan muchos patos.*

carrizo. m. Planta con tallo de dos metros, hojas lanceoladas y flores en panojas, que se cría cerca del agua. *La techumbre de la cabaña es de carrizos.*

carro. m. **1.** Vehículo de carga, gralm. de dos ruedas, a cuya armazón van unidos uno o dos largueros de madera que permiten su arrastre por personas o por animales de tiro. *Muchos venden su fruta directamente del carro, sin montar tenderete. Una mula tiraba del carro lleno de alfalfa.* **2.** Armazón pequeña con ruedas que se empuja o se arrastra para transportar ciertos objetos entre lugares cercanos. *Este carro de la compra cabe en cualquier sitio.* Frec. *carrito. El camarero sube las bandejas de desayuno en un carrito.* **3.** Carga de un carro (→ 1, 2). *Su rebaño podía consumir un carro de heno al día.* **4.** coloq. Cantidad grande. Gralm. en la constr. *un ~ de* algo. *La caldera nos ha dado un carro de problemas.* **5.** *Mec.* Pieza móvil de algunas máquinas, que se desplaza horizontalmente. *Cada vez se atascaba más el carro de su vieja máquina de escribir.* **6.** Tanque (vehículo de guerra). *El carro nada puede hacer ante misiles lanzados por helicópteros.* Más frec. *~ de combate* o *de asalto. Varias unidades de carros de combate abrían paso a la infantería.* **7.** Am. Automóvil (vehículo). *Hundió el pie en el acelerador y el carro avanzó por el sendero* [C]. En Esp. se usa coloq. y humoríst. *Con lo que le tocó en la lotería, se ha comprado un carro que no le cabe en el garaje.* ■ **~s y carretas.** loc. s. coloq. Contrariedades o molestias soportadas pacientemente. Frec. con v. como *aguantar* o *pasar. Los vecinos han aguantado carros y carretas con las obras del metro.* ■ **parar el ~.** loc. v. coloq. Contenerse cuando se habla o se actúa sin pensar. Gralm. en imperativo. *–Solo ha sido un rasguño. –¡Eh, para el carro!, que la reparación va a costarme un buen dinero.* ■ **subirse al ~.** loc. v. coloq. Unirse a algo que se considera favorable. *Ellos fueron los primeros en fabricar este producto; luego muchas empresas se subieron al carro.* ■ **tirar del ~.** loc. v. coloq. Encargarse total o casi totalmente del trabajo en que otros deberían tomar parte. *En general es la mujer quien tira del carro en el hogar.* ▶ **6:** TANQUE. **7:** *AUTOMÓVIL.

carrocería. f. Cubierta de un vehículo automóvil o ferroviario que, asentada sobre una armazón metálica, reviste el motor y otros elementos, y en cuyo interior van los pasajeros y la carga. *El chapista arregla las abolladuras de la carrocería.*

carrocero, ra. adj. **1.** De la carrocería. *El coche tiene algunos desperfectos carroceros.* **2.** Que fabrica, monta o repara carrocerías. *Empresa carrocera.* Dicho de pers., tb. m. y f. *Los carroceros han invertido en mejoras tecnológicas.*

carromato. m. Carro grande provisto de dos largueros de madera para enganchar las caballerías y gralm. cubierto por un toldo. *Los gitanos levantaron el campamento y partieron en sus carromatos.*

carroña. f. **1.** Carne en descomposición, espec. la de animal muerto. *El chacal se alimenta de carroña. Temía perderse en el desierto y servir de carroña a los buitres.* **2.** Persona o cosa despreciable. *El espectáculo de los herederos peleándose es deplorable; no son más que carroña.*

carroñero, ra. adj. Dicho de animal: Que se alimenta principalmente de carroña. *Aves carroñeras.* Tb. m. o f. *El quebrantahuesos es el último de los carroñeros que interviene en la eliminación del cadáver. La hiena es una implacable carroñera.* Tb. fig. y despect. *La prensa más carroñera hurgó en la herida de su divorcio.*

carroza. f. **1.** Coche de caballos grande y lujoso. *Al dar las doce, la carroza de Cenicienta se convirtió en calabaza.* **2.** Vehículo de gran tamaño que, adornado adecuadamente y ocupado por gente disfrazada, participa en un desfile representando algún tema. *Las carrozas de los Reyes Magos cierran la cabalgata.* **3.** coloq. Persona vieja o anticuada. Frec. despect. *Aquel hombre era un carcamal, una carroza.* ○ m. y f. **4.** coloq. Carroza (→ 3). Frec. despect. *Solo un carroza puede pensar eso.* ● adj. **5.** coloq. Viejo o anticuado. Frec. despect. *Yo, que ya soy un poco carroza, no entiendo esta música tan moderna. Les ha dado por frecuentar los ambientes más carrozas de la ciudad.*

carruaje. m. Vehículo formado por una armazón montada sobre ruedas, gralm. para el transporte de personas. *La berlina y el landó eran carruajes tirados por caballos. El portal servía como paso de carruajes.*

carrusel. m. **1.** Tiovivo. *Los niños quieren montar en el carrusel.* **2.** Espectáculo en que varios jinetes realizan vistosos ejercicios. *Asistiremos al carrusel de la Policía Montada.*

cárstico, ca. → **kárstico.**

carta. f. **1.** Escrito que una persona envía a otra, normalmente dentro de un sobre, para comunicarse con ella. *Te han llegado varias cartas del banco. Se comunicaban por carta.* **2.** Naipe (cartulina rectangular). *Abre el juego el que saque la carta más alta.* **3.** En un restaurante: Lista de platos y bebidas que se pueden elegir. *El cliente ha pedido la carta de vinos.* **4.** *tecn.* Documento, espec. jurídico o comercial. *En la carta de porte figuran la fecha de expedición y el lugar de entrega de la mercancía. Carta de crédito. Carta de pago.* **5.** Mapa. *La isla no figuraba en las cartas de navegación.* **6.** cult. Constitución (ley fundamental de un Estado). *La misión de las Cortes era la elaboración de una carta constitucional.* Frec. *~ magna. En 1812 se promulga en Cádiz la primera carta magna del Estado español.* ■ **~ abierta.** f. Escrito dirigido a una persona y redactado en forma de carta (→ 1), que se publica en un periódico o una revista. *Un grupo de intelectuales ha publicado una carta abierta* AL *Presidente de la nación.* ■ **~ astral.** f. Gráfico que refleja la posición de los astros en el instante en que nació una persona y que sirve para hacer interpretaciones astrológicas sobre esta. *Su carta astral le augura un espléndido futuro.* ■ **~ blanca.** f. Permiso para actuar con plena libertad en un asunto. *El profesor nos dio carta blanca* PARA *escoger el tema del trabajo.* ■ **~ de ajuste.** f. *TV* Gráfico con líneas, figuras geométricas y colores, que se emite antes de la programación para facilitar el ajuste de la imagen. *A esta hora, el canal local solo tiene la carta de ajuste y música clásica.* ■ **~ de marear,** o **náutica.** f. Carta (→ 5) que describe el mar o una zona de este. *Era peligroso surcar aquellas aguas sin carta de marear. El Capitán marca el rumbo en la carta náutica.* ■ **~ pastoral.** f. Escrito o discurso dirigidos por un prelado a los miembros de su diócesis. *El arzobispo hizo pública una carta pastoral sobre la familia.* ⇒ PASTORAL. ■ **~s credenciales.** f. pl. Documento que entrega un embajador o ministro para que un Estado extranjero lo admita y reconozca por tal. *Hoy tendrá lugar en el palacio real la ceremonia de entrega de cartas credenciales.* ⇒ CREDENCIALES. □ **a ~ cabal.** loc. adv. Completamente o de manera indiscutible. *Es honrada a carta cabal.* Tb. loc. adj. *Fue un gran actor y dramaturgo, un hombre de teatro a carta cabal.* ■ **echar las ~s.** loc. v. Hacer combinaciones de cartas (→ 2) para adivinar cosas desconocidas, espec. el futuro. *Una mujer que echaba las cartas le dijo que se casaría joven.* ■ **enseñar las ~s.** → **poner las cartas boca arriba.**

■ **jugar** alguien **sus ~s.** loc. v. Actuar en un asunto aprovechando los recursos disponibles. *Si juega bien sus cartas, triunfará en la vida.* ■ **jugárse(lo) todo a una ~.** loc. v. Hacer que la solución de una dificultad dependa arriesgadamente de un solo recurso. *Los estudiantes no quieren jugarse todo a una carta en el examen final.* ■ **no saber a qué ~ quedarse.** loc. v. Estar indeciso a la hora de juzgar o elegir. *La campaña electoral fue tan confusa que los electores no sabían a qué carta quedarse.* ■ **poner las ~s boca arriba,** o **enseñar las ~s.** loc. v. Manifestar la intención u opinión que se mantenían ocultas. *Hitler pone por fin las cartas boca arriba invadiendo Polonia. El guión tiene mucho suspense y su autor solo nos enseña las cartas al final.* ■ **tomar ~s en el asunto.** loc. v. Intervenir. *La ONU ha decidido tomar cartas en el asunto.* ▶ **2:** NAIPE. **3:** MENÚ.

cartabón. m. Instrumento de delineación en forma de triángulo rectángulo con los tres lados desiguales. *Al examen de dibujo hay que llevar lápiz, escuadra y cartabón.*

cartaginense. adj. histór. Cartaginés. *Civilización cartaginense.* Dicho de pers., tb. m. y f. *Los cartagineses fundaron colonias en la Península Ibérica.*

cartaginés, sa. adj. histór. De Cartago (antigua ciudad del norte de África). *Aníbal y Asdrúbal fueron famosos generales cartagineses.* Dicho de pers., tb. m. y f. *Los cartagineses se enfrentan a Roma en las guerras púnicas.*

cartapacio. m. Carpeta o funda para llevar papeles, espec. de tamaño grande. *Los estudiantes de bellas artes portaban grandes cartapacios.*

cartearse. intr. prnl. Comunicarse por carta una persona con otra. *Se cartea* CON *su antiguo maestro.* Tb.: *Se estuvieron carteando varios años.*

cartel[1]**.** m. **1.** Lámina, gralm. de papel, que contiene texto o ilustraciones y se exhibe con fines informativos o publicitarios. *Colecciona carteles publicitarios. Por el barrio proliferan los carteles de "se vende".* **2.** Prestigio o reputación. *El tenor tiene mucho cartel en América.* Frec. en la constr. *de ~. A la feria de Sevilla acuden toreros de cartel.* ■ **en ~.** loc. adj. Que se está exhibiendo o representando. *Es la más exitosa de las películas en cartel.* Tb. loc. adv. *Su comedia ha permanecido en cartel varios años.* ▶ **1:** PÓSTER. ‖ **frecAm: 1:** AFICHE.

cartel[2] o **cártel.** m. **1.** Organización ilícita dedicada gralm. al tráfico de drogas o de armas. *Una parte del tráfico de cocaína está controlada por carteles colombianos.* **2.** *Econ.* Conjunto de empresas similares que tienen un convenio para evitar la mutua competencia y regular la producción y los precios en determinado campo industrial. *Muchos gobiernos acusaban a la organización de constituir un cártel del sector petrolífero.*

cartela. f. Pedazo de cartulina, madera u otra materia, que lleva inscrito un texto explicativo, gralm. al pie de un cuadro o de una escultura. *En una cartela dorada figura la fecha y el nombre del personaje retratado.*

cartelera. f. **1.** Sección del periódico en que se anuncian espectáculos, espec. de cine o teatro. *Los horarios de las funciones se pueden consultar en la cartelera.* **2.** Armazón provista de una superficie adecuada para fijar carteles. *El ritual de ir al cine comienza con la contemplación de las carteleras que se exhiben a la entrada.*

cartelista. m. y f. Persona que tiene por oficio diseñar o pintar carteles. *Un equipo de diseñadores y cartelistas ha creado la campaña promocional.*

carteo. m. Hecho de cartearse. *En la cárcel se permite el carteo.*

cárter. m. *Mec.* En los automóviles y otras máquinas, pieza o conjunto de piezas que protegen determinados mecanismos y a veces contienen el lubricante. *Para el cambio de aceite, se debe vaciar el cárter.*

cartera. f. **1.** Objeto rectangular de bolsillo, gralm. de piel, que se pliega por la mitad y sirve para guardar billetes de banco y documentos pequeños, como tarjetas o carnés. *Siempre lleva el carné de identidad en la cartera.* **2.** Objeto rectangular de mano, con o sin asa, que va provisto de un cierre y sirve para llevar pralm. documentos o libros. *El notario lleva bajo el brazo una cartera de cremallera con la documentación. Los alumnos sacaron los bocadillos de sus carteras.* **3.** Bolso de mujer alargado y sin asas, que se lleva en la mano. *Para la boda se compró un vestido de fantasía con zapatos y cartera a juego.* **4.** Am. Bolso de mujer. *Ponete la cartera cruzada sobre el pecho* [C]. **5.** Ministerio (departamento). *Fue elegida para la cartera de Exteriores.* **6.** *Econ.* Conjunto de valores comerciales que forman parte del patrimonio de una empresa o, menos frec., de un particular. *El asesor financiero confeccionará una cartera que asegure rentabilidad al inversor.* ■ **en ~.** loc. adv. En preparación o en estudio para una futura ejecución. *Hay en cartera un plan de pacificación para Oriente Próximo. El Gobierno tiene varios proyectos en cartera.* ▶ **5:** MINISTERIO.

carterista. m. y f. Ladrón de carteras de bolsillo. *Lleva cuidado con los carteristas en las aglomeraciones.*

cartero, ra. m. y f. Persona que tiene por oficio repartir las cartas del correo. *Hizo oposiciones a cartero.*

cartesianismo. m. Sistema filosófico de René Descartes (filósofo y matemático francés, 1596-1650). *El cartesianismo sienta las bases del racionalismo moderno.*

cartesiano, na. adj. **1.** Del cartesianismo. *Racionalismo cartesiano.* **2.** Seguidor del cartesianismo. *Filósofo cartesiano.* Dicho de pers., tb. m. y f. *La idea es defendida por los cartesianos.*

cartilaginoso, sa. adj. **1.** Del cartílago. *Los tiburones tienen un esqueleto cartilaginoso.* **2.** De naturaleza o características semejantes a las del cartílago. *Sustancia cartilaginosa.*

cartílago. m. Tejido orgánico, flexible y resistente, de color blanco o grisáceo, que forma algunas partes del esqueleto de los vertebrados. *El tabique nasal está constituido principalmente por cartílago.* ▶ TERNILLA.

cartilla. f. **1.** Libreta o cuadernillo que contiene anotaciones o datos oficiales relativos a una persona, y a veces cupones para su canje por productos. *Puede sacar dinero con la tarjeta o con la cartilla. Cartillas de racionamiento. Cartilla militar.* **2.** Cuadernillo que contiene las letras y ejercicios para aprender a leer. *En el desván encontró recuerdos de la infancia: un álbum de cromos y una vieja cartilla pintarrajeada.* **3.** Tratado breve y elemental de algún oficio o arte. *Cartilla tipográfica.* ■ **leer la ~** (a alguien). loc. v. **1.** coloq. Avisar(le) de lo que debe hacer. *La canguro escuchaba mientras los padres le leían la cartilla antes de salir.* **2.** Reñir(le) o reprender(le). *Tras encajar la goleada, el entrenador les ha leído la cartilla en el vestuario.* ■ **saberse la ~,** o **tener la ~ aprendida.** loc.

v. coloq. Conocer la manera de actuar en un asunto por haber recibido instrucciones para ello. *Los empleados, que ya se saben la cartilla, no han vuelto a tutear al jefe.*

cartografía. f. Técnica de trazar mapas. *Los programas informáticos han permitido avances en cartografía.* Tb. la ciencia que los estudia. *Portugal fue un país de navegantes, interesados por la Geografía, la Cartografía y ciencias similares.*

cartografiar. (conjug. ENVIAR). tr. Hacer un mapa (de un lugar). *Durante el siglo XVII se realizan expediciones para cartografiar zonas inexploradas.*

cartográfico, ca. adj. De la cartografía. *Las escalas cartográficas suelen ir del 1/5000 al 1/50 000.*

cartógrafo, fa. m. y f. Especialista en cartografía. *Intervino como cartógrafo en las expediciones al Polo Norte.*

cartomancia. f. Adivinación del futuro por medio de las cartas de la baraja, espec. las del tarot. *Tenía en su casa un consultorio de astrología y cartomancia.*

cartomántico, ca. adj. **1.** De la cartomancia. *Técnicas cartománticas.* ● m. y f. **2.** Persona que practica la cartomancia. *Cartománticos y otros expertos en ciencias ocultas montan sus tenderetes en la feria.*

cartón. m. **1.** Materia plana y flexible, aunque de cierta rigidez, compuesta por láminas de papel adheridas y comprimidas. *Los zapatos vienen en una caja de cartón.* **2.** Hoja o pedazo de cartón (→ 1). *Calzó la mesa con un cartón.* **3.** Envase de cartón (→ 1), espec. el que contiene diez paquetes de cigarrillos. *La policía ha incautado cartones de tabaco de contrabando. Un cartón de huevos.* **4.** En el bingo: Cartulina con números para participar en uno de los juegos. *A medida que se cantan los números, ella los marca en sus tres cartones.* **5.** *Arte* Dibujo sobre papel o lienzo que sirve de modelo para un tapiz, un mosaico, una vidriera o un fresco. *Los tapices están tejidos según cartones de Goya.* ■ **~ piedra.** m. Pasta endurecida de cartón (→ 1), yeso y aceite secante, que suele usarse para hacer figuras. *Los actores pasean por un bulevar hecho de cartón piedra.* ■ **de ~ piedra.** loc. adj. Falso o artificial. *Personaje de cartón piedra. Sonrisa de cartón piedra.*

cartoné. m. *Encuad.* Encuadernación hecha con tapas de cartón rígido y forro de papel. *El cartoné le saldrá más caro que la encuadernación en rústica.* Frec. en la constr. *en ~. La primera edición de la novela apareció en cartoné.*

cartuchera. f. **1.** Caja o correa, gralm. de cuero, para llevar la dotación individual de cartuchos de un arma de fuego. *El guerrillero lleva una cartuchera cruzándole el pecho.* **2.** coloq. Abultamiento graso que se produce en la parte superior externa del muslo. *Va al gimnasio para tratar de eliminar las cartucheras y la celulitis.*

cartucho. m. **1.** Cilindro que contiene una carga explosiva y a veces munición, y que se emplea en armas de fuego o para voladuras. *El coche bomba contenía un artefacto casero con varios cartuchos de dinamita. En el puesto de caza vimos cartuchos vacíos.* **2.** Pieza recambiable que contiene la carga necesaria para que funcionen algunos aparatos o instrumentos. *Cuando parpadea este piloto es que se ha agotado el cartucho de tinta de la impresora.* **3.** Envoltorio cilíndrico de monedas de una misma clase. *He ido al banco a cambiar varios cartuchos de cinco y diez céntimos.* **4.** Cucurucho (papel o cartulina enrollados en forma de cono). *Su tía les compró un cartucho de golosinas en el puesto.* ■ **último ~.** m. Último recurso o posibilidad. *Si quería sobrevivir, su último cartucho era el exilio.* Frec. en la constr. *quemar el último ~. El equipo quema sus últimos cartuchos al final del partido.* ▶ **4:** CUCURUCHO.

cartuja. f. Monasterio o convento cartujo. *Visitó la cartuja de Valldemosa.*

cartujano, na. adj. **1.** Cartujo. *Monasterio cartujano.* Dicho de pers., tb. m. y f. *Convento de cartujanos.* **2.** Dicho de caballo o yegua: Que tiene los rasgos más característicos de la raza andaluza. *En Jerez han sabido mantener la pureza del caballo cartujano.*

cartujo, ja. adj. De la orden de la Cartuja, fundada por San Bruno en el s. XI. *Monje cartujo. Convento cartujo.* Dicho de pers., tb. m. y f. *Convento de cartujos.* ▶ CARTUJANO.

cartulina. f. Cartón delgado y satinado. *Figuras de cartulina. El profesor les mandó traer una cartulina, pegamento y tijeras. Cada vez que pujaban, los postores levantaban una cartulina con su número de identificación.*

carúncula. f. *Zool.* Carnosidad de color rojo vivo que poseen en la cabeza algunos animales, como el gallo o el pavo. *El cóndor se distingue por el collar blanco del cuello y las carúnculas de la cabeza.*

casa. f. **1.** Edificio de una o más viviendas. *Se vende casa unifamiliar. Van a construir una casa de cinco plantas. La comuna vivía en una casa de campo.* **2.** Vivienda. *Si quiere reformar su casa, llámenos.* Frec., sin art. y precedido de prep., designa la vivienda o el hogar propios. *Vámonos a casa. Se marchó de casa muy joven.* Tb. fig. *El equipo permanece imbatido en casa.* **3.** Familia (conjunto de personas emparentadas entre sí que viven juntas). *En mi casa éramos cuatro hermanos. La niñera lleva tantos años con nosotros que ya es de la casa.* **4.** Familia o linaje. *Procede de una de las casas más antiguas y nobles del país. La casa de Borbón.* **5.** Establecimiento industrial o mercantil. *Trabaja para una casa de cosméticos. La película se desarrolla en una casa de baños en Estambul. Cenamos en "Casa Pepe".* **6.** Institución social o cultural, espec. la que agrupa a personas con vínculos geográficos o intereses comunes. *En Madrid hay numerosas casas regionales.* Tb. el edificio en que se halla. *La obra se representará en la Casa de la Cultura.* **7.** Conjunto de enseres necesarios o convenientes para habitar una casa (→ 2). Gralm. en la constr. *poner ~. Querían poner la casa antes de mudarse.* **8.** Conjunto de personas que tienen a su cargo los servicios del palacio o residencia del jefe del Estado. *La Casa Civil y la Casa Militar de Su Majestad el Rey.* **9.** *Astrol.* Cada una de las doce partes en que se considera dividido el cielo. *Según el horóscopo, Mercurio y Venus transitan por la casa once.* Tb. *~ celeste.* ■ **~ consistorial.** f. Edificio del ayuntamiento. *La casa consistorial fue construida en el siglo XVII.* ■ **~ cuartel.** (pl. **casas cuartel**). f. Cuartel de la Guardia Civil dotado de viviendas para los miembros del cuerpo y sus familias. *Pasó su infancia en una casa cuartel.* ■ **~ cuna.** f. Inclusa. *El bebé abandonado ha sido trasladado a la casa cuna.* ■ **~ de citas.** f. Establecimiento en que se alquilan habitaciones para mantener relaciones sexuales. *La pensión funciona como casa de citas para las prostitutas de la zona.* ■ **~ de comidas.** f. Restaurante de poca categoría. *Hay varias casas de comidas cerca.* ■ **~ de Dios, o del Señor.** f. Templo o iglesia cristianos. *–Hermanos, bienvenidos a la casa de Dios*

–*dijo el sacerdote.* ■ ~ **de empeño(s).** f. Establecimiento donde se presta dinero a cambio de dejar en prenda joyas, ropas u otros bienes similares. *Cuando salía del apuro, volvía a la casa de empeños a recuperar sus joyas.* ■ ~ **de huéspedes.** f. Casa (→ 2) en que se ofrece habitación, y a veces también comida, mediante pago. *El viajero busca alojamiento barato: una pensión o, tal vez, una casa de huéspedes.* ■ ~ **de juego.** f. Establecimiento dedicado a los juegos de azar con apuestas. *Ha perdido toda su fortuna en casinos y casas de juego.* ■ ~ **de labranza,** o **de labor.** f. Casa (→ 1) donde viven labradores y en la que guardan sus aperos y su ganado. *El restaurante era una antigua casa de labranza.* ⇒ CASAL. ■ ~ **de la Moneda.** f. Establecimiento oficial donde se fabrica y acuña moneda. *La Casa de la Moneda organiza una exposición de billetes antiguos.* ■ ~ **de lenocinio.** f. cult. Prostíbulo. *Su iniciación a las artes amatorias tuvo lugar en casas de lenocinio.* ■ ~ **de locos.** f. **1.** coloq. Manicomio. *Perdió la cabeza y acabó en la casa de locos.* **2.** coloq. Lugar donde hay mucho ruido o confusión. *El bar a aquellas horas era una casa de locos.* ■ ~ **del Señor.** → **casa de Dios.** ■ ~ **de putas.** f. **1.** malson. Prostíbulo. **2.** malson. Lugar de gran desorden. ■ ~ **de socorro.** f. Establecimiento médico donde se prestan primeros auxilios a heridos o accidentados. *La víctima del atropello ha sido trasladada a una casa de socorro.* ■ ~ **de tócame Roque.** f. coloq. Casa (→ 2) donde hay mucha gente y reina el desorden. *El director del hospital ordenó limitar las visitas porque aquello parecía la casa de tócame Roque.* ■ ~ **de vecindad.** f. Casa (→ 1) constituida por muchas viviendas, gralm. con patio y corredores. *El casero es dueño de varias casas de vecindad.* ■ ~ **parroquial.** f. Casa (→ 1) del párroco, gralm. propiedad de la Iglesia. *El cura vivía con su madre en la casa parroquial.* ■ ~ **real.** f. Familia real. *Al casarse con el príncipe entró a formar parte de la casa real.* ■ ~ **solar,** o ~ **solariega.** f. Casa (→ 1) más antigua de una familia noble. *La familia tenía la casa solar en Navarra. Aún existe en el pueblo la casa solariega de los Hurtado.* ⇒ CASAL. □ **barrer para** ~. loc. v. coloq. Actuar buscando el beneficio propio. *En una negociación, cada parte trata de barrer para casa.* ■ **caérsele** (a alguien) **la** ~ **encima.** loc. v. coloq. Resultar(le) insoportable permanecer en casa (→ 2). *Después de varios días encerrada, se le caía la casa encima.* ■ **como una** ~. loc. adj. coloq. Muy grande o de gran importancia. *Lo del contrato millonario es una mentira como una casa.* ■ **de la** ~. loc. adj. Dicho de comida o bebida: Que se sirve o se prepara como especialidad del establecimiento en cuestión. *Les aconsejo que prueben el flan de la casa.* ■ **echar,** o **tirar, la** ~ **por la ventana.** loc. v. coloq. Gastar con generosidad por algún motivo, espec. por una celebración. *Hasta el brasileño más pobre tira la casa por la ventana cuando llega el carnaval.* ■ **para,** o **de, andar por** ~. loc. adj. Dicho de cosa: De poco valor o carente de rigor. *Su conocimiento del francés era de andar por casa.* ▶ **1:** INMUEBLE. **3:** FAMILIA.

casabe. m. frecAm. Cazabe. *Se detuvo frente a una choza en la que se vendían frijoles negros, casabe y refrescos* [C]. ▶ **frecAm:** CAZABE.

casaca. f. **1.** Prenda de vestir parecida a una chaqueta, ceñida al cuerpo y con faldones traseros hasta la altura de las rodillas, empleada frec. en uniformes. *Carlos* III *aparece con casaca y sombrero de tres picos en el retrato.* **2.** Am. Cazadora (chaqueta). *Viste unos jeans gastados, y una casaca de cuero a lo James Dean* [C]. ▶ **2:** *CAZADORA.

casación. f. *Der.* Anulación. *El abogado pide la casación de la sentencia. Recurso de casación.*

casadero, ra. adj. Que está en edad de casarse. *Tiene dos hijos casaderos. En Europa hay varias princesas casaderas.*

casado, da. part. **1.** → **casar**[1]. **2.** Que se ha casado (→ 1). Tb. m. y f. *La vida de casado es más tranquila.*

casal. m. **1.** Casa solariega. *En el centro de la localidad hay un casal que hoy es sede de la biblioteca.* **2.** Casa de labranza. *Al atardecer, una cuadrilla de labradores regresa hacia el casal.*

casamata. f. Bóveda de gran solidez, para instalar piezas de artillería. *Durante la guerra civil, este monte se hallaba salpicado de trincheras y casamatas.*

casamentero, ra. adj. Dicho de persona: Que propone una boda o interviene en el ajuste de ella, espec. por afición o por interés. *Su madre era muy casamentera y a la mínima la ponía en el altar.* Tb. m. y f. *Las agencias matrimoniales se han convertido en los modernos casamenteros.*

casamiento. m. Hecho de casar o casarse dos personas. *Al poco del casamiento, la pareja comenzó a tener problemas.* Tb. la ceremonia correspondiente. *El alcalde celebraría el casamiento.* ▶ *BODA.

casanova. m. Hombre seductor y dado a las aventuras amorosas. *Luis tenía fama de casanova.* ▶ *DONJUÁN.

casar[1]**.** intr. **1.** Contraer matrimonio. *Casó* CON *uno del pueblo. Lo importante es que su hija case bien y sea feliz.* Más frec. prnl. *Se casó* CON *una mujer mayor que él. No sabían si casarse* POR *la iglesia* O POR *lo civil.* **2.** Ajustarse o corresponderse dos o más cosas. *Las versiones de los testigos parecen casar.* Tb.: *Dóblame esta ropa, y si algún calcetín no casa, lo dejas aparte. Esa salida de tono no casa* CON *su forma de ser.* ○ tr. **3.** Legitimar un sacerdote o una autoridad civil el matrimonio (entre dos personas) dirigiendo la ceremonia. *Los casó el cura de su pueblo.* **4.** Disponer o concertar un padre o un superior el matrimonio (de alguien que está bajo su autoridad). *En algunas culturas es normal que el padre case a los hijos* CON *quien considere conveniente.* **5.** Hacer que (dos o más cosas) se ajusten o se correspondan. *El niño iba casando las piezas del rompecabezas.* ■ **no ~se con nadie.** loc. v. coloq. Mantener la independencia de criterio o de actitud. *Es un juez que no se casa con nadie.*

casar[2]**.** m. Conjunto de casas que no llegan a formar pueblo. *Aquello no era un pueblo sino un simple casar en la falda de la montaña.*

casba. f. En ciudades del norte de África: Barrio antiguo árabe. *En nuestro viaje visitamos la casba de Tánger.*

cascabel. m. Bola metálica hueca, gralm. pequeña, provista de una ranura, que contiene un trocito de metal y suena cuando se mueve. *La gata echa a correr haciendo sonar su cascabel.* ■ **poner el** ~ **al gato.** loc. v. coloq. Arriesgarse a hacer algo considerado peligroso o difícil. *Alguien debe plantear la subida de impuestos, pero ¿quién le pone el cascabel al gato?* ■ **ser un** ~. loc. v. coloq. Ser muy alegre. *Esta muchacha es un cascabel.*

cascabelear. intr. Producir sonido de cascabeles o semejante al de los cascabeles. *Al abrir la puerta de la tienda, cascabeleó una campanilla.*

cascabeleo. m. Ruido de cascabeles o semejante al de los cascabeles. *La plaza sevillana es un ir y venir de coches de caballos con su característico cascabeleo.*

cascada. f. Caída del agua de un río u otra corriente por brusco desnivel del cauce. *El arroyo vierte sus aguas al embalse en una pequeña cascada.* Tb. fig. *Cascada de fuegos artificiales. Su larga melena cae en cascada.* ■ **en ~.** loc. adv. En sucesión encadenada y gralm. con abundancia. *Tras el escándalo, las dimisiones se fueron produciendo en cascada.* Tb. loc. adj. *La subida del petróleo ha desatado un aumento de precios en cascada.* ▶ CATARATA.

cascado, da. part. **1. → cascar.** ● adj. **2.** coloq. Que está viejo o en mal estado. *El ordenador está ya muy cascado. Parece un anciano cascado y achacoso.* **3.** Dicho de voz: Que carece de la fuerza y la sonoridad normales. *Tiene la mirada triste y la voz cascada.*

cascajo. m. **1.** Conjunto de fragmentos de piedra. *Una capa de cascajo en el fondo de la maceta impide que se salga la tierra y facilita el desagüe.* **2.** coloq. Persona o cosa que está vieja o en mal estado. *Este coche es un cascajo. De joven yo era un toro, y ahora mírame: estoy hecho un cascajo.*

cascanueces. m. Instrumento con forma de tenaza, que sirve para partir la cáscara de la nuez o de otros frutos secos. *Partía nueces y avellanas con el cascanueces.*

cascar. tr. **1.** Romper (algo duro o quebradizo). *Cascaban los piñones con una piedra. Casque dos huevos y vierta las claras en un cuenco.* **2.** coloq. Romper o estropear (algo). *De tanto toquetear los botones, han terminado cascando la radio.* **3.** coloq. Golpear (a alguien). *¡Como digas una palabra de esto, te casco!* **4.** coloq. Contar o revelar (algo que se debía callar). *No hables así del vecino delante de los niños, que ya sabes que lo cascan todo.* ○ intr. **5.** coloq. Charlar (conversar relajadamente, o hablar mucho). *Estuvo un rato cascando* CON *su amiga por teléfono. Te lías a cascar y se te enfría el café.* **6.** coloq. Morir. *Como aprietes así al canario, terminará cascando.* **7.** Romperse algo duro o quebradizo. *La luna del escaparate cascó sin que nadie la tocara.* Tb. prnl. *La fractura puede ser grave, dependiendo de por dónde se casque el hueso.* **8.** coloq. Romperse o estropearse algo. *Estos juguetes tan mal hechos cascan a los dos días.* Tb. prnl. *Se nos ha cascado la lavadora.*

cáscara. f. **1.** Cubierta exterior dura de un huevo, de algunos frutos o semillas y de otras cosas. *El polluelo empuja hasta quebrar la cáscara y asoma la cabeza. No tires las cáscaras de pipas al suelo. Cáscara de limón. Cáscaras de gambas.* **2.** Corteza de árbol. *Alguien había limpiado la cáscara de esa zona del tronco y había tallado un corazón.* ■ **~s.** interj. Se usa para expresar sorpresa o admiración. *¡Cáscaras, cuánta gente!* ■ **de la ~ amarga.** loc. adj. coloq. despect. De ideas avanzadas. *A esas marchas no van más que alborotadores y gente de la cáscara amarga.* ▶ **1:** CASCARILLA, CASCARÓN.

cascarilla. f. Cáscara fina de los cereales y de algunos frutos secos. *La cascarilla del arroz. Parte la cáscara de los cacahuetes y luego quítales la cascarilla.* ▶ *CÁSCARA.

cascarón. m. Cáscara de huevo de ave, espec. la rota por el pollo al salir de él. *Se rompió el cascarón y asomó el polluelo.* Tb. fig. *El muchacho tiene la candidez del que acaba de salir del cascarón.* ■ **~ de nuez.** m. coloq., despect. Barco pequeño. *Con semejante temporal, era una locura salir a faenar en aquel cascarón de nuez.* ▶ *CÁSCARA.

cascarrabias. m. y f. coloq. Persona que fácilmente se enoja o se disgusta. *Desde luego, eres un cascarrabias; no sabes aguantar una broma.* Tb. adj. *Es un tipo gruñón y cascarrabias.*

cascarria. f. coloq. Porción de barro seco que queda adherida a la parte baja de la ropa. Gralm. en pl. *Iba con los bajos del pantalón deshilachados y llenos de cascarrias.*

casco. m. **1.** Pieza cóncava de metal o de otro material rígido, que sirve para proteger la cabeza. *Está prohibido entrar en la obra sin casco.* **2.** Cuerpo de una embarcación o una aeronave, sin el aparejo y las máquinas. *Una vía de agua en la parte inferior del casco ha provocado el hundimiento del buque.* **3.** Botella de vidrio vacía. *Lleva los cascos de cerveza al contenedor de reciclaje.* **4.** Uña grande, dura y redondeada en que termina la pata de un caballo u otro animal similar. *Antes de herrar a la mula le alisaron bien los cascos.* **5.** Conjunto de edificios de una ciudad, hasta donde termina su agrupación. *Al otro lado de la avenida empieza el casco viejo de la ciudad.* Tb. *~ urbano. Está prohibido superar los 50 km/h en todo el casco urbano.* **6.** Fragmento de un recipiente que se ha roto. *La tetera se hizo añicos y un camarero recogió los cascos.* **7.** Cada una de las capas gruesas de la cebolla. *Para las lentejas, no pique la cebolla: póngala en cascos.* ○ pl. **8.** Aparato compuesto por dos auriculares unidos por una tira curvada, que se ajusta a la cabeza y permite o mejora la recepción del sonido. *Con los cascos inalámbricos puede escuchar la música en cualquier parte de su casa.* ■ **~s azules.** m. pl. Tropas que por encargo de las Naciones Unidas intervienen como fuerzas neutrales en zonas conflictivas. *Los cascos azules controlaban Sarajevo.* □ **calentar los ~s** (a alguien). loc. v. coloq. Inquietar(lo) con preocupaciones. *La culpa es de ese amigo, que le está calentando los cascos.* ■ **ligero de ~s.** loc. adj. coloq. Dicho de una persona: Irreflexiva o poco sensata. *De su socio se fiaba más bien poco, lo veía un poco ligero de cascos.*

cascote. m. Fragmento suelto de una obra de albañilería al derrumbarse o al ser derribada. *Entre los cascotes del edificio aparecieron varios supervivientes. El permiso de obra obliga a cargar todos los cascotes en un contenedor.* Tb. el conjunto de ellos. *Se levantaron barricadas, algunas de sacos terreros, otras de cascote.*

caseína. f. *Quím.* Sustancia proteínica de la leche, que constituye el componente principal del queso y tiene diversas aplicaciones industriales. *La caseína se ha empleado para la fabricación de adhesivos naturales.*

caserío. m. **1.** Casa de labranza típica del País Vasco y Navarra. *Koldo encerró a los animales en el establo del caserío.* **2.** Conjunto de casas de una población. *Desde lo alto de la sierra se divisa el caserío de Granada.* **3.** Conjunto reducido de casas que no llega a formar un pueblo. *Las gentes de esta comarca viven en pequeñas aldeas o aislados caseríos de montaña.*

casero, ra. adj. **1.** De la casa como vivienda u hogar, como familia o como establecimiento. *He contratado a una señora para que me ayude en las tareas caseras. De postre tomaré natillas, si son caseras.* Tb. fig. *En la etapa de ayer entre Tolouse y Burdeos, hubo victoria casera del francés Dupont.* **2.** Hecho con medios rudimentarios o procedimientos poco científicos. *Remedios caseros para el catarro. Estalla una bomba de fabricación casera.* **3.** Dicho de árbitro o arbitraje deportivo: Que favorece al equipo que juega en campo propio. *El seleccionador teme más un arbi-*

traje casero que al propio equipo contrario. **4.** Que pasa mucho tiempo en casa y disfruta de ello. *Con los años uno se vuelve más casero. Este gato es muy casero, raramente se escapa.* ● m. y f. **5.** Dueño de una casa o local en alquiler. *Con aquel sueldo no le llegaba ni para pagar al casero.*

caserón. m. Casa muy grande y frec. destartalada. Frec. despect. *Parece increíble que ese caserón fuera antes un palacete.*

caseta. f. Construcción pequeña con techo que sirve, entre otros usos, como refugio, puesto de venta o vigilancia, o vestuario. *En un rincón del jardín está la caseta del perro. Se han instalado varias casetas en la playa para que se cambien los bañistas.*

casete. f. **1.** (Tb. m.). Especie de cajita plana de plástico que contiene un rollo de cinta magnética para grabar y reproducir sonidos. *El curso de idiomas incluye varias casetes. Llevó unos casetes de* reggae *a la fiesta.* ○ m. **2.** Magnetófono pequeño para casetes (→ 1). *El periodista puso en marcha el casete para empezar la entrevista.* ▶ **1:** CINTA. **2:** RADIOCASETE.

casetón. m. *Arq.* Artesón. *El edificio neoclásico tiene cúpula de media naranja con casetones.*

casi. adv. Indica que falta poco para que se cumpla el hecho, la circunstancia o la cualidad expresados. *Casi se cae del andamio. Estas camisas están casi sin usar. Es casi mejor que se lo digas tú.* Tb., coloq., *~ que. Si no te corre mucha prisa, casi que lo dejamos para mañana.*

casida. f. *Lit.* Composición poética árabe o persa, monorrima y con un número indeterminado de versos. Tb. designa la moderna, compuesta a imitación de aquella. *"Por las ramas del laurel van dos palomas oscuras", dice una casida de Lorca.*

casilla. f. **1.** Cada uno de los recuadros en que se divide un tablero de ajedrez, de damas o de otros juegos de mesa. *El tablero de ajedrez tiene 64 casillas.* **2.** Recuadro que se puede rellenar con algún dato o con una marca en un formulario, un gráfico u otro documento. *Consigne sus datos personales en la casillas correspondientes. En el menú "Imprimir" marque la casilla "Texto oculto".* **3.** Compartimento de un casillero. *El conserje del hotel sacó las llaves de la casilla 106.* **4.** Casa pequeña o caseta, espec. la que sirve de refugio o para vigilancia. *Junto al estanque del parque está la casilla de los guardas.* ■ **~ postal.** f. Am. Apartado de correos. *Remitió a una casilla postal en Filadelfia un juego de fotografías* [C]. □ **sacar** (a alguien) **de sus ~s.** loc. v. coloq. Enojar(lo) o hacer(le) perder la paciencia. *Me saca de mis casillas esa manía tuya.* ■ **salirse** alguien **de sus ~s.** loc. v. coloq. Enojarse o perder la paciencia. *Cuando se sale de sus casillas se pone muy violento.*

casillero. m. Mueble compuesto por compartimentos a modo de cajones abiertos que sirven para tener clasificados papeles u otros objetos. *En la sala de profesores hay un casillero para mensajes y correspondencia.*

casimir. m. frecAm. Cachemir. *Vestía un traje gris de casimir inglés* [C]. *El fabricante de casimires optó por resignarse* [C].

casino. m. **1.** Local de ocio destinado a la práctica de juegos de azar y en el que también se ofrecen espectáculos musicales o de otro tipo. *Comenzó su carrera de cantante actuando en casinos y salas de fiestas.* **2.** Lugar de reunión de un club o sociedad de carácter recreativo, gralm. para hombres, donde se acude a charlar, leer y cosas similares. *El domingo va a la tertulia taurina del casino. Casino liberal. Casino militar.* ▶ **2:** *CLUB.

casiterita. f. *Mineral.* Mineral brillante de color pardo o negro, del que pralm. se extrae el estaño. *La casiterita suele aparecer asociada al topacio o a la fluorita.*

caso. m. **1.** Ocasión que se presenta o que puede presentarse. *Aprueba con buena nota en la mayoría de los casos. Llegado el caso, pocos se atreven a seguir adelante.* **2.** Situación particular o personal. *Yo, en su caso, llamaría a la policía.* **3.** Hecho o suceso. *Voy a contarles un caso que me sucedió estando en París.* **4.** Asunto que se trata o se investiga, espec. por vía policial o judicial. *La policía investiga el caso de la mujer envenenada. Nuestro bufete se ocupará de casos de divorcio.* **5.** Manifestación individual de un fenómeno, espec. de una enfermedad epidémica. *Se han registrado varios casos de meningitis en el barrio. Los servicios sociales se ocuparon de un caso de absentismo escolar.* **6.** coloq. Persona singular, o que destaca por sus buenas o malas cualidades. *¿Ya te has vuelto a manchar?, ¡qué caso!* Frec. en la constr. *ser un ~. Este Roberto es un caso: todas las chicas se pirran por él.* **7.** *Gram.* Cada una de las formas que pueden presentar algunas clases de palabras según sea su función sintáctica. *El caso nominativo corresponde a la función de sujeto. El ruso tiene seis casos.* ■ **~ clínico.** m. Persona rara o extravagante. *Eres un caso clínico: qué cosas se te ocurren.* ■ **~ de conciencia.** m. Punto dudoso en materia moral. *Para algunos médicos, la interrupción del embarazo es un caso de conciencia.* ■ **~ perdido.** m. coloq. Persona cuyas malas cualidades parecen no tener remedio. *Le he dicho mil veces que deje de fumar...; para mí es un caso perdido.* □ **(en) ~ de.** loc. prepos. Si se presenta el hecho o la posibilidad de. *En caso de incendio, abandone el edificio. Caso de venir, avisad con tiempo. En caso de que te pierdas, pregunta a un guardia.* ■ **en todo ~.** loc. adv. **1.** De cualquier manera o de todos modos. *Procura ser puntual; en todo caso, si ves que vas a llegar tarde, avisa.* **2.** A lo sumo o como máximo. *No pensaba regalarle nada; un detallito en todo caso.* ■ **hacer al ~.** → **venir al caso.** ■ **hacer ~** (a, o de, alguien o algo). loc. v. **1.** Prestar(le) atención. *Pidió auxilio a gritos, pero nadie le hacía caso. No hagas caso* DE *lo que dice la gente.* **2.** Obedecer(lo). *Haz caso a tu madre. Hice caso* DE *tus consejos y me puse a estudiar idiomas.* ■ **hacer ~ omiso** (de alguien o algo). loc. v. Ignorar(lo) o no tener(lo) en cuenta. *El capitán, haciendo caso omiso* DE *sus superiores, ordenó la retirada. Muchos conductores hacen caso omiso* DE *los pasos de cebra.* ■ **ni ~.** expr. coloq. Se usa para expresar que no se toma o no se debe tomar en cuenta lo que alguien hace o dice. *Yo venga a piropearla, y ella ni caso. –Dicen que volvamos. –¡Ni caso!, ¡sigue remando!* ■ **poner por ~.** loc. v. Poner como ejemplo o suposición. *Vamos a poner por caso que te toca la lotería.* Gralm. en las constr. *pongo por ~*, o *pongamos por ~. Me gustaría vivir en un lugar cálido; Cuba, pongo por caso. ¿Qué tiene él que no tenga, pongamos por caso, un actor europeo?* ■ **si es ~.** loc. adv. Si acaso, o a lo sumo. *No creo que vengan, si es caso ella sola.* ■ **venir, o hacer, al ~.** loc. v. Ser adecuado al asunto o al propósito en cuestión. *Sus chascarrillos no venían al caso. Nos enemistamos por razones que ahora no hacen al caso.*

casón. m. Casa o edificio señoriales. *La escuela de Bellas Artes se halla en un casón del casco viejo.*

casona. f. Casa señorial. *La soberbia casona recuerda a los elegantes palacios de indianos.*

casorio. m. Casamiento. *Han invitado a todos sus amigos al casorio.* Frec. despect. *Ellos querían una boda sencilla, pero les organizaron un casorio en toda regla.* ▶ *BODA.

caspa. f. Conjunto de escamillas blanquecinas que se forman en el cuero cabelludo. *Tiene caspa sobre los hombros.*

cáspita. interj. Se usa para expresar sorpresa, admiración o enfado. *¡Cáspita, qué salero tiene la moza!*

casposo, sa. adj. Que tiene caspa. *Tenía el pelo grasiento y casposo.*

casquería. f. Establecimiento en que se venden vísceras y otras partes comestibles de la res que no se consideran carne. *Compró oreja de cerdo y lengua de vaca en la casquería.* Tb. los productos que en él se venden. *Alimenta a sus perros con despojos y casquería.*

casquero, ra. m. y f. Persona que vende productos de casquería. *El corazón de la vaca cuelga de un gancho de casquero.*

casquete. m. **1.** Especie de gorro pequeño que se ajusta sobre la parte superior de la cabeza. *El Papa lleva un casquete blanco. La cabaretera luce un casquete con plumas.* **2.** malson. Coito. Frec. en la constr. *echar un ~.* ■ **~ esférico.** m. *Mat.* Parte de la superficie de una esfera, que resulta al ser cortada esta por un plano. *¿A qué altura vuela un piloto si el área del casquete esférico que divisa es de 200 000 km²?* ■ **~ polar.** m. *Geogr.* Parte de la superficie terrestre comprendida entre el círculo polar y el polo. *El agujero en la capa de ozono está provocando el derretimiento de los casquetes polares.*

casquillo. m. **1.** Parte metálica del cartucho de un arma de fuego, espec. cuando queda vacía tras el disparo. *Junto al lugar del atentado se han hallado casquillos de bala.* **2.** Pieza metálica en forma de rosca que, en una bombilla o en un portalámparas, permite la conexión con el circuito eléctrico. *El voltaje de la bombilla va impreso en el casquillo. La bombilla está bien, lo que hay que cambiar es el casquillo de la lámpara.* **3.** Pieza metálica, gralm. en forma de anilla, que refuerza o protege una pieza de madera. *La vara de picar termina en una punta piramidal montada sobre un casquillo.*

casquivano, na. adj. **1.** coloq. Dicho de persona, espec. de mujer: Informal o frívola en sus relaciones sexuales. *La comedia explota el manido tema del marido engañado y la esposa casquivana.* Tb. m. y f. *Las vecinas decían de ella que era una casquivana.* **2.** coloq. Dicho de persona: Que actúa sin reflexionar o de manera poco sensata. *El público de las comedias era así, caprichoso y casquivano, lo mismo ensalzaba que destronaba.*

casta. f. **1.** Linaje o ascendencia. *Nunca él, ni ninguno de los de su casta, había trabajado para un amo. Lucero procedía de una antigua casta de caballos cartujanos.* **2.** Calidad propia de los de una clase o raza. *Es un bailaor de casta. La corrida resultó deslucida por la falta de casta de los toros.* **3.** *Antropol.* Grupo social que, pralm. por razones étnicas, religiosas o de rango, forma una clase cerrada y tiende a permanecer separado del resto. *La sociedad hindú se rige por un sistema de castas.* **4.** *Zool.* Grupo de individuos de una especie que se distinguen por una estructura o una función específicas. *La casta de las abejas obreras se encarga del mantenimiento de la colmena.*

castaña. → **castaño.**

castañal. m. Castañar. *Linda con la finca un extenso castañal.*

castañar. m. Terreno poblado de castaños. *Los romeros meriendan a la sombra en un castañar.* ▶ CASTAÑAL.

castañazo. m. coloq. Golpe fuerte. *¡Qué castañazo me he dado con al bicicleta! Le arreó un castañazo en toda la cara.*

castañero, ra. m. y f. Vendedor de castañas. *Cuando llega el frío, las castañeras instalan sus fogones en las esquinas.*

castañeta. f. Sonido seco que resulta al apretar la yema del dedo pulgar y la del dedo de en medio, dejando que este resbale y golpee la molla de la mano. *Baila por alegrías, taconeando y haciendo castañetas con los dedos.*

castañetear. intr. Golpear repetidamente entre sí los dientes de cada mandíbula. *El frío penetrante hacía que les castañetearan los dientes.* ○ tr. Golpear repetidamente entre sí (los dientes de cada mandíbula). *Deja de castañetear los dientes.*

castañeteo. m. Hecho de castañetear. *Asustados, son presa de un castañeteo de dientes y una tiritona incontrolables.*

castaño, ña. adj. **1.** Dicho de color: Semejante al de la cáscara de la castaña (→ 4). *Su pelo es de color castaño.* Tb. m. *El pelo es de un castaño claro, casi rubio.* **2.** De color castaño (→ 1). *Tiene cabello y ojos castaños. Melena castaña.* ● m. **3.** Árbol grande, de tronco grueso y copa ancha y redonda, apreciado por su fruto. *Sesteaban a la sombra de un castaño.* Tb. su madera. *Un barril de castaño.* ○ f. **4.** Fruto del castaño (→ 3), comestible, en forma de corazón y cubierto por una cáscara marrón oscura. *En invierno, apetece comer castañas asadas.* **5.** coloq. Golpe. *Nos metimos tal castaña con el coche que casi nos matamos. ¡Cállate, o te doy una castaña!* **6.** coloq. Persona o cosa aburridas o fastidiosas. *La película es una castaña insoportable.* **7.** coloq. Borrachera. *Cada vez que sale con sus amigos, se agarra una castaña.* ■ **castaño de Indias.** m. Árbol grande, ornamental, de copa densa, flores blancas o rojizas y fruto semejante al del castaño pero no comestible. *En el parque abundan las acacias y los castaños de Indias.* ■ **castaña pilonga.** f. Castaña (→ 4) seca. *Las castañas pilongas se guardan todo el año.* ⇒ PILONGA. □ **sacar las castañas del fuego** (a alguien). loc. v. coloq. Resolver(le) un problema. *Se meten en líos y luego tiene que ser su padre quien les saque las castañas del fuego.* ■ **pasar** algo **de castaño oscuro.** loc. v. coloq. Ser muy grave o intolerable. *¡Tu frescura ya pasa de castaño oscuro!*

castañuela. f. Instrumento musical de percusión compuesto por dos piezas cóncavas que, unidas por una cuerda que va atada a un dedo de la mano, se hacen entrechocar. *El grupo de danza, con traje regional y castañuelas, ejecutó una jota.* ■ **como unas ~s.** loc. adv. coloq. En estado de gran alegría. *Cuando les han anunciado el aumento de sueldo, se han puesto como unas castañuelas.*

castellanismo. m. **1.** Palabra o uso propios de la lengua española empleados en otra. *El castellanismo "guerrilla" ha sido asimilado por lenguas como el francés.* **2.** Palabra o uso propios del castellano hablado, histórica o modernamente, en Castilla. *Algunos textos medievales en leonés ya registran un buen número de castellanismos.* **3.** Gusto o predilección por lo castellano. *¿En qué se diferencia el castellanismo del catalanismo?*

castellanización. f. Hecho de castellanizar o castellanizarse. *La castellanización de extranjerismos suele implicar cambios ortográficos.*

castellanizar. tr. **1.** Dar (a algo o a alguien) carácter castellano. *Después de años viviendo en Madrid, la familia había castellanizado sus costumbres.* Tb. en constr. prnl. media. *Se crió en Soria, donde se castellanizó hasta perder su acento.* **2.** Dar (a una palabra o expresión de otro idioma) forma castellana. *"Fútbol" es la forma castellanizada de "football".* **3.** Hacer (a alguien) hablante del castellano. *Los misioneros trataban de cristianizar y castellanizar a los indígenas.* Tb. en constr. prnl. media. *Una buena parte de la población estadounidense se ha ido castellanizando.*

castellano, na. adj. **1.** De Castilla. *La jota castellana es un baile muy popular. Meseta castellana.* Dicho de pers., tb. m. y f. *Los castellanos derrotaron a los almohades en las Navas de Tolosa.* **2.** Del castellano (→ 3-5). *Gramática castellana.* ● m. **3.** Español (lengua). *El castellano es, después del inglés, la lengua más hablada en Estados Unidos.* Se usa espec. cuando se menciona junto a otras lenguas de España. *En Cataluña conviven el castellano y el catalán.* **4.** Variedad de la lengua española que se habla en Castilla la Vieja. *"Madriz" es una pronunciación típica del castellano.* **5.** histór. Dialecto romance usado en el antiguo reino de Castilla. *El Poema del Cid está escrito en castellano.* ▶ **3:** ESPAÑOL.

castellanohablante. adj. Que tiene como lengua propia o materna el castellano. *La película se estrenó en países castellanohablantes con el título de "La trama".* Dicho de pers. tb. m. y f. *Crece el número de castellanohablantes en el mundo.* ▶ CASTELLANOPARLANTE.

castellano-leonés, sa o **castellanoleonés, sa.** adj. De Castilla y León. *¿Cuándo se aprobó el estatuto de autonomía castellano-leonés?* Dicho de pers., tb. m. y f. *Los castellanoleoneses celebran su fiesta oficial el 23 de abril.*

castellano-manchego, ga o **castellanomanchego, ga.** adj. De Castilla-La Mancha. *Toledo pertenece a la comunidad autónoma castellano-manchega.* Dicho de pers., tb. m. y f. *Para los castellanomanchegos tiene gran importancia el sector agropecuario.*

castellanoparlante. adj. Castellanohablante. *Se busca profesorado castellanoparlante.* Dicho de pers., tb. m. y f. *El italiano no es difícil de entender para un castellanoparlante.*

castellonense. adj. De Castellón de la Plana. *Peñíscola es una población del litoral castellonense.* Dicho de pers., tb. m. y f. *La industria del calzado da trabajo a muchos castellonenses.*

casticismo. m. Gusto o predilección por lo castizo, espec. en el lenguaje. *"La verbena de la Paloma" es una zarzuela compuesta con gracia y casticismo.*

casticista. adj. **1.** Del casticismo. *Una actitud excesivamente casticista puede ser negativa.* **2.** Que practica el casticismo. *Arniches fue un autor casticista.* Tb. m. y f. *La fiesta de los toros, siempre polémica, es defendida por los casticistas.*

castidad. f. Condición de casto. *Los votos de los religiosos son pobreza, castidad y obediencia.*

castigador, ra. adj. Que castiga. Frec. m. y f. *El director de la prisión reivindica su papel de orientador, no de castigador. Era la castigadora de la clase: traía a todos los chicos de cabeza.*

castigar. tr. **1.** Imponer un castigo (a alguien) por una falta o un delito. *El sargento los castigó* A *fregar las letrinas. Castigaron al entrenador* CON *falta técnica. Te has portado mal, así que estás castigado.* **2.** Imponer un castigo a alguien (por una falta o un delito). *La ley castiga la conducción bajo los efectos del alcohol* CON *fuertes multas.* **3.** Causar daño (a alguien o algo), espec. de manera continuada. *Una fuerte sequía está castigando el sur del país. Es absurdo castigar el cuerpo* CON *semejantes comilonas.* **4.** coloq. Enamorar (a alguien) por puro pasatiempo o jactancia. *Le han dado un papel de mujer fatal, que se encarga de castigar al protagonista.* ▶ **1, 2:** PENALIZAR, PENAR, SANCIONAR.

castigo. m. **1.** Daño que se hace recaer sobre alguien por haber cometido una falta o un delito. *Su madre le levantó el castigo. Como castigo* A *su indisciplina, pasará un mes en una celda de aislamiento.* **2.** Persona o cosa que da mucho sufrimiento o trabajo. *¡Qué castigo de niño! Con el tráfico que hay, es un castigo tener que cruzar la ciudad en coche.* ▶ **1:** PENA, SANCIÓN.

Castilla. ancha es ~. expr. coloq. Se usa para animar a alguien, o a uno mismo, a actuar con libertad y de manera decidida. *Yo no voy a echarlos, pero si ellos se quieren ir, pues ¡ancha es Castilla!*

castillete. m. Armazón que sirve para sostener algo. *De un vetusto castillete cuelga aún la jaula en que los mineros descendían a las galerías.*

castillo. m. **1.** Construcción militar amurallada, situada gralm. en lugar elevado y provista de fosos, torres, almenas y otras fortificaciones, propia pralm. de la Edad Media. *En la torre del homenaje, la principal del castillo, residía el señor feudal.* **2.** *Mar.* Parte de la cubierta principal, comprendida entre el trinquete y la proa. Tb. cubierta parcial que, en la misma sección, tienen algunos buques a la altura de la borda. *Dejaron el barco rumbo al Oeste y se sentaron en el castillo a ver atardecer.* Tb. *~ de proa. La cubierta levantada a proa es el castillo de proa y la levantada a popa es la toldilla.* ■ **~ de fuego,** o **de fuegos artificiales.** m. Armazón en que se instala un conjunto de fuegos artificiales para ser lanzados. *Habrá castillo de fuegos artificiales a las doce.* ■ **~s en el aire.** m. pl. Ilusiones con poco o ningún fundamento. *Aunque ella no le hace mucho caso, él se hace castillos en el aire.*

casting. (pal. ingl.; pronunc. "cástin"). m. Selección de actores para una película o una función teatral, de modelos para una campaña publicitaria, o de candidatos para un programa televisivo. *La actriz principal no da bien el papel, es un claro error de* casting. ¶ [Adaptación recomendada: *castin*, pl. *cástines*].

castizo, za. adj. Genuino del país o del lugar en cuestión. *Triana es un castizo barrio sevillano.* Dicho de pers., tb. m. y f. *En las obras de Arniches se refleja el habla de los castizos de Madrid.*

casto, ta. adj. **1.** Que se abstiene de cualquier relación o goce sexual, o se atiene a los que se consideran lícitos. *Según el derecho canónico, el sacerdote ha de permanecer casto.* **2.** Propio de la persona casta (→ 1). *Se dieron un casto beso en la mejilla.* ▶ *DECENTE.

castor. m. Mamífero roedor de espeso pelaje pardo oscuro y larga cola aplanada, que habita en ríos y lagos, donde construye diques con piedras, tierra y troncos. *El castor hembra. Vimos un dique de varios metros de largo hecho por una familia de castores.* Tb. su piel. *Un abrigo de castor.*

castoreño. m. *Taurom.* Sombrero de copa redonda y ala circular, usado por el picador. *El picador agradece la ovación saludando con su castoreño.*

castración. f. Hecho de castrar. *"Contra la violación, castración" era un lema del feminismo radical.*

castrar. tr. **1.** Extirpar o inutilizar los órganos genitales (a una persona o un animal). *El buey es un toro castrado. En algunos países se ha propugnado castrar a los pederastas.* **2.** Quitar la fuerza o la energía (a alguien o algo). *La mera repetición de contenidos termina castrando al alumno. Sus obligaciones familiares castraron sus ansias de aventura.* ▶ **1:** CAPAR.

castrato. m. histór. *Mús.* Cantante masculino al que se castraba en la infancia para que conservara su voz aguda. *La figura del castrato conoce su máximo esplendor en el siglo* XVIII.

castrense. adj. Militar. *Fue juzgado por sedición ante un tribunal castrense. Capellán castrense. Vida castrense.*

castrismo. m. Movimiento político comunista que triunfó en Cuba en 1959 tras la revolución encabezada por el general Fidel Castro (1927). *El castrismo preconizaba el reparto y la socialización de la tierra.* Tb. el régimen establecido por este movimiento. *En Estados Unidos existe una fuerte oposición al castrismo.*

castrista. adj. **1.** Del castrismo. *El régimen de Batista fue derrocado por la revolución castrista. Ideología castrista.* **2.** Partidario del castrismo. *Militantes castristas.* Dicho de pers., tb. m. y f. *Los castristas reclaman el fin del embargo.*

castro. m. histór. Poblado fortificado prerromano, gralm. celtíbero, situado en un lugar elevado. *Los castros celtas abundan en Asturias.*

casual. adj. Que sucede sin haberlo preparado o sin que se pueda prever. *Fue casual que las dos llevaran el mismo vestido a la fiesta. Tuvo un encuentro casual con un amigo de la infancia.* ■ **por un ~.** loc. adv. coloq. De manera casual (→ 1) o por casualidad. *Si por un casual pasas por una ferretería, compra tornillos.* Se usa en constr. interrogativas para expresar probabilidad. *¿Has visto mi cuaderno, por un casual?*

casualidad. f. Combinación de circunstancias que suceden sin haberlas preparado o sin que se puedan prever. *¡Qué casualidad!, precisamente ahora iba a llamarte. La fisión nuclear fue descubierta por casualidad por unos científicos alemanes.*

casualmente. adv. De manera casual o por casualidad. *Casualmente, tenía papel y bolígrafo y pude anotar la matrícula.*

casuario. m. Ave corredora parecida al avestruz pero más pequeña y con una protuberancia en la cabeza, que habita en Nueva Guinea, Australia e islas vecinas. *Otras grandes aves no voladoras, aparte del avestruz, son el emú y el casuario.*

casuismo. m. cult. Casuística (consideración de casos particulares, o conjunto de dichos casos). *El código penal no puede responder al casuismo de la vida real.*

casuístico, ca. adj. **1.** De la casuística (→ 2, 3). *Los trastornos del lenguaje obligan a una consideración casuística e individualizada.* ● f. **2.** Consideración de los diversos casos particulares de una materia o un asunto. *El entrenador recurrió a una refinada casuística para explicar los males del equipo.* Tb. conjunto de dichos casos. *El psiquiatra analiza en su libro una amplia casuística recogida tras años de experiencia.* **3.** cult. Aplicación de los principios morales a los casos concretos de las acciones humanas. *En las parábolas bíblicas se revela parte de la casuística del cristianismo.*

casulla. f. Vestidura larga, con una abertura en el centro para pasar la cabeza, que se pone el sacerdote católico sobre el resto de la ropa para celebrar la misa. *El monaguillo tiró de la casulla del párroco.*

casus belli. (loc. lat.; pronunc. "cásus-béli"). m. cult. Motivo de guerra. *El estado mayor considerará casus belli cualquier maniobra militar extranjera en aguas territoriales.*

cata. f. Hecho de catar. *En la inauguración habrá una cata de vinos de Jerez.* ▶ DEGUSTACIÓN.

catabólico, ca. adj. *Biol.* Del catabolismo. *Las vitaminas cumplen funciones catabólicas. Proceso catabólico.*

catabolismo. m. *Biol.* Conjunto de procesos metabólicos en que las sustancias complejas son transformadas en otras más simples, produciéndose liberación de energía. *La respiración y la digestión son ejemplos del catabolismo.*

cataclismo. m. **1.** Gran catástrofe producida por un fenómeno natural. *Se ha producido un terremoto en California; la magnitud del cataclismo es enorme.* **2.** coloq. Gran trastorno o desastre. *El desplome del euro produjo un cataclismo en las bolsas europeas.* ▶ **1:** *CATÁSTROFE.

catacumbas. f. pl. histór. Galerías subterráneas que servían a los primitivos cristianos, espec. en Roma, para enterrar a sus muertos y practicar algunos ritos. *Las catacumbas romanas se sitúan bajo las grandes vías de la ciudad.*

catadióptrico, ca. adj. *Fís.* Que produce la refracción total del rayo incidente. *Mi cámara tiene un objetivo con sistema catadióptrico.* Dicho de aparato o dispositivo, tb. m. *El remolque lleva dos catadióptricos triangulares de color rojo en la parte trasera.*

catador, ra. m. y f. Persona que cata, espec. vinos. *Este rioja hará las delicias de los catadores más exigentes. Catador de aceite de oliva.* Tb. fig. *El galerista ha demostrado ser un fino catador de arte.*

catadura. f. Aspecto o apariencia. *Poco le importaba la catadura de la clientela, mientras esta hiciera gasto. Hay un sujeto de mala catadura merodeando.*

catafalco. m. Armazón adornada que suele ponerse en un templo para unas honras fúnebres solemnes. *El ataúd del monarca fue colocado sobre un catafalco ante el que fue desfilando el pueblo.*

catalán, na. adj. **1.** De Cataluña. *La sardana es un baile catalán. Pirineo catalán.* Dicho de pers., tb. m. y f. *Los catalanes tienen fama de emprendedores.* **2.** Del catalán (→ 3). *Manual de gramática catalana.* ● m. **3.** Lengua que se habla en Cataluña y en otros dominios de la antigua Corona de Aragón. *Han traducido la película al catalán.*

catalanidad. f. Condición de catalán. *La señera es un símbolo de catalanidad.*

catalanismo. m. **1.** Palabra o uso propios de la lengua catalana empleados en otra. *Decir "la mayoría de personas" en lugar de "la mayoría de las personas" es un catalanismo.* **2.** Gusto o predilección por lo catalán. *El catalanismo del autor se refleja cuando describe el modo de vida en la masía.*

catalanista. adj. **1.** Del catalanismo. *Ideas catalanistas.* **2.** Partidario del catalanismo. *Escritor catalanista.* Tb. m. y f.

catalanización. f. Hecho de catalanizar o catalanizarse. *Con la democracia se produjo una progresiva catalanización de los topónimos.*

catalanizar. tr. Dar carácter catalán (a algo o a alguien). *El club catalanizó su nombre y pasó a llamarse R. C. D. Espanyol de Barcelona.* Tb. en constr. prnl. media. *Después de tantos años en Gerona, su castellano se había catalanizado bastante.*

catalanohablante. adj. Que tiene como lengua propia o materna el catalán. *Vive en una zona catalanohablante.* Dicho de pers., tb. m. y f. *Existen canales de televisión para catalanohablantes.* ▶ CATALANOPARLANTE.

catalanoparlante. adj. Catalanohablante. *Población catalanoparlante.* Dicho de pers., tb. m. y f. *La mayoría de los catalanoparlantes son bilingües.*

catalejo. m. Instrumento óptico manual y extensible, que permite ver a larga distancia. *El vigía escudriñó el océano con su catalejo en busca de tierra firme.* ▶ *TELESCOPIO.

catalepsia. f. *Med.* Accidente nervioso repentino en que se suspenden las sensaciones y el cuerpo permanece inmóvil en cualquier postura en que se coloque. *Algunas drogas pueden sumir a quien las consume en una profunda catalepsia.*

cataléptico, ca. adj. **1.** *Med.* De la catalepsia. *El hipnotizador la ha sumido en un estado cataléptico.* **2.** *Med.* Que padece catalepsia. *Paciente cataléptico.* Tb. m. y f. *Un cataléptico despierta en su capilla ardiente.*

catalina. f. coloq., humoríst. Excremento, espec. el humano. *Me metí entre los matorrales y pisé una catalina.*

catálisis. f. *Quím.* Modificación de la velocidad de una reacción química por la acción de una sustancia que gralm. permanece inalterada al final del proceso. *Las enzimas son proteínas especializadas en la catálisis de las reacciones biológicas.*

catalítico, ca. adj. *Quím.* De la catálisis. *Algunas moléculas de ARN presentan actividad catalítica.*

catalizador, ra. adj. **1.** Que cataliza o favorece el desarrollo de algo. *Una función catalizadora.* Tb. m. o f. *El centrocampista fue el catalizador del juego de su equipo. La religión era la catalizadora del descontento popular.* **2.** *Quím.* Que cataliza o produce catálisis. *Agente catalizador.* Tb. m. *En la mayoría de los casos, el catalizador acelera la velocidad de la reacción química.*

catalizar. tr. **1.** Favorecer o acelerar el desarrollo (de algo). *Es necesario un esfuerzo diplomático que catalice el proceso de paz en Oriente Próximo.* **2.** *Quím.* Producir catálisis (en una reacción química). *En los seres vivos, la mayoría de las reacciones químicas son catalizadas por las enzimas.*

catalogación. f. Hecho o efecto de catalogar. *Un equipo trabaja en la catalogación de las especies vegetales del parque.*

catalogador, ra. adj. Que cataloga. Dicho de pers., tb. m. y f. *Los catalogadores de Mozart han añadido dos nuevos conciertos a sus obras.*

catalogar. tr. **1.** Hacer catálogo (de un conjunto de cosas). *Tardó un mes en catalogar su colección de discos.* **2.** Incluir (algo) en un catálogo. *Trabaja catalogando documentos en el archivo municipal.* **3.** Dar determinada categoría o valoración (a algo o a alguien). *El ministro catalogó la reunión* DE *satisfactoria. Sus profesores lo catalogan* COMO *un vago incorregible.* ▶ **3:** *CALIFICAR.

catálogo. m. Relación ordenada y con descripciones individuales de un conjunto de cosas o personas relacionadas entre sí. *Todos los muebles tienen un 20% de descuento sobre el precio de catálogo.* Tb. el libro o el folleto que la contiene. *En la tienda del museo se puede adquirir un catálogo de la exposición.* Tb. fig. *El actor poseía un extenso catálogo de registros.*

catamarán. m. Embarcación ligera, gralm. de vela, con dos cascos paralelos de igual longitud, unidos por una cubierta horizontal. *El catamarán se usa mucho como embarcación deportiva o de recreo.*

catana. f. Sable oriental de forma curva, que se usa en algunas artes marciales. *La catana es el arma tradicional de combate del samurái.*

cataplasma. f. **1.** Remedio medicinal de consistencia blanda que, envuelto en una tela, se aplica sobre una parte del cuerpo espec. como calmante o para reblandecer. *Para aliviar la erupción aplíquese una cataplasma de avena.* **2.** coloq. Persona pesada o fastidiosa. *Esa mujer es una cataplasma; no para de darme la murga para que me corte el pelo.*

cataplum. interj. Se usa para imitar el ruido de una caída u otro golpe, o para expresar que algo ocurre de repente. *Se subió a un taburete y ¡cataplum!*

catapulta. f. **1.** Mecanismo que sirve para impulsar aviones y facilitar su despegue desde una plataforma u otro espacio reducido. *El portaaviones va provisto de una catapulta para el despegue de los cazas.* Tb. fig. *Un programa de televisión le ha servido de catapulta para alcanzar la fama.* **2.** histór. Máquina militar que servía para lanzar piedras o flechas. *Los castillos eran atacados con catapultas y arietes.*

catapultar. tr. **1.** Lanzar (algo) con una catapulta. *El enemigo comenzó su asedio a la fortaleza catapultando antorchas hacia su interior.* **2.** Impulsar (algo o a alguien) hacia un lugar. *El coche dio un frenazo y la inercia catapultó a los pasajeros* CONTRA *el parabrisas. "Volver" es uno de los tangos que catapultaron a Gardel* HACIA *el éxito.*

catapum. interj. coloq. Cataplum. *El día menos pensado, catapum, voy y me largo de casa.* Se usa en las constr. *el año ~* o *el año del ~*, para designar un tiempo remoto. *Ha llegado con un traje del año catapum.*

catapún. interj. coloq. Cataplum. *Metió la paloma en la chistera y ¡catapún!, desapareció.* Se usa en las constr. *el año ~* o *el año del ~*, para indicar tiempo remoto. *Usa una máquina de escribir del año del catapún.*

catar. tr. Probar (un alimento o una bebida), espec. para examinar su sabor u otras características. *El camarero echa un poquito de vino en la copa para que el cliente lo cate.* Tb. fig. *En el cine del pueblo, las películas europeas no las catábamos.* ▶ DEGUSTAR.

catarata. f. **1.** Salto de agua o cascada en una corriente grande de agua. *Las cataratas del Iguazú.* Tb. fig. *En los intermedios, una catarata de anuncios.* **2.** Falta de transparencia del cristalino del ojo, que produce visión borrosa y puede conducir a la ceguera. *Fue operado de una catarata en el ojo derecho.* Gralm. en pl. *Bastantes ancianos padecen de cataratas.* ▶ **1:** CASCADA.

cátaro, ra. adj. histór. *Rel.* De unas sectas heréticas difundidas por Europa en la Edad Media, que propugnaban la existencia de dos principios, el del

Bien y el del Mal, y la necesidad de llevar una vida sencilla y austera. *El modo de vida cátaro implica la renuncia al mundo.* Dicho de pers., tb. m. y f. *Algunos cátaros morían en las hogueras de la Inquisición.*

catarral. adj. Del catarro. *El medicamento alivia los síntomas catarrales.*

catarro. m. *Med.* Inflamación de una mucosa, espec. de las vías respiratorias, acompañada de secreción de moco. *Tengo la nariz taponada por el catarro.* ▶ CONSTIPADO, ENFRIAMIENTO, RESFRIADO. ‖ **frecAm:** RESFRÍO.

catarroso, sa. adj. Que padece catarro. *Volvimos de la excursión calados y catarrosos.* Dicho de pers., tb. m. y f. *Hay varios catarrosos en el despacho.*

catarsis. f. **1.** Purificación, liberación o transformación interior suscitadas por una experiencia vital profunda. *Tras el fallido golpe de estado se produjo una catarsis colectiva de la población.* **2.** Efecto que causa la tragedia en el espectador, al suscitar la compasión, el temor u otras emociones. *La tragedia debía producir lo que Aristóteles denominaba catarsis: una purificación.*

catártico, ca. adj. De la catarsis. *El viaje a la India supuso una experiencia catártica para él.*

catastral. adj. Del catastro. *El valor catastral de un piso suele ser inferior a su valor de mercado.*

catastro. m. Censo estadístico de fincas rústicas y urbanas. *Las fincas deben inscribirse en la oficina del catastro.*

catástrofe. f. **1.** Suceso desgraciado que altera gravemente el orden normal de las cosas. *Ayer tuvo lugar una catástrofe ferroviaria. La bolsa no podría soportar otra catástrofe como la de 1929.* **2.** Cosa de mala calidad o que tiene un mal resultado. *El estreno fue una catástrofe.* ▶ **1:** CATACLISMO, DEBACLE, DESASTRE, SINIESTRO, TRAGEDIA.

catastrófico, ca. adj. **1.** De la catástrofe o suceso desgraciado. *Han pedido que se declare la comarca zona catastrófica.* **2.** Que produce o puede producir una catástrofe. *El mantenimiento de tan vasto imperio resulta catastrófico para el país.* **3.** Pésimo o muy malo. *El equipo estuvo catastrófico en defensa.*

catastrofismo. m. Actitud o tendencia de quien pronostica graves catástrofes. *Los analistas financieros evitan caer en el catastrofismo.*

catastrofista. adj. Que tiene o demuestra catastrofismo. *–Seguro que les ha pasado algo. –¡No seas catastrofista! Visión catastrofista.* Dicho de pers., tb. m. y f. *El cambio de siglo no fue tan malo como auguraban los catastrofistas.*

catatónico, ca. adj. **1.** *Med.* Que padece un síndrome esquizofrénico caracterizado por la inmovilidad, el mutismo y el estupor mental. *Enfermo catatónico.* Dicho de pers., tb. m. y f. *La fiebre es un síntoma que puede aparecer en un catatónico.* **2.** *Med.* Propio de la persona catatónica (→ 1). *Estado catatónico.*

catavino. m. Copa de cristal fino, gralm. alargada y de boca estrecha, con la que se examina el olor, el sabor y otras características de los vinos. *El jerez se vierte en un catavino.*

cátchup. m. Kétchup.

cate. m. **1.** coloq. Golpe o bofetada. *Cómetelo todo sin rechistar, no sea que te caiga un cate.* **2.** coloq. Nota de suspenso. *Traía el boletín lleno de cates.*

catear[1]. tr. coloq. Suspender (a alguien) en un examen o en una asignatura. *Lo catearon en el examen de conducir. Estudia, si no quieres que te cateen.*

catear[2]. tr. frecAm. Registrar (algo o a alguien), o examinar(lo) con cuidado. *Catearon la vivienda con orden del Juzgado* [C]. *A los tripulantes catean cortés pero minuciosamente* [C]. ▶ *REGISTRAR.

catecismo. m. **1.** Libro que, de manera elemental y frec. en forma de preguntas y respuestas, contiene la doctrina cristiana. *Antes de hacer la comunión, hay que aprenderse bien el catecismo.* **2.** Exposición elemental y resumida de una materia. *La concentración de los medios de producción en manos del Estado es un punto del catecismo marxista.* Tb. obra que la contiene. *El manual del cocinero se convirtió en el catecismo de todo buen gastrónomo.*

catecúmeno, na. m. y f. *Rel.* Persona que se está instruyendo para recibir el bautismo. *Los misioneros trataban de inculcar el fervor religioso en sus catecúmenos.*

cátedra. f. **1.** Puesto o empleo de catedrático. *Para conseguir una cátedra universitaria es imprescindible el título de doctor.* **2.** Departamento que dirige un catedrático. *Es profesor en la cátedra de Urbanismo de la escuela de Arquitectura.* ■ **sentar ~.** loc. v. Opinar con autoridad o arrogancia sobre algo. *Cada vez que habla es para sentar cátedra, así que nadie se atreve a rechistarle.*

catedral. f. Iglesia principal de una diócesis, en la que tiene su sede el obispo. *Los fieles acuden en peregrinación a la catedral de Santiago.*

catedralicio, cia. adj. De la catedral. *Cabildo catedralicio.*

catedrático, ca. m. y f. Profesor que tiene la categoría más alta en enseñanza media o universitaria. *La catedrática de Historia Contemporánea le dirigió la tesis. Es catedrático de instituto.*

cátedro. m. coloq. En el lenguaje estudiantil: Catedrático. *Se pasó la carrera haciéndole la pelota al cátedro de turno.*

categoría. f. **1.** Cada una de las clases o divisiones establecidas al clasificar algo. *Tiene los discos ordenados por categorías. En las finales de salto de altura hay dos cubanos en categoría masculina.* **2.** Cada uno de los grados o niveles establecidos en una jerarquía, como una profesión o una carrera. *Entró en la empresa con la categoría de aprendiz.* Tb. fig. *El autor eleva el artículo periodístico a la categoría de arte literario.* **3.** Calidad o importancia. *La categoría del queso español lo pone a la altura de los mejores de Europa.* Frec. en la constr. *de ~. Solo comen en restaurantes de categoría. Se codea con gente de categoría.* **4.** Distinción en el aspecto o el comportamiento de una persona. *Fíjate qué traje, qué porte: eso es lo que yo llamo un tipo con categoría.* **5.** *Gram.* Cada una de las clases en que se agrupan las palabras de una misma función sintáctica. *Adjetivo, verbo y adverbio son algunas de las categorías.* Tb. *~ gramatical. ¿Cuál es la categoría gramatical de la palabra "para"?* **6.** *Fil.* Cada una de las nociones abstractas que establece la lógica aristotélica para clasificar la realidad. *Explique cuáles eran las características de las categorías sustancia y cantidad para Aristóteles.* **7.** *Fil.* Cada una de las formas del entendimiento en la filosofía de Kant. *Para Kant, el espacio es una categoría a priori, previa a la experiencia.* ▶ **1:** *CLASE.

categórico, ca. adj. Que no admite condición, restricción o discusión. *Su negativa a colaborar es categórica.*

categorización. f. Hecho de categorizar. *La guía hace una categorización de los restaurantes de la ciudad según el precio.*

categorizar. tr. Organizar o clasificar (algo) por categorías. *¿Cómo procesamos y categorizamos la información que recibimos a través de los sentidos?*

cateo. m. Am. Hecho de catear o registrar. *El fiscal coordinó el cateo en ocho viviendas* [C]. ▶ *REGISTRO.

catequesis. f. Hecho de instruir en la doctrina cristiana. *Pertenece al grupo de catequesis de la parroquia.* Tb. lugar o reunión en que se hace. *Comenzó a ir a la catequesis de la parroquia.*

catequético, ca. adj. Catequístico. *Lección catequética.*

catequista. m. y f. Persona que imparte catequesis. *El catequista enseña a los niños que van a hacer la comunión.*

catequístico, ca. adj. De la catequesis. *Sermón catequístico.* ▶ CATEQUÉTICO.

catequización. f. Hecho de catequizar. *Se dedicó a la catequización de los indígenas.*

catequizar. tr. **1.** Instruir (a alguien) en la doctrina cristiana. *El principal cometido de los misioneros era catequizar a las comunidades indígenas.* **2.** Convencer (a alguien) para que acepte algo o actúe de determinada manera. *El partido tenía militantes que catequizaban a futuros adeptos.*

catering. (pal. ingl.; pronunc. "cáterin"). m. Servicio de suministro de comida y bebida para un colectivo de personas, espec. en un avión o en un colegio. *Del cóctel se encargará una empresa de* catering. *Se quejan de la calidad del* catering *en el puente aéreo.* ¶ [Adaptación recomendada: *cáterin,* pl. invar.].

caterva. f. despect. Multitud desordenada de personas o cosas. *Catervas de marineros borrachos pululan por el puerto.*

catéter. m. *Med.* Tubo hueco, delgado y flexible, que se introduce en el organismo a través de un conducto para dilatarlo, para extraer o introducir líquidos, para hacer exploraciones o para servir de guía a instrumentos quirúrgicos. *Le introducen un catéter por el abdomen para extraer líquido amniótico. Dilatación arterial con catéter.*

cateterismo. m. *Med.* Introducción de un catéter en un conducto o cavidad. *En cardiología se utiliza el cateterismo para dilatar las arterias.*

cateto[1]. m. *Mat.* Cada uno de los dos lados que forman el ángulo recto de un triángulo rectángulo. *El cuadrado de la hipotenusa es igual a la suma de los cuadrados de los catetos.*

cateto[2], ta. adj. coloq. despect. Dicho de persona: Pueblerina o palurda. *¡Anda, no seas tan cateto!* Tb. m. y f. *Los catetos tiraban a los forasteros al pilón.*

catilinaria. f. cult. Discurso o escrito de tono apasionado e intención crítica. *El presidente dirigió desde su tribuna una catilinaria contra el imperialismo.*

catión. m. *Fís.* Ión con carga positiva. *Un ión que pierde electrones y termina teniendo mayor número de protones se convierte en un catión.*

catire, ra. adj. Am. Dicho de persona: Rubia. *Los vikingos eran guerreros de las lejanas y nórdicas tierras, todos catires, ojos verdes* [C]. Tb. m. y f. *Era un catire buenmozo y de ojos azules* [C]. ▶ *RUBIO.

catódico, ca. adj. *Fís.* Del cátodo. *Rayos catódicos.*

cátodo. m. *Fís.* Electrodo negativo. *El cátodo atrae los iones con carga positiva.*

catolicidad. f. Universalidad de la Iglesia romana. *La catolicidad espera ansiosa conocer al nuevo papa.*

catolicismo. (Tb. con mayúsc.). m. **1.** Religión cristiana regida por el papa de Roma. *Los misioneros trataban de convertir a los indígenas al catolicismo.* **2.** Conjunto de creyentes del catolicismo (→ 1). *El Papa enviará un mensaje de paz a todo el catolicismo.*

católico, ca. adj. **1.** Del catolicismo o de los católicos (→ 2). *Iglesia católica. Religión católica.* **2.** Que profesa el catolicismo. *Sacerdote católico.* Dicho de pers., tb. m. y f. *Los católicos y los protestantes se enfrentaron entre sí.* **3.** coloq. Sano o que está bien de salud. *Pasé mala noche, pero ahora ya me siento más católica.* Frec. en constr. negativas. *No estoy muy católico del estómago.*

catón. m. histór. Librito de frases y textos cortos para ejercitarse en la lectura. *Escribía con una caligrafía algo inclinada, como la de los viejos catones.*

catorce. (APÉND. NUM.). adj. **1.** Trece más uno. *El envío le llegará en catorce o quince días.* Tb. sustantivado. *–¿Cuántos años tiene? –Debe de tener ya los catorce.* Tb. pron. *Esperaba a varios amigos y vinieron catorce.* **2.** Decimocuarto. *El incendio se declaró en el piso catorce.* Tb. sustantivado. *–¿A qué piso va? –Al catorce.* ● m. **3.** Número que sigue al trece. *El catorce se representa como 14. El primer premio termina en catorce.* Frec. *número ~.*

catre. m. Cama sencilla y ligera, frec. plegable, para una sola persona. *Los refugiados dormían en catres o directamente en el suelo.* ▶ CAMA.

catrín, na. adj. Am. Dicho de persona: Elegante o bien vestido. *Ahí se iba uno para la calle bien catrín con su uniforme* [C]. Tb. m. y f. Frec. despect. *Había un grupo de catrines muy emperifollados* [C]. ▶ ELEGANTE.

cátsup. m. Kétchup.

caucasiano, na. adj. Caucásico (del Cáucaso). *El* ballet *ejecutó danzas ucranianas y caucasianas.* ▶ CAUCÁSICO.

caucásico, ca. adj. **1.** Del Cáucaso (cordillera y región de Asia Occidental). *Georgia y Azerbaiyán son repúblicas caucásicas. Lenguas caucásicas.* **2.** Dicho de raza: Blanca o indoeuropea. *Individuo de raza caucásica.* **3.** De raza blanca o indoeuropea. *Rasgos caucásicos.* ▶ **1:** CAUCASIANO.

cauce. m. **1.** Porción cóncava del terreno por donde fluye una corriente de agua. *El cauce del arroyo estaba seco. La anchura del Guadalquivir, así como la profundidad de su cauce, lo hacen navegable hasta Sevilla.* **2.** Medio o procedimiento establecidos para un fin. *Una vez agotado el cauce administrativo, el consumidor puede emprender la vía jurídica. Tras el conflicto buscan nuevos cauces para el diálogo.* ▶ **1:** LECHO. **2:** *VÍA.

cauchero, ra. adj. **1.** Del caucho. *Plantación cauchera.* ● m. **2.** Hombre que busca o trabaja el caucho. *"La vorágine" retrata el sufrimiento de los caucheros en la selva.*

caucho. m. **1.** Sustancia elástica, resistente e impermeable, que se obtiene por coagulación del jugo de varias plantas tropicales o de manera artificial, y que posee numerosas aplicaciones industriales, como la fabricación de neumáticos. *Quiero unas zapatillas con suela de caucho.* **2.** Am. Neumático (tubo de goma). *Miles de estudiantes y obreros elevaron bande-*

ras, pegaron pancartas, quemaron cauchos [C]. *El autobús se detuvo; se había pinchado un caucho* [C]. ▶ **1:** GOMA. **2:** *NEUMÁTICO. ‖ **Am: 1:** HULE.

caución. f. *Der.* Garantía que se otorga para asegurar el cumplimiento de una obligación real o posible. *Fue dejado en libertad bajo caución económica.*

caudal[1]**.** m. **1.** Cantidad de agua que corre o mana. *Con la sequía se ha visto muy mermado el caudal de los ríos.* **2.** Conjunto de bienes, espec. dinero. *Está acusada de malversación de caudales públicos.* **3.** Cantidad grande de algo que no sea dinero o hacienda. *Los confidentes ofrecían un valioso caudal de información a la policía.*

caudal[2]**.** adj. *Zool.* De la cola. *Región caudal. Vértebra caudal.*

caudaloso, sa. adj. De mucha agua. *El afluente más caudaloso proviene de la vertiente cantábrica.*

caudillaje. m. Mando o gobierno de un caudillo. *Bajo el caudillaje de Amílcar Barca comienza la conquista de la Península.*

caudillismo. m. Sistema de mando o gobierno de un caudillo. *El caudillismo dominó la vida política de muchos países.*

caudillo. m. Jefe absoluto de un ejército. *Santiago de Compostela fue saqueada por el caudillo árabe Almanzor.* Tb. fig. *Los viejos caudillos del partido se aferraban a sus cargos.*

causa. f. **1.** Persona o cosa que hacen que algo suceda o exista. *El niño era causa* DE *los desvelos de sus padres. Un despiste del conductor ha sido la causa* DEL *accidente.* **2.** Cosa que justifica algo. *Se podrá faltar a clase si existe una causa razonable* PARA *ello.* **3.** Propósito o ideal por los que alguien toma partido y se esfuerza. *Lucha por una buena causa. Abrazaron la causa del ecologismo.* **4.** *Der.* Proceso, espec. penal. *En la Audiencia Nacional se instruyen las causas por delitos de terrorismo.* ■ **a ~ de.** loc. prepos. Por. Introduce un complemento que expresa causa (→ 1, 2). *A causa de las heridas le fue amputada una pierna.* ■ **hacer** una persona **~ común** (con otra). loc. v. Unirse (a ella) para un mismo fin. *Hizo causa común con su hermano para conseguir el permiso.* ▶ **4:** PROCESO.

causal. adj. **1.** De la causa. *No parece que exista una relación causal entre la inmigración y el desempleo.* **2.** Dicho espec. de conjunción: Que introduce una oración causal (→ 3). *"Porque" es nexo causal.* **3.** *Gram.* Que expresa causa. *Oraciones causales.*

causalidad. f. Relación de causa y efecto. *Existe una clara causalidad entre educación técnica y crecimiento industrial.* Se usa espec. en filosofía. *Para Hume, la causalidad es un principio básico de la ciencia experimental.*

causante. adj. Que causa. *El vehículo causante del accidente se salió de la carretera.* Dicho de pers., tb. m. y f. *Buscaremos a los causantes de los destrozos.*

causar. (conjug. CAUSAR). tr. Ser causa (de algo). *La bomba ha causado una auténtica carnicería.*

causticidad. f. Cualidad de cáustico. *La cal, debido a su causticidad, puede dañar las plantas. La describe con una causticidad que raya en la impertinencia.*

cáustico, ca. adj. **1.** Dicho de sustancia: Que quema y destruye los tejidos orgánicos. *Para desinfectar la herida no use un antiséptico cáustico.* **2.** Mordaz (que critica con malicia). *El jefe estuvo elocuente y cáustico. Comentario cáustico.* ▶ **2:** *MORDAZ.

cautela. f. Precaución o reserva al actuar. *Los residuos nucleares deben manejarse con extrema cautela.*

cautelar. adj. Preventivo o de precaución. *La junta de distrito ordena la suspensión cautelar de las obras.* Se usa espec. en derecho. *Medida cautelar.*

cauteloso, sa. adj. **1.** Que actúa con cautela. *El montañero deberá ser muy cauteloso al descender por el precipicio.* **2.** Propio de la persona cautelosa (→ 1). *El ambiente en la Bolsa es de cauteloso optimismo.* ▶ **1:** CAUTO.

cauterio. m. *Med.* Medio o instrumento que sirven para cauterizar. *El médico aplicó un cauterio sobre la zona gangrenada.*

cauterización. f. *Med.* Hecho de cauterizar. *Se hace necesaria la cauterización de la herida.*

cauterizar. tr. *Med.* Quemar (una herida o un tejido) con fines curativos. *Emplearon un objeto candente para cauterizarle la herida.*

cautivador, ra. adj. Que cautiva. *Sus buenos modales le han granjeado fama de hombre cautivador. Granada es una ciudad de belleza cautivadora.* Dicho de pers., tb. m. y f. *Murió a manos de sus cautivadores.*

cautivar. tr. **1.** Hacer cautivo o prisionero (a alguien). *Varios colonos habían sido cautivados por los indios.* **2.** Atraer irresistiblemente la atención o el interés (de alguien). *La espontaneidad de los diálogos cautiva de inmediato al espectador.* **3.** Atraer irresistiblemente (la atención o el interés de alguien). *La caja de música cautivaba la atención del bebé.* ▶ **2, 3:** *ATRAER.

cautiverio. m. Condición o estado de la persona cautiva. *Vivió varios años de cautiverio en Argel.* Tb. tiempo que dura. *Durante su largo cautiverio ha leído sin parar.*

cautividad. f. Estado de la persona o del animal cautivos. *Chu-Lin fue el primer oso panda nacido en cautividad.*

cautivo, va. adj. **1.** Dicho de persona: Que tiene condición de prisionero. *Hubo españoles cautivos en campos de concentración nazis.* Tb. m. y f. *Han logrado apresar a los secuestradores y liberar a los cautivos.* **2.** Dicho de animal: Privado de libertad. *Han soltado en el bosque a uno de los ejemplares cautivos de águila real.*

cauto, ta. adj. Que actúa con precaución o prudencia. *El periodista debe ser cauto y contrastar la información.* ▶ CAUTELOSO.

cava[1]**.** f. Hecho de cavar. *La cava y la poda son dos operaciones agrícolas.*

cava[2]**.** m. **1.** Vino espumoso, blanco o rosado, elaborado al estilo del champán francés. *La comarca del Penedés es famosa por sus vinos blancos y sus cavas.* ○ f. **2.** Bodega subterránea para la elaboración de algunos vinos, espec. el cava (→ 1). *El vino debe envejecer en la oscuridad de las cavas.*

cava[3]**.** f. *Anat.* Vena cava (→ **vena**). *Le van a colocar un filtro en la cava inferior.*

cavar. tr. **1.** Hacer un hoyo u otra cavidad (en la tierra). *Los soldados cavan la tierra con palas para enterrar los cadáveres.* Tb. usado en constr. intr. *Después de mucho cavar, encontraron un yacimiento.* **2.** Hacer (un hoyo u otra cavidad) en la tierra. *El pirata mandó cavar un hoyo para enterrar el tesoro.* **3.** Levantar y remover (la tierra o un terreno) con la azada. *Antes de regar es necesario cavar la tierra. La labor de cavar las viñas se denomina "cava".* Tb. usado en constr. intr. *Se pasa el día cavando en el huerto.*

caverna. f. Cavidad profunda, subterránea o entre rocas. *Unos espeleólogos descenderán a la caverna. El hombre de las cavernas.* ▶ *CUEVA.

cavernario, ria. adj. Propio de las cavernas. *Oscuridad cavernaria.*

cavernícola. adj. **1.** Que vive en cavernas. *El frío hace que el hombre primitivo busque abrigo y se vuelva cavernícola. La mayoría de los animales cavernícolas son ciegos.* Dicho de pers., tb. m. y f. *La película narra cómo los cavernícolas descubren el fuego.* **2.** coloq. despect. De ideas o actitudes retrógradas. *Pertenece al sector más cavernícola.* Dicho de pers., tb. m. y f. *Tu amigo es un cavernícola.*

cavernoso, sa. adj. **1.** De la caverna. *Humedad cavernosa.* **2.** Semejante a una caverna. *El portal era oscuro y cavernoso. Ojos cavernosos.* **3.** Dicho de voz, tos u otro sonido semejante: Sordo o grave. *Es un hombre de voz cavernosa. Risa cavernosa.*

caviar. m. Alimento muy apreciado, consistente en huevas de esturión, saladas y prensadas para su conserva. *Toman champán francés y caviar iraní.*

cavidad. f. Espacio hueco situado en el interior o en la superficie de algo. *La tortuga abre una cavidad en la arena para depositar sus huevos. Cavidad craneal. Cavidad bucal.*

cavilación. f. Hecho o efecto de cavilar. *Decidió no perderse en conjeturas y cavilaciones.*

cavilar. intr. **1.** Pensar con insistencia y profundidad en algo. *Por más que cavila, no da con la solución al jeroglífico. Tiene varias ofertas de trabajo y necesita tiempo para cavilar* SOBRE *ellas.* ○ tr. **2.** Pensar con insistencia y profundidad (en algo). *Anda siempre distraído, cavilando sus cosas.*

caviloso, sa. adj. Que cavila. *"Tal vez tengas razón", dijo caviloso.*

cavo, va. adj. Dicho de pie: Que tiene el arco de la planta más pronunciado de lo normal. *Debe llevar plantillas porque tiene los pies cavos.*

cayada. f. Cayado. *El aldeano alzó su cayada, señalando las nubes.*

cayado. m. Bastón curvado por la parte superior, espec. el de los pastores. *Vistieron a los niños de pastores, todos con su zamarra, su cayado y su zurrón.* ▶ CACHAVA, CAYADA.

cayo. m. Isla pequeña, llana y arenosa, propia del mar de las Antillas y del golfo de México. *El archipiélago lo integran la isla de Cuba, la de la Juventud y numerosos cayos e islotes.*

cayuco. m. frecAm. Embarcación típica de las Antillas, más pequeña que una canoa y hecha de una sola pieza. *Se echó al agua y el cayuco dio la voltereta* [C].

caza. f. **1.** Hecho de cazar, espec. animales. *Hoy se abre la temporada de caza. Quieren prohibir la caza de ballenas. Escopeta de caza.* Tb. fig. *Varios policías participaron en la caza de los malhechores.* **2.** Conjunto de animales no domesticados, antes y después de cazados. *¡Habla más bajo, que se espanta la caza! El cazador lleva la caza en un morral.* **3.** coloq. Búsqueda de algo o alguien. *Los periodistas andaban a la caza de alguna exclusiva.* ○ m. **4.** Avión de caza (→ **avión**). *El desfile militar incluye escuadrillas de cazas.* ■ **~ de brujas.** f. Persecución por prejuicios sociales o políticos. *El gobierno emprendió una caza de brujas entre artistas e intelectuales.* ■ **~ mayor.** f. Caza (→ 1) de animales grandes, como el jabalí o el ciervo. *La montería es una modalidad de caza mayor.* Tb. dichos animales. *La cocina de caza mayor es tradicional en Europa.* ■ **~ menor.** f. Caza (→ 1) de animales pequeños, como la perdiz o el conejo. *Se ha celebrado el campeonato de caza menor con perro.* Tb. dichos animales. *En el coto abunda la caza menor.*

cazabe. m. frecAm. Harina hecha con raíz de mandioca. *Subieron a los navíos todo el pan de cazabe que pudieron reunir* [C]. Tb. la torta hecha con dicha harina. *Se encontró con su mujer dispuesta a freír unos cazabes* [C]. ▶ **frecAm:** CASABE.

cazabombardero. m. Avión de caza destinado además al bombardeo de objetivos. *Los cazabombarderos B-52 fueron utilizados para destruir arsenales de armas.*

cazadero. m. Lugar en que se caza o apropiado para cazar. *El Monte del Pardo fue un antiguo cazadero real.*

cazador, ra. adj. **1.** Que caza, espec. animales. *El hombre cazador se hizo sedentario y recolector.* Dicho de pers. o animal, tb. m. y f. *La mayor amenaza para el elefante son los cazadores furtivos. Algunas avispas son excelentes cazadoras de arañas. Cazador de talentos. Cazador de recompensas.* ● f. **2.** Chaqueta corta y de material resistente, impermeable o de abrigo, que se ajusta a la cadera mediante un elástico y a veces se cierra con cremallera. *La cantante de rock lleva una cazadora de cuero.* ▶ **Am: 2:** CAMPERA, CASACA, CHOMPA.

cazadotes. m. coloq. Hombre que intenta casarse con una mujer rica. *La rica heredera era una presa codiciada por vividores y cazadotes.*

cazalla. f. Aguardiente originario de la población española de Cazalla de la Sierra. *Se toman una copa de cazalla para entrar en calor.*

cazar. tr. **1.** Capturar o matar (un animal) después de perseguir(lo). *Es un delito cazar especies protegidas. El guepardo tarda instantes en cazar a la gacela. La policía cazó al gorila que se había escapado.* Tb. usado en constr. intr. *Los domingos sale al monte a cazar.* Tb. fig. *Lanzó un pedazo de carne y el perro lo cazó en el aire. Han logrado cazar a los fugitivos.* **2.** Alcanzar (a alguien que va delante, espec. a un corredor). *El piloto argentino cazó al campeón alemán en la última vuelta.* **3.** coloq. Conseguir con esfuerzo o habilidad (algo deseado y difícil de obtener). *Salí dispuesta a cazar las mejores gangas de las rebajas.* **4.** Conquistar (a alguien), espec. con halagos o engaños. *Su aspiración es cazar a un tipo con dinero.* **5.** coloq. Comprender o entender (algo). *El chiste debe de ser muy gracioso, pero yo no lo cazo.* **6.** coloq. Sorprender (a alguien) en un error o en algo que desearía ocultar. *El profesor lo cazó copiando.* **7.** En deportes: Cometer (contra un rival) una falta violenta sin intención de tocar el balón. *El defensa se desentiende del balón y caza al delantero ocasionándole la lesión.*

cazatalentos. m. y f. Persona que se dedica a buscar individuos idóneos para ser contratados por determinadas empresas. *Las agencias de cazatalentos buscan ejecutivos con experiencia.*

cazatorpedero. m. *Mil.* Buque de guerra ligero destinado a la persecución de torpederos. *El buque fue interceptado por un cazatorpedero de la marina.*

cazo. m. **1.** Recipiente de cocina de forma más o menos cilíndrica y con mango. *Echa la leche en un cazo para calentarla.* **2.** Utensilio de cocina consistente en una pieza cóncava semiesférica unida a un mango largo, que se usa para trasvasar líquidos o cosas similares de un recipiente a otro. *Sirvió la sopa con* *un cazo*. Tb. su contenido. *Se ha tomado cinco cazos de lentejas.* ■ **meter el ~.** loc. v. coloq. Hacer o decir algo inoportuno o equivocado. *Metí el cazo en varias preguntas del examen y me suspendieron.* ■ **poner el ~.** loc. v. coloq. Pedir o recibir dinero, gralm. de manera vergonzante. *Si le toca la lotería, aparecerán familiares y amigos a poner el cazo.* ▶ **2:** CACILLO.

cazoleta. f. **1.** Parte cóncava de la pipa de fumar, donde se coloca el tabaco. *Acercó una cerilla a la cazoleta y aspiró.* **2.** Pieza metálica situada debajo del puño de la espada o del sable, que sirve para proteger la mano. *El espadachín marró el golpe, estrellando la hoja de su espada en la cazoleta del adversario.*

cazón. m. Tiburón comestible de pequeño tamaño, color gris y cola alargada, que abunda en las costas españolas. *El cazón hembra. En Andalucía es común guisar el cazón en adobo.*

cazuela. f. **1.** Recipiente de barro, ancho, poco profundo y gralm. circular, que se usa en cocina para guisar. *Las angulas se sirven en cazuelas pequeñas de barro. Puso el cordero en la cazuela y lo metió al horno.* **2.** Recipiente metálico de forma cilíndrica, más ancho que alto, con tapa y dos asas, que se usa en cocina para guisar. *Los macarrones están cociendo en una cazuela.*

cazurrería. f. coloq. Cualidad o condición de cazurro. *Lo dice por pura cazurrería.*

cazurro, rra. adj. **1.** coloq. Que habla poco y actúa con malicia o astucia. *Tiene la sagacidad del castellano cazurro.* Dicho de pers., tb. m. y f. *No te fíes de él, es un cazurro.* **2.** coloq. Torpe o ignorante. *¡Mira que eres cazurro!, ¿no ves que por ahí no cabe ese mueble?* Dicho de pers., tb. m. y f. *Eres una cazurra.*

c/c abrev. Cuenta corriente. *Le daré un cheque con cargo a la c/c 220000151 de la Caja de Zamora.*

CD. (sigla; pronunc. "ce-de"). m. Disco compacto. *El nuevo CD del grupo contiene doce canciones. La banda sonora de la película saldrá en CD y DVD.*

CD-ROM. (sigla; pronunc. "ce-de-rom"). m. *Inform.* Disco compacto de gran capacidad, en que se almacena información que puede ser reproducida, pero no modificada, en un ordenador. *Está aprendiendo inglés con un curso multimedia en CD-ROM.* ▶ CEDERRÓN.

ce. f. Letra *c*. *La palabra "inflación" se escribe con una sola ce.* ■ **~ por be.** loc. adv. Con todo detalle y sin omitir nada. *El vendedor le explicó ce por be todas las ventajas del aparato.*

cebada. f. Cereal semejante al trigo, pero de grano más alargado y puntiagudo, que se emplea como pienso y en la fabricación de bebidas alcohólicas, pralm. cerveza. *En Castilla abundan los campos de cebada.* Tb. el grano. *Con la cebada se elabora la malta que sirve para fabricar cerveza.*

cebador. m. **1.** *tecn.* Dispositivo o sustancia que sirven para iniciar un proceso físico o químico. *Si no luce el fluorescente, puede que esté estropeado el cebador. El artefacto explosivo tenía un cebador y un temporizador.* **2.** histór. Frasquito en que se llevaba la pólvora para las armas de fuego. *El soldado de los tercios solía llevar arcabuz y cebador.*

cebar. tr. **1.** Dar comida (a un animal) para que engorde. *Están cebando un pavo para Nochebuena.* Tb. fig. *Mis abuelos me ceban cuando voy a verlos.* **2.** Dar comida (a un animal) para que se alimente. *Tras la caza, el águila regresa al nido para cebar a sus crías.* **3.** Proporcionar (a algo, espec. a un aparato o a un utensilio) lo que necesita para que funcione. *El fogonero se encargaba de cebar la caldera de la locomotora.* **4.** Fomentar o alimentar (un afecto o pasión). *El político ceba el radicalismo de sus partidarios con discursos exaltados.* **5.** Poner cebo (en una trampa, o en un aparejo de pesca o de caza) para atraer a los animales. *El pescador ceba los anzuelos.* **6.** Am. Preparar la infusión (de mate). *Un mate bien cebado será siempre espumoso* [C]. *Le pidió a la mujer que le cebara el mate* [C]. ○ intr. prnl. **7.** Ensañarse con alguien o algo. *Los gamberros se cebaron* EN *el mobiliario urbano. No te cebes* CON *él; déjale en paz.* ▶ **7:** *ENSAÑARSE.

cebiche. (Tb. **ceviche**). m. frecAm. Plato de pescado o marisco crudos, cortados en trozos pequeños y adobados con limón, cebolla y ají. *El mero de carne blanca y gorda da un cebiche excelente* [C]. *La mesa estaba servida con ensaladas, panes, ceviche de corvina en copa...* [C]. ▶ **frecAm:** SEBICHE.

cebo. m. **1.** Porción de alimento, o cosa que lo simula, que se coloca en una trampa o en un aparejo de pesca o de caza, para atraer a los animales. *El pez arrancó el cebo sin morder el anzuelo. Ha puesto un cebo de queso en la ratonera.* Tb. fig. *Tendieron una trampa al criminal, utilizando a una agente como cebo.* **2.** Porción de materia detonante que sirve para producir la explosión de la carga en un proyectil, un barreno o una bomba. *En el piso franco hay artefactos explosivos, cebos y temporizadores.*

cebolla. f. **1.** Hortaliza de bulbo comestible, redondo, formado por capas superpuestas, de olor fuerte y sabor más o menos picante. *En una esquina del huerto han plantado cebollas.* Tb. el bulbo. *Pica una cebolla para la ensalada.* **2.** Bulbo (yema abultada). *Las cebollas de tulipán que guardé el año pasado están enmohecidas.* ▶ **2:** BULBO.

cebollero, ra. adj. De la cebolla. *Chorizo cebollero. Cuchillo cebollero.*

cebolleta. f. Hortaliza muy parecida a la cebolla, de bulbo más pequeño y con parte de las hojas comestibles. Tb. el bulbo. *El manojo de cebolletas es para la ensalada.*

cebollino. m. **1.** Hortaliza parecida a la cebolla, de bulbos pequeños, ovalados y de sabor dulce, y tallos jugosos que se comen en ensalada. *Espolvorea al pescado un picadillo de perejil o cebollino.* **2.** coloq. Persona torpe o ignorante. *No pretendas hacerte entender por semejante cebollino.* ■ **escardar ~s.** loc. v. coloq. No hacer nada de provecho. *Lo mejor es que dimita y se dedique a escardar cebollinos.* Se usa frec. en constr. imperativas con v. como *mandar* o *irse* para despedir a alguien despectivamente. *¡Anda y vete a escardar cebollinos, imbécil!*

cebón, na. adj. Dicho de animal: Que está cebado. *Buey cebón.* Dicho de la res vacuna o del cerdo, tb. m. *Es un rosbif tierno y jugoso, de un cebón de primera calidad. Un cebón asomó por la puerta de la pocilga.*

cebra. f. Mamífero africano similar al caballo, de pelaje blanco o amarillento con rayas negras, y con una cresta de pelo tieso a lo largo del cuello. *Las cebras pastan en el herbazal. La cebra macho.*

cebú. m. Mamífero parecido al buey, que tiene una giba sobre el lomo y vive doméstico en partes de Asia y de África, donde se utiliza como animal de carga. *El mueble tenía incrustaciones en cuerno de cebú. El cebú hembra.*

cebuano. m. Lengua hablada en la isla filipina de Cebú. *El cebuano y el tagalo son las lenguas indígenas más habladas en Filipinas.*

ceca[1]**.** f. histór. Establecimiento oficial donde se fabricaba y acuñaba moneda. *Las dos monedas proceden de distinta ceca.*

Ceca[2]**. de la ~ a la Meca.** loc. adv. coloq. De una parte a otra o de aquí para allá. *Me he pasado toda la mañana yendo de la Ceca a la Meca para arreglar los papeles.*

ceceante. adj. **1.** Que cecea. *El humorista, un malagueño ceceante, era graciosísimo.* Dicho de pers., tb. m. y f. *Un ceceante leerá "coser" como "cocer".* **2.** Del ceceo. *Acento ceceante.*

cecear. intr. Pronunciar la *s* como *z*. *Hay niños que cecean durante la primera infancia.*

ceceo. m. Hecho de cecear. *En Andalucía hay zonas de ceceo.*

cecina. f. Carne salada y seca. *Preparan unas exquisitas morcillas y cecinas de vaca.* ▶ TASAJO.

cedazo. m. Utensilio consistente en una malla tupida ajustada a la parte inferior de un aro, que se usa para separar las partículas finas de las gruesas de algunas cosas. *La harina se cierne con grandes cedazos.* ▶ *TAMIZ.

ceder. tr. **1.** Dar o traspasar (algo) a alguien. *Permítanme que ceda el micrófono a nuestro invitado. Cedió todos sus derechos.* **2.** Perder (tiempo, espacio o posiciones) en una competición frente a un rival. *El ciclista cedió seis minutos respecto del líder.* **3.** *Dep.* Pasar (la pelota) a un compañero de equipo que está cerca. *En fútbol no está permitido ceder el balón al portero con el pie.* ○ intr. **4.** Rendirse o dejar de oponer resistencia. *Las líneas enemigas cedieron* ANTE *el ataque de la artillería. Ambas partes terminaron cediendo y aceptando los términos del acuerdo.* **5.** Perder una cosa fuerza o intensidad. *Si no cede la fiebre, llamaré al médico.* **6.** Romperse o soltarse una cosa debido a una presión o un peso excesivos. *Una de las vigas cedió y el techo se desplomó.* **7.** Perder una cosa la resistencia o la rigidez que le son propias. *Los muelles del sofá han ido cediendo.* ▶ **4:** CEJAR, CLAUDICAR, TRANSIGIR.

cederrón. m. *Inform.* CD-ROM. *El diccionario se publicará en cederrón.*

cedilla. f. Letra formada por una *c* y un rasgo en forma de coma unido a la parte inferior. *En el teclado español, la cedilla aparece justo a la derecha de la tecla del acento.* Tb. dicho rasgo en forma de coma. *En algunos manuscritos medievales, la letra* e *aparece con cedilla.*

cedro. m. Árbol grande, de tronco recto y grueso, copa cónica o piramidal y hojas en forma de aguja, cuyo fruto es una piña de escamas apretadas. *Un bosque de cedros.* Tb. su madera. *Un retablo de cedro y caoba.*

cédula. f. Documento oficial en que se acredita o se notifica algo. *Cédula de habitabilidad. Cédulas hipotecarias.* ■ **~ de identidad.** Am. Carné de identidad. *Habían falsificado la fecha de nacimiento de mi cédula de identidad* [C].

cefalalgia. f. *Med.* Cefalea. *El exceso de nicotina puede producir cefalalgia.*

cefalea. f. *Med.* Dolor de cabeza. *Para combatir la cefalea toma un analgésico.* ▶ CEFALALGIA.

cefálico, ca. adj. *Anat.* De la cabeza. *El índice cefálico mide la relación entre la anchura y la longitud máximas del cráneo. La gamba posee dos pares de antenas en la región cefálica.*

cefalópodo. adj. **1.** *Zool.* Del grupo de los cefalópodos (→ 2). *Animal cefalópodo.* ● m. **2.** *Zool.* Molusco marino, normalmente sin concha visible, con la cabeza bien diferenciada del resto del cuerpo y rodeada de tentáculos, como el pulpo y el calamar.

cefalorraquídeo, a. adj. *Anat.* Del sistema nervioso cerebroespinal. *El líquido cefalorraquídeo actúa como colchón entre el cráneo y el tejido nervioso.*

cefalotórax. m. *Zool.* Parte del cuerpo de los crustáceos y de los arácnidos, formada por la unión de la cabeza y el tórax. *El caparazón del cangrejo de río cubre completamente su cefalotórax.*

céfiro. m. cult. Viento suave y apacible. *Un dulce céfiro mecía las barcas en la bahía.*

cegador, ra. adj. Que ciega, espec. al deslumbrar o al impedir pensar con claridad. *Luz cegadora. Pasión cegadora.*

cegar. (conjug. ACERTAR). tr. **1.** Dejar permanentemente sin vista (a una persona o a un animal). *El toro cegó al torero de una cornada.* **2.** Dejar pasajeramente sin vista (a alguien o a sus ojos). *La intensa humareda le ha cegado los ojos.* **3.** Deslumbrar una luz o aquello que la emite (a alguien). *Los faros de un coche que circulaba en sentido contrario cegaron al conductor.* **4.** Hacer que (alguien) deje de pensar con claridad o sensatez. *Le ciega la ira.* **5.** Cerrar o tapar (una vía, un conducto o una abertura). *Se ha contaminado el acuífero, lo cual obligará a cegar muchos pozos. Han cegado dos ventanas.* Tb. en constr. prnl. media. *Con la fuerte tormenta el pozo se ha cegado.* ○ intr. **6.** Perder la vista permanentemente. *Hace diez años que cegó.* ▶ **3:** *DESLUMBRAR.

cegato, ta. adj. coloq. Corto de vista, o de vista escasa. *Me estoy quedando cegata de leer esta letra tan chiquitita.* Frec. despect. *¿Estás cegato o qué?, ¿es que no ves la señal de prohibido?* Dicho de pers., tb. m. y f. *Son huellas de caballo: hasta un cegato se daría cuenta.*

cegatón, na. adj. frecAm. coloq. Cegato. *No es ciega; es harto cegatona* [C]. Dicho de pers., tb. m. y f. *No me creas un cegatón del destino* [C].

cegesimal. adj. Dicho de sistema de medida: Que tiene por unidades fundamentales el centímetro, el gramo y el segundo. *La unidad de fuerza en el sistema cegesimal es la dina.* Tb. dicho de las unidades de ese sistema. *Unidades cegesimales.*

ceguedad. f. Ceguera. *Se quejan de la ceguedad y falta de apoyo de las autoridades.*

ceguera. f. **1.** Privación del sentido de la vista. *Padece ceguera total en el ojo derecho.* **2.** Estado o condición que impiden pensar con claridad o sensatez. *La medida es un síntoma de ceguera política.* ▶ CEGUEDAD.

ceiba. f. Árbol tropical americano de gran altura y tronco grueso, cuyo fruto contiene semillas envueltas en una fibra algodonosa. *Las compañías madereras habían acabado con ceibas gigantescas.*

ceja. f. Parte de la cara, ligeramente curva y prominente, cubierta de pelo y situada sobre la cuenca del ojo. *Le han hecho una brecha en la ceja. Arquea las cejas en señal de sorpresa.* Tb. el pelo que la cubre. *Es un hombre alto, de barba y cejas pobladas.* ■ **hasta las ~s.** loc. adv. coloq. Al máximo. *Están metidos hasta las cejas en el escándalo financiero.* ■ **metérsele, o ponérsele,** algo (a alguien) **entre ~ y ~.** loc. v. coloq. Pasar a ser el principal propósito o empeño (de esa persona). *Cuando se le mete una cosa entre ceja y ceja, no para hasta conseguirla.* ■ **quemarse las ~s.** loc. v. coloq. Estudiar mucho y con esfuerzo. *Para sacar una buena nota tienes que quemarte las cejas.* ■ **tener** (algo) **entre ~ y ~.** loc. v. coloq. Tener(lo) como principal propósito o empeño. *Tiene entre ceja y ceja sacarse el doctorado.* ■ **tener** (a alguien) **entre ~ y ~.** loc. v. coloq. Tener(le) manía o aversión. *Se quejaba de que la profesora la tenía entre ceja y ceja.*

cejar. intr. Ceder o rendirse en algo. *Los trabajadores seguirán en huelga hasta que la empresa ceje* EN *su empeño.* Frec. en constr. negativas. *Sus padres no cejarán hasta convencerlo.* ▶ *CEDER.

cejijunto, ta. adj. **1.** De cejas pobladas y casi juntas. *El ogro del cuento es una criatura de rostro aceitunado y cejijunto.* **2.** Ceñudo. *El policía lo observaba cejijunto.*

cejilla. f. *Mús.* Pieza que, sujeta al mástil de la guitarra mediante una abrazadera u otro mecanismo, ejerce presión sobre las cuerdas y permite elevar por igual el tono de estas. *El cantaor tiene una voz tan aguda que el guitarrista toca con cejilla.*

celada[1]. f. **1.** cult. Emboscada (operación para atacar por sorpresa). *El convoy cayó en la celada que el enemigo le había preparado en el desfiladero.* **2.** cult. Trampa o engaño. *Solo un incauto puede caer en una celada tan burda.*

celada[2]. f. histór. Pieza de la armadura que servía para cubrir y proteger la cabeza. *El blasón familiar es una celada coronada por un penacho de plumas.*

celador, ra. m. y f. Persona que tiene por oficio vigilar y mantener el orden en un lugar, espec. en un edificio público, y ejecutar a veces tareas auxiliares. *Un celador del hospital la ayuda a sentarse en una silla de ruedas. A medianoche las celadoras hacían la ronda por los pasillos del internado.*

celaje. m. cult. Cielo de nubes tenues y con diversos matices de color. *El Greco dibuja figuras alargadas, a menudo sobre un fondo de celaje tormentoso.* Frec. en pl. con significado sing. *La tarde se apaga en un ocaso de celajes malvas y anaranjados.*

celar[1]. tr. cult. Vigilar (algo o a alguien). *La fiera, agazapada, cela su presa.*

celar[2]. tr. cult. Ocultar o encubrir (algo). *Un velo sutil le celaba el rostro. La frase "yo no valgo para esto" cela en ocasiones cierta poltronería.*

celda. f. **1.** Habitación en que se encierra a los presos, gralm. en una cárcel o una comisaría. *Comparte celda con algunos presos políticos. Ha sido confinado en una celda de castigo.* **2.** Habitación individual en un convento. *Las monjas se recogen a orar en sus celdas.* **3.** Celdilla (receptáculo de un panal). *Las abejas obreras construyen las celdas del panal.* ▶ **3:** *CELDILLA.

celdilla. f. **1.** Cavidad o hueco pequeños, gralm. de los que forman un conjunto. *La sal se va depositando en las celdillas de la salina. Abre el tambor del revólver y distribuye las balas en sus celdillas.* **2.** Cada uno de los receptáculos hexagonales de que se compone un panal. *Las abejas depositan los huevos y la miel en las celdillas.* ▶ **2:** ALVÉOLO, CELDA.

celebérrimo, ma. → **célebre.**

celebración. f. Hecho de celebrar. *Se casan en mayo y estamos todos invitados a la celebración. No se ponen de acuerdo en una fecha para la celebración de la junta.*

celebrado, da. part. **1.** → **celebrar.** ● adj. **2.** Célebre. *El celebrado escritor colombiano recibió el premio Cervantes. En el "Discurso del método", Descartes enuncia su celebrada frase: "Pienso, luego existo".*

celebrante. m. *Rel.* Sacerdote que dice misa. *En su homilía el celebrante dirigió palabras de aliento a los familiares del difunto.*

celebrar. tr. **1.** Realizar un acto festivo como muestra de alegría (por algo). *Celebran la victoria con champán. ¿Dónde piensas celebrar tu cumpleaños?* **2.** Realizar (un acto que gralm. requiere formalidad o solemnidad). *La boda se celebrará en mayo. Las próximas olimpiadas se celebrarán en Europa.* **3.** Alegrarse (de algo). *Todos celebran su decisión de permanecer al frente del equipo.* **4.** Alabar o expresar admiración (por alguien o algo). *La crítica celebró su excelente interpretación.* **5.** Decir (misa). *El párroco celebra misa diariamente.* Tb. usado en constr. intr. *El sacerdote celebra una vez por semana en cada aldea.* ▶ **1:** CONMEMORAR. **4:** *ALABAR.

célebre. adj. (sup. **celebérrimo**). Famoso o muy conocido. *Personajes célebres. Diccionario de citas y frases célebres. En Segovia se halla el celebérrimo acueducto romano.* ▶ CELEBRADO.

celebridad. f. **1.** Cualidad o condición de célebre. *La paella ha dado celebridad internacional a la cocina mediterránea.* **2.** Persona célebre. *Al estreno acudieron celebridades del mundo de la cultura.*

celemín. m. Medida tradicional de capacidad para granos y diversos frutos, que en Castilla equivale aproximadamente a 4,6 litros. *Compraron dos celemines de trigo y una arroba de aceite.*

celentéreo, a. adj. **1.** *Zool.* Del grupo de los celentéreos (→ 2). *Animal celentéreo.* ● m. **2.** *Zool.* Animal invertebrado acuático, cuyo cuerpo presenta simetría radial y una única cavidad digestiva comunicada con el exterior por un orificio, gralm. rodeado de tentáculos, que es a la vez boca y ano, como la medusa y el coral.

celeridad. f. cult. Rapidez o velocidad. *Se mueve con celeridad. Tratará de devolver el dinero a los contribuyentes con la máxima celeridad.*

celesta. f. Instrumento musical semejante a un pequeño piano, cuyo teclado acciona unos macillos que, al golpear unas láminas de acero, producen un sonido suave, como de campanillas. *Chaikovski utilizó la celesta para una parte del ballet "El Cascanueces".*

celeste. adj. **1.** Del cielo. *Los planetas son cuerpos celestes. Los cristianos creen en la celeste eternidad.* **2.** Azul celeste (→ **azul**). *La modelo lleva un suéter azul con un pañuelo celeste a juego.* Tb. m., referido a color. *El blanco y el celeste son los colores de la bandera argentina.*

celestial. adj. **1.** Del cielo, considerado como la mansión eterna de los bienaventurados. *En el fresco se retrata a San Pedro al frente de la corte celestial. Padre celestial.* **2.** Delicioso o encantador. *Los hombres caían rendidos ante aquella criatura celestial.*

celestina. f. Alcahueta (mujer mediadora en una relación amorosa). *Los amantes se relacionaban libremente, sin necesidad de celestina.* ▶ *ALCAHUETA.

celestinesco, ca. adj. De celestina o de celestinas. *La marquesa hizo labores celestinescas para el rey. Comedias celestinescas.*

celíaco, ca o celiaco, ca. adj. **1.** *Med.* Dicho de enfermedad: Que produce trastornos, pralm. digestivos, debido a una excesiva sensibilidad de la mucosa intestinal al gluten. *Un síntoma frecuente de la enfermedad celíaca es la diarrea crónica.* Tb. f. *La celiaca puede producir retrasos en el crecimiento del niño.* **2.** *Med.* Que padece la enfermedad celíaca (→ 1). *Se precisa un menú adaptado a las necesidades del niño celíaco.* Tb. m. y f. *El celiaco tiene intolerancia permanente al gluten.*

celibato. m. Soltería, espec. la de quien ha hecho voto de castidad. *La Iglesia católica prescribe el celibato a sus sacerdotes.* ▶ SOLTERÍA.

célibe. adj. Soltero, espec. por haber hecho voto de castidad. *Los sacerdotes católicos son célibes.* Tb. m. y f. *Hay casados que envidian la libertad de los célibes.* ▶ SOLTERO.

cella. f. *Arq.* Espacio interior que constituye el núcleo principal de los templos griegos y romanos. *Se supone que en la cella del Partenón había una enorme estatua de Atenea.*

celo[1]. m. **1.** Sumo interés o cuidado que se ponen en algo, espec. en la ejecución del trabajo o del deber encomendados. *El exceso de celo de los aduaneros originó grandes colas. Guarda las antigüedades familiares con celo de coleccionista.* **2.** Apetito sexual de un animal. *La gata tiene el celo varias veces al año.* Tb. la época en que se experimenta dicho apetito. *Durante el celo, la hembra se mostrará receptiva al macho.* Frec. en la constr. *en* ~. *La perra está en celo.* ○ pl. **3.** Sentimiento de rabia o de tristeza experimentado ante el hecho o la posibilidad de que la persona querida dedique su cariño a otra. *La madre tenía celos* DE *la mujer de su hijo. Coquetea con otros hombres para darme celos.* **4.** Sentimiento de rabia o de tristeza experimentado cuando algo que se desea es alcanzado por otra persona. *Tenía celos* DE *ella porque sacaba mejores notas. Sus buenas relaciones con el jefe despertaron los celos de sus compañeros.* ▶ **4:** ENVIDIA.

celo[2]. (Marca reg.: *Sellotape*). m. Papel celo (→ **papel**). *Pega las tapas del libro con celo.*

celofán. (Marca reg.: *Cellophane*). m. Película flexible y transparente, obtenida de la celulosa y utilizada gralm. para envolver. *El ramo de rosas viene envuelto en celofán.*

celoma. m. *Anat.* Cavidad interna del cuerpo del hombre y de muchos animales, que contiene las vísceras y los órganos principales. *Las lombrices poseen celoma a diferencia de las tenias.*

celomado, da. adj. *Zool.* Dicho de animal: Que tiene celoma. *Todos los vertebrados y un gran número de invertebrados son animales celomados.* Tb. m.

celosía. f. **1.** Enrejado de listones, gralm. de madera, que se coloca en una ventana u otro hueco similar, pralm. para permitir a quien está en el interior ver sin ser visto. *El convento tiene ventanas con celosía.* **2.** Enrejado parecido a la celosía (→ 1). *La línea férrea cruza el río por un puente metálico de celosía.*

celoso, sa. adj. **1.** Que tiene un sentimiento de celos. *Tiene un novio muy celoso. Los compañeros están celosos* DE *ella.* **2.** Que tiene celo o sumo interés en algo. *Somos muy celosos* DE *nuestra intimidad.*

celta. adj. **1.** histór. De un grupo de pueblos indoeuropeos establecidos antiguamente en la Galia, las islas Británicas, buena parte de la Península Ibérica y otros territorios. *Cultura celta.* Dicho de pers., tb. m. y f. *Los celtas entraron en la Península Ibérica hacia el año 900 a. C.* **2.** Del celta (→ 3). *Palabra celta.* ● m. **3.** Lengua hablada por los celtas (→ 1). *La palabra "vasallo" proviene del celta.*

celtibérico, ca. adj. Celtíbero. *La exposición incluye numerosos utensilios celtibéricos.*

celtíbero, ra o **celtibero, ra.** adj. **1.** histór. De un pueblo hispánico prerromano, de lengua céltica, que habitaba territorios correspondientes a las actuales provincias de Burgos, Zaragoza, Teruel, Cuenca, Guadalajara y Soria. *Numancia es una de las principales poblaciones celtíberas. Arte celtibero.* Dicho de pers., tb. m. y f. *Los celtíberos desarrollaron bastante la metalurgia del hierro.* **2.** despect. o humoríst. Típicamente español. *Él era un caballero celtíbero de los pies a la cabeza.* Dicho de pers., tb. m. y f. *La novedad fue rechazada por los celtíberos más recalcitrantes.*

céltico, ca. adj. **1.** histór. Celta. *Tribu céltica. Topónimo céltico.* **2.** histór. De los pueblos que en la Antigüedad se establecieron en territorios que hoy corresponderían al sur de Portugal y a parte de las provincias de Badajoz, Sevilla y Córdoba. *Pueblos célticos.* Dicho de pers., tb. m. y f. *Los cartagineses se enfrentaron a los célticos.*

celtismo. m. Palabra o uso propios u originarios de la lengua celta. *"Brío" es un celtismo.*

célula. f. **1.** Unidad mínima fundamental, dotada de vida y gralm. microscópica, de las que forman un organismo vivo. *Usa una crema para eliminar las células muertas de la piel.* **2.** Grupo reducido de personas que funciona de manera independiente dentro de una organización. *Células antiterroristas. Las sociedades suelen organizarse tomando como base la célula familiar.* ■ ~ **fotoeléctrica.** f. Dispositivo que transforma energía luminosa en energía eléctrica. *La alarma se activa cuando su célula fotoeléctrica detecta el paso de un intruso.* ■ ~ **madre.** f. *Biol.* Célula que puede generar distintos tipos de tejidos o un organismo completo. *Hay países que permiten la investigación con células madre.*

celular. adj. **1.** De la célula. *El proceso de reproducción de las células se conoce como división celular.* **2.** Formado por células. *El tejido celular.* **3.** Dicho de establecimiento penitenciario: Constituido por celdas individuales. *Cumple condena en una prisión celular de máxima seguridad.*

celulítico, ca. adj. **1.** De la celulitis. *Tratamiento celulítico.* **2.** Afectado de celulitis. *Muslos celulíticos.*

celulitis. f. Acumulación de grasa bajo la piel en algunas partes del cuerpo, que toman un aspecto granuloso como el de la piel de naranja. *Tiene celulitis en los muslos.*

celuloide. m. **1.** Sustancia sólida, casi transparente, elástica y muy inflamable, antes muy empleada en la fabricación de película cinematográfica. *El celuloide se ha sustituido por materiales de más difícil combustión.* **2.** Cine (arte o industria). *Al estreno asistirán estrellas del celuloide.* **3.** Cinta cinematográfica de celuloide (→ 1). *Metros y metros de celuloide ardieron en el incendio de la filmoteca.* ▶ **2:** *CINE.

celulosa. f. Sustancia que forma la pared de las células vegetales, empleada en diversos procesos industriales, espec. en la fabricación de papel. *La celulosa no se digiere, pero favorece la eliminación de los residuos del intestino.*

celulósico, ca. adj. De celulosa. *Membrana celulósica.*

cementación. f. Hecho de cementar. *La porosidad de una roca varía en función de su grado de cementación.*

cementar. tr. Cubrir, reforzar o adherir (algo) con cemento. *Se diseñó una prótesis de cadera que fuera más fácil de cementar que las ya existentes. En la zona abundan las rocas detríticas cementadas por material silíceo.*

cementerio. m. **1.** Terreno, gralm. cercado, destinado a enterrar cadáveres. *Cementerio prerromano. Tras la tapia del cementerio sobresalen los altos cipreses.* Tb. fig. *Tarzán conduce a la expedición hasta el cementerio de elefantes.* **2.** Terreno destinado al depósito de residuos industriales, maquinaria inservible u otras cosas semejantes. *Cementerio nuclear. Cementerio de automóviles.* ▶ **1:** CAMPOSANTO.

cementero, ra. adj. Del cemento para la construcción. *Industria cementera.* Dicho de empresa o fábrica, tb. f. *La cementera deberá reducir sus vertidos.*

cemento. m. **1.** Mezcla de arcilla y materiales calcáreos que, reducida a polvo y mezclada con agua, se endurece y sirve como material de construcción. *Solaron el patio echando una capa de cemento. Los dos tenistas juegan en pistas de cemento.* **2.** *tecn.* Materia que une o aglutina dos o más cuerpos. *El dentista ha fijado la funda con cemento. Los minerales suelen estar contenidos en un cemento natural formando rocas.* **3.** *Anat.* Tejido óseo que cubre el marfil en la raíz de los dientes. *El marfil de la corona está cubierto por esmalte y el de la raíz por cemento.*

cena. f. Última comida del día, que se toma al atardecer o por la noche. *He tomado una cena muy pesada. Le gusta ver la tele durante la cena.* Tb. la reunión en torno a esta comida. *Reunirá a sus amigos en una cena de aniversario.* ■ **última ~.** (Frec. en mayúsc.). f. *Rel.* Última cena que tomó Jesucristo con sus apóstoles. *Leonardo da Vinci inmortalizó la Última Cena.* ▶ **Am:** COMIDA.

cenáculo. m. **1.** cult. Reunión poco numerosa de personas unidas por vínculos ideológicos, profesionales o intelectuales, espec. artistas o literatos. *El café ha dado albergue a cenáculos intelectuales. La nueva ley es tema de debate en cenáculos políticos.* **2.** histór. *Rel.* Sala en que Jesucristo celebró la última cena con sus apóstoles. *Los apóstoles se reunieron con Jesús en el cenáculo.*

cenado, da. adj. Que ha cenado. *Ahora al baño y a cenar; y cuando estéis bien limpios y cenados, a la cama.*

cenador. m. Espacio pequeño, gralm. circular, cercado y cubierto de plantas trepadoras, situado en el interior de un jardín. *A las cinco se servirán té y pastas en el cenador.*

cenagal. m. Lugar o terreno lleno de cieno. *Tras las lluvias, el campamento es un inmenso cenagal.* Tb. fig. *La empresa se ha hundido en un cenagal de deudas.* ▶ *BARRIZAL.

cenagoso, sa. adj. Lleno de cieno. *Los campesinos han logrado desecar la cenagosa laguna.* Tb. fig. *El reportero se infiltra en el cenagoso mundo del narcotráfico.*

cenar. intr. **1.** Tomar la cena. *Unos amigos nos han invitado a cenar.* ○ tr. **2.** Tomar (algo) como cena. *Solo cenaré fruta.*

cenceño, ña. adj. cult. Dicho de persona o animal: Delgado o enjuto. *Es una muchacha alta y cenceña.*

cencerrada. f. Ruido continuado y desagradable que se hace con cencerros y otros instrumentos en señal de burla o de protesta, gralm. en ambientes rústicos. *Aquí, al viudo que casa con moza le damos una cencerrada la noche de bodas.*

cencerro. m. Campana tosca, más o menos cilíndrica, hecha de latón o de chapa de hierro, que se cuelga del pescuezo de vacas y otras reses. *Se oye el sonido de algún cencerro del rebaño lejano.* ■ **estar como un ~.** loc. v. coloq. Tener la mente trastornada. Frec. con intención enfática. *¡A quién se le ocurre gritar así!: desde luego estás como un cencerro.*

cendal. m. Tela de seda o de lino, muy delgada y transparente. *En la esquina del cuadro aparece un angelote cubierto por un dorado cendal.* Tb. fig. *Tenues cendales de nubes surcaban el cielo.*

cenefa. f. Franja decorativa dispuesta a lo largo de algo y consistente en un dibujo o un motivo que se van repitiendo. *El bajo del vestido lleva una cenefa azul. Una cenefa de motivos geométricos recorre a media altura la pared del salón.*

cenicero. m. Recipiente que sirve para depositar la ceniza y los restos de los cigarros. *Sobre la mesa hay un cenicero. El coche lleva varios ceniceros.*

cenicienta. f. Persona o cosa injustamente marginadas o despreciadas. *La educación física ha dejado de ser la cenicienta en los planes de estudio.*

ceniciento, ta. adj. De color ceniza. *Cabalgaba a lomos de una jaca cenicienta.* ▶ CENIZO.

cenit o **cénit.** m. **1.** cult. Punto culminante o principal. *La arquitectura nazarí alcanza su cenit en la Alhambra de Granada.* **2.** *Fís.* Punto donde se cruza con la esfera celeste una vertical imaginaria trazada desde un lugar de la Tierra. *En España el sol nunca llega al cenit, pero a mediodía en el solsticio de verano se aproxima mucho.*

cenital. adj. **1.** Del cenit. *Llamamos distancia cenital al ángulo formado por la posición de un astro y el cenit. La aprobación de la Constitución fue un episodio cenital de la transición española.* **2.** Dicho de luz: Que entra por el techo. *La sala tiene luz cenital.*

cenizo, za. adj. **1.** Ceniciento. *Era un hombre cincuentón, de pelo cenizo y pómulos prominentes.* ● f. **2.** Polvo de color gris que queda después de que algo se queme por completo. *Echa la ceniza en el cenicero. En la chimenea solo quedaba ceniza.* Tb. *ceniza,* m., para designar ese color y, en ese caso, frec. en aposición. *Se ha teñido el pelo de un ceniza oscuro. La fachada es de color ceniza.* ○ f. pl. **3.** Restos de un cadáver. *Aquí reposan las cenizas de sus antepasados.* ○ m. **4.** coloq. Persona que tiene o trae mala suerte. *Se ganó fama de cenizo por la muerte de varios amigos suyos.* Tb. adj. *Soy bastante cenizo: nunca me toca nada en la lotería.* **5.** coloq. Aguafiestas. *–Dicen que ha subido el paro y la inflación. –¡Desde luego, estos de las estadísticas son unos cenizos!* Tb. adj. *No quisiera resultar cenizo, pero tiene pinta de llover.* **6.** coloq. Mala suerte. *Tenemos el cenizo con los aviones; este es el tercer vuelo que nos cancelan.* ■ **reducir** (algo) **a cenizas,** o **convertir** (algo) **en cenizas.** loc. v. Destruir(lo) o arruinar(lo) por completo. *Su argumentación redujo a cenizas la tesis del defensor.*

cenobio. m. cult. Monasterio. *San Pacomio estableció las primeras reglas monásticas para un cenobio.*

cenobita. m. y f. cult. Persona que vive en un cenobio. *Se retiró del mundo ingresando en una comunidad de cenobitas.*

cenotafio. m. Monumento funerario que no contiene el cadáver de la persona a quien está dedicado. *En la plaza se alza un cenotafio en memoria de los caídos.*

cenozoico, ca. adj. **1.** (Como m. se usa en mayúsc.). *Geol.* Dicho de era: Que es la cuarta de la historia de la Tierra, posterior al Mesozoico. Tb. m. *El Cenozoico abarca aproximadamente los últimos 65 millones de años.* **2.** *Geol.* Del Cenozoico (→ 1). *Sedimentos cenozoicos.*

censal. adj. Del censo. *Los últimos datos censales confirman la caída de la tasa de natalidad. Debes rellenar la hoja censal.*

censar. tr. **1.** Incluir o registrar (a alguien) en un censo. *Los ciudadanos que quieran ejercer su derecho a voto deberán censarse.* Tb. fig. *Solo en la Comunidad de Madrid había censados más de 1500 talleres de artesanía.* **2.** Hacer un censo (de algo). *Resulta complicado censar a la población itinerante.* Tb. fig. *Los biólogos tratan de censar la fauna en peligro de extinción que habita en el parque.*

censitario, ria. adj. histór. Dicho de voto o sufragio: Limitado a ciudadanos incluidos en un censo restringido. *El sufragio censitario excluía del derecho de voto a los proletarios.*

censo. m. **1.** Registro general de los ciudadanos que componen una población, en que se incluyen datos personales y de sus propiedades. *El censo refleja que muchos ciudadanos de entre 25 y 30 años poseen estudios superiores, pero carecen de vivienda propia. El censo español del año 2001 recogió datos de unos 40 millones de personas.* Tb. fig. *La sociedad fue dada de alta en el censo oficial de empresas. El censo de ganado vacuno ascendía a casi seis millones de cabezas.* **2.** Lista o registro general de los ciudadanos con derecho a voto. *Consulte las listas del censo que se expondrán públicamente en su colegio electoral.* Tb. ~ *electoral. Para poder votar, tu nombre debe figurar en el censo electoral.*

censor, ra. m. y f. **1.** Funcionario encargado de hacer la censura de correspondencia, publicaciones, espectáculos o emisiones. *Los párrafos más eróticos no escaparon al lápiz del censor.* **2.** Persona que censura o critica con severidad. *El diputado es un censor implacable de la política gubernamental.* **3.** Persona encargada en algunas corporaciones de velar por que se cumplan los estatutos, reglamentos y acuerdos. *En 1950, Gregorio Marañón fue nombrado censor de la Real Academia Española.* ○ m. **4.** histór. Magistrado de la antigua Roma encargado de hacer el censo de la ciudad y de vigilar las costumbres de los ciudadanos. *La figura del censor romano pertenece a la época de la República.* ■ ~ **(jurado/da) de cuentas.** m. y f. *Econ.* Persona legalmente capacitada para examinar la contabilidad de una empresa y emitir un dictamen sobre ella. *El expediente de regulación de empleo se basaba en el informe del censor de cuentas.*

censorio, ria. adj. Del censor o de la censura. *El investigador retrata a un Quevedo inquebrantable en su función censoria.*

censura. f. **1.** Crítica o reprobación severas de alguien o de algo. *Tuvo palabras de censura para los alborotadores. Apenas soporta las censuras de sus padres acerca de su vestimenta.* **2.** Revisión oficial de correspondencia, publicaciones, espectáculos o emisiones de radio y televisión, para aprobarlos, modificarlos o prohibirlos de acuerdo con criterios morales o ideológicos. *Las comedias pasaban la censura a base de un lenguaje lleno de dobles sentidos.* ■ ~ **(jurada) de cuentas.** f. *Econ.* Examen de la contabilidad de una empresa realizado por un censor jurado de cuentas. *El juez observa indicios de irregularidades en la censura de cuentas de la empresa.*

censurable. adj. Digno de censura o crítica severa. *Sus actos son censurables, pero no entrañan delito.*

censurar. tr. **1.** Hacer censura o crítica severa (de alguien o de algo). *Todos censuran su actitud. Es normal que pierda los nervios, nadie lo va a censurar por eso.* **2.** Hacer la censura o revisión oficial (de correspondencia, publicaciones, espectáculos o emisiones). *Una comisión se encargaba de censurar las cartas de los presos políticos.*

cent. (pl. **cents**). m. Céntimo del euro. ▶ CÉNTIMO.

centauro. m. En la mitología grecorromana: Ser fantástico que es mitad hombre y mitad caballo. *El friso refleja la lucha entre centauros y humanos.*

centavo. m. Moneda equivalente a la centésima parte de algunas unidades monetarias americanas, como el peso o el dólar. *Solo tenía unos centavos en el bolsillo.*

centella. f. Chispa (partícula encendida o descarga eléctrica). *De la lumbre saltan centellas. Sus ojos brillan como dos centellas.* ■ **como una ~.** loc. adv. Con mucha velocidad. *El bólido salió como una centella.*

centelleante. adj. Que centellea. *Centelleantes estrellas. Joya centelleante. Luz centelleante.* Tb. fig. *Ojos centelleantes.*

centellear. intr. Despedir destellos breves e intensos de manera intermitente. *A lo lejos centellea la luz del faro.* Tb. fig. *Sus ojos centellean cada vez que te ve.*

centelleo. m. Hecho o efecto de centellear. *Los fluorescentes emiten un centelleo molesto.* Tb. fig. *En el centelleo de sus ojos se adivina la furia.*

centena. f. Conjunto de cien unidades. *Al sumar, se ha equivocado en las centenas. Ha habido dos muertos y una centena* DE *heridos. Centenas* DE *miles de árboles se quemaron.* ▶ CENTENAR, CIENTO.

centenar. m. Centena. *El examen consiste en un centenar* DE *preguntas de cultura general.* Frec. en pl. y en la constr. *a ~s* con intención enfática. *Le han surgido imitadores a centenares. Se lo he dicho centenares* DE *veces.*

centenario, ria. adj. **1.** Que tiene cien años o más. *El abuelo es ya centenario. Hay encinas centenarias.* Dicho de pers., tb. m. y f. *Abundan los centenarios en la comarca.* ● m. **2.** Fecha en que se cumplen una o más centenas de años de un acontecimiento. *En 1992 se celebró el quinto centenario del descubrimiento de América.* Tb. la fiesta o los actos con que se conmemora. *Importantes personalidades asistirán al centenario de la creación del club.*

centeno. m. Cereal semejante al trigo pero de espigas más delgadas, del que se obtiene una harina oscura y que se emplea también como pienso y para la fabricación de bebidas. *En la meseta abundan los campos de trigo y centeno.* Tb. el grano. *Pan de centeno.*

centésima. → **centésimo.**

centesimal. adj. *tecn.* Basado en la centena o en el número cien. *El uso de la escala termométrica centesimal se debe a Celsius.*

centésimo, ma. (APÉND. NUM.). adj. **1.** Que ocupa en una serie el lugar número cien. *El capítulo centésimo del tratado versa sobre la fauna mediterránea.* Frec. con intención enfática. *Se lo dije por centésima vez.* **2.** Dicho de parte: Que es una de las cien iguales en que puede dividirse un todo. *Un céntimo es la centésima parte del euro.* Tb. f. *Ha ganado la carrera por una centésima* DE *segundo.*

centi-. elem. compos. Significa 'centésima parte'. Se une a n. de unidades de medida para designar el submúltiplo correspondiente (Símb. *c*). *Centiárea.*

centígrado, da. adj. **1.** Dicho de escala: Que está dividida en grados centígrados (→ **grado**). *En la escala centígrada el punto de ebullición del agua se sitúa en 100º.* **2.** De la escala centígrada (→ 1). *Termómetro centígrado.*

centigramo. m. Unidad de masa que equivale a la centésima parte de un gramo (Símb. *cg*). *La solución contiene 0,05 centigramos de mentol.*

centilitro. m. Unidad de capacidad para líquidos que equivale a la centésima parte de un litro (Símb. *cl*). *En la etiqueta de la botella figura el contenido expresado en centilitros.*

centímetro. m. Unidad de longitud que equivale a la centésima parte de un metro (Símb. *cm*). *Solo le faltaron dos centímetros para batir el récord mundial de salto.*

céntimo. m. Moneda equivalente a la centésima parte de algunas unidades monetarias, como el euro (→ **cent**). *El taxi le costó seis euros, y dejó unos céntimos de propina. En los años 30, ganaba 50 céntimos al día.*

centinela. m. **1.** Soldado encargado de vigilar desde un puesto. *Dos centinelas montan guardia a las puertas del palacio.* ○ m. y f. **2.** Persona encargada de observar o vigilar. *Uno de los atracadores se quedó de centinela fuera del banco.* Tb. fig. *Se ha erigido de centinela de la moralidad.* ○ f. **3.** Vigilancia, espec. la de un centinela (→ 1). *Le esperan ocho horas de centinela en el cuartel.* Frec. con el v. *hacer*. *Los pastores hacen centinela por temor a los lobos.*

centolla. f. Centollo. *La centolla recuerda a la nécora.*

centollo. m. Crustáceo marino parecido al cangrejo pero de mayor tamaño, de caparazón casi redondo, patas largas y vellosas, y carne muy apreciada. *El changurro es un plato vasco consistente en carne desmenuzada de centollo servida en el propio caparazón.* ▶ CENTOLLA.

centón. m. Obra literaria compuesta por textos o sentencias de diversa procedencia. *El libro es un centón de frases ocurrentes y poemillas satíricos.*

centrado. m. Hecho de centrar o colocar en el centro. *En el monitor hay unas ruedecitas que permiten el centrado de la imagen en la pantalla.*

central. adj. **1.** Que está en el centro o entre dos extremos. *La revista incluye un póster en las páginas centrales. El altar se halla en la nave central. África central.* **2.** Que ejerce su acción sobre todo un territorio o un sistema. *El poder central traspasó competencias a las comunidades autónomas. Gobierno central.* **3.** Dicho de edificación u organización: Que son las más importantes de un conjunto y de las que suelen depender las demás. *La sede central de la multinacional está en Bilbao. La final se disputará en la pista central.* Tb. f. *Trabajaba en una sucursal, pero la han trasladado a la central. Miles de cartas pasan a diario por la central de correos.* **4.** Esencial o fundamental. *La lucha de clases es una idea central del pensamiento marxista.* **5.** Dicho de un futbolista o de un jugador de otros deportes: Que juega en el centro de la defensa. *Defensa central.* Tb. m. y f. *Juega como central.* **6.** *Fon.* Dicho de sonido o de fonema vocálicos: Que se articula en la parte central (→ 1) de la boca. *La "a" es una vocal central.* ● f. **7.** Instalación dedicada a la producción de energía eléctrica. *Trabaja en una central hidroeléctrica.*

centralidad. f. Condición de central. *El Gobierno quiere devolver la centralidad a cuestiones como la educación.*

centralismo. m. Tendencia a la centralización política o administrativa. *El excesivo centralismo condenaba a algunas provincias a un estado casi de abandono.*

centralista. adj. **1.** Del centralismo. *En contraste con Alemania, Francia es un estado centralista.* **2.** Partidario del centralismo. *Político centralista.* Dicho de pers., tb. m. y f. *En el seno del partido se vive un enfrentamiento entre autonomistas y centralistas.*

centralita. f. Aparato que permite conectar una o varias líneas telefónicas con diversos teléfonos instalados dentro de un mismo local o edificio. *Hay una telefonista encargada de la centralita.* Tb. el lugar donde está situado. *Señora Gómez Pajares, acuda a centralita.*

centralización. f. Hecho de centralizar, espec. en un poder central. *El absolutismo propugnaba una fuerte centralización administrativa.*

centralizador, ra. adj. Que centraliza, espec. en un poder central. *Algunos nacionalismos surgen como reacción a políticas centralizadoras.*

centralizar. tr. **1.** Reunir (varias cosas) en un centro común para el desarrollo de una actividad. *La Universidad centralizará la tramitación de becas en la secretaría del rectorado.* **2.** Hacer que (una o varias cosas) dependan de un centro común, espec. de un poder central. *La Iglesia católica se halla fuertemente centralizada bajo la autoridad del Papa.*

centrar. tr. **1.** Colocar (algo) en el centro o entre dos extremos. *El programa permite centrar el texto y justificarlo. Su proyecto es centrar el partido y atraer el voto moderado.* **2.** Colocar el centro (de algo) en un punto. *La empresa automovilística centrará la producción del nuevo modelo* EN *la factoría valenciana. El éxito del equipo hay que centrarlo* EN *su entrenador.* **3.** Poner (algo) en su sitio o en el sitio adecuado. *El moderador se encarga de centrar el debate y evitar digresiones.* **4.** Dirigir alguien (algo, espec. el interés o la atención) hacia un objetivo concreto. *Ha centrado su investigación* EN *la época de Carlos V.* **5.** Constituir el centro (de algo, espec. de la atención o el interés). *La situación del mercado editorial centrará la mesa redonda de hoy.* **6.** Proporcionar (a alguien) un estado de equilibrio y seguridad. *Solo su familia conseguía centrarla y hacerle olvidar sus problemas.* Tb. en constr. prnl. media. *Cuando encontró trabajo, se centró bastante.* ○ intr. **7.** En algunos deportes de equipo, espec. en fútbol: Lanzar la pelota desde un lado del campo hacia la parte central próxima a la portería contraria. *El extremo centra desde la banda para que su compañero remate.* ○ intr. prnl. **8.** Tener algo su centro o su objetivo en un punto. *Los peores efectos de la riada se centran* AL *sur de la región. Todas las miradas se centraban* EN *ella.* **9.** Dirigir alguien la atención o el interés hacia un objetivo concreto. *No divagues y céntrate. Abandonó la política para centrarse* EN *su carrera.*

céntrico, ca. adj. Que está en el centro, espec. el de una población. *Viven en un barrio céntrico.*

centrifugación. f. Hecho de centrifugar. *Los productos del cultivo de laboratorio pueden extraerse por un proceso de centrifugación.* ▶ CENTRIFUGADO.

centrifugado. m. Centrifugación. *Cuanto mayor sea la velocidad de centrifugado, mejor se escurre la ropa.*

centrifugador, ra. adj. Que centrifuga o sirve para centrifugar. *El filtrado del vino blanco se ha hecho con máquinas centrifugadoras.* Dicho de máquina, tb. f. *El astronauta será sometido a pruebas de aceleración en la centrifugadora.*

centrifugar. tr. Aplicar un movimiento rápido de rotación (a algo) para que, por efecto de la fuerza centrífuga, se escurra, se seque o se separen sus componentes. *Lave la ropa delicada en un programa corto y no la centrifugue. En el laboratorio han centrifugado las muestras de líquido amniótico.* Tb. usado en constr. intr. *Nuestra lavadora vibra mucho cuando centrifuga.*

centrífugo, ga. adj. **1.** *tecn.* Que aleja del centro. *Aceleración centrífuga.* **2.** *tecn.* Que se aleja del centro. *Movimiento centrífugo.*

centrípeto, ta. adj. **1.** *tecn.* Que atrae o impulsa hacia el centro. *Aceleración centrípeta.* **2.** *tecn.* Que va hacia el centro. *Movimiento centrípeto.*

centrismo. m. Centro (tendencia política intermedia). *Se erigió en líder del centrismo durante la transición democrática.* ▶ CENTRO.

centrista. adj. **1.** Del centrismo. *Política centrista.* **2.** Partidario o seguidor del centrismo. *Ala centrista del partido.* Dicho de pers., tb. m. y f. *Los centristas vencieron en las elecciones.*

centro. m. **1.** Punto o zona interiores de una cosa, que se hallan aproximadamente a la misma distancia de todos los límites o extremos de esta. *En el centro de la habitación hay una mesa. Una extensa meseta ocupa el centro de la Península.* **2.** Parte de una población, frec. situada en su centro (→ 1), donde hay más afluencia de gente y mayor actividad comercial y administrativa. *La gente que vive en el centro tiene problemas para aparcar.* **3.** Aquello que atrae el máximo interés o constituye el fin principal de determinadas acciones. *El recién nacido se convierte en el centro de atención de todos. Su mujer era el centro de su vida.* **4.** Tendencia política intermedia entre la derecha y la izquierda. *Un partido de centro.* **5.** Institución, organismo o establecimiento en que se desarrollan actividades o se prestan servicios con un fin específico. *El centro social del barrio ofrece clases para adultos. Centro comercial. Centro penitenciario.* **6.** Lugar donde se desarrolla con especial intensidad una actividad determinada. *Ribadesella es un importante centro pesquero. La Universidad se convirtió en un centro de resistencia contra la dictadura.* **7.** En algunos deportes de equipo, espec. en fútbol: Hecho o efecto de centrar. *El extremo efectuó un centro raso. El centro del delantero ha chocado contra el poste.* **8.** *Mat.* Punto interior equidistante de todos los de una circunferencia o de una superficie esférica. *El eje de la esfera pasa por su centro.* **9.** *Mat.* Punto de un polígono o de un poliedro regulares que coincide respectivamente con el centro (→ 8) de una circunferencia o de una esfera circunscritas. *El centro del cuadrado es el punto donde se cortan sus diagonales.* ■ ~ **de flores.** m. Adorno de flores u otros elementos vegetales montado sobre un soporte, que gralm. se coloca en el centro (→ 1) de una mesa. *Prepara un centro de flores para el comedor.* ■ ~ **de gravedad.** m. *Fís.* Punto sobre el que actúa la resultante de las fuerzas de atracción de la gravedad en un cuerpo. *Los objetos tienen mayor estabilidad cuanto más bajo sea su centro de gravedad.* ■ ~ **de mesa.** m. Vasija que se coloca de adorno, gralm. con flores, en el centro (→ 1) de una mesa. *Tras el banquete, los camareros recogieron los centros de mesa.* ■ ~ **nervioso.** m. *Anat.* Parte del sistema nervioso, que recibe estímulos periféricos y transmite las respuestas correspondientes a los órganos que afecta. *En el bulbo raquídeo hay centros nerviosos de los que dependen funciones como la respiración.* ▶ **4:** CENTRISMO.

centroafricano, na. adj. **1.** De África central. *Burundi es un pequeño país centroafricano.* Dicho de pers., tb. m. y f. *Entre los inmigrantes abundaban los centroafricanos.* **2.** De la República Centroafricana (país de África central). *Bangui es la capital centroafricana.* Dicho de pers., tb. m. y f. *En el grupo musical hay dos ruandeses y tres centroafricanos.*

centroamericano, na. adj. De Centroamérica. *La región centroamericana incluye estados como Guatemala y Honduras.* Dicho de pers., tb. m. y f. *La devolución del canal a Panamá fue beneficiosa para los centroamericanos.*

centrocampista. m. y f. En fútbol: Jugador que actúa entre la defensa y la delantera, sirviendo de enlace a estas. *Juega de centrocampista por sus dotes para distribuir el juego.*

centroeuropeo, a. adj. De Europa central. *El Rin es un río centroeuropeo.* Dicho de pers., tb. m. y f. *La comisión está integrada por varios centroeuropeos.*

centuplicar. tr. **1.** Multiplicar por cien o hacer cien veces mayor (algo). *En poco tiempo han conseguido centuplicar la capacidad de almacenamiento de los ordenadores.* Tb. en constr. prnl. media. *Los casos de sida se centuplicaron.* **2.** Ser algo cien veces mayor (que otra cosa). *El presupuesto del campeón centuplica el de un equipo modesto.*

céntuplo, pla. adj. Cien veces mayor. Más frec. m. *Recibirá el céntuplo de lo que invierta.*

centuria. f. **1.** cult. Siglo (período de cien años). *En la pasada centuria se produjeron dos guerras mundiales.* **2.** histór. En el ejército romano: Unidad constituida originariamente por cien soldados. *La legión imperial constaba de unos 6000 hombres divididos en 60 centurias.*

centurión. m. histór. En el ejército romano: Jefe al mando de una centuria. *El centurión clavó una lanza a Jesús en el costado.*

cenutrio. m. coloq. Hombre torpe o ignorante. *Algún cenutrio ha escrito en la pintada "huelga" sin hache.* Frec. se usa como insulto. *¡No seas cenutrio, aquí no cabe el sofá!*

ceñido, da. part. **1.** → **ceñir.** ● adj. **2.** Dicho de prenda de ropa: Que va ajustada al cuerpo. *Lleva camisetas ceñidas que le resaltan la musculatura.*

ceñidor. m. Faja, cinta o cosa semejante con que se ciñe una prenda al cuerpo por la cintura. *La sacerdotisa vestía una túnica sin ceñidor alguno.*

ceñir. (conjug. CEÑIR). tr. **1.** Rodear una persona (algo o a alguien) con los brazos o con un objeto, gralm. apretando. *La ciñó suavemente por la cintura y la besó. Ceñía sus caderas con fajas.* **2.** Ajustar (algo) a una parte del propio cuerpo o del de otra persona. *El presidente del jurado le ciñó la diadema de* Miss *Universo. Se ciñó el cuchillo* A *la cintura.* **3.** Ajustarse una cosa alrededor (de otra). *El vestido ceñía su cuerpo.* **4.** Rodear o bordear una cosa (a otra). *Una moderna carretera de circunvalación ciñe la ciudad.* **5.** Limitar o reducir (algo). *Ha ceñido su intervención* A *unas palabras de agradecimiento.* ○ intr. prnl. **6.** Limitarse o reducirse a algo. *El juez le pidió que se ciñera* A *los hechos.* **7.** Pegarse o aproximarse mucho a algo. *La motocicleta se ceñirá lo más posible* AL *arcén.*

ceño. m. **1.** Gesto que consiste en arrugar la frente o el entrecejo para mostrar ciertos sentimientos o emociones, como enojo, rechazo o preocupación. *Leyó la citación judicial con ceño adusto.* Frec. en la constr. *arrugar*, o *fruncir, el* ~. *No arrugues el ceño y tómate la sopa.* **2.** Entrecejo (parte de la cara). *Tenía los ojos tristes y el ceño distendido.* ▶ **2:** ENTRECEJO.

ceñudo, da. adj. Que tiene o pone ceño. *Un inspector ceñudo le revisa la maleta.* ▶ CEJIJUNTO.

cepa. f. **1.** Parte del tronco de un árbol u otra planta, que está bajo tierra y unida a las raíces. *Cava una pequeña zanja alrededor del árbol con cuidado de no dañar la cepa.* **2.** Tronco de la vid. *La parra tiene una cepa retorcida.* Tb. la misma vid. *Se recogió un kilo de uva por cepa.* **3.** Base o raíz de algunas cosas. *El balón ha salido rozando la cepa del poste. Las astas del toro se engrosan en la cepa.* **4.** Origen de una persona o de una familia. *Aunque nací en Barcelona, soy sevillana de cepa y de crianza. Es de una familia de buena cepa.* **5.** *Biol.* Grupo de organismos emparentados, como las bacterias, los hongos o los virus, cuya ascendencia común es conocida. *Se investiga una vacuna contra todas las cepas conocidas de la gripe.* ■ **de pura ~.** loc. adj. Dicho de persona: Auténtico o genuino. *Baila la jota como un aragonés de pura cepa.*

cepellón. m. Porción de tierra que se mantiene adherida a las raíces de una planta al transplantarla. *Habrá que transplantar la planta sin que se dañe el cepellón.*

cepillar. tr. **1.** Frotar (algo) con un cepillo para que quede limpio. *Doy crema a los zapatos y luego los cepillo. Cepíllate bien los dientes.* **2.** Pulir o alisar (una superficie de madera) con un cepillo de carpintería. *Cortó un tablón con el serrucho, lo cepilló y lo barnizó.* **3.** Peinar con un cepillo (a una persona o animal, o su pelo). *El mozo cepilla los caballos. Cepillaos el pelo.* **4.** coloq. Robar (dinero o algo de valor) a alguien. *Uno de los timadores te da palique mientras el otro te cepilla el reloj.* ○ tr. prnl. **5.** coloq. Matar (a una persona o a un animal). *Iban al parque a cepillarse gorriones con el tirachinas.* **6.** coloq. Eliminar (algo o a alguien) o hacer(los) desaparecer. *Si siguen perdiendo dinero, van a cepillarse muchos puestos de trabajo. Con la remodelación de gobierno el presidente se va a cepillar a varios ministros.* **7.** coloq. Liquidar o acabar (algo) por completo. *Me queda la mitad de la traducción, pero eso me lo cepillo rápido. Se cepilló el cubata de un trago.* **8.** coloq. Suspender (a alguien) en un examen o en una asignatura. *El profesor de inglés se ha cepillado a media clase.* **9.** coloq. o malson. Tener relación sexual (con alguien).

cepillo. m. **1.** Instrumento formado por hileras de pelillos rígidos que, distribuidos sobre una base plana, sirven para limpiar o peinar. *Le quita el polvo al traje con un cepillo. Barre las migas del suelo con el cepillo. Cepillo de pelo. Cepillo de dientes.* **2.** Herramienta de carpintería formada por un bloque de madera con una cuchilla en la base, que sirve para pulir o alisar superficies. *El ebanista ha dejado la superficie del tablero igualada con un cepillo.* **3.** Caja provista de una pequeña abertura, que en las iglesias sirve para depositar limosnas. *El cura repartía entre los pobres el contenido del cepillo.* ■ **a ~.** loc. adv. De manera que el cabello quede corto y de punta. *Lleva el pelo cortado a cepillo.*

cepo. m. **1.** Artefacto para cazar animales provisto de un dispositivo que se cierra aprisionando al animal cuando este lo toca. *Los furtivos han puesto cepos por el bosque.* **2.** Dispositivo que, acoplado a una rueda, sirve para inmovilizar un automóvil, gralm. por hallarse estacionado en zona prohibida. *Tiene que pagar una multa para que le quiten el cepo al coche.* **3.** histór. Instrumento que, mediante dos piezas unidas, servía para aprisionar una parte del cuerpo, como la pierna o la garganta. *Los reos eran conducidos a galeras con cepos en los pies.*

ceporro. m. coloq. Persona torpe o ignorante. *Soy un ceporro para esto de los números.* Frec. se usa como insulto. *¡A ver si estudias más, ceporro!*

cera. f. **1.** Sustancia blanda y amarillenta que segregan las abejas para fabricar las celdillas de los panales, empleada pralm. para hacer velas. *De la colmena se aprovecha la miel y la cera.* **2.** Sustancia grasa de origen natural o sintético, similar a la cera (→ 1) o compuesta de ella, que se funde con facilidad y tiene diversas aplicaciones, como depilar el vello o abrillantar superficies de madera. *Depilación a la cera. Proteja sus muebles con una cera apropiada.* **3.** Sustancia grasa y amarillenta que segrega el oído externo. *Oye mal porque tiene un tapón de cera.* **4.** Barrita para pintar, compuesta de cera (→ 2), o de una sustancia análoga, y colorante. *Los niños sacan su estuche de ceras y se ponen a pintar.* ■ **hacerle la ~** (a alguien). loc. v. Depilar(lo) con cera (→ 2). *Se ha encerrado en el baño para hacerse la cera en las piernas.* ■ **no hay más ~ que la que arde.** expr. coloq. Se usa para expresar que no hay opciones o posibilidades distintas de aquello con lo que se cuenta. *Al entrenador le gustaría disponer de más jugadores, pero no hay más cera que la que arde.* ▶ **3:** CERUMEN.

cerámico, ca. adj. **1.** De la cerámica (→ 2). *Material cerámico. Taller cerámico.* ● f. **2.** Arte de fabricar objetos de barro, loza o porcelana. *En el centro cultural se imparten cursos de cerámica.* **3.** Conjunto de objetos de cerámica (→ 2). *La cerámica de Sargadelos tiene fama.*

ceramista. m. y f. Persona que fabrica objetos de cerámica. *Picasso fue un excelente ceramista.*

cerbatana. f. Tubito estrecho utilizado para lanzar dardos u otros proyectiles soplando con fuerza por uno de sus extremos. *Los indios del Amazonas cazan animales con sus cerbatanas.*

cerca[1]. f. Construcción a modo de tapia que se pone alrededor de un lugar para cerrarlo, protegerlo o delimitarlo. *Una yegua saltó la cerca y escapó. Una cerca de estacas.* ▶ CERCADO, CERCO, CERRADO.

cerca[2]. adv. **1.** A poca distancia. *Por aquí cerca no hay ninguna parada de autobús. Siéntate cerca* DE *mí. Vive cerca* DEL *trabajo.* Tb. fig. *No has acertado la respuesta, pero te has quedado cerca. Estuvo cerca* DE *tener un accidente.* A veces precedido de prep. *Visto de cerca no es tan feo. Se nota que la historia le toca de cerca. Presenció el accidente desde cerca.* **2.** En un tiempo que acaba de pasar o está a punto de llegar. *Tu cumpleaños ya está cerca. Todavía está muy cerca la muerte de su padre.* ■ **~ de.** loc. prepos. Alrededor de. Se usa seguida de una expresión de cantidad o de tiempo. *Habría cerca de mil invitados. Aprobó cerca del 80% de los alumnos. No recuerdo la hora exacta, pero era cerca de mediodía.*

cercado. m. **1.** Terreno rodeado con una cerca. *Los pastores recogen a las ovejas en el cercado.* **2.** Cerca (construcción). *El gallinero es un pequeño cobertizo rodeado por un cercado de alambre.* ▶ **1:** CERRADO. **2:** *CERCA.

cercanía. f. **1.** Cualidad de cercano. *Los pisos subieron de precio por su cercanía* A *la estación de metro. Se ultiman los detalles ante la cercanía* DE *la fecha de la boda. Su cercanía* AL *poder le granjea enemigos.* **2.** Lugares cercanos. *No se ve a nadie en la cercanía* DE *la casa.* Más frec. en pl. *Hay una ermita en las cercanías* DEL *pueblo.* ▶ **2:** *INMEDIACIONES.

cercanías. m. Tren de cercanías (→ **tren**). *Coge el cercanías todas las mañanas.*

cercano, na. adj. Que está cerca. *Se hospeda en un hotel cercano* AL *puerto. La estación de tren está cercana. La Navidad está cercana.* Tb. fig. *Grupos cercanos* A *la extrema derecha han tratado de reventar el acto.*

cercar. tr. **1.** Rodear (un lugar) con una cerca o construcción similar. *Van a cercar el solar para empezar las obras.* **2.** Rodear (un lugar, o a quien está en él) cerrando todas las salidas e impidiendo la ayuda de fuera, para conseguir la rendición. *El ejército cerca la ciudad.* **3.** Rodear (algo o a alguien) por completo. *El animal, cercado por los cazadores, es fácilmente abatido.* ▶ **1:** CERRAR, VALLAR. **2:** ASEDIAR, SITIAR.

cercenar. tr. **1.** Cortar o separar (una parte de algo, frec. una extremidad) con un instrumento cortante. *El leñador se ha cercenado dos dedos con una sierra mecánica.* **2.** Recortar o disminuir (algo). *El ministro pretende cercenar los gastos.*

cerceta. f. Pato de pequeño tamaño, plumaje gris o pardo, pico negruzco y parte de las alas de color verde y negro. *En la marisma se podían cazar cercetas.*

cerciorarse. intr. prnl. Asegurarse de algo o confirmar que es cierto. *Aunque creía llevar las llaves, miró en el bolso para cerciorarse. Cerciórese* DE *que la cita es a esa hora.* ▶ ASEGURARSE.

cerco. m. **1.** Hecho de cercar para conseguir la rendición. *El Cid defendió Valencia del cerco almorávide.* Frec. en la constr. *poner ~. El ejército pone cerco* A *la ciudad.* **2.** Cosa que ciñe, rodea o bordea. *Agarra el tamiz por el cerco y menéalo bien. La bañera tiene un cerco de mugre. El cerco de la ventana.* **3.** Cerca (construcción). *Los soldados han levantado cercos de alambre de espino delante de las trincheras.* ▶ **1:** ASEDIO, SITIO. **3:** *CERCA.

cerda[1]**.** → **cerdo.**

cerda[2]**.** f. **1.** Pelo duro y grueso del cuerpo de algunos animales, como el cerdo o el caballo. *Tiene el pelo de la barba recio como cerdas de jabalí.* **2.** Pelo de un cepillo, de una brocha o de cosas semejantes, hecho de cerda (→ 1) o artificial. *Los pinceles buenos son los de cerda natural.*

cerdada. f. coloq. Hecho o dicho propios de una persona cerda. *¡Qué cerdada dejar plantada a la novia! No digas cerdadas, que estamos comiendo.*

cerdo, da. m. **1.** Mamífero doméstico de cuerpo grueso, cabeza y orejas grandes, hocico estrecho y patas cortas, que se cría espec. para su aprovechamiento en la alimentación humana. *Fue a la pocilga a dar de comer a los cerdos.* Tb. designa específicamente al macho. *Al cerdo lo mataron y a la hembra la dejaron para que criara.* **2.** Carne de cerdo (→ 1). *Filete de cerdo.* ○ f. **3.** Hembra del cerdo (→ 1). *La cerda amamanta a sus lechoncillos.* ○ m. y f. **4.** coloq. Persona sucia o grosera. *Meterse el dedo en la nariz es de cerdos.* Frec. se usa como insulto. *¿Cuántos días llevas sin ducharte, pedazo de cerdo?* Tb. adj. *No seas tan cerdo y come con los cubiertos.* **5.** coloq. Persona mala o despreciable. *Nadie nos echó una mano; son todos unos cerdos.* Frec. se usa como insulto. *¡Me las pagarás, cerdo!* Tb. adj. *¡Qué cerdo eres!: no me has llamado en toda la semana.* ■ **como un ~.** loc. adv. despect. De manera excesiva. Gralm. con v. como *sangrar* o *sudar. Tenía heridas por todas partes y sangraba como un cerdo. Trabajan a pleno sol, sudando como cerdos.* ▶ **1:** COCHINO, GORRINO, GUARRO, MARRANO, PUERCO. ‖ **Am: 1, 2:** CHANCHO.

cereal. adj. **1.** De cereal (→ 2). *Cultivo cereal. Llanura cereal.* ● m. **2.** Planta gramínea cultivada pralm. por su grano, muy utilizado en la alimentación humana y animal, y de la que existen numerosas especies, como el trigo y la cebada. *El centeno y el mijo son cereales. Campos de cereal.* Tb. su grano. *Mercado de cereales.* ○ m. pl. **3.** Alimento elaborado con cereales (→ 2), gralm. enriquecido con vitaminas y otras sustancias, que se suele tomar en el desayuno. *Se toma un tazón de leche con cereales.*

cerealista. adj. Del cultivo, producción o comercio de cereales, o dedicado a ellos. *La Alcarria es una comarca cerealista.* Dicho de pers., tb. m. y f. *La Unión Europea concedió subvenciones a los cerealistas castellanos.*

cerebelo. m. *Anat.* Centro nervioso situado en la parte posterior del cráneo, bajo el cerebro, cuya misión principal es la coordinación de movimientos y el control del equilibrio. *El cerebelo está conectado con el cerebro y con la médula espinal.*

cerebral. adj. **1.** Del cerebro. *Actividad cerebral. Hemorragia cerebral.* **2.** Que se caracteriza por dar preferencia a lo intelectual y a la reflexión frente a las emociones. *Es una mujer fría y cerebral.*

cerebro. m. **1.** Centro nervioso que ocupa las partes anterior y superior del cráneo, y constituye el principal coordinador de la actividad voluntaria física e intelectual. *El cerebro consta de dos mitades o hemisferios.* **2.** Mente o cabeza. *¡Qué poco cerebro tienes!* **3.** Persona que concibe o dirige un plan, una organización o algo similar. *Un empleado del banco fue el cerebro* DEL *atraco.* **4.** Persona que sobresale por su inteligencia, espec. en el terreno técnico o científico. *En el congreso se reunirán los grandes cerebros de la física mundial.* ■ **~ electrónico.** m. Aparato electrónico, gralm. una computadora, capaz de realizar funciones similares a las de un cerebro (→ 1) humano. *El ajedrecista se enfrenta a un cerebro electrónico capaz de procesar cientos de miles de movimientos.* ■ **~ gris.** m. Persona que dirige una organización o una actividad y pasa inadvertida. *Deben su éxito al productor: un cerebro gris que no aparece en la portada del disco.* □ **lavar el ~** (a alguien). loc. v. coloq. Cambiar(le) la manera de pensar. *En la secta le habían lavado el cerebro.* ■ **secar el ~** (a alguien). loc. v. coloq. Dejar(lo) incapacitado para discurrir normalmente. *Tanto leer te va a secar el cerebro.* ■ **secársele el ~** (a alguien). loc. v. coloq. Quedarse incapacitado para discurrir normalmente. *Si sigues estudiando tanto, se te va a secar el cerebro.*

cerebroespinal. adj. *Anat.* Del cerebro y la médula espinal. *Sistema nervioso cerebroespinal.*

ceremonia. f. **1.** Acto solemne que sigue unas reglas establecidas. *Se casaron en secreto y solo unos pocos asistieron a la ceremonia. Ceremonia de entrega de premios.* **2.** Demostración formal y cortés de respeto entre personas. *Como son viejos conocidos, se han saludado sin mucha ceremonia.* Frec. en pl. *Tras las presentaciones y ceremonias de rigor, ambas delegaciones pasarán a discutir el asunto.* ▶ **2:** ETIQUETA.

ceremonial. adj. **1.** De ceremonia o de la ceremonia. *La comunión y el bautismo son actos ceremoniales hondamente simbólicos.* ● m. **2.** Conjunto de normas que rigen una ceremonia o acto solemne. *El atleta olvidó el ceremonial y bajó del pódium antes del himno.*

ceremonioso, sa. adj. Que cumple las ceremonias o demostraciones de respeto. *Es muy ceremoniosa con sus invitados. Trato ceremonioso.*

céreo, a. adj. De cera. *La cérea palidez de un cadáver.*

cerería. f. Taller o tienda de objetos de cera, pralm. velas. *La cerería surte de cirios a las iglesias de la comarca.*

cerero, ra. adj. Persona que tiene por oficio fabricar o vender objetos de cera, pralm. velas. *Cerca de la catedral se halla el barrio de los cereros.*

cereza. f. **1.** Fruto del cerezo, comestible, pequeño y casi redondo, de color rojo y con un rabillo largo. *Va dejando en el plato los huesos de las cerezas.* ● adj. **2.** Dicho de color: Rojo oscuro como el de la cereza (→ 1). *Lleva una blusa color cereza.* Tb. m. *Me gusta el cereza de tu laca de uñas.*

cerezal. m. Terreno plantado de cerezos. *Las faldas del valle están salpicadas de cerezales.*

cerezo. m. Árbol frutal, de tronco liso y alto, copa abierta, flores blancas y cuyo fruto es la cereza. *El valle es un espectáculo con los cerezos en flor.* Tb. su madera. *Ebanistería en cerezo y maderas nobles.*

cerilla. f. Trozo alargado y estrecho de papel encerado, madera o cartón, con una cabeza inflamable de fósforo en uno de sus extremos, que se enciende al frotarla con una superficie adecuada. *Enciende su cigarrillo con una cerilla.* ▶ FÓSFORO. ‖ **frecAm:** CERILLO.

cerillero, ra. m. y f. Persona que vende cerillas y tabaco, espec. en cafés, teatros u otros locales. *En la cafetería, compró un puro a la cerillera.*

cerillo. m. frecAm. Cerilla. *De la mesa tomó la cajetilla de cerillos y encendió la vela* [C].

cerner. (conjug. ENTENDER). tr. **1.** Separar con un tamiz o una criba las partículas más gruesas (de una materia en polvo o en grano). *Hay que cerner la harina. Los buscadores de oro cernían la arena.* ○ intr. prnl. **2.** Amenazar de cerca algo malo. *Los exámenes se ciernen* SOBRE *nosotros. Un frente frío se cierne* SOBRE *la costa.* **3.** Mantenerse un ave aleteando en el aire sin moverse del punto en que está. *Antes de posarse, el ave se cernió sobre el nido.* ▶ **1:** *TAMIZAR. **2:** CERNIRSE.

cernícalo. m. **1.** Ave rapaz parecida al halcón pero de menor tamaño, de color rojizo con manchas negras. *El cernícalo suele permanecer inmóvil en el aire antes de caer sobre su presa. El cernícalo hembra.* **2.** coloq. Hombre bruto o ignorante. *Un cernícalo se me tiró encima y me rompió una costilla.* Tb. adj. *Es tan cernícalo que el maestro se desespera con él.* Frec. se usa como insulto. *¡No seas cernícalo, que ahí no se puede aparcar!*

cernido. m. Hecho de cerner una materia en polvo o en grano. *En el molino se realizaba el cernido de la harina.*

cernir. (conjug. DISCERNIR). tr. **1.** Cerner (algo). *Hay que cernir la harina.* ○ intr. prnl. **2.** Cernerse. *Los problemas comienzan a cernirse* SOBRE *nosotros.* ▶ **1:** *TAMIZAR.

cero. (APÉND. NUM.). m. **1.** Signo con que se representa la falta absoluta de cantidad y que colocado a la derecha de un número entero multiplica el valor de este por diez. *El cero se escribe 0. Cuando vi el cheque con todos aquellos ceros, casi me caigo de espaldas.* **2.** Puntuación mínima en cualquier ejercicio o competición. *Le han puesto un cero por copiar.* **3.** En un aparato de medida: Punto de origen de la escala. *En el termómetro, el nivel de mercurio se ha quedado en el cero.* ● adj. **4.** Ninguno. *Estamos a cero grados. Experiencia profesional tiene poca; vamos, cero.* **5.** Que corresponde al punto de origen en una serie o escala. *Los famosos se sentaron en la fila cero. Hubo escapadas desde el kilómetro cero de la etapa.* ■ **~ absoluto.** m. *Fís.* Mínima temperatura alcanzable, que corresponde a –273,16 °C. *En el cero absoluto cesa todo movimiento de las moléculas.* □ **a ~.** loc. adv. Sin nada o sin ninguna cantidad. *Deja la cuenta a cero para cancelarla. Pongamos el marcador a cero y empecemos una nueva partida de billar.* ■ **al ~.** loc. adv. A la altura de la raíz del cabello. *A los reclutas los pelaban al cero.* Tb. loc. adj. *Lleva el pelo al cero.* ■ **de,** o **desde, ~.** loc. adv. Desde el principio, o sin contar con recursos. *Levantaron el negocio familiar desde cero. El Gobierno tiene que empezar de cero.* ■ **un ~ a la izquierda.** loc. s. coloq. Una persona inútil o que no está nada valorada. *Como nadie le consulta nada, se siente un cero a la izquierda.*

ceroso, sa. adj. De cera, o de características semejantes a las suyas. *Aspecto ceroso. Amarillo ceroso.*

cerquillo. m. Am. Flequillo. *Ella llevaba una suerte de peinado paje, ese con el cerquillo* [C]. *Jamás pintarse las uñas, los labios, los ojos ni las mejillas o peinarse con cerquillo* [C].

cerrado, da. part. **1.** → **cerrar.** ● adj. **2.** Dicho de lugar o espacio: Que tiene poca o ninguna comunicación con el exterior. *La claustrofobia es el miedo a los espacios cerrados.* **3.** Dicho de curva: Que se aparta de la línea recta de manera muy pronunciada. *Al bajar el puerto, un ciclista se salió de la carretera en las cerradas curvas.* **4.** Dicho de cosa: Densa y compacta. *Barba cerrada. Niebla cerrada. Para los delanteros es difícil traspasar una defensa tan cerrada.* **5.** Dicho de aplauso: Fuerte y unánime. *El público recibe al homenajeado con una ovación cerrada.* **6.** Dicho de lista o texto: Que está completo y no admite cambios. *En las elecciones solo hay candidaturas cerradas de un mismo partido.* **7.** Dicho de persona: Callada o poco habladora. *Es difícil entablar conversación con los vecinos, porque son gente un poco cerrada.* **8.** Dicho de persona: Torpe o poco inteligente. *Si no entiendes algo tan simple, es que eres un poco cerrado de mollera.* **9.** Estricto o poco flexible. *No se puede ir a negociar con una actitud tan cerrada.* **10.** Dicho del acento o del habla: Que presenta rasgos locales o regionales muy marcados. *Los habitantes del valle tienen un acento gallego muy cerrado.* **11.** *Fon.* Dicho de sonido o de fonema vocálicos: Que se articula con menor abertura de la boca, dejando poco paso al aire. *La "u" es una vocal cerrada.* ● m. **12.** Cercado. *Tenemos que reparar el cerrado. Los toros pastan en el cerrado.*

cerradura. f. Mecanismo accionado gralm. con llave, que se instala en una puerta, una tapa o lugar semejante, para poder cerrarlos. *Los niños espiaban* *por el ojo de la cerradura. Alguien ha forzado la cerradura de su maleta.* ▶ **Am:** CHAPA.

cerrajería. f. **1.** Taller o tienda del cerrajero. *Llevad el baúl a la cerrajería para que le arreglen la cerradura.* **2.** Oficio del cerrajero. *Taller de cerrajería.* **3.** Conjunto de cerraduras, picaportes y otros elementos semejantes, de un edificio o vivienda. *Les encargaron hacer la cerrajería del nuevo hotel.*

cerrajero, ra. m. y f. Persona que tiene por oficio hacer o reparar cerraduras, cerrojos y objetos semejantes. *Perdimos las llaves y hubo que llamar a un cerrajero.*

cerramiento. m. **1.** Hecho o efecto de cerrar, espec. mediante llave, tabique u otro sistema. *Para el cerramiento de la azotea se necesita un permiso de obras.* **2.** Cosa que cierra o tapa una abertura. *Todos los cerramientos del piso son de aluminio. El terreno está acotado por un cerramiento de alambre de espino.*

cerrar. (conjug. ACERTAR). tr. **1.** Hacer que el interior (de algo) quede incomunicado con el exterior. *Cerró la cocina para que el olor no saliera. Cerró la despensa con llave. Este mando permite abrir o cerrar el automóvil a distancia. Cierra bien los cajones. Metió la carta y cerró el sobre. Cierra los ojos y duérmete.* Tb. en constr. prnl. media. *El coche se cerró y nos quedamos fuera. Chocó con la mesa y el cajón se cerró.* **2.** Poner (una puerta, una tapa, un cerrojo o algo similar) en la posición que deja una cosa incomunicada con el exterior. *Cierra la ventana, que hay corriente. Se pilló los dedos al cerrar la tapa del baúl. Cierra el cerrojo y no abras a nadie. Si cierro las cortinas, nos quedamos a oscuras.* Tb. en constr. prnl. media. *La ventana se cerró con el aire.* **3.** Vallar o cercar (algo). *Cerraron el huerto con una tapia.* **4.** Encerrar (algo o a alguien), gralm. con llave. *Ciérrate y no abras a nadie. Las vacas las tiene cerradas en el corral.* **5.** Juntar (los párpados, los labios o los dientes), haciendo desaparecer la abertura que forman estas partes del cuerpo cuando están separadas. *Cierre los labios y absorba todo el aire por la nariz.* **6.** Juntar o aproximar los extremos libres (de dos miembros del cuerpo), o de dos partes (de una cosa) articuladas por el otro extremo. *El ejercicio consiste en abrir y cerrar las piernas y los brazos. Al cerrar las tijeras se cortó. Limpió la navaja y la cerró. Cierra un poco el compás.* **7.** Juntar todas las hojas (de un libro, cuaderno u objeto similar) de manera que no se puedan ver las páginas interiores. *Leyó el poema y cerró el libro.* Tb. en constr. prnl. media. *Se le cayó el bloc de dibujo y se cerró.* **8.** Doblar o plegar (lo que estaba extendido). *Cierra la mano. Escampó y cerró el paraguas. El pavo real cerró la cola.* **9.** Hacer que (un grupo o sus elementos) se junten de manera compacta. *El general ordenó a sus soldados que cerraran filas.* **10.** Tapar u obstruir (algo, espec. una abertura o un conducto). *Cerraban las rendijas de las puertas para que no pasara el frío.* **11.** Impedir el paso (por un lugar, espec. una vía o camino). *Cerrarán varias calles al tráfico para celebrar el maratón popular. La nieve obligó a cerrar varios puertos de montaña.* Tb. fig. *Los exámenes de acceso cierran el camino a muchos alumnos.* **12.** Impedir o cortar (el paso). *Una pandilla de matones le cerró el paso a la salida del callejón.* **13.** Poner (un grifo o dispositivo similar) en la posición que impida el paso de fluido. *Cierra bien el grifo para que no gotee. Asegúrese de que cierra las llaves de paso del agua y del gas.* **14.** Interrumpir el paso (de fluido) mediante un grifo o dispositivo similar. *Cuando salgas, deja el gas cerrado y la luz apagada.* **15.** Poner fin o término (a algo). *Cerró su discurso con unas palabras de agradecimiento. La empresa cerró el ejercicio con ganancias. La Universidad ha decidido cerrar más tarde el plazo de matriculación.* **16.** Ir en último lugar o al final (de algo, espec. de una serie ordenada de personas o cosas). *Su actuación cerró el festival. El equipo madrileño cierra la clasificación con tan solo tres puntos. Una escolta motorizada cierra la comitiva. Una detallada bibliografía cierra el libro.* **17.** Interrumpir temporal o definitivamente la actividad (de un establecimiento u organismo). *Cerraron el bar para hacer reformas. En la puerta un cartel decía: "Cerrado por defunción". Cerraron la empresa debido a las fuertes pérdidas. Tras el golpe de estado, la junta militar cerró el Parlamento.* **18.** Completar (algo) con la parte que falta. *Al escribir, no cierra bien las oes, así que a veces parecen úes. Terminó de cerrar la circunferencia que había empezado a trazar. Se llama "clave" la piedra que cierra el arco o la bóveda.* **19.** Cicatrizar (una herida). *Estas hojas ayudan a cerrar las heridas.* Frec. fig. *El regreso de los exiliados cerraba otra herida de la guerra civil.* **20.** Dar por firme y definitivo (un trato o acuerdo). *Cerraron el trato con un apretón de manos. Siguen negociando para cerrar el acuerdo de paz.* **21.** *Fon.* Pronunciar (un sonido o fonema vocálicos) con poca abertura de la boca y aproximando dos órganos articulatorios. *En algunas regiones tienden a cerrar la "o", que suena casi como "u".* ○ intr. **22.** Poder ser cerrado (→ 1, 2, 6, 8, 13) algo, espec. un recipiente, una puerta o un objeto articulado o plegable. *Este armario no cierra. El cajón no cierra bien porque está demasiado lleno. Las ventanas cierran mal y entra frío. Este compás no cierra. La sombrilla cierra tirando del anillo hacia abajo. Si la llave de paso no cierra, avise al fontanero.* **23.** Cicatrizar una herida. *Con unos puntos de sutura la herida cerrará antes.* Tb. prnl. *La herida tardó varios meses en cerrarse.* Tb. fig. *La pérdida de un ser querido es una herida que tarda mucho en cerrar.* **24.** Llegar la noche a su plenitud. *Aguardaron a que cerrara la noche para atacar la ciudad.* Tb. prnl. *Cuando se cierra la noche, estos animalillos salen a cazar. Ya era noche cerrada.* **25.** Cesar en su actividad un establecimiento u organismo de manera temporal o definitiva. *La tienda cierra en agosto. La peluquería no cierra a mediodía. La crisis hizo que muchas empresas cerraran.* **26.** En el juego del dominó: Poner una ficha que impide a los demás jugadores colocar las que restan. *Cerraré con la blanca doble. Cerró* A *treses.* ○ intr. prnl. **27.** Pasar una flor a tener los pétalos juntos. *La margarita se cierra al ponerse el sol.* **28.** Ceñirse a la parte interior y más corta de una curva. *Al tomar la curva, no te cierres tanto.* **29.** Mantenerse firme u obstinado en una idea. *Cuando se cierra* EN *una idea, es muy difícil hacerlo cambiar de opinión. Como se cierre, no hay quien le convenza.* **30.** Encapotarse el cielo. *El cielo comenzaba a cerrarse amenazando tormenta.* ▶ **3:** *CERCAR. **19, 23:** CICATRIZAR. **30:** ENCAPOTARSE.

cerrazón. f. **1.** Incapacidad de comprender o aceptar algo por falta de inteligencia o de flexibilidad. *El elegido muestra cerrazón* A *las corrientes renovadoras.* **2.** Obstinación en una idea. *Está empeñada en vender la casa y nadie consigue sacarla de su cerrazón.* **3.** Oscuridad producida por la abundancia de nubes tormentosas. *La cerrazón del horizonte presagia tormenta.*

cerril. adj. **1.** Obstinado o reacio a cualquier razonamiento. *No te pongas cerril, te digo que ahí no ca-*

be el armario. **2.** Tosco o grosero. *Sus vecinos son gente de campo, un poco cerril, pero buena gente.* ▶ **1:** *TERCO.

cerrilidad. f. Cualidad de cerril. *La cerrilidad e intolerancia caracterizaron su intervención.* ▶ *TERQUEDAD.

cerrilismo. m. Cerrilidad. *Actúa así por puro cerrilismo.* ▶ *TERQUEDAD.

cerro. m. Elevación del terreno, aislada y de cierta altura, menor que una montaña. *En lo alto del cerro triscan unas cabras.* ■ **por los ~s de Úbeda.** loc. adv. Fuera del tema, con divagaciones o comentarios que no tienen relación con lo que se trata. Gralm. con v. como *irse* o *salir*. *Por favor, respondan a las preguntas del examen y no se vayan por los cerros de Úbeda.*

cerrojazo. m. **1.** Hecho de cerrar algo, espec. un establecimiento u organismo, o un período de tiempo o actividad. *Se convocarán elecciones anticipadas y habrá cerrojazo* A *las Cortes actuales.* Frec. en las constr. *dar ~* o *dar el ~*. *El país sale de una guerra con ganas de dar cerrojazo a tan sangriento episodio.* **2.** Acción de echar el cerrojo bruscamente. *El preso se despertó al oír el ruido del cerrojazo en la celda contigua.* Tb. fig. *Con dos expulsados, el equipo recurrirá al cerrojazo defensivo.*

cerrojo. m. **1.** Barrita metálica provista de una manija, que se desliza por el interior de unos soportes para dejar cerrada una puerta, una ventana o una tapa. *Echa el cerrojo a la trampilla. Siempre corre el cerrojo cuando entra a bañarse.* **2.** En un fusil: Cilindro metálico que permite extraer el casquillo vacío e introducir un nuevo proyectil. *A un gesto del militar, se oyó el chasquido de varios cerrojos.* **3.** *Dep.* En fútbol y otros deportes de equipo: Sistema de juego muy defensivo. *Los equipos italianos son expertos en practicar el cerrojo y jugar al contraataque.*

certamen. m. Concurso abierto que gralm. se celebra para estimular con premios una actividad. *Certamen internacional de pintura.* ▶ *CONCURSO.

certero, ra. adj. Dicho de persona o cosa: Acertada. *El base estuvo muy certero desde la línea de tiros libres. Ha matado al toro de una estocada certera.*

certeza. f. Conocimiento seguro y claro de algo. *Podemos afirmar con certeza que el fin de semana será soleado. Los médicos no tienen la certeza* DE *que sea un tumor.* ▶ CERTIDUMBRE.

certidumbre. f. Certeza. *Tiene la certidumbre* DE *hallarse ante un gran descubrimiento.*

certificación. f. **1.** Hecho o efecto de certificar. *La baja laboral de más de tres días requerirá certificación médica.* **2.** Certificado (documento). *Para poder solicitar la ayuda hay que presentar la certificación oficial de minusvalía.* ▶ **2:** CERTIFICADO.

certificado[1]**.** m. Documento en que se certifica algo. *Certificado de ingresos y retenciones. Certificado de defunción.* ▶ CERTIFICACIÓN.

certificado[2]**, da.** part. **1.** → **certificar.** ● m. **2.** Carta o paquete que se certifican por medio de un servicio postal. *El cartero se desplaza a los domicilios para entregar los certificados.*

certificar. tr. **1.** Manifestar mediante escrito oficial una persona autorizada para ello que (algo) es cierto. *El forense certifica la defunción.* **2.** Afirmar que (algo) es cierto. *Varios testigos certifican que lo vieron salir de la casa.* **3.** Comprobar o confirmar (algo). *El escapado gira la cabeza para certificar que ha dejado descolgado al pelotón.* **4.** Enviar (una carta o un paquete) mediante un servicio postal con el que, previo pago, se obtiene un resguardo que acredita el envío y asegura la entrega. *Si lo desea, le certificaremos a su domicilio toda la documentación.*

certísimo, ma. → **cierto.**

cerúleo, a. adj. cult. De color azul como el del cielo despejado. *Cuentan que ninfas de rubios cabellos y ojos cerúleos pueblan el bosque.*

cerumen. m. Cera (sustancia que segrega el oído). *Se le formó un tapón de cerumen.* ▶ CERA.

cerval. adj. Dicho de miedo: Muy grande e incontrolable. *Le tiene un miedo cerval a las arañas.*

cervato. m. Ciervo menor de seis meses. *Los perros acosan entre la maleza a un cervato herido.* Frec. *cervatillo*. *Las piernas le temblaban como a un cervatillo recién nacido.*

cervecería. f. Establecimiento público donde se sirven cerveza y otras bebidas, y a veces también comida. *Nos tomamos unas cañas y unas tapas en una cervecería.*

cervecero, ra. adj. **1.** De la cerveza. *Sector cervecero.* **2.** Que fabrica o vende cerveza. *La marca española fue comprada por una multinacional cervecera.* Dicho de pers., tb. m. y f. *En Inglaterra hay pequeños cerveceros que elaboran su propia cerveza artesanalmente.* Dicho de fábrica o empresa, tb. f. *Gran parte de la cosecha de cebada se vende a cerveceras alemanas y holandesas.*

cerveza. f. Bebida alcohólica que se hace con granos de cebada u otro cereal fermentados en agua, y a la que se da un gusto amargo aromatizándola con lúpulo. *Como buen irlandés, prefiere la cerveza negra a la rubia.* Tb. un vaso de dicha bebida. *Se ha bebido una cerveza de un trago.*

cervical. adj. **1.** De la cerviz. *Región cervical. Nervio cervical.* ● f. **2.** Vértebra cervical (→ 1). *Tiene una lesión en la sexta cervical.* Frec. en pl. *Le duelen las cervicales.*

cérvido. adj. **1.** *Zool.* Del grupo de los cérvidos (→ 2). *Mamífero cérvido.* ● m. **2.** *Zool.* Mamífero rumiante provisto, gralm. solo en el macho, de cuernos ramificados que se renuevan periódicamente, como el ciervo y el reno.

cerviz. f. Parte trasera del cuello, que en la mayoría de los mamíferos consta de siete vértebras y varios músculos. *El policía agarró al sospechoso por la cerviz y lo introdujo en el coche patrulla. Ha clavado el estoque al toro en la parte superior de la cerviz.* ■ **agachar,** o **bajar,** o **doblar,** alguien **la ~.** loc. v. Humillarse, dejando a un lado el orgullo. *El pueblo numantino no dobló la cerviz frente al invasor romano.* ■ **ser** alguien **de dura ~.** loc. v. Ser indómito. *Es gente de dura cerviz que se niega a tolerar al tirano.*

cesación. f. Hecho de cesar o acabarse. *Se ha producido un despido colectivo por cesación de la actividad de la empresa.*

cesante. adj. **1.** Que cesa en un empleo o cargo. *El Gobierno cesante continuará en funciones hasta la toma de posesión del nuevo Gobierno.* Dicho de pers., tb. m. y f. *Hay varios candidatos a ocupar el puesto del cesante.* **2.** Dicho de funcionario: Que ha cesado en su empleo, a veces de manera temporal y manteniendo parte del sueldo. Se usa espec. en contextos históricos. *Con el gobierno de los progresistas, los funcionarios moderados quedaban cesantes.* Tb. m. y f. *Frecuentaban el café literatos de medio* *pelo y desaliñados cesantes con barba de varios días.* **3.** frecAm. Que ha quedado sin trabajo. *La crisis económica ha engendrado 1 800 000 cesantes* [C]. Tb. m. y f. *¿Y cómo van a quedar los jubilados y cesantes?* [C]. ▶ **3:** *PARADO.

cesantear. tr. Am. Despedir (a un empleado). *La empresa decidió cesantear por eso al conductor* [C]. ▶ *DESPEDIR.

cesantía. f. **1.** Situación o estado del funcionario cesante. Se usa espec. en contextos históricos. *En la Restauración, los turnos de gobierno condenaban a muchos funcionarios a la cesantía.* **2.** Am. Despido (hecho de despedir). *La nueva ley llevará a cesantías en masa* [C]. **3.** Am. Paro (situación de parado, conjunto de parados, o subsidio). *Tampoco aceptaremos ir a la ruina y que vayan a la cesantía 2000 trabajadores* [C]. *Esa región ostenta uno de los más altos índices de cesantía* [C]. **4.** frecAm. Paga que percibe un funcionario que ha cesado. *Las cesantías que se han pagado a altos funcionarios llegan a sumas altamente gravosas* [C]. ▶ **2:** DESPIDO. **3:** *PARO.

cesar. intr. **1.** Acabarse o interrumpirse algo que dura un tiempo. *El dolor cesará a los pocos minutos de tomar el analgésico. Los bombardeos no cesaron en toda la noche.* **2.** Dejar de desempeñar un empleo o cargo. *Cesará* EN *su cargo de entrenador a principios de año.* **3.** Seguido de *de* y un infinitivo, o de *en* y un nombre, indica interrupción de lo expresado por el infinitivo o el nombre. *No cesa de mirarte. No cesa en sus críticas.*

césar. m. Emperador, espec. el romano. *La novela está ambientada en la Roma de los césares. Felipe II, césar de la Cristiandad.*

cesárea. f. Operación quirúrgica que consiste en abrir la matriz para extraer el feto, gralm. cuando hay dificultades en el parto. *El feto estaba mal colocado así que hubo que practicarle una cesárea a la madre.*

cesarismo. m. Sistema de gobierno en que una sola persona asume y ejerce los poderes públicos. *Su gobierno fue derivando hacia un cesarismo individualista y despótico.*

cesarista. adj. **1.** Del cesarismo. *Un sector del partido critica la gestión cesarista del secretario general.* **2.** Partidario o seguidor del cesarismo. *Reaparecen voces cesaristas que piden la vuelta del dictador.* Dicho de pers., tb. m. y f. *La II República francesa cayó en manos del cesarista Luis Napoleón.*

cese. m. **1.** Hecho de cesar. *Se pide el cese de la violencia. El cese* EN *su cargo se debe a razones personales.* **2.** Documento en que consta la notificación del cese (→ 1) en un empleo o cargo. Frec. en la constr. *dar el ~*, para indicar la destitución. *La junta directiva ha decidido dar el cese al entrenador.*

cesio. m. *Quím.* Elemento del grupo de los metales, blando y de color plateado con tonalidades amarillas, que se emplea en la fabricación de células fotoeléctricas (Símb. *Cs*). *Los relojes atómicos de cesio son de una enorme precisión.*

cesión. f. Hecho de ceder algo a alguien. *Se ha acordado la cesión de la recaudación a una organización benéfica. En fútbol se castiga con falta la cesión al portero con el pie.*

césped. m. **1.** Hierba fina, corta y tupida que cubre un terreno. *El jardinero corta el césped.* **2.** *Dep.* Terreno de juego de hierba. *El equipo saldrá hoy al césped con la moral muy alta.* ▶ **Am:** GRAMA, GRAMILLA.

cesta. f. **1.** Recipiente de caña, mimbre u otra materia flexible entretejida, a veces con tapa, que sirve para recoger y llevar objetos, y frec. tiene un asa cruzada en el centro. *Las setas que coge las va echando a una cesta. En el hipermercado, dudé entre coger una cesta o un carrito. Le han regalado una cesta de Navidad.* **2.** Pala cóncava, alargada y curva, de tiras de madera entretejidas, que se sujeta a la mano y sirve para recoger y lanzar la bola en una modalidad del juego de pelota. *Aprendió a jugar con cesta en el frontón de su pueblo.* **3.** En baloncesto: Canasta. *En el patio del colegio hay varias cestas de baloncesto. Una cesta en el último segundo les ha dado la victoria.* ■ **~ de la compra.** f. Dinero que se gasta en productos de consumo habitual, espec. en alimentos. *Últimamente todo sube: la vivienda, los transportes, la cesta de la compra.* □ **llevar** alguien **la ~.** loc. v. coloq. Acompañar a una pareja de enamorados. *Si van los novios solos me quedo; no soporto llevar la cesta.* ▶ **1:** BANASTA, BANASTO, CANASTA, CANASTILLA, CANASTILLO, CANASTO, CESTO. **3:** *CANASTA.

cestería. f. **1.** Oficio o actividad del cestero. *La cestería es la principal actividad artesanal de la comarca.* **2.** Establecimiento donde trabaja el cestero. *He comprado el arcón de mimbre en una cestería.*

cestero, ra. m. y f. Persona que tiene por oficio hacer o vender cestos o cestas. *Los cesteros aprovechan la abundancia de mimbreras en la zona.*

cesto. m. **1.** Cesta, gralm. grande, más alta que ancha y con dos asas. *La camisa está en el cesto de la ropa sucia. Las manzanas se recogen en cestos y se llevan al almacén.* **2.** En baloncesto: Canasta (aro). *El equipo necesita lanzadores capaces de meter el balón en el cesto.* ■ **~ de los papeles.** m. Papelera (recipiente). *Si entre el correo hay publicidad, va directamente al cesto de los papeles.* ▶ **1:** *CESTA. **2:** *CANASTA.

cesura. f. *Lit.* Pausa interior de un verso, que viene determinada por su ritmo y frec. lo divide en dos partes. *En el verso "Al muy prepotente don Juan el segundo", la cesura se halla entre "prepotente" y "don".*

cetáceo, a. adj. **1.** Del grupo de los cetáceos (→ 2). *Animal cetáceo.* ● m. **2.** Mamífero marino de gran tamaño y forma de pez, que tiene aletas anteriores y una aleta en la cola, como la ballena y el delfín.

cetme. m. *Mil.* Fusil automático de asalto, que permite disparar tiros aislados o en ráfaga. *En el arsenal hay varios cetmes y granadas de mano.*

cetrería. f. **1.** Técnica de criar y domesticar aves rapaces para la caza de animales, espec. de otras aves. *En la Edad Media abundan los tratados de cetrería.* **2.** Caza realizada con aves rapaces. *El halcón y el azor son las aves de cetrería por excelencia.*

cetrero, ra. m. y f. Persona que se dedica a la cetrería. *El cetrero le quitó la caperuza al halcón y lo echó a volar.*

cetrino, na. adj. **1.** Dicho de color: Amarillo verdoso. *Tiene color cetrino.* **2.** De color cetrino (→ 1). *Con la luz de los focos su tez se vuelve cetrina.*

cetro. m. **1.** Vara finamente labrada y adornada, que sirve como insignia de la dignidad de rey o emperador. *El rey aparecía con cetro y corona.* **2.** Autoridad de un rey o emperador. *Sancho III de Navarra reúne bajo su cetro la mayoría de los enclaves cristianos.* **3.** Supremacía en algo. *El motorista ha conseguido el cetro mundial en los 500 cc. La ciudad arrebató a París el cetro* DE *la modernidad.*

ceutí. (pl. **ceutíes** o **ceutís**). adj. De Ceuta. *Puerto ceutí.* Dicho de pers., tb. m. y f. *Ceutíes y melillenses reclaman mayor atención del Gobierno central.*

ceviche. → **cebiche.**

cf. abrev. Cónfer. *Los españoles son iguales ante la Ley (cf. Constitución, art. 14).*

ch. f. Combinación de las letras *c* y *h*, que suele recibir el nombre de *che*, y que se pronuncia con un sonido propio. *Chimenea, muchacho.*

chabacanada. f. Chabacanería (hecho o dicho). *La conversación ha derivado hacia comentarios groseros y chabacanadas.* ▶ CHABACANERÍA.

chabacanería. f. **1.** Cualidad de chabacano. *Vistiendo es de una chabacanería increíble.* **2.** Hecho o dicho chabacanos. *Cada vez que discuto con ella, me suelta alguna de sus chabacanerías.* ▶ **2:** CHABACANADA.

chabacano[1]. m. Lengua hablada en algunos lugares de Filipinas, en la que predominan el vocabulario y las frases españolas sobre una estructura gramatical tagala o bisaya. *Sabe chabacano y algo de cebuano.*

chabacano[2]. m. **1.** Am. Albaricoquero. *Observó que el ciruelo y chabacano reiniciaban su crecimiento* [C]. **2.** Am. Albaricoque (fruto). *Se ponen los chabacanos al fuego con muy poca agua* [C]. ▶ **2:** ALBARICOQUE.

chabacano[3], na. adj. Vulgar, grosero o de mal gusto. *Son gente muy chabacana. Música chabacana.* ▶ *MALEDUCADO.

chabola. f. Vivienda pequeña, construida con materiales pobres o de desecho, gralm. en un suburbio. *A lo largo de la carretera de circunvalación se suceden los barrios de chabolas.*

chabolismo. m. Abundancia de chabolas en los suburbios. *Las autoridades trabajan para erradicar el chabolismo.*

chabolista. adj. **1.** De chabolas o de las chabolas. *No lejos de la urbanización hay un poblado chabolista.* ● m. y f. **2.** Persona que vive en una chabola. *Han proliferado los asentamientos de chabolistas.*

chacal. m. Mamífero parecido al lobo pero de menor tamaño y, en algunas especies, de pelaje más rojizo, que habita en Asia y África. *Los chacales merodean por el campamento en busca de los desperdicios. El chacal hembra.*

chacarero, ra. m. y f. **1.** Am. Granjero. *Los chacareros con poca maquinaria por lo general siembran al voleo* [C]. *Mi madre fue una mujer modesta y mi padre un esforzado chacarero* [C]. ○ f. **2.** Am. Baile popular de origen argentino, ejecutado por parejas sueltas y con ritmo variable. *Se bailaron chacareras* [C]. Tb. su música. *La chacarera es una música más del interior* [C].

chacha. → **chacho.**

chachachá. m. Baile moderno de origen cubano, derivado de la rumba y el mambo, y ejecutado con pasos cortos y contoneos, al son de un ritmo vivo y alegre. *El público menea las caderas con el chachachá y el merengue.* Tb. su música. *La orquesta atacó un chachachá.*

cháchara. f. coloq. Conversación insustancial o de poca importancia. *¡Basta ya de cháchara; a trabajar!*

chacharear. intr. coloq. Hablar o conversar, sobre todo extensamente. *Se pasan la tarde chachareando a la puerta de casa.*

chachi. adj. **1.** coloq. Estupendo o muy bueno. *La paella está chachi. Es una cantante chachi.* ● adv. **2.** coloq. Estupendamente o muy bien. *Lo vamos a pasar chachi.* Frec. como respuesta. *–¿Te apetece una cervecita? –¡Chachi, colega!*

chacho, cha. m. y f. **1.** coloq. Muchacho (niño o joven). Frec. se usa para dirigirse a una persona cariñosamente o para expresar asombro. *Para el carro, chacho; que yo no me he metido contigo.* ○ f. **2.** coloq. Sirvienta o criada. *Contrataron una chacha que hacía la casa y se encargaba de los niños.*

chacina. f. Conjunto de embutidos hechos con carne de cerdo adobada. *La despensa del caserío está repleta de quesos y chacina.*

chacinería. f. Tienda en que se vende chacina. *El unto para el pote gallego se puede adquirir en chacinerías.* ▶ CHARCUTERÍA.

chacinero, ra. m. y f. Persona que hace o vende chacina. *Al final del mercadillo están los puestos de los chacineros.* ▶ CHARCUTERO.

chacolí. m. Vino ligero y ácido, de baja graduación alcohólica, propio del País Vasco. *Se han tomado unos pinchos y unos chiquitos de chacolí en el casco viejo de Bilbao.*

chacona. f. histór. Danza cantada, de ritmo lento, propia de los ss. XVI y XVII, y muy difundida por Europa. *La chacona, de raíces populares, llegó a ser un baile cortesano.* Tb. su música y su letra. *Purcell y Bach compusieron chaconas.*

chacota. f. Burla o broma. *Pasa el día en la taberna entreteniendo a la gente con chacotas y bufonadas.* Frec. en la constr. *tomar a ~*. *No se tomen el asunto a chacota, que es muy serio.* ▶ *BROMA.

chacra. f. Am. Granja. *Cuando la chacra daba buenas cosechas, llegué a tener ochenta peones trabajando* [C].

chadiano, na. adj. Del Chad (país de África). *La capital chadiana es Yamena.* Dicho de pers., tb. m. y f. *Los chadianos lograron la independencia en 1960.*

chador. m. Velo negro con que las mujeres de algunos países musulmanes se cubren la cabeza y gran parte del cuerpo. *Muchas mujeres pasean por las calles de Teherán tapándose la boca con el chador.*

chafar. tr. **1.** Aplastar (algo, espec. blando o frágil). *No pongas los huevos en el fondo de la bolsa, que los puedes chafar. Con un gancho de izquierda le chafaron la nariz.* **2.** coloq. Estropear o echar a perder (algo, espec. un plan o una idea). *El mal tiempo nos ha chafado las vacaciones.* **3.** coloq. Dejar (a alguien) confundido o sin respuesta en una conversación. *¿Que te has separado?, pues me has chafado, porque te iba a preguntar por tu marido.* **4.** coloq. Deprimir o desilusionar (a alguien). *La noticia de que no habría veraneo dejó a los niños chafados.*

chafardero, ra. adj. Cotilla o chismoso. *Pronto se supo de su embarazo a través de los vecinos más chafarderos.* Tb. m. y f. *Es una chafardera.* ▶ CHISMOSO.

chafarrinada. f. Chafarrinón. Frec. fig. y despect. *Miró el cuadro y preguntó qué demonios era aquella chafarrinada.*

chafarrinón. m. Mancha o borrón que desluce algo. *Sobre la mesa se ven chafarrinones de tinta.* Tb. fig. y despect. *Por muy famosa que sea, sus pinturas son chafarrinones.* ▶ CHAFARRINADA.

chaflán. m. Cara que resulta de cortar por un plano una esquina, espec. la que forman dos calles o dos paredes. *Al llegar al cruce, el taxista se detiene en el chaflán.*

chal. m. Prenda de vestir femenina, de tejido fino y forma alargada, que se coloca sobre los hombros como abrigo o adorno. *Como la cena era al aire libre, se puso un chal sobre el vestido de tirantes.* ▶ ECHARPE.

chala. f. Am. Hoja que envuelve la mazorca de maíz. *Pedimos los extraños guisos llamados ajiacos, servidos en chalas o en hojas de col, como platos* [C]. *Se me apagó el cigarro de chala y naco picado* [C].

chalado, da. adj. coloq. Que está un poco loco o tiene el juicio algo trastornado. *Hace falta estar chalada para conducir a esa velocidad.* Frec. con intención enfática. *¿Salir con lo que llueve?; ¡tú estás chalado!* Tb. m. y f. *Un chalado se ha liado a tiros en un supermercado.*

chaladura. f. coloq. Locura o extravagancia. *Cuando mejor le iba, le dio la chaladura de venderlo todo y emigrar.*

chalán, na. m. y f. Persona que se dedica a la compraventa, espec. de caballos u otros animales. *Vendió sus potros a unos chalanes en la feria.*

chalana. f. Embarcación pequeña, de fondo plano, proa en punta y popa cuadrada, que sirve para transporte en aguas poco profundas. *Canalizaron el río para llevar el carbón en chalanas hasta los puertos de la costa.*

chalanear. tr. coloq. Negociar (algo) con la habilidad propia de un chalán. *Mientras las madres discutían los detalles de la boda, los padres chalaneaban qué pagaría cada cual.* Más frec. usado en constr. intr. *Unos tratantes de ganado chalanean en la taberna.*

chalaneo. m. coloq. Hecho de chalanear. *Le gusta el barullo de la feria y el chalaneo con los tratantes. Ha obtenido el puesto de catedrático por los chalaneos de su padre con el decano.*

chalé. m. Edificio pequeño, gralm. de entre una y tres plantas, provisto de jardín y destinado a vivienda para una sola familia. *Vendo chalé con piscina y amplia parcela. Viven en una urbanización de chalés adosados.* ▶ CHALET, HOTEL.

chaleco. m. **1.** Prenda de vestir, sin mangas, frec. ajustada y con botones, que cubre el tronco hasta la cintura y suele llevarse sobre la camisa. *Lleva traje con chaleco.* **2.** Pieza similar a un chaleco (→ 1), que cumple diversas funciones, gralm. protectoras o de seguridad. *Chaleco antibalas. Chaleco salvavidas. Chalecos reflectantes.*

chalet. (pl. **chalets**). m. Chalé. *Pasan el fin de semana en su chalet de la sierra.*

chalina. f. Corbata ancha y de caídas largas, que se anuda con lazo simple. *El uniforme del colegio tiene cuello blanco y chalina azul.*

chalota. f. Especie de cebolla pequeña y rojiza, compuesta por bulbos arracimados, de sabor más suave y aromático que la cebolla común. *Dora las chalotas con mantequilla para hacer una salsa bearnesa.* Tb. su planta. *En el huerto tiene plantados ajos, cebollas y hasta chalotas.* ▶ CHALOTE, ESCALONIA.

chalote. m. Chalota (bulbo, o planta). *Ensalada de chalotes.* ▶ *CHALOTA.

chalupa. f. Embarcación pequeña, espec. una lancha o un bote. *Desde el buque botan una chalupa para ir a tierra.*

chamaco, ca. m. y f. Am. Muchacho. *Me quité unos cuantos años de arriba, ahora me siento como un chamaco* [C]. *Mi hija es una chamaca que todavía anda jugando al burro* [C].

chamán. m. *Rel.* Hechicero al que se supone dotado de poderes sobrenatuarales para hacer curaciones, adivinaciones o invocaciones a los espíritus. *El chamán se sirve de la imposición de manos y la farmacología natural.*

chamanismo. m. *Rel.* Conjunto de creencias y prácticas religiosas que tienen como base la actividad de los chamanes. *El chamanismo tiene arraigo en sociedades tradicionales americanas.*

chamarilería. f. Tienda del chamarilero. *En la chamarilería se iban acumulando herramientas usadas, electrodomésticos y revistas.*

chamarilero, ra. m. y f. Persona que se dedica a la compraventa de objetos viejos o de segunda mano. *Un chamarilero del Rastro le compró la colección de cromos.*

chamarra. f. Prenda de abrigo parecida a la zamarra. *Vestía pantalón de pana y chamarra de cuero.*

chamba. f. **1.** coloq. Buena suerte o casualidad favorable. *¡He aprobado, qué chamba la mía!* Frec. en las constr. *de ~*, o *por ~*. *Conoció a la que sería su mujer de chamba, al quedarse encerrados en un ascensor.* **2.** Am. coloq. Trabajo, a veces casual. *Yo sabía que la chamba de camarero no le iba a durar demasiado* [C]. *Ni me han ofrecido nada ni estoy buscando chamba* [C].

chambear. intr. Am. coloq. Trabajar o ejercer una actividad retribuida. *A la hora en que abren las panaderías, sus hermanos se van a chambear* [C]. *Se trataba de un colega periodista, chambeando extra como taxista* [C].

chambelán. m. histór. Caballero que acompañaba a un príncipe o monarca y estaba a su servicio en palacio. *El emperador daba audiencia rodeado de chambelanes y ayudas de cámara.*

chambergo. m. histór. Sombrero chambergo (→ **sombrero**). *Cuando llegó la dama, los mosqueteros hicieron una reverencia con sus chambergos.*

chambón, na. adj. frecAm. coloq. Dicho de persona: Torpe. *En todas partes hay poetas ramplones, zapateros chambones, matasanos* [C]. Tb. m. y f. *Él era un chambón, un tonto de capirote* [C].

chamizo. m. Choza o cabaña con techumbre de hierba o ramas. *Los náufragos construyen un chamizo con maderos y hojas de palma.* ▶ *CABAÑA.

champa. f. Am. Cobertizo o tienda de campaña que se usa como vivienda. *Se podía sembrar, cazar o arreglarle a las champas el techo de zacatón* [C]. *Los campesinos solicitan ayuda para construir casas dignas, ya que viven en champas de plástico* [C].

champán. m. Vino espumoso, gralm. blanco, originario de la región francesa de Champaña. *Celebran la victoria con champán.* ▶ CHAMPAÑA.

champaña. m. Champán. *Han botado el barco estrellando una botella de champaña contra su casco.*

champiñón. m. Seta comestible, muy cultivada, de color blanquecino o pardo y sombrero en forma de paraguas. *Revuelto de gambas y champiñones.*

champú. m. Producto líquido para el lavado del cabello. *Champú antigrasa.*

chamullar. intr. jerg. Hablar. *Señalando al tipo rubio, el gitano preguntó: –¿En qué idioma chamulla este tío?*

chamuscar. tr. Quemar (algo) por la superficie o el exterior. *La llama del encendedor le chamuscó las cejas.* Tb. en constr. prnl. media. *Se me ha chamuscado el pelo con el secador.*

chamusquina. f. Hecho de chamuscar. *El viento trae un fuerte olor a chamusquina.* ■ **oler** algo **a ~.** loc. v. coloq. Dar esa cosa motivos de sospecha o recelo. *Tanta llamadita y tanto detalle de su jefe empezaban a olerle a chamusquina.*

chancaca. f. Am. Azúcar de caña sin refinar, gralm. presentado en porciones compactas de forma redonda o rectangular. *También se puede hacer el almíbar con chancaca* [C]. *Disminuya las substancias edulcorantes (azúcar blanca, morena, chancaca, miel)* [C].

chance. f. (Tb. m.). frecAm. Oportunidad o posibilidad de conseguir algo. *La alternativa es desaprovechar la chance* DE *estar juntos* [C]. *Siempre había querido estudiar, pero la vida nunca le dio el chance* [C].

chancear. intr. cult. Bromear o burlarse con chanzas. *Los muchachos bebían y chanceaban en la taberna.* Frec. prnl. *Los novatos no saben si el cabo va en serio o se está chanceando.*

chancero, ra. adj. cult. Que suele chancear o hacer chanzas. *El gracioso de la comedia clásica española es el arquetipo del personaje chancero y socarrón.*

chanchi. adj. **1.** coloq. Chachi. *Se ha comprado la moto más chanchi del mercado.* ● adv. **2.** coloq. Chachi. *Esa falda te sienta chanchi.*

chancho. m. **1.** Am. Cerdo (mamífero doméstico, o su carne). *Yo crié hartas gallinas, pavos, chanchos* [C]. *Estaba sirviendo mi tercera porción del chancho* [C]. **2.** Am. coloq. Cerdo (persona sucia, o persona despreciable). Frec. se usa como insulto. *Le dije que era un chancho* [C]. *Chancho desgraciado, yo te boto del periódico ahorita mismo* [C]. Tb. adj. *¡Es muy chancho!, ¡cuidensé!* [C]. ▶ **1:** *CERDO.

chanchullero, ra. adj. coloq. Que hace chanchullos. *Un funcionario chanchullero les falsificó los visados.* Tb. m. y f. *Eres una chanchullera.*

chanchullo. m. coloq. Negocio o manejo ilícitos. *La policía ha puesto al descubierto todos los chanchullos del mafioso.*

chancillería. f. histór. En la Edad Media y principios de la Edad Moderna: Órgano superior de justicia del territorio castellano. *Las Cortes de Toledo concentran los tribunales de última instancia en las chancillerías de Valladolid y Granada.*

chancla. f. Chancleta. *En verano voy con chanclas.* ■ **en ~s.** loc. adv. Con el talón doblado hacia dentro. *En casa suele llevar zapatillas de paño, siempre en chanclas.*

chancleta. f. Zapatilla sin talón o con el talón doblado hacia dentro. *Solo se permite pasar a la piscina con chancletas de goma.* ■ **en ~s.** loc. adv. Con el talón doblado hacia dentro. *Se pone las playeras en chancletas.*

chancletear. intr. Andar en chancletas. *Metió los pies en las zapatillas y se fue chancleteando hasta la cocina.*

chanclo. m. Zapato grande, gralm. de goma, en que se mete el pie ya calzado para proteger el zapato ordinario del barro y de la humedad. *Cuando sale a ordeñar, se pone las botas de agua o se calza los chanclos.*

chancro. m. *Med.* Úlcera contagiosa de origen venéreo. *El paciente presenta chancro sifilítico.*

chándal. (pl. **chándales**). m. Conjunto de ropa deportiva formado por un pantalón largo y una chaqueta o jersey amplios. *El futbolista se quita el chándal antes de saltar al terreno de juego.* ▶ **Am:** BUZO.

chanfaina. f. Guiso hecho con trozos de carne o de bofe u otras vísceras. *Los pastores leoneses preparan exquisitas calderetas y chanfainas.*

changador. m. Am. Mozo de cuerda. *Changadores y peones de estiba se unieron a los manifestantes* [C]. *Decidí llamar a dos changadores para que subieran el cuadro* [C].

changar. tr. coloq. Romper o estropear (algo). *No os subáis tantos en el ascensor, que lo vais a changar.* Tb. fig. *Tanta bebida tiene ya muy changado al viejo.* Tb. en constr. prnl. media. *Se ha changado el ascensor.*

changarro. m. Am. Tienda pequeña. *Vivía allí mismo, en la trastienda de su changarro* [C]. *A la mejor deciden cerrarle el changarro y lo echan a la calle* [C].

changurro. m. Plato vasco consistente en centollo cocido y desmenuzado, servido en su propio caparazón. *Changurro gratinado al horno.*

chanquete. m. Pez comestible de cuerpo traslúcido, semejante a la cría del boquerón. *En Málaga es obligado probar el chanquete o el boquerón.*

chantaje. m. Presión que se ejerce sobre alguien mediante amenaza, espec. la de hacer público algo que le perjudique, a fin de obtener de esa persona dinero u otro beneficio. *Alguien le hace chantaje con unas fotos comprometedoras. Estoy harta de tus chantajes emocionales.* ▶ EXTORSIÓN.

chantajear. tr. Hacer chantaje (a alguien). *La chantajea amenazándola con revelar su pasado.* ▶ EXTORSIONAR.

chantajista. adj. Que chantajea. *Gente chantajista y sin escrúpulos.* Frec. m. y f. *Eres un chantajista.* ▶ *EXTORSIONADOR.

chantillí. m. Crema de nata batida, usada en pastelería. *Una tarta de frambuesas y chantillí.* Tb. *crema ~. Piña rellena de crema chantillí.*

chantre. m. *Rel.* Dignidad de las iglesias catedrales, a cuyo cargo estaba antiguamente la dirección del canto en el coro. *Fue chantre de la catedral compostelana.*

chanza. f. cult. Broma o burla, gralm. sin mala intención. *Imita en tono de chanza la voz del profesor.*

chao. interj. Adiós o hasta luego. Se usa como despedida. *–¿Te vas ya? –Sí, me voy. Chao.* ▶ *ADIÓS.

chapa. f. **1.** Lámina de metal, madera u otra materia dura. *La chapa de la carrocería quedó abollada tras el accidente. El armario está revestido con chapa de pino.* **2.** Placa metálica que sirve como distintivo o insignia. *El agente mostró su chapa de policía.* **3.** Tapón metálico que cierra herméticamente algunas botellas. *El camarero vuelve con la bandeja llena de chapas.* **4.** Am. Cerradura. *Introduje la llave en la chapa* [C]. **5.** Am. Matrícula (placa de un vehículo). *Me paso el día contando los coches con chapa impar* [C]. **6.** Am. Chapeta. *Tomaba yo anís hasta que me salían chapas* [C]. *Ella tenía unas chapas de serrana* [C]. ○ pl. **7.** Juego infantil en que se emplean chapas (→ 3) de botella, pralm. para imitar carreras u otras competiciones. *Los chavales marcan circuitos en la tierra para jugar a las chapas.* ▶ **5:** *MATRÍCULA.

chapado, da. part. → **chapar.** ■ **~ a la antigua.** loc. adj. Apegado a las ideas y costumbres antiguas o tradicionales. *Sus padres son gente chapada a la antigua.*

chapalear. intr. Chapotear. *Unos niños chapalean alegres en la orilla del mar. Las olas chapalean contra el costado del barco.*

chapar. tr. **1.** Cubrir (algo) con chapa. *El mueble es más barato si solo está chapado. Lleva una cadena chapada* EN *oro.* **2.** coloq. Estudiar mucho (algo). *Me pasé la tarde chapando matemáticas.* Tb. usado en constr. intr. *Lleva todo el verano chapando para los exámenes de septiembre.* ▶ **1:** CHAPEAR.

chaparral. m. Lugar poblado de chaparros. *El cazador ha visto un ciervo entre el chaparral.*

chaparro, rra. m. **1.** Mata de encina o roble, de muchas ramas y poca altura. *En el monte abundan los chaparros.* ○ f. **2.** Chaparro (→ 1). *Bajamos por la ladera sorteando chaparras.* ● adj. **3.** Rechoncho. *Mi tío es un hombre chaparro.*

chaparrón. m. **1.** Lluvia intensa de corta duración. *Nos refugiamos en un portal hasta que pasó el chaparrón.* **2.** Abundancia grande de cosas. *El Ayuntamiento ha recibido un chaparrón de críticas.* ▶ **1:** *CHUBASCO.

chapata. f. Pan crujiente, de forma aplastada y alargada. *¿Te hago un bocadillo con esta media chapata?*

chapear. tr. Cubrir o proteger (algo) con chapa. *Tenemos baldas de distintas calidades, chapeadas* EN *pino, haya o nogal.* ▶ *CHAPAR.

chapela. f. Boina con mucho vuelo, propia del País Vasco. *A los hinchas del Athletic se les reconocía por sus grandes chapelas y sus camisolas rojiblancas.*

chapero. m. jerg. Homosexual masculino que ejerce la prostitución. *Cerca de la discoteca, chaperos y travestidos merodean haciendo la calle.*

chapeta. f. Mancha rojiza que aparece en la mejilla. *Es una mujer mofletuda y de sonrosadas chapetas.* ▶ **Am:** CHAPA.

chapín[1]**.** m. histór. Sandalia femenina con suela gruesa de corcho. *La reina parecía más alta cuando calzaba sus chapines de cordobán.*

chapín[2]**, na.** adj. Am. Guatemalteco. *Su temperamento estuvo de acuerdo con la cultura del pueblo chapín* [C]. Dicho de pers., tb. m. y f. *La mesa, conformada por dos salvadoreños, un chapín y un hondureño, mantuvo su decisión* [C].

chapista. m. y f. Persona que tiene por oficio trabajar la chapa metálica, espec. la de las carrocerías. *Trabaja de chapista en un taller.*

chapistería. f. **1.** Taller del chapista. *Hay que llevar el coche a una chapistería para que reparen la carrocería.* **2.** Oficio o técnica del chapista. *En el taller se hacen trabajos de forja y chapistería.*

chapitel. m. *Arq.* Remate de forma piramidal en lo alto de una torre. *Las torres de las cuatro esquinas del monasterio están coronadas por chapiteles.*

chapó. interj. Se usa para expresar admiración por alguien o algo. *¡Chapó, chica, has hecho un examen de sobresaliente!*

chapotear. intr. **1.** Dar golpes bruscos y ruidosos en el agua o en el barro, gralm. con los pies o con las manos. *El bebé chapotea* EN *el agua con su patito de goma.* **2.** Batir el agua salpicando y produciendo ruido. *El agua chapotea mansamente* CONTRA *el bote amarrado en el embarcadero.* ▶ CHAPALEAR.

chapoteo. m. Hecho o efecto de chapotear. *Con un torpe chapoteo, el bañista alcanza la orilla. Sentados en el muelle, observan el leve chapoteo del agua* CONTRA *las barcas.*

chapucería. f. **1.** coloq. Cualidad de chapucero. *Los profesores de idiomas se quejan de que hay mucha chapucería en su sector.* **2.** coloq. Chapuza (obra hecha sin esmero). *No sé quién le ha hecho esta chapucería en los frenos.*

chapucero, ra. adj. **1.** coloq. Dicho de persona: Que trabaja sin esmero o de manera poco profesional. *Hay alumnos muy chapuceros en la presentación de sus trabajos. Un profesional no deja tantas huellas: estos ladrones son más bien chapuceros.* Tb. m. y f. *El albañil es un chapucero.* **2.** coloq. Dicho de cosa: Hecha sin esmero o de manera poco profesional. *El dibujo es un poco chapucero.*

chapulín. m. Am. Langosta o saltamontes. *Otros insectos como los chapulines y algunos escarabajos ponen sus huevos en el suelo* [C]. ▶ SALTAMONTES.

chapurrar. tr. coloq. Chapurrear (una lengua). *Pierre chapurraba el español.*

chapurrear. tr. coloq. Hablar (una lengua) con dificultad y cometiendo errores. *Muchos vendedores del zoco chapurrean el francés.*

chapurreo. m. coloq. Hecho o efecto de chapurrear. *Al campesino le hace gracia el chapurreo de los turistas.*

chapuza. f. **1.** coloq. Obra o trabajo hechos sin esmero o de manera poco profesional. *Ya sé que te corre prisa la traducción, pero no querrás que te haga una chapuza.* **2.** coloq. Obra o trabajo de poca importancia. *Aunque el electricista ya está jubilado, todavía hace alguna chapuza aquí y allá.*

chapuzar. tr. Meter (a alguien) debajo del agua con ímpetu, gralm. de cabeza. *Antes de chapuzarse, probó la temperatura del agua. Los dos forcejeaban en el agua, hasta que uno consiguió chapuzar al otro.*

chapuzas. m. y f. coloq. Persona chapucera o que hace chapuzas. *El fontanero es un chapuzas.* Tb. adj. *Los del taller de la esquina son un poco chapuzas.*

chapuzón. m. Hecho de chapuzar o chapuzarse. *Lo mejor para el calor es un buen chapuzón.* Frec. con *darse. Antes de comer se da un chapuzón en la piscina.*

chaqué. m. Prenda de vestir masculina a modo de chaqueta, que a partir de la cintura se abre hacia atrás formando dos faldones, y que, junto con un pantalón rayado, se usa como traje de etiqueta. *Acudirá a la boda vestido de chaqué.*

chaqueta. f. Prenda exterior de vestir, con mangas y abierta por delante, que cubre desde los hombros hasta la cadera. *El modelo luce un conjunto de chaqueta y pantalón blancos de lino. Chaqueta de punto.* ■ **cambiar de ~,** o **cambiar la ~.** loc. v. coloq. Cambiar de bando o partido por conveniencia personal. *Muchos cambiaron de chaqueta cuando la junta militar fue derrotada en las urnas.* ▶ **Am:** SACO.

chaquetear. intr. coloq. Cambiar de bando o partido por conveniencia personal. *Desprecia a los políticos que se dedican a chaquetear.*

chaqueteo. m. coloq. Hecho de chaquetear. *El chaqueteo estaba a la orden del día.*

chaquetero, ra. adj. coloq. Que chaquetea o cambia de bando. *La afición llama chaquetero al que fue su jugador.* Tb. m. y f. *Han conseguido la mayoría con el voto de cuatro chaqueteros.*

chaquetilla. f. Chaqueta corta y ajustada, gralm. con adornos. *El toro enganchó al diestro por la chaquetilla. Los camareros llevan chaquetilla blanca.*

chaquetón. m. Prenda exterior de vestir, semejante a una chaqueta pero más larga y de más abrigo. *Hacía tanto frío que se subió el cuello del chaquetón para taparse las orejas.*

charada. f. Pasatiempo consistente en adivinar una palabra a partir de alguna pista sobre su significado y sobre el de otras palabras que constituyen sílabas de la palabra buscada. *Resuelva esta charada: "La del perro está en el jardín"; 1. Quia. 2. Reflexivo. 3. Tantalio.*

charanga. f. Banda pequeña de música, frec. de carácter popular o jocoso, formada por instrumentos de viento y percusión. *Cada peña de mozos organiza su propia charanga.*

charango. m. frecAm. Instrumento musical usado espec. en América del Sur, parecido a una pequeña guitarra, con cinco cuerdas dobles y un sonido muy agudo. *En el dial de las emisoras suenan charangos y zampoñas* [C].

charca. f. Masa de agua, algo menor que una laguna, que queda detenida en el terreno. *Por la tarde se iban a cazar ranas en la charca. Al bajar la marea, se forman grandes charcas en la playa.*

charco. m. Masa de agua u otro líquido, que queda detenida en una cavidad pequeña y poco profunda del suelo. *Los niños chapotean en los charcos de la calle. El cadáver yacía sobre un charco de sangre.* ■ **el ~.** loc. s. coloq. El mar o el océano, espec. el Atlántico. *Hay artistas que cantan en español y triunfan a uno y otro lado del charco.* Frec. con v. como *cruzar. El jugador cruzará el charco para fichar por un equipo español.*

charcutería. f. Tienda en que se venden embutidos, fiambres y otros productos. *Pásate por la charcutería y tráeme jamón de York.* ▶ CHACINERÍA.

charcutero, ra. m. y f. Persona que hace o vende productos de charcutería. *Como buen charcutero, sabía cortar el jamón a cuchillo en lonchas finas.* ▶ CHACINERO.

charla. f. **1.** Hecho de charlar. *Nos pasamos la tarde de charla y tomando café. Déjate de charla y ponte a trabajar.* **2.** Disertación pública de carácter informal o poco solemne. *Una orientadora dará a los chicos unas charlas sobre técnicas de estudio.* ▶ **1:** *CONVERSACIÓN.

charlar. intr. **1.** Conversar distendida o relajadamente. *Nos daban las tantas charlando* DE *política. Los dos estadistas charlaron animadamente.* **2.** coloq. Hablar mucho y gralm. sin sustancia. *¡Deja ya de charlar y ponte a hacer los deberes!* ▶ **1:** *CONVERSAR.

charlatán, na. adj. **1.** Que habla mucho. *Si no quieres que la gente se entere de tus cosas, no seas tan charlatana.* Tb. m. y f. *Los charlatanes se suelen sentar al fondo de la clase.* **2.** Que engaña o embauca a través de la palabra, frec. fingiendo sabiduría. *No pasa de ser un astrólogo charlatán.* Frec. m. y f. *La telebasura trajo consigo a un montón de charlatanes y tertulianos de medio pelo.* ● m. y f. **3.** Vendedor ambulante que anuncia su mercancía hablando a voces y sin parar. *En la plaza había un charlatán que vendía mantas.*

charlatanería. f. Cualidad de charlatán. *El relaciones públicas es un dechado de frivolidad y charlatanería. A base de charlatanería, logró venderles el elixir de la eterna juventud.*

charlestón. m. Baile de origen estadounidense, muy de moda en la década de 1920, ejecutado al son de un ritmo vivo de orquesta de *jazz* y caracterizado por giros bruscos y ágiles de las piernas. *En los años veinte, las mujeres llevaban el pelo corto y bailaban el charlestón.* Tb. su música y su letra. *La orquesta toca un charlestón.*

charleta. f. coloq. Charla relajada y amistosa. *Estuvimos de charleta hasta muy tarde.*

charlista. m. y f. Persona que pronuncia charlas o disertaciones públicas. *En el ciclo de conferencias intervendrán conocidos charlistas del mundo de las letras.*

charlotada. f. Festejo taurino cómico o burlesco. *El público de la charlotada reía con las burlas y cabriolas de los toreros enanos.*

charlotear. intr. coloq. Charlar. Frec. despect. *En la reunión, los vecinos charloteaban como críos. El loro no deja de charlotear.*

charloteo. m. coloq. Hecho de charlotear. Frec. despect. *Lo aburre el charloteo sobre fútbol que suele haber en la barbería.*

charnego, ga. m. y f. despect. En Cataluña: Inmigrante de una región española de habla no catalana. *Su padre era un charnego más, recién llegado a Barcelona.*

charnela. f. **1.** Bisagra o gozne. *Una viajera esperaba sentada en un arcón de charnelas desvencijadas.* **2.** *Zool.* Parte donde se articulan las dos piezas de la concha de un molusco bivalvo. *Las valvas del mejillón están unidas por la charnela.*

charol. m. Cuero tratado con un barniz, gralm. negro, muy brillante y permanente. *Zapatos de charol. Bolso de charol.* Tb. ese barniz. *Está aprendiendo a barnizar con charol.*

charola. f. Am. Bandeja (recipiente plano). *Hornear sobre charolas engrasadas* [C]. *Me asusté tanto que dejé caer la charola* [C]. ▶ *BANDEJA.

charolado, da. part. **1.** → **charolar.** ● adj. **2.** Que tiene brillo semejante al del charol. *Llueve sobre la gran ciudad, y los colores se tornan charolados.*

charolar. tr. Barnizar (algo) con charol o con una sustancia semejante. *Una carroza charolada, tirada por seis corceles, trasladó el féretro al cementerio.*

charqui. m. Am. Carne salada y secada al aire o al sol, para que se conserve durante mucho tiempo. *El charqui se guarda en lugares secos y dura indefinidamente* [C].

charrán[1]**.** m. Ave acuática parecida a la gaviota, de color gris, pico recto y puntiagudo y cabeza negra hasta debajo de los ojos, de la que existen varias especies. *Los charranes se zambullen frente al acantilado en busca de comida.*

charrán[2]**.** adj. coloq. Pícaro o sinvergüenza. Tb. m. *Como pille al charrán que me birló el dinero, lo deslomo.*

charranada. f. coloq. Hecho o dicho propios de un charrán. *Al que dio el chivatazo deberían escarmentarlo por semejante charranada.*

charretera. f. Distintivo militar en forma de pala, que va sujeto sobre el hombro del uniforme y del cual penden flecos. *El general lleva una casaca roja con botonadura y charreteras de color dorado.*

charro, rra. adj. **1.** Aldeano de Salamanca. *En la quinta corrida de la feria se lidiarán toros de un ganadero charro.* Tb. m. y f. *La vida del campo es muy dura, eso lo sabe lo mismo un charro que un payés.* **2.** Del charro (→ 1), o propio de él. *Acompaña a la rondalla un grupo de danza ataviado con el traje charro. Alfarería charra.* ● m. **3.** Am. Jinete mexicano que viste un traje típico compuesto de chaqueta corta, pantalones ajustados, camisa blanca y un sombrero de ala ancha y copa en forma de cono. *El gaucho, como el charro, canta su propia historia* [C].

charrúa. adj. De un pueblo indígena que habitaba la costa septentrional del Río de la Plata. *Indio charrúa.* Dicho de pers., tb. m. y f. *Los charrúas ocupaban más o menos lo que hoy es Uruguay.*

chárter. (pl. **chárteres** o invar.). adj. Dicho de vuelo o avión: Fletado, gralm. por una empresa turística, para una ocasión concreta y no de manera regular. *La oferta incluye el traslado a Tenerife en vuelo chárter.* Frec. m. *Sale más barato volar en chárter que en línea regular.*

chasca. f. Leña menuda. *Se oyó un crujir de pasos entre la chasca de los pinos.*

chascar. intr. **1.** Dar uno o varios chasquidos, frec. al romperse. *Aprieta la nuez hasta que chasque. El látigo chascó en el aire.* ○ tr. **2.** Romper (algo quebradizo o que da un chasquido). *Recogía piñones y los chascaba con una piedra. El toro saltó la barrera, chascándose el cuerno al caer.* ▶ **1:** CHASQUEAR.

chascarrillo. m. Anécdota, cuentecillo o frase aguda, de carácter gracioso. *A la abuela le encanta contarnos chascarrillos.* ▶ CHISTE.

chasco. m. Decepción causada por un suceso contrario a lo que se esperaba. *¿No les queda paella? ¡Qué chasco, con lo bien que la hacen aquí!*

chascón, na. adj. Am. coloq. Que tiene el pelo enmarañado o descuidado. *Moncho, chascón y descuidado, está en cama cortando servilletas* [C]. *Le abultaron el pelo, antes ella salía con el pelo natural, medio chascona, ahora es otra cosa* [C].

chasis. m. **1.** Armazón o bastidor de un automóvil. *Tras el incendio del autobús, solo ha quedado el chasis carbonizado.* **2.** Pieza donde se colocan las placas en una cámara fotográfica. *Para las fotografías de estudio se utilizan hojas individuales de película, que van montadas en un chasis plano.* ■ **quedarse en el ~.** loc. v. coloq. Quedarse muy delgado. *Como no comas más, te vas a quedar en el chasis.*

chasquear. intr. **1.** Chascar (dar uno o varios chasquidos). *El látigo chasquea en el aire. El médico torció el gesto e hizo chasquear la lengua.* ○ tr. **2.** Causar un chasco o decepción (a alguien). Frec. en part. *El público, chasqueado por la suspensión del concierto, reclama la devolución del dinero.* ▶ **1:** CHASCAR.

chasqui. m. **1.** histór. En el Imperio incaico: Mensajero. *Los chasquis eran capaces de cubrir grandes distancias.* **2.** Am. Emisario o mensajero. *Mientras tanto se había mandado un chasqui a la estancia* [C]. ▶ **2:** MENSAJERO.

chasquido. m. Ruido seco y súbito, espec. el que se produce al partirse algo quebradizo, al sacudir un látigo en el aire o al separar la lengua bruscamente del paladar. *Por el chasquido supe que me había roto un hueso. He espantado al chucho con unos chasquidos de la lengua.*

chatarra. f. **1.** Conjunto de trozos de metal viejo o desechado, espec. de hierro, que suele reciclarse. *Los vehículos han quedado convertidos en un montón de chatarra. Se dedica a la compra de chatarra.* **2.** coloq., despect. Conjunto de adornos, joyas o condecoraciones, espec. de poco valor. *Ni el anillo ni los pendientes son de oro, todo es pura chatarra. El general lleva toda su chatarra prendida en la pechera.* **3.** coloq. Conjunto de monedas, espec. de poco valor. *En el monedero no tengo más que chatarra.* **4.** coloq. Máquina o aparato viejos o averiados. *Aunque sea una chatarra, él le tiene cariño a su vieja moto.*

chatarrería. f. Almacén de compra y venta de chatarra. *En el barrio perviven chatarrerías y carbonerías.*

chatarrero, ra. m. y f. Persona que tiene por oficio recoger, almacenar o vender chatarra. *El chatarrero lleva el camión lleno de lavadoras y otros trastos.*

chatear. intr. coloq. Tomar chatos de vino. *A la hora del aperitivo, se va a chatear con los amigos.*

chateo. m. coloq. Hecho de chatear. *Le gusta el chateo de taberna en taberna.*

chato, ta. adj. **1.** Dicho de nariz: Pequeña y aplanada. *Es una chica de ojos chispeantes y nariz chata.* **2.** Dicho de persona: De nariz chata (→ 1). *Es un tipo chato, dentón y medio calvo.* Tb. m. y f. *Le gustan las chatas.* **3.** Dicho de cosa: De menor altura, longitud o relieve que lo normal. *Tiene las uñas chatas y melladas. La abuela se recogía el pelo en un moño chato y circular.* **4.** coloq. Se usa para dirigirse a una persona cariñosamente, espec. a un niño. *¡Qué niña más mona!, ¿quieres un caramelito, chata?* Tb. en sent. irónico. *Mira, chata, me tienes harta con tanta preguntita.* **5.** De escaso valor intelectual o espiritual. *La vida en la aldea se le hacía chata y aburrida. Su destino transcurrió chato y gris* [C]. Referido a pers., frecAm. *Seguramente me aceptarían como un ciudadano chato y sometido* [C]. **6.** Am. coloq. Dicho de persona: De baja estatura. *Zoé, la mensajera, era chata y gorda y bamboleante* [C]. Tb. m. y f. ● m. **7.** Vaso pequeño de vino, gralm. bajo y ancho, típico de las tabernas. *El bodeguero sirve los vinos en chatos.* Tb. su contenido. *Al atardecer, va a la taberna a tomarse unos chatos con los amigos.* ▶ **Am: 1-3:** ÑATO.

chau. interj. Am. Chao. *Yo voy en un ratito, chau* [C]. *Dile chau a tu sueño de ser periodista estrella* [C].

chaucha. f. Am. Judía verde. *Se lavan las chauchas, se le quitan los extremos y el hilo de los costados* [C].

chaval, la. m. y f. coloq. Niño o joven. *En el descampado unos chavales juegan a las canicas. La abuela refunfuña cuando en la tele salen chavalas ligeras de ropa.* Tb. adj. *El mayor ha cumplido veintidós, y el más chaval tiene diecinueve.*

chavea. m. coloq. Chaval. *Sale de trabajar y se va con los chaveas del barrio a tomar algo. El chavea no tendrá más de cinco años.*

chaveta. f. **1.** Clavija que se fija o introduce en una barra para permitir la unión y sujeción de dicha barra a otras piezas. *La polea y su eje se unen mediante una chaveta.* **2.** coloq. Cabeza humana (parte del cuerpo, mente, o cordura). *¡Menudo golpe en la chaveta, verás qué chichón! No le hables así al jefe, ¿es que has perdido la chaveta?* **3.** Am. Navaja. *No tenemos tanques, ni ametralladoras, ni fusiles y ni siquiera chavetas* [C]. ● adj. **4.** coloq. Loco (que tiene trastornado el juicio). *Como hacía cosas tan raras, todos pensaron que se había vuelto chaveta.* Frec. con intención enfática. *Está medio chaveta, pero es buena chica.*

chavo[1]. m. coloq. Ochavo (moneda de poco valor). *Ha vendido la casa por cuatro chavos.* Frec. en constr. negativas con sentido enfático. *Se quedó sin un chavo.*

chavo[2], va. m. y f. **1.** Am. Muchacho (niño o adolescente). *Había unos chavos patinando* [C]. *Era un chavo que acababa de empezar en el taller* [C]. **2.** Am. Novio. *Viene mi chavo a buscarme* [C]. *Estaba con su chava y una amiga de su chava* [C]. ▶ **1:** *MUCHACHO.

chavó. m. coloq. Chaval. *Siendo solo un chavó ya quería ser torero.*

che¹. f. Combinación de las letras *c* y *h*. *En el diccionario, las palabras que empiezan por che se incluyen dentro del bloque de la ce.*

che². interj. frecAm. Se usa para llamar la atención de alguien, o para denotar asombro o sorpresa. *¡Che, no me toques, que me ensucias el traje! No vengas con pavadas, che* [C]. *Sí que me acuerdo, che, qué gran poetisa* [C].

checa. f. **1.** histór. Comité de policía secreta en la Rusia soviética. *El Gobierno bolchevique creó la checa para combatir a los enemigos de la revolución.* Tb. otro organismo semejante que ha funcionado en otros países. **2.** histór. Local en que actuaba la checa (→ 1). *Se cuenta que hubo torturas y desapariciones en las checas comunistas.*

checar. tr. Am. Chequear (algo). *Usted debería checar los precios de otras tiendas* [C]. *Iniciamos un estudio de mercado para checar la aceptación de un nuevo producto* [C]. ▶ CHEQUEAR.

checo, ca. adj. **1.** De la República Checa (país europeo). *Praga es la capital checa.* Dicho de pers., tb. m. y f. *A partir de 1993, los checos y los eslovacos se separan.* **2.** Checoslovaco. *La intervención militar soviética de 1968 frenó el impulso reformista del Gobierno checo.* Dicho de pers., tb. m. y f. ● m. **3.** Lengua hablada en la República Checa y, minoritariamente, en otros países. *El checo es una lengua eslava.* ▶ **3:** BOHEMIO.

checoeslovaco, ca. adj. Checoslovaco. *El Estado checoeslovaco se creó en 1918 y desapareció en 1993.* Dicho de pers., tb. m. y f. *Se casó con un checoeslovaco.*

checoslovaco, ca. adj. De Checoslovaquia (antiguo país europeo). *La capital checoslovaca era Praga.* Dicho de pers., tb. m. y f. *Los checoslovacos estaban integrados en el bloque del este.* ▶ CHECO, CHECOESLOVACO.

chef. (pl. **chefs**). m. y f. Jefe de cocina, espec. el de un restaurante. *Felicitaciones al chef: el asado está magnífico.*

cheli. m. coloq. Jerga con elementos castizos, marginales y contraculturales. *Aquello le pareció demasiado, o como se diría en cheli: "demasié".*

chelín. m. **1.** Antigua moneda británica equivalente a la vigésima parte de una libra. *Escribía para diarios londinenses a un chelín la página.* **2.** Unidad monetaria de Austria anterior al euro. *El chelín dejó de circular en 2002.*

chelista. m. y f. Violonchelista. *Pau Casals fue uno de los grandes chelistas del siglo* XX.

chelo. m. **1.** Violonchelo (instrumento). *Canta el tenor con un fondo de chelos.* ○ m. y f. **2.** Violonchelista. *Los chelos se sientan a la derecha del director.* ▶ **1:** *VIOLONCHELO.

chepa. f. **1.** coloq. Joroba (de una persona). *Tiene un poco de chepa.* ○ m. y f. **2.** coloq. Persona que tiene chepa (→ 1). *El tabernero es un chepa con cara de malas pulgas.*

cheposo, sa. adj. coloq. Que tiene chepa o joroba. *El púgil era alto, desgarbado y algo cheposo.* Tb. m. y f. *Entra una cheposa en el bar vendiendo lotería.*

chepudo, da. adj. coloq. Que tiene chepa o joroba. *La carcelera es una mujer deforme y chepuda.* Tb. m. y f. *El chepudo y el cojitranco formaban una cómica pareja.*

cheque. m. Documento en que el titular de una cuenta ordena a su banco que, a la presentación de dicho documento, pague cierta cantidad a la persona que se hace constar. *Puede pagar sus compras en efectivo, con cheque o con tarjeta. El comprador abonó el precio del inmueble mediante cheque nominativo y conformado.* ■ **~ cruzado.** m. Cheque que lleva trazadas dos rayas paralelas indicativas de que solo puede cobrarse por medio de una cuenta corriente. *El banco le emite un talonario de cheques cruzados.* ■ **~ de viaje.** m. Cheque extendido por un banco a nombre de una persona y provisto de su firma, que puede hacerse efectivo en otro banco o servir para pagar en un establecimiento volviendo a firmarlo delante del cajero. *Los cheques de viaje son una forma cómoda de llevar dinero cuando se sale al extranjero.* ■ **~ en blanco.** m. Cheque en que no se hace constar la cantidad que cobrará el beneficiario, gralm. para que este la fije. *El marchante le ofrece un cheque en blanco a cambio de su cuadro.* Frec. fig. *La ONU dio un cheque en blanco a sus mediadores para que negociaran el alto el fuego.*

chequear. tr. Hacer un chequeo (a alguien o algo). *Un empleado de aduanas le chequea las maletas. El antivirus chequea todos los archivos del disco duro.* ▶ **Am:** CHECAR.

chequeo. m. **1.** Examen o revisión. *Mentalmente, hizo un rápido chequeo de lo que necesitaba comprar. La ley obliga a un chequeo periódico del automóvil en un centro autorizado.* **2.** Reconocimiento médico general. *Los chequeos periódicos permiten el diagnóstico precoz de algunos tumores.*

chequera. f. Talonario. *Tiene dinero en el banco, pero se ha olvidado la chequera.*

cheto, ta. adj. Am. Distinguido o selecto. *El treinta por ciento restante pertenece a la clase cheta* [C].

chévere. adj. **1.** Am. Estupendo. Con intención enfática. *¡Qué peinado más chévere!* [C]. *La gente más chévere de esta noche fueron ustedes* [C]. ● adv. **2.** Am. Estupendamente. Con intención enfática. *Debemos portarnos chévere con ellos* [C].

cheviot. m. Tejido de lana de una raza de oveja escocesa. *Pantalón de cheviot.*

cheyene. adj. De un pueblo indígena de Norteamérica, que habitaba al sur del lago Superior. *Territorio cheyene. Indios cheyenes.* Dicho de pers., tb. m. y f. *La niña fue recogida por una tribu de cheyenes.*

chibcha. adj. **1.** histór. De un pueblo indígena de Colombia, que habitaba en las tierras altas de Bogotá y Tunja. *Indio chibcha. Idioma chibcha.* Dicho de pers., tb. m. y f. *Los chibchas habían alcanzado un notable nivel cultural.* **2.** Del chibcha (→ 3). *Voz chibcha.* ● m. **3.** Lengua hablada por los chibchas (→ 1). Tb. familia de lenguas amerindias que incluye esta y otras similares. *La palabra "tote", que se dice en Colombia, proviene del chibcha.*

chic. (pl. **chics** o invar.). adj. **1.** Elegante y a la moda. *Los actores acudían a la entrega de premios con su ropa más chic. Restaurante chic. Gente chic.* ● m. **2.** Elegancia o distinción. *Sus diseños tienen el chic de los modistas italianos.*

chica. → **chico.**

chicano, na. adj. **1.** Dicho de persona: Estadounidense de origen mexicano. *El autor chicano aspira a conseguir el premio Pulitzer.* Tb. m. y f. *El auge del castellano en Norteamérica se debe en parte a los chicanos.* **2.** De los chicanos (→ 1). *Acento chicano.*

chicarrón, na. m. y f. coloq. Niño o adolescente muy fuertes y desarrollados. *La pívot es una chicarrona de más de dos metros.*

chicha[1]**.** f. **1.** coloq. Carne (parte comestible). *A la cría lo que le gusta es la chicha, porque la verdura ni la prueba.* ○ pl. **2.** coloq. Carnes (cuerpo o gordura de una persona). *¿No me irás a sacar una foto así, con todas las chichas al aire?* ■ **de ~ y nabo.** loc. adj. coloq. De poco valor, utilidad o importancia. *Se hace llamar cronista, pero no es más que un gacetillero de chicha y nabo.*

chicha[2]**.** f. Bebida alcohólica de algunas zonas de América, elaborada con maíz fermentado en agua azucarada. *Me ha traído de Perú una botella de chicha. En la fábrica de chicha encontrará Ud. la bebida más sana y alimenticia* [C]. Tb. la obtenida de la fermentación de otros ingredientes. *El presidente estaba enamorado de la chicha de manzana* [C]. ■ **no ser ni ~ ni limonada.** loc. v. coloq. Carecer de un valor o de una naturaleza definidos. *Muchos adolescentes sienten que no son niños pero tampoco adultos, ni chicha ni limonada.*

chicharra. f. **1.** Cigarra. *Solo se oye el rumor del agua y el canto de las chicharras.* **2.** coloq. Timbre eléctrico de sonido estridente. *Suena insistente la chicharra de un teléfono.* **3.** coloq. Persona muy habladora. *Su vecina es una chicharra que te pone la cabeza loca.*

chicharrera. f. coloq. Calor excesivo. *Con la chicharrera que hace, lo mejor es irse a la piscina.*

chicharrero, ra. adj. coloq. Tinerfeño. Dicho de pers., tb. m. y f. *Los chicharreros celebran el Carnaval por todo lo alto.*

chicharro. m. **1.** Jurel. *El escabeche va bien a pescados como la sardina o el chicharro.* **2.** Chicharrón (residuo de manteca de cerdo). *Descuidó el fuego y se le quemaron los chicharros.* ▶ **2:** CHICHARRÓN.

chicharrón. m. **1.** Residuo frito que queda después de derretida la manteca de cerdo. *En la matanza, se hacen unos chicharrones crujientes y saladitos, que son una delicia.* ○ pl. **2.** Fiambre formado por trozos de carne de distintas partes del cerdo prensados en un molde. *A la excursión llevarán bocadillos de chicharrones.* ▶ **1:** CHICHARRO.

chiche. adj. **1.** Am. coloq. Dicho de cosa: Bonita, delicada y gralm. pequeña. *Viven en un departamentito chiche con todos los muebles nuevos* [C]. Tb. m. *Mandó hacer un modular de hierro forjado y madera... ¡un chiche!* [C]. ● m. o f. **2.** Am. malson. Mama de una mujer. Gralm. en pl.

chichería. f. Am. Establecimiento donde se vende o se bebe chicha. *Se abrieron tres chicherías donde gente de diferente calaña bebe sin ningún control* [C].

chichi. m. malson. Vulva.

chichimeco, ca. (Frec. se usa la forma **chichimeca** como invar. en género). adj. De un pueblo indígena que antiguamente ocupó el norte y la meseta central de México. *Indio chichimeco. Ciudad chichimeca.* Dicho de pers., tb. m. y f. *Los chichimecas solían ser nómadas.*

chichinabo. de ~. loc. adj. coloq. De poco valor, utilidad o importancia. *El chalé es minúsculo, con un jardincillo de chichinabo.*

chichón. m. Bulto que se forma en la cabeza a causa de un golpe. *Se ha caído patinando y le ha salido un buen chichón.*

chichonera. f. Gorro con armadura adecuada para proteger la cabeza, espec. en algunos deportes. *En etapas de mucho calor, los ciclistas sustituyen el casco por la clásica chichonera.*

chicle. m. Pastilla de goma, de diversos sabores, que se mastica sin llegar a tragarla. *Toma chicles de menta para quitarse el aliento a tabaco.*

chico, ca. adj. **1.** Pequeño (de poco tamaño o edad). *El ropero no cabe en un espacio tan chico. La niña es aún muy chica para entender las películas de adultos. Los niños más chicos salen al recreo antes que los mayores.* ● m. y f. **2.** Niño o adolescente. *El objetivo es que los chicos terminen la secundaria con una buena preparación.* **3.** Persona joven, o que no es de edad muy avanzada. *Se buscan chicos de entre veinte y veinticinco años. Lleva varios años saliendo con un chico.* **4.** coloq. Se usa para dirigirse a una persona de la misma edad, o más joven, con la que se tiene confianza. *Mira, chico, a nuestra edad lo mejor es quedarse soltero.* ○ m. **5.** Muchacho que hace recados y tareas de poca importancia en una oficina, un comercio u otro establecimiento similar. *A los quince años empezó a trabajar de chico de los recados en una gestoría.* ○ f. **6.** Criada, o empleada de hogar. *La señora se pasa el día detrás de la chica ordenándole que limpie o que planche.* Tb. *~ de servicio. Se necesita chica de servicio.* ▶ **2:** *MUCHACHO.

chicolear. tr. coloq. Piropear (a una mujer). *Los de las primeras filas chicoleaban a la cupletista.*

chicoleo. m. coloq. Hecho o efecto de chicolear. *La muchacha siguió caminando ajena a silbidos y chicoleos.*

chicote. m. Am. Látigo (instrumento). *Imponía el orden y el terror haciendo chasquear un chicote* [C]. ▶ *LÁTIGO.

chicuelina. f. *Taurom.* Lance que consiste en atraer al toro extendiendo el capote con los brazos a la altura del pecho y, en el momento en que pasa el animal, dar media vuelta en sentido contrario al de este para volver a encararlo. *El diestro puso al toro en suerte frente al caballo con unos quites por chicuelinas.*

chifa. m. (Tb. f.). Am. Restaurante de comida china. *Cerca de medianoche terminaban una cena opulenta en el chifa "Kuo Man"* [C]. *Hay numerosas chifas de comida china* [C].

chifla. f. **1.** Hecho de chiflar o silbar. *El toro fue devuelto a los corrales entre la chifla del respetable.* **2.** Silbato, gralm. de madera. *Los hinchas celebran su victoria haciendo sonar chiflas y carracas.*

chiflado, da. part. **1.** → **chiflar.** ● adj. **2.** coloq. Que está un poco loco o tiene el juicio algo trastornado. *Cuando le dije que me prestara dinero, me miró como si yo estuviera chiflado.* Frec. con intención enfática. *¡No seas chiflada, que a tu edad no estás para correr delante de un toro!* Tb. m. y f. *El incendio pudo ser obra de un chiflado.* **3.** coloq. Que siente gran atracción o interés por algo o por alguien. *Le dijo que estaba chiflado* POR *ella y que quería casarse.* Tb. m. y f. *Es una chiflada* DE *las motos.*

chifladura. f. coloq. Locura (condición, o hecho). *Sancho tardó en percatarse de la chifladura de Don Quijote. Vadear los rápidos en esta barca es una chifladura.*

chiflar. tr. **1.** coloq. Gustar o atraer mucho (a alguien). *A todos nos chiflan los pasteles.* ○ intr. **2.** Silbar. *Te enseñaré a chiflar con dos dedos.* ○ intr. prnl. **3.** coloq.

Sentir gran atracción o interés por algo o por alguien. *Los hombres se chiflan* POR *ella. Se chifla* POR *las motos.*

chiflido. m. Silbido. *Dio un chiflido y el perro acudió veloz.*

chifonier. m. Mueble alto y estrecho, todo él con cajones, que se emplea gralm. para guardar ropa. *En la estancia hay una gran cama y un elegante chifonier.*

chihuahua. m. Perro chihuahua (→ **perro**). *La señora lleva un chihuahua entre sus brazos.*

chií. adj. Chiita. *No quiere negociar con los líderes chiíes libaneses.* Dicho de pers., tb. m. y f. *El culto a los muertos distingue a los chiíes de otras sectas islámicas.*

chiismo. m. Rama de la religión musulmana que atribuye la sucesión de Mahoma como jefe espiritual del islam a su yerno Alí y a todos sus descendientes. *El chiismo es mayoritario en Irán.*

chiita. adj. **1.** Del chiismo. *Credo chiita.* **2.** Partidario o seguidor del chiismo. *El atentado fue reivindicado por un grupo chiita.* Dicho de pers., tb. m. y f. *El ayatolá es el principal mediador entre los chiitas iraníes y su Dios.* ▶ CHIÍ.

chilaba. f. Prenda de vestir larga, a modo de túnica, con mangas y capucha, propia de los moros, espec. de los marroquíes. *En Rabat, el dueño de la pensión llevaba babuchas, chilaba y fez.*

chilango, ga. adj. Am. coloq., despect. De la capital o del Distrito Federal de México. *Llevaba un sombrero michoacano, regalo de un licenciado chilango* [C]. *Hay también turistas chilangos* [C]. Dicho de pers., tb. m. y f. *Esa imaginaria superioridad convierte a algunos capitalinos en chilangos al momento en que salen a la provincia* [C].

chile. m. frecAm. Variedad americana de pimiento picante. *Picaba cilantro, chile y cebollas y preparaba un sabroso guacamole* [C]. *Si se trata de regar cultivos como tomate y chile, se sugiere un gotero por planta* [C].

chileno, na. adj. De Chile. *Puerto chileno.* Dicho de pers., tb. m. y f. *Pablo Neruda es un chileno universal.*

chilindrón. m. (Tb. f.). Guiso hecho con trozos de carne, gralm. pollo o cordero, rehogados con una salsa de tomate, pimiento, cebolla y otros ingredientes. *El chilindrón de cordero es un bocado exquisito.* Tb. dicha salsa. *Pollo a la chilindrón. Cordero al chilindrón.*

chillar. intr. **1.** Gritar con voz aguda y desapacible. *Al ver la rata se puso a chillar. Presintiendo el peligro, los monos comenzaron a chillar.* **2.** Gritar (hablar levantando la voz). *No chilles, que te oigo perfectamente.* **3.** Reprender a alguien dando voces o gritos. *Se pasa el día chillando a los niños.* **4.** Hacer algo un ruido agudo y desagradable. *Pisó el freno a fondo, las ruedas chillaron y el auto se detuvo.* ○ tr. **5.** Decir (algo) chillando (→ 1, 2). *El hombre chillaba "socorro" desde el agua.* ▶ **1-3:** *GRITAR. **4:** *RECHINAR. **5:** *GRITAR.

chillido. m. Grito agudo y desapacible. *La mujer dio un chillido de dolor. A lo lejos se oyen los chillidos de las gaviotas.* ▶ *GRITO.

chillón, na. adj. **1.** Dicho gralm. de persona: Que chilla mucho. *Un grupo de admiradoras chillonas espera a su ídolo. Los domingueros invaden la playa con sus transistores chillones.* Dicho de pers., tb. m. y f. *Ese niño es un chillón.* **2.** Dicho de sonido: Agudo y desapacible. *Tiene una voz muy chillona.* **3.** Dicho de color: Que es demasiado vivo. *Me gustan los colores chillones. Amarillo chillón.* Tb. dicho de una cosa de ese color. *Usa corbatas un poco chillonas.*

chilpayate, ta. m. y f. (Frec. como f. se usa **chilpayate**). Am. coloq. Niño (persona que está en la niñez). *Yo necesito un hombre que me mantenga, a mí y a mis chilpayates* [C]. *A esta casa le hacen falta las risas de los chilpayates* [C].

chimbambas. (A veces en mayúsc.). f. pl. coloq. Quimbambas. *Estaba tan harto que le entraban ganas de irse a las chimbambas.* Frec en la constr. *en las ~*. *Se va de gira y no para: hoy en Teruel, mañana en Bilbao, pasado en las Chimbambas.*

chimenea. f. **1.** Conducto que permite la salida al exterior del humo de un fogón, una caldera, una estufa o algo semejante. *Han colocado la antena colectiva junto a la chimenea. A lo lejos se ven las chimeneas de las fábricas. La locomotora echa un humo espeso por la chimenea.* **2.** Espacio abierto en la pared de una sala, provisto de chimenea (→ 1), que sirve para hacer fuego y calentarse. *Llegamos al refugio y nos sentamos junto a la chimenea.* Tb. ~ *francesa*, para designar la que está provista de un marco y de una repisa superior. *Salón con chimenea francesa.* **3.** *Geol.* Conducto por el que un volcán expulsa material eruptivo. *Los ríos de lava procedentes de la chimenea volcánica se deslizan hacia el mar.* **4.** *Ingen.* Excavación estrecha abierta en el cielo de una mina. *Varios mineros han quedado atrapados al desprenderse una chimenea.* **5.** *Dep.* En alpinismo: Grieta vertical por la que el escalador puede subir apoyándose en ambos lados. *La escalada por fisuras o chimeneas es dura y peligrosa.*

chimpancé. m. Simio africano, un poco más bajo que el hombre, con el cuerpo cubierto de pelo pardo negruzco, con brazos muy largos y sin cola. *Tarzán siempre iba acompañado de un simpático chimpancé. El chimpancé hembra.*

chimú. adj. De un pueblo indígena que habitaba en el norte del Perú. *Cultura chimú.* Dicho de pers., tb. m. y f. *Antes de los incas, dominaron los chimús y los nazcas.*

china[1]. f. **1.** Piedra muy pequeña, a veces redondeada. *Se le ha metido una china en el zapato.* **2.** jerg. Trozo pequeño de hachís prensado. *Esta china da para liarse un par de porros.* ■ **tocarle** (a alguien) **la ~.** loc. v. coloq. Corresponderle (a esa persona) por azar algo malo o que nadie desea. *Alguien tenía que ir, y te tocó la china.*

china[2]. → **chino[1]**.

china[3]. → **chino[2]**.

chinchar. tr. **1.** coloq. Molestar o fastidiar (a alguien). *Aunque sabía que habían roto, le preguntó por su novio solo para chincharla.* ○ intr. prnl. **2.** coloq. Fastidiarse o aguantarse. *Mi balón es de reglamento, y el tuyo no, ¡hala, para que te chinches!*

chinche. f. **1.** Insecto parásito sin alas, que chupa sangre y segrega una sustancia maloliente. *Las camas estaban infestadas de chinches.* ○ m. y f. **2.** coloq. Persona molesta y pesada, espec. por sus constantes quejas o sus excesivas exigencias. *No hagáis mucho ruido, que los vecinos son unos chinches.* Tb. adj. *Algunos clientes son muy chinches.* ■ **caer,** o **morir, como ~s.** loc. v. coloq. Morir en gran cantidad. *Del frente llegaban noticias de que los soldados caían como chinches.*

chincheta. f. Clavito metálico corto, de cabeza ancha, circular y aplanada, que sirve para fijar papeles a una superficie. *El bedel cogió una chincheta y clavó en el tablón la lista de matriculados.*

chinchilla. f. Mamífero roedor de América del Sur, parecido a la ardilla pero algo mayor, de piel gris, muy suave y apreciada. *Gana mucho dinero como criador de chinchillas.* Tb. la piel. *Abrigo de chinchilla.*

chinchín[1]**.** m. Sonido de una banda de música, espec. de los platillos. *El chinchín de las charangas pudo oírse hasta la madrugada.*

chinchín[2]**.** interj. Se usa para acompañar un brindis, espec. al chocar las copas o los vasos. *–Brindemos por el recién nacido, ¡chinchín! –¡Chinchín!*

chinchón. m. Aguardiente anisado elaborado en la localidad madrileña de Chinchón. *Se juntan en el bar para echar la partida y tomarse una copa de chinchón.*

chinchorro. m. **1.** Embarcación de remos pequeña, la menor de las que lleva a bordo un barco. *Los náufragos sobrevivieron una semana en un chinchorro.* **2.** Am. Hamaca (pieza de red para tumbarse). *Si hace mucho calor se acuesta en el chinchorro* [C]. **3.** Am. Red de pesca. *Los pescadores reparan chinchorros y venden el pescado* [C]. *Se tarareaba mientras se recogía el algodón o se tiraba el chinchorro en el río* [C]. ▶ **2:** HAMACA.

chinela. f. Zapatilla de suela ligera y sin talón, que gralm. se usa para estar en casa. *Ha abierto la puerta una mujer en bata y chinelas.*

chinesco, ca. adj. De China, o propio de ella. *Marfiles chinescos. Ojos chinescos.*

chingana. f. Am. despect. Tienda pequeña y modesta donde se venden o consumen licores y productos comestibles. *La chingana de don Eduardo estaba llena de obreros borrachos* [C]. *Se reglamentó el funcionamiento de las chinganas* [C].

chingar. tr. **1.** coloq. Molestar o fastidiar (a alguien). *Deja de chingar a tu hermano y dale el juguete.* Tb. usado en constr. intr. *Eso son ganas de chingar.* En Am., frec. malson. **2.** coloq. Beber (bebidas alcohólicas). *Chingó tanto ron que terminó aborreciéndolo.* **3.** frecAm. malson. Realizar el coito (con alguien). ○ intr. **4.** frecAm. malson. Realizar el coito. ○ intr. prnl. **5.** Am. malson. Fastidiarse o aguantarse.

chingo. m. Am. malson. Montón (gran cantidad de personas o cosas).

chino[1]**, na.** adj. **1.** De China. *Mao fue un importante político chino. Comida china.* Dicho de pers., tb. m. y f. *Los chinos son el grupo de población más numeroso del planeta.* **2.** Del chino (→ 3). *Gramática china.* ● m. **3.** Lengua hablada en China, Taiwan y otros países orientales. *Más de mil millones de personas hablan chino. Chino mandarín. Chino cantonés.* **4.** coloq. Lenguaje incomprensible. *Te repito que no lo sé, ¿es que hablo en chino o qué?* **5.** Colador con forma de cono invertido. *La salsa se pasa por el chino.* ○ f. **6.** Porcelana (material de cerámica). *Tazas de china.* ■ **de chinos.** loc. adj. coloq. Dicho de un trabajo o una tarea: Difícil o laborioso, espec. si requiere paciencia. *Encontrar su teléfono en la guía es una labor de chinos.* ■ **engañar** (a alguien) **como a un chino.** loc. v. coloq. Engañar(lo) totalmente y con facilidad. *Estas perlas son falsas, te han engañado como a un chino.* ▶ **6:** PORCELANA.

chino[2]**, na.** m. y f. **1.** Am. coloq. Persona de origen indio o mestizo. *No había soldado que no llevara a cuatro o cinco indias; las chinas de los soldados habían dado a luz sesenta vástagos* [C]. *El generalote es un chino cholo* [C]. *La china María Eugenia, mestiza cocinera, era su ama de llaves, amante y amiga* [C]. **2.** Am. coloq. Persona de origen plebeyo. *En la ciudad podían verse, junto a damas elegantísimas, la montonera de chinos andrajosos y mugrientos* [C]. **3.** Am. coloq. Niño (persona que está en la niñez). *Caminó detrás del muchacho que le llevaba la maleta; al llegar a la casa, le dio una moneda al chino y lo despachó de vuelta a la calle* [C]. **4.** Am. coloq. Sirviente, espec. si es joven. *Trapéeme bien los rincones, chino, ¿me oye?* [C]. ○ f. **5.** Am. coloq. Mujer (ser racional de sexo femenino). *Los mozos y las chinitas se preparan para bailar* [C]. *Muchos besos y recuerdos para mi chinita querida* [C].

chinos. m. pl. Juego que consiste en esconder dentro del puño un número de cero a tres monedas, o cosas similares, y tratar de adivinar cuántas suman en total todos los jugadores. *En la bodega había un corro de hombres jugándose el aperitivo a los chinos.*

chip. m. *Electrón.* Placa muy pequeña de material semiconductor, gralm. silicio, sobre la que va impreso un circuito integrado capaz de realizar diversas funciones en ordenadores y otros dispositivos electrónicos. *Todos los chips del PC están conectados a la "placa base". Los biólogos le pusieron al ave un chip que permitía su localización.* ▶ MICROCHIP.

chipén. adj. coloq. Extraordinario o muy bueno. *Esta paella tiene una pinta chipén.* Tb. *de ~*. *Tengo unos mejillones de chipén, señora.* Tb. adv. *Lo hemos pasado chipén.*

chipirón. m. Calamar de pequeño tamaño. *De aperitivo nos tomamos una ración de chipirones en su tinta.*

chipriota. adj. De Chipre (país e isla del Mediterráneo oriental). *Un buque con bandera chipriota.* Dicho de pers., tb. m. y f. *Los chipriotas hablan turco y griego.*

chiquero. m. *Taurom.* Cada uno de los compartimentos del toril, en que están los toros encerrados antes de empezar una corrida. *El diestro recibió al toro de rodillas frente a la puerta de chiqueros.*

chiquilicuatre. m. y f. coloq. Persona, frec. joven, algo arrogante y de escasa formalidad o sensatez. *La enviada no es una chiquilicuatre recién salida de la facultad, sino una reportera experimentada.*

chiquilicuatro. m. coloq. Hombre, frec. joven, algo arrogante y de escasa formalidad o sensatez. *No sé qué pinta un chico serio como tú con esa pandilla de chiquilicuatros.*

chiquilín, na. m. y f. coloq. Niño, espec. el de corta edad. *El chiquilín ya va solo a la escuela. Se quedó huérfana cuando era una chiquilina de siete años.*

chiquillada. f. Hecho propio de un chiquillo. *¡No hagas chiquilladas, que ya no tienes edad!*

chiquillería. f. Conjunto de chiquillos. *Desde la carroza, los Reyes Magos lanzaban caramelos a la chiquillería.*

chiquillo, lla. m. y f. coloq. Chico (niño o adolescente). *Es normal que los chiquillos alboroten. Siendo todavía un chiquillo, tuvo que ponerse a trabajar.* Tb. referido, gralm. de manera cariñosa, a una persona adulta de personalidad o conducta infantiles. *Mi marido es un chiquillo, le das una pelota y es feliz.* Tb. adj. *Anda, no seas tan chiquilla, que ya no estás para saltar a la comba.*

chiquitín, na. adj. coloq. Dicho de niño: De muy corta edad. *Tienen dos hijos: uno mayor, que está en* *tercero de primaria, y otro chiquitín, que va a la guardería.* Tb. m. y f. *Tengo que darle el pecho a la chiquitina.*

chiquito, ta. adj. **1.** dim. → **chico.** • m. **2.** Vaso pequeño de vino. *Pidieron otra ronda y el bodeguero les rellenó los chiquitos.* Frec. su contenido. *El domingo queda con su cuadrilla para tomar unos chiquitos.* ■ **andarse con chiquitas.** loc. v. coloq. Hacer uso de rodeos o contemplaciones al abordar un asunto. Gralm. en constr. negativas. *Como los delate, irán por él; ya sabes que la mafia no se anda con chiquitas.*

chiribita. f. Chispa (partícula encendida). Frec. en pl. *Del soplete saltaban chiribitas.* ■ **hacerle** (a alguien) **los ojos ~s.** loc. v. **1.** Ver (esa persona) durante un tiempo corto chispas o destellos móviles delante de los ojos, gralm. por efecto de un golpe. *Al volver en sí, se sentía mareada y los ojos le hacían chiribitas.* **2.** Tener en la mirada (esa persona) una expresión de asombro o ilusión. *Cuando le dijeron el sueldo que iba a tener, los ojos le hacían chiribitas.* ▶ CHISPA.

chiribitil. m. coloq. despect. Habitación muy pequeña. *Le tocó el peor cuarto de la pensión, un chiribitil sin ventana.*

chirigota. f. **1.** Conjunto que, por carnaval, canta canciones satíricas o humorísticas. *Han ganado el concurso de chirigotas de los carnavales de Cádiz.* **2.** coloq. Broma o burla. *Toman sus órdenes a chirigota.*

chirimbolo. m. **1.** Objeto que no se sabe cómo nombrar. *Para meter las grapas hay que abrir este chirimbolo tirando de la palanquita.* **2.** Objeto de forma esférica, espec. el utilizado como remate ornamental en construcciones o mobiliario. *Un pináculo con chirimbolo corona el campanario de la iglesia.*

chirimía. f. Instrumento musical de viento de carácter popular, similar a un oboe, hecho de madera, con diez agujeros y boquilla de caña de doble lengüeta. *La cantautora ha rescatado instrumentos tradicionales, como la chirimía y la zampoña.*

chirimoya. f. Fruto del chirimoyo, mayor que una manzana, de piel verde, con pepitas negras y pulpa blanquecina de sabor dulce. *La chirimoya llega a las fruterías españolas en invierno.*

chirimoyo. m. Árbol tropical, de tronco ramoso y copa densa, cuyo fruto es la chirimoya. *Tenía un huerto con papayos y chirimoyos.*

chiringuito. m. Quiosco o puesto de bebidas, y a veces también de comidas, al aire libre. *Tomamos unas cervezas y unas tapas en un chiringuito de la playa.*

chiripa. f. coloq. Casualidad favorable. *Encontrar trabajo allí fue una chiripa.* Frec. en las constr. *de ~*, o *por ~*. *Pudimos coger el tren de chiripa, porque salió con retraso. Nació en Alicante, pero por pura chiripa: sus padres estaban allí de vacaciones.*

chirla. f. Molusco comestible parecido a la almeja pero de menor tamaño y carne menos apreciada. *Para la paella necesito un calamar, gambas y chirlas.* ▶ CHOCHA.

chirlo. m. coloq. Herida prolongada en la cara, gralm. producto de una cuchillada. *Hubo una reyerta con navajas y alguno se llevó un chirlo.* Tb. la señal o cicatriz que deja. *Un enorme chirlo cruzaba el rostro del pirata.*

chirona. f. (Gralm. sin art.). coloq. Cárcel. *Lo meterán en chirona por traficar con droga.*

chirriante. adj. Que chirría. *Los presos arrastran cadenas chirriantes.* Tb. fig. *En las ciudades hay un chirriante contraste entre miseria y prosperidad.*

chirriar. (conjug. ENVIAR). intr. Hacer algo un ruido agudo, continuado y desagradable, gralm. al rozar con otra cosa. *Los goznes del arcón chirriaron al abrirlo. Cada vez que pisa el pedal, le chirrían los frenos.* Tb. fig. *El estilo informal del periodista chirría en medio del tono serio del periódico.* ▶ *RECHINAR.

chirrido. m. Ruido agudo, continuado y desagradable, producido gralm. por el roce de dos cosas. *Ha terminado durmiéndose, a pesar del chirrido de la mecedora.*

chis. interj. **1.** Se usa para pedir o imponer silencio, frec. acompañada por un gesto del dedo índice sobre los labios. *¡Chis, no habléis tan alto, que nos van a oír!* **2.** Se usa para llamar a alguien. *Oyó que lo llamaban por detrás: –¡Chis, chis!*

chiscón. m. Habitación o habitáculo pequeños o estrechos. *El portero salió de su chiscón para preguntarnos dónde íbamos.* A veces despect. *Los empleados se hacinan en un chiscón.*

chisgarabís. m. coloq., despect. Hombre de escasa formalidad o sensatez. *Su hijo es un chisgarabís sin oficio ni beneficio. Un puñado de chisgarabises llevó el país a la ruina.*

chisguete. m. coloq. Chorrito de líquido, espec. el que brota con fuerza. *Apretó el cartón de leche y un chisguete le saltó a la cara. Me he echado un chisguete de licor en el café.*

chisme[1]**.** m. coloq. o despect. Trasto, gralm. pequeño. *Con tantos chismes por medio, no hay forma de moverse en esta habitación.* Se usa tb. para designar cualquier objeto sin especificar su nombre. *Se ha comprado un chisme rarísimo para abrir las botellas.*

chisme[2]**.** m. **1.** Noticia, verdadera o falsa, acerca de alguien a quien gralm. se pretende criticar o desprestigiar. *No hagas caso de los chismes que circulan sobre él.* **2.** Noticia que versa sobre algo de poca importancia. *Los cronistas parlamentarios conocen innumerables anécdotas y chismes políticos.*

chismear. intr. coloq. Contar chismes. *A las vecinas les encanta chismear.*

chismografía. f. coloq., humoríst. Conjunto de chismes o rumores que circulan. *Según la chismografía local, el alcalde ha tenido varias amantes.*

chismorrear. intr. coloq. Contar chismes. *No le gusta chismorrear. Cuando se aburre, se va a chismorrear* CON *las vecinas.*

chismorreo. m. coloq. Hecho o efecto de chismorrear. *No es amigo del chismorreo. No prestes atención a los chismorreos que publica la prensa.*

chismoso, sa. adj. Que chismorrea o tiene inclinación a ello. *Un gacetillero chismoso había difundido el rumor de que la pareja se iba a divorciar.* Tb. m. y f. *Los vecinos son unos chismosos.* ▶ CHAFARDERO.

chispa. f. **1.** Partícula encendida que salta del fuego o del choque entre dos cosas duras. *Una chispa saltó de la lumbre y quemó la alfombra. Los dos vehículos se rozaron y de la chapa saltaron chispas.* **2.** Descarga luminosa entre dos cuerpos cargados con potenciales eléctricos muy diferentes. *El incendio se ha debido a una pequeña chispa originada por un cortocircuito.* Tb. *~ eléctrica. La chispa eléctrica de la bujía inflama la mezcla comprimida en el cilindro del motor.* **3.** Gracia, agudeza o viveza de ingenio. *El buen humorista debe* *tener chispa. A los diálogos les falta chispa.* **4.** Gota de lluvia menuda y escasa. *Cayeron unas chispas y volvió a lucir el sol.* **5.** coloq. Porción mínima de algo. *Le falta una chispa* DE *sal al guiso.* **6.** coloq. Borrachera. *Vaya chispa que ha cogido.* ■ **echar ~s.** loc. v. coloq. Mostrarse muy enojado o furioso. *Su padre echará chispas al ver los suspensos.* ▶ **1:** CHIRIBITA.

chispazo. m. **1.** Hecho o efecto de saltar una chispa del fuego o de producirse una chispa eléctrica. *No acerques la manta a la lumbre, no se vaya a quemar de un chispazo. Al encender la lámpara, hubo un chispazo y nos quedamos a oscuras.* **2.** Hecho aislado que es muestra o precedente de otro u otros posteriores. *Los monarcas absolutistas reprimían con dureza cualquier chispazo revolucionario.* **3.** coloq. Cantidad pequeña de una bebida alcohólica. *Tomé un chispazo de coñac.*

chispeante. adj. **1.** Que chispea. *Unas bengalas chispeantes. Se volvió con los ojos chispeantes* DE *rabia.* **2.** Agudo o ingenioso. *Hace entrevistas chispeantes a la gente de la calle. Son gente alegre y chispeante.*

chispear. intr. **1.** Echar chispas. *El fuego chispea en la chimenea.* **2.** Relucir o brillar intensamente. *Sus ojos chispeaban* DE *emoción.* ○ intr. impers. **3.** Llover muy poco y en gotas pequeñas. *–¿Llueve? –Ha comenzado a chispear.*

chisporrotear. intr. Despedir chispas reiteradamente el fuego o un cuerpo encendido. *Echó a la lumbre un tronco de encina, que comenzó a chisporrotear.*

chisporroteo. m. Hecho de chisporrotear. *Reconforta contemplar el chisporroteo del fuego en la chimenea.*

chisquero. m. Encendedor de bolsillo. *El abuelo liaba su cigarrillo y lo encendía con un chisquero de mecha anaranjada.* ▶ *ENCENDEDOR.

chist. interj. **1.** Se usa para pedir o imponer silencio, frec. acompañada por un gesto del dedo índice sobre los labios. *¡Chist!, hablad más bajo, no se vaya a despertar el bebé.* **2.** Se usa para llamar a alguien. *Alguien le ha hecho "chist", pero ella no se ha detenido.*

chistar. intr. **1.** Hacer el sonido *chis*, o *chist*, para imponer silencio o llamar a alguien. *Por más que chista el profesor, no logra callar a los chicos. Le chistaron desde un balcón y él alzó la mirada.* **2.** Hablar o decir algo, frec. para replicar o protestar. Gralm. en constr. negativas. *El pinche obedece al chef sin chistar.*

chiste. m. **1.** Historieta, comentario o dibujo, que suelen contener algún juego verbal o conceptual, y cuya intención es hacer reír. *El otro día me contaron un chiste buenísimo. El gran dibujante publicará sus chistes en este diario.* **2.** Gracia o capacidad de una cosa para hacer reír. *La gente se ríe con las aparatosas caídas grabadas por videoaficionados, pero yo no les veo el chiste.* Frec. con intención irónica en la constr. *tener ~. Tendría chiste que, con lo mal que se llevan, acabaran compartiendo piso.* **3.** Broma o burla. *Aunque te suene a chiste, es cierto que tiene miedo a las hormigas.* ▶ **1:** CHASCARRILLO. **3:** *BROMA.

chistera. f. Sombrero de copa. *El alcalde viste de gala, con frac y chistera.*

chistorra. f. Embutido típico de Navarra, semejante al chorizo pero más delgado. *El día de San Fermín corrieron el encierro y almorzaron unos huevos fritos con chistorra.*

chistoso, sa. adj. **1.** Que tiene gracia o hace reír. *Con ese gorro tienes una pinta muy chistosa.* **2.** Que suele contar chistes o decir ocurrencias. *La relaciones públicas era una joven locuaz y chistosa.* ▶ *GRACIOSO.

chistu. m. Flauta popular originaria del País Vasco, recta, de madera, con tres agujeros y embocadura de pico. *Le bailaron un aurresku al son del chistu y el tamboril.*

chistulari. m. y f. Músico que toca el chistu, gralm. junto con el tamboril y como acompañamiento de danzas y ceremonias populares. *Los vecinos van en romería acompañados por un grupo de chistularis.*

chita. a la ~ callando. loc. adv. coloq. Calladamente y con disimulo. *A la chita callando ha ido ascendiendo de posición en la empresa.*

chito. m. Juego que consiste en arrojar tejos o discos metálicos contra un pequeño cilindro de madera para derribarlo. *Por las fiestas hay concursos de petanca, chito y rana.*

chitón. interj. Se usa para imponer silencio, a veces denotando la necesidad de ser discreto o precavido. *A ver, niños, chitón y atentos, que el mago necesita concentrarse. Si te preguntan por el dinero, tú chitón.*

chiva[1]. → **chivo.**

chiva[2]. f. Am. Autobús para transporte público, que lleva la carrocería abierta por los lados. *La chiva partió a las tres de la tarde con exceso de pasajeros* [C]. *Otro paseo nocturno consiste en abordar la chiva, un bus abierto que da una vuelta a la ciudad* [C].

chivarse. intr. prnl. coloq. Delatar una persona algo o a alguien, o decir algo que perjudica a otro. *Un compañero se chivó* A *la profesora* DE *que habían copiado.*

chivatazo. m. coloq. Hecho o efecto de chivarse. *Algún preso ha dado el chivatazo y el plan de fuga se ha desbaratado.*

chivato, ta. m. y f. **1.** coloq. Persona que se chiva. *El chivato de la clase nos vio por la ventana y se lo dijo a la profesora. Es un chivato de la policía.* Tb. adj. *Alumna chivata.* ○ m. **2.** coloq. Dispositivo que emite una señal visual o acústica para avisar de algo. *Si se ilumina el chivato rojo del salpicadero, es que queda poco combustible.* **3.** Chivo de entre seis meses y un año. *Al cabrero se le extravió un chivato en la sierra.*

chivo, va. m. y f. **1.** Cría de la cabra desde que deja de mamar hasta que llega a la edad de procrear. *La piel del chivo o de la chiva podía servir para hacer los parches de las panderetas.* ■ **chivo expiatorio.** m. Persona a la que se hace pagar las culpas de otros o de todos. *El entrenador lo escoge siempre como chivo expiatorio del equipo.* Tb. fig., referido a cosa. *Algunos hacen de la democracia el chivo expiatorio de los males de Occidente.* □ **como una chiva.** loc. adv. coloq. Con la mente trastornada. *Abusó tanto de los tranquilizantes que acabó como una chiva.* Frec. con *estar* y con intención enfática. *¿Salir ahora, con lo que llueve? ¡Tú estás como una chiva!*

chocante. adj. Que choca o causa extrañeza. *Resulta chocante que haya goteras en una casa nueva.*

chocar. intr. **1.** Encontrarse violentamente una persona o cosa con otra. *El portero choca* CON/CONTRA *un delantero rival. El automóvil chocó* CON/CONTRA *una farola.* Tb.: *Dos camiones chocaron en la carretera.* Tb. fig. *La ampliación del horario comercial choca* CON *los intereses del pequeño comercio.* **2.** Enfrentarse o pelear una persona con otra. *Choca* CON *su padre en cuanto hablan de política.* Tb.: *Mi jefe y yo chocamos constantemente.* **3.** Causar extrañeza o asombro. *Choca que nadie haya protestado. Esas familiarida-*

des con los suegros me chocan. ○ tr. **4.** Hacer que (algo) choque (→ 1) con otra cosa. *El niño chocó el triciclo* CON/CONTRA *la pared. En el brindis todos chocaron sus copas.* **5.** Dar una persona (la mano) a alguien, en señal de saludo, acuerdo o enhorabuena. *La foto muestra a un israelí chocando la mano de un palestino.* Tb. usado en constr. intr. o en la constr. *chócala* para expresar acuerdo. *¿Te has casado? ¡Choca, amigo, bienvenido al club! ¿Tú eres Aries? ¡Yo también, chócala!*

chocarrería. f. Chiste o dicho groseros. *Los obreros le soltaron todo tipo de chocarrerías.*

chocarrero, ra. adj. **1.** Que suele decir chocarrerías. *Sus amigos son gente chocarrera.* **2.** Propio de la persona chocarrera (→ 1). *Humor chocarrero.*

chocha. f. **1.** Becada. *Una chocha arrancó a volar.* **2.** Chirla. *Voy a pedir la merluza en salsa con gambas y chochas.*

chochear. intr. coloq. Estar chocho por efecto de la edad. *El abuelo chochea.*

chochera. f. coloq. Chochez. *La chochera del anciano movía a compasión. Lo que dice no son más que chocheras de viejo.*

chochez. f. **1.** coloq. Condición de la persona que chochea. *Los lapsus de memoria de la abuela son signo de chochez.* **2.** coloq. Dicho o hecho propios de la persona que chochea. *Los consejos del abuelo no son más que chocheces.*

chochín. m. Ave de pequeño tamaño. rechoncha, de color pardo y cola pequeña y erguida, que se alimenta de insectos.

chocho[1]. m. malson. Vulva.

chocho[2], cha. adj. **1.** coloq. Que tiene debilitadas las facultades mentales por efecto de la edad. *El jefe es un viejo chocho.* **2.** coloq. Pasmado o atontado de cariño. *La tía anda chocha perdida* CON *el sobrino recién nacido.*

choclo. m. Am. Maíz. *Rodeados de plantaciones de papas, choclos y lechugas, los campesinos discuten* [C]. *Todo el mundo estaba comiendo empanadas de horno y pastel de choclo* [C]. Tb. su mazorca. *Le robamos unos choclos asados a la dueña del camión* [C]. *Estaban todos conversando, mascando su coca o royendo sus choclos* [C].

choco. m. Jibia (molusco). *Pescan cefalópodos, como el pulpo, el calamar o el choco.* ▶ *JIBIA.

chocolatada. f. Desayuno o merienda para varias personas, cuyo principal componente es el chocolate caliente. *El programa de festejos incluye juegos infantiles y chocolatada popular.*

chocolate. m. **1.** Pasta comestible, gralm. de color marrón, hecha básicamente con cacao y azúcar molidos, que se toma sola o formando parte de otros alimentos, como pasteles o golosinas. *Los niños meriendan pan con chocolate. Helado de chocolate. Chocolate con leche y almendras. Chocolate blanco.* **2.** Bebida, gralm. caliente, que se hace con chocolate (→ 1) disuelto y cocido en agua o en leche. *Desayuna chocolate con churros. Chocolate a la taza.* Tb. una taza o vaso de esta bebida. *Entraron en una cafetería y pidieron dos chocolates.* **3.** coloq. o jerg. Hachís. *Trapichea con chocolate y marihuana.* ■ **el ~ del loro.** loc. s. coloq. Una cantidad insignificante en relación con el ahorro o el gasto que se pretende hacer. *Los gastos de comunidad son el chocolate del loro, donde se va el dinero es en la hipoteca.*

chocolateado, da. adj. Que tiene chocolate. *Galletas chocolateadas. Bizcocho chocolateado.*

chocolatera. → **chocolatero.**

chocolatería. f. **1.** Establecimiento público donde se sirve chocolate caliente. *Fuimos a merendar a una chocolatería.* **2.** Establecimiento en que se hace o se vende chocolate. *Lo que más le gustó de Bélgica fueron las chocolaterías y pastelerías.*

chocolatero, ra. adj. **1.** Aficionado a tomar chocolate. *–¿Te apetece un bombón? –No, gracias, no soy muy chocolatero.* ● m. y f. **2.** Persona que tiene por oficio hacer o vender chocolate. *Los de la familia Elgorriaga son chocolateros de toda la vida.* ○ f. **3.** Recipiente en que se cuece o se sirve el chocolate. *Cogió la chocolatera y llenó las tazas.*

chocolatín. m. Chocolatina. *En el avión nos sirvieron un café y unos chocolatines.*

chocolatina. f. Tableta pequeña y delgada de chocolate. *Traía siempre chocolatinas para los sobrinos.* ▶ CHOCOLATÍN.

chófer o **chofer.** (**chofer,** Am.; pl. **chóferes** o **choferes**). m. Persona que tiene por oficio conducir automóviles. *La casa de discos puso a su disposición una limusina con chófer. Él no es chofer, pero trabaja de chofer con su propio vehículo* [C].

chola. f. coloq. Cabeza (parte del cuerpo, o mente). *Le arreó un sartenazo en la chola. ¡Tú estás mal de la chola!*

chollo. m. coloq. Ganga (cosa valiosa o beneficiosa). *En el mercadillo se encuentran muchos chollos. ¿Así que a tu novio le gusta la cocina?; ¡menudo chollo* DE *hombre!*

cholo, la. adj. **1.** frecAm. Mestizo de blanco e indio. *En la intimidad no dejamos de sentirnos indios, cholos, chinos, negros o blancos* [C]. Tb. m. y f. *Yo me he educado con hijos de indios y de cholos en el colegio Ayacucho* [C]. **2.** frecAm. Dicho de indio americano: Que ha adoptado las costumbres o usos de la sociedad occidental. Tb. m. y f. *El Cristo iba cargado por unos agobiados cholos* [C].

chompa. f. **1.** Am. Jersey. *Vestía una chompa verde de cuello alto* [C]. **2.** Am. Cazadora (chaqueta). *Vio el manchón que ahora cubría toda la espalda, bajo la empapada tela de la chompa* [C]. ▶ **2:** *CAZADORA.

chompipe. m. Am. Pavo (ave). *Llegaban campesinos a vender gallinas, patos y chompipes* [C]. ▶ *PAVO.

chongo. m. Am. Moño (parte del cabello). *Se había recogido el pelo en un chongo* [C]. ▶ MOÑO.

chóped. m. Embutido semejante a la mortadela, elaborado con trozos de cerdo o de ternera cocidos. *Hicimos unos bocadillos de chóped.*

chopera. f. Lugar poblado de chopos. *A ambos lados del río hay frondosas choperas.*

chopo[1]. m. Álamo, espec. el álamo negro. *Se durmió a la sombra de unos chopos. Es alto como un chopo.* Tb. su madera. *Muebles de chopo.* ▶ ÁLAMO.

chopo[2]. m. Variedad de sepia de pequeño tamaño. Gralm. *chopito. Para abrir boca pide una ración de chopitos.*

chopo[3]. m. coloq. Fusil. *Dos reclutas hacían guardia con el chopo al hombro.*

choque[1]. m. Hecho o efecto de chocar dos personas o cosas entre sí. *El choque de los vehículos fue frontal. El pívot se ha lesionado en un choque* CON *un rival. Los repetidos choques* ENTRE *la dirección y el comité de empresa llevaron a la huelga. El choque* *generacional es inevitable.* ■ **de ~.** loc. adj. **1.** Dicho de unidad militar o policial: Concebida y entrenada para la acción directa. *El Gobierno enviará fuerzas de choque a la frontera.* **2.** Dicho de remedio: De acción fuerte y rápida para combatir el mal. *Los oncólogos recomiendan un tratamiento de choque para salvar al paciente.*

choque[2]**.** m. **1.** Emoción o impresión fuertes. *Fue un choque verlo tan desmejorado.* **2.** *Med.* Depresión nerviosa y circulatoria, sin pérdida de conciencia, producida frec. a consecuencia de una conmoción fuerte. *El estado de choque se caracteriza por la tensión baja y el frío y palidez de la piel.*

chorar. tr. jerg. Robar (algo). *Le han chorado la cartera.*

chorbo, ba. m. y f. **1.** coloq. o jerg. Persona cuyo nombre se ignora. *Acércate a aquel chorbo y le pides un cigarro.* Frec. despect. *¡Tendrá cara el chorbo ese!* **2.** coloq. o jerg. Novio (persona que mantiene relaciones amorosas con otra). *El viernes salía de currar y se iba a buscar a su chorba.*

choricear. tr. coloq. Robar (algo). *Me han choriceado la cartera.*

choriceo. m. coloq. Hecho de choricear. *Vive del choriceo.*

choricero, ra. adj. **1.** Del chorizo. *La carne se adoba para hacer la masa choricera. Orza choricera.* ● m. y f. **2.** Persona que tiene por oficio hacer o vender chorizo. *La tienda compra su género a los mejores choriceros del país.*

chorizada. f. coloq. Hecho propio de un chorizo. *Pedir una beca cuando te sobra el dinero me parece una chorizada.*

chorizar. tr. coloq. Robar (algo). *Alguien se dedica a chorizar dinero de la caja.*

chorizo[1]**.** m. **1.** Embutido de carne, gralm. de cerdo, picada y adobada con pimentón, que se cura al humo. *En la despensa hay chorizos, salchichones y morcillas.* **2.** Am. Corte de carne del lomo vacuno, situada a cada lado del espinazo. Gralm *bife (de) chorizo. Solía comer bife de chorizo con dos papas hervidas o ensalada* [C]. *Daba por seguro que le cedería cinco kilos de bife chorizo* [C].

chorizo[2]**, za.** m. y f. coloq. Ladrón, espec. el de cosas de poco valor. *Vigila tu maleta, que en la estación hay mucho chorizo.* Frec. con intención enfática. *¿Eso te han cobrado por una transferencia? ¡Menudos chorizos!*

chorlito. m. **1.** Ave de patas largas, pico robusto y dorso pardo o gris moteado de oscuro, de la cual existen varias especies. *El chorlito hembra. Limícolas como el chorlito o la avefría corren con rapidez.* **2.** coloq. Cabeza de chorlito (→ **cabeza**). *Tu hermano es un chorlito.*

choro. m. Am. Mejillón. *También están los moluscos y choros más grandes del litoral* [C].

chorra. f. **1.** coloq. Buena suerte. *¡Qué chorra tienes, ya es la tercera vez que te toca la lotería!* Frec. en la constr. *de ~. Ganaron el partido de chorra.* **2.** malson. Pene. ○ m. **3.** coloq. Hombre tonto o estúpido. *Al teléfono estaba un chorra gastando una broma.* Tb. adj. *¡Cómo puedes ser tan chorra!*

chorrada. f. coloq. Tontería (hecho o dicho tontos, o cosa de poca importancia). *¡No digas chorradas, es imposible terminar el trabajo mañana! Riñeron por una chorrada.*

chorrear. intr. **1.** Caer un líquido en chorro o a chorros. *El agua chorrea de los aleros. Te chorrea sangre de la nariz.* ○ tr. **2.** Desprender o dejar caer (un líquido) a chorros. *El toro chorrea sangre. El horno chorrea grasa.* Tb. usado en constr. intr. *Nos pilló la tormenta y llegamos al refugio chorreando.*

chorreo. m. **1.** Hecho de chorrear o caer un líquido. *Al pintar, escurre bien el rodillo para evitar el chorreo. Solo se escucha el chorreo del agua en la fuente.* **2.** Flujo constante de personas o cosas. *El chorreo* DE *ciclistas que se descuelgan es imparable.*

chorreón. m. Chorro pequeño de líquido. *Le gusta tomarse el café con un chorreón de coñac.* Tb. la huella o mancha que deja. *Los pintores han dejado el rodapié lleno de chorreones.* ▶ CHORRETÓN.

chorrera. f. **1.** Adorno de encaje que va en la abertura de la pechera de una camisa u otra prenda de vestir. *El torero usa camisa blanca con chorreras.* **2.** Trecho corto de un río o desnivel del terreno, por donde el agua baja con fuerza. *El recorrido por la cabecera del río permite contemplar chorreras y tramos espumosos.*

chorretón. m. Chorreón. *Se echó un chorretón* DE *colonia.*

chorro. m. **1.** Porción de líquido, o de otro fluido, que sale ininterrumpidamente por una abertura estrecha con más o menos fuerza. *Abrió el grifo y puso la cabeza bajo el chorro. Échale un buen chorro* DE *lejía al agua. Una palanca permite dirigir el chorro* DE *aire que sale por las toberas de ventilación. Descorrió la cortina y un chorro* DE *luz inundó la habitación.* Tb. fig. *El chorro de trigo cae en la tolva para la molienda.* **2.** Conjunto o sucesión abundantes de personas o cosas. *El Ayuntamiento ha gastado un chorro* DE *millones en rehabilitar la catedral.* ■ **~ de voz.** m. Voz potente. *Con su chorro de voz, el tenor llena hasta el último rincón del auditorio.* □ **a ~s.** loc. adv. En abundancia. *El accidentado sangraba a chorros por la cabeza.* ■ **como los ~s del oro.** loc. adv. coloq. En estado de total limpieza. *La limpiadora ha dejado el despacho como los chorros del oro.*

chota[1]**.** → **choto.**

chota[2]**.** m. y f. coloq. o jerg. Delator, espec. el que delata ante la autoridad policial o carcelaria. *El alcaide se enteró del plan de fuga por algún chota que se fue de la mui. Era el chota de la clase.*

chotacabras. m. Ave insectívora nocturna, de plumaje marrón grisáceo moteado de oscuro, con cerdas a los lados de la boca, y de la que existen varias especies. *El chotacabras hembra. El chotacabras caza insectos al vuelo.*

chotearse. intr. prnl. coloq. Burlarse o reírse de alguien o de algo. *Se ha choteado* DE *nosotros. Los otros se choteaban* DE *su aspecto aniñado.*

choteo. m. coloq. Hecho de chotearse. *No me gusta ese choteo que os traéis conmigo.*

chotis. m. Baile popular español típico de Madrid, de ritmo lento, que se ejecuta por una pareja enlazada, dando pasos cortos y pequeños giros. *Le encanta ir a la verbena de San Isidro a bailar chotis.* Tb. su música y su letra. *El organillero interpretaba chotis y pasodobles.* ■ **más agarrado que un ~.** loc. adj. coloq. Muy tacaño. *No te prestará el dinero, porque es más agarrado que un chotis.*

choto, ta. m. y f. **1.** Ternero. *Los niños iban a los prados a torear algún choto.* Tb. su carne. *La tía prepara un guiso de choto riquísimo.* **2.** Cabrito. *Una ca-*

bra amamanta a su choto. ■ **como una chota.** loc. adv. coloq. Con la mente trastornada. *Al paso que va, acabará como una chota.* Frec. con *estar* y con intención enfática. *Estás como una chota.*

chotuno. oler a ~. loc. v. coloq. Oler muy mal. *Dúchate, que hueles a chotuno.*

chova. f. Ave parecida al cuervo, de color negro azulado lustroso, pico rojo o amarillo y patas rojas, de la que existen varias especies. *Las chovas nidifican entre los riscos.*

chovinismo. m. Actitud de quien exalta exageradamente lo nacional frente a lo extranjero. *A mí me parece, y no es chovinismo, que el jamón curado español es el mejor del mundo.*

chovinista. adj. **1.** Del chovinismo. *Actitud chovinista.* **2.** Que tiene o demuestra chovinismo. *Nunca va de vacaciones al extranjero, para eso es muy chovinista.* Dicho de pers., tb. m. y f. *El Gobierno trata de contentar a los chovinistas y a los internacionalistas.*

choza. f. Construcción pequeña y tosca, hecha de materiales pobres, como palos, ramas o paja, y destinada a refugio o vivienda. *El jefe de la tribu vive en la choza más grande del poblado. El pastor pasa la noche en una choza.* ▶ *CABAÑA.

chozo. m. Choza pequeña. *Los náufragos construyeron un chozo con cañas y palmas.* ▶ *CABAÑA.

christmas. (pal. ingl.; pronunc. "krísmas"). m. Tarjeta ilustrada de felicitación navideña. *Por Navidad, mandamos* christmas *a los parientes y a los amigos.* ¶ [Equivalente recomendado: *tarjeta navideña.* Adaptación recomendada: *crismas,* pl. invar.].

chubasco. m. Lluvia repentina, intensa y de corta duración, frec. acompañada de viento. *Habrá nubosidad variable con chubascos dispersos.* ▶ AGUACERO, CHAPARRÓN.

chubasquero. m. Impermeable ligero, gralm. corto y con capucha. *Ponte el chubasquero, que llueve. A bordo, todos llevan chubasquero y botas de agua.* ▶ IMPERMEABLE.

chúcaro, ra. adj. Am. Dicho del ganado: Bravío. *Los rebaños chúcaros se iban acercando a la cuenca del Salado* [C]. *Los potros siempre han sido chúcaros* [C]. ▶ BRAVÍO.

chuchería. f. **1.** Golosina u otro alimento ligero, que se toma por gusto o entretenimiento. *En el quiosco del parque tienen chicles, pipas y todo tipo de chucherías.* **2.** Cosa de poco valor o importancia. *No gastéis mucho en el regalo del niño, porque él es feliz con cualquier chuchería.*

chucho[1]**.** m. Am. Escalofrío. *Él estaba con fiebre y chuchos de frío* [C].

chucho[2]**, cha.** m. y f. coloq. Perro, espec. si no es de raza. *Tiene un cariño tremendo a los chuchos. –¿Tu perro tiene pedigrí? –¡Qué va!, no es más que un chucho.* Frec. despect. *El vecino tiene un chucho pequeñajo que no para de ladrar.*

chueco, ca. adj. **1.** Am. Dicho de cosa: Torcida (que no está recta). *Su rostro se desfiguró, la boca chueca, la frente arrugada* [C]. *Tenía una letrota chueca y muchas faltas de ortografía* [C]. **2.** Am. Dicho de persona: Retorcida (que tiene malicia). *Tengo una cosa como de piel para la gente chueca y mal intencionada* [C]. **3.** Am. Deshonesto o ilícito. *Han creado una compleja urdimbre de negocios chuecos* [C]. **4.** Am. Dicho de las piernas: Arqueadas. *Tiene la barriga que le cuelga sobre las rodillas o las piernas chuecas* [C]. **5.** Am. Dicho de cosa: Mal hecha o defectuosa. *Se puso a rearmar el chueco proyector de dieciséis milímetros* [C]. ▶ **1:** TORCIDO. **2:** *RETORCIDO. **3:** ILÍCITO.

chufa. f. **1.** Tubérculo comestible, en forma de pequeño grano amarillento por fuera y blanco por dentro, de sabor dulce y con el que se fabrica horchata. *Horchata de chufa.* Tb. su planta. *La chufa se cultiva en la zona levantina.* **2.** coloq. Bofetada. *¡Como no te calles, te atizo una chufa!*

chufla. f. coloq. Broma o burla. *¿Hablas en serio o estás de chufla? Está harto de que los alumnos tomen a chufla sus amenazas.*

chulada. f. **1.** Chulería (dicho o hecho propios de la persona chula). *El director se permitió la chulada de nombrar gerente a su cuñado.* **2.** coloq. Cosa chula o bonita. *¡Qué chulada de casa!* ▶ **1:** CHULERÍA.

chulapo, pa. m. y f. Chulo (persona de las clases populares de Madrid). *Para las fiestas de San Isidro vistieron a los niños de chulapos.* Frec. *chulapón.* ▶ CHULO.

chulear. tr. **1.** coloq. Abusar (de alguien). *Una cosa es que te cobren de más por descuido, y otra muy distinta que te quieran chulear.* **2.** coloq. Explotar un chulo o proxeneta (a una mujer). *El tipo chuleaba a varias inmigrantes.* ○ intr. prnl. **3.** coloq. Jactarse o presumir. *Que hayan ganado el campeonato de mus no les da derecho a chulearse así.* **4.** coloq. Burlarse de alguien. *A los del pueblo no les gusta que vengan forasteros a chulearse* DE *ellos.*

chulería. f. **1.** Cualidad o condición de la persona chula. *Mi equipo es mejor que el suyo, y no lo digo por chulería. Habla con chulería.* **2.** Dicho o hecho propios de la persona chula. *Esas chulerías te las dice para meterte miedo.* ▶ **2:** CHULADA.

chulesco, ca. adj. Propio del chulo. *Luciano tenía ese aire chulesco del mafioso. A la verbena lleva el atuendo chulesco, con gorra y pañuelo al cuello.*

chuleta[1]**.** f. **1.** Costilla con carne de vaca, de cerdo o de cordero. *De segundo tenemos chuleta* DE *cerdo con ensalada.* **2.** coloq. Papel pequeño con anotaciones que se lleva oculto para usarlo disimuladamente en un examen. *El profesor le pilló la chuleta que llevaba bajo la manga.* Tb. fig. *El diputado canario es de los pocos que suben al estrado sin chuleta.* **3.** coloq. Bofetada. *¡Como no te calles, te meto una chuleta!*

chuleta[2]**.** adj. coloq. Chulo (arrogante o presumido). *El protagonista se ve las caras con unos pandilleros muy chuletas.* Tb. m. y f. *Es un chuleta que va a la playa a lucir sus músculos.*

chuletada. f. Comida constituida principalmente por chuletas, gralm. a la parrilla. *Se van a juntar con los amigos para hacer una chuletada.*

chulo, la. adj. **1.** Dicho de persona: Arrogante o presumida. *Yo la riño, y ella sale toda chula por la puerta sin hacerme caso. Se paseaba muy chulo con su coche nuevo.* Tb. m. y f. *Nunca falta el típico chulo de barrio que va por la vida avasallando.* **2.** Propio de la persona chula (→ 1). *Venían en plan chulo y buscando camorra.* **3.** coloq. Bonito o atractivo. *¡Qué abrigo tan chulo! No te cambies de vestido, que con ese vas chulísima.* ● m. y f. **4.** Persona de las clases populares de Madrid, algo chula (→ 1) y afectada, espec. en los modales y en el habla. *Van a la pradera de San Isidro con su mantón y su pañuelo de chulas.* ○ m. **5.** coloq. Proxeneta. *Las pobres chicas viven a merced del chulo que las explota.* ▶ **4:** CHULAPO.

chumbera. f. Planta propia de América, del mismo grupo que el cacto, con tallos carnosos en forma de palas con espinas, cuyo fruto es el higo chumbo. *La chumbera sobrevive perfectamente en terrenos desérticos.* ▶ **frecAm:** NOPAL.

chuminada. f. coloq. Tontería (hecho o dicho tontos, o cosa de poca importancia). *El eslogan es una chuminada. Se pelearon por una chuminada.*

chunga. f. coloq. Broma o burla. *Los del fondo se pasan toda la clase de chunga. No os toméis el asunto a chunga, porque es muy serio.*

chungo, ga. adj. **1.** coloq. Estropeado o en mal estado. *Esta leche está chunga, no te la bebas.* **2.** coloq. De mala calidad o condición. *No vayáis a ver esa película, que es muy chunga. Se junta con la gente más chunga del barrio.* **3.** coloq. De mal aspecto. *El tiempo está chungo, va a llover. Si la cosa se pone chunga, salimos corriendo.* **4.** coloq. Enfermo o indispuesto. *Llevo varios días chungo.* **5.** coloq. Complicado o difícil. *El examen fue muy chungo. Con ese rival, lo tiene chungo.*

chungón, na. adj. coloq. Que está de chunga o es aficionado a ella. *El niño, entre alegre y chungón, le sacó la lengua.* Tb. m. y f. *El chungón de turno le había pegado un monigote en la espalda.*

chuño. m. Am. Fécula de patata. *Se agrega poco a poco la harina con el chuño* [C].

chupa. f. coloq. Prenda de abrigo que cubre el tronco, espec. cazadora. *Si traes la chupa mojada, déjala en el perchero. Los moteros usan chupas de cuero.* ■ **poner** (a alguien) **como ~ de dómine.** loc. v. coloq. Criticar(lo) o reprender(lo) con dureza. *La pusieron como chupa de dómine por llegar tarde.*

chupada. f. Acción de chupar una vez, espec. al fumar. *Dio una última chupada al cigarrillo y lo apagó.*

chupado, da. part. **1.** → **chupar.** ● adj. **2.** coloq. Dicho de persona o de cara: Flaca o muy delgada. *A ver si comes más, que te estás quedando muy chupada.* **3.** coloq. Muy fácil. *–¿Quién inventó el teléfono? –Chupado, Graham Bell. Las preguntas del examen estaban chupadas.*

chupador, ra. adj. Dicho espec. de ser vivo o de uno de sus órganos: Que chupa. *Insecto chupador. El mosquito tiene aparato bucal chupador.*

chupamedias. adj. Am. coloq. Adulador. *¿Qué opina de las actitudes chupamedias que tienen algunos politiqueros?* [C]. Dicho de pers., tb. m. y f. *Para lograr un ascenso envían a un chupamedias* [C].

chupar. tr. **1.** Apretar (algo) con los labios, y gralm. también con la lengua, para sacar el jugo o la sustancia que contiene. *Está chupando un pirulí. El niño chupaba la pajita y la leche iba desapareciendo del vaso.* **2.** Apretar (algo) con los labios, gralm. humedeciéndo(lo) con la lengua. *El niño se chupa el dedo. Se quedó pensativa, chupando el lapicero.* **3.** Lamer (algo), o humedecer(lo) con la lengua. *Chupó el sello antes de pegarlo en el sobre.* **4.** Absorber o sorber (algo). *Las plantas chupan el agua que cae en el arriate. La pared chupa mucha pintura.* Tb. usado en constr. intr. *Da igual que llueva, la tierra apenas chupa cuando está tan cuarteada.* **5.** coloq. Quitar (el dinero) a alguien poco a poco y con maña. *Los hijos le chuparon hasta el último céntimo.* ○ tr. prnl. **6.** coloq. Soportar o padecer (algo). *Se chupó diez años de cárcel. Nos hemos chupado un buen atasco.* ○ intr. **7.** Apretar algo con los labios, y gralm. también con la lengua, para sacar el jugo o la sustancia que contiene. *El bebé chupa con fuerza* DE *la teta. Chupó* DE *la pipa, pero se le había apagado.* **8.** coloq. Sacar provecho de algo indebidamente o a costa de los demás. *Algunos están en el cargo solo para chupar* DEL *erario público.* **9.** coloq. En un deporte de equipo: Abusar un jugador del juego individual. *Se lía a chupar y se olvida de que jugamos todos.* **10.** Am. coloq. Beber una bebida alcohólica. *Ahorita estoy chupando para apagar la sed y las penas* [C]. ■ **chúpate esa.** expr. coloq. Se usa para expresar agrado o aprobación cuando alguien recibe su merecido, por ej. el castigo o la contestación adecuados. *–Usted que ya es graduado... –Perdón, pero soy licenciado, no graduado. "Chúpate esa", pensé para mí.*

chupatintas. m. y f. coloq., despect. Oficinista. *Él quería ser reportero, no un vulgar chupatintas.*

chupe. m. Am. Guiso de patatas al que se añaden otros ingredientes, como carne, pescado o marisco. *El plato típico del almuerzo modesto era el puchero en las ciudades y el chupe en el campo* [C]. *Se encontraban en la playa comiendo un chupe de mariscos* [C].

chuperretear. tr. coloq. Chupetear (algo). *El bebé chuperretea todo.*

chupete. m. Objeto provisto de un asa en un extremo y una parte blanda de goma en el otro, que se da a bebés y niños pequeños para que se calmen chupando. *En cuanto le daban el chupete, el bebé se quedaba dormido.* ▶ **Am:** CHUPÓN.

chupetear. tr. Chupar (algo) mucho o repetidamente. *El perro le chupetea la mano. Le gusta chupetear las cabezas de las gambas.*

chupeteo. m. Hecho de chupetear. *Encendió el puro con un sonoro chupeteo.*

chupetón. m. Acción de chupar una vez con fuerza. *El niño le da un chupetón al helado.* ▶ **Am:** CHUPÓN.

chupinazo. m. **1.** Disparo de un cohete, que señala el comienzo de un festejo. *Con el chupinazo y al grito de "Viva San Fermín", se inician las fiestas pamplonicas.* **2.** coloq. En el fútbol: Disparo potente con el pie. *El delantero marcó de un chupinazo.*

chupito. m. coloq. Sorbito o trago corto, espec. de vino o licor. *–¿Te apetece un ron? –Sí, pero solo un chupito. Tomó un chupito de agua.*

chupón, na. adj. **1.** Que chupa mucho para sacar jugo o sustancia de algo. *Si el niño está muy chupón, tal vez le esté saliendo un diente.* **2.** coloq. Que chupa dinero a alguien o saca provecho de algo. *El magnate tenía una familia muy chupona.* Tb. m. y f. *Los de este banco son unos chupones.* **3.** coloq. En un deporte de equipo: Que chupa o abusa del juego individual. *Ha fallado el gol por chupón, por no pasar la pelota antes.* Tb. m. y f. *El entrenador sentaba a los chupones en el banquillo.* ● m. **4.** Brote que sale de las ramas principales, el tronco o las raíces de un árbol y que les chupa la savia. *Hay que podar los chupones del manzano para que tenga buen fruto.* **5.** Am. Chupete. *Tenías tres meses cuando un día soltaste el chupón* [C]. **6.** Am. Chupetón. *Le había causado un hematoma en la clavícula con un cariñoso chupón* [C].

chupóptero, ra. m. y f. coloq., despect. Persona que percibe uno o más sueldos sin trabajar. *Entre los altos cargos hay más de un chupóptero.*

churrascar. tr. Churruscar (algo). *Primero se mata al cerdo y luego se le churrasca la piel.* ▶ CHURRUSCAR.

churrasco. m. frecAm. Carne asada a la plancha o a la parrilla. *La especialidad del asador argentino es el churrasco de carne roja. Para muchos argentinos, carne* *significa todavía churrasco, bife o tira de asado* [C]. *Preparamos el churrasco con huevos y ensalada* [C].

churrería. f. Establecimiento en que se hacen o se venden churros. *La churrería abastece de churros y porras a las cafeterías de la zona.*

churrero, ra. m. y f. Persona que tiene por oficio hacer o vender churros. *El churrero madruga para tener el género listo a la hora del desayuno.*

churrete. m. Mancha de líquido que ha resbalado o chorreado, espec. por la cara u otra parte del cuerpo. *El niño tenía churretes de haber llorado. En el rodapié hay churretes de pintura.*

churretoso, sa. adj. Lleno de churretes. *Salió del colegio con el rostro churretoso de tanto llorar. La puerta del horno está churretosa.*

churrigueresco, ca. adj. **1.** *Arq.* Del arquitecto español José de Churriguera (1665-1725) o con características semejantes a las de sus obras, espec. la abundante ornamentación. *El palacio tiene una espléndida fachada de estilo churrigueresco.* **2.** despect. Exageradamente adornado. *El espejo, de marco dorado y churrigueresco, desentona en el austero dormitorio.*

churro[1]. m. **1.** Alimento hecho con una masa de harina, agua y sal, que se fríe en aceite, se presenta en pequeñas piezas cilíndricas y estriadas, y es típico de desayunos y meriendas. *Desayunan chocolate con churros.* **2.** coloq. Chapuza (obra o trabajo hechos sin esmero). *Quiero hacer la tesis bien y no que me quede un churro.* **3.** coloq. Casualidad favorable. *El delantero confesó que su espectacular gol había sido un churro.* Frec. en la constr. *de ~. Aprobó de churro.* ■ **como ~s.** loc. adv. coloq. En abundancia y con facilidad. *El nuevo juguete se vende como churros. Las canciones le salen como churros.*

churro[2], rra. adj. **1.** Dicho de oveja o carnero: Que tiene la cabeza y las patas cubiertas de pelo corto y grueso, y la lana más basta y larga que la de la oveja merina. *El queso manchego se hace con leche de oveja churra.* Tb. m. y f. **2.** Dicho de lana o de raza: De oveja churra (→ 1). *Para el asado se mataron varios corderos de raza churra.*

churruscar. tr. Asar o tostar mucho (algo). *Le gusta churruscar la piel del pollo.* Tb. en constr. prnl. media. *Procura que no se churrusquen las tostadas.* ▶ CHURRASCAR.

churumbel. m. coloq. o humoríst. Niño pequeño. *La gitana lleva en brazos a su churumbel. Se ha ido de veraneo con la parienta y los churumbeles.*

chusco, ca. adj. **1.** coloq. Gracioso o burlón. *Tenía que aguantar comentarios chuscos sobre su cojera.* Dicho de pers., tb. m. y f. *Algún chusco puso a los gemelos el mote de "el Gordo y el Flaco".* ● m. **2.** Pan que se da como ración al soldado o en la cárcel. *El carcelero deja en el calabozo una jarra de agua y un chusco.* **3.** Pedazo de pan, espec. si está duro. *Cogió unos chuscos de la panera y los puso en remojo para el gazpacho.*

chusma. f. Conjunto o multitud de gente grosera o vulgar. *La chusma se arremolina con intención de linchar al sospechoso.*

chusquero. adj. coloq., despect. Dicho de oficial o suboficial del ejército: Que ha ascendido desde soldado raso. *Sargento chusquero.* Tb. m. *No tenía formación académica, era un vulgar chusquero.*

chut. (pl. **chuts**). m. En el fútbol: Disparo con el pie, gralm. a la portería contraria. *Abrió el marcador con un chut desde fuera del área.*

chutar. intr. **1.** En el fútbol: Disparar con el pie, gralm. a la portería contraria. *El buen futbolista debe aprender a chutar con ambas piernas.* ○ intr. prnl. **2.** jerg. Inyectarse droga. *Unos yonquis se chutaban en los lavabos.* ▶ **1:** DISPARAR.

chute. m. jerg. Inyección de droga. *Cuando estás con el mono, haces lo que sea por meterte un chute.*

chuzo. m. Palo con un pincho de hierro en la punta, usado para atacar o defenderse. *El gladiador se enfrentaba al león provisto de una red y un chuzo.* ■ **caer,** o **llover, ~s (de punta).** loc. v. coloq. Llover con mucha fuerza. *Juegan todos los domingos al fútbol, aunque caigan chuzos de punta.*

Cía. abrev. Compañía. *Trabaja para la constructora Salinero y Cía.*

cian. m. Color azul verdoso. *El cian es el color complementario del rojo.* Tb. adj., gralm. siguiendo a *azul. Color azul cian.*

cianosis. f. *Med.* Coloración azul o amoratada de la piel, gralm. debida a trastornos circulatorios. *Presenta vómitos y cianosis, entre otros síntomas.*

cianótico, ca. adj. *Med.* Que tiene o padece cianosis. *El paciente presenta sudor frío y piel cianótica.*

cianuro. m. **1.** *Quím.* Sal del ácido cianhídrico. *El cianuro sódico es un insecticida mortífero.* **2.** Sustancia venenosa constituida por cianuro (→ 1) de potasio. *Envenenaba a sus víctimas echándoles cianuro en el café.*

ciar. (conjug. ENVIAR). intr. *Mar.* Remar hacia atrás. *El timonel les ordenó ciar.*

ciático, ca. adj. **1.** *Anat.* Del ciático (→ 2) o de la ciática (→ 3). *Artrosis ciática. Síndrome ciático.* ● m. **2.** *Anat.* Nervio ciático (→ **nervio**). *Sufre un pinzamiento en el ciático.* ○ f. **3.** Dolor constante e intenso en las nalgas y la parte posterior del muslo, por inflamación o compresión del ciático (→ 2). *Está postrado en cama con un ataque de ciática.*

ciberespacio. m. *Inform.* Espacio imaginario en que se establecen las comunicaciones de una red informática, espec. de Internet. *Navega por el ciberespacio hasta conseguir la información.*

cibernauta. m. y f. *Inform.* Persona que navega por una red informática, espec. por Internet. *La asociación de cibernautas reclama una bajada de las cuotas de conexión a Internet.*

cibernético, ca. adj. **1.** De la cibernética (→ 2). *Ingenio cibernético. Robot cibernético.* ● f. **2.** Ciencia que estudia las semejanzas entre los sistemas de control y comunicación de los seres vivos y los de las máquinas, y en particular las aplicaciones de los mecanismos biológicos a la tecnología. *En la segunda mitad del siglo* XX*, la cibernética revolucionó el campo de la tecnología.*

cicatería. f. **1.** Cualidad de cicatero. *La inversión en tecnología debe hacerse con prudencia pero sin cicatería.* **2.** Hecho propio de un cicatero. *Negarle el dinero es una cicatería.* ▶ *TACAÑERÍA.

cicatero, ra. adj. Tacaño o mezquino. *La dueña de la pensión era muy cicatera. Los africanos se quejan de la política cicatera de Occidente.* Dicho de pers., tb. m. y f. *Había sido un cicatero con sus hijos.* ▶ *TACAÑO.

cicatriz. f. Señal que queda en los tejidos orgánicos después de curada una herida. *Le cruzaba el rostro la cicatriz de un navajazo.*

cicatrización. f. Hecho de cicatrizar. *La herida se deja al aire para asegurar su rápida cicatrización.*

cicatrizante. adj. Que cicatriza. *Tras la extracción, el dentista receta un medicamento de acción cicatrizante.* Frec. m., referido a medicamento o producto. *Algunos aceites vegetales son excelentes cicatrizantes.*

cicatrizar. intr. **1.** Quedar totalmente cerrada una herida. *El aire hace que las heridas cicatricen antes.* Tb. prnl. *Si no se cicatriza pronto la úlcera, hay peligro de infección.* Tb. fig. *Espera que la herida de su desengaño amoroso termine cicatrizando.* ○ tr. **2.** Hacer que (una herida) cicatrice (→ 1). *La vitamina C ayuda al organismo a cicatrizar las heridas.* Tb. fig. *Solo el tiempo cicatriza la herida de perder a un ser querido.* ▶ CERRAR.

cicerone. m. y f. Persona que enseña y explica las peculiaridades de un lugar, espec. una localidad o edificio, a otras que lo visitan. *Iremos al museo con nuestros amigos de México y tu harás de cicerone.*

ciclamen. m. Planta de hojas acorazonadas, verdes por el haz y rojizas por el envés, y vistosas flores rosadas con un largo pedúnculo, que se cultiva con fines ornamentales. *En el patio había macetas de ciclámenes y azaleas.*

cíclico, ca. adj. **1.** Del ciclo, o que tiene carácter de ciclo. *La recesión económica es un problema cíclico.* **2.** *Quím.* De estructura molecular en forma de anillo, como la del benceno. *Compuesto cíclico.*

ciclismo. m. Deporte que consiste en montar en bicicleta. *Practica la natación y el ciclismo. Campeonato de ciclismo en pista.*

ciclista. adj. **1.** Del ciclismo. *Vuelta Ciclista a España. Equipo ciclista.* **2.** Que monta en bicicleta o practica el ciclismo. *Corredor ciclista.* Frec. m. y f. *Los ciclistas circulan por el arcén.* ▶ **1:** CICLÍSTICO.

ciclístico, ca. adj. Ciclista (del ciclismo). *El Tour de Francia es el punto culminante del calendario ciclístico internacional.* ▶ **1:** CICLISTA.

ciclo. m. **1.** Serie de operaciones, fenómenos o hechos, que se repiten ordenadamente y de forma periódica. *El ciclo de un motor de explosión tiene cuatro tiempos: admisión, compresión, explosión y escape. Ciclo menstrual.* **2.** Fase o período de tiempo con características específicas, en que puede dividirse un proceso o un fenómeno. *La economía se halla en un ciclo expansivo. El ciclo de mandatos socialistas se inicia en 1982.* **3.** Cada uno de los bloques de cursos en que se divide un plan de estudios. *La enseñanza primaria comprende tres ciclos de dos cursos cada uno.* **4.** Conjunto de conferencias, representaciones u otros actos culturales, que tienen un tema en común. *La filmoteca prepara un ciclo de cine argentino. Un ciclo de conciertos.* **5.** *Lit.* Conjunto de obras épicas tradicionales relacionadas con una época, unos hechos o un personaje específicos. *Ciclo del rey Arturo. Ciclo troyano.*

cicloide. f. *Mat.* Curva descrita por un punto de una circunferencia, o de la prolongación de uno de sus radios, cuando dicha circunferencia rueda sobre una base recta. *La cicloide presenta el aspecto de una serie uniforme de zonas cóncavas y convexas.*

ciclomotor. m. Vehículo de dos ruedas provisto de un motor de poca potencia. *Está prohibido circular en ciclomotor por la autopista.*

ciclón. m. **1.** Huracán. *Un ciclón devastador azotó las costas de Bangladesh. Los niños del vecino son un ciclón.* **2.** *Meteor.* Borrasca (perturbación atmosférica con vientos, lluvia y baja presión). *El ciclón dejará fuertes precipitaciones en toda la Península.* ▶ **2:** BORRASCA.

ciclónico, ca. adj. Del ciclón. *Soplarán vientos ciclónicos en las costas de Florida.*

cíclope. m. En la mitología grecorromana: Gigante con un solo ojo, en el centro de la frente. *Ulises cegó al cíclope clavándole una estaca en el ojo.*

ciclópeo, a. adj. **1.** cult. Enorme o gigantesco. *El equipo hizo un esfuerzo ciclópeo para remontar el marcador adverso.* **2.** *Arqueol.* Dicho de construcción: Hecha con piedras de enorme tamaño, unas sobre otras y sin argamasa. *La ciudadela de Micenas estaba rodeada por una muralla ciclópea.*

ciclorama. m. **1.** *Teatro* Superficie cóncava de gran tamaño situada al fondo del escenario, sobre la que se proyectan luz o imágenes para crear efectos como el cielo, los crepúsculos o las tormentas. *El autor sitúa la escena delante de un ciclorama de rascacielos.* **2.** Vista pintada en el interior de un gran cilindro hueco, en cuyo centro hay una plataforma circular, aislada y cubierta, para los espectadores. *A través de la ventanilla del tren, las imágenes se suceden como en un ciclorama.*

ciclostil. m. Aparato que sirve para hacer múltiples copias de un escrito o dibujo por medio de una tinta especial sobre una plancha gelatinosa. *Las modernas técnicas de impresión arrinconaron el ciclostil.* Frec. en la constr. *a ~. Conserva octavillas impresas a ciclostil.*

ciclóstomo. adj. **1.** *Zool.* Del grupo de los ciclóstomos (→ 2). *Pez ciclóstomo.* ● m. **2.** *Zool.* Pez de cuerpo largo, cilíndrico y sin escamas, esqueleto cartilaginoso y boca circular sin mandíbulas, como la lamprea.

ciclotimia. f. *Med.* Psicosis maníaco-depresiva. *Su drogadicción le llevó a un estado de ciclotimia.*

ciclotímico, ca. adj. **1.** *Med.* De la ciclotimia. *Trastorno ciclotímico.* **2.** *Med.* Que padece ciclotimia. *Paciente ciclotímico.* Tb. m. y f. *El psiquiatra lo describe como un ciclotímico.*

ciclotrón. m. *Fís.* Acelerador de partículas circular que imprime a estas un movimiento en espiral con el fin de bombardear núcleos atómicos. *El ciclotrón sirve a los físicos para estudiar la estructura de la materia.*

cicuta. f. Planta venenosa, con hojas de color verde oscuro y racimos de flores blancas. *La cicuta se suele encontrar junto a los senderos.* Tb. el veneno preparado con el jugo de dicha planta. *En Atenas se ejecutaba a los condenados a muerte envenenándolos con cicuta.*

cidra. f. Fruto del cidro, semejante al limón, pero más grande y de corteza muy rugosa. *La cidra se utiliza en repostería.*

cidro. m. Árbol de tamaño medio y tronco liso y ramoso, cuyo fruto es la cidra. *El cultivo del cidro no es muy frecuente en España.*

ciego, ga. adj. **1.** Privado del sentido de la vista. *Su hija es ciega de nacimiento. El perro se quedó ciego* DE *un ojo a raíz del accidente.* Dicho de pers., tb. m. y f. *El braille es un sistema de escritura para ciegos.* **2.** Que no puede pensar con claridad o sensatez, frec. debido a una emoción o un sentimiento intensos. *Hace falta estar muy ciego para no ver que te están engañando. La muchedumbre, ciega* DE *rabia, quería lincharlo. Está ciega* DE *amor y es incapaz de ver sus defectos.* **3.** Dicho de sentimiento o actitud: Muy fuerte y que se manifiesta sin dudas y de manera irreflexiva. *Tiene fe ciega en los avances tecnológicos.*

Profesan una obediencia ciega a su líder. **4.** Dicho de conducto o abertura: Tapado u obstruido. *En arquitectura, los arcos ciegos tienen a menudo una función decorativa.* **5.** Dicho de muro o pared: Que no tiene aberturas. *Al fondo hay un callejón de muros ciegos.* **6.** coloq. Que ha tomado gran cantidad de comida, bebida o drogas. *Nos hemos puesto ciegos* DE *mariscos y cerveza. Se pone ciego* DE *porros.* Tb., totalmente borracho o drogado. *Cuando entró en el bar ya venía ciego.* ● m. **7.** *Anat.* Intestino ciego (→ **intestino**). *El intestino grueso se compone de ciego, colon y recto.* ■ **a ciegas.** loc. adv. **1.** Sin ver. *No había luz y fue caminando a ciegas hasta el dormitorio.* Tb. fig. *Todo el mundo anda a ciegas en el asunto del asesinato.* **2.** Sin dudas y de manera irreflexiva. *No se puede creer a ciegas en todo lo que dicen los periódicos.* ■ **de ~.** loc. adj. histór. Dicho de composición poética, frec. narrativa: Que cantaban o recitaban los ciegos por la calle para ganarse la vida. *Sus hechos de armas corrían de boca en boca y en romances de ciego. Coplas de ciego.*

cielo. m. **1.** Esfera aparente que rodea la Tierra, azul en los días despejados y gris en los nublados. *Una capa de nubes cubre el cielo de la ciudad. De noche se puede ver el cielo lleno de estrellas.* **2.** Espacio que rodea la Tierra. *Dicen haber visto una nave extraterrestre flotando en el cielo.* **3.** En el cristianismo: Lugar en que está Dios con los ángeles, los santos y todos aquellos que alcanzan la gloria o bienaventuranza eternas. *Los que se arrepienten de sus pecados van al cielo.* Frec. en pl. con significado sing. *Comenzó a rezar: "Padre Nuestro que estás en los cielos...".* Tb. dicha gloria o bienaventuranza. *Los mártires alcanzarán el cielo.* **4.** coloq. Persona encantadora o muy buena. Frec. en la constr. *ser un ~. Este niño es un cielo. Es un cielo de chica, siempre intentando ayudar.* Se usa para dirigirse a una persona cariñosamente. *¡Dame la manita, cielo!* ■ **~ de la boca.** m. Paladar (parte de la boca). *La piel del pimiento se le quedaba pegada al cielo de la boca.* ■ **~ raso.** m. Techo plano y liso en el interior de un edificio. *Entre el cielo raso y el tejado hay un desván.* □ **a ~ abierto,** o **descubierto.** loc. adv. Al aire libre o sin techumbre alguna. *Los refugiados dormían a cielo descubierto cerca de la frontera.* Tb. loc. adj. *Extracciones mineras a cielo abierto.* ■ **caer del ~. → llover del cielo.** ■ **~s.** interj. Se usa para expresar sorpresa o asombro. *¡Cielos, parece un ovni!* ■ **clamar** algo **al ~.** loc. v. Ser esa cosa indignante o escandalosa. *Clama al cielo semejante desfachatez. Que el mejor cine se emita a horas intempestivas es algo que clama al cielo.* ■ **el ~.** loc. s. Dios (ser supremo). *Le pido al cielo que los niños no sufran. Las consecuencias de lo que ha pasado, solo el cielo las sabe.* ■ **el séptimo ~.** loc. s. coloq. Un lugar o una situación extremadamente placenteros. *Cuando terminé los exámenes me sentía en el séptimo cielo.* ■ **ganarse** alguien **el ~.** loc. v. Ser digno de alabanza y admiración por su abnegación o sufrimiento. *Una madre trabajadora con familia numerosa se gana el cielo.* ■ **llover,** o **caer, del ~.** loc. v. Llegar u ocurrir de manera inesperada y muy oportuna. *Les ha llovido del cielo la herencia de un tío lejano.* ■ **mover,** o **remover, ~ y tierra.** loc. v. Esforzarse todo lo posible para lograr algo. *La policía movió cielo y tierra hasta dar con los criminales.* ■ **ver el ~ abierto.** loc. v. coloq. Encontrar la ocasión propicia de salir de un apuro o de conseguir lo que se desea. *Se puso a darme la tabarra, así que, cuando apareciste tú, vi el cielo abierto.*

ciempiés. m. Animal invertebrado de cuerpo alargado, estrecho y dividido en numerosos anillos, con un par de patas en cada uno, que suele vivir entre las piedras y cuya mordedura, en algunas especies, es venenosa. *Saltamontes, ciempiés y escolopendras son especies habituales de la zona.*

cien. → ciento.

ciénaga. f. Lugar pantanoso o cenagoso. *Numerosas especies de aves anidan en charcas y ciénagas.* Tb. fig. *La corrupción hizo de la vida política una ciénaga pestilente.*

ciencia. f. **1.** Conjunto estructurado de conocimientos obtenidos mediante la observación y el razonamiento, de los que se derivan principios y leyes generales. *Desde la revolución industrial, la ciencia ha experimentado enormes avances.* **2.** Cada una de las áreas de la ciencia (→ 1), que tiene un método o un objeto de estudio determinados. *Las ciencias experimentales tienen como base metodológica la experimentación. En la farmacología se emparentan la ciencia médica y las ciencias químicas.* **3.** Sabiduría o erudición. *En su libro explica las últimas teorías con mucha ciencia y no menos amenidad. No hace falta demasiada ciencia para entender lo que dice.* **4.** Habilidad o conjunto de conocimientos de determinada cosa. *Toreó con mucha ciencia a su segundo. La peluquera nos adiestraba en la ciencia de cortar y peinar el cabello.* **5.** coloq. Dificultad de realización o de comprensión. *La ciencia de este guiso está en la cantidad de pimentón que se le echa.* Frec. en constr. negativas con *tener. Abatir una codorniz no tiene mucha ciencia.* ○ pl. **6.** Ciencias (→ 2) basadas en el cálculo matemático y en la observación de los fenómenos de la naturaleza. *Se le dan mejor las ciencias que las letras. Facultad de Ciencias.* ■ **~ ficción.** f. Género literario y cinematográfico de contenido fantástico, basado pralm. en los logros técnicos o científicos que podrían alcanzarse en el futuro. *La invasión extraterrestre es un tema clásico de la ciencia ficción. Una serie de ciencia ficción.* Tb. fig. *Pensar en la posibilidad de una sola lengua para todo el mundo es hacer ciencia ficción.* ■ **~ infusa.** f. **1.** *Rel.* Conocimiento transmitido por Dios. *Los profetas tienen ciencia infusa.* **2.** Conocimiento adquirido sin estudio ni aprendizaje. *Los idiomas no se aprenden por ciencia infusa: hay que estudiar y practicar mucho.* ■ **~s exactas.** f. pl. Ciencia (→ 2) que trata de la cantidad. *Un licenciado en Ciencias Exactas les daba clases particulares.* ⇒ MATEMÁTICAS. ■ **~s humanas,** o **sociales.** f. pl. Ciencias (→ 2) cuyo objeto de estudio es alguna actividad intelectual o social del ser humano, como la psicología, la filosofía o la antropología. *De entre las ciencias humanas, los universitarios se decantan sobre todo por el derecho y la historia. En la educación obligatoria se estudian lengua y ciencias sociales.* ■ **~s naturales.** f. pl. Ciencias (→ 2) cuyo objeto de estudio es algún aspecto de la naturaleza y sus fenómenos, como la geología, la botánica o la zoología. *Como siempre le ha gustado el campo, se le dan bien las ciencias naturales.* ■ **~s ocultas.** f. pl. Conjunto de conocimientos y prácticas secretos, como la magia, la alquimia o la astrología, que pretenden desvelar misterios de la naturaleza y que no están considerados como ciencia (→ 2). *Los adivinos, astrólogos y demás expertos en ciencias ocultas gozan de enorme popularidad.* ■ **~s puras.** f. pl. Ciencias (→ 2) que se estudian sin tener en cuenta su aplicación práctica. *Es una mujer de una cultura vastísima, que abarca desde las ciencias puras hasta la historia de las religiones.* ■ **~s sociales. → ciencias**

humanas. ■ **gaya ~.** f. cult. Arte de la poesía. *Quevedo cultivó el género narrativo y la gaya ciencia.* □ **a ~ cierta.** loc. adv. Con toda seguridad o sin duda alguna. *No sé a ciencia cierta a qué hora llega. Es imposible precisar a ciencia cierta la hora del crimen.*

cieno. m. Lodo blando que se deposita en el fondo de ríos, lagunas y lugares húmedos o con aguas estancadas. *Sus pies se hunden en el cieno de la charca.* ▶ *BARRO.

cientificismo. m. Teoría según la cual el único conocimiento válido es el obtenido a través del método y la investigación científicos. *Para el cientificismo, es la ciencia y no la religión la que puede resolver los problemas del hombre.* Tb. la tendencia, apoyada en esa teoría, a dar la máxima importancia a la ciencia y sus métodos. *Su explicación de los fenómenos sobrenaturales peca de excesivo cientificismo.* ▶ CIENTIFISMO.

cientificista. adj. **1.** Del cientificismo. *Es difícil encontrar una explicación cientificista para los fenómenos paranormales.* **2.** Seguidor del cientificismo o que lo practica. *Se define como ateo y cientificista.* Tb. m. y f. *Es un cientificista.* ▶ CIENTIFISTA.

científico, ca. adj. **1.** De la ciencia o de sus métodos. *Investigación científica.* **2.** Que se dedica a la ciencia, espec. a las ciencias exactas, naturales o experimentales. *El director de cine recurrirá a asesores científicos para recrear el Jurásico.* Frec. m. y f. *Un grupo de científicos estudia el acercamiento del cometa Halley.*

cientifismo. m. Cientificismo. *En sus escritos ataca el cientifismo de la sociedad moderna.*

cientifista. adj. Cientificista. *La Iglesia critica los valores cientifistas del pensamiento moderno.* Dicho de pers., tb. m. y f. *Es un cientifista.*

ciento. (APÉND. NUM.). adj. (apóc. **cien:** se usa siempre delante de n. pl. o detrás de n. sing., incluso si se interpone otro adj. entre ellos, pero nunca delante de numerales, salvo cuando tiene valor multiplicativo ante *mil, millón, billón, trillón,* etc.). **1.** Noventa y nueve más uno. *Cien kilómetros por hora. Cien largos días. Ciento cincuenta años. Cien mil personas. Cien millones de euros.* Tb. sustantivado. *Solo hay regalo para los cien primeros.* Tb. pron. *–¿Cuántos alumnos tienes? –Cien o ciento uno, no recuerdo bien.* **2.** Centésimo (que ocupa el lugar número cien). *Episodio cien. Página cien.* **3.** Se usa con intención enfática para expresar una cantidad abundante. *Te lo he dicho cien veces: así no se hace.* ● m. **4.** (Gralm. hoy solo se usa la apóc. **cien**). Número que sigue al noventa y nueve. *El cien se representa como 100. El último cero de ese ciento no se ve bien.* Frec. *número cien. El atleta cubano lleva el número cien a la espalda.* **5.** (no se usa la apóc. **cien**). Centena. *Varios cientos* DE *personas murieron en el bombardeo. Compró un ciento de agujas.* Frec. en pl. y en la constr. *a ~s* con intención enfática. *Te lo he dicho cientos* DE *veces. Chicos como ese los hay a cientos.* ■ **a cien.** loc. adv. **1.** coloq. En un estado de gran excitación, frec. sexual. *Me pones a cien. Había tomado anfetas y estaba a cien.* **2.** coloq. En un estado de gran enojo o irritación. *Cuando oigo esas tonterías, me pongo a cien.* ■ **cien por cien,** o **~ por ~.** loc. adv. Completa o totalmente. *El flamenco es una música cien por cien española. El cine mudo era ciento por ciento visual.* ■ **dar ~ y raya** (a alguien). loc. v. coloq. Ser muy superior (a él). *Su hermano le da ciento y raya* EN *lo de cantar y bailar.* ■ **~ y la madre.** loc. s. coloq. Muchas personas. *En su cumpleaños nos juntamos ciento y la madre.*

cierne. **en ~(s).** loc. adv. En período inicial de desarrollo o a falta de perfeccionarse. *El proyecto se hallaba aún en ciernes cuando hubo de suspenderse.* Frec. loc. adj. *Tenemos ante nosotros a una gran tenista en ciernes.*

cierre. m. **1.** Hecho o efecto de cerrar o cerrarse. *La policía procederá al cierre del local. La navaja tiene apertura automática y cierre manual. Hoy, al cierre, la Bolsa registraba ganancias. Algunos bares han sido multados por retrasar la hora de cierre.* **2.** Cosa que sirve para cerrar. *Se ha roto el cierre del estuche. He perdido el cierre de un pendiente. El pan de molde va en una bolsa con cierre enrollable o adhesivo.* **3.** Cortina metálica enrollable que cierra y protege los accesos a una tienda u otro establecimiento. *La tienda tenía el cierre medio bajado.* Tb. *~ metálico. A las ocho comienza el estruendo de los cierres metálicos en el mercado.* **4.** *Period.* En periódicos y otras publicaciones análogas: Acción de dar por terminada la admisión de originales para la edición que está en prensa. *Al cierre de esta edición, no se tienen datos sobre la participación en los comicios. Jefe de cierre.* ■ **~ centralizado.** m. Mecanismo que permite abrir o cerrar todas las puertas de un automóvil desde una sola cerradura. *Ese modelo tiene cierre centralizado.* ■ **~ patronal.** m. Cierre (→ 1) de una empresa ordenado por sus directivos como medida de presión para que los trabajadores acepten sus condiciones. *La dirección amenaza al comité de empresa con un cierre patronal si persiste en sus demandas.* □ **echar el ~.** loc. v. **1.** Cerrar un establecimiento al final de la jornada laboral. *¿A qué hora echáis el cierre en el restaurante?* **2.** coloq. Acabar o interrumpir una actividad. *¿Seguimos jugando o echamos ya el cierre?*

ciertamente. adv. De manera cierta o verdadera. *Tienen una casa ciertamente bonita.* Se usa frec. para expresar asentimiento o confirmación. *Le pregunté si no le parecía maravilloso el cuadro y contestó: –Ciertamente.*

cierto, ta. adj. (sup. **ciertísimo**). **1.** Verdadero o que se ajusta a la verdad o a la realidad. *Es una observación muy cierta. No es cierto que no te avisara con tiempo.* **2.** Antepuesto al nombre: Que tiene una identidad o naturaleza que no se quiere o no se puede precisar. *Hay ciertas personas aquí que aún no han presentado el trabajo. Ciertos párrafos son ofensivos. Me lo dijo cierta persona que no puedo mencionar. Tienen un cierto parecido.* ● adv. **3.** Ciertamente. *–Con este ruido es imposible concentrarse. –Cierto.* ■ **de cierto.** loc. adv. cult. Con seguridad o certeza. *No lo sé de cierto, es solo una sospecha.* ■ **por cierto.** loc. adv. A propósito de lo que acaba de decirse. *Por cierto, ¿has decidido ya si aceptarás la invitación?*

ciervo, va. m. **1.** Mamífero rumiante, de patas largas y color pardo rojizo o pardo grisáceo, cuyo macho presenta grandes cuernos ramificados. *Una manada de ciervos pace en la dehesa.* Tb. designa específicamente al macho. *Los ciervos entrechocan sus cornamentas.* ○ f. **2.** Hembra del ciervo (→ 1). *Los lobos acosan a la cierva herida.* ■ **~ volante.** m. Insecto parecido al escarabajo, cuyo macho tiene unas mandíbulas grandes semejantes a dos cuernos. ▶ **1:** VENADO.

cierzo. m. Norte (viento). *El frío es gélido cuando sopla el cierzo en el páramo castellano.* ▶ *NORTE.

CIF. (sigla; pronunc. "cif"). m. Código de identificación fiscal de una empresa. *En la factura debe aparecer el CIF de la empresa.*

cifra. f. **1.** Signo con que se representa uno de los números del cero al nueve. *Mil es un número de cuatro cifras.* **2.** Número o cantidad de unidades. *La cifra de desaparecidos en el terremoto podría superar el centenar.* Frec. designa una cantidad de dinero o un dato económico. *No se ha desvelado la cifra que pagarán por el jugador. Según las cifras del Banco Central, el ahorro disminuye.* **3.** Código de signos convenidos entre un grupo de personas para transmitirse mensajes secretos. Frec. en la constr. *en ~. El espía envió un mensaje en cifra.* **4.** Suma o compendio. *El monasterio de El Escorial constituye la cifra del pensamiento de la España imperial.* **5.** *Mús.* Modo de escribir música por números. *Publicó un método de guitarra en cifra para niños y principiantes.*

cifrado. m. Hecho de cifrar un mensaje. *Conoce bien el sistema de cifrado de las cartas en clave.*

cifrar. tr. **1.** Valorar (algo) mediante cifras o números. *Los sindicatos cifran el seguimiento de la huelga* EN *un 70%. Las pérdidas se cifran* EN *cientos de miles de dólares.* **2.** Reducir (algo) a una cosa. *Cifran el éxito* EN *el dinero. Cifra sus esperanzas* EN *la lotería.* **3.** Transcribir en cifra (un mensaje secreto). *Cifraban sus comunicaciones para sortear los sistemas de vigilancia. Mensaje cifrado.*

cigala. f. Crustáceo marino comestible, semejante a la langosta pero de menor tamaño y con el primer par de patas terminadas en largas y robustas pinzas. *Echó gambas y cigalas en la paella.*

cigarra. f. Insecto de color gralm. pardo o amarillento, ojos saltones y dos pares de alas venosas, cuyo macho emite un ruido estridente y monótono. *El sol caía a plomo y el canto de las cigarras era ensordecedor.* ▶ CHICHARRA.

cigarral. m. Casa de recreo con huerto en las afueras de la ciudad de Toledo. *Los fines de semana huyen del tráfago de Madrid a su cigarral toledano.*

cigarrero, ra. m. y f. **1.** Persona que trabaja haciendo o vendiendo cigarros y cigarrillos. *Trabaja de cigarrero en una fábrica de tabaco. La cigarrera se paseaba por el vestíbulo del teatro ofreciendo su mercancía.* ○ f. **2.** Caja o mueble pequeño donde se guardan cigarros puros. *Extrajo un habano de una cigarrera que había sobre la mesa.*

cigarrillo. m. Cilindro pequeño y estrecho de tabaco picado, envuelto en papel fino, que se enciende por un extremo y se fuma por el otro. *Fuma cigarrillos con filtro. Se puso a liar un cigarrillo.* ▶ CIGARRO, PITILLO.

cigarro. m. **1.** Rollo compacto de hojas de tabaco, que se enciende por un extremo y se fuma por el otro. *Después de comer, se fumó un cigarro y se tomó un coñac.* Tb. *~ puro. Me han traído una caja de cigarros puros de Cuba.* **2.** Cigarrillo. *El mendigo le pidió un cigarro.* ▶ **1:** HABANO, PURO, VEGUERO.

cigoñino. m. Pollo de la cigüeña. *Hay cigoñinos en el nido del campanario.*

cigoto. (Tb. **zigoto**). m. *Biol.* Célula resultante de la unión de los gametos masculino y femenino. *La fecundación del óvulo por el espermatozoide produce el cigoto.* ▶ HUEVO.

cigüeña. f. Ave migratoria, de patas y cuello largos, pico rojo, cuerpo gralm. blanco y alas negras, que suele anidar en lugares altos. *La cigüeña macho. Las cigüeñas construyen grandes nidos en árboles, torres y campanarios.* ■ **~ negra.** f. Ave semejante a la cigüeña común, pero de plumaje negro y brillante con las partes inferiores blancas. *En las hoces del Tajo anidan cigüeñas negras.*

cigüeñal. m. *Mec.* Eje con codos que transforma un movimiento rectilíneo en circular. *El aceite del motor evita el desgaste de los puntos de unión de las bielas con el cigüeñal.*

cigüeñuela. f. Ave semejante a la cigüeña pero de menor tamaño, con patas rosadas, cuerpo blanco y alas negras. *La cigüeñuela macho. Las cigüeñuelas se alimentan de pequeños animales acuáticos.*

cilantro. m. Hierba olorosa, de tallo estrecho y florecillas blancas o rojizas en racimo, que tiene usos medicinales y culinarios. *Suele condimentar sus ensaladas con cilantro.*

ciliado, da. adj. **1.** *Biol.* Que tiene cilios. *Célula ciliada.* **2.** *Zool.* Del grupo de los ciliados (→ 3). *Protozoo ciliado.* ● m. **3.** *Zool.* Microorganismo provisto de cilios, que vive gralm. en aguas dulces o marinas y suele ser parásito. *Los ciliados, rizópodos y demás protozoos solo pueden observarse al microscopio.*

ciliar. adj. *Anat.* De las cejas. *Músculo ciliar.*

cilicio. m. Faja de cerdas o de cadenillas de hierro con puntas, que se lleva ceñida al cuerpo como penitencia. *Se mortifica con cilicios.*

cilindrada. f. Capacidad de los cilindros de un motor, expresada en centímetros cúbicos. *Es campeón del mundo de motociclismo en la cilindrada de 125 cm^3.*

cilíndrico, ca. adj. **1.** Del cilindro. *Un bote de forma cilíndrica.* **2.** Que tiene forma de cilindro. *La chistera es un sombrero de copa cilíndrica.*

cilindro. m. **1.** Cuerpo geométrico engendrado por una recta que gira alrededor de un eje al cual es paralela y dos bases que la cortan. *El cilindro de bases circulares y superficie lateral perpendicular a las bases se denomina cilindro circular recto.* **2.** Pieza u objeto en forma de cilindro (→ 1). *La apisonadora rueda sobre unos cilindros de acero.* **3.** *Mec.* Tubo en que se mueve el émbolo de una máquina. *El nuevo modelo va equipado con motor turbodiésel, de 6 cilindros y 130 CV.*

cilindroeje. m. *Anat.* Axón. *La sustancia blanca de la médula espinal está formada por los cilindroejes de las neuronas.*

cilio. m. *Biol.* Órgano celular en forma de filamento que presentan algunos microorganismos y que les permite desplazarse en un medio líquido. *Los paramecios se impulsan gracias a los cilios o pestañas vibrátiles.*

cima. f. **1.** Punto más alto de una elevación del terreno, como una montaña o una colina. *Desde la cima del monte se contempla un bello paisaje.* **2.** Parte más alta de una cosa material, como un árbol o una construcción. *Trepó hasta la cima de la cucaña y consiguió el premio.* **3.** Culminación o grado más alto de una cosa inmaterial, como una actividad, una cualidad o un proceso. *En la pintura hay mucha competencia y pocos llegan a la cima.* ■ **dar ~** (a algo). loc. v. Terminar(lo) o completar(lo). *Con el tercer volumen el autor da cima a sus memorias.* ▶ **1:** CRESTA, CUMBRE, CÚSPIDE, PICO. **2:** CÚSPIDE. **3:** CUMBRE, CÚSPIDE.

cimacio. m. **1.** *Arq.* Elemento en forma de pirámide truncada e invertida, que va sobre el capitel de una columna. *La presencia de cimacio es característica* *del arte bizantino y visigodo.* **2.** *Arq.* Moldura con perfil en forma de "S". *La cornisa se compone de un alero rematado por un cimacio.*

cimarrón, na. adj. **1.** Dicho de animal: Que ha nacido o se ha hecho salvaje. *Los indios eran expertos en capturar y domar caballos cimarrones. Perro cimarrón.* **2.** Am. Dicho de planta: Que es la variedad silvestre de una especie cultivada. *El venado tiene preferencia por el apio cimarrón* [C]. **3.** Am. Dicho de mate: Amargo. *El mate cimarrón pasaba de mano en mano* [C]. **4.** frecAm. histór. Dicho de esclavo negro: Que escapaba de su amo. *Muchos negros cimarrones escapan de la plantación* [C]. Frec. m. y f. *Los ejércitos coloniales combatieron a los cimarrones que se refugiaban en las montañas* [C].

címbalo. m. Instrumento musical de la Antigüedad, consistente en dos pequeños platillos metálicos que se hacían entrechocar con los dedos. *Las danzarinas tañían sus címbalos en las ceremonias religiosas.*

cimborio. m. *Arq.* Cimborrio. *El Ayuntamiento va a emprender la reforma del cimborio de la iglesia parroquial.*

cimborrio. m. *Arq.* Construcción elevada, de planta cuadrada, circular u octogonal, que sirve de base a una cúpula. *El templo consta de tres naves, bóveda de crucería y cimborrio octogonal.* Tb. dicha cúpula. *A lo lejos se distingue el cimborrio de la catedral.* ▶ CIMBORIO.

cimbra. f. *Constr.* Estructura, gralm. de madera, que sostiene el peso de un arco o de una bóveda mientras están en construcción. *El ingeniero ordenó que se sujetaran los arcos del puente con cimbras.*

cimbrar. tr. **1.** Cimbrear (algo). *El aire cimbraba los tallos de las plantas.* ○ intr. prnl. **2.** Cimbrearse. *Al aterrizar el helicóptero, se cimbraban los cristales del edificio. Se cimbra como una modelo profesional.* ▶ **1:** CIMBREAR.

cimbreante. adj. Que se cimbrea. *El presentador subió al cimbreante tablado. Bailarinas de figura cimbreante danzan al son de la música.*

cimbrear. tr. **1.** Hacer vibrar, ondular u oscilar (algo, espec. largo y flexible). *Una suave brisa cimbrea las plantas. La modelo desfila cimbreando la cintura.* ○ intr. prnl. **2.** Vibrar, ondular u oscilar algo, espec. largo y flexible. *El sauce se cimbrea con el viento. Al subir al andamio, notó que este se cimbreaba.* **3.** Moverse una persona o su cuerpo de un lado a otro con movimiento sinuoso. *La mujer se acercó cimbreándose. Sus caderas se cimbrean al son de un mambo.* ▶ **1:** CIMBRAR. **2, 3:** CIMBRARSE.

cimbrio, a. adj. histór. De un pueblo germánico que habitó antiguamente en Jutlandia (región continental de Dinamarca). Dicho de pers., tb. m. y f. *Los cimbrios invadieron la Galia junto a los teutones en el s. II a. de C.*

cimentación. f. Hecho o efecto de cimentar, espec. un edificio. *El peligro de derrumbamiento obligará a reforzar la cimentación. Hemos contribuido a la cimentación del proceso de paz.*

cimentar. (conjug. ACERTAR o reg.). tr. **1.** Echar o poner los cimientos (de un edificio). *Las casas cimentadas sobre arena corren peligro de caerse.* **2.** Establecer los cimientos o la base (de algo inmaterial). *Cimentó su éxito como instrumentista en años de incansable práctica.*

cimera. f. *Heráld.* Adorno de la parte superior del yelmo o de la celada. *Por sus hazañas, el rey le permitió añadir una celada con cimera al blasón familiar.*

cimero, ra. adj. cult. Que está en la cima de algo material o inmaterial. *En una de las crestas cimeras se observa la silueta de una cabra montés. Cervantes es una figura cimera de la literatura universal.*

cimiento. m. **1.** Parte subterránea de un edificio en la que este se apoya y se sostiene. *La casa está construida con grandes sillares y sin cimiento alguno.* Frec. en pl. *Queda mucho para que termine la obra porque aún no han terminado de echar los cimientos.* **2.** Base o principio sobre los que se apoya algo inmaterial. *Un buen sistema educativo es el cimiento de toda sociedad moderna.* Frec. en pl. *Las actividades de los paramilitares socavan los cimientos del sistema democrático.*

cimitarra. f. Sable corto, cuya hoja se curva y ensancha hacia la punta, usado por turcos, persas y otros pueblos orientales. *La guardia del sultán lleva cimitarras.*

cinabrio. m. Mineral compuesto de azufre y mercurio, pesado y de color rojo, del que se extrae el mercurio. *El mayor yacimiento mundial de cinabrio está en Almadén, Ciudad Real.*

cinamomo. m. Árbol originario de Asia, de copa abierta y con racimos de flores aromáticas de color violeta, que se cultiva con fines ornamentales. *Un paseo bordeado de cinamomos conduce al invernadero del jardín botánico.*

cinc. (Tb. **zinc**). m. Elemento químico del grupo de los metales, quebradizo, brillante y de color blanco azulado, que se emplea en aleaciones y tiene numerosas aplicaciones industriales (Símb. *Zn*). *El latón es una aleación de cobre y cinc. Tejado de zinc.*

cincel. m. Herramienta formada por una barra de acero terminada en un filo recto con doble bisel, que sirve para labrar piedras y metales a golpe de martillo. *El escultor fue dando forma al busto con su cincel.*

cincelado. m. Hecho o efecto de cincelar. *En la estatua se puede apreciar un cuidadoso cincelado.*

cincelador, ra. m. y f. Persona que tiene por oficio cincelar. *En los relieves del altar trabajaron los mejores orfebres y cinceladores.*

cincelar. tr. Labrar o grabar (algo) con cincel. *El escultor ha cincelado su nombre al pie de la estatua.*

cincha. f. Faja, gralm. de cuero o esparto, con que se asegura la silla de montar, la albarda u otro aparejo semejante, ciñéndola por debajo de la barriga del animal. *El jinete aprieta bien la hebilla de la cincha para que la silla no se mueva.*

cinchar. tr. **1.** Asegurar la silla de montar, la albarda u otro aparejo (a un animal) apretando la cincha. *Cinchó al burro y se marchó.* **2.** Asegurar o reforzar (algo) con un cincho. *Las ruedas del carretón estaban cinchadas.*

cincho. m. **1.** Cinturón (cinta flexible que se ajusta a la cintura). *La mochila va sujeta a la cintura con un cincho ancho.* **2.** Aro de hierro que sirve para asegurar o reforzar algo, espec. un recipiente. *El alfarero reforzó la tinaja con un cincho.* **3.** Molde para hacer quesos. *Las mujeres ordeñan las cabras y luego hacen queso en un cincho.* ▶ **1:** *CINTURÓN.

cinco. (APÉND. NUM.). adj. **1.** Cuatro más uno. *Cinco libros.* Tb. sustantivado. *–¿Cuál de estos libros necesitas? –Los cinco.* Tb. pron. *Esperaba a varios amigos y vinieron cinco.* **2.** Quinto (que sigue a lo cuarto). *Párrafo cinco.* Tb. sustantivado. *–¿A qué piso va? –Al cinco.* ● m. **3.** Número que sigue al cuatro. *El cinco se representa como 5. Has escrito un* *cinco que parece un seis. Mi número de teléfono tiene muchos cincos.* Frec. *número* ~. **4.** Elemento de una serie que tiene el número cinco (→ 3). *Con este cinco de oros hago una brisca. En este juego, los cincos son muy importantes. A su compañero de dominó se le quedó el cinco doble ahorcado.* ■ **esos ~.** m. pl. coloq. Mano (parte del cuerpo humano). *Vengan esos cinco. Choca esos cinco.* ■ **estar sin ~,** o **no tener ni ~.** loc. v. coloq. No tener nada de dinero. *Estoy sin cinco.*

cincuenta. (APÉND. NUM.). adj. **1.** Cuarenta y nueve más uno. *Cincuenta céntimos.* Tb. sustantivado. *No hay plazas para los cincuenta que se presentaron al examen.* Tb. pron. *–¿Cuántos años tiene? –Debe de tener ya cincuenta.* **2.** Quincuagésimo. *Capítulo cincuenta.* ● m. **3.** Número que sigue al cuarenta y nueve. *El cincuenta se representa como 50.* Frec. *número* ~. *El atleta lleva el número cincuenta en el dorsal.* ■ **los (años) ~.** m. pl. La sexta década del siglo, espec. del XX. *En los años cincuenta surge el* rock and roll.

cincuentena. f. Conjunto de cincuenta unidades. *El número de afectados ronda la cincuentena. Integran el grupo una cincuentena de empresas.*

cincuentenario. m. Fecha en que se cumplen cincuenta años de un acontecimiento. *Se celebrarán conciertos con ocasión del cincuentenario de la muerte del compositor.*

cincuentón, na. adj. coloq. Dicho de persona: Que tiene entre cincuenta y cincuenta y nueve años. *El torero, ya cincuentón, ha decidido retirarse.* Tb. m. y f. *Se casó en segundas nupcias con una cincuentona.*

cine. m. **1.** Técnica o arte de captar imágenes fotográficas en movimiento para proyectarlas sobre una pantalla. *La invención del cine se atribuye a los hermanos Lumière. Estudia realización en la escuela de cine.* Tb. las obras realizadas con esta técnica. *Como actor, hizo tanto cine como teatro.* **2.** Industria del cine (→ 1). *Se discute mucho sobre si el cine está en crisis.* **3.** Sala o local donde se exhiben al público películas de cine (→ 1). *¿Vamos al cine? Te espero a la puerta del cine.* ■ **de ~.** loc. adj. coloq. Extraordinario o maravilloso. *Se ha echado una novia de cine.* Tb. loc. adv. *El coche nuevo va de cine. Lo hemos pasado de cine.* ▶ **1, 2:** CELULOIDE, CINEMATOGRAFÍA, CINEMATÓGRAFO. **3:** CINEMATÓGRAFO.

cineasta. m. y f. Persona que desempeña tareas técnicas o artísticas destacadas en producciones cinematográficas, espec. un director. *Woody Allen y Chaplin son ejemplos de grandes cineastas, tanto delante como detrás de la cámara.*

cineclub. (pl. **cineclubs** o **cineclubes**). m. Asociación de aficionados al cine, que organiza proyecciones de películas importantes en la historia o la cultura cinematográficas. *El cineclub va a organizar un ciclo de cine alemán.*

cinéfilo, la. adj. Aficionado al cine. *Su padre es muy cinéfilo.* Frec. m. y f. *La monografía de cine sueco es una obra solo para cinéfilos.*

cinegético, ca. adj. **1.** De la cinegética (→ 2). *El coto alberga diversas especies cinegéticas.* ● f. **2.** Técnica o actividad de cazar animales. *Los aficionados a la cinegética se preparan para ir al monte.*

cinema. m. cult. Cine. *En Cannes se celebra uno de los grandes festivales del cinema internacional. "El cantante de jazz" fue la primera película de cinema sonoro.*

cinemascope. (Marca reg.; a veces en mayúsc.). m. Procedimiento cinematográfico consistente en la toma comprimida de imágenes con un campo visual amplio, para proyectarlas, ya descomprimidas, sobre una pantalla de grandes dimensiones. *El cinemascope le permitió rodar impresionantes tomas del desierto. Las películas en Cinemascope se ven en televisión con bandas negras arriba y abajo.*

cinemateca. f. Filmoteca. *Para el documental utilizó imágenes de los fondos de la cinemateca.*

cinemático, ca. adj. **1.** *Fís.* Del movimiento. *Un equipo técnico realizará un estudio cinemático del pedaleo del ciclista.* **2.** *Fís.* De la cinemática (→ 3). *Leyes cinemáticas.* ● f. **3.** *Fís.* Parte de la mecánica que estudia el movimiento prescindiendo de las fuerzas que lo producen. *El peso es una magnitud fundamental en la dinámica, no así en la cinemática.*

cinematografía. f. Cine (técnica, obras, o industria). *Estudia en la Escuela de Cinematografía. El ciclo repasa la cinematografía de Buñuel. Grandes multinacionales de la cinematografía.* ▶ *CINE.

cinematografiar. (conjug. ENVIAR). tr. Filmar (algo o a alguien). *Lumière cinematografió a los obreros saliendo de su fábrica.* ▶ FILMAR.

cinematográfico, ca. adj. De la cinematografía. *Actor cinematográfico. Estreno cinematográfico. Mercado cinematográfico.*

cinematógrafo. m. **1.** Cine (técnica, industria, o sala). Gralm. en contextos históricos. *En Francia había revistas dedicadas al mundo del cinematógrafo. Trabajó de acomodador en un cinematógrafo.* **2.** histór. Aparato que permitía la grabación y proyección de películas cinematográficas. *Edison inventó una cámara que fue precursora directa del cinematógrafo de los hermanos Lumière.* ▶ **1:** *CINE.

cinerama. (Marca reg.; a veces en mayúsc.). m. Procedimiento cinematográfico consistente en la toma simultánea de tres imágenes contiguas con otras tantas cámaras, para proyectarlas una junto a otra sobre una pantalla curva de grandes dimensiones. *"La conquista del oeste" fue rodada en cinerama.*

cinerario, ria. adj. Dicho de recipiente: Destinado a contener las cenizas de un cadáver. *En la necrópolis se hallaron urnas cinerarias.*

cineteca. f. Am. Filmoteca. *Me habían aceptado como investigador de cine mexicano en la Cineteca Nacional* [C].

cinético, ca. adj. **1.** *tecn.* Del movimiento. *Ningún animal posee la complejidad cinética del ser humano. Teoría cinética de los gases. Energía cinética.* ● f. **2.** *Fís.* Parte de la mecánica que estudia el movimiento. **3.** *Quím.* y *Bioquím.* Estudio de la velocidad a la que se producen algunos procesos, como las reacciones químicas o las enzimáticas. *Se han hecho estudios de cinética molecular en pacientes con cáncer.*

cingalés, sa. adj. **1.** De Sri Lanka. *El territorio cingalés está formado por Ceilán y algunas pequeñas islas.* Dicho de pers., tb. m. y f. *Un porcentaje considerable de los cingaleses pertenece a la etnia tamil.* **2.** De Ceilán, hoy Sri Lanka. *En el siglo XVI, los portugueses ocupan las costas cingalesas.* Dicho de pers., tb. m. y f. ▶ SINGALÉS.

cíngaro, ra. (Tb. **zíngaro**). adj. Gitano. *El violinista desciende de una familia de músicos cíngaros de Hungría.* Dicho de pers., tb. m. y f. *Los zíngaros van de aquí para allá en sus carromatos.* ▶ *GITANO.

cíngulo. m. *Rel.* Cordón o cinta con que el sacerdote se ciñe el alba a la cintura. *El sacerdote se anudó el cíngulo.*

cínico, ca. adj. **1.** Dicho de persona: Que actúa con falsedad o desvergüenza descaradas. *Mira que eres cínico, hace un momento decías que te aburren y ahora los invitas a cenar.* Tb. m. y f. *De mayores nos volvemos unos cínicos.* **2.** Dicho de cosa: Propia de la persona cínica (→ 1). *Actitud cínica. Sonrisa cínica.* **3.** *Fil.* De una escuela griega posterior a Sócrates, caracterizada por la indiferencia hacia los valores sociales y la moral establecida. *Frente a las convenciones sociales, el pensamiento cínico proponía la vuelta a la naturaleza.* Dicho de filósofo, tb. m. *Diógenes es el más conocido de los cínicos.*

cinismo. m. **1.** Condición de cínico. *La descarada manipulación de los hechos demuestra el cinismo de este periodista.* **2.** Actitud o conducta cínicas. *Un país invade a otro aduciendo, en el colmo del cinismo, que lo hace en defensa propia.* **3.** *Fil.* Doctrina o escuela de los cínicos. *Muchos atribuyen la fundación del cinismo a Antístenes, discípulo de Sócrates.*

cinta. f. **1.** Tira de tela que sirve pralm. para atar o adornar. *Lleva el pelo recogido con una cinta. El regalo venía atado con una cinta de seda.* **2.** Tira de material flexible, como papel o plástico, que puede tener distintos usos. *El pintor cubre los rodapiés con cinta adhesiva de papel. Precinte el paquete con cinta de embalar. Empalmó los cables y los tapó con cinta aislante. Hacen las copias de seguridad en cinta magnética. Cinta magnetofónica.* **3.** Casete (cajita con cinta magnética). *Tiene un armario lleno de cintas y discos de vinilo.* **4.** Película (obra cinematográfica). *"La condesa de Hong Kong" fue la última cinta de Chaplin.* Tb. ~ *cinematográfica. La vida pasa ante sus ojos como una cinta cinematográfica.* **5.** Dispositivo automático formado por una banda móvil de material metálico o flexible, que sirve para trasladar equipajes, u otros objetos, o personas. *Los pasajeros aguardan junto a la cinta a que aparezca su maleta.* Tb. ~ *transportadora. Al pasar por la cinta transportadora, la fruta es revisada y seleccionada.* **6.** Planta de adorno y de interior, cuyas hojas, dispuestas en círculo, son alargadas, estrechas y de color verde claro con alguna banda longitudinal blanquecina. *Las hojas puntiagudas de la cinta tocaban ya el suelo.* **7.** Aparato gimnástico formado por una cinta (→ 1) larga unida a un palito, que se usa para hacer ejercicios de gimnasia rítmica. *Es campeona mundial en la modalidad de cinta.* **8.** *Arq.* Adorno en forma de tira estrecha y gralm. ondulante. *En el decorado de la fachada destacan las cintas y los motivos vegetales.* ■ ~ **métrica.** f. Cinta (→ 2) para medir distancias que lleva marcados los metros y sus divisiones. *El sastre sacó la cinta métrica y le tomó medidas.* ▶ **3:** CASETE. **4:** *PELÍCULA.

cintarazo. m. Golpe dado con un cinturón. *Si se entera su padre, lo corre a cintarazos.*

cinto. m. Cinturón (cinta flexible que se ajusta a la cintura). *El cazador, escopeta en ristre y cuchillo al cinto, se adentra en el bosque. Se subió los pantalones y se abrochó la hebilla del cinto.* ▶ *CINTURÓN.

cintura. f. **1.** Parte más estrecha del tronco del cuerpo humano, por encima de las caderas. *Los novios se agarraban de la cintura.* **2.** Parte de una prenda de vestir que corresponde a la cintura (→ 1). *Hay que meter la cintura de la falda un par de centímetros.* ■ **meter** (a alguien) **en ~.** loc. v. coloq. Hacer que (esa persona) se someta a unas normas de conducta y disciplina. *El nuevo maestro ha metido en cintura a los alumnos más díscolos.* ▶ TALLE.

cinturilla. f. Tira de tela fuerte que se pone en la cintura de una prenda de vestir. *Se notaba hinchado y le apretaba la cinturilla del pantalón.*

cinturón. m. **1.** Cinta de material flexible, gralm. cuero, que se ajusta alrededor de la cintura y sirve pralm. para sujetar una prenda de vestir o llevar un arma. *Si se te caen los pantalones, ponte cinturón. El policía lleva un cinturón con pistolera. Se abrochó el cinturón de la mochila.* **2.** Cinta de fibra fuerte que, cruzada sobre el abdomen y normalmente también el pecho, sirve para sujetar a un viajero al asiento del vehículo. *El uso del cinturón es obligatorio en ciudad y en carretera.* Frec. ~ *de seguridad. Permanezcan sentados y con el cinturón de seguridad abrochado hasta que el avión se detenga.* **3.** *Dep.* Categoría que alcanza un luchador de artes marciales y que se identifica por el color del cinturón (→ 1) con que se sujeta el quimono. *En yudo el cinturón negro se obtiene al terminar el período de aprendizaje.* Tb. luchador con esa categoría. *La profesora es cinturón negro de kárate.* **4.** Serie de cosas que rodean otra. *Ávila fue creciendo y desbordando el cinturón de murallas que la ceñía.* **5.** Porción más o menos circular de terreno que rodea el casco urbano de una ciudad. *El gran parque forma parte del cinturón verde de la ciudad. Trabaja en una fábrica del cinturón industrial.* **6.** Carretera que circunvala o rodea una población. *El tráfico en la hora punta colapsa el primer y el segundo cinturón.* Tb. ~ *de ronda. Hay tráfico lento en el cinturón de ronda.* ■ ~ **de castidad.** m. histór. Instrumento en forma de cinturón (→ 1) de metal o de cuero, con cerradura y con una tira curva que cubría los genitales de la mujer para impedir que mantuviera relaciones sexuales. *Los caballeros hacían que sus mujeres llevaran cinturón de castidad mientras estaban en la guerra.* □ **apretarse el ~.** loc. v. Ahorrar o reducir gastos por escasez de medios. *Mi madre se quedó sin trabajo y en casa hubo que apretarse el cinturón.* ▶ **1:** CINCHO, CINTO, CORREA.

cipayo. m. **1.** histór. Soldado indio al servicio de Francia, Portugal o Gran Bretaña. *La rebelión de los cipayos en 1857 dio lugar al virreinato de la India.* **2.** despect. Secuaz a sueldo. *Llamó a los policías "cipayos del régimen".*

cipote. m. malson. Pene.

ciprés. m. Árbol de tronco recto y alto, copa cónica y hojas verde oscuro. *Las copas de los cipreses sobresalían por la tapia del cementerio.* Tb. su madera. *Tarima de ciprés.*

circa. prep. Hacia o alrededor de. Se usa delante de un número que designa un año para indicar tiempo aproximado. *En la cueva hay pinturas del período auriñaciense, circa 50 000 a. C.*

circadiano, na. adj. *tecn.* Que se repite cada 24 horas. *Los ritmos circadianos se alteran con el desfase horario de los vuelos transoceánicos.*

circense. adj. Del circo. *Todos disfrutarán con las atracciones circenses: elefantes, payasos, trapecistas... Los espectáculos circenses incluían la lucha de gladiadores y las carreras de carros.*

circo. m. **1.** Edificio, o recinto cubierto por una carpa, con gradas para espectadores, en cuyo centro hay una pista circular donde actúan acróbatas, domadores, payasos y otros artistas semejantes. *El circo será instalado en la explanada contigua a la plaza de toros.* Tb. dicho espectáculo. *A los niños les encanta el* *circo.* **2.** Conjunto de personas, animales y objetos que forman parte del circo (→ 1). *Las caravanas del circo han llegado a la ciudad.* **3.** histór. Recinto al aire libre, con gradas y una pista central, donde los antiguos romanos celebraban espectáculos diversos, espec. carreras de carros. *Las cuadrigas daban siete vueltas alrededor de la espina central del circo.* **4.** coloq. Desorden o confusión. *Con tanta prensa el juicio acabó convertido en un circo.* **5.** *Geol.* En un macizo montañoso: Depresión semicircular de paredes abruptas, gralm. formada por la erosión de un glaciar. *Los montañeros lograron llegar al circo.*

circón. (Tb. **zircón**). m. *Mineral.* Silicato de circonio, duro e incoloro o de color amarillo rojizo, usado en joyería. *El circón es la principal mena del circonio.*

circonio. (Tb. **zirconio**). m. *Quím.* Elemento del grupo de los metales, de color negro o gris acerado, muy resistente al fuego y a la corrosión (Símb. *Zr*). *El circonio se emplea en las industrias cerámica, química y nuclear.*

circonita. (Tb. **zirconita**). f. Óxido de circonio, fabricado artificialmente para su uso en joyería como imitación del diamante. *La diadema va decorada con circonitas.*

circuito. m. **1.** Recorrido que acaba en el punto de partida. *El fin de semana haremos un circuito por los pueblos de la comarca. Circuito de calefacción.* **2.** Trayecto en forma de curva cerrada, previamente fijado, para realizar carreras u otras actividades semejantes. *La maratón se celebrará en un circuito urbano. El parque incluye áreas infantiles y circuito de footing.* Tb. recinto que tiene una pista con dicho trayecto. *Se proclamó campeón del mundo de motociclismo en el circuito de Jerez.* **3.** Sistema de conductores, frec. cables, por el que fluye una corriente eléctrica y en el que suele haber intercalados componentes que la generan o la trasforman. *En clase haremos un circuito con un cable, una pila, una bombilla y un interruptor. No hay luz por una avería en el circuito eléctrico.* **4.** Red o conjunto organizado de establecimientos, pruebas deportivas o cosas semejantes. *Visitaron lo más importante del circuito de museos de la capital. El torneo de tenis francés es uno de los grandes del circuito internacional.* ■ ~ **impreso.** m. *Electrón.* Circuito (→ 3) que, en lugar de cables, lleva estrechas tiras de un metal conductor prensadas sobre una placa o un soporte aislantes. *La placa del circuito impreso suele ser de baquelita o fibra de vidrio.* ■ ~ **integrado.** m. *Electrón.* Circuito (→ 3) compuesto por elementos minúsculos que van alojados en una plaquita de silicio como parte integral de esta. *El tamaño del ordenador se reduce a medida que se perfecciona el circuito integrado.* ■ **corto ~.** → **cortocircuito.**

circulación. f. Hecho de circular. *El ejercicio es bueno para la circulación de la sangre. En la Unión Europea existe la libre circulación de personas y mercancías. Hay que respetar las normas del Código de Circulación.*

circulante. adj. Que circula. *La avería ha reducido los niveles de agua circulante en el circuito de calefacción. La divisa nacional se devaluó tanto que el dólar pasó de hecho a ser la moneda circulante.*

circular[1]**.** adj. **1.** Del círculo, o superficie contenida en una circunferencia. *El sector circular es el área delimitada por un arco y los radios que pasan por sus extremos.* **2.** Que tiene forma de círculo. *El satélite describirá una órbita circular alrededor de la Tierra.* **3.** Que parece no tener fin porque acaba donde empieza. *La escena inicial se repite al final de la película, dándole una estructura circular. Un relato circular. La línea circular del metro.* **4.** Dicho de razonamiento o definición: Que explica recíprocamente una cosa por otra, dejando ambas sin aclarar. *Encontró definiciones circulares en el diccionario.* **5.** *Mat.* Dicho de cono o cilindro: De base circular. ● f. **6.** Orden, carta o aviso, que van dirigidas a varias personas. *El jefe de personal enviará una circular a todos los jefes de departamento.*

circular[2]**.** intr. **1.** Moverse por un circuito. *La sangre circula* POR *venas y arterias. El mayor grosor del cable permite que circule una corriente más intensa.* **2.** Moverse por un lugar. *Abrí todas las ventanas para que circulara el aire.* **3.** Transitar una persona, un vehículo o sus ocupantes por una vía pública. *El policía ayudó a la señora a levantarse y dijo: "¡Circulen, por favor, no ha pasado nada!". El camión circulaba en sentido contrario. Está prohibido circular sin cinturón de seguridad.* **4.** Pasar algo constantemente de unas personas o lugares a otros. *Sobre el mundo de la moda circulan algunas ideas falsas. En algunos locales circula la droga. Caricaturas de ciertos profesores circulan* ENTRE *el alumnado. Circula* POR *el barrio el rumor de que se va a abrir un centro comercial.* **5.** Tener validez legal una moneda o un sello. *La peseta dejó de circular en marzo de 2002.* ○ tr. **6.** Dirigir (una orden, carta o aviso) a varias personas. *El estado mayor circuló una misiva de alerta a todos los comandantes en jefe.*

circularidad. f. Cualidad de circular. *La órbita del satélite ha perdido su circularidad. Su explicación está viciada por la circularidad.*

circulatorio, ria. adj. De la circulación, espec. de la sangre o de vehículos. *Una vez que el veneno penetra en el torrente circulatorio, su efecto es inmediato. El accidente produjo un atasco circulatorio.*

círculo. m. **1.** Superficie plana contenida dentro de una circunferencia. *El diámetro divide el círculo en dos partes iguales.* **2.** Circunferencia (curva). *Para bailar la sardana hay que formar un círculo. Los buitres volaban en círculo.* **3.** Cosa con forma de círculo (→ 1, 2). *Recorta un círculo de papel y dibuja tu rostro dentro. En Inglaterra hay un conocido círculo de menhires.* **4.** Corro (grupo de personas). *Acabada la manifestación, solo quedan algunos círculos de personas charlando.* **5.** Sector o ambiente social. *La propuesta ha sido bien acogida por el círculo empresarial.* Gralm. en pl. *En círculos financieros se prevé una subida de los tipos.* **6.** Club o sociedad con fines gralm. recreativos o culturales. *Junto a otros entusiastas fundó un círculo de amigos del vino.* Tb. el local o el edificio donde se reúnen sus miembros. *El Círculo de Bellas Artes alberga una interesante exposición.* ■ ~ **polar.** m. Cada uno de los dos paralelos que cortan el globo terrestre a 66,5° del Ecuador. *Rodeando los polos de la Tierra se hallan los círculos polares ártico y antártico.* ■ ~ **vicioso.** m. **1.** Razonamiento o definición en que dos cosas quedan sin aclarar por explicarse recíprocamente una por otra. *Si definimos "abrir" como "lo contrario de cerrar", y "cerrar" como "lo contrario de abrir", incurrimos en un círculo vicioso.* **2.** Situación en que una circunstancia se da como causa de otra y viceversa. *La experiencia se gana trabajando, pero para trabajar se pide experiencia: quienes buscan su primer empleo se ven envueltos en este círculo vicioso.* ▶ **2:** CIRCUNFERENCIA. **4:** CORRO. **6:** *SOCIEDAD.

circum-. → **circun-.**

cincumpolar. adj. Que está alrededor de uno de los polos de la esfera terrestre o celeste. *El hombre lucha por la supervivencia en las zonas circumpolares.*

circun-. (Tb. **circum-** ante *p* o *b*). pref. Significa 'alrededor'. *Circunvolar, circunnavegante, circunsolar, circumboreal, circumpacífico.*

circuncidar. tr. Cortar circularmente una porción del prepucio (a alguien), espec. como práctica ritual en algunas religiones. *Los judíos circuncidan a los niños al poco de nacer.*

circuncisión. f. Hecho o efecto de circuncidar. *Para corregir la fimosis se practica la circuncisión.*

circunciso. adj. Dicho de hombre: Que ha sido circuncidado. *El hombre circunciso suele tener menos problemas durante la erección.* Tb. m., frec. para designar al judío. *En la Europa medieval se perseguía a los circuncisos.*

circundante. adj. cult. Que circunda. *La explosión causó destrozos en el área circundante. Algunos enfermos mentales no son conscientes de la realidad circundante.*

circundar. tr. cult. Rodear (algo o a alguien). *Los edificios que circundan la plaza están decorados para el festejo. El niño pasa sus primeros meses de vida explorando el mundo que lo circunda.*

circunferencia. f. **1.** Curva plana y cerrada cuyos puntos son todos equidistantes de otro, el centro, situado en su interior. *El radio es la recta que va del centro de la circunferencia a cualquier punto de esta.* **2.** Contorno de una superficie. *Tras el parto, se pesa al bebé y se mide su circunferencia craneal.* ▶ **1:** CÍRCULO.

circunloquio. m. Rodeo de palabras para dar a entender algo que hubiera podido expresarse más brevemente. *Déjate de circunloquios y ve al grano.* ▶ RODEO.

circunnavegación. f. Hecho de circunnavegar. *La primera circunnavegación de la Tierra fue llevada a término por Juan Sebastián El Cano.*

circunnavegar. tr. Navegar alrededor (de un lugar). *Drake fue el primer marino inglés en circunnavegar el globo.*

circunscribir. (part. **circunscrito** o, Am., **circunscripto**). tr. **1.** Reducir (algo) a unos límites o términos específicos. *El gramático ha circunscrito sus estudios sobre el verbo* AL *ámbito morfológico.* Tb. en constr. prnl. media. *La enfermedad parece circunscribirse únicamente* A *la población infantil.* **2.** *Geom.* Formar (una figura) en el exterior de otra, de modo que ambas sean tangentes en el mayor número de puntos posible. *El ejercicio consiste en circunscribir un cuadrado* A *una circunferencia.* Frec. en part. *Kepler consideraba que la esfera de cada planeta estaba circunscrita* A *un poliedro regular distinto.* ○ intr. prnl. **3.** Ceñirse o limitarse alguien a algo. *Como no quiere circunscribirse* AL rock, *experimenta otros ritmos.*

circunscripción. f. **1.** Cada una de las zonas en que se divide un territorio con fines pralm. electorales o administrativos. *El índice de participación oscila entre un 60 y un 70%, según las circunscripciones.* **2.** Hecho de circunscribir o circunscribirse. *Como artista ha superado su inicial circunscripción* A *los estilos clásicos.*

circunspección. f. Comedimiento o seriedad. *El diplomático se ha de conducir con la circunspección propia de su cargo.*

circunspecto, ta. adj. Que muestra circunspección. *Es un hombre circunspecto y poco dado a las bromas. El notario, con aire circunspecto, presidía la mesa.*

circunstancia. f. Aquello que, gralm. de manera temporal, rodea o acompaña a una persona, una cosa o un hecho, y tiene influencia en ellos. *El miedo le hacía fijarse en cosas que en otra circunstancia le habrían pasado inadvertidas.* Frec. en pl. *Las retenciones fiscales varían dependiendo de las circunstancias familiares.* ■ **~ agravante.** f. *Der.* Circunstancia que aumenta la responsabilidad penal del autor de un delito. *La reincidencia es una circunstancia agravante.* ⇒ AGRAVANTE. ■ **~ atenuante.** f. *Der.* Circunstancia que disminuye la responsabilidad penal del autor de un delito. *El abogado esgrimirá el arrepentimiento espontáneo como circunstancia atenuante.* ⇒ ATENUANTE. ■ **~ eximente.** f. *Der.* Circunstancia que libra de responsabilidad penal al autor de un delito. *Fue absuelto al aplicársele la circunstancia eximente de legítima defensa.* ⇒ EXIMENTE. □ **de ~s.** loc. adj. Dicho de cosa: Que es producto de unas circunstancias concretas. *La abundancia de lesionados obligó al entrenador a formar un equipo de circunstancias.*

circunstanciado, da. adj. cult. Que contiene todos los detalles o las circunstancias. *El policía hizo una relación circunstanciada de los hechos.*

circunstancial. adj. Que depende de las circunstancias o es producto de ellas. *La empresa atraviesa algo más que una simple crisis circunstancial. El partido nacionalista ha sido aliado circunstancial de gobiernos de izquierda y de derecha.*

circunstante. adj. **1.** cult. Dicho de persona: Que está presente. Gralm. m. y f. *El párroco se dirigió a los circunstantes.* **2.** cult. Que está alrededor. *Su paranoia le hacía vivir en conflicto permanente con el mundo circunstante.*

circunvalación. f. **1.** Hecho de circunvalar. *La tripulación del Apolo 8 fue la primera en hacer una circunvalación lunar.* Frec. en constr. como *carretera de ~. La nueva vía de circunvalación permite a los conductores evitar el centro de la ciudad.* **2.** Vía que circunvala un núcleo urbano. *Se ha producido una colisión en la circunvalación de la capital.*

circunvalar. tr. Rodear (un lugar). *Una muralla circunvala el casco antiguo de la ciudad. La Tierra tarda un año en circunvalar el Sol.* ▶ RODEAR.

circunvolución. f. **1.** *Anat.* Cada uno de los relieves sinuosos de la superficie externa del cerebro. *Atribuyen la pérdida del habla a una lesión en una circunvolución del hemisferio izquierdo.* Tb. *~ cerebral. Su adicción le provocó atrofia con aumento de los surcos y circunvoluciones cerebrales.* **2.** cult. Vuelta o rodeo sinuosos. *Las elegantes circunvoluciones del cisne en el estanque.* Tb. fig. *Hubo interminables circunvoluciones y regateos en el trato.*

cirílico, ca. adj. Dicho de alfabeto o de sus signos: Que se usa en ruso y otras lenguas eslavas. *El búlgaro utiliza el alfabeto cirílico. Caracteres cirílicos. Escritura cirílica.* Dicho de alfabeto, tb. m. *Editan folletos en cirílico para turistas eslavos.*

cirio. m. **1.** Vela de cera larga y gruesa. *La mujer puso un cirio a la Virgen.* **2.** coloq. Situación confusa, ruidosa o conflictiva. *Si todos hablamos a la vez y nadie escucha, esto es un cirio.* Frec. con v. como *armar* o *montar. Armaron un cirio en el restaurante por un error en la factura.* ■ **~ pascual.** m. Cirio (→ 1) muy grueso, que se bendice el Sábado Santo y arde en la iglesia en ciertas solemnidades hasta el día de la Ascensión. *Durante la misa del domingo arde el cirio pascual.*

cirquero, ra. m. y f. Am. Persona que trabaja en una compañía de circo. *El torero y el cirquero pertenecen al mundo del espectáculo* [C].

cirro. m. *Meteor.* Nube ligera, en forma de hilos o jirones, que se presenta en las capas altas de la atmósfera. *Cirros cobrizos salpican el cielo.*

cirrópodo. adj. **1.** *Zool.* Del grupo de los cirrópodos (→ 2). *Crustáceo cirrópodo.* ● m. **2.** *Zool.* Crustáceo marino que tiene un caparazón de placas calcáreas y suele vivir fijo a rocas u objetos sumergidos, gralm. mediante un pedúnculo, como el percebe.

cirrosis. f. Enfermedad caracterizada por el endurecimiento y la atrofia de los tejidos que forman el hígado. *El abuso del alcohol es la causa más frecuente de la cirrosis.*

cirrótico, ca. adj. **1.** De la cirrosis. *Lesión cirrótica.* **2.** Que padece cirrosis. *Enfermo cirrótico. Hígado cirrótico.* Dicho de pers., tb. m. y f. *Los cirróticos suelen ser bebedores.*

ciruela. f. Fruto comestible del ciruelo, de forma redondeada, piel fina y carne jugosa, del que existen diversas variedades, por ej.: ~ *claudia* (→ **claudia**), ~ *damascena. Su abuela hacía compotas y mermeladas de ciruela. Ciruela pasa.*

ciruelo. m. Árbol frutal pequeño, de hojas ovaladas y flores blancas o rosadas, cuyo fruto es la ciruela. *Tenía un pequeño huerto con ciruelos y manzanos.* ▶ PRUNO.

cirugía. f. Parte de la medicina que tiene por objeto curar o reconstruir partes dañadas del cuerpo, actuando sobre ellas manualmente con ayuda de instrumentos adecuados. *Estudió Medicina y se especializó en Cirugía.* Tb. la actividad y la técnica correspondientes. *Ha practicado la cirugía durante años. Si el quiste no se disuelve solo, deberá extraerse mediante cirugía.*

cirujano, na. m. y f. Especialista en cirugía. *El equipo de cirujanos del hospital realiza decenas de operaciones diariamente. Cirujano plástico.*

ciscarse. intr. prnl. coloq., eufem. Cagarse. *Se ciscó en los pantalones.*

cisco. m. **1.** Carbón vegetal menudo. *En la mesa camilla hay un brasero de cisco.* **2.** coloq. Situación confusa, ruidosa o conflictiva. *Al entrar en la feria se oía el cisco de las tómbolas.* Frec. con v. como *armar* o *montar. No montes un cisco por una tontería.* ■ **hacer ~** (algo o a alguien). loc. v. coloq. Destrozar(lo). *Los críos han hecho cisco la valla de tanto balonazo. Comer deprisa te hace cisco el estómago. La noticia del despido lo dejó hecho cisco.*

cisma. m. **1.** Separación en el seno de una Iglesia o religión. *Enrique VIII rompió con el Pontífice y dio lugar al cisma de la Iglesia anglicana.* **2.** Separación o conflicto entre los miembros de un grupo. *El asunto de la herencia ha causado un cisma en la familia.*

cismático, ca. adj. **1.** Del cisma. *El congreso dio lugar a un movimiento cismático en el seno del partido.* **2.** Que se aparta de la autoridad reconocida, especialmente en materia de religión. *Iglesia cismática.* Dicho de pers., tb. m. y f. *Los primeros concilios sirvieron para excluir de la Iglesia a heréticos y cismáticos.* **3.** Dicho de persona: Que inicia o promueve un cisma, espec. religioso. *Obispo cismático. La cúpula comunista lo acusa de cismático.* Tb. m. y f. *Focio fue un cismático.*

cisne. m. Ave acuática grande, de cuello largo y flexible, pico anaranjado y plumaje gralm. blanco, que suele habitar en lagos y estanques. *El cisne hembra. El cisne nada majestuoso en el estanque.*

cisterciense. adj. De la Orden del Císter, fundada por San Roberto en el s. XI. *Monje cisterciense. Monasterio cisterciense.* Dicho de pers., tb. m. y f. *Convento de cistercienses.*

cisterna. f. **1.** Depósito de agua de un retrete. *Si no tiras bien de la cadena, la cisterna no se vacía del todo.* **2.** Vehículo para transportar líquidos. *Varias cisternas repartirán agua en los pueblos castigados por la sequía.* Frec. en aposición. *Camión cisterna. Avión cisterna. Buque cisterna.* **3.** Aljibe (depósito). *El agua de lluvia es recogida en una cisterna.* ▶ **3:** ALJIBE.

cistitis. f. *Med.* Inflamación de la vejiga urinaria. *Los enfermos de cistitis tienen una necesidad frecuente e imperiosa de orinar.*

cita. f. **1.** Hecho o efecto de citar o citarse. *Tengo una cita* CON *ella mañana. El notario nos ha dado cita para el lunes. La cita de frases célebres adorna un discurso. En una de las citas, el toro embistió por fin.* Tb. fig. *Bienvenidos a nuestra cita semanal* CON *el mundo del motor.* **2.** Trozo o extracto de un texto, que se cita gralm. para probar o apoyar algo. *El ensayo está salpicado de citas de otros autores.* ■ **~ a ciegas.** f. Cita (→ 1) concertada entre dos personas que no se conocen o nunca se han visto. *La agencia matrimonial te puede concertar una cita a ciegas.*

citación. f. Hecho de citar a alguien para una diligencia judicial o administrativa. *El fiscal pide la citación del banquero como inculpado.* Tb. el documento en que consta. *La citación viene firmada por el juez.*

citar. tr. **1.** Comunicar (a alguien) el día, la hora y el lugar en que debe presentarse. *El cantante citó al reportero en su casa para una entrevista. Ha sido citado por el juez para declarar en el juicio.* **2.** Nombrar o mencionar (algo o a alguien, espec. un texto o a un autor). *En los sermones se suele citar el Evangelio. El ensayista cita con frecuencia a Cicerón. Hay enfermedades difíciles de curar, como el cáncer, por citar la más conocida.* **3.** Repetir oralmente o por escrito (palabras dichas por alguien o escritas en un texto). *El artículo cita palabras textuales del ministro en la rueda de prensa.* **4.** *Taurom.* Provocar (al toro) para que embista o acuda a una parte del ruedo. *El diestro citó al toro desde los medios.* ○ intr. prnl. **5.** Convenir una persona con otra el día, la hora y el lugar para reunirse. *Se citó* CON *ella en un café.* Tb.: *Se citaron para charlar.*

cítara. f. **1.** Instrumento musical compuesto por una caja de resonancia plana de madera y una serie de cuerdas tendidas sobre ella, que en la Antigüedad se asemejaba a una lira y modernamente tiene forma trapezoidal. *La lira y la cítara son los instrumentos más representativos de la cultura musical grecolatina. La cítara moderna se puede tocar tendida sobre una mesa o sobre las rodillas.* **2.** Instrumento musical semejante al laúd pero más pequeño, que se toca con púa y tiene tres órdenes de cuerdas. *La cítara concierta con las guitarras y las bandurrias.*

citología. f. **1.** *Med.* Prueba diagnóstica basada en el examen de las células contenidas en líquidos o secreciones del cuerpo, o exfoliadas de un órgano o una cavidad. *De resultas de la citología se le detectó un proceso canceroso. Citología vaginal.* Tb. el resultado de dicha prueba. *La citología y la ecografía son* *normales.* **2.** *Biol.* Parte de la biología que estudia la célula. *El desarrollo de la citología en los últimos años ha sido extraordinario.*

citoplasma. m. *Biol.* Parte de la célula situada entre el núcleo y la membrana celular. *El citoplasma contiene orgánulos, como las mitocondrias o los ribosomas, que cumplen funciones vitales para la célula.*

citoplasmático, ca. adj. *Biol.* Del citoplasma. *Masa citoplasmática. Orgánulo citoplasmático.*

cítrico, ca. adj. **1.** Dicho de fruto: Agrio o agridulce, como la naranja o el limón. Más frec. m., y gralm. pl. *El pomelo es un cítrico. La región levantina exporta cítricos.* **2.** De los frutos cítricos (→ 1). *Sector cítrico. Productos cítricos.* ▶ **1:** AGRIOS.

ciudad. f. **1.** Población grande en extensión y número de habitantes, los cuales se dedican pralm. a actividades no agrícolas. *La compañía tiene vuelos a grandes ciudades americanas. La vida cultural asturiana se centra en Oviedo, su capital, y otras ciudades, como Gijón o Avilés.* **2.** Vida o ámbito de la ciudad (→ 1). *Muchos jóvenes prefieren la ciudad al campo.* **3.** Conjunto de edificios e instalaciones que ocupa una parte delimitada de la ciudad (→ 1) y tiene una finalidad específica. *Ciudad deportiva. Ciudad universitaria. Ciudad sanitaria.* ■ **~ dormitorio.** (pl. **ciudades dormitorio**). f. Población cuyos habitantes trabajan gralm. en una ciudad (→ 1) importante cercana. *El tren de cercanías trae a la capital trabajadores de la ciudad dormitorio.* ■ **~ jardín.** (pl. **ciudades jardín**). f. Parte de una ciudad (→ 1) que está constituida por casas unifamiliares, cada una con jardín. *Los urbanistas planean convertir el barrio de chabolas en una ciudad jardín.* ■ **~ satélite.** f. Ciudad (→ 1) que depende en cierta medida de otra cercana, mayor y más importante. *Badalona es una ciudad satélite de Barcelona.* ▶ **1:** URBE.

ciudadanía. f. **1.** Condición de ciudadano de una población o un Estado. *Después de años de residencia en Buenos Aires, el exiliado solicitó la ciudadanía argentina.* **2.** Conjunto de los ciudadanos de una población o un Estado. *El presidente se ha comprometido con la ciudadanía a cumplir sus promesas.*

ciudadano, na. adj. **1.** De la ciudad. *Compró una casa en el campo para escapar de la vida ciudadana.* Dicho de pers., tb. m. y f. *El ganador del Pulitzer es un ciudadano neoyorquino.* **2.** De los ciudadanos (→ 1, 3). *La policía ha pedido la colaboración ciudadana para resolver el caso. Asociación ciudadana.* ● m. y f. **3.** Persona que tiene derechos políticos en un Estado y normalmente ha nacido y vive en él. *Al casarse con una ciudadana española, le fue concedido el permiso de residencia.* ▶ **2:** CÍVICO, CIVIL.

ciudadela. f. Recinto fortificado, situado en el interior de una plaza o población, que sirve para dominarla o como último refugio. *En la parte alta de la ciudad se sitúa la ciudadela medieval.*

ciudadrealeño, ña. adj. De Ciudad Real. *Almagro es una localidad ciudadrealeña.* Dicho de pers., tb. m. y f. *La llegada del AVE supuso una mejora en la vida de los ciudadrealeños.*

civeta. f. Mamífero carnívoro con aspecto de gato, hocico puntiagudo, cola larga y pelaje moteado o rayado, que habita en África y Asia. *El almizcle de la civeta ha sido usado en perfumería.*

cívico, ca. adj. **1.** Del civismo. *Padres y educadores se esfuerzan por formar la conciencia cívica de los niños.* **2.** Que muestra o denota civismo. *Hay que ser un poco más cívicos y usar las papeleras.* **3.** Ciudadano (de los ciudadanos). *El alcalde consultará la medida con asociaciones de vecinos y otras organizaciones cívicas.* ▶ **2:** CIVIL. **3:** *CIUDADANO.

civil. adj. **1.** Que no es militar ni religioso. *Al acto acudirán las más importantes autoridades civiles, militares y religiosas. Arquitectura civil y religiosa.* Dicho de pers., tb. m. y f. *En el ataque han muerto decenas de soldados y varios civiles.* **2.** Ciudadano (de los ciudadanos). *Negarse a pagar impuestos es un acto de desobediencia civil.* **3.** Cívico (que muestra o denota civismo). *Seamos un poco más civiles y cedamos el asiento a los mayores.* **4.** *Der.* Que atañe a las relaciones e intereses privados de los ciudadanos. *Código Civil. Derecho civil. Seguro de responsabilidad civil.* ● m. **5.** coloq. Miembro de la Guardia Civil (→ **guardia**). *El detenido iba escoltado por una pareja de civiles.* ▶ **2:** *CIUDADANO. **3:** CÍVICO.

civilidad. f. Comportamiento cívico. *El alcalde hace que prevalezcan en los plenos la civilidad y las buenas maneras.*

civilista. adj. *Der.* Especialista en derecho civil. *Abogado civilista.* Tb. m. y f. *Es un magnífico civilista.*

civilización. f. **1.** Estadio cultural propio de las sociedades humanas más avanzadas por el nivel de su ciencia, artes, ideas y costumbres. *Los grandes navegantes llevaron la civilización a remotos rincones del planeta.* **2.** Conjunto de las ideas, el saber y las costumbres de una sociedad concreta. *La conquista de América supuso el fin de las civilizaciones maya y azteca.* **3.** Hecho de civilizar o civilizarse. *La lengua es un instrumento de civilización.*

civilizado, da. part. **1.** → **civilizar.** ● adj. **2.** Educado y sociable. *Entre gente civilizada, los problemas se solucionan hablando. Actitud civilizada.*

civilizador, ra. adj. Que civiliza. *Los misioneros formaban parte de la empresa civilizadora.* Dicho de pers., tb. m. y f. *Los indios opusieron resistencia al civilizador blanco.*

civilizar. tr. **1.** Dar un nivel avanzado de desarrollo material, moral e intelectual (a una sociedad o un grupo humano). *En la selva encontraron tribus sin civilizar.* Tb. en constr. prnl. media. *Al civilizarse, las tribus indígenas conocen lo bueno y lo malo de la cultura moderna.* **2.** Mejorar la formación y el comportamiento (de una persona). *El maestro se encuentra con niños nobles pero rudos, aún por civilizar.* Tb. en constr. prnl. media. *Es de esperar que la hinchada se civilice y no vuelva a causar destrozos.*

civismo. m. Comportamiento propio de quien respeta los derechos de los demás y cumple sus deberes como ciudadano. *El que tira un papel al suelo muestra una falta total de civismo.*

cizalla. f. Instrumento que sirve para cortar metales en frío. Frec. en pl. con significado sing. *Para desencadenar al insumiso la policía tuvo que usar unas cizallas.*

cizaña. f. **1.** Planta de tallo alto y flores en espiga, que crece como mala hierba en los sembrados y puede ser venenosa. *El sembrado estaba invadido por la cizaña.* **2.** Enemistad o discordia. *La cizaña y las envidias cundieron entre el alumnado.* Frec. en la constr. *meter,* o *sembrar, ~. Si se han enfadado, no vengas tú encima a meter cizaña.*

cizañero, ra. adj. Que siembra o mete cizaña. *Los vecinos son entrometidos y cizañeros.* Dicho de pers., tb. m. y f. *Aléjate de los cizañeros.*

clac[1]**.** (pl. **clacs**). f. Claque. *La clac aplaudía a rabiar desde el gallinero.* Tb. fig. *Cada vez que el alcalde dice una ocurrencia, su clac ríe y aplaude.*

clac[2]**.** interj. Se usa para imitar un sonido corto y seco, como el del pestillo de una puerta que se cierra o el del gatillo que se aprieta. *Meta el carrete y cierre bien la tapa de la cámara, cerciorándose de que haga clac.* Tb. m. *Se oía el clac de las fichas de dominó sobre la mesa.*

clamar. tr. **1.** cult. Exigir una persona (algo) con fuerza. *Los estafados claman justicia.* **2.** cult. Requerir una cosa (algo) con urgencia. *Esta ofensa clama venganza.* **3.** cult. Gritar o expresar (algo) con fuerza. *El acusado clama que es inocente.* ○ intr. **4.** cult. Gritar con fuerza o protestar, gralm. para pedir algo. *Alguien clama desde el interior de la casa pidiendo ayuda. Los manifestantes clamaban* CONTRA *el Gobierno. Los afectados claman* POR *sus derechos.* **5.** cult. Requerir una cosa algo con urgencia. *La vieja ley clama* POR *una reforma en profundidad.*

clámide. f. histór. Capa corta y ligera usada por griegos y romanos, pralm. para montar a caballo. *La clámide griega fue después adoptada por los romanos.*

clamor. m. **1.** Grito vehemente de una multitud. *Fuera del estadio se podía oír el clamor del público celebrando los goles.* Tb. fig. *Lo que empezaron siendo protestas aisladas de los vecinos, es hoy un clamor general en el barrio. El clamor de las bocinas era ensordecedor.* **2.** Grito vehemente o lastimoso. *Rasgaba el aire el clamor de una madre buscando a su niño entre los escombros.*

clamoreo. m. Clamor repetido o continuado. *Se oye un lejano clamoreo de niños en el patio de un colegio.*

clamoroso, sa. adj. **1.** Acompañado de clamor. *El público ha dispensado al torero una clamorosa acogida.* **2.** Muy grande o extraordinario. *Un clamoroso error del portero dio lugar al primer gol. El Gobierno ha mantenido un clamoroso silencio sobre ese asunto.*

clan. m. **1.** Grupo social más pequeño que la tribu, formado por personas unidas por un vínculo familiar. *Los patriarcas de los distintos clanes se reunieron con el jefe de la tribu. La familia pertenece al clan escocés de los McAlister.* **2.** Grupo de personas unidas por fuertes vínculos y con tendencia a excluir al resto. *La pandilla constituía un clan en el que era muy difícil entrar.*

clandestinidad. f. Cualidad o condición de clandestino. *Con la democracia, muchos activistas políticos salieron de la clandestinidad. El aborto se practicaba en la clandestinidad.*

clandestino, na. adj. Secreto u oculto, espec. por temor a la ley o para eludirla. *Aborto clandestino. Mano de obra clandestina. Comercio clandestino.* ▶ SUMERGIDO.

claque. f. Grupo de personas contratado para aplaudir en un espectáculo, espec. de teatro. *Al final de la obra, la claque logró mantener la ovación un par de minutos. Jefe de claque.* Tb. fig. *Cada orador tiene su claque en el Parlamento.* ▶ CLAC.

claqué. m. Baile de origen estadounidense, en que el bailarín marca el ritmo golpeando el suelo con la puntera y el tacón de sus zapatos, que gralm. van reforzados en ambas partes con unas láminas de metal. *El claqué tuvo su auge en el segundo cuarto del siglo* XX.

claqueta. f. *Cine* Instrumento compuesto de dos tablas de madera unidas por una bisagra, que se hacen chocar ante la cámara al inicio de cada toma para sincronizar sonido e imagen. *El ayudante de dirección pide silencio, suena la claqueta y se comienza a rodar.*

clara. → **claro.**

claraboya. f. Ventana o abertura acristaladas que hay en el techo o en la parte superior de la pared. *La luz que entra por una gran claraboya ilumina la buhardilla. La claraboya del camarote.*

clarear. tr. **1.** Dar claridad o más claridad (a algo). *El sol va clareando el campo y disipando sus sombras.* **2.** Hacer más claro o menos denso (algo). *Están clareando el bosque.* ○ intr. **3.** Pasar a tener claridad o más claridad. *El día clareaba y cantaban los pajarillos.* **4.** Hacerse más claro o menos denso. *Le empieza a clarear el pelo.* **5.** Transparentarse una prenda o un tejido, frec. por desgaste. *Los pantalones le clarean a la altura de las rodillas.* Frec. prnl. *–¿Se me clarea el vestido? –No, no se te ve nada.* ○ intr. impers. **6.** Amanecer, o comenzar a aparecer la primera luz del día. *Nos pondremos en marcha antes de que empiece a clarear.* **7.** Despejarse el cielo, o disiparse las nubes de tormenta. *Si no clarea, la final del torneo de tenis corre peligro de suspenderse.* ○ intr. prnl. **8.** coloq. Dicho de una persona: Hablar o manifestarse con claridad. *No sé qué pretendía realmente; no supo o no quiso clarearse más.* ▶ **5:** TRANSPARENTAR. **6:** *AMANECER. **7:** ACLARAR.

clareo. m. Hecho de clarear un monte o un bosque, o de hacerlos menos espesos. *Los residuos de actividades forestales como la tala o el clareo se usan con fines industriales.*

clarete. m. Vino clarete (→ **vino**). *Tomamos una tabla de quesos y una jarra de clarete de la casa.*

claretiano, na. adj. De la Congregación de Hijos del Corazón de María, fundada en 1849 por San Antonio María Claret. *Padres claretianos.* Dicho de pers., tb. m. y f. *Estudió con las claretianas.*

claridad. f. **1.** Cualidad de claro. *Echa de menos la claridad del cielo mediterráneo. Un defecto físico le impide pronunciar con claridad. El testigo ha descrito lo ocurrido con claridad.* **2.** Luz que ilumina un espacio. *Corre las cortinas, que entra demasiada claridad.*

clarificación. f. Hecho de clarificar. *No se prevé una clarificación de la situación económica a corto plazo. El vino es sometido a un proceso de filtrado y clarificación.*

clarificador, ra. adj. Que clarifica. *Sus comentarios son siempre clarificadores.*

clarificar. tr. **1.** Aclarar (algo confuso o incierto). *La oposición pide al Gobierno que clarifique su postura. La bajada de tipos y el descenso del desempleo clarificaron el panorama económico.* **2.** Poner claro (algo denso, turbio o espeso, espec. un líquido). *Los vinicultores emplean clara de huevo para clarificar los vinos.* ▶ **1:** *ACLARAR.

clarín. m. **1.** Instrumento musical de viento, de metal, semejante a la trompeta, pero más pequeño y de sonido más agudo. *Los clarines anuncian la entrada de la Guardia Real. Un toque de clarín avisa al torero de que debe terminar la faena.* Tb. fig. *Suenan clarines de guerra en Oriente Medio.* **2.** Músico que toca el clarín. *Los clarines y el timbalero obedecen las órdenes que les transmite el presidente de la lidia con su pañuelo.*

clarinete. m. **1.** Instrumento musical de viento, de madera, constituido por un tubo largo con orificios y llaves, una boquilla de lengüeta simple y un pabellón cónico. *Toca el clarinete en una banda de jazz. Concierto para clarinete y orquesta.* ○ m. y f. **2.** Clarinetista. *Los clarinetes se sientan junto a los fagotes, detrás de flautas y oboes.*

clarinetista. m. y f. Músico que toca el clarinete. *El clarinetista tocó los primeros acordes de "Rhapsody in blue", de Gershwin.* ▶ CLARINETE.

clarisa. adj. Dicho de religiosa: De la Orden de San Francisco fundada por Santa Clara en el s. XIII. *Monja clarisa.* Tb. f. *Convento de clarisas.*

clarividencia. f. **1.** Capacidad de comprender o analizar con claridad. *Se hizo rico porque siempre supo escoger con clarividencia sus negocios.* **2.** Facultad paranormal de percibir cosas que el ojo no ve o de adivinar hechos futuros. *En la película, una chica dotada de clarividencia ayuda a la policía en la investigación de unos asesinatos.*

clarividente. adj. Dicho de persona: Que posee clarividencia. *Ya en el XIX hubo personas clarividentes que advirtieron de los peligros de la contaminación. Con los feriantes venía una mujer clarividente.* Tb. m. y f. *Muchos ven en Goya a un clarividente, un pintor adelantado a su tiempo.* ▶ *ADIVINO.

claro, ra. adj. **1.** Que tiene luz abundante. *Para la biblioteca se necesita un espacio claro.* **2.** Dicho del tiempo, el cielo o el día: Que no tiene nubes. *El cielo estaba claro. En una noche clara se pueden ver cientos de estrellas.* **3.** Dicho de color: Que tiende al blanco o se le acerca más que otro de la misma clase. *El celeste es un azul claro.* **4.** Que tiene color claro (→ 3). *En verano viste prendas claras.* **5.** Dicho espec. de líquido: Limpio y transparente. *Del manantial brota el agua fresca y clara. Cristal claro.* **6.** Poco denso o poco espeso. *Me he pasado con el agua y el café me ha salido demasiado claro. Si la mayonesa está muy clara, espésela con otro huevo. Acamparemos en una zona clara del bosque.* **7.** Dicho de cosa: Que se percibe o distingue bien. *Con las nuevas gafas, las figuras borrosas se tornaron claras. El buen orador debe tener una pronunciación clara.* **8.** Dicho de cosa: Fácil de comprender. *Usa un lenguaje claro. ¿Ha quedado claro, o te lo explico otra vez?* **9.** Dicho de persona: Que se expresa de manera clara (→ 8). *Es un profesor muy claro.* **10.** Evidente, o que no ofrece duda. *Está claro que los precios suben sin parar. Fue un penalti claro. El enfermo ha experimentado una clara mejoría.* **11.** Sincero y directo. *Seamos claros: hoy por hoy, su enfermedad no tiene cura. Déjese de rodeos y díganos de forma clara lo que piensa.* **12.** Perspicaz o agudo. *Tiene una cabeza muy clara.* **13.** cult. Ilustre o insigne. *Pertenece a uno de los linajes más claros de la región.* ● m. **14.** Espacio vacío que hay dentro de un conjunto o una serie de cosas. *Salvo algún claro en el tendido de sol, la plaza está llena. En el cielo alternarán nubes y claros.* **15.** Espacio sin vegetación en el interior de un bosque. *Los lobos persiguieron al venado por el monte hasta acorralarlo en un claro.* **16.** Período corto de tiempo en que se interrumpe una actividad o un fenómeno. *Ahora tengo mucho trabajo, pero en cuanto encuentre un claro te llamo.* **17.** *Arte* Porción de luz que baña una parte del cuadro. *Los claros se reparten magistralmente en el lienzo.* ○ f. **18.** Materia líquida y transparente que rodea la yema del huevo de las aves y se vuelve blanca al coagularse. *Le gustan los huevos fritos con la clara bien cuajada.* **19.** Cerveza con gaseosa. *Póngales una caña a ellos y a mí una clara, que tengo que conducir.* ● adv. **20.** De manera clara (→ 7, 8, 10 y 11). *No oigo muy claro lo que dice. Hablemos claro: ¿tú quieres casarte o no?* **21.** Por supuesto. Se usa para afirmar o confirmar algo enfáticamente.*–¿Seguro que te gusta? –¡Claro, hombre, es un regalo estupendo! ¡Claro que te quiero, qué cosas tienes! Podemos comer juntos; si te apetece, claro.* Tb. en la constr. ~ está. *Unos celebran el triunfo y otros, los perdedores, claro está, se lamentan.* ■ **claro de luna.** m. Momento corto en que la luna se muestra en noche oscura con toda claridad. *El cuadro plasma la escena típicamente romántica de un claro de luna en un cementerio.* Tb. luz de la luna en ese momento. *El claro de luna iluminó las aguas del estanque.* □ **a las claras.** loc. adv. De manera clara (→ 10 y 11). *Las cifras demuestran bien a las claras que la economía está en crisis. Si no estás de acuerdo, dilo a las claras.* ■ (**de claro**) **en claro.** loc. adv. Sin dormir. *La víspera del examen muchos pasaron la noche en claro por los nervios. Se le pasaban las noches de claro en claro leyendo.* ■ **poner en claro** (algo). loc. v. Eliminar las dudas o lo que se ignora (sobre ello). *La reunión servirá para poner en claro cuáles son las dificultades.* ■ **tener** (algo) **claro.** loc. v. Estar seguro (de ello). *Yo no te voy a abandonar, eso tenlo claro. Si algo tenía claro es que quería emprender una nueva vida.* ▶ **10:** *EVIDENTE. **18:** ALBUMEN.

claror. m. cult. Claridad o resplandor. *Con el primer claror del alba, los cazadores ya estaban en sus puestos.*

claroscuro. m. **1.** *Arte* En un cuadro: Contraste acentuado de luces y sombras. *Caravaggio y Rembrandt son grandes maestros del claroscuro.* **2.** Contraste de aspectos contradictorios en algo o alguien. *Su vida conyugal estuvo llena de claroscuros, de alegrías y sinsabores.*

clase. f. **1.** Grupo de los que se pueden hacer en un conjunto de elementos, al distribuirlos según sus características comunes. *Tenemos camisetas de tres clases: de hombreras, de manga corta o de manga larga. Los veleros de clase A son los más grandes. Es de esa clase de gente a la que todo le molesta.* **2.** Clase (→ 1) de personas establecida en la sociedad según criterios pralm. económicos o culturales. *Se distinguen en la sociedad moderna tres clases: la nobleza, la burguesía y el pueblo llano. Viven en un barrio de clase alta. Pertenece a la clase dirigente.* Tb. ~ *social. Muchos delincuentes son de clase social baja.* **3.** Distinción o elegancia. *El cónsul era un hombre culto, apuesto y con clase. Le falta clase; no hay más que ver lo mal que viste.* **4.** Categoría o calidad. *Es un jugador aún joven, pero ya se ve que tiene mucha clase. El quinto de la tarde fue un toro con clase y nobleza.* **5.** Lección que da el maestro a los discípulos cada día. *Un buen profesor prepara siempre sus clases. Los alumnos siguen la clase con atención.* **6.** Actividad de dar o recibir enseñanza. *Quedan cinco días de clase para las vacaciones. Por las tardes no hay clase. El viernes tenían clase, pero hicieron novillos.* **7.** Conjunto de alumnos de un mismo curso, que reciben enseñanza juntos en el mismo grupo. *Al entrar el director, toda la clase se puso en pie. Es el primero de la clase.* **8.** Aula. *Las clases están decoradas con los trabajos de los alumnos.* **9.** *Biol.* Categoría taxonómica en que se clasifican los seres vivos, inmediatamente superior al orden e inferior al filo. *El perro y el gato pertenecen a la clase de los mamíferos. El pino y el ciprés pertenecen a la clase de las coníferas.* ■ ~ **de tropa.** f. *Mil.* Conjunto formado por los soldados rasos y los cabos. *El capitán había ascendido en el escalafón desde la clase de tropa.* ⇒ TROPA. ■ ~ **media.** f. Clase (→ 2) social constituida por personas con un nivel económico medio, que les permite una vida más o menos desahogada. *Las rebajas fiscales favorecerán sobre todo a las familias de clase media.* ■ ~**s pasivas.** f. pl. Conjunto de personas que no trabajan y perciben algún tipo de pensión. *El envejecimiento de la población trae consigo un notable incremento de las clases pasivas.* □ **dar ~.** loc. v. **1.** Enseñar un profesor. *Hoy no dan clase los profesores porque están en huelga. Da clases particulares* DE *inglés.* **2.** Recibir enseñanza un alumno. *Damos clase* DE *lengua con la directora.* ▶ **1:** CATEGORÍA, ESPECIE, TIPO.

clasicismo. m. **1.** Cualidad o condición de clásico. *Los modistas italianos presentaron trajes de un elegante clasicismo.* **2.** Estilo artístico o literario basado en los modelos de la Antigüedad clásica. *En el siglo* XVIII *se vive en Europa una vuelta al clasicismo.*

clasicista. adj. **1.** Del clasicismo artístico o literario. *El palacio es un edificio del* XVIII*, de estilo clasicista.* **2.** Partidario o seguidor del clasicismo artístico o literario. *Autor clasicista.* Dicho de pers., tb. m. y f. *El arte gótico era tenido por bárbaro por los clasicistas.*

clásico, ca. adj. **1.** De la Antigüedad griega y romana, espec. de su arte o su literatura. *"Edipo rey" es una de las grandes tragedias clásicas. Estudia Filología Clásica. Mitología clásica.* Dicho de autor o artista, tb. m. *En el teatro romano se representarán obras de clásicos, como Sófocles o Plauto.* **2.** Que se inspira en el arte y el mundo clásicos (→ 1), o los imita. *Frente al estilo clásico de los poetas del* XVIII*, surgirá el apasionamiento de los románticos.* **3.** Dicho de período cultural: Culminante o de mayor plenitud. *El período clásico del arte griego comienza en el s. V a. de C.* **4.** Dicho de autor o de obra: Que pertenece a un período clásico (→ 3). *En su biblioteca predominan autores clásicos, como Cervantes o Calderón. Festival de teatro clásico.* Tb. m. *Cansado de la novela contemporánea, comenzó a releer a los clásicos.* **5.** Dicho de autor u obra: Que se considera un modelo digno de imitación. *Algunas de las obras del joven autor merecen ya el calificativo de clásicas.* Tb. m. *"El halcón maltés" es un clásico del género policíaco.* **6.** Dicho de música o de artes relacionadas con ella: De la tradición culta occidental. *En la segunda planta están las secciones de jazz y de música clásica. Las bailarinas de danza clásica usan tutú.* **7.** Dicho de algunas lenguas: Que corresponden al período clásico (→ 3) o constituyen la variante culta propia del uso escrito. *El árabe de la literatura antigua y del Corán se denomina hoy árabe clásico.* **8.** Que no se aparta de lo tradicional o de las reglas establecidas por la costumbre y el uso. *Es muy clásico vistiendo. Un modelo de automóvil de línea clásica. Un traje de corte clásico.* **9.** Típico o característico. *En Canarias es casi obligado probar las clásicas "papas arrugadas". Tiene el perfil clásico de un psicópata.* ▶ **9:** *CARACTERÍSTICO.

clasificable. adj. Que se puede clasificar. *Es un autor original y difícilmente clasificable.*

clasificación. f. **1.** Hecho o efecto de clasificar o clasificarse. *Trabaja en el departamento de clasificación de correspondencia. Había dudas sobre la clasificación biológica de los hongos. El empate dio la clasificación al equipo argentino. Quedó sexto, una clasificación pobre, si se tiene en cuenta que era campeón.* **2.** Lista de elementos ordenados según una clasificación (→ 1), espec. la de los participantes en una competición deportiva. *En el anexo del convenio colectivo se incluye una clasificación profesional que consta de diez niveles. El equipo asciende varios puestos en la clasificación.*

clasificado, da. part. **1.** → **clasificar. 2.** Que se ha clasificado (→ 1) para participar o continuar en una competición, espec. deportiva. Frec. m. y f. *Los clasificados se enfrentarán mañana en las semifinales.* ● adj. **3.** Dicho de información o documento: Secreto o reservado. *El servicio de espionaje tiene un enorme archivo de documentación clasificada.* ● m. **4.** Anuncio por palabras en una publicación periódica, que aparece ordenado según un determinado criterio. Frec. en pl. *Encontró piso a través de la sección de clasificados de un periódico local.*

clasificador, ra. adj. Que clasifica o sirve para clasificar. *Criterio clasificador. Carpeta clasificadora.* Dicho de pers., tb. m. y f. *Trabaja de clasificador de cartas en una oficina de correos.* Dicho de mueble, carpeta o máquina, tb. m. o f. *Guarda las carpetas en un clasificador. La fruta va hasta una clasificadora mecánica que la selecciona por tamaños.*

clasificar. tr. **1.** Ordenar (un conjunto de elementos) por clases. *Los vertebrados se pueden clasificar* EN *cinco grupos: mamíferos, peces, reptiles, anfibios y aves. Clasificó los libros* POR *géneros. Tiene sus discos clasificados alfabéticamente.* **2.** Poner (algo o a alguien) dentro de una clase. *Es un delincuente peligroso, y así lo tiene clasificado la policía. Este autor clasifica las anseriformes* COMO *palmípedas.* ○ intr. prnl. **3.** Obtener determinado puesto en una competición deportiva. *La nadadora española se clasificó primera. No pasa a la siguiente ronda, al clasificarse* EN *último lugar.* **4.** Conseguir un resultado que permite participar o continuar en una competición deportiva. *Los cuatro primeros de cada serie se clasifican* PARA *las semifinales.*

clasificatorio, ria. adj. De la clasificación. *Con esta victoria encabezan la tabla clasificatoria. El partido del miércoles es clasificatorio* PARA *el mundial.*

clasismo. m. Actitud o tendencia de quien defiende las diferencias de clase y la discriminación por ese motivo. *Potenciaron la escuela pública para acabar con el clasismo en la enseñanza.*

clasista. adj. **1.** Del clasismo. *El club adoptó una postura muy clasista al vetar el ingreso a personas de clase obrera. Mentalidad clasista.* **2.** Que es partidario del clasismo, o que lo profesa. *La sociedad victoriana era tremendamente clasista.* Dicho de pers., tb. m. y f. *Los nuevos ricos son unos clasistas.*

claudia. f. Ciruela claudia (→ **ciruela**). *¿A qué precio están las claudias?*

claudicación. f. Hecho de claudicar. *Los sindicatos insisten en que el acuerdo con la patronal no es una claudicación.*

claudicar. intr. **1.** Ceder o rendirse, espec. ante la presión. *Después de mucho insistir, ha logrado que su padre claudique y le compre la bici.* **2.** Renunciar a los propios principios o propósitos. *A medida que se hacía mayor, iba claudicando* DE *sus ideas revolucionarias.* ▶ **1:** *CEDER.

claustral. adj. **1.** Dicho de cosa: Del claustro. *Mañana hay elecciones claustrales en la Politécnica. El patio claustral.* **2.** Dicho de persona: Miembro del claustro, espec. de una universidad. *Alumnos claustrales.* Tb. m. y f. *El rector es elegido por los claustrales.*

claustro. m. **1.** Galería que rodea el patio principal de una iglesia o convento. *El abad nos condujo a tra-*

vés del claustro hasta la capilla. **2.** Conjunto de profesores de un centro docente en ciertos grados de la enseñanza. *El claustro ha propuesto a la dirección del colegio hacer una semana cultural en mayo.* **3.** Junta de gobierno de una universidad. *Los alumnos harán llegar sus quejas sobre el catedrático a sus representantes en el claustro.* **4.** Reunión que mantienen los miembros de un claustro (→ 2, 3). *Los casos de absentismo escolar se trataron en el claustro.* ■ **~ materno.** m. cult. Útero. *El organismo se va ajustando para sobrevivir fuera del claustro materno.*

claustrofobia. f. Miedo patológico a permanecer en lugares cerrados. *Varios de los atrapados en el túnel sufrieron ataques de claustrofobia.*

claustrofóbico, ca. adj. **1.** De la claustrofobia. *Recuerda con horror su claustrofóbico encierro de varias horas en el ascensor.* **2.** Que padece claustrofobia. *Un individuo claustrofóbico no puede vivir en un piso interior sin apenas ventanas.* Tb. m. y f. *Es un claustrofóbico.*

cláusula. f. Disposición o estipulación de las contenidas en un contrato, un testamento, un tratado u otro documento semejante. *Pocos pueden pagar la cifra que figura en la cláusula de rescisión del brasileño. El tratado incluye cláusulas de salvaguardia a las que podrán acogerse los Estados.*

clausura. f. **1.** Hecho de clausurar. *Un tribunal ordenó la clausura indefinida del local.* **2.** Acto solemne con que se clausura un congreso, un curso, una competición u otra actividad semejante. *Tiene previsto acudir a la clausura de las Olimpiadas.* **3.** En algunos conventos: Prohibición a los religiosos de salir de cierto recinto interior, y a otras personas de entrar en él. *La clausura no permite a los cartujos salir del monasterio.* Tb. la vida de dichos religiosos. *Los monjes que optan por la clausura tienen vocación contemplativa. Monja de clausura.* Tb. dicho recinto. *Vimos a las monjas, pero no pudimos entrar en la clausura.*

clausurar. tr. **1.** Cerrar o poner fin (a un congreso, un curso, una competición u otra actividad semejante). *La ministra de Sanidad clausurará las Jornadas de Medicina Preventiva.* **2.** Cerrar (un establecimiento u otro lugar público), o interrumpir temporal o definitivamente su actividad. *La policía clausuró el local. La dirección del hospital decidió clausurar el ala que amenaza derrumbe.*

clavado[1]. m. Zambullida vertical en el agua. *En Acapulco son típicos los clavados de los nadadores locales desde los acantilados.*

clavado[2], da. part. **1.** → **clavar.** ● adj. **2.** coloq. Idéntico (muy parecido). *El niño es clavado* A *su padre. Las declaraciones de los dos testigos eran clavadas.* **3.** coloq. Cabal o exacto. *A las doce clavadas acudieron a la cita.* **4.** coloq. Asombrado o desconcertado. *Los ha dejado clavados con su negativa a colaborar. Me quedé clavada, no sabía qué contestar.*

clavar. tr. **1.** Introducir (un objeto puntiagudo) en un cuerpo. *Clavó las escarpias* A *la pared con el martillo. Deja las chinchetas clavadas* EN *el corcho. Mataron al vampiro clavándole una estaca* EN *el corazón. El gato le clavó las uñas. Cortando rosas me clavé una espina.* Tb. en constr. prnl. media. *Se le clavó un cristal* EN *el pie. La uña se ha clavado* EN *la carne.* **2.** Asegurar (algo) con clavos u objetos semejantes. *Pasó la tarde clavando cuadros. Clavó un cartel en el tablón de anuncios.* **3.** Fijar (algo) con firmeza en un lugar. *El profesor clavó los ojos en el muchacho. Clavando bien los pies en la tierra, se dispuso a cavar.* **4.** Parar o inmovilizar (algo o a alguien) en un lugar. *Clavó el coche tirando del freno de mano. La actuación de los trapecistas clavó al público* EN *sus asientos.* Frec. en la constr. *dejar,* o *quedar, clavado. El aullido los dejó clavados. Algunas escenas dejan al espectador clavado* AL *asiento.* **5.** coloq. Realizar (algo) acertada o correctamente. *Tuvo que rodar un* spot *para la campaña electoral y lo clavó a la primera. El concursante clavó todas las respuestas.* **6.** coloq. Cobrar a alguien más (dinero) de lo normal por algo. *Nos clavaron un dineral* POR *llevarnos al aeropuerto.*

clave[1]. f. **1.** Sistema de signos convenido para la transmisión de mensajes secretos. *Codifican la información con una clave.* Frec. en la constr. *en ~. El enemigo mandó por radio mensajes en clave.* **2.** Conjunto de reglas y correspondencias que explican una clave (→ 1). *Tras horas de análisis del texto, dieron con la clave.* **3.** Dato o idea que permiten comprender algo enigmático. *Ni los más avezados detectives podían desentrañar las claves del misterioso asesinato.* **4.** Combinación de signos que permite el funcionamiento de una máquina o un sistema, o el acceso a ellos. *Para acceder al servicio de banca telefónica es necesario disponer de una clave secreta. Olvidé la clave de acceso de mi ordenador.* **5.** Elemento básico o fundamental de algo. *Una de las claves de un guiso es su punto de sal. En la confianza radica la clave de toda buena relación.* Frec. en aposición. *Márquez es un jugador clave en el equipo. La inmigración será uno de los temas clave del consejo de ministros.* **6.** *Arq.* Piedra con que se cierra por arriba un arco o una bóveda. *La clave del arco es la última dovela que se pone.* **7.** Instrumento musical de percusión, de carácter popular y de origen cubano, consistente en dos pequeños cilindros de madera que se golpean uno contra otro. Frec. en pl. *En el son cubano se emplean mucho las claves.* **8.** *Mús.* Signo que se coloca al principio del pentagrama para determinar el tono y la altura de las notas. *La clave de fa es semejante a una "C" invertida.* ■ **en ~ de.** loc. prepos. Con carácter o tono de. *El artículo está escrito en clave de humor.*

clave[2]. m. Clavecín. *Interpretaron un concierto para clave y orquesta de Bach.*

clavecín. m. Instrumento musical de teclado y cuerda, semejante a un piano, en el que cada tecla acciona una pieza que, haciendo las veces de púa, pulsa la cuerda correspondiente. *Música barroca para clavecín.* ▶ CLAVE, CLAVICÉMBALO.

clavecinista. m. y f. Músico que toca el clavecín. *El clavecinista interpretará obras de Scarlatti.*

clavel. m. Flor olorosa de diversos colores, de tallo largo, delgado y nudoso, y con numerosos pétalos que tienen el borde superior dentado. *Le llevó a su madre un ramo de claveles.* Tb. su planta. *Plantaremos claveles y rosales en aquel rincón del jardín.*

clavellina. f. Flor semejante al clavel común, pero de tallos, hojas y flores más pequeños. *En la mesa hay un florero con clavellinas.* Tb. su planta. *En el balcón tenía macetas de clavellinas.*

clavetear. tr. **1.** Sujetar (algo) con clavos. *Con el martillo y unas puntas claveteó el panel trasero del armario.* **2.** Adornar (algo) con clavos. Frec. en part. *La tapa del cofre estaba forrada de cuero y claveteada* DE *tachones dorados. Botas claveteadas.*

clavicémbalo. m. Clavecín. *Es profesor de órgano y clavicémbalo.*

clavicordio. m. Instrumento musical de teclado y cuerda, semejante a un piano, en el que cada tecla acciona una palanca con un pedazo de latón en su extremo que golpea la cuerda. *El clavicordio, como el clavecín, fueron cediendo su lugar al piano.*

clavícula. f. Hueso que va desde la parte superior y central del pecho hasta el hombro, uniendo el esternón con el omóplato. *El ciclista cayó y se fracturó la clavícula.*

clavicular. adj. *Anat.* De la clavícula. *Articulaciones claviculares.*

clavija. f. **1.** Pieza de forma gralm. cilíndrica o cónica, que se inserta en un taladro de otra pieza con diversos fines. *Se puede regular la altura del estante bajando las clavijas que lo sujetan.* **2.** Clavija (→ 1) de cabeza ensanchada que sirve para sujetar y tensar las cuerdas de un instrumento musical. *Manipuló las clavijas de la guitarra hasta que logró afinarla.* **3.** Pieza de material aislante provista de unas varillas metálicas que se introducen en los agujeros de la hembra del enchufe. *Hay países donde se venden los electrodomésticos con cable pero sin clavija.* Tb. cada una de dichas varillas. *Una de las clavijas del enchufe está un poco suelta.* **4.** Pieza con que se conecta un teléfono a la red. *La telefonista metía y sacaba clavijas de la centralita. Desconectó la clavija para no recibir llamadas.* ■ **apretar las ~s** (a alguien). loc. v. coloq. Ser estricto o severo (con él). *Sus padres le apretaron las clavijas y terminó aprobando en septiembre.*

clavijero. m. *Mús.* Pieza en que van insertadas las clavijas de los instrumentos de cuerda. *La guitarra normal tiene un clavijero con seis clavijas en el extremo del mástil.*

clavo. m. **1.** Pieza metálica, larga y delgada, puntiaguda por un extremo y aplanada o abultada por el otro, que se introduce en algo con el fin de sujetar, asegurar o adornar. *Una longaniza colgaba de un clavo en la pared. Con un martillo y unos clavos, fijó algunas tablas sueltas de la tarima.* **2.** Capullo seco de la flor de un árbol tropical, que tiene forma de clavo (→ 1) pequeño, olor muy aromático y sabor picante, apreciado por sus valores medicinales y muy utilizado como especia en cocina. *La abuela hacía una infusión con clavos muy buena para el resfriado.* Tb. *~ de olor. Para ahuyentar las moscas, el pescadero corta medio limón y le mete unos clavos de olor.* Frec. en sent. colectivo. *Condimentó el escabeche con laurel y clavo.* ■ **agarrarse a un ~ ardiendo.** loc. v. coloq. Valerse de cualquier medio o recurso, por arriesgado que sea, para lograr algo o para sortear un peligro. *El jefe se agarra a un clavo ardiendo con tal de mantener su puesto.* ■ **como un ~.** loc. adv. coloq. Con puntualidad. *Estaré allí a las diez como un clavo.* ■ **dar en el ~.** loc. v. coloq. Acertar. *Siempre da en el clavo con sus observaciones.* ■ **no dar,** o **no pegar, ni ~.** loc. v. coloq. Holgazanear, o no trabajar lo más mínimo. *Ha suspendido porque no ha dado ni clavo en todo el curso.* ■ **no dar una en el ~.** loc. v. coloq. No acertar en absoluto. *El árbitro no dio una en el clavo.* ■ **por los ~s de Cristo.** expr. Se usa para expresar súplica, protesta o sorpresa. *¡Por los clavos de Cristo!, ¿quieres hacer el favor de callarte?*

claxon. (pl. **cláxones**). m. Bocina eléctrica de un automóvil. *El taxista tocó el claxon para avisar de su llegada.* ▶ *BOCINA.

clema. f. *Electrón.* Pieza provista de tornillos, que permite realizar empalmes entre dos o más cables. *Para hacer la conexión utilizaremos una clema.*

clemátide. f. Planta trepadora de tallo rojizo y sarmentoso, y flores gralm. blancas. *La clemátide suele crecer en los bosques enredada en los árboles.*

clemencia. f. Cualidad de clemente. *El tribunal no tuvo clemencia* CON *los acusados. El pueblo pedía al rey clemencia* PARA *los condenados.*

clemente. adj. **1.** Dicho de persona: Que, por compasión, aplica la justicia o el castigo con moderación. *El juez fue clemente* CON *el acusado. Pedían a Dios que fuera misericordioso y clemente.* **2.** Dicho de cosa: Propia de la persona clemente (→ 1). *El juez, en un gesto clemente, le perdonó la vida.*

clementina. f. Variedad de mandarina sin pepitas y muy dulce. *¿Preferís naranjas o clementinas de fruta?*

clepsidra. f. Reloj de agua. *La clepsidra se usaba en astronomía.*

cleptomanía. f. Tendencia patológica al hurto. *El abogado pide la absolución del ladrón alegando que sufre cleptomanía.*

cleptómano, na. adj. Que padece cleptomanía. Dicho de pers., tb. m. y f. *El cleptómano fue detenido varias veces por hurtos en grandes almacenes.*

clerecía. f. **1.** Clero. *El rey consultaba a menudo con obispos, cardenales y otros miembros de la clerecía.* **2.** Oficio u ocupación de clérigo. *El hijo menor entregó su vida a la clerecía.*

clerical. adj. **1.** Del clérigo o del clero. *El monje llevaba tonsura clerical. El estamento clerical.* **2.** Partidario del clero, de sus directrices o de su influencia. *Las zonas rurales eran fundamentalmente conservadoras y clericales. Partido clerical.*

clericalismo. m. **1.** Cualidad de clerical o partidario del clero. *El autor, nada sospechoso de clericalismo, defiende la labor de los misioneros.* **2.** Influencia o intervención excesivas del clero, espec. en política. *A lo largo de la historia se han vivido épocas de notable clericalismo.*

clérigo. m. En el cristianismo: Hombre que ha recibido las órdenes sagradas. *Clérigos e hidalgos son personajes habituales en la novela picaresca.* ▶ ECLESIÁSTICO.

clero. m. Conjunto de los clérigos. *Presidirán la procesión el obispo y otros miembros del clero.* ▶ CLERECÍA.

clic. interj. **1.** Se usa para imitar un sonido leve, corto y seco, como el de un interruptor que se pulsa. *Al abrocharse, el corchete hace clic.* Tb. m. *Hubo un clic y se encendió la luz.* ● m. **2.** Hecho de pulsar un botón del ratón de un ordenador. *Con un clic se despliega el menú. Haga doble clic en el icono.*

cliché. m. **1.** Idea o expresión demasiado repetidas. *El feminismo quiere acabar con el cliché de la mujer sumisa.* **2.** *Fot.* Tira de película revelada, con imágenes negativas. *En la tienda le entregaron un sobre con los clichés y las copias positivadas.* **3.** *Gráf.* Plancha de metal que sirve para hacer múltiples reproducciones del texto o las imágenes grabados en ella. *Viejos clichés se acumulaban en un rincón de la imprenta.* ▶ **1:** *TÓPICO. **2, 3:** CLISÉ.

cliente, ta. m. y f. (A veces como f. se usa **cliente**). **1.** Persona que compra en una tienda, o utiliza los servicios de un establecimiento, una empresa o un profesional, espec. si lo hace con asiduidad. *El ayudante del carnicero cobra a los clientes. Es la mejor cliente de nuestra peluquería. El abogado defendió a su clienta con pericia.* **2.** Persona que apoya a otra, recibiendo a cambio protección o privilegios. Se usa espec. en política. *Siempre se negó a convertirse en un cliente del cacique de turno.* ▶ **frecAm: 1:** MARCHANTE.

clientela. f. Conjunto de clientes, espec. de un establecimiento, una empresa o un profesional. *Un camarero grosero espanta a la clientela. –A estas horas hay poca clientela –dijo el taxista.*

clientelismo. m. Sistema por el que una persona consigue el apoyo de otras, dándoles a cambio protección o privilegios. Se usa espec. en política. *El clientelismo y el nepotismo acabaron estrangulando los intentos de democratización.*

clima. m. **1.** Conjunto de condiciones atmosféricas características de una región. *La gente veranea en el sur por el clima. Clima tropical.* **2.** Ambiente (conjunto de circunstancias). *Se respira un clima tenso entre la dirección y los trabajadores. El libro describe el clima político en la transición democrática.* ▶ **2:** AMBIENTE.

climatérico, ca. adj. *Fisiol.* Del climaterio. *En algunas mujeres las alteraciones climatéricas pueden ser muy intensas.*

climaterio. m. *Fisiol.* Período de la vida en que declinan y se extinguen las funciones genitales. *Su mujer está en el climaterio. Climaterio masculino.*

climático, ca. adj. Del clima atmosférico. *Cambio climático. Condiciones climáticas. Zona climática.*

climatización. f. Hecho o efecto de climatizar. *Se instaló un equipo de climatización nuevo en el hotel. Las salas del museo tienen una climatización excelente.*

climatizador, ra. adj. Que climatiza. *Instalación climatizadora.* Frec. m., referido a máquina o aparato. *Para los viajes largos es ideal que el vehículo disponga de climatizador.*

climatizar. tr. Dar (a un espacio cerrado) las condiciones de temperatura, humedad del aire y a veces de presión necesarias para la salud o la comodidad de quienes lo ocupan. *En lugares con climas extremos conviene climatizar adecuadamente las viviendas.* Frec. en part. *El hotel tiene piscina climatizada.*

climatología. f. **1.** Estudio científico del clima. *Un grupo de expertos en climatología discute los efectos del agujero en la capa de ozono.* **2.** Conjunto de las condiciones propias de un determinado clima. *Los alpinistas se enfrentan a una climatología adversa.*

climatológico, ca. adj. De la climatología. *Los datos climatológicos hacen prever un incremento térmico en los próximos años.*

clímax. (pl. invar.). m. **1.** Punto culminante de un proceso. *Para algunos, Picasso alcanza el clímax de su creatividad con el "Guernica". Tras estos sucesos, la revolución llega a su clímax.* **2.** Momento culminante de la acción de una obra literaria o cinematográfica. *La película alcanza su clímax con la escena de la pelea.*

clínico, ca. adj. **1.** De la clínica (→ 4). *Ensayo clínico. Centro clínico. Estudios clínicos.* ● m. y f. **2.** *Med.* Médico dedicado a la clínica (→ 4). *Un equipo de clínicos e investigadores estudia la relación entre ciertas bacterias y el cáncer.* ○ f. **3.** Establecimiento sanitario, gralm. privado, donde ingresan o acuden enfermos para ser diagnosticados y recibir tratamiento. *Dio a luz en una clínica privada. La clínica dental está en la tercera planta. Clínica de reposo. Clínica de desintoxicación.* **4.** *Med.* Ejercicio práctico de la medicina, basado en la observación directa del paciente y en su tratamiento. *La clínica tiene cada vez más en cuenta el aspecto psicológico del enfermo.* **5.** *Med.* Conjunto de síntomas y manifestaciones específicos de una enfermedad. *El estudio versa sobre la clínica y desarrollo de las neumonías.*

clip[1]**.** (pl. **clips**). m. **1.** Utensilio hecho con un trozo de alambre o de plástico doblado sobre sí mismo, que sirve para sujetar varios papeles juntos. *Grapa las hojas o ponles un clip para que no se pierdan.* **2.** Pieza en forma de pinza que, mediante presión, sirve para sujetar broches, pendientes y cosas semejantes. *Usa pendientes de clip porque no tiene agujeros en las orejas.*

clip[2]**.** (pl. **clips**). m. Videoclip. *Han grabado un clip para promocionar su nuevo disco.*

clíper. m. **1.** Avión grande de pasajeros para vuelos transatlánticos. *Volarán de Cancún a Madrid en un clíper de las líneas aéreas mexicanas.* **2.** Buque de vela, ligero y muy resistente. *El clíper inglés fondeó en el puerto de La Habana.*

clisé. m. Cliché. *Utilizando el clisé futbolístico, este debate es de los que hacen afición. En un cajón guardaba fotos y clisés.*

clítoris. m. *Anat.* Órgano pequeño, carnoso y eréctil, que sobresale en la parte más alta de la vulva. *Estimulación del clítoris.*

cloaca. f. **1.** En una población: Conducto, gralm. subterráneo, de aguas residuales y de inmundicias. *De los sumideros de las cloacas sale un olor nauseabundo.* **2.** Lugar sucio o asqueroso. *El establo era una verdadera cloaca.* **3.** *Zool.* En aves y otros vertebrados: Porción final del intestino, ensanchada y dilatable, donde desembocan los conductos urinarios y genitales. *Las aves se reproducen poniendo en contacto sus cloacas.* ▶ **1:** ALBAÑAL, ALCANTARILLA.

clon. m. **1.** *Biol.* Conjunto de células u organismos idénticos, originados por reproducción asexual o por división artificial en fase embrionaria a partir de una única célula u organismo. Tb. cada célula u organismo originados. *Los científicos británicos lograron crear un clon de una oveja adulta.* **2.** *Biol.* Conjunto de fragmentos idénticos de ácido desoxirribonucleico obtenidos a partir de una misma secuencia original.

clonación. f. *Biol.* Hecho de clonar. *Se ponen objeciones morales a la clonación con fines terapéuticos.*

clonar. tr. *Biol.* Producir clones (de células, fragmentos de ADN u organismos). *La posibilidad de clonar seres humanos suscita un debate ético.*

clónico, ca. adj. **1.** *Biol.* Producido por clonación. *En la película, unos superhombres clónicos invaden el planeta. Secuencias clónicas de ADN.* **2.** Dicho de persona o cosa: Idéntica a otra que sirve de patrón. *Los equipos informáticos clónicos están hechos con componentes de distintas marcas.*

cloquear. intr. Dar cloqueos una gallina clueca. *Las gallinas cloqueaban en el ponedero.*

cloqueo. m. Cacareo sordo de la gallina clueca. *En el gallinero se oyó el cloqueo de alguna gallina.*

cloración. f. Hecho de clorar. *Un fallo en la cloración de las aguas produjo casos de gastroenteritis.*

clorar. tr. **1.** Tratar con cloro (el agua) para hacer(la) potable o mejorar sus condiciones higiénicas. *Cloran el agua con el fin de hacerla apta para el consumo humano.* **2.** Añadir cloro (a una sustancia o un compuesto). *Los vertidos de productos clorados hacen mucho daño al medio ambiente.*

clorato. m. *Quím.* Sal de un ácido del cloro. *El clorato amónico se emplea en la fabricación de explosivos.*

cloro. m. Elemento químico del grupo de los halógenos, gaseoso en estado natural, de color amarillo verdoso, olor fuerte y sofocante, y muy tóxico (Símb. Cl). *El agua de la piscina tenía tanto cloro que se le irritaron los ojos.*

clorofila. f. Pigmento que proporciona el color a las plantas verdes. *Las moléculas de clorofila de las hojas absorben la energía de la luz solar para iniciar la fotosíntesis.*

clorofílico, ca. adj. De la clorofila. *Con la función clorofílica, las plantas absorben anhídrido carbónico, asimilando carbono y liberando oxígeno.*

cloroformo. m. Líquido incoloro, compuesto de cloro, carbono e hidrógeno, que desprende vapores de olor agradable cuya inhalación produce efectos anestésicos. *El cloroformo dejó de usarse como anestésico porque dañaba el hígado.*

cloroplasto. m. *Biol.* Órgano de las células vegetales, que contiene clorofila y en el que tiene lugar la fotosíntesis.

cloruro. m. *Quím.* Sal del ácido clorhídrico. *La sal común es cloruro sódico.*

clóset. (pl. **clósets**). m. Am. Armario empotrado. *Abre su clóset, extrayendo y combinando ropas* [C]. *Sacó de un clóset una escoba* [C].

clown. (pal. ingl.; pronunc. "cláun" o "clon"). m. Payaso de circo, espec. el que actúa con aire serio y afectado. *El* clown *clásico aparece con la cara pintada de blanco.* ▶ *PAYASO.

club. (pl. **clubs** o **clubes**). m. **1.** Sociedad formada por personas con intereses comunes y dedicada a actividades diversas, pralm. recreativas, deportivas o culturales. *Club de fans. Club de fútbol. Club internacional de escritores.* Tb. el local o edificio donde se reúnen sus miembros (→ **casino**). *Va todos los domingos al club.* Tb. fig. *¿Tú también te has divorciado?, ¡pues bienvenida al club! España hizo un gran esfuerzo por incorporarse al club de los países industrializados.* **2.** Local de ocio donde se bebe y se baila, que gralm. es nocturno y a veces ofrece espectáculos musicales. *Los mejores pinchadiscos van rotando por los clubes más populares de la ciudad.* Tb. *~ nocturno. Trabajaba de chica de alterne en un club nocturno.* ▶ **1:** *SOCIEDAD.

clueco, ca. adj. Dicho de gallina u otra ave: Que está en el período de echarse sobre los huevos para empollarlos. *Hay varias gallinas cluecas.* Tb. f. *El gallinero consta de habitáculos especiales para las cluecas.*

cluniacense. adj. Del monasterio o de la congregación de benedictinos franceses de Cluny, en Borgoña. *Reforma cluniacense. Monje cluniacense.* Dicho de pers., tb. m. y f. *La aportación de los cluniacenses a la arquitectura románica es trascendental.*

cnidario. adj. **1.** *Zool.* Del grupo de los cnidarios (→ 2). *Celentéreo cnidario.* ● m. **2.** *Zool.* Animal acuático, gralm. marino, provisto de pequeños órganos urticantes, como la medusa y el pólipo.

co-. pref. Significa 'conjuntamente con otro'. *Coacusado, coeditor, coprotagonizar.*

coacción. f. Hecho de obligar a alguien a actuar o hablar de una manera determinada. *El acusado declaró que había confesado bajo coacción.*

coaccionar. tr. Ejercer coacción (sobre una persona). *Su padre lo coaccionó para que estudiara Derecho.*

coactivo, va. adj. Que ejerce coacción, o que la implica. *La empresa ha tomado medidas coactivas para evitar que los empleados vayan a la huelga.*

coadjutor, ra. adj. **1.** Dicho de persona: Que ayuda a otra en determinados asuntos. *Obispo coadjutor.* ● m. **2.** *Rel.* Sacerdote que ayuda al párroco. *El coadjutor sustituirá al cura en la misa del domingo.*

coadyuvante. adj. **1.** Que coadyuva. *El buen ambiente de trabajo es un factor coadyuvante en el éxito de cualquier proyecto.* Dicho de cosa, tb. m. *Se recomienda la natación como coadyuvante en el tratamiento de las dolencias de espalda.* ● m. **2.** *Der.* Parte que interviene como tercera en un proceso judicial, apoyando a una de las partes principales. *El Ayuntamiento se ha personado en el juicio como coadyuvante.*

coadyuvar. intr. Contribuir a un fin. *La Fundación coadyuvó* CON *el Museo* AL *éxito de la exposición.*

coagulación. f. Hecho de coagular o coagularse. *Las plaquetas intervienen en la coagulación de la sangre.*

coagulante. adj. Que coagula. *Agentes coagulantes.* Dicho de sustancia, tb. m. *Los hemofílicos toman coagulantes para evitar las hemorragias.*

coagular. tr. **1.** Hacer que (una sustancia líquida) se vuelva sólida. *El frío ha coagulado el caldo, que parece gelatina.* ○ intr. **2.** Hacerse sólido un líquido, espec. la sangre. *La sangre de la herida ha coagulado.* Frec. prnl. *La leche tiene grumos porque se ha coagulado.*

coágulo. m. Masa de sustancia coagulada, espec. de sangre. *A consecuencia del golpe, se le ha formado un coágulo en el cerebro.*

coalición. f. Unión de personas, partidos políticos o países que tienen intereses comunes. Se usa espec. en política. *Los partidos de izquierda gobernarán en coalición.*

coaligarse. intr. prnl. Formar coalición dos o más personas, partidos políticos o países. *Los países occidentales se coaligaron para luchar contra el terrorismo.* Tb.: *El partido socialista se coaligó* CON *el partido conservador.* ▶ COLIGARSE.

coartada. f. **1.** Prueba que exculpa a alguien de un delito, por hallarse en otro lugar en el momento de cometerse. *Lo han puesto en libertad porque tiene una buena coartada.* **2.** Excusa o pretexto. *El catarro es su coartada para no presentarse al examen.*

coartar. tr. **1.** Restringir o limitar (la voluntad o la facultad de actuar de alguien). *Están coartando mi libertad. Aquel ambiente coartaba su espontaneidad.* **2.** Restringir o limitar la voluntad o la facultad de actuar (de alguien). *La presencia del director los coartaba y no se atrevían a hablar.*

coatí. (pl. **coatíes** o **coatís**). m. Mamífero carnívoro americano, de hocico alargado, cola larga y patas cortas, con garras que le permiten trepar a los árboles y excavar buscando comida. *El coatí hembra.*

coautor, ra. m. y f. Autor de algo junto con otro o con otros. *Solo uno de los coautores asistió a la presentación del libro. Los tres coautores del crimen serán procesados.*

coaxial. adj. *tecn.* Dicho de cuerpo o figura: Compuesto por partes cilíndricas que tienen un eje de simetría común. *Los cables coaxiales permiten transmitir miles de comunicaciones simultáneas.*

coba. f. coloq. Halago o adulación, a veces fingidos. *–¡Qué guapa estás! –Anda, anda, menos coba.* Frec. en la constr. *dar ~. Cuando me da tanta coba, sé que va a pedirme algo.*

cobalto. m. Elemento químico del grupo de los metales, de color blanco rojizo y gran dureza, que tiene aplicaciones industriales y médicas, y alguno de cuyos derivados, de color azul, se emplea en la fabricación de pinturas (Símb. *Co*). *Uno de los aparatos empleados en radioterapia es la bomba de cobalto.*

cobarde. adj. **1.** Que ante el peligro o el riesgo siente miedo o falta de valor. *¡Pelea, no seas cobarde!* Tb. m. y f. *Dirás que soy un cobarde, pero no me atrevo a dejar este trabajo.* **2.** Propio de la persona cobarde (→ 1). *Han calificado el atentado de acto vil y cobarde.*

cobardía. f. Cualidad de cobarde. *Muchos se callan por cobardía.*

cobaya. m. o f. **1.** Mamífero roedor, semejante al conejo pero de menor tamaño, de orejas cortas y cola pequeña, muy usado en experimentos de medicina o biología. *Tiene como mascota una cobaya. El fármaco se ha probado en ratas y cobayas.* **2.** Persona sometida a experimentos u observación. *Se ofreció de cobaya para probar la nueva vacuna.* ▶ **Am: 1:** CUY.

cobertizo. m. Construcción sencilla con tejado ligero y sostenido gralm. por pilares, que sirve para proteger de la intemperie. *Guarda las bicicletas en el cobertizo para que no se oxiden con la lluvia.* ▶ GALPÓN.

cobertor. m. Colcha. *El cobertor es muy estrecho para esta cama.*

cobertura. f. **1.** Hecho o efecto de cubrir. *Premiaron a los servicios informativos por la cobertura de la guerra. El bollo lleva una cobertura de azúcar glas. El Gobierno ampliará las coberturas al desempleo. En las imágenes del satélite se aprecia la cobertura nubosa de la península.* **2.** Cubierta (cosa que cubre o tapa algo). *Hemos comprado un sofá con cobertura de piel.* **3.** Extensión territorial que alcanzan algunos servicios, espec. los de telecomunicaciones. *Es locutor de una emisora de cobertura nacional.* **4.** En algunos deportes, espec. en el fútbol: Defensa (conjunto de jugadores defensores). *La línea de cobertura fue incapaz de contener al delantero.* ▶ **2:** CUBIERTA. **4:** DEFENSA.

cobija. f. frecAm. Manta (prenda grande y rectangular que sirve de abrigo). *En el frío clima de la sierra las mujeres se tapan con cobijas de lana* [C]. *Antes de dormir iba a acomodarle la cobija de la cama* [C]. ▶ MANTA.

cobijar. tr. **1.** Dar refugio (a alguien o algo). *Un granjero los cobijó hasta que amainó la tormenta.* Tb. fig. *La perrita cobijaba a sus cachorros con su cuerpo.* **2.** Servir un lugar como refugio (de alguien o algo). *El edificio de la embajada cobijó a los refugiados políticos.* ○ intr. prnl. **3.** Refugiarse o buscar refugio. *Se metieron en un portal para cobijarse* DE *la lluvia.* Tb. fig. *Cuando se sentía solo, se cobijaba en los libros.* ▶ **1, 2:** *REFUGIAR. **3:** *REFUGIARSE.

cobijo. m. **1.** Hecho o efecto de cobijar o cobijarse. *El corral de comedias da cobijo a un festival de teatro. En el monasterio dan cobijo a los peregrinos.* **2.** Lugar para cobijarse. *Buscó un cobijo donde pasar la noche.* ▶ **2:** REFUGIO.

cobista. m. y f. coloq. Persona que da coba. *En esta empresa los cobistas ascienden rápido.* Tb. adj. *Mi hermana es muy cobista cuando quiere algo de mi madre.*

cobla. f. *Mús.* Conjunto instrumental propio de Cataluña, en el que predominan instrumentos de viento y que se dedica a ejecutar música de sardanas y otras danzas populares. *La fiesta terminará con baile de sardanas interpretadas por una cobla.*

cobra. f. Serpiente venenosa de más de un metro de longitud, propia de regiones cálidas de Asia y África, que, al ser provocada, se endereza y dilata la piel del cuello. *La mordedura de la cobra puede ser mortal.*

cobradero, ra. adj. Que puede o debe ser cobrado. *El billete premiado es cobradero en los tres meses siguientes al sorteo.*

cobrador, ra. m. y f. Persona que tiene por oficio cobrar dinero. *Hoy ha venido el cobrador de la luz. Es cobrador de autobús.*

cobranza. f. Hecho de cobrar dinero, espec. como pago de impuestos. *Gran parte del dinero de los presupuestos procede de la cobranza de impuestos.*

cobrar. tr. **1.** Recibir (dinero) como pago de algo. *Me han cobrado 60 euros* POR *el arreglo del televisor.* Tb. usado en constr. intr. *¿Me cobra, por favor? En esa tienda no admiten tarjeta, solo cobran* EN *metálico.* **2.** Recibir dinero como pago (de algo). *El mecánico no me cobró la reparación del pinchazo de la rueda.* **3.** Tomar o adquirir (algo no material), o pasar a tener(lo). *La hipótesis del crimen pasional cobraba fuerza. Aquel hecho cobró una importancia fundamental.* **4.** *Caza* Obtener (una pieza de caza). *De seis disparos cobró cuatro perdices.* ○ intr. **5.** coloq. Recibir un castigo corporal. *Como vuelvas a contestarme así, cobras.* ○ tr. prnl. **6.** Producir algo (víctimas). *El huracán se cobró miles de víctimas.* **7.** Conseguir o procurarse una compensación (por un favor hecho o un daño recibido). *Algún día me cobraré con creces todas tus ofensas. Sabía cobrarse muy bien los favores que hacía.*

cobre. m. Elemento químico del grupo de los metales, de color rojo pardo, brillante, maleable y buen conductor de la electricidad y el calor, muy empleado en la industria eléctrica y en la fabricación de diversos utensilios (Símb. *Cu*). *El cable del teléfono lleva un hilo de cobre. Una moneda de cobre. Minas de cobre.* ■ **batirse el ~.** loc. v. Esforzarse o luchar con gran empeño. *Se queja de que ella se bate el cobre y su jefe no aprecia el esfuerzo. La tripulación se batía el cobre en cubierta contra los piratas.*

cobrizo, za. adj. De color rojo pardo como el del cobre. *El sol cobrizo del atardecer. Piel cobriza.*

cobro. m. Hecho de cobrar dinero. *Se dedica al cobro de morosos. El viernes es día de cobro.*

coca[1]**.** f. Arbusto tropical de flores blanquecinas, originario de Sudamérica, de cuyas hojas se extrae la cocaína. *En Colombia los campesinos cultivan café y coca.* Tb. la hoja. *Los indios andinos mastican coca.*

coca[2]**.** f. Torta plana y gralm. ovalada, propia de Levante, Cataluña y Aragón, a la que se añaden diferentes ingredientes dulces o salados. *Por San Juan las pastelerías hacen cocas. Una coca de sobrasada.*

coca[3]**.** f. coloq. Cocaína. *Se meten en los lavabos a esnifar coca.*

cocaína. f. Sustancia obtenida de la hoja de la coca, que se utiliza como anestésico y más frec. como droga. *La policía se ha incautado de un alijo de cocaína.*

cocainómano, na. adj. Adicto a la cocaína. *Mujer cocainómana.* Dicho de pers., tb. m. y f. *Ha entrado en un programa de desintoxicación de cocainómanos.*

cocal. m. frecAm. Terreno plantado de cocas. *A ambos lados de la playa corrían extensos cocales* [C].

cocalero, ra. adj. **1.** Am. Dicho de persona: Que se dedica al cultivo de la coca. *Los campesinos cocaleros han puesto en jaque a las autoridades* [C]. Tb. m. y f. *Los cocaleros están cansados de los abusos y se podrían generar enfrentamientos* [C]. **2.** frecAm. De los cocales. *Puso al frente de las regiones cocaleras a generales de su confianza* [C].

cocción. f. Hecho de cocer o cocerse. *El arroz necesita unos veinte minutos de cocción.*

cóccix. m. *Anat.* Coxis. *Al caer, se fracturó el cóccix.*

cocear. intr. **1.** Dar coces. *El caballo se asustó y empezó a cocear.* ○ tr. **2.** Dar coces (a alguien o algo). *No pases por detrás de la yegua, que te puede cocear.*

cocedero. m. Lugar o recipiente donde se cuece un alimento o un líquido. *El puerto dispone de un cocedero de vapor para atún y otros pescados.* Tb. fig. *En verano mi casa es un cocedero.* ■ **~ de mariscos.** m. Establecimiento público donde se cuecen, venden y consumen mariscos. *Nos invitó a cenar en un cocedero de mariscos.*

cocer. (conjug. MOVER). tr. **1.** Cocinar (un alimento) sometiéndo(lo) a la acción del calor en un líquido hirviendo. *Hay que cocer las peras* EN *vino.* **2.** Hacer que (un líquido) hierva. *Cuece agua para el hacer el té.* **3.** Someter (algo, espec. pan o cerámica) a la acción del calor en un horno. *El alfarero puso a cocer el jarrón recién moldeado.* ○ intr. **4.** Hervir un líquido. *Cuando cueza el agua, echa la pasta.* Tb. prnl. *La leche tarda muy poco en cocerse.* **5.** coloq. Sentir mucho calor. *Apaga la calefacción, que me estoy cociendo.* **6.** coloq. Prepararse o tramarse algo con sigilo. *Me gustaría saber lo que se está cociendo en ese despacho.* **7.** coloq. Emborracharse. *Iba tan cocido que fue incapaz de meter la llave en la cerradura.* ▶ **1, 2, 4:** *HERVIR.

cochambre. f. coloq. Porquería o suciedad. *Limpia un poco, que no sé cómo puedes vivir entre tanta cochambre.*

cochambroso, sa. adj. coloq. Lleno de cochambre. *Los más pobres viven en casas cochambrosas.*

cochayuyo. m. Am. Alga marina comestible. *Un estofado de ulte y cochayuyo cocinado por doña Elyape es manjar de dioses* [C].

coche. m. **1.** Automóvil (vehículo para no más de nueve personas). *He aparcado el coche en la puerta de casa.* **2.** Vehículo de ruedas, tirado por caballos y destinado al transporte de personas. *El paseo en coche es una de las atracciones turísticas de Sevilla.* Tb. *~ de caballos. La novia llegó a la iglesia en coche de caballos.* **3.** Vehículo de una flota de autobuses, autocares o tranvías. *La compañía pondrá más coches en la línea en función del número de viajeros.* **4.** Vagón de tren o de metro. *La locomotora va enganchada al primer coche.* **5.** Vehículo pequeño de ruedas, con forma de cuna o de silla, que se mueve empujándolo y sirve para transportar a niños pequeños. *El bebé dormía en su coche.* Frec. *cochecito. Lleva a la niña en el cochecito porque todavía no sabe andar.* ■ **~ cama.** (pl. **coches cama**). m. Vagón de ferrocarril dividido en compartimentos cuyos asientos son convertibles en camas. *Hizo el viaje de Madrid a Barcelona por la noche en un coche cama.* ■ **~ celular.** m. Vehículo automóvil acondicionado para el transporte de presos o detenidos. *Un coche celular trasladó al detenido a las dependencias del juzgado.* ■ **~ de línea.** m. Autocar que hace el servicio regular de transporte de viajeros entre dos o más poblaciones. *El coche de línea sale de la plaza del pueblo a la una.* ■ **~ utilitario.** m. Coche (→ 1) pequeño y barato. *Iba a trabajar en un modesto coche utilitario.* ⇒ UTILITARIO. ■ **~s de choque.** m. pl. Atracción de feria que consiste en una plataforma metálica sobre la que ruedan y chocan unos coches (→ 1) eléctricos de pequeño tamaño. *Lo primero que hace al llegar a la verbena es montar en los coches de choque.* □ **en el ~ de San Fernando.** loc. adv. coloq. Caminando. *Los que se queden en tierra tendrán que ir en el coche de San Fernando.* ▶ **1:** *AUTOMÓVIL.

cochero, ra. m. y f. **1.** Persona que conduce un coche de caballos. *El cochero tiró de las riendas y detuvo la diligencia.* ○ f. **2.** Lugar donde se guardan autobuses, vagones y otros vehículos semejantes destinados al transporte público de pasajeros. *El autobús no lleva pasajeros porque va hacia las cocheras.* **3.** frecAm. Garaje (local destinado a guardar automóviles). *Sacó su auto de la cochera y fue manejando despacio hasta el taller* [C]. ▶ **3:** GARAJE.

cochifrito. m. Guiso de cordero o cabrito que, después de medio cocido, se fríe y se sazona con especias. *Comimos cochifrito en un restaurante navarro.*

cochina. → **cochino.**

cochinada. f. coloq. Hecho o dicho cochinos o sucios. *No digas cochinadas. ¿Cómo has podido hacerle una cochinada así a tu propio hermano? Dejar los cacharros sin fregar en la pila es una cochinada.*

cochinería. f. coloq. Cochinada. *No es capaz de hacerte esa cochinería. Siempre está contando cochinerías.*

cochinilla. f. **1.** Crustáceo terrestre de pequeño tamaño, color gris oscuro y cuerpo segmentado, que se hace una bola cuando se le toca. *La cochinilla se enroscó al darle con el palito.* **2.** Insecto pequeño, de cuerpo arrugado, cabeza cónica, antenas cortas y trompa en forma de hilo, que segrega una sustancia empleada como colorante. *La cochinilla produce enfermedades en las plantas.* **3.** Colorante rojo que se obtiene de la cochinilla (→ 2). *Las mujeres nahuas llevan ropa adornada con rayas rojas de cochinilla.*

cochinillo. m. Cerdo lechal. *El cochinillo asado es la especialidad de la Casa de Segovia.*

cochino, na. adj. **1.** coloq. Sucio o asqueroso. *No seas cochina y lávate las manos antes de comer. A este perro cochino le encanta rebozarse en el barro.* Tb. fig. *El cochino dinero tiene la culpa de todo. No es más que un cochino esquirol.* Dicho de pers., tb. m. y f. *¡Eres un cochino!, te tengo dicho que te cambies después de hacer deporte.* ● m. **2.** Cerdo (mamífero). *Los cochinos hozan en el barro.* Tb. designa específicamente al macho. ○ f. **3.** Cerda (hembra del cerdo). *La cochina ha tenido cochinillos.* ▶ **2:** *CERDO.

cochiquera. f. Pocilga. *En la granja, el trabajo más desagradable era limpiar las cochiqueras. Tu habitación es una cochiquera.*

cocido¹. m. Guiso de garbanzos, carne, chorizo, jamón, verduras y otros ingredientes, que se cuecen todos juntos en la misma olla. *El cocido es un plato típico de Madrid.*

cocido². m. Hecho de cocer, espec. alimentos. *El cocido de la pasta necesita unos minutos. El cocido del barro en las alfarerías se efectúa en hornos de leña.*

cociente. m. *Mat.* Resultado de la operación de dividir. *El cociente de 27 entre 3 es 9.* ■ **~ intelectual.**

m. *Psicol.* Coeficiente intelectual. *Han hecho pruebas al niño para conocer su cociente intelectual.*

cocimiento. m. **1.** Hecho de cocer o cocerse. *A la mitad del cocimiento, hay que añadir la sal.* **2.** Líquido que resulta de cocer hierbas u otras sustancias medicinales. *Tomaba un cocimiento de malvas para el catarro.*

cocina. f. **1.** Habitación donde se guisa y se cocinan los alimentos. *Me paso el día metida en la cocina. Trabaja en la cocina del hotel.* **2.** Aparato provisto de unos quemadores, y frec. también de horno, para calentar y cocinar alimentos, que funciona gralm. con gas o electricidad. *Se ha comprado una cocina con placa vitrocerámica.* **3.** Arte de cocinar alimentos. *Me encanta la cocina italiana. Un libro de cocina.*

cocinar. tr. Preparar (los alimentos) para comer(los) sometiéndo(los) a la acción del fuego o de otra fuente de calor. *–¡Qué bien huele!, ¿qué estás cocinando? –Bacalao al pil pil.* Tb. usado en constr. intr. *Hoy vamos a comer fuera: no me apetece cocinar.* Tb. fig. *Me gustaría saber lo que cocina el Gobierno con tanto secretismo.*

cocinero, ra. m. y f. Persona que cocina o que tiene por oficio cocinar. *¿Quién ha sido el cocinero hoy? Es la cocinera del hotel.*

cocinilla[1]**.** m. coloq. Hombre que se entromete en las tareas domésticas, espec. en las de cocina. *Coge el vaso de agua y vete, que no me gustan los cocinillas.*

cocinilla[2]**.** f. Cocina pequeña y portátil. *Olvidaron llevarse la cocinilla de gas a la acampada.*

cóclea. f. *Anat.* Caracol (cavidad del oído). *El oído interno consta de tres partes: vestíbulo, canales semicirculares y cóclea.* ▶ CARACOL.

coco[1]**.** m. **1.** Fruto del cocotero, con forma y tamaño de melón, que tiene una capa externa fibrosa y una cáscara interna muy dura, una pulpa comestible, blanca y carnosa, adherida al interior de la cáscara y un líquido dulce en la cavidad central. *Los indígenas trepan a lo alto del árbol para recoger los cocos.* Tb. la pulpa. *Pastel de coco. Aceite de coco.* Tb. su árbol (→ **cocotero**). *Una playa con cocos y palmeras.* **2.** coloq. Cabeza humana (parte del cuerpo, o mente). *Le han rapado el coco. ¡Grábatelo en el coco y no me vuelvas a preguntar! Tiene un coco de superdotado.* ■ **comer el ~** (a alguien). loc. v. coloq. Inculcar(le) determinadas ideas para condicionar su manera de pensar o actuar. *Su hijo le comió el coco para que le comprara una moto.* ■ **comerse el ~.** loc. v. coloq. Preocuparse en exceso u obsesionarse. *Lo hecho, hecho está; deja ya de comerte el coco.* ■ **mal del ~.** loc. adv. coloq. Con el juicio trastornado. Frec. con *estar*. *¡No le hagas ni caso, que está mal del coco!*

coco[2]**.** m. **1.** (Frec. con art.). Personaje imaginario con que se asusta a los niños. *¡Escóndete, que viene el coco!* **2.** coloq. Persona muy fea. *La novia de tu hermano es un coco.*

coco[3]**.** m. *Biol.* Bacteria de forma esférica. *Los análisis revelaron una infección por cocos.*

cococha. f. Abultamiento carnoso que tienen la merluza y el bacalao en cada lado de la parte inferior de la cabeza, y que se considera un manjar muy apreciado. *El chef preparó cocochas de merluza con almejas y angulas.*

cocodrilo. m. Reptil de gran tamaño, piel escamosa, grandes mandíbulas y color verdoso, que vive en los ríos de regiones tropicales. *El cocodrilo hembra. Vimos cocodrilos a orillas del Okavango.* Tb. la piel. *Iba impecable con sus zapatos de cocodrilo.*

cocorota. f. **1.** coloq. Cabeza humana. *Se me olvidó agacharme y me di un golpe en la cocorota.* **2.** coloq. Coronilla (parte más elevada de la cabeza). *Se clavó el pico de la ventana justo en la cocorota.*

cocotal. m. Terreno poblado de cocoteros. *Hotel de lujo situado en un cocotal frente al Caribe.*

cocotero. m. Árbol tropical del grupo de las palmeras, de tronco largo, recto y sin ramas, cuyo fruto es el coco. *Tendimos la hamaca en la playa, a la sombra de dos cocoteros.* ▶ COCO.

cóctel o **coctel.** (**coctel**, Am.). m. **1.** Bebida que consiste en una mezcla de licores u otros ingredientes. *El camarero le ofreció una bandeja llena de cócteles. Durante el evento se ofrecen bocadillos y cocteles* [C]. **2.** Reunión social, celebrada gralm. por la tarde, en la que se sirven cócteles y otras bebidas. *Después de la presentación del libro habrá un cóctel. Grandes secciones proclamaban los cocteles a beneficio de tal o cual asociación benéfica* [C]. **3.** Mezcla de cosas diversas. *Intentó suicidarse tomando un cóctel de somníferos. Dan a los enfermos un coctel compuesto de drogas oncológicas* [C]. ■ **~ de mariscos.** m. Plato de mariscos, lechuga y salsa rosa o mayonesa, que se sirve frío. *El cóctel de mariscos llevaba gambas y langostinos.* ■ **~ molotov.** m. Explosivo de fabricación casera, que consiste en una botella llena de líquido inflamable y provista de mecha. *Unos encapuchados lanzaron cócteles molotov contra la embajada.* ▶ **1:** COMBINADO.

coctelera. f. Recipiente con tapa destinado a preparar cócteles. *El barman agita la coctelera con brío.*

cocuyo. m. frecAm. Insecto coleóptero de América tropical, alargado, pardo y con dos manchas amarillentas, que de noche despide una luz azulada. *El parpadeo de cocuyos y los griticos de animalejos nocturnos completan el panorama* [C].

coda. f. *Mús.* Fragmento que sirve de cierre o remate a una pieza musical. *La coda del último movimiento retoma el tema principal de la composición.*

codazo. m. Golpe dado con el codo. *Estaban jugando y le dio un codazo en el ojo.*

codearse. intr. prnl. Tener una persona trato de igualdad con otra o con cierto grupo social. *Se codea* CON *lo mejorcito de la sociedad.*

codeína. f. Sustancia extraída del opio, que se emplea como calmante. *Este jarabe contiene codeína.*

codera. f. **1.** Pieza de remiendo, refuerzo o adorno que se pone en el codo de una prenda de vestir. *Estaban de moda las chaquetas de pana con coderas. Su madre le ha puesto coderas en el jersey.* **2.** Deformación o desgaste de la manga por la parte del codo. *La americana está tan usada que tiene ya coderas.* **3.** Pieza elástica que cubre y protege el codo. *Los jugadores de fútbol americano llevan coderas.*

códice. m. Libro manuscrito antiguo, espec. si es anterior a la invención de la imprenta. *En la biblioteca se conservan valiosos códices medievales.*

codicia. f. Deseo vehemente o excesivo de poseer algo, espec. riquezas. *Llevado de su codicia, comenzó a robar dinero de la caja. La codicia del coleccionista no conoce límites.*

codiciable. adj. Que puede ser objeto de codicia. *En la posguerra, el café era un bien codiciable.*

codiciar. (conjug. ANUNCIAR). tr. Desear vehementemente (algo, espec. riquezas). *Hace años que codicia ese puesto. Todos codiciaban la herencia.*

codicilo. m. *Der.* Disposición de última voluntad que sirve de testamento o que se añade a él. *Procedo a leer el codicilo que anula el anterior testamento.*

codicioso, sa. adj. Que tiene codicia. *Sufre el acoso de un chantajista codicioso.* Tb. m. y f. *Los codiciosos nunca tienen bastante.*

codificación. f. Hecho de codificar. *El Código de Hammurabi es uno de los intentos de codificación de leyes más antiguos de la Historia. El programa informático ha fallado debido a un error en la codificación.*

codificador, ra. adj. Que codifica o sirve para codificar. *Un equipo codificador de señales. Genes codificadores de proteínas.* Dicho de pers., tb. m. y f. *El periodista es un codificador de mensajes informativos.* Dicho de aparato, tb. m. *Los padres instalan un codificador en el televisor que impide que los niños vean ciertos programas.*

codificar. tr. **1.** Ordenar u organizar (leyes) en forma de código. *Los fenicios codificaron las primeras reglas de navegación.* **2.** Formular o expresar (un mensaje) dándo(le) la forma determinada por un código. *El espía codificó los documentos robados.*

código. m. **1.** Colección ordenada y sistemática de leyes. *El profesor leyó en voz alta algunos artículos del Código Penal.* Tb. el libro que la contiene. *Me he dejado el Código Civil en clase.* **2.** Conjunto ordenado de normas sobre algo. *Todo conductor debe conocer bien el código de circulación.* **3.** *Ling.* Sistema de signos y de reglas que permite formular y comprender un mensaje. *Las lenguas son códigos.* **4.** Signo o combinación de signos que tienen un valor determinado dentro de un código (→ 3). *El código secreto de la tarjeta de crédito es un número de cuatro cifras.* ■ **~ de barras.** m. Conjunto de líneas impresas de distinto grosor y de números asociados a ellas, que llevan los productos comerciales y que contiene información sobre estos. *La cajera pasa el lector óptico por el código de barras para conocer el precio del producto.* ■ **~ genético.** m. *Biol.* Información contenida en los genes, que determina la transmisión de los caracteres hereditarios. *Sus investigaciones se centran en el ADN y el código genético.* ■ **~ postal.** m. Conjunto de números que sirve para identificar la zona, población y distrito del remitente o destinatario de correo. *No olvide incluir el código postal en la dirección.*

codillo. m. **1.** En un cuadrúpedo: Articulación de la pata delantera, que se haya más próxima al pecho. *El animal tenía heridas en el codillo.* **2.** En un cuadrúpedo: Parte de la pata, comprendida entre el codillo (→ 1) y la rodilla. *El plato del día era codillo de cerdo con repollo.* ▶ **1:** CODO.

codirector, ra. m. y f. Director de algo junto con otro u otros. *El proyecto se fue a pique por la falta de entendimiento entre sus codirectores.*

codirigir. tr. Dirigir (algo) junto con otro u otros. *El actor protagonista también ha codirigido la película.*

codo. m. **1.** Parte posterior de la articulación del brazo con el antebrazo. *Ponte crema hidratante en los codos, que los tienes muy resecos.* Tb. la parte correspondiente de una prenda de vestir. *Los codos del jersey están tan gastados que casi se transparentan.* **2.** En un animal cuadrúpedo: Codillo (articulación). **3.** Trozo de tubo, doblado en ángulo o en arco, que sirve para variar la dirección recta de una tubería. *El fontanero puso codos para salvar los rincones de la cocina.* **4.** Unidad tradicional de longitud que en Castilla equivale a 418 mm. *Diez codos son unos cuatro metros.* ■ **~ a ~, o ~ con ~.** loc. adv. Conjuntamente o en unión. *Trabajaron codo con codo para inaugurar el restaurante en la fecha prevista.* ■ **empinar el ~.** loc. v. coloq. Consumir bebidas alcohólicas. *Anoche estuvo empinando el codo con los amigotes y ahora no hay quien lo levante.* ■ **hablar por los ~s.** loc. v. coloq. Hablar mucho. *El profesor la echó de clase porque hablaba por los codos.* ■ **hincar los ~s.** loc. v. coloq. Estudiar con empeño. *Este año voy a hincar los codos para aprobar el curso en junio.* ▶ **2:** CODILLO.

codorniz. f. Ave migratoria, semejante a la perdiz pero de menor tamaño, de plumaje pardo con rayas más oscuras y la parte inferior gris amarillenta. *La codorniz macho. Está preparando codornices escabechadas.*

coeducación. f. Educación conjunta para niños o jóvenes de ambos sexos. *El Gobierno implantó la coeducación en todos los centros docentes.*

coeficiente. m. **1.** *Mat.* En expresiones algebraicas: Número que se sitúa a la izquierda de una letra o letras y que multiplica su valor. *En la expresión (5a + 4b), 5 y 4 son coeficientes.* **2.** *Fís.* Valor numérico de una propiedad específica de una sustancia. *Coeficiente de dilatación. Coeficiente de fricción.* ■ **~ intelectual.** m. *Psicol.* Cifra que expresa la inteligencia relativa de una persona y que se obtiene dividiendo su edad mental por su edad física. *Los superdotados tienen un coeficiente intelectual superior a 140.*

coerción. f. cult. Hecho de reprimir o impedir algo, espec. el ejercicio de una facultad o un derecho. *Defienden la libertad frente a la coerción ejercida desde el poder.*

coercitivo, va. adj. cult. De la coerción o que la implica. *Acusan al Gobierno de usar métodos coercitivos para acallar la protesta ciudadana.*

coetáneo, a. adj. **1.** Contemporáneo (de la misma época que otro). *Shakespeare era coetáneo* DE *Cervantes.* Dicho de pers., tb. m. y f. *Se sentía un incomprendido entre sus coetáneos.* **2.** Dicho de persona: De la misma edad que otra. *Los actores protagonistas son coetáneos, aunque ella parece más joven.* Tb. m. y f. ▶ **1:** CONTEMPORÁNEO.

coexistencia. f. Hecho de coexistir. *No parece posible la coexistencia pacífica entre los dos pueblos.*

coexistente. adj. Que coexiste. *El francés y el inglés son lenguas coexistentes en Canadá.*

coexistir. intr. Existir dos o más personas o cosas a la vez y de forma compatible. *En el océano coexisten millones de especies marinas.* Tb.: *La lengua mayoritaria coexiste* CON *otras minoritarias.*

cofa. f. *Mar.* Plataforma horizontal situada en la parte alta de un palo, usada espec. como puesto de observación y para facilitar la maniobra de las velas altas. *El vigía avistó la costa desde la cofa.*

cofactor. m. Factor que, junto con otro u otros, contribuye a algo. *Los científicos han descubierto distintos cofactores que intervienen en la infección del sida.*

cofia. f. Prenda femenina pequeña y de color blanco, que se lleva en la cabeza, recogiendo el cabello, y que forma parte del uniforme de camarera, enfermera o sirvienta. *Las criadas de la mansión llevaban cofia, guantes y delantal.*

cofrade. m. y f. Miembro de una cofradía. *Los cofrades salen en procesión vestidos de nazarenos.*

cofradía. f. **1.** Asociación de personas devotas fundada con fines piadosos y benéficos. *Los costaleros que llevan el paso de Semana Santa pertenecen todos a la misma cofradía.* **2.** Gremio o asociación. *Las cofradías de pescadores piden más protección para la actividad pesquera.* ▶ **1:** HERMANDAD. **2:** *SOCIEDAD.

cofre. m. Caja resistente de madera o de metal, con tapa y cerradura, destinada a guardar objetos de valor. *Los piratas habían escondido el cofre del tesoro en una isla.* ▶ *BAÚL.

cofundador, ra. adj. Que funda algo junto con otro u otros. *Es socio cofundador del club.* Frec. m. y f. *Homenajearon a los cofundadores del partido.*

cogedor. m. Utensilio con mango y receptáculo, gralm. en forma de pala, que sirve para recoger la basura. *Coge el cepillo y el cogedor y ponte a barrer.* ▶ RECOGEDOR.

cogeneración. f. *tecn.* Producción simultánea de calor y electricidad en una central termoeléctrica. *La cogeneración es un sistema de ahorro de energía.*

coger. tr. **1.** Sujetar (algo o a alguien) con las manos, o con otra parte del cuerpo o con un instrumento adecuado. *Coja un canapé. ¿Puedes cogerme la bolsa mientras pago? El bebé dejó de llorar en cuanto lo cogieron en brazos. Cogía arena con la pala y la echaba en la hormigonera. La gaviota cogía los peces con el pico.* **2.** Fijar (algo) mediante un instrumento adecuado. *Las hojas están cogidas con un clip. Te voy a coger el bajo de los pantalones con alfileres. Se cogió el pelo con un prendedor.* **3.** Absorber algo sólido (una sustancia, espec. un líquido). *Ve echando agua al cemento hasta que no coja más. Los filetes empanados cogen mucho aceite. La alfombra ha cogido mucho polvo.* **4.** Recoger (algo) del lugar en que se había dejado. *Coge las sábanas de la cuerda, que está empezando a llover. No olvide coger su paraguas a la salida.* **5.** Recoger o recolectar (algo). *Este año hemos cogido menos manzanas que el pasado.* **6.** Apresar o capturar (a alguien). *Han cogido al cabecilla de la banda. Dijo que no lo cogerían vivo. Si los cogen, se pasarán muchos años en la cárcel. Cogimos un par de truchas.* **7.** Hallar o encontrar alguien o algo (a una persona) en un lugar o situación determinados, de modo imprevisto. *Me coges en la oficina de milagro. Nos cogió la lluvia a la vuelta del paseo. Siempre me coges en bata y rulos. Nos cogió desprevenidos.* **8.** Ocupar alguien (un lugar) instalándose (en él), o reservándo(lo) para sí mismo o para otra persona. *Ve cogiendo sitio, que ahora vamos. La primera fila de butacas está cogida. He cogido tres butacas por teléfono.* **9.** Alcanzar (a alguien que va delante). *El pelotón está a punto de coger al escapado.* **10.** Empezar a tomar parte o a estar presente (en algo que se desarrolla en el tiempo). *Si no os dais prisa, cogeréis el programa a la mitad. No me gusta coger las películas empezadas. Al principio lo coge todo con mucho entusiasmo.* **11.** Pasar a tener (algo no material, espec. una sensación, una costumbre o una cualidad). *Abrígate bien, que vas a coger frío. Ha cogido la manía de morderse las uñas. Coge impulso para saltar. Le cogió afición a la guitarra. El tren empezó a coger velocidad al salir de la estación.* **12.** Empezar a tener o a padecer (una enfermedad, o un estado anímico o físico determinados). *Ha cogido piojos en el colegio. Cogieron una buena trompa. No te compensa coger esos enfados.* Tb. prnl. *Me he cogido un catarro de campeonato.* **13.** Pasar a tener (algo) mediante compra, alquiler o préstamo. *He cogido dos décimos de lotería. Devuelve los libros que te llevaste antes de coger otro. Este verano cogeremos un apartamento en la playa.* **14.** Registrar (algo, como voz o sonido), espec. por escrito. *Mientras el profesor habla, los alumnos cogen apuntes. He cogido con el vídeo casi todo el concierto. Hemos conseguido coger con la grabadora el canto de un ruiseñor.* **15.** Elegir o escoger (algo). *He cogido el turno de tarde. ¿Qué optativas vas a coger?* **16.** Aprisionar algo (otra cosa, espec. una parte del cuerpo de alguien). *La máquina de picar carne le cogió un dedo.* Tb. prnl. *Se cogió la falda al cerrar la puerta de golpe.* **17.** Captar o recibir (una señal de radio o de televisión). *¿Cuántos canales coges aquí? Solo puedo coger emisoras nacionales.* **18.** Hacer uso (de un vehículo). *Suele coger el autobús de las siete y media. Cogeremos un taxi. No merece la pena coger el coche.* **19.** Herir un toro (a alguien) con los cuernos. *Un toro ha cogido a dos mozos en el encierro de hoy.* **20.** Atropellar un vehículo (a alguien). *Lo cogió un coche al cruzar la calle. Estuvo a punto de cogerlo el tren.* **21.** Tomar (una dirección determinada). *Coja la avenida principal y tuerza a la izquierda en el primer cruce. Según el plano, tenemos que coger esta bocacalle. Al llegar al kilómetro 6, hay que coger un desvío.* **22.** Am. malson. Realizar el coito (con alguien). Tb. usado en constr. intr. **23.** coloq. Comprender o asimilar con la mente (algo). *¿Lo habéis cogido todos o vuelvo a explicarlo? Creo que ha cogido la idea perfectamente. Nunca coge los chistes a la primera. Lleva unos meses viviendo en Londres y ya ha cogido el acento.* **24.** coloq. Ocupar una cosa (cierto espacio). *Han comprado una estantería que coge toda la pared. Los nuevos cines cogen media manzana.* ○ intr. **25.** coloq. Estar algo a una distancia determinada o de una manera determinada respecto de alguien o algo que se toman como referencia. *Tu casa me coge muy lejos. Conozco un estanco que coge cerca. Fuimos a un restaurante que nos cogía de camino.* **26.** coloq. Empezar a seguir una dirección determinada. *Me he perdido porque he cogido* POR/HACIA *la izquierda en vez de* POR/HACIA *la derecha.* **27.** coloq. Seguido de *y* y otro verbo, se usa para resaltar la acción expresada por ese verbo. *En cuanto vio que no me podía convencer, cogió y se fue. Cada vez que le digo que estudie, coge y se enfada.* **28.** vulg. Caber una persona o cosa dentro de algo. *Mi ropa no coge* EN *una sola maleta.* EN *este coche no cogemos todos.* ○ intr. prnl. **29.** Sujetarse a alguien o algo, gralm. con las manos. *Me cogí* A *la barandilla para subir la escalera de caracol. Cógete* A *mí, que esto está muy resbaladizo. La anciana cruzó la calle cogiéndose* DEL *brazo de su nieta.* ■ **~la** (con alguien o algo). loc. v. coloq. Convertir(los) en objeto de antipatía o aversión. *No la cojas conmigo, que solo soy el mensajero.* ▶ **20:** *ATROPELLAR.

cogestión. f. Gestión conjunta. *El ministerio y el museo son responsables de la cogestión de la muestra.*

cogida. f. **1.** Hecho de coger o recolectar. *La cogida de la uva se hace en otoño.* **2.** Hecho de coger un toro a alguien. *El torero sufrió una grave cogida.*

cognición. f. cult. Conocimiento (hecho o efecto de conocer). Se usa espec. en filosofía y psicología. *La psicolingüística estudia las relaciones entre la cognición y el lenguaje.*

cognitivo, va. adj. cult. De la cognición. Se usa espec. en filosofía y psicología. *El lenguaje condiciona el proceso cognitivo del ser humano.*

cognoscible. adj. *Fil.* Que se puede conocer. *Según el escepticismo, la verdad no es cognoscible por el hombre.*

cognoscitivo, va. adj. *Fil.* Del conocimiento. *La percepción es un acto cognoscitivo.*

cogollo. m. **1.** Parte interior y más compacta de algunas hortalizas. *De la lechuga solo me gusta el cogollo.* **2.** Parte central y más escogida de algo. *Vive en el cogollo de la ciudad.*

cogorza. f. coloq. Borrachera (estado debido al consumo excesivo de alcohol). *¡Menuda cogorza te agarraste en la fiesta de Nochevieja!*

cogote. m. Parte superior y posterior del cuello. *Llevaba un moño alto que le dejaba el cogote al descubierto.*

cohabitación. f. Hecho de cohabitar. *Con la guerra, la cohabitación de los pueblos fronterizos se hizo imposible. Los representantes de los dos partidos están negociando su cohabitación en el ayuntamiento.*

cohabitar. intr. **1.** Habitar dos o más personas conjuntamente. *Tres familias de inmigrantes cohabitan en un piso de 40 m².* **2.** Hacer vida marital dos personas sin casarse. *Cohabitaron durante dos años antes de casarse.* **3.** Coexistir dos o más partidos políticos o sus miembros en el poder. *En el Ayuntamiento cohabitan nacionalistas y conservadores.*

cohecho. m. *Der.* Hecho de sobornar a un funcionario público, o de aceptar este un soborno. *El magistrado compareció ante el tribunal por un delito de cohecho.*

coherencia. f. Cualidad de coherente. *Al guión de la película le falta coherencia. Debes tener coherencia y poner en práctica lo que defiendes.*

coherente. adj. **1.** Dicho de cosa: Que tiene relación lógica con otra o está compuesta por elementos que mantienen una relación lógica. *El argumento de la novela es poco coherente.* **2.** Dicho de persona: Que actúa en consecuencia con sus ideas o principios. *Los políticos han de ser coherentes en sus propuestas.* **3.** Propio de la persona coherente (→ 2). *Su comportamiento no es muy coherente.*

cohesión. f. **1.** Unión entre los elementos que forman un todo. *El profesor le reprochó falta de cohesión en la exposición de las ideas. La cohesión del partido se verá amenazada si dimite su líder.* **2.** *Fís.* Unión entre las moléculas de un cuerpo. *Un sólido tiene mayor cohesión que un líquido.* Tb. la fuerza de atracción que las mantiene unidas.

cohesionador, ra. adj. Que cohesiona. *La lucha contra el infiel fue un elemento cohesionador de los pueblos cristianos.*

cohesionar. tr. Dar cohesión (a algo). *El nuevo director logró cohesionar al equipo. Era un grupo poco cohesionado.* Tb. en constr. prnl. media. *El país fue cohesionandose tras la guerra.*

cohesivo, va. adj. Que cohesiona. *La lengua es un factor cohesivo en Hispanoamérica.*

cohete. m. **1.** Tubo relleno de pólvora, unido a una varilla y con mecha en la parte inferior que, cuando se prende, sale propulsado a gran altura y estalla en el aire. *Como fin de fiesta se tirarán cohetes en la plaza del pueblo.* **2.** Artefacto con propulsión a chorro, empleado en vehículos espaciales, como arma de guerra o como instrumento de investigación científica. *El cohete llevará a la nave más allá de la órbita terrestre. Los reactores han lanzado cohetes sobre el objetivo.* ■ **como un ~.** loc. adv. coloq. Con gran rapidez. *Cuando le dijeron que la grúa se estaba llevando su coche, salió como un cohete.*

cohetería. f. Conjunto de cohetes. *El ruido de la cohetería anuncia el comienzo de las fiestas.*

cohibido, da. part. **1.** → **cohibir.** ● adj. **2.** Que carece de naturalidad. *La alumna, con aspecto nervioso y cohibido, contestaba las preguntas del profesor.* ▶ **2:** CORTADO.

cohibir. (conjug. PROHIBIR). tr. **1.** Impedir que (alguien) actúe con naturalidad. *El agudo interrogatorio del fiscal cohibió al testigo.* Tb. en constr. prnl. media. *Cuando ella está delante, se cohíbe y es incapaz de articular palabra.* **2.** Reprimir o refrenar (algo). *El pueblo se rebeló, harto de los que cohibían su libertad. Le hizo un torniquete para cohibir la hemorragia.* ▶ **1:** *REPRIMIRSE. **2:** *REPRIMIR.

cohorte. f. **1.** cult. Serie numerosa de personas o cosas. *El emperador viajaba con una cohorte de ministros y asesores.* **2.** histór. Unidad de infantería del ejército romano, que formaba parte de una legión. *El general arengaba a sus cohortes.*

coima. f. Am. Soborno. *Siempre me dijeron que los policías vivían como ricos a fuerza de coimas* [C].

coimear. tr. Am. Sobornar (a alguien). *¿Tienes idea de lo que cuesta coimear a un juez?* [C]. ▶ *SOBORNAR.

coincidencia. f. Hecho de coincidir. *La coincidencia de las dos entrevistas de trabajo lo obligó a descartar una de ellas. No esperaba tal coincidencia de ideas y opiniones en personas tan distintas.* Tb. aquello en lo que se coincide. *Vuestros exámenes tienen tantas coincidencias que me parece que habéis copiado. Es una coincidencia que seamos vecinos y trabajemos juntos.*

coincidente. adj. Que coincide. *Las líneas paralelas no son nunca coincidentes. Mi novia y yo somos coincidentes en muchas cosas. En eso tenemos opiniones coincidentes.*

coincidir. intr. **1.** Encontrarse una persona con otra en el mismo lugar de manera casual. *Coincidí* CON *mi vecino comprando el periódico.* Tb.: *Un día coincidieron en un bar y ahora salen juntos.* **2.** Estar una cosa en el mismo lugar que otra. *El final de la alfombra coincide* CON *la puerta de la terraza.* **3.** Tener una cosa el perfil o contorno que encajan o se ajustan con los de otra. *La llave no coincide* CON *la cerradura de la puerta.* Tb.: *La pieza del puzle y el hueco que queda no coinciden.* **4.** Estar de acuerdo una persona con otra en algo. *Coincido* CON *ella* EN *que hace demasiado calor para esta época del año.* Tb.: *Siempre que hablamos de literatura, coincidimos.* **5.** Ocurrir una cosa al mismo tiempo que otra. *Su cumpleaños coincide* CON *el mío.* Tb.: *Los alumnos protestaron porque el examen de lengua y el de física coincidían.* **6.** Ser una cosa igual a otra en algo. *La declaración del sospechoso no coincidía* CON *la del testigo* EN *puntos esenciales.* Tb.: *Los argumentos de los dos libros coinciden* EN *el planteamiento general.* ▶ **6:** ENCAJAR.

coiné. → **koiné.**

coital. adj. Del coito. *Posiciones coitales.*

coito. m. Relación sexual, espec. entre hombre y mujer, en la que el órgano masculino penetra en el femenino. *Tuvieron relaciones sin llegar al coito.*

coitus interruptus. (loc. lat. ; pl. invar.). m. Método anticonceptivo consistente en interrumpir el coito antes de la eyaculación.

cojear. intr. **1.** Andar defectuosamente una persona o un animal por sufrir una lesión o una deformidad en un pie o una pierna, o por carecer de ellos. *Desde que* *tuvo el accidente, cojea* DE *la pierna derecha. Volvió de la excursión cojeando.* **2.** Balancearse un mueble por tener las patas desiguales o por apoyarse sobre una superficie desigual. *La mesa del comedor cojea.* **3.** Tener o mostrar defectos. *La película cojea desde el principio hasta el final.* ▶ **1:** RENQUEAR. ‖ **frecAm: 1:** RENGUEAR.

cojera. f. Condición de cojo. *Cuando corre se le nota más la cojera.* ▶ **Am:** RENGUERA.

cojín. m. Objeto de tela, frec. cuadrado, relleno de material blando, que sirve para apoyarse, arrodillarse o sentarse con comodidad. *Túmbate en el sofá y apoya la cabeza en el cojín.*

cojinete. m. *Mec.* Pieza hueca en la que se apoya y gira el eje de un mecanismo. *Para evitar chirridos, engrase bien los ejes y sus cojinetes. Cojinete de bolas.*

cojitranco, ca. adj. despect. Dicho de persona o animal: Que cojea, espec. de manera llamativa. *El burro está cojitranco y medio ciego.* Dicho de pers., tb. m. y f. *Me atendió un cojitranco malhumorado.*

cojo, ja. adj. **1.** Dicho de persona o animal: Que cojea o anda defectuosamente. *En el cuento hay un pirata cojo con una pata de palo. Estás cojo, ¿qué te ha pasado? Recogieron a un perrillo cojo y hambriento.* Dicho de pers., tb. m. y f. *Un cojo pide limosna en la puerta de la iglesia.* **2.** Dicho de mueble: Que cojea o se balancea. *Calza la mesa, que está un poco coja.* **3.** Dicho de cosa: Incompleta o defectuosa. *Sin una bibliografía al final, el trabajo queda cojo.* ▶ RENCO, RENGO.

cojón. m. malson. Testículo. ■ **tener cojones.** loc. v. malson. Tener valor o coraje.

cojonudo, da. adj. malson. Muy bueno o estupendo.

cojudez. f. Am. coloq. Tontería. *Dime tú si la reforma agraria no fue una grandísima cojudez* [C].

cojudo, da. adj. Am. coloq. Tonto o de corto entendimiento. *No es tan cojudo como parece* [C].

cok. (pl. **coks**). m. Coque. *El cok es un derivado de la hulla.*

col. f. Hortaliza de hojas anchas, blancas o verdes que forman un cogollo, y de la que existen diversas variedades. *Compra una col y espinacas.* ■ **~ de Bruselas.** f. Variedad de col con varios tallos, alrededor de los cuales crecen apretados muchos cogollos pequeños. Tb. cada cogollo. *Menestra con alcachofas, habas y coles de Bruselas.* ▶ BERZA.

cola¹. f. **1.** Extremidad posterior del cuerpo de algunos animales, que constituye la prolongación de la columna vertebral. *La vaca espanta las moscas con la cola. Póngame la merluza entera, pero sin cabeza ni cola.* **2.** Conjunto de plumas largas y fuertes que tienen las aves en la parte posterior del cuerpo. *El pavo real abrió su cola de vistosos colores.* **3.** Extremo final o posterior de algo, en contraposición a su parte delantera. *Hay gran distancia entre la cabecera y la cola de la manifestación. El líder va en la cola del pelotón. Si el viento sopla de cola, el vuelo será más rápido.* **4.** Parte posterior de un vestido que cae y arrastra por el suelo. *Unos niños sujetan la cola del vestido de la novia.* **5.** Estela luminosa que desprende un cometa. *La cola del cometa era tan grande que podía verse sin telescopio.* **6.** Fila de personas que esperan turno. *La cola del cine da la vuelta a la manzana.* **7.** coloq. Pene. Frec. *colita,* espec. en lenguaje infant. *Las niñas no tienen colita.* **8.** Am. coloq., eufem. Nalgas (parte del cuerpo humano). *El cambio de pañales lo puedes hacer antes de mamar, a no ser que tenga la cola muy irritada* [C]. ■ **~ de caballo.** f. **1.** Peinado que consiste en recoger el pelo en la parte superior de la nuca de manera que caiga suelto hacia atrás. *Para hacer deporte se hace una cola de caballo.* **2.** Planta de tallos delgados, que crece en zonas húmedas y se emplea como medicamento. *La cola de caballo es un buen cicatrizante.* □ **a la ~.** loc. adv. En la parte final de la cola (→ 6). *¡No tenga cara y póngase a la cola como todo el mundo!* ■ **a la ~** (de alguien o algo). loc. adv. coloq. Detrás (de ellos). *En materia de investigación, seguimos a la cola* DE *los países de nuestro entorno.* ■ **hacer ~** alguien. loc. v. coloq. Esperar turno en una cola (→ 6). *Después de hacer cola durante horas, me dijeron que las entradas se habían agotado.* ■ **traer ~** algo. loc. v. Tener graves consecuencias. *Sus declaraciones seguro que traerán cola.* ▶ **1:** RABO.

cola². f. Sustancia fluida y pastosa, obtenida gralm. de la cocción de pieles y otras materias animales, que sirve para pegar o adherir cosas. *He pegado con cola las tablillas del parqué que se habían levantado. Cola de carpintero.* ■ **no pegar** dos personas o cosas **ni con ~.** loc. v. coloq. Carecer de armonía. *Tu hermana y su novio no pegan ni con cola. Lleva una falda de cuadros y un jersey de rayas que no pegan ni con cola.*

cola³. f. **1.** Árbol tropical cuyo fruto contiene semillas de las que se extrae una sustancia estimulante. *La cola es originaria de África.* **2.** Sustancia estimulante extraída de la semilla de cola (→ 1). *No tomo refrescos de cola por la noche porque me quitan el sueño.* **3.** Bebida refrescante hecha con cola (→ 2). *He pedido una hamburguesa, un vaso de cola y patatas fritas.*

colaboración. f. **1.** Hecho o efecto de colaborar. *El puente es producto de la colaboración de dos afamados arquitectos. Van a restaurar la iglesia gracias a las generosas colaboraciones de los feligreses. El alcalde pidió la colaboración de los ciudadanos.* **2.** Texto escrito por un colaborador para un periódico o una revista. *Su última colaboración se publicará en el dominical.*

colaboracionista. adj. Dicho de persona o de grupo: Partidario de la colaboración con los invasores de un país o con el régimen instituido por estos. *El gobierno colaboracionista tenía su sede en Vichy.* Dicho de pers., tb. m. y f. *Los colaboracionistas apoyaban la ocupación nazi.*

colaborador, ra. adj. **1.** Que colabora. *El curso está patrocinado por la empresa colaboradora.* Dicho de pers., tb. m. y f. *El director se ha rodeado de sus más fieles colaboradores para el nuevo rodaje.* ● m. y f. **2.** Persona que de manera habitual escribe artículos para un periódico o una revista, pero sin pertenecer a su plantilla. *Hemos pedido a nuestros colaboradores que se atengan a las normas de estilo del periódico.*

colaborar. intr. **1.** Trabajar conjuntamente con alguien, espec. para ayudarlo en la realización de algo. *El escritor colabora* CON *el guionista* EN *la adaptación de su novela al cine. Sus hijos colaboran* EN *las tareas domésticas.* Tb.: EN *el proyecto colaboran especialistas de varios países.* **2.** Escribir artículos habitualmente en un periódico o una revista, sin pertenecer a su plantilla. *El ensayista colabora* EN *el diario desde su fundación. Colabora* EN *una revista de viajes.* **3.** Contribuir económicamente a algo de forma voluntaria. *Colaboraban* CON *un grupo ecologista aportando una cantidad mensual. La Fundación colabora con la Universidad en la publicación de las tesis.*

colación. f. cult. Comida ligera que se toma para reponer fuerzas. *A mediodía se servirá una pequeña colación.* ■ **sacar,** o **traer,** (algo o a alguien) **a ~.** loc. v. Mencionar(los) o referirse (a ellos). *En su discurso sacó a colación los presupuestos. Ya que lo traes a colación, te diré que el asunto está resuelto.*

colada. f. **1.** Lavado de la ropa sucia. *Es tardísimo y todavía tengo que hacer la colada y limpiar el polvo.* **2.** Ropa lavada. *Sube a la azotea a tender la colada.* **3.** *Geol.* Masa de lava que fluye por la ladera de un volcán hasta solidificarse. *Las coladas de lava ocupan una amplia superficie de la isla de Lanzarote. Colada basáltica.* **4.** *Dep.* Internada. *El lateral suele hacer coladas por su banda.*

coladero. m. **1.** coloq. Lugar por el que es fácil colarse. *La frontera sur es un coladero de inmigrantes ilegales. La defensa del equipo visitante es un coladero.* **2.** coloq. Centro de enseñanza o asignatura en los que es fácil aprobar. *Que sea privado no quiere decir que sea un coladero para los que suspenden en el instituto.*

colador. m. Utensilio para colar líquidos constituido gralm. por una superficie o receptáculo con agujeros muy pequeños. *Separa la nata de la leche con el colador.*

coladura. f. coloq. Hecho de colarse o equivocarse. *¡Menuda coladura cuando le dijo al profesor que América se descubrió en 1942!*

colágeno, na. adj. **1.** *Bioquím.* Del colágeno (→ 2). *Fibras colágenas.* ● m. **2.** *Bioquím.* Proteína de los tejidos óseo, cartilaginoso y conjuntivo, que al cocerse se transforma en gelatina y por sus propiedades se usa mucho en cosmética. *Las cremas antiarrugas contienen colágeno.*

colapsar. tr. Producir colapso (a alguien o algo). *Los coches colapsan el centro de la ciudad.* Tb. en constr. prnl. media. *Las urgencias se colapsaron por la epidemia de gripe.*

colapso. m. **1.** Destrucción o ruina de algo, espec. de un sistema o institución. *La caída de la Bolsa puso al país al borde del colapso.* **2.** Paralización de una actividad, espec. del tráfico. *Se tomarán medidas para evitar el colapso de las carreteras a la vuelta de las vacaciones.* **3.** Estado de debilidad extremo, con tensión sanguínea baja e insuficiencia circulatoria. *Se recupera en el hospital del colapso que sufrió al recibir la noticia.*

colar. (conjug. CONTAR). tr. **1.** Hacer pasar (un líquido) por un utensilio adecuado para quitar(le) las partículas sólidas que contiene. *Cuela el puré para quitar las hebras de las verduras.* **2.** Introducir (a alguien) en un lugar a escondidas o sin permiso. *Mi primo trabaja en el parque de atracciones y siempre me cuela.* ○ intr. **3.** coloq. Ser creída una mentira. *Me contó una trola increíble pero, al ver que no colaba, dijo la verdad.* ○ intr. prnl. **4.** coloq. Introducirse en un lugar a escondidas o sin permiso. *Todos los días se colaba en el metro.* **5.** Entrar algo por un lugar estrecho. *El frío se colaba por las rendijas de la puerta.* **6.** coloq. Equivocarse en lo que se dice o hace. *Te has colado al mover la torre, porque ahora puedo hacerte jaque mate.* **7.** coloq. Enamorarse de alguien. *Está colado* POR *ella.*

colateral. adj. **1.** Dicho de cosa: Que está a uno y otro lado de otra principal. *La entrada a la sacristía estaba en una de las naves colaterales de la iglesia.* **2.** Dicho de pariente: Que no lo es por línea directa. *El tío y el sobrino son parientes colaterales.*

colcha. f. Cobertura exterior de cama, que sirve de adorno y de abrigo. *Quita la colcha, que esta noche hace mucho calor. La colcha hace juego con las cortinas.* ▶ COBERTOR, CUBRECAMA.

colchón. m. **1.** Objeto rectangular de tela relleno de materia blanda o elástica, que se coloca sobre la armazón de la cama para tumbarse en él. *Le he dado la vuelta al colchón para que no se vea la mancha. El colchón de muelles fue sustituyendo al de lana.* **2.** Capa de materia blanda que cubre una superficie. *Un colchón de musgo tapiza el suelo del bosque.* **3.** Cosa que sirve para aliviar una situación difícil o de necesidad. *Sus ahorros le sirvieron de colchón cuando llegaron las estrecheces.*

colchonería. f. Establecimiento en que se hacen o venden colchones, almohadones y objetos semejantes. *He comprado una funda para el colchón en la colchonería del barrio.*

colchonero, ra. adj. **1.** De los colchones. *Antiguamente se mataban pingüinos para obtener plumas para la industria colchonera.* **2.** coloq. Del Club Atlético de Madrid. *El entrenador colchonero felicitó a sus jugadores.* Dicho de jugador o de seguidor, tb. m. y f. *Los colchoneros cantaban en las gradas.* ● m. y f. **3.** Persona que hace o vende colchones.

colchoneta. f. **1.** Colchón delgado. *He comprado colchonetas para las tumbonas de la terraza.* **2.** Pieza rectangular de materia blanda y elástica que sirve para amortiguar caídas en saltos y ejercicios gimnásticos. *Los niños hacen volteretas en las colchonetas del gimnasio.* **3.** Colchón impermeable relleno de aire. *En la playa los niños se meten en el agua con flotadores y colchonetas.*

cole. m. coloq. Colegio (centro de enseñanza, alumnado, u obligación de asistir). *¿Tú a qué cole vas? Todo el cole lo sabe. Mañana no hay cole.*

colear. intr. **1.** Mover un animal la cola. *El cachorro empezó a colear cuando vio llegar a su amo.* **2.** coloq. Permanecer o mantenerse algo. *La epidemia de gripe todavía colea.*

colección. f. **1.** Conjunto ordenado de cosas de una misma clase reunidas por alguien, gralm. por su especial interés o valor. *Solo me falta un cromo para acabar la colección. El magnate posee una magnífica colección de pintura.* **2.** Conjunto de obras con características formales comunes y publicadas bajo un mismo epígrafe. *Me han regalado la colección completa de clásicos del cine.* **3.** Conjunto de modelos creados y presentados por un diseñador de ropa para una temporada. *La modista presentará su colección primavera-verano en la Feria de la Moda.* **4.** Conjunto grande de personas o cosas. *El abuelo tiene toda una colección de anécdotas que contar. ¡Menuda colección de vagos estáis hechos!*

coleccionable. adj. **1.** Que se puede coleccionar. *La enciclopedia se publicará en fascículos coleccionables.* ● m. **2.** Obra que se publica por entregas periódicas. *El diario publica desde ayer un coleccionable de informática.* Tb. cada entrega. *Con el primer coleccionable se regalan las tapas del libro.*

coleccionar. tr. Formar una colección (de cosas de la misma clase). *Colecciona autógrafos de personajes* *famosos.* Tb. fig. *Viene coleccionando novios desde que cumplió dieciséis años.*

coleccionismo. m. Afición a coleccionar. *Dedica los ratos libres al coleccionismo de sellos.*

coleccionista. m. y f. Persona que colecciona. *Un coleccionista de arte ha pagado millones por el cuadro. Las copias originales de su primer disco son hoy piezas de coleccionista.*

colecta. f. Recaudación de donativos, gralm. con fines benéficos. *La asociación de vecinos ha hecho una colecta para la gente que duerme en la calle.*

colectividad. f. Conjunto de personas que constituyen un grupo por sí mismas o que se agrupan con un fin determinado. *La ley protege por igual los intereses de la colectividad y los derechos del individuo. En Aragón existieron colectividades anarquistas.*

colectivismo. m. Sistema económico en que no existe la propiedad privada, los medios de producción están en manos de la colectividad y el Estado se encarga de distribuir la riqueza. *El movimiento revolucionario soviético implantó el colectivismo en Rusia.*

colectivista. adj. **1.** Del colectivismo. *El socialismo clásico aspira a una organización colectivista de la economía.* **2.** Partidario del colectivismo. *Anarquismo colectivista.* Dicho de pers., tb. m. y f. *Los propietarios de las tierras se enfrentaban con los colectivistas.*

colectivización. f. Hecho de colectivizar. *Se llevó a cabo la colectivización de las tierras de los grandes y pequeños propietarios.*

colectivizar. tr. Hacer colectivo (algo). *Los bolcheviques fueron los primeros en colectivizar los medios de producción.*

colectivo, va. adj. **1.** De una colectividad o agrupación de personas, o constituido por ellas. *En la política debe primar el interés colectivo. Se han obtenido medallas tanto en deportes individuales como colectivos.* **2.** *Gram.* Dicho de nombre: Que expresa conjunto. *"Rebaño" es un nombre colectivo.* ● m. **3.** Grupo de personas con una actividad o unos intereses comunes. *El colectivo de los funcionarios amenaza con ir a la huelga. Se entrevistará con representantes del colectivo gay.* **4.** Am. Autobús. *No tenía ni para el colectivo el pobre, iba caminando a todos lados* [C].

colector, ra. adj. **1.** Que recoge o reúne. *El área colectora de luz de un telescopio.* Dicho de aparato, tb. m. *En la central solar, un gran número de espejos refleja los rayos hacia un colector parabólico.* ● m. **2.** Conducto que recoge líquidos, espec. aguas, procedentes de otros conductos. *En la zona faltan infraestructuras básicas, como el colector de aguas fecales. El colector de admisión de un motor.* **3.** *Electrón.* En una dinamo: Pieza en forma de anillo que transforma la corriente alterna inducida en corriente continua. *El colector recoge la corriente de las escobillas y la pasa a las bobinas.*

colega. m. y f. **1.** Compañero de profesión. *El médico va a contrastar su diagnóstico con el de otros colegas.* **2.** coloq. Amigo (persona que tiene amistad con otra). *He quedado con mis colegas.*

colegiación. f. Hecho o efecto de colegiar o colegiarse. *En España la colegiación de los abogados es obligatoria.*

colegiado, da. part. **1.** → **colegiarse. 2.** Que se ha colegiado (→ 1). Tb. m. y f. *Los colegios profesionales proporcionan datos sobre sus colegiados.* ● adj. **3.** Dicho espec. de corporación o de órgano: Constituido por varias personas de la misma categoría. *El claustro es uno de los órganos colegiados de la universidad.* **4.** Dicho de cosa: Realizada por personas de la misma categoría. *Los partidos tomaron la decisión colegiada de apoyar al gobierno.* ● m. y f. **5.** Árbitro de algunos deportes, espec. de fútbol. *El colegiado anuló el gol.*

colegial, la. adj. **1.** Del colegio. *El jersey del uniforme colegial lleva el escudo de la escuela.* ● m. y f. **2.** Alumno de un colegio. *Los colegiales salen de clase a las cuatro.*

colegiarse. (conjug. ANUNCIAR). intr. prnl. Inscribirse alguien en un colegio profesional. *Al terminar la carrera de Derecho se colegió en el Colegio de Abogados, pero aún no ejerce.*

colegiata. f. Iglesia que, sin ser sede de obispo o arzobispo, tiene abad y canónigos, y servicios religiosos propios de una catedral. *Visitamos la colegiata de San Isidoro de León.*

colegio. m. **1.** Centro de enseñanza para niños y jóvenes, espec. de enseñanza primaria. *Este año paso del colegio al instituto. Hizo el bachillerato en un colegio de monjas. Lleva a los niños a un colegio privado.* Tb. el alumnado. *Todo el colegio fue a la fiesta de fin de curso.* **2.** Asociación oficial de personas de la misma profesión, que autoriza a sus miembros a ejercerla y defiende sus intereses. *Pueden desgravarse las cuotas pagadas a colegios profesionales. El Colegio de Farmacéuticos ha renovado sus órganos de gobierno.* **3.** coloq. Obligación de asistir al colegio (→ 1). *El lunes no hay colegio.* ■ ~ **Cardenalicio,** o **de Cardenales.** m. *Rel.* Cuerpo de cardenales de la iglesia católica. *El Colegio Cardenalicio elegirá al nuevo Papa.* ■ ~ **electoral.** m. **1.** Local donde se ejerce el derecho al voto. *Los colegios electorales han abierto sus puertas a las ocho.* **2.** Grupo de electores con derecho al voto. *El colegio electoral elige al presidente de Estados Unidos.* ■ ~ **mayor.** m. Residencia de estudiantes universitarios de carácter público o privado. *Estudia Medicina y vive en un colegio mayor.* ■ ~ **universitario.** m. Centro docente de estudios superiores que depende de una universidad. *Hizo el primer curso de carrera en un colegio universitario.*

colegir. (conjug. PEDIR). tr. cult. Inferir o deducir (algo) de otra cosa. *DE su respuesta pudimos colegir que no sabía nada.*

coleóptero. adj. **1.** *Zool.* Del grupo de los coleópteros (→ 2). *Insecto coleóptero.* ● m. **2.** *Zool.* Insecto masticador, gralm. con dos pares de alas, las primeras duras y las segundas membranosas, como el escarabajo y el gorgojo.

cólera[1]**.** f. Ira o enojo violento. *Cegado por la cólera, prendió fuego a la casa.* ■ **montar en ~.** loc. v. Encolerizarse o enojarse violentamente. *Cuando monta en cólera es capaz de agredir a cualquiera.*

cólera[2]**.** m. *Med.* Enfermedad infecciosa y epidémica grave, caracterizada por vómitos, diarrea y calambres. *En la zona arrasada por las inundaciones han surgido brotes de cólera.*

colérico[1]**, ca.** adj. **1.** De la cólera, o propio de la persona que la tiene. *Tiene un carácter colérico.* **2.** Dicho de persona: Que se deja llevar fácilmente por la cólera. *Es un profesor impaciente y colérico.*

colérico[2]**, ca.** adj. **1.** *Med.* Del cólera. *Diarrea colérica. Bacteria colérica.* **2.** *Med.* Que padece cólera. Dicho de pers., tb. m. y f.

colero. m. Am. Colista. *El partido enfrenta a los dos coleros del Grupo 4* [C].

colesterina. f. *Biol.* y *Med.* Colesterol. *El paciente no elimina bien la colesterina.*

colesterol. m. *Biol.* y *Med.* Sustancia que se halla en el plasma sanguíneo, la bilis y algunos tejidos animales, cuya presencia excesiva en la sangre se considera el origen de la arteriosclerosis. *Los huevos tienen mucho colesterol. El médico me ha puesto una dieta baja en colesterol.* ▶ COLESTERINA.

coleta. f. **1.** Porción de cabello, suelto o trenzado, que se recoge y sujeta de manera que caiga en la parte posterior de la cabeza. *La que cumple años es la niña de coletas. Para hacer deporte con más comodidad, hazte una coleta.* **2.** *Taurom.* Trenza, hoy en día postiza, que lleva el torero en la parte posterior de la cabeza. *La coleta asoma bajo la montera.* ■ **cortarse** alguien **la ~.** loc. v. Dejar esa persona, gralm. un torero, su oficio. *El matador se cortó la coleta muy joven.*

coletazo. m. **1.** Golpe dado con la cola. *Las truchas daban coletazos en la cesta del pescador. El perrillo se acerca dando alegres coletazos.* **2.** Última manifestación de algo próximo a extinguirse o acabarse. Gralm. en pl. *Los almendros florecen cuando el invierno da sus últimos coletazos.*

coletero. m. Goma elástica, normalmente forrada de tela, que se usa para recoger el pelo en una coleta. *Para sujetar el pelo puedes usar goma, coletero, diadema, etc.*

coletilla. f. Añadido breve al final de lo dicho o escrito, frec. para recalcar lo expresado o hacer una salvedad. *Siempre acaba sus intervenciones con la coletilla "He dicho".*

coleto. echarse (algo) **al ~.** loc. v. coloq. Comérse(lo) o bebérse(lo). *Si se echa una copa más al coleto, se cae aquí mismo.* ■ **para su ~.** loc. adv. Para sus adentros. *–¡Vaya día de perros! –dijo para su coleto.*

colgado, da. part. **1.** → **colgar. 2.** Dicho de persona: Que se ha colgado (→ 1) o está bajo los efectos o la dependencia de la droga. Tb. m. y f. *El atracador era un pobre colgado.*

colgador. m. Utensilio que sirve para colgar algo de él, gralm. ropa. *Pon toallas limpias en los colgadores del cuarto de baño.*

colgadura. f. Tela con que se cubre y adorna una pared o un balcón, frec. con motivo de una celebración. Frec. en pl. *El alcalde hizo engalanar con colgaduras las fachadas de la calle principal.*

colgajo. m. Cosa que cuelga. Frec. despect. *El mendigo lleva la ropa deshilachada y llena de colgajos.*

colgante. adj. **1.** Que cuelga. *Las ramas largas y colgantes del sauce llorón. Jardines colgantes.* ● m. **2.** Joya u otro objeto de adorno que se ponen colgando alrededor del cuello. *Sus padres le han regalado un colgante de oro con sus iniciales.*

colgar. (conjug. CONTAR). tr. **1.** Sujetar (algo o a alguien) a un punto fijo, sin que llegue al suelo. *Acostúmbrate a colgar el abrigo* EN *la percha. Los trapecistas se colgaron boca abajo* DEL *trapecio.* **2.** Dejar (un teléfono) sin comunicación, colocando el auricular sobre su soporte o accionando el dispositivo correspondiente. *Me llamó para echarme la bronca y le colgué el teléfono en medio de la discusión. Colgué mal el teléfono y cuando trató de llamarme comunicaba.* Tb. usado en constr. intr. *–¿Quién ha llamado? –No lo sé; han colgado.* **3.** Exponer (pinturas, dibujos o fotografías). *La pintora colgó su obra en una prestigiosa galería.* **4.** coloq. Ahorcar (a alguien). *Las jóvenes fueron acusadas de brujería y colgadas por ello. Se colgó de los barrotes de su celda con su cinturón.* **5.** coloq. Con determinados nombres, como *guantes, hábitos, libros*, etc.: Abandonar la actividad que representan. *El boxeador colgó los guantes tras ganar el campeonato del mundo. El cura del pueblo colgó la sotana para casarse.* **6.** coloq. Atribuir o achacar a alguien (algo que no ha hecho o dicho, o que es falso). *Le colgaron el sambenito de gorrón solo porque un día olvidó pagar su parte de la cuenta.* ○ intr. **7.** Estar algo sujeto a un punto fijo por una parte, sin llegar al suelo. *Una telaraña enorme colgaba* DEL *techo.* **8.** Estar un edificio construido al borde de una pendiente. *Son famosas las casas que cuelgan sobre el corte del río Huécar en Cuenca.* **9.** coloq. Ser una prenda más larga por alguna de sus partes. *Coloca bien las faldas de la mesa, que cuelgan por ese lado.* ○ intr. prnl. **10.** Apoyarse sobre algo, descansando el peso en ello. *Ya eres mayorcito para ir colgado* DEL *brazo de tu madre.* **11.** coloq. Ponerse a hablar por teléfono durante mucho tiempo. *Se pasa las tardes colgado* DEL *teléfono y luego se queja de las facturas que paga.* **12.** coloq. Pasar a ser una persona adicta a las drogas. *Se colgó* DEL *hachís cuando era muy joven. Está colgado* DE *la cocaína.* **13.** coloq. Enamorarse de alguien. Frec. en part. *Está colgado* POR *su vecina desde que se encontraron en la escalera.* **14.** coloq. Frustrar (a alguien) en sus esperanzas o deseos. Se usa frec. en las constr. *dejar colgado* a alguien o *quedarse colgado* alguien. *Teníamos un comprador para el piso, pero nos ha dejado colgados.* **15.** coloq. Bloquearse un ordenador. *No puedo acceder a Internet, porque el ordenador ha vuelto a colgarse.*

colibrí. m. Pájaro americano de pequeño tamaño, pico largo y delgado, y plumaje de colores metálicos. *El colibrí hembra. El colibrí aletea a gran velocidad.*

cólico. m. **1.** Trastorno del intestino, caracterizado por fuertes dolores abdominales, diarrea y vómitos. *Anoche se dio un atracón y ahora está en la cama con un cólico.* **2.** Trastorno de un órgano abdominal que no es el intestino, caracterizado por fuertes dolores y vómitos. *El médico le ha puesto a dieta rigurosa desde que sufrió el cólico hepático. Cólico nefrítico.* ■ **~ miserere.** m. Obstrucción intestinal. *Antiguamente, la gente podía morir de cólico miserere.*

coliflor. f. Variedad de col, cuyas flores forman una masa blanca y redondeada compuesta de pequeños grumos. *Voy a hacer coliflor con bechamel.*

coligarse. intr. prnl. Coaligarse dos o más personas, partidos políticos o países. *Los partidos se coligaron para acudir a las elecciones.* ▶ COALIGARSE.

colilla. f. Parte que queda sin consumir de un cigarro o un cigarrillo. *No tiren las colillas al suelo.* ▶ **Am:** PUCHO.

colimbo. m. Ave acuática de gran tamaño y plumaje moteado de blanco, gris o negro, que mantiene una posición casi vertical por tener las patas muy atrás. *El colimbo hembra.*

colín. m. Barrita de pan alargada y de escaso grosor, toda ella crujiente y sin partes blandas. *Pon un plato de colines para mojar en las salsas.*

colina. f. Elevación natural del terreno, menor que una montaña y gralm. de forma redondeada. *Desde lo alto de la colina se ven las vacas pastando en el prado.* ▶ COLLADO.

colindante. adj. Que colinda. *La explosión dañó las fachadas de los edificios colindantes.*

colindar. intr. Lindar una finca, terreno o territorio con otro. *Su huerta colinda* CON *la nuestra.* ▶ *LINDAR.

colirio. m. Medicamento líquido para los ojos administrado en forma de gotas. *El oftalmólogo le ha mandado un colirio para la conjuntivitis.*

coliseo. m. cult. Sala o recinto de gran tamaño destinados a espectáculos públicos, espec. teatro. *Debutó en el Liceo, el célebre coliseo operístico barcelonés.*

colisión. f. **1.** Choque violento de dos o más cosas, espec. vehículos. *Varios testigos de la colisión aseguran que los conductores excedían el límite de velocidad.* **2.** Oposición entre ideas o intereses distintos, o entre las personas o entidades que los representan. *Los intereses de las dos partes están en colisión. El pensamiento europeísta entró en colisión* CON *el nacionalismo en algunos países.*

colisionar. intr. **1.** Chocar violentamente una cosa, gralm. un vehículo, con otra. *La nave espacial colisionó* CONTRA *un meteorito.* Tb.: *Dos trenes colisionaron frontalmente cuando circulaban por la misma vía.* **2.** Oponerse una persona o cosa a otra, o entrar en conflicto con ella. *Las teorías evolucionistas colisionaron* CON *la doctrina de la Iglesia.* Tb.: *España y Marruecos colisionaban en materia de pesca.*

colista. adj. *Dep.* Dicho de equipo o deportista: Que está en el último puesto de la clasificación. *El equipo colista bajará a segunda.* Tb. m. y f. (→ **colero**). *El líder y el colista se enfrentarán en la jornada de hoy.*

colitis. f. *Med.* Inflamación del colon. *El médico le diagnosticó una colitis vírica.* Frec., coloq., designa la diarrea producida por esa inflamación. *Tan pronto estaba estreñido como le entraba colitis.*

colla. adj. Am. De un pueblo indígena americano que habita en las mesetas andinas. *Las razas colla y quechua reunidas son mayoritarias en el Perú* [C]. Dicho de pers., tb. m. y f. *Los collas destinaron esta raicilla para la alimentación de infantes y adolescentes* [C].

collado. m. Colina. *En ese collado hay un mirador desde el que se ve un bonito panorama.*

collage. (pal. fr.; pronunc. "colásh" o "colás"). m. **1.** *Arte* Técnica pictórica que consiste en pegar recortes de papel u otros materiales sobre el lienzo. *Matisse aportó grandes innovaciones al* collage. **2.** *Arte* Obra realizada mediante el *collage* (→ 1). *La profesora de plástica les mandó hacer un* collage *con recortes de periódico.* Tb. fig. *Su último disco es un* collage *de ritmos.* ¶ [Adaptación recomendada: *colaje*, pl. *colajes*].

collar. m. **1.** Joya u otro objeto de adorno que se ponen alrededor del cuello. *La anfitriona lleva un collar de perlas.* **2.** Aro de cuero u otro material fuerte, que se pone alrededor del cuello de algunos animales para sujetarlos. *Si el perro no tiene collar, es que es callejero.* **3.** *Zool.* Zona de piel o plumas de distinto color que tienen alrededor del cuello algunos animales, espec. aves. *El collar del buitre leonado.*

collarín. m. Aparato ortopédico usado para lesiones cervicales, que se ajusta en torno al cuello inmovilizando las vértebras. *Tras el accidente de coche, tuvo que llevar collarín.*

collarino. m. *Arq.* Moldura fina en forma de anillo que remata el fuste de la columna y se sitúa justo debajo del capitel. *Los capiteles dórico y jónico descansan sobre collarino.*

colleja. f. Golpe dado en la nuca con la palma de la mano. *Cuando iba al peluquero, temblaba pensando en las collejas de sus compañeros de clase.*

collera. f. Pieza de lona o cuero en forma de collar y rellena de material mullido, que se pone al cuello de algunos animales de tiro para que no les hagan daño los arreos. *La mula menea la cabeza intentando librarse de la collera.*

colmar. tr. **1.** Llenar completamente (un recipiente) de modo que lo que se echa en él levante más que los bordes. *No colmes demasiado la cuchara. –¿Cuántas cucharadas de azúcar quieres con el café? –Dos cucharaditas colmadas, por favor.* **2.** Dar (a alguien) algo en abundancia. *El rey colmó a sus caballeros* DE *riquezas.* Tb. fig. *Durante su visita, la familia la colmó* DE *atenciones.* **3.** Satisfacer por completo (un deseo o aspiración). *Colmó sus aspiraciones al conseguir el puesto.*

colmena. f. **1.** Pequeña construcción natural o artificial que sirve de habitáculo a una colonia de abejas. *En las colmenas, las abejas fabrican cera y miel.* Tb. la colonia que en ella habita. *Toda la colmena vive en función de la reina.* **2.** Lugar o edificio donde vive mucha gente apiñada. *El centro de la ciudad es una colmena.*

colmenar. m. Lugar donde están las colmenas. *Extreme las precauciones al caminar por zonas cercanas a un colmenar.*

colmenero, ra. m. y f. Persona que posee o cuida colmenas. *El colmenero está acostumbrado a los picotazos de las abejas.*

colmenilla. f. Hongo comestible, de color blanquecino o amarillento y tallo liso, cuyo sombrerillo tiene celdillas como las de un panal. *Las colmenillas brotan en primavera.*

colmillo. m. **1.** Diente puntiagudo, situado entre el último incisivo y la primera muela. *El perro gruñe y enseña los colmillos.* **2.** Cada uno de los dos incisivos largos y en forma de cuerno que tienen los elefantes en la mandíbula superior. *Los colmillos de elefante son de un marfil muy apreciado.* ■ **enseñar** alguien **los ~s.** loc. v. Hacer una demostración de fuerza para hacerse temer o respetar. *Te lo dice para enseñarte los colmillos, pero no creo que tenga intención de despedirte.* ▶ **1:** CANINO.

colmo. m. Grado o punto más alto que se puede alcanzar en algo. *La ruina de su empresa lo llevó al colmo de la desesperación.* ■ **el ~.** loc. s. coloq. Persona o cosa que han alcanzado el máximo grado en algún aspecto. Gralm. con *ser*. *La mujer que me atendió era el colmo de la amabilidad. Después de tantos éxitos, si ahora me toca la lotería ya sería el colmo.* Frec. con carácter exclamativo para expresar rechazo o calificar lo que resulta insoportable. *Me da un pisotón y encima me insulta, ¡es el colmo!* ▶ SÚMMUM.

colocación. f. **1.** Hecho o efecto de colocar o colocarse. *Está prohibida la colocación de carteles en la fachada del edificio. La nueva fábrica ha propiciado la colocación de trabajadores.* **2.** Empleo o puesto de trabajo. *Me ha salido una colocación en un ministerio. He ido a buscar trabajo a una agencia de colocación.*

colocar. tr. **1.** Poner (algo o a alguien) en un lugar, situación o modo, o en el lugar, situación o modo adecuados. *Coloca las maletas* EN *el maletero. Su acusación me coloca* EN *una situación comprometida. El bibliotecario colocó los libros* POR *orden alfabético.*

Colócate DE *espaldas. Coloca el cuadro, que está torcido.* Tb. en constr. prnl. media. *Al empezar a soplar el viento, la veleta se colocó apuntando al Norte.* **2.** Dar empleo (a una persona). *La empresa recibe una subvención por colocar a mayores de cuarenta años. Trata de colocar a su hijo en Correos.* **3.** Casar los padres o responsables (a una persona, gralm. una mujer). *Ahora que ya han colocado a todos los hijos, podrán dedicarse más a ellos mismos.* **4.** Encontrar comprador (para un producto). *En un pueblo es difícil colocar artículos de importación.* **5.** Invertir (dinero). *Ha colocado parte de sus ahorros en un fondo de inversión.* **6.** coloq. Poner una bebida alcohólica o una droga (a una persona) en un estado de euforia o de enajenación. *Este chocolate te coloca en plan bárbaro.* Frec. usado en constr. intr. *¡Cuidado con ese vino, que coloca sin que te des cuenta!* Tb. en constr. prnl. media. *No entiendo que necesites colocarte para divertirte. No tengo costumbre de fumar y con solo oler un porro me coloco.* Frec. en part. *El conductor que provocó el accidente iba colocado.* ○ intr. prnl. **7.** Obtener una persona un empleo. *Acabó brillantemente sus estudios y poco después se colocó. Me he colocado* DE *dependienta en unos grandes almacenes. Se ha colocado* COMO *barrendero.* ► **1:** ACOMODAR, DISPONER, ORDENAR. **2, 7:** *EMPLEAR.

colocón. m. coloq. Efecto de colocarse con alcohol o drogas. *Los sábados se van de marcha y se cogen un colocón.*

colodrillo. m. coloq. Parte posterior de la cabeza. *Tiene una brecha en el colodrillo de una pedrada.*

colofón. m. **1.** Remate o final de algo. *Como colofón, el ganador actuará de nuevo para todos ustedes. Un castillo de fuegos artificiales pondrá colofón a las fiestas.* **2.** *Gráf.* Nota impresa en la última página de un libro, que indica el nombre del impresor y el lugar y la fecha de impresión. *Mira el nombre de la imprenta en el colofón.*

coloidal. adj. *Quím.* De los coloides. *Suspensión coloidal.*

coloide. m. *Quím.* Sustancia compuesta de partículas muy pequeñas, que se dispersa lentamente en un líquido. *Los geles son coloides.*

colombiano, na. adj. De Colombia. *El ciclista colombiano ganó el premio de la montaña.* Dicho de pers., tb. m. y f. *Los colombianos deben el nombre de su país a Cristóbal Colón.*

colombina. f. Persona disfrazada de Colombina (personaje de la comedia del arte), con una falda larga y vaporosa. *Una colombina y un arlequín ganaron el premio al mejor disfraz de carnaval.*

colombino, na. adj. De Cristóbal Colón (1451?-1506). *El primer viaje colombino a través del océano culminó el 12 de octubre de 1492.*

colombofilia. f. Cría y adiestramiento de palomas, espec. mensajeras. *La sección de colombofilia del Batallón de Transmisiones.*

colon. m. *Anat.* Parte del intestino grueso situada entre el ciego y el recto. *Le han diagnosticado cáncer de colon.*

colón. m. Unidad monetaria de Costa Rica y El Salvador.

colonia[1]. f. **1.** Territorio sometido al dominio político y administrativo de un Estado extranjero. *La India fue colonia británica. España perdió sus últimas colonias en 1898.* **2.** Conjunto de personas naturales de un territorio o país y residentes en otro. *La colonia alemana en Mallorca es muy numerosa.* **3.** Conjunto de personas procedentes de un país, que se establecen en otro ocupado por aquel. *Toda la colonia francesa de Indochina asistió a la recepción.* Tb. el lugar donde se establecen. **4.** Grupo de viviendas semejantes que constituyen un conjunto urbanístico unitario. *Se ha comprado un apartamento en una colonia de las afueras.* Frec. se usa como parte del nombre de dicho conjunto. *Pisos de lujo en la Colonia Bellas Vistas.* **5.** Residencia de vacaciones para niños, atendida por monitores y situada gralm. en el campo o en la playa. *Los niños pasan el mes de julio en las colonias.* Tb. el conjunto de niños que la ocupa. *La colonia se levantaba a las ocho.* **6.** *Biol.* Grupo de seres de una misma especie que viven juntos en un lugar. *En la sierra habita una colonia de buitres leonados.*

colonia[2]. f. Agua de colonia (→ **agua**). *Cada vez que se peina se echa colonia.*

coloniaje. m. frecAm. Período histórico durante el que los países americanos fueron una colonia española. *Los Azcoitia han poseído sus feudos desde el coloniaje* [C]. Tb., más frec., condición de colonia. *El país consiguió su independencia tras un siglo de coloniaje francés. La iglesia construida en los tiempos del coloniaje español fue adquiriendo su nuevo aspecto* [C].

colonial. adj. De la colonia o territorio sometido a un Estado extranjero. *La formación de los imperios coloniales favorece el auge de los puertos europeos.* Referido espec. a las colonias españolas. *En La Habana hay magníficos ejemplos de arquitectura colonial.*

colonialismo. m. Sistema político que defiende la creación y mantenimiento de colonias. *En el siglo* XIX *florece el colonialismo europeo.*

colonialista. adj. **1.** Del colonialismo. *Expansión colonialista.* **2.** Partidario del colonialismo. *País colonialista.* Dicho de pers., tb. m. y f. *Los colonialistas franceses se resistían a abandonar las posesiones del sudeste asiático.*

colonización. f. Hecho de colonizar. *El primer capítulo del libro está dedicado a la colonización de América.*

colonizador, ra. adj. Que coloniza. *Los criollos veían en la nación colonizadora a su enemigo natural.* Dicho de pers., tb. m. y f. *Los primeros colonizadores holandeses llegaron a Sudáfrica en el siglo* XVII.

colonizar. tr. Convertir (un territorio) en una colonia. *Las potencias europeas colonizaron el continente africano.*

colono, na. m. y f. Persona que coloniza un territorio o que habita en una colonia. *En América del Norte el enfrentamiento entre indígenas y colonos era constante.*

coloquial. adj. Propio de la conversación informal y relajada. *Fuera del aula, el profesor habla con sus alumnos en un tono coloquial. Lenguaje coloquial.* ► CONVERSACIONAL.

coloquialismo. m. **1.** Palabra o expresión coloquiales. *El autor reproduce el lenguaje de la calle, lleno de coloquialismos.* **2.** Tendencia a usar coloquialismos (→ 1). *Algunos personajes de la obra adolecen de un excesivo coloquialismo.*

coloquio. m. **1.** Conversación entre dos o más personas. *Lo que empezó como un amigable coloquio terminó en agria discusión.* **2.** Reunión de un número reducido de personas convocadas para debatir un tema determinado. *El ateneo organiza un coloquio sobre el fracaso escolar con participación de padres, docentes y pedagogos.* **3.** Turno de debate o preguntas que sigue a una conferencia. *Durante el posterior coloquio, el ponente resolvió las dudas de los asistentes.* **4.** *Lit.* Diálogo (obra o género). *El Renacimiento recuperó los coloquios de la Antigüedad grecolatina.* ▶ **1:** *CONVERSACIÓN. **4:** DIÁLOGO.

color. m. **1.** Sensación producida en el ojo por los rayos de luz que los cuerpos absorben y reflejan, variable en función de la longitud de onda de dichos rayos. *Los daltónicos tienen problemas para percibir algunos colores.* Tb. la cualidad de los cuerpos que produce esa sensación. *Lleva un traje de color azul. El color del cielo presagia tormenta.* Tb., más raro, f. *Las cosas de metal habían perdido el brillo y la color.* **2.** Color (→ 1) natural de la piel humana. *No tiene buen color, a lo mejor está enfermo.* Tb., más raro, f. *Volvió en sí y poco a poco recuperó la color.* **3.** Sustancia preparada para pintar o teñir con determinado color (→ 1). *Para que la pared quede bien pintada, dale otra capa de color.* **4.** Conjunto de colores (→ 1) de algo. *El pintor ha sabido captar el color del paisaje otoñal.* **5.** Conjunto de rasgos peculiares o distintivos de algo. *Los encierros son una muestra del color local de Pamplona.* **6.** Modo en que se presentan las cosas. *A finales de los años treinta, el futuro de Europa tenía un color sombrío.* **7.** Tendencia política. *Políticos de todos los colores se darán cita en la cumbre.* ○ pl. **8.** *Dep.* Combinación de colores (→ 1) adoptada como distintivo por un club o equipo. *Los hinchas llevan bufandas con los colores de su equipo.* Tb. esa entidad o equipo. *El jugador ha defendido varias veces los colores nacionales.* ■ **~es complementarios.** m. pl. Colores (→ 1) que al combinarse producen el blanco. *El azul y el naranja son colores complementarios.* □ **de ~.** loc. adj. **1.** De un color (→ 1) que no es blanco, negro, ni gris. *Lava la camisa con una lejía especial para ropa de color.* **2.** Dicho de persona: De raza negra o mulata. *La cantante de color interpreta clásicos del* jazz. ■ **de ~ de rosa.** loc. adj. Dicho de cosa: Feliz u optimista. *Cuando se está enamorado, la vida es de color de rosa.* ■ **en ~.** loc. adj. Dicho espec. de película, fotografía o televisor: Que reproduce los colores (→ 1). *Las primeras películas en color datan de la década de 1930.* Tb. loc. adv. *Las fotos no han salido en color.* ■ **no haber ~.** loc. v. coloq. No haber comparación posible. *Sinceramente, entre su coche y el mío no hay color.* ■ **sacar los ~es** (a alguien). loc. v. coloq. Sonrojar(lo) o avergonzar(lo). *Estuvo coqueteando con él hasta que consiguió sacarle los colores.* ■ **salirle** (a alguien) **los ~es.** loc. v. coloq. Ponerse colorado de vergüenza. *Cuando dices esas cosas en público logras que me salgan los colores.*

coloración. m. Hecho de dar color. *Hacen la coloración de las telas con métodos artesanales.* Tb. ese color. *La coloración amarillenta de su piel denota mala salud.*

colorado, da. adj. **1.** Dicho de color: Rojo. *La piel tenía un tono colorado.* Tb. m. *El pintalabios era de un colorado muy intenso.* **2.** De color rojo. *Cuando el profesor la regañó, se puso colorada.* ▶ *ROJO.

colorante. adj. Dicho de sustancia o producto: Que da color. *Champú colorante.* Tb. m. *La cochinilla es un colorante natural. Colorante alimentario.* A veces designa espec. el artificial. *Compro productos naturales, sin conservantes ni colorantes.*

coloratura. f. *Mús.* Adorno virtuosista del canto. *La soprano ejecuta los agudos con brillantez y perfecta coloratura.* Tb. el pasaje de gran dificultad que contiene estos adornos. *El autor compuso intrincadas coloraturas.*

colorear. tr. **1.** Dar color (a algo) o pintar(lo) de colores. *Han coloreado muchas viejas películas en blanco y negro. Colorea el cielo* DE *azul y el sol* DE *amarillo.* Tb. usado en constr. intr. *Le regalaron un cuaderno para colorear.* ○ intr. **2.** Tomar un fruto el color rojo propio de su madurez. *Como no ha hecho sol, los pimientos no han coloreado todavía.* ▶ **1:** PIGMENTAR, TEÑIR, TINTAR.

colorete. m. Cosmético, gralm. en polvo y de color rojizo, que se usa para maquillar las mejillas. *Ponte un poco de colorete, que estás muy pálida.*

colorido[1]**.** m. Color o conjunto de colores de algo. *El colorido de las rosas es muy variado. En la pintura impresionista el colorido destaca por encima de líneas y formas.*

colorido[2]**, da.** adj. cult. Que tiene color. *La obra de este pintor era muy colorida.*

colorín. m. Color vivo y chillón. Frec. en pl. y a veces despect. *El presentador es famoso por sus corbatas de colorines.* ■ **~ colorado,** (**este cuento se ha acabado**). expr. Se usa para indicar el final de una narración, espec. de un cuento infantil. *Cuando la madre dijo "... y colorín colorado, este cuento se ha acabado", el niño ya dormía.*

colorinche. adj. **1.** Am. coloq. De colorinches (→ 2). *No solo no colgó dicho atuendo colorinche, sino que se lo enfundó cuantas veces quiso* [C]. ● m. **2.** Am. coloq. Colorín. *Usaban leontinas demasiado vistosas sobre sus chalecos de colorinches* [C].

colorismo. m. **1.** *Arte* Tendencia a dar primacía al color y a su variedad. *En Gauguin predomina el colorismo.* **2.** En música, literatura y otras artes: Tendencia a usar recursos expresivos que estimulan la imaginación y los sentidos. *En la* suite *"Iberia" se aprecia el colorismo de Albéniz.*

colorista. adj. **1.** Del colorismo. *Su obra se enmarca en la tradición colorista.* **2.** Que practica el colorismo. *Pintor colorista.* Dicho de artista, tb. m. y f. *Miró fue un gran colorista.*

colosal. adj. **1.** De dimensiones extraordinarias. *El estadio, colosal, tiene capacidad para 100 000 personas. Se levantaron colosales olas que arrasaron la costa.* **2.** Muy bueno o extraordinario. *Han otorgado el premio de honor a un colosal actor.* ▶ **1:** *ENORME. **2:** *ESTUPENDO.

colosalismo. m. **1.** Condición de colosal o enorme. *La arquitectura egipcia se caracteriza por el colosalismo.* **2.** Tendencia a lo colosal o enorme. *En la estética fascista predomina el colosalismo.*

coloso. m. **1.** Estatua de enormes dimensiones. *Un terremoto destruyó el coloso de Rodas.* **2.** Persona, animal o cosa de gran tamaño. *El diplodocus es uno de los colosos del Jurásico.* **3.** Persona de extraordinarias cualidades. *Ese año se retiró Induráin, un coloso del ciclismo.*

columbario. m. En un cementerio: Conjunto de nichos para urnas que contienen las cenizas de los cadáveres. *Será incinerado y sus cenizas depositadas en un columbario.*

columbrar. tr. **1.** Divisar (algo), o ver(lo) desde lejos sin distinguir(lo) bien. *Los marineros columbraron el faro del puerto en medio de la tormenta.* **2.** Conjeturar (algo) por indicios. *Columbró enseguida que pasaba algo raro.*

columna. f. **1.** Elemento arquitectónico alargado y vertical, gralm. cilíndrico, que sirve de soporte o como adorno. *La columna románica es de fuste liso.* **2.** Cosa alargada y vertical que recuerda a una columna (→ 1). *Una columna de humo se eleva desde la zona del incendio.* **3.** Sección de las varias en que puede dividirse una página impresa o manuscrita, por medio de líneas o espacios en blanco verticales. *La noticia aparece en portada y a cuatro columnas.* **4.** En un termómetro, barómetro o aparato semejante: Porción de fluido que sube o baja por el tubo que la contiene. *La columna de mercurio ha descendido hasta seis grados bajo cero.* **5.** En el esqueleto de los vertebrados: Eje protector de la médula espinal, formado por una fila de huesos cortos articulados entre sí y situado a lo largo de la línea media dorsal. *La enferma padece una desviación de columna.* Tb. ~ *vertebral. La columna vertebral está formada por veinticuatro vértebras.* **6.** Persona o cosa que sirven de apoyo. *Estos dos jugadores son la columna del equipo.* Tb. ~ *vertebral. El manifiesto de Marx y Engels es la columna vertebral del comunismo.* **7.** *Mil.* Conjunto de soldados o de unidades militares que marchan ordenadamente unos detrás de otros. *Las columnas enemigas avanzaban hacia el frente. La columna blindada lleva carros de combate y tropas de infantería.* ■ **~ salomónica.** f. *Arq.* Columna (→ 1) cuyo fuste tiene forma de espiral. *El baldaquino de la Basílica de San Pedro tiene columnas salomónicas.* ■ **quinta ~.** f. Grupo organizado que en un país en guerra actúa clandestinamente en favor del enemigo. *La quinta columna informó a los invasores de los planes de la resistencia.* ▶ **5:** ESPINA, ESPINAZO, RAQUIS.

columnata. f. Hilera o serie de columnas. *Un policía monta guardia ante la columnata del palacio del Congreso.*

columnista. m. y f. Redactor o colaborador regular de un periódico, que escribe comentarios con su firma en una sección fija. *Lo mejor del periódico son los artículos de sus columnistas.*

columpiar. (conjug. ANUNCIAR). tr. **1.** Impulsar (a alguien) en un columpio. *La niña le pidió a su padre que la columpiara.* ○ intr. prnl. **2.** Balancearse. *Las ardillas se columpiaban en los árboles.* **3.** coloq. Equivocarse. *Te has columpiado aceptando lo que te propuso.*

columpio. m. Asiento que cuelga de dos cuerdas o barras y en el que es posible balancearse, gralm. por diversión. *En el patio del colegio hay columpios y un tobogán.*

colusión. f. *Der.* Pacto entre dos personas o grupos en contra de un tercero. *El juez podría apreciar colusión en esta fusión empresarial.*

colutorio. m. Líquido medicinal para enjuagarse la boca. *Se lava los dientes y se enjuaga con un colutorio.*

colza. f. Variedad de col, de cuyas semillas se obtiene un aceite usado como lubricante o, refinado, como condimento.

coma[1]. f. **1.** Signo ortográfico (,) que indica una pausa breve y que se usa para separar oraciones o elementos de una oración. *Los miembros de una enumeración se separan con comas.* **2.** Signo matemático igual que la coma (→ 1), que se usa para separar la parte entera de la decimal en un número. *Escribe con cifras trescientos veinticinco coma ochenta y cinco.*

coma[2]. m. Estado de pérdida total de conciencia, sensibilidad y capacidad de movimiento, producido gralm. por una enfermedad o accidente graves. *Salió del coma después de unos años. Entró en coma dos días antes de morir.*

comadre. f. coloq. Amiga o vecina de cierta confianza. *Las comadres chismorreaban en el descansillo de la escalera.*

comadrear. intr. coloq. Chismorrear o murmurar. Gralm. dicho de mujeres. *Las vecinas comadreaban sobre los nuevos inquilinos.*

comadreja. f. Mamífero carnívoro de pequeño tamaño, patas cortas y dorso rojizo, que se come los huevos de las aves. *La comadreja macho. Una comadreja había entrado por la noche en el gallinero.*

comadreo. m. coloq. Hecho o efecto de comadrear. *Su casa era el centro del comadreo y los chismes.*

comadrón, na. m. y f. Persona titulada para asistir a una parturienta. *La comadrona cortó el cordón umbilical del recién nacido.* ▶ MATRONA, PARTERO.

comal. m. Am. Disco de barro o de metal que se utiliza para cocer tortillas de maíz o para tostar granos u otros alimentos. *Ha hecho calentar el comal, echa las tortillas, las tuesta, les pone encima frijolitos volteados* [C].

comanche. adj. De una tribu amerindia habitante de Texas y Nuevo México. *Jefe comanche.* Dicho de pers., tb. m. y f. *Estamos viendo una película de comanches.*

comandancia. f. **1.** Empleo o cargo de comandante. *Llegó a la comandancia muy joven.* **2.** Edificio o puesto donde se halla la oficina de un comandante. *Han puesto una bomba en la comandancia militar.* **3.** Territorio bajo la autoridad de un comandante militar. *Lo han destinado a la comandancia de Tarragona.* ■ **~ de Marina.** f. *Mil.* Subdivisión de un departamento marítimo. *La comandancia de Marina envió varios barcos de rescate.*

comandante. m. y f. **1.** Oficial del Ejército cuyo empleo es inmediatamente superior al de capitán. *El comandante iba al frente de las tropas.* **2.** Militar que ejerce el mando en determinadas circunstancias, aunque no sea comandante (→ 1). *Muertos los oficiales, el sargento quedaba como comandante de la unidad.* **3.** Oficial de la Armada que manda un buque de guerra. *El comandante ordenó lanzar los torpedos.* **4.** Piloto que tiene el mando de un avión. *El comandante da la bienvenida a los pasajeros.*

comandar. tr. Mandar (una tropa o un puesto militar). *Las tropas aliadas desembarcaron en Normandía comandadas por el general Eisenhower.*

comandita. en ~. loc. adv. **1.** coloq. En grupo. *Después del examen, los alumnos se van en comandita a celebrar el final de curso.* □ loc. adj. **2.** *Com.* Dicho de sociedad: Comanditaria. *Han formado una sociedad en comandita.*

comanditario, ria. adj. **1.** *Com.* Dicho de sociedad: Constituida por socios, algunos de los cuales tienen limitadas a cierta cuantía sus ganancias y responsabilidad en el negocio. *Sociedad comanditaria por acciones.* **2.** *Com.* De la sociedad comanditaria (→ 1). *A la junta no asisten los socios comanditarios.*

comando. m. **1.** Grupo pequeño de soldados destinado a realizar operaciones especiales en terreno enemigo. *El comando se internó en la selva para liberar a los rehenes de la guerrilla.* **2.** Grupo armado de terroristas. *La policía francesa desarticuló el comando cuando preparaba un nuevo atentado.*

comarca. f. División territorial que comprende varias poblaciones, gralm. con características geográficas o históricas comunes. *El Bierzo es una comarca leonesa de tradición minera.*

comarcal. adj. De la comarca. *Un accidente ha paralizado la circulación en la carretera comarcal.*

comatoso, sa. adj. **1.** Del coma. *El paciente estuvo dos días en estado comatoso.* **2.** Dicho de persona: Que está en coma. *El enfermo comatoso no ha recuperado la consciencia.*

comba. f. **1.** Juego que consiste en saltar por encima de una cuerda que, sujeta por cada extremo, se hace pasar bajo los pies y sobre la cabeza del que salta. *Las niñas juegan a la comba en el patio del colegio.* Tb. esa cuerda (→ **saltador**). *Tropezó con la comba y se cayó al suelo.* **2.** Curva de un cuerpo combado o curvo. *El mostrador de madera hace una comba.* ■ **perder ~.** loc. v. Desaprovechar una ocasión favorable. *Cuando se trata de ganar dinero extra, no pierde comba.*

combar. tr. Doblar o torcer (algo) dándo(le) forma curva. *El parqué estaba combado por la humedad.* ▶ *CURVAR.

combate. m. Hecho de combatir. *Condecorarán a los caídos en combate. El combate contra el sida.* ■ **fuera de ~.** loc. adv. Sin posibilidad de continuar la lucha o el combate. *El púgil ha dejado fuera de combate a su contrincante.* Tb. fig. *Su respuesta me dejó fuera de combate.* ▶ ACCIÓN.

combatiente. adj. Que combate. *La ONU media entre las partes combatientes.* Dicho de pers., tb. m. y f. *En la zona se desplegará una tropa de 10 000 combatientes.*

combatir. intr. **1.** Luchar. *Los soldados están preparados para combatir. Ambos boxeadores combatirán* POR *el título mundial.* ■ tr. **2.** Actuar (contra algo) para destruir(lo) o contener(lo). *Combaten las plagas fumigando los campos. Se dictarán normas para combatir el absentismo. La policía combate el crimen.* **3.** Luchar (contra alguien). *Organizaron guerrillas para combatir al invasor.* ▶ **3:** *LUCHAR.

combatividad. f. Cualidad de combativo. *La amenaza de despido no ha mermado la combatividad de los trabajadores.*

combativo, va. adj. Dispuesto o propenso a combatir o luchar. *Es un jugador muy combativo. Los espartanos eran combativos.*

combinable. adj. Que se puede combinar. *El color negro es fácilmente combinable* CON *otros colores.*

combinación. f. **1.** Hecho de combinar o combinarse. *Esos colores forman una combinación muy llamativa. El fuego se propaga* EN *combinación* CON *el aire.* **2.** Conjunto de dos o más letras por las que empieza una serie de palabras. *Escribe cinco palabras que empiecen por la combinación "trans".* Tb. esa serie. *La combinación "in" ocupa veinte páginas del diccionario.* **3.** Conjunto de números que constituye la clave para abrir o hacer funcionar ciertos mecanismos o aparatos. *Nunca recordaba la combinación de la caja fuerte.* **4.** Prenda interior femenina que va desde los hombros o desde la cintura hasta el borde de la falda. *Los encajes de la combinación le asomaban por debajo de la falda.* ▶ **4:** ENAGUA, VISO. ‖ Am: **1:** FONDO.

combinado. m. **1.** Cóctel, espec. el formado por un licor y un refresco. *El cubalibre y los demás combinados tienen todos el mismo precio.* **2.** *Dep.* Equipo formado por jugadores procedentes de varios clubes. *El combinado nacional juega hoy en Sevilla.* ▶ **1:** CÓCTEL.

combinar. tr. **1.** Unir (dos o más cosas) de manera que formen una unidad o un conjunto armonioso. *En sus diseños combina elementos tradicionales y modernos.* Tb.: *El color verde se consigue al combinar el azul* CON *el amarillo.* **2.** En algunos deportes: Pasar un jugador (el balón). Más frec. usado en constr. intr. *El delantero robó el balón y combinó* CON *el centrocampista.* **3.** *Quím.* Unir (dos o más sustancias) para formar un compuesto. *Si combinamos una molécula de nitrógeno y tres de hidrógeno, obtendremos amoniaco.* ○ intr. **4.** Unirse dos o más cosas de manera que formen un conjunto armonioso. *El bolso marrón y los zapatos azules no combinan.* Tb.: *Los cuadros no combinan bien* CON *las rayas.* ▶ **4:** PEGAR.

combinatorio, ria. adj. **1.** De la combinación. *En el laboratorio, el fotógrafo juega con una enorme variedad de posibilidades combinatorias.* ● f. **2.** *Mat.* Parte de las matemáticas que estudia las posibilidades de combinación de los elementos de un conjunto. *Jugando a las quinielas se hizo un experto en combinatoria.*

combo¹. m. **1.** frecAm. Grupo musical. *Un combo caribeño ameniza la velada. Afuera sonaba un combo de merengues* [C]. **2.** Am. Puñetazo. *Se abalanzó sobre él y le propinó un combo* [C]. **3.** Am. Lote de varias cosas que vienen juntas o se venden por el precio de una. *Las parejas pagarán sólo la mitad de la entrada y de un combo de cotufas y refrescos* [C]. ▶ **3:** LOTE.

combo², ba. adj. Combado o curvo. *Le deslumbran las superficies combas y bruñidas del Rolls Royce.* ▶ *CURVO.

comburente. adj. *Fís.* Que produce o favorece la combustión. *Los residuos inflamables o comburentes son muy peligrosos.* Tb. m. *Los motores del cohete usan queroseno como combustible y oxígeno como comburente.*

combustibilidad. f. Cualidad de combustible. *La fábrica de neumáticos ardió con rapidez por la alta combustibilidad del caucho.*

combustible. adj. **1.** Que puede arder, espec. con facilidad. *La madera y los barnices son altamente combustibles.* ● m. **2.** Materia combustible (→ 1) que se prende para aprovechar la energía que produce. *El coche se ha quedado sin combustible.*

combustión. f. **1.** Hecho de arder. *La combustión del carbón emite grandes cantidades de dióxido de carbono.* **2.** *Quím.* Reacción entre el oxígeno y una sustancia, acompañada de desprendimiento de energía y que gralm. se manifiesta por calor y luz. *En la combustión viva, el calor desprendido provoca la incandescencia del combustible; en cambio en la lenta ese calor se disipa.*

comecocos. m. **1.** coloq. Cosa que acapara el pensamiento o la atención. *Este crucigrama es un comecocos.* **2.** coloq. Persona o cosa que convencen a alguien para que piense o actúe de una manera determinada. *Bombardean a los niños con anuncios en la tele, y el comecocos funciona.*

comecome. m. coloq. Comezón (picazón, o inquietud). *Desde que oí el rumor, tengo un comecome que no me deja vivir.*

comedero. m. Lugar o recipiente donde se pone de comer a los animales. *Limpia la jaula y echa alpiste en el comedero.*

comedia. f. **1.** Obra teatral o cinematográfica extensa, de acción predominantemente alegre o humorística y de desenlace feliz. *El autor ha estrenado una divertida comedia de enredo. Se ríen mucho con las comedias de los hermanos Marx.* Tb. el género constituido por dichas obras. *Plauto es el máximo representante de la comedia latina.* **2.** Farsa o engaño. *Hace la comedia de que está enfermo para no ir al colegio.* **3.** histór. Obra teatral extensa de cualquier género. *Lope fija los rasgos del género dramático en el "Arte nuevo de hacer comedias".* ■ **~ del Arte.** f. *Lit.* Tipo de comedia (→ 1) teatral surgida en Italia en el s. XVI, con personajes fijos que, sobre un esquema básico, improvisan la acción y el diálogo. *Polichinela y Colombina son personajes de la comedia del Arte.* ■ **~ de situación.** f. *TV* Serie con las características de la comedia (→ 1), cuyos episodios se desarrollan siempre con los mismos personajes y en los mismos lugares. *En septiembre vuelve la exitosa comedia de situación "El vecindario".* ■ **~ musical.** f. Comedia (→ 1) con partes cantadas y bailadas. *"Cantando bajo la lluvia" es una comedia musical.* ■ **alta ~.** f. Comedia (→ 1) que se desarrolla en ambientes urbanos contemporáneos y con personajes de la aristocracia o la alta burguesía. *Benavente escribió alta comedia.*

comediante, ta. m. y f. **1.** Actor. *Se unió a una compañía de comediantes.* A veces despect. **2.** coloq. Persona que hace comedia o finge con algún fin. *¡Qué se va a hacer daño!, lo que pasa es que es un comediante.* Tb. adj. *Esta niña es muy comedianta.*

comedido, da. part. **1.** → **comedirse.** ● adj. **2.** Moderado o prudente. *Es muy comedido en sus gastos. Mantuvo una actitud comedida.* ▶ **2:** *MODERADO.

comedimiento. m. Cualidad de comedido. *Los contertulios discutían sin ningún comedimiento.* ▶ *MODERACIÓN.

comediógrafo, fa. m. y f. Autor de comedias teatrales. *Aristófanes era un comediógrafo griego.*

comedirse. (conjug. PEDIR). intr. prnl. Comportarse de forma moderada o prudente. *Si quieren intervenir en el debate, tendrán que comedirse.*

comedor, ra. adj. **1.** Que come. *Aves comedoras de insectos.* Tb. m. y f. *Es remilgada y mala comedora.* ● m. **2.** En una casa: Habitación destinada para comer. *¿Comemos en la cocina o en el comedor?* Tb. el mobiliario de esa habitación. *Están ahorrando para poner el comedor.* **3.** Establecimiento destinado al servicio de comidas al público o a un determinado grupo de personas. *El comedor del hotel se llena a la hora del desayuno.* Frec. en pl. *Trabaja de cocinera en los comedores de la universidad.*

comedura. ~ **de coco,** o **de tarro.** f. **1.** coloq. Hecho de comer el coco a alguien. *En la secta someten a la gente a una comedura de tarro brutal.* **2.** coloq. Preocupación excesiva u obsesión. *Ahora su comedura de coco es cómo conseguir un trabajo.*

comemierda. m. y f. malson. Persona ruin o despreciable. Frec. se usa como insulto.

comendador. m. **1.** Miembro de una orden civil o militar de carácter honorífico, con rango inmediatamente superior al de caballero. *Comendador de la Orden Civil de Alfonso X el Sabio.* **2.** histór. Miembro de una orden militar que tenía a su cargo una casa o convento. *Don Nuño era comendador de la Orden de Santiago.*

comendadora. f. Religiosa de un convento perteneciente a una orden militar. *Las comendadoras de Santiago.*

comensal. m. y f. Persona de las que comen en una misma mesa. *Los comensales alzan sus copas y brindan por los novios.*

comentador, ra. m. y f. Persona que comenta, espec. una obra o a un autor. *En este capítulo nos ocuparemos de los discípulos y comentadores de Aristóteles.*

comentar. tr. **1.** Expresar opiniones o consideraciones (sobre algo). *Todos comentaban la noticia.* **2.** Hablar o escribir (sobre un autor o una obra) con el fin de analizar(los) o explicar(los). *Tradujo y comentó a varios autores latinos.*

comentario. m. **1.** Hecho o efecto de comentar. *Ha sido un comentario desafortunado. El examen de lengua consistirá en el comentario de un texto literario.* **2.** Escrito en el que se explica o analiza una obra o a un autor. *Le van a publicar un comentario* A/DE *La Celestina.* ■ **sin ~s.** expr. Se usa para responder a una pregunta que no se quiere contestar o para expresar que no merece la pena comentar algo. *–¿Qué opina de la victoria de su rival? –Sin comentarios.* ■ **sin más ~s.** loc. adv. Sin decir ni explicar nada. *Dijo que tenía mucha prisa y se marchó sin más comentarios.*

comentarista. m. y f. **1.** Persona que regularmente hace comentarios sobre un tema o asunto determinados en un medio de comunicación. *Todos los comentaristas teatrales han elogiado la obra. Lleva años haciendo de comentarista en retransmisiones deportivas.* **2.** Autor de comentarios escritos de un autor o una obra. *A veces los textos del filósofo son más claros que los de sus comentaristas.*

comenzar. (conjug. ACERTAR). tr. **1.** Empezar (algo), o hacer que pase a existir, ocurrir o hacerse. *Ya he comenzado la lectura de pruebas. Los obreros han comenzado la nueva casa.* ○ intr. **2.** Empezar algo, o pasar a existir, ocurrir o hacerse. *Las vacaciones comienzan mañana. ¿Cuándo comenzaron los ataques de asma? Los trabajos comenzaron ayer.* **3.** Seguido de *a* y un infinitivo: Pasar a realizar la acción que se expresa. *Comienza* A *comer, no me esperes.* A veces el infinitivo está sobrentendido. *Puedes comenzar cuando quieras.* ■ **comienza y no acaba.** expr. coloq. Se usa para ponderar lo mucho que alguien se alarga en una exposición. *Si se pone a contarte cosas de su hijo, comienza y no acaba.* ▶ **1, 2:** *EMPEZAR.

comer. tr. **1.** Tomar (alimento) por la boca. *Come algo antes de salir. –¿Ha comido algo? –Solo un yogur.* Tb. usado en constr. intr. *No comas tan deprisa.* **2.** Tomar (alimento sólido). *Los niños comían un bocadillo durante el recreo.* Tb. usado en constr. intr. *Se pasa el día comiendo y bebiendo.* **3.** Tomar (la comida del mediodía). *–¿Qué hay de comer hoy? –Estofado de carne con patatas.* Tb. usado en constr. intr. *Solemos comer a las dos.* **4.** Consumir o destruir (algo). *El óxido come el hierro.* Tb. con un pron. expresivo de interés. *El pulgón se ha comido el rosal.* **5.** Quitar el sol o la luz intensidad (al color). *El sol ha comido el color de las cortinas.* Tb. con un pron. expresivo de interés. *La luz se está comiendo el color de los muebles.* **6.** coloq. Anular o destruir (a alguien). *Aquí como no te defiendas, te comen.* **7.** Causar algo inquietud o desazón (a alguien). *Me comen los celos. Nos come el nerviosismo.* **8.** En algunos juegos: Ganar (una ficha o una pieza del contrario) eliminándo(las). *Si mueves el alfil, te como la torre.* ○ tr. prnl. **9.** Omitir (algo) cuando se habla o escribe. *Aquí te has comido una línea.* **10.** Hacer que se gaste o consuma por completo (algo, espec. el dinero). *Cuando estuve parado, me comí el dinero que había ahorrado. Los abogados se comieron parte del dinero de la herencia. La compra del piso se comió todos sus ahorros.* **11.** coloq. Llevar (los calcetines o las medias) de manera que se van cayendo y metiendo dentro de los zapatos. *Estírate los calcetines porque te los vas comiendo.* ■ **sin ~lo ni beberlo.** loc. adv. coloq. Sin haber participado en lo que se expresa, o sin esperarlo. *Intentó evitar una pelea y, sin comerlo ni beberlo, se llevó un puñetazo.*

comercial. adj. **1.** Del comercio o de los comercios. *Nuestro horario comercial es de diez a ocho. Este domingo abren los centros comerciales.* **2.** Que tiene fácil aceptación en el mercado. *Este es su disco más comercial hasta la fecha.* A veces despect. *Escribe bien, pero sus novelas son demasiado comerciales.* ● m. y f. **3.** Agente comercial (→ **agente**). *Hoy ha venido un comercial vendiendo enciclopedias.* ○ m. **4.** Am. Anuncio (conjunto con el que se anuncia algo o se hace publicidad de ello). *El pelo rubio fino revolotea alrededor de su cara, como en los comerciales de champú* [C]. ► **1:** MERCANTIL. **4:** ANUNCIO.

comercialismo. m. Tendencia a anteponer el interés comercial a otros valores. *Acusan al cineasta de caer en el comercialismo.*

comercialización. f. Hecho de comercializar. *Han prohibido la comercialización del producto. La empresa se dedica a la fabricación y comercialización de ropa deportiva.*

comercializar. tr. **1.** Poner a la venta (un producto). *Comercializa sus vinos en el extranjero.* **2.** Dar (a un producto) las condiciones y la organización adecuadas para su venta. *Una agencia de publicidad se encargará de comercializar la marca de refrescos.*

comerciante. adj. **1.** Que comercia. *En la Edad Moderna surge una nueva burguesía comerciante.* Más frec. m. y f., referido a pers. *Marco Polo provenía de una familia de comerciantes venecianos.* ● m. y f. **2.** Persona que posee un comercio. *Exija al comerciante que le selle la garantía del producto.*

comerciar. (conjug. ANUNCIAR). intr. Vender o intercambiar mercancías para obtener beneficios. *Algunos mercaderes comerciaban* EN *especias y sedas. Hasta el siglo* XIX *era práctica usual comerciar* CON *esclavos.* ► MERCADEAR.

comercio. m. **1.** Actividad de vender o intercambiar mercancías para obtener beneficios. *Los fenicios se dedicaban al comercio y a la navegación.* **2.** Establecimiento dedicado al comercio (→ 1). *¿A qué hora cierran los comercios?* **3.** Conjunto de los comercios (→ 2) o de los comerciantes. *El pequeño comercio se ve perjudicado por las grandes superficies.* **4.** cult. Relación sexual. Frec. ~ *carnal. Según los inquisidores, las brujas tenían comercio carnal con el diablo.*

comestible. adj. **1.** Que se puede comer. *¿Estas bayas son comestibles?* ● m. **2.** Cosa que sirve de alimento. Más frec. en pl. *Compra leche y huevos en la tienda de comestibles.*

cometa[1]. m. Astro de órbita elíptica, formado por un núcleo poco denso y brillante y una estela de gas muy luminosa. *El cometa Halley aparece cada setenta y seis años.*

cometa[2]. f. Juguete formado por una armazón plana y ligera que sostiene una lámina tensa de tela o papel, con una cola de cintas o trozos de papel, el cual, sujeto con una cuerda, se arroja al aire para que el viento lo eleve. *Corría un vientecillo ideal para volar la cometa.* ► **Am:** BARRILETE, PAPALOTE, VOLANTÍN.

cometer. tr. Realizar (un error, una falta o un delito). *Lo acusaron de un delito que no había cometido. Ha cometido errores de bulto en el examen práctico.* ► PERPETRAR.

cometido. m. **1.** Encargo hecho a una persona. *El cometido del correo era entregar la carta en mano al embajador.* **2.** Obligación moral de una persona. *Los padres tienen el cometido de cuidar de sus hijos.* **3.** Función de una persona o cosa. *El cometido de los carteros es repartir las cartas. El cometido del cine es distraer al público, pero también hacerle pensar.* ► **1:** MISIÓN.

comezón. f. **1.** Picor o picazón, espec. si son persistentes. *Cuando se habla de bichos, ¡me entra una comezón!* **2.** Desazón o inquietud del ánimo, espec. por deseo o impaciencia. *Espero saber algo de ellos pronto, porque esta comezón está acabando conmigo.* ► **1:** *PICOR. **2:** *INQUIETUD.

comible. adj. coloq. Que se puede comer, espec. por ser agradable al paladar. *La sopa está comible, pero el postre no hay quien lo trague.*

cómic. (pl. **cómics**). m. **1.** Serie de dibujos enmarcados en viñetas que constituyen un relato. *Publicó sus primeros dibujos en una revista de cómics para adultos.* Tb. el género artístico correspondiente. *En Angulema tiene lugar una importante feria del cómic.* **2.** Revista o libro de cómics (→ 1). *En su habitación hay una pila de cómics.* ► **Am:** MONITOS.

comicastro, tra. m. y f. Cómico malo. *El público abuchea al comicastro.*

comicidad. f. Cualidad de cómico. *El guión carece de comicidad.*

comicios. m. pl. **1.** Elecciones para designar cargos políticos. *Los comicios autonómicos y municipales se celebrarán en octubre.* **2.** histór. En la antigua Roma: Asamblea popular para tratar asuntos públicos. *Antes de los comicios, se celebraban actos religiosos.*

cómico, ca. adj. **1.** De la comedia. *Mihura es un maestro del género cómico.* **2.** Dicho de actor: Que hace papeles cómicos (→ 1). Tb. m. y f. *El cómico hacía reír al público con sus muecas.* **3.** Dicho de autor: Que escribe comedias. *Plauto y Terencio son los grandes autores cómicos latinos.* **4.** Que divierte y hace reír. *Su peinado me parece de lo más cómico. Es un tipo muy cómico.* ● m. y f. **5.** Actor. *Ha dejado la carrera para hacerse cómico.* Frec. despect. ■ **~ de la legua.** m. y f. Cómico (→ 5) que actúa de pueblo en pueblo. *Cada primavera los cómicos de la legua llegaban a la aldea.*

comida. f. **1.** Alimento, espec. el que toman las personas y los animales. *Tengo que ir a la compra, porque no queda nada de comida en casa.* **2.** Conjunto de alimentos que se toman a mediodía. *Nos sirvieron una comida muy sabrosa.* **3.** Hecho de comer, espec. a las horas establecidas del día y, en particular, al mediodía. *Si no me da tiempo a ir a casa para la comida, tomaré un bocadillo.* Tb. la reunión o acto social en que se produce este hecho. *Me han invitado a una comida de homenaje.* **4.** Am. Cena. *Por la noche, durante la comida, su padre había hablado del telegrama* [C]. Tb. la reunión o acto social en que se produce este hecho. *Por la noche, será agasajado con una comida* [C]. ■ **~ rápida.** f. Comida (→ 1) que se prepara y se consume con rapidez. *Cuando salgo de trabajar suelo tomo un sándwich en algún local de comida rápida.* ▶ **1:** ALIMENTO.

comidilla. f. coloq. Tema que es objeto de comentario o murmuración. *El noviazgo de la princesa es la comidilla de las revistas del corazón.*

comido, da. part. **1.** → **comer.** ● adj. **2.** Que ha comido (→ 1). *No voy a tomar nada porque vengo comido de casa.* **3.** Que está alimentado. Gralm. con *bien* o *mal*. *¡Qué mofletes tiene tu hijo, se nota que está bien comido!* ■ **lo comido por lo servido.** expr. coloq. Se usa para expresar que algo no resulta rentable porque el beneficio obtenido es igual al esfuerzo o el gasto invertidos. *El dinero que hemos recaudado solo cubre los gastos de organización, así que lo comido por lo servido.*

comienzo. m. **1.** Hecho de comenzar. *El partido tuvo un buen comienzo.* **2.** Punto o lugar en que comienza algo. *Hay un puesto de periódicos al comienzo de la calle.* **3.** Momento en que comienza algo. *Al comienzo de las clases se pasa lista.* Frec. en pl. *El edificio es de comienzos de siglo.* ■ **a ~s.** loc. adv. En los primeros días, meses o años del período de tiempo que se indica. *Volveré a comienzos de mes. Viene a comienzos de año. Estamos a comienzos de siglo.* ■ **dar comienzo** (a algo). loc. v. Empezar(lo). *Da comienzo a su crónica con estas palabras.* ■ **dar comienzo** algo. loc. v. Empezar. *Al atardecer dio comienzo la fiesta.* ▶ INICIO.

comillas. f. pl. **1.** Signo ortográfico (“ ” o « ») que se usa para aislar palabras o frases que se quieren destacar, o para reproducir citas textuales. *Pon entre comillas el título del poema.* **2.** Signo ortográfico (‘’) que se usa con la misma función de las comillas (→ 1) dentro de un texto ya entrecomillado, o para expresar el significado de otra palabra. Tb. *~ simples*. *Si la cita incluye un extranjerismo, escríbelo entre comillas simples.* A veces se usa en sing., *comilla*, designando cada uno de los rasgos que constituyen este signo. *Has olvidado la comilla de cierre.*

comilón, na. adj. **1.** coloq. Que come mucho. *Es un bebé muy comilón.* Dicho de pers., tb. m. y f. *Para los comilones tenemos el menú especial.* ● f. **2.** coloq. Comida muy abundante. *Para celebrarlo nos daremos una comilona.*

comino. m. **1.** Planta de tallos delgados y flores blancas o rosadas, cuyas semillas, aromáticas y de forma aovada, se emplean como condimento. Más frec. la semilla. *Mi madre le echa comino al gazpacho.* **2.** coloq. Persona de baja estatura, espec. un niño. Frec. con matiz afectivo. *¿Dónde irá el comino este con una bolsa que pesa más que él?* ■ **un ~,** o **tres ~s.** loc. adv. coloq. Muy poco o nada. Se usa con intención enfática. *¡No te voy a comprar un helado y me importa un comino que llores!*

comisaría. f. **1.** Oficina del comisario. *Hay que mandar el currículum a la Comisaría de Relaciones Exteriores.* Gralm. designa la de policía y, en ese caso, tb. *~ de policía*. *Si le pasa otra vez, denúncielo en comisaría. Fue detenido y llevado a la comisaría de policía.* **2.** Empleo o cargo de comisario. *Ha sido designado para ocupar la comisaría de la exposición.*

comisariato. m. Am. Economato. *El abuelo me llevaba de compras al comisariato suculento de la compañía bananera* [C].

comisario, ria. m. y f. **1.** Persona designada por la autoridad superior para realizar un encargo o misión especial. *La comisaria de la exposición ha seleccionado un centenar de obras.* **2.** Oficial de policía que es la máxima autoridad de un distrito o demarcación urbana. *El comisario reunió a sus inspectores.* Tb. *~ de policía*. *Los detenidos serán interrogados por el comisario de policía en persona.* **3.** *Polít.* Miembro de la Comisión Europea. *Los armadores se reunirán con el comisario de Pesca de la Unión Europea.* ■ **~ político/ca.** m. y f. Representante político adscrito a mandos militares para intervenir en sus decisiones, espec. en tiempo de guerra. *Fue comisario político del PCE en el ejército republicano.*

comisión. f. **1.** Hecho de cometer. *El acusado reconoce la comisión del delito.* **2.** Conjunto de personas elegidas para representar a un grupo o a una entidad en algún asunto. *Se ha creado una comisión de festejos para organizar las fiestas patronales. La Comisión Europea ejerce el poder ejecutivo en la Unión.* **3.** Cantidad de dinero que se percibe, frec. en forma de porcentaje, por gestionar una compraventa u otra operación o transacción comercial. *El banco cobra una comisión por cada transferencia. Los comerciales reciben sueldo fijo más comisiones.* ■ **~ de servicio**(s). f. Situación de un funcionario que presta sus servicios temporalmente fuera de su puesto de trabajo habitual. *Estuvo en comisión de servicios en Ginebra, trabajando para un organismo internacional.* ▶ **1:** PERPETRACIÓN. **2:** COMITÉ.

comisionado, da. part. **1.** → **comisionar.** **2.** Que ha sido comisionado (→ 1). Tb. m. y f. *Presidió la reunión la alta comisionada* PARA *los refugiados de la ONU.*

comisionar. tr. Encargar (a una persona) una misión especial. *La Unión Europea lo comisionó* PARA *que actuara de mediador en el conflicto.*

comisionista. m. y f. Persona que gestiona operaciones comerciales o actúa en ellas como intermediario a cambio de una comisión. *Se gana la vida como comisionista de venta de libros a domicilio.*

comistrajo. m. coloq. Comida extraña o repugnante. *No puedo con los comistrajos que ponen en el chiringuito.*

comisura. f. Punto en que se unen los extremos de algunas partes del cuerpo, espec. de los labios. *Tienes chocolate en las comisuras de los labios.*

comité. m. **1.** Conjunto de personas elegidas para actuar en algún asunto, espec. si lo hacen representando a un grupo. *Un comité de expertos elaborará un informe sobre el futuro de la televisión pública.* **2.** Órgano dirigente de un partido político. *Fue miembro del comité central del Partido Comunista de la Unión Soviética.* ■ **~ de empresa.** m. Comité (→ 1) de trabajadores elegidos oficialmente por sus compañeros para defender sus intereses ante la empresa. *El comité de empresa ha convocado una asamblea.* ▶ **1:** COMISIÓN.

comitiva. f. Conjunto de personas que van en grupo acompañando a alguien, espec. a una persona importante. *Los condes formaban parte de la comitiva real.* ▶ ACOMPAÑAMIENTO.

como. (Se pronuncia siempre átono). adv. relat. **1.** De la manera, o de la misma manera que. *Hazlo como quieras. Será como vosotros digáis. Habló con calma, como le habían recomendado.* Tb. *tal ~*. *Escogió Roma para irse de vacaciones, tal como habían hecho sus amigos.* A veces en correlación con *así*. *Se marcharon así, como habían llegado.* **2.** En el que, o en el cual. Se usa con los n. *forma, manera* o *modo* como antecedentes. *El modo como nos engañó a todos nos dejó sorprendidos.* **3.** En construcciones comparativas de igualdad, introduce el segundo término de la comparación. *Es gordo como su tío.* Frec. en correlación con *tal, tan* o *tanto. Es tan alto como tú. No lee tantos libros como dice. Tanto uno como otro son culpables. Hay circunstancias tales como la muerte de un ser querido que no se aceptan fácilmente.* **4.** De acuerdo con lo que. *Prefiero que me pagues ahora porque, como suele decirse, más vale pájaro en mano que ciento volando.* **5.** En el caso de que. *Como no estudies, no aprobarás. El premio era suyo como consiguiera superar la prueba.* **6.** Puesto que. Se usa al comienzo de la frase. A veces en la constr. ~ *que,* y entonces va en la parte final de la frase. *Como llovía, decidimos no ir. Seguro que era él, como que pasó por delante de mí.* ● adv. **7.** Aproximadamente, o más o menos. *Hace como un mes que no la veo. Pesa como cincuenta kilos.* ● prep. **8.** En calidad de, o con carácter de. *Declaró como testigo en el juicio. Trabaja como abogado.*

cómo. adv. interrog. **1.** De qué manera. *¿Cómo se encuentra? Me pregunto cómo pudo superarlo.* Tb. exclam. *¡Cómo te has puesto de barro!* **2.** Por qué. *¿Cómo llegas tan tarde? No sé cómo lo culpas a él.* ● m. **3.** (Frec. con art.). Manera o modo. *No sabían aún el cómo y el cuándo.*

cómoda. f. Mueble con tablero horizontal a modo de mesa y cajones en toda la parte frontal, empleado gralm. para guardar ropa. *Las sábanas están en el primer cajón de la cómoda.*

comodidad. f. **1.** Cualidad de cómodo. *Las motos carecen de la comodidad de los coches. Solo busca su comodidad.* **2.** Cosa necesaria para sentirse a gusto o cómodo. Más frec. en pl. *Tiene un apartamento con todas las comodidades.*

comodín. m. **1.** En algunos juegos de naipes: Carta que puede tomar el valor de otra, según las necesidades del jugador. *Con tres reyes y un comodín haces póquer de reyes.* **2.** Persona o cosa que, según las circunstancias o la conveniencia, pueden servir para fines diversos. *Los médicos recurren al comodín del estrés para explicar diversas dolencias.*

cómodo, da. adj. **1.** Dicho de cosa: Que proporciona descanso o bienestar, o no implica esfuerzo o molestia. *Sofá cómodo. Zapatos cómodos. Trabajo cómodo. Viaje cómodo.* **2.** Dicho de persona: Que se encuentra en una situación cómoda (→ 1). *No me siento cómodo hablando en público.* **3.** Dicho de persona: Que busca siempre lo cómodo (→ 1). *No seas cómodo y ayúdame a poner la mesa.*

comodón, na. adj. coloq. Dicho de persona: Que busca siempre lo cómodo. *No seas tan comodón y ayuda un poco.* Tb. m. y f. *Eres una comodona.*

comodoro. m. En algunos países: Oficial de marina cuya categoría equivale a la de capitán de navío de la Armada. *El comodoro fue ascendido a contralmirante.*

comoquiera. (Tb. **como quiera**). adv. cult. De cualquier manera. Se usa seguido de una oración introducida por *que. Comoquiera que se lo explicara, no lo entendía. María, o comoquiera que se llame tu amiga.* ■ ~ **que.** loc. conjunt. cult. Puesto que. *Como quiera que se hacía tarde, dieron por concluida la reunión.*

compa. m. y f. coloq. Compañero (persona). *Se ha ido de excursión con sus compas del cole.*

compactación. f. Hecho de compactar. *La compactación del terreno se hizo con una apisonadora.*

compactar. tr. Hacer compacto (algo). *Los soldados compactaron el terreno para levantar un campo de refugiados.*

compacto, ta. adj. **1.** Dicho de cuerpo: Denso y apretado. *El albañil hace la mezcla de cemento hasta conseguir una masa compacta.* Tb. fig. *Forman un equipo compacto y sin fisuras.* **2.** Dicho de equipo de sonido: Que reúne varios aparatos de reproducción en una sola pieza. Tb. m. *El compacto incluye sintonizador de radio y doble pletina.* ● m. **3.** Disco compacto (→ **disco**). *Prefiere sus viejos discos de vinilo a los compactos.* **4.** Aparato reproductor de discos compactos (→ 3). *Se ha estropeado el lector del compacto.* ▶ **1:** *DENSO.

compadecer. (conjug. AGRADECER). tr. **1.** Sentir pena o lástima por la desgracia o el sufrimiento (de alguien). *Cuando le conté lo que me había pasado, me compadeció. Compadezco a la mujer que se case contigo.* ○ intr. prnl. **2.** Sentir pena o lástima por la desgracia o el sufrimiento de alguien. *Se compadeció* DE *un perro abandonado y se lo llevó a su casa. Siempre anda compadeciéndose* DE *sí mismo.*

compadre. m. **1.** coloq. Amigo (persona que tiene amistad con otra). *Somos compadres desde que íbamos al colegio. ¿Dónde vas, compadre?* **2.** Padre o padrino de una persona, respecto del padrino, del padre o de la madrina de esta. *Mi marido y yo somos compadres de mi sobrino.*

compadrear. intr. Tener una persona una relación de amistad con otra, gralm. con fines poco lícitos. *No quería compadrear* CON *esa gentuza.*

compadreo. m. Hecho de compadrear. *La policía le aconsejó que evitara el compadreo* CON *gente de esa calaña.*

compaginación. f. Hecho de compaginar o compaginarse. *Le resultaba difícil la compaginación de la vida familiar* CON *el trabajo.*

compaginar. tr. **1.** Hacer compatible (una cosa) con otra. *Compagina las clases* CON *los estudios de música en el conservatorio.* Tb.: *Tenemos que compaginar nuestros horarios.* Tb. en constr. prnl. media. *Ficción y realidad se compaginan en su última novela.* ○ intr. prnl. **2.** Corresponderse o ser acorde una cosa con otra. *La gestión del gobierno no se compagina bien* CON *su programa electoral.*

compaña. f. Compañía (hecho de acompañar, o persona que acompaña). *Al pasar junto a la mesa dijo: –Que aproveche, Juan y la compaña.* ▶ COMPAÑÍA.

compañerismo. m. Actitud de colaboración y lealtad entre compañeros. *Entre los alumnos reina el compañerismo.*

compañero, ra. m. y f. **1.** Persona que está junto a otra o hace algo con ella, espec. de manera habitual. *Me han suspendido por mirar al examen del compañero. Se busca compañera de piso.* **2.** Persona que convive con otra con la que mantiene una relación amorosa. *Llevo diez años con mi compañera y tenemos un hijo en común.* **3.** En algunos juegos: Jugador que forma pareja o equipo con otro u otros. *Somos compañeros de mus.* **4.** Cosa que hace juego o forma pareja con otra. *Aquí hay un calcetín, pero no encuentro el compañero.* ▶ **1:** CAMARADA.

compañía. f. **1.** Hecho de acompañar a alguien a un lugar o en un lugar. *¿Por qué no me haces compañía mientras tiendo la ropa?* **2.** Persona o grupo de personas que acompañan a alguien. *Culpaba de sus errores a las malas compañías. –¡Pedro y compañía, callaos de una vez o salid de la clase!* **3.** Sociedad o empresa. *Trabaja en una compañía aérea.* **4.** Agrupación de actores o bailarines unidos para representar espectáculos escénicos. *La compañía estrenará su nuevo montaje en Barcelona.* **5.** *Mil.* Unidad de soldados que forma parte de un batallón y está mandada por un capitán. *Una compañía de infantería encabezará el desfile.* ■ **de ~.** loc. adj. **1.** Dicho de mujer: Que acompaña y ayuda a otra. *La princesa tenía sus damas de compañía.* **2.** Dicho de animal doméstico: Que se tiene solo para hacer compañía (→ 1). *El chihuahua es un perro de compañía.* ▶ **1, 2:** COMPAÑA. **3:** *EMPRESA.

comparable. adj. Que se puede comparar. *Tu vida y la mía no son comparables. Tiene una biblioteca comparable* A/CON *la de cualquier universidad.*

comparación. f. **1.** Hecho o efecto de comparar. *No me gusta hacer comparaciones. No hay comparación* ENTRE *las dos versiones de la película. Las cifras del paro han aumentado en comparación con las del año pasado. Esa cantante no tiene comparación. La novela no admite comparación* CON *otras del mismo movimiento literario.* **2.** *Lit.* Símil. *En la frase "Tus labios son como dos fresas" hay una comparación.*

comparado, da. part. **1.** → **comparar.** ● adj. **2.** Dicho de ciencia o disciplina: Que procede por comparación. *Es profesor de Lingüística Comparada. En Literatura Comparada estamos estudiando el teatro de Shakespeare y el de Calderón.*

comparar. tr. **1.** Analizar con atención (una cosa o a una persona) para establecer sus semejanzas o diferencias con otra. *Compara tu situación actual* CON *la que tenías hace unos años.* Tb.: *Si comparas las dos pinturas, no sabrás cuál es la copia y cuál la original.* **2.** Establecer la semejanza (de una persona o cosa) con otra. *Los manifestantes lo insultaron comparándolo* CON *un célebre dictador.*

comparatista. adj. **1.** De la ciencia comparada. *El método comparatista.* ● m. y f. **2.** Especialista en estudios comparados. *Los comparatistas han estudiado la relación entre poetas renacentistas españoles e italianos.*

comparativamente. adv. **1.** En comparación. *Comparativamente, nuestro poder adquisitivo es inferior al del resto de Europa.* **2.** De manera comparativa. *El artículo analiza comparativamente las ofertas de las operadoras telefónicas.*

comparativo, va. adj. **1.** De la comparación, o que sirve para comparar. *El periódico publica un estudio comparativo de la expansión del sida en Europa y África.* **2.** *Gram.* Dicho espec. de conjunción: Que introduce una oración comparativa (→ 2). *"Como" es una conjunción comparativa.* **3.** *Gram.* Que expresa comparación. *"Mayor" es un adjetivo en grado comparativo.* Dicho de oración, tb. f. *¿Me puedes explicar de nuevo las comparativas?* Dicho de adjetivo o adverbio, tb. m. *El comparativo de "bueno" es "mejor".*

comparecencia. f. Hecho de comparecer. *La oposición solicitó la comparecencia del ministro en el Congreso de los Diputados.*

comparecer. (conjug. AGRADECER). intr. **1.** Presentarse alguien en un lugar donde ha sido citado o donde se le espera. *Convocó una rueda de prensa, pero no compareció.* **2.** *Der.* Presentarse alguien como testigo o parte en un lugar, espec. en un tribunal. *Los testigos de la acusación comparecieron ante el juez.*

compareciente. m. y f. Persona que comparece. Se usa espec. en derecho. *Los comparecientes deberán responder a las preguntas de los letrados.*

comparsa. f. **1.** *Teatro* Conjunto de personas que aparecen en escena sin hablar ni intervenir directamente en la acción. *Empezó en la comparsa y ahora le han dado su primer papel.* **2.** Grupo de personas que, disfrazadas gralm. de la misma manera, participan en un festejo, espec. en los carnavales. *Las carrozas y las comparsas desfilan por las calles de Cádiz.* ● m. y f. **3.** *Teatro* Persona que forma parte de una comparsa (→ 1). *Hay cinco comparsas en la compañía.* **4.** Persona o entidad que tienen escasa importancia o protagonismo en algo. *Algunos países participaron en la guerra como meros comparsas.* ▶ **1:** FIGURACIÓN. **3:** *FIGURANTE.

compartimentación. f. Hecho o efecto de compartimentar. *No le gustaba la compartimentación del piso.*

compartimentar. tr. Dividir (algo) en compartimentos. *Tras la guerra, los vencedores compartimentaron el país en cuatro grandes zonas.*

compartimento. m. Parte de las varias en que se ha dividido un espacio. *Encontró un compartimento vacío en el tren. Los pendientes están en un compartimento del joyero.* ■ **~ estanco.** m. *Mar.* Sección de un buque que queda cerrada y aislada del resto, impidiendo el paso del agua en caso de inundación. *La mercancía viaja en compartimentos estancos.* Frec. fig. denotando aislamiento. *En el Antiguo Régimen las clases sociales constituían compartimentos estancos.* ▶ COMPARTIMIENTO.

compartimiento. m. Compartimento. *El reloj de arena está aún casi vacío en su compartimiento inferior. Sus obras mezclan pintura y escultura, demostrando que en el arte moderno no hay compartimientos estancos.*

compartir. tr. **1.** Hacer alguien partícipes a otro u otros (de algo que tiene o de que dispone). *Compartió su triunfo* CON *nosotras. No tiene* CON *quien compartir su pena. No compartió sus caramelos* CON *nadie.* **2.** Tener alguien (algo) en común con otra u otras personas. *Comparte responsabilidades* CON *su segundo. Hace años compartía piso* CON *dos estudiantes.* Tb.: *Los dos amigos comparten gustos y aficiones. Mi hermana y yo compartimos los gastos de la casa.*

compás. m. **1.** Instrumento de dibujo formado por dos patas puntiagudas, articuladas entre sí por su extremo superior, que sirve para trazar arcos o circunferencias y para hacer mediciones. *Dibuja varios círculos concéntricos con el compás.* **2.** Ritmo de una composición musical. *El director de la orquesta marca el compás. Una melodía de compás vivo.* **3.** *Mús.* Cada uno de los períodos de tiempo iguales, determinados por el ritmo, que se establecen en una composición. *Reconocí la sinfonía en cuanto sonaron los primeros compases.* Tb. la división en dichos tiempos. *El vals es un ritmo de compás ternario con acento fuerte en la primera de sus tres partes.* **4.** *Mús.* En el pentagrama: Espacio delimitado por dos barras verticales correspondiente a un compás (→ 3). *En esta partitura no están marcados los compases.* ■ **~ de espera.** m. Detención breve de un proceso o actividad. *Estamos en un compás de espera hasta que el jurado emita su veredicto.*

compasillo. m. *Mús.* Compás de cuatro tiempos que tiene la duración de cuatro negras. *¿Qué diferencia hay entre un compás ternario y un compasillo?*

compasión. f. Sentimiento de tristeza causado por el sufrimiento ajeno. *El pistolero disparó sin compasión. Ten compasión* DE *este pobre viejo.* ▶ CONMISERACIÓN, LÁSTIMA, MISERICORDIA, PIEDAD.

compasivo, va. adj. **1.** Que siente o tiene tendencia a sentir compasión. *Una vecina compasiva ha acogido al pobre perrillo abandonado.* **2.** Que manifiesta o implica compasión. *Dirigió una mirada compasiva al moribundo.* ▶ **1:** CONMISERATIVO, MISERICORDIOSO. **2:** CONMISERATIVO.

compatibilidad. f. Condición de compatible. *Para la transfusión comprobarán la compatibilidad de tu sangre* CON *la del donante.*

compatibilizar. tr. Hacer compatible (una cosa) con otra. *El médico compatibiliza su empleo en el hospital* CON *la consulta particular.* Tb.: *La jornada intensiva le permite compatibilizar el trabajo y los estudios.*

compatible. adj. **1.** Dicho de persona o cosa: Que puede estar con otra o unirse a ella sin estorbo o impedimento. *La buena cocina es compatible* CON *una alimentación sana.* Tb.: *Se han separado porque no son compatibles.* **2.** *Inform.* Dicho de aparato, dispositivo o programa: Que puede funcionar correctamente en un sistema determinado. *He instalado la tarjeta de sonido, pero el sistema operativo me dice que no es compatible.*

compatriota. m. y f. Persona de la misma patria que otra. *En el exilio he ayudado a muchos de mis compatriotas.* ▶ CONCIUDADANO.

compeler. tr. cult. Obligar (a alguien) a algo. *Lo compelieron* A *abandonar el local.*

compendiar. (conjug. ANUNCIAR). tr. Reducir (algo) a compendio. *El filósofo ha compendiado en su última obra las teorías de los pensadores racionalistas.*

compendio. m. Resumen o síntesis de algo. *El libro es un compendio de la historia del cine.*

compendioso, sa. adj. Que compendia o resume. *Su "Historia de España" es compendiosa y sirve para introducirse en el tema.*

compenetración. f. Hecho o efecto de compenetrarse. *Entre ellos hay una fuerte compenetración. Se ve falta de compenetración de la defensa* CON *el resto de los jugadores.*

compenetrarse. intr. prnl. Identificarse una persona o cosa con otra, o relacionarse de manera armónica con ella. *No se compenetra* CON *sus compañeros de clase.* Tb.: *La voz del cantaor y el sonido de la guitarra se compenetraban a la perfección.*

compensación. f. Hecho o efecto de compensar. *Recibió una compensación económica* POR *asistir al programa de televisión. Ha sido condenado a pagar 30 000 euros en compensación* POR *los daños ocasionados. El organismo humano pone en marcha mecanismos de compensación para contrarrestar las deficiencias.* ▶ INDEMNIZACIÓN, RESARCIMIENTO.

compensador, ra. adj. Que compensa. *La educación es un elemento compensador de desigualdades.* Dicho de aparato, tb. m. *Un compensador de temperatura.*

compensar. tr. **1.** Anular el efecto (de una cosa que se considera negativa) con otra que se considera positiva. *Compensó sus malas notas en matemáticas* CON *el sobresaliente en historia. Compensaron las pérdidas de un trimestre* CON *las ganancias del siguiente.* **2.** Anular una cosa que se considera positiva el efecto (de otra que se considera negativa). *Sus padres creían que el dinero compensaría la falta de cariño.* **3.** Dar algo (a alguien) para atenuar el disgusto o daño que se le ha causado. *La revista tendrá que compensarla económicamente* POR *publicar unas fotos sin su consentimiento. Quería compensarlo* POR *los malos ratos que le había hecho pasar.* **4.** Ser algo suficiente para que (alguien) considere bien empleado su esfuerzo. *Voy a dejar mi empleo, porque el dinero que gano no me compensa.* Tb. usado en constr. intr. *No compensa sacrificarse tanto.* ▶ **1:** CONTRAPESAR. **3:** INDEMNIZAR, RESARCIR.

compensatorio, ria. adj. Que compensa o sirve para compensar. *Se niega a pagar una pensión compensatoria a su ex mujer. Da clases de educación compensatoria a niños inmigrantes.*

competencia[1]**.** f. **1.** Hecho de competir u oponerse. *Los grandes almacenes se hacen la competencia unos a otros.* **2.** Persona o grupo de personas rivales, espec. en una actividad comercial. *El periodista ha dejado su puesto para dirigir una emisora de la competencia.* ▶ **1:** COMPETICIÓN.

competencia[2]**.** f. **1.** Condición de competente. *Está ofendido porque se ha puesto en duda su competencia profesional.* **2.** Obligación o responsabilidad que competen a alguien. *Las autonomías tienen competencias en materia de educación. El cambio de pañales queda fuera de las competencias del maestro.*

competencial. adj. De la competencia o responsabilidad. *El gobierno andaluz ha propuesto una ampliación de su marco competencial.*

competente. adj. **1.** Dicho de persona o entidad: Que tiene la competencia o responsabilidad que le compete. *Puedes recurrir la multa ante la autoridad competente.* **2.** Dicho de persona: Capacitada para realizar la actividad que le es propia. *Lo defiende un abogado muy competente.*

competer. intr. Incumbir o tocar a alguien algo, espec. una obligación o responsabilidad. *Compete al ministerio fiscal demostrar la culpabilidad del acusado.*

competición. f. **1.** Hecho de competir u oponerse. *Ha habido una durísima competición entre los empleados por hacerse con el puesto.* **2.** Prueba deportiva en la que compiten varios participantes. *Obtuvo dos medallas en las competiciones de atletismo. Una lesión la ha apartado de la competición.* ▶ **1:** COMPETENCIA.

competidor, ra. adj. Que compite o se opone. *Lo han despedido por trabajar a escondidas para empresas competidoras.* Tb. m. y f. *Tiene más posibilidades de ganar la carrera que el resto de los competidores.*

competir. (conjug. PEDIR). intr. **1.** Oponerse una persona o cosa a otra u otras para conseguir el mismo objetivo. *La española compite* CON *jóvenes de otros países en el certamen de belleza. La película compite* CON *otras cuatro* POR *el premio.* Tb.: *Dos etíopes compiten en el maratón.* **2.** Ser susceptible de comparación una persona o cosa con otra en algún aspecto. *La cocina española compite* CON *la francesa* EN *calidad y variedad.* Tb.: *Ambos automóviles compiten* EN *diseño y tecnología.* ▶ RIVALIZAR.

competitividad. f. Cualidad de competitivo. *Nuestra política de precios garantiza la competitividad de los productos. El profesor fomentaba la competitividad de los alumnos.*

competitivo, va. adj. **1.** De la competición. *Una lesión lo tiene apartado de la actividad competitiva.* **2.** Capaz de competir. *La empresa ha lanzado un mo-*

delo de automóvil muy competitivo. Precios competitivos. **3.** Inclinado a competir. *Es un tipo ambicioso y competitivo.*

compilación. f. **1.** Hecho de compilar. *Está haciendo una compilación de cuentos infantiles tradicionales.* **2.** Obra que reúne textos o documentos que ya se habían publicado antes por separado. *Consultó una compilación de leyes.*

compilador, ra. adj. **1.** Que compila. Dicho de pers., tb. m. y f. *El compilador de la antología ha ordenado los poemas cronológicamente.* ● m. **2.** *Inform.* Programa que transforma el lenguaje informático empleado por el usuario en el lenguaje del ordenador. *El compilador es necesario para todos los lenguajes de programación.*

compilar. tr. Reunir en una sola obra (otras obras o partes de estas, o documentos, de una materia parecida). *La editorial está compilando todas las novelas del escritor peruano. El historiador ha compilado la correspondencia de la escritora* EN *un solo volumen.*

compincharse. intr. prnl. Ponerse de acuerdo dos o más personas para hacer algo como compinches. *Los dos rateros se compincharon* PARA *atracar el estanco.* Tb.: *Se compinchó* CON *sus amigos* PARA *gastarle una broma a la maestra.*

compinche. m. y f. coloq. Compañero habitual, espec. en diversiones o asuntos poco lícitos. *El jefe de la banda reunió a sus compinches para planear el golpe.*

complacencia. f. **1.** Placer o satisfacción. *Mira las fotos de sus hijos con complacencia.* **2.** Hecho de complacer o complacerse. *La película se hace pesada por su complacencia* EN *los pequeños detalles.*

complacer. (conjug. AGRADECER). tr. **1.** Causar placer o satisfacción (a alguien o algo). *No le importa sacrificarse con tal de complacer a los demás. Nada la complace.* **2.** Satisfacer una persona los deseos (de otra). *Siempre había deseado tener una moto y su padre se la compró para complacerlo. Es una niña mimada y consentida porque desde pequeña han intentado complacerla* EN *todo lo que pedía.* ○ intr. prnl. **3.** Encontrar satisfacción o placer en algo. *Me complazco* EN *presentarles a los ganadores del concurso.* ▶ **1:** *AGRADAR.

complaciente. adj. **1.** Dicho de persona: Propensa a complacer a otras. *Se casó con una mujer complaciente que accedía a todos sus caprichos.* **2.** Dicho de cosa: Que complace o causa placer. *No hallo nada complaciente a mi alrededor.*

complejidad. f. Cualidad de complejo. *Los organismos pluricelulares pueden ser de gran complejidad. He tenido en cuenta la complejidad del examen a la hora de corregir.*

complejo, ja. adj. **1.** Que se compone de elementos diversos. *Las oraciones complejas están formadas por dos o más oraciones simples.* **2.** Complicado (difícil). *El filósofo se hace preguntas complejas.* ● m. **3.** Conjunto de varias cosas que constituyen una unidad. *Está tomando un complejo vitamínico porque se nota fatigado.* **4.** Conjunto unitario de edificios o instalaciones agrupados en una misma zona y con un fin común. *Se han mudado a un complejo residencial en las afueras de la ciudad. Un complejo industrial.* **5.** *Psicol.* Conjunto de ideas, emociones y tendencias, total o parcialmente inconscientes, que pueden determinar la conducta de una persona. *Según el psicoanalista, en los sueños afloran los complejos. El complejo de castración.* **6.** Sentimiento de quien cree tener cierta cualidad o defecto, espec. el de inferioridad. *Le da igual lo que piensen de él: es un hombre sin complejos.* ■ ~ **de Edipo.** m. *Psicol.* Inclinación amorosa del hijo hacia la madre, acompañada de hostilidad hacia el padre. ■ ~ **de Electra.** m. *Psicol.* Inclinación amorosa de la hija hacia el padre, acompañada de hostilidad hacia la madre. ▶ **2:** *COMPLICADO.

complementación. f. Hecho de complementar. *El médico le sugirió la complementación de su dieta con vitaminas.*

complementar. tr. Dar complemento (a algo) o servir(le) de complemento. *Está haciendo un curso para complementar su formación como profesora de español. En "la casa de madera", "de madera" complementa a "la casa".*

complementariedad. f. Cualidad de complementario. *La complementariedad del yin y el yang es la base del taoísmo.*

complementario, ria. adj. **1.** Que complementa o sirve para complementar. *Las traducciones le proporcionan unos ingresos complementarios.* **2.** En la lotería primitiva, dicho de número: Que, añadido a otros cinco números acertados, sirve para formar la combinación ganadora del segundo premio. Tb. m. *He acertado cinco más el complementario.*

complemento. m. **1.** Cosa que se añade a otra para hacerla completa. *El climatizador es un complemento que sube bastante el precio del vehículo.* **2.** Retribución que, con independencia del sueldo base, percibe el trabajador por conceptos o circunstancias particulares. *Los bomberos cobran un complemento por peligrosidad. Complemento de antigüedad.* **3.** Accesorio de la indumentaria, que no es una prenda de vestir. Frec. en pl. *Tenemos bolsos y cinturones en la sección de complementos.* **4.** *Gram.* Palabra o construcción que dependen sintácticamente de uno o varios elementos de una oración, y que completan su significado. *Analiza esta oración y subraya los complementos* DEL *verbo.* ■ ~ **agente.** m. *Gram.* En la oración pasiva: Complemento (→ 4) que designa la persona o cosa que realiza la acción expresada por el verbo. *En "América fue descubierta por Colón", "por Colón" es el complemento agente.* ■ ~ **circunstancial.** m. *Gram.* Complemento (→ 4) que expresa una circunstancia de la acción verbal, espec. de lugar, tiempo, o modo. *Señala los complementos circunstanciales que hay en el texto.* ■ ~ **de régimen,** o **regido.** m. *Gram.* Complemento (→ 4) preposicional exigido por un verbo, un adjetivo o un nombre. *El verbo "contribuir" se construye con un complemento de régimen. En "Estoy deseoso de verla", "de verla" es un complemento regido.* ⇒ SUPLEMENTO. ■ ~ **directo.** m. *Gram.* Complemento (→ 4) que depende sintácticamente de un verbo transitivo, completando su significado. *Para reconocer un complemento directo, sustitúyelo por los pronombres "lo", "la", "le", "los", "las".* ■ ~ **indirecto.** m. *Gram.* Complemento (→ 4) que expresa el destinatario o beneficiario de la acción verbal. *En "dio la papilla al niño", "al niño" es el complemento indirecto.* ■ ~ **predicativo.** m. *Gram.* Complemento (→ 4) de un verbo no copulativo que expresa al mismo tiempo una cualidad de lo designado por el sujeto o por el complemento directo (→ **complemento directo**). *El complemento predicativo puede concordar con el sujeto en género y número. En "Lo nombraron alcalde", "alcalde" es un complemento predicativo.* ■ ~ **regido.** → **complemento de régimen.**

completar. tr. Hacer completa (una cosa). *Solo me falta encajar una pieza para completar el rompecabezas. La entrada a la discoteca es libre hasta completar el aforo. No completó la carrera de Periodismo. El profesor completó sus clases sobre la Edad Media* CON *la proyección de la película "El nombre de la rosa".*

completivo, va. adj. **1.** *Gram.* Dicho de oración: Subordinada sustantiva. *En clase de latín estamos estudiando las oraciones completivas.* Tb. f. *En la frase "Quiero que vengas", "que vengas" es una completiva.* **2.** *Gram.* Dicho de conjunción: Que introduce una oración completiva (→ 1). *La conjunción latina "ut" es completiva.*

completo, ta. adj. **1.** Dicho de cosa: Que tiene todas las partes o elementos que le corresponden. *La dentadura completa de un adulto consta de 8 incisivos, 4 caninos y 20 molares. Pasé la noche completa en vela.* **2.** Dicho de lugar: Lleno u ocupado en todas sus plazas. *Quedan entradas de palco, pero el patio de butacas está completo.* **3.** Perfecto (que tiene las mejores cualidades posibles). *El decatlón es la prueba de los atletas más completos.* **4.** Seguido de un nombre calificador, se usa para enfatizar el significado expresado por este. *La organización del congreso ha sido un completo desastre.* ● f. pl. **5.** *Rel.* Última hora canónica, que se reza por la noche. *Los monjes rezaban la oración de completas.* ■ **por completo.** loc. adv. De manera completa (→ 1). *Dejé los estudios, cosa de la que me arrepiento por completo.* ▶ **1:** ABSOLUTO, ENTERO, ÍNTEGRO, PLENO, TOTAL. **3, 4:** PERFECTO.

complexión. f. Constitución (conjunto de características físicas). *El atracador es un hombre alto, moreno y de complexión delgada.* ▶ *CONSTITUCIÓN.

complicación. f. **1.** Hecho de complicar o complicarse. *La progresiva complicación de la trama de la película hizo casi imposible que nos enteráramos del argumento.* **2.** Cosa que complica o dificulta. *Hubo complicaciones durante la operación y el paciente entró en coma. No te metas en complicaciones: con una ensalada y unas conservas nos apañamos.* **3.** Cualidad de complicado. *La complicación de este dibujo contrasta con la sencillez de ese otro.*

complicado, da. part. **1.** → **complicar.** ● adj. **2.** Difícil de entender o de resolver. *Los hombres piensan que las mujeres son demasiado complicadas. Nos puso un problema muy complicado.* **3.** Que está compuesto de muchas partes. *El tratamiento de su enfermedad es complicado y muy costoso.* ▶ **2:** ALAMBICADO, COMPLEJO, DIFÍCIL, ENREVESADO, INTRINCADO.

complicar. tr. **1.** Aumentar la dificultad (de algo), o hacer(lo) menos sencillo. *El abogado aconsejó a su cliente que callara y no complicara más las cosas. El uso del gerundio complica la sintaxis. No compliques la redacción* CON *tantas subordinadas.* Tb. en constr. prnl. media. *Mi labor se complicó cuando tuve que tomar decisiones. El asunto se complica.* **2.** Comprometer o hacer participar (a alguien) en un asunto. *Lo complicaron en un dudoso negocio.* ▶ **1:** DIFICULTAR. **2:** *COMPROMETER.

cómplice. adj. **1.** Que manifiesta o denota entendimiento mutuo. *El abuelo y el nieto cruzaron miradas cómplices.* ● m. y f. **2.** Persona que participa o coopera en la ejecución de un delito o de un acto censurable. *Los detenidos han delatado a sus cómplices* EN *el atraco. Los grupos paramilitares fueron cómplices* DE *la matanza.*

complicidad. f. Condición de cómplice. *Las huellas prueban su complicidad* EN *el crimen. Me dirigió una sonrisa cargada de complicidad.*

complot. (pl. **complots**). m. Conspiración contra alguien, espec. la de carácter político. *El periódico denuncia un complot para derrocar al Gobierno.* ▶ *CONSPIRACIÓN.

complotar. intr. Am. Conspirar. *Probablemente habría caído bajo sospecha de complotar para derrocar la dinastía* [C].

componenda. f. Arreglo poco lícito acordado entre varias personas. *Acusan a las petroleras de componendas para evitar una rebaja de los precios.*

componente. adj. Que compone. Dicho de pers., tb. m. y f. *Tras la separación, los componentes del grupo iniciaron carreras en solitario.* Dicho de cosa, tb. m. *El níquel y el hierro son los componentes del núcleo terrestre.*

componer. (conjug. PONER). tr. **1.** Formar o constituir dos o más cosas o personas (otra cosa nueva). *Un equipo de baloncesto lo componen cinco jugadores.* Tb. en constr. prnl. media. *La orquesta se compone* DE *ochenta músicos.* **2.** Formar o constituir alguien (algo) reuniendo dos o más cosas o personas. *El chef ha compuesto un menú de cinco platos.* **3.** Escribir (una obra científica, literaria o musical). *Mozart compuso sus primeras piezas a los seis años. Ha compuesto varias obras de teatro.* Tb. usado en constr. intr. *Ha dejado su carrera de cantante para dedicarse únicamente a componer.* **4.** Arreglar o reparar (algo roto o estropeado). *A ver si puedes componerme el despertador.* **5.** Arreglar (algo), o hacer que tenga un aspecto apropiado y agradable. *Se compuso la corbata antes de salir. Compuso la casa para la fiesta con farolillos y guirnaldas.* **6.** Engalanar o adornar (a alguien). *La madre y las hermanas compusieron a la novia. Se compuso para ir al concierto.* **7.** *Gráf.* Formar (las palabras, líneas y planas) juntando los caracteres. *Las letras móviles de metal permitieron componer una página.* ■ **componérselas.** loc. v. coloq. Encontrar la manera para hacer algo. *Que se las componga como pueda, yo no pienso ayudarlo más. No sé cómo se las compuso para llegar a tiempo al aeropuerto con el tráfico que había.* ▶ **4-6:** *ARREGLAR.

comportamiento. m. Manera de comportarse. *Los profesores premiaron su buen comportamiento. El estudio analiza el comportamiento del carbón a altas temperaturas. Los animales suelen variar su comportamiento en la época de celo.*

comportar. tr. **1.** Implicar algo (otra cosa). *El ascenso comporta un aumento de sueldo considerable.* ○ intr. prnl. **2.** Actuar alguien de una manera determinada. *Tienes treinta años y sigues comportándote como un adolescente.* Frec. fig. *El núcleo de un átomo se comporta como un diminuto imán.* **3.** Comportarse (→ 2) bien o de manera correcta. *No saldrás de casa hasta que no aprendas a comportarte.* **4.** *Biol.* Responder un organismo de determinada manera ante una situación o un estímulo dados. *Los científicos investigan cómo se comportan los animales salvajes en cautividad.* ▶ **1:** *IMPLICAR. **2:** CONDUCIRSE, PORTARSE, PROCEDER. **3:** PORTARSE.

composición. f. **1.** Hecho o efecto de componer. *Empleó años en la composición de la sinfonía. Lee la composición del medicamento antes de tomarlo.* **2.** Obra escrita, espec. si es musical. *Son famosas sus composiciones para piano.* **3.** *Ling.* Procedimiento de formación de palabras que consiste en unir dos o más palabras o afijos, o una palabra con un afijo. *"Lavavajillas" es una palabra hecha por composición.* **4.** *Arte* Disposición de las figuras y elementos de una obra de manera que se consiga el efecto deseado. *En este bodegón, el color y el trazo son correctos, pero falla la composición.* **5.** *Enseñ.* Ejercicio de redacción sobre tema libre o fijado por el profesor. *Nos han mandado hacer una composición sobre las vacaciones.* **6.** *Mús.* Parte de la enseñanza musical que se ocupa de la técnica para componer. *Me han suspendido en Armonía y en Composición.* ■ **hacer(se)** alguien **una,** o **su,** ~ **de lugar.** loc. v. Pensar sobre las circunstancias que rodean un asunto para actuar de la manera más adecuada. *Dime a qué hora vamos a quedar para hacerme mi composición de lugar.*

compositivo, va. adj. **1.** De la composición. *El genio compositivo de Mozart.* **2.** *Ling.* Dicho de elemento: Que forma palabras compuestas. *"Trans-" es un elemento compositivo que significa 'a través de' o 'al otro lado de'.*

compositor, ra. adj. **1.** Que compone o sirve para componer. Dicho de persona, tb. m. y f. *Un director teatral debe ser un buen compositor de cuadros escénicos. Trabajó de compositor en una imprenta.* ● m. y f. **2.** Autor de composiciones musicales. *Falla es el gran compositor español del siglo XX.*

compost. m. Abono obtenido de la descomposición de residuos orgánicos. *Introduzca los cepellones en el macetero y rellene el espacio sobrante con compost.*

compostaje. m. Elaboración de compost. *Los malos olores provienen de una planta de compostaje.*

compostelano, na. adj. De Santiago de Compostela. *Se oficiará una misa en la catedral compostelana.* Dicho de pers., tb. m. y f.

compostura. f. **1.** Hecho de componer o reparar algo. *No hay compostura posible para esos zapatos tan gastados.* **2.** Moderación o comedimiento. *Nunca pierde la compostura. Tenía ganas de llorar, pero intentaba mantener la compostura.* **3.** Aseo o cuidado de la apariencia personal. *Su compostura y su aspecto le preocupan más que cualquier otra cosa.*

compota. f. Dulce de fruta cocida con agua y azúcar. *La cesta de Navidad traía un frasco de compota de manzana.*

compotera. f. Recipiente, gralm. de vidrio y con tapa, para guardar o servir la compota. *Tiene la alacena llena de compoteras.*

compra. f. **1.** Hecho de comprar. *Se ha metido en la compra de un piso y anda algo apurado de dinero. Suelo hacer la compra los sábados por la mañana. Ganaron las elecciones mediante la compra de votos.* **2.** Cosa comprada. *Ayúdame a meter las compras en el maletero del coche.* **3.** Conjunto de los alimentos que se compran para el consumo habitual de una casa. *Guarda la compra en la nevera antes de que se estropee.*

comprador, ra. adj. Que compra. *La empresa compradora exige la entrega inmediata del producto.* Dicho de pers., tb. m. y f. *Hoy viene a ver la casa un posible comprador.*

comprar. tr. **1.** Obtener (algo) a cambio de dinero. *No he podido comprar el pan porque no llevaba dinero en la cartera.* **2.** Conseguir que (alguien) actúe favorablemente a cambio de una recompensa, espec. dinero. *Anularon el juicio porque habían comprado al juez.* ▶ **1:** ADQUIRIR. **2:** *SOBORNAR.

compraventa. f. Hecho o actividad de comprar y vender, espec. cosas usadas. *La compraventa de inmuebles reporta grandes beneficios. Nos dedicamos solo a la compraventa, no a la producción propia.*

comprender. tr. **1.** Percibir (algo) por medio de la inteligencia. *No comprendo el arte abstracto. Comprendo el francés mejor que el inglés.* **2.** Encontrar justificado o razonable (algo). *No comprendo cómo puedes tener tanto miedo a los perros.* **3.** Encontrar justificado o razonable el estado de ánimo (de alguien), o su manera de ser o de actuar. *La comprendí perfectamente, yo hubiera hecho lo mismo. No te comprendo: dices que no tienes dinero y te pasas el día de compras.* **4.** Contener una cosa (otra), o tener(la) dentro de sí. *El primer tomo comprenderá los diez primeros fascículos. Aragón comprende las provincias de Huesca, Zaragoza y Teruel.* ▶ **1:** ENTENDER. **2:** CONCEBIR, ENTENDER. **3:** ENTENDER. **4:** *CONTENER.

comprensibilidad. f. Cualidad de comprensible. *Una excesiva literalidad de la traducción comprometería la comprensibilidad del texto.*

comprensible. adj. Que se puede comprender o entender. *El autor emplea un vocabulario comprensible. Su reacción es comprensible.*

comprensión. f. **1.** Hecho o efecto de comprender. *Encontré muy difícil la comprensión del texto. El fanatismo escapa a mi comprensión. En estos momentos difíciles necesito la comprensión de mis amigos.* **2.** Capacidad de comprender o entender. *Entre sus virtudes destacan la perspicacia y la comprensión. El psicólogo hizo un test para medir la comprensión escrita de los niños.* **3.** Cualidad o actitud de la persona comprensiva o tolerante. *Su profesor lo miró con comprensión, pero eso no lo libró de un buen rapapolvo.*

comprensivo, va. adj. **1.** Dicho de persona: Inclinada a comprender o encontrar razonable algo o a alguien. *Son padres comprensivos y tolerantes, pero no miman a sus hijos.* **2.** Propio de la persona comprensiva (→ 1). *Ella se explicaba y su amigo asentía con gesto comprensivo.* **3.** Dicho de cosa: Que comprende o contiene otras. *El autor hace un estudio comprensivo* DE *todos los aspectos formales del poema.*

compresa. f. **1.** Pieza de gasa o algodón que, doblada varias veces, se emplea con fines curativos, como limpiar o cubrir heridas, contener hemorragias o aplicar frío o calor sobre una parte del cuerpo. *Le pusieron compresas frías en la frente para bajarle la fiebre.* **2.** Pieza alargada de celulosa u otra materia semejante, que lleva puesta la mujer para la absorción del flujo menstrual. *Me ha bajado la regla y no tengo ni una compresa que ponerme.* Tb. ~ *higiénica. Paquete de compresas higiénicas.*

compresión. f. Hecho o efecto de comprimir. *Estos sistemas montañosos se formaron durante la etapa de compresión alpina. En el motor de cuatro tiempos, el tiempo de compresión sirve para mezclar la gasolina y el aire.*

compresivo, va. adj. Que comprime. *Si la herida sangra mucho, aplique un vendaje compresivo.*

compresor, ra. adj. *tecn.* Que sirve para comprimir algo, espec. un gas, reduciendo su volumen o el espacio que ocupa. *Se ha producido una avería en una de las unidades compresoras del gasoducto. Un programa compresor de archivos de imagen.* Dicho de máquina o aparato, tb. m. *En la calle se oía el ruido de un martillo neumático y un compresor.*

comprimido, da. part. **1.** → **comprimir.** • adj. **2.** *Zool.* Estrechado lateralmente. *El lenguado es un pez de cuerpo oblongo y muy comprimido.* • m. **3.** Pastilla pequeña, gralm. de medicamento, obtenida por la compresión de sus ingredientes previamente reducidos a polvo. *Para evitar las digestiones pesadas, tómese un comprimido después de las comidas. Había tomado varios comprimidos de éxtasis.*

comprimir. tr. **1.** Ejercer presión (sobre algo) de manera que ocupe menos espacio o tenga menos volumen. *El aire y el agua comprimen las rocas.* Tb. en constr. prnl. media. *Al aumentar la presión, el material se comprime, pero no recupera su forma al cesar la presión.* **2.** Hacer que (alguien o algo) ocupen menos espacio o se reduzcan. *Comprime el texto para que quepa en una página. Si os comprimís un poquito, cabremos todos.* Tb. en constr. prnl. media. *Cuando se disfruta con algo, parece que el tiempo se comprime.* **3.** Oprimir o apretar (algo). *Las medias no deben comprimir las piernas, para evitar el desarrollar varices.* **4.** Reprimir o contener (algo o a alguien). *Procura comprimir tus deseos. El miedo comprime a las personas.* ▶ **1:** *PRESIONAR.

comprobación. f. Hecho o efecto de comprobar. *Están haciendo una comprobación de los pasaportes.*

comprobante. adj. **1.** Que comprueba o sirve para comprobar. *Documento comprobante.* • m. **2.** Recibo o documento que sirven como comprobación de algo, espec. de un pago o gestión. *Para posibles devoluciones, guarde el comprobante de compra. En comisaría les entregaron un comprobante de la denuncia.*

comprobar. (conjug. CONTAR). tr. Pasar a estar seguro (de algo), o a no tener dudas (sobre ello). *Quiero comprobar si me han devuelto bien el cambio en la tienda. Comprueba que has cerrado el gas y apagado las luces.*

comprometedor, ra. adj. Que compromete. *Se deshizo de las cartas comprometedoras echándolas al fuego.*

comprometer. tr. **1.** Poner (algo o a alguien) en una situación difícil o peligrosa. *Con su comportamiento alocado comprometió la seguridad del grupo. Tus indiscreciones comprometen a muchas personas.* **2.** Hacer que (alguien) contraiga un compromiso u obligación. *He pedido un presupuesto de las obras, pero eso no me compromete* A *nada.* **3.** Hacer aparecer (a alguien) como responsable de algo censurable. *Las pruebas te comprometen* EN *el crimen.* ○ intr. prnl. **4.** Contraer un compromiso u obligación. *Se comprometió* A *estar aquí a las once. Me he comprometido* A *hacerle un regalo si saca buenas notas.* **5.** Contraer una persona compromiso matrimonial con otra. *A los pocos meses de conocerla, se comprometió* CON *ella y fijaron la fecha de la boda. Ha salido con muchas chicas, pero nunca se ha comprometido.* Tb.: *Se han comprometido tras cinco años de noviazgo.* ▶ **1:** COMPLICAR, ENREDAR, ENZARZAR, IMPLICAR, INVOLUCRAR.

comprometido, da. part. **1.** → **comprometer.** • adj. **2.** Que implica riesgo, dificultad o peligro. *Tuvo que hacer una maniobra comprometida para evitar el choque. Tu situación es muy comprometida.*

compromisario, ria. adj. Dicho de persona: Que ha sido elegida por un grupo de electores para representarlos en una votación electoral posterior. *Asamblea de socios compromisarios.* Más frec. m. y f. *Más de mil compromisarios han participado en el congreso del partido.*

compromiso. m. **1.** Obligación contraída, espec. por acuerdo o contrato. *No podemos cenar juntos porque tengo un compromiso. Es conocido su compromiso con la causa ecologista. Un compromiso verbal.* **2.** Situación difícil o peligrosa. *Mi jefe me pone en un compromiso cuando me pide que le hable de mis compañeros.* **3.** Promesa de matrimonio. *La pareja ha anunciado su compromiso.* ■ **de ~.** loc. adj. Dicho espec. de solución o acuerdo: Que se alcanza haciendo concesiones. *Los abogados buscan una solución de compromiso que satisfaga a ambas partes.* ■ **sin ~.** loc. adv. **1.** Sin que suponga contraer una obligación. *Si está interesado, llámenos y le informaremos sin compromiso.* **2.** Sin novio. Mas frec. loc. adj. *–¿Estás casada? –No, estoy soltera y sin compromiso.*

compuerta. f. En canales o diques: Puerta corredera, de movimiento vertical, que sirve para abrir, cortar o graduar el paso de agua. *Si sigue creciendo el nivel del embalse, habrá que abrir las compuertas.*

compuesto, ta. part. **1.** → **componer.** • adj. **2.** Formado por varios elementos simples. *Las oraciones compuestas pueden ser subordinadas, coordinadas o yuxtapuestas. Piensos compuestos.* **3.** *Bot.* Del grupo de las compuestas (→ 7). *Planta compuesta.* **4.** *Ling.* Dicho de palabra: Formada por composición. *Algunos neologismos son palabras compuestas.* Tb. m. *La palabra "sacapuntas" es un compuesto.* **5.** *Arq.* Dicho de orden: Que tiene el capitel adornado con las volutas propias del jónico y las hojas de acanto del corintio. *El orden compuesto se desarrolla durante el Bajo Imperio Romano.* Tb. dicho de lo perteneciente a ese orden. *Capitel compuesto. Columna compuesta.* • m. **6.** *Quím.* Sustancia formada por dos o más elementos en proporciones fijas. *El dióxido de carbono es un compuesto de oxígeno y carbono.* ○ f. **7.** *Bot.* Planta de hojas simples y flores reunidas sobre un receptáculo común, como la alcachofa y la margarita. *La cabezuela de flores es lo más característico de la familia de las Compuestas.*

compulsa. f. Hecho de compulsar. *El funcionario hizo la compulsa del libro de familia.*

compulsar. tr. Cotejar o comparar (la copia de un documento) con su original para confirmar que coincide con este. *Para solicitar la beca, es necesario presentar la fotocopia compulsada del expediente académico.*

compulsión. f. Impulso irrefrenable y persistente a actuar de una manera determinada. Se usa espec. en psicología. *Los enfermos de bulimia sienten la compulsión de comer.*

compulsivo, va. adj. **1.** Dicho de persona: Que tiene o muestra compulsión. *El jugador compulsivo gasta todo hasta arruinarse.* **2.** Que manifiesta o implica compulsión. *Hay publicidad que invita a la compra compulsiva.*

compunción. f. cult. Pena causada por el sufrimiento ajeno o por la propia culpa. *Sentía lo que había hecho, pero su compunción no llegaba al remordimiento.*

compungido, da. part. **1.** → **compungir.** • adj. **2.** Que manifiesta o denota compunción. *Le miró con gesto compungido.*

compungir. tr. **1.** Causar (a alguien) pena o tristeza. *Me compunge sobremanera verte así, solo y sin amigos.* ○ intr. prnl. **2.** Apenarse o entristecerse por el sufrimiento ajeno o por una culpa propia. *Se compungía al verla tan sola. No ha estudiado nada y ahora está toda compungida pensando en el examen.*

computación. f. **1.** Hecho de computar. *La capacidad de computación de los ordenadores es mucho mayor hoy que hace veinte años.* **2.** *Inform.* Informática (conjunto de conocimientos). *Es catedrático de ciencias de la computación en la Universidad.* ▶ **2:** INFORMÁTICA.

computacional. adj. *Inform.* De la computación o informática, o basado en ella. *El departamento de lingüística computacional ha hecho un programa para conjugar verbos.*

computador, ra. adj. **1.** Que computa. *Máquina computadora.* ● m. **2.** Ordenador. *Una avería en el computador central de la fábrica paralizó la producción. Una videoconferencia por medio de su computador personal* [C]. ○ f. **3.** Ordenador. *El campeón del mundo de ajedrez se enfrentará a una computadora. Los datos multimedia son descargados en las computadoras* [C].

computadorizar. tr. *Inform.* Computarizar (algo). Frec. en part. *Los autores del estudio han utilizado una base de datos computadorizada.* ▶ COMPUTARIZAR.

computar. tr. **1.** Contar o calcular (algo) con números. *En el Sistema Internacional, el peso se computa* EN *kilos.* **2.** Considerar o tener en cuenta (algo) en un cómputo o cálculo. Más frec. en constr. prnl. pasiva. *En los estudios universitarios, diez horas de clase se computarán como un crédito. Los años de becario se computarán para la jubilación.*

computarizar. tr. *Inform.* Someter (algo) al tratamiento de un ordenador o computadora. Frec. en part. *Se presentó la primera edición computarizada de la obra de Cervantes.* ▶ COMPUTADORIZAR.

cómputo. m. Cuenta (hecho o efecto de contar). *El primer cómputo de votos daba ganador al partido liberal.* ▶ *CUENTA.

comulgante. adj. Que comulga o recibe la comunión. *Niño comulgante.* Más frec. m. y f. *Los comulgantes hacían fila ante el altar.*

comulgar. intr. **1.** Recibir la comunión. *Comulgó por primera vez a los ocho años.* **2.** Coincidir o estar de acuerdo una persona con otra en algo, espec. en las ideas. *No comulgaba* CON *ella* EN *aquellos ideales.*

común. adj. **1.** Que pertenece a varias personas o cosas o a una generalidad de estas, sin ser privativo de ninguna. *Nos conocimos en la boda de una amiga común. El político ha de buscar el bien común. Los sonidos nasales son comunes* A *las lenguas francesa y portuguesa.* **2.** Normal o habitual. *La nieve es algo poco común en esta región. El buitre común habita en zonas montañosas.* ● m. **3.** Mayoría o generalidad de personas. *El común de la gente apoya la Constitución.* **4.** Conjunto de los habitantes de una localidad. *Le han dado permiso para meter las ovejas en tierras del común.* ■ **en ~.** loc. adv. Conjuntamente. *La decisión fue tomada en común. Tenemos en común nuestra afición al arte.* Tb. adj. *Su mutua hostilidad hace imposible la vida en común.* ■ **por lo ~.** loc. adv. Normal o habitualmente. *Si tomas el sol sin protección, por lo común te quemas.* ▶ **2:** *HABITUAL.

comuna. f. Comunidad de personas que viven juntas compartiendo sus propiedades, gralm. sin someterse a las normas y valores sociales establecidos. *Cuando era* hippie *vivió en una comuna.*

comunal. adj. Que es común a los habitantes de un lugar. *En cada planta de la pensión hay un aseo comunal.*

comunero, ra. adj. histór. Del partido de las Comunidades de Castilla, que se rebeló contra Carlos I en 1520. *El levantamiento comunero defendía las libertades municipales.* Dicho de pers., tb. m. y f. *Padilla, Bravo y Maldonado dirigían a los comuneros.*

comunicación. f. **1.** Hecho de comunicar o comunicarse. *Cuando hayamos tomado una decisión, nos pondremos en comunicación con usted. No tengo comunicación con él desde hace meses. No ha habido todavía una comunicación oficial de los resultados electorales.* **2.** Medio que comunica dos o más puntos o establece un acceso entre ellos. Frec. en pl. *No hay buenas comunicaciones entre el centro y la periferia.* **3.** Escrito en que se comunica algo. *El portavoz del Gobierno entregó una comunicación a las agencias de noticias.* **4.** Escrito sobre un tema determinado, que el autor lee en un congreso o en una reunión de especialistas. *Participó en el congreso con una comunicación sobre el apareamiento de las aves.*

comunicacional. adj. De la comunicación, espec. como hecho de comunicar o comunicarse. *Proceso comunicacional.*

comunicado[1]. m. Nota, declaración o parte que se comunica para conocimiento público. *El torero leyó un comunicado en el que anunciaba su retirada de los ruedos.*

comunicado[2], da. part. **1.** → **comunicar.** ● adj. **2.** Dicho de lugar: Provisto de medios de transporte. *Es un barrio periférico pero bien comunicado.*

comunicador, ra. adj. **1.** Que comunica o sirve para comunicar. ● m. y f. **2.** Persona capacitada para transmitir información a la gente y sintonizar con ella. *La veterana locutora es una comunicadora nata.*

comunicante. adj. Que comunica o se comunica. *Hay una puerta comunicante entre las dos habitaciones.* Dicho de pers., tb. m. y f. *Decenas de comunicantes han llamado a la emisora. Un comunicante anónimo alertó a la policía.*

comunicar. tr. **1.** Hacer saber (algo) a alguien. *Me comunicaron el despido por correo interno. Mañana nos comunicará su decisión. Aún no le han comunicado la fecha del juicio.* **2.** Establecer un acceso (entre un lugar) y otro. *Los presos excavaron un túnel que comunicaba la celda* CON *el exterior.* Tb.: *Un paso subterráneo comunica los dos lados de la avenida. Comunicaron las dos orillas con un puente de hierro.* **3.** Transmitir una persona o cosa (un estado de ánimo o una emoción), o hacer que se perciban en ellas. *Estas fotografías comunican tristeza. Su tono de voz comunicaba preocupación. Es una persona que comunica serenidad.* Tb. usado en constr. intr. *Es un actor capaz de comunicar.* ○ intr. **4.** Establecer conexión, espec. por teléfono o por radio, con alguien. *No he podido comunicar* CON *él en todo el día. La médium comunicó* CON *el espíritu del fallecido. Los astronautas no pudieron comunicar* CON *la Tierra.* Tb. prnl. *Se comunicaba* CON *ella por carta.* **5.** Dar un teléfono, al marcar un número, la señal que indica que la línea está ocupada. *Te llamé ayer, pero tu teléfono no paraba de comunicar.* **6.** Permitir un lugar el acceso a otro. *El portal comunica* CON *la bodega.* Tb. prnl. *El comedor se comunica* CON *la terraza.* ○ intr. prnl. **7.** Establecer relación o contacto con los demás. *El niño tiene problemas para comunicarse* CON *sus compañeros. El mimo se comunica* CON *el público con su cuerpo. No tiene facilidad para comunicarse.* ▶ **2, 4:** *CONECTAR.

comunicativo, va. adj. **1.** De la comunicación. *En esta lección analizaremos el acto comunicativo.*

2. Propenso a tratar y comunicarse con los demás. *Buscamos una persona jovial y comunicativa para relaciones públicas.* **3.** Propio de la persona comunicativa (→ 2). *Tiene un carácter comunicativo.*

comunicólogo, ga. m. y f. Especialista en medios de comunicación. *Comunicólogos de todo el mundo participan en las jornadas sobre televisión pública.*

comunidad. f. **1.** Condición de común o perteneciente a varios. *Un equipo no funciona bien si no hay una comunidad de ideas entre sus miembros.* **2.** Conjunto de personas o naciones unidas por circunstancias o intereses comunes. *Lo han nombrado presidente de la comunidad de vecinos. El representante de la comunidad árabe pide la construcción de una mezquita. España se incorporó a la Comunidad Económica Europea en 1985.* **3.** Conjunto de religiosos que viven en un mismo convento bajo unas reglas determinadas. *El abad reunió a la comunidad en el refectorio.* **4.** En España: Entidad territorial dotada de autonomía legislativa y competencias ejecutivas, con la facultad de administrarse mediante sus propios representantes. *Diecinueve comunidades integran España.* Tb. ~ *autónoma. La comunidad autónoma de Andalucía comprende ocho provincias.* ▶ **4:** AUTONOMÍA.

comunión. f. **1.** En el cristianismo: Sacramento de la Eucaristía. *La comunión es uno de los siete sacramentos de la Iglesia católica. Varios sacerdotes daban la comunión.* **2.** Hecho de recibir la comunión (→ 1). *No pudo hacer la comunión porque no estaba bautizado.* Tb. la parte de la misa correspondiente. *Durante la comunión, el coro cantaba canciones religiosas.* **3.** Hecho de unirse en algo común, espec. no material. *Hay entre ellos una comunión de ideas e intereses.*

comunismo. m. Sistema político y económico que defiende una sociedad sin clases ni propiedad privada, en la que los medios de producción estén en manos de la comunidad. *La caída del muro de Berlín supuso el fin del comunismo en Europa.* Tb. la doctrina en que se apoya. *El comunismo es la base ideológica del maoísmo.*

comunista. adj. **1.** Del comunismo. *Pensamiento comunista.* **2.** Partidario del comunismo. *Países comunistas.* Dicho de pers., tb. m. y f. *El manifiesto de Marx y Engels sirvió de ideario a los comunistas.*

comunitario, ria. adj. **1.** De la comunidad. *La urbanización tiene piscina comunitaria.* **2.** De la Unión Europea. *El Parlamento Europeo y otros órganos comunitarios convocan oposiciones.*

con. (Se pronuncia siempre átona; seguida de los pron. *mí, ti, sí,* forma con ellos una sola palabra: *conmigo, contigo, consigo*). prep. **1.** Introduce un complemento que expresa medio o instrumento. *Lo cortó con un cuchillo. Nos convenció con razones de peso. Se logra con perseverancia.* **2.** Introduce un complemento que expresa modo o manera. *Actuaron con decisión. Salió a la calle con los zapatos desabrochados.* **3.** Introduce un complemento que expresa causa. *Con las prisas se nos olvidó el paraguas. El jersey encogió con los sucesivos lavados. El nerviosismo de Juan con la historia que contaba María era evidente. Con declarar, se libró de la cárcel.* A veces en la constr. enfática ~ *lo que* o ~ *lo... que. Con lo nervioso que se pone, no sé si será capaz de lograrlo. Con lo que come, no es extraño que engorde.* **4.** cult. Introduce un complemento que expresa una dificultad o un obstáculo que no resultan suficientes para impedir un hecho. *Su presencia en la reunión, con ser importante, no resulta imprescindible.* Frec. en constr. de carácter ponderativo. *¡Con los años que lleva estudiando inglés y todavía no sabe hablarlo con fluidez! Laura, con lo decidida que parece, no se atrevió a intentarlo.* **5.** Introduce un complemento que expresa compañía o colaboración. *Ana fue al cine con una amiga. Salieron a pasear con su perro. Trabaja con un socio.* **6.** Indica adición. *Come pan con jamón.*

conato. m. Inicio de algo que no llega a desarrollarse por completo, espec. una acción o un hecho. *En la fábrica hubo un conato de huelga. Conatos de incendio.*

concatenación. f. Hecho o efecto de concatenar o concatenarse. *Una concatenación de circunstancias fatales desencadenó el accidente.*

concatenar. tr. Unir o enlazar (dos o más cosas) estableciendo una relación, espec. temporal, (entre ellas). *Hacer una película es algo más que concatenar imágenes.* Tb. en constr. prnl. media. *Los recuerdos se iban concatenando en su memoria y todo empezaba a cobrar sentido.*

concavidad. f. **1.** Cualidad de cóncavo. *En el cinerama, la concavidad de la pantalla hace que la imagen envuelva al espectador.* **2.** Parte o lugar cóncavos. *Raspe el techo con una espátula, de tal forma que no presente protuberancias o concavidades.* ▶ **2:** CUENCO.

cóncavo, va. adj. Curvado hacia dentro, como el interior de un cuenco. *El espejo cóncavo deformaba su figura.*

concebible. adj. Dicho espec. de cosa: Que se puede concebir. *Una democracia no es concebible sin libertad de expresión.*

concebir. (conjug. PEDIR). tr. **1.** Dar origen una hembra (a un hijo) en su útero. *Concibió a su hijo en la noche de bodas.* Tb. usado en constr. intr. *Los médicos le han dicho que no puede concebir.* **2.** Empezar a sentir (algo, espec. deseos o esperanzas). *No quería ilusionarse ni concebir esperanzas.* **3.** Formar (una idea) en la mente. *Concibió un plan para fugarse de la cárcel.* **4.** Formar la idea (de algo) en la mente. *No concebía la vida sin ella. Tiene una forma muy personal de concebir el toreo.* **5.** Comprender (algo), o encontrar(lo) explicable. *No concibo cómo has hecho eso.* ▶ **3:** *IDEAR. **5:** *COMPRENDER.

conceder. tr. **1.** Dar a alguien (algo que ha pedido o que desea). *Le han concedido la beca para estudiar en el extranjero. Le concedieron el segundo premio.* **2.** Atribuir (importancia) a algo. *Concedes demasiada importancia a su opinión.* **3.** Estar de acuerdo (con una opinión) o admitir(la). *Te concedo que la película es mala, pero reconoce que el protagonista es guapísimo.*

concejal, la. m. y f. (A veces como f. se usa **concejal**). Miembro de un ayuntamiento o corporación municipal. *Ha sido elegido concejal en las elecciones municipales. La concejala de Transportes anuncia una subida de las tarifas.* ▶ EDIL, REGIDOR.

concejalía. f. **1.** Cargo de concejal. *Compagina la concejalía con su trabajo.* **2.** Departamento dirigido por un concejal. *El concurso literario está organizado por la concejalía de Cultura.*

concejil. adj. Del concejo o ayuntamiento. *La casa concejil data del siglo* XVI.

concejo. m. **1.** Ayuntamiento (corporación municipal, o edificio). *Este concejo está constituido por el alcalde y diez concejales. El pregón se leerá desde el balcón del concejo.* **2.** Reunión de los miembros de un concejo (→ 1). *Se ha celebrado un concejo para discutir el asunto del riego.* **3.** Término municipal. *Vidiago es una pequeña localidad situada en el concejo* *asturiano de Llanes.* ■ ~ **abierto.** m. Concejo (→ 2) que se celebra en público y al que están convocados todos los vecinos. *Nuestro pueblo se rige por concejo abierto.* ▶ **1:** *AYUNTAMIENTO.

concelebrar. tr. Celebrar conjuntamente (la misa) dos o más sacerdotes. *Los obispos de Madrid y Sevilla concelebraron el funeral.*

concentración. f. Hecho o efecto de concentrar o concentrarse. *Miles de personas acudieron a la concentración en apoyo de las víctimas. Sus superiores le reprochan la falta de concentración* EN *el trabajo. La concentración de dióxido de carbono* EN *la atmósfera es muy alta. No ha querido revelar el lugar de concentración del equipo.*

concentrado, da. part. **1.** → **concentrar.** ● m. **2.** Sustancia alimenticia en que se ha reducido parte del líquido que contiene para disminuir su volumen. *Añádase a la salsa un cubito de concentrado de carne.*

concentrador, ra. adj. Que concentra. Dicho de aparato, tb. m. *Los concentradores solares captan los rayos del sol para aprovechar su energía.*

concentrar. tr. **1.** Reunir (personas o cosas separadas o dispersas) en un solo punto. *Tratan de concentrar todas las aguas* EN *este depósito. En el Antiguo Régimen, la figura del rey concentraba todos los poderes del Estado. Los manifestantes se concentraron* EN *la Puerta del Sol.* Tb. en constr. prnl. media. *Las borrascas procedentes del norte se han concentrado* EN *las islas Británicas.* **2.** Recluir (a un equipo deportivo) en un lugar aislado antes de competir, con el fin de preparar(lo) para la competición. *La selección está concentrada* EN *un famoso balneario gallego.* **3.** Reducir el líquido (de una sustancia) para disminuir su volumen. *Si quieres concentrar el caldo, debes dejarlo hervir. El zumo de naranja concentrado se utiliza para fabricar refrescos.* **4.** Aumentar la cantidad de sustancia disuelta (en una disolución). *Podemos concentrar la disolución añadiendo más sal.* ○ intr. prnl. **5.** Poner la atención o el pensamiento en algo. *Deja de pensar en las vacaciones y concéntrate* EN *los estudios. Cállate por favor, que no puedo concentrarme.*

concéntrico, ca. adj. *Mat.* Dicho de figura o cuerpo geométricos: Que tiene el mismo centro que otro. *Al tirar la piedra al estanque, se dibujan en el agua círculos concéntricos.*

concepción. f. **1.** Hecho o efecto de concebir algo en la mente. *La concepción del mundo del hombre actual difiere completamente de la del hombre medieval. Invirtió tiempo y dinero en la concepción del proyecto.* **2.** Hecho de concebir un hijo. Frec., en mayúsc., designa el de Jesucristo por la Virgen María. *La Concepción Inmaculada de la Virgen es un dogma de fe de la Iglesia católica.*

concepcionista. adj. De la congregación de la Inmaculada Concepción. *Monja concepcionista.* Dicho de pers., tb. m. y f. *Estudió en un colegio de concepcionistas.*

conceptismo. m. Estilo literario caracterizado por su lenguaje sentencioso, agudo y lleno de conceptos rebuscados o concentrados, espec. el que triunfó en el siglo XVII español. *El conceptismo y el culteranismo son las dos grandes corrientes del barroco español.* Tb. la tendencia a expresarse de esa manera. *Su obra se caracteriza por un conceptismo que dificulta su comprensión.*

conceptista. adj. **1.** Del conceptismo. *Metáfora conceptista.* **2.** Seguidor del conceptismo o que lo practica. *Literato conceptista.* Tb. m. y f. *Quevedo y Gracián son dos grandes conceptistas.*

concepto. m. **1.** Representación mental y abstracta de algo o de alguien. *Tienes un concepto muy particular de la amistad. Los libros son concreciones del concepto de libro.* **2.** Opinión o juicio que se tiene de algo o de alguien. *No esperes que tenga buen concepto* DE *ti después de lo que hiciste.* **3.** Cosa o aspecto que se toman en consideración o a los que se hace referencia. *Es estupenda en todos los conceptos. En la factura se detallan el precio del material, la mano de obra y otros conceptos.* ■ **bajo ningún ~.** loc. adv. De ninguna manera, o en ningún caso. *No abras la puerta a nadie bajo ningún concepto.* ■ **en ~ de.** loc. prepos. Como, o en calidad de. *Ha de pagar un suplemento en concepto de gastos de envío.* ▶ **1, 2:** IDEA.

conceptual. adj. **1.** Del concepto. *La filosofía kantiana tiene gran complejidad conceptual.* **2.** Dicho de arte o de obra artística: Que da más importancia al concepto o idea del proceso artístico que a la obra en sí como resultado material de dicho proceso. *El arte conceptual surge a mediados de la década de 1960.* **3.** Dicho de artista: Que cultiva el arte conceptual (→ 2). *Los artistas conceptuales emplean textos, fotografías y otros medios distintos de los tradicionales.*

conceptualismo. m. **1.** *Fil.* Doctrina intermedia entre el realismo y el nominalismo, que defiende la realidad de las nociones universales y abstractas como conceptos de la mente, pero negándoles existencia positiva y separada fuera de ella. *Al plantearse la cuestión de los universales, se acerca al conceptualismo.* **2.** *Arte* Arte conceptual. *Sus fotografías están a medio camino entre el conceptualismo y la abstracción.*

conceptualista. adj. **1.** *Fil.* Del conceptualismo. *Postura conceptualista.* **2.** *Fil.* Seguidor del conceptualismo. Dicho de pers., tb. m. y f. *Algunos consideran a Kant un conceptualista.*

conceptualizar. tr. cult. Reducir (algo) a concepto o representación mental. *La poesía conceptualiza el mundo interior del poeta.*

conceptuar. (conjug. ACTUAR). tr. Formar determinado concepto u opinión (de alguien o algo). *El fiscal conceptuó al acusado como un delincuente peligroso y violento.*

concerniente. adj. Que concierne. *Un experto en el mundo árabe analizará las noticias concernientes a Oriente Próximo.*

concernir. (conjug. DISCERNIR). intr. **1.** Tener que ver algo con una persona o cosa, o corresponderles a ellas. *Aquel asunto no nos concernía directamente. Se comportaba como si todo aquello no le concerniera. En lo que concierne a tu trabajo, estoy muy satisfecha. Le concierne a él tomar esa decisión.* ○ tr. **2.** cult. Afectar (a alguien o algo), o tener efecto (en ellos). *No me siento concernido por sus palabras.* ▶ **1:** RESPECTAR.

concertación. f. Hecho de concertar un acuerdo, o de concertarse para lograrlo. *La decisión de entrar en la guerra requiere la concertación de todos los países miembros de la organización. La concertación de la paz exige concesiones de las dos partes.*

concertado, da. part. **1.** → **concertar.** ● adj. **2.** Dicho de enseñanza: Que se imparte en centros privados con subvención pública. *Los profesores de la enseñanza concertada exigen la equiparación de sus salarios con los de los profesores de la pública.* Tb. referido a ese tipo de centros. *La oposición acusó al*

Gobierno de favorecer a los colegios concertados en detrimento de los públicos.

concertante. adj. *Mús.* Dicho de composición o de parte de ella: Que incluye la intervención de varias voces o instrumentos solistas. *Sinfonía concertante.* Más frec. m. *Esta ópera contiene arias, dúos y concertantes de gran belleza.*

concertar. (conjug. ACERTAR). tr. **1.** Acordar o pactar (algo). *Me ha concertado una entrevista con el director del museo. Los reyes concertaron el matrimonio de su hija con un príncipe heredero.* **2.** Coordinar o armonizar (dos o más cosas) para un propósito común. *Si concertamos nuestras fuerzas y nos mantenemos firmes, tendrán que ceder.* **3.** *Gram.* Hacer que concuerde (una palabra) con otra. *Siempre hay que concertar el verbo* CON *el sujeto.* ○ intr. **4.** *Gram.* Concordar una palabra con otra. *El adjetivo concierta* CON *el nombre* EN *género y número.* Tb.: *En inglés no conciertan el nombre y el adjetivo.* ○ intr. prnl. **5.** Ponerse de acuerdo dos o más personas para algo. *Los estudiantes se concertaron* PARA *ir a la huelga.* ▶ **4:** CONCORDAR.

concertina. f. Acordeón pequeño, de fuelle muy largo y tapas hexagonales con teclado. *En la taberna del puerto, un ciego toca la concertina.*

concertino. m. *Mús.* Primer violinista de una orquesta, encargado de tocar los solos. *Ocasionalmente, el concertino hace las veces de director de orquesta.*

concertista. m. y f. Músico que da conciertos. *Se convirtió en una gran concertista de violín.*

concesión. f. **1.** Hecho de conceder. *La concesión del crédito depende sobre todo de los ingresos del solicitante.* **2.** Hecho de ceder en una posición o actitud adoptadas. *Si queréis llegar a un acuerdo, tendréis que hacer concesiones.* **3.** Permiso que otorgan la Administración o una empresa a una persona particular o a otra empresa, cediéndoles la explotación de alguno de sus servicios. *Adjudicaron la concesión de las obras a una gran empresa constructora.*

concesionar. tr. Am. Otorgar la concesión (de algo). *La decisión del Presidente es concesionar los aeropuertos por decreto* [C].

concesionario, ria. adj. Que tiene una concesión otorgada por la Administración o por una empresa. *La empresa concesionaria se encarga del mantenimiento de la autopista.* Dicho de pers., tb. m. y f. Dicho de entidad, tb. m. o f. *En la zona hay dos concesionarios de esa marca de automóviles. El Ayuntamiento ha cedido la recogida de basuras a una concesionaria.*

concesivo, va. adj. **1.** De la concesión o que la implica. *–Está bien –dijo con tono concesivo.* **2.** *Gram.* Dicho espec. de conjunción: Que introduce una oración concesiva (→ 3). *"Aunque" es un nexo concesivo.* **3.** *Gram.* Dicho espec. de oración subordinada: Que expresa una objeción o dificultad a lo que se dice en la oración principal, sin que esto impida su realización. *Oración concesiva.* Tb. f. *En "Aunque madrugue, siempre llego tarde", "aunque madrugue" es una concesiva.*

concha. f. **1.** Cubierta dura que protege el cuerpo de algunos animales, como los moluscos o las tortugas. *Los niños recogen conchas en la playa. Se llama bivalvos a los moluscos cuya concha consta de dos valvas.* Tb. fig. *Cuando tiene problemas, se encierra en su concha y no habla con nadie.* **2.** Cosa cuya forma recuerda a la de una concha (→ 1). *Eche a la sopa un puñado de pasta (conchas, fideos, etc.).* **3.** Carey (materia córnea). *Vuelven a estar de moda las gafas grandes de concha.* **4.** *Teatro* Mueble bajo y con forma de cuarto de esfera, que se sitúa en la parte delantera del escenario y sirve para ocultar al apuntador. *El actor miró disimuladamente hacia la concha del apuntador.* **5.** Am. malson. Vulva. ▶ **3:** CAREY.

conchabar. tr. **1.** Am. Contratar (a alguien) para un servicio. *Un capitán organizaba una expedición, y conseguí que me conchabaran en ella* [C]. ○ intr. prnl. **2.** coloq. Ponerse de acuerdo dos o más personas para hacer algo censurable o poco honrado. *Los timadores se conchabaron para embaucarlo.* Tb.: *Se conchabó* CON *otro para cometer el robo.* **3.** Am. Contratarse para un servicio. *Se conchabó* DE *marinero en una carabela que zarpaba para Londres* [C].

concho. interj. eufem. Se usa para expresar sorpresa o enfado. *Estate quieto, concho, que así no puedo peinarte.*

conciencia. f. **1.** Facultad de reconocer la realidad exterior y relacionarse con ella. *Sufrió un desmayo y tardó varios minutos en recobrar la conciencia.* **2.** Facultad de la persona de conocerse a sí misma y de juzgar sus propias acciones. *No me arrepiento de nada: siempre he hecho lo que me ha dictado la conciencia.* **3.** Conocimiento inmediato o espontáneo de una realidad. *No tengo conciencia de haberte dado permiso para ir al concierto. Al equipo le falta conciencia de grupo.* Frec. en la constr. *tomar ~. Las personas deberían tomar conciencia de la situación en que se halla el planeta.* ■ **a ~.** loc. adv. De manera concienzuda. *La organización ha trabajado a conciencia para que todo salga bien.* ■ **en ~.** loc. adv. Según la conciencia (→ 2). *Al obrar así, lo único que hizo fue actuar en conciencia.* ▶ **1:** CONOCIMIENTO, CONSCIENCIA. **3:** CONSCIENCIA.

concienciación. f. Hecho o efecto de concienciar o concienciarse. *Es necesaria una labor de concienciación de los ciudadanos.* ▶ **Am:** CONCIENTIZACIÓN.

concienciar. (conjug. ANUNCIAR). tr. Hacer que (alguien) tome conciencia de algo. *Hay que concienciar a los fumadores de los peligros del tabaco.* Tb. en constr. prnl. media. *Se han concienciado de que hay que esforzarse más. Después de su enfermedad, se concienció de la importancia de una dieta sana.* ▶ **Am:** CONCIENTIZAR.

concientización. f. Am. Concienciación. *La Comisión prepara una campaña de concientización ciudadana* [C].

concientizar. tr. Am. Concienciar (a alguien). *Concientizaron a los campesinos de la necesidad de crear grupos de autodefensa* [C]. ▶ CONCIENCIAR.

concienzudo, da. adj. **1.** Dicho de persona: Que actúa con cuidado y detenimiento. *Es un científico muy concienzudo.* **2.** Dicho de cosa: Realizada con cuidado y detenimiento. *Los periodistas han hecho un concienzudo trabajo de documentación.*

concierto. m. **1.** Hecho de concertar un acuerdo, o de concertarse para lograrlo. *El concierto entre la Universidad y el Estado ha resultado muy beneficioso.* **2.** Interpretación en público de composiciones musicales. *Asistieron a un concierto de la Orquesta Nacional. Se habilitará la plaza de toros para celebrar un concierto de* rock. **3.** Composición musical para diversos instrumentos en que uno o varios llevan la parte principal. *Bach compuso los famosos Conciertos de Brandeburgo.* **4.** Organización adecuada o correcta de las cosas. *Los libros estaban amontonados sin concierto.*

conciliábulo. m. Reunión para tratar un asunto poco lícito o que se quiere mantener oculto. *Días antes del golpe de Estado se suceden los conciliábulos entre mandos militares.*

conciliación. f. Hecho de conciliar o poner de acuerdo. *Las partes acudieron al acto de conciliación previo a la vista.*

conciliador, ra. adj. Que concilia o procura conciliar. *El padre intervino, conciliador, en la discusión de sus hijos.* Dicho de pers., tb. m. y f.

conciliar[1]**.** (conjug. ANUNCIAR). tr. Poner de acuerdo (una cosa o a una persona) con otra. *El autor ha tratado de conciliar la filosofía* CON *la religión.* Tb.: *Sindicatos y patronal no lograron conciliar intereses sociales y económicos.*

conciliar[2]**.** adj. *Rel.* Del concilio. *La editorial católica publicará los textos conciliares.*

conciliatorio, ria. adj. Dicho de cosa: Que concilia o sirve para conciliar. *Europa ha mantenido una postura conciliatoria en el conflicto.*

concilio. m. *Rel.* Asamblea de obispos y otros eclesiásticos para tratar asuntos importantes relacionados con la Iglesia católica. *En el Concilio Vaticano II se decidió sustituir el latín por las lenguas vernáculas en la liturgia.*

concisión. f. Cualidad de conciso. *Exponga el tema con claridad y concisión.*

conciso, sa. adj. Que emplea pocas palabras para expresar los conceptos. *Su estilo narrativo es simple y conciso. Por favor, sé conciso.*

concitar. tr. **1.** Provocar o causar (algo). *Sus palabras concitaron las iras de algunos de los presentes.* **2.** Reunir o congregar (personas o cosas). *El congreso concitó a especialistas de todo el mundo.*

conciudadano, na. m. y f. **1.** Persona de la misma ciudad que otra. *Piden al alcalde que atienda las demandas de sus conciudadanos.* **2.** Compatriota. *El Rey se dirigirá a sus conciudadanos en el discurso navideño.*

cónclave. m. **1.** *Rel.* Asamblea de los cardenales de la Iglesia católica, reunidos para elegir papa. *La fumata blanca indica que el cónclave ya ha tomado una decisión.* **2.** Reunión de personas para tratar un asunto. *Los ministros de economía asistirán a un cónclave sobre la moneda única.*

concluir. (conjug. CONSTRUIR). tr. **1.** Acabar o terminar (algo) haciendo que quede completamente hecho. *Tras meses de rodaje, por fin he concluido la película.* **2.** Llegar (a una idea o a una decisión) después de considerar una serie de datos o circunstancias. *Después de considerar todos los hechos, el juez concluyó que no había pruebas para procesarlo.* ○ intr. **3.** Acabar o terminar algo. *El ciclo de conferencias concluyó la semana pasada. Lo que empezó como una manifestación pacífica concluyó* EN *una batalla campal. La historia concluye* CON *el matrimonio de los protagonistas.* ► **1, 3:** *ACABAR.

conclusión. f. **1.** Hecho de concluir. *Tuvo que aplazar la conclusión de la tesis por problemas familiares. Salió de la sala antes de la conclusión del acto.* **2.** Idea o decisión a las que se llega después de considerar una serie de datos o circunstancias. *No voy a decirte nada, debes sacar tus propias conclusiones. ¿Habéis llegado a alguna conclusión respecto a las vacaciones?* **3.** *Fil.* Proposición que se pretende probar y que se deduce de las premisas. *Los silogismos se componen de dos premisas y una conclusión.* **4.** *Der.* Cada una de las afirmaciones numeradas contenidas en el escrito de calificación penal. Gralm. en pl. *El fiscal pidió en sus conclusiones tres años de cárcel para el acusado.* ■ **en ~.** loc. adv. Resumiendo, o como conclusión (→ 2). *En conclusión, si me prestas el dinero te lo agradeceré.*

conclusivo, va. adj. cult. Que concluye o sirve para concluir algo. *En música, solo algunas cadencias tienen efecto conclusivo. Los resultados no son conclusivos.*

concluso, sa. adj. cult. Que está concluido o acabado. *La "Sagrada Familia" de Gaudí no es una obra conclusa.*

concluyente. adj. Que no admite discusión o réplica. *Aunque las pruebas son concluyentes, sigo creyendo en tu inocencia.*

concomitancia. f. **1.** Condición de concomitante. *La concomitancia de la obesidad* CON *la hipertensión aumenta el riesgo de mortalidad.* **2.** Relación o punto en común. *Vamos a analizar las concomitancias entre ambos autores.*

concomitante. adj. Dicho de cosa: Que se presenta o actúa junto con otra. *El festival abarca el* rock *y otros géneros musicales concomitantes* CON *él. La fiebre y el catarro son síntomas concomitantes en el proceso gripal.*

concordancia. f. **1.** Correspondencia o conformidad entre dos cosas. *No hay ninguna concordancia* ENTRE *lo que dice y lo que hace. Su atuendo va en concordancia* CON *su forma de ser. No ha habido concordancia* DE *opiniones.* **2.** *Gram.* Correspondencia entre los accidentes de dos o más palabras. *En esta frase hay un error de concordancia.*

concordante. adj. Que concuerda. *Los datos del sondeo son concordantes* CON *los del Instituto de Estadística. Los testigos no han dado versiones concordantes.*

concordar. (conjug. CONTAR). intr. **1.** Armonizar o estar de acuerdo dos o más personas o cosas. *Las dos versiones de los hechos no concuerdan. Aunque no concuerdan* EN *sus ideas políticas, son grandes amigos.* Tb.: *El precio de la factura no concuerda* CON *el de la etiqueta.* **2.** *Gram.* Estar en concordancia una palabra con otra. *Pon el verbo en plural para que concuerde* CON *el sujeto.* Tb.: *El adjetivo y el nombre concuerdan* EN *género y número.* ○ tr. **3.** Armonizar o poner de acuerdo (a dos o más personas o cosas). *Si lográis concordar vuestros horarios, encontraréis tiempo para veros.* ► **2:** CONCERTAR.

concordato. m. Tratado sobre asuntos eclesiásticos entre un Estado y la Santa Sede. *Apelan al concordato para justificar que la enseñanza religiosa sea evaluable.*

concorde. adj. Que está de acuerdo o conforme. *Hace argumentaciones poco concordes* CON *el pensamiento científico. La mayoría de los autores están concordes en este punto.*

concordia. f. Acuerdo o conformidad entre personas discrepantes o enfrentadas. *Todos deseamos que la paz y la concordia vuelvan a reinar en los Balcanes.*

concreción. f. **1.** Hecho o efecto de concretar o concretarse. *El estudio es interesante pero demasiado general: carece de concreción. Las mesas son concreciones materiales de la idea de mesa.* **2.** Masa sólida que es el producto de una acumulación de partículas. *Los cálculos biliares son concreciones anómalas de sales minerales.*

concretar. tr. **1.** Hacer concreto (algo). *Tengo varias ideas para poner un negocio, pero necesito concretarlas. Aunque posee talento para la música, aún tiene que concretar su estilo. Antes de ir a visitarte, te llamaré para concretar el día.* ○ intr. prnl. **2.** Referirse a algo en concreto. *Concretémonos* AL *tema que nos ocupa.* ▶ **1:** CONCRETIZAR.

concretización. f. Hecho o efecto de concretizar. *El estudio es la concretización del proyecto presentado.*

concretizar. tr. Concretar (algo). *La circular concretiza las condiciones exigidas a los aspirantes.* ▶ CONCRETAR.

concreto[1]**.** m. Am. Hormigón. *El segundo puente será construido de concreto, por ser un material fuerte, duradero y confiable* [C].

concreto[2]**, ta.** adj. **1.** Que tiene existencia real y física. *El cuerpo humano es algo concreto.* **2.** Que se considera individual y particularmente, con independencia del grupo o especie a los que pertenece. *Este libro concreto no lo he leído, pero he leído otros de ese autor.* **3.** Preciso o exacto. *Necesito los datos concretos, nada de aproximaciones.* **4.** *Gram.* Dicho de nombre: Que designa seres concretos (→ 1). *"Cuerpo" es un nombre concreto.* ■ **en concreto.** loc. adv. De manera concreta (→ 1-3). *No se refiere a nadie en concreto, sino a la población en general. Me voy a comprar unas sandalias, en concreto las que vimos ayer. En concreto no sabemos nada de la fecha de la boda.* ▶ **3:** ESPECÍFICO.

concubina. f. Mujer que vive en concubinato. *El sultán tenía una esposa y diez concubinas.* ▶ BARRAGANA.

concubinato. m. Relación de un hombre y una mujer que viven como matrimonio pero sin estar casados. *En la antigua Roma se admitía el concubinato.* ▶ AMANCEBAMIENTO. ‖ **Am:** AMASIATO.

conculcación. f. cult. Hecho de conculcar. *Eso constituye una conculcación de sus derechos.*

conculcar. tr. cult. Quebrantar (una ley, una obligación o un principio). *La sentencia del magistrado conculca la Constitución.*

concuñado, da. m. y f. Respecto de una persona: Cuñado de su hermano o cónyuge de su cuñado. *El gerente propuso a su concuñado para el puesto, solo por ser el marido de la hermana de su mujer.* ▶ CUÑADO.

concupiscencia. f. cult. Deseo de bienes o placeres materiales, espec. de placer sexual. *La Iglesia censura la pornografía porque alienta la concupiscencia.*

concupiscente. adj. cult. Que tiene concupiscencia. *La muchacha es objeto de la mirada de un viejo concupiscente.*

concupiscible. adj. cult. Dicho de cosa: Que tiende hacia el bien sensible. *Platón distingue tres partes del alma: inteligible, irascible y concupiscible.*

concurrencia. f. **1.** Hecho de concurrir. *Se espera la concurrencia de los reyes* A *la ceremonia de clausura de los Juegos Olímpicos. El accidente se debió a la concurrencia de varios factores.* **2.** Conjunto de personas que asisten a un lugar o un acto. *El torero fue vitoreado por la concurrencia.*

concurrente. adj. Que concurre. *Habida cuenta de las circunstancias concurrentes, se ha ordenado reabrir el caso.* Dicho de pers., tb. m. y f. *Los concurrentes* AL *estreno de la obra lucen sus mejores galas.*

concurrido, da. part. **1.** → **concurrir.** ● adj. **2.** Dicho de lugar o de acto: Que presenta afluencia de gente o de público. *Atacaba a sus víctimas en las calles poco concurridas. Conferencia muy concurrida.*

concurrir. intr. **1.** Acudir dos o más personas a un lugar o acto. *Miles de peregrinos concurren cada año* A *La Meca. Concurre mucha gente* A *este tipo de espectáculos.* **2.** Juntarse dos o más personas o cosas en un mismo lugar. *Las calles más importantes del pueblo concurren* EN *la plaza del ayuntamiento.* **3.** Coincidir dos o más cualidades o circunstancias en alguien o en algo. *Juventud y talento concurren* EN *las nuevas promesas del cine español.* **4.** Tomar parte en un concurso. *A este concurso concurren especialistas de todo el mundo.*

concursante. adj. Que concursa. *La primera pareja concursante viene de Mérida.* Dicho de pers., tb. m. y f. *El jurado declaró ganador al concursante más joven. Hay cinco concursantes* A *la cátedra.*

concursar. intr. Participar en un concurso. *No pudo concursar* EN *el certamen de belleza porque no tenía la edad requerida. Unos amigos lo animaron a concursar.*

concurso. m. **1.** Competición entre varias personas para conseguir un premio. *Ha ganado un viaje en un concurso de televisión. El jinete argentino obtuvo medalla en el concurso de saltos.* **2.** En la Administración: Proceso de selección para cubrir un puesto de trabajo, en que un tribunal juzga los méritos y condiciones que presentan los aspirantes. *La plaza de jefe de negociado se cubrirá mediante concurso. Los que aprueben la oposición pasarán al concurso de méritos.* **3.** En la Administración: Proceso de selección para adjudicar una contrata o una concesión, en que se elige la oferta más ventajosa. *El Ayuntamiento convoca concurso para las obras de restauración de la catedral.* **4.** Colaboración o participación. *Hoy repasaremos la música barroca, para lo cual contamos con el concurso de un cuarteto de cuerda.* ▶ **1:** CERTAMEN.

condado. m. **1.** Título nobiliario de conde. *Alfonso XI creó el condado de Lemos, que luego se convirtió en hereditario.* **2.** Territorio vinculado a un condado (→ 1) o sometido a la autoridad de su titular. *El condado de Castilla se fue repoblando a medida que avanzaba la Reconquista.* **3.** En países anglosajones: Cierta circunscripción administrativa. *El condado de Saratoga, en Nueva York.*

condal. adj. Del conde o del condado. *Todavía se puede ver el escudo en la fachada de la casa condal.*

conde, desa. m. y f. **1.** Persona con título nobiliario inmediatamente inferior al de marqués. *Goya retrató a damas de la nobleza, como a la condesa de Chinchón.* **2.** Consorte de un conde (→ 1, 3) o de una condesa (→ 1). ○ m. **3.** histór. En la Edad Media española: Persona que gobernaba un territorio. *Fernán González fue el primer conde de Castilla.*

condecoración. f. **1.** Hecho de condecorar. *El rey presidió la ceremonia de condecoración de los héroes de guerra.* **2.** Insignia de honor o distinción. *Lucía varias condecoraciones en su pecho.*

condecorar. tr. Conceder o imponer (a alguien) una condecoración o insignia. *Lo condecoraron por su valor.*

condena. f. **1.** Hecho de condenar o castigar. *La condena* A *muerte aún está vigente en muchos países.* **2.** Hecho de condenar o censurar. *Firmaron un manifiesto de condena al régimen.* **3.** Castigo o pena impuestos por un juez o un tribunal. *Cumple condena en prisión por malversación de fondos.* Tb. fig. *Madrugar es una condena.*

condenable. adj. Digno de ser condenado o censurado. *No veo nada condenable en su comportamiento.*

condenación. f. **1.** Hecho de condenar o censurar. *Pronunció unas palabras de condenación del atentado.* **2.** *Rel.* Hecho de condenarse o ir al infierno. *Goethe escribió un drama sobre el tema clásico de la condenación de Fausto.*

condenado, da. part. **1.** → **condenar. 2.** Que ha sido condenado (→ 1) a recibir un castigo o a ir al infierno. *El verdugo preguntó a los condenados por su última voluntad. Los condenados* A *remar en galeras se llamaban galeotes. El cuadro representa las penas de los condenados* AL *infierno.* ● adj. **3.** coloq. Dicho de persona: Perversa o de mala intención. Tb. m. y f., y frec. con intención afectiva. *¡He preparado una tarta de manzana y el muy condenado se la ha comido entera!* **4.** coloq. Antepuesto a un nombre, se usa para expresar la molestia o rechazo que causa lo designado por este. *¡Condenado ordenador, nunca funciona cuando se necesita!* ■ **como un condenado.** loc. adv. coloq. Mucho. *Come como un condenado. Trabaja como una condenada.*

condenar. tr. **1.** Imponer un juez, un tribunal o una autoridad un castigo o una pena (a alguien). *El juez le condenó* A *pagar una multa. Poncio Pilatos condenó* A *muerte a Jesús de Nazaret.* **2.** Forzar (a alguien) a algo penoso o desagradable. *Sus actividades políticas lo condenaron* A *la clandestinidad. Estoy condenado* A *estudiar durante las vacaciones para recuperar las asignaturas suspendidas. Te guste o no, estamos condenados* A *entendernos.* **3.** Censurar (algo o a alguien) o calificar(los) de moralmente malos. *Se niegan a condenar el atentado. No se puede condenar a un político porque no nos gusten sus ideas.* **4.** Cerrar permanentemente (una puerta o ventana). *Todas las ventanas del viejo caserón están condenadas.* **5.** Incomunicar o cerrar permanentemente (una habitación). *Condenaron el desván porque estaba en ruinas.* ○ intr. prnl. **6.** *Rel.* Ir al infierno. *Se condenará porque es una mala persona.*

condenatorio, ria. adj. Que condena o sirve para condenar. *Se espera que el juez dicte una sentencia condenatoria. El periódico ha sacado un editorial condenatorio de la guerra.*

condensación. f. Hecho o efecto de condensar o condensarse. *La humedad ambiental se convierte en gotas de rocío por efecto de la condensación. Esa obra es la condensación del pensamiento de su autor.*

condensador, ra. adj. **1.** Que condensa. *Serpentín condensador.* ● m. **2.** Aparato para condensar gases. *Mantenga limpio y bien ventilado el condensador del frigorífico.* **3.** *Fís.* Sistema de dos conductores separados por una lámina de material aislante, que sirve para almacenar cargas eléctricas. Tb. ~ *eléctrico. Los condensadores eléctricos se pueden utilizar como temporizadores.*

condensar. tr. **1.** Convertir (un vapor) en líquido o en sólido. *Las bajas temperaturas condensan el vapor de agua de las nubes, que cae en forma de lluvia.* Tb. en constr. prnl. media. *Cuando la temperatura es muy baja, el vapor de agua se condensa en nieve.* **2.** Concentrar (una sustancia) haciéndo(la) más espesa. *Para condensar la leche se le quita el agua mediante la evaporación.* Tb. en constr. prnl. media. *Si dejas hervir mucho la sopa, se condensará demasiado.* **3.** Resumir o sintetizar (algo). *El cuadro condensa gran parte de las técnicas pictóricas de vanguardia.*

condesa. → **conde.**

condescendencia. f. Cualidad de condescendiente. Tb. la actitud correspondiente. *Acusan al Gobierno de condescendencia con las multinacionales.*

condescender. (conjug. ENTENDER). intr. Adaptarse por amabilidad a la voluntad de alguien. *No le importa condescender con tal de evitar discusiones.*

condescendiente. adj. Dicho de persona: Que condesciende. *Si el niño cae enfermo, la madre se vuelve condescendiente y no le niega nada.*

condestable. m. históR. En la Edad Media: Jefe máximo del ejército. *Fue condestable de Castilla durante el reinado de Enrique IV.*

condición. f. **1.** Circunstancia indispensable para que se produzca un hecho. *Te ayudo a hacer los deberes con la condición de que tú me ayudes a hacer la compra. Ha puesto como condición para quedarse que le suban el sueldo. Las tropas se rindieron sin condiciones.* **2.** Naturaleza, o conjunto de caracteres y propiedades que constituyen la esencia de un ser. *El psicólogo se preciaba de conocer a la perfección la condición humana.* **3.** Manera natural de ser. *A pesar de su aspecto fiero, era un perro dócil y de condición tranquila.* **4.** Situación especial en que se hallan alguien o algo. *Mi condición* DE *azafata me ha permitido conocer muchas ciudades.* **5.** Clase social. *Amenazó con desheredarla si se casaba con un hombre de baja condición. La condición social de los candidatos es importante.* ○ pl. **6.** Cualidades o aptitudes. *Le gustaría ser cantante, pero no tiene condiciones* PARA *la música.* **7.** Circunstancias que afectan a un proceso o al estado de una persona o cosa. *En el invernadero se dan las condiciones apropiadas de temperatura y humedad para cultivar plantas. En esas condiciones no trabajo. Sufre una intoxicación por comer alimentos en malas condiciones.* ■ **condiciones normales.** f. pl. *Fís.* y *Quím.* Circunstancias estándar, establecidas por convenio, bajo las que se define el estado físico de un cuerpo, es decir, cero grados centígrados y una atmósfera de presión. *El cloruro de vinilo es gaseoso en condiciones normales.* □ **en condiciones.** loc. adj. **1.** Que tiene las condiciones (→ 6) adecuadas para algo. *Quítate esos trapos y ponte ropa en condiciones.* □ loc. adv. **2.** En las condiciones (→ 7) adecuadas para algo. *Cállate, que no estás en condiciones* DE *exigir nada. Ha bebido demasiado y no está en condiciones* PARA *conducir.* ▶ **2:** NATURALEZA. **3:** ÍNDOLE.

condicionado, da. part. **1.** → **condicionar.** ● adj. **2.** *Psicol.* Dicho de reflejo: Producido en ausencia de un estímulo específico, por otro no específico previamente asociado. *Pavlov elaboró la teoría del reflejo condicionado.*

condicional. adj. **1.** Que implica una condición o está sometido a ella. *Su apoyo a la coalición es condicional y depende de las contrapartidas que obtenga.* **2.** *Gram.* Dicho espec. de conjunción: Que introduce una oración condicional (→ 3) *"Si" es una conjunción condicional.* **3.** *Gram.* Dicho espec. de oración subordinada: Que expresa una condición para que se cumpla lo que se dice en la oración principal. *Oración condicional.* Tb. f. *En "Si llueve, me quedaré en casa", "si llueve" es una condicional.* ● m. **4.** *Gram.* Tiempo verbal que expresa acción futura respecto a una acción del pasado. *El condicional puede expresar probabilidad.* ■ **~ compuesto.** m. *Gram.* Condicional (→ 4) que se forma con el verbo auxiliar *haber. ¿Cuál es el condicional compuesto de "comer"?* ⇒ frecAm: ANTEPOSPRETÉRITO. ■ **~ simple.** m. *Gram.* Condicional (→ 4) que se forma sin el verbo auxiliar *haber.*

"Tendría" es el condicional simple del verbo "tener". ⇒ frecAm: POSPRETÉRITO. ▶ **4:** POTENCIAL.

condicionamiento. m. **1.** Hecho o efecto de condicionar. Frec. en pl. *Estaban enamorados, pero se separaron por los condicionamientos sociales.* **2.** Limitación o restricción. Frec. en pl. *Exprésate libremente, sin condicionamientos de ningún tipo.*

condicionante. adj. Dicho espec. de factor: Que condiciona o determina. *La alimentación es un factor condicionante de la salud.* Tb. m. *Los condicionantes geográficos entorpecieron la invasión del país.*

condicionar. tr. **1.** Hacer depender (algo) de una condición. *Condicionaron su boda* A *la compra de una casa.* **2.** Determinar las condiciones (de alguien o algo). *Las circunstancias climáticas y geográficas condicionan la flora y la fauna de un territorio. Los medios de comunicación condicionan nuestra forma de pensar.*

condimentación. f. Hecho o efecto de condimentar. *El cocinero reveló algunos secretos de la condimentación de sus platos.* ▶ ADEREZO, ALIÑO.

condimentar. tr. Añadir condimentos (a la comida) para dar(le) buen sabor. *Condimenta el pollo con sal y pimienta antes de asarlo.* ▶ ADEREZAR, ALIÑAR, SAZONAR.

condimento. m. Sustancia o conjunto de sustancias que se añaden a la comida para darle buen sabor. *El azafrán es un condimento esencial en la paella. Al mover la ensalada, se reparte el condimento.* ▶ ADEREZO, ALIÑO.

condiscípulo, la. m. y f. Discípulo que tiene el mismo maestro o maestros que otro. *Fray Luis fue condiscípulo* DE *Arias Montano en Alcalá.*

condolencia. f. **1.** cult. Sentimiento de dolor por la desgracia o el sufrimiento ajenos, espec. por la muerte de un ser querido. *Reciba la expresión de nuestra más sentida condolencia por tan dolorosa pérdida.* **2.** cult. Manifestación de condolencia (→ 1) dirigida a una persona. *La familia ha recibido telegramas de condolencia.* Frec. en pl. *Se dirigió a la viuda: –Señora, mis condolencias.*

condolerse. (conjug. MOVER). intr. prnl. Compadecerse de alguien o algo, o sentir pena o lástima por ellos. *Se condolía* DEL *sufrimiento ajeno. No quiere que nadie se conduela* POR *él.*

condominio[1]. m. *Der.* Dominio conjunto de dos o más personas sobre una cosa. *Los hermanos heredarán las tierras en régimen de condominio.*

condominio[2]. m. Am. Conjunto de viviendas. *Se planeaba levantar un edificio de oficinas en un terreno ocupado hoy por un condominio* [C].

condón. m. Preservativo. *El uso del condón evita el contagio de enfermedades de transmisión sexual.*

condonación. f. Hecho de condonar. Se usa espec. en derecho. *Los dos países han firmado un acuerdo de condonación de la deuda externa.*

condonar. tr. Perdonar (una deuda o una pena, espec. si es de muerte). Se usa espec. en derecho. *Le condonaron la cadena perpetua.* ▶ PERDONAR.

cóndor. m. Ave rapaz americana semejante al buitre, de gran tamaño y plumaje negro azulado y blanco. *El cóndor hembra. Un cóndor surca el cielo del Altiplano andino.*

conducción. f. **1.** Hecho de conducir. *La conducción del agua se hace mediante una red de tuberías. Los materiales aislantes impiden la conducción eléctrica.* **2.** Instalación que permite el paso de un fluido. *El técnico está revisando las conducciones de aire acondicionado.*

conducente. adj. Que conduce a una situación o actuación determinadas. *Ha cursado los estudios conducentes* A *la obtención del título oficial.*

conducir. (conjug. CONDUCIR). tr. **1.** Llevar o transportar (algo o a alguien) a un lugar. *El taxi que nos conducía* AL *aeropuerto sufrió una avería. Las venas conducen la sangre* HASTA *el corazón.* **2.** Guiar (a alguien) hasta un lugar por un camino determinado. *El mapa condujo a los piratas* HASTA *el tesoro. El acomodador nos condujo* A *nuestras butacas.* Tb. fig. *El coronel condujo a sus hombres* A *la victoria.* **3.** Llevar (algo o a alguien) a una situación o actuación determinadas. *Los celos conducen a Otelo* A *la locura.* Tb. usado en constr. intr. *Enfadarse no conduce* A *nada.* **4.** Dirigir o mandar (a un grupo de personas) en algo. *Condecoraron al general que condujo las tropas en la batalla.* **5.** Dirigir (un negocio o la actuación) de un grupo de personas. *Conduce el negocio familiar desde hace cuarenta años.* **6.** Dirigir el movimiento (de un vehículo). *El joven conducía una moto último modelo.* Tb. usado en constr. intr. *La policía lo multó por conducir ebrio.* **7.** *Fís.* Transmitir o propagar. *Los metales conducen el calor y la electricidad.* ○ intr. prnl. **8.** Comportarse de una manera determinada. *A pesar de su aspecto, se conducía como un caballero.* ▶ **8:** *COMPORTARSE. ‖ **Am: 6:** MANEJAR.

conducta. f. **1.** Manera en que una persona actúa o se comporta frente a los demás. *Le han reducido la pena por buena conducta.* Se usa espec. en psicología. *Los psicólogos opinan que padece una alteración de la conducta.* **2.** *Biol.* Manera en que un ser vivo reacciona ante una situación o un estímulo. *El ornitólogo ha estudiado la conducta migratoria de las cigüeñas.*

conductancia. f. *Fís.* Facilidad que ofrece un conductor al paso de corriente eléctrica. *La conductancia es lo contrario de la resistencia. La unidad de conductancia en el Sistema Internacional es el siemens.*

conductismo. m. *Psicol.* Doctrina que estudia la conducta humana basándose exclusivamente en las relaciones observables de estímulo y respuesta. *El conductismo considera la consciencia un fenómeno meramente accesorio.* ▶ BEHAVIORISMO.

conductista. adj. **1.** *Psicol.* Del conductismo. *Método conductista.* **2.** *Psicol.* Seguidor del conductismo. Dicho de pers., tb. m. y f. *Skinner y Thorndike fueron los grandes conductistas del siglo* XX.

conductividad. f. *Fís.* Propiedad que tienen los cuerpos de conducir el calor o la electricidad. *El agua es un elemento de elevada conductividad eléctrica.*

conducto. m. **1.** Tubo o canal por donde circula un fluido. *La aspiradora no funciona porque se ha obstruido el conducto. Los ladrones entraron por uno de los conductos de ventilación. El conducto auditivo externo va de la oreja al oído medio.* **2.** Medio o vía que sigue algo para llegar a su destino. *El libro no se vende en librerías; hay que conseguirlo por otros conductos.* Frec. en la constr. *por ~ de. Lo supo por conducto de su amiga.* ■ **~ deferente.** m. *Anat.* Conducto (→ 1) por el que circula el semen desde los testículos hasta la uretra. *La vasectomía consiste en cortar los conductos deferentes.* ▶ **2:** *VÍA.

conductor, ra. adj. **1.** Que conduce. *El hilo conductor de la trama novelesca. Materiales conductores del calor.* ● m. y f. **2.** Persona que conduce o guía. *Fue un visionario y un conductor de las masas.* **3.** Persona que conduce un vehículo o realiza esta actividad como oficio. *El conductor del turismo se saltó el semáforo. Es conductor en una empresa de autobuses.* ○ m. **4.** *Fís.* Cuerpo capaz de conducir el calor o la electricidad. *El cobre es un buen conductor de la electricidad.* **5.** *Fís.* Hilo metálico destinado a transmitir electricidad. *El cable consta de un conductor revestido por un tubo flexible.* Tb. *conductor eléctrico. El conductor eléctrico de la toma de tierra.*

conductual. adj. De la conducta. Se usa espec. en psicología. *Sufre alteraciones conductuales por su adicción al alcohol.*

condumio. m. coloq. Comida o guiso. *Quédate a comer, que aquí hay condumio para todos.*

conectar. tr. **1.** Unir o enlazar (una cosa) a otra con la cual forma un sistema. *Conectaron la manguera* AL *grifo.* Tb.: *El estómago y el intestino están conectados por el píloro.* **2.** Establecer relación (entre dos o más personas o cosas). *Sabe conectar la teoría y la práctica.* **3.** Poner en comunicación (un lugar) con otro, o establecer un acceso entre ellos. *Un pasadizo secreto conectaba el monasterio* CON *la iglesia.* Tb.: *El paso subterráneo conecta los dos lados de la avenida. El tren permitirá conectar las dos ciudades.* **4.** Establecer contacto (entre un aparato o un sistema) y una fuente de energía. *Ha venido un técnico a conectar la antena. Olvidó conectar la alarma. Aún no han conectado el ordenador* A *la red.* ○ intr. **5.** Establecer relación o comunicación con alguien o algo. *Al final del programa conectaron* CON *un corresponsal en Milán. No logro conectar* CON *su pintura.* Tb. prnl. *El piloto intentó conectarse* CON *la torre de control. Se conectaba* A *Internet por la noche.* **6.** Lograr una buena comunicación con alguien. *La profesora conectó* CON *sus alumnos desde el primer día.* Tb.: *Nuestra relación es cordial, pero no hemos conectado.* ► **1, 2:** INTERCONECTAR. **3:** COMUNICAR, INTERCONECTAR. **5:** COMUNICAR.

conectivo, va. adj. Que sirve para conectar o unir. *En lógica, las partículas conectivas se representan con símbolos. Los huesos, tendones y cartílagos poseen tejido conectivo.*

conector, ra. adj. **1.** *tecn.* Que conecta o sirve para conectar. Dicho de pieza o dispositivo, frec. m. *El equipo informático incluye cuatro conectores PCI.* ● m. **2.** *Ling.* Palabra o expresión que enlazan oraciones o elementos de oración. *"Sin embargo" y "pero" son conectores.*

coneja. → **conejo.**

conejero, ra. adj. **1.** Que caza conejos o sirve para cazarlos. *El podenco es perro conejero.* ● f. **2.** Madriguera de conejos. *El monte está lleno de conejeras.* **3.** Lugar destinado para criar conejos. *En el corral tiene una conejera de alambre.*

conejillo. ~ **de Indias.** m. Cobaya. *El fármaco se probará en conejillos de Indias. Los niños han sido conejillos de Indias de varias reformas educativas.*

conejo, ja. m. **1.** Mamífero roedor, de color gralm. pardo o gris y orejas largas, que habita en madrigueras y es apreciado por su carne y su pelo. *La mixomatosis está acabando con los conejos.* Tb. designa específicamente al macho. *La protagonista del cuento corría tras un conejo blanco.* **2.** Carne de conejo (→ 1). *Comeremos conejo al ajillo.* **3.** malson. Vulva. ○ f. **4.** Hembra del conejo (→ 1). *Las conejas tienen una gestación de treinta y un días.* **5.** coloq. Mujer que pare muy a menudo. *¡Otra vez embarazada!; esta señora es una coneja.*

conexión. f. **1.** Hecho o efecto de conectar. *No había ninguna conexión entre los dos asesinatos. Por la noche, la conexión* A *Internet es más barata. La compañía aérea ha suspendido las conexiones entre algunas ciudades europeas. Entre los jugadores y el entrenador existe una buena conexión. Ha perdido la conexión* CON *la realidad.* **2.** Dispositivo para conectar aparatos o sistemas. *No puedo enchufar los altavoces al ordenador porque las conexiones no encajan.* **3.** Persona con la que se tiene relación y que facilita el contacto con otra. Frec. en pl. *Tiene conexiones en las altas esferas.*

conexo, xa. adj. Relacionado o conectado. *El ponente va a hablar del género de los nombres en latín y de otras cuestiones conexas.*

confabulación. f. Hecho o efecto de confabularse. *Cuando dijo que era víctima de una confabulación, nadie la creyó.*

confabularse. intr. prnl. Ponerse de acuerdo dos o más personas para hacer algo, gralm. ilícito, o contra alguien. *Cree que todos se han confabulado* CONTRA *él.* Tb.: *Se confabuló* CON *algunos compañeros para sabotear la huelga.*

confección. f. **1.** Hecho o efecto de confeccionar. *En esta tienda vendían conservas de confección casera. La policía se incautó de material para la confección de bombas.* **2.** Hecho de confeccionar prendas de vestir. *La modista solo emplea materiales de primera calidad en la confección de sus modelos. Su familia se ha dedicado a la confección durante generaciones.* **3.** Prenda de vestir, gralm. fabricada en serie, que se vende hecha. Frec. en pl. *Los grandes almacenes presentaron sus confecciones para la próxima temporada.* ■ **de ~.** loc. adj. Dicho de prenda de vestir: Que se vende hecha y, gralm., fabricada en serie. *Llevaba un traje de chaqueta de confección que parecía hecho a medida.*

confeccionador, ra. adj. Que confecciona. Dicho de pers., tb. m. y f. *Lluven las críticas sobre los confeccionadores de la programación televisiva.*

confeccionar. tr. Hacer (una cosa material, espec. compuesta de varias partes). *Los profesores han confeccionado el programa de la asignatura conjuntamente. Emplea varios meses en confeccionar un tapiz.*

confeccionista. adj. Que hace o vende confecciones o prendas. Dicho de pers., tb. m. y f. *El diseñador empezó como confeccionista en un taller.*

confederación. f. Agrupación de personas, organismos o Estados con unos intereses comunes. *El precedente del Estado federal de Suiza fue una confederación de cantones. La Commonwealth es una confederación constituida por el Reino Unido y la mayoría de sus antiguas colonias.*

confederado, da. part. **1.** → **confederar.** ● adj. **2.** Que forma parte de una confederación. *Los Estados del sur se separaron de la Unión y formaron los Estados Confederados de América.* Dicho de pers., tb. m. y f. *Los confederados perdieron la Guerra de Secesión americana.*

confederal. adj. De la confederación, o que tiene carácter de confederación. *Hoy se reunirá la ejecutiva confederal del sindicato. ¿Qué diferencia hay entre Estado confederal y Estado autonómico?*

confederar. tr. **1.** Unir (dos o más personas, organismos o Estados) en confederación. *El proyecto de Bolívar era confederar naciones con un origen común.* ○ intr. prnl. **2.** Unirse dos o más personas, organismos o Estados en confederación. *En la Edad Media, varias* *ciudades comerciales se confederaron para formar la Hansa.*

confederativo, va. adj. De la confederación. *El sindicato tiene una estructura confederativa.*

cónfer. m. Anotación con la que se indica en un escrito que se debe consultar algo. *A pie de página hay un cónfer que remite a la bibliografía.*

conferencia. f. **1.** Exposición oral en público, de carácter didáctico o doctrinal, sobre un tema determinado. *Estoy yendo a un ciclo de conferencias sobre arte moderno. Se dedica a dar conferencias.* **2.** Reunión de personas, espec. políticos o científicos, para tratar asuntos importantes de su competencia. *La ciudad acoge esta semana la Conferencia Internacional sobre Medio Ambiente. Conferencia episcopal.* **3.** Comunicación telefónica entre dos ciudades o países. *Telefonista, póngame una conferencia con París, por favor.* ■ **~ de prensa.** f. Rueda de prensa. *Tras el pase de la película, el director dará una conferencia de prensa.*

conferenciante. m. y f. Persona que da una conferencia o exposición oral en público. *El conferenciante disertará sobre justicia y medios de comunicación.* ▶ **Am:** CONFERENCISTA.

conferenciar. (conjug. ANUNCIAR). intr. Celebrar dos o más personas una conferencia o reunión para tratar un asunto. *Los políticos conferenciaron durante horas.*

conferencista. m. y f. Am. Conferenciante. *En el evento participarán conferencistas internacionales y nacionales* [C].

conferir. (conjug. SENTIR). tr. Conceder o dar (algo no material, espec. una cualidad) a una persona o cosa. *El sello de la facultad confiere carácter oficial al diploma. El sombrero le confería un aspecto ridículo. Actuó con la autoridad que le confería su cargo. Su condición de diplomático le confiere inmunidad.*

confesable. adj. Que se puede confesar. *El tabaco es uno de mis vicios confesables.*

confesar. (conjug. ACERTAR). tr. **1.** Manifestar o dar a conocer (algo que se mantenía en secreto). *Me confesó que no pensaba venir.* **2.** Reconocer o admitir una persona (algo que se le atribuye o de lo que se la acusa). *Ante las preguntas del fiscal, el acusado confesó su participación en el robo.* **3.** *Rel.* Escuchar un sacerdote (a alguien) en el sacramento de la penitencia. *El domingo me confesó un cura.* ○ intr. prnl. **4.** Reconocer una persona que es lo que se indica. *Se confiesa un maniático del orden. Se ha confesado culpable.* **5.** *Rel.* Declarar alguien sus pecados a un sacerdote en el sacramento de la penitencia. *Siempre se confiesa antes de comulgar.*

confesión. f. **1.** Hecho de confesar o confesarse. *Hizo una confesión de culpabilidad.* **2.** Cosa o conjunto de cosas que se confiesan. *Su confesión no tenía validez.* Tb. el documento en que aparecen. *Firmó la confesión en presencia de su abogado.* **3.** Creencia religiosa. *El colegio admite alumnos de todas las confesiones religiosas.* Tb. fig. *Es un político de confesión marxista.* Tb. el conjunto de personas que profesan esa creencia. *El Papa se reunió con otras confesiones.* **4.** *Rel.* Sacramento de la penitencia. *La mujer, enferma de gravedad, pidió la confesión.*

confesional. adj. Perteneciente a una confesión religiosa. *Hasta la Constitución de 1978, España era un Estado confesional.*

confesionalidad. f. Condición de confesional. *Se debate mucho sobre si es lícita la confesionalidad en el ámbito educativo.*

confesionario. m. Mueble de iglesia, a modo de cabina, dentro del cual se coloca el sacerdote para confesar. *El niño va al confesionario y se arrodilla.* ▶ CONFESONARIO.

confeso, sa. adj. Que ha confesado su delito o culpa. Frec. fig., pospuesto a un adj. o a un n. *El director americano es un admirador confeso del cine europeo.*

confesonario. m. Confesionario. *Eso díselo al cura en el confesonario.*

confesor. m. Sacerdote que confiesa a los penitentes. *En su lecho de muerte pedía un confesor. El cardenal Cisneros fue confesor de Isabel la Católica.*

confeti. m. Conjunto de trocitos de papel de varios colores que se arrojan unas personas a otras en fiestas y celebraciones. *Al sonar la última campanada de Nochevieja, la gente empieza a lanzar serpentinas y confeti.*

confiado, da. part. **1.** → **confiar.** ● adj. **2.** Dicho de persona: Que tiene confianza o seguridad. *La encontré tranquila y confiada. Iba muy confiado al examen y suspendió.* **3.** Dicho de persona: Que tiende a confiar excesivamente en los demás. *No se puede ser tan confiado.* **4.** Propio de la persona confiada (→ 1, 2). *Su actitud confiada me animó.*

confianza. f. **1.** Sentimiento de esperanza o seguridad de la persona que confía en algo o en alguien. *Esta marca no me inspira confianza. Goza de la confianza del jefe. Tengo confianza* EN *que me toque algo en la lotería. Tiene plena confianza* EN *su abogado.* Frec. designa el sentimiento de seguridad en uno mismo. *A los jugadores les falta confianza.* **2.** Familiaridad (condición de familiar). *Tú habla sin miedo, estamos entre amigos y hay confianza.* **3.** Hecho o dicho que denotan confianza (→ 2) o familiaridad excesivas. Frec. en pl. y en la constr. *tomarse ~s. Todo es muy recatado, y las chicas no dejan que los chicos se tomen confianzas. ¡Menos confianzas, que yo a ti no te conozco de nada!* ■ **de ~.** loc. adj. **1.** Dicho de persona o cosa: Que ofrece confianza (→ 1) o seguridad. *¿Conoces a algún fontanero de confianza?* **2.** Dicho de persona: Que tiene trato íntimo y familiar con otra. *Las damas de honor son amigas de confianza de la novia.* **3.** Dicho de persona: Que trabaja para otra o colabora con ella y goza de manera exclusiva de su total confianza (→ 1). *El director lo delega todo en su hombre de confianza.* ■ **en ~.** loc. adv. De manera reservada o secreta. *Mira, en confianza, dice que está enamorada pero yo sé que no es cierto.* ▶ **2:** FAMILIARIDAD.

confianzudo, da. adj. **1.** Dicho de persona: Que se comporta con familiaridad en el trato. *El peluquero, confianzudo, le preguntó a su clienta la edad que tenía.* **2.** Propio de la persona confianzuda (→ 1). *Nos habló en tono confianzudo y cordial.*

confiar. (conjug. ENVIAR). tr. **1.** Encargar a una persona el cuidado (de alguien o algo), o poner(los) en sus manos. *La vecina me ha confiado sus plantas mientras está de vacaciones. Te confío a mis alumnos durante un cuarto de hora. Ha confiado la redacción del informe a su secretaria.* **2.** Comunicar (algo) a alguien en quien se confía (→ 3). *Te voy a confiar un secreto. El jefe me ha confiado la combinación de la caja fuerte.* ○ intr. **3.** Creer firmemente en la bondad o la calidad de alguien o algo. *El médico confía* EN *las propiedades del nuevo medicamento. Confiaba* EN *ellos y lo traicionaron.* **4.** Esperar algo, o tener la esperanza de que suceda. *No confiaba* EN *que le pagaran lo que le debían. Confiamos* EN *volver a veros pronto. Confío* EN *el éxito del proyecto.* ○ intr. prnl. **5.** Comunicar una persona algo, espec. sus problemas, a otra. *Necesitaba confiarse* A *alguien.* **6.** Abandonar toda precaución. *Es mejor no confiarse. No te confíes: apenas los conoces.* ▶ **4:** ESPERAR.

confidencia. f. Revelación de algo secreto y gralm. personal, que se hace a alguien de manera reservada. *Se acercó a ella y le hizo confidencias al oído.*

confidencial. adj. **1.** Propio de la confidencia. *Me hablaba en voz baja y con aire confidencial.* **2.** Reservado u secreto. *Este sobre contiene información confidencial. Lo que te voy a decir es estrictamente confidencial.*

confidencialidad. f. Cualidad de confidencial. *La empresa garantiza la confidencialidad de los datos de sus clientes.*

confidente, ta. m. y f. (Gralm. como f. se usa **confidente**). **1.** Persona a la que otra confía algo, espec. sus secretos o preocupaciones. *Su hermana era también su confidente.* **2.** Persona que informa de manera reservada de las actividades de otros, espec. si son delincuentes o enemigos. *La policía protege a sus confidentes.* ○ m. **3.** Sillón compuesto por dos asientos dispuestos en forma de "S". *La pareja se acomodó en un confidente.*

configuración. f. **1.** Hecho o efecto de configurar. *La dirección del partido está trabajando en la configuración de la lista electoral.* **2.** Forma de estar dispuestas las partes que componen algo. *El piso es grande y luminoso, pero no me convence su configuración.* **3.** *Inform.* Conjunto de los aparatos y programas que constituyen un sistema informático. *Algo falla en la configuración del ordenador y no funciona.*

configurar. tr. Dar forma (a algo). *Robles y encinas configuran el paisaje de la zona.* Tb. en constr. prnl. media. *El partido conservador se ha configurado como la segunda fuerza política del país.*

confín. m. cult. Límite o frontera. *Caminando llegamos hasta el confín de la playa.* Frec. en pl. *La noticia llegó hasta los confines del reino.* Tb. fig. *Los hechos sobrepasan los confines de la realidad.*

confinamiento. m. Hecho o efecto de confinar. *El médico aconsejó su confinamiento* EN *un hospital psiquiátrico. Su confinamiento* EN *la isla se prolongó varios años.*

confinar. tr. **1.** Desterrar (a alguien) obligándo(lo) a residir en un lugar determinado. *Confinaron a Napoleón* EN/A *la isla de Elba.* **2.** Encerrar o recluir (a alguien) dentro de unos límites determinados. *Los nazis confinaban a los judíos* EN *campos de concentración. Durante los exámenes, se confinó* EN *su habitación.*

confirmación. f. **1.** Hecho o efecto de confirmar o confirmarse. *El coro de la parroquia cantó durante la confirmación. En la invitación se rogaba la confirmación de la asistencia. La confirmación del dopaje supuso el fin de su carrera deportiva.* **2.** *Rel.* Sacramento mediante el cual confirma su fe el que ya ha sido bautizado. *La confirmación es uno de los siete sacramentos de la religión católica.*

confirmar. tr. **1.** Asegurar la verdad o la certeza (de algo). *Aún no han confirmado la noticia.* **2.** Volver a dar validez (a algo ya establecido). *Llamó al hotel para confirmar su reserva.* **3.** Dar (a alguien) seguridad o certeza respecto a algo que suponía. *Su silencio los confirmó* EN *la sospecha de que era culpable. La conversación me ha confirmado* EN *la impresión que tenía de él.* Tb. en constr. prnl. media. *Cuanto más lo pensaba, más se confirmaba* EN *la idea de dimitir.* **4.** *Rel.* Administrar (a alguien) el sacramento de la confirmación. *El obispo los confirmó en la parroquia del colegio.* Tb. en constr. prnl. media. *Se confirmó a los dieciséis años.*

confiscación. f. Hecho de confiscar. *El trazado de la vía férrea requiere la confiscación de varios terrenos.*

confiscar. tr. Quitar una autoridad (los bienes) a su propietario para poner(los) a disposición de la hacienda pública. *El Estado le confiscó sus propiedades.*

confitar. tr. **1.** Cubrir con un baño de azúcar (frutas o frutos secos). *Las peladillas son almendras confitadas.* **2.** Cocer (frutas) en almíbar. *Confitaba las peras para conservarlas todo el año.*

confite. m. Golosina pequeña hecha con azúcar y otros ingredientes, espec. un fruto confitado. *En el parque hay un puesto de frutos secos y confites.*

confitería. f. **1.** Establecimiento donde se hacen y venden dulces. *Los niños observan embelesados el escaparate de la confitería.* **2.** Oficio o actividad de confitero. *La familia lleva toda la vida dedicada a la confitería.* **3.** Conjunto de productos de confitería (→ 2). *Aquí venden bollos y confitería fina.*

confitero, ra. m. y f. Persona que tiene por oficio hacer o vender dulces. *Han encargado la tarta nupcial al mejor confitero de la ciudad.*

confitura. f. Fruta confitada o en mermelada. *Desayunó tostadas con mantequilla y confitura de ciruela.*

conflagración. f. Enfrentamiento bélico entre pueblos o países. *El bombardeo de Hiroshima y Nagasaki puso fin a la conflagración mundial.*

conflictividad. f. Cualidad de conflictivo. *Lo han expulsado del colegio por su conflictividad.* Tb. el conjunto de hechos que tienen esa cualidad. *Aumenta la conflictividad laboral.*

conflictivo, va. adj. **1.** Del conflicto. *La Guerra Fría fue un período conflictivo. Se enviarán fuerzas de pacificación a la zona conflictiva.* **2.** Que causa o plantea conflicto. *En la empresa no quieren trabajadores conflictivos. Los alumnos más pequeños no son conflictivos.*

conflicto. m. **1.** Oposición entre personas o cosas. *La pareja ha tenido algún que otro conflicto. Sus ideas políticas entran en conflicto con sus creencias religiosas.* **2.** Enfrentamiento armado. *Un mediador internacional negociará con los países en conflicto.* Tb. ~ *bélico. Proliferan los conflictos bélicos en África.* **3.** Problema de difícil solución. *El asunto no debería plantear ningún conflicto.* **4.** *Psicol.* Coincidencia de impulsos o tendencias opuestos, capaz de producir trastorno en el individuo. *Los procesos mentales reprimidos originan conflictos.* ■ ~ **colectivo.** m. Enfrentamiento laboral entre los empresarios y trabajadores, espec. el que afecta a todo un sector de la economía. *El conflicto colectivo en los astilleros puede desembocar en huelga.*

confluencia. f. **1.** Hecho de confluir. *En la reunión se produjo una confluencia de ideas y opiniones.* **2.** Lugar en que confluyen dos o más calles o ríos. *El nuevo hospital se levanta en la confluencia de las dos calles principales.*

confluir. (conjug. CONSTRUIR). intr. Juntarse dos o más personas o cosas en un mismo lugar. *Las dos carreteras comarcales confluyen* EN *la autovía.* Tb.: *El río Alberche confluye* CON *el Tajo* EN *las cercanías de Talavera de la Reina.*

confluyente. adj. Que confluye. *Calles confluyentes.*

conformación. f. **1.** Hecho de conformar o constituir. *El proceso de conformación de la Unión Europea empezó con la firma del Tratado de Maastricht.* **2.** Forma en que están dispuestas las partes o los elementos constitutivos de algo. *La peculiar conformación de la costa la convierte en un lugar ideal para que aniden las aves marinas. La conformación del Parlamento impidió que se aprobara la ley.*

conformar. tr. **1.** Dar forma (a algo). *El seleccionador busca los mejores jugadores para conformar el equipo. La educación ayuda a conformar el carácter.* **2.** *Econ.* Poner un banco su conformidad (en un cheque), garantizando su pago. *El comerciante pagó a los proveedores con un talón conformado.* ○ intr. prnl. **3.** Darse por satisfecho con algo. *Como todos los restaurantes estaban llenos, tuvieron que conformarse* CON *un bocadillo.*

conforme. adj. **1.** Que está en correspondencia o en consonancia con algo. *Solo se admitirán las enmiendas conformes* CON *el artículo 124.* **2.** Dicho de persona: Que está de acuerdo con algo o alguien. *El vendedor le dijo el precio del coche y el cliente se mostró conforme. No estoy conforme* CON *el fallo del jurado.* **3.** Que se da por satisfecho. *Los empleados no estaban conformes* CON *sus sueldos. Me he quedado muy conforme* CON *lo que hice.* ● conj. **4.** De la misma manera que. *Lo hice conforme me lo ordenaron.* ■ **~ a.** loc. prepos. De acuerdo con. *Todo salió conforme a lo previsto. Actuó conforme a un plan fijado de antemano.* ▶ **1, 2:** ACORDE.

conformidad. f. **1.** Hecho de estar conforme o de acuerdo. *Los vecinos expresaron su conformidad* CON *la propuesta de arreglar los jardines.* Tb. la manifestación de este hecho y el documento en que consta. *El médico pidió la conformidad a la familia para operar al enfermo. Los padres firmaron la conformidad autorizando a su hijo a ir de excursión con el colegio.* **2.** Hecho de conformarse. *Sorprendió la conformidad con la que reaccionaron.* Tb. la cualidad correspondiente. *Alabó nuestra conformidad y buena disposición.* ■ **de,** o **en, ~ con.** loc. prepos. Conforme a. *No hizo más que actuar de conformidad con las normas del centro. El juez dictará sentencia de conformidad con el veredicto. Vive en conformidad con sus ideas.*

conformismo. m. Actitud de quien se conforma con lo establecido sin cuestionarlo. *Los mayores critican el conformismo de la juventud actual.*

conformista. adj. Que tiene o muestra conformismo. *Tiene una postura conformista.* Dicho de pers., tb. m. y f. *No protestas porque toda tu vida has sido un conformista.*

confort. (pl. **conforts**). m. Comodidad material. *Me gusta este hotel por el confort de sus habitaciones. Para mayor confort del conductor, el asiento es reclinable.*

confortabilidad. f. Cualidad de confortable. *Todos alaban la confortabilidad del nuevo modelo de automóvil.*

confortable. adj. Que proporciona confort o comodidad. *Los asientos del tren son amplios y confortables.*

confortador, ra. adj. Que conforta. *El enfermo agradece las palabras confortadoras de la enfermera.*

confortante. adj. Que conforta. *Un caldo calentito es muy confortante.*

confortar. tr. **1.** Dar fuerza o bienestar (a alguien). *Cuando hace mucho frío, un vaso de leche caliente te conforta.* **2.** Animar o consolar (a alguien). *Tu compañía me conforta en estos momentos dolorosos.*

confraternidad. f. Relación propia de hermanos. *En las fiestas del pueblo se crea un espíritu de confraternidad.*

confraternización. f. Hecho de confraternizar. *Los miembros del equipo celebraron un almuerzo de confraternización.*

confraternizar. intr. Tener una persona un trato de amistad y camaradería con otra. *El rehén confraternizó* CON *sus secuestradores. Durante la comida, se dedicó a confraternizar* CON *sus compañeros de mesa.* Tb.: *Los alumnos no han llegado a confraternizar.*

confrontación. f. Hecho o efecto de confrontar. *El candidato a la alcaldía evitó la confrontación* CON *su adversario.*

confrontar. tr. Poner (una cosa o a una persona) frente a otra, para compararlas u oponerlas. *Confrontó la primera edición del libro* CON *la segunda. El fiscal quiere confrontar al acusado* CON *el testigo.* Tb.: *El profesor confrontó a los dos alumnos para averiguar quién había copiado.*

confucianismo. m. Doctrina religiosa basada en las enseñanzas de Confucio (filósofo chino, s. V a. C.) y extendida por diversos países orientales. *El culto a los antepasados es uno de los fundamentos del confucianismo.* ▶ CONFUCIONISMO.

confuciano, na. adj. **1.** Del confucianismo. *Moral confuciana.* **2.** Que profesa el confucianismo. Tb. m. y f. *En Corea del Sur conviven cristianos, budistas y confucianos.* ▶ CONFUCIONISTA.

confucionismo. m. Confucianismo. *En China se practica el confucionismo.*

confucionista. adj. Confuciano. *Pensamiento confucionista.* Dicho de pers., tb. m. y f.

confundir. tr. **1.** Tomar desacertadamente (una cosa o a una persona) por otra. *Perdone, lo he confundido* CON *otra persona. Estás confundiendo tus deseos* CON *la realidad.* Tb.: *Siempre confunde nuestros nombres. Los daltónicos confunden el rojo y el verde.* **2.** Mezclar (varias cosas) haciendo que no puedan distinguirse (entre sí). *La oscuridad confunde los contornos de las cosas. Su memoria confundía los recuerdos.* **3.** Desconcertar (a alguien). *Las luces y el bullicio me confunden. Intenta confundirnos con su verborrea. Estoy confundido: no merezco estos elogios.* **4.** Hacer que (alguien) se quede sin capacidad de respuesta en una disputa. *Como buen polemista, busca confundir a sus oponentes.* ○ intr. prnl. **5.** Equivocarse. *Se ha confundido* EN *el primer problema. Nos hemos confundido* DE *piso. Pensaba que era diferente, pero veo que me he confundido* CON *él. Estaba muy nervioso y se confundía constantemente.* **6.** Mezclarse personas o cosas diversas de manera que no puedan distinguirse unas de otras. *Los ladrones se confundieron entre la multitud. Sus voces se confundían en el griterío. Los recuerdos se confundían en su mente.* Tb.: *El camuflaje le permite confundirse* CON *el terreno.*

confusión. f. **1.** Hecho de confundir o confundirse, espec. por haberse cometido un error. *El cliente advirtió una confusión en la factura. Se ha producido una confusión de identidades. Reina un clima de confusión en el país.* **2.** Cualidad de confuso. *La confusión del panorama político favoreció la revuelta. Ne-*

cesita estar sola para salir de su confusión. La confusión y los mareos desaparecerán al cabo de unos días.

confusionismo. m. Confusión en las ideas o en el lenguaje, producida frec. de manera intencionada. *Existe cierto confusionismo en la terminología lingüística.* Tb. la actitud que las produce. *Engañan a la ciudadanía con tácticas de manipulación y confusionismo.*

confuso, sa. adj. **1.** Dicho de persona: Confundida o desconcertada. *Miraba confuso de un lado a otro buscando la salida. Está tan confuso que no sabe qué decisión tomar.* **2.** Dicho de cosa: Propia de la persona confusa (→ 1). *Entramos en la adolescencia con la mente confusa y llenos de inseguridad.* **3.** Difícil de comprender. *El gráfico puede resultar confuso para un profano en la materia.* **4.** Difícil de percibir o distinguir. *Las imágenes son confusas por la mala calidad de la cinta.* **5.** Desordenado o revuelto. *En el escritorio hay una confusa montaña de papeles.*

conga. f. Baile de origen cubano, de ritmo vivo, ejecutado por personas que van en fila levantando las piernas alternativamente cada tres pasos. *Terminamos bailando la conga entre las mesas del restaurante.* Tb. su música. *Para animar al personal tocaron una conga.*

congelación. f. Hecho o efecto de congelar o congelarse. *La congelación de alimentos mantiene intactas sus vitaminas y propiedades. Algunos montañeros murieron por congelación. Ha habido una congelación salarial.* ► **frecAm:** CONGELAMIENTO.

congelado[1]. m. Hecho o efecto de congelar, espec. alimentos. *La cámara está preparada para el congelado de una tonelada de carne. Una de las funciones del vídeo es el congelado de la imagen.*

congelado[2], da. part. **1.** → **congelar.** ● adj. **2.** Extremadamente frío. Se usa con intención enfática. *Su cuerpo se estremece al rozar las congeladas sábanas.*

congelador, ra. adj. **1.** Que congela. *Barco congelador. Cámara congeladora.* ● m. **2.** Aparato electrodoméstico, independiente o integrado en un frigorífico, que sirve para congelar y conservar alimentos. *Tiene una nevera pequeña sin congelador.*

congelamiento. m. frecAm. Congelación. *La parte inferior de mi cuerpo mostraba claras señales de principio de congelamiento* [C]. *Obligué a pactar congelamiento de precios a los industriales y comerciantes* [C].

congelar. tr. **1.** Helar (un líquido). *El frío ha congelado el agua del lago.* Tb. en constr. prnl. media. *El agua se congela a 0 °C.* **2.** Someter (algo, espec. un alimento) a una temperatura inferior a 0 °C para que pueda conservarse en buenas condiciones durante largo tiempo. *Si no vas a cocinar hoy la carne, congélala. Compró pescado congelado.* **3.** Dañar el frío (una parte del cuerpo expuesta a temperaturas muy bajas), produciendo la muerte de las células de sus tejidos. *El frío extremo había empezado a congelar sus labios.* Tb. en constr. prnl. media. *Cuando lo encontraron los equipos de rescate, se le habían congelado los dedos de las manos.* **4.** Suspender por un tiempo (una actividad, un proceso o un proyecto). *La cadena ha congelado la emisión del programa.* **5.** *Econ.* Declarar oficialmente inmodificables (un sueldo o un precio). *El Gobierno decidió congelar el sueldo a los funcionarios.* **6.** *Econ.* Inmovilizar (fondos o cuentas particulares) para impedir que se realicen operaciones con ellos. *El juez ordenó congelar las cuentas bancarias de los imputados.* **7.** *Cine* y *TV* Detener el movimiento (de un plano o una imagen). *La película termina con un plano congelado.* ○ intr. prnl. **8.** coloq. Helarse o sentir mucho frío. *Pon la calefacción, que me estoy congelando.* ► **1:** HELAR.

congénere. adj. Del mismo género o clase que otro. Gralm. m. y f., espec. referido a pers. *El perro es más noble que muchos de nuestros congéneres. El cangrejo de río europeo está en peligro ante la expansión de su congénere americano.*

congeniar. (conjug. ANUNCIAR). intr. Coincidir una persona en carácter o inclinaciones con otra. *No congenia* CON *su hermana.* Tb.: *Se separaron porque no congeniaban.*

congénito, ta. adj. Que se tiene desde el nacimiento. *Las enfermedades congénitas son hereditarias o se contraen durante el embarazo.*

congestión. f. **1.** Acumulación excesiva de personas o cosas que dificulta el paso, la circulación o el movimiento. *La huelga de controladores produjo congestiones en los aeropuertos.* **2.** Acumulación excesiva de sangre en una parte del cuerpo. *Congestión cerebral.*

congestionar. tr. Hacer que (alguien o algo) sufran congestión. *La ira le congestionaba la cara. Las obras congestionan las calles de la ciudad.* Tb. en constr. prnl. media. *Llegó congestionado porque había venido corriendo. Las carreteras se han congestionado.*

congestivo, va. adj. *Med.* De la congestión, o que la implica. *El paciente presenta dificultad respiratoria y síntomas congestivos. Insuficiencia cardíaca congestiva.*

conglomerado. m. Masa compacta formada por la unión de partículas. *El óvulo se transforma en un conglomerado de células.* Frec. fig. *Trabaja en un conglomerado industrial con sede en Bilbao.*

conglomerante. adj. Que conglomera. *Sustancia conglomerante.* Dicho de producto, tb. m. *El cemento es un conglomerante.*

conglomerar. tr. Unir (partículas) de modo que formen una masa compacta. *El cemento se usa para conglomerar partículas de distintos materiales.* Frec. fig. *La exposición conglomeraba las tendencias de los últimos años.* Tb. en constr. prnl. media. *La policía dispersó a los grupos de manifestantes que se conglomeraban frente al ministerio.*

congoja. f. Pena muy intensa, gralm. manifestada con llanto. *La viuda no podía ocultar su congoja.*

congoleño, ña. adj. De alguno de los países africanos que llevan o han llevado el nombre del Congo. *Brazzaville y Kinshasa son las capitales congoleñas.* Dicho de pers., tb. m. y f. *Los congoleños nos hablaban en francés.* ► CONGOLÉS.

congolés, sa. adj. Congoleño. *Gobierno congolés.* Dicho de pers., tb. m. y f. *Los congoleses hablan francés.*

congraciarse. (conjug. ANUNCIAR). intr. prnl. Ganarse la benevolencia o la simpatía de alguien. *Buscaba el modo de congraciarse* CON *él.*

congratulación. f. Hecho de congratular o congratularse. *No vemos en eso un motivo de congratulación.*

congratular. tr. **1.** Alegrar (a alguien). *Nos congratula volver a veros.* ○ intr. prnl. **2.** Sentir alegría o satisfacción por algo. *El cirujano se congratulaba* DEL *éxito de la operación.* ► **2:** FELICITARSE.

congregación. f. **1.** Hecho o efecto de congregar o congregarse. *Al funeral solo asistió una pequeña congregación de familiares y amigos.* **2.** *Rel.* Institución religiosa aprobada por la autoridad competente, cuyos miembros hacen votos simples. *La congregación de Madres del Sagrado Corazón fue fundada en París.* Tb. ~ *religiosa.* **3.** *Rel.* Asociación de seglares con fines piadosos. *Pertenece a la congregación de Hijas de María.* **4.** *Rel.* Comunidad de sacerdotes seculares, dedicados al ejercicio de los ministerios eclesiásticos, bajo ciertas constituciones. *La Congregación de la Misión.* **5.** *Rel.* En el Vaticano: Cualquiera de las juntas compuestas de cardenales, prelados y otras personas, para el despacho de varios asuntos. *Congregación del Concilio.*

congregante, ta. (Gralm. como f. se usa **congregante**). m. y f. Persona que pertenece a una congregación religiosa. *Los congregantes se reunieron en el claustro.*

congregar. tr. Reunir o juntar (personas). *Nos congregó a todos para darnos la noticia. Cientos de fans se congregaban a las puertas del hotel donde se alojaba su ídolo.* ▶ *JUNTAR.

congresal. adj. **1.** Am. Del congreso. *En la sesión congresal estuvieron presentes Carlos Blanco, de la mayoría, y Javier Díez, de la oposición* [C]. ● m. y f. **2.** Am. Congresista. *Entre los temas que abordarán los congresales destaca "Nuestro continente y su oferta turística"* [C]. *Dijo un discurso en el Parlamento, con asistencia de congresales gobiernistas y opositores* [C].

congresista. m. y f. **1.** Persona que participa en un congreso. *La comisión organizadora proporcionará alojamiento a los congresistas.* **2.** En algunos países: Miembro del Congreso. *El escándalo ha salpicado a varios congresistas republicanos.* ▶ **Am:** CONGRESAL.

congreso. m. **1.** Reunión, gralm. periódica, de los miembros de una asociación o colectividad para exponer y debatir temas previamente fijados. *En el congreso anual del partido se elige al presidente. Prepara una ponencia para el Congreso Internacional de Psiquiatría.* **2.** (En mayúsc.). Cuerpo legislativo de ámbito nacional, compuesto por los diputados o representantes de los electores. *Se han convocado elecciones al Congreso y al Senado.* Tb., en España y otros países, ~ *de los Diputados. Hoy se reúne el Congreso de los Diputados para debatir los presupuestos.* **3.** (En mayúsc.). En algunos países: Conjunto de las dos cámaras legislativas. *El Capitolio es la sede del Congreso de los Estados Unidos.* **4.** (En mayúsc.). Edificio donde se reúne el Congreso (→ 2, 3). *Los afectados se manifestarán a las puertas del Congreso.*

congresual. adj. Del congreso o del Congreso. *Debate congresual.*

congrio. m. Pez marino comestible, de color gris y forma alargada casi cilíndrica, que posee una larga aleta dorsal. *Compra congrio en rodajas para hacerlo con patatas.*

congruencia. f. Cualidad de congruente. *El Tribunal Constitucional anula la sentencia del Supremo por falta de congruencia.*

congruente. adj. Que tiene coherencia o relación lógica con algo. *Hemos hecho una política congruente* CON *la grave situación económica. Necesito respuestas breves y congruentes.*

cónico, ca. adj. **1.** Del cono o cuerpo geométrico de base circular. *Los penitentes llevan un capirote de forma cónica.* **2.** Que tiene forma de cono. *Un poblado de chozas con techumbre cónica.*

conífero, ra. adj. **1.** *Bot.* Del grupo de las coníferas (→ 2). *Árbol conífero.* ● f. **2.** *Bot.* Planta con fruto en forma de piña o cono y hojas persistentes, gralm. en forma de aguja, como el pino o el ciprés. *Al sur de la tundra está la taiga, con sus grandes bosques de coníferas.*

conjetura. f. Suposición basada en indicios u observaciones. *No sabemos a ciencia cierta qué pasó; solo podemos hacer conjeturas.* ▶ SUPOSICIÓN.

conjetural. adj. Fundado en conjeturas. *Su teoría es meramente conjetural.*

conjeturar. tr. Suponer (algo) a partir de conjeturas. *No le fue difícil conjeturar lo que había pasado.* ▶ SUPONER.

conjugación. f. **1.** Hecho de conjugar o conjugarse. *El éxito del proyecto depende de la conjugación de muchos factores.* **2.** *Gram.* Cada uno de los grupos en que se clasifican los verbos según la terminación del infinitivo. *En español hay tres conjugaciones.* **3.** *Gram.* Conjunto de las formas que puede presentar un verbo. *El profesor preguntó la conjugación del verbo "andar".*

conjugar. tr. **1.** Combinar (una cosa) con otra. *La última colección del diseñador pretende conjugar la tradición* CON *la modernidad.* Tb.: *El relato conjuga realidad y ficción.* Tb. en constr. prnl. media. *El gótico se conjuga* CON *el barroco en la catedral. En su toreo se conjugan el arte y la técnica.* **2.** *Gram.* Enunciar o utilizar (un verbo) en sus diferentes formas. *Están aprendiendo a conjugar los verbos irregulares.* Tb. usado en constr. intr. *La clase conjugaba en voz alta.*

conjunción. f. **1.** Hecho o efecto de conjuntar. *El proyecto nace de la conjunción de varias propuestas.* **2.** *Fís.* Situación relativa de dos o más astros cuando se encuentran alineados con el punto de observación. *Marte entró en conjunción con Saturno.* **3.** *Gram.* Palabra invariable que introduce una oración subordinada o que une elementos sintácticamente equivalentes. *En "Juan y María bailan", "y" es una conjunción copulativa.*

conjuntamente. adv. De manera conjunta. *El ciclo de cine está organizado conjuntamente por el Ayuntamiento y la Filmoteca.* ■ ~ **con.** loc. prepos. Con o junto con. *Vamos a estudiar la poesía renacentista española conjuntamente con la italiana.*

conjuntar. tr. Hacer que (dos o más cosas) formen un conjunto armónico. *Siempre lleva los zapatos y el bolso conjuntados. No sabe conjuntar colores.*

conjuntiva. → **conjuntivo.**

conjuntivitis. f. Inflamación de la conjuntiva. *El médico le ha mandado un colirio para la conjuntivitis.*

conjuntivo, va. adj. **1.** Que une o junta. Se usa espec. en biología, referido normalmente a tejido. *En el microscopio observamos las fibras de colágeno que recorren el tejido conjuntivo. Fibras conjuntivas.* **2.** *Gram.* De la conjunción. *Función conjuntiva.* **3.** *Gram.* Que tiene valor conjuntivo (→ 2). *Locución conjuntiva.* ● f. **4.** *Anat.* Membrana mucosa muy fina que recubre el interior de los párpados y la parte anterior del globo ocular. *Las lágrimas mantienen lubrificada la conjuntiva.*

conjunto, ta. adj. **1.** Dicho de cosa: Que se hace o se produce con la intervención de varias personas o cosas. *Al finalizar la cumbre, ambos líderes harán una declaración conjunta. El cambio climático obedece a la acción conjunta de diversos factores ambientales.* ● m. **2.** Dos o más elementos considerados como una unidad. *Una biblioteca es un conjunto ordenado de libros. Hay un conjunto de alumnos que destaca sobre* *los demás.* **3.** Unidad constituida por la totalidad de los elementos de algo. *La autora ha recibido un premio en reconocimiento al conjunto de su obra.* **4.** Conjunto (→ 2) de prendas de vestir a juego. *La modelo viste un conjunto de chaqueta y pantalón.* **5.** Orquesta formada por un pequeño número de músicos que interpretan música ligera. *En la década de los sesenta formó parte de un conjunto pop.* **6.** Conjunto (→ 2) de personas que actúan cantando y bailando en un espectáculo teatral, gralm. de variedades. *La vedette empezó como chica de conjunto.* **7.** *Dep.* Equipo deportivo. *El conjunto malacitano ha marcado en el descuento.* **8.** *Mat.* Conjunto (→ 2) de entidades matemáticas con una propiedad en común. *El conjunto de los números enteros. La teoría de conjuntos.* ■ **conjunto vacío.** m. *Mat.* Conjunto (→ 8) que no contiene ningún elemento. *El símbolo del conjunto vacío es "Ø".* □ **en conjunto.** loc. adv. Considerando la totalidad de algo y no sus partes o sus detalles. *En conjunto, tienes un buen expediente académico.*

conjura. f. Conjuración. *Se encarcelará a los que hayan tomado parte en la conjura.* ▶ *CONSPIRACIÓN.

conjuración. f. Hecho de conjurar o conspirar. *El patricio romano Catilina tramó una conjuración contra la República.* ▶ *CONSPIRACIÓN.

conjurado, da. part. **1.** → **conjurar. 2.** Que se ha conjurado (→ 1). Tb. m. y f. *Los conjurados fueron condenados a la horca.*

conjurar. intr. **1.** Conspirar. *Fue acusado de conjurar contra el Gobierno. Dos figuras conjuran en la sombra.* Frec. prnl. *Se conjuraron para atentar contra el dictador.* ○ tr. **2.** Alejar o ahuyentar (un daño o un peligro). *Trata de conjurar el peligro anticipándose a él.* **3.** Expulsar (al demonio) con exorcismos. *El sacerdote conjuró al demonio.* **4.** Invocar la presencia (de los espíritus). *La médium conjura a los espíritus.*

conjuro. m. **1.** Hecho de conjurar al demonio. *Sometieron al endemoniado al conjuro de un exorcista.* **2.** Fórmula mágica que sirve para conjurar o para conseguir algo que se desea. *La bruja mezcla los ingredientes en el caldero mientras recita un conjuro.* ■ **al ~ de.** loc. prepos. cult. A instigación de o a la llamada de. *Al conjuro de la memoria, recuperó imágenes de la infancia.*

conllevar. tr. Implicar o comportar algo (otra cosa). *El ascenso conlleva un aumento de sueldo. La inversión en bolsa conlleva riesgos.* ▶ *IMPLICAR.

conmemoración. f. Hecho de conmemorar. *Se celebrará una misa en conmemoración de los muertos en el terremoto.*

conmemorar. tr. Recordar (algo o a alguien), espec. con una celebración, acto o monumento. *El Arco del Triunfo de París conmemora las victorias de Napoleón.* ▶ CELEBRAR.

conmemorativo, va. adj. Que conmemora o sirve para conmemorar. *El obelisco es un monumento conmemorativo. Desfile conmemorativo.*

conmigo. → **yo** y **con.**

conminación. f. Hecho de conminar. *Los atracadores hicieron caso omiso de las conminaciones de la policía para que salieran del local.*

conminar. tr. Obligar (a alguien) a hacer algo bajo amenaza de castigo. *El juez los conminó* A *guardar silencio.*

conminatorio, ria. adj. Que conmina o sirve para conminar. *El perro obedece los gestos conminatorios de su dueño.*

conmiseración. f. Compasión o piedad. *Sentía conmiseración por la gente pobre.* ▶ *COMPASIÓN.

conmiserativo, va. adj. **1.** Que siente conmiseración. *Los familiares del enfermo se esfuerzan por no parecer conmiserativos.* **2.** Que manifiesta o implica conmiseración. *El derrotado recibía miradas conmiserativas y palabras de aliento.* ▶ *COMPASIVO.

conmoción. f. **1.** Hecho o efecto de conmover o conmoverse, espec. por una impresión. *La noticia del atentado le causó una fuerte conmoción.* **2.** Estado de una persona producido gralm. por un golpe violento en la cabeza y caracterizado por el aturdimiento o la pérdida del conocimiento. Tb. *~ cerebral. Sufre conmoción cerebral y amnesia.*

conmocionar. tr. Producir conmoción (a alguien o algo). *El secuestro ha conmocionado a la opinión pública. Está conmocionado, pero el cerebro no ha sufrido daños.*

conmovedor, ra. adj. Que conmueve. *Resulta conmovedor ver a la hembra amamantando a sus crías. Suenan las conmovedoras notas de La Marsellesa.*

conmover. (conjug. MOVER). tr. **1.** Producir impresión (en una persona o su ánimo). *Las imágenes del asesinato conmovieron al mundo.* Tb. en constr. prnl. media. *La nación se conmovió por la muerte del monarca.* **2.** Enternecer (a alguien). *Aquellas escenas la conmovieron.* Tb. en constr. prnl. media. *Se conmovió al leer la carta.* ▶ **2:** ENTERNECER.

conmutación. f. Hecho de conmutar. *Solicitó la conmutación de la pena de muerte.*

conmutador. m. *Fís.* Dispositivo que sirve para que una corriente eléctrica cambie de conductor o de dirección. *La bomba queda activada por medio de un conmutador.*

conmutar. tr. Sustituir (una pena) por otra de menor gravedad. *Le conmutaron la pena de muerte* POR *la de cadena perpetua.*

conmutativo, va. adj. *Mat.* Dicho de operación: Que tiene un resultado que no varía cambiando el orden de sus términos o elementos. Tb. dicho de la propiedad correspondiente. *La suma tiene la propiedad conmutativa.*

connacional. m. y f. Persona de la misma nación que otra. *Las autoridades prohibieron la salida al extranjero de sus connacionales.*

connatural. adj. Propio de la naturaleza del ser o de la cosa de que se habla. *El instinto de supervivencia es connatural* A *los seres vivos.*

connivencia. f. **1.** Confabulación o acuerdo entre personas para hacer algo ilícito o considerado incorrecto. *El golpista ha actuado en connivencia* CON *mandos militares. Los niños se lanzan miradas de connivencia que ocultan alguna travesura.* **2.** Tolerancia o disimulo de las faltas o transgresiones de otros. *Algunos grupos de hinchas violentos gozaban de la connivencia de los propios clubes.*

connotación. f. cult. Conjunto de valores subjetivos que se asocian al significado propio de una palabra o expresión. *La palabra "viejo" tiene una connotación despectiva en español.*

connotar. tr. cult. Sugerir una palabra o expresión (una determinada connotación). *La palabra "luna" connota tristeza en los versos del poeta.*

connotativo, va. adj. **1.** cult. Que connota. *El léxico connotativo favorece varias interpretaciones.* **2.** cult. De la connotación. *Sentido connotativo.*

cono. m. **1.** *Mat.* Cuerpo geométrico de base circular, cuya superficie superior está generada por el giro completo de un triángulo rectángulo sobre uno de sus catetos. *La base del cono está unida al vértice por las generatrices, que forman su superficie lateral.* Tb. designa otros cuerpos semejantes con vértice superior y base curva. *Cono oblicuo.* **2.** Cosa cuya forma recuerda la del cono (→ 1). *En la mitad inferior del reloj se va formando un cono de arena. Solo se veía el cono de luz de una linterna.* **3.** Montaña de lava y cenizas volcánicas que tiene forma de cono (→ 1). Tb. *~ volcánico. Los personajes de la novela de Verne penetran en la Tierra a través de un cono volcánico.* **4.** *Anat.* Prolongación en forma de cono (→ 1) de ciertas células de la retina, que recibe las impresiones luminosas de color. Tb. la misma célula. *La capa de conos y bastoncillos.* **5.** *Bot.* Fruto en forma de cono (→ 1) propio de las coníferas. *La piña es un cono.* ■ **~ sur.** (Frec. en mayúsc.). m. Zona de América del Sur que comprende Argentina, Chile, Uruguay y, a veces, Paraguay. *Los países caribeños han intensificado sus relaciones comerciales con el Cono Sur.*

conocedor, ra. adj. Que conoce, espec. el carácter de alguien o las características de algo. *El tenista chileno, conocedor del punto débil de su rival, cargaba el juego sobre su revés.* Más frec. m. y f. *La soprano es una magnífica conocedora de la ópera italiana.*

conocer. (conjug. AGRADECER). tr. **1.** Tener en la mente la imagen (de alguien o algo). *No hace falta que me acompañe; conozco la salida. Ha traído una foto de su hijo para que lo conozcamos. ¿Conoces París? Solo lo conozco de vista. Pero ¿quién no conoce esa canción?* **2.** Conocer (→ 1) el carácter (de alguien) o las características (de algo). *Lo conozco y sé que está bromeando. Ese mecánico conoce bien mi coche.* **3.** Distinguir (una cosa o a una persona) entre otras de la misma clase. *Está tan débil que ya no conoce a sus hijos. Lo conocerá porque siempre lleva pajarita.* **4.** Tener trato (con una persona). *Parece muy antipática, pero, cuando la conoces, te das cuenta de que no lo es.* Tb. implica que ese trato se produce por primera vez. *Se conocieron en una fiesta de la universidad.* **5.** Experimentar o sentir (algo). *El valeroso pirata no conocía el miedo.* **6.** cult. Tener relaciones sexuales (con alguien). *Es doncella, pues no ha conocido varón.* ■ **se conoce.** loc. v. Parece claro. Se usa seguido de una oración introducida por *que. Se conoce que ha dejado el trabajo.*

conocido, da. part. **1.** → **conocer.** ● adj. **2.** Famoso o popular. *El conocido cantante suspendió el concierto en el último momento.* ● m. y f. **3.** Persona con quien se tiene trato, pero no amistad. *Tengo muchos conocidos, pero pocos amigos.* ▶ **2:** *FAMOSO.

conocimiento. m. **1.** Hecho o efecto de conocer. *No tengo conocimiento de que las normas hayan cambiado. Los científicos profundizan en el conocimiento de la enfermedad. En París trabó conocimiento con otros artistas.* **2.** Facultad de conocer. *El hombre está dotado de conocimiento.* **3.** Capacidad de razonar. *¡A ver si tienes un poco más de conocimiento, que ya no eres un bebé!* **4.** Conciencia (facultad de reconocer la realidad y relacionarse con ella). *Se dio un golpe y perdió el conocimiento.* **5.** coloq. Conocido (persona). *He invitado a mis amigos y a algunos conocimientos.* **6.** *Com.* En comercio internacional: Documento oficial que lleva el capitán de un buque mercante, en el que consta la mercancía que lleva embarcada y sus condiciones de transporte. *En el conocimiento de embarque figura que hay treinta contenedores de trigo.* ○ pl. **7.** Cosas que se conocen o se saben. *Mis conocimientos sobre la materia son muy básicos.* ▶ **4:** *CONCIENCIA.

conque. (Se pronuncia siempre átono). conj. Así que. Se usa para introducir una oración coordinada que expresa una consecuencia lógica. *Seguro que llueve, conque coge el paraguas.* Tb. introduce una oración independiente que expresa sorpresa o enfado ante una afirmación que resulta falsa o una expectativa no cumplida. *¡Conque nos ibas a pagar hoy! ¡Conque tenías mucho trabajo que hacer esta tarde!*

conquense. adj. De Cuenca. *El Huécar es un río conquense.* Dicho de pers., tb. m. y f. *Los conquenses son castellanomanchegos.*

conquista. f. **1.** Hecho de conquistar. *Se lanzó a la conquista de territorios inexplorados.* **2.** Cosa conquistada o conseguida. *La llegada a la luna constituyó una gran conquista para la Humanidad.* **3.** Persona conquistada en sentido amoroso. *Nos ha presentado a su última conquista.*

conquistador, ra. adj. Que conquista. Más frec. m. y f., referido a pers. *Cortés fue el conquistador del territorio azteca. Tiene fama de ser un conquistador.*

conquistar. tr. **1.** Conseguir mediante las armas (un territorio, una población o una posición). *Derrotó ejércitos y conquistó reinos.* **2.** Conseguir (algo) mediante el esfuerzo. *Se ha propuesto conquistar el récord mundial de salto de altura.* **3.** Ganarse el afecto o la voluntad (de alguien). *Ha conquistado al público con su simpatía.* **4.** Conseguir el amor (de alguien). *Me conquistó con su mirada.*

consabido, da. adj. **1.** Sabido por todos los que intervienen en un acto de comunicación. *Con frecuencia el sujeto de la frase se omite por consabido. Concluyó su discurso con los consabidos versos del poeta.* **2.** Conocido o habitual. *Antes de ir a trabajar, desayunó su consabido café con picatostes.*

consagración. f. **1.** Hecho de consagrar o consagrarse. *La ópera supuso su consagración como compositor.* **2.** *Rel.* Hecho de consagrar un sacerdote el pan y el vino. *En la consagración se produce la transubstanciación del pan y el vino en el cuerpo y la sangre de Cristo.* Tb. la parte de la misa correspondiente.

consagrar. tr. **1.** Hacer sagrado (algo o a alguien). *El Papa consagró a los nuevos cardenales.* **2.** Dedicar (una cosa o a una persona) a alguien o algo. *Consagró su juventud* A *cuidar de los enfermos.* **3.** Dar (a alguien o algo) fama o prestigio en su género o en su actividad. *El descubrimiento de la vacuna lo consagró como el más grande científico de su época.* Tb. en constr. prnl. media. *Es un tenor consagrado.* **4.** *Rel.* Pronunciar el sacerdote en la misa las palabras para que (el pan y el vino) se transformen en el cuerpo y la sangre de Jesucristo. *El sacerdote dio la comunión tras haber consagrado el pan y el vino.* ○ intr. prnl. **5.** Dedicarse íntegramente a alguien o algo. *Desde muy joven se consagró* A *la política.*

consanguineidad. f. Consanguinidad. *En los pueblos pequeños se da bastante la consanguineidad entre familias.*

consanguíneo, a. adj. Dicho de persona: Unida a otra por parentesco natural o por tener antepasados comunes. *En las casas reales era frecuente el matrimonio entre parientes consanguíneos.*

consanguinidad. f. Condición de consanguíneo. *La consaguinidad de los padres puede producir malformaciones en el feto.* ▶ CONSANGUINEIDAD.

consciencia. f. **1.** Facultad de la persona de reconocer la realidad y relacionarse con ella. *El coma consiste en la pérdida de consciencia prolongada.* **2.** Conocimiento inmediato o espontáneo de una realidad. *El criminal tenía plena consciencia* DE *lo que hacía.* ▶ *CONCIENCIA.

consciente. adj. **1.** Que tiene conocimiento de algo o se da cuenta de ello, espec. de los propios actos y sus consecuencias. *Soy consciente* DE *mi error.* **2.** Que tiene consciencia o facultad de reconocer la realidad. *Estuvo consciente hasta que murió.* **3.** Propio de la persona consciente (→ 1, 2). *Actos conscientes.*

conscripción. f. Am. Servicio militar. *La juventud se sigue oponiendo a la conscripción obligatoria* [C].

conscripto. m. Am. Soldado que está haciendo el servicio militar. *Los conscriptos sólo se endurecían y aceleraban sus desplazamientos cuando venía un teniente* [C].

consecución. f. Hecho de conseguir. *La consecución del objetivo depende también de la suerte.*

consecuencia. f. **1.** Hecho que resulta de otro. *El efecto invernadero es una consecuencia* DE *la deforestación. Sus declaraciones traerán consecuencias.* **2.** Idea que se deduce de otra de manera lógica. *De esas premisas se deriva esta consecuencia.* **3.** Cualidad de consecuente. *Admiro su consecuencia y su firmeza.* ■ **a ~ de.** loc. prepos. Como consecuencia (→ 1) de. *El río se desbordó a consecuencia de las fuertes lluvias.* ■ **en ~.** loc. adv. De manera consecuente. *Debes analizar bien la situación y obrar en consecuencia.*

consecuente. adj. **1.** Que actúa de acuerdo con sus principios o ideas. *Fue un profesor consecuente* CON *su concepción de la educación. Trata de ser consecuente.* **2.** Dicho de cosa: Que se sigue o resulta de otra. *El frío y el consecuente cambio en la vegetación dieron lugar a grandes migraciones animales.*

consecutivo, va. adj. **1.** Dicho de cosa: Que sigue inmediatamente a otra, frec. de la misma clase, o es consecuencia de ella. *Ha nevado durante tres días consecutivos. Es la tercera liga consecutiva que ganan. Hay neurosis depresivas consecutivas* A *fracasos.* **2.** *Gram.* Dicho espec. de conjunción: Que introduce una oración consecutiva (→ 3). *"Pues" y "conque" con conjunciones consecutivas.* **3.** *Gram.* Que expresa consecuencia. *Oración consecutiva.*

conseguir. (conjug. PEDIR). tr. **1.** Llegar a tener (algo que se desea). *Aún no ha conseguido el piso. No consigue que lo tomen en serio.* **2.** Seguido de un infinitivo: Llegar a realizar la acción designada. *Lo detuvieron pero consiguió huir. No consigo pescar ni una sola trucha.* ▶ LOGRAR.

conseja. f. Cuento popular o tradicional. *Oían las consejas de los abuelos al amor de la lumbre.*

consejería. f. **1.** Cargo de consejero. *Ocupa la consejería de Sanidad.* **2.** Lugar donde se encuentran las oficinas del consejero. *Los ecologistas se manifestarán ante la consejería de Medio Ambiente.* **3.** Departamento del gobierno de una comunidad autónoma. *Trabaja en la consejería de Educación de la Junta de Andalucía.*

consejero, ra. m. y f. **1.** Persona que aconseja. *Están viendo a un consejero matrimonial. Mi madre es mi mejor consejera.* Tb. fig. *La prisa es mala consejera.* **2.** Miembro de un consejo. *Los accionistas van a elegir a los consejeros. Consejero de Estado.* **3.** En una comunidad autónoma: Titular de una consejería. *El consejero es al gobierno autónomo lo que el ministro al gobierno del Estado.*

consejo. m. **1.** Opinión que se da sobre cómo se debe actuar. *Cuando tengo un problema, pido consejo a mi hermano mayor.* **2.** Órgano constituido por un conjunto de personas cuya función es asesorar o decidir en asuntos de gobierno o administración de una entidad. *El consejo de Ministros sigue reunido. Pertenece al consejo de administración de una empresa.* **3.** Reunión del consejo (→ 2). *Los viernes hay consejo de ministros. La decisión se tomó en el último consejo escolar.* ■ **~ de Estado.** m. *Polít.* Órgano máximo de consulta del Gobierno en asuntos políticos y administrativos. *Se ha pedido dictamen al Consejo de Estado sobre la reforma educativa.* ■ **~ de guerra.** m. Tribunal constituido por militares, que se ocupa de las causas de la jurisdicción militar. *El desertor comparecerá ante un consejo de guerra.* Tb. el juicio que hace. *Lo sometieron a consejo de guerra.*

consenso. m. Acuerdo entre todos los miembros de un grupo o colectividad. *Para gobernar sin mayoría absoluta hay que buscar el consenso.*

consensual. adj. Del consenso. *El ministro subrayó el carácter consensual de la política exterior del Gobierno.*

consensuar. (conjug. ACTUAR). tr. Decidir (algo) por consenso. *Se mostró partidario de una solución consensuada. Han consensuado los presupuestos.*

consentido, da. part. **1.** → **consentir.** • adj. **2.** Dicho espec. de niño: Mimado. *Es un niño muy consentido.* Tb. m. y f. *Eres una desobediente y una consentida.* **3.** Dicho de marido: Que sufre la infidelidad de su mujer. *Le acusó de ser un marido consentido.*

consentidor, ra. adj. Dicho de persona: Que consiente algo que no debe. *El Presidente era conocedor y consentidor de todos estos hechos.*

consentimiento. m. Hecho o efecto de consentir, espec. de permitir algo o de aceptarlo. *Se casaron sin el consentimiento paterno. Debes dar tu consentimiento.* ▶ *AUTORIZACIÓN.

consentir. (conjug. SENTIR). tr. **1.** Permitir (algo que no es bueno). *No te consiento que me hables en ese tono.* **2.** Permitir a una persona (algo que desea). *En su casa se lo consienten todo.* **3.** Mimar (a alguien) o ser muy blando (con él). *Su madre la ha consentido desde que nació.* ○ intr. **4.** Aceptar una persona algo que se le pide o plantea. *Aunque a regañadientes, consintió* EN *prestarle dinero.* ▶ **1, 2:** *AUTORIZAR.

conserje. m. y f. Portero de un edificio o de un establecimiento público. *El conserje llamó al botones para que cogiera las maletas. Se ha jubilado el conserje del colegio.*

conserjería. f. **1.** Lugar donde trabaja el conserje. *Han dejado un sobre para ti en conserjería.* **2.** Oficio o actividad de conserje. *La conserjería le permite continuar sus estudios por la mañana.*

conserva. f. **1.** Alimento en conserva (→ 2). *Se alimenta de conservas y comida congelada. Latas de conservas.* **2.** Método de conservación de alimentos consistente en prepararlos de forma adecuada y envasarlos herméticamente para que puedan mantenerse en buenas condiciones durante largo tiempo. Frec. en la constr. *en ~*. *Un bocadillo de atún en conserva.*

conservación. f. Hecho o efecto de conservar o conservarse. *Una parte del presupuesto de destinará a la conservación de las catedrales. Los seres vivos poseen un instinto de conservación.*

conservacionismo. m. Tendencia o actitud de quien da prioridad a la conservación y defensa de la naturaleza. *Frente al desarrollismo inmobiliario se halla el conservacionismo de los ecologistas.*

conservacionista. adj. **1.** Del conservacionismo o que lo implica. *Postura conservacionista. Leyes conservacionistas.* **2.** Partidario del conservacionismo. Dicho de pers., tb. m. y f. *Los conservacionistas se oponen a la construcción de la carretera.*

conservador, ra. adj. **1.** Que conserva. Dicho de pers., tb. m. y f. *Los monjes medievales tuvieron el papel de conservadores del patrimonio cultural.* **2.** Favorable a mantener la tradición y las ideas del pasado frente a las innovaciones y los cambios radicales. *La sociedad se ha vuelto más conservadora.* Se usa espec. en política. *Partido conservador.* Dicho de pers., tb. m. y f. *Los conservadores han ganado a los laboristas en las elecciones británicas.* ● m. y f. **3.** Persona encargada de la conservación del patrimonio o los fondos de un museo u otra institución semejante. *La conservadora del museo seleccionará las obras de la exposición.*

conservadurismo. m. Actitud o tendencia conservadoras. Se usa espec. en política. *Cánovas del Castillo fue el máximo representante del conservadurismo en la Restauración.*

conservante. adj. Que conserva o sirve para conservar alimentos. Dicho de sustancia o producto, tb. m. *El vinagre es un buen conservante. Nuestros productos no contienen conservantes ni colorantes.*

conservar. tr. **1.** Hacer que (algo) se mantenga o permanezca, gralm. en el estado en que se encontraba. *El frío conserva los alimentos. Colocan en las paredes un aislante que conserva el calor.* **2.** Hacer que (alguien o algo) continúen existiendo. *Hay que conservar los bosques. Decidieron conservar el suelo original de la casa.* **3.** Continuar (con algo), o seguir teniéndo(lo). *Conservaba un cutis juvenil. Es difícil conservar la calma en una situación así.* **4.** Guardar (algo), o tener(lo) en su poder. *La Biblioteca Nacional conserva la primera edición del libro.* ○ intr. prnl. **5.** Mantenerse o permanecer alguien o algo, gralm. en el estado en que se encontraban. *El pescado se conservará si lo pones en sal. El abuelo se conserva a pesar de sus años.*

conservatorio. m. Centro oficial de enseñanza de música y, a veces, de otras artes relacionadas, como el *ballet*. *Da clases de violín en el conservatorio.*

conservero, ra. adj. **1.** De las conservas. *Industria conservera.* ● m. y f. **2.** Persona que se dedica a la elaboración o a la industria de las conservas. *Algunos conserveros tienen su propia flota de pesca.*

considerable. adj. Dicho de cosa: Bastante grande o importante. *Ha pagado una suma considerable por el cuadro. Lesiones de considerable gravedad.*

consideración. f. **1.** Hecho o efecto de considerar. *Sometieron el proyecto a la consideración del consejo. El artículo se titula "Algunas consideraciones sobre los verbos irregulares en español".* **2.** Actitud de respeto hacia alguien o algo, atendiendo a sus circunstancias o condición. *Trata a sus empleados sin ninguna consideración.* ■ **de ~.** loc. adj. Considerable. *El terremoto causó daños de consideración.* ■ **tener,** o **tomar, en ~** (algo o a alguien). loc. v. Prestar(les) atención. *No toma en consideración las opiniones de los demás.*

considerado, da. part. **1.** → **considerar.** ● adj. **2.** Que se comporta con atención y respeto. *Un joven muy considerado me cedió su asiento.*

considerar. tr. **1.** Dedicar atención (a alguien o algo). *La eligieron a ella, y a su compañero ni lo consideraron.* **2.** Reflexionar o meditar (sobre algo). *Considera la propuesta antes de rechazarla.* **3.** Tratar (a alguien) con atención y respeto. *En la empresa lo han considerado desde el primer día.* **4.** Tener (de alguien o algo) el concepto que se expresa. *Siempre lo ha considerado como un hermano. Considero ridículo que te enfades por algo tan nimio. Lo consideran una pérdida de tiempo.*

consigna. f. **1.** Orden dada directamente a un subordinado o a los miembros de un colectivo. *La ejecutiva del partido ha dado la consigna de no hacer declaraciones. Los soldados tienen la consigna de disparar.* **2.** En una estación o en un aeropuerto: Lugar donde se puede depositar temporalmente el equipaje. *Dejé la maleta en la consigna y fui a hacer unas compras.*

consignación. f. **1.** Hecho de consignar. *En el impreso falta la consignación de su estado civil.* **2.** Cantidad de dinero consignada en un presupuesto. *La consignación destinada a educación asciende a 18 millones de euros.*

consignar. tr. **1.** Poner (algo) por escrito. *En comisaría consignan la fecha y la hora de la denuncia.* **2.** Establecer (una cantidad de dinero) para alguien o algo en un presupuesto. *El Gobierno autonómico consignará tres millones de euros a sanidad.* **3.** *Com.* Enviar (una mercancía) a alguien. *La mercancía consignada se halla en el depósito franco.*

consignatario, ria. adj. *Com.* Destinatario de un buque, cargamento o mercancía. *Empresa consignataria.* Más frec. m. y f. *El consignatario firmará el albarán de entrega.*

consigo. → **se**[1] y **con.**

consiguiente. adj. Que se deduce o es consecuencia de algo. *Asumió la dirección de la empresa, con las consiguientes responsabilidades.* ■ **por ~.** loc. adv. Como consecuencia de lo anterior. *Las obras de remodelación son complicadas y, por consiguiente, costosas.*

consiguientemente. adv. Por consiguiente. *El éxito de la película afecta a su carrera y, consiguientemente, a su situación económica.*

consistencia. f. Condición de consistente o sólido. *A la masa del bizcocho le falta consistencia.*

consistente. adj. **1.** Que consiste. *Se ha sometido a una operación consistente* EN *una reducción de estómago. El escultor descubrió su obra, consistente* EN *tres palos y dos piedras.* **2.** Que tiene estabilidad o solidez. *La estantería es poco consistente. Un muro consistente.*

consistir. intr. **1.** Ser algo otra cosa. *El premio consistía* EN *una bicicleta de montaña. Su trabajo consiste* EN *clasificar expedientes.* **2.** Deberse una cosa a otra, o estar causada por ella. *Su éxito consiste* EN *su simpatía.* **3.** Estar una cosa formada por otra u otras. *El examen consistirá* EN *tres preguntas y un comentario de texto.*

consistorial. adj. Del consistorio. *Están reformando el edificio consistorial.*

consistorio. m. Ayuntamiento (corporación, o edificio). *Los verdes tienen un concejal en el nuevo consistorio. El consistorio está en la plaza Mayor.* ▶ *AYUNTAMIENTO.

consocio, cia. m. y f. Socio de una entidad o asociación respecto de otro u otros. *El presidente de la compañía dimitió ante sus consocios.*

consola. f. **1.** Mesa de adorno alargada, que se arrima a la pared y sobre la que se colocan objetos decorativos. *Sobre la consola del recibidor hay dos candelabros.* **2.** Tablero de instrumentos de control de un aparato o máquina. *El técnico de sonido manipula botones en la consola de la mesa de mezclas.* **3.** Aparato pequeño provisto de consola (→ 2), que sirve para reproducir videojuegos en una pantalla integrada o independiente. *Para su cumpleaños quiere una consola.* ▶ **3:** VIDEOCONSOLA.

consolación. f. Hecho o efecto de consolar o consolarse. *Tu compañía me sirve de consolación. Halló consolación en los libros.* ■ **de ~.** loc. adj. Dicho espec. de premio: Que se ofrece a quien no obtiene el premio principal en una competición, sorteo o concurso. *El premio de consolación es un lote de libros.*

consolador, ra. adj. Que consuela. *Palabras consoladoras.*

consolar. (conjug. CONTAR). tr. **1.** Aliviar la pena o el disgusto (de alguien). *Como lloraba, me acerqué a consolarla.* Tb. en constr. prnl. media. *Se consolaba pensando que la mala racha no podía durar siempre.* **2.** Aliviar (la pena o el disgusto) de alguien. *Nada ni nadie pueden consolar el dolor de su ausencia.*

consolidación. f. Hecho de consolidar. *Su nuevo disco supuso la consolidación de su carrera musical.*

consolidar. tr. Dar firmeza o solidez (a algo). *Los hijos han consolidado su matrimonio.*

consomé. m. Caldo de carne y verduras, que se toma solo o añadiéndole yema de huevo o jerez. *De primero pidió un consomé al jerez.*

consonancia. f. **1.** Relación de conformidad o armonía entre dos o más cosas. Frec. en la constr. *en ~ con. Su forma de vestir no está en consonancia con su edad.* **2.** *Lit.* Rima consonante. *Hoy veremos ejemplos de consonancia y asonancia en la poesía.* **3.** *Mús.* Combinación de sonidos que produce un efecto agradable. *Consonancia y disonancia.*

consonante. adj. **1.** Dicho de cosa: Que concuerda o es armónica con otra u otras. *La letra de la canción es consonante* CON *el clima social de la época.* **2.** *Lit.* Dicho de rima: Que se produce por la coincidencia de todos los sonidos vocálicos y consonánticos. *El soneto clásico tiene catorce versos de rima consonante.* Tb. dicho del verso con este tipo de rima. **3.** *Gram.* Dicho de letra: Que sirve para representar una consonante (→ 4). *Letra consonante.* Tb. f. *¿Cuántas consonantes hay en el alfabeto español?* ○ f. **4.** *Gram.* Sonido del lenguaje que se produce por el contacto total o parcial de dos órganos articulatorios. *La consonante "t" es dental sorda.*

consonántico, ca. adj. *Gram.* De las consonantes. *El árabe tiene una escritura consonántica.*

consonantismo. m. *Gram.* Sistema consonántico de una lengua. *Ha publicado un artículo sobre la evolución del consonantismo castellano.*

consorcio. m. Agrupación de personas o entidades para un fin común, gralm. de carácter económico. *Un consorcio de bancos concederá el crédito para financiar la obra.*

consorte. m. y f. Persona que está casada con otra. *María Cristina era la consorte de Alfonso XII.* Frec. en aposición, pospuesto a un título, para designar a la persona que lo ha adquirido por matrimonio. *Felipe el Hermoso fue rey consorte de Castilla.*

conspicuo, cua. adj. **1.** cult. Destacado o notable. *El mundo del teatro homenajea a uno de sus más conspicuos miembros.* **2.** cult. Visible o patente. *Su presencia hace más conspicuo mi miedo.*

conspiración. f. Hecho o efecto de conspirar. *El presidente fue víctima de una conspiración.* ▶ COMPLOT, CONJURA, CONJURACIÓN.

conspirador, ra. m. y f. Persona que conspira con otros. *Los conspiradores se proponían asaltar el Parlamento.*

conspirar. intr. Unirse contra alguien, espec. contra el poder o la autoridad. *Un grupo de senadores conspiró para asesinar a Julio César. Han conspirado contra el rey.* ▶ CONJURAR. ‖ **Am:** COMPLOTAR.

conspirativo, va. adj. De la conspiración. *El asesinato del presidente dio lugar a toda una teoría conspirativa.*

conspiratorio, ria. adj. De la conspiración. *Han detenido al instigador de las actividades conspiratorias.*

constancia[1]**.** f. Cualidad de constante. *Estudiar una carrera requiere constancia.*

constancia[2]**.** f. **1.** Hecho o efecto de hacer que algo conste o esté registrado. *El autor deja constancia de su agradecimiento en el prólogo.* **2.** Certeza o seguridad de algo. *No tengo constancia de que haya cambiado de parecer.* **3.** Prueba fehaciente de algo. *Estos retratos dejan constancia de su maestría como fotógrafo.*

constante. adj. **1.** Dicho de persona: Que mantiene la misma actitud o actividad de manera duradera. *Nunca acaba lo que empieza porque es poco constante.* **2.** Dicho de cosa: Que se mantiene invariable. *El termostato hace que la temperatura permanezca constante.* **3.** Dicho de cosa: Que se mantiene de forma duradera e ininterrumpida. *En aquella época, su hija era una fuente constante de preocupación.* **4.** Dicho de cosa: Que se repite con frecuencia o permanentemente. *La han sancionado por sus constantes retrasos.* Frec. f. *El sexo es una constante en sus novelas.* ● f. **5.** *Mat.* Variable de valor fijo. *Cavendish había calculado la constante de la gravitación universal en 1798.* ○ pl. **6.** *Med.* Datos relativos a las funciones del organismo, cuyos valores deben estar dentro de ciertos límites para el mantenimiento de las condiciones de vida normales. Tb. *~s vitales. El paciente ha recuperado sus constantes vitales.*

constar. intr. **1.** Tener varias partes o elementos, o estar formado por ellos. *El examen constará* DE *tres partes.* **2.** Estar algo registrado por escrito. EN *la solicitud deben constar el nombre y los dos apellidos.* **3.** Ser algo cierto para alguien. *Me consta que fue idea suya.*

constatación. f. Hecho o efecto de constatar. *Lo que digo es simplemente la constatación de un hecho.*

constatar. tr. Comprobar (algo dudoso o supuesto). *Constató que aún tenía pulso.*

constelación. f. **1.** Conjunto de estrellas que, mediante trazos imaginarios, forman un dibujo que evoca determinada figura. *La Estrella Polar está en la constelación de la Osa Menor.* **2.** cult. Conjunto de personas o cosas. *En torno a las Naciones Unidas hay una constelación de organismos.*

consternación. f. Pena o abatimiento profundos. *La muerte del actor ha causado consternación en los círculos teatrales.*

consternar. tr. Producir consternación (a alguien). *Su muerte nos consternó a todos. Está consternado por la terrible noticia.*

constipado. m. Resfriado o catarro. *No tengo gripe, es un simple constipado.* ▶ *CATARRO.

constiparse. intr. prnl. Coger un constipado. *Hace mucho frío; abrígate bien o te constiparás.* ▶ *ACATARRARSE.

constitución. f. **1.** Hecho de constituir. *La constitución del club se remonta a hace cincuenta años.* **2.** Manera en que está constituida o formada una cosa. *Hoy explicaremos la constitución de la célula.* **3.** Conjunto de las características físicas de una persona. *Es una mujer de constitución atlética.* **4.** (En mayúsc.). Ley fundamental de un Estado, que define la organización de este y el régimen básico de los derechos y libertades de los ciudadanos. *Es una ley contraria a la Constitución.* ▶ **3:** COMPLEXIÓN, CONTEXTURA.

constitucional. adj. **1.** De la Constitución. *Piden una reforma constitucional.* **2.** Que deriva de la Constitución o se ajusta a lo establecido en ella. *La libertad de culto es un derecho constitucional. Catedrático de Derecho Constitucional. La bandera constitucional.*

constitucionalidad. f. Cualidad de constitucional o acorde con la Constitución. *Se ha puesto en duda la constitucionalidad de la nueva ley.*

constitucionalismo. m. Ideología o tendencia que defiende el sistema basado en un texto constitucional. *En el siglo XIX surge con fuerza el constitucionalismo español.*

constitucionalista. adj. **1.** Del constitucionalismo. *Doctrina constitucionalista.* **2.** Partidario del constitucionalismo. *Partidos constitucionalistas.* Dicho de pers., tb. m. y f. *Fernando VII se enfrentaba a los constitucionalistas.* ● m. y f. **3.** Especialista en constituciones políticas. *El Constitucionalista comparó la Constitución de 1978 con la de 1931.*

constituir. (conjug. CONSTRUIR). tr. **1.** Formar dos o más personas o cosas (un conjunto unitario). *Las vocales y las consonantes de una lengua constituyen su alfabeto. Un equipo de fútbol lo constituyen once jugadores.* **2.** Tener alguien o algo la condición (de lo que se indica). *Sus palabras constituyen una ofensa. Sus amigos constituyen su mejor apoyo.* **3.** Establecer o fundar (algo). *Varios agricultores se agruparon para constituir una cooperativa.* **4.** Dar (a alguien o algo) la condición que se indica. *El documento lo constituye* EN *su tutor legal.* Tb. en constr. prnl. media. *Al casarse con él, se constituyó* EN *su legítima heredera.* ▶ **3:** *ESTABLECER.

constitutivo, va. adj. Que constituye. *Los fonemas son elementos constitutivos de la palabra. Su actuación no es constitutiva de delito.*

constituyente. adj. **1.** Que constituye. *Un socio constituyente de la empresa.* Dicho de elemento, tb. m. *El ADN es el constituyente esencial de los cromosomas.* **2.** Dicho espec. de asamblea: Que elabora o reforma la Constitución del Estado. *Se convocaron elecciones a las Cortes constituyentes.*

constreñimiento. m. Hecho o efecto de constreñir. *Ha habido un constreñimiento del gasto público.*

constreñir. (conjug. CEÑIR). tr. **1.** Obligar (a alguien) a hacer algo. *Las deudas lo constriñeron* A *pedir dinero prestado.* **2.** Limitar o reducir (algo). *Las reglas rígidas constriñen la imaginación.* **3.** Limitar la libertad (de alguien). *Las estrictas normas del internado constreñían a los alumnos.* **4.** Apretar (algo) ejerciendo presión (sobre ello). *La goma de los calcetines le constreñía los tobillos.* ▶ **4:** *PRESIONAR.

constricción. f. Hecho de constreñir algo, espec. mediante presión. *Durante la crisis asmática se produce una constricción de las vías respiratorias.*

constrictivo, va. adj. Que constriñe. *Los empresarios califican la legislación laboral de constrictiva.*

constrictor, ra. adj. Dicho de cosa: Que constriñe o aprieta. *Músculo constrictor.* Tb. m. *Se le administró un constrictor de los vasos sanguíneos.*

construcción. f. **1.** Hecho de construir. *Miles de esclavos trabajaron en la construcción de las pirámides.* **2.** Actividad de construir edificios u obras semejantes. *Trabaja en la construcción.* **3.** Cosa construida, espec. un edificio. *Las construcciones más antiguas de la ciudad datan del siglo* V *a. C.* **4.** *Gram.* Conjunto de palabras que forman una unidad sintáctica. *¿Es correcta la construcción "Creo de que tienes razón"?* ○ pl. **5.** Juego infantil que consta de piezas de distintas formas que se combinan gralm. para construir edificios. *Los niños se entretenían jugando a las construcciones.* ▶ **1:** EDIFICACIÓN. **3:** *EDIFICIO.

constructivismo. m. *Arte* Movimiento vanguardista surgido a principios del s. XX, que se caracteriza por emplear materiales procedentes de la industria. *El constructivismo ruso nace dentro de la corriente abstracta.*

constructivo, va. adj. Que construye o sirve para construir. *Agradezco las críticas si son constructivas.*

constructor, ra. adj. **1.** Que construye. Dicho de pers., tb. m. y f. *El constructor del artefacto fue un inventor argentino.* Dicho de empresa, tb. f. *Las acciones de la constructora se cotizan en bolsa.* ● m. y f. **2.** Persona que se dedica a la construcción de edificios u otras obras semejantes. *El arquitecto entregó los planos a los constructores.*

construir. (conjug. CONSTRUIR). tr. **1.** Hacer (un edificio o una obra semejante). *Están construyendo un hospital en las afueras.* **2.** Hacer (algo) utilizando los elementos adecuados. *Construyó un imperio financiero. Los castores construyen diques.* **3.** *Gram.* Unir (una palabra) con otra según las leyes gramaticales. *El verbo "versar" se construye con la preposición "sobre".* ▶ **1:** EDIFICAR.

consubstancial. → **consustancial.**

consubstancialidad. → **consustancialidad.**

consuegro, gra. m. y f. Respecto de una persona: Suegro o suegra de su hijo o de su hija. *Los consuegros se hicieron una foto con los novios.*

consuelo. m. Hecho o efecto de consolar o consolarse. *Buscó consuelo en el alcohol. Lloraba sin consuelo.* Tb. la persona o cosa que consuela. *Eres mi único consuelo. Es un consuelo que haya dejado de llover.*

consuetudinario, ria. adj. **1.** De costumbre o de la costumbre. *El texto se sale de los cauces genéricos consuetudinarios.* **2.** *Der.* Establecido por la costumbre. *Originariamente, las normas jurídicas eran consuetudinarias. Derecho consuetudinario.*

cónsul. m. y f. **1.** Diplomático cuya función es proteger a las personas y los intereses de su país en una ciudad extranjera. *Los pasajeros afectados han pedido ayuda al cónsul español en Miami.* ○ m. **2.** histór. En la República romana: Cada uno de los dos magistrados que durante un año ostentaban la máxima autoridad. *Cicerón fue elegido cónsul.* ■ ~ **general.** m. y f. Jefe del servicio de cónsules (→ 1) en un país extranjero. *El cónsul general de Argentina en Perú.*

consulado. m. **1.** Cargo de cónsul. *Su primer cargo fue un consulado en Guatemala. Varios senadores romanos aspiraban al consulado.* Tb. el tiempo que dura. *Durante su consulado, estalló una guerra civil.* **2.** Oficina del cónsul en una ciudad extranjera. *Fue al consulado para que le expidieran un visado.*

consular. adj. Del cónsul o los cónsules. *Es miembro del cuerpo consular.*

consulta. f. **1.** Hecho o efecto de consultar. *Hizo una consulta al abogado sobre la herencia. Una obra de consulta.* **2.** Hecho de atender el médico a sus pacientes. Gralm. con *pasar* o *tener. La pediatra pasa consulta los lunes.* **3.** Local donde el médico atiende a los pacientes. *La consulta del dentista está en el tercer piso.* ▶ **3:** CONSULTORIO.

consultar. tr. **1.** Tratar (un asunto) con alguien para conocer su opinión o criterio. *Consultó el problema con sus amigos. Consulta tus dudas al profesor.* **2.** Pedir opinión (a alguien). *Ha consultado a varios médicos.* **3.** Buscar (información) en un texto. *Consulta los datos* EN *la enciclopedia.* Tb. referido al texto. *Consulta la enciclopedia.*

consultivo, va. adj. Dicho de organismo o corporación: Establecido para ser oído y consultado. *El Consejo de Estado es el máximo órgano consultivo del Gobierno.*

consultor, ra. adj. Que atiende consultas y asesora sobre una materia específica, espec. de forma profesional. *Una empresa consultora. Un organismo consultor.* Dicho de pers., tb. m. y f. *Trabaja como consultor financiero para un banco.* Dicho de empresa, tb. f. *Han encargado la auditoría a una consultora.*

consultoría. f. **1.** Actividad del consultor o la consultora. *Dos grandes firmas de auditoría y consultoría se han fusionado.* **2.** Oficina del consultor o la consultora. *Como es experto en temas medioambientales, ha abierto una consultoría.*

consultorio. m. **1.** Establecimiento privado donde se atienden consultas sobre una materia específica. *Un consultorio fiscal.* **2.** Local donde uno o más médicos atienden a sus pacientes. *El consultorio cierra en agosto.* **3.** Sección de un periódico, revista o programa de radio, destinada a contestar consultas del público. *Llamó a un consultorio sentimental de la radio.* ▶ **2:** CONSULTA.

consumación. f. Hecho de consumar. *Se ha evitado la consumación de un crimen.*

consumado, da. part. **1.** → **consumar.** ● adj. **2.** Dicho de persona: Que realiza una actividad con perfección. *Es un pianista consumado.*

consumar. tr. **1.** Llevar a cabo (algo) totalmente. *Lo detuvieron antes de que pudiera consumar el robo.* **2.** Completar los esposos (el matrimonio) realizando el primer acto sexual. *No llegaron a consumar su matrimonio.*

consumible. adj. Que puede consumirse, espec. a través del uso. *Las energías solar y eólica son energías no consumibles. Bienes consumibles.* Dicho de producto, tb. m. *Trabaja en el sector de consumibles informáticos.*

consumición. f. **1.** Hecho de consumir o consumirse. *La consumición de la vela era muy rápida. La consumición de verduras es imprescindible.* **2.** Conjunto de cosas que se consumen en un bar u otro establecimiento público. *Por favor, abonen sus consumiciones en el acto.*

consumidor, ra. adj. **1.** Que consume. *Estados Unidos es el mayor país consumidor de energía.* Dicho de pers., tb. m. y f. *Empezó tomando pastillas para dormir y ahora es una consumidora habitual.* ● m. y f. **2.** Persona que compra o consume productos, o utiliza servicios. *La asociación defiende a los consumidores frente a los comerciantes y los fabricantes.*

consumir. tr. **1.** Destruir o extinguir (algo). *El fuego todo lo consume.* Tb. en constr. prnl. media. *El tronco se consumía lentamente en la chimenea.* **2.** Utilizar (comestibles u otros bienes) para satisfacer necesidades o deseos. *En casa consumimos muchas legumbres.* **3.** Gastar (energía o un producto energético). *El alumbrado consume electricidad. Mi coche consume gasoil.* **4.** Desazonar o afligir (a alguien). *Las preocupaciones me consumen. Este niño me consume: no come nada.* Tb. en constr. prnl. media. *Se consume pensando en los exámenes.* **5.** Poner muy flaco y débil (a alguien). *El cáncer lo está consumiendo.* Tb. en constr. prnl. media. *El abuelo iba consumiéndose poco a poco.* ▶ **3:** GASTAR.

consumismo. m. Tendencia a gastar o consumir bienes de forma excesiva e innecesaria. *La Navidad es algo más que una época de consumismo.*

consumista. adj. **1.** Del consumismo. *Fiebre consumista.* **2.** Inclinado al consumismo. *Sociedad consumista.* Dicho de pers., tb. m. y f. *El nuevo centro comercial es el paraíso de los consumistas*

consumo. m. Hecho o efecto de consumir un alimento o un producto. *El consumo de frutas aporta vitaminas. Lo detuvieron por consumo de drogas.*

consunción. f. cult. Hecho de consumir o consumirse por destrucción, debilitamiento o aflicción. *El anciano falleció por consunción.*

consuno. de ~. loc. adv. cult. En unión o de manera conjunta. *La decisión ha sido tomada de consuno por todos los grupos.*

consustancial. (Tb. **consubstancial**). adj. **1.** Propio de la naturaleza de alguien o algo, o inherente a ella. *El espíritu de supervivencia es consustancial* AL *ser humano.* **2.** *Rel.* De la misma sustancia y naturaleza indivisible. *Padre, Hijo y Espíritu Santo son consustanciales.*

consustancialidad. (Tb. **consubstancialidad**). f. Cualidad de consustancial. *En el concilio se trató la consustancialidad del Espíritu Santo* CON *el Padre y el Hijo.*

contabilidad. f. **1.** Hecho o actividad de llevar las cuentas de un negocio u oficina. *Acostumbra a llevar al día la contabilidad.* Tb. la técnica o sistema empleados para ellos. *Piden conocimientos de contabilidad e informática.* **2.** Oficina del contable. *Lleva estas facturas a contabilidad.*

contabilizar. tr. Apuntar (una cantidad o una operación) en los libros de cuentas. *Contabiliza los gastos en una columna y los ingresos en otra.*

contable. adj. **1.** De la contabilidad. *Libros contables. Irregularidades contables.* ● m. y f. **2.** Persona encargada de la contabilidad de un negocio u oficina. *El contable encontró anomalías en las cuentas de la empresa.* ▶ **frecAm: 2:** CONTADOR.

contactar. intr. Establecer contacto o comunicación con alguien. *Para contactar con nosotros, llame al teléfono que aparece en pantalla.*

contacto. m. **1.** Hecho de tocarse físicamente dos o más cosas o personas. *Su piel enrojece al entrar en contacto con prendas de lana.* **2.** Conexión entre los conductores de un circuito eléctrico. *El aparato no funciona porque las pilas no hacen contacto.* **3.** Dispositivo para producir un contacto (→ 2). *Dele al contacto para ver si arranca el coche.* **4.** Comunicación o relación entre dos o más personas. *Apenas tengo contacto con los vecinos.* **5.** Persona que sirve de enlace o relación con otras dentro de un medio determinado. *El periodista tenía un contacto en la policía.*

contado, da. part. **1.** → **contar.** ● adj. **2.** Acompañando a un nombre en plural: Pocos o escasos. *Nos hemos visto en contadas ocasiones.* **3.** Que se presenta en cantidad determinada o limitada. *No me entretengas, que tengo el tiempo contado.* ■ **al contado.** loc. adv. Con pago inmediato. *En los grandes almacenes, se puede pagar a plazos o al contado.*

contador, ra. adj. **1.** Que cuenta. *En los bancos hay máquinas contadoras de billetes.* ● m. **2.** Aparato o dispositivo que sirve para medir numéricamente determinadas magnitudes o la cantidad de un fluido, espec. agua, gas o electricidad, que pasa por un punto. *Han venido los de la compañía del gas a leer el contador.* ○ m. y f. **3.** frecAm. Contable (persona encargada de la contabilidad). *Tiene que contratar a un contador para que le lleve su contabilidad y prepare sus declaraciones de impuestos* [C]. ▶ **2:** CONTABLE.

contaduría. f. Oficina del contable. *Trabaja en la contaduría del Ayuntamiento.*

contagiar. (conjug. ANUNCIAR). tr. **1.** Transmitir (una enfermedad) a alguien. *Le mordió un perro y le contagió la rabia.* Tb. fig. *Está tan contento que nos contagia su alegría.* Tb. en constr. prnl. media. *La sífilis se contagia por vía sexual.* Tb. fig. *El desánimo de los eliminados se contagiaba a todos los presentes.* **2.** Transmitir una enfermedad (a alguien). *Cogió la varicela y ha contagiado a su hermanita.* Tb. fig. *Contagia* DE *entusiasmo a todos los que le escuchan.* Tb. en constr. prnl. media. *Miles de personas se han contagiado* DE *gripe este año.* Tb. fig. *Cuando leo sus poesías, me contagio* DE *su pesimismo.* ▶ **1:** TRANSMITIR.

contagio. m. Hecho de contagiar o contagiarse. *Se ha iniciado una campaña para prevenir el contagio de sida.*

contagioso, sa. adj. **1.** Dicho de enfermedad: Que se contagia, espec. con facilidad. *El cáncer no es contagioso. La tuberculosis es una enfermedad muy contagiosa.* Tb. fig. *Tiene una risa contagiosa.* **2.** Dicho de persona o animal: Que puede contagiar una enfermedad. *Los enfermos contagiosos están aislados de los demás.*

contaminación. f. Hecho o efecto de contaminar o contaminarse, espec. el agua, los alimentos o el medio ambiente. *Han denunciado la contaminación del pantano. Los niveles de contaminación son altos.*

contaminador, ra. adj. Que contamina. *La empresa contaminadora abonará una multa. Agentes contaminadores.*

contaminante. adj. Que contamina el agua, los alimentos o el medio ambiente. *Emisiones contaminantes. Sustancias contaminantes.* Dicho de producto o agente, tb. m. *Se ha detectado la presencia de contaminantes en los acuíferos.*

contaminar. tr. **1.** Alterar la pureza o las condiciones (de algo, espec. del agua, el aire o los alimentos) con elementos perjudiciales para los seres vivos. *Los vertidos contaminan el río. Ha bebido agua contaminada.* Tb. en constr. prnl. media. *El río se contaminó con los vertidos de la fábrica.* **2.** Contagiar (a alguien), o transmitir(le) algo malo, espec. una enfermedad. *Lo pusieron en cuarentena para que no contaminara a los demás.* Tb. en constr. prnl. media. *Se contaminó* DEL/CON *el fanatismo reinante.* ▶ **1:** POLUCIONAR.

contante. adj. Dicho de dinero: Efectivo. *Paga con dinero contante.* Más frec. ~ *y sonante. Puso sobre la mesa cien mil euros contantes y sonantes.* ▶ EFECTIVO.

contar. (conjug. CONTAR). tr. **1.** Establecer la cantidad exacta (de personas o cosas), numerándo(las). *La azafata contó a los pasajeros. Cuenta el dinero.* **2.** Decir o dar a conocer (un hecho o una historia, reales o imaginarios). *El abuelo nos contaba cuentos antes de dormir. ¿Te cuento un chiste?* **3.** Incluir (algo o a alguien) en un grupo. *En clase somos treinta, contando al profesor. Siempre te he contado entre mis amigos.* **4.** Tener alguien o algo (un número de años). *Cuando murió contaba 83 años.* **5.** Considerar (algo o a alguien) como algo. *Te cuento como mi mejor colaborador.* **6.** Tener en cuenta (algo). *Y cuenta que esto no es todo, que aún saldrán más cosas.* ○ intr. **7.** Decir los números correlativamente. *Ya sabe contar hasta diez.* **8.** Disponer una persona o una cosa de otra o tenerla. *El ejército contaba* CON *diez mil hombres. El piso cuenta* CON *calefacción central.* **9.** Importar alguien o algo o ser de consideración. *La presentación también cuenta en la nota del examen. Los que cuentan de verdad son la familia y los amigos.* **10.** Tomar en consideración una cosa o a una persona para algo. *Los profesores cuentan* CON *los alumnos* PARA *poner las fechas de los exámenes.* **11.** Tener por cierto que se podrá disponer de alguien o de algo. *Cuento* CON *tu coche* PARA *ir al aeropuerto.* **12.** Tener la certeza de que ocurrirá algo. *Preparó la mesa en el jardín contando* CON *que iba a hacer calor, pero llovió.* **13.** Equivaler algo o alguien a otra cosa o tener la consideración de ella. *El sábado cuenta como día laborable. Come tanto que cuenta* POR *dos.* ○ intr. prnl. **14.** Estar alguien o algo en un grupo. *Los premiados se cuentan entre los mejores novelistas.* ■ **qué (te) cuentas.** expr. coloq. Se usa como fórmula de cortesía después del saludo. *¡Hombre, hola!, ¿qué te cuentas?* ▶ **2:** NARRAR, REFERIR, RELATAR. ‖ **Am: 2:** PLATICAR.

contemplación. f. **1.** Hecho de contemplar o mirar con atención. *Dedica horas a la contemplación de las estrellas.* **2.** Consideración o miramiento. *No voy a tener ninguna contemplación con nadie.* Frec. en pl. *La policía actuó sin contemplaciones.* **3.** *Rel.* Meditación sobre asuntos religiosos. *Los ascetas se entregan a la contemplación.*

contemplador, ra. adj. Que contempla. Dicho de pers., más frec. m. y f. *Velázquez ha convertido al contemplador en personaje de la escena que retrata.*

contemplar. tr. **1.** Mirar con atención (algo o a alguien). *Podría estar horas contemplando este cuadro.* **2.** Considerar (algo o a alguien) de una determinada manera. *Los médicos contemplan la intervención quirúrgica como la única solución.* **3.** Mostrarse sumamente complaciente o considerado (con alguien). *No la contemples más, ya dejará de llorar cuando se canse.*

contemplativo, va. adj. **1.** De la contemplación. *Los monjes se dedican a la vida contemplativa. La mujer está asomada a la ventana en actitud contemplativa.* **2.** Que contempla o mira, frec. sin actuar. *La comunidad internacional no puede asistir contemplativa a este desastre.* **3.** Consagrado a la contemplación o meditación. *Un monasterio de monjas contemplativas.*

contemporaneidad. f. Condición de contemporáneo. *En el congreso se hablará de la contemporaneidad de la obra cervantina.* Tb. designa la Edad Contemporánea. *La Revolución Francesa marca el inicio de la contemporaneidad.*

contemporáneo, a. adj. **1.** Dicho de persona o cosa: Que es del mismo tiempo o época que otra. *Góngora y Quevedo son contemporáneos.* Dicho de pers., tb. m. y f. *Pocos contemporáneos de Van Gogh supieron apreciar su obra.* **2.** De la época actual. *No me gusta la música contemporánea.* **3.** De la Edad Contemporánea. *Catedrático de Historia Moderna y Contemporánea.* ▶ **1:** COETÁNEO.

contemporización. f. Hecho de contemporizar. *Ante el insulto no cabe contemporización alguna.*

contemporizador, ra. adj. Que contemporiza. *El que negocia debe saber cuándo ha de ser contemporizador y cuándo inflexible.* Dicho de pers., tb. m. y f.

contemporizar. intr. Adaptarse a la voluntad u opinión ajenas para evitar conflictos. *Debes aprender a contemporizar. Tiende a contemporizar* CON *todo el mundo.*

contención. f. Hecho o efecto de contener o contenerse. *Una contención en el aumento de los precios. El muro de contención de la presa.*

contencioso, sa. adj. **1.** *Der.* Dicho de asunto, proceso o recurso: Sometido a litigio entre partes en un juicio. *Presentaremos un recurso contencioso ante el Supremo.* Tb. m. *Las dos empresas mantienen un contencioso por la patente.* **2.** Contencioso-administrativo. *Han interpuesto un recurso contencioso contra el decreto.* Tb. m. **3.** De los recursos contenciosos (→ 1). *Jurisdicción contenciosa. Vía contenciosa.* ● m. **4.** Conflicto o enfrentamiento. *Continúa el contencioso Iglesia-Estado en torno a la enseñanza religiosa.* ▶ **3:** CONTENCIOSO-ADMINISTRATIVO.

contencioso-administrativo, va. adj. **1.** *Der.* Dicho de proceso o recurso: Que se sostiene contra la Administración pública. *Han interpuesto un recurso contencioso-administrativo ante la Audiencia Nacional.* **2.** De los recursos contencioso-administrativos. *Jurisdicción contencioso-administrativa.* ▶ CONTENCIOSO.

contender. (conjug. ENTENDER). intr. Pelear o luchar dos o más personas. *Los gladiadores contendían en la arena del circo.* Tb.: *Contienden unas tribus* CON *otras.* Tb. fig. *No quiso contender con él* POR *el puesto.* ▶ *LUCHAR.

contendiente. adj. Que contiende. *Los equipos contendientes.* Dicho de pers., tb. m. y f. *Los contendientes han firmado un alto el fuego.* ▶ *RIVAL.

contenedor, ra. adj. **1.** Que contiene algo dentro. *Los hematíes son células sanguíneas contenedoras de hemoglobina.* ● m. **2.** Recipiente de gran tamaño y dimensiones normalizadas, provisto de dispositivos que facilitan su manejo, que se emplea para transportar mercancías. *El buque lleva contenedores de trigo.* **3.** Recipiente amplio y de formas diversas, que se emplea para depositar y trasladar determinados materiales, espec. residuos. *Tire las botellas al contenedor de vidrio.*

contener. (conjug. TENER). tr. **1.** Tener una cosa dentro de sí (otra). *La naranja contiene vitamina C. Esa botella contiene lejía.* **2.** Frenar el avance o el desarrollo (de alguien o algo). *No pudo contener las lágrimas. Contuvieron al ejército invasor en el frente norte.* ○ intr. prnl. **3.** Reprimir alguien sus sentimientos o sus deseos. *Su primer impulso fue abrazarlo, pero se contuvo.* ▶ **1:** ABARCAR, COMPRENDER, ENCERRAR, INCLUIR, INTEGRAR. **2:** AGUANTAR, REPRIMIR. **3:** *REPRIMIRSE.

contenido[1]. m. **1.** Cosa que está contenida dentro de otra. *Los camareros se repartieron el contenido del bote.* **2.** Conjunto de cosas que se expresan en un escrito, un discurso o una obra. *Desconozco el contenido de la carta.* **3.** *Ling.* Componente significativo de un signo o de un texto. *Analice la forma y el contenido de estas palabras.*

contenido[2], da. part. **1.** → **contener.** ● adj. **2.** Dicho de persona: Que se contiene o reprime. *Es un actor contenido y algo inexpresivo.*

contentadizo, za. adj. Dicho de persona: Que se contenta con facilidad. *Es un tipo bonachón y contentadizo.*

contentamiento. m. Hecho o efecto de contentar o contentarse. *Las nuevas medidas económicas buscan el contentamiento de los ciudadanos.*

contentar. tr. **1.** Satisfacer los deseos o las necesidades (de alguien). *Es difícil contentar a todo el mundo.* **2.** Poner contenta o alegre (a una persona triste o enfadada). *Intentó contentarla haciéndole carantoñas.* Tb. en constr. prnl. media. *Los enfados le duran poco, enseguida se contenta.* ○ intr. prnl. **3.** Darse por contento o satisfecho con algo. *Tráeme un recuerdo de tu viaje, ya sabes que* CON *cualquier tontería me contento.* ▶ **1:** *AGRADAR.

contento[1]. m. Alegría o satisfacción. *No llora de pena sino de contento. Los padres de la novia han expresado su contento por el enlace.* ▶ *ALEGRÍA.

contento[2], ta. adj. **1.** Alegre pasajeramente o por alguna circunstancia. *Están contentos porque se acercan las vacaciones.* **2.** Satisfecho o conforme. *No estoy contenta* CON *la nota del examen. Si le das el chupete, se queda contento.* ▶ **1:** *ALEGRE.

conteo. m. Am. Cuenta (hecho o efecto de contar). *Con los ojos cerrados hizo un conteo lento hasta treinta* [C]. ▶ *CUENTA.

contera. f. Pieza, gralm. metálica, que cubre la punta de determinados objetos, como el bastón o el paraguas. *Se le enganchó la contera del paraguas en una boca de alcantarilla.*

contertulio, lia. m. y f. Tertuliano. *No les quites la palabra a tus contertulios.*

contestación. f. Hecho o efecto de contestar. *Le ha ofrecido un empleo y está esperando su contestación. ¡A mí no me des esas contestaciones!*

contestador, ra. adj. **1.** Que contesta. Más frec. m. y f. ● m. **2.** Aparato o dispositivo conectados al teléfono, que emiten automáticamente un mensaje grabado y graban los mensajes recibidos. *Si no estoy, deja el mensaje en el contestador.* Tb. *contestador automático. Antes de salir, pon el contestador automático.* ○ f. **3.** Am. Contestador (→ 2). *Tras escuchar la señal de la contestadora, fingió la voz y pidió el rescate* [C]. Tb. *contestadora automática. Al marcar su número de teléfono celular responde una contestadora automática* [C].

contestar. tr. **1.** Decir o escribir (algo) para resolver una pregunta o atender a una comunicación. *Le he pedido permiso para ir y me ha contestado que no. El testigo contestó lo mismo* A *la pregunta del defensor.* Tb. usado en constr. intr. *Contesta con evasivas. No voy a contestar* A *ninguna pregunta.* **2.** Decir o escribir algo (a alguien) para resolver sus preguntas o atender a sus comunicaciones. *Solicité una tarjeta de crédito al banco y aún no me han contestado.* **3.** Decir o escribir algo para resolver (una pregunta). *No me ha dado tiempo a contestar todas las preguntas del examen.* **4.** Decir o escribir algo para atender (a una comunicación). *Debe de estar enfadado, porque no contesta mis llamadas.* **5.** Decir (algo) a una persona con autoridad como protesta ante una orden. Más frec. usado en constr. intr. *Obedece a tu madre y no contestes.* **6.** Adoptar una actitud de oposición o protesta, frec. violenta, (contra alguien o algo, espec. una autoridad o algo impuesto). *La apertura de la central nuclear fue muy contestada por los ecologistas.* ▶ **1-4:** RESPONDER. **5:** REPLICAR. || **Am: 5:** REVIRAR.

contestatario, ria. adj. Que manifiesta oposición o protesta, a veces de forma violenta, contra la autoridad o lo establecido. *Su actitud recuerda a la de un joven contestatario de los sesenta.* Dicho de pers., tb. m. y f. *El régimen no logra acallar las voces de los contestatarios.*

contestón, na. adj. Que de manera sistemática contesta de malos modos a alguien con autoridad. *¡Niño, no seas contestón y haz lo que se te dice!* Tb. m. y f. *Tu hija es una contestona.*

contexto. m. **1.** Enunciado completo del que forma parte una palabra, una frase u otro elemento del mensaje. *Los periodistas sacaron de contexto la frase. No conozco algunas palabras, pero las entiendo por el contexto.* **2.** Situación o conjunto de circunstancias en que se halla algo, espec. un hecho. *Para entender el marxismo, hay que estudiar el contexto sociopolítico de su nacimiento.*

contextual. adj. Del contexto. *Significado contextual.*

contextualizar. tr. Poner (algo) en un contexto o situación determinados. *Hay que contextualizar los hechos para comprenderlos.*

contextura. f. **1.** Disposición de las partes que forman un todo. *La contextura urbanística del casco viejo es muy intrincada.* **2.** Constitución física de una persona. *El ladrón era moreno y de contextura atlética.* ▶ **2:** *CONSTITUCIÓN.

contienda. f. **1.** Hecho de contender. *Habrá una dura contienda por los puestos vacantes.* **2.** Guerra o batalla. *El lanzamiento de la bomba atómica puso fin a la contienda.* **3.** En deportes: Encuentro entre dos equipos o deportistas. *Aún no se ha designado un árbitro para la contienda.*

contigo. → **tú** y **con.**

contigüidad. f. Condición de contiguo. *Podían copiar el uno del otro por la contigüidad de sus pupitres.*

contiguo, gua. adj. Que está situado en un lugar inmediato a alguien o algo. *Vive en la casa contigua* A *la mía.* ▶ INMEDIATO.

continencia. f. **1.** Hecho de contener o contenerse. *Ese novelista se caracteriza por la continencia verbal.* **2.** Abstinencia sexual. *En sus sermones predica la continencia.*

continental. adj. Del continente geográfico. *La compañía ofrece vuelos nacionales y continentales.*

continente. adj. **1.** Dicho de cosa: Que contiene a otra en su interior. Frec. m. *El seguro de la casa cubre no solo el contenido sino también el continente.* ● m. **2.** Gran extensión de tierra limitada por uno o varios océanos. *Esta especie habita en los cinco continentes.* **3.** cult. Aire o aspecto físico de una persona. *Intimidaba con su gesto huraño y su adusto continente.*

contingencia. f. **1.** Cualidad de contingente. *Santo Tomás habla de la contingencia de todas las criaturas.* **2.** Cosa, gralm. negativa, que puede suceder o no. *Tengo dinero guardado para posibles contingencias.*

contingente. adj. **1.** Dicho de cosa: Que puede suceder o no. *Acontecimientos contingentes.* ● m. **2.** Grupo o conjunto de personas o cosas. *Se ha enviado un contingente de ayuda humanitaria a la zona del terremoto.* **3.** *Mil.* Conjunto de tropas. *El contingente aliado desembarcó en Normandía.* **4.** *Econ.* Cuota máxima establecida para la importación de mercancías. *La Unión Europea fija contingentes para cada producto.*

continuación. f. **1.** Hecho de continuar. *Las obras del colegio han impedido la continuación del curso tras las vacaciones.* **2.** Cosa que sigue a otra. *Este libro es la continuación del publicado hace dos años.* ■ **a ~.** loc. adv. Inmediatamente después. *A continuación les ofreceremos un documental.*

continuador, ra. adj. Que continúa algo, espec. una obra anterior o empezada por otro. *Su obra es continuadora de la mejor tradición de la novela rusa.* Dicho de pers., tb. m. y f. *Estudiaremos a Freud y sus continuadores.*

continuar. (conjug. ACTUAR). tr. **1.** Seguir (lo que se ha empezado), o no dejar de realizar(lo). *El maestro continuó su explicación.* ○ intr. **2.** Seguido de un complemento que expresa una situación o un lugar: No dejar de estar en ellos. *Continuaron enfadados mucho tiempo. Continúa así y ya verás lo que pasa. El rey continúa en Japón de visita oficial.* **3.** Seguido de un complemento que expresa un hecho: No dejar de producirse o tener lugar. *Continúa lloviendo. Si continúas* EN/CON *la misma actitud, te suspenderán.* **4.** No dejar de producirse o tener lugar algo. *Continúan las conversaciones de paz en Oriente Próximo.* ○ intr. prnl. **5.** Extenderse algo en el espacio o en el tiempo. *Su dinastía se continúa hasta el siglo* XVII. ▶ **1-4:** *SEGUIR.

continuidad. f. Cualidad de continuo. *Los altos niveles de audiencia aseguran la continuidad del programa.*

continuismo. m. *Polít.* Situación de permanencia indefinida en el poder o en un cargo, sin indicios de cambio. *Reeligiendo a su presidente, el partido se decide por el continuismo.*

continuista. adj. **1.** *Polít.* Del continuismo. *Política continuista.* **2.** *Polít.* Partidario del continuismo. Dicho de pers., tb. m. y f. *Se ha abierto un debate entre los continuistas y los renovadores.*

continuo, nua. adj. **1.** Que no presenta interrupción en el tiempo o en el espacio. *La línea continua indica que está prohibido adelantar. Su continuo temblor se debe al párkinson.* **2.** Que se repite con frecuencia. *Abruman al chico con continuas muestras de cariño.* ● m. **3.** Todo compuesto por partes que no están aisladas sino unidas entre sí. *Las estanterías forman un continuo a lo largo de las cuatro paredes de la sala.* ■ **de ~.** loc. adv. Sin interrupción. *Cada día, estudia cuatro horas de continuo.*

contonearse. intr. prnl. Hacer movimientos afectados con los hombros y las caderas al andar. *La camarera iba contoneándose de un lado a otro del local.*

contoneo. m. Hecho de contonearse. *Caminaba con un gracioso contoneo.*

contornear. tr. Trazar o dibujar el contorno (de algo). *Contorneó el rostro con carboncillo. Unas ojeras negras contorneaban sus ojos.*

contorno. m. **1.** Línea formada por el límite de una figura o una superficie. *Con el impresionismo los contornos se diluyen.* **2.** Conjunto de terrenos o territorios que rodean un lugar. Frec. en pl. *A la feria acuden ganaderos de Ávila y sus contornos.* ▶ **1:** *PERFIL.

contorsión. f. Movimiento forzado o irregular que se hace doblando el cuerpo o una parte de él. *Las gimnastas hacían contorsiones y piruetas sobre el suelo.*

contorsionarse. intr. prnl. Hacer contorsiones. *El enfermo se contorsionaba por el dolor.*

contorsionista. m. y f. Artista de circo que realiza contorsiones difíciles. *El público aplaude las posturas imposibles de la contorsionista.*

contra[1]**.** prep. **1.** Indica hostilidad u oposición. *Hay que luchar contra la deforestación. Se hizo contra mi voluntad. Una vacuna contra la gripe.* **2.** Introduce un complemento que expresa la cosa sobre la que se produce un golpe. *Se golpeó la cabeza contra un roca.* **3.** En sentido opuesto a. *Nadaba contra la corriente. Caminar contra el viento dificulta la marcha.* **4.** Apoyándose en. *Coloca la escalera contra la tapia. La policía ordenó a los detenidos que se pusieran contra la pared.* **5.** A cambio de. *Me enviaron el paquete contra reembolso.* ■ **a la ~.** loc. adv. Llevando la contraria. *Siempre se manifiesta a la contra.* ■ **en ~.** loc. adv. En oposición o en sentido contrario. *Hay que pronunciarse a favor o en contra. Estoy en contra* DE *que aumenten las tasas. Hay muchos ciudadanos en contra* DE *la subida del precio de la gasolina. No actuaré en contra* DE *la mayoría.* ■ **hacer** (a alguien) **la contra.** loc. v. Oponerse a lo que quiere. ■ **llevar** (a alguien) **la ~.** loc. v. Oponerse a lo que dice o quiere. *Le gusta llevar la contra a su padre.*

contra[2]**.** f. Contraventana. *Cierra las contras para que no entre tanta luz.*

contra[3]**.** f. Parte de la carne de una res que está entre la babilla y la tapa. *Deme un kilo de filetes de contra para guisar.*

contra-. pref. Significa 'contrario'. *Contrainsurgencia, contranatural, contraargumentar.*

contraalmirante. (Tb. **contralmirante**). m. y f. Oficial general de la Armada cuyo empleo es inmediatamente superior al de capitán de navío. *Dirigía la escuadra un contraalmirante.*

contraanálisis. m. Análisis clínico para comprobar los resultados de otro anterior. Se usa espec. en deportes. *El ciclista acusado de dopaje ha pedido un contraanálisis.*

contraatacar. tr. Atacar (a un enemigo o rival) para responder a un ataque o avance suyos. Más frec. usado en constr. intr. *Nuestro equipo contraatacó en la segunda parte. Contraatacaron con una oferta más ventajosa.*

contraataque. m. Hecho de contraatacar. *El contraataque sorprendió al enemigo. El equipo juega al contraataque.* ▶ CONTRAGOLPE.

contrabajista. m. y f. Músico que toca el contrabajo. *El saxofonista y el contrabajista formaron una banda.* ▶ CONTRABAJO.

contrabajo. m. **1.** Instrumento musical de cuerda y arco, más grande y de sonido más grave que el violonchelo, que se toca gralm. de pie y apoyándolo sobre el suelo. *Toca el contrabajo en un grupo de jazz.* **2.** Contrabajista. *El contrabajo hizo un solo.*

contrabandista. adj. Que se dedica al contrabando. *Organización contrabandista.* Dicho de pers., tb. m. y f. *La policía de frontera detuvo a los contrabandistas.*

contrabando. m. **1.** Introducción clandestina de mercancías en un país. *Se dedica al contrabando de armas. Vendía tabaco de contrabando.* **2.** Mercancía introducida en un país de forma clandestina. *El contrabando iba en la bodega del barco.* ▶ **1:** MATUTE.

contrabarrera. f. En una plaza de toros: Segunda fila de asientos detrás de la barrera. *Tenemos entradas de contrabarrera para la corrida.*

contracción. f. **1.** Hecho o efecto de contraer o contraerse. *Empezó a sentir las contracciones del parto.* **2.** *Gram.* Unión en una sola palabra de otras dos, la segunda de las cuales suele empezar por vocal. *"Al" es una contracción de la preposición "a" y el artículo "el".*

contracepción. f. Anticoncepción. *En la clase de educación sexual hablaremos de los métodos de contracepción.*

contraceptivo, va. adj. Anticonceptivo. *Píldoras contraceptivas.* Tb. m. *Los contraceptivos orales.*

contrachapado, da. adj. Dicho de tablero: Que está formado por dos o más capas de madera encoladas, de manera que sus fibras queden cruzadas entre sí. *Se dedica a la fabricación de tableros contrachapados.* Tb. m. *Los muebles de la cocina no son de madera maciza, sino de contrachapado.*

contraconcepción. f. Anticoncepción. *La Iglesia condena la contraconcepción.*

contraconceptivo, va. adj. Anticonceptivo. *Métodos contraconceptivos.* Tb. m. *El preservativo es un contraconceptivo.*

contracorriente. **a ~.** loc. adv. **1.** En contra de la corriente del agua. *Nadando a contracorriente, cuesta alcanzar la orilla.* **2.** En contra de las ideas o los usos de la mayoría. *Los vanguardistas vivían a contracorriente.*

contráctil. adj. Que puede contraerse. *Los músculos son contráctiles; los tendones, no.*

contracto, ta. adj. *Gram.* Formado por contracción. *"Del" es una forma contracta.*

contractual. adj. Del contrato, o derivado de él. *Lea con atención las cláusulas contractuales antes de firmar. Obligaciones contractuales.*

contractura. f. *Med.* Contracción involuntaria y duradera de uno o más grupos musculares. *El jugador estará de baja unos días por una contractura dorsal.*

contracubierta. f. Cubierta de la parte posterior de un libro o revista. *En la contracubierta hay una foto de la autora y un resumen del argumento.*

contracultura. f. Cultura o forma de vida, frec. juvenil, que rechaza el sistema de valores sociales y culturales establecidos, proponiendo otros alternativos. *Las tribus urbanas son manifestaciones de la contracultura.* Frec. designa la surgida en Estados Unidos en la década de 1960. *Kerouac era un mito de la contracultura.*

contracultural. adj. De la contracultura. *El movimiento contracultural norteamericano. Jóvenes contraculturales.*

contradanza. f. histór. Baile propio de los ss. XVII y XVIII, que ejecutaban varias parejas formando figuras geométricas. *La aparición del vals y la polca supone la decadencia de la contradanza.* Tb. su música.

contradecir. (conjug. PREDECIR). tr. **1.** Decir una persona que (lo que alguien, espec. otra persona, da por cierto o correcto) no lo es. *Copérnico contradijo las teorías de Ptolomeo.* **2.** Decir una persona lo contrario de lo que ha dicho (otra o ella misma). *¡Cállate y no me contradigas! Se contradice mucho.* **3.** Probar una cosa que (algo) no es cierto o no es correcto. *Los últimos análisis contradicen el diagnóstico.*

contradicción. f. **1.** Hecho de contradecir o contradecirse. *Durante su comparecencia, incurrió en constantes contradicciones.* **2.** Par de afirmaciones que se contradicen. *La declaración está repleta de contradicciones.* **3.** Oposición con lo expresado. *Sus ideas políticas están en contradicción con sus creencias religiosas.*

contradictorio, ria. adj. **1.** Dicho de cosa: Que tiene o implica contradicción. *Las declaraciones de los testigos son contradictorias.* **2.** Dicho de persona: Dada a contradecirse. *Era un tipo atormentado y contradictorio.*

contraejemplo. m. Ejemplo que contradice lo expresado en otro. *Encontró un contraejemplo que invalidaba la explicación del profesor.*

contraer. (conjug. TRAER). tr. **1.** Hacer que (algo) disminuya de tamaño. *El frío contrae los cuerpos.* Tb. en constr. prnl. media. *Los músculos se contraen y se dilatan.* **2.** Adquirir o pasar a tener (algo, espec. una enfermedad, una costumbre, una deuda o un compromiso). *Ha contraído una enfermedad tropical. Contrajo deudas de juego.* **3.** Celebrar (el matrimonio). *Contrajo segundas nupcias a la edad de setenta años.*

contraespionaje. m. Servicio secreto de un Estado, encargado de la defensa contra el espionaje de naciones extranjeras en su territorio. *El contraespionaje ruso interceptó al agente americano en la frontera.*

contrafuerte. m. **1.** *Arq.* Pilar adosado a un muro para reforzarlo y contrarrestar su empuje hacia los lados. *En la bóveda de crucería, el arbotante recibe parte de la carga y la lleva al contrafuerte.* **2.** *Of.* Pieza de cuero con que se refuerza el calzado por la parte del talón. *Las botas de montaña deben tener un contrafuerte que sujete bien el talón.* ► **1:** ESTRIBO.

contragolpe. m. **1.** Golpe que se da como respuesta a otro golpe. Frec. fig. *Tras los bombardeos, se esperaba un contragolpe de las fuerzas enemigas. Un contragolpe de Estado.* **2.** *Dep.* Contraataque. *El equipo gana jugando al contragolpe.* ► **1:** CONTRAATAQUE.

contrahecho, cha. adj. Dicho de persona, de su cuerpo o de parte de él: Deforme o que presenta malformación. *El cuadro retrata a un enano de piernas contrahechas.*

contraindicación. f. *Med.* Hecho o efecto de contraindicar. *Se pueden tomar hasta seis huevos a la semana, salvo contraindicación médica.*

contraindicar. tr. *Med.* Señalar como perjudicial (algo, espec. un medicamento) en un caso determinado. Frec. en part. *La penicilina está contraindicada en casos de alergia a los antibióticos.*

contralmirante. → **contraalmirante.**

contralor, ra. m. y f. Am. Funcionario encargado de controlar las cuentas y la legalidad de los gastos públicos. *El alcalde dio posesión a la contralora municipal* [C].

contraloría. f. Am. Cargo o actividad de contralor. *La investigación de la contraloría pretende esclarecer el paradero de casi 800 millones de córdobas* [C].

contralto. m. y f. *Mús.* Persona cuya voz tiene un registro entre el de *mezzosoprano* y el de tenor. *La contralto hará el papel de Azucena en "Il Trovatore".* Tb. m., designando la voz. *El contralto es la voz femenina más grave.* Frec. en aposición, referido a un instrumento. *Flauta contralto.*

contraluz. m. (Tb., más raro, f.). Vista o aspecto de algo desde el lado opuesto a la luz. *Para evitar un excesivo contraluz cambie el encuadre.* Frec. en la constr. *a(l)* ~. *Visto a contraluz, parecía una figura espectral. Miró el billete al contraluz.* Tb. la fotografía tomada desde ese lado. *Hace sorprendentes contraluces.*

contramaestre. m. Oficial de marina encargado de dirigir las faenas de los marineros. *El contramaestre ordenó fregar la cubierta.*

contramanifestación. f. Manifestación convocada en oposición a otra y celebrada simultáneamente. *Los alrededores de la embajada fueron escenario de manifestaciones y contramanifestaciones.*

contramano. a ~. loc. adv. En dirección contraria a la normal o correcta. *Circulaba a contramano por la carretera.*

contraofensiva. f. *Mil.* Ofensiva emprendida para contrarrestar la del enemigo. *La guerrilla ha lanzado una contraofensiva.* Tb. fig. *Las empresas rivales iniciarán una contraofensiva publicitaria.*

contraoferta. f. Oferta que se hace frente a otra anterior. *Si dices que la competencia te ofrece más sueldo, ellos te harán una contraoferta.*

contraorden. f. Orden que anula otra dada antes. *Una contraorden del gobernador detuvo la ejecución.*

contrapartida. f. Cosa que sirve para compensar otra que se recibe. *Lo han despedido y, como contrapartida, cobrará una indemnización.*

contrapelo. a ~. loc. adv. **1.** En dirección contraria a la natural del pelo. *Los gatos de pelo largo se han de cepillar a contrapelo para darle volumen al manto.* **2.** En sentido contrario al natural. *Vamos a contrapelo: cuando tú te acuestas, yo me levanto.*

contrapesar. tr. **1.** Servir de contrapeso (a algo) para equilibrar(lo). *Sentaos separados para contrapesar el coche.* **2.** Compensar (una cosa que se considera negativa) con otra que se considera positiva. *Contrapesan las pérdidas en un sector* CON *las ganancias en otro.* ► **2:** COMPENSAR.

contrapeso. m. **1.** Peso que se pone en la parte contraria de otro para que ambos queden en equilibrio. *El viejo reloj funciona con un sistema de pesos y contrapesos.* **2.** Cosa que compensa o contrarresta a otra. *El buen horario de trabajo sirve de contrapeso a un sueldo bajo.*

contrapicado. m. *Cine* y *TV* Toma realizada con la cámara inclinada de abajo arriba. *La película empieza con un contrapicado desde el asfalto de la calle.*

contrapié. a ~. loc. adv. Con el pie o los pies en posición contraria a la requerida. *Remata el punto con una volea que coge a contrapié a su adversario.* Tb. fig. *La crisis cogió a la industria a contrapié.*

contraplano. m. *Cine* y *TV* Plano realizado desde el punto de vista opuesto al del plano inmediatamente anterior. *El realizador graba los planos y contraplanos de la entrevista por separado.*

contrapoder. m. Poder que se opone al poder establecido. *El periódico se había convertido en el máximo órgano de contrapoder.*

contraponer. (conjug. PONER). tr. **1.** Poner (una cosa) contra otra para dificultar su acción. *No es lícito contraponer los intereses de unos pocos* A *las necesidades de la mayoría.* **2.** Poner (una cosa o persona) frente a otra para establecer sus semejanzas o diferencias. *En su ensayo, el autor contrapone el pensamiento religioso* AL *científico.* ○ intr. prnl. **3.** Ser una persona o cosa contraria a otra. *Las leyendas se contraponen* A *la realidad.* Tb.: *El racionalismo y el empirismo se contraponen.*

contraportada. f. **1.** Última página de una publicación periódica. *¿Has leído la columna de la contraportada?* **2.** *Gráf.* En un libro: Página situada frente a la portada, en hoja independiente, que puede aparecer en blanco o contener datos diversos, como el nombre de la serie a que pertenece la obra. *El libro tenía arrancadas la portada y la contraportada.*

contraposición. f. Hecho o efecto de contraponer o contraponerse. Frec. en la constr. *en,* o *por,* ~ *a. La iglesia gótica,* EN *contraposición* A *la románica, es alta y luminosa. El realismo nació* POR *contraposición* AL *romanticismo.*

contraprestación. f. Prestación dada a cambio de otra recibida. *Trabaja de voluntario sin recibir contraprestación alguna.* Frec. en derecho. *El organismo gestiona servicios públicos susceptibles de contraprestación.*

contraproducente. adj. Que tiene un efecto contrario al deseado. *Un aporte excesivo de vitaminas sería contraproducente.*

contraprogramación. f. *TV* Táctica consistente en modificar inesperadamente la programación anunciada para hacer competencia a la de otras cadenas. *Las televisiones privadas han pactado para evitar la contraprogramación.*

contrapropuesta. f. Propuesta hecha para sustituir a otra previa con la que no se está de acuerdo. *El Gobierno rechazará la contrapropuesta de la oposición.*

contrapuerta. f. Puerta situada inmediatamente detrás de otra. *Han instalado una contrapuerta con mosquitero.*

contrapunto. m. **1.** *Mús.* Técnica de composición consistente en superponer varias melodías diferentes. *Estudió contrapunto con un maestro alemán.* **2.** Cosa que contrasta con otra simultánea a ella. *La simpatía de los reyes puso el contrapunto a la solemnidad del acto.*

contrariamente. adv. Al contrario. *Contrariamente* A *lo que pueda parecer, es muy inteligente.*

contrariar. (conjug. ENVIAR). tr. **1.** Resistirse a los deseos o las intenciones (de una persona). *Jamás me atrevería a contrariarte.* **2.** Resistirse (a los deseos o las intenciones) de una persona. *Abandonó los estudios, contrariando la voluntad de su familia.* **3.** Disgustar o enfadar (a alguien). *Acepté su invitación por no contrariarlo.*

contrariedad. f. **1.** Cosa que contraría o disgusta. *¡Qué contrariedad!, ¡está lloviendo y no he traído paraguas!* **2.** Disgusto o enfado. *Los demandantes no ocultan su contrariedad por la sentencia.*

contrario, ria. adj. **1.** Dicho de persona o cosa: Que es totalmente diferente de otra. *El coche circulaba en sentido contrario. "Claro" es lo contrario* DE *"oscuro". Mi hermana es contraria* A *mí en casi todo.* **2.** Dicho de persona o cosa: Que está en total desacuerdo con otra. *Soy contrario* A *los tatuajes. El fenómeno era contrario* A *todas las leyes de la física.* **3.** Dicho de persona: Que se enfrenta a otra en una competición o lucha. *El equipo contrario.* Tb. m. y f. *Ha sido expulsado por golpear a un contrario.* ■ **al contrario,** o **por el contrario.** loc. adv. Al revés o de manera contraria (→ 1). *–¿A que tengo razón? –Al contrario, estás totalmente equivocada. Los niños se divertían; los adultos, por el contrario, bostezaban.* ■ **de lo contrario.** loc. adv. En caso contrario (→ 1). *Haz lo que te digo o, de lo contrario, me voy a enfadar.* ■ **llevar la contraria** (a alguien). loc. v. Decir o hacer lo contrario de lo que dice o desea. *En realidad no pienso así, pero lo digo por llevarle la contraria.* ▶ **1:** OPUESTO. **2:** ENEMIGO, OPUESTO. **3:** *RIVAL.

contrarreforma. f. **1.** Reforma contraria a otra reforma. *Prometen hacer una contrarreforma fiscal cuando lleguen al poder.* **2.** (Gralm. en mayúsc.). histór. Movimiento católico europeo del s. XVI, que surge para combatir la Reforma protestante. *La Contrarreforma adquiere carta de naturaleza con el Concilio de Trento.*

contrarreloj. → **reloj.**

contrarrelojista. m. y f. Ciclista especializado en carreras contra reloj. *Ganó la etapa una contrarrelojista.*

contrarréplica. f. Réplica que se da como respuesta a otra réplica. *Hubo réplicas y contrarréplicas en la sesión de control al Gobierno.*

contrarrestar. tr. Anular el efecto, gralm. negativo, (de algo). *La bruja contrarrestó el mal de ojo* CON *un conjuro. Los anticoagulantes contrarrestan la coagulación de la sangre.*

contrarrevolución. f. Movimiento destinado a combatir una revolución. *Estados Unidos apoyó la contrarrevolución nicaragüense.*

contrarrevolucionario, ria. adj. **1.** De la contrarrevolución. *Actividades contrarrevolucionarias.* **2.** Partidario de la contrarrevolución. Tb. m. y f. *En 1961 hubo un desembarco de contrarrevolucionarios cubanos en Bahía de Cochinos.*

contrasentido. m. Cosa sin sentido o contraria a la razón. *Es un contrasentido que trabajes estando enfermo.* ▶ DISPARATE.

contraseña. f. Seña, palabra o frase secretas que permiten el acceso a un lugar restringido o el reconocimiento entre personas. *Los soldados se dieron la contraseña. Para acceder a la web introduzca su contraseña.*

contrastable. adj. Que se puede contrastar o comprobar. *El aumento de la delincuencia es un hecho contrastable.*

contrastar. intr. **1.** Mostrar una persona o cosa una gran diferencia con otra. *Su serenidad contrasta* CON *el nerviosismo de los demás.* Tb.: *En sus óleos, utiliza colores que contrastan mucho.* ○ tr. **2.** Comprobar la veracidad o exactitud (de algo). *Un periodista debe contrastar la información antes de publicarla.*

contraste. m. **1.** Hecho de contrastar. *En la catedral hay un contraste de estilos. La decoración moderna del interior está* EN *contraste* CON *la antigüedad del edificio.* **2.** Sustancia que, introducida en el organismo, hace observables por rayos X u otro medio exploratorio órganos que sin ella no lo serían. *El bario se usa como contraste en radiología.* **3.** Marca que se graba en los objetos de metal noble para garantizar que se ha comprobado su valor. *Este anillo no es de plata, porque no tiene contraste.* **4.** Cualidad de una imagen fotográfica o televisiva, debida a la escasez de tonos intermedios entre el más oscuro y el más claro.

Si aumentas el contraste del televisor, la imagen será más nítida.

contrata. f. Contrato para realizar una obra o prestar un servicio por un precio determinado. *El Ayuntamiento ha adjudicado la contrata para la recogida de basuras.*

contratación. f. Hecho de contratar. *Ella se encarga de la contratación del personal. Opté por la contratación de la línea telefónica* CON *esa compañía.*

contratante. adj. Que contrata o hace contrato. *Las partes contratantes se quedan con una copia del contrato.* Dicho de pers., tb. m. y f. *El despedido exige el finiquito a su contratante.*

contratar. tr. **1.** Tomar (a una persona) mediante contrato para la realización de un trabajo. *La empresa ha contratado a trabajadores temporales. Contrató a un detective.* **2.** Pactar (la realización de un trabajo) con una persona o grupo de personas. *Contrató el banquete* CON *un restaurante especializado en bodas.*

contratenor. m. *Mús.* Hombre cuya voz tiene un registro más agudo que el de tenor. *Escuchamos el "Gloria" de Vivaldi, interpretado por un contratenor.* Tb. esa voz. *Después del* mezzosoprano, *la voz más aguda es el contralto femenino o el contratenor masculino.*

contratiempo. m. Suceso inesperado que causa dificultades o supone un obstáculo. *Llegará tarde porque le ha surgido un contratiempo.*

contratista. adj. Que realiza una obra o presta un servicio por contrata. *Empresa contratista.* Frec. m. y f. *El contratista ha incumplido el plazo de ejecución de la obra.*

contrato. m. **1.** Pacto oral o escrito entre partes, por el que estas contraen obligaciones sobre un asunto determinado. *Han cerrado el contrato con un apretón de manos. Un contrato de compraventa.* **2.** Documento en que consta un contrato (→ 1) escrito. *Lea el contrato y, si está conforme, fírmelo.* ■ **~ de obra.** m. Contrato (→ 1) que dura hasta la terminación de un trabajo determinado. *Para la actualización de los archivos se harán contratos de obra.*

contravención. f. Hecho de contravenir. *Cualquier contravención de la normativa será objeto de multa.*

contraveneno. m. Sustancia que contrarresta los efectos de un veneno. *La leche es un contraveneno del arsénico.* ► ANTÍDOTO.

contravenir. (conjug. VENIR). intr. **1.** Obrar en contra de una ley o una norma. *Actuó contraviniendo* A *la ley.* ○ tr. **2.** Obrar en contra (de una ley o una norma). *Las condiciones de trabajo de la obra contravienen la normativa.* ► **2:** *INFRINGIR.

contraventana. f. Puerta de madera que se cierra sobre el cristal de la ventana para protegerla o para que no entre la luz. *El viento batía las contraventanas.* ► CONTRA.

contrayente. adj. Dicho de persona: Que contrae matrimonio. *La pareja contrayente.* Más frec. m. y f. *Los invitados arrojaban arroz a los contrayentes.*

contribución. f. **1.** Hecho de contribuir. *El premio reconoce la contribución del escultor* AL *mundo del arte.* Tb. la cosa con que se contribuye. *Sus investigaciones fueron una contribución* A *la medicina moderna.* **2.** Cantidad de dinero que se paga en un impuesto. *Lleva meses sin pagar la contribución urbana.*

contribuir. (conjug. CONSTRUIR). intr. **1.** Dar una cantidad de dinero voluntariamente para un fin determinado. *Ha contribuido* A *la restauración de la iglesia* CON *seis mil euros.* **2.** Pagar impuestos. *No está obligado a contribuir porque gana muy poco.* **3.** Ayudar o colaborar en algo. *Aquello contribuyó* A *complicar más las cosas.*

contributivo, va. adj. **1.** De las contribuciones o impuestos. *El ministro de Hacienda propone un aumento contributivo para paliar el déficit.* **2.** Dicho de pensión: Que para ser concedida requiere haber cotizado a la Seguridad Social. *Las pensiones no contributivas tienen un carácter asistencial.*

contribuyente. m. y f. Persona obligada al pago de contribuciones e impuestos. *Las carreteras y las escuelas se construyen con el dinero de los contribuyentes.*

contrición. f. **1.** cult. Arrepentimiento por haber actuado mal. *Su rostro reflejaba contrición y vergüenza.* **2.** *Rel.* Pesar por haber ofendido a Dios. Frec. *acto de ~. Antes de confesarse, hizo acto de contrición.*

contrincante. m. y f. Persona que compite con otra para conseguir algo. *Los dos contrincantes se dieron la mano antes de iniciar el encuentro.*

contrito, ta. adj. cult. Que siente contrición. *Rezaba contrita.*

control. m. **1.** Comprobación o inspección. *Se harán controles de alcoholemia. El bar no ha pasado el control de sanidad.* Frec., en enseñanza, designa el examen parcial para comprobar la marcha del alumno. *El profesor nos pone controles cada mes.* **2.** Dominio o dirección. *Una parte de Berlín quedó bajo control ruso. El avión está fuera de control.* **3.** Limitación o regulación de algo. *Medidas para el control de la natalidad.* **4.** Oficina o puesto de control (→ 1, 2). *Hay controles policiales en las carreteras.* **5.** Dispositivo de control (→ 2), espec. de una máquina o un sistema. *Algo le pasa al avión: ¡los controles no responden!* Tb. el tablero o panel donde se encuentran. *A un lado del ventanal del estudio están el control de sonido y el de imagen.* ■ **~ remoto.** m. Regulación a distancia del funcionamiento de un aparato o un sistema. *Volarán el edificio por control remoto.* Tb. el dispositivo que la permite. *Alguien accionó el control remoto.*

controlable. adj. Que se puede controlar. *Son trabajadores dóciles y fácilmente controlables. Una enfermedad grave pero controlable.*

controlador, ra. adj. **1.** Que ejerce o realiza control. *Su marido es controlador y posesivo.* Dicho de pers., tb. m. y f. *La empresa necesita controladores de calidad.* Dicho de máquina o dispositivo, tb. m. o f. *Controlador de impresión.* • m. y f. **2.** Técnico encargado de la regulación del despegue y aterrizaje de aviones en un aeropuerto. Tb. *~ aéreo/a. Se han cancelado vuelos por la huelga de controladores aéreos.*

controlar. tr. **1.** Ejercer control o dominio (sobre alguien o algo). *El imperio controlaba los puertos estratégicos del Mediterráneo. Debes controlar tus impulsos. El profesor no podía controlar a sus alumnos.* ○ intr. prnl. **2.** Dominar alguien sus sentimientos o sus deseos. *Tuve que controlarme para no decirle lo que pensaba de él.*

controversia. f. Debate o discusión extensos y con posiciones enfrentadas. *La eutanasia es objeto de mucha controversia. Siempre anda metido en controversias.* ► POLÉMICA.

controversial. adj. Am. Controvertido. *Sus ideas tan controversiales lo ponen en medio de las grandes disputas de su tiempo* [C].

controvertir. (conjug. SENTIR). tr. Debatir o discutir (algo). *El aborto es uno de los temas que más se controvierten en nuestros días.* Más frec. en part. *La expulsión de los judíos ha sido siempre un tema muy controvertido por los historiadores.*

contubernio. m. despect. Alianza o unión. *Lo acusan de contubernio con la izquierda radical.*

contumacia. f. Cualidad de contumaz. *Mantenía su postura con contumacia.* ▶ *TERQUEDAD.

contumaz. adj. **1.** Dicho de persona: Obstinada o pertinaz. *Cuando persigue un objetivo, es contumaz.* **2.** Dicho de cosa: Propia de la persona contumaz (→ 1). *Sentía por ella una pasión contumaz.* ▶ **1:** *TERCO.

contundencia. f. Cualidad de contundente. *Sorprende la contundencia de sus afirmaciones. La mula lo coceó con contundencia.*

contundente. adj. **1.** Que produce o puede producir contusión. *Han golpeado a la víctima con un objeto contundente. Un golpe contundente.* **2.** Convincente e indiscutible. *Las pruebas de la acusación son contundentes.*

conturbar. tr. cult. Turbar o inquietar (a alguien). *Lo ridículo de la situación me conturbaba.* Tb. en constr. prnl. media. *Se conturba al escuchar palabras soeces.*

contusión. f. Daño sin herida exterior producido por un golpe en una parte del cuerpo. *El accidentado presenta múltiples contusiones.*

contusionar. tr. Causar una contusión (a una persona o a una parte de su cuerpo). Frec. en part. *Le han puesto una venda en la zona contusionada.*

contuso, sa. adj. Que sufre contusión. *El médico atendía a un paciente contuso.* Dicho de pers., tb. m. y f. *Tras los disturbios hubo varios heridos y algún contuso.*

conuco. m. Am. Porción pequeña de tierra dedicada al cultivo. *El huracán también arrasó los conucos de yuca y plátano* [C].

conurbación. f. Conjunto de núcleos urbanos contiguos, inicialmente independientes, que, al crecer, han formado una unidad funcional. *Alcobendas y San Sebastián de los Reyes forman una conurbación.*

convalecencia. f. Estado de convaleciente. *El médico le ha prohibido hacer esfuerzos durante su convalecencia.*

convalecer. (conjug. AGRADECER). intr. Recobrar las fuerzas después de una enfermedad. *Convalece de una neumonía en el hospital.*

convaleciente. adj. Que convalece. *Aún está convaleciente de la operación.* Dicho de pers., tb. m. y f. *Venimos a ver al convaleciente.*

convalidación. f. Hecho de convalidar. *Ha solicitado la convalidación del título.*

convalidar. tr. Dar validez (a algo, como un título o unos estudios, ya válidos en otra instancia o para otros fines). *Le han convalidado el máster que hizo en el extranjero.*

convección. f. *Fís.* Propagación de calor u otra magnitud física en un medio fluido por diferencias de densidad. *Un horno de convección.*

convecino, na. adj. Vecino de la misma población que otro. *Familias convecinas.* Tb. m. y f. *Solo le han votado sus amigos y convecinos.*

convectivo, va. adj. *Fís.* De la convección. *Movimientos convectivos.*

convencer. tr. **1.** Conseguir una persona con razones que (otra) haga algo o cambie de opinión. *Intentaré convencerla* PARA *que no lo haga. No trato de convencerte* DE *nada. Nunca la convencerás; es muy cabezota.* **2.** Conseguir una cosa que (alguien) crea o encuentre razonable otra. *Tus explicaciones no me convencen.* ○ intr. prnl. **3.** Llegar a estar seguro de algo por el propio razonamiento. *Al final se convenció* DE *que estaba equivocado.*

convencimiento. m. Hecho o efecto de convencer o convencerse. *La policía llegó al convencimiento* DE *que el asesino había huido. Lo dices sin convencimiento.* ▶ CONVICCIÓN.

convención. f. **1.** Acuerdo o pacto entre personas, organizaciones o países. *La Convención de Ginebra regula el trato a los prisioneros de guerra.* **2.** Norma o práctica admitidas por la colectividad y basadas en alguna costumbre o precedente. *La forma de medir el tiempo no es más que una convención.* A veces despect. *No vivas pendiente de las convenciones sociales.* **3.** Reunión general de un partido político u otra agrupación de personas. *La convención se celebrará en el palacio de congresos de la capital.*

convencional. adj. **1.** Que se establece por convenio o acuerdo. *Las señales de tráfico son meramente convencionales.* **2.** Corriente o tradicional. *El modisto crea diseños nada convencionales.* **3.** Dicho de persona: Que se atiene a las normas o costumbres establecidas. *Es un chico bastante convencional en sus gustos.*

convencionalismo. m. Norma o principio que, por conveniencia social, se tienen por verdaderos. *Tuvo el valor de romper con los convencionalismos de su época.* ▶ CONVENIENCIA.

conveniencia. f. **1.** Hecho de convenir. *Está reflexionando sobre la conveniencia de aceptar la oferta.* **2.** Convencionalismo. *Nunca hizo caso de las conveniencias.* Tb. ~ *social. Su matrimonio era una conveniencia social.*

conveniente. adj. Que conviene o es adecuado. *Iré cuando lo estime conveniente. Elija la forma de pago más conveniente.*

convenio. m. **1.** Acuerdo o pacto. *No existe convenio de extradición entre los dos países.* **2.** Acuerdo vinculante entre los empresarios y los trabajadores de un sector o de una empresa, que regula las condiciones laborales. *Según el convenio, hay 15 días de permiso en caso de matrimonio.* Tb. ~ *colectivo. Los sindicatos y la patronal negocian los convenios colectivos.*

convenir. (conjug. VENIR). intr. **1.** Ser útil o adecuado para alguien o algo. *Convendría que ventilaras la habitación. Eso no conviene* A *nuestros intereses. Ese chico no te conviene.* **2.** Admitir una persona lo que expone otra, o considerarlo aceptable. *Convendrás* CONMIGO EN *que lo que ha dicho es una tontería.* **3.** Ponerse de acuerdo dos o más personas en algo. *Convinimos* EN *vernos después del trabajo.* Tb.: *Convino* CON *un amigo* EN *encontrarse allí.*

convento. m. Casa en que vive una comunidad de frailes o monjas. *El edificio fue un convento de franciscanos.* Tb. esa comunidad. *Todo el convento se reúne para rezar.*

conventual. adj. Del convento. *Vida conventual. Muros conventuales.*

convergencia. f. Hecho de converger. *Marca el punto de convergencia de las rectas. Hay convergencia de intereses.*

convergente. adj. Que converge o presenta convergencia. *Lentes convergentes. Esfuerzos convergentes.*

converger. intr. **1.** Dirigirse dos o más cosas, como líneas o cosas de estructura lineal, a unirse en un punto. *Dos trenes convergían* HACIA *la estación por la misma vía.* Tb. fig. *Los esfuerzos de ambos convergen* HACIA *un mismo fin.* **2.** Unirse dos o más cosas, como líneas o cosas de estructura lineal, en un punto. EN *cada vértice del polígono convergen dos lados.* Tb. fig. EN *esta idea convergen los deseos de todos.* ▶ CONVERGIR.

convergir. intr. Converger. *Si dos vehículos convergen en un cruce, tiene preferencia el de la derecha.*

conversa. f. frecAm. Conversación. *¿Van a pedir algo o va a seguir la conversa?* [C].

conversación. f. Hecho de conversar. *Hemos tenido una conversación muy interesante. Una conversación telefónica.* Frec., en pl., designa una serie de reuniones mantenidas para hablar de un tema. *Se han reanudado las conversaciones de paz.* ▶ CHARLA, COLOQUIO. || **frecAm:** CONVERSA, PLÁTICA.

conversacional. adj. **1.** De la conversación. *Analiza los rasgos ortográficos de un texto conversacional.* **2.** Dicho espec. de lenguaje: Coloquial. *El autor reproduce el habla conversacional de las clases populares.* ▶ **2:** COLOQUIAL.

conversador, ra. adj. De conversación amena o inclinado a conversar. *Es una mujer cultivada y muy conversadora.* Más frec. m. y f. *El buen conversador debe saber escuchar.*

conversar. intr. Hablar una o varias personas con otra u otras, espec. con familiaridad y confianza. *La maestra conversaba* CON *los padres* SOBRE *el niño.* Tb.: *Dos vecinas conversan en el portal.* ▶ CHARLAR. || **frecAm:** PLATICAR.

conversión. f. Hecho de convertir o convertirse. *Jesús realizó la conversión del agua* EN *vino. Nos habla de su conversión* AL *budismo.*

converso, sa. adj. Que se ha convertido a una religión. *Se cree que Fernando de Rojas era un judío converso.* Tb. fig. *El jefe de los liberales es un comunista converso.* Frec. m. y f. *Muchos conversos cambiaban de apellidos para ocultar su ascendencia.*

convertibilidad. f. Cualidad de convertible. Se usa espec. en economía. *China logró la plena convertibilidad del yuan.*

convertible. adj. **1.** Que se puede convertir. *Son medidas populistas fácilmente convertibles* EN *votos. Un sofá convertible.* **2.** *Econ.* Dicho de moneda: Que puede cambiarse por oro o por otra moneda más generalmente aceptada en los mercados. *La deuda del país en moneda convertible es superior al billón de dólares.* **3.** Am. Dicho de automóvil: Descapotable. *Al novio le regalaron un automóvil convertible* [C]. Tb. m. *El coche que encontré cerca de la puerta era un convertible* [C]. ▶ **3:** DESCAPOTABLE.

convertidor. m. **1.** Aparato que convierte corriente alterna en continua o viceversa. *El equipo se completa con una batería de repuesto y un convertidor.* **2.** Aparato electrónico que convierte una señal en otra diferente. *El convertidor transforma la señal analógica en digital.*

convertir. (conjug. SENTIR). tr. **1.** Hacer que (una persona o una cosa) pasen a ser otra o a tener características distintas. *Tiene ojo para los negocios: convierte* EN *oro todo lo que toca. La convivencia los convirtió* EN *buenos amigos.* Tb. en constr. prnl. media. *Decidió convertirse* EN *médico. La casa se ha convertido* EN *un bloque de apartamentos. Ir a trabajar se convirtió* EN *una pesadilla.* **2.** Hacer que (alguien) profese una religión o la practique. *Era un ferviente católico, pero nunca pretendió convertir a nadie.* ○ intr. prnl. **3.** Pasar a profesar o a practicar una religión. *Se ha convertido* AL *budismo.*

convexidad. f. **1.** Cualidad de convexo. *A medida que avanza la gestación, aumenta la convexidad del vientre.* **2.** Parte o lugar convexos. *Los festones están formados por pequeñas convexidades yuxtapuestas.*

convexo, xa. adj. Curvado hacia fuera, como el exterior de un cuenco. *El cristalino del ojo es una lente convexa.*

convicción. f. **1.** Convencimiento. *Habló sin convicción.* **2.** Idea religiosa, ética o política firme y sólida. Gralm. en pl. *Lo detuvieron por defender sus convicciones. Tiene fuertes convicciones religiosas.*

convicto, ta. adj. **1.** Dicho de reo: Que ha cometido un delito que ha sido probado. *Asesino convicto.* Frec. m. y f. *Tras el juicio, el convicto fue trasladado al penal.* ● m. y f. **2.** Presidiario. *Del penal se han fugado dos convictos.* ▶ **2:** *PRESO.

convidado, da. part. **1.** → **convidar. 2.** Que ha sido convidado (→ 1). *Los convidados empezarán a llegar sobre las ocho.* ■ **~ de piedra.** m. y f. Persona que está callada y sin moverse en una reunión. *El profesor fue el convidado de piedra en la discusión entre padre e hijo.*

convidar. tr. **1.** Invitar (a alguien) para que esté presente en un lugar o acto determinados, como muestra de cortesía o amistad. *Te convido* A *mi cumpleaños. Gracias por convidarme, pero no voy a poder ir.* **2.** Invitar (a alguien) a algo, espec. comida o bebida, como muestra de cortesía o amistad. *No pagues, que yo te convido. Convidó a los presentes* A *una ronda para celebrar su ascenso.* **3.** Invitar o incitar (a alguien) a algo. *Todo en este lugar nos convida* AL *descanso.* Tb. usado en constr. intr. *El ambiente convidaba* A *la reflexión.* ▶ INVITAR.

convincente. adj. Que convence. *Dame un argumento convincente. No has estado muy convincente.*

convite. m. Hecho de convidar o invitar a alguien como muestra de cortesía o amistad. *Iré a la ceremonia, pero no me quedaré al convite.* ▶ **Am:** CONVIVIO.

convivencia. f. Hecho de convivir. *La convivencia es difícil. Las normas de convivencia.* Frec., en pl., designa el hecho de convivir durante una temporada un grupo de compañeros, espec. de escolares, con el objetivo de confraternizar. *La clase se fue una semana de convivencias.*

convivio. m. frecAm. Convite. *Se pospone hasta nuevo aviso el convivio de bienvenida para el nuevo gobernador* [C].

convivir. intr. Vivir en compañía de otro u otros. *Es fácil convivir* CON *él.* Tb.: *Conviven desde hace años.*

convocante. adj. Que convoca. *La universidad convocante designará a los miembros del tribunal de oposición.* Dicho de pers., tb. m. y f. *Los convocantes de la manifestación esperan gran afluencia.*

convocar. tr. **1.** Llamar (a una o más personas) para que acudan a un lugar o acto determinados. *El presidente de la comunidad convocó a los vecinos* A *una junta.* **2.** Anunciar (una reunión o un acto) para que acudan las personas interesadas (en ellos). *El Gobierno ha convocado elecciones.* **3.** Anunciar (un concurso o competición) para que participen las personas interesadas. *El Ayuntamiento convoca oposiciones.*

convocatoria. f. Hecho de convocar. *Aprobó en la convocatoria de septiembre.* Tb. el anuncio con que se convoca. *La convocatoria de becas está en el tablón de anuncios.*

convoy. m. **1.** Conjunto de vehículos terrestres o embarcaciones acompañados de escolta. *Se ha enviado un convoy de ayuda humanitaria a la ciudad sitiada.* **2.** Escolta de un vehículo terrestre o una embarcación. *El coche real iba acompañado de un convoy.* **3.** Tren (conjunto de vagones arrastrados por una locomotora). *El convoy fue asaltado por unos forajidos.* **4.** *Of.* Vinagreras (soporte con recipientes para aceite y vinagre). *El camarero pone un convoy en cada mesa del comedor.* ▶ **3:** *TREN. **4:** *VINAGRERAS.

convulsión. f. **1.** Contracción y dilatación musculares, violentas e involuntarias, y de origen patológico. *Tiene fiebre y convulsiones.* **2.** Agitación violenta, gralm. social o política, que trastorna la vida normal de una colectividad. *En 1936, el país vivía tiempos de gran convulsión.* **3.** *Geol.* Sacudida de la tierra o del mar por un movimiento sísmico. *Se temen nuevas convulsiones en zonas cercanas al epicentro.*

convulsionar. tr. Producir convulsiones (en alguien o algo). *Los terribles crímenes convulsionaron el país.*

convulsivo, va. adj. De la convulsión. *Movimientos convulsivos.*

convulso, sa. adj. **1.** Que sufre convulsiones musculares. *El enfermo está convulso.* **2.** Que tiene convulsión social o política. *Vivió en Alemania durante los convulsos años del nazismo.*

conyugal. adj. De los cónyuges. *La falta de comunicación acaba con la felicidad conyugal.*

cónyuge. m. y f. Persona que está casada con otra. *La infidelidad de su cónyuge la ha llevado a pedir el divorcio.* Frec. en pl. designa la pareja. *Los bienes de los cónyuges reciben el nombre de "gananciales".*

coña. f. **1.** malson. Broma o burla. **2.** malson. Cosa pesada o molesta. Tb. ~ *marinera.* ■ **ni de ~.** loc. adv. malson. De ninguna manera.

coñac. (pl. **coñacs**). m. Licor de alta graduación, obtenido por destilación de vinos flojos y envejecido en toneles de roble, imitando el procedimiento empleado en la población francesa de Cognac. *Suele tomar café y coñac después de comer.* Tb. la copa de este licor. *He pedido un coñac.*

coñazo. m. malson. Persona o cosa pesadas o molestas. ■ **dar el ~.** loc. v. malson. Dar la lata.

coñearse. intr. prnl. malson. Burlarse de alguien.

coño. m. **1.** malson. Vulva. ● interj. **2.** malson. Se usa para expresar sorpresa o enfado.

cooficial. adj. Dicho de lengua: Oficial junto con otra u otras. *El catalán y el castellano son lenguas cooficiales en Cataluña.*

cooficialidad. f. Condición de cooficial. *Algunos asturianos reclaman la cooficialidad del bable.*

cooperación. f. Hecho de cooperar. *Los mandatarios de ambos países han firmado un acuerdo de cooperación.*

cooperador, ra. adj. Que coopera. *Se ha mostrado cooperador.* Dicho de pers., tb. m. y f. *Se le acusa de cooperador necesario* EN *un delito de fraude.*

cooperante. adj. Que coopera. *La Casa Blanca se ha mostrado cooperante. Factores cooperantes en la aparición del cáncer.* Tb. m. y f., referido a pers., espec. a la que coopera con una organización humanitaria. *En el país africano trabajan misioneros y cooperantes europeos.*

cooperar. intr. Actuar una persona o cosa conjuntamente con otra para un mismo fin. *La policía inglesa coopera* CON *la española* PARA *detener al asesino.* Tb.: *Ambos países cooperan* EN *la lucha contra el narcotráfico.*

cooperativa. → **cooperativo.**

cooperativismo. m. **1.** Sistema o régimen de las cooperativas. *El cooperativismo ha supuesto la salvación para muchos agricultores.* **2.** Tendencia favorable a la cooperación. *Había falta de cooperativismo entre las centrales sindicales.*

cooperativista. adj. **1.** Del cooperativismo. *Movimiento cooperativista.* **2.** Que es miembro de una cooperativa. *Socios cooperativistas.* Tb. m. y f. *Los cooperativistas aportan el dinero necesario para la construcción de sus viviendas.*

cooperativo, va. adj. **1.** De la cooperación o que la implica. *Se fomentará el trabajo cooperativo en grupo dentro del aula.* **2.** De la cooperativa (→ 1). *El texto analiza el movimiento cooperativo en el medio rural.* ● f. **3.** Sociedad cooperativa (→ **sociedad**). *La fruta se recoge y se lleva al almacén de la cooperativa.*

coordenada. f. *Mat.* Línea paralela a un eje de coordenadas (→ **eje**) y que sirve para determinar la posición de un punto en el plano. *Trace las coordenadas de los puntos que se indican.* Tb. ese eje. *La abscisa es la coordenada horizontal.* Más frec. en pl. para designar el par de esas líneas necesario para determinar esa posición. *La patrullera comunicó las coordenadas de la lancha interceptada.*

coordinación. f. **1.** Hecho o efecto de coordinar. *Se encarga de la coordinación del proyecto. No hay coordinación entre los departamentos.* **2.** *Gram.* Relación que se establece entre palabras o entre oraciones independientes. *En "¿Vienes o te quedas?", las dos oraciones están unidas por coordinación.*

coordinado, da. part. **1.** → **coordinar.** ● f. **2.** *Gram.* Oración coordinada (→ **oración**). *Las coordinadas son un tipo de oraciones compuestas.*

coordinador, ra. adj. Que coordina. *Función coordinadora. Órgano coordinador.* Dicho de pers., tb. m. y f. *El coordinador general del partido encabeza la lista electoral.* Dicho de junta, tb. f. *La coordinadora sindical amenazó con más paros.*

coordinante. adj. *Gram.* Dicho espec. de conjunción: Que coordina un elemento gramatical con otro. *"Ni" es una conjunción coordinante.* ▶ COORDINATIVO.

coordinar. tr. **1.** Unir (medios o esfuerzos) para alcanzar un fin. *El alcalde considera necesario coordinar esfuerzos para acabar con el problema del tráfico.* **2.** Unir (dos o más cosas) de manera que formen una unidad o un conjunto armonioso. *El editor coordinaba los textos de los coautores del libro.* Tb.: *Siempre lleva los zapatos coordinados* CON *el bolso.* **3.** *Gram.* Unir sintácticamente (dos o más elementos de igual categoría). *En "sin prisa pero sin pausa", la conjunción coordina dos complementos de modo.* ▶ **1:** AUNAR.

coordinativo, va. adj. *Gram.* Coordinante. *Conjunción coordinativa.*

copa. f. **1.** Recipiente en forma de cuenco y sostenido sobre un pie, que sirve para beber. *Un camarero rellena las copas. Sirva el daiquiri en copa de cóctel.*

Tb. su contenido. *Me tomo una copa de vino en las comidas.* **2.** Consumición de bebida alcohólica. *Tómate otra copa, que invita la casa.* Frec. en constr. como *irse de ~s. Anoche nos fuimos de copas.* **3.** Conjunto de ramas y hojas que forman la parte superior de un árbol. *Se nos ha enganchado la cometa en la copa de un árbol.* **4.** Parte hueca de un sombrero, en la que entra la cabeza. *El mago saca un conejo de la copa de su chistera.* **5.** Cada una de las dos partes huecas de un sujetador. *El sostén no me vale porque la copa es pequeña.* **6.** En la baraja española: Carta del palo de copas (→ 9). *Si tienes una copa, échala.* **7.** Trofeo consistente en una copa (→ 1) grande y gralm. metálica, que se da como premio en una competición deportiva. *El capitán recibirá la copa de manos del Rey.* **8.** (Frec. en mayúsc.). Competición deportiva en que se da como premio una copa (→ 7) y que suele constar de fases eliminatorias. *Se han clasificado para las semifinales de la Copa.* ○ pl. **9.** Palo de la baraja española cuyas cartas tienen representadas una o varias copas (→ 1). *Pintan copas.* ■ **tener, o llevar, una ~ de más.** loc. v. coloq. Estar borracho. *Cuando lleva una copa de más, se pone muy pesado.*

copar. tr. Ocupar por completo (algo, espec. unos puestos determinados). *El disco ha copado los primeros puestos de las listas de ventas.*

copartícipe. adj. Dicho de persona: Partícipe de algo junto con otra u otras. Tb. m. y f. *Padres y profesores son copartícipes* DE *la educación de los hijos.*

copazo. m. coloq. Copa (bebida alcohólica). *Os invito a un copazo, que acabo de cobrar.*

copear. intr. coloq. Tomar copas o bebidas alcohólicas en bares o establecimientos similares. *Estoy muy cansada para copear.*

cópec. (pl. **cópecs**). m. Copeca. *Cien cópecs son un rublo.*

copeca. f. Moneda rusa equivalente a la centésima parte de un rublo. *De su viaje a Moscú trajo rublos y copecas.* ▶ CÓPEC.

copeo. m. coloq. Hecho de copear. *Nos fuimos de copeo por los bares del puerto.*

copernicano, na. adj. **1.** De Nicolás Copérnico (astrónomo polaco, 1473-1543). *La teoría copernicana puso fin al geocentrismo de Ptolomeo.* **2.** Dicho de cambio o giro: Total o radical. *Ha dado un giro copernicano a su vida.*

copero, ra. adj. De la copa o competición deportiva. *La eliminatoria copera.*

copete. m. **1.** Conjunto de plumas que tienen algunas aves en la parte superior de la cabeza. *La abubilla yergue su copete.* **2.** Parte del contenido de un recipiente que sobresale por encima del borde. *Una cucharada de cacao con copete.* **3.** Adorno colocado en la parte superior de algunos muebles. *Pasa el plumero por los copetes del armario.* ■ **de alto ~.** loc. adj. coloq. De mucha categoría. *Se codea con diplomáticos y gente de alto copete.*

copia. f. **1.** Hecho de copiar. *La copia fraudulenta de discos compactos está penada por la ley.* **2.** Texto, imagen o figura que reproducen un original. *Conocemos muchas esculturas griegas por sus copias romanas.* **3.** Reproducción exacta de algo, espec. si se hace por medios mecánicos. *Borré el archivo, pero me he quedado con una copia.* **4.** Cada uno de los ejemplares de un impreso o de una grabación. *Ha vendido cien mil copias de su último disco.* **5.** Persona que se parece mucho a otra. *María es una copia de su madre.*

copiador, ra. adj. **1.** Que copia o sirve para copiar. *Máquina copiadora.* Dicho de máquina, tb. f. ● f. **2.** Fotocopiadora. *La copiadora se ha quedado sin papel.*

copiar. (conjug. ANUNCIAR). tr. **1.** Reproducir a mano (textos, imágenes o figuras). *Los estudiantes de pintura copian los cuadros del museo.* **2.** Reproducir de manera exacta (textos, imágenes, sonidos u objetos) por medios mecánicos. *Me copió el vídeo de su viaje.* **3.** En un examen escrito: Reproducir (lo que se mira a escondidas de un libro, de unos apuntes o del ejercicio de un compañero). *Aprovechó el descuido del maestro para copiar las respuestas del libro.* Tb. usado en constr. intr. *Lo han pillado copiando.* **4.** Anotar o escribir (lo que dice alguien). *El reportero lo copiaba todo en una libreta.* **5.** Imitar (algo o a alguien). *Estoy harta de que me copies en todo lo que hago.*

copichuela. f. coloq. Copa (bebida alcohólica). *Suelo tomar una copichuela después del café.*

copihue. m. Am. Planta trepadora americana de hermosas flores, gralm. rojas. *En la ruta hay bosques de roble, boldo y abunda el copihue* [C]. Tb. la flor. *Me pegó en la cara un aroma de damasco en flor y copihues* [C].

copiloto. m. y f. Piloto auxiliar. *El comandante dejó la nave en manos de su copiloto. El asiento del copiloto en un coche.*

copión, na. adj. coloq., despect. Dicho de persona: Que copia o imita a otra. Frec. m. y f. *Las copionas de mis amigas se compran la misma ropa que yo.*

copioso, sa. adj. cult. Abundante. *El trabajo incluye copiosa bibliografía. Evite los almuerzos copiosos.*

copista. m. y f. Persona que tiene por oficio copiar escritos ajenos. *La discrepancia con el original se debe a un error del copista.*

copla. f. **1.** Composición poética breve que gralm. consta de una copla (→ 4), una seguidilla o una redondilla, y que sirve de letra a canciones populares. *Una copla de Lorca.* Tb. una de dichas canciones. *En el patio alguien canturrea una copla.* **2.** Género musical de la canción popular española con influencia del flamenco. *La Piquer era la reina de la copla.* **3.** coloq. Asunto o tema de conversación, espec. si resulta repetitivo. *Pero, ¿aún sigues con la misma copla?* **4.** *Lit.* Estrofa de cuatro versos de arte menor que riman en asonante 2° con 4°, quedando libres los otros dos. *Las coplas satíricas son de autor anónimo.* ■ **~ de pie quebrado.** f. *Lit.* Estrofa de seis versos de arte menor, de cuatro sílabas el 3° y el 6° y de ocho los demás, que riman en consonante, gralm. 1° con 4°, 2° con 5° y 3° con 6°. *Las "Coplas a la muerte de su padre" son coplas de pie quebrado.* □ **quedarse con la ~.** loc. v. coloq. Retener algo en la memoria o darse por enterado de ello. *Le repites las cosas y aun así no se queda con la copla.*

coplero, ra. m. y f. Persona que compone, canta o vende coplas. *El coplero iba de pueblo en pueblo recitando sus versos.*

copo. m. **1.** Cada una de las porciones individuales de nieve que caen cuando nieva. *Se asomó para ver caer los copos de nieve.* **2.** Porción de una sustancia cuya forma recuerda la de un copo (→ 1). *He desayunado copos* DE *avena.* **3.** Masa de algodón, lana, lino o cáñamo, preparada para hilarse. *Una vieja hila el copo.*

copón. m. *Rel.* Copa grande que contiene las hostias consagradas y que se guarda en el sagrario. *El sacerdote* *sostiene el copón de plata en sus manos.* ■ **del ~.** loc. adj. malson. Muy grande o extraordinario. ■ **el ~.** loc. s. malson. El colmo.

copresidente, ta. m. y f. Presidente de algo junto con otro u otros. *Los copresidentes del banco han anunciado una nueva fusión con otra entidad.*

copretérito. m. frecAm. *Gram.* Pretérito imperfecto de indicativo.

copríncipe. m. En el Principado de Andorra: Cada una de las dos personas que comparten la jefatura del Estado. *Los copríncipes son el presidente de Francia y el obispo de Urgel.*

coproducción. f. **1.** Hecho de coproducir. *La Consejería de Cultura interviene en la coproducción del espectáculo.* **2.** Producción realizada entre dos o más empresas, gralm. de distintos países. Se usa espec. en cine y televisión. *La serie es una coproducción hispanofrancesa.*

coproducir. (conjug. CONDUCIR). tr. Producir (algo) en común con otro u otros. Se usa espec. en cine y televisión. *Una productora española coproduce la película con otra italiana.*

coproductor, ra. adj. Que coproduce. Se usa espec. en cine y televisión. *Las cadenas coproductoras de la serie.* Más frec. m. y f. *El actor es intérprete y coproductor de la película.*

coprofagia. f. cult. Hecho de comer excrementos. Se usa espec. en zoología y medicina. *Se da la coprofagia en perros con problemas de hábitos alimentarios.*

coprófago, ga. adj. cult. Que come excrementos o se alimenta de ellos. Se usa espec. en zoología y medicina. *Los escarabajos estercoleros son animales coprófagos.* Tb. m. y f.

coprolito. m. *Zool.* Excremento fósil. *Un coprolito de dinosaurio.*

copropiedad. f. Propiedad compartida por dos o más personas o entidades. *Tienen una casa de veraneo en régimen de copropiedad.*

copropietario, ria. adj. Propietario de algo junto con otro u otros. *Empresas copropietarias.* Dicho de pers., tb. m. y f. *Uno de los copropietarios del bar ha vendido al otro su parte del negocio.*

coprotagonista. m. y f. Protagonista de algo junto con otro u otros. *Los coprotagonistas del filme son pareja en la vida real.*

copto, ta. adj. **1.** Cristiano de Egipto. *Ritos coptos.* Dicho de pers., tb. m. y f. *Los coptos no se casan con personas de otras etnias.* ● m. **2.** Lengua hablada antiguamente en Egipto, que se conserva en los ritos de la Iglesia copta (→ 1). *El copto emplea el alfabeto griego.*

cópula. f. **1.** Hecho de copular. *El documental muestra la cópula de los alces.* **2.** *Gram.* Verbo copulativo. *En la oración "María está enferma", "está" es la cópula.*

copulación. f. Hecho de copular. *Tras la copulación, la mantis religiosa devora al macho.*

copular. intr. Unirse sexualmente dos personas o animales. *Unos leones copulaban en la sabana.* Tb.: *El macho de la viuda negra copula una sola vez en la vida y después muere.* ▶ FORNICAR.

copulativo, va. adj. **1.** *Gram.* Dicho espec. de conjunción: Que une palabras u oraciones cuyos significados se suman. *"Y", "ni" son conjunciones copulativas.* **2.** *Gram.* Dicho de oración: Que está coordinada con otra por medio de una conjunción copulativa (→ 1). *En "Pagó y se marchó" hay dos oraciones coordinadas copulativas.* **3.** *Gram.* Dicho de oración: Que se construye con un verbo copulativo (→ **verbo**). *"Pareces cansado" es una oración copulativa.*

coque. m. Combustible sólido, ligero y poroso, obtenido al calcinar hulla u otros carbones minerales. *El coque sustituyó al carbón vegetal en los hornos de la siderurgia.* ▶ COK.

coqueta. → **coqueto.**

coquetear. intr. **1.** Mantener una persona con otra una actitud más o menos insinuante como juego amoroso. *Se enfadó porque su novia coqueteaba* CON *sus amigos.* Tb.: *Acaban de conocerse y solo están coqueteando.* **2.** Tener una relación superficial con alguien o algo. *Hace años que coquetea* CON *la política.* ▶ **1:** FLIRTEAR.

coqueteo. m. Hecho de coquetear. *Es muy dada al coqueteo. De joven, tuvo coqueteos* CON *el cine.*

coquetería. f. **1.** Hecho o efecto de coquetear. *Déjate de coqueterías.* **2.** Cualidad de coqueto. *Se ha operado la nariz por coquetería.*

coqueto, ta. adj. **1.** Dicho de persona: Que coquetea con otra o intenta atraerla por puro pasatiempo o vanidad. *Ella lo mira coqueta, esperando que se acerque.* Tb. m. y f. **2.** Dicho de persona: Que cuida mucho su aspecto para parecer atractiva. *Los chicos son cada vez más coquetos.* Tb. m. y f. *Eres un coqueto, ¡siempre mirándote al espejo!* **3.** Dicho de cosa: De aspecto sencillo y atractivo o gracioso. *Tienen una casa pequeña, pero coqueta.*

coquetón, na. adj. coloq. Coqueto. *Muchachas coquetonas. Un restaurante pequeño pero muy coquetón.*

coquina. f. Molusco marino comestible, de valvas finas, ovales y aplastadas, propio de las costas andaluzas. *Los hombres rastrillan la playa buscando coquinas.*

coracero. m. Soldado de caballería armado de coraza. Hoy designa al que forma parte de la Guardia Real. *El Rey va escoltado por coraceros vestidos con uniforme de 1875.*

coraje. m. **1.** Valor o decisión. *Hay que tener mucho coraje para salir adelante en su situación.* **2.** Rabia o irritación. Frec. con *dar*. *Me da coraje haber suspendido por un error tan tonto.* ▶ **2:** CORAJINA.

corajina. f. Coraje (rabia). *No sabes qué corajina me da quedarme en casa con el día tan bueno que hace.* ▶ CORAJE.

corajudo, da. adj. Que tiene o muestra coraje o valor. *Es un hombre corajudo.*

coral[1]. m. **1.** Animal marino que habita en colonias y posee un esqueleto calcáreo, frec. rojo o rosado, con el que forma arrecifes. *En las costas de Hawai hay arrecifes de coral.* **2.** Masa calcárea de color rojo segregada por el coral (→ 1), que se emplea en joyería. *Un collar de coral.*

coral[2]. adj. **1.** Del coro. *Música coral.* ● f. **2.** Agrupación musical que interpreta composiciones corales (→ 1). *Canta en la coral de la Universidad.* ○ m. **3.** *Mús.* Composición religiosa de carácter vocal, destinada para un coro y propia pralm. del culto protestante. *Un coral de Bach.* Tb. la composición instrumental análoga. ▶ **2:** CORO, ORFEÓN.

coralífero, ra. adj. Que tiene corales. *Las aguas caribeñas son coralíferas.*

coralino, na. adj. Del coral, o de características semejantes a las suyas, espec. el color. *Arrecifes coralinos. Rojo coralino.*

coránico, ca. adj. Del Corán (libro sagrado de la religión musulmana). *El imán recita versículos coránicos.*

coraza. f. Armadura, gralm. metálica, que protege el pecho y la espalda. *El golpe de la espada resonó en la coraza del caballero.* Frec. fig. *Oculta sus sentimientos detrás de una coraza.*

corazón. m. **1.** Órgano muscular de los vertebrados y de algunos invertebrados, que impulsa la sangre por el cuerpo. *El corazón humano tiene el tamaño de un puño.* Se usa para dirigirse a una persona cariñosamente. *¡Dame un beso, corazón!* **2.** Figura cuya forma recuerda la de un corazón (→ 1). *Dibujó un corazón en la pared y escribió dentro su nombre y el de su novio.* **3.** Palo de la baraja francesa cuyas cartas tienen representados uno o varios corazones (→ 2). Más frec. en pl. *El as de corazones.* **4.** Sentimientos. Frec. en constr. como *no tener* ~ o *tener un* ~ *de oro. Los que maltratan a los animales no tienen corazón. Es muy exigente, pero tiene un corazón de oro.* **5.** Valor o ánimo. *No tuvo corazón para decirle que se estaba muriendo.* **6.** Centro de algo. *En el corazón* DE *la manzana había un gusano. La niña creció en el corazón* DE *la jungla.* **7.** Dedo corazón (→ **dedo**). *Lleva anillos en el índice y el corazón.* ■ **abrir** alguien **su** ~ (a otra persona). loc. v. Descubrir(le) su intimidad o sus sentimientos. *Me abrió su corazón sin apenas conocerme.* ■ **a ~ abierto.** loc. adj. Dicho de operación quirúrgica: Que se realiza desviando la sangre a un corazón (→ 1) artificial, antes de abrir las cavidades cardíacas. *Será sometida a una complicada intervención a corazón abierto.* Tb. loc. adv. *Lo están operando a corazón abierto.* ■ **con el ~ en la mano.** loc. adv. Con toda sinceridad. *Te hablo con el corazón en la mano.* ■ **con el ~ en un puño.** loc. adv. En estado de angustia y preocupación. *Esperó a que salieran las notas del examen con el corazón en un puño.* ■ **darle,** o **decirle,** (a alguien) **el ~** (una cosa). loc. v. coloq. Hacérse(la) presentir. *Me dice el corazón que este año nos va a tocar la lotería.* ■ **de (todo) ~.** loc. adv. Con sinceridad y afecto. *Te deseo lo mejor de todo corazón.* ■ **del ~.** loc. adj. Dicho de prensa o revista: Que informa sobre la vida privada y social de personajes famosos. *Ojeaba las revistas del corazón en la peluquería.* ■ **encogérsele** (a alguien) **el ~.** loc. v. coloq. Sentir temor (esa persona). *Cuando pienso en la muerte, se me encoge el corazón.* ■ **helársele** (a alguien) **el ~.** loc. v. coloq. Quedarse (esa persona) pasmada o atónita a causa de un susto o una mala noticia. *Cuando me enteré de que había muerto, se me heló el corazón.* ■ **partir** algo **el ~** (a alguien). loc. v. Causar(le) gran pena o tristeza. *Verte enfermo me parte el corazón.* ■ **partírsele el ~** (a alguien). loc. v. Sentir (esa persona) gran pena o tristeza. *Se me parte el corazón al ver a los niños pidiendo limosna.* ■ **salirle** (a alguien) algo **del ~.** loc. v. Hacer(lo) o decir(lo) con sinceridad. *A lo mejor he sido muy brusca, pero es que me ha salido del corazón.* ■ **ser todo ~.** loc. v. Ser bueno y generoso. *Luisa es todo corazón.* ▶ **4:** ENTRAÑA.

corazonada. f. **1.** Presentimiento. *Apostó porque tenía la corazonada de que iba a ganar.* **2.** Impulso que lleva a hacer algo. *Me he presentado al examen por una corazonada, pero sin pensar que aprobaría.*

corbata. f. Prenda de adorno consistente en una tira de tela que se anuda o enlaza alrededor del cuello, dejando caer los extremos. *Para las entrevistas de trabajo se pone traje y corbata.*

corbatín. m. Corbata corta que se ajusta por detrás con un broche o por delante con un lazo sin caídas. *Lleva sombrero vaquero, camisa blanca y corbatín.*

corbeta. f. **1.** Buque de guerra ligero, más pequeño que la fragata, gralm. destinado a misiones de escolta. *Dos corbetas seguían de cerca al buque mercante.* **2.** histór. Buque de guerra, con tres mástiles y vela cuadrada, semejante a la fragata pero más pequeño. *El cañonazo abrió una vía de agua en la corbeta inglesa.*

corcel. m. Caballo ligero de mucha altura. *El caballero montaba un brioso corcel.*

corchea. f. *Mús.* Nota cuyo valor es la mitad de una negra. *Localiza las corcheas en esta partitura.*

corchero, ra. adj. **1.** Del corcho. *La industria corchera.* ● f. **2.** En una piscina de competición: Cuerda provista de flotadores de corcho u otro material, que, tendida a lo largo y en paralelo con otras, sirve para delimitar calles. *Los nadadores descansan apoyados en las corcheras.*

corchete. m. **1.** Broche formado por dos piezas que se enganchan, una en forma de gancho y otra en forma de anilla. *Me he comprado una camisa con corchetes en vez de botones.* **2.** Signo ortográfico doble ([ ]) que tiene un uso semejante al del paréntesis. *La transcripción fonética de un sonido va entre corchetes.* **3.** histór. Agente de la justicia que se encargaba de detener a los delincuentes. *Los corchetes prendieron al rufián en una taberna.*

corcho. m. **1.** Tejido vegetal poroso, impermeable y elástico, que se encuentra en la zona periférica del tronco, de las ramas y de las raíces, espec. en la corteza del alcornoque. *En el vestíbulo hay un tablón de corcho para los anuncios y convocatorias.* **2.** Tapón de corcho (→ 1). *El corcho de la botella de champán salió disparado.* ● interj. **3.** Se usa para expresar sorpresa o enfado. *¡Cállate, corcho, que no me dejas oír la película!*

córcholis. interj. Se usa para expresar sorpresa o enfado. *¡Córcholis!, ¿qué haces tú aquí?*

corcova. f. Joroba de una persona. *Una bruja con corcova.* ▶ *JOROBA.

corcovado, da. adj. Que tiene corcova. *El viejo era corcovado. Espalda corcovada.* Dicho de pers., tb. m. y f. *No es fácil que esta chaqueta siente bien a una corcovada.* ▶ *JOROBADO.

cordada. f. Grupo de montañeros sujetos por una misma cuerda. *La cordada alcanzará la cima al atardecer.*

cordado, da. adj. **1.** *Zool.* Del grupo de los cordados (→ 2). *Animal cordado.* ● m. **2.** *Zool.* Animal que tiene cordón nervioso dorsal, corazón ventral y cola situada detrás del ano.

cordaje. m. **1.** Conjunto de cuerdas, espec. de un instrumento musical o de una raqueta de tenis. *El tenista golpea tan fuerte que a menudo rompe el cordaje de su raqueta.* **2.** *Mar.* Jarcia. *Los marineros aseguran los cordajes antes de zarpar.*

cordel. m. Cuerda delgada. *Una vez relleno, ate el pavo con un cordel y métalo al horno.* ■ **a ~.** loc. adv. En línea recta. *Es un barrio de calles geométricas, trazadas a cordel.* ▶ **Am:** PIOLÍN.

cordero, ra. m. **1.** Cría de la oveja, que no pasa de un año. *Se oye balar a los corderos en el prado.* Tb. designa específicamente al macho. **2.** Carne de cordero (→ 1). *En Segovia comieron cordero asado.* ○ f. **3.** Hembra del cordero (→ 1). *La oveja ha parido una corderita.* ■ ~ **pascual.** m. Cordero (→ 1) que se come para celebrar la Pascua judía o cristiana. *El sacrificio del cordero pascual.*

cordial. adj. Afectuoso o cariñoso. *El anfitrión estuvo cordial con todo el mundo. Reciba un cordial saludo.*

cordialidad. f. Cualidad de cordial. *Aunque divorciados, mantienen una relación de cordialidad.*

cordillera. f. Serie de montañas unidas entre sí de gran extensión. *La cordillera de los Andes se extiende desde Argentina hasta Colombia.*

córdoba. m. Unidad monetaria de Nicaragua.

cordobán. m. Piel curtida de cabra. *Una correa de cordobán.*

cordobés, sa. adj. De Córdoba. *La mezquita cordobesa.* Dicho de pers., tb. m. y f. *Muchos cordobeses acudieron a la feria.*

cordón. m. **1.** Cuerda delgada y redonda, constituida por hilos gralm. retorcidos o entrelazados, que se emplea para atar o a veces como adorno. *Átate los cordones de los zapatos. El fraile se ciñe el hábito con un cordón.* **2.** Conjunto de personas alineadas una junto a otra para impedir el paso. *Los manifestantes han traspasado el cordón policial.* **3.** Am. Bordillo. *La integración no es sólo ayudar al discapacitado a subir el cordón de la vereda* [C]. ■ ~ **sanitario.** m. Conjunto de disposiciones y medios materiales organizados para detener la propagación de una enfermedad o de una plaga. *Un cordón sanitario aislaba la ciudad contaminada por la peste.* ■ ~ **umbilical.** m. *Anat.* Conjunto de vasos que unen la placenta de la madre con el vientre del feto para nutrir a este hasta el momento del parto. *El tocólogo corta el cordón umbilical.* Tb. fig. *Se ha echado novio y le cuesta cortar el cordón umbilical con sus amigas.*

cordoncillo. m. En una tela o tejido: Bordado lineal en forma de cordón. *El traje del diestro era granate con cordoncillo negro.*

cordura. f. Cualidad de cuerdo. *No perdamos los nervios y obremos con cordura. El anciano ha perdido la cordura.*

coreano, na. adj. **1.** De Corea (península de Asia), o de los dos países que la componen. *La península coreana.* Dicho de pers., tb. m. y f. *Los coreanos viven divididos desde la guerra de Corea (1950-1953).* ● m. **2.** Lengua hablada en Corea. *Unos 75 millones de personas hablan coreano.*

corear. tr. **1.** Acompañar haciendo coro (una canción o a un cantante). *La multitud corea las canciones de su ídolo.* **2.** Repetir varias personas (algo) a la vez. *Los niños corean la tabla de multiplicar. Los manifestantes coreaban consignas.* **3.** Aplaudir (algo), o expresar aprobación (ante ello) con palabras u otras demostraciones. *Ha sido una decisión coreada por todos.*

coreografía. f. **1.** Arte de componer danzas o bailes para ser representados con acompañamiento musical. *Al terminar su carrera como bailarina, se dedica a la coreografía.* **2.** Conjunto de pasos y movimientos de un espectáculo de danza o baile. *Este número lleva una coreografía muy sencilla.*

coreografiar. (conjug. ENVIAR). tr. Componer la coreografía (de una obra o espectáculo musicales). *Ha coreografiado muchos musicales.*

coreográfico, ca. adj. De la coreografía. *El director coreográfico es el primer bailarín.*

coreógrafo, fa. m. y f. Persona que se dedica a la coreografía. *El coreógrafo marca los pasos a los bailarines.*

coriáceo, a. adj. De características semejantes a las del cuero, espec. el aspecto o la consistencia. Se usa espec. en botánica. *La hoja del laurel es coriácea.*

corifeo. m. **1.** Abanderado o portavoz de una tendencia, ideología u opinión. *La campaña aperturista de Mao fue alabada por sus corifeos occidentales.* **2.** histór. En el teatro griego: Director del coro. *Las tragedias de Sófocles terminan con el canto del corifeo.*

corimbo. m. *Bot.* Conjunto de flores cuyos tallos nacen en distintos puntos de un eje común y llegan a la misma altura. *La hortensia tiene las flores en corimbo.*

corindón. m. Mineral formado por óxido de aluminio cristalizado, que sigue en dureza al diamante y se emplea como piedra preciosa en joyería. *El zafiro es una variedad del corindón.*

corintio, tia. adj. **1.** De Corinto (ciudad de Grecia). Frec. referido a la Antigüedad clásica. *Cerámica corintia.* Dicho de pers., tb. m. y f. *Los corintios eran marinos y comerciantes.* **2.** *Arq.* Dicho de orden: Que tiene el capitel adornado con hojas de acanto. *El orden corintio se desarrolla a partir del s.* IV *a. C.* Tb. m. *Resume las características del corintio.* Tb. dicho de lo perteneciente a ese orden. *La columna corintia. Un templo corintio.*

corinto. m. Color rojo oscuro, tirando a violáceo. *El diestro va de corinto y oro.* Tb. adj. *Calzaba zapatos color corinto a juego con el bolso.*

corista. m. y f. **1.** Persona que canta en un coro, espec. de ópera o zarzuela. *Los coristas dan la réplica al tenor.* ○ f. **2.** Mujer que forma parte del conjunto que actúa cantando y bailando en un espectáculo de revista o de variedades. *Las coristas llevaban un tocado de plumas.*

cormorán. m. Ave acuática del tamaño de un ganso, de plumaje oscuro, patas cortas y pico largo y ganchudo. *El cormorán hembra. El cormorán se zambulle en el mar en busca de alimento.*

cornada. f. Golpe dado por un animal vacuno con la punta del cuerno. *El toro asestó una cornada al caballo.* Tb. la herida así producida. *Presenta una cornada profunda en la pierna.*

cornamenta. f. Conjunto de los dos cuernos de un animal cuadrúpedo, espec. si es de gran tamaño. *Los ciervos mudan la cornamenta.*

cornamusa. f. **1.** Instrumento musical popular, semejante a la gaita gallega. *El grupo francés de música celta recupera el sonido de la cornamusa.* **2.** Trompeta alargada, de pabellón muy ancho y con una gran rosca en el centro del tubo.

córnea. → **córneo.**

cornear. tr. Dar cornadas un animal (a alguien o algo). *La vaquilla corneó a un mozo.*

corneja. f. Ave de plumaje negro, semejante al cuervo, pero de menor tamaño. *La corneja macho. La corneja se alimenta de insectos y ratones.*

córneo, a. adj. **1.** De cuerno, o de características semejantes a las suyas, espec. el aspecto o la consistencia. *La tortuga tiene las mandíbulas cubiertas por un pico córneo.* ● f. **2.** *Anat.* Membrana dura y transparente situada en la parte delantera del globo ocular. *La córnea actúa como una lente convergente.*

córner. (pl. **córneres**). m. **1.** En algunos deportes, espec. en fútbol: Salida del balón fuera del campo por una de las líneas de meta, tras haber sido tocado por un jugador del equipo defensor. *El árbitro ha pitado córner.* **2.** En algunos deportes, espec. en fútbol: Saque de esquina. *El extremo va a sacar el córner.*

corneta. f. **1.** Instrumento musical de viento, de metal, a modo de trompeta pequeña y de sonido agudo. *La caballería carga al son de la corneta.* ○ m. y f. **2.** Músico que toca la corneta (→ 1). *El corneta tocó diana.*

cornete. m. *Anat.* Lámina ósea de forma curva de las que se encuentran en el interior de las fosas nasales. *La mucosa de los cornetes produce moco.*

cornetín. m. Instrumento de viento, de metal, semejante a la corneta, pero de sonido más agudo, casi como el del clarín. *Al otro lado de la tapia del cuartel se oía un cornetín.*

cornezuelo. m. Hongo parásito del centeno, que tiene propiedades medicinales. Tb. ~ *del centeno. Se fumigan los campos para combatir el cornezuelo del centeno.*

cornisa. f. **1.** Conjunto de molduras o salientes que coronan un edificio o una de sus plantas. *Parte de la cornisa del viejo teatro se desprendió hiriendo a un transeúnte.* **2.** Faja horizontal estrecha que corre al borde de un precipicio o un acantilado. *Una estrecha cornisa recorre el desfiladero.* **3.** *Arq.* Parte superior de un entablamento. *En los órdenes clásicos, la cornisa está situada encima del friso.*

corno. ~ **inglés.** m. Instrumento musical de viento, de madera, semejante a un oboe, pero de mayor tamaño y sonido más grave. *Concierto para corno inglés y orquesta de cámara.*

cornucopia. f. **1.** Espejo de marco dorado y tallado, con adornos recargados y gralm. soportes para velas en la parte inferior. *En el escaparate del anticuario hay una cornucopia.* **2.** En la mitología grecorromana: Cuerno de la abundancia. *Zeus creó la cornucopia de un cuerno de la cabra que lo amamantó.*

cornudo, da. adj. **1.** Que tiene cuernos. *La estatua representa a una divinidad cornuda.* **2.** coloq. Dicho de persona, espec. de hombre: Que es objeto de infidelidad por parte de su pareja. *Abundan los chistes sobre maridos cornudos.* Tb. m. y f. *Sabe que es un cornudo, pero le da igual.*

cornúpeta. m. y f. Animal con cuernos, espec. el toro de lidia. *El torero cuadra al cornúpeta antes de entrar a matar.*

coro. m. **1.** Conjunto de personas que cantan simultáneamente una pieza musical o parte de ella. *El cantante lleva un coro de tres chicas.* **2.** Coral (agrupación). *Canta en el coro del colegio.* **3.** histór. En el teatro grecorromano: Conjunto de actores que cantan o recitan simultáneamente la parte en que se comenta la acción. *El coro griego es un personaje colectivo.* **4.** Composición cantada o recitada por un coro (→ 1-3). *El coro de los esclavos es uno de los fragmentos más conocidos del "Nabuco" de Verdi.* **5.** Conjunto de personas que dicen lo mismo al mismo tiempo. *El coro de fans grita el nombre de su ídolo.* **6.** Parte de la iglesia donde se reúne el clero para cantar los oficios. *Cuando tocan a maitines, los frailes se dirigen al coro.* ■ **a ~.** loc. adv. Al mismo tiempo entre varios. *Toda la clase repetía la lección a coro.* ▶ **2:** *CORAL.

coroides. f. *Anat.* Membrana situada entre la esclerótica y la retina. *La abertura posterior de la coroides da paso al nervio óptico.*

corola. f. *Bot.* Parte de la flor que rodea los órganos sexuales, formada por piezas a modo de hoja, suaves y gralm. de vivos colores. *La corola de la margarita suele tener pétalos blancos.*

corolario. m. Afirmación que no necesita prueba particular por deducirse claramente de lo ya demostrado antes. *De sus tesis europeístas se desprende como corolario la llegada de la modernización.*

corona. f. **1.** Aro de flores, ramas o de un metal valioso, que se coloca sobre la cabeza como adorno o como símbolo de algo, espec. de dignidad. *La corona y el cetro son atributos reales. El césar llevaba una corona de laurel.* **2.** Conjunto de flores o de hojas o de las dos cosas a la vez dispuestas en círculo. *Sobre la lápida descansa una corona fúnebre.* **3.** Dignidad real. *El heredero de la corona ha contraído matrimonio.* **4.** Reino o monarquía. *Valencia pertenecía a la Corona de Aragón.* **5.** Aureola (círculo luminoso de las imágenes sagradas). *Las coronas de los cuadros de Fra Angelico son círculos dorados.* **6.** Rueda dentada del mecanismo de un reloj, que sirve para darle cuerda o ponerlo en hora. *Este reloj tiene estropeada la corona.* **7.** Cosa o conjunto de cosas de forma circular. *Estos animales tienen una corona de ganchitos alrededor de la boca.* **8.** Unidad monetaria actual de algunos países. *Corona sueca. Corona danesa.* **9.** histór. Antigua moneda de distintas épocas y países. *En el siglo* XV*, una fanega de trigo podía valer media corona de oro.* **10.** *Anat.* Parte del diente que sobresale de la encía. *En el diente se distinguen raíz y corona.* Tb. la pieza artificial que la cubre o sustituye. *El dentista me ha puesto una corona.* **11.** *Fís.* Parte externa del Sol, que se ve fácilmente durante los eclipses totales. Tb. ~ *solar. La corona solar está compuesta por gases.* **12.** *Mat.* Porción de plano comprendida entre dos circunferencias concéntricas. ▶ **3:** TRONO. **4:** REINO. **5:** *AUREOLA.

coronación. f. **1.** Hecho de coronar a alguien. *El cuadro inmortaliza la coronación de Napoleón.* **2.** Hecho de coronar o completar algo. *La firma del acuerdo supone la coronación de dos años de negociaciones.*

coronamiento. m. Remate o fin de algo, espec. de una obra. *El coronamiento del Panteón de Agripa es una pequeña ventana circular que deja entrar la luz.*

coronar. tr. **1.** Poner una corona en la cabeza (de alguien), espec. para proclamar(lo) rey o emperador. *Lo coronaron rey a la muerte de su padre.* **2.** Llegar a la parte más alta (de algo). *Ha coronado dos veces el Aconcagua.* **3.** Estar situada una cosa en la parte más alta (de otra). *El Partenón corona la Acrópolis.* **4.** Completar o acabar (algo, espec. una obra o una actividad). *Los exploradores coronaron la expedición con éxito.* **5.** coloq., humoríst. Engañar una persona (a su pareja), o ser(le) infiel. *Le contaron que su mujer lo coronaba.*

coronario, ria. adj. **1.** *Med.* De las coronarias (→ 2). *El consumo de tabaco aumenta el riesgo de padecer enfermedades coronarias.* ● f. **2.** *Anat.* Arteria coronaria (→ **arteria**).

coronel. m. y f. Oficial del Ejército cuyo empleo es inmediatamente superior al de teniente coronel (→ **teniente**). *La unidad está al mando de un coronel.*

coronilla. f. **1.** Parte posterior y más elevada de la cabeza. *Se dio con la coronilla en el dintel de la puerta.* **2.** Tonsura (porción tonsurada). *El fraile tiene la coronilla quemada por el sol.* ■ **hasta la ~.** loc. adv. coloq. En un estado de hartazgo. *Me tenéis has-*

ta la coronilla. Estoy hasta la coronilla DE *tus quejas.* ▶ **2:** TONSURA.

coroto. m. Am. Cosa u objeto. Se usa tb. para designar cualquier objeto sin especificar su nombre. Más frec. en pl. *Puede agarrar sus corotos y largarse por donde vino.* ▶ *OBJETO.

corpachón. m. coloq. Cuerpo grande, espec. de una persona. *Hay que comer mucho para alimentar ese corpachón.*

corpiño. m. **1.** Prenda de vestir femenina, sin mangas, escotada y ajustada, que cubre el cuerpo hasta la cintura. *El traje regional está compuesto de falda roja, blusa blanca y corpiño negro.* Tb. la prenda interior de forma semejante. *Un sugerente corpiño de encaje.* **2.** frecAm. Sujetador. *La Nana la acompañó a comprar su primer corpiño* [C].

corporación. f. **1.** Organización o entidad con sus propias normas y cuyas funciones suelen estar establecidas por ley. *Los colegios profesionales son corporaciones públicas.* **2.** Empresa de grandes dimensiones, espec. la que agrupa a otras empresas menores. *La cadena local fue absorbida por una corporación de radio y televisión.*

corporal. adj. Del cuerpo, espec. del cuerpo humano. *Da clases de expresión corporal en la escuela de arte dramático.*

corporativismo. m. Actitud o tendencia de quien defiende de manera excesiva o abusiva los intereses de los miembros de su sector profesional. *La negligencia ha sido encubierta por corporativismo.*

corporativista. adj. **1.** Del corporativismo. *La reforma del sector ha topado con presiones corporativistas.* **2.** Partidario del corporativismo, o que lo practica. *Profesionales corporativistas.* Dicho de pers., tb. m. y f.

corporativo, va. adj. De la corporación. *La compañía quiere renovar su imagen corporativa. Derechos corporativos.*

corporeidad. f. Cualidad de corpóreo. *En la sesión de espiritismo, un espíritu adquirió corporeidad.*

córpore insepulto. adj. Dicho de acto fúnebre: Que se celebra antes del entierro. *Se oficiará una misa córpore insepulto.*

corporeizar. (conjug. PEINAR). tr. Dar cuerpo (a algo no material). *El arte corporeiza las ideas.* Tb. en constr. prnl. media. *El fantasma se corporeizó ante sus ojos.* ▶ CORPORIZAR.

corpóreo, a. adj. **1.** Que tiene consistencia física. *El alma no es corpórea.* **2.** Del cuerpo. *Los pies soportan nuestra estructura corpórea.*

corporizar. tr. Corporeizar (algo). *El autor trata de corporizar los sueños, darles existencia objetiva.* Tb. en constr. prnl. media. *El fantasma se corporizó ante ellos.* ▶ CORPOREIZAR.

corps. de ~. loc. adj. histór. Dicho espec. de guardia: Que estaba al servicio del rey. *Felipe V instituyó la guardia de corps.*

corpulencia. f. Cualidad de corpulento. *Crían toros de gran corpulencia.*

corpulento, ta. adj. Dicho de persona, animal o planta: Grande en tamaño. *No es muy corpulento para ser boxeador.* ▶ GRANDE.

corpus[1]**.** m. Colección extensa y ordenada de datos o textos, espec. la que sirve de base a una investigación. *Los historiadores disponen de un interesante corpus de textos en el archivo municipal.*

Corpus[2]**.** m. En la Iglesia católica: Fiesta que conmemora la institución de la Eucaristía. *El Corpus cae en jueves, sesenta días después del domingo de Pascua.* Tb. ~ *Christi. La procesión del Corpus Christi.*

corpuscular. adj. De los corpúsculos. *Según la teoría corpuscular de Newton, la luz está compuesta por partículas.*

corpúsculo. m. Porción muy pequeña, gralm. microscópica, de materia. *Los genes son corpúsculos microscópicos.*

corral. m. **1.** Espacio cercado y descubierto, en el campo o junto a una casa, que sirve para guardar animales domésticos. *Cierra el corral, que se escapan las gallinas.* **2.** *Taurom.* Recinto contiguo a la plaza de toros en que se apartan las reses que se van a torear. *El segundo de la tarde fue devuelto al corral por cojo.* **3.** histór. Patio amplio entre casas, cerrado y frec. descubierto, donde se representaban obras de teatro. Tb. ~ *de comedias. El festival de teatro clásico se celebra en un antiguo corral de comedias.*

corralón. Am. Depósito donde la policía guarda los vehículos que retira. *Una grúa trasladó el vehículo decomisado al corralón federal* [C].

correa. f. **1.** Tira de cuero, o de otro material semejante, que se emplea espec. para atar o sujetar. *Lleva al perro con correa.* **2.** Cinturón de cuero para sujetar los pantalones u otra prenda de vestir. *Si se te cae el pantalón, ponte correa.* **3.** En una máquina: Tira de caucho u otro material semejante, que, unida por sus extremos, sirve para transmitir movimiento de una rueda o polea a otra. *Al coche se le ha roto la correa del ventilador. Correa de transmisión.* **4.** coloq. Aguante o paciencia para soportar algo, espec. bromas. *No creo que se ofenda; tiene mucha correa.* ▶ **2:** *CINTURÓN.

correaje. m. Conjunto de correas que forman parte de algo, espec. del uniforme de un cuerpo armado. *Los milicianos llevaban correaje cruzado sobre el pecho y pistola al cinto.*

correazo. m. Golpe dado con una correa. *El dueño daba correazos al perro para dominarlo.*

correcaminos. m. Ave corredora muy veloz, de plumaje oscuro, patas largas y alas cortas, que habita en zonas desérticas de América del Norte y Centroamérica. *Bajo esa sombra y humedad reconfortante cruza de pronto el correcaminos* [C].

corrección. f. **1.** Hecho de corregir. *La corrección de exámenes lleva tiempo. En la editorial hace corrección de pruebas.* **2.** Cualidad de correcto. *Debes comportarte con corrección.*

correccional. m. Reformatorio. *Ha pasado su juventud de correccional en correccional.* Tb. ~ *de menores.*

correctivo, va. adj. **1.** Que corrige o sirve para corregir. *La protección del medio ambiente requiere medidas preventivas y correctivas.* • m. **2.** Castigo o sanción, gralm. leves. *Se aplicará un correctivo a todo aquel que se salte las normas.*

correcto, ta. adj. **1.** Conforme a las reglas o normas consideradas válidas. *La frase no es gramaticalmente correcta.* **2.** Que respeta las normas de la buena educación. *Su comportamiento ha sido correcto. Un dependiente muy correcto.* **3.** Conforme a la verdad. *Cada respuesta correcta vale dos puntos.* **4.** Conveniente o adecuado. *Para un uso correcto del aparato, lea el manual de instrucciones.*

corrector, ra. adj. **1.** Que corrige o sirve para corregir. *Medidas correctoras.* Dicho de cosa, tb. m. *Un* *procesador de textos con corrector ortográfico.* ● m. y f. **2.** Persona que se dedica a la corrección de pruebas de imprenta. *Entró en la editorial como corrector y ahora es redactor.*

corredero, ra. adj. **1.** Dicho de puerta o ventana: Que se abre y se cierra lateralmente deslizándose sobre carriles. *La puerta de la terraza es corredera.* ● f. **2.** Se usa como parte del nombre de algunas calles. *Vive en la Corredera alta de San Pablo.*

corredizo, za. adj. Dicho de nudo: Que se hace pasando un extremo de la cuerda por un círculo formado en el otro extremo, de forma que corre o se desata con facilidad. *Del patíbulo cuelga una soga con un nudo corredizo.*

corredor, ra. adj. **1.** Que corre, espec. con rapidez. *Galgo corredor.* Dicho de pers., tb. m. y f. **2.** *Zool.* Del grupo de las corredoras (→ 9). *Ave corredora.* ● m. y f. **3.** Deportista que practica la carrera. *Los corredores aguardan el pistoletazo de salida.* **4.** Persona que profesionalmente actúa como intermediario en operaciones comerciales. *Mi corredor de bolsa me ha comunicado que las acciones han subido.* **5.** Agente que actúa de mediador en la contratación de un seguro. Tb. ~ *de seguros. Un corredor de seguros visitará su casa para ofrecerle nuestras pólizas.* ○ m. **6.** Pasillo (pieza de paso en un edificio). *Caminaba por los corredores del hospital buscando la habitación.* **7.** Galería, abierta o cerrada, que corre a lo largo del patio o la fachada de un edificio. *Acodada en la barandilla del corredor, charla con una vecina del bajo.* **8.** Ruta fija para cubrir un trayecto determinado en avión. Frec. ~ *aéreo. Los controladores vigilan que se respeten los corredores aéreos.* ○ f. **9.** *Zool.* Ave grande, de alas cortas que no le permiten volar y patas fuertes aptas para correr, como el avestruz. ■ ~ **de fondo.** m. y f. Corredor (→ 3) que participa en carreras de fondo. *El corredor de fondo entrena por los parques de la ciudad.* ⇒ FONDISTA. ▶ **6, 8:** PASILLO.

correduría. f. Oficio o actividad del corredor comercial o de seguros. *También trabaja de contable, porque la correduría no le da para mucho.*

corregidor. m. histór. Persona que nombraba el rey para ejercer funciones de gobierno y justicia en una población o territorio. *La política centralizadora de la monarquía reforzaba el poder del corregidor.*

corregir. (conjug. PEDIR). tr. **1.** Quitar o eliminar (de algo) un error, defecto o imperfección. *Corregid los ejercicios antes de entregarlos.* Tb. referido al error o imperfección. *Corrige las faltas de ortografía. Intento corregirle esa manía. Gafas para corregir la miopía.* **2.** Indicar (a alguien) que lo que hace o dice es equivocado, para que rectifique. *Corrígeme si me equivoco.* **3.** Señalar un profesor los errores (en un examen o trabajo) para dar(les) una calificación. *Tardó una tarde en corregir los ejercicios.* ▶ **1:** ENMENDAR, RECTIFICAR.

correlación. f. **1.** Relación recíproca entre dos o más cosas. *Existe correlación* ENTRE *el consumo de sal y la hipertensión.* **2.** *Mat.* Relación de dependencia entre dos variables. Tb. la medida de esta relación.

correlativo, va. adj. **1.** Dicho de cosa: Que tiene correlación o correspondencia con otra. *Las estructuras comparativas están constituidas por elementos correlativos.* **2.** Dicho de elementos de una serie: Que van seguidos. *La escalera de color se forma con cinco naipes correlativos del mismo palo.*

correlato. m. Cosa que está en correlación o correspondencia con otra. *El cuento de los espejos tiene como correlato clásico el mito de Narciso.*

correligionario, ria. adj. **1.** Dicho de persona: Que tiene las mismas ideas políticas o pertenece al mismo partido que otra. Más frec. m. y f. *El líder conservador ha sido censurado por sus propios correligionarios.* **2.** Dicho de persona: Que profesa la misma religión que otra. Más frec. m. y f. *Lutero criticó a su correligionario Zuinglio.* ▶ **1:** CAMARADA.

correntada. f. Am. Corriente impetuosa de agua desbordada. *La correntada se llevaba todo lo que no supiera flotar* [C].

correo. m. **1.** Servicio público para el transporte de paquetes y correspondencia. *La notificación de la multa se enviará por correo.* **2.** Conjunto de cartas y paquetes transportados por correo (→ 1). *Mira el buzón, a ver si hay correo.* **3.** Vehículo donde se transporta el correo (→ 2). *Un grupo de enmascarados asaltaron el correo de Glasgow.* Frec. en aposición. *Avión correo.* **4.** coloq. Persona que transporta mercancía ilegal, espec. droga, de manera clandestina. *La policía detuvo en la frontera a un correo que llevaba heroína.* **5.** coloq. Mensaje de correo electrónico (→ **correo electrónico**). *¿Te ha llegado mi correo?* **6.** histór. Persona que transportaba cartas o mensajes particulares. *En la novela de Verne, Miguel Strogoff es el correo del zar.* ■ ~ **electrónico.** m. Sistema de transmisión de mensajes por ordenador a través de una red informática. *Envíenos sus datos por correo electrónico.* Tb. el mensaje enviado. *He leído tu correo electrónico.* ▶ **1:** CORREOS.

correos. (Frec. en mayúsc.). m. **1.** Servicio público para el transporte de paquetes y correspondencia. *Los carteros son empleados de correos.* **2.** Edificio o local de Correos (→ 1). *Voy a Correos a recoger un paquete certificado.* ▶ **1:** CORREO.

correoso, sa. adj. **1.** Que se dobla y se estira fácilmente sin romperse. *La piel del plátano es lisa y correosa.* **2.** Dicho de alimento: Que está blando y correoso (→ 1), gralm. por haber perdido alguna de sus propiedades. *Con la humedad, el pan se pone correoso. Carne correosa.* **3.** Dicho de persona: De gran resistencia física y combatividad. *Los trabajadores del campo son gente dura y correosa. Un defensa correoso.*

correr. intr. **1.** Andar una persona o un animal rápidamente y con mucho impulso, de manera que, entre un paso y el siguiente, los pies o las patas quedan por un momento en el aire. *Todas las tardes corre por el parque. Los galgos corren tras la liebre.* **2.** Marchar deprisa alguien o algo. *Es un coche pequeño, pero corre como uno grande.* **3.** Darse prisa. *Se vistió corriendo y salió. Corre, déjame un bolígrafo. Corro* A *decírselo.* **4.** Ir o moverse algo de un sitio a otro. *Se ha secado el arroyo que corría por aquí. La lava corre por la ladera del volcán. Deja correr un poco el agua del grifo.* **5.** Circular o difundirse algo, espec. un rumor o una noticia. *Corre el rumor de que van a subirnos el sueldo.* **6.** Transcurrir tiempo o un espacio de tiempo. *Corría el año 2000 cuando se quemó el teatro. Parecía que no corría el tiempo.* **7.** Extenderse una cosa a lo largo de otra de estructura lineal. *El paseo corre al lado del río. La autopista corre junto a la costa.* **8.** Estar algo a cargo de alguien. *Esta ronda corre de mi cuenta. La comida corre a cargo de la empresa.* ○ tr. **9.** Recorrer (un trayecto o una distancia) corriendo (→ 1). *Corrió la última recta sin una zapatilla. Todos los días corro varios kilómetros.* **10.** Recorrer (un lugar). *Ha corrido medio mundo con su moto.* Frec. con un pron. expresivo de interés. *Me he corrido todo Madrid para encontrar el libro.* **11.** Perseguir (a alguien) haciéndo(lo) correr (→ 1). *Los del pueblo* *corrieron al forastero* A *pedradas.* Tb. fig. *Como me oigan, me van a correr* A *gorrazos.* **12.** Hacer que (los toros) corran (→ 1) por un lugar. *Los mozos correrán las vaquillas por las calles.* **13.** Hacer que (algo) se mueva o cambie de sitio. *Corre la mesa hacia la pared. Hay que correr un poco los botones de la chaqueta.* **14.** Hacer que (algo) se abra o cierre deslizándo(lo) por una instalación adecuada. *No puedo correr el pestillo. Corre las cortinas, que entra mucha luz.* **15.** Hacer que circule o se difunda (algo, como un rumor o una noticia). *Sospecho que fue él quien corrió la noticia.* **16.** Pasar por la experiencia (de algo, como una aventura, un peligro o una suerte). *Los del asiento trasero han corrido peor suerte. Aquí no corremos peligro. Se marchó a correr aventuras.* **17.** Am. Echar (a alguien) de su trabajo. *Dice que toma por estar triste, porque lo corrieron de su trabajo* [C]. ○ intr. prnl. **18.** Desplazarse o moverse alguien o algo del sitio en que están. *Correos un poco a la derecha para que quepamos todos.* **19.** Extenderse algo, como un color, una mancha o un producto cosmético fuera del lugar en que debía estar. *No llores, que se te va a correr el rímel. He lavado el jersey en agua caliente y se han corrido los colores.* **20.** malson. Tener un orgasmo. ■ **a todo ~.** loc. adv. A toda velocidad. *He venido a todo correr. Escribí el libro a todo correr.* ■ **~la.** loc. v. coloq. Divertirse o estar de juerga. *¡Adónde habrás ido a correrla!* ▶ **17:** *DESPEDIR.

correría. f. **1.** Viaje o aventura, gralm. breves. Más frec. en pl. *Sus correrías lo llevaron a tierras americanas.* **2.** histór. Incursión en un territorio de gente armada que se dedica a la destrucción y el saqueo. Más frec. en pl. *Las provincias romanas empiezan a sufrir las correrías de suevos, vándalos y alanos.*

correspondencia. f. **1.** Hecho de corresponder o corresponderse. *Las correspondencias entre los dos textos parecen indicar que se trata del mismo autor.* **2.** Palabra o texto que tienen el mismo significado o la misma función que otros de otra lengua u otro texto. *"Cat" es la correspondencia de "gato" en inglés.* **3.** Conjunto de cartas enviadas por correo. *Una de las funciones de la secretaria era abrir la correspondencia.* **4.** Comunicación por escrito entre dos o más personas. *Mantienen correspondencia desde que se conocieron.* **5.** Comunicación entre dos o más cosas, espec. entre líneas de transporte. *La próxima estación tiene correspondencia* CON *las líneas dos y tres de metro.*

corresponder. intr. **1.** Hacer algo para responder adecuadamente a otra cosa recibida antes. *Correspondió* A *su invitación* CON *un efusivo abrazo. No supo corresponder* A *mi confianza.* **2.** Tocarle a alguien hacer algo, o ser responsabilidad o tarea suya. *A mí no me corresponde decidirlo.* **3.** Ser una cosa de alguien por derecho, o serle debida. *En la herencia le han correspondido las joyas de su abuela. Les correspondió el primer premio.* **4.** Pertenecer una cosa a otra, o tener las características propias de ella. *El cuadro corresponde a la época impresionista del pintor. Este tipo de vegetación corresponde al clima desértico.* **5.** Tener relación con alguien o algo. *Los síntomas no corresponden* A *ninguna enfermedad conocida.* Tb. prnl. *Lo que dice no se corresponde* CON *lo que hace.* **6.** Equivaler una cosa a otra, o tener el mismo valor o significado que ella. *La palabra "dog" en inglés corresponde a "perro" en español.* Tb. prnl. *El número romano "V" se corresponde* CON *el "5" en la numeración arábiga.* ○ tr. **7.** Tener una persona hacia otra (el mismo afecto que esta siente por ella). *Su cariño no era correspondido.* Tb. referido a la persona que es objeto de ese afecto. *Está muy ilusionado con ella, pero no es correspondido.* ▶ **2:** INCUMBIR. **4:** PERTENECER.

correspondiente. adj. **1.** Que corresponde a alguien o algo. *Si todos hacemos nuestras correspondientes tareas, la casa estará más ordenada. La raqueta se vende con su correspondiente funda. Elige la respuesta correspondiente* A *cada pregunta.* **2.** Que tiene correspondencia o comunicación escrita con alguien. Tb. m. y f. *Un correspondiente anónimo envía a nuestro consultorio la siguiente carta...*

corresponsabilidad. f. Condición de corresponsable. *Los gobiernos nacional y autonómico han firmado un acuerdo de corresponsabilidad fiscal.*

corresponsable. adj. Que comparte la responsabilidad con otro u otros. *Lo juzgará un tribunal internacional por ser corresponsable de la matanza.*

corresponsal. m. y f. Periodista destinado por un medio de comunicación a otra ciudad u otro país para enviar desde allí información con regularidad. *Estamos al habla con nuestro corresponsal en Moscú. Una corresponsal de guerra.*

corresponsalía. f. **1.** Cargo o empleo de corresponsal. *Le han dado la corresponsalía de Nueva York.* **2.** Oficina del corresponsal. *El edificio alberga varias corresponsalías extranjeras.*

corretaje. m. Comisión que cobra un corredor de comercio en una operación mercantil. *El intermediario percibirá un corretaje del 15%.*

corretear. intr. coloq. Correr de un lado a otro dentro de un espacio limitado. *Los niños corretean entre los columpios.*

correteo. m. Hecho de corretear. *Se oye ruido de correteos en el piso de arriba.*

correturnos. m. y f. Trabajador encargado de sustituir a los empleados con puesto o turno fijos cuando libran. *No tengo suficientes correturnos para cubrir las vacaciones del personal en verano.*

correveidile. m. y f. coloq. Persona aficionada a chismorrear. *Es el correveidile de la oficina.*

corrida. f. Espectáculo que consiste en lidiar toros en una plaza preparada para ello. *En la tercera corrida de la feria participan los mejores diestros del país.* Tb. *~ de toros. Los turistas tienen curiosidad por saber cómo es una corrida de toros.* Tb. el conjunto de toros que se lidian. *El ganadero ha presentado una corrida encastada.*

corrido, da. part. **1.** → **correr.** ● adj. **2.** Avergonzado o confundido. *Se disculpó muy corrido y aseguró que no volvería a ocurrir.* **3.** Dicho de parte de una construcción: Seguida o continua. *Vivía en un edificio de tres plantas con balcones corridos.* **4.** Que excede un poco del peso o de la medida que se trata. *El pollo ha pesado dos kilos corridos.* **5.** coloq. Dicho de persona: De mundo, experimentada y astuta. *Era un hombre muy corrido cuando se casó con ella.* ● m. **6.** Composición musical de origen mexicano, de contenido y estructura parecidos a los del romance. *Los mariachis cantaron una ranchera y un corrido mexicano.* ■ **de corrido.** loc. adv. **1.** Sin interrupción. *Escribió la carta de corrido.* **2.** De memoria. *Se sabe la lección de corrido.*

corriente. adj. **1.** Dicho de agua: Que corre. *La cascada es una columna de agua corriente.* (→ **agua**). **2.** Común o normal. *La película narra un día en las vidas de la gente corriente.* Tb. *~ y moliente. La canción que nos representa en el festival es corriente y moliente.* **3.** Común o habitual. *La niebla es muy* *corriente en esta época del año.* **4.** Dicho de semana, mes, año o siglo: Actual o que transcurre. *La ley entró en vigor el 1 de enero del corriente año.* Frec. m. sing., referido a mes o año. *El plazo vence el 28 del corriente.* ● f. **5.** Movimiento de un fluido, espec. de agua o de aire. *Cierra la puerta, que hay corriente.* **6.** Masa de un fluido, espec. de agua o de aire, en movimiento. *Estaba nadando y la corriente lo arrastró mar adentro.* **7.** Flujo de cargas eléctricas a través de un conductor. *Antes de arreglar el enchufe, corta la corriente.* Tb. ~ *eléctrica. Los metales son buenos conductores de la corriente eléctrica.* **8.** Tendencia o movimiento ideológicos, artísticos o estéticos. *El surrealismo surge como una corriente literaria. Es de derechas, pero pertenece a la corriente más progresista del partido.* ■ ~ **alterna.** f. Corriente (→ 7) eléctrica que circula cambiando de sentido con una frecuencia determinada. *Los alternadores son generadores de corriente alterna.* ■ ~ **continua.** f. Corriente (→ 7) eléctrica que circula siempre en el mismo sentido. *Los acumuladores son generadores de corriente continua.* □ **al ~.** loc. adv. **1.** Sin atraso. *El banco amenaza con embargarle la casa por no estar al corriente en los pagos de la hipoteca.* **2.** Con conocimiento de algo. *Aunque acaban de llegar, están al corriente* DE *todo. No te preocupes si no puedes asistir, que luego te pongo al corriente.* ■ **contra ~.** loc. adv. **1.** En dirección contraria a la natural de la corriente (→ 5) del agua. *El bote navegaba contra corriente.* **2.** En contra de la costumbre o el pensamiento generales. *En su indumentaria va contra corriente.* ■ **dejarse llevar por la ~.** loc. v. Conformarse con la opinión de la mayoría. *Se deja llevar por la corriente porque no tiene personalidad.* ■ **llevarle,** o **seguirle, la ~** (a alguien). loc. v. Mostrarse conforme con lo que dice o hace. *Le sigo la corriente para que no se enfade, pero no estoy de acuerdo con ella.* ▶ **3:** *HABITUAL. **7:** LUZ.

corrillo. m. Corro de personas que se juntan espontáneamente para hablar o comentar algo, espec. si lo hacen separadas del resto de la gente. *En el patio, los reclusos pasean o forman corrillos.*

corrimiento. m. Hecho o efecto de correrse o desplazarse. *Las tormentas han producido corrimientos de tierras.*

corro. m. **1.** Grupo de personas reunidas formando un círculo, espec. alrededor de alguien o algo. *La gente hace corro a una pareja que baila en la pista. Se formó un corro de curiosos en torno al accidentado.* **2.** Juego infantil en que los niños cantan y se mueven en círculo cogidos de las manos. *Las niñas juegan al corro en el patio del colegio.* ▶ **1:** CÍRCULO.

corroboración. f. Hecho de corroborar. *No es posible una corroboración empírica de esta teoría.*

corroborar. tr. Confirmar o asegurar (algo, espec. algo dicho). *El testigo ha corroborado la declaración del acusado. Esto corrobora mis sospechas.*

corroer. (conjug. ROER). tr. **1.** Destruir lentamente un agente externo (algo orgánico o inorgánico, espec. un metal). *El calor y los ácidos corroen el aluminio. En la cueva había un esqueleto corroído.* **2.** Producir algo, espec. una preocupación o un sentimiento, inquietud (en una persona). *La envidia te corroe.* ▶ **2:** ROER.

corromper. tr. **1.** Pudrir (una materia orgánica), o hacer que se altere al descomponerse. *La humedad ha corrompido la madera.* Tb. en constr. prnl. media. *El pescado se corrompe enseguida si no se conserva bien.* **2.** Pervertir (a alguien), o inducir(lo) a apartarse del comportamiento recto. *Lo acusan de corromper a los jóvenes.* Tb. usado en constr. intr. *Dicen que el poder corrompe.* Tb. en constr. prnl. media. *Se corrompió al llegar al poder.* **3.** Sobornar (a alguien). *Ha intentado corromper a un funcionario público.* Tb. en constr. prnl. media. *Manejando tanto dinero es fácil corromperse.* **4.** Producir deterioro (en algo no material). *No quería corromper la inocencia de los niños.* Tb. en constr. prnl. media. *En los últimos tiempos del imperio, las costumbres se corrompieron.* ▶ **1:** *DESCOMPONER. **3:** *SOBORNAR.

corrosión. f. Hecho o efecto de corroer o destruir, espec. metales. *Se han cambiado las tuberías de hierro por otras resistentes a la corrosión.*

corrosivo, va. adj. **1.** Que corroe. *El ácido es muy corrosivo.* **2.** Extremadamente mordaz o hiriente. *El cómico es famoso por su humor corrosivo.* ▶ **2:** *MORDAZ.

corrupción. f. Hecho o efecto de corromper o corromperse. *El periódico denuncia casos de corrupción.* ■ ~ **de menores.** f. *Der.* Hecho de promover la prostitución de menores, su utilización en actividades pornográficas o su participación en actos sexuales. *Cumple condena por un delito de corrupción de menores.* ▶ *SOBORNO.

corruptela. f. Mala costumbre o abuso introducidos contra la ley. *El objetivo del nuevo alcalde es acabar con las corruptelas.*

corruptible. adj. Que puede corromperse. *Materia orgánica corruptible. Jueces corruptibles.*

corrupto, ta. adj. Que está corrompido. *Un policía corrupto que acepta dinero de la mafia.* Dicho de pers., tb. m. y f.

corruptor, ra. adj. Que corrompe. *Poder corruptor.* Dicho de pers., tb. m. y f. *El corruptor de menores será encarcelado.*

corrusco. m. **1.** Trozo de la parte más tostada del pan, espec. de los extremos o del borde. *Déjame el corrusco para hacerme un bocadillo.* **2.** Trozo de pan duro. *El perrillo roía un corrusco.* ▶ **1:** CURRUSCO. **2:** CUSCURRO, MENDRUGO.

corsario, ria. m. y f. Pirata (persona que aborda barcos en el mar). *Los corsarios atacaron el barco español y mataron a la tripulación.* ▶ PIRATA.

corsé. m. **1.** Prenda interior femenina que ciñe el cuerpo desde el pecho hasta la parte superior de los muslos. *Las damas llevaban corsé y miriñaque.* **2.** Aparato ortopédico que sirve para corregir desviaciones de la columna vertebral. Tb. ~ *ortopédico. El médico le ha recomendado para la escoliosis un corsé ortopédico.*

corsetería. f. Establecimiento donde se fabrica o se vende ropa interior femenina. *Entró en una corsetería para comprar un sujetador.*

corso, sa. adj. De Córcega (isla francesa del Mediterráneo). *Independentistas corsos.* Dicho de pers., tb. m. y f. *Napoleón es el corso más famoso de la historia.*

corta. f. Hecho de cortar árboles o arbustos. *Han prohibido la corta de árboles y ramas.*

cortacésped. f. (Tb. m.). Máquina para cortar el césped. *El jardinero está pasando la cortacésped.*

cortacircuitos. m. Dispositivo que interrumpe automáticamente la corriente eléctrica cuando es excesiva o peligrosa. *En caso de sobrecarga, salta el cortacircuitos.*

cortacorriente. m. Interruptor, espec. como dispositivo antirrobo en un vehículo. *El coche tiene alarma y cortacorriente.*

cortado, da. part. **1.** → **cortar.** ● adj. **2.** Cohibido. *Se acercó bastante cortado y me invitó a salir.* **3.** Dicho de café: Que contiene un poco de leche. *Me gusta el café cortado.* Frec. m. *Camarero, un cortado por favor.* **4.** Dicho del estilo de un escritor: Que por regla general no expresa los conceptos encadenándolos unos con otros en períodos largos, sino separadamente, en cláusulas breves y sueltas. *Su estilo, cortado y preciso, resulta no obstante armonioso.* ● f. **5.** frecAm. Herida causada con un objeto cortante. *Sangraban abundantemente por las cortadas producidas al saltar los vidrios* [C]. ▶ **5:** CORTE.

cortador, ra. adj. **1.** Que corta. *Máquina cortadora.* Dicho de máquina, tb. m. o f. *Una cortadora de césped. Un cortador de papel.* Dicho de pers., tb. m. y f. *Trabajó como cortador de caña.* ● m. y f. **2.** Persona que corta prendas de vestir o calzado. *En el taller de confección necesitan cortadores.*

cortadura. f. **1.** Herida producida con un instrumento afilado. *Me he hecho una cortadura en el dedo.* **2.** Paso o abertura entre montañas. *El río discurre por el fondo de la cortadura.*

cortafrío. m. Instrumento que, golpeado con un martillo, sirve para cortar hierro frío o practicar aberturas en la pared. *El ladrón rompió la cadena de seguridad de la moto con un cortafrío.*

cortafuego. m. Cortafuegos. *El cortafuego no fue suficiente para detener el incendio.*

cortafuegos. m. **1.** Camino o zanja anchos que se abren en los sembrados o el monte para que no se propaguen los incendios. *El camino forestal hace las veces de cortafuegos.* **2.** Muro, pared u otro elemento semejante de un edificio, destinados a frenar la propagación de un incendio. *La casona tenía cortafuegos.* ▶ CORTAFUEGO.

cortante. adj. Que corta. *El hacha es un instrumento cortante. Sopla un viento cortante. Me hablaba en tono frío y cortante.*

cortapisa. f. Obstáculo o restricción para hacer algo. *Ponen cortapisas a la entrada de inmigrantes. Aquí puedes hablar sin cortapisas.*

cortaplumas. m. Navaja pequeña con diversos usos. *Cuando salgo de excursión, siempre llevo una brújula y un cortaplumas.*

cortapuros. m. Instrumento para cortar la punta de los cigarros puros. *No arranques la punta del habano con los dientes, usa el cortapuros.*

cortar. tr. **1.** Dividir o separar (algo) en partes con un instrumento afilado. *Hay que cortar las patatas en rodajas finas.* Tb. referido a una parte de ello. *Corte la hoja por la línea de puntos. No quisieron cortar el roble centenario.* Tb. usado en constr. intr. *Este cuchillo no corta. Si utilizas la tabla, cortarás mejor.* **2.** Cortar (→ 1) lo que sobra o sobresale (de algo). *Se ha cortado la melena para igualarla.* **3.** Cortar (→ 1) una pieza de tela u otro material para hacer (una prenda de vestir). *Pon los patrones sobre la tela para cortar la falda.* **4.** Cortar (→ 1) (una pieza de determinada forma) separándo(la) del papel u otro material. *Tenéis que recortar una margarita de cartulina.* **5.** Eliminar (texto o imágenes) de un todo. *Cortarán varias escenas en el montaje final. La censura cortó algunos diálogos de la novela.* **6.** Dividir o separar (algo). *El río corta la ciudad* EN *dos. Vamos a derribar la tapia que corta la finca.* **7.** Atravesar (el agua o el aire). *Un velero corta las aguas del lago.* **8.** En un juego de cartas: Levantar una parte (de la baraja) y poner(la) debajo de la otra antes de empezar a jugar. *Yo soy mano, y me toca cortar la baraja.* Tb. usado en constr. intr. *Antes de repartir tienes que cortar.* **9.** Hacer una herida (a alguien o a una parte de su cuerpo) con un instrumento afilado. *Ten cuidado con las tijeras, que te vas a cortar. Me he cortado el labio al afeitarme.* **10.** Causar algo, como el viento o el frío, grietas en la piel (de una parte del cuerpo). *El frío me corta los labios.* Tb. referido a la piel. *Aquel viento helado cortaba la piel.* **11.** Producir algo gran sensación de frío (en el cuerpo). Más frec. usado en constr. intr. *El agua del río está que corta.* **12.** Impedir el paso (de algo). *Les han cortado la luz por falta de pago.* Tb. referido al propio paso. *La policía cortó el acceso a los periodistas.* **13.** Impedir que (el jabón) haga espuma. *Las aguas duras cortan el jabón.* **14.** Mezclar (un líquido) con otro para rebajar su fuerza o suavizar su sabor. *Corta el vino con un poco de gaseosa.* **15.** Mezclar (droga) con otra sustancia para disminuir su pureza. *El traficante corta la cocaína antes de distribuirla.* **16.** Interrumpir (algo o a alguien), o hacer que se detengan. *Hay que cortarle la fiebre. Cortaron la programación para dar la noticia. Cavaron una zanja para cortar el fuego. Me has cortado y se me ha olvidado lo que iba a decir.* **17.** Hacer que los componentes (de ciertos líquidos) pierdan cohesión. *El zumo de naranja corta la leche.* Tb. en constr. prnl. media. *La leche se ha cortado por tenerla fuera de la nevera. Haz tú la salsa rosa, que a mí se me corta siempre.* **18.** coloq. Hacer que (alguien) deje de actuar espontáneamente. *Me corta cuando se pone tan serio.* Tb. en constr. prnl. media. *Se corta si hay mucha gente.* **19.** *Mat.* Atravesar una línea o una superficie (a otra) por un punto o una línea. *Al cortar una superficie cónica un plano inclinado, resulta una elipse.* ○ intr. **20.** Atajar, o reducir un recorrido. *Si cortas* POR *esta calle, ganarás tiempo.*

cortaúñas. m. Utensilio en forma de pinzas o tenacillas, de extremos afilados y curvados hacia dentro, que sirve para cortar las uñas. *El estuche de manicura lleva cortaúñas, lima y tijeras.*

corte[1]. m. **1.** Hecho o efecto de cortar o cortarse. *Se hizo un corte con la sierra.* **2.** Filo del instrumento o máquina con que se corta. *El corte de la tijeras está oxidado.* **3.** Herida producida por un objeto cortante. *El corte no deja de sangrar.* **4.** Arte o técnica de cortar prendas de vestir. *Está haciendo un curso de corte y confección.* **5.** Pieza de tela u otro material de la medida necesaria para hacer una prenda de vestir. *Compra un corte de vestido para la fiesta.* **6.** Sección que resulta de cortar una pieza de carne u otro alimento. *Deme un kilo de filetes de ese corte.* **7.** coloq. Vergüenza o apuro. Frec. con *dar*. *Le da corte desnudarse en la playa.* **8.** Respuesta o hecho inesperados que desconciertan a la persona que escucha. Frec. en las constr. *dar un ~*, o *llevarse un ~*. *Se ha llevado más de un corte por meterse donde no lo llaman.* ■ **~ de mangas.** m. coloq. Gesto obsceno y despectivo hecho con los brazos. *Le ha respondido con un corte de mangas.* ▶ **Am: 3:** CORTADA.

corte[2]. f. **1.** (Frec. en mayúsc.). Población donde reside el monarca. *A la corte madrileña llegan los mejores pintores europeos.* **2.** Conjunto de personas formado por la familia del monarca, su comitiva y los empleados de palacio. *El rey distribuye mercedes entre los nobles de su corte.* Frec. designa a todas esas personas más el propio monarca. *La corte itinerante de Isabel y Fernando no disponía de palacio real.* **3.** Conjunto de personas que acompañan a alguien famoso o importante. *Al ajedrecista le gusta exhibirse ante su corte de admiradores.* ○ pl. **4.** (Frec. en mayúsc.). Cámaras legislativas. *El presidente del Gobierno va a disolver las Cortes y a convocar elecciones.* ■ **~ celestial.** f. *Rel.* Conjunto formado por Dios y todos los habitantes del cielo. *El artista pintó la corte celestial.* □ **hacer la ~** (a alguien, espec. a una mujer). loc. v. Cortejar(la). *Un soldado hacía la corte a una muchacha en un banco del parque.*

cortedad. f. Cualidad de corto. *Se quejan de la cortedad de los presupuestos. Si no habla, es por cortedad.*

cortejar. tr. **1.** Intentar conseguir el amor (de una mujer) acompañándo(la) y halagándo(la). *Lleva meses cortejándola, pero aún no le ha pedido una cita.* **2.** Hacer o decir cosas interesadamente para agradar (a alguien). *El partido conservador anda cortejando a los centristas de cara a las elecciones.* ▶ **1:** GALANTEAR.

cortejo. m. **1.** Hecho de cortejar. *La conversación es un elemento fundamental del cortejo amoroso.* **2.** Conjunto de personas que acompañan a otra o van con ella. *El cortejo fúnebre se ha puesto en marcha. El cortejo nupcial.*

cortés. adj. Educado o atento. *Un chico muy cortés me cedió su asiento.* ▶ EDUCADO.

cortesano, na. adj. **1.** De la corte de un monarca. *Vida cortesana. Pintores cortesanos.* ● m. y f. **2.** Miembro de la corte, que está al servicio del monarca. *En el salón entra el rey seguido de algunos de sus cortesanos.* ○ f. **3.** cult. Prostituta distinguida. *Tuvo todo tipo de amantes, desde criadas hasta cortesanas.*

cortesía. f. **1.** Comportamiento cortés. *No somos amigos, pero siempre nos hemos tratado con cortesía.* **2.** Hecho o dicho corteses. *Me abruman tantas cortesías.* **3.** Regalo hecho por cortesía (→ 1) de alguien. *El champán es cortesía del caballero de la mesa del fondo.* ▶ **1:** *EDUCACIÓN. **2:** ATENCIÓN, DELICADEZA, FINEZA.

corteza. f. **1.** Parte externa y dura del tronco o las ramas de árboles y arbustos. *Los pinos tienen la corteza resquebrajada.* **2.** Parte externa y dura de algunos alimentos y frutos. *Me gusta más la corteza del pan que la miga. El arroz con leche lleva corteza de limón.* **3.** Piel de cerdo frita. *El camarero nos ha puesto unas cortezas de aperitivo.* **4.** *Anat.* Superficie externa de un órgano. *La corteza cerebral está constituida por sustancia gris. Corteza renal.* **5.** *Geol.* Capa sólida y más externa de la Tierra. Tb. *~ terrestre. El hierro es un metal muy abundante en la corteza terrestre.*

cortical. adj. *tecn.* De la corteza. *Padece una atrofia de la región cortical del cerebro.*

corticoide. m. *Biol.* Hormona producida por la corteza de las glándulas suprarrenales, que, sintetizada artificialmente, se emplea en medicina pralm. como antiinflamatorio. *El uso de corticoides puede tener efectos secundarios, como el insomnio o la obesidad.* ▶ CORTICOSTEROIDE.

corticosteroide. m. *Biol.* Corticoide. *Su dermatitis requiere tratamiento con corticosteroides.*

cortijo. m. Finca rústica con vivienda para el propietario y los trabajadores, propia de Andalucía y Extremadura. *El torero vive en un cortijo sevillano.*

cortina. f. **1.** Pieza de tela u otro material semejante, que se cuelga para cubrir puertas o ventanas, separar espacios o tapar cosas. *Corre las cortinas, que entra mucho sol. Los enfermos están separados por una cortina. La cortina del baño.* **2.** Cosa que cubre u oculta algo. *Caía tal chaparrón que la cortina de agua impedía la visibilidad.* **3.** En una fortaleza: Tramo de muralla comprendido entre dos baluartes. *Las derruidas cortinas del castillo.* ■ **~ de humo.** f. Hecho o asunto con que se pretende evitar que la atención se centre en otros. *Culpar a los árbitros y a las lesiones es una cortina de humo para ocultar las deficiencias del equipo.*

cortinaje. m. Juego o conjunto de cortinas, espec. si son lujosas. *En los salones de palacio cuelgan valiosos tapices y cortinajes.*

cortinilla. f. Cortina pequeña, espec. la que cubre una ventanilla o tapa algo. *Todas las cortinillas del tren estaban echadas.*

cortisona. f. *Biol.* Corticoide regulador del metabolismo de los hidratos de carbono, cuya forma sintética tiene diversas aplicaciones médicas, como el tratamiento de alergias, reúma o enfermedades de la piel. *Le van a inyectar cortisona para frenar la crisis asmática.*

corto[1]. m. Cortometraje. *Antes de la película ponen un corto.*

corto[2], ta. adj. **1.** Que tiene menos longitud o extensión de la normal o de la que tienen otros elementos de la serie a la que pertenece. *El abrigo te queda corto de mangas. La mesa cojea porque una de las patas es un poco corta.* **2.** Que tiene poca duración. *La película estaría mejor si fuera más corta.* **3.** Escaso. *Ando corto de dinero. Un niño de corta edad.* **4.** coloq. Dicho de persona: De poca inteligencia. *¡Qué corto eres, no coges ni un chiste!* **5.** coloq. Dicho de persona: Tímida o apocada. *Tú no seas corto y pide lo que te apetezca.* ■ **a la corta o a la larga.** loc. adv. Tarde o temprano. *A la corta o a la larga encontrarás trabajo.* ■ **ni corto ni perezoso.** loc. adv. Con decisión. *Llegamos al río y ella, ni corta ni perezosa, se tiró al agua.* ■ **quedarse ~.** loc. v. No llegar alguien o algo a donde debía o podía llegar. *Me he quedado corta con la comida.* Tb. fig. *Te quedas corto al decir que es guapa.*

cortocircuito. (Tb. **corto circuito**). m. Circuito eléctrico que se produce accidentalmente por contacto entre dos conductores de polos opuestos y que suele producir una descarga. *Un cortocircuito ha podido ser la causa del incendio.*

cortometraje. m. Película de corta duración, frec. no más de treinta minutos. *Antes de hacer su primera película larga, realizó varios cortometrajes.* ▶ CORTO.

coruñés, sa. adj. De La Coruña. *Santiago es una ciudad coruñesa.* Dicho de pers., tb. m. y f. *Los coruñeses de las rías.*

corva. f. Parte por donde se dobla la pierna, opuesta a la rodilla. *Ha tomado el sol boca abajo y se ha quemado las corvas.* ▶ JARRETE.

corvejón. m. Articulación de las patas traseras de los cuadrúpedos, que une el muslo con la caña. *Las yeguas se hundían en el barro hasta los corvejones.*

córvido. adj. **1.** *Zool.* Del grupo de los córvidos (→ 2). ● m. **2.** *Zool.* Ave de plumaje oscuro y pico largo y fuerte, como el cuervo y la urraca.

corvina. f. Pez marino comestible, de gran tamaño, cuerpo alargado y color gris plateado. *La corvina habita en aguas atlánticas y mediterráneas.*

corvo, va. adj. Curvo o arqueado. *El buitre tiene el pico corvo.* ▶ *CURVO.

corzo, za. m. **1.** Mamífero rumiante semejante al ciervo pero de menor tamaño, de cuernos cortos y sin rabo. *Ante la escasez de ejemplares, se ha prohibido* *la caza del corzo.* Tb. designa específicamente al macho. *Las astas del corzo son verrugosas en la base.* ○ f. **2.** Hembra del corzo (→ 1). *La corza suele parir una o dos crías.*

cosa. f. **1.** Objeto real concebido como independiente, de naturaleza física o espiritual, animada o inanimada, concreta o abstracta. *Conocemos las cosas a través de los sentidos y el entendimiento.* **2.** Ser inanimado. *Trata a las personas como si fueran cosas.* **3.** Objeto material. *Cuando acabes, pon cada cosa en su sitio.* **4.** Asunto o tema. *No es cosa mía. Procuro no meterme en esas cosas. Eso es cosa suya: que haga lo que quiera.* ○ pl. **5.** Rarezas o extravagancias. *No le hagas caso: ¡son cosas de Pedro! ¡Tiene unas cosas!* ■ **~ fina.** f. coloq. Algo excelente o extraordinario. *Ha bordado una mantelería, cosa fina. Los platos que prepara son cosa fina.* ■ **poca,** o **poquita, ~.** f. coloq. **1.** Persona o animal poco corpulentos. *Parece poquita cosa, pero tiene mucha fuerza. Con lo poco cosa que es este perro y ¡cómo ladra!* **2.** Algo de poca importancia. *Ha tenido una hemorragia, poca cosa, no te preocupes.* □ **a ~ hecha.** loc. adv. coloq. Con el éxito seguro. *Creyó que iba a cosa hecha y no estudió casi nada.* ■ **a otra ~, mariposa.** expr. coloq. Se usa para expresar que no se quiere seguir hablando de algo o que el asunto se da por terminado. *Cuando no le gusta lo que le dices, se calla, y a otra cosa, mariposa. Si no le interesa la oferta, a otra cosa, mariposa.* ■ **como quien no quiere la ~.** loc. adv. coloq. Con disimulo o aparentando que no se hace intencionadamente. *Se puso a escuchar la conversación como quien no quiere la cosa.* ■ **como si tal ~.** loc. adv. coloq. Como si no hubiera pasado nada. *Cuando me ve, me saluda como si tal cosa.* ■ **~ de.** loc. prepos. Cerca de. Se usa seguida de una expresión de cantidad o de tiempo. *Valdrá cosa de mil euros. En cosa de un mes tendrá instalado el teléfono.* ■ **~ mala.** loc. adv. coloq. Mucho. *Se emborrachó cosa mala. Ha trabajado cosa mala.* ■ **no sea ~ que.** loc. conjunt. En previsión de la posibilidad de que. *No le digas nada, no sea cosa que se enfade.* ▶ **3:** *OBJETO.

cosaco, ca. adj. **1.** De una comunidad nómada habitante de las estepas del sur de Rusia. *Un cabecilla cosaco.* Dicho de pers., tb m. y f. *Los primeros cosacos eran campesinos y siervos que huían de los zares.* ● m. **2.** histór. Soldado ruso de caballería ligera, reclutado normalmente entre los cosacos (→ 1). *Los cosacos lucharon contra el Ejército Rojo durante la Revolución.* ■ **beber como un cosaco.** loc. v. coloq. Tomar bebidas alcohólicas en gran cantidad. *Bebe como una cosaca, pero nunca se emborracha.*

coscoja. f. Árbol mediterráneo achaparrado semejante a la encina. *La coscoja da bellotas.*

coscorrón. m. **1.** Golpe fuerte en la cabeza. *Me he dado un coscorrón con el techo de la buhardilla.* **2.** Golpe dado en la cabeza con los nudillos. *Si te portabas mal, el maestro te daba un coscorrón.*

coscurro. m. Trozo de pan duro. *Guarda los coscurros para echárselos a los perros.* ▶ *CORRUSCO.

cosecante. f. *Mat.* Razón o cociente entre la hipotenusa y el cateto opuesto a un ángulo del triángulo rectángulo correspondiente (Símb. *cosec*). *Si el seno de un ángulo es igual a cero, ¿qué valor tiene la cosecante?*

cosecha. f. **1.** Conjunto de frutos, gralm. de un cultivo, que se recogen cuando están maduros. *La sequía ha arruinado la cosecha.* **2.** Producto que se obtiene de algunos frutos mediante el tratamiento adecuado. *Es la mejor cosecha de vino de los últimos años.* **3.** Hecho de cosechar los frutos. *Todos los años ayuda a sus padres con la cosecha.* Tb. el tiempo en que se hace. *Como no llueva de aquí a la cosecha, estamos apañados.* **4.** Conjunto de lo que alguien obtiene como resultado de los acontecimientos o de los propios actos. *Su primera novela es el inicio de una extensa cosecha de éxitos.* ■ **de su ~.** loc. adj. coloq. De su invención. *Ese chiste ¿te lo han contado o es de tu cosecha?*

cosechador, ra. adj. **1.** Que cosecha. Dicho de pers., tb. m. y f. *En esta zona hay más cosechadores de uva que bodegueros.* **2.** Dicho de máquina: Que sirve para segar la mies y recoger el grano. Más frec. f. *Antes de comprar la cosechadora segábamos con la hoz.*

cosechar. tr. **1.** Recoger la cosecha (de algo). *Ya llega el tiempo de cosechar el trigo.* **2.** Conseguir (algo) como resultado de otra cosa, gralm. de un esfuerzo. *La actriz cosechó grandes aplausos en su debut.*

cosechero, ra. adj. **1.** De la cosecha. *Temporada cosechera.* ● m. y f. **2.** Persona que cosecha, espec. frutos. *Casi todos los vecinos del pueblo son cosecheros de aceituna.*

coseno. m. *Mat.* Razón o cociente entre el cateto contiguo a un ángulo y la hipotenusa del triángulo rectángulo correspondiente (Símb. *cos*). *Si el seno de x vale 1/2, ¿cuánto vale su coseno?*

coser. tr. **1.** Unir con hilo, gralm. enhebrado en una aguja, (dos piezas de tela u otra materia, o una prenda de vestir formada por ellas). *Ha cosido ella misma su disfraz.* **2.** Unir con hilo, gralm. enhebrado en una aguja, (algo) a una prenda de vestir o a parte de ella. *No sabe ni coser un botón. Se aconseja coser el nombre del alumno* AL/EN *el babi.* **3.** Unir (los bordes de una herida o una parte del cuerpo) mediante puntos. *El cirujano le cosía el vientre tras extraerle el apéndice.* **4.** Unir (papeles) mediante grapas. *Cose las copias a sus originales antes de archivarlas.* **5.** Producir (a alguien) muchas heridas con un arma. *Lo cosieron a balazos.* ○ intr. **6.** Hacer labores con aguja e hilo. *Tiene que ponerse las gafas para coser.* ■ **ser** algo **~ y cantar.** loc. v. coloq. Ser muy fácil. *Aprobar el curso ha sido coser y cantar.*

cosido. m. Hecho o efecto de coser, espec. con aguja e hilo. *El cosido del traje de novia le llevó dos meses.*

cosificación. f. cult. Hecho de cosificar. *La esclavitud supone una cosificación de las personas.*

cosificar. tr. **1.** cult. Considerar (a alguien) como una cosa. *El asesino cosificaba a sus víctimas.* **2.** cult. Convertir (algo abstracto) en una cosa concreta. *No puedes cosificar los sentimientos.*

cosmético, ca. adj. **1.** Dicho espec. de producto o sustancia: Que sirve para cuidar y embellecer el cabello y la piel, espec. la del rostro. *Polvos cosméticos.* Frec. m. *En la perfumería venden cosméticos.* Tb. fig. *No se ha hecho una reforma profunda sino meramente cosmética.* **2.** De los productos cosméticos (→ 1). *La industria cosmética.* ● f. **3.** Técnica de la preparación y aplicación de productos cosméticos (→ 1). *Se necesita personal con conocimientos de cosmética para salón de belleza.*

cósmico, ca. adj. Del cosmos. *La galaxia está compuesta de estrellas, gases y polvo cósmico.*

cosmódromo. m. En países de la antigua Unión Soviética: Base espacial. *La nave fue lanzada al espacio desde el cosmódromo de Baikonur, en Kazajstán.*

cosmogonía. f. Teoría mítica o científica sobre el origen del universo. *La "Teogonía" de Hesíodo constituye en parte una cosmogonía.*

cosmogónico, ca. adj. De la cosmogonía o de su objeto de estudio. *Hoy estudiaremos la hipótesis cosmogónica de Laplace. Tiempos cosmogónicos.*

cosmografía. f. Astronomía descriptiva del universo. *Los antiguos sabios árabes y grecolatinos desarrollaron mucho la cosmografía.*

cosmología. f. Rama de la astronomía que estudia el origen, la evolución y las leyes del universo. *El profesor de cosmología explica a sus alumnos qué es un agujero negro.*

cosmológico, ca. adj. De la cosmología. *Teorías cosmológicas.*

cosmonauta. m. y f. Astronauta. *Gagarin fue el primer cosmonauta de la Historia.*

cosmonave. f. Nave espacial. *La cosmonave soviética dio varias vueltas a la Tierra.* ▶ *NAVE.

cosmopolita. adj. **1.** Dicho de persona: Que ha viajado y conoce lugares de muchas partes del mundo, al cual frec. considera como su patria. *Proviene de una familia circense, gente viajera y cosmopolita.* Tb. m. y f. **2.** Dicho de lugar: Que reúne gente de muchas partes del mundo. *Nueva York es una ciudad abierta y cosmopolita.*

cosmopolitismo. m. Condición de cosmopolita. *Fue a Barcelona atraído por su cosmopolitismo. Tiene el cosmopolitismo de los bohemios.*

cosmos. m. Mundo (conjunto de todo lo existente). *Los científicos investigan si existe vida en algún otro lugar del cosmos.* Tb. fig. *El hombre es un pequeño cosmos.* ▶ *MUNDO.

cosmovisión. f. Concepción del mundo o del universo. *En la cosmovisión humanista, todo gira en torno al ser humano.*

coso. m. Plaza de toros. *El matador tomó la alternativa en el coso sevillano.* ▶ PLAZA.

cosquillas. f. pl. Sensación que se experimenta en algunas partes del cuerpo al rozarlas ligeramente, y que provoca risa involuntaria. *Mientras dormía, me hizo cosquillas en los pies con una pluma.* Tb. designa la propensión a tener esa sensación. *No me toques, que tengo muchas cosquillas.* ■ **buscarle** (a alguien) **las ~.** loc. v. coloq. Procurar enfadar(lo) o molestar(lo) para que salte. *Trató de buscarme las cosquillas poniendo en duda mi trabajo.*

cosquillear. tr. Hacer cosquillas (a una persona o a una parte de su cuerpo). *Las burbujas del champán me cosquilleaban la nariz.*

cosquilleo. m. Sensación semejante a la de las cosquillas. *Sintió un cosquilleo en la nariz y poco después estornudó.*

costa[1]. f. **1.** Costo. Más frec. en pl. *¿A cuánto ascienden las costas de la reparación?* ○ pl. **2.** Gastos judiciales. *Fue condenado a un año de cárcel y a pagar las costas del juicio.* ■ **a ~ de.** loc. prepos. Gracias a, o a base de. *Lo consiguió a costa de mucho esfuerzo.* ■ **a ~** (de alguien). loc. adv. A expensas (de ellos). *Vive a costa* DE *sus padres. No me he juntado a él para viajar a su costa.* ■ **a toda ~.** loc. adv. Por encima de todo. *Quería ganar el juego a toda costa, por lo que no dudó en hacer trampas.*

costa[2]. f. Orilla del mar. *Se aconseja a los bañistas no alejarse de la costa.* Tb. la franja de tierra próxima a ella (→ **litoral**). *Veranea en un pueblo de la costa levantina.*

costado. m. **1.** Lado (parte lateral del cuerpo humano comprendida entre la axila y la cintura). *Me duele el costado.* **2.** Lado (parte derecha o izquierda de algo). *El agua golpeaba los costados del buque.* **3.** Lado (parte de las varias que se pueden diferenciar en una cosa). *Ya están pintados tres costados del edificio.* ■ **por los cuatro ~s.** loc. adv. coloq. Por todas partes. *La novela respira patriotismo por los cuatro costados. El museo ardió por los cuatro costados.* ▶ LADO.

costal. adj. **1.** De las costillas. *Dolor costal.* ● m. **2.** Saco grande de tejido fuerte, que se emplea espec. para transportar grano. *Cargan a hombros los costales de trigo.*

costalada. f. coloq. Golpe fuerte que alguien se da al caer de espaldas o de costado. *Menuda costalada me di al bajar del autobús.*

costalazo. m. coloq. Costalada. *Se dió un buen costalazo al caer del caballo.*

costalero, ra. m. y f. Persona que lleva a hombros un paso de una procesión. *Más de cuarenta costaleros portan la imagen de la Virgen.*

costanera. f. Am. Avenida o calle que se extienden a lo largo de una costa o de un río. *Estaban entrando a la ciudad por la costanera* [C].

costanilla. f. Calle corta en cuesta o en pendiente. *Nos desviamos por una costanilla que da a la plaza.* Frec. se usa como parte del nombre de esa calle. *Vive en la Costanilla de los Ángeles.*

costar. (conjug. CONTAR). intr. **1.** Ser comprada una cosa o estar en venta por un precio determinado. *¿Cuánto te ha costado el reloj? Aquí el menú cuesta siete euros.* **2.** Causar u ocasionar algo trabajo, dificultad o dolor. *Me costó una barbaridad dejar de fumar. Le cuesta mucho hablar en otra lengua. Cuesta creer que haya dicho eso.* ■ **costar** algo **caro** (a alguien). loc. v. Suponer(le) un perjuicio o daño. *Tu traición te costará cara.* ▶ **1:** VALER.

costarricense. adj. De Costa Rica. *Ciudad costarricense.* Dicho de pers., tb. m. y f. *La moneda de los costarricenses es el colón.*

coste. m. Gasto realizado para la obtención, adquisición o disfrute de algo. Se usa espec. en economía. *Para mantener abierta la fábrica hay que abaratar los costes de producción.* ▶ COSTO.

costear[1]. tr. Pagar los gastos (de algo). *Trabaja para costearse los estudios.*

costear[2]. tr. Navegar a lo largo de la costa (de un lugar) sin perderla de vista. *El yate costea la isla buscando una playa tranquila.*

costero, ra. adj. De la costa. *Valencia es ciudad costera y portuaria.*

costilla. f. **1.** Hueso largo de los que nacen en la columna vertebral y van hacia el pecho describiendo un arco. *Está tan flaca que se le notan las costillas.* Tb. la pieza de carne correspondiente de una res. *Costillas de cerdo.* **2.** coloq. Mujer o esposa. *¿Qué tal te llevas con tu costilla?* ○ pl. **3.** Espalda (parte posterior del cuerpo humano). *Ha caído hacia atrás y se ha hecho daño en las costillas.* ■ **~ falsa.** f. *Anat.* Costilla (→ 1) inferior de las que no están unidas al esternón directamente sino por medio de un cartílago. *Tenemos tres pares de costillas falsas.* ■ **~ flotante.** f. *Anat.* Costilla (→ 1) inferior de las que no llegan a unirse al esternón. *Ya en el abdomen se hallan los dos pares de costillas flotantes.* ▶ **3:** ESPALDA.

costillar. m. **1.** Conjunto de costillas. *El defensa le hincó el codo en el costillar.* **2.** Pieza de carne de una res, que comprende las costillas de un lado. *Vamos a asar un costillar de cerdo.*

costo[1]. m. Coste. *Ha subido mucho el costo de la vida.*

costo[2]. m. coloq. o jerg. Hachís. *En la plaza hay camellos pasando costo.*

costoso, sa. adj. **1.** Que cuesta mucho dinero. *El tratamiento de la enfermedad es largo y costoso.* **2.** Que cuesta mucho esfuerzo. *Ha sido un trabajo costoso, pero ha merecido la pena.* ▶ **1:** DISPENDIOSO.

costra. f. **1.** Superficie dura que se forma sobre una sustancia húmeda o blanda. *La crema catalana lleva una costra de caramelo.* **2.** Superficie dura que se forma sobre una herida o un grano al secarse. *El niño tenía costras en las rodillas de las caídas en bici.* ▶ **2:** POSTILLA.

costroso, sa. adj. **1.** Que tiene costra. *Grano costroso.* **2.** Sucio o mugriento. *Una cocina de paredes costrosas.*

costumbre. f. **1.** Manera habitual de actuar o comportarse. *Tengo la costumbre de levantarme temprano. Un ornitólogo estudia las costumbres de estas aves.* **2.** Costumbre (→ 1) tradicional de un pueblo o una zona. *Aquí la costumbre es cantarle una serenata a la novia.* ■ **de ~.** loc. adj. Acostumbrado o habitual. *Te espero a la hora de costumbre.* Tb. loc. adv. *Llegó tarde, como de costumbre.* ■ **de ~s.** loc. adj. *Lit.* Que describe, a veces en tono moralista, las conductas y costumbres sociales. *Una comedia de costumbres.* ▶ **1:** USANZA, USO.

costumbrismo. m. *Arte* y *Lit.* Tendencia artística caracterizada por el retrato de las costumbres típicas de un pueblo o región. *Estébanez Calderón cultivo el costumbrismo andaluz.*

costumbrista. adj. **1.** *Arte* y *Lit.* Del costumbrismo. *Un sainete costumbrista de los hermanos Quintero.* **2.** *Arte* y *Lit.* Partidario o cultivador del costumbrismo. *Pintor costumbrista.* Tb. m. y f. *Mesonero Romanos fue un brillante costumbrista.*

costura. f. **1.** Hecho de coser con aguja e hilo. *La costura de los botones me ha llevado unos minutos.* **2.** Oficio o actividad de costurero. *La modista empezó en la costura siendo muy jovencita.* **3.** Línea de puntadas que unen dos piezas de tela cosidas. *Con ese vestido tan estrecho, se te marcan las costuras de la ropa interior.* ■ **alta ~.** f. Moda realizada por un diseñador de prestigio. *Han comenzado en París los desfiles de alta costura.*

costurero, ra. m. y f. **1.** Persona que tiene por oficio coser y confeccionar o arreglar prendas de vestir. *Trabaja de costurera para una marca de ropa.* ○ m. **2.** Caja o cesto para guardar los útiles de costura. *Tráeme hilo del costurero, por favor.*

costurón. m. coloq. Cicatriz grande y visible. *¡Menudo costurón te ha dejado el cirujano!*

cota[1]. f. histór. Prenda para proteger el cuerpo del guerrero, hecha normalmente de cuero revestido de clavos, anillas o mallas de hierro. *La espada atravesó la cota de malla del caballero.*

cota[2]. f. **1.** Nivel de calidad o cantidad. *El país ha alcanzado altas cotas de desarrollo económico.* **2.** Altura de un punto, gralm. sobre el nivel del mar. *La cota del Everest es de 8850 metros.* Tb. el número que la indica en un plano o mapa. *Dibuja un mapa físico en que figuren las cotas de las principales montañas.*

cotangente. f. *Mat.* Razón o cociente entre el cateto contiguo a un ángulo y el cateto opuesto a él del triángulo rectángulo correspondiente (Símb. *cotg*). *¿En cuáles de los siguientes ángulos la tangente es igual a la cotangente?*

cotarro. m. **1.** coloq. Conjunto o colectividad de personas. *Anda el cotarro político un tanto alborotado.* **2.** coloq. Asunto o situación. *Los que tienen la pasta son los que manejan el cotarro.*

cotejar. tr. Confrontar (una cosa) con otra para establecer su semejanza o su diferencia. *Cotejaron sus huellas* CON *las de la escena del crimen.* Tb.: *El perito cotejó las firmas para certificar su autenticidad.*

cotejo. m. Hecho de cotejar. *Hizo el cotejo de la copia con el documento original.*

cotidianeidad. f. vulg. Cotidianidad.

cotidianidad. f. Condición de cotidiano. *Nada perturba la cotidianidad de las tareas del campo.*

cotidiano, na. adj. Diario (de todos los días). *La película narra la vida cotidiana de una familia pobre.* ▶ DIARIO.

cotiledón. m. *Bot.* Primera hoja del embrión de las plantas con flor. *Las gramíneas tienen un solo cotiledón.*

cotilla. m. y f. coloq. Persona aficionada a cotillear. *Me he enterado por el portero, que es un cotilla.* Tb. adj. *Los vecinos son un poco cotillas.*

cotillear. intr. coloq. Chismorrear, o contar chismes dos o más personas. *En cuanto se juntan, se ponen a cotillear.*

cotilleo. m. coloq. Hecho de cotillear o contar chismes. *El cuarto de baño de la oficina es un lugar habitual de cotilleo.* Tb. el chisme que se cuenta. *¿Os habéis enterado del último cotilleo?*

cotillón. m. Fiesta con baile que se celebra espec. en fin de año o la noche de Reyes. *En Nochevieja iremos a un cotillón.*

cotización. f. Hecho de cotizar. *La cotización a la Seguridad Social es obligatoria. La cotización del escritor ha bajado desde su última novela.*

cotizar. tr. **1.** Pagar (una cuota). *Cotiza a la Seguridad Social más de 500 euros anuales.* Frec. usado en constr. intr. *Lleva cotizando desde los 18 años.* **2.** Estimar o apreciar, espec. económicamente, (algo o a alguien). *La obra de Van Gogh empezó a cotizarse después de su muerte. Es el actor más cotizado del momento.* ○ intr. **3.** *Econ.* Alcanzar una mercancía un precio determinado en un mercado, espec. en el bursátil. *Las acciones cotizaron ayer* A *23 euros.*

coto. m. Terreno acotado con algún fin. *Esta zona es coto de caza.* ■ **poner ~** (a algo negativo, espec. un vicio o un abuso). loc. v. Impedir que siga produciéndose. *Se quiere poner coto a la piratería musical.*

cotorra. f. **1.** Ave del mismo grupo que el loro, de tamaño mediano y plumaje vistoso, gralm. verde, de la que existen varias especies. *La cotorra macho. En la pajarería hay una enorme jaula con cotorras.* **2.** coloq. Persona muy habladora. *¡Cállate ya, cotorra!*

cotorrear. intr. coloq. Hablar en exceso. *Se ha pasado la mañana cotorreando.*

cotorreo. m. coloq. Hecho o efecto de cotorrear. *Le gusta ir al mercado por el cotorreo de clientas y dependientes.*

coturno. m. histór. Calzado con plataforma gruesa de corcho, que usaban los actores del teatro grecolatino para parecer más altos sobre el escenario. *Para la tragedia se llevaba túnica, coturnos y máscara.*

covacha. f. **1.** Cueva pequeña. *El pastor se refugia en una covacha hasta que pasa la tormenta.* **2.** despect. Vivienda pequeña, oscura e incómoda. *Está mal la vivienda: se pagan fortunas por cualquier covacha.*

covalente. adj. *Quím.* Dicho de enlace: Que se produce al unirse átomos que comparten pares de electrones. *El amoniaco es un compuesto con enlace covalente.*

coxal. adj. *Anat.* De la cadera. *Región coxal.* Dicho espec. del hueso plano que conecta el sacro con el fémur; tb. m. (→ **ilíaco**). *El coxal se articula con el hueso sacro para formar la pelvis.*

coxis. m. *Anat.* En los vertebrados sin cola: Último hueso de la columna vertebral formado por la unión de cuatro vértebras rudimentarias. *Cayó de espaldas y se golpeó en el coxis.* ▶ CÓCCIX.

coyote. m. Mamífero carnívoro de Norteamérica, semejante al lobo pero más pequeño. *El coyote hembra. Los pumas matan coyotes.*

coyuntura. f. **1.** Articulación móvil de dos huesos. *Cuando me duelen las coyunturas, es que va a llover.* **2.** Combinación de factores y circunstancias que se presentan en un momento determinado. *Esperarán a una coyuntura política favorable para adelantar las elecciones.* **3.** Oportunidad o circunstancia oportuna para algo. *Dijo que le iba bien y yo aproveché la coyuntura para pedirle dinero.*

coyuntural. adj. Que depende de la coyuntura o de las circunstancias. *La subida del petróleo es un hecho coyuntural.*

coz. f. **1.** Golpe que da un animal cuadrúpedo, espec. un caballo o una res, con una pata trasera o con las dos. *La yegua da coces cuando tratan de montarla.* **2.** coloq. Patada violenta que da una persona, espec. hacia atrás. *El karateca repartía coces aquí y allá.* **3.** coloq. Hecho o dicho ofensivos o groseros. *Cada vez que abre la boca es para soltar una coz.*

C. P. abrev. Código postal. El C. P. que debe aparecer en la dirección es 28400.

crac[1]**.** interj. Se usa para imitar el sonido de algo que se quiebra o se rompe. *Algo ha hecho crac en la bolsa; a lo mejor un huevo.* Tb. m. *Quizá se ha roto un hueso, porque yo he oído un crac.*

crac[2]**.** m. Quiebra o bancarrota, espec. bursátil. Frec. designa la de la Bolsa de Nueva York en 1929. *El crac del 29 desató la Gran Depresión.*

crack[1]**.** (pal. ingl.). m. Droga muy adictiva, derivada de la cocaína, que se fuma. *El consumo de* crack *se inicia en Estados Unidos.* ¶ [Equivalente recomendado: *cocaína en piedra.* Adaptación recomendada: *crac,* pl. *cracs*].

crack[2]**.** (pal. ingl.). m. Deportista de excepcional calidad. *El equipo ha fichado al* crack *brasileño.* ¶ [Equivalentes recomendados: *fuera de serie, número uno, fenómeno.* Adaptación recomendada: *crac,* pl. *cracs*].

crampón. m. *Dep.* En montañismo: Pieza metálica con pinchos que se sujeta a la suela de la bota para escalar o caminar sobre el hielo. *Para pasar el nevero nos harán falta los crampones.*

craneal. adj. *Anat.* Del cráneo. *El conductor sufre fractura craneal.* ▶ CRANEANO.

craneano, na. adj. *Anat.* Craneal. *La capacidad craneana del hombre de Neanderthal es ya semejante a la del hombre actual.*

cráneo. m. Conjunto de huesos de la parte superior y posterior de la cabeza, que contienen y protegen el encéfalo. *La bala le perforó el cráneo y se alojó en el cerebro.* ■ **ir** alguien **de ~.** loc. v. coloq. Marchar mal o con dificultades. *Solo falta un día para el examen y voy de cráneo.*

craneoencefálico, ca. adj. Que afecta al cráneo y al encéfalo. *Traumatismo craneoencefálico.*

crápula. m. Hombre libertino y de vida desenfrenada. *De joven era un crápula; ahora ha sentado la cabeza.*

craso, sa. adj. cult. Dicho espec. de error o de ignorancia: Que es grave y carece de disculpa. *Es un craso error subestimar al enemigo.*

cráter. m. **1.** Depresión más o menos circular situada en la parte superior de un volcán, por la que salen humo, ceniza, lava y otros materiales cuando este se encuentra activo. *Del cráter manaba un río de lava.* **2.** Ahondamiento circular y de bordes algo elevados que se forma en la superficie de algo, gralm. por un impacto. *Algunos cráteres lunares tienen un diámetro de cientos de kilómetros. La viruela le ha dejado cráteres en la cara.*

crátera. f. *Arqueol.* En la Antigüedad grecorromana: Vasija grande y ancha donde se mezclaba el vino con agua antes de servirlo. *Se han hallado cráteras entre los restos de una casa ateniense del s.* VI *a. C.*

creación. f. **1.** Hecho de crear. *Habrá incentivos para la creación de puestos de trabajo. Taller de creación literaria.* **2.** Cosa que se crea. *El modisto ha presentado sus creaciones para la próxima temporada.* ■ **la ~.** (Gralm. en mayúsc.). loc. s. El mundo creado por Dios. *La ballena es el animal más grande de la Creación.*

creacionismo. m. **1.** *Lit.* Movimiento de vanguardia surgido a principios del s. XX, que preconiza la autonomía total del poema, prescindiendo de la imitación o reflejo de la naturaleza. *El máximo representante del creacionismo fue el chileno Vicente Huidobro.* **2.** *Fil.* y *Rel.* Doctrina según la cual Dios creó el mundo a partir de la nada. *El creacionismo se opone al evolucionismo.*

creacionista. adj. **1.** *Fil., Rel.* y *Lit.* Del creacionismo. *Poemas creacionistas. Teoría creacionista.* **2.** *Fil., Rel.* y *Lit.* Partidario o cultivador del creacionismo. Tb. m. y f. *Entre los creacionistas españoles destaca Gerardo Diego.*

creador, ra. adj. Que crea. *Mentes creadoras.* Dicho de pers., tb. m. y f. *El museo expondrá obras de nuevos creadores. Rómulo y Remo fueron los creadores de Roma.* Tb. m., frec. en mayúsc., para designar a Dios. *Jesús se sienta a la derecha del Creador.*

crear. tr. **1.** Dar existencia (a algo) sacándo(lo) de la nada. *Según el Génesis, Dios creó el mundo en seis días y el séptimo descansó.* **2.** Hacer que pase a existir (algo que no existía). *Ha creado su propia compañía de teatro. Creó un nuevo estilo literario.* ▶ **2:** *ESTABLECER.

creatividad. f. Capacidad para crear o inventar. *El maestro ha de fomentar la creatividad de los alumnos.*

creativo, va. adj. **1.** Que posee creatividad. *Los niños suelen ser más creativos que los adultos.* **2.** Que estimula la creatividad. *Juegos creativos.* ● m. y f. **3.** Persona que se dedica profesionalmente a crear campañas publicitarias. *Los creativos han dado con un eslogan con mucho gancho.*

crecepelo. m. Producto destinado a hacer crecer el pelo de la cabeza para frenar o evitar la calvicie. *Se echa crecepelo, pero cada día está más calvo.*

crecer. (conjug. AGRADECER). intr. **1.** Aumentar de tamaño. *Échale levadura a la masa para que crezca. El río ha crecido con las últimas lluvias.* **2.** Aumentar de estatura. *¡Cómo ha crecido tu hijo!* **3.** Aumentar algo de longitud. *Te crece mucho el pelo.* **4.** Aumentar algo en cantidad o importancia. *El sector servicios ha crecido en los últimos años.* **5.** Nacer y desarrollarse algo en algún lugar. *El musgo crece* EN *lugares húmedos.* ○ tr. **6.** En las labores de punto: Ir añadiendo (puntos) regularmente a los que están prendidos en la aguja. *En esta vuelta debes crecer dos puntos.* Tb. usado en constr. intr. *A la vuelta siguiente empiezas a crecer.* ○ intr. prnl. **7.** Adquirir más autoridad, importancia o atrevimiento. *Se crece cuando está con sus amigos, pero a solas es un cobarde.* ▶ **2:** ESTIRAR.

creces. con ~. loc. adv. Amplia o sobradamente. *El producto cumple con creces las expectativas de los más exigentes.*

crecida. f. Hecho de crecer un río. *Nadie en el pueblo recuerda una crecida tan grande.*

crecido, da. part. **1.** → **crecer.** ● adj. **2.** Grande o numeroso. *El número de instalaciones de ese tipo es muy crecido.*

creciente. adj. Que crece o aumenta en cantidad o importancia. *Los médicos buscan la manera de frenar la creciente epidemia de gripe.*

crecimiento. m. Hecho de crecer. *El Gobierno está preocupado por el crecimiento de la inflación. Tras la crisis, llegó un periodo de crecimiento económico.*

credencial. adj. **1.** Dicho de cosa: Que acredita. ● f. **2.** Documento en que consta la titulación de una persona o su nombramiento para un cargo o empleo. *Los periodistas han de enseñar sus credenciales a la entrada.* ○ pl. **3.** Cartas credenciales (→ **carta**). *El nuevo cónsul presentó sus credenciales al rey.*

credibilidad. f. Cualidad de creíble. *¿A qué se debe la pérdida de credibilidad de los medios de comunicación?*

crediticio, cia. adj. Del crédito bancario. *Los bancos son entidades crediticias.*

crédito. m. **1.** Hecho de considerar algo o a alguien como verdaderos. *Tus palabras no merecen ningún crédito.* **2.** Reputación o buen nombre. *Ese abogado no goza de crédito entre sus colegas.* **3.** Reputación que tiene una persona de cumplir los compromisos que contrae. *Tengo crédito en las tiendas del barrio, porque saben que al final siempre pago.* **4.** Cantidad de dinero que presta un banco. Tb. ~ *bancario. He pedido un crédito para comprarme un piso.* **5.** Cantidad de dinero que se debe a un banco, y que este puede cobrar como acreedor. *Dentro de un año habré terminado de pagar el crédito.* **6.** Unidad de valoración de una asignatura o curso, gralm. de estudios universitarios, para conseguir un título. *El curso de doctorado vale cuatro créditos.* ○ pl. **7.** Relación de personas que han intervenido en la realización de una película o programa de televisión, o de un libro. *En la película, los créditos aparecen al final.* ■ **dar ~** (a alguien o algo). loc. v. Creer(los). *No podía dar crédito a lo que estaba viendo.* ▶ **Am: 5:** ACREENCIA.

credo. m. **1.** (Frec. en mayúsc.). Oración que contiene los principales artículos de la fe católica y que comienza con las palabras "Creo en Dios Padre". *Tras la confesión, rezó un Credo como penitencia.* **2.** Conjunto de creencias de una persona o de una colectividad. *Sale con una chica de otro credo religioso. Ha dejado el partido porque no comulga del todo con su credo.*

credulidad. f. Cualidad de crédulo. *Es un farsante que se aprovecha de la credulidad de la gente.* ▶ *INGENUIDAD.

crédulo, la. adj. Dicho de persona: Que cree fácilmente cualquier cosa. Frec. despect. *El curandero engaña a la gente crédula.* ▶ *INGENUO.

creencia. f. **1.** Hecho de creer. *Invirtió varios millones en la creencia de que era un negocio seguro. Existe la creencia de que aquella agua tiene propiedades curativas.* **2.** Conjunto de cosas en las que se cree, espec. en materia religiosa o política. Gralm. en pl. *Nadie debe ser discriminado por sus creencias.*

creer. (conjug. LEER). tr. **1.** Considerar alguien cierto (algo que se le comunica y que no conoce directamente). *Nadie cree sus historias.* **2.** Considerar alguien cierto lo que comunica (otra persona). *Vete a comprobarlo, si no me crees. La policía no creyó al detenido.* **3.** Pensar u opinar (algo). *¿Crees que estoy equivocado?* **4.** Seguido de un infinitivo o una oración introducida por *que:* Tener la impresión (de lo expresado por ellos). *Creímos que iba a desmayarse. Creía conocerlo.* **5.** Estar convencido de que (alguien o algo) tienen unas características determinadas, o están en un lugar o situación determinados. *La creo una buena persona. Te creía de vacaciones. ¿Qué hacen aquí estas maletas?, las creía en el desván.* ○ intr. **6.** Estar convencido de que alguien o algo existen verdaderamente. *Ya eres mayorcito para creer* EN *cuentos de hadas.* **7.** Creer (→ 7) en Dios. *No cree: es ateo.* **8.** Tener confianza en alguien o algo. *Creíste* EN *mí cuando nadie lo hacía. No creen* EN *la viabilidad del proyecto.* ○ tr. prnl. **9.** Considerar alguien cierta (una afirmación). *La muy ingenua se cree todo lo que le dicen.* ■ **no (te) creas.** expr. coloq. Se usa para atenuar o negar una afirmación. *–Llegaremos en dos horas. –No te creas, es un viaje muy largo. Pues tiene mucha experiencia, no se crean.* ■ **ya lo creo.** expr. coloq. Se usa para asentir enfáticamente. *–Hace un frío que pela. –¡Ya lo creo!* ▶ **3:** ENTENDER, ESTIMAR, JUZGAR, OPINAR, PENSAR.

creíble. adj. Que puede ser creído, o es digno de crédito. *Su interpretación del personaje no resulta creíble.*

creído, da. part. **1.** → **creer.** ● adj. **2.** Dicho de persona: Vanidosa o engreída. *Qué muchacha tan creída y soberbia.* Tb. m. y f. *Eres un creído.*

crema. f. **1.** Sustancia grasa de la leche. *La leche descremada no tiene crema.* **2.** Puré poco espeso elaborado con alimentos variados, y al que se añade gralm. leche. *De primero tomaré crema de calabacín.* **3.** Pasta hecha con leche, huevos, harina y azúcar, que se emplea en pastelería. *Los pastelillos están rellenos de crema.* Tb. ~ *pastelera.* **4.** Cosmético o medicamento de consistencia espesa. *Crema hidratante.* **5.** Licor dulce de consistencia espesa. *La gusta tomar una copita de crema de* whisky *después de comer.* **6.** Pasta para limpiar la piel curtida, espec. la del calzado. *El limpiabotas untó los zapatos con crema y la extendió con un trapo.* **7.** Conjunto de las personas más distinguidas de un grupo o un lugar. *A la recepción asistió la crema de la sociedad.* ○ m. **8.** Color blanco amarillento como el de la crema (→ 1). *El crema se lleva mucho esta temporada.* Tb. adj. *El vestido de novia no era blanco, sino de un tono crema.* ■ **~ catalana.** f. Plato semejante a las natillas pero más espeso, con azúcar tostado por encima. *De postre tenemos crema catalana.*

cremación. f. Incineración de algo, espec. de un cadaver. *Asistieron a la ceremonia de cremación.* ▶ INCINERACIÓN.

cremallera. f. Cierre que consta de dos tiras de dientes metálicos o de plástico, que se encajan o desencajan al mover una pieza pequeña intermedia. *Llevas la cremallera del pantalón abierta.*

cremar. tr. Am. Incinerar (algo, espec. un cadáver). *La mujer ha solicitado que la cremen y luego dispersen sus cenizas* [C]. ▶ INCINERAR.

crematístico, ca. adj. Del dinero. *Es un materialista que solo se mueve por intereses puramente crematísticos.*

crematorio, ria. adj. **1.** De la cremación. *Horno crematorio.* ● m. **2.** Lugar donde se realiza la cremación de los cadáveres. *El crematorio del cementerio estaba abarrotado de personas que iban a dar el último adiós a su amigo.*

cremoso, sa. adj. Que tiene crema o características semejantes a las suyas, espec. la consistencia. *Una tarta cremosa.*

crencha. f. Cada una de las dos partes en que queda dividido el pelo por la raya. *Como no tenía peine, se peinaba las crenchas con la mano.*

crep[1]. (pl. **creps**). m. Tejido fino, gralm. de lana, seda o algodón, de superficie rugosa u ondulada. *Llevaba un vestido negro de crep y, como único adorno, un sobrio collar de perlas.*

crep[2]. (pl. **creps**). f. Tortita muy fina de harina, azúcar y leche, que se sirve enrollada y con un relleno dulce o salado. *Merendamos unas creps rellenas de mermelada.*

crepería. f. Establecimiento donde se hacen y sirven creps. *En esta crepería preparan las mejores creps de toda la ciudad.*

crepitante. adj. cult. Que crepita. *Las brujas bailaban alrededor de una hoguera crepitante.*

crepitar. intr. cult. Producir algo, espec. al arder un sonido semejante al de chasquidos. *La leña crepita en la chimenea.*

crepuscular. adj. Del crepúsculo. *La luz crepuscular bañaba las calles desiertas.* Tb. fig. cult. *Una obra crepuscular.*

crepúsculo. m. **1.** Claridad que hay antes de salir el sol y, espec., después de ponerse. *Ha fotografiado el crepúsculo en diferentes ciudades del mundo.* **2.** cult. Decadencia que precede al final de alguien o algo. *Inició su carrera como pintor en el crepúsculo de su vida.*

crescendo. (pal. it.; pronunc. "kreshéndo"). m. **1.** *Mús.* Aumento gradual de la intensidad del sonido. El crescendo *de la flauta subraya el dramatismo de la escena.* Tb. el fragmento de una composición que se ejecuta con esa gradación del sonido. *En ese momento suena el* crescendo *del famoso bolero.* **2.** Aumento gradual de la intensidad de algo. *A medida que avanza la trama, se produce un* crescendo *dramático.*

crespo, pa. adj. Dicho de pelo: Rizado o ensortijado. *El bebé tenía la cara regordeta y el pelo crespo y negro.*

crespón. m. Tela negra que se usa en señal de luto. *Las banderas lucían crespones de luto por los caídos en la batalla.*

cresta. f. **1.** Carnosidad roja situada sobre la cabeza del gallo o de otras aves. *La cresta de la gallina es más pequeña que la del gallo.* **2.** Parte más alta de una ola. *Se deslizaban sobre las tablas de surf en las crestas* DE *las olas.* **3.** Cima rocosa de una montaña. *La cresta* DE *la montaña se puede ver desde todos los puntos de la isla.* **4.** coloq. Mechón de pelo que recorre la cabeza de una persona desde la frente hasta la nuca, con el resto de la cabeza afeitado. *Cuando era punk, llevaba una cresta teñida de verde.* ■ **en la ~ de la ola.** loc. adv. En el apogeo. *Después de veinte años dedicado a la música, sigue estando en la cresta de la ola.* ▶ **3:** *CIMA.

crestería. f. *Arq.* Adorno calado hecho gralm. en piedra y usado en algunos estilos, espec. en el gótico, para coronar los edificios. *La fachada de la catedral está rematada por cresterías.*

cretáceo, a. adj. (Como m. se usa en mayúsc.). *Geol.* Cretácico. *Formaciones cretáceas y jurásicas.* Dicho de división geológica, tb. m. *Fósiles del Cretáceo.*

cretácico, ca. adj. **1.** (Como m. se usa en mayúsc.). *Geol.* Dicho de división geológica: Que es la última o más reciente de la era mesozoica, posterior al Jurásico. Tb. m. *En el Cretácico se produjo la extinción de los dinosaurios.* **2.** *Geol.* Del Cretácico (→ 1). *Sedimentos cretácicos.* ▶ CRETÁCEO.

cretense. adj. De Creta (isla de Grecia, en el Mediterráneo). *Iraklio es la capital cretense.* Frec. referido a la Antigüedad clásica. *El palacio cretense de Cnosos.* Dicho de pers., tb. m. y f. *Los cretenses controlaban el Mediterráneo.*

cretinismo. m. *Med.* Enfermedad producida por el mal funcionamiento o la ausencia de la glándula tiroides, y caracterizada por un retraso del desarrollo físico y mental y por múltiples deformaciones. *El cretinismo es una enfermedad propia de algunas zonas montañosas.*

cretino, na. adj. **1.** Tonto o necio. Tb. m. y f. Se usa como insulto. *No seas cretina y no hables de lo que no sabes. Está casada con el mayor cretino del planeta.* **2.** *Med.* Que padece cretinismo. Tb. m. y f. *Los cretinos presentan unos síntomas muy claros.* ▶ **1:** *TONTO.

cretona. f. Tela fuerte de algodón y gralm. estampada, que se emplea en tapicería y decoración. *Las cortinas del salón son de cretona.*

creyente. adj. Dicho de persona: Que profesa una religión determinada. *No voy a misa porque no soy creyente.* Tb. m. y f. *El Papa dirigió un mensaje a los creyentes de todo el mundo.*

cría. f. **1.** Hecho de criar una planta o a un animal. *Se dedica a la cría de ganado porcino.* **2.** Animal recién nacido o que aún está desarrollándose. *La perra amamantaba a sus crías. La cría de jabalí es el jabato.*

criadero. m. **1.** Lugar destinado a la cría de animales o plantas. *Se nota por el sabor que estas setas son de criadero.* **2.** Lugar donde se cría algo espontáneamente. *La casa abandonada era un criadero* DE *ratas.*

criadilla. f. En un animal de matadero: Testículo. *Si pasas por la casquería, compra criadillas de cordero.* ▶ TESTÍCULO.

criado, da. part. **1.** → **criar.** ● m. y f. **2.** Persona que sirve por un salario a otra, espec. en el servicio doméstico. *La criada libra los domingos. Durante el verano tenían un criado para ayudar en las faenas del campo.* ■ **mal ~.** → **malcriado.** ■ **salir la criada respondona.** loc. v. No dar la persona o cosa de que se habla los resultados positivos esperados. *Cuando lo auparon al poder, no pensaron que la criada les saldría respondona.* ▶ **2:** SERVIDOR, SIRVIENTE. ‖ **frecAm: 2:** MUCAMO.

criador, ra. adj. **1.** Que cría. ● m. y f. **2.** Persona que se dedica a la cría de animales, espec. si lo hace por oficio. *Un criador de perros me ha regalado un cachorro de mastín.*

crianza. f. **1.** Proceso de maduración o envejecimiento, en barrica de madera o en botella, al que se somete el vino después de la fermentación. *La crianza de un vino puede durar varios años.* Frec. en la constr. *de ~. El sumiller nos recomendó un tinto de crianza para acompañar el asado.* **2.** Hecho de criar, espec. animales o plantas. *La enfermedad de las vacas locas ha perjudicado la crianza de ganado vacuno.* **3.** cult. Educación o cortesía. Gralm. con los adj. *buena* y *mala. Desde muy joven ha dado muestras de su buena crianza.*

criar. (conjug. ENVIAR). tr. **1.** Alimentar con leche, espec. materna, (a un niño o a otro mamífero recién nacidos) durante el período de lactancia. *Ha criado a sus hijos dándoles el pecho, excepto al pequeño, al que crió con biberón.* Tb. usado en constr. intr. *La mujer no salía al campo mientras estaba criando.* **2.** Alimentar (a un niño o a un animal) y cuidar de su desarrollo. *Cuando se quedó huérfano, lo criaron sus abuelos.* **3.** Facilitar el nacimiento y posterior crecimiento (de animales o plantas). *El granjero cría conejos para luego venderlos.* **4.** Producir u originar (algo). *La falta de higiene cría parásitos.* **5.** Someter (el vino) a determinadas operaciones y cuidados después de la fermentación. *Las cuevas subterráneas se utilizan para criar y envejecer vinos.* ○ intr. prnl. **6.** Desarrollarse o crecer un ser vivo. *El niño se está criando muy sano. Esta planta se cría en las rocas.* **7.** Producirse u originarse algo. *Debajo de las camas se cría pelusa.* ■ **mal ~. → malcriar.**

criatura. f. **1.** Niño pequeño o recién nacido. *Voy a ser abuela: mi hija está esperando una criatura. Tómate algo, que invita el padre de la criatura.* Tb., coloq., designa una persona joven. *¿Que se casa tu hijo?, ¡pero si es una criatura!* A veces con intención afectiva o compasiva. *No regañes a la criatura, que no tiene la culpa de nada.* **2.** Ser creado. *Según la Iglesia, todos los seres vivos son criaturas de Dios. Cuando la contempló, pensó que era la criatura más bella que había visto jamás.*

criba. f. **1.** Utensilio que consiste en una malla metálica o una plancha agujereada sujetas a un aro, y que sirve para separar partículas de diferente tamaño o grosor. *El pastelero pasa la harina por la criba para que quede más fina.* Tb. fig. *La película no pasó por la criba del censor.* **2.** Hecho de cribar o someter a selección. *El jefe de personal hace una primera criba entre los aspirantes al puesto.* ▶ **1:** *TAMIZ.

cribado. m. Hecho de cribar. *La nueva maquinaria facilita el cribado de las semillas.*

cribar. tr. **1.** Pasar por la criba (el grano u otra sustancia) para quitar impurezas o realizar una selección. *Después de aventar el trigo había que cribarlo. Los buscadores de oro criban la arena en busca de pepitas.* **2.** Someter (varias personas o cosas) a una selección rigurosa. *Hay que cribar y contrastar ese tipo de noticias.* ▶ **1:** *TAMIZAR.

cricket. (pal. ingl.; pronunc. "kríket"). m. Deporte ente dos equipos de once jugadores, que se juega sobre un campo de césped, con bates de madera, una pelota de cuero y dos rastrillos. *Los mundiales de* cricket *se celebran cada dos años.* ¶ [Adaptación recomendada: *críquet*].

cricrí. interj. Se usa para imitar el canto del grillo. Tb. m. *El incesante cricrí de los grillos rompía el silencio de la noche.*

crimen. m. **1.** Delito grave, espec. asesinato. *La policía acordonó el lugar del crimen.* **2.** Hecho censurable. *Es un crimen tirar la comida cuando hay tanta gente muriendo de hambre.*

criminal. adj. **1.** Dicho de persona: Que ha cometido un crimen, espec. un asesinato. Frec. m. y f. *Es una banda de criminales.* **2.** Del crimen, o que lo implica. *Impulso criminal. Investigación criminal.*

criminalidad. f. **1.** Cualidad de criminal. *No existen indicios de criminalidad en sus actividades económicas.* **2.** Número proporcional de crímenes cometidos en un territorio y en un tiempo determinados. *La criminalidad ha descendido considerablemente en la capital.*

criminalista. adj. Dicho de abogado: Especializado en asuntos relacionados con el derecho penal. Tb. m. y f. *Su abogada es un reputada criminalista.*

criminalización. f. Hecho de criminalizar. *Las organizaciones humanitarias denuncian la criminalización de los inmigrantes.*

criminalizar. tr. Atribuir carácter criminal (a alguien o algo). *La Ley Seca criminalizó la venta y el consumo de alcohol en Estados Unidos.*

criminología. f. Estudio científico del crimen. *Como abogado penalista, me interesa la criminología.*

criminológico, ca. adj. De la criminología o del crimen. *Desde el punto de vista criminológico, el homicidio que investigaban era muy interesante.*

criminólogo, ga. m. y f. Especialista en criminología. *Los criminólogos analizaron las circunstancias del asesinato.*

crin. f. **1.** Conjunto de pelos que tienen algunos animales en la parte superior del cuello. Frec. en pl. con significado sing. *El jinete cepillaba las crines de su caballo.* **2.** Fibra que se obtiene de algunas plantas y que tiene distintas aplicaciones industriales. *Se frota la piel con un guante de crin.*

crío, a. m. y f. **1.** coloq. Niño, espec. el de poca edad. *Tiene dos críos: una niña de cinco años y un niño de dos. Los críos jugaban en el parque bajo la mirada de sus abuelos.* **2.** coloq. Persona joven. *Es una cría, pero tiene muy claro lo que quiere hacer en la vida.* **3.** coloq. Persona adulta que se comporta como un niño, espec. por su conducta inmadura o ingenua. *No seas crío y enfréntate a los problemas.*

criogenia. f. *Fís.* Rama de la física que estudia las bajas temperaturas y las técnicas para producirlas.

criollo, lla. adj. **1.** Dicho de persona: Natural de un país hispanoamericano. *Una minoría de la población es criolla.* Tb. m. y f. **2.** Dicho de cosa: Autóctona o propia de un país hispanoamericano. *Arquitectura criolla. Comida criolla.* **3.** Dicho de lengua: Que se ha formado en alguna antigua colonia europea por el contacto entre una lengua indígena y una europea, y que se ha convertido en la lengua materna de un grupo de hablantes. Se usa por contraposición a la natural de un país extranjero. *El papiamento es una lengua criolla de base portuguesa y española hablada en las Antillas holandesas.* Tb. m. *En las islas Seychelles se habla un criollo de base francesa.* **4.** histór. Dicho de persona: Descendiente de españoles y nacido en un país hispanoamericano durante la época colonial. *Simón Bolívar era criollo.* Tb. m. y f. *En el siglo* XIX *los criollos se levantaron contra España.*

cripta. f. **1.** Lugar subterráneo de enterramiento. *Los reyes están enterrados en la cripta del monasterio.* **2.** Capilla subterránea de una iglesia. *La misa de difuntos se celebró en la cripta.*

críptico, ca. adj. Oscuro o incomprensible. *Los versos del poeta resultan algo crípticos.*

criptógamo, ma. adj. **1.** *Bot.* Del grupo de las criptógamas (→ 2). *Planta criptógama.* ● f. **2.** *Bot.* Planta que carece de flores, como el helecho.

criptografía. f. Arte o técnica de escribir o descifrar mensajes en clave. *El espía era un experto en criptografía.*

criptograma. m. Mensaje cifrado o escrito en clave. *Hay que descifrar el criptograma.*

criptón. → **kriptón.**

crisálida. f. *Zool.* En la metamorfosis de algunos insectos: Individuo que se encuentra en el estado siguiente al de larva, y anterior al de adulto. *La crisálida del gusano de seda se transforma en mariposa.* Tb. designa el envoltorio en que tiene lugar esa fase de la metamorfosis. *Del interior de la crisálida que había colgada de la rama, ha salido una mariposa.* ▶ NINFA, PUPA.

crisantemo. m. Flor grande y vistosa, blanca, rosada o morada, de pétalos alargados y apiñados formando una especie de borla. *Muchas tumbas del cementerio están adornadas con crisantemos.* Tb. su planta. *Los crisantemos se reproducen por semillas y por esquejes.*

crisis. f. **1.** Situación mala o difícil. *A la época de esplendor siguió un período de crisis económica.* **2.** Cambio brusco e importante en el desarrollo de un proceso. *El sacerdote tuvo una crisis de fe en su juventud.* **3.** Situación política en que uno o varios miembros del Gobierno han dimitido o han sido destituidos, y aún no se han nombrado sus sustitutos. Tb. ~ *ministerial. Ésta es la segunda crisis ministerial desde las elecciones.*

crisma. f. coloq. Cabeza humana. Gralm. con v. como *romper. ¡Bájate de ahí, que vas a romperte la crisma!*

crismón. m. *Rel.* Monograma del nombre de Cristo, formado por las dos primeras letras de este nombre en griego. *El crismón aparece en el arte paleocristiano.*

crisol. m. Recipiente resistente al calor que se emplea para fundir determinados materiales a temperatura muy elevada. Frec. fig. *En la Edad Media, la Península Ibérica era un crisol de culturas.*

crispación. f. Hecho o efecto de crispar o crisparse. *Noto la crispación en su cara.*

crispante. adj. Que crispa o irrita. *Me pone nervioso el crispante tictac del reloj.*

crispar. tr. **1.** Irritar o exasperar (a alguien). *Me crispa su estupidez.* Tb. en constr. prnl. media. *No puede evitarlo: se crispa en cuanto te ve.* **2.** Causar una contracción repentina y pasajera (en un músculo o una parte del cuerpo). *El miedo crispaba su rostro.* Tb. en constr. prnl. media. *Sus facciones se crispan por el dolor.* ▶ **1:** *IRRITAR.

cristal. m. **1.** Vidrio (material duro, frágil y gralm. transparente). *La ensalada está en una fuente de cristal.* **2.** Trozo de cristal (→ 1). *Iba descalzo y me clavé un cristal en la planta del pie.* **3.** Pieza de cristal (→ 1), espec. la que se coloca en puertas y ventanas. *El coche tiene los cristales tintados.* **4.** Lente de unas gafas o de un aparato óptico. *Se me han roto los cristales de las gafas.* **5.** *Mineral.* Cuerpo sólido de forma geométrica regular, que resulta de la disposición natural de sus partículas. *La pirita se presenta en forma de cristal.* ■ ~ **de roca.** m. Cuarzo cristalizado, incoloro y transparente. *El mármol de Carrara contiene cristal de roca.* ▶ **1:** VIDRIO.

cristalera. → **cristalero.**

cristalería. f. **1.** Establecimiento en que se hacen o venden objetos de cristal. *En la cristalería he encargado dobles ventanas para todas las habitaciones de la casa.* **2.** Parte de la vajilla formada por los vasos, copas y jarras de cristal. *El mejor regalo fue una preciosa cristalería labrada.*

cristalero, ra. m. y f. **1.** Persona que hace, vende o instala cristales. *Esta tarde viene el cristalero a arreglar la ventana rota.* ○ f. **2.** Puerta o ventanal de cristal. *Abre la cristalera para que entre el fresco. El claustro está cerrado por unas magníficas cristaleras.*

cristalino, na. adj. **1.** Del cristal, o de características semejantes a las suyas, espec. la transparencia. *El agua es tan cristalina que se puede ver el fondo del lago.* **2.** *Mineral.* Que tiene la estructura de un cristal. *La amatista es una variedad cristalina del cuarzo.* ● m. **3.** *Anat.* Parte del ojo situada detrás de la pupila, transparente y con forma de lente, por donde pasan los rayos de luz para enfocar las imágenes en la retina. *Las cataratas se producen por la pérdida de transparencia del cristalino.*

cristalización. f. Hecho o efecto de cristalizar, espec. una sustancia. *La cristalización de las proteínas.*

cristalizado, da. part. **1.** → **cristalizar.** ● adj. **2.** *Mineral.* Que tiene la estructura del cristal. *El diamante es carbono cristalizado.*

cristalizar. intr. **1.** Adquirir una sustancia la forma y la estructura del cristal. *El topacio cristaliza* EN *el sistema rómbico.* **2.** cult. Tomar algo forma o materializarse. *Sus propuestas no llegaron a cristalizar.* ○ tr. **3.** Hacer que (una sustancia) adquiera la forma y la estructura del cristal. *Puedes cristalizar un material derretido, enfriándolo.*

cristalografía. f. *Mineral.* Estudio científico que tiene por objeto la descripción de las formas cristalinas. *Departamento de Cristalografía y Mineralogía de la Facultad de Geología.*

cristalográfico, ca. adj. *Mineral.* De la cristalografía, o de su objeto de estudio. *Estudios cristalográficos. Estructura cristalográfica.*

cristianar. tr. Bautizar (a alguien), o administrar(le) el bautismo. *La cristianó el mismo cura que bautizó a su madre.* ▶ BAUTIZAR.

cristiandad. f. Conjunto de los países que profesan la religión cristiana. *Toda la cristiandad acogió al nuevo Papa con muestras de júbilo.*

cristianismo. (Tb. con mayúsc.). m. Religión basada en la doctrina de Jesucristo. *¿Qué porcentaje de la población profesa el Cristianismo?*

cristianización. f. Hecho de cristianizar. *La Iglesia católica llevó a cabo la cristianización del continente americano.*

cristianizar. tr. Convertir (algo o a alguien) en cristianos, o dar(les) carácter cristiano. *La Iglesia católica cristianizó muchas fiestas paganas.*

cristiano, na. adj. **1.** Del cristianismo o de los cristianos (→ 2). *Credo cristiano. Actitud cristiana.* **2.** Que profesa el cristianismo. Dicho de pers., tb. m. y f. *Los cristianos creen en un Dios único.* ● m. **3.** coloq. Persona o ser humano. *No hay cristiano que resista este calor.* ■ ~ **nuevo/a.** m. y f. histór. Persona que profesaba el cristianismo pero que no descendía de cristianos (→ 2). *La Iglesia dudaba de la espiritualidad de los cristianos nuevos.* ■ ~ **viejo/a.** m. y f. histór. Descendiente de cristianos (→ 2), sin mezcla conocida de judío, moro o gentil. *Un hidalgo pertenecía a una familia de cristianos viejos.* □ **en cristiano.** loc. adv. **1.** coloq. En español. Gralm. con v. como *hablar* o *decir. No hay quien entienda a estos turistas..., ¿por qué no hablarán en cristiano?* **2.** coloq. En un lenguaje fácilmente comprensible. Gralm. con v. como *hablar* o *decir. El abuelo quiere que sus nietos le hablen en cristiano.*

cristianodemócrata. adj. Democristiano. Dicho de pers., tb. m. y f. *Los cristianodemócratas han ganado las elecciones.*

cristino, na. adj. histór. Partidario de la reina Isabel II de España durante la regencia de su madre María Cristina de Borbón, frente al pretendiente Carlos de Borbón. *Ejército cristino.* Dicho de pers., tb. m. y f. *Los cristinos eran liberales y, los carlistas, conservadores.*

cristo. m. **1.** (Frec. en mayúsc.). Crucifijo. *En la pared de mi habitación hay un Cristo de madera.* **2.** (Frec. en mayúsc.). Imagen o representación de Jesucristo. *El Cristo de Velázquez.* ■ **como a un ~ dos pistolas.** (Frec. en mayúsc.). loc. adv. coloq. Muy mal. Frec. con v. como *quedar* o *sentar. Ese traje te sienta como a un Cristo dos pistolas.* ■ **como un ~.** (Frec. en mayúsc.). loc. adv. coloq. En un estado penoso. Frec. con *ponerse. Me he caído en un charco y me he puesto como un Cristo.* ■ **donde ~ dio las tres voces.** (Frec. en mayúsc.). loc. adv. coloq. En un lugar lejano o remoto. *Vive donde Cristo dio las tres voces.* ■ **ni ~ que lo fundó.** (Frec. en mayúsc.). loc. adv. coloq. Se usa para negar enfáticamente. *Presume mucho, pero ni tiene dinero, ni tierras, ni casa, ni Cristo que lo fundó.* ■ **todo ~.** (Frec. en mayúsc.). loc. s. coloq. Todo el mundo. *A estas horas ya lo debe de saber todo Cristo.*

cristología. f. Estudio de lo relacionado con Cristo. *Los teólogos debatieron cuestiones de cristología y mariología.*

cristológico, ca. adj. De Cristo, o de la cristología. *Pintó una crucifixión con todos los rasgos de la iconografía cristológica.*

criterio. m. **1.** Norma para juzgar o decidir, o para conocer la verdad. *¿Cuál ha sido el criterio de selección a la hora de contratar al nuevo gerente?* **2.** Opinión o juicio. *Según mi criterio, aún no es aconsejable convocar elecciones.*

crítica. → **crítico.**

criticar. tr. **1.** Expresar una opinión negativa (sobre alguien o algo). *Sé que me critican cuando no estoy delante.* **2.** Someter a examen (algo) para expresar un juicio (sobre ello). *Han criticado favorablemente tu libro.*

criticismo. m. Doctrina filosófica que somete a crítica o examen el conocimiento. *Kant es el máximo representante del criticismo.*

crítico, ca. adj. **1.** De la crítica (→ 6-9). *Una de las preguntas del examen era un comentario crítico de un texto de actualidad.* **2.** Muy difícil o de mucha gravedad. *El estado del herido es crítico.* **3.** Dicho de momento: Oportuno o preciso. *La policía llegó en el momento crítico y atrapó al ladrón.* Frec. en sent. irónico. *El teléfono sonó en el crítico instante en que me iba a meter en la ducha.* **4.** *Fís.* Dicho de un punto de una escala: En el que se produce un cambio en el estado o en las propiedades de un cuerpo. *Punto crítico de un gas.* Tb. dicho de algunas magnitudes. *Temperatura crítica.* ● m. y f. **5.** Persona que ejerce la crítica (→ 7). *Es crítico de cine.* ○ f. **6.** Expresión de un juicio sobre algo, espec. sobre una obra de arte. *El musical ha recibido unas críticas magníficas.* **7.** Actividad de hacer críticas (→ 6). *Se dedica a la crítica literaria.* **8.** Conjunto de los críticos (→ 5) o de sus críticas (→ 6). *La crítica ha puesto por las nubes la ópera.* **9.** Ataque verbal o comentario negativo. *La organización del desfile fue objeto de duras críticas.* ■ **crítica textual.** f. *Lit.* Conjunto de técnicas empleadas en la edición filológica de textos.

criticón, na. adj. coloq. Dicho de persona: Inclinada a criticar o hacer comentarios negativos. *No seas tan criticón, que tú no eres precisamente perfecto.* Tb. m. y f. *Mi compañera de pupitre es una criticona.*

croar. intr. Emitir la rana su voz característica. *Las ranas croan en su charca.*

croata. adj. **1.** De Croacia (país de Europa). *Zagreb es la capital croata.* Dicho de pers., tb. m. y f. *Los croatas son católicos en su mayoría.* **2.** Del croata (→ 3). *Pronunciación croata.* ● m. **3.** Lengua hablada en Croacia. *Voy a estudiar croata.*

crocante. adj. Dicho de alimento: Que cruje al ser masticado. *Hornee el pollo hasta que la piel esté crocante.*

croché. m. **1.** Ganchillo (labor). *Un vestido de croché y pedrería.* **2.** En boxeo: Golpe lateral de trayectoria paralela al suelo. *Lo noqueó de un croché de derecha.* ▶ **1:** GANCHILLO.

crol. m. *Dep.* Estilo de natación en que el nadador avanza boca abajo, moviendo alternativamente los brazos hacia delante y sacándolos del agua, y batiendo constantemente las piernas. *La nadadora rusa es especialista en crol y en mariposa.*

crolista. m. y f. *Dep.* Nadador que practica el estilo crol. *Los crolistas y espaldistas tienden a ser más altos y de piernas más largas que los bracistas.*

cromado. m. Hecho o efecto de cromar. *Se puede proteger el hierro mediante cromado o niquelado.*

cromar. tr. Dar un baño de cromo (a un metal o a un objeto metálico) para proteger(los). *Aprenda a cromar hierro. La grifería del baño es de acero cromado.*

cromático, ca. adj. **1.** Del color o de los colores. *El cuadro destaca por la riqueza cromática.* **2.** *Mús.* Dicho de escala o sistema musical: Que procede por intervalos de semitonos. *La música dodecafónica utiliza la escala cromática.*

cromatina. f. *Biol.* Sustancia que se encuentra en el núcleo de la célula, y que está compuesta de ADN y de proteínas. *Cuando la célula se divide, los filamentos de cromatina se ordenan formando los cromosomas.*

cromatismo. m. cult. Color o conjunto de colores de algo. *El color rojo predomina en el cromatismo de la pintura veneciana.*

crómico, ca. adj. *Quím.* Del cromo. *Óxido crómico.*

crómlech. (pl. invar.). m. *Arqueol.* Monumento prehistórico formado por un conjunto de menhires dispuestos en círculo. *El famoso crómlech de Stonehenge.*

cromo[1]**.** m. *Quím.* Elemento del grupo de los metales, de color blanco azulado, que se usa como protector de otros metales y en la composición de aceros inoxidables (Símb. *Cr*). *El cromo es muy resistente a la corrosión.*

cromo[2]**.** m. Reproducción, en papel o cartón de pequeño tamaño, de un dibujo, pintura o fotografía, destinada a juegos y colecciones infantiles. *Un álbum de cromos.* ■ **hecho un ~.** loc. adj. coloq. Dicho de persona: Que va muy arreglada o tiene buena presencia. Frec. en sent. irónico. *Cámbiate de ropa y ponte algo más discreto, que vas hecho un cromo.*

cromosfera. f. *Fís.* Capa gaseosa del Sol, de color rojizo, situada entre la fotosfera y la corona. *La cromosfera es visible durante los eclipses totales de Sol.*

cromosoma. m. *Biol.* Filamento alargado del núcleo celular, visible al microscopio, que contiene ADN y cuyo número es constante para todos los seres de la misma especie. *La célula humana tiene 46 cromosomas.*

cromosómico, ca. adj. *Biol.* De los cromosomas. *El síndrome de Down tiene su origen en una anomalía cromosómica.*

crónica. f. **1.** En un medio de comunicación: Información sobre temas de actualidad. *Va a escribir la crónica taurina para el periódico local durante la feria de San Isidro.* **2.** Narración de hechos históricos por orden cronológico. *Las crónicas de los reyes castellanos.*

crónico, ca. adj. **1.** Dicho de enfermedad o dolencia: Prolongada o habitual. *Padece bronquitis crónica.* **2.** Dicho de enfermo: Que padece una enfermedad crónica (→ 1). *Está ingresado en un hospital para enfermos crónicos.* **3.** Dicho de cosa: Que viene de tiempo atrás. *Su egoísmo es crónico.*

cronicón. m. Narración breve de hechos históricos por orden cronológico, espec. de la época medieval. *En la biblioteca del monasterio hay varios cronicones inéditos.*

cronista. m. y f. Autor de crónicas. *Trabaja de cronista deportivo en una emisora de radio.*

crono. m. **1.** *Dep.* Tiempo medido con cronómetro en una prueba de velocidad. *Su crono ha sido de 55 segundos y 90 centésimas.* **2.** *Dep.* Cronómetro. *¡Atención, el crono puede marcar un nuevo récord!*

cronoescalada. f. En ciclismo: Prueba contra reloj de subida, espec. a un puerto de montaña. *En la vuelta ciclista hay tres etapas contra reloj y una cronoescalada.*

cronógrafo. m. Reloj que sirve para medir con exactitud fracciones de segundo. *Le han regalado un cronógrafo de acero y oro por su cumpleaños.*

cronograma. m. Am. Calendario de trabajo. *El cronograma trazado se ha venido cumpliendo estrictamente y sin tropiezos* [C].

cronología. f. **1.** Orden en que se producen los hechos en el tiempo. *La profesora nos ha explicado la cronología de la Reconquista.* **2.** Ciencia que se ocupa de determinar las fechas en que se producen los hechos históricos. *La cronología es una ciencia auxiliar de la historia.*

cronológicamente. adv. **1.** Por orden cronológico. *Ordena cronológicamente los hechos.* **2.** Desde el punto de vista cronológico. *Cronológicamente, la extinción de los dinosaurios se produjo antes de la aparición del hombre.*

cronológico, ca. adj. De la cronología. *El libro tiene un apéndice cronológico.*

cronometraje. m. Hecho de cronometrar. *Suspendieron la carrera por un fallo en el sistema electrónico de cronometraje.*

cronometrar. tr. Medir la duración (de algo) con precisión, frec. empleando un cronómetro. *El entrenador le cronometró los diez largos.*

cronométrico, ca. adj. Del cronómetro. *El acto comenzó con puntualidad cronométrica.*

cronómetro. m. Aparato o dispositivo de relojería de gran precisión, que sirven para medir fracciones de tiempo muy pequeñas. *El árbitro consultó el cronómetro y pitó el final del partido.* ▶ CRONO.

croqueta. f. Porción cilíndrica u ovalada de masa hecha de besamel y otros ingredientes desmenuzados, como jamón o pollo, que se empana y se fríe. *Voy a hacer croquetas con los restos del cocido.*

croquis. m. Dibujo esquemático hecho sin precisión. *Hazme un croquis del camino para que no me pierda.*

cross. (pal. ingl.). m. *Dep.* Carrera de larga distancia hecha en campo abierto. *Los keniatas consiguieron todos los títulos en el mundial de* cross. ¶ [Equivalente recomendado: *campo a través*. Adaptación recomendada: *cros*].

crótalo. m. **1.** Serpiente venenosa, originaria de América, que tiene en el extremo de la cola unos anillos con los que hace un ruido característico al moverse. *El crótalo, o serpiente de cascabel, vive sobre todo en desiertos.* **2.** cult. Castañuela. *Danzaba al ritmo de los crótalos.*

crotorar. intr. Emitir la cigüeña su voz característica. *Las cigüeñas crotoran en su nido.*

cruasán. m. Bollo de masa gralm. hojaldrada en forma de media luna. *He desayunado un café con leche y un cruasán.*

cruce. m. **1.** Hecho o efecto de cruzar o cruzarse. *La estatua está en el cruce de las dos avenidas. Del cruce de caballo y burra nace una mula. "Peldaño" es un cruce de las palabras latinas "pedalis" y "pedaneus".* **2.** Punto donde se cruzan dos cosas. *Te espero en el cruce de las dos calles. Han construido una gasolinera en el cruce.* **3.** Paso para que los peatones crucen la calle. *Atraviesa la calle por el cruce.* **4.** Interferencia telefónica o de radio. *No te oigo bien, debe de haber un cruce de líneas.* ▶ **2:** ENCRUCIJADA. ‖ **frecAm: 2:** ENTRONQUE.

cruceiro. m. Unidad monetaria de Brasil.

crucería. f. *Arq.* Sistema de construcción propio del estilo gótico, en el que la bóveda se logra mediante el cruce de arcos diagonales u ojivales. *Las iglesias góticas emplean bóveda de crucería.*

crucero. m. **1.** Viaje de placer en barco, con escala en varios lugares. *Este verano han hecho un crucero por las islas griegas.* **2.** *Arq.* Espacio en que la nave mayor o principal de una iglesia se cruza con la nave transversal. *La catedral gótica tiene planta de cruz latina, crucero y girola.*

cruceta. f. Utensilio o elemento cuya forma recuerda la de una cruz. *Desatornilla la rueda del coche con la cruceta.*

crucial. adj. Decisivo o crítico. *El ascenso le ha llegado en un momento crucial de su carrera.*

crucificado, da. part. **1.** → **crucificar. 2.** Que ha sido crucificado (→ 1). Dicho de pers., tb. m. y f. *Los crucificados solían morir de asfixia al cabo de dos días en la cruz.* Frec., en mayúsc., designa a Jesucristo crucificado (→ 1). *Los costaleros sacaron de la catedral el paso del Crucificado.*

crucificar. tr. **1.** Clavar en una cruz (a alguien) para torturar(lo) o matar(lo). *Jesucristo fue crucificado.* **2.** Someter (a alguien) a un castigo o daño graves. Frec. fig. *La prensa lo ha crucificado por su pasado político.*

crucifijo. m. Imagen o representación de Jesucristo crucificado. *Le han regalado una cadena de oro con un crucifijo.* ▶ CRISTO.

crucifixión. f. **1.** Hecho de crucificar. *En tiempo de los romanos, la crucifixión era una pena de muerte habitual.* Frec., en mayúsc., designa el de Jesucristo. *Los Evangelios relatan la Crucifixión de Jesús.* **2.** Representación artística de la crucifixión (→ 1) de Jesucristo. *La Crucifixión de Miguel Ángel está en el Museo Británico.*

cruciforme. adj. cult. De forma de cruz. *Las naves de la iglesia descansan sobre pilares cruciformes.*

crucigrama. m. Pasatiempo que consiste en rellenar con letras las casillas de un dibujo, de modo que formen, en sentido horizontal y vertical, las palabras sugeridas por unas definiciones dadas. *No tires el periódico, que aún no he hecho el crucigrama.* Tb. ese dibujo. *Me falta completar la fila 7 del crucigrama.*

crudelísimo, ma. → **cruel.**

crudeza. f. Cualidad de crudo. *La crudeza del clima nos obligó a posponer la excursión.*

crudo, da. adj. **1.** Dicho de alimento: Que no ha sido preparado mediante la acción del fuego, o que no lo ha sido suficientemente. *Los japoneses comen pescado crudo. Pasa más la carne, que está cruda.* **2.** Dicho de material: Que no ha sido sometido a ningún tipo de preparación o tratamiento. *Lana cruda.* **3.** Dicho de petróleo: Que no está refinado. *Crece la producción de petróleo crudo.* Frec. m. *Ha subido el precio del barril de crudo.* **4.** Dicho espec. de proceso o negocio: Que no está suficientemente elaborado. *Ese proyecto está todavía muy crudo.* **5.** Dicho de tiempo o clima: Muy frío y desapacible. *El mes de noviembre fue crudo.* **6.** Dicho de cosa: Dura o cruel. *No te sorprendas porque es la cruda realidad.* **7.** Dicho de color: Blanco amarillento. *El vestido de novia era de color crudo.* Tb. m. *Esta temporada se llevan el negro y el crudo.*

cruel. (sup. **cruelísimo;** sup. cult., **crudelísimo**). adj. **1.** Dicho de persona: Que no se compadece del sufrimiento ajeno, o que lo provoca y disfruta con él. *El rey tenía fama de ser crudelísimo.* Tb. fig. *El escritor hace un retrato cruelísimo del dictador.* **2.** Dicho de cosa: Que produce dolor o sufrimiento. *Una epidemia cruel azotaba el continente.* ▶ **1:** DESALMADO, DESPIADADO, INHUMANO.

crueldad. f. **1.** Cualidad de cruel. *El pueblo padece la crueldad del monarca. Su aplastante sinceridad llega a crudeza y a crueldad.* **2.** Hecho cruel. *Reírse de los discapacitados es una crueldad.*

cruelísimo, ma. → **cruel.**

cruento, ta. adj. cult. Sangriento (que causa derramamiento de sangre). *El país fue escenario de cruentas batallas. Tras años de cruenta guerra, se firmó el armisticio.*

crujía. f. **1.** *Arq.* Espacio comprendido entre dos muros de carga. **2.** *Arq.* Pieza larga de un edificio que da acceso a otras piezas laterales. **3.** *Mar.* En una embarcación: Línea central de la cubierta, que va de proa a popa.

crujido. m. Sonido producido al crujir. *Por la noche se oye el crujido de las vigas.*

crujiente. adj. Que cruje. *Un bocadillo de pan crujiente.*

crujir. intr. Producir algo, como la madera, la seda o los dientes, un sonido al rozarse, al doblarse o al romperse. *El suelo de madera cruje.*

crupier. m. y f. En un casino o casa de juego: Persona que tiene por oficio dirigir el juego, repartir las cartas y controlar las apuestas. *El crupier giró la ruleta y lanzó la bola.*

crustáceo. adj. **1.** *Zool.* Del grupo de los crustáceos (→ 2). *Animal crustáceo.* ● m. **2.** *Zool.* Animal gralm. acuático, con dos pares de antenas, cuerpo articulado cubierto por un caparazón, y pinzas en algunas patas, como el cangrejo y la langosta.

cruz. f. **1.** Figura formada por dos líneas rectas que se cortan perpendicularmente. *Como no sabe escribir, pone una cruz en el lugar de la firma.* **2.** histór. Estructura formada por un madero hincado en la tierra y atravesado por otro más corto, a los que se clavaba o sujetaba a una persona por los brazos y las piernas para torturarla o matarla. *El gobernador romano los condenó a morir en la cruz.* Frec., en mayúsc., designa aquella en la que murió Jesucristo. *Cristo nos redimió en la Cruz.* **3.** Imagen o representación de la cruz (→ 2), que es símbolo de la religión cristiana. *El altar está presidido por una cruz.* **4.** Condecoración o distintivo constituidos por una cruz (→ 1). *Le concedieron la Cruz al Mérito Civil.* **5.** Reverso de una moneda, que gralm. lleva grabado un escudo. *Si sale cara, cenamos fuera, pero, si sale cruz, cenamos en casa.* **6.** Sufrimiento o penalidad. *Desde hace tiempo lleva la cruz de su enfermedad.* Frec. con intención enfática. *¡Ay, Dios mío, qué cruz tengo contigo!* **7.** Parte más alta del lomo de algunos animales, donde se cruzan los huesos de las extremidades anteriores con el espinazo. *Le clavó las banderillas en la cruz.* ■ **~ de Caravaca.** f. Cruz (→ 1) compuesta de un pie y dos travesaños paralelos y desiguales que forman cuatro brazos. *Llevaba al cuello una cruz de Caravaca.* ■ **~ de San Andrés.** f. Aspa o figura en forma de "X". *Cruzó los palos formando una cruz de San Andrés.* ■ **~ de Santiago.** f. Cruz (→ 1) de color rojo en forma de espada. *En el retrato, Quevedo lleva en el pecho una cruz de Santiago* ■ **~ gamada.** f. Cruz (→ 1) que tiene los brazos doblados en ángulo recto. *La cruz gamada es uno de los símbolos nazis.* ⇒ ESVÁSTICA. ■ **~ griega.** f. Cruz (→ 1) que tiene los brazos iguales. *La arquitectura paleocristiana solía utilizar la planta de cruz griega.* ■ **~ latina.** f. Cruz (→ 1) cuyo palo vertical está atravesado por otro horizontal más corto cerca de su extremo superior. *Las catedrales góticas tienen planta de cruz latina.* ■ **gran ~.** f. **1.** Cruz (→ 4) de mayor categoría en determinadas órdenes honoríficas. *Le han concedido la gran cruz de Carlos III.* **2.** Dignidad superior que en determinadas órdenes honoríficas representa la gran cruz. *Caballero gran cruz de Isabel la Católica.* □ **~ y raya.** expr. coloq. Se usa para expresar el firme propósito de no volver a tratar de un asunto o con una persona. *Ese asunto, por mí, cruz y raya.* ■ **en ~.** loc. adj. Dicho de brazos: Extendidos horizontalmente. *El maestro lo castigó con los brazos en cruz.* Tb. loc. adv. ■ **hacerse cruces.** loc. v. coloq. Manifestar admiración o extrañeza por algo. *Las viejas del pueblo se hacían cruces al enterarse del escándalo.* ▶ **5:** REVERSO. **6:** *TORMENTO. ‖ **Am: 5:** SELLO.

cruza. f. Am. Cruce de animales. *El caporal decidía las cruzas de ganado* [C].

cruzada. f. **1.** (Frec. en mayúsc). histór. Expedición militar cristiana contra los infieles, espec. para recuperar los Santos Lugares. *El rey Ricardo I de Inglaterra organizó la tercera cruzada.* **2.** Campaña organizada con algún fin. *Las organizaciones humanitarias se han unido en una cruzada contra el hambre.*

cruzado, da. part. **1.** → **cruzar.** ● adj. **2.** Dicho de prenda de vestir: Que tiene el ancho necesario para poner una parte del delantero sobre la otra. *Abrigo cruzado.* **3.** Dicho de animal: Nacido de padres de distintas castas. *Entre sus yeguas había algunas cruzadas.* **4.** Dicho de caballero: Que tiene la cruz de una orden militar. *Es caballero cruzado de la Orden de San Lázaro de Jerusalén.* **5.** histór. Que participa en una cruzada (→ **cruzada**). *Ejército cruzado.* Dicho de pers., tb. m. y f. *Los cruzados conquistaron Jerusalén en el año 1099.*

cruzamiento. m. Hecho de cruzar o cruzarse. *Los biólogos pretenden mejorar la raza por cruzamiento.*

cruzar. tr. **1.** Recorrer (un lugar) de un extremo a otro. *Ha cruzado el continente buscando a su padre.* **2.** Ir al otro lado (de algo, como una calle, una línea o un río). *La única manera de cruzar el río es nadando.* Tb. usado en constr. intr. *Hay que mirar antes de cruzar.* **3.** Estar situada una cosa de un lado a otro (de otra), formando una cruz. *Varios puentes cruzan el Duero a su paso por Oporto. La carretera cruza las vías del tren.* **4.** Poner (una cosa) sobre otra, transversalmente o formando una cruz. *Se colgó el fusil cruzándolo sobre el pecho.* **5.** Apoyar (los brazos) uno sobre el otro delante del pecho. *Al cruzar los brazos me tira la chaqueta.* **6.** Apoyar (las piernas) una sobre la otra estando sentado. *Estaba sentada con las piernas cruzadas.* **7.** Trazar dos rayas paralelas (en un cheque) para que solo pueda cobrarse por medio de una cuenta corriente. *Olvidé cruzar el cheque.* **8.** Juntar (dos variedades de animales o de plantas, o dos individuos de estas) gralm. con el fin de obtener otras variedades distintas. *Mendel realizó experimentos cruzando guisantes de variedades diferentes.* Tb.: *Voy a cruzar a mi perra* CON *el perro de mi vecino.* ○ tr. prnl. **9.** Pasar una persona o una cosa al lado (de otra que va en dirección contraria). *–¿Has visto a Juan? –Sí, me lo he cruzado en la escalera.* ○ intr. prnl. **10.** Pasar una persona o una cosa al lado de otra que va en dirección contraria. *Me he cruzado* CON *Juan en la escalera.* Tb.: *Juan y yo nos cruzamos en la escalera. Los trenes se cruzaron en las afueras de la ciudad.* **11.** Ponerse una persona o una cosa en el camino de otra, obstaculizándola. *Un rebaño de ovejas se cruzó en la carretera.* Tb. fig. *Es la última vez que te cruzas en mi camino.* **12.** *Ling.* Combinarse dos palabras o formas gramaticales de igual o parecido valor dando lugar a otra. *"Batata" y "papa" se cruzaron en "patata".*

cta. abrev. Cuenta. *Haga una transferencia de 1000 euros a la cta. 341010144 de la Caja de Álava.*

cu. f. Letra *q*.

c/u abrev. Cada uno. *Las dos entradas para el concierto cuestan 70 euros c/u.*

cuaderna. f. *Mar.* En una embarcación: Cada una de las piezas curvas que se extienden simétricamente desde la quilla a derecha e izquierda, formando el esqueleto del casco. *El viento hacía crujir las cuadernas del buque.*

cuadernillo. m. Conjunto de cinco pliegos de papel. *La encuadernación del libro es muy mala y los cuadernillos están sueltos.*

cuaderno. m. Conjunto de hojas o pliegos de papel, cosido o encuadernado, que se emplea para escribir apuntes, ejercicios u otras anotaciones. *En la mochila lleva un libro y dos cuadernos. El periodista tomaba notas en un cuaderno.* ■ **~ de bitácora.** m. *Mar.* Cuaderno en que se apuntan el rumbo, la velocidad, las maniobras y demás circunstancias de la navegación. *Después del naufragio, lograron rescatar el cuaderno de bitácora.*

cuadra. f. **1.** Lugar cubierto y cerrado donde se guardan caballos y, a veces, otros animales domésticos. *En la cuadra hay vacas y cerdos.* **2.** Conjunto de caballos, gralm. de carreras, que pertenecen a una misma persona o entidad. *El purasangre* DE *la cuadra jerezana ha ganado el gran premio.* **3.** Lugar muy sucio y desordenado. *Esto no es un salón; es una cuadra.* **4.** Am. Distancia que hay entre una esquina y la siguiente en una manzana de casas. *Fue a almorzar solo a algunas cuadras de allí* [C]. Tb. la fachada correspondiente. *Por la suntuosidad de estos edificios, era la cuadra más vistosa y adornada de las cuatro* [C]. ▶ **1:** CABALLERIZA.

cuadrado, da. adj. **1.** Del cuadrado (→ 5). *El patio interior tiene forma cuadrada.* **2.** Que tiene forma de cuadrado (→ 5). *Guardo las facturas en una caja cuadrada.* **3.** coloq. Dicho de persona: Muy fuerte y corpulenta. *Los guardaespaldas están cuadrados.* **4.** *Mat.* Dicho de unidad de superficie: Que equivale a un cuadrado (→ 5) que tiene de lado la unidad de longitud correspondiente. *Metro cuadrado.* ● m. **5.** *Mat.* Polígono de cuatro lados iguales que forman cuatro ángulos rectos. *Dibuja un cuadrado y un rombo.* Tb. el objeto que tiene esa forma. *Los números del sorteo estaban impresos en cuadrados de papel.* **6.** *Mat.* Producto que resulta de multiplicar una cantidad por sí misma. *El cuadrado* DE *7 es 49.* ▶ **5:** CUADRO.

cuadragésimo, ma. (APÉND. NUM.). adj. Que sigue inmediatamente en orden a lo trigésimo noveno. *Invitó a comer a su familia por su cuadragésimo aniversario.* Seguido de los ordinales *primero* a *noveno*, se usa como ordinal para los números cuarenta y uno a cuarenta y nueve. *Cuadragésima quinta Feria del Libro.*

cuadrangular. adj. *Mat.* Que tiene cuatro ángulos. *Las pirámides egipcias tienen base cuadrangular.*

cuadrante. m. **1.** *Mat.* Cuarta parte de la circunferencia o del círculo, comprendida entre dos radios perpendiculares. **2.** *Fís.* Instrumento constituido por un cuarto de círculo graduado, que sirve para medir ángulos.

cuadrar. intr. **1.** Ajustarse o corresponderse una cosa con otra. *Tus gustos no cuadran* CON *los míos.* **2.** Resultar algo cómodo a alguien o agradarle. *Si te cuadra, pasa por mi casa después del trabajo.* **3.** Coincidir o ser iguales en una cuenta los totales del debe y el haber. *Las cuentas no cuadran.* ○ tr. **4.** Hacer que coincidan o sean iguales los totales del debe y el haber (de una cuenta). *El contable está tratando de cuadrar los presupuestos.* ○ intr. prnl. **5.** Adoptar un soldado la posición de firmes. *El cabo se cuadró ante el sargento.*

cuadrático, ca. adj. *Mat.* Que tiene la potencia 2 como potencia más alta. *Las funciones cuadráticas se representan por medio de parábolas.*

cuadratura. f. *Mat.* Transformación de un polígono en un cuadrado de igual área. *Los matemáticos han intentado solucionar la cuadratura del círculo.* ■ **~ del círculo.** loc. s. Se usa para referirse enfáticamente a algo que se considera imposible. *Pretender aprobar el curso sin haber estudiado nada durante todo el año es intentar la cuadratura del círculo.*

cuadrícula. f. Conjunto de los cuadrados que resultan de cortarse perpendicularmente dos series de rectas paralelas. *El plano de la ciudad es una cuadrícula.*

cuadricular. tr. Dividir (algo, espec. papel) trazando líneas que formen una cuadrícula. Frec. en part. *Tiene que escribir en papel cuadriculado para no torcerse.*

cuadriga. f. histór. En la Roma antigua: Carro tirado por cuatro caballos de frente, espec. el que se usaba en las carreras. *En el circo Máximo se celebraban carreras de cuadrigas.*

cuadrilátero, ra. adj. **1.** *Mat.* Que tiene cuatro lados. *Superficie cuadrilátera.* Tb. m., referido a polígono. *El rombo es un cuadrilátero.* ● m. **2.** *Dep.* En boxeo y otros deportes de lucha: Superficie cuadrilátera (→ 1) limitada por cuerdas y con suelo de lona, donde se celebran los combates. *En una esquina del cuadrilátero estaba el campeón y en la otra, el aspirante.* ▶ **2:** RING.

cuadrilla. f. **1.** Conjunto de personas que realizan juntas un trabajo. *Una cuadrilla de albañiles está arreglando la fachada.* **2.** Pandilla (grupo de amigos). *Me voy al cine con la cuadrilla.* **3.** Conjunto de personas que actúan con el mismo fin. *Los ladrones trabajaban en cuadrilla.* Frec. despect. *Ahora se junta con una cuadrilla de vagos.* **4.** *Taurom.* Conjunto de toreros que están a las órdenes de un matador. *Los matadores y sus cuadrillas hacen el paseíllo.* ▶ **2:** *PANDILLA.

cuadriplicar. tr. Cuadruplicar (algo). *Hay que cuadriplicar las plazas escolares. Sus ingresos cuadriplican los tuyos.* ▶ CUADRUPLICAR.

cuadrivio. m. histór. En la Edad Media: Conjunto de las disciplinas universitarias relacionadas con las matemáticas, constituido por la aritmética, la astronomía, la geometría y la música. *El trivio y el cuadrivio tienen su origen en la Antigüedad tardía.*

cuadro. m. **1.** Cuadrado (polígono). *Llevaba una falda verde de cuadros.* **2.** Pintura, dibujo o grabado, gralm. enmarcados. *Haré un taladro en la pared para colgar el cuadro.* **3.** Trozo de tierra con plantas, de forma regularmente cuadrada, delimitado dentro de un jardín o de un huerto. *El perro ha estado escarbando en los cuadros de rosales.* **4.** Tablero con los dispositivos de control de un aparato o de una instalación. *El cuadro de mandos del televisor está en un lado.* **5.** Espectáculo o situación que impresionan y atraen la atención. *¡Menudo cuadro: una pareja discutiendo a gritos en la calle!* **6.** Descripción de algo, espec. de una situación o de un suceso. *Sus reportajes son verdaderos cuadros de costumbres.* **7.** Resumen de datos clasificados y organizados, presentados gráficamente de manera que sea visible la relación entre ellos. Tb. *~ sinóptico. Al final de cada unidad, el libro incluye un cuadro sinóptico.* **8.** Conjunto de síntomas de un enfermo o de una enfermedad. *Presenta un cuadro de apendicitis aguda.* Tb. *~ clínico. El cuadro clínico de los quemados es grave.* **9.** Conjunto de personas con autoridad en una empresa u organización. *El jugador pasará a formar parte del cuadro técnico* DEL *club de fútbol cuando se retire.* **10.** Conjunto de personas que forman un equipo de trabajo. *Una ginecóloga se ha incorporado al cuadro médico del hospital.* **11.** Cada una de las partes breves en que se dividen algunas obras dramáticas o algunos actos de ellas. *Comedia en dos actos, el segundo dividido en dos cuadros.* ■ **en ~.** loc. adv. **1.** En forma o a modo de cuadrado. *Se sentaron en cuadro alrededor del maestro.* **2.** En número de personas muy inferior a lo normal. *En el puente la oficina se quedará en cuadro.* ▶ **1:** CUADRADO.

cuadrumano, na o **cuadrúmano, na.** adj. *Zool.* Dicho de animal mamífero: Que tiene el dedo pulgar oponible a los otros dedos en las cuatro extremidades. *Los simios son cuadrumanos.* Tb. m.

cuadrúpedo, da. adj. Dicho de animal: Que tiene cuatro patas. *El gato es un animal cuadrúpedo.* Tb. m. *Entre los mamíferos, están los cuadrúpedos.*

cuádruple. adj. **1.** Cuatro veces mayor. *La provincia tiene una extensión cuádruple* DE *la capital.* Dicho de cantidad, tb. m. *Ocho es el cuádruple de cuatro.* **2.** Compuesto de cuatro de los elementos designados por el nombre al que acompaña. *Cuádruple capa de protección.*

cuadruplicar. tr. **1.** Multiplicar por cuatro (algo). *Hemos cuadruplicado el gasto.* Tb. en constr. prnl. media. *Con la crisis del petróleo, se cuadruplica el precio de la gasolina.* **2.** Ser algo cuatro veces mayor (que otra cosa). *Su fortuna cuadruplica la nuestra.* ▶ CUADRIPLICAR.

cuádruplo, pla. adj. cult. Cuádruple (cuatro veces mayor). Dicho de cantidad, tb. m. *Veinte es el cuádruplo de cinco.*

cuajada. f. Pasta cremosa que se obtiene al cuajar la leche y separar el suero, y que se toma gralm. de postre. *De postre tenemos arroz con leche, natillas, flan de huevo y cuajada.*

cuajar[1]**.** m. Última cavidad de las cuatro en que está dividido el estómago de los rumiantes. *Los alimentos sufren la acción de los jugos gástricos en el cuajar.*

cuajar[2]**.** tr. **1.** Hacer que (un líquido) tome una consistencia sólida o pastosa. *Pon la leche al fuego para cuajarla.* **2.** Llenar (algo) de muchas cosas. *Los jardines estaban cuajados de flores.* ○ intr. **3.** Formar la nieve una capa sólida. *La nieve que cayó ayer no ha cuajado.* **4.** Llegar algo a desarrollarse perfectamente. *Las propuestas no cuajaron.* ○ intr. prnl. **5.** Tomar un líquido una consistencia sólida o pastosa. *Remueva bien el huevo en la sartén para que no se cuaje del todo.*

cuajarón. m. Porción de líquido que se ha cuajado. *El carnicero tiene el mandil lleno de cuajarones* DE *sangre.*

cuajo. m. **1.** Sustancia que está en la mucosa del estómago de los mamíferos lactantes, y que sirve para cuajar la leche. *El cuajo es fundamental a la hora de hacer cuajada.* **2.** coloq. Calma o lentitud excesivas. *¡Pero qué cuajo tienes!, ¿no te he dicho que tenemos prisa?* ■ **de ~.** loc. adv. De raíz. *Unos gamberros arrancaron de cuajo los bancos del parque.*

cuákero, ra. → **cuáquero.**

cual. (Se pronuncia siempre tónico, salvo en la acep. 3). pron. relat. **1.** (El) que, (lo) que. Se usa precedido del art. *el* y con un n. como antecedente; precedido de *lo*, se usa siguiendo a una oración que funciona como antecedente. *Se lo dije a un amigo, el cual a su vez se lo contó a todo el mundo. Perdió unos libros sin los cuales no podía trabajar. No debes preocuparte en exceso, lo cual no quiere decir que no hagas nada.* ● adj. relat. **2.** cult. Precediendo a un nombre, equivale al mismo nombre seguido de *que*. *Se ha firmado un convenio sobre intercambio de profesores, el cual convenio entrará en vigor dentro de dos años.* ● conj. **3.** cult. Como, o de la misma manera que. *Se comportaba cual si fuera culpable.* ■ **a ~ más.** loc. adv. Muy. Se usa siempre seguida de un adj. en sing. *Eran todos a cual más inteligente.*

cuál. pron. interrog. **1.** Pregunta por la identidad de una persona o cosa entre varias. *¿Cuál es tu primo? ¿Cuál prefieres? Pregúntale cuál va a comprar.* ● adj. interrog. **2.** Qué. *¿A cuál libro te refieres? No sé con cuál amigo irá.* ■ **~ no será,** o **no sería.** expr. cult. Seguida de un nombre, se usa para enfatizar lo designado por ese nombre. *¡Cuál no sería la sorpresa de los invitados al verla aparecer!*

cualesquiera. → **cualquiera.**

cualidad. f. Elemento distintivo de la naturaleza de alguien o algo. *El zumo pierde sus cualidades si no se bebe recién exprimido.* Frec. considerado como positivo. *La generosidad es una de sus cualidades.*

cualificación. f. Hecho de cualificar. *Está buscando un empleo que se adecue a su cualificación.*

cualificado, da. part. **1.** → **cualificar.** ● adj. **2.** Dicho de trabajador: Que está espec. preparado para una determinada actividad. *La empresa necesita personal cualificado.* **3.** Dicho de persona: Que tiene autoridad o prestigio. *No puedo dudar del diagnóstico de un médico tan cualificado.* ▶ **2:** CALIFICADO.

cualificar. tr. Preparar (a alguien) de forma especializada para realizar una actividad o un trabajo determinados. *Prefiere contratar mano de obra barata y sin cualificar.*

cualitativo, va. adj. De la cualidad, o que la implica. *Según los expertos en nutrición, en los últimos años se ha producido un cambio cualitativo en la dieta.*

cualquiera. adj. indef. (pl. **cualesquiera;** antepuesto al n., se usa frec. la apóc. **cualquier,** cuyo pl. es **cualesquier**). **1.** Que es indiferente o cuya identidad o naturaleza no es importante precisar. *Ponte una chaqueta cualquiera. Discutían sobre cualesquiera temas. Confío más en ti que en cualesquier otros. Cualquier amigo te aconsejará lo mismo.* ● pron. indef. **2.** Una persona indiferente. Se usa siempre en sing. *Pregúntaselo a cualquiera. Cualquiera que lo diga, miente.* ● (pl. **cualquieras;** frec. con el art. *un, una*). m. **3.** Hombre de poca importancia. *Me trató como a un cualquiera.* ○ f. **4.** despect. Mujer cuya conducta sexual se considera inapropiada o censurable. *La creían una cualquiera.* ■ **~ que sea.** (pl. **cualesquiera que sean**). loc. s. Se usa para expresar que es indiferente aclarar la identidad de la persona o cosa a la que se refiere el pronombre. *Cualesquiera que sean tus razones, dímelas. Es preferible que lo hagas, cualquiera que sea el resultado.*

cuán. → **cuánto.**

cuando. (Se pronuncia siempre átono, salvo en la loc. *de ~ en ~*). adv. relat. **1.** En el momento o en el tiempo en que. *Cuando llegues, llámame. Cuando lo veas de buen humor, entonces pídeselo.* A veces precedido de prep. *Atento a cuando dé la orden. Para cuando te vayas, ya estará preparado.* **2.** Siempre que, o cada vez que. *Cuando se enfada, es mejor no hablarle.* **3.** Si. *No puede ser culpable cuando se muestra tan calmado. Cuando te felicito es porque creo que lo mereces.* **4.** Aunque, o a pesar de que. *La tienen por tonta cuando en realidad es una persona inteligente.* **5.** Puesto que. *Cuando tú lo dices, será verdad.* ● prep. **6.** En el tiempo de. *Viajó a la India cuando el terremoto.* ■ **~ más,** o **~ mucho.** loc. adv. A lo sumo. *La obra de teatro durará, cuando más, dos años.* ■ **~ menos.** loc. adv. Como mínimo, o por lo menos. *Resulta, cuando menos, ambiguo.* ■ **~ no.** loc. conjunt. Si no. *Es una persona difícil, cuando no intratable.* ■ **de ~ en ~.** loc. adv. Algunas veces, o de vez en cuando. *Solo viene a vernos de cuando en cuando.*

cuándo. adv. interrog. **1.** En qué momento. *¿Cuándo te marchas? Me preguntó cuándo volverías.* ● m. **2.** (Frec. con art.). Tiempo o momento. *Solo queda por decidir el cómo y el cuándo.*

cuantía. f. **1.** Cantidad (número). *Fijaron la cuantía de la multa en mil quinientos euros.* **2.** Importancia o valor. Gralm. en las constr. *de mayor ~* o *de menor ~*. *Se trata del alijo de mayor cuantía incautado en España.* ▶ **1:** CANTIDAD.

cuántico, ca. adj. *Fís.* De los cuantos de energía. *Mecánica cuántica.*

cuantificación. f. Hecho o efecto de cuantificar. *Los daños son de difícil cuantificación.*

cuantificador. m. *Ling.* Elemento que cuantifica. *Los numerales son cuantificadores.*

cuantificar. tr. Establecer o fijar la cantidad (de algo). *Hay que cuantificar los gastos de la inversión.*

cuantioso, sa. adj. cult. Grande en cantidad o número. *Ha ganado una cuantiosa suma de dinero en la Bolsa.*

cuantitativo, va. adj. De la cantidad. *Hay una mejora cuantitativa y cualitativa en el rendimiento.*

cuanto¹. m. *Fís.* Cantidad indivisible de energía o materia, que se puede comportar como onda o como partícula. *El fotón es un cuanto de luz.*

cuanto², ta. (Se pronuncia siempre átono). adj. relat. **1.** cult. Todos los (*nombre en plural*) que. *Cuantas personas visitaron la exposición quedaron encantadas. Gastó cuanto dinero tenía.* Frec. precede a un n. en sing. con sent. pl. *Saluda a cuanto conocido se encuentra. Quería comprar cuanto libro veía.* **2.** cult. Expresa una cantidad cuyo valor se establece en proporción a otra. *Se convocarán tantas plazas cuantas asignaturas figuren en el programa.* Frec. seguido de *más* o *menos* y en correlación con otro elemento comparativo. *Cuanta más paciencia tengas, mejores resultados obtendrás.* ● pron. relat. **3.** Todo los que. *El viaje más interesante de cuantos he hecho.* **4.** Todas las personas que. Se usa en la forma m. pl. *Cuantos la conocían la admiraban.* **5.** Todo lo que. Se usa en la forma m. sing. con sent. neutro. *Consigue fácilmente cuanto desea.* Frec. en las constr. *tanto ~* y *todo ~*. *Han entendido todo cuanto les han explicado.* ■ **cuanto antes.** loc. adv. Lo más pronto posible. *Hazlo cuanto antes.* ■ **cuanto más.** loc. adv. Con más razón o motivo. *Es tímido con los conocidos, cuanto más con los desconocidos.* ■ **en cuanto.** loc. conjunt. **1.** Tan pronto como. *En cuanto se enteró de que estaba enfermo fue a verlo.* □ loc. prepos. **2.** En calidad de, o en la faceta de. *Nuestro artista no ha sido estudiado en cuanto dibujante.* ■ **en cuanto a.** loc. prepos. Por lo que respecta a. *Son iguales en cuanto a la forma.* ■ **por cuanto.** loc. conjunt. cult. Puesto que. *Fue un descubrimiento importante, por cuanto supuso un gran avance médico.*

cuánto, ta. (En la acep. 5, apóc. **cuán,** cult., ante adj.). adj. interrog. **1.** Qué número o cantidad de personas o cosas. *¿A cuántos amigos has invitado? No* *sé cuánto tiempo tardaré. ¿Cuánta harina se necesita?* Tb. exclam. *¡Cuántos años sin vernos!* ● pron. interrog. **2.** Qué precio. Se usa en la forma m. sing. *¿A cuánto está el kilo de tomates?* **3.** Qué cantidad de tiempo. Se usa en la forma m. sing. *Nos preguntó cuánto había durado la entrevista.* Tb. exclam. *¡Cuánto has tardado!* **4.** Qué número de personas. Se usa en la forma m. pl. *¿Cuántos vendrán a cenar?* ● adv. interrog. **5.** En qué grado o medida. *No te imaginas cuánto me asusté.* Tb. exclam. *¡Cuán grandioso es el paisaje!*

cuáquero, ra. (Tb. **cuákero**). m. y f. Miembro de una secta cristiana fundada en Inglaterra en el s. XVII, caracterizada por la sencillez de costumbres y por el rechazo del culto externo y de la jerarquía eclesiástica. *La mayor parte de los cuáqueros se concentran en Estados Unidos.*

cuarcita. f. *Mineral.* Roca compacta compuesta principalmente de cuarzo, de color blanco lechoso, gris o rojizo, que se emplea como material de construcción.

cuarenta. (APÉND. NUM.). adj. **1.** Treinta y nueve más uno. *Cuarenta días.* Tb. sustantivado. *Tengo cuarenta alumnos, pero nunca vienen los cuarenta.* Tb. pron. *–¿Cuántos años tienes? –Cuarenta.* **2.** Cuadragésimo. *Página cuarenta.* ● m. **3.** Número que sigue al treinta y nueve. *El cuarenta se representa como 40.* Frec. *número ~.* ■ **los (años) ~.** m. pl. La quinta década del siglo, espec. del XX. *La Guerra Fría comienza en los años cuarenta.* □ **cantar** (a alguien) **las ~.** loc. v. coloq. Decir(le) las quejas que se tienen (de él). *Aprovechó que estaban solos para cantarle las cuarenta.*

cuarentena. f. **1.** Conjunto de cuarenta unidades. *La exposición incluye una cuarentena de grabados.* **2.** Aislamiento vigilado a que se somete a una persona o cosa enfermas o posibles portadoras de una enfermedad, durante un período de tiempo, para evitar contagios. *El pueblo entero permanece en cuarentena hasta que se determine la naturaleza de la enfermedad.*

cuarentón, na. adj. coloq. Dicho de persona: Que tiene entre cuarenta y cuarenta y nueve años. *Comparte protagonismo con un galán cuarentón.* Tb. m. y f. *¿Y qué tiene de raro que una cuarentona siga soltera?*

cuaresma. (Frec. en mayúsc.). f. *Rel.* Período que va desde el Miércoles de Ceniza hasta el Domingo de Resurrección, y que se caracteriza por ser un tiempo de penitencia y ayuno. *La Cuaresma empieza cuando termina el Carnaval.*

cuaresmal. adj. *Rel.* De la cuaresma. *Ayuno cuaresmal.*

cuarta. → **cuarto.**

cuarteamiento. m. Hecho de cuartear o cuartearse. *La lluvia ha provocado el cuarteamiento del muro.*

cuartear. tr. **1.** Dividir (algo, espec. un ave o una res) haciéndo(lo) cuartos. *Cuarteó el pollo sobre una tabla.* **2.** Cortar (algo) haciéndo(lo) partes o trozos. *Cuartearon el bloque de piedra.* **3.** Agrietar (algo). *La humedad ha cuarteado las paredes.* Tb. en constr. prnl. media. *Se me está cuarteando el maquillaje.*

cuartel. m. **1.** Edificio o lugar destinado a alojamiento de la tropa. *Le han dado permiso, pero el lunes tiene que estar en el cuartel.* **2.** Trato humanitario que se da al enemigo cuando se rinde o cae prisionero. Frec. con *dar.* Frec. fig. *El partido vencedor en las elecciones no dio cuartel al perdedor.* ■ **cuarteles de invierno.** m. pl. Lugar o puesto donde se establece un ejército cuando está en campaña durante el invierno. Gralm. en pl. *La columna resistió en los cuarteles de invierno.* Tb. fig. *Tras el escándalo, decidió retirarse a sus cuarteles de invierno.* ■ **~ general.** m. **1.** Población, campamento o instalaciones donde se establece el Estado Mayor del Ejército o de la Armada. *La orden viene del cuartel general.* **2.** Lugar donde se establece la sede de una organización o asociación. *La reunión tuvo lugar en el cuartel general del partido.*

cuartelazo. m. coloq. Levantamiento militar. *La mayor parte del ejército apoya el cuartelazo.*

cuartelero, ra. adj. **1.** Del cuartel. *Disciplina cuartelera.* Frec. despect. para referirse a un lenguaje grosero o vulgar. *Cuando se enfada, suelta todo su repertorio cuartelero.* ● m. **2.** *Mil.* Soldado encargado del aseo y la seguridad del dormitorio de su compañía. *El cuartelero tiene que levantarse antes del toque de diana.*

cuartelillo. m. Edificio donde se aloja una sección de tropa o donde está instalado el puesto de un cuerpo de seguridad, espec. de la Guardia Civil. *Ha pasado la noche detenido en el cuartelillo.*

cuarterón[1]. m. **1.** Cada uno de los cuadros que hay entre los listones de una puerta o ventana de madera. *Una gran puerta de cuarterones da paso al ayuntamiento.* **2.** Postigo. *Dormía a oscuras, con los cuarterones cerrados.*

cuarterón[2], na. adj. Dicho de persona: Nacida en América de español y mestiza, o de mestizo y española. Frec. m. y f. *La familia se oponía al matrimonio porque el novio era un cuarterón.*

cuarteta. f. *Lit.* Estrofa de cuatro versos de arte menor, que suelen rimar en consonante 1° con 3° y 2° con 4°. *Un poema en cuartetas.*

cuarteto. m. **1.** *Lit.* Estrofa de cuatro versos de arte mayor, que suelen rimar en consonante 1° con 4° y 2° con 3°. *El soneto clásico está formado por dos cuartetos y dos tercetos.* **2.** *Mús.* Conjunto de cuatro instrumentos o de cuatro voces. *Toca el violonchelo en un cuarteto de cuerda.* **3.** *Mús.* Composición para ser interpretada por un cuarteto (→ 2). *Me encantan sus sonatas y sus cuartetos para cuerda.*

cuartilla. f. Hoja de papel para escribir cuyo tamaño es aproximadamente el de la mitad de un folio. *Escribió los datos en una cuartilla.* Frec. en aposición para expresar esas dimensiones. *Buenos días, quería un cuaderno tamaño cuartilla.*

cuartillo. m. Unidad de capacidad para líquidos, que equivale a 0,504 litros. *Un cuartillo de vino.*

cuarto, ta. (APÉND. NUM.). adj. **1.** Que sigue inmediatamente en orden a lo tercero. *El cuarto piso.* Tb. sustantivado. *El cuarto de la tarde fue devuelto a los toriles.* **2.** Dicho de parte: Que es una de las cuatro iguales en que puede dividirse un todo. *Casi las tres cuartas partes de la superficie terrestre están cubiertas de agua.* ● m. **3.** Cada una de las cuatro partes iguales en que puede dividirse un todo. *Falta un cuarto de hora para que empiece la película.* **4.** Cada una de las cuatro partes en que se divide una hora. *El reloj del Ayuntamiento ha dado el cuarto.* **5.** Cada una de las cuatro partes en que se considera dividido el cuerpo de una res o de un ave. Frec. *~ delantero* o *~ trasero. Échale un cuarto de pollo al cocido.* **6.** Cada una de las cuatro partes en que se consideran divididas algunas prendas de vestir. Frec. *~ delantero* o *~ trasero. Los cuartos delanteros de la chaqueta van bordados.* **7.** En una vivienda u otro edificio: Habitación. *El cuarto de estudio y el de jugar dan al jardín.* **8.** Habitación de una vivienda destinada a dormir. *Lleva todo el día encerrada en su cuarto.* ○ m. pl. **9.** coloq. Dinero (conjunto de monedas o billetes, o fortuna). *Su familia tiene muchos cuartos.* ○ f. **10.** Palmo. *Has crecido tanto que ya solo te saco una cuarta.* **11.** *Mús.* Intervalo entre una nota y la cuarta (→ 1) nota anterior o posterior a ella en la escala. *De "do" a "fa" hay una cuarta.* ■ **cuarto creciente.** m. Fase de las cuatro de la Luna en que su superficie visible va aumentando. *Esta noche la luna está en cuarto creciente.* ■ **cuarto de aseo.** m. Habitación con lavabo y retrete. *La casa tiene dos baños completos y un cuarto de aseo.* ⇒ ASEO. ■ **cuarto de baño.** m. En una vivienda: Habitación con lavabo, retrete, bañera y otros sanitarios. *El albornoz está colgado detrás de la puerta del cuarto de baño.* ⇒ BAÑO, LAVABO. ‖ Am: LAVATORIO. ■ **cuarto de estar.** m. En una vivienda: Habitación donde pasan juntos la mayor parte del tiempo los miembros de una familia. *Ven al cuarto de estar a ver la televisión.* ⇒ frecAm: *LIVING.* ■ **cuarto menguante.** m. Fase de las cuatro de la Luna en que su superficie visible va disminuyendo. *El cuarto menguante sigue a la luna llena.* ■ **cuarto oscuro.** m. **1.** En una vivienda: Habitación con poca luz donde se amenazaba con encerrar a los niños como castigo. *Como te portes mal, te vas a quedar toda la tarde en el cuarto oscuro.* **2.** Habitación sin luz o con iluminación especial, destinada a revelar películas y placas fotográficas. *No abra la puerta del cuarto oscuro, que se pueden velar las fotos.* ■ **cuarto y mitad.** m. Cantidad de una materia cuyo peso es de 375 gramos. *Deme cuarto y mitad de mortadela.* ■ **cuartos de final.** m. pl. *Dep.* Cada uno de los cuatro antepenúltimos encuentros de un campeonato que se gana por eliminar al contrario y no por puntos. *La selección fue eliminada en los cuartos de final.* ■ **cuatro cuartos.** m. pl. coloq. Poco dinero. *Se ha comprado un coche de segunda mano por cuatro cuartos.* □ **dar tres cuartos,** o **un cuarto, al pregonero.** loc. v. coloq. Hacer público algo que debía callarse. *Procura ser discreto: no hay que dar tres cuartos al pregonero.* ■ **de tres al cuarto.** loc. adj. coloq. De poco valor o categoría. *Lo defiende un abogaducho de tres al cuarto.* ■ **echar** alguien **su cuarto a espadas.** loc. v. coloq. Tomar parte en una conversación o discusión de otros. *El historiador decidió echar su cuarto a espadas para aclarar el asunto.* ■ **estar sin un cuarto,** o **no tener un cuarto.** loc. v. coloq. Estar muy falto de dinero. *No te puedo ayudar, estoy sin un cuarto.* ■ **qué... ni qué ocho cuartos.** expr. coloq. Se usa para expresar rechazo o desprecio hacia lo que se acaba de oír. *–Llegaré tarde por el tráfico. –¡Qué tráfico ni qué ocho cuartos!, levántate antes.* ■ **tres cuartos.** loc. adj. Dicho espec. de abrigo o chaquetón: Que cubre tres cuartas partes de lo normal. *Abrigo tres cuartos.* Tb. m. *El motorista llevaba un tres cuartos de cuero.* ■ **tres cuartos de lo mismo.** loc. s. coloq. Lo mismo. *Ha subido el precio de la gasolina, y con el gasóleo va a pasar tres cuartos de lo mismo.* ▶ **7, 8:** *HABITACIÓN.

cuarzo. m. Mineral muy duro, compuesto de sílice, incoloro cuando está en estado puro, y que forma parte de la composición de muchas rocas. *El jaspe y el ágata son variedades del cuarzo.*

cuásar. → **quásar.**

cuasi. adv. Casi. *Un ser cuasi divino.*

cuate, ta. m. y f. Am. coloq. Amigo (persona que tiene amistad con otra). *Era muy amiguero y le gustaba invitar a su casa a sus cuates* [C].

cuaternario, ria. adj. **1.** (Como m. se usa en mayúsc.). *Geol.* Dicho de división geológica: Que es la última o más reciente de la era cenozoica. Tb. m. *El Cuaternario se divide en Pleistoceno y Holoceno.* **2.** *Geol.* Del Cuaternario (→ 1). *Glaciaciones cuaternarias.*

cuatrero, ra. m. y f. Ladrón de ganado, espec. de caballos. *El castigo para los cuatreros era la horca.* ▶ **Am:** ABIGEO.

cuatrienal. adj. **1.** Que sucede cada cuatro años. *Encuentro cuatrienal de escritores.* **2.** Que dura cuatro años. *Está estudiando una carrera cuatrienal.*

cuatrienio. m. **1.** Tiempo de cuatro años. *La legislatura dura un cuatrienio.* **2.** Incremento económico de un sueldo o salario, correspondiente a un cuatrienio (→ 1) de trabajo. *Los trabajadores reclaman el pago de los cuatrienios.*

cuatrillizo, za. adj. Dicho de persona: Que es una de las cuatro nacidas de un mismo parto. *Hermanas cuatrillizas.* Tb. m. y f. *Está embarazada de cuatrillizos.*

cuatrillón. (APÉND. NUM.). m. Conjunto de un millón de trillones.

cuatrimestral. adj. **1.** Que sucede o se repite cada cuatro meses. *Exámenes cuatrimestrales.* **2.** Que dura cuatro meses. *Asignatura cuatrimestral.*

cuatrimestre. m. Tiempo de cuatro meses. *Los precios han bajado durante el primer cuatrimestre del año.*

cuatrimotor. m. Avión provisto de cuatro motores. *Se habían propuesto cruzar el Atlántico con un cuatrimotor.* Tb. adj. *Avión cuatrimotor.*

cuatripartito, ta. adj. Que consta de cuatro partes. *La obra presenta una estructura cuatripartita.*

cuatro. (APÉND. NUM.). adj. **1.** Tres más uno. *Cuatro libros.* Tb. sustantivado. *–¿Cuál de estos libros necesitas? –Los cuatro.* Tb. pron. *Esperaba a varios amigos y vinieron cuatro.* **2.** coloq. Se usa con valor indeterminado para indicar escasa cantidad. *Escríbeme cuatro letras.* **3.** Cuarto (que sigue a lo tercero). *Párrafo cuatro.* Tb. sustantivado. *–¿A qué piso va? –Al cuatro.* ● m. **4.** Número que sigue al tres. *El cuatro se representa como 4. Mi número de teléfono termina en cuatro.* Frec. *número* ~. **5.** Elemento de una serie que tiene el número cuatro (→ 4). *Perdí al dominó cuando solo me quedaba un cuatro.* ■ **más de ~.** loc. adj. coloq. Muchos, un número considerable de personas. *Más de cuatro nos envidian.*

cuatrocentista. adj. Del siglo XV. *La escultura cuatrocentista.* Dicho de pers., tb. m. y f. *Entre los cuatrocentistas más destacados está el pintor Giotto.*

cuatrocientos, tas. (APÉND. NUM.). adj. **1.** Trescientos noventa y nueve más uno. *Cuatrocientos kilómetros.* Tb. sustantivado. *Hubo puros y cigarrillos para los cuatrocientos que asistieron a la boda.* Tb. pron. *Aún quedan plazas para cuatrocientos.* **2.** Que ocupa en una serie el lugar número cuatrocientos (→ 3). *Premiaron al cliente cuatrocientos.* ● m. **3.** Número que sigue al trescientos noventa y nueve. *El cuatrocientos se representa como 400. El cuatro de ese cuatrocientos parece un nueve.* Frec. *número cuatrocientos.* ■ **el cuatrocientos.** loc. s. El siglo XV. Frec. en arte y en historia. *La arquitectura italiana del cuatrocientos.*

cuba. f. Recipiente de madera formado por tablas abombadas unidas por aros de metal, y dos tapas circulares en sus extremos, que sirve para contener vino u otros líquidos. *La bodega rebosa de cubas.* Tb. su contenido. *Se ha consumido una cuba de vino.* ■ **co-**

mo una ~. loc. adv. coloq. En estado de embriaguez. Frec. con *estar*. *No le dejes conducir, que está como una cuba.* ▶ BARRICA, BARRIL, TONEL.

cubalibre. m. Bebida alcohólica compuesta gralm. de ron y refresco de cola. *Camarero, por favor, un cubalibre y dos cervezas.*

cubano, na. adj. De Cuba. *Puros cubanos.* Dicho de pers., tb. m. y f. *Los cubanos se independizaron de España en 1898.*

cubata. m. coloq. Cubalibre. *Celebraron su ascenso tomando unos cubatas.*

cubertería. f. Conjunto de cucharas, cuchillos, tenedores y otros utensilios, que se utilizan para servir o comer alimentos. *El mayordomo limpia la cubertería de plata.*

cubeta. f. **1.** Recipiente, gralm. rectangular, empleado en laboratorios, espec. en los fotográficos. *El fotógrafo vertió el líquido de revelado en una cubeta.* **2.** Am. Cubo (recipiente). *Costaba trabajo subir las cubetas llenas de agua por una escalera de madera* [C]. ▶ **2:** CUBO.

cúbico, ca. adj. **1.** Del cubo geométrico. *Superficie cúbica.* **2.** Que tiene forma de cubo geométrico. *Los dados son cúbicos.* **3.** *Mat.* Dicho de unidad de volumen: Equivalente a un cubo que tiene de arista una unidad de longitud determinada. *La piscina olímpica contiene tres mil metros cúbicos de agua.*

cubículo. m. Recinto de pequeñas dimensiones. *La portería de la casa era un cubículo donde apenas cabía una silla.*

cubierta. f. **1.** Cosa que cubre algo para taparlo o protegerlo. *Los dientes tienen una cubierta de esmalte.* **2.** Parte exterior de un libro encuadernado, espec. de la parte delantera. *La ilustración de la cubierta es del propio autor.* **3.** Funda de caucho reforzado, que envuelve y protege la cámara de la rueda de un automóvil, una bicicleta o una motocicleta. *Para arreglar el pinchazo, saca la cámara de la cubierta.* **4.** Cada uno de los pisos que dividen horizontalmente un barco, espec. el superior. *El capitán reunió a la tripulación en la cubierta.* **5.** Parte superior y externa que cubre un edificio o una construcción. *La ermita tiene una cubierta de dos aguas.* ▶ **1:** COBERTURA.

cubierto, ta. part. **1.** → **cubrir.** • m. **2.** Servicio completo de mesa para una persona, compuesto de plato, vaso, tenedor, cuchara, cuchillo y servilleta. *La mesa está preparada para cuatro cubiertos.* **3.** Juego de cuchara, tenedor y cuchillo. *Los cubiertos están sucios.* Tb. cada uno de los tres utensilios que forman este juego. *Pon cubiertos de carne y de pescado.* **4.** Comida que se sirve por un precio fijo en un restaurante y que está formada por unos platos determinados. *El restaurante les cobró el banquete de bodas a cien euros el cubierto.* ■ **a cubierto.** loc. adv. **1.** En un lugar resguardado y protegido. *Está empezando a llover, pongámonos a cubierto.* **2.** Fuera de peligro. *Estamos a cubierto* DE *las miradas de la gente.* ▶ **2:** SERVICIO.

cubil. m. Lugar cubierto donde se refugia un animal salvaje. Tb. fig. *Cuando se enfada, se encierra en su cubil.*

cubilete. m. **1.** Recipiente pequeño y profundo y gralm. de cuero, más ancho por la boca que por la base, que se emplea para jugar a los dados o en algunos juegos de manos. *Antes de tirar los dados, sopla en el interior del cubilete.* **2.** Recipiente pequeño y de forma cilíndrica, que se emplea en algunos juegos como el parchís para mover y tirar los dados. *Cada jugador tiene un cubilete del mismo color que sus fichas.*

cubismo. m. Movimiento artístico nacido en Francia hacia 1906, que se caracteriza por el predominio de formas geométricas y por representar la realidad desde varios puntos de vista a la vez. *Picasso es uno de los principales representantes del cubismo.*

cubista. adj. **1.** Del cubismo. *"Las señoritas de Avignon" es una obra cubista.* **2.** Partidario o cultivador del cubismo. *Pintor cubista.* Tb. m. y f. *Braque figuró entre los cubistas.*

cubitera. f. Recipiente para servir cubitos de hielo. *El hielo de la cubitera se ha derretido.* ▶ **Am:** HIELERA.

cubito. m. Pequeña porción de hielo o de otra sustancia, gralm. en forma de cubo. *Sírvete tú mismo; en el congelador hay cubitos.*

cúbito. m. *Anat.* Hueso un poco más largo que el radio, con el cual forma el antebrazo. *Fractura de cúbito.*

cubo[1]. m. Recipiente de madera, metal, plástico u otro material semejante, gralm. con forma de tronco de cono y más alto que ancho, cerrado por el fondo y con asa por la parte abierta, que se emplea espec. para contener y transportar líquidos. *Llena el cubo para fregar el suelo. Un mendigo rebusca en los cubos de la basura.* Tb. su contenido. *Sacó unos cubos de agua del pozo.* ▶ **Am:** CUBETA.

cubo[2]. m. **1.** *Mat.* Cuerpo geométrico cuyas caras son seis cuadrados iguales. *Un cubo o hexaedro regular de 10 cm de arista tiene un volumen de 10 cm^3.* **2.** *Mat.* Producto que resulta de multiplicar dos veces una cantidad por sí misma. *El cubo de 2 es 8.*

cubrecama. m. Colcha. *Si te vas a tumbar, retira el cubrecama.*

cubrimiento. m. Hecho de cubrir o poner una cosa delante de alguien o algo. *Los arquitectos emplearon un sistema de cubrimiento por medio de bóvedas.*

cubrir. tr. **1.** Poner una cosa delante o encima (de alguien o algo) para ocultar(los) o proteger(los). *Los muebles están cubiertos con sábanas.* **2.** Rellenar (una cavidad). *Hay que cubrir el socavón con cemento.* **3.** Extender una sustancia sobre la superficie (de algo). *Cubra el bizcocho con una capa de chocolate.* **4.** Ponerse encima o delante (de algo) de manera que (esto) deja de estar visible. *La hiedra cubre la fachada de la casa.* **5.** Poner el techo (a un edificio). *Cubrirán la casa con pizarra.* **6.** Proteger una persona armada, desde un punto situado a cierta distancia, el avance o la retirada (de otra). *El atracador huyó mientras le cubrían sus compinches.* **7.** Proteger una persona armada, desde un punto situado a cierta distancia, (el avance o la retirada) de otra. *Varios policías le cubrían la retirada.* **8.** Ocupar o llenar (un espacio). *Toda la ladera está cubierta por un bosque de robles.* **9.** Ocupar (una plaza o un puesto de trabajo). *Convocaron unas oposiciones para cubrir diez plazas de auxiliar administrativo.* **10.** Satisfacer (una deuda o una obligación). *Con su sueldo no cubre ni el alquiler del piso.* **11.** Fecundar el macho (a la hembra). *Compraron un semental para que cubriera a las vacas.* **12.** Recorrer (una distancia). *Cubrimos tres kilómetros en media hora.* **13.** Recoger un informador la noticia (de un acontecimiento) para un medio de comunicación. *Lo enviaron a cubrir el viaje del primer ministro.* **14.** Hacer que (alguien) reciba algo en gran cantidad. *En su cumpleaños siempre la cubre* DE *regalos.* **15.** *Dep.* Vigilar o controlar un jugador (a otro del equipo contrario, o una zona del campo de juego). *El defensa* *lateral cubre la banda derecha.* ○ intr. prnl. **16.** Pasar a estar alguien o algo ocultos por algo. *El queso se ha cubierto* DE *moho.* **17.** Ponerse el sombrero u otra prenda parecida. *La chica se cubría con un pañuelo.* **18.** Prevenirse o protegerse de algo. *Así se cubren* ANTE *las reclamaciones que puedan hacerles.* **19.** Nublarse el cielo. *El cielo se está cubriendo.* ▶ **11:** MONTAR. ‖ **Am: 13:** REPORTEAR.

cucamona. f. coloq. Carantoña. Más frec. en pl. *La abuela hacía cucamonas a su nieto.*

cucaña. f. Palo largo, untado de una sustancia resbaladiza y colocado en posición vertical u horizontal, por el que hay que trepar o avanzar para conseguir un premio situado en su extremo. *Ninguno de los mozos consiguió llegar a lo alto de la cucaña.* Tb. el juego correspondiente.

cucaracha. f. Insecto nocturno, de forma aplanada y de color pardo o negro, que es buen corredor y del que existen varias especies. *La cucaracha macho. Las cucarachas se esconden al encender la luz.*

cuchara. f. Utensilio de mesa, formado por un mango acabado en una pieza cóncava y gralm. ovalada, que sirve espec. para llevar a la boca los alimentos líquidos, blandos o con caldo. *Para la sopa, pon cucharas.*

cucharada. f. Cantidad de alimento que cabe en una cuchara. *Eche tres cucharadas soperas de aceite en una sartén y póngalo a calentar.*

cucharadita. f. Cantidad de alimento que cabe en una cucharilla. *Media cucharadita de levadura es suficiente para que aumente el bizcocho.*

cucharilla. f. Cuchara pequeña, usada gralm. para remover un café o infusión o para tomar dulces. *Traiga un helado de chocolate con dos cucharillas.*

cucharón. m. Cuchara grande que sirve para repartir algunos alimentos en los platos. *No utilices el cazo para servir la paella, sino el cucharón.*

cuchichear. intr. Hablar una persona en voz baja con otra, de manera que los demás no se enteren. *El profesor me ha regañado por cuchichear con mi compañero.* Tb.: *Estaban cuchicheando, pero cuando llegué, se callaron.*

cuchicheo. m. Hecho o efecto de cuchichear. *El cuchicheo de la gente cesa cuando empieza la película.*

cuchilla. f. **1.** Hoja de afeitar. *He usado tantas veces la cuchilla, que casi no afeita.* **2.** Parte cortante de algunas máquinas o utensilios. *Hay que afilar las cuchillas de la picadora.* **3.** Instrumento cortante, formado por una hoja ancha, gralm. de metal y con un solo filo, que está insertada en un mango. *El carnicero corta los filetes con una cuchilla.* **4.** Lámina metálica que forma parte de un patín de hielo. *La pista de hielo está rayada de las cuchillas de los patines.* ▶ **2:** HOJA.

cuchillada. f. Golpe o corte dados con un cuchillo, una cuchilla o un arma semejante. *Le han rajado la cara de una cuchillada.* Tb. la herida así producida. *La cuchillada del estómago no dejaba de sangrar.*

cuchillo. m. Instrumento cortante, formado por una hoja gralm. de metal y con un solo filo, insertada en un mango. *Unta la mantequilla con el cuchillo. Al pasar por Albacete, compré un juego de cuchillos.* ■ **pasar a ~** (a alguien). loc. v. Matar(lo) con arma blanca, espec. en una guerra. *El general pasó a cuchillo a los prisioneros.*

cuchipanda. f. coloq. Reunión de personas para comer y divertirse. *Los antiguos alumnos organizaron una cuchipanda.*

cuchitril. m. despect. Habitación o lugar muy pequeños. *Vive en un cuchitril de los suburbios.*

cuchufleta. f. coloq. Cosa dicha para hacer reír. *El público se carcajeaba con las cuchufletas de los payasos.*

cuclillas. en ~. loc. adv. Con las piernas dobladas de forma que las nalgas se acercan al suelo o a los talones. *Se puso en cuclillas para acariciar al cachorrito.*

cuclillo. m. Cuco (ave). *La cría de cuclillo se deshace de los otros pollos del nido.* ▶ CUCO.

cuco[1]. m. coloq. Cesto con asas que sirve de cuna portátil y que suele formar parte del cochecito infantil. *La niña dormía plácidamente en el cuco.*

cuco[2], ca. adj. **1.** Astuto o pillo. Dicho de pers., tb. m. y f. *El niño es un cuco: se va con la abuela porque sabe que tiene caramelos.* **2.** coloq. Lindo o bonito. *Se ha comprado un piso muy cuco.* ● m. **3.** Ave trepadora de pequeño tamaño, que se caracteriza por su canto y por poner los huevos en los nidos de otras aves. *El cuco cantaba en el árbol: cucú, cucú. El cuco hembra.* ○ f. **4.** coloq. Peseta (unidad monetaria). *Se lo dejo baratísimo, cinco mil cucas de nada.* **5.** coloq. Cucaracha. *Mira, mamá, hay cucas en la cocina.* ▶ **3:** CUCLILLO.

cucú. interj. Se usa para imitar el canto del cuco. Tb. m. *Me he despertado con el cucú de un pájaro.*

cucurbitáceo, a. adj. **1.** *Bot.* Del grupo de las cucurbitáceas (→ 2). *Planta cucurbitácea.* ● f. **2.** *Bot.* Planta herbácea o arbustiva, de tallo gralm. rastrero, y cuyo fruto es comestible, como la calabaza.

cucurucho. m. **1.** Papel o cartulina enrollados en forma de cono, que sirven espec. para contener dulces u otras cosas menudas. *Antes de entrar al cine, se compró un cucurucho de pipas.* **2.** Barquillo en forma de cono sobre el que se coloca una bola de helado. *No te manches, que el cucurucho está roto por abajo.* Tb. el conjunto del barquillo y el helado. *Un cucurucho de fresa, por favor.* **3.** Capirote (gorro). *Los cofrades van cubiertos con cucuruchos blancos.* **4.** coloq. Gorro con forma de cucurucho (→ 1), propio de adivinos y hechiceros. *El mago Merlín llevaba un cucurucho azul.* ▶ **1:** CARTUCHO. **3:** CAPIROTE.

cueca. f. Baile de pareja suelta, propio del oeste de América del Sur, en que los bailarines llevan un pañuelo en la mano derecha. *La cueca es muy popular en Chile.* Tb. su música y su letra.

cuelgue. m. coloq. Estado de enajenación producido por el efecto de una droga. *Todavía le dura el cuelgue del último porro.*

cuello. m. **1.** Parte del cuerpo que une la cabeza con el tronco. *Lleva collarín porque se ha hecho daño en el cuello.* Tb. la parte correspondiente de una prenda de vestir. *Empieza a planchar la camisa por el cuello.* **2.** Parte superior y más estrecha de una vasija. *El cuello de una botella.* **3.** Parte más estrecha y delgada de algo. *Enrosca el cuello* DE *la bombilla en el casquillo.* Se usa espec. en anatomía. *Algunas enfermedades afectan al cuello* DEL *útero.* ■ **~ de botella.** m. Estrechamiento de una calle o de una carretera que hace más lento el paso por ellas. *Los accesos a la ciudad son verdaderos cuellos de botella.* ⇒ EMBUDO. □ **de ~ alto,** o **de ~ (de) cisne,** o **de ~ vuelto.** loc. adj. Dicho de jersey: Que tiene el cuello (→ 1) alto y ajustado a la garganta.

cuenca. f. **1.** Cada una de las dos cavidades de la cabeza en las que están los ojos. *Sus ojos parecen hundidos en las cuencas.* **2.** Territorio que envía sus aguas a un río, un lago o un mar determinados. *La cuenca* DEL *Guadalquivir está entre las cordilleras Béticas y*

Sierra Morena. **3.** Territorio situado en una concavidad del terreno y rodeado de alturas. *La ciudad está situada en una cuenca.* ▶ **2:** VALLE.

cuenco. m. **1.** Recipiente semiesférico y gralm. de barro, sin pie ni reborde. *Sobre la mesa había un cuenco con uvas.* Tb. su contenido. *Un cuenco de arroz.* **2.** Concavidad (parte cóncava). *Tomó agua de la fuente en el cuenco de la mano.* ▶ **2:** CONCAVIDAD.

cuenta. f. **1.** Hecho o efecto de contar o establecer la cantidad exacta. *Haz la cuenta de los que somos para cenar.* **2.** Cálculo u operación aritmética. *El niño hace las cuentas en un cuadernillo.* **3.** Relación detallada de la cantidad que se adeuda. *Camarero, la cuenta, por favor.* Tb. la cantidad de dinero que constituye una deuda. *Tengo que pagar la cuenta del dentista.* **4.** Depósito de dinero en una entidad financiera. *Voy a la caja de ahorros a abrir una cuenta.* **5.** Explicación o razón de algo. *No tengo que dar cuentas a nadie* DE *mi comportamiento.* **6.** Obligación o responsabilidad de una persona. *Los preparativos corren de mi cuenta.* **7.** Beneficio o utilidad. Frec. en las constr. *traerle ~* o *tenerle ~*. *Por la cuenta que le tiene, estudiará.* **8.** Cada una de las bolas ensartadas que componen el rosario y sirven para llevar la cuenta (→ 1) de las oraciones que se rezan. *Reza pasando las cuentas del rosario.* **9.** Cada una de las piezas ensartadas o taladradas que componen un collar. *El collar se rompió y las cuentas rodaron por el suelo.* ■ **~ atrás.** f. **1.** Cuenta (→ 1) en sentido contrario al de los minutos y segundos que preceden al lanzamiento de un cohete. *Concluida la cuenta atrás, el cohete despegó.* **2.** Cuenta (→ 1) del tiempo cada vez menor que falta para un acontecimiento previsto. *Queda una semana para la boda: empieza la cuenta atrás.* ■ **~ corriente.** f. Cuenta (→ 4) que permite toda clase de ingresos y pagos, y en que la extracción de fondos se hace por medio de talones. □ **a ~.** loc. adv. Como anticipo o señal. *Al hacer la reserva, me pidieron a cuenta un 10% del precio.* Tb. loc. adj. *Las cantidades a cuenta* DE *la próxima liquidación se descontarán en junio.* ■ **a ~ de.** loc. prepos. **1.** A cambio de, o en compensación por. *Le dio una joya a cuenta de lo que le debía.* **2.** Por cuenta de. *Viaja a cuenta de la empresa.* ■ **ajustar las ~s** (a alguien). loc. v. Dar(le) una lección o tomar medidas (contra él). Frec. en amenazas. *Ya te ajustaré yo las cuentas cuando te pille.* ■ **caer en la ~** (de algo). loc. v. Percibir(lo), habiendo pasado antes inadvertido. *Acabo de caer en la cuenta* DE *que las tiendas están cerradas.* ■ **dar (buena) ~** (de algo). loc. v. coloq. Acabar(lo) o consumir(lo) por completo. *Los niños dieron buena cuenta* DE *la cena.* ■ **dar ~** (de algo). loc. v. Comunicar(lo) o informar (de ello). *El informe da cuenta* DEL *desarrollo del sector en los últimos años. Dio cuenta a su superior de lo sucedido.* ■ **darse ~** (de algo). loc. v. Percibir(lo) o advertir(lo). *¡Qué tarde es!, no me he dado cuenta* DE *la hora.* ■ **en resumidas ~s.** loc. adv. En resumen o en conclusión. *El programa electoral, en resumidas cuentas, apuesta por la continuidad.* ■ **estar** una mujer **fuera de ~(s).** loc. v. Haber cumplido los nueve meses de embarazo. *El niño puede nacer en cualquier momento, porque ella ya está fuera de cuentas.* ■ **habida ~** (de algo). expr. cult. Teniéndo(lo) en consideración. *Se retira de la política, habida cuenta* DE *su fracaso en las urnas.* ■ **hacer,** o **hacerse, ~** (de algo). loc. v. Imaginar(lo). *Hazte cuenta de que estás en la playa.* ■ **la ~ de la vieja.** loc. s. coloq. La cuenta (→ 2) que se hace con los dedos o con otro procedimiento rudimentario. *Por la cuenta de la vieja seremos unos 25.* ■ **las ~s del Gran Capitán.** loc. s. coloq. Cuentas (→ 3) exorbitantes y arbitrarias. *El contable acaba de presentarme las cuentas del Gran Capitán.* ■ **más (o menos) de la ~.** loc. adv. Más (o menos) de lo debido o conveniente. *Anoche bebí más de la cuenta.* ■ **no querer** alguien **~s** (con otra persona). loc. v. No querer tratar con ella. *No quiero cuentas con ella, es una fresca.* ■ **pasar la ~.** loc. v. coloq. Reclamar recompensa o reciprocidad por algo hecho aparentemente de manera desinteresada. *Si le ayudaste entonces, no es cosa de pasar la cuenta ahora.* ■ **perder la ~** (de algo). loc. v. No acordarse (de ello) con exactitud, espec. por ser muy numeroso. *Ya he perdido la cuenta* DE *las veces que te he llamado.* ■ **por ~ ajena.** loc. adj. Dicho de persona: Que trabaja como asalariada. *El decreto afecta a los trabajadores por cuenta ajena.* Tb. loc. adv. *Trabaja por cuenta ajena.* ■ **por ~ de.** loc. prepos. A expensas de. *Los gastos de mantenimiento irán por cuenta del Ayuntamiento.* ■ **por ~ propia.** loc. adj. Dicho de persona: Que trabaja como no asalariada o que tiene su propio negocio. *Los comerciantes suelen ser trabajadores por cuenta propia.* Tb. loc. adv. *Es abogada y trabaja por cuenta propia.* ■ **por su ~ (y riesgo).** loc. adv. Con independencia o autonomía. *Deberías vender por tu cuenta la casa y dejar la agencia. Decidieron por su cuenta y riesgo no recurrir la sentencia.* ■ **salir** una mujer **de ~(s).** loc. v. Cumplir los nueve meses de embarazo. *Mi mujer sale de cuentas en noviembre.* ■ **tener,** o **tomar, en ~** (algo o a alguien). loc. v. Tener(los) en consideración. *Ten en cuenta la hora antes de llamar por teléfono.* ▶ **1:** CÓMPUTO. ‖ **Am: 1:** CONTEO.

cuentagotas. m. Utensilio, formado gralm. por un tubo de cristal con una pieza de goma en un extremo, que sirve para verter líquidos gota a gota. *Aplícale el colirio con el cuentagotas.* ■ **con ~.** loc. adv. coloq. Poco a poco. *Me da el dinero con cuentagotas.*

cuentahabiente. m. y f. Am. Persona que tiene cuenta corriente en un banco. *A los bancos internacionales les preocupa poder pagar los intereses a sus cuentahabientes* [C].

cuentakilómetros. m. **1.** Aparato que registra los kilómetros recorridos por el vehículo en que está instalado. *Aunque el cuentakilómetros marca 50 000 km, el coche está en perfecto estado.* **2.** Velocímetro. *La aguja del cuentakilómetros no baja de 100.*

cuentista. adj. **1.** coloq. Dicho de persona: Que dice cuentos o mentiras. Tb. m. y f. *No te creas ni una palabra de lo que dice ese cuentista.* **2.** coloq. Dicho de persona: Que exagera o finge para darse importancia o para dar importancia a lo que hace o a lo que le ocurre. Tb. m. y f. *Anda, que eres un cuentista: sal de la cama y vete al colegio, que no te pasa nada.* ● m. y f. **3.** Autor de cuentos. *Perrault era cuentista, autor de "Cenicienta" y "La bella durmiente".*

cuentístico, ca. adj. **1.** Del cuento (obra literaria). *El cuento de hadas es la forma cuentística más popular.* ● f. **2.** Género literario constituido por los cuentos. *La cuentística se ha cultivado en todas las épocas.*

cuento. m. **1.** Relato, frec. indiscreto, de un suceso. *Apenas nos habían presentado y ya me estaba largando el cuento de su vida.* **2.** Narración de poca extensión y de carácter fantástico, destinada espec. a entretener a los niños. *Mi madre me contaba un cuento antes de dormir.* **3.** Obra literaria en prosa de corta extensión. *Ganó el primer premio en un certamen de cuentos.* Tb. el género literario constituido por estas obras. *Prefiero el cuento a la novela.* **4.** coloq. Mentira o embuste. *No hay quien se crea sus cuentos.* Tb. *~ chino. Esa historia del extraterrestre es un cuento chino.* **5.** coloq. Chisme (noticia verdadera o falsa sobre una persona). *¡Cómo te gustan los cuentos, cotilla!* Gralm. en la constr. *ir con el ~. Las vecinas le fueron con el cuento de que habían visto a su marido con otra.* **6.** coloq. Exageración con que alguien trata de darse importancia o de dar importancia a lo que hace o a lo que le ocurre. Frec. en las constr. *echarle ~, echarle mucho ~, tener más ~ que Calleja,* o *tener mucho ~. ¡Qué vas a tener fiebre!, ¡lo que tú tienes es mucho cuento!* **7.** coloq. Cosa que se dice, pesada y sin interés. Frec. en las constr. *dejarse de ~s,* o *venir con ~s. Déjate de cuentos y ve al grano.* ■ **~ de viejas.** m. coloq. Cosa que se considera falsa o inventada. *–Dicen que el caserón está encantado. –Bah, eso son cuentos de viejas.* □ **a ~ de.** loc. prepos. A propósito de. *Los contertulios discuten a cuento de la violencia televisiva.* ■ **aplicarse** alguien **el ~.** loc. v. coloq. Tomar la experiencia de otro como ejemplo y proceder en consecuencia. *Fíjate en tu hermano: un trabajo estupendo; así que aplícate el cuento.* ■ **el ~ de la lechera.** loc. s. coloq. Un proyecto ambicioso y confiado, hecho sin fundamento. *Me parece que ese gran plan va a ser el cuento de la lechera.* ■ **el ~ de nunca acabar.** loc. s. coloq. Un asunto que se dilata y embrolla de modo que nunca se le ve fin. *Cuando parece que todo se va a arreglar, surge otro problema; ¡esto es el cuento de nunca acabar!* ■ **sin ~.** loc. adj. Sin número. Pospuesto a un n. Se usa con intención enfática. *La crisis causó problemas sin cuento.* ■ **venir** algo **a ~.** loc. v. Ser oportuno o conveniente. *Sin venir a cuento, se marchó dando un portazo.* ■ **vivir del ~.** loc. v. coloq. Vivir sin trabajar. *Como proviene de una familia adinerada, vive del cuento.*

cuerda. f. **1.** Objeto delgado, alargado y flexible, formado por un conjunto de hilos retorcidos, gralm. de cáñamo o esparto, y que sirve para atar, sujetar o colgar. *Tendió la ropa en la cuerda.* **2.** Hilo de metal, nailon u o otro material, que produce sonidos por vibración en determinados instrumentos musicales. *El guitarrista rasga las cuerdas de su instrumento.* **3.** Resorte o muelle que sirve para poner en funcionamiento un mecanismo. *Es un reloj de cuerda.* **4.** Conjunto de personas con ideas o características semejantes. *Congeniamos bien porque somos de la misma cuerda.* Frec. despect. *No suelo alternar con gente de su cuerda.* **5.** Conjunto de presos atados, para su traslado, uno detrás de otro. Frec. *~ de presos. El asesino logró escapar de una cuerda de presos.* **6.** *Dep.* Aparato que consiste en una cuerda (→ 1) usada para hacer ejercicios de gimnasia rítmica. *La gimnasta ha obtenido la máxima puntuación en la prueba de cuerda.* **7.** *Mús.* Conjunto de los instrumentos de cuerda (→ **instrumento**). *Beethoven compuso cuartetos para cuerda.* Tb. el conjunto de sus instrumentistas. Frec. en pl. *Al final del concierto, las cuerdas recibieron una ovación.* **8.** *Mús.* Cada una de las cuatro voces fundamentales de bajo, tenor, contralto y tiple. *Canta en el coro en la cuerda de los tenores.* **9.** *Mat.* Segmento de recta que une dos puntos de un arco. *El diámetro es una cuerda que pasa por el centro de la circunferencia.* ○ pl. **10.** En boxeo y otros deportes de lucha: Bandas elásticas que limitan un cuadrilátero. *El púgil mexicano lanzó a su adversario contra las cuerdas.* ■ **~ floja.** f. Alambre poco tenso sobre el que actúan los funámbulos. *El acróbata camina por la cuerda floja ayudándose de una barra para guardar el equilibrio.* ■ **~s vocales.** f. pl. *Anat.* Pliegues membranosos de la laringe, cuya vibración produce la voz. *Operaron a la cantante de un nódulo en las cuerdas vocales.* □ **bajo ~.** loc. adv. De manera oculta o encubierta. *Recibe dinero bajo cuerda.* ■ **contra las ~s.** loc. adv. En una situación muy difícil o comprometida. *Nuestros competidores nos están poniendo contra las cuerdas.* ■ **dar ~** (a alguien). loc. v. coloq. Dar(le) ánimos para que hable o siga hablando de lo que desea. *El periodista le daba cuerda, pero él no decía palabra.* ■ **dar ~** (a algo). loc. v. Tensar el muelle o el resorte que (lo) pone en funcionamiento. *Dale cuerda al reloj, que se ha parado.* ■ **en la ~ floja.** loc. adv. **1.** En una situación inestable, difícil o peligrosa. *El confidente de la policía está en la cuerda floja.* **2.** Vacilando entre opiniones o actitudes contradictorias. Gralm. con v. como *andar* o *bailar. No puedes seguir bailando en la cuerda floja; tienes que decidirte.* ■ **tener** alguien **~ para rato,** o **tener mucha ~.** loc. v. **1.** Durar mucho en una acción o actividad. *Como se ponga a hablar de su tesis, tiene cuerda para rato.* **2.** Tener mucha vida por delante. *El abuelo tiene cuerda para rato.* ▶ **1:** CABO. ‖ **Am: 1:** CABUYA, MECATE.

cuerdo, da. adj. **1.** Dicho de persona: Que tiene sus facultades mentales normales. *Lo que pretendes es una locura; tú no estás cuerda.* Tb. m. y f. *Los cuerdos y los locos.* **2.** Sensato o prudente. *No es muy cuerdo salir a navegar con este temporal.*

cueriza. f. Am. Azotaina. *Ya sienten caliente el trasero de la cueriza que habrá de propinarles su papá al enterarse* [C].

cuerno. m. **1.** Cada una de las dos prolongaciones óseas que tienen los rumiantes en la región frontal. *El toro le clavó el cuerno derecho en el muslo.* Tb. el material del que están formadas. *Una pipa de cuerno.* **2.** Protuberancia ósea que tiene el rinoceronte sobre la mandíbula superior. *Al cuerno de rinoceronte se le atribuían propiedades afrodisíacas.* **3.** Cada una de las cuatro antenas de un caracol. *Los niños cantan: "Caracol, col, col, saca los cuernos al sol".* **4.** Cosa cuya forma recuerda la de un cuerno (→ 1). *Si pasas por la pastelería, cómprame un cuerno de chocolate.* **5.** Cada una de las dos puntas que presenta la luna en las fases de cuarto creciente y cuarto menguante. *Con tanta niebla, apenas se distinguen los cuernos de la luna.* **6.** Instrumento musical de viento, de sonido grave parecido al de la trompa, que está hecho gralm. de cuerno (→ 1) de vaca. *A lo lejos se oyó sonar un cuerno de caza.* **7.** coloq. Infidelidad sexual. Gralm. en pl. Frec. en la constr. *poner los ~. Su marido le ponía los cuernos con una vecina.* ● **8.** interj. Se usa para expresar sorpresa o asombro. *¡Cuerno, mira quién viene!* ■ **~ de la abundancia.** m. En la mitología grecorromana: Recipiente en forma de cuerno (→ 1) repleto de frutas y flores, que representa la abundancia. *Según el mito, el cuerno de la abundancia se llenaba de frutos cuando la ninfa Amaltea lo deseaba.* ⇒ CORNUCOPIA. □ **al ~.** expr. coloq. Se usa para expresar desaprobación o rechazo. Frec. con v. como *mandar* o *irse* y en constr. imperativas. *Con tantos problemas, me dan ganas de mandarlo todo al cuerno. ¡Vete al cuerno, tío, que no te aguanto!* ■ **irse** algo **al ~.** loc. v. coloq. Fracasar o estropearse. *Su negocio se ha ido al cuerno.* ■ **no valer un ~.** loc. v. coloq. Valer poco o nada. *Esa novela no vale un cuerno.* ■ **oler** algo **a ~ quemado.** loc. v. coloq. Ser sospechoso. *El asunto olía a cuerno quemado.* ■ **romperse los ~s.** loc. v. coloq. Trabajar o esforzarse mucho. *Se rompe los cuernos para mantener a su familia.* ■ **saber** algo **a ~ que-**

mado (a alguien). loc. v. coloq. Producir(le) disgusto. *Me supo a cuerno quemado que no me invitaran.* ■ **un, o y un, ~.** expr. coloq. Se usa para denotar negación o rechazo. *–¿Me dejas algo de dinero? –¡Y un cuerno!, que luego no me lo devuelves.* ▶ **1, 2:** ASTA. ‖ **Am: 1-4:** CACHO.

cuero. m. **1.** Piel de los animales, curtida y preparada, que se emplea como material en industrias diversas. *El motorista lleva una cazadora de cuero.* **2.** En algunos deportes, espec. en fútbol: Balón. *El defensa paró el cuero con el pecho.* **3.** Bota de vino. *El pastor lleva en el zurrón el almuerzo y el cuero del vino.* ■ **~ cabelludo.** m. Piel de la cabeza, de la que nace el cabello. *La caspa es la descamación excesiva del cuero cabelludo.* □ **en ~s.** loc. adv. coloq. En completa desnudez. *No pases, que estoy en cueros.* Tb. loc. adj. *En la azotea había una mujer en cueros tomando el sol.* ▶ **2:** *BALÓN. **3:** BOTA.

cuerpo. m. **1.** Conjunto de la materia orgánica que constituye un ser humano, un animal o un vegetal. *El cuerpo humano está formado por cabeza, tronco y extremidades.* **2.** Tronco de una persona o de un animal. *Esta raza de perros tiene el cuerpo robusto.* **3.** Parte de una prenda de vestir, que cubre desde el cuello o los hombros hasta la cintura. *El cuerpo del vestido de novia es de encaje, y la falda, de raso.* **4.** Cadáver, espec. de una persona. *Los cuerpos de las víctimas yacen en el suelo.* **5.** Longitud de un cuerpo (→ 1), que se emplea para medir distancias, espec. en una carrera. *Nuestro caballo quedó segundo por medio cuerpo.* **6.** Objeto o porción de materia de tres dimensiones. *Cuerpo geométrico.* **7.** Parte principal de algo, espec. de un escrito. *El cuerpo del libro ocupa quinientas páginas, y los preliminares e índices, cincuenta.* **8.** Cada una de las partes, gralm. iguales o semejantes, que constituyen un todo. *En mi habitación hay un armario de dos cuerpos.* **9.** Conjunto de personas que desempeñan una misma profesión o constituyen una colectividad. *Han convocado oposiciones al cuerpo de bomberos.* **10.** Colección de leyes. Frec. *~ legal. Algunas directivas europeas serán incorporadas a nuestro cuerpo legal.* **11.** Densidad o espesor de un líquido. *Se añade un poco de harina a la salsa para darle cuerpo.* **12.** Grosor de un tejido, un papel o algo semejante. *El papel tiene poco cuerpo y se transparenta.* **13.** *Gráf.* Tamaño de los caracteres de imprenta. *Hay que reducir el cuerpo de la letra.* ■ **~ de baile.** m. Conjunto de bailarines de un espectáculo musical. *Pertenece al cuerpo de baile del teatro.* ■ **~ del delito.** m. Cosa sobre la que o con la que se ha cometido un delito, o en la que existen huellas de él. *El fiscal enseñó el cuerpo del delito a los miembros del jurado.* ■ **~ extraño.** m. Objeto que está en un organismo del que es ajeno. *Tengo un cuerpo extraño en el ojo.* ■ **mal ~.** m. Malestar físico. *No he ido a trabajar porque me he levantado con mal cuerpo.* □ **a ~ (gentil).** loc. adv. Sin prenda de abrigo exterior. *No salgas a cuerpo, que hace frío.* ■ **a ~ de rey.** loc. adv. Con todo regalo y comodidad. *Durante mi estancia me han tratado a cuerpo de rey.* ■ **a ~ limpio.** loc. adv. Sin valerse de ayuda ni artificio alguno. *El banderillero se bate con el toro a cuerpo limpio.* ■ **~ a ~.** loc. adv. Empleando sus fuerzas directamente los adversarios en una lucha o pelea mediante el contacto físico. *Los soldados combaten cuerpo a cuerpo.* Tb. loc. adj. *Un lucha cuerpo a cuerpo.* ■ **~ a tierra.** loc. adv. Con el cuerpo pegado al suelo, para protegerse o para no ser visto. *Avanzaban cuerpo a tierra.* ■ **de ~ entero.** loc. adj. **1.** Dicho de un retrato o espejo: Que reproduce o refleja todo el cuerpo (→ 1). *Un espejo de cuerpo entero cubría una de las puertas del armario.* **2.** Dicho de persona: Completa o perfecta. *El bailarín es un artista de cuerpo entero.* ■ **de ~ presente.** loc. adj. Dicho de un cadáver: Expuesto y preparado para el enterramiento. *El difunto está todavía de cuerpo presente.* ■ **de medio ~.** loc. adj. Dicho de un retrato o espejo: Que reproduce o refleja la mitad superior del cuerpo. *Una fotografía de medio cuerpo.* ■ **en ~ y alma.** loc. adv. Totalmente o con toda dedicación. *Se entrega a su trabajo en cuerpo y alma.* ■ **hacer de(l) ~.** loc. v. vulg. Expeler excrementos. *Lleva varios días sin hacer de cuerpo.* ■ **pedirle el ~** (algo a alguien). loc. v. vulg. Desear(lo) esa persona. *Me voy a tomar unos huevos fritos porque me lo está pidiendo el cuerpo.* ▶ **2:** TRONCO. **4:** CADÁVER. **6:** SÓLIDO.

cuervo. m. Ave de gran tamaño, de plumaje negro, pico grueso y larga cola, que vive pralm. en zonas montañosas. *El cuervo hembra. Los cuervos tenían fama de ser aves de mal agüero.*

cuesco. m. malson. Pedo (ventosidad).

cuesta. f. Terreno en pendiente. *Para llegar a la iglesia, hay que subir una cuesta.* ■ **a ~s.** loc. adv. Sobre los hombros o sobre la espalda. *Me torcí el tobillo y Luis me llevó a cuestas.* Tb. fig. *Lleva a cuestas el peso de su casa.* ■ **~ arriba.** loc. adj. Difícil. Frec. en la constr. *hacérsele ~ arriba. Se me hace cuesta arriba tener que pedir dinero prestado.* ■ **la ~ de enero.** loc. s. coloq. Un período de dificultades económicas que coincide con el mes de enero, como consecuencia de los gastos navideños. *Las rebajas ayudan a sobrellevar la cuesta de enero.* ▶ *PENDIENTE.

cuestación. f. Petición de donativos para un fin benéfico. *La asociación contra el cáncer realiza hoy su cuestación anual.*

cuestión. f. **1.** Asunto o materia, espec. los que son punto de discusión. *El portavoz de la organización ecologista ha planteado la cuestión de los vertidos.* **2.** Cada una de las preguntas que forman un cuestionario en una encuesta o examen. *El test consta de veinte cuestiones.* **3.** Plazo de tiempo. Gralm. en la constr. *en ~ de. Se fue la luz, pero volvió en cuestión de minutos.* ■ **en ~.** loc. adj. Dicho de persona o cosa: De la que se está tratando. *No sabemos nada de la persona en cuestión.*

cuestionable. adj. Que puede o debe ser cuestionado. *Tu honradez es bastante cuestionable.*

cuestionamiento. m. Hecho de cuestionar. *La filosofía comienza con el cuestionamiento de la realidad.*

cuestionar. tr. Poner en duda la validez o los motivos (de algo). *Se cuestiona la veracidad de la noticia.*

cuestionario. m. Lista de preguntas. *Rellene el cuestionario y deposítelo a la salida en el buzón.*

cuestor. m. histór. En la antigua Roma: Magistrado encargado de recaudar y administrar los fondos públicos. *Marco Antonio fue cuestor y tribuno antes de formar el segundo triunvirato.*

cueva. f. **1.** Cavidad natural o artificial, gralm. de mucha profundidad, en la tierra o en la roca. *Las paredes de la cueva están decoradas con pinturas rupestres.* **2.** Sótano. *Baja a la cueva y trae dos botellas.* ■ **~ de ladrones.** f. coloq. Lugar donde se estafa o se cobra más de lo debido. *Esa tienda es una cueva de ladrones.* ▶ **1:** CAVERNA, GRUTA.

cuezo. **meter el ~.** loc. v. coloq. Equivocarse. *Será mejor que te disculpes porque acabas de meter el cuezo.*

cuidado. m. **1.** Hecho de cuidar. *Ha dedicado su vida al cuidado de ancianos.* **2.** Atención o diligencia para hacer bien las cosas o para evitar un error o un daño. *Pon más cuidado en lo que haces.* **3.** Preocupación o temor. *No tengas cuidado, que no pasa nada.* ● interj. **4.** Se usa para avisar de un peligro o error, o como amenaza. *¡Cuidado, que mancho!* **5.** Se usa con sentido enfático para llamar la atención sobre lo que se expresa. *¡Cuidado que es listo el muchacho!* ■ **de ~.** loc. adj. **1.** coloq. Grave. *Está enfermo de cuidado.* **2.** coloq. Dicho de persona: Peligroso. *No te fíes de ella, que es de cuidado.* ■ **tener,** o **traer, sin ~** algo (a alguien). loc. v. coloq. No preocupar(le) o interesar(le). *Lo que haga en su tiempo libre me trae sin cuidado.*

cuidador, ra. adj. Dicho de persona: Que está encargada del cuidado de alguien o algo. Frec. m. y f. *En la guardería, los niños juegan con sus cuidadoras.*

cuidadoso, sa. adj. **1.** Dicho de persona: Que tiene cuidado o atención. *Es muy cuidadosa con sus cosas.* **2.** Propio de la persona cuidadosa (→ 1). *El médico la sometió a un cuidadoso examen.*

cuidar. tr. **1.** Atender (algo o a alguien) para que estén bien. *Mi vecina me pidió que le cuidara las plantas.* **2.** Poner atención y diligencia en que (algo) esté bien hecho. *En los trabajos, es importante cuidar la presentación.* ○ intr. **3.** Seguido de *de* y un nombre: Atender la cosa o a la persona designadas por él para que estén bien. *Cuida* DE *tus hermanos mientras voy a la compra.* ○ intr. prnl. **4.** Tener precaución respecto a alguien o algo. *Cuídate* DE *tus enemigos.*

cuita. f. cult. Pena o aflicción. *Ven, cuéntame tus cuitas.*

cuitado, da. adj. cult. Apenado o afligido. Frec. m. y f. *El cuitado no encuentra consuelo.*

culantrillo. m. Helecho de hojas grandes y lobuladas, que crece en las paredes de los pozos y en otros sitios húmedos. *La infusión de culantrillo tiene propiedades medicinales.*

cular. adj. Dicho espec. de chorizo o morcilla: Que está hecho con una tripa muy gruesa. *Hemos comprado unos embutidos, entre ellos un chorizo cular.*

culata. f. **1.** Parte posterior de la caja de un arma de fuego, que sirve para sujetarla al disparar. *La golpeó con la culata de la pistola.* **2.** *Mec.* Pieza metálica de un motor de explosión que cierra el cuerpo de los cilindros. *Añada el aceite limpio a través del tapón que está encima de la culata.*

culatazo. m. Golpe dado con la culata de un arma de fuego. *Lo dejó inconsciente de un culatazo.*

culear. tr. Am. malson. Realizar el acto sexual (con alguien). Tb. usado en constr. intr.

culebra. f. Serpiente pequeña o mediana, que no suele ser venenosa y de la que existen especies acuáticas y terrestres. *La culebra macho. La culebra de agua es un reptil nadador.* ▶ SERPIENTE.

culebrear. intr. Moverse o extenderse formando curvas como las culebras. *Un sendero culebrea entre los pinos.* ▶ SERPENTEAR.

culebrón. m. coloq. Telenovela extremadamente larga y melodramática. *Después de mil capítulos, hoy termina el culebrón.* Frec. fig. *Mi vida es un culebrón.*

culera. f. **1.** Pieza de tela o cuero con que se adorna o refuerza el pantalón a la altura de las nalgas. *Gasta tanto los pantalones, que en todos lleva culeras y rodilleras.* **2.** Deformación del pantalón a la altura de las nalgas. *Los vaqueros viejos ya tienen culeras.*

culinario, ria. adj. Del arte de cocinar. *Nos ha invitado a comer para demostrarnos sus dotes culinarias.*

culmen. m. cult. Punto más elevado o más importante de algo. *El libro de poemas constituye el culmen de su obra.*

culminación. f. Hecho de culminar. *El acuerdo supone la culminación de meses de negociaciones.*

culminante. adj. Que está en lo más elevado o importante. *Me quedé dormido en el momento culminante de la película.*

culminar. intr. **1.** Llegar algo a su grado más elevado. *La discusión culminó* EN *una pelea.* ○ tr. **2.** Dar fin (a algo). *La película culmina una trilogía.*

culo. m. **1.** coloq. Nalgas (parte del cuerpo humano). *Me duele el culo de estar tanto tiempo sentada.* **2.** coloq. Parte del cuerpo de un animal que rodea el ano. *El perro se subió a la cama y apoyó el culo sobre la almohada.* **3.** coloq. Ano. *Le metieron un palo por el culo.* **4.** coloq. Extremo inferior o posterior de algo. *El culo de la cacerola estaba quemado.* **5.** coloq. Cantidad pequeña de líquido que queda en el fondo de un recipiente. Frec. *culín.* *–¿Queda algo de vino? –Solo un culín.* ■ **~ de mal asiento.** m. coloq. Persona inquieta o inconstante. *Eres un culo de mal asiento: no paras en ningún sitio.* ■ **~ de vaso.** m. coloq. Piedra falsa que imita alguna de las preciosas. *La piedra del anillo era un culo de vaso.* □ **a tomar por (el) ~.** expr. **1.** malson. Se usa para despedir a alguien o desechar algo despectivamente o con enojo. Frec. con v. como *mandar* y en constr. imperativas con *irse.* □ loc. adv. **2.** malson. Muy lejos. ■ **caerse de ~.** loc. v. coloq. Quedarse atónito. *Se van a caer de culo cuando se enteren.* ■ **con el ~ al aire.** loc. adv. coloq. En situación comprometida. Frec. con *dejar.* *No vuelvas a dejarme con el culo al aire delante del jefe.* ■ **confundir el ~ con las témporas.** loc. v. coloq. Mezclar cosas muy distintas al hablar o al actuar. *No sabes lo que dices, confundes el culo con las témporas.* ■ **dar por (el) ~** (a alguien). loc. v. **1.** malson. Realizar (con él) el coito anal. **2.** malson. Fastidiar(lo). ■ **del ~.** loc. adj. coloq. Pospuesto a un adjetivo despectivo como *tonto*, se usa para enfatizar el significado de este. *Es tonta del culo, todo lo hace al revés.* ■ **el ~ del mundo.** loc. s. coloq. Un lugar muy alejado. *Tu pueblo está en el culo del mundo.* ■ **hasta el ~.** loc. adv. coloq. En un estado de hartazgo. *Estoy* DE *tus quejas hasta el culo.* ■ **ir** alguien o algo **de ~.** loc. v. coloq. Ir mal, o encontrarse con dificultades. *La economía va de culo.* ■ **lamer el ~** (a alguien). loc. v. coloq. Adular(lo). *Ha conseguido el ascenso lamiéndole el culo al jefe.* ■ **meterse** (algo) **por el ~.** loc. v. malson. Se usa para expresar enfáticamente el rechazo de algo que generalmente se ha pedido o que ha sido ofrecido. ■ **mojarse el ~.** loc. v. coloq. Tomar postura o comprometerse. *Dicen que es muy diplomático, porque nunca se ha mojado el culo.* ■ **pasarse** (algo) **por el ~.** loc. v. malson. Despreciar(lo). ■ **perder el ~.** loc. v. **1.** coloq. Darse mucha prisa. *Bajaba la escalera que perdía el culo.* **2.** coloq. Procurar algo afanosamente. *Pierden el culo* POR *salir en la tele.* ■ **que le den por (el) ~.** expr. malson. Se usa para expresar desprecio hacia alguien o algo. ■ **salirle** algo (a alguien) **del ~.** loc. v. malson. Darle la gana. ■ **tomar por (el) ~.** loc. v. malson. Ser sodomizado.

culombio. m. Unidad de carga eléctrica del Sistema Internacional, que equivale a la cantidad de electricidad transportada en un segundo por una corriente de un amperio (Símb. *C*). *Un culombio es un amperio por segundo.*

culón, na. adj. coloq. Dicho de persona: Que tiene las nalgas grandes. *Es un tipo culón y barrigudo.* Dicho tb. de animal que tiene la parte trasera o inferior abultada. *Los pingüinos son un poco culones.*

culpa. f. **1.** Responsabilidad que tiene una persona de una acción o un suceso, espec. si son malos. *La culpa es mía por confiar en él. Le echa la culpa al Gobierno* DE *todo lo que ocurre.* **2.** Hecho de ser algo causante de otra cosa, espec. si es mala. *La sequía tiene la culpa* DE *que se arruinen las cosechas.* **3.** Falta o delito. *Pensaba que lavaría sus culpas delatando a sus cómplices.* ■ **por ~ de.** loc. prepos. A causa de. Gralm. la causa es algo negativo. *He llegado tarde por culpa del tráfico.*

culpabilidad. f. Cualidad o condición de culpable. *La pruebas hacen dudar de la culpabilidad del acusado. El sentimiento de culpabilidad no me deja vivir.*

culpabilizar. tr. Culpar (a alguien o algo). *El entrenador ha culpabilizado a los jugadores* DE *los problemas del equipo.* ▶ CULPAR.

culpable. adj. Que tiene culpa. *La lluvia fue la culpable* DEL *accidente.* Dicho de pers., tb. m. y f. *La culpable* DEL *asesinato cumple cadena perpetua.*

culpar. tr. Atribuir (a alguien o algo) la culpa de algo. *Cada vez que ocurre algo, me culpas a mí.* ▶ CULPABILIZAR.

culteranismo. m. Estilo literario caracterizado por el lenguaje metafórico, el uso excesivo de latinismos y la complejidad sintáctica, espec. el que triunfó en el siglo XVII español. *El culteranismo es un fenómeno barroco.* Tb. la tendencia a expresarse de esa manera. *Ya en la obra de Garcilaso se aprecian rasgos propios del culteranismo.*

culterano, na. adj. **1.** Del culteranismo. *Poesía culterana.* **2.** Seguidor del culteranismo o que lo practica. Tb. m. y f. *Góngora es el gran culterano.*

cultismo. m. **1.** Palabra propia del lenguaje intelectual, literario o científico. *"Dermis" es un cultismo, frente a la palabra normal "piel".* **2.** *Ling.* Palabra procedente del latín o del griego, o formada con elementos de estas lenguas, que ha penetrado en una lengua moderna sin sufrir transformaciones fonéticas. *"Heterodoxo" es un cultismo de origen griego.*

cultivable. adj. Dicho espec. de tierra: Que se puede cultivar. *Alrededor del pueblo se extienden numerosos terrenos cultivables.*

cultivado, da. part. **1.** → **cultivar.** ● adj. **2.** Dicho de persona: Que ha adquirido cultura y refinamiento. *Se expresaría mejor si fuera una persona cultivada.*

cultivador, ra. adj. Que cultiva. Dicho de pers., tb. m. y f. *El teatro no tiene hoy grandes cultivadores.*

cultivar. tr. **1.** Trabajar (la tierra) para que produzca plantas y frutos. *El agricultor cultiva el campo. En sus ratos libres, cultiva su jardín.* **2.** Trabajar la tierra para que produzca (plantas y frutos). *En la región siempre se han cultivado olivos.* **3.** Hacer que se desarrollen (determinados seres vivos) en unas condiciones adecuadas, con fines científicos, económicos o industriales. *Cultivan algas marinas para obtener oxígeno y ácidos grasos.* **4.** Mantener y estrechar (el trato o la amistad) con alguien. *En su juventud, cultivó la amistad de los intelectuales.* **5.** Desarrollar (una capacidad). *Lee filosofía para cultivar su mente.* **6.** Practicar (una actividad científica o artística). *Cultiva la pintura y la escultura.* ▶ **1:** LABRAR.

cultivo. m. **1.** Hecho de cultivar. *El uso de fertilizantes ha transformado el cultivo de los campos.* **2.** Tierra cultivada. Gralm. en pl. *Una avioneta fumigó los cultivos.* **3.** Planta, fruto u otro producto cultivado. *La cebada y el centeno son cultivos de secano.*

culto, ta. adj. **1.** Que tiene un nivel cultural alto. *Los mecenas son personas cultas, interesadas por el arte.* **2.** Propio de la persona culta (→ 1). *Lenguaje culto.* ● m. **3.** Homenaje de respeto religioso que se tributa a alguien o a algo. *La cofradía rinde culto* A *la Virgen de los Dolores.* **4.** Conjunto de ritos o ceremonias con que se tributa el culto (→ 3). *Hasta el concilio Vaticano II, el culto católico se celebraba en latín.* **5.** Aprecio o estimación extraordinarios que se tiene a alguien o a algo. *En los últimos años se ha puesto de moda el culto* AL *cuerpo.*

cultura. f. **1.** Conjunto de conocimientos que adquiere una persona y que le permiten desarrollar el sentido crítico y el juicio. *La cultura general se adquiere en el bachillerato.* **2.** Conjunto de modos de vida, conocimientos y grado de desarrollo de una época o de un grupo. *Las culturas griega y latina constituyen la cultura clásica.* ▶ **1:** INSTRUCCIÓN.

cultural. adj. De la cultura. *Se reúnen en una asociación cultural.*

culturismo. m. Actividad deportiva orientada al desarrollo muscular excesivo mediante la realización de ejercicios gimnásticos y una alimentación determinada. *Es tan musculosa porque practica el culturismo.*

culturista. m. y f. Persona que practica el culturismo. *Los culturistas hacen un mínimo de cinco comidas diarias.*

culturización. f. Hecho de culturizar. *Pusieron en marcha una campaña de culturización.*

culturizar. tr. Dar cultura (a alguien). *Los romanos culturizaron a los pueblos conquistados.*

cumanagoto, ta. adj. histór. De un pueblo indígena que habitaba en la antigua región de Cumaná (Venezuela). *Lengua cumanagota.* Dicho de pers., tb. m. y f. *Los cumanagotos se extinguieron en el siglo* XVIII.

cumbia. f. Baile popular propio de Colombia, de ritmo vivo. Tb. la música. *La orquesta tocaba una cumbia.*

cumbre. f. **1.** Cima de una montaña. *En la cumbre hay un refugio.* **2.** Punto más alto al que se puede llegar. *Con este papel, ha llegado a la cumbre de su carrera.* **3.** Reunión de jefes de Estado o de Gobierno para tratar cuestiones importantes. *La cumbre del clima se celebró en Japón.* ▶ **1, 2:** *CIMA.

cum laude. (loc. lat.; pronunc. 'kum-láude'). loc. adj. Se usa, pospuesto a una calificación máxima o a un grado académico, para expresar que tiene una distinción añadida. *Sobresaliente con laude.* Tb. loc. adv. *Se doctoró cum laude por la Universidad de Harvard.*

cumpleañero, ra. m. y f. Persona que cumple años. *Dónde está la cumpleañera, que le he traído un regalito.*

cumpleaños. m. Respecto de una persona: Aniversario de su nacimiento. *Mañana es mi cumpleaños, ¿qué me vas a regalar?*

cumplido[1]. m. Manifestación de amabilidad o cortesía. *Me dijo algo que interpreté como un cumplido. Creo que vales mucho, y que conste que no es un cumplido.*

cumplido[2], da. part. **1.** → **cumplir.** ● adj. **2.** Dicho de persona: Que cumple escrupulosamente las reglas de cortesía y educación. *Es muy cumplido y todo* *un caballero.* **3.** Cabal o perfecto. *Dio cumplida satisfacción a sus demandas.* **4.** Más grande de lo normal o de lo que corresponde. *El traje le queda cumplido.*

cumplidor, ra. adj. Que cumple. *La funcionaria es muy cumplidora de su horario.* Dicho de pers., tb. m. y f. *Es un cumplidor riguroso del reglamento.*

cumplimentar. tr. **1.** Rellenar (un impreso o documento). *Tiene que cumplimentar el impreso de matrícula.* **2.** Cumplir (algo). *Se dispuso a cumplimentar la orden.* **3.** Saludar o visitar por cortesía (a alguien, espec. si es importante). *Acudió a Palacio a cumplimentar al Rey.* ▶ **1:** RELLENAR. **2:** CUMPLIR.

cumplimiento. m. Hecho de cumplir. *Velamos por el cumplimiento de la ley.*

cumplir. tr. **1.** Realizar (algo determinado, espec. un mandato o una obligación). *La policía se encarga de hacer cumplir la ley.* **2.** Llegar a tener (un número exacto de años o de meses). *Ayer cumplió dieciocho años. Mi hijo cumple hoy catorce meses.* ○ intr. **3.** Cumplir (→ 1) algo. *Sabe cumplir* CON *su deber.* **4.** Satisfacer la obligación de cortesía con alguien. *Organizó una reunión para cumplir* CON *los nuevos vecinos.* **5.** Vencer un plazo. *Hoy cumple el plazo para entregar la declaración de la renta.* Frec. prnl. *Mañana se cumple el plazo.* ■ **por ~.** loc. adv. Por mera cortesía. *Acepté su invitación solo por cumplir.* ▶ **1:** CUMPLIMENTAR. **5:** *VENCER.

cúmulo. m. **1.** cult. Gran cantidad de cosas o personas. *Para conseguir el préstamo hay que pasar por un cúmulo de trámites.* **2.** *Meteor.* Conjunto de nubes densas y blancas de forma redondeada, que son más oscuras por la base plana. *Los cúmulos producen lluvias intensas y tormentas.*

cuna. f. **1.** Cama para bebés y niños pequeños, gralm. con barandillas laterales altas. *Meció la cuna hasta que la niña se quedó dormida.* **2.** cult. Lugar en que ha nacido alguien o algo. *Italia es la cuna del Renacimiento.* **3.** cult. Estirpe o linaje. *Se avergonzaba de su humilde cuna.*

cundir. intr. **1.** Dar de sí algo. *Este último mes me ha cundido poco el trabajo.* **2.** Extenderse o propagarse una cosa inmaterial. *Empieza a cundir el nerviosismo.*

cuneiforme. adj. histór. Dicho de escritura o de carácter de escritura: Que tiene forma de cuña o de clavo. *Los asirios empleaban la escritura cuneiforme.*

cuneta. f. Zanja a cada uno de los lados de una carretera o camino, destinada a recoger el agua de lluvia. *La moto derrapó y cayó en la cuneta.*

cunnilingus. m. Práctica sexual que consiste en estimular los órganos sexuales de una mujer con la lengua y los labios.

cuña. f. **1.** Pieza de madera o de otro material duro, dos de cuyas caras se juntan en un ángulo muy agudo, y que se emplea espec. para dividir cuerpos sólidos o para calzarlos o para ajustarlos. *La mesa de la cocina está calzada con una cuña.* **2.** Recipiente bajo que se emplea para recoger la orina y los excrementos del enfermo que no puede levantarse de la cama. *El anciano protesta por tener que usar la cuña.* **3.** En radio o televisión: Espacio publicitario breve. Tb. *~ publicitaria. La misma cuña publicitaria interrumpía a cada momento el programa.*

cuñado, da. m. y f. **1.** Respecto de una persona: Hermano del cónyuge o cónyuge del hermano. *Este sábado vamos a comer a casa de mi hermana porque mi cuñado va a preparar una paella.* **2.** Concuñado.

cuño. m. Molde que se emplea en la acuñación de monedas y medallas. Tb. la impresión o señal que deja. ■ **de nuevo ~.** loc. adj. Nuevo, o de reciente aparición. *El año que viene se van a implantar tres carreras de nuevo cuño.*

cuota. f. **1.** Cantidad fija que corresponde pagar a cada persona o entidad. *El pago de la cuota es anual.* **2.** Parte fija y proporcional de cosas o personas. *Cada uno tiene su cuota de responsabilidad.*

cuplé. m. Canción ligera, de contenido gralm. frívolo, que tuvo mucho auge en los espectáculos de variedades del primer tercio del s. XX. *La actriz se hizo famosa cantando cuplés.*

cupletista. f. Intérprete de cuplés. *La cupletista cantaba con el único acompañamiento del piano.*

cupo. m. Parte proporcional correspondiente de cosas o personas. *El club ha ampliado el cupo* DE *socios.*

cupón. m. Trozo de papel que da derecho a participar en sorteos o concursos o a obtener ventajas en las compras. *Enviando el cupón a este apartado de correos, entras en el sorteo de una bicicleta.*

cúprico, ca. adj. *Quím.* Dicho de compuesto: De cobre bivalente. *Óxido cúprico.*

cúpula. f. **1.** Bóveda semiesférica con que se cubre un edificio o parte de él. *La cúpula de la catedral de Florencia.* **2.** Conjunto de los máximos dirigentes de un organismo, partido o empresa. *La cúpula del banco está reunida.*

cura[1]. m. **1.** Sacerdote encargado de una parroquia. *Tenemos un cura joven en la parroquia.* Tb. *~ párroco.* **2.** coloq. Sacerdote católico. *El cura que los casó ha bautizado también a sus hijos.*

cura[2]. f. Curación. *No hay cura para esa enfermedad.* ■ **no tener ~.** loc. v. coloq. Ser incorregible. *Es uno de esos fumadores que no tienen cura.*

curable. adj. Dicho de enfermo o enfermedad: Que se puede curar. *Muchos tipos de cáncer son curables si se diagnostican a tiempo.*

curación. f. **1.** Hecho o efecto de curar o curarse un enfermo o una enfermedad. *El estado anímico del paciente es un factor decisivo en su curación.* **2.** Hecho de curar un alimento. *El chorizo necesita unos cincuenta días de curación.* ▶ CURA.

curandero, ra. m. y f. **1.** Persona que, careciendo de estudios médicos, se dedica a curar mediante procedimientos empíricos o rituales. *Desahuciado por los médicos, ha decidido acudir a un curandero.* **2.** Persona que ejerce la medicina sin título oficial. *El juez condenó al curandero por estafa.* ▶ **Am: 1:** HIERBERO.

curar. tr. **1.** Devolver la salud (a una persona o a un animal enfermos o heridos). *El psicólogo lo curó* DEL *miedo a las alturas.* Tb. fig. *Es un idealista que pretende curar al mundo* DE *sus males.* **2.** Hacer desaparecer (una enfermedad o una herida). *Esas pastillas curan el acné.* Tb. fig. **3.** Aplicar los remedios necesarios para devolver la salud (a una persona o a un animal enfermos o heridos). *La veterinaria cura a un perro atropellado.* **4.** Aplicar a una persona o animal los remedios necesarios para hacer desaparecer (una enfermedad o una herida). *Cúrale la herida con agua oxigenada.* **5.** Preparar (un alimento determinado) sometiéndo(lo) a algún procedimiento para que se conserve por más tiempo. *La mojama es atún curado.* ○ intr. **6.** Recuperar la salud una persona o animal enfermos o heridos. Frec. prnl. *Se curará pronto, no te preocupes.* **7.** Desaparecer una enfermedad o una herida.

Frec. prnl. *Las quemaduras se curan mejor tapadas.* ▶ **1, 6:** SANAR.

curare. m. Sustancia amarga y resinosa capaz de paralizar los nervios motores, que se extrae de la corteza de algunos árboles sudamericanos. *Las tribus indígenas de Brasil envenenaban sus flechas con curare.*

curasao. m. Bebida alcohólica fabricada con corteza de naranja verde, aguardiente y azúcar. *Ha preparado un cóctel que lleva vodka, menta y curasao.*

curativo, va. adj. Dicho de cosa: Que sirve para curar. *Los lugareños conocen los efectos curativos de las plantas de la región.*

curda. adj. **1.** coloq. Borracho (trastornado por exceso de bebida alcohólica). *A media noche, casi todos los invitados estaban ya medio curdas.* Tb. m. y f. ● f. **2.** coloq. Borrachera (estado de la persona borracha). *Déjale que duerma, que tiene una curda impresionante.*

curdo, da. (Tb. **kurdo**). adj. De un pueblo que habita en la región del Curdistán, repartida entre los Estados de Turquía, Irán, Iraq y Siria. *Aldea curda.* Dicho de pers., tb. m. y f. *Los curdos son pastores y agricultores.*

curia. f. Conjunto de congregaciones y tribunales de la corte papal, que intervienen en el gobierno de la Iglesia católica. Tb. ~ *pontificia* o *romana. Cada congregación de la curia está presidida por un cardenal.*

curio. m. *Fís.* Unidad de medida de la radiactividad (Símb. *Ci*).

curiosamente. adv. **1.** De manera curiosa. *El párrafo de la discordia había pasado curiosamente inadvertido.* **2.** Con cuidado. *Se acicaló curiosamente.*

curiosear. tr. Intentar enterarse (de cosas ajenas). *Mientras la esperaba, curioseó los estantes de la librería.* Frec. usado en constr. intr. *Le encanta curiosear.*

curiosidad. f. **1.** Cualidad de curioso. *Tiene curiosidad por aprenderlo y saberlo todo.* **2.** Cosa curiosa o rara. *En esa tienda venden verdaderas curiosidades.*

curioso, sa. adj. **1.** Que desea saber o averiguar cosas ajenas. *No seas tan curioso y métete en tus asuntos.* **2.** Que llama la atención o despierta interés por su rareza o por sus peculiaridades. *El ornitorrinco es un animal curioso.*

curita. (Marca reg.: *Curitas*). f. Am. Tirita. *Conviene llevar gasa, algodón, vendas, curitas y tela adhesiva* [C].

currante. m. y f. coloq. Trabajador. *Tiene dinero, pero es un currante como todos.*

currar. intr. **1.** coloq. Trabajar, u ocuparse en una actividad que requiere un esfuerzo físico o intelectual. *Cuando llega de la oficina, se pone a currar en casa.* **2.** coloq. Trabajar, o ejercer una actividad profesional retribuida. *Curra* DE *mensajero.*

curre. m. coloq. Trabajo (actividad remunerada). *Lo aburre su curre de oficinista.*

curricular. adj. Del currículo. *Los docentes elaboraron el proyecto curricular del centro.*

currículo. m. **1.** Plan de estudios. *¿Qué materias se incluyen en el currículo de secundaria?* **2.** Currículum vítae. *El jefe de personal revisa los currículos de los aspirantes al puesto.*

currículum vítae. (loc. lat.; pronunc. "kurríkulum-bíte" o "kurríkulum-bítae"; pl. invar.). m. Relación de datos personales, formación académica, actividad profesional y méritos de una persona. *Las interesadas deben enviar currículum vítae y una fotografía reciente al apartado de correos 35678.* ▶ CURRÍCULO.

currito. m. coloq. Trabajador, espec. el de nivel inferior o el que realiza labores de poca importancia. *No cobrará mucho, es solo un currito.*

curro. m. coloq. Trabajo (actividad remunerada). *Estoy cansado del curro.*

curruca. f. Ave canora de pequeño tamaño, plumaje pardo, cabeza redonda y pico y cola rectos, de la que existen varias especies. *La curruca macho. Las currucas se alimentan básicamente de insectos.*

currusco. m. Corrusco.

curry. (pal. ingl.; pronunc. "cúrri"). m. Condimento de color amarillo, originario de la India, que consiste en una mezcla de especias en forma de polvo. *¿Cenaste en un restaurante indio y no probaste el pollo al* curry*?* ¶ [Adaptación recomendada: *curri,* pl. *curris*].

cursar. tr. **1.** Estudiar (una materia, un curso o un ciclo de enseñanza). *Cursa primero de ESO en un instituto.* **2.** Dar curso (a un documento). *No admiten su solicitud porque no la ha cursado dentro del plazo legal.*

cursi. (sup. **cursilísimo**). adj. despect. Que pretende ser elegante o refinado y resulta afectado o ridículo. *Lleva un vestido rosa un poco cursi.* Dicho de pers., tb. m. y f. *Me da vergüenza salir con ese cursi.*

cursilada. f. despect. Cosa cursi. *Ese sombrero de plumas es una cursilada.*

cursilería. f. **1.** despect. Cualidad de cursi. *Su última película cae en la cursilería buscando la lágrima fácil.* **2.** despect. Cosa cursi. *Los votos que leyeron los novios eran una cursilería.*

cursilísimo, ma. → **cursi.**

cursillista. m. y f. Persona que hace un cursillo. *El director entregará los diplomas de asistencia a los cursillistas.*

cursillo. m. Curso breve, espec. para completar la formación. *Los alumnos de Educación Física han hecho un cursillo de primeros auxilios.*

cursiva. f. Letra cursiva (→ **letra**). *Los títulos de los libros se escriben en cursiva.*

curso. m. **1.** Recorrido de una corriente de agua. *Los exploradores siguieron el curso del río.* **2.** Evolución o desarrollo de algo. *La enfermedad sigue su curso natural.* **3.** Período anual de clases establecido oficialmente en los centros de enseñanza. *El curso empieza en septiembre.* **4.** Período de actividad anual de ciertas instituciones. *Solemne apertura de curso en la Real Academia de la Historia.* **5.** Cada uno de los niveles en que se divide por cursos (→ 3) un ciclo de enseñanza. *Un alumno de primer curso.* **6.** Conjunto de alumnos de un curso (→ 5). *Todo el curso ha faltado hoy a clase.* **7.** Serie de clases sobre una o varias materias, organizadas como una unidad y de duración variable. *Me he apuntado a un curso de lengua y cultura portuguesas.* **8.** Libro sobre el estudio general de una materia. *Saussure es el autor del "Curso de lingüística general".* **9.** Circulación o paso de unas personas a otras. *El euro es la única moneda de curso legal en España.* ■ **dar ~** (a un documento). loc. v. Tramitar(lo) para que cumpla su función. *No han dado curso a mi reclamación.* ■ **en ~.** loc. adj. Dicho de mes o año: Corriente. *Las obras terminarán en el mes de noviembre del año en curso.*

cursor. m. *Inform.* Elemento, gralm. en forma de línea parpadeante, que indica en qué punto de la pantalla de un ordenador se va a situar el próximo carácter que introduzca el usuario. *La velocidad de intermitencia del cursor es muy lenta.*

curtido[1]. m. Hecho de curtir. *En el curtido de pieles se emplean agentes químicos y naturales.*

curtido[2], **da.** part. **1.** → **curtir.** ● m. **2.** Piel de animal curtida (→ 1). *El aire aquí es irrespirable por el olor que despide el almacén de curtidos.*

curtidor, ra. m. y f. Persona que tiene por oficio curtir pieles de animales. *Trabaja como curtidor en una fábrica de zapatos.*

curtiembre. f. Am. Taller o establecimiento donde se curten pieles de animales. *Los vapores de las curtiembres y el hollín de las chimeneas entoldaban el cielo* [C].

curtir. tr. **1.** Someter (la piel de un animal) a un tratamiento que (la) hace flexible y (la) prepara para que se pueda emplear como material en industrias diversas. *En la fábrica curten pieles para hacer artículos de marroquinería.* **2.** Endurecer y tostar el sol o el aire (la piel de una persona). *El aire de la montaña curte la piel.* Tb. en constr. prnl. media. *La piel se curte con el aire.* **3.** Acostumbrar (a una persona) a sobrellevar daños o adversidades. *Tantos fracasos acaban por curtirnos.* Tb. en constr. prnl. media. *Es un hombre muy curtido.* **4.** Hacer que (una persona) pase a tener experiencia en algo, espec. en un trabajo. *Su misión era curtir a los más jóvenes en la defensa personal.* Tb. en constr. prnl. media. *Estoy bastante curtido en entrevistas de trabajo.* ▶ **1:** ADOBAR.

curul. f. Am. Escaño (puesto de los parlamentarios). *Poco después alcanzó una curul en la Asamblea Nacional Constituyente* [C]. ▶ *ESCAÑO.

curva. → **curvo.**

curvado, da. part. **1.** → **curvar.** ● adj. **2.** De forma curva. *Los loros tienen el pico curvado.* ▶ **2:** *CURVO.

curvar. tr. Doblar o torcer (algo) en forma curva. *La carga curva su espalda.* Tb. en constr. prnl. media. *Las ramas de los árboles se curvan con el viento.* ▶ ALABEAR, COMBAR.

curvatura. f. **1.** Cualidad de curvo. *No me llama la atención el tamaño del cuchillo, sino su curvatura.* **2.** *tecn.* Desviación de la línea curva respecto de una línea recta. *El golfo de Panamá tiene 170 km de curvatura.*

curvilíneo, a. adj. Formado por una o más líneas curvas. *El curso del río se vuelve curvilíneo a medida que se interna en el continente. Alternan adornos rectilíneos y curvilíneos.*

curvo, va. adj. **1.** Dicho de línea: Que cambia de dirección sin formar ángulos y no es recta en ninguna de sus porciones. *En el cuadro predominan las líneas curvas.* Tb. f. *La circunferencia es una curva cerrada.* **2.** Dicho de superficie: Que no es plana en ninguna de sus porciones. *La superficie de la lente es curva.* **3.** De la línea o superficie curvas (→ 1, 2). *La piscina tiene forma curva.* **4.** Dicho de cosa: Que tiene forma curva (→ 3). *Tiene unas cejas muy curvas.* ● f. **5.** Tramo curvo (→ 4) de algo como un camino o una carretera. *El coche se salió de la carretera en una curva.* ○ f. pl. **6.** coloq. Formas acentuadas de la silueta femenina. *Es una rubia con curvas.* ▶ **4:** ALABEADO, COMBO, CORVO, CURVADO.

cuscurro. m. Corrusco.

cuscús. m. Plato típico magrebí, elaborado con sémola de trigo en grano, y servido con carne, pollo o verduras. *El cuscús es el plato nacional de Marruecos.*

cúspide. f. **1.** Cumbre de una montaña. *Tenemos que alcanzar la cúspide.* **2.** Punto más alto al que se puede llegar. *El magistrado llegó a la cúspide de la judicatura.* **3.** Parte más alta de algo, rematada en punta. *En la película, el simio gigante trepa hasta la cúspide* DEL *rascacielos.* **4.** *Mat.* Punta de una pirámide o de un cono. Tb. fig. *El rey está en la cúspide de la pirámide social del antiguo régimen.* ▶ **1-3:** *CIMA. **4:** VÉRTICE.

custodia. f. **1.** Hecho de custodiar. *Tienen a su cargo la custodia del palacio.* **2.** *Rel.* Pieza de oro, plata u otro metal, en que se expone el Santísimo Sacramento a la adoración de los fieles. *El tesoro más valioso de la iglesia es una custodia barroca de plata.*

custodiar. (conjug. ANUNCIAR). tr. **1.** Tener cuidado (de algo) o vigilar(lo) para evitar que sea robado. *Los guardias custodian las joyas de la corona.* **2.** Vigilar (un lugar) para controlar los accesos (a él). *El centinela custodia el cuartel.* **3.** Vigilar (a alguien) para evitar que escape o para preservar su seguridad. *Dos policías custodiaban al testigo.* ▶ *VIGILAR.

cutáneo, a. adj. Del cutis. *El contacto con la hiedra venenosa produce una erupción cutánea.*

cúter. m. Instrumento para cortar consistente en una cuchilla que se guarda dentro de su propio mango. *En la clase de manualidades el niño cortaba un cartón con el cúter.*

cutícula. f. **1.** Piel fina y delgada que rodea la base de las uñas. *La manicura reblandeció las cutículas con una crema.* **2.** *Biol.* Membrana que rodea un organismo animal o vegetal. *Las hojas de las plantas están cubiertas por una cutícula.*

cutis. m. Piel de un ser humano, espec. la de la cara. *La esteticista le hizo una limpieza de cutis.*

cutre. adj. **1.** coloq. Sucio, pobre o de mala calidad. *Nos fuimos a meter en el bar más cutre de la plaza.* **2.** coloq. Tacaño o miserable. *Es tan cutre que lleva los pantalones sujetos con una cuerda.* Tb. m. y f. *Es una cutre: le ha dado a su sobrino un euro por su cumpleaños.*

cutrerío. m. coloq. Cutrez (cualidad). *El defensor del espectador se queja del cutrerío de algunos programas.*

cutrez. f. **1.** coloq. Cualidad de cutre. *La cutrez de la tienda tenía su encanto.* **2.** coloq. Cosa cutre. *Es una cutrez cobrar un vaso de agua.*

cuy. m. Am. Cobaya (mamífero roedor). *Es común que los indígenas críen cuyes en sus casas y los preparen en ocasiones especiales* [C]. ▶ COBAYA.

cuyo, ya. (Se pronuncia siempre átono). adj. relat. El (*nombre*) del cual. Concuerda en gén. y núm. con el n. al que precede. *Tomó una decisión cuyas consecuencias ni siquiera imagina. Esta es la lista de las personas a cuyo nombre van dirigidas las cartas.*

cuzqueño, ña. adj. Del Cuzco (ciudad de Perú). *Templos cuzqueños.* Dicho de pers., tb. m. y f. *Los cuzqueños celebran la fiesta del Sol el 24 de junio.*

d

d. f. Letra del abecedario español cuyo nombre es *de.*

D., D.ª abrev. Don, doña. *¿Sabe si D.ª Beatriz Pulido va a estar en su despacho esta tarde?*

dable. adj. cult. Posible o factible. *Es dable concebir esperanzas.*

da capo. loc. adv. *Mús.* Desde el principio, repitiendo totalmente o hasta una indicación lo que se acaba de ejecutar. *Al ver "D. C.", el intérprete continúa da capo su ejecución.*

dacha. f. Casa de campo rusa. *Muchos moscovitas pasan sus vacaciones en la dacha.*

dacio, cia. adj. histór. De Dacia (antigua región europea). *Tribus dacias.* Dicho de pers., tb. m. y f. *Los dacios lucharon contra los romanos.*

dación. f. *Der.* Hecho o efecto de dar o entregar. *Algunos cuadros del museo proceden de daciones en pago de impuestos.*

dactilar. adj. De los dedos. *En la habitación había impresiones dactilares de tres personas.* ▶ DIGITAL.

dactílico, ca. adj. *Lit.* Del dáctilo o con dáctilos. *Ritmo dactílico. Hexámetro dactílico.*

dáctilo. m. *Lit.* En la poesía grecolatina: Pie formado por una sílaba larga seguida de dos breves. *¿Cuántos dáctilos tiene un pentámetro?*

dadá. adj. **1.** Dadaísta. *Manifiesto dadá.* ● m. **2.** Dadaísmo. *El dadá fue una vanguardia del siglo* XX.

dadaísmo. m. Movimiento artístico y literario de vanguardia, surgido a principios del s. XX y caracterizado por la negación de los cánones estéticos establecidos y por la apertura hacia la expresión de la irracionalidad. *El dadaísmo sentará las bases del surrealismo.* ▶ DADÁ.

dadaísta. adj. **1.** Del dadaísmo. *Poema dadaísta.* **2.** Partidario o cultivador del dadaísmo. *Tristan Tzara era un escritor dadaísta.* Tb. m. y f. *En París, contactó con los dadaístas.* ▶ DADÁ.

dádiva. f. Cosa que se da gratuitamente. *Recibían generosas dádivas de su señor.*

dadivosidad. f. Cualidad de dadivoso. *Es conocida su dadivosidad con los necesitados.* ▶ *GENEROSIDAD.

dadivoso, sa. adj. Generoso o inclinado a hacer dádivas. *El dadivoso monarca premiaba a sus leales con tierras y distinciones.* ▶ *GENEROSO.

dado¹. m. **1.** Pieza cúbica en cuyas caras hay señalados puntos, desde uno hasta seis, y que se utiliza en algunos juegos. *Agitó el dado, lo lanzó y sacó un seis.* Frec., en pl., designa el juego consistente en tirar varias de esas piezas para obtener combinaciones que otorgan distintas puntuaciones. *En una esquina del bar, unos hombres juegan a los dados.* **2.** Pieza u objeto con forma cúbica. *De aperitivo, pon unos dados de queso.*

dado², da. part. **1.** → **dar.** ● adj. **2.** Inclinado, o que tiene tendencia a algo. *No es muy dado* A *hacer deporte.* **3.** Determinado o concreto. *En un momento dado me desapareció la maleta.* ■ **dado que.** loc. conjunt. **1.** Puesto que. *Dado que hay un empate a votos, que decida el presidente.* **2.** Si, o siempre que. *Dado que sea verdad lo que dice el testigo, el acusado sería culpable.*

dador, ra. adj. Que da. *Para ellos, Dios es dador de vida.* Dicho de pers., tb. m. y f. *Estimado amigo: Me permito recomendarle al dador de esta carta.*

daga. f. Arma blanca semejante a una espada pequeña, de hoja corta y gralm. con doble filo. *El bandido lleva una daga sujeta al cinturón.*

daguerrotipia. f. Técnica fotográfica primitiva mediante la cual las imágenes recogidas con la cámara oscura se fijan en placas metálicas. *Desde la daguerrotipia hasta la fotografía digital se ha avanzado mucho.* ▶ DAGUERROTIPO.

daguerrotipo. m. **1.** Aparato utilizado para obtener imágenes por daguerrotipia. *El daguerrotipo se inventó hacia 1837.* **2.** Fotografía obtenida mediante la daguerrotipia. *La escena quedó inmortalizada en un daguerrotipo.* **3.** Daguerrotipia. *Pronto el daguerrotipo fue sustituido por nuevos procedimientos fotográficos.*

daiquiri o **daiquirí.** (**daiquirí**, Am.). m. Cóctel preparado con ron, zumo de limón y azúcar. *No era ocasión de tomar un daiquirí, un trago tan festivo* [C].

dalái lama. (Frec. en mayúsc.; pl. **dalái lamas**). m. Sumo sacerdote del lamaísmo, que ejerce como máximo dirigente espiritual y político del Tíbet (región asiática). *Los tibetanos creen que, al morir, el Dalái Lama se reencarna en un niño.*

dalia. f. Planta de hojas ovaladas y flores grandes de diversos colores y con muchos pétalos, que se cultiva como ornamental. *Plantó dalias y jacintos.* Tb. la flor. *Un ramo de dalias.*

dálmata. adj. **1.** De Dalmacia (región de Croacia). *Costa dálmata.* Dicho de pers., tb. m. y f. *El ejército romano sofocó la rebelión de los dálmatas.* ● m. **2.** Perro dálmata (→ **perro**). *Su mascota es un dálmata.* **3.** Antigua lengua hablada en Dalmacia. *Del latín derivaron lenguas hoy extintas, como el dálmata.*

dalmática. f. **1.** *Rel.* Vestidura sagrada que cubre el cuerpo por delante y por detrás, con una especie de mangas anchas y abiertas, y que usan los diáconos encima de otras vestiduras en las celebraciones litúrgicas. *En la sacristía hay casullas, túnicas y dalmáticas.* **2.** Túnica abierta por los lados, con mangas anchas y cortas, usada antiguamente por guerreros y personajes de relevancia, y hoy por maceros y heraldos.

daltoniano, na. adj. Daltónico. Dicho de pers., tb. m. y f. *Los daltonianos confunden algunos colores.*

daltónico, ca. adj. Que padece daltonismo. *Un conductor daltónico podría saltarse los semáforos.* Dicho de pers., tb. m. y f. ▶ DALTONIANO.

daltonismo. m. Defecto de la vista que consiste en no percibir determinados colores o en confundir algunos de ellos. *El gen del daltonismo es hereditario.*

dama. f. **1.** Mujer noble o distinguida. *Casó con una dama española, hija de un conde. Su madre es una gran dama, elegante y educada.* **2.** cult. Mujer adulta.

–Primero las damas –dijo, cediéndome el paso. Se usa como tratamiento de cortesía. *–Damas y caballeros, ¡comienza el espectáculo!* **3.** cult. Mujer amada. *El poeta nos describe la belleza de su dama.* **4.** Actriz que interpreta el papel principal en una obra de teatro. *Durante años fue la dama joven de la compañía.* Frec. *primera ~. La primera dama sale a recibir los aplausos del público.* **5.** histór. Mujer que acompañaba o servía a una reina, una princesa o una infanta. *Las damas vestían a la infanta.* **6.** En el ajedrez: Reina. *Le hizo jaque mate con la dama y una torre.* **7.** Pieza que, en el juego de las damas (→ 8), por haber alcanzado la primera línea del contrario, se corona con otra pieza y puede correr toda la línea. *En una jugada soplé tres fichas e hice dama.* ○ pl. **8.** Juego para dos jugadores que se practica sobre un tablero de 64 escaques, con doce fichas para cada jugador. *¿Echamos una partida de damas?* ■ **~ de honor.** f. Mujer, espec. joven, que acompaña a otra, protagonista de un acto público o una ceremonia. *Las damas de honor cuidan de que la cola del vestido de la novia no se enganche.* ■ **~ de noche.** f. Planta de flores blancas, muy olorosas durante la noche. *Paseando por el parque huele a dama de noche.* ■ **primera ~.** f. En algunos países: Esposa del presidente de Gobierno. *El presidente estadounidense vendrá acompañado de la primera dama.* ▶ **6:** REINA.

damajuana. f. Vasija gralm. de vidrio, abombada, de cuello estrecho y frec. protegida por un revestimiento, que se usa para contener líquidos. *Llevan una cesta con la merienda y una damajuana de vino.*

damasceno, na. adj. De Damasco (capital de Siria). *Terciopelo damasceno.* Dicho de pers., tb. m. y f. *Entre los esclavos había nubios, libios y damascenos.*

damasco. m. **1.** Tejido fuerte de seda o algodón, que forma dibujos y está hecho con hilos de un solo color. *El mobiliario está tapizado en damasco y terciopelo.* **2.** frecAm. Variedad de albaricoquero. *Había un damasco, un ciruelo y una higuera* [C]. Tb. su fruto. *Postre: compota de damascos* [C].

damasquinado. m. Trabajo de adorno que se realiza incrustando oro o plata en hierro u otro metal. *El damasquinado tiene mucha tradición en Toledo y Granada.*

damasquinar. tr. Hacer labores de damasquinado (en un objeto). Frec. en part. *Observen la empuñadura damasquinada de la espada.*

damero. m. **1.** Tablero del juego de damas. *Cada jugador coloca sus fichas en las casillas negras de su lado del damero.* **2.** Plano de una zona urbanizada constituido por cuadros o rectángulos. *El barrio del Ensanche configura un damero regular.* **3.** Pasatiempo parecido a un crucigrama, en cuyas casillas, una vez resuelto, se puede leer un texto. *Mientras esperaba, le dio tiempo a hacer un damero.*

damisela. f. Muchacha que presume de señorita distinguida. Frec. despect. *¿De dónde ha salido esa damisela tan emperifollada?*

damnificado, da. part. **1.** → **damnificar. 2.** Que ha resultado damnificado (→ 1), espec. en una desgracia de carácter colectivo. Dicho de pers., tb. m. y f. *Hay miles de damnificados en la zona del terremoto.*

damnificar. tr. Causar daño (a alguien o algo). Frec. en part. *En el incendió resultó damnificado un hotel.*

dan. m. En algunas artes marciales, como el yudo: Cada uno de los diez grados que se conceden a partir del cinturón negro. *Mi profesor de yudo es cinturón negro 4º dan.*

dandi. m. Hombre que se distingue por su extremada elegancia y buenos modales. *Él, todo un dandi, saludaba a las señoras con una leve inclinación.*

dandismo. m. Cualidad de dandi. *Se mueve en ambientes refinados, exhibiendo su dandismo.*

danés, sa. adj. **1.** De Dinamarca. *Groenlandia pertenece a la corona danesa.* Dicho de pers., tb. m. y f. *Los daneses rechazaron la adopción del euro.* **2.** Del danés (→ 3). *Gramática danesa.* ● m. **3.** Lengua hablada en Dinamarca. *Aprenden danés en Copenhague.* **4.** Perro danés (→ **perro**). *Tenía un perro grande, no sé si un mastín o un danés.*

dantesco, ca. adj. **1.** Del poeta italiano Dante (1265-1321) o con características semejantes a las de sus obras. *Obras dantescas.* **2.** Dicho de escena o situación: Que causa espanto o impresiona por su carácter terrible. *Las imágenes del atentado son dantescas.*

danubiano, na. adj. Del Danubio (río de Europa central), o de los territorios que baña. *Visitamos ciudades danubianas de Austria y Hungría.*

danza. f. **1.** Baile (hecho o arte de bailar). *Es bailarín de una compañía de danza.* **2.** Baile (serie de movimientos al compás de la música). Gralm. designa el de carácter artístico o tradicional. *Antes del combate, los indios ejecutaban una danza guerrera. Danzas regionales.* **3.** coloq. Movimiento o actividad intensa. *Llevo en danza desde las siete de la mañana. Ponte en danza, que hay mucho que hacer.* **4.** coloq. Lío o asunto enredado. *¿Quién me manda a mí meterme en esta danza?* ▶ **1, 2:** BAILE.

danzador, ra. adj. Danzante (que danza). Dicho de pers., tb. m. y f. *Grupos de danzadores derviches.* ▶ *DANZANTE.

danzante. adj. **1.** Que danza. *Grupos danzantes.* Dicho de pers., tb. m. y f. *La procesión va encabezada por músicos y danzantes.* **2.** coloq. Dicho de persona: Poco juiciosa y entremetida. Tb. m. y f. ▶ **1:** DANZADOR, DANZARÍN.

danzar. intr. **1.** Bailar, o ejecutar movimientos con el cuerpo, los brazos y los pies al compás de una pieza musical. *Las bailarinas danzan al compás de "El lago de los cisnes".* **2.** coloq. Moverse o ir de un lado para otro continuamente. *He estado toda la tarde danzando por el centro en busca de un regalo. Guarda los apuntes, que no quiero que anden danzando por ahí.* ○ tr. **3.** Bailar al compás (de una pieza musical). *Los novios danzaban un vals.* ▶ **1, 3:** BAILAR.

danzarín, na. adj. Danzante. *Miraba aquí y allá con ojos danzarines.* Dicho de pers., tb. m. y f. *Danzarines del* ballet *ruso.*

danzón. m. Baile cubano de ritmo lento, semejante a la habanera. *Las parejas bailan danzón.* Tb. su música. *La orquesta tocó un danzón.*

dañar. tr. Causar daño (a alguien o algo). *El granizo ha dañado la cosecha. Un escándalo dañaría su reputación.* Tb. en constr. prnl. media. *Al caer, se ha dañado el hombro.*

dañino, na. adj. Que causa daño o perjuicio. *La envidia es muy dañina. Insectos dañinos para los cultivos.* ▶ *PERJUDICIAL.

daño. m. **1.** Efecto causado en alguien o en algo, y que supone una pérdida o un deterioro en su estado o en sus intereses. *La explosión causó daños en el edificio. Me gusta el picante, pero me hace daño.* **2.** Dolor o molestia causados por algo o alguien. *¿Te hacen daño los zapatos? Me hace daño que desconfíen de mí.* ■ **~s y perjuicios.** m. pl. Daños (→ 1) por los que se tiene derecho a exigir una compensación. Se usa espec. en derecho. *Han demandado al periódico por daños y perjuicios.* Tb. la cantidad que debe pagarse como compensación. *Los afectados reclaman daños y perjuicios.* ▶ **1:** *PERJUICIO.

dañoso, sa. adj. Que causa daño. *Automedicarse puede ser dañoso para la salud.* ▶ *PERJUDICIAL.

dar. (conjug. DAR). tr. **1.** Hacer que alguien o algo pasen a tener (una cosa). *Dame la llave inglesa. Le han dado una semana para pensarlo. El mes que viene daremos el texto a la imprenta. Dale otra oportunidad. La claraboya dará más luz a la buhardilla.* **2.** Producir (algo) como fruto o resultado. *El nogal ha dado muchas nueces este año. Leer sin gafas le da dolor de cabeza. El restaurante les da mucho dinero.* **3.** Ofrecer al público (un espectáculo, una película o un programa). *Hoy dan una película muy buena en la televisión. En el Gran Teatro dan "La vida es sueño".* **4.** Exponer (algo) para que sea conocido. *No des tu opinión si no te la piden. Tenía que dar varias conferencias.* **5.** Repartir (las cartas) a los jugadores. *Te toca a ti dar las cartas.* **6.** Extender (una sustancia) sobre algo, o poner(la) de modo que quede adherida a ello o lo impregne. *Hay que dar barniz a la puerta antes de colocarla. Deja que te dé pomada en la picadura. Aprenderás a darte colorete en las mejillas.* **7.** Soltar (algo), o desprender(lo) de sí. *El ajo le da un sabor fuerte. La estufa daba mucho calor. Hay perfumes que dan un olor desagradable.* **8.** Decir o expresar (algo). *Dio el pésame a la viuda. Ni siquiera me ha dado las gracias.* **9.** Seguido de un nombre: Realizar (la acción designada por él). *El grito que dio se oyó en toda la casa. No quiso darle un beso. Por la tarde saldremos a dar un paseo. Empezó a dar patadas a la puerta.* **10.** Causar o provocar (una determinada sensación o emoción). *Cuando se ponía furioso, nos daba miedo. Ese olor me da asco. Daba pena verlo en aquel estado. Da gusto no tener que madrugar.* **11.** Accionar el mecanismo que hace fluir (algo, como la luz, el agua o el gas), o ponerlo en funcionamiento. *La lavadora no funcionará hasta que no des el agua. Repararon enseguida la avería y volvieron a dar la luz. Cómo va a sonar la radio si aún no has dado la corriente.* **12.** Marcar un reloj (una determinada hora) haciendo sonar las campanadas correspondientes. *El reloj del ayuntamiento dio las once.* **13.** Hacer que (un período de tiempo) transcurra de manera desagradable para alguien. *¡El niño nos ha dado una noche!, no ha parado de llorar. El reúma acabó dándome las vacaciones. El invitado nos ha dado la comida con sus chistes.* **14.** Ofrecer (algo) a los asistentes con motivo de alguna celebración. *Dieron un banquete de boda para doscientas personas. Tras el homenaje darán una copa.* **15.** Seguido de *por* y un adjetivo o participio: Declarar o considerar (algo o a alguien) lo expresado por ese adjetivo o participio. *Lo dieron por muerto. Doy por bien empleado el dinero que gasté. Dimos por zanjado el asunto. No te des por vencido tan pronto.* ○ intr. **16.** Seguido de un complemento introducido por *de* que expresa un golpe o daño: Hacer sufrir a alguien lo expresado. *Se le echó encima y le dio de puñaladas. Me daría de bofetadas por no haberme acordado.* **17.** Se usa en constr. como *da igual, da lo mismo* o *tanto da* para expresar que algo es indiferente. *Me da igual lo que diga. Le daba lo mismo ir o no. Igual da una cosa que otra. Tanto da que se lo digas o no.* **18.** Aparecer una sensación o una emoción en alguien. *Cuando se enteró, casi le da un síncope. ¿No te dio la impresión de que estaba nervioso? Menudo alegrón vas a darle.* **19.** Seguido de un complemento introducido por *con:* Encontrar a la persona o cosa designadas por él. *No dieron con el excursionista perdido hasta el amanecer. No doy con las llaves. No conseguía dar con la solución.* **20.** Chocar o golpear contra algo. *La moto derrapó y fue a dar* CONTRA *la valla.* Tb. prnl. *Me he dado* EN *la rodilla. Se cayó y se dio* CONTRA *una roca.* **21.** Seguido de un complemento introducido por *a:* Estar algo orientado hacia la parte designada. *La fachada de la casa da al norte. La ventana daba a un patio interior.* **22.** Llegar algo, como los rayos del sol, la luz o el viento a una cosa, o incidir en ella. *El resplandor me dio* EN *los ojos y me deslumbró. A estas horas ya no dará el sol* EN *la terraza. Me gusta que me dé el viento* EN *la cara.* **23.** Seguido de adverbios como *bien* o *mal:* Resultar o quedar alguien de la manera indicada. *Seguro que dará fantástica* EN *las fotografías. Das muy bien* EN *televisión.* **24.** Seguido de un complemento introducido por *a:* Realizar con la cosa designada por él la acción que le corresponde. *Lleva toda la tarde dándole a la guitarra. A ver si dejas ya de darle al martillo. Le da demasiado al vino.* **25.** cult. Seguido de *en* y un infinitivo: Empezar a hacer lo expresado. *No se sabía cómo dio en pensar aquel despropósito.* **26.** cult. Hacer caer al suelo. Se usa en la constr. *dar* con alguien o algo *en el suelo* o *en tierra. Lo empujaron y dieron con él* EN *el suelo. El caballo dio con él* EN *tierra. Ve con cuidado, no vayas a dar con la cabeza* EN *el suelo.* **27.** coloq. Seguido de una oración introducida por *que:* Tener el presentimiento de lo expresado por ella. *Me da que no va a salir bien. ¿No te da que están tramando algo?* **28.** coloq. Seguido de un complemento introducido por *a:* Accionar o poner en funcionamiento lo expresado por él. *Dale a la llave de contacto a ver si arranca el motor. Le doy al interruptor y no se enciende la luz. Dale al botón para que venga la enfermera.* ○ intr. prnl. **29.** Suceder algo, o hacerse realidad. *También puede darse el caso de que el negocio sea ilegal. En aquellos años se dieron las circunstancias favorables para un cambio. Se da la casualidad de que fuimos compañeras de colegio.* **30.** Seguido de un complemento introducido por *a:* Dedicarse con fuerte interés a la actividad designada por él. *Se dio a la pintura desde niño. ¿Dices que se ha dado a la bebida?* **31.** Seguido del adverbio *bien* (o *mal*) u otro equivalente: Tener aptitud (o no tenerla) para tratar o manejar algo o a alguien. *Se te da peor que a él improvisar discursos. Se le dan de pena las matemáticas. Se nos dan bien los animales. Los niños se me dan de maravilla.* ○ intr. impers. **32.** Seguido de un complemento introducido con *por:* Pasar a ser la persona o cosa designadas por él el interés principal para alguien. *Le dio por el bingo. Ahora le ha dado por coleccionar sellos. Desde pequeña le dio por su abuela.* ■ **dale que dale,** o **dale que te pego.** expr. coloq. Se usa para expresar la repetición de una acción. *Y yo aquí solo, dale que te pego, sin parar de trabajar. Llevaban toda la tarde dale que dale al ganchillo. Si seguimos dale que dale con que estudie, será contraproducente.* ■ **~ a conocer** (algo o a alguien). loc. v. Hacer que sean conocidas esa persona o cosa. *Se dieron a conocer en un programa de radio. Hicieron una campaña publicitaria para dar a conocer la nueva marca. En un informe da a conocer la situación de esas personas. Dará a conocer sus investigaciones en su próximo artículo.* ■ **~ a entender** (algo). loc. v. Decir(lo) de manera indirecta o poco clara. *Dio a entender que no estaba contento en la empresa.* ■ **~ de comer** (a alguien). loc. v. Proporcionar(le) alimento.

Le daban de comer con una sonda. ¿Ya has dado de comer al gato? Tb. fig. *El quiosco de periódicos daba de comer a toda la familia.* ■ ~ **de sí.** loc. v. Tener rendimiento. *Su cabeza no da más de sí. No puedes pedirle más, no da de sí. El negocio no daba de sí para mantenernos.* ■ ~ **de sí** una prenda. loc. v. Hacerse mayor alargándose o ensanchándose como consecuencia del uso. *Este jersey ha dado de sí. Los vaqueros me están estrechos, pero ya darán de sí.* ■ **dársela** (a alguien). loc. v. coloq. Engañar(lo). *A mí no me la das con esa cara de no haber roto nunca un plato.* ■ **dárselas** alguien (de algo). loc. v. coloq. Presumir (de ello). *No te las des de experto conmigo. Va por ahí dándoselas de mujer liberada.* ■ **y dale.** expr. coloq. Se usa para criticar la insistencia de una persona en algo. *¡Y dale!, te he dicho que no quiero seguir hablando de eso.*

dardo. m. **1.** Arma arrojadiza, pequeña y delgada, que se lanza con la mano o con una cerbatana. *Clavó el dardo en la diana. Los indígenas lanzan dardos envenenados.* **2.** cult. Dicho satírico o malintencionado. *En su discurso lanzó varios dardos al presidente.*

dársena. f. Parte de un puerto resguardada artificialmente y preparada para la carga y descarga de embarcaciones. *En la dársena ha atracado un carguero.*

darwiniano, na. adj. Darwinista (de Darwin o del darwinismo). *La tesis darwiniana convertía al hombre en descendiente del mono.* ▶ DARWINISTA.

darwinismo. m. Teoría biológica de Charles Darwin (naturalista británico, 1809-1882), según la cual las especies evolucionan mediante un proceso de selección natural de los individuos. *El darwinismo encontró gran rechazo en su época.*

darwinista. adj. **1.** De Charles Darwin o del darwinismo. *Explica el concepto darwinista de la adaptación al medio.* **2.** Partidario o seguidor del darwinismo. *Biólogo darwinista.* Dicho de pers., tb. m. y f. ▶ **1:** DARWINIANO.

data. f. **1.** Indicación del lugar y tiempo en que se hace o sucede algo, espec. la que se pone al principio o final de un documento. *Bajo la firma figura la data: "Madrid, a 22 de febrero de 1900".* **2.** Fecha (tiempo en que se hace o sucede algo). *En la fachada del edificio está grabada la data de su construcción: 1715.* ▶ FECHA.

datación. f. Hecho o efecto de datar. *Solo es posible una datación aproximada de los hallazgos.*

datar. tr. **1.** Determinar la fecha (de algo). *Aún no han datado los fósiles.* **2.** Poner la fecha (a algo, espec. un documento). *No olvides datar el escrito.* ○ intr. **3.** Tener una cosa su principio en el tiempo que se indica. *La catedral data* DEL *siglo* XVII. ▶ **1, 2:** FECHAR.

dátil. m. **1.** Fruto de la palmera, de forma alargada, color marrón y carne dulce comestible. *Haré un pastel con pasas y dátiles.* **2.** coloq. Dedo de la mano de una persona. *Lávate los dátiles antes de comer.* ■ ~ **de mar.** m. Molusco comestible con una concha cuya forma y color recuerda los del dátil (→ 1).

datilera. f. Palmera que produce dátiles. *Cultivan plataneros y datileras.* Tb. *palmera ~. Una plantación de palmeras datileras.*

dativo. m. *Gram.* Caso de la declinación con que se expresa la función de complemento indirecto. *¿Cuál es el dativo plural de "civis"?* Tb. *caso ~.* ■ ~ **de interés.** m. *Gram.* Pronombre que se usa con intención enfática para expresar la participación del sujeto en la acción verbal. *El profesor explicó la diferencia entre el dativo de interés y el dativo ético.* ■ ~ **ético.** m. *Gram.* Pronombre que se usa con intención enfática para expresar la participación de una persona distinta del sujeto en la acción verbal. *En la oración "mi niño no me come bien", "me" es un dativo ético.*

dato. m. **1.** Información necesaria y que sirve de fundamento para llegar al conocimiento exacto de algo. *Rellene el impreso adjunto con sus datos personales. Los testigos dieron muchos datos.* **2.** *Inform.* Información codificada de manera adecuada para que pueda ser tratada por un ordenador. *En el disco duro se almacenan gran cantidad de datos.*

d. C. abrev. Después de Cristo. *El poeta nació en 225 d. C.*

dcho., dcha. abrev. Derecho, derecha. *Viven en Pza. de los Ángeles, 6, 4° dcha.*

d. de C. abrev. Después de Cristo. *La ciudad fue fundada en el s.* II *d. de C.*

d. de J. C. abrev. Después de Jesucristo. *El acueducto fue construido en 115 d. de J. C.*

DDT. (sigla; pronunc. "de-de-te"). m. Dedeté. *Ya no se usan en la agricultura plaguicidas tan persistentes como el DDT.*

de[1]. f. Letra *d.*

de[2]. (Se pronuncia siempre átona). prep. **1.** Introduce un complemento que expresa posesión o correspondencia. *Se me ha pinchado una rueda de la bicicleta. La piel del melocotón es muy áspera. El fiscal del caso pidió cinco años para el acusado. No tengo el carné de la biblioteca. La compra del piso les llevó todos sus ahorros. El enfado de tu compañera no está justificado. Es un hombre de principios.* **2.** Introduce un complemento que expresa el origen o la procedencia de una persona o cosa. *Las mantecadas de Astorga tienen mucha fama. Vengo de su casa y no hay nadie.* **3.** Introduce un complemento que expresa la materia de que está hecho algo. *Le regaló un anillo de diamantes. Usaba sombrero de paja. El tejado era de pizarra. Le dieron una capa de barniz. Lleva camisetas de algodón.* **4.** Introduce un complemento que expresa el contenido de algo. *Descorchó una botella de champán. Llevaba un cántaro de agua. Compró una caja de clavos. Se comió un bocadillo de jamón. Llenó la carretilla de arena.* **5.** Introduce un complemento que expresa asunto o materia. *Es una película de terror. Solían discutir de política. ¿De qué estáis hablando?* **6.** Introduce un complemento que expresa la parte o el aspecto a los que se refiere lo expresado antes. *Se queja del estómago. Era muy morena de piel. Te queda algo estrecho de hombros. Es firme de carácter. Sentí algo difícil de explicar. Anda mal de salud.* **7.** Introduce el complemento agente de una oración pasiva. *El equipo está formado de chicos y chicas. Viene recomendado de un amigo. Es sabido de todos que no da ni golpe. Fue a la fiesta acompañado de su novia. La ciudad está rodeada de bosques.* **8.** Introduce un complemento que expresa causa. *Murió de cáncer. Lloraba de alegría. Encantado de conocerla. Estoy harta de repetírtelo.* **9.** Introduce un complemento que expresa modo o manera. *Vivió de alquiler varios años. Suelo dormir de un tirón.* **10.** Introduce un complemento que expresa medio o instrumento. *Tenían una cocina de leña. Encendimos la estufa de gas.* **11.** Introduce un complemento que expresa finalidad. *Utiliza las tijeras de podar para recortar el seto. La máquina de coser no funciona. Salió con su carro de la compra.* **12.** Introduce un complemento que expresa una cualidad o una actividad características de una persona o cosa. *Ponte las gafas de sol. Pasarás calor con jersey de cuello alto. No es de mucho hablar. Es un chico de pelo rizado. Es una persona de reacciones viscerales. Tuvo para él palabras de agradecimiento.* **13.** Introduce un complemento que indica el límite inicial en un intervalo de tiempo o espacio. Se usa frec. en correlación con *a*, que indica el límite final. *Cierran del quince de julio al quince de agosto. ¿Cuánto tardas de casa a la oficina? De ahora en adelante conduce despacio. De aquí a la estación habrá un par de kilómetros.* **14.** Precede a un nombre propio que especifica a qué persona o cosa se refiere el nombre anterior. *Vive en la calle de Alcalá. Me queda más cerca la estación de Atocha. Vive en el departamento de Cundinamarca.* **15.** Precede, expresando condición, a un verbo en infinitivo. *De ser verdad eso, entonces podemos prepararnos. Te habrían despedido, de no ser por él. De tener dinero, os invitaría. De no ir ahora, es mejor dejarlo para la semana que viene.* **16.** Precede a un nombre que designa la persona o cosa a las que se atribuye la cualidad o condición expresadas antes.*No quiero ver a la pesada de la secretaria por aquí. No me hables del imbécil de Alfredo. Es una delicia de criatura. Llevaba un horror de peinado. ¡Qué pena de oportunidad desperdiciada!* **17.** Introduce un complemento que designa el todo del que se considera la parte indicada antes. *Ha sobrado un poco de tarta. Si quieres, coge alguna de mis chaquetas. Veinte de los vecinos han pagado ya el recibo.* **18.** Introduce un complemento que expresa el término de comparación. *Comí más de lo debido. Fue menos caro de lo que esperábamos.* **19.** Forma parte de varias locuciones y construcciones adverbiales que indican modo o manera, o tiempo. *Entró de puntillas. Apareció de repente. Bajamos las escaleras de un salto. Canta de miedo. Saldremos de madrugada. Se ha hecho de noche. De niño le gustaban los tebeos.* **20.** Se usa para formar locuciones prepositivas como *a diferencia de* o *con respecto de*.

de-. pref. Significa 'acción opuesta o inversa' (*defragmentar, demodulador*), o 'privación o eliminación' (*defoliar, demineralización, defatigante*).

deambulación. f. Hecho de deambular. *En sus deambulaciones por el barrio, conoció a mucha gente.*

deambular. intr. Andar o ir de un lado a otro sin dirección determinada. *Deambulamos* POR *la ciudad hasta tarde.*

deambulatorio. m. *Arq.* En una catedral u otra iglesia: Pasillo transitable que rodea la parte trasera del altar mayor y da acceso a pequeñas capillas. *Desde el deambulatorio se accede a la capilla de la patrona.*

deán. m. Canónigo de una catedral que preside el cabildo en ausencia del obispo. *Concelebrarán la misa el obispo y el deán de la catedral.*

debacle. f. Desastre o catástrofe. *Toda guerra es una deblacle. La debacle electoral del partido.* ▶ *CATÁSTROFE.

debajo. adv. **1.** En posición o lugar inferior, o más bajo, respecto de algo que está en la misma vertical. *Nos sentamos a descansar debajo* DE *un castaño. Encontré debajo* DE *la cama el pendiente que había perdido. Esta mesa cojea, hay que ponerle algo debajo.* A veces precedido de prep. *Saca dinero de debajo* DE *las piedras. La presa pasa por debajo* DEL *molino.* **2.** En una situación inferior en cantidad, calidad o categoría. *Debajo* DEL *presidente está el consejo de administración.* Más frec. *por* ~. *La cantidad de lluvia caída este otoño está por debajo* DE *lo normal. Están muy por debajo* DE *ti en el escalafón. Tener menos dinero que ellos no hace que se sienta por debajo.* **3.** De forma que quede cubierto o tapado por algo. *Debajo* DEL *anorak se puso dos jerséis de lana.* ■ **por ~ de.** loc. prepos. Sin llegar al límite de. Se usa seguido de una expresión de cantidad. *Para mañana, han anunciado nieve por debajo de los mil metros.*

debate. m. Hecho de debatir o discutir. *Habrá debate televisado entre los candidatos.*

debatir. tr. **1.** Discutir (un tema) dos o más personas con opiniones diferentes. *Mañana debatirán la proposición de ley.* ○ intr. prnl. **2.** Luchar. *Se debate entre la vida y la muerte.* ▶ **1:** DISCUTIR.

debe. m. En una cuenta corriente: Columna en que se apuntan las cantidades que se cargan al titular. Se usa en contraposición a *haber*. *Anota el pago en el debe y el ingreso en el haber.* Tb. fig. *Es voluntariosa, pero tiene en su debe la falta de experiencia.*

debelación. f. cult. Hecho de debelar. *La debelación de los conjurados.*

debelador, ra. adj. cult. Que debela. Dicho de pers., tb. m. y f. *No quiere ser un héroe cervantino, debelador de molinos de viento.*

debelar. tr. cult. Vencer o someter (a un enemigo) por la fuerza de las armas. Frec. fig. *Se propuso debelar los prejuicios con las armas de la razón.*

deber. aux. **1.** Seguido de un infinitivo, expresa necesidad u obligación de hacer lo expresado por él. *¿Crees que debo exigir una indemnización? Puedes y debes aceptar el cargo. Debió haberlo solucionado antes. Deberías contárselo. Se empeña en tomar picante y no debe.* **2.** Seguido de *de* y un infinitivo, expresa probabilidad o suposición. *Deben de ser las cinco. Ha debido de salir a hacer algún recado. Debe de haberse vuelto loco, si cree que voy a dejarle el coche. Debí de dormir en una mala postura, porque tengo tortícolis.* ○ tr. **3.** Tener la obligación de pagar (algo, espec. una cantidad de dinero). *Cuando cobre, te daré lo que te debo. He ganado la apuesta, me debes una cena. ¿Qué le debo por los dos cafés? Se marchó dejando a deber el alquiler de dos meses.* **4.** Estar obligado a dar a alguien (algo inmaterial, espec. de carácter moral). *Le debes respeto y cariño. Les debes, al menos, algo de gratitud. Me debes una explicación.* **5.** Tener que estar agradecido (por algo) a una persona o a una cosa. *Debía todo lo que era a sus padres. Lo que has conseguido se lo debes a tu esfuerzo. Les debe la vida a los cirujanos que lo operaron.* **6.** Estar (algo) motivado o causado por una persona o cosa. *El pueblo debe su nombre a un santo. Ser de constitución delgada se lo debo a mi madre.* ○ intr. prnl. **7.** Tener a una persona o una cosa como objeto de especial interés y dedicación. *Se debe por entero* A *su profesión. En las entrevistas siempre dice que se debe* A *sus fans.* **8.** Ser una cosa consecuencia de otra. Se usa en part., o en las constr. *ser debido*, o *deberse*, a algo. *No habrá que recuperar los retrasos debidos* A *la huelga de autobuses. Mi mal humor se debe* A *que hoy todo me sale mal. La fiebre es debida* A *la infección.* ● m. **9.** Cosa que se tiene la obligación de hacer. *Todos tenemos derechos y deberes. No tiene ningún mérito, cumplía con mi deber.* ○ pl. **10.** Ejercicios que se encargan al alumno para hacer fuera de clase, como complemento de lo aprendido en ella. *No saldrás a jugar hasta que no hagas los deberes.* ▶ **3:** ADEUDAR.

debido. **como es ~.** loc. adv. Según lo que debe hacerse. *Compórtate como es debido. Espere su turno como es debido.* ■ **~ a.** loc. prepos. A causa de. *Se fue la luz debido a la tormenta. Fue ingresada debido a que se fracturó una cadera.*

débil. adj. **1.** Que tiene poca fuerza o resistencia. *La enfermedad la dejó muy débil.* Tb. fig. *Sus débiles argumentos no me convencen.* **2.** Que se deja dominar o que cede fácilmente ante alguien o algo. *Si eres débil, se aprovecharán de ti. Una persona de carácter débil.* **3.** Poco intenso. *Sopla una débil brisa.* **4.** Poco poderoso. *Los países fuertes avasallan a los débiles.* Dicho de pers., tb. m. y f. *Trabaja en una ONG para ayudar a los débiles.* **5.** Dicho de una moneda o de una divisa: Que internacionalmente no inspira confianza. *La peseta era entonces una moneda débil.* ▶ **1:** DELICADO, DESMADEJADO, ENCLENQUE, ENDEBLE, FLOJO, FRÁGIL.

debilidad. f. **1.** Cualidad o condición de débil. *La anorexia provoca debilidad. Aunque está a régimen, en un momento de debilidad se ha comido varios bombones.* **2.** Afición o gran interés por alguien o algo. *Siente debilidad* POR *los niños.* ▶ **1:** FRAGILIDAD.

debilitación. f. Debilitamiento. *Muchas horas frente al ordenador pueden causar debilitación de la vista.*

debilitamiento. m. Hecho o efecto de debilitar o debilitarse. *Se ha producido un debilitamiento del dólar.* ▶ DEBILITACIÓN.

debilitar. tr. Volver débil o más débil (algo o a alguien). *La enfermedad lo ha debilitado. El temblor de tierra debilitó los cimientos.* Tb. en constr. prnl. media. *Se ha debilitado por la enfermedad.* ▶ DEPAUPERAR, ENERVAR.

débito. m. **1.** cult. Deuda (obligación de pagar, u obligación moral). *¿A cuánto asciende su débito con el banco? El débito de un hijo con sus padres.* **2.** cult. Obligación que tienen los cónyuges en el matrimonio canónico de unirse sexualmente para engendrar hijos. Tb. ~ *conyugal. La noche de bodas cumplieron con el débito conyugal.*

debut. (pl. **debuts**). m. **1.** Presentación en público por primera vez de un artista o de un espectáculo. *Hará su debut como solista en el Auditorio Nacional.* **2.** Comienzo o primera actuación de alguien en una actividad. *En su debut marcó dos goles.*

debutante. adj. **1.** Que debuta. *Una actriz debutante.* Dicho de pers., tb. m. y f. *El debutante se lució con el capote.* ● f. **2.** Muchacha que hace su presentación en sociedad. *Está excitada como una debutante antes del baile.*

debutar. intr. Hacer su debut alguien, espec. un artista o una compañía. *Va a debutar en el cine con un pequeño papel.*

deca-. elem. compos. Significa 'diez'. *Decápodo, decaedro.* Se une a n. de unidades de medida para designar el múltiplo correspondiente (Símb. *da*). *Decalitro, decagramo.*

década. f. **1.** Decenio. *En 2010, el festival cumplirá una década.* **2.** Cada uno de los decenios en que se divide un siglo. *En la segunda década del siglo* XX *estalla la Primera Guerra Mundial.*

decadencia. f. **1.** Hecho o efecto de decaer. *El libro narra la decadencia de una familia aristocrática.* **2.** Período de decadencia (→ 1). Se usa espec. en arte e historia. *Vivió durante la decadencia del Imperio español.* ▶ **1:** DECAIMIENTO, DECLIVE.

decadente. adj. **1.** Que decae o está en decadencia. *La Revolución puso fin al decadente régimen zarista.* **2.** De la decadencia, o de un período de decadencia. *Llama la atención la decoración decadente del palacio.* **3.** Decadentista. *Pintura decadente.* Dicho de pers., tb. m. y f. *Conoce bien la poesía de simbolistas y decadentes.*

decadentismo. m. Tendencia artística y literaria surgida a finales del s. XIX y caracterizada por un afectado refinamiento formal y por un sentimiento, propio del fin de siglo, de nostalgia hacia formas de vida que se van perdiendo. *El simbolismo y el decadentismo ponían el acento en la estética.*

decadentista. adj. **1.** Del decadentismo. *Poema decadentista.* **2.** Partidario o cultivador del decadentismo. *Escritor decadentista.* Dicho de pers., tb. m. y f. *Es típico de los decadentistas el gusto por lo exótico.* ▶ DECADENTE.

decaedro. m. *Mat.* Cuerpo de diez caras. *Dibuja un decaedro regular.*

decaer. (conjug. CAER). intr. Perder una persona o cosa fuerza, bondad, importancia o valor. *El enfermo ha decaído mucho. La obra decae en el último acto. La exportación decayó en el último año.* ▶ DECLINAR.

decágono. m. *Mat.* Polígono de diez ángulos y diez lados. *Calcula la apotema de este decágono.*

decaído, da. part. **1.** → **decaer.** ● adj. **2.** Dicho de persona: Débil físicamente o desanimado. *Encuentro al niño decaído; habrá que darle vitaminas. Está muy decaído porque no tiene trabajo.*

decaimiento. m. **1.** Hecho de decaer. *La crisis ha causado un decaimiento del comercio.* **2.** Debilidad física o desánimo. *En el último kilómetro el atleta daba muestras de decaimiento.* ▶ **1:** *DECADENCIA.

decalcificación. f. *Med.* y *Quím.* Hecho de decalcificar. *Decalcificación de los huesos.* ▶ DESCALCIFICACIÓN.

decalcificar. tr. *Med.* y *Quím.* Descalcificar. *Decalcificar las aguas.* Tb. en constr. prnl. media. *Con la inmovilidad, los huesos se decalcifican más fácilmente.*

decálogo. m. **1.** Conjunto de los diez mandamientos de la ley de Dios. *El cristiano debe cumplir los preceptos del Decálogo.* **2.** Conjunto de normas o consejos básicos para algo, espec. si son diez. *Decálogo sobre prevención contra el cáncer.*

decanato. m. **1.** Cargo o dignidad de decano. *Opta al decanato del Colegio de Arquitectos.* Tb. el tiempo que dura. **2.** Lugar o edificio donde están las oficinas del decano. *Los alumnos interesados pueden solicitar información en el decanato.*

decano, na. m. y f. **1.** Miembro más antiguo de una colectividad. *El decano de los embajadores extranjeros.* Tb. adj. *El periódico decano de la prensa local.* **2.** Persona que tiene la máxima autoridad en una facultad universitaria. *Asistirán al acto el rector y el decano de la Facultad.* **3.** Persona que preside una corporación de profesionales. *Fue decana del Colegio de Abogados.*

decantación. f. Hecho o efecto de decantar o decantarse. *En su obra reciente hay una decantación* POR *lo geométrico. La decantación del vino.*

decantar. tr. **1.** Separar (un líquido) del poso que contiene, vertiéndo(lo) suavemente en otro recipiente. *Decanta con cuidado el vino en una jarra.* ○ intr. prnl. **2.** Inclinarse o tomar partido por alguien o algo. *Se ha decantado* POR *uno de los candidatos.*

decapado. m. *tecn.* Hecho de decapar. *El decapado de los portones lo hizo un restaurador.*

decapante. adj. *tecn.* Dicho de producto o sustancia: Que se usa para decapar. *Líquido decapante.* Frec. m. *Compra decapante en la droguería.*

decapar. tr. *tecn.* Limpiar la capa de óxido o pintura que cubre (una cosa). *El chapista decapó la puerta del coche y luego la pintó.*

decapitación. f. Hecho de decapitar. *El cuadro representa la decapitación de San Juan Bautista.* ▶ DESCABEZAMIENTO.

decapitar. tr. Cortar la cabeza (a alguien). *En la película, el asesino decapita a sus víctimas.* ▶ DESCABEZAR.

decápodo. adj. **1.** *Zool.* Del grupo de los decápodos (→ 2, 3). *Crustáceo decápodo. Molusco decápodo.* ● m. **2.** *Zool.* Crustáceo que tiene diez patas, como la langosta y el cangrejo de río. **3.** *Zool.* Cefalópodo que tiene diez tentáculos provistos de ventosas, dos de los cuales son más largos que los demás, como la sepia y el calamar.

decasílabo, ba. adj. *Lit.* Dicho de verso: De diez sílabas. *El verso "Del salón en el ángulo oscuro" es decasílabo.* Tb. m. *Un poema en decasílabos.*

decatleta. m. y f. *Dep.* Atleta que practica el decatlón. *Los decatletas son deportistas muy completos.*

decatlón. m. *Dep.* Prueba combinada de diez disciplinas atléticas que debe realizar un mismo atleta. *En el decatlón hay cuatro carreras, tres pruebas de salto y tres de lanzamiento.*

deceleración. f. Desaceleración. *El carril de deceleración para salir de la autovía.*

decena. f. Conjunto de diez unidades. *En clase de Inglés somos una decena de alumnos.*

decenal. adj. **1.** Que sucede cada diez años. *Un informe decenal.* **2.** Que dura diez años. *Un plan decenal de inversiones.*

decencia. f. Cualidad de decente. *Espero que tenga la decencia de disculparse. Dice que los jóvenes han perdido la decencia.*

decenio. m. Tiempo de diez años. *En el decenio 1895-1905 los acontecimientos se precipitan.* ▶ DÉCADA.

decente. adj. **1.** Honrado, o que actúa conforme a las normas morales o legales establecidas. *No aceptará ningún tejemaneje; es un tipo muy decente.* **2.** De costumbres sexuales moralmente aceptadas. *Me dijo que una chica decente no vuelve a casa a esas horas.* **3.** Propio de la persona decente (→ 1, 2). *Salí de la cárcel y ahora llevo una vida decente. Ese escote no es muy decente.* **4.** Limpio y aseado, aunque sin lujo. *Arréglate un poco para ir decente a la entrevista.* **5.** De calidad o importancia suficientes, pero no excesivas. *Saca unas notas decentes. Un sueldo muy decente.* ▶ **1:** *HONRADO. **2:** CASTO, DECOROSO, HONESTO, MODESTO, PÚDICO, PUDOROSO, RECATADO. **3:** CASTO, DECOROSO, HONESTO, HONORABLE, HONRADO, PÚDICO, PUDOROSO, RECATADO.

decepción. f. Sentimiento de pesar o tristeza que experimenta alguien al descubrir que una persona o cosa no son como esperaba. *¿Está casado?, ¡qué decepción! Se llevará una decepción si no la seleccionan.* Tb. la persona o cosa que causan ese sentimiento. *Todos están fascinados con él, pero para mí ha sido una decepción.* ▶ *DESILUSIÓN.

decepcionante. adj. Que decepciona. *El resultado del experimento ha sido decepcionante.*

decepcionar. tr. Causar decepción (a alguien). *Me has decepcionado; te creía un buen amigo. La película nos ha decepcionado.* Tb. en constr. prnl. media. *Al llegar al hotel, se decepcionó: no era tan lujoso.* ▶ *DESILUSIONAR.

deceso. m. cult. Muerte natural de una persona. *El deceso del finado tuvo lugar de madrugada.*

dechado. m. Ejemplo o modelo. *Su novio no es un dechado* DE *hermosura. La niña era un dechado* DE *virtudes.*

deci-. elem. compos. Significa 'décima parte'. Se une a n. de unidades de medida para designar el submúltiplo correspondiente (Símb. *d*). *Deciárea.*

decibel. m. frecAm. *Fís.* Decibelio. *Con ruidos de más de 60 decibeles, aparecen dolores de cabeza* [C].

decibelio. m. *Fís.* Unidad de intensidad sonora (Símb. *dB*). *Un ruido de más de 85 decibelios puede causar pérdidas auditivas.* ▶ **frecAm:** DECIBEL.

decible. adj. Que se puede decir o explicar. *Su poesía traspasa la frontera entre lo decible y lo indecible.*

decididamente. adv. De manera decidida. *No te acobardes, actúa decididamente.* Se usa frec. para presentar lo que se dice como una conclusión o resolución. *Decididamente, el espectáculo ha sido un fracaso.*

decidido, da. part. **1.** → **decidir.** ● adj. **2.** Dicho de persona: Que no duda y muestra seguridad al actuar. *Es una chica muy decidida.* **3.** Propio de la persona decidida (→ 2). *Tiene un carácter fuerte y decidido. La decidida intervención de los bomberos salvó muchas vidas.*

decidir. tr. **1.** Formar la idea o el propósito firme (de hacer algo), espec. tras haber reflexionado. *Finalmente ha decidido estudiar Biología.* **2.** Hacer que (alguien) forme la idea o el propósito firme de hacer algo. *La bajada de los intereses fue lo que nos decidió* A *comprar la casa.* **3.** Resolver o hacer que se solucione completamente (algo dudoso). *No han decidido cuándo será el examen. La última canasta decidió el encuentro.* ○ intr. prnl. **4.** Formar la idea o el propósito firme de hacer algo, espec. tras haber reflexionado. *Se han decidido* A *casarse. No termino de decidirme.* ▶ **1:** DETERMINAR, RESOLVER. **2:** DETERMINAR. **3, 4:** RESOLVER.

decidor, ra. adj. Que habla con facilidad y gracia. *El tendero era un andaluz alegre y decidor.*

decigramo. m. Unidad de masa que equivale a la décima parte de un gramo (Símb. *dg*). *El margen de error en la pesada es de un decigramo.*

decilitro. m. Unidad de capacidad para líquidos que equivale a la décima parte de un litro (Símb. *dl*). *Rocíe el asado con dos decilitros de vino blanco.*

décima. → **décimo.**

decimal. adj. **1.** Dicho espec. de sistema de numeración: Que tiene como base el número 10. ● m. **2.** Cada una de las cifras que aparece en la parte decimal (→ **parte**) de un número. *El resultado es un número con dos decimales.*

decímetro. m. Unidad de longitud que equivale a la décima parte de un metro (Símb. *dm*). *Corte una tira de tela de un decímetro de ancho.*

décimo, ma. (APÉND. NUM.). adj. **1.** Que sigue inmediatamente en orden a lo noveno. *Nos bajamos en el piso décimo.* Tb. sustantivado. *Hasta el décimo inclusive recibirán un diploma.* **2.** Dicho de parte: Que es una de las diez iguales en que puede dividirse un todo. *Una décima parte de los beneficios se reinvertirá.*

● m. **3.** Décima (→ 2) parte de un billete de lotería. *He comprado un décimo para el sorteo de Navidad.* ○ f. **4.** Décima (→ 2) parte de un grado del termómetro clínico. *No fue al colegio porque tenía unas décimas.* **5.** *Lit.* Estrofa de diez versos octosílabos que riman en consonante 1° con 4° y 5°; 2° con 3°; 6° con 7° y 10°, y 8° con 9°. *Una décima de Calderón.* ▶ **5:** ESPINELA.

decimoctavo, va. (APÉND. NUM.). adj. Que sigue inmediatamente en orden a lo decimoséptimo. *El punto decimoctavo del decreto.* Tb. sustantivado. *Soy el decimoctavo de la lista.*

decimocuarto, ta. (APÉND. NUM.). adj. Que sigue inmediatamente en orden a lo decimotercero. *El decimocuarto dalái lama.* Tb. sustantivado. *Quedó la decimocuarta en la oposición.*

decimonónico, ca. adj. **1.** Del siglo XIX. *El museo alberga una colección de pintura decimonónica.* **2.** despect. Anticuado o pasado de moda. *¿A quién va a convencer con esas ideas decimonónicas?*

decimonoveno, na. (APÉND. NUM.). adj. Que sigue inmediatamente en orden a lo decimoctavo. *El decimonoveno congreso del partido.* Tb. sustantivado. *Va el decimonoveno en la lista.*

decimoquinto, ta. (APÉND. NUM.). adj. Que sigue inmediatamente en orden a lo decimocuarto. *El capítulo decimoquinto.* Tb. sustantivado. *Era la decimoquinta en la cola.*

decimoséptimo, ma. (APÉND. NUM.). adj. Que sigue inmediatamente en orden a lo decimosexto. *El decimoséptimo juego del quinto set.* Tb. sustantivado. *El decimoséptimo baja a segunda división.*

decimosexto, ta. (APÉND. NUM.). adj. Que sigue inmediatamente en orden a lo decimoquinto. *La decimosexta edición del festival.* Tb. sustantivado. *Fue el decimosexto en salir.*

decimotercero, ra. (APÉND. NUM.). adj. (apóc. **decimotercer:** se usa ante n. m. sing.). Que sigue inmediatamente en orden a lo duodécimo. *El decimotercer día de huelga.* Tb. sustantivado. *Era el decimotercero en la consulta.*

decir. (conjug. DECIR). tr. **1.** Expresar (algo) mediante el lenguaje oral o escrito. *No sabe cómo decírselo. La alcaldesa dice en su bando que la fiesta se traslada a la semana siguiente. Él dice que no, pero yo creo que está asustado. ¿Qué dijo exactamente? Acaba de irse, pero no ha dicho adónde. Estoy tan cansada que ya no sé lo que me digo.* **2.** Expresar o dar a entender (algo) mediante gestos o indicios. *Dijo que no moviendo la cabeza. No hace falta preguntarle cómo está: su cara lo dice todo. Algo me dice que nos están vigilando.* **3.** Expresar (una opinión). *¿Qué dices tú al respecto, Luis? La mayoría de los entrevistados dice lo mismo. Él quiere operarse, pero los médicos dicen que hay que esperar.* **4.** Expresar (algo) un texto escrito. *Mira lo que dice este cartel. El artículo dice que han descubierto un nuevo dinosaurio. La etiqueta dice: "Algodón 100%".* **5.** Llamar (a alguien o algo) con un determinado nombre. *¿Cómo le decís aquí al cerdo? Empezaron a decirle "maestro" desde que saltó de espontáneo.* ○ intr. **6.** coloq. Armonizar una cosa con otra. Se usa con los adv. *bien* y *mal*. *Esas gafas dicen bien* CON *tu cara.* ■ **como aquel que dice,** o **como quien dice,** o **como si dijéramos,** o **por decirlo así,** o **digamos.** expr. coloq. Se usa para indicar que la palabra o frase a las que acompaña se emplean en un sentido aproximado. *La propina va, por decirlo así, incluida en el precio.* ■ **cualquiera lo diría,** o **quién lo diría.** expr. Se usa para expresar extrañeza por la falta de lógica entre lo expuesto por alguien y la realidad. *–Me ha contado que anda mal de dinero. –Cualquiera lo diría con los viajes que hace.* ■ **dicho y hecho.** expr. coloq. Se usa para expresar la prontitud o la rapidez con que se hace algo. *Decidimos ir a Londres, y, dicho y hecho, esa misma tarde sacamos los billetes.* ■ **diga,** o **dígame.** expr. Se usa para responder al teléfono. ■ **digamos.** → **como aquel que dice.** ■ **di que.** expr. coloq. Se usa para introducir una proposición que expresa la causa de que no se cumpla lo que se expone a continuación. *Di que yo soy una persona muy tranquila, que si no me lío a golpes con él.* ■ **es ~.** → **ser** ■ **estar** algo, espec. un alimento **diciendo comedme,** o **cómeme.** loc. v. coloq. Tener una apariencia muy apetitosa. *Esa paella está diciendo cómeme.* ■ **he dicho.** expr. cult. Se usa para indicar que se ha terminado un discurso. *Acabó su exposición con un solemne "He dicho".* ■ **ni que ~ tiene.** expr. Se usa para enfatizar el carácter claro y evidente de lo expuesto antes o de lo que se expone a continuación. *Ni que decir tiene que puedes contar conmigo. No pienso pagarle, ni que decir tiene, hasta que no lo arregle.* ■ **no ~ nada** algo (a alguien). loc. v. coloq. No tener interés (para esa persona). *El boxeo no me dice nada.* ■ **no digamos.** expr. coloq. Se usa para enfatizar el grado superior en que se dan una cualidad o una circunstancia en una persona o una cosa, en comparación con otras mencionadas antes. *Hoy ha llovido mucho, y no digamos ayer. Este abrigo es carísimo, y el otro, no digamos.* ■ **no me diga(s),** o **qué me dices.** expr. coloq. Se usa para expresar sorpresa o contrariedad ante lo que acaba de exponerse. *–Se ha fugado con dinero de la empresa. –¡No me digas! –Está completamente arruinado. –¡Qué me dices!* ■ **por ~lo así.** → **como aquel que dice.** ■ **que digamos.** expr. coloq. Precedida de una oración en forma negativa, se usa para enfatizar la negación. *Su hijo tampoco es un angelito que digamos.* ■ **que se dice pronto.** expr. coloq. Se usa para enfatizar la importancia o la dificultad de un hecho por contraste con lo fácil que resulta mencionarlo. *Ha escalado cuatro veces el Everest, que se dice pronto.* ■ **que ya es ~.** expr. coloq. Se usa para enfatizar la cantidad o la naturaleza de lo expresado anteriormente. *Tiene una biblioteca de 50 000 volúmenes, que ya es decir.* ■ **quién lo diría.** → **cualquiera lo diría.** ■ **es mucho ~.** expr. coloq. Se usa para refutar o matizar lo expuesto anteriormente. *Eso de que fueran amigas íntimas, eso es mucho decir.* ■ **y que lo digas.** expr. coloq. Se usa para expresar conformidad o acuerdo con lo que se acaba de oír. *–Hace un frío que pela. –Y que lo digas.*

decisión. f. **1.** Hecho o efecto de decidir o decidirse. *Ha tomado la decisión de cambiar de trabajo. Su decisión fue muy discutida.* **2.** Cualidad de decidido al actuar. *Lanzó a canasta con decisión y encestó.* ▶ **2:** DETERMINACIÓN.

decisivo, va. adj. **1.** Dicho de cosa: Que decide o resuelve. *Las declaraciones de los testigos serán decisivas en el juicio.* **2.** Dicho de cosa: Que tiene consecuencias importantes. *La penicilina supuso un avance decisivo en la medicina.* ▶ **1:** DETERMINANTE.

decisorio, ria. adj. Que tiene capacidad para decidir. *La ejecutiva es el máximo órgano decisorio del partido.*

declamación. f. **1.** Hecho de declamar. *En clase hacían declamaciones de textos poéticos.* **2.** Técnica de declamar textos. *Enseña declamación en la Escuela de Arte Dramático.*

declamar. tr. **1.** Recitar en voz alta y con entonación (algo, espec. un texto literario). *El poeta declamará versos de su último libro.* Tb. usado en constr. intr. *El arte de declamar.* ○ intr. **2.** Hablar en público, espec. con apasionamiento. *El líder declama ante la multitud.*

declamatorio, ria. adj. Dicho espec. de estilo o tono en la expresión: Enfático o exagerado, y frec. encubridor de una falta de contenido. *Habló a la asamblea en tono declamatorio.*

declarable. adj. Que puede o debe ser declarado. *La indemnización por despido no es un ingreso declarable.*

declaración. f. Hecho o efecto de declarar o declararse. *El tribunal oirá las declaraciones de los testigos. La comarca solicita la declaración de zona catastrófica. La carta era una declaración de amor.* Tb. el documento en que se declara algo. *Puede presentar su declaración de la renta en nuestras oficinas.*

declarado, da. part. **1.** → **declarar.** ● adj. **2.** Claro o manifiesto. *Es un declarado partidario de la derecha más extremista.*

declarante. adj. Que declara. Dicho de pers., tb. m. y f. *Escuchados los declarantes, el jurado se reúne para deliberar. Declarantes de IRPF.*

declarar. tr. **1.** Dar a conocer (algo, espec. desconocido). *La actriz ha declarado su intención de casarse.* **2.** Manifestar o dar a conocer que (alguien o algo) es de una determinada manera o está en una determinada circunstancia. *El juez lo declaró culpable. Se ha declarado inocente. Declararon el edificio en ruina.* **3.** Dar a conocer una persona a la autoridad u organismo competentes (bienes sujetos a pago de impuestos). *Declara todos sus ingresos a Hacienda.* **4.** Decir una persona (algo) ante un juez o un tribunal o ante la autoridad competente. *El testigo declaró que no conocía a la víctima.* ○ intr. prnl. **5.** Manifestar una persona su amor a otra. *Su amigo se le ha declarado.* **6.** Empezar a manifestarse un determinado fenómeno. *El incendio se declaró a las cuatro. Se ha declarado una epidemia.* ▶ **1:** MANIFESTAR.

declarativo, va. adj. Que declara o explica algo. *Un enunciado declarativo.*

declinación. f. **1.** Hecho de declinar. *La declinación de un imperio.* **2.** *Gram.* En algunas lenguas: Conjunto de las formas que pueden presentar determinadas palabras según su función sintáctica. *En griego clásico, la declinación constaba de cinco casos.* **3.** *Gram.* Cada uno de los grupos en que se clasifican las palabras según su declinación (→ 2). *En el examen de alemán nos han preguntado las declinaciones.* **4.** *Fís.* Distancia angular de un astro al Ecuador. *La declinación corresponde a la latitud en la superficie terestre.* **5.** *Geogr.* Ángulo formado por el meridiano magnético y el geográfico en un punto sobre la superficie terrestre. Tb. ~ *magnética. El mapa indica el valor de la declinación magnética.*

declinante. adj. Que declina. *Un imperio declinante. La declinante luz del atardecer.*

declinar. intr. **1.** Decaer, o perder fuerza o importancia. *Su carrera deportiva ha empezado a declinar.* **2.** Aproximarse algo, espec. el día, a su fin. *Salen al declinar el día.* ○ tr. **3.** Rechazar cortésmente (algo, espec. una invitación). *Le propuse venir, pero declinó mi oferta.* **4.** *Gram.* Enunciar o formar la declinación (de una palabra). *Estamos aprendiendo a declinar los adjetivos.* Tb. usado en constr. intr. *Ha suspendido latín por no saber declinar.* ▶ **1:** DECAER.

declive. m. **1.** Pendiente o inclinación del terreno o de otra superficie. *El cerro presenta un pronunciado declive.* **2.** Hecho o efecto de declinar o decaer. *El declive de antiguas civilizaciones. Plan de revitalización para zonas industriales en declive.* ▶ **1:** PENDIENTE. **2:** *DECADENCIA.

decocción. f. Hecho de cocer en un líquido sustancias vegetales o animales. Tb. el producto así obtenido. *Toma una decocción a base de anís para aliviar las molestias estomacales.*

decodificación. f. Hecho de decodificar. *Las órdenes fueron mal entendidas por un error de decodificación.* ▶ DESCODIFICACIÓN.

decodificador, ra. adj. Que decodifica o sirve para decodificar. *Sistema decodificador.* Dicho de aparato o dispositivo, tb. m. *El receptor tiene un decodificador de señales.* ▶ DESCODIFICADOR.

decodificar. tr. Descodificar (un mensaje codificado). *El espía decodificó el mensaje en clave.* ▶ DESCODIFICAR.

decoloración. f. Hecho de decolorar o decolorarse. *La decoloración de la fotografía indica que es muy antigua.*

decolorante. adj. Que decolora. Dicho de producto, tb. m. *En la restauración de muebles se utilizan decapantes y decolorantes.*

decolorar. tr. Quitar el color (a algo). *La lejía decolora la ropa.* Tb. en constr. prnl. media. *La camisa se ha decolorado de tanto lavarla.*

decomisar. tr. Quitar una autoridad (los bienes) a su propietario para poner(los) a disposición de la hacienda pública. *La policía ha decomisado varios kilos de hachís.*

decomiso. m. **1.** Acción de decomisar. *El decomiso de armas.* **2.** Cosa decomisada. *Una tienda de decomisos.*

decomisos. m. Establecimiento autorizado en que se venden a bajo precio artículos decomisados. *He comprado el reloj en un decomisos.*

deconstrucción. f. cult. Hecho o efecto de deconstruir. *El autor emprende la deconstrucción de algunos mitos.*

deconstruir. (conjug. CONSTRUIR). tr. cult. Desmontar (un concepto o una construcción intelectual) por medio de su análisis. Se usa espec. en filosofía y teoría literaria. *El ensayista se propone deconstruir el concepto de modernidad.*

decoración. f. **1.** Hecho de decorar. *He empleado tonos pastel en la decoración de la habitación.* **2.** Conjunto de elementos que decoran. *La decoración del salón es muy recargada.* **3.** Arte de decorar, espec. interiores. *Se le da bien la decoración.* **4.** Decorado (conjunto de elementos). *La decoración de una obra teatral.* ▶ **1, 4:** DECORADO.

decorado. m. **1.** Conjunto de elementos que recrean un lugar o un ambiente en una representación teatral o en un rodaje cinematográfico. *Los propios alumnos han pintado el decorado de la obra.* **2.** Decoración (hecho de decorar). *Para el decorado del local contrataré a un interiorista.* ▶ DECORACIÓN.

decorador, ra. m. y f. **1.** Persona que realiza trabajos de decoración, espec. como profesional. *Ha contratado a albañiles, fontaneros y hasta un decorador.* **2.** Escenógrafo. *El director cuenta con un equipo de maquilladores y decoradores.*

decorar. tr. **1.** Dotar (a algo, espec. a un lugar) de determinados elementos destinados a embellecer(lo).

Están decorando el árbol de Navidad. El piso está decorado con gusto. **2.** Servir una cosa de adorno (a algo). *Figuras de porcelana decoran el mueble.* Tb. usado en constr. intr. *Las velas de colores perfuman y a la vez decoran.*

decorativismo. m. *Arte* Tendencia al predominio o abundancia de elementos decorativos. *Hay un marcado decorativismo en el arte oriental.*

decorativista. adj. *Arte* Del decorativismo. *En el barroco hay un afán decorativista.*

decorativo, va. adj. **1.** De la decoración. *Artes decorativas.* **2.** Que decora o sirve para decorar. *¡Resultan tan decorativas las flores!*

decoro. m. **1.** Dignidad de una persona, respecto a su comportamiento, aspecto o calidad de vida. *El político, con gran decoro, ha reconocido su derrota. Viste sin lujo, pero con decoro.* **2.** Respeto a determinadas normas sociales establecidas, espec. en lo relativo a moral sexual. *Algunos que habían perdido el decoro se lanzaron desnudos a la piscina.*

decoroso, sa. adj. Dicho espec. de cosa: Que tiene o muestra decoro. *Su sueldo le permite una vida decorosa. Una salida decorosa a la crisis. Ropa decorosa.* ▶ *DECENTE.

decrecer. (conjug. AGRADECER). intr. Disminuir o hacerse menor. *Decrece el número de víctimas en accidentes de tráfico.* ▶ *DISMINUIR.

decreciente. adj. Que decrece. *Continúe el tratamiento en dosis decrecientes.*

decrecimiento. m. Hecho de decrecer. *El decrecimiento de la natalidad.* ▶ *DISMINUCIÓN.

decremento. m. *tecn.* Disminución. *Incrementos y decrementos de capital.*

decrépito, ta. adj. **1.** Dicho de persona: Que tiene las facultades físicas muy disminuidas por causa de la vejez. *El abuelo era un hombre decrépito.* **2.** Dicho de cosa: Que está muy vieja o en fase de decadencia. *Un decrépito caserón. Instituciones decrépitas.*

decrepitud. f. Estado o condición de decrépito. *La decrepitud del anciano.*

decrescendo. (pal. it.; pronunc. "dekreshéndo"). m. *Mús.* Disminución gradual de la intensidad del sonido. Tb. el fragmento de una composición que se ejecuta con esa gradación del sonido. *El final del preludio es un* decrescendo *estremecedor.*

decretal. f. **1.** *Rel.* Epístola papal en respuesta a una consulta, que adquiere carácter normativo. *Esta norma se basa en una decretal de Inocencio III.* ○ pl. **2.** *Rel.* Libro en que se recopilan un conjunto de decretales (→ 1).

decretar. tr. Decidir o resolver (algo) una autoridad competente. *El Ayuntamiento decreta tres días de luto. El juez ha decretado prisión sin fianza.*

decreto. m. Disposición o resolución dictada por una autoridad en asuntos de su competencia. Designa espec. la emanada de un gobierno u otro órgano del poder ejecutivo. *El decreto aprobado prohíbe la venta de alcohol a menores.* ■ ~ **ley.** (pl. **decretos leyes**). m. Disposición con carácter de ley, dictada excepcionalmente por el poder ejecutivo sin haberla sometido al órgano legislativo adecuado. *El consejo de ministros ha aprobado un decreto ley autorizando el trasvase.* ■ **real** ~. m. En una monarquía constitucional: Decreto aprobado por el Consejo de Ministros y firmado por el Rey. *Se ha publicado el Real Decreto por el que se convocan elecciones.* □ **por (real)** ~. loc. adv. Porque sí, o de forma inapelable. *En su casa tiene prohibida por decreto la entrada de animales.*

decúbito. m. cult. Posición del cuerpo de una persona o de un animal cuando están tendidos horizontalmente. Se usa espec. en medicina. *Lleva tiempo postrado en cama y presenta llagas por decúbito.* ■ ~ **prono.** m. cult. Decúbito en que el cuerpo descansa sobre el pecho y el vientre. *Con el paciente en decúbito prono, se masajea la columna.* ■ ~ **supino.** m. cult. Decúbito en que el cuerpo descansa sobre la espalda. *Encontraron el cadáver en decúbito supino.*

decuplicar. tr. Multiplicar por diez (algo). *La entidad ha decuplicado sus beneficios.*

décuplo, pla. adj. cult. Diez veces mayor. Dicho de cantidad, tb. m. *El décuplo* DE *cien es mil.*

decurión. m. **1.** histór. En el ejército romano: Jefe de una escuadra de diez soldados. *El decurión informó al centurión.* **2.** histór. En las colonias o municipios romanos: Miembro de la corporación gobernante. *Un decreto de los decuriones.*

decurso. m. cult. Transcurso. *En el decurso del siglo, el país ha conocido tres regímenes.*

dedal. m. Utensilio de costura, ligeramente cónico, hueco y frec. de metal, que se pone en la punta del dedo que empuja la aguja para protegerlo. *No se apaña a coser con dedal.*

dedalera. f. Digital (planta). *En el pinar hay helechos y dedaleras.* ▶ DIGITAL.

dédalo. m. cult. Laberinto (lugar, o cosa). *El casco antiguo es un dédalo de callejuelas. Un dédalo de fechas y datos.*

dedazo. m. Am. Designación por el poder ejecutivo de un candidato a un puesto público, de forma arbitraria. *Descartó el dedazo presidencial en la designación del rector* [C].

dedeté. m. Sustancia tóxica para los animales, usada como insecticida. *Fumigaban las plantas con dedeté.* ▶ DDT.

dedicación. f. Hecho de dedicar o dedicarse. *El doctorado supone la dedicación de mucho esfuerzo. El premio reconoce su dedicación* AL *estudio del cáncer. Estudia con dedicación.* ■ ~ **exclusiva, o plena.** f. Dedicación de toda la jornada laboral a un solo trabajo, con exclusión de cualquier otro. *Cobra un plus por dedicación exclusiva.*

dedicar. tr. **1.** Destinar (algo) para un determinado fin. *Dedica la mañana del sábado* A *limpiar la casa.* **2.** Destinar o consagrar (un templo o altar) al culto de una divinidad o de un santo. *La iglesia está dedicada a San Pancracio.* **3.** Ofrecer (algo, espec. una obra literaria o artística) a alguien en señal de afecto o agradecimiento. *El director dedica la película a su madre.* ○ intr. prnl. **4.** Tener una persona algo como actividad o profesión. *Se dedica* A *la enseñanza.*

dedicatoria. f. Texto con que se dedica algo a alguien. *En el libro ha escrito esta dedicatoria: "A mi mejor amigo".*

dedil. m. Funda de cuero u otra materia, que se coloca en un dedo para protegerlo. *Administre la pomada con dedil de goma para evitar contagios.*

dedillo. **al** ~. loc. adv. coloq. Muy bien y con todo detalle. Con v. que significan "saber" o "aprender". *Me conozco la zona al dedillo. Se sabe la lección al dedillo.*

dedo. m. **1.** Cada una de las cinco prolongaciones articuladas en que terminan la mano y el pie de las personas y, en el mismo o menor número, de muchos animales. *Pulsó con el dedo el botón del mando. Los dedos del tigre esconden potentes garras.* **2.** Medida que equivale aproximadamente a la anchura de un dedo (→ 1) de la mano. *El tablero mide un dedo de grueso.* ■ ~ **anular.** m. Dedo (→ 1) cuarto de la mano, menor que el de en medio y mayor que los demás. *La alianza se suele llevar en el dedo anular.* ⇒ ANULAR. ■ ~ **(del) corazón,** o **de en medio.** m. Dedo (→ 1) central y más largo de la mano. *Lleva en el dedo corazón un anillo de plata.* ⇒ CORAZÓN. ■ ~ **gordo.** m. Dedo (→ 1) primero y más grueso de la mano y del pie. *El dedo gordo de la mano se llama también pulgar. El zapato me hace daño en el dedo gordo.* ■ ~ **índice.** m. Dedo (→ 1) segundo de la mano, que suele usarse para señalar. *Lleva escayolado el dedo índice de la mano derecha.* ⇒ ÍNDICE. ■ ~ **meñique.** m. Dedo (→ 1) quinto y más pequeño de la mano y del pie. *Cuando se pone nervioso se muerde la uña del dedo meñique.* ⇒ MEÑIQUE. ■ ~ **pulgar.** m. Dedo (→ 1) primero y más grueso de la mano. *Extendió el dedo pulgar hacia arriba en señal de aprobación.* ⇒ PULGAR. □ **a ~.** loc. adv. **1.** coloq. Mediante designación personal, o de forma arbitraria. *El sucesor ha sido nombrado a dedo. Adjudican las contratas a dedo.* **2.** coloq. Utilizando el sistema del autoestop. *Perdió el tren y tuvo que regresar a dedo.* ■ **a dos ~s.** loc. adv. coloq. Muy cerca. *Está a dos dedos* DE *conseguir la victoria.* ■ **chuparse el ~.** loc. v. coloq. Ser ingenuo o no enterarse de lo ocurre. *Se cree que la gente se chupa el dedo, pero lo tienen muy calado.* ■ **cogerse,** o **pillarse, los ~s.** loc. v. coloq. Resultar perjudicada una persona en un asunto por falta de previsión. *Se ha pillado los dedos al hacer el presupuesto.* ■ **contarse** personas o cosas **con los ~s de la mano.** loc. v. coloq. Ser muy escasas. *El acto fue un fracaso: los asistentes se podían contar con los dedos de la mano.* ■ **de chuparse los ~s.** → **para chuparse los ~s.** ■ **dos ~s de frente.** loc. s. coloq. Un mínimo de lucidez. *Una persona con dos dedos de frente no hace una cosa así.* ■ **hacer ~.** loc. v. coloq. Viajar utilizando el sistema del autoestop. *Hice dedo hasta Vigo.* ■ **hacer ~s.** loc. v. Practicar con los dedos para adquirir soltura, espec. en el piano. *Hace dedos todos los días para preparar el concierto.* ■ **no mover un ~** (por alguien o algo). loc. v. coloq. No actuar en favor (de esa persona o cosa). *Si te portas tan mal con la gente, no moverán un dedo* POR *ti.* ■ **no mover (ni) un ~.** loc. v. coloq. No hacer nada. *Venía cargada, pero nadie ha movido un dedo* PARA *ayudarme.* ■ **para,** o **de, chuparse los ~s.** loc. adj. coloq. Muy bueno. *Hace un flan de chuparse los dedos. El asado está para chuparse los dedos.* ■ **poner el ~ en la llaga.** loc. v. Acertar con el punto más conflictivo o delicado de una cuestión. *Puso el dedo en la llaga al decir que sus nietos quieren heredar sus bienes.* ■ **señalar** (a alguien) **con el ~.** loc. v. coloq. Llamar la atención (sobre esa persona), normalmente con intención descalificadora. *En el barrio la señalan con el dedo.*

dedocracia. f. humoríst. Sistema de nombramiento de personas a dedo, abusando de autoridad. *En esta empresa lo que hay es mucha dedocracia.*

deducción. f. **1.** Hecho de deducir. *He llegado a esa conclusión por deducción. La compra de la vivienda da derecho a una deducción fiscal.* **2.** Cosa deducida. *Saca tus propias deducciones de lo sucedido. Sueldo bruto menos deducciones.*

deducir. (conjug. CONDUCIR). tr. **1.** Sacar (una conclusión) de algo. *Por sus ojeras deduzco que no ha dormido bien.* **2.** Descontar (una cantidad). *Este es tu sueldo bruto, sin deducir impuestos ni cotizaciones.* **3.** *Fil.* Extraer (una verdad particular) a partir de un principio general. *Deducimos la bondad divina de la definición misma de Dios.* ▶ **1:** INFERIR.

deductivo, va. adj. **1.** De la deducción. *Es inteligente y de una gran capacidad deductiva.* Se usa espec. en filosofía. *Conocimiento obtenido a partir de premisas deductivas.* **2.** Que procede por deducción. *Lo sé por un simple razonamiento deductivo.* Se usa espec. en filosofía. *El método deductivo.*

de facto. (loc. lat.). loc. adv. De hecho. Frec. en contraposición a *de iure. Aunque no de iure, ambos países han abolido de facto su frontera.* Tb. adj. *La dimisión de facto se ha producido ya.*

defecación. f. cult. Hecho de defecar. *Las defecaciones en zonas públicas causan problemas de salud.*

defecar. intr. cult. Evacuar el vientre. *Este laxante le ayudará a defecar.*

defección. f. cult. Separación o abandono de una causa, partido o grupo. *Tras la defección de su principal dirigente, el partido tomó un nuevo rumbo.*

defectivo. m. *Gram.* Verbo defectivo (→ **verbo**). *Un ejemplo de defectivo es "atañer".*

defecto. m. **1.** Cualidad o hecho por los que alguien o algo no son perfectos o como deberían ser. *Su mayor defecto es la tacañería. Tengo el defecto de no saber callarme. El edificio tiene un defecto de construcción. La miopía es un defecto visual.* **2.** Carencia o falta de algo. *Presenta anemia por defecto de vitamina* B_{12}. **3.** Diferencia por la que algo no alcanza el límite debido o tomado como referencia. Frec. en la constr. *por ~. Siempre se equivocan en el peso por defecto, nunca por exceso.* ■ **en ~** (de alguien o algo). loc. adv. A falta o en ausencia (de él o de ello). *En defecto* DEL *director, irá a la reunión el subdirector. Presente el DNI o, en su defecto, el pasaporte.* ■ **por ~.** loc. adv. Automáticamente, si no se elige otra opción. Se usa, espec. en informática. *Por defecto, los archivos se graban en el disco duro.* Tb. loc. adj. *La configuración por defecto.* ▶ **1:** DEFICIENCIA, FALLA, FALTA, IMPERFECCIÓN, TACHA, TARA. **2:** DEFICIENCIA.

defectuoso, sa. adj. Que tiene o implica defecto. *En caso de funcionamiento defectuoso, llame al servicio técnico. Una pieza defectuosa.* ▶ IMPERFECTO.

defender. (conjug. ENTENDER). tr. **1.** Proteger (a alguien o algo) de un daño o peligro. *Defender el medio ambiente es tarea de todos. Nos defendimos* DEL *frío con una hoguera.* **2.** Luchar a favor (de una persona o cosa que son atacadas). *Cuando iban a pegarme, mi hermano me defendió. No pude defenderme* DE *ellos porque iban armados.* **3.** Apoyar (una idea) o argumentar a favor (de ella). *Defiende una televisión pública más educativa. Defendió su propuesta en el Parlamento.* **4.** Hablar a favor (de alguien, espec. de un acusado) o interceder (por él). *Contrató a un abogado para que lo defendiera.* ○ intr. prnl. **5.** Desenvolverse sin dificultad. *No soy un maestro del ajedrez, pero me defiendo.* ▶ **1:** *PROTEGER. **5:** *DESENVOLVERSE.

defendible. adj. Dicho de cosa: Que se puede defender. *Se atrincheraron en una colina fácilmente defendible. Tus ideas racistas no son defendibles.*

defendido, da. part. **1.** → **defender. 2.** Dicho de persona: Que es defendida (→ 1) por un abogado. Tb. m. y f. *El abogado intenta demostrar que su defendido es inocente.*

defenestración. f. Hecho de defenestrar. *Se prevé la defenestración de algunos altos cargos.*

defenestrar. tr. **1.** Arrojar (a alguien) por la ventana. *Mata a su víctima defenestrándola.* **2.** Destituir o expulsar (a alguien) de un puesto o cargo. *El director fue defenestrado por su mala gestión.*

defensa. f. **1.** Hecho o efecto de defender o defenderse. *Un abogado se encargará de su defensa. Una organización dedicada a la defensa de la naturaleza. Armas de defensa.* **2.** Cosa que sirve para defender o defenderse. *Sale un toro de espléndida estampa y con unas enormes defensas.* **3.** Mecanismo natural por el que un organismo se protege de agresiones externas. Frec. en pl. *Las personas con las defensas bajas son propensas a contraer enfermedades.* **4.** En algunos deportes: Conjunto de jugadores cuya misión principal es defender a su equipo de los ataques del contrario. *Es un equipo con una defensa muy sólida.* **5.** Abogado defensor. *La defensa llamará hoy a uno de los testigos del asesinato.* ○ m. y f. **6.** Jugador de la defensa (→ 4). *El defensa ha zancadilleado al delantero dentro del área.* ■ ~ **personal.** f. Modo de defenderse sin armas que emplea recursos del boxeo, las artes marciales y la lucha. *Es monitor de defensa personal en un gimnasio.* ■ **legítima ~.** f. *Der.* Circunstancia que exime de determinados delitos, si estos se cometen por defenderse o por defender derechos propios o ajenos. *Declara que actúo en legítima defensa cuando disparó al atracador.* ▶ **4:** COBERTURA. **6:** ZAGUERO.

defensivo, va. adj. De la defensa. *Juegan con una línea defensiva de cuatro hombres. Levantaron un muro defensivo.* ■ **a la defensiva.** loc. adv. En actitud de defensa, frec. debida a un sentimiento de recelo o temor a ser agredido. *El destacamento se mantiene a la defensiva hasta la llegada de refuerzos. Siempre que hablamos de su trabajo se pone a la defensiva.*

defensor, ra. adj. Que defiende. *El abogado defensor.* Dicho de pers., tb. m. y f. *Fiscal y defensor se acercan al estrado. El delantero regatea a varios defensores. Es una gran defensora de los derechos humanos.* ■ ~ **del pueblo.** m. y f. Persona designada como cargo público para defender los derechos fundamentales de los ciudadanos ante la Administración. *Dirigió una queja al defensor del pueblo.* ■ ~ **del menor.** m. y f. Persona designada como cargo público para defender los derechos de los menores. *El defensor del menor presenta un informe sobre el maltrato a los niños.*

defensoría. f. **1.** Am. Cargo o actividad de defensor. *El titular de esa defensoría dijo que la Nación debe dar una urgente respuesta a esta situación* [C]. **2.** Am. Oficina del defensor. *Se ha dado impulso a las defensorías de la Mujer, del Niño, del Adulto Mayor* [C].

deferencia. f. Amabilidad o cortesía que se tienen con alguien. *Nos trata con gran deferencia. Tuvo la deferencia de enviar un ramo de flores.*

deferente. adj. Amable o cortés. *Se acerca a saludar, siempre atento y deferente.*

deficiencia. f. **1.** Defecto o imperfección. *La deficiencia de las infraestructuras frena el desarrollo. El estudio tiene deficiencias.* **2.** Carencia o falta de algo debido o conveniente. *Presenta anemia por deficiencia de vitamina B_{12}.* ■ ~ **mental.** f. Funcionamiento intelectual inferior a lo normal, que se manifiesta desde la infancia y está asociado a desajustes en el comportamiento. *Niños con deficiencia mental.* ▶ *DEFECTO.

deficiente. adj. **1.** Incompleto o falto de algo debido o conveniente. *Una dieta deficiente* EN *proteínas.* **2.** Que presenta deficiencias o no alcanza el nivel normal, debido o conveniente. *Se quejan de la deficiente ventilación del local. Mis conocimientos de inglés son deficientes.* **3.** Dicho de persona: Que tiene deficiencia mental. *Niños deficientes.* Tb. ~ *mental.* Tb. m. y f. *La ley facilita a los deficientes mentales el acceso a un empleo.* ▶ **3:** SUBNORMAL.

déficit. (pl. **déficits**). m. **1.** En economía y comercio: Exceso del debe sobre el haber, o de los gastos o pérdidas sobre los ingresos. *La empresa prevé un déficit de 20 millones. El déficit público.* **2.** Falta o escasez de algo que se considera necesario o adecuado. *En su dieta hay un déficit de vitaminas.*

deficitario, ria. adj. Que tiene o implica déficit. *El negocio es deficitario. Un nivel deficitario de glóbulos blancos.*

definible. adj. Que puede ser definido. *El nacimiento de un hijo es algo difícilmente definible con palabras.*

definición. f. **1.** Hecho de definir o definirse. *Hace falta una definición del modelo de escuela que queremos.* **2.** Secuencia de palabras con que se define. *Busca en un diccionario la definición de "endriago".* **3.** *tecn.* Capacidad que tiene un instrumento óptico, una película fotográfica o una pantalla de televisión, de reproducir imágenes con nitidez. *Televisor con pantalla plana de alta definición.* Tb. la nitidez con que se perciben esas imágenes. *Fotografías con mucha definición.*

definidor, ra. adj. Que define. *Los colores fríos y la pincelada gruesa son rasgos definidores de su pintura.* Dicho de pers., tb. m. y f.

definir. tr. **1.** Explicar con precisión el significado (de una palabra). *Comenzaremos la clase definiendo el término "nación".* **2.** Determinar o fijar con precisión la naturaleza o las características esenciales (de una persona o cosa). *Sus compañeros la definen como una persona cariñosa, aunque tímida.* ○ intr. prnl. **3.** Mostrar o manifestar una persona su pensamiento o su actitud. *No sabemos a quién vota: nunca se ha definido políticamente.*

definitivamente. adv. De manera definitiva. *Las negociaciones se han roto definitivamente.* Se usa frec. para presentar lo que se dice como una conclusión o una resolución. *Definitivamente, esto no tiene arreglo.*

definitivo, va. adj. **1.** Final y no sujeto a cambios posteriores. *Anuncian el cierre definitivo de la fábrica. Antes de un diagnóstico definitivo, el médico quiere hacer otra prueba.* **2.** Que decide o resuelve. *Ha marcado el gol definitivo de la victoria.* ■ **en definitiva.** loc. adv. En conclusión o en resumen. *Hay publicidad que idealiza, promete milagros y, en definitiva, engaña.* ▶ **1:** FIRME.

definitorio, ria. adj. Que sirve para definir. *¿Cuáles son las características definitorias del arte románico?*

deflación. f. *Econ.* Descenso del nivel de precios debido gralm. a la disminución de la demanda. *Se vivía una situación de paro masivo y fuerte deflación.*

deflacionario, ria. adj. *Econ.* Deflacionista (de la deflación, o que tiende a producirla). *Alternaban las fases inflacionarias y deflacionarias. Medidas deflacionarias.* ▶ DEFLACIONISTA.

deflacionista. adj. **1.** *Econ.* De la deflación. *Hay que evitar el riesgo deflacionista.* **2.** *Econ.* Que tiende a producir deflación. *Política deflacionista.* **3.** *Econ.* Partidario de la deflación. Dicho de pers., tb. m. y f. ▶ **1, 2:** DEFLACIONARIO.

deflactar. tr. *Econ.* Transformar (un valor monetario nominal) en otro expresado en monedas de poder adquisitivo constante.

deflagración. f. Hecho o efecto de deflagrar. *La deflagración se debió a un escape de grisú.*

deflagrar. intr. Arder una sustancia súbitamente, con llama y sin explosión. *Hay riesgo de que la pólvora almacenada deflagre.*

deflector. m. *Fís.* Pieza mecánica u otro dispositivo que sirve para modificar la dirección de un fluido, frec. un gas. *Secamanos electrónico con deflector de aire de dos posiciones.*

defoliación. f. *Bot.* Caída prematura de las hojas de árboles o plantas, espec. la producida por enfermedad, contaminación ambiental o acción humana. *Un hongo causa la defoliación de los árboles del parque.*

defoliante. adj. *Bot.* Que provoca defoliación. *Gas defoliante.* Dicho de producto, tb. m. *Víctimas del defoliante en Vietnam.*

deforestación. f. Hecho o efecto de deforestar. *La deforestación de la selva amazónica.*

deforestar. tr. Eliminar o destruir los árboles y plantas forestales (de un terreno). *El hombre ha deforestado una parte del Amazonas.* ▶ DESFORESTAR.

deformación. f. Hecho o efecto de deformar o deformarse. *Siéntese con la espalda recta para evitar deformaciones de la columna.* ■ **~ profesional.** f. Hábito de actuar o pensar de determinada manera, debido a la profesión que se ejerce. *Perdone que le haga tantas preguntas: es la deformación profesional del periodista.*

deformador, ra. adj. Que deforma. *El efecto deformador del calor en algunos materiales. Una ideología deformadora de la verdad.*

deformante. adj. Que deforma. *Espejos deformantes. Artritis deformante. Un factor deformante de la realidad.*

deformar. tr. Hacer que (algo) pierda su forma original. *El choque ha deformado la carrocería. Una crónica que deforma la verdad.* Tb. en constr. prnl. media. *La columna se deforma por malas posturas.*

deforme. adj. De forma irregular, desproporcionada o que se aparta de lo normal. *La mano le quedó deforme por el accidente. Un jorobado deforme.* ▶ DISFORME.

deformidad. f. **1.** Cualidad de deforme. *Lo acompleja la deformidad de su cuerpo.* **2.** Alteración de la forma normal de algo, espec. de una parte del cuerpo. *Tiene una deformidad en la columna vertebral.*

defraudación. f. Hecho de defraudar, espec. una cantidad de dinero. *La acusan de defraudación al fisco.*

defraudador, ra. adj. Dicho de persona: Que defrauda. Tb. m. y f. *Los inspectores de Hacienda persiguen a los defraudadores.*

defraudar. (conjug. CAUSAR). tr. **1.** Causar decepción (a alguien). *Su última película me ha defraudado.* **2.** Eludir el pago (de una cantidad de dinero) mediante fraude. *Defraudó millones a Hacienda.*

defunción. f. Muerte de una persona. *Un médico firma el certificado de defunción.* ▶ MUERTE.

degeneración. f. Hecho o efecto de degenerar. *Sufre una degeneración ósea.*

degenerado, da. part. **1.** → **degenerar.** ● adj. **2.** Dicho de persona: Que tiene un comportamiento vicioso e inmoral. Tb. m. y f. *Estas horribles vejaciones son obra de un loco o de un degenerado.*

degenerar. intr. **1.** Perder una persona o cosa sus cualidades primitivas. *El barrio ha degenerado mucho. A veces el drogadicto degenera* EN *criminal. El resfriado degeneró* EN *pulmonía.* **2.** *Biol.* Deteriorarse una célula o un tejido estructural o funcionalmente. *Células grasas que degeneran y dan lugar a tejido fibroso.*

degenerativo, va. adj. Que causa o implica degeneración. *El alzhéimer es una enfermedad degenerativa. Un tumor en fase degenerativa.*

deglución. f. Hecho de deglutir. *Tras la masticación, se produce la deglución.*

deglutir. tr. Tragar (algo que está en la boca, espec. un alimento). *Deglute la comida con dificultad.* Tb. usado en constr. intr. *Le cuesta deglutir.* ▶ TRAGAR.

degollación. f. Hecho de degollar. *Un cuadro de la degollación de un mártir.* ▶ DEGOLLAMIENTO, DEGÜELLO.

degolladero. m. Lugar destinado a degollar reses. *Han traído un camión de cerdos al degolladero.* Frec. fig. para designar un lugar que supone grave riesgo o sufrimiento. *Se niega a enviar sus tropas al degolladero.*

degollador, ra. adj. Que degüella. Dicho de pers., tb. m. y f. *Trabaja de degollador en un matadero.*

degollamiento. m. Degollación. *En la guerra hay violaciones, degollamientos y atrocidades semejantes.*

degollar. (conjug. CONTAR). tr. Cortar la garganta o el cuello (a una persona o un animal). *Degollaba a sus víctimas. En el matadero degüellan a las reses.*

degollina. f. **1.** Matanza (hecho de matar muchas personas o animales). *La epidemia causó una degollina.* **2.** coloq. Hecho de suspender a gran número de personas en un examen. *El de química ha hecho una degollina.* ▶ **1:** *MATANZA.

degradación. f. Hecho o efecto de degradar o degradarse. *En la cárcel hay mucha degradación. Evitemos la degradación del ecosistema.*

degradador, ra. adj. Degradante. *Microorganismos degradadores de los alimentos.*

degradante. adj. Que degrada. *Sufren un trato degradante. Para ella, la prostitución es un oficio degradante.* ▶ DEGRADADOR.

degradar. tr. **1.** Hacer que (alguien) pase a tener categoría, empleo u honores inferiores a los que poseía. *El capitán fue degradado a soldado raso por su insubordinación.* **2.** Envilecer (a alguien), o hacer que pierda su dignidad. *Las drogas lo han degradado mucho.* Tb. en constr. prnl. media. *Se está degradando por las malas compañías.* **3.** Hacer que (alguien o algo) pierdan sus cualidades inherentes. *Las emisiones de dióxido de carbono degradan la capa de ozono.* Tb. en constr. prnl. media. *Su relación se ha ido degradando hasta la ruptura.* **4.** Disminuir de forma graduada la fuerza o la intensidad (de algo, espec. del color o de la luz). *Se consigue un efecto de perspectiva degradando los colores.* **5.** *Quím.* Transformar (una sustancia compleja) en otra más sencilla. *Una enzima que degrada las grasas.*

degüello. m. Degollación. *El matarife hace el degüello del animal.* ■ **a ~.** loc. adv. coloq. Procurando causar el mayor daño o perjuicio posibles. *Entraron a degüello en la ciudad. La crítica ha ido a degüello contra él.*

degustación. f. Hecho de degustar. *Una degustación de platos típicos.* ▶ CATA.

degustador, ra. adj. Que degusta. Dicho de pers., tb. m. y f. *Es un buen degustador de vinos.*

degustar. tr. **1.** Probar (un alimento o bebida) para examinar o valorar su sabor. *Ofrecen tacos de jamón para degustarlo.* **2.** Saborear (algo). *Degustábamos una rica cena.* Tb. fig. *El vencedor degusta las mieles del triunfo.* ▶ **1:** CATAR.

dehesa. f. Extensión de terreno, frec. acotada, constituida por pastizales. *Las ovejas pastan en la dehesa.* Tb. el ecosistema correspondiente. *La encina y el olivo son árboles típicos de la dehesa mediterránea.*

dehiscente. adj. *Bot.* Dicho de un fruto: Que se abre naturalmente cuando está maduro para dejar salir la semilla. *La almendra es un fruto dehiscente.*

deicida. adj. cult. Que comete deicidio. Dicho de pers., tb. m. y f. *Calificaban a los judíos de deicidas.*

deicidio. m. cult. Muerte dada a Dios. Referido espec. a la de Jesucristo. *Teodosio consideraba a los judíos culpables del deicidio.*

deíctico. m. *Ling.* Elemento lingüístico que tiene una función señaladora en un contexto determinado. *¿Qué deícticos conoces, además de los pronombres personales?*

deidad. f. Dios o ser divino. *Se ofrecían sacrificios a la deidad. Zeus y otras deidades del Olimpo.* ▶ *DIOS.

deificación. f. cult. Hecho de deificar o deificarse. *El relato concluye con la muerte y deificación del héroe.*

deificar. tr. cult. Convertir (algo o a alguien) en dios. *Los germanos deificaban elementos naturales, como el trueno.*

deísmo. m. *Fil.* y *Rel.* Doctrina que admite la existencia de un dios como autor de la naturaleza, pero no la revelación ni el culto externo. *Su postura oscila entre el deísmo y el ateísmo.*

deísta. adj. **1.** *Fil.* y *Rel.* Del deísmo. *Tesis deísta.* **2.** *Fil.* y *Rel.* Partidario o seguidor del deísmo. Dicho de pers., tb. m. y f. *Entre los ilustrados había deístas.*

de iure. (Tb. **de jure**; loc. lat.; pronunc. "de-yúre"). loc. adv. De derecho, o de acuerdo con la ley. Se usa en contraposición a *de facto. El acuerdo existe de facto, pero no de iure.*

dejación. f. Hecho o efecto de dejar o dejarse. *Se ha pasado del autoritarismo a la dejación de autoridad.* Se usa espec. en derecho. *Lo acusan de hacer dejación de sus deberes.*

dejada. f. En algunos deportes, espec. tenis: Hecho de dejar caer la pelota suavemente, de manera que bote muy poco y resulte muy difícil devolverla. *Hizo una dejada desde el fondo de la pista.*

dejadez. f. Pereza o abandono de uno mismo o de los asuntos propios. *No se peina por dejadez.*

dejado, da. part. **1.** → **dejar.** ● adj. **2.** Dicho de persona: Que tiene o muestra falta de cuidado en lo que hace, espec. en su aspecto. *No seas tan dejado y arréglate un poco.*

dejar. tr. **1.** Soltar (algo o a alguien que estaban sujetos). *Me saludó con efusividad y no me dejaba la mano. Como no sabes patinar, no puedo dejarte del brazo.* **2.** Hacer que (alguien o algo) queden en un lugar al no sujetar(los) o vigilar(los). *Deje la maleta ahí. ¿Dónde dejo el paraguas? Voy a dejar a los niños* EN *la guardería.* **3.** Abandonar (algo o a alguien), o apartarse (de ellos). *Si no dejas esas compañías, acabarás mal. No consigue dejar el tabaco. Dejó familia y amigos, y se fue a correr mundo. Dejó su pueblo de pequeño.* **4.** Seguido de un infinitivo o una oración introducida por *que:* Permitir o consentir (lo expresado por ellos). *Déjame pensarlo. Deja que te ayude. No dejes que eso te amargue la vida.* **5.** Producir (ganancia). *El bar deja poco dinero y lo van a cerrar.* **6.** No seguir realizando (una actividad). *Ha dejado la política. No dejes los estudios.* **7.** Encomendar (algo o a alguien) a una persona, o hacer que sea responsabilidad suya. *Te dejo a ti lo de hablar en público, que se te da mejor. Siempre le dejan a él la organización de los viajes. ¿Puedo dejarte unos días al perro?* **8.** No molestar o no perturbar (a alguien). *Deja al niño, que está dormido.* **9.** Disponer una persona que, en su ausencia o a su muerte, otra reciba (algo que pertenece a aquella). *Le dejó todo a su nieto.* **10.** Prestar (algo) a alguien, o dárse(lo) pensando que le será devuelto. *¿Puedes dejarme el coche? El dinero que le dejes no lo vuelves a ver.* **11.** Olvidar (algo) en algún lugar. *He dejado la cartera en el taxi.* **12.** Hacer que (alguien o algo) sigan en una situación determinada, o pasen a otra diferente. *La gripe me ha dejado muy débil. No puedes dejarlo solo ni un momento. Deja la luz encendida. Dejó a su sobrino como único heredero. Ha dejado a su segundo de director en funciones.* **13.** Seguido del participio de algunos verbos transitivos, presenta la acción expresada por él como completada, antes de ausentarse, por la persona designada en el sujeto. *Ha dejado dicho que no nos movamos de aquí hasta que vuelva. En su testamento dejó dispuesto que lo enterraran en su pueblo.* ○ intr. **14.** Seguido de *de* y un infinitivo, indica interrupción o cese de lo expresado por él. *No deja de mirarte. Dejó de beber hace un año. Deja de gritarme.* ○ intr. prnl. **15.** Seguido de un complemento introducido por *de:* No continuar con lo expresado por él. *¡Déjense* DE *tonterías! Déjate* DE *hablar tanto y ponte a hacer algo.* **16.** Seguido de un infinitivo: Tener algo algunas condiciones que lo hacen merecedor de que se realice la acción expresada. *La carne está algo cruda, pero se deja comer. –¿Qué tal está la novela? –Bueno, se deja leer.* **17.** Abandonarse o descuidarse física o espiritualmente. *Se ha dejado tanto que está irreconocible.* ■ **~ caer.** loc. v. Decir (algo) de manera intencionada, pero sin darle aparentemente importancia. *Ha dejado caer que va a divorciarse. Lo dejó caer como quien no quiere la cosa.* ■ **~ correr** (algo). loc. v. Permitir(lo) o tolerar(lo). *Por esta vez lo dejaré correr, pero si vuelvo a pillarte copiando, te suspendo.* ■ **~ que desear.** loc. v. Ser imperfecto o insatisfactorio. *Como arquitecto deja bastante que desear. Su conducta deja mucho que desear.* ■ **~se caer** alguien (por un lugar). loc. v. coloq. Presentarse ocasionalmente (en ese lugar). *Déjate caer un día por aquí y tomamos un café.* ■ **~se caer** (con algo). loc. v. coloq. Insinuar(lo). *Cada vez que me ve, se deja caer con que está buscando un socio.* ■ **~se llevar.** loc. v. Ser fácilmente influenciable o manejable. *No suele tomar la iniciativa, simplemente se deja llevar.* ■ **~se ver.** loc. v. Aparecer o presentarse ocasionalmente en un lugar. *Hace mucho que no te dejas ver por el club.* ■ **no ~ vivir** (a alguien). loc. v. Molestar(lo) o fastidiar(lo) de forma reiterada. *El sargento de la compañía no nos dejaba vivir. Las peleas de los vecinos de arriba no me dejan vivir.* ■ **no ~ de.** loc. v. Seguida de un infinitivo, se usa para afirmar de una manera atenuada o irónica lo expresado por él. *No deja de resultar desconcertante que no te mire cuando te habla.*

deje. m. Entonación peculiar al hablar, espec. la debida a un especial estado de ánimo del hablante, o a su pertenencia a determinada región. *Respondió con un deje de ironía. Tiene un deje andaluz.* ▶ DEJO, TONILLO.

dejo. m. **1.** Deje. *Hay en sus palabras un dejo de amargura.* **2.** Gusto o sabor peculiares que dejan una comida o una bebida. *La salsa tiene un dejo agridulce.*

de jure. → **de iure.**

del. → **el.**

delación. f. cult. Hecho de delatar. *Una delación frustró el plan de fuga.*

delantal. m. Prenda que cubre la parte delantera del cuerpo y que se pone, gralm. colgada del cuello o atada a la cintura, sobre la ropa normal para protegerla. *Ponte el delantal para cocinar. El delantal de cuero del herrero.* ▶ MANDIL.

delante. adv. **1.** En una posición o lugar próximos o visibles para la persona que se toma como referencia. *Estaba delante* DE *ti y no me viste. Ponte aquí delante y estarás más cómodo. Para hacer la fotografía se pusieron delante los más bajos. La bicicleta lleva un faro delante.* A veces precedido de prep. *El coche de delante va sin luces. Siga hacia delante hasta llegar a un colegio. Es un vestido abierto por delante.* **2.** Enfrente. *Tiene la manía de aparcar el coche justo delante* DE *la entrada. Si construyen un edificio delante nos quitarán la luz.* A veces precedido de prep. *Cada día paso por delante* DE *tu casa.* **3.** En presencia. *Lo dejó en evidencia delante* DE *todo el mundo. Eso no se atreve a repetirlo delante* DE *mí. No diré nada sin estar delante mi abogado. No se te ocurra mencionarlo teniendo a Andrés delante.*

delantero, ra. adj. **1.** Que está delante. *Los ladrones han forzado la puerta delantera de la casa.* ● m. y f. **2.** Jugador de la delantera (→ 6). *El delantero se interna en el área y el defensa lo zancadillea.* ○ m. **3.** Pieza de una prenda de vestir que forma la parte anterior. *El delantero del vestido tiene un bordado de colores.* **4.** En el juego de pelota por parejas: Jugador que realiza los saques y que juega en la zona más próxima a la pared principal del frontón. *El último punto del partido lo anota el delantero con un remate espectacular.* ○ f. **5.** Parte delantera (→ 1) de algo. *El choque ha dejado la delantera del coche destrozada.* **6.** En algunos deportes, espec. en fútbol: Conjunto de jugadores que están situados en la posición más avanzada y cuya misión principal es atacar al equipo contrario. *El equipo juega con tres hombres en la delantera.* **7.** En un local de espectáculos, una plaza de toros o un campo de fútbol: Asiento o fila de asientos situados en la parte delantera (→ 1) de algunas clases de localidades. *Solo me quedan dos delanteras del entresuelo.* **8.** coloq. Pecho de la mujer. ■ **~ centro.** m. y f. Jugador que juega en el centro de la delantera (→ 6). *El delantero centro marcó de cabeza.* ⇒ ARIETE. □ **coger,** o **tomar, la delantera** (a alguien). loc. v. Adelantárse(le). *Ha cogido la delantera a sus competidores con un revolucionario prototipo.* ■ **llevar la delantera.** loc. v. Ir en el primer puesto de una competición. *El equipo lleva la delantera en el campeonato de liga.* ■ **llevar la delantera** (a alguien o algo). loc. v. Aventajar(los). *Llevan la delantera a los países vecinos en tecnología.*

delatador, ra. adj. Que delata. *Un silencio delatador.*

delatar. tr. **1.** Denunciar (a alguien que ha cometido o va a cometer un delito) a la autoridad para que lo castigue. *Ha delatado a los que planeaban fugarse.* **2.** Descubrir o poner de manifiesto (algo oculto). *Ningún gesto delata la angustia que siente.* **3.** Hacer patente la intención (de alguien). *Su nerviosismo la delata.* ○ intr. prnl. **4.** Hacer una persona patente su intención involuntariamente. *Se delata con su actitud.*

delator, ra. adj. Que delata, espec. mediante acusación o denuncia. Dicho de pers., tb. m. y f. *No soy una delatora y no voy a acusar a nadie.*

delco. (Marca reg.). m. *Mec.* En un motor de explosión: Aparato que distribuye la corriente de alta tensión a las bujías. *Es un problema de encendido; revisaré el delco.*

delectación. f. cult. Deleite. *Come con delectación.*

delegable. adj. Que se puede delegar. *El voto será secreto y no delegable.*

delegación. f. **1.** Hecho o efecto de delegar. *El subdirector acudirá a la firma por delegación del director.* **2.** Conjunto de delegados. *Una delegación parlamentaria visitará las zonas afectadas.* **3.** Oficina del delegado. *Se manifiestan ante la delegación del Gobierno.* **4.** Cargo de delegado.

delegado, da. part. **1.** → **delegar.** ● adj. **2.** Dicho de persona o conjunto de personas: Que sustituyen o representan a otra u otras por delegación. *El consejero delegado informa a los accionistas. La comisión delegada de Asuntos Económicos.* Dicho de pers., tb. m. y f. *El delegado del Gobierno en Madrid. Delegados sindicales.*

delegar. tr. **1.** Dar una persona (a otra) autorización para que la sustituya o represente en sus funciones. *Los alumnos irán con el director del colegio o con quien este delegue.* **2.** Dar una persona a otra autorización para que la sustituya o represente (en sus funciones). *Delegó* EN *su hijo la dirección de la empresa.*

deleitación. f. Hecho o efecto de deleitar o deleitarse. *Fumaba con deleitación.* ▶ *PLACER.

deleitar. (conjug. PEINAR). tr. Producir deleite (a alguien, o a alguno de sus sentidos). *Quiso deleitar a sus invitados con un buen vino.* Tb. en constr. prnl. media. *Nuestros oídos se deleitan con la música de Bach.*

deleite. m. Placer sensual o espiritual. *Saboreaba la carne con deleite. En nada encuentro más deleite que en la música.* ▶ *PLACER.

deleitoso, sa. adj. Que causa deleite. *Un paraje de prados deleitosos. Deleitosa conversación.*

deletéreo, a. adj. cult. Mortífero o venenoso. *Se protegen con mascarillas de los gases deletéreos.* Tb. fig. *Una deletérea influencia.*

deletrear. tr. Pronunciar separadamente las letras (de una palabra). *¿Me puede deletrear su nombre?*

deletreo. m. Hecho de deletrear. *Ejercicios de deletreo.*

deleznable. adj. **1.** Despreciable o censurable. *El terrorismo le parece deleznable. Deleznable comportamiento.* **2.** De poco valor. *Deleznables poemas de juventud.* **3.** Que se rompe o disgrega con facilidad. *El terreno de la ladera, arenisca y piedras deleznables, dificulta la subida.* **4.** De poca consistencia o resistencia. *Un edificio construido con materiales deleznables.* ▶ **1:** *DESPRECIABLE.

délfico, ca. adj. De Delfos (ciudad griega), o del oráculo de Apolo situado en ella. *El oráculo délfico. Misterios délficos.*

delfín[1]**.** m. Mamífero marino de cuerpo grisáceo por encima y blanquecino por debajo, cabeza voluminosa, boca muy grande y hocico delgado y agudo. *El delfín hembra. Los delfines tienen fama de inteligentes.*

delfín[2]. m. **1.** Sucesor o heredero de un político o de una personalidad importante. *Todos ven en el vicepresidente a su delfín.* **2.** histór. Primogénito del rey de Francia.

delfinario. m. Instalación destinada a la exhibición de delfines vivos. *En el zoo hay un delfinario.*

delgadez. f. Cualidad de delgado. *La delgadez de la modelo es excesiva. Una membrana de gran delgadez.*

delgado, da. adj. **1.** Dicho de persona o animal, o de parte de su cuerpo: Que tiene poca carne. *Estás muy delgado. El galgo es un perro delgado y veloz. Dedos largos y delgados.* **2.** Que tiene poco grosor o espesor. *La cuerda es muy delgada. Una delgada lámina de plata.* ▶ **1:** FLACO.

deliberación. f. Hecho o efecto de deliberar. *La deliberación del jurado se demoró varias horas. Actúan con total deliberación.*

deliberado, da. part. **1.** → **deliberar.** ● adj. **2.** Intencionado o voluntario. *Amonestó al portero por pérdida deliberada de tiempo.*

deliberante. adj. **1.** Que delibera. *El jurado deliberante.* **2.** Dicho de junta o corporación: Que toma, por mayoría de votos, acuerdos que trascienden a la vida de la colectividad con eficacia ejecutiva. *El máximo órgano deliberante del partido fijará la fecha del congreso.*

deliberar. intr. Reflexionar detenidamente una o, espec., dos o más personas sobre algo antes de emitir un juicio o tomar una decisión. *El jurado, después de deliberar, emite su veredicto. La junta delibera* SOBRE *si contratar a otro jardinero.*

deliberativo, va. adj. De la deliberación. *Reunión deliberativa.*

delicadeza. f. **1.** Cualidad de delicado. *Habla con delicadeza a los niños. Un perfume de gran delicadeza.* **2.** Atención o acción que constituye una muestra de delicadeza (→ 1) con alguien o algo. *Ha sido una delicadeza por tu parte acompañarme.* ▶ **2:** *CORTESÍA.

delicado, da. adj. **1.** Dicho de cosa: Que resulta agradable por su dulzura, suavidad o moderada intensidad, o por carecer de brusquedad o violencia. *El delicado aroma de un buen perfume. Una joven de rasgos delicados. Tonos delicados.* **2.** Dicho de cosa: De extraordinaria calidad o perfección dentro de su clase. *Le regalaron una delicada cristalería veneciana.* **3.** Dicho de cosa: Que se estropea o deteriora con facilidad. *Esta planta es muy delicada y hay que regarla con frecuencia. Un traje blanco es muy delicado: enseguida se mancha.* **4.** Dicho de persona: Débil o enfermiza. *Es un niño delicado. La abuela está muy delicada.* **5.** Dicho de cosa: Difícil o que requiere un cuidado especial. *Atravesamos una delicada situación económica. El asunto del sueldo es delicado.* **6.** Dicho de persona: Difícil de contentar. *Es muy delicado para comer.* **7.** Dicho de persona: Suspicaz o que se molesta con facilidad. *No se le puede gastar una broma porque es muy delicado.* **8.** Dicho de persona: Respetuosa y atenta con los demás. *Estuvo muy delicada con los invitados.* **9.** Dicho de cosa: Propia de la persona delicada (→ 8). *No ha sido muy delicado por tu parte recordarle lo gordo que está.* ▶ **4:** *DÉBIL.

delicatessen. (pal. ingl; pronunc. "delicatésen"). f. pl. **1.** Alimentos selectos y refinados, frec. de importación. *Angulas, caviar ruso y otras* delicatessen. ○ m. o f. **2.** Establecimiento donde se venden *delicatessen* (→ 1). *Compra paté y champán en el* delicatessen. ¶ [Equivalente recomendado: 1: *exquisiteces.* 2: *tienda de exquisiteces.* Adaptación recomendada: 2: *delicatesen,* pl. invar.].

delicia. f. **1.** Placer muy intenso. *¡Qué delicia cuando sale el sol en invierno!* **2.** Persona o cosa que causan delicia (→ 1). *Es una delicia charlar con él.*

delicioso, sa. adj. **1.** Que causa delicia. *El flan está delicioso. Es delicioso salir a respirar aire puro.* **2.** Muy agradable o ameno. *Es una persona deliciosa en el trato.*

delictivo, va. adj. **1.** Del delito. *Investigación delictiva.* **2.** Que implica delito o tiene carácter de delito. *Un acto delictivo contra la propiedad.*

delicuescente. adj. **1.** *Quím.* Dicho de sustancia: Que absorbe la humedad del aire y se disuelve lentamente en ella. *La sosa cáustica es delicuescente.* **2.** cult. Inconsistente o evanescente. *Le vienen a la memoria mágenes delicuescentes de la infancia.*

delimitación. f. Hecho o efecto de delimitar. *Se necesita una clara delimitación de competencias de las distintas administraciones.*

delimitador, ra. adj. Que delimita. *Por el sur, la línea delimitadora de la finca es el río.*

delimitar. tr. Determinar o fijar con precisión los límites (de algo). *El contrato delimita las funciones del trabajador. Un terreno delimitado como urbanizable.*

delincuencia. f. **1.** Hecho de cometer delitos. *A veces la droga conduce a la delincuencia.* **2.** Conjunto de delitos cometidos. *Ha aumentado la delincuencia organizada.*

delincuencial. adj. De la delincuencia. *Actividad delincuencial.*

delincuente. adj. Dicho de persona: Que comete delito. Tb. m. y f. *Han detenido a una banda de delincuentes que robaba chalés.* ▶ MALHECHOR. ‖ **Am:** ANTISOCIAL.

delineación. f. Hecho de delinear. *Un cartógrafo supervisa la delineación de los mapas.* ▶ DELINEAMIENTO.

delineamiento. m. Delineación. *El trazado responde al delineamiento típico de una ciudad colonial.*

delineante. m. y f. Persona que tiene por oficio trazar planos. *Con el arquitecto trabaja un delineante.*

delinear. tr. Trazar las líneas (de una figura, espec. de un plano). *Delinea la planta del edificio.* Tb. fig. *El alto mando ha delineado un plan de ataque.*

delinquir. intr. Cometer delito. *La ley establece penas para todo aquel que delinca.*

delirante. adj. **1.** Que delira. *Enfermos delirantes por la fiebre.* Dicho de pers., tb. m. y f. **2.** Que implica delirio, o es propio de él. *Reímos a carcajadas con sus delirantes historias.*

delirar. intr. **1.** Decir locuras o despropósitos debido a una perturbación de la mente, frec. producida por la fiebre. *Cuando la fiebre superó los 40° empezó a delirar.* **2.** coloq. Decir o pensar locuras o despropósitos. *Tú deliras si piensas que me voy a bañar con este frío.* ▶ **1:** DESVARIAR.

delirio. m. Hecho o efecto de delirar. *La ingestión de estas setas puede producir delirio y alucinaciones. ¿Que yo quiero perjudicarte?; eso son delirios tuyos.* ■ ~ **de grandeza**(s). m. Consideración que una persona tiene de su propia superioridad, y que le lleva a hacer ostentación de ella. *En el imperialismo hay cierto delirio de grandeza.* Frec. en pl. con significado sing. *El chico tiene delirios de grandeza.* □ **con ~.** loc. adv. Mucho o enormemente. *Quiere a sus hijos con delirio.*

delírium trémens. (loc. lat.). m. Delirio caracterizado por una gran agitación, temblores y alucinaciones, propio de alcohólicos y toxicómanos. *La peor forma del síndrome de abstinencia alcohólica es el delírium trémens.*

delito. m. **1.** Acción u omisión, voluntaria o imprudente, penada por la ley. *Lo procesarán por un delito de estafa.* **2.** Hecho o cosa reprobables. *Con el hambre que hay en el mundo, es un delito tirar la comida.* ■ **~ de sangre.** m. *Der.* Delito (→ 1) que causa lesiones corporales graves o la muerte. *No habrá indulto para reos por delitos de sangre.*

delta. f. **1.** Letra del alfabeto griego (Δ, δ), que corresponde al sonido de *d.* ○ m. **2.** Terreno comprendido entre los brazos de un río en su desembocadura. *Las fértiles tierras del delta del Nilo.*

deltaico, ca. adj. Del delta. *Marismas deltaicas.*

deltoides. adj. *Anat.* Dicho de músculo: Que está situado en el hombro, tiene forma triangular, une la clavícula y el omóplato con el húmero, y permite elevar el brazo. Tb. m. *El tenista tiene rotura fibrilar en el deltoides.*

demacrado, da. adj. Delgado, pálido y con aspecto de enfermo. *No me gusta su aspecto, la encuentro demacrada.*

demagogia. f. Práctica política consistente en intentar ganarse el favor de la gente mediante halagos. *Se exige a la clase política que explique las cosas como son y no haga demagogia.*

demagógico, ca. adj. De la demagogia, o que la implica. *Enardece a las masas con discursos demagógicos.*

demagogo, ga. adj. Dicho de persona: Que practica la demagogia. *Políticos demagogos que prometen de todo y no ven nada bueno en el contrario.* Tb. m. y f.

demanda. f. **1.** Hecho o efecto de demandar. *Aumenta la demanda de mano de obra especializada.* Frec. en derecho. *Ha presentado una demanda por difamación contra la revista.* **2.** Busca. Gralm. en la constr. *en ~ de. La ONG ha recibido miles de llamadas en demanda de ayuda.* **3.** *Econ.* Cuantía global de las compras de bienes y servicios realizados o previstos por una colectividad. *Cuando la oferta supera a la demanda los precios bajan.*

demandado, da. part. **1.** → **demandar. 2.** *Der.* Que ha sido demandado (→ 1). Tb. m. y f. *El tribunal considera al demandado culpable de todos los cargos.*

demandante. adj. Que demanda. *La industria es un sector demandante de energía.* Dicho de pers., tb. m. y f. *Los demandantes de empleo.* Se usa espec. en derecho. *Se condena al demandante a pagar las costas.*

demandar. tr. **1.** cult. Pedir una persona o cosa (algo). *Los estudiantes demandan más ayudas. La ciencia demanda atención.* **2.** cult. Preguntar (algo). *El enfermo está deprimido y demanda qué puede hacer.* **3.** *Der.* Presentar una acusación de delito (contra alguien). *La casera demandó al inquilino por impago del alquiler.*

demarcación. f. **1.** Hecho de demarcar. *Los artificieros hacen la demarcación del campo minado.* **2.** Terreno demarcado. *Las demarcaciones urbanas más pobladas del planeta.* **3.** Territorio bajo la jurisdicción de una autoridad. *El país se divide en varias demarcaciones militares.*

demarcar. tr. Marcar los límites (de algo, espec. de un terreno). *Los arqueólogos demarcan el territorio que van a excavar. Una línea blanca demarca el campo de juego.*

demarraje. m. En ciclismo: Hecho de demarrar. *En un demarraje se distanció del pelotón.*

demarrar. intr. En ciclismo: Acelerar fuerte y repentinamente un corredor para despegarse de otros o del pelotón. *Demarró a un kilómetro de la meta y ganó la etapa.*

demás. adj. (pl. invar.). **1.** Antepuesto a un nombre en plural o a ciertos nombres colectivos en singular: Restante. *A la boda solo asistieron sus padres, sus hermanos y demás familiares próximos. Juan y demás amigos participaron en el concurso. Médicos, enfermeras y demás personal sanitario estaban en huelga. Cuando llegue la demás gente, nos iremos. No tendremos sitio para los demás muebles.* Tb. sustantivado. *Nunca piensa en los demás.* Precedido del art. *lo* tiene sent. colectivo. *Solo picoteó la ensalada, lo demás ni lo probó.* ● pron. (pl. invar.). **2.** El resto de las personas o cosas. Se usa precedido de *y. Cogió toalla, bañador y demás, y se fue a la playa.* ■ **por ~.** loc. adv. En exceso. *Habla por demás.* ■ **por lo ~.** loc. adv. En lo relativo a otros aspectos. *Me molesta su cabezonería, pero por lo demás me cae bien.*

demasía. f. Exceso (hecho de excederse). ■ **en ~.** loc. adv. De manera excesiva. *Es exigente en demasía. Habla en demasía.*

demasiado, da. adj. **1.** Que sobrepasa la cantidad o el grado que se consideran convenientes o aceptables. *Son demasiados invitados. Hay demasiada violencia. ¿No hay demasiados coches* PARA *ser las 6 de la mañana?* Tb. pron. *Quita tres platos, hay demasiados.* ● adv. **2.** En un grado o cantidad que sobrepasa el límite que se considera conveniente o aceptable. *¿No son demasiado atrevidos? Desconfía demasiado de los demás. Es demasiado largo* PARA *acabarlo hoy.*

demencia. f. **1.** Locura o trastorno de la razón. *Lo internaron en un psiquiátrico por una grave demencia.* **2.** *Med.* Estado caracterizado por el deterioro progresivo e irreversible de las facultades mentales. *A los 75 años empezó a padecer demencia senil y a tener problemas de memoria.* ▶ **1:** *LOCURA.

demenciado, da. adj. Demente. Dicho de pers., tb. m. y f. *En aquellos tiempos, a muchos demenciados los tomaban por endemoniados.* ▶ *LOCO.

demencial. adj. **1.** De la demencia. *Síntomas demenciales.* **2.** Absurdo o irracional. *¿Quién habrá tenido una idea tan demencial? Atrapada en el atasco, se decía: –Esto es demencial.*

demente. adj. **1.** Dicho de persona: Loca o que ha perdido la razón. *A veces te comportas como una persona demente.* Tb. m. y f. *Fue asesinado por un demente.* **2.** *Med.* Que padece demencia o deterioro de las facultades mentales. *Se había convertido en un anciano demente.* Tb. m. y f. *Parte de las plazas de la residencia se reservan para dementes seniles.* ▶ **1:** *LOCO.

demeritar. tr. Am. Quitar mérito (a alguien o algo). *Somos los mejores, qué duda cabe, pero mal hace quien demerita al adversario* [C].

demérito. m. Acción o cualidad que hacen que algo o alguien desmerezcan. *No ganó por méritos propios, sino por deméritos del contrario.*

demiúrgico, ca. adj. cult. Del demiurgo. *El poder demiúrgico de las nuevas tecnologías.* Se usa espec. en filosofía. *El origen demiúrgico del cosmos según Platón.*

demiurgo. m. *Fil.* Dios o principio creadores del universo. *Existen rasgos comunes entre el demiurgo platónico y el dios cristiano.*

demo. f. (Tb., más raro, m.). Versión demostrativa de un programa informático o de una grabación musical, hecha con fines de promoción. *La revista regala un CD-ROM con una demo del videojuego.*

democracia. f. Régimen de gobierno en que la soberanía reside en el pueblo y este la ejerce gralm. a través de los representantes que elige por votación. *Tras años de dictadura, se instauró la democracia.* Tb. el Estado así gobernado. *Los países miembros de la Unión Europea son democracias.* Tb. fig. *Nada de democracia en el trabajo: el jefe manda y el resto obedece.*

demócrata. adj. Partidario de la democracia. Dicho de pers., tb. m. y f. *Es un liberal y un demócrata de toda la vida.*

democratacristiano, na. adj. Democristiano. *Ideario democratacristiano.* Dicho de pers., tb. m. y f. *Una coalición de democratacristianos y liberales.*

democrático, ca. adj. De la democracia. *Tras años de transición, el sistema democrático se ha consolidado.*

democratización. f. Hecho de democratizar o democratizarse. *Luchó por las libertades y la democratización del país.*

democratizador, ra. adj. **1.** De la democratización. *Tras la dictadura se inició un proceso democratizador.* **2.** Que democratiza o persigue la democratización. *Hacía falta un gobierno democratizador.*

democratizar. tr. Hacer democrático (algo) o demócrata (a alguien). *Hubo que democratizar la vida política y las instituciones.* Tb. en constr. prnl. media. *Si el país no se democratiza, no será aceptado como miembro de la Unión.*

democristiano, na. adj. **1.** Del conjunto de movimientos y partidos políticos caracterizados por pretender combinar la doctrina cristiana con los principios democráticos. *Un partido de orientación democristiana.* **2.** Partidario o seguidor de la ideología o el movimiento democristianos (→ 1). *El candidato democristiano.* Dicho de pers., tb. m. y f. *Los democristianos vencen en Italia.* ▶ CRISTIANODEMÓCRATA, DEMOCRATACRISTIANO.

demodé. adj. Pasado de moda. *Ese vestido que llevas está un poco demodé.*

demografía. f. Estudio estadístico de la población humana. *Demografía y sociología hacen grandes aportaciones a los estudios históricos.*

demográfico, ca. adj. De la demografía. *Según el último estudio demográfico, la población ha aumentado en un 1%.*

demógrafo, fa. m. y f. Especialista en demografía. *Los demógrafos advierten que la población está envejeciendo rápidamente.*

demoledor, ra. adj. Que demuele. *Un demoledor terremoto.* Tb. fig. *Acusaciones demoledoras. Un triunfo demoledor.*

demoler. (conjug. MOVER). tr. Derribar o destruir (una construcción). *Van a demoler la vieja fábrica para construir pisos.* ▶ *DERRIBAR.

demolición. f. Hecho de demoler. *Han comenzado las obras de demolición del edificio.*

demoníaco, ca o **demoniaco, ca.** adj. Del demonio, o de características atribuidas a él, espec. su maldad. *Cree estar bajo una influencia demoníaca. Ideó un plan demoníaco para vengarse.* ▶ *DIABÓLICO.

demonio. m. **1.** *Rel.* Diablo (ángel rebelado). Frec. *el ~* para designar al príncipe de los diablos, que representa el espíritu del mal. *Según la Biblia, el demonio tentó a Eva para que comiera del fruto prohibido.* **2.** Espíritu maligno. *El hechicero de la tribu conjuró a los demonios.* **3.** Fuerza que impulsa hacia algo negativo y que constituye una obsesión o una fuente de conflicto. *Sus traumas y demonios interiores lo llevaron al borde de la locura. El demonio de la ambición.* **4.** coloq. Persona con características consideradas propias de un demonio (→ 1), espec. su maldad, su astucia o su carácter inquieto. *El tipo era un demonio y acabó en la cárcel. Aquellos pequeños demonios no paraban de alborotar.* **5.** coloq. Se usa pospuesto a una palabra interrogativa o exclamativa y gralm. en plural, para enfatizar expresiones que indican disgusto, sorpresa o rechazo. *¿Quién demonios ha estado hurgando en mi habitación? ¿Adónde demonios quieres ir a parar con esa pregunta?* ■ **a ~s.** loc. adv. coloq. Muy mal. Con v. como *oler* o *saber*. *Dúchate, que hueles a demonios. Este brebaje sabe a demonios.* ■ **al ~.** expr. coloq. Se usa para expresar rechazo o enfado. *¡Al demonio* CON *todo; ya me han hartado!* Frec. en constr. imperativas con v. como *mandar* o *irse*. *Como se ponga impertinente, lo mando al demonio y se acabó.* ■ **como el,** o **un, ~.** loc. adv. coloq. Mucho. *Parece tímida, pero, cuando se suelta, habla como un demonio.* ■ **como un ~,** o **hecho un ~.** loc. adj. coloq. Muy enfadado o irritado. Frec. con *ponerse*. *Si el jefe descubre que te has escaqueado del trabajo, se pondrá hecho un demonio.* ■ **del ~.** loc. adj. coloq. Pospuesto a un nombre, se usa para expresar la molestia o rechazo que causa lo designado por este. *¡Ya está sonando otra vez el teléfono del demonio!* ■ **del ~,** o **de mil ~s.** loc. adj. coloq. Muy grande o extraordinario. *Aquí hay un ruido del demonio. Hace un frío de mil demonios.* ■ **~(s),** o **qué ~(s).** interj. Se usa para expresar sorpresa o enfado. *¡Demonio, a ver si miras por dónde vas! ¡Pero si ese de la tele es mi vecino, qué demonios!* ■ **llevarse** (a alguien) **el ~,** o (**todos**) **los ~s.** loc. v. coloq. Irritarse o encolerizarse (esa persona). *Se me llevan los demonios cada vez que lo pillo fumando.* ■ **tener el ~,** o **los ~s, en el cuerpo.** loc. v. coloq. Ser muy inquieto o travieso. *Aquel granujilla tenía el demonio en el cuerpo.* ▶ **1:** DIABLO.

demonología. f. Estudio de la naturaleza y cualidades de los demonios. *Su interés por la demonología lo llevó a estudiar el mundo de las sectas satánicas.*

demontre. m. eufem. Diablo (ángel rebelado). Frec. se usa pospuesto a una palabra interrogativa o exclamativa para enfatizar expresiones que indican disgusto, sorpresa o rechazo. *¿Qué demontre querrá ese pesado? ¿Quién demontres habrá cogido las llaves?* ■ **~(s).** interj. eufem. Diablo. *¿Quieres dejar de dar la lata ya, demontres?*

demora. f. Hecho o efecto de demorar o demorarse. *Toda demora* EN *la realización de las obras supone mayor coste. El acto comenzó con una demora de treinta minutos.* ▶ *RETRASO.

demorar. tr. **1.** Retrasar (algo), o hacer que llegue o suceda más tarde del tiempo debido o acordado.

Tendrá que demorar su regreso. No podemos demorar más la entrega del informe. ○ intr. **2.** frecAm. Tardar una persona o cosa en hacer algo. *La Tierra demora menos* EN *recorrer su órbita entre el equinoccio de primavera y el del otoño* [C]. Tb. prnl. *Se demoró* EN *llegar porque había mucho tráfico.* **3.** frecAm. Detenerse o entretenerse. *Tómese su tiempo, charle con los vecinos, pero no demore demasiado* [C]. Tb. prnl. *Se demoró mirando escaparates.* ▶ **1, 2:** *RETRASAR.

demoscopia. f. Estudio de la opinión pública y de las aficiones y comportamiento de la sociedad mediante sondeos. *El diario ha encargado el sondeo a una empresa de demoscopia.*

demoscópico, ca. adj. De la demoscopia. *Estudios demoscópicos. Instituto demoscópico.*

demóstenes. m. Hombre muy elocuente. *¿Un demóstenes, ese?; un charlatán me parece a mí.*

demostrable. adj. Que se puede demostrar. *Deberán emitir un veredicto teniendo en cuenta solo los hechos demostrables.*

demostración. f. **1.** Hecho o efecto de demostrar. *Hizo una demostración de valor.* **2.** Cosa que demuestra algo. *Esto es la demostración de que puede hacerse.*

demostrar. (conjug. CONTAR). tr. **1.** Hacer patente la verdad (de algo) con argumentos rigurosos o hechos ciertos. *Demostraremos la inocencia del acusado.* **2.** Mostrar (algo) o dejar(lo) ver. *Ha demostrado mucha entereza.*

demostrativo, va. adj. *Gram.* Dicho de adjetivo o pronombre: Que muestra o señala el contenido del nombre al que acompaña o sustituye. *En "esta casa", "esta" es un adjetivo demostrativo. Los pronombres demostrativos pueden acentuarse si hay riesgo de ambigüedad.* Tb. m. *"Aquello" es un demostrativo.*

demudar. tr. **1.** Alterar el color y la expresión (de una persona o de su rostro). *Su sola presencia lo demuda.* Tb. en constr. prnl. media. *Lo vimos demudarse y salir de la sala.* **2.** Alterar (el color, el gesto o la expresión del rostro). *El miedo le demudó la expresión.* Tb. en constr. prnl. media. *Se le demuda el gesto cuando lo ve aparecer.*

denario. m. histór. Antigua moneda romana. *En el yacimiento se han hallado denarios de plata.*

dendrita. f. *Anat.* Prolongación ramificada de una neurona, mediante la que esta recibe los estímulos externos. *Estudiaremos el papel de las dendritas y los axones en la conexión neuronal.*

denegación. f. Hecho de denegar. *Al conocer la denegación del asilo político, abandonó el país.*

denegar. (conjug. ACERTAR). tr. Negar o no conceder (algo que se pide o solicita). *Si me deniegan la beca, no podré seguir estudiando.*

denegatorio, ria. adj. De la denegación o que la contiene. *Respondió con un gesto denegatorio. Decisión denegatoria.*

dengue. m. **1.** Melindre o demostración exagerada de delicadeza, disgusto o escrúpulos. *Déjate de dengues y termínate la comida de una vez.* **2.** Enfermedad epidémica y contagiosa que produce fiebre, dolores de cabeza, articulatorios y musculares, y una erupción en la piel. *Si viaja a zonas tropicales donde el dengue es endémico, utilice protección antimosquitos.* ▶ **1:** *MELINDRE.

denigración. f. Hecho de denigrar. *Sometía a sus esclavos a una denigración inimaginable.*

denigrador, ra. adj. Que denigra. *Trato denigrador.* Dicho de pers., tb. m. y f. *La clase médica ha contado siempre con denigradores implacables.*

denigrante. adj. Dicho de cosa: Que denigra. *Trabajan en condiciones denigrantes. Usa términos denigrantes para referirse a otras razas.*

denigrar. tr. **1.** Disminuir o quitar el crédito o la reputación (a alguien o algo). *Unos lo alaban y otros lo denigran.* **2.** Injuriar u ofender (a alguien). *Lo ha denigrado diciéndole eso.* ▶ **1:** *DESACREDITAR.

denigratorio, ria. adj. Que denigra o sirve para denigrar. *Se siente víctima de una campaña denigratoria contra su persona.*

denodado, da. adj. cult. Que muestra denuedo. *Tras denodados esfuerzos, el médico salvó al paciente. Un denodado promotor de las artes.*

denominación. f. Palabra o conjunto de palabras con que se denomina algo o a alguien. *Este pez tiene diferentes denominaciones según las regiones. ¿Cuál es la denominación oficial de México?* ■ **~ de origen.** f. Denominación oficial asignada a un producto como garantía de su procedencia y calidad. *En el* stand *de la Rioja degustamos vinos con denominación de origen. Compró aceite con denominación de origen de Jaén.* ▶ *NOMBRE.

denominador, ra. adj. **1.** Que denomina. *"Bebé" es un término denominador de cualquier niño lactante, sin distinción de sexo.* **2.** *Mat.* En un quebrado: Número que expresa las partes iguales en que la unidad se considera dividida. *En la fracción 5/3, el denominador es 3.* ■ **denominador común,** o **común denominador.** m. *Mat.* Respecto de un conjunto de quebrados: Número múltiplo de todos los denominadores (→ 2). *Para sumar fracciones, primero debemos reducirlas a común denominador.* Frec. fig. para designar una característica o elemento comunes a un conjunto de personas o cosas. *Éramos un grupo muy heterogéneo, sin ningún denominador común. El denominador común de las vanguardias es su espíritu renovador.*

denominar. tr. cult. Dar (a alguien o algo) el nombre que se indica. *Los romanos denominaron Hispania a la Península.* Frec. en constr. prnl. pasiva. *El hueso que une el codo con el hombro se denomina húmero.*

denominativo, va. adj. Que implica denominación, o sirve para denominar. *Vocablo denominativo.* ▶ DESIGNATIVO.

denostación. f. cult. Hecho de denostar. *Estaba de moda la denostación de todo lo barroco.* ▶ *OFENSA.

denostador, ra. adj. cult. Que denuesta. Dicho de pers., tb. m. y f. *Se convirtió en un implacable denostador de las religiones.*

denostar. (conjug. CONTAR). tr. cult. Decir injurias u ofensas graves (contra alguien o algo). *Algún día denostarás a quien hoy enalteces.* ▶ *OFENDER.

denotación. f. cult. Conjunto de rasgos objetivos del significado de una palabra o expresión. *En el lenguaje informativo debe primar la denotación sobre la connotación.*

denotar. tr. **1.** Indicar (algo), o ser signo (de ello). *Su gesto denota preocupación.* **2.** cult. Tener una palabra o expresión (una determinada denotación). *Las palabras "seco" y "mojado" denotan justo lo contrario.*

denotativo, va. adj. **1.** cult. Que denota. *En publicidad suelen predominar los términos connotativos* *sobre los estrictamente denotativos.* **2.** cult. De la denotación. *En el aspecto denotativo, "facha" y "fascista" son términos equivalentes.*

densidad. f. **1.** Cualidad de denso. *La densidad del humo no dejaba ver. La densidad del tráfico en horas punta.* **2.** Número de habitantes por unidad de superficie. Tb. *~ de población. La densidad de población en España rondaba los 79 habitantes por km²*. **3.** *Fís.* Relación entre la masa y el volumen de un cuerpo. *La unidad básica de densidad en el Sistema Internacional es el kilogramo por metro cúbico. Tomaron una muestra de agua marina con una densidad de 1025 kg/m³.* ▶ **1:** ESPESOR, ESPESURA.

densificación. f. Hecho de densificar o densificarse. *Se somete el material a altas temperaturas para su densificación.*

densificar. tr. Hacer denso o más denso (algo). *El calcio contribuye a densificar la masa ósea.* Tb. en constr. prnl. media. *A partir de los años sesenta, el casco urbano se densifica.*

densímetro. m. *Fís.* Aparato que sirve para medir la densidad de un líquido. *Con el densímetro comprobamos la densidad del electrolito de la batería.*

denso, sa. adj. **1.** Dicho de cosa: Que tiene mucha masa con respecto a su volumen. *La madera de estos árboles es muy densa y no flota en el agua. Una densa niebla impedía la visibilidad.* **2.** Que tiene muchos elementos apretados o muy juntos entre sí. *El país es pequeño, pero con una población densa. Se trata de arbustos muy ramificados y de denso follaje.* **3.** Que presenta mucho contenido o profundidad en poco espacio, lo que frec. aporta oscuridad o dificultad. *La asignatura es demasiado densa para un solo curso. Leímos un poema aparentemente sencillo, pero muy denso.* **4.** Dicho de líquido o mezcla de líquido y sólido: Espeso (que tiene gran cantidad de sólido). *Por la ladera del volcán bajaba un denso río de lava.* ▶ **1:** COMPACTO, ESPESO. **2:** COMPACTO, ESPESO, TUPIDO. **4:** ESPESO.

dentado, da. adj. Que tiene dientes o salientes. *Borde dentado. Hoja dentada. Rueda dentada.*

dentadura. f. Conjunto de los dientes y muelas de una persona o de un animal. *Cepíllese la dentadura después de cada comida. Una dentadura postiza.*

dental. adj. **1.** De los dientes. *La higiene dental es imprescindible para tener una boca sana.* **2.** *Fon.* Dicho de articulación o de sonido: Que se produce aplicando la lengua a la cara interior de los incisivos superiores. *El sonido "t" es dental.* Tb. f., referido a consonante. *La "d" es una dental sonora.*

dente. al ~. loc. adj. Dicho de alimento, espec. de pasta: Cocido de manera que conserve cierta consistencia. *Deje hervir los tallarines hasta que estén al dente.* Tb. adv. *Cueza el arroz al dente.*

dentellada. f. Hecho de morder o clavar los dientes, gralm. con fuerza. *El tigre dio una dentellada al domador.* Tb. la herida o señal así producidas. *Estas dentelladas en el cuello de la oveja son de lobo.*

dentera. f. **1.** Sensación desagradable que se experimenta en los dientes y encías, espec. al comer sustancias agrias, oír rechinar algo o tocar determinados cuerpos. *No arañes la pizarra, que me da dentera.* **2.** coloq. Envidia (tristeza por no tener algo ajeno). *Se puso delante de nosotros con su juguete nuevo para darnos dentera.* ▶ **1:** GRIMA.

dentición. f. **1.** Hecho de formarse y salir los dientes. *El niño está en plena dentición.* **2.** *Anat.* Conjunto de los dientes de una persona o de un animal mamífero. *Han encontrado la dentición completa de un hombre primitivo.*

dentífrico, ca. adj. Dicho de sustancia, espec. de pasta: Que sirve para limpiar los dientes y mantenerlos sanos. *Pasta dentífrica.* Tb. m. *Usa un dentífrico que protege las encías.*

dentina. f. *Anat.* Marfil de los dientes. *Hábitos como fumar o tomar té oscurecen la dentina.*

dentista. m. y f. Médico especialista en el cuidado de la dentadura. *Me duele una muela, tengo que ir al dentista.* ▶ ODONTÓLOGO.

dentón, na. adj. **1.** Que tiene dientes muy grandes. *Es dentón, chato y cuellilargo; un adonis, vamos.* • m. **2.** Pez marino comestible, de color azulado por el lomo y plateado por los costados y el vientre, con dientes muy salientes, y que abunda en el Mediterráneo.

dentro. adv. **1.** En un espacio delimitado, real o figurado, identificable por el oyente. *Prefiero comer dentro, fuera hace frío. Pasa dentro un momento para que veas cómo ha quedado la librería. Le robaron el bolso con toda la documentación dentro. Dentro* DE *casa hace menos calor. Presentó la solicitud dentro* DEL *plazo. Lo ayudaré dentro* DE *mis posibilidades.* A veces precedido de prep. *La manzana estaba podrida por dentro. El traidor tiene que ser alguien de dentro.* **2.** En el ámbito de la conciencia. *No exterioriza sus sentimientos, se lo guarda todo dentro. Descubrió que tenía dentro unas cualidades excepcionales. Hay un actor frustrado dentro* DE *él.* Tb. *por ~. Te dice una cosa, pero por dentro está pensando otra.* A veces precedido de prep. *Yo creo que era sincero, el arrepentimiento le salía de dentro.* ■ **a ~.** → **adentro.** ■ **~ de.** loc. prepos. Después de. *Recuérdamelo dentro de un par de días. Dentro de una semana empezarán las pruebas de selección.*

denuedo. m. cult. Fuerza o ímpetu con que se hace algo. *Los equipos de rescate se empleaban con denuedo para encontrar supervivientes.*

denuesto. m. cult. Dicho que ofende gravemente. *Llegó furiosa, lanzando todo tipo de improperios y denuestos.*

denuncia. f. **1.** Hecho de denunciar. *Aumentan las denuncias por malos tratos. Hizo una denuncia de la dramática situación de los indígenas. El Gobierno se plantea la denuncia del tratado.* **2.** Documento en que se denuncia un delito o una falta. *Recibirá por correo la denuncia por infracción de tráfico.*

denunciable. adj. Que puede o debe ser denunciado. *Ponga en conocimiento de la autoridad cualquier hecho denunciable.*

denunciador, ra. adj. Que denuncia. Dicho de pers., tb. m. y f. *La denuncia deberá estar firmada por el denunciador.*

denunciante. adj. Que denuncia, espec. ante la autoridad judicial o administrativa. *La parte denunciante.* Dicho de pers., tb. m. y f. *El denunciante afirma que el atracador lo asaltó en plena calle.*

denunciar. (conjug. ANUNCIAR). tr. **1.** Notificar (un delito o perjuicio) a la autoridad. *Ha ido a la comisaría a denunciar un robo.* **2.** Notificar a la autoridad que (alguien) ha cometido o va a cometer un delito. *Denunciaré al sospechoso si me protege la policía.* **3.** Hacer pública (una cosa negativa o abusiva). *Los ecologistas han denunciado que el río está contaminado.*

deontología. f. Parte de la ética que trata de los deberes, espec. de los que rigen una actividad profesional. *Apuntes de deontología aplicada a las profesiones jurídicas.* Tb. el conjunto de esos deberes. *La deontología médica obliga a cualquier médico a atender una urgencia sanitaria.*

deontológico, ca. adj. De la deontología. *Los mismos periodistas elaboraron un código deontológico de su profesión.*

Deo volente. (loc. lat.). expr. cult. Dios mediante, o si Dios quiere. *Pronto, Deo volente, cumpliré ocho años al frente de esta institución.*

deparar. tr. cult. Proporcionar (algo) a alguien, o poner(lo) a su disposición. *El viaje deparó muchas sorpresas. No puede imaginar lo que le deparará el destino.*

departamental. adj. Del departamento, espec. ministerial, universitario o territorial. *Se convoca a los profesores de inglés a una reunión departamental. Política departamental.*

departamento. m. **1.** Parte de las varias en que se divide o estructura un espacio mediante paredes u otro medio de separación. *En el departamento del tren viajaban cuatro personas. El botiquín posee varios departamentos.* **2.** Sección especializada de una administración, organismo u otra entidad organizada. *Un departamento ministerial. El Departamento de Recursos Humanos de la empresa. El departamento de deportes de unos grandes almacenes.* **3.** En una universidad: Sección que constituye una unidad de docencia e investigación especializada en un área, y que está integrada por una o varias cátedras. *Es becario en el Departamento de Historia Contemporánea de la Facultad.* **4.** Apartamento. *Venden un departamento de 40 m^2 en un edificio céntrico.* En Am. designa un piso, sin tener en cuenta sus dimensiones. *Pagan una renta que puede oscilar entre 15 y 50 libras por un departamento de tres habitaciones* [C]. **5.** En Francia y algunos países americanos: Provincia (división administrativa). *Nació en Colombia, en un pueblo del departamento de Antioquia.* **6.** Zona bajo la jurisdicción de un capitán general de Marina. *Cartagena es capital del Departamento Marítimo del Mediterráneo.* ▶ **5:** PROVINCIA.

departir. intr. cult. Hablar o conversar una persona con otra. *El director departía* CON *varios profesores a cerca del nuevo curso.* Tb.: *En un banco del parque, dos jubilados departían* SOBRE *fútbol. Pasaron la tarde departiendo animadamente.*

depauperación. f. Hecho o efecto de depauperar o depauperarse. *La corrupción generalizada contribuyó a la depauperación del país.*

depauperar. tr. **1.** Empobrecer (algo o a alguien). *La crisis económica ha depauperado a la población. Es una región depauperada.* **2.** *Med.* Debilitar (algo o a alguien). *Su larga enfermedad lo ha depauperado.* Tb. en constr. prnl. media. ▶ **1:** EMPOBRECER. **2:** *DEBILITAR.

dependencia. f. **1.** Hecho de depender. *Como viajante de comercio, su dependencia* DEL *coche es inevitable. Entre causa y efecto hay una relación de dependencia.* **2.** Necesidad compulsiva de consumir o administrarse habitualmente determinadas sustancias, espec. drogas. *El tabaco y el alcohol crean dependencia. Tiene dependencia* DE *los somníferos.* **3.** Sección u oficina que dependen de una autoridad u organización superiores. *Para poner una denuncia acuda a una dependencia policial.* **4.** Habitación o espacio de una casa o un edificio grande, destinados a un determinado uso. *El teatro cuenta con amplias dependencias para ensayos y otras actividades.* **5.** Conjunto de dependientes de una tienda u otro establecimiento comercial. ▶ **2:** HÁBITO. **4:** *HABITACIÓN.

depender. intr. **1.** Estar una cosa determinada o condicionada por alguien o algo. *No sabemos a qué hora llegaremos, depende* DE *si hay mucho tráfico.* **2.** Estar bajo la autoridad o jurisdicción de alguien o algo. *El batallón dependía* DE *un oficial del ejército. La Biblioteca Nacional depende* DEL *Ministerio de Educación.* **3.** Vivir de la protección de alguien o de determinados recursos. *Hasta los 25 años dependió económicamente* DE *sus padres. Dependo de mi sueldo.* **4.** *Gram.* Estar un elemento gramatical determinado por otro. *La oración subordinada depende* DE *la principal.*

dependiente, ta. adj. (Como adj. se usa solo **dependiente,** invar. en género). **1.** Que depende. *La norma es aplicable a todo el personal dependiente* DE *este departamento. No soporta vivir solo porque es muy dependiente.* • m. y f. **2.** Persona que tiene por oficio atender a los clientes en una tienda o establecimiento comercial similar. *Pedí a la dependienta que me enseñara unos zapatos del escaparate.*

depilación. f. Hecho de depilar. *Le recomendaron la depilación con láser.*

depilar. tr. Eliminar el vello o el pelo de la piel (de alguien o de una parte de su cuerpo). *Va a un centro de belleza a que le depilen las piernas. Me depilé con una maquinilla.*

depilatorio, ria. adj. Dicho de sustancia o producto: Que sirve para depilar. *Crema depilatoria.* Tb. m. *No aplique este depilatorio en la cara u otras zonas sensibles.*

deplorable. adj. cult. Lamentable, o digno de ser deplorado. *¡Qué duro ver a un ser querido en un estado tan deplorable! El estado de la sanidad pública era deplorable. Tuvo un comportamiento deplorable.*

deplorar. tr. cult. Lamentar (algo), o sentir pena (por ello). *Deploramos este resurgimiento de la violencia.*

deponente. m. *Gram.* Verbo deponente (→ **verbo**).

deponer. (conjug. PONER). tr. **1.** Privar (a alguien) de su empleo o cargo. *Lo han depuesto* DE *su cargo por incompetente.* **2.** Dejar o abandonar (algo). *Si no deponía su actitud lo expulsarían. El grupo terrorista depuso las armas.* **3.** *Der.* Declarar (algo) ante una autoridad judicial. *Todo depende de lo que deponga el testigo.* Tb. usado en constr. intr. *El testigo fue asesinado antes de deponer en el juicio.* ○ intr. **4.** Defecar. ▶ **1:** *DESTITUIR.

deportación. f. Hecho de deportar. *El juez ordenó su deportación.*

deportar. tr. Desterrar (a alguien) a un lugar lejano por razones políticas o como castigo. *Los inmigrantes que cruzaron la frontera ilegalmente han sido deportados.*

deporte. m. Actividad física que se realiza como ejercicio o placer, frec. de carácter competitivo, y cuya práctica supone entrenamiento y está sujeta a determinadas reglas. *Cada vez más gente practica el esquí u otros deportes de invierno.* Frec. en sent. colectivo. *Si quieres estar en forma, haz deporte. Acudirá al partido el Secretario de Estado del Deporte.* ■ **por ~.** loc. adv. Por gusto o desinteresadamente. *Lo de pintar cuadros lo hacía por deporte, en sus ratos libres.*

deportista. m. y f. **1.** Persona que practica algún deporte. *En el acto inaugural desfilarán todos los deportistas participantes.* **2.** Persona aficionada al deporte. Tb. adj. *Aunque había funicular, los más deportistas subimos a pie.*

deportividad. f. Cualidad de deportivo o respetuoso con la corrección que debe existir en el deporte. *Tras cometer la falta, se disculpó con deportividad.* Tb. fig. *Sobrelleva las críticas con deportividad.*

deportivo, va. adj. **1.** Del deporte. *El mundial de fútbol será el acontecimiento deportivo del verano. Los diarios deportivos publican en primera página la foto del campeón.* **2.** Que se utiliza o es adecuado para la práctica de un deporte. *¿Tendrán zapatillas de tenis en la sección de calzado deportivo?* **3.** Que se ajusta al espíritu y las normas de corrección que deben regir en el deporte. *En un gesto deportivo, los perdedores aplauden a los vencedores.* **4.** Dicho de prenda de vestir o de calzado: Cómodo e informal. *Como suele ir con ropa deportiva, nos ha sorprendido verlo tan trajeado.* • m. **5.** Automóvil deportivo (→ **automóvil**). *Nos ha adelantado un deportivo a gran velocidad.* ▶ **4:** SPORT.

deposición. f. Hecho o efecto de deponer. *Los vecinos deben recoger las deposiciones de sus perros. La deposición fulminante de un ministro. La deposición de las armas.*

depositante. adj. Que deposita bienes u objetos de valor. Dicho de pers., tb. m. y f. *Al extenderse los rumores de quiebra, los depositantes empezaron a retirar sus fondos.*

depositar. tr. **1.** Poner o colocar (algo) en un lugar determinado. *La hembra de la tortuga deposita los huevos en un agujero excavado en la tierra. La niña depositó ante el altar una cesta de flores.* **2.** Entregar o confiar a una persona (algo, como la confianza o la fama). *Si depositas tu confianza* EN *mí, no te defraudaré.* **3.** Poner (bienes u objetos de valor) en un lugar bajo la custodia de alguien que debe responder (de ellos). *Depositó los documentos en una caja de seguridad del banco. Depositó sus joyas en la caja fuerte del hotel.* **4.** Dejar un fluido en un lugar (las materias que lleva suspendidas). *La corriente arrastró el vertido de fuel y lo depositó en las playas.* Tb. en constr. prnl. media. *Cuando la velocidad del río disminuye, las piedras que arrastra se depositan en el fondo. El polvo en suspensión se deposita en los muebles.*

depositaría. f. Lugar u oficina en que se hacen los depósitos de dinero. *El importe de la parcela adjudicada deberá ser ingresado en la Depositaría Municipal.*

depositario, ria. adj. **1.** Que contiene o encierra algo. *Siempre volvía a aquel libro depositario de las historias más fantásticas.* • m. y f. **2.** Persona en la que se deposita algo. *El emperador era el depositario único del poder del Estado. Es la depositaria de mis confidencias.* **3.** Persona que tiene a su cargo los bienes de una depositaría. *El depositario se hace responsable de la conservación de los bienes depositados.*

depósito. m. **1.** Hecho de depositar. *El vendedor podrá exigir el depósito de una cantidad por adelantado.* **2.** Cosa o conjunto de cosas depositadas. *¿Quién tiene en el banco un depósito de tanto dinero? El museo, con un depósito de unos mil cuadros, es el más importante de la ciudad. En el fondo de la cuba se acumulan los depósitos procedentes de la fermentación.* **3.** Lugar que se utiliza para depositar o guardar algo. *Aviones enemigos bombardearon los depósitos de combustible. La bibliotecaria bajó al depósito a buscar el libro. Si la grúa se ha llevado el coche, estará en el depósito.* **4.** Lugar en el que se depositan los cadáveres que, por motivo de investigación científica o judicial, no pueden ser enterrados en el tiempo habitual. Tb. ~ *de cadáveres. El cuerpo de la víctima fue trasladado al depósito de cadáveres.* ■ ~ **legal.** m. Depósito (→ 1) de cierto número de ejemplares de una obra publicada, por parte del autor o del editor, en el organismo oficial correspondiente. *La Biblioteca Nacional registró ese año unos sesenta mil nuevos títulos procedentes del depósito legal.* □ **en ~.** loc adj. Dicho de mercancía: Recibida del proveedor para su exposición y eventual venta, sin pagarla y con la posibilidad de devolverla si no se vende. *El comerciante devolvió al mayorista parte de la ropa en depósito.* Tb. adv. *Las tiendas con esta franquicia pueden adquirir su mercancía en depósito.* ▶ **4:** MORGUE.

depravación. f. Hecho o efecto de depravar. *Llevaba una vida de excesos y depravación.*

depravado, da. part. **1.** → **depravar.** • adj. **2.** Dicho de persona: Que tiene costumbres viciosas o inmorales. *El autor presenta al protagonista como un ser depravado y odioso.* Tb. m. y f. *Es un depravado.* **3.** Dicho de cosa: Propia de la persona depravada (→ 2). *Conducta depravada. Vida depravada.*

depravar. tr. Viciar o pervertir (a alguien o algo). *Las drogas depravan a la juventud.* Tb. en constr. prnl. media. *Las costumbres se han ido depravando paulatinamente.*

deprecación. f. cult. Súplica o ruego. *Elevó una fervorosa deprecación a la Virgen.*

depreciación. f. Hecho de depreciar o depreciarse. *La depreciación del dólar. Una depreciación del petróleo.*

depreciar. (conjug. ANUNCIAR). tr. Disminuir o rebajar el valor o precio (de algo). *El exceso de oferta depreciará los productos. Se plantean depreciar la moneda para favorecer la exportación.* Tb. en constr. prnl. media. *Las acciones de la empresa no solo no se apreciaban, sino que se depreciaban constantemente.* ▶ *DEVALUAR.

depredación. f. Hecho de depredar. *A la invasión siguió una terrible depredación del patrimonio artístico.*

depredador, ra. adj. Que depreda. *La mandíbula fósil tenía dientes propios de un animal depredador.* Dicho de pers. o animal, tb. m. y f. *Cercaron la aldea para impedir la entrada de leones y otros depredadores.* ▶ CARNICERO, PREDADOR.

depredar. tr. **1.** Robar o saquear (algo o un lugar) con violencia. *El ejército invasor depredó la región.* **2.** Cazar un animal (a otro de distinta especie) para su subsistencia. *Los felinos están dotados de potentes garras para depredar a sus presas.*

depresión. f. **1.** Concavidad o hundimiento, espec. del terreno. *El agua se acumula en las depresiones del terreno. El pueblo está situado en la depresión del Ebro. La superficie del cerebro presenta salientes y depresiones.* **2.** Tristeza o abatimiento profundos. *Le ha dejado su novia y está con depresión.* **3.** *Psicol.* Síndrome caracterizado por una tristeza profunda y por la inhibición de las funciones psíquicas. *Ha estado dos meses de baja por depresión.* **4.** *Econ.* Período de baja actividad económica general, caracterizado por desempleo masivo, deflación, decreciente uso de recursos y bajo nivel de inversiones. Tb. ~ *económica.*

El desplome de la bolsa provocó una gran depresión económica. **5.** *Meteor.* Zona de baja presión atmosférica. Tb. ~ *atmosférica. El hombre del tiempo pronosticó depresiones atmosféricas con fuertes precipitaciones en la mitad norte del país.*

depresivo, va. adj. **1.** De la depresión anímica o patológica. *Con un tratamiento adecuado, superará esta fase depresiva.* **2.** Que deprime el ánimo. *Necesitas divertirte y alejarte de ese entorno tan depresivo.* **3.** Dicho de persona: Propensa a la depresión. *Nuevos fármacos pueden ayudar a los enfermos depresivos.* Tb. m. y f. *Como tantos depresivos, tenía dificultad para conciliar el sueño.*

depresor, ra. adj. Que deprime. *Músculo depresor. Sustancia depresora.* Dicho de instrumento o agente, tb. m. *El médico le examinó la boca con ayuda de un depresor de lengua.*

deprimente. adj. Que deprime, espec. anímicamente. *Es deprimente que tanto esfuerzo no sirva para nada. Las noticias eran cada vez más deprimentes.*

deprimido, da. part. **1.** → **deprimir.** ● adj. **2.** Dicho de persona: Que tiene o muestra depresión o tristeza. *Se sentía solo y deprimido.* **3.** *Psicol.* Que padece depresión. *Un paciente deprimido puede llegar al suicidio.* Tb. m. y f. **4.** *Econ.* Pobre o atrasado. *Se enviarán medicinas a las zonas más deprimidas del país. Regiones industrialmente deprimidas.* **5.** *Anat.* Aplastado en el plano frontal. *La raya es un pez de cuerpo deprimido.*

deprimir. tr. **1.** Causar depresión o tristeza (a alguien). *Estar sola la deprime. La película es un dramón: te va a deprimir.* Tb. en constr. prnl. media. *Se deprime porque no encuentra trabajo.* **2.** Hundir (un cuerpo o una parte de él) ejerciendo presión (sobre ellos). *Con una cuchara, le deprimió la lengua para verle las amígdalas.*

deprisa. (Tb. **de prisa**). adv. Con rapidez o celeridad. *Si no andas más deprisa, llegaremos tarde. El coche iba muy deprisa.* ■ **~ y corriendo.** loc. adv. De forma precipitada. *Se le había hecho tarde y tuvo que marcharse deprisa y corriendo.*

depto. abrev. Departamento. *Dra. Mariana Pajares. Depto. de Física Nuclear.*

depuración. f. Hecho o efecto de depurar. *El ajo tiene propiedades que favorecen la depuración de la sangre. Su entrenador ha tenido mucho que ver en la depuración de su técnica.*

depurado, da. part. **1.** → **depurar.** ● adj. **2.** Elaborado cuidadosamente o de gran perfección. *En su última novela muestra un estilo muy depurado.*

depurador, ra. adj. **1.** Que depura. *El riñón tiene una función depuradora en el organismo.* ● f. **2.** Aparato o instalación para depurar o limpiar algo, espec. el agua. *Van a construir una depuradora de aguas residuales en las afueras del municipio.*

depurar. tr. **1.** Eliminar las impurezas (de una sustancia). *Los riñones tienen la misión de depurar la sangre. El filtro depura el agua* DE *arena y otras partículas.* **2.** Eliminar los errores o las imperfecciones (de algo). *Le dio un repaso al trabajo para depurarlo* DE *errores. Hacía ejercicios de gramática para depurar su inglés escrito.* Tb. en constr. prnl. media. *Si entrenas, tu técnica se irá depurando poco a poco.* **3.** Someter (a un funcionario) a expediente para sancionar su conducta política. *Su padre era maestro y lo depuraron después de la guerra.* **4.** Eliminar (de un cuerpo u organización) a los miembros considerados disidentes. *Quiere depurar el partido* DE *los miembros inconformistas.*

depurativo, va. adj. Que depura o purifica el organismo y, espec., la sangre. *Está haciendo una dieta depurativa a base de alimentos naturales.* Frec. m., referido a sustancia o medicamento. *Estas hierbas se toman en infusión como depurativo.*

dequeísmo. m. *Gram.* Empleo indebido de la secuencia *de que* en lugar de *que*. *Como es extranjero, comete frecuentes dequeísmos.*

dequeísta. adj. *Gram.* Que incurre en dequeísmo. Dicho de pers., tb. m. y f. *Un dequeísta diría "pienso de que tienes razón".*

derbi. m. **1.** En deporte, espec. en el fútbol: Encuentro entre dos equipos tradicionalmente rivales y gralm. de la misma ciudad o región. *No quedan entradas para el derbi madrileño.* **2.** Carrera de caballos de especial relevancia que se celebra anualmente. *El ganador del derbi es un potro holandés de tres años.*

derecha. → **derecho.**

derechamente. adv. **1.** Directamente. *Apuntó derechamente al corazón del venado y disparó. La constancia os conducirá derechamente al éxito.* **2.** De manera correcta o adecuada. *Nos esforzábamos por entender derechamente sus palabras.*

derechazo. m. **1.** Golpe dado con la mano o la pierna derechas. Se usa espec. en deporte. *Puede dejarlo fuera de combate de un derechazo. El derechazo del delantero se coló por la escuadra.* **2.** *Taurom.* Pase de muleta dado con la mano derecha. *Empieza la faena con unos derechazos.*

derechismo. m. Conjunto de principios y doctrinas de la derecha política. *Defendía un derechismo moderado y liberal.* Tb. la condición de partidario de esas ideas. *En su columna arremete contra el derechismo del Gobierno.*

derechista. adj. **1.** De la derecha política. *Ideas derechistas.* **2.** Partidario o defensor de las ideas de la derecha política. *Periódico derechista.* Dicho de pers., espec. de miembro de un partido, tb. m. y f. *Los derechistas confían en su victoria electoral.*

derechización. f. Hecho o efecto de derechizar o derechizarse. *He aquí una muestra de la derechización del presidente y de su política.*

derechizar. tr. Dar (a algo o alguien) una orientación de derechas. *Algunos sectores del partido pretendían derechizarlo.* Tb. en constr. prnl. media. *¿Cree Vd. que cualquier sociedad se derechiza a medida que aumenta su bienestar social?*

derecho, cha. adj. **1.** Dicho de parte del cuerpo humano: Que está situada en el lado opuesto al del corazón. *Tiene paralizada la parte derecha del cuerpo. Lleva un anillo en la mano derecha. Ve mal con el ojo derecho.* **2.** Que está situado en el lado opuesto al del corazón del observador. *En el ángulo derecho del cuadro aparece la firma del pintor.* **3.** Que cae hacia la parte derecha (→ 2) de una cosa. *El jardín está situado en el lado derecho de la casa.* **4.** En las cosas que se mueven: Que está situado en su parte derecha (→ 2) o cae hacia ella, considerado en el sentido de su marcha o avance. *El faro derecho del autobús. La orilla derecha del río.* **5.** Recto, o que no está torcido o inclinado. *Ponte derecho, que voy a tomarte medidas. Ese cuadro está torcido, ponlo derecho.* **6.** Directo, o que no se detiene en puntos intermedios. *Salió de casa y fue derecho al colegio. No se anduvo con rodeos y fue derecho al asunto.* ● m. **7.** En una cosa plana: Lado principal. *Esta tela no debe plancharse por el derecho sino por el revés. No tiendas el jersey del derecho porque el sol lo puede decolorar.* Tb. fig. *Analiza todo por el derecho y por el revés.* **8.** Conjunto de principios y normas que regulan las relaciones humanas y cuya observancia puede ser impuesta de manera coactiva. *No lo pueden detener porque lo ampara el derecho.* **9.** Ciencia que estudia el derecho (→ 8). *Es profesor de Derecho. Facultad de Derecho.* **10.** Posibilidad de poder exigir algo, de acuerdo con una ley o con unos principios morales o sociales establecidos. *Todos tienen derecho* A *un juicio justo. El enfermo tiene derecho* A *morir en paz. El dueño puede ejercer el derecho* DE *admisión.* **11.** Cosa que alguien puede exigir de acuerdo con una ley o con unos principios morales o sociales establecidos. *Esos días de vacaciones forman parte de mis derechos adquiridos. La enseñanza es uno de los derechos del niño. Debes conocer tus derechos y tus obligaciones.* ○ m. pl. **12.** Cantidad que se paga por determinados servicios o autorizaciones. *Hay que pagar derechos* DE *matrícula y derechos* DE *examen. Está exento de derechos aduaneros.* ○ f. **13.** Mano derecha (→ 1). *Los diestros utilizan preferentemente la derecha. El tenista golpeó la pelota con la derecha.* **14.** Parte derecha (→ 1-4) de algo o alguien. *Las butacas de la derecha están reservadas. Han multado a los coches que aparcaron a la derecha de la señal.* **15.** Dirección correspondiente al lado derecho (→ 2). *Al llegar al cruce, tuerce a la derecha.* **16.** En las asambleas parlamentarias: Conjunto de los representantes de los partidos conservadores. *La derecha parlamentaria se mostró favorable al proyecto. El proyecto de ley fue aprobado con los votos de la derecha.* **17.** Conjunto de personas que profesan ideas conservadoras. *La derecha gana votos, según el último sondeo.* ● adv. **18.** En línea recta. *La camioneta siguió derecho hasta el final de la calle.* ■ **derecho administrativo.** m. Derecho (→ 8) que regula la Administración Pública, su organización y sus servicios, así como sus relaciones con los ciudadanos. *Es un abogado especializado en derecho administrativo.* ■ **derecho canónico,** o **derecho eclesiástico.** m. Derecho (→ 8) que determina y regula la organización de la Iglesia católica y sus relaciones con los fieles. *La destitución de un obispo es un hecho previsto en el derecho canónico.* ■ **derecho civil,** o **derecho común.** m. Derecho (→ 8) que regula las relaciones privadas de los ciudadanos entre sí. *El derecho civil se construye sobre tres conceptos fundamentales: la persona, la familia y el patrimonio.* ■ **derecho criminal.** → **derecho penal.** ■ **derecho de pernada.** m. histór. Derecho (→ 10) por el que el señor feudal podía yacer con la esposa recién casada de un vasallo. Tb. fig. *Es un cacique que se cree con derecho de pernada sobre todo lo que está a su alcance.* ■ **derecho eclesiástico.** → **derecho canónico.** ■ **derecho internacional.** m. Derecho (→ 8) que regula las relaciones entre los Estados. *Si descubren armas nucleares el país habrá vulnerado el derecho internacional vigente.* ■ **derecho mercantil.** m. Derecho (→ 8) que regula las relaciones comerciales. *Está estudiando derecho mercantil.* ■ **derecho natural.** m. Derecho (→ 8) basado en los primeros principios de lo justo y de lo injusto, inspirados por la naturaleza. *Cualquier persona normal puede comprender los principios generales del derecho natural.* ■ **derecho penal,** o **derecho criminal.** m. Derecho (→ 8) que regula el castigo de los delitos mediante la imposición de las penas. *El defensor del pueblo debe informar de los hechos que considera materia de derecho penal.* ■ **derecho político.** m. Derecho (→ 8) que regula el orden y funcionamiento de los poderes del Estado y sus relaciones con los ciudadanos. *Es especialista en derecho político.* ■ **derecho positivo.** m. Derecho (→ 8) establecido por las leyes vigentes. *El derecho natural es el fundamento del derecho positivo.* ■ **derecho público.** m. Derecho (→ 8) que regula el orden general del Estado. *Las normas que rigen el Instituto Nacional de la Salud entran dentro del marco del derecho público.* ■ **derechos civiles,** o **derechos fundamentales.** m. pl. Derechos (→ 11) que la ley garantiza a todos los ciudadanos. *Esa ONG trabaja en defensa de los derechos civiles en el Tercer Mundo. La Constitución ampara los derechos fundamentales de los ciudadanos.* ■ **derechos de autor.** m. pl. Cantidad que cobra el autor de una obra por su publicación, ejecución o reproducción. ■ **derechos humanos.** m. pl. Derechos (→ 11) que la ley garantiza a todos los seres humanos. *La defensa de los derechos humanos es prioritaria.* □ **a derechas.** loc. adv. **1.** En el mismo sentido que las manecillas del reloj. *El taladro puede hacer girar la broca a izquierdas o a derechas.* **2.** Bien, o como se debe. *A ver si te concentras y haces algo a derechas.* Tb. adj. *En tu ejercicio no hay ni una respuesta a derechas.* ■ **al derecho.** loc. adv. De la forma normal o esperada. *La frase "atar a la rata" se lee igual al derecho que al revés.* ■ **conforme a derecho,** o **según derecho.** loc. adv. Conforme a la legalidad vigente. *El tribunal actuó conforme a derecho. El asunto no le compete según derecho.* ■ **de derecha,** o **de derechas.** loc. adj. De ideas conservadoras. *Los partidos de derecha votaron en contra. La gente de derechas apoya la reforma.* ■ **de derecho.** loc. adv. Conforme a la legalidad vigente. *Le corresponde de derecho la custodia de sus hijos.* Tb. adj. *Necesita regularizar su situación porque es residente de hecho, pero no de derecho. Hay parejas de hecho y de derecho.* ■ **estar** alguien **en su derecho.** loc. v. Tener derecho (→ 10). *Estás en tu derecho* DE *exigir la revisión del examen. El agente está en su derecho* DE *multarte si tu coche está mal estacionado.* ■ **no haber derecho** (a algo). loc. v. Ser injusta (esa cosa). *No hay derecho* A *que el precio de la vivienda haya subido tanto. No había derecho* A *tratarnos de aquel modo.* ■ **según derecho.** → **conforme a derecho.** ▶ **6:** DIRECTO.

derechura. f. Cualidad de derecho o recto. *Las chimeneas se construirán con la mayor derechura posible, sin formar recodos.* ■ **en ~.** loc. adv. Directamente, o por el camino recto. *Tal cúmulo de despropósitos conducía en derechura al desastre.*

deriva. f. *Mar.* Desvío de la nave de su verdadero rumbo por efecto del viento, del mar o de la corriente. *El capitán trata de corregir la deriva causada por la tormenta.* ■ **~ continental.** f. *Geol.* Desplazamiento lento y continuo de las masas continentales sobre un magma fluido en el curso de los tiempos geológicos. □ **a la ~.** loc. adv. **1.** Sin dirección o a merced de las circunstancias. *Cuando lo abandonó su mujer, anduvo a la deriva varios años. La empresa va a la deriva.* **2.** *Mar.* A merced de la corriente o del viento. *Rescataron una lancha que iba a la deriva en aguas costeras.*

derivación. f. **1.** Hecho y efecto de sacar o separar una parte del todo. *El agua de riego se saca del río mediante un canal de derivación.* **2.** Conexión a una conducción principal, espec. de agua o de electricidad. *Se ha producido una rotura en una de las derivaciones de la tubería.* **3.** *Electrón.* Escape eléctrico producido por la pérdida de aislamiento entre conductores. *Al tocar la pared me ha dado corriente:*

debe de haber una derivación. **4.** *Gram.* Procedimiento de formación de palabras que consiste en añadir afijos a una palabra o a una raíz. *La palabra "prehistoria" se formó por derivación.*

derivado, da. part. **1.** → **derivar.** ● adj. **2.** *Gram.* Dicho de palabra: Que se ha formado por derivación. *Escribe dos palabras derivadas de "padre".* Tb. m. *"Panadero" y "panadería" son dos derivados de "pan".* **3.** *Quím.* Dicho de producto: Que se obtiene de otro. *La gasolina es un producto derivado del petróleo.* Tb. m. *La gasolina es un derivado del petróleo.* ● f. **4.** *Mat.* Valor límite de la relación entre el incremento del valor de una función y el incremento de la variable independiente, cuando este tiende a cero. *En este curso estudiaremos las derivadas.*

derivar. intr. **1.** Tener una cosa su origen en otra. *Sus manías y fobias derivan* DE *un trauma infantil.* Tb. prnl. *La dificultad del circuito se deriva* DE *sus peligrosas curvas.* **2.** *Gram.* Tener una palabra su origen en una raíz determinada o en otra palabra. *La palabra "siglo" deriva* DE *la voz latina "saeculum".* Tb. prnl. *"Madrina" se deriva* DE *"madre".* **3.** *Mar.* Desviarse un buque de su rumbo. *Hubo que corregir el rumbo, porque el barco había derivado con la tormenta.* ○ tr. **4.** Hacer que (una palabra) tenga su origen en una raíz determinada o en otra palabra. *Algunos dicen "mondarina" porque lo derivan de "mondar".* **5.** Encaminar o conducir (algo) de una parte a otra. *Tratan de derivar la atención hacia otras cuestiones.* **6.** *Mat.* Obtener la derivada (de una función). *Está aprendiendo a derivar funciones.* Tb. usado en constr. intr. *Derivar me parece más difícil que calcular raíces cuadradas.*

dermatitis. f. *Med.* Inflamación de la piel. *El paciente presenta una dermatitis de origen alérgico.*

dermatología. f. Rama de la medicina que estudia las enfermedades de la piel. *Los especialistas en dermatología advierten del peligro de tomar el sol sin protección.*

dermatológico, ca. adj. De la dermatología, o de su objeto de estudio. *Un tratamiento dermatológico contra el acné. Lesiones dermatológicas.*

dermatólogo, ga. m. y f. Especialista en dermatología. *Si observa que un lunar cambia de color, acuda al dermatólogo.*

dermatosis. f. *Med.* Enfermedad de la piel. *Se recomienda el uso de guantes para prevenir dermatosis profesionales.*

dérmico, ca. adj. De la dermis. *Tejido dérmico.*

dermis. f. Capa profunda y más gruesa de la piel de los vertebrados, situada debajo de la epidermis. *Sufre quemaduras que afectan a la epidermis y a la dermis.*

dermoprotector, ra. adj. Que protege o sirve para proteger la piel. *Jabón dermoprotector para pieles sensibles.* Dicho de producto o sustancia, tb. m. *Este gel actúa como dermoprotector.*

derogación. f. Hecho de derogar. *Distintas organizaciones exigían la derogación de la ley de extranjería.* ▶ ABOLICIÓN.

derogar. tr. Abolir o anular (una norma, espec. una ley). *El nuevo decreto sobre construcción de viviendas deroga varios decretos anteriores.* ▶ ABOLIR.

derogatorio, ria. adj. Que deroga. *Disposición derogatoria.*

derrama. f. **1.** Hecho o efecto de derramar un impuesto o un gasto. *Se hizo una derrama entre los vecinos para pagar la reforma del portal.* **2.** Contribución temporal o extraordinaria. *En los gastos de comunidad se incluye una derrama por la reparación del tejado.*

derramamiento. m. Hecho de derramar o derramarse. *Se produjo una pelea pero no hubo derramamiento de sangre.*

derramar. tr. **1.** Verter o esparcir (cosas líquidas o menudas). *El camarero va derramando la salsa. Derramó varias monedas por el suelo.* Tb. en constr. prnl. media. *Tropezó y se derramó la leche de la jarra.* **2.** Repartir o distribuir (un impuesto o gasto) entre varias personas. *Las obras del edificio obligaron a derramar los gastos entre los vecinos.*

derrame. m. **1.** Hecho de derramar o derramarse. *La causa del derrame de aceite era una grieta en el motor.* **2.** *Med.* Acumulación anormal de un líquido en una cavidad del organismo, o salida de este fuera del cuerpo. *Ha sufrido un derrame cerebral.*

derrapar. intr. Patinar un vehículo o una de sus ruedas, desviándose lateralmente. *La moto derrapó en la curva. Si hay manchas de aceite en el firme, las ruedas pueden derrapar.*

derrape. m. Hecho de derrapar. *Con lluvia o nieve, reduzca la velocidad para evitar derrapes.*

derredor. en ~. loc. adv. Alrededor, o en el espacio circundante. *La casa tiene un muro de piedra en derredor. Los buitres se agrupan en derredor* DE *la carroña.*

derrengado, da. part. **1.** → **derrengar.** ● adj. **2.** Muy cansado. *He estado limpiando toda la mañana y estoy derrengada.*

derrengar. tr. **1.** Lastimar gravemente la columna vertebral (de una persona o de un animal) a la altura de los riñones. *No pegues así al animal, que lo vas a derrengar.* Tb. en constr. prnl. media. *Casi me derrengo subiendo el saco de cemento.* **2.** Torcer (algo), o inclinar(lo) a un lado más que a otro. *Dio un golpe a la silla y la derrengó.* Tb. en constr. prnl. media. *La silla se ha derrengado al caer al suelo.* ▶ **1:** DESRIÑONAR.

derretimiento. m. Hecho de derretir o derretirse. *El deterioro de la capa de ozono está provocando el derretimiento de los casquetes polares.*

derretir. (conjug. PEDIR). tr. **1.** Fundir o hacer líquido (algo sólido o pastoso) por medio de calor. *Derrite la mantequilla en la sartén. Derritió el lacre y selló la carta.* Tb. en constr. prnl. media. *Cómete rápido el helado porque se va a derretir. Con este calor se derrite el asfalto.* ○ intr. prnl. **2.** Mostrarse una persona muy tierna o enamorada. *Cuando le hacía carantoñas se derretía.* ▶ **1:** FUNDIR.

derribar. tr. **1.** Hacer que (una construcción) caiga al suelo destruyéndo(la). *Derribaron el edificio con cargas de dinamita. Los albañiles derriban el muro golpeándolo con mazas.* **2.** Hacer que (alguien o algo que está en posición vertical o elevada) caiga al suelo. *El yudoca derribó a su contrincante y lo inmovilizó. La artillería antiaérea derribó varios cazas enemigos. El toro derribó al picador y al caballo.* **3.** Hacer caer en tierra (a un toro o a una vaca), corriendo tras ellos a caballo y empujándolos con la garrocha. *El caballista consiguió derribar a la res.* **4.** Hacer que (alguien, espec. un gobernante) pierda su posición o su cargo. *Las huelgas y los escándalos consiguieron derribar al primer ministro.* **5.** Hacer que (un Gobierno o un sistema político) dejen de existir. *Los golpistas han derribado al Gobierno.* ▶ **1:** DEMOLER, DERRUIR, DERRUMBAR. **2:** DERRUMBAR. **4, 5:** DERROCAR. ‖ **Am: 2:** VOLTEAR.

derribo. m. Hecho de derribar. *El derribo del edificio dejará un gran solar. En el parte de guerra se informa del derribo de dos aviones enemigos. Concurso hípico de acoso y derribo.*

derrocamiento. m. Hecho de derrocar. *Tras el derrocamiento de la monarquía se implantó la república. El derrocamiento del tirano.*

derrocar. tr. **1.** Hacer que (alguien, espec. un gobernante) pierda su posición o su cargo. *El pueblo se ha unido para derrocar al dictador.* **2.** Hacer que (un Gobierno o un sistema político) dejen de existir. *Los golpistas han derrocado la República.* ▶ DERRIBAR.

derrochador, ra. adj. Que derrocha o gasta en exceso, espec. dinero. *Vivimos en un país derrochador de energía.* Dicho de pers., tb. m. y f. *Reconozco que soy una derrochadora, todo me lo gasto en ropa.* ▶ DESPILFARRADOR.

derrochar. tr. **1.** Gastar (dinero) en exceso y sin necesidad. *Su hijo es un juerguista que derrocha el dinero.* **2.** Gastar (algo, espec. no material) en gran cantidad o desaprovechar su uso. *No derroches tus energías. Tengo prisa y no puedo derrochar el tiempo.* **3.** Poseer (algo, espec. una cualidad) en abundancia. *Esta niña derrocha simpatía.* ▶ **1, 2:** DESPILFARRAR.

derroche. m. Hecho de derrochar. *Es vital evitar el derroche de agua. Me parece un derroche pagar eso por un pantalón. ¡Qué derroche de paciencia se necesita contigo!* ▶ DESPILFARRO.

derrochón, na. adj. coloq. Dicho de persona: Que derrocha dinero. *No seas tan derrochón y ahorra un poco.* Tb. m. y f. *Como soy una derrochona, nunca me llega el sueldo.*

derrota[1]. f. Hecho o efecto de derrotar. *Napoleón sufrió una gran derrota en Waterloo. La derrota de la selección le cierra el pase a las semifinales del mundial.*

derrota[2]. f. *Mar.* Rumbo que sigue una embarcación. *El portaaviones seguía su derrota hacia el Noroeste.*

derrotado, da. part. **1.** → **derrotar.** • adj. **2.** Dicho de persona: Desanimada o deprimida. *Encontré a Pepe triste, derrotado.*

derrotar. tr. **1.** Vencer (a un enemigo o a un rival). *Las tropas cristianas derrotaron a las musulmanas en las Navas de Tolosa. El partido del Gobierno ha sido derrotado en las elecciones.* **2.** Hundir moralmente (a alguien). *La muerte de su hijo lo ha derrotado.* ○ intr. **3.** *Taurom.* Dar derrotes un toro. *El toro derrotó un par de veces y enganchó la muleta al torero.* ▶ **1:** *VENCER.

derrote. m. *Taurom.* Golpe o cornada que da el toro levantando la cabeza con un cambio brusco de dirección. *El toro tiró un derrote que pudo costarle caro al diestro.*

derrotero. m. **1.** Camino o rumbo. Más frec. fig. *Me incomodó el derrotero que estaba tomando la conversación.* Frec. en pl. *Iba para músico, pero su vida derivó por otros derroteros.* **2.** *Mar.* Rumbo de una embarcación. Tb. la línea marcada en la carta de navegación para servir de guía en un viaje. *Disponían ya de brújulas y cartas náuticas para seguir los derroteros.* ▶ RUMBO.

derrotismo. m. Tendencia al pesimismo y la desconfianza respecto de las propias posibilidades de éxito o victoria. *Al producirse las primeras bajas, cundió el derrotismo.*

derrotista. adj. Que tiene o implica derrotismo. *¡Seguro que te sale trabajo, hombre, no seas tan derrotista!* Dicho de pers., tb. m. y f. *De mis soldados espero entusiasmo: no quiero derrotistas.*

derruir. (conjug. CONSTRUIR). tr. Derribar o destruir (un edificio u otra construcción). *Quieren derruir el antiguo colegio para poner un hotel.* ▶ *DERRIBAR.

derrumbadero. m. Despeñadero. *El coche cayó por un derrumbadero.*

derrumbamiento. m. Hecho o efecto de derrumbar o derrumbarse. *Dos mineros quedaron atrapados por el derrumbamiento de una galería.* ▶ DERRUMBE.

derrumbar. tr. **1.** Derribar (una construcción). *El terremoto derrumbó muchas casas.* Tb. en constr. prnl. media. *Se ha derrumbado la última planta por causas desconocidas.* **2.** Derribar (a alguien o algo que está en posición vertical o elevada). *En la pelea lo derrumbaron de un puñetazo. Sin querer golpeó el mueble y lo derrumbó.* Tb. fig. *Derrumbó sus ilusiones al darle calabazas.* Tb. en constr. prnl. media. *Sintió un mareo y se derrumbó en la butaca.* Tb. fig. *Ten ánimo, no te vayas a derrumbar ahora.* ▶ *DERRIBAR.

derrumbe. m. Derrumbamiento. *Una explosión de gas provoca el derrumbe de un edificio. El derrumbe de la Bolsa.*

derviche. m. Religioso musulmán perteneciente a una cofradía de carácter ascético o místico y que gralm. ha hecho voto de pobreza. *En Estambul asistimos a la danza giratoria de los derviches.*

des-. pref. Significa 'acción opuesta o inversa' (*desabollar, desaficionarse, desindustrialización, descasarse*), o 'negación o carencia' (*descorbatado*).

desabastecer. (conjug. AGRADECER). tr. Dejar de proporcionar (a una persona o a un lugar) las cosas necesarias. *Una avería en la central eléctrica dejó desabastecidos* DE *luz a muchos hogares.*

desabastecimiento. m. Hecho o efecto de desabastecer. *La huelga de transportistas provocó el desabastecimiento de los mercados centrales.*

desaborido, da. adj. Soso, o que no tiene gracia. *¡No he visto niño más desaborido!* Dicho de pers., tb. m. y f. *Él intenta ser gracioso, pero es un desaborido.* ▶ *SOSO.

desabotonar. tr. Sacar de sus ojales los botones (de una prenda de vestir, o de parte de ella). *Ya en el coche, se desabotonó el abrigo. Espera que me desabotone los puños y me remangue.* Tb. en constr. prnl. media. *La chaqueta se le enganchó en el picaporte y se le desabotonó.*

desabrido, da. adj. **1.** Dicho de alimento: Que carece de sabor, o apenas lo tiene, o lo tiene malo. *El melocotón está desabrido.* **2.** Dicho espec. de persona o de su carácter o comportamiento: Áspero o desagradable. *Es un tipo estirado y desabrido. Respondió con gesto desabrido.* **3.** Dicho de tiempo atmosférico: Desapacible. *El tiempo aquí es muy desabrido durante todo el año.* ▶ **3:** *DESAPACIBLE.

desabrigado, da. part. **1.** → **desabrigar.** • adj. **2.** Que no tiene abrigo o no tiene suficiente abrigo. *La tormenta nos pilló en una zona desabrigada y nos calamos hasta los huesos.*

desabrigar. tr. Desarropar o quitar el abrigo (a alguien). *Desabriga un poco al niño, que hace calor aquí. Me he desabrigado mientras dormía y he cogido frío.*

desabrimiento. m. Cualidad de desabrido. *La pregunta lo incomodó y contestó con desabrimiento.*

desabrochar. tr. **1.** Soltar (un botón u otro cierre con que se ajusta la ropa). *Después de comer se desabrochó el botón del pantalón.* Tb. en constr. prnl. media. *Súbete la cremallera del pantalón, que se te ha desabrochado.* **2.** Soltar un botón u otro cierre con que se ajusta (una prenda de vestir o una parte de ella). *Se desabrochó la camisa.* Tb. en constr. prnl. media. *Se me ha desabrochado el cuello de la camisa.*

desacatar. tr. **1.** Desobedecer o no acatar (una ley, norma u orden). *Fue sancionado por desacatar las órdenes.* **2.** Faltar al respeto debido (a alguien). *No debes desacatar al juez.*

desacato. m. **1.** Hecho de desacatar. *De siempre la juventud se ha caracterizado por la rebeldía y el desacato a las normas.* **2.** *Der.* Delito que se comete al calumniar, injuriar, insultar o amenazar a una autoridad en el ejercicio de sus funciones o con ocasión de ellas, ya sea de palabra, obra o por escrito. *Le abrieron proceso por desacato al tribunal.*

desaceleración. f. Hecho de desacelerar o desacelerarse. *Se ha observado una desaceleración en la subida de precios de la vivienda. El piloto comprobó la correcta aceleración y desaceleración del coche.* ▶ DECELERACIÓN.

desacelerar. tr. **1.** Disminuir gradualmente la velocidad (de un móvil). *Debes desacelerar el coche en la curva.* ○ intr. **2.** Disminuir gradualmente de velocidad un móvil. *Un proyectil desacelera gradualmente por la resistencia de la atmósfera.* **3.** Disminuir alguien la velocidad de un móvil. *El piloto desaceleró y comenzó el descenso para aterrizar.*

desacertado, da. adj. **1.** Dicho de persona: Que actúa con desacierto. *El delantero estuvo muy desacertado y falló dos goles claros.* **2.** Dicho de cosa: Que manifiesta o implica desacierto. *Tu comentario ha sido muy desacertado. No me parece desacertada la idea.*

desacertar. (conjug. ACERTAR). intr. Errar o no acertar. *Unas veces aciertas, otras desaciertas.* ▶ *ERRAR.

desacierto. m. **1.** Falta de acierto. *Todas sus decisiones estuvieron marcadas por el desacierto. El desacierto del concursante.* **2.** Hecho o dicho que implican desacierto (→ 1). *La elección que hice fue un completo desacierto.*

desacomodo. m. Falta de acomodo. *Mi sentimiento de desacomodo en aquellos círculos era cada vez mayor.*

desacompasado, da. adj. Que carece de ritmo o de compás. *Su paso en el desfile era desacompasado. La respiración era lenta y desacompasada.* ▶ DESCOMPASADO.

desaconsejable. adj. Que debe ser desaconsejado. *Es desaconsejable tomar el sol sin una protección adecuada.*

desaconsejar. tr. Indicar a alguien que (algo) no es aconsejable o conveniente. *Me desaconsejaron comprar piso en la capital. A pesar del éxito del producto, los expertos lo desaconsejan.*

desacoplamiento. m. Hecho de desacoplar. *Una rosca en el extremo del taladro permite el fácil acoplamiento y desacoplamiento de las brocas.*

desacoplar. tr. Separar (algo que estaba acoplado). *Los astronautas iniciaron la maniobra para desacoplar la nave espacial de la estación orbital.*

desacorde. adj. **1.** No acorde con alguien o algo. *Un grupo de militantes, desacordes* CON *la directiva, abandonó el partido. Defendía ideas desacordes* CON *la época.* **2.** Falto de armonía. *En la adolescencia, la voz cambia y produce a veces sonidos desacordes.*

desacostumbrado, da. part. **1.** → **desacostumbrar.** ● adj. **2.** No acostumbrado o no habitual. *Ayer llovió con desacostumbrada intensidad. Se ha levantado a una hora desacostumbrada para él.*

desacostumbrar. tr. Hacer que (alguien) pierda la costumbre de algo. *Sus padres lo acostumbraron a ir en brazos, y ahora cuesta desacostumbrarlo. Están desacostumbrando al niño* A *dormir acompañado.* Tb. en constr. prnl. media. *Se acostumbra uno a las cosas y luego es difícil desacostumbrarse.*

desacralización. f. Hecho de desacralizar o desacralizarse. *A un período de marcada religiosidad, sucedió otro de desacralización del arte.*

desacralizar. tr. Quitar el carácter sagrado (a alguien o algo). *Se estrena una versión del auto calderoniano que lo desacraliza.* Tb. en constr. prnl. media.

desacreditar. tr. Disminuir o quitar el crédito o la reputación (a alguien o algo). *Su actitud lo desacredita. Tratan de desacreditar la escuela pública.* Tb. en constr. prnl. media. *La doctrina, acogida en principio con entusiasmo, se fue desacreditando poco a poco.* ▶ DENIGRAR, INFAMAR.

desactivación. f. Hecho de desactivar. *La policía cuenta con expertos en desactivación de explosivos.*

desactivar. tr. Anular la actividad o potencia activa (de algo, espec. de un dispositivo o un proceso). *Desactivaron una bomba adosada a los bajos de un coche. Hay intentos de desactivar el proceso de paz.* Tb. en constr. prnl. media. *Si hay una caída de corriente, la alarma puede desactivarse.*

desactualizado, da. adj. **1.** Am. Dicho de un profesional: Que no está al tanto de los últimos conocimientos en su materia. *El ceramista debe estudiar, informarse, saber, a riesgo de quedar desactualizado* [C]. **2.** Am. Dicho de cosa: Que no es actual. *Un aburrido erudito, repetidor de frases hechas, atiborrado de conocimientos desactualizados* [C].

desacuerdo. m. Disconformidad o ausencia de acuerdo. *Los sindicatos mostraron su desacuerdo con el Gobierno.* Frec. en la constr. *estar en* ~. *Estaba en desacuerdo* CON *las decisiones del entrenador.*

desafección. f. cult. Condición de desafecto. *Tantos casos de corrupción favorecen la desafección hacia los políticos. No disimuló su desafección* A *las nuevas ideas.*

desafecto[1]**.** m. Falta de afecto, o mala voluntad hacia alguien o algo. *¿Qué había hecho para merecer tanta hostilidad, tanto desafecto?*

desafecto[2]**, ta.** adj. cult. Que no siente afecto o estima por alguien o algo, o muestra oposición hacia ellos. *Lo encarcelaron por considerarlo desafecto* AL *régimen. No estaba libre de consejeros traidores y desafectos.*

desafiante. adj. Que desafía. *Su mirada desafiante me acobardó.*

desafiar. (conjug. ENVIAR). tr. **1.** Retar (a alguien). *Lo desafió* A *un duelo a espada.* **2.** Oponerse o ser contraria una cosa (a otra). *El nuevo descubrimiento desafía las leyes de la física.* **3.** Enfrentarse (a algo que entraña una dificultad o un peligro). *Se hicieron a la mar desafiando la tormenta.* ▶ **1:** RETAR.

desafinación. f. Hecho o efecto de desafinar o desafinarse. *Cantó primorosamente, sin atisbo de desa-*

finación. La humedad puede causar la desafinación del piano.

desafinar. intr. **1.** Desviarse del tono justo un instrumento o una persona al interpretar una pieza o fragmento musicales. *Le gusta cantar, pero desafina bastante. Uno de los violines desafina.* Tb. fig. *En acto tan solemne, se espera que los invitados estén a la altura y nadie desafine.* ○ tr. **2.** Hacer que (un instrumento musical) deje de estar afinado. *Las elevadas temperaturas desafinan los instrumentos.* Tb. en constr. prnl. media. *El piano se ha desafinado por falta de uso.* ▶ **1:** DESENTONAR, DESTEMPLAR.

desafío. m. Hecho de desafiar. *Si acepta el desafío, habrá de batirse en duelo. Llegar a la Luna fue uno de los grandes desafíos del hombre.* ▶ RETO.

desaforado, da. part. **1.** → **desaforar.** ● adj. **2.** Dicho de cosa: Desmedida o grande en exceso. Con intención enfática. *Daba gritos desaforados pidiendo auxilio.* **3.** Dicho de persona: Que actúa con violencia y sin control. *Un grupo de manifestantes desaforados comenzó a quemar contenedores.*

desaforar. tr. Quitar los fueros o privilegios (a alguien). *Pretenden desaforar a los parlamentarios y someterlos a la justicia ordinaria.*

desafortunado, da. adj. Que no es afortunado. *Tu comentario ha sido bastante desafortunado. El delantero tuvo un día desafortunado. El desafortunado golpe le produjo un derrame cerebral.*

desafuero. m. Acto que va en contra de la ley, la justicia o la razón. *Valiéndose de su cargo, cometió abusos y desafueros. La edificación masiva junto a la costa nos parece un desafuero.*

desagradable. adj. Que desagrada. *Este café tiene un sabor desagradable. Tengo que darte una desagradable noticia. Es un tipo desagradable y antipático.* ▶ INGRATO.

desagradar. intr. Causar desagrado a alguien. *Me desagrada su actitud. Le desagradaba tener que mentir.*

desagradecido, da. adj. Dicho de persona: Que no agradece debidamente el beneficio recibido. *Tiene unos hijos muy desagradecidos.* Tb. m. y f. *No valora nada de lo que hago por él, es un desagradecido.* ▶ INGRATO.

desagradecimiento. m. Falta de agradecimiento por el beneficio recibido. *Su actitud demuestra a las claras su desagradecimiento.*

desagrado. m. Sensación causada por algo que no gusta. *Al sentir el agua fría, el niño manifiesta su desagrado llorando. Su afán de protagonismo me causa desagrado.*

desagraviar. (conjug. ANUNCIAR). tr. Reparar un agravio dando satisfacción (al agraviado). *Después de insultarnos, no sabía qué hacer para desagraviarnos.*

desagravio. m. Hecho de desagraviar. *Se celebrará un acto en desagravio a los exiliados.*

desagregación. f. Hecho de desagregar. *Los datos se dan de manera conjunta, sin desagregación por ciudades.*

desagregar. tr. Separar (algo) de otras cosas, espec. de otros elementos con los que forma un conjunto. *El cuadro muestra los resultados desagregados por países.*

desaguadero. m. Desagüe. *Volcó el cubo y dejó que el agua se fuese por el desaguadero del patio.*

desaguar. (conjug. AVERIGUAR). tr. **1.** Extraer o sacar el agua (de un lugar). *Han desaguado la piscina.* ○ intr. **2.** Desembocar una corriente de agua en un lugar. *El Amazonas desagua* EN *el Atlántico.* **3.** Dar salida un recipiente o una concavidad a las aguas que contiene. *La piscina no desagua bien porque los conductos de salida están obstruidos.* ▶ **2:** *DESEMBOCAR.

desagüe. m. **1.** Hecho o efecto de desaguar. *Por debajo de la pila va la tubería de desagüe.* **2.** Conducto o canal por donde se da salida a las aguas. *Se le cayó el anillo por el desagüe de la ducha.* ▶ **2:** ALIVIADERO, DESAGUADERO.

desaguisado. m. **1.** Destrozo o daño grande. *¡Vaya desaguisado que has hecho al mezclar la ropa blanca con la de color!* **2.** Fechoría o mala acción. *Los chicos traman algún desaguisado, seguro. Fue a la cárcel por no sé qué desaguisado que hizo en el banco.*

desahogado, da. part. **1.** → **desahogar.** ● adj. **2.** Dicho de lugar: Amplio o que tiene espacio suficiente. *Los artesanos pedían un lugar más desahogado donde instalar sus puestos.* **3.** Dicho de persona: Que tiene bastantes recursos para vivir con comodidad y sin problemas. *Con el sueldo que tiene vive bastante desahogada.* **4.** Dicho de persona: Descarada o desvergonzada. *Tu amiga me pareció bastante desahogada.* ▶ **3:** HOLGADO.

desahogar. tr. **1.** Manifestar (un sentimiento o un estado de ánimo) aliviándose así (de ellos). *Suele desahogar su cólera con su familia. Llamó a su amiga para desahogar sus penas.* **2.** Aliviar (a una persona) de algo que (la) inquieta u oprime moralmente. *Hablar contigo me desahoga.* Tb. usado en constr. intr. *Hablar con un amigo desahoga.* ○ intr. prnl. **3.** Hablar una persona con otra, refiriéndole lo que la angustia o aflige. *No tiene un amigo con quien desahogarse.* **4.** Aliviarse una persona de algo que la inquieta u oprime moralmente. *Se desahogó llorando. No todo ha de ser reprimirse, alguna vez tienes que desahogarte.* ▶ **3, 4:** EXPANSIONARSE.

desahogo. m. **1.** Hecho o efecto de desahogar o desahogarse. *La visita de su amiga era uno de sus pocos momentos de desahogo.* **2.** Cosa que sirve para desahogarse. *La música siempre ha sido para ella un desahogo. A veces, llorar es un desahogo.* **3.** Cualidad de desahogado. *La oficina está abarrotada de muebles y no se puede andar con desahogo. Su familia siempre ha vivido con desahogo. Nunca creí que el desahogo de esta chica llegara al extremo de coger mis cosas sin permiso.*

desahuciar. (conjug. ANUNCIAR y CAUSAR). tr. **1.** Echar mediante una acción legal (a un inquilino o arrendatario). *Los han desahuciado por no pagar el alquiler.* **2.** Admitir un médico que un enfermo no tiene posibilidad de curación. *La evolución de la operación fue muy negativa y los médicos lo han desahuciado.*

desahucio. m. Hecho de desahuciar a un inquilino o arrendatario. *Un juez ordenó el desahucio del inquilino por impago.*

desairado, da. part. **1.** → **desairar.** ● adj. **2.** Que manifiesta o implica desaire. *Su fracaso lo dejó en una postura desairada ante sus colegas.*

desairar. (conjug. BAILAR). tr. Herir el amor propio o la dignidad (de alguien), no prestándo(le) la debida atención, despreciándo(le) algún ofrecimiento o haciéndo(le) quedar mal. *Si rechazas su invitación, la vas a desairar.*

desaire. m. Hecho o efecto de desairar. *Me hizo el desaire de no darme la mano cuando yo le tendí la mía. Si no vas a la boda, lo tomará como un desaire.* ▶ FEO.

desajustar. tr. Hacer que (algo) deje de estar ajustado. *El golpe ha desajustado las piezas del motor.* Tb. en constr. prnl. media. *Los tornillos de la rueda se han desajustado.*

desajuste. m. Falta de ajuste. *En la cuenta hay un desajuste de mil euros. Una vez ensambladas las piezas, compruebe que no haya desajustes. Desajuste hormonal.*

desalación. f. Hecho de desalar. *Han construido una planta de desalación en el norte de la isla.*

desalar. tr. Quitar la sal (a algo, espec. a un alimento). *Desale las anchoas poniéndolas en remojo.*

desalentador, ra. adj. Que causa desaliento. *Resulta desalentador recibir tantas críticas. Nos han llegado noticias desalentadoras.*

desalentar. (conjug. ACERTAR). tr. Quitar el ánimo (a alguien). *La lluvia y el frío no desalentó a un público entusiasta.* Tb. en constr. prnl. media. *Que nadie se desaliente, aún podemos conseguir el objetivo.* ▶ *DESANIMAR.

desaliento. m. Pérdida del ánimo o del valor. *Hizo un gesto de desaliento. No caigamos en el desaliento al primer revés.* ▶ *DESÁNIMO.

desalinización. f. Hecho de desalinizar. *Llevan a cabo la desalinización del agua mediante un proceso de destilación.*

desalinizador, ra. adj. Que desaliniza. *Planta desalinizadora.* Dicho de instalación industrial., tb. f. *La desalinizadora produce agua potable para toda la isla.*

desalinizar. tr. Quitar la sal (al agua de mar), gralm. para hacer(la) potable. *La escasez de agua en zonas costeras ha obligado a desalinizar el agua de mar.*

desaliñado, da. adj. Dicho de persona o cosa: Que tiene o muestra desaliño. *Va siempre muy desaliñada. Un chico de aspecto desaliñado.*

desaliño. m. Falta de cuidado, espec. en la forma de vestir o en el aseo. *Viste con estudiado desaliño. Su estilo adolece de cierto desaliño.*

desalmado, da. adj. Cruel o inhumano. *Los desalmados secuestradores mataron a uno de los rehenes. Tuvo un comportamiento desalmado.* Dicho de pers., tb. m. y f. *El jefe de la banda era un desalmado.* ▶ *CRUEL.

desalojamiento. m. Desalojo. *La policía procedió al desalojamiento del local.*

desalojar. tr. **1.** Sacar o hacer salir de un lugar (a alguien o algo). *La policía desalojó del edificio a un grupo de personas que vivían ilegalmente.* **2.** Abandonar (un lugar) o dejar(lo) vacío. *Los alumnos desalojaron el centro por amenaza de bomba.* **3.** Mover o desplazar (algo) de un lugar. Se usa espec. en física. *Un cuerpo sumergido experimenta una fuerza hacia arriba igual al peso del fluido que desaloja.* ▶ **3:** DESPLAZAR.

desalojo. m. Hecho de desalojar. *El juez ordenó el desalojo de la vivienda.* ▶ DESALOJAMIENTO.

desamarrar. tr. Quitar las amarras (a algo, espec. a una embarcación). *Los marineros desamarran el barco.* Tb. referido a las amarras. *Desamarró el cabo que sujetaba el bote.*

desamor. m. **1.** Falta de amor. *En su vida se habían alternado etapas de amor y de desamor.* **2.** Enemistad o rechazo. *Se sentía rodeada por la incomprensión y el desamor.*

desamortización. f. Hecho de desamortizar. Frec. designa la realizada en España por Mendizábal en el s. XIX. *La desamortización puso en manos privadas estas tierras, que eran de la Iglesia.*

desamortizador, ra. adj. Que desamortiza. *Ley desamortizadora.* Dicho de pers., tb. m. y f. *Los desamortizadores de fincas.*

desamortizar. tr. Privar mediante disposiciones legales (de bienes pertenecientes a manos muertas) y poner(los) en venta. *La burguesía adquirió gran parte de los bienes desamortizados.*

desamparado, da. part. **1.** → **desamparar.** ● adj. **2.** Que no tiene amparo o protección. *Familias desamparadas huían de la guerra. Al llegar a la vejez se encontró desamparada, sin nadie que la cuidara.*

desamparar. tr. Dejar (a una persona o una cosa) sin amparo o protección. *El sacerdote era muy querido porque nunca desamparó a sus feligreses. Dios no desampara a sus criaturas.*

desamparo. m. Falta de amparo o protección. *El desamparo de los marginados es total en algunos aspectos.*

desamueblar. tr. Quitar los muebles (de un recinto amueblado, espec. una vivienda o una habitación). Más frec. en part. *En dos horas, el piso quedará desamueblado.*

desandar. (conjug. ANDAR). tr. Recorrer retrocediendo (un camino recorrido). *Nos equivocamos de dirección y tuvimos que desandar el camino.* Tb. fig. *Afronta las consecuencias de tus actos, ya no puedes desandar lo andado.*

desangelado, da. adj. Falto de gracia o encanto. *Vivía en un piso pequeño y desangelado. Era un tipo alto, flaco y bastante desangelado.*

desangramiento. m. Hecho de desangrar o desangrarse. *La muerte del animal sacrificado se produce por desangramiento.*

desangrar. tr. **1.** Hacer que (una persona o animal) pierda toda la sangre o mucha sangre. *Cuando matan al cerdo lo desangran.* Tb. en constr. prnl. media. *El herido se desangraba mientras llegaba la ambulancia.* **2.** Hacer que (alguien) pierda bienes o dinero sin darse cuenta. *Su hijo es un derrochador y lo está desangrando.*

desanimado, da. part. **1.** → **desanimar.** ● adj. **2.** Dicho espec. de lugar: Poco concurrido. *La fiesta estaba muy desanimada.* **3.** Que tiene o muestra desánimo. *Lleva unos días desanimado, pero no sé la causa. Llegó con aspecto triste y desanimado.*

desanimar. tr. Quitar el ánimo o el valor (a alguien). *Las escasas ventas de su novela desanimaron al escritor.* Tb. en constr. prnl. media. *Tiene poca confianza en sí mismo y se desanima fácilmente. No te desanimes, sigue.* ▶ DESALENTAR, DESCORAZONAR, DESMORALIZAR.

desánimo. m. Falta de ánimo o valor. *No te dejes vencer por el desánimo. A pesar de las dificultades no da muestras de desánimo.* ▶ DESALIENTO.

desanudar. tr. Desatar (un nudo o algo anudado). *Al llegar a casa se desanudó la corbata.* Tb. fig. *Se ha formado un embrollo imposible de desanudar.* Tb. en constr. prnl. media. *Se te han desanudado los zapatos.*

desapacible. adj. **1.** Desagradable. *Tiene una voz ronca, desapacible.* **2.** Dicho espec. de tiempo atmosférico: Inestable y desagradable, gralm. por el frío, el viento y la lluvia. *En primavera el tiempo es menos desapacible. La tarde estaba desapacible y nos quedamos en casa.* ▶ **2:** ÁSPERO, DESABRIDO, DESTEMPLADO.

desaparcar. tr. Retirar (un vehículo) de donde estaba aparcado. *El sitio estaba tan justo que casi no puedo desaparcar el coche.* Tb. usado en constr. intr. *Ya conduce, pero aún le cuesta aparcar y desaparcar.*

desaparecer. (conjug. AGRADECER). intr. **1.** Dejar de estar a la vista. *El actor terminó su monólogo y desapareció por uno de los laterales del escenario.* **2.** Dejar de estar en un sitio. *Los ladrones desaparecieron* DEL *chalé antes de que llegara la policía.* **3.** Pasar a estar una persona o cosa en un lugar que se desconoce. *Varios montañeros han desaparecido a causa de la tormenta. Han desaparecido las llaves, no las encuentro por ningún sitio.* **4.** Dejar de existir. *Los dinosaurios desaparecieron hace millones de años. La corrupción tiene que desaparecer.* **5.** eufem. Morir. *En el estadio han guardado un minuto de silencio por el jugador que acaba de desaparecer.* ○ tr. **6.** Am. Hacer que (algo o alguien) desaparezcan (→ 3). *Es imposible que papá vuelva a estar entre nosotros: lo desaparecieron en el 74* [C].

desaparecido, da. part. **1.** → **desaparecer. 2.** Que ha desaparecido (→ 1) o se halla en paradero desconocido. Dicho de pers., tb. m. y f. *Tres muertos y cinco desaparecidos en las últimas inundaciones.* **3.** Que ha desaparecido (→ 1) o muerto. Dicho de pers., tb. m. y f. *Se ofició una misa por los desaparecidos.*

desaparición. f. Hecho de desaparecer. *Los padres denunciaron a la policía la desaparición de su hija. La desaparición de la Unión Soviética abrió una época de grandes cambios en Europa. El cine estaba de luto por la desaparición del gran director.*

desapasionado, da. adj. Falto de apasionamiento. *Se mostró frío y desapasionado. Hizo un análisis desapasionado de la cuestión.*

desapegarse. intr. prnl. Despegarse o apartarse afectivamente de alguien o algo. *Su amistad me hace daño; necesito desapegarme de él.* ▶ DESPEGARSE.

desapego. m. Falta de afición, afecto o interés por alguien o algo. *Mostraba conmigo un desapego que no entendía.* ▶ DESPEGO.

desapercibido, da. adj. Inadvertido o no percibido. *Es tímida y en las reuniones intenta pasar desapercibida.*

desaplicado, da. adj. Que no se aplica en el estudio. *Es el típico alumno travieso y desaplicado.*

desaprensión. f. Falta de escrúpulos o miramiento para hacer algo. *La desaprensión de los timadores.*

desaprensivo, va. adj. **1.** Dicho de persona: Que tiene desaprensión, o actúa con desaprensión. *Algún vándalo desaprensivo ha quemado las papeleras.* Tb. m. y f. *Unos desaprensivos robaron el bolso a una anciana.* **2.** Dicho de cosa: Propio de la persona desaprensiva (→ 1). *Comportamiento desaprensivo.*

desaprobación. f. Hecho de desaprobar. *Lo miró con desaprobación. Se oyeron murmullos de desaprobación en la sala.*

desaprobar. (conjug. CONTAR). tr. No aprobar o considerar malo (algo). *Desapruebo tu conducta. La mayoría de los accionistas desaprobaron la gestión.* ▶ REPROBAR.

desaprovechamiento. m. Hecho de desaprovechar. *El desaprovechamiento de las corrientes de aire nos impidió ganar la regata.*

desaprovechar. tr. No aprovechar (algo) o no obtener (de ello) el máximo rendimiento. *Es una oportunidad que no debes desaprovechar. El tenista desaprovechó dos ocasiones para ganar el partido. ¡Cuánto talento desaprovechado!*

desapuntar. tr. Excluir (a alguien) de una lista o de algo a lo que está apuntado. *Pidió que lo desapuntaran* DE *la lista. Se ha desapuntado* DE *las clases de inglés.*

desarbolado, da. part. **1.** → **desarbolar.** ● adj. **2.** Que no tiene árboles. *Una llanura desarbolada.*

desarbolar. tr. **1.** Destruir o derribar los mástiles (de un barco). *La fuerte tormenta desarboló la embarcación.* **2.** Hacer que (alguien o algo) se derrumben. Frec. en sent. fig. *Estos datos han desarbolado las teorías de los analistas. El golpe ha desarbolado a la organización terrorista. Se mostró desarbolado por tantos fracasos.*

desarmable. adj. Dicho de objeto: Que se puede desarmar. *Un juguete desarmable.*

desarmado, da. part. **1.** → **desarmar.** ● adj. **2.** Que no tiene armas. *Disparó por la espalda a un hombre desarmado.* **3.** Que no tiene argumentos para replicar o discutir. *El adulto siempre está desarmado ante la curiosidad del niño.*

desarmar. tr. **1.** Quitar o hacer entregar (a alguien) las armas que tiene. *El atracador logró desarmar al policía y huir. El ejército invasor fue rendido y desarmado.* **2.** Reducir las fuerzas militares o el armamento (de un país o región). *Algunos políticos hablan de desarmar la zona.* **3.** Dejar (a alguien) sin argumentos o razones para replicar o discutir. *Su respuesta me desarmó totalmente.* **4.** Separar las piezas de las que está compuesto (un objeto). *El mecánico desarmó el motor para averiguar dónde estaba la avería.*

desarme. m. Hecho de desarmar. *Algunos países han incumplido el pacto de desarme nuclear. Una de las prioridades es el desarme de la población civil.*

desarmonía. f. Falta de armonía. *Busca el contraste y la desarmonía en sus composiciones.*

desarraigado, da. part. **1.** → **desarraigar.** ● adj. **2.** Dicho de persona: Que no tiene lazos afectivos o culturales que la liguen a un lugar o entorno social. *En la zona suburbial abundan los jóvenes desarraigados.* Tb. m. y f. *Su hermano es un desarraigado al que no le interesa nada la familia.*

desarraigar. (conjug. BAILAR). tr. **1.** Arrancar de raíz (una planta). *Desarraigaron un olivo centenario para asfaltar la plaza.* **2.** Extirpar enteramente (una pasión, una costumbre o un vicio). *Cuesta mucho desarraigar los vicios.* **3.** Separar (a alguien) del lugar o medio donde se ha criado, o cortar los vínculos afectivos que tiene con ellos. *La actividad industrial ha desarraigado a muchos indígenas. Intentan desarraigarlos* DE *su hábitat.* Tb. en constr. prnl. media. *Hay que evitar que la población indígena se desarraigue.* ▶ **1:** DESENRAIZAR.

desarraigo. m. Hecho o efecto de desarraigar o desarraigarse. *La novela refleja magistralmente el desarraigo de los inmigrantes.*

desarrapado, da. → **desharrapado.**

desarreglado, da. part. **1.** → **desarreglar.** ● adj. **2.** Que no tiene el orden o estado adecuados. *Llegó a las seis de la mañana desarreglado, cansado y borracho. Lo tiene todo sucio y desarreglado.*

desarreglar. tr. Hacer que (algo) pierda el orden o estado adecuados. *Los niños entraron a jugar en la habitación y rápidamente desarreglaron las camas.*

desarreglo. m. **1.** Falta de arreglo. *El desarreglo de su pelo era intencionado.* **2.** Falta de regla o norma. *Su vida se caracteriza por el desarreglo.* **3.** Trastorno o alteración de la salud. *Tenía desarreglos intestinales. Desarreglos menstruales.*

desarrollar. tr. **1.** Hacer que (algo) crezca en tamaño o importancia. *Estos ejercicios ayudan a desarrollar la memoria.* Tb. en constr. prnl. media. *Gracias a esos ejercicios su memoria se ha desarrollado mucho.* **2.** Exponer con orden y amplitud (una cuestión o un tema). *Le pidieron que desarrollara más su respuesta.* **3.** Realizar (una idea o un proyecto). *La empresa ha desarrollado un plan de ampliación de capital.* **4.** *Mat.* Efectuar las operaciones de cálculo indicadas (en una expresión). *Desarrolle las siguientes expresiones.* ○ intr. prnl. **5.** Crecer un organismo hasta convertirse en adulto. *Transplantó la planta para que se desarrollara más rápidamente.* **6.** Progresar o crecer una comunidad humana económica, social, cultural o políticamente. *Los países africanos se desarrollan lentamente.* **7.** Suceder u ocurrir un hecho. *No podía creer la escena que se desarrollaba ante sus ojos.* ► **1:** DESENVOLVER.

desarrollismo. m. *Econ.* Proceso de desarrollo en que se prima el crecimiento meramente económico por encima de otros aspectos o consideraciones. *El desarrollismo de los años 60 y 70 generó graves problemas sociales.* Tb. la doctrina que lo defiende. *Explica las relaciones entre liberalismo y desarrollismo.*

desarrollista. adj. **1.** *Econ.* Del desarrollismo. *Durante este período desarrollista se urbanizó y construyó sin control. Tesis desarrollistas.* **2.** *Econ.* Partidario o defensor del desarrollismo. *Gobiernos desarrollistas.* Dicho de pers., tb. m. y f. *Los desarrollistas apostaban por otra forma de capitalismo.*

desarrollo. m. **1.** Hecho o efecto de desarrollar o desarrollarse. *Su descubrimiento es clave para el desarrollo de la ciencia moderna. Las buenas condiciones del suelo favorecen el desarrollo de la vegetación. Los medios informativos siguen con interés el desarrollo de los acontecimientos.* **2.** Combinación entre el plato y el piñón de una bicicleta, que determina la distancia que se avanza con cada pedalada. *Su bicicleta de montaña tiene veinte desarrollos.*

desarropar. tr. Quitar (a alguien) la ropa con que se cubre. *Desarropa un poco al bebé, que va demasiado abrigado. Si te desarropas mientras duermes puedes coger frío.* Tb. fig. *Se sentía solo, desarropado.*

desarrugar. tr. Quitar las arrugas (de algo). *No hizo la cama, solo desarrugó un poco las sábanas y estiró el edredón. ¡Venga, ríete y desarruga ya el entrecejo!* Tb. en constr. prnl. media. *¿Tiendo el pantalón para que se desarrugue?*

desarticulación. f. Hecho de desarticular, espec. una banda de delincuentes. *Un grupo especial de la policía intervino en la desarticulación de la banda de atracadores.*

desarticulado, da. part. **1.** → **desarticular.** ● adj. **2.** Falto de articulación. *El artículo era una sucesión de ideas desarticuladas.*

desarticular. tr. **1.** Separar (huesos o miembros que están articulados). *Le han desarticulado varios huesos de la mano.* **2.** Desorganizar (algo, espec. una banda de delincuentes). *La policía ha desarticulado una banda de ladrones de coches. Han desarticulado el aparato de propaganda del partido. Desarticularon la trama del golpe.* **3.** Separar las piezas (de una máquina o aparato). *El mecánico desarticula la máquina para su traslado.*

desaseado, da. adj. Falto de aseo. *Es una persona muy desaseada. Todo en la casa muestra un aspecto desaseado.*

desaseo. m. Falta de aseo. *Su desaseo cada vez es mayor y a veces huele a sudor.*

desasimiento. m. **1.** Hecho o efecto de desasir o desasirse. *El místico busca el desasimiento* DE *todo lo material.* **2.** Desapego o desinterés. *Habla de su ciudad con cierto desasimiento.*

desasir. (conjug. ASIR). tr. **1.** Soltar o desprender (algo o a alguien asidos o sujetos). *Logró desasirse* DE *las ataduras y huir. Hace esfuerzos por desasirse* DE *los que lo sujetan.* ○ intr. prnl. **2.** Desprenderse de algo, o renunciar a ello. *Le resulta imposible desasirse* DE *su pasado*

desasistencia. f. Falta de asistencia. *La ley pretende evitar situaciones de maltrato y desasistencia de personas mayores.*

desasistir. tr. Dejar sin asistencia o ayuda (a alguien o algo). *Irá a juicio por desasistir a un accidentado en la carretera. El Gobierno ha desasistido la educación pública.*

desasnar. tr. coloq. Hacer, por medio de la enseñanza, que (alguien) deje de ser rudo o ignorante. *Espero que en este colegio lo desasnen.* Tb. en constr. prnl. media.

desasosegador, ra. adj. Desasosegante. *Contó una historia sorprendente y desasosegadora.* ► *INQUIETANTE.

desasosegante. adj. Que desasosiega. *Se respiraba una atmósfera desasosegante de película de misterio.* ► *INQUIETANTE.

desasosegar. (conjug. ACERTAR). tr. Causar desasosiego (a alguien). *Lo desasosegaba no saber dónde estaba su hija.* Tb. en constr. prnl. media. *Tiene un gran temple y no es fácil que se desasosiegue.* ► *INQUIETAR.

desasosiego. m. Falta de sosiego. *¡Qué desasosiego, tantas horas de incertidumbre!* ► *INQUIETUD.

desastrado, da. adj. **1.** Desaseado o descuidado. *Qué desastrado eres. No sé cómo puedes ponerte ese pantalón tan desastrado.* **2.** cult. Dicho de cosa: Infeliz o desgraciada. *Tuvo un desastrado fin. Lleva una vida desastrada.*

desastre. m. **1.** Suceso desgraciado que causa gran daño o destrucción. *Cómo mitigar los efectos de terremotos, inundaciones y demás desastres naturales.* **2.** Cosa de calidad, funcionamiento, resultado o características muy malos. *Con semejante falta de medios, la sanidad pública era un desastre. No entres en mi habitación, que está hecha un desastre. ¡Qué desastre de partido han jugado!* **3.** Fracaso o final lamentable. *Si no se enmiendan algunas cosas, vamos al desastre.* **4.** coloq. Persona poco hábil, poco capaz, o a la que todo le sale mal. *¡Él qué va a arreglar nada, si es un desastre! Soy un desastre para las matemáticas.* ► **1:** *CATÁSTROFE.

desastroso, sa. adj. **1.** Que supone o causa un desastre o desgracia. *El incendio fue un suceso desastroso. Los efectos del alcohol en la conducción son desastrosos.* **2.** Dicho de cosa: Que es un desastre en cuanto a funcionamiento, resultado o características. *Tiene una ortografía desastrosa. La organización del certamen fue desastrosa.*

desatado, da. part. **1.** → **desatar.** • adj. **2.** Que no tiene control o moderación. *Le sorprendió percibir en alguien tan mesurado una pasión tan desatada y rabiosa.*

desatar. tr. **1.** Soltar (algo o a alguien que están atados). *El marinero desató los cabos que tensaban la vela. La policía desató y liberó a los rehenes. La niña ya sabe atarse y desatarse los cordones de los zapatos.* Tb. en constr. prnl. media. *Se me ha desatado el cordón del zapato.* **2.** Provocar (algo), o hacer que comience a manifestarse, espec. de forma violenta. *El penalti desató la ira de los aficionados. Las declaraciones de la ministra han desatado las protestas de los agricultores.* Tb. en constr. prnl. media. *A media tarde se desató una fuerte tormenta.* ○ intr. prnl. **3.** Perder la timidez o el temor y actuar libremente. *En cuanto bebe dos copas se desata y empieza a hablar por los codos.* **4.** Perder alguien el control sobre sí mismo insultando a los demás. *El dueño de la tienda se desató en insultos contra unos niños que le habían roto el escaparate.* ▶ **1:** SOLTAR.

desatascar. tr. Dejar limpio o despejado (algo atascado u obstruido, como un lugar de paso o un conducto). *¿Tiene algún producto para desatascar tuberías?* Tb. fig. *Un mediador intentará desatascar las negociaciones.* ▶ DESATRANCAR.

desatasco. m. Hecho de desatascar. *Limpieza y desatasco de cañerías.* ▶ DESATRANCO.

desatención. f. **1.** Hecho de desatender. *La huelga provocará la desatención de servicios básicos.* **2.** Distracción o falta de atención. *Motivando al alumno se soluciona la desatención.* **3.** Falta de atención o cortesía con alguien. *No esperaban tanta desatención por parte de su anfitrión.* Tb. el acto que manifiesta esa falta de atención. *Fue una desatención no acompañarte a la puera.* ▶ **3:** DESCORTESÍA.

desatender. (conjug. ENTENDER). tr. **1.** No atender (a alguien o algo) o no ocuparse (de ellos). *Los pacientes se quejaban de que el médico los desatendía. Se arruinó por desatender sus negocios.* **2.** No atender (a los consejos o peticiones) de alguien o no hacer(les) caso. *Si no hubiera desatendido sus consejos, le habría ido mejor.* ▶ **2:** DESOÍR.

desatento, ta. adj. **1.** Que no presta atención. *Estaba ensimismada y desatenta* A *todo.* **2.** Descortés o falto de atención con los demás. *El personal del hotel es desatento. Estuvo muy desatenta con los invitados.* ▶ **2:** *MALEDUCADO.

desatinado, da. adj. **1.** Dicho de cosa: Que manifiesta o implica desatino. *Varios comentarios desatinados enfriaron el ambiente en la cena.* **2.** Dicho de persona: Que habla o actúa sin juicio ni razón. *Salió desatinado en su busca.*

desatino. m. **1.** Falta de tino o acierto. *Su desatino al enjuiciar el caso era patente.* **2.** Locura, despropósito o error. *Fue un desatino llevar el coche, porque no había dónde aparcar. No dice más que desatinos.*

desatornillar. tr. **1.** Sacar (un tornillo) dándo(le) vueltas. *Si los tornillos se congelan, costará desatornillarlos.* **2.** Sacar los tornillos (de algo sujeto con ellos). *Desatornilló la cajonera de la mesa con un destornillador eléctrico.* ▶ DESTORNILLAR.

desatracar. tr. **1.** Separar (una embarcación) de otra o del lugar en que está atracada. *El capitán dio orden de desatracar el barco.* ○ intr. **2.** Separarse una embarcación de otra o del lugar en que está atracada. *En el muelle, los cargueros atracaban y desatracaban.*

desatrancar. tr. **1.** Dejar limpio o libre de obstáculos (algo atrancado, espec. un conducto). *Empleados del Ayuntamiento desatrancaron un colector del alcantarillado.* **2.** Quitar (a una puerta o ventana atrancadas) la tranca o sistema de cierre que impide abrir(las). *Por las noches atrancaban el portón de la entrada, y por las mañanas lo desatrancaban.* ▶ **1:** DESATASCAR.

desatranco. m. Hecho de desatrancar un conducto. *Servicio de desatranco de tuberías.* ▶ DESATASCO.

desautorización. f. Hecho de desautorizar. *La sentencia supone una desautorización de la política gubernamental.*

desautorizar. tr. Quitar (a alguien) autoridad o crédito. *El presidente no quiso desautorizar al ministro.*

desavenencia. f. Discordia o falta de avenencia entre dos o más personas. *Dimitió por desavenencias con el director.* ▶ DISCORDIA.

desaventajado, da. adj. Inferior o carente de ventaja respecto de otros. *Habrá clases de recuperación para los alumnos más desaventajados.*

desavisado, da. adj. Poco avisado o poco enterado. *Un observador desavisado no habría reparado en ese detalle.* Dicho de pers., tb. m. y f. *El libro sorprenderá a algún desavisado que se adentre en su lectura.*

desayunar. intr. **1.** Tomar el desayuno. *Salió de casa sin desayunar.* Tb. prnl. *Se desayuna todos los días en un bar cerca de su oficina.* ○ tr. **2.** Tomar (algo) como desayuno. *Le gusta desayunar huevos con beicon.* ○ intr. prnl. **3.** coloq. Pasar a conocer algo que se ignoraba. *Ayer nos desayunamos* CON *la noticia de su detención.*

desayuno. m. Primera comida del día, que se toma por la mañana. *Como desayuno tomo café, zumo y cereales.* Tb. la reunión en torno a esta comida. *Las dos delegaciones se encontraron en un desayuno de trabajo.*

desazón. f. **1.** Inquietud o desasosiego, de carácter físico o anímico. *La fiebre alta y el dolor de cabeza me causaban desazón. La discusión le produjo una gran desazón.* **2.** Picor (sensación que impulsa a rascarse). *Le habían picado los mosquitos y tenía mucha desazón.* ▶ **1:** *INQUIETUD. **2:** *PICOR.

desazonador, ra. adj. Que desazona. *Es desazonador que pasen los días sin tener noticias.*

desazonar. tr. Causar desazón o inquietud (a alguien). *No saber si aprobaría la desazonaba. Hay algo en él que me desazona.* Tb. en constr. prnl. media. *Durante la operación de su padre se desazonó y se puso muy nervioso.* ▶ *INQUIETAR.

desbancar. tr. Hacer perder (a alguien o algo) la posición que ocupaban, ocupándola en su lugar. *Desbancó del primer puesto al anterior líder por solo dos segundos. El cine ha desbancado a la literatura en las preferencias del público.*

desbandada. f. Hecho de desbandarse. *El primer tiro provocó una desbandada de patos.* ■ **en,** o **a la, ~.** loc. adv. De manera desordenada y confusa. *Los niños salen en desbandada del colegio. Huyeron a la desbandada.* Tb. loc. adj. *Se produjo una huida a la desbandada.*

desbandarse. intr. prnl. Apartarse o huir en distintas direcciones y en desorden personas o animales que estaban agrupados. *Al oír la explosión, la gente se desbandó por calles y avenidas. Algo provocó que la manada de antílopes se desbandase.*

desbarajustar. tr. Desordenar (algo) creando confusión (en ello). *La inesperada caída de la bolsa desbarajustó los planes de muchos inversores.* ▶ DESORDENAR.

desbarajuste. m. Desorden confuso. *Necesito un contable que ponga orden en este desbarajuste de cuentas. La situación política era un desbarajuste, un caldo de cultivo para los golpistas.* ▶ DESORDEN.

desbaratamiento. m. Hecho de desbaratar o desbaratarse. *Las tensiones sociales pueden conducir al desbaratamiento del sistema.* ▶ DESBARATE.

desbaratar. tr. **1.** Deshacer (algo). *De un golpe casi desbarata la estantería.* **2.** Impedir que (algo, espec. un plan) se realice o tenga efecto. *Tener que trabajar en agosto desbarató sus planes para las vacaciones.* **3.** Hacer que (alguien, espec. el enemigo) huya desordenadamente. *Atacó por sorpresa y desbarató al enemigo. La llegada del lobo desbarató a las ovejas.* ▶ **2:** *ESTROPEAR.

desbarate. m. Desbaratamiento. *Se produjo un desbarate del sector minero.*

desbarrancar. tr. Am. Arrojar (algo o a alguien) a un barranco. *Allí paraban los que le habían desbarrancado el jeep al Sargento* [C]. Tb. en constr. prnl. media. *Creyó que se habían desbarrancado con el automóvil* [C]. Tb. fig. *El país empezaba a desbarrancarse* [C].

desbarrar. intr. Hablar o razonar de forma desatinada. *No sabías lo que decías, el alcohol te hacía desbarrar.*

desbarre. m. Hecho o efecto de desbarrar. *Sabe lo que dice, no es un desbarre.*

desbastar. tr. Quitar las partes más bastas (a algo que se va a labrar). *Los techos eran de vigas sin desbastar.*

desbaste. m. Hecho de desbastar. *Utilice una escofina para el desbaste de la madera.*

desbeber. intr. coloq., eufem. Orinar. *Lo malo de beber es que luego entran ganas de desbeber.*

desbloquear. tr. Levantar o eliminar el bloqueo (de algo). *Tras el derrumbe, hubo que desbloquear la entrada del túnel. Intentan desbloquear el proceso de paz.*

desbloqueo. m. Hecho de desbloquear. *En caso de accidente, se activa el desbloqueo automático de puertas. El desbloqueo de las negociaciones.*

desbocamiento. m. Hecho de desbocarse. *El jinete no pudo evitar el desbocamiento del caballo.*

desbocar. tr. **1.** Dar de sí o abrir más de lo debido (el cuello de una prenda de vestir). *No planches así el cuello, que lo vas a desbocar.* Tb. en constr. prnl. media. *Se me ha desbocado el cuello de la camiseta.* ○ intr. prnl. **2.** Dejar de obedecer al freno una caballería y comenzar a galopar impetuosamente. *La yegua se desbocó y tiró al jinete.* **3.** Perder alguien o algo el control o la contención. *Contente, no te desboques. Al verlo herido, su corazón se desboca. La imaginación se desboca con facilidad. La inflación se desbocó.*

desbordamiento. m. Hecho de desbordar o desbordarse. *El desbordamiento de la presa ha provocado inundaciones.* ▶ DESBORDE.

desbordante. adj. Que desborda o se desborda. *Está desbordante* DE *felicidad. Es de una generosidad desbordante. El desbordante lujo del hotel. Un lugar desbordante* DE *gente.*

desbordar. tr. **1.** Rebasar algo los bordes (de un cauce o de un recipiente). *Tras la lluvia, los ríos desbordan sus cauces. Sirvió una caña de cerveza y la espuma desbordó el vaso.* **2.** Sobrepasar alguien o algo los límites (de algo). *La demanda de entradas desbordó las previsiones. Los refugiados desbordan los campamentos.* **3.** Adelantar (a alguien) o sobrepasar(lo). *En los últimos cien metros el corredor español desbordó al atleta keniata. El delantero dribló y desbordó al defensa.* **4.** Sobrepasar algo la capacidad intelectual o emocional (de alguien). *Últimamente el trabajo lo desborda.* ○ intr. **5.** Salirse algo de aquello que lo contiene. *Hizo tanta ensalada que la lechuga desbordaba* DE *la fuente.* Tb. prnl. *Agitó la botella y cuando la descorchó el cava se desbordó rápidamente.* ○ intr. prnl. **6.** Rebasar su cauce una corriente de agua. *El río se desbordó y anegó los campos.* **7.** Rebasar algo, espec. un sentimiento de alegría o entusiasmo los límites de lo normal. *Cuando el cantante salió al escenario el entusiasmo del público se desbordó.*

desborde. m. Desbordamiento. *Ha habido un desborde de las previsiones. Logra el desborde del defensa, pero se le escapa la pelota.*

desbravar. tr. Amansar (una caballería no domesticada). *Montaba cada día un poco a la yegua salvaje para desbravarla.* ▶ *DOMESTICAR.

desbroce. m. Hecho de desbrozar. *Las obras han comenzado con el desbroce del terreno.* ▶ DESBROZAMIENTO.

desbrozamiento. m. Desbroce. *Técnicos forestales dirigirán las operaciones de desbrozamiento de la zona.*

desbrozar. tr. Quitar la broza (a algo) o limpiar(lo). *Desbrozan los bosques para evitar incendios. El jardinero desbroza el jardín* DE *maleza.* Tb. fig. *Cuánto ganaría el texto desbrozado* DE *tanto adjetivo superfluo.*

descabalado, da. part. **1.** → **descabalar.** ● adj. **2.** Dicho de pieza: Que no tiene la pareja u otras piezas con las que forma un todo. *Recogió del suelo un calcetín descabalado y lo echó a la lavadora. Tengo un plato descabalado.* **3.** Disperso o desordenado. *Solo tenemos algunos datos descabalados. Soltó cuatro ideas descabaladas.*

descabalar. tr. **1.** Hacer que (algo formado por dos o más elementos) quede incompleto. *Si me rompes una de esas copas vas a descabalar la cristalería.* Tb. en constr. prnl. media. *Se ha roto una copa y se ha descabalado la cristalería.* **2.** Desorganizar o alterar (algo en que inciden varios aspectos). *Me quedé dormido y descabalé todos los planes que tenía para la mañana.* Tb. en constr. prnl. media. *El presupuesto del mes se me ha descabalado por una avería del coche.*

descabalgar. intr. Desmontar o bajarse de una caballería. *Descabalgó y metió la yegua en la cuadra. Descabalga* DEL *mulo.*

descabellado, da. adj. Contrario a la razón. *Ese proyecto me parece descabellado.*

descabellar. tr. *Taurom.* Matar (a un toro) clavándo(le) la punta del estoque en la parte posterior del cuello. *El diestro no acertaba a descabellar al toro.*

descabello. m. *Taurom.* Hecho de descabellar. *Mató de estocada y descabello.*

descabezamiento. m. Hecho de descabezar. *El descabezamiento de la banda terrorista es portada en todos los diarios.* ▶ DECAPITACIÓN.

descabezar. tr. **1.** Cortar o quitar la cabeza (a una persona o a un animal). *Toma un langostino, lo descabeza y pela el cuerpo.* **2.** Quitar la cabeza (a algo). *Estaba descabezando girasoles. Intentan descabezar a la oposición.* ► **1:** DECAPITAR.

descacharrante. adj. coloq. Muy cómico o gracioso. *Cuenta unas historias descacharrantes.*

descacharrar. tr. coloq. Escacharrar (algo). *Vas a descacharrar el ordenador si sigues haciendo eso.* Tb. en constr. prnl. media. *La lavadora se descacharra cada poco.*

descafeinado, da. part. **1.** → **descafeinar.** ● m. **2.** Café descafeinado (→ **café**). *Camarero, un descafeinado, por favor.*

descafeinar. (conjug. DESCAFEINAR). tr. **1.** Quitar la cafeína (al café). *Nos habló del proceso para descafeinar el café.* **2.** Hacer que (algo) pierda su esencia o fuerza. *Los nuevos dirigentes han descafeinado la política del partido.*

descalabradura. f. Herida hecha en la cabeza. *Tiene una descalabradura en la frente.*

descalabrar. tr. **1.** Herir (a alguien) en la cabeza. *Le tiró una piedra y lo descalabró.* Tb. en constr. prnl. media. *El niño cayó de cabeza y se descalabró.* **2.** Causar daño o perjuicio (a alguien o algo). *Los recientes desastres habían descalabrado al país.*

descalabro. m. Hecho o efecto de descalabrar o causar daño. *La bolsa sufrió un descalabro. Dimitió tras el descalabro de su partido en las elecciones.*

descalcificación. f. Hecho de descalcificar o descalcificarse. *Con la edad, la descalcificación de los huesos es mayor.* ► DECALCIFICACIÓN.

descalcificar. tr. Eliminar o disminuir el calcio o las sustancias calcáreas (de algo, espec. de los huesos u otros tejidos orgánicos). *Sustancias que pueden descalcificar el esmalte de los dientes. Un sistema para descalcificar el agua.* Tb. en constr. prnl. media. *Cuando se descalcifica la cadera, aumenta el riesgo de fractura. Vertebras descalcificadas.* ► DECALCIFICAR.

descalificación. f. Hecho de descalificar. *Sus insultos y descalificaciones no me afectan. La descalificación del plusmarquista restó interés a la prueba.*

descalificador, ra. adj. Que descalifica o sirve para descalificar. *El debate subió de tono y se oyeron expresiones descalificadoras.* ► DESCALIFICATORIO.

descalificatorio, ria. adj. Descalificador. *No tiene derecho a referirse mí en términos tan descalificatorios.*

descalificar. tr. **1.** Desacreditar o quitar el prestigio (a alguien o algo). *A falta de argumentos, optó por descalificar a sus críticos. No entiendo ese tipo de arte, pero no me atrevo a descalificarlo.* **2.** Desautorizar o incapacitar (a alguien). *Su mala gestión anterior lo descalifica como candidato al puesto.* **3.** Eliminar (a alguien) de una competición o concurso como sanción por faltar a las normas establecidas. *El ciclista fue descalificado por consumir sustancias dopantes.*

descalzar. tr. Quitar el calzado (a alguien). *Descalzó al niño, lo desvistió y le puso el pijama. En cuanto llega a casa, se descalza.* Tb. referido al calzado. *Le descalzaron los zapatos y lo tumbaron en la cama. Se descalzó las botas.*

descalzo, za. adj. **1.** Que no lleva calzado. *El niño gatea descalzo por el salón. El caminante llevaba los pies descalzos.* **2.** Dicho de religioso: Que profesa una regla que impone llevar los pies descalzos o solo con sandalias. *Fue carmelita descalzo.* Tb. m. y f. *Junto a la catedral está el convento de las descalzas.*

descamación. f. Hecho o efecto de descamar o descamarse. *Usa una crema para evitar la descamación de la piel.*

descamar. tr. **1.** Quitar las escamas (al pescado). *El pescadero descamó la merluza y la cortó en rodajas.* ○ intr. prnl. **2.** Desprenderse la piel en forma de escamas. *Cuando la piel está tan seca, es fácil que se descame.* ► **1:** ESCAMAR.

descambiar. (conjug. ANUNCIAR). tr. coloq. Cambiar o devolver (una compra). *Si no te queda bien el jersey, puedes descambiarlo.*

descaminado, da. adj. Equivocado o mal orientado. *No andas descaminada al sospechar de él. Ninguna de las respuestas va descaminada.* ► DESENCAMINADO.

descamisado, da. adj. **1.** Que no lleva camisa o que la lleva de manera descuidada. *Iban por la calle descamisados, sudorosos y armando jaleo.* **2.** Dicho de persona: Muy pobre o sin medios para vivir. *En sus mítines hablaba del obrero descamisado.* Tb. m. y f. *Busca el voto de los descamisados.*

descampado, da. adj. Dicho de terreno: Que está sin cultivar, libre de árboles y sin edificios. Frec. m. *Los ladrones abandonaron el coche en un descampado.*

descansadero. m. Lugar donde se descansa o se puede descansar. *Un descansadero de ganado.*

descansado, da. part. **1.** → **descansar.** ● adj. **2.** Dicho espec. de ocupación: Que requiere poco esfuerzo. *No creo que cuidar niños sea un trabajo descansado.*

descansar. intr. **1.** Reponer las fuerzas tras un esfuerzo o trabajo. *A media mañana hacemos un alto para descansar. El entrenador cambió al base para que descansara.* **2.** Interrumpir temporalmente el trabajo o la acción. *Trabaja toda la semana salvo el domingo, que descansa. Se lo bebió de un trago, sin descansar.* **3.** Dormir. *Anoche no descansé muy bien. El enfermo ha descansado dos horas.* **4.** Tener algún alivio en las preocupaciones o dolores. *Cuando le operaron de la rodilla descansó. Durante las vacaciones descansaba* DE *sus alumnos.* **5.** Desahogarse, o tener alivio o consuelo comunicando a un amigo o a una persona de confianza los males o penalidades. *Todos necesitamos un amigo* EN *quien descansar.* **6.** Apoyarse una cosa sobre otra. *La cúpula de la catedral descansa* SOBRE *columnas de mármol.* Tb. fig. *Su teoría descansa* EN *estas ideas básicas.* **7.** Estar sin cultivo uno o más años la tierra de labor. *Se deja descansar la tierra para que produzca más.* **8.** cult. Estar enterrado en un lugar. *Los restos del alcalde descansan en el cementerio de la ciudad.* ○ tr. **9.** Hacer que (alguien o una parte de su cuerpo) pierdan el cansancio. *De vez en cuando deja de mirar la pantalla para descansar la vista. Los baños con sales son buenos para descansar los pies.* Tb. usado en constr. intr. *Poner los pies en alto descansa.* **10.** Apoyar (una cosa) sobre otra. *Descansó la cabeza* SOBRE *el respaldo de la silla.*

descansillo. m. Espacio llano al final de un tramo de escalera. *Han puesto plantas en los descansillos de la escalera.*

descanso. m. **1.** Hecho de descansar. *Tras el trabajo viene el descanso. Un buen colchón contribuye a un descanso reparador.* Tb. el tiempo dedicado a ello. *Aprovecha el descanso veraniego para viajar.* **2.** Intermedio en el desarrollo de un espectáculo, audición o sesión. *En el descanso de la obra de teatro salimos al vestíbulo a fumarnos un cigarrillo. El concierto dura tres horas con un descanso de quince minutos.* **3.** Causa de alivio en la fatiga y en las dificultades físicas o morales. *Este hijo será el descanso de mi vejez.*

descapitalización. f. Hecho o efecto de descapitalizar o descapitalizarse. *Los sucesivos desfalcos han llevado a la descapitalización de la entidad.*

descapitalizar. tr. Dejar total o parcialmente sin capital (a una empresa o entidad). *Acusan a los dueños de descapitalizar el negocio para no pagar las deudas.* Tb. en constr. prnl. media. *El banco se fue descapitalizando hasta llegar a la quiebra.*

descapotable. adj. Dicho de vehículo: Que está provisto de capota plegable. *Presume de su coche descapotable.* Dicho de automóvil, tb. m. *El presidente, de pie en el descapotable, saluda a la multitud.* ▶ **Am:** CONVERTIBLE.

descapotar. tr. Plegar o bajar la capota (de un vehículo). *El sonido de la radio es excelente, incluso con el coche descapotado.*

descarado, da. part. **1.** → **descararse.** ● adj. **2.** Dicho de persona: Que habla o actúa con descaro. *No seas tan descarado y habla con respeto a tu padre.* Tb. m. y f. *Eres una descarada.* **3.** Dicho de cosa: Que denota o implica descaro. *Su conducta y su lenguaje resultan descarados.*

descararse. intr. prnl. Hablar o actuar con descaro. *Se descaró con el jefe y la echaron del trabajo.*

descarga. f. **1.** Hecho o efecto de descargar o descargarse. *Nos pidió que le ayudáramos en la descarga de la furgoneta. Trabaja en el aeropuerto, en la carga y descarga de equipajes. La descarga de ciertas obligaciones le ha quitado el estrés.* **2.** Conjunto de disparos que se hacen a la vez por varias armas. *El pelotón dispara, se oye una fuerte descarga y el condenado cae sin vida.* Frec. ~ *cerrada. Una descarga cerrada abatió a varios revolucionarios.* **3.** Paso brusco de la carga eléctrica de un cuerpo a otro de distinto potencial. Frec. ~ *eléctrica. No toques esos cables, que te puede dar una descarga eléctrica.*

descargador, ra. adj. **1.** Que descarga o sirve para descargar. *Grúa descargadora.* Dicho de máquina o aparato, tb. m. o f. *La caja del camión viene equipada con una descargadora. Un descargador de baterías.* ● m. y f. **2.** Persona que tiene por oficio descargar mercancías. *Los descargadores esperaban en el muelle la llegada del buque mercante.*

descargar. tr. **1.** Quitar (a alguien o algo) la carga que tiene o lleva, o hacer que sea menor. *Varios estibadores descargan el barco.* **2.** Quitar (una carga). *Descargan la mercancía* DEL *camión.* **3.** Dar (un golpe) con violencia. *El boxeador descargó un derechazo* EN *el estómago de su rival. Unos vándalos descargaban patadas y porrazos* SOBRE *unos contenedores de basura.* **4.** Liberarse (de las propias responsabilidades u obligaciones) haciéndo(las) recaer en alguien. *Cuando se ve en un apuro, descarga sus obligaciones* EN *sus subordinados.* **5.** Hacer recaer en alguien o algo (un sentimiento de ira o enfado). *Descargó su mal humor* CONTRA *el empleado de la tienda. El entrenador descargó su enfado* EN *los jugadores.* **6.** Liberar (a alguien) de una preocupación u obligación. *Necesita en la tienda a otra persona para que la descargue* DE *trabajo.* **7.** Extraer la carga (a un arma de fuego). *Antes de limpiar el fusil debes descargarlo.* **8.** Disparar (un arma de fuego) hasta que quede vacío el cargador. *Le descargó la pistola en el pecho.* **9.** Hacer que pierda la carga eléctrica (un cuerpo, espec. una batería). *Si dejas las luces encendidas vas a descargar la batería.* Tb. en constr. prnl. media. *La batería de mi teléfono móvil se ha descargado.* ○ intr. **10.** Deshacerse una nube y caer en lluvia o granizo. *Esa nube descargará pronto.* **11.** Desembocar una corriente de agua en un lago, en el mar o en otra corriente. *El río Sil descarga* EN *el Miño.* ▶ **3:** *PEGAR. **11:** *DESEMBOCAR.

descargo. m. Hecho de descargar o liberar. *En mi descargo diré que no era consciente del daño que hacía.* Tb. la cosa que sirve para descargar. *Si no está de acuerdo con la multa, presente un pliego de descargo.*

descarnado, da. part. **1.** → **descarnar.** ● adj. **2.** cult. Muy realista o crudo. *El periodista escribió una crónica descarnada sobre la guerra.*

descarnadura. f. Hecho o efecto de descarnar o descarnarse. *El cuerpo del animal muestra descarnaduras causadas por el cepo.*

descarnar. tr. **1.** Quitar la carne (a un hueso). *El carnicero descarna el hueso con habilidad.* Tb. en constr. prnl. media. *Se le han descarnado los dientes.* **2.** Eliminar o arrancar la parte superficial (de algo). *Las lluvias han descarnado la pared.* Tb. en constr. prnl. media. *La pared se estaba descarnando con la humedad.*

descaro. m. Falta de vergüenza o de respeto hacia los demás. *No hables al director con ese descaro. Mira con descaro las piernas de la joven.* ▶ DESFACHATEZ.

descarriar. (conjug. ENVIAR). tr. **1.** Apartar (a alguien) del camino adecuado. *Esas amistades lo pueden descarriar.* Tb. en constr. prnl. media. *Fue en la universidad donde comenzó a descarriarse.* ○ intr. prnl. **2.** Apartarse una res, espec. una oveja, del rebaño. *El pastor busca las ovejas que se han descarriado.* **3.** Apartarse alguien o algo de lo justo y razonable. *El partido se descarrió y se convirtió en una pelea de barrio.*

descarrilamiento. m. Hecho o efecto de descarrilar. *No hubo que lamentar ninguna víctima por el descarrilamiento del tren.*

descarrilar. intr. Salirse del carril un tren u otro vehículo que circula sobre carriles. *El tren descarriló debido a un error del maquinista.*

descarrío. m. Hecho o efecto de descarriar o descarriarse. *Tarde o temprano pagará por sus descarríos.*

descartable. adj. Que se puede descartar o excluir. *Queremos ir a Brasil pero no son descartables otros países. Pese a su lesión, de momento no es un jugador descartable.*

descartar. tr. **1.** Excluir o eliminar (algo o a alguien). *El seleccionador lo ha descartado para el próximo partido.* **2.** Rechazar o no admitir como posible (algo). *Hay que descartar esa hipótesis.* ○ intr. prnl. **3.** En algunos juegos de cartas: Desprenderse un jugador de una o todas las cartas que considera inútiles, espec. para sustituirlas por otras. *Se descartó* DE *un seis y un siete.*

descarte. m. **1.** Hecho de descartar o descartarse. *Se preguntaba si había acertado en la elección y descarte de ofertas.* **2.** En algunos juegos de cartas: Carta o conjunto de ellas de las que un jugador se descarta. *Tras la jugada, mostró su descarte: el seis de picas y el cinco de tréboles.*

descasarse. intr. prnl. Divorciarse u obtener la anulación matrimonial una persona. *¡Con qué facilidad se casan y se descasan algunos!*

descascarar. tr. Quitar la cáscara (a algo). *Una vez descascarados los piñones, se tuestan.* ▶ DESCASCARILLAR.

descascarillado. m. Hecho y efecto de descascarillar. *El arroz es sometido a un proceso de descascarillado.*

descascarillar. tr. Quitar la cáscara o cascarilla (a algo, espec. a un cereal o a un fruto seco). *Estaba descascarillando cacahuetes. Descascarilló los huevos cocidos y los troceó.* ▶ DESCASCARAR.

descastado, da. adj. **1.** Dicho de persona: Que manifiesta poco cariño hacia su familia o hacia sus amigos. *Mi hijo es muy descastado, no me llama nunca.* Tb. m. y f. *Eres una descastada.* **2.** *Taurom.* Dicho de toro: Que no tiene casta. *El diestro no se pudo lucir con el segundo, un toro descastado y con poca fuerza.*

descatalogar. tr. Quitar (algo, espec. un libro o un disco) del catálogo del que forma parte. *Te será muy difícil encontrar el disco porque lo han descatalogado. Esta novela está descatalogada.*

descendencia. f. Conjunto de descendientes. *Murió sin descendencia y legó sus bienes a una fundación.*

descendente. adj. Que desciende o baja. *Desde la cabaña, un camino descendente lleva hasta la playa. ¿Qué hacer para que la tasa de accidentes entre en una progresión descendente?*

descender. (conjug. ENTENDER). intr. **1.** Bajar, o ir de un lugar a otro más bajo. *El helicóptero está descendiendo. Si el equipo desciende, se quedará sin patrocinadores.* **2.** Bajar o disminuir algo. *Las temperaturas descenderán este fin de semana.* **3.** Proceder una persona o una especie por generación sucesiva de otra, o tener su origen en ella. *Las aves descienden* DE *los dinosaurios.* ○ tr. **4.** Bajar (por un lugar). *El ciclista desciende el puerto a gran velocidad.* ▶ **1, 2, 4:** BAJAR.

descendiente. adj. Que desciende de otra persona o animal. *Pertenece a una familia descendiente* DE *nobles castellanos.* Dicho de pers., tb. m. y f. *Quería tener descendientes y perpetuar el apellido.*

descendimiento. m. **1.** Hecho de descender o bajar. Frec., en mayúsc., designa el que se hizo del cuerpo de Cristo, desde la cruz. *El sacerdote leyó el pasaje del Descendimiento.* **2.** *Arte* Representación del Descendimiento (→ 1) de Cristo. *Destacan en la exposición una piedad anónima y un descendimiento de Luca Giordano.*

descenso. m. Hecho de descender. *En el descenso, un montañero se fracturó un brazo. Se entrena para el descenso del río en piragua. Nuestro objetivo es el descenso del paro. Otra derrota supondrá el descenso de categoría.*

descentrado, da. part. **1.** → **descentrar.** ● adj. **2.** Dicho espec. de instrumento o de pieza de una máquina: Que tiene el centro fuera de la posición normal. *Las ruedas descentradas equilibran la carga para evitar el agarrotamiento.* **3.** Dicho de persona: Que no está centrada en una actividad o situación. *Ha cambiado de trabajo y está un poco descentrada.*

descentralización. f. Hecho de descentralizar. *Las regiones reclamaban la descentralización de la administración.*

descentralizador, ra. adj. Que descentraliza o tiene como objetivo descentralizar. *Se busca un reequilibrio de las regiones a través de una política descentralizadora.*

descentralizar. tr. Hacer que (algo centralizado) deje de estarlo y cobre mayor autonomía. *Los gobiernos autonómicos reclamaban al central que descentralizara la sanidad. Muchas grandes empresas empezaron a descentralizar la producción.*

descentrar. tr. **1.** Hacer que el centro (de algo, espec. de una máquina o aparato) deje de estar en la posición que debe ocupar. *El golpe ha descentrado el objetivo de máquina.* Tb. en constr. prnl. media. *Chocó contra una farola y una de las ruedas de la bicicleta se descentró.* **2.** Hacer que (alguien) deje de estar centrado en una actividad o situación. *Cambiar de colegio lo ha descentrado. El divorcio de sus padres lo ha descentrado.* Tb. en constr. prnl. media. *Cuando se mudaron de casa se descentró.*

desceñir. (conjug. CEÑIR). tr. Desatar o soltar (algo ceñido). *Cuando se enfadaba y hacía el gesto de desceñirse la correa, los chiquillos salían corriendo.*

descepar. tr. Arrancar de raíz (un árbol o planta con cepa). *Hay que descepar las vides enfermas.* Tb. referido al terreno plantado de esos árboles o plantas. *Parcela descepada.*

descerebrado, da. part. **1.** → **descerebrar.** ● adj. **2.** coloq. De muy escasa inteligencia. Se usa con intención enfática. *Llamó descerebrados a los jueces.* Tb. m. y f. *No hagas caso a ese descerebrado.*

descerebrar. tr. **1.** *Biol.* Extirpar experimentalmente el cerebro (de un animal). *En el laboratorio descerebran animales para estudiar su comportamiento.* **2.** *Med.* Producir la inactividad funcional del cerebro (de alguien). *Sufrió un derrame que lo descerebró.*

descerrajar. tr. **1.** Arrancar o forzar la cerradura (de algo, como una puerta o un recipiente). *Los ladrones descerrajaron la puerta para entrar.* **2.** Disparar (un tiro). *Lo amenazó con descerrajarle un tiro.*

descifrador, ra. adj. Que descifra. *Máquina descifradora de claves.* Dicho de pers., tb. m. y f. *Era todo un descifrador de enigmas.*

desciframiento. m. Hecho de descifrar. *Gracias al desciframiento de la escritura jeroglífica conocemos más cosas del antiguo Egipto.*

descifrar. tr. **1.** Averiguar el significado (de algo escrito en clave o en caracteres desconocidos). *Ha descifrado la inscripción.* **2.** Averiguar el significado (de algo oculto o difícil de entender). *Cree haber descifrado el misterio.*

desclasado, da. part. **1.** → **desclasarse. 2.** Que se ha desclasado (→ 1). Tb. m. y f. *Se considera un desclasado.*

desclasamiento. m. Hecho o efecto de desclasarse. *El exilio supuso para muchos empobrecimiento y desclasamiento.*

desclasarse. intr. prnl. Dejar alguien de pertenecer a la clase social de la que proviene, o perder conciencia de ella. *Mucha gente de clase media se desclasó durante la recesión económica.*

desclasificación. f. Hecho de desclasificar. *Se pide la desclasificación de ciertos documentos del servicio secreto.*

desclasificar. tr. Hacer público (lo que está declarado secreto o reservado). *El Gobierno debería desclasificar los documentos que solicita la Justicia.*

desclavar. tr. **1.** Quitar o arrancar (un clavo u otro objeto puntiagudo que ha sido clavado). *Clavó mal la escarpia y tuvo que desclavarla.* **2.** Soltar (algo o a alguien sujetos con clavos u otro objeto puntiagudo). *Desclavaba las maderas del parqué. Cristo fue desclavado de la cruz.* Tb. en constr. prnl. media. *De tanto usar la silla se están desclavando las patas.*

descocado, da. adj. **1.** coloq. Dicho de persona, espec. de mujer: Que no tiene recato o pudor, espec. en la forma de vestir. *Con ese escote vas muy descocada.* **2.** Dicho de cosa: Propia de la persona descocada (→ 1). *Un vestido descocado.*

descoco. m. coloq. Falta de recato o pudor, espec. en la forma de vestir. *En el desfile del carnaval, mujeres ligeras de ropa lucen sus cuerpos con descoco.*

descodificación. f. Hecho de descodificar. *La imagen no se veía bien por un fallo en la descodificación de la señal.* ▶ DECODIFICACIÓN.

descodificador, ra. adj. Que descodifica o sirve para descodificar. *Tarjeta descodificadora.* Dicho de aparato o dispositivo, tb. m. *Para ver los canales de la televisión de pago se necesita un descodificador.* ▶ DECODIFICADOR.

descodificar. tr. Aplicar inversamente (a un mensaje codificado) las reglas de su código para obtener la forma primitiva del mensaje. *Especialistas del ejército descodifican los mensajes interceptados al enemigo.* ▶ DECODIFICAR.

descojonante. adj. malson. Muy divertido o que produce mucha risa.

descojonarse. intr. prnl. malson. Reírse mucho y sin poder contenerse. Frec. ~ *de risa.*

descojone. m. malson. Hecho o efecto de descojonarse. Tb. la cosa que lo provoca.

descojono. m. malson. Descojone.

descolgar. (conjug. CONTAR). tr. **1.** Quitar (algo o a alguien) de donde están colgados. *Ayúdame a descolgar estos cuadros.* **2.** Bajar o dejar caer poco a poco (algo o a alguien) sujetándo(los) desde arriba con una cuerda o cadena. *Tendrán que descolgar los muebles por la ventana.* **3.** Levantar el auricular (del teléfono). *Descolgó el teléfono para llamar a la policía.* **4.** En algunos deportes, espec. en ciclismo: Dejar atrás (a alguien). *El escapado acelera y descuelga a sus perseguidores.* Tb. en constr. prnl. media. *Algunos corredores se han descolgado del pelotón.* ○ intr. prnl. **5.** Bajar o dejarse caer alguien o algo de un sitio alto. *Los bomberos van a descolgarse por el hueco de la escalera.* **6.** Apartarse de algo, espec. de una actividad colectiva, o no participar en ello. *Muchos han decidido descolgarse* DE *la manifestación.* **7.** coloq. Decir o hacer algo inesperado o intempestivo. *De vez en cuando se descuelga* CON *unas declaraciones que levantan ampollas.* **8.** coloq. Aparecer o presentarse una persona por un lugar inesperadamente. *Algunas noches se descuelga* POR *aquí.*

descollante. adj. Que descuella. *Quizás sea esta su creación más descollante. El edificio es obra de un arquitecto descollante.* ▶ *DESTACADO.

descollar. (conjug. CONTAR). intr. Sobresalir una persona o cosa respecto a otras, espec. en calidad o importancia. *Descollaba en matemáticas y física. El palacete descuella* ENTRE *los edificios del barrio.* ▶ *SOBRESALIR.

descolocación. f. Hecho o efecto de descolocar o descolocarse. *La descolocación de los defensas facilitó el gol. Atravesamos un momento de desconcierto y descolocación general.*

descolocar. tr. **1.** Quitar o separar (algo o a alguien) del lugar o la posición que les corresponden. *No descoloques los libros.* Tb. en constr. prnl. media. *La canasta se ha descolocado y el aro está torcido.* **2.** coloq. Desconcertar o confundir (a alguien). *Lo que me dijo me ha descolocado.*

descolonización. f. Hecho de descolonizar. *En el siglo* XX *asistimos a la descolonización de numerosos países africanos.*

descolonizador, ra. adj. De la descolonización. *Tras siglos de sujeción a la metrópoli, empezó el proceso descolonizador.*

descolonizar. tr. Poner fin a la situación colonial (de un territorio). *En pleno siglo* XX*, aún quedaban territorios por descolonizar.*

descolorido, da. adj. Que tiene un color poco intenso, espec. por haberlo perdido. *La tapicería está muy descolorida. Iba con una niña delgada y descolorida.*

descomedido, da. adj. Excesivo o desproporcionado. *No puedo aguantar su descomedido pesimismo. Reaccionó de forma descomedida ante una simple broma.* ▶ *EXCESIVO.

descomer. intr. coloq., eufem. Evacuar el vientre. *Voy al baño, necesito descomer.*

descompasado, da. adj. **1.** Desacompasado. *Hablaba jadeante, con la respiración descompasada.* **2.** cult. Descomedido o desproporcionado. *Tuvo una reacción virulenta y descompasada.*

descompensación. f. Hecho o efecto de descompensar o descompensarse. *Entre el norte y el sur hay una gran descompensación económica. Los mareos se debían a una descompensación de la tensión arterial.*

descompensar. tr. Hacer perder la compensación o el equilibrio (a algo). *El entrenador introdujo un delantero más para descompensar la defensa contraria.* Tb. en constr. prnl. media. *Si hay que hacer frente a un gasto extra, el presupuesto se descompensará.*

descomponer. (conjug. PONER). tr. **1.** Separar las diversas partes que forman (un compuesto). *El profesor descompuso en morfemas varias palabras derivadas. La práctica de laboratorio consistió en descomponer algunas sustancias químicas. El prisma descompone la luz solar.* **2.** Hacer que (una materia orgánica muerta) pase a un estado en que las partículas que (la) componen se separan. *El agua descompuso el cadáver.* Tb. en constr. prnl. media. *El cadáver se descompuso al pasar tantos días en el agua. Si no metes el pescado en la nevera, se va a descomponer.* **3.** Desordenar o desbaratar (algo). *El viento le descompuso el peinado. Aquello nos descompuso las vacaciones.* Tb. en constr. prnl. media. *El peinado se le descompuso por el viento.* **4.** Hacer perder (a alguien) la serenidad o la calma. *Las discusiones la descomponen.* Tb. en constr. prnl. media. *Se descomponía cuando la veía llorar.* **5.** frecAm. Averiar o estropear (algo). *Creemos que él descompuso la radio, pero mi papá dice que sin pruebas no podemos acusarlo* [C].Tb. en constr. prnl. media. *No sé si mi teléfono se descompuso* [C]. **6.** Provocar (en alguien) una indisposición o una alteración de su salud, frec. acompañada de diarrea. *Ver sangre me descompone.* Tb. en constr. prnl. media. *Ha cogido algo de frío y se ha descompuesto.* **7.** Alterar la expresión (del rostro). *El dolor le descompuso el rostro.* Tb. referido al gesto o a la expresión. *Estoy segura de que no descompondrá* *el gesto durante toda la ceremonia.* Tb. en constr. prnl. media. *Su rostro se descompuso por el dolor.* ▶ **2:** CORROMPER, PODRIR, PUDRIR.

descomposición. f. **1.** Hecho o efecto de descomponer o descomponerse. *El cadáver estaba en avanzado estado de descomposición. La descomposición del país originó la aparición de tres nuevas repúblicas.* **2.** Diarrea. *Comer mucha fruta le da descomposición.*

descompostura. f. Falta de compostura o moderación. *Advirtió que no toleraría protestas ni ningún tipo de descompostura.*

descompresión. f. Hecho o efecto de descomprimir. *La descompresión del módulo espacial puso en peligro la expedición.*

descompresor. m. *tecn.* Aparato o dispositivo que sirven para descomprimir o disminuir la presión. *Al arrancar, accione la palanca del descompresor del motor.* Frec. en informática para designar un programa que descomprime datos o archivos. *En la red encontrará documentos comprimidos que requieren de un descompresor para abrirlos.*

descomprimir. tr. Eliminar o reducir la compresión (en algo, espec. en un cuerpo o en un espacio cerrado). *Con este tipo de hernias, es necesario intervenir para descomprimir el nervio. Recibirá el archivo comprimido y deberá descomprimirlo para visualizarlo.*

descomulgar. tr. Excomulgar (a alguien). *¡No lo vamos a descomulgar por tan poca cosa!* ▶ EXCOMULGAR.

descomunal. adj. Muy grande o extraordinario. *Asombran las descomunales columnas del templo. Tengo un enfado descomunal.* ▶ *ENORME.

desconcertado, da. part. **1.** → **desconcertar.** ● adj. **2.** Falto de concierto. *Aquellos sonidos desapacibles y desconcertados no podían provenir de una orquesta.*

desconcertante. adj. Que desconcierta o produce perplejidad. *Una actitud desconcertante.*

desconcertar. (conjug. ACERTAR). tr. Hacer que (alguien) se quede sin saber qué hacer o decir. *Me desconciertan sus cambios de humor.* Tb. en constr. prnl. media. *Se desconcertó por su reacción.*

desconchado. m. Hecho o efecto de desconchar o desconcharse. *El muro está lleno de desconchados.* ▶ DESCONCHADURA, DESCONCHÓN.

desconchadura. f. Desconchado. *Había grietas y desconchaduras por toda la pared.*

desconchar. tr. Quitar (a una pared o a otra superficie) parte de su revestimiento. *Golpeó la taza y la desconchó.* Tb. en constr. prnl. media. *El techo se está desconchando.*

desconchón. m. Efecto de desconchar o desconcharse. *La fachada está llena de desconchones.* ▶ *DESCONCHADO.

desconcierto. m. **1.** Estado de perplejidad o confusión mental sobre lo que pasa o se debe hacer. *Se tiró vestido a la piscina ante nuestro desconcierto.* **2.** Falta de orden o de concierto. *Todo era caos y desconcierto en la ciudad.*

desconectado, da. part. **1.** → **desconectar.** ● adj. **2.** Que no está conectado. *La familia y el trabajo son ambientes desconectados entre sí. Expone unas ideas utópicas, desconectadas de la realidad de hoy.*

desconectar. tr. **1.** Interrumpir o suprimir la conexión (de algo, espec. de un aparato eléctrico). *La guitarra eléctrica no se oía porque habían desconectado el altavoz.* Tb. en constr. prnl. media. *He tropezado con el cable y se ha desconectado la lámpara.* ○ intr. **2.** Dejar de tener conexión o relación con alguien o algo. *Cuando empezó a salir con su actual novia desconectó* DE *sus amigos. Va a un balneario para desconectar* DEL *trabajo. Si no desconectas, vas a tener una depresión.*

desconexión. f. **1.** Hecho de desconectar. *La desconexión del sistema de alarma.* **2.** Falta de conexión. *Existe cierta desconexión entre entrenador y jugadores.*

desconfiado, da. part. **1.** → **desconfiar.** ● adj. **2.** Dicho de persona: Que desconfía. *Es muy desconfiado.* Tb. m. y f. *Eres una desconfiada.*

desconfianza. f. Falta de confianza. *Tiene mucha desconfianza* EN *los políticos. Siente desconfianza* DE *su propia competencia.*

desconfiar. (conjug. ENVIAR). intr. No confiar en alguien o algo. *Desconfía* DE *la gente aduladora. Desconfía* DE *los bancos. No es que desconfíe, pero prefiero no ir.*

descongelación. f. Hecho de descongelar o descongelarse. *Tiempo de descongelación. Descongelación de las tarifas.*

descongelar. tr. **1.** Hacer que (algo) deje de estar congelado. *Descongela el pollo en el microondas.* Tb. en constr. prnl. media. *Saca el pescado para que se descongele.* **2.** Quitar la capa de hielo o escarcha que se acumula (en algo, espec. en un frigorífico). *Hay que descongelar el frigorífico.*

descongestión. f. Hecho de descongestionar o descongestionarse. *Proyecto de descongestión industrial. Descongestión nasal.*

descongestionante. adj. Que descongestiona. *La menta tiene un efecto descongestionante.* Frec. m., referido a sustancia o medicamento. *Un descongestionante para el catarro.* ▶ DESCONGESTIVO.

descongestionar. tr. Disminuir o quitar la congestión (a algo o a alguien). *La terminal nueva descongestionará el aeropuerto. Aplique el bálsamo en el pecho para descongestionar las vías respiratorias.* Tb. en constr. prnl. media. *Con las vacaciones, el tráfico se descongestiona.*

descongestivo, va. adj. Descongestionante. *Infusión de acción descongestiva.* Frec. m., referido a sustancia o medicamento. *El médico me ha mandado un descongestivo contra la gripe.*

desconocedor, ra. adj. Que desconoce. *Hay críticos desconocedores del arte que juzgan.* ▶ IGNORANTE.

desconocer. (conjug. AGRADECER). tr. **1.** No conocer (algo o a alguien). *Usa unas palabras que desconozco. Desconoce a la mayor parte de sus trabajadores.* **2.** No reconocer (algo o a alguien conocidos) por encontrar(los) muy cambiados o distintos. *La fama lo ha transformado y ahora lo desconozco.*

desconocido, da. part. **1.** → **desconocer.** ● adj. **2.** Ignorado o no conocido. *Se encuentra en paradero desconocido. Es gente desconocida* PARA *mí. Un autor desconocido.* Dicho de pers., tb. m. y f. *Acudió acompañado de un desconocido.* **3.** Muy cambiado, irreconocible. *La niña ha crecido mucho, está desconocida. Hacía mucho que no venía y lo encuentro todo desconocido.*

desconocimiento. m. Hecho o efecto de desconocer. *Su desconocimiento de idiomas le impide aspirar a determinados puestos.*

desconsideración. f. **1.** Cualidad de desconsiderado. *Trata a todos con desconsideración.* **2.** Hecho o dicho desconsiderados. *Es una desconsideración que no me felicites.*

desconsiderado, da. part. **1.** → **desconsiderar.** ● adj. **2.** Falto de consideración o poco considerado. *Has sido muy desconsiderado con él. Trato desconsiderado.*

desconsiderar. tr. No considerar (algo). *Fracasó porque desconsideró factores básicos.*

desconsolado, da. part. **1.** → **desconsolar.** ● adj. **2.** Dicho de persona: Que siente o muestra desconsuelo. *Una viuda desconsolada.* **3.** Que manifiesta desconsuelo. *El rostro desconsolado del niño.*

desconsolador, ra. adj. Que desconsuela. *Era desconsolador ver las imágenes de las víctimas.*

desconsolar. (conjug. CONTAR). tr. Causar desconsuelo (a alguien). *No entrar en el conservatorio lo desconsoló mucho.*

desconsuelo. m. Tristeza o pena profundas, espec. por la falta o pérdida de algo querido o deseado. *El desconsuelo se apoderó del equipo después de perder. La muerte de su madre la sumió en el desconsuelo.*

descontado. **dar por ~** (algo). loc. v. Tener(lo) como seguro e indiscutible. *Da por descontado que iré a tu boda.* ■ **por ~.** loc. adv. Por supuesto o sin duda alguna. *–¿Me ayudarías a buscar piso? –Por descontado, cuenta conmigo.*

descontaminación. f. Hecho de descontaminar. *Plan de descontaminación de ríos.*

descontaminar. tr. Hacer que (algo o alguien contaminados) dejen de estarlo. *Descontaminan las aguas residuales.*

descontar. (conjug. CONTAR). tr. **1.** Quitar o restar (una cantidad) de otra. *Nos han descontado 125 euros. Te descuentan un 10%* DEL *precio total.* **2.** En algunos deportes: Añadir el árbitro al final de un período reglamentario (el tiempo en que el juego ha estado interrumpido). *El árbitro descontó cinco minutos.* **3.** *Com.* Abonar al contado (una letra u otro documento no vencido) rebajando de su valor la cantidad que se estipule, como intereses del dinero que se anticipa. *El acreedor no esperó al vencimiento de la letra y fue al banco para que se la descontaran.*

descontentar. tr. Causar descontento o disgusto (a alguien). *No quería descontentar a nadie.*

descontento[1]. m. Estado de la persona descontenta. *Muestra su descontento.*

descontento[2]**, ta.** adj. Insatisfecho o no contento. *Quedó descontento* DEL *resultado. Estoy muy descontenta* CONTIGO. Dicho de pers., tb. m. y f. *Un grupo de descontentos se manifestaba ayer.*

descontrol. m. Falta de control, de orden o de disciplina. *El aumento del déficit se debió al descontrol del gasto público. ¡Qué descontrol!, ¿es que no hay nadie que ponga orden aquí?*

descontrolar. tr. Hacer perder el control o dominio (a alguien). *Los tirones del ciclista descontrolaron al pelotón.* Tb. en constr. prnl. media. *Cuando bebe, se descontrola.*

desconvocar. tr. Anular la convocatoria (de un acto como una huelga o una manifestación). *Han desconvocado la huelga. Desconvocaron la rueda de prensa.*

desconvocatoria. f. Hecho de desconvocar. *La desconvocatoria de la huelga.*

descoordinación. f. Falta de coordinación. *Critican la descoordinación existente entre los cuerpos policiales.*

descoordinado, da. adj. Que no tiene coordinación. *Los movimientos del bebé son descoordinados.*

descorazonador, ra. adj. Que descorazona. *El documental da una visión descorazonadora del mundo de la droga.*

descorazonamiento. m. Hecho o efecto de descorazonar o descorazonarse. *En su mente no cabía la rendición, ni siquiera el descorazonamiento.*

descorazonar. tr. Quitar el ánimo o la esperanza (a alguien). *¿A quién no descorazonan esas imágenes?* Tb. en constr. prnl. media. *Seguía sin encontrar trabajo, pero no se descorazonó.* ▶ *DESANIMAR.

descorchador. m. Sacacorchos. *Un descorchador para abrir las botellas.*

descorchar. tr. Quitar (a una botella) el corcho que (la) cierra. *El camarero descorchó una botella.*

descorche. m. Hecho de quitar el corcho (al alcornoque). *Descorche de alcornoques.*

descornar. (conjug. CONTAR). tr. Quitar o romper los cuernos (a un animal). *Han pillado a unos furtivos descornando a un rinoceronte.* Tb. en constr. prnl. media. *La vaca se descornó al caer.*

descorrer. tr. Hacer que (algo, espec. una cortina o un cerrojo) se abra moviéndo(lo). *Descorre las cortinas. No podemos descorrer el pestillo.*

descortés. adj. Falto de cortesía. *Estuvo descortés con los invitados. Tuvo un gesto descortés.* ▶ *MALEDUCADO.

descortesía. f. Falta de cortesía. *Dio muestras de una descortesía impropia de su condición.* Tb. el acto que manifiesta falta de cortesía. *Sería una descortesía marcharnos.* ▶ DESATENCIÓN.

descortezar. tr. Quitar la corteza (a algo, espec. a un árbol). *Descortezan y cortan los troncos.*

descoser. tr. Soltar las puntadas (de algo cosido). *Para sacar la falda debes descoser las costuras.* Tb. en constr. prnl. media. *Las botas se han descosido.*

descosido, da. part. **1.** → **descoser.** ● m. **2.** Parte descosida (→ 1) de una prenda. *Tenía un descosido en una costura del pantalón.* ■ **como un ~.** loc. adv. coloq. Mucho. *El niño lloraba como un descosido. Estudia como una descosida.*

descoyuntamiento. m. Hecho o efecto de descoyuntar o descoyuntarse. *Fue sometido a tortura, con descoyuntamiento de huesos. Se pretende el descoyuntamiento del Estado.*

descoyuntar. tr. **1.** Desencajar (un hueso) de su articulación. *El golpe le descoyuntó la mandíbula.* Tb. en constr. prnl. media. *Se le ha descoyuntado una falange.* Tb. referido a la parte del cuerpo a la que corresponde ese hueso. *Se le ha descoyuntado un hombro.* **2.** Descomponer o desbaratar (algo).

descrédito. m. Disminución o pérdida del crédito o reputación. *Las acusaciones contribuyeron al descrédito del escritor.* Tb. la situación de la persona o cosa que sufren esa pérdida. *La teoría ha caído en un descrédito absoluto.*

descreer. (conjug. LEER). intr. **1.** No creer o no tener fe. *Ante los misterios, el ser humano puede creer* o *descreer.* **2.** Dudar o desconfiar. *Es preciso descreer* DE *la veracidad de tales mensajes.*

descreído, da. part. **1.** → **descreer.** ● adj. **2.** Falto de fe, espec. religiosa. *La sociedad se ha vuelto materialista y descreída. Es una persona descreída.*

descreimiento. m. Falta de fe, espec. religiosa. *Pasó del descreimiento total a una fervorosa devoción. Existía cierto descreimiento de la sociedad con respecto a las instituciones.*

descremar. tr. Quitar la crema o la grasa (a la leche o a los productos lácteos). Gralm. en part. *Toma leche descremada. Desayuna un yogur descremado.*

describir. (part. **descrito** o, Am., **descripto**). tr. **1.** Representar (algo o a alguien) por medio del lenguaje, explicando sus características. *¿Puedes describirme la escena para que la imagine? El testigo describió al acusado como violento.* **2.** Trazar o seguir alguien o algo (una línea). *Al lanzar el proyectil, describirá una trayectoria curva. El saltador iba cayendo hacia el agua describiendo una espiral.*

descripción. f. Hecho o efecto de describir por medio del lenguaje. *La descripción del sospechoso no se correspondía con los rasgos del detenido. Las descripciones del paisaje.*

descriptible. adj. Que se puede describir o representar por medio del lenguaje. *Un sentimiento difícilmente descriptible.*

descriptivo, va. adj. **1.** Que describe o sirve para describir por medio del lenguaje. *En los textos más descriptivos, abundan los adjetivos. Haz un análisis descriptivo.* **2.** De la descripción. *Tiene una gran capacidad descriptiva.*

descriptor, ra. adj. **1.** Que describe. *Estos datos son descriptores de la situación.* Dicho de pers., tb. m. y f. *Fue un gran narrador y descriptor de escenas.* ● m. **2.** *tecn.* Término o símbolo formalizado usados para identificar el contenido de un documento y facilitar la búsqueda o consulta de este. *El programa permite buscar los libros por título, autor o descriptores.*

descristianización. f. Hecho de descristianizar. *Con la república, el país entra en un proceso de descristianización.*

descristianizar. tr. Apartar de la fe cristiana (a alguien). *Pretendían descristianizar la sociedad.*

descruzar. tr. Hacer que dejen de estar cruzadas (determinadas cosas). *Permanecía sentado, cruzando y descruzando las piernas.*

descuajar. tr. Arrancar de raíz o de cuajo (un árbol u otras plantas). *Han descuajado los árboles.* Tb. referido al terreno con esas plantas. *Descuajaron la ladera para plantar viñas.*

descuajaringar. tr. **1.** coloq. Estropear (algo) al desunirse las partes que (lo) componen. *El golpe ha descuajaringado el juguete.* Tb. en constr. prnl. media. *El diccionario cayó al suelo y se descuajaringó.* **2.** coloq. Cansar intensamente (a alguien). *Esas caminatas lo descuajaringan.* Tb. en constr. prnl. media. *Se descuajaringa por subir unas escaleras.*

descuajeringar. tr. coloq. Descuajaringar (algo o a alguien). *El viento descuajeringó las persianas. Cualquier esfuerzo lo descuajeringa.* Tb. en constr. prnl. media. *Se sentó en una silla rota que amenazaba con descuajeringarse. Se descuajeringa al menor esfuerzo.*

descuartizador, ra. adj. Que descuartiza. Dicho de pers., tb. m. y f. *En el domicilio del descuartizador se encontró el cuchillo homicida.*

descuartizamiento. m. Hecho o efecto de descuartizar. *Los secuestradores amenazaron con el descuartizamiento del rehén. Tras la lidia, se lleva a los toros al matadero para su descuartizamiento.*

descuartizar. tr. **1.** Dividir en cuartos o trozos (a una persona o un animal). *La víctima fue descuartizada. Di al pollero que te dé dos pollos y los descuartice.* **2.** Hacer pedazos (algo), frec. para repartir(lo). *Vimos una barca descuartizada por el oleaje.*

descubierto, ta. part. **1.** → **descubrir.** ● adj. **2.** Claro o visible y no cubierto u oculto. *El techo tiene vigas descubiertas de madera. Sus afirmaciones son verdades descubiertas.* **3.** Dicho de lugar: Abierto o espacioso. *La tormenta nos sorprendió en una zona descubierta del bosque.* **4.** Dicho de persona: Que lleva la cabeza sin cubrir con sombrero u otra prenda. *El cuadro representa a un caballero descubierto con el sombrero en la mano.* ● m. **5.** En economía: Déficit o saldo deudor de una cuenta. *Tenía un descubierto de medio millón en su cuenta.* ○ f. **6.** *Mil.* Reconocimiento del terreno que hace la tropa. Tb. fig. *Los soldados decidieron hacer una descubierta por los alrededores.* ■ **al descubierto.** loc. adv. **1.** De manera descubierta (→ 2), o en situación de ser visto o conocido patentemente. *El artículo pone al descubierto la trama financiera. Su vestido dejaba sus hombros al descubierto.* **2.** Al raso, sin protección ni resguardo. *El local quedó al descubierto cuando la fachada se vino abajo.*

descubridor, ra. adj. Que descubre. Dicho de pers., tb. m. y f. *Galardonaron a los descubridores del nuevo elemento químico.*

descubrimiento. m. **1.** Hecho de descubrir. *El monarca procederá al descubrimiento de una placa. El descubrimiento de América.* **2.** Cosa descubierta. *Newton enuncia la ley de la gravedad, un gran descubrimiento de la ciencia.*

descubrir. (part. **descubierto**). tr. **1.** Destapar (a alguien o algo cubiertos o tapados). *Ellas descubrieron los muebles tapados con sábanas.* **2.** Hallar o encontrar (algo desconocido u oculto). *Han descubierto una cueva prehistórica. Colón descubrió América.* **3.** Llegar a tener conocimiento (de algo desconocido u oculto). *He conseguido descubrir lo que te propones.* **4.** Llegar a conocer la identidad, la situación o los propósitos (de alguien que quiere mantenerlos ocultos). *Han descubierto al espía.* **5.** Alcanzar a ver (algo). *Desde aquí se descubre un amplio panorama.* ○ intr. prnl. **6.** Quitarse el sombrero u otra prenda que cubre la cabeza, para saludar o mostrar respeto. *Se descubre al entrar en la iglesia.*

descuelgue. m. Hecho de descolgar o descolgarse de algo, espec. de algo colectivo. *Hubo consenso hasta el descuelgue de última hora de los representantes sindicales.*

descuento. m. **1.** Hecho de descontar. *Si compra tres le hacemos un descuento.* **2.** Cantidad que se descuenta. *Reste al precio marcado un descuento del 5%.* **3.** En algunos deportes: Tiempo que se descuenta. *Empatamos el partido en el descuento.*

descuerar. tr. **1.** frecAm. Quitar la piel (a un animal). *Es más fácil descuerar, pelar o descamar los animales antes de abrirlos para eviscerarlos* [C]. **2.** frecAm. Desacreditar (a alguien) murmurando gravemente de él. *En esos programas se dedican a descuerar al prójimo.*

descuidado, da. part. **1.** → **descuidar.** ● adj. **2.** Dicho de persona: Que muestra poco cuidado en lo que hace o en el aseo y arreglo de su persona y de sus cosas. *Procura fijarte en lo que haces y no seas tan descuidada.* Tb. m. y f. *De pequeña era una descuidada, pero ahora adora el orden y la limpieza.* **3.** Desprevenido. *El fotógrafo pilló descuidado al actor.*

descuidar. tr. **1.** No cuidar (a alguien o algo) con la atención necesaria o debida. *Descuidó sus estudios y suspendió el curso.* ○ intr. **2.** Se usa en imperativo para tranquilizar a alguien que tiene una preocupación o para librarle de una tarea. *–Ten cuidado y no te bañes –Descuida, no lo haré.* ○ intr. prnl. **3.** Dejar de tener el cuidado o la atención necesarios sobre algo. *Si me descuido, pierdo el autobús.*

descuidero, ra. m. y f. jerg. Ladrón que roba aprovechándose del descuido ajeno. *La policía detiene al descuidero que robó una cartera.*

descuido. m. **1.** Falta de cuidado. *El estado de su habitación denota bastante descuido.* **2.** Acción que manifiesta o implica descuido (→ 1). *Sus descuidos en el trabajo le costarán el empleo. En un descuido, el perro salió del jardín y se escapó.*

desde. prep. **1.** Indica el límite inicial de una trayectoria en el espacio o en el tiempo. Frec. en correlación con *hasta*. *La conoce desde hace tres años. Desde que he empezado a trabajar, no tengo tiempo libre. Hay tres kilómetros desde el centro hasta mi casa.* Frec. en las constr. *~ entonces, ~ ahora, ~ aquí, ~ allí.* **2.** Indica el límite mínimo de una cantidad variable. *Pisos desde nueve millones.* **3.** Indica el punto en el que se percibe algo que sucede o está en otro lugar. *Desde mi ventana se oía la música. Desde mi casa se ve el mar.*

desdecir. (conjug. PREDECIR). intr. **1.** Contrastar de forma desagradable alguien o algo con su entorno o en un lugar, por no estar acorde o en armonía con ellos. *Esta lámpara desdice aquí.* ○ intr. prnl. **2.** Dejar de mantener lo que se ha dicho. *Se desdijo* DE *sus acusaciones.* ▶ **2:** RETRACTARSE.

desdén. m. Indiferencia o desapego indicativos de desprecio. *Habla con desdén de su ex marido.*

desdentado, da. adj. **1.** Que no tiene dientes. *Viejo desdentado. Boca desdentada.* Dicho de pers., tb. m. y f. **2.** *Zool.* Del grupo de los desdentados (→ 3). *Mamífero desdentado.* ● m. **3.** *Zool.* Mamífero que carece de dientes incisivos y, a veces, de caninos y molares, como el armadillo y el oso hormiguero.

desdeñable. adj. Que merece ser desdeñado. *El sueldo no es un aspecto desdeñable.*

desdeñar. tr. Tener una actitud desdeñosa (hacia alguien o algo). *Desdeña a todo el mundo.*

desdeñoso, sa. adj. **1.** Dicho de persona: Que tiene o muestra desdén. *El acusado ha estado desdeñoso.* **2.** Dicho de cosa: Que manifiesta o implica desdén. *Mantiene una actitud desdeñosa.*

desdibujado, da. part. **1.** → **desdibujar.** ● adj. **2.** Que no tiene claridad o precisión en la forma. *Las flores del estampado son tenues, desdibujadas.* Tb. fig. *Los personajes de la novela me parecen desdibujados y poco interesantes.*

desdibujar. tr. Hacer que (algo, espec. un perfil o un contorno) pierda claridad o precisión. *La tormenta desdibujaba el perfil de la ciudad.* Tb. fig. *La memoria desdibuja los recuerdos.* Tb. en constr. prnl. media. *La escenografía del teatro se iba desdibujando a medida que la luz bajaba de intensidad.* Tb. fig. *La frontera entre realidad y ficción se fue desdibujando.*

desdicha. f. Desgracia (suceso adverso, o mala suerte). *Su vida está llena de desdichas.* ▶ DESGRACIA.

desdichado, da. adj. Que padece desdichas o una desdicha. *Se siente desdichado en aquel ambiente. Es el tercer terremoto que sufre el desdichado país.* Dicho de pers., tb. m. y f. *La novela narra las desventuras de un desdichado que va a la guerra.* ▶ DESGRACIADO.

desdoblamiento. m. Hecho o efecto de desdoblar o desdoblarse. *Se ha decidido el desdoblamiento* EN *dos ministerios del antiguo de Educación y Cultura.*

desdoblar. tr. **1.** Extender (algo que está doblado). *Desdobla el papel y empieza a leer.* **2.** Separar (algo) formando dos o más elementos iguales. *El nuevo plan de estudios desdobla la asignatura* EN *dos.* Tb. en constr. prnl. media. *Al llegar a la ciudad la carretera se desdobla.*

desdoro. m. Menoscabo en la reputación o el prestigio. *Consideraba que no acabar sus estudios iba en desdoro de su familia. Cabe decir, sin desdoro para los demás, que es el pintor más influyente de la época.*

desdramatización. f. Hecho de desdramatizar. *La desdramatización de una situación.*

desdramatizador, ra. adj. Que desdramatiza. *Aboga por un tratamiento desdramatizador de los problemas.*

desdramatizar. tr. Quitar dramatismo (a algo). *El ministro intenta desdramatizar los datos del desempleo.*

deseable. adj. **1.** Que debe ser deseado. *Reúne todas las cualidades deseables para el puesto.* **2.** Digno de ser deseado. *La inteligencia y la capacidad de trabajo son cualidades deseables.* ▶ **2:** APETECIBLE, APETITOSO.

desear. tr. **1.** Querer (algo), o tener voluntad o intención de conseguir(lo) o de realizar(lo). *Lo que más deseaba era comprarse un piso.* **2.** Sentir atracción sexual (hacia una persona). ▶ **1:** *QUERER.

desecación. f. Hecho de desecar o desecarse. *La desecación del pantano.* ▶ DESECAMIENTO.

desecamiento. m. Desecación. *Usar una crema hidratante previene el desecamiento de la piel.*

desecante. adj. Que deseca. *Algunos jabones resultan un tanto desecantes.* Dicho de producto o agente, tb. m. *Conviene guardar las semillas en un tarro hermético con un desecante.*

desecar. tr. Hacer que (algo) pierda la humedad o el agua. *La grave sequía desecó el río.* Tb. en constr. prnl. media. *Cada vez más zonas de tierra se desecan y desertizan.*

desechable. adj. **1.** Que puede o debe ser desechado. *Trastos desechables.* **2.** Dicho de objeto: Destinado a ser utilizado una sola vez y desecharse después. *Jeringuilla desechable.*

desechar. tr. **1.** Rechazar o no admitir (algo). *Han desechado la propuesta.* **2.** Apartar de sí (una sospecha o un temor). *Desecha ese temor.* **3.** Dejar o arrojar (algo que se considera inútil o inservible). *Recoge muebles viejos que la gente desecha y los restaura.*

desecho. m. Cosa o conjunto de cosas que se desechan por considerarlas inútiles. *Daban a los animales los desechos de la comida. Desechos industriales.* Tb. el hecho de desecharlas. *¿Por qué no reciclar todos esos materiales de desecho?* Tb. fig. *Se sentía un fracasado, un desecho.*

desembalaje. m. Hecho de desembalar. *El embalaje de las obras será supervisado por el Museo.*

desembalar. tr. Deshacer el embalaje (de algo). *¡Con qué excitación desembaló el equipo de música!*

desembalsar. tr. Dar salida (a agua contenida en un embalse). *Abrieron las compuertas del embalse para desembalsar 1 400 000 m³ de agua.*

desembalse. m. Hecho de desembalsar. *El régimen de desembalse de la presa está sujeto a las necesidades de riego.*

desembarazado, da. part. **1.** → **desembarazar.** ● adj. **2.** cult. Que tiene o muestra desembarazo. *Cada vez se muestra más desembarazada con la gente.* **3.** Libre de embarazos u obstáculos. *El terreno era llano y desembarazado.*

desembarazar. tr. cult. Dejar libre de embarazos u obstáculos (a alguien o algo). *Trataba de desembarazar los pies* DE *aquellas ataduras. Se desembarazó* DE *varios documentos comprometedores.*

desembarazo. m. Soltura en los modales o en la acción. *El joven novillero torea con desembarazo.*

desembarcadero. m. Lugar destinado o apropiado para desembarcar de una embarcación. *Un transbordador cruza el río hasta el desembarcadero.*

desembarcar. tr. **1.** Sacar de una embarcación, tren o avión (a personas o mercancías). *El carguero ha desembarcado mil toneladas.* ○ intr. **2.** Salir o bajar de una embarcación, tren o avión. *Los pasajeros del vuelo están desembarcando.* **3.** Llegar a un lugar para comenzar o desarrollar una actividad. *Acaba de desembarcar* EN *la empresa y está algo perdida.*

desembarco. m. Hecho de desembarcar. *El desembarco de tropas enemigas.*

desembargar. tr. Levantar el embargo (de algo). *Desembargar los bienes confiscados.*

desembarque. m. Hecho de desembarcar, espec. de una embarcación o de un vehículo aéreo. *En los muelles hay grandes grúas para el desembarque de mercancías.*

desembocadura. f. Lugar por donde desemboca una corriente de agua, una calle o algo similar. *Visitaremos el delta que forma el Ebro en su desembocadura.*

desembocar. intr. **1.** Acabar una corriente de agua, un conducto o una vía en un lugar. *El Tajo desemboca* EN *el Atlántico.* **2.** Acabar una cosa en otra. *La discusión ha desembocado* EN *una pelea.* ▶ **1:** DESAGUAR, DESCARGAR, VACIAR, VERTER.

desembolsar. tr. Pagar o entregar (una cantidad de dinero). *No puedo desembolsar ese dineral.*

desembolso. m. Hecho de desembolsar. *La compra supondría un desembolso de varios millones.*

desembozar. tr. Descubrir (a alguien embozado). *El caballero se desemboza y esgrime su espada.*

desembragar. tr. **1.** Desconectar (un eje, una pieza o un mecanismo) de un motor por medio del embrague. *Esta palanca sirve para embragar y desembragar el disco.* Tb. referido al motor. *Levanta el pie del acelerador y desembraga el motor.* ○ intr. **2.** Desconectar el motor de la transmisión. *Intenta desembragar con suavidad.*

desembrague. m. Hecho de desembragar. *Las funciones de embrague y desembrague están automatizadas.*

desembrollar. tr. coloq. Hacer que (algo) deje de estar embrollado. *Los cables forman una maraña imposible de desembrollar.*

desembuchar. tr. coloq. Decir alguien (cuanto sabe y tiene callado). *Ha desembuchado todos los detalles del plan.* Tb. usado en constr. intr. *Necesito saber lo que pasó, desembucha.*

desemejante. adj. Diferente o no semejante. *Con concepciones tan desemejantes no cabe la comparación.* ▶ *DIFERENTE.

desemejanza. f. Cualidad de desemejante. *La copia tiene gran desemejanza con el original.* Tb. aquello en que dos personas o cosas son desemejantes. *Clasificó los seres vivos atendiendo a sus semejanzas y desemejanzas.* ▶ DIFERENCIA.

desempañar. tr. Hacer que (algo empañado, espec. un cristal) deje de estarlo. *Para desempañar el parabrisas, conecte el aire frío.*

desempapelar. tr. Quitar el papel que reviste las paredes (de un lugar). *Desempapelarán la habitación antes de pintar.* Tb. referido a las paredes. *Cómo desempapelar y sanear paredes.*

desempaquetar. tr. Quitar el paquete o envoltorio (a algo). *¡Qué nervios al desempaquetar los regalos!*

desempatar. tr. **1.** Deshacer el empate (en una competición u otro tipo de confrontación). *Este punto desempata la eliminatoria.* ○ intr. **2.** Deshacer un empate. *Si los candidatos empatan, habrá otra vuelta para desempatar.*

desempate. m. Hecho de desempatar. *La última canasta ha supuesto el desempate.*

desempeñar. tr. **1.** Recuperar (algo que se había empeñado) pagando la cantidad acordada. *Va a desempeñar las joyas.* **2.** Realizar las actividades o funciones propias (de una profesión, cargo u oficio). *Ha desempeñado cargos en la Administración.* **3.** Interpretar (un papel) en una obra teatral, cinematográfica o televisiva. *Desempeña el papel de un detective en la serie.* ○ intr. prnl. **4.** Am. Dedicarse alguien a una profesión, cargo u oficio. *Se desempeñaba como profesor en la Facultad de Humanidades* [C].

desempeño. m. Hecho o efecto de desempeñar. *Le felicito por el eficaz desempeño de su trabajo.*

desempleado, da. adj. Dicho de persona: Que no tiene empleo. Tb. m. y f. *Disminuye el número de desempleados.* ▶ *PARADO.

desempleo. m. Paro (situación del que no tiene trabajo). *Cuando el desempleo se prolonga, afecta psicológicamente.* Tb. el conjunto de personas que están en esa situación y el subsidio correspondiente. *El desempleo ha aumentado. Podrá cobrar el desempleo durante un año.* ▶ *PARO.

desempolvar. tr. **1.** Quitar el polvo (a algo). *Con un plumero desempolva las figuras de porcelana.* **2.** Recuperar (algo olvidado o desechado mucho tiempo atrás) y volver a hacer uso (de ello). *Tendré que desempolvar mis conocimientos de matemáticas.*

desenamorarse. intr. prnl. Dejar de estar enamorado. *Toda la vida enamorándose y desenamorándose* DE *actores de cine.*

desencadenamiento. m. Hecho de desencadenar o desencadenarse. *¿Qué factores contribuyen al desencadenamiento de la crisis?*

desencadenante. adj. Que desencadena u origina. *Investigan las circunstancias desencadenantes del accidente.* Dicho de hecho o agente, tb. m. *El atentado fue el desencadenante del conflicto.*

desencadenar. tr. **1.** Soltar (algo o a alguien sujetos con cadenas). *Desencadenan de la vía a los manifestantes.* **2.** Originar (algo, espec. violento), o hacer que se produzca. *Sus declaraciones desencadenarán protestas.* Tb. en constr. prnl. media. *Se ha desencadenado una tormenta.*

desencajar. tr. **1.** Sacar (algo o a alguien) de donde están encajados. *Le han desencajado la mandíbula de un puñetazo.* ○ intr. prnl. **2.** Descomponerse o alterarse la expresión del rostro, por enfermedad o perturbación del ánimo. *Mira la escena con el rostro desencajado.*

desencaje. m. Hecho o efecto de desencajar o desencajarse. *Hay un desencaje entre legislación y realidad.*

desencallar. tr. Poner a flote (una embarcación encallada). *Un remolcador consigue desencallar el buque.*

desencaminado, da. adj. Descaminado. *No anda desencaminado al pensar así.*

desencantamiento. m. Desencanto. *Pasa por una fase de desencantamiento* DEL *mundo.* ▶ *DESILUSIÓN.

desencantar. tr. **1.** Deshacer el encanto al que están sometidos (alguien o algo). *El hada desencanta a la princesa.* **2.** Decepcionar o desilusionar (a alguien). *Te va a desencantar la película.* Tb. en constr. prnl. media. *Se ha desencantado* DE *la universidad.* ▶ **2:** *DESILUSIONAR.

desencanto. m. Decepción o desilusión. *El poeta plasma su desencanto ante la vida.* ▶ *DESILUSIÓN.

desenchufar. tr. Separar o desacoplar (algo) de aquello en que está enchufado. *Antes de limpiar la batidora, desenchúfala.*

desencolar. tr. Despegar (algo pegado con cola). *Conviene desencolar y extraer la pieza para barnizarla.* Tb. en constr. prnl. media. *En el sobrado hay trastos, sillas desencoladas...*

desencuadernar. tr. Deshacer o romper la encuadernación (de algo, espec. de un libro). *Si tratas así el libro, lo vas a desencuadernar.* Tb. en constr. prnl. media. *El diccionario se cayó y se desencuadernó.*

desencuentro. m. Desacuerdo o falta de entendimiento. *A pesar de algún desencuentro, se llevan bien.*

desenfadado, da. adj. **1.** Dicho de persona: Que tiene o muestra desenfado. *Es alegre y desenfadado.* **2.** Dicho de cosa: Que manifiesta o implica desenfado. *Una charla desenfadada. Ropa desenfadada.*

desenfado. m. Falta de timidez o inhibición al hablar o actuar. *Ha contado con desenfado varias anécdotas.*

desenfocar. tr. Hacer perder el enfoque (a una imagen o a un asunto). *La cámara enfoca lo cercano y desenfoca el fondo. No desenfoques la cuestión.* Tb. en constr. prnl. media. *Al final de la escena, la imagen se desenfoca.*

desenfoque. m. Falta del enfoque adecuado. *Un desenfoque del problema conduciría a conclusiones equivocadas.*

desenfrenado, da. part. **1.** → **desenfrenar.** ● adj. **2.** Que no tiene freno o moderación. *Siente una pasión desenfrenada por el fútbol.*

desenfrenar. tr. Quitar el freno (a algo o a alguien). Frec. fig. *Aquello desenfrenó su imaginación.* Tb. en constr. prnl. media. *Llegan los carnavales y la gente se desenfrena.*

desenfreno. m. Falta de freno o de moderación. *Le escandaliza el desenfreno de la juventud.*

desenfundar. tr. **1.** Quitar la funda (a algo). *Desenfunda la máquina de escribir.* **2.** Sacar (algo) de su funda. *Desenfundó el revólver y disparó.*

desenganchar. tr. **1.** Soltar o desprender (algo o a alguien que están enganchados o sujetos). *Desengancha* DEL *coche la caravana.* Tb. en constr. prnl. media. *Los visillos se han desenganchado al correrlos.* **2.** coloq. Hacer que (alguien) deje una adicción. *Lo han desenganchado en un centro de desintoxicación.* Tb. en constr. prnl. media. *Ha conseguido desengancharse* DE *la heroína.* **3.** coloq. Liberar (a alguien) de un compromiso u obligación. *Se desenganchó* DE *la promesa hecha.*

desenganche. m. Hecho de desenganchar o desengancharse. *El desenganche del remolque.*

desengañar. tr. **1.** Hacer ver (a una persona) el error que ha cometido al valorar a alguien o algo. *Lo tenía por amigo, pero su comportamiento la ha desengañado.* Tb. en constr. prnl. media. *El libro no es tan bueno, ya te desengañarás.* **2.** Quitar la esperanza o la ilusión (a alguien). *Persiste en su propósito sin que los fracasos lo desengañen.* ▶ **2:** *DESILUSIONAR.

desengaño. m. Sensación desfavorable que siente alguien al descubrir que una persona o cosa no son como esperaba. *Sufrirá un desengaño si sabe que le has mentido.* ▶ *DESILUSIÓN.

desengrasar. tr. **1.** Quitar la grasa (a algo). *Producto especial para desengrasar sartenes.* ○ intr. **2.** Neutralizar los efectos de una comida grasa, gralm. tomando frutas, sorbetes u otro alimento. *Después de la carne, un sorbete de limón para desengrasar.* **3.** Aliviar la pesadez de lo que se está haciendo variando de actividad. *Cada dos horas de estudio, da un paseo para desengrasar.*

desengrase. m. Hecho de desengrasar. *Máquina para desengrase de piezas metálicas.*

desenlace. m. Final de un suceso, de una narración o de una obra dramática. *Ignoramos cuál va a ser el desenlace de nuestra aventura.*

desenlazar. tr. **1.** Soltar (algo o a alguien que estaban enlazados). *Desenlaza nervioso la caja del regalo. Iban enlazados de la cintura y ella se desenlazó.* **2.** Dar solución (a algo, espec. a una obra dramática, narrativa o cinematográfica). *El director desenlaza la película con la muerte del protagonista.* Tb. en constr. prnl. media. *La historia se desenlaza cuando padre e hijo se reencuentran.*

desenmarañar. tr. Desenredar (algo) o hacer que deje de estar enmarañado. *¡Qué tirones para desenmarañarme el pelo!*

desenmascaramiento. m. Hecho de desenmascarar. *El desenmascaramiento de un infiltrado.*

desenmascarar. tr. Dar a conocer (a alguien) tal como es, descubriendo de quién se trata o cuál es su verdadero carácter o sus intenciones ocultas. *Las investigaciones permitieron desenmascarar al asesino.* Tb. fig., referido a cosa. *La realidad es engañosa y hay que desenmascararla.*

desenraizar. (conjug. AISLAR). tr. Desarraigar o arrancar de raíz (una planta). *Será necesario excavar para desenraizar el árbol.* ▶ DESARRAIGAR.

desenredar. tr. Hacer que (algo o alguien) dejen de estar enredados. *Hay que desenredar los hilos del cestillo.* Tb. fig. *Un lío difícil de desenredar.* Tb. en constr. prnl. media. *Con este producto el pelo se desenreda solo.*

desenrollar. tr. Extender (algo que está enrollado o tiene forma de rollo). *Desenrollaron la alfombra sobre la escalinata.* ▶ DESENVOLVER.

desenroscar. tr. Hacer que (algo) deje de estar enroscado. *Desenrosca la bombilla.*

desensillar. tr. Quitar la silla (a una caballería). *El jinete desensilla la yegua.*

desentenderse. (conjug. ENTENDER). intr. prnl. No atender a alguien o algo, o no ocuparse de ellos. *Se ha desentendido* DE *la familia.*

desentendimiento. m. Hecho de desentenderse. *El conflicto se perpetúa, ante el desentendimiento de muchos.*

desenterrar. (conjug. ACERTAR). tr. **1.** Sacar (algo o a alguien) de debajo de la tierra, o de donde están enterrados. *Alguien desenterró los cadáveres.* **2.** Traer a la memoria o dar a conocer (algo o a alguien olvidados). *Pasan la tarde desenterrando historias de juventud.* ▶ EXHUMAR.

desentonar. intr. **1.** Contrastar de forma desagradable alguien o algo con su entorno o en un lugar, por no estar acorde o en armonía con ellos. *Un jarrón tan colorido desentonaría* EN *el salón.* **2.** En música: Desafinar, espec. al cantar. *Cantaban borrachos, ¡y cómo desentonaban!* ▶ **2:** *DESAFINAR.

desentono. m. En música: Hecho o efecto de desentonar. *Ha cantado sin el menor desentono.*

desentrañamiento. m. Hecho de desentrañar. *Símbolos de difícil desentrañamiento.*

desentrañar. tr. Averiguar o llegar a comprender a fondo (algo dificultoso o recóndito). *Se investiga para desentrañar las causas de la enfermedad.*

desentrenar. tr. Hacer perder (a alguien) el entrenamiento adquirido. *¿Es posible desentrenar a un delfín para devolverlo a su hábitat?* Tb. en constr. prnl. media. *Leo algo en francés para no desentrenarme.*

desentumecer. (conjug. AGRADECER). tr. Hacer que (alguien o algo) pierdan su entumecimiento. *Un buen masaje desentumece los músculos.* Tb. en constr. prnl. media. *Con el agua caliente, los pies se van desentumeciendo.*

desentumecimiento. m. Hecho o efecto de desentumecer o desentumecerse. *Ejercicios de desentumecimiento.*

desenvainar. (conjug. BAILAR). tr. Sacar de la vaina (un arma blanca). *¡Desenvaina tu espada y defiéndete!*

desenvoltura. f. Cualidad de desenvuelto. *Habla con desenvoltura.*

desenvolver. (conjug. MOVER; part. **desenvuelto**). tr. **1.** Quitar la envoltura (a algo). *No lo desenvuelvas hasta que llegues a casa.* **2.** Desenrollar (algo). *Desenvuelve la manguera y conéctala al grifo.* **3.** Desarrollar (algo), o hacer que crezca cuantitativa o cualitativamente. *Aquí podrá desenvolver su talento.* ○ intr. prnl. **4.** Seguido de un complemento de modo: Actuar de la manera expresada en una determinada circunstancia. *Se desenvuelve bien en su trabajo.* **5.** Actuar hábilmente o de forma adecuada. *Sabe desenvolverse en el mundo de los negocios.* ▶ **2:** DESENROLLAR. **3:** DESARROLLAR. **4:** DEFENDERSE, VALERSE.

desenvolvimiento. m. Hecho o efecto de desenvolver o desenvolverse. *Medidas que favorezcan el desenvolvimiento de la industria.*

desenvuelto, ta. part. **1.** → **desenvolver.** ● adj. **2.** Dicho de persona: Que tiene o muestra facilidad y soltura en la forma de actuar o de hablar. *Parece desenvuelta y con confianza en sí misma.* **3.** Dicho de cosa: Propia de la persona desenvuelta (→ 2). *Modales desenvueltos.*

deseo. m. **1.** Hecho de desear. *El deseo de triunfar lo obsesiona.* **2.** Cosa que es objeto de deseo (→ 1). *Su deseo es acabar la carrera.* **3.** Apetito sexual. *También en la vejez puede haber deseo.* ▶ **1:** ANHELO, ANSIA, APETENCIA, APETITO. **3:** APETITO.

deseoso, sa. adj. Que tiene o muestra deseo o apetencia de algo. *Llega deseoso* DE *descansar.* ▶ ANHELANTE, ANHELOSO, ANSIOSO.

desequilibrado, da. part. **1.** → **desequilibrar.** ● adj. **2.** Dicho de persona: Que padece desequilibrio mental. Tb. m. y f. *El crimen parece obra de un desequilibrado.*

desequilibrar. tr. Hacer perder el equilibrio (a alguien o algo). *Empuja al defensa para desequilibrarlo. La pérdida de su hija la ha desequilibrado mentalmente.* Tb. en constr. prnl. media. *Se desequilibró y cayó al suelo. Mi presupuesto se desequilibraría con ese gasto.*

desequilibrio. m. **1.** Falta de equilibrio. *Síntomas producidos por un desequilibrio hormonal.* **2.** Estado psíquico que se caracteriza por trastornos de la personalidad, sin llegar a la locura. *Nada, salvo su desequilibrio, lo ha impulsado al suicidio.*

deserción. f. Hecho de desertar. *Se multiplican las fugas y deserciones.*

desertar. intr. **1.** Abandonar un soldado el ejército sin autorización. *Se castigará a los soldados que deserten.* **2.** Abandonar una obligación o un ideal. *Ha desertado* DE *su puesto.* **3.** Dejar de frecuentar (un lugar). *He desertado* DEL *bar en que desayunábamos.*

desértico, ca. adj. **1.** Del desierto, o de características semejantes a las suyas. *El* rally *discurre por zonas desérticas.* **2.** Dicho de lugar: Desierto (no habitado o vacío de gente). *Unas calles desérticas recibieron al enemigo.* ▶ **2:** DESIERTO.

desertificación. f. Hecho de desertificar o desertificarse. *La desertificación va degradando la superficie terrestre.* ▶ DESERTIZACIÓN.

desertificar. tr. Desertizar (una extensión de tierra). *Estamos desertificando el planeta.* Tb. en constr. prnl. media. *Repueblan el terreno quemado para evitar que se desertifique.* ▶ DESERTIZAR.

desertización. f. Hecho de desertizar o desertizarse. *La sequía ha agudizado la desertización de la región.* ▶ DESERTIFICACIÓN.

desertizar. tr. Transformar en desierto (una extensión de tierra). *Tantos incendios desertizan los terrenos.* Tb. en constr. prnl. media. *El sur se está desertizando.* ▶ DESERTIFICAR.

desertor, ra. adj. Dicho de persona: Que deserta. Tb. m. y f. *Todo desertor será juzgado en consejo de guerra.*

desescombrar. tr. Limpiar de escombros (un lugar). *Operarios del Ayuntamiento han desescombrado el local de la explosión.*

desescombro. m. Hecho de desescombrar. *Trabajan en el desescombro del edificio siniestrado.*

desesperación. f. **1.** Hecho o efecto de desesperar o desesperarse. *La corriente se lo llevaba, ante la desesperación de la madre.* **2.** Persona o cosa que desespera o causa desesperación (→ 1). *El tráfico es una desesperación.* ▶ **1:** DESESPERO.

desesperado, da. part. **1.** → **desesperar.** ● adj. **2.** Dicho de persona: Dominada por la desesperación. Tb. m. y f. *Habla con la firmeza de los desesperados.* **3.** Que manifiesta o implica desesperación. *Una solu-*

ción desesperada. **4.** Que no tiene solución o no permite concebir esperanzas. *Los médicos lo consideran un caso desesperado.* ■ **a la desesperada.** loc. adv. Como último remedio para lograr lo que no parece posible de otro modo. *Miles de ciudadanos huyen a la desesperada.*

desesperante. adj. Que desespera o causa desesperación. *¡Qué parsimonia tan desesperante!*

desesperanza. f. Falta de esperanza. *No dejes que te invada la desesperanza.*

desesperanzador, ra. adj. Que desesperanza. *Las noticias son desesperanzadoras.*

desesperanzar. tr. Quitar la esperanza (a alguien). *El fracaso de su novela lo ha desesperanzado.* Tb. en constr. prnl. media. *No hay por qué desesperanzarse.*

desesperar. tr. **1.** Hacer perder (a alguien) la calma o la tranquilidad. *Estos niños me desesperan.* Tb. en constr. prnl. media. *Se desespera con los atascos.* ○ intr. **2.** Perder la esperanza. *No desesperes* DE *triunfar.*

desespero. m. Desesperación (hecho o efecto). *Lo busca con desespero.* ▶ DESESPERACIÓN.

desestabilización. f. Hecho de desestabilizar. *Factores de desestabilización de la economía.*

desestabilizador, ra. adj. Que desestabiliza. *El caso tuvo un efecto desestabilizador sobre el Gobierno.* Dicho de pers., tb. m. y f. *No soy un desestabilizador, solo un disidente.*

desestabilizar. tr. Alterar o perturbar la estabilidad (de algo). Frec. hablando de situación política o económica. *Los atentados persiguen desestabilizar el país.* Tb. en constr. prnl. media. *Hay riesgo de que los mercados se desestabilicen.*

desestiba. f. *Mar.* Hecho de sacar el cargamento de la bodega de una embarcación y disponerlo para la descarga. *Servicio portuario de estiba y desestiba.*

desestima. f. Desestimación o falta de estima. *Da muestras de desestima hacia mí.*

desestimación. f. Hecho o efecto de desestimar. *Le notificamos la desestimación de su solicitud.*

desestimar. tr. **1.** Denegar o desechar (algo, espec. una petición). *Tuvo una idea, pero la desestimó.* Se usa espec. en derecho. *La resolución judicial desestima el recurso del fiscal.* **2.** Menospreciar o tener en poco (algo). *Nunca desestimes la capacidad de tu adversario.*

desestimatorio, ria. adj. Que desestima o rechaza una petición, demanda o recurso. Se usa espec. en derecho. *El juzgado ha emitido sentencia desestimatoria de la demanda.*

desfacedor. ~ **de entuertos.** m. cult., humoríst. Persona que deshace o venga agravios. *Su héroe le parece el mayor desfacedor de entuertos de la historia.*

desfachatez. f. Descaro. *Tanta desfachatez asombra.*

desfalcar. tr. Apropiarse alguien (de dinero o de bienes que están bajo su custodia). *El administrador ha desfalcado miles de euros.*

desfalco. m. Hecho de desfalcar. *Si se prueba el desfalco, habrá prisión para el gerente.*

desfallecer. (conjug. AGRADECER). intr. **1.** Perder completamente las fuerzas. *Al llegar a la meta, el atleta desfallece y cae al suelo.* **2.** Perder el ánimo o la energía. *No desfallezcas, puedes lograrlo.* ▶ **1:** ENFLAQUECER. **2:** DESMAYAR.

desfallecimiento. m. Hecho o efecto de desfallecer. *Trabajaré sin desfallecimiento.* Frec. designa el que conlleva una pérdida súbita del conocimiento. *Ha sufrido un desfallecimiento por una bajada de tensión.* ▶ *DESMAYO.

desfasado, da. part. **1.** → **desfasar.** ● adj. **2.** Que no se ajusta a las corrientes, condiciones o circunstancias del momento. *¡Qué ideas tan desfasadas!*

desfasar. tr. Producir desfase (en alguien o algo). *El nuevo medicamento desfasa a otros menos eficaces.* Tb. en constr. prnl. media. *Su doctrina no se ha desfasado con el tiempo.*

desfase. m. **1.** Falta de ajuste o adaptación entre personas o cosas, o en relación con el ambiente y las circunstancias de un momento determinado. *Hay un gran desfase entre salarios y precios.* **2.** *Fís.* Diferencia de fase.

desfavorable. adj. Adverso o no favorable. *Teme un informe desfavorable de los expertos.*

desfavorecer. (conjug. AGRADECER). tr. Causar perjuicio (a alguien o algo). *El árbitro nos ha desfavorecido con sus decisiones.*

desfibrilador. m. *Med.* Aparato que aplica descargas eléctricas para restablecer el ritmo cardíaco normal. *La uvi móvil está equipada con un desfibrilador.*

desfiguración. f. Hecho de desfigurar. *No lo reconocimos: tal era la desfiguración de su rostro.*

desfigurar. tr. **1.** Alterar la forma o las facciones (de una persona o de su rostro) deformándolas. *Las quemaduras le han desfigurado la cara.* Tb. en constr. prnl. media. *Se le ha desfigurado la nariz con el golpe.* **2.** Alterar o cambiar (algo, espec. un suceso o una verdad). *Tiende a desfigurar los hechos.*

desfiladero. m. Paso estrecho entre montañas. *El camino discurre por un desfiladero.*

desfilar. intr. **1.** Marchar en orden y formación soldados o tropas ante alguien o algo, espec. una autoridad. *Desfilarán soldados de los tres ejércitos.* **2.** Pasar unas tras otras varias personas o cosas. *La comitiva desfila por la calle principal.* **3.** coloq. Marcharse unas tras otras varias personas. *A las tres de la mañana los invitados empezaron a desfilar.*

desfile. m. Hecho de desfilar. *Al desfile asistirán varias autoridades.*

desflecar. tr. Sacar flecos (a algo, espec. a una tela) destejiendo las orillas o extremos. *El viento desfleca la bandera.*

desfloración. f. Hecho de desflorar. *Asociaban noche de bodas y desfloración.*

desflorar. tr. Desvirgar (a una mujer). *Su honor no le permitía desflorar a la doncella.* ▶ DESVIRGAR.

desfogar. tr. **1.** Manifestar o dejar ver (un sentimiento o una pasión) con vehemencia. *Desfoga su ira gritando.* ○ intr. prnl. **2.** Manifestar o dejar ver alguien un sentimiento o una pasión con vehemencia. *Se desfoga con quien tiene confianza.*

desfogue. m. Hecho de desfogar o desfogarse. *El deporte sirve también para el desfogue del niño.*

desfondamiento. m. Hecho o efecto de desfondar o desfondarse. *Al final de la carrera daba muestras de desfondamiento.*

desfondar. tr. **1.** Quitar o romper el fondo (a algo, espec. a una vasija o una caja). *En el desván hay unos cántaros desfondados.* **2.** Quitar las fuerzas (a alguien), o dejar(lo) sin ellas. Se usa espec. en deportes. *El duro entrenamiento los ha desfondado.* Tb. en constr. prnl. media. *El corredor se desfondó.*

desforestar. tr. Deforestar (un terreno). *Las compañías madereras están desforestando los bosques.* ▶ DEFORESTAR.

desgaire. m. **1.** Descuido, frec. afectado, en lo que se hace. *Dejó con desgaire el periódico sobre la mesa.* **2.** Falta de garbo en la forma de moverse. *Baila con rigidez y desgaire.* ■ **al ~.** loc. adv. Con descuido, frec. afectado. *Y así, al desgaire, suelta las pullas más venenosas.* Tb. adj. *Solo lleva una chaqueta al desgaire.*

desgajamiento. m. Hecho de desgajar o desgajarse. *La guerra dará lugar al desgajamiento de una parte del país.* ▶ DESGAJE.

desgajar. tr. **1.** Separar o arrancar (una rama) del tronco de donde nace. *El peso de la fruta ha desgajado una rama del cerezo.* Tb. en constr. prnl. media. *Con tanto viento puede desgajarse alguna rama.* **2.** Separar (una cosa) de otra a la que está unida. *Han desgajado la cátedra de Historia* DE *la de Geografía.* Tb. en constr. prnl. media. *El departamento de contabilidad se ha desgajado* DEL *de recursos humanos.*

desgaje. m. Desgajamiento. *El desgaje de fragmentos de roca.*

desgalichado, da. adj. coloq. Desgarbado. *Es una persona alta y desgalichada.*

desgana. f. **1.** Falta de ganas de comer. *A veces tiene mucho apetito; a veces, desgana.* **2.** Falta de gana, interés o deseo. *Hace las cosas con desgana.* ▶ **1:** INAPETENCIA.

desganado, da. adj. **1.** Que tiene desgana. *No voy a cenar, estoy desganada.* **2.** Que manifiesta o implica desgana o falta de interés. *Aplausos desganados.* ▶ **1:** INAPETENTE.

desgañitarse. intr. prnl. Gritar o vocear haciendo un esfuerzo exagerado. *Un vendedor de lotería se desgañita prometiendo el gordo.*

desgarbado, da. adj. Falto de garbo. *Un hombre desgarbado. Andares desgarbados.*

desgarrado, da. part. **1.** → **desgarrar.** ● adj. **2.** Que manifiesta o implica dolor o una gran pena. *Gritos desgarrados.* **3.** Que muestra desgarro o desvergüenza. *Su lenguaje resulta chulesco y desgarrado.*

desgarrador, ra. adj. Que desgarra. *Escucho el llanto desgarrador de un niño.*

desgarradura. f. Hecho o efecto de desgarrar o desgarrarse. *Una muerte supone siempre una desgarradura interior.*

desgarramiento. m. Hecho o efecto de desgarrar o desgarrarse. *El traumatólogo confirma el desgarramiento de los tejidos.* ▶ DESGARRO.

desgarrar. tr. **1.** Romper o hacer pedazos (algo, espec. un tejido orgánico o una tela) con fuerza y sin el auxilio de ningún instrumento. *Un león desgarra la carne de una cebra.* Tb. en constr. prnl. media. *El toldo se ha desgarrado con el viento.* **2.** Causar gran pena (a alguien o algo, espec. al corazón) o despertar compasión (en ellos). *Ver a los niños hambrientos le desgarra el corazón.*

desgarro. m. **1.** Hecho o efecto de desgarrar o desgarrarse. *Ha sufrido un desgarro muscular. Qué desgarro se siente al perder a un ser querido.* **2.** Descaro o desvergüenza. *Habla desafiante, con desgarro.* ▶ **1:** DESGARRAMIENTO.

desgarrón. m. Rotura grande que se produce en algo, espec. en una tela, al desgarrarse. *Se ha hecho un desgarrón en el pantalón.*

desgastar. tr. **1.** Hacer que (algo) se deteriore por el uso o el roce. *Desgasta enseguida las suelas de los zapatos.* Tb. en constr. prnl. media. *El cuello de la camisa se ha desgastado.* **2.** Hacer que (alguien o algo) pierdan fuerza o poder. *Tantos años en el cargo lo han desgastado.* Tb. en constr. prnl. media. *Las palabras se desgastan a fuerza de repetirlas.*

desgaste. m. Hecho o efecto de desgastar o desgastarse. *Cuanto mayor sea el desgaste de las ruedas, menor será su agarre.*

desglosar. tr. Separar (algo) de un todo para estudiar(lo) o considerar(lo) independientemente. *Se exhiben tres retratos desglosados* DE *una colección.*

desglose. m. Hecho o efecto de desglosar. *El desglose de algunos documentos* DEL *expediente.*

desgobernar. (conjug. ACERTAR). tr. Gobernar mal (algo o a alguien). *Ese país está desgobernado por un tirano.*

desgobierno. m. Desorden o falta de gobierno. *Solo un cambio de autoridad pondría fin a tanto desgobierno.*

desgracia. f. **1.** Suceso adverso que causa un grave perjuicio. *Su muerte ha sido una desgracia.* **2.** Mala suerte. *Le persigue la desgracia.* **3.** Pérdida del favor o de la consideración. Frec. en constr. como *estar,* o *caer, en ~. Era el hombre de confianza del presidente, pero cayó en desgracia.* ▶ **1, 2:** DESDICHA.

desgraciadamente. adv. De manera desgraciada. Se usa frec. para expresar que aquello a lo que se hace referencia se considera un hecho lamentable o desgraciado. *Desgraciadamente no podré ir a la fiesta.*

desgraciado, da. part. **1.** → **desgraciar.** ● adj. **2.** Que padece desgracias o una desgracia. *Es un chico muy desgraciado; ha pasado todo tipo de calamidades.* **3.** Desafortunado o que no tiene suerte. *Ha sido afortunado en el juego y desgraciado en amores.* **4.** Dicho de persona: Digna de menosprecio. Frec. se usa como insulto. *Mira lo que me ha hecho, ¡será desgraciada!* Tb. m. y f. *Eres un desgraciado, tratarnos así...* **5.** Dicho de cosa: Que causa o implica desgracia. *Un accidente desgraciado.* **6.** Desacertado o inconveniente. *Pido perdón por tan desgraciado comentario.* ▶ **2:** DESDICHADO. **5:** FATAL, FATÍDICO, FUNESTO, MALHADADO.

desgraciar. (conjug. ANUNCIAR). tr. Malograr o echar a perder (algo o a alguien). *La mala gestión puede desgraciar el proyecto.* Tb. en constr. prnl. media. *Si no riegas la planta se te va a desgraciar.*

desgranar. tr. **1.** Sacar los granos (de un fruto). *Desgrana las vainas de las judías.* Tb. en constr. prnl. media. *Ha cocido tanto la mazorca de maíz que se ha desgranado.* **2.** Hacer que (varias cosas, espec. cuentas del rosario) pasen una detrás de otra. *Reza desgranando las cuentas del rosario.* Tb. fig. *El conferenciante va desgranando argumentos.*

desgrane. m. Hecho de desgranar o desgranarse. *En su informe hace un desgrane exhaustivo de los hechos.*

desgrasar. tr. Quitar la grasa (a algo). *Tras la cocción, desgrase el guiso. Leche desgrasada.*

desgravación. f. Hecho de desgravar. *Desgravaciones por hijos.*

desgravar. tr. Deducir o descontar (algo) en la cuota de un impuesto. *Se pueden desgravar una cantidad por el alquiler de la vivienda.* Tb. usado en constr. intr. *Tener personas mayores a nuestro cargo desgrava.*

desgreñado, da. adj. Dicho de persona o de cabeza: Que tiene el pelo despeinado o desordenado. *Un mendigo desgreñado.*

desguace. m. **1.** Hecho de desguazar. *Se procederá al desguace del vehículo siniestrado.* **2.** Lugar en que se desguazan vehículos y frec. se ponen a la venta sus piezas útiles. *Este motor ya no se fabrica, quizás lo encuentre en un desguace.*

desguarnecer. (conjug. AGRADECER). tr. Quitar (a un lugar) la guarnición o tropas que tenía para su defensa. *Había que lanzar el ataque sin desguarnecer el castillo.*

desguazar. tr. Deshacer o desmontar (algo, espec. un vehículo). *Vana a desguazar las viejas fragatas.*

deshabitado, da. part. **1.** → **deshabitar.** ● adj. **2.** Que no está habitado. *Las zonas desérticas están deshabitadas. Se escondieron en un piso deshabitado.* ▶ **2:** INHABITADO.

deshabitar. tr. Dejar sin habitantes (un lugar). *La guerra deshabita pueblos enteros.*

deshabituación. f. Hecho o efecto de deshabituar o deshabituarse. *Programa de deshabituación* DEL *tabaco.*

deshabituar. (conjug. ACTUAR). tr. Hacer perder el hábito de algo (a alguien). Frec. hablando de drogadicción. *El objetivo del centro es deshabituar a drogodependientes.* Tb. en constr. prnl. media. *No podrá deshabituarse* DE *la bebida sin ayuda.*

deshacer. (conjug. HACER). tr. **1.** Hacer que (algo que está hecho) deje de estar(lo). *Hizo y deshizo el nudo varias veces.* Tb. en constr. prnl. media. *Al tirar de aquí se deshace el nudo.* **2.** Hacer que (algo) desaparezca completamente. *Es necesario deshacer este malentendido.* Tb. en constr. prnl. media. *Al dar las doce se deshará el encanto.* **3.** Hacer que (algo que se ha acordado) no tenga efecto. *Piensa deshacer el acuerdo con su socio.* Tb. en constr. prnl. media. *Por ese motivo el pacto entre ellos se deshizo.* **4.** Arruinar o destruir completamente (algo). Frec. con intención enfática. *El negocio que tanto costó levantar lo han deshecho sus hijos en un año.* **5.** Ocasionar un grave daño físico o moral (a alguien). *El sol te puede deshacer la piel. Está deshecha por la muerte de su padre.* **6.** Descomponer o separar (un todo) en partes. *Con un martillo deshacía las baldosas del suelo. El matarife mataba y deshacía las reses.* **7.** Hacer líquido (algo sólido). *El sol ha deshecho el muñeco de nieve.* Tb. en constr. prnl. media. *El helado se deshace con el calor.* **8.** Disolver (un sólido) en un líquido. *Deshaz el comprimido* EN *un vaso de agua.* Tb. en constr. prnl. media. *El azúcar se deshace* EN *el café.* ○ intr. prnl. **9.** Prodigar determinadas manifestaciones, espec. de afecto o cortesía. *Al hablar de su mujer se deshace* EN *elogios.* **10.** Desprenderse de algo, frec. inservible o molesto. *No quiero deshacerme* DE *mis libros escolares.* **11.** Librarse de alguien o algo molestos o inoportunos, frec. eliminándolos. *Al verse perseguido, decide deshacerse* DE *la droga. El asesino se deshizo* DEL *testigo estrangulándolo.*

desharrapado, da. (Tb. **desarrapado**). adj. **1.** Andrajoso o lleno de harapos. *Niños desharrapados.* Dicho de pers., tb. m. y f. *Es un tipo elegante, no un desharrapado.* **2.** Dicho de persona: Pobre o que carece de medios para vivir. Tb. m. y f. *A la puerta de la iglesia un desarrapado pide limosna.*

deshelar. (conjug. ACERTAR). tr. Hacer que (algo) deje de estar helado. *El calor ha ido deshelando la nieve.* Tb. en constr. prnl. media. *Cada primavera la laguna se deshiela.*

desheredado, da. part. **1.** → **desheredar.** ● adj. **2.** Pobre o que carece de medios para vivir. *Atiende a ancianos solos y desheredados.* Dicho de pers., tb. m. y f. *Una ONG que ayuda a los marginados y desheredados.*

desheredar. tr. Excluir (a un heredero) de la herencia que le corresponde por derecho. *Su padre lo ha desheredado.*

deshidratación. f. Hecho o efecto de deshidratar o deshidratarse. *El atleta ha sufrido problemas de deshidratación.*

deshidratar. tr. Privar (a un cuerpo o a un organismo) del agua que contienen. *Deshidratan los alimentos sometiéndolos a altas temperaturas.* Tb. en constr. prnl. media. *Bebe agua para no deshidratarte.*

deshielo. m. Hecho o efecto de deshelar o deshelarse. *El cambio climático está acelerando el deshielo de los casquetes polares.* Tb. fig. *El deshielo de las relaciones bilaterales.*

deshilachar. tr. Sacar los hilos (de una tela) formando hilachas. *El viento deshilachaba las banderas.* Tb. en constr. prnl. media. *La tela es de mala calidad y se deshilacha.*

deshilado. m. Labor que se hace sacando hilos de la tela, de modo que se formen calados. *Los bordados alternan con franjas de deshilados.*

deshilar. tr. Sacar hilos (de una tela), espec. con fines ornamentales. *Está deshilando la tela para hacer vainica.*

deshilvanado, da. part. **1.** → **deshilvanar.** ● adj. **2.** Dicho espec. de idea o de discurso: Falto de enlace o de conexión. *El discurso se redujo a cuatro ideas deshilvanadas.*

deshilvanar. tr. Quitar los hilvanes (a algo hilvanado y ya cosido). *Hay que deshilvanar las costuras.*

deshinchar. tr. **1.** Hacer que (algo hinchado) deje de estarlo. *Le han deshinchado las ruedas del coche.* Tb. en constr. prnl. media. *Ha empezado a deshinchérseme el flemón.* ○ intr. prnl. **2.** Desanimarse o perder las ganas de hacer algo. *A mitad de curso se deshinchó y abandonó los estudios.*

deshojar. tr. Quitar las hojas (a algo, espec. a una flor o una planta). *Está deshojando una margarita para saber si la quiere.* Tb. en constr. prnl. media. *En otoño los árboles se deshojan.*

deshoje. m. Hecho de deshojar o deshojarse. *Un hongo originó el deshoje de las plantas.*

deshollinador, ra. adj. **1.** Que deshollina o sirve para deshollinar. *Producto deshollinador.* ● m. **2.** Hombre que tiene por oficio deshollinar chimeneas. *La cara del deshollinador está negra por el hollín.* **3.** Utensilio que sirve para deshollinar chimeneas. *Subió al tejado provisto de un deshollinador.*

deshollinar. tr. Limpiar (algo, espec. una chimenea) quitándo(le) el hollín. *Hay que deshollinar la chimenea.*

deshonestidad. f. **1.** Cualidad de deshonesto. *Dio muestras de una deshonestidad sin límites.* **2.** Hecho o dicho deshonestos. *Es capaz de proponer cualquier deshonestidad.*

deshonesto, ta. adj. **1.** Que no es honesto u honrado. *En todas las profesiones hay personas deshonestas dispuestas a lucrarse.* **2.** Que no es honesto o decente, en el aspecto sexual. *Ha cometido actos deshonestos con un menor.* ▶ **2:** IMPURO.

deshonor. m. **1.** Pérdida del honor. *Un sentimiento de humillación y deshonor.* **2.** Cosa que deshonra. *Para ella no es ningún deshonor hacer los trabajos más humildes.* ▶ DESHONRA.

deshonra. f. **1.** Pérdida de la honra. *¿Quién había ultrajado a la doncella, quién era el culpable de su deshonra?* **2.** Cosa que deshonra. *No es una deshonra haber perdido.* ▶ DESHONOR.

deshonrar. tr. **1.** Quitar la honra o el honor (a alguien). *Semejante infamia deshonra a quien la comete.* **2.** Quitar la honra (a una mujer), gralm. violándo(la) o haciéndo(le) perder la virginidad fuera del matrimonio. *Exige justicia contra quien ha deshonrado a su esposa.*

deshonroso, sa. adj. Dicho de cosa: Que causa deshonra o deshonor. *La retirada hubiera sido deshonrosa.*

deshora. **a ~(s).** loc. adv. Fuera del tiempo oportuno o apropiado. *Llegó borracho y a deshora.* Tb. adj. *Una visita a deshoras.*

deshuesado. m. Hecho de deshuesar. *El deshuesado del pollo le ha llevado mucho tiempo.*

deshuesar. tr. Quitar los huesos (a algo, espec. carne o fruta). *Deshuesar un jamón no es fácil. Compra aceitunas deshuesadas.*

deshumanización. f. Hecho o efecto de deshumanizar o deshumanizarse. *Hay una progresiva deshumanización de las relaciones personales.*

deshumanizado, da. part. **1.** → **deshumanizar.** ● adj. **2.** Que no tiene determinadas características humanas, espec. sentimientos. *El trato es impersonal y deshumanizado.*

deshumanizador, ra. adj. Que deshumaniza. *El trabajo en condiciones de explotación es deshumanizador.* ▶ DESHUMANIZANTE.

deshumanizante. adj. Deshumanizador. *Los efectos deshumanizantes de la globalización.*

deshumanizar. tr. Privar (a alguien o algo) de carácter humano. *La sociedad de consumo nos deshumaniza.* Tb. en constr. prnl. media. *Las grandes ciudades se deshumanizan.*

desiderata. f. Conjunto de objetos que se echan de menos en una colección, espec. de libros. *Si no encuentra algún libro en la biblioteca, puede rellenar un impreso con su desiderata.*

desiderativo, va. adj. Que expresa o indica deseo. *No siempre las expresiones desiderativas van entre exclamaciones.*

desiderátum. m. Aspiración o deseo aún no cumplido. *La objetividad en el crítico es más un desiderátum que una realidad.* ■ **el ~.** loc. s. coloq. El no va más. *Querían que aquello fuera el desiderátum, el mayor acontecimiento del siglo.*

desidia. f. Falta de ganas o de disposición para actuar o tomar la iniciativa. *No se arregla por desidia.*

desidioso, sa. adj. Que tiene o muestra desidia. *Actitud desidiosa.* Dicho de pers., tb. m. y f. *Nada tienen que hacer aquí los vagos o los desidiosos.*

desierto, ta. adj. **1.** Dicho de lugar: No habitado, o vacío de gente. *Durante las vacaciones las aulas quedan desiertas.* **2.** Dicho de premio, concurso o subasta: Que no ha tenido ganador o queda sin adjudicar. *El concurso de novela ha sido declarado desierto.* Tb. dicho de la plaza que sale a concurso. *Sigue desierta la plaza de catedrático.* ● m. **3.** Extensión de terreno propia de zonas con gran escasez de lluvias, y caracterizada por la aridez del suelo, arenoso o pedregoso, y por la carencia casi total de vegetación y de fauna. *Los cactus son plantas típicas de los desiertos tropicales.* Tb. el ecosistema correspondiente. *El mapa indica la distribución de los ecosistemas de la zona: desierto, bosque y pradera.* **4.** Lugar despoblado o en el que no hay gente. *A las dos de la madrugada el parque era un desierto.* ■ **predicar en** (**el**), o **clamar en el, ~.** loc. v. Intentar inútilmente convencer a alguien que no está dispuesto a atender a razones. *Decirle que estudie es predicar en el desierto.* ▶ **1:** DESÉRTICO.

designación. f. **1.** Hecho de designar. *Su designación como ministro sorprendió a todos.* **2.** Palabra o conjunto de palabras con que se designa algo o a alguien. *Todas estas corrientes han pasado a la historia bajo la designación de "vanguardias".* ▶ **1:** NOMBRAMIENTO. **2:** *NOMBRE.

designar. tr. **1.** Señalar (a alguien) para desempeñar un cargo o función. *Lo han designado jefe de personal. Aún no han designado al sucesor.* **2.** Determinar o señalar (algo). *Designaron el primer domingo de abril para su reunión anual.* **3.** Representar (a alguien o algo) por medio del lenguaje. *Designamos cada lado del triángulo con una letra.* ▶ **1:** ELEGIR, NOMBRAR, NOMINAR.

designativo, va. adj. Que implica designación, o sirve para designar. *El glosario recoge términos designativos de fenómenos geológicos.* ▶ DENOMINATIVO.

designio. m. Propósito o voluntad de hacer algo. *Si decido volver, nada me apartará de este designio. Los designios divinos.*

desigual. adj. **1.** Que no es igual o presenta diferencias. *Las torres de la fachada son desiguales.* **2.** De distinto valor. *Cantidades desiguales. Precios desiguales.* **3.** Variable o que implica cambios. *El fin de semana tendremos un tiempo desigual.* **4.** Dicho de una superficie: Que presenta desniveles o irregularidades. *El terreno de la finca es muy desigual.*

desigualar. tr. Deshacer la igualdad (de algo), o hacer desiguales (a dos o más personas o cosas). *La última canasta ha desigualado el marcador.*

desigualdad. f. **1.** Cualidad o condición de desigual. *La desigualdad entre pobres y ricos.* **2.** Saliente o depresión de un terreno o una superficie. *Hay que allanar las desigualdades para construir la carretera.* **3.** *Mat.* Expresión de la falta de igualdad entre dos cantidades.

desilusión. f. **1.** Sentimiento de pesar o tristeza que experimenta alguien al ver frustrada una ilusión o descubrir que una persona o una cosa no son como esperaba. *Comprobó con desilusión que los reyes no le habían dejado nada.* **2.** Falta de ilusiones. *No se puede emprender un proyecto con tanta desilusión.* ▶ **1:** DECEPCIÓN, DESENCANTAMIENTO, DESENCANTO, DESENGAÑO. **2:** DESENCANTAMIENTO, DESENCANTO.

desilusionar. tr. **1.** Hacer que (alguien) pierda la ilusión o las ilusiones. *No es por desilusionarte, pero veo difícil que apruebes.* Tb. en constr. prnl. media. *Se desilusiona con facilidad.* **2.** Causar desilusión o decepción (a alguien). *Me has desilusionado.* Tb. en constr. prnl. media. *Nos desilusionamos al saber que no quedaban entradas para el concierto.* ▶ **2:** DECEPCIONAR, DESENCANTAR, DESENGAÑAR.

desincentivador, ra. adj. Que desincentiva. *Nada más desincentivador del esfuerzo que la falta de resultados.*

desincentivar. tr. Quitar incentivo o aliciente (a alguien o algo). *El aumento de los costes salariales desincentiva la creación de empresas.*

desincrustar. tr. Limpiar o eliminar (algo incrustado, espec. suciedad). *Tendrás que restregar la paellera para desincrustar el arroz quemado.*

desinencia. f. *Gram.* Morfema que se añade a la raíz de las palabras variables para expresar determinados rasgos gramaticales. *¿Con qué desinencia se forma la 1ª persona del presente de "estudiar"?*

desinfección. f. Hecho de desinfectar. *Este producto le garantiza una perfecta desinfección de los sanitarios.*

desinfectante. adj. Que desinfecta o sirve para desinfectar. *Producto desinfectante.* Dicho de sustancia o producto, tb. m. *El baño huele a desinfectante.*

desinfectar. tr. Destruir los gérmenes nocivos (de algo) para quitar o evitar una infección. *La enfermera desinfecta las pinzas con alcohol.*

desinflamar. tr. Hacer que (algo inflamado o hinchado, espec. una parte del cuerpo) pierda la inflamación. *Me he dado una pomada para desinflamar la rodilla.* Tb. en constr. prnl. media. *Poco a poco se irá desinflamando el párpado.*

desinflar. tr. **1.** Hacer que (algo inflado) deje de estarlo. *Desinfla la colchoneta.* Tb. en constr. prnl. media. *La cámara de la rueda está picada y se ha ido desinflando.* **2.** Desanimar o desilusionar (a alguien). *Las críticas a su trabajo lo desinflan.* Tb. en constr. prnl. media. *Cuando vio que había suspendido, se desinfló.*

desinformación. f. **1.** Hecho de desinformar. *Campaña de desinformación.* **2.** Falta de información. *La falta existe, ya se haya cometido por mala voluntad o por desinformación.*

desinformar. tr. Dar información (a alguien) ocultando o falseando hechos intencionadamente. *Acusan a las autoridades de desinformar a la población.* Frec. usado en constr. intr. *Algunos periódicos desinforman.*

desinhibición. f. Falta de inhibición. *Salió a bailar con total desinhibición.*

desinhibido, da. part. **1.** → **desinhibir.** ● adj. **2.** Espontáneo o falto de inhibición. *Es un muchacho alegre y desinhibido. Conducta desinhibida.*

desinhibir. tr. Hacer que (alguien) pierda la inhibición o se comporte con espontaneidad. *Estar con gente de confianza lo desinhibe.* Tb. en constr. prnl. media. *Con el alcohol se desinhibe.*

desinsectación. f. Hecho de desinsectar. *Una campaña de desinsectación contra las cucarachas.*

desinsectar. tr. Limpiar de insectos, espec. de los nocivos para la salud o para la economía, (algo o a alguien). *Han desinsectado el establo con zotal.*

desintegración. f. **1.** Hecho de desintegrar o desintegrarse. *La desintegración de la Unión Soviética dio paso a nuevos Estados.* **2.** *Fís.* Transformación espontánea o provocada de un núcleo atómico, gralm. acompañada de la emisión de fotones u otras partículas. *De la desintegración de algunos átomos se obtiene energía nuclear.* Tb. *~ nuclear,* o *atómica. Desintegración nuclear de átomos de uranio.*

desintegrar. tr. Separar los elementos de los que está compuesto (algo) o dividir(lo) en fragmentos. *La digestión desintegra los alimentos.* Tb. en constr. prnl. media. *El meteorito se ha desintegrado al entrar en la atmósfera.*

desinterés. m. **1.** Falta de interés por alguien o algo. *Muestra gran desinterés por la política.* **2.** Falta de interés por obtener provecho personal en lo que se hace. *Actúa con desinterés, sin esperar nada a cambio.*

desinteresado, da. part. **1.** → **desinteresarse.** ● adj. **2.** Dicho de persona: Que tiene o muestra desinterés. *El público se muestra frío, desinteresado.* **3.** Dicho de cosa: Que manifiesta o implica desinterés. *Su ayuda es desinteresada.*

desinteresarse. intr. prnl. Perder el interés que se tenía por alguien o algo. *Se ha desinteresado* DE *la política.*

desintoxicación. f. Hecho de desintoxicar o desintoxicarse. *Sigue un programa de desintoxicación.*

desintoxicar. tr. Hacer que (alguien), mediante un tratamiento adecuado, deje de estar intoxicado. *Comió algo en mal estado y en el hospital lo desintoxicaron.* Tb. en constr. prnl. media. *Cuesta desintoxicarse* DE *la heroína.*

desinversión. f. *Econ.* Hecho o efecto de desinvertir. *La empresa presentará a los bancos acreedores varias operaciones de desinversión.*

desinvertir. (conjug. SENTIR). tr. *Econ.* Retirar (un capital invertido). *El banco desinvierte un 5% del capital invertido.* Frec. usado en constr. intr. *A la vista de tantas pérdidas, la solución es desinvertir.*

desistimiento. m. Hecho de desistir. *El caso no ha llegado a verse por desistimiento de los afectados.*

desistir. intr. **1.** Abandonar una idea, intento o actitud. *El mal tiempo hizo desistir* DE *su propósito a los escaladores. No desistas ahora.* **2.** *Der.* Renunciar a un derecho o una acción procesal. *Había sido calumniado, pero prefirió desistir* DE *la querella.*

deslavar. tr. Lavar por encima o ligeramente (algo). *Deslava las tazas antes de usarlas por si han cogido polvo.*

deslavazado, da. adj. **1.** Desordenado o inconexo. *El discurso fue deslavazado y monótono.* **2.** Insulso o de poca sustancia. *Una sopa deslavazada y un filete seco es lo que comimos.*

deslave. m. Am. Tierra que se desprende de una montaña o ladera por efecto del agua. *Tuvieron que desalojar sus casas debido a las inundaciones y deslaves ocasionados por una torrencial lluvia* [C].

desleal. adj. Que no es leal. *Ha sido desleal* CONTIGO *al ocultarte información. Los oficiales desleales fueron castigados.* Dicho de pers., tb. m. y f.

deslealtad. f. Cualidad de desleal. *No puede perdonar la deslealtad demostrada por él.*

deslegalizar. tr. Privar del carácter legal (a algo). *El juez ha deslegalizado el partido.*

deslegitimar. tr. Quitar validez o legitimidad (a alguien o algo). *La falta de un censo electoral fiable deslegitimaría el referéndum.*

desleír. (conjug. SONREÍR). tr. Disolver (algo, espec. sólido o pastoso) en un líquido. *Hay que desleír una tableta de chocolate* EN *un litro de leche.* Tb. en constr. prnl. media. *Los cubitos de hielo se deslieron enseguida.* ▶ *DISOLVER.

deslenguado, da. adj. Dicho de persona: Que habla con desvergüenza o de forma grosera. *Es chismoso y deslenguado.* Tb. m. y f. *Eres una deslenguada.*

desliar. (conjug. ENVIAR). tr. Hacer que (algo) deje de estar liado. *Nos costó desliar el paquete, que venía muy bien atado.* Tb. fig. *La investigación irá desliando toda esta maraña de intereses.*

desligar. tr. **1.** Separar (una cosa) de otra a la que está ligada o unida. *No podemos desligar la forma de un texto literario* DE *su contenido.* Tb. en constr. prnl. media. *Las lenguas romances fueron desligándose del latín.* **2.** Separar (a una persona) de alguien o algo a los que está ligada afectiva o legalmente. *Quiere desligarme* DE *mis amigos.* Tb. en constr. prnl. media. *Ha ido desligándose* DE *la sociedad hasta convertirse en un anacoreta.*

deslindar. tr. Señalar o establecer los límites (de algo), frec. respecto de otra cosa. *Una tapia deslinda ambas fincas. En el trabajo hay que deslindar lo personal* DE *lo laboral.*

deslinde. m. Hecho de deslindar. *A veces autor y narrador se confunden y es difícil su deslinde.*

desliz. m. **1.** Error o desacierto cometidos por flaqueza o por falta de cuidado. *El ladrón cometió un desliz al dejar sus huellas en la caja fuerte.* Frec. referido al hecho de mantener relaciones sexuales, espec. fuera del matrimonio, que dan lugar a un embarazo no deseado. *En aquellos tiempos, si una chica tenía un desliz, debía casarse inmediatamente.* **2.** Hecho de deslizarse. *Sintió en su piel el desliz de una mano acariciadora. Reduzca la velocidad en las curvas para evitar deslices del coche.*

deslizamiento. m. Hecho de deslizar o deslizarse. *El público contempla los deslizamientos de la patinadora sobre el hielo.*

deslizante. adj. **1.** Que se desliza. *Puertas correderas o deslizantes.* **2.** Dicho espec. de superficie: En que es fácil deslizarse. *El piso deslizante de la carretera ha provocado varios accidentes.*

deslizar. tr. **1.** Mover suavemente (una cosa) sobre la superficie de algo. *Desliza la mano por el lomo del caballo acariciándolo.* **2.** Introducir o colocar (algo) con disimulo. *Deslizó una carta en su bolsillo sin que se diera cuenta.* **3.** Incluir en un discurso como al descuido (palabras o frases intencionadas). *En la conferencia deslizó varias reflexiones que sorprendieron al público.* ○ intr. prnl. **4.** Moverse una cosa suavemente sobre la superficie de algo. *La moneda se desliza sobre el mostrador hasta caer al suelo.* **5.** Desplazarse o moverse alguien sobre la superficie de algo. *Se desliza con la tabla de surf cerca de la orilla.* **6.** Desplazarse suavemente una corriente de agua por su cauce. *El río se desliza mansamente.* **7.** Moverse o desplazarse cautelosa y disimuladamente. *El carterista se desliza y se coloca a la espalda de la víctima.* **8.** Evolucionar paulatinamente hacia una determinada actividad, forma de ser o postura ideológica. *Se ha ido deslizando hacia posturas radicales.* **9.** Cometer una equivocación o un error. *El periodista se ha deslizado al incluir información falsa en su artículo.*

deslomar. tr. **1.** coloq. Romper la espalda o el lomo (a alguien), espec. con golpes. *Lo golpeó con tanta fuerza que casi lo desloma.* **2.** coloq. Agotar o dejar muy cansada (a una persona) alguien o algo, espec. un esfuerzo. *Estar todo el día de acá para allá me desloma.* Tb. en constr. prnl. media. *Se desloman trabajando en la vendimia.*

deslucido, da. part. **1.** → **deslucir.** ● adj. **2.** Falto de lucimiento. *La ceremonia me pareció triste y deslucida.*

deslucir. (conjug. LUCIR). tr. Quitar el brillo o la buena apariencia (a algo). *La lluvia ha deslucido la entrada de la novia en la iglesia.* Tb. en constr. prnl. media. *La fachada se ha ido desluciendo por el paso del tiempo.*

deslumbrador, ra. adj. Deslumbrante. *Una luz deslumbradora. Está guapísima, deslumbradora.* ▶ *ASOMBROSO.

deslumbramiento. m. Hecho o efecto de deslumbrar o deslumbrarse. *Circule con las luces cortas para evitar el deslumbramiento del otro conductor.*

deslumbrante. adj. Que deslumbra. *A esas horas, el sol era deslumbrante. Inteligencia deslumbrante.* ▶ *ASOMBROSO.

deslumbrar. tr. **1.** Dejar una luz intensa o aquello que la emite momentáneamente ciego (a alguien). *Los faros del coche me deslumbraron.* Tb. en constr. prnl. media. *Cuando conducce, se pone unas gafas de sol para no deslumbrarse.* **2.** Producir gran impresión o admiración (en alguien). *El museo deslumbra a todo el que lo visita.* ▶ **1:** CEGAR, ENCANDILAR. **2:** *ASOMBRAR.

deslustrar. tr. Quitar lustre (a algo). *Confío en que nada deslustre la ceremonia.* Tb. en constr. prnl. media. *La piel se deslustra con el paso del tiempo.*

desmadejado, da. part. **1.** → **desmadejar.** ● adj. **2.** Dicho de persona o de alguna parte de su cuerpo: Débil o flojo. *Es un chico alto y desmadejado. Noto las piernas desmadejadas.* ▶ **2:** *DÉBIL.

desmadejar. tr. Debilitar (a alguien o alguna parte de su cuerpo) o dejar(los) flojos. *Una fatiga inmensa desmadeja su cuerpo.* Tb. en constr. prnl. media. *Tras la tensión del esfuerzo, pareció desmadejarse.*

desmadrarse. intr. prnl. coloq. Excederse alguien en su comportamiento, hasta el punto de perder la mesura y la dignidad. *Cuando sale de juerga, se desmadra.*

desmadre. m. coloq. Hecho o efecto de desmadrarse. *La fiesta fue un desmadre.*

desmán¹. m. Exceso o desorden, frec. cometidos con abuso del poder o la fuerza. *Cometió todo tipo de fechorías y algún desmán de juventud.* Frec. en pl. *Los desmanes de los que mandan.*

desmán². m. Mamífero parecido al topo, con hocico en forma de trompa, cola alargada y dedos unidos por membranas, que vive a orillas de ríos y arroyos, y del que existen varias especies, p. ej.: ~ *almizclado* o *ruso,* ~ *pirenaico.*

desmandarse. intr. prnl. Apartarse del orden establecido. *En la organización nadie se puede desmandar ni actuar por su cuenta.*

desmano. a ~. loc. adv. A trasmano o fuera de los caminos frecuentados. *La casa se encuentra muy a desmano.*

desmantelamiento. m. Hecho o efecto de desmantelar. *Se procederá al desmantelamiento de la central nuclear.*

desmantelar. tr. **1.** Dejar sin actividad (algo) derribando o desmontado sus instalaciones. *Van a desmantelar las bases nucleares.* **2.** Echar por tierra o arruinar (algo no material). *Tratan de desmantelar el sistema de subvenciones.*

desmañado, da. adj. **1.** Dicho de persona: Falto de maña o habilidad. *Soy bastante desmañado para el dibujo.* Tb. m. y f. *Soy una desmañada.* **2.** Dicho de cosa: Que manifiesta falta de maña o habilidad. *Ha empapelado la habitación de manera torpe y desmañada.*

desmaquillador, ra. adj. Que desmaquilla o sirve para desmaquillar. *Toallitas desmaquilladoras. Crema desmaquilladora.* Dicho de producto, tb. m. *Limpie su piel con un buen desmaquillador.*

desmaquillar. tr. Quitar el maquillaje (a una persona o a su rostro). *A algunos actores hay que desmaquillarlos.*

desmarcarse. intr. prnl. **1.** En algunos deportes de equipo: Apartarse un jugador de otro u otros para quedar libre de su marcaje. *El delantero se ha desmarcado de su defensor y ha marcado.* **2.** Apartarse o distanciarse de un grupo o de algo de carácter colectivo, gralm. para marcar las diferencias. *Siempre se ha desmarcado* DE *las posturas más radicales.*

desmarque. m. Hecho de desmarcarse. *Intentaba el desmarque, pero el defensor se lo impedía.*

desmayado, da. part. **1.** → **desmayar.** ● adj. **2.** Falto de fuerza. *Colores desmayados. Gestos desmayados.*

desmayar. intr. **1.** Perder el valor o el ánimo. *Ha aguantado el ataque sin desmayar.* ○ intr. prnl. **2.** Perder el sentido o el conocimiento. *Si no comes algo, te vas a desmayar.* ▶ **1:** DESFALLECER. **2:** DESVANECERSE.

desmayo. m. **1.** Pérdida del sentido o del conocimiento. *A veces sufre desmayos.* **2.** Pérdida del ánimo o las fuerzas. *Estudia sin desmayo para aprobar la oposición.* ▶ **1:** DESFALLECIMIENTO, DESVANECIMIENTO, LIPOTIMIA, SÍNCOPE, VAHÍDO. **2:** DESFALLECIMIENTO.

desmedido, da. adj. Excesivo o desproporcionado. *Le pierde su desmedido afán de protagonismo.* ▶ *EXCESIVO.

desmedrado, da. adj. Dicho de persona o cosa: Que no alcanza el desarrollo normal. *Niños mal nutridos y desmedrados corren por el poblado. Las plantas crecen débiles y desmedradas.*

desmejorar. tr. **1.** Hacer que (alguien o algo) pasen a estar peor. *El toque de canela que has puesto al postre lo desmejora.* ○ intr. **2.** Ir perdiendo la salud o la vitalidad. *Si no comes debidamente, desmejorarás.* Tb. prnl. *El enfermo se ha desmejorado mucho.*

desmelenado, da. part. **1.** → **desmelenar.** ● adj. **2.** Dicho de persona: Que se presenta sin la compostura debida, espec. con el cabello suelto y desordenado. *Salió a abrir la puerta desmelenada y en bata.* **3.** Que muestra arrebato o falta de moderación. *Ha calificado la obra de folletín desmelenado.*

desmelenamiento. m. Hecho o efecto de desmelenar o desmelenarse. *No imaginas su desmelenamiento cuando toma unas copas.*

desmelenar. tr. **1.** Desordenar o alborotar el cabello (a alguien). *El viento me ha desmelenado.* ○ intr. prnl. **2.** Perder alguien la inhibición, actuando gralm. con arrebato o falta de moderación. *A la vejez se ha desmelenado.*

desmembración. f. Hecho de desmembrar o desmembrarse. *La desmembración del cuerpo fue llevada a cabo con un hacha. La desmembración de la antigua Unión Soviética ha originado numerosas repúblicas.* ▶ DESMEMBRAMIENTO.

desmembramiento. m. Desmembración. *La crisis interna provocó el desmembramiento del partido.*

desmembrar. (conjug. ACERTAR o reg.). tr. **1.** Separar los miembros o partes (de un cuerpo). *El asesino había desmembrado a su víctima.* Tb. fig. *Las luchas internas desmembraron el imperio.* Tb. en constr. prnl. media. *El imperio se desmembró como consecuencia de las luchas internas.* **2.** Separar (una parte) del todo en que está integrada. *La dirección ha desmembrado* DEL *partido al sector más radical.*

desmemoria. f. Falta de memoria. *El paciente presenta una ligera desmemoria.*

desmemoriado, da. adj. Dicho de persona: Que tiene poca memoria o que no tiene memoria. *El acusado se ha mostrado desmemoriado ante las preguntas del fiscal.* Tb. m. y f. *Es un desmemoriado.*

desmentida. f. Am. Desmentido. *Cuando esta información tomó estado público, la primera reacción oficial fue una tibia desmentida* [C].

desmentido. m. Hecho o efecto de desmentir. Tb. el comunicado en que se desmiente. *En el desmentido niega las afirmaciones que le han atribuido.* ▶ **Am:** DESMENTIDA.

desmentir. (conjug. SENTIR). tr. **1.** Sostener o demostrar la falsedad (de un dicho o hecho). *Ha desmentido que esté embarazada.* **2.** Sostener o demostrar que lo dicho o hecho (por alguien) es falso. *El periodista desmintió varias veces al político durante la entrevista.*

desmenuzamiento. m. Hecho o efecto de desmenuzar o desmenuzarse. *Los agentes meteorológicos pueden causar desprendimientos y desmenuzamiento de rocas.*

desmenuzar. tr. **1.** Deshacer (algo) dividiéndo(lo) en partes menudas, espec. con los dedos. *Ha desmenuzado una magdalena sobre el tazón de leche.* Tb. en constr. prnl. media. *Al apretarlo, el terrón de barro se desmenuzó en su mano.* **2.** Examinar detalladamente (algo). *Lee desmenuzando cada frase.*

desmerecer. (conjug. AGRADECER). intr. **1.** Perder mérito o valor. *Las obras clásicas no desmerecen con el paso del tiempo.* **2.** Ser una persona o cosa inferiores a otra u otras con las que se comparan. *Esta novela no desmerece* DE *sus éxitos anteriores. La mujer es guapa, pero él no desmerece a su lado.*

desmerecimiento. m. Hecho o efecto de desmerecer. *Los vinos de la comarca tienen justa fama, sin desmerecimiento de otros.*

desmesura. f. Cualidad de desmesurado. *Reacciona con desmesura ante las críticas. Huye del artificio y la desmesura.*

desmesurado, da. part. **1.** → **desmesurar.** ● adj. **2.** Excesivo o que sobrepasa los límites de lo normal. *Le pierde su desmesurada ambición. El precio le ha parecido desmesurado.* ▶ **2:** *EXCESIVO.

desmesurar. tr. Exagerar (algo). *No debes desmesurar los problemas.*

desmigajar. tr. Desmenuzar o hacer migajas (algo, espec. un alimento). *Hay que desmigajar una barra de pan.* Tb. en constr. prnl. media. *Estas magdalenas se desmigajan en cuanto las tocas.* ▶ DESMIGAR.

desmigar. tr. Desmigajar (pan u otro alimento). *Desmiga el bacalao.* Tb. en constr. prnl. media. *El congrio se desmiga menos que la merluza.* ▶ DESMIGAJAR.

desmilitarización. f. Hecho de desmilitarizar o desmilitarizarse. *Ha empezado la desmilitarización de la región.*

desmilitarizar. tr. **1.** Suprimir el carácter militar (de algo). *Acabada la guerra, había que desmilitarizar los servicios de la ciudad.* **2.** Dejar libre de tropas e instalaciones militares (un territorio), obedeciendo a un acuerdo internacional. *La ONU ha acordado desmilitarizar la zona en litigio.*

desmineralización. f. *tecn.* Disminución o eliminación de los elementos minerales de algo, espec. de los huesos o del agua. *El tratamiento frena la desmineralización ósea.*

desmirriado, da. adj. Esmirriado. *A ver si comes más, que te estás quedando desmirriado.* ▶ ESCUÁLIDO.

desmitificación. f. Hecho de desmitificar. *Fomenta el análisis crítico y la desmitificación de falsos ídolos.*

desmitificador, ra. adj. Que desmitifica. *Una biografía desmitificadora del pintor.* Dicho de pers., tb. m. y f. *Como crítico, es un desmitificador de obras consagradas.*

desmitificar. tr. Privar de carácter mítico (a alguien o algo). *El ensayo desmitifica la llamada "época dorada" del país.*

desmochar. tr. Quitar o cortar la punta o parte superior (de algo, espec. de un árbol, una torre o un animal cornudo) dejándo(lo) mocho. *Un rayo ha desmochado el chopo.*

desmoche. m. Hecho de desmochar. *Es conveniente el desmoche del árbol para rejuvenecerlo.*

desmontable. adj. Que se puede desmontar o desarmar. *Una batidora desmontable. Su argumentación es fácilmente desmontable.*

desmontaje. m. Hecho de desmontar una pieza, algo compuesto de piezas, o algo instalado. *La reparación exigirá el desmontaje del motor.*

desmontar[1]. tr. **1.** Separar o quitar (una pieza) o el conjunto de piezas de las que está compuesto (algo). *El relojero ha desmontado la pieza para arreglar el reloj. Esta mesa la puedes montar y desmontar cuando quieras.* **2.** Hacer que (algo montado) deje de estarlo. *Después de la actuación hay que desmontar el escenario. Han desmontado la tienda de campaña.* **3.** Bajar o derribar (a alguien) de una caballería, bicicleta o motocicleta. *Una sacudida del caballo lo desmontó.* **4.** Separar los elementos (de una estructura o sistema intelectual) sometiéndolos a análisis. *El oponente trata de desmontar su teoría.* ○ intr. **5.** Bajarse alguien de una caballería, bicicleta o motocicleta. *Desmontó* DEL *mulo y le quitó los arreos. El ciclista desmonta al llegar a la meta.* Tb. prnl. *El yóquey se desmonta* DE *su purasangre.*

desmontar[2]. tr. **1.** Cortar los árboles o matas (de un monte u otro terreno), gralm. para cultivar(lo). *Se aprobó desmontar cinco hectáreas de bosque.* **2.** Rebajar (un terreno) para allanar(lo) o igualar(lo). *Van a empezar a desmontar el terreno por donde pasará la línea férrea.*

desmonte. m. **1.** Hecho de desmontar un terreno. *Antes de edificar, se realizarán tareas de desmonte del solar.* **2.** Terreno que ha sido desmontado. Frec. en pl. *Huertos y desmontes empiezan donde termina el pueblo.*

desmoralización. f. Hecho o efecto de desmoralizar o desmoralizarse. *El general ha arengado a sus tropas para evitar su desmoralización.*

desmoralizador, ra. adj. Que desmoraliza. *Llegan noticias desmoralizadoras y la situación no mejora.*

desmoralizar. tr. **1.** Quitar la moral o el ánimo (a alguien). *Me desmoraliza no encontrar trabajo.* Tb. en constr. prnl. media. *También los profesores se desmoralizan ante el fracaso escolar.* **2.** Corromper las costumbres o la moral (de alguien). *El escritor narra, sin ocuparse de si moraliza o desmoraliza a la sociedad.* ▶ **1:** *DESANIMAR.

desmoronamiento. m. Hecho o efecto de desmoronar o desmoronarse. *Han apuntalado el edificio para evitar su desmoronamiento.*

desmoronar. tr. **1.** Deshacer (algo, espec. un edificio) separando progresivamente los elementos de que está compuesto. *Las humedades desmoronan la pared de la casa.* Tb. en constr. prnl. media. *El antiguo templo se desmoronaba por falta atención.* **2.** Destruir (algo no material) progresivamente. *El interrogatorio ha desmoronado la resistencia del detenido.* Tb. en constr. prnl. media. *Su matrimonio se fue desmoronando por falta de comunicación.* **3.** Hacer que (alguien) decaiga moral o físicamente. *No encontrar trabajo lo está desmoronando.* Frec. en constr. prnl. media. *El equipó se desmoronó en la segunda parte.*

desmotivación. f. Falta o pérdida de motivación. *La desmotivación y la falta de alicientes pueden retrasar la recuperación.*

desmotivar. tr. Quitar (a alguien) la motivación o el ánimo para hacer algo. *Las críticas lo desmotivan.*

desmovilización. f. Hecho de desmovilizar. *Se ha ordenado la desmovilización de las brigadas internacionales.*

desmovilizar. tr. Hacer que (personas o tropas movilizadas) dejen de estarlo. *El país desmovilizará a 10 000 soldados de sus bases militares internacionales.*

desnacionalización. f. Hecho de desnacionalizar. *Se ha aprobado la desnacionalización de varias empresas públicas.*

desnacionalizar. tr. Hacer que (algo, espec. una corporación o industria) pierda el carácter de nacional o de nacionalizado. *El gobierno quiere desnacionalizar la sanidad.*

desnatar. tr. Quitar la nata (a la leche o a un producto lácteo). *Toma leche desnatada.*

desnaturalización. f. Hecho de desnaturalizar. *La desnaturalización del alcohol se realiza en un laboratorio.*

desnaturalizado, da. part. **1.** → **desnaturalizar.** ● adj. **2.** Que no cumple con las obligaciones naturales hacia sus familiares. *Lo tachan de hijo desnaturalizado.*

desnaturalizar. tr. **1.** Alterar las propiedades o condiciones (de algo). *Tratan de reformar las instituciones sin desnaturalizarlas.* **2.** Degradar (una sustancia, como el alcohol o el aceite) de manera que deje de ser apta para el consumo humano. *Se autorizó la mezcla con anilinas para desnaturalizar el aceite de colza.*

desnivel. m. **1.** Diferencia de nivel. *La pendiente tiene un desnivel del 6%. Una cascada con 200 metros de desnivel.* **2.** Parte del terreno que presenta un desnivel (→ 1) entre dos puntos. *Bajamos por un desnivel que llega hasta el río.*

desnivelación. f. Hecho o efecto de desnivelar o desnivelarse. *La vibración de la máquina puede provocar su desnivelación.*

desnivelar. tr. Hacer perder la nivelación o equilibrio existentes (en alguien o algo). *El apoyo de la superpotencia a uno de los bandos ha desnivelado el conflicto.* Tb. en constr. prnl. media. *Distribuya bien la carga para evitar que el coche se desnivele.*

desnortarse. intr. prnl. Desorientarse o perder el norte. *El náufrago se despertó aturdido y desnortado.*

desnucamiento. m. Hecho o efecto de desnucar o desnucarse. *Muerte por desnucamiento.*

desnucar. tr. Romper la nuca (a alguien). *De un golpe desnucó al animal.* Tb. en constr. prnl. media. *Dio con la cabeza en el bordillo y casi se desnuca.*

desnuclearización. f. Prohibición o eliminación de armas o instalaciones nucleares de un territorio. *Han firmado un tratado de desnuclearización de sus territorios.*

desnuclearizado, da. adj. Desprovisto de armas o instalaciones nucleares. *Ejército desnuclearizado. Zona desnuclearizada.*

desnudar. tr. **1.** Quitar (a alguien) las prendas de vestir que lleva puestas. *Desnudó al bebé para bañarlo. El doctor dijo al paciente que se desnudara.* **2.** Quitar (a algo) lo que (lo) cubre o adorna. *En Semana Santa desnudan los altares.* ○ intr. prnl. **3.** cult. Desprenderse una persona de algo no material que le es propio. *Hay que desnudarse* DE *los prejuicios.* ▶ **1:** DESVESTIR.

desnudez. f. Condición de desnudo. *Al dejar caer el vestido mostró su hermosa desnudez.*

desnudismo. m. Nudismo. *En esta playa se puede practicar el desnudismo.*

desnudista. adj. Nudista. *La piscina tiene un solárium desnudista.* Dicho de pers., tb. m. y f. *Varios desnudistas toman el sol en la playa.*

desnudo, da. adj. **1.** Dicho de persona o parte del cuerpo: Que no lleva puesta ninguna prenda de vestir. *El niño corretea desnudo por la playa. Está con el torso desnudo tomando el sol.* **2.** Muy mal vestido o indecente. Gralm. con intención enfática. *Con ese vestido que te has comprado vas desnuda.* **3.** Dicho de cosa: Que no tiene los elementos que lo cubren o adornan. *En invierno los árboles están desnudos. Me gustan las paredes desnudas.* **4.** Claro o sin doblez. *La verdad desnuda no suele gustar.* **5.** Falto de algo, espec. de bienes o riquezas. *Los acreedores lo han dejado desnudo. Desnudo* DE *méritos.* ● m. **6.** *Arte* Figura humana desnuda (→ 1). *En el museo hay una sala dedicada a los desnudos.* ■ **al desnudo.** loc. adv. Al descubierto o a la vista. *Al cruzar la pierna deja al desnudo medio muslo.* Tb. fig. *El historiador pone al desnudo la vida del estadista.* ▶ **Am: 1:** CALATO.

desnutrición. f. Hecho o efecto de desnutrirse. *Presenta síntomas de desnutrición.*

desnutrirse. intr. prnl. Pasar a tener un ser vivo falta de nutrición. *Si la alimentación es inadecuada, el paciente puede llegar a desnutrirse. Hay millones de niños desnutridos.*

desobedecer. (conjug. AGRADECER). tr. No obedecer (a alguien, o una orden o indicación). *No desobedezcas a tu madre. Desobedeció mis órdenes.*

desobediencia. f. Hecho de desobedecer. *No tolera la desobediencia.*

desobediente. adj. Que desobedece. *¡Qué niño tan desobediente!* Dicho de pers., tb. m. y f. *Es una desobediente.*

desobstruir. (conjug. CONSTRUIR). tr. Hacer que (algo obstruido, espec. un conducto) quede libre de obstrucción. *Van a intervenirlo para desobstruir la arteria.*

desocupación. f. **1.** Falta de ocupación. *En el último año ha alternado trabajos esporádicos con períodos de desocupación.* **2.** frecAm. Paro (situación de parado, conjunto de parados, o subsidio). *La tasa de desocupación disminuye. ¿Y con la desocupación que hay se quejan si todavía pueden trabajar quince días?* [C]. ▶ **2:** *PARO.

desocupado, da. part. **1.** → **desocupar.** ● adj. **2.** Que no está ocupado. *La pensión tiene dos habitaciones desocupadas.* Dicho de pers., tb., m. y f. *La plaza está llena de curiosos y desocupados.* **3.** frecAm. Parado (que no tiene empleo). *Hay miles de trabajadores desocupados.* Tb. m. y f. *El 70% de los desocupados jóvenes tienen estudios medios.* ▶ **3:** *PARADO.

desocupar. tr. **1.** Dejar libre (un lugar). *Los clientes del hotel deberán desocupar sus habitaciones antes de las doce.* **2.** Sacar lo que hay dentro (de algo). *Conviene desocupar el armario para trasladarlo.* ○ intr. prnl. **3.** Quedar libre de una ocupación o trabajo. *Cuando se desocupe completamente se dedicará a viajar.*

desodorante. adj. Que elimina el mal olor, espec. el corporal. *Crema desodorante.* Dicho de producto, tb. m. *Un desodorante sin alcohol.*

desodorizar. tr. Eliminar el mal olor (de alguien o algo). *Nuevo ambientador, ideal para desodorizar espacios cerrados.*

desoír. (conjug. OÍR). tr. Desatender (consejos o peticiones) de alguien. *No deberías desoír sus advertencias.* Tb. referido a la persona. *Por desoír al guarda forestal, se perdieron en el bosque.* ▶ DESATENDER.

desojarse. intr. prnl. Estropearse la vista alguien por forzarla demasiado. *Se desojaba haciendo unos bordados primorosos.*

desolación. f. **1.** Tristeza o aflicción intensas. *Pasa de la alegría a la desolación.* **2.** Destrucción completa de algo, espec. de un lugar. *Impresiona la desolación del bosque tras el incendio.*

desolado, da. part. **1.** → **desolar.** ● adj. **2.** Dicho espec. de lugar: Inhóspito o desierto. *La Meseta se caracteriza por sus llanuras desoladas.*

desolador, ra. adj. Que causa desolación. *Tras el incendio, el espectáculo era desolador.*

desolar. (conjug. CONTAR). tr. **1.** Causar desolación (a alguien). *Su muerte ha desolado a toda la familia.* Tb. en constr. prnl. media. *No puedes desolarte por haber suspendido.* **2.** Asolar o destruir por completo (algo, espec. un lugar). *Las tropas enemigas entraron en la ciudad y la desolaron.*

desolladero. m. Lugar destinado a desollar reses. *Llevan los toros lidiados al desolladero.*

desolladura. f. Hecho o efecto de desollar. *Trae los brazos arañados y llenos de desolladuras.*

desollar. (conjug. CONTAR). tr. **1.** Quitar o arrancar la piel (a alguien o a una parte de su cuerpo). *Ha matado y desollado un conejo.* Tb. en constr. prnl. media. *Tenía las manos tan delicadas que enseguida se le desollaban.* **2.** coloq. Criticar con crueldad (a alguien). Frec. ~ *vivo. Ahora todo son halagos, pero en cuanto te descuides te desuella vivo.* ▶ DESPELLEJAR.

desorbitado, da. part. **1.** → **desorbitar.** ● adj. **2.** Exagerado o desmedido. *Un precio desorbitado.* ▶ **2:** *EXCESIVO.

desorbitar. tr. **1.** Sacar (algo, espec. los ojos) de su órbita. *El mimo gesticula y desorbita los ojos.* **2.** Exagerar (algo), o conceder(le) demasiada importancia. *Estás desorbitando las cosas.*

desorden. m. **1.** Falta de orden. *Hay mucho desorden en este cuarto.* **2.** Alteración de la tranquilidad pública o el orden social. Frec. en pl. *La crisis económica provocó graves desórdenes.* **3.** Exceso o abuso. Frec. en pl. *Esos desórdenes con el alcohol perjudican tu salud.* ▶ **1:** DESBARAJUSTE.

desordenado, da. part. **1.** → **desordenar.** ● adj. **2.** Dicho de persona: Que actúa sin orden o no cuida del orden en sus cosas. *Es muy desordenado.* **3.** Dicho de persona: Que no cumple las normas morales o sociales. *Este chico está desordenado: hace lo que quiere.* **4.** Dicho de cosa: Que manifiesta o implica desorden. *Su narración resulta desordenada y confusa. Lleva una vida desordenada.*

desordenar. tr. Alterar el orden (de algo). *Alguien ha desordenado las fichas.* Tb. en constr. prnl. media. *Al tocar esta tecla, se han desordenado los iconos en la pantalla.* ▶ DESBARAJUSTAR.

desorejado, da. part. **1.** → **desorejar.** ● adj. **2.** coloq. o despect. Infame o despreciable. Frec. en las constr. *putón,* o *pendón,* ~. *¡Un pendón desorejado, eso es lo que eres!*

desorejar. tr. Cortar las orejas (a una persona o a un animal). *El torero desorejó a sus dos toros.*

desorganización. f. Hecho de desorganizar o desorganizarse. *La lesión cerebral puede provocar una desorganización de la conducta.* Tb. el hecho de no estar organizado. *¡Qué desorganización, así no hay quien encuentre nada!*

desorganizador, ra. adj. Que desorganiza. *El estrés tiene un efecto desorganizador del comportamiento.* Dicho de pers., tb. m. y f.

desorganizar. tr. Alterar o deshacer la organización (de algo). *La huelga ha desorganizado el servicio de correos.* Tb. en constr. prnl. media. *El servicio de correos se ha desorganizado con la huelga.*

desorientación. f. Hecho de desorientar o desorientarse. *La bajada de la bolsa ha provocado la desorientación de los inversores.* Tb. la condición o el estado correspondientes. *Tiene una desorientación absoluta sobre el tema.*

desorientador, ra. adj. Que desorienta. *El ejemplo que ha puesto resulta desorientador.*

desorientar. tr. **1.** Hacer que (alguien) pierda la orientación o el conocimiento de la posición o del lugar en que se encuentra o a los que se dirige. *Nos perdimos porque la niebla nos desorientó.* Tb. en constr. prnl. media. *La atracción es un laberinto de espejos en el que te desorientas fácilmente.* **2.** Confundir o sorprender (a alguien) dejándo(lo) desconcertado. *Al declararse culpable, el acusado desorientó a sus abogados.* Tb. en constr. prnl. media. *Cuando le notificaron su despido se desorientó, no sabía qué hacer.* ▶ **frecAm:** DESUBICAR.

desovar. intr. Soltar los huevos la hembra de un pez, anfibio, crustáceo, molusco o insecto. *Los esturiones remontan el río para desovar.*

desove. m. Hecho de desovar. *El desove de una rana.* Tb. la época en que se realiza. *Está prohibido pescar en el río durante el desove.*

desoxidar. tr. Limpiar de óxido (un metal). *Hay que desoxidar las superficies antes de encolarlas.*

despabilado, da. part. **1.** → **despabilar.** ● adj. **2.** Espabilado. *Es un niño muy despabilado.* Frec. en sent. irónico. Tb. m. y f. *A ver si va a llegar algún despabilado y te quita el sitio.* ▶ **2:** *INTELIGENTE.

despabilar. tr. **1.** Espabilar (a alguien). *La ducha fría me despabiló. En la universidad lo van a despabilar.* ○ intr. **2.** Espabilar alguien. *Espabilad, que ya es hora de levantarse.* Tb. prnl. *Con la ducha te despabilas rápido.* ▶ ESPABILAR.

despachar. tr. **1.** Resolver o dar solución (a un asunto). *Tiene que despachar varios asuntos esta mañana.* **2.** Terminar o finalizar (un trabajo o una tarea). *En media hora despachó el informe.* **3.** Vender (algo, espec. una mercancía) al público. *Trabaja en la taquilla del metro despachando billetes.* **4.** Atender un tendero o un dependiente (a un cliente). *En la carnicería la despachó un chico joven.* Tb. usado en constr. intr. *El dependiente ha salido y no despacha nadie.* **5.** Enviar (algo o a alguien, espec. un mensaje o a un mensajero). *El ministro español despachó una carta a su homólogo marroquí. Lo ha despachado a hacer unos recados.* **6.** coloq. Despedir o apartar de sí (a alguien). *Cuando alguien entra en su despacho, lo despacha sin contemplaciones.* **7.** coloq. Matar (a alguien). *El asesino despachó a su víctima de un disparo en el pecho.* Tb. prnl. *Se lo despachó de un disparo.* ○ intr. **8.** Resolver o tratar con alguien asuntos o negocios. *El alcalde despacha con sus concejales.* ○ intr. prnl. **9.** coloq. Hablar o actuar con libertad y sin contemplaciones. *Tiene ganas de despacharse a gusto con él y decirle lo que piensa.*

despacho. m. **1.** Hecho de despachar. *El despacho de billetes comienza a las nueve.* **2.** Local destinado al estudio o a una gestión profesional. *El catedrático nos recibió en su despacho. Trabaja de pasante en un despacho de abogados.* **3.** Conjunto de muebles de un despacho (→ 2). *El despacho del director es de caoba.* **4.** Lugar en que se venden determinados artículos. *En la galería comercial solo hay despachos de carne y fruta.* **5.** Comunicación escrita entre el Gobierno de una nación y sus representantes en el extranjero. *El cónsul en Puerto Rico recibió un despacho del ministro de Asuntos Exteriores.* **6.** Comunicación transmitida por telégrafo, por teléfono o por cualquier otro medio de comunicación. *El despacho que llegó al periódico informaba sobre la muerte del pintor.* **7.** Cédula o título que se da a alguien para algún empleo o negocio. *El Rey presidió la entrega de despachos en la Academia Militar.*

despachurrar. tr. coloq. Espachurrar (algo o a alguien). *Pisó la cucaracha y la despachurró.* Tb. en constr. prnl. media. *No amontones los higos, que se despachurran.*

despacio. adv. **1.** Lentamente. *Abrió la puerta despacio.* **2.** Con detenimiento. *¿Tomamos un café y me lo cuentas todo despacio?* ● interj. **3.** Se usa para refrenar a alguien en lo que dice o en lo que va a hacer. *Cuando empezó a culparme, le dije: –¡Despacio, que yo no he tenido nada que ver!*

despacioso, sa. adj. cult. Lento o pausado. *El tiempo transcurría despacioso.*

despampanante. adj. Que deja atónito, gralm. por la belleza o el atractivo físico. *Una modelo despanpanante. Tiene un cuerpo despampanante.*

despanzurramiento. m. coloq. Hecho de despanzurrar o despanzurrarse. *Es frecuente el despanzurramiento de animales en las carreteras.*

despanzurrar. tr. **1.** Abrir o reventar el vientre (a una persona o a un animal). *El coche atropelló y despanzurró al perro.* Tb. en constr. prnl. media. *El suicida saltó desde el quinto piso y se despanzurró.* **2.** Romper (algo) de forma que se vea lo que contiene. *Los tanques despanzurran los edificios.* Tb. en constr. prnl. media. *Se cayó al suelo el melón y se despanzurró.*

desparejado, da. part. **1.** → **desparejar.** ● adj. **2.** Que no tiene pareja. *Procura que ningún invitado quede desparejado.*

desparejar. tr. Deshacer (una pareja de personas o cosas). *Cuando sacaste la ropa desparejaste mis calcetines.* Tb. en constr. prnl. media. *Lleva cuidado para que no se desparejen los calcetines.*

desparejo, ja. adj. Dispar o desigual. *Tiene los dientes grandes y desparejos.*

desparpajado, da. adj. **1.** Dicho de persona: Que tiene o muestra desparpajo. *Su prima es alegre y desparpajada.* **2.** Dicho de cosa: Que manifiesta o implica desparpajo. *Adoptó un tono desparpajado para responder al periodista.*

desparpajo. m. Soltura o falta de timidez en la forma de hablar o de comportarse. *Habla con mucho desparpajo. Se mueve con desparpajo ante las cámaras.*

desparramar. tr. **1.** Extender o esparcir (algo que está junto o amontonado). *Ha desparramado todas las herramientas* POR *el suelo.* Tb. en constr. prnl. media. *El collar se rompió y las cuentas se desparramaron por el suelo.* ○ intr. **2.** coloq. Divertirse alocadamente. *Esta noche saldremos a desparramar a la discoteca.*

despatarrar. tr. Abrir las piernas (a alguien). *La despatarró sobre la cama. Llegó agotado de trabajar y se despatarró en el sofá.* Tb. en constr. prnl. media, espec. cuando la acción es resultado de una caída. *Como no sabía patinar, se despatarraba continuamente sobre la pista de hielo.*

despavorido, da. adj. **1.** Dicho de persona: Que tiene o muestra pavor. *Los vecinos salían despavoridos del edificio en llamas.* **2.** Dicho de cosa: Que manifiesta o implica pavor. *Los clientes observaban el atraco con ojos despavoridos.*

despechado, da. adj. **1.** Dicho de persona: Que siente o muestra despecho. *Está despechada porque su novio le ha sido infiel.* **2.** Dicho de cosa: Que manifiesta o implica despecho. *Le envió una carta despechada, llena de reproches.*

despecho. m. Resentimiento o disgusto causado por un desengaño o una frustración y que impulsa a la venganza. *No lo promocionaron y por despecho dejó el trabajo.* ■ **a ~ de.** loc. prepos. cult. A pesar de. *Contrajeron matrimonio a despecho de la oposición de sus padres.*

despechugarse. intr. prnl. coloq. Quitarse o desabrocharse la ropa que cubre el pecho, dejando este al descubierto. *Con este calor, dan ganas de despechugarse.*

despectivo, va. adj. **1.** *Gram.* Dicho de sufijo: Que expresa desprecio. *"-ucho" y "-orrio" son sufijos despectivos.* ● m. **2.** *Gram.* Palabra formada con un sufijo despectivo (→ 2). *La palabra "hotelucho" es un despectivo.*

despedazamiento. m. Hecho de despedazar. *Prácticas de canibalismo y despedazamiento.*

despedazar. tr. **1.** Hacer pedazos (algo o a alguien). *El león despedaza y devora a su presa.* **2.** Maltratar o destrozar en sentido no material (algo o a alguien). *El programa se dedica a despedazar a personajes famosos.*

despedida. f. Hecho de despedir o despedirse. *La despedida fue muy triste. Ha celebrado su despedida de soltero.* ▶ ADIÓS.

despedir. (conjug. PEDIR). tr. **1.** Arrojar o lanzar hacia fuera (algo). *Al descorchar la botella, el tapón salió despedido. La tubería despide agua por una de las juntas.* **2.** Producir una persona o cosa (algo que sale de ella). *Aquel hombre despedía un olor nauseabundo. Su collar de esmeraldas despide destellos. El volcán empezó a despedir lava.* **3.** Privar (a alguien) de su empleo. *Van a despedir a la mitad de la plantilla.* **4.** Echar una persona de su lado (a otra cuya presencia no desea). *Cuando alguien entra en su habitación, lo despide con cajas destempladas. Me dijo que tenía cosas que hacer y me despidió sin más.* **5.** Acompañar por cortesía hasta un punto determinado (a una persona que se marcha). *Salió a despedirnos hasta la puerta. No hace falta que vengas al aeropuerto a despedirme.* ○ intr. prnl. **6.** Separarse una persona de otra con expresiones de afecto o cortesía. *Siempre se despide con un "hasta pronto". Se despidió de ella con un abrazo. Despídete* DE *todos, que nos vamos.* Tb.: *Tenemos que despedirnos.* **7.** Dejar una persona su empleo voluntariamente. *Se despidió porque no soportaba a su jefa. Me despediré en cuanto encuentre otro trabajo mejor.* **8.** Seguido de un complemento introducido por *de:* Hacerse alguien a la idea de que no va a conseguir lo expresado por él. *Si no aprueba el curso, que vaya despidiéndose de la bici nueva. Como no pueda pagar las letras, nos tendremos que despedir del coche.* ▶ **2:** DESPRENDER, ECHAR, EMANAR, EMITIR, SOLTAR. ‖ **Am: 3:** CESANTEAR, CORRER.

despegado, da. part. **1.** → **despegar.** ● adj. **2.** Que tiene o muestra desapego. *Se ha vuelto muy despegado con la familia.*

despegar. tr. **1.** Separar (dos cosas que estaban pegadas o unidas). *Los granos de arroz se habían pegado y era difícil despegarlos.* Tb.: *Para despegar el papel* DE *la pared conviene mojarlo.* Tb. en constr. prnl. media. *Espero que no vuelvan a despegarse las piezas.* Tb.: *El papel se ha despegado* DE *la pared.* ○ intr. **2.** Separarse un vehículo aéreo de la superficie en que se encuentra al comenzar el vuelo. *El avión despegó sin problemas. Del portaaviones despegaron varios cazas.* **3.** Comenzar a desarrollarse o a progresar una actividad, o una persona en una actividad. *El negocio no acaba de despegar.* ○ intr. prnl. **4.** Apartarse afectivamente de alguien o algo. *Aunque apenas los vea, nunca se ha despegado* DE *sus compañeros de universidad.* ▶ **4:** DESAPEGARSE.

despego. m. Desapego. *Siempre ha demostrado despego por la política.*

despegue. m. Hecho de despegar. *El helicóptero no pudo realizar el despegue.*

despeinar. (conjug. PEINAR). tr. **1.** Deshacer el peinado o revolver el pelo (a alguien). *Le molesta mucho que el aire la despeine.* Tb. en constr. prnl. media. *Se ha despeinado con el viento.* **2.** Revolver (el pelo). *Le acarició la cabeza despeinándole el pelo.* Tb. en constr. prnl. media. *Cuando se levantó de la siesta, los pelos se le habían despeinado.* ■ **sin ~se.** loc. adv. coloq. Sin esfuerzo. *El equipo local ganó al visitante sin despeinarse.*

despejado, da. part. **1.** → **despejar.** ● adj. **2.** Espacioso o ancho. *Plaza despejada. Frente despejada.* **3.** Dicho de persona o de su mente: Capaz de razonar con claridad y rapidez. *Para las matemáticas es bastante despejado. Es hombre de mente despejada.*

despejar. tr. **1.** Dejar libre o sin obstáculos (un lugar). *Despeja la mesa para poner el mantel. La policía despejó la zona* DE *curiosos.* **2.** Aclarar (algo, espec. una duda). *El congreso despejará la incógnita de quién será el secretario general del partido.* **3.** Hacer que (una persona o su cabeza) dejen de estar confusas o embotadas. *Venía tan bebido que tuvimos que meterlo en la ducha para que el agua fría lo despejara.* Tb. en constr. prnl. media. *Con un café te despejas. Al salir a la calle noté que mi cabeza se despejaba.* **4.** *Mat.* Separar (la incógnita) del resto de los miembros de una ecuación para calcular su valor. *Para resolver una ecuación es preciso despejar la incógnita.* **5.** En deporte, espec. en el fútbol: Alejar (la pelota) de la meta propia. *El defensa despejó el balón de un cabezazo.* Tb. usado en constr. intr. *El lateral centró y el portero despejó con los puños.* ○ intr. **6.** Quedar libre de nubes el cielo, el día o el tiempo. *El cielo comienza a despejar.* Tb. prnl. *Amaneció nublado, pero luego el día se despejó.*

despeje. m. En deporte, espec. en el fútbol: Hecho de despejar la pelota. *El despeje del portero evitó el gol.*

despellejar. tr. **1.** Quitar el pellejo o la piel (a alguien o algo). *Una vez despellejadas las reses, las descuartizan.* Tb. en constr. prnl. media. *En la caída se le despellejaron las manos.* **2.** coloq. Criticar con crueldad (a alguien). *Se dedica a despellejar a todo bicho viviente.* ▶ DESOLLAR.

despelotarse. intr. prnl. **1.** coloq. Desnudarse alguien. *Se despelota en la playa.* **2.** coloq. Reírse mucho o con alboroto. *Se despelotan con sus chistes.*

despelote. m. **1.** coloq. Hecho de despelotarse. *¡Verás qué despelote en clase cuando aparezca con estas pintas!* **2.** Am. coloq. Lío o alboroto. *–¿Ustedes son leales o rebeldes? –No sabemos; esto es un despelote* [C].

despeluchar. tr. Quitar el pelo (a alguien o algo) o dejarlo estropeado o escaso. *Ha despeluchado el muñeco de felpa.* Tb. en constr. prnl. media. *La alfombra está empezando a despelucharse.*

despenalización. f. Hecho de despenalizar. *Habrá un debate sobre la despenalización del consumo de drogas.*

despenalizador, ra. adj. Que despenaliza. *Ley despenalizadora del aborto.*

despenalizar. tr. Hacer que dejen de estar penalizados por la legislación penal (un hecho o una conducta). *Piden que despenalicen la eutanasia.*

despendolarse. intr. prnl. coloq. Desmadrarse o descontrolarse alguien. *En cuanto bebe un poco se despendola.*

despensa. f. **1.** Lugar gralm. de una casa o de una nave, en el que se guardan alimentos. *En la despensa encontrarás más aceite.* **2.** Provisión o reserva de alimentos. *Los productos de la matanza eran su despensa para el invierno.*

despensero, ra. m. y f. Persona encargada de la despensa de un palacio, una casa grande o un colectivo. *Fue nombrado despensero mayor del monasterio.*

despeñadero. m. Precipicio escarpado y con peñascos. *El coche derrapó y se precipitó por el despeñadero.* ▶ DERRUMBADERO.

despeñamiento. m. Hecho de despeñar o despeñarse. *Precaución: peligro de despeñamiento.*

despeñar. tr. Arrojar (algo o a alguien) desde un precipicio u otro lugar alto. *Lo despeñaron por un barranco.* Tb. en constr. prnl. media. *Un autobús se despeña por un acantilado.*

despepitar. tr. Quitar las pepitas (a un fruto). *Antes de comerse las uvas las despepitaba.*

despepitarse. intr. prnl. **1.** coloq. Hablar o gritar haciendo mucho esfuerzo con la voz. *El locutor se despepita cuando marcan un gol.* **2.** coloq. Sentir gran atracción o interés por algo. *Se despepita* POR *la ropa.*

desperdiciar. (conjug. ANUNCIAR). tr. No aprovechar (algo) o aprovechar(lo) solo en parte. *No podía desperdiciar la ocasión. Cierra el grifo y no desperdicies el agua.*

desperdicio. m. **1.** Hecho de desperdiciar. *Es un desperdicio que tengas la luz encendida sin necesidad.* **2.** Residuo que no se puede utilizar, o que se deja de utilizar por descuido. *Terminó de comer y tiró los desperdicios a la basura. Pidió al pollero algunos desperdicios para su perro.* ■ **no tener ~** alguien o algo. loc. v. Ser muy útil o de mucho provecho. *Como animal de consumo, el cerdo no tiene desperdicio.* Frec. con intención enfática o irónica. *Fíjate en la indumentaria de ese, porque no tiene desperdicio.*

deperdigado, da. part. **1.** → **desperdigar.** ● adj. **2.** Que se presenta aislado o separado. *Las casas aparecen desperdigadas por la ladera.*

desperdigar. tr. Separar o esparcir (personas o cosas que están juntas). *La guerra desperdigó a familias y amigos.* Tb. en constr. prnl. media. *La caja se rompió y su contenido se desperdigó por el suelo.*

desperezarse. intr. prnl. Extender y estirar los miembros del cuerpo para desentumecerlos o sacudir la pereza. *Empezó a desperezarse y a bostezar.*

desperezo. m. Hecho de desperezarse. *Se estiró en un largo desperezo.*

desperfecto. m. **1.** Daño o deterioro leves. *El barco presenta desperfectos en el casco y las velas.* **2.** Falta o defecto que desvirtúan el valor de algo o estropean su apariencia. *Vendemos rebajadas prendas con desperfectos de fábrica.*

despersonalización. f. Hecho de despersonalizar o despersonalizarse. *En enfermos depresivos, aparecen con frecuencia sentimientos de despersonalización.*

despersonalizar. tr. **1.** Quitar (a una persona) su personalidad o características propias. *Pensaba que en las sectas despersonalizaban a los seguidores.* Tb. en constr. prnl. media. *En ese ambiente el pintor se despersonaliza siguiendo la moda.* **2.** Quitar el carácter personal (a algo). *El juez debe ser imparcial y despersonalizar sus sentencias.* Tb. en constr. prnl. media. *En los últimos tiempos el trato se ha despersonalizado.*

despertador, ra. adj. **1.** Que despierta. *Necesitaban líderes despertadores de conciencia.* ● m. **2.** Reloj despertador (→ **reloj**). *No oyó la alarma del despertador.*

despertar. (conjug. ACERTAR). tr. **1.** Interrumpir el sueño (a alguien que está durmiendo). *Entró en su habitación y lo despertó.* **2.** Hacer que (alguien) sea más consciente de las cosas que lo rodean o razone con mayor claridad. *El revolucionario intenta despertar a los jóvenes para que se rebelen contra el dictador.* **3.** Causar (algo, espec. un sentimiento) o hacer que se manifieste. *El entrenamiento me ha despertado el apetito.* ○ intr. **4.** Dejar alguien de estar dormido. *Cuando despertó, su madre le había preparado el desayuno.* Tb. prnl. *Se despertó a las tres de la mañana.* **5.** Pasar alguien a ser más consciente de las cosas que lo rodean o a razonar con mayor claridad. *Cuando comenzó la universidad, despertó y se volvió más estudioso.* ● m. **6.** Hecho de despertar o despertarse (→ 1-5). *En el zoo contempló el despertar de un tigre que estaba dormido.*

despiadado, da. adj. **1.** Dicho de persona: Cruel o que no tiene piedad. *El vencedor se muestra despia-*

dado con los enemigos. **2.** Dicho de cosa: Que manifiesta o implica crueldad o falta de piedad. *Trato despiadado. Ataque despiadado.* ▶ *CRUEL.

despido. m. **1.** Hecho de despedir del trabajo. *Varios despidos improcedentes llevaron a los trabajadores a la huelga.* **2.** Indemnización que recibe el trabajador despedido. *Con el despido se compró un coche.* ▶ **Am: 1:** CESANTÍA.

despiece. m. Hecho o efecto de despiezar. *Una vez sacrificado el animal, se procede a su despiece.*

despierto, ta. adj. **1.** Que no está durmiendo. *¡Qué raro verte despierto tan temprano!* **2.** Sagaz y ágil mentalmente. *Es una chica muy despierta y trabajadora.* ▶ **2:** *INTELIGENTE.

despiezar. tr. Dividir (algo) en piezas o en las partes que (lo) componen. *¿Sabes despiezar el pavo? Dos operarios del desguace se encargan de despiezar los coches siniestrados.*

despilfarrador, ra. adj. Que despilfarra. *Han tachado los presupuestos de despilfarradores.* Dicho de pers., tb. m. y f. *Sois unos despilfarradores.* ▶ DERROCHADOR.

despilfarrar. tr. Derrochar o gastar descontroladamente (algo, espec. dinero). *Despilfarró grandes sumas de dinero. El tiempo es corto, no lo despilfarres.* ▶ DERROCHAR.

despilfarro. m. Hecho o efecto de despilfarrar. *Es un despilfarro pagar tanto por algo que no necesitas. ¡Qué despilfarro de energía!* ▶ DERROCHE.

despintar. tr. Quitar la pintura (a algo). *El chapista utiliza un decapante para despintar el coche.* Tb. en constr. prnl. media. *El letrero se ha despintado con la lluvia.* ■ **no despintársele** (a un persona) alguien o algo. loc. v. Conservar con claridad su recuerdo. *No se le despinta ninguna cara.*

despiojar. tr. Quitar los piojos (a alguien). *Los carceleros despiojaban a los prisioneros. El documental muestra a un gorila despiojándose.*

despiporre. el ~. loc. s. coloq. El despiporren. *La despedida de soltera fue el despiporre.*

despiporren. el ~. loc. s. coloq. Cosa que ha alcanzado el máximo grado en algún aspecto. Frec. con carácter exclamativo para calificar lo que resulta un desbarajuste. *Unos tiraban piedras, otros gritaban...; en fin, el despiporren.*

despistado, da. part. **1.** → **despistar.** ● adj. **2.** Que no se da cuenta de lo que hace o de lo que pasa a su alrededor. *Se perdió porque iba despistada. Estaba despistada y no te he visto llegar.* Dicho de pers., tb. m. y f. *Este chico es un despistado.*

despistar. tr. **1.** Hacer perder la pista (a alguien). *Los terroristas consiguieron despistar a la policía.* ○ intr. **2.** Disimular o fingir. *Cuando oyó que hablaban de él, se puso a fumar para despistar.* ○ intr. prnl. **3.** Desorientarse o perder el rumbo. *En esta autopista es fácil despistarse.* **4.** Distraerse o perder la atención. *Explícale bien lo que tiene que hacer, porque se despista con facilidad.*

despiste. m. **1.** Hecho o efecto de despistar o despistarse. *En el examen tuve varios despistes. Nos perdimos por un despiste de Juan.* **2.** Cualidad o condición de despistado. *Conociendo su despiste, no me extraña que olvidara las llaves.*

desplante. m. Hecho o dicho arrogantes o insolentes y frec. bruscos. *Eso de no invitarla a la boda es un desplante imperdonable.*

desplazado, da. part. **1.** → **desplazar.** ● adj. **2.** Dicho de persona: Que no se adapta al ambiente o a las circunstancias que la rodean. *En este barrio me siento desplazada.* Tb. m. y f. *Se considera un desplazado.*

desplazamiento. m. **1.** Hecho o efecto de desplazar o desplazarse. *Los desplazamientos por carretera aumentan en verano.* **2.** *Mar.* Volumen y peso del agua que desaloja un navío, igual al espacio que ocupa en el agua su casco hasta la línea de flotación. *El portaaviones tiene un desplazamiento de 16 500 toneladas.*

desplazar. tr. **1.** Mover (algo o a alguien) del lugar en que están. *El coche chocó contra la moto y la desplazó varios metros.* Tb. en constr. prnl. media. *El glaciar se desplaza lentamente.* **2.** Quitar (a alguien o algo) de un puesto o una función. *En algunos trabajos, las máquinas han desplazado al hombre.* **3.** Desalojar un cuerpo sumergido, espec. una embarcación (un volumen de líquido). *El buque desplaza diez mil toneladas.* ○ intr. prnl. **4.** Ir de un lugar a otro. *Habitualmente se desplaza por la ciudad en metro.* ▶ **3:** DESALOJAR.

desplegable. adj. **1.** Que se puede desplegar. *Llevo un mapa de carreteras desplegable en la guantera. Mesa desplegable.* **2.** En informática, dicho espec. de recuadro o menú: Que se extiende en la pantalla para mostrar las opciones que se pueden elegir. *Al apretar el botón derecho del ratón, aparecerá un menú desplegable.* ● m. **3.** Lámina, página o folleto plegados, que hay que desplegar para leerlos o verlos enteros. *La revista trae un desplegable a todo color.*

desplegar. (conjug. ACERTAR). tr. **1.** Extender (algo que está plegado). *El pavo real despliega su cola para atraer a la hembra.* Tb. en constr. prnl. media. *Tiró de la cuerda y el estor se desplegó.* **2.** Extender o colocar de forma más abierta (algo, espec. tropas). *El general ha desplegado sus tropas por el valle. Cientos de policías se desplegarán por la ciudad.* **3.** Poner en práctica (una actividad) o manifestar intensamente (una cualidad o una actitud). *Durante la cena ha desplegado todo su encanto.*

despliegue. m. Hecho o efecto de desplegar o desplegarse. *Despliegue de sabiduría.*

desplomar. tr. **1.** Hacer que (algo, espec. una pared o un edificio) caigan o pierdan la posición vertical. *El fuerte viento desplomó el muro.* ○ intr. prnl. **2.** Caerse o perder la posición vertical un edificio o una construcción. *La pared se desplomó.* **3.** Caer alguien o algo a plomo. *Llega del trabajo y se desploma en el sillón.* **4.** Caer alguien sin vida o sin conocimiento. *Le dio un ataque al corazón y se desplomó en el acto.* **5.** Arruinarse o venirse abajo algo. *Con el nuevo atentado terrorista las esperanzas de paz se desploman.*

desplome. m. Hecho o efecto de desplomarse. *Si no se apuntala el edificio, es casi seguro su desplome. El desplome de la bolsa arruinó a muchos inversores.*

desplumar. tr. **1.** Quitar las plumas (a un ave). *Los cazadores desplumaron las perdices y las guisaron.* **2.** coloq. Dejar sin dinero o sin bienes (a alguien). *No juegues a las cartas con ese, que te despluma.*

desplume. m. Hecho de desplumar. *El desplume de las aves.*

despoblación. f. Hecho o efecto de despoblar o despoblarse. *Hay que evitar la despoblación de las zonas rurales.* ▶ DESPOBLAMIENTO.

despoblado. m. Lugar que no está poblado, espec. el que en otro tiempo ha tenido población. *El crimen se cometió en despoblado.*

despoblamiento. m. Despoblación. *Una región con riesgo de despoblamiento.*

despoblar. (conjug. CONTAR). tr. **1.** Hacer que (un lugar) deje de estar poblado. *La emigración ha despoblado pueblos enteros.* Tb. en constr. prnl. media. *El pueblo se fue despoblando poco a poco.* **2.** Despojar (un sitio) de lo que hay (en él). *Han despoblado el campo* DE *árboles.*

despojamiento. m. Hecho de despojar o despojarse. *La escenografía es sobria, con total despojamiento* DE *elementos decorativos.*

despojar. tr. **1.** Privar (a alguien) de algo que tiene, con violencia. *El atracador los despojó* DE *su dinero y joyas.* **2.** Quitar (a alguien o a algo) lo que lo cubre, adorna o completa. *El escritor ha despojado su estilo* DE *la excesiva adjetivación. El jugador se despoja* DE *la sudadera y sale a la cancha.* **3.** Extraer (de un libro o de un objeto de estudio) aquellos datos o informaciones que se consideran de interés. *Para ese estudio despojaron numerosos textos.* ○ intr. prnl. **4.** Renunciar a algo o desprenderse de ello voluntariamente. *Cuando tomó los hábitos, se despojó* DE *todos sus bienes materiales.*

despojo. m. **1.** Hecho de despojar o despojarse. *La nueva normativa suponía un despojo* DE *derechos ya conquistados.* **2.** Conjunto del vientre, asadura, cabeza y manos de una res, o de la molleja, patas, pescuezo, cabeza y alones de un ave. *Antes de servir la sopa se saca el despojo de pollo.* Frec. en pl. con significado sing. *Con los despojos del cordero hizo un guiso.* **3.** Parte que sobra o queda de algo gastado o destruido. Frec. en pl. *Las gaviotas se arremolinaban en torno a los despojos* DE *comida.* Tb. fig. *Apenas quedan en pie algunos monumentos, despojos de la antigua civilización. Al final de sus días, se sentía un despojo humano.* ○ pl. **4.** cult. Restos mortales de una persona. *En el panteón reposan los despojos* DE *toda la familia.*

despolitización. f. Hecho o efecto de despolitizar o despolitizarse. *La despolitización era mayor en los sectores sociales menos instruidos.*

despolitizar. tr. Quitar carácter político o interés por la política (a alguien o algo). *Había que despolitizar la justicia y a los jueces.* Tb. en constr. prnl. media. *Los universitarios se han ido despolitizando.*

desportillar. tr. Deteriorar (algo, espec. un recipiente) rompiendo parte de la boca o del borde. *Deja de dar con la cuchara en la taza, que la vas a desportillar.* Tb. en constr. prnl. media. *Se ha caído el jarrón y se ha desportillado.*

desposado, da. part. **1.** → **desposar.** ● adj. **2.** cult. Recién casado. Frec. m. y f. *Después de la ceremonia los desposados se irán de luna de miel.*

desposar. tr. **1.** cult. Casar, o unir en matrimonio (a alguien). *Su padre la quería desposar* CON *un hombre adinerado. El obispo los desposó en la catedral.* ○ intr. prnl. **2.** cult. Casarse, o unirse en matrimonio. *Parece una novia a punto de desposarse.* **3.** cult. Contraer esponsales o promesa de matrimonio. *Se desposarán en abril y la boda se celebrará en agosto.*

desposeer. (conjug. LEER). tr. **1.** Privar (a alguien) de lo que posee. *Tras los análisis pertinentes, los jueces desposeyeron al esquiador* DE *la medalla de oro.* ○ intr. prnl. **2.** Renunciar alguien a lo que posee. *Al hacerse misionero se desposeyó* DE *todos sus bienes.*

desposeído, da. part. **1.** → **desposeer.** ● adj. **2.** Pobre o que no tiene lo necesario para vivir. *Aumentan las diferencias entre las clases adineradas y las desposeídas.* Dicho de pers., tb. m. y f. Frec. en pl. *Trabaja en una ONG para ayudar a los desposeídos.*

desposesión. f. Hecho de desposeer o desposeerse. *Durante la Revolución francesa se produjo la desposesión y saqueo* DE *los bienes del clero.*

desposorio. m. Hecho de desposarse o contraer promesa de matrimonio. Frec. en pl. con significado sing. *Los desposorios fueron meses antes de la boda.*

déspota. m. y f. Gobernante que ejerce un poder absoluto y arbitrario. *Algunos emperadores romanos fueron unos verdaderos déspotas.* Tb. fig. *No te aguanto: eres una mandona y una déspota.* ▶ TIRANO.

despótico, ca. adj. **1.** Del déspota. *El régimen despótico hundió al país en la miseria.* **2.** Propio del déspota. *Tiene un carácter despótico.* ▶ TIRÁNICO.

despotismo. m. **1.** Condición de déspota. *Es un monarca recordado por su despotismo.* Tb. la actitud correspondiente. *Trata a sus subordinados con despotismo.* **2.** Poder o gobierno absolutos de un déspota. *La conjura fue una reacción contra el despotismo ejercido por Calígula.* Designa espec. el ejercido por algunas monarquías absolutas del s. XVIII, inspirado en las ideas de la Ilustración; tb. ~ *ilustrado.* ▶ TIRANÍA.

despotricar. intr. coloq. Expresar críticas o protestas de manera desconsiderada o sin contención. *Se pasa el día despotricando.*

despotrique. m. coloq. Hecho de despotricar. *La charla acabó en un despotrique general* CONTRA *todo.*

despreciable. adj. Digno de desprecio. *Me parece un ser despreciable. El premio no era alto, pero tampoco despreciable.* ▶ DELEZNABLE, DETESTABLE, INDIGNO, RUIN, VIL.

despreciador, ra. adj. Que desprecia. *Fue hombre de espíritu ascético, despreciador de lo mundano.*

despreciar. (conjug. ANUNCIAR). tr. **1.** Sentir desprecio (hacia alguien) o tratar(lo) con desprecio. *Desprecia a las mujeres porque es un misógino.* **2.** Considerar que (algo, espec. una cantidad) no tiene valor o importancia. *Al hacer la cuenta, desprecia los céntimos.* **3.** No aceptar alguien (algo que se le ofrece). *Si te ofrecen un trabajo, no lo desprecies.* ▶ **1:** DETESTAR, MENOSPRECIAR.

despreciativo, va. adj. Que manifiesta o implica desprecio. *Con quien no le cae bien, utiliza un tono despreciativo.*

desprecio. m. **1.** Sentimiento negativo que despiertan alguien o algo considerados indignos de aprecio o de estima moral. *Lo miró con desprecio.* **2.** Hecho de despreciar. *A cualquier ofrecimiento de ayuda responde con desprecios.*

desprender. tr. **1.** Separar (a una persona o cosa) de algo a lo que están unidas o sujetas. *Las humedades han desprendido la pintura* DE *la pared.* Tb. en constr. prnl. media. *Con la humedad se ha desprendido la pintura.* **2.** Despedir una persona o cosa (algo que sale de su interior). *Al hacer ejercicio, su cuerpo desprendía un fuerte olor a sudor.* Tb. en constr. prnl. media. *Del motor se desprendía mucho calor.* ○ intr. prnl. **3.** Dejar una persona voluntariamente algo que le pertenece, o renunciar a ello. *Le cuesta desprenderse* DE *su dinero.* **4.** Deducirse una cosa de otra. DE *sus palabras se desprende que no está de acuerdo con la propuesta.* ▶ **2:** *DESPEDIR.

desprendido, da. part. **1.** → **desprender.** ● adj. **2.** Desinteresado o generoso. *Es una persona muy desprendida y cariñosa.* ▶ **2:** *GENEROSO.

desprendimiento. m. **1.** Hecho de desprender o desprenderse. *El viento fue el causante del desprendimiento de la cornisa. Sufre desprendimiento de retina.* **2.** Desinterés o generosidad. *Su actitud demuestra un gran desprendimiento.* ▶ **2:** *GENEROSIDAD.

despreocupación. f. Falta de preocupación. *Critican la despreocupación del alcalde* POR *el medio ambiente.* Frec. designa la falta de preocupación por seguir las creencias, opiniones o usos generales. *Demuestra una total despreocupación en su forma de vestir.*

despreocupado, da. part. **1.** → **despreocuparse.** ● adj. **2.** Dicho de persona: Que muestra despreocupación. *Paseaba despreocupado por el parque. Es una joven despreocupada y algo irresponsable.* **3.** Dicho de cosa: Que denota o implica despreocupación. *Actitud despreocupada. Viste de un modo despreocupado.*

despreocuparse. intr. prnl. Dejar de preocuparse, o no preocuparse. *Se despreocuparon* DE *su padre cuando estuvo enfermo.*

desprestigiar. (conjug. ANUNCIAR). tr. Quitar el prestigio (a alguien o algo). *Los policías corruptos desprestigian al cuerpo. Defendió teorías hoy desprestigiadas. Con esos comentarios te desprestigias a ti mismo.*

desprestigio. m. Hecho o efecto de desprestigiar. *Es víctima de difamaciones que buscan su desprestigio.* Tb. la cosa que lo causa. *No haber triunfado profesionalmente ha sido un desprestigio para él.*

despresurización. f. Hecho de despresurizar. *En caso de despresurización del avión, utilicen las mascarillas de oxígeno.*

despresurizar. tr. Hacer que disminuya la presión atmosférica (en un lugar cerrado, espec. en un avión o una nave espacial). *El comandante del transbordador ordenó despresurizar la cabina.*

desprevenido, da. adj. Dicho de persona: Que no está prevenida o preparada. *Le robaron la cartera mientras paseaba desprevenido. Su visita nos pilló desprevenidos.* ▶ DESCUIDADO.

desprivatización. f. Hecho de desprivatizar. *Se procederá a la desprivatización del servicio de extinción de incendios.*

desprivatizar. tr. Hacer que pasen a ser públicos (una empresa o servicio privados). *Querían desprivatizar la Sanidad.*

desproporción. f. Falta de proporción o correspondencia adecuada. *Hay una gran desproporción entre el delito cometido y la pena impuesta. El retrato sorprende por la desproporción de los miembros.*

desproporcionado, da. adj. **1.** Dicho de persona o cosa: Constituida por partes que no guardan proporción entre sí. *Es desproporcionado de cuerpo.* **2.** Dicho de cosa: Que no guarda proporción con otra. *Su peso es desproporcionado* A *su constitución. Tiene unos miembros totalmente desproporcionados.*

despropósito. m. Hecho o dicho inconvenientes o sin sentido. *Soltó por su boca toda suerte de mentiras y despropósitos.*

desprotección. f. Falta de protección. *La desprotección del medio ambiente.*

desproteger. tr. Dejar sin protección (algo o a alguien). *Piensa que la ley desprotege a los inmigrantes.*

desprotegido, da. part. **1.** → **desproteger.** ● adj. **2.** Que no tiene protección. *Perdida en el bosque se sentía sola y desprotegida. No debes acampar en cimas desprotegidas.*

desproveer. (conjug. LEER; part. **desproveído** o **desprovisto**). tr. Privar o despojar (a una persona o cosa) de algo. *Desproveyeron* DE *todos sus bienes a los prisioneros.*

desprovisto, ta. part. **1.** → **desproveer.** ● adj. **2.** Que carece de algo. *Una zona desprovista* DE *árboles. Se enfrentó al enemigo desprovisto* DE *armas.* ▶ **2:** *CARENTE.

después. adv. **1.** En un tiempo futuro con respecto a otro que se toma como referencia, que, cuando se expresa, va introducido por *de* o *que*. *Ya decidiremos después lo que vamos a hacer. Después de comer se tumbó un rato. El anfitrión se marchó después de que nos fuéramos todos. Entró después que yo.* A veces precedido de prep. *No estará acabado hasta después del fin de semana. Llévate un bocadillo para después del entrenamiento.* **2.** Precedido de un nombre que puede ir cuantificado: En un tiempo o momento futuros, con respecto al de referencia, que distan de él el tiempo expresado por ese nombre. *Hablé con ella una hora después. Meses después admitió haber cometido un error. Cuatro días después de la operación ya andaba sin muletas. Un par de capítulos después empieza lo interesante.* **3.** Precedido de un nombre que puede ir cuantificado: En un lugar que está, con respecto al de referencia, a la distancia expresada por ese nombre. *Dos estaciones después de La Bañeza, el tren estuvo parado media hora. Según el cartel de la autopista, tres salidas después hay un área de descanso.* **4.** En un lugar físico que se presenta o aparece detrás o a continuación. *Tu apellido va después del mío en el orden alfabético. Yendo en esa dirección, después del parque hay un hotel.* A veces precedido de prep. *El tren no volverá a parar hasta después del próximo pueblo.* **5.** En un lugar no físico menos importante o de menor interés. *Después de mi hermano, tú eres en quien más confío. Para él, el trabajo siempre ha estado después de todo.* ● adj. (pl. invar.). **6.** Precedido de un nombre que designa unidad de tiempo: Siguiente o posterior. *Los minutos después del atentado fueron de gran confusión.* ■ ~ **de.** loc. prepos. A pesar de. *¡Mira que dimitir!, ¡después de lo que le había costado llegar hasta ahí!*

despuntar. tr. **1.** Romper o gastar la punta (a algo). *Vas a despuntar el rotulador si aprietas tanto.* Tb. en constr. prnl. media. *Las tijeras se me han caído al suelo y se han despuntado.* ○ intr. **2.** Sobresalir una persona o cosa en tamaño o importancia. *Despunta por su elocuencia.* **3.** Empezar a manifestarse algo, espec. el día. *Saldremos al despuntar el día.* ▶ **2:** *SOBRESALIR.

despunte. m. Hecho de despuntar o despuntarse. *Tras la recesión, asistimos a un despunte del consumo. Con los primeros despuntes del día, se echaron al camino.*

desquiciador, ra. adj. Que desquicia. *Vive en un estado de incertidumbre desquiciador.*

desquiciamiento. m. Hecho o efecto de desquiciar o desquiciarse. *Tantas desgracias lo sumieron en un estado de desquiciamiento.*

desquiciar. (conjug. ANUNCIAR). tr. **1.** Desencajar de su quicio (una puerta o una ventana). *La explosión ha desquiciado puertas y ventanas.* **2.** Sacar de quicio (algo o a alguien). *Me desquicia la gente prepotente. Estás desquiciando las cosas.* Tb. en constr. prnl. media. *Estoy empezando a desquiciarme: llevo una hora en la cola.*

desquitar. tr. **1.** Descontar (una cantidad). *De aquí hay que desquitar los gastos de hospedaje.* ○ intr. prnl. **2.** Resarcirse o tomar compensación de un daño o perjuicio. *Solo piensa en desquitarse* DE *la paliza que le dieron.*

desquite. m. Hecho o efecto de desquitarse. *Tú ganas, pero ya llegará el momento de mi desquite.*

desratización. f. Hecho de desratizar. *Empieza una campaña de desratización del alcantarillado.*

desratizar. tr. Eliminar las ratas y ratones (de un lugar). *Los servicios de limpieza han desratizado las chabolas.*

desriñonar. tr. **1.** Derrengar (a alguien). *Con tantos palos están desriñonando al pobre animal.* Tb. en constr. prnl. media. *Si llevas tanta carga te vas a desriñonar.* **2.** Agotar o producir mucho cansancio (a alguien) una persona o cosa. *El entrenamiento nos ha desriñonado.* Tb. en constr. prnl. media. *No te vas a desriñonar si andas un poco más deprisa.* ▶ **1:** DERRENGAR.

destacable. adj. Digno de ser destacado. *Lo más destacable de la película es la interpretación.*

destacado, da. part. **1.** → **destacar.** ● adj. **2.** Que destaca o sobresale, espec. en importancia. *El Rey ocupa un lugar destacado en el acto.* ▶ **2:** DESCOLLANTE, EMINENTE, NOTABLE, RELEVANTE, SEÑALADO, SOBRESALIENTE.

destacamento. m. *Mil.* Grupo de tropa destacada para una misión. *Un destacamento de soldados escolta el convoy de misiles.*

destacar. tr. **1.** Hacer notar (algo) o llamar la atención (sobre ello). *El profesor destaca la importancia de esta fecha.* **2.** *Mil.* Separar del cuerpo principal (una porción de tropa) para una acción. *El oficial ha destacado tropas en la colina.* ○ intr. **3.** Sobresalir una persona o cosa en tamaño, calidad o importancia respecto a otras. *Destaca por su habilidad con el balón. Destaca* ENTRE *sus compañeros.* Tb. prnl. *En el campo de la investigación se destaca la figura de Cajal.* ▶ **1:** ACENTUAR, REMARCAR, RESALTAR, SUBRAYAR. **3:** *SOBRESALIR.

destajista. m. y f. Persona que trabaja a destajo. *Se necesita destajistas de albañilería.*

destajo. m. Trabajo u obra cuyo costo se concierta fijándolo en una determinada cantidad de dinero. *Los trabajadores reclaman contratos estables y la supresión de los destajos.* ■ **a ~.** loc. adv. **1.** Por una cantidad concertada de dinero. *No tenemos salario: trabajamos a destajo en la obra.* Tb. loc. adj. *Reivindican el fin del trabajo a destajo.* **2.** Con empeño y sin descanso. *Trabajamos a destajo para cumplir con los plazos.*

destapador. m. Am. Abrebotellas. *Busqué ansiosamente la cerveza y un destapador después* [C].

destapar. tr. **1.** Quitar la tapa, el tapón o algo que sirve para tapar o cerrar (a una cosa). *Destapó la botella de agua y tomó un trago.* Tb. en constr. prnl. media. *Con el vapor la olla se destapa.* **2.** Hacer que (algo o alguien) dejen de estar ocultos o cubiertos. *El periódico destapó un caso de corrupción. No te lleves toda la manta, que me destapas.* Tb. en constr. prnl. media. *Se han destapado varios casos de detenciones ilegales.* ○ intr. prnl. **3.** Dar a conocer alguien habilidades, intenciones o sentimientos propios no manifestados antes. *Parecía tímido, pero se está destapando. Carlos se destapa como cantante.*

destape. m. **1.** Hecho de destapar o destaparse. *El destape del desfalco llevará al presidente a la cárcel.* **2.** Hecho de desnudarse públicamente alguien, espec. un actor. *La película es una excusa para el destape de la protagonista.*

destaponar. tr. Quitar el tapón que cierra u obstruye (algo). *Ha destaponado una botella de vino.* Tb. en constr. prnl. media. *Al tragar, sintió cómo se le destaponaban los oídos.*

destaque. m. Hecho de destacar o resaltar. *El destaque en cursiva es del autor.*

destartalado, da. adj. Desproporcionado, o falto de orden o armonía. *Viven en un piso grande y destartalado. Es un chico gordo y algo destartalado.*

destejer. tr. Deshacer (algo tejido). *Los pescadores tejen las redes que el mar desteje.* Frec. fig. *Detrás del asesinato había una trama por destejer.*

destellar. intr. Despedir destellos. *En el centro del anillo destella un enorme rubí.*

destello. m. **1.** Resplandor o ráfaga de luz de corta duración. *Se reflejaba en el mar el último destello de la tarde. Tres destellos de linterna indicarán que el camino está libre.* **2.** Vislumbre o manifestación breve de algo, espec. de una cualidad. *Su actuación tuvo fallos, pero también destellos* DE *calidad.*

destemplado, da. part. **1.** → **destemplar.** ● adj. **2.** Falto de templanza o moderación. *En la entrevista se mostró destemplado, casi violento. No esperaba una reacción tan destemplada.* **3.** Dicho de persona: Que siente destemplanza o sensación de malestar. *Estaba destemplada y se fue a la cama.* **4.** Dicho de tiempo atmosférico: Desapacible. *Hoy no salimos, porque el día está destemplado.* ▶ **2:** INTEMPERANTE. **4:** *DESAPACIBLE.

destemplanza. f. **1.** Falta de moderación, espec. en las acciones o en las palabras. *Trata con destemplanza a cuantos la rodean.* **2.** Sensación de malestar general, acompañada de escalofríos. *Tuvo que taparse con una manta porque sentía destemplanza.* ▶ **1:** DESTEMPLE, INTEMPERANCIA. **2:** DESTEMPLE.

destemplar. tr. **1.** Hacer que (un instrumento musical) se aparte del tono adecuado. *Deja de jugar con la guitarra, que la vas a destemplar.* Tb. en constr. prnl. media. *El violín se ha destemplado.* ○ intr. prnl. **2.** Pasar a sentir destemplanza o malestar físico. *Si sales con el pelo mojado, vas a coger frío y te vas a destemplar.* ▶**1:** *DESAFINAR.

destemple. m. Destemplanza. *Tomaremos un café caliente para combatir el destemple.* ▶ *DESTEMPLANZA.

destensar. tr. Disminuir o eliminar la tensión (de alguien o algo). *Un marinero destensa los cabos que sujetan la vela.* Tb. en constr. prnl. media. *Hasta que no acabó el examen no logró destensarse.* ▶ DISTENDER.

desteñir. (conjug. CEÑIR). tr. **1.** Quitar el tinte o color (a algo). *Destiñó la camiseta con lejía.* **2.** Manchar una cosa (otra) cuando pierde su color. *Las sábanas azules destiñeron su camisa blanca.* ○ intr. **3.** Perder algo su tinte o color. *El papel del paquete destiña y se manchó las manos de azul.* Tb. prnl. *La camisa roja se destiñó en su primer lavado.*

desternillante. adj. Muy cómico o que produce mucha risa. *Le contaron un chiste desternillante.* ▶ *GRACIOSO.

desternillarse. intr. prnl. Reírse mucho y sin poder contenerse. *Cuando lo veo con esas pintas me desternillo.* Frec. *~ de risa. Los niños se desternillan de risa con los payasos.*

desterrado, da. part. **1.** → **desterrar. 2.** Que ha sido desterrado (→ 1) de un país o territorio. Tb. m. y f. *Muchos desterrados no han podido volver a su país.*

desterrar. (conjug. ACERTAR). tr. **1.** Expulsar (a alguien) de un país o territorio por mandato gubernamental o decisión judicial. *Lo desterraron* DE *su país.* **2.** Apartar de sí (algo inmaterial). *He desterrado la idea de cambiar de trabajo. Destierra esos temores.* ○ intr. prnl. **3.** Abandonar alguien un país o territorio por propia voluntad. *Muchos se desterraron* DEL *país cuando se implantó la dictadura.*

destetar. tr. Hacer que (un niño o una cría de animal) dejen definitivamente de mamar y empiecen a alimentarse de otro modo. *A este niño ya hay que destetarlo.*

destete. m. Hecho de destetar. *El destete supone un cambio importante en la alimentación.*

destiempo. **a ~.** loc. adv. Fuera de tiempo o en momento poco oportuno. *La lluvia llega a destiempo, con la cosecha ya seca.* Tb. loc. adj. *Me ponen nerviosa sus preguntas a destiempo.*

destierro. m. **1.** Hecho de desterrar o desterrarse de un país o territorio. *El rey lo condenó al destierro.* **2.** Tiempo en que un desterrado está fuera de su país o territorio. *Durante el destierro escribió sus mejores novelas.*

destilación. f. **1.** Proceso que consiste en separar las sustancias volátiles de una mezcla líquida o de un sólido, mediante su evaporación y posterior condensación. *Elaboramos nuestros licores mediante destilación de semillas o frutos naturales.* **2.** Hecho de destilar o correr un líquido gota a gota. *Estas alergias pueden producir destilación nasal.*

destilador, ra. adj. **1.** Que destila o sirve para destilar. Dicho de aparato, tb. m. *Convierten el agua marina en potable mediante un destilador solar.* ● m. y f. **2.** Persona que se dedica a la fabricación de productos destilados, espec. de licores. *Los destiladores escoceses elaboran un gran* whisky.

destilar. tr. **1.** Someter (una sustancia) a un proceso de destilación. *Para destilar agua de mar se necesita mucha energía calorífica. Destila orujo con un alambique.* **2.** Expulsar (un líquido) gota a gota. *La herida destila sangre.* Tb. fig. *Sus palabras destilan ternura.* ○ intr. **3.** Separarse una sustancia por destilación. *El aguardiente destilaba lentamente.* **4.** Salir un líquido gota a gota. *La miel destilaba* DEL *panal.* Tb. fig. DE *sus palabras destila rencor.*

destilería. f. Local o establecimiento en que se hacen destilaciones, espec. de licores. *Han descubierto una destilería clandestina de ron.*

destinación. f. Destino (uso que se da a algo). *Parte de la recaudación tendrá una destinación social.* ▶ DESTINO.

destinar. tr. **1.** Determinar (algo) para un fin o una función. *Destinaba parte de sus ingresos* A *pagar la hipoteca. Han destinado* PARA *biblioteca todo el piso superior.* **2.** Determinar que (alguien) ejerza un empleo o cargo. *Lo destinaron* A *un cargo de mucha responsabilidad.* **3.** Determinar que (alguien) ejerza un empleo o cargo en un lugar. *Lo han destinado* A *Mallorca.* **4.** Dirigir (algo, espec. un envío o escrito) a alguien. *La carta va destinada al director. Las armas iban destinadas a un país asiático.*

destinatario, ria. m. y f. Persona a quien va dirigido o destinado algo. *El cartero entregó el paquete al destinatario. Los jóvenes son los destinatarios de la campaña publicitaria.*

destino. m. **1.** Punto de llegada o lugar hacia donde se dirigen alguien o algo. *Este año el destino de miles de turistas ha sido la Costa Brava.* Frec. en la constr. *con ~ a. El autobús con destino a Barcelona saldrá en unos instantes.* **2.** Uso o empleo que se dan a algo. *Puedes dar a tu dinero un destino mejor. No sabían qué destino iba a tener el almacén.* **3.** Empleo u ocupación de alguien. *Director de producción, ese es el destino que quiere conseguir.* **4.** Lugar en que alguien ejerce su empleo o cargo. *Aprobó la oposición y obtuvo destino en la capital.* **5.** Fuerza que dirige la vida de las personas y determina el curso de los acontecimientos. *El destino hizo que se enamoraran.* **6.** Encadenamiento de los sucesos que afectan a alguien o algo y que se consideran inevitables. *No puedes cambiar tu destino.* ▶ **2:** DESTINACIÓN. **5:** SINO. **6:** SINO, SUERTE.

destitución. f. Hecho de destituir. *Su destitución sorprendió a todos.*

destituir. (conjug. CONSTRUIR). tr. Separar o expulsar (a alguien) de su cargo. *La directiva destituyó al entrenador por los malos resultados. Han destituido* DE *su cargo al secretario de Estado.* ▶ APARTAR, DEPONER, REMOVER, SEPARAR.

destocar. tr. Quitar (a alguien) la prenda que (le) cubre la cabeza. *Un golpe de viento lo destocó. Se destocan* DEL *sombrero para entrar en la iglesia.*

destornillador. m. Instrumento gralm. metálico y provisto de un mango, que sirve para atornillar y desatornillar. *Necesito un destornillador para desmontar la cerradura.*

destornillar. tr. Desatornillar (algo). *Hay que destornillar esos tornillos para quitar el estante.* ▶ DESATORNILLAR.

destrabar. tr. Quitar las trabas (a alguien o algo). Frec. fig. *Parecía imposible destrabar la negociación.*

destrenzar. tr. Deshacer la trenza (del pelo o de algo semejante). *Antes de acostarse, destrenza su largo pelo.*

destreza. f. Cualidad de diestro o hábil. *En estas curvas se pone a prueba la destreza de los pilotos.*

destripador, ra. adj. Que destripa. Dicho de pers., espec. de asesino., tb. m. y f. *La policía buscaba al famoso destripador.*

destripar. tr. **1.** Sacar las tripas (a una persona o a un animal). *El pollero destripó la gallina.* **2.** Sacar lo que está en el interior (de algo, espec. de un objeto) rompiéndo(lo) o desarmándo(lo). *Destripó la radio para buscar la avería.* **3.** Aplastar o deshacer (algo). *El camión chocó contra el muro y lo destripó.* **4.** coloq. Estropear (algo, espec. un relato) anticipando su desenlace o final. *Le molesta que le destripen las películas.*

destripaterrones. m. despect. Hombre que trabaja cavando o arando la tierra. *Empezó como un simple destripaterrones en la granja.*

destronamiento. m. Hecho de destronar. *Tras el destronamiento del monarca se instauró la república.*

destronar. tr. **1.** Deponer (a un monarca). *El objetivo de la revolución era destronar al rey.* **2.** Quitar (a alguien) de un puesto de preponderancia. *Pretenden destronar al actual presidente.*

destrozar. tr. **1.** Hacer que (algo) quede estropeado o roto y no se pueda utilizar. *De tanto arrastrarse por el suelo destrozó los pantalones.* Tb. en constr. prnl.

media. *La moto se destrozó al chocar contra el camión.* **2.** Producir un gran perjuicio o daño (en algo). *Las inundaciones han destrozado los cultivos.* **3.** Causar (a alguien) un gran deterioro físico o moral. *La enfermedad lo está destrozando.* **4.** Derrotar o vencer completamente (a un enemigo o contrincante). *El ejército destrozó a la guerrilla.* ○ intr. prnl. **5.** Seguido de *a* y un infinitivo o de un gerundio: Esforzarse mucho en hacer lo expresado por ellos. Gralm. con intención enfática. *Se destroza trabajando por un sueldo miserable.* ▶ **2:** *DESTRUIR.

destrozo. m. Hecho o efecto de destrozar o destrozarse. *La plaga de langostas ha causado un gran destrozo. El inmueble presenta considerables destrozos.*

destrozón, na. adj. Que destroza o estropea mucho las cosas. *¡Qué niña tan destrozona, no le dura nada la ropa!* Dicho de pers., tb. m. y f. *No le dejo nada porque es un destrozón.*

destrucción. f. Hecho o efecto de destruir. *Con el bombardeo ni un edificio se salvó de la destrucción.*

destructividad. f. Cualidad de destructivo. *Fabricaron una bomba de gran destructividad. El psicópata dirigía su destructividad hacia los demás.*

destructivo, va. adj. Que destruye o tiene capacidad para destruir. *Ningún ser vivo es tan destructivo como el hombre. Se fabrican armas cada vez más destructivas.*

destructor, ra. adj. **1.** Que destruye. *Los vertidos tienen un efecto destructor sobre el medio ambiente.* Dicho de pers., tb. m. y f. ● m. **2.** Barco de guerra rápido, de tonelaje medio, equipado con armamento muy destructivo, y que se utiliza pralm. en operaciones ofensivas y de escolta de otros barcos. *Dos destructores escoltaban al portaaviones.*

destruir. (conjug. CONSTRUIR). tr. **1.** Reducir a pedazos o deshacer completamente (algo material). *El misil destruyó el edificio.* **2.** Deshacer (algo no material) o inutilizar(lo). *Los celos destruyeron su relación.* **3.** Producir un gran perjuicio o daño (en alguien o algo). *Las lluvias han destruido la cosecha.* ▶ **3:** DESTROZAR, DEVASTAR, ESTRAGAR.

desubicado, da. part. **1.** → **desubicar.** ● adj. **2.** Am. Que no se comporta de acuerdo con las circunstancias y hace o dice cosas inoportunas o inconvenientes. *Un alumno de mi clase de idiomas me golpeó; es un joven desubicado y tímido* [C]. Tb. m. y f. *Esa mujer es una desubicada y una maleducada* [C]. ▶ **2:** INOPORTUNO.

desubicar. tr. frecAm. Desorientar. *El impresionismo tiene rasgos capaces de desubicar al espectador* [C]. *A Ezequiel esa sonrisa lo desubicó* [C]. Tb. en constr. prnl. media. *La mayoría tiene poca orientación, fácilmente se desubica* [C].

desuello. m. Hecho de desollar. *Los animales eran enviados al matadero para su desuello.*

desunión. f. Hecho o efecto de desunir o desunirse. *La desunión del equipo favoreció su derrota.*

desunir. tr. Hacer que (dos o más personas o cosas) dejen de estar unidas. *Quiere desunirnos. La distancia los desunió.* Tb. en constr. prnl. media. *Se han desunido por la herencia familiar. Las juntas del mueble se están desuniendo por la humedad.*

desusado, da. adj. **1.** Que ya no se usa. *El desván estaba lleno de objetos desusados. Utiliza un lenguaje desusado y arcaico.* **2.** Insólito o que no es usual. *Comió con desusada ansiedad.* ▶ **2:** *RARO.

desuso. m. Falta de uso. *La bicicleta se estaba oxidando por el desuso.* Frec. en la constr. *en ~*. *Llevar sombrero es una costumbre en desuso.*

desvaído, da. adj. **1.** Dicho espec. de color: Apagado o poco intenso. *Vestía una falda larga y de colores desvaídos.* **2.** Descolorido o de color apagado. *Traje desvaído. Acuarelas desvaídas.* **3.** Vago o impreciso. *Figura desvaída. Contornos desvaídos.*

desvalido, da. adj. Desamparado, o falto de ayuda o protección. *La asociación ayuda a ancianos desvalidos.* Dicho de pers., tb. m. y f. *Los desvalidos acuden al hospicio.*

desvalijador, ra. adj. Que desvalija. Dicho de pers., tb. m. y f. *En verano, la ciudad se vacía y los desvalijadores de viviendas hacen su agosto.*

desvalijamiento. m. Hecho de desvalijar. *La banda se dedicaba al desvalijamiento de chalés.*

desvalijar. tr. **1.** Robar las cosas valiosas (de una casa u otro lugar cerrado). *Desvalijaron la tienda durante la noche. Han desvalijado la caja fuerte del banco.* **2.** Robar (a una persona) el dinero o los bienes que lleva encima. *Me amenazaron con una navaja para desvalijarme.* ▶ *ROBAR.

desvalimiento. m. Condición de desvalido. *El desvalimiento de los niños que viven en la calle es estremecedor.*

desvalorización. f. Hecho o efecto de desvalorizar o desvalorizarse. *Los vecinos temen una desvalorización de sus viviendas por la cercanía del vertedero.*

desvalorizar. tr. **1.** Quitar valor (a alguien o algo). *No hay que desvalorizar el papel de la memoria en el aprendizaje.* Tb. en constr. prnl. media. *Suben los precios y las pensiones se desvalorizan.* **2.** Devaluar (una moneda). *El Gobierno argentino desvalorizó el peso.* ▶ *DEVALUAR.

desván. m. Parte más alta de la casa, inmediatamente debajo del tejado, que se utiliza gralm. para guardar objetos viejos o en desuso. *Hay que vaciar el desván de trastos.* ▶ BOHARDILLA, BUHARDILLA, MANSARDA, SOBRADO. || **Am:** ENTRETECHO.

desvanecer. (conjug. AGRADECER). tr. **1.** Atenuar gradualmente la intensidad (de algo) hasta hacer(lo) desaparecer. Tb. en constr. prnl. media. *El mal olor se ha ido desvaneciendo. El humo del cigarro se desvanece en el aire.* **2.** Eliminar (algo), o hacer que desaparezca. *Lo que le dijo desvaneció sus dudas.* Tb. en constr. prnl. media. *Su miedo se desvanece en cuanto baja del avión. Vio desvanecerse sus esperanzas.* ○ intr. prnl. **3.** Perder el sentido o el conocimiento. *Se ha desvanecido por el cansancio y el calor.* ▶ **3:** DESMAYARSE.

desvanecimiento. m. Hecho o efecto de desvanecer o desvanecerse. *Sufrió un desvanecimiento cuando le sacaban sangre.* ▶ *DESMAYO.

desvariado, da. part. **1.** → **desvariar.** ● adj. **2.** Dicho de persona: Que dice o hace despropósitos. *Mi tío era un personaje excéntrico y desvariado.* Tb. m. y f. **3.** Dicho de cosa: Propia de la persona desvariada (→ 2). *Sus palabras pueden calificarse de desvariadas.*

desvariar. (conjug. ENVIAR). intr. **1.** Decir locuras o despropósitos debido a una perturbación de la mente. *El anciano desvaría de vez en cuando.* **2.** coloq. Decir o pensar locuras o despropósitos. *Tú desvarías si piensas que te voy a dejar el coche.* ▶ **1:** DELIRAR.

desvarío. m. Hecho o efecto de desvariar. *Le administraron un calmante y cesaron sus desvaríos. Ya no soporto tus locuras y desvaríos.*

desvelamiento. m. Hecho de desvelar o poner de manifiesto. *Qué mayor premio para un científico que el desvelamiento de un misterio de la naturaleza.*

desvelar[1]**.** tr. **1.** Quitar el sueño o no dejar dormir (a alguien). *Los problemas en el trabajo lo desvelan.* Tb. en constr. prnl. media. *Si tomo café, me desvelo.* ○ intr. prnl. **2.** Poner alguien gran cuidado y atención en lo que tiene a su cargo o en lo que hace o pretende. *Los anfitriones se desvelaban* POR *atender a los invitados.* ▶ **2:** DESVIVIRSE.

desvelar[2]**.** tr. Descubrir o poner de manifiesto (algo oculto o desconocido). *Las fuerzas de seguridad desvelaron el complot. Un adivino puede desvelarte el futuro.*

desvelo. m. Hecho o efecto de desvelar (→ **desvelar**[1]) o desvelarse. *Dedica sus horas de desvelo a la lectura. ¡Cuántos desvelos nos hacen pasar los hijos!*

desvencijar. tr. Aflojar y desunir las partes que componen (algo). *No saltes sobre el sofá, que lo vas a desvencijar.* Tb. en constr. prnl. media. *En el desván hay muebles desvencijados.*

desventaja. f. **1.** Situación de inferioridad o retraso en que se encuentra una persona o cosa respecto de otra. *Tras la expulsión del delantero, el equipo quedó en desventaja.* **2.** Condición desfavorable de una persona o cosa respecto de otra. *Las ventajas de las energías "limpias" compensan la desventaja de su precio.* ▶ **2:** INCONVENIENTE.

desventajoso, sa. adj. Que implica o conlleva desventaja. *No podemos aceptar un acuerdo tan desventajoso para nosotros.*

desventura. f. cult. Desgracia (suceso adverso, o mala suerte). *La obra narra las desventuras de dos pillos. Tuvo la desventura de perder a su mujer.*

desventurado, da. adj. **1.** cult. Desgraciado o desafortunado. *La desventurada tropa cayó en una emboscada.* Dicho de pers., tb. m. y f. **2.** cult. Dicho de cosa: Que manifiesta o implica desventura. *Nos contó la desventurada vida de aquella infeliz.*

desvergonzado, da. adj. Que habla o actúa con desvergüenza. *No seas desvergonzada y deja de hacerme burla.* Dicho de pers., tb. m. y f. *Es un desvergonzado y un insolente.* ▶ SINVERGÜENZA.

desvergüenza. f. **1.** Falta de vergüenza, respeto o pudor. *Me sorprende la desvergüenza con que habla.* **2.** Hecho o dicho que denotan o implican desvergüenza (→ 1). *Me parece una desvergüenza lo que has dicho. Es una desvergüenza hablar así a una persona mayor.*

desvestir. (conjug. PEDIR). tr. Desnudar o quitar las prendas de vestir (a alguien). *¿Me ayudas a desvestir al bebé? Subió a su habitación, se desvistió y se acostó.* ▶ DESNUDAR.

desviación. f. **1.** Hecho o efecto de desviar o desviarse. *Han comenzado las obras de desviación del río. Una desviación de columna.* **2.** Vía o camino que parten de otros principales o más importantes y se apartan de ellos. *Pasada la gasolinera, tome la primera desviación que hay a la izquierda.* **3.** Camino provisional que se debe seguir mientras esté inutilizado el tramo de carretera habitual. *Durante las obras de la autopista estará en servicio una desviación de 7 km.* **4.** Tendencia o hábito de comportamiento anormales. *La paidofilia es una desviación sexual.* **5.** *Mat.* Diferencia de un valor respecto de la media o de otro valor de referencia. ▶ **1-3:** DESVÍO.

desviacionismo. m. Actitud o doctrina que se apartan de los principios ortodoxos o fundamentales. Se usa espec. en política. *Para el régimen, cualquier desviacionismo era un delito.*

desviacionista. adj. **1.** Del desviacionismo. *Ideas desviacionistas.* **2.** Partidario o seguidor del desviacionismo. *Grupo desviacionista.* Dicho de pers., tb. m. y f.

desviador. adj. Que desvía. *Servicio desviador de llamadas telefónicas.*

desviar. (conjug. ENVIAR). tr. **1.** Hacer que (alguien o algo) se aparten de la dirección o camino que llevaban. *El portero logra desviar el disparo del delantero. La policía está desviando los coches* POR *un camino alternativo.* Tb. fig. *No desvíes la conversación.* Tb. en constr. prnl. media. *El misil se desvió* DE *su trayectoria. Nos estamos desviando* DEL *tema. Al llegar al cruce, hay que desviarse* A *la derecha.* **2.** Apartar (una cosa o a una persona) de algo, espec. una idea o un modelo. *Conseguimos desviarlo* DE *sus propósitos.* Tb. en constr. prnl. media. *Los impresionistas se desviaron* DE *los cánones clásicos de pintura.*

desvinculación. f. Hecho o efecto de desvincular o desvincularse. *Desvinculación entre teoría y práctica.*

desvincular. tr. Anular el vínculo (de una persona o una cosa) con otra. *No podemos desvincular los problemas* DE *sus causas. Abandonó joven su ciudad, pero nunca se desvinculó* DE *ella y sus gentes.*

desvío. m. **1.** Hecho o efecto de desviar o desviarse. *Debido a la niebla, varios vuelos sufrieron desvíos* HACIA *otros aeropuertos.* **2.** Desviación (vía que se aparta de otra, o camino provisional). *A la altura del km 20 de la carretera sale un desvío que llega hasta el pueblo. La zona permanece acordonada y se ha abierto un desvío para el tráfico.* ▶ DESVIACIÓN.

desvirgar. tr. Quitar la virginidad (a una persona, espec. a una mujer). ▶ DESFLORAR.

desvirtuar. (conjug. ACTUAR). tr. Quitar (a algo) sus características o su valor. *La censura desvirtuó la película al cortar algunas escenas.* Tb. en constr. prnl. media. *Con el tiempo se han ido desvirtuando los hechos.*

desvivirse. intr. prnl. Tener un interés, amor o atención intensos e incesantes hacia alguien o algo. *Se desvivía* POR *ayudarnos.* ▶ DESVELARSE.

detall. al ~. loc. adv. *Com.* Al por menor. *Vendemos al detall tejidos y confecciones.* Tb. adj. *Comercio al por mayor y al detall de artículos de ferretería.*

detallar. tr. Contar o tratar (algo) minuciosamente o con detalles. *En el informe detalló las incidencias del día.*

detalle. m. **1.** Aspecto parcial de algo. *La fotografía muestra un detalle del cuadro. El libro describe con muchos detalles el modo de transplantar un árbol.* **2.** Circunstancia o aspecto no esenciales. *No tiene los detalles de otros coches, pero es práctico y muy fiable.* **3.** Acto de amabilidad, cortesía o afecto. *Su visita es todo un detalle. Le gusta tener detalles con su novia.* **4.** Relación completa y minuciosa. *En el tablón hay un detalle de todos los alumnos junto con sus notas.* ■ **al ~.** loc. adv. *Com.* Al por menor. *Este establecimiento que venden al detalle.* Tb. adj. *La empresa es líder en el sector del comercio al detalle.* ■ **al,** o **en, ~.** loc. adv. Minuciosamente o con todos los detalles (→ 1). *En su libro analiza al detalle las causas de la crisis. Es algo que aún no te puedo contar en detalle.*

detallismo. m. Cualidad de detallista. *Es un autor que destaca por su detallismo descriptivo.*

detallista. adj. **1.** Dicho de persona: Minuciosa o que cuida los detalles. *El escritor es muy detallista en sus descripciones.* Tb. m. y f. *Es un detallista y busca siempre la perfección.* **2.** Dicho de persona: Que tiene detalles en su trato con los demás. *Qué detallista, siempre que nos visita nos trae un regalo.* Tb. m. y f. **3.** Dicho de cosa: Propia de la persona detallista (→ 1, 2). *Pinta unos cuadros muy detallistas. Gesto detallista.* ● m. y f. **4.** Persona que vende al por menor. *Varios detallistas han creado una cooperativa.* ► **1:** *MINUCIOSO.

detección. f. Hecho de detectar. *Instalarán un sistema de detección de humo.*

detectar. tr. Descubir la existencia (de alguien o algo ocultos, o que no se han advertido). *Los mecánicos han detectado un fallo en el motor.*

detective. m. y f. **1.** Policía especializado en la investigación de crímenes y actos delictivos. *Del caso se encargará una detective de la comisaría central.* **2.** Persona que se dedica profesionalmente a hacer investigaciones privadas. Tb. ~ *privado. Contrató a un detective privado para que siguiese a su socio.*

detectivesco, ca. adj. Del detective. *La arqueología tiene algo de labor detectivesca.*

detector, ra. adj. **1.** Que detecta o sirve para detectar. *El edificio está dotado de sistema detector de incendios.* ● m. **2.** Aparato o dispositivo que sirven para detectar un fenómeno o la existencia de algo. *El detector de metales empezó a pitar cuando pasé.*

detención. f. Hecho o efecto de detener o detenerse. *La detención del presunto homicida se produjo ayer.*

detener. (conjug. TENER). tr. **1.** Impedir que (alguien o algo) se muevan o realicen una acción. *Detuvo el coche y se bajó.* Tb. en constr. prnl. media. *La pelota se detuvo justo en la línea de gol.* **2.** Interrumpir (algo), o impedir que siga adelante. *El ruido detuvo la huida del jabalí.* Tb. en constr. prnl. media. *Al encontrar un obstáculo, el movimiento de la bola se detiene.* **3.** Privar de libertad (a alguien) la autoridad competente, espec. encarcelándo(lo). *La policía ha detenido al atracador.* ○ intr. prnl. **4.** Pararse a considerar algo con cuidado y atención. *Se detuvo* EN *un pasaje que le pareció interesante.* ► **3:** ARRESTAR.

detenido, da. part. **1.** → **detener. 2.** Que ha sido detenido (→ 1) por la autoridad competente. Tb. m. y f. *El detenido intentó escapar del calabozo.* ● adj. **3.** Dicho de cosa: Minuciosa o que implica detenimiento. *Un estudio detenido del cuerpo aclarará las causas de la muerte.*

detenimiento. m. Hecho de detenerse en algo con cuidado y atención. *El juez estudia con detenimiento la documentación del caso.*

detentación. f. Hecho de detentar. *En algunos regímenes, la propaganda es esencial en la detentación del poder.*

detentador, ra. adj. Que detenta. Dicho de pers., tb. m. y f. *Su acusación se dirige contra los detentadores de unos títulos que él debería haber heredado.*

detentar. tr. Retener o ejercer ilegítimamente (algo, espec. el poder o un cargo). *Detenta el poder tras un golpe de Estado.*

detergente. adj. Que limpia químicamente, gralm. eliminando por disolución las impurezas. *Utilice jabón u otro producto detergente.* Dicho de sustancia o producto, tb. m. *Compra un detergente en polvo para lavado a mano.*

deterioración. f. Deterioro. *El alzhéimer provoca la deterioración física y mental del paciente.*

deteriorar. tr. Poner (algo o a alguien) en malas condiciones, o peores de las que tenía. *La tala indiscriminada de árboles deteriora los ecosistemas. Las infidelidades deterioran la relación.* Tb. en constr. prnl. media. *En el último año su salud se ha deteriorado. La fruta se deteriora rápidamente.* ► *ESTROPEAR.

deterioro. m. Hecho o efecto de deteriorar o deteriorarse. *A pesar de su antigüedad, el deterioro de la pieza es mínimo.* ► DETERIORACIÓN.

determinación. f. **1.** Hecho o efecto de determinar o determinarse. *Ha tomado la determinación de preparar unas oposiciones.* **2.** Decisión o valor para actuar. *Cuando se trata de asuntos importantes, le falta determinación.* ► **2:** DECISIÓN.

determinante. adj. **1.** Que determina algo o es la causa de ello. *Su intervención ha sido determinante para alcanzar un acuerdo.* **2.** *Gram.* Palabra que se une directamente al nombre para precisar alguna circunstancia de su significado. *Los artículos son determinantes.* ► **1:** DECISIVO.

determinar. tr. **1.** Decidir (algo). *El profesor aún no ha determinado la fecha del examen.* **2.** Hacer que (alguien) tome una decisión. *El infarto lo determinó* A *dejar de fumar.* **3.** Establecer o fijar (algo). *El código de la circulación determina que no se pueden superar los 120 km/h.* **4.** Señalar o indicar (algo) con claridad y exactitud. *No supo determinar quién había sido su agresor.* **5.** Ser la causa de que (algo) ocurra o de que (alguien) se comporte de una manera determinada. *La incertidumbre por la inminente guerra determinó la bajada de las bolsas.* ○ intr. prnl. **6.** Decidirse a algo. *Hacía un día soleado y se determinaron* A *ir a la montaña a caminar.* ► **1, 2:** DECIDIR. **3:** *FIJAR. **6:** DECIDIRSE.

determinativo, va. adj. Que determina. *El factor genético es importante, pero no determinativo en el desarrollo de la enfermedad.*

determinismo. m. Doctrina filosófica según la cual todo lo que sucede está determinado de antemano, bien por las condiciones iniciales, bien por las leyes universales o por la voluntad divina. *Para los defensores del libre albedrío, los presupuestos del determinismo son inaceptables.*

determinista. adj. **1.** Del determinismo. *Tesis deterministas.* **2.** Partidario del determinismo. Dicho de pers., tb. m. y. f. *No soy un determinista, pero sí pienso que el entorno condiciona el comportamiento humano.*

detestable. adj. **1.** Digno de ser detestado. *Aquella ciudad le parecía sucia y detestable.* **2.** Muy malo o pésimo. *Tienes una ortografía detestable.* ► **1:** DESPRECIABLE.

detestar. tr. Sentir gran antipatía o rechazo (hacia alguien o algo). *Detesto llegar tarde a las citas. Es un mito que todo hombre deteste a su suegra.* ► *DESPRECIAR.

detonación. f. Hecho o efecto de detonar. *La detonación de la carga explosiva produjo cuantiosos daños.*

detonador, ra. adj. **1.** Que hace detonar o estallar. *Munición detonadora.* Tb. fig. *La invasión fue el elemento detonador de la crisis.* ● m. **2.** Artefacto o dispositivo que sirven para hacer detonar una carga explosiva. *Un fallo en el detonador evitó la explosión.* Tb. fig. *La detención del líder fue el detonador de la revuelta callejera.*

detonante. adj. Que detona. *Han robado material explosivo y cordón detonante.* Dicho de agente, tb. m. *Solo ha explotado el detonante y los daños fueron menores.* Tb. fig. *El despido de varios empleados ha sido el detonante de la huelga.*

detonar. intr. **1.** Estallar o hacer explosión algo, espec. un artefacto explosivo. *La bomba estaba programada para detonar a las 8 de la mañana.* ○ tr. **2.** Provocar la explosión (de algo, espec. un artefacto explosivo). *Los artificieros de la policía detonaron una bomba.*

detracción. f. Hecho de detraer. *La detracción de una parte de los salarios tiene por objeto financiar la Seguridad Social.*

detractor, ra. adj. Dicho de persona: Que se opone a alguien o algo descalificándolos. Tb. m. y f. *Es una feroz detractora de las corridas de toros. Tiene más partidarios que detractores.*

detraer. (conjug. TRAER). tr. Restar o sustraer (algo, espec. dinero). *Se detraerán fondos de otras partidas para incrementar la de Sanidad.*

detrás. adv. **1.** En una posición o lugar opuestos a la parte delantera, o que están ocultos a la vista. *Se escondieron detrás* DE *un árbol. El sol desapareció detrás* DE *las montañas. La gallina llevaba detrás a los pollitos. Anda detrás* DE *mí todo el tiempo.* A veces precedido de prep. *Recortaron el seto de detrás* DE *la casa. Yo iba en el asiento de detrás* DEL *conductor. La falda tiene una abertura por detrás.* **2.** Intentando conseguir algo o a alguien. Con v. como *ir, andar* o *estar. Ese solo va detrás* DE *su dinero. Anda detrás* DE *ella desde que la conoció. Creo que anda detrás* DE *tu puesto.* ■ **por ~.** loc. adv. En ausencia de la persona aludida. *Nunca te dice nada a la cara, siempre habla por detrás.*

detrimento. m. Daño o perjuicio materiales o morales. *El aumento del ritmo de producción va en detrimento de la calidad.*

detrítico, ca. adj. *Geol.* Compuesto por detrito. *La cuenca presenta depósitos de arcilla y escasos sedimentos detríticos.*

detrito. m. Producto resultante de la descomposición en partículas de una masa sólida. Se usa espec. en geología y medicina. *Detritos vegetales. En las márgenes del río se acumula detrito de rocas arrastrado por la corriente.* Tb. fig. para designar cualquier tipo de desperdicio o basura. *Al basurero llegaban todos los detritos de la ciudad.* ▶ DETRITUS.

detritus. m. Detrito. *Los sedimentos contienen gran proporción de detritus volcánicos. Estremece ver la cantidad de detritus que genera la ciudad.*

deturpar. tr. cult. Deformar o estropear (algo). *El texto había sido deturpado por los sucesivos copistas.*

deuda. f. **1.** Obligación de pagar o devolver algo, espec. una cantidad de dinero. *Paga al contado y nunca contrae una deuda.* Tb. esa cantidad. *Su deuda con el banco asciende a 2500 euros.* **2.** Obligación moral que se contrae de corresponder a alguien o algo. *Le ha salvado la vida: siempre estará en deuda con él.* **3.** Pecado, culpa u ofensa. *Oímos rezar: –Perdónanos nuestras deudas...* ■ **~ pública.** f. Deuda (→ 1) contraída por el Estado mediante la emisión y venta de títulos financieros, con el fin de financiar el déficit público. *Una de las causas de la inflación ha sido el crecimiento de la deuda pública.* Tb. el conjunto de estos títulos. *Invierta en deuda pública.* ▶ **1:** ADEUDO.

deudo. m. cult. Pariente (persona con parentesco). Gralm. en pl. *Al entierro del escritor acudieron sus deudos y amigos.*

deudor, ra. adj. **1.** Que debe algo, espec. dinero. *La cultura occidental es deudora de la grecorromana.* Dicho de pers., tb. m. y f. *Figura en una lista de deudores.* **2.** *Com.* Dicho de cuenta: Cuyo saldo debe anotarse en el debe. Tb. dicho de ese saldo. *Su cuenta arroja un saldo deudor de 200 euros.*

deus ex máchina. (loc. lat.; pronunc. "déus-exmákina"). m. *Teatro* En el teatro de la Antigüedad: Personaje que representaba a una divinidad y que descendía al escenario mediante un mecanismo para resolver una situación muy complicada o trágica. Frec. fig. para designar la persona o cosa que, de manera imprevista, resuelven una situación difícil. *Ni siquiera la informática, moderno deus ex máchina, puede agilizar este trabajo.*

deuterio. m. *Fís.* Isótopo del hidrógeno cuya masa es el doble que la de este. *Podremos obtener deuterio por electrolisis de agua pesada.*

devaluación. f. Hecho o efecto de devaluar. *La peseta sufrió sucesivas devaluaciones.*

devaluar. (conjug. ACTUAR). tr. Disminuir o rebajar el valor (de algo, espec. de una moneda). *El Gobierno decidió devaluar la moneda.* Tb. en constr. prnl. media. *El euro podría devaluarse.* ▶ DEPRECIAR, DESVALORIZAR.

devaluatorio, ria. adj. De la devaluación. *Medidas devaluatorias.*

devanadera. f. Utensilio que sirve para devanar, formado por una armazón de listones que gira alrededor de un eje vertical y en la que se colocan las madejas de hilo. *Una mujer hilaba en la rueca; otra devanaba con una devanadera.*

devanado. m. Hecho de devanar. *La fabricación de paños incluía operaciones como el hilado y el devanado.*

devanar. tr. Enrollar (un hilo o material similar) alrededor de un eje formando una madeja o un ovillo. *Compraba el perlé al peso y luego lo devanaba.* Tb. referido a la madeja. *¿Me ayudas a devanar esta madeja?*

devaneo. m. **1.** Relación amorosa superficial y pasajera. *Aunque estaba casado, de vez en cuando tenía algún devaneo.* **2.** Distracción o pasatiempo inútiles o infructuosos. *Al padre, eso del grupo de teatro le parecía un devaneo contraproducente para los estudios.*

devastación. f. Hecho o efecto de devastar. *Tardarán años en recuperarse de la devastación causada por la riada.*

devastador, ra. adj. Que devasta. *Un terremoto devastador.*

devastar. tr. Destruir completamente (un lugar). *El bombardeo devastó pueblos enteros.* ▶ *DESTRUIR.

develar. tr. cult. Desvelar (algo oculto o desconocido). *Durante siglos, nadie fue capaz de develar el misterio.*

devengar. tr. Adquirir alguien derecho (a una percepción o retribución), frec. por un trabajo o servicio realizados. *Si se extingue el contrato, el trabajador recibirá una indemnización además de la cantidad devengada.*

devengo. m. Hecho o efecto de devengar. *Al jubilarse, le correspondía un devengo mensual de 1000 euros.*

devenir. (conjug. VENIR). intr. **1.** cult. Llegar a ser algo o convertirse en algo. *Con sus cualidades musicales pronto devendrá pianista. El miedo puede devenir* EN *paranoia.* ● m. **2.** cult. Proceso por el que algo ocurre o se desarrolla. *El devenir de los acontecimientos.* **3.** *Fil.* Proceso o cambio. *El devenir se opone al ser.*

de visu. (loc. lat.). loc. adv. Viendo o por haber visto con los propios ojos a la persona o cosa a que se hace referencia. *Las prácticas consistirán en un reconocimiento de visu de rocas y minerales.*

devoción. f. **1.** Fervor religioso. *Se arrodilló ante el sagrario con devoción.* **2.** Amor hacia alguien o algo sagrados, que da lugar a actos de culto. *Es tradicional en México la devoción* A *la Virgen de Guadalupe.* **3.** Inclinación o afición especiales hacia alguien o algo. *Siempre ha demostrado devoción* POR *la familia. ¿De dónde te viene esa devoción* HACIA *la música?* **4.** Práctica religiosa no obligatoria. *El día de Difuntos cumplió con la devoción de ir a la iglesia.*

devocionario. m. Libro de oraciones para uso de los fieles. *Tiene un devocionario en la mesilla.*

devolución. f. Hecho de devolver. *En esa tienda no admiten devoluciones. Devolución de un cheque sin fondos.*

devolver. (conjug. MOVER; part. **devuelto**). tr. **1.** Hacer que (algo que pertenecía a alguien) vuelva a su poder. *El ladrón tendrá que devolverte el dinero que te robó. Devolvió a la biblioteca el libro que sacó prestado.* **2.** Hacer que (algo que se ha perdido) vuelva a la persona o cosa que (lo) tenía. *El aire fresco le devolvió el color al rostro.* **3.** Entregar (una compra) al vendedor por no estar conforme (con ella), obteniendo el importe pagado u otra cosa de igual valor. *Tiene diez días para devolver su compra, si no le satisface.* **4.** Dar a quien ha hecho un pago (la cantidad de dinero que excede del importe). *Pagó con un billete de cinco euros y le devolvieron dos euros y diez céntimos.* **5.** Rechazar (algo) por considerar(lo) inadecuado, haciendo que vuelva a la persona o al lugar de donde procede. *Le devolvieron la factura porque había calculado mal el IVA.* **6.** Dar o hacer (una cosa) a cambio de otra igual que se ha recibido. *Si te da un puñetazo, tú se lo devuelves. Te devolveré el favor en cuanto pueda.* **7.** Vomitar (lo contenido en el estómago). *El niño se mareó y devolvió la merienda.* Tb. usado en constr. intr. *Tengo ganas de devolver.* **8.** Volver (algo o a alguien) a su estado o situación anteriores. *Nunca podrán devolver* A *su antiguo estado la ciudad destruida por la guerra.* ○ intr. prnl. **9.** Am. Regresar o volver. *Lo mejor para Estévez es que se devuelva hacia su distrito* [C]. ▶ **1:** RESTITUIR. **7:** *VOMITAR. **9:** REGRESAR. ‖ **Am: 1:** REGRESAR.

devoniano, na. adj. (Como m. se usa en mayúsc.). *Geol.* Devónico. *Terreno devoniano.* Dicho de división geológica, tb. m. *Se han encontrado en la zona fósiles del Devoniano.*

devónico, ca. adj. **1.** (Como m. se usa en mayúsc.). *Geol.* Dicho de división geológica: Que es la cuarta de la era paleozoica, posterior al Silúrico. Tb. m. *En el Devónico aparecieron los anfibios.* **2.** *Geol.* Del Devónico (→ 1). *Fósiles devónicos. Materiales devónicos.* ▶ DEVONIANO.

devorador, ra. adj. Que devora. *Un lobo devorador de ovejas. Nada escapó de la acción devoradora del fuego.* Tb. fig. *Sentía unos celos devoradores.* Dicho de pers., tb. m. y f. *Es una devoradora de libros.*

devorar. tr. **1.** Comer un animal (a su presa). *En el documental se ve cómo el león devora a una cebra.* **2.** Comer (un alimento) con ansia y rápidamente. *Tenía tanta hambre que devoró la cena.* **3.** Consumir o destruir completamente algo, espec. el fuego (una cosa). *Las llamas están devorando el bosque.* **4.** Producir desasosiego o inquietud (en alguien) un sentimiento o una pasión. *Lo devoran los celos. La envidia la devora.* **5.** Leer con avidez (algo). *Devora todos los libros que caen en sus manos.*

devoto, ta. adj. **1.** Dicho de cosa, espec. de imagen o lugar: Que inspira o despierta devoción. *Visitaron el devoto santuario de Covadonga.* **2.** Dicho de persona: Que tiene o manifiesta devoción. *Es muy devoto de la Virgen de su pueblo.* Tb. m. y f. *En la iglesia solo queda alguna devota rezando el rosario. Es una devota de las revistas del corazón.*

dextrógiro, ra. adj. **1.** *Fís.* Que desvía hacia la derecha el plano de luz polarizada. **2.** *tecn.* Que gira o se desvía hacia la derecha, en el sentido de las agujas del reloj. *Los tornillos convencionales suelen ser dextrógiros.*

deyección. f. **1.** *Fisiol.* Hecho de expulsar los excrementos. *Se trata de impedir que los animales realicen sus deyecciones en la vía pública.* ○ pl. **2.** cult. Excrementos. *En el callejón, plagado de vómitos y deyecciones, había un olor pestilente.*

di-. elem. compos. Significa 'dos'. *Dimorfo, disílabo.*

día. m. **1.** Período de veinticuatro horas, que corresponde al tiempo aproximado que tarda la Tierra en dar una vuelta completa sobre su eje. Designa espec. ese período contado a partir de las doce de la noche. *Una semana tiene siete días.* **2.** Parte del día (→ 1) en que hay luz solar. *Los días en verano son más largos.* **3.** Tiempo meteorológico que hace durante el día (→ 1, 2) o gran parte de él. *¡Qué día hace hoy, qué despejado!* **4.** Momento u ocasión. *Nunca olvidaré el día que te conocí.* **5.** Seguido de un complemento especificador: Día (→ 1) dedicado, gralm. por la Iglesia o por una institución, a la celebración o conmemoración de lo expresado por ese complemento. *El día de los difuntos es el 2 de noviembre. El Día del Libro.* **6.** Santo o cumpleaños de una persona. *Felicitamos a las Cármenes en su día.* ○ pl. **7.** Vida (período de tiempo que transcurre entre el nacimiento y la muerte de una persona). *Siguió subiéndose a los escenarios hasta el final de sus días.* ■ **~ del Juicio** (**Final**). m. *Rel.* Último día (→ 1) de los tiempos, en que Jesucristo juzgará a los vivos y a los muertos. *El fresco representa el Día del Juicio Final.* ■ **~ de precepto.** m. Día (→ 1) en que la Iglesia manda oír misa y no trabajar. *El día del Corpus es día de precepto.* ■ **~ de trabajo.** m. Día (→ 1) ordinario, por contraposición al de fiesta. *Los días de trabajo viste de uniforme.* ■ **~ festivo,** o **feriado.** m. Día (→ 1) en que, por disposición legal o precepto eclesiástico, no se trabaja y ciertos establecimientos permanecen cerrados. *El 2 de mayo es un día festivo en Madrid.* ⇒ FESTIVO. ‖ frecAm: FERIADO. ■ **~ laborable.** m. Día (→ 1) en que hay obligación de trabajar. *Las solicitudes podrán presentarse los días laborables.* ⇒ LABORABLE. □ **a ~s.** loc. adv. Unos días (→ 1) sí, y otros no, o no siempre. *A días se levanta triste.* ■ **al ~.** loc. adv. Al corriente. *Le costará mucho ponerse al día. Está al día de todo lo sucedido.* ■ **al otro ~.** loc. adv. Al día (→ 1) siguiente. *Se despidieron y quedaron al otro día para jugar una partida.* ■ **buenos ~s.** expr. Se usa como fórmula de saludo por la mañana. *Buenos días, ¿qué tal has dormido?* ■ **como de la noche al ~,** o **como del ~ a la noche.** → **noche.**

■ **cualquier ~,** o **un buen ~,** o **el ~ menos pensado.** loc. adv. En cualquier día (→ 1) imprevisto o inesperado. *El día menos pensado le cuento toda la verdad.* ■ **cuatro ~s.** loc. s. Período de tiempo breve. *Cuatro días al año que estamos juntos y nos pasamos el tiempo discutiendo.* Frec. en la constr. *en cuatro ~s. Eso está solucionado en cuatro días.* ■ **dar los buenos ~s.** loc. v. Saludar por la mañana deseando feliz día (→ 1). *Entra en la sala sin dar los buenos días.* ■ **de ~.** loc. adv. Durante el tiempo que transcurre desde que sale el sol hasta que anochece. *Prefiero conducir de día.* ■ **de ~ en ~.** loc. adv. Continua y progresivamente. *Su salud empeora de día en día.* ■ **del ~.** loc. adj. **1.** Reciente o hecho en el mismo día (→ 1). *Pan del día.* **2.** De moda o de actualidad. *La boda real se ha convertido en el tema del día.* ■ **de un ~ a,** o **para, otro.** loc. adv. Muy pronto o inmediatamente. *No puedes irte así, de un día para otro.* ■ **~ y noche,** o **noche y ~.** loc. adv. Continuamente. Gralm. con intención enfática. *Trabaja día y noche.* ■ **el ~ de hoy.** loc. adv. Hoy. *La búsqueda ha continuado hasta el día de hoy.* ■ **el ~ del juicio (por la tarde).** loc. adv. coloq. Muy tarde. *–¿Cuándo pensáis casaros? –El día del juicio por la tarde.* ■ **el ~ de mañana.** loc. adv. En tiempo futuro. *Estudia para que el día de mañana seas alguien en la vida.* ■ **el ~ menos pensado.** → **cualquier día.** ■ **el mejor ~.** loc. adv. Cualquier día (→ **cualquier día**). Se usa, frec. en sent. irónico, hablando de algún contratiempo que se teme. *El mejor día te ponen en la calle.* ■ **el otro ~.** loc. adv. En uno de los días (→ 1) próximos en el pasado. *El otro día me encontré con Lucía.* ■ **en los ~s de su vida.** loc. adv. Nunca. *En los días de mi vida vi cosa igual.* ■ **en su ~.** loc. adv. En su tiempo oportuno o a su debido tiempo. *Ya expresé mi opinión en su día.* ■ **hacerse de ~.** loc. v. Amanecer. *Pronto se hará de día.* ■ **hay más ~s que longanizas.** expr. coloq. Se usa para expresar que no es urgente hacer o decir algo. *Ya tendrás tiempo de explicarme qué pasó, ¡hay más días que longanizas!* ■ **mañana será otro ~.** expr. coloq. Se usa para indicar que se pospone la ejecución de algo, o para expresar la esperanza de que cambie la situación al día (→ 1) siguiente. *Acuéstate, que mañana será otro día.* ■ **no pasar los ~ por** (una persona). loc. v. Mantener (esa persona) un aspecto joven a pesar de los años. *¡Qué bien está, no pasan los años por ella!* ■ **tener** alguien o algo **~s.** loc. v. Ser variable o mudable. *Tiene días: a veces se levanta de mal humor y otras está tan agradable.* ■ **tener** alguien **los ~s contados.** loc. v. coloq. Encontrarse al final de la vida. *Nos amenazó diciéndonos: ¡tenéis los días contados!* Tb. fig. *Tiene los días contados al frente del partido.* ■ **todo el santo ~.** loc. adv. coloq. Constantemente o sin parar. *Está todo el santo día hablando de su trabajo.* ■ **un buen ~.** → **cualquier día.** ■ **un ~ es un ~.** expr. Se usa para expresar que alguien se aparta de sus costumbres por algún motivo especial. *¡Tómate una copita para celebrarlo, que un día es un día!* ■ **un ~ sí y otro no.** loc. adv. En días (→ 1) alternos. *Se lava el pelo un día sí y otro no.* ■ **vivir al ~.** loc. v. Gastar a diario todo el dinero que se tiene, sin ahorrar nada. *Vive al día.* ▶ **1:** JORNADA. **7:** VIDA.

diabetes. f. Enfermedad metabólica caracterizada por sed intensa y eliminación excesiva de orina. Designa espec. la que produce un exceso de azúcar en la sangre. *Padece diabetes.*

diabético, ca. adj. **1.** De la diabetes. *Coma diabético.* **2.** Que padece diabetes. *Pacientes diabéticos.* Tb. m. y f. *A los diabéticos se les recomienda no consumir alcohol.*

diabla. f. coloq. Diablesa. *Me contó un cuento sobre un diablo y una diabla.*

diablesa. f. Diablo femenino. *Era una mujer pérfida, una diablesa.*

diablillo. m. coloq. Persona que enreda y comete travesuras. Gralm. referido a niños, con intención afectiva. *Verás como coja al diablillo que me ha escondido las llaves.*

diablo. m. **1.** *Rel.* Ángel rebelado contra Dios y arrojado por ello al abismo. Frec. *el ~* para designar al príncipe de esos ángeles, que representa el espíritu del mal. *El hombre peca cuando cae en las tentaciones que le tiende el diablo.* **2.** Persona con características consideradas propias de un diablo (→ 1), espec. su maldad, su astucia o su carácter inquieto. *Parecía un bendito, pero menudo diablo ha resultado.* **3.** coloq. Se usa pospuesto a una palabra interrogativa o exclamativa y gralm. en plural, para enfatizar expresiones que indican disgusto, sorpresa o rechazo. *No sé qué diablos has venido a hacer aquí.* ■ **pobre ~.** m. Hombre de carácter débil y al que se reconoce poca valía o poder. *Las culpas han recaído sobre un pobre diablo.* □ **al ~.** expr. coloq. Se usa para expresar rechazo o enfado. *¡Al diablo los libros, ya estudiaré mañana!* Frec. en constr. imperativas con v. como *mandar* o *irse. Como me harte, lo mando todo al diablo y se acabó.* ■ **como el,** o **un, ~.** loc. adv. coloq. Mucho. *La cartera pesa como un diablo.* ■ **del ~,** o **de mil ~s,** o **de (todos) los ~s.** loc. adj. coloq. Muy grande o extraordinario. *Se ha armado un lío de mil diablos.* ■ **~(s),** o **qué ~(s).** interj. Se usa para expresar sorpresa o enfado. *¡Diablos, qué carácter!* ■ **tener el ~,** o **los ~s, en el cuerpo.** loc. v. coloq. Ser muy inquieto o travieso. *¡Niña, estate quieta, que tienes el diablo en el cuerpo!* ▶ **1:** DEMONIO.

diablura. f. coloq. Travesura. *Estos niños no dejan de hacer diabluras.*

diabólico, ca. adj. **1.** Del diablo. *Se creía que su locura se debía a una posesión diabólica.* **2.** coloq. Muy malo. *Es un ser diabólico.* **3.** coloq. Enrevesado o muy difícil. *El profesor nos ha puesto un problema diabólico.* ▶ **1:** DEMONÍACO, SATÁNICO.

diábolo. m. Juguete que consiste en una pieza formada por dos conos unidos por sus vértices, la cual se hace girar por medio de una cuerda atada al extremo de dos varillas. *Jugaba a la rayuela y al diábolo.*

diácono, nisa. m. y f. *Rel.* Persona que ha recibido órdenes sagradas de grado inmediatamente inferior al de sacerdote. *El diácono ha sido ordenado sacerdote por el Papa.* El f. no se usa referido a la religión católica. *Diaconisa anglicana.*

diacrítico, ca. adj. *Gram.* Dicho de signo ortográfico, espec. de acento: Que sirve para distinguir una palabra de otras. *El adverbio "más" lleva acento diacrítico frente a la conjunción "mas".*

diacronía. f. **1.** Cualidad de diacrónico o que sucede a lo largo del tiempo. *El lenguaje hablado se caracteriza por su diacronía.* **2.** *Ling.* Método de estudio diacrónico. *¿Puedes explicarme la diferencia entre sincronía y diacronía?*

diacrónico, ca. adj. **1.** cult. Que se desarrolla o sucede a lo largo del tiempo. *Podemos estudiar la literatura como fenómeno diacrónico.* **2.** *Ling.* Dicho espec. de estudio de una lengua o de algún aspecto de esta: Que atiende a las fases sucesivas de su evolución. *Su tesis doctoral es un estudio diacrónico de los verbos irregulares.* ▶ **2:** HISTÓRICO.

diadema. f. **1.** Adorno femenino en forma de aro abierto, hecho en diversos materiales, que sirve para sujetar el pelo hacia atrás. *Suele ponerse una diadema.* **2.** Joya femenina, en forma de media corona abierta por detrás, que se coloca en la cabeza. *La reina lleva una diadema de brillantes.* ▶ **2:** TIARA.

diáfano, na. adj. **1.** Dicho de cuerpo: Que deja pasar la luz casi en su totalidad. *Una pared de materiales diáfanos.* **2.** Claro o limpio. *Un río de aguas diáfanas.* Tb. fig. *Es diáfano cuando expresa sus opiniones.* **3.** Dicho de espacio: Despejado, o que carece de obstáculos o separaciones. *Los decoradores prefieren los espacios diáfanos. Sala diáfana.*

diafragma. m. **1.** En los mamíferos: Membrana muscular que separa la cavidad torácica de la abdominal. *El diafragma interviene en la respiración.* **2.** Membrana de goma u otro material que, colocada en el fondo de la vagina, impide la fecundación. *Utiliza un diafragma como método anticonceptivo.* **3.** En una cámara fotográfica: Disco pequeño con una abertura, situado en el objetivo, que permite regular la cantidad de luz que se deja pasar. *Si hay mucho sol, cierre el diafragma.*

diagnosis. f. Hecho de diagnosticar. *Diagnosis del trastorno de un paciente.*

diagnosticar. tr. **1.** Determinar (algo) a partir del análisis o evaluación de los signos que presenta. *Es difícil diagnosticar la evolución de los mercados bursátiles.* **2.** *Med.* Determinar la existencia (de una enfermedad) a partir de la observación de sus síntomas. *Las ecografías se utilizan para diagnosticar muchas enfermedades.* **3.** *Med.* Determinar (la enfermedad) que alguien padece a partir de la observación de sus síntomas. *El médico le ha diagnosticado una bronquitis.*

diagnóstico, ca. adj. **1.** De la diagnosis o del diagnóstico (→ 2). *Pruebas diagnósticas.* ● m. **2.** Hecho o efecto de diagnosticar. *El diagnóstico del paciente es poco esperanzador.*

diagonal. adj. **1.** Oblicuo (que se desvía de la línea horizontal o de la vertical). *Corte los tallos de las flores en sentido diagonal.* **2.** Dicho de calle o avenida: Que corta oblicuamente a otras paralelas entre sí. Tb. f. *Métete por la diagonal: acortarás camino.* **3.** *Mat.* Dicho de línea recta: Que une dos vértices no contiguos en un polígono, o dos vértices de distinta cara en un poliedro. Tb. f. *Trazando la diagonal de un rectángulo, obtenemos dos triángulos escalenos.* ▶ **1:** *OBLICUO.

diagrama. m. Representación gráfica, gralm. esquemática, de algo. *Con un diagrama de barras representamos la pluviosidad. En la página 7 hay un diagrama de las partes de un fruto.*

diagramación. f. frecAm. *tecn.* Hecho o efecto de diagramar. *La revista ha llegado a un grado de excelencia incomparable, tanto por su contenido como por su diagramación* [C].

diagramar. tr. frecAm. *tecn.* Hacer el diagrama (de algo, espec. de una publicación). *Sobria, pero hermosamente diagramado, este libro desnuda los secretos del dominó* [C].

diaguita. adj. **1.** histór. Dicho de individuo: De un pueblo amerindio que habitó en la región montañosa del noroeste de la Argentina. *Mujeres diaguitas.* Tb. m. y f. *La lengua de los diaguitas era el cacán.* **2.** histór. De los diaguitas (→ 1). *Cultura diaguita.*

dial. m. **1.** Superficie graduada sobre la que se mueve un indicador que mide o señala una determinada magnitud, como peso, voltaje, longitud de onda o velocidad. *La aguja del dial del coche marca 2000 revoluciones.* **2.** En un teléfono o un receptor de radio: Placa con letras o números sobre los que se mueve un indicador con el que se selecciona la conexión deseada. *Ha sintonizado el 91.4 del dial de su radio.* **3.** Conjunto de las emisoras de radio que se captan en un determinado territorio. *Es una de las voces más populares del dial español.*

dialectal. adj. Del dialecto. *Hemos estudiado las formas dialectales de la palabra "piojo".*

dialectalismo. m. Palabra o uso propios de un dialecto. *Su prosa está cargada de dialectalismos.*

dialéctico, ca. adj. **1.** De la dialéctica (→ 3-5). *Un enfrentamiento dialéctico.* ● m. y f. **2.** Partidario o cultivador de la dialéctica (→ 3-5). *Son dos dialécticos natos.* ○ f. **3.** Arte de discutir o argumentar. *Me ha convencido con su dialéctica.* Tb. fig. *Solo comprenden la dialéctica de las armas.* **4.** Relación entre opuestos. *Se mantiene la dialéctica de enfrentamiento entre patronal y sindicatos.* **5.** *Fil.* En la doctrina de Hegel: Proceso de transformación en que dos opuestos, tesis y antítesis, se resuelven en una forma superior o síntesis. *La dialéctica reproduce en el pensamiento las oposiciones que se dan en la realidad.*

dialecto. m. Variedad de una lengua en un territorio determinado. *Aunque hablan dialectos distintos, se entienden perfectamente.*

dialectología. f. *Ling.* Estudio de los dialectos. *La dialectología contribuye a mejorar el conocimiento de una lengua.*

dialectólogo, ga. m. y f. Especialista en dialectología. *El atlas lingüístico es obra de tres dialectólogos.*

diálisis. f. **1.** *Med.* Método terapéutico de depuración artificial de la sangre por el que se eliminan las sustancias nocivas contenidas en ella. *Tiene que someterse a diálisis.* **2.** *Fís.* y *Quím.* Proceso por el que se separan las moléculas de una disolución, filtrándola a través de una membrana semipermeable.

dialogante. adj. Abierto al diálogo o al entendimiento. *Una actitud dialogante.*

dialogar. intr. **1.** Mantener un diálogo. *Han resuelto sus diferencias dialogando.* ○ tr. **2.** Dar (a algo) forma de diálogo. *Su última obra es una novela dialogada.*

diálogo. m. **1.** Conversación entre dos o más personas que hablan alternativamente, espec. para llegar a un entendimiento. *Es imposible mantener un diálogo* CON *él.* **2.** *Lit.* Obra literaria en prosa o en verso escrita en forma de diálogo (→ 1). *La obra de Fray Luis "De los nombres de Cristo" es un diálogo.* Tb. el fragmento de una obra escrito así. **3.** *Lit.* Género literario constituido por los diálogos (→ 2). *El diálogo fue cultivado en el Renacimiento por autores como Juan de Valdés.* ■ **~ de besugos.** m. coloq., humoríst. Conversación sin coherencia lógica. *Es un diálogo de besugos: cada uno habla de una cosa.* ■ **~ de sordos.** m. Conversación en la que los interlocutores no se prestan atención. *Las negociaciones fracasaron porque fueron un diálogo de sordos.* ▶ **1:** INTERLOCUCIÓN. **2, 3:** COLOQUIO.

diamante. m. **1.** Piedra preciosa constituida por carbono cristalizado, que se utiliza en joyería por su brillo y transparencia, y en la industria por su dureza. *Anillo de diamantes.* **2.** En la baraja francesa: Palo cuyas cartas tienen representadas una o varias figuras en forma de rombos de color rojo. Más frec. en pl. *El as de diamantes.* ■ **~ en bruto.** m. Persona o cosa de valor o potencial grandes, pero sin desarrollar o aprovechar. *El joven cantante es un diamante en bruto.*

diamantino, na. adj. Del diamante, o de características semejantes a las suyas, espec. el brillo o la dureza. *Una roca de dureza diamantina.*

diametral. adj. *Mat.* Del diámetro. *La longitud diametral de una circunferencia es el doble de su radio.*

diametralmente. adv. Entera o completamente. *Tenemos gustos diametralmente opuestos.*

diámetro. m. *Mat.* Segmento lineal que une dos puntos de una circunferencia y pasa por su centro. *El valor del diámetro de una circunferencia es el doble que el del radio.*

diana. f. **1.** Punto central de un blanco de tiro. *Apunta a la diana y dispara.* Tb. fig. *Con tu respuesta has dado en la diana.* **2.** Blanco de tiro, constituido gralm. por una superficie en la que hay dibujadas varias circunferencias concéntricas. *Para jugar se necesitan unos dardos y una diana.* **3.** Toque militar al comienzo de la jornada, para despertar a la tropa. *A las seis suena la diana en el campamento.* **4.** Recorrido que se hace tocando música por las calles de una población para señalar el comienzo de un día de fiesta. *Según el programa de fiestas, la diana empezará a la ocho de la mañana.* ■ **hacer ~.** loc. v. Acertar en la diana (→ 1). *Durante las prácticas de tiro, he hecho diana varias veces.* Tb. fig. *–Te gusta ese chico, ¿verdad? –Eso es, ¡has hecho diana!*

diantre. m. coloq., eufem. Diablo (ángel rebelado). Frec. se usa pospuesto a una palabra interrogativa o exclamativa para enfatizar expresiones que indican disgusto, sorpresa o rechazo. *¿A quién diantre se le ha ocurrido esta barbaridad?* ■ **~(s).** interj. eufem. Diablo. *¡Déjame en paz de una vez, diantre!*

diapasón. m. **1.** *Mús.* Instrumento de acero en forma de horquilla con pie que, cuando se hace sonar, emite el sonido *la,* que se toma como referencia para afinar voces e instrumentos. *El profesor afina el violín con el diapasón.* **2.** cult. Tono de voz. *No suba el diapasón, que le oigo perfectamente.*

diapositiva. f. Fotografía positiva sacada sobre una materia transparente, que se puede observar por transparencia o proyectada en una pantalla. *Hemos visto las diapositivas del viaje.* ▶ FILMINA.

diariamente. adv. Todos los días. *Se ducha diariamente.*

diariero. m. Am. Vendedor o repartidor de diarios. *Salen los dos diarieros voceando noticias* [C].

diario, ria. adj. **1.** De todos los días. *Un paseo diario.* ● m. **2.** Periódico que se publica todos los días. *Toma el café leyendo el diario.* **3.** Libro o cuaderno en el que se anota lo sucedido cada día. *Guarda su diario con llave.* ■ **a diario.** loc. adv. Diariamente. *Coge el tren a diario.* ■ **de diario.** loc. adj. Dicho de ropa: Que se usa los días laborables o no festivos. *Tiene solo un abrigo de diario.* Tb. loc. adv. *A la cena voy a ir vestido de diario.* ▶ **1:** COTIDIANO. **2:** *PERIÓDICO.

diarrea. f. Evacuación frecuente y anormal de heces blandas o casi líquidas. *Ha estado varios días con diarrea.* ■ **~ mental.** f. coloq. Confusión que queda patente con la expresión de muchas ideas sin sentido o sin base. Frec. humoríst. *Su conferencia ha sido una diarrea mental.* ▶ DESCOMPOSICIÓN.

diáspora. f. cult. Dispersión de un grupo humano que abandona su lugar de origen *El conflicto ha provocado la diáspora de miles de civiles.* Frec. designa la del pueblo judío. *La diáspora de los judíos españoles se inicia con su expulsión.*

diástole. f. *Fisiol.* Movimiento de dilatación del corazón. *En la diástole, la sangre entra en el corazón por las venas cavas.*

diastólico, ca. adj. *Fisiol.* De la diástole. *Tensión arterial diastólica.*

diatomea. adj. **1.** *Bot.* Del grupo de las diatomeas (→ 2). *Alga diatomea.* ● f. **2.** *Bot.* Alga unicelular microscópica que vive en el mar, en agua dulce o en la tierra húmeda, y que tiene un caparazón formado por dos valvas de tamaño desigual. *Las diatomeas se utilizan en la depuración de aguas.*

diatónico, ca. adj. *Mús.* Dicho de escala o sistema musical: Que procede por intervalos de dos tonos y un semitono. *En la escala diatónica hay un semitono entre la tercera y la cuarta nota, y otro entre la séptima y la octava.*

diatriba. f. Discurso o escrito en los que se critica de manera violenta algo o a alguien. *Su artículo es una diatriba* CONTRA *la gestión del Gobierno.*

dibujante. m. y f. Persona que se dedica al dibujo como profesión. *El dibujante hace viñetas de humor.*

dibujar. tr. **1.** Trazar las líneas (de algo) sobre una superficie. *Ha dibujado un bodegón en el bloc.* **2.** Describir (algo) con palabras. *Nos dibujó tan claramente los paisajes de Escocia que parecía que los teníamos delante.* ○ intr. prnl. **3.** Mostrarse o dejarse ver. *En su cara se ha dibujado una sonrisa.*

dibujo. m. **1.** Hecho o efecto de dibujar o trazar las líneas. *Va a exponer sus dibujos a carboncillo.* **2.** Arte o técnica de dibujar o trazar las líneas. *Es profesor de dibujo.* **3.** Figura o conjunto de figuras que componen el adorno de algo, espec. de un tejido o un bordado. *No me gustan las telas con dibujo.* **4.** Conjunto de hendiduras de la banda de rodadura de un neumático. *Los neumáticos apenas tienen dibujo.* ■ **~s (animados).** m. pl. Sucesión de dibujos (→ 1) fotografiados en una película, que representan las fases del movimiento de una figura. *Un largometraje de dibujos animados.*

dicción. f. **1.** Manera de pronunciar. *Un logopeda lo ayuda con sus problemas de dicción.* **2.** Manera de hablar o escribir. *El novelista destaca por su dicción perfecta.*

diccionario. m. Libro en el que se recogen, según un orden determinado, gralm. alfabético, palabras o expresiones de una o más lenguas, o de una materia concreta, acompañadas de su definición o de su equivalencia. *Busca en el diccionario las palabras que no comprendas.*

dicha. f. **1.** Felicidad. *Sintió una gran dicha al verlo.* **2.** Buena suerte. *Ojalá tengas la dicha de encontrar lo que buscas.*

dicharachero, ra. adj. Que tiene una conversación animada y ocurrente. *Es dicharachera e ingeniosa.*

dicho, cha. part. **1.** → **decir.** ● adj. **2.** Mencionado antes. Se usa delante del n. sin art. *Hay que hacer el informe con datos tomados de la realidad; dichos datos pueden ordenarse de varias formas.* ● m. **3.** Palabra o frase que se dicen habitualmente para expresar un concepto de forma concisa. *"Un día es un día" es un dicho muy corriente.* ▶ **3:** ADAGIO, AFORISMO, MÁXIMA, PROVERBIO, REFRÁN, SENTENCIA.

dichoso, sa. adj. **1.** Feliz (que tiene felicidad, o que trae felicidad). *Me siento muy dichosa por haber ganado este premio.* **2.** coloq. Antepuesto o pospuesto a un nombre, se usa para expresar la molestia o rechazo que causa lo designado por este. *¡Ya se ha vuelto a bloquear el dichoso ordenador!* ▶ **1:** FELIZ.

diciembre. m. Duodécimo mes del año. *El 25 de diciembre se celebra la Navidad.*

dicotiledóneo, a. adj. **1.** *Bot.* Del grupo de las dicotiledóneas (→ 2). *Planta dicotiledónea.* ● f. **2.** *Bot.* Planta cuyo embrión contiene dos cotiledones, como la judía o el tomate.

dicotomía. f. cult. División en dos partes, gralm. opuestas entre sí. *Ha hablado sobre la dicotomía* ENTRE *lo público y lo privado.*

dicotómico, ca. adj. cult. De la dicotomía. *Es una visión dicotómica del hombre.*

dictablanda. f. humoríst. Dictadura poco rigurosa. *Con la vejez del dictador, el régimen se convirtió en una dictablanda.*

dictado. m. **1.** Hecho de dictar para que otro escriba. *El profesor les ha hecho un dictado.* Tb. el texto así escrito. *He tenido dos faltas de ortografía en el dictado.* **2.** Calificativo aplicado a una persona. *Estos toreros merecieron el dictado de temerarios.* ○ pl. **3.** Inspiraciones o preceptos sugeridos por alguien o algo, espec. la razón o la conciencia. *Sigue los dictados* DE *tu corazón.* ■ **escribir al ~.** loc. v. Escribir lo que otro dicta. *La secretaria escribe cartas al dictado.*

dictador, ra. m. **1.** Gobernante que asume todo el poder de un Estado y lo ejerce sin limitaciones. *El dictador ha subido al poder tras un levantamiento militar.* ○ m. y f. **2.** Persona que abusa de su autoridad o trata con dureza a los demás. *El jefe es un dictador.*

dictadura. f. **1.** Régimen de gobierno caracterizado por la ausencia de control democrático y por la concentración de todo el poder en manos de un solo individuo, asamblea, partido o clase. *La transición de la dictadura a la democracia ha sido pacífica.* Tb. fig. *No se somete a la dictadura de la moda.* Tb. el Estado así gobernado. *Portugal fue una dictadura durante cuarenta años.* **2.** Cargo o dignidad de dictador. *Ejerció la dictadura durante años.* Tb. el tiempo que dura. *Durante la dictadura, la censura actuaba con dureza.*

dictáfono. (Marca reg.). m. Aparato que sirve para grabar y reproducir cartas u otros textos, para que puedan ser transcritos. *Ha grabado una carta en el dictáfono.*

dictamen. m. Opinión o juicio que se emite sobre algo. *La comisión ha elaborado su dictamen.*

dictaminar. intr. Emitir un dictamen sobre algo. *Un experto dictaminará* SOBRE *la autenticidad del lienzo.*

dictar. tr. **1.** Decir (algo) con las pausas necesarias o convenientes para que otra persona lo vaya escribiendo. *Vaya dictándome la lista de precios.* **2.** Sugerir o inspirar (algo). *Haz lo que te dicte tu sentido común.* **3.** Dar o hacer pública (una ley o una sentencia). *El tribunal ha dictado sentencia.* **4.** Dar (una clase o una conferencia). *Ha dictado conferencias en numerosas universidades.*

dictatorial. adj. De la dictadura o del dictador. *Ejerce un poder dictatorial. Régimen dictatorial.*

didáctica. → **didáctico.**

didacticismo. m. Didactismo. *En sus cuentos predomina el didacticismo.*

didáctico, ca. adj. **1.** De la enseñanza. *Método didáctico.* **2.** Dicho de cosa: Adecuada para la enseñanza. *Las visitas a museos resultan muy didácticas.* **3.** Dicho de persona: Que tiene una manera didáctica (→ 2) de explicar las cosas. *Es un profesor muy didáctico.* **4.** Dicho de obra, género o autor: Que tiene como finalidad fundamental la enseñanza. *La fábula es un género didáctico.* ● f. **5.** Disciplina que estudia los métodos y las técnicas de enseñanza. *Es especialista en didáctica de lenguas extranjeras.* ▶ **2:** *EDUCATIVO.

didactismo. m. **1.** Cualidad de didáctico. *Destaca por su didactismo.* **2.** Tendencia o propósito didácticos o docentes. Frec. despect. *El autor cae en un excesivo didactismo en su deseo de aleccionar al lector.* ▶ DIDACTICISMO.

diecinueve. (APÉND. NUM.). adj. **1.** Dieciocho más uno. *Tiene diecinueve meses.* Tb. sustantivado. *Esperaba a varios amigos y vinieron los diecinueve.* Tb. pron. *–¿Cuántos años tienes? –Diecinueve.* **2.** Decimonoveno. *Página diecinueve.* Tb. sustantivado. *El diecinueve de marzo es el día de San José.* ● m. **3.** Número que sigue al dieciocho. *El diecinueve se escribe 19.* Frec. *número ~.*

dieciochesco, ca. adj. Del siglo XVIII. *Un palacete dieciochesco.*

dieciocho. (APÉND. NUM.). adj. **1.** Diecisiete más uno. *Tiene dieciocho años.* Tb. sustantivado. *–¿Cuántos alumnos han aprobado? –Los dieciocho.* Tb. pron. *Esperaba a varios amigos y vinieron dieciocho.* **2.** Decimoctavo. *Página dieciocho.* Tb. sustantivado. *–¿A qué piso va? –Al dieciocho.* ● m. **3.** Número que sigue al diecisiete. *El dieciocho se representa como 18.* Frec. *número ~. En la rifa salió premiado el número dieciocho.*

dieciséis. (APÉND. NUM.). adj. **1.** Quince más uno. *Faltan dieciséis días.* Tb. sustantivado. *–¿Cuántos candidatos han pasado a la siguiente fase? –Los dieciséis.* Tb. pron. *Creía que irían a la excursión veinte personas, pero solo fueron dieciséis.* **2.** Decimosexto. *Página dieciséis.* Tb. sustantivado. *Se casaron el dieciséis de agosto.* ● m. **3.** Número que sigue al quince. *Has escrito un dieciséis que parece un diez.* Frec. *número ~. El corredor lleva el dorsal número dieciséis.*

diecisiete. (APÉND. NUM.). adj. **1.** Dieciséis más uno. *Diecisiete libros.* Tb. sustantivado. *–¿Cuántos alumnos aprobaron? –Los diecisiete.* Tb. pron. *Esperaba a varios amigos y vinieron diecisiete.* **2.** Decimoséptimo. *Página diecisiete.* Tb. sustantivado. *–¿A qué piso va? –Al diecisiete.* ● m. **3.** Número que sigue al dieciséis. *Ese diecisiete parece un setenta y siete.* Frec. *número ~.*

diente. m. **1.** Pieza dura y blanquecina de las que crecen en las mandíbulas del hombre y de muchos animales, que sirve como órgano de masticación o de defensa. *Lleva un aparato en los dientes.* Designa espec. los delanteros. *Le han sacado un diente.* **2.** Punta o saliente que presenta el borde de algunas cosas y espec. ciertos instrumentos o herramientas. *Dientes de un serrucho. Dientes de un peine.* ■ **~ canino.** m. Colmillo. *Los dientes caninos se encuentran a continuación de los incisivos.* ⇒ CANINO. ■ **~ de ajo.** m. Cada una de las partes en que se divide la cabeza del ajo, separadas por su cáscara particular. *Sofríe un diente de ajo.* ⇒ AJO. ■ **~ de leche.** m. Diente (→ 1) de la primera dentición, que es reemplazada por la definitiva en la edad adulta. *Los niños tienen veinte dientes de leche.* ■ **~ de león.** m. Hierba de flores amarillas, cuyas hojas y raíces poseen propiedades curativas. *La flor del diente de león forma unas bolitas blancas que se deshacen al soplarlas.* ■ **~ incisivo.** m. *Anat.* Diente (→ 1) situado en la parte más saliente de las mandíbulas, entre los colmillos superiores e inferiores. *Los dientes incisivos sirven para cortar los alimentos.* ⇒ INCISIVO. ■ **~ molar.** m. *Anat.* Diente

(→ 1) de la parte posterior de la boca. *Entre los restos hallados figura un diente molar.* ⇒ MOLAR, MUELA. ■ ~ **premolar.** m. *Anat.* Diente (→ 1) situado entre los caninos y las muelas, que posee raíz y corona más sencillas que las de estas. *Los dientes premolares son más pequeños que las muelas.* ⇒ PREMOLAR. ■ **~s de sierra.** m. pl. Serie de entrantes y salientes repetidos alternativamente. *El gráfico de las sesiones de bolsa presenta dientes de sierra.* □ **armarse hasta los ~s.** loc. v. coloq. Armarse con gran cantidad de armas. *Los atracadores van armados hasta los dientes.* ■ **dar** alguien **~ con ~.** loc. v. coloq. Temblarle las mandíbulas de frío o de miedo. *Pasaron la noche encogidos, dando diente con diente.* ■ **de ~s afuera.** loc. adv. coloq. Con falta de sinceridad. *De dientes afuera aceptó sus explicaciones.* ■ **enseñar,** o **mostrar, los ~** (a alguien). loc. v. coloq. Amenazar (a esa persona) o enfrentarse (a ella). *Como no les enseñes los dientes, no atenderán tu reclamación.* ■ **entre ~s.** loc. adv. De manera poco inteligible y frec. manifestando disgusto. *Ha dicho algo entre dientes, pero no lo he entendido.* ■ **haberle nacido,** o **salido,** (a alguien) **los ~s** (en un lugar o en una actividad). loc. v. coloq. Llevar (en ese lugar) o dedicarse (a esa actividad) desde edad muy temprana. *¡Claro que es buen cocinero: le han salido los dientes en la cocina del hotel!* ■ **hincar,** o **meter, el ~** (a algo). loc. v. coloq. **1.** Empezar a comer(lo), espec. si es difícil de masticar. *No sé cómo hincar el diente a este jamón: está como una piedra.* **2.** Acometer(lo) o abordar(lo). *Tenemos que hincar el diente al problema.* **3.** Apropiarse (de ello). *Querían hincar el diente a la fortuna de su tío.* ■ **poner los ~s largos** (a alguien). loc. v. coloq. Provocar(le) envidia. *Me ha puesto los dientes largos con las fotografías del viaje.* ■ **tener buen ~.** loc. v. coloq. Ser muy comedor. *No te preocupes por las comidas, que tiene buen diente.*

diéresis. f. **1.** Signo ortográfico (¨) que se pone sobre la *u* de las sílabas *gue, gui,* para indicar que debe pronunciarse. *Si la palabra "vergüenza" no llevara diéresis en la "u", se pronunciaría "verguenza".* **2.** *Lit.* Pronunciación en sílabas distintas de dos vocales que normalmente forman una sola. *Muchos poetas clásicos utilizan el recurso de la diéresis en sus versos.*

diésel. m. **1.** Motor diésel (→ **motor**). *El vehículo va equipado con diésel.* **2.** Vehículo dotado de diésel (→ 1). *Se ha comprado un diésel.* Frec. en aposición. *Coche diésel.*

diestro, tra. adj. **1.** Dicho de persona: Que utiliza preferentemente la mano y el lado derechos. *Los jugadores diestros suelen jugar por la banda derecha.* Tb. m. y f. *La condición de diestro se debe al predominio del hemisferio cerebral izquierdo.* **2.** Dicho de persona: Hábil o experta en algo. *Es muy diestra* EN *el manejo del pincel.* **3.** cult. Que está a la derecha. *Mano diestra.* Dicho de mano, tb. f. *Sujeta la espada con la diestra.* ● m. **4.** Matador de toros. *El diestro ha realizado una faena brillante.* ■ **a diestro y siniestro.** loc. adv. coloq. A todos lados y en gran cantidad. *Los atracadores salieron del establecimiento disparando a diestro y siniestro.* ▶ **4:** *TORERO.

dieta[1]**.** f. **1.** Régimen que regula la alimentación de una persona y que se manda observar, gralm. por motivos de salud. *Se ha puesto a dieta.* **2.** Conjunto de sustancias que regularmente se ingieren como alimento. *Es aconsejable tomar una dieta variada.* **3.** Privación total o parcial de comer. *Está a dieta de arroz blanco.* ■ **~ mediterránea.** f. Dieta (→ 2) de los países de la cuenca del Mediterráneo, que se basa en el consumo de cereales, legumbres, hortalizas, aceite de oliva y vino. *La dieta mediterránea disminuye el riesgo de enfermedades cardiovasculares.* ▶ **1:** *RÉGIMEN.

dieta[2]**.** f. Retribución diaria que se concede a una persona por el desempeño de una actividad laboral fuera de su lugar de residencia. Más frec. en pl. *El bufete paga dietas a sus abogados.*

dieta[3]**.** (Frec. en mayúsc.). f. histór. Asamblea política de algunos Estados europeos. *La Dieta del Sacro Imperio Germánico debatió qué postura adoptar frente a Lutero.*

dietario. m. Libro en que se anotan los ingresos y los gastos diarios. *Utiliza un dietario para llevar la contabilidad de su tienda.*

dietético, ca. adj. **1.** De la dieta alimentaria. *Hábitos dietéticos.* **2.** De la dietética (→ 3). *Desde el punto de vista dietético, muchos regímenes son perjudiciales.* ● f. **3.** Parte de la medicina que estudia las dietas alimentarias y la influencia de la alimentación en la salud. *Es un experto en dietética.*

dietista. m. y f. Especialista en dietética. *Los dietistas recomiendan no picar entre horas.*

diez. (APÉND. NUM.). adj. **1.** Nueve más uno. *Diez libros.* Tb. sustantivado. *–¿Cuál de estos libros necesitas? –Los diez.* Tb. pron. *Esperaba a varios amigos y vinieron diez.* **2.** Décimo (que sigue a lo noveno). *Párrafo diez.* Tb. sustantivado. *–¿A qué piso va? –Al diez.* ● m. **3.** Número que sigue al nueve. *El diez se representa como 10.* Frec. *número ~.* **4.** Elemento de una serie que tiene el número diez (→ 3). *Me falta el diez para hacer una escalera de color.* ■ **las ~ de últimas.** f. pl. En ciertos juegos de cartas: Diez tantos que gana quien hace la última baza. *Con este triunfo hago las diez de últimas.* ■ **los (años) ~.** m. pl. La segunda década del siglo, espec. del XX. *En los años diez se desarrolló la Primera Guerra Mundial.*

diezmar. tr. Causar gran mortandad (en un conjunto de personas o animales). *Las epidemias de peste diezmaban a la población.*

diezmo. m. histór. Tributo pagado pralm. a la Iglesia o al rey, que consistía en una décima parte de los frutos o del valor de determinadas mercancías. *La Iglesia exigía el diezmo a sus fieles.*

difamación. f. Hecho de difamar. *Ha presentado una querella por difamación contra la revista.*

difamador, ra. adj. Que difama. *Un panfleto difamador.* Dicho de pers., tb. m. y f. *Ha tenido que defenderse de los difamadores.*

difamar. tr. Desacreditar (a una persona) diciendo o escribiendo algo contra su buena opinión o fama. *Sus adversarios políticos pretenden difamarlo.*

difamatorio, ria. adj. Dicho de cosa: Que difama o sirve para difamar. *Unas afirmaciones difamatorias.*

diferencia. f. **1.** Cualidad de diferente. ENTRE *el azul de la falda y el de la camisa hay una ligera diferencia.* Tb. aquello en que dos personas o cosas son diferentes. *Hay pocas diferencias físicas* ENTRE *su hermano gemelo y él.* **2.** Oposición o desacuerdo. *Hemos tenido nuestras diferencias.* **3.** Resultado que se obtiene al comparar dos cantidades. *Si encuentra el mismo producto más barato, le abonamos la diferencia de precio.* **4.** *Mat.* Resto (resultado de la operación de restar). *Si restas 150 a 200, la diferencia es 50.* ■ **a ~ de.** loc. prepos. De manera diferente o contraria a. *A diferencia de sus hermanos, él es rubio.* ▶ **1:** DESEMEJANZA. **4:** *RESTO.

diferenciación. f. Hecho o efecto de diferenciarse. *La diferenciación* ENTRE *las dos enfermedades resulta difícil.*

diferenciador, ra. adj. Que diferencia o hace que una cosa o persona sean diferentes a otra. *Existen elementos diferenciadores* ENTRE *ambos productos.*

diferencial. adj. **1.** Que diferencia una cosa o persona de otra. *Analizaremos las características diferenciales de las dos enfermedades.* ● m. **2.** *Mec.* Mecanismo que enlaza tres móviles, de modo que sus velocidades simultáneas de rotación puedan ser diferentes. *Se ha roto el diferencial del coche.* ○ f. **3.** *Mat.* Incremento o disminución que experimenta una variable cuyo valor depende de otra, cuando esta se incrementa en una cantidad infinitesimal.

diferenciar. (conjug. ANUNCIAR). tr. **1.** Reconocer o establecer diferencia (entre una persona o cosa) y otra. *Hay que diferenciar unos casos* DE *otros.* Tb.: *El oído humano está preparado para diferenciar muchos sonidos.* **2.** Hacer algo diferente (a una persona o cosa) de otra. *Lo que la diferencia* DE *los demás es su interés.* Tb.: *Su idea de la libertad los diferencia.* ○ intr. prnl. **3.** Ser una persona o cosa diferentes de otra en algún aspecto o por algún motivo. *El cuadro original se diferencia* DE *la falsificación* POR *los colores.* Tb.: *Nos diferenciamos* EN *nuestra forma de enfocar el asunto.* ▶ *DISTINGUIR.

diferendo. m. frecAm. Desacuerdo o falta de acuerdo. *Un capítulo aparte mereció el diferendo entre Argentina y Uruguay por el comercio papelero* [C].

diferente. adj. **1.** Que no es igual ni parecido. *Ha sido diferente* A *lo que esperaba. Son tan diferentes que no parecen hermanos.* **2.** Seguido de un nombre en plural: Varios (no muchos). *En los diferentes departamentos se han propuesto planes de estudio.* ● adv. **3.** De manera diferente (→ 1). *Siempre opina diferente* A *los demás.* ▶ **1:** DESEMEJANTE, DISTINTO, DIVERSO. **2:** *VARIOS.

diferido. en ~. loc. adj. Dicho de programa de radio o televisión: Que se emite con posterioridad a su grabación. *Resumen en diferido de las noticias de la jornada.* Tb. loc. adv. *El programa se emitirá en diferido.*

diferir. (conjug. SENTIR). tr. **1.** Retrasar la realización (de algo). *No podemos diferir más la decisión.* ○ intr. **2.** Diferenciarse una persona o cosa de otra. EN *lo sustancial, tu opinión no difiere* DE *la mía.* **3.** Disentir de alguien o algo. *Difiero totalmente* DE *ti.* ▶ **1:** *RETRASAR. **2:** *DISTINGUIRSE.

difícil. adj. **1.** Que no se consigue, realiza o entiende sin mucho esfuerzo o habilidad. *Su nombre es difícil* DE *pronunciar. La prueba me pareció difícil.* **2.** Que es poco probable que ocurra. *Es difícil que este verano vaya de vacaciones.* **3.** Desagradable en el trato. *Es una persona difícil. Tiene un carácter difícil.* **4.** Extraño o raro. *Tiene una cara muy difícil.* ▶ **1:** *COMPLICADO.

dificultad. f. **1.** Cualidad de difícil. *La dificultad del trabajo es enorme. Nos han ganado sin dificultad.* **2.** Condición o circunstancia que dificultan algo. *No ha tenido dificultad* EN/PARA *encontrar trabajo.* Gralm. en pl. *Está atravesando una etapa de dificultades económicas.* **3.** Argumento propuesto contra una opinión. Gralm. en pl. *A todo le pones dificultades.*

dificultar. tr. Hacer (algo) difícil poniendo obstáculos o inconvenientes. *El viento dificulta las labores de extinción del incendio.* ▶ COMPLICAR.

dificultoso, sa. adj. Que manifiesta o implica dificultad. *Ha tenido un parto dificultoso.*

difracción. f. *Fís.* Desviación de las ondas al atravesar una abertura o al rozar el borde de un obstáculo.

difteria. f. *Med.* Enfermedad infecciosa caracterizada por la formación de falsas membranas en las mucosas, con síntomas generales de fiebre, anemia y agotamiento extremo.

difuminar. tr. **1.** Extender (los trazos de lápiz o de color de un dibujo o una pintura) para reducir su intensidad o para sombrear. *Difumina las líneas de carboncillo con el dedo.* **2.** Hacer que (algo) pierda nitidez o intensidad. *La niebla difumina los contornos de las montañas.* Tb. en constr. prnl. media. *Con la caída de la tarde, se va difuminando la luz del día.* ▶ **1:** ESFUMAR.

difumino. m. Rollito de papel poroso terminado en punta, que sirve para difuminar. *En el estuche de dibujo lleva difuminos.*

difundir. tr. **1.** Extender (algo, espec. la luz) en todas direcciones. *La atmósfera difunde la luz del sol.* Tb. en constr. prnl. media. *El olor a pintura se ha difundido por toda la casa.* **2.** Propagar (algo, espec. noticias, costumbres o ideas), o hacer que sea conocido y seguido por muchas personas en diversos lugares. *Ha difundido un comunicado en el que anuncia su dimisión.* Tb. en constr. prnl. media. *El uso del teléfono móvil se ha difundido con rapidez.*

difunto, ta. adj. Dicho de persona: Que ha muerto. *Su difunto marido le dejó una fortuna.* Tb. m. y f. *Han velado al difunto toda la noche.*

difusión. f. Hecho o efecto de difundir o difundirse. *Es el periódico de mayor difusión.*

difuso, sa. adj. Vago o impreciso. *Solo tengo recuerdos difusos de mi niñez.*

difusor, ra. adj. Que difunde o sirve para difundir. *Toledo era uno de los centros difusores de cultura.* Dicho de persona, tb. m. y f. *Se ha convertido en el mayor difusor de la literatura africana.* Dicho de aparato, tb. m. *Un secador de pelo con difusor.*

digerir. (conjug. SENTIR). tr. **1.** Convertir en el aparato digestivo (los alimentos) en sustancias asimilables por el organismo. *Nuestro organismo no digiere la fibra.* **2.** Aceptar o sobrellevar (algo desagradable). *Aún no ha digerido el suspenso.* **3.** Entender o comprender (algo). *No puedo digerir tanta información.*

digestión. f. Hecho de digerir alimentos. *Se le ha cortado la digestión.*

digestivo, va. adj. **1.** De la digestión. *El esófago forma parte del aparato digestivo.* **2.** Del aparato digestivo (→ 1). *Sufre trastornos digestivos.* **3.** Que ayuda a realizar la digestión. *Tómate una manzanilla, que es muy digestiva.* Frec. m., referido a sustancia o medicamento. *El bicarbonato es un buen digestivo.*

digitación. f. Movimiento de los dedos de las manos, que se realiza gralm. como práctica para ejecutar piezas musicales con ciertos instrumentos, espec. los que tienen teclado. *El pianista hace ejercicios de digitación.*

digital. adj. **1.** De los dedos. *Huellas digitales.* **2.** Dicho de aparato o instrumento: Que presenta la información mediante dígitos. *Lleva un reloj digital.* ● f. **3.** Planta de flores grandes con forma de dedo de guante, cuyas hojas se utilizan con fines terapéuticos. *La digital se utiliza en el tratamiento de la insuficiencia cardíaca.* Tb. la flor. ▶ **1:** DACTILAR. **3:** DEDALERA.

digitalizar. tr. *tecn.* Expresar (algo) en forma digital o por medio de dígitos. *Con un escáner podemos digitalizar imágenes impresas en papel.*

digitar. tr. Am. Introducir (datos) en una computadora utilizando el teclado. *Para la elaboración de la base de datos, se procedió a digitar la información con un código establecido* [C].

dígito. m. *Mat.* Número dígito (→ **número**). *La clave de acceso tiene cuatro dígitos.*

diglosia. f. *Ling.* Coexistencia de dos lenguas o variantes de una misma lengua en una comunidad de hablantes, espec. cuando una de ellas goza de mayor prestigio social o político. *En los países árabes la situación de diglosia es tal que se habla una lengua y se escribe otra muy diferente.*

dignarse. tr. prnl. Condescender (a hacer algo) o tener(lo) a bien. *No se ha dignado siquiera contestarnos.*

dignatario, ria. m. y f. Persona investida de una dignidad. *A la ceremonia asistirán dignatarios de todo el mundo.*

dignidad. f. **1.** Cualidad de digno, espec. en la manera de comportarse. *El maltrato físico y psicológico atenta contra la dignidad humana. El sueldo le permite vivir con dignidad.* **2.** Cargo o título honoríficos y de autoridad. *Los monarcas ostentan muchas dignidades.* **3.** Persona que posee una dignidad (→ 2). *Las dignidades nobiliarias gozaban de grandes privilegios en la Edad Media.*

dignificación. f. Hecho de dignificar. *Alfonso X llevó a cabo una tarea de dignificación de la prosa romance.*

dignificar. tr. Hacer digno o presentar como tal (algo o a alguien). *Su comportamiento lo dignifica.* Tb. en constr. prnl. media. *Se ha dignificado la labor del profesor.*

digno, na. adj. **1.** Que merece algo. *Su fuerza de voluntad es digna* DE *admiración.* **2.** Adecuado al mérito y condición de alguien o algo. *Un acto tan despreciable no es digno* DE *personas como tú.* **3.** Que se comporta de una forma que merece respeto y consideración por parte de los demás. *Una persona digna e insobornable.* **4.** De calidad o importancia aceptables. *Tiene un sueldo digno.*

dígrafo. m. *Ling.* Combinación de dos letras que se usa para representar un fonema. *La "ll" de "llorar" es un dígrafo en español.*

digresión. f. Ruptura del hilo del discurso para hablar de cosas que no tienen conexión con aquello de que se estaba tratando. *Se pierde en digresiones.* ► EXCURSO.

dije. m. Joya o relicario pequeños que se llevan colgados frec. de una cadena. *Lleva una cadena de oro con un dije.*

dilación. f. Tardanza o retraso. *Me mandó llamar y acudí sin dilación.*

dilapidación. f. Hecho de dilapidar. *Dilapidación de los recursos.*

dilapidar. tr. Malgastar o derrochar (bienes materiales). *Dilapidó la fortuna que había heredado.*

dilatación. f. **1.** Hecho o efecto de dilatar o dilatarse. *Dilatación venosa.* **2.** *Fís.* Aumento de longitud, superficie o volumen de un cuerpo por separación de sus moléculas con disminución de su densidad. *Las rocas sufren dilataciones y contracciones que llegan a fragmentarlas.*

dilatado, da. part. **1.** → **dilatar.** • adj. **2.** Extenso o muy grande. *Dominaba un dilatado imperio.* ► **2:** *AMPLIO.

dilatador, ra. adj. Que dilata, o hace que algo aumente de tamaño o ensanche. *Músculos dilatadores.* Dicho de agente o aparato, tb. m. *El alcohol es un dilatador de los vasos sanguíneos.*

dilatar. tr. **1.** Hacer que (algo) aumente de tamaño o ensanche. *El oftalmólogo me dilató las pupilas con un colirio.* Tb. en constr. prnl. media. *Los cuerpos se dilatan con el calor.* **2.** Hacer que (algo) se extienda en el tiempo. *Intenta dilatar su permanencia en el poder.* Tb. en constr. prnl. media. *La reunión se ha dilatado excesivamente.* **3.** Extender el conocimiento (de algo) o la afición (a ello). *Sus devaneos amorosos contribuyeron a dilatar su fama de conquistador.* Tb. en constr. prnl. media. *Su popularidad se ha ido dilatando.* **4.** Retrasar o aplazar (algo). *El escritor dilata el momento del desenlace.* ► **4:** *RETRASAR.

dilatorio, ria. adj. Que sirve para dilatar o aplazar. *Una maniobra dilatoria.* Se usa espec. en derecho.

dilema. m. Circunstancia en la que es necesario elegir entre dos opciones que se consideran igualmente buenas o malas. *Estoy en un dilema: ¿voy a verlo o no?*

diletante. adj. cult. Que practica una actividad sin ser profesional de ella. *En materia de vinos, me considero diletante.* Tb. m. y f. Frec. despect. *No es más que una diletante de la pintura.*

diligencia. f. **1.** Cualidad de diligente. *Gracias a la diligencia de los organizadores, el congreso ha sido un éxito.* **2.** *tecn.* Trámite de un asunto administrativo. *Van a practicar diligencias de embargo.* Tb. el documento en que consta que se ha realizado. **3.** histór. Coche grande y cerrado, arrastrado por caballerías y destinado al transporte de viajeros. *La diligencia fue asaltada por los indios.*

diligenciar. (conjug. ANUNCIAR). tr. *tecn.* Realizar las diligencias o gestiones (de algo). *Diligenció la solicitud de una beca.*

diligente. adj. **1.** Que pone mucho cuidado en la ejecución de algo. *A un revisor diligente no se le escapa una errata.* **2.** Que actúa con rapidez. *La secretaria es muy diligente y tendrá el documento a tiempo.*

dilucidar. tr. Poner en claro (algo), o eliminar las dudas (sobre ello). *Las pruebas nos permitirán dilucidar quién es el culpable.* ► *ACLARAR.

dilución. f. Hecho o efecto de diluir. *La dilución de la sal en el agua.*

diluir. (conjug. CONSTRUIR). tr. **1.** Disolver (algo) por medio de un líquido. *Diluya la gelatina* EN *el caldo.* Tb. en constr. prnl. media. *El azúcar se diluye* EN *la leche.* **2.** Disminuir la concentración (de una disolución) añadiendo disolvente. *Hay que diluir el esmalte de uñas.* Tb. en constr. prnl. media. *La pintura se diluye* EN *aguarrás.* **3.** Hacer que (algo) pierda importancia o intensidad hasta no poderse percibir. *El tiempo ha diluido sus recuerdos.* Tb. en constr. prnl. media. *Su enfado se diluyó enseguida.* ► **1:** *DISOLVER.

diluviar. (conjug. ANUNCIAR). intr. impers. Llover con intensidad. *Cuando salimos del restaurante diluviaba.*

diluvio. m. **1.** Inundación de la tierra provocada por lluvias muy abundantes. Frec., en mayúsc., designa aquella con que, según la Biblia, Dios castigó a los hombres en tiempo de Noé y, entonces, tb. ~ *universal. Dios mandó a Noé construir un arca para salvarlo del Diluvio.* **2.** Lluvia muy abundante. *La gente se protegía del diluvio bajo los soportales.*

diluyente. adj. Que diluye o reduce la concentración de una disolución. *Un producto diluyente.* Dicho de producto, tb. m. *Mezcle la pintura con un diluyente.*

dimanar. intr. Proceder o provenir una cosa de otra. *No cumple las obligaciones que dimanan* DE *su cargo.* ▶ EMANAR.

dimensión. f. **1.** Aspecto o faceta de algo. *Lo sucedido tiene una dimensión trágica.* **2.** Tamaño de un cuerpo. *Calcula la dimensión de la pieza.* Frec. fig. y en pl. con significado sing. *Ha habido un incendio de grandes dimensiones.* **3.** Cada una de las magnitudes consideradas en el espacio para determinar el tamaño de una cosa. *Mide las tres dimensiones del mueble: largo, ancho y alto.* Tb. la medida de esa magnitud. *Anota las dimensiones del armario.* ▶ **2:** *TAMAÑO.

dimensional. adj. De la dimensión. *Hacemos un control dimensional de las piezas fabricadas.*

dímero. m. *Quím.* Molécula formada por dos unidades de la misma estructura química. *La sacarosa es un dímero de glucosa y fructosa.*

dimes. ~ **y diretes.** m. pl. coloq. Comentarios o discusiones entre dos o más personas. *Tras muchos dimes y diretes han llegado a un acuerdo.*

diminutivo, va. adj. **1.** *Ling.* Dicho de sufijo: Que se utiliza para expresar, en general, disminución de tamaño, o, a veces, un matiz subjetivo. *"-ito" es un sufijo diminutivo.* ● m. **2.** *Ling.* Palabra formada con un sufijo diminutivo (→ 1). *"Juanita" es un diminutivo cariñoso.*

diminuto, ta. adj. Extremadamente pequeño. *Las casas parecen puntos diminutos desde el avión.*

dimisión. f. Hecho de dimitir, espec. de un cargo o puesto. *Está dispuesto a presentar su dimisión.*

dimisionario, ria. adj. Que ha presentado la dimisión. *El primer ministro dimisionario se presentará a la reelección.* Tb. m. y f.

dimitir. intr. **1.** Renunciar a un cargo o puesto. *Ha dimitido* DE *su cargo. Está pensando en dimitir.* **2.** Renunciar a algo o desistir de ello. *Dimitió* DE *su aspiración de convertirse en cantante.*

dimorfismo. m. *Biol.* Propiedad de las especies animales o vegetales que presentan dos formas o dos aspectos anatómicos diferentes. *El dimorfismo sexual de algunas aves se refleja en el diferente plumaje de machos y hembras.*

dina. f. *Fís.* Unidad de fuerza que equivale a la fuerza necesaria para mover la masa de un gramo a razón de un centímetro por segundo cada segundo (Símb. *dyn*). *La dina equivale a* 10^{-5} newtons.

dinámico, ca. adj. **1.** Que manifiesta gran energía o capacidad de desarrollar una actividad. *Una persona dinámica.* **2.** De la dinámica (→ 3). *La rigidez del chasis influye en el comportamiento dinámico de un vehículo.* ● f. **3.** *Fís.* Rama de la mecánica que trata de las leyes del movimiento en relación con las fuerzas que lo producen. *Según la dinámica, un cuerpo permanece en reposo si no actúa una fuerza.* **4.** Conjunto de hechos sucesivos y encadenados entre sí. *La dinámica geológica de la Tierra.*

dinamismo. m. Cualidad de dinámico, espec. en el desarrollo de una actividad. *Gracias a su dinamismo ocupa un puesto de responsabilidad.*

dinamita. f. **1.** Explosivo que resulta de mezclar nitroglicerina con otras sustancias. *Ha estallado una bomba con cien kilos de dinamita.* **2.** coloq. Persona o cosa que causan gran impresión. *La noticia es dinamita.*

dinamitar. tr. **1.** Volar (algo) con dinamita. *La guerrilla ha dinamitado el puente.* **2.** Destruir enteramente (algo). *Lo han acusado de dinamitar la coalición.*

dinamitero, ra. m. y f. Especialista en hacer voladuras con dinamita. *Los dinamiteros van a abrir un túnel.*

dinamización. f. Hecho de dinamizar o dinamizarse. *La dinamización del sector agrícola.*

dinamizador, ra. adj. Que dinamiza. *Medidas dinamizadoras del consumo.* Dicho de pers., tb. m. y f. *Es la dinamizadora del grupo.*

dinamizar. tr. Imprimir dinamismo (a alguien o algo). *El profesor sabe dinamizar la clase.* Tb. en constr. prnl. media. *La economía del país se ha dinamizado.*

dinamo o **dínamo.** f. (En Am., tb. m.). *Fís.* Máquina que transforma la energía mecánica en energía eléctrica. *Los pilotos de la bici se encienden gracias a la dinamo. Instalaron un teléfono desastroso y un dínamo para la electricidad* [C].

dinamómetro. m. *tecn.* Instrumento para medir fuerzas. *El dinamómetro señala un newton cuando se cuelga de él un cuerpo de unos 102 gramos.*

dinar. m. Unidad monetaria de varios países, espec. pertenecientes al mundo árabe. *Pagamos con dinares tunecinos.*

dinastía. f. **1.** Serie de soberanos pertenecientes a una misma familia. *La dinastía de los Borbones se instauró en España con Felipe V.* **2.** Familia en cuyos individuos se perpetúa el poder o la influencia política, económica, o de otro tipo. *Pertenece a una dinastía de empresarios.*

dinástico, ca. adj. **1.** De la dinastía o serie de soberanos de una misma familia. *Sucesión dinástica.* **2.** Partidario de una dinastía o serie de soberanos de una misma familia. *Partidos dinásticos.* Tb. m. y f. *Los dinásticos defendían la ascensión al trono del príncipe heredero.*

dineral. m. Cantidad grande de dinero. *El vestido me ha costado un dineral.*

dinerario, ria. adj. Del dinero. *Unas aportaciones dinerarias.*

dinerillo. m. coloq. Cantidad pequeña de dinero. *Se saca un dinerillo dando clases particulares.*

dinero. m. **1.** Conjunto de monedas o billetes que se aceptan como medio legal de pago. *Llevo poco dinero encima.* Frec., coloq., en pl. con significado sing. *Guarda los dineros para que no se te pierdan.* **2.** Fortuna o conjunto de bienes y riquezas que posee una persona. *Es una familia de dinero.* **3.** *Econ.* Medio de cambio gralm. aceptado, constituido por monedas, billetes y otros instrumentos de pago que tienen asignado un determinado valor. *El dinero sirve para comprar.* ■ ~ **de plástico.** m. Sistema de pago mediante tarjeta de crédito. *Para abonar grandes sumas, es preferible el dinero de plástico.* Tb. la tarjeta de crédito. *En esta tienda no admiten dinero de plástico.* ■ ~ **negro.** m. Dinero (→ 1) conseguido de forma ilegal y que no se declara a la Hacienda pública. *Ha cobrado en dinero negro.* ▶ **2:** FORTUNA, HACIENDA. ‖ **Am: 1, 2:** PLATA.

dinosaurio. m. Reptil fósil de enormes proporciones, que vivía en la Era Secundaria y que gralm. tenía cabeza pequeña, cuello y cola largos, y extremidades posteriores más largas que las anteriores. *El diplodoco era uno de los dinosaurios más largos.*

dintel. m. Parte superior de una puerta, una ventana u otro hueco, que está sostenida por dos piezas verticales. *Sobre el dintel de la puerta hay una luz.*

diñar. **~la.** loc. v. coloq. Morir. *Ha estado a punto de diñarla.*

diocesano, na. adj. **1.** De la diócesis. *Capital diocesana.* **2.** Dicho de obispo: Que tiene una diócesis. *El obispo diocesano ha presidido la junta del clero.*

diócesis. f. En la religión cristiana: Distrito o territorio en que ejerce su autoridad espiritual un prelado, espec. un arzobispo o un obispo. *El arzobispo ha visitado todas las parroquias de su diócesis.*

diodo. m. *Fís.* Válvula electrónica de dos electrodos que solo deja pasar la corriente en un sentido. *Los diodos del alternador de un vehículo evitan que la batería se descargue.*

dionisíaco, ca o **dionisiaco, ca.** adj. **1.** De Dioniso (dios griego). *Cultos dionisíacos.* **2.** De características atribuidas al dios Dioniso, espec. el ímpetu, la fuerza vital o el desenfreno. *Placeres dionisiacos.*

dioptría. f. *Fís.* Unidad de potencia de una lente, que equivale a la de una lente de un metro de distancia focal.

diorama. m. Montaje escenográfico que da a las figuras un efecto tridimensional. *El diorama representa una escena con dinosaurios.*

diorita. f. *Mineral.* Roca eruptiva, de color gris o negruzco, formada pralm. por feldespato y mica. *La diorita se origina en zonas con gran actividad magmática.*

dios, sa. m. **1.** (En mayúsc.). En las religiones monoteístas: Ser supremo, creador del universo. *Cree en Dios.* ○ m. y f. **2.** En las religiones politeístas: Ser sobrenatural, dotado de poder sobre el hombre y de determinados atributos. *Minerva era la diosa romana de la inteligencia.* ● interj. **3.** (En mayúsc.). Se usa para expresar admiración, asombro u horror. *¡Dios, qué gente tan rara hay aquí!* ■ **a la buena de Dios.** loc. adv. **1.** coloq. Sin preparación o al azar. *No se puede empezar la obra así, a la buena de Dios.* **2.** coloq. Sin premeditación ni malicia. *Lo dije a la buena de Dios.* ■ **ay Dios.** expr. Se usa para expresar dolor, susto o preocupación. *¡Ay Dios, el lío que he montado!* ■ **bendito sea Dios**, o **alabado sea Dios.** expr. Se usa para expresar enfado, sorpresa o conformidad. *¡Bendito sea Dios, qué manera de llover! ¡Alabado sea Dios, por fin han llegado!* ■ **como Dios** (le) **da a entender** (a alguien). loc. adv. coloq. Como buenamente puede, venciendo de cualquier modo las dificultades que se presentan. *Salí del paso como Dios me dio a entender.* ■ **como Dios manda.** loc. adv. coloq. Bien, o del modo debido. *Siéntate como Dios manda.* ■ **como hay Dios**, o **como Dios está en los cielos.** expr. coloq. Se usa para enfatizar lo que se afirma o niega. *Como hay Dios que eso es así* ■ **con Dios.** expr. coloq. Se usa como fórmula de despedida. *–Adiós, Lola. –Con Dios, Felipe.* ■ **Dios dirá.** expr. Se usa para expresar que depende de la voluntad de Dios (→ 1) el éxito de algo, o lo que suceda en un futuro. *Hoy tenemos trabajo, mañana Dios dirá.* ■ **Dios mediante.** expr. cult. Se usa para expresar que el cumplimiento de algo futuro que se anuncia depende de la voluntad de Dios (→ 1). *La semana que viene, Dios mediante, podremos verlo.* ■ **Dios me perdone.** expr. coloq. Se usa al ir a emitir un juicio desfavorable o temerario, disculpándose por ello. *Creo, Dios me perdone, que nos está mintiendo.* ■ **Dios mío.** expr. Se usa para expresar admiración, asombro, dolor o sobresalto. *¡Dios mío, qué alboroto!* ■ **Dios nos asista**, o **nos coja confesados**, o **nos tenga de su mano.** expr. Se usa para expresar el temor o la inquietud ante un mal inminente y aparentemente inevitable. *Parece que nos trasladan; ¡Dios nos asista! ¡Si eso es lo que él llama justicia, Dios nos coja confesados!* ■ **Dios sabe.** expr. Se usa para encarecer algo o para darlo como dudoso. *Dios sabe lo que sufrí durante tu enfermedad. Dios sabe qué les pasa por la mente.* ■ **Dios y ayuda.** loc. s. coloq. Un gran esfuerzo. *Vas a necesitar Dios y ayuda para salir de este atolladero. Dijo que le ha costado Dios y ayuda convencerla.* ■ **estar** algo **de Dios.** loc. v. Estar dispuesto por la Providencia, y por consiguiente ser inevitable. *Estaba de Dios que se salvara.* ■ **la de Dios es Cristo.** loc. s. coloq. Un alboroto o riña muy grandes. *Si se enteran de lo que has hecho, se va a armar la de Dios es Cristo.* ■ **llamar Dios** (a alguien) **por un camino.** loc. v. Tener (esa persona) aptitudes para aquello de lo que se habla. Frec. en constr. negativas. *No sé escribir, Dios no me ha llamado por ese camino.* ■ **ni Dios.** loc. s. coloq. Nadie. *En la sala no ha quedado ni Dios.* ■ **permita Dios.** expr. Seguido de un infinitivo o una oración introducida por *que,* se usa para manifestar el deseo de que suceda lo expresado por ellos. *Permita Dios que veas a tus nietos casados.* ■ **por Dios.** expr. **1.** Se usa para pedir limosna o para reforzar otro tipo de súplica. *Por Dios, señora, una ayuda para comer.* **2.** Se usa para expresar protesta. *¡Qué niño tan pesado, por Dios! –Gracias. –Por Dios, no tiene importancia.* ■ **que venga Dios y lo vea.** expr. Se usa para dar a entender que una hipótesis es falsa. *Si eso es amor, que venga Dios y lo vea.* ■ **quiera Dios.** expr. Seguido de una oración introducida por *que,* se usa para manifestar, frec. con desconfianza, el deseo de que suceda lo expresado por ella. *Quiera Dios que todo salga bien.* ■ **sabe Dios.** expr. Se usa para manifestar la inseguridad o ignorancia de lo que se trata. *Sabe Dios dónde estará.* ■ **sin encomendarse a Dios ni al diablo.** loc. adv. coloq. Con atrevimiento y falta de reflexión. *Sin encomendarse a Dios ni al diablo, se presentó voluntario.* ■ **válgame Dios.** expr. Se usa para expresar sorpresa, admiración o disgusto. *¡Válgame Dios, tú por aquí! ¡Vaya día que has escogido, válgame Dios!* ■ **vaya por Dios.** expr. Se usa para expresar decepción, desagrado o lástima. *¡Vaya por Dios, ya has tenido que liarla otra vez!* ■ **venir Dios a ver** (a alguien). loc. v. Suceder(le) inesperadamente algo favorable. *Le ha venido Dios a ver con ese asunto.* ■ **ve(te) con Dios.** expr. Se usa como fórmula para despedir a alguien. *Lo acompañó hasta la puerta y le dijo: "Vaya usted con Dios".* ▶ **1:** HACEDOR. **2:** DEIDAD, DIVINIDAD.

dióxido. m. *Quím.* Óxido cuya molécula contiene dos átomos de oxígeno. *Hay que rebajar las emisiones de dióxido de azufre.* ■ **~ de carbono.** m. *Quím.* Gas más pesado que el aire, que se produce en las combustiones y en algunas fermentaciones por la combinación del carbono con el oxígeno. *El dióxido de carbono o anhídrido carbónico se usa en los extintores de incendios.*

diplodoco. m. *Zool.* Diplodocus. *El diplodoco es el mayor animal que ha poblado la Tierra.*

diplodocus. m. *Zool.* Dinosaurio de unos 25 m de longitud y cuello muy largo, propio del Jurásico superior de América del Norte. *Los diplodocus eran herbívoros.* ▶ DIPLODOCO.

diploma. m. Documento que expide un centro educativo o una corporación y que acredita un título, un grado académico o un premio. *Al final del curso, los alumnos recibirán un diploma.*

diplomacia. f. **1.** Parte de la política que se ocupa de los intereses y relaciones internacionales. *El buen gobernante recurrirá a la diplomacia antes que a la guerra.* Tb. la actividad profesional correspondiente. *Los representantes de la diplomacia europea.* **2.** Tacto o habilidad para tratar con las personas. *Carece de diplomacia.*

diplomado, da. part. **1.** → **diplomar.** ● adj. **2.** Dicho de persona: Que ha obtenido un diploma o una diplomatura. *Es enfermera diplomada.* Tb. m. y f. *Un diplomado* EN *Fisioterapia.*

diplomar. tr. **1.** Conceder (a alguien) un diploma de aptitud. *El curso diplomará a los participantes con el título de consultor.* ○ intr. prnl. **2.** Obtener alguien un diploma de aptitud. *Se ha diplomado* EN *Biblioteconomía y Documentación.*

diplomático, ca. adj. **1.** De la diplomacia o parte de la política que se ocupa de las relaciones internacionales. *Pertenece al cuerpo diplomático.* **2.** Dicho de persona: Que representa oficialmente a un Estado en otro, o interviene en las cuestiones relativas a las relaciones internacionales. Tb. m. y f. *A la recepción han acudido varios diplomáticos.* **3.** Dicho de persona: Que tiene o demuestra diplomacia en su trato con las personas. *Es muy diplomática.*

diplomatura. f. Grado universitario que se obtiene tras realizar estudios de menor duración que los de licenciatura. *Ha obtenido la diplomatura* EN *Ciencias Empresariales.* Tb. los estudios necesarios para obtener ese grado. *Esta cursando la diplomatura de Trabajo Social.*

díptero, ra. adj. **1.** *Zool.* Del grupo de los dípteros (→ 2). *Insecto díptero.* ● m. **2.** *Zool.* Insecto chupador, que tiene solo dos alas anteriores membranosas, o que carece de alas por la adaptación a la vida parasitaria, como la mosca.

díptico. m. **1.** Obra de pintura o escultura formada por dos paneles o tableros unidos que se cierran como las tapas de un libro. *En el museo se expone un díptico bizantino.* **2.** Obra, gralm. literaria, que consta de dos partes. *El cineasta es conocido por su díptico sobre un clan mafioso.*

diptongación. f. *Fon.* Hecho de diptongar. *"Colgar" tiene diptongación en la forma "cuelgo".*

diptongar. tr. **1.** *Fon.* Unir en la pronunciación (dos vocales), de manera que formen una sola sílaba. *Hay personas que diptongan las vocales "ia" de "riada", y pronuncian "ria-da".* ○ intr. **2.** *Fon.* Transformarse una vocal en un diptongo. *La "o" de la palabra latina "focus" diptongó en la forma castellana "fuego".* **3.** *Fon.* Presentar una palabra diptongo en alguna de sus formas. *El verbo "pensar" diptonga en los presentes.*

diptongo. m. *Fon.* Conjunto de dos vocales diferentes que se pronuncian en una sola sílaba. *En "aire", "puerta" y "fui" hay diptongos.*

diputación. (Frec. en mayúsc.). f. **1.** Corporación elegida para dirigir y administrar los intereses de una provincia. Frec. ~ *provincial. La Diputación Provincial de Madrid financia la obra.* **2.** Edificio donde se reúne la diputación (→ 1). Frec. ~ *provincial. La Diputación Provincial es un palacio renacentista.* ■ ~ **permanente.** f. Comisión representativa de las Cortes. *Si se disuelven las Cortes, las Diputaciones Permanentes ejercerán sus funciones.*

diputado, da. m. y f. Persona nombrada por elección popular como representante en una cámara legislativa nacional, regional o provincial. *Es diputado por Burgos.*

dique. m. **1.** Muro o construcción para contener las aguas. *Van a construir un dique.* **2.** Espacio situado en un lugar resguardado, en el que entran las embarcaciones para su limpieza o reparación en seco. *El buque permanece varado en el dique del puerto.* **3.** Barrera u obstáculo que impiden el avance de algo que se considera negativo. *No sabe poner un dique a sus excesos.* ■ **en (el) ~ seco.** loc. adv. Sin realizar la actividad o trabajo habituales. *El delantero lleva dos meses en el dique seco.* ▶ **1:** MALECÓN, ROMPEOLAS.

dirección. f. **1.** Hecho o efecto de dirigir. *El equipo ha conseguido varios títulos bajo la dirección de este entrenador.* **2.** Lugar hacia el que va algo en su movimiento. *Reparte las cartas en la dirección de las agujas del reloj.* Tb. fig. *No sabe qué dirección profesional tomar.* **3.** Línea sobre la que se mueve un punto, que puede ser recorrida en dos sentidos opuestos. *Dirección norte-sur. La dirección tiene dos sentidos.* **4.** Cargo de director. *Ocupa la dirección de la empresa desde hace años.* Tb. el tiempo que dura. *Durante su dirección se han creado muchos puestos de trabajo.* **5.** Persona o conjunto de personas que ejercen el cargo de director. *La dirección ha enviado una circular a los empleados.* **6.** Oficina del director. *Señor Gómez, acuda a dirección.* **7.** Conjunto de datos que indican el lugar en que reside una persona o está establecida una entidad. *Dame tu dirección y paso a recogerte.* **8.** Nombre y dirección (→ 7) de una persona o entidad, que se escriben en un sobre o algo similar para indicar dónde se envía. *Pon la dirección en el paquete y envíalo.* **9.** *Mec.* Mecanismo que sirve para dirigir automóviles u otros vehículos. *Se ha estropeado la dirección.* ■ ~ **asistida.** *Mec.* f. Mecanismo que multiplica la fuerza aplicada al volante del automóvil para facilitar su manejo. *Este modelo tiene dirección asistida.* ⇒ SERVODIRECCIÓN. ■ ~ **general.** f. Cada una de las oficinas superiores que dirigen los diferentes ramos en que se divide la Administración pública. *Dirección General de Tráfico.* □ **en ~ a.** loc. prepos. Hacia. *Va en dirección a Segovia.* ▶ **7:** SEÑAS.

direccional. adj. *tecn.* Que funciona preferentemente en una determinada dirección. *Micrófono direccional.*

directamente. adv. De manera directa. *Este tren va directamente a Sevilla.*

directivo, va. adj. **1.** De la dirección. *Ocupa un puesto directivo en la empresa.* **2.** Que tiene la función de dirigir. *Forma parte del equipo directivo.* Dicho de pers., tb. m. y f. *Una reunión de los directivos.* ● f. **3.** Mesa o junta de gobierno de una entidad. *La directiva del club de fútbol.* **4.** Directriz o instrucción normativa. *Hay que marcar unas directivas claras.* **5.** En algunos organismos internacionales: Disposición de rango superior que han de cumplir todos sus miembros. *Se ha publicado una directiva de la Comisión sobre seguridad en el trabajo.*

directo, ta. adj. **1.** Que va en línea recta o que no cambia de dirección. *No hay un camino directo.* **2.** Que no se detiene ni se desvía en puntos intermedios. *Un vuelo directo a París.* ● adv. **3.** Directamente. *No te entretengas; ve directo al colegio.* ■ **en directo.** loc. adj. *Radio y TV* Dicho de programa de radio o de televisión: Que se emite a la vez que se realiza. *Un programa en directo.* Tb. loc. adv. *El partido se emitirá en directo.* ▶ **2:** DERECHO.

director, tora (o **triz**). adj. (Su f. es solo **directriz**). **1.** Que dirige. *Línea directriz de una empresa.* ● m. y f. (Su f. es solo **directora**). **2.** Persona que dirige o tiene un cargo directivo. *Es director de cine. Hablaré con la directora del banco.* ○ f. (**directriz**). **3.** Instrucción principal. *El jefe nos explicará las directrices del proyecto.* **4.** *Mat.* Línea que determina la generación de otra línea, figura o superficie.

directorio. m. **1.** Guía o lista en la que figuran direcciones, teléfonos y otros datos de personas, empresas y servicios. *Según el directorio, la zapatería está en la primera planta.* **2.** *Inform.* Conjunto de archivos, ficheros o programas almacenados conjuntamente en la memoria de un ordenador. *Copia los archivos del directorio en un disquete.* **3.** Am. Guía de teléfonos. *Se entregó a las páginas amarillas del directorio para organizar un funeral en toda forma* [C]. Tb. ~ *telefónico. Buscó el apellido Saldaña en el directorio telefónico* [C]. ▶ **3:** LISTÍN.

directriz. → **director.**

dírham. (pronunc. "dírjam"; pl. **dírhams**). m. Unidad monetaria de Marruecos y de los Emiratos Árabes Unidos. *En el hotel de Tánger aceptan euros y dírhams.* ▶ DÍRHEM.

dírhem. (pronunc. "dírjem"; pl. **dírhems**). m. Dírham. *Me han sobrado algunos dírhems de mi viaje a Casablanca.*

dirigencia. f. Am. Conjunto de dirigentes, espec. políticos o gremiales. *El derecho de huelga marca un punto de discrepancia entre la dirigencia política y la empresarial* [C].

dirigente. adj. **1.** Que dirige o da instrucciones para el desarrollo o el funcionamiento de algo. *Clase dirigente.* ● m. y f. **2.** Persona que desempeña la función de dirigir la realización de algo o la actuación de alguien. Se usa espec. en política. *Es uno de los dirigentes del partido.*

dirigible. adj. **1.** Que se puede dirigir. ● m. **2.** Globo de navegación aérea, alargado y más estrecho en los extremos, que lleva una o varias barquillas con motores y hélices, y un timón para guiarlo. *Los dirigibles se utilizaron en misiones ofensivas en la Primera Guerra Mundial.* ▶ **2:** GLOBO.

dirigir. tr. **1.** Hacer que (alguien o algo) vayan en determinada dirección o hacia un determinado lugar. *El capitán dirige el barco* HACIA *el puerto.* **2.** Poner o colocar (algo) en determinada dirección. *Dirigió la mirada* AL *cielo.* **3.** Hacer que (una cosa) tenga como destino u objetivo a otra cosa o persona. *Dirigiremos un escrito a la gerencia.* **4.** Orientar o marcar las pautas de la realización o el desarrollo (de algo). *La persona que dirige el proyecto es competente.* **5.** Guiar o disponer la actuación (de alguien). *Dirige la orquesta el maestro Fuentes.* ○ intr. prnl. **6.** Ir alguien o algo en determinada dirección o hacia un determinado lugar. *El avión se dirige a Boston.* **7.** Destinar unas palabras a alguien o algo oralmente o por escrito. *El orador se dirigió a la audiencia en tono solemne.* ▶ **4, 5:** CAPITANEAR, GUIAR, MANDAR.

dirigismo. m. Tendencia de una autoridad a intervenir de manera excesiva en una actividad. *El dirigismo informativo de la dictadura.* Frec. designa la tendencia de un Estado a intervenir en los mecanismos económicos. *Hay un cierto dirigismo en su polítca.*

dirigista. adj. Del dirigismo. *Una política dirigista de control de precios.*

dirimir. tr. Resolver o concluir (una disputa o desacuerdo). *Van a reunirse para dirimir sus diferencias.*

disacárido. m. *Biol.* Hidrato de carbono formado por dos monosacáridos. *La sacarosa y la lactosa son disacáridos.*

discal. adj. *Anat.* Del disco intervertebral. *Lo han operado de una hernia discal.*

discapacidad. f. Condición de discapacitado. *Unos niños con discapacidad psíquica.* ▶ MINUSVALÍA.

discapacitado, da. adj. Dicho de persona: Que tiene impedida o entorpecida alguna de las actividades consideradas normales, por alteración de sus funciones intelectuales o físicas. *Un programa de empleo para personas discapacitadas.* Tb. m. y f. *Ayudas para los discapacitados.* ▶ MINUSVÁLIDO.

discar. tr. Am. Marcar (números) en el teléfono. *Para llamadas locales solo debe discar los tres últimos números* [C]. Tb. usado en constr. intr. *Ella estira un brazo, toma el teléfono y disca* [C].

discernimiento. m. Hecho de discernir. *Facultad de discernimiento.* Tb. la capacidad correspondiente. *Carece de discernimiento.*

discernir. (conjug. DISCERNIR). tr. Distinguir (una cosa) de otra, o percibir las diferencias. *No discierne lo justo* DE *lo injusto.* Tb.: *No discierne bien los colores.* ▶ *DISTINGUIR.

disciplina. f. **1.** Obediencia a las reglas que rigen la actuación o el comportamiento de una persona o de un grupo de personas. *Para ser un atleta se necesita mucha disciplina.* Tb. ese conjunto de reglas. *En el ejército lo han sometido a una disciplina muy severa.* **2.** Materia objeto de estudio, conocimiento o instrucción. *Disciplinas científicas.*

disciplinado, da. part. **1.** → **disciplinar.** ● adj. **2.** Dicho de persona: Que guarda la disciplina u obediencia a las reglas. *Es una bailarina disciplinada.*

disciplinar. tr. Hacer que (alguien) guarde la disciplina u obediencia a las reglas. *El presidente ha sabido disciplinar a su partido.*

disciplinario, ria. adj. De la disciplina u obediencia a las reglas. *Comité disciplinario. Medidas disciplinarias.*

discípulo, la. m. y f. **1.** Persona que aprende o ha aprendido las enseñanzas de un maestro. *Varios médicos ilustres han sido discípulos de Cajal.* **2.** Persona que sigue o defiende las ideas de una escuela, maestro o doctrina. *Platón fue discípulo de Sócrates.*

disc-jockey. (pal. ingl.; pronunc. "dís-yókei"). m. y f. Pinchadiscos. *El* disc-jockey *ha puesto música muy bailable.* ¶ [Adaptación recomendada: *disyóquey,* pl. *disyoqueis*].

disco[1]. m. **1.** Cuerpo circular y plano. *La señal de prohibido es un disco metálico de color rojo y blanco.* **2.** Lámina circular, espec. de plástico o de metal, que sirve para grabar y reproducir sonidos. *Puso un viejo disco de vinilo.* **3.** Plancha circular que se lanza en una de las pruebas de determinadas competiciones atléticas. *Tiene el récord de lanzamiento de disco.* **4.** Círculo luminoso, verde, rojo o amarillo, de que los tres que gralm. forman un semáforo. *El disco rojo indica que está prohibido pasar.* Tb. el semáforo. *¡Te has saltado el disco!* **5.** En algunos aparatos telefónicos: Pieza circular giratoria que sirve para marcar el número con que se quiere establecer comunicación. *Los teléfonos de disco han sido sustituidos por los de teclas.* **6.** Figura circular y plana con que se presentan a nuestra vista el Sol, la Luna y los planetas. *Hoy no se puede ver el disco lunar porque hay luna nueva.* **7.** coloq. Discurso o explicación que resultan pesados, espec. porque se repiten mucho. *Cambia de disco: deja de hablar de tu trabajo.* **8.** *Inform.* Soporte de información de gran capacidad en forma de disco (→ 1). *Ha grabado todos sus archivos del ordenador en un disco.* ■ ~ **compacto.** m. Disco (→ 2) que se graba y se reproduce con láser y permite acumular gran cantidad de información. *Va escuchando un disco compacto de música clásica.* ⇒ CD, COMPACTO. ■ ~ **duro.** m. *Inform.* Disco (→ 8) que sirve para almacenar datos y programas en un ordenador. *Graba el documento en el disco duro de tu ordenador.* ■ ~ **intervertebral.** m. *Anat.* Formación fibrosa con forma de disco (→ 1), que se encuentra entre dos vértebras. *Con la edad, los discos intervertebrales pueden desgastarse.* ■ ~ **óptico.** m. *Inform.* Disco (→ 8) en que la información se graba y se lee mediante rayos láser. *Los nuevos discos ópticos, los DVD, amenazan con desbancar a los compactos.* ■ ~ **rayado.** m. coloq. Persona que repite lo mismo constantemente. *Los políticos, en campaña, son discos rayados.* Tb. lo que se repite de esa forma. *Estoy harta de oírte siempre el mismo disco rayado.*

disco[2]**.** f. coloq. Discoteca (establecimiento). *Esta noche vamos a la disco.*

discóbolo. m. Atleta lanzador de disco. Frec. referido a la Antigüedad clásica. *La escultura representa un discóbolo.*

discografía. f. Conjunto de discos de un tema, autor o estilo. *Cuenta con una discografía muy amplia.*

discográfico, ca. adj. De la discografía o del disco de música. *Su último trabajo discográfico contiene versiones de clásicos de la copla.* Dicho de empresa, tb. f. *La discográfica ha tenido pérdidas.*

díscolo, la. adj. Desobediente o poco dócil. *Un alumno díscolo.* Tb. m. y f. *Los díscolos nunca hacen lo que se les manda.*

disconforme. adj. Que no está conforme. *Ciudadanos disconformes* CON *las reformas.* Dicho de pers., tb. m. y f. *Los disconformes han votado en contra.* ▶ INCONFORME.

disconformidad. f. Cualidad o condición de disconforme. *Ha manifestado su disconformidad* CON *la propuesta.* ▶ INCORFOMIDAD.

discontinuidad. f. Cualidad de discontinuo. *El tratamiento debe administrarse sin discontinuidad.*

discontinuo, nua. adj. Que no es continuo. *La línea discontinua de la calzada.*

discordancia. f. Cualidad de discordante. *Hay discordancia* ENTRE *sus sentimientos y la realidad.*

discordante. adj. Que no está de acuerdo con alguien o algo, o que se opone a ellos. *Tienen opiniones discordantes.* ▶ DISCORDE.

discorde. adj. Discordante. *Voces discordes.*

discordia. f. Oposición o falta de acuerdo entre personas. *Este asunto ha sembrado la discordia entre ellos.* ▶ DESAVENENCIA.

discoteca. f. **1.** Establecimiento público donde se baila y se sirven bebidas. *Los sábados va a la discoteca.* **2.** Colección de discos y de otras grabaciones musicales. *Posee una discoteca de ópera.*

discotequero, ra. adj. **1.** De la discoteca o establecimiento público donde se baila. *Música discotequera.* **2.** Que frecuenta las discotecas. *Jóvenes discotequeros.*

discreción. f. Cualidad de discreto. *Te pido discreción.* ■ **a ~.** loc. adv. Según el criterio o voluntad de alguien, espec. sin límites. *Han comido a discreción.*

discrecional. adj. **1.** Que depende del criterio de una persona o de una autoridad, y no se somete a reglas establecidas. *Poderes discrecionales del juez.* **2.** Dicho de un servicio de transporte: Que no está sujeto a ningún compromiso de regularidad. *El colegio ofrece un servicio discrecional de autobús.*

discrepancia. f. **1.** Hecho de discrepar. *En caso de discrepancia, resolverá el juez.* **2.** Cosa respecto a la que se produce discrepancia (→ 1). *Hay discrepancias entre ellos.* ▶ **2:** DIVERGENCIA.

discrepar. intr. **1.** Ser una cosa diferente de otra, o estar en desacuerdo con ella. *Su apariencia física discrepa* DE *la imagen que me había formado de él.* Tb.: *Las dos teorías discrepan* EN *aspectos fundamentales.* **2.** Estar en desacuerdo una persona con otra, o con su conducta u opinión. *Discrepo* DE *tu decisión.* Tb.: *Discrepan* EN *muchas cuestiones.* ▶ DIVERGIR.

discreto, ta. adj. **1.** Dicho de persona: Que tiene prudencia y tacto, y no se mete en los asuntos de los demás. *Es muy discreta y sabrá guardar un secreto.* **2.** Propio de la persona discreta (→ 1). *Un comportamiento discreto.* **3.** Que no llama la atención. *Suele llevar ropa discreta.* **4.** Moderado o de nivel medio. *Un precio discreto.* Frec. despect. *La actuación de los actores ha sido discreta.* **5.** Distinto e indivisible. *En fonología, el fonema es la unidad mínima y discreta.*

discriminación. f. Hecho de discriminar, espec. a alguien. *Discriminación por razón de raza o religión.*

discriminar. tr. **1.** Diferenciar o distinguir (una cosa) de otra. *Hay que discriminar lo verdadero de lo falso.* Tb.: *Es difícil discriminar las distintas especies de este árbol.* **2.** Dar trato de inferioridad (a una persona o colectividad) espec. por motivos raciales, religiosos o políticos. *En su trabajo lo discriminan.* ▶ **1:** *DISTINGUIR.

discriminatorio, ria. adj. Que discrimina o supone discriminación. *Ha recibido un trato discriminatorio.*

disculpa. f. Razón o motivo que se dan para justificar algo o a alguien. *Presentó sus disculpas a la condesa.* Tb. el hecho de darlos. *Lo que has hecho no tiene disculpa.* ■ **pedir ~s.** loc. v. Disculparse. *Me ha pedido disculpas* POR *lo que dijo.* ▶ *PERDÓN.

disculpar. tr. **1.** Dar razones o pruebas que descarguen de una culpa (a alguien) o justifiquen (algo). *Siempre la disculpa. Se disculpó* POR *llegar tarde.* **2.** Perdonar o no tener en cuenta (una falta u omisión, o a la persona que las comete). *Disculpe mi error.* Tb. usado en constr. intr. *Disculpa: no he querido ofenderte.*

discurrir. intr. **1.** Pensar o reflexionar. *Discurre un poco y ya verás cómo das con la solución.* **2.** Transcurrir o pasar el tiempo. *Discurrían los días sin tener noticias suyas.* **3.** Correr o ir de un lugar a otro un fluido, espec. una corriente de agua. *El río discurre por un valle.* ○ tr. **4.** Inventar o idear (algo). *Ha discurrido un plan.* ▶ **4:** *IDEAR.

discursivo, va. adj. **1.** Del discurso o del razonamiento. *Procedimientos discursivos de la inteligencia.*

2. Reflexivo o explicativo. *El estilo discursivo es característico del debate público.*

discurso. m. **1.** Serie de palabras y frases empleadas para manifestar lo que se piensa o siente. *He perdido el hilo del discurso.* **2.** Razonamiento o exposición sobre un tema que se lee o se pronuncia en público. *Les dio un discurso de bienvenida.* Frec., en sent. irónico, designa el que es pesado o excesivamente largo. *Nos ha echado un discurso sobre su trabajo.* **3.** *Polít.* Pensamiento o ideología. *El partido tiene un discurso revolucionario.* **4.** *Ling.* Conjunto de enunciados. *El análisis del discurso permite entender mejor el pensamiento de autor.*

discusión. f. Hecho de discutir. *Lo que dice no admite discusión.* ■ **sin ~.** loc. adv. Indiscutiblemente. *Es, sin discusión, su mejor novela.* ► DISPUTA. ‖ **Am:** ALEGATO.

discutible. adj. Que puede o debe ser discutido. *Tu teoría es muy discutible.*

discutir. tr. **1.** Examinar dos o más personas (una materia) exponiendo cada uno su punto de vista e intentando llegar a un acuerdo. *Tenemos que discutir este asunto con calma.* **2.** Manifestar una opinión contraria (a alguien o algo). *No me discutas. Nadie discute sus decisiones.* ○ intr. **3.** Hablar una persona con otra sobre algo, espec. de forma enérgica o violenta, manteniendo opiniones opuestas. *Han discutido* CON *el contratista* SOBRE *el precio de la obra.* Tb.: *Siempre discuten* DE *política.* ► **1:** DEBATIR. **3:** DISPUTAR. ‖ **Am: 3:** ALEGAR.

disecar[1]. tr. **1.** Preparar (un animal muerto) para que conserve la apariencia de cuando estaba vivo. *Un taxidermista le disecó el jabalí que había cazado.* **2.** Diseccionar (una planta o el cadáver de un animal), o dividir(los) en partes. Se usa espec. en biología. *Hemos disecado varias especies vegetales.* ► **2:** DISECCIONAR.

disecar[2]. tr. Secar (algo, espec. una planta), gralm. para conservar(lo) con la apariencia de cuando estaba vivo. *Diseca plantas para confeccionar un herbario.*

disección. f. **1.** Hecho de disecar o dividir en partes. *Hay varios cadáveres preparados en la sala de disección.* **2.** Análisis detallado de algo. *El autor realiza una disección del panorama político.*

diseccionar. tr. **1.** Dividir en partes (una planta o el cadáver de un animal) para examinar su estructura o sus alteraciones orgánicas. *Han diseccionado una rata en la clase de anatomía.* **2.** Hacer la disección o el análisis (de algo). *En su tesis doctoral disecciona la filosofía de Kant.* ► **1:** DISECAR.

diseminación. f. Hecho o efecto de diseminar o diseminarse. *Hay riesgo de diseminación del virus.*

diseminar. tr. Esparcir o extender (algo que constituye un conjunto) haciendo que sus componentes queden separados. *Los aspersores diseminan el agua. Las tropas se diseminaron* POR *la ciudad.* Tb. en constr. prnl. media. *Las semillas se diseminan con el viento.*

disensión. f. Oposición o falta de acuerdo entre personas. *Hay disensiones en el grupo.*

disentería. f. *Med.* Enfermedad infecciosa caracterizada por la aparición de úlceras en el intestino y la evacuación de sangre y mucosidades. *El agua contaminada puede producir disentería.*

disentimiento. m. Hecho de disentir. *Ha dejado claro su disentimiento.*

disentir. (conjug. SENTIR). intr. Estar en desacuerdo con alguien o algo, o en algo. *Lamento disentir* DE *ti. Disiente* EN *cuestiones importantes.*

diseñador, ra. m. y f. Persona que se dedica al diseño, espec. para fabricar algo después. *Diseñador de joyas.* Designa espec. a la que diseña moda. *El diseñador presentará su colección para la próxima temporada.*

diseñar. tr. **1.** Hacer un dibujo, esquema o boceto para fabricar o producir (algo) después. *Diseña ella misma sus vestidos.* **2.** Idear (algo, espec. un plan o proyecto). *La empresa quiere diseñar una estrategia de venta.*

diseño. m. Hecho o efecto de diseñar. *Se dedica al diseño de muebles. El diseño del edificio es muy vanguardista.*

disertación. f. Hecho o efecto de disertar. *Una disertación* SOBRE *el Siglo de Oro.*

disertar. intr. Tratar con autoridad y de forma extensa una materia, espec. exponiéndola en público. *Puede pasarse horas disertando* SOBRE *arte.*

disforme. adj. Deforme. *En el cuento, el niño es raptado por un monstruo disforme.*

disfraz. m. **1.** Atuendo que sirve para disfrazar a alguien o cambiar su apariencia física, y que se utiliza en fiestas, espec. en carnaval. *Le han hecho un disfraz* DE *bruja.* **2.** Medio que se utiliza para cambiar la apariencia de algo y conseguir que no se reconozca. *Su arrogancia es un disfraz para ocultar su timidez.*

disfrazar. tr. **1.** Cambiar la apariencia física (de alguien) con un atuendo, de modo que no pueda ser reconocido o parezca otro. *Se ha disfrazado* DE *egipcia.* **2.** Hacer que (alguien o algo) parezcan distintos de como son en realidad. *No puede disfrazar sus sentimientos.* ► **1:** TRAVESTIR.

disfrutar. tr. **1.** Sentir placer o satisfacción (por algo). *Saben disfrutar la buena comida.* **2.** Tener (una circunstancia o condición buenas). *Disfruta una posición privilegiada en el consejo.* ○ intr. **3.** Sentir placer o satisfacción por algo. *Disfruta* DE *su tiempo libre. Disfruta jugando al golf.* **4.** Tener una circunstancia o condición buenas. *Disfruta* DE *una salud excelente.*

disfrute. m. Hecho de disfrutar. *El disfrute* DE *las instalaciones deportivas del club. Uso y disfrute* DE *un bien.*

disfunción. f. *Med.* Alteración de una función orgánica. *Padece una disfunción hormonal.*

disgregación. f. Hecho o efecto de disgregar o disgregarse. *La disgregación del reino.*

disgregador, ra. adj. Que disgrega. *Un proceso disgregador.*

disgregar. tr. **1.** Separar las partículas (de algo compacto). *Tratamiento para disgregar y expulsar los cálculos renales.* Tb. en constr. prnl. media. *Las rocas pueden disgregarse por los cambios bruscos de temperatura.* **2.** Separar los elementos o partes (de un conjunto o grupo). *Las tensiones han acabado por disgregar el grupo.* Tb. en constr. prnl. media. *El país se ha disgregado* EN *diferentes repúblicas.*

disgustar. tr. **1.** Causar disgusto o pena (a alguien). *Ha cedido por no disgustarla.* Tb. en constr. prnl. media. *No te disgustes: ya verás cómo todo se arregla.* ○ intr. prnl. **2.** Enfadarse con alguien, o perder la amistad o la buena relación con él. *Se ha disgustado* CON *ella.* Tb.: *Nos hemos disgustado y no nos hablamos.* ► **2:** ENFADARSE.

disgusto. m. **1.** Sentimiento de pena provocado por un hecho desagradable o desgraciado. *Se ha llevado un disgusto al enterarse del accidente.* **2.** Enfado o disputa. *Vamos a tener un disgusto como sigas así.* ■ **a ~.** loc. adv. De mala gana o con incomodidad. *No lo hagas a disgusto.* ▶ **2:** *ENFADO.

disidencia. f. Cualidad o condición de disidente. *La unidad del partido se veía amenazada por los conatos de disidencia.*

disidente. adj. Que se separa de una doctrina o creencia. *Los intelectuales disidentes.* Dicho de pers., tb. m. y f. *Los disidentes se han agrupado en una nueva formación.*

disimetría. f. *tecn.* Falta de simetría. *Hay una disimetría entre las dos figuras.*

disímil. adj. cult. Diferente o que no es igual. *Los trabajadores de la empresa tienen situaciones laborales muy disímiles.*

disimilitud. f. cult. Diferencia o falta de similitud. *Hay disimilitudes entre las versiones de los dos testigos.*

disimulado, da. part. **1.** → **disimular.** ● adj. **2.** Que disimula u oculta lo que siente o piensa. *Me molestan las personas disimuladas y que actúan con doblez.*

disimular. tr. **1.** Ocultar o encubrir (lo que se siente o piensa). *No puede disimular su miedo.* Tb. usado en constr. intr. *Ha aprendido a disimular.* **2.** Ocultar (algo) para que no se vea o para que parezca distinto de lo que es. *Disimula las canas tiñiéndose el pelo.* **3.** Disculpar (algo) afectando ignorar(lo) o no dándo(le) importancia. *Suele disimular nuestros errores.* Tb. usado en constr. intr. *Ante ese tipo de faltas, un jefe debe saber disimular.* ○ intr. **4.** Fingir desconocimiento o falta de atención respecto a algo. *No disimules: sabes perfectamente a qué me refiero.*

disimulo. m. Hecho de disimular, espec. lo que se siente o piensa. *Es un maestro del disimulo. Se ha marchado con disimulo.*

disipación. f. **1.** Hecho de disipar o disiparse. *Disipación de la niebla.* **2.** Entrega excesiva a la diversión y a los placeres. *En su vida no encuentran cabida el ocio y la disipación.*

disipado, da. part. **1.** → **disipar.** ● adj. **2.** Excesivamente entregado a la diversión y a los placeres. *Lleva una vida disipada.* Dicho de pers., tb. m. y f. *Es un frívolo y un disipado.*

disipar. tr. **1.** Hacer desaparecer poco a poco, espec. por evaporación, (algo físico). *El sol ha disipado la niebla.* Tb. en constr. prnl. media. *Las nubes se han disipado con el viento.* **2.** Hacer que (algo, como un sueño, una duda o una sospecha) desaparezca o se reduzca a la nada. *Tus argumentos han disipado mis dudas.* Tb. en constr. prnl. media. *Al oírlo, nuestras esperanzas se disiparon.*

dislate. m. cult. Disparate. *Lo que propone es un dislate.* Frec. en constr. exclamativa para expresar negación o desaprobación. *¡Qué dislate, firmar un contrato sin leerlo!*

dislexia. f. *Med.* Trastorno que consiste en una incapacidad parcial o total para leer y para comprender lo que se lee, y que está causado por una lesión cerebral. *El retraso en la adquisición del lenguaje puede ser un signo de dislexia.*

disléxico, ca. adj. *Med.* Que padece dislexia. *Un alumno disléxico.* Tb. m. y f. *Los disléxicos suelen invertir las letras al escribir.*

dislocación. f. Hecho o efecto de dislocar o dislocarse. *Tiene una dislocación del hombro.* ▶ LUXACIÓN.

dislocar. tr. Sacar (algo, espec. un hueso) de su lugar. *Me vas a dislocar la muñeca como sigas retorciéndomela.* Tb. en constr. prnl. media. *Se me ha dislocado el tobillo.*

dismenorrea. f. *Med.* Menstruación dolorosa o difícil. *Padece dismenorrea.*

disminución. f. Hecho de disminuir. *Ha habido una disminución del número de accidentes de tráfico.* Tb. la cantidad correspondiente. *Una disminución del ocho por ciento en las ventas.* ▶ AMINORACIÓN, DECRECIMIENTO, DECREMENTO, MERMA.

disminuido, da. part. **1.** → **disminuir.** ● adj. **2.** Dicho de persona: Que tiene limitadas sus facultades físicas o mentales. *Trabaja en un centro para niños disminuidos.* Tb. m. y f. *Una residencia para disminuidos.*

disminuir. (conjug. CONSTRUIR). tr. **1.** Hacer menor (algo). *Voy a disminuir el ritmo de trabajo. Disminuirán la ayuda* EN *un dos por ciento.* ○ intr. **2.** Hacerse menor algo. *La fiebre ha disminuido. El tumor ha disminuido* DE *tamaño.* ▶ **1:** AMINORAR, MENGUAR, REDUCIR. **2:** AMINORAR, DECRECER, MENGUAR, MERMAR.

disociación. f. Hecho de disociar o disociarse. *La disociación entre los deseos y la realidad.*

disociar. (conjug. ANUNCIAR). tr. **1.** Separar (algo) de otra cosa a la que estaba unido. *No se puede disociar la teoría* DE *la práctica.* Tb.: *En el trabajo conviene disociar las cuestiones laborales y las personales.* Tb. en constr. prnl. media. *Sus intereses y sus principios se han ido disociando.* **2.** *Quím.* Separar los diversos componentes (de una sustancia). *Podemos disociar la molécula de colágeno a temperaturas constantes.* Tb. en constr. prnl. media. *En las soluciones, las sales se disocian* EN *iones.*

disolución. f. **1.** Hecho de disolver o disolverse. *Se ha producido la disolución anticipada de las Cortes.* **2.** Mezcla homogénea que resulta de disolver una sustancia en un líquido. *Las disoluciones acuosas de los ácidos tienen sabor agrio.* **3.** Ruptura de los lazos o vínculos existentes entre varias personas. *Escritura de disolución de la compañía.* ▶ **2:** SOLUCIÓN.

disoluto, ta. adj. cult. Excesivamente relajado o entregado a vicios o placeres. *Tiene fama de hombre disoluto.*

disolvente. adj. Que disuelve. *Líquido disolvente.* Dicho de producto o sustancia, tb. m. *El éter es un disolvente orgánico.* Se usa espec. en química.

disolver. (conjug. MOVER; part. **disuelto**). tr. **1.** Separar las partículas o moléculas (de un sólido, un líquido o un gas) en un líquido de forma que queden incorporadas a él. *Disuelve unas cucharadas de azúcar* EN *la leche.* Tb. en constr. prnl. media. *El aceite no se disuelve* EN *agua.* **2.** Deshacer (algo) poniendo fin a la unión de sus componentes. *La sentencia de divorcio disuelve el matrimonio.* Tb. en constr. prnl. media. *La sociedad mercantil se ha disuelto.* ▶ **1:** DESLEÍR, DILUIR.

disonancia. f. **1.** Cualidad de disonante. *Sorprende la disonancia entre su discurso conciliador y su actitud intolerante.* **2.** *Mús.* Combinación de sonidos entre los que no hay consonancia. *En la música moderna se emplean muchas disonancias.*

disonante. adj. Que disuena. *Notas disonantes.*

disonar. (conjug. CONTAR). intr. **1.** Sonar sin armonía o de forma desagradable. *Algunos acordes disuenan.* **2.** Resultar extraño o raro. *Un mueble tan recargado disuena en esta habitación.* **3.** Discrepar una cosa de otra, o estar en desacuerdo con ella. *Aquellos gritos disonaban* DE *su tono de voz habitual.*

dispar. adj. cult. Diferente o que no es igual. *Se ha dedicado a actividades muy dispares.*

disparada. f. **1.** Am. Huida súbita y precipitada. *Se atrasó en dar su media vuelta y emprender la disparada en sentido contrario* [C]. **2.** Am. Alza súbita y considerable del precio o valor de algo. *La semana pasada varias voces hablaban de la disparada del dólar* [C].

disparadero. **en el ~.** loc. adv. En situación de sentirse obligado a hacer o decir algo. *Me puso en el disparadero* DE *aceptar su propuesta.*

disparador, ra. m. y f. **1.** Persona que dispara. *La postura del disparador es importante para que el tiro sea perfecto.* ○ m. **2.** Pieza que sirve para disparar un arma o una máquina fotográfica. *Al apretar el disparador de la cámara se dispara el* flash.

disparar. tr. **1.** Hacer que (un arma) despida su carga. *Los soldados han disparado los cañones.* Tb. usado en constr. intr. *Arriba las manos o disparo.* Tb. en constr. prnl. media. *La pistola cayó al suelo y se disparó.* **2.** Hacer que un arma despida (su carga). *Dispara una flecha con el arco.* **3.** Despedir (su carga) un arma. *El revólver disparó todas las balas del tambor.* Tb. usado en constr. intr. *La pistola no dispara.* **4.** Hacer que se produzca (un tiro). *Le ha disparado un tiro a bocajarro.* **5.** Hacer que salte el mecanismo (de un aparato, espec. una cámara fotográfica). *No dipares la cámara hasta que no estemos colocados.* Tb. en constr. prnl. media. *Si tratan de forzar la puerta, la alarma se dispara.* **6.** En fútbol y otros deportes: Lanzar (el balón) con fuerza hacia la meta. Más frec. usado en constr. intr. *El extremo disparó y consiguió el primer gol.* ○ intr. prnl. **7.** Salir o ir con mucha prisa o precipitación. *En cuanto lo espolea, el caballo se dispara.* Más frec. en constr. como *ir,* o *salir, disparado. Ha salido disparada del trabajo.* **8.** Hablar u obrar con extraordinaria violencia y comúnmente sin razón. *Cuando se dispara, no dice más que tonterías.* **9.** Crecer o incrementarse algo sin moderación. *Las ventas se han disparado.* ▶ **6:** CHUTAR.

disparatado, da. part. **1.** → **disparatar.** ● adj. **2.** Dicho de cosa: Contraria a la razón. *Se le ocurren unas ideas disparatadas.* **3.** Dicho de persona: Que dice o hace disparates. *Nunca he conocido a nadie tan disparatado.* **4.** coloq. Enorme o muy grande. *Tiene un precio disparatado.*

disparatar. intr. Decir disparates. *Deja de disparatar.*

disparate. m. Hecho o dicho contrarios a la razón. *Dejar un trabajo tan bien pagado es un disparate.* Frec. en constr. exclamativa para expresar negación o desaprobación. *–¿Te llevo a casa? –¡Qué disparate!; puedo coger un taxi.* ■ **un ~.** loc. s. coloq. Gran cantidad de personas o cosas. Se usa con intención enfática. *A las pruebas se ha presentado un disparate* DE *gente.* ▶ CONTRASENTIDO.

disparidad. f. cult. Cualidad de dispar. *Existe disparidad de opiniones.*

disparo. m. Hecho o efecto de disparar o dispararse. *Hizo un disparo al aire. El herido presenta dos disparos en el muslo.*

dispendio. m. Gasto, gralm. excesivo e innecesario. *Pagar tanto por un bolso me parece un dispendio.*

dispendioso, sa. adj. Costoso o que supone dispendio. *La celebración ha resultado muy dispendiosa.* ▶ COSTOSO.

dispensa. f. Hecho de dispensar o eximir. *Dispensa de asistencia a las clases.* Tb. el documento que lo contiene. *Dispensa firmada por el Papa.*

dispensar. tr. **1.** Conceder u otorgar (algo). *Les han dispensado una calurosa despedida.* **2.** Eximir (a alguien) de una obligación o del cumplimiento de una norma. *Lo han dispensado* DE *hacer el examen.* **3.** Perdonar o disculpar (algo o a alguien). *Dispense las molestias. Dispénseme: tengo cosas que hacer.* Tb. usado en constr. intr. *Dispense, ¿podría ver al Sr. Ortega, por favor?*

dispensario. m. Establecimiento destinado a prestar asistencia médica y farmacéutica a enfermos que no se alojan en él. *Trabaja en un dispensario.* ▶ AMBULATORIO.

dispersar. tr. **1.** Hacer que los elementos (de un conjunto o una agrupación) queden separados. *Los disparos han dispersado a la manada de elefantes. El público se dispersó tras el concierto.* **2.** Aplicar (el esfuerzo, la atención o la actividad) desordenadamente en múltiples direcciones. *No disperses la atención.*

dispersión. f. **1.** Hecho o efecto de dispersar o dispersarse. *El viento se encarga de la dispersión de las semillas.* **2.** *Mat.* Distribución estadística de un conjunto de valores. **3.** *Fís.* Separación de los diversos colores espectrales de un rayo de luz, por medio de un prisma u otro medio. *El arco iris es una consecuencia de la dispersión de la luz solar cuando se refracta y se refleja en las gotas del agua de lluvia.* **4.** *Quím.* Fluido en cuya masa está contenido uniformemente un cuerpo en suspensión o en forma de partículas sólidas. *Las emulsiones son dispersiones de aceite en agua o de agua en aceite.*

disperso, sa. adj. Que está dispersado. *Chubascos dispersos.*

display. m. **1.** *tecn.* Dispositivo de algunos aparatos electrónicos, como teléfonos y calculadoras, destinado a la representación visual de información. *En el display de mi teléfono móvil aparecen la hora y la fecha.* **2.** *tecn.* Soporte en que se exhibe un producto con fines publicitarios. *En la tienda hay un display con el nuevo modelo de cafetera.*

displicencia. f. Actitud indiferente y de desprecio. *Me miró con displicencia.*

displicente. adj. Dicho de persona: Que tiene o muestra displicencia. *Se muestra displicente.*

disponer. (conjug. PONER). tr. **1.** Colocar (algo o a alguien) de una manera o según un criterio. *Han dispuesto a los comensales según el protocolo.* Tb. en constr. prnl. media. *Los alfileres se han dispuesto en montón atraídos por el imán.* **2.** Preparar (algo o a alguien) para un fin. *Tengo que disponer lo necesario para la fiesta. Se disponía* A *salir cuando llegaste.* **3.** Mandar (algo) o establecer(lo) como obligatorio alguien o algo con autoridad para ello. *El juez dispuso la prisión incondicional del acusado.* ○ intr. **4.** Servirse o valerse de una persona o cosa para un fin. *Disponga usted* DE *mí cuando me necesite.* **5.** Tener algo. *Disponemos* DE *poco tiempo.* **6.** *Der.* Actuar libremente respecto a una cosa, pudiéndola vender, gravar o donar. *Tiene el uso y disfrute de los bienes, pero no puede disponer* DE *ellos.* ▶ **1:** *COLOCAR. **2:** *PREPARAR. **3:** *MANDAR.

disponibilidad. f. **1.** Cualidad de disponible. *¿Cuál es su disponibilidad para trabajar por las noches?* **2.** Conjunto de fondos o medios disponibles en un momento dado. Más frec. en pl. *No existen disponibilidades para hacer frente al proyecto.*

disponible. adj. Dicho de cosa o persona: Que se puede disponer de ella para un fin. *No hay mesas disponibles. Quisieron contratarlo, pero no estaba disponible.*

disposición. f. **1.** Hecho o efecto de disponer. *No me gusta la disposición de los muebles. El jurista ha publicado un manual con las disposiciones dictadas en materia de aguas.* **2.** Condiciones adecuadas para algo en las que se encuentra una persona. *No estoy* EN *disposición* DE *prestarte dinero.* Tb. la actitud correspondiente. *Mostró su disposición* A *ayudarme.* **3.** Aptitud para determinada actividad. *Tiene disposición para la pintura.* ■ **a** (**la**) ~ (de una persona). loc. adv. En situación de que (esa persona) mande o se sirva de alguien o algo. *Ha sido puesto a disposición* DE *las autoridades judiciales.* Se usa como fórmula de cortesía en ofrecimientos. *Me tiene a su entera disposición para lo que necesite.*

dispositivo, va. adj. **1.** De la disposición o hecho de disponer. *En la parte dispositiva de la sentencia se recoge el fallo del juez.* ● m. **2.** Mecanismo o artificio dispuestos para producir una acción prevista, gralm. automática. *El coche tiene un dispositivo de alarma.* **3.** Conjunto de medidas para conseguir un fin determinado. *Se pondrá en marcha un dispositivo de seguridad.* ► **3:** OPERATIVO.

dispuesto, ta. part. **1.** → **disponer.** ● adj. **2.** Que está en disposición o condiciones para algo. *Estoy dispuesta* A *contártelo si me prometes que guardarás el secreto.* Frec. con los adv. *bien* o *mal*, referido respectivamente a quien tiene una disposición favorable o desfavorable hacia algo. *Está bien dispuesto* A *aceptar mi oferta.* **3.** Dicho de persona: Hábil o capaz. *Es una persona muy dispuesta: ideal para un puesto de responsabilidad.*

disputa. f. Hecho de disputar. *La herencia es motivo de disputa entre los hermanos.* ► *DISCUSIÓN.

disputar. tr. **1.** Competir una persona con otra para conseguir (algo que quieren las dos o que tiene esta última). *Nadie se atreve a disputarle el puesto.* Tb.: *Se disputan el amor de la misma mujer.* ○ intr. **2.** Discutir una persona con otra sobre algo. *No quiero disputar* CONTIGO SOBRE *este asunto.* Tb.: *Disputaron* SOBRE *quiénes debían ocupar los sitios de preferencia.* ► **2:** *DISCUTIR.

disquero, ra. adj. **1.** Am. De la grabación y venta de discos musicales. *Todo artista sueña con encontrar un sello disquero que lo apoye* [C]. ● f. **2.** Am. Compañía discográfica. *Otra estrategia de las disqueras es reciclar los éxitos de siempre en una nueva edición* [C].

disquete. m. *Inform.* Disco magnético portátil, de capacidad reducida, que se introduce en un ordenador para su grabación o lectura. *Haz una copia del archivo en un disquete.*

disquetera. f. *Inform.* Dispositivo donde se inserta un disquete para su grabación o lectura. *Apriete el botón de la disquetera para extraer el disquete.*

disquisición. f. **1.** Examen riguroso de algo, considerando cada una de sus partes. *El libro contiene una disquisición sobre las motivaciones del ser humano.* **2.** Reflexión o comentario que se hacen separándose de aquello que se está tratando. Más frec. en pl. *No quiero entrar en disquisiciones.* ► **2:** *DIVAGACIÓN.

distancia. f. **1.** Espacio que existe entre una persona o cosa y otra. *La distancia* ENTRE *mi pueblo y la capital es pequeña. La distancia* DE *la Tierra* A *Marte es grande.* Tb. la medida. *Está a muchos metros de distancia.* **2.** Intervalo de tiempo que media entre un acontecimiento y otro, o entre una persona o cosa y otra. *De aquí a Navidad hay dos meses de distancia.* ENTRE *ellos hay diez años de distancia.* **3.** Diferencia notable entre una persona o cosa y otra. *¡Qué distancia* ENTRE *sus primeras películas y las de ahora!* **4.** Alejamiento o frialdad en la relación entre personas. *No soporto que me traten con distancia.* **5.** *Mat.* Longitud del segmento de recta comprendido entre dos puntos del espacio. *La distancia* ENTRE *los centros de dos caras contiguas de un cubo es siempre la misma.* ■ **a ~.** loc. adj. **1.** Dicho de estudios: Que se imparten por correo o a través de medios de comunicación, sin requerir la presencia de los alumnos. *Ha hecho un curso de inglés a distancia.* Tb. referido al centro en que se imparten esos estudios. *Universidad a distancia.* □ loc. adv. **2.** Desde cierta distancia (→ 1). *Los observa a distancia.* ■ **guardar,** o **mantener,** (**las**) **~s.** loc. v. Observar en el trato con otras personas una actitud que evite la familiaridad o excesiva cordialidad. *Están saliendo juntos, pero en el trabajo guardan las distancias.*

distanciador, ra. adj. Que distancia. *La diferencia de caracteres es un elemento distanciador en nuestra relación.*

distanciamiento. m. Hecho o efecto de distanciar o distanciarse. *La herencia ha causado el distanciamiento de los hermanos.*

distanciar. (conjug. ANUNCIAR). tr. **1.** Poner (a una persona o cosa) a cierta distancia o a más distancia de otra. *Distancia un poco la mesa* DE *la pared. Me distancié para que pudieran hablar tranquilos.* Tb.: *Distancia un poco las sillas para que no estén tan juntas.* Tb. en constr. prnl. media. *Nuestra barca se distanció demasiado* DE *la orilla por la corriente.* **2.** Hacer que la relación (de una persona) con otra se enfríe o deteriore, espec. por desafecto o diferencias de opinión. *La escasa convivencia ha ido distanciando a Juan* DE *María.* Tb.: *Los rumores de infidelidad han terminado distanciándolos.* Tb. en constr. prnl. media. *Se ha distanciado* DE *su hermano. Desde que se marchó a estudiar fuera nos hemos distanciado.*

distante. adj. **1.** Que dista o se encuentra a cierta distancia. *Un pueblo distante tres kilómetros. Las vacaciones están todavía muy distantes.* **2.** Que se encuentra a una distancia grande. *Vive en un barrio distante* DEL *centro. Los datos se refieren al distante siglo* XV. **3.** Dicho de persona: Que evita el trato amistoso o la intimidad. *La noto distante contigo, ¿habéis discutido?* ► **1:** *LEJANO.

distar. intr. **1.** Estar una persona o cosa apartadas de otra determinado espacio de lugar o de tiempo. *La tienda dista apenas unos metros. Las obras distan entre sí varios años.* **2.** Diferenciarse una persona o cosa notablemente de otra. *Sus gustos distan mucho* DE *los míos.*

distender. (conjug. ENTENDER). tr. Hacer que disminuya la tensión (de alguien o algo). *Haz unos ejercicios para distender los músculos.* Tb. fig. *La broma ha logrado distender el ambiente.* Tb. en constr. prnl. media. *Su cara se distiende al sonreír.* ► DESTENSAR.

distensión. f. Hecho o efecto de distender. *La natación relajada favorece la distensión de ciertos músculos.* Frec. en medicina referido al que constituye una lesión en un ligamento o músculo. *Distensiones y esguinces son frecuentes entre los deportistas.*

distinción. f. **1.** Hecho o efecto de distinguir o distinguirse. *Hay que establecer una distinción* ENTRE *diccionarios bilingües y molingües.* **2.** Premio u honor con que se distingue a alguien. *Le ha sido concedida la más alta distinción en música.* **3.** Cualidad de distinguido o elegante. *Todos admiran su distinción y buen gusto.* ▶ **1:** DISTINGO.

distingo. m. Distinción, espec. la que se hace con cierta sutileza o malicia. *No quiere hacer distingos entre sus empleados.* ▶ DISTINCIÓN.

distinguido, da. part. **1.** → **distinguir.** ● adj. **2.** Dicho de persona: Refinada y elegante en su forma de comportarse y de vestir. *Es un joven apuesto y distinguido.* **3.** Dicho de persona o grupo de personas: Que destaca entre los demás por alguna cualidad. *Hoy tenemos con nosotros a un distinguido novelista.* **4.** Se usa en fórmulas de cortesía para dirigirse formalmente al destinatario de una carta. *Distinguido amigo: Me dirijo a usted para comunicarle...*

distinguir. tr. **1.** Conocer la diferencia (entre una persona o cosa) y otra. *No distingue el buen vino* DEL *malo.* Tb.: *Es difícil distinguir a las gemelas.* **2.** Hacer que (una persona o cosa) se diferencien de otra por medio de alguna particularidad. *El color de la cubierta distingue el tomo primero* DEL *segundo.* Tb.: *Vamos a distinguir los usos regionales con una marca.* **3.** Caracterizar una cualidad o un comportamiento (a alguien o algo). *Con la generosidad que lo distingue, me cedió su porción de tarta.* **4.** Señalar la diferencia (entre una persona o cosa) y otra. *Distingue los usos correctos* DE *los vulgares en los siguientes casos.* Tb.: *El autor distingue dos aspectos en esta cuestión.* **5.** Ver (algo), diferenciándo(lo) de lo demás, a pesar de existir alguna dificultad. *Ya distingo a lo lejos la torre de la iglesia.* **6.** Hacer particular estimación (de una persona) prefiriéndo(la) a otras. *El jefe la distingue.* **7.** Conceder (a alguien) un premio o un honor. *Lo han distinguido* CON *varios premios a lo largo de su carrera.* ○ intr. **8.** Percibir la diferencia entre una persona o cosa y otra. *Hay que distinguir* ENTRE *religión y ética.* ○ intr. prnl. **9.** Ser una persona o cosa diferente de otra en algo. *Tu camisa se distingue* DE *la mía* EN *el color.* Tb.: *Los dos vestidos son tan parecidos que apenas se distinguen.* **10.** Destacar o sobresalir entre otros. *Se distinguió siempre como un alumno aventajado. Se distingue* POR *su fuerza de voluntad.* ▶ **1:** DISCRIMINAR, DIFERENCIAR. **8:** DIFERENCIAR, DISCERNIR. **9:** DIFERENCIARSE, DIFERIR.

distintivo, va. adj. **1.** Que distingue o sirve para distinguir o hacer diferentes a una persona o cosa de otra. *Un rasgo distintivo de su carácter es su sentido del humor. En las matrículas ya no aparecen las letras distintivas de cada provincia.* ● m. **2.** Señal que permite distinguir o hacer diferentes a una persona o cosa de otra. *La cruz es un distintivo de los cristianos.*

distinto, ta. adj. **1.** Diferente (que no es igual). *Mis dos hermanos son muy distintos. La oferta no fue muy distinta* DE *la que te hicieron a ti. Es distinta* A *todo lo que he visto. Somos muy distintos* EN *aficiones.* **2.** Seguido de un nombre en plural: Varios (no muchos). *Los distintos países que firmaron el tratado.* ▶ **1:** *DIFERENTE. **2:** *VARIOS.

distorsión. f. Deformación o alteración, espec. de imágenes, sonidos o hechos. *Las pantallas de ordenador planas eliminan la distorsión de la imagen. Distorsión de la realidad.*

distorsionador, ra. adj. Que distorsiona. *Un dispositivo distorsionador de la voz.*

distorsionar. tr. Causar distorsión (en algo). *Estás distorsionando lo que pasó.*

distracción. f. **1.** Hecho o efecto de distraer o distraerse. *Una distracción al volante puede costarte la vida. Los pasatiempos le proporcionan distracción.* **2.** Cosa que distrae u ocupa la atención de alguien y le proporciona momentos agradables. *Para él cuidar el huerto es una distracción.* ▶ *DIVERSIÓN.

distraer. (conjug. TRAER). tr. **1.** Ocupar la atención (de alguien) proporcionándo(le) momentos agradables. *Leer me distrae.* Tb. en constr. prnl. media. *Se distrae haciendo punto de cruz.* **2.** Apartar la atención (de alguien) del objeto a que la aplicaba o a que debía aplicarla. *Calla y no distraigas a tu compañero.* Tb. en constr. prnl. media. *Me distraje un momento y me salí de la carretera.* **3.** Desviar (la atención). *Algo distrajo nuestra atención y nos pasamos de parada.* ▶ **1:** *DIVERTIR. **2:** ENTRETENER.

distraído, da. part. **1.** → **distraer.** ● adj. **2.** Dicho de persona: Que se distrae con facilidad y actúa sin darse cuenta de lo que hace o de lo que pasa a su alrededor. *Como es tan distraída, se ha dejado las llaves dentro del coche.* Tb. m. y f. *Eres un distraído.* ■ **hacerse el ~.** loc. v. Fingir alguien que no se da cuenta de algo que no le interesa. *Me vio perfectamente, pero se hizo la distraída.*

distribución. f. Hecho o efecto de distribuir o distribuirse. *Es la empresa líder en distribución de piezas de vehículos. No me gusta la distribución del apartamento.*

distribuidor, ra. adj. **1.** Que distribuye o sirve para distribuir. *Una empresa distribuidora de prendas textiles.* Dicho de pers., tb. m. y f. *Los distribuidores de libros se han puesto en huelga.* Dicho de máquina, tb. m. o f. *Se espolvorea el postre usando un distribuidor de canela.* ● m. **2.** Pasillo o parte de una casa que da acceso a las habitaciones. *En el distribuidor de la casa hay dos armarios empotrados.* ○ f. **3.** Empresa distribuidora (→ 1) de productos comerciales. *Una distribuidora de material eléctrico.*

distribuir. (conjug. CONSTRUIR). tr. **1.** Dividir (un conjunto de personas o cosas) entre otras. *Nos falta distribuir a los invitados* POR *las mesas. Tenéis que distribuiros* EN *los cuatro coches. Si distribuimos el trabajo, terminaremos antes.* **2.** Dar (una serie de cosas) a distintas personas o entregar(la) en diferentes lugares. *Nos distribuyeron unos folletos informativos. El banco tiene sucursales distribuidas* POR/EN *todo el país.* **3.** Hacer llegar (una mercancía) a sus lugares de venta. *Un camión distribuye las bombonas de gas* POR *las casas. La discográfica distribuye el disco* POR *toda América.* ▶ **1, 2:** *REPARTIR.

distributivo, va. adj. **1.** De la distribución. *Igualdad distributiva.* **2.** *Mat.* Dicho de operación: Que permite transformar un producto en una suma o en una diferencia, o viceversa. Tb. dicho de la propiedad correspondiente. *La multiplicación y la división tienen la propiedad distributiva.* **3.** *Gram.* Dicho espec. de conjunción: Que introduce oraciones distributivas (→ 4). *"Ora" es un nexo distributivo.* **4.** *Gram.* Que expresa distribución. *Oración coordinada distributiva. "Sendos" es un adjetivo distributivo.* Dicho de oración, tb. f. *"Unos días llueve, otros hace sol" es una distributiva.*

distrito. m. Cada una de las zonas en que se subdividen un territorio o una población a efectos jurídicos o administrativos. *Debe poner la denuncia en la comisaría de su distrito.*

distrofia. f. *Med.* Trastorno que afecta a la nutrición y al crecimiento. *Padece distrofia muscular y apenas puede andar.*

disturbio. m. Alteración del orden público. Frec. en pl. *Durante la manifestación se han producido algunos disturbios.* ▶ *ALBOROTO.

disuadir. tr. Inducir (a alguien) con razones a cambiar de opinión o a desistir de un propósito. *Me disuadieron* DE *que aceptara el empleo.*

disuasión. f. Hecho de disuadir. *Tiene un gran poder de disuasión.*

disuasivo, va. adj. Disuasorio. *Lejos de animarnos a proseguir, se mostró disuasivo.*

disuasorio, ria. adj. Que disuade o tiene capacidad para disuadir. *Medidas disuasorias* DEL *uso del vehículo privado.* ▶ DISUASIVO.

disyunción. f. cult. Hecho o efecto de separar o desunir. *Disyunción entre práctica y teoría.*

disyuntivo, va. adj. **1.** *Gram.* Dicho espec. de conjunción: Que expresa opción, alternancia o exclusión. *La conjunción "o" es disyuntiva.* **2.** *Gram.* Dicho espec. de oración: Que está coordinada con otra por medio de una conjunción disyuntiva (→ 1). *"¿Vienes o te quedas?" es una coordinada disyuntiva.* Tb. f. *Hoy hemos estudiado las copulativas y las disyuntivas.* ● f. **3.** Alternativa entre dos cosas, por una de las cuales hay que optar. *Se me plantea la disyuntiva de aceptar la beca o ponerme a trabajar.*

disyuntor. m. *Fís.* Interruptor que corta automáticamente la corriente eléctrica cuando esta sobrepasa una determinada intensidad. *El disyuntor de un vehículo deja pasar la corriente de la dinamo a la batería, pero no al revés.*

ditirambo. m. **1.** cult. Alabanza o elogio exagerados. *Interrumpí su extenso ditirambo en honor de mis virtudes.* **2.** histór. En la antigua Grecia: Composición poética en honor de Dionisio. *El origen del drama se encuentra en los cantos de ditirambos.*

diuresis. f. *Fisiol.* Secreción de orina. *La disminución de la diuresis es un síntoma de deshidratación.*

diurético, ca. adj. *Med.* y *Fisiol.* Que aumenta la secreción de orina. *Infusión diurética.* Frec. m., referido a medicamento o sustancia. *Le han recetado un diurético.*

diurno, na. adj. **1.** Del día o que se desarrolla durante el día. *Subirán las temperaturas diurnas.* **2.** Dicho de animal o planta: Que realiza sus principales funciones durante el día. *El halcón es una rapaz diurna.*

divagación. f. Hecho o efecto de divagar. *No te pierdas en divagaciones y ve al grano.* ▶ DISQUISICIÓN, ESCARCEO.

divagar. intr. Hablar o escribir sin centrarse en un tema o sin propósito fijo. *El orador está empezando a divagar.*

diván. m. Asiento alargado y mullido, gralm. sin respaldo, para tenderse o recostarse. *El paciente habla con el psicoanalista tumbado en el diván.*

divergencia. f. **1.** Hecho o efecto de divergir. *La divergencia de los lados de un ángulo.* **2.** Discrepancia o falta de acuerdo. *Las divergencias entre ellos se han acentuado.* ▶ **2:** DISCREPANCIA.

divergente. adj. Que diverge. *Líneas divergentes.*

divergir. intr. **1.** Irse apartando sucesivamente una cosa de otra. *Una lente divergente hace divergir los rayos que provienen de un punto.* Tb.: *Los caminos divergen a partir de aquí.* **2.** Discrepar o no estar de acuerdo una persona o cosa con otra en algo. *Su forma de ver la vida diverge* DE *la mía.* Tb.: *Divergimos* EN *cuestiones importantes.* ▶ **2:** DISCREPAR.

diversidad. f. **1.** Condición de diverso. *Me ha llamado la atención la diversidad del paisaje.* **2.** Conjunto de cosas o elementos distintos. *Hay una gran diversidad de especies.*

diversificación. f. Hecho o efecto de diversificar o diversificarse. *Diversificación de cultivos.*

diversificar. tr. Convertir en diverso (lo que era uniforme y único). *Ha invertido en varias empresas para diversificar riesgos. La cadena privada ha diversificado su programación.* Tb. en constr. prnl. media. *La oferta de viajes se ha diversifiacado.*

diversión. f. **1.** Hecho o efecto de divertir o divertirse. *La película garantiza diversión para toda la familia.* **2.** Cosa que divierte. *No es ninguna diversión tener que hacer este trabajo.* ▶ DISTRACCIÓN, DIVERTIMENTO, ENTRETENIMIENTO. || **Am:** ENTRETENCIÓN.

diverso, sa. adj. **1.** Diferente (que no es igual). *Tienen caracteres diversos. Es un método diverso* DEL *que hemos utilizado.* **2.** Seguido de un nombre en plural: Varios (no muchos). *Ha publicado diversos libros sobre el tema.* ▶ **1:** *DIFERENTE. **2:** *VARIOS.

divertido, da. part. **1.** → **divertir.** ● adj. **2.** Dicho de cosa: Que divierte o hace pasar momentos agradables y de disfrute. *Es una película divertida. Ha tenido una ocurrencia muy divertida.* **3.** Dicho de persona: Alegre o animada. *Tienes unos amigos muy divertidos.* ▶ **2:** ENTRETENIDO.

divertimento. m. **1.** Diversión. *Hacer rompecabezas le sirve de divertimento.* **2.** Obra artística o literaria de carácter ligero, cuyo fin es solo divertir. *Ha calificado sus obras de simples divertimentos.* **3.** *Mús.* Composición para un reducido número de instrumentos, de forma más o menos libre y de carácter ligero y alegre. *Mozart compuso varios divertimentos.*

divertimiento. m. cult. Diversión. *La caza era uno de sus mayores divertimientos.*

divertir. (conjug. SENTIR). tr. Hacer pasar momentos agradables y de disfrute (a alguien). *Le divierte hacer crucigramas. Nos divirtió con sus anécdotas.* Tb. en constr. prnl. media. *Se divierte* CON *la lectura.* ▶ DISTRAER, ENTRETENER.

dividendo. m. *Mat.* **1.** Cantidad que ha de dividirse por otra. *En la división de 200 entre 5, el dividendo es 200 y el divisor 5.* **2.** *Econ.* Parte de los beneficios de una sociedad que corresponde a cada acción. *Reparto de dividendos.* Tb. *~ activo.*

dividir. tr. **1.** Hacer que (de un todo) resulten diferentes partes. *El profesor ha dividido a sus alumnos* EN *dos grupos. Dividieron la habitación con un tabique.* Tb. en constr. prnl. media. *En la reproducción celular, una célula se divide* EN *dos o más.* **2.** Distribuir o repartir (algo) entre varios. *Dividió sus propiedades* ENTRE *sus herederos.* **3.** Provocar desunión y discordia (entre personas). *La gestión del Gobierno en materia económica ha dividido a la sociedad.* **4.** Averiguar cuántas veces contiene (una cantidad) a otra.

Se usa en matemáticas. *Si dividimos 20* ENTRE/POR *5, el resultado es 4.* ▶ **2:** *REPARTIR.

divinamente. adv. **1.** De manera divina. *En la religión católica, la Iglesia es la depositaria del mensaje divinamente revelado.* **2.** Estupendamente o muy bien. *Las vacaciones me han sentado divinamente.*

divinidad. f. **1.** Naturaleza divina. *Los evangelistas proclamaban la divinidad de Jesucristo.* **2.** Dios o ser divino. *Atenea era una de las divinidades olímpicas.* **3.** Persona o cosa muy bellas o buenas. Frec. con intención enfática. *Lleva un anillo de brillantes que es una divinidad.* ▶ **2:** *DIOS.

divinización. f. Hecho de divinizar. *Proceso de divinización. Divinización del éxito.*

divinizar. tr. Atribuir naturaleza divina (a alguien o algo). *Los egipcios divinizaron al Sol y lo llamaron "Ra". Los romanos divinizaban a su emperador.* Tb. fig. *Divinizan el dinero.*

divino, na. adj. **1.** De Dios o de los dioses. *Noé construye el arca por mandato divino.* **2.** De naturaleza divina (→ 1). *Los emperadores romanos eran considerados seres divinos.* **3.** coloq. Muy bello o bonito. *Esa blusa es divina.*

divisa. f. **1.** Moneda extranjera, respecto de la unidad monetaria de otro país. *El yen es la divisa japonesa.* Gralm. en pl. *El Estado compra o vende divisas para mantener la estabilidad de su moneda.* **2.** Señal exterior que sirve para distinguir personas, grados u otras cosas. *En los torneos medievales, los caballeros llevaban divisas en sus escudos.* **3.** *Taurom.* Lazo de cintas de colores con que se distinguen los toros de una ganadería. *La divisa de la ganadería que debuta hoy en la plaza es roja y amarilla.* Tb. la ganadería. *En la corrida se lidiarán toros de una conocida divisa gaditana.*

divisar. tr. Ver confusamente (algo, espec. lejano). *Estamos a punto de divisar la costa.*

división. f. **1.** Hecho o efecto de dividir o dividirse. *División celular. La provincia es una división territorial y administrativa.* En matemáticas, designa la operación aritmética de dividir. *Haz la división con la calculadora.* **2.** Discordia o desunión. *La decisión ha provocado divisiones en el equipo.* **3.** *Dep.* Grupo en que compiten, según su categoría, los equipos o deportistas. *El equipo ha ascendido a primera división.* **4.** En el ejército: Unidad formada por dos o más brigadas o regimientos homogéneos, y provista de servicios auxiliares. *Está al mando de una división.*

divismo. m. Condición de divo. *A pesar de ser una gran estrella, no hace gala del menor divismo.*

divisor, ra. adj. **1.** Que divide o sirve para dividir. *Se vende máquina contadora y divisora de monedas.* Dicho de máquina, tb. f. *El panadero mete la masa en la divisora.* ● m. **2.** *Mat.* Cantidad por la cual ha de dividirse otra. *Si dividimos 10 entre 5, 10 es el dividendo y 5 el divisor. Todo número natural es múltiplo y divisor de sí mismo.* **3.** *Mat.* Cantidad contenida en otra un número exacto de veces. *El 3 es un divisor de 6. El máximo común divisor de 24 y 18 es 6.* ▶ **3:** FACTOR, SUBMÚLTIPLO.

divisorio, ria. adj. Que sirve para dividir o separar. *Línea divisoria. A través de la pared divisoria se oyen los ruidos del otro piso.* Dicho de línea o elemento, tb. m. o f. *La cordillera sirve de divisoria entre las dos provincias.*

divo, va. adj. Dicho de artista del mundo del espectáculo, espec. de cantante de ópera: Que goza de mucha fama. Frec. despect., referido a persona engreída. Tb. m. y f. *La gran diva española dará un recital de arias de ópera.*

divorciado, da. part. **1.** → **divorciar. 2.** Que se ha divorciado (→ 1) de su cónyuge. Tb. m. y f. *Un divorciado puede volver a casarse.*

divorciar. (conjug. ANUNCIAR). tr. **1.** Disolver un juez por sentencia el matrimonio (entre dos personas). *El juez los divorció tras dos años de matrimonio.* **2.** Separar o apartar (una cosa o a una persona) de otra a la que deben estar unidas. *No podemos divorciar el sentido común* DEL *rigor científico.* Tb.: *El sentido común y el rigor científico han de ir unidos, no podemos divorciarlos.* Tb. en constr. prnl media. *Sus sueños se divorcian cada día más* DE *la realidad.* ○ intr. prnl. **3.** Obtener una persona el divorcio legal de otra. *Ha decidido divorciarse* DE *su marido.* Tb.: *Se han divorciado de mutuo acuerdo.*

divorcio. m. Hecho o efecto de divorciar o divorciarse. *La pareja ha iniciado los trámites de divorcio. Nuestro divorcio* DE *la naturaleza traerá graves consecuencias para el medio ambiente.*

divulgación. f. Hecho de divulgar o divulgarse. *Le gusta leer libros de divulgación científica.*

divulgador, ra. adj. **1.** De la divulgación. *La televisión debe desempeñar un papel divulgador de la cultura.* **2.** Que divulga. Dicho de pers., tb. m. y f. *Además de investigadora, es una buena divulgadora.* ▶ DIVULGATIVO.

divulgar. tr. Poner en conocimiento del público (algo, espec. un secreto o una información reservada a una minoría). *La prensa ha divulgado la noticia.* Tb. en constr. prnl. media. *Pronto se divulgarán los resultados del estudio.* ▶ ESPARCIR.

divulgativo, va. adj. De la divulgación. *La fundación desarrolla tareas divulgativas de la cultura española.* ▶ DIVULGADOR.

dizque. adv. Am. coloq. Al parecer o presuntamente. *A ver, ustedes que dizque son tan católicos ¿en qué iglesia está San Pedro Claver?* [C].

d. J. C. abrev. Después de Jesucristo. *El manuscrito data de 437 d. J. C.*

DNA. (sigla; pronunc. "de-ene-a"). m. *Biol.* Ácido desoxirribonucleico. *El DNA almacena y transmite la información genética de las células.*

DNI. (sigla; pronunc. "de-ene-i"). m. Documento nacional de identidad. *Para votar en las elecciones es necesario presentar el DNI.*

do. m. *Mús.* Primera nota de la escala natural mayor. ■ **~ de pecho.** m. **1.** Nota más aguda a la que puede llegar la voz de tenor. *La romanza termina con un do de pecho.* **2.** coloq. Máximo esfuerzo a que puede llegar una persona ejercitando su capacidad. Gralm. con *dar*. *Tenemos que dar el do de pecho en este asunto.*

dóberman. m. Perro guardián y de defensa, de cuerpo esbelto y musculoso, y pelo corto, oscuro y brillante. *Hay un dóberman guardando la casa.*

dobladillo. m. Pliegue que como remate se hace a la ropa en los bordes, doblándola un poco hacia adentro dos veces para coserla. *La falda lleva el dobladillo descosido.*

doblador, ra. m. y f. *Cine* y *TV* Persona que realiza doblajes. *Es el doblador habitual de un conocido actor americano.*

doblaje. m. *Cine* y *TV* Hecho o efecto de doblar. *Trabaja como actor de doblaje. Estudios de doblaje.*

doblar. tr. **1.** Cambiar la disposición de dos partes juntas (de un todo) de modo que quede una sobre otra. *Ayúdame a doblar las sábanas. No doble el brazo después de extraerle la sangre.* **2.** Hacer que (alguien o algo) se curven o queden en ángulo. *El ejercicio consiste en doblarse por la cintura.* Tb. en constr. prnl. media. *El clavo se dobló al intentar clavarlo. Se me doblan las piernas de debilidad.* **3.** Pasar al otro lado (de algo, como una esquina o un cabo). *Al doblar ese cabo, saldremos a mar abierto.* **4.** Aumentar (algo) haciéndo(lo) doble. *Tuvieron que doblarle la dosis de analgésicos.* **5.** Tener una persona o cosa el doble (de algo) que otra. *Le dobla la edad.* **6.** *Cine* y *TV* Sustituir las voces originales de los actores (de una película o un programa de televisión) por las de otros que hablan en la lengua de los espectadores. *La película no está doblada: solo la ponen en versión original.* Tb. referido a los actores cuya voz se dobla. *Dobla a Woody Allen.* **7.** coloq. Causar (a alguien) gran daño o dolor. *Estoy doblado de trabajar tanto.* ○ intr. **8.** Pasar a estar una parte de alguien o algo formando curva o ángulo. *Estas láminas de metal doblarán fácilmente.* **9.** Cambiar de dirección. *Pasada la plaza, doble* A *la derecha.* **10.** Tocar a muerto las campanas. *¿Sabes* POR *quién doblan las campanas?* **11.** *Taurom.* Caer el toro agonizante al final de la lidia. *Después de una certera estocada, el toro dobló.* ▶ **3:** VOLVER. ‖ **Am: 3:** VOLTEAR.

doble. adj. **1.** Dos veces mayor. *Una tela doble de fuerte* QUE *otra. El precio era doble* DE *lo que pensaba.* Dicho de cantidad, tb. m. *Ocho es el doble de cuatro.* **2.** Compuesto de dos de los elementos designados por el nombre al que acompaña. *Hemos puesto doble ventana porque aísla mejor del frío.* **3.** Dicho de ficha de dominó: Que en los dos cuadrados de su anverso lleva igual número de puntos o no lleva ninguno. *El seis doble tiene en total doce puntos marcados.* ● m. **4.** En deportes, espec. en tenis: Encuentro entre cuatro jugadores, dos por cada bando. Gralm. en pl. *El tenista perdió en dobles con su compañero.* ○ m. y f. **5.** Persona que se parece mucho a otra, hasta el punto de poder ser confundida con ella. *Tengo una compañera de clase que es tu doble.* **6.** Actor que sustituye a otro en determinados momentos de un rodaje cinematográfico. *Las escenas de riesgo serán interpretadas por un doble.* ● adv. **7.** En doble (→ 1) cantidad o intensidad. *Los domingos venden doble* QUE *los días de labor.* Frec. con intención enfática. Tb. *el ~. Los niños disfrutan el doble* QUE *los mayores.* ▶ **5:** SOSIA, SOSIAS.

doblegar. tr. **1.** Doblar o curvar (algo). *Doblegan los listones para hacer toneles.* **2.** Someter alguien (a una persona) o hacer que acate su voluntad. *Con amenazas no conseguirás doblegarlo.* Tb. referido a la voluntad o resistencia de esa persona. *Nadie ha logrado doblegar su voluntad.* Tb. en constr. prnl. media. *No le queda más remedio que doblegarse.* ▶ **2:** *SOMETER.

doblemente. adv. **1.** El doble. *Se fatiga doblemente si trabaja con dolor de cabeza.* Frec. con intención enfática. **2.** Por doble motivo. *Me considero doblemente estúpido por haber creído sus mentiras.*

doblete. m. Hecho de realizar o conseguir dos cosas al mismo tiempo, o hecho de realizar o conseguir algo dos veces. *El equipo ha logrado el doblete este año al ganar la Liga y la Copa.* Frec. en la constr. *hacer ~. En la película hace doblete, como directora y como intérprete.*

doblez[1]. m. Hecho de doblar algo o a alguien haciendo que una parte quede sobre otra, o curvada o en ángulo. *Marqué la página con un doblez en la esquina.* Tb., más frec., la parte que queda doblada. *El pañuelo está plegado en varios dobleces.*

doblez[2]. f. (Tb., más raro, m). Hipocresía o malicia en la forma de actuar. *Es una persona ingenua, sin doblez ni mala intención.*

doblón. m. histór. Antigua moneda española de alto valor. *Hallaron un cofre lleno de doblones de oro.*

doce. (APÉND. NUM.). adj. **1.** Once más uno. *Los doce apóstoles.* Tb. sustantivado. *–¿Cuál de estos libros quieres? –Los doce.* Tb. pron. *Esperaba a cuatro amigos y vinieron doce.* **2.** Duodécimo. *Página doce.* Tb. sustantivado. *–¿A qué piso va? –Al doce.* ● m. **3.** Número que sigue al once. *El doce es mi número de la suerte.* Frec. *número ~.*

docena. f. Conjunto de doce unidades. *Te faltan tres vasos para la docena.* Frec. en pl. y en la constr. *a ~s* con intención enfática. *Tengo docenas de problemas por resolver. Suelta tacos a docenas.*

docencia. f. Enseñanza (hecho de enseñar). *Se dedica a la docencia.* ▶ *ENSEÑANZA.

docente. adj. **1.** Que enseña o instruye. *El personal docente de un instituto.* Dicho de pers., tb. m. y f. *Para reformar la enseñanza es preciso contar con los docentes.* **2.** De la enseñanza o actividad de enseñar. *Vocación docente.*

dócil. adj. **1.** Dicho de persona o animal: Que cumple con agrado o voluntariamente lo que se le manda. *Es un caballo muy dócil.* **2.** Propio de la persona o el animal dóciles (→ 1). *Una persona de carácter dócil y apacible.* **3.** Dicho de metal u otro material: Que se deja labrar o modelar con facilidad. *El barro es un material dócil.*

docilidad. f. Cualidad de dócil. *El dueño abusa de la docilidad de los trabajadores y les exige horas extras. La docilidad del toro permitió al torero realizar una vistosa faena.*

docto, ta. adj. cult. Que posee amplios conocimientos, espec. si los ha obtenido a través del estudio. *Una persona docta* EN *su especialidad.* Tb. m. y f. *Escribe poesía solo para doctos.*

doctor, ra. m. y f. **1.** Persona que ha obtenido un doctorado. *Es doctora* EN *Filología Hispánica.* **2.** Médico. *De niño quería ser doctor o abogado.* Frec. se usa como tratamiento. *Doctor, ¿cuánto tiempo tengo que seguir con el tratamiento?* **3.** Persona a la que la Iglesia reconoce oficialmente un relieve especial al haber sobresalido en la enseñanza o defensa de la doctrina cristiana. *Santa Teresa es doctora de la Iglesia.* **4.** Persona especializada o con amplios conocimientos en una materia. *Los musulmanes obedecían a los doctores de la ley. No soy doctor en la materia.*

doctorado. m. **1.** Grado máximo que concede una Universidad u otro establecimiento académico autorizado para ello. *Tiene un doctorado* EN *Filosofía.* **2.** Estudios necesarios para obtener un doctorado (→ 1). *Ha terminado los cursos de doctorado y está preparando la tesis.*

doctoral. adj. Del doctor o del doctorado. *Ha leído su tesis doctoral.*

doctorando, da. m. y f. Persona que se va a doctorar. *El profesor ha dado una charla a los doctorandos sobre el programa de los cursos.*

doctorar. tr. **1.** Conceder (a alguien) el grado de doctor. *En este curso la Universidad ha doctorado a veinte extranjeros.* ○ intr. prnl. **2.** Obtener alguien el grado de doctor. *Se doctoró* EN *Derecho.*

doctrina. f. **1.** Conjunto de teorías o principios, espec. políticos o religiosos, sostenidos por una persona o una colectividad. *La doctrina social de la Iglesia. La doctrina marxista.* **2.** Enseñanza transmitida por alguien o algo. *Un libro lleno de doctrina.*

doctrinal. adj. De la doctrina. *El concepto de "fuerza mayor" ha sido objeto de un gran debate doctrinal.*

doctrinario, ria. adj. De la doctrina, espec. política o religiosa. *La historia está redactada con un criterio doctrinario.*

docudrama. m. Obra difundida en cine, radio y televisión, que trata hechos reales, con técnicas dramáticas y de documental. *El programa era un docudrama en que varias personas contaban su experiencia con las drogas.* Tb. el género correspondiente. *El docudrama trata de reconstruir hechos con la mayor veracidad posible.*

documentación. f. **1.** Hecho o efecto de documentar o documentarse. *Ha investigado con poca documentación.* **2.** Documento o conjunto de documentos, espec. de carácter oficial, que sirven para la identificación personal, o para documentar o probar algo. *La policía nos ha pedido la documentación.*

documentado, da. part. **1.** → **documentar.** ● adj. **2.** Dicho de cosa: Apoyada por los documentos necesarios. *Presentó una memoria documentada sobre la evolución de la natalidad.* **3.** Dicho de persona: Que posee conocimientos o pruebas acerca de algo. *Es un historiador muy documentado.*

documental. adj. **1.** De los documentos. *La acusada no presentó ninguna prueba documental.* **2.** Dicho de película cinematográfica o de programa televisivo: Que representa, con carácter informativo o didáctico, hechos, escenas o experimentos tomados de la realidad. *Las películas documentales gustan a mucha gente.* Frec. m. *Un documental sobre aves.*

documentalista. m. y f. **1.** Persona que se dedica a recopilar, clasificar y ofrecer datos, informes o noticias sobre determinada materia. *Es documentalista del Museo.* **2.** Persona que se dedica a hacer cine o televisión documental. *Comenzó su carrera cinematográfica como documentalista.*

documentar. tr. **1.** Probar la existencia o la verdad (de algo) con documentos. *Los filólogos documentan esta voz en el siglo* XIII. **2.** Informar (a alguien) de datos o pruebas sobre algo, espec. con documentos. *El libro nos documenta* SOBRE *el cine de principios de siglo.*

documento. m. **1.** Escrito que proporciona información fiable sobre algo, o que puede ser empleado para probar algo. *El contrato es el documento acreditativo de su derecho.* **2.** Cosa que sirve de testimonio o prueba de algún hecho, pralm. histórico. *Gracias a los documentos arqueológicos se puede estudiar el modo de vida de los pueblos prehistóricos.*

dodecaedro. m. *Mat.* Cuerpo de doce caras. *¿Qué forma tienen las caras de un dodecaedro regular?*

dodecafonía. f. *Mús.* Sistema atonal de composición consistente en estructurar cada obra sobre una serie creada con las doce notas de la escala cromática, sin establecer diferencias jerárquicas entre ellas. *En sus "Variaciones para orquesta", Schoenberg aplica ya la dodecafonía.*

dodecafónico, ca. adj. *Mús.* De la dodecafonía. *Música dodecafónica.*

dodecágono. m. *Mat.* Polígono de doce ángulos y doce lados. *Dibuja un dodecágono.*

dodecasílabo, ba. adj. *Lit.* Dicho de verso: De doce sílabas. Tb. m. *El dodecasílabo apenas se emplea después de la Edad Media.*

dogal. m. Cuerda con un nudo corredizo para atar las caballerías por el cuello. Tb. fig. *El dogal de la dictadura.*

dogma. m. **1.** Proposición que se considera como verdad indiscutible de una ciencia o doctrina, espec. religiosa. *La infalibilidad del Papa es un dogma de la religión católica.* **2.** Conjunto de dogmas (→ 1) de una doctrina, espec. religiosa. *El dogma socialista.*

dogmático, ca. adj. **1.** Del dogma. *Su libro constituye una exposición dogmática del comunismo.* **2.** Dicho de persona: Que mantiene sus opiniones como verdades indiscutibles. *Es una persona dogmática.*

dogmatismo. m. **1.** Tendencia o actitud de la persona que mantiene sus opiniones como verdades indiscutibles. *Su dogmatismo hace imposible cualquier discusión.* **2.** *Fil.* Doctrina que se basa en la afirmación de principios considerados evidentes y ciertos y según la cual la razón humana es capaz de conocer la verdad. *El dogmatismo se opone al escepticismo.*

dogmatizar. intr. Opinar con dogmatismo sobre algo. *No pretendas dogmatizar* SOBRE *un asunto tan controvertido.*

dogo. m. Perro dogo (→ **perro**). *Un dogo guarda la finca.*

dólar. m. Unidad monetaria de los Estados Unidos de América y de otros países. *Si vas a Nueva York, tendrás que cambiar los euros por dólares.*

dolencia. f. cult. Enfermedad. *Padece una dolencia cardiaca.*

doler. (conjug. MOVER). intr. **1.** Presentar dolor físico una parte del cuerpo. *Me duele la cabeza.* **2.** Causar algo dolor físico o moral. *Le duele la incomprensión de la gente.* ○ intr. prnl. **3.** Quejarse de dolor físico o moral. *Se duele* DEL *trato que le das.* **4.** Arrepentirse de algo hecho o dicho. *Se duele* DE *haberle tratado con dureza.* ■ **ahí le duele.** expr. coloq. Se usa para indicar que se ha acertado con el quid o el motivo de algo. *–No hay que descartar que el fallo haya sido intencionado. –Ahí le duele.*

dolido, da. part. **1.** → **doler.** ● adj. **2.** Que siente o manifiesta dolor por un desprecio o una ofensa. *Está dolida contigo porque no le diste el pésame.*

dolmen. m. *Arqueol.* Monumento prehistórico en forma de mesa, compuesto de una o más losas colocadas horizontalmente sobre dos o más piedras verticales. *Monumentos megalíticos, como los dólmenes y los menhires.*

dolo. m. *Der.* Voluntad maliciosa y deliberada de engañar a alguien, de incumplir una obligación contraída o de cometer un delito. *El juez estima que en la acción contaminante de la fábrica no ha habido dolo.*

dolomía. f. *Mineral.* Roca sedimentaria cuyo componente principal es la dolomita. *Las dolomías se utilizan en la fabricación de aislantes térmicos.*

dolomita. f. *Mineral.* Mineral de carbonato doble de calcio y magnesio. *La calcita y la dolomita son de origen orgánico.*

dolomítico, ca. adj. *Mineral.* De dolomita o la dolomita. *Roca dolomítica.*

dolor. m. **1.** Sensación física molesta o difícil de soportar, debida a una causa interior o exterior. *Tengo dolor de muelas.* **2.** Sentimiento de pena. *Con todo el dolor de mi corazón debo irme.* ■ **~ de corazón.**

m. *Rel.* Arrepentimiento por haber ofendido a Dios. *Para confesarse hace falta dolor de corazón.*

dolorido, da. adj. Que siente dolor. *Tengo los pies doloridos de tanto andar.*

doloroso, sa. adj. **1.** Que causa dolor. *Es una lesión muy dolorosa.* **2.** Que manifiesta o implica dolor. *Gesto doloroso.* ● f. **3.** Imagen o representación de la Virgen que expresa su dolor por la muerte de Cristo. *La capilla de la Dolorosa.* ■ **la dolorosa.** f. coloq. La cuenta que hay que pagar. *Nos hemos pegado un auténtico banquete; ahora pide la dolorosa.*

doloso, sa. adj. *Der.* Que implica dolo. *Acción u omisión dolosas.*

doma. f. Hecho o efecto de domar. *Se dedica a la doma de caballos.*

domador, ra. m. y f. Persona que se dedica a la doma de animales y que frec. se exhibe con ellos en un espectáculo. *En el circo la domadora se mete en la jaula de los leones.*

domar. tr. **1.** Hacer dócil (a un animal, gralm. salvaje) por medio de ejercicio y adiestramiento. *Ha domado tigres y leones.* **2.** Hacer que (alguien) pierda su carácter áspero e independiente. *Sus padres no consiguen domarla.* **3.** Dominar o sujetar (algo, espec. una pasión o una conducta). *Quiere domar sus instintos.* **4.** Dar flexibilidad y holgura (a algo rígido). *Ponte los zapatos antes de ir a la boda para ir domándolos.* ► **1, 2:** *DOMESTICAR.

domeñar. tr. cult. Dominar o someter (algo o a alguien). *Los romanos no consiguieron domeñar a los habitantes de la zona.*

domesticar. tr. **1.** Hacer doméstico (un animal, espec. salvaje). *Hay animales que no se pueden domesticar.* **2.** Domar (a una persona), o hacer que pierda su carácter áspero e independiente. *Tiene unos alumnos difíciles de domesticar.* ► **1:** AMANSAR, DESBRAVAR, DOMAR. **2:** AMANSAR, DOMAR.

doméstico, ca. adj. **1.** De la casa o el hogar. *Quehaceres domésticos.* **2.** Dicho de un animal: Que se cría junto al hombre y le sirve de compañía o para su alimentación. *Algunos animales domésticos pueden transmitir enfermedades.* **3.** Dicho de criado: Que presta servicios domésticos (→ 1). Tb. m. y f. *Le abre la puerta una doméstica.*

domiciliación. f. Hecho de domiciliar o domiciliarse. *El pago de los recibos se hace mediante domiciliación bancaria.*

domiciliar. (conjug. ANUNCIAR). tr. **1.** Fijar una cuenta bancaria para que se hagan en ella (pagos o cobros). *Ha domiciliado su nómina.* ○ intr. prnl. **2.** Establecer una persona o una empresa su domicilio en un lugar. *La empresa se ha domiciliado* EN *la capital.*

domiciliario, ria. adj. **1.** Del domicilio. *La policía ha hecho un registro domiciliario.* **2.** Que se realiza o se cumple en el domicilio del interesado. *Reparto domiciliario.*

domicilio. m. **1.** Vivienda o lugar donde se vive. *Ha cambiado de domicilio.* **2.** Lugar en que se consideran legalmente establecidas una persona o una entidad. *Toda la correspondencia será enviada al domicilio de la sociedad.* Tb. *~ social. La empresa tiene su domicilio social* EN *la calle de Bailén.* ■ **a ~.** loc. adv. **1.** En el domicilio (→ 1, 2) del interesado. Tb. adj. *Se dedica a la venta de cosméticos a domicilio.* **2.** *Dep.* En el campo del equipo contrario. *El equipo ganó a domicilio.* ► **1:** *VIVIENDA.

dominación. f. Hecho de dominar o tener autoridad. *La dominación romana en la Península Ibérica.* Tb. el tiempo que dura. *La Alhambra de Granada se construye durante la dominación árabe.*

dominador, ra. adj. Que domina. *Tiene una madre muy dominadora.* Dicho de pers., tb. m. y f. *Los indios lucharon contra los dominadores blancos.*

dominancia. f. *Biol.* En cada par de rasgos de un gen: Propiedad de uno de esos rasgos de suprimir la expresión del otro. *La manifestación de un rasgo genético en un individuo dependerá de su grado de dominancia.*

dominante. adj. **1.** Dicho de cosa: Que domina sobre otras. *El azul es el color dominante en el cuadro.* **2.** Dicho de persona: Que quiere imponer siempre su criterio y controlar a los demás. *Es un marido dominante.* **3.** Propio de la persona dominante (→ 2). *Dio rienda suelta a su carácter dominante.* **4.** *Biol.* Dicho de carácter hereditario: Que siempre se manifiesta en el individuo que lo posee y aparece en la primera generación filial. *Si al cruzar un guisante de flores rojas y otro de flores blancas se obtiene un tercero de flores rojas, el carácter dominante es el rojo.* ● f. **5.** *Mús.* Nota que corresponde al quinto grado de la escala. *El sol es la dominante en la escala de do mayor.*

dominar. tr. **1.** Tener autoridad (sobre alguien o algo). *Los alemanes dominaban media Europa.* **2.** Tener alguien poder o influencia (sobre alguien o algo). *No dejes que te domine.* **3.** Sujetar o contener (un sentimiento o un impulso). *Tienes que dominar los nervios.* **4.** Conocer muy bien (algo, espec. un tema o una materia). *Domina el inglés. Se nota que domina el tema.* **5.** Sobresalir algo, espec. un monte o una construcción (en un lugar), o ser lo más alto (de él). *El castillo domina el valle.* **6.** Divisar (una extensión considerable de terreno) desde una altura. *Desde el mirador domina toda la calle.* ○ intr. **7.** Predominar una cosa sobre otra u otras, o ser más importante o abundante que ellas. *En el cuadro dominan los tonos claros* SOBRE *los oscuros.* ○ intr. prnl. **8.** Contener una persona sus impulsos o sentimientos. *Iba a contestarle, pero se dominó.* ► **2:** *SOMETER.

dómine. m. histór. Maestro de latín. *En "El Buscón" de Quevedo aparece la figura del dómine Cabra.* Frec. despect. para designar a cualquier maestro o a la persona que actúa como tal sin serlo. *Estoy harta de sus discursos de dómine.*

domingo. m. Último día de la semana, primero de la semana litúrgica, gralm. festivo en la sociedad occidental. *Se casan este domingo en la catedral.*

dominguero, ra. adj. **1.** De domingo. *No perdona sus paseos domingueros por el campo.* **2.** despect. Dicho de persona: Que solo sale o se arregla los domingos y festivos. Tb. m. y f. *La playa se ha llenado de domingueros.*

dominical. adj. **1.** De domingo. *El descanso dominical es necesario.* **2.** Dicho de un suplemento de prensa: Que se vende los domingos conjuntamente con algunos diarios. *Las fotos han aparecido en el suplemento dominical.* Tb. m. *La entrevista se ha publicado en el dominical.*

dominicano, na. adj. De la República Dominicana, o de su capital. *Las playas dominicanas.* Dicho de pers., tb. m. y f. *Los dominicanos son vecinos de los haitianos.*

dominico, ca. adj. De la orden de Santo Domingo. *Misioneras dominicas.* Dicho de pers., tb. m. y f. *Los dominicos son una orden mendicante.*

dominio. m. **1.** Hecho de dominar. *Para el puesto exigen un buen dominio del alemán.* **2.** Ámbito o campo de una actividad. *El estudio y el tratamiento de las enfermedades pertenecen al dominio de la medicina.* **3.** Territorio bajo la autoridad de una persona o de un Estado. *Canadá fue un dominio británico.* **4.** Territorio donde se habla una lengua o un dialecto. *Dominio ligüístico leonés.* **5.** *Der.* Derecho de usar y disponer de algo. *Tiene el dominio de varias fincas.* ■ **de(l) ~ público.** loc. adj. Dicho de cosa: Conocida o sabida por todos. *Es de dominio público que está en bancarrota.*

dominó. m. **1.** Juego con 28 fichas rectangulares divididas en dos cuadrados, cada uno de los cuales lleva marcados de uno a seis puntos, o no lleva ninguno, y que consiste en ir colocando las fichas según determinadas reglas. *Colocó la ficha que le quedaba y ganó la partida de dominó.* **2.** Conjunto de las piezas con que se juega al dominó (→ 1). *Falta una ficha del dominó.*

don[1]**.** m. **1.** cult. Regalo. *Para premiarlo, el rey lo colmó de dones.* Frec. designa una cualidad considerada como regalo de la divinidad o de la naturaleza. *Ha sido agraciada con el don de la belleza.* **2.** Condición o aptitud para algo. *Tiene don* PARA *los idiomas. Tiene don* DE *mando.* Frec. en sent. irónico. *Hay visitas que tienen el don* DE *la oportunidad.* ■ **~ de gentes.** m. Cualidad de la persona muy sociable y que tiene facilidad para tratar con las personas. *Para el puesto de relaciones públicas necesitamos una persona con don de gentes.*

don[2]**, doña.** m. y f. **1.** Se usa como tratamiento de cortesía, antepuesto al nombre de pila de una persona. *Hay una carta para doña Margarita.* **2.** coloq. Antepuesto a un adjetivo o a un nombre en plural referidos a una persona, se usa para enfatizar irónicamente lo expresado por ellos. *Es doña calores, siempre con el aire acondicionado puesto.*

donación. f. cult. Hecho de donar. *Ha realizado varias donaciones a fundaciones culturales.* Se usa espec. en derecho.

donador, ra. adj. cult. Que hace o concede un don. *Para los cristianos, Dios es donador de vida, creador del mundo.*

donaire. m. cult. Gracia o ingenio en la manera de expresarse, espec. de palabra. *Tiene donaire para contar anécdotas.*

donante. adj. **1.** cult. Que dona algo. Frec. en derecho. *La donación mortis causa es la que se realiza tras el fallecimiento del donante.* Dicho de pers., más frec. m. *La ONG se sostiene gracias a los donantes.* **2.** Que dona sangre o un órgano a personas que lo necesitan. Más frec. m. y f. *El herido, que había perdido mucha sangre, se salvó gracias a un donante.*

donar. tr. **1.** cult. Dar voluntaria y gratuitamente una persona a otra (algo, o el derecho que tiene sobre ello). *Ha donado algunos de sus cuadros al museo.* Se usa espec. en derecho. *Se podrá donar la propiedad a una persona y el usufructo a otra.* **2.** Ceder voluntariamente una persona (sangre o algún órgano) a otra que los necesita. *Quiere donar sus órganos cuando muera.*

donativo. m. Regalo, espec. cantidad de dinero, que se hace gralm. con fines benéficos o humanitarios. *Se admiten donativos para la construcción de la iglesia.*

doncel. m. **1.** histór. Hombre que, habiendo en su niñez servido de paje al rey, pasaba a servir en la milicia formando parte de un cuerpo con ciertas prerrogativas. *Fue doncel del rey don Enrique.* **2.** histór. Joven de familia noble que aún no ha sido armado caballero. *El rey armó caballeros a los tres donceles.*

doncella. f. **1.** cult. Mujer que no ha mantenido relaciones sexuales. *En muchas culturas primitivas, se sacrificaban doncellas como ofrenda a los dioses.* **2.** Criada encargada de la atención personal de los señores, o que se ocupa en las tareas domésticas ajenas a la cocina. *La doncella abrochó el vestido a la condesa.*

doncellez. f. Virginidad. *Conservó su doncellez intacta hasta el matrimonio.*

donde. (Se pronuncia siempre átono; en la acep. 1, cuando va precedido de la prep. *a:* → **adonde**). adv. relat. **1.** En el lugar en que. *Lo encontré donde lo había dejado. Vivió algún tiempo en Sevilla, donde conoció a su mujer.* A veces precedido de prep. *Pasea por donde no haya peligro.* **2.** En el que, o en el cual. Se usa con antecedente. *Un mundo donde no haya pobres y ricos.* A veces precedido de prep. *El país de donde procede.* **3.** Adonde (al que, o al cual). *Estoy en el lugar donde me enviaron.* ● prep. **4.** coloq. A casa de, o junto a. *Fue donde su tía.* ■ **de ~.** loc. conjunt. Por lo que, o por lo cual. Se usa siguiendo a una oración que funciona como antecedente. Con v. como *deducir* o *inferir*. *Ayer no vino a trabajar, de donde deduzco que estaba enfermo.* ■ **en ~.** loc. conjunt. Donde (→ 1). *Lo encontré en donde lo había dejado.*

dónde. adv. interrog. **1.** En qué lugar. *¿Dónde está el restaurante? Me preguntó dónde vivía.* A veces precedido de prep. *Nos preguntaron por dónde solíamos ir.* **2.** Adónde. *¿Dónde vas con tanta prisa?* ● m. **3.** (Frec. con art.). Lugar. *No hemos decidido aún el dónde y el cuándo.* ■ **de ~.** loc. adv. excl. Se usa para expresar sorpresa o incredulidad. *– ¿Tú más listo? –¡De dónde!* ■ **en ~.** loc. adv. Dónde (→ 1). *¿En dónde colocaste el libro?*

dondequiera. (Tb. **donde quiera**). adv. cult. En cualquier parte. *Puedes dejarlo dondequiera.* Frec. seguido de una oración introducida por *que*. *Dondequiera que se encuentre, espero que esté bien. Donde quiera que vaya hará amigos.*

dondiego. m. Planta cuyas flores, blancas, rojas o amarillas, se abren al anochecer y se cierran al salir el Sol. Tb. *~ de noche. El dondiego de noche es una planta ornamental.*

donjuán. (Tb. **don juan**). m. Hombre que seduce a las mujeres. *Es un donjuán, te puede quitar la chica.* ▶ CASANOVA, TENORIO.

donjuanesco, ca. adj. Propio de un donjuán. *Te está lanzando miradas donjuanescas.*

donoso, sa. adj. cult. Que tiene donaire y gracia. *Una donosa contestación.*

donostiarra. adj. De San Sebastián. *La Concha es la playa donostiarra.* Dicho de pers., tb. m. y f. *El campeón de pelota vasca es un donostiarra.*

donosura. f. cult. Cualidad de donoso. *La donosura de los personajes en la comedia.*

doña. → **don.**

dopaje. m. *Dep.* Hecho de dopar o doparse. *La han descalificado por dopaje.*

dopamina. f. *Bioquím.* Neurotransmisor, precursor de la adrenalina, que actúa en los ganglios basales del cerebro. *La dopamina aumenta la presión arterial.*

dopante. adj. Que dopa. *Ha perdido el título por haber consumido sustancias dopantes.*

dopar. tr. Administrar fármacos o sustancias estimulantes (a una persona o animal) para potenciar artificialmente su rendimiento en una competición. *Los análisis revelaron que el ciclista se dopaba.*

doquier. **por ~.** loc. adv. cult. Por todas partes. *Las malas hierbas crecían por doquier.*

dorado[1], da. part. **1.** → **dorar.** • adj. **2.** De color semejante al del oro. *Su pelo tiene reflejos dorados.* **3.** Dicho de color: Semejante al del oro. *Esta variedad de uva presenta color dorado.* Tb. m. *El tono del vestido combina bien con el dorado del chal.* **4.** Dicho de período de tiempo: Esplendoroso o feliz. *La época dorada del cine.* • m. pl. **5.** Conjunto de adornos de latón o de metal de color dorado (→ 3). *El mueble tiene unos dorados geométricos.* ○ f. **6.** Pez comestible de dorso gris azulado, con una mancha dorada entre los ojos, que abunda en las costas españolas. *Dorada a la sal.*

dorado[2]. m. Hecho o efecto de dorar, o cubrir con oro algo. *Para el dorado del altar se empleó el oro llegado de las Indias.*

dorar. tr. **1.** Cubrir con oro (algo). *El pan de oro se usa para dorar los marcos.* **2.** Dar color dorado (a algo). *El sol ha dorado su piel.* Tb. en constr. prnl. media. *La piel se dora con el sol.* **3.** Asar o freír (un alimento) hasta que tome color dorado. *Dora unos dientes de ajo.* Tb. en constr. prnl. media. *Cuando el ajo empiece a dorarse, echas el filete.*

dórico, ca. adj. **1.** *Arq.* Dicho de orden: Que tiene el capitel sin decoración. *El Partenón es de orden dórico.* Tb. m. *El dórico es uno de los grandes estilos clásicos.* Tb. dicho de lo perteneciente a ese orden. *Capitel dórico. Templo dórico.* • m. **2.** histór. Dialecto de los dorios. *El dórico era uno de los principales dialectos del griego.*

dorio, ria. adj. histór. De un pueblo de la antigua Grecia que habitó en la Dóride y en la mayor parte del Peloponeso. *La expansión doria llegó hasta el sur de Italia y Sicilia.* Dicho de pers., tb. m. y f. *Los dorios combatían a caballo.*

dormida. f. Hecho de dormir. *Una buena dormida antes de salir de viaje te sentará bien.*

dormilón, na. adj. coloq. Que duerme mucho o tiene tendencia a dormir mucho. Dicho de pers., tb. m. y f. *La dormilona se ha levantado casi a la hora de comer.*

dormir. (conjug. DORMIR). intr. **1.** Estar una persona o animal en un estado de reposo en el que no hay actividad consciente. *Necesito dormir bien por la noche.* **2.** Ser algo objeto de descuido o postergación. *La propuesta duerme en un despacho del ministerio.* ○ tr. **3.** Hacer que (alguien) se duerma (→ 1). *No hay quien duerma a este niño.* **4.** Dormir (→ 1) (durante la siesta). *Todos los días duermo la siesta.* **5.** Dormir (→ 1) (tras una borrachera). *Lo llevaron a casa a dormir la mona.* ○ intr. prnl. **6.** Quedarse una persona o animal dormidos (→ 1). *Siempre se duerme viendo la televisión.* **7.** Perder temporalmente un miembro la sensibilidad o la movilidad. *Las piernas se te duermen si las tienes mucho tiempo cruzadas.* **8.** Descuidarse o actuar con menos rapidez de la necesaria. *No podemos dormirnos: hay que presentar el proyecto la semana que viene.* ▶ **1:** DESCANSAR.

dormitar. intr. Dormir con sueño poco profundo. *Dormitaba en la mecedora.*

dormitorio. m. Habitación de una vivienda destinada a dormir. *En mi dormitorio hay dos camas pequeñas.* Tb. su mobiliario. *Ha cambiado su dormitorio por otro de estilo moderno.* ▶ ALCOBA, CUARTO, HABITACIÓN. ‖ **Am:** RECÁMARA.

dorsal. adj. **1.** Del dorso, espalda o lomo. *La aleta dorsal de un pez.* • m. **2.** Número que llevan a la espalda los participantes en muchos deportes y competiciones. *La organización repartió los dorsales antes del comienzo de la carrera.* Dicho de la persona que lo lleva, tb. m. y f. *El dorsal número quince se alzó con la victoria.* ■ **~ oceánica.** f. *Geol.* Cadena montañosa continua en el fondo oceánico. *Las dorsales oceánicas se caracterizan por una importante actividad sísmica.*

dorso. m. Parte posterior de algo o de alguien, o parte opuesta a la que se considera principal. *Se limpió el sudor de la frente con el dorso de la mano.*

dos. (APÉND. NUM.). adj. **1.** Uno más uno. *Dos árboles.* Tb. sustantivado. *–¿Cuál de los diccionarios necesitas? –Los dos.* Tb. pron. *Esperaba a todos los amigos, pero faltaron dos.* **2.** Segundo (que sigue a lo primero). *Párrafo dos.* Tb. sustantivado. *–¿A qué piso va? –Al dos.* • m. **3.** Número que sigue al uno. *Has escrito un dos muy feo.* Frec. *número ~.* **4.** Elemento de una serie que tiene el número dos (→ 3). *En este juego, los doses valen muy poco.* ■ **cada ~ por tres.** loc. adv. coloq. Con frecuencia. *Cada dos por tres me pregunta la hora.* ■ **como ~ y ~ son cuatro.** loc. adv. coloq. Evidentemente o sin necesidad de demostración. *Mi equipo ganará el partido, como dos y dos son cuatro.* ■ **en un ~ por tres.** loc. adv. coloq. En un momento o rápidamente. *En coche llegas en un dos por tres.*

doscientos, tas. (APÉND. NUM.). adj. **1.** Ciento noventa y nueve más uno. *Es un teatro con un aforo de doscientas personas.* Tb. sustantivado. *Los abonados no llegan a doscientos.* Tb. pron. *A las pruebas de selección se presentaron doscientos.* **2.** Que ocupa en una serie el lugar número doscientos (→ 3). *Hoy ponen el capítulo doscientos de la telenovela.* • m. **3.** Número que sigue al ciento noventa y nueve. *Si le pones otro cero al doscientos se convierte en dos mil.*

dosel. m. Cubierta horizontal de madera o tela, fijada a la pared o sostenida por columnas y frec. con colgaduras, que a cierta altura, cubre con fines ornamentales un lugar, espec. un altar, un trono o una cama. *El monarca, bajo un dosel de terciopelo, presidía la ceremonia.* ▶ PABELLÓN.

dosificación. f. Hecho de dosificar. *El prospecto indica la dosificación del medicamento.*

dosificador, ra. adj. Que dosifica o sirve para dosificar. *El desodorante tiene una bola dosificadora.* Dicho de mecanismo o aparato, tb. m. *Dosificador de jabón de tocador.*

dosificar. tr. **1.** Determinar la dosis (de algo, espec. de un medicamento). *Dosifica el jarabe con una cuchara sopera.* **2.** Graduar la cantidad o proporción (de algo). *Tienes que dosificar tus fuerzas.*

dosis. f. **1.** Cantidad de una sustancia, espec. de un medicamento que se da o se toma de una vez o a determinados intervalos. *Ingirió una dosis elevada de barbitúricos.* **2.** Cantidad o porción de algo, material o inmaterial. *Con la cola que hay, te hará falta una buena dosis de paciencia.*

dossier. (pal. fr.; pronunc. "dosiér"). m. Conjunto de informes y documentos relativos a un asunto. *Ha entregado el* dossier *al director.* ¶ [Adaptación recomendada: *dosier,* pl. *dosieres*].

dotación. f. **1.** Conjunto de aquello con que se dota a alguien o algo. *La dotación de la beca es muy pequeña.* **2.** Conjunto de personas asignadas al servicio de un establecimiento público o una empresa. *La dotación de médicos del hospital es insuficiente.* **3.** Conjunto de personas asignadas al servicio de un buque de guerra o de otro vehículo, o de una unidad policial o militar. *Se han desplazado varias dotaciones de bomberos.*

dotado, da. part. **1.** → **dotar.** ● adj. **2.** Que tiene dotes o cualidades especiales. *Es una joven dotada* PARA *la danza. Triunfará porque es una persona dotada.* **3.** Seguido de *de* y un nombre: Que tiene la cualidad expresada por ese nombre. *Un artista dotado de gran sensibilidad.*

dotar. tr. **1.** Dar (a una persona) ciertos dones o cualidades. *Dios lo dotó* DE *una gran paciencia.* **2.** Asignar (a algo, espec. a un establecimiento o a una oficina) los recursos materiales y humanos que le son necesarios. *Hay que dotar* DE *personal y* DE *medios al centro.* **3.** Asignar una cantidad de dinero (a un premio o un puesto). *El premio está dotado* CON *cinco millones.* **4.** Proveer (a una cosa) de algo que la mejora. *Han dotado al coche* DE *los últimos adelantos.* **5.** Dar dote (a una mujer que va a casarse o a entrar en una orden religiosa). *Una fundación dotaba a las jóvenes de escasos medios que se iban a casar.*

dote. f. (Tb. m.). **1.** Conjunto de bienes o dinero que aporta una mujer al matrimonio o a la orden religiosa a la que va a pertenecer. *La novia aporta como dote varias propiedades.* ○ pl. **2.** Aptitudes o cualidades apreciables en alguien. *Desde muy joven demostró tener dotes* PARA *el dibujo.*

dovela. f. *Arq.* Piedra labrada en forma de cuña de las que forman un arco o una bóveda. *Los arcos de la mezquita tienen dovelas rojas y blancas.*

D. P. abrev. Distrito postal. *La asociación tiene su sede en Salamanca, c/ Espada, 35, D. P.: 29071.*

dpto. abrev. Departamento. *D. Antonio Torres. Dpto. de Personal.*

Dr., Dra. abrev. Doctor, doctora. *Su médica de cabecera es la Dra. Lozano.*

dracma. m. (Tb. f.). Unidad monetaria de Grecia anterior al euro.

draconiano, na. adj. **1.** Del legislador ateniense Dracón (s. VII a. C.). *El código draconiano fue la primera ley escrita de la antigua Grecia.* **2.** Dicho espec. de ley o medida: Excesivamente severas o despiadadas. *El tratado de paz impuso condiciones draconianas a los vencidos.*

draga. f. **1.** Máquina que se emplea para ahondar y limpiar los puertos o las corrientes de agua, extrayendo de ellos fango, piedras, arena u otros materiales. *La draga saca el fango del río.* Tb. la embarcación que lleva la draga (→ 1). *La draga permanece atracada en el muelle.* **2.** Aparato que, arrastrado por el fondo del mar, se emplea para recoger productos marinos. *Las dragas permiten obtener muestras del sedimento marino.*

dragado. m. Hecho de dragar. *El dragado del puerto durará varios días.*

dragaminas. m. Buque destinado a limpiar los mares de minas submarinas. *La flota cuenta con varios dragaminas.*

dragar. tr. Ahondar o limpiar con draga (un lugar, espec. un puerto o un río). *Están dragando la desembocadura del río.*

drago. m. Árbol de gran altura y tronco grueso, con flores pequeñas de color blanco verdoso con estrías encarnadas, y de fruto en baya amarillenta. *El drago es frecuente en Canarias.*

dragón. m. **1.** Animal fabuloso al que se atribuye forma de serpiente muy corpulenta, con pies y alas, de gran fiereza y voracidad, y que arroja fuego por la boca. *Cuenta la leyenda que San Jorge salvó a la hija del rey de ser devorada por el dragón.* **2.** Reptil asiático pequeño, de cola larga y delgada, que presenta a los lados del abdomen una especie de alas que le ayudan a saltar. *Los dragones viven subidos a los árboles.* **3.** Boca de dragón (→ **boca**). *El dragón se cultiva en los jardines.* **4.** Embarcación de vela de nueve metros de longitud como máximo, usada en competiciones deportivas. *La embarcación española venció dentro de la clase dragón.* **5.** Pez rojizo por el lomo y blanco amarillento con manchas azuladas en los costados, cabeza comprimida y aletas muy espinosas. *El dragón se cría en las costas de España.* Tb. ~ *marino.*

drama. m. **1.** Obra literaria destinada a la representación escénica y cuyo argumento se desarrolla mediante la acción y el diálogo o el monólogo de los personajes. *Los dramas de Shakespeare.* Frec. en sent. colectivo. *Calderón es una de las cimas del drama barroco.* **2.** Obra de teatro o de cine de tono serio o triste, sin llegar al extremo de la tragedia. *Prefiero los dramas a las comedias.* **3.** Dramática (género). **4.** Suceso o situación tristes y con capacidad de conmover. *El drama del hambre en el mundo.* ■ **hacer un ~** (de algo). loc. v. coloq. Dar(le) unos tintes de gravedad o dramatismo que no tiene. *DE cualquier problemita hace un drama.* ▶ **3:** *DRAMÁTICA.

dramático, ca. adj. **1.** Del drama. *Obra dramática.* **2.** Propio del drama o apto para él. *Recursos dramáticos.* **3.** Dicho de autor: Que cultiva el drama. *Buero Vallejo ha destacado como autor dramático.* **4.** Capaz de preocupar y conmover. *La situación de los secuestrados era dramática.* **5.** Teatral o afectado. *¡Déjate de actitudes dramáticas y sé sincero de una vez!* ● f. **6.** Género literario constituido por las obras teatrales. *Épica, lírica y dramática son los tres grandes géneros clásicos.* ▶ **5:** AFECTADO. **6:** DRAMA, TEATRO.

dramatismo. m. Cualidad de dramático. *Intentemos quitar dramatismo a la derrota.*

dramatización. f. Hecho o efecto de dramatizar. *Dramatización de la pasión de Cristo. Tendencia a la dramatización.*

dramatizar. tr. **1.** Dar (a algo) forma de drama u obra escrita para ser representada. *La serie de televisión dramatiza sucesos reales.* **2.** Hacer que (algo) sea dramático o conmovedor. *Es muy dado a dramatizar las situaciones.* Tb. usado en constr. intr. *No dramatices, que no ha pasado nada.*

dramaturgia. f. **1.** Arte de componer obras dramáticas. *Beckett e Ionesco son nombres relevantes de la dramaturgia.* **2.** Concepción escénica y montaje de una obra dramática. *En una ópera una cosa es el texto y la música, y otra, la dramaturgia.*

dramatúrgico, ca. adj. De la dramaturgia. *Producción dramatúrgica.*

dramaturgo, ga. m. y f. Autor de obras dramáticas. *¿Qué dramaturgo español escribió "El sí de las niñas"?*

dramón. m. coloq., despect. Drama de tintes exageradamente conmovedores. *La película es un dramón en que al final mueren los protagonistas.*

drapeado. m. Hecho o efecto de drapear. *En los vestidos de noche el diseñador utiliza encajes y drapeados.*

drapear. tr. Hacer pliegues (en un tejido o una prenda de vestir) dándoles la caída conveniente. *Se ha comprado una blusa drapeada.*

drástico, ca. adj. Enérgico o radical. *Adoptó una decisión drástica.*

drenaje. m. **1.** Hecho o efecto de drenar. *Mezcló arena con la tierra del jardín para facilitar el drenaje.* **2.** Medio o utensilio que se emplea para drenar. *Tras la operación le colocarán un drenaje sobre la herida.*

drenar. tr. **1.** Dar salida al exceso de agua o humedad (de un terreno). *Utilizan bombas de agua para drenar la zona pantanosa.* Tb. referido al agua. *Drenan el agua de la lluvia por el alcantarillado.* **2.** *Med.* Asegurar la salida de líquidos, gralm. anormales, (de una herida, absceso o cavidad). *Es necesario drenar la herida.* ▶ **1:** AVENAR.

driblar. tr. En fútbol y otros deportes: Hacer regates (a alguien). *El jugador dribló al portero y marcó un gol.* Tb. usado en constr. intr. *El delantero fue driblando y avanzando hacia la portería.* ▶ REGATEAR.

dril. m. Tela fuerte de hilo o de algodón crudos. *Lleva un traje de dril.*

droga. f. Sustancia o preparado naturales o artificiales de efecto estimulante o depresor, que se utilizan para alterar la percepción o el juicio. *La morfina es una droga que alivia el dolor del paciente. Han detenido a un traficante de drogas.* Tb. fig. para designar algo que resulta muy atrayente y de lo que es difícil prescindir. *Para él el juego es una droga.* ■ ~ **blanda.** f. Droga que no es adictiva o que lo es en bajo grado. *El hachís es una droga blanda.* ■ ~ **dura.** f. Droga que crea una fuerte adicción. *Su muerte se atribuye al consumo de drogas duras.*

drogadicción. f. Adicción a las drogas. *Para acabar con la drogadicción es preciso frenar el narcotráfico.* ▶ DROGODEPENDENCIA, TOXICOMANÍA.

drogadicto, ta. adj. Dicho de persona: Adicta a las drogas. *Un joven drogadicto.* Tb. m. y f. *Los drogadictos no deben compartir jeringuillas.* ▶ DROGODEPENDIENTE, TOXICÓMANO.

drogar. tr. Administrar una droga (a alguien), gralm. con fines ilícitos. *Los ladrones drogaron al vigilante.*

drogata. m. y f. coloq. Drogadicto. *El drogata se había colocado.*

drogodependencia. f. Drogadicción. *La drogodependencia causa estragos en los barrios marginales.*

drogodependiente. adj. Dicho de persona: Que padece drogodependencia. Tb. m. y f. *Reinserción social de drogodependientes.* ▶ *DROGADICTO.

drogota. m. y f. coloq. Drogadicto. *Está enganchada a la heroína, es una drogota.*

droguería. f. Tienda en la que se venden pinturas y productos de limpieza e higiene. *Si necesitas pasta de dientes, acércate a la droguería.*

droguero, ra. m. y f. Persona que vende artículos de droguería. *El droguero no tiene mi detergente.*

dromedario. m. Mamífero rumiante parecido al camello, pero con una sola joroba, propio de Arabia y el norte de África. *El dromedario hembra.*

druida. m. histór. En la religión de los celtas, espec. los galos: Miembro de la clase elevada sacerdotal, estrechamente asociada al poder político. *Los druidas eran considerados depositarios del saber sagrado y profano.*

drupa. f. *Bot.* Fruto carnoso con un hueso en su interior que rodea la semilla. *La aceituna y la cereza son drupas.*

dto. abrev. Descuento. *Grandes rebajas. Hasta 50% de dto.*

dual. adj. Que reúne dos elementos o dos caracteres distintos, o que se refiere a ellos. *Con el sistema dual de televisión podemos escuchar una película en lengua original o en doblaje.*

dualidad. f. Existencia de dos elementos o dos caracteres distintos en una misma persona o cosa. *La física aristotélica se basa en la dualidad de acto y potencia.* Tb. la condición de dual. *La dualidad de la luz, como onda y como corpúsculo.* ▶ DUALISMO.

dualismo. m. **1.** *Fil.* y *Rel.* Doctrina que defiende la existencia de dos principios igualmente necesarios y opuestos. *El dualismo de Dios y el Demonio.* **2.** Dualidad. *El dualismo político.*

dualista. adj. **1.** *Fil.* y *Rel.* Del dualismo. *El maniqueísmo es dualista.* **2.** *Fil.* y *Rel.* Seguidor del dualismo. *Filósofo dualista.* Dicho de pers., tb. m. y f. *Para los dualistas, los fenómenos mentales son radicalmente distintos de los físicos.*

dubitación. f. cult. Duda (estado). *Después de un momento de dubitación, aceptó mi propuesta.*

dubitativo, va. adj. **1.** Dicho de persona: Que tiene o manifiesta duda. *Una persona dubitativa e insegura.* **2.** Dicho de cosa: Que manifiesta o implica duda. *Respondió a la pregunta con un gesto dubitativo.*

dublinés, sa. adj. De Dublín (capital de Irlanda). *Barrio dublinés.* Dicho de pers., tb. m. y f. *Un dublinés famoso es Oscar Wilde.*

ducado. m. **1.** Título nobiliario de duque. *El Rey concedió a su segunda hija el ducado de Palma.* **2.** Territorio vinculado a un ducado (→ 1) o sometido a la autoridad de su titular. *El Gran Ducado de Luxemburgo.* **3.** histór. Moneda de oro que se usó en España hasta finales del siglo XVI, de valor variable. *Los Reyes Católicos introdujeron el ducado de oro.*

ducal. adj. Del duque. *Visitaremos el palacio ducal.*

ducha. f. **1.** Proyección de agua que, en forma de lluvia o de chorro, se hace caer sobre el cuerpo para limpiarlo o refrescarlo, o con propósito medicinal. *¿Te apetece darte una ducha? Ducha vaginal.* Tb. fig. *A ver si nos vas a dar una ducha al descorchar el cava.* **2.** Aparato o instalación que sirve para tomar una ducha (→ 1). *Cuando te metas en la ducha, cierra bien las cortinillas.* **3.** Habitación o lugar donde hay una ducha (→ 1). *Se dejó la toalla en las duchas del gimnasio.* ▶ **Am: 2:** REGADERA.

duchar. tr. Dar una ducha (a alguien). *No te acerques tanto con la manguera, que me vas a duchar.*

ducho, cha. adj. Que sabe mucho de algo o que tiene mucha experiencia en ello. *Tú eres más ducho que yo* EN *matemáticas.* ▶ *EXPERIMENTADO.

dúctil. adj. **1.** Dicho de metal: Que puede extenderse en hilos o alambres y sufrir otras deformaciones mecánicas sin llegar a romperse. *El cobre es dúctil.* **2.** Dicho de persona: Que se adapta con facilidad, o que se conforma con todo. *Su marido es una persona muy dúctil y nunca pone reparos a sus decisiones.*

ductilidad. f. Cualidad de dúctil. *La ductilidad del oro y la plata.*

ducto. m. Am. Conducto o tubo. *Este país transporta su crudo por el ducto San Miguel* [C].

duda. f. **1.** Estado de quien no sabe qué hacer, decir, pensar o creer. *Aún me queda la duda* DE *si hice o no lo correcto. Existen serias dudas* SOBRE *su culpabilidad.* **2.** Cuestión que plantea duda (→ 1). *El profesor nos ha resuelto todas las dudas.* ■ **sin (la menor) ~.** loc. adv. Con toda seguridad. *–¿Está contenta con el resultado? –Sin la menor duda.*

dudar. tr. **1.** Tener duda (sobre algo). *Dudó si decírselo o no.* ○ intr. **2.** Tener duda sobre algo. *No dudes* DE *que puedes contar conmigo. Nadie duda* DE *su buena voluntad. Dudan* SOBRE *si es conveniente o no operar. Dudaban* ENTRE *una candidata y otra. No dude* EN *acudir a mí siempre que lo necesite.* **3.** Tener duda o desconfianza sobre la honradez o sinceridad de una persona. *No temas, aquí nadie duda* DE *ti.* ■ **lo dudo.** expr. Se usa para expresar que no se cree lo que ha dicho otro. *–Yo sé alemán. –Lo dudo.*

dudosamente. adv. Escasamente o nada. *Han presentado un proyecto dudosamente eficaz.*

dudoso, sa. adj. **1.** Dicho de persona: Que tiene duda, o que no sabe qué hacer, decir, pensar o creer. *Estoy dudosa, no sé por dónde tirar.* **2.** Dicho de cosa: Que ofrece duda o causa un estado en que se duda. *Es dudoso que se presente en la fiesta.* Se usa como eufemismo por escaso o nulo. *Sus actuaciones son de dudosa legalidad.*

duela. f. **1.** Tabla de las que constituyen las paredes curvas de las cubas o los barriles. *Una de las duelas de la cuba estaba rajada.* **2.** Gusano de forma aplastada y con ventosas, que puede vivir como parásito en los conductos biliares de algunos mamíferos. *La duela del hígado puede afectar al hombre.*

duelista. m. histór. Hombre que se bate en duelo. *Los duelistas se presentaron con sus respectivos padrinos.*

duelo[1]**.** m. **1.** histór. Combate entre dos personas, consiguiente a un desafío y sometido a unas reglas establecidas. *El duelo sería a pistola.* **2.** Enfrentamiento entre dos personas o entre dos grupos. *Los dos candidatos se enzarzaron en un duelo dialéctico.*

duelo[2]**.** m. **1.** Sentimiento de dolor o pena por la muerte de una persona. *La bandera ondea a media asta en señal de duelo por las víctimas de la catástrofe.* Tb. la demostración para manifestar ese sentimiento. *Se han decretado tres días de duelo.* **2.** Reunión de parientes y amigos que asisten a la casa mortuoria, a la conducción del cadáver o a los funerales. *El duelo acompañó al féretro hasta el cementerio.*

duende. m. **1.** Espíritu fantástico que se supone que habita en ciertos lugares asustando a la gente. *Dicen que en esa casa hay duendes.* **2.** Encanto o atractivo especiales y difíciles de explicar. Frec. con *tener*. *Para cantar y bailar flamenco hay que tener duende.* ► **1:** TRASGO.

dueño, ña. m. y f. **1.** Persona que tiene dominio o propiedad sobre algo. *Su familia es dueña de un gran patrimonio.* Tb. fig. *El artista es dueño de un gran talento.* **2.** Persona que tiene dominio o control sobre una situación o un asunto. *Estaba tan nerviosa que no era dueña de sus actos.* ○ f. **3.** histór. Mujer, espec. la que servía a los señores de una casa o estaba al frente de los criados. ■ **~ de sí (mismo/ma).** loc. adj. Dicho de persona: Que sabe dominarse. Frec. con *ser*. *En las situaciones de tensión hay que ser dueño de sí mismo.* ■ **ser** alguien **(muy) ~** (de hacer algo). loc. v. Tener libertad o derecho (para hacerlo). *Eres muy dueño de decir lo que piensas, pero atente luego a las consecuencias.* ► **1:** AMO, SEÑOR, PROPIETARIO.

duermevela. m. o f. Sueño poco profundo o discontinuo. *Pasó la noche en duermevela.*

dueto. m. *Mús.* Dúo. *Hay un dueto cómico al comienzo de la ópera.*

dulce. adj. **1.** Dicho de sabor: Que causa una sensación suave y agradable al paladar, como la miel o el azúcar. *El chocolate de la tarta tiene un sabor demasiado dulce.* Tb. m. *El dulce y el amargo.* **2.** De sabor dulce (→ 1). *Un flan muy dulce.* **3.** Dicho espec. de alimento: Que tiene un sabor más azucarado que otros del mismo tipo. *Tomamos un vino dulce como aperitivo.* **4.** Dicho de cosa: Agradable, espec. por su suavidad o falta de brusquedad. *La reconocí por su voz dulce.* **5.** Dicho de persona: Que es afectuosa o de trato cálido o amable. *A veces es arisca, y otras, dulce y cariñosa.* **6.** Propio de la persona dulce (→ 5). *Fue esa mirada dulce lo que me cautivó.* **7.** Dicho de metal: Carente de impurezas. *El hierro dulce tiene la propiedad de imantarse fácilmente si se conecta a una corriente eléctrica.* ● m. **8.** Alimento hecho con azúcar, o con un alto contenido de azúcar. *Si comes muchos dulces, se te picarán los dientes.* **9.** Fruta u otro alimento cocido con azúcar o almíbar. *Dulce de membrillo.* ■ **~ de leche.** m. Dulce (→ 8) hecho con leche azucarada, aromatizada gralm. con vainilla, y sometida a cocción lenta y prolongada. *La tarta es de bizcocho y dulce de leche.* □ **en ~.** loc. adj. Dicho de fruta: Conservada en almíbar. *Un frasco de pera en dulce.*

dulcificar. tr. Volver dulce o más dulce (algo o a alguien). *Trató de dulcificar el tono de voz.* Tb. en constr. prnl. media. *Con el paso de los años, se fue dulcificando.*

dulzaina. f. Instrumento musical de viento de carácter popular, parecido al oboe, y de carácter fuertemente melódico. *La dulzaina se toca en las fiestas de los pueblos.*

dulzón, na. adj. Demasiado dulce. Frec. despect. *El jarabe dulzón le daba arcadas. En la radio sonaba un bolero dulzón.*

dulzor. m. Cualidad de dulce, espec. en sentido físico. *No me gustó el pastel de crema por su dulzor empalagoso.* ► DULZURA.

dulzura. f. Cualidad de dulce, espec. en sentido no físico. *Me trata con dulzura.* ► DULZOR.

dumping. (pal. ingl.; pronunc. "dúnpin"). m. *Econ.* Práctica comercial de vender en el mercado exterior a precios inferiores al del interior, o incluso al de costo, para adueñarse del mercado. *Han sancionado a la empresa por hacer* dumping. ¶ [Equivalentes españoles recomendados: *competencia desleal, venta a pérdida*].

duna. f. Montículo de arena acumulada por el viento, que se forma en playas y desiertos. *Es una playa natural con abundantes dunas.* ► MÉDANO.

dúo. m. **1.** *Mús.* Conjunto de dos instrumentos o de dos voces. *Un dúo de guitarras.* **2.** *Mús.* Composición para ser interpretada por un dúo (→ 1). *El tenor y la soprano cantarán un dúo.* ■ **a ~.** loc. adv. **1.** Actuando dos personas al mismo tiempo. Gralm. hablando de la interpretación de una composición musical. *Cantan muy bien a dúo.* **2.** Con intervención simultánea de dos personas. *Los niños contestaron a dúo.* ► **1, 2:** DUETO.

duodécimo, ma. (APÉND. NUM.). adj. Que sigue inmediatamente en orden a lo undécimo. *Hoy tendrá lugar la duodécima corrida de feria.* Tb. sustantivado. *Es la duodécima en la lista.*

duodenal. adj. *Anat.* Del duodeno. *Úlcera duodenal.*

duodeno. m. *Anat.* Primera porción del intestino delgado de los mamíferos. *El duodeno comunica directamente con el estómago.*

dúplex. adj. **1.** Dicho de sistema de información: Capaz de transmitir y recibir simultáneamente dos mensajes, uno en cada sentido. *El informativo fue emitido a través de conexiones en directo y dúplex entre dos radios de Barcelona y Madrid.* Tb. m. *La subasta del cuadro se retransmitió en dúplex entre París y Tokio.* ● m. **2.** Vivienda de un edificio constituida por dos pisos superpuestos y unidos por una escalera interior. *El salón está en la planta de abajo del dúplex.*

duplicación. f. Hecho de duplicar o duplicarse. *Está prohibida la duplicación de discos compactos destinada a la venta.*

duplicado, da. part. **1.** → **duplicar.** ● m. **2.** Copia o ejemplar doble de algo, espec. de un documento. *Necesito un duplicado del certificado.* ■ **por duplicado.** loc. adv. Dos veces, o en dos ejemplares. *Ambas administraciones se coordinarán para evitar que el ciudadano pague impuestos por duplicado.*

duplicar. tr. **1.** Multiplicar por dos (algo). *Les han duplicado el sueldo.* Tb. con intención enfática. *Si quieres aprobar, tienes que duplicar tus esfuerzos.* Tb. en constr. prnl. media. *Sus ingresos se duplicaron cuando lo ascendieron.* **2.** Hacer doble (algo). *Han duplicado la vicepresidencia y ahora hay vicepresidente primero y segundo.* **3.** Hacer copia exacta (de algo, espec. de un documento). *Voy a duplicar la llave por si se me pierde.*

duplicidad. f. Condición de doble. *Hay que evitar la duplicidad de esfuerzos.*

duplo, pla. adj. cult. Doble (dos veces mayor). Dicho de cantidad, tb. m. *Aquí el porcentaje de parados es el duplo de la media nacional.*

duque, quesa. m. y f. **1.** Persona con el título nobiliario más alto. *El emperador Francisco José de Austria se casó con la duquesa Isabel de Baviera.* **2.** Consorte de un duque (→ 1, 3) o de una duquesa (→ 1). ○ m. **3.** histór. En la Edad Media española: Persona que gobernaba un territorio.

durable. adj. Dicho de cosa: Que puede durar mucho. *Es necesario trabajar por una paz durable.*

durabilidad. f. Cualidad de durable. *Los tejidos de fibra de vidrio se caracterizan por su resistencia y durabilidad.*

duración. f. Hecho de durar. *La duración del vuelo será de una hora aproximadamente.*

duradero, ra. adj. Dicho de cosa: Que dura o que puede durar mucho. *Todos esperan que su matrimonio sea duradero.*

duraluminio. (Marca reg.). m. Aleación de aluminio con magnesio, cobre y manganeso, que tiene la dureza del acero. *El duraluminio se emplea en la fabricación de bicicletas.*

duramadre. f. *Anat.* Meninge externa de las tres que tienen batracios, reptiles, aves y mamíferos. *La duramadre tapiza la caja craneal ósea.*

duramen. m. *Bot.* Parte interna más seca, compacta y de color gralm. más oscuro, del tronco y ramas gruesas de un árbol, formada por células muertas. *Muchas células del duramen de un árbol contienen resinas.*

durante. prep. Referido a tiempo: A lo largo de, o en el transcurso de. *He estado trabajando durante dos años.*

durar. tr. **1.** Suceder o existir algo (a lo largo de un tiempo determinado). *El viaje duró cuatro horas.* Tb. usado en constr. intr. *–¡Qué día más soleado! –Sí, pero no creo que dure.* **2.** Permanecer o mantenerse (a lo largo de un tiempo determinado). *El efecto de la anestesia dura una hora. Solo duró en el cargo un par de semanas.* ○ intr. **3.** Suceder o existir algo a lo largo de un tiempo determinado. *Si esta situación dura, tendré que dimitir. Tu buena suerte no durará siempre. Si lo guardas en la nevera, te puede durar* HASTA *la semana que viene. La reunión duró* DE *las seis de la tarde* A *las ocho.*

durativo, va. adj. *Ling.* Que denota o implica duración o continuidad. *"Llevar estudiando" es una perífrasis durativa.*

durazno. m. Variedad del melocotón, algo más pequeño que el común. *El durazno puede consumirse en almíbar.* Tb. el árbol (→ **melocotonero**). *El durazno florece en primavera.* En Am., designa frec. cualquier melocotón. *De postre, lo imaginado: ciruelas, peras y duraznos* [C]. ▶ MELOCOTÓN.

dureza. f. **1.** Cualidad de duro. *La dureza del colchón es importante para descansar bien.* **2.** Callo, espec. el que se forma en los pies. *La planta del pie se frota con piedra pómez para eliminar las durezas.* **3.** *Mineral.* Resistencia que opone un mineral a ser rayado. *Hemos clasificado los minerales atendiendo a su dureza.* ▶ **2:** *CALLO.

durmiente. m. Am. Traviesa. *Trabajé en los ferrocarriles, cambiando durmientes y rieles* [C].

duro, ra. adj. **1.** Que se resiste a ser rayado, doblado o deformado, espec. por la presión o el tacto. *El diamante es la piedra más dura.* **2.** Dicho de persona: Que soporta bien el cansancio, el trabajo o las contrariedades. *Hay que ser duro para trabajar en las minas.* **3.** Dicho de persona: Que tiene un carácter fuerte, exigente, severo o poco sensible. *Tiene un padre muy duro.* **4.** Propio de la persona dura (→ 2 y 3). *Tiene un carácter demasiado duro.* **5.** Inflexible o riguroso. *Pertenece al sector duro del partido.* **6.** Terco o difícil de convencer. Tb. ~ *de mollera. No conseguirás que entre en razón, es dura de mollera.* **7.** Que exige gran esfuerzo o causa sufrimiento. *A ella le encargan siempre las tareas más duras.* **8.** Fuerte o violento. *Las imágenes de la catástrofe son muy duras.* **9.** Dicho de formas o rasgos: Faltos de suavidad o armonía. *Tiene las facciones un poco duras, pero es muy atractivo.* ● m. **10.** Moneda española, anterior al euro, equivalente a cinco pesetas. *Todavía conserva algunos duros y pesetas.* ● adv. **11.** De manera dura (→ 7). *Ha trabajado muy duro.* ■ **estar a las duras y a las maduras.** loc. v. coloq. Asumir las desventajas o aspectos negativos de algo de la misma manera que sus ventajas o aspectos positivos. *Hay que estar a las duras y a las maduras: ahora no puedes retirarte.*

DVD. (sigla; pronunc. "de-uve-de"). m. Disco óptico que contiene en forma codificada imágenes y sonidos que se reproducen en la pantalla y los altavoces de un equipo electrónico. *La película se ha puesto a la venta en DVD.*

e

e[1]. (pl. **es**). f. Letra del abecedario español que corresponde al sonido vocálico semicerrado que se articula en la parte anterior de la boca.

e[2]. → y.

ea. interj. **1.** Se usa para enfatizar la afirmación o la decisión que se expresan. *He dicho que me voy y me voy, ea.* **2.** Se usa para animar a alguien o incitarle a hacer algo. *Ea, muchachos, que ya falta poco.* Frec. repetido. *El guardia repetía: –¡Ea, ea, circulen!*

ebanista. m. y f. Persona que tiene por oficio realizar muebles y trabajos artesanales en maderas finas. *La consola de caoba es obra de un famoso ebanista.*

ebanistería. f. **1.** Arte u oficio de ebanista. *Las molduras del salón son un buen trabajo de ebanistería.* **2.** Taller donde trabaja el ebanista. *En la ebanistería cuentan con maderas de gran calidad.* **3.** Conjunto de obras de ebanistería (→ 1). *Contemplen la bella ebanistería de la sala.*

ébano. m. Árbol tropical de tronco grueso, copa ancha y hojas en forma de punta de lanza, cuya madera, negra y dura, se usa mucho para la fabricación de muebles y objetos artesanales. *En los bosques cubanos abundan especies madereras como los ébanos y los cedros.* Tb. la madera. *Ha heredado un escritorio en ébano.*

ebriedad. f. cult. Estado de ebrio. *Su ebriedad le hizo perder el control e insultarlo.*

ebrio, bria. adj. **1.** cult. Borracho (trastornado por exceso de bebida alcohólica). *El conductor se encontraba ebrio al cometer la infracción.* **2.** cult. Exaltado o dominado por algo, como un sentimiento o una sensación intensos. *En la batalla, los soldados combatían ebrios* DE *ira.*

ebullición. f. **1.** Hecho de hervir. *La ebullición de la leche la depura de bacterias.* **2.** Estado de agitación. *La campaña electoral está en plena ebullición.* ▶ **1:** HERVOR.

ebúrneo, a. adj. cult. Del marfil, o de características semejantes a las suyas, espec. su color. *Adora su figura estilizada y su piel ebúrnea.*

eccehomo. m. **1.** cult. Imagen o representación de Jesucristo azotado y coronado de espinas. *En la obra del escultor destacan varios cristos yacentes y un eccehomo.* **2.** cult. Persona de aspecto lastimoso por las heridas o magulladuras que tiene. *Tras el combate, el boxeador es un eccehomo.*

eccema. (Tb. **eczema**). m. *Med.* Enfermedad de la piel caracterizada por la aparición de pequeñas ampollas, enrojecimiento y escamas. *La reacción alérgica le produjo un eccema en el brazo.*

echar. tr. **1.** Hacer que (una cosa) pase a estar en un lugar, frec. lanzándo(la) o dándo(le) impulso, o disponiéndo(la) sobre algo. *Aquí está prohibido echar escombros. –Échame las llaves –me gritó desde la calle cuando me asomé a la ventana. Hay que echar otra manta* EN *la cama. Se echó la mochila* A *la espalda y empezó a caminar. Siempre se echa unas gotas de licor* EN *el café. Echa más sal* A *la ensalada. No te olvides de echar esas cartas* AL *buzón.* **2.** Hacer salir (a alguien) de un lugar. *Lo echaron* DEL *local a empujones. Echa al perro* DE *la cocina. Los echaron* DE *clase por hablar. Si sigue armando alboroto, échenlo* A *la calle.* **3.** Despedir de sí (algo). *La herida todavía echa pus. Cuando la olla exprés empiece a echar vapor, baja el fuego. Esta chimenea echa mucho humo.* Tb. fig. *Se puso a echar sapos y culebras cuando se dio cuenta de que la habían estafado.* **4.** Hacer salir (a alguien), de forma duradera o definitiva, del lugar en que vive o desarrolla una actividad. *La han echado* DE *varios colegios. Van a echar a la mitad de la plantilla. Echó a su marido* DE *casa porque le había sido infiel. Lo echaron* DEL *ejército por negarse a obedecer una orden.* **5.** Empezar a tener un ser vivo (algo que corresponde a su naturaleza o que pasará a formar parte de ella). *El niño llora mucho porque está echando los dientes. Hay que podar los árboles antes de que echen la flor. Tengo que ponerme a régimen porque estoy echando tripa.* **6.** Juntar (a un animal macho) con la hembra para la fecundación. *Compraron un semental para echárselo a las vacas.* **7.** Mover (una llave u otro mecanismo parecido) para que algo quede cerrado. *No olvides echar el pestillo por la noche.* **8.** Inclinar (algo o a alguien) en la dirección que se expresa. *Eche la cabeza* HACIA *delante. Échate* A *un lado. Tuve que echar el coche un poquito* A *la derecha.* **9.** Dar (comida) a los animales. *¿Echaste el maíz a las gallinas? A los delfines tienen que echarles muchos kilos de pescado al día.* Frec. en la constr. ~ *de comer. Pica la remolacha para echársela de comer al cerdo.* **10.** Hacer un cálculo aproximado (de una magnitud). *No le echo más de treinta años. –¿A cuánto está de aquí andando? –Échale una hora a buen paso.* **11.** Gastar (una determinada cantidad de tiempo) en algo. *Echamos toda la mañana* EN *arreglar unos papeles. He echado dos horas* EN *llegar hasta aquí.* **12.** coloq. Representar o retransmitir (un espectáculo). *¿Qué echan hoy* EN *la tele?* EN *el Teatro Principal están echando una función muy divertida. No me gusta la película que echan* EN *la sala grande.* **13.** Seguido de determinados nombres: Realizar (la actividad expresada o implicada por estos). *Echa mucho tiempo en acicalarse. Echó una cabezada en el sofá y quedó como nuevo. ¿Echamos una partida de parchís? Salgo a la terraza a echarme un cigarrillo, y vuelvo. Estoy echando cuentas a ver dónde me sale más barato. Nos echó una arenga de media hora.* **14.** Tender o tumbar (a alguien). *Voy a echarme un rato a ver si se me pasa el dolor de cabeza. Échenlo sobre la cama con los pies en alto.* **15.** En un juego de cartas: Mostrar (una carta), poniéndo(la) boca arriba sobre la mesa. *¡Has echado el cinco de copas, y pintan bastos!* ○ intr. **16.** Iniciar la marcha en una dirección. *Si echamos* POR *ese atajo, llegaremos antes.* **17.** Seguido de *a* y un infinitivo: Empezar a hacer lo que expresa el infinitivo. *Cuando vi el autobús en la parada, eché a correr para alcanzarlo. El tren echó a* *andar lentamente.* ○ tr. prnl. **18.** Entablar una relación amorosa o de amistad (con alguien). *Se ha echado un novio italiano. Tiene mucha facilidad para echarse amigos. En el verano me voy a echar un ligue como sea.* ■ **~ a perder.** loc. v. **1.** Estropear (algo inmaterial). *No le digas nada de la fiesta o nos echarás a perder la sorpresa.* **2.** Hacer que (alguien) adopte malos hábitos. *Las malas compañías lo echaron a perder.* ■ **~ de menos** (algo o a alguien). loc. v. Sentir la ausencia (de esa persona o cosa). *Echo de menos un índice. Cuando la echa de menos, habla con ella por teléfono. –¿Me has echado de menos? –¡Pero si solo has estado un día fuera!* ■ **~ a rodar** (algo que se estaba desarrollando). loc. v. Desbaratar(lo), o impedir que continúe su desarrollo. *No lo eches todo a rodar por una discusión sin importancia.* ■ **~se atrás** alguien. loc. v. Dejar de mantener algo que se ha dicho o acordado. *No irás a echarte atrás ahora que ya he reservado el hotel.* ■ **~se encima** un período de tiempo. loc. v. Acercarse súbitamente. *Se echan encima los exámenes y no he empezado a estudiar. Se les echó la noche encima en mitad del monte.* ▶ **2:** EXPULSAR. **3:** *DESPEDIR. **4:** EXPULSAR.

echarpe. m. Chal. *Cubre sus hombros con un elegante echarpe de gasa.*

eclecticismo. m. **1.** Actitud o tendencia caracterizadas por conciliar ideas o elementos de distintos tipos y procedencias. *Su afición al* rock *y a la música clásica es prueba de su eclecticismo.* **2.** *Fil.* Doctrina que defiende la selección y conciliación de las mejores ideas de otras doctrinas o escuelas. *El neoplatonismo se basa en un eclecticismo que asume ideas platónicas y cristianas.*

ecléctico, ca. adj. **1.** Del eclecticismo. *El espíritu ecléctico de la poesía vanguardista se nutrió de todas las artes. Pensamiento ecléctico.* **2.** Seguidor del eclecticismo, o que lo practica. Dicho de pers., tb. m. y f. *Está escribiendo su tesis sobre los eclécticos griegos.*

eclesial. adj. cult. De la Iglesia como comunidad cristiana. *El arzobispo ha apelado a la caridad de la comunidad eclesial.*

eclesiástico, ca. adj. **1.** De la Iglesia, o de los eclesiásticos (→ 2). *Se doctoró en Derecho Civil y Eclesiástico. La sotana es un traje eclesiástico.* ● m. **2.** Clérigo. *El mensaje del Papa se dirige a obispos y eclesiásticos en general.*

eclipsar. tr. **1.** *Fís.* Causar un astro el eclipse (de otro). *La tarde se oscurecerá cuando la Luna eclipse al Sol.* Tb. en constr. prnl. media. *Cuando el Sol se eclipse, será peligroso mirarlo sin protección.* **2.** Hacer alguien o algo que (otra persona o cosa) queden ensombrecidas o relegadas por la presencia o existencia de aquellos. *El nuevo proyecto ha eclipsado los anteriores. La actuación del delantero eclipsó al resto del equipo.* Tb. en constr. prnl. media. *La civilización romana se eclipsó en el siglo* V. ○ intr. prnl. **3.** coloq. Irse o ausentarse alguien. *El ladrón se eclipsa por una calle con el botín.*

eclipse. m. **1.** *Fís.* Ocultación temporal de un astro por la interposición de otro cuerpo celeste. *El eclipse solar podrá contemplarse en el hemisferio norte.* **2.** Ensombrecimiento o relegación de una persona o cosa por la presencia o existencia de otra. *Asistimos al eclipse de los artistas más tradicionales.* **3.** Desaparición o decadencia de alguien o algo. *En el siglo* XIX *se produce el eclipse del sistema colonial.*

eclíptica. f. *Fís.* Círculo máximo de intersección del plano de la órbita terrestre con la esfera celeste, que aparentemente recorre el Sol durante un año. *La eclíptica sirve para medir la posición de los planetas.*

eclosión. f. **1.** *Biol.* Hecho de abrirse una flor o un capullo extendiendo sus pétalos. *El documental muestra de manera acelerada la eclosión de una rosa.* **2.** *Biol.* Hecho de romperse un huevo o la envoltura de una crisálida para permitir la salida o nacimiento del animal. *Miles de angulas pueblan la ría tras la eclosión de las huevas.* **3.** *Med.* Hecho de abrirse el ovario durante la ovulación para dar salida al óvulo. **4.** cult. Aparición o surgimiento repentinos de algo, como un fenómeno o un movimiento cultural o social. *La eclosión de Internet. La eclosión de una nueva generación de cineastas.*

eclosionar. intr. cult. Hacer eclosión. *El movimiento obrero eclosionó a fines del siglo* XIX. Frec. en biología. *El capullo eclosiona al culminar la transformación del gusano de seda en mariposa.*

eco. m. **1.** Repetición de un sonido producida al ser reflejadas sus ondas por un obstáculo. *Las paredes de la gruta devuelven el eco de sus voces.* Tb. el fenómeno acústico que produce esa repetición. *El eco de la sala amplifica y confunde nuestras palabras.* **2.** Sonido que se percibe de manera débil y confusa, gralm. por su lejanía. *¿No os llega el eco del tumulto callejero?* **3.** Rumor o noticia vaga. *Hemos oído ecos sin confirmar de la dimisión del presidente.* **4.** Resonancia o difusión de algo, como un suceso o una noticia. *Sus ideas tuvieron un gran eco en círculos universitarios.* **5.** Influencia ejercida por un hecho o una persona. *Se percibe en su pintura el eco de su estancia en Italia.* Tb. la cosa que recibe esa influencia. *Sus primeros cuadros son un eco de la obra de su maestro.* **6.** Persona o cosa que repiten servilmente lo que dice otra. *Acusan al periódico de ser el eco del Gobierno.* ■ **~s de sociedad.** m. pl. Sección de un periódico donde se recogen noticias sobre acontecimientos sociales de personas famosas o de clase alta. *En los ecos de sociedad aparece una foto de la boda.* Tb. esas noticias. *El periódico trae algunos ecos de sociedad en su última página.* □ **hacerse ~** (de algo). loc. v. Hacer mención (de ello), gralm. difundiéndo(lo). *La prensa internacional se hizo eco* DEL *atentado.*

eco-. elem. compos. Significa 'ecología'. *Ecoagricultura, ecoenvase.*

ecografía. f. Técnica de exploración médica que permite obtener imágenes del interior del cuerpo aplicando ultrasonidos y registrando sus ecos en el organismo. También la imagen así obtenida. *En la ecografía se aprecia que el feto no ha sufrido ninguna lesión.*

ecográfico, ca. adj. De la ecografía. *Los datos ecográficos permiten realizar un diagnóstico más preciso.*

ecología. f. Estudio científico de las relaciones de los seres vivos entre sí y con el medio ambiente en que viven. *Desde el punto de vista de la ecología, habría que cerrar esa central nuclear.*

ecológico, ca. adj. De la ecología, o de su objeto de estudio. *Las fábricas han destruido el equilibrio ecológico de la ría.* Tb. dicho de lo fabricado o concebido para respetar o proteger el medio ambiente. *Detergente ecológico. Impuesto ecológico.*

ecologismo. m. Movimiento que defiende el respeto y protección de la naturaleza y el medio ambiente. *Nuestro partido incorpora ideas del ecologismo y del pacifismo.*

ecologista. adj. **1.** Del ecologismo. *Pertenece a un grupo de orientación ecologista.* **2.** Partidario del ecologismo. Dicho de pers., tb. m. y f. *Unos ecologistas protestan contra la urbanización de una zona del monte.* ▶ VERDE.

ecólogo, ga. m. y f. Especialista en ecología. *Los ecólogos nos advierten sobre la destrucción del medio ambiente.*

economato. m. Establecimiento en el que se venden productos, gralm. de consumo diario, a precio reducido, y cuyo acceso está restringido a los miembros de una empresa o institución. *La compra grande del mes la hacemos en el economato.* ▶ **Am:** COMISARIATO.

econometría. f. *Econ.* Parte de la economía que aplica técnicas matemáticas y estadísticas al análisis de datos y fenómenos económicos. *Expertos en econometría hacen un estudio sobre la inversión extranjera.*

econométrico, ca. adj. *Econ.* De la econometría. *Estudio econométrico. Las previsiones de consumo de energía se basan en cálculos econométricos.*

economía. f. **1.** Administración eficaz y adecuada de unos bienes. *Superaremos la escasez de dinero con una estricta economía.* **2.** Ciencia que estudia los sistemas de producción, distribución y consumo de los bienes materiales. *Los expertos en economía prevén una bajada de la inflación.* **3.** Conjunto de actividades productivas de una sociedad. *Ministro de Economía. La economía del país no remonta la crisis.* **4.** Ahorro o gasto reducido. *Economía* DE *espacio. Consiguieron producir la película con gran economía* DE *medios.* **5.** Riqueza de un país, entidad o persona. *La compra del piso ha mermado su economía.* **6.** Organización eficaz de las partes de un sistema. *La economía de la lengua permite crear multitud de mensajes con un número reducido de sonidos.* ■ ~ **de mercado.** f. Sistema de economía (→ 3) basado en la regulación de los precios según la ley de la oferta y la demanda, y en la mínima intervención del Estado. *El país está adoptando una auténtica economía de mercado.* ■ ~ **sumergida.** f. Parte de la economía (→ 3) que se desarrolla al margen de los registros y controles legales. *El Ministro quiere acabar con la economía sumergida.*

economicismo. m. Tendencia a conceder a los factores o hechos económicos una importancia predominante sobre los de cualquier otro tipo. *Su estudio se aparta del economicismo de otros historiadores.* Tb. la doctrina que sigue esa tendencia.

economicista. adj. **1.** Del economicismo. *Un planteamiento economicista llevó a reducir la plantilla.* **2.** Partidario o seguidor del economicismo. *Los políticos más economicistas piden reducir el déficit a costa del gasto social.* Tb. m. y f.

económico, ca. adj. **1.** De la economía. *Dirige un centro de estudios económicos. Balance económico. Crisis económica.* **2.** Barato, o que supone poco gasto. *He encontrado un vuelo muy económico. Restaurante económico.* ▶ **2:** BARATO.

economista. m. y f. Especialista o titulado en economía. *El economista disertó sobre la deuda externa del Tercer Mundo.*

economizar. tr. Ahorrar (algo). *El proyecto pretende economizar millones de euros. Si queréis llegar a la cima, economizad vuestras energías.* Tb. usado en constr. intr. *La estrechez del presupuesto nos obliga a economizar. Puedes economizar* EN *caprichos, pero no* EN *la alimentación.* ▶ AHORRAR.

ecónomo. m. **1.** *Rel.* Eclesiástico que administra los bienes de una diócesis. *El ecónomo busca fuentes de financiación para atender a obras piadosas.* **2.** *Rel.* Eclesiástico que ocupa temporalmente un cargo cuando este está vacante o no puede desempeñarlo su titular. *Un ecónomo sustituye al párroco enfermo.*

ecosistema. m. *Biol.* Sistema constituido por un medio físico y la comunidad de seres vivos que habitan en él, cuyos procesos vitales se desarrollan relacionados entre sí y con ese medio. *Se está alterando el equilibrio del ecosistema.*

ectoplasma. m. En ocultismo: Emanación visible del cuerpo de un médium, que adopta la forma de seres vivos o de cosas. *En una sesión de espiritismo ha visto el ectoplasma de su padre.*

ecu. m. Unidad monetaria de la Unión Europea, anterior al euro. *La Comunidad Europea destinaba millones de ecus a subvenciones agrícolas.*

ecuación. f. *Mat.* Igualdad que contiene una o más incógnitas. *En la ecuación "4x = y", cuando la "x" vale 5, la "y" vale 20.* Tb. fig. *No cuestiono la ecuación "buena familia" igual a "honradez".*

ecuador. m. **1.** (Frec. en mayúsc.). *Geogr.* Círculo máximo de la esfera terrestre, perpendicular a su eje de rotación y equidistante de los polos geográficos. *El barco naufragó a 10 grados de latitud al sur del Ecuador.* Tb. ~ *terrestre.* Frec. fig. para designar el punto intermedio de un proceso temporal. *Nos hallamos en el ecuador del curso.* **2.** *Fís.* Círculo máximo de la esfera celeste, perpendicular al eje de la Tierra. Tb. ~ *celeste. Con la referencia del ecuador celeste, medimos la posición de los astros.*

ecualizador. m. Dispositivo electrónico que sirve para ajustar las frecuencias de reproducción del sonido en un equipo de alta fidelidad u otro aparato. *Tu equipo de música tiene un buen ecualizador.*

ecuánime. adj. **1.** Que tiene firmeza y serenidad de ánimo. *Los héroes son ecuánimes ante la adversidad.* **2.** Imparcial en la opinión o en el juicio. *Su libro recibió críticas poco ecuánimes. Un juez ecuánime.*

ecuanimidad. f. Cualidad de ecuánime. *Ante la desgracia, ha hecho gala de una ecuanimidad admirable. La ecuanimidad de la decisión deja satisfechas a todas las partes.* ▶ EQUIDAD.

ecuatoguineano, na. adj. De la Guinea Ecuatorial. *Consulado ecuatoguineano.* Dicho de pers., tb. m. y f. *El español es lengua oficial de los ecuatoguineanos.*

ecuatorial. adj. Del Ecuador (círculo geográfico), o de las zonas próximas a él. *Diámetro ecuatorial. Las selvas ecuatoriales son grandes reservas de oxígeno.*

ecuatoriano, na. adj. Del Ecuador (país de América). *El presidente ecuatoriano.* Dicho de pers., tb. m. y f. *Los ecuatorianos han sido convocados a las urnas.*

ecuestre. adj. **1.** Del caballo, o de la equitación. *Prefiere los espectáculos ecuestres a los taurinos.* **2.** *Arte* Dicho espec. de pintura o escultura: Que representa a una persona montada a caballo. *Una estatua ecuestre del rey preside la plaza.* **3.** histór. De los caballeros, o de las órdenes de caballería. *Recibió la Gran Cruz de la Orden Ecuestre de San Gregorio Magno.*

ecuménico, ca. adj. Universal (que concierne o se aplica a todo el mundo). *Los misioneros difunden el mensaje ecuménico del Evangelio.* ▶ UNIVERSAL.

ecumenismo. m. *Rel.* Movimiento que pretende restaurar la unidad de todas las Iglesias cristianas. *El ecumenismo intenta acercar a católicos, protestantes y ortodoxos.*

eczema. → **eccema.**

ed. abrev. **1.** Edición. *Gramática española, 2ª ed.* **2.** Editor. *Laura Muñoz (ed.): Homenaje a Ana Pérez Pérez.* **3.** Editorial. *Simarro Díaz, María: Física cuántica, Salamanca, ed. Protón, 2000.*

edad. f. **1.** Tiempo que ha vivido una persona u otro ser vivo hasta el momento que se considera. *Murió a la edad de 84 años. Parece mayor, pero no tendrá más edad que yo. No conocemos la edad de esta tortuga. Los olivos pueden alcanzar una edad de varios siglos.* **2.** Tiempo de existencia de una cosa hasta el momento que se considera. *Da vértigo pensar en la edad de estas pirámides.* **3.** Cada uno de los períodos en que se considera dividida la vida humana. *También la vejez, como las otras edades del hombre, tiene su lado positivo. Comprende a tu hijo, se encuentra en una edad delicada.* **4.** (Frec. en mayúsc.). Cada una de las divisiones amplias de tiempo, de varios siglos, que constituyen la Historia o la Prehistoria. *El museo tiene obras de arte de todas las edades, desde la Edad de Piedra hasta la Contemporánea.* ■ ~ **adulta.** f. Edad (→ 3) en la que un ser vivo, espec. una persona, alcanza su pleno desarrollo biológico. *Al llegar a la edad adulta, las personas obesas pueden sufrir hipertensión.* ■ **Edad Antigua.** f. Edad (→ 4) histórica anterior a la Edad Media (→ **Edad Media**), que comprende desde el comienzo de la Historia hasta la caída del Imperio romano en el s. V. *En la Edad Antigua, la Península Ibérica fue conquistada por los romanos.* ■ **Edad Contemporánea.** f. Edad (→ 4) histórica que comprende desde el final de la Edad Moderna (→ **Edad Moderna**) hasta la actualidad. *La Edad Contemporánea es una época de grandes revoluciones sociales.* ■ **Edad del Bronce.** f. Edad (→ 4) prehistórica posterior a la del Cobre y que constituye el segundo período de la Edad de los Metales (→ **Edad de los Metales**). *Las civilizaciones sumeria y babilónica tuvieron su apogeo en la Edad del Bronce.* ■ **Edad del Cobre.** f. Edad (→ 4) prehistórica que constituye el primer período de la Edad de los Metales (→ **Edad de los Metales**). *En la Edad del Cobre, el uso de herramientas resistentes impulsó la agricultura.* ■ **Edad del Hierro.** f. Edad (→ 4) prehistórica posterior a la del Bronce y que constituye el último período de la Edad de los Metales (→ **Edad de los Metales**). *En la exposición se muestran armas y cerámica de la Edad del Hierro.* ■ **Edad de los Metales.** f. Edad (→ 4) prehistórica posterior a la de Piedra y en la que el hombre empezó a usar útiles de metal. *En la cueva se encontraron restos de la Edad de los Metales.* ■ ~ **del pavo.** f. coloq. Edad (→ 3) en que se entra en la adolescencia, y que se caracteriza por la inestabilidad emocional y de comportamiento. *Está en la edad del pavo y no se centra en los estudios.* ■ ~ **de merecer.** f. Edad (→ 1, 3) considerada oportuna para buscar cónyuge. Frec. hablando de mujer. *Los mozos rondan a las chicas en edad de merecer.* ■ **Edad de Piedra.** f. Edad (→ 4) prehistórica caracterizada por el uso de útiles de piedra. *La Edad de Piedra se divide en Paleolítico, Mesolítico y Neolítico.* ■ ~ **escolar.** f. Edad (→ 3) en la que la legislación establece la escolarización obligatoria. *Todas las personas en edad escolar tienen derecho a la enseñanza pública y gratuita.* ■ ~ **madura.** f. Madurez. *En la edad madura, aspiramos a una estabilidad laboral.* ■ **Edad Media.** f. Edad (→ 4) histórica que comprende desde el final de la Edad Antigua (→ **Edad Antigua**) hasta la caída de Constantinopla a mediados del s. XV. *Durante la Edad Media convivieron en España cristianos, musulmanes y judíos.* ■ ~ **mental.** f. Grado de desarrollo de la inteligencia de una persona, determinado mediante pruebas de inteligencia, en relación con su edad (→ 1). Se usa espec. en psicología. *El muchacho tiene un retraso mental leve y una edad mental de nueve años.* ■ **Edad Moderna.** f. Edad (→ 4) histórica que comprende desde el final de la Edad Media (→ **Edad Media**) hasta la Revolución francesa, a finales del s. XVIII. *Durante la Edad Moderna, la cultura española se extendió por América.* ■ **tercera ~.** f. (Frec. con art.). Vejez. *Llegó a la tercera edad en perfectas condiciones mentales.* Tb. el conjunto de las personas que están en la vejez. *Residencia para la tercera edad.* □ **de ~.** loc. adj. Dicho de persona: Mayor o anciana. *Muchas personas de edad necesitan cuidados especiales.* ■ **mayor** (o **menor**) **de ~.** loc. adj. Que tiene mayoría (o minoría) de edad (→ **mayoría, minoría**). *Aunque seas mayor de edad, sigues dependiendo de tus padres. Si eres menor de edad, no puedes sacarte el carné de conducir.* ▶ **1:** *AÑOS.

edáfico, ca. adj. *Geol.* Del suelo, espec. en relación con sus condiciones físicas y químicas para la vida de animales y plantas. *Las propiedades edáficas de las marismas favorecen el cultivo del arroz.*

edafología. f. *Geol.* Ciencia que estudia las condiciones físicas y químicas del suelo en relación con el desarrollo de la vida animal y vegetal. *Departamento de Edafología y Química Agrícola.*

edafológico, ca. adj. *Geol.* De la edafología, o de su objeto de estudio. *Estudian el terreno desde el punto de vista edafológico.*

edecán. m. **1.** histór. *Mil.* Ayudante de campo. *Un edecán volvía del frente con el parte de bajas.* **2.** cult. Ayudante o acompañante de alguien. Frec. despect. para designar al que actúa de manera servil. *El presidente recibe muchos halagos de sus edecanes.*

edema. m. *Med.* Acumulación patológica de líquido en el tejido celular. *Edema pulmonar.*

edén. m. **1.** (Frec. en mayúsc.). En el Antiguo Testamento: Paraíso. *La Biblia sitúa en el Edén a nuestros primeros padres.* **2.** Paraíso (lugar agradable). *Este valle es un edén lleno paz.* ▶ PARAÍSO.

edénico, ca. adj. cult. Del edén. *En el viaje vimos paisajes edénicos.*

edición. f. **1.** Hecho de editar. *El premio consiste en la edición de la obra ganadora. Preparan la edición de un disco. Programa de edición de textos.* **2.** Conjunto de ejemplares impresos de una sola vez. *Se han agotado todos los ejemplares de la primera edición. El periódico daba la noticia en la edición de ayer.* Tb. cada uno de esos ejemplares. *¿Me dejas tu edición de "Rayuela"?* **3.** Cada una de las emisiones de un programa informativo de radio o televisión que se hacen en un mismo día. *Tendrán más noticias en nuestra segunda edición.* **4.** Celebración de un acto cultural, festivo o deportivo que se repite cada cierto tiempo. *50ª Edición del Festival de San Sebastián.* ■ ~ **crítica.** f. *Lit.* Edición (→ 1) que pretende reconstruir con criterios filológicos el texto original de una obra o el más acorde con la voluntad del autor. *La editorial está especializada en la edición crítica de clásicos.* ■ ~ **príncipe.** f. *Lit.* Primera edición (→ 2) de una obra de la que se han hecho varias. *En la Biblioteca Nacional se conserva un ejemplar de la edición príncipe del "Quijote".*

edicto. m. **1.** Escrito oficial de una autoridad judicial o política, que se expone o publica como aviso para los interesados, o para comunicar una decisión o noticia de interés general. *El alcalde comunica en un edicto su dimisión.* **2.** histór. Mandato o decreto publicados por un soberano. *Con el Edicto de Milán, Constantino prohibió las persecuciones de los cristianos.*

edificabilidad. f. **1.** Cualidad de edificable. *Han comprado el solar por su edificabilidad.* **2.** Posibilidad legal de edificación. *La normativa limita la edificabilidad en la costa.*

edificable. adj. Dicho espec. de terreno: Apto para la edificación. *Talan el pinar para conseguir suelo edificable. El Ayuntamiento reservará 20 000 m² edificables para viviendas sociales.*

edificación. f. **1.** Hecho de edificar. *La edificación de la catedral se prolongó durante más de un siglo. Escribe libros piadosos destinados a la edificación de las almas.* **2.** Edificio o conjunto de edificios. *Una vieja edificación ha sido demolida. La edificación medieval consta de muralla, palacio e iglesia.* ▶ **1:** CONSTRUCCIÓN. **2:** *EDIFICIO.

edificador, ra. adj. **1.** De la edificación. *La actividad edificadora en las afueras es intensa.* **2.** Que edifica. Dicho de pers., tb. m. y f. *El edificador de la torre fue un famoso arquitecto.* Dicho de empresa, tb. f. **3.** Edificante. *La película tiene un final edificador.*

edificante. adj. Que edifica o inspira valores religiosos o morales. *Literatura edificante. ¡Qué espectáculo tan poco edificante!* ▶ EDIFICADOR.

edificar. tr. **1.** Hacer (un edificio). *Aquí van a edificar un rascacielos.* Tb. intr. *Están edificando en el casco antiguo.* **2.** Fundar o construir (algo inmaterial). *La Unión Europea debe edificarse sobre valores culturales y sociales.* **3.** Inspirar (en alguien) valores religiosos o morales como la piedad o la virtud, frec. mediante el ejemplo o la palabra. *Edifica a sus hijos leyéndoles parábolas.* ▶ **1:** CONSTRUIR.

edificio. m. Construcción realizada con materiales resistentes y destinada a vivienda o a otros usos. *En ese edificio hay viviendas y locales comerciales.* Tb. fig. *Las teorías revolucionarias cuestionan el edificio social.* ▶ CONSTRUCCIÓN, EDIFICACIÓN.

edil, la. m y f. (Frec. como f. se usa **edil**). **1.** Concejal. *La edil de Medio Ambiente promete crear nuevos parques.* ○ m. **2.** histór. En la antigua Roma: Magistrado encargado de las obras públicas, de la conservación e inspección de edificios y del aprovisionamiento y vigilancia de la ciudad.

edípico, ca. adj. *Psicol.* Del complejo de Edipo. *Su neurosis procede de conflictos edípicos.*

edit. abrev. Editorial. *Martínez López, Juan: La novela de caballerías, Madrid, edit. Humanidades, 2003.*

editar. tr. **1.** Publicar (algo) por medio de la imprenta u otros procedimientos de reproducción gráfica. *Van a editar su primera novela. El diario edita un suplemento el domingo.* **2.** Publicar y comercializar (una obra impresa). *La misma empresa edita varias revistas.* **3.** Grabar y comercializar (un disco o una obra audiovisual). *Han editado en DVD las películas de Buñuel.* **4.** Preparar o adaptar (un texto) para su publicación. *El profesor ha editado un texto medieval.* **5.** *tecn.* Montar (una grabación hecha en cinta magnética). *Editan imágenes de archivo para el reportaje.* **6.** *Inform.* Preparar (un documento o un conjunto de datos) para su visualización o su impresión. *El programa permite editar textos con gráficos.* ▶ **5:** MONTAR.

editor, ra. adj. **1.** Que edita o sirve para editar. *El grupo editor quiere abrirse al mercado internacional. Trabaja para una casa editora de discos.* Dicho de empresa, tb. f. (→ **editorial**). *La editora presenta sus novedades en la Feria del Libro.* ● m. y f. **2.** Persona que publica por medio de la imprenta u otro procedimiento una obra, por lo regular ajena, un periódico, un disco, o algo similar. *El editor consiguió un contrato exclusivo con la novelista.* **3.** Persona que edita o adapta un texto. *El catedrático de Literatura es editor de varias obras de teatro clásico.* ○ m. **4.** *Inform.* Programa de tratamiento de textos. Tb. ~ *de texto(s)*. *El paquete de programas incluye un editor de textos.*

editorial. adj. **1.** De la edición o del editor. *Industria editorial. Consejo editorial.* ● f. **2.** Empresa editora. *Una editorial quiere publicar mi novela.* ○ m. **3.** Artículo sin firma en el que la dirección de un diario u otra publicación periódica expresa su opinión sobre un asunto. *El periódico cuestiona en su editorial la nueva ley.* ▶ **2:** EDITORA.

editorialista. m. y f. Persona encargada de escribir editoriales en un periódico. *El editorialista del diario local ataca duramente al alcalde.*

editorializar. intr. Escribir un editorial periodístico. *El periódico editorializa sobre el resultado electoral.*

edredón. m. Cobertura de cama rellena de plumas de ave, fibras u otros materiales de abrigo. *Duerme con un edredón.*

educación. f. **1.** Hecho o efecto de educar. *Se encarga de la educación de su sobrino. Ha recibido educación bilingüe.* **2.** Modo de comportarse una persona, en relación con las normas sociales. *En el juego se ve la educación de las personas.* Frec. con los adj. *buena, mala* u otro equivalente. *Es de mala educación hablar con la boca llena.* **3.** Buena educación (→ 2). *Pide las cosas con educación.* ■ ~ **especial.** f. Educación (→ 1) que se imparte a personas con minusvalías físicas o intelectuales. *Lleva a su hijo a un centro de educación especial.* ■ ~ **física.** f. Gimnasia (práctica de desarrollar y fortalecer el cuerpo). *El profesor de Educación Física nos manda hacer estiramientos.* ⇒ GIMNASIA. ▶ **1:** *ENSEÑANZA. **3:** CORTESÍA, URBANIDAD.

educacional. adj. De la educación. *Niños con carencias educacionales.* ▶ *EDUCATIVO.

educado, da. part. **1.** → **educar.** ● adj. **2.** Dicho de persona: Que tiene buena educación. *Es fácil convivir con gente educada.* ■ **mal ~.** → **maleducado.** ▶ **2:** CORTÉS.

educador, ra. adj. **1.** De la educación. *La labor educadora la comparten padres y profesores.* **2.** Que educa. *El deporte es una actividad educadora.* Dicho de pers., espec. de profesional de la educación, tb. m. y f. *Un equipo de educadores.*

educar. tr. **1.** Desarrollar o perfeccionar las facultades intelectuales y morales (de una persona). *Hay que educar integralmente a los niños. Me educaron para ser una persona honrada.* **2.** Enseñar (a una persona) un comportamiento adecuado en relación con las normas sociales. *Su falta de modales muestra que lo han educado mal.* **3.** Acostumbrar (a un órgano, un miembro, un sentido o una facultad) para que realicen adecuadamente su función. *Tiene talento para el piano, pero sus manos están sin educar.* ■ **mal ~.** → **maleducar.** ▶ **1:** *ENSEÑAR.

educativo, va. adj. **1.** De la educación. *Reforma educativa.* **2.** Que educa o sirve para educar. *Juguete* *educativo.* ▶ **1:** EDUCACIONAL. **2:** DIDÁCTICO, FORMATIVO, INSTRUCTIVO, PEDAGÓGICO.

edulcorante. adj. Que edulcora. *Líquido edulcorante.* Frec. m., referido a sustancia o producto. *¿Podría darme un sobre de edulcorante para el té?*

edulcorar. tr. Endulzar (algo). *Edulcore el postre con azúcar refinado.* Frec. fig. *La comedia ofrece una visión edulcorada de la vida.* ▶ ENDULZAR.

efe. f. Letra *f.*

efébico, ca. adj. De efebo. *Sale con un chico de aspecto efébico.*

efebo. m. cult. Muchacho adolescente, espec. si es de una belleza afeminada. Frec. referido a la Antigüedad clásica. *Los efebos del templo de Venus competían en hermosura con la diosa.*

efectismo. m. **1.** Cualidad de efectista. *Critican el efectismo de sus discursos.* **2.** Procedimiento o recurso efectistas. *La película abusa de los efectismos.*

efectista. adj. Que pretende producir un fuerte efecto o impresión en el ánimo. *Es una puesta en escena muy efectista.*

efectivamente. adv. De manera efectiva o real. *Exigen al Gobierno medidas que se apliquen efectivamente.* Se usa frec. para expresar asentimiento o confirmación. *Efectivamente, sucedió así.*

efectividad. f. Cualidad de efectivo. *El medicamento caducado carece de efectividad.*

efectivo, va. adj. **1.** Real y verdadero. *¿Cuál será el coste efectivo de la operación?* **2.** Dicho de cosa: Eficaz. *No encuentro un remedio efectivo para la caída del pelo.* **3.** Dicho de dinero: En billetes o monedas. *Siempre llevo dinero efectivo cuando viajo.* Tb. m. *Sacó efectivo de la caja.* Frec. en la constr. *en ~,* con v. como *pagar* o *cobrar.* *¿Va a pagar con tarjeta o en efectivo?* ● m. **4.** Número de individuos que tiene una unidad militar, en contraposición con la plantilla que le corresponde. *Las tropas invasoras contaban con un efectivo de 200 000 hombres.* ○ m. pl. **5.** Conjunto de fuerzas militares o semejantes que están bajo el mismo mando o realizan una misión conjunta. *El primer ataque se hizo con efectivos del Ejército de Tierra. Los efectivos de Protección Civil están en alerta ante la ola de frío.* **6.** Conjunto de personas que forman una plantilla. *La empresa reducirá sus efectivos para ahorrar costes.* ■ **hacer ~** (algo). loc. v. Realizar(lo) o poner(lo) en práctica. *Harán efectiva la reforma educativa a partir del próximo curso.* ■ **hacer ~** (algo, como una deuda o un documento de crédito). loc. v. **1.** Pagar(lo). *Si no hace efectiva su deuda, se le embargarán sus bienes.* **2.** Cobrar(lo). *El cheque lo puede hacer efectivo en cualquiera de nuestras oficinas.* ▶ **2:** EFICAZ. **3:** CONTANTE.

efecto. m. **1.** Aquello que es producido por una causa. *La fiebre es un efecto de la gripe. Un efecto de la marginación social es la delincuencia.* **2.** Impresión producida en el ánimo o en los sentidos. *Las escenas truculentas me produjeron un efecto desagradable. A primera vista, el piso me ha causado un buen efecto.* **3.** Finalidad con que se realiza algo. Frec. en constr. como *a ~s de, al ~ de* o *a este ~.* *Al efecto de aprobar los presupuestos, se ha reunido la comunidad de vecinos.* **4.** Movimiento giratorio que se da a una bola o pelota y que las desvía de su trayectoria normal. *Engañó al portero dándole efecto al balón.* **5.** *Com.* Documento o valor mercantil. *La letra de cambio es un efecto que ordena un pago en determinado plazo.* ○ m. pl. **6.** Objetos o enseres. *Perdieron sus efectos personales en el incendio.* ■ **~ colateral.** → **efecto secundario.** ■ **~ dominó.** m. Efecto (→ 1) de una acción que produce una serie de consecuencias en cadena. *La caída de la bolsa de Nueva York produjo un efecto dominó en la bolsas europeas.* ■ **~ invernadero.** m. Efecto (→ 1) de recalentamiento de la atmósfera producido por la emisión de gases industriales. *El cambio climático es consecuencia del efecto invernadero.* ■ **~ secundario,** o **colateral.** m. *Med.* Efecto (→ 1) indeseado que acompaña al consumo de un medicamento o al uso de una terapia. *La caída del pelo es un efecto secundario de la quimioterapia.* Frec. en pl. *Efectos secundarios de este fármaco: somnolencia, mareos y confusión. Este antidepresivo tiene menos efectos colaterales que otros.* ■ **~s especiales.** m. pl. *tecn.* Trucos utilizados en cine, teatro y otros medios para producir una impresión de realidad en el espectador. *En la película hay un gran despliegue de efectos especiales.* □ **en ~.** loc. adv. Efectivamente. *Sabía en efecto que su arrepentimiento era sincero.* Se usa frec. para expresar asentimiento o confirmación. *–¿Conocía bien a la víctima? –En efecto, desde hace muchos años.* ■ **hacer,** o **surtir, ~** algo. loc. v. Producir esa cosa el efecto (→ 1) que se deseaba. *Las medidas contra el paro empiezan a hacer efecto. Castigar duramente al joven no surtió efecto.* ■ **llevar a ~** (algo). loc. v. Realizar(lo) o ejecutar(lo). *La ley de protección del menor se llevará a efecto tras su aprobación.*

efectuar. (conjug. ACTUAR). tr. Hacer o realizar (una acción). *La policía efectuó el registro ordenado por el juez. El tren efectuará una parada de quince minutos.* Tb. en constr. prnl. media. *Al llegar a la pubertad, se efectúan importantes transformaciones en el cuerpo.* ▶ HACER.

efeméride. f. Efemérides. *El alcalde presidirá la efeméride del 200 aniversario de la fundación de la ciudad. Una placa donde ocurrieron los fusilamientos recuerda la efeméride.*

efemérides. f. Conmemoración de un hecho notable, que se hace en su aniversario. *Las autoridades participan en la efemérides del fin de la guerra.* Tb. ese hecho. *El 12 de octubre se celebra la efemérides del descubrimiento de América. Efemérides del 23 de abril: muerte de Cervantes, comienzo de la construcción de El Escorial...* ▶ EFEMÉRIDE.

eferente. adj. **1.** *Anat.* Dicho de elemento anatómico: Que va desde una parte del organismo a otra considerada periférica respecto de ella. *Los nervios eferentes o motores transmiten estímulos que se convierten en movimiento.* **2.** *Anat.* Transmitido por un elemento eferente (→ 1). *Impulsos eferentes.*

efervescencia. f. **1.** Desprendimiento de burbujas gaseosas a través de un líquido. *El catador aprecia el color, el brillo y la efervescencia del champán.* **2.** Agitación o excitación de alguien o algo. *La actividad política está en plena efervescencia.* ▶ **2:** AGITACIÓN.

efervescente. adj. Que está o puede estar en efervescencia. *Aspirina efervescente.*

efesio, sia. adj. histór. De Éfeso (antigua ciudad de Asia Menor). Dicho de pers., tb. m. y f. *Leyó un fragmento de la Epístola de San Pablo a los efesios.*

eficacia. f. Cualidad de eficaz. *Cuestionan la eficacia del plan antidroga. Su eficacia en el trabajo es muy valorada.*

eficaz. adj. **1.** Dicho de cosa: Que consigue el efecto esperado o pretendido. *El diálogo es más eficaz que el castigo. Hay un remedio eficaz contra la obesidad.*

2. Dicho de persona: Eficiente. *Se rodea de colaboradores eficaces.* ▶ **1:** EFECTIVO. **2:** EFICIENTE.

eficiencia. f. Cualidad de eficiente. *Valoramos la eficiencia de este equipo.*

eficiente. adj. Competente o capaz de realizar de manera eficaz una actividad o función. *Merece usted un ascenso por ser tan eficiente.* ▶ EFICAZ.

efigie. f. **1.** cult. Imagen o representación de una persona. *En la moneda se ve la efigie de Cervantes.* **2.** cult. Personificación o representación viva de algo. *Su rostro era la efigie del sufrimiento.*

efímero, ra. adj. De corta duración. *Está cansado de relaciones efímeras. La carrera de la bella actriz fue efímera.* ▶ *PASAJERO.

efluvio. m. **1.** cult. Emisión de partículas muy pequeñas, desprendidas de un cuerpo o de ciertas sustancias. *Efluvios de gas han causado la intoxicación.* **2.** cult. Emanación de algo inmaterial. *Efluvios de ternura.*

efusión. f. **1.** Expresión abierta e intensa de afecto o de sentimientos alegres o generosos. *La pareja se abraza con efusión. Me han recibido sin grandes efusiones.* **2.** cult. Derramamiento de un líquido, espec. de sangre. *El médico detuvo la efusión de sangre.*

efusividad. f. Cualidad de efusivo. *La efusividad de la despedida me ha conmovido.* Tb. la actitud correspondiente. *Me ha felicitado con efusividad.*

efusivo, va. adj. **1.** Dicho de persona: Que se comporta con efusión. *Es tan efusiva conmigo que me abruma.* **2.** Propio de la persona efusiva (→ 1). *Un abrazo efusivo.*

égida. f. **1.** cult. Protección o amparo. Frec. en la constr. *bajo la ~* de algo o alguien. *Colón viajó a América bajo la égida* DE *los Reyes Católicos.* **2.** En la mitología grecorromana: Escudo de Zeus y Atenea, fabricado con la piel de la cabra Amaltea. *Con la protección de la égida, Zeus derrotó a los Titanes.*

egipcio, cia. adj. **1.** De Egipto. *Las pirámides egipcias.* Dicho de pers. tb. m. y f. *Egipcios e israelíes han firmado un acuerdo de paz.* ● m. **2.** Lengua hablada en Egipto. *Estudia los jeroglíficos del antiguo egipcio.*

egiptología. f. Estudio de la civilización del antiguo Egipto. *Congreso de egiptología.*

egiptólogo, ga. m. y f. Especialista en egiptología. *Un equipo de egiptólogos.*

égloga. f. Composición poética del género bucólico, en la que aparecen pastores que dialogan sobre el amor o sobre la vida en el campo. *Leeremos una égloga de Garcilaso.*

ego. m. **1.** *Psicol.* En el psicoanálisis: Parte de la personalidad, parcialmente consciente, que se reconoce como *yo*, y actúa como intermediaria entre los instintos, los ideales y la realidad. *Según Freud, el ego adapta nuestros deseos a la realidad.* **2.** coloq. Autoestima excesiva. *Tiene tanto ego que no acepta las críticas.*

egocéntrico, ca. adj. **1.** Del egocentrismo, o propio de la persona egocéntrica (→ 2). *Tiene una visión egocéntrica de la vida.* **2.** Que practica el egocentrismo. Tb. m. y f. *Un egocéntrico como él no atiende a razones ajenas.*

egocentrismo. m. Actitud o cualidad de la persona que exalta o considera la propia personalidad como si fuera el centro de todo. *Su egocentrismo le impide valorar a los demás.*

egoísmo. m. Cualidad o actitud de la persona que atiende prioritariamente a su propio interés y lo antepone al de los demás. *Ha dado muestras de un gran egoísmo.*

egoísta. adj. **1.** Del egoísmo, o propio de la persona egoísta (→ 2). *El dinero saca nuestras inclinaciones egoístas.* **2.** Que tiene o muestra egoísmo. *Es tan egoísta que no ayuda a nadie.* Tb. m. y f. *La egoísta de tu hermana no se ocupa nunca de la abuela.*

ególatra. adj. cult. Que tiene o muestra egolatría. Dicho de pers., tb. m. y f. *El escritor es un ególatra: se cree un genio.*

egolatría. f. cult. Estimación o amor excesivos de uno mismo. *La egolatría de la diva es irritante.*

egregio, gia. adj. cult. Insigne o ilustre. *El egregio catedrático ha recibido un homenaje. Una egregia institución.*

egresado, da. part. **1.** → **egresar. 2.** frecAm. Que ha egresado (→ 1), espec. de un ciclo de estudios. Tb. m. y f. *Me interesa cómo son los egresados de Periodismo* [C].

egresar. intr. **1.** frecAm. Acabar alguien un ciclo de estudios en un centro docente. *Quienes egresan* DEL *ciclo medio poseen ya cierta formación* [C]. *Egresan cerca de 8000 médicos cada año* [C]. **2.** Am. Salir de un lugar, espec. de un hospital u otro establecimiento similar. *Los pacientes egresan* DE *una unidad asistencial cuando ya no requieren de sus servicios* [C].

egreso. m. **1.** Am. Hecho de egresar. *Le avisó Laura, enfermera de reciente egreso* [C]. *Se han definido los perfiles de ingreso y egreso de los alumnos* [C]. *Se han admitido 479 pacientes, realizado 344 partos y han tenido 243 egresos* [C]. **2.** frecAm. Partida de dinero que sale de una cuenta bancaria. *Los ingresos son de 245 millones frente a egresos de 275 millones de lempiras* [C]. *Hay más de diecisiete millones de egresos sin documentación* [C].

eh. interj. Se usa para llamar la atención, advertir o expresar que no se ha entendido algo. *¡Eh, tú, ven aquí! Mucho cuidado con lo que decís, eh.*

ej. abrev. **1.** Ejemplo. *Algunos pintores (por ej., Picasso, Dalí, etc.) sentaron las bases del arte moderno.* **2.** Ejemplar. *Ejs. vendidos: 250.*

eje. m. **1.** Barra que atraviesa el centro de un cuerpo giratorio para servirle de apoyo en su movimiento. *Se ha partido el eje del carro. Los caballitos giran alrededor del eje del tiovivo.* Tb. la línea imaginaria alrededor de la cual gira un cuerpo. *La Tierra tarda 24 horas en dar una vuelta completa sobre su eje.* **2.** Elemento principal y central de un cuerpo, alrededor del cual se apoyan o surgen otros elementos. *La columna vertebral es el eje del esqueleto.* **3.** Persona o cosa consideradas el centro de algo, y en torno a las cuales gira lo demás. *Su obra tiene como eje el exilio. Es el eje del juego de su equipo.* **4.** Línea recta imaginaria constituida por una o más calles principales que atraviesan una ciudad. *El tráfico permanecerá cortado en el eje Castellana, Recoletos y Paseo del Prado.* **5.** *Mat.* Recta imaginaria alrededor de la cual gira una superficie para engendrar un cuerpo geométrico. *Al girar un triángulo rectángulo sobre uno de sus catetos, describe un cono que tendrá por eje ese cateto.* **6.** *Mat.* Recta que se toma como referencia para determinar la posición de un punto en un plano o en el espacio. *En un sistema cartesiano, el eje de las "x" representa las abscisas, y el de las "y", las ordenadas.* ■ **~ de abscisas.** m. *Mat.* Eje de coordenadas (→ **~ de**

coordenadas) horizontal. *El eje de abscisas está graduado de 1 a 10.* ⇒ ABSCISA. ■ ~ **de coordenadas,** o ~ **coordenado.** m. *Mat.* Cada uno de los dos o de los tres ejes (→ 6) que se cortan en un punto común y se toman como referencia para determinar la posición de los demás puntos en el plano o en el espacio por medio de líneas que se trazan paralelas a ellos. *Dibuja un eje de coordenadas en cuya abscisa se representen los meses, y en la ordenada, las lluvias.* ⇒ COORDENADA. ■ ~ **de ordenadas.** m. *Mat.* Eje de coordenadas (→ ~ **de coordenadas**) vertical. *La variable "y" la representamos sobre el eje de ordenadas.* ⇒ ORDENADA. □ **partir** (a alguien) **por el ~.** loc. v. coloq. Causar(le) un perjuicio grave. *Quedarme hoy sin coche me parte por el eje.*

ejecución. f. Hecho de ejecutar. *La ejecución de las obras empieza en agosto. La ejecución del condenado será al amanecer.* ■ **poner en** ~ (algo). loc. v. Realizar(lo) o llevar(lo) a cabo. *Van a poner en ejecución el plan de emergencia.*

ejecutante. adj. **1.** Que ejecuta o realiza algo. Dicho de pers., tb. m. y f. *Los ejecutantes del proyecto son dos arquitectos famosos.* ● m. y f. **2.** Persona que interpreta una obra musical. *La ejecutante ha recibido una ovación.*

ejecutar. tr. **1.** Realizar o llevar a cabo (algo pensado con antelación). *Los ladrones han ejecutado un golpe perfecto. Se limita a ejecutar las órdenes. Ahora ejecutará un salto mortal.* **2.** Matar (a una persona) para cumplir una sentencia. *Ejecutarán al condenado en la silla eléctrica.* **3.** Interpretar con instrumento (una pieza musical). *La orquesta ejecuta obras barrocas.* **4.** *Der.* Reclamar (una deuda) por vía ejecutiva. *Si se ordena ejecutar la deuda, podrían embargar sus cuentas.* **5.** *Inform.* Realizar un programa (una operación específica). *Este programa ejecuta ficheros de sonido.* ▶ **2:** AJUSTICIAR.

ejecutivo, va. adj. **1.** Que ejecuta o realiza algo. *Comisión ejecutiva. Poder ejecutivo.* **2.** *Der.* Dicho de una vía o un procedimiento judiciales: Que ordena el pago inmediato de una deuda, embargando los bienes del deudor si es necesario. *El juez ordenó el embargo de sus bienes en vía ejecutiva.* ● m. **3.** Gobierno de un Estado. *Se incorpora al ejecutivo como ministro de Interior.* ○ f. **4.** Grupo de personas que dirige una empresa, una sociedad o una entidad semejante. *La ejecutiva anunció la fusión con otra empresa.* ○ m. y f. **5.** Persona con responsabilidad en la dirección de una empresa. *Los ejecutivos pelean para aumentar los beneficios.* ▶ **3:** GOBIERNO.

ejecutor, ra. adj. Que ejecuta. *Han desarticulado al comando ejecutor del atentado.* Dicho de pers., tb. m. y f. *Buscan a los ejecutores de los rehenes. Los empleados serán los ejecutores de sus decisiones.*

ejecutoria. f. **1.** Título en que consta legalmente la nobleza de una persona o familia. *En la biblioteca se conserva la ejecutoria de la casa ducal.* **2.** *Der.* Documento público y solemne en el que se consigna una sentencia firme.

ejem. interj. Se usa para llamar la atención discretamente, expresar duda o dejar en suspenso lo que se dice. *Ejem, ¿se ha dado cuenta de que la cola empieza aquí?*

ejemplar. adj. **1.** Que sirve de ejemplo para ser imitado. *Una persona ejemplar. Le recortan la pena por comportamiento ejemplar.* ● m. **2.** Objeto, espec. un libro u otro impreso, reproducido a partir de un determinado original. *El escritor firma hoy ejemplares de su novela.* **3.** Individuo de una especie o género determinados. *Hemos contabilizado dos ejemplares de oso pardo.* **4.** Objeto de diversa clase o género que forma parte de una colección. *Esta cruz gótica es el ejemplar más valioso del museo.* ▶ **1:** EJEMPLARIZANTE, EJEMPLARIZADOR, MODÉLICO.

ejemplaridad. f. Cualidad de ejemplar. *Destaca por su ejemplaridad ética.*

ejemplarizador, ra. adj. Que sirve de ejemplo. *Medida ejemplarizadora.* ▶ *EJEMPLAR.

ejemplarizante. adj. Que sirve de ejemplo, espec. para ser imitado. *Su entrega a los necesitados es ejemplarizante. Castigo ejemplarizante.* ▶ *EJEMPLAR.

ejemplarizar. tr. Dar ejemplo (a alguien). *Ejemplariza a sus discípulos con su sacrificio.*

ejemplificación. f. Hecho de ejemplificar. *Las ejemplificaciones ayudan a comprender la teoría.*

ejemplificar. tr. Ilustrar o aclarar (algo) con ejemplos. *Ejemplificó con una frase el significado de "adusto".*

ejemplo. m. **1.** Persona o cosa que pueden ser imitadas. *No fui un buen ejemplo* PARA *mis hijos.* **2.** Persona o cosa dignas de ser imitadas. *El intelectual fallecido fue un ejemplo* PARA *todos. Esta empresa es un ejemplo en lo referido a estabilidad laboral.* **3.** Persona o cosa que posee las características de la clase a la que pertenece, y que se toma o se cita para apoyar o ilustrar algo que se dice relacionado con esa clase. *Profesora, ¿podría ponernos otro ejemplo de pronombre relativo?* **4.** Cosa que se utiliza para apoyar o ilustrar una afirmación o una explicación, o para aclarar el significado de algo. *Otro ejemplo lo encontramos en el siglo* XX *con el movimiento feminista.* ■ **dar** ~ alguien (a otros). loc. v. Actuar de una manera digna de ser imitada (por estos). *Deberías dar ejemplo a los chicos.* ■ **por** ~. loc. adv. Se usa cuando se menciona un ejemplo (→ 3). *Prefiero los países exóticos, la India, por ejemplo.* ▶ **2:** MODELO.

ejercer. tr. **1.** Realizar las actividades propias (de un oficio o profesión). *Ejerce la medicina.* **2.** Poner en práctica (algo que se tiene, como un derecho, una facultad o una capacidad). *Puede ejercer el derecho a veto. Ha ejercido su autoridad con dureza.* **3.** Realizar sobre alguien o algo (una acción o una influencia). *Ejerce una fuerte atracción* EN *las mujeres. Ejercían una mala influencia* SOBRE *él. Sostenga el algodón sobre la herida sin ejercer presión.* ○ intr. **4.** Realizar las actividades propias de un oficio o profesión. *Ejerció* DE *corresponsal de guerra. Ha ejercido como agente de bolsa. Es arquitecto, pero no ejerce.* Tb. referido a las formas de comportamiento propias de un tipo de persona. *Ejerce* DE *gracioso en el grupo.* ▶ **2:** EJERCITAR.

ejercicio. m. **1.** Hecho de ejercer. *En el ejercicio de mi profesión lo aprendí todo. Estamos en el ejercicio de nuestros derechos.* **2.** Acción o conjunto de acciones que se realizan para mantener o mejorar la forma física. *Hacen ejercicios de estiramiento. El médico me ha aconsejado hacer ejercicio.* Tb. ~ *físico. El ejercicio físico es bueno a cualquier edad.* **3.** Actividad o conjunto de actividades destinadas a adquirir, desarrollar o mantener una facultad o la habilidad para hacer algo. *Los soldados hacen ejercicias de tiro.* **4.** Prueba que realiza un estudiante o un opositor para obtener un grado académico o superar un examen. *En la oposición hay un ejercicio escrito y otro oral.* **5.** Trabajo práctico que complementa una enseñanza teórica. *Haced los ejercicios del tema.* **6.** Tiempo, gralm. de un año, en que una institución o una empresa dividen su actividad económica. *El ejercicio se ha cerrado con beneficios.* ■ **~s espirituales.** m. pl. Práctica religiosa consistente en que un grupo de fieles se retira de la vida ordinaria durante unos días para dedicarse a la oración. *Iremos a un monasterio para hacer ejercicios espirituales.* □ **en ~.** loc. adj. Que ejerce el oficio o la profesión que se expresan. *Abogado en ejercicio.*

ejercitación. f. Hecho de ejercitar o ejercitarse. *Ejercitación profesional. Con la ejercitación de las piernas, recuperan la movilidad.*

ejercitar. tr. **1.** Hacer que (alguien o algo) realicen ejercicios para adquirir práctica o destreza. *Ejercita a los bailarines para mejorar su técnica. Se está ejercitando* EN *el manejo del telescopio.* Tb. en constr. prnl. media. *Con el ajedrez se ejercita la capacidad de razonar.* **2.** Ejercer (algo), o poner(lo) en práctica. *No ejercita el poder con imparcialidad.* ► **1:** *ENTRENAR. **2:** EJERCER.

ejército. m. **1.** (Frec. en mayúsc.). Conjunto de las fuerzas armadas de un Estado. *Están desfilando los cuerpos de élite del Ejército.* Tb. cada una de las dos o tres grandes secciones que lo componen. *El Rey es el capitán general de los tres ejércitos. En la misión intervendrán militares del Ejército de Tierra y del Ejército del Aire.* **2.** (En mayúsc.). Conjunto de las secciones de Tierra y de Aire del Ejército (→ 1). *El grado de teniente en el Ejército es equivalente al de teniente de navío en la Armada.* **3.** Gran unidad constituida por varios cuerpos del Ejército (→ 1) y organizada para el combate. *El ejército dirigido por el general Sucre venció en Ayacucho.* **4.** Grupo numeroso de personas o animales. *Un ejército de langostas.* ► **4:** *BATALLÓN.

ejidal. adj. Am. Del ejido. *Nuevas leyes confirmaron la privatización de los terrenos ejidales* [C].

ejido. m. **1.** Campo común de los habitantes de un pueblo, que linda con él y se destina a eras o al ganado. *Conducía las mulas hacia el ejido.* **2.** Am. Terreno rural cuya propiedad es otorgada por el Gobierno a un colectivo para su explotación. *Para disponer de los bosques se necesita un permiso, sea en pequeñas propiedades, ejidos o comunidades* [C].

ejote. m. Am. Judía verde. *Lavar, despuntar y cortar los ejotes en cuadritos* [C].

el, la. art. det. (pl. **los, las.** La forma *el,* precedida de *a* o *de,* se contrae en *al* o *del,* salvo cuando, con mayúscula, acompaña a un nombre propio: *el vuelo del águila; viajar al Japón; ir al cine; avión procedente de El Cairo.* Inmediatamente antes de f. sing. que empieza por *a-* o *ha-* tónicas se usa *el*: *el aula, el hacha*). **1.** Precediendo a un nombre o a un elemento que se sustantiva, indica que lo designado por ellos ya se ha mencionado, o es algo conocido o identificable por el oyente. *¡Cuidado con la curva! Su muerte conmocionó al mundo. No vio el semáforo en rojo. ¿Sabes que el viernes es fiesta? Todos los instrumentos de la orquesta. Saca a la terraza las macetas esas. Me gusta el piso nuevo que se ha comprado Ana. El tristemente famoso caso de corrupción. El entonces presidente. No me gusta la nueva aula. La agria polémica disgustó a todos. Tuvo que limpiar el arma oxidada. Multaron a los que viajaban sin billete. Los seis se pusieron de acuerdo para repartirse el trabajo. Compró la falda roja y la de flores. Las incluidas en la lista no tendrán que hacer la prueba. El que hayas cometido un error no significa nada.* **2.** Precede a un nombre, o a un elemento que se sustantiva, para indicar que lo designado por ellos se considera en general y no individualmente. *Las verdades ofenden. El odio al extranjero es un signo de intolerancia. La primavera es la estación más inestable. El comer fruta es saludable. Los animales también tienen derechos.*

él, ella. (pl. **ellos, ellas; → lo[2], la[2], le, se[1], sí[1]**). pron. pers. Designa cualquier cosa, o a una persona diferente de la que habla y de aquella a quien se habla. *A ellos les dará igual, pero a mí no. Sonia me aseguró que iría ella. Tus acusaciones son todas ellas infundadas. Se compró una casa, pero todavía no vive en ella. El diente se colocará en su sitio él solo. Comeremos donde él prefiera. Debe resolver el problema él mismo.*

elaboración. f. Hecho de elaborar. *La elaboración de una enciclopedia requiere muchos años.*

elaborador, ra. adj. Que elabora. *Fábrica elaboradora de tejidos sintéticos.* Dicho de pers., tb. m. y f. *Los elaboradores de la campaña han fracasado.*

elaborar. tr. **1.** Hacer o producir (algo) mediante distintas acciones o procesos. *Aprenden a elaborar tejidos. El pájaro elabora su nido.* **2.** Transformar (una cosa) para obtener un producto mediante distintas acciones o procesos. *Elaboran la uva para obtener vino y alcohol.* **3.** Idear (algo complejo). *Ha elaborado una teoría revolucionaria.* ► **1:** *HACER.

elástica. → **elástico.**

elasticidad. f. Cualidad de elástico. *El látex es un material de gran elasticidad.*

elástico, ca. adj. **1.** Que puede recobrar su forma y extensión después de cesar la fuerza que lo estiraba o alteraba. *Los tejidos elásticos se adaptan al cuerpo. Goma elástica.* **2.** Que se adapta a distintas circunstancias. *Tiene un horario elástico.* **3.** Que admite varias interpretaciones. *Es una ley demasiado elástica.* ● m. **4.** Tejido elástico (→ 1) que se utiliza en algunas prendas de vestir para que puedan ajustarse o darse de sí. *El elástico del bañador se ha deformado.* ○ f. **5.** Camiseta elástica (→ 1), usada frec. en uniformes deportivos. *Vestirá por primera vez la elástica de la selección.*

elastómero. m. Material natural o artificial que, como el caucho, está dotado de gran elasticidad.

ele[1]. f. Letra *l.*

ele[2]. interj. Se usa para expresar asentimiento o aplauso. *Ele, así se habla.*

elección. f. **1.** Hecho de elegir. *Su elección ha sido una sorpresa. Estuvo muy acertada en la elección de la fecha.* **2.** Posibilidad o libertad de elegir. *Lo dejo a tu elección.* ○ f. pl. **3.** Hecho de elegir uno o más cargos políticos mediante votación. *El partido ha ganado las elecciones.* ■ **elecciones primarias.** f. pl. Proceso electoral que se hace dentro de un partido político para designar al candidato que lo representará en unas elecciones (→ 3). *Tres candidatos compiten en las elecciones primarias.*

eleccionario, ria. adj. Am. De las elecciones. *Cinco grupos fueron a la primera vuelta eleccionaria* [C]. ► ELECTORAL.

electivo, va. adj. Que se hace o se decide por elección. *Su cargo es electivo.*

electo, ta. part. **1.** → **elegir.** ● adj. **2.** Que ha sido elegido para un cargo, pero aún no ha tomado posesión de él. *Candidato electo. La académica electa prepara su discurso de ingreso.*

elector, ra. adj. **1.** Que elige o tiene derecho de elegir. *Población electora.* Dicho de pers., tb. m. y f. *El mensaje no ha calado entre los electores.* ● m. **2.** histór. En Alemania: Príncipe con derecho a elegir y nombrar al emperador.

electorado. m. Conjunto de electores. *La abstención ha sido alta entre el electorado más joven.*

electoral. adj. De las elecciones o de los electores. *Programa electoral. Censo electoral.* ▶ **Am:** ELECCIONARIO.

electoralismo. m. Modo de actuar político que subordina cualquier consideración a la obtención de un buen resultado en las elecciones. *La visita a los suburbios es simple electoralismo del candidato.*

electoralista. adj. Del electoralismo. *El año de las elecciones adoptaron medidas electoralistas.*

electricidad. f. **1.** Forma de energía que se manifiesta en diversos modos, como iluminación, calor, comunicaciones y medios de transporte. *La central nuclear suministra electricidad a la región.* **2.** Parte de la física que estudia los fenómenos eléctricos. *La electricidad se ocupa del comportamiento de los imanes.* **3.** coloq. Tensión o excitación. *Se siente la electricidad en el ambiente.* ■ **~ estática.** f. *Fís.* Electricidad (→ 1) presente en un cuerpo que tiene cargas eléctricas en reposo. *La electricidad estática acumulada en las nubes produce los rayos.*

electricista. m. y f. Persona especializada en aplicaciones técnicas y mecánicas de la electricidad. *Un electricista monta el cableado.* Tb. en aposición. *Técnico electricista.*

eléctrico, ca. adj. **1.** De la electricidad como forma de energía. *Conductor eléctrico. Central eléctrica.* **2.** Que funciona con electricidad. *Tren eléctrico.*

electrificación. f. Hecho de electrificar. *Han terminado las obras de electrificación.*

electrificar. tr. **1.** Hacer que (algo) funcione por medio de la electricidad. *Electrifican la vía férrea.* **2.** Suministrar electricidad (a un lugar). *Levantaron unos postes para electrificar la urbanización. La alambrada está electrificada.*

electrizante. adj. Que electriza o exalta. *Una música electrizante.*

electrizar. tr. **1.** Producir electricidad (en un cuerpo). *Electrizó el bolígrafo frotándolo contra el jersey.* Tb. en constr. prnl. media. *Se me electriza el pelo cuando lo cepillo.* **2.** Exaltar o excitar (a alguien). *Los sermones del predicador electrizan a los fieles.* Tb. en constr. prnl. media. *El público se electrizaba con la música del roquero.*

electro-. elem. compos. Significa 'electricidad' o 'eléctrico'. *Electroestimulador, electroenfoque, electroválvula.*

electroacústico, ca. adj. **1.** De la electroacústica (→ 2). *Dispositivo electroacústico. Guitarra electroacústica.* ● f. **2.** *Fís.* Estudio y técnica de la producción, captación y reproducción de sonidos por medios eléctricos. *La electroacústica permite crear sonidos artificiales.*

electrocardiograma. m. *Med.* Gráfico en el que se registran las corrientes eléctricas producidas por el corazón. *El electrocardiograma indicaba un ritmo cardíaco irregular.*

electrochoque. m. *Med.* Tratamiento de ciertos trastornos psiquiátricos que consiste en aplicar descargas eléctricas en el cerebro. *Recurren al electrochoque con algunos pacientes graves.*

electrocución. f. Hecho de electrocutar o electrocutarse. *Una muerte por electrocución.*

electrocutar. tr. Matar (a alguien) por medio de una descarga eléctrica. *Electrocutó a su víctima arrojando una lámpara en la bañera.* Tb. en constr. prnl. media. *Se ha electrocutado al tocar un cable de alta tensión.*

electrodinámico, ca. adj. **1.** *Fís.* De la electrodinámica (→ 2). *Principios electrodinámicos. Los metales tienen propiedades electrodinámicas.* ● f. **2.** *Fís.* Parte de la física que estudia los fenómenos producidos por la electricidad en movimiento. *Volta impulsó el desarrollo de la electrodinámica.*

electrodo. m. *Fís.* Extremo de un conductor que, en contacto con un medio, transmite a este una corriente eléctrica o la recibe de él. *Le colocan unos electrodos para aplicarle un electrochoque.*

electrodoméstico. adj. Dicho de aparato: Que se utiliza para las actividades de la casa y funciona con electricidad. *Un aparato electrodoméstico.* Frec. m. *Han comprado un frigorífico en la tienda de electrodomésticos.*

electroencefalograma. m. *Med.* Gráfico en el que se registra la actividad eléctrica del encéfalo. *Le hacen un electroencefalograma para evaluar la lesión.* ▶ ENCEFALOGRAMA.

electrógeno, na. adj. *Fís.* Que genera electricidad. *El estadio dispone de una instalación electrógena de emergencia.*

electroimán. m. Imán artificial que consta de un núcleo de hierro dulce rodeado por una bobina por la que pasa una corriente eléctrica. *Algunos timbres funcionan por medio de electroimanes.*

electrolisis o **electrólisis.** f. *Quím.* Descomposición de una sustancia en disolución por medio de una corriente eléctrica. *La electrolisis se utiliza para limpiar metales de impurezas.*

electrolítico, ca. adj. *Quím.* De la electrolisis. *Procedimiento electrolítico.*

electrolito o **electrólito.** m. *Quím.* Sustancia que en disolución se descompone por la acción de una corriente eléctrica. *Las pilas tienen en su interior un electrolito.*

electromagnético, ca. adj. *Fís.* Del electromagnetismo. *Leyes electromagnéticas. Campo electromagnético.*

electromagnetismo. m. *Fís.* Parte de la física que estudia los fenómenos en los que interaccionan corrientes eléctricas y campos magnéticos. *El telégrafo fue una de las primeras aplicaciones del electromagnetismo.*

electromecánico, ca. adj. **1.** *Fís.* Dicho de un aparato o sistema mecánico: Que funciona con electricidad. *El garaje tiene un sistema de cierre electromecánico.* ● f. **2.** *Fís.* Estudio de la electricidad aplicada a los aparatos mecánicos. *Se va a especializar en electromecánica de vehículos.* ○ m. y f. **3.** Técnico titulado en electromecánica (→ 2). Frec. en aposición. *Ingeniero electromecánico. Técnico electromecánico.*

electrón. m. *Fís.* Partícula elemental con carga eléctrica negativa, que gira alrededor del núcleo del átomo. *Los aislantes impiden el movimiento de los electrones.*

electrónico, ca. adj. **1.** *Fís.* Del electrón. *La química cuántica estudia la estructura electrónica de las moléculas.* **2.** De la electrónica (→ 3). *Es ingenie-*

ro técnico electrónico. Un dispositivo electrónico detecta los objetos metálicos. ● f. **3.** Rama de la física que estudia el comportamiento de los electrones en diversos medios, como en el vacío, en gases o en semiconductores, y su aplicación técnica. *Estudio electrónica en un centro de formación profesional. La electrónica ha revolucionado las comunicaciones.*

electroquímico, ca. adj. **1.** De la electroquímica (→ 2), o de su objeto de estudio. *Fenómenos electroquímicos.* ● f. **2.** Rama de la fisicoquímica que estudia la relación entre procesos químicos y la producción de electricidad. *La pila es una aplicación de la electroquímica.*

electroscopio. m. *Fís.* Aparato que sirve para conocer si un cuerpo está electrizado. *Los electroscopios detectan la intensidad de las radiaciones atómicas.*

electrostático, ca. adj. **1.** *Fís.* De la electrostática (→ 2). *Procedimiento electrostático.* ● f. **2.** *Fís.* Rama de la física que estudia los fenómenos relacionados con la electricidad estática. *Coulomb estableció las bases de la electrostática.*

electrotecnia. f. *Fís.* Estudio de las aplicaciones técnicas de la electricidad. *La electrotecnia estudia cómo distribuir la electricidad.*

electrotécnico, ca. adj. *Fís.* De la electrotecnia. *Industria electrotécnica.*

elefante, ta. m. **1.** Animal mamífero de gran tamaño, piel rugosa, trompa alargada y prensil, y dos largos colmillos, que vive en África y Asia. *Matan elefantes por el marfil de sus colmillos.* Tb. designa específicamente al macho. *Los elefantes luchan entre sí para conseguir copular con la hembra.* ○ f. **2.** Hembra del elefante (→ 1). *La gestación de la elefanta dura 22 meses.* ■ ~ **marino.** m. Mamífero marino, parecido a la foca, cuyo macho tiene un largo hocico en forma de trompa. *En la Patagonia hay elefantes marinos.*

elefantiásico, ca. adj. *Med.* **1.** De la elefantiasis. *Trastornos elefantiásicos.* **2.** *Med.* Dicho de persona: Que padece elefantiasis. Tb. m. y f. *Los dos elefantiásicos habían contraído la enfermedad en África.*

elefantiasis. f. *Med.* Enfermedad producida por un parásito propio de regiones cálidas, que produce un crecimiento enorme de algunas partes del cuerpo, espec. de las extremidades inferiores y de los órganos genitales. *La elefantiasis le impide andar.*

elegancia. f. Cualidad de elegante. *Viste con elegancia. La elegancia y la sobriedad son rasgos de su estilo literario.*

elegante. adj. **1.** Que tiene gracia, belleza y armonía. *La estatua destaca por sus formas elegantes.* **2.** Dicho de persona: Que viste con buen gusto y distinción. *La más elegante de la fiesta lleva un vestido negro.* **3.** Dicho de cosa: Que revela buen gusto y distinción. *Siempre se pone unos complementos muy elegantes.* ▶ **Am: 2:** CATRÍN.

elegía. f. Composición poética de carácter lírico, en que se lamenta la muerte de alguien u otra desgracia. *Jorge Manrique escribió una elegía en memoria de su padre.*

elegíaco, ca o **elegiaco, ca.** adj. **1.** De la elegía. *Poeta elegíaco.* **2.** cult. Lastimero o triste. *Hay un tono elegíaco en sus palabras.*

elegido. part. **1.** → **elegir. 2.** Que ha sido elegido (→ 1) por Dios para alcanzar la gloria. Dicho de pers., tb. m. y f. *El profeta anunció la llegada de un elegido.*

elegir. (conjug. PEDIR). tr. **1.** Preferir (algo o a alguien) de entre varias personas o cosas. *Elige la corbata gris; la amarilla es muy fea. Elijo al aspirante con más experiencia.* Tb. usado en constr. intr. *Elige ya, no tenemos todo el día.* **2.** (part. **elegido** o, frecAm., **electo**). Designar (a alguien) por votación para ocupar un cargo, realizar una función o recibir un premio. *Elegiremos un delegado de clase. Confío en que me elijáis* COMO *vuestro próximo alcalde. Me han elegido* PARA *representar a los trabajadores. Un jurado internacional lo ha elegido* COMO *el jugador del año. Fue electa en 1976 y ocupó el cargo por cuatro años* [C]. ▶ **1:** ESCOGER. **2:** *DESIGNAR.

elemental. adj. **1.** Fundamental o primordial. *Principios elementales de Lógica. El respeto es una norma elemental de convivencia.* **2.** Sencillo, o que no tiene complicación o dificultad. *Cultivan la tierra con técnicas elementales. Lo que dice es muy elemental.* ▶ **2:** SENCILLO.

elementalidad. f. Cualidad de elemental. *Aprecio la elementalidad de las casas rústicas.*

elemento. m. **1.** Parte integrante de algo. *El carburador es un elemento importante de un coche. "Video-" es un elemento que sirve para formar palabras compuestas.* **2.** Componente de una agrupación de personas. *Este alumno es un elemento nocivo para el resto.* Frec. en sent. colectivo y, entonces, coloq. *Los carteristas se ceban con el elemento extranjero.* **3.** Individuo valorado positiva o negativamente. *Eres uno de los mejores elementos del equipo.* Frec. despect. *Ojo con ese: es un elemento de cuidado.* **4.** Cosa o recurso necesarios para un fin determinado. *No tengo elementos suficientes para hacer un juicio válido.* **5.** Medio donde se desarrolla adecuadamente un ser vivo. *Su mascota se ha muerto porque estaba fuera de su elemento.* Tb. fig., gralm. en la constr. *en su ~. En el escenario se encuentra en su elemento.* **6.** *Fil.* Cada una de las cuatro sustancias fundamentales que, en la filosofía antigua, se consideraba que constituían el universo: tierra, agua, aire y fuego. *Para Tales de Mileto el agua era el elemento primordial.* **7.** *Quím.* Cuerpo simple. *Tabla periódica de elementos. El helio es un elemento del grupo de los gases nobles.* **8.** *Mat.* Elemento (→ 1) de un conjunto. *¿Qué elementos del conjunto son divisibles por dos?* ○ pl. **9.** Principios básicos de una ciencia o arte. *Elementos de Retórica.* **10.** Fuerzas de la naturaleza, espec. las que influyen en las condiciones atmosféricas. *La furia de los elementos provocó el naufragio.*

elenco. m. **1.** Conjunto de actores de una compañía teatral o que actúan en una obra. *El elenco está a la altura de una obra tan difícil.* **2.** Conjunto de personas destacadas que realizan una misma tarea o forman un equipo. *Un elenco de intelectuales impartirá las conferencias.* **3.** Catálogo o serie, gralm. ordenada, de cosas. *El reportaje trae un elenco de especies en extinción.* ▶ **1:** REPARTO.

elepé. m. Disco de larga duración. *El cantautor sacará un elepé con sus grandes éxitos.* ▶ LP.

elevación. f. **1.** Hecho de elevar o elevarse. *La elevación del nivel del mar.* **2.** Lugar, espec. un terreno, elevado. *Las elevaciones de la región superan los mil metros.*

elevado, da. part. **1.** → **elevar.** ● adj. **2.** Que está a cierta altura sobre el suelo. *Reclaman un paso elevado para cruzar la vía.* **3.** Alto, o que tiene una altura superior a la normal. *Una cumbre elevada.* **4.** De calidad superior en el aspecto intelectual o moral. *Habla con un lenguaje elevado.* ▶ **3:** ALTO.

elevador, ra. adj. **1.** Que eleva o sirve para elevar. *Plataforma elevadora.* ● m. **2.** Máquina o dispositivo que sirven para subir o bajar pesos, espec. mercancías. *Con un elevador apilan las cajas en el almacén.* **3.** frecAm. Ascensor. *Bajé en el elevador hasta la calle solitaria, solo* [C]. ○ f. **4.** Elevador (→ 2). *Elevadora eléctrica.*

elevalunas. m. Mecanismo para subir y bajar las ventanillas de un vehículo. *Su coche tiene elevalunas eléctrico.*

elevar. tr. **1.** Mover (algo) hacia arriba o poner(lo) en un lugar más alto que el que tenía. *Elevó las cejas sorprendido. Elevaron el piano con unas poleas hasta el cuarto piso.* Tb. fig. *La felicitación del director elevó la moral del equipo.* Tb. en constr. prnl. media. *Los globos aerostáticos se elevan cuando se calienta el aire en su interior.* **2.** Dirigir hacia arriba (algo, especialmente los ojos o la mirada). *Elevó los ojos al cielo.* Tb. fig. *La música eleva el espíritu.* **3.** Hacer (algo) más alto. *Eleva la temperatura del agua. Eleva la voz, que no te oigo.* **4.** Colocar (a alguien) en un puesto importante o más importante que el que tenía. *El príncipe fue elevado* AL *trono. Han elevado al secretario de estado* A *ministro.* **5.** Dirigir (un escrito o una petición) a una autoridad. *Elevaron un recurso* A *la Audiencia Nacional. Han elevado una protesta formal* AL *Defensor del Pueblo.* **6.** Hacer (un edificio o construcción). *Le van a elevar un monumento.* **7.** *Mat.* Multiplicar (una cantidad o expresión) por sí misma un determinado número de veces, indicado por el exponente. *Elevar un número a una potencia. Si elevamos dos al cuadrado, el resultado es cuatro.* ○ intr. prnl. **8.** Llegar algo a una altura determinada. *El álamo se eleva* A *considerable altura. El olivo se eleva* HASTA *cuatro o cinco metros.* **9.** Llegar una cuenta o un cómputo a un total determinado. *El número de afectados se eleva ya* A *mil.* **10.** Sobresalir algo sobre una superficie o plano. *La torre de la iglesia se eleva sobre los tejados. Al fondo se eleva la mole del Himalaya.* ▶ **1, 2:** *LEVANTAR. **3:** ALZAR, SUBIR. **6:** *LEVANTAR. **10:** *LEVANTARSE.

elfo. m. En la mitología escandinava: Genio o espíritu del aire. *Los elfos eran seres con poderes mágicos.*

elidir. tr. **1.** *Ling.* Suprimir (la vocal con que acaba una palabra cuando la que sigue empieza con otra vocal). *En la expresión francesa "d'amour" hemos elidido la vocal "e".* **2.** *Gram.* Omitir (una o más palabras) en una oración sin alterar el sentido de esta ni contravenir las reglas gramaticales. *En "tienes que fregar" está elidido el complemento directo.*

eliminación. f. Hecho de eliminar. *Ha sufrido la eliminación en la primera ronda.*

eliminar. tr. **1.** Hacer que (algo) desaparezca. *El ambientador elimina los malos olores. El director ha eliminado del montaje final varias escenas.* **2.** Excluir (a alguien) en un proceso de selección, o dejar(lo) fuera. *Eliminan a los candidatos que no hablan inglés. Van eliminando sospechosos de la lista.* **3.** Dejar (a un rival) fuera de una competición deportiva al vencer(lo). *Han eliminado al equipo en semifinales.* **4.** Matar (a alguien). *El gánster manda eliminar al soplón.* **5.** *Mat.* Eliminar (→ 1) (una incógnita) de una ecuación. *Eliminas una de las dos incógnitas y despejas la otra.* **6.** Expulsar un organismo (una sustancia). *En la sauna el cuerpo elimina toxinas.* ▶ **1:** *QUITAR. **2:** *EXCLUIR. **4:** *MATAR.

eliminatorio, ria. adj. **1.** Que elimina o sirve para eliminar. *Las pruebas de la oposición tienen carácter eliminatorio.* ● f. **2.** Fase eliminatoria (→ 1) de una competición, espec. deportiva. *La selección ha ganado su eliminatoria.*

elipse. f. *Mat.* Curva plana cerrada, simétrica respecto de dos ejes perpendiculares entre sí, en la que la suma de las distancias de cada uno de sus puntos a otros dos puntos fijos o focos es constante. *Los planetas describen una elipse alrededor del Sol.*

elipsis. f. *Gram.* Omisión de una o más palabras de una oración, sin que se altere el sentido de esta ni se incumplan las reglas gramaticales. *En la oración "Juan llegará por la mañana, y Ana, por la tarde" hay elipsis del segundo verbo.*

elíptico[1], ca. adj. **1.** De la elipse. *Coordenadas elípticas.* **2.** De forma de elipse. *La Luna describe una órbita elíptica.*

elíptico[2], ca. adj. *Gram.* De la elipsis. *Las expresiones elípticas son habituales al conversar.*

elíseo, a. adj. **1.** cult. Del Elíseo (→ 2), o de características atribuidas a él, espec. su carácter placentero. *En aquel paraje se respire una elísea armonía.* ● m. **2.** (Frec. en mayúsc.). En la mitología grecorromana: Campos Elíseos (→ **campo**). *Las almas de los virtuosos iban al Elíseo.*

elisión. f. *Ling.* Hecho o efecto de elidir. *En algunas lenguas, la elisión se representa con un apóstrofo.*

elite o **élite.** f. Minoría selecta de personas. *Pertenece a la elite social del país. Deportista de élite.*

elitismo. m. Tendencia a favorecer a las elites. *Rechazo el elitismo cultural.*

elitista. adj. **1.** De la elite. *Es socio de un club elitista.* **2.** Dicho de persona: Que pertenece a una elite o se muestra partidario de las elites. *Fue un poeta elitista y minoritario.* Tb. m. y f. Frec. despect. *Es una elitista: menosprecia al pueblo.*

élitro. m. *Zool.* Ala anterior y dura, en muchos casos hasta córnea, de algunos insectos, que protege el ala posterior. *El canto del grillo se produce al frotar sus élitros.*

elixir o **elíxir.** (**elíxir,** Am.). m. **1.** Licor farmacéutico compuesto de diferentes sustancias medicinales disueltas gralm. en alcohol. *Toma un elixir para el flato.* **2.** Medicamento o remedio de propiedades maravillosas. *El mago le preparó un elixir al héroe. Parece haber bebido el elíxir de la eterna juventud* [C]. ▶ *PÓCIMA.

ellas. → **él.**

elle. f. Combinación de dos letras *l. Caballo se escribe con elle.*

ello. (No tiene pl.; → **lo[2]**, **le[2]**). pron. pers. Designa un hecho, una idea, una cosa o un conjunto de cosas mencionados antes. *La encontré muy desmejorada, pero prefiero no hablar de ello. –Tengo que hacer un informe. –Pues, ¡a ello! Sirvieron hasta tres platos y acompañaron todo ello con un buen vino. La situación económica ha mejorado y ello supone más inversiones. –Necesito que me ayudes. –Cuenta con ello.*

ellos. → **él.**

elocución. f. Manera de hablar o de expresarse. *La elocución es elegante, pero el discurso no conmueve.*

elocuencia. f. **1.** Facultad de hablar o de expresarse de manera fluida, apropiada y convincente. *El parlamentario ha exhibido su elocuencia.* **2.** Capacidad que tiene una cosa para persuadir o conmover. *No hay nada que añadir a la elocuencia de esta imagen.*

elocuente. adj. Que tiene o manifiesta elocuencia. *Un profesor elocuente. Los datos sobre el paro son elocuentes.*

elocutivo, va. adj. De la elocución. *Formas elocutivas en el discurso.*

elogiable. adj. Digno de ser elogiado. *Me parece elogiable que reconozca su error.*

elogiar. (conjug. ANUNCIAR). tr. Alabar (algo o a alguien). *Sus profesores lo elogian por su constancia. Han elogiado la organización del congreso.* ▶ *ALABAR.

elogio. m. Hecho de elogiar. *El tema del texto es el elogio de la libertad. Tuvo palabras de elogio para todos.* Tb. las palabras con que se elogia. *Agradezco vuestros elogios, pero no los merezco.* ▶ *ALABANZA.

elogioso, sa. adj. Que elogia o contiene elogio. *Ha recibido críticas elogiosas.*

elongación. f. **1.** *Med.* Alargamiento de un miembro o un nervio. *El corredor sufre una elongación en el bíceps femoral.* **2.** *Fís.* Estiramiento por tracción mecánica. *Al estirar el resorte se consigue un máximo de 50 cm de elongación.* **3.** *Fís.* Distancia que, en un instante determinado, separa a un cuerpo sometido a oscilación de su posición de equilibrio. *La elongación sirve para definir una onda.*

elote. m. Am. Mazorca tierna de maíz. *Se desgranan los elotes y se muelen con un poco de leche* [C]. ▶ MAZORCA.

elucidación. f. Hecho o efecto de elucidar. *Ha dedicado años de estudio a la elucidación de cuestiones teológicas.*

elucidar. tr. Hacer claro o comprensible (algo oscuro o difícil). *Los astrofísicos tratan de elucidar el origen del universo.* ▶ *ACLARAR.

elucubración. f. Hecho o efecto de elucubrar. *Las teorías de Freud siguen siendo objeto de elucubración.* A veces despect. *Sus elucubraciones sobre la vida extraterrestre son delirantes.*

elucubrar. tr. Elaborar (pensamientos profundos). *Ha elucubrado una ley física trascendental.* Frec. despect., para dar idea de superficialidad. Tb. usado en constr. intr. *Pierdes el tiempo elucubrando sobre el sentido de la vida.*

eludir. tr. **1.** Evitar (algo, como una dificultad o una obligación), espec. con astucia. *Reside en Suiza para eludir el pago de impuestos. No puedes eludir tus responsabilidades.* **2.** Evitar el encuentro (con alguien o algo). *Elude la mirada reprobatoria de su padre.* ▶ *EVITAR.

elusión. f. Hecho de eludir. *La elusión del pago de las cuotas será sancionada.*

elusivo, va. adj. Que elude o que sirve para eludir. *Respuesta elusiva.*

em-. → en-.

emanación. f. Hecho o efecto de emanar. *Unos mineros han muerto por una emanación de gas.*

emanar. intr. **1.** Proceder una cosa de otra, o tener su origen en ella. *En una teocracia se cree que el poder emana de Dios.* **2.** Desprenderse de un cuerpo una sustancia volátil. *El gas que emanaba* DE *la estufa los intoxicó.* ○ tr. **3.** Emitir o desprender un cuerpo (una sustancia volátil). *El ramo de rosas emana un agradable aroma.* ▶ **1:** DIMANAR. **3:** *DESPEDIR.

emancipación. f. Hecho de emancipar o emanciparse. *La emancipación de las colonias. Cada vez es más tardía la emancipación de los jóvenes.*

emancipador, ra. adj. Que emancipa. *Luchas emancipadoras.* Dicho de pers., tb. m. y f. *El emancipador Artigas es un héroe nacional.*

emancipar. tr. **1.** Liberar (a alguien) de la patria potestad, la tutela o la servidumbre. *Llevado a Roma como esclavo, un senador lo emancipó.* **2.** Liberar (a alguien) de una subordinación o dependencia. *Simón Bolívar emancipó a su pueblo. Trabaja para poder emanciparse de sus padres.*

emascular. tr. cult. Castrar (a alguien). *Emasculaban a los esclavos del harén.*

embadurnar. tr. Poner (sobre alguien o algo) una sustancia pegajosa o que ensucia. *Se embadurnan la cara* CON *pinturas de camuflaje. La embadurna* DE *cremas.*

embajada. f. **1.** Cargo de embajador. *Le han ofrecido la embajada española en México.* **2.** Lugar donde reside oficialmente el embajador o en el que está su oficina. *Se celebra una recepción en la embajada de Costa Rica.* **3.** Conjunto de personas que trabajan a las órdenes del embajador. *Tras el atentado, la embajada fue alojada provisionalmente en un hotel.* **4.** Mensaje enviado por una autoridad de un país a la de otro a través de un embajador. *Transmitió al Papa una embajada de los Reyes.* **5.** coloq. Mensaje o comunicación impertinente. *Viene con la embajada de que tendremos que pagar los daños del tejado.*

embajador, ra. m. y f. **1.** Diplomático que representa a un Estado dentro de otro. *Por un conflicto diplomático, la embajadora tendrá que regresar a su país.* **2.** Emisario o mensajero. *Ha llegado un embajador con un mensaje secreto.* **3.** Persona o cosa que representan a un país por ser espec. característicos o conocidos fuera de él. *Este modisto es un embajador de nuestra moda.* **4.** Cónyuge del embajador (→ 1). *La embajadora no suele participar en los actos oficiales de su marido.*

embalaje. m. **1.** Hecho de embalar o poner un objeto en una caja o envoltura. *Tened cuidado en el embalaje de los objetos frágiles.* **2.** Caja o envoltura con que se embala un objeto. *El embalaje se ha roto.*

embalar[1]. tr. Poner (un objeto que se va a transportar) en una caja o en una envoltura que (lo) proteja. *Han embalado ya todos los cuadros.*

embalar[2]. tr. **1.** Hacer que (alguien o algo) tomen velocidad. *Embaló el coche en la recta. Los ciclistas se embalan hacia la meta.* ○ intr. prnl. **2.** Tomar algo velocidad. *Este coche se embala en cuanto aceleras un poco.* **3.** coloq. Dejarse llevar por un impulso o un sentimiento. *No te embales: hay que pensarlo mejor.*

embaldosar. tr. Cubrir con baldosas el suelo (de un sitio). *Embaldosaron el patio con losetas.*

embalsamador, ra. adj. Que embalsama. *Aceites embalsamadores.* Dicho de pers., tb. m. y f.

embalsamamiento. m. Hecho de embalsamar. *Técnicas de embalsamamiento.*

embalsamar. tr. **1.** Tratar (un cadáver) con diversas sustancias que evitan su descomposición. *Los egipcios usaban diferentes métodos para embalsamar a los muertos.* **2.** cult. Perfumar o aromatizar (algo). *Embalsama la sala con incienso.*

embalsar. tr. **1.** Recoger (agua) en un embalse o formando balsa. *Embalsando las aguas del río, habrá más agua para los riegos.* Tb. en constr. prnl. media. *Cuando llueve, el agua se embalsa en los declives del terreno.* **2.** Recoger un embalse (una cantidad de agua determinada). *El pantano puede embalsar casi 400 000 m^3 de agua.*

embalse. m. **1.** Hecho o efecto de embalsar o embalsarse. *El embalse de las aguas permitió el desarrollo de la agricultura de regadío.* **2.** Depósito artificial para almacenar el agua de un río, que se construye cerrando un valle con una presa o dique. *El embalse abastece de agua a toda la comarca.* ▶ **2:** PANTANO.

embarazado, da. part. **1.** → **embarazar.** ● adj. **2.** Dicho de mujer: Que ha sido fecundada y va a tener un hijo. *Las mujeres embarazadas llevan ropa holgada. Está embarazada de ocho meses. Estaba embarazada* DE *su anterior novio.* Tb. f. *Dejé mi asiento a una embarazada.* ▶ **2:** ENCINTA, GESTANTE, PREÑADA.

embarazar. tr. **1.** Fecundar (a una mujer). *Poco después de casarse, embarazó a su mujer.* **2.** cult. Hacer que (alguien) actúe o se mueva con dificultad o con falta de soltura. *Los actos sociales lo embarazan.* **3.** cult. Hacer que (algo) se produzca con dificultad. *El vestido embaraza los movimientos de la novia.* ▶ **1:** PREÑAR.

embarazo. m. **1.** Estado de la mujer embarazada. *Durante el embarazo dejé de fumar.* **2.** Encogimiento o incomodidad para actuar o comportarse. *Cuando hablo en público, siento un gran embarazo.* **3.** cult. Dificultad u obstáculo. *El camino está libre de embarazos.* ▶ **1:** PREÑEZ.

embarazoso, sa. adj. Que produce embarazo o incomodidad. *Fue embarazoso encontrarme con mi ex novia. Un silencio embarazoso.*

embarcación. f. Construcción cóncava capaz de flotar y que se utiliza para el transporte por agua. *Han encontrado restos de la embarcación naufragada.* ▶ BARCA, BARCO, BUQUE, NAVE, NAVÍO.

embarcadero. m. Lugar dispuesto para embarcar personas o mercancías. *La lancha está amarrada en el embarcadero.*

embarcar. tr. **1.** Introducir (personas o mercancías) en una embarcación, tren o avión. *Utilizan una pasarela para embarcar a los pasajeros* EN *el transatlántico. Embarcaban los equipajes en la pista del aeropuerto.* **2.** Hacer que (alguien) participe en una empresa difícil o arriesgada. *El director embarcó* EN *su proyecto a un productor americano. No vuelvo a embarcarme* EN *una aventura semejante.* ○ intr. **3.** Subir a una embarcación, tren o avión. *Cuando los pasajeros embarcaron, el barco zarpó.* Frec. prnl. *No he podido embarcarme* EN *el vuelo de las seis.*

embarco. m. Hecho de embarcar en una embarcación, tren o avión. *El capitán dio la orden de embarco.* ▶ EMBARQUE.

embargar. tr. **1.** Retener (bienes) de alguien por mandato judicial para garantizar el pago de una deuda o por haber cometido esa persona una falta o delito. *Le han embargado la casa.* Tb. referido a esa persona. *Si no pagan la deuda, los embargarán.* **2.** Apoderarse (de alguien) una emoción o un sentimiento. *La tristeza embarga a la viuda.*

embargo. m. **1.** Hecho de embargar o retener bienes. *El juez decreta el embargo de sus propiedades.* **2.** Medida decretada por uno o más países que prohíbe el comercio con otro como sanción o medida de presión contra él. *El país sufre un embargo comercial.* ■ **sin ~.** loc. adv. A pesar de lo expuesto. *No he pegado ojo esta noche; sin embargo, me siento descansado.*

embarque. m. Hecho de embarcar. *Colocan unas rampas para el embarque del ganado. Puerta de embarque.* ▶ EMBARCO.

embarrada. f. Am. coloq. Error (acción desacertada). *De embarrada en embarrada, siempre está opinando lo que no toca* [C].

embarrancar. intr. Encallar una embarcación en un fondo de arena. *El barco ha embarrancado cerca de la playa.* ▶ *ENCALLAR.

embarrar. tr. **1.** Cubrir (algo) de barro. *La lluvia ha embarrado los caminos.* **2.** Manchar (algo o a alguien) con barro. *Vas a embarrar el bajo de los pantalones. Los corredores han acabado la carrera embarrados.* ■ **~la.** loc. v. Am. coloq. Cometer un error o equivocarse. *Lo dejamos por ahora, no vayamos a embarrarla* [C]. *Estuvieron a punto de embarrarla* [C].

embarullar. tr. **1.** Confundir o mezclar desordenadamente (varias cosas). *Ha embarullado las ideas en el examen.* Tb.: *No embarulles unos datos* CON *otros.* Tb. en constr. prnl. media. *Las tramas de la telenovela se embarullan y el espectador se pierde.* **2.** Confundir o desorientar (a alguien). *Sé más claro, que me estás embarullando.* Tb. en constr. prnl. media. *Cuando hago varias cosas a la vez, me embarullo.*

embate. m. Golpe o acometida, espec. del mar. *El embate de las olas.* Tb. fig. *Los embates del destino.*

embaucador, ra. adj. Que embauca. Dicho de pers., tb. m. y f. *No me fío de él: es un embaucador.*

embaucamiento. m. Hecho de embaucar. *El timador domina las artes del embaucamiento.*

embaucar. (conjug. CAUSAR). tr. Engañar (a alguien) aprovechándose de su inexperiencia o ingenuidad. *Te embauca con sus promesas.*

embeber. tr. **1.** Absorber un cuerpo sólido (un líquido). *La esponja embebe el agua.* **2.** Empapar (algo) en un líquido. *Embebe un paño* EN *alcohol.* **3.** Contener una cosa dentro de sí (otra). *Las tuberías van embebidas en hormigón.* **4.** Reducir la anchura (de algo) recogiéndo(lo) sobre sí mismo. *Ve embebiendo la tela a medida que coses.* ○ intr. **5.** Encogerse algo, espec. una prenda. *Las prendas de lana embeben al lavarlas.* ○ intr. prnl. **6.** Poner alguien toda su atención o interés en algo. *Se embebe* EN *su trabajo.* **7.** Instruirse en profundidad en algo. *Antes de viajar a un país, le gusta embeberse* DE *su historia.* ▶ **1:** *ABSORBER. **2:** *EMPAPAR. **5:** ENCOGER.

embeleco. m. Engaño, espec. el hecho con zalamerías o con algún artificio. *No te dejes engañar por los embelecos de este truhán.* ▶ *ENGAÑO.

embelesamiento. m. Embeleso. *Los amantes se contemplan con embelesamiento.*

embelesar. tr. Suspender o arrebatar los sentidos (a alguien). *Los bailarines embelesaron al público.* Tb. en constr. prnl media. *Se embelesa contemplando el paisaje.* ▶ ARROBAR, EXTASIAR, SUBYUGAR.

embeleso. m. Hecho o efecto de embelesar o embelesarse. *Mira al bebé con embeleso.* ▶ ARROBAMIENTO, ARROBO, EMBELESAMIENTO.

embellecedor, ra. adj. **1.** Que embellece. *Un complemento embellecedor.* ● m. **2.** Pieza destinada a embellecer, espec. en un automóvil. *Los embellecedores dan un aspecto deportivo a tu coche.*

embellecer. (conjug. AGRADECER). tr. **1.** Hacer o poner bello o más bello (a alguien o algo). *Las flores embellecen los balcones de las casas.* ○ intr. **2.** Hacerse o ponerse bello o más bello. *Embellece cuando ríe.*

embellecimiento. m. Hecho de embellecer. *El embellecimiento de la fachada ha revalorizado el edificio.*

embestida. f. Hecho de embestir. *El banderillero esquiva la embestida del toro. La embestida de un camión.*

embestir. (conjug. PEDIR). tr. Ir con violencia un animal, espec. un toro, (contra alguien o algo). *El toro embiste al caballo del picador.* Tb. fig. *Al parar en el semáforo, un coche nos ha embestido.* Tb. usado en constr. intr. *Este toro no embiste.*

emblanquecer. (conjug. AGRADECER). tr. **1.** Poner blanco o más blanco (algo). *Emblanquecen las fachadas con cal.* ○ intr. **2.** Ponerse blanco o más blanco. *La ropa emblanquece metiéndola en lejía.* Frec. prnl. *La piel se emblanquece en invierno.* ▶ BLANQUEAR.

emblema. m. **1.** Figura acompañada de un verso, lema o leyenda, que se emplea como símbolo o distintivo de una persona o una institución. *El emblema de la universidad es una corona y una frase en latín.* **2.** Cosa que simboliza o representa a otra. *La fiesta de los toros es emblema de la cultura española.*

emblemático, ca. adj. Significativo o representativo. *Un monumento emblemático. Lorca es un figura emblemática de su generación.*

embobamiento. m. Hecho o efecto de embobar o embobarse. *Mira con expresión de embobamiento.*

embobar. tr. Tener suspenso o admirado (a alguien). *El mago emboba al público con sus trucos.* Tb. en constr. prnl. media. *Se embobaba mirando aquel cuadro.*

embocadura. f. **1.** Entrada de un lugar estrecho. *Un barco cruza la embocadura del río. La comadreja se escabulló por la embocadura de la madriguera.* **2.** Espacio por el que se ve el escenario de un teatro cuando sube el telón. *La embocadura de este teatro tiene cuatro metros de alto y cinco de ancho.* **3.** Boquilla de un instrumento de viento. *El saxofón tiene embocadura de madera.* ▶ **3:** BOQUILLA.

embocar. tr. **1.** Meter (algo) en la boca. *Emboca un habano y lo enciende. Se embocó una aceituna al vuelo.* **2.** Entrar (por un lugar, gralm. estrecho). *El conductor da las luces antes de embocar el túnel.* Tb. usado en constr. intr. *Embocamos por un callejón que salía de la plaza.* **3.** En algunos juegos o deportes: Meter (una bola o una pelota) en un orificio. *En el billar americano, si embocas la bola negra, pierdes.* Tb. usado en constr. intr. *El golfista ha embocado en el hoyo desde treinta metros.*

embolado. m. coloq. Asunto engorroso o situación difícil que hay que afrontar. *En menudo embolado se había metido. El jefe me ha pedido que acompañe a su hija; ¡vaya embolado!*

embolia. f. *Med.* Obstrucción de un vaso sanguíneo causada por un cuerpo formado en la sangre, que impide la circulación de esta. *Ha sufrido una embolia cerebral y le falló el riego sanguíneo.*

émbolo. m. **1.** *Mec.* Pieza que se mueve de un lado a otro en el interior del tubo de una bomba, o de un cilindro de una máquina, para comprimir un fluido o recibir de él movimiento. *En un motor de explosión, el émbolo comprime la mezcla de gasolina y aire hasta que salta una chispa. Al presionar el émbolo de una jeringuilla, sale el líquido contenido en ella.* **2.** *Med.* Coágulo, burbuja de aire u otro cuerpo extraño que, arrastrados por la corriente sanguínea, producen una embolia. *Un émbolo, que obstruyó la arteria coronaria, ha provocado el infarto.* ▶ **1:** PISTÓN.

embolsamiento. m. Hecho de embolsar o embolsarse. *Habrá tormentas provocadas por el embolsamiento de aire frío en la atmósfera.*

embolsar. tr. **1.** Guardar (algo) en una o más bolsas. *Embolsan los fajos de billetes que sacan de la caja.* ○ tr. prnl. **2.** Ganar (dinero). *El vencedor se va a embolsar un millón de euros.*

emboquillado, da. part. **1.** → **emboquillar. 2.** Que ha sido emboquillado (→ 1). Tb. m. *Me ofreció un emboquillado. Solo fuma emboquillados.*

emboquillar. tr. Poner boquilla (a los cigarrillos). *Rara vez fuma cigarrillos emboquillados, le gustan más sin emboquillar.*

emborrachar. tr. **1.** Poner borracho (a alguien). *Emborracharon al novio en la despedida de soltero.* Tb. fig. *Habla tanto que me emborracha.* Tb. usado en constr. intr. *Bebe, que la sangría es suave y no emborracha.* Tb. en constr. prnl. media. *Se emborrachó con güisqui.* **2.** Empapar (un bizcocho, un pastel u otro dulce) en almíbar, vino o licor. *Hay que emborrachar el bizcocho* EN/CON *almíbar y coñac.*

emborronar. tr. **1.** Llenar de borrones o manchas de tinta (un papel). *No emborronéis los exámenes.* **2.** Hacer garabatos (en un papel). *Los niños se entretienen emborronando unas hojas.* **3.** Escribir (en un papel) deprisa o sin mucha reflexión. *Emborrona cuartillas con poemitas.* **4.** Correr la tinta (de un papel escrito o dibujado) de modo que queda borroso o difícil de entender. *La lluvia me emborronó el cuaderno de dibujo.* Tb. en constr. prnl. media. *El cuaderno de dibujo se me ha emborronado con la lluvia.* ▶ BORRONEAR.

emboscada. f. **1.** Operación consistente en esconderse de una o más personas para atacarlas por sorpresa. *Los guerrilleros han tendido una emboscada a una patrulla.* **2.** Engaño o asechanza. *Sus propios amigos le preparan una emboscada.*

emboscado. m. Hombre que elude la obligación de luchar en una guerra. *Un tribunal militar juzga a los emboscados.*

emboscarse. intr. prnl. **1.** Ocultarse alguien para atacar a otro. *Los bandoleros esperan emboscados el paso de la diligencia.* **2.** Ocultarse en un lugar con vegetación muy espesa. *Un fugitivo se ha emboscado en el monte.*

embotamiento. m. Hecho o efecto de embotar o embotarse. *Las pastillas me han producido un ligero embotamiento.*

embotar. tr. **1.** Hacer que disminuyan en agudeza o intensidad (los sentidos o las facultades intelectuales). *La marihuana embota los sentidos. Los analgésicos le han embotado su capacidad de razonar.* Tb. en constr. prnl. media. *La inteligencia se embota si no la ejercitas.* **2.** Hacer que los sentidos o las facultades intelectuales (de alguien) pierdan agudeza o intensidad. *El calor me embota.* Tb. en constr. prnl. media. *No me extraña que os embotéis después de esa comilona.* ▶ **1, 2:** ACORCHAR.

embotellado. m. Hecho de embotellar líquidos. *Utilizan botellas verdes para el embotellado de la sidra.*

embotellador, ra. adj. **1.** Que embotella o sirve para embotellar. *Empresa embotelladora.* • m. y f. **2.** Persona que se dedica a embotellar. *Asistieron a la feria del vino viticultores, embotelladores y bodegueros.* ○ f. **3.** Planta embotelladora (→ 1). *En el polígono industrial hay una embotelladora de refrescos.* **4.** Máquina embotelladora (→ 1). *Unos técnicos arreglan la embotelladora.*

embotellamiento. m. **1.** Hecho de embotellar líquidos. *Tras el embotellamiento de la cerveza, los botellines se meten en cajas.* **2.** Atasco de vehículos. *En la hora punta se producen grandes embotellamientos.* ▶ **2:** ATASCO.

embotellar. tr. **1.** Meter (algo, espec. un líquido) en una o más botellas. *Embotella el vino con un embudo.* **2.** Entorpecer el tráfico (en una calle o una carretera). *Los camiones de reparto embotellan las calles más estrechas.*

embozar. tr. **1.** Cubrir (a una persona o su rostro) hasta la nariz o los ojos. *Los atracadores embozaron sus rostros. Se emboza en su capa. Unos jóvenes embozados arrojan piedras a la policía.* **2.** Ocultar o encubrir (algo). *Sabe embozar sus intenciones.*

embozo. m. **1.** Parte de la sábana que se dobla para cubrir por encima la colcha o las mantas a la altura de la cara. *Duerme con las manos por encima del embozo.* **2.** Parte de la capa u otras prendas, con que se cubre el rostro. *Al cruzarse con ella, la mira por encima del embozo.*

embragar. tr. **1.** Conectar (un eje, una pieza o un mecanismo) a un motor por medio del embrague. *El dirigible ha salido hacia el Norte sin embragar la hélice. Al levantar el pie, queda embragada la transmisión.* Tb. referido al motor. *Antes de nada, embraga el motor.* ○ intr. **2.** Conectar el motor con la transmisión. *Tienes que aprender a embragar y desembragar con suavidad.*

embrague. m. **1.** Mecanismo que permite conectar o desconectar un eje al movimiento de otro. *La mayoría de los coches americanos tienen embrague automático.* **2.** Pedal con el que se acciona el embrague (→ 1). *Reduce, pisa el embrague y cambia de velocidad.* **3.** Hecho de embragar. *La operación de embrague debe realizarse con suavidad.*

embravecerse. (conjug. AGRADECER). intr. prnl. Enfurecerse o ponerse violento. *El toro sale embravecido del encuentro con el picador. El mar se embravece.*

embrear. tr. Untar (algo) con brea. *Están embreando el casco del barco.*

embriagador, ra. adj. cult. Que embriaga. *Se respira en el jardín un aroma embriagador.*

embriagante. adj. cult. Embriagador. *En el salón de té marroquí hay una atmósfera embriagante.*

embriagar. tr. cult. Emborrachar (a alguien). *Lo embriagaron con aguardiente.* Tb. fig. *La música la embriaga.* Tb. en constr. prnl. media. *Bebió hasta embriagarse.*

embriaguez. f. cult. Borrachera. *Lo han multado por conducir en estado de embriaguez.*

embridar. tr. **1.** Poner la brida (a una caballería). *Ensilla y embrida su caballo antes de montarlo.* **2.** Sujetar o refrenar (algo o a alguien). *Le cuesta embridar su rabia ante la injusticia.*

embriología. f. *Biol.* Estudio de la formación y el desarrollo de los embriones. *La embriología contribuye al desarrollo de la fertilización artificial.*

embriológico, ca. adj. *Biol.* De la embriología, o de su objeto de estudio. *Investigación embriológica.*

embrión. m. **1.** Ser vivo en las primeras etapas de su desarrollo, desde la fecundación hasta que adquiere las características morfológicas de su especie. *En la foto del embrión, se observa ya la formación de las aletas.* En la especie humana, designa el producto de la concepción hasta fines del tercer mes del embarazo. *El crecimiento del embrión produce cambios hormonales en la madre.* **2.** Principio poco desarrollado de algo. *Estas notas son el embrión de sus novelas.* **3.** *Bot.* En las semillas de algunas plantas: Parte destinada a desarrollarse como la futura planta. *El embrión de la planta porta ya la información genética.*

embrionario, ria. adj. Del embrión. *Desarrollo embrionario. Un proyecto en fase embrionaria.*

embrollar. tr. Enredar (algo), o hacer(lo) menos sencillo. *En vez de solucionar el problema, lo ha embrollado.* Tb. en constr. prnl. media. *El asunto se está embrollando cada vez más.*

embrollo. m. **1.** Lío o situación confusa. *La trama de la película es un embrollo.* **2.** Aprieto o situación complicada. *En menudo embrollo nos has metido por tu indiscreción.* ▶ **2:** *APRIETO.

embromar. tr. **1.** Gastar bromas (a alguien). *Los reclutas veteranos suelen embromar a los novatos.* **2.** Am. Fastidiar (a alguien) o molestar(lo). *Los jóvenes se abatían contra él para embromarlo, para sacarlo de sus casillas* [C]. Tb. usado en constr. intr. *Dejate de embromar y andá a dormir un rato* [C]. ○ intr. prnl. **3.** Am. Fastidiarse o aguantarse alguien. *El que no esté de acuerdo que se embrome* [C]. ▶ **2:** *MOLESTAR. **3:** *FASTIDIARSE.

embrujador, ra. adj. Que embruja. *Tienes una mirada embrujadora.*

embrujamiento. m. Hecho o efecto de embrujar. *Antiguamente las enfermedades mentales se achacaban a embrujamientos.* ▶ *HECHIZO.

embrujar. tr. Hechizar (algo o a alguien). *El castillo estaba embrujado. Lo embruja con su belleza.* ▶ *HECHIZAR.

embrujo. m. **1.** Hecho o efecto de embrujar. *Conocía fórmulas y conjuros para realizar embrujos.* **2.** Fascinación o atracción poderosa de alguien o algo. *Caerás rendido ante su embrujo. La música oriental tiene cierto embrujo.* ▶ **1:** *HECHIZO.

embrutecedor, ra. adj. Que embrutece. *La experiencia de la guerra fue embrutecedora.*

embrutecer. (conjug. AGRADECER). tr. Entorpecer la capacidad de razonar (de alguien). *No leer ni ejercitar la mente embrutece a las personas.* Tb. usado en constr. intr. *La vida en la cárcel embrutece.* Tb. en constr. prnl. media. *Al pasar tanto tiempo aislado, se embruteció.* ▶ BRUTALIZAR.

embrutecimiento. m. Hecho o efecto de embrutecer o embrutecerse. *En sus artículos pone de manifiesto el embrutecimiento de la sociedad.*

embuchado, da. part. **1.** → **embuchar.** • m. **2.** Lomo de cerdo embuchado (→ 1). *En los entremeses sirvieron jamón, embuchado y chorizo.* **3.** Tripa rellena de carne de cerdo picada y aderezada con especias. *En la charcutería encontrarás longaniza, butifarra y otros embuchados.*

embuchar. tr. **1.** Meter (carne, espec. lomo de cerdo) en una tripa de animal. *El lomo lo embuchamos o lo ponemos en adobo. Embuchan la carne en tripas de cerdo.* **2.** coloq. Ingerir (un alimento o una bebida) deprisa o en grandes cantidades. *¡Cómo embucha la comida el muy tragón!* ▶ **1:** EMBUTIR.

embudo. m. **1.** Utensilio hueco en forma de cono, con una boca ancha y otra estrecha prolongada en un tubo, que se emplea para pasar líquidos de un recipiente a otro. *Rellena las botellas con el embudo.* **2.** Cuello de botella. *El acceso a la carretera nacional es un embudo esta mañana.*

embuste. m. Mentira. *Sus declaraciones son una sarta de embustes.*

embustero, ra. adj. Mentiroso. *Al final se descubre a las personas hipócritas y embusteras.* Dicho de pers., tb. m. y f. *No te creas lo que cuenta esa embustera.* ▶ *MENTIROSO.

embutido[1]**.** m. Hecho de embutir. *El embutido del picadillo* EN *la tripa es tarea delicada. Domina la técnica del embutido* EN *madera.*

embutido[2]**, da.** part. **1.** → **embutir.** ● m. **2.** Tripa rellena de distintos ingredientes, espec. carne de cerdo aderezada con especias. *Trajo del pueblo chorizos, chistorras y otros embutidos.* **3.** Obra hecha con piezas de madera, marfil, metal u otros materiales, encajando unas en otras de modo que formen diversas figuras o adornos. *El altar está adornado con embutidos en mármol.*

embutir. tr. **1.** Meter (carne y otros ingredientes) en una tripa. *Una vez preparado el picadillo, lo embuten* EN *tripas.* **2.** Hacer (un embutido) rellenando una tripa con carne y otros ingredientes. *No es fácil embutir chorizos.* **3.** Meter (una cosa) dentro de otra, espec. de manera que quede apretada. *Ha embutido la ropa* EN *la maleta. Las piezas de nácar van embutidas* EN *la madera.* ▶ **1:** EMBUCHAR.

eme. f. **1.** Letra *m.* **2.** coloq., eufem. Mierda. *Esta película es una eme.* Frec. en constr. como *mandar* algo o a alguien, *a la* ~. *A ese pesado lo mandé a la eme.*

emergencia. f. **1.** Hecho de emerger. *La emergencia de nuevas tecnologías revoluciona las comunicaciones.* **2.** Suceso o situación imprevistos que requieren una acción inmediata. *En caso de emergencia, hay que evacuar el edificio.* ■ **de** ~. loc. adj. **1.** Dicho espec. de salida: Preparada para utilizarse en caso de emergencia (→ 2). *Están señalizadas las salidas de emergencia. Revisan las puertas de emergencia.* **2.** Dicho espec. de plan: Pensado para llevarse a cabo en caso de emergencia (→ 2). *Han diseñado un plan de emergencia.*

emergente. adj. Que emerge. *Una clase social emergente. Una economía emergente.*

emerger. intr. **1.** Salir a la superficie del agua u otro líquido. *El submarino emergió del fondo del mar. Filmaron a la ballena emergiendo para respirar.* **2.** Salir algo del interior de otra cosa. *La lava emerge del volcán en erupción.* **3.** Aparecer o pasar a hacerse visible alguien o algo. *Al excavar han emergido las ruinas de un asentamiento romano.*

emeritense. adj. De Mérida (ciudad de Extremadura). *El anfiteatro emeritense.* Dicho de pers., tb. m. y f. *Los emeritenses valoran sus monumentos romanos.*

emérito, ta. adj. Que se ha retirado de un empleo o cargo, espec. el de profesor, y disfruta de algún premio por haberlos ejercido de forma meritoria. *El catedrático emérito imparte un curso especial.*

emersión. f. Hecho de emerger. *La emersión de sedimentos marinos.*

emético, ca. adj. *Med.* Que provoca el vómito. *Toma un preparado contra la indigestión con propiedades eméticas.* Dicho de medicamento, frec. m. *Con un emético vomitará las píldoras.* ▶ VOMITIVO.

emigración. f. **1.** Hecho de emigrar. *Continúa la emigración del campo a la ciudad.* **2.** Conjunto de los emigrados. *Una parte de la emigración española se asentó en Argentina.* ▶ **1:** MIGRACIÓN.

emigrado, da. part. **1.** → **emigrar. 2.** Que ha emigrado (→ 1) de su lugar de origen. Tb. m. y f. *Muchos emigrados vuelven a su tierra en vacaciones.* ▶ **2:** EMIGRANTE.

emigrante. adj. Que emigra. *Las aves emigrantes vuelan hacia el Sur. Población emigrante.* Dicho de pers., tb m. y f. *Los emigrantes mandan sus ahorros a sus familias.* ▶ EMIGRADO.

emigrar. intr. **1.** Dejar o abandonar una persona su país para establecerse en otro extranjero. *Al acabar la guerra, emigraron* A *América.* **2.** Dejar o abandonar una persona su pueblo o ciudad para establecerse en otros de su mismo país, en busca de mejores medios de vida. *Emigran* A *la ciudad en busca de oportunidades.* **3.** Trasladarse de un lugar a otro un animal por motivos relacionados con el clima, la alimentación o la reproducción. *Los gansos emigran* AL *sur en otoño.*

emigratorio, ria. adj. De la emigración. *El flujo emigratorio ha decrecido.* ▶ MIGRATORIO.

eminencia. f. **1.** Cualidad de eminente. *El premio reconoce su eminencia en el campo de las letras.* **2.** Persona eminente en su profesión o especialidad. *Es una eminencia dentro del derecho penal.* **3.** Lugar eminente o superior en altura a aquello que lo rodea. *El castillo se asienta en una eminencia.* **4.** Parte saliente de la anatomía. *Presenta una contusión en una eminencia ósea.* **5.** Se usa como tratamiento que corresponde a un cardenal de la Iglesia. *El Sumo Pontífice recibe a Su Eminencia el cardenal de Lima.* ■ ~ **gris.** f. Persona que, sin que apenas se conozca públicamente, inspira las decisiones de un personaje o un grupo. *Realmente, las reformas han sido ideadas por una eminencia gris.*

eminente. adj. **1.** Que sobresale por su calidad o mérito. *Un eminente cirujano. Ocupan un lugar eminente en la escala social.* **2.** Que está a una altura superior a aquello que lo rodea. *Desde lejos se ve la eminente torre.* ▶ **1:** *DESTACADO.

eminentísimo. adj. **1.** sup. → **eminente. 2.** Se usa como tratamiento que corresponde a un cardenal. *El eminentísimo cardenal de Tarragona.*

emir. m. Príncipe o caudillo árabe. *El emir de Córdoba. El Rey se ha entrevistado con el Emir de Qatar.*

emirato. m. **1.** Territorio gobernado por un emir. *Han pasado varios años desde la invasión del emirato.* **2.** Tiempo durante el cual gobierna un emir. *Durante su emirato, Abderramán I fomentó la independencia de Bagdad.*

emisario, ria. m. y f. **1.** Persona enviada por otra en su representación para transmitir un mensaje o tratar un asunto. *El emisario partió con el mensaje del zar.* ○ m. **2.** Conducto por el que se evacuan las aguas residuales de una población. *Los emisarios están vertiendo aguas sin depurar en la ría.*

emisión. f. **1.** Hecho o efecto de emitir. *La atmósfera se recalienta por la emisión de gases industriales.* **2.** Programa o conjunto de programas que se emiten por televisión o radio. *Interrumpimos la emisión. Continúa la emisión matinal con un concurso.*

emisor, ra. adj. **1.** Que emite. *Los técnicos buscan el foco emisor de radiactividad.* ● m. y f. **2.** *Ling.* Persona que emite el mensaje en un acto de comunicación. *El emisor y el receptor deben compartir un mismo código para comunicarse.* ○ m. **3.** Aparato que emite ondas hercianas. *Los emisores permiten comunicarse con los barcos en alta mar.* ○ f. **4.** Centro desde el que se emiten ondas hercianas, espec. de radio o televisión. *Una emisora local.* Tb. la empresa o entidad propietaria de dicho centro. *En la emisora* *pública no interrumpen la programación con publicidad.* ► **4:** ESTACIÓN.

emitir. tr. **1.** Despedir, o echar hacia fuera, una persona o cosa (algo producido en su interior). *Los gases que emiten los coches son contaminantes. El faro emite una potente luz.* **2.** Poner en circulación (dinero, o títulos o valores públicos). *El Banco de España emite los billetes de curso legal.* **3.** Manifestar o dar a conocer (algo, como un juicio, un dictamen o una comunicación). *Mañana emitirá un comunicado a la prensa. El juez ha emitido su veredicto.* **4.** Transmitir (algo) por medio de ondas hercianas. *Este canal emite noticias durante todo el día.*

emmental. m. Queso de origen suizo, hecho de leche de vaca, de color amarillento y grandes agujeros. *Preparó una tabla de quesos con gruyer, emmental y roquefort.* Tb. *queso ~. El auténtico queso emmental se fabrica en Suiza.*

Emmo. abrev. Eminentísimo. *La misa fue celebrada por el Emmo. y Rvdmo. Sr. Cardenal Arzobispo de Toledo.*

emoción. f. Alteración del ánimo intensa y pasajera, agradable o penosa, que va acompañada gralm. de una reacción corporal. *Lloró de emoción al reencontrarse con su novia. La emoción apenas le permitía hablar.*

emocional. adj. De la emoción o de las emociones. *La muerte de un ser querido produce un impacto emocional. Las personas depresivas tienen trastornos emocionales.*

emocionalidad. f. Cualidad de emocional. *Schubert aportó emocionalidad a la música para piano.*

emocionante. adj. Que causa emoción. *Mi experiencia más emocionante fue ver nacer a mi hijo.*

emocionar. tr. Causar emoción (a alguien). *Tu regreso nos ha emocionado a todos. Los melodramas pretenden emocionar al espectador.* Tb. usado en contr. intr. *Que se acuerden de ti siempre emociona.* Tb. en constr. prnl. media. *Me emocioné al verlo de nuevo.*

emoliente. adj. *Med.* Que sirve para ablandar una parte del cuerpo, como una dureza. *Una pomada emoliente.* Dicho de un medicamento, tb. m. *Aplíquese este emoliente sobre la dureza del pie.*

emolumento. m. Remuneración que se recibe en un empleo o cargo. Frec. en pl. *En la oferta de trabajo prometen elevados emolumentos.*

emoticón. m. *Inform.* Emoticono. *Como despedida de su correo electrónico puso el emoticón de un abrazo.*

emoticono. m. *Inform.* Símbolo gráfico que se utiliza en las comunicaciones por redes informáticas, espec. en el correo electrónico, o por telefonía móvil, para expresar pralm. emociones. *El emoticono de una cara sonriente expresa alegría.*

emotividad. f. Cualidad de emotivo. *El homenaje estuvo cargado de emotividad.*

emotivo, va. adj. **1.** De la emoción. *El estado emotivo de la víctima de una tragedia requiere tratamiento.* **2.** Que produce emoción. *Me ha escrito una carta muy emotiva.* **3.** Que se emociona fácilmente. *Dale la noticia con mucho tacto; ya sabes que es muy emotiva.*

empacador, ra. adj. Que empaca. *Planta empacadora de basura.* Dicho de máquina, tb. f. *La empacadora recoge la paja del campo.*

empacar. tr. **1.** Poner (algo) en pacas o fardos. *Tras la siega, empacan la hierba.* **2.** Am. Hacer (el equipaje). *Ha decidido empacar maletas y marcharse* [C]. *La obligaron a empacar todas sus cosas para que se fuera inmediatamente* [C]. Tb. usado en constr. intr. *Tal vez sea mejor empacar y buscar nuevos horizontes* [C].

empachar. tr. Causar indigestión (a alguien). *No le lleves bombones, que la empachan.* Frec. fig. *Me empachas con tanto besuqueo.* Tb. en constr. prnl. media. *Se ha empachado* CON *los pasteles.*

empacho. m. **1.** Indigestión. *Sufrió un empacho de pasteles.* Tb. fig. *Me producen empacho los aduladores.* **2.** Vergüenza para hacer o decir algo. *No tuvo empacho en decirle lo que pensaba de él.*

empachoso, sa. adj. Molesto. *Al principio le cayó bien, pero ya le resultaba empachoso.*

empadronamiento. m. Hecho de empadronar o empadronarse. *Certificado de empadronamiento. Cuando se mudó a Valencia, hizo el empadronamiento allí.*

empadronar. tr. Registrar (a alguien) en un padrón. *El Ayuntamiento quiere empadronar a la población chabolista. Se ha empadronado en Cáceres.*

empalagar. tr. **1.** Causar desagrado o hastío (a alguien) un alimento, espec. un dulce. *El chocolate a la taza me empalaga.* Tb. usado en constr. intr. *La mermelada está dulce, pero no empalaga.* **2.** Causar desagrado o hastío (a alguien) una persona o cosa excesivamente amables o sentimentales. *Me empalaga esa forma tan cursi de hablar.* Tb. usado en constr. intr. *Sus canciones románticas empalagan.*

empalago. m. Hecho de empalagar. *Todavía me dura el empalago de la chocolatada. Me produce empalago que me halague tanto.*

empalagoso, sa. adj. Que empalaga. *Los pasteles me resultan empalagosos. Es tan atento que llega a ser empalagoso.*

empalar. tr. Atravesar (a alguien) con algo, espec. un palo. *Los guerreros empalaban a sus enemigos.*

empalidecer. (conjug. AGRADECER). intr. Palidecer. *Empalideció de repente y cayó desmayada. Su talento fue empalideciendo.*

empalizada. f. Cerca hecha con palos, tablas o estacas clavados en la tierra. *Una empalizada protegía la playa privada.*

empalmar. tr. **1.** Juntar por los extremos (dos cosas, gralm. alargadas) de modo que formen un todo. *Empalma los dos cables. El montador empalmó los rollos de película.* Tb.: *Hay que empalmar un tubo* CON *otro.* **2.** Unir o enlazar (dos cosas) de modo que se sucedan en el tiempo sin interrupción. *Está en racha y empalma los golpes de suerte. Lleva una hora empalmando chistes.* Tb.: *Empalmó la baja* CON *las vacaciones.* ○ intr. **3.** Juntarse una cosa con otra. *La línea amarilla del metro empalma* CON *la azul.* Tb.: *La carretera y la autovía empalman más adelante.* **4.** Unirse o enlazarse una cosa con otra de modo que se sucedan en el tiempo sin interrupción. *La comida ha sido tan larga que casi empalma* CON *la merienda.* Frec. prnl. *En carnaval, una fiesta se empalma* CON *otra.* ► **3:** ENLAZAR. ‖ **frecAm: 1, 2:** EMPATAR.

empalme. m. **1.** Hecho de empalmar o empalmarse. *Hay que hacer un empalme con los dos cables.* **2.** Punto donde empalman o se empalman dos cosas. *El empalme de los cables se recubre con cinta aislante.*

empanada. f. Comida consistente en una masa rellena de diversos ingredientes, como carne, pescado u hortalizas, y cocida al horno. *Hace la empanada con bonito, tomate y pimiento.* ■ ~ **mental.** f. coloq. Confusión de mente. Frec. humoríst. *Voy al examen con una empanada mental.*

empanadilla. f. Comida consistente en una masa circular de harina que se dobla sobre sí misma encerrando en su interior un relleno de carne, pescado u otros ingredientes, y que se fríe o se cuece al horno. *Mete las empanadillas en la freidora.*

empanar. tr. Rebozar (un alimento) con pan rallado. *Ha preparado unos filetes empanados.*

empantanar. tr. **1.** Llenar de agua (un terreno), dejándo(lo) como un pantano. *Las lluvias han empantanado los campos.* Tb. en constr. prnl. media. *Cuando llueve mucho, el prado se empantana.* **2.** Hacer que (alguien o algo) queden detenidos en un pantano o terreno fangoso. *No metas el coche por ese lodazal, que lo vas a empantanar.* Tb. fig. *Nos dejó empantanados con todo el trabajo.* Tb. en constr. prnl. media. *Las motos se empantanaron en un barrizal del recorrido.* **3.** Detener (un asunto o una actividad), o impedir que avancen. *El proyecto está empantanado. Dejó el trabajo empantanado.*

empañar. tr. **1.** Quitar brillo o transparencia (a algo, espec. a un cristal). *El vapor de la ducha empaña el espejo.* Tb. en constr. prnl. media. *Se han empañado las ventanillas del coche.* **2.** Manchar el prestigio o el mérito (de algo). *Ha empañado su buen nombre con este escándalo. Empañó su carrera aceptando encargos de mala calidad.* **3.** Cubrir las lágrimas (los ojos). *El llanto le empañó los ojos.* Tb. en constr. prnl. media. *Los ojos se le empañaron por el llanto.* **4.** Quitar claridad (a la voz). *La emoción le empaña la voz.* Tb. en constr. prnl. media. *Su voz se empañó por la emoción.*

empapar. tr. **1.** Humedecer (algo) de modo que el líquido penetre completamente (en ello). *Hay que empapar los bizcochos* EN *la leche.* Tb. en constr. prnl. media. *Las torrijas se han empapado bien.* **2.** Absorber un cuerpo sólido (un líquido). *La tierra empapa el agua.* Tb. usado en constr. intr. *Esta esponja vieja no empapa bien.* **3.** Recoger (un líquido) con algo que (lo) absorba. *Empapa el agua con una bayeta.* **4.** Humedecer completamente un líquido (un cuerpo sólido). *La lluvia me ha empapado las botas.* Tb. en constr. prnl. media. *La camiseta se le ha empapado* DE *sudor.* **5.** Hacer que penetren con intensidad (en alguien o algo) una idea o un sentimiento. *Su ideología empapa toda la obra* DE *radicalismo.* Tb. en constr. prnl. media. *Se ha empapado* DE *doctrinas revolucionarias.* ○ intr. prnl. **6.** Enterarse bien de algo. *Durante su estancia en Italia se empapó* DE *arte clásico.* ▶ **1:** EMBEBER, REMOJAR. **2:** *ABSORBER.

empapelado. m. **1.** Hecho de empapelar o cubrir de papel. *El empapelado de la habitación les llevó un par de días.* **2.** Papel que cubre una pared u otra superficie. *Elige un empapelado azul para el salón.*

empapelar. tr. **1.** Cubrir de papel (una superficie, espec. las paredes de una habitación). *Han empapelado el muro con carteles electorales.* Tb. referido a esa habitación o al espacio que se cubre. *Ha empapelado el comedor con un papel de rayas. Compra papel para empapelar los cajones de la cómoda.* Tb. usado en constr. intr. *Hemos estado empapelando todo el fin de semana.* **2.** Envolver (algo) en papel. *Empapelaremos los jarrones con papel de periódico.* **3.** coloq. Procesar judicialmente (a alguien) o abrir(le) expediente. *Como lo pille la policía, lo empapela.*

empapuzar. tr. coloq. Hartar de comida o bebida (a alguien). *Me empapuza cuando voy a comer a su casa. Se empapuzaron de vino y cochinillo en la cena.*

empaque[1]. m. **1.** Distinción o elegancia. *La toga daba al juez empaque y gravedad.* A veces despect. *Es un poco pedante y no soporto el empaque que quiere aparentar.* **2.** Aspecto o apariencia. *Viven en un caserón de empaque muy señorial.*

empaque[2]. m. frecAm. Envoltura. *Saqué la chaqueta del empaque* [C]. *El litro de leche se vende en empaque de cartón* [C].

empaquetado. m. Hecho de empaquetar. *Trabaja en la sección de empaquetado de unos grandes almacenes.*

empaquetador, ra. m. y f. Persona que tiene por oficio empaquetar. *Fue empaquetadora en una fábrica de munición.*

empaquetar. tr. **1.** Poner (algo) en un paquete o en paquetes. *Ha empaquetado los libros en cajas. En la planta baja le empaquetarán su compra.* **2.** coloq. Aplicar un castigo (a alguien). *Obedezca la orden o lo empaqueto.*

emparedado. m. Par de rebanadas de pan de molde entre las que se pone fiambre u otros alimentos. *Se hizo un emparedado con jamón y queso.* ▶ SÁNDWICH.

emparedar. tr. **1.** Encerrar (a alguien) entre paredes, sin comunicación alguna. *Pasó varios años emparedada en una celda de castigo.* Tb. fig. *Dos defensas emparedaron al delantero.* **2.** Ocultar (algo) entre paredes. *Habían emparedado sus objetos de valor para que no los robaran.*

emparejamiento. m. Hecho de emparejar o emparejarse. *Las revistas hablan del emparejamiento entre la cantante y el actor. El emparejamiento en las semifinales favorece al equipo español.*

emparejar. tr. **1.** Unir (dos personas, animales o cosas) formando pareja o conjunto. *Emparejaron al azar a hombres y mujeres para el baile. Empareja los calcetines antes de guardarlos.* Tb.: *El sorteo emparejó al Atlético* CON *un equipo italiano.* **2.** Unir (dos personas o animales) formando pareja amorosa o sexual. *La agencia matrimonial empareja a personas solteras.* Tb.: *Estaba empeñado en emparejarme* CON *una amiga.* ○ intr. **3.** Unirse dos personas, animales o cosas formando pareja o conjunto. *Estos zapatos no emparejan.* Tb.: *En las partidas de mus siempre empareja* CON *su tío.* Frec. prnl. *El profesor pidió a los alumnos que se emparejaran para hacer el trabajo.* **4.** Unirse dos personas o animales formando pareja amorosa o sexual. *Las águilas imperiales emparejan para toda la vida.* Tb.: *Emparejó* CON *una mujer mayor que él.* Frec. prnl. *Es muy feliz desde que se emparejó* CON *ella.* **5.** Ponerse una persona o cosa al lado de otra o al mismo nivel. *Aceleró el paso para emparejar* CON *su amigo.* Tb.: *Los coches salieron emparejados en la última vuelta.* Frec. prnl. *Al entrar en la recta de llegada, el caballo que iba tercero se empareja* CON *el primero.*

emparentar. (conjug. reg. o ACERTAR). intr. **1.** Contraer parentesco dos personas o dos familias mediante casamiento. *Las dos familias van a emparentar con la boda de sus respectivos hijos.* Tb.: *Ha emparentado* CON *un noble.* **2.** Tener una cosa una relación de parentesco o semejanza con otra. *Su novela emparenta* CON *la tradición realista.* ○ tr. **3.** Señalar una relación de parentesco o semejanza (entre dos cosas). *Los especialistas emparentan los estilos de ambos pintores.* Tb.: *Han emparentado su obra* CON *el surrealismo.*

emparrado. m. Parra o conjunto de parras que forman cubierta sobre un soporte. *La terraza del bar está bajo un emparrado.*

empastar[1]. tr. **1.** Cubrir (algo) con una pasta. *Empasta con cemento el hueco de la pared.* **2.** Rellenar con pasta el hueco producido por una caries (en un diente o una muela), para curar(los). *El dentista me ha empastado dos muelas.* **3.** Encuadernar en pasta (un libro). *Encargué empastar mi viejo atlas.*

empastar[2]. tr. Am. Convertir en prado (un terreno). *El campo estaba bien empastado* [C].

empaste. m. Hecho o efecto de empastar (→ **empastar**[1]). *El dentista coge el instrumental para pulir el empaste.*

empatar. intr. **1.** Obtener dos o más personas o grupos el mismo número de votos en una confrontación. *Si los candidatos empatan, se repetirá la votación.* **2.** Obtener dos o más jugadores o equipos el mismo número de tantos o puntos en una competición deportiva. *Cuando los equipos empatan, hay una tanda de penaltis. España empató* A *un gol* CON *Corea.* ○ tr. **3.** Obtener el mismo número de votos (en una confrontación). *Un par de alumnos empataron la votación a delegado de clase.* **4.** Obtener el mismo número de tantos o puntos (en una competición deportiva). *Han empatado el partido.* **5.** frecAm. Empalmar o unir (cosas). *Como no teníamos de donde colgar los frascos de los sueros, se empataron varias cuerdas* [C]. ▶ **5:** EMPALMAR.

empate. m. Hecho de empatar. *La partida de cartas acabó en empate.* ▶ IGUALADA.

empatía. f. Identificación mental y afectiva de una persona con el estado de ánimo de otra. *Es buen médico, pero no tiene empatía con sus pacientes.*

empavorecer. (conjug. AGRADECER). tr. **1.** Causar pavor (a alguien). *Las películas de terror la empavorecen.* ○ intr. **2.** Llenarse de pavor. *Cuando lo vio aparecer, empavoreció.*

empecer. (conjug. AGRADECER). intr. cult. Impedir algo, o ser obstáculo para ello. *Admitir su falta no empece* PARA *que reciba un castigo.*

empecinado, da. part. **1.** → **empecinarse.** ● adj. **2.** Obstinado o terco. *No seas tan empecinada y reconoce que no llevas razón.* ▶ **2:** *TERCO.

empecinamiento. m. Hecho o efecto de empecinarse. *Critican el empecinamiento del presidente aferrándose al cargo.* ▶ *OBSTINACIÓN.

empecinarse. intr. prnl. Obstinarse. *Se ha empecinado* EN *terminar la carrera y lo va a conseguir.*

empedernido, da. adj. Que tiene un hábito muy arraigado. *Fumador empedernido. Lector empedernido.* ▶ IMPENITENTE, INCORREGIBLE.

empedrado. m. **1.** Hecho de empedrar. *Llevan a cabo el empedrado de las calles del casco antiguo.* **2.** Pavimento hecho con piedras. *Tropezó con un adoquín y cayó sobre el empedrado.*

empedrar. (conjug. ACERTAR). tr. Cubrir (un suelo) de piedras. *El Ayuntamiento va a empedrar el camino de la ermita.*

empeine. m. **1.** Parte superior del pie, que está entre los dedos y el principio de la pierna. *No puede caminar, porque le duele mucho el empeine.* **2.** Parte del calzado que cubre el empeine (→ 1). *El empeine de la bota es demasiado estrecho.*

empellón. m. Empujón brusco que se da con el cuerpo. *Al salir del vagón, he recibido un empellón. Los guardaespaldas se abren paso a empellones.*

empeñar. tr. **1.** Dejar (algo) como garantía de devolución de un préstamo. *Empeñaré el reloj de oro para pagar mis deudas.* **2.** Emplear (un tiempo) para hacer o conseguir algo. *Ha empeñado cuatro años en la oposición.* ○ intr. prnl. **3.** Endeudarse. *Se ha empeñado para comprarse un coche.* **4.** Obstinarse. *Se empeña* EN *que subamos a su casa.* ▶ **1:** PIGNORAR.

empeño. m. **1.** Hecho de empeñar. *Casa de empeño.* **2.** Deseo intenso de hacer o conseguir algo. *Tenía el empeño* DE *publicar una novela.* **3.** Cosa que se desea. *Su único empeño es convertirse en arquitecto.* **4.** Esfuerzo que se realiza para hacer o conseguir algo. *Trabajaré con empeño por mi negocio.* ▶ **4:** AHÍNCO.

empeñoso, sa. adj. frecAm. Dicho de persona: Que muestra empeño en hacer o conseguir algo. *No tenía capital, pero sabía trabajar y era empeñoso* [C]. *La mujer es más empeñosa, más dedicada, tiene más seriedad cuando realmente quiere hacer algo* [C].

empeoramiento. m. Hecho de empeorar o empeorarse. *Se espera un empeoramiento del tiempo en el norte. Sufrimos un empeoramiento del nivel de vida.*

empeorar. tr. **1.** Hacer o poner peor (algo o a alguien). *Una borrasca empeorará el tiempo este fin de semana. El cambio de colegio empeoró su rendimiento.* ○ intr. **2.** Hacerse o ponerse peor. *Ha empeorado y lo han llevado al hospital. Su trabajo empeora cuando está cansado.*

empequeñecer. (conjug. AGRADECER). tr. **1.** Hacer más pequeño (algo o a alguien). *En la película, unas radiaciones empequeñecen al protagonista.* Tb. fig. *La enorme sala nos empequeñecía.* ○ intr. **2.** Hacerse alguien o algo más pequeños. *La figura del caminante empequeñece según se aleja.* Frec. prnl. *Con la vejez el cuerpo se encorva y se empequeñece.* Tb. fig. *Se empequeñece en presencia de su madre.*

empequeñecimiento. m. Hecho de empequeñecer o empequeñecerse. *Esta enfermedad produce el empequeñecimiento del órgano.*

emperador, triz. m. y f. **1.** Soberano que gobierna sobre otros soberanos o grandes príncipes, o en un territorio extenso. *El emperador Carlos V gobernó en gran parte de Europa.* ○ m. **2.** Jefe supremo del antiguo Imperio romano. *El emperador Trajano amplió el territorio dominado por Roma.* **3.** Pez marino comestible de gran tamaño, cuerpo plateado, aletas espinosas y reflejos rosados. *Cenamos unos filetes de emperador a la plancha.* **4.** Pez espada. *El emperador golpea con su espada a los peces de los que se alimenta.* ○ f. **5.** Mujer del emperador (→ 1). *Al casarse con el emperador Nicolás, Alejandra se convirtió en emperatriz de Rusia.*

emperejilar. tr. coloq., despect. Emperifollar (a alguien). *Se está emperejilando. ¿Adónde vas tan emperejilada?*

emperifollar. tr. coloq., despect. Arreglar (a alguien), espec. en exceso. *¡Cómo emperifollas al niño de esa manera! Se emperifollaron para ir al baile.*

empero. conj. **1.** cult. Pero. *Luchan con arrojo, empero sucumben ante un enemigo más fuerte.* **2.** cult. Sin embargo. *Las pruebas, empero, no demuestran su culpabilidad.*

emperrarse. intr. prnl. coloq. Obstinarse. *Los niños se emperraron* EN *ir al zoo.*

empezar. (conjug. ACERTAR). tr. **1.** Hacer que (algo) pase a existir, ocurrir o hacerse. *Ya he empezado la* *lectura de pruebas. Los obreros han empezado la nueva casa.* **2.** Pasar a consumir (algo). *Aún no hemos empezado el jamón.* ○ intr. **3.** Pasar algo a existir, ocurrir o hacerse. *Las vacaciones empiezan mañana. ¿Cuándo empezaron los ataques de asma? Los trabajos empezaron ayer.* **4.** Seguido de *a* y un infinitivo: Pasar a realizar la acción que se expresa. *Empieza* A *comer, no me esperes.* A veces el infinitivo está sobrentendido. *Puedes empezar cuando quieras.* **5.** Seguido de *a* y un nombre en plural, como *tiros* o *golpes:* Pasar a realizar bruscamente la acción designada por él. *Se enfadó y empezó* A *golpes con todos.* ■ **por algo se empieza.** expr. Se usa para manifestar conformidad con los principios poco satisfactorios de algo y para animar a proseguir en el empeño. *Solo tiene dos o tres clientes, pero por algo se empieza.* ▶ **1, 3:** COMENZAR, INICIAR, PRINCIPIAR.

empiece. m. **1.** Hecho de empezar. *La cosa tuvo mal empiece.* **2.** Parte o lugar por donde empieza algo. *La chaqueta le llega hasta el empiece de los muslos.*

empinado, da. part. **1.** → **empinar.** ● adj. **2.** Que tiene mucha pendiente. *Los esquiadores se deslizan por una pista empinada. Una calle empinada.*

empinar. tr. **1.** Alzar o elevar (algo). *Entre varios hombres empinan la cucaña. Los niños empinan sus cabezas para ver pasar la cabalgata.* **2.** Levantar e inclinar (un vaso u otro recipiente) para beber. *Empina el porrón y echa un trago.* ○ intr. **3.** coloq. Tomar bebidas alcohólicas. *Se pasa la tarde empinando en el bar.* ○ intr. prnl. **4.** Ponerse alguien sobre las puntas de los pies. *Se empinó para alcanzar un libro del estante.* **5.** Alzarse o elevarse algo. *Un torreón se empina en lo alto de la colina.*

empingorotado, da. adj. despect. Dicho de persona: De clase social elevada. *Los señoritos empingorotados acuden al casino.*

empíreo. (Frec. en mayúsc.). m. cult. Cielo o paraíso. *Las almas bienaventuradas ascenderán al Empíreo.*

empírico, ca. adj. **1.** De la experiencia o fundado en ella. *Ciencias empíricas. Datos empíricos. La ciencia se basa en la comprobación empírica de hipótesis.* **2.** Que actúa de manera empírica (→ 1). *Es un psicólogo empírico.* Tb. m. y f. **3.** Partidario del empirismo filosófico. *Locke y Hume fueron importantes filósofos empíricos.* Tb. m. y f. *Los empíricos polemizaron con los racionalistas.*

empirismo. m. **1.** Método de conocimiento fundado en la experiencia. *No se puede aplicar el empirismo a las teorías sobre el espíritu.* **2.** Sistema filosófico que solo acepta la experiencia como método de conocimiento. *El empirismo fue una tendencia filosófica dominante en Inglaterra.*

empirista. adj. Partidario del empirismo. *La base del conocimiento para un filósofo empirista es la experiencia.* Tb. m. y f. *Francis Bacon fue un destacado empirista.*

empitonar. tr. *Taurom.* Coger el toro (a alguien, espec. al torero) con los pitones. *El toro ha empitonado al diestro por la pantorrilla.*

emplasto. m. Preparado farmacéutico de uso externo, hecho con materias grasas, que se adhiere al cuerpo con el calor. *Le ponen emplastos en el pecho para el catarro.*

emplazamiento[1]**.** m. Hecho de emplazar o citar. *El secretario dictó el texto para el emplazamiento del acusado.*

emplazamiento[2]**.** m. Hecho o efecto de emplazar o emplazarse en un lugar. *No han decidido el emplazamiento del nuevo aeropuerto.*

emplazar[1]**.** tr. Citar (a alguien) en una fecha y lugar determinados, espec. para dar razón de algo. *El Tribunal los emplaza a comparecer como testigos en el juicio.*

emplazar[2]**.** tr. **1.** Situar (algo o a alguien) en un lugar. *Emplazaremos la base de operaciones* EN *un terreno elevado.* ○ intr. prnl. **2.** Situarse algo en un lugar. *El valle del Tiétar se emplaza* AL *pie de la sierra de Gredos. El cementerio se emplaza* EN *las afueras del pueblo.* ▶ **1:** SITUAR. **2:** SITUARSE.

empleado, da. part. **1.** → **emplear.** ● m. y f. **2.** Persona que desempeña un trabajo a cambio de un sueldo. *En mi tienda trabajan cinco empleados.* ■ ~ **de hogar.** m. y f. Persona que realiza tareas domésticas a cambio de un sueldo. *Trabaja como empleada de hogar.*

empleador, ra. m. y f. frecAm. Patrono (persona que contrata empleados). *Los clandestinos son víctimas de empleadores sin escrúpulos* [C]. *Los campesinos podían obtener de sus empleadores adelantos por cuenta de su trabajo futuro* [C]. ▶ *PATRONO.

emplear. tr. **1.** Usar o utilizar (algo). *Empleó la taladradora para hacer los agujeros. Este escritor emplea un lenguaje sencillo.* **2.** Gastar o consumir (algo). *Emplearé el dinero* PARA *reformar la casa. Emplea el tiempo libre* EN *sus hijos.* **3.** Dar un empleo remunerado (a una persona). *La nueva fábrica empleará a más de cien trabajadores. Emplean temporeros durante la recolección.* ▶ **1:** *UTILIZAR. **3:** COLOCAR. ‖ **Am: 3:** ENGANCHAR.

empleo. m. **1.** Hecho de emplear. *Se ha extendido el empleo de los ordenadores. Es esencial un buen empleo del tiempo. Oficina de empleo.* **2.** Trabajo u oficio remunerados. *Tiene un buen empleo en un banco.* **3.** *Mil.* Jerarquía o categoría personal. *Obtuvo el empleo de general tras una brillante campaña militar.* ▶ **2:** *TRABAJO.

emplomar. tr. Cubrir o soldar (algo, espec. cristales) con plomo. Frec. en part. *La vidriera de la iglesia está hecha con cristales emplomados.*

emplumar. tr. **1.** Poner plumas (a algo), espec. para adornar(lo). Frec. en part. *Lucía un casco emplumado. Los indios de la película llevan la cabeza emplumada.* **2.** histór. Cubrir con plumas (a alguien) pegándoselas a su cuerpo como castigo afrentoso. *Mandaron emplumar a la acusada.* **3.** coloq. Arrestar (a alguien). *Como lo pillen robando, lo van a emplumar.* ○ intr. **4.** Echar un ave plumas. *Los polluelos están empezando a emplumar.*

empobrecedor, ra. adj. Que empobrece. *El aislamiento comercial del país ha sido una medida empobrecedora. Es un programa culturalmente empobrecedor.*

empobrecer. (conjug. AGRADECER). tr. **1.** Hacer o poner (algo o a alguien) pobres o más pobres. *La crisis empobrecerá a las familias más humildes.* Tb. fig. *Los cultivos intensivos empobrecen el suelo.* ○ intr. **2.** Hacerse o ponerse pobre o más pobre. *Empobreció por culpa de un negocio ruinoso.* Frec. prnl. *Las clases populares se empobrecen aún más.* Tb. fig. *Cuando se lee poco, el vocabulario se empobrece.* ▶ **1:** DEPAUPERAR.

empobrecimiento. m. Hecho de empobrecer o empobrecerse. *El empobrecimiento del país ha sido muy rápido.*

empollar. tr. **1.** Incubar un ave (los huevos). *La gallina está empollando los huevos en el nidal.* Frec. usado en constr. intr. *La gallina empolla durante tres semanas hasta que nacen las crías.* **2.** coloq., despect. Estudiar mucho (algo). *Tiene que empollar química.* Frec. usado en constr. intr. *No tuve tiempo de empollar para el examen.* ▶ **1:** INCUBAR.

empollón, na. adj. coloq. o despect. Dicho de un estudiante: Que estudia mucho. *Si no hubiera sido tan empollón, no habría ganado las oposiciones.* Tb. m. y f. *Sacas buenas notas porque eres una empollona.*

empolvar. tr. **1.** Cubrir de polvo (algo o a alguien). *Sacudió la alfombra y nos empolvó los papeles que había en la mesa. Empolva el bizcocho con azúcar glasé.* Tb. en constr. prnl. media. *En la bodega reposaban las botellas de vino empolvadas. Encontraron unos legajos empolvados en el desván.* **2.** Echar polvos de tocador (sobre alguien o algo). *Le empolvan el rostro para fijar el maquillaje. Voy a empolvarme.*

emponzoñar. tr. Envenenar (algo o a alguien). *Sospechaba que lo habían emponzoñado. Murieron por beber de un pozo de agua emponzoñada.* Tb. fig. *Sus palabras emponzoñadas me han herido.*

emporcar. (conjug. CONTAR). tr. Ensuciar o manchar (algo o a alguien). *El barro empuerca las botas.* Tb. en constr. prnl. media. *El niño se emporcaba con el helado.* ▶ *ENSUCIAR.

emporio. m. **1.** Empresa o conjunto de empresas prósperas o poderosas. *Es el presidente de un emporio de la construcción.* **2.** Ciudad o lugar importante por su desarrollo, pralm. económico o comercial. *El puerto de Cartago fue un gran emporio en el Mediterráneo. Milán es un emporio de la moda.*

emporrarse. intr. prnl. coloq. Drogarse con porros. *Están emporrados y se ríen por cualquier tontería.*

empotrar. tr. **1.** Meter (algo, espec. un mueble) en una pared o en el suelo de manera que encaje y quede fijo. *Detrás del cuadro hay una caja fuerte empotrada.* **2.** Incrustar (dos cosas), espec. por un choque violento (entre ellas). *Empotraron sus automóviles en un cruce.* Tb.: *Empotró la moto* CONTRA/EN *un árbol.* Tb. en constr. prnl. media. *Dos vagones se han empotrado al descarrilar el tren. El coche se empotró* CONTRA/EN *el escaparate.*

emprendedor, ra. adj. Dicho de persona: Que emprende con decisión acciones difíciles o arriesgadas. *Esta joven emprendedora ha puesto su propio negocio.*

emprender. tr. Comenzar (algo, como una acción, un proyecto o un viaje, espec. si conllevan riesgo o dificultad). *Ha emprendido un negocio arriesgado. Emprenderá un viaje en solitario por el desierto. Al amanecer emprendieron la marcha.* ■ **~la** (con alguien o algo). loc. v. Acometer(los) o atacar(los). *No la emprendas* CON *el chico, que no ha hecho nada malo. La emprendió* A *golpes* A CON *su hermano.*

empresa. f. **1.** Cosa que se emprende. *Rodar la película en el Amazonas será una empresa arriesgada.* **2.** Organización dedicada a actividades industriales, mercantiles o de prestación de servicios con fines lucrativos. *Dirige una empresa de transportes. Trabaja en una empresa pública. Pequeña y mediana empresa.* Tb. el lugar donde dicha organización realiza sus actividades. *Se queda trabajando en la empresa hasta muy tarde.* ▶ **2:** COMPAÑÍA, FIRMA, SELLO, SOCIEDAD.

empresariado. m. Conjunto de los empresarios. *El empresariado se opone a la subida de los salarios.*

empresarial. adj. De las empresas o de los empresarios. *Los representantes empresariales negociarán el convenio con los sindicatos.* Frec. f. pl. para designar los estudios universitarios correspondientes. *Se licenció en empresariales.*

empresario, ria. m. y f. **1.** Titular propietario o directivo de una empresa. *El empresario apuesta por el mercado exterior.* **2.** Persona que por concesión o por contrata ejecuta una obra pública, o explota un servicio o un espectáculo público. *El empresario de la plaza ha contratado a los mejores toreros.*

empréstito. m. Préstamo que toma el Estado, una corporación o una empresa, espec. cuando está representado por títulos negociables en bolsa o al portador. *Una fuente de ingresos de la empresa son los empréstitos que recibe de particulares.*

empujar. tr. **1.** Hacer fuerza (contra alguien o algo), presionándo(los) o chocando (contra ellos), de manera que se muevan. *Vamos a empujar el armario hasta la pared. Empujaron la barca al agua. Empujé sin querer a una señora y casi se cae.* **2.** Incitar (a alguien) a algo. *Aquellas medidas los empujaron* A *la huelga. ¿Qué lo empujaría* A *actuar así? Nos empujaban las ganas de triunfar.*

empuje. m. **1.** Hecho o efecto de empujar. *El dique no resistirá el empuje del agua.* **2.** *Constr.* Fuerza que ejerce un elemento constructivo sobre otro que lo sostiene. *Dos columnas soportan el empuje del arco. Las vigas de madera no resistieron el empuje del tejado.* **3.** Resolución o ánimo para hacer algo. *Con el empuje que tiene puede conseguir todo lo que se proponga.*

empujón. m. **1.** Fuerza que se ejerce sobre alguien o algo, gralm. para moverlo o apartarlo. *Perdón, le he dado un empujón sin querer. Se abría paso a empujones entre la multitud. Un empujoncito más, y el bebé estará ya fuera.* **2.** Avance rápido que se da a una obra trabajando con intensidad en ella. *Con el empujón de estos meses, falta poco para terminar el proyecto.* ▶ **Am: 1:** AVENTÓN.

empuñadura. f. Parte por donde se empuña un objeto, espec. un arma. *Le clavó el puñal hasta la empuñadura. Lleva un paraguas con empuñadura de madera.*

empuñar. tr. Sujetar con el puño (algo, espec. un arma). *Empuña un revólver en su mano derecha.*

emú. m. Ave similar al avestruz, que vive en las llanuras de Australia. *La carne de emú es apreciada por los aborígenes.*

emulación. f. **1.** Hecho de emular. *Una constante del Renacimiento fue la emulación de los modelos grecolatinos.* **2.** Deseo intenso de emular. *El maestro despierta la emulación en sus alumnos.*

emular. tr. Imitar (algo o a alguien) intentando igualar(los) e incluso superar(los). *El bailarín emula a su maestro* EN *cada movimiento. Es imposible emular su destreza con la espada.*

émulo, la. adj. cult. Dicho de persona: Que emula a otra. Más frec. m. y f. *Los émulos de Cervantes no han podido igualarlo.*

emulsión. f. **1.** *Quím.* Líquido formado por otros que no llegan a mezclarse, uno de los cuales está en suspensión en forma de gotas muy pequeñas. *La combinación de agua y aceite forma una emulsión. La pintura acrílica consiste en una emulsión de ácido acrílico con agua.* **2.** En fotografía: Sustancia compuesta de sales de plata y gelatina que, por su sensibilidad a la luz, se emplea para impresionar fotografías. *Una emulsión sensible permite fotografiar con poca luz.*

emulsionante. adj. *Quím.* Dicho de sustancia: Que permite obtener una emulsión o estabilizarla. *Agente emulsionante.* Tb. m. *La lecitina de la yema del huevo es el emulsionante de la mayonesa.*

emulsionar. tr. *Quím.* Convertir en emulsión (una sustancia). *Las sales contenidas en la bilis son capaces de emulsionar las grasas de los alimentos.*

en. (Se pronuncia siempre átona). prep. **1.** Introduce un complemento que expresa situación o lugar. *Escribe en hojas cuadriculadas. Échate un rato en el sofá. El coche se salió de la carretera en esa curva. Ha nevado en la montaña. Decía que en su matrimonio faltaba pasión. No me cabe nada más en el bolso. Estudió en las monjas.* **2.** Introduce un complemento que expresa el tiempo durante el cual tiene lugar un hecho. *En las dos horas que lleva aquí no ha dicho una palabra. Nació en 1906. No lo he visto en toda la tarde. Pintó la verja en un par de horas. En su juventud, viajó mucho. Embalaron los libros en una mañana. Se vistió en cinco minutos.* **3.** Introduce un complemento que expresa situación temporal de una persona o cosa. *Es una especie en extinción. La autopista en construcción unirá las dos ciudades. Las personas en lista de espera podrán embarcar inmediatamente.* **4.** Introduce un complemento que expresa modo o manera. *Pon la ropa blanca en remojo. Salió a recibirnos en pijama.* **5.** Precedida de un adjetivo o un nombre, indica la materia o el ámbito a los que esas palabras se refieren. *Es un experto en informática. Está recién licenciado en Biología. Las verduras son ricas en vitaminas. No eres el único en pensar así. Es muy cariñosa en el trato. Son muy distintos en su forma de afrontar los problemas.* **6.** Introduce un complemento que expresa causa o motivo. *La conozco en su taconeo al andar. Se te nota el catarro en la voz.* **7.** cult. Seguida de un gerundio: Tan pronto como, o desde el momento en que. *En entrando el magistrado en la sala, todos se pusieron en pie. En apareciendo el jefe, se callan todos.*

en-. (Tb. **em-** ante *b* y *p*). pref. Se usa en la formación de algunos derivados. *Enturbiar, embarcadero.*

enagua. f. Prenda interior femenina, parecida a una falda, que se pone debajo de esta y suele ir adornada con encajes o puntillas. Frec. en pl. con significado sing. *Al sentarse, se le vieron las enaguas.* ▶ *COMBINACIÓN.

enajenable. adj. Dicho de cosa: Que se puede enajenar. *Las tierras de los indígenas no son enajenables.*

enajenación. f. Hecho de enajenar o enajenarse. *El ayuntamiento ha dispuesto la enajenación de suelo municipal a una cooperativa.* ■ ~ **mental.** f. Locura o condición de loco. *Su abogado alega enajenación mental transitoria.* ▶ LOCURA.

enajenado, da. part. **1.** → **enajenar.** ● adj. **2.** Loco o que no es capaz de razonar normalmente. Tb. m. y f. *Un enajenado se abalanzó con un cuchillo sobre la niña.* Tb. ~ *mental.* ▶ **2:** *LOCO.

enajenante. adj. Que enajena. *Somos víctimas de un consumismo enajenante.*

enajenar. tr. **1.** Transmitir alguien a otra persona el dominio (de una cosa) o los derechos (sobre ella). *El gobierno liberal pretendía enajenar los bienes de la Iglesia.* **2.** Trastornar (a una persona, o las facultades mentales o los sentidos). *La soledad enajenó al náufrago. Su belleza enajena los sentidos.*

enaltecer. (conjug. AGRADECER). tr. **1.** Alabar o elogiar (algo o a alguien). *Petrarca enaltece a su amada presentándola como un ser angelical.* **2.** Elevar el grado de dignidad (de alguien o algo). *La actitud de algunos políticos, lejos de enaltecer la política, la devalúa.* ▶ **1:** *ALABAR. **2:** *ENSALZAR.

enaltecimiento. m. Hecho de enaltecer. *En la película hay un enaltecimiento de la violencia.*

enamoradizo, za. adj. Que se enamora con facilidad. *Es enamoradiza, pero sus relaciones duran poco.*

enamorado, da. part. **1.** → **enamorar.** ● adj. **2.** Que siente amor o atracción sexual por alguien. *Una persona enamorada puede hacer locuras.* Tb. m. y f. *Tienes los celos típicos del enamorado.* **3.** Que tiene una gran afición por algo. Tb. m. y f. *Es un enamorado de la música.*

enamoramiento. m. Hecho o efecto de enamorar o enamorarse. *En la fase de enamoramiento, solo se desea estar con la pareja.*

enamorar. tr. **1.** Provocar una persona amor o atracción sexual (en otra). *Me enamoró con cartas románticas.* Tb. usado en constr. intr. *Es de esas personas que enamoran.* ○ intr. prnl. **2.** Comenzar a sentir una persona amor o atracción sexual por otra. *Se ha enamorado* DE *su mejor amiga.* **3.** Comenzar a sentir una persona una gran afición o inclinación por algo. *Se enamoró* DE *los paisajes de Cuba.*

enamoriscarse. intr. prnl. Enamorarse superficialmente de alguien. *Se ha enamoriscado* DE *ese chico, pero pronto lo dejará.* ▶ ENCAPRICHARSE.

enanismo. m. *Med.* Trastorno del crecimiento caracterizado por una talla muy inferior a la media. *La falta de una hormona causa enanismo.*

enano, na. adj. **1.** Dicho de persona: Que ha desarrollado una estatura muy inferior a la media por padecer enanismo. *Las personas enanas reclaman instalaciones adaptadas.* Frec. m. y f. *Mucha gente asocia a los enanos con espectáculos cómicos.* **2.** Dicho de ser vivo: Que tiene un tamaño muy inferior al normal entre los de su especie. *No me gustan los perros enanos.* **3.** Dicho de cosa: Muy pequeño. *La casa tiene un salón enano.* ● m. y f. **4.** coloq., despect. Persona de estatura muy baja. Se usa como insulto. *Cállate ya, enano.* **5.** coloq. Niño. *Voy a llevar a los enanos al parque.* ○ m. **6.** Personaje fantástico con figura de hombre muy pequeño, que aparece en cuentos infantiles y leyendas. *El enano le concedió tres deseos.* ■ **como un ~,** o **como ~s.** loc. adv. coloq. Mucho. *Hoy he trabajado como un enano. Se divierten como enanos.*

enarbolar. tr. **1.** Levantar en alto (una bandera u otra cosa semejante). *El alférez enarbola el estandarte.* **2.** Levantar en alto (un arma o algo con lo que se amenaza). *Enarbolan sus sables y cargan contra el enemigo.*

enardecer. (conjug. AGRADECER). tr. Excitar o avivar (una pasión o un sentimiento). *La arenga del general enardeció los ánimos de la tropa.* Tb. referido a la persona que los tiene. *La victoria ha enardecido a la afición.* Tb. en constr. prnl. media. *Cuando hablan de política, se enardecen.*

enardecimiento. m. Hecho de enardecer o enardecerse. *El discurso provoca el enardecimiento de las masas.*

enarenar. tr. Cubrir de arena (una superficie). *Un sendero enarenado atraviesa el jardín.*

encabalgamiento. m. *Lit.* Hecho de distribuirse una palabra o una frase en dos versos o hemistiquios contiguos. *Señala los encabalgamientos del soneto.*

encabalgarse. intr. prnl. Ponerse una cosa encima de otra. *Unos libros se encabalgan* SOBRE *otros en los estantes.*

encabezado. m. Am. Titular de un periódico. *Los transeúntes compran el periódico y leen con avidez los encabezados* [C]. ▶ TITULAR.

encabezamiento. m. Palabra, conjunto de palabras o fórmula con que se empieza un documento u otro escrito, y que suelen aparecer destacados de algún modo en la parte superior de los mismos. *El encabezamiento de la carta decía: "Muy señor mío".*

encabezar. tr. **1.** Poner el encabezamiento (en un documento u otro escrito). *Encabezó la carta* CON *la fórmula de cortesía "Estimado señor".* **2.** Ir o estar una persona o cosa a la cabeza (de algo). *Le han propuesto encabezar la lista electoral.*

encabritar. tr. **1.** Hacer que (un caballo) se empine, afirmándose sobre los pies y levantando las manos. *Aquel susto encabritó al caballo.* Tb. en constr. prnl. media. *Al oír el camión, el caballo se encabritó.* **2.** Hacer que (un vehículo) levante su parte delantera súbitamente hacia arriba. *Aceleró para encabritar la moto.* Tb. en constr. prnl. media. *La barca se encabritó y cayeron al agua.*

encabronar. tr. malson. Enojar o enfadar (a alguien). Tb. en constr. prnl. media.

encadenado, da. part. **1.** → **encadenar.** ● adj. **2.** *Lit.* Dicho de estrofa: Que comienza con un verso que repite parcial o totalmente las palabras del último verso de la estrofa anterior. *Coplas encadenadas.* ● m. **3.** *Cine* y *TV* Desaparición de un plano que es sustituido paulatinamente por otro mediante sobreimpresión. *El director quiere un encadenado para unir estas dos escenas.*

encadenamiento. m. Hecho o efecto de encadenar o encadenarse. *La policía ha impedido el encadenamiento de los manifestantes.*

encadenar. tr. **1.** Sujetar (a alguien) con cadenas. *Los secuestradores encadenan a los rehenes.* Tb. fig. *Vive encadenado* A *su trabajo.* **2.** Unir o ligar (dos o más cosas). *El equipo ha encadenado tres victorias consecutivas.* Tb.: *El detective ha ido encadenando una pista* CON *otra.* Tb. en constr. prnl. media. *Cuando tienes una mala racha, las desgracias se encadenan.*

encajar. tr. **1.** Meter (una cosa o parte de ella) dentro de otra de manera que no sobre ni falte espacio. *Empuja la puerta para encajarla* EN *el marco. Podemos encajar el sillón* ENTRE *la mesa y la pared.* **2.** Unir (dos o más cosas) de manera que no sobre ni falte espacio. *No consigue encajar las últimas piezas del rompecabezas.* **3.** Poner (algo, espec. una prenda de vestir) a alguien de manera que le quede ajustada. *Le encajó un gorro al niño.* **4.** coloq. Hacer que alguien reciba (algo doloroso o desagradable). *Le ha encajado un puñetazo en plena cara. Les han encajado dos goles.* **5.** coloq. Recibir o soportar (algo doloroso o desagradable, espec. un golpe). *En el primer asalto ha encajado varios puñetazos en la mandíbula. No sabe encajar los fracasos.* ○ intr. **6.** Entrar una cosa o parte de ella dentro de otra, sin que sobre ni falte espacio. *Estas clavijas no encajan* EN *el enchufe.* Tb. fig. *Siente que no encaja* EN *el grupo.* **7.** Unirse dos o más cosas de manera que no sobre ni falte espacio. *Cuando todas las piezas del rompecabezas encajen, se verá un retrato.* **8.** Coincidir o estar de acuerdo dos cosas. *Las versiones de los testigos no encajan.* Tb.: *Esta actitud no encaja* CON *su forma de ser.* **9.** Venir algo al caso, o ser adecuado. *Esa expresión vulgar no encaja* EN *un discurso formal.* ○ intr. prnl. **10.** Meterse alguien en un lugar tan estrecho que le resulta difícil moverse. *Encájate como puedas* EN *el asiento de atrás.* ▶ **2:** ENSAMBLAR. **6:** AJUSTAR. **8:** COINCIDIR.

encaje[1]**.** m. Tejido de mallas muy fino con calados, lazadas u otros adornos. *Mantelería de encaje.* ■ **~ de bolillos.** m. Trabajo muy delicado o difícil. *Sus miniaturas de barcos son un encaje de bolillos.*

encaje[2]**.** m. Hecho de encajar. *El encaje de la piezas debe ser perfecto.*

encajonar. tr. **1.** Meter (algo) dentro de un cajón. *Encajonará los libros para enviármelos.* **2.** Meter (algo o a alguien) en un lugar estrecho. *Me han encajonado al fondo del vagón y no he podido salir.*

encalabrinar. tr. **1.** Excitar o irritar (algo o a alguien). *Esa mujer me encalabrina los nervios.* Tb. en constr. prnl. media. *Cuando se entere de que no le han dado el premio se encalabrinará.* **2.** Excitar sexualmente (a alguien). *La visión de su escote lo encalabrinó.* Tb. en constr. prnl. media. *Se encalabrina cuando la ve bailar.* ▶ **1:** *IRRITAR.

encalado. m. Hecho o efecto de encalar. *La fachada ha quedado reluciente tras el encalado.* ▶ *ENLUCIDO.

encalar. tr. Pintar (algo) con cal. *Encalan las paredes cada año para mantenerlas blancas y limpias.* ▶ *ENLUCIR.

encallar. intr. Quedar detenida una embarcación en la arena o entre rocas. *Un barco ha encallado en los arrecifes de la costa.* Tb. fig. *El proyecto ha encallado por falta de fondos.* Frec. prnl. *El velero se encalló en la arena.* ▶ EMBARRANCAR, VARAR.

encallecer. (conjug. AGRADECER). tr. Endurecer (una parte del cuerpo) formando callo (en ella). *Las faenas del campo han encallecido sus manos.* Tb. fig. *Los desengaños amorosos encallecen el corazón.* Tb. en constr. prnl. media. *Las manos se encallecen con el trabajo.* Tb. fig. *Su conciencia se ha encallecido.*

encalmar. tr. Calmar o sosegar (algo). *Los marineros esperaban que la mejora del tiempo encalmase las aguas.* Tb. en constr. prnl. media. *El viento se encalmó a media tarde.*

encamar. tr. Meter en la cama (a alguien), gralm. por enfermedad o para tener relaciones sexuales. *Los médicos han aconsejado encamar al paciente. Se ha encamado para curarse la gripe.*

encaminar. tr. **1.** Dirigir (algo o a alguien) hacia un lugar determinado. *Encaminan sus pasos* HACIA *la puerta.* **2.** Dirigir (algo o a alguien) hacia un fin determinado. *Encaminaremos nuestros esfuerzos* A *encontrar una solución.* **3.** Decir (a alguien) el camino que ha de tomar. *Nos habíamos perdido y una aldeana nos encaminó.* ○ intr. prnl. **4.** Dirigirse alguien o algo hacia un lugar determinado. *Se encaminan* A *la playa.* Tb. fig. *El negocio se encamina* A *la ruina.* **5.** Dirigirse alguien o algo hacia un fin determinado. *Nuestra lucha se encamina* A *paliar la miseria.* ▶ **1, 2:** ENCARRILAR, ENDEREZAR.

encampanarse. intr. prnl. Envalentonarse. *Lejos de asustarse, se encampana y le contesta con descaro.*

encanallamiento. m. Hecho o efecto de encanallar o encanallarse. *Denuncia el encanallamiento de la vida política.*

encanallar. tr. Convertir (a alguien) en un canalla. *En la cárcel lo han encanallado aún más.* Tb. usado en constr. intr. *Ese tipo de vida encanalla.* Tb. en constr. prnl. media. *Se ha encanallado con las malas compañías.*

encandilar. tr. **1.** Deslumbrar (a alguien) una luz muy intensa o aquello que la emite. *Los rayos de sol me encandilaban.* **2.** Deslumbrar (a alguien) o causar(le) una gran impresión. *Nos ha encandilado con su buena educación.* **3.** Despertar el sentimiento o deseo amoroso (en alguien). *Mi mujer me encandiló en cuanto la conocí.* Tb. en constr. prnl. media. *Se ha encandilado* CON *un compañero.* ▶ **1:** *DESLUMBRAR. **2:** *ASOMBRAR.

encanecer. (conjug. AGRADECER). intr. **1.** Ponerse canoso alguien o su pelo. *Antes de encanecer, tenía el pelo negro.* ○ tr. **2.** Poner canoso (a alguien o su pelo). *Han encanecido el cabello de la actriz con un tinte.*

encantador, ra. adj. **1.** Muy agradable. *Antes era encantador, pero la edad le ha agriado el carácter.* ● m. y f. **2.** Persona que hace encantamientos. *Un encantador de serpientes.* ▶ **1:** ADORABLE.

encantamiento. m. Hecho o efecto de encantar o someter a poderes mágicos. *Un encantamiento volvió invisible al héroe.* ▶ *HECHIZO.

encantar. tr. **1.** Someter (a alguien o algo) a poderes mágicos. *Una bruja encantó a la princesa.* **2.** Gustar o agradar mucho alguien o algo (a una persona). *La película me ha encantado.* ▶ **1:** *HECHIZAR. **2:** *AGRADAR.

encanto. m. **1.** Encantamiento. *Los aldeanos atribuían sus males a los encantos y hechizos de las meigas.* **2.** Persona o cosa que gusta o agrada mucho. *Es un encanto de chica.* ○ m. pl. **3.** Atractivo físico. *Explota sus encantos para seducir a los hombres.*

encañonar. tr. **1.** Apuntar (a alguien) con el cañón de un arma de fuego. *El atracador encañonó al vigilante.* **2.** Planchar (algo) formando cañones. *Encañona la cofia con unas tenacillas.*

encapotarse. intr. prnl. Cubrirse el cielo de nubes oscuras y que amenazan tormenta. *El cielo se ha encapotado y empieza a lloviznar.* ▶ CERRARSE.

encapricharse. intr. prnl. **1.** Pasar a tener el capricho de algo. *Se encapricha* DE *cualquier antigualla que ve.* **2.** Enamorarse de alguien de manera superficial o pasajera. *Se ha encaprichado* CON/DE *una mujer a la que acaba de conocer.* ▶ **2:** ENAMORISCARSE.

encapsular. tr. Meter (algo) en una cápsula. *En el laboratorio encapsulan la codeína en polvo.*

encapuchado, da. part. **1.** → **encapuchar.** **2.** Que ha sido encapuchado (→ 1), o se ha encapuchado (→ 1). Dicho de pers., tb. m. y f. *Unos encapuchados lanzaron cócteles molotov a la policía.*

encapuchar. tr. Cubrir o tapar con capucha (algo o a alguien). *Los penitentes encapuchados encabezan la procesión.*

encarado, da. **mal ~.** loc. adj. Dicho de persona: De facciones desagradables. *Me asaltó un hombre mal encarado y con una cicatriz en la cara.*

encaramar. tr. **1.** Subir (algo o a alguien) a un lugar elevado o difícil de alcanzar. *El gato se ha encaramado* AL *árbol.* **2.** coloq. Poner (a alguien) en un puesto o situación destacados. *El ciclista se ha encaramado* EN *el primer puesto de la clasificación.*

encarar. tr. **1.** Poner (una cosa o a una persona) frente a otra. *Encaran a los perros para que luchen.* **2.** Hacer frente (a un problema o dificultad). *Ha encarado la enfermedad con gran valentía.* ○ intr. prnl. **3.** Ponerse una persona o un animal frente a otros, cara a cara y gralm. en actitud violenta o agresiva. *El fiscal solicita que el acusado se encare* CON *un testigo.* Tb.: *Los dos jóvenes se encaran con intención de pelear.* **4.** Hacer frente a un problema o dificultad. *Se ha encarado* CON *la enfermedad con gran valentía.*

encarcelación. f. Encarcelamiento. *El dictador ordenó la encarcelación de los disidentes.*

encarcelamiento. m. Hecho de encarcelar. *La causa de su encarcelamiento es un delito de estafa.*

encarcelar. tr. Meter (a alguien) en la cárcel. *Lo encarcelaron en una prisión de alta seguridad.*

encarecer. (conjug. AGRADECER). tr. **1.** Subir el precio (de algo). *La sequía encarecerá los productos agrícolas.* **2.** Ponderar o alabar (algo o a alguien). *El presidente encareció las virtudes de su sucesor.* **3.** Pedir (algo) a alguien con empeño. *Nos encareció que consideráramos su propuesta.* ○ intr. **4.** Subir algo de precio. *En Navidad, el marisco encarece.* Tb. prnl. *La vida se ha encarecido mucho.* ▶ **2:** *ALABAR.

encarecimiento. m. **1.** Hecho de encarecer o encarecerse. *El encarecimiento de la vivienda impide a los jóvenes emanciparse.* **2.** Empeño o insistencia con que se pide algo. *Les rogó con encarecimiento que lo escucharan.*

encargado, da. part. **1.** → **encargar.** ● adj. **2.** Dicho de persona: Que ha recibido un encargo. *El juez encargado* DEL *caso ha decretado el secreto del sumario.* ● m. y f. **3.** Persona que tiene a su cargo un establecimiento o un negocio en representación del dueño. *Empezó como dependienta y ya es la encargada de la tienda.*

encargar. tr. **1.** Poner (algo o a alguien) al cuidado de otra persona. *¿Te puedo encargar mis plantas mientras estoy de vacaciones?* **2.** Pedir u ordenar a alguien que haga (algo, espec. un trabajo). *El jefe me ha encargado que ordene el archivo.* **3.** Pedir que se traiga o envíe (algo). *He encargado una pizza por teléfono.* ○ intr. prnl. **4.** Tomar una persona algo o a alguien bajo su cuidado o responsabilidad. *Al morir sus padres, sus tíos se encargaron* DE *él. Yo me encargaré* DE *que lleguéis a tiempo a la estación.*

encargo. m. **1.** Hecho de encargar. *Tengo que hacerte un encargo.* **2.** Cosa encargada. *Vengo a traer un encargo de la sastrería.* ■ **como de ~,** o **como hecho de ~.** loc. adv. Se usa para indicar que algo reúne todas las condiciones apetecibles. *La mesa que nos has regalado nos viene como hecha de encargo.*

encariñarse. intr. prnl. Tomar cariño a alguien o algo. *Me encariñé* DEL/CON *el perro abandonado y me lo quedé.*

encarnación. f. **1.** Hecho de encarnar o encarnarse. Frec., en mayúsc., designa el del Verbo Divino en el seno de la Virgen. *Según el misterio de la Encarnación, Dios se hizo hombre en Jesús.* **2.** Persona o cosa que representan o simbolizan algo abstracto. *Gandhi fue la encarnación del pacifismo.*

encarnado, da. part. **1.** → **encarnar.** ● adj. **2.** Dicho de color: Rojo. *Las cerezas tienen la piel de color encarnado.* Tb. m. *Le gusta vestir de encarnado.* **3.** De color encarnado (→ 2). *Lleva una blusa encarnada.* ▶ **2, 3:** *ROJO.

encarnadura. f. Capacidad de los tejidos orgánicos para cicatrizar o recuperarse de una lesión. Gralm. con los adj. *buena* o *mala*. *Su pierna sanó pronto porque tiene buena encarnadura.*

encarnar. tr. **1.** Personificar o representar (algo abstracto). *La actitud de James Dean encarnaba la rebeldía juvenil.* **2.** Interpretar (un personaje) en una obra de teatro o en una película. *La actriz encarnará a Juana de Arco.* **3.** Poner un pescador la carnada (en el anzuelo). *Encarnó el anzuelo con un gusano y lanzó la caña.* ○ intr. **4.** Tomar forma corporal algo abstracto, como un espíritu o una idea. *Las aspiraciones democráticas encarnaron* EN *nuestra Constitución.* Frec. prnl. *Cree que después de la muerte el espíritu vuelve a encarnarse en otro cuerpo.* **5.** En el cristianismo: Tomar forma humana el Verbo Divino. Frec. prnl. *El Verbo Divino se encarnó* EN *Jesucristo para salvar a los hombres.* ○ intr. prnl. **6.** Introducirse una uña, al crecer, en la carne que la rodea. *Las uñas encarnadas producen mucho dolor.* ▶ **2:** *INTERPRETAR.

encarnizado, da. part. **1.** → **encarnizar.** ● adj. **2.** Dicho espec. de una lucha: Muy dura y porfiada. *En Teruel se libró una encarnizada batalla.*

encarnizamiento. m. Hecho o efecto de encarnizarse. *Golpeó con encarnizamiento a su víctima.* ▶ ENSAÑAMIENTO.

encarnizarse. intr. prnl. Cebarse o ensañarse con alguien o algo. *El asesino se encarnizó* CON *su víctima.* ▶ *ENSAÑARSE.

encarrilar. tr. **1.** Encaminar o dirigir (algo o a alguien) hacia un lugar o un fin determinados. *Encarriló el coche* HACIA *el aparcamiento.* **2.** Dirigir (algo o a alguien) por el camino adecuado o conveniente. *Les costó mucho encarrilar el negocio.* **3.** Colocar sobre los carriles o raíles (un vehículo). *Emplearon una grúa para encarrilar la vagoneta.* ▶ **1:** *ENCAMINAR.

encartado, da. part. **1.** → **encartar. 2.** *Der.* Que ha sido encartado (→ 1). Tb. m. y f. *Los encartados comparecieron ante el juez.* ▶ *PROCESADO.

encartar. tr. **1.** *Der.* Someter (a alguien) a un proceso judicial. *Hay varias personas encartadas por su participación en el secuestro.* **2.** En algunos juegos de cartas: Echar un jugador una carta de un palo que (otro) puede seguir y espec. matar. *Me encartó con un tres de oros que me llevé con el as.* ▶ **1:** *PROCESAR.

encarte. m. *Gráf.* Hoja o folleto que se insertan entre las páginas de una publicación periódica o de un libro. *La revista trae un encarte con publicidad.*

encasillamiento. m. Hecho o efecto de encasillar o encasillarse. *No puede evitar el encasillamiento como actriz de comedia.*

encasillar. tr. **1.** Poner (algo) en una casilla para clasificar(lo). *Su trabajo consiste en ordenar las cartas y encasillarlas.* **2.** Considerar, frec. de modo arbitrario, que alguien pertenece a un grupo o una ideología. *Lo han encasillado como novelista de terror.* **3.** Poner límites (a alguien) en el ejercicio de una profesión. *No va a aceptar más papeles cómicos porque lo encasillan.*

encasquetar. tr. **1.** coloq. Encajar a alguien en la cabeza (un sombrero u otra prenda semejante). *Le encasquetó al niño un gorro de lana. Se encasqueta la gorra y no se la quita en todo el día.* **2.** coloq. Hacer aguantar a alguien (algo molesto o desagradable). *Me encasquetó el rollo de siempre.*

encasquillarse. intr. prnl. Atascarse un arma de fuego con el casquillo de la bala al disparar. *Cuando tenía la liebre a tiro, se le encasquilló la escopeta.*

encastado, da. adj. *Taurom.* Dicho de toro: Que tiene casta o las características consideradas propias de su casta. *Un toro encastado y bravo puso en apuros al matador.*

encastillarse. intr. prnl. **1.** Refugiarse en un castillo o en un paraje alto o de difícil acceso. *Las tropas rebeldes se habían encastillado* EN *un alcázar.* Tb. fig. *Vive encastillado* EN *una torre de marfil.* **2.** Perseverar en una idea u opinión, o mantenerse con obstinación en ellas. *Cuando se encastilla* EN *una opinión, no se puede dialogar con él.*

encastrar. tr. Encajar o empotrar (algo). *El lavabo va encastrado en una encimera de mármol.*

encausado, da. part. **1.** → **encausar. 2.** *Der.* Que ha sido encausado (→ 1). Tb. m. y f. *El fiscal pide la máxima pena para la encausada.* ▶ *PROCESADO.

encausar. (conjug. CAUSAR). tr. *Der.* Someter (a alguien) a una causa o proceso judicial. *Van a encausar al banquero por desfalco.* ▶ *PROCESAR.

encauzamiento. m. Hecho o efecto de encauzar. *El encauzamiento del río evitará las inundaciones.*

encauzar. (conjug. CAUSAR). tr. **1.** Conducir (una corriente de agua) por un cauce. *Han encauzado el río.* **2.** Dirigir (algo) por el camino adecuado. *Superarás el divorcio y encauzarás de nuevo tu vida.*

encebollar. tr. Guisar (un alimento) con abundante cebolla. *Hígado encebollado.*

encefálico, ca. adj. Del encéfalo. *El golpe en la cabeza ha producido daños en la masa encefálica.*

encefalitis. f. *Med.* Inflamación del encéfalo. *Ha aumentado el número de ingresos por encefalitis viral.*

encéfalo. m. *Anat.* Conjunto de órganos del sistema nervioso contenidos en el cráneo. *El encéfalo, la médula y los nervios están formados por tejido nervioso.*

encefalograma. m. *Med.* Electroencefalograma. *El encefalograma confirma la muerte cerebral del enfermo.*

encefalopatía. f. *Med.* Alteración patológica del encéfalo. *Las reses sufrían una encefalopatía.*

encelar. tr. **1.** Dar celos (a alguien). *Le gusta encelar a su novio.* Tb. en constr. prnl. media. *Se encela sin motivo.* **2.** Poner (a un animal) en celo. *La danza del macho tiene por objeto encelar a la hembra.* Tb. en constr. prnl. media. *Al llegar esta época, los ciervos se encelan.*

encenagar. tr. **1.** Cubrir o manchar (algo o a alguien) con cieno. *La riada ha encenagado la carretera.* ○ intr. prnl. **2.** Entregarse a los vicios. *Se ha encenagado en el vicio del juego.*

encendedor. m. Aparato que sirve para encender por medio de una chispa o llama. *Le regalamos una pitillera y un encendedor.* ▶ CHISQUERO, MECHERO.

encender. (conjug. ENTENDER). tr. **1.** Hacer que (algo) comience a arder. *Encendieron antorchas. Voy a encender unas velas.* **2.** Hacer que funcione (un dispositivo o un aparato eléctricos). *Encienda el vídeo e introduzca la cinta.* Tb. usado en constr. intr. *Enciende, que no se ve nada aquí dentro.* **3.** Causar (una guerra o un enfrentamiento). *El expansionismo alemán encendió la guerra en Europa.* Tb. en constr. prnl. media. *Con tales abusos, la rebelión se encendió.* **4.** Provocar o enardecer (a alguien o algo, como un sentimiento o una pasión). *Las palabras del capitán encienden a la tropa. Tales ofensas encienden su ira.* Tb. en constr. prnl. media. *Notó que su deseo se encendía.* **5.** Enrojecer (el rostro). *El esfuerzo encendía su cara.* Tb. en constr. prnl. media. *Su rostro se enciende cuando la piropean.* ○ intr. **6.** Comenzar a arder algo. *Este mechero no enciende.* Frec. prnl. *La leña húmeda no se enciende.* **7.** Empezar a funcionar un dispositivo o un aparato eléctricos. *Mira si está enchufada la impresora, porque no enciende.* Frec. prnl. *Le doy al botón, pero la televisión no se enciende.* ▶ **Am: 2:** PRENDER.

encendido[1]**.** m. En un motor de explosión: Inflamación del carburante por medio de una chispa eléctrica.

Con la batería descargada, no se produce el encendido del motor. Tb. el conjunto de dispositivos que producen dicha inflamación. *El coche tiene una avería en el encendido.*

encendido², **da.** part. **1.** → **encender.** ● adj. **2.** Dicho de color, espec. del rojo: Muy intenso. *Se pintó los labios de un rojo encendido.*

encerado¹. m. Hecho de encerar. *Nos dedicamos al pulimentado y encerado de parqués.*

encerado², **da.** part. **1.** → **encerar.** ● m. **2.** Pizarra (superficie). *Sal a hacer el ejercicio en el encerado.* ▶ **2:** *PIZARRA.

encerar. tr. Dar cera (a algo). *Enceré los muebles y quedaron como nuevos.*

encerramiento. m. Hecho de encerrar o encerrarse. *Lleva tanto tiempo estudiando que tiene sensación de encerramiento.*

encerrar. (conjug. ACERTAR). tr. **1.** Meter (a alguien) en un lugar cerrado del que no puede salir. *Por la noche encierran a las ovejas. Nos quedamos encerrados* EN *el ascensor.* **2.** Meter (algo) en un sitio cerrado del que gralm. no puede sacarse sin medios especiales. *Han encerrado el busto romano* EN *una urna de cristal.* **3.** Contener una cosa (otra). *El fruto encierra la semilla. Estos símbolos encierran un significado.* ○ intr. prnl. **4.** Meterse en un lugar cerrado en señal de protesta. *Los estudiantes se encerrarán* EN *la facultad para pedir más becas.* **5.** Ingresar una persona en un convento para llevar vida monástica. *Se encerró* EN *un convento para dedicar su vida a la oración.* **6.** Meterse una persona en un lugar cerrado para aislarse. *Cuando se enfada, se encierra* EN *su habitación.* Tb. fig. *Su miedo a los demás lo lleva a encerrarse* EN *sí mismo.* **7.** Perseverar con tesón en una idea. *Se encierra* EN *su punto de vista y no acepta otras opiniones.* ▶ **1:** RECLUIR. **3:** *CONTENER. **4, 6:** RECLUIRSE.

encerrona. f. Situación preparada de antemano, en que se pone a alguien para obligarle a hacer algo contra su voluntad. *Le habían preparado una encerrona para obligarle a que se rindiera.*

encestador, ra. adj. Dicho de jugador de baloncesto: Que encesta. Más frec. m. y f. *El pívot fue el máximo encestador del encuentro.*

encestar. tr. **1.** Poner (algo) en una cesta. *Arrancan las fresas y las encestan.* **2.** En baloncesto: Introducir (el balón) en la canasta. *A ver si encestas el balón desde esa distancia.* Tb. usado en constr. intr. *Este jugador encesta desde cualquier posición.*

enceste. m. En baloncesto: Hecho de encestar. *Un enceste del alero en el último segundo nos dio la victoria.* ▶ *CANASTA.

encharcamiento. m. Hecho o efecto de encharcar o encharcarse. *El drenaje evita el encharcamiento del terreno. Encharcamiento pulmonar.*

encharcar. tr. **1.** Cubrir de agua (un terreno) formando charcos. *Las lluvias encharcaron los caminos.* Tb. en constr. prnl. media. *Este terreno se encharca cuando llueve.* **2.** Llenar de líquido (un órgano del cuerpo, espec. los pulmones). *Sufrirá un colapso cuando la sangre encharque órganos vitales.* Tb. en constr. prnl. media. *Los pulmones se encharcaron a causa de una hemorragia interna.*

enchilada. f. Tortilla de maíz enrollada, rellena de carne y condimentada con chile, típica de México y otros países centroamericanos. *Aquí preparan unas enchiladas de pollo riquísimas.*

enchilar. tr. Am. Condimentar con chile (un alimento). *Hay comidas enchiladas y canastas de tamales* [C].

enchiquerar. tr. Meter (un toro) en el chiquero. *Están enchiquerando los toros que se lidiarán esta tarde.*

enchironar. tr. jerg. Encarcelar (a alguien). *Lo enchironaron por el golpe de la joyería.*

enchufado, da. part. **1.** → **enchufar.** ● m. y f. **2.** coloq., despect. Persona que ha obtenido un cargo, un empleo o una situación privilegiada por enchufe. *Nadie traga al enchufado que puso el jefe.*

enchufar. tr. **1.** Conectar las dos partes del enchufe (de un aparato eléctrico). *Enchufa la aspiradora.* Tb. usado en constr. intr. *No enchufes con las manos mojadas.* **2.** Conectar (un tubo) a otro encajando sus extremos. *Enchufó la manguera a la boca de riego.* **3.** coloq., despect. Dar (a alguien) un puesto, cargo o privilegio por enchufe o recomendación. *Su cuñado lo ha enchufado en la empresa.* Tb. en constr. prnl. media. *Se enchufó gracias a una buena recomendación.*

enchufe. m. **1.** Dispositivo formado por dos piezas que encajan para conectar un aparato eléctrico a la red. *En esa pared hay tres enchufes. Se ha partido una clavija del enchufe de la lámpara.* **2.** coloq., despect. Puesto, cargo o situación privilegiada que se consigue por amistad, influencia o recomendación. *¡Vaya enchufe que te ha conseguido tu suegro en el ministerio!* **3.** coloq., despect. Influencia ante una autoridad para conseguir de ella algún favor. *Tiene enchufe con el jefe.*

enchufismo. m. coloq., despect. Práctica que favorece los enchufes o puestos obtenidos por recomendación. *El rector quiere acabar con el enchufismo en la universidad.*

encía. f. Parte carnosa del interior de la boca que protege la dentadura. *Un diente de leche asoma en la encía de la niña.* Frec. en pl. *Necesito una pasta dentífrica que proteja las encías.*

encíclica. f. *Rel.* En la religión católica: Carta pública y solemne que el papa dirige al conjunto de los obispos o a los fieles. *La última encíclica trata sobre los peligros del materialismo.*

enciclopedia. f. **1.** Obra en que se trata de muchas ciencias. *El alumno consulta la enciclopedia escolar.* Tb. la que trata de todos los aspectos de una ciencia o un arte. *Enciclopedia del cine.* **2.** Diccionario enciclopédico. *Busca la biografía de Marx y la palabra "marxismo" en la enciclopedia.*

enciclopédico, ca. adj. **1.** De la enciclopedia. *Un equipo de especialistas redacta los artículos enciclopédicos.* **2.** Dicho de diccionario: Que trata del conjunto de las ciencias y define o explica las cosas designadas por las palabras. *En el diccionario enciclopédico encontrarás un artículo sobre el cocodrilo.* **3.** Que implica muchos y variados conocimientos. *Tiene una cultura enciclopédica.*

enciclopedismo. m. Conjunto de doctrinas desarrolladas en Francia en el s. XVIII por Diderot y D'Alembert, y expuestas en su *Enciclopedia. El enciclopedismo defendía el Estado laico.*

enciclopedista. adj. Partidario del enciclopedismo. *Voltaire y Rousseau fueron célebres pensadores enciclopedistas.* Tb. m. y f. *Los enciclopedistas desempeñaron un papel importante en la Revolución francesa.*

encierro. m. **1.** Hecho de encerrar o encerrarse. *Tras varios días de encierro, me apetece salir. Han recurrido al encierro en la fábrica como protesta.* **2.** Lugar donde se encierra algo o a alguien. *Preparan un* *plan para escapar de su encierro.* **3.** Hecho de llevar los toros a encerrar en el toril. *Un toro ha corneado a un mozo durante el encierro.* Tb. la fiesta correspondiente. *Los sanfermines son los encierros más famosos de España.*

encima. adv. **1.** En posición o lugar superior o más alto respecto de algo que está en la misma vertical, y que puede o no servir de apoyo. *–No veo ninguna uva en la parra. –Tienes un racimo encima mismo* DE *tu cabeza. Puedes dejar el abrigo encima* DE *la cama. Los que vivían encima se han marchado.* A veces precedido de prep. *No se atrevió a saltar desde encima* DE *la tapia. Estamos volando por encima* DEL *mar.* Tb. en la constr. *por ~* en un sent. no físico. *Distinguí su voz por encima* DEL *murmullo general.* **2.** En una situación superior en cantidad, calidad o categoría. *Tiene encima a un jefe que le hace la vida imposible.* Más frec. *por ~. Siempre ha destacado por encima* DEL *resto de sus compañeros. En la oficina no tiene a nadie por encima* DE *él. Sus propósitos estaban muy por encima* DE *los resultados. Yo estoy muy por encima* DE *las habladurías.* **3.** De forma que recae o pesa en la persona a la que se hace referencia. *¿Cómo pudiste andar veinte kilómetros llevando encima esa mochila tan pesada?* Tb. fig. *¡Menudo trabajito te ha caído encima! Se les echó la noche encima en mitad del monte.* A veces precedido de la prep. *de. Tengo ganas de hacer el examen para quitármelo de encima. A ver si consigo quitarme de encima a este pesado.* **4.** De forma que cubra o tape algo. *Ponte algo encima para salir, que hace mucho frío. Dio una capa de esmalte encima* DE *la pintura. Escribió encima* DE *lo que yo había escrito y no se entendía nada.* **5.** Además. *Lo despidieron y, encima, sin indemnizarlo. Encima de que no participa en nada, lo critica todo. –Hice la comida y me tocó fregar los platos. –¡Encima! Encima de engreído, es un mentiroso.* **6.** En un tiempo o espacio muy próximos o cercanos. *Tenemos encima el verano. No pude evitar chocar con el camión: cuando me quise dar cuenta ya lo tenía encima.* **7.** Vigilando atentamente. *Como era hijo único, los padres estaban todo el tiempo encima. Deberías hacer las cosas bien sin que nadie esté encima* DE *ti.* ■ **por ~.** loc. adv. Superficialmente, o sin profundizar. *Solo he tenido tiempo de mirar los exámenes por encima, pero están bastante bien. Me lo explicó por encima.* ■ **por ~ de.** loc. prepos. **1.** Sobrepasando el límite de. Se usa seguido de una expresión de cantidad. *Por encima de los 10 años, los niños tienen que pagar entrada. Aquel verano llegamos a estar por encima de los 40°. Las precipitaciones serán en forma de nieve por encima de los 1300 m.* **2.** A pesar de. *Por encima de las discusiones y peleas, seguimos siendo amigos.* ■ **por ~ de todo.** loc. adv. Sobre todo. *Valoro por encima de todo su buena disposición.*

encimera. f. Parte superior de los muebles bajos de una cocina. *Ha rayado la encimera con el cuchillo.*

encina. f. Árbol de tronco grueso, copa grande y redonda y madera muy dura, cuyo fruto es la bellota. *En la dehesa abundan las encinas.* Tb. su madera. *La encina arde bien.* ▶ CARRASCA, CARRASCO.

encinar. m. Terreno poblado de encinas. *Los cerdos se alimentan de las bellotas del encinar.* ▶ CARRASCAL.

encinta. adj. Dicho de mujer: Embarazada. *La prueba confirma que está encinta.* ▶ *EMBARAZADA.

encizañar. tr. Sembrar cizaña o enemistad (en alguien o algo, o entre varias personas). *Se dedica a encizañar a los vecinos inventando rumores.* Tb. usado en constr. intr. *Lo único que hace es encizañar.* ▶ ENREDAR, ENZARZAR.

enclaustramiento. m. Hecho de enclaustrar o enclaustrarse. *No saldrá de su enclaustramiento hasta terminar la novela.*

enclaustrar. (conjug. CAUSAR). tr. **1.** Encerrar (a una persona) en un convento para que lleve una vida monástica. *Dudaba entre casar a su hija o enclaustrarla. Al sentir la llamada de Dios, decide enclaustrarse.* **2.** Meter (algo o a alguien) en un lugar cerrado, frec. con intención de aislamiento. *Enclaustran a los prisioneros en mazmorras. Se ha enclaustrado para preparar la oposición.*

enclavado, da. adj. **1.** Dicho de lugar: Encerrado dentro del área de otro. *Visitamos un bosque enclavado* EN *la comarca de la Vera.* **2.** Dicho de un objeto: Encajado en otro. *Hueso enclavado en la base del cráneo.*

enclave. m. **1.** Territorio situado dentro de otro con características políticas, administrativas o geográficas diferentes. *Ceuta y Melilla son dos enclaves españoles* EN *el norte de África.* **2.** Grupo étnico, político o ideológico inserto en otro mayor y de características diferentes. *El enclave judío estaba integrado por familias llegadas del este.*

enclenque. adj. Débil o enfermizo. *Tiene un aspecto enclenque. Geranios enclenques.* Dicho de pers., tb. m y f. *Cómete todo o te quedarás hecha una enclenque.* ▶ *DÉBIL.

enclítico, ca. adj. *Gram.* Dicho de palabra átona: Que se une con la palabra anterior formando un único término. *En la forma verbal "dáselo" los pronombres "se" y "lo" son enclíticos.*

encocorar. tr. coloq. Irritar o enfurecer (a alguien). *Me encocora cuando emplea ese tonillo.*

encofrado. m. **1.** *Constr.* Molde hecho con tablas o con chapas de metal, en el que se vierte el hormigón hasta que fragua. *Vacían el hormigón dentro del encofrado para hacer los pilares.* **2.** *Constr.* Hecho de encofrar. *Es un carpintero que se dedica al encofrado en edificios.*

encofrador, ra. adj. *Constr.* Que encofra. *Trabaja como albañil encofrador.* Gralm. m. *Cuando fragua el hormigón, los encofradores retiran el molde.*

encofrar. tr. *Constr.* Hacer el molde (de algo) para verter el hormigón. *Están encofrando los pilares del puente.* Frec. usado en constr. intr. *Cuando los obreros terminen de encofrar, se echará el hormigón.*

encoger. tr. **1.** Contraer (a alguien o algo, espec. el cuerpo o un miembro). *Encogió el brazo al recibir un calambre. Se encogió de dolor cuando lo golpearon.* Tb. fig. *Tenía el corazón encogido por la pena.* **2.** Hacer (que alguien o su ánimo) pierdan fuerza o decisión. *La mínima adversidad lo encoge.* ○ intr. **3.** Disminuir algo de tamaño. *Los vaqueros encogen con el lavado.* Frec. prnl. *Las uvas se encogen cuando se secan.* ○ intr. prnl. **4.** Actuar alguien con cortedad o falta de decisión. *Cuando lo provocan se encoge y no sabe defenderse.* ▶ **3:** EMBEBER.

encogido, da. part. **1.** → **encoger.** ● adj. **2.** Dicho de persona: Que muestra cortedad o falta de decisión. *Es un tipo encogido y asustadizo.*

encogimiento. m. **1.** Hecho o efecto de encoger o encogerse. *Respondió con un leve encogimiento de hombros.* **2.** Cualidad de la persona encogida. *No soporta su apatía y su encogimiento.*

encolado. m. Hecho o efecto de encolar. *El encolado de las piezas del mueble es anterior a su ensamblaje.*

encolar. tr. **1.** Pegar (algo) con cola. *Tienes que encolar la pata de la mesa.* **2.** Dar una capa de cola (a una superficie). *Hay que encolar la pared antes de pintarla al temple.*

encolerizar. tr. Poner colérico (a alguien). *Tu actitud lo encoleriza.* Tb. en constr. prnl. media. *Se encoleriza cuando pierde su equipo.* ▶ *ENFURECER.

encomendar. (conjug. ACERTAR). tr. **1.** Poner (algo o a alguien) al cuidado de una persona. *Me ha encomendado a su hijo durante su ausencia.* **2.** Encargar a alguien que haga (algo). *Le han encomendado la restauración del palacio.* **3.** Confiar (una cosa o a una persona) al amparo o la protección de alguien. *Encomendó su alma a Dios. Antes de un examen, se encomienda a todos los santos.*

encomendero. m. histór. Hombre que ha recibido una encomienda de indios. *Los misioneros lucharon por que los indios no fueran esclavos de los encomenderos.*

encomiable. adj. Digno de encomio. *Ha realizado un trabajo encomiable.*

encomiar. (conjug. ANUNCIAR). tr. Alabar encarecidamente (algo o a alguien). *El jurado encomió la calidad literaria de la obra premiada.* ▶ *ALABAR.

encomiástico, ca. adj. Del encomio, o que lo contiene. *El alcalde dirige unas palabras encomiásticas al cuerpo de bomberos.* ▶ LAUDATORIO.

encomienda. f. **1.** Cosa que se encomienda o se encarga. *Recibió como encomienda trasladar el cuadro sin que sufriera daños.* **2.** Dignidad de comendador de una orden militar o civil. *Le han concedido la encomienda de la Orden de Isabel la Católica.* **3.** histór. En la América colonial: Territorio poblado de indios que se asignaba a una persona para su provecho a cambio de que esta se encargara de la evangelización de los mismos. *Algunos frailes denunciaron que se explotaba a los indios en las encomiendas.* **4.** Am. Paquete postal. *Es preferible recibir encomiendas internacionales en el correo de Valparaíso* [C].

encomio. m. Alabanza encarecida. *Es digno de encomio su deseo de aprender.* ▶ *ALABANZA.

enconado, da. part. **1.** → **enconar.** ● adj. **2.** Que implica encono. *Lanza un enconado ataque a la doble moral burguesa.*

enconamiento. m. Encono. *Su enconamiento* CON *la empresa aumentará si les niegan las mejoras solicitadas.*

enconar. tr. **1.** Hacer que empeore (una herida o una parte lastimada). *Un tratamiento inadecuado ha enconado la herida.* **2.** Irritar o exasperar (a alguien). *Lo que más me encona es su insistencia.* ○ intr. prnl. **3.** Empeorar una herida o una parte lastimada. *Se le ha enconado la herida por falta de higiene.*

encono. m. Rencor o animadversión. *La disputa por unas tierras ha ahondado el encono entre ambas familias.* ▶ ENCONAMIENTO.

encontradizo, za. hacerse alguien **el ~** (con otra persona). loc. v. Fingir que se encuentra (con ella) por casualidad cuando ha sido intencionadamente. *Se hizo el encontradizo* CON *ella para pedirle una cita.*

encontrado, da. part. **1.** → **encontrar.** ● adj. **2.** Opuesto o contrario. *Tenemos pareceres encontrados.*

encontrar. (conjug. CONTAR). tr. **1.** Llegar alguien a tener a la vista o a su alcance (la cosa o a la persona que busca). *No encuentro las llaves. A estas horas no encontrarás ninguna tienda abierta.* **2.** Conseguir (algo o a alguien que se buscan o desean). *¿Habéis encontrado piso? No encuentra trabajo.* **3.** Ver casualmente (algo o a alguien) o llegar a estar (junto a ellos). *¿A que no sabes a quién he encontrado hoy en el mercado?* Tb. con un compl. de interés. *Me he encontrado un billete de veinte euros en la calle.* **4.** Percibir una persona (algo o a alguien) de la manera que se indica al ver(los) o pensar (sobre ellos). *Lo encontré muy desmejorado. La encontraron inconsciente en su casa. ¿No encuentras raro que no llame?* ○ intr. prnl. **5.** Seguido de un complemento introducido por *con* que expresa la persona o cosa que se buscan: Pasar a estar junto a ellas. *Nos encontraremos contigo en la entrada del cine.* **6.** Seguido de un complemento introducido por *con* que expresa una persona o cosa: Llegar a verlas, o a estar junto a ellas, inesperadamente. *Nunca adivinarías con quién me he encontrado hoy. Nunca me he encontrado con un caso como este.* **7.** Enfrentarse dos o más personas al coincidir en un lugar. *Lo dos equipos volverán a encontrarse* EN *el partido de vuelta.* Tb.: *El general no quería encontrarse* CON *el enemigo* EN *campo abierto.* **8.** Estar en el lugar o de la manera que se indica. *No me encuentro bien. La semana que viene me encontraré en Barcelona.* ■ **encontrárselo** alguien **todo hecho.** loc. v. Conseguir las cosas sin esfuerzo porque se las proporcionan otros. *Se lo ha encontrado todo hecho gracias a sus padres.* ▶ **7:** ENFRENTARSE. **8:** *ESTAR.

encontronazo. m. Choque violento entre dos personas o cosas. *El encontronazo entre la moto y la furgoneta fue brutal.* Tb. fig. *Han tenido un encontronazo y ya no se hablan.*

encoñarse. intr. prnl. malson. Obsesionarse sexualmente un hombre con una mujer.

encopetado, da. adj. despect. Dicho de persona: Que es de alta categoría o presume de serlo. *Ese señor tan encopetado en realidad no tiene donde caerse muerto.*

encorajinar. tr. Encolerizar o enfurecer (a alguien). *Su terquedad me encorajina.* Tb. en constr. prnl. media. *Se encorajina cuando se burlan de él.* ▶ *ENFURECER.

encorbatarse. intr. prnl. Ponerse corbata. *Es una cena informal: no hay que ir encorbatado.*

encordar. (conjug. CONTAR). tr. **1.** Poner cuerdas (a un instrumento musical). *Ha encordado la guitarra y la ha afinado.* **2.** Poner cuerdas (a una raqueta de tenis). *Hay que encordar esta raqueta vieja.* ○ intr. prnl. **3.** Atarse alguien a la cuerda de seguridad. *Los escaladores se encuerdan para evitar caídas.*

encorsetar. tr. Poner corsé (a alguien). *Las damas iban encorsetadas.* Frec. fig. *Se siente encorsetado por el protocolo.*

encorvar. tr. **1.** Hacer que (algo) tome forma curva. *Las malas posturas encorvan la columna.* Tb. en constr. prnl. media. *Los estantes se encorvan con el peso de los libros.* ○ intr. prnl. **2.** Doblarse la espalda de una persona por la edad o por una enfermedad. *Se ha ido encorvando con los años.*

encrespar. tr. **1.** Rizar (algo, espec. el pelo) con rizos pequeños. *El viento le encrespa el pelo.* Tb. en constr. prnl. media. *La melena se le encrespa cuando la moja.* **2.** Erizar (algo, espec. el pelo o el plumaje). *El mastín encrespó los pelos del lomo.* Tb. en constr.

prnl. media. *Cuando el gato se siente amenazado, se le encrespa el pelo.* **3.** Agitar o alterar (a alguien o su ánimo). *Me encrespan sus cambios de humor.* Tb. en constr. prnl. media. *Se encrespó y empezó a gritar.* **4.** Alborotar (el mar o las olas). *La tormenta ha encrespado el mar.* Tb. en constr. prnl. media. *Las olas se encrespan con el viento.*

encristalar. tr. Acristalar (un lugar). *La casa tiene un porche encristalado.* ▶ ACRISTALAR.

encrucijada. f. **1.** Lugar donde se cruzan dos o más calles, o caminos. *Al llegar a la encrucijada, gira a la derecha.* **2.** Situación en que resulta complicado decidir o elegir. *Me puso en la encrucijada de tener que elegir entre ella y la otra.* ▶ **1:** CRUCE.

encrudecer. tr. Volver más crudo o duro (algo). *Las adversidades han encrudecido su carácter.* Tb. en constr. prnl. media. *La lucha se ha encrudecido.*

encuadernación. f. Hecho o efecto de encuadernar. *Cada tomo tiene un bella encuadernación* EN *piel.*

encuadernador, ra. m. y f. Persona que tiene por oficio encuadernar. *Un encuadernador le pondrá tapas a mi colección de revistas.*

encuadernar. tr. **1.** Coser o pegar las hojas o pliegos que forman (un libro) y poner(le) tapas. *Restauran y encuadernan libros antiguos.* **2.** Coser o pegar (varias hojas o pliegos) y poner(les) tapas. *Entregad los trabajos grapados y no encuadernados.*

encuadramiento. m. Hecho o efecto de encuadrar o incluir. *Resulta difícil su encuadramiento en una corriente artística.*

encuadrar. tr. **1.** Enmarcar (algo), o poner(lo) en un marco. *Ha encuadrado el lienzo* EN *un marco de caoba.* Frec. fig. *Los historiadores encuadran el origen del fascismo* EN *el marco de las luchas obreras.* Tb. en constr. prnl. media. *La "crisis de los misiles" se encuadra dentro de la Guerra fría.* **2.** Incluir (algo o a alguien) en un esquema o clasificación. *Encuadran su cine* EN *el neorrealismo.* Tb. en constr. prnl. media. *Un tipo de anorexia se encuadra* ENTRE *las enfermedades nerviosas.* **3.** Incluir (a alguien) en un esquema de organización, espec. militar o política. *Lo han encuadrado* EN *la sección jurídica del sindicato.* Tb. en constr. prnl. media. *Cuando estalló la guerra, se encuadró* EN *la milicia.* **4.** *tecn.* Delimitar la imagen (de alguien o algo) captada por el objetivo de la cámara. Se usa espec. en cine y fotografía. *El cámara encuadró a la actriz* EN *un primer plano.* ▶ **1:** ENMARCAR.

encuadre. m. Hecho de encuadrar, espec. en cine o fotografía. *El director elige el encuadre adecuado para el plano del beso.*

encubierto, ta. part. **1.** → **encubrir.** ● adj. **2.** Oculto o no manifiesto. *Asesino encubierto. La economía encubierta defrauda millones de euros.*

encubridor, ra. adj. Que encubre. Dicho de pers., tb. m. y f. *El encubridor mintió en su declaración a la policía.*

encubrimiento. m. Hecho de encubrir. *El encubrimiento de un delito está penado por la ley.*

encubrir. (part. **encubierto**). tr. **1.** Ocultar (algo o a alguien) de modo que no puedan verse. *Encubre su forma de ser bajo una apariencia de bondad. Sabe encubrirse.* **2.** Ocultar o impedir que se descubra (un delito o a un delincuente). *Ha encubierto el secuestro a cambio de dinero.*

encuentro. m. **1.** Hecho de encontrar o encontrarse. *Quiere evitar un encuentro con él.* **2.** Entrevista o reunión entre dos o más personas para tratar un asunto. *El encuentro duró varias horas.* **3.** Enfrentamiento deportivo entre dos jugadores o dos equipos. *La selección brasileña ganó el encuentro por goleada.* ■ **ir,** o **salir, al ~** (de alguien). loc. v. Dirigirse (hacia esa persona), para encontrarse (con ella). *Cuando bajó del tren, salí a su encuentro.* ▶ **3:** PARTIDO.

encuerar. tr. coloq. Desnudar (a alguien). *No me apetece encuerarme para tomar el sol.*

encuesta. f. Consulta hecha a un número representativo de personas para conocer determinadas cuestiones que les afectan o su opinión sobre un asunto. *Las encuestas dan como ganador al partido de la oposición.*

encuestador, ra. m. y f. Persona que realiza una encuesta. *A la salida del colegio electoral, unos encuestadores preguntan el voto.*

encuestar. tr. Preguntar (a alguien) para una encuesta. *Encuestan a los estudiantes sobre la calidad de la enseñanza.*

encumbrado, da. part. **1.** → **encumbrar.** ● adj. **2.** Alto o elevado. *Un encumbrado monasterio domina el valle.* Frec. fig. *Pertenece a la más encumbrada nobleza.*

encumbramiento. m. Hecho o efecto de encumbrar. *Este premio supone el encumbramiento mundial del cineasta.*

encumbrar. tr. Colocar (algo o a alguien) en una situación elevada o prestigiosa. *Su exitoso disco ha encumbrado a la cantante.*

encurtido, da. part. **1.** → **encurtir.** ● m. **2.** Fruto o legumbre que han sido encurtidos (→ 1). Frec. en pl. *En el puesto venden frutos secos, aceitunas y encurtidos.*

encurtir. tr. Conservar (frutos o legumbres) en vinagre. *Encurten las alcaparras para utilizarlas como condimento.*

ende. por ~. loc. adv. cult. Por tanto. *La Tierra es limitada y sus recursos son, por ende, finitos.*

endeble. adj. Débil o de poca resistencia. *Fue un niño endeble por la mala alimentación. Esta mesa es muy endeble para soportar tanto peso.* Tb. fig. *La trama de la película es endeble e inverosímil.* ▶ *DÉBIL.

endeblez. f. Cualidad de endeble. *El descenso de las exportaciones refleja la endeblez de la economía.*

endecasílabo, ba. adj. **1.** *Lit.* Dicho de verso: De once sílabas. Tb. m. *Leímos unos endecasílabos de Garcilaso.* **2.** *Lit.* Del endecasílabo (→ 1) o con endecasílabos. *Tercetos endecasílabos.*

endecha. f. **1.** cult. Canción triste, de lamento o de queja. *El poeta canta en sus endechas el dolor por la ausencia de su amada.* **2.** *Lit.* Composición poética de carácter lírico, en que se trata un asunto triste en versos de cinco a siete sílabas. *La endecha se cultivó en la Edad Media en memoria de los difuntos.*

endemia. f. *Med.* Enfermedad propia de un país o región, que se da habitualmente o en una época determinada. *El paludismo es una de las endemias más mortíferas de África.*

endémico, ca. adj. **1.** Dicho de enfermedad: Que constituye una endemia. *La fiebre amarilla es una enfermedad endémica en regiones amazónicas.* **2.** Dicho de cosa, gralm. negativa: Que está muy extendida en un país o región, o es habitual o permanente en ellos. *El atraso científico es un mal endémico del país.* **3.** *Biol.* Dicho de animal o planta: Propio y exclusivo de un país o región. *Las islas Galápagos son ricas en especies endémicas.*

endemismo. m. *Biol.* Especie animal o vegetal endémica. *El lince ibérico es un endemismo de la Península.*

endemoniado, da. adj. **1.** Dicho de persona: Poseída por el demonio. *Antiguamente consideraban endemoniados a los enfermos mentales.* Tb. m. y f. **2.** Sumamente malo. Frec. con intención enfática. *Los nazis tramaron un plan endemoniado para exterminar a los judíos.* ▶ **1:** *POSESO. **2:** ENDIABLADO.

enderezar. tr. **1.** Poner derecho o recto (algo). *El perro enderezó las orejas. Endereza el cuadro. El jinete se enderezó sobre los estribos.* Tb. en constr. prnl. media. *Los juncos se doblan y se enderezan con el viento.* **2.** Poner (algo) en el estado adecuado o conveniente. *No consigo enderezar esta situación tan complicada.* **3.** Corregir la conducta o el comportamiento (de alguien). *Este chico necesita una mano dura que lo enderece.* **4.** Dirigir (algo o a alguien) hacia un lugar o un fin determinados. *Enderezó sus pasos* HACIA *la plaza.* ▶ **4:** *ENCAMINAR.

endeudamiento. m. Hecho o efecto de endeudar o endeudarse. *El endeudamiento de la empresa asciende a varios millones.*

endeudar. (conjug. ADEUDAR). tr. Hacer que (una persona, grupo o entidad) contraigan una deuda. *El último fichaje ha endeudado al club. Se ha endeudado por comprarse un coche de lujo.* ▶ EMPEÑARSE.

endiablado, da. adj. Sumamente malo. Frec. con intención enfática. *Tienes una letra endiablada; no hay quien la entienda.* ▶ ENDEMONIADO.

endibia. (Tb. **endivia**). f. Variedad cultivada de achicoria, de la que se consume, en ensalada o acompañado de salsas, el cogollo de hojas tiernas y pálidas. *Endibias con salsa de cabrales.*

endilgar. tr. coloq. Hacer aguantar a alguien (algo molesto o desagradable). *Nos ha endilgado una charla soporífera.*

endiñar. tr. coloq. Dar (un golpe) a alguien. *Le endiñó un par de leches.*

endiosado, da. part. **1.** → **endiosar.** ● adj. **2.** Que tiene o denota endiosamiento. *Me irrita la actitud endiosada de ese actor.*

endiosamiento. m. Hecho o efecto de endiosar o endiosarse. *Los críticos contribuyeron al endiosamiento del autor.*

endiosar. tr. **1.** Ensalzar (a alguien) como a un dios. *Los fans endiosan a los cantantes.* ○ intr. prnl. **2.** Ensoberbecerse alguien como si fuera un dios. *Se ha endiosado con el éxito.*

endivia. → **endibia.**

endocardio. m. *Anat.* Membrana que cubre el interior de las cavidades y válvulas del corazón. *Hay enfermedades infecciosas que inflaman el endocardio.*

endocarpio. m. *Bot.* Capa interna de las tres que forman el pericarpio de un fruto. *El endocarpio del melocotón es su hueso.*

endocrino[1], na. adj. **1.** *Fisiol.* Dicho de glándula: Que segrega productos que son vertidos directamente en la sangre. *El páncreas es una glándula endocrina.* **2.** *Fisiol.* De las glándulas endocrinas (→ 1) o de los productos segregados por ellas. *Sistema endocrino.*

endocrino[2], na. m. y f. coloq. Endocrinólogo. *El endocrino me ha puesto una dieta.*

endocrinología. f. *Med.* Rama de la medicina que estudia las glándulas endocrinas y sus secreciones internas. *Para la endocrinología fue fundamental el hallazgo de la adrenalina.*

endocrinólogo, ga. m. y f. *Med.* Especialista en endocrinología. *El endocrinólogo estudia el metabolismo de los diabéticos.*

endodoncia. f. *Med.* Tratamiento de los conductos de las raíces de una pieza dentaria. *La caries es tan profunda que me tendrán que hacer una endodoncia.*

endogamia. f. **1.** Práctica de contraer matrimonio o tener relaciones sexuales entre personas de ascendencia común o procedentes de un mismo grupo social o comunidad. *La endogamia puede producir enfermedades congénitas.* **2.** Práctica que consiste en dar preferencia a personas vinculadas a un grupo o una institución para incorporarse a estos como miembros. *La endogamia en la universidad cierra las puertas a muchos profesores.* **3.** *Biol.* Cruce entre individuos de una raza o una comunidad aisladas genéticamente. *La endogamia puede mermar la calidad genética de las especies.*

endogámico, ca. adj. De la endogamia. *La tribu favorece las relaciones endogámicas.*

endógeno, na. adj. Que tiene origen o causa interna. *La depresión endógena se produce sin causa aparente.*

endometrio. m. *Anat.* Membrana mucosa que cubre el útero. *El endometrio se modifica a lo largo del ciclo menstrual.*

endomingarse. intr. prnl. Vestirse con ropa de fiesta. *Unas mujeres endomingadas salen de misa.*

endosar. tr. **1.** Traspasar a alguien (una letra de cambio u otro documento de crédito) haciendo que conste al dorso. *Firmó el cheque por detrás para poder endosarlo.* **2.** Trasladar a alguien (algo molesto o fastidioso). *El jefe me endosa las tareas más desagradables.* ▶ **2:** ENJARETAR.

endoscopia. f. *Med.* Exploración del organismo mediante el endoscopio. *Le van a hacer una endoscopia para localizar la úlcera.* Tb. la técnica correspondiente. *La endoscopia ha permitido conocer mejor el funcionamiento de los órganos.*

endoscopio. m. *Med.* Instrumento que permite examinar visualmente el interior del organismo. *Los médicos analizan las imágenes del intestino tomadas por el endoscopio.*

endriago. m. Monstruo fabuloso con mezcla de rasgos humanos y animales. *Un endriago vivía oculto en el bosque encantado.*

endrino, na. adj. **1.** De color semejante al de la endrina (→ 3). *Cabellera endrina.* ● m. **2.** Arbusto de hasta seis metros de altura, ramas espinosas y flores blancas, cuyos frutos se emplean para la elaboración de bebidas alcohólicas. *El oso come los frutos del endrino.* ○ f. **3.** Fruto del endrino (→ 2), pequeño, de forma redondeada, color negro azulado y sabor amargo. *Licor de endrinas.*

endulzar. tr. Hacer dulce (algo). *Endulza el té con miel.* ▶ EDULCORAR.

endurecer. (conjug. AGRADECER). tr. Hacer o poner duro (algo o a alguien). *Levanta pesas para endurecer los músculos. La vida me ha endurecido.* Tb. en constr. prnl. media. *El pan se ha endurecido.*

endurecimiento. m. Hecho de endurecer o endurecerse. *El colesterol produce un endurecimiento de los vasos sanguíneos.*

ene. f. **1.** Letra *n*. **2.** *Mat.* Cantidad indeterminada. *¿Es posible dividir infinito entre ene?* Tb. adj. *La suma de las ene primeras potencias de ese número es un* *número primo.* ● adj. **3.** Se usa para expresar una cantidad indeterminada. *Habría que revisarlo ene veces hasta que quedara perfecto.*

enea. f. Espadaña (planta). *En el arroyo crecen las eneas.* Tb. su hoja. *El asiento de la silla es de enea.* ▶ *ESPADAÑA.

eneasílabo, ba. adj. **1.** *Lit.* Dicho de verso: De nueve sílabas. *El verso eneasílabo es un verso de arte mayor.* Tb. m. *Manuel Machado escribió sonetos en eneasílabos.* **2.** *Lit.* Del eneasílabo (→ 1) o con eneasílabos. *Estrofa eneasílaba.*

enebro. m. Árbol de hojas perennes, madera rojiza y olorosa, y pequeñas bayas redondeadas. *Los frutos del enebro se usan para aromatizar la ginebra.* Tb. su madera. *Una figura en enebro.*

eneldo. m. Planta herbácea de tallo ramoso y flores amarillas dispuestas en círculo, apreciada por las propiedades medicinales de su fruto. *Salmón marinado al eneldo.*

enema. m. **1.** *Med.* Líquido que se introduce por el ano, espec. para limpiar el intestino. *Administran un enema al enfermo.* **2.** *Med.* Operación de introducir un enema (→ 1) en el cuerpo. *Realizando un enema comprobaremos si hay úlceras en el intestino.* Tb. el instrumento con que se realiza. *El enema tiene forma de tubo alargado.* ▶ **1:** LAVATIVA.

enemigo, ga. adj. **1.** Dicho de persona: Que le desea o le hace mal a otra. *Son enemigos acérrimos.* Tb. m. y f. *Tiene muchos enemigos por su forma de ser.* **2.** Dicho de persona o colectividad: Contraria a otra en una guerra. *Soldados enemigos. Se ha pasado al bando enemigo.* Tb. m. *Atacaron al enemigo con artillería pesada.* **3.** Dicho de persona o cosa: Que se opone a alguien o a algo. *Soy enemiga* DE *la pena de muerte.* Tb. m. y f. *Los enemigos* DE *la democracia intentarán un golpe de Estado.* ▶ **2:** *RIVAL. **3:** *CONTRARIO.

enemistad. f. Sentimiento propio de enemigo. *Nuestra enemistad viene de antiguo.*

enemistar. tr. Hacer que (dos o más personas) se vuelvan enemigas o pierdan su amistad. *Las envidias los enemistaron.* Tb.: *Una discusión por dinero me enemistó* CON *él.* Tb. en constr. prnl. media. *Se han enemistado y ya no se hablan.* Tb.: *Se enemistó* CON *ellos por la faena que le hicieron.* ▶ INDISPONER.

energético, ca. adj. **1.** De energía. *Consumo energético.* **2.** Que produce energía. *Necesitas alimentos energéticos, como la miel.*

energía. f. **1.** *Fís.* Capacidad que tiene un cuerpo o un sistema para realizar un trabajo. *Energía eléctrica. El Sol es una fuente de energía.* **2.** Capacidad física para mover algo o a alguien que tenga peso u oponga resistencia. *Me siento lleno de energía.* Frec. en pl. con significado sing. *Los ciclistas recuperan energías comiendo pasta.* **3.** Vigor o firmeza de una persona. *Respondió con energía a las acusaciones.*

enérgico, ca. adj. **1.** Dicho de persona: Que tiene energía. *Sigue siendo tan enérgico como cuando era joven.* **2.** Que implica energía. *Dio un enérgico golpe en la mesa.*

energúmeno, na. m. y f. Persona furiosa o violenta. *Unos energúmenos han quemado un autobús.*

enero. m. Primer mes del año. *Ya llegan las rebajas de enero.*

enervante. adj. **1.** Que enerva o pone nervioso. *Tu obsesión por el orden es enervante.* **2.** Que enerva o debilita. *La marihuana es una sustancia enervante.*

enervar. tr. **1.** Poner nervioso o irritado (a alguien). *Ese ruido me enerva.* Tb. en constr. prnl. media. *Se enerva cuando lo interrumpen.* **2.** Debilitar (algo o a alguien), o quitar(les) fuerza. *La enfermedad lo enerva.* ▶ **1:** *IRRITAR. **2:** *DEBILITAR.

enésimo, ma. adj. **1.** *Mat.* Que ocupa un lugar indeterminado en una sucesión. *Un polinomio elevado a la enésima potencia.* **2.** Que ocupa un lugar indeterminado y elevado en una serie de cosas. *Te digo por enésima vez que te fijes más.*

enfadar. tr. **1.** Causar (a alguien) un sentimiento de disgusto o molestia. *He enfadado a mi madre.* Tb. en constr. prnl. media. *Se enfada cuando le desordenan sus cosas.* ○ intr. prnl. **2.** Perder la amistad o la buena relación con alguien. *Se ha enfadado* CONMIGO *por una tontería.* Tb.: *No sé por qué se han enfadado.* ▶ **1:** ENOJAR. **2:** DISGUSTARSE.

enfado. m. Hecho o efecto de enfadar o enfadarse. *¡Vaya enfado que se ha cogido porque olvidé nuestra cita!* ▶ DISGUSTO, PIQUE.

enfadoso, sa. adj. Que causa enfado. *Resulta enfadosa tu manía de llevar la contraria.*

enfangar. tr. Cubrir (algo) de fango o meter(lo) en él. *La riada ha enfangado las casas bajas.* Tb. en constr. prnl. media. *Las ruedas se han enfangado en el barrizal.*

énfasis. m. Fuerza en la expresión o en la entonación de aquello que se dice, para destacar su importancia. *Pronunció con énfasis el nombre del culpable.* ■ **poner,** o **hacer,** ~ (en algo). loc. v. Hacer hincapié (en ello). *Ha puesto énfasis en la importancia de acoger a los inmigrantes.*

enfático, ca. adj. Que tiene o denota énfasis. *Su estilo enfático recuerda el de los antiguos oradores.*

enfatizar. tr. **1.** Poner énfasis (en algo). *Enfatizó sus palabras de agradecimiento.* ○ intr. **2.** Expresarse con énfasis. *No le gusta enfatizar.*

enfebrecido, da. adj. Febril (vehemente, o que tiene fiebre). *Habla con un entusiasmo enfebrecido.* ▶ FEBRIL.

enfermar. intr. **1.** Ponerse enfermo. *Ha enfermado* DE *rubeola.* Tb. prnl., espec. en Am. *Recuerdo que me enfermé y pasé unos días en cama* [C]. ○ tr. **2.** Poner enfermo (algo o a alguien). *Abusar del alcohol le ha enfermado el hígado. Me enferman tus manías.*

enfermedad. f. **1.** Alteración de la salud de un ser vivo o de una parte de él. *Tiene una enfermedad grave. Enfermedad mental.* **2.** Funcionamiento anómalo y nocivo de alguien o algo. *La falta de solidaridad es la enfermedad de nuestros tiempos.* ■ **~ de Alzheimer.** f. *Med.* Enfermedad (→ 1) del sistema nervioso, asociada gralm. a la demencia, y caracterizada por una pérdida progresiva de las facultades mentales, que se manifiesta pralm. en la vejez. *La enfermedad de Alzheimer deteriora el tejido cerebral.* ⇒ ALZHÉIMER. ■ **~ del sueño.** f. *Med.* Enfermedad (→ 1) causada por un parásito propio de zonas tropicales de África, y transmitido por un tipo de mosca, que produce debilidad, temblores y tendencia al sueño profundo. *Al volver de Angola le diagnosticaron la enfermedad del sueño.* ■ **~ de Parkinson.** f. *Med.* Enfermedad (→ 1) del sistema nervioso que se manifiesta gralm. durante la vejez, y que se caracteriza por rigidez muscular y temblores. *La enfermedad de Parkinson provoca movimientos involuntarios de las extremidades.* ⇒ PÁRKINSON. ▶ MAL.

enfermería. f. **1.** Local o dependencia, gralm. de un colegio o una empresa, donde se atiende a enfermos o heridos. *Le han puesto unos puntos en la enfermería.* **2.** Profesión de enfermero. *Quiere dedicarse a la enfermería.* **3.** Conjunto de estudios que capacitan para ejercer la enfermería (→ 2). *Me faltan dos asignaturas para acabar Enfermería.*

enfermero, ra. m. y f. Persona que tiene por oficio atender a los enfermos y colaborar con los médicos. *Una enfermera le toma la tensión.*

enfermizo, za. adj. **1.** Que enferma con facilidad. *Es un niño enfermizo.* **2.** Propio de la persona enfermiza (→ 1), espec. si su enfermedad es mental. *Tiene un rostro pálido y enfermizo.* Tb. propio de otro ser vivo enfermo. *Este almendro tiene un aspecto enfermizo.*

enfermo, ma. adj. Que padece una enfermedad. *Estás enfermo y debes guardar reposo.* Dicho de pers., tb. m. y f. *La enferma no conoce la gravedad de su mal.* ▶ MALO.

enfervorecer. (conjug. AGRADECER). tr. Enfervorizar (a alguien). *Una multitud enfervorecida aclama al líder.* ▶ *ENTUSIASMAR.

enfervorizar. tr. Provocar fervor o entusiasmo (en alguien). *La actuación del grupo de* rock *enfervoriza al público.* Tb. en constr. prnl. media. *Los aficionados se enfervorizan cuando marca su equipo.* ▶ *ENTUSIASMAR.

enfilar. tr. **1.** Dirigir la vista (hacia alguien o algo). *Enfila la bandada de patos con los prismáticos.* **2.** Coger (una calle u otra vía) para empezar a recorrer(las). *La comitiva va a enfilar la calle principal.* **3.** Hacer pasar (algo) por un hilo, un alambre u otra cosa parecida. *Enfila cuentas de colores para hacerse un collar.* ○ intr. **4.** Dirigirse a un lugar o en una dirección determinados. *Enfilamos* HACIA *el refugio.*

enfisema. m. *Med.* Dilatación anormal de un tejido producida por la presencia de aire o gas en él. *El tabaquismo puede producir enfisema pulmonar.*

enflaquecer. (conjug. AGRADECER). tr. **1.** Poner flaco (a alguien). *La enfermedad lo ha enflaquecido.* ○ intr. **2.** Ponerse alguien flaco. *Ha enflaquecido desde la última vez que lo vi.* **3.** Desfallecer. Frec. prnl. *Las fuerzas se enflaquecen al final de la maratón.* ▶ **1, 2:** ADELGAZAR.

enflaquecimiento. m. Hecho de enflaquecer o enflaquecerse. *Algunas dietas producen un enflaquecimiento malo para la salud.* ▶ ADELGAZAMIENTO.

enfocar. tr. **1.** Proyectar una persona un foco de luz (sobre alguien o algo). *Enfocan al cantante cuando sale al escenario.* **2.** Proyectar un foco su luz (sobre alguien o algo). *Los faros enfocan la carretera.* **3.** Hacer que la imagen (de un objeto) producida en el foco de una lente se perciba con nitidez. *Si no enfocas bien el paisaje, la imagen se verá borrosa.* **4.** Dirigir una persona el objetivo de una cámara (hacia alguien o algo). *El reportero enfoca a los manifestantes con un teleobjetivo.* **5.** Dirigir la atención o el interés (hacia un asunto) desde unos presupuestos previos, para resolver(lo) acertadamente. *Enfocas el problema de una manera muy subjetiva.*

enfoque. m. Hecho de enfocar. *El enfoque de esta cámara es automático. Le ha dado un enfoque original a su trabajo.*

enfoscado. m. *Constr.* Hecho o efecto de enfoscar. *Una vez acabada la pared, se realiza el enfoscado.*

enfoscar. tr. *Constr.* Cubrir (un muro) con mortero. *Un albañil prepara la masa para enfoscar la fachada.*

enfrascarse. intr. prnl. Dedicarse con intensidad a algo sin atender a otra cosa. *Están enfrascados* EN *una partida de ajedrez.* ▶ ENGOLFARSE.

enfrentamiento. m. Hecho o efecto de enfrentarse. *He tenido varios enfrentamientos con él.*

enfrentar. tr. **1.** Hacer que (dos personas o cosas) queden la una frente a la otra. *Han enfrentado las sillas para poder hablar.* Tb.: *Cuando enfrentas un espejo* CON *otro, el reflejo se multiplica.* **2.** Hacer que (dos personas) luchen o compitan (entre sí). *La posibilidad de un ascenso puede enfrentar a los compañeros.* Tb.: *Pretende enfrentarme* CON *mis amigos.* ○ intr. prnl. **3.** Luchar o competir contra alguien. *Se enfrentó a los atracadores. España se enfrentará* CON *Francia en las semifinales.* Tb.: *Los dos bandas se han enfrentado.* **4.** Hacer frente a un problema o un peligro. *No quiere enfrentarse a la situación.* ▶ **3:** ENCONTRARSE. **4:** AFRONTAR.

enfrente. (Tb., menos frec., **en frente**). adv. **1.** Con la cara o la parte frontal orientadas hacia las de otra persona o cosa que se toman como punto de referencia. *Se me sentó enfrente un señor que no paraba de hablar. Hay un quiosco justo enfrente* DE *la boca del metro. Se distribuyeron en dos filas, una enfrente* DE *la otra. Colócate en frente* DE *la cámara.* A veces precedido de prep. *Su hijo se fue a vivir al piso de enfrente.* **2.** En contra, o en la parte contraria. *En el último partido, tendremos enfrente a un equipo extranjero. Enfrente* DEL *partido del Gobierno habrá una oposición fuerte.*

enfriamiento. m. **1.** Hecho de enfriar o enfriarse. *En las glaciaciones se producía un enfriamiento del planeta.* **2.** Indisposición caracterizada por síntomas catarrales, causados por la acción del frío. *El enfriamiento le ha producido fiebre.* ▶ **2:** *CATARRO.

enfriar. (conjug. ENVIAR). tr. **1.** Poner (algo o a alguien) fríos o más fríos. *El hielo enfría las bebidas.* Tb. usado en constr. intr. *Este frigorífico no enfría.* **2.** Disminuir la intensidad (de algo, como un sentimiento o una pasión). *La rutina ha enfriado la pasión de los amantes.* Tb. en constr. prnl. media. *Nuestra amistad se ha enfriado.* ○ intr. prnl. **3.** Ponerse frío o más frío. *Deja reposar el caldo hasta que se enfríe.* **4.** Resfriarse. *Te vas a enfriar si no te abrigas.* ▶ **4:** *ACATARRARSE.

enfundar. tr. Poner (algo) dentro de una funda. *Pon el seguro y enfunda el rifle.*

enfurecer. (conjug. AGRADECER). tr. Poner furioso (a alguien). *La indisciplina me enfurece.* Tb. en constr. prnl. media. *El perro se enfureció.* Tb. fig. *El mar se ha enfurecido.* ▶ AIRARSE, ENCOLERIZAR, ENCORAJINAR.

enfurecimiento. m. Hecho o efecto de enfurecer o enfurecerse. *Nadie sabe qué ha provocado su enfurecimiento.*

enfurruñamiento. m. coloq. Hecho o efecto de enfurruñarse. *El enfurruñamiento le duró todo el día.*

enfurruñarse. intr. prnl. coloq. Enfadarse. *Sigue enfurruñada por lo que le dijiste.*

engalanar. tr. Adornar (algo o a alguien) o dar(les) un aspecto bello o agradable. *Han engalanado la plaza para las fiestas. Se engalanan para ir a la ceremonia.* ▶ *ADORNAR.

engallado, da. part. **1.** → **engallar.** • adj. **2.** Altivo o arrogante. *¡Qué actitud tan engallada!*

engallar. tr. **1.** Erguir (la parte superior del cuerpo, espec. la cabeza) en actitud arrogante. *Engalla la cabeza para provocarnos.* ○ intr. prnl. **2.** Comportarse con arrogancia o de manera desafiante. *Hizo un esfuerzo para no engallarse y callar.*

enganchar. tr. **1.** Sujetar (algo o a alguien) con un gancho o un objeto semejante. *Están enganchando la barca para remolcarla.* **2.** Sujetar (un animal o una máquina) a un carruaje o a un instrumento agrícola para que tiren (de estos). *Van a enganchar la locomotora* A *los vagones. Engancha el tractor* AL *arado.* **3.** coloq. Conectar (algo, como la luz o el teléfono). *Ya han avisado a la compañía para que les enganche la luz.* **4.** coloq. Coger o atrapar (a alguien). *No va a dejar que la policía lo enganche.* **5.** coloq. Contraer (una enfermedad). *Vamos a enganchar una pulmonía.* **6.** coloq. Ganarse la voluntad, el afecto o el amor (de alguien). *Quiere enganchar a una mujer rica.* **7.** coloq. Captar intensamente la atención (de alguien). *La película te engancha desde las primeras escenas.* **8.** coloq. Causar una droga o una actividad adicción o dependencia (en alguien). *La cocaína ha enganchado a muchos jóvenes.* Tb. usado en constr. intr. *Las tragaperras enganchan.* **9.** *Taurom.* Coger el toro con los cuernos (a alguien o algo) y levantar(los). *El toro enganchó al torero cuando entró a matar.* **10.** Am. Emplear (a una persona). *Las autoridades enganchan profesionales capacitados del exterior* [C]. ○ intr. **11.** Pasar a estar sujeto en un gancho u objeto semejante. *Las prendas de punto enganchan en cualquier saliente.* Tb. prnl. *Al saltar la valla, se ha enganchado con el alambre.* ○ intr. prnl. **12.** coloq. Adquirir adicción o dependencia de una droga o una actividad. *Se enganchó a la heroína muy joven.* **13.** coloq. Alistarse. *Se ha enganchado como voluntario* EN *infantería.* ▶ **10:** *EMPLEAR.

enganche. m. **1.** Hecho de enganchar o engancharse. *Procedieron al enganche del coche averiado* A *la grúa.* **2.** Pieza o dispositivo que se utiliza para enganchar o sujetar algo. *No puedo tender la ropa porque me falta un enganche.*

enganchón. m. Hecho de enganchar o engancharse, espec. una prenda. *Un enganchón me ha hecho una carrera en la media.*

engañabobos. m. despect. Cosa que engaña a personas ingenuas. *Las dietas milagrosas son un engañabobos.*

engañador, ra. adj. Que engaña. *Es un hombre astuto y engañador.* Dicho de pers., tb. m. y f.

engañar. tr. **1.** Hacer creer (a alguien) que algo falso es verdad. *Han engañado a varios vecinos haciéndose pasar por inspectores.* **2.** Ser una persona infiel (a su pareja). *Sospecha que su marido la engaña.* **3.** Aliviar momentáneamente (una sensación o necesidad), o hacer que disminuya. *Engañan el hambre mascando tabaco.* **4.** Seducir (a alguien) con halagos y mentiras. *Cayó rendida en sus brazos porque la engañó.* ○ intr. prnl. **5.** Negarse a aceptar la verdad. *No te engañes: lo ha hecho a propósito.* ▶ **1:** BURLAR.

engañifa. f. coloq. Engaño. *Estos premios que anuncian son una engañifa.*

engaño. m. Hecho de engañar o engañarse. *Los timadores viven del engaño.* ■ **llamarse a ~.** loc. v. Retractarse de lo acordado alegando haber sido engañado. *Les dejaré claras las condiciones para que nadie se llame a engaño.* ▶ ASECHANZA, EMBELECO, FRAUDE, INSIDIA, TRAPACERÍA.

engañoso, sa. adj. Dicho de cosa: Que engaña o lleva a engaño. *Para la oposición, las cuentas que presenta el gobierno son engañosas.*

engarce. m. **1.** Hecho o efecto de engarzar. *El engarce de las piezas del collar está hecho con hilo de plata.* **2.** Engaste (pieza de metal). *El anillo lleva un brillante en un engarce de oro.* ▶ **2:** ENGASTE.

engarzar. tr. **1.** Unir (piezas) de modo que formen una cadena. *El orfebre engarza los eslabones de una pulsera.* **2.** Engastar (algo). *Los zafiros van engarzados en oro.* ▶ **2:** *ENGASTAR.

engastar. tr. Encajar o embutir (una piedra preciosa) en algo, espec. un metal. *Un anillo de esmeraldas engastadas en oro.* ▶ ENGARZAR, MONTAR.

engaste. m. **1.** Hecho de engastar. *El engaste de la gema se hizo en oro.* **2.** Pieza de metal que sujeta lo que se engasta. *La cruz lleva un engaste de plata.* ▶ **2:** ENGARCE.

engatusar. tr. Ganar la voluntad (de alguien) con halagos. *Sabe engatusarme cuando quiere algo de mí.*

engendrar. tr. **1.** Producir una persona o un animal (individuos de su misma especie). *No engendró ningún hijo varón.* Tb. usado en constr. intr. *Es estéril y no puede engendrar.* **2.** Causar u ocasionar (algo). *La violencia solo engendra más violencia.* Tb. en constr. prnl. media. *El conflicto se engendró en una zona fronteriza.* ▶ **1:** PROCREAR.

engendro. m. **1.** despect. Ser feo, desproporcionado o monstruoso. *La manipulación genética puede producir engendros.* **2.** despect. Producto u obra mal concebidos o mal hechos. *No vayas a verla: es un engendro de película.*

englobar. tr. **1.** Incluir o reunir (varias cosas) en una. *Englobamos todas estas enfermedades bajo la denominación de "víricas".* **2.** Incluir o contener algo (un conjunto de personas o cosas). *La Unión Europea engloba países de toda Europa.*

engolado, da. part. **1.** → **engolar.** ● adj. **2.** Afectado o enfático. *Habla de manera engolada.* **3.** Dicho de persona: Engreída. *Es un joven engolado.*

engolamiento. m. Cualidad de engolado. *El engolamiento del catedrático repele a sus alumnos.*

engolar. tr. Dar resonancia gutural (a la voz). *Para darse importancia engola la voz.*

engolfarse. intr. prnl. Meterse totalmente en una actividad sin atender a nada más. *Se engolfa* EN *la lectura de novelones.* ▶ ENFRASCARSE.

engolosinar. tr. Excitar el deseo (en alguien). *La engolosina con palabras tiernas.* Tb. en constr. prnl. media. *Se engolosina* CON *ella cuando la ve bailar.*

engomar. tr. Untar con goma (algo) para que pueda pegarse. *Los sellos llevan el dorso engomado.*

engominar. tr. Dar gomina al pelo (de una persona). *El peluquero me engominó. Se engomina porque está de moda.* Tb. referido al pelo. *Cada mañana se engomina el pelo.*

engorda. f. Am. Engorde. *Requerían vaqueros para atender la cría y engorda del ganado* [C].

engordaderas. f. pl. coloq. Granos que salen en la piel de los bebés durante la lactancia. *Esta cremita viene bien para las engordaderas.*

engordar. tr. **1.** Hacer que (alguien o algo) pasen a estar gordos. *Engordan a los pollos con pienso.* Tb. usado en constr. intr. *El chocolate engorda.* **2.** Aumentar alguien de peso (la cantidad que se indica). *He engordado tres kilos.* ○ intr. **3.** Ponerse gordo alguien o algo. *Has engordado desde que no haces deporte.*

engorde. m. Hecho de engordar, espec. al ganado. *Es ilegal utilizar algunas sustancias para el engorde del ganado.* ▶ **Am:** ENGORDA.

engorro. m. coloq. Fastidio o molestia. *¡Qué engorro tener que ir con muletas!*

engorroso, sa. adj. Fastidioso o molesto. *Le han encargado la engorrosa tarea de limpiar las letrinas.*

engranaje. m. **1.** Hecho de engranar. *Engrasa la cadena para facilitar el engranaje de los piñones.* **2.** *Mec.* Conjunto de piezas dentadas que engranan. *Aceite especial para lubricar engranajes.*

engranar. intr. **1.** *Mec.* Encajar entre sí dos piezas dentadas. *Las ruedas del reloj no engranan.* Tb.: *Al cerrar una cremallera, un diente engrana* EN/CON *otro.* **2.** Enlazarse o relacionarse varias cosas, como ideas o hechos. *Los criterios de su método engranan con lógica.* Tb.: *Unos acontecimientos engranan* CON *otros.*

engrandecer. (conjug. AGRADECER). tr. Hacer grande o más grande (algo). *Engrandeció su territorio con nuevas conquistas.* Tb. en constr. prnl. media. *Su fama se engrandece con cada nuevo récord.*

engrandecimiento. m. Hecho de engrandecer o engrandecerse. *Luchó por el engrandecimiento de su nación.*

engrapadora. f. Am. Grapadora. *Sobre la mesa hay una agenda, una engrapadora, lápices y plumas.* [C].

engrasar. tr. **1.** Untar con grasa (algo o a alguien). *Engrasa el molde con mantequilla.* Tb. en constr. prnl. media. *Se le engrasaron las manos al manipular el motor.* **2.** Dar una sustancia lubricante (a un mecanismo) para suavizar el rozamiento de sus piezas. *Hay que engrasar las bisagras de la puerta.*

engrase. m. Hecho de engrasar o engrasarse. *Lavado y engrase de automóviles.*

engreído, da. adj. Dicho de persona: Demasiado convencida de su valer. *Es tan engreída que no acepta las críticas.* ▶ *ORGULLOSO.

engreimiento. m. Cualidad de engreído. *No aguanto su engreimiento.* ▶ *ORGULLO.

engriparse. intr. prnl. Am. Contraer alguien gripe. *Amaneció un poco engripada, ronca y con la nariz congestionada* [C]. ▶ **Am:** AGRIPARSE.

engrosamiento. m. Hecho o efecto de engrosar o engrosarse. *El colesterol produce un engrosamiento de las paredes arteriales.*

engrosar. (conjug. reg. o CONTAR). tr. **1.** Hacer grueso (algo), o dar(le) más grosor o volumen. *La cirugía estética permite engrosar los labios.* Tb. fig. *La venta del* best seller *engrosará su cuenta corriente.* **2.** Hacer más numeroso (un grupo). *Nuevos afiliados engrosarán las filas del partido.* ○ intr. **3.** Hacerse grueso algo, o adquirir más grosor o volumen. *La capa de hielo ha ido engrosando.*

engrudo. m. Masa hecha con harina o almidón cocidos en agua, que se utiliza como pegamento. *Usan engrudo para pegar carteles.*

enguantado, da. adj. Que lleva guantes. *Su mano enguantada sujeta un bolsito.*

engullir. (conjug. MULLIR). tr. Tragar (comida) con avidez y sin masticar(la). *Engulle la comida como un pavo.* Tb. usado en constr. intr. *Da asco verlo engullir.* Tb. fig. *La niebla los engulló.*

engurruñar. tr. Arrugar o encoger (algo). *Engurruña el papel y lo tira a la papelera.* Tb. en constr. prnl. media. *La camisa se va a engurruñar si no la cuelgas.* ▶ ENGURRUÑIR.

engurruñir. (conjug. MULLIR). Engurruñar (algo). *La ropa, engurruñida, se apila en un cesto.* Tb. en constr. prnl. media. *Sus ojos se engurruñían al mirar el sol.* ▶ ENGURRUÑAR.

enharinar. tr. **1.** Cubrir o envolver con harina (un alimento). *Enharine las rodajas de merluza antes de freírlas.* **2.** Manchar de harina (algo o a alguien). *Salía de la tahona con el pelo enharinado.*

enhebrar. tr. **1.** Pasar la hebra por el ojo (de una aguja). *Enhébrame una aguja, que yo no veo.* **2.** Unir o ensartar (cosas, como frases o ideas). *Va enhebrando anécdotas sin parar.* Tb.: *Enhebra una mentira* CON *otra.*

enhiesto, ta. adj. cult. Erguido o derecho. *Camina con el cuello enhiesto.*

enhorabuena. f. **1.** Felicitación. *Le he dado la enhorabuena porque ha sido padre.* ● interj. **2.** (Tb. **en hora buena**). Fórmula que se usa para felicitar a alguien. *¡Enhorabuena!, su trabajo es impecable.* Tb. en la constr. *que sea ~. Si han decidido casarse, que sea en hora buena.* ■ **de ~.** loc. adv. En situación afortunada o feliz. *Está de enhorabuena, porque ha aprobado la oposición.*

enigma. m. **1.** Cosa expresada de manera oscura, cuyo significado hay que interpretar. *Si el héroe adivinaba el enigma del oráculo, conocería su destino.* **2.** Persona o cosa que no se llegan a comprender. *La desaparición de la joven sigue siendo un enigma.* ▶ **1:** *ADIVINANZA.

enigmático, ca. adj. **1.** Que encierra o implica enigma. *Nadie ha sido capaz de descifrar el enigmático mensaje.* **2.** Difícil de comprender. *Es una persona enigmática, a la que nadie conoce bien.*

enjabonar. tr. Dar jabón (a alguien o algo) para lavar(los). *Enjabona bien la camisa. Se enjabona con una esponja.* ▶ JABONAR.

enjaezar. tr. Poner los jaeces (a una caballería). *Enjaezan los caballos para el desfile.*

enjalbegar. tr. Blanquear (una pared) con cal, yeso o tierra blanca. *La fachada de la casa está recién enjalbegada.* ▶ *ENLUCIR.

enjambre. m. **1.** Conjunto de abejas con una reina que salen juntas de una colmena para formar otra. *El ataque de un enjambre puede matar a un ser humano.* **2.** Conjunto de personas, animales o cosas juntos. *Un enjambre de aficionados sale del estadio.*

enjaretar. tr. **1.** Hacer (algo) deprisa. *En media hora nos enjaretó una cena.* **2.** Hacer aguantar a alguien (algo molesto o desagradable). *Nos enjareta unas historias aburridísimas.* ▶ ENDOSAR.

enjaular. (conjug. CAUSAR). tr. **1.** Encerrar en una jaula (a una persona o a un animal). *Enjaulan al tigre que han capturado.* **2.** coloq. Encarcelar (a alguien). *Lo han enjaulado por el atraco al banco.*

enjoyar. tr. Adornar con joyas (algo o a alguien). *Se enjoya para asistir a la gala.*

enjuagar. tr. **1.** Limpiar (la boca) con agua u otro líquido. *Enjuágate la boca después de comer.* **2.** Aclarar o limpiar con agua (lo que se ha enjabonado o fregado). *Enjuaga bien los platos.*

enjuague. m. Hecho de enjuagar la boca. *El enjuague diario ayuda a prevenir la caries.*

enjugar. tr. **1.** Quitar la humedad (de alguien o algo). *Ayúdame a enjugar los platos.* **2.** Secar (la humedad que echa de sí el cuerpo, espec. lágrimas o sudor). *Enjúgate las lágrimas.* **3.** Cancelar (una deuda o un déficit). *La herencia le permitirá enjugar sus deudas.*

enjuiciamiento. m. Hecho de enjuiciar. *Ley de Enjuiciamiento Criminal.*

enjuiciar. (conjug. ANUNCIAR). tr. **1.** Formar un juicio o una opinión (sobre alguien o algo). *Ha cometido un error: no lo enjuicies tan severamente.* **2.** *Der.* Instruir o juzgar (una causa). *Un tribunal internacional enjuiciará la causa abierta contra el genocida.* **3.** *Der.* Someter a juicio (a alguien). *Van a enjuiciar a los implicados en el secuestro.* ▶ **3:** *PROCESAR.

enjundia. f. Sustancia o valor. *Los ensayos de Ortega y Gasset tienen mucha enjundia. Aún no se ha enfrentado a ningún adversario de enjundia.*

enjundioso, sa. adj. Que tiene enjundia. *Ha escrito un estudio muy enjundioso sobre la República.*

enjuto, ta. adj. cult. Delgado o seco. *Tiene el rostro enjuto y los ojos hundidos.*

enlace. m. **1.** Hecho o efecto de enlazar. *El túnel que atraviesa la montaña sirve de enlace entre dos valles.* **2.** Boda (hecho de casarse, o ceremonia correspondiente). *El enlace se celebrará en la catedral.* **3.** Persona que sirve para establecer relación entre dos o más personas u organizaciones, o ponerlas en comunicación. *Nuestro enlace en Berlín le llevará la información confidencial.* **4.** *Quím.* Unión de dos átomos de un compuesto, debida a la existencia de fuerzas de atracción entre ellos. *Los enlaces de hidrógeno mantienen unidas las moléculas de agua.* ▶ **2:** *BODA.

enlatado[1] m. Hecho de enlatar. *Trabaja en la sección de enlatado de una fábrica de conservas.*

enlatado[2]**, da.** part. **1.** → **enlatar.** ● adj. **2.** Dicho de música o de programa de televisión o radio: Que está grabado. *El realizador quiere una orquesta en directo, no música enlatada.*

enlatar. tr. Meter (algo, espec. un alimento) en latas. *Comida enlatada. Después de enlatar los espárragos, etiquetan las latas.*

enlazar. tr. **1.** Unir o relacionar (una cosa) con otra. *El AVE enlazará la costa* CON *el interior.* Tb.: *La policía enlaza las pistas para descubrir al culpable.* **2.** Unir o juntar (dos o más cosas). *Los ligamentos enlazan los huesos de las articulaciones.* ○ intr. **3.** Unirse o relacionarse una cosa con otra. *La carretera comarcal enlaza* CON *la autovía.* Tb.: *Las dos dinastías enlazarán si se casan sus herederos.* Tb. prnl. *El primer verso se enlaza* CON *el último de la estrofa anterior.* **4.** Empalmar un medio de transporte con otro. *En la próxima estación, la línea tres enlaza* CON *la cinco.* Tb.: *Los trenes de cercanías enlazan en la estación central.* ▶ **4:** EMPALMAR.

enlentecer. (conjug. AGRADECER). tr. Ralentizar (algo). *Las obras en la carretera enlentecen el tráfico.* ▶ *RALENTIZAR.

enlentecimiento. m. Hecho de enlentecer. *Un efecto de los sedantes es el enlentecimiento de los movimientos.* ▶ RALENTIZACIÓN.

enlistar. tr. **1.** frecAm. Apuntar (a alguien o algo) en una lista. *Una mujer enlista a sus cinco familiares desaparecidos* [C]. **2.** Am. Alistar (a alguien) en el ejército. *Me enlistaré en algún cuerpo artillero* [C]. ▶ **1:** *APUNTAR. **2:** *ALISTAR.

enlodar. tr. **1.** Manchar o ensuciar de lodo (algo). *Las lluvias enlodaron los caminos.* **2.** Desprestigiar (algo o a alguien). *Han enlodado el buen nombre de nuestra institución.*

enloquecedor, ra. adj. Que enloquece o hace perder la razón. Frec. con intención enfática. *Ruido enloquecedor.*

enloquecer. (conjug. AGRADECER). tr. **1.** Volver loco (a alguien) o hacer que pierda la razón. *La muerte de su hijo la ha enloquecido.* Frec. con intención enfática. *¿No te enloquece escuchar la música tan alta?* ○ intr. **2.** Volverse loco o perder la razón. *Durante la guerra, muchos soldados enloquecen.* Frec. con intención enfática. *Voy a enloquecer como no os calléis.* Tb. prnl. *Se enloqueció por abusar de los alucinógenos.* **3.** Gustar mucho a alguien una persona o cosa. *De niños nos enloquecía el circo.*

enloquecido, da. part. **1.** → **enloquecer.** ● adj. **2.** Propio de la persona enloquecida (→ 1). *Bailan a un ritmo enloquecido.*

enloquecimiento. m. Hecho o efecto de enloquecer. *El alcoholismo puede causar enloquecimiento.*

enlosado. m. Suelo cubierto de losas. *Se mareó y cayó sobre el enlosado.*

enlosar. tr. Cubrir (un suelo) de losas. *Están enlosando el suelo de la iglesia.* Tb. referido al recinto o espacio con ese suelo. *Han enlosado el paseo marítimo.*

enlucido. m. *Constr.* Hecho o efecto de enlucir. *Goya hizo sus "Pinturas negras" sobre un enlucido de yeso.* ▶ ENCALADO, ENYESADO, ESTUCADO, REVOCO.

enlucir. (conjug. LUCIR). tr. *Constr.* Cubrir (una pared o un techo) con una capa de yeso, cemento u otros materiales semejantes. *Están enluciendo la fachada.* ▶ ENCALAR, ENJALBEGAR, ENYESAR, ESTUCAR, REVOCAR.

enlutado, da. part. **1.** → **enlutar. 2.** Que se ha enlutado (→ 1). Tb. m. y f. *Cuatro enlutados portan el féretro.*

enlutar. tr. Vestir de luto (a alguien). *La viuda se enlutó durante un año.*

enmadrarse. intr. prnl. Encariñarse excesivamente con su madre una persona, espec. un niño. *Mi hijo está muy enmadrado y no se despega de mí.*

enmarañar. tr. **1.** Enredar (algo) formando una maraña. *El gato ha enmarañado el ovillo de lana.* Tb. en constr. prnl. media. *La melena se le enmaraña con el viento.* **2.** Complicar (algo), o hacer(lo) menos sencillo. *No enmarañes más las cosas.* Tb. en constr. prnl. media. *El discurso se enmaraña con tantas digresiones.*

enmarcar. tr. **1.** Poner (algo, como una pintura o una fotografía) en un marco como protección o adorno. *Voy a enmarcar el retrato de mi hija.* **2.** Situar (algo) dentro de un marco o contexto. *Debéis enmarcar el texto dentro de su época.* Tb. en constr. prnl. media. *El crac del 29 se enmarca en el período de entreguerras.* ▶ **1:** ENCUADRAR.

enmascarado. part. **1.** → **enmascarar. 2.** Dicho de persona: Que se ha enmascarado (→ 1). Tb. m. y f. *Dos enmascarados han atracado un banco.*

enmascaramiento. m. Hecho o efecto de enmascarar o encubrir. *El cine de la posguerra busca el enmascaramiento de la realidad.*

enmascarar. tr. **1.** Cubrir (a alguien o su rostro) con una máscara. *Nos enmascaramos para el carnaval.* **2.** Encubrir o disimular (algo). *Intenta enmascarar su tristeza.*

enmendar. (conjug. ACERTAR). tr. **1.** Arreglar (algo), o quitar(le) errores, defectos o imperfecciones.

Habrá que enmendar todo el texto. Tb. referido a los errores o imperfecciones. *Trataré de enmendar mi error.* ○ intr. prnl. **2.** Rectificar alguien su comportamiento equivocado. *No tiene intención de enmendarse.* ▶ **1:** *CORREGIR. **2:** RECTIFICAR.

enmienda. f. **1.** Hecho o efecto de enmendar o enmendarse. *Confesó sus pecados e hizo propósito de enmienda.* **2.** Propuesta de variación de un texto, espec. el que debe ser aprobado por votación en una asamblea. *La mayoría parlamentaria rechazó las enmiendas al proyecto de ley.*

enmohecer. (conjug. AGRADECER). tr. Cubrir de moho (algo). *El calor y la humedad enmohecen los alimentos.* Tb. en constr. prnl. media. *El queso se ha enmohecido.*

enmoquetar. tr. Cubrir de moqueta el suelo (de algo). *Están enmoquetando la habitación.* Tb. referido al suelo. *Los suelos enmoquetados atraen mucho polvo.*

enmudecer. (conjug. AGRADECER). intr. **1.** Quedar mudo o sin habla. *Se puso rojo y enmudeció.* Tb. fig. *La orquesta enmudece para dar paso al solo de flauta.* ○ tr. **2.** Dejar mudo (a alguien) o hacer(lo) callar. *El grito de la profesora enmudece a los alumnos.*

enmudecimiento. m. Hecho o efecto de enmudecer. *La cogida al torero produjo el enmudecimiento de la plaza.*

ennegrecer. (conjug. AGRADECER). tr. **1.** Poner negro o más negro (algo). *La contaminación ennegrece los edificios.* ○ intr. **2.** Ponerse algo negro o más negro. *La chimenea va ennegreciendo con el humo.* Frec. prnl. *La cubertería de plata se ha ennegrecido.*

ennegrecimiento. m. Hecho de ennegrecer o ennegrecerse. *Este limpiador evita el ennegrecimiento de los objetos de metal.*

ennoblecer. (conjug. AGRADECER). tr. **1.** Hacer noble (a alguien). *La corona inglesa ennoblece a grandes artistas concediéndoles el título de "sir".* **2.** Dignificar o enaltecer (algo o a alguien). *Sus películas ennoblecen la comedia española.* Tb. en constr. prnl. media. *Cuando alguien lucha por la justicia, se ennoblece.*

ennoblecimiento. m. Hecho de ennoblecer o ennoblecerse. *Con su obra ha contribuido al ennoblecimiento de la pintura.*

ennoviarse. (conjug. ANUNCIAR). intr. prnl. coloq. Hacerse una persona novia de otra. *Se ha ennoviado* CON *el chico que le presenté. Desde que te has ennoviado, pareces otro.* Tb.: *Se ennoviaron al poco de conocerse.*

enojar. tr. Enfadar (a alguien). En Esp. sobre todo tiene carácter literario o formal. *Aquel continuo abuso de poder había enojado a los ciudadanos. Sus hermanos, cuando quieren enojarla, componen cánticos y estribillos* [C]. Tb. en constr. prnl. media. *Conozco a Matías: ¡cuando se enoja, se enoja!* [C].

enojo. m. cult. Hecho o efecto de enojar o enojarse. *Desconozco el motivo de su enojo.*

enojoso, sa. adj. cult. Que causa enojo. *Fue una situación enojosa que me registraran al salir de la tienda.*

enología. f. Estudio científico de la elaboración y conservación del vino. *El nuevo vino será evaluado por varios expertos en enología.*

enólogo, ga. m. y f. Especialista en enología. *Una reputada enóloga dirige el curso de cata de vinos.*

enorgullecer. (conjug. AGRADECER). tr. Hacer que (alguien) se sienta orgulloso. *Las buenas notas del chico enorgullecen a sus padres.* Tb. en constr. prnl. media. *Cuando alabé la belleza de su pueblo, se enorgulleció.*

enorme. adj. Mucho más grande de lo normal. *Está enorme para la edad que tiene. Cuentan con un presupuesto enorme.* Frec. con intención enfática. *Me he llevado un disgusto enorme.* ▶ ATROZ, DESCOMUNAL, ESPANTOSO, GIGANTESCO, INCONMENSURABLE, MASTODÓNTICO, MONSTRUOSO.

enormidad. f. **1.** Cualidad de enorme. *La enormidad de Nueva York apabulla al visitante.* **2.** Despropósito o disparate. *¡Qué enormidad!, ¿cómo puede usted decir esas cosas?*

enquistamiento. m. Hecho o efecto de enquistar o enquistarse. *Enquistamiento celular. Enquistamiento del conflicto.*

enquistarse. intr. prnl. **1.** Formar algo un quiste en un organismo. *Las larvas de la tenia se enquistan en los músculos del cerdo o de la vaca.* **2.** Detenerse o estancarse un proceso o una situación. *Las negociaciones se han enquistado.*

enrabietar. tr. Causar una rabieta (a alguien). *El castigo ha enrabietado al niño.* Tb. en constr. prnl. media. *Se enrabieta si le llevas la contraria.*

enraizamiento. m. Hecho de enraizar o enraizarse. *Las características del pino resinero permiten su enraizamiento en terrenos arenosos.*

enraizar. (conjug. AISLAR). intr. Echar raíces. *El esqueje de rosal ya ha enraizado.* Tb. fig. *Es un burgalés enraizado en Sevilla.* Frec. prnl. *Su novela se enraíza en la tradición realista.* ▶ *ARRAIGAR.

enramada. f. **1.** Conjunto espeso de ramas entrelazadas. *Había un nido en lo alto de la enramada.* **2.** Adorno formado de ramas de árboles. *La sala está engalanada con enramadas y guirnaldas.*

enrarecer. (conjug. AGRADECER). tr. **1.** Hacer raro o escaso (algo). *La sequía ha enrarecido los bosques.* **2.** Hacer menos denso (un gas). *Es posible enrarecer un gas mediante una descarga eléctrica.* Tb. en constr. prnl. media. *Al aumentar su temperatura, los gases se enrarecen.* **3.** Contaminar (el aire o la atmósfera). *El humo de las fábricas enrarece la atmósfera.* **4.** Enfriar (una relación o un ambiente) haciendo que disminuya la cordialidad o el entendimiento. *Las continuas discusiones acabaron por enrarecer el ambiente.* Tb. en constr. prnl. media. *Nuestra amistad se enrareció después de aquel malentendido.* ▶ **2:** RARIFICAR.

enrarecimiento. m. Hecho de enrarecer o enrarecerse. *Enrarecimiento del aire. Ha habido un enrarecimiento de las relaciones entre ambos países.*

enredadera. f. Se usa para designar a varias plantas cuyos tallos, largos y sarmentosos, se enredan o agarran a las superficies o soportes junto a los que crecen. *La enredadera se extiende por la fachada de la casa.*

enredador, ra. adj. Dicho de persona: Que enreda. *La maestra vigila a sus alumnos más enredadores.* Tb. m y f.

enredar. tr. **1.** Entrelazar de manera desordenada (cosas largas y finas, como hilos o pelos). *El viento enredó sus cabellos. El gato enredaba los hilos de la madeja.* **2.** Complicar (un asunto). *Quiso solucionar el problema, pero lo enredó más.* **3.** Meter (a alguien), gralm. con engaños, en un asunto comprometido o peligroso. *Me ha enredado para ser su socio. Lo quieren enredar en ese asunto, pero se resiste.* **4.** Entretener o hacer perder el tiempo (a alguien).

Me enredó un compañero y no pude acabar mi trabajo. **5.** Encizañar (algo o a alguien) o meter discordia (en ellos). *Disfruta enredando a sus amigas con cotilleos.* Tb. usado en constr. intr. *Mira que eres liante, cuánto te gusta enredar.* ○ intr. **6.** Comportarse alguien, espec. un niño, de forma inquieta o traviesa. *El niño enredaba en la alcoba cuando rompió la lámpara.* ○ intr. prnl. **7.** Entrelazarse cosas largas y finas, como hilos o pelos, de manera desordenada. *Cuando utilizo el secador, el pelo se me enreda.* Tb.: *El cable del ordenador se ha enredado* CON *el de la impresora. El hilo de la caña de pescar se enredó* EN *una rama.* **8.** Complicarse un asunto. *Se ha enredado tanto esto que ya no hay quien lo arregle.* **9.** Aturdirse o hacerse un lío alguien. *Me enredo con tanto número y no me salen las cuentas.* **10.** coloq. Pasar a tener relaciones sexuales o a vivir en pareja dos personas sin haberse casado. *Cuando se enredaron, ella dormía en su casa.* Tb.: *Se ha enredado* CON *su secretaria.* ▶ **3:** *COMPROMETER. **4:** ENTRETENER. **5:** *ENCIZAÑAR. **6:** TRASTEAR.

enredo. m. **1.** Hecho o efecto de enredar o enredarse. *Hay un enredo de cables detrás de las máquinas. Siempre anda organizando enredos entre los vecinos.* **2.** Asunto confuso o complicado. *Este caso es un enredo imposible de aclarar. Los enredos que monta Lope de Vega en sus comedias son muy divertidos.* **3.** coloq. Relación sexual más o menos estable fuera del matrimonio. *Después de casado tuvo más de un enredo.* ▶ **1:** *INTRIGA.

enrejado. m. **1.** Reja o conjunto de rejas que hay en un lugar. *Un enrejado de hierro rodea los jardines.* **2.** Labor hecha con un conjunto de varas, cañas u otras cosas semejantes que se entrecruzan. *Se ha roto el enrejado de la silla.*

enrejar. tr. **1.** Cercar o cerrar (un lugar) con una reja o con rejas. *Hay que enrejar de nuevo el jardín. Entramos en un recinto enrejado.* **2.** Poner rejas (en una ventana u otro hueco de un edificio). *Han decidido enrejar las ventanas. Las ventanas enrejadas son una medida de seguridad.*

enrevesado, da. adj. Complicado o difícil de entender. *La pregunta me parece muy enrevesada.* ▶ *COMPLICADO.

enriquecedor, ra. adj. Que enriquece. *Conocer otras culturas es enriquecedor.*

enriquecer. (conjug. AGRADECER). tr. **1.** Hacer rica (a una persona o grupo de personas), o proporcionar(les) mucho dinero o muchos bienes. *Los yacimientos petrolíferos han enriquecido al país.* Tb. en constr. prnl. media. *Unos pocos se están enriqueciendo con la subida de la vivienda.* **2.** Hacer más rico (un producto o una sustancia) aumentando la proporción de alguno de sus componentes. *Enriquecen la leche con calcio. Producirán uranio enriquecido.* **3.** Hacer que (algo) sea más rico, valioso o abundante. *La ornamentación árabe enriquece los edificios mudéjares.* ○ intr. prnl. **4.** Hacerse algo más rico o valioso. *Con la lectura se enriquece el vocabulario.*

enriquecimiento. m. Hecho de enriquecer o enriquecerse. *Los especuladores buscan el enriquecimiento rápido.*

enrocar. intr. En el ajedrez: Cambiar simultáneamente la posición del rey y de la torre. *Tuvo que enrocar para salvar su rey.* Tb. prnl. *Se enrocó para defenderse de un jaque al rey.*

enrojecer. (conjug. AGRADECER). tr. **1.** Poner rojo (algo o a alguien). *La ira enrojece su rostro.* ○ intr. **2.** Ponerse rojo alguien o algo. *Cuando la piropean, enrojece.* Frec. prnl. *Los tomates se enrojecen dejándolos unos días al fresco.*

enrojecimiento. m. Hecho o efecto de enrojecer o enrojecerse. *La reacción alérgica le produjo un enrojecimiento de la piel.*

enrolar. tr. **1.** Inscribir (a alguien) en la lista de tripulantes de un barco. *Lo enrolaron de grumete* EN *un buque mercante. Muchos aventureros se enrolaban hacia América.* **2.** Inscribir (a alguien) en el ejército u otra organización. *Lo enrolaron* EN *infantería. Se ha enrolado* EN *las filas del partido comunista.* ▶ **2:** *ALISTAR.

enrollado, da. part. **1.** → **enrollar.** ● adj. **2.** Dicho de cosa: Que tiene forma de rollo. *Es una seta que tiene el sombrero grande, convexo y enrollado.*

enrollar. tr. **1.** Dar forma de rollo (a algo). *Enrolló el cable y lo guardó.* Tb. en constr. prnl. media. *Hay que evitar que el cordón umbilical se enrolle.* **2.** coloq. Liar (a alguien) o convencer(lo) para que haga algo. *Me quieres enrollar para que me quede.* **3.** coloq. Gustar algo o alguien (a una persona) o resultar(le) agradable. *Esta fiesta me enrolla mucho. Tu primo me enrolla.* ○ intr. prnl. **4.** coloq. Extenderse mucho al hablar o al escribir. *Te enrollas como las persianas por teléfono. En los exámenes hay gente que se enrolla y escribe cinco folios.* **5.** coloq. Entretenerse en una actividad o dejarse absorber por ella. *Se enrolla* CON *Internet hasta las tantas de la noche.* **6.** coloq. Relacionarse o conectar con los demás. *¡Venga hombre, enróllate con nosotros! Oye, qué bien se enrolla tu amigo.* **7.** coloq. Pasar a tener relaciones sexuales o a vivir en pareja dos personas sin haberse casado. *Al poco de conocerse, se enrollaron.* Tb.: *Se ha enrollado* CON *una mujer mayor que él.* **8.** Tener una relación sexual, gralm. esporádica. *En la fiesta me enrollé* CON *un italiano.*

enronquecer. (conjug. AGRADECER). tr. **1.** Poner ronco (a alguien o su voz). *El tabaco enronquece la voz.* ○ intr. **2.** Ponerse ronco alguien o su voz. *Gritó hasta enronquecer.* Frec. prnl. *Se le ha enronquecido la voz.*

enroque. m. En el ajedrez: Hecho de enrocar. *Hizo un enroque para proteger su rey del jaque.*

enroscar. tr. **1.** Poner (algo o a alguien) en forma de rosca. *La serpiente enroscó su cuerpo* EN *la rama. El gato se enrosca* A *sus pies.* Tb. en constr. prnl. media. *La hiedra se enrosca alrededor del árbol.* **2.** Poner (una pieza con rosca) dándo(le) vueltas. *Enrosca el tapón del depósito.*

enrostrar. tr. Am. Reprochar (algo) a alguien o echárse(lo) en cara. *La opinión pública le enrostra al presidente su extrema debilidad* [C]. ▶ REPROCHAR.

ensaimada. f. Bollo hecho con una tira de pasta hojaldrada dispuesta en espiral. *Ensaimadas de Mallorca.*

ensalada. f. **1.** Plato elaborado con una o varias hortalizas, gralm. crudas, troceadas y aderezadas con sal, aceite, vinagre u otros ingredientes. *Prepara una ensalada con tomate, lechuga y cebolla.* Tb. designa el plato frío aderezado con esos o parecidos ingredientes. *Ensalada* DE *pollo.* **2.** coloq. Mezcla confusa de cosas de diversa naturaleza. *¡Vaya ensalada de ideas que tienes en la cabeza!* ■ **~ de frutas.** f. Plato consistente en una mezcla de frutas troceadas, frec. con zumo o almíbar. *De postre hay ensalada de frutas.* ⇒ MACEDONIA. ■ **~ rusa.** f. Ensaladilla rusa. *Has puesto mucha mayonesa en la ensalada rusa.*

ensaladera. f. Fuente en que se sirve la ensalada. *Ponga las hortalizas en una ensaladera y riéguelas con aceite.*

ensaladilla. f. Plato hecho con patatas y huevos, cocidos y troceados, acompañados de otros ingredientes, como pimientos, guisantes o atún, aderezado todo con mayonesa y servido frío. *Un pincho de ensaladilla.* Tb. ~ *rusa. Adornó la ensaladilla rusa con aceitunas.*

ensalivar. tr. Untar o empapar (algo) con saliva. *Ensalivó la hoja de papel de fumar.*

ensalmo. m. Oración o práctica mágica para curar enfermedades. *Los curanderos conocen ensalmos contra el mal de ojo.* ■ **por ~.** loc. adv. De manera rápida e inesperada. *Cuando murió el millonario, aparecieron por ensalmo muchos parientes.*

ensalzamiento. m. Hecho de ensalzar. *En su discurso hace un ensalzamiento de las virtudes de los premiados.*

ensalzar. tr. **1.** Alabar o elogiar (algo o a alguien). *El presidente ensalzó la solidaridad de la población con las víctimas.* **2.** Elevar a un grado superior (algo o a alguien). *La leyenda cuenta la historia de un campesino y lo ensalza a la categoría de héroe.* ▶ **1:** *ALABAR. **2:** ENALTECER, EXALTAR.

ensamblado. m. Ensamblaje. *En esta planta se realizan el ensamblado y la soldadura de las piezas del chasis.*

ensamblaje. m. Hecho o efecto de ensamblar. *El ensamblaje de las piezas de los motores se hace en cadena.* ▶ ENSAMBLADO.

ensamblar. tr. Unir o encajar (dos o más piezas). *Tiene que lijar las piezas para ensamblarlas.* ▶ ENCAJAR.

ensanchamiento. m. Hecho o efecto de ensanchar o ensancharse. *Van a empezar las obras de ensanchamiento de la carretera.* ▶ ENSANCHE.

ensanchar. tr. Hacer más ancho (algo). *Tienen previsto ensanchar la carretera.* Tb. fig. *Viajar ensancha los horizontes.* Tb. en constr. prnl media. *El jersey se ha ensanchado con el uso.*

ensanche. m. **1.** Hecho o efecto de ensanchar o ensancharse. *El ensanche de la carretera reducirá el número de accidentes.* **2.** Zona de nuevas edificaciones en las afueras de una ciudad. *Tiene un piso en el ensanche de Barcelona.* ▶ **1:** ENSANCHAMIENTO.

ensangrentar. (conjug. ACERTAR). tr. Manchar de sangre (algo o a alguien). *El toro ensangrentó el capote. Yacía en el suelo con el rostro ensangrentado.*

ensañamiento. m. Hecho de ensañarse. *El análisis forense revela que hubo ensañamiento* CON *la víctima.* ▶ ENCARNIZAMIENTO.

ensañarse. intr. prnl. Causar un daño a alguien con crueldad extrema. *¿Cómo pudieron ensañarse así* CON *un hombre indefenso?* ▶ CEBARSE, ENCARNIZARSE.

ensartar. tr. **1.** Unir (una serie de cosas, como cuentas o anillos) pasando por su agujero un hilo, cuerda o alambre. *Ensarta las cuentas para hacerse un collar.* **2.** Atravesar (algo) con un objeto puntiagudo. *Ensarta el pollo en el asador.* **3.** Decir una detrás de otra (varias cosas, espec. palabras o frases). *Se pasó la reunión ensartando disparates.*

ensayar. tr. **1.** Preparar la ejecución (de algo, espec. una obra teatral o musical) antes de ofrecerlo al público. *Ensayan mucho las escenas antes de rodarlas.* **2.** Probar (algo) para saber si funciona adecuadamente. *Mañana ensayan un nuevo modelo de avión.* **3.** Hacer la prueba (de algo). *Voy a ensayar un cambio de estilo.*

ensayismo. m. *Lit.* Ensayo (género). *El ensayismo fue muy cultivado por la Generación del 98.* ▶ *ENSAYO.

ensayista. m. y f. Autor de ensayos. *La obra de la ensayista gira en torno al concepto de identidad.*

ensayístico, ca. adj. **1.** Del ensayo. *El género ensayístico experimentó un gran auge.* ● f. **2.** Ensayo (género). *La ensayística moderna comienza con los escritos de Montaigne.* ▶ **2:** *ENSAYO.

ensayo. m. **1.** Hecho o efecto de ensayar. *El director da indicaciones a los actores durante los ensayos. Los ensayos clínicos de la vacuna fueron positivos.* **2.** *Lit.* Obra literaria en prosa en la que el autor desarrolla sus ideas sobre un tema, gralm. sin mostrar el aparato de citas o el bibliográfico. *En este ensayo, el pensador analiza la naturaleza del mal.* Tb. el género constituido por estas obras (→ **ensayismo, ensayístico**). *Octavio Paz es un gran cultivador del ensayo.* ■ **~ general.** m. Representación completa de una obra teatral o musical previa a su estreno. *En el ensayo general todo ha salido perfecto.*

enseguida. (Tb. **en seguida**). adv. Inmediatamente después en el tiempo o en el espacio. *Voy a comprar tabaco pero vuelvo enseguida. Salieron enseguida* DE *comer. En seguida que llegue te llamo.*

ensenada. f. Parte del mar que entra en la tierra y que sirve de abrigo a las embarcaciones. *El velero fondeó en una ensenada.*

enseña. f. cult. Bandera o estandarte. *En el ayuntamiento, ondea la enseña nacional.* Tb. fig. *El saltador de altura fue la enseña del atletismo cubano.*

enseñante. adj. Que enseña o hace aprender. Dicho de pers., tb. m. y f. *Los enseñantes cumplen una importante función social con niños y jóvenes.*

enseñanza. f. **1.** Hecho de enseñar o hacer aprender. *La informática se está incorporando a la enseñanza.* **2.** Sistema o método para enseñar. *Enseñanza a distancia. Enseñanza bilingüe.* **3.** Cosa que se enseña. Frec. en pl. *Nunca olvidaré sus enseñanzas.* **4.** Cosa que se aprende por propia experiencia para tener en cuenta en otra situación similar. *Que te sirva de enseñanza para la próxima vez.* ▶ **1:** DOCENCIA, EDUCACIÓN, FORMACIÓN, INSTRUCCIÓN.

enseñar. tr. **1.** Hacer que (alguien) aprenda algo. *Mi abuelo me enseñó* A *cazar.* Tb. referido a la cosa que se enseña. *La profesora le enseña francés.* Tb. usado en constr. intr. *Los castigos no son una buena forma de enseñar.* **2.** Poner (algo) ante la vista de alguien. *Enséñeme lo que lleva en la mochila.* **3.** Dejar ver (algo) involuntariamente. *Al caerse enseñó la combinación.* **4.** Acostumbrar o habituar (a alguien o algo). *Primero debe enseñar al estómago* A *digerir líquidos.* Tb. en constr. prnl. media. *Se enseñó* A *comer sin sal.* ▶ **1:** EDUCAR, FORMAR, ILUSTRAR, INSTRUIR. **4:** *ACOSTUMBRAR.

enseñorear. tr. **1.** Dominar (algo). *Los invasores enseñoreaban el país.* ○ intr. prnl. **2.** Hacerse señor y dueño de algo. *La mafia se ha enseñoreado* DE *las calles.*

enser. m. Objeto, como un mueble o un utensilio, de los que son necesarios para el equipamiento de una casa o para el ejercicio de una profesión. Más frec. en pl. *Ordena los enseres de cocina.*

ensillar. tr. Poner la silla (a una caballería). *Ensilla la yegua, la monta y sale al paso.*

ensimismado, da. part. **1.** → **ensimismarse.** ● adj. **2.** Que manifiesta o implica ensimismamiento. *Mira por la ventana con gesto ensimismado.*

ensimismamiento. m. Hecho de ensimismarse. *Una voz la sacó de su ensimismamiento.*

ensimismarse. intr. prnl. Abstraerse alguien, o concentrarse en sus propios pensamientos sin prestar atención a lo que le rodea. *Se ensimisma* EN *sus recuerdos y parece ausente.*

ensoberbecer. (conjug. AGRADECER). tr. Poner soberbio (a alguien). *El éxito la ha ensoberbecido.* Tb. en constr. prnl. media. *Se ha ensoberbecido con el éxito.*

ensombrecer. (conjug. AGRADECER). tr. **1.** Oscurecer o cubrir (algo) de sombra. *Unos nubarrones ensombrecen el valle.* Tb. en constr. prnl. media. *En invierno, la casa se ensombrece a primera hora de la tarde.* **2.** Poner sombrío o triste (a alguien o algo). *Los recuerdos ensombrecen su ánimo.* Tb. en constr. prnl. media. *Su rostro se ensombreció al conocer la noticia.*

ensoñación. m. Hecho o efecto de ensoñar. *En sus ensoñaciones se ve como un triunfador.* ▶ ENSUEÑO.

ensoñador, ra. adj. Que implica ensoñación. *Sus poemas tienen un tono ensoñador.*

ensoñar. (conjug. CONTAR). intr. **1.** Imaginar que es real algo que no lo es. *Mientras ensoñaba, se evadía de la vida cotidiana.* ○ tr. **2.** Imaginar que es real (algo agradable o deseable). *Pasa los días ensoñando viajes y aventuras.*

ensordecedor, ra. adj. Que ensordece. Dicho de ruido o sonido, frec. con intención enfática. *El griterío del público es ensordecedor.*

ensordecer. (conjug. AGRADECER). tr. Dejar sordo (a alguien). *La explosión lo ensordeció temporalmente.*

ensortijar. tr. Rizar (algo, espec. el pelo) en forma de sortija. *La humedad me ensortija el pelo. Tenía un cabello negro y ensortijado.* Tb. en constr. prnl. media. *Cuando baño al perro, se le ensortija el pelo.*

ensuciar. (conjug. ANUNCIAR). tr. **1.** Poner sucio (algo o a alguien). *Has ensuciado la camisa.* Tb. usado en constr. intr. *Si vais a pintar, tened cuidado de no ensuciar.* Tb. en constr. prnl. media. *Cada vez que toman chocolate, se ensucian.* **2.** Ensuciar (→ 1) en sentido moral (algo o a alguien). *El caso de los sobornos ha ensuciado a varios jueces.* Tb. en constr. prnl. media. *Su prestigio se ha ensuciado con el escándalo financiero.* ○ intr. prnl. **3.** Defecar una persona en un lugar. *Mírale los pañales: parece que se ha vuelto a ensuciar.* ▶ **1:** MANCHAR, EMPORCAR.

ensueño. m. Hecho o efecto de ensoñar. *Vive en un mundo de fantasías y ensueños.* ■ **de ~.** loc. adj. Fantástico o maravilloso. *Hemos estado en unas playas de ensueño.* ▶ ENSOÑACIÓN.

entablado. m. Suelo o soporte de tablas. *Las tejas se apoyan sobre un entablado.*

entablamento. m. *Arq.* Conjunto de elementos que coronan un edificio, y que suele estar compuesto normalmente de arquitrabe, friso y cornisa. *El templo tiene un entablamento cuyo friso está esculpido.*

entablar. tr. Empezar (una relación, una lucha o una conversación). *Entablaron una buena amistad.* Tb. en constr. prnl. media. *Se entabló una charla agradable entre los comensales.*

entablillar. tr. Sujetar con tablillas y vendas (un miembro roto). *Le entablillaremos la pierna hasta que llegue la ambulancia.*

entallar. tr. **1.** Ajustar (una prenda de vestir) al talle o cintura. *Si le queda holgada la americana, se la entallamos.* ○ intr. **2.** Ajustarse una prenda de vestir al talle o cintura. *Los vestidos que entallan realzan la figura. Lleva una chaqueta entallada.* Frec. prnl. *Esta falda es incómoda porque se entalla mucho.*

entarimado. m. Suelo de tarima. *Acuchillamos parqués y entarimados.*

entarimar. tr. Cubrir (un suelo) con tarima. *Van a entarimar el suelo del gimnasio.* Tb. referido al recinto o espacio con ese suelo. *Han entarimado el salón de actos.*

ente. m. **1.** *Fil.* Lo que es, existe o puede existir. *Un ente superior pudo crear el universo.* **2.** Entidad o institución, espec. si pertenece al Estado. *Se han aprobado los presupuestos del ente público Radio Televisión Española.* ▶ **1:** *SER. **2:** ENTIDAD.

enteco, ca. adj. cult. Flaco o enfermizo. *Da lástima ver las carnes entecas de los niños de las chabolas.*

entelequia. f. cult. Cosa irreal. *La paz mundial es una entelequia.*

entendederas. f. pl. coloq. Entendimiento (facultad de comprender y razonar). Frec. despect. *Es corto de entendederas: explícaselo otra vez.*

entendedor, ra. adj. Que entiende. Dicho de pers., tb. m. y f. *Lo comprenderán a la primera, pues son buenos entendedores.*

entender. (conjug. ENTENDER). tr. **1.** Percibir (algo) por medio de la inteligencia. *Entiende el italiano, pero no lo habla. Entendió el problema a la primera.* **2.** Encontrar justificado o razonable (algo). *No puedo entender por qué actúa así. Entiendo lo que dices, pero no lo comparto.* **3.** Encontrar justificado o razonable el estado de ánimo (de alguien), o su manera de ser o de actuar. *La entendí con solo mirarla. Sigo sin entenderte a pesar del tiempo que hace que nos conocemos.* **4.** Creer u opinar (algo). *Entiendo que esa no es forma de tratar a una persona.* ○ intr. **5.** Tener conocimientos de algo. *No entiendo* DE *economía. Entiende* DE *muchas cosas.* **6.** Tener autoridad para ocuparse de un asunto. *Tuvo que presentarse a declarar ante el juez que entendía* DE *su causa. Es la Audiencia Nacional la que entiende* EN *ese tipo de delitos.* **7.** jerg. Ser homosexual. *Es un bar de gente que entiende. ¿Ese amigo tuyo entiende?* ○ intr. prnl. **8.** Tener dos o más personas buena relación entre sí. *Sabía que nos entenderíamos.* Tb.: *Es difícil entenderse* CON *ella.* **9.** coloq. Tener dos personas relaciones amorosas en secreto. *¿Sabías que Juan y Lola se entienden?* Tb.: *Se entendía* CON *su vecina antes de separarse de su mujer.* **10.** Seguido de un complemento introducido por *con:* Llegar a conocer o dominar lo expresado por él. *No hay quien se entienda con estas instrucciones.* **11.** Seguido de un complemento introducido por *con:* Relacionarse con la persona designada, para tratar un asunto, espec. un negocio. *Entiéndete tú con el comprador, que se te dan muy bien los negocios.* ● m. **12.** Opinión o criterio. *Según mi entender, es su mejor novela.* ▶ **1-3:** *COMPRENDER. **4:** *CREER. **5:** SABER.

entendido, da. part. **1.** → **entender.** ● adj. **2.** Dicho de persona: Sabia o experta en algo. Tb. m y f. *Según los entendidos, la obra es muy buena.*

entendimiento. m. **1.** Facultad de comprender y razonar. *Gracias al entendimiento, el hombre concibe ideas y emite juicios.* **2.** Hecho o efecto de entender o entenderse. *La falta de entendimiento entre las* *dos partes hizo fracasar las negociaciones.* ▶ **1:** *INTELIGENCIA.

entenebrecer. (conjug. AGRADECER). tr. Oscurecer o llenar de tinieblas (algo). *La noche entenebreció el cielo.* Tb. en constr. prnl. media. *Las calles se entenebrecen al caer la noche.*

entente. f. Pacto o acuerdo entre dos países o estados. *Por la entente de 1904, Francia y Gran Bretaña se reparten sus colonias en África.* Frec. fig. *Las empresas han llegado a una entente para no subir los precios.*

enterado, da. part. **1.** → **enterar.** • adj. **2.** Dicho de persona: Entendida o que tiene conocimientos sobre algo. *El lector enterado captará los guiños de la novela.* Tb. m. y f. **3.** coloq. Dicho de persona: Que presume de saber mucho de algo. Tb. m. y f. *Ya llegó el enterado a demostrar que los demás somos tontos.*

enteramente. adv. Completa o plenamente. *Abandonó su trabajo para dedicarse enteramente a la literatura.*

enterar. tr. **1.** Hacer saber algo (a alguien). *Lo enteraron* DE *la muerte de su padre por un telegrama.* ○ intr. prnl. **2.** Pasar a saber algo. *Se enteró por la tele* DE *la noticia.*

entereza. f. Fortaleza o firmeza de ánimo. *Soporta con entereza su grave enfermedad.* ▶ FORTALEZA.

enterizo, za. adj. De una sola pieza. *El tablero de la mesa es de madera enteriza.*

enternecedor, ra. adj. Que enternece. *Verlo con sus nietos es enternecedor.*

enternecer. (conjug. AGRADECER). tr. Provocar un sentimiento de ternura o compasión (en alguien). *Me enternece verlo llorar.* Tb. en constr. prnl. media. *Cuando coge al bebé en sus brazos, se enternece.* ▶ CONMOVER.

enternecimiento. m. Hecho o efecto de enternecer o enternecerse. *No mostró ningún enternecimiento.*

entero, ra. adj. **1.** Completo (que tiene todas las partes o elementos que le corresponden). *Pasé el verano entero en París. Se echan varias cebollas enteras en la olla.* **2.** Dicho de persona: Que tiene fortaleza de ánimo o domina sus emociones, espec. en una situación difícil. *La viuda estaba muy entera en el funeral.* **3.** Dicho de persona: Que conserva su fuerza. *La corredora de fondo llegó muy entera a la meta.* **4.** Dicho de cosa, espec. de un alimento: Dura o consistente. *Prefiero la fruta entera a la muy madura.* **5.** Dicho de persona, espec. de mujer: Virgen. *Se esperaba que la mujer llegara entera al matrimonio.* • m. **6.** *Mat.* Número entero (→ **número**). *7 es un entero, y 7/3 un quebrado.* **7.** *Econ.* Unidad que mide la variación en la cotización de un valor bursátil, expresada como porcentaje de su valor nominal. *La petrolera recuperó hoy cinco enteros en la Bolsa.* Tb. fig. *Para mí, como persona, has perdido muchos enteros.* ■ **por entero.** loc. adv. Enteramente. *Se dedica por entero a su trabajo.* ▶ **1:** *COMPLETO. **5:** VIRGEN.

enterrador, ra. m. y f. Persona que tiene por oficio enterrar a los muertos. *Los enterradores bajan el ataúd con sogas.* ▶ SEPULTURERO.

enterramiento. m. **1.** Hecho de enterrar. *El enterramiento de residuos químicos daña el medio ambiente.* **2.** Lugar en el que se entierra un cadáver. *Se han encontrado tumbas de niños en el enterramiento medieval.*

enterrar. (conjug. ACERTAR). tr. **1.** Poner (algo) bajo tierra. *El perro está enterrando un hueso.* **2.** Dar sepultura (a un cadáver). *Era deseo del difunto que lo enterraran en su pueblo.* **3.** Sobrevivir (a alguien). *Es muy duro que unos padres entierren a sus hijos.* **4.** Hacer que (una persona o cosa) queden ocultas o desaparezcan bajo algo. *Un alud enterró a los alpinistas. Quedaron enterrados bajo los escombros.* **5.** Olvidar o abandonar (un asunto). *Deberíamos enterrar nuestras rencillas de una vez.* ▶ **2, 4:** SEPULTAR.

entibiar. (conjug. ANUNCIAR). tr. **1.** Poner tibio o templado (algo, espec. un líquido). *La sopa quemaba y la entibió con caldo frío.* Tb. en constr. prnl. media. *Al anochecer, el aire se entibia.* **2.** Quitar fuerza o intensidad (a un afecto o una pasión). *El paso del tiempo ha entibiado su amor.* Tb. en constr. prnl. media. *Nuestra amistad se ha entibiado por la distancia.*

entidad. f. **1.** Institución, organismo u otra colectividad, espec. si son considerados como una unidad jurídica. *La entidad bancaria se ha declarado en quiebra.* **2.** Importancia o relevancia. *Sus investigaciones sobre el cáncer tienen mucha entidad. Un rival de poca entidad.* **3.** *Fil.* Ente o ser. *Platón consideraba el cuerpo y el alma como entidades separadas.* ▶ **1:** ENTE. **3:** *SER.

entierro. m. **1.** Hecho de enterrar o dar sepultura. *Durante el entierro se vieron escenas de mucho dolor.* **2.** Grupo de personas que acompaña al cadáver que se lleva a enterrar. *Cuando pasó el entierro, se persignó.* ■ **~ de la sardina.** m. Fiesta de carnaval celebrada el miércoles de Ceniza, en la que se entierra la figura de una sardina. *Nos disfrazamos de viudas para el entierro de la sardina.*

entintar. tr. Impregnar de tinta (algo). *El tampón sirve para entintar sellos.*

entoldado. m. **1.** Toldo o conjunto de toldos que dan sombra a un lugar. *El viento desgarró el entoldado de la terraza.* **2.** Lugar cubierto con toldos. *En verano cenamos en el entoldado del jardín.* ▶ **1:** TOLDO.

entoldar. tr. **1.** Cubrir (un lugar) con un toldo o un conjunto de toldos. *Al entoldar la plaza de toros, se pueden celebrar conciertos en invierno.* **2.** Cubrir las nubes (el cielo). *Densos nubarrones entoldaron el cielo.* Tb. en constr. prnl. media. *El cielo se entoldó amenazando tormenta.*

entomología. f. Parte de la zoología que estudia los insectos. *En este artículo de entomología se explican las causas de las plagas de langostas.*

entomólogo, ga. m. y f. Especialista en entomología. *El entomólogo disecciona la larva de una mariposa.*

entonación. f. **1.** Hecho de entonar o cantar en el tono adecuado. *Ha destacado por la perfecta entonación de los difíciles pasajes de la ópera.* **2.** Tono o modulación de la voz al hablar, gralm. para dar determinado sentido a lo que se dice. *Si le hubieras dicho lo mismo con otra entonación, no se habría molestado.* **3.** Conjunto de rasgos relativos al tono, que son característicos de una lengua, de un hablante o de un tipo de expresión. Se usa espec. en lingüística. *El español de Galicia tiene una entonación diferente de la del español general.* ▶ **2:** TONO.

entonar. tr. **1.** Cantar (algo) en el tono adecuado. *No consigue entonar la canción.* **2.** Cantar (algo). *Entonan el himno de la universidad en la graduación.* **3.** Fortalecer o vigorizar (algo o a alguien). *Una sopa caliente nos entonará.* ▶ **3:** TONIFICAR.

entonces. adv. **1.** En ese tiempo o momento del pasado o del futuro. *Cuando te hayas calmado, entonces* *hablaremos. Fue entonces cuando aprovechó para salir. Entonces no quisiste escucharnos y ahora vienen los problemas. Le da un golpe al televisor y entonces se arregla.* A veces precedido de prep. *Me desperté a las tres de la madrugada y desde entonces no he podido pegar ojo. Hasta entonces no te preocupes.* **2.** En ese caso. *Si no es amigo suyo, ¿por qué lo defiende entonces? –Hoy estoy muy ocupado. –Entonces no se hable más, nos vemos mañana. ¿No decías que estabas de acuerdo?, pues entonces tendrás que aguantarte. Si sigue así, entonces tendré que tomar medidas.* **3.** Se usa exclamativamente para expresar que lo que ha dicho el interlocutor aclara o justifica aquello que le provocaba extrañeza o rechazo. *¿No le pediste tú ayuda?, ¡entonces!* Tb. *pues ~. –En realidad fui yo el que empezó la discusión. –¡Pues entonces!* ■ **en,** o **por, aquel ~.** loc. adv. En, o por, aquel tiempo. *Te hablo de los años cincuenta y en aquel entonces las calles del pueblo no estaban asfaltadas. Por aquel entonces no nos conocíamos.*

entontecer. (conjug. AGRADECER). tr. **1.** Poner tonto (a alguien). *El sueño y el cansancio lo entontecen.* ○ intr. **2.** Volverse alguien tonto. *Ha entontecido con los años.* Frec. prnl. *Se va a entontecer con tanto halago.*

entorchado. m. Bordado en oro o plata que como distintivo llevan en las mangas de su uniforme los militares y algunos altos funcionarios. Frec. en pl. *El coronel lucía en su uniforme galones, medallas y entorchados.*

entornar. tr. Cerrar de manera incompleta (algo, como una puerta, una ventana o los ojos). *Entorna la puerta, que hay mucha corriente. Deslumbrado por el sol, entornó los ojos.* ► ENTRECERRAR.

entorno. m. **1.** Conjunto de personas o cosas que rodean a alguien o algo. *El delincuente ha crecido en un entorno muy violento.* **2.** *Inform.* Programa o conjunto de programas que administra un ordenador u otros programas. *El arquitecto ha instalado un entorno gráfico en el ordenador para diseñar planos.*

entorpecer. (conjug. AGRADECER). tr. **1.** Poner torpe (algo o a alguien) haciendo(los) lentos o restándo(les) habilidad. *El párkinson entorpece los movimientos del enfermo. Pensaba con lentitud, entorpecido por el sueño y el cansancio.* Tb. en constr. prnl. media. *Cuando sufre calambres, las piernas del corredor se entorpecen.* **2.** Dificultar o estorbar (algo). *Un accidente está entorpeciendo el tráfico.*

entorpecimiento. m. Hecho o efecto de entorpecer o entorpecerse. *La falta de jueces es una de las causas del entorpecimiento de la justicia.*

entrada. f. **1.** Hecho de entrar. *Se prohíbe la entrada a menores de edad.* **2.** Sitio por donde se entra en un lugar. *Había dos guardas en la entrada a la finca. Quedamos en la entrada del cine.* **3.** Parte de un edificio, como una casa o un hotel, cercana a la puerta principal. *En la entrada de la casa hay un perchero. La recepción del hotel está en la entrada.* **4.** Ocasión en la que se permite a alguien decir o hacer algo. Frec. con v. como *dar* o *tener*. *No le daban entrada en la tertulia para expresar su opinión.* **5.** Papel o cartulina impresos que sirve para entrar en un lugar, como un teatro, un cine o un museo. *Quería dos entradas para la última sesión. ¿Cuánto cuesta la entrada para el museo? Se han agotado las entradas del concierto.* **6.** Número de personas que asisten a un espectáculo público. *Se espera una gran entrada para la corrida de esta tarde.* **7.** Cantidad de dinero que se recauda en un espectáculo. *Los ingresos por televisar el partido y por la entrada superarán el millón de euros.* **8.** Entrante (plato que se toma en primer lugar en una comida). *Como entrada tomaré un consomé.* **9.** Parte de la frente, en cada uno de sus lados, donde escasea el pelo. Frec. en pl. *Intenta disimular sus entradas con el flequillo.* **10.** Cantidad de dinero que se entrega como primer pago de una compra a plazos. *Estamos ahorrando para pagar la entrada del piso.* **11.** Cantidad de dinero que entra en caja. *Hay que contabilizar las entradas de este mes.* **12.** Comienzo de un período de tiempo, como un año o una estación. *¡Feliz entrada y salida de año! La entrada de esta primavera está siendo muy lluviosa.* **13.** En algunos deportes: Acción, gralm. brusca o violenta, con la que un jugador intenta arrebatarle el balón a otro o impedir su avance. *El defensa fue expulsado por una peligrosa entrada al delantero.* **14.** *Ling.* En un diccionario o en una enciclopedia: Palabra o expresión que encabezan un artículo. *Las entradas de este diccionario están escritas en negrita.* Tb. el mismo artículo (→ **artículo**). *El diccionario tiene más de 70 000 entradas.* **15.** En un concierto o en una obra de teatro: Momento en el que comienza la actuación de un intérprete. *Poco después de la entrada, el actor principal pronuncia un monólogo.* Tb. la señal con que se indica ese momento. *El director dio entrada al oboe con la mano izquierda.* ■ **de ~.** loc. adv. Para empezar. *De entrada, querría hablarles de un asunto importante. Ella, de entrada, siempre desconfía.* ► **8:** *ENTRANTE.

entradilla. f. *Period.* Comienzo de una información, que resume lo más importante de la misma. *Las entradillas del periódico van destacadas en negrita.*

entramado. m. **1.** Conjunto de hilos, cables u otros elementos alargados y flexibles que se entrecruzan. *Se produjo un cortocircuito en el entramado de cables del plató.* Tb. ese mismo entrecruzamiento. *El tipo de entramado de esta red la hace muy resistente.* Tb. fig. *Un entramado de calles.* **2.** Conjunto de ideas, hechos o circunstancias que se entrecruzan en un texto. *Cuesta seguir el entramado de esta novela de espías.* **3.** *Arq.* Armazón de madera, hierro u otros materiales con que se construye una pared o un suelo rellenando los huecos de su estructura. *El entramado estaba carcomido y la pared podía derrumbarse.*

entrambos, bas. adj. pl. cult. Ambos. *Al casarse, se unieron las propiedades de entrambos cónyuges.* Tb. pron. *A entrambos los unía un afecto sincero.*

entrampar. tr. **1.** Hacer que (un animal) caiga en una trampa. *El cazador colocaba unos lazos para entrampar liebres.* ○ intr. prnl. **2.** coloq. Endeudarse. *Se entramparon para comprar el chalé.*

entrante. adj. **1.** Que entra. *Se celebrarán elecciones generales en el año entrante.* ● m. **2.** Plato que se toma en primer lugar en una comida. *Como entrante les recomiendo endibias con queso azul.* ► **2:** ENTRADA, ENTREMÉS.

entraña. f. **1.** Víscera, espec. del abdomen. Frec. en pl. *Unos buitres despedazan las entrañas de una res. Ella sentía crecer una nueva vida en sus entrañas.* **2.** Parte más profunda o interior de algo. Frec. en pl. *Encontramos una ermita en las entrañas del bosque.* **3.** Corazón (sentimientos). *Puedes confiar en él: es un hombre de buena entraña.* Frec. en pl. *El que maltrata a un hijo no tiene entrañas. Esta salvajada la ha hecho alguien sin entrañas.* ■ **echar** alguien **las ~s.** loc. v. coloq. Vomitar con violencia. *Bebió tanto que acabó echando las entrañas.* ► **1:** VÍSCERA. **3:** CORAZÓN.

entrañable. adj. Íntimo o acogedor. Tb. referido a la persona o cosa que inspiran intimidad o afecto. *Lugar entrañable. Es una persona entrañable, querida por todos.*

entrañar. tr. Conllevar o implicar (algo). *Debaten los problemas que entrañaría la legalización de las drogas.* ▶ *IMPLICAR.

entrar. intr. **1.** Pasar dentro de un lugar delimitado o cerrado. *Entró en una ferretería a comprar un martillo. Los ladrones entraron por la ventana. Me ha entrado algo en el ojo. Entre y cierre la puerta. No abras la ventanilla, que entra frío.* Tb. prnl. *Sin darse cuenta se entró en la espesura.* **2.** Poder meterse o contenerse dentro de un lugar. *La fotografía no entra* EN *el marco. No entramos todos* EN *el taxi. ¿Entrará ahí el sofá?* **3.** Penetrar en alguien o algo, o pasar a su interior. *El clavo entró fácilmente* EN *la pared. La bala le había entrado* POR *un costado.* **4.** Ser admitido en un lugar. *Para entrar* EN *el museo hay que enseñar el carné. No pueden entrar los menores de 18 años.* **5.** Unirse a un colectivo o una actividad. *Ha entrado de aprendiz* EN *un taller. No quiso entrar* EN *el equipo de baloncesto. Puede entrar* EN *la Universidad a los 25 años. Entró* EN *la enseñanza por vocación.* **6.** Empezar un período de tiempo. *El otoño entra el 23 de septiembre. El curso que entra va a ser muy difícil.* **7.** Empezar a dejarse sentir en alguien un estado de ánimo, una sensación o un síntoma de enfermedad. *Le entra mucha alegría cuando te ve. Quería morirse de la vergüenza que le entraba. Empezaron a entrarme escalofríos.* **8.** Formar parte de algo, como un compuesto o un conjunto de elementos. EN *este tinte no entra el amoniaco. Es alérgico a los antibióticos* EN *los que entra la penicilina. El granate entra dentro de los rojos.* **9.** Seguido de *a* y un infinitivo: Empezar a hacer lo expresado por él. *Entró a servir muy joven. Una empresa quiere entrar a financiar el proyecto.* **10.** Intervenir o tomar parte en algo. *No voy a entrar* EN *discusiones con usted. Tú también entrarás* EN *el reparto.* **11.** Pasar a un estado o situación determinados. *En invierno algunos animales entran* EN *un período de letargo. La Luna ha entrado* EN *cuarto menguante. Está a punto de entrar* EN *la pubertad. Se tomó una sopa caliente para entrar* EN *calor.* **12.** Estar incluida una cosa en otra. *El arreglo de la prenda no entra* EN *el precio. Esto no entraba* EN *mis planes.* **13.** Empezar a emitir sonidos. Se usa espec. en música. *En el segundo compás entran los violines. Hay un solo de flauta y luego entra la soprano.* **14.** coloq. Empezar alguien el trato o el contacto con otro. *Prueba a entrarle preguntándole por sus viajes. Para entrarme lo mejor es que me tuteen.* **15.** coloq. Agradar una persona a otra, o resultarle agradable o simpática. *Es que no puedo con ella; no me entra.* **16.** coloq. Resultar algo creíble o comprensible para alguien. *No me entra que haya hecho una tontería así. A ver si te entra de una vez en la cabeza que no puedes hacer eso.* **17.** coloq. Resultar accesible o comprensible para alguien un conocimiento. *Decía que no le entraba el latín.* **18.** *Dep.* Acometer un jugador a otro, gralm. para quitarle el balón o para frenar su avance. *El árbitro le sacó una tarjeta amarilla por entrarle a un defensa.* ○ tr. **19.** Introducir o hacer entrar (→ 1) (algo o a alguien). *El botones entró las maletas* EN *la habitación. Lo entraron* EN *la ambulancia inconsciente.* ■ **no ~ ni salir** (en algo). loc. v. coloq. No intervenir o no tomar parte (en ello). *Yo no entro ni salgo en sus asuntos.* ▶ **2:** CABER. **19:** *METER.

entre. prep. **1.** Precediendo a un nombre en plural, a un nombre colectivo o a dos nombres coordinados, indica situación de una persona o cosa en medio de otras, espec. de otras dos. *Se escondió entre los arbustos. Se sentó entre el público. Estaba sentado entre ella y yo. Estaba entre la mesa y la pared.* **2.** Seguido de dos adjetivos coordinados, indica estado o cualidad intermedios. *Una actitud entre tímida y desafiante.* **3.** Formando parte de. *Entre mis posesiones cuento con dos fincas en Albacete. Entre el mobiliario hay dos sillones.* **4.** Indica colaboración de los miembros de un conjunto. *Lo hicieron entre todos. Entre tú y yo lo conseguiremos. Entre mi prima y yo plantamos los geranios.* **5.** Indica reciprocidad. *Discuten entre sí. Se pelearon entre ellos.*

entreabrir. (part. **entreabierto**). tr. Abrir un poco (algo, como una puerta o una ventana). *Un alumno entreabre la puerta y mira si ha empezado la clase. Deja la cortina entreabierta.* Tb. en constr. prnl. media. *Con el viento se han entreabierto las ventanas.*

entreacto. m. Intermedio de una representación teatral. *En el entreacto cambiaron el decorado de la obra.*

entrecano, na. adj. Medio canoso. *La barba entrecana le da un aspecto maduro. Una mujer entrecana.*

entrecejo. m. Espacio que hay entre las cejas. *Le dispararon un tiro en el entrecejo.* Frec. con v. como *fruncir*, para expresar disgusto. *Frunces el entrecejo cuando se te lleva la contraria.* ▶ CEÑO.

entrecerrar. (conjug. ACERTAR). tr. Entornar (algo, espec. los ojos). *Entrecierra los ojos, adormilado.* ▶ ENTORNAR.

entrechocar. intr. Chocar dos cosas entre sí. *Al andar, las monedas entrechocan en su bolsillo.* Tb.: *Una bola de billar entrechoca* CON *otras.* Tb. prnl. *Sus dientes se entrechocaban por el frío.*

entrecomillado. m. **1.** Hecho de entrecomillar. *A veces se recurre al entrecomillado para resaltar una palabra.* **2.** Palabra o texto que se cita entre comillas. *El entrecomillado es una frase de Unamuno que cita el articulista.*

entrecomillar. tr. Poner entre comillas (una palabra o un texto). *Entrecomillad en vuestro trabajo las citas literales.*

entrecortado, da. adj. Dicho espec. de la voz, la respiración o un sonido: Que es discontinuo o se emite con interrupciones. *Llegó al último piso con la respiración entrecortada.*

entrecortar. tr. Hacer que (algo, espec. la voz, la respiración o un sonido) sea discontinuo o se emita con interrupciones. *La emoción entrecortaba su voz durante el discurso.* Tb. en constr. prnl. media. *Cuando hay interferencias, el sonido de la emisora se entrecorta.*

entrecot. m. Filete de vacuno sacado de entre dos costillas. *Entrecot con patatas fritas.*

entrecruzamiento. m. Hecho o efecto de entrecruzar o entrecruzarse. *El barrio chino parece un laberinto con su entrecruzamiento de calles.*

entrecruzar. tr. Cruzar (dos o más cosas) entre sí. *Tenía las manos sobre la mesa y entrecruzaba los dedos.* Tb.: *La tejedora entrecruza el hilo rojo* CON *el negro.* Tb. en constr. prnl. media. *Sus ideas se entrecruzan caóticamente. Unas vías se entrecruzan* CON *otras al salir de la estación.*

entredicho. m. Duda que existe sobre el crédito, el honor o la calidad de alguien o algo. *Con el aumento del paro, queda en entredicho la gestión del Gobierno. Una calumnia puso en entredicho su imagen.*

entredós. m. Tira bordada o de encaje que se cose como adorno entre dos telas. *El vestido estaba adornado con entredoses.*

entrega. f. **1.** Hecho o efecto de entregar o entregarse. *La entrega de la carta debe hacerse en mano. Van a negociar la entrega de los rehenes.* **2.** Esfuerzo o generosidad con que una persona se dedica a alguien o algo. *El doctorado honoris causa premia su entrega a la investigación.* **3.** Cada uno de los pliegos de aparición periódica que forman una obra publicada y vendida por partes. *¿Ha salido ya la última entrega de "Historia del cómic"?* Frec. en la constr. *por ~s*, gralm. para referirse a una obra así publicada. *Novela por entregas.* ▶ **3:** FASCÍCULO.

entregar. tr. **1.** Dar (algo) a alguien, o hacer que pase a tener(lo). *El presidente del jurado entregará el premio al ganador.* **2.** Poner (algo o a alguien) bajo la responsabilidad o autoridad de otro. *Le entregaron el niño en adopción.* ○ intr. prnl. **3.** Ponerse alguien en poder de otro, espec. de una autoridad o del enemigo. *Los atracadores se han entregado a la policía.* **4.** Seguido de un complemento introducido por *a*: Dedicarse a la persona o cosa designadas con mucho interés o de manera excesiva. *Se entrega a su trabajo.* **5.** Dejar de luchar o de esforzarse por conseguir algo por no tener fuerzas. *No te entregues ahora que estamos cerca de la cima.*

entreguerras. **de ~.** loc. adj. **1.** Dicho de período histórico: Que transcurre entre dos guerras consecutivas. Se usa referido espec. al transcurrido entre la Primera y la Segunda Guerra Mundial. *Durante el período de entreguerras se produce la ascensión del partido nazi.* **2.** Propio del período de entreguerras (→ 1). *Es una estudiosa de la literatura de entreguerras.*

entreguismo. m. Actitud derrotista que induce a darse por vencido sin intentar la lucha. *Aquel gobernante es recordado por su entreguismo respecto a la gran potencia.*

entrelazado. m. **1.** Hecho o efecto de entrelazar o entrelazarse. *Estas cestas están hechas con un entrelazado de mimbres.* **2.** Motivo decorativo formado por elementos que se entrelazan. *El friso estaba decorado con entrelazados y motivos florales.*

entrelazamiento. m. Hecho o efecto de entrelazar o entrelazarse. *Un entrelazamiento de vías.*

entrelazar. tr. Enlazar entre sí (dos o más cosas). *Tejía una red entrelazando los hilos.* Tb.: *Entrelazó su mano* CON *la mía.* Tb. en constr. prnl. media. *Las raíces del árbol se retuercen y entrelazan.* Tb.: *La hiedra se entrelaza* CON *las ramas del moral.*

entremedias. → **medio.**

entremés. m. **1.** Plato que se toma gralm. antes de los platos principales. Frec. en pl. *Menú del día: entremeses, sopa castellana y chuletas.* **2.** *Lit.* Pieza dramática de un solo acto y carácter cómico o burlesco, que se representaba entre una y otra jornada de la comedia. *"El viejo celoso" es un divertido entremés de Cervantes.* ▶ **1:** *ENTRANTE.

entremeter. tr. **1.** Meter (una cosa) entre otras. *Había entremetido sus cartas* ENTRE *las hojas de un libro.* ○ intr. prnl. **2.** Entrometerse. *La casera se entremetía* EN *la vida de sus inquilinos.*

entremetido, da. part. **1.** → **entremeter.** ● adj. **2.** Entrometido. *No soporta a los vecinos entremetidos.* Tb. m. y f. *Prefiero que no venga a casa porque es una entremetida.*

entremezclar. tr. Mezclar (varias cosas) entre sí. *El pintor entremezcla los colores en la paleta.* Tb.: *El daiquiri se prepara entremezclando zumo de limón* CON *ron y azúcar.* Tb. en constr. prnl. media. *Cuando hay corrupción política, se entremezclan los intereses públicos* CON *los privados.*

entrenador, ra. m. y f. Persona que entrena a otra u otras, espec. para realizar un deporte. *La entrenadora exige el máximo a sus gimnastas.* ▶ MÍSTER, PREPARADOR.

entrenamiento. m. Hecho o efecto de entrenar o entrenarse. *Ha recuperado la forma gracias a un duro entrenamiento.* ▶ ENTRENO.

entrenar. tr. **1.** Preparar o adiestrar (personas o animales) para la práctica de una actividad, espec. un deporte. *Entrena a un equipo de baloncesto.* ○ intr. **2.** Prepararse alguien para la práctica de una actividad, espec. un deporte. *Va a entrenar todas las tardes.* Tb. prnl. *El corredor se entrena en el campo.* ▶ **1:** ADIESTRAR, EJERCITAR.

entreno. m. Entrenamiento. *El entreno duró dos horas.*

entrepaño. m. **1.** En algunos muebles, como una estantería: Tabla o anaquel. *Los expedientes se apilan sobre los entrepaños de madera.* **2.** *Arq.* Parte de una pared comprendida entre dos pilastras, dos columnas, o dos huecos. *La nave tiene pilastras corintias, y los entrepaños están decorados con inscripciones latinas.*

entrepierna. f. **1.** Parte del cuerpo formada por la cara interior de los muslos. *Se ha hecho una rozadura en la entrepierna con el sillín.* Se aplica gralm. a los genitales. *Me ha hecho un gesto obsceno, cogiéndose de la entrepierna.* **2.** Parte de una prenda de vestir que cubre la entrepierna (→ 1). *Le he echado un remiendo al pantalón en la entrepierna.* ■ **pasarse** (algo) **por la ~.** loc. v. coloq., malson. No hacer caso (de esa cosa) o ignorar(la) completamente.

entrepiso. m. frecAm. Entreplanta. *La zona de bodegas se ubica en un entrepiso entre planta baja y el subsuelo* [C].

entreplanta. f. Planta que se construye quitando parte de la altura de uno, y que se sitúa entre este y el superior. *La conserjería está en una entreplanta entre el bajo y el primero.* ▶ **frecAm:** ENTREPISO.

entresacar. tr. **1.** Sacar (una cosa) de otra de la que forma parte. *Entresaca del texto las frases más interesantes.* **2.** Quitar algunos árboles o plantas (de un monte o un sembrado) para que haya más espacio entre los que quedan. *Hay que entresacar el encinar.* **3.** Cortar parte (de una cabellera) para que quede menos espesa. *Voy al peluquero para que me entresaque la melena.*

entresijo. m. **1.** Repliegue del peritoneo, que une el intestino con las paredes abdominales. *Comimos gallinejas y entresijos de cordero.* ○ pl. **2.** Interioridades o aspectos ocultos de algo. *El crítico conoce los entresijos del mundillo teatral.* ▶ **1:** MESENTERIO.

entresuelo. m. Piso situado entre la planta baja y el primer piso de un edificio. *Como vivo en un entresuelo, no utilizo el ascensor.*

entretanto. adv. **1.** → **tanto.** ● m. **2.** (Frec. con art.) cult. Tiempo que transcurre durante la realización de un hecho. *Firmaría el contrato en septiembre y en el entretanto podría irse de vacaciones.*

entretecho. m. Am. Desván. *El fuego se inició en un entretecho* [C].

entretejer. tr. **1.** Meter (en una tela que se teje) un hilo o un material distinto de los demás para hacer una labor diferente. *Lleva un manto entretejido* CON *hilos de plata.* Frec. fig. *El autor entreteje rasgos de comedia* CON *elementos dramáticos.* **2.** Entrelazar (hilos u otras cosas de forma lineal). *Está entretejiendo los mimbres para hacer un cesto.*

entretela. f. **1.** Tejido que se pone entre la tela y el forro de una prenda de vestir, para darle firmeza a esta. *El abrigo lleva una entretela de algodón.* ○ pl. **2.** Parte más interna u oculta de algo. *Quién sabe lo que se cuece en las entretelas del poder.* **3.** coloq. Corazón o entrañas. *¿Qué te ha pasado, hijo de mis entretelas?*

entretención. f. Am. Entretenimiento. *Las entretenciones eran las carreras a la chilena, los rodeos, el fútbol* [C]. ▶ *DIVERSIÓN.

entretener. (conjug. TENER). tr. **1.** Distraer (a alguien) impidiéndo(le) hacer algo. *No lo entretengas ahora, que está haciendo los deberes.* **2.** Hacer que (alguien o algo) se retrasen. *Llegué tarde porque me entretuvieron unos amigos.* Tb. en constr. prnl. media. *Se encontró con un amigo y se entretuvo tomando unos vinos.* **3.** Distraer o divertir (a alguien). *Las novelas policíacas me entretienen mucho.* Tb. usado en constr. intr. *El fin principal de esas películas es entretener.* Tb. en constr. prnl. media. *El niño se entretiene dibujando.* **4.** Hacer (algo) más soportable o llevadero. *Entretuvo la espera* CON *crucigramas.* ▶ **1:** DISTRAER. **2:** ENREDAR. **3:** *DIVERTIR.

entretenido, da. part. **1.** → **entretener.** ● adj. **2.** Dicho espec. de cosa: Que entretiene o divierte. *La película no es una obra maestra, pero es entretenida.* ● f. **3.** Mujer a la que su amante sufraga los gastos. *Esa es la entretenida del jefe.* ▶ **2:** DIVERTIDO.

entretenimiento. m. **1.** Hecho de entretener o entretenerse. *Por la noche solo ponen programas de entretenimiento en la tele.* **2.** Cosa que entretiene o divierte. *Coleccionar sellos es su entretenimiento favorito.* ▶ *DIVERSIÓN.

entretiempo. m. Tiempo de temperatura suave, entre una estación calurosa y otra fría. Gralm. en la constr. *de ~*, referido a prenda de vestir. *Me he comprado una chaqueta* DE *entretiempo para esta primavera.*

entrever. (conjug. VER). tr. Ver (algo o a alguien) con poca claridad o precisión. *Pude entrever en la oscuridad a un desconocido saltando la valla.* Tb. fig. *Dejó entrever que no estaba de acuerdo.*

entreverado, da. part. **1.** → **entreverar.** ● adj. **2.** Que tiene mezcladas entre sí cosas o elementos distintos. *La casa tenía un suelo de mármol blanco entreverado* DE *gris.*

entreverar. tr. Mezclar entre sí (varias cosas). *Entreveró verdades y mentiras en su declaración.* Tb.: *El presentador entrevera las noticias* CON *comentarios.* Tb. en constr. prnl. media. *Narraciones, música y danzas se entreveraban en las actuaciones de los juglares.*

entrevista. f. **1.** Encuentro o reunión entre dos o más personas con el fin de tratar un asunto. *Hoy tengo una importante entrevista de trabajo.* **2.** Conversación en la que alguien, espec. un periodista, hace preguntas a una o más personas. *En la entrevista le han preguntado por su experiencia en Hollywood.* ▶ **2:** INTERVIÚ.

entrevistado, da. part. **1.** → **entrevistar.** **2.** Que ha sido entrevistado (→ 1). Tb. m. y f. *La entrevistada se negó a contestar algunas preguntas.*

entrevistador, ra. m. y f. Persona que realiza entrevistas. *La entrevistadora ha preguntado al ministro si pensó en dimitir.*

entrevistar. tr. **1.** Hacer una entrevista o una serie de preguntas (a alguien). *El jefe de personal entrevista a los candidatos al puesto. Nuestro corresponsal ha entrevistado al líder de la guerrilla.* ○ intr. prnl. **2.** Tener una entrevista o reunión dos o más personas para un fin determinado. *Ambos monarcas se entrevistaron en La Zarzuela.* Tb.: *El detenido pidió entrevistarse* CON *su abogado.* ▶ **Am: 1:** REPORTEAR.

entristecedor, ra. adj. Que entristece. *Es entristecedor comprobar cómo anteponen los beneficios económicos a la calidad.*

entristecer. (conjug. AGRADECER). tr. **1.** Causar tristeza (a alguien). *Su muerte nos ha entristecido.* Tb. usado en constr. intr. *La soledad puede entristecer.* Tb. en constr. prnl. media. *Se entristecerá cuando sepa lo ocurrido.* **2.** Dar aspecto triste (a algo). *El luto entristece su rostro.* Tb. en constr. prnl. media. *Sus ojos se entristecieron al verlo partir.*

entrometerse. intr. prnl. Tomar parte alguien en un asunto que no le incumbe. *Si no te han pedido consejo, no te entrometas.* ▶ ENTREMETERSE, INJERIRSE, INMISCUIRSE, METERSE.

entrometido, da. part. **1.** → **entrometerse.** ● adj. **2.** Dicho de persona: Que se entromete. *No seas entrometido: nadie te ha pedido tu opinión.* Tb. m. y f. *Evito que se enteren de mis cosas, porque son unos entrometidos.* ▶ **2:** ENTREMETIDO.

entrometimiento. m. Hecho de entrometerse. *No soporto el entrometimiento en mis asuntos de personas de poca confianza.*

entroncar. tr. **1.** Establecer una relación de parentesco (entre dos linajes), o (entre una persona) y un linaje o familia. *Los genealogistas entroncan a las dos casas reales. La boda la entroncará* CON *una familia de la nobleza.* **2.** Establecer una relación (entre una cosa) y otra. *Los críticos entroncan su estilo* CON *el de la novela realista.* ○ intr. **3.** Contraer parentesco una persona con un linaje o familia. *Entroncó* CON *una familia de artistas.*

entronización. f. Hecho de entronizar. *La ceremonia de entronización se celebrará en el palacio real.*

entronizar. tr. **1.** Colocar en el trono (a alguien). *Al entronizar a Felipe V, se instauraba la dinastía borbónica en España.* **2.** Poner (algo o a alguien) en una posición superior. *Entronizaron a Santo Domingo como abad de Silos.*

entronque. m. **1.** Hecho o efecto de entroncar. *El entronque* CON *esa familia lo sacó del anonimato. Es evidente el entronque de su película* CON *la comedia americana.* **2.** frecAm. Punto donde empalman dos carreteras o vías férreas. *Llegamos a un entronque y el camionero nos dejó allí* [C]. ▶ **2:** CRUCE.

entropía. f. *Fís.* Magnitud termodinámica que mide la parte de energía que no se utiliza en un sistema. *La entropía indica el grado de desorden de la materia.*

entubar. tr. **1.** Poner tubos (a algo). *Iban entubando las galerías de la mina a medida que las abrían.* **2.** *Med.* Intubar (a alguien). *Lo han entubado porque sufrió una crisis respiratoria. Está en coma, entubado y asistido por máquinas.*

entuerto. m. cult. Agravio u ofensa. *Don Quijote se propuso deshacer entuertos y proteger a los indefensos.*

entumecer. (conjug. AGRADECER). tr. Entorpecer el movimiento (de un miembro). *El frío entumece sus manos.* Tb. en constr. prnl. media. *Las piernas se entumecen cuando llevas muchas horas sentado.*

entumecimiento. m. Hecho o efecto de entumecer o entumecerse. *La artritis causa entumecimiento en las articulaciones.*

enturbiar. (conjug. ANUNCIAR). tr. Poner turbio (algo). *Los vertidos de la fábrica enturbian las aguas del lago.* Tb. en constr. prnl media. *El agua del río se enturbia con las crecidas.*

entusiasmar. tr. **1.** Infundir entusiasmo (a alguien). *Este torero entusiasma a los aficionados.* Tb. en constr. prnl. media. *Se entusiasma cuando habla de fútbol.* **2.** Gustar mucho alguien o algo (a una persona). *El cine me entusiasma desde niño.* ▶ **1:** APASIONAR, ARREBATAR, ENFERVORECER, ENFERVORIZAR.

entusiasmo. m. Sentimiento muy intenso hacia alguien o algo que despiertan un vivo interés. *Todo el equipo trabajó con entusiasmo en el rodaje.* ▶ APASIONAMIENTO, FERVOR.

entusiasta. adj. **1.** Dicho de persona: Que siente entusiasmo. *Una persona tan entusiasta te transmite su ilusión.* Tb. m. y f. *Es un entusiasta de las nuevas tecnologías.* **2.** Dicho de cosa: Que denota o expresa entusiasmo. *El campeón tuvo una acogida entusiasta en su pueblo.* ▶ **1:** APASIONADO, FERVIENTE, FERVOROSO. **2:** ENTUSIÁSTICO.

entusiástico, ca. adj. Dicho de cosa: Entusiasta. *Su novela ha recibido críticas entusiásticas.* ▶ ENTUSIASTA.

enumeración. f. Hecho o efecto de enumerar. *La enumeración de sus obras resultaría interminable.*

enumerar. tr. Nombrar una detrás de otra (varias cosas). *Enumera las características de la poesía modernista.*

enunciación. f. Hecho o efecto de enunciar. *La enunciación de la ley de gravitación universal se debe a Newton.*

enunciado. m. **1.** Enunciación. *Leed con atención los enunciados de las preguntas.* **2.** *Ling.* Secuencia oral o escrita de palabras, delimitada por pausas muy marcadas. *Analice el enunciado "Si estudias, aprobarás".*

enunciar. (conjug. ANUNCIAR). tr. **1.** Expresar con brevedad y precisión (una idea). *Arquímedes enunció la ley de la palanca. Enunciaré mi hipótesis manera sintética.* **2.** *Mat.* Exponer los datos (de un problema). *El profesor enunciaba un problema: "Si un pentágono tiene un área de 15 metros...".*

enunciativo, va. adj. **1.** De enunciación. *El proyecto enumera de manera puramente enunciativa algunas excepciones.* **2.** *Gram.* Dicho de oración: Que afirma o niega algo. *Subraya las oraciones enunciativas del texto.* ▶ **2:** ASEVERATIVO.

enuresis. f. *Med.* Expulsión involuntaria de la orina. *La enuresis nocturna afecta a muchos niños.*

envainar. (conjug. BAILAR). tr. Meter en la vaina (una espada u otra arma blanca). *El capitán ordenó a sus soldados que envainaran las espadas.*

envalentonar. tr. Infundir valentía o atrevimiento (a alguien). *Las dificultades lo envalentonan.* Tb. en constr. prnl. media. *Cuando bebe más de la cuenta, se envalentona.* ▶ ENCAMPANARSE.

envanecer. (conjug. AGRADECER). tr. Poner vanidoso o soberbio (a alguien). *La popularidad lo ha envanecido.* Tb. en constr. prnl. media. *Con tantos halagos se envanece.*

envanecimiento. m. Hecho o efecto de envanecer o envanecerse. *Se comporta con el envanecimiento del nuevo rico.*

envarado, da. part. **1.** → **envarar.** ● adj. **2.** Dicho de persona: Estirada u orgullosa. *Es un tipo envarado, que se da demasiada importancia.*

envaramiento. m. Hecho o efecto de envarar o envararse. *Me irrita el envaramiento progresivo que se observa en él.*

envarar. tr. **1.** Entorpecer o impedir el movimiento (de un miembro). *El reúma le envara las piernas.* Tb. en constr. prnl. media. *Con el frío se le envaran los miembros.* **2.** Poner estirado o soberbio (a alguien). *El puestecillo que ha conseguido lo ha envarado.* Tb. en constr. prnl. media. *Se ha envarado con el éxito.*

envasado. m. Hecho de envasar. *El envasado al vacío conserva los alimentos más tiempo.*

envasador, ra. adj. Que envasa. *Máquina envasadora.* Dicho de empresa o máquina, tb. f. *En el pueblo hay una envasadora de pescado.* Dicho de pers., tb. m. y f. *Los envasadores de aceite negocian con los proveedores.*

envasar. tr. Meter (algo) en un envase. *En esta planta envasan las conservas.*

envase. m. Recipiente para guardar, conservar o transportar determinados productos. *Venden los huevos en envases de plástico.*

envejecer. (conjug. AGRADECER). tr. **1.** Hacer que (alguien o algo) sean o parezcan viejos o más viejos. *Solo el tiempo nos envejece realmente. La barba te envejece. Pinta las tallas para envejecerlas.* ○ intr. **2.** Hacerse o parecer viejo o más viejo alguien o algo. *Había envejecido y tenía mala salud. Este vino envejece en barrica de madera.* Frec. prnl. *Su madre se ha envejecido mucho en el último año.* ▶ **1:** AVEJENTAR, AVIEJAR.

envejecimiento. m. Hecho o efecto de envejecer o envejecerse. *Ha habido un notable envejecimiento de la población. Una crema contra el envejecimiento de la piel.*

envenenador, ra. adj. Que envenena. Dicho de pers., tb. m. y f. *La envenenadora utilizaba arsénico para matar a sus víctimas.*

envenenamiento. m. Hecho o efecto de envenenar o envenenarse. *Unas setas causaron el envenenamiento de la familia.*

envenenar. tr. **1.** Dar veneno (a alguien). *Lo han envenenado con cianuro.* Tb. en constr. prnl. media. *Se envenenaron al consumir aceite adulterado.* **2.** Poner veneno (en algo). *El plomo de los cartuchos envenena el agua del lago.* **3.** Dar una mala intención (a unas palabras o a una acción). *No conseguirás herirme con tus palabras envenenadas.* **4.** Corromper (a alguien) o influir negativamente (en él) con malas ideas. *Lo van a envenenar con esas mentiras.*

envergadura. f. **1.** Distancia entre los extremos de los brazos de una persona completamente extendidos. *Además de ser alto, tiene mucha envergadura.* **2.** Distancia entre los extremos de las alas de un ave completamente extendidas. *El albatros es un ave marina de gran envergadura.* **3.** Distancia entre los extremos de las alas de un avión. *El avión Hércules tiene una envergadura de 40,41 m.* **4.** Importancia o relevancia de algo. *Es un proyecto de envergadura.*

envés. m. **1.** Parte opuesta al haz de una tela u otra cosa plana. *El mapa de Europa está grabado en el envés de los euros.* **2.** *Bot.* Cara inferior de la hoja, gralm. más áspera y con más nervios. *Las hojas del olivo son verdes por el haz y blanquecinas por el envés.*

enviado, da. part. **1.** → **enviar.** • adj. **2.** Dicho de persona: Que ha sido enviada (→ 1) para realizar una labor o misión. Tb. m. y f. *Unos enviados del Comité Olímpico evalúan las instalaciones deportivas.* ■ ~ **especial.** m. y f. Persona enviada (→ 1) por un medio de comunicación para informar eventualmente desde un lugar. *Conectamos en directo con nuestro enviado especial en Rabat.*

enviar. (conjug. ENVIAR). tr. **1.** Encargar u ordenar (a alguien) que vaya a algún lugar. *Enviaremos un corresponsal* AL *país en guerra.* **2.** Hacer que (alguien o algo) sean llevados o lleguen a alguna parte. *Le enviaré un telegrama con urgencia. Han enviado al mafioso* A *su país para ser juzgado.*

enviciar. (conjug. ANUNCIAR). tr. Hacer que (alguien) adquiera un vicio con algo. *Lo vas a enviciar dándole cigarrillos.* Tb. en constr. prnl. media. *Se está enviciando* CON *el bingo.*

envidar. tr. En algunos juegos, espec. de cartas: Hacer un envite (a algo). *Envido a grande.* Frec. usado en constr. intr. *–Envido. –Lo veo.*

envidia. f. **1.** Tristeza o disgusto producidos por no tener algo que otra persona tiene. *La envidia te tiene amargado.* **2.** Deseo de algo que tiene otra persona. *¿No te da envidia su nueva casa?* ► **1:** CELOS.

envidiable. adj. Digno de desearse con envidia. *Su buen humor es envidiable.*

envidiar. (conjug. ANUNCIAR). tr. Tener envidia (de alguien o algo). *Me envidia porque gano más que él. Envidio tu optimismo.* ■ **no tener que ~,** o **tener poco que ~,** una persona o cosa (a otra). loc. v. No ser inferior (a esa persona o cosa). *Buenos Aires no tiene que envidiar a las capitales de Europa.*

envidioso, sa. adj. Que tiene envidia. *No seas envidioso; ¿a ti qué te importa lo que tenga tu amigo?* Dicho de pers., tb. m. y f. *Seguro que los envidiosos critican mi coche nuevo.*

envilecedor, ra. adj. Que envilece. *Servilismo envilecedor.*

envilecer. (conjug. AGRADECER). tr. Hacer vil o despreciable (algo o a alguien). *La corrupción envilece la política.* Tb. en constr. prnl. media. *Se envilecieron al aceptar sobornos.*

envilecimiento. m. Hecho o efecto de envilecer o envilecerse. *Ha llegado a un grado de envilecimiento inconcebible.*

envío. m. **1.** Hecho de enviar. *Es urgente el envío de ayuda humanitaria.* **2.** Cosa enviada. *¿Aún no le ha llegado el envío?*

envite. m. **1.** En algunos juegos, espec. de cartas: Apuesta que se hace en una jugada, frec. superando la ordinaria. *La mano hizo un envite a grande.* Tb. fig. *Europa se juega mucho en el envite de la unión monetaria.* **2.** Empujón. *El muelle no aguantará los envites de las olas.* Tb. fig. *Los envites de la vida.*

enviudar. intr. Quedar viudo. *Enviudó muy joven. Volvió a casarse tras enviudar* DE *su marido.*

envoltorio. m. **1.** Cosa o conjunto de cosas envueltas. *En correos pesarán el envoltorio antes de franquearlo.* **2.** Envoltura. *Los niños rasgaron el envoltorio de los regalos.* Tb. fig. *La película tiene un argumento flojo con un envoltorio espectacular.*

envoltura. f. Capa que envuelve una cosa o conjunto de cosas. *La envoltura del chicle es de papel.* ► ENVOLTORIO. || **frecAm:** EMPAQUE.

envolvente. adj. Que envuelve. *La actriz posee una voz envolvente.*

envolver. (conjug. MOVER; part. **envuelto**). tr. **1.** Cubrir o rodear (algo o a alguien) con una cosa, espec. tela, papel o algo parecido. *Te envuelvo el bocadillo* EN/CON *papel de aluminio. Envuelve al bebé* CON *esta manta.* Tb. usado en constr. intr. *Compra papel para envolver.* **2.** Cubrir o rodear una cosa (algo o a alguien) por todas sus partes. *Una capa de grasa envuelve el músculo.* **3.** Mezclar o complicar (a alguien) en un asunto. *Lo envolvieron* EN *un negocio de drogas.* **4.** Acorralar (a alguien) dejándo(lo) confuso y sin salida. *Consigue envolverte con su verborrea.*

enyesado. m. Hecho o efecto de enyesar. *El albañil procede al enyesado de la pared.* ► *ENLUCIDO.

enyesar. tr. **1.** Cubrir (algo, espec. una pared) con yeso. *Enyesan las paredes con una paleta.* **2.** Escayolar (a alguien o una parte de su cuerpo). *Le tienen que enyesar el brazo roto.* ► **1:** *ENLUCIR. **2:** ESCAYOLAR.

enzarzar. tr. **1.** Sembrar discordia o disensión (entre dos o más personas). *Se dedica a enzarzar a sus compañeros.* **2.** Meter (a alguien) en un asunto comprometido o peligroso. *Lo han enzarzado* EN *un negocio ilegal.* ○ intr. prnl. **3.** Meterse en algo difícil o que complica. *Se enzarzan* EN *disputas interminables.* ► **1:** *ENCIZAÑAR. **2:** *COMPROMETER.

enzima. f. (Tb. m.). *Bioquím.* Proteína que cataliza de forma específica las reacciones bioquímicas del metabolismo. *Las enzimas producen alcohol durante la fermentación del azúcar.* ► FERMENTO.

enzimático, ca. adj. De las enzimas. *Reacción enzimática.*

eñe. f. Letra *ñ.*

eoceno, na. adj. **1.** (Como m. se usa en mayúsc.). *Geol.* Dicho de división geológica: Que es la segunda del Paleógeno. Tb. m. *En el Eoceno, el clima empezó siendo muy cálido y húmedo.* **2.** *Geol.* Del Eoceno (→ 1). *Las transformaciones climáticas eocenas conducen a la primera glaciación.*

eólico, ca. adj. **1.** Del viento. *La energía eólica es renovable.* **2.** Dicho de máquina: Que funciona por la acción del viento. *Generador eólico.* Tb. dicho de una instalación provista de esas máquinas. *El parque eólico está en una zona muy ventosa.*

eón. m. *Geol.* Unidad de tiempo geológico que equivale a mil millones de años. *El primer eón de la historia de la Tierra es el Arcaico.*

epatar. tr. Producir asombro o admiración (a alguien). *La representación operística epató al auditorio.* Tb. usado en constr. intr. *El diseñador busca epatar en sus desfiles.* ► *ASOMBRAR.

epéntesis. f. *Ling.* Adición de uno o más sonidos dentro de una palabra. *En "corónica" hay epéntesis.*

epiceno. adj. *Gram.* Dicho de nombre común de persona o animal: Que, con un solo género gramatical, designa indistintamente individuos de ambos sexos. *"Criatura" y "jirafa" son nombres epicenos.*

epicentro. m. *Geol.* Punto de la superficie terrestre situado en la vertical del hipocentro de un seísmo.

El epicentro del terremoto se ha localizado cerca de la capital. Tb. fig. *París fue el epicentro del arte vanguardista.*

epiciclo. m. *Fís.* En la astronomía ptolemaica: Círculo descrito por un planeta alrededor de un centro móvil situado a su vez en otro círculo alrededor de la Tierra. *La moderna astronomía desechó la teoría de los epiciclos y que la Tierra fuera el centro del universo.*

épico, ca. adj. **1.** De la épica (→ 4). *Los dos grandes poemas épicos griegos son la "Ilíada" y la "Odisea".* **2.** Dicho de autor: Que cultiva la épica (→ 4). *La "Eneida" es obra de un gran poeta épico.* Tb. m. *Los épicos latinos se inspiraron en Homero.* **3.** Propio de la épica (→ 4) o apto para ella. *Según Aristóteles, el estilo épico se acomoda mejor a los versos largos.* Tb. fig. *La etapa de montaña ha tenido un final épico.* ● f. **4.** *Lit.* Género literario en verso en el que se narran hechos de carácter histórico o legendario, protagonizados habitualmente por un héroe que representa a un pueblo o a una colectividad. *El "Poema de Mio Cid" es la obra cumbre de la épica medieval castellana.*

epicureísmo. m. **1.** *Fil.* Doctrina fundada por Epicuro (filósofo griego, s. III a. C.), que propone la búsqueda virtuosa del placer como fin principal de la conducta. *La amistad es uno de los placeres exaltados por el epicureísmo.* **2.** Actitud que busca exclusivamente el disfrute de placeres. *Su epicureísmo lo hace huir de la amargura.*

epicúreo, a. adj. **1.** *Fil.* De Epicuro o del epicureísmo. *Realiza un estudio de los textos epicúreos. Doctrina epicúrea.* **2.** *Fil.* Seguidor del epicureísmo filosófico. Tb. m. y f. *Los epicúreos rechazaban participar en política.* **3.** Dicho de persona: Que busca constantemente el placer. *Es una novela que satisfará al lector más epicúreo.* Tb. m. y f. *Un epicúreo como él no podía soportar tantas privaciones.*

epidemia. f. Enfermedad infecciosa que afecta a un gran número de personas en una misma época y lugar. *Este invierno hay epidemia de gripe en España.* Tb. fig. *Hubo una epidemia de suicidios durante la Gran Depresión.*

epidémico, ca. adj. De la epidemia. *Se ha detectado un brote epidémico de meningitis.*

epidemiología. f. *Med.* Estudio de las epidemias. *Los especialistas en epidemiología recomiendan aislar a los pacientes afectados.*

epidemiológico, ca. adj. *Med.* De la epidemiología. *El informe epidemiológico evalúa el alcance del brote de legionela.*

epidemiólogo, ga. m. y f. *Med.* Especialista en epidemiología. *Un equipo de epidemiólogos estudia los efectos de la malaria en la población.*

epidérmico, ca. adj. De la epidermis. *El contacto con este planta produce afecciones epidérmicas.*

epidermis. f. **1.** *Anat.* Capa externa de la piel de los animales. *La dermis de los vertebrados está cubierta por la epidermis.* Tb. fig. *Su ensayo sobre la globalización se queda en la epidermis del problema.* **2.** *Bot.* Capa de células que recubre la superficie de las plantas. *La epidermis tiene distinto grosor en las raíces, tallos y hojas.*

epidural. adj. **1.** *Anat.* Dicho de zona del cuerpo: Situada entre la duramadre y la pared ósea del cráneo o del raquis. *Inyectaron la anestesia en la zona epidural.* **2.** *Med.* Dicho de anestesia: Que se aplica en la zona epidural (→ 1) para insensibilizar la parte inferior del cuerpo. *Para facilitar el parto utilizamos anestesia epidural.* Tb. f. *Al operarme de la fístula, me pusieron la epidural.*

epifanía. (En mayúsc.). f. cult. Reyes (festividad). *Nació la víspera de la Epifanía.*

epigastrio. m. *Anat.* Parte del abdomen comprendida entre la punta del esternón y el ombligo. *La acidez de estómago produce molestias en el epigastrio.*

epiglotis. f. *Anat.* Lámina cartilaginosa de los mamíferos que tapa la glotis durante la deglución. *La epiglotis impide que entren alimentos por la tráquea.*

epígono. m. cult. Persona que recoge la influencia de una escuela, estilo o autor anteriores. *Los epígonos de Quevedo no alcanzaron su altura literaria.*

epígrafe. m. **1.** Texto que encabeza un libro, un capítulo u otro escrito, resumiendo su contenido. *Cada capítulo del "Quijote" lleva un epígrafe de varias líneas.* **2.** Cita o sentencia que encabezan un libro, un capítulo u otro escrito, que sugieren el tema o el motivo que los ha inspirado. *Escogió unos versículos de la Biblia como epígrafe de su novela.* **3.** Inscripción en piedra, metal u otro material semejante. *Han encontrado varias lápidas con epígrafes en latín.* **4.** Rótulo o título. *Bajo el epígrafe "Otros autores" encontraréis una ampliación del tema.* ▶ **3:** INSCRIPCIÓN. **4:** *TÍTULO.

epigrafía. f. Estudio de las inscripciones. *La epigrafía aporta importante información a los historiadores.*

epigrama. m. *Lit.* Composición poética breve, ingeniosa y frec. de carácter satírico. *El poeta latino Marcial se burlaba en sus epigramas de la conducta humana.*

epigramático, ca. adj. **1.** Del epigrama. *Marcial y Juvenal cultivaron el género epigramático.* **2.** Que tiene características propias del epigrama. *Sus artículos son breves, agudos, de estilo epigramático.*

epilepsia. f. Enfermedad nerviosa caracterizada por ataques repentinos, con pérdida del conocimiento y convulsiones. *Como tiene epilepsia, le recomiendan no conducir.*

epiléptico, ca. adj. **1.** De epilepsia. *Crisis epiléptica. Tuvo un ataque epiléptico en plena calle.* **2.** Que padece epilepsia. *Un niño epiléptico.* Tb. m. y f. *Los epilépticos no deben beber café ni alcohol.*

epílogo. m. **1.** Última parte de un discurso o un escrito, donde se resume lo expresado en ellos. *Dio fin a la conferencia con un breve epílogo.* **2.** Última parte de una obra literaria, teatral o cinematográfica que presenta su desenlace o sucesos que son consecuencia de la acción principal. *Sabemos qué fue finalmente de los protagonistas en el epílogo de la novela.* Tb. fig. *Los juicios a los oficiales enemigos fueron el epílogo de la guerra.*

episcopado. m. **1.** Obispado (cargo o dignidad de obispo). *Accedió al episcopado muy joven.* **2.** Conjunto de obispos de un país o de toda la Iglesia. *El episcopado español.* ▶ **1:** OBISPADO.

episcopal. adj. Del obispo o de los obispos. *Palacio episcopal. Obispos de todo el mundo se congregan en la conferencia episcopal.* ▶ OBISPAL.

episódico, ca. adj. **1.** De episodio. *La obra tiene estructura episódica.* **2.** Que constituye un episodio o suceso, gralm. secundarios, dentro de un conjunto. *Su relación con el mundo del hampa fue un acontecimiento episódico en su vida.*

episodio. m. **1.** Acción secundaria ligada a la acción principal en una obra, espec. literaria. *En la novela se intercalan episodios del pasado del protagonista.* **2.** Cada una de las acciones o sucesos con unidad propia que constituyen el conjunto de una obra narrativa, teatral o cinematográfica. *La voz del narrador enlaza los distintos episodios del libro.* Se usa frec. para referirse a los de una obra que se publica o emite en forma de serie. *En el episodio de ayer, se descubre quién es el asesino.* **3.** Suceso o incidente que forman parte de un todo o conjunto. *El divorcio fue el episodio más amargo de su vida.*

epistemología. f. *Fil.* Estudio de los fundamentos y métodos del conocimiento científico. *La epistemología intenta explicar cómo el hombre comprende la realidad.*

epistemológico, ca. adj. *Fil.* De la epistemología. *Fundamentos epistemológicos de la metafísica. Los límites del conocimiento son una cuestión epistemológica.*

epístola. f. **1.** cult. Carta que se dirige a alguien. *La Biblia recoge las epístolas de San Pablo a los corintios.* **2.** *Lit.* Composición poética, gralm. de carácter moral o satírico, en que el autor se dirige a una persona real o imaginaria. *La "Epístola moral a Fabio" es un gran poema del siglo* XVI.

epistolar. adj. De epístola o carta. *La obra de Cadalso "Cartas marruecas" tiene forma epistolar.*

epistolario. m. cult. Colección de epístolas o cartas. *El epistolario de Lorca permite conocer aspectos íntimos de su vida.*

epitafio. m. Inscripción funeraria que se pone en un sepulcro o en una lápida. *El epitafio del poeta dice: "Aquí yace alguien que amó".*

epitelial. adj. *Anat.* Del epitelio. *Tejido epitelial. Las glándulas son conjuntos de células epiteliales.*

epitelio. m. *Anat.* Tejido animal formado por células estrechamente unidas, que recubre las superficies externas e internas del organismo. *Epitelio glandular. Epitelio intestinal.*

epíteto. m. **1.** *Gram.* Adjetivo explicativo que gralm. se antepone al nombre y que suele usarse con intención expresiva. *En "blanca nieve" el adjetivo es un epíteto.* **2.** Adjetivo calificativo usado como elogio o como insulto. *Le dedicó el epíteto de rastrero.*

epítome. m. Compendio de una obra extensa, que expone lo fundamental de la materia tratada en ella. *Un filósofo redujo a epítome las obras de Galeno.*

epo. (Tb. **EPO**). f. *Biol.* Eritropoyetina. *La EPO beneficia a los deportistas que practican especialidades de resistencia.*

época. f. **1.** Período extenso de tiempo marcado por un acontecimiento importante, y comprendido gralm. entre unos límites cronológicos. *Colón inicia una época de descubrimientos geográficos.* **2.** Espacio de tiempo. *En aquella época lo pasamos muy bien.* **3.** Temporada o parte del año que se corresponden con una estación o presentan circunstancias características. *La época de recolección de manzanas es el otoño.* **4.** *Geol.* Unidad de tiempo geológico, subdivisión de un período. *El Pleistoceno es la primera época del período cuaternario.* ■ **de ~.** loc. adj. Dicho de cosa: Antigua. *En la foto hay una mujer con vestido de época.* ■ **hacer ~** alguien o algo. loc. v. Dejar larga memoria. *Pelé ha hecho época en el fútbol.* ▶ **1:** ERA.

epónimo, ma. adj. cult. Dicho de persona o cosa: Que da nombre a otra. Tb. m. *Alejandro es epónimo de la ciudad de Alejandría.*

epopeya. f. **1.** *Lit.* Poema épico extenso y de estilo elevado que narra las hazañas de un héroe u otros hechos memorables. *La epopeya hindú "Ramayana" narra las hazañas del príncipe Rama.* Tb. el género constituido por estos poemas. *En la epopeya suelen aparecer hechos sobrenaturales.* **2.** cult. Hecho o conjunto de hechos de carácter excepcional o heroico. Frec. con intención enfática. *La vuelta al mundo de Magallanes y Elcano fue una epopeya.*

equidad. f. Cualidad de una persona que la hace juzgar o actuar con un sentido natural de lo que es justo. *Elegirán a alguien para que medie en el conflicto con equidad.* ▶ ECUANIMIDAD.

equidistancia. f. Cualidad de equidistante. *Quiere mantener la equidistancia* ENTRE *los dos bloques enfrentados.*

equidistante. adj. Que equidista. *Todos los puntos de una circunferencia son equidistantes* DE *su centro.* Tb. fig. *Somos un partido equidistante* ENTRE *la izquierda y la derecha.*

equidistar. intr. Estar a la misma distancia dos personas o cosas con relación a otra, o una persona o cosa con relación a otras. *Los puntos de una parábola equidistan* DE *su directriz.*

équido. adj. **1.** *Zool.* Del grupo de los équidos (→ 2). *Mamífero équido.* ● m. **2.** *Zool.* Mamífero cuyas extremidades terminan en un solo dedo, como el caballo y el burro.

equilátero, ra. adj. *Mat.* Que tiene todos sus lados iguales. *Paralelogramo equilátero.*

equilibrado, da. part. **1.** → **equilibrar.** ● adj. **2.** Dicho de persona: Que tiene equilibrio interior. *Es un chico equilibrado, no hará ninguna locura.*

equilibrar. tr. Hacer que (algo) se ponga o quede en equilibrio. *Equilibró la balanza.* Tb. en constr. prnl. media. *La balanza exterior se está equilibrando por la exportación de automóviles.*

equilibrio. m. **1.** Estado de quietud de un cuerpo debido a que las fuerzas que actúan sobre él se compensan o se anulan. *Cuando soportan el mismo peso, los brazos de la balanza están en equilibrio.* **2.** Situación de un cuerpo que, a pesar de tener poca base de sustentación, se mantiene sin caerse. *Perdió el equilibrio y cayó escaleras abajo.* **3.** Estado de armonía interior de una persona, que se manifiesta en la sensatez de sus juicios y actos. *Practicando el yoga estoy encontrando el equilibrio.* Tb. la cualidad correspondiente. *Ha demostrado su equilibrio en los momentos difíciles.* **4.** Armonía o compensación entre cosas diferentes. *Quiere encontrar el equilibrio entre salir con alguien y ser independiente.* **5.** Ejercicio consistente en mantenerse o mantener objetos en posturas difíciles. Frec. en pl. *El acróbata hacía equilibrios sobre una silla.* ○ m. pl. **6.** Acciones astutas o prudentes encaminadas a superar una situación difícil. *Hay que hacer equilibrios para contentar a todos.*

equilibrismo. m. Conjunto de ejercicios y juegos que practica el equilibrista. *Han hecho un número de equilibrismo muy arriesgado.*

equilibrista. adj. Que hace ejercicios de equilibrio. *Piden por la calle con una cabra equilibrista.* Dicho de pers., frec. m. y f. *El número de circo que más me gusta es el del equilibrista.* ▶ *ACRÓBATA.

equino, na. adj. **1.** Del caballo. *La peste equina ha afectado a la cabaña española.* ● m. **2.** Animal de la especie equina (→ 1). *Habrá que vacunar a todos los equinos de la granja.*

equinoccial. adj. *Fís.* Del equinoccio. *Calcule el tiempo que transcurre entre dos pasos del Sol por un mismo punto equinoccial.*

equinoccio. m. *Fís.* Momento de los dos anuales en que el Sol se halla sobre el Ecuador, y el día y la noche tienen la misma duración en toda la Tierra. *En marzo tiene lugar el equinoccio de primavera.*

equinodermo. adj. **1.** *Zool.* Del grupo de los equinodermos (→ 2). *Animales equinodermos.* ● m. **2.** *Zool.* Animal marino de simetría radial y esqueleto externo calcáreo con numerosos orificios, como el erizo y la estrella de mar.

equipaje. m. Conjunto de cosas que se llevan en un viaje. *Han perdido mi equipaje en el aeropuerto.*

equipamiento. m. **1.** Hecho de equipar. *Una marca de ropa deportiva se encarga del equipamiento de la selección.* **2.** Conjunto de utensilios y otros materiales con que se equipa algo o a alguien. *El equipamiento del coche incluye airbag. El laboratorio carece del equipamiento básico.*

equipar. tr. Proveer (a alguien o algo) de las cosas necesarias. *Hemos equipado al niño* DE *todo lo necesario para la excursión. El coche viene muy bien equipado de fábrica.* ▶ *PROVEER.

equiparación. f. Hecho de equiparar. *Exigen la equiparación de los derechos del hombre y la mujer.*

equiparar. tr. Considerar (una cosa o a una persona) iguales o equivalentes a otra. *¿Cómo vas a equiparar tu situación* CON *la mía? Ha prometido equiparar las pensiones más bajas* AL *el salario mínimo.* Tb.: *No puedes equiparar los dos trabajos.*

equipo. m. **1.** Grupo de personas organizado para realizar una actividad o una empresa común. *Un equipo de investigadores ha descubierto la vacuna.* **2.** Grupo de personas que participan unidas en una competición deportiva. *Un equipo de balonmano tiene siete jugadores.* **3.** Conjunto de ropas y otras cosas necesarias para uso personal. *Guarda tu equipo de gimnasia en la taquilla.* **4.** Conjunto de utensilios, instrumentos y aparatos necesarios para realizar una actividad o usar una instalación, máquina o aparato. *Vamos a comprar un equipo de música de alta fidelidad.* ■ **caer(se)** alguien **con todo el ~.** loc. v. coloq. Fracasar rotundamente. *Con su negocio de importaciones se ha caído con todo el equipo.*

equis. f. **1.** Letra *x*. *La palabra "explosión" se escribe con equis.* **2.** *Mat.* Se usa como signo de la incógnita en los cálculos. *En esta ecuación, equis equivale a "–4".* ● adj. **3.** Se usa para expresar un número indeterminado o desconocido. *Supongamos que usted tiene equis euros en su banco...*

equitación. f. Arte, actividad o deporte de montar a caballo. *Da clases de equitación en un picadero.* ▶ HÍPICA.

equitativo, va. adj. Que tiene equidad. *Disponga un reparto equitativo de los beneficios.*

equivalencia. f. Condición de equivalente. *En las palabras sinónimas hay equivalencia de significado.*

equivalente. adj. **1.** Dicho de persona o cosa: Que equivale a otra. *Tiene un título equivalente* AL *de ingeniero técnico.* Tb. m. *Le pagaremos el equivalente* A *cinco meses de trabajo.* **2.** *Mat.* Dicho de figura o cuerpo: Que tiene igual área o volumen que otro, pero distinta forma. *Convierta este polígono en un cuadrado equivalente.*

equivaler. (conjug. VALER). intr. Ser una cosa igual a otra en valor, efecto o significado. *Una milla terrestre equivale* A *1609 metros.*

equivocación. f. **1.** Hecho de equivocar o equivocarse. *He llamado a la puerta de tu vecino por equivocación.* **2.** Acción desacertada. *Fue una grave equivocación abandonar los estudios.* ▶ *ERROR.

equivocar. tr. **1.** Tomar desacertadamente (algo) por cierto o adecuado. *Al escribir la dirección, he equivocado el número del portal.* ○ intr. prnl. **2.** Tomar desacertadamente algo o a alguien por ciertos o adecuados. *Se ha equivocado* DE *día: su cita es mañana. Me he equivocado* EN *la raíz cuadrada. Si crees que voy a resignarme, te equivocas.* ▶ **1:** *ERRAR. **2:** CONFUNDIRSE.

equívoco, ca. adj. **1.** Que puede interpretarse en varios sentidos. *El mensaje del Gobierno es equívoco y confunde a la opinión pública.* ● m. **2.** Palabra o expresión equívocas (→ 1). *Muchos chistes se hacen con equívocos y palabras ambiguas.* **3.** Figura retórica que consiste en emplear equívocos (→ 2). *Los escritores conceptistas gustaban del equívoco y los juegos de palabras.* **4.** Equivocación. *Ha habido un equívoco en la reserva de los billetes.* ▶ **4:** *ERROR.

era[1]. f. **1.** (Tb. en mayúsc.). Período de tiempo cuyo punto de partida es un suceso importante. *La caída del Imperio romano tuvo lugar en el siglo* V *de la era cristiana.* **2.** Período histórico extenso caracterizado por algún gran acontecimiento o innovación. *Colón inaugura la era de los descubrimientos.* **3.** (Tb. en mayúsc.). *Geol.* Unidad de tiempo geológico, subdivisión de un eón y que se divide a su vez en períodos. *El Paleozoico, el Mesozoico y el Cenozoico son eras.* ▶ **2:** ÉPOCA.

era[2]. f. Lugar limpio y firme, donde se trillan las mieses. *Hay pacas de heno apiladas en la era.*

eral, la. m. y f. Ternero que no pasa de dos años. *El novillero empieza toreando erales en plazas pequeñas.*

erario. m. Hacienda pública (conjunto de bienes del Estado). Tb. ~ *público. La empresa del concejal ha recibido fondos del erario público.* ▶ *HACIENDA.

erasmismo. m. Doctrina filosófica de Erasmo de Rotterdam (humanista holandés, ss. XV-XVI), que proponía volver a un cristianismo más espiritual y menos externo. *El erasmismo consideraba superficial el culto a las imágenes religiosas.*

erasmista. adj. **1.** De Erasmo o del erasmismo. *En la obra erasmista destaca el "Elogio de la locura".* **2.** Seguidor del erasmismo. *Escritor erasmista.* Tb. m. y f. *La Inquisición persiguió a muchos erasmistas.*

ere. f. Letra *r*, en su sonido suave.

erección. f. **1.** Hecho de erigir o erigirse. *El alcalde ha ordenado la erección de un monumento.* **2.** Hecho de ponerse erecto algo, espec. el pene. *Este medicamento soluciona los problemas de erección.*

eréctil. adj. Que tiene la propiedad de ponerse erecto. *El caracol tiene dos antenas eréctiles. El pene es un miembro eréctil.*

erecto, ta. adj. Erguido o levantado. *Tras una larga evolución, el hombre camina erecto.*

eremita. m. cult. Ermitaño (religioso). *En una cueva en el monte vivía un eremita.*

ergo. conj. cult. o humoríst. Por tanto o luego. *Es un espíritu libre, ergo un golfo de cuidado.*

ergonomía. f. Estudio de las relaciones entre el hombre y sus condiciones e instrumentos de trabajo, para aumentar su rendimiento y reducir esfuerzo y riesgos. *Un experto en ergonomía advierte de los riesgos de trabajar con ordenador.*

ergonómico, ca. adj. De la ergonomía, o que se adapta a sus principios. *Las sillas ergonómicas reducen los dolores de espalda.*

erguir. (conjug. ERGUIR). tr. **1.** Poner derecho (a alguien o algo, espec. el cuello o la cabeza). *Irguió la cabeza para ver mejor el desfile. Las bailarinas se yerguen sobre la punta de sus pies.* ○ intr. prnl. **2.** Levantarse algo, espec. una construcción o un edificio, o sobresalir sobre una superficie o plano. *La Giralda se yergue en el centro de Sevilla.* ▶ **1:** *LEVANTAR. **2:** *LEVANTARSE.

erial. adj. Dicho de terreno: Que está sin cultivar. Frec. m. *El sistema de regadío convierte los eriales en fértiles huertas.* Tb. fig. *En aquellos años la cultura era un erial.* ▶ *YERMO.

erigir. tr. **1.** Levantar o construir (un edificio o un monumento). *Van a erigirle una estatua.* **2.** Fundar o instituir (algo). *El magnate ha erigido un imperio económico.* **3.** Dar (a alguien o algo) una condición, carácter o categoría determinados. *Cuatro medallas de oro lo erigen* EN *el mejor atleta.* Tb. en constr. prnl. media. *Se ha erigido* EN *juez del conflicto.* ▶ **2:** *ESTABLECER.

erisipela. f. *Med.* Infección causada por una bacteria, acompañada de fiebre, que se manifiesta con manchas rojas en la piel. *Murió por no haberle diagnosticado la erisipela a tiempo.*

eritema. m. *Med.* Enrojecimiento de la piel causado por la congestión de los vasos capilares. *La exposición prolongada al sol causa eritemas.*

eritreo, a. adj. De Eritrea (país de África). *Capital eritrea.* Dicho de pers., tb. m. y f. *Los eritreos lucharon por su independencia.*

eritrocito. m. *Biol.* Glóbulo rojo. *Las células de la sangre son: eritrocitos, leucocitos y trombocitos.*

eritropoyetina. f. *Biol.* Hormona reguladora de la producción de glóbulos rojos. *El hígado segrega eritropoyetina.* Tb. el fármaco preparado con esta hormona. *Algunos deportistas se inyectaban eritropoyetina.* ▶ EPO.

erizado, da. part. **1.** → **erizar.** ● adj. **2.** Cubierto de púas o espinas. *Muchas plantas tienen su fruto erizado de espinas.*

erizar. tr. **1.** Levantar o poner rígido (algo, espec. el pelo). *El perro ladra y eriza los pelos del lomo. Esta música me eriza el vello.* Tb. en constr. prnl. media. *Cuando el gato se asusta, se le eriza el pelo.* **2.** Llenar (algo) de púas, espinas o dificultades. *Erizaron la muralla* DE *hierros puntiagudos.* Tb. en constr. prnl. media. *El camino se eriza* DE *dificultades.* **3.** Encrespar o irritar (a alguien o su ánimo). *El hambre estaba erizando el ánimo de la población.* ▶ **3:** *IRRITAR.

erizo. m. **1.** Mamífero insectívoro con el dorso y los costados cubiertos de púas. *El erizo se repliega sobre sí mismo cuando es atacado.* **2.** Animal marino de forma esférica y con un caparazón calizo cubierto de púas. Tb. *~ de mar. Se clavó una púa al pisar un erizo de mar.* **3.** Corteza espinosa que envuelve algunos frutos, como la castaña. *En otoño, las castañas se desprenden del erizo.* **4.** Persona antipática o difícil de tratar. *Es un erizo: no se lleva bien con nadie.*

ermita. f. Iglesia, gralm. pequeña, que suele estar situada en despoblado o alejada de una población. *La procesión va del pueblo hasta la ermita.*

ermitaño, ña. m. y f. **1.** Persona que vive en una ermita y cuida de ella. *Los ermitaños del Camino de Santiago alojan a los peregrinos.* **2.** Persona que vive en soledad. *Es un ermitaño; hace su vida y no se trata con nadie.* ○ m. **3.** Religioso que vive en soledad. *El ermitaño se había alejado del mundo para estar más cerca de Dios.* **4.** Cangrejo que se aloja en conchas vacías para proteger su abdomen blando. *El ermitaño sale de la concha para aparearse.* Tb. *cangrejo ~.*

erogación. f. Am. *Econ.* Hecho o efecto de erogar. *Ninguna erogación de fondos públicos será válida si no estuviere autorizada por la ley* [C]. ▶ GASTO.

erogar. tr. Am. *Econ.* Gastar (dinero). *Se han erogado más de 100 000 millones en los programas sociales* [C]. ▶ GASTAR.

erógeno, na. adj. Que produce excitación o placer sexuales. *Los genitales son las principales zonas erógenas.*

eros. m. cult. Conjunto de impulsos sexuales de la persona. *Según Freud, el eros determina nuestra conducta.*

erosión. f. **1.** Desgaste de la superficie terrestre producido por el agua, el viento u otros agentes externos. *La erosión del agua redondea las rocas.* **2.** Desgaste de la superficie de un cuerpo, producido por rozamiento o fricción con otro. *La acumulación de azúcar produce la erosión del diente.* **3.** Lesión superficial en la piel producida por un agente externo. *El contacto con ácido sulfúrico produce erosiones en la piel.* **4.** Desgaste o pérdida de prestigio de alguien o algo. *La erosión de la imagen del Gobierno se debe al aumento del paro.*

erosionar. tr. Producir erosión (en algo). *La lluvia ha ido erosionando la piedra de la fachada. Las continuas discusiones erosionan su relación.* Tb. usado en constr. intr. *El agua y el viento erosionan constantemente.* Tb. en constr. prnl. media. *La piedra del edificio se ha erosionado con la lluvia.*

erosivo, va. adj. De erosión. *La lluvia tiene una gran capacidad erosiva.*

erótico, ca. adj. **1.** Del amor o del placer sexuales. *Sentía una fuerte atracción erótica hacia ella.* **2.** Que excita el deseo sexual. *Juegos eróticos.* **3.** Dicho de género u obra literaria: Que trata del amor, la sensualidad o el deseo amoroso. *Novela erótica.* Tb. dicho de otros géneros u obras artísticas. *Películas eróticas.* **4.** Dicho de autor: Que cultiva el género erótico (→ 3). *La censura impedía publicar a los escritores eróticos.* ● f. **5.** Atracción intensa, semejante a la sexual, que se siente por algo, como la fama o el dinero. *La erótica* DEL *poder es muy tentadora en política.*

erotismo. m. **1.** Amor o placer sexuales. *El erotismo es lo que sostiene esa apasionada relación.* **2.** Cualidad de erótico. *Es una escena llena de erotismo.* **3.** Tendencia al erotismo (→ 1) en el arte. *Cultiva un erotismo refinado en sus novelas.*

erotizar. tr. **1.** Producir excitación sexual (en alguien). *Determinados olores lo erotizan.* **2.** Dar carácter erótico (a algo). *La audiencia subirá si erotizamos el contenido del programa.* Tb. en constr. prnl. media. *Nuestro cine se erotizó tras una época de represión.*

erotómano, na. adj. *Med.* Dicho de persona: Que tiene obsesiones o delirios eróticos. Tb. m. y f. *Un erotómano puede tener reacciones violentas contra su objeto de deseo.*

errabundo, da. adj. Errante. *Los cómicos de la legua llevaban una vida errabunda.*

erradicación. f. Hecho de erradicar. *Piden la erradicación de la pena de muerte.*

erradicar. tr. Arrancar de raíz (algo). *Es necesario erradicar las plantas infectadas.* Frec. fig. *No han conseguido erradicar la miseria de los suburbios.*

errante. adj. Que va de un sitio a otro sin asentarse en un lugar fijo. *Los judíos fueron un pueblo errante.* Tb. fig. *Siempre tuvo un espíritu errante y aventurero.* ▶ ERRABUNDO, ERRÁTICO.

errar. (conjug. ERRAR o, Am., reg.). tr. **1.** No acertar en la realización o elección (de algo). *Erré mi vocación. Has errado el tiro: inténtalo otra vez.* ○ intr. **2.** No acertar en la realización o elección de algo. *Has errado* EN *las cuentas.* **3.** Vagar de un lugar a otro. *Ha estado un año errando* POR *la India.* Tb. fig. *Su mente erraba sin llegar a ninguna conclusión.* ▶ **1, 2:** EQUIVOCAR, DESACERTAR. **3:** VAGAR.

errata. f. Equivocación cometida al escribir o al imprimir. *Cuando escribo en el ordenador, cometo muchas erratas.*

errático, ca. adj. Errante. *Los músicos llevan una vida errática, siempre de gira en gira.* Tb. fig. para referirse a alguien o algo impredecibles. *Comportamiento errático.*

erre. f. Letra *r.* ■ **~ que ~.** loc. adv. coloq. Porfiadamente. *Yo no quería discutir, y él, erre que erre, seguía con la matraca.*

erróneo, a. adj. Que contiene error. *Al no tener todos los datos, nos arriesgamos a sacar conclusiones erróneas.*

error. m. **1.** Idea o juicio que no se ajustan a la verdad o a la realidad. *Tienes muchos errores en tu examen. Es un error pensar así.* **2.** Acción desacertada o indebida. *La empresa está pagando sus errores en la gestión.* **3.** *tecn.* Diferencia entre un valor real y el valor calculado o medido. *Un reloj atómico tiene un error de un segundo cada 300 000 años.* ▶ **1:** EQUIVOCACIÓN, EQUÍVOCO. **2:** EQUIVOCACIÓN.

ertzaina. (pal. vasc.; pronunc. "ertsáina"). m. y f. Miembro de la *Erzaintza. Una patrulla de* ertzainas.

ertzaintza. (pal. vasc.; pronunc. "ertsáintsa"; frec. en mayúsc.). f. Policía territorial dependiente del Gobierno autónomo del País Vasco. *El portavoz de la* Ertzaintza *hará unas declaraciones a la prensa.*

eructar. intr. Expulsar por la boca gases del estómago. *Las bebidas gaseosas me hacen eructar.*

eructo. m. Hecho o efecto de eructar. *Se oyó un eructo en la mesa.*

erudición. f. Conjunto amplio y preciso de conocimientos basado fundamentalmente en el estudio de documentos y fuentes de una materia. *Nos deslumbra con su erudición.*

erudito, ta. adj. Dicho de persona: Que tiene erudición. *El erudito profesor suele hacer gala de sus conocimientos.* Tb. m. y f. *Es un erudito* EN *la materia.* ■ **~ a la violeta.** m. y f. cult., despect. Persona que quiere aparentar una erudición que no tiene. *Estos eruditos a la violeta no saben de lo que hablan.*

erupción. f. **1.** Aparición, en la piel o en las mucosas, de granos, manchas o vesículas. *El antibiótico me ha provocado una erupción.* Tb. el conjunto de esos granos, manchas o vesículas. *Le han salido unas erupciones en el brazo.* **2.** *Geol.* Emisión a la superficie de la Tierra de materias procedentes de su interior. *La erupción volcánica obligará a desalojar la isla.*

eruptivo, va. adj. **1.** Dicho de enfermedad: Que produce erupciones en la piel. *El sarampión es una enfermedad eruptiva.* **2.** Dicho de roca: Que se ha formado por la solidificación del magma. *El basalto es una roca eruptiva.*

esbeltez. f. Cualidad de esbelto. *La falda ceñida realza su esbeltez.*

esbelto, ta. adj. Alto, delgado y de formas airosas y proporcionadas. *Joven esbelto. Figura esbelta. Torre esbelta.*

esbirro. m. **1.** despect. Hombre que ejecuta las órdenes de una autoridad, espec. si para ello debe emplear la violencia. *Llegó un comisario de policía con dos esbirros.* **2.** despect. Persona pagada por otra para ejecutar actos violentos. *Si alguno no le paga, envía a un esbirro a darle una paliza.* Frec. fig. para designar a una persona que sigue a otra o a una causa servilmente, frec. por interés. *Los funcionarios tienen criterio propio, no son esbirros del poder.*

esbozar. tr. **1.** Bosquejar (algo). *Tenemos que esbozar un plan de trabajo.* **2.** Iniciar levemente (un gesto). *Esbozó una sonrisa.* ▶ **1:** BOSQUEJAR.

esbozo. m. Hecho o efecto de esbozar. *El arquitecto nos ha mostrado un esbozo de la casa.* ▶ BOSQUEJO.

escabechar. tr. **1.** Poner en escabeche (un alimento). *Bonito escabechado.* **2.** coloq. Matar (a alguien), espec. con arma blanca. *Sacó una navaja y le dijo que lo escabechaba allí mismo.*

escabeche. m. **1.** Salsa hecha con aceite, vino o vinagre, laurel y otros ingredientes, para conservar pescados y otros alimentos. Frec. en la constr. *en ~. ¿Te gustan las codornices en escabeche?* **2.** Alimento conservado en escabeche (→ 1). *Sacaron a la mesa escabeches y encurtidos variados.* Frec. referido al atún. *Compra escabeche para la ensalada.*

escabechina. f. **1.** Estrago o matanza grandes. *La bomba causó una escabechina entre la población.* **2.** coloq. Destrozo grande. *¿Pero quién te ha cortado así el pelo?, ¡menuda escabechina!* **3.** coloq. Abundancia de suspensos en un examen. *Nadie ha estudiado, ¡verás qué escabechina!* ▶ **1:** *MATANZA.

escabel. m. **1.** Banco o tarima pequeños que se ponen delante del asiento para descansar los pies mientras se está sentado. *Leía en el sillón, con los pies sobre el escabel.* **2.** Asiento pequeño hecho de tablas y sin respaldo. *Me senté en un escabel al lado de la chimenea.*

escabrosidad. f. Cualidad de escabroso. *La escabrosidad del terreno impide el uso de maquinaria agrícola.*

escabroso, sa. adj. **1.** Dicho de terreno: Desigual y lleno de accidentes u obstáculos que dificultan el paso por él. *Los ciclistas atraviesan una zona escabrosa.* **2.** Dicho de cosa: Que está al borde de lo inmoral o lo indecente. *Contó la historia sin ahorrar detalles escabrosos.* **3.** Dicho de asunto: Peligroso o delicado de tratar. *El ensayo aborda el escabroso tema de la eutanasia.* ▶ **1:** ÁSPERO.

escabullirse. (conjug. MULLIR). intr. prnl. **1.** Irse o escaparse de un lugar con disimulo. *Aprovechó la ocasión para escabullirse* DE *la fiesta.* **2.** Librarse con habilidad de algo, espec. de una obligación. *Siempre se escabulle* DE *fregar los platos.* ▶ **2:** ZAFARSE.

escacharrar. tr. coloq. Estropear (algo). *Acabas de escacharrar la máquina de fotos.* Tb. en constr. prnl. media. *Se me ha vuelto a escacharrar la pluma.*

escachifollar. tr. coloq. Estropear (algo). *Se sentó encima del juguete y lo escachifolló.* Tb. en constr. prnl. media. *Esta cerradura se escachifolla constantemente.*

escafandra. f. Equipo compuesto de un traje impermeable y un casco cerrado, con tubos para renovar el aire, y que sirve para permanecer largo tiempo debajo del agua. *¿Cuánto aguantas bajo el agua sin escafandra?* Tb. el equipo de forma semejante usado por los astronautas para salir de la nave al espacio. *Una avería en la escafandra lo obligó a interrumpir el paseo espacial.*

escafoides. m. *Anat.* Hueso escafoides (→ **hueso**). *Sufre fractura de escafoides.*

escala. f. **1.** Escalera de mano, hecha de madera, de cuerda o de ambas cosas. *Desplegó una escala desde el balcón para que subiera su amigo.* **2.** Sucesión ordenada de valores distintos de una misma cualidad. *Escala de colores. Escala de dureza.* **3.** Sucesión de divisiones de un instrumento de medida. *Se tiene fiebre cuando el termómetro con escala centígrada marca 37 grados como mínimo.* **4.** Serie de categorías jerárquicas o sociales. *En la escala militar el teniente está por debajo del capitán. Pertenece al sector más desfavorecido de la escala social.* **5.** Proporción entre la representación de un objeto y su tamaño real. *La escala del mapa es de 1/1000.* Frec. en la constr. *a ~*. *El edificio está reproducido a escala. Muebles a escala.* **6.** Tamaño o proporción de algo, espec. un asunto o idea. *El ejército está fraguando un ataque a gran escala contra el país vecino.* **7.** Lugar en que una embarcación o una aeronave realizan una parada antes de llegar a su destino final. *El puerto ha sido utilizado como escala por los navíos que se dirigen a la zona del conflicto.* **8.** Detención realizada por una embarcación o una aeronave en un lugar antes de llegar a su destino final. *Durante la escala en Génova, los pasajeros esperaron en cubierta.* Gralm. en la constr. *hacer ~*. *Su avión hacía escala en París.* **9.** *Mús.* Sucesión de las notas musicales. *Está tocando escalas con la flauta.* Tb. *~ musical*. *La India tiene 22 notas en su escala musical.* ■ **~ técnica.** f. Escala (→ 8) que efectúa el piloto por necesidades de la navegación. *El piloto de la aeronave tuvo que realizar una escala técnica para repostar combustible.*

escalabrar. tr. coloq. Descalabrar (a alguien), o herir(lo) en la cabeza. *Le tiraron una piedra y lo escalabraron.*

escalada. f. **1.** Hecho o efecto de escalar. *Varios montañeros intentan la escalada del Everest.* **2.** Aumento rápido y gralm. alarmante de algo. *Escalada de violencia. Escalada de precios. Escalada armamentista.*

escalador, ra. adj. Que escala. Dicho de pers., tb. m. y f. *Un alud sorprendió al grupo de escaladores.*

escalafón. m. Lista de los individuos de una corporación, clasificados según su grado, antigüedad o méritos. *Empezó de peón y fue ascendiendo en el escalafón. ¿Qué empleo es inferior al de sargento en el escalafón militar?* Tb. fig. *En su particular escalafón de las artes, la música ocupa el puesto más alto.*

escalar[1]. tr. **1.** Subir (a un lugar alto). *Ha escalado el Everest.* **2.** Subir (puestos o a una posición elevada). *Ha ido escalando posiciones hasta encabezar la clasificación.*

escalar[2]. adj. *Fís.* Dicho de magnitud: Que carece de dirección y se expresa solo mediante un valor numérico. *¿En qué se diferencian las magnitudes escalares de las vectoriales?* Tb. m. *La temperatura es un escalar.*

escaldado, da. part. **1.** → **escaldar.** ● adj. **2.** coloq. Escarmentado o receloso. *Salieron escaldados de la prueba.*

escaldadura. f. Hecho o efecto de escaldar o escaldarse. *Controle la temperatura del agua del baño para evitar escaldaduras.*

escaldar. tr. **1.** Hacer que (alguien o algo) sufran los efectos del agua hirviendo. *Escaldaré los tomates para pelarlos.* Tb. en constr. prnl. media. *Ten cuidado, que el agua está hirviendo y te puedes escaldar.* ○ intr. prnl. **2.** Escocerse la piel, espec. de las ingles. *Se le escaldaron las brazos porque estuvo trabajando al sol.* ▶ **2:** ESCOCERSE.

escalera. f. **1.** Serie de peldaños colocados uno tras otro a diferentes alturas, y que sirve para subir a un piso o nivel más elevado, o para bajar de ellos. *¿Subimos en el ascensor o por la escalera?* Frec. en pl. con significado sing. *Salió corriendo escaleras abajo.* **2.** Utensilio portátil, gralm. metálico o de madera, compuesto de dos largueros entre los que están encajados transversalmente una serie de travesaños, y que sirve para subir o bajar de un nivel a otro. Tb. *~ de mano*. *Hay que cambiar la bombilla del techo, ¿tienes una escalera de mano?* **3.** En un juego de cartas: Combinación de cartas de valor correlativo. *Tenía un as, un dos, un tres...; necesitaba un cuatro para completar la escalera.* **4.** Trasquilón o serie de trasquilones en el pelo. *Con esta maquinilla conseguirá un corte de pelo sin escaleras.* ■ **~ de caracol.** f. Escalera (→ 1) de forma espiral, gralm. sin descansillos. *Se accede a la buhardilla por una escalera de caracol.* ■ **~ de color.** f. Escalera (→ 3) formada por cartas del mismo palo. *Él sacó un póquer, pero yo llevaba escalera de color.* ■ **~ de incendios.** f. Escalera (→ 1) destinada a facilitar la salida de un edificio o la entrada en él en caso de incendio u otra emergencia. *El ladrón huyó por la escalera de incendios.* ■ **~ mecánica.** f. Escalera (→ 1) accionada por un mecanismo eléctrico y cuyos escalones, articulados sobre una cadena, se deslizan en marcha ascendente o descendente para transportar al usuario. *Los grandes almacenes tienen escaleras mecánicas.* □ **en ~.** loc. adj. De forma semejante a la de una escalera (→ 1). *Desde aquí se aprecia el perfil en escalera de la ladera.* Tb. loc. adv. *Las paredes de la pirámide son bloques colocados en escalera.*

escalerilla. f. Escalera de pocos escalones y gralm. estrecha. *Fue recibido al pie de la escalerilla del avión.*

escalfar. tr. Cocer en agua hirviendo o en caldo (un huevo sin la cáscara). *Escalfa los huevos en agua con sal y un chorro de vinagre.*

escalinata. f. Escalera amplia, gralm. artística y de un solo tramo, en el exterior o en el vestíbulo de un edificio. *Se accede al palacio por una escalinata de mármol.*

escalivada. f. Plato típico catalán compuesto de pimientos, berenjenas, cebollas, tomates y patatas, todo ello asado, después pelado, troceado y aderezado con aceite y sal.

escalofriado, da. part. **1.** → **escalofriar.** ● adj. **2.** Que tiene escalofríos. *Tembloroso y escalofriado, abrió el telegrama.*

escalofriante. adj. **1.** Que produce escalofríos, espec. de terror. *Se ha cometido un crimen escalofriante.* **2.** Sorprendente o extraordinario. *Sus cuadros alcanzan cifras escalofriantes.*

escalofriar. (conjug. ENVIAR). tr. Causar escalofrío (a alguien). *Me escalofría pensar lo que podía haber pasado.* Tb. usado en constr. intr. *Las escenas del accidente escalofrían.* Tb. en constr. prnl. media. *Se escalofriaba al bajar a la bodega.*

escalofrío. m. **1.** Sensación de frío, gralm. repentina, violenta y acompañada de contracciones musculares, que a veces precede a un ataque de fiebre. Más frec. en pl. *El enfermo tiene escalofríos.* **2.** Sensación semejante a un escalofrío (→ 1), producida por una emoción intensa, espec. de terror. *Sintió un escalofrío cuando oyó los aullidos.* ▶ **Am:** CHUCHO.

escalón. m. **1.** Plataforma horizontal, gralm. rectangular, donde se apoya el pie al recorrer una escalera de un edificio. *Sube los escalones de dos en dos.* **2.** Grado o nivel, espec. en una ocupación. *Ha ascendido varios escalones en su empresa. Para ella la música popular ocupa el escalón más bajo entre las artes.* **3.** Paso o etapa en la consecución de un objetivo. *Si quieres ser artista, un escalón indispensable es tomar clases de arte dramático.* ▶ **1:** PELDAÑO.

escalonado, da. part. **1.** → **escalonar.** ● adj. **2.** Que tiene la superficie semejante a una sucesión de escalones. *El zigurat tenía forma de pirámide escalonada.*

escalonamiento. m. Hecho o efecto de escalonar o escalonarse. *El escalonamiento de los suelos cultivables permite un mejor rendimiento. El escalonamiento de las salidas en vacaciones ha reducido los accidentes.*

escalonar. tr. **1.** Disponer (una cosa o un conjunto de personas o cosas) en tramos sucesivos, frec. ascendentes o descendentes. *Escalonan las vides en las laderas.* Tb. en constr. prnl. media. *Los puestos de control se escalonan a lo largo del recorrido.* **2.** Distribuir (algo) en intervalos de tiempo sucesivos. *Han escalonado los exámenes.*

escalonia. f. Chalota (bulbo, o planta). *Saltee las setas con escalonia y ajo picados.* ▶ *CHALOTA.

escalope. m. Filete delgado de carne, frito y empanado. *¿Prefieres el escalope de ternera o de pollo?*

escalpelo. m. *Med.* Instrumento quirúrgico en forma de cuchillo pequeño, de hoja fina, puntiaguda y de uno o dos cortes, que se usa en disecciones y autopsias. *Disecciona un corazón con ayuda de un escalpelo.* Tb. fig. *Una vez publicada, la obra queda expuesta al escalpelo de la crítica.*

escama. f. **1.** Lámina pequeña y dura de las que cubren el cuerpo de algunos animales, espec. de peces y reptiles. *Limpia de escamas los salmonetes antes de freírlos.* **2.** Cosa cuya forma recuerda la de las escamas (→ 1). *Se adorna la tarta con escamas de chocolate.* **3.** Lámina formada por células muertas de la piel, que se desprenden espontáneamente. *Date crema hidratante para que no te salgan escamas.* **4.** *Bot.* Órgano vegetal que envuelve otros órganos y cuya forma, semejante a una hoja, recuerda la de las escamas (→ 1). *Las escamas de la piña se abren y dejan salir las semillas.*

escamante. adj. coloq. Que escama o produce recelo o desconfianza. *Tanta coincidencia resulta un poco escamante.*

escamar. tr. **1.** Descamar (un pescado). *Hay que descamar las sardinas.* **2.** coloq. Provocar recelo o desconfianza (a alguien). *Me ha escamado su comentario.* Tb. en constr. prnl. media. *Se escamó* DE *que se fuera sin despedirse.* ▶ **1:** DESCAMAR.

escamoso, sa. adj. Que tiene escamas. *El lagarto tiene la piel escamosa.*

escamotear. tr. **1.** Hacer desaparecer de la vista (algo), espec. con habilidad o artificio. *El mago escamotea objetos ante el público.* Tb. fig. *Pretende escamotearnos la verdad.* **2.** Robar o quitar (algo) con agilidad o astucia. *Un ratero le ha escamoteado la cartera.* **3.** Evitar (algo), espec. con habilidad. *Sabe escamotear las dificultades.*

escamoteo. m. Hecho o efecto de escamotear. *En el juicio hubo un escamoteo de datos por parte de la defensa.*

escampar. intr. impers. Parar de llover. *Nos refugiamos en un portal hasta que escampó.*

escanciador, ra. adj. Que escancia. Dicho de pers., tb. m. y f. *El escanciador, con la botella en alto, fue llenando los vasos de sidra.*

escanciar. (conjug. ANUNCIAR). tr. cult. Echar o servir (una bebida, espec. vino o sidra). *Descorchó una botella y escanció el vino.*

escandalera. f. coloq. Escándalo o alboroto grandes. *¡Menuda escandalera están armando los niños!*

escandalizador, ra. adj. Que escandaliza. *Ser madre soltera resultaba escandalizador.* Dicho de pers., tb. m. y f. *Es un escandalizador.*

escandalizar. tr. Provocar escándalo (a una persona o en un lugar). *Escandaliza a todo el mundo con sus extravagancias.* Tb. en constr. prnl. media. *Ya no se escandaliza* POR/CON *nada.*

escandallo. m. *Com.* Determinación del precio de coste o de venta de una mercancía con relación a los factores que lo integran. *La Administración fijará el precio del medicamento tras considerar el escandallo del laboratorio.*

escándalo. m. **1.** Alboroto o ruido grandes. Frec. con v. como *armar* o *armarse*. *Podéis jugar, pero sin armar escándalo. Por cualquier cosa monta un escándalo.* **2.** Hecho o dicho considerados inmorales o condenables y que causan indignación y gran impacto públicos. *Está implicado en un escándalo financiero.* **3.** Efecto causado por un escándalo (→ 2). *Se dejó fotografiar desnuda, para escándalo de algunos. Nunca dio motivo de escándalo.* **4.** Desvergüenza o mal ejemplo. *Se recortan los gastos sociales, ¡qué escándalo!* **5.** Asombro o admiración. Gralm. en la constr. *de ~*, con intención enfática. *Aproveche nuestras rebajas: son de escándalo.* ▶ **1:** *ALBOROTO.

escandaloso, sa. adj. Que causa o supone escándalo. *No soporta el ruido de esa máquina escandalosa. Es escandaloso ganar unas elecciones comprando votos. Los precios de las casas alcanzan cifras escandalosas.* Dicho de pers., tb. m. y f. *¡No hay quien duerma, sois unos escandalosos!*

escandinavo, va. adj. De Escandinavia (región del norte de Europa). *Visitamos los fiordos escandinavos.* Dicho de pers., tb. m. y f. *Muchos escandinavos eligen el Mediterráneo para sus vacaciones.*

escanear. tr. Pasar (algo) por el escáner para su procesamiento. *Escaneó una foto para su currículum.*

escáner. m. **1.** *tecn.* Dispositivo que explora un espacio o una imagen y los traduce en señales eléctricas para su procesamiento. *Con un escáner podrá digitalizar sus fotos. Al pasar el paquete por el escáner de seguridad, se detectó el arma. La cajera pasa los códigos de barras por el escáner.* **2.** *Med.* Aparato de exploración radiográfica mediante el que se obtiene una representación visual de secciones del cuerpo. *El servicio de rayos cuenta con un moderno escáner.* Tb. la exploración y la representación así obtenida. *Le realizaron un escáner cerebral. En el escáner se aprecia un tumor.*

escaño. m. **1.** Puesto o asiento de un parlamentario en una Cámara. *El ministro contestó a las preguntas desde su escaño. Los conservadores ganan dos escaños en las elecciones.* **2.** Banco con respaldo en el que pueden sentarse varias personas. *En el recibidor había un perchero y un escaño de madera.* ▶ **Am: 1:** BANCA, CURUL.

escapada. f. **1.** Hecho de escapar o escaparse. *Dos corredores emprenden la escapada a pocos kilómetros de la meta.* **2.** Salida breve para divertirse o distraerse, espec. abandonando las ocupaciones habituales. *Este invierno le gustaría hacer una escapada* A *Brasil.* ▶ **1:** *HUIDA.

escapado, da. part. **1.** → **escapar. 2.** Dicho de corredor: Que se ha escapado (→ 1) del grupo. Tb. m. y f. *Los dos escapados fueron alcanzados por el pelotón.* ● adv. **3.** Rápido o muy deprisa. *Entraron escapado para coger sitio.*

escapar. intr. **1.** Huir de un lugar donde se está encerrado. *El preso logró escapar* DE *la prisión.* Tb. prnl. *El tigre se ha escapado* DE *la jaula.* Tb. fig. *A ver si puedo escaparme hoy antes* DEL *trabajo.* **2.** Huir de alguien o de algo que constituyen un peligro o amenaza, por miedo u otro motivo. *Echamos a correr y escapamos* DEL *perro que nos seguía. No puedes escapar* DE *los problemas, tienes que enfrentarlos.* Tb. prnl. *El ladrón se escapó* DE *la policía en un coche robado.* **3.** Salir o librarse de algo. *Escapó* DE *la muerte por milagro.* **4.** Salir un líquido o un gas de un recipiente, cañería o canal por alguna abertura. *Si escapa gas* DE *la tubería, habrá que llamar al servicio técnico. El agua escapa por un agujero de la manguera.* Tb. prnl. *Pon el tapón al flotador para que no se escape el aire.* **5.** Quedar fuera del dominio, comprensión o influencia de alguien o algo. *La decisión que ha tomado escapa* A *mi compresión. Si atamos todos los cabos, nada escapará* A *nuestro control.* Tb. prnl. *Hay cosas que se escapan* AL *poder de la voluntad.* **6.** Producirse algo involuntariamente. *Dejó escapar un bostezo.* Frec. prnl. *Se le escapó una risita.* **7.** Pasar algo inadvertido a alguien o algo. *Nada le escapa: es una persona de gran perspicacia. Nada escapa a su atenta mirada.* Frec. prnl. *En el escrito se nos han escapado varias erratas. No se me escapa que hay razones para que hayas actuado así.* **8.** *Dep.* Adelantarse alguien al grupo en que va corriendo. *El corredor consiguió escapar y alcanzar una ventaja de varios minutos.* Frec. prnl. *En el ascenso se escapó y llegó solo a la meta.* ○ intr. prnl. **9.** Soltarse alguien o algo que estaban sujetos. *Se me ha escapado un punto de la media. Agarra bien al niño para que no se te escape.* **10.** Decir algo involuntariamente. *Se le escapó el secreto que le había contado.* **11.** Alejarse del alcance de alguien. *Se nos ha escapado un buen negocio.* **12.** Marcharse un vehículo de transporte público antes de poder entrar en él. *Se me escapó el autobús por un minuto.* ▶ **1, 2:** *HUIR.

escaparate. m. **1.** Espacio exterior de una tienda, cerrado con cristales, donde se exponen los artículos a la vista del público. *Indica al dependiente los zapatos que te gustan del escaparate.* **2.** Apariencia ostentosa de alguien o algo para hacerse notar. *Va muy pintada y con muchas joyas, pero es todo escaparate.* **3.** Lugar o circunstancia en que se hacen muy patentes las características de alguien o de algo. *Las olimpiadas serán un escaparate del país organizador.* ▶ **Am: 1:** VIDRIERA.

escaparatismo. m. Técnica de la disposición y adorno de escaparates. *Curso de decoración comercial y escaparatismo.*

escaparatista. m. y f. Persona especializada en escaparatismo, o encargada de la disposición y adorno de escaparates. *Trabaja como escaparatista de varias tiendas.*

escapatoria. f. **1.** Hecho de escaparse o evadirse. *Están encerrados y sin posibilidad de escapatoria.* **2.** Salida o recurso para escapar de una dificultad o aprieto. *Tienes que aceptar la invitación, no tienes escapatoria.* ▶ **1:** *HUIDA. **2:** ESCAPE.

escape. m. **1.** Hecho de escapar o escaparse de un lugar, o de algo o alguien que constituyen un peligro. *Tenía que encontrar una puerta de escape. No se le ocurría mejor fórmula de escape que el disimulo.* **2.** Hecho de escapar o escaparse un gas o un líquido. *Se ha producido un escape de gas.* **3.** Escapatoria (salida o recurso). *Los atracadores no tuvieron otro escape que entregarse. Tendrá que aceptar: no hay escape.* **4.** En los motores de explosión: Salida de los gases quemados. *El coche tiene estropeado el tubo de escape.* Tb. el dispositivo por el que se produce la salida. *Se prohíbe la circulación de vehículos de motor con escape libre y sin silenciador.* ■ **a ~.** loc. adv. A toda prisa. *El carterista salió a escape, perseguido por la policía.* ▶ **1:** *HUIDA. **3:** ESCAPATORIA.

escapismo. m. Actitud o tendencia de quien escapa o huye mentalmente de la realidad cuando esta resulta desagradable. *Aquella dedicación tan intensa a la música obedecía a un cierto escapismo.* Tb. el hecho de huir. *Ese hacer broma de todo, ¿no es en el fondo un escapismo?*

escapista. adj. **1.** Del escapismo, o que manifiesta escapismo. *El personaje encarna las ansias escapistas de la sociedad. Pasó de un cine comprometido a otro abiertamente escapista.* **2.** Inclinado al escapismo. *Es una persona superficial y escapista.* Dicho de pers., tb. m. y f. *La isla era paradisíaca, ideal para escapistas.*

escápula. f. *Anat.* Omóplato. *Tres son los huesos del hombro: clavícula, escápula y húmero.*

escapular. adj. *Anat.* De la escápula. *Cartílago escapular.*

escapulario. m. **1.** Tira de tela con una abertura por donde se mete la cabeza, que cuelga sobre el pecho y la espalda, y que sirve de distintivo a varias órdenes religiosas. *Apareció una monja, con sus manos detrás del escapulario del hábito.* **2.** Objeto devoto formado por dos pedazos pequeños de tela con una imagen y por dos cintas largas que los unen, que se lleva de modo que un pedazo cuelgue sobre el pecho y otro sobre la espalda. *Lleva siempre una medalla y un escapulario con la imagen de la Virgen.*

escaque. m. Casilla cuadrada, gralm. blanca o negra, de las que constituyen el tablero de ajedrez o el del juego de damas. *Abrió la partida moviendo un peón dos escaques.*

escaquearse. intr. prnl. coloq. Evitar algo, espec. una obligación, o librarse de ello con habilidad. *Siempre se escaquea* DE *las tareas aburridas.*

escaqueo. m. coloq. Hecho de escaquearse. *Pedí ayuda para recoger la mesa y hubo escaqueo general.*

escara. f. *Med.* Costra, gralm. de color oscuro, que se forma en una parte del cuerpo gangrenada o profundamente quemada. *Un enfermo encamado corre el riesgo de que le salgan escaras.*

escarabajo. m. Insecto de cuerpo ovalado y patas cortas, con dos alas duras que le sirven de protección y otras dos que le permiten volar, y del que existen varias especies, por ej.: ~ *de la patata,* ~ *pelotero,* ~ *rinoceronte.*

escaramujo. m. Rosal silvestre, de flores encarnadas o rosas y fruto aovado, carnoso y de color rojo cuando está maduro, que se usa en medicina. *Junto al camino hay escaramujos.* Tb. el fruto. *Prueba la mermelada de escaramujos.*

escaramuza. f. **1.** Batalla de poca importancia, espec. la sostenida por las avanzadillas de los ejércitos. *Las escaramuzas entre los rebeldes y las tropas del rey suponían un goteo de bajas.* **2.** Riña o disputa de poca importancia. *Se enzarzan en estériles escaramuzas sobre los temas más extraños.*

escarapela. f. Divisa o adorno compuestos de cintas gralm. de varios colores, fruncidas o formando lazadas alrededor de un punto. *Lucía en la solapa una escarapela con los colores nacionales.*

escarbador, ra. adj. Que escarba. *Salió un novillo manso y escarbador.*

escarbar. tr. **1.** Remover repetidamente la superficie (de la tierra o de otra cosa de consistencia similar), ahondando algo (en ellas). *Las gallinas escarban la tierra buscando lombrices.* **2.** Limpiar (los dientes o los oídos) sacando la suciedad (de ellos). *Tiene la costumbre de escarbarse los dientes con un palillo.* ○ intr. **3.** Curiosear en algo hasta averiguarlo. *Pagó a un detective para que escarbara* EN *su pasado.* ▶ **1:** HURGAR.

escarceo. m. **1.** Prueba o tentativa. Más frec. en pl. *De sus primeros escarceos literarios surgen ya relatos estimables.* **2.** Relación amorosa superficial o que está en sus inicios. *Siendo adolescente tuvo un escarceo con un compañero de clase.* Tb. ~ *amoroso.* Más frec. en pl. *¿Podía nacer una relación duradera de aquellos escarceos amorosos?* **3.** Acción realizada sin mucha profundidad o dedicación. Más frec. en pl. *En los días previos a la contienda, se suceden los escarceos entre ambos ejércitos.* **4.** Tanteo o incursión en un área o actividad no acostumbradas. *Sus inquietudes impulsaron al filósofo a hacer algún escarceo en política.* Más frec. en pl. *El edificio ya me había impresionado en mis primeros escarceos por la ciudad.* **5.** Divagación. Más frec. en pl. *Me aburrían aquellos escarceos verbales que no llegaban a ninguna conclusión.* **6.** Movimiento en la superficie del mar, con pequeñas olas que se levantan por efecto de las corrientes. *La barca quedó a merced de los escarceos de las aguas.*

escarcha. f. Rocío de la noche congelado. *Los campos amanecieron blancos de escarcha.*

escarchar. intr. impers. **1.** Formarse escarcha. *Seguro que hoy escarcha.* ○ tr. **2.** Preparar (confituras, espec. frutas o dulces) de modo que el azúcar cristalice en su exterior como si fuese escarcha. *Hemos comido roscón con fruta escarchada.*

escarda. f. Hecho de escardar. *Labores de escarda.*

escardar. tr. Arrancar los cardos y otras hierbas nocivas (de los sembrados). *Ha llegado el tiempo de escardar los campos de cereal.* Tb. referido a los cardos y otras hierbas nocivas. *Hay que escardar la cizaña del trigal.*

escarificación. f. *Med.* Corte o incisión poco profundos hechos en la piel. *Realizar tatuajes y escarificaciones puede suponer riesgos para la salud.*

escarlata. adj. **1.** Dicho de color: Rojo intenso. *Se pinta los labios de color escarlata.* Tb. m. *En el escudo alternan el blanco y el escarlata.* **2.** De color escarlata (→ 1). *Terciopelo escarlata.*

escarlatina. f. Enfermedad infecciosa y contagiosa, caracterizada por la aparición de manchas de color rojo escarlata en la piel, acompañadas de fiebre alta y anginas. *De niño pasó la escarlatina.*

escarmentar. (conjug. ACERTAR). intr. **1.** Aprender de la experiencia propia o ajena para evitar caer en los mismos errores o males. *A ver si escarmientas de una vez para otra.* ○ tr. **2.** Castigar con rigor (a alguien) para que rectifique su comportamiento. *Hay que escarmentarlo para que no vuelva a hacerlo.*

escarmiento. m. **1.** Hecho o efecto de escarmentar. *La ejecución del cabecilla será pública para escarmiento de la población.* **2.** Castigo con que se escarmienta a alguien. *Se merece un buen escarmiento.*

escarnecer. (conjug. AGRADECER). tr. Burlarse (de alguien o algo) con el propósito de humillar(los) u ofender(los). *Lo escarnecen los mismos que antes lo ensalzaban.*

escarnecimiento. m. Escarnio. *La mujer adúltera era sometida al escarnecimiento de todos.* ▶ *BURLA.

escarnio. m. Burla hecha con el propósito de ofender o humillar. *No respeta nada y de todo hace escarnio.* ▶ *BURLA.

escarola. f. Hortaliza parecida a la lechuga, pero de hojas más rizadas y de sabor amargo. *Tomaré ensalada de escarola.*

escarolado, da. adj. Rizado como la escarola. *Llama la atención por su pelo rubio y escarolado.*

escarpa. f. Escarpadura. *La atalaya está emplazada en una escarpa sobre el mar.*

escarpado, da. adj. **1.** Dicho de terreno: Que tiene gran pendiente. *La etapa de hoy transcurre por un terreno muy escarpado.* **2.** Dicho de una altura: De difícil acceso por carecer de subida o bajada transitables, o por tenerlas muy peligrosas. *Los montañeros tratan de subir por la escarpada ladera.*

escarpadura. f. Pendiente muy pronunciada del terreno. *Se refugiaron en una gruta abierta en las escarpaduras de la sierra.* ▶ ESCARPA, ESCARPE.

escarpe. m. Escarpadura. *Sobrecoge este paisaje de barrancos y escarpes de considerable altura.*

escarpia. f. Clavo con la cabeza doblada en forma de codo, que sirve para colgar algo de él. *De una escarpia colgaba un mapa geográfico.* ▶ ALCAYATA.

escarpín. m. **1.** Prenda semejante a un calcetín, gralm. de lana, que se usa para abrigo del pie y puede ponerse encima del calcetín o de la media. *En invierno duermo con escarpines.* Tb. designa un calzado de forma semejante y muy flexible, frec. usado para actividades deportivas. *Para la pesca submarina, es recomendable usar escarpines debajo de las aletas.* **2.** Zapato ligero y flexible, de una sola suela y una sola costura, que deja descubierta la garganta del pie. *Quedan elegantísimos esos escarpines de punta alargada y tacón alto.*

escasear. intr. Ser escaso o poco abundante. *La ausencia de lluvias hace que el agua escasee.*

escasez. f. **1.** Cualidad o condición de escaso. *La escasez* DE *mano de obra encarece los productos.* **2.** Pobreza o falta de lo necesario para subsistir. *Viven con escasez. En épocas de escasez la gente emigra.* ▶ **2:** *POBREZA.

escaso, sa. adj. **1.** Poco abundante. *La comida es escasa. Los lobos son escasos en esta zona.* **2.** Que tiene poco de algo. *Estamos escasos* DE *recursos.* **3.** No entero o no completo. *Habría una docena escasa de personas.* **4.** Poco o pequeño. *Ganaron por escaso margen. Llamamos calderilla a un conjunto de monedas de escaso valor.*

escatimar. tr. Dar o utilizar (algo) reduciéndo(lo) todo lo posible. *Les escatima el dinero. Los organizadores de la fiesta no escatimaron medios.* ▶ **Am:** RETACEAR.

escatología[1]. f. *Rel.* Parte de la teología que se ocupa de las creencias y doctrinas referentes a la vida de ultratumba. *Según la escatología egipcia, el alma es inmortal.*

escatología[2]. f. Conjunto de expresiones y temas relacionados con los excrementos. *La obra fue censurada por sus alusiones pornográficas y su escatología.*

escatológico[1], ca. adj. *Rel.* De la escatología, o de su objeto de estudio. *¿Cómo se concibe la muerte desde el punto de vista escatológico?*

escatológico[2], ca. adj. De la escatología, o de los excrementos. *Lenguaje escatológico.*

escay. m. Material sintético que imita el cuero. *Sofá de escay.*

escayola. f. Yeso calcinado que, amasado con agua, se emplea para hacer moldes o figuras y para endurecer vendajes. *Las columnas del patio son de escayola.* Tb. el molde o figura así obtenidos, o el vendaje así endurecido. *Esculpió bronces y escayolas de gran expresividad. Si hay fractura, tendrán que ponerte una escayola.*

escayolar. tr. Colocar una escayola o vendaje endurecido para inmovilizar (a alguien o una parte de su cuerpo que presenta una fractura u otra lesión). *Le han escayolado el pie.*

escayolista. m. y f. Persona que tiene por oficio trabajar la escayola para hacer revestimientos y obras de decoración. *Un escayolista pondrá molduras en el techo.*

escena. f. **1.** Escenario (lugar del teatro). *Al final del espectáculo, actores y bailarines salieron a escena para saludar.* **2.** Escenario decorado para la representación. *La escena representa la sala de espera de un hospital.* **3.** Literatura dramática. *Lope de Vega es una figura destacada de la escena española.* **4.** Arte de la interpretación. *El actor confiesa que desde muy joven su vocación fue la escena.* **5.** Cada una de las partes que componen el acto de una obra teatral, en que intervienen los mismos personajes. *Se levantó el telón y comenzó la primera escena del primer acto de "Romeo y Julieta".* **6.** Parte de una película o de una obra televisiva que constituye una unidad en sí misma, caracterizada por la presencia de los mismos personajes. *La escena de la persecución en el tren es la que más me gustó de la película.* **7.** Suceso o manifestación de la vida real considerados como espectáculo que llama la atención. *La amenaza de bomba ha provocado escenas de pánico en la población.* **8.** Actuación escandalosa, a menudo fingida, que pretende impresionar. Frec. en constr. como *hacer* o *montar una ~,* o *escenita. Su marido le montó una escena porque llegó tarde a casa.* ■ **desaparecer de ~.** loc. v. Desaparecer o no dejarse ver. *Tras desaparecer de escena unos días, el político habla desde México.* ■ **poner en ~** (una obra teatral). loc. v. Montar(la) y representar(la). *Será la primera vez que una compañía de teatro ponga en escena esa obra.* ▶ **1:** ESCENARIO.

escenario. m. **1.** Lugar del teatro donde se coloca el decorado y se representan las obras dramáticas o cualquier otro espectáculo. *En cuanto el tenor sale al escenario, el público se pone a aplaudir.* **2.** Lugar donde se desarrollan las escenas de una película. *El desierto de Almería ha sido escenario de varias películas.* **3.** Lugar en que ocurre o se desarrolla un suceso. *El escenario del crimen fue una casa abandonada.* **4.** Conjunto de circunstancias que rodean a una persona o un suceso. *Si el escenario hubiese sido otro, te habría ayudado.* ▶ **1:** ESCENA.

escénico, ca. adj. De la escena como arte de la interpretación, o como lugar de un teatro. *Es un genio del arte escénico. ¡Qué prodigio de escenografía para un espacio escénico tan reducido!*

escenificación. f. Hecho o efecto de escenificar. *Escenificación de una obra de Cervantes.*

escenificar. tr. **1.** Dar forma dramática (a una obra literaria) para poner(la) en escena. *El autor ha escenificado varios cuentos.* **2.** Poner en escena (una obra teatral). *La compañía de teatro escenificará una comedia.*

escenografía. f. **1.** Arte de proyectar o realizar decoraciones para el teatro, el cine o la televisión. *Estudia escenografía en la Escuela de Artes Escénicas.* **2.** Conjunto de decorados de una representación teatral, de una obra cinematográfica o de un programa televisivo. *Diseñó la escenografía y el vestuario de varias óperas.* **3.** Conjunto de circunstancias que rodean algo, espec. un hecho. *La falta de libertades y la miseria configuran la escenografía de la época.*

escenográfico, ca. adj. De la escenografía. *La puesta en escena es sobria, con mínimos elementos escenográficos.*

escenógrafo, fa. m. y f. Especialista en escenografía. *Es productor y escenógrafo de obras de teatro.* ▶ DECORADOR.

escepticismo. m. **1.** Cualidad o actitud de la persona que no cree o finge no creer en algo, o duda sobre ello. *Si algo lo caracteriza es su escepticismo* ANTE *cualquier credo. El anuncio de una posible bajada de impuestos fue acogido con escepticismo.* **2.** *Filos.* Doctrina según la cual la verdad no existe, o, si existe, el hombre es incapaz de conocerla. *El escepticismo tiene como objetivo la búsqueda de la felicidad.*

escéptico, ca. adj. **1.** Del escepticismo, o propio de la persona escéptica (→ 2, 3). *Tiene una actitud escéptica* ANTE *la vida. Postulados escépticos.* **2.** Dicho de persona: Que tiene o muestra escepticismo. *Escuchaba escéptica mis promesas de cambio.* Tb. m. y f. *¿Qué pruebas podríamos aportar para que los escépticos se convenzan?* **3.** *Filos.* Seguidor del escepticismo. *Filósofo escéptico.* Dicho de pers., tb. m. y f. *Los escépticos no se adhieren a ningún juicio ni opinión.*

escindir. tr. **1.** cult. Dividir o separar (algo). *La guerra civil ha escindido el país* EN *dos.* Tb. en constr. prnl. media. *La empresa se escindirá* EN *dos compañías.* **2.** *Fís.* Romper (el núcleo de un elemento) en partes, con la consiguiente liberación de energía. *Se utiliza el bombardeo de neutrones para escindir núcleos de uranio.*

escisión. f. cult., o *tecn.* Hecho o efecto de escindir. *Fue inevitable la escisión del grupo.*

escita. adj. histór. De Escitia (antigua región del sureste de Europa y occidente de Asia). *Tribus escitas.* Dicho de pers., tb. m. y f. *Han sido hallados restos arqueológicos de griegos y escitas.*

esclarecedor, ra. adj. Que esclarece. *Los nuevos datos son esclarecedores.*

esclarecer. (conjug. AGRADECER). tr. Poner (algo) en claro. *Se ha abierto una investigación para esclarecer el crimen.* ► *ACLARAR.

esclarecido, da. part. **1.** → **esclarecer.** ● adj. **2.** cult. Ilustre o insigne. *Pertenece a un linaje esclarecido.*

esclarecimiento. m. Hecho o efecto de esclarecer. *Solo buscan el esclarecimiento de la verdad.*

esclava. → **esclavo.**

esclavina. f. **1.** Prenda semejante a una capa corta, que se pone sobre los hombros y cubre parcialmente los brazos. *Lleva atuendo de peregrino: saya, bordón y esclavina.* **2.** Pieza sobrepuesta de una capa o un vestido, semejante a una esclavina (→ 1). *El hábito del fraile tenía esclavina y capucha.*

esclavista. adj. **1.** De la esclavitud. *Muchos misioneros rechazaron la política esclavista de los conquistadores.* **2.** Partidario de la esclavitud. *El país se dividió en estados esclavistas y abolicionistas.* Dicho de pers., tb. m. y f. *Quizá no queden esclavistas, pero sí racistas.*

esclavitud. f. **1.** Estado o condición de esclavo o sometido al dominio legal de otra persona. *Qué no daría por acabar con su esclavitud y convertirse en ciudadano libre.* Tb. el sistema social basado en la existencia de esclavos. *A finales del siglo XIX, se promulga la ley de abolición de la esclavitud.* **2.** Estado o condición de esclavo o sometido fuertemente a algo o a alguien. Tb. la cosa que supone esa sujeción. *Hacer dieta le parece una esclavitud.*

esclavización. f. Hecho de esclavizar. *El trabajo no debe ser un factor de esclavización.*

esclavizar. tr. Hacer esclavo (a alguien). *Los conquistadores esclavizaron a los indígenas.*

esclavo, va. adj. **1.** Dicho de persona: Que carece de libertad por estar bajo el dominio legal de otra. *Miles de indígenas esclavos trabajaban en las plantaciones.* Más frec. m. y f. *Muchos se enriquecieron con el comercio de esclavos.* **2.** Dicho de persona: Sometida rigurosa o fuertemente a otra persona o a una cosa. *Es una mujer esclava del deber. Un traductor no debe ser esclavo del diccionario.* Tb. m. y f. *¿Se puede amar hasta el punto de convertirse en esclavo del ser amado?* **3.** Dicho de persona: Que trabaja mucho o tiene completa dedicación a sus quehaceres u obligaciones del trabajo. Más frec. m. y f. *Soy agricultor y no quiero que mi hijo sea como yo, un esclavo.* ● f. **4.** Pulsera con una placa en la que gralm. se graba un nombre de persona. *Lleva una esclava de oro con su nombre.*

esclerosis. f. **1.** *Med.* Endurecimiento patológico de un órgano o de un tejido. *Esclerosis de las arterias. Esclerosis pulmonar.* **2.** cult. Rigidez o embotamiento de la capacidad de actuar, evolucionar o adaptarse a situaciones nuevas. *Denunció la esclerosis de una Administración sorda a las necesidades ciudadanas.* ■ ~ **múltiple.** f. *Med.* Enfermedad crónica producida por la degeneración de las vainas que envuelven las fibras nerviosas, y que ocasiona trastornos sensoriales y del control muscular. *Se abren nuevas esperanzas para luchar contra la esclerosis múltiple.*

esclerótico, ca. adj. **1.** *Med.* De la esclerosis. *Le han detectado una afección esclerótica.* **2.** cult. Afectado de esclerosis o embotamiento de la capacidad de actuar o evolucionar. *Las iniciativas renovadoras son imposibles en una institución tan obsoleta y esclerótica.* ● f. **3.** *Anat.* Membrana externa que recubre el globo ocular, dura, fibrosa, de color blanquecino y en cuya parte anterior está la córnea. *El enrojecimiento de ojos puede deberse a una inflamación de la esclerótica.*

esclusa. f. Compartimento construido en un canal de navegación, con puertas de entrada y salida, y en el que se hace subir o bajar el nivel de agua para que los barcos puedan pasar de un tramo a otro de diferente nivel. *Las dimensiones de la nueva esclusa permitirán el paso de buques de gran tonelaje.* Tb. cada una de esas puertas.

escoba. f. **1.** Utensilio que sirve para barrer el suelo, compuesto de un conjunto de ramas flexibles o filamentos de otro material sujetos al extremo de un palo. *Dame una escoba y un cogedor para barrer los cristales rotos.* **2.** Se usa en aposición para expresar que la persona o cosa a que se refiere, frec. un vehículo, se encargan de recoger personas o cosas que se van quedando atrás. *El coche escoba recogió al ciclista lesionado.* **3.** Juego de cartas, gralm. entre dos o cuatro jugadores, en que cada uno intenta sumar quince puntos justos con una de sus cartas y otra u otras de las que están en la mesa. *Solían jugar a la escoba o al mus.* Tb. la consecución de esos puntos con todas las cartas de la mesa. *En la última mano hice dos escobas.* **4.** Planta muy ramosa, frec. usada para fabricar escobas (→ 1), de la que existen varias especies. *En la zona abundan brezos y escobas.*

escobajo. m. Raspa que queda de un racimo después de quitarle las uvas. *Empezamos a picar uvas y no dejamos más que el escobajo.*

escobazo. m. Golpe dado con una escoba. *¡Un ratón, dale un escobazo!* ■ **a ~s.** loc. adv. coloq. De mala manera o con brusquedad. Frec. con v. como *echar. Se enfadó y nos echó a escobazos de su casa.*

escobero. m. Mueble para guardar escobas y otros útiles de limpieza. *En el escobero tienes bayetas.*

escobilla. f. **1.** Cepillo o escoba pequeña que se usan para limpiar. *Limpie el inodoro con una escobilla y un producto desinfectante. Después de fumar, limpiaba el tubo de la pipa con una escobilla.* **2.** *Fís.* Pieza conductora que sirve para mantener el contacto eléctrico entre una parte fija y otra móvil. *Necesita cambiar las escobillas del motor del coche.* **3.** Am. Cepillo de dientes. *Ahora sí podía cepillarse los dientes; lo hizo, moviendo la escobilla de arriba abajo* [C]. Tb. ~ *de dientes. Necesito una escobilla de dientes y algo para afeitarme* [C].

escobillar. tr. *Taurom.* Astillar (un pitón o los pitones), de modo que queden abiertos en la punta a modo de escobilla. *Un toro fue rechazado por presentar las astas escobilladas.*

escobillón. m. Cepillo unido a un mango largo y que se usa para barrer el suelo. *Barrían las calles con escobillones de brezo.*

escobón. m. Escoba de mango largo. *Pasa el escobón por debajo de los sillones.* Tb. designa el utensilio de forma semejante que se usa para deshollinar.

escocedura. f. Efecto de escocerse o sufrir enrojecimiento. *Tiene los pies llenos de llagas y escoceduras.*

escocer. (conjug. MOVER). intr. **1.** Producir algo escozor o una sensación parecida a la causada por una quemadura. *El alcohol en las heridas escuece.* **2.** Producir algo una sensación de malestar o amargura en alguien. *Me ha escocido que no me inviten a la fiesta.* ○ intr. prnl. **3.** Sufrir enrojecimiento o escozor una persona o una parte de su cuerpo. *Ponte crema hidratante para que no se te escueza la piel.* **4.** Experimentar alguien un sentimiento de ofensa o humillación. *Se ha escocido por el desplante del otro día.* ▶ **3:** ESCALDARSE.

escocés, sa. adj. **1.** De Escocia (parte del Reino Unido). *El festival se celebró en Edimburgo, la capital escocesa.* Dicho de pers., tb. m. y f. *Entre los escoceses célebres destacan Adam Smith y Walter Scott.* **2.** Dicho de tela: De rayas de varios colores que se entrecruzan formando cuadros. *Lleva chaqueta de tela escocesa.* Tb. dicho de esos cuadros. *Corbata de cuadros escoceses.* **3.** Dicho de prenda de vestir: Confeccionada con tela escocesa (→ 2). *El uniforme del colegio consta de falda escocesa y jersey oscuro.* ● m. **4.** Lengua hablada en Escocia. *Además de inglés, habla escocés.*

escofina. f. Herramienta semejante a una lima, de dientes gruesos y triangulares, que se usa para desbastar superficies. *Una vez cortada la madera, se igualan los bordes con una escofina.*

escoger. tr. Elegir (a alguien o algo) de entre varias personas o cosas. *El profesor la escogió para representar al colegio en el concurso. Escoja una carta de la baraja.* Tb. usado en constr. intr. *Te toca a ti escoger.* ▶ ELEGIR.

escogido, da. part. **1.** → **escoger.** ● adj. **2.** Selecto. *Al acto acudió la sociedad más escogida.*

escolanía. f. Conjunto de niños que, en algunos monasterios, se educan para el servicio del culto, y pralm. para el canto. *La escolanía del monasterio entonó la Salve.*

escolapio, pia. adj. De la orden de las Escuelas Pías. *Padres escolapios.* Dicho de pers., tb. m. y f. *Estuvo interno en un colegio de escolapios.* ▶ CALASANCIO.

escolar. adj. **1.** De la escuela o establecimiento de instrucción primaria. *Se ampliará el número de plazas escolares. Comedor escolar.* **2.** De los escolares (→ 3). *El descenso de la natalidad disminuirá la población escolar.* ● m. y f. **3.** Alumno que asiste a la escuela para recibir la enseñanza obligatoria. *La editorial publica libros de texto para escolares.*

escolaridad. f. Período durante el que un estudiante cursa estudios en un centro escolar, espec. de enseñanza obligatoria. *Durante su escolaridad, el alumno se enfrenta a gran variedad de materias.*

escolarización. f. Hecho o efecto de escolarizar. *Ha habido un aumento de la escolarización.*

escolarizar. tr. Proporcionar la autoridad competente (a la población infantil) una plaza escolar para que reciba la enseñanza obligatoria. *El Gobierno tiene previsto escolarizar a dos mil niños más que el curso pasado.*

escolástica. → **escolástico.**

escolasticismo. m. Filosofía desarrollada en Europa durante la Edad Media y caracterizada por una conciliación de las doctrinas aristotélicas con las religiosas, ya sean cristianas, musulmanas o judías. Designa espec. la de orientación cristiana. *La Iglesia acabaría asumiendo como filosofía propia el escolasticismo de Aquino.* ▶ ESCOLÁSTICA.

escolástico, ca. adj. **1.** Del escolasticismo. *Método escolástico.* **2.** Seguidor del escolasticismo. Dicho de pers. tb. m. y f. *Descartes critica con dureza la filosofía de los escolásticos.* ● f. **3.** Escolasticismo. *Tanto en la Iglesia como en la universidad de la época domina la escolástica.*

escoliasta. m. y f. Persona que pone escolios a un texto. *Algunos escoliastas de la obra identifican este personaje con el dios Marte.*

escolio. m. Nota que se pone a un texto para explicarlo. *Se edita el texto aristotélico acompañado de esclarecedores escolios.*

escoliosis. f. *Med.* Desviación lateral de la columna vertebral. *Cargar a la espalda esas mochilas tan pesadas agrava los casos de escoliosis.*

escollera. f. Obra hecha con piedras o bloques echados al agua, para formar un dique de defensa contra el oleaje, servir de cimiento a un muelle o resguardar de las corrientes el pie de otra obra. *El puerto marítimo está protegido por escolleras.*

escollo. m. **1.** Peñasco que está en la superficie del agua, a poca profundidad o en zona poco visible, y que constituye un peligro para la navegación. *Luchaban contra la corriente para evitar los escollos y alejarse de la orilla.* **2.** Obstáculo o dificultad que suponen peligro. *El camino hacia la paz es largo y no exento de escollos.* ▶ **2:** *OBSTÁCULO.

escolopendra. f. Animal invertebrado de cuerpo alargado, anillado y brillante, con numerosos pares de patas, que suele vivir bajo las piedras y cuya mordedura es venenosa. *En las zonas desérticas abundan las escolopendras.*

escolta. f. **1.** Persona o conjunto de personas, espec. soldados o policías, que escoltan a alguien o algo. *Llega el coche presidencial, precedido de escolta motorizada. Las joyas serán trasladadas en vehículo blindado y con escolta.* Dicho de pers., tb. m. y f. *¿Cuántos escoltas lleva el presidente?* **2.** Hecho de escoltar. *Una empresa de seguridad se encarga de la escolta del cantante. La guardia de honor dará escolta al féretro.*

escoltar. tr. **1.** Acompañar (algo o a alguien que se dirigen a un lugar) para que lleguen con seguridad a su destino o para que no escapen. *Fuerzas militares escoltarán los camiones de ayuda humanitaria.* **2.** Acompañar (algo o a alguien) en señal de honra o respeto. *La Guardia Real escoltaba el féretro de la Reina.*

escombrera. f. **1.** Conjunto de escombros. *Encontraron una bolsa sospechosa entre la escombrera de unas obras.* **2.** Lugar donde se echan los escombros. *Sellarán la escombrera de la mina por su impacto ambiental.*

escombro. m. **1.** Desecho que queda de una obra de albañilería o de un edificio arruinado o derribado. Más frec. en pl. *Había alguien bajo los escombros del edificio derrumbado.* **2.** Desecho de la explotación de una mina. *De la mina salían vagonetas llenas de escombros.*

esconder. tr. **1.** Retirar (algo o a alguien) a un lugar, espec. secreto, para que no puedan ser vistos o encontrados. *Esconde las fotos en el cajón para que nadie las vea. He visto cómo se escondía detrás de los árboles.* **2.** Hacer que (alguien o algo) no puedan verse. *El maquillaje esconde las ojeras.* **3.** Ocultar (algo) o evitar manifestar(lo). *No pudo esconder su alegría al recibir el premio.* **4.** Incluir o contener en sí (algo que no es manifiesto a todos). *El barco naufragado escondía un tesoro. Sus risas escondían cierto nerviosismo.* ○ intr. prnl. **5.** Estar algo oculto o poco visible. *Tras las montañas se esconde un espectacular valle.*

escondidas. **a ~.** loc. adv. Sin ser visto. *Se fumó un cigarrillo a escondidas.*

escondidillas. **a ~.** loc. adv. A escondidas. *Leía tebeos a escondidillas.*

escondite. m. **1.** Lugar apropiado para esconderse o para esconder algo o a alguien. *El contrabandista tenía su escondite en una cueva.* **2.** Juego infantil en el que unos se esconden y otro busca a los escondidos. *Cuando jugaba al escondite de pequeño solía esconderme debajo de la cama.* Tb. fig. *La banda de ladrones sigue jugando al escondite con la policía.* ► **1:** ESCONDRIJO.

escondrijo. m. Lugar apropiado para esconderse o para esconder algo o a alguien. *El atracador salió de su escondrijo y se entregó.* ► ESCONDITE.

escoñar. tr. **1.** malson. Romper o estropear (algo). Tb. en constr. prnl. media. **2.** malson. Lesionar (a alguien o una parte de su cuerpo). Tb. en constr. prnl. media. **3.** malson. Impedir que (algo) se desarrolle bien o salga adelante. Tb. en constr. prnl. media.

escopeta. f. **1.** Arma de fuego portátil, con uno o dos cañones largos, que suele usarse para cazar. *Tenía una escopeta para practicar el tiro al plato.* **2.** Persona que caza o tira con escopeta (→ 1). *Participan en la cacería las mejores escopetas de la región.*

escopetado, da. adj. coloq. Dicho de persona: Que va o actúa con mucha prisa. *Salió escopetado para no perder el tren.*

escopetazo. m. **1.** Disparo hecho con una escopeta. *De un escopetazo abatió la pieza.* Tb. el ruido y el daño así producidos. *¿Has oído ese escopetazo? Llegó al hospital con un escopetazo en la pierna.* **2.** Hecho o dicho súbitos e inesperados y que causan fuerte impresión. *Cada pregunta era un escopetazo.*

escopeteado, da. adj. coloq. Escopetado. *Al oír el timbre, salió escopeteada a abrir la puerta.*

escopetero. m. Hombre armado de escopeta. Frec. referido a cazador o soldado. *Encontraron un jabalí abatido por los escopeteros.*

escopetón. m. Escopeta grande. Frec. despect. *Iban a cazar con sus escopetones.*

escoplo. m. Herramienta formada por una barra de hierro terminada en bisel y un mango de madera, que se usa, gralm. golpeándola con un mazo, para labrar la madera o la piedra. *Con un escoplo y un martillo esculpió un busto.*

escora. f. *Mar.* Inclinación hacia un lado que toma una embarcación, frec. por la fuerza del viento sobre las velas o por la carga. *El viento fue el causante de la escora del barco.*

escorar. tr. **1.** *Mar.* Hacer que (una embarcación) se incline de costado. *El viento escora el velero a babor.* ○ intr. **2.** *Mar.* Inclinarse una embarcación por la fuerza del viento o por otras causas. *El barco escora peligrosamente.* Tb. prnl. *El temporal hace que el barco se escore.*

escorbuto. m. *Med.* Enfermedad producida por insuficiencia de vitamina C en la alimentación, y caracterizada por hemorragias cutáneas y musculares, alteración de las encías y debilidad general. *La tripulación padecía escorbuto.*

escoria. f. **1.** Sustancia de aspecto vidrioso formada por las impurezas que se separan de los metales durante la fundición, refinado u otros procesos metalúrgicos. *Antes de verter el metal fundido en moldes, se retira la escoria de su superficie.* Frec. en pl. *Con las escorias del refino del hierro se fabrican abonos.* **2.** Residuo esponjoso que queda tras la combustión del carbón. *Las centrales de carbón generan gran cantidad de escoria.* **3.** Lava porosa de los volcanes. *Las laderas están cubiertas de arena negra procedente de escorias.* **4.** cult. Cosa despreciable y carente o indigna de estimación. *Ese libro es pura escoria.* Frec. fig. referido a sector social. *Se junta con la escoria de la sociedad.*

escoriación. → **excoriación.**

escoriar. → **excoriar.**

escorpión. m. **1.** Arácnido con pinzas delanteras y abdomen que se prolonga en una cola formada por seis segmentos y terminada en un aguijón curvo y venenoso. *Le picó un escorpión.* ○ m. y f. **2.** Persona nacida bajo el signo de Escorpión. *Un escorpión de noviembre.* Tb. adj. *Mujer escorpión.* ► **1:** ALACRÁN.

escorrentía. f. Corriente de agua procedente de las lluvias o del deshielo y que discurre por la superficie de un terreno o por debajo de ella. *Avanzamos por un camino desdibujado por las aguas de escorrentía.*

escorzar. tr. *Arte* Representar (una figura) en escorzo. *Unos ángeles escorzados aparecen en la parte superior del cuadro.*

escorzo. m. **1.** *Arte* Representación de una figura perpendicular u oblicua al plano en que se pinta, acortando algunas de sus dimensiones según las reglas de la perspectiva. *En el cuadro, pintados en escorzo, aparecen los condes.* **2.** *Arte* Figura representada en escorzo (→ 1). *El escorzo de la derecha representa al conde.*

escotadura. f. Entrante que resulta en una cosa cuando está cortada o parece que lo está. *Los primeros cartílagos costales se alojan en las escotaduras del esternón.*

escotar¹. tr. Hacer escote (a una prenda de vestir). *Yo escotaría más ese vestido.*

escotar². tr. Pagar una persona la parte que le toca (del gasto hecho en común por varias). *Somos tres en el piso y vamos a escotar los gastos.*

escote¹. m. **1.** Abertura de una prenda de vestir en la parte del cuello, espec. la que deja descubierta parte del pecho y de la espalda. *Llevó a la boda un vestido con mucho escote.* **2.** Parte del busto que queda descubierta por el escote (→ 1). *Abróchate ese botón, que se te ve el escote.*

escote². m. Parte que corresponde a cada persona por el gasto hecho en común por varias. *El escote de la cena no supone mucho.* ■ **a ~.** loc. adv. Pagando cada uno la parte que le corresponde en un gasto común. *¿Vamos a escote o paga cada uno lo que ha consumido?*

escotilla. f. Abertura de las que hay en la cubierta de una embarcación, y que permiten el acceso a las partes inferiores. *La mar está revuelta, ¡cierren las escotillas!*

escotillón. m. **1.** Puerta o trampa que se abre en el suelo. *Por los escotillones de cubierta se baja a la bodega del barco.* **2.** *Teatro* Parte del piso de un escenario que puede levantarse para que salgan a la escena o desaparezcan de ella personas o cosas. *Mientras la niña llora, sale por el escotillón una figura de demonio.*

escozor. m. **1.** Sensación dolorosa y de ardor, como la producida por una quemadura. *La falta de sueño provoca escozor de ojos.* **2.** Sentimiento doloroso causado por una pena, inquietud o disgusto. *Ve a su rival ensalzado y lo corroe el escozor de la envidia.*

escriba. m. **1.** histór. Amanuense. *Se conservan documentos de escribas egipcios.* **2.** histór. Entre los hebreos: Doctor e intérprete de la ley. *Jesús tacha de hipócritas a los escribas y fariseos.*

escribanía. f. **1.** Conjunto de utensilios de escritura, compuesto gralm. por tintero, pluma y otras piezas, y colocado sobre un soporte. *Tenía sobre la mesa una escribanía de plata.* **2.** histór. Cargo u oficio de escribano. *El otorgamiento de escrituras era labor de los que ejercían la escribanía.* **3.** histór. Oficina del escribano. *Su testamento fue hallado entre los documentos de una escribanía.* **4.** Am. Notaría. *Sabés lo que quiere mi padre: que estudie escribanía* [C]. *La que estudiaba abogacía trabajaba en una escribanía* [C].

escribano, na. m. **1.** Pájaro con pico corto de base ancha, que se alimenta de granos y del que existen varias especies, por ej.: *escribano montesino. El escribano hembra. Hay unos escribanos entre los carrizos.* **2.** histór. Persona que por oficio público estaba autorizada para dar fe de las escrituras y otros actos públicos. *Cliente y artista ajustaron el precio de la obra ante el escribano de la villa.* ○ m. y f. **3.** Am. Notario. *Si viaja con menores de 21 años, debe contar con autorización de los padres ante escribano público* [C].

escribidor, ra. m. y f. coloq. Mal escritor. *En la revista colaboran periodistas, escritores y escribidores de toda laya.*

escribiente. m. y f. Persona que tiene por oficio copiar o pasar a limpio escritos ajenos, o escribir lo que se le dicta. *Trabaja como escribiente en una notaría.*

escribir. (part. **escrito**). tr. **1.** Trazar (letras u otros signos) en papel u otra superficie para representar las palabras o las ideas. *Se ha confundido al escribir la cantidad.* Tb. usado en constr. intr., sobrentendiéndose gralm. carta. *Hace semanas que no le escribo.* **2.** Componer (una obra literaria, musical o de otro tipo). *Escribe artículos en un periódico.* Tb. usado en constr. intr. *Quiere dedicarse a escribir.* **3.** Comunicar (algo) a alguien por escrito. *Nos ha escrito que va a casarse.* ○ intr. **4.** Expresarse por escrito. *Escribe bien, pero no sabe hablar en público.* **5.** Escribir (→ 1, 2) sobre alguien o algo. *Ha escrito* SOBRE *los invertebrados.*

escrito, ta. part. **1.** → **escribir.** ● adj. **2.** Que se produce o se manifiesta por medio de la escritura. *Colabora en prensa escrita. ¿El examen será oral o escrito?* ● m. **3.** Texto manuscrito, mecanografiado o impreso. *Redacta un escrito que resuma los puntos básicos del tema.* Tb. el papel en que figura ese texto. *Hay que entregar una copia del escrito al secretario.* **4.** Obra o composición científicas o literarias. *Es autor de varios escritos sobre la clonación.* **5.** Solicitud o exposición escritas (→ 2) dirigidas a una autoridad. *La asociación de afectados entregó en el Ayuntamiento un escrito con 8000 firmas.* ■ **estar escrito** algo. loc. v. Estar dispuesto así por la Providencia o el destino. *Estaba escrito que tendría un accidente aquella noche.* ■ **por escrito.** loc. adv. Por medio de la escritura. *Las solicitudes se presentarán por escrito.*

escritor, ra. m. y f. **1.** Persona que escribe. *Entre tantos analfabetos, él se sacaba un dinero como escritor de cartas.* **2.** Autor de obras escritas, espec. literarias. *Cervantes es un gran escritor.*

escritorio. m. Mueble que se cierra, con divisiones en su parte interior y cajones para guardar papeles, y, a veces, con un tablero sobre el que se puede escribir cuando se abre. *Guarda los libros de contabilidad en su escritorio.* Tb. designa otro tipo de mueble o una mesa, gralm. de oficina, empleados para escribir sobre ellos. ▶ SECRETER.

escritura. f. **1.** Hecho o efecto de escribir. *La estilográfica es un utensilio de escritura. Curso de escritura de guiones cinematográficos.* **2.** Arte de escribir. *Tiene aptitudes para la escritura, pero no para la pintura.* **3.** Sistema de signos utilizado para escribir. *Escritura alfabética o ideográfica. Escritura jeroglífica. Escritura musical.* **4.** Documento en que se hace constar un acuerdo o compromiso entre dos o más personas y que está firmado por ellas, gralm. ante notario. *Vamos a la notaría a firmar la escritura de compraventa del local.* ■ **la (Sagrada) Escritura.** loc. s. La Biblia. *Cuenta la Escritura que Caín mató a Abel.* Frec. en pl. con significado sing. *El sacerdote lee un pasaje de las Sagradas Escrituras.*

escriturar. tr. *Der.* Hacer constar en escritura pública y en forma legal (un acto o el contrato de algo). *Han escriturado la compraventa del piso.*

escrófula. f. *Med.* Inflamación de los ganglios linfáticos, pralm. del cuello, acompañada de un estado de debilidad general que predispone a enfermedades infecciosas, espec. a la tuberculosis. *Muchos padecían anemia o escrófula.*

escroto. m. *Anat.* Bolsa formada por la piel que cubre los testículos y por las membranas que los envuelven. *Es importante la higiene de la zona genital (pene y escroto).*

escrúpulo. m. **1.** Duda o recelo inquietantes para la conciencia sobre si algo es bueno o se debe hacer desde un punto de vista moral. *No tuvo el menor escrúpulo en mentir para salvarse.* Frec., en pl., designa la conciencia moral. *Estamos en manos de gentes sin escrúpulos.* **2.** Aprensión o asco hacia algo, espec. hacia el consumo de algún alimento o el uso de alguna cosa. *Le da escrúpulo comer en las tascas.* **3.** Exactitud o rigor en el cumplimiento del deber o en la realización de algo. *La investigación se llevará a cabo con escrúpulo, sin descuidar ningún detalle.*

escrupulosidad. f. Cualidad de escrupuloso. *Siempre ha cumplido las normas con escrupulosidad.*

escrupuloso, sa. adj. **1.** Que tiene o muestra escrúpulo. *Ni el más escrupuloso de los correctores detectaría ese error.* Dicho de pers., tb. m. y f. *Los aseos públicos no están pensados para escrupulosos.* **2.** Que manifiesta o implica escrúpulo en el cumplimiento del deber o en la realización de algo. *Exijo un escrupuloso respeto a las normas.*

escrutador, ra. adj. Que escruta. *Contempla el lienzo con gesto escrutador.* Dicho de pers., tb. m. y f. *Cuando los escrutadores terminen el recuento de votos, se dará el resultado.*

escrutar. tr. **1.** Examinar (algo o a alguien) cuidadosamente, para averiguar algo. *Escruta el cielo con unos prismáticos.* **2.** Realizar el cómputo (de votos) en unas elecciones. *Han escrutado ya el noventa por ciento de los votos.*

escrutinio. m. Hecho de escrutar votos. *Han denunciado irregularidades en el escrutinio de los votos.*

escuadra. f. **1.** Instrumento de delineación en forma de triángulo rectángulo con dos lados iguales. *Traza paralelas deslizando la escuadra sobre el cartabón.*

2. Ángulo recto. *La entrada del dormitorio forma escuadra con la del salón.* Frec. en deporte para designar el que forman los palos de una portería. *Lanzó un trallazo que se coló por la escuadra.* Frec. en la constr. *a ~. Necesito un tablón cortado a escuadra.* **3.** Pieza de hierro u otro material, en forma de escuadra (→ 2), que sirve para asegurar ensamblajes. *En cada esquina del marco va atornillada una escuadra metálica.* **4.** Cuadrilla o grupo de personas, gralm. encabezadas por un jefe. *Se ocupará de la limpieza una escuadra de operarios.* **5.** *Mil.* Conjunto numeroso de buques de guerra reunido para determinadas operaciones tácticas bajo un mismo mando. *¿Quién mandaba la escuadra que Felipe II envió contra Inglaterra?* **6.** *Mil.* En el Ejército: Unidad pequeña de soldados a las órdenes de un cabo. *Una escuadra de legionarios rendía honores.* ▶ **5:** ARMADA.

escuadrar. tr. Labrar o disponer (algo) de modo que sus caras formen con las caras contiguas ángulos rectos. *El templo está construido con sillares perfectamente escuadrados.*

escuadrilla. f. **1.** *Mil.* Conjunto de aviones que realizan un mismo vuelo dirigidos por un jefe. *Una escuadrilla de bombarderos atacó la ciudad.* **2.** *Mil.* Escuadra compuesta de buques de guerra ligeros. *De la base naval zarpó una escuadrilla de seis fragatas.*

escuadrón. m. **1.** *Mil.* En el Ejército: Unidad de caballería que suele estar a las órdenes de un capitán. *Dos compañías de infantería preceden al escuadrón.* **2.** *Mil.* Unidad aérea de un número importante de aviones. *Un escuadrón de cazas sobrevoló la zona.*

escualidez. f. Cualidad de escuálido. *Su escualidez hizo pensar a los médicos que padecía anorexia.*

escuálido, da. adj. Muy flaco. *Estás escuálida, a ver si comes más.* ▶ DESMIRRIADO.

escualo. m. *Zool.* Pez marino gralm. de gran tamaño, con el cuerpo alargado y en forma de huso, boca grande y con numerosos dientes situada en la cara ventral, y cola robusta. *Abundan en estas costas tiburones y otros escualos.*

escucha. f. **1.** Hecho de escuchar. *La escucha de unos sonidos grabados.* **2.** Hecho de espiar una conversación telefónica privada utilizando medios técnicos de escucha (→ 1) y grabación del sonido. *Se ha destapado un caso de escuchas telefónicas a altos cargos.* ■ **a la ~.** loc. adv. Prestando atención para oír algo. Frec. con v. como *estar* o *seguir. No cuelgue: manténgase a la escucha.*

escuchador, ra. adj. Que escucha. Dicho de pers., tb. m. y f. *Es un gran conversador y escuchador.*

escuchar. tr. **1.** Prestar atención (a lo que se oye). *Tras la comida, escucharon el discurso del director.* Tb. usado en constr. intr. *Si no escuchas, no entenderás nada.* **2.** Prestar atención a lo que (alguien) dice. *Cállate y escúchame.* **3.** Prestar atención (a un consejo o una sugerencia de alguien). *Nunca escucha los consejos.* Tb. referido a la persona que los da. *Escúchalo, que sabe de lo que habla.* ○ intr. prnl. **4.** Hablar con pausas afectadas mostrando satisfacción al hacerlo. *Le encanta escucharse.*

escuchimizado, da. adj. coloq. Muy flaco y débil. *Parece enfermo de lo escuchimizado que está.* Tb. fig. *Tus plantas están escuchimizadas.*

escudar. tr. **1.** Servir de escudo o protección (a alguien). *Cuando comete algún error, busca algún compañero que lo escude.* ○ intr. prnl. **2.** Valerse de alguien o de algo como escudo o defensa. *Se escuda* EN *el trabajo para no ayudar.*

escudella. f. Guiso típico catalán, preparado a base de arroz, fideos gruesos u otra pasta y verduras, y cocido gralm. con caldo de carne. *Siempre toma cocido o escudella.*

escudería. f. En deporte: Conjunto de automóviles o motos, pilotos y mecánicos de un mismo equipo de carreras. *El piloto brasileño lidera una escudería de Fórmula 1.*

escudero. m. **1.** histór. Paje o sirviente que llevaba el escudo al caballero cuando este no lo usaba. *La novela relata la historia de Don Quijote y su escudero Sancho.* **2.** histór. Hombre noble y distinguido por su sangre. **3.** histór. Criado que servía a una señora y la acompañaba cuando salía de casa.

escudilla. f. Vasija ancha y en forma de media esfera, que se usa gralm. para servir en ella sopa u otras comidas con caldo. *Nos sirvieron un guiso tradicional en escudillas de barro.*

escudo. m. **1.** Arma defensiva que se lleva en el brazo, y que se utiliza para cubrir y proteger el cuerpo de las armas ofensivas y de otras agresiones. *El caballero llevaba lanza y escudo.* **2.** Superficie o espacio en forma de escudo (→ 1) en que se representan los símbolos o emblemas de un Estado, población, familia o corporación. Frec. *~ de armas. El águila aparece en el escudo de la ciudad. El escudo de armas del rey lleva una corona.* **3.** Persona o cosa que se utilizan como protección. *El chaleco antibalas le sirvió de escudo. El atracador utiliza al rehén como escudo humano.* **4.** Unidad monetaria de Portugal anterior al euro. *La peseta tenía un valor superior al del escudo.* **5.** histór. Antigua unidad monetaria. ▶ **2:** BLASÓN.

escudriñador, ra. adj. Que escudriña. *Ningún detalle escapará a sus ojos escudriñadores.* Dicho de pers., tb. m. y f.

escudriñamiento. m. Hecho o efecto de escudriñar. *El historiador realiza un riguroso escudriñamiento de las fuentes documentales.*

escudriñar. tr. Examinar (algo) con cuidado y atención para averiguar algo. *Se escudriñó los bolsillos en busca de alguna moneda.*

escuela. f. **1.** Establecimiento público donde se da, espec. a los niños, la instrucción primaria. *Aprendemos a leer en la escuela.* **2.** Establecimiento en que se da instrucción, espec. técnica o artística. *Hace* ballet *en una escuela de danza. Escuela Superior de Ingenieros Industriales.* **3.** Lugar o cosa que constituye una fuente de ejemplo o experiencia. *Todo lo aprendió en la escuela de la vida.* **4.** Se usa en aposición con un nombre de lugar para indicar que dicho lugar funciona como centro de enseñanza teórica y práctica. *Granja escuela. Buque escuela.* **5.** Enseñanza que se da o se adquiere. *El joven es un buen actor, pero aún le falta escuela.* **6.** Conjunto de profesores y alumnos de una escuela (→ 1, 2). *Iré de excursión con la escuela.* **7.** Conjunto de seguidores de un maestro, una doctrina, un arte o un estilo. *El neoplatonismo fue una escuela filosófica que renovó la filosofía platónica.* **8.** Conjunto de caracteres comunes que distinguen una escuela (→ 7). *En el museo hay lienzos de escuela flamenca.* ■ **~ normal.** f. Escuela (→ 2) en que se hacen los estudios y la práctica necesarios para obtener el título de maestro de primera enseñanza. *Estudia magisterio en la Escuela Normal de Madrid.* ⇒ NORMAL.

escuerzo. m. **1.** Sapo (anfibio). *En el jardín hay un escuerzo.* **2.** coloq. o despect. Persona flaca y desmedrada. *Está hecha un escuerzo.* ▶ **1:** SAPO.

escueto, ta. adj. **1.** Estricto o desprovisto de rodeos o elementos innecesarios. *Responda de manera clara y escueta.* **2.** Carente de adornos o detalles accesorios. *Salón sobrio, de escueto mobiliario.*

esculcar. tr. Am. Registrar (algo o a alguien) para buscar algo oculto. *Me detuvieron y me esculcaron toda la cartera* [C]. Tb. usado en constr. intr. *¡Que esculquen por todos los rincones!* [C]. ▶ *REGISTRAR.

esculpir. tr. **1.** Labrar a mano (una figura), espec. en piedra, madera o bronce. *El escultor ha esculpido un ángel en bronce.* **2.** Grabar (algo) en hueco o en relieve sobre una superficie de metal, madera o piedra. *Han esculpido los nombres de los fallecidos en la base del monumento.*

escultismo. m. Movimiento juvenil internacional que pretende la educación integral del individuo por medio de la autoformación y el contacto con la naturaleza. *La asociación de escultismo organiza campamentos de verano.*

escultista. adj. **1.** Del escultismo. *Actividades escultistas.* ● m. y f. **2.** Persona que forma parte del escultismo. *La ruta es muy transitada por escultistas.* ▶ **2:** EXPLORADOR.

escultor, ra. m. y f. Persona que se dedica a la escultura. *El retablo es obra del escultor Berruguete.*

escultórico, ca. adj. De la escultura. *El conjunto escultórico representa a don Quijote y Sancho.*

escultura. f. **1.** Arte o técnica de modelar, tallar o esculpir figuras en tres dimensiones. *Practica la escultura y la pintura.* **2.** Obra de escultura (→ 1). *Vimos el "David", una de las grandes esculturas de Miguel Ángel.* Frec. en sent. colectivo. *Conoce bien la escultura barroca.*

escultural. adj. Que tiene características consideradas propias de una escultura clásica, espec. la belleza o la proporción de formas. *Tiene un cuerpo escultural.*

escupidera. f. Recipiente pequeño de loza, metal u otro material, que sirve para escupir en él. *En el rincón hay una escupidera.*

escupidero. m. Lugar donde se escupe. *Junto al sillón odontológico, había un escupidero.*

escupir. intr. **1.** Arrojar saliva o flemas por la boca. *Tiene la costumbre de escupir en el suelo.* ○ tr. **2.** Arrojar de la boca (algo) con violencia. *Escupió un hueso de aceituna.* **3.** Arrojar una cosa hacia fuera (algo que se produce en su interior). *El volcán escupe lava.* **4.** Despedir una cosa (algo que está dentro de ella). *La ametralladora escupe balas.* **5.** Mostrar desprecio (hacia alguien). *Dan ganas de escupir al que ha dicho eso.* **6.** coloq. Contar o confesar (algo). *Escupe de una vez todo lo que sabes.*

escupitajo. m. Saliva u otra materia escupidas por la boca. *Fue expulsado por lanzar un escupitajo al árbitro.* ▶ ESCUPITINAJO.

escupitinajo. m. Escupitajo. *¡Deja de echar escupitinajos, guarro!*

escurreplatos. m. Mueble o utensilio donde se pone a escurrir la vajilla fregada. *Iba fregando la loza y poniéndola en el escurreplatos.* ▶ ESCURRIDOR.

escurridero. m. Lugar adecuado para poner a escurrir algo. *La cocina dispone de fregadero de un seno y escurridero.*

escurridizo, za. adj. **1.** Que se escurre o desliza fácilmente. *La piel de las ranas es escurridiza.* **2.** Dicho de cosa, espec. de lugar: Que hace escurrirse o deslizarse fácilmente. *El suelo está muy escurridizo.* **3.** Que tiende a escurrirse o salir huyendo. *Es una persona muy escurridiza; va a ser casi imposible entrevistarse con él.*

escurrido, da. part. **1.** → **escurrir.** ● adj. **2.** Dicho de persona: Delgada y de formas poco pronunciadas. *Es rubia y escurrida de caderas.*

escurridor. m. **1.** Utensilio de cocina semejante a un colador de agujeros grandes, en donde se echan los alimentos para que escurran el líquido en que están empapados. *Vierta la verdura cocida en un escurridor para que suelte el agua.* **2.** Escurreplatos. *Ve fregando los vasos y dejándolos en el escurridor.*

escurrimiento. m. Hecho de escurrir o escurrirse. *Ponga una alfombrilla en el suelo de la bañera para evitar escurrimientos.*

escurrir. tr. **1.** Sacar los restos o últimas gotas (de un líquido) que han quedado en un recipiente. *Volcó la botella para escurrir el vino.* Tb. referido al recipiente. *Escurre bien la botella.* **2.** Hacer que (una cosa empapada) despida la parte de líquido que retenía. *Escurre la ropa antes de tenderla.* Tb. referido al líquido que retenía. *Tuerce la ropa para escurrir el agua.* ○ intr. **3.** Dejar caer gota a gota una vasija el líquido que contiene. *Pon a escurrir la aceitera.* **4.** Despedir una cosa empapada la parte de líquido que retenía. *Deja la ropa en la bañera para que escurra antes de tenderla.* Frec. prnl. *Lava la lechuga y deja que se escurra.* **5.** Deslizarse una cosa por encima de otra. *El agua escurre por las piedras.* Tb. prnl. *Se escurren los pies en el hielo.* ○ intr. prnl. **6.** Resbalar algo o desprenderse de donde estaba. *El jabón se escurre de las manos.* **7.** Salir huyendo alguien. *El ladrón se escurrió por la puerta trasera.*

escusado, da. → **excusado**[1].

esdrújulo, la. adj. *Fon.* Dicho de palabra: Que lleva el acento de intensidad en la antepenúltima sílaba. *¿Hay palabras esdrújulas que se escriban sin tilde?* Tb. m. *Siempre habla con esdrújulos.* ▶ PROPAROXÍTONO.

ese[1]**.** f. Letra *s.* ■ **haciendo ~s.** loc. adv. Con andar tambaleante. *Sale del bar haciendo eses.*

ese[2]**, sa.** adj. **1.** Que está a una distancia intermedia, entre cerca y lejos, en el espacio o en el tiempo, de la persona que habla. *A esa ave herida la recogieron ayer. Esa actitud no es propia de tu hermano.* Tb. referido a algo que está cerca, espacial o temporalmente, de la persona con quien se habla. *No me gusta ese abrigo que llevas puesto.* A veces se pospone al n. y entonces este va precedido de art. *Hoy he visto a la chica esa de la que me hablaste.* **2.** Que ha sido mencionado antes, espec. por la persona con quien se habla. *–¡Es un imbécil y un presuntuoso! –No digas esas cosas. Esos argumentos que me acabas de dar no me convencen.* ● pron. (Puede llevar acento, pero este solo es obligatorio cuando existe riesgo de ambigüedad entre la interpretación como pronombre y como adjetivo. *Habló con su prima y le dijo que ésa* ('esa chica') *mañana saldría de paseo*). **3.** El que está a una distancia intermedia, entre cerca y lejos, en el espacio o en el tiempo, de la persona que habla. *Ese parece un buen lugar para descansar.* Tb. designa el que está cerca, espacial o temporalmente, de la persona con quien se habla. *Las razones que dices que adujo no son esas.* **4.** Las palabras que acaban de mencionarse. Se usa en la forma f. pl. y en la constr. *venir,* o *salir, con ~s. ¿Ahora sales con esas?, ¡deja de decir tonterías!* ■ **ni por esas.** loc. adv. coloq. De ningún modo. *Intentaron sobornarlo ofreciéndole mucho dinero, pero no lo lograron ni por esas.*

esencia. f. **1.** Conjunto de características permanentes e invariables que constituyen la naturaleza de algo. Se usa espec. en filosofía, frec. en contraposición a *existencia. ¿Quién puede conocer la esencia divina? Para los existencialistas, la existencia precede a la esencia.* **2.** Rasgo o elemento más importantes o característicos de algo. *La confianza y el respeto mutuos son la esencia de toda relación duradera.* **3.** Extracto concentrado de una sustancia gralm. aromática. *Echó al bizcocho esencia de café.* **4.** Sustancia líquida, muy volátil y de olor penetrante, que se extrae de algunas plantas y se usa en perfumería. *La esencia o aceite esencial de lavanda aporta a la colonia un toque refrescante.* **5.** Perfume líquido con gran concentración de la sustancia o sustancias aromáticas. *La marca de perfumes lanza una nueva esencia.* ■ **quinta ~.** → **quintaesencia.** ▶ **2:** FONDO, MEOLLO, QUID.

esencial. adj. **1.** De la esencia o conjunto de características constitutivas de algo. *La inteligencia es una característica esencial del ser humano.* **2.** Principal o más importante. *Tras la introducción, llegamos al punto esencial del tema.* **3.** Imprescindible o absolutamente necesario. *El coche es esencial para él.*

esencialidad. f. Cualidad o condición de esencial. *Destaca en el poema su esencialidad, su absoluta carencia de elementos superfluos.*

esencialismo. m. *Fil.* Teoría que afirma la prioridad de la esencia sobre la existencia. *Su pensamiento se opone tanto al esencialismo como al existencialismo.*

esencialista. adj. **1.** Defensor a ultranza de valores o creencias considerados esenciales. *Un feminismo desligado de un proyecto social puede volverse esencialista.* Dicho de pers., tb. m. y f. *Dentro del nacionalismo, había un enfrentamiento entre posibilistas y esencialistas.* **2.** *Fil.* Del esencialismo. *¿Puede la filosofía de Platón ser calificada de esencialista?* **3.** *Fil.* Seguidor del esencialismo. *Filósofo esencialista.* Dicho de pers., tb. m. y f. *Intentó conciliar posturas de esencialistas y existencialistas.*

esfenoides. m. *Anat.* Hueso esfenoides (→ **hueso**). *Tiene rotura de esfenoides.*

esfera. f. **1.** Cuerpo geométrico limitado por una superficie curva cuyos puntos equidistan del centro. *Explica las diferencias entre circunferencia y esfera.* Tb. designa objetos cuya forma es o recuerda la de ese cuerpo. *El agua forma multitud de esferas al caer en el tanque.* **2.** Círculo en que giran las manecillas del reloj. *La esfera de mi reloj tiene los números romanos.* **3.** Espacio a que alcanza la acción o la influencia de alguien o algo. *Se ha denunciado un nuevo caso de corrupción en la esfera política.* Tb. *~ de acción. La selección de personal cae dentro de la esfera de acción del responsable de recursos humanos.* **4.** Clase o condición de una persona. *Se codea con personas de las altas esferas.* ■ **~ armilar.** f. Instrumento astronómico compuesto de aros que representan la esfera celeste y en cuyo centro suele colocarse un pequeño globo que representa la Tierra. *Con la esfera armilar se determina la posición de los cuerpos celestes en los equinoccios.* ■ **~ celeste.** f. Esfera (→ 1) ideal, concéntrica con la Tierra, en la que se mueven aparentemente los astros. *Las constelaciones de la esfera celeste toman su nombre de figuras religiosas o mitológicas, animales u objetos.* ■ **~ terrestre.** f. Planeta Tierra. *El Ecuador divide la esfera terrestre en dos hemisferios.* Tb. su representación. *En clase tenemos una esfera terrestre para estudiar geografía.*

esfericidad. f. Cualidad de esférico. *En un planisferio no se aprecia la esfericidad de la Tierra.*

esférico, ca. adj. **1.** De la esfera. *El globo ocular tiene forma esférica.* **2.** Que tiene forma de esfera. *La Tierra es esférica.* ● m. **3.** *Dep.* Balón, espec. de fútbol: *El esférico se coló en la portería.* ▶ **3:** *BALÓN.

esferoidal. adj. **1.** *tecn.* Del esferoide. *Encontraron unos huevos de forma esferoidal.* **2.** *tecn.* Que tiene forma de esferoide. *La cebolla presenta un bulbo esferoidal.*

esferoide. m. *tecn.* Cuerpo de forma parecida a la esfera. *La Tierra es un esferoide achatado por los polos.*

esfinge. f. **1.** En la mitología grecorromana: Monstruo fabuloso alado, gralm. con cabeza y pecho de mujer y cuerpo y pies de león. *En el tapiz aparecen figuras de inspiración clásica: faunos, grifos, esfinges...* En arte designa su representación escultórica, en postura recostada y frec. con cabeza de hombre, carnero o gavilán, propia espec. del antiguo Egipto. *Dos grandes esfinges de granito flanqueaban la entrada al templo.* **2.** Persona de actitud reservada o enigmática. *Nunca sabemos lo que piensa, es una esfinge.*

esfínter. m. *Anat.* Músculo en forma de anillo con que se abre y cierra el orificio de una cavidad del cuerpo. *Estas pérdidas de orina se deben a la dificultad del enfermo para controlar sus esfínteres.*

esforzado, da. part. **1.** → **esforzar.** ● adj. **2.** cult. Valiente y animoso. *La doncella se desposó con un esforzado caballero.*

esforzar. (conjug. CONTAR). tr. **1.** Someter (algo o a alguien) a un esfuerzo físico o moral. *Enciende la luz para que no tengas que esforzar la vista.* ○ intr. prnl. **2.** Hacer esfuerzos físicos o morales con algún fin. *Si haces gimnasia, no te esfuerces demasiado. Se esfuerza* POR *conseguirlo. Se esforzó* PARA *obtener buenas notas. Me esforcé* EN *la redacción de la carta.*

esfuerzo. m. **1.** Empleo enérgico de la fuerza física o moral para conseguir algo. *Levantar piedras supone un esfuerzo tremendo. Hacía esfuerzos para no llorar.* **2.** Empleo de medios costosos para conseguir algo. *Gracias a un gran esfuerzo económico pudo comprarse el piso.*

esfumado. m. *Arte* Hecho de esfumar. *Mediante la técnica del esfumado conseguimos un efecto de profundidad.*

esfumar. tr. **1.** *Arte* Difuminar (los trazos de lápiz o de color de un dibujo o una pintura). *El dibujante esfuma el contorno de las figuras para lograr cierto aspecto de vaguedad.* ○ intr. prnl. **2.** Disiparse o desaparecer algo. *Su enfado se esfuma de repente.* **3.** coloq. Marcharse alguien de un lugar con disimulo y rapidez. *Se esfumó en cuanto vio aparecer al jefe.* ▶ **1:** DIFUMINAR.

esgrafiado. m. Hecho o efecto de esgrafiar. *Domina la técnica del esgrafiado. Se está estropeando el esgrafiado de la pared.*

esgrafiar. (conjug. ENVIAR). tr. Trazar dibujos (en una superficie) superponiendo dos o más capas de diferente color y raspando hasta dejar al descubierto la que se desea. *Van a esgrafiar la fachada. Cerámica esgrafiada.*

esgrima. f. Deporte basado en el arte de manejar la espada, el sable o el florete, y en el que se enfrentan dos combatientes, provistos de caretas y otras protecciones, que intentan tocar con el arma al contrario sin ser tocados. *Es campeón de esgrima en la modalidad de florete.* Tb. ese arte. *Como todo cortesano que se preciara, montaba a caballo y dominaba la esgrima.*

esgrimidor, ra. m. y f. **1.** Esgrimista. *Demostró ser buen tirador de pistola y mejor esgrimidor.* **2.** Persona que sabe esgrimir algo, espec. argumentos, para lograr un fin. *Era un hábil esgrimidor de argumentos.*

esgrimir. tr. **1.** Manejar o empuñar (un arma blanca) para defenderse o atacar. *Se enfrentó a la policía esgrimiendo una navaja.* **2.** Usar (algo) como medio para lograr una cosa. *Los argumentos que esgrime no tienen sentido.*

esgrimista. m. y f. Persona que practica la esgrima. *Un asalto entre dos esgrimistas expertos puede durar mucho.* ▶ ESGRIMIDOR.

esguince. m. Torcedura o distensión violentas y dolorosas de una articulación. *Cayó sobre la mano y se hizo un esguince en la muñeca.*

eslabón. m. **1.** Pieza en forma de anillo o de otra curva cerrada que, enlazada con otras, forma una cadena. *Si la pulsera es larga, podemos quitar algunos eslabones.* **2.** Elemento necesario para el enlace de una serie, espec. de acciones, sucesos o ideas. *Los investigadores no conseguían casar los hechos: faltaba algún eslabón.* **3.** Hierro acerado del que saltan chispas al chocar con un pedernal. *Disponía de lo necesario para hacer un fuego: eslabón, pedernal y yesca.*

eslabonamiento. m. Hecho de eslabonar o eslabonarse. *Todo se debió no a un solo factor, sino a un eslabonamiento de factores.*

eslabonar. tr. **1.** Enlazar o encadenar (dos o más cosas). *El autor va eslabonando anécdotas y reflexiones.* Tb.: *Eslabonaba una idea* CON *otra.* Tb. en constr. prnl. media. *Es increíble cómo se han ido eslabonando los acontecimientos.* **2.** Formar (una cadena) uniendo unos eslabones con otros. Tb. fig. *Sus contactos eslabonan una verdadera cadena de poder.*

eslalon. m. *Dep.* Competición de esquí a lo largo de un trazado descendente y jalonado por pares de palos entre los que hay que pasar y que obligan a una sucesión de virajes. *El esquiador suizo se impuso en el eslalon gigante.*

eslavista. m. y f. Especialista en lenguas y culturas eslavas. *El eminente eslavista dirigirá un curso sobre novela rusa.*

eslavo, va. adj. **1.** Dicho de individuo: De uno de los pueblos de Europa central y oriental, como los rusos, polacos o eslovacos, que constituyen un grupo étnico originario de Asia y que tienen lenguas emparentadas. *Guerreros eslavos.* Tb. dicho de esos pueblos. *En el siglo* V, *el territorio fue invadido por pueblos eslavos.* Dicho de pers., tb. m. y f. *Había muchos eslavos, sobre todo croatas y eslovenos.* **2.** De los eslavos (→ 1). *¿Cuándo se produjeron las migraciones eslavas hacia Europa?* **3.** Dicho de lengua: Que pertenece al grupo de las habladas por los eslavos (→ 1). *El ruso y el polaco son lenguas eslavas.* **4.** Del eslavo (→ 5), o de las lenguas eslavas (→ 3). *Prefijo eslavo. Alfabeto eslavo.* ● m. **5.** Lengua hablada por los antiguos eslavos (→ 1). Tb. *antiguo ~. El manuscrito está en antiguo eslavo.* Tb. el conjunto de lenguas derivadas de ella. *Tanto el checo como el eslovaco pertenecen al eslavo occidental.*

eslogan. m. Fórmula breve y original, utilizada en publicidad o en la propaganda política. *Con el eslogan "Tú decides" se pretendía movilizar al electorado.*

eslora. f. *Mar.* Longitud de una embarcación medida de proa a popa sobre la cubierta principal. *El portaaviones tiene 200 metros de eslora y 25 de manga.*

eslovaco, ca. adj. **1.** De Eslovaquia (país de Europa). *Atracamos en Bratislava, capital y puerto fluvial eslovacos.* Dicho de pers., tb. m. y f. *Checos y eslovacos se escindieron en dos Estados.* ● m. **2.** Lengua hablada en Eslovaquia. *Es traductor de húngaro y eslovaco.*

esloveno, na. adj. **1.** De Eslovenia (país de Europa). *Cruzaron la frontera eslovena.* Dicho de pers., tb. m. y f. *Los eslovenos y croatas optaron por separarse.* ● m. **2.** Lengua hablada en Eslovenia. *Cursos de esloveno para universitarios.*

esmaltado. m. Hecho o efecto de esmaltar o cubrir con esmalte. *La técnica del esmaltado es antigua. Esta cerámica ha perdido parte del esmaltado.*

esmaltar. tr. **1.** Cubrir (algo) con esmalte o barniz. *Baldosas de barro sin esmaltar. Cocina de hierro esmaltado.* **2.** Adornar o embellecer (algo). *Las flores esmaltan el prado. El autor esmalta su prosa* CON *una rica adjetivación.*

esmalte. m. **1.** Barniz que se obtiene fundiendo polvo de vidrio coloreado con óxidos metálicos y que se aplica mediante fusión a la porcelana, loza, metales y otras sustancias elaboradas. *Ha comprado un botijo vidriado con esmalte negro.* **2.** Objeto cubierto o adornado de esmalte (→ 1). *En el museo se exponen esmaltes y tapices.* **3.** Sustancia blanca y muy dura que recubre los dientes de los vertebrados. *El flúor refuerza el esmalte de la dentadura.* **4.** Pintaúñas. *Lleva las uñas pintadas de esmalte rojo.* Tb. *~ de uñas.*

esmerado, da. part. **1.** → **esmerarse.** ● adj. **2.** Dicho de persona: Que se esmera. *Colaboran en el proyecto esmerados profesionales.* **3.** Dicho de cosa: Hecha con esmero, o que implica esmero. *Recibió una esmerada formación humanística.*

esmeralda. f. **1.** Piedra preciosa de color verde. *Lleva una gargantilla de esmeraldas.* ○ m. **2.** Color verde como el de la esmeralda (→ 1). Tb. adj., gralm. siguiendo a *verde. Laguna verde esmeralda.*

esmerarse. intr. prnl. Poner esmero en algo. *Se nota que te has esmerado* EN *la preparación de la cena. Tendré que esmerarme más.*

esmeril. m. Roca negruzca y de gran dureza, que se emplea en polvo para pulimentar metales, labrar piedras preciosas o deslustrar vidrio. *Lija de esmeril.*

esmerilar. tr. **1.** Pulir (algo) con esmeril. *Máquina para esmerilar metales.* **2.** Deslustrar (el vidrio) con esmeril. *Compró una lámpara de cristal esmerilado.*

esmero. m. Sumo cuidado y atención en lo que se hace. *Cuida el jardín con el mayor esmero.*

esmirriado, da. adj. coloq. Muy flaco y débil. *La niña es bajita y esmirriada.*

esmoquin. m. Chaqueta masculina de etiqueta, sin faldones, con cuello y solapas gralm. de seda. *Se quitó el esmoquin y se aflojó la corbata.* Tb. el traje compuesto por esa chaqueta, pantalón y chaleco. *Los invitados a la cena deben asistir con esmoquin.*

esnifada. f. jerg. Hecho o efecto de esnifar. *Si estás mal, nada arreglas con un chute o una esnifada.*

esnifar. tr. jerg. Aspirar por la nariz (una droga en polvo, espec. cocaína). *Empezó muy joven a esnifar cocaína.*

esnob. (pl. **esnobs**). m. y f. despect. Persona que imita o adopta sin criterio cualquier novedad o moda de los círculos que considera distinguidos y de buen gusto. *Era lo que se dice una esnob: siempre a la última...* Tb. adj. *No he conocido a nadie tan esnob.*

esnobismo. m. despect. Cualidad de esnob. *Les falta distinción y les sobra esnobismo.* Tb. la actitud correspondiente. *Lleva ropa de marca por esnobismo.*

eso. (No tiene pl.) pron. **1.** Lo que está a una distancia intermedia, entre cerca y lejos, en el espacio o en el tiempo, de la persona que habla. *¿Tenemos que comer eso? Hay que quitar eso mohoso al jamón.* Tb. designa lo que está cerca, espacial o temporalmente, de la persona con quien se habla. *No quiero verte con eso. Deja eso en su sitio.* **2.** Lo que se ha mencionado antes. *Los realojaron en casas prefabricadas, pero eso no era lo que les habían prometido. Laura es todo eso y además una gran profesional. Es por eso por lo que deberías ir a verla.* ■ **a ~ de.** loc. prepos. Seguida de un nombre que expresa tiempo: Alrededor de. *Llegaremos a eso de las diez de la noche. Te espero a eso del mediodía.* ■ **en ~.** loc. adv. Mientras sucede lo que se ha expuesto antes. *Estábamos hablando de Susana, y en eso entró ella en la habitación.* ■ **(y) ~ que.** loc. conjunt. A pesar de que. *No llegamos a tiempo, y eso que habíamos salido con bastante antelación.*

esofágico, ca. adj. *Anat.* Del esófago. *Mucosa esofágica.*

esófago. m. *Anat.* Conducto del aparato digestivo que va desde la faringe al estómago. *Le dan el alimento a través de una sonda que recorre su esófago.*

esotérico, ca. adj. Oculto, o reservado y comprensible solo para iniciados. *Le atraen las cuestiones esotéricas y los fenómenos paranormales.* Se usa en contraposición a *exotérico*. *Más que lo exotérico de la religión –ritos, ceremonias...–, al místico le interesa lo esotérico.*

esoterismo. m. Cualidad de esotérico. *Su poesía es hermética, de marcado esoterismo.* Tb. el conjunto de conocimientos y prácticas esotéricos. *Revista de magia y esoterismo.*

espabilado, da. part. **1.** → **espabilar.** ● adj. **2.** Dicho de persona: Viva o desenvuelta. *Como es una niña muy espabilada, ha aprendido a leer muy rápido.* Frec. en sent. irónico. Tb. m. y f. *El camarero es un espabilado: se ha quedado con las vueltas.* ▶ **2:** *INTELIGENTE.

espabilar. tr. **1.** Quitar (a alguien) el sueño o la pereza. *El aire fresco me espabila.* **2.** Hacer (a alguien) más vivo o desenvuelto. *La televisión espabila mucho a la gente.* Tb. usado en constr. intr. *Los campamentos de verano curten y espabilan.* ○ intr. **3.** Salir del sueño o la pereza. *Espabila, que ya es de día.* Tb. prnl. *Con la ducha te espabilas rápido.* **4.** Hacerse alguien más vivo o desenvuelto. *Se fue a vivir solo y espabiló.* Tb. prnl. *Si no te espabilas, muchos se van a aprovechar de ti.* **5.** Apresurarse o darse prisa. *Espabila con eso, que no tenemos todo el día.* Tb. prnl. *Tendremos que espabilarnos si queremos tener el trabajo para esa fecha.* ▶ **1-3:** DESPABILAR.

espachurrar. tr. coloq. Aplastar (algo) estrujándo(lo) o apretándo(lo) con fuerza. *Espachurró la colilla en el cenicero.* Tb. en constr. prnl. media. *Algunos tomates se han espachurrado.*

espaciado. m. Hecho o efecto de espaciar. *Modifica el espaciado de las líneas para que quepa todo el texto en un folio.*

espaciador, ra. adj. Dicho de tecla o barra de una máquina de escribir o de un ordenador: Que se pulsa para dejar espacios en blanco. *Pulsa la barra espaciadora.* Tb. m. *Se le olvidó dar al espaciador y escribió el apellido pegado al nombre.*

espacial. adj. Del espacio, espec. del situado fuera de la atmósfera terrestre. *Observatorio espacial. Necesitamos conocer su localización espacial y temporal.*

espaciamiento. m. Hecho o efecto de espaciar o espaciarse. *Reduce el espaciamiento entre líneas. Introducir cereales en la dieta del niño permite un mayor espaciamiento de las tomas.*

espaciar. (conjug. ANUNCIAR). tr. Poner espacio físico o temporal (entre las cosas). *Espacia las líneas para que la lectura sea más fácil. El médico aconseja espaciar las visitas.* Tb. en constr. prnl. media. *Los chubascos comenzaron a espaciarse.*

espacio. m. **1.** Lo que contiene toda la materia existente. *Hay diversas teorías sobre el espacio y el tiempo. La Tierra gira en el espacio.* **2.** Región del universo que se encuentra más allá de la atmósfera terrestre. *Me gustaría ser astronauta y viajar por el espacio.* Tb. ~ *exterior. Nos mostraron imágenes de la Tierra vista desde el espacio exterior.* **3.** Parte de espacio (→ 1) que ocupa cada objeto sensible. *La estantería ocupa mucho espacio.* **4.** Porción de espacio (→ 1) entre dos cuerpos. *Coloca la mesita de noche en el espacio que queda entre las dos camas.* **5.** Separación entre las líneas de un texto mecanografiado o escrito a ordenador. *Escribió el informe a doble espacio.* **6.** Separación entre dos palabras o dos signos de un texto, que corresponde a una pulsación del teclado. *Detrás de la primera palabra del texto sobra un espacio.* **7.** Porción de tiempo. *En un corto espacio de tiempo las cosas mejoraron. Esperó por espacio de tres horas.* **8.** Programa o parte de la programación de radio o televisión. *Les ampliaremos la noticia en nuestro próximo espacio informativo.* **9.** *Mús.* Separación entre las rayas del pentagrama. *El pentagrama está compuesto por cinco líneas y cuatro espacios.* **10.** *Fís.* Distancia recorrida por un móvil en cierto tiempo. *Halla el espacio recorrido en 10 minutos por un móvil que se desplaza a 100 km/h.* ■ **~ aéreo.** m. Parte de espacio (→ 1) en que se desarrolla la circulación de aviones, sometida a la jurisdicción de un país. *Un avión viola el espacio aéreo norteamericano.* ■ **~ vital.** m. Ámbito territorial que necesitan un individuo o un grupo para desarrollarse. *El hombre está invadiendo el espacio vital de muchas especies animales.*

espaciosidad. f. Cualidad de espacioso. *Quería una casa de gran espaciosidad.*

espacioso, sa. adj. Que tiene mucho espacio o es de gran extensión. *La habitación es muy espaciosa.* ▶ *ANCHO.

espada. f. **1.** Arma blanca de hoja larga, recta, aguda y cortante, y con empuñadura. *Los caballeros luchaban con espadas.* **2.** (Tb., más frec., m.). Matador de toros. *Herido de muerte por el espada, el toro se arrimó a las tablas.* **3.** En la baraja española: Carta del palo de espadas (→ 4). *Miró sus cartas: todas eran espadas.* ○ pl. **4.** Palo de la baraja española cuyas cartas tienen representadas una o varias espadas (→ 1). *Tengo el rey de espadas.* ■ **~ de Damocles.** f. Amenaza persistente de un peligro. *La espada de Damocles de una crisis económica pende sobre el país.* ■ **primer ~.** m. **1.** Espada (→ 2) más importante. *El primer espada abrió la corrida.* **2.** Persona sobresaliente en una disciplina o actividad. *Actor y director, se ha consagrado como uno de los primeros espadas de nuestro cine.* ■ **primera ~.** f. Primer espada (→ **primer espada**). *El matador intervendrá como primera espada en una corrida benéfica.* ■ **entre la ~ y la pared.** loc. adv. En situación de tener que decidirse, sin posible escapatoria, por una cosa o por otra, gralm. igual de malas. Frec. con v. como *estar* o *poner. ¿Debía delatarlo o encubrirlo?; estaba entre la espada y la pared.* ■ **la ~.** loc. s. El as de espadas (→ 4). *Ya habían salido tres ases, solo quedaba la espada.* ▶ **2:** *TORERO.

espadachín. m. Hombre que sabe manejar la espada. *Debía batirse en duelo con un consumado espadachín.*

espadaña. f. **1.** Campanario de una sola pared, en la que están abiertos los huecos para colocar las campanas. *Sobre la fachada de la iglesia se eleva una airosa espadaña.* **2.** Planta de hojas en forma de espada y tallos largos terminados en una mazorca cilíndrica aterciopelada, que suele crecer a orillas de ríos y pantanos. *Las carpas se revolvían entre juncos y espadañas.* ▶ **2:** ANEA, ENEA.

espadín. m. Espada de hoja muy estrecha o triangular, que se usa como prenda de ciertos uniformes. *Viste uniforme de gala, con banda de seda y espadín.*

espadón. m. despect. Persona de elevada jerarquía en la milicia. *La ineficacia de los políticos espoleó la intervención de los espadones.*

espagueti. m. Pasta alimenticia en forma de cilindro macizo, largo y delgado, más grueso que los fideos. Frec. en pl. *¿Te gustan los espaguetis con salsa boloñesa?*

espalda. f. **1.** Parte posterior del cuerpo humano, desde los hombros hasta la cintura. *Siéntate recto para que no te duela la espalda.* Tb. en pl. con significado sing. *Es un chico fornido y de espaldas muy anchas.* Tb. la parte correspondiente de una prenda de vestir. *El vestido lleva la espalda abotonada.* **2.** Parte posterior del tronco de los animales. *Acarició la espalda de su caballo.* **3.** Parte posterior de algo. *El cine está a la espalda del museo.* Tb. en pl. con significado sing. *Paseamos por una calle que da a las espaldas de la iglesia.* **4.** *Dep.* Estilo de natación en que el nadador va boca arriba, moviendo los brazos alternativamente y batiendo las piernas. *El nadador es tan bueno en espalda como en crol.* Frec. en aposición, pospuesto a una expresión de longitud. *Se ha proclamado campeona en los 200 metros espalda.* ■ **~ mojada.** m. y f. Persona que entra o pretende entrar ilegalmente en un país, atravesando un mar o un río. Se usa espec. referido a la persona que desde México pasa o pretende pasar de forma ilegal la frontera hacia los Estados Unidos. *Varios espaldas mojadas fueron detenidos cerca de Río Bravo.* □ **~ contra ~.** loc. adv. Apoyándose mutuamente. *Estaban dispuestos a luchar espalda contra espalda.* ■ **a ~s** (de alguien). loc. adv. Sin que (esa persona) se entere. *Pactaron a mis espaldas.* ■ **caerse de ~(s).** loc. v. coloq. Asombrarse o sorprenderse mucho. *Te voy a contar una cosa que te vas a caer de espaldas.* ■ **dar,** o **volver, la ~** (a algo o a alguien). loc. v. **1.** Presentar(les) la espalda (→ 1). *Quise saludarlo pero me volvió la espalda con un gesto de desprecio.* **2.** Abandonar(los) o no hacer(les) caso. *Sus amigos le dieron la espalda cuando más los necesitaba.* ■ **de ~(s).** loc. adv. **1.** Presentando la espalda (→ 1). *En la foto tu primo aparece de espaldas.* **2.** Con la espalda (→ 1) dirigida hacia el sentido de la marcha. *El motorista sale del garaje de espaldas.* **3.** Sobre la espalda (→ 1). *Se ha tumbado de espaldas para tomar el sol.* ■ **de ~s** (a algo). loc. adv. Sin querer considerar(lo). *Vive de espaldas a la realidad. Actúan de espaldas a las leyes vigentes.* ■ **echar** (algo) **sobre las ~s** (de alguien). loc. v. Poner(lo) a cargo (de esa persona). *Echan todo el trabajo sobre sus espaldas.* ■ **echarse** alguien (algo) **sobre las ~s.** loc. v. Hacerse responsable (de ello). *No puedes echarte sobre las espaldas todos los errores que él comete.* ■ **guardar,** o **cubrir, la(s) ~(s).** loc. v. Resguardar de riesgos o peligros. *En los negocios es mejor guardarse las espaldas por si las cosas salen mal. Necesitan que el Gobierno les cubra las espaldas.* ■ **por la ~.** loc. adv. A traición. *El día menos pensado, los que crees que son tus amigos te apuñalan por la espalda.* ■ **tirar de ~s.** loc. v. coloq. Causar mucha extrañeza por ser contrario a lo natural o razonable. Gralm. en la constr. *que tira de ~s. Huele a sudor que tira de espaldas.* ▶ **1:** COSTILLAS.

espaldar. m. Respaldo de un asiento. *Se sentaba con la espalda recta y pegada al espaldar de la silla.*

espaldarazo. m. **1.** Reconocimiento de la competencia o habilidad a que ha llegado alguien en una profesión o actividad. *El premio fue el espaldarazo definitivo en su carrera de escritor.* **2.** histór. Golpe simbólico dado con la espada en la espalda de alguien para armarlo caballero. *El héroe, arrodillado, recibe el espaldarazo del rey.*

espaldera. f. **1.** Enrejado, frec. sobrepuesto a una pared, dispuesto para que trepen por él ciertas plantas. *En la fachada que da al jardín, tienen una espaldera llena de jazmines.* ○ pl. **2.** Aparato gimnástico formado por unas barras de madera paralelas y fijas a una pared a distintas alturas. *Hacen ejercicios en las espalderas.*

espaldilla. f. Cuarto delantero de algunas reses, espec. de las destinadas al consumo. *Comeré espaldilla de cordero al horno.*

espaldista. m. y f. *Dep.* Nadador que practica el estilo espalda. *Ha competido como espaldista.*

espantable. adj. cult. Espantoso (que causa espanto). *Escucharon con pavor aquella espantable voz de ultratumba.*

espantada. f. Huida repentina, causada gralm. por el miedo. *Un fuego provoca la espantada de los animales. Cuando llegó la policía, el atracador ya había dado la espantada.* Tb. fig. *Abandonó la coalición sin dar explicaciones de su espantada.*

espantadizo, za. adj. Que se espanta o asusta con facilidad. *Montaba un caballo peligroso por lo espantadizo.*

espantajo. m. **1.** Espantapájaros. *Había en el trigal un espantajo hecho con ropas viejas.* **2.** Cosa que causa espanto, espec. por su apariencia o su figura. *Sus obras del período negro son tenebrosas, verdaderos espantajos.* **3.** coloq., despect. Persona estrafalaria y despreciable. Frec. se usa como insulto. *¿Quién es ese espantajo que sale del portal?*

espantapájaros. m. Objeto, frec. representando la figura humana, que se pone en los sembrados y en los árboles para ahuyentar los pájaros. *Los gorriones son tan desvergonzados que hasta se posan en el espantapájaros.* ▶ ESPANTAJO.

espantar. tr. **1.** Causar espanto o miedo (a alguien). *Me espanta ver sangre.* Tb. usado en constr. intr. *Este lugar espanta.* Tb. en constr. prnl. media. *Se espantó al oír ruidos en el piso de arriba.* **2.** Ahuyentar (algo o a alguien). *Espantó un moscardón que quería posarse en su plato. Canta para espantar el miedo.* ▶ **1:** ESPELUZNAR. **2:** AHUYENTAR.

espanto. m. Terror o miedo muy intenso. *Salió corriendo presa del espanto al descubrir el cadáver.*

Frec. con intención enfática. *Solo pensar en el trabajo que nos queda me da espanto.* Tb. la persona o cosa que causan ese terror. *El hombre, con la cara deforme, era un espanto. Las cortinas del salón son un espanto.* ■ **curado de ~(s).** loc. adj. coloq. Hecho a reaccionar con impasibilidad ante cualquier suceso o circunstancia, por la costumbre o experiencia acumulada. Gralm. con *estar. Como policía, estaba ya curada de espanto y no se impresionó por la escena.* ■ **de ~.** loc. adj. coloq. Muy grande o extraordinario. *Hace un calor de espanto.* ► *MIEDO.

espantoso, sa. adj. **1.** Que causa espanto o terror. *Fue víctima de una espantosa tortura.* **2.** Muy grande o extraordinario. *Hace un frío espantoso.* **3.** Muy feo. *Lleva un vestido espantoso.* ► **1:** *TERRIBLE. **2:** *ENORME.

español, la. adj. **1.** De España. *Conozco muchas ciudades españolas.* Dicho de pers., tb. m. y f. *Los españoles son vecinos de los portugueses.* **2.** Del español (→ 3). *Gramática española.* ● m. **3.** Lengua hablada en España, Hispanoamérica y otras partes del mundo. *Existen muchos hablantes de español en Estados Unidos.* ► **1:** HISPÁNICO, HISPANO. **3:** CASTELLANO.

españolada. f. despect. Cosa, frec. acción o espectáculo, que exagera el carácter español. *Protagonizó grandes películas y también alguna españolada para olvidar.*

españolear. intr. Hacer propaganda exagerada de España. *Cuando viaja al extranjero, se dedica a españolear.*

españolidad. f. **1.** Cualidad o condición de español. *El presidente afirmó la españolidad de Ceuta y Melilla.* **2.** Españolismo (carácter español). *Circulan muchos tópicos sobre la españolidad.* ► **2:** ESPAÑOLISMO.

españolismo. m. **1.** Gusto o predilección por lo español. *Sus crónicas desde Andalucía son toda una declaración de españolismo.* **2.** Carácter español. *Es común identificar españolismo con apasionamiento.* **3.** Hispanismo (palabra o uso propios de la lengua española). *Encontramos en el texto inglés un españolismo ("matador") y bastantes galicismos.* ► **2:** ESPAÑOLIDAD. **3:** HISPANISMO.

españolista. adj. Que tiene o manifiesta españolismo. *En sus preferencias literarias se traslucen sus sentimientos españolistas.*

españolización. f. Hecho o efecto de españolizar o españolizarse. *Polemizaron sobre la españolización de Europa o la europeización de España.*

españolizar. tr. **1.** Dar (a alguien o algo) carácter español. *Cogió la comedia francesa y la españolizó.* Tb. en constr. prnl. media. *Es un plato italiano que se ha españolizado.* **2.** Dar forma española (a una palabra o expresión de otro idioma). *"Cruasán" es la forma españolizada del sustantivo francés "croissant".*

esparadrapo. m. Tira de tela o de papel, con una de sus caras adhesiva, que se usa para sujetar vendajes y a veces como apósito. *Ponga unas gasas sobre la herida y sujételas con esparadrapo.*

esparcimiento. m. **1.** Hecho de esparcir o esparcirse. *Es un lugar de esparcimiento para los niños.* **2.** Cosa o actividad para esparcirse o divertirse. *Hacer solitarios me sirve de esparcimiento.*

esparcir. tr. **1.** Extender (algo que está junto o amontonado). *Recoge todos los papeles que has esparcido* POR *la mesa.* Tb. en constr. prnl. media. *Volcó el monedero y las monedas se esparcieron* POR *el mostrador.* **2.** Divulgar o difundir (algo). *Se pasa el día esparciendo chismes.* Tb. en constr. prnl. media. *La noticia no tardó en esparcirse por la oficina.* ○ intr. prnl. **3.** Divertirse o entretenerse. *Necesito salir a esparcirme un rato.* ► **1:** *EXTENDER. **2:** DIVULGAR.

espárrago[1]. m. Brote de la raíz de la esparraguera, alargado, tierno y comestible. *Comimos espárragos con mahonesa.* Tb. su planta (→ **esparraguera**). ■ **~ triguero.** m. Espárrago silvestre, espec. el que brota en los sembrados de trigo. *Ha preparado una tortilla de espárragos trigueros.* ⇒ TRIGUERO. □ **a freír ~s.** expr. coloq. Se usa para despedir a alguien o desechar algo despectivamente o con enojo. Frec. con v. como *mandar* y en constr. imperativas con *irse* o *andar. Tengo ganas de mandarlo todo a freír espárragos. ¡Vete a freír espárragos!*

espárrago[2]. m. *Mec.* Barrita metálica con rosca que, fija por un extremo a una pieza, sirve para sujetar otra pasando a través de ella y ajustando una tuerca en el otro extremo. *El pie de la lámpara va anclado a la base mediante un espárrago.*

esparraguero, ra. m. y f. **1.** Persona que se dedica al cultivo, recolección o venta de espárragos. *Cada esparraguero cogía unos diez kilos de espárragos al día.* ○ f. **2.** Planta de tallo muy ramoso, con raíces subterráneas y horizontales cuyos brotes son los espárragos. *En la agricultura de la zona son importantes los olivos y las esparragueras.* ► **2:** ESPÁRRAGO.

esparramar. tr. **1.** vulg. Desparramar (algo que está junto o amontonado). *Ha esparramado los juguetes por la habitación.* Tb. en constr. prnl. media. *Se le ha roto la bolsa y todo lo que llevaba se ha esparramado por el suelo.* ○ intr. **2.** vulg. Desparramar o divertirse. *Mañana salimos por ahí a esparramar.*

espartal. m. Terreno donde se cría esparto. *En la zona seca abundan los espartales.*

espartano, na. adj. **1.** histór. De Esparta (antigua ciudad griega). *Ejército espartano.* Dicho de pers., tb. m. y f. *Los espartanos vencieron a los atenienses en la Guerra del Peloponeso.* **2.** Austero o sobrio. *La espartana decoración interior contrasta con el barroquismo exterior.* **3.** Severo o estricto. *Recibió una educación espartana.*

esparto. m. Planta propia de zonas secas, de hojas grandes y resistentes, enrolladas sobre sí a lo largo, que se utilizan para fabricar cuerdas, esteras, pasta de papel y otras cosas. *En este paisaje árido abunda el esparto.* Tb. las hojas, o la fibra que se obtiene de ellas. *Cesto de esparto.*

espasmo. m. *Med.* Contracción brusca e involuntaria de los músculos, producida gralm. por mecanismo reflejo. *Hacer estiramientos antes del ejercicio le ayudará a evitar espasmos musculares.*

espasmódico, ca. adj. *Med.* Del espasmo o acompañado de espasmos. *La arcada es un movimiento respiratorio espasmódico.*

espatarrar. tr. vulg. Despatarrar (a alguien). *Espatarró al niño y lo sentó encima del orinal. Se espatarró en el sillón agotada.* Tb. en constr. prnl. media, espec. cuando la acción es resultado de una caída. *Tropezó y se espatarró en la acera.*

espato. m. *Mineral.* Mineral de estructura laminar. *En la zona se encuentran diversos tipos de mármoles y espatos.* ■ **~ de Islandia.** m. *Mineral.* Caliza cristalizada y muy transparente, usada en óptica por presentar la propiedad de la doble refracción. *Al mirar a través de un cristal de espato de Islandia observó* *imágenes dobles.* ■ ~ **flúor.** m. *Mineral.* Fluorita. *Hay en la comarca minas de cobre y espato flúor.*

espátula. f. **1.** Instrumento con forma de paleta, gralm. pequeño, con bordes afilados y mango largo, que se emplea espec. para mezclar, retirar y extender materias pastosas. *Con una espátula extendió yeso hasta tapar la grieta.* **2.** Ave de patas largas, plumaje blanco y pico en forma de espátula (→ 1), que habita en zonas pantanosas. *La espátula macho.*

especia. f. Sustancia vegetal aromática que se usa como condimento. *Echó al guiso pimienta, comino y otras especias.*

especial. adj. **1.** Que se diferencia de lo común o habitual. *Es un amigo muy especial. Quería hacerle un regalo especial, no la típica corbata.* **2.** Muy adecuado o propio para una persona o cosa concretas. *Uso un champú especial* PARA *cabello graso.* **3.** Dicho de programa radiofónico o televisivo: Que se dedica monográficamente a un asunto determinado. Tb. m. *La cadena emitirá un especial sobre el artista fallecido.* ■ **en ~.** loc. adv. Especialmente. *El temporal se dejará sentir en el norte, en especial en la costa.* ▶ **1:** PARTICULAR, SINGULAR.

especialidad. f. **1.** Rama determinada de una ciencia, técnica o actividad. *Estudió Medicina y eligió la especialidad de Ginecología.* **2.** Especialidad (→ 1) a la que alguien se dedica. *Si su especialidad es el derecho laboral, es el abogado que necesito.* **3.** Actividad para la que alguien posee capacidad o habilidad especiales. *Hablar en público no es mi especialidad.* **4.** Producto en cuya preparación o fabricación sobresalen una persona, un establecimiento o una región. *Pruebe nuestra tarta de chocolate, la especialidad de la casa. El menú ofrecía especialidades castellanas.*

especialista. adj. **1.** Dicho de persona: Que cultiva o practica una especialidad o rama determinadas de una ciencia, técnica o actividad. *Consultó a un médico especialista* EN *neurología.* Frec. m. y f. *Dará la conferencia una especialista* EN *literatura medieval. Este no es trabajo para aficionados, necesitamos a un especialista.* ● m. y f. **2.** *Cine* Persona que actúa, gralm. como doble de un actor principal, en escenas peligrosas o que requieren cierta destreza. *La escena del salto en paracaídas la interpreta un especialista.*

especialización. f. Hecho o efecto de especializar o especializarse. *Curso de especialización.*

especializar. tr. **1.** Limitar (algo) a un uso o fin determinados. *Van a especializar la revista* PARA *temas científicos. Lo encontrarás en tiendas especializadas* EN *electrónica.* ○ intr. prnl. **2.** Cultivar una especialidad o rama determinada de una ciencia, arte o actividad. *Se ha especializado* EN *Ginecología.*

especialmente. adv. **1.** De manera especial. *La sala está especialmente acondicionada* PARA *la celebración de reuniones.* **2.** Sobre todo. *El tráfico será intenso en todas las carreteras, especialmente en las de salida.*

especie. f. **1.** Clase (grupo de los que se pueden hacer en un conjunto de elementos). *En el almacén se guardan géneros de cualquier especie. Es de esa especie de personas que siempre están de buen humor.* **2.** Persona o cosa muy semejantes a otra de otra especie (→ 1). Gralm. en la constr. *una ~ de. Le ha salido una especie de sarpullido.* **3.** *Biol.* Categoría taxonómica en que se clasifican los seres vivos, inmediatamente superior a la subespecie e inferior al género. *El lince ibérico y el oso pardo son dos especies en peligro de extinción. La especie se subdivide a veces en variedades o razas.* ○ pl. **4.** *Rel.* Accidentes de olor, color y sabor que quedan en el sacramento de la Eucaristía después de la transustanciación. *La Eucaristía es el sacramento del cuerpo y sangre de Jesucristo bajo las especies de pan y vino.* Tb. *~s sacramentales.* ■ **en ~.** loc. adv. En frutos o en género y no en dinero. *Percibe en especie un 10% de su salario.* Tb. adj. *Prestaciones en especie.* ▶ **1:** *CLASE.

especiero, ra. m. y f. **1.** Persona que comercia en especias. *Se acercó al puesto del especiero para comprar pimienta.* ○ m. **2.** Recipiente o armario pequeño con cajones o estantes para guardar especias. *Que no falte en la cocina un especiero bien surtido.*

especificación. f. Hecho o efecto de especificar. *Antes de conectar el televisor, consulta las especificaciones técnicas.*

especificar. tr. Fijar o determinar (algo) de modo preciso. *Habló de varias personas sin especificar nombres.*

especificativo, va. adj. *Gram.* Que especifica o sirve para especificar. *En "me gustan los claveles rojos", "rojo" es un adjetivo especificativo.*

especificidad. f. Cualidad de específico. *A mayor especificidad de la medicación, mayor eficacia.*

específico, ca. adj. **1.** Que es propio de una persona o cosa y los caracteriza y distingue de otras. *La fotosíntesis es un proceso específico de las plantas verdes.* **2.** Concreto (preciso). *Cada miembro del equipo tiene una tarea específica.* **3.** Dicho de cosa: Adecuada de manera específica (→ 2) a un fin. *Se crea una fiscalía específica contra delitos financieros.* ● m. **4.** Medicamento indicado para curar una determinada enfermedad o afección. *Pida en la farmacia un específico contra las quemaduras.* **5.** Medicamento fabricado al por mayor, que se vende con envase especial y lleva el nombre científico de las sustancias medicamentosas que contiene, u otro nombre registrado. *En la sanidad pública se prefieren los genéricos a los específicos.* ▶ **2:** CONCRETO.

espécimen. (pl. **especímenes**). m. Persona, animal o cosa que se consideran representativos de su especie por presentar las características propias de esta muy bien definidas. *En la cuadra hay un hermoso espécimen de purasangre.*

especioso, sa. adj. cult. Engañoso o de solidez solo aparente. *Arguye razones especiosas y poco convincentes.*

espectacular. adj. **1.** Dicho de cosa o persona: Que llama la atención o impresiona. *Es una actriz espectacular. Conduce un coche espectacular.* **2.** Que tiene características propias de un espectáculo público. *La espectacular ceremonia nupcial fue televisada.*

espectacularidad. f. Cualidad de espectacular. *El acto fue sobrio, alejado de toda espectacularidad.*

espectáculo. m. **1.** Acción que se ejecuta ante el público para divertirlo o entretenerlo, gralm. en un teatro, circo u otro local destinado a ello. *Tengo entradas para un espectáculo de* ballet. *Asistimos a un espectáculo callejero de acrobacia.* **2.** Conjunto de actividades profesionales relacionadas con los espectáculos (→ 1). *Debutó en el mundo del espectáculo como cantante.* **3.** Cosa que se ofrece a la vista o a la contemplación intelectual y es capaz de atraer la atención y conmover. *El cielo estrellado es un espectáculo maravilloso.* **4.** Acción que causa escándalo o gran extrañeza. *¡Qué espectáculo tan bochornoso la bronca del Parlamento! No des el espectáculo.*

espectador, ra. adj. **1.** Dicho de persona: Que asiste a un espectáculo público. *El público espectador aplaudió puesto en pie.* Tb. m. y f. *Algunos espectadores abandonaron el estadio antes de acabar el partido.* **2.** Dicho de persona: Que observa un hecho o es testigo de él. *No seamos ciudadanos espectadores, sino protagonistas de la Historia.* Tb. m. y f. *Hemos sido espectadores de grandes avances científicos.*

espectral. adj. Del espectro. *Creyó notar una presencia espectral en la sala. Cuando el rayo de luz atraviese el prisma, veremos los colores espectrales.*

espectro. m. **1.** Fantasma (imagen de una persona muerta). *No creo en espectros.* Tb. fig. para designar una perspectiva amenazante que causa temor. *El espectro de una nueva crisis se cierne sobre la región.* **2.** *Fís.* Resultado de la dispersión de una radiación o de un fenómeno ondulatorio, como la luz o el sonido, en función de una magnitud relacionada con ellos, como la frecuencia o la longitud de onda. *¿Qué colores forman el espectro luminoso?* Tb. fig. para designar un conjunto de elementos que constituyen una gama o presentan una distribución determinada. *La población indígena es mayoritaria dentro del espectro social del país.* **3.** *Med.* Conjunto de las especies microbianas contra las que es activo un producto, espec. un antibiótico. *Antibiótico de amplio espectro.* ▶ **1:** FANTASMA.

espectrógrafo. m. *Fís.* Aparato que permite obtener un registro gráfico o fotográfico de un espectro. *Aunque la luz infrarroja es invisible, podemos fotografiar su espectro con un espectrógrafo.*

espectrometría. f. *Fís.* Técnica analítica que se basa en el empleo del espectrómetro. *Determinaron el nivel de contaminación metálica de las aguas mediante espectrometría.*

espectrómetro. m. *Fís.* Aparato que produce la separación de partículas o radiaciones de una determinada característica y mide su proporción. *La nave lleva un espectrómetro de rayos X con el que se analizará la composición de la superficie lunar.*

espectroscopia. f. *Fís.* Estudio o análisis de los espectros. *Laboratorio de espectroscopia.*

espectroscópico, ca. adj. *Fís.* Del espectroscopio, o de la espectroscopia. *Análisis espectroscópico.*

espectroscopio. m. *Fís.* Instrumento que sirve para obtener y observar espectros. *Mediante un espectroscopio, observó los espectros del Sol y de algunas estrellas.*

especulación. f. Hecho o efecto de especular. *Lo que dicen son meras especulaciones.*

especulador, ra. adj. Que especula, espec. en el campo comercial o financiero. *Una empresa especuladora compró el edificio para construir pisos de lujo. Pensamiento analítico y especulador.* Dicho de pers., tb. m. y f. *Compran arte los coleccionistas, pero también los especuladores.*

especular[1]. intr. **1.** Teorizar o reflexionar con hondura sobre algo. *Desde la Antigüedad, los filósofos han especulado* SOBRE *la existencia de Dios.* **2.** Realizar conjeturas o hipótesis sobre algo que no se sabe con certeza. *La prensa ha especulado mucho* SOBRE/CON *su secuestro.* **3.** Efectuar operaciones comerciales o financieras para obtener grandes beneficios aprovechando las variaciones de los precios o de los cambios. *Amasó una fortuna especulando* CON *suelo urbanizable.* **4.** Buscar provecho o ganancia con algo fuera del tráfico mercantil. *Ha especulado* CON *sus amistades.*

especular[2]. adj. **1.** cult. Del espejo. *Entre el cine y la realidad se establece una relación especular. Brillo especular.* **2.** *tecn.* Dicho de imagen de un objeto: Reflejada en un espejo, o que aparece como reflejada en un espejo. *Cada mitad del plano es la imagen especular de la otra.*

especulativo, va. adj. De la especulación. *Pasemos del plano especulativo al práctico. Ha perdido mucho dinero en operaciones especulativas.*

espéculo. m. *Med.* Instrumento que permite mantener separadas las paredes de una cavidad del cuerpo y examinar su interior por reflexión luminosa. *El ginecólogo explora el cuello del útero con ayuda de un espéculo vaginal.*

espejismo. m. **1.** Ilusión óptica debida a la reflexión total de la luz cuando atraviesa capas de aire de densidad distinta, lo cual hace que los objetos lejanos den una imagen invertida, ya por debajo del suelo, ya sobre la superficie del mar. *Atravesaron el desierto sobreponiéndose a la sed y los espejismos.* **2.** Ilusión engañosa o fruto de la imaginación. *Nos veíamos ganadores, pero fue un espejismo.* ▶ **1:** ILUSIÓN.

espejarse. intr. prnl. Reflejarse alguien o algo como una imagen en un espejo. *Los edificios se espejan en los charcos.*

espejear. intr. Relucir o resplandecer como un espejo. *A lo lejos espejean las salinas.*

espejeo. m. Hecho o efecto de espejear. *La torre se refleja en el lago entre el espejeo de las aguas.*

espejo. m. **1.** Superficie de cristal cubierto con mercurio por la parte posterior, o de metal pulido, en la que se reflejan la luz y los objetos situados delante. *El armario lo quiero con espejo.* Tb. el objeto que consta básicamente de una superficie de ese tipo. *Sacó un espejo y se peinó.* **2.** Cosa que da una imagen de algo. *La lengua es el espejo de una cultura.* **3.** Modelo digno de imitación. *Es espejo de generosidad.*

espejuelo. m. **1.** Yeso cristalizado en láminas brillantes. *La extracción de espejuelo es importante en la zona.* ○ pl. **2.** histór. Anteojos (gafas). *Para leer usaba espejuelos.*

espeleología. f. Estudio científico de las cavernas, atendiendo a su naturaleza, origen y formación, y su fauna y flora. *Con frecuencia la arqueología encuentra en la espeleología una ciencia auxiliar.* Tb. la actividad deportiva consistente en explorar cavernas. *Es una locura practicar la espeleología sin un buen equipo.*

espeleológico, ca. adj. De la espeleología. *Actividades espeleológicas.*

espeleólogo, ga. m. y f. Persona que se dedica a la espeleología. *Un equipo de espeleólogos descubre una gruta prehistórica.*

espeluznante. adj. Que espeluzna. *Ha habido un espeluznante atentado en Irán.*

espeluznar. tr. Espantar o causar horror (a alguien). *Aquel crimen espeluznó a toda la ciudad.* Tb. usado en constr. intr. *Cuenta unas historias que espeluznan.* Tb. en constr. prnl. media. *Se espeluzna con el recuerdo de aquellas escenas.* ▶ ESPANTAR.

espera. f. Hecho o efecto de esperar. *No cuelgue: permanezca* A *la espera. Estamos* EN *espera* DE *los resultados. La lista de espera es interminable.* Tb. el tiempo que dura. *Durante la espera leyó una novela.*

esperable. adj. Que se puede esperar. *Es esperable un cambio de estrategia.*

esperanto. m. Idioma creado en el s. XIX sobre la base de las lenguas europeas más extendidas, con idea de que pudiese servir como lengua universal. *Se deseaba que todos tuviesen como segunda lengua el esperanto.*

esperanza. f. **1.** Sentimiento que surge de ver como posible la realización de algo que se desea. *La situación es delicada, pero hay que tener esperanza. Alberga la esperanza* DE *volver a verla.* Tb. la persona o cosa en las que se funda ese sentimiento. *Sus padres eran su última esperanza.* **2.** *Rel.* Virtud teologal por la que se espera que Dios dé los bienes que ha prometido. *Las virtudes teologales son fe, esperanza y caridad.* ■ **~ de vida.** f. Perspectiva media de duración de la vida de un individuo o de un grupo de población. *La esperanza de vida en el país se sitúa en 81 años para las mujeres.* □ **dar** ~(s) a alguien. loc. v. Dar(le) a entender que puede tener esperanza (→ 1). *No ha aceptado ser mi novia, pero me ha dado esperanzas.*

esperanzado, da. part. **1.** → **esperanzar.** ● adj. **2.** Que tiene esperanza de conseguir algo, o de que eso resulte como desea. *Aguarda esperanzado la decisión del tribunal. Se mostró esperanzada* EN *lograr la plaza.*

esperanzador, ra. adj. Que esperanza. *El parte médico es esperanzador.*

esperanzar. tr. Dar esperanza (a alguien). *No quiero esperanzarlos con mentiras.*

esperar. tr. **1.** Tener esperanza (de algo). *Espero que tengas suerte.* **2.** Creer que sucederá (algo) o que llegarán (alguien o algo). *No esperaba eso de él. Os esperábamos ayer.* **3.** Permanecer en un sitio al que han de ir (alguien o algo) o en donde se supone que ocurrirá (algo). *Si no estoy ahí a las cuatro, no me esperes. Están esperando la llegada del actor.* Tb. usado en constr. intr. *No me hagas esperar.* **4.** Llevar una mujer (un hijo) en su vientre. *Está esperando un niño para noviembre.* ○ intr. **5.** Dejar pasar el tiempo sin actuar hasta que suceda o se produzca algo. *Espera* A *la noche para llamarla. Esperaré* A *las rebajas.* **6.** Ser algo previsible o probable para alguien. *Menuda bronca te espera.* ■ ~ alguien **sentado.** loc. v. Se usa para indicar a esa persona que algo que le atañe tardará mucho en suceder o no sucederá. *Puedes esperar sentada si piensas que te va a ayudar.* ■ **de aquí te espero.** loc. adj. coloq. Dicho gralm. de un hecho: Extraordinario. *Se armó un follón de aquí te espero.* ▶ **1:** CONFIAR. **2-6:** AGUARDAR.

esperma. m. o f. **1.** Semen. *Los conductos seminales transportan el esperma desde los testículos.* **2.** Sustancia grasa que se extrae del cráneo del cachalote y que se usa para hacer velas y en la preparación de cosméticos o medicamentos. Tb. ~ *de ballena. Para el alumbrado público empleaban aceite, cera y esperma de ballena.*

espermafito, ta. adj. **1.** *Bot.* Del grupo de las espermafitas (→ 2). *La salvia es una planta espermafita.* ● f. **2.** *Bot.* Planta en que el conjunto de los órganos de la reproducción se presenta en forma de flor. ▶ FANERÓGAMO.

espermático, ca. adj. *Anat.* y *Fisiol.* Del esperma o semen. *Líquido espermático.*

espermatogénesis. f. *Biol.* Formación de los espermatozoides en el testículo. *La infertilidad va asociada a una espermatogénesis deficiente.*

espermatozoide. m. *Biol.* Célula reproductora masculina. *Cuando un espermatozoide fecunda un óvulo, se inicia la gestación.* ▶ ESPERMATOZOO.

espermatozoo. m. *Biol.* Espermatozoide. *En los bancos de semen se conservan espermatozoos congelados.*

espermicida. adj. *Med.* Que sirve para destruir espermatozoides. *Crema espermicida.* Dicho de producto, tb. m. *Utiliza un espermicida de aplicación vaginal.*

esperpéntico, ca. adj. **1.** Del esperpento. *Con "Luces de bohemia" inaugura Valle-Inclán su ciclo esperpéntico.* **2.** Propio del esperpento, o de características similares a las suyas. *La situación es absurda, esperpéntica.*

esperpentismo. m. Carácter esperpéntico. *Hay cierto esperpentismo en algunas obras de Quevedo.*

esperpentizar. tr. Dar carácter esperpéntico (a algo o alguien). *La obra presenta una visión esperpentizada de nuestra sociedad.*

esperpento. m. **1.** Persona o cosa grotescas o de mala apariencia. *¡Qué esperpento de mujer!* **2.** *Lit.* Obra dramática caracterizada por presentar una deformación de la realidad, recargando sus rasgos más grotescos. *Van a representar el esperpento "Los cuernos de don Friolera".* **3.** *Lit.* Género literario constituido por los esperpentos (→ 2) y creado por Ramón del Valle-Inclán (escritor español, 1866-1936). *Escribe un tipo de teatro inclasificable, entre la farsa y el esperpento.*

espesamiento. m. Hecho o efecto de espesar o espesarse. *Una dieta demasiado rica provoca el espesamiento de la sangre.*

espesante. adj. Que espesa. *Ingrediente espesante.* Dicho de producto o agente, tb. m. *Puede emplear harina como espesante para la salsa.*

espesar. tr. **1.** Hacer (algo) espeso o más espeso. *Para espesar el gazpacho añade pan rallado.* ○ intr. **2.** Hacerse algo espeso o más espeso. *La besamel ha espesado demasiado.* Tb. prnl. *La niebla se espesa al subir el puerto.*

espeso, sa. adj. **1.** Dicho de líquido o mezcla de líquido y sólido: Que tiene gran cantidad de sólido. *Me gusta el puré espeso. La miel es más espesa que la leche.* **2.** Dicho de cosa: Densa, o que tiene mucha masa con respecto a su volumen. *Un humo espeso llena la sala.* **3.** Dicho cosa: Que tiene los elementos que la componen muy juntos o apretados. *Entraron en una espesa arboleda.* **4.** Grueso o macizo. *El castillo tiene unos muros espesos.* ▶ **1-3:** *DENSO.

espesor. m. **1.** Grosor de un cuerpo de tres dimensiones. *El reducido espesor de los tabiques permite oír cualquier ruido. La capa de nieve es de un metro de espesor.* **2.** Cualidad de espeso. *No retire la salsa hasta que adquiera cierto espesor. El espesor de la niebla impide ver los vehículos de delante.* ▶ **1:** *ANCHURA. **2:** *DENSIDAD.

espesura. f. **1.** Cualidad de espeso. *Para reducir la espesura de la crema, añade leche. La espesura de las copas de los árboles hacen el bosque sombrío.* **2.** Lugar muy poblado de árboles y matorrales. *Los cazadores se adentraron en la espesura.* ▶ **1:** *DENSIDAD.

espetar. tr. **1.** Atravesar (algo) con un espeto u otro instrumento puntiagudo, para asar(lo). *Ha espetado unas sardinas en el asador.* **2.** coloq. Decir (algo) a alguien, causándole sorpresa o molestia. *De buenas a primeras le espetó que lo odiaba.*

espetera. f. Tabla con ganchos en que se cuelgan utensilios de cocina. *De la pared colgaba una espetera con sartenes y cazos.*

espeto. m. Espetón. *Limpie las sardinas y ensártelas en espetos.*

espetón. m. Hierro largo y delgado en que se clava un alimento para asarlo. *Un pollo ensartado en el espetón daba vueltas en el asador.* ▶ ESPETO.

espía. m. y f. Persona que trabaja al servicio de otra o de una organización o un Estado para averiguar informaciones secretas de interés para estos. *Un espía comunicó al enemigo la localización del arsenal.* Frec. en aposición para expresar que la cosa a que se refiere se utiliza para espiar. *Derribaron un avión espía.* ■ ~ **doble.** m. y f. Espía que trabaja al servicio de dos países rivales. *Fue espía doble durante la Segunda Guerra Mundial.*

espiar. (conjug. ENVIAR). tr. **1.** Observar atenta y disimuladamente (algo o a alguien). *Desde la ventana espía sus idas y venidas.* **2.** Observar atenta y disimuladamente (algo o a alguien) para conseguir información secreta. *Se introdujo en la organización para espiar a sus dirigentes.*

espichar. intr. coloq. Morir. *Si no le hacen un torniquete, espicha.* ■ **~la.** loc. v. coloq. Morir. *Casi la espicha de una cornada.*

espiga. f. **1.** Conjunto de granos dispuestos a lo largo de un eje común, que constituye la parte terminal de los tallos de ciertas plantas. *Recogimos espigas de trigo.* Tb. el conjunto de flores correspondientes. *El jacinto es una planta con flores en espiga.* **2.** Parte de una herramienta, de un madero o de otro objeto, adelgazada para que encaje en otra pieza. *La parte metálica del destornillador encaja en el mango mediante una espiga. Ensambladura de espiga.*

espigado, da. part. **1.** → **espigar.** ● adj. **2.** Dicho de persona: Alta y delgada. *Era un joven moreno y espigado.* **3.** Dicho de cosa, espec. de árbol nuevo: Muy elevado. *Una espigada palmera. Sobre los tejados se eleva la torre espigada de la iglesia.* **4.** De forma de espiga. *El esparto tiene sus flores en mazorca espigada.*

espigador, ra. m. y f. Persona que espiga o tiene por oficio espigar después de la siega. *Cuando acaban los segadores, llegan las espigadoras.*

espigar. tr. **1.** Coger (las espigas que han quedado en un terreno segado). *Iban tras los segadores espigando lo poco o mucho que dejaban.* Tb. referido al terreno. *Después de segar, los agricultores espigan los campos.* Frec. usado en constr. intr. *Las mujeres eran las encargadas de espigar.* **2.** Tomar (datos) de uno o más escritos o fuentes. *DE su texto espiga varias frases. Son datos espigados DE aquí y DE allá.* ○ intr. **3.** Echar espigas un cereal. *El trigo ya ha espigado.* **4.** Crecer mucho una persona. *¡Cómo ha espigado este niño!* Tb. prnl. *La niña se ha espigado en estos meses.* ○ intr. prnl. **5.** Crecer demasiado una hortaliza y dejar de ser propia para la alimentación por haberse endurecido. *No dejes que se espiguen las lechugas.*

espigón. m. Muro saliente que se construye a la orilla de un río o en la costa del mar, para defender las márgenes o modificar la corriente. *Le gusta pasear por el espigón y ver pasar los barcos.*

espiguilla. f. **1.** En los tejidos: Dibujo formado por una línea como eje y otras laterales, paralelas entre sí y oblicuas al eje. *Se compró un traje de espiguilla.* **2.** Cada una de las espigas pequeñas de las que forman la principal en algunas plantas. *La espiga del trigo está formada por espiguillas.*

espina. f. **1.** Cada una de las piezas óseas, largas, delgadas y puntiagudas que forman parte del esqueleto de muchos peces. *Limpia bien el lenguado de espinas antes de comértelo.* **2.** Púa de algunas plantas. *Cuidado con las rosas, no te pinches con las espinas.* **3.** Astilla pequeña y puntiaguda de la madera, esparto u otra cosa áspera. *La madera estaba astillada y me clavé una espina.* **4.** Columna vertebral. Tb. ~ *dorsal. La espina dorsal protege la médula ósea.* Tb. fig. *La nueva línea será la espina dorsal de la red de metro.* **5.** Tristeza íntima y duradera. Frec. en la constr. *tener una ~ clavada. Tiene clavada la espina de no haber terminado sus estudios.* **6.** *Anat.* Parte saliente, alargada, delgada y puntiaguda de un hueso. *La espina isquiática y las espinas ilíacas forman parte del hueso coxal.* ■ ~ **bífida.** f. *Med.* Malformación congénita e irreversible que se produce por el cierre defectuoso de la parte posterior de la espina (→ 4) dorsal. *La espina bífida puede provocar parálisis.* □ **darle** (a alguien) **mala ~** algo. loc. v. coloq. Hacer que desconfíe o recele. *Su cara de satisfacción me da mala espina.* ■ **sacarse** alguien **la ~.** loc. v. coloq. Desquitarse. *Me ha hecho muchos desprecios, pero me sacaré la espina.* ▶ **4:** *COLUMNA.

espinaca. f. Hortaliza de hojas grandes y de un verde intenso y oscuro, que se consume como verdura. *He preparado espinacas a la crema.*

espinal. adj. *Anat.* De la espina dorsal, o de la médula espinal (→ **médula**). *Músculos espinales. Líquido espinal.*

espinar. m. Lugar poblado de espinos. *En la zona abundan los espinares.*

espinazo. m. Columna vertebral. *Fue tal el golpe que se partió el espinazo.* ■ **doblar el ~.** loc. v. coloq. Humillarse o someterse servilmente. *No me imagino al señorito doblando el espinazo.* ▶ *COLUMNA.

espinela. f. *Lit.* Décima (estrofa). *El poema está compuesto en décimas o espinelas.* ▶ DÉCIMA.

espineta. f. Instrumento musical de teclado y cuerdas pulsadas, semejante a un clavecín pequeño. *Música renacentista para cuerda y espineta.*

espingarda. f. histór. Escopeta de chispa y muy larga, empleada espec. por los bereberes del norte de África.

espinilla. f. **1.** Grano que aparece en la piel debido a la obstrucción de un poro por una acumulación de materia sebácea. *La adolescencia pasará y desaparecerán las espinillas.* **2.** Parte anterior de la pierna, que va desde la rodilla hasta el pie. *Tiene las espinillas llenas de cardenales.*

espinillera. f. Pieza que sirve para proteger la espinilla y que se usa espec. en la práctica de algunos deportes y de actividades peligrosas. *La espinillera evitó que la lesión del delantero fuera más grave.*

espino. m. **1.** Arbusto de ramas espinosas, flores blancas y olorosas y madera muy dura, del que existen varias especies, por ej.: ~ *albar,* o *blanco,* o *majuelo* (→ **majuelo**), ~ *cerval,* ~ *negro.* Tb. su madera. *Una cruz de espino.* **2.** Alambrada con pinchos, frec. usada para cercas. *Compraron espino para cercar la finca.* Tb. ~ *artificial.*

espinoso, sa. adj. **1.** Que tiene espinas. *Se pinchó con las ramas espinosas de un arbusto. El salmonete es un pescado muy espinoso.* **2.** Dicho espec. de asunto o problema: Difícil o delicado. *En un asunto tan espinoso, conviene ser prudente.*

espionaje. m. **1.** Hecho de espiar, espec. para obtener información secreta. *Fue acusado de espionaje*

industrial. **2.** Actividad de espía. *Durante la Guerra Fría se dedicó al espionaje como agente ruso.* Tb. la organización dedicada a esa actividad. *El robo de los planos se atribuyó al espionaje enemigo.*

espira. f. **1.** Vuelta de una espiral o de una hélice. *Estire el muelle de modo que las espiras queden un poco abiertas.* **2.** *Mat.* Hélice (curva). *Alambre enrollado en forma de espira.* **3.** *Mat.* Espiral (curva plana). **4.** *Fís.* Vuelta de las formadas por el hilo de una bobina. *Una bobina de N espiras.* ▶ **2:** *HÉLICE. **3:** ESPIRAL.

espiración. f. Hecho de espirar. *En la espiración expulsamos el aire de los pulmones.*

espiral. adj. **1.** De la espiral (→ 3, 4). *Alternan líneas quebradas y de forma espiral.* **2.** Que tiene forma de espiral (→ 3, 4). *Una escalera espiral sube hasta la azotea.* ● f. **3.** *Mat.* Curva plana que da vueltas alrededor de un punto, alejándose de él más en cada vuelta. *Si la circunferencia es una línea cerrada, la espiral es abierta.* **4.** *Mat.* Hélice (curva). *Tubo enrollado en espiral.* **5.** Cosa cuya forma recuerda la de una espiral (→ 3, 4). *Hay encuadernación con canuto de plástico o con espiral.* **6.** Proceso de aumento o crecimiento rápidos y progresivos de algo. *Una espiral de violencia.* ▶ **3:** ESPIRA. **4:** *HÉLICE.

espirar. tr. Expulsar (el aire aspirado). *Podemos espirar el aire por la boca o por la nariz.* Tb. usado en constr. intr. *Al espirar, el diafragma baja.*

espiratorio, ria. adj. De la espiración. *Movimientos inspiratorios y espiratorios.*

espirilo. m. *Biol.* Bacteria provista de flagelo y con forma de espiral. *Entre las bacterias encontramos cocos, bacilos y espirilos.*

espiritado, da. adj. cult. Muy flaco. *Es un hombre alto y espiritado.*

espiritismo. m. Doctrina según la cual es posible convocar a los espíritus de los muertos y comunicarse con ellos a través de un médium o mediante otras prácticas. *Defendió el espiritismo y la reencarnación.* Tb. el conjunto de esas prácticas. *Sesión de espiritismo.*

espiritista. adj. **1.** Del espiritismo. *Prácticas espiritistas.* **2.** Seguidor del espiritismo. Dicho de pers., tb. m. y f. *Consultó a un espiritista.*

espiritoso, sa. adj. Espirituoso. *Licor espiritoso.*

espiritrompa. f. *Zool.* Aparato bucal de las mariposas, consistente en un largo tubo con el que chupan el néctar de las flores y que se enrolla después en espiral. *El sentido del gusto de la mariposa reside en la espiritrompa.*

espíritu. m. **1.** Ser inmaterial dotado de razón. *Dios y los ángeles son espíritus.* **2.** Alma del hombre. *Según algunas religiones, el cuerpo muere pero el espíritu perdura.* **3.** Alma de una persona muerta a la que se supone en comunicación sensible con los vivos. *Se comunica con los espíritus.* **4.** Persona, considerada en su aspecto intelectual o moral. *Es un gran intelectual, uno de los espíritus más instruidos que conozco.* **5.** Ser sobrenatural no divino que aparece en los mitos o las leyendas. *Los gnomos son espíritus de la tierra.* **6.** Esencia o carácter íntimo de algo. *Leemos la letra de la ley, pero es necesario captar su espíritu.* **7.** cult. Ánimo en la realización de algo. *Consigue lo que se propone porque es una mujer de mucho espíritu.* **8.** Parte más pura que se extrae de un cuerpo o fluido por destilación u otras operaciones químicas. *El espíritu de vino.* ■ **~ de contradicción.** m. Tendencia a contradecir siempre. *Se opone a la propuesta sólo por su espíritu de contradicción.* ■ **~ de la golosina.** m. coloq. Persona muy flaca. *Ya eres el espíritu de la golosina, no sigas adelgazando.* ■ **~ inmundo,** o **maligno.** m. Diablo (ángel rebelado). *Dicen que está poseída por un espíritu inmundo. No debes caer en las tentaciones del espíritu maligno.* ■ **Espíritu Santo.** m. *Rel.* Tercera persona de la Santísima Trinidad. *El sacerdote nos bendijo en el nombre del Padre, del Hijo y del Espíritu Santo.* □ **dar,** o **despedir,** o **exhalar, el ~.** loc. v. cult. Expirar o morir. *Inclinando la cabeza, exhaló el espíritu.* ■ **pobre de ~.** loc. adj. **1.** Dicho de persona: Falta de ánimo o valor. *Es una mujer pobre de espíritu y sin iniciativa.* **2.** Dicho de persona: Desprendida de los bienes y honores mundanos. *Bienaventurados los pobres de espíritu.*

espiritual. adj. **1.** Del espíritu, espec. del alma humana. *Como educador, busca el desarrollo intelectual y espiritual del individuo.* **2.** Religioso (de la religión). *¿Son opuestos el poder espiritual de la Iglesia y el temporal del Estado?* **3.** Dicho de persona: Muy sensible y poco interesada por lo material. *Es una persona muy espiritual y con mucha vida interior.* ▶ **2:** RELIGIOSO.

espiritualidad. f. **1.** Cualidad de espiritual. *No tengo la espiritualidad del místico ni la bondad del santo.* **2.** Conjunto de ideas referentes a la vida espiritual. *Quiso ser misionero y contribuir a la difusión de la espiritualidad cristiana.*

espiritualismo. m. *Filos.* Doctrina según la cual el espíritu constituye una realidad independiente de la materia y superior a ella. *El materialismo marxista venía a proponer tesis opuestas al espiritualismo cristiano.*

espiritualista. adj. **1.** *Filos.* Del espiritualismo. *Defiende una concepción espiritualista del hombre.* **2.** *Filos.* Seguidor del espiritualismo. Dicho de pers., tb. m. y f. *Consideran a Platón un espiritualista.*

espiritualización. f. Hecho de espiritualizar. *El místico emprende un proceso de espiritualización mediante la oración.*

espiritualizar. tr. Dar carácter espiritual (a alguien o algo). *Quiere espiritualizar su vida.*

espirituoso, sa. adj. Dicho de bebida: Que tiene un alto contenido de alcohol. *Era aficionado a los licores espirituosos.* ▶ ESPIRITOSO.

espirometría. f. *Med.* Medición de la capacidad respiratoria de los pulmones. *Debe realizarse espirometrías periódicamente.*

espirómetro. m. *Med.* Aparato que sirve para medir la capacidad respiratoria del pulmón. *Inspire profundamente y espire con fuerza a través del tubo del espirómetro.*

espiroqueta. f. *Biol.* Bacteria, frec. patógena, que se caracteriza por tener el cuerpo enrollado en espiral. *Al grupo de las espiroquetas pertenecen las bacterias causantes de la sífilis.*

espita. f. **1.** Canuto gralm. provisto de una llave, que se mete en el agujero de una cuba u otra vasija para que salga por él el líquido contenido. *Abrió la espita del barril y llenó la jarra de vino.* **2.** Dispositivo similar a una espita (→ 1), que regula la salida de gases o líquidos. *Cierre la espita del gas después de cada uso.* ■ **cerrar la ~.** loc. v. coloq. Suprimir una ayuda, gralm. económica. *Años estuvo manteniendo a aquel gandul, hasta que decidió cerrar la espita.*

esplendente. adj. cult. Que resplandece. *Pasearon por la playa bajo un sol esplendente.*

esplendidez. f. Cualidad de espléndido. *La talla era de una esplendidez inigualable. Pagaré el encargo con esplendidez.* ▶ *GENEROSIDAD.

espléndido, da. adj. **1.** Excelente o magnífico. *A sus años mantiene una figura espléndida. Hace un tiempo espléndido.* **2.** Generoso o desprendido. *Te hará un buen regalo porque es una persona espléndida.* ▶ **2:** *GENEROSO.

esplendor. m. **1.** Cualidad de espléndido o excelente. *Desde la cima, el valle puede contemplarse en todo su esplendor.* **2.** Auge o apogeo. *La literatura española conoció su máximo esplendor en el siglo* XVI. **3.** cult. Resplandor (brillo de un cuerpo). *El esplendor de los primeros rayos de sol penetra por la ventana.*

esplendoroso, sa. adj. Que tiene esplendor. *Roma y Atenas son ciudades con un pasado esplendoroso. Una luna esplendorosa brilla en el cielo.*

espliego. m. Planta aromática de tallos leñosos, hojas elípticas y flores azuladas en espiga, muy usada en perfumería. *En la ladera abunda el espliego.* ▶ LAVANDA.

esplín. m. Melancolía o tedio de la vida. *Busca en el alcohol una huida del esplín urbano.*

espolear. tr. **1.** Picar con la espuela (a la cabalgadura) para que ande. *Espoleó a su caballo para alcanzarlos.* **2.** Estimular (a alguien) para que haga algo. *Su familia lo espolea para que estudie. Actúa espoleado por la curiosidad.* ▶ **2:** *ESTIMULAR.

espoleta. f. Dispositivo colocado en una bomba, granada o proyectil, y que sirve para hacer explotar su carga. *La policía se incautó de varias granadas de mano con espoleta.*

espoliación..., espolio. → **expoliación..., expolio.**

espolón. m. **1.** Saliente óseo que tienen en la parte posterior de las patas el gallo y otras aves. *Para distinguir la gallina del gallo, observa que su cresta es más corta y que no tiene espolones.* **2.** Dique que se construye a orillas de un río o del mar para contener las aguas. *La riada no causó estragos gracias al espolón.* **3.** Ramal corto y escarpado de una sierra, en dirección aproximadamente perpendicular a ella. *El castillo se halla sobre un espolón rocoso.* **4.** histór. Punta en que remata la proa de una embarcación y que sirve para embestir al enemigo.

espolvorear. tr. **1.** Esparcir sobre algo (una sustancia en polvo). *Podemos espolvorear canela sobre las natillas.* **2.** Esparcir (sobre algo) una sustancia en polvo. *Espolvorea el bizcocho* CON *azúcar glas.*

espolvoreo. m. Hecho de espolvorear. *El insecticida se aplica mediante espolvoreo.*

espondeo. m. *Lit.* En la poesía grecolatina: Pie formado por dos sílabas largas. *En el hexámetro alternan dáctilos y espondeos.*

esponja. f. **1.** Animal acuático, gralm. marino, de cuerpo poroso, cuyo esqueleto está formado por fibras entrecruzadas que constituyen una masa elástica y absorbente, y que vive en colonias fijas sobre objetos sumergidos. *Encontramos un fondo marino poblado de erizos y esponjas.* **2.** Esqueleto de esponja (→ 1), que se usa como utensilio de limpieza. Tb. *~ natural. Retire la mascarilla con una esponja natural y agua caliente.* **3.** Cuerpo de material sintético, elástico, poroso y absorbente, que se usa espec. como utensilio de limpieza. *Echa gel en la esponja y frótate bien.* Tb. fig., frec. para designar algo o a alguien con gran capacidad de absorción o asimilación. *A esa edad, la mente del niño es una esponja.* **4.** coloq. Persona con gran capacidad de beber, espec. bebidas alcohólicas. *Lleva cinco cervezas; ¡es una esponja!* ■ **arrojar, o tirar, la ~.** loc. v. Tirar la toalla o desistir. *No sé si podrá aguantar o acabará por arrojar la esponja.*

esponjamiento. m. Hecho de esponjar o esponjarse. *Durante la fermentación, se produce el esponjamiento de la masa de pan.*

esponjar. tr. **1.** Poner hueco o esponjoso (algo). *Cavó la tierra para esponjarla.* Tb. en constr. prnl. media. *El bizcocho se esponja con la levadura.* ○ intr. prnl. **2.** Ponerse orgulloso o satisfecho. *Se esponja cuando lo halagan.*

esponjosidad. f. Cualidad de esponjoso. *Deléitese con la esponjosidad de nuestras magdalenas.*

esponjoso, sa. adj. De características semejantes a las de una esponja, espec. la porosidad y ligereza. *Con suavizante, la lana queda esponjosa.*

esponsales. m. pl. Promesa mutua de casarse que se hacen y aceptan los miembros de una pareja, gralm. en un acto ceremonial o cumpliendo ciertas formalidades legales. *Al mes de los esponsales se celebró la boda de los príncipes.*

esponsorización. f. Hecho de esponsorizar. *El campeonato de tenis se celebró con la esponsorización de una marca de ropa deportiva.*

esponsorizar. tr. Patrocinar (algo o a alguien), o apoyar(los) con dinero. *El equipo ciclista busca a alguien que lo esponsorice.* ▶ *PATROCINAR.

espontaneidad. f. Cualidad de espontáneo. *El ambiente era relajado y todos intervenían con espontaneidad.*

espontáneo, a. adj. **1.** Voluntario o producido por propio impulso. *Su confesión ha sido espontánea, no forzada.* **2.** Que se produce aparentemente sin causa. *El fuego se produjo por combustión espontánea.* **3.** Dicho de planta: Que se produce sin cultivo o sin cuidados del hombre. *Esta planta crece espontánea en terrenos húmedos.* ● m. y f. **4.** Persona que durante una corrida se lanza al ruedo a torear. *El espontáneo deleitó a la concurrencia con unos pases de muleta.* **5.** Persona que interviene en algo por iniciativa propia. *Un espontáneo ha subido al escenario y se ha puesto a cantar.*

espora. f. *Biol.* Célula reproductora de algunos vegetales, bacterias y protozoos, que, sin necesidad de unirse con otra célula reproductora, es capaz de originar un nuevo individuo. *Las algas y los hongos se reproducen por esporas.*

esporádico, ca. adj. Que ocurre o se presenta de manera poco frecuente o aislada en el tiempo. *Es profesora y realiza traducciones esporádicas para revistas.*

esporangio. m. *Bot.* Órgano donde se originan y están contenidas las esporas. *En el envés de las hojas del helecho se disponen los esporangios.*

esposar. tr. Sujetar con esposas (a alguien). *Se lo llevaron esposado a la comisaría.*

esposo, sa. m. y f. **1.** Persona casada con otra. *El presidente viaja acompañado de su esposa.* ○ m. pl. **2.** Esposo (→ 1) y esposa. *Los esposos celebran sus bodas de plata.* ○ f. pl. **3.** Par de aros de metal unidos entre sí, que sirven para sujetar las muñecas de una persona, espec. de un detenido. *El condenado, ya con las esposas, fue trasladado al centro penitenciario.* ▶ **1:** MARIDO, MUJER, SEÑORA.

esprintar. intr. *Dep.* Realizar un *sprint. El corredor esprintó a pocos metros de la meta.*

esprínter. m. y f. *Dep.* Corredor, gralm. ciclista, especializado en *sprints. No es buen contrarrelojista, pero sí un gran esprínter.*

espuela. f. **1.** Pieza de metal con una rueda dentada o una estrella con puntas en un extremo, que se ajusta al talón del calzado y la usa el jinete para picar a la cabalgadura. *El vaquero pica al caballo con las espuelas.* **2.** Estímulo o acicate. *No hay mejor espuela que la curiosidad.* ▶ **2:** *ESTÍMULO.

espuerta. f. Cesta gralm. de esparto, con dos asas, que se usa espec. para trasladar escombros, tierra u otros materiales de construcción. *Los albañiles cargan espuertas de arena.* ■ **a ~s.** loc. adv. coloq. En gran cantidad. *Gasta dinero a espuertas.*

espulgar. tr. Limpiar de pulgas o piojos (a alguien). *Hay que espulgar al perro.*

espuma. f. **1.** Conjunto de burbujas amontonadas que se forma en la superficie de algunos líquidos, frec. al ser agitados, hervir o fermentar. *Echa gel en el agua y remuévela para que salga espuma. Me gusta la cerveza con espuma.* Tb. el producto cosmético que adquiere forma o consistencia semejantes al aplicarlo. *Espuma de afeitar. Espuma moldeadora.* **2.** Gomaespuma. *Me resultan demasiado blandos los colchones de espuma.* **3.** Tejido muy ligero y esponjoso. *Medias de espuma.* ■ **~ de mar.** f. Mineral ligero y de color blanquecino, empleado para hacer pipas y otros objetos. *Fumaba en una pipa de espuma de mar.* □ **como (la) ~.** loc. adv. coloq. Rápidamente. Frec. con v. como *crecer* o *subir*. *Los precios suben como la espuma.*

espumadera. f. Utensilio de cocina en forma de paleta con agujeros, que sirve para retirar la espuma de un caldo, o para sacar de la sartén lo que se fríe en ella. *Con una espumadera, se van sacando las patatas de la sartén.*

espumar. tr. **1.** Quitar la espuma (al caldo o a otro líquido). *Cuando el caldo empiece a hervir, espúmalo.* ○ intr. **2.** Hacer espuma. *La sidra espuma al ser escanciada.*

espumarajo. m. Saliva espumosa arrojada en gran cantidad por la boca. *Le dio un ataque epiléptico y empezó a echar espumarajos.* ■ **echar** alguien **~s por la boca.** loc. v. coloq. Estar muy alterado y enfadado. *¿Cabreado?, echaba espumarajos por la boca.*

espumoso, sa. adj. **1.** Que tiene espuma. *Las olas espumosas rompen contra el acantilado.* **2.** Que hace o forma espuma. *¡Qué agradable el baño con un jabón espumoso!* Dicho de vino, tb. m. *Brindamos con un espumoso catalán.*

espurio, ria. adj. **1.** Bastardo (nacido fuera del matrimonio). *Tuvo un hijo espurio al que nunca reconoció.* **2.** Falso o falto de legitimidad. *¿Qué espurios intereses alentaron la conspiración?* ▶ **1:** BASTARDO.

espurrear. tr. Rociar (algo o a alguien) con agua u otro líquido expulsado por la boca. *Al toser nos espurreó* DE *saliva.*

esputar. tr. Echar (una flema) por la boca. Más frec. usado en constr. intr. *No deja de toser y esputar.*

esputo. m. Flema que se arroja de una vez por la boca. *Esa tos y esos esputos sanguinolentos eran síntomas de tuberculosis.*

esqueje. m. Trozo de tallo, rama o cogollo de una planta, que se injerta en otra o se introduce en la tierra para que se reproduzca. *Voy a plantar un esqueje de jazmín.*

esquela. f. Aviso de la muerte de una persona que se publica en los periódicos con recuadro de luto. *Según la esquela, el entierro será a las siete.*

esquelético, ca. adj. **1.** *Anat.* Del esqueleto. *Entre los elementos esqueléticos distinguimos huesos y cartílagos.* **2.** coloq. Muy delgado. *¡Estás esquelética!*

esqueleto. m. **1.** Conjunto de piezas duras y resistentes, gralm. articuladas o trabadas entre sí, que da consistencia al cuerpo de los animales, sosteniendo o protegiendo sus partes blandas. *El fémur es el hueso más largo del esqueleto humano.* **2.** Armazón que sostiene algo. *Ya está acabado el esqueleto del edificio.* **3.** Bosquejo o plan esquemático de algo, espec. de una obra escrita o un discurso. *A medida que recopilaba datos, fue concibiendo el esqueleto del libro.* **4.** coloq. Persona muy flaca. *¿Ponerte a régimen?, ¡pero si eres un esqueleto!* ■ **mover el ~.** loc. v. coloq. Bailar. *¡Anímate, vamos a la pista a mover el esqueleto!*

esquema. f. **1.** Representación gráfica o simbólica de algo, atendiendo a sus características fundamentales. *Hazme un esquema de la distribución de tu casa.* **2.** Resumen de algo, atendiendo a sus líneas o aspectos básicos. *Para memorizar, ayuda hacer un esquema de lo estudiado.* **3.** Idea o concepto que alguien tiene de algo y que condicionan su comportamiento. *El matrimonio no encaja en su esquema* DE *vida. Conocer otros países te cambia muchos esquemas.* ■ **en ~.** loc. adv. De manera esquemática. *Esto es, en esquema, lo que quería aclarar.* ■ **romper los ~s** (a alguien). loc. v. Desconcertar(lo) o desorientar(lo). *Mi negativa al matrimonio le había roto los esquemas.*

esquemático, ca. adj. **1.** Del esquema. *Cuenta de forma esquemática el argumento de la obra.* **2.** Que constituye un esquema o tiene características similares a las suyas, espec. el carácter resumido o simplificado. *En la página 7 se muestra la representación esquemática de un circuito eléctrico.* **3.** Que tiende a reducir todo a sus rasgos principales, sin percibir detalles o matices. *Para su mente esquemática, las personas se dividen en buenas y malas.*

esquematismo. m. Cualidad de esquemático. *Suele pintar figuras estilizadas y de marcado esquematismo.*

esquematización. f. Hecho o efecto de esquematizar. *El realismo de sus primeros retratos da paso a una esquematización de la figura.*

esquematizar. tr. Presentar (algo) en forma de esquema. *El dibujo esquematiza las fases de la división celular.*

esquí. (pl. **esquís** o, más raro, **esquíes**). m. **1.** Tabla de material ligero y elástico, larga, estrecha y con el extremo delantero frec. curvado hacia arriba, que se ajusta al pie y se usa para deslizarse sobre la nieve, el agua u otra superficie. *El equipo incluye esquís, botas y bastones.* **2.** Deporte que consiste en deslizarse con esquís (→ 1) sobre la nieve. *En invierno practica el esquí.* ■ **~ acuático,** o **náutico.** m. Deporte que consiste en deslizarse con esquís (→ 1) sobre el agua, remolcado por una lancha motora. *Crece la afición al esquí acuático.* ■ **~ alpino.** m. Modalidad de esquí (→ 2) basada en la velocidad, que combina descenso y eslalon por pendientes pronunciadas. *El suizo ganó el Campeonato del Mundo de Esquí Alpino.*

esquiador, ra. m. y f. Persona que esquía. *Con las primeras nieves, la afluencia de esquiadores será masiva.*

esquiar. (conjug. ENVIAR). intr. Patinar con esquís. *Va a los Pirineos a esquiar.*

esquife. m. Barco pequeño que se lleva en una embarcación para saltar a tierra y para otros usos. *Avistaron un esquife con tres supervivientes del naufragio.*

esquijama. m. Pijama compuesto de pantalón ajustado a los tobillos y jersey. *Duerme con esquijama.*

esquila. f. **1.** Cencerro pequeño. *El rebaño avanza con un ruido entremezclado de balidos y esquilas.* **2.** Campana pequeña, espec. la usada para convocar a los actos de comunidad en los conventos. *La esquila llama a maitines.*

esquilador, ra. adj. **1.** Que esquila o sirve para esquilar. *Tijeras esquiladoras.* Dicho de máquina, tb. f. *Vendo esquiladora eléctrica para caballos.* • m. y f. **2.** Persona que tiene por oficio esquilar. *Cada esquilador coge una oveja y traba sus patas.*

esquilar. tr. Cortar el pelo o la lana (a un animal). *Es la época de esquilar a las ovejas.* ▶ TRASQUILAR.

esquileo. m. Hecho de esquilar. *Aún realizan el esquileo del ganado a tijera.* Tb. el tiempo en que se esquila. *Son leñadores, pero, cuando llega el esquileo, se sacan en esto otro jornal.*

esquilmar. tr. **1.** Agotar (una fuente de riqueza) sacando (de ella) mayor provecho que el debido. *Están esquilmando los caladeros.* **2.** Conseguir abusivamente dinero o bienes (de alguien). *El banco nos esquilma con los intereses.* **3.** Empobrecer una planta (la tierra). *Hay árboles que esquilman el suelo.*

esquimal. adj. **1.** De un pueblo de raza mongólica que habita, en pequeños grupos dispersos, la margen ártica de América del Norte, de Groenlandia y de Asia. *Para la pesca utilizan el típico kayak esquimal. Tribus esquimales.* Dicho de pers., tb. m. y f. *Unos esquimales le ofrecieron carne de caribú.* **2.** Del esquimal (→ 3). *Vocabulario esquimal.* • m. **3.** Lengua hablada por los esquimales (→ 1). *Habla ruso y esquimal.*

esquina. f. Ángulo formado en el encuentro de dos paredes o de dos superficies, considerado por su parte exterior. Tb., más frec., el espacio correspondiente. *Se ha dado un golpe con la esquina de la mesa. En la esquina inferior izquierda del lienzo aparece un perro.* Frec. referido al punto de encuentro de dos calles. *Vive en la esquina de la calle Cervantes con Góngora. Doble la siguiente esquina y siga recto.* ■ **hacer** ~ un edificio. loc. v. Estar situado en la esquina de la manzana de que forma parte. *Su casa hace esquina. El edificio hace esquina* A *la calle Real.* ▶ ÁNGULO.

esquinado, da. part. **1.** → **esquinar.** • adj. **2.** Dicho de persona: De trato difícil. *Es una persona un poco esquinada.*

esquinar. tr. **1.** Poner en esquina (algo). Gralm. en part. *Colocó las columnas esquinadas para formar los brazos de la cruz.* ○ intr. prnl. **2.** Enemistarse o ponerse a mal con alguien. *Se ha esquinado* CONMIGO *porque no le presté mis apuntes.*

esquinazo. m. coloq. Esquina de un edificio. *Como su piso está en un esquinazo, tiene ventanas a dos calles.* ■ **dar (el)** ~ (a alguien). loc. v. coloq. Evitar el encuentro (con esa persona). *A ver si podemos dar esquinazo a esa pesada.*

esquinero, ra. adj. **1.** Dicho de cosa: Que se halla colocada en una esquina. *La fachada de la catedral tiene dos torres esquineras.* • f. **2.** coloq. Prostituta que suele colocarse en las esquinas de las calles. *En la calle ya solo quedan esquineras y borrachos.*

esquirla. f. Astilla o fragmento irregular que se desprenden de un hueso, una piedra, un cristal u otra materia semejante. *Una esquirla de hueso se le ha clavado en el nervio. Esquirlas de metralla.*

esquirol. m. despect. Trabajador que no se adhiere a una huelga o que ocupa el puesto de un huelguista. *Los piquetes insultaban a los esquiroles.*

esquisto. m. *Mineral.* Roca de estructura laminar, que se divide con facilidad en hojas. *En la zona dominan pizarras, esquistos y calizas.*

esquistoso, sa. adj. *Mineral.* De estructura laminar semejante a la del esquisto. *Rocas esquistosas.*

esquivar. tr. Evitar (algo o a alguien) con habilidad. *No pudo esquivar el puñetazo. Ha estado esquivándome toda la mañana.* ▶ *EVITAR.

esquivez. f. Cualidad de esquivo. *Un día tras otro intenta vencer la esquivez de la mujer que ama.*

esquivo, va. adj. **1.** Dicho de persona: Que esquiva el trato con otra u otras, o se comporta de manera despegada o poco afable. *Es un hombre esquivo y solitario.* Tb. fig. *La suerte le está siendo esquiva.* **2.** Propio de la persona esquiva (→ 1). *Tiene una actitud esquiva con la prensa.*

esquizofrenia. f. *Med.* Enfermedad mental evolutiva, caracterizada por una escisión de la personalidad, la perturbación de las funciones psíquicas y la pérdida de contacto con la realidad. *Padece esquizofrenia paranoide.*

esquizofrénico, ca. adj. **1.** *Med.* De la esquizofrenia. *Síntomas esquizofrénicos.* **2.** *Med.* Que padece esquizofrenia. *Paciente esquizofrénico.* Dicho de pers., tb. m. y f. *Con el tratamiento adecuado, muchos esquizofrénicos hacen vida normal.*

esquizoide. adj. *Med.* Dicho de personalidad: Que tiene predisposición a la esquizofrenia y se caracteriza por la introversión, insociabilidad y tendencia a la fantasía. *Personalidad esquizoide.* Tb. dicho de lo que es propio de esa personalidad y del individuo que la tiene, y, en ese caso, tb. m. y f. *Era una mujer inestable, con rasgos esquizoides. Terapia de grupo para esquizoides.*

estabilidad. f. Cualidad de estable. *Una barca de escasa estabilidad volcó en medio del temporal. Hay estabilidad atmosférica. La situación del paciente es de estabilidad.*

estabilización. f. Hecho o efecto de estabilizar o estabilizarse. *El consumo aumenta por la estabilización de los precios.*

estabilizador, ra. adj. **1.** Que estabiliza o sirve para estabilizar. *Los padres son un factor estabilizador para el niño. Se adoptan medidas estabilizadoras de la economía.* Dicho de agente o dispositivo, tb. m. *La vegetación actúa como estabilizador del terreno. La cámara incorpora un estabilizador de imagen.* • m. **2.** Mecanismo del que van provistos algunos vehículos para aumentar su estabilidad. *El accidente se produjo porque los estabilizadores de cola del avión rozaron una valla.* ▶ **1:** ESTABILIZANTE.

estabilizante. adj. **1.** Que estabiliza. *El medicamento tiene un efecto estabilizante sobre la presión sanguínea.* • m. **2.** Sustancia, frec. un aditivo alimentario, que se añade a un preparado para mantener su textura y evitar su degradación. *Los alimentos, mejor frescos, sin tantos conservantes ni estabilizantes.* ▶ **1:** ESTABILIZADOR.

estabilizar. tr. Dar estabilidad (a algo). *Hay que estabilizarle el pulso.* Tb. en constr. prnl. media. *Cuando se le estabilice la miopía, podrá operarse con láser.*

estable. adj. **1.** Que se mantiene firme o constante, sin moverse o sin peligro de cambiar, caer o desaparecer. *Las temperaturas seguirán estables. Busca un trabajo estable. Tiene una personalidad madura y estable.* **2.** Que permanece en un lugar indefinidamente.

En la pensión hay varios huéspedes estables. **3.** Que mantiene o recupera el equilibrio. *Este coche es muy estable.* **4.** *Quím.* Dicho de sustancia: Difícil de descomponer por la acción de la temperatura o de agentes químicos. *Se trata de un compuesto tóxico, estable e insoluble.* ▶ **1:** *FIRME.

establecer. (conjug. AGRADECER). tr. **1.** Hacer que pase a existir (algo) de forma permanente o prolongada. *Estableció un régimen monárquico.* **2.** Poner (algo) como orden o mandato. *Habrá que establecer turnos. Esto es lo que establece la ley.* **3.** Dejar demostrado o firme (un principio, una teoría o una idea). *Estableció uno de los principios fundamentales de la física.* ○ intr. prnl. **4.** Fijar alguien su residencia en alguna parte. *Se establecerá* EN *Madrid cuando empiece a trabajar.* **5.** Abrir por cuenta propia un establecimiento mercantil o industrial. *Se ha establecido como autónomo.* ▶ **1:** CONSTITUIR, CREAR, ERIGIR, FUNDAR, INSTAURAR, INSTITUIR.

establecimiento. m. **1.** Hecho de establecer o establecerse. *Propone el establecimiento de nuevas normas.* **2.** Lugar donde se desarrolla una actividad comercial o una profesión. *Entró en un establecimiento comercial.*

establo. m. Recinto cubierto en que se encierra el ganado para su descanso y alimentación. *De vuelta del campo, conducía el mulo al establo.*

estabulación. f. Hecho de estabular. *Cría de ganado en régimen de estabulación.*

estabular. tr. Criar y guardar (ganado) en establos. *Alimentan al ganado estabulado con piensos.*

estaca. f. **1.** Palo afilado en un extremo para clavarlo. *Una alambrada sujeta con estacas cerca la finca.* **2.** Palo grueso que puede manejarse como si fuera un bastón. *Camina con una estaca en la mano.* **3.** Rama o tallo verde sin raíces que se clava en la tierra para que se forme una nueva planta. *Álamos y sauces se reproducen por estacas.*

estacada. **dejar en la ~** (a alguien). loc. v. Abandonar(lo) en una situación comprometida o peligrosa. *Cuando las cosas empezaron a ir mal, huyó y dejó a su socio en la estacada.*

estacazo. m. **1.** Golpe dado con una estaca o palo grueso. *Cogió un palo y se lió a estacazos con él.* **2.** coloq. Golpe fuerte. *¡Qué estacazo se ha metido con la mesa!*

estación. f. **1.** Cada una de las cuatro partes en que se divide el año. *Las estaciones son primavera, verano, otoño e invierno.* **2.** Época o temporada del año. *Estamos en la estación de las lluvias.* **3.** Sitio donde habitualmente hacen parada los trenes, los autobuses o el metro para recibir o descargar pasajeros o mercancías. *Este tren no para en la estación de Aranjuez. Estación Sur de autobuses.* Tb. el edificio o conjunto de instalaciones correspondientes. *Compra el abono en las taquillas de la estación de metro.* **4.** Emisora de radio. *Por la mañana sintonizo mi estación favorita para oír las noticias.* **5.** Centro o conjunto de instalaciones para ciertas actividades, frec. de carácter científico. *Estación espacial. Estación de esquí.* **6.** *Rel.* Altar, cruz o representación de la Pasión de Jesucristo en el recorrido del vía crucis. *El vía crucis tiene catorce estaciones.* ■ **~ de servicio.** f. Instalación provista de surtidores de gasolina, gasóleo, lubrificantes y otros servicios de atención a los conductores y a sus vehículos. *Para en la estación de servicio para lavar el coche, echar gasóleo y verificar la presión de los neumáticos.* ▶ **4:** EMISORA.

estacional. adj. Propio o dependiente de una estación del año, o que se produce solo en ella. *El paro ha descendido en agosto por factores estacionales.*

estacionalidad. f. Cualidad de estacional. *La estacionalidad de frutas y verduras determina variaciones de precios.*

estacionamiento. m. **1.** Hecho o efecto de estacionar o estacionarse. *Zona reservada para estacionamiento de vehículos oficiales. El estacionamiento del paciente decidió a los médicos a realizar la intervención.* **2.** frecAm. Lugar o recinto donde puede estacionarse un vehículo, espec. si está reservado para ello. *Suben las tarifas de los estacionamientos públicos. Puede dejar el auto en el estacionamiento* [C].

estacionar. tr. **1.** Dejar (un vehículo) detenido y gralm. desocupado en un lugar. *Estacionó la furgoneta* EN *un paso de cebra.* Tb. usado en constr. intr. *Está prohibido estacionar en doble fila.* ○ intr. prnl. **2.** Situarse o colocarse alguien o algo en un lugar en que quedan detenidos. *El tren procedente de Málaga se estacionará* EN *la vía 5.* **3.** Estancarse alguien o algo, o quedarse estacionarios. *El paciente se ha estacionado.*

estacionario, ria. adj. Que se mantiene en el mismo lugar, estado o situación. *El estado del herido es estacionario. Las temperaturas se mantendrán estacionarias.*

estada. f. Am. Estancia (hecho de permanecer en un lugar durante un tiempo). *Prolongamos nuestra estada en la tierra de Pablo Neruda* [C]. ▶ *ESTANCIA.

estadía. f. frecAm. Estancia (hecho de permanecer en un lugar durante un tiempo). *Acompañó a su padre durante su estadía en Costa Rica* [C]. En Esp. sobre todo tiene carácter literario o formal. *Tras una larga estadía en el extranjero, retornó a su país.* ▶ *ESTANCIA.

estadillo. m. Resumen estadístico, gralm. en forma de tabla cuyas casillas se rellenan con cifras o nombres. *En los estadillos del almacén figuran las compras, ventas y devoluciones.*

estadio. m. **1.** Recinto con graderías para los espectadores, destinado a competiciones deportivas. *Estadio de fútbol. Estadio olímpico.* **2.** Etapa o fase de un proceso o de una evolución. *Si la enfermedad se detecta en un estadio avanzado, no tiene cura.* **3.** histór. En las antiguas Grecia y Roma: Recinto destinado a las carreras, cuya pista medía unos 185 metros de longitud. **4.** histór. Unidad de longitud equivalente a unos 185 metros. *Ambas ciudades distaban 5000 estadios.*

estadista. m. y f. Persona con conocimientos o aptitudes para dirigir los asuntos del Estado, o para gobernar con visión de Estado. *Fue un político astuto y un gran estadista.*

estadístico, ca. adj. **1.** De la estadística (→ 2, 3). *Estudio estadístico. Datos estadísticos.* • f. **2.** Estudio científico que tiene por objeto la recopilación, clasificación y análisis de los datos numéricos concernientes a determinados fenómenos, así como la obtención de conclusiones a partir de ellos, frec. basadas en el cálculo de probabilidades. *Sociólogos y economistas tienen en la estadística una disciplina auxiliar imprescindible.* **3.** Conjunto de datos obtenidos mediante los métodos y técnicas de la estadística (→ 2). *Las estadísticas reflejan que las mujeres viven más tiempo que los hombres.* ○ m. y f. **4.** Especialista en estadística (→ 2). *¿Qué dicen los estadísticos sobre este tema?*

estado. m. **1.** Modo de estar alguien o algo. *El cuadro se conserva en buen estado. Su estado de salud es delicado. Este animal vive en estado salvaje.* **2.** Condición de una persona respecto a si es soltera, casada, viuda, separada o divorciada. *Aunque tiene pareja, no piensa cambiar de estado porque prefiere seguir soltera.* Tb. *~ civil. En el formulario indicará su estado civil.* **3.** *Fís.* Cada una de las formas en que se presenta un cuerpo según la agregación de sus moléculas. *Los estados de la materia son tres: sólido, líquido y gaseoso.* **4.** (En mayúsc.). Conjunto de los órganos de gobierno de un país soberano. *El patrimonio cultural es competencia del Estado.* **5.** En un país de régimen federal: Territorio cuyos habitantes se rigen por leyes propias, aunque estén sometidos en ciertos asuntos a las decisiones de un gobierno común. *El estado de Michoacán. El estado de Florida.* **6.** histór. Estamento (grupo social). *En la Edad Media los burgueses y los campesinos conformaban el estado llano.* **7.** Relación escrita de los conceptos que permiten determinar la situación de algo. *El estado de situación de la tesorería refleja el saldo en caja a 31 de diciembre.* ■ **~ de alarma.** m. *Polít.* Situación, oficialmente declarada por el Gobierno, de grave inquietud para el orden público, que implica la suspensión de garantías constitucionales. *El Gobierno declaró el estado de alarma en la región debido al terremoto.* ■ **~ de ánimo.** m. Estado (→ 1) en que se encuentra alguien, causado por sus sentimientos o su actitud. *A pesar de estar enfermo, su estado de ánimo es bueno.* ■ **~ de(l) bienestar.** m. *Polít.* Sistema de organización social por el que el Estado (→ 4) procura garantizar el bienestar de los ciudadanos en aspectos socioeconómicos como la salud, el empleo o la educación. *La cobertura sanitaria financiada por el erario público es un aspecto defendido por el estado de bienestar.* ■ **~ de excepción.** m. *Polít.* Situación, oficialmente declarada por el Gobierno, provocada por la alteración de la normalidad del orden público, en que pueden quedar suspendidas ciertas garantías constitucionales. *El Gobierno declaró el estado de excepción durante treinta días.* ■ **~ de gracia.** m. Estado (→ 1) de quien está limpio de pecado. *Para comulgar dignamente hay que estar en estado de gracia.* Tb. fig. para designar la situación en que alguien está especialmente acertado. *El delantero demostró que estaba en estado de gracia marcando tres goles.* ■ **~ de guerra,** o **de sitio.** m. *Polít.* Situación, oficialmente declarada por un Gobierno, pralm. cuando se produce una guerra o por motivos de orden público, en que toma el poder la autoridad militar y se suspenden ciertas garantías constitucionales. *Cuando se declara el estado de guerra, la autoridad militar asume las funciones del poder civil.* ■ **Estado Mayor.** m. En el ejército: Conjunto de oficiales al mando de un jefe superior, encargados de transmitir las órdenes y vigilar su cumplimiento. *El general ocupará la jefatura del Estado Mayor.* □ **de Estado.** loc. adj. Dicho de persona: De aptitud reconocida para dirigir los asuntos políticos. *El candidato es un auténtico hombre de Estado.* ■ **en ~.** loc. adj. Dicho de mujer: Embarazada. *Cedí el asiento a una mujer en estado.* Tb. loc. adv. *Cuando quedó en estado, dejó de fumar.* Tb. *en ~ de buena esperanza* o *en ~ interesante. Su mujer está en estado de buena esperanza.*

estadounidense. adj. De los Estados Unidos de América. *Ciudad estadounidense.* Dicho de pers., tb. m. y f. *Estadounidenses y canadienses firman un acuerdo.* ▶ AMERICANO, ANGLOAMERICANO.

estafa. f. Hecho o efecto de estafar. *Fue acusado de un delito de estafa.*

estafador, ra. m. y f. Persona que estafa. *Detenido un estafador que pagaba en las joyerías con billetes falsos.*

estafar. tr. Sacar con engaño dinero o cosas de valor (a alguien), espec. abusando de su confianza y buena fe. *Ha estafado a su socio.* Tb. referido a ese dinero o cosas de valor. *Ha estafado cientos de millones a Hacienda.*

estafermo. m. **1.** coloq. Persona de aspecto desagradable o ridículo. *¡Qué pinta, menudo estafermo!* **2.** coloq. Persona que está parada, como embobada y sin hacer nada. Se usa como insulto. *Ese sí que es un ayudante eficiente, no como este estafermo.*

estafeta. f. Oficina de correos, espec. si es una sucursal. Tb. *~ de correos. El destinatario podrá retirar el envío en la estafeta de correos que le corresponda.*

estafilococo. m. *Biol.* Bacteria de forma redondeada, que se presenta agrupada como en racimos y es agente de diversas infecciones. *Intoxicación por estafilococos.*

estajanovismo. m. *Econ.* Método para aumentar la productividad laboral, propio de sistemas socialistas, basado en la racionalización de la producción, la reducción de los tiempos muertos y el estímulo de los trabajadores por medio de incentivos. *Esas jornadas de doce horas parecen propias del estajanovismo soviético.*

estajanovista. adj. **1.** Del estajanovismo. *Impusieron un régimen de trabajo estajanovista.* **2.** Partidario del estajanovismo, o que aplica sus principios. *Obreros estajanovistas.* Dicho de pers., tb. m. y f. Tb. fig. *Es un estajanovista de la escritura.*

estalactita. f. Formación calcárea que gralm. asemeja a un cono irregular con la punta hacia abajo, y que se forma en el techo de las cavernas por la filtración de aguas con carbonato cálcico disuelto. *La cueva tiene estalactitas y estalagmitas.*

estalagmita. f. Formación calcárea que gralm. asemeja a un cono irregular con la punta hacia arriba, y que se forma en el suelo de las cavernas al gotear desde una estalactita agua con carbonato cálcico disuelto. *Estalactitas y estalagmitas forman caprichosas columnas.*

estaliniano, na. adj. Estalinista (de Stalin o del estalinismo). *Época estaliniana. Partido político de corte estaliniano.* ▶ ESTALINISTA.

estalinismo. m. Doctrina y práctica políticas de Stalin (político y revolucionario soviético, 1879-1953), basadas en su interpretación del leninismo y caracterizadas espec. por su totalitarismo y la rigidez en cuanto a la organización estatal. *Es comunista, pero no comulga con el estalinismo.*

estalinista. adj. **1.** De Stalin o del estalinismo. *Dictadura estalinista. Regímenes estalinistas.* **2.** Seguidor del estalinismo. *Políticos estalinistas.* Tb. m. y f. *Lucha entre estalinistas y fascistas.* ▶ **1:** ESTALINIANO.

estallar. intr. **1.** Abrirse o romperse algo de golpe, con un chasquido o un ruido muy fuerte. *Estalla una bomba en Japón. No metas la botella en el congelador, que puede estallar.* **2.** Abrirse o romperse algo por exceso de presión interior. *Infló tanto el globo que estalló.* **3.** Ocurrir o iniciarse algo bruscamente. *La Revolución francesa estalló en 1789. Estalla un nuevo escándalo.* **4.** Sentir y manifestar repentina y bruscamente ira, alegría u otra pasión o afecto. *Los* *hinchas estallaron de júbilo. Me sentó tan mal su comentario que estallé.* ▶ **2:** REVENTAR.

estallido. m. **1.** Hecho o efecto de estallar. *El estallido del artefacto explosivo causó varias víctimas. La presión provocó el estallido del neumático. Se teme un estallido de violencia.* **2.** Ruido que causa algo al estallar. *Oyó el estallido de la bomba.*

estambre. m. **1.** Lana compuesta de hebras largas. Tb. el hilo formado con esas hebras. *Medias de estambre.* **2.** *Bot.* Órgano masculino de ciertas flores, situado en el centro de estas y formado por una especie de saco que contiene el polen y que está sostenido gralm. por un filamento. *Distinguimos en la flor cáliz, corola, estambres y pistilos.*

estamental. adj. **1.** Del estamento. *Atrás queda el sistema de privilegios estamentales de la Edad Media.* **2.** Estructurado u organizado en estamentos. *La sociedad estamental da paso a una sociedad de clases.*

estamento. m. **1.** Estrato de una sociedad, caracterizado por un estilo de vida o por una función social. *Estamento militar.* **2.** histór. En la Europa de la Edad Media y Moderna: Grupo social constituido por las personas de determinada condición económica, política y jurídica, y sujeto a ciertas normas que determinaban la posibilidad de entrar en él o salir del mismo. *De los estamentos del Antiguo Régimen, la nobleza y el clero eran los más poderosos.*

estameña. f. Tejido de estambre, sencillo y ordinario, frec. empleado para la confección de hábitos. *Iba el peregrino con sandalias y hábito de estameña.*

estampa. f. **1.** Imagen o figura impresas en un papel u otra materia mediante una plancha grabada. *En la biblioteca se conserva una magnífica colección de estampas.* **2.** Dibujo que ilustra una publicación. *He comprado a mi hijo un libro con unas estampas de colores muy llamativas.* **3.** Papel o tarjeta con la reproducción de una imagen, espec. religiosa. *Lleva en la cartera una estampa de la Virgen.* **4.** Figura o aspecto de alguien o algo. *Ha salido al ruedo un toro de magnífica estampa.* **5.** Espectáculo o escena, espec. si son pintorescos. *Contempla la tierna estampa del perro acurrucado junto al gato.* ■ **dar a la ~** (una obra). loc. v. Imprimir(la) o publicar(la). *Dio a la estampa la novela meses antes de morir.* ■ **maldita sea mi,** o **tu,** o **su,** etc., **~.** expr. coloq. Se usa para maldecir a alguien. *¡Me la ha jugado, maldita sea su estampa!* ■ **ser la viva ~** (de alguien). loc. v. coloq. Parecerse muchísimo (a esa persona). *El niño es la viva estampa de su padre.*

estampación. f. Hecho o efecto de estampar o imprimir. *Ha cultivado la estampación y otras técnicas de artes gráficas.*

estampado[1]**.** m. Hecho o efecto de estampar. *Han surgido nuevas técnicas para el bordado y el estampado textil.*

estampado[2]**, da.** part. **1.** → **estampar.** ● adj. **2.** Dicho de tejido: Que tiene estampados (→ 1), con colores o sin ellos, diferentes dibujos. *No sé si comprarme una tela lisa o estampada.* Tb. m. *Este verano se llevan los estampados.*

estampador, ra. adj. Que estampa. Dicho de pers., tb. m. y f. *Para su obra gráfica, contó con los mejores estampadores.*

estampar. tr. **1.** Imprimir o dejar marcado (algo, espec. letras, imágenes o dibujos contenidos en un molde) en papel, tela u otra superficie. *El libro llevaba el título y el nombre del autor estampados en relieve en la portada. Esta máquina estampa los dibujos en la tela.* **2.** Señalar o imprimir (algo) en otra cosa. *Como no sabía firmar, estampó la huella digital.* **3.** Poner (el nombre o la firma) en algo. *El notario estampó su firma en el contrato.* **4.** coloq. Arrojar con fuerza (a una persona o cosa) haciéndo(las) chocar contra otra. *Estampó una botella* CONTRA *el suelo.* Tb. en constr. prnl. media. *Iba corriendo y se estampó* CONTRA *la pared.*

estampía. de ~. loc. adv. De repente y de forma impetuosa. Gralm. con v. como *salir. Viendo al enemigo cerca, lo abandonaron todo y salieron de estampía.*

estampida. f. Huida repentina e impetuosa de un conjunto de personas o, espec., de animales. *Los disparos provocaron la estampida de una manada de búfalos.* ■ **de ~.** loc. adv. De estampía. Gralm. con v. como *salir. En cuanto acaba la clase, los niños salen de estampida.*

estampido. m. Ruido fuerte y seco como el producido por el disparo de un cañón. *En las fiestas no deja de oírse el estampido de petardos y cohetes.*

estampilla. f. **1.** Sello que tiene reproducida la firma de una persona u otro letrero para poder estamparlos en documentos o papeles. *La firma del titular debe ser autógrafa, sin que sea posible la firma por estampilla.* **2.** Am. Sello (trozo de papel que se pega en las cartas). *En el escritorio están las postales con las estampillas ya colocadas para mandar* [C]. Tb. *~ postal. Al tío le traje una modesta colección de estampillas postales* [C]. ▶ **2:** SELLO.

estampillado. m. Hecho o efecto de estampillar. *Un auxiliar se ocupa del estampillado de documentos.*

estampillar. tr. Marcar con estampilla (algo, espec. ciertos títulos de deuda). *Los accionistas tendrán que estampillar sus títulos con la nueva denominación de la sociedad. Con un tampón estampilla visados y pasaportes.*

estancamiento. m. Hecho o efecto de estancar o estancarse. *El país sufre un estancamiento económico.*

estancar. tr. **1.** Detener el curso o la corriente (de algo, espec. de un líquido). *Hay que estancar el agua para el riego.* Tb. en constr. prnl. media. *Al llegar a esta zona el agua se estanca.* **2.** Detener la evolución o el desarrollo (de alguien o algo). *La falta de acuerdo ha estancado las negociaciones.* Tb. en constr. prnl. media. *Se ha estancado profesionalmente.* **3.** Prohibir el curso libre (de una mercancía) concediendo su venta a determinadas personas o entidades. *Establecimiento autorizado para la venta de productos estancados.*

estancia. f. **1.** Hecho de estar o permanecer durante cierto tiempo en un lugar determinado. *Aprovechó su estancia en Oporto para comprar vino.* **2.** Habitación de una vivienda, espec. si es grande y lujosa. *En torno al patio se sitúan las estancias principales del palacio.* **3.** *Lit.* Estrofa formada por una combinación de versos endecasílabos y heptasílabos que riman, gralm. en consonante, al gusto del poeta, y cuya estructura se repite a lo largo del poema. *Recitó unas estancias de una égloga de Garcilaso.* **4.** Am. Finca, espec. ganadera. *Formaron una estancia para la cría del ganado mayor* [C]. ▶ **2:** *HABITACIÓN. **4:** FINCA. ‖ **Am** o **frecAm: 1:** ESTADA, ESTADÍA.

estanciero, ra. m. y f. Am. Dueño de una estancia. *Los estancieros de la pampa húmeda son el núcleo detentador del poder y la riqueza* [C].

estanco, ca. adj. **1.** Dicho espec. de compartimento o recipiente: Cerrado e incomunicado. *Caldera estanca. Bidón estanco.* Tb. fig. *Las regiones se interrelacionan, no son compartimentos estancos dentro del país.* **2.** Cerrado o aislado de manera que no deje pasar el agua u otro fluido. *El revestimiento del casco del barco contribuye a hacer estanco su interior.* • m. **3.** Establecimiento autorizado para vender tabaco, sellos y otros artículos cuya venta libre está prohibida. *Compra tabaco en el estanco.* **4.** Hecho o efecto de estancar o prohibir el curso libre de una mercancía. *Hubo protestas por la implantación del estanco de sal.*

estándar. adj. **1.** Corriente o conforme al tipo o norma habituales. *Le ofrecemos el mejor programa informático, a medida o estándar.* • m. **2.** Patrón o modelo de referencia. *Se expresa de acuerdo con el estándar culto del español. Las piezas se ajustan a los estándares internacionales.* **3.** Nivel de calidad. *No podrá mantener su actual estándar de vida.*

estandarización. f. Hecho o efecto de estandarizar. *La estandarización de la moneda facilita los intercambios comerciales.*

estandarizar. tr. Ajustar (algo o a alguien) a un estándar o patrón. *Hay que estandarizar los formularios para que sea más fácil rellenarlos.*

estandarte. m. Insignia de una corporación civil, militar o religiosa, consistente en un pedazo de tela gralm. cuadrado, pendiente de un asta y en el que figura su escudo o divisa. *Un cofrade abre la procesión portando el estandarte de la Virgen.* Tb. fig. *Edificio convertido en estandarte* DE *la nueva arquitectura.*

estanque. m. Depósito de agua construido con fines utilitarios u ornamentales. *Vendo finca con estanque para riego. En el jardín hay un estanque con una fuente en el centro.*

estanqueidad. f. Cualidad de estanco. *Las chapas que cubren el casco del buque le proporcionan estanqueidad.* ► ESTANQUIDAD.

estanquero, ra. m. y f. Persona que tiene por oficio atender un estanco. *La estanquera me vendió un paquete de tabaco.*

estanquidad. f. Estanqueidad. *Las calderas deben someterse a una prueba de estanquidad.*

estante. m. **1.** Tabla horizontal colocada en un armario, en una estantería o en una pared para poner objetos encima. *Hay un paquete de azúcar en el estante superior del armario.* **2.** Mueble provisto de estantes (→ 1) y gralm. sin puertas. *En el aula hay un soberbio estante, con todos sus anaqueles repletos de libros.* ► **1:** ANAQUEL, BALDA.

estantería. f. Mueble compuesto de estantes. *Deja el álbum en la estantería, junto a los libros.*

estantigua. f. **1.** Fantasma o procesión de fantasmas, espec. los que se ven por la noche y causan pavor. *Decían que la estantigua pasaba por el bosque a medianoche.* **2.** Persona muy alta, delgada y mal vestida. *Aquella mujer era una estantigua.*

estañar. tr. **1.** Cubrir o bañar (algo) con estaño. *En este taller estañan objetos de cobre.* **2.** Soldar (algo) con estaño. *Los chatarreros estañan las cazuelas.*

estaño. m. Elemento químico del grupo de los metales, de color y brillo semejantes a los de la plata, muy maleable y que se emplea, entre otros usos, para recubrir y proteger otros metales (Símb. *Sn*). *La principal mena del estaño es la casiterita.*

estar. (conjug. ESTAR). copul. **1.** Constituye el predicado de una oración junto con un adjetivo calificativo o expresión equivalente, que expresan un estado o una característica que se conciben como no permanentes en lo designado en el sujeto. *Estuviste muy hábil adelantándote a su petición. Las uvas no están maduras todavía. Está elegante con ese traje. Habéis estado muy callados todo el día. La falda le está estrecha.* A veces el estado o la situación pueden expresarse enfáticamente por medio de una oración introducida por *que. Está que no se tiene después del viaje. Estaba que me caía de sueño. No le hables, que está que trina.* **2.** Se usa solo, sin un adjetivo o expresión equivalente, para expresar un determinado estado sobrentendido. *En cuanto estén, que me esperen en la puerta. Ha dicho que estaría en cinco minutos. Que no vuelva a ocurrir, ¿estamos?* **3.** Seguido del participio de ciertos verbos transitivos, forma una construcción pasiva que presenta el hecho expresado por ese participio como resultado de algo que le ha sucedido a lo designado por el sujeto. *El convenio estaba firmado a principios de año. La cuenta está pagada. La ciudad está cercada por las tropas enemigas. Está enfadado.* ○ intr. **4.** Acompañado de un adverbio o una construcción con valor de adverbio, expresa situación o localización de lo expresado en el sujeto en un estado, un tiempo o un lugar. *Allí está tu amiga. ¿Dónde está Sonia? Mi casa está en las afueras. El desvío está a 9 km de aquí. Estamos en otoño. Estoy todavía en el primer capítulo. Ya está otra vez como ayer. Estaban a la espera de que se produjera alguna novedad. Está de buen humor. ¿A cuántos estamos? Estamos a 14 de octubre. En invierno llegamos a estar a 5 bajo cero.* Tb. prnl. con intención enfática. *Se estuvo todo el día en la cama. Es capaz de estarse de pie durante horas.* A veces se sobrentiende el compl. de lugar. *No contesta al teléfono, quizá no esté. –¿Está Olga? –No, no está.* **5.** Seguido de un gerundio, forma con él una perífrasis que expone en su desarrollo la acción expresada por ese gerundio. *¿Por qué estás llorando? No te oirá: está duchándose. Estaba muriéndose cuando llegó al hospital.* **6.** Seguido de *de* y un nombre: Trabajar en la actividad o el oficio propios de la persona designada por ese nombre. *Durante el verano estuvo de camarero. Está de pasante con un abogado.* **7.** Seguido de *de* y un nombre: Ocuparse temporalmente en la actividad expresada por ese nombre. *El fin de semana estaré de mudanza. ¿Otra vez estás de limpieza?* **8.** Seguido de *en* y una oración introducida por *que:* Tener la convicción del hecho expresado por ella. *Pues yo estoy en que llega mañana. Ella estaba en que sería muy fácil conseguir entradas. Yo estoy en que ya se ha marchado de Badajoz.* **9.** Seguido de *en* y un nombre o una expresión con valor de nombre: Poner el interés o la atención en lo expresado por ellos. *Como no estaba en la conversación, no me enteré de qué decidieron. Ellos no están en los pequeños detalles. –¿Has acabado el informe? –Estoy en ello. ¿Puedes repetirme la pregunta?, no estaba en lo que decías.* **10.** Seguido de un complemento con *por:* Ser favorable o inclinarse a lo expresado por ese complemento. *No estoy por decirle a todo que sí. Aquel ministro estaba por la privatización de las empresas estatales. Estoy por marcharme de aquí. Estuve por callarme, pero al final se lo dije.* **11.** Seguido de *para* y un infinitivo, expresa inminencia de la acción expresada por ese infinitivo. *Estaba para salir cuando sonó el teléfono. Está para llover.* **12.** Precedido de *no* y seguido de *para* y un nombre o una expresión con valor de nombre, expresa la falta de disposición para hacer o soportar lo expresado por ellos. *No está para bromas. No estoy para andarme con rodeos.* **13.** Valer o costar una cosa en un determinado momento. *Ese cuadro está* EN *once millones. Por favor, ¿*A *cómo está la lubina?* **14.** Seguido de *en* y un nombre o expresión equivalente: Consistir o radicar algo en lo expresado por ellos. *La virtud está en el justo medio. El problema está en que no cabremos todos en la sala.* ■ **está bien.** expr. Se usa para expresar aprobación o conformidad. *–Al final no podré acompañarte. –Está bien, iré solo.* ■ ~ alguien **en todo.** loc. v. Atender a muchas cosas al mismo tiempo. *Es muy eficaz, está en todo.* ► **4:** ANDAR, ENCONTRARSE. **7:** ANDAR.

estarcido. m. Hecho de estarcir. *Conoce la técnica del estarcido.* Tb. el dibujo así obtenido. *Se expone una colección de grabados y estarcidos.*

estarcir. tr. Estampar (un dibujo u otro motivo) en una superficie, colocando sobre esta una chapa o plantilla en la que están recortados y sobre la que se aplica el color. *Las puertas están decoradas con figuras geométricas estarcidas.* Tb. en constr. intr. *Plantillas para estarcir.*

estárter. m. *Mec.* Dispositivo de un motor de explosión que facilita su arranque mediante el enriquecimiento de la mezcla de carburación. *Para arrancar el vehículo en frío, accione el estárter.*

estasis. f. *Med.* Estancamiento de sangre u otro líquido en una parte del cuerpo. *Estasis sanguínea. Estasis biliar.*

estatal. adj. Del Estado. *La Fundación contará con apoyo estatal.*

estatalismo. m. Estatismo (tendencia política). *Un Estado fuerte, sin caer en los excesos del estatalismo, parecía garantía de estabilidad.* ► ESTATISMO.

estatalización. f. Hecho de estatalizar. *La izquierda defendía la estatalización de algunas grandes industrias.* ► ESTATIFICACIÓN.

estatalizar. tr. Poner (algo, espec. una empresa o un servicio privados) bajo la administración o dirección del Estado. *Han estatalizado la sanidad.* ► ESTATIFICAR. ‖ **frecAm:** ESTATIZAR.

estático, ca. adj. **1.** Que permanece en un mismo estado o sin experimentar cambio. *Los precios se mantuvieron estáticos el pasado mes.* **2.** Que no tiene movimiento o está fijo en un sitio. *Era como si aquellas imágenes estáticas del retablo cobrasen de pronto vida. Bicicleta estática.* **3.** Dicho de persona: Parada o inmóvil por el asombro o la emoción. *Escuchó estática la noticia.* **4.** *Fís.* De la estática (→ 5), o de su objeto de estudio. *El edificio parece desafiar las leyes estáticas.* ● f. **5.** *Fís.* Rama de la mecánica que estudia las leyes del equilibrio de los cuerpos sometidos a la acción de fuerzas. *Fundamentos y aplicaciones de la estática y la dinámica.*

estatificación. f. Hecho de estatificar. *Defiende la estatificación de determinadas actividades económicas.* ► ESTATALIZACIÓN.

estatificar. tr. Estatalizar (algo). *Van a estatificar la enseñanza.* ► *ESTATALIZAR.

estatismo[1]. m. Cualidad de estático o inmóvil. *Las figuras del relieve transmiten rigidez y estatismo.*

estatismo[2]. m. Tendencia política que exalta el poder y la preeminencia del Estado sobre los demás ámbitos y entidades del país. *Liberal convencido, criticó el estatismo y la burocratización de los sistemas socialistas.* ► ESTATALISMO.

estatista. adj. frecAm. *Polít.* Partidario del estatismo. *Las clases sociales dominantes en América Latina han sido sucesivamente estatistas o privatistas* [C]. Dicho de pers., tb. m. y f.

estatizar. tr. frecAm. Estatalizar (algo, espec. una empresa o un servicio privados). *Muchas de las empresas que la dictadura estatizó están dejando pérdida* [C]. ► *ESTATALIZAR.

estatua. f. Escultura que reproduce una figura humana o animal. *Estatuas de ilustres escritores flanquean la entrada de la Biblioteca. Inmóvil como una estatua.*

estatuario, ria. adj. **1.** De la estatua, o propio de una estatua. *Destacó en el arte pictórico y estatuario. Su rostro era de una belleza estatuaria.* ● f. **2.** Arte de hacer estatuas. *Encontramos en las tumbas faraónicas muestras de la estatuaria egipcia.*

estatuir. (conjug. CONSTRUIR). tr. Establecer o determinar (algo). *La ley estatuye que la constitución de las sociedades anónimas debe realizarse mediante escritura pública.*

estatura. f. **1.** Altura de una persona. *Es regordeta y de baja estatura.* **2.** Talla o categoría de una persona. *Quien así reacciona demuestra tener muy poca estatura.* ► TALLA.

estatus. (pl. invar.). m. **1.** Posición que una persona ocupa en la sociedad o dentro de un grupo social. *Factores de educación, clase y estatus condicionan el futuro de una persona.* Tb. *~ social. En esta zona vive gente de alto estatus social.* **2.** Situación relativa o condición de algo o alguien dentro de un determinado marco de referencia. *La antigua colonia alcanzó el estatus de país independiente. No todos los habitantes de Roma tenían estatus de ciudadano.*

estatutario, ria. adj. De los estatutos o estipulado en ellos. *Cambio estatutario. Disposiciones estatutarias.*

estatuto. m. **1.** Regla o conjunto de reglas con fuerza de ley para el gobierno de un cuerpo, entidad o colectividad. *El Estatuto de los Trabajadores reconoce el derecho de sindicación.* Frec. en pl. *Según sus estatutos, el fin de la Academia es el fomento, defensa y difusión de las Bellas Artes.* **2.** Ley especial básica para el gobierno de una comunidad autónoma, dictada por el Estado del que forma parte. Frec. *~ de autonomía. Se aprueba el estatuto de autonomía de Andalucía.* ■ **Estatuto Real.** m. histór. Ley fundamental del Estado, que se promulgó en España en 1834 y rigió hasta 1836. *Ya el Estatuto Real de Martínez de la Rosa establecía un sistema bicameral.*

este[1]. m. **1.** (En mayúsc.). Punto cardinal por donde sale el Sol en los equinoccios (Símb. *E*). *Navega con rumbo hacia el Este.* **2.** En un lugar: Parte que está hacia el Este (→ 1). *Rusia está en el este de Europa.* Frec. en aposición. *Ala este.* **3.** Viento que sopla del Este (→ 1). *Soplará el este en toda la región.* ► **1, 2:** LEVANTE, ORIENTE. **3:** LEVANTE.

este[2], ta. adj. **1.** Que está cerca, en el espacio o en el tiempo, de la persona que habla. *Esta aula está vacía. Estas flores ya están marchitas. Este periódico no es de hoy. Estas cosas que me han dicho no me las creo.* A veces se pospone al n. y entonces este va precedido de art. *El ordenador este no funciona.* **2.** Que se acaba de mencionar. *Está lloviendo a mares; en estas circunstancias es mejor no salir.* **3.** Seguido de un nombre que expresa tiempo o momento: Presente o actual. *Le prometió que esta semana irían a pescar.*

En estos momentos no puedo atenderte. ● pron. (Puede llevar acento, pero este solo es obligatorio cuando existe riesgo de ambigüedad entre la interpretación como pronombre y como adjetivo. *Al conjugar éstos* ('estos chicos') *verbos irregulares se equivocaron*). **4.** El que está cerca, en el espacio o en el tiempo, de la persona que habla. *¿Habías oído alguna vez una música como esta? Estos no son los pendientes que te regalé.* **5.** El que se acaba de mencionar. *Se lo han contado a sus vecinos y a estos se les ha ocurrido una solución.* **6.** cult. En enunciados en que se contraponen algo mencionado en primer lugar y algo mencionado en segundo lugar: El que se ha mencionado en último lugar. *Óscar y Carlos no se soportan desde que este no le dio su voto. Ana y Celia discutieron acaloradamente y esta se marchó dando un portazo.* **7.** Referido a tiempo o momento: El presente o actual. *El* XX *fue un siglo decisivo en la historia europea, pero este lo será aún más. La semana pasada fuisteis al cine y esta a cenar.* ■ **de esta.** loc. adv. En el caso u ocasión en que se encuentra la persona que habla. *De esta nos quedamos sin ir al teatro.* ■ **en estas,** o **a todas estas.** loc. adv. Mientras sucede lo que se acaba de exponer. *Estábamos charlando animadamente y en estas sonó el teléfono. A todas estas, el repartidor seguía esperando en la puerta que le pagáramos.* ■ **por estas.** loc. adv. Se usa como fórmula de juramento. *¡Por estas que no sales hoy sin acabar tu trabajo!*

estela[1]**.** f. **1.** Señal o rastro que deja tras de sí en el agua o en el aire una nave u otro cuerpo en movimiento. *El esquiador seguía la estela de la lancha. Un avión surca el cielo dejando una estela de humo.* **2.** Rastro o huella que dejan alguien o algo que pasan. *No será fácil seguir la estela de éxitos de su antecesor.*

estela[2]**.** f. Monumento conmemorativo que se erige sobre el suelo en forma de lápida, pedestal o trozo de columna. *En el museo se exhiben estelas de época romana.*

estelar. adj. **1.** De la estrella o las estrellas del cielo. *Espacio estelar. Explosión estelar.* **2.** Extraordinario o de gran categoría. *Es su obra estelar como dramaturgo. La serie contará con la intervención estelar de un actor consagrado.*

estenografía. f. Taquigrafía. *Domina la estenografía.*

estenosis. f. *Med.* Estrechez o estrechamiento de un orificio o conducto. *Le han diagnosticado estenosis de la arteria aorta.*

estenotipia. f. **1.** Taquigrafía a máquina. *Tiene conocimientos de mecanografía y estenotipia.* **2.** Máquina para escribir en estenotipia (→ 1). *Un funcionario transcribe en la estenotipia las intervenciones de los diputados.*

estenotipista. m. y f. Persona que domina o practica profesionalmente la estenotipia. *Es una magnífica estenotipista.*

estentóreo, rea. adj. Dicho de sonido, espec. de voz: Muy fuerte o retumbante. *Nos despertaron unos gritos estentóreos.*

estepa. f. Extensión de terreno amplia, llana y cuya vegetación está constituida fundamentalmente por hierbas, frec. resistentes a condiciones climáticas extremas. *Quedan pueblos nómadas en las estepas asiáticas.* Tb. el ecosistema correspondiente. *En la estepa abundan las formaciones de gramíneas.*

estepario, ria. adj. De la estepa, o propio de ella. *Zona esteparia. Especies esteparias.*

éster. m. *Quím.* Compuesto orgánico que resulta de la reacción entre un ácido y un alcohol con eliminación de agua. *Las grasas son ésteres naturales de la glicerina y algunos ácidos.*

estera. f. Tejido grueso de esparto, juncos, palma u otra materia semejante, que se usa espec. para cubrir el suelo. *Cortinas de estera.* Tb. el objeto, frec. una alfombra, hecho de ese tejido. *Jugaban en el suelo, sentados sobre una estera.*

estercolar. tr. Echar estiércol (en la tierra). *Hay que estercolar la tierra antes de sembrar.*

estercolero. m. **1.** Lugar donde se acumula el estiércol. *El corral servía también de estercolero.* **2.** Lugar muy sucio. *Después de la fiesta, la plaza era un estercolero.*

estéreo. adj. **1.** Estereofónico. *Equipo estéreo. Grabación estéreo.* ● m. **2.** Estereofonía. *Todos los programas televisivos se emiten en estéreo.*

estereofonía. f. Técnica de reproducción y grabación del sonido que utiliza dos o más canales distanciados para dar una sensación de relieve acústico. *La estereofonía mejora la calidad de los discos.* ▶ ESTÉREO.

estereofónico, ca. adj. De la estereofonía. *Televisor con sonido estereofónico.* ▶ ESTÉREO.

estereoscópico, ca. adj. *Fís.* Del estereoscopio. *Imagen estereoscópica.*

estereoscopio. m. *Fís.* Instrumento óptico en el que se ven dos imágenes planas de un mismo objeto tomadas con distintos ángulos y que, al mirarlas simultáneamente cada una con un ojo, producen la sensación de una sola imagen en relieve. *Para tener una visión tridimensional del terreno, miraremos las fotografías a través del estereoscopio.*

estereotipado, da. part. **1.** → **estereotipar.** ● adj. **2.** Dicho de algo, espec. de un gesto, de una fórmula o de una expresión: Que se repite sin variación o de forma fija. *Sus labios muestran una sonrisa estereotipada. El anuncio del detergente ofrece una imagen estereotipada de la mujer.*

estereotipar. tr. Fijar mediante su repetición frecuente (algo, espec. un gesto, una frase o una fórmula artística). *El lenguaje jurídico llega a estereotipar muchas expresiones.*

estereotipia. f. *Med.* Repetición involuntaria y automática de un gesto, acción o palabra, que ocurre sobre todo en ciertos dementes. *Algunos esquizofrénicos presentan estereotipias motoras o verbales.*

estereotipo. m. Imagen o idea aceptada comúnmente por un grupo o sociedad con carácter inmutable. *Su madre se ajusta al estereotipo de mujer hogareña.*

estéril. adj. **1.** Que no da fruto, o no produce nada. *Un cultivo intensivo puede transformar suelos fértiles en estériles.* Tb. fig. *Se enzarzaron en una discusión estéril.* **2.** Dicho de ser vivo: Incapaz de reproducirse. *Su marido es estéril.* **3.** Libre de gérmenes causantes de enfermedades. *Gasa estéril.* ▶ **1:** IMPRODUCTIVO, INFECUNDO, INFÉRTIL, INFRUCTUOSO. **2:** INFECUNDO, INFÉRTIL.

esterilidad. f. Cualidad o condición de estéril. *Tratamiento contra la esterilidad masculina. El método ha demostrado su esterilidad.*

esterilización. f. Hecho o efecto de esterilizar. *Es imperativa la esterilización del instrumental quirúrgico.*

Se practica la esterilización de la mujer como método anticonceptivo.

esterilizador, ra. adj. Que esteriliza o sirve para esterilizar. *Producto esterilizador.* Dicho de máquina o aparato, tb. m. o f. *Instalarán una esterilizadora de residuos clínicos.*

esterilizar. tr. Hacer estéril (algo o a alguien). *Hay que hervir el biberón para esterilizarlo. La esterilizaron con una ligadura de trompas.* Tb. en constr. prnl. media. *Al ligarle las trompas, la mujer se esteriliza.*

esterilla. f. Estera pequeña que se usa espec. para ponerla sobre el suelo. *Bajo el saco de dormir colocó una esterilla.*

esterlina. f. Libra esterlina (→ **libra**). *Cada mes que pasó en Londres, pagaba seiscientas esterlinas al casero.*

esternocleidomastoideo. m. *Anat.* Músculo esternocleidomastoideo (→ **músculo**). *Presenta contractura del esternocleidomastoideo.*

esternón. m. *Anat.* Hueso plano y alargado, situado en la parte anterior del pecho, con el que se articulan por delante los primeros siete pares de costillas. *Colocó sus manos sobre el esternón del herido y le hizo un masaje cardíaco.*

estero. m. frecAm. Terreno bajo y pantanoso que suele llenarse de agua por la lluvia o por la filtración de una laguna o un río cercanos. *Se limpiaron y construyeron 1,5 km de canales de conexión para la irrigación con agua dulce del estero* [C].

esteroide. m. *Biol.* Sustancia de la que derivan compuestos de gran importancia biológica, como las hormonas o los ácidos biliares, y que presenta una estructura química característica formada por cuatro anillos. *El atleta fue sancionado por consumo de esteroides.*

esteroideo, a. adj. *Biol.* De los esteroides. *Hormonas esteroideas. Medicamento esteroideo.*

esterol. m. *Biol.* Esteroide con uno o varios grupos alcohólicos, muy abundante en animales, vegetales y microorganismos. *Los vegetales no contienen colesterol sino otro tipo de esteroles.*

estertor. m. Respiración dificultosa, gralm. ronca o silbante, propia de la agonía y del coma. *Después de un estertor, expiró.*

estertóreo, a. adj. Del estertor, o que tiene estertor. *Se oyó un gemido estertóreo.*

esteta. m. y f. Persona que siente o afecta culto por la belleza. *Decoró su mansión con un refinamiento de esteta.*

estética. → **estético.**

esteticismo. m. Actitud o tendencia consistentes en conceder una importancia primordial a la estética anteponiéndola a otros valores o aspectos, espec. en la creación de obras literarias o artísticas. *Se criticó el excesivo esteticismo de su poesía.*

esteticista. adj. **1.** Del esteticismo. *Corriente pictórica esteticista.* **2.** Seguidor del esteticismo. Dicho de pers., tb. m. y f. *En estas descripciones, el autor se revela como un esteticista.* ● m. y f. **3.** Especialista en tratamientos de estética. *Tengo cita con la esteticista para una limpieza de cutis.*

estético, ca. adj. **1.** De la estética (→ 5, 6). *Concepción estética.* **2.** De la percepción o apreciación de la belleza. *Placer estético. Combina mal los colores, no tiene sentido estético.* **3.** De aspecto bello y elegante. *Esos muebles son muy estéticos, pero poco prácticos.* **4.** Dicho de cirugía: Que tiene por objeto el embellecimiento de una parte externa del cuerpo. *Se operó la nariz en un centro de cirugía estética.* Tb. dicho del cirujano especialista en esa cirugía. *Ha pensado en acudir a un cirujano estético.* ● f. **5.** Ciencia que trata de la belleza y de la teoría fundamental y filosófica del arte. *Es profesor de Estética en la facultad de Filosofía.* **6.** Conjunto de elementos estilísticos y temáticos que caracterizan a un determinado autor o movimiento artístico. *La estética del modernismo.* **7.** Armonía y apariencia agradable a la vista, que tiene alguien o algo desde el punto de vista de la belleza. *Al comprar ropa, da más importancia a la estética que a la comodidad.* **8.** Conjunto de técnicas y tratamientos utilizados para el embellecimiento del cuerpo. *Centro de estética.* **9.** coloq. Cirugía estética (→ 4). *No tiene arrugas porque se ha hecho la estética.*

estetoscopio. m. *Med.* Instrumento que sirve para auscultar el pecho y otras partes del cuerpo, amplificando sus sonidos. *El médico la examinó con el estetoscopio.*

estiaje. m. Nivel más bajo o caudal mínimo que tienen las aguas de un río, lago u otra corriente o extensión de agua en ciertas épocas del año. *El río presenta grandes crecidas y acusados estiajes.* Tb. el período que dura. *La escasez de lluvias dio lugar a un largo estiaje en la vertiente mediterránea.*

estiba. f. Hecho de estibar. *Los trabajadores portuarios realizan tareas de estiba y desestiba.*

estibador. m. Obrero que se ocupa de tareas de estiba y desestiba, gralm. en un puerto. *La huelga de estibadores podría dejar sin suministros a la isla.*

estibar. tr. **1.** Distribuir convenientemente (una serie de cosas) de forma que ocupen el menor espacio posible. *Han estibado las cajas de fruta en el camión.* **2.** *Mar.* Cargar o descargar (un buque). *El barco está estibado y listo para zarpar.* **3.** *Mar.* Distribuir convenientemente (la carga) en un buque. *Estiban la mercancía en la bodega del mercante.*

estiércol. m. Materia orgánica en descomposición, pralm. excrementos animales, que se usa como abono para la tierra. *Los campos recién abonados olían a estiércol.*

estigma. m. **1.** cult. Marca o señal en el cuerpo. *Es una muchacha sin estigmas visibles de enfermedad.* **2.** cult. Marca de deshonra o mala reputación. *Ser divorciado ya no es ningún estigma.* **3.** *Rel.* Herida o marca que aparecen milagrosamente en el cuerpo de algunos santos, localizadas en las mismas zonas que las de Cristo cuando fue crucificado. *El lienzo representa al santo con sus estigmas en manos, pies y costado.* **4.** *Bot.* Parte superior del pistilo de una flor, que recibe el polen en la fecundación. *El estilo arranca del ovario y sostiene el estigma de la flor.* **5.** *Zool.* En los insectos y otros artrópodos: Pequeño orificio por el que penetra el aire en la tráquea. *Los estigmas forman parte del aparato respiratorio de la mosca.*

estigmatizar. tr. **1.** cult. Marcar (algo o a alguien) con un estigma o marca de deshonra. *En su libro estigmatiza esa ideología.* **2.** *Rel.* Imprimir milagrosamente (en alguien o en una parte de su cuerpo) los estigmas o llagas de Cristo. *La santa tenía las manos estigmatizadas.*

estilarse. intr. prnl. Estar de moda o usarse algo. *Ya no se estila la ceremonia de pedida.*

estilete. m. **1.** Puñal de hoja muy estrecha y aguda. *Le clavaron un estilete y la muerte fue instantánea.*

2. *Med.* Sonda metálica, delgada, flexible o rígida y terminada en una bolita, que sirve para reconocer ciertas heridas. *La exploración con el estilete permite conocer la profundidad de la lesión.*

estilismo. m. **1.** Cuidado prioritario del estilo en la obra literaria, anteponiendo la forma al fondo. *Para quien valora el estilismo, este teatro comprometido deja mucho que desear.* **2.** Actividad profesional que tiene por objeto el cuidado del estilo y la imagen, espec. en el mundo de la moda y la decoración. *Últimas tendencias en peluquería y estilismo.*

estilista. m. y f. **1.** Escritor que se distingue por lo esmerado y elegante de su estilo. *En prosa y en verso, es ante todo un estilista.* **2.** Persona que se dedica al estilismo como actividad profesional. *Es estilista de interiores.* **3.** Peluquero que crea nuevos peinados y tendencias. *Mi estilista me ha aconsejado un tinte color caoba.*

estilístico, ca. adj. **1.** Del estilo, espec. del literario o artístico. *Analice los recursos estilísticos del texto. Existe cierta afinidad estilística entre las dos sinfonías.* ● f. **2.** Estudio científico del estilo de la expresión lingüística. *Del análisis de los textos se han ocupado la Retórica y la Estilística.*

estilización. f. Hecho o efecto de estilizar o estilizarse. *Es una decoración caracterizada por la estilización de los motivos.*

estilizar. tr. **1.** Representar (algo o a alguien) simplificando su forma o reduciéndola a sus rasgos más característicos. *Ese pintor estiliza el cuerpo humano.* **2.** Adelgazar o hacer más esbelto (algo o a alguien). *El negro estiliza la figura.* Tb. en constr. prnl. media. *Ha crecido y se ha estilizado.*

estilo. m. **1.** Forma característica o habitual de actuar o de comportarse. *Estilo de trabajar. Estilo de vida. Tiene mal estilo, nadie lo soporta.* **2.** Manera de escribir o de hablar peculiar de un escritor o de un orador. *El estilo de Cervantes.* **3.** Carácter propio que da a sus obras un artista plástico o un músico. *El estilo de Miguel Ángel. El estilo de Rossini.* **4.** Conjunto de características que individualizan una tendencia artística. *Estilo neoclásico. Muebles de estilo imperio.* **5.** Gusto o elegancia de una persona o cosa. *Viste con estilo. Se ha comprado una mesa con mucho estilo.* **6.** *Bot.* En la mayoría de las flores: Tubo pequeño, hueco o esponjoso, que arranca del ovario y sostiene el estigma. *El carpelo está formado por el estigma, el estilo y el ovario.* **7.** *Dep.* Modalidad o forma de practicar un deporte. *Compite en estilo mariposa.* ■ **de ~.** loc. adj. Dicho de un mueble o de un objeto de arte: Que pertenece o imita a un estilo antiguo determinado. *Una cómoda de estilo.* ■ **por el ~.** loc. adv. De forma parecida. *Me caen los dos por el estilo.* Tb. loc. adj. *Me llamó estúpido y otras lindezas por el estilo.*

estilóbato. m. *Arq.* Base corrida sobre la que se apoya una columnata. *El fuste de la columna dórica, sin basa, descansa directamente sobre el estilóbato.*

estilográfica. f. Pluma estilográfica (→ **pluma**). *Ha firmado con su estilográfica.*

estiloso, sa. adj. coloq. Que tiene estilo, gusto o elegancia. *No es guapa, pero sí estilosa. Qué traje tan estiloso.*

estima. f. **1.** Opinión favorable respecto a alguien o algo por su calidad o circunstancias. *Es un hombre inteligente y en su empresa le tienen mucha estima.* **2.** Aprecio o afecto. *No me tiene demasiada estima, incluso diría que le resulto antipático.* ▶ **2:** *AFECTO.

estimable. adj. Digno de estima. *El alumno ha realizado un estimable esfuerzo por superarse.*

estimación. f. **1.** Hecho o efecto de estimar, espec. el valor aproximado de algo. *Es pronto para realizar una primera estimación de los daños del siniestro.* **2.** Estima o afecto. *El artista se ganó pronto la estimación del público.* ▶ **2:** *AFECTO.

estimado, da. part. **1.** → **estimar.** ● adj. **2.** Se usa en fórmulas de cortesía para dirigirse formalmente al destinatario de una carta. *Estimados Sres.: Me dirijo a Uds. para solicitar información sobre sus productos.*

estimar. tr. **1.** Calcular o determinar el valor (de algo), espec. de forma aproximada. *Estimaron las pérdidas de la inundación* EN *varios millones. Aún están sin estimar los daños del seísmo.* **2.** Atribuir cierto valor (a alguien o algo). *Es un trabajador al que estiman mucho en la empresa. Estima mucho el anillo porque es herencia de su abuela. Estima en poco su vida.* **3.** Sentir afecto (por alguien). *Todos la estiman por su buen carácter.* **4.** Juzgar o creer (algo). *Estimaron que no era oportuno insistir más.* **5.** Juzgar o creer que (algo) es de determinada manera. *No estimaron necesario que lo supiera. Estimó como imprescindibles esas medidas. Hablaré con él cuando lo estime conveniente.* ▶ **2:** *APRECIAR. **3:** *QUERER. **4:** *CREER.

estimativo, va. adj. De la estimación o valoración. *Solo disponemos de cifras estimativas de los resultados.*

estimatorio, ria. adj. **1.** De la estimación. *Hicieron un cálculo estimatorio del coste de la obra.* **2.** *Der.* Que acepta una petición, demanda o recurso. *El silencio de la Administración se entenderá como estimatorio de la petición.*

estimulación. f. Hecho o efecto de estimular. *El medicamento provoca estimulación del apetito.*

estimulador, ra. adj. Que estimula o sirve para estimular. *Facilitemos al niño lecturas estimuladoras de su imaginación.* Dicho de aparato o agente, tb. m. *El dispositivo implantado es un estimulador de la zona profunda del cerebro.*

estimulante. adj. Que estimula. *No abuse de bebidas estimulantes.* Frec. m., referido a medicamento o agente. *Fue descalificado por consumo de estimulantes prohibidos. Que la dificultad no sea un freno, sino un estimulante.*

estimular. tr. **1.** Provocar (en alguien) las ganas de hacer algo. *Tu apoyo me estimula* A/PARA *seguir trabajando. Los retos lo estimulan.* **2.** Activar (algo, espec. una acción o función). *El objetivo de la reducción de impuestos es estimular el ahorro. Intentan estimular la creatividad en el alumno.* ▶ **1:** ALENTAR, ESPOLEAR, IMPULSAR, INCENTIVAR, INCITAR. **2:** FOMENTAR, INCENTIVAR.

estímulo. m. **1.** Cosa que estimula. *Necesita un estímulo* PARA *seguir luchando. Se echan en falta más estímulos* A *la contratación de discapacitados.* **2.** *tecn.* Agente capaz de estimular una función o desencadenar una reacción funcional en un organismo. *Su oído no responde a estímulos acústicos de baja frecuencia. Estímulos ambientales como la luz causan movimientos en las plantas.* ▶ **1:** ACICATE, AGUIJÓN, ALICIENTE, ESPUELA, INCENTIVO.

estío. m. cult. Verano. *En el estío las aves acuden al lago.*

estipendio. m. Paga o remuneración que se da a alguien por un trabajo o un servicio. *Hacía de mensajero por un insignificante estipendio.*

estipulación. f. **1.** Hecho de estipular. *El arrendamiento durará tres años, salvo estipulación en contrario.* **2.** *Der.* Disposición o cláusula de un documento público o particular. *Uno de los firmantes incumplió una estipulación del tratado.*

estipular. tr. Convenir o acordar (algo). *Cobraron la cantidad estipulada.*

estirada. f. En fútbol: Estiramiento rápido del cuerpo que realiza un portero para alcanzar un balón lanzado contra su meta. *El portero consiguió evitar el gol con una magnífica estirada.*

estirado¹. m. Hecho de estirar o estirarse. *Tras la preparación de la masa, se procede a su estirado con el rodillo.*

estirado², da. part. **1.** → **estirar.** ● adj. **2.** Engreído en su trato con los demás. *Es muy estirado y siempre te mira por encima del hombro.*

estiramiento. m. **1.** Hecho de estirar o estirarse. *Vamos a hacer unos ejercicios de estiramiento. Se ha hecho un estiramiento facial.* **2.** Cualidad de estirado o engreído. *No soporto ese estiramiento y esa chulería con que trata a todo el mundo.*

estirar. tr. **1.** Hacer que (algo) aumente de longitud, espec. tirando con fuerza de sus extremos. *Si estiras mucho la goma acabará por romperse.* **2.** Hacer que (algo) quede tenso o tirante. *Estira más la cuerda del tendedero, que está un poco floja.* **3.** Extender (algo doblado o encogido, espec. un miembro del cuerpo). *No puedo estirar bien el brazo.* **4.** Poner liso (algo) o quitar(le) las arrugas. *No hace falta que planches la camiseta, estírala un poco con las manos.* Tb. en constr. prnl. media. *Deshaz la maleta y pon la ropa en perchas para que se estire.* **5.** Gastar (dinero) con cuidado para atender al mayor número posible de necesidades. *Tendré que estirar mi sueldo si quiero llegar a fin de mes.* ○ intr. **6.** Crecer una persona o aumentar de estatura. *¡Cómo ha estirado este niño desde que no lo veo!* ○ intr. prnl. **7.** Alargarse algo o aumentar de longitud. *Si pulsas este botón del monitor, la imagen se estira o se encoge.* **8.** Estirar (→ 2) una parte del cuerpo, espec. brazos o piernas, para desentumecerlos o para desperezarse. *Como estaba muy cansada, no dejaba de bostezar y de estirarse.* ▶ **6:** CRECER.

estirón. m. **1.** Crecimiento en estatura de una persona. Gralm. en la constr. *dar* o *pegar un,* o *el,* ~. *La niña ha dado un estirón y ya no le vale la ropa del año pasado.* **2.** Hecho de estirar con fuerza. *Dio un estirón al cable y lo rompió.*

estirpe. f. Linaje. *El heredero al trono debía casarse con alguien de estirpe real.*

estival. adj. Del estío. *Vacaciones estivales.*

esto. (No tiene pl.). pron. **1.** Lo que está cerca, en el espacio o en el tiempo, de la persona que habla. *Esto no es un problema de integración.* **2.** Lo que se acaba de mencionar. *Sé que tenemos problemas, pero no es de esto de lo que quería hablarte.* **3.** cult. En enunciados en que se contraponen algo mencionado en primer lugar y algo mencionado en segundo lugar: Lo que se ha mencionado en último lugar. *Predijo que el hombre viajaría a la Luna y que el fin del mundo llegaría a finales del siglo XX, pero solo acertó en aquello, ya que esto no ha ocurrido.* ■ **en** ~. loc. adv. Mientras sucede lo que se acaba de exponer. *Estábamos viendo una película y en esto llegó mi hermano.* ■ ~ **es.** → **ser.**

estocada. f. Hecho de clavar la espada o el estoque. *Se batieron, y una estocada lo dejó malherido.* Tb. la herida así producida. *Contaba, mostrando la estocada, que estaba vivo de milagro.*

estocástico, ca. adj. *tecn.* Del azar, o que se produce por efecto del azar. *La evolución del mercado puede verse afectada por factores estocásticos.*

estoconazo. m. *Taurom.* Estocada completa y certera, más eficaz que artística. *El torero culminó la faena con un formidable estoconazo.*

estofa. f. Calidad o clase. Gralm. despect. *Gente de baja estofa.*

estofado¹. m. Guiso que consiste en cocer a fuego lento un alimento, espec. carne, condimentado en crudo con aceite, vino o vinagre, ajo, cebolla y varias especias. *Comimos estofado de ternera.*

estofado². m. *Arte* Hecho o efecto de estofar. *La técnica del estofado es muy usada en imaginería.*

estofar¹. tr. Guisar (un alimento, espec. carne) condimentándo(lo) en crudo con aceite, vino o vinagre, ajo, cebolla y varias especias y cociéndo(lo) a fuego lento. *Voy a estofar la carne.*

estofar². tr. *Arte* Decorar (algo) pintando sobre dorado o raspando el color dado sobre dorado para que aparezca el oro. *Este prestigioso dorador fue el encargado de estofar las imágenes del altar mayor.*

estoicismo. m. **1.** Fortaleza o dominio sobre la propia sensibilidad, que conducen a la indiferencia ante el placer o el sufrimiento, o a la capacidad para soportar la desgracia. *Afronta la enfermedad con estoicismo.* **2.** *Fil.* Escuela grecorromana fundada por Zenón (filósofo griego, s. III a. C.), cuyo ideal es el ejercicio de la virtud, que se consigue mediante la aceptación del destino y la lucha contra las pasiones. Tb. la doctrina en la que se apoya. *Epicureísmo y estoicismo se proponen la búsqueda de la felicidad.*

estoico, ca. adj. **1.** Indiferente o fuerte ante la desgracia. *Recibió las críticas con actitud estoica.* **2.** *Fil.* Del estoicismo. *Ética estoica.* **3.** *Fil.* Seguidor del estoicismo. *Séneca, filósofo estoico.* Dicho de pers., tb. m. y f. *Para los estoicos, el sabio es el hombre libre de afectos y pasiones.*

estola. f. **1.** Prenda femenina en forma de banda larga, gralm. de piel, que se lleva sobre los hombros o alrededor del cuello como abrigo o adorno. *Va muy elegante con esa estola de visón.* **2.** *Rel.* Ornamento sagrado que consiste en una banda larga de tela, con una cruz en el medio y otra en cada extremo, y que se coloca el sacerdote colgando del cuello. *Llegó el confesor, con estola morada.*

estolidez. f. cult. Cualidad de estólido. *Su estolidez me exaspera.*

estólido, da. adj. cult. Tonto o de corto entendimiento. *Es un personaje estólido.* Dicho de pers., tb. m. y f. *Es un comentario digno de un estólido como él.*

estoma. m. *Bot.* Abertura microscópica en la epidermis de las partes verdes de algunos vegetales, que permite el intercambio de gases y líquidos con el exterior. *Observamos al microscopio la epidermis de una hoja de puerro y sus estomas.*

estomacal. adj. **1.** Del estómago. *Tiene molestias estomacales.* **2.** Que tonifica el estómago y facilita la función gástrica. *Un tónico estomacal.* Tb. m., referido a medicamento o producto. *Las flores de esta planta son un buen estomacal.*

estomagante. adj. coloq. Que estomaga. *Es de una pedantería estomagante. ¡Qué chico tan estomagante!*

estomagar. tr. coloq. Causar fastidio o molestia (a alguien). *Me estomaga con sus ñoñerías.*

estómago. m. **1.** En el aparato digestivo de las personas y de algunos animales: Parte ancha del tubo digestivo, situada entre el esófago y el intestino, en la que se produce la descomposición de los alimentos para ser asimilados por el organismo. *En el estómago, los alimentos se mezclan con el jugo gástrico.* **2.** Parte exterior del cuerpo que corresponde al estómago (→ 1), espec. si es abultada. *Me dio una patada en el estómago. ¡Menudo estómago, a ver si adelgazas!* **3.** coloq. Capacidad para soportar o hacer cosas desagradables. *Hay que tener estómago para casarse con semejante engendro.* ■ **~ agradecido.** m. Persona que responde con su apoyo o servicios a favores o beneficios materiales recibidos. *Allí estaban aplaudiéndole los de siempre, estómagos agradecidos.* □ **revolver el ~** (a alguien). Causar(le) malestar o repugnancia. *Tanta injusticia me revuelve el estómago.*

estomatología. f. *Med.* Rama de la medicina que se ocupa de las enfermedades de la boca. *Clínica dental: consulta de estomatología.*

estomatológico, ca. adj. *Med.* De la estomatología. *Tratamiento estomatológico.*

estomatólogo, ga. m. y f. *Med.* Especialista en estomatología. *Si tiene problemas con la muela del juicio, acuda al estomatólogo.*

estoniano, na. adj. Estonio. *Tallin, la capital estoniana.* Dicho de pers., tb. m. y f. *Letonios y estonianos son vecinos.* Dicho de lengua, tb. m. *Además de estoniano, habla ruso.*

estonio, nia. adj. **1.** De Estonia (país de Europa). *Lago estonio.* Dicho de pers., tb. m. y f. *Es luterano, como la mayoría de los estonios.* ● m. **2.** Lengua hablada en Estonia. *Habla húngaro y estonio.* ▶ ESTONIANO.

estopa. f. **1.** Parte basta del lino o del cáñamo, que queda en el rastrillo formando un amasijo de fibras cuando se rastrilla, y que se emplea para fabricar cuerdas y tejidos de baja calidad, y para otros usos. *El fontanero puso estopa en las juntas de las tuberías para evitar pérdidas de agua.* **2.** coloq. Golpes o palos. Gralm. con v. que significan "dar". *¡Menuda paliza, qué manera de arrear estopa!*

estoque. m. **1.** Espada estrecha con la que solo se puede herir de punta. *Desenvainó el estoque dispuesto a defenderse.* **2.** *Taurom.* Espada que utilizan los toreros para matar al toro. *El matador acertó con el estoque y salió a hombros.*

estoqueador, ra. m. y f. Torero que estoquea. *El diestro es buen estoqueador.*

estoquear. tr. Herir o matar (a un toro) con el estoque. *En el último tercio de la lidia el torero estoquea al toro.*

estor. m. Cortina de una sola pieza, que se recoge verticalmente. *Sube los estores para que entre más luz.*

estoraque. m. Bálsamo muy oloroso, usado en perfumería y medicina, que se obtiene por incisión en la corteza de ciertos árboles. *Olía a incienso y estoraque.* Tb. el árbol del que se obtiene. *Abundan en la zona cedros y estoraques.*

estorbar. tr. **1.** Poner una dificultad u obstáculo a la ejecución (de algo). *El mueble estorba el paso.* **2.** Causar molestia o incomodidad (a alguien). *Si te estorbo, me quito.* Tb. usado en constr. intr. *Este jarrón no hace más que estorbar.* ▶ **1:** *OBSTACULIZAR.

estorbo. m. Persona o cosa que estorban. *Quita la caja del pasillo, que es un estorbo. Más que una ayuda eres un estorbo.* ▶ *OBSTÁCULO.

estornino. m. Pájaro de cabeza pequeña, pico amarillo y plumaje negro con reflejos metálicos, a veces moteado, que suele formar grandes bandadas y del que existen varias especies, por ej.: *~ negro, ~ pinto. El estornino hembra. Una plaga de estorninos causa problemas en tejados y jardines.*

estornudar. intr. Despedir con violencia el aire de los pulmones, por espiración involuntaria y repentina causada por un estímulo que actúa sobre las mucosas nasales. *Es alérgica al polen y en primavera no para de estornudar.*

estornudo. m. Hecho o efecto de estornudar. *Los estornudos y la fiebre son síntomas del catarro.*

estrábico, ca. adj. **1.** Dicho de ojo o de mirada: Desviado respecto de su posición normal. *Antes de operarse tenía el ojo izquierdo estrábico.* **2.** Que padece estrabismo. *Niña estrábica.* Dicho de pers., tb. m. y f. *Nunca sabes adónde mira un estrábico.* ▶ BIZCO.

estrabismo. m. Disposición anómala de los ojos por la cual los dos ejes visuales no se dirigen a la vez a un mismo objeto. *A menudo la hipermetropía va acompañada de estrabismo.* ▶ BIZQUERA.

estrado. m. Sitio de honor, espec. constituido por una tarima algo elevada, en un lugar donde se celebra un acto. *El diputado subió al estrado para comenzar su alocución.*

estrafalario, ria. adj. coloq. Extravagante hasta el punto de resultar risible, espec. en el modo de vestir. *Apareció con un estrafalario sombrero de colores.* Dicho de pers., tb. m. y f. *Eres un estrafalario.*

estragar. tr. **1.** Causar estragos (en algo). *La sequía ha estragado los campos.* **2.** Dañar (a alguien o a una parte de su cuerpo). *Tomar el sol en exceso estraga la piel.* Tb. en constr. prnl. media. *Se le ha estragado el estómago con el picante.* ▶ **1:** *DESTRUIR.

estrago. m. Daño grande o destrucción. Más frec. en pl. y con v. como *causar* o *hacer*. *El hambre causa estragos en África.* Tb. fig. *Su atractivo hace estragos entre el público femenino.*

estragón. m. Hierba de tallos delgados y ramosos, hojas estrechas y flores amarillentas, que se usa como condimento. *Cueza la salsa con unas hojas de estragón.*

estrambote. m. *Lit.* Conjunto de versos que suele añadirse al final de una combinación métrica, espec. del soneto. *Escribió un soneto con estrambote.*

estrambótico, ca. adj. coloq. Extravagante o alejado de lo común. *Vestía de manera estrambótica.*

estramonio. m. Planta de tallos ramosos, hojas dentadas, flores grandes y blancas en forma de embudo, y fruto espinoso semejante a una nuez, usada en medicina y como narcótico. *Varios jóvenes se han intoxicado al beber una infusión de estramonio.*

estrangulación. m. Hecho de estrangular o estrangularse. *Muerte por estrangulación.*

estrangulador, ra. adj. **1.** Que estrangula. *Válvula estranguladora. Ley estranguladora de derechos fundamentales.* Dicho de pers., tb. m. y f. *El estrangulador asesina a sus víctimas con sus manos.* ● m. **2.** *Mec.* Dispositivo de un motor de explosión que abre o cierra el paso del aire al carburador. *Para facilitar el arranque en frío se puede accionar el estrangulador.*

estrangulamiento. m. Hecho de estrangular. *El cadáver presenta señales de estrangulamiento. Estrangulamiento del comercio exterior.*

estrangular. tr. **1.** Ahogar (a una persona o a un animal) oprimiéndo(les) el cuello hasta impedir la respiración. *Lo han estrangulado con una cuerda.* **2.** Dificultar o impedir el paso o la circulación (por una vía o conducto). *Los estacionamientos en doble fila estrangulan las calles.* **3.** Impedir el desarrollo o la manifestación (de algo). *El embargo está estrangulando la economía del país.*

estraperlista. m. y f. coloq. Persona que practica el estraperlo. *Los estraperlistas se enriquecían a costa de la miseria general.*

estraperlo. m. **1.** coloq. Comercio ilegal de artículos intervenidos por el Estado o sujetos a tasa. *En la posguerra se dedicó al estraperlo de azúcar.* Frec. en la constr. *de ~*. *Los productos de estraperlo alcanzaban precios abusivos.* **2.** coloq. Conjunto de artículos de estraperlo (→ 1). *Transportan el estraperlo por caminos escondidos.*

estratagema. f. **1.** Engaño hecho con astucia para conseguir un fin. *Recurrió a sucias estratagemas para conseguir el ascenso.* **2.** Acción de guerra realizada con habilidad para conseguir un objetivo. *La fortaleza fue tomada mediante una estratagema que evitó el derramamiento de sangre.*

estratega. m. y f. Persona experta en estrategia. *Los estrategas aliados determinaron el lugar del desembarco. Su entrenadora es una gran estratega.* ▶ ESTRATEGO.

estrategia. f. **1.** Arte o técnica de planificar y dirigir las operaciones militares. *El general es experto en estrategia.* **2.** Plan de acciones coordinadas para dirigir un asunto o conseguir un fin. *La empresa desarrolla nuevas estrategias de venta.*

estratégico, ca. adj. **1.** De la estrategia. *Un movimiento estratégico de los atacantes desconcertó al enemigo. Preparan un plan estratégico de fusión entre las dos entidades.* **2.** Dicho de cosa, espec. de lugar o posición: De importancia decisiva para un fin. *Las primeras unidades ocuparon posiciones estratégicas para lanzar el ataque. La estación se construirá en un punto estratégico de la ciudad.*

estratego. m. Hombre experto en estrategia. *Era buen combatiente, pero mal estratego.* ▶ ESTRATEGA.

estratificación. f. *tecn.* Hecho o efecto de estratificar o estratificarse. *En la Edad Media se produce la estratificación social por estamentos.*

estratificar. tr. *tecn.* Disponer en estratos (algo). *La raza, el sexo, la edad y la profesión son circunstancias que estratifican una sociedad.* Tb. en constr. prnl. media. *Según su composición química, la Tierra se estratifica en núcleo, manto y corteza.*

estratigrafía. f. **1.** *Geol.* Parte de la geología que estudia los estratos y la disposición y caracteres de las rocas sedimentarias que los constituyen. *Departamento de Estratigrafía y Paleontología.* Tb. esa disposición en un terreno. *En su estudio describe la estratigrafía de la zona.* **2.** *tecn.* Estudio de los estratos. *Principios de estratigrafía arqueológica. Estratigrafía social.*

estratigráfico, ca. adj. *Geol.* De la estratigrafía, o de su objeto de estudio. *Método estratigráfico. Niveles estratigráficos.*

estrato. m. **1.** *Geol.* Capa mineral de las que constituyen un terreno sedimentario. *Los estratos del suelo pueden plegarse o fracturarse.* **2.** *Sociol.* Capa o nivel de una sociedad. *La educación debe llegar a los ciudadanos de todos los estratos.* Tb. *~ social.* **3.** cult. Capa de las varias superpuestas que forman un todo. *Distinguimos tres estratos en la piel: epidermis, dermis y tejido graso.* **4.** cult. Conjunto diferenciado de elementos que se integra con otros previos o posteriores para la formación de un producto histórico. *Algunas de estas palabras proceden de un estrato prerromano.* **5.** *Meteor.* Nube baja y grisácea, en forma de una faja extensa, uniforme y paralela al horizonte. *Diferencia cirros, cúmulos y estratos.*

estratocúmulo. m. *Meteor.* Capa de nubes bajas, grises y en forma de franjas paralelas de espesor uniforme, que cubre una gran extensión de cielo. *Se espera un día despejado con pocas nubes (estratocúmulos).*

estratosfera. f. *Meteor.* Capa de la atmósfera terrestre, inmediatamente superior a la troposfera. *En la estratosfera se produce la absorción de los rayos ultravioleta por el ozono.*

estratosférico, ca. adj. *Meteor.* De la estratosfera. *Contaminación estratosférica.*

estrechamiento. m. Hecho o efecto de estrechar o estrecharse. *Estrechamiento de las relaciones entre dos países.*

estrechar. tr. **1.** Hacer estrecho o más estrecho (algo). *Me han tenido que estrechar la falda. Con los años han ido estrechando su amistad.* Tb. en constr. prnl. media. *El camino se estrecha a partir de ahí.* **2.** Apretar (algo o a alguien), espec. en señal de afecto o cariño. *Me dio la enhorabuena y me estrechó la mano.* ○ intr. prnl. **3.** Ponerse las personas muy cerca unas de otras para ocupar menos espacio. *Si nos estrechamos un poco, cabremos todos.*

estrechez. f. **1.** Cualidad de estrecho o menos ancho de lo normal o adecuado. *La estrechez de la acera. La estrechez del vestido.* **2.** Falta de amplitud intelectual o moral. *Me disgusta su estrechez de miras.* **3.** Falta de holgura económica. *Viven con estrechez.* Más frec. en pl. *Tenía un buen trabajo y vivía sin estrecheces.* ▶ **1:** ESTRECHURA.

estrecho, cha. adj. **1.** Que tiene menos anchura de la normal o adecuada. *Las calles son estrechas. Esa blusa te queda estrecha.* **2.** Que tiene poca holgura. *En la oficina estamos muy estrechos.* **3.** Dicho de relación: Muy cercana. *Nuestra amistad es muy estrecha.* **4.** Dicho de cosa: Que tiene poca amplitud. *Su vida se ha desarrollado en un ámbito muy estrecho.* Frec. fig. *Tenían un concepto un poco estrecho de la vida en pareja.* **5.** Dicho de cosa, espec. de margen: Pequeño o escaso. *Hay un estrecho margen de error.* **6.** despect. Dicho de persona: Que tiene ideas muy estrictas, espec. en cuanto a las relaciones sexuales. *Tiene unos padres muy estrechos.* Tb. m. y f. *Su novia es una estrecha.* ● m. **7.** Zona estrecha (→ 1) de mar, comprendida entre dos tierras, que comunica un mar con otro. *El estrecho de Gibraltar.* ▶ **1:** ANGOSTO.

estrechura. f. Estrechez (cualidad de estrecho). *No podemos meter el mueble debido a la estrechura de la puerta.* ▶ ESTRECHEZ.

estregar. (conjug. ACERTAR o, frecAm., reg.). tr. Restregar (algo o a alguien). *El mayordomo estregaba los candelabros con un paño.* ▶ RESTREGAR.

estrella. f. **1.** Cuerpo celeste que brilla en la noche, excepto la Luna. *El cielo estaba lleno de estrellas.* **2.** Figura de una estrella (→ 1), con rayos que parten de un centro común o con un círculo rodeado de puntas. *La estrella de David tiene seis puntas.* Tb. el objeto que tiene esa figura. *La pulsera es de cuero, con una estrellita de plata.* **3.** Signo en forma de estrella (→ 2), que sirve para indicar la graduación de jefes y oficiales de las fuerzas armadas. *En el uniforme lleva las estrellas de coronel.* **4.** Signo en forma de estrella (→ 2), que sirve para indicar, según su número, la categoría oficial de los establecimientos hoteleros. *Hotel de cuatro estrellas.* **5.** Suerte o destino. *Estoy segura de que mi estrella me condujo hasta ti.* Frec. precedido de *buena* o *mala*. *Lamenta su mala estrella.* **6.** Persona, espec. artista de cine, que sobresale extraordinariamente en su profesión. *Admira a las estrellas de cine. El equipo de fútbol cuenta con grandes estrellas.* **7.** Se usa en aposición para indicar que lo designado por el sustantivo al que sigue se considera lo más destacado en su género. *La pieza estrella de la exposición es una escultura de Venus.* **8.** Animal marino con el cuerpo deprimido en forma de estrella (→ 2), gralm. de cinco brazos. Tb. ~ *de mar*. *Las estrellas de mar poseen un esqueleto de placas calcáreas.* **9.** *Astr.* Cuerpo celeste que emite energía luminosa y calorífica, producida por reacciones termonucleares. *El Sol es una estrella.* ■ ~ **fugaz.** f. Meteorito que se mueve con gran velocidad y deja una estela luminosa al entrar en la atmósfera, apagándose pronto. *Vi una estrella fugaz y pedí un deseo.* □ **nacer con ~**, o **tener ~.** loc. v. Ser afortunado. *Los hay que nacen con estrella.* ■ **ver** alguien **las ~s.** loc. v. coloq. Sentir un dolor muy fuerte. *Me di tal golpe en la rodilla que vi las estrellas.* ▶ **6:** ASTRO.

estrellado, da. part. **1.** → **estrellar.** ● adj. **2.** De forma de estrella. *El jacinto tiene flores estrelladas.* **3.** Que tiene estrellas. *Noche estrellada.*

estrellar. tr. **1.** coloq. Hacer que (una persona o cosa) choquen con fuerza contra otra o contra una superficie dura y se aplasten o se hagan pedazos. *Estaba furioso y estrelló una figurita de cerámica* CONTRA *la pared.* Tb. en constr. prnl. media. *Iba corriendo sin mirar y se ha estrellado* CONTRA *una farola.* **2.** Echar (un huevo) para freír(lo). *Estrella un huevo en la sartén cuando el aceite esté caliente.* ○ intr. prnl. **3.** Fracasar en una pretensión por tropezar contra un obstáculo insuperable. *Todos sus intentos de reforma se estrellan* CON *la negativa del director.*

estrellato. m. Condición de estrella del espectáculo. *Su talento interpretativo la llevará al estrellato.*

estremecedor, ra. adj. Que estremece. *Vimos unas estremecedoras imágenes del Tercer Mundo.*

estremecer. (conjug. AGRADECER). tr. **1.** Hacer temblar (algo). *Los cañonazos estremecían las casas.* **2.** Producir algo, espec. el frío, el miedo o la emoción alteración o sobresalto, a veces acompañado de temblor físico, (en alguien). *El frío la estremeció. La noticia nos ha estremecido.* Tb. en constr. prnl. media. *Se estremece de emoción.*

estremecimiento. m. Hecho o efecto de estremecer o estremecerse. *Sintió un estremecimiento de angustia.*

estrenar. tr. **1.** Hacer uso (de algo) por primera vez. *Todavía no he estrenado el reloj.* **2.** Representar por primera vez ante el público (un espectáculo, espec. una obra teatral, cinematográfica o musical). *La compañía de teatro estrena esta noche una comedia.* ○ intr. prnl. **3.** Empezar a desempeñar una actividad o una profesión. *Hoy se estrena* EN *las tareas de dirección.*

estreno. m. Hecho de estrenar o estrenarse. *Los protagonistas asistirán al estreno de la película.* ■ **de ~.** loc. adj. Dicho de local: Dedicado habitualmente a estrenar películas. *Vimos la película en un cine de estreno.*

estreñido, da. part. **1.** → **estreñir.** ● adj. **2.** Que padece estreñimiento. Frec. con v. como *estar* o *ir*. *El bebé está estreñido.*

estreñimiento. m. Hecho o efecto de estreñir. *Le han recetado laxantes para el estreñimiento.*

estreñir. (conjug. CEÑIR). tr. Retrasar (en alguien) el curso del contenido intestinal y dificultar su evacuación. *La manzana me estriñe.* Tb. usado en constr. intr. *El arroz hervido estriñe.*

estrépito. m. Ruido fuerte. *Despertó con el estrépito de la alarma que saltó en el piso de al lado.* ▶ ESTRUENDO.

estrepitoso, sa. adj. **1.** Que causa estrépito. *Una estrepitosa sirena anunció el final de la clase.* **2.** Muy grande o aparatoso. *Tuvo un fracaso estrepitoso.* ▶ **1:** ESTRUENDOSO.

estreptococo. m. *Biol.* Bacteria de forma redondeada, que se presenta agrupada formando cadenas, y de la que algunas especies provocan infecciones graves. *Contra las enfermedades producidas por estreptococos administran penicilina.*

estreptomicina. f. *Med.* Antibiótico obtenido de determinados hongos o bacterias, eficaz para combatir la tuberculosis y otras enfermedades. *La tuberculosis dejó de ser mortal gracias a la estreptomicina.*

estrés. m. Estado de tensión provocado por situaciones agobiantes que originan trastornos físicos o psicológicos a veces graves. *Hace yoga para combatir el estrés.*

estresante. adj. Que produce estrés. *Su trabajo es muy estresante.*

estresar. tr. Causar estrés (a alguien). *Este trabajo me estresa.* Tb. en constr. prnl. media. *Los mayores suelen estresarse ante una posible carencia de medios.*

estría. f. **1.** Cada una de las rayas en hueco que suelen tener algunos cuerpos. Gralm. en pl. *El fuste de la columna tiene estrías. La venera es una concha con estrías radiales.* **2.** Cada una de las líneas claras que aparecen en la piel, frec. en el embarazo, por desgarros o estiramientos. Más frec. en pl. *Durante el embarazo, le salieron estrías en el abdomen.*

estriado, da. part. **1.** → **estriar.** ● adj. **2.** Que tiene estrías. *Algunas conchas tienen la superficie estriada.*

estriar. (conjug. ENVIAR). tr. Hacer estrías (en algo). *Ha decidido estriar el fuste de las columnas. Los estiramientos excesivos estrían la piel.* Tb. en constr. prnl. media. *Cuando la piel no está hidratada, se reseca y se estría.*

estribación. f. Ramal de montaña que deriva de una cordillera. Frec. en pl. *En las estribaciones de la sierra hay pinares.*

estribar. intr. Tener una cosa su fundamento u origen en otra. *La dificultad para poner en marcha el proyecto estriba* EN *la falta de medios.* ▶ RADICAR.

estribillo. m. **1.** Verso o conjunto de versos que se repiten después de cada estrofa en algunas composiciones líricas, y que a veces también les sirven de comienzo. *El estribillo de la canción es muy pegadizo.* **2.** Palabra o frase que se repite mucho, frec. por costumbre o de manera automática. *¡Ya está con el estribillo de siempre!*

estribo. m. **1.** Pieza de una silla de montar, gralm. de metal o cuero, que pende de una correa y en la que el jinete apoya el pie. *Ponga el pie izquierdo en el* *estribo e impúlsese para montar.* **2.** Especie de escalón del que van provistos algunos carruajes y otros vehículos, y que sirve para subir a ellos o para bajar. *Ya con un pie en el estribo del coche, se volvió para saludar.* **3.** En una plaza de toros: Especie de escalón a lo largo de la barrera y por su parte interior, que sirve para facilitar el salto de esta a los toreros. *Citó al toro sentado en el estribo.* **4.** *Anat.* Hueso pequeño situado en la parte más interna del oído medio y que se articula con el yunque. *En la caja del tímpano se alojan el estribo, el martillo y el yunque.* **5.** *Arq.* Contrafuerte. *Los ábsides son de planta poligonal con refuerzo de estribos.* ■ **perder** alguien **los ~s.** loc. v. Alterarse hasta el punto de perder el control de sí mismo. *Perdona lo que te he dicho, he perdido los estribos.*

estribor. m. (Se usa sin art.). Lado derecho de una embarcación, mirando de popa a proa. *El barco viró a estribor.*

estricnina. f. *Quím.* Sustancia venenosa muy activa, presente en algunos vegetales. *El matarratas contiene estricnina.*

estricto, ta. adj. **1.** Dicho de norma: Que no admite excepciones ni interpretación. *Las normas de selección son muy estrictas.* **2.** Dicho de persona o cosa: Que se ajusta enteramente a la norma establecida. *Tiene un jefe muy estricto.*

estridencia. f. **1.** Cualidad de estridente. *El júbilo era patente en la estridencia de las risotadas. Cautiva la sencillez y falta de estridencia del conjunto arquitectónico.* **2.** Sonido estridente. *Anhelaba el silencio, pero todo eran estridencias.*

estridente. adj. **1.** Dicho de sonido: Agudo y desagradable. *Música estridente. Voz estridente.* **2.** Dicho de cosa o persona: Que, por exagerada o violenta, produce una sensación llamativa y molesta. *Colores estridentes.*

estro. m. **1.** cult. Inspiración artística, espec. poética. *Fruto de su estro lírico son estos sonetos.* **2.** *Zool.* Período de celo de los mamíferos. *Durante el estro femenino se produce la ovulación.*

estrofa. f. Conjunto organizado de versos con una disposición determinada de metros y rimas, que constituye una unidad métrica dentro de algunas composiciones poéticas. *El poema consta de cinco estrofas, todas ellas redondillas.*

estrófico, ca. adj. **1.** De la estrofa. *Ritmo estrófico.* **2.** Dividido en estrofas. *Poema estrófico.*

estrógeno. m. *Biol.* Hormona segregada pralm. por el ovario y que induce la aparición de los caracteres sexuales secundarios femeninos, como el desarrollo de las mamas o la primera menstruación. *Hombre y mujer llegan a un período en que las hormonas sexuales (andrógenos y estrógenos) disminuyen.*

estroncio. m. *Quím.* Elemento del grupo de los metales, de color blanco brillante, blando y que se oxida con facilidad (Símb. *Sr*). *En las inmediaciones de la central nuclear se detectó estroncio radiactivo.*

estropajo. m. Utensilio de esparto o de otra materia gralm. áspera y fibrosa, que sirve para fregar. *Frota la sartén con el estropajo. Estropajo de aluminio.*

estropajoso, sa. adj. **1.** coloq. Dicho de cosa: Áspera y fibrosa como el estropajo. *Filete estropajoso. Pelo estropajoso.* **2.** coloq. Dicho espec. de lengua o modo de hablar: Trapajoso. *Borracho, pidió con voz estropajosa otra copa.* Tb. dicho de la persona que habla así. *Se me acercó un individuo estropajoso farfullando no sé qué.*

estropear. tr. **1.** Hacer que (algo) quede en malas condiciones o peores de las que tenía. *Vas a estropear los pantalones de tanto lavarlos.* Tb. en constr. prnl. media. *Se ha estropeado la radio.* **2.** Hacer que (alguien o algo) tomen peor aspecto del que tenían. *La construcción de un edificio estropearía el paisaje.* Tb. en constr. prnl. media. *Se ha estropeado mucho con la enfermedad.* **3.** Impedir que (algo, como un asunto o un proyecto) se desarrolle bien o salga adelante. *Le habéis estropeado los planes.* **4.** Hacer que (alguien) adopte malos hábitos. *Con tantos mimos vas a estropear al niño.* ▶ **1:** DETERIORAR, ROMPER. **3:** DESBARATAR, FASTIDIAR, MALOGRAR.

estropicio. m. Destrozo ruidoso o llamativo y frec. de escasas consecuencias. *Vigila a los niños, no vayan a hacer algún estropicio.*

estructura. f. **1.** Modo de estar distribuidas o dispuestas las partes de algo. *Dibuja la estructura de un átomo. La estructura de la novela es lineal.* **2.** Armazón, gralm. de acero u hormigón armado, que sustenta un edificio. *Solo la estructura del rascacielos quedó en pie tras el incendio.* **3.** Sistema de elementos interrelacionados. *En el ejército, la estructura de mandos está muy jerarquizada. La estructura de la lengua se analiza en sus distintos niveles.*

estructuración. f. Hecho o efecto de estructurar o estructurarse. *La fusión de los dos bancos obligará a una nueva estructuración de los departamentos.*

estructural. adj. De la estructura. *Reforma estructural.*

estructuralismo. m. Teoría y método científicos basados en la consideración de un conjunto de datos como estructura o sistema de interrelaciones. *Estructuralismo lingüístico.*

estructuralista. adj. **1.** Del estructuralismo. *Lingüística estructuralista.* **2.** Seguidor del estructuralismo. Dicho de pers., tb. m. y f. *Saussure fue el primer gran estructuralista del lenguaje.*

estructurar. tr. Dar estructura (a algo). *Hay que estructurar el departamento de contabilidad.* Tb. en constr. prnl. media. *La comedia se estructura en tres actos.*

estruendo. m. Ruido grande. *Cuando explotó la bomba, se oyó un enorme estruendo.* ▶ ESTRÉPITO.

estruendoso, sa. adj. Que causa estruendo. *El estruendoso derrumbamiento del edificio asustó a los vecinos.* ▶ ESTREPITOSO.

estrujamiento. m. Hecho de estrujar. *Prefiero ir andando y evitar el estrujamiento del metro.*

estrujar. tr. **1.** Apretar (algo) para sacar(le) el zumo. *Estruja bien el limón.* **2.** Apretar (algo) de manera que se deforme o se arrugue. *Estrujó el papel y lo tiró a la papelera.* **3.** Apretar o comprimir (a alguien o una parte su cuerpo) tan fuerte y violentamente que llegue a hacer daño. *En el metro te estrujan.* **4.** Abrazar muy fuerte y con mucho cariño (a alguien). *Estruja al niño entre sus brazos y lo besa.* **5.** coloq. Exprimir (algo o a alguien). *En su trabajo lo estrujan.*

estrujón. m. Hecho de estrujar, espec. de manera fuerte o brusca. *Me saludó con un estrujón de mano.*

estuario. m. Desembocadura de un río caudaloso en el mar, cuyas márgenes van apartándose en el sentido de la corriente, y en la que penetra el agua del mar con la subida de las mareas. *En el estuario del Duero encontramos la ciudad de Oporto.*

estucado. m. Hecho o efecto de estucar. *La técnica del estucado es muy antigua. El estucado de la pared está dañado.*

estucar. tr. Cubrir (algo) con estuco o blanquear(lo) con él. Frec. en part. *Los suelos del palacio eran de piedra y los techos, estucados, de madera.*

estuchado. m. Hecho o efecto de estuchar. *La operación final será el estuchado y embalado de los artículos.*

estuchar. tr. Meter en un estuche (algo, espec. terrones de azúcar u otro producto industrial). *Trabaja en una fábrica estuchando terrones de azúcar.*

estuche. m. **1.** Caja o envoltura para guardar ordenadamente uno o varios objetos. *Guarda la pluma estilográfica en su estuche. Mi estuche tiene pinturas, bolígrafos, una regla...* Tb. el conjunto de la caja y los objetos que contiene. *Le voy a regalar un estuche de colonia y jabones.* **2.** Envoltura que reviste y protege algo. *El encéfalo se encuentra protegido por un estuche óseo: el cráneo.*

estuco. m. **1.** Masa de yeso blanco y agua de cola, con la que se hacen y preparan muchos objetos que después se doran o pintan. *Los relieves de estuco de los capiteles representan seres mitológicos.* **2.** Pasta de cal apagada y mármol pulverizado, con que se enlucen las paredes que se van a barnizar después con aguarrás y cera. *El edificio tenía las paredes de estuco y el suelo de mármol.*

estudiado, da. part. **1.** → **estudiar.** ● adj. **2.** Dicho de cosa: Que carece de sencillez o naturalidad. *Es una muchacha poco espontánea, de gestos estudiados.*

estudiantado. m. Conjunto de los alumnos o estudiantes. *Se reunieron representantes del profesorado y del estudiantado del centro.*

estudiante. m. y f. Persona que cursa estudios en un centro de enseñanza. *Junio es época de exámenes para los estudiantes. Estudiantes universitarios.*

estudiantil. adj. De los estudiantes. *La reforma educativa ha provocado manifestaciones estudiantiles.*

estudiantina. f. Tuna. *La estudiantina interpretó "Clavelitos".*

estudiar. (conjug. ANUNCIAR). tr. **1.** Aplicar el entendimiento para comprender o aprender (algo). *Está estudiando matemáticas para el examen de mañana.* Tb. usado en constr. intr. *Si quieres aprobar, tendrás que estudiar.* Frec. con un pron. expresivo de interés. *Me he estudiado todo el temario.* **2.** Recibir enseñanza (sobre una o varias materias), espec. en un centro docente. *Estudia Derecho en la Universidad Complutense. Estudió latín con un magnífico profesor.* Tb. usado en constr. intr. *Su hijo estudia en un colegio privado.* **3.** Examinar atentamente (algo). *Voy a estudiar las distintas propuestas antes de tomar una decisión.*

estudio. m. **1.** Hecho de estudiar para comprender, aprender o conocer algo. *El estudio requiere concentración. Dedicó su vida al estudio de las lenguas románicas. Tenemos varias solicitudes en estudio.* **2.** Obra en que un autor estudia o analiza una cuestión. *Publicó un estudio sobre la pintura de Leonardo.* **3.** Lugar de trabajo de un artista o profesional liberal. *Es arquitecto y trabaja en un estudio.* **4.** Apartamento de reducidas dimensiones, usado gralm. como vivienda o despacho. *Vive en un estudio en el centro de la ciudad.* **5.** Conjunto de edificios o instalaciones destinados a la realización de películas cinematográficas, a emisiones de radio o televisión o a grabaciones discográficas. Más frec. en pl. *La película se está rodando en unos estudios de Hollywood. El programa se emite desde los estudios de televisión de Prado del Rey.* **6.** *Mús.* Composición destinada al aprendizaje o perfeccionamiento en el ejercicio de la interpretación instrumental. *Está aprendiendo a tocar el piano con unos estudios de Schumann.* **7.** *Arte* Boceto preparatorio para una obra pictórica o escultórica. *De lo que podría haber sido la obra maestra del pintor, solo se conservan los estudios.* ○ pl. **8.** Hecho de estudiar o recibir enseñanza. *Quiere dejar los estudios y ponerse a trabajar.* **9.** Conjunto de materias que se estudian para obtener una titulación. *Le quedan unas asignaturas para acabar sus estudios de Medicina.* **10.** Instrucción o enseñanza recibida. *No tiene estudios y apenas sabe leer. Sus padres quieren darle estudios.*

estudioso, sa. adj. **1.** Aficionado al estudio. *Tiene una hija muy estudiosa, que siempre saca buenas notas.* **2.** Que se dedica al estudio. Tb. m. y f. *Fue un rey austero y diligente, según los estudiosos de la época.*

estufa. f. **1.** Aparato destinado a calentar un recinto y que funciona por electricidad o por combustión de gas, madera u otro combustible. *Estufa de leña. Estufa de butano.* **2.** Aparato o recinto que sirven para secar, desinfectar o mantener caliente o en un ambiente con determinadas condiciones de calor y humedad algo. *Para su uso medicinal, se secan los tallos de la planta sobre cañizos o en estufa.*

estulticia. f. cult. Cualidad de estulto. *Su comportamiento raya en la estulticia.*

estulto, ta. adj. cult. Tonto o necio. *Hombre estulto. Sonrisa estulta.*

estupefacción. f. Estupor o pasmo. *Sacó un maletín lleno de billetes, ante la estupefacción de todos.* ▶ *ASOMBRO.

estupefaciente. adj. **1.** Dicho de sustancia: Que es narcótica y hace perder la sensibilidad. *Consume cocaína y otras sustancias estupefacientes.* Tb. m. *Fue detenido por tráfico de estupefacientes.* **2.** De los estupefacientes (→ 1). *La metadona tiene propiedades estupefacientes.* **3.** Que produce estupefacción. *Lo más estupefaciente era que el agredido no se defendiera.*

estupefacto, ta. adj. Atónito o asombrado. *La noticia del accidente nos dejó estupefactos.* ▶ *ATÓNITO.

estupendo, da. adj. **1.** Muy bueno. Con intención enfática. *Ha sacado unas notas estupendas.* ● adv. **2.** coloq. Muy bien. Con intención enfática. *Lo pasamos estupendo en la discoteca.* Se usa frec. para expresar asentimiento o conformidad. *–Te espero mañana en el teatro. –Estupendo, allí estaré.* ▶ **1:** COLOSAL, EXCELENTE, FABULOSO, FORMIDABLE, MAGNÍFICO, MARAVILLOSO, SOBERBIO. ‖ **Am: 1:** CHÉVERE, REGIO.

estupidez. f. **1.** Cualidad de estúpido. *Su estupidez llega a límites insospechados.* **2.** Dicho o hecho propios de un estúpido. *Es una estupidez casarse tan joven. No dice más que estupideces.* ▶ *TONTERÍA.

estúpido, da. adj. **1.** Dicho de persona: Tonto o de corto entendimiento. *¡Qué estúpida fui al dejarme engañar!* Se usa como insulto. *¡Baja de ahí, estúpido, que te vas a caer!* Tb. m. y f. *Es una estúpida.* **2.** Propio de la persona estúpida (→ 1). *Has cometido un estúpido error.* ▶ *TONTO.

estupor. m. **1.** Asombro, espec. si es muy intenso o paralizante. *Un hombre se encarama a la torre ante el estupor general.* **2.** *Med.* Estado caracterizado por una disminución de la actividad intelectual, con ausencia de movimientos y de reacción a los estímulos. *El paciente pasó de un estado de desorientación al estupor y finalmente al coma.* ▶ **1:** *ASOMBRO.

estupro. m. *Der.* Hecho de realizar un adulto el coito con un menor, mediante engaño o valiéndose de su superioridad sobre este. *Fue condenado por un delito de estupro.*

esturión. m. Pez marino de gran tamaño, que remonta el curso de los ríos para desovar y con cuyas huevas se prepara el caviar. *Sube el precio del caviar de esturión ruso.*

esvástica. f. Cruz gamada. *Un grupo de neonazis ondea banderas con la esvástica.*

etano. m. *Quím.* Gas incoloro, inodoro y combustible, presente en el gas natural y en el petróleo, que se utiliza para producir otros hidrocarburos. *Entre los hidrocarburos gaseosos están el etano y el butano.*

etanol. m. *Quím.* Alcohol etílico. *Una supresión brusca del aporte de etanol provocará síndrome de abstinencia en el alcohólico.* ▶ ALCOHOL.

etapa. f. **1.** Trecho de los varios en que se divide mediante paradas un recorrido. *Empieza el* rally *con una etapa de 340 km.* **2.** Lugar donde se hace una parada de descanso en un recorrido. *La primera etapa del viaje será Buenos Aires.* **3.** Fase en el desarrollo de una acción o de un proceso. *En las primeras etapas de crecimiento son muy importantes las vitaminas.* ■ **por ~s.** loc. adv. Gradualmente o por pasos sucesivos. *La implantación del nuevo sistema se realizará por etapas.* ■ **quemar ~s.** loc. v. Avanzar en una acción o proceso pasando rápidamente por las etapas (→ 3) previstas. *Fue quemando etapas hasta convertirse en director con solo treinta años.* ▶ **3:** FASE.

etarra. adj. De la organización terrorista ETA. *Comando etarra.* Dicho de pers., tb. m. y f. *Los dos etarras se negaron a declarar ante el juez.*

etc. abrev. Etcétera. *Comen aceitunas, cacahuetes, almendras, etc.*

etcétera. Voz que se usa para sustituir el final de una exposición o enumeración, gralm. porque se sobreentiende o no se quiere especificar. *Estudian geografía, historia, matemáticas, etcétera.* Tb. m. *El complejo vitamínico incluye vitamina A, B, C y un largo etcétera.*

éter. m. **1.** cult. Cielo (esfera aparente que rodea la Tierra). *Las aves surcan el éter.* **2.** *Quím.* Compuesto que resulta de la unión de dos moléculas de alcohol con pérdida de una molécula de agua. *La mayoría de los éteres no son reactivos.* **3.** *Quím.* Líquido transparente, inflamable, volátil y de olor penetrante, que se obtiene al calentar a elevada temperatura una mezcla de alcohol etílico y ácido sulfúrico, frec. usado como anestésico y antiespasmódico. Tb. ~ *etílico,* o *sulfúrico. Para anestesiar a los pacientes empleaban éter sulfúrico.* **4.** *Fís.* Fluido invisible y elástico que supuestamente llena todo el espacio y transmite la luz, el calor y otras formas de energía. *Concebía la luz como un movimiento ondulatorio en un éter elástico.*

etéreo, a. adj. **1.** cult. Vago o sutil e inaprensible. *Estaba dotada de una belleza etérea. Sentimientos etéreos.* **2.** cult. Del éter o cielo. *Regiones etéreas.*

eternal. adj. Eterno (que no tiene principio ni fin). *¿Dónde quedaron aquellos sueños de felicidad eternal?* ▶ ETERNO.

eternidad. f. **1.** Cualidad de eterno. *Eternidad y omnipotencia son atributos divinos.* **2.** Tiempo eterno. *Cree que un ser puede reencarnarse sucesivas veces a lo largo de la eternidad.* Frec. con intención enfática, espec. en la constr. *una ~. Seremos felices para toda la eternidad. La película dura una eternidad.*

eternizar. tr. **1.** Hacer eterno (algo). *Me gustaría eternizar este momento.* Tb. en constr. prnl. media. *El juicio se está eternizando.* ○ intr. prnl. **2.** Tardar mucho en hacer algo. *Se eterniza comiendo.*

eterno, na. adj. **1.** Que no tiene principio ni fin. *Dios es eterno.* **2.** Que dura para siempre. *Oremos por el eterno descanso de su alma. Me juró amor eterno.* Frec. fig., con intención enfática. *Este embarazo es eterno.* **3.** Antepuesto a un nombre, se usa para expresar el carácter habitual o excesivamente repetitivo de lo designado por este. *De ella recuerdo su eterna sonrisa. Ya estás otra vez con tus eternas dudas.* ▶ **1:** ETERNAL.

ética. → ético.

eticidad. f. Cualidad de ético. *Debes regirte por principios de eticidad y justicia.*

ético, ca. adj. **1.** De la ética (→ 3, 4). *No todo lo que es legal es aceptable desde el punto de vista ético.* **2.** Recto, o conforme con la ética (→ 3). *No es ético aprovecharse así de los compañeros.* ● f. **3.** Conjunto de principios y normas que rigen la conducta humana, relacionados con el sentido del bien y del mal. *Ha actuado por puro interés, sin la menor ética. Si el abogado revela datos del sumario, falta a su ética profesional.* **4.** Parte de la filosofía que estudia el comportamiento del hombre desde el punto de vista del bien o del mal, y los principios por los que debe regirse teniendo como finalidad el bien. *Ya Sócrates se preguntó por el bien y otras grandes cuestiones de la ética.* Tb. el conjunto de concepciones de alguien relacionadas con esa parte de la filosofía. *Principios de la ética aristotélica.* ▶ **3, 4:** *MORAL.

etileno. m. *Quím.* Gas incoloro, de sabor dulce y muy inflamable, constituyente del gas natural y muy empleado en la industria petroquímica. *Entre los grandes consumidores de etileno y polietileno está la industria del plástico.*

etílico, ca. adj. *Quím.* Dicho de alcohol: Que contiene el radical etilo. *El porcentaje de alcohol etílico del aguardiente es alto* Tb. dicho de efectos producidos por el consumo excesivo de alcohol. *Había bebido tanto que entró en coma etílico.*

etilismo. m. *Med.* Intoxicación aguda o crónica por el alcohol etílico. *Tabaquismo y etilismo aumentan el riesgo de enfermedades coronarias.*

etilo. m. *Quím.* Radical del etano. *El cloruro de etilo tiene aplicaciones como anestésico.*

étimo. m. *Ling.* Palabra o raíz de las que procede otra. *El étimo de "pelo" es el latín "pilus".*

etimología. f. **1.** Origen de una palabra. *¿Cuál es la etimología* DE *la palabra "padre"?* **2.** Estudio del origen de las palabras. *Es necesario entender de etimología para conocer bien un idioma.* ■ **~ popular.** f. *Ling.* Interpretación espontánea de una palabra que se da al relacionarla equivocadamente con otra de distinto origen. *La palabra "vagamundo" es el resultado de una etimología popular.*

etimológico, ca. adj. **1.** De la etimología. *Diccionario etimológico.* **2.** Conforme a la etimología o basado en ella. *Concibe la vida como una "agonía", en el sentido etimológico de la palabra.*

etimologista. m. y f. Persona que se dedica a investigar la etimología de las palabras. *Los etimologistas no se ponen de acuerdo sobre el origen de la expresión "al tuntún".* ▶ ETIMÓLOGO.

etimólogo, ga. m. y f. Etimologista. *Un etimólogo que se precie debe saber latín.*

etiología. f. **1.** *tecn.* Estudio de las causas de las cosas, espec. de las enfermedades. *La revista publica artículos sobre etiología y diagnosis.* **2.** *tecn.* Causa u origen de algo, espec. de una enfermedad. *Padece un trastorno digestivo de etiología infecciosa. ¿Cómo solucionar un problema si se desconoce su etiología?*

etiológico, ca. adj. *tecn.* De la etiología. *El agente etiológico del sida es el virus VIH.*

etíope. adj. De Etiopía. *La cumbre se celebra en Addis Abeba, la capital etíope.* Dicho de pers., tb. m. y f. *Un etíope bate el récord de los 5000 metros.* ▶ ETIÓPICO.

etiópico, ca. adj. Etíope. *Región etiópica.*

etiqueta. f. **1.** Trozo de papel, cartulina, tela u otro material, que se coloca en un objeto o en un producto, con fines pralm. de identificación, valoración o clasificación. *Las prendas de vestir llevan una etiqueta con las instrucciones de lavado. Pon una etiqueta con tu nombre y dirección en la maleta. El reloj ha perdido la etiqueta del precio. Ya hemos recibido las etiquetas adhesivas para la declaración de la renta.* **2.** Conjunto de reglas que deben observarse en las casas reales y en actos públicos solemnes. *Si acudes a una recepción en el palacio real, tendrás que respetar la etiqueta.* **3.** Ceremonia (demostración formal y cortés de respeto entre personas). *No me trates con tanta etiqueta.* **4.** Calificación identificadora que se aplica a algo o alguien. *Por hacer huelga, mis compañeros me han colgado la etiqueta de sindicalista.* ■ **de ~.** loc. adj. **1.** Dicho de ropa, espec. de traje: Adecuado según las normas o el protocolo para asistir a un acto solemne. *Los asistentes al acto vestían riguroso traje de etiqueta.* Tb. loc. adv., hablando de la forma de vestir. *Todos los invitados iban de etiqueta.* **2.** Dicho de fiesta o ceremonia: Que exige ropa de etiqueta (→ **de etiqueta** 1). *Era una cena de etiqueta y las mujeres iban con traje largo.* ▶ **3:** CEREMONIA.

etiquetado. m. Hecho de etiquetar o poner etiqueta a algo. *En este departamento se realiza el etiquetado de las botellas.* ▶ ETIQUETAJE.

etiquetaje. m. Etiquetado. *Me llevé una falda de talla superior a la mía debido a un error de etiquetaje.*

etiquetar. tr. **1.** Poner etiquetas (a un objeto o producto). *Hay que etiquetar todos los productos con su precio.* **2.** Poner (a alguien o algo) una etiqueta o calificación. *Me molesta que me etiqueten. Lo etiquetaron como aburrido porque nunca quería salir.*

etmoides. m. *Anat.* Hueso etmoides (→ **hueso**). *Presenta destrucción del etmoides, debida a consumo de drogas por vía nasal.*

etnia. f. Comunidad humana definida por afinidades raciales, lingüísticas y culturales. *La cantaora es de etnia gitana.*

étnico, ca. adj. De la etnia o de la raza. *Junto a la mayoría eslava, conviven varias minorías étnicas.*

etnocéntrico, ca. adj. **1.** *Antropol.* Del etnocentrismo. *Actitud etnocéntrica.* **2.** *Antropol.* Que practica el etnocentrismo. *Somos ciudadanos egocéntricos en una sociedad etnocéntrica.*

etnocentrismo. m. *Antropol.* Tendencia a considerar superior el grupo étnico o la cultura a los que se pertenece y a convertirlos en modelo exclusivo de referencia. *Alejémonos de un etnocentrismo dogmático, seamos críticos con nuestra civilización.*

etnografía. f. *tecn.* Rama de la antropología que se ocupa del estudio descriptivo de las etnias y pueblos, sus costumbres, tradiciones y demás aspectos sociales. *Según la etnografía, no en todos los pueblos existe una creencia sobre la vida después de la muerte.*

etnográfico, ca. adj. *tecn.* De la etnografía o de su objeto de estudio. *Estudios etnográficos y folclóricos sobre América Latina.*

etnógrafo, fa. m. y f. *tecn.* Especialista en etnografía. *Como etnógrafo, estudió las costumbres amerindias.*

etnología. f. *tecn.* Rama de la antropología que se ocupa del estudio de las etnias y los pueblos en sus distintos aspectos y relaciones, a partir de los datos proporcionados por la etnografía. *Historia y Etnología aportan visiones complementarias de los pueblos.*

etnológico, ca. adj. *tecn.* De la etnología o de su objeto de estudio. *Se exponen objetos de la vida cotidiana, de gran valor etnológico.*

etnólogo, ga. m. y f. *tecn.* Especialista en etnología. *¿Cómo interpretan los etnólogos estos ritos ancestrales?*

etología. f. *tecn.* Ciencia que estudia el comportamiento de los animales y del hombre en su medio natural. *Según los estudios de etología, el caballo es un animal gregario.*

etológico, ca. adj. *tecn.* De la etología o de su objeto de estudio. *Especial interés etológico tienen las formas de autodefensa de los animales.*

etólogo, ga. m. y f. *tecn.* Especialista en etología. *En cuanto al apareamiento, los etólogos constatan patrones de conducta comunes a diversas especies.*

etrusco, ca. adj. histór. De Etruria (región de la Italia antigua). *Civilización etrusca.* Dicho de pers., tb. m. y f. *Se cree que los etruscos procedían de Asia Menor.*

eucaliptal. m. Terreno poblado de eucaliptos. *El incendio arrasó un eucaliptal.*

eucalipto. m. **1.** Árbol de gran altura, tronco recto y hojas olorosas verdes y en forma de punta de lanza, empleadas en medicina por sus propiedades balsámicas. *Pon a cocer agua con hojas de eucalipto para hacer vahos.* Tb. su madera. *Tarima de eucalipto.* **2.** Extracto de hojas de eucalipto (→ 1). *Caramelo de eucalipto.* ▶ EUCALIPTUS.

eucaliptus. m. Eucalipto. *Abundan en la región los bosques de eucaliptus.*

eucarionte. adj. *Biol.* Dicho de organismo: Constituido por células provistas de núcleo diferenciado y envuelto por una membrana. *Los protozoos son organismos eucariontes.* Tb. referido a las células. *¿En qué se diferencia el cromosoma de las células eucariontes y procariontes?* Dicho de organismo, tb. m. *Los seres vivos se dividen en eucariontes y procariontes.* ▶ EUCARIOTA, EUCARIÓTICO.

eucariota. adj. *Biol.* Eucarionte. *Animales, plantas y hongos son organismos eucariotas. Las algas tienen células eucariotas.* Dicho de organismo, tb. m. *Los eucariotas son organismos más complejos que los procariotas.*

eucariótico, ca. adj. *Biol.* Eucarionte. *Microbio eucariótico. Células eucarióticas.*

eucaristía. f. **1.** *Rel.* Sacramento mediante el cual, por las palabras que el sacerdote pronuncia, el pan y el vino se transforman en el cuerpo y la sangre de Cristo. *La Eucaristía se instituyó en la última cena.* **2.** *Rel.* Misa (rito). *El Sumo Pontífice celebrará una eucaristía en la basílica.* ▶ **2:** MISA.

eucarístico, ca. adj. De la eucaristía. *El sacerdote alza el cáliz con el vino eucarístico.*

euclidiano, na. adj. *Mat.* Dicho espec. de geometría: Basada en los postulados de Euclides (matemático griego, s. III a. C.). *¿En qué se diferencian la geometría euclidiana o tradicional y las no euclidianas?* Tb. dicho de conceptos propios de esa geometría. *El espacio euclidiano es tridimensional.*

eufemismo. m. Palabra o expresión usadas para evitar otra que se considera dura, desagradable o malsonante. *Habla claro y déjate de eufemismos.*

eufemístico, ca. adj. Del eufemismo. *Para no decir "negro", emplean expresiones eufemísticas como "persona de color".*

eufonía. f. Sonoridad agradable y armoniosa de una palabra o secuencia de palabras. *El ritmo y la eufonía contribuyen al éxito del eslogan publicitario.*

eufónico, ca. adj. Que tiene eufonía. *Parece propio de la lírica huir de términos cacofónicos y buscar los más eufónicos.*

euforia. f. Estado de ánimo de intensa alegría, con tendencia al optimismo. *Todo va bien, pero no nos dejemos llevar por la euforia.*

eufórico, ca. adj. **1.** De la euforia. *El consumo de alcohol puede provocar un estado eufórico peligroso.* **2.** Dicho de persona: Que siente euforia. *Está eufórica porque ha ganado el concurso.*

euforizante. adj. Que produce euforia. *Efectos euforizantes de la droga.* Frec. m., referido a medicamento o sustancia. *Toma tranquilizantes y euforizantes.*

eufrasia. f. Hierba de tallo erguido y ramoso, hojas dentadas y flores blanquecinas con una mancha amarilla, usada para el tratamiento de la conjuntivitis y otras afecciones de la vista. *Preparó una infusión de eufrasia para lavarse los ojos.*

eugenesia. f. *Med.* Estudio y aplicación de las leyes biológicas de la herencia orientados al perfeccionamiento de la especie humana. *Ven en la eugenesia la posibilidad de eliminar enfermedades hereditarias.*

eugenésico, ca. adj. *Med.* De la eugenesia. *Se sacrifican embriones por razones eugenésicas.*

eunuco. m. Hombre castrado. *Tenía una voz aguda, como de eunuco.*

eurasiático, ca. adj. Euroasiático. *Entre la placa norteamericana y la eurasiática se encuentra Islandia.* Dicho de pers., tb. m. y f. *Pueblan la isla hindúes y eurasiáticos.*

eureka. interj. Se usa para expresar alegría cuando se encuentra o descubre algo que se busca con afán. *¡Eureka!, este era el autor.*

euritmia. f. cult. Disposición armoniosa y correspondencia entre las partes de una obra de arte. *Dominan en el conjunto arquitectónico los principios de la euritmia y la simetría.*

euro[1]**.** m. Unidad monetaria común a los Estados de la Unión Europea. *El viaje cuesta mil euros.* Tb. la moneda de ese valor. *¿Tienes un euro suelto?*

euro[2]**.** m. cult. Este (viento). *Un euro lluvioso sopla en la costa.*

euro-. elem. compos. Significa 'europeo o de Europa' (*eurocampeón, euroamericano*), o 'de la Unión Europea' (*eurocámara*).

euroasiático, ca. adj. De Europa y Asia, consideradas como un todo geográfico. *España se encuentra en el continente euroasiático.* Dicho de pers., tb. m. y f. *La zona está poblada por euroasiáticos.* ▶ EURASIÁTICO.

eurocentrismo. m. Tendencia a considerar los valores culturales, sociales y políticos de tradición europea como modelos universales. *Busquemos un enfoque intercultural y no basado en un eurocentrismo estrecho.*

eurocomunismo. m. Tendencia del movimiento comunista surgida en países capitalistas europeos, que rechaza el modelo soviético y defiende principios democráticos. *¿En qué divergen el comunismo marxista y el eurocomunismo?*

eurocomunista. adj. **1.** Del eurocomunismo. *Planteamientos eurocomunistas.* **2.** Partidario o seguidor del eurocomunismo. *Militó en un partido eurocomunista.* Dicho de pers., tb. m. y f. *Entre los disidentes había varios eurocomunistas.*

euroconector. m. Clavija y enchufe adaptados a la configuración europea estándar, que sirven para conexiones de sonido e imagen. *Su televisor dispone de euroconector.*

eurócrata. m. y f. Funcionario de alguna de las instituciones de la Unión Europea o de otras organizaciones europeas. *El número de eurócratas aumentará con la entrada de nuevos países en la Unión.*

eurodiputado, da. m. y f. Diputado del Parlamento de la Unión Europea. *Los eurodiputados se eligen cada cinco años por sufragio universal directo.*

euroescéptico, ca. adj. Que rechaza los proyectos políticos de la Unión Europea, o es escéptico respecto a ellos. *Partidos euroescépticos.* Tb. m. y f. *Si vencen las tesis de los euroescépticos, el país no adoptará el euro.*

europeidad. f. Cualidad o condición de europeo. *Europeidad e identidad nacional no están reñidas.* ▶ EUROPEÍSMO.

europeísmo. m. **1.** Aspiración o movimiento políticos favorables a la unificación de los Estados europeos. *El europeísmo es un intento de garantizar la paz en el continente.* **2.** Cualidad o condición de europeo. *Un europeo, solo por su europeísmo, tiene más oportunidades que muchos africanos.* **3.** Gusto o predilección por lo europeo. *En materia de cine, sus preferencias son de un marcado europeísmo.* ▶ **2:** EUROPEIDAD.

europeísta. adj. **1.** Del europeísmo político. *Entre las propuestas europeístas estaba la de implantar una moneda única en la Unión.* **2.** Partidario o seguidor del europeísmo político. *Gobernante europeísta.* Dicho de pers., tb. m. y f. *Los europeístas defendieron la elaboración de una constitución europea.*

europeización. f. Hecho de europeizar o europeizarse. *En el 98, defendían la europeización de España como una posibilidad de progreso.*

europeizante. adj. De tendencia europeísta. *En países ajenos a la Unión Europea latían también sentimientos europeizantes. Población europeizante.*

europeizar. (conjug. DESCAFEINAR). tr. Dar carácter europeo (a alguien o algo). *Emprendió la tarea de europeizar el país.* Tb. en constr. prnl. media. *Nuestra moneda se ha europeizado.*

europeo, a. adj. De Europa. *País europeo.* Dicho de pers., tb. m. y f. *Muchos europeos emigraron a América.*

euscalduna. adj. **1.** Vasco (del País Vasco). *Conocí a un muchacho euscalduna, de Bilbao.* Dicho de pers., tb. m. y f. *¡Cómo aprecian la gastronomía los euscaldunas!* **2.** Euskera. *Influencia euscalduna en el* *castellano medieval.* ● m. y f. **3.** Persona que habla euskera. *Hay cursos para castellanohablantes y para euscaldunas.* ▶ **1:** *VASCO. **2:** *EUSKERA. **3:** *VASCOHABLANTE.

euskera. (Tb. **eusquera**). adj. **1.** Del euskera (→ 2). *Fonética euskera. Sufijo eusquera.* ● m. **2.** Lengua hablada por parte de los naturales del País Vasco español, francés y de la comunidad de Navarra. *En euskera, "izquierda" se dice "ezkerra".* ▶ **1:** EUSCALDUNA, VASCO, VASCUENCE. **2:** VASCO, VASCUENCE.

eusquera. → **euskera.**

eutanasia. f. Hecho de acelerar o provocar la muerte de un enfermo incurable para evitarle sufrimiento, ya aplicando medios adecuados, ya renunciando a aplicar los que prolongarían su vida. *Está a favor de la eutanasia en casos de coma irreversible.*

eutanásico, ca. adj. De la eutanasia. *Prácticas eutanásicas.*

eutrapelia. f. **1.** cult. Moderación en las diversiones o entretenimientos. *Hombre austero, practicó la virtud de la eutrapelia.* **2.** cult. Chiste o gracia inofensivas. *Contaba la anécdota como una eutrapelia propia de gente refinada.*

eutrofización. f. *Ecol.* Incremento de sustancias nutritivas en aguas dulces, espec. en lagos y embalses, que provoca un exceso de plancton vegetal. *El arrastre de abonos puede causar la eutrofización del río.*

evacuación. f. Hecho o efecto de evacuar, espec. a los habitantes de un lugar. *Han ordenado la evacuación de los que viven a la orilla del río.*

evacuado, da. part. **1.** → **evacuar. 2.** Que ha sido evacuado (→ 1). Dicho de pers., tb. m. y f. *Tras el incendio, se espera la llegada de numerosos evacuados al centro de acogida.*

evacuar. (conjug. AVERIGUAR o, menos frec., ACTUAR). tr. **1.** Hacer que (un lugar) quede vacío, espec. para evitar algún daño o peligro. *Evacuaron las casas cercanas al río ante el peligro de nuevos desbordamientos.* **2.** Desalojar (a los habitantes de un lugar) para evitar(les) algún daño o peligro. *Ante el riesgo de derrumbamiento, los bomberos evacuaron a los habitantes del inmueble.* **3.** Expulsar (los excrementos u otras secreciones) del organismo. *Los laxantes ayudan a evacuar las heces cuando hay estreñimiento.* **4.** Desocupar (el vientre). *Los laxantes ayudan a evacuar el vientre.*

evacuatorio. m. Urinario. *Se construirán evacuatorios independientes para señoras y caballeros.* ▶ *RETRETE.

evadir. tr. **1.** Evitar (algo), gralm. con astucia. *Le acusan de evadir el pago de impuestos.* **2.** Eludir (algo) o librarse (de ello) con habilidad. *Sabe evadir las preguntas comprometidas.* **3.** Sacar (dinero) ilegalmente de un país. *Está en la cárcel por evadir millones de euros.* ○ intr. prnl. **4.** Huir de un lugar donde se está encerrado. *Dos presos han intentado evadirse* DE *la cárcel.* **5.** Desentenderse de una preocupación o una situación difícil. *Leer le permite evadirse* DE *la realidad.* ▶ **4:** *HUIR.

evaluación. f. Hecho de evaluar. *La aseguradora hará una evaluación de los daños del vehículo. Sus notas mejoraron en la última evaluación.*

evaluador, ra. adj. Que evalúa. *Los proyectos son examinados por una comisión evaluadora.*

evaluar. (conjug. ACTUAR). tr. **1.** Determinar o fijar el valor (de alguien o algo). *Un comité de selección evaluará a los candidatos. Aún no han evaluado los daños.* **2.** Valorar y calificar los conocimientos, las aptitudes y el rendimiento (de los alumnos). *Van a evaluar a los alumnos con una prueba oral y otra escrita.*

evanescencia. f. cult. Cualidad de evanescente. *¡Cuántos detalles perdidos en la evanescencia del recuerdo!*

evanescente. adj. cult. Que se desvanece o esfuma. *En sus sueños aparecía la figura evanescente de una hermosa mujer.*

evangélico, ca. adj. **1.** Del Evangelio. *Leímos el pasaje evangélico de la Resurrección.* **2.** *Rel.* Del protestantismo, espec. del que funde el culto luterano y el calvinista. *En la ciudad hay parroquias católicas y evangélicas. Iglesia Luterana Evangélica de Dinamarca.* ▶ **2:** PROTESTANTE.

evangelio. m. **1.** Doctrina de Jesucristo, contenida en los Evangelios (→ 2). *Quiere ir como misionera a predicar el Evangelio.* **2.** (En mayúsc.). Libro de los cuatro de la Biblia que relatan la vida, milagros y doctrina de Jesucristo, y que componen la primera parte del Nuevo Testamento. *Evangelio de San Juan.* **3.** Pasaje tomado de los Evangelios (→ 2) y que se lee en misa, gralm. después de la epístola. *El evangelio de hoy narra la resurrección de Lázaro.* Tb. la parte de la misa correspondiente. *La gente permanece de pie durante el evangelio.* **4.** Religión cristiana. *Era musulmán, pero se convirtió al evangelio.* **5.** coloq. Verdad indiscutible. *Si lo dices tú, para mí es el evangelio.*

evangelista. m. Discípulo de Jesucristo, de los cuatro con cuyos nombres se designan los cuatro Evangelios. *Los cuatro evangelistas son San Mateo, San Marcos, San Lucas y San Juan.*

evangelización. f. Hecho de evangelizar. *Evangelización del Nuevo Mundo.*

evangelizador, ra. adj. **1.** De la evangelización. *Misión evangelizadora.* **2.** Que evangeliza. Dicho de pers., tb. m. y f. *Pronto llegan a las tierras descubiertas los primeros evangelizadores.*

evangelizar. tr. Predicar el evangelio o la doctrina de Jesucristo (a alguien o en un lugar). *Su propósito era evangelizar a los paganos.*

evaporación. f. Hecho de evaporar o evaporarse. *La evaporación del agua puede producirse mediante calor.*

evaporador, ra. adj. Que sirve para evaporar. Dicho de aparato, tb. m. *El condensador de una máquina térmica recibe el calor, y el evaporador lo consume.*

evaporar. tr. **1.** Convertir en vapor (un líquido). *El calor evapora el agua.* **2.** Hacer que (algo) se disipe o desaparezca. *Sus duras críticas evaporaron mis expectativas de ascenso.* ○ intr. prnl. **3.** Convertirse en vapor un líquido. *Te has dejado el frasco abierto y la colonia se ha evaporado.* **4.** coloq. Desaparecer alguien o algo sin ser notados. *El detective se despistó un momento y la persona a la que seguía se evaporó.*

evasión. f. Hecho de evadir o evadirse. *La evasión* DE *capitales constituye un delito. Intento de evasión* DE *un recluso.* ■ **de ~.** loc. adj. Dicho de género u obra literarios, cinematográficos o televisivos: Que tienen como finalidad entretener. *El cine de evasión acapara la cartelera.* ▶ *HUIDA.

evasivo, va. adj. **1.** Que evade una dificultad o una situación comprometida. *Se mostró evasivo durante el interrogatorio. Me contestó de modo evasivo.* ● f. **2.** Medio para eludir una dificultad o una situación comprometida. Frec. referido a respuesta. *Sé claro y no me respondas con evasivas.*

evasor, ra. adj. Que evade, espec. impuestos o capitales. *Empresa evasora de impuestos.* Dicho de pers., tb. m. y f. *Dos presuntos evasores de capital fueron detenidos.*

evento. m. cult. Cosa que sucede, espec. si es importante. *El gran evento social del año fue la boda del presidente. Sabe reaccionar ante cualquier evento.*

eventual. adj. **1.** Que puede suceder o no, o que está sujeto a cualquier contingencia. *El país carece de defensa ante un eventual ataque extranjero.* **2.** Dicho de trabajador: Que no pertenece a la plantilla de una empresa y presta sus servicios en ella de manera provisional. *Van a contratar a varios trabajadores eventuales para la fase final del proyecto.* Tb. m. y f. *Los eventuales con tres años de antigüedad se convertirán en fijos.* Tb. dicho del trabajo que se realiza en esas condiciones. *Vive de un trabajo eventual.*

eventualidad. f. **1.** Cualidad de eventual. *Con esta eventualidad en el empleo no puede comprarse una vivienda.* **2.** Hecho o circunstancia eventuales. *Estaremos preparados ante cualquier eventualidad.*

evidencia. f. **1.** Certeza clara e indudable de la verdad o realidad de algo. *Ante la evidencia de su inocencia, fue absuelto.* **2.** Cosa o prueba evidentes. *No sirve de nada negar las evidencias.* ■ **en ~.** loc. adv. **1.** En ridículo o en situación desairada. Frec. con v. como *poner* o *quedar*. *Compórtate, no me pongas en evidencia.* **2.** En conocimiento de todos o en situación de ser apreciado con toda claridad. Frec. con v. como *poner* o *quedar*. *Con estos datos queda en evidencia la necesidad de reformas.*

evidenciar. (conjug. ANUNCIAR). tr. Hacer evidente o manifiesta la certeza (de algo). *Un examen más profundo ha evidenciado muchos errores.*

evidente. adj. Que se presenta de tal modo que no ofrece duda o no se puede negar. *Por la forma de hablarnos, es evidente que está enfadado.* Se usa frec. para expresar asentimiento o confirmación. *–Supongo que sabes a qué te arriesgas. –¡Evidente!* ▶ CLARO, FRANCO, MANIFIESTO, NOTORIO, OBVIO, OSTENSIBLE, PALMARIO, PATENTE, VISIBLE.

evidentemente. adv. De manera evidente. *Evidentemente, si el objeto no recibe luz, tampoco proyecta sombra.* Se usa frec. para expresar asentimiento o confirmación. *Le pregunté si estaba de acuerdo y contestó: –Evidentemente.*

evitación. f. Hecho de evitar. *Decidieron callar en evitación de males mayores.*

evitar. tr. **1.** Hacer que (algo, espec. un daño, un peligro o una molestia) no suceda. *Dio un volantazo para evitar el choque.* **2.** Procurar alguien no hacer (algo). *Evita encontrarse conmigo.* **3.** Procurar alguien no encontrarse (en una situación o un lugar, o con una persona o cosa). *Me evita porque no le caigo bien.* ▶ ELUDIR, ESQUIVAR.

evocación. f. Hecho o efecto de evocar. *La evocación del pasado la llena de nostalgia.*

evocador, ra. adj. Que evoca o trae a la memoria o a la imaginación. *Es innegable el poder evocador de sus canciones.* ▶ SUGERENTE. ‖ **frecAm:** EVOCATIVO.

evocar. tr. **1.** Recordar o traer a la memoria (algo o a alguien). *Han pasado la tarde evocando sus tiempos de estudiantes.* **2.** Traer una cosa a la imaginación (otra semejante o relacionada de algún modo con ella). *El color rojo evoca pasión.* **3.** Llamar (a los espíritus o a los muertos). *En la sesión de espiritismo han evocado a los espíritus.* ▶ **2:** SUGERIR.

evocativo, va. adj. frecAm. Evocador. *Las comparaciones tienen una función descriptiva y evocativa. En algunos pasajes se acentuaba el tono evocativo* [C].

evolución. f. **1.** Transformación gradual de algo o alguien, por medio de la cual pasan de un estado a otro, gralm. mejor o más perfecto. *Los médicos confían en la evolución favorable del herido. Resultado de la evolución del latín son lenguas como el español o el francés.* **2.** *Biol.* Transformación continua de las especies a través de cambios producidos en sucesivas generaciones. *Darwin formuló la teoría de la evolución.* Tb. ~ *biológica.* **3.** Movimiento de una persona, animal o cosa que se desplazan describiendo curvas. Más frec. en pl. *Seguía con la mirada las evoluciones de una pareja en la pista de baile.* **4.** Movimiento de tropas pasando de unas formaciones a otras de acuerdo con un plan para atacar al enemigo o defenderse de él. *Un consejo de generales dirigía las evoluciones del ejército.*

evolucionar. intr. **1.** Sufrir una evolución o transformación. *Los humanos han evolucionado a partir de los primates.* **2.** Hacer evoluciones o movimientos. *Las tropas evolucionan en el campo de batalla.*

evolucionismo. m. *Biol.* Teoría que defiende la idea de la evolución de las especies. *Con el tiempo, la genética confirmaría los postulados del evolucionismo darwiniano.*

evolucionista. adj. **1.** *Biol.* Del evolucionismo. *Tesis evolucionistas.* **2.** *Biol.* Partidario del evolucionismo. *Biólogos evolucionistas.* Dicho de pers, tb. m. y f. *¿Es posible conciliar los postulados de evolucionistas y creacionistas?*

evolutivo, va. adj. De la evolución. *El hombre constituye el último estadio en el proceso evolutivo de los primates.*

ex. m. y f. Persona que, respecto de otra, ha dejado de ser su cónyuge o pareja sentimental. *El ex de María sale ahora con su amiga Inés.*

ex-. pref. Se usa antepuesto a nombres o adjetivos de personas o, a veces, de cosas para indicar que estas han dejado de ser lo que aquellos significan. Frec. se escribe separado de la palabra a la que precede, o con guión. *Ex ministro, ex marido, ex-jugador, ex-capital.*

exabrupto. m. Dicho inconveniente e inesperado, manifestado con brusquedad. *¿Pero quién se ha creído para soltar tal exabrupto?*

ex abrupto. (loc. lat.). loc. adv. cult. De improviso, o de manera brusca. *El relato comienza ex abrupto, sin poner en antecedentes al lector.*

exacción. f. *Der.* Exigencia del pago de un impuesto, prestación, multa o deuda. *La exacción de este impuesto corresponde a cada Ayuntamiento.*

exacerbación. f. Hecho o efecto de exacerbar o exacerbarse. *Exacerbación del dolor.* ▶ EXACERBAMIENTO.

exacerbamiento. m. Exacerbación. *Exacerbamiento de los nacionalismos.*

exacerbar. tr. **1.** Hacer más fuerte o intenso (algo, espec. un sentimiento). *La ausencia de noticias exacerba su angustia.* Tb. en constr. prnl. media. *En algunos países se ha exacerbado la xenofobia.* **2.** Agravar (una enfermedad o un síntoma). *Pasar muchas horas delante del ordenador puede exacerbar la irritación de los ojos.* Tb. en constr. prnl. media. *La infección se ha exacerbado.* **3.** Irritar (a alguien) o causar(le) enfado. *Su indecisión lo exacerba.*

exactamente. adv. De manera exacta. *Todos los días sale exactamente a la misma hora.* Se usa frec. para expresar asentimiento o confirmación. *–¿A las siete llega el vuelo? –Exactamente.*

exactitud. f. Cualidad de exacto. *A todos impresionó la exactitud de sus respuestas.*

exacto, ta. adj. **1.** Rigurosamente ajustado a la realidad, a la lógica o a un modelo. *Necesito las dimensiones exactas del mueble. Esos datos no son exactos. Dio la respuesta exacta. La copia es exacta* AL *modelo.* ● adv. **2.** Se usa frec. para expresar asentimiento o confirmación. *¡Exacto! Eso es lo que necesito. –¿La Revolución francesa fue en 1789? –Exacto.* ▶ **1:** CONCRETO, ESPECÍFICO.

ex aequo. (loc. lat.; pronunc. "ex-ékuo"). loc. adv. En pie de igualdad para compartir un premio o una posición. *Dos jóvenes poetas han recibido ex aequo el primer premio de poesía.*

exageración. f. **1.** Hecho o efecto de exagerar. *Las personas inseguras tienden a la exageración de los defectos de los demás.* **2.** Cosa exagerada. *¡Es una exageración la cantidad de comida que me has puesto!*

exagerado, da. part. **1.** → **exagerar.** ● adj. **2.** Dicho de persona: Que exagera. *No seas exagerado, que ha sido un golpe de nada.* Tb. m. y f. *Eres una exagerada, no hace tanto frío.* **3.** Dicho de cosa: Que tiene o implica exageración. *Tal vez no sea exagerado afirmar que la natalidad desciende a un ritmo vertiginoso.* **4.** Dicho de cosa: Que sobrepasa los límites de lo justo, conveniente o razonable. *No me parece un sueldo exagerado para el cargo que ocupa.* Frec. con intención enfática. *Tengo un hambre exagerada.* ▶ **4:** *EXCESIVO.

exagerar. tr. Dar (a algo) proporciones excesivas, o presentar(lo) como más grande o más importante de lo que es en realidad. *La prensa ha exagerado las consecuencias del suceso.* Tb. usado en constr. intr. *No exagero; estuve esperándote más de una hora.*

exagonal. → **hexagonal.**

exágono. → **hexágono.**

exaltación. f. Hecho o efecto de exaltar o exaltarse. *La exaltación al trono del monarca fue celebrada en las calles. La exaltación de la libertad como valor supremo caracterizó su discurso. Hablaba en un estado de creciente exaltación.* ▶ EXACERBAMIENTO.

exaltado, da. part. **1.** → **exaltar.** ● adj. **2.** Que se exalta con facilidad perdiendo la calma o la moderación. *Es una persona muy exaltada.*

exaltador, ra. adj. Que exalta. *Cantaban himnos exaltadores del patriotismo.*

exaltar. tr. **1.** Elevar (a alguien) a una alta dignidad o a una posición elevada. *Al acabar la guerra, Franco fue exaltado* A *la Jefatura del Estado.* **2.** Realzar el mérito o valor (de alguien o algo). *El poeta exalta al torero como héroe.* **3.** Avivar o aumentar (un sentimiento o pasión). *La música exalta las pasiones.* Tb. en constr. prnl. media. *Al oír la música sus pasiones se exaltan.* ○ intr. prnl. **4.** Dejarse llevar por una pasión, perdiendo la moderación y la calma. *Se exaltó con la discusión.* ▶ **1:** *ENSALZAR. **2:** *ALABAR.

examen. m. **1.** Hecho de observar o considerar atentamente algo o a alguien para conocer sus cualidades o circunstancias. *Tendrá que someterse a un examen médico.* **2.** Prueba o conjunto de pruebas que se realizan para comprobar la aptitud de una persona para el ejercicio de una actividad o cargo, o para demostrar su aprovechamiento en los estudios. *Mañana tengo el examen teórico y pasado el práctico.* ■ **~ de conciencia.** m. Reflexión sobre la propia conducta desde el punto de vista moral. *Deberías hacer examen de conciencia y darte cuenta de que no has obrado bien.* ■ **libre ~.** m. Consideración de las doctrinas cristianas sin otro criterio que el texto de la Biblia interpretado conforme al juicio personal y descartando la autoridad de la Iglesia. *Uno de los puntos de oposición entre protestantes y católicos es el libre examen.*

examinador, ra. m. y f. Persona que examina a otra para comprobar su aptitud para el ejercicio de una actividad o cargo, o su aprovechamiento en los estudios. *El examinador reparte los exámenes a los examinandos.*

examinando, da. m. y f. Persona que va a pasar un examen o prueba. *Los examinandos tendrán una hora para realizar el examen.*

examinar. tr. **1.** Observar o considerar atentamente (algo o a alguien) para conocer sus cualidades o circunstancias. *El doctor examinó al paciente. En la reunión examinarán todas las propuestas.* **2.** Someter (a alguien) a un examen o prueba. *El profesor de francés nos examinó por orden alfabético.* ○ intr. prnl. **3.** Sufrir un examen o prueba. *Mañana me examino* DEL *carné de conducir.*

exangüe. adj. **1.** cult. Desangrado o falto de sangre. *El herido estaba exangüe.* **2.** cult. Que está sin fuerzas. *El corredor se desplomó jadeante y exangüe.* **3.** cult. Que está muerto o sin vida. *Encontraron el cuerpo exangüe flotando en el río.*

exánime. adj. **1.** cult. Que está sin vida. *El cuerpo exánime de la princesa yacía en el lecho.* **2.** cult. Muy debilitado o sin aliento. *Dos náufragos alcanzaron la costa, exánimes y casi desnudos.*

exantema. m. *Med.* Erupción rojiza de la piel, que aparece con enfermedades como el sarampión o la escarlatina y termina por descamación. *El paciente presenta fiebre alta y exantema generalizado.*

exasperación. f. Hecho o efecto de exasperar o exasperarse. *Su exasperación iba en aumento.*

exasperar. tr. Irritar o enfurecer (a alguien). *Tu lentitud me exaspera.* Tb. en constr. prnl. media. *Se exaspera cuando le llevan la contraria.* ▶ *IRRITAR.

excarcelación. f. Hecho de excarcelar. *El preso recupera sus efectos personales en el momento de la excarcelación.*

excarcelar. tr. Poner en libertad (a un preso) por mandamiento judicial. *El juez instructor excarceló al preso bajo fianza.*

ex cáthedra o **ex cátedra.** (loc. lat.; pronunc. "ex-kátedra"). loc. adv. **1.** Se usa referido al modo infalible con que el Papa habla cuando enseña o define verdades relativas a la fe o a las costumbres. *Cuando el Papa habla ex cáthedra es infalible.* **2.** coloq. o despect. En tono magistral o pontificando. *Él es así, lo sabe todo y todo lo dice ex cátedra.*

excavación. f. Hecho o efecto de excavar en un terreno. *Han comenzado los trabajos de excavación del yacimiento.* ▶ ZAPA.

excavador, ra. adj. **1.** Que excava o sirve para excavar el terreno. *Pala excavadora.* Dicho de pers., tb. m. y f. *Los excavadores llegaron a la cámara funeraria.* ● f. **2.** Máquina que sirve para excavar terrenos y que permite mover gran cantidad de tierra. *Las excavadoras preparan los cimientos.*

excavar. tr. **1.** Hacer hoyos o agujeros (en un terreno o en algo sólido). *Han excavado la montaña para hacer el túnel.* **2.** Hacer (hoyos o agujeros) en el terreno o en algo sólido. *Los topos excavan galerías bajo el suelo.* **3.** *Agr.* Ahuecar la tierra de alrededor (de las plantas) para favorecer su crecimiento. *Está excavando las lechugas.*

excedencia. f. Situación de un trabajador, espec. de un funcionario, que está sin ejercer su cargo u ocupar su puesto de trabajo de manera temporal. *Pidió una excedencia de un año para terminar el doctorado.*

excedentario, ria. adj. Que excede el límite necesario o establecido. *El plan hidrológico prevé la cesión de aguas excedentarias a zonas de sequía.*

excedente. adj. **1.** Que excede un límite, o que sobra. *El material excedente se destruye.* **2.** Dicho de trabajador, espec. de funcionario público: Que se encuentra en situación de excedencia. *Los funcionarios excedentes no serán retribuidos.* ● m. **3.** Cantidad de algo que excede las previsiones o las necesidades. Se usa espec. en economía, hablando de mercancías o de dinero. *El excedente de la producción de vino se comercializa fuera de Europa.* ■ **~ de cupo.** m. Mozo que quedaba libre del servicio militar por haberle correspondido en el sorteo un número superior al cupo fijado. *Los excedentes de cupo quedaban en situación de reserva.* Tb. adj. *Pepe fue excedente de cupo.* ▶ **1, 3:** SOBRANTE.

exceder. tr. **1.** Superar una cosa o persona (a otra). *Esa decisión excede* A *mi competencia.* **2.** Ir alguien más allá (de cierto límite). *Le han puesto una multa por exceder el límite de velocidad.* ○ intr. **3.** Ir más allá de un determinado límite. *Los cuentos que se presenten a concurso no deben exceder* DE *dos páginas.* ○ intr. prnl. **4.** Ir alguien más allá de lo debido o razonable. *No puede excederse* EN *las comidas.*

excelencia. f. **1.** Cualidad de excelente. *Ha merecido nuestro aplauso la excelencia de su trabajo.* **2.** Cualidad muy buena o positiva de alguien o de algo. Gralm. en pl. *Todos alaban las excelencias de la obra.* **3.** Se usa como tratamiento que corresponde a determinadas personas por su cargo o dignidad. Frec. precedido de *su* o *vuestra.* (→ **vuecencia**). *Su Excelencia el Presidente de la República.* ■ **por ~.** loc. adv. Por antonomasia. Tb. loc. adj. *"Romeo y Julieta" es el drama amoroso por excelencia.*

excelente. adj. **1.** Muy bueno. *Traigo una excelente noticia. Es un profesor excelente.* **2.** Dicho de persona: Que destaca por su bondad o sus cualidades morales. *Su novio es un muchacho excelente.* ● m. **3.** histór. Antigua moneda española. *Isabel la Católica ordenó acuñar excelentes de oro.* ▶ **1:** *ESTUPENDO.

excelentísimo, ma. adj. **1.** sup. → **excelente. 2.** Se usa, antepuesto a *señor* o *señora,* como tratamiento que corresponde a determinados cargos o dignidades. *El Excelentísimo Señor Embajador.*

excelsitud. adj. cult. Cualidad de excelso. *Su música alcanza un grado de excelsitud casi divino.*

excelso, sa. adj. **1.** cult. Muy elevado o sobresaliente. *Los vinos de la zona alcanzan las más excelsas cotas de calidad.* **2.** cult. Dicho de persona o cosa: De singular excelencia. *Habló del excelso poeta Garcilaso de la Vega.*

excentricidad. f. **1.** Cualidad de excéntrico. *Esa ocurrencia demuestra su excentricidad.* **2.** Hecho o dicho excéntricos. *Pasearse en pijama ha sido su última excentricidad.* **3.** *Mat.* Distancia entre el centro de una elipse y uno de sus focos. *Si el eje mayor de la elipse mide 40 cm y la distancia focal 24, ¿cuál es su excentricidad?*

excéntrico, ca. adj. **1.** Raro o extravagante. *Le parece algo excéntrico eso de ir siempre con sandalias.* Dicho de pers., tb. m. y f. *Es un excéntrico.* **2.** *Mat.* Que se aparta del centro, o que tiene un centro diferente. *Esferas excéntricas o concéntricas.* Tb. fig. *Se puede hablar de una situación excéntrica de la cultura española dentro del marco europeo.*

excepción. f. **1.** Hecho de exceptuar. *No haré excepciones con nadie.* **2.** Persona o cosa que se apartan de la regla o condición general. *Si todos aceptan, yo no quiero ser una excepción.* ■ **a** (o **con**) **~ de.** loc. prepos. Exceptuando a. *Funcionan todas las líneas de metro, a excepción de la tres.* ■ **de ~.** loc. adj. Excepcional o que se sale de lo común. *Hoy contamos con un invitado de excepción.*

excepcional. adj. **1.** Que constituye una excepción de la regla general. *Se ampliará el plazo solo en casos excepcionales.* **2.** Que se aparta de lo corriente u ordinario. *Es una estudiante excepcional.* Frec. con intención enfática. *Es de excepcional importancia que encontremos una solución.*

excepcionalidad. f. Cualidad de excepcional. *La excepcionalidad de la situación obliga a intervenir de inmediato.*

excepto. prep. Menos, o a excepción de. *Todos me parecen amables excepto María. Excepto bailar, haré cualquier cosa. Excepto que mienta, pídeme lo que sea.*

exceptuar. (conjug. ACTUAR). tr. Excluir (a alguien o algo) de la generalidad o de la regla común. *El acuerdo satisfizo a todos, sin exceptuar a los más exigentes. Exceptuando Formentera, conoce todas las Baleares.* ▶ *EXCLUIR.

excesivo, va. adj. Dicho de cosa: Que excede el límite de lo razonable, aceptable o necesario. *Es un precio excesivo para un pantalón. He aguantado mucho, pero esto ya es excesivo.* ▶ DESCOMEDIDO, DESMEDIDO, DESMESURADO, DESORBITADO, EXAGERADO, EXORBITANTE, EXTREMADO.

exceso. m. **1.** Hecho de exceder el límite de lo debido o razonable. *Pagó un suplemento por exceso de equipaje.* **2.** Cantidad de personas o cosas que excede el límite de lo debido o razonable. *Con una dieta, perderá el exceso de kilos que tiene.* **3.** Diferencia por la que algo supera el límite debido o tomado como referencia. Frec. en la constr. *por ~. Prefiere calcular el precio por exceso que por defecto.* **4.** Hecho de excederse. *Ha cometido muchos excesos con el alcohol.* ■ **en ~.** loc. adv. Excesivamente. *En las celebraciones se come en exceso.*

excipiente. m. *Med.* Sustancia neutra que se mezcla con los principios activos de un medicamento para dar a este la consistencia, forma, sabor u otras cualidades que faciliten su dosificación y uso. *Cada gragea contiene diversas vitaminas, además de excipientes.*

excitabilidad. f. Cualidad de excitable. *Si lo provocan, es incapaz de controlar su excitabilidad. El potasio contribuye al mantenimiento de la excitabilidad eléctrica de los nervios.*

excitable. adj. **1.** Que se puede excitar. *Los cuernos del caracol son órganos excitables.* **2.** Que se excita fácilmente. *Eres muy excitable, por cualquier cosa saltas.*

excitación. f. Hecho o efecto de excitar o excitarse. *Estado de excitación nerviosa.*

excitador, ra. adj. Que excita. *Efecto excitador del café.* Dicho de pers., tb. m. y f. *Más que un líder, era un excitador político.*

excitante. adj. Que excita. *Los últimos minutos del partido fueron excitantes. Evite las bebidas excitantes.* Dicho de agente, tb. m. *La cafeína es un excitante.*

excitar. tr. **1.** Producir, mediante un estímulo, un aumento de la actividad (de algo). *Los olores excitan el sentido del olfato.* **2.** Hacer que se produzca o sea más intenso (algo, como una actividad, un sentimiento o una sensación). *Este preparado excita el apetito.* **3.** Provocar un estado de entusiasmo, impaciencia o nerviosismo (en alguien). *La idea de irme de viaje me excita.* Tb. en constr. prnl. media. *El niño se excita con las visitas y se pone muy pesado.* **4.** Provocar enfado o irritación (en alguien). *Está de mal humor, así que procura no excitarlo.* Tb. en constr. prnl. media. *Cuando le hablas de eso, se excita y empieza a dar voces.* **5.** Despertar deseo sexual (en alguien). *La excita con caricias.* Tb. en constr. prnl. media. *Se ha excitado con una escena de la película.*

exclamación. f. Palabra, frase o sonido con que se manifiesta de manera espontánea y expresiva una emoción o un sentimiento. *El golpe fue tan fuerte que no pudo evitar una exclamación de dolor. Signo de exclamación.*

exclamar. tr. Decir (algo) con fuerza o ímpetu para expresar la viveza de un sentimiento o una emoción. *Se encontró con un amigo y exclamó: –¡Cuánto tiempo sin verte!*

exclamativo, va. adj. **1.** Que expresa o implica exclamación. *No olvide escribir el signo exclamativo de apertura (¡).* **2.** *Gram.* Dicho de palabra u oración: Que sirve para exclamar. *Oración exclamativa.* Dicho de oración, tb. f. *Las interrogativas y las exclamativas tienen una entonación característica.* ▶ **1:** EXCLAMATORIO.

exclamatorio, ria. adj. Exclamativo. *Tono exclamatorio.*

exclaustración. f. Hecho de exclaustrar o exclaustrarse. *El obispo decidió la exclaustración de las monjas.*

exclaustrado, da. part. **1.** → **exclaustrar. 2.** Que ha sido exclaustrado o se ha exclaustrado (→ 1). Tb. m. y f. *Entre los profesores había varios exclaustrados.*

exclaustrar. (conjug. CAUSAR). tr. **1.** Permitir u ordenar (a un religioso) que abandone el claustro. *El fraile fue exclaustrado por negarse a cumplir ciertas reglas de la orden.* ○ intr. prnl. **2.** Abandonar el claustro un religioso. *Tras una crisis de fe, el fraile se exclaustró.*

excluir. (conjug. CONSTRUIR). tr. **1.** Quitar (algo o a alguien) del lugar o la situación en que deberían estar, o dejar(los) fuera. *No podemos excluirla* DE *la lista de candidatos. Si excluimos este tema, nos quedan todavía cinco por estudiar.* **2.** Rechazar que (algo) sea posible. *No excluyo dimitir. Las nuevas pistas excluyen la hipótesis del suicidio.* ▶ **1:** DESCARTAR, ELIMINAR, EXCEPTUAR, SACAR.

exclusión. f. Hecho de excluir. *Nadie esperaba su exclusión* DEL *campeonato. Lucha contra la pobreza y la exclusión social.*

exclusiva. → **exclusivo.**

exclusive. adv. Pospuesto a un nombre: Excluyendo lo designado por ese nombre. *Las solicitudes podrán entregarse hasta el doce de enero exclusive.*

exclusividad. f. Cualidad de exclusivo. *Venga a disfrutar de la exclusividad y excelencia de nuestros productos.*

exclusivismo. m. Adhesión obstinada a una persona o a una cosa, sin prestar atención a las demás que deben tenerse en cuenta. *Se dedicaron al café, descuidando otros cultivos, y a la larga pagaron este exclusivismo.*

exclusivista. adj. **1.** Del exclusivismo. *La selección no debe hacerse con criterios exclusivistas.* **2.** Que practica el exclusivismo. *No seamos exclusivistas en enseñanza, probemos a combinar diferentes métodos.* Dicho de pers., tb. m. y f. *Es un exclusivista.*

exclusivo, va. adj. **1.** Que excluye. *Se trata de opciones compatibles, no exclusivas entre sí. Nuestro método no es exclusivo* DE *otros.* **2.** Único o solo. *Acudo con el exclusivo propósito de agradecer su atención. Modelos exclusivos.* **3.** Que corresponde o está limitado a una persona, cosa o grupo, excluyendo a los demás. *Contamos con piscina para uso exclusivo de los socios.* ● f. **4.** Privilegio o derecho por el que una persona o entidad pueden hacer algo prohibido a las demás. *Nuestras bodegas tienen la exclusiva de venta de vinos con esa denominación.* **5.** Noticia conseguida y publicada por un solo medio informativo, que se reserva los derechos de su difusión. *Una revista publica la exclusiva del divorcio de la pareja.*

excluyente. adj. Que excluye. *Maternidad y trabajo no son excluyentes entre sí.*

Excmo., Excma. abrev. Excelentísimo, excelentísima. *El Excmo. Sr. Presidente del Gobierno.*

excombatiente. adj. Dicho de persona: Que ha luchado en una guerra. *Militares excombatientes.* Tb. m. y f. *Su abuelo es un excombatiente de la Guerra Civil.*

excomulgado, da. part. **1.** → **excomulgar. 2.** Que ha sido excomulgado (→ 1). Tb. m. y f. *Los excomulgados no podían ejercer la docencia.*

excomulgar. tr. **1.** *Rel.* Apartar la autoridad eclesiástica (a alguien) de la comunión de los fieles y del uso de los sacramentos. *El Papa excomulgó a Lutero.* **2.** Declarar (a alguien) fuera de la comunión o trato con otra u otras personas. Frec. humoríst. *En cuanto te sales de la norma te excomulgan.* ▶ DESCOMULGAR.

excomunión. f. *Rel.* Hecho de excomulgar. *La excomunión de Enrique VIII provocó el cisma de la Iglesia anglicana.* ▶ ANATEMA.

excoriación. (Tb. **escoriación**). f. *Med.* Lesión en la piel consistente en una pérdida superficial de sustancia que solo afecta a la epidermis. *La víctima presenta múltiples hematomas y excoriaciones.*

excoriar. (Tb. **escoriar;** conjug. ANUNCIAR). tr. *Med.* Provocar excoriación (en una parte del cuerpo). *Los productos abrasivos pueden escoriar las manos.* Tb. en constr. prnl. media. *Después de un mes encamado, se le ha excoriado la zona del sacro.*

excrecencia. f. Prominencia gralm. carnosa que crece de manera anormal o superflua en la superficie de un organismo animal o vegetal. *La agalla es una excrecencia redonda que se forma en el roble.*

excreción. f. Hecho o efecto de excretar. *Órganos de excreción.*

excremental. adj. cult. Excrementicio. *Olía a inmundicias excrementales.*

excrementicio, cia. adj. De la excreción o de los excrementos. *Sustancias excrementicias.*

excremento. m. Materia que el organismo expulsa como producto de desecho después de la digestión. Designa espec. la materia sólida que se expulsa por el ano. *He pisado un excremento de vaca. Con excrementos animales fabrican abonos.*

excretar. tr. *Fisiol.* Expulsar (excrementos o productos elaborados por las glándulas). *Las glándulas sudoríparas excretan sudor.*

excretor, ra. adj. *Fisiol.* Que sirve para excretar. *Los riñones forman parte del aparato excretor.*

exculpación. f. **1.** Hecho de exculpar. *Recurrió la sentencia y obtuvo su exculpación.* **2.** Hecho o razón que sirven para exculpar. *No admitió sus exculpaciones.*

exculpar. tr. Disculpar o descargar de culpa (a alguien). *Su declaración exculpó al acusado. El informe lo exculpa de toda responsabilidad.*

exculpatorio, ria. adj. Que exculpa o sirve para exculpar. *El abogado presentó pruebas exculpatorias de su defendido.*

excursión. f. Ida a un lugar, durante un tiempo corto, gralm. para conocerlo por razones de estudio o por esparcimiento. *El hotel organiza excursiones guiadas a las ruinas. Iremos de excursión al campo.*

excursionismo. m. Actividad consistente en realizar excursiones. *Es aficionado al excursionismo.*

excursionista. m. y f. Persona que va de excursión. *Recorreremos la garganta del río a pie, como buenos excursionistas.*

excurso. m. Digresión. *En medio del relato, el narrador hace un excurso sobre la importancia de la educación.*

excusa. f. **1.** Hecho de excusar o dar razones para justificar una actuación u omisión, o a una persona de una culpa. *Lo que ha hecho no tiene excusa.* **2.** Motivo o pretexto que se exponen para eludir una obligación o justificar una actuación u omisión. *No me vengas con excusas.* ► **1:** *PERDÓN.

excusado[1], da. (Tb. **escusado**). adj. **1.** Reservado o separado del uso común. *En la parte trasera de la casa, hay una puerta excusada.* ● m. **2.** cult. Retrete. *Dijo que iba al excusado y que no quería que la molestaran.*

excusado[2], da. part. **1.** → **excusar.** ● adj. **2.** Innecesario. *Excusado es decir que estoy a su disposición.*

excusar. tr. **1.** Dar razones para justificar (una actuación u omisión, o a una persona de una culpa). *Trató de excusar su comportamiento. Se excusó* POR *haberme interrumpido. Excúseme* CON *su familia, pero no puedo ir a la cena.* **2.** Evitar (algo). *Excusa entrar en conflicto con ella, que es muy peligrosa.* **3.** Poder dejar de hacer (algo). *Ya hemos acabado, de modo que excusas venir. Excuso decirte que, si llegas tarde, no te esperaremos.* **4.** Dispensar (a alguien) de algo. *Me excusaron de asistir a la reunión.*

execrable. adj. cult. Digno de execración. *Ha cometido un crimen execrable.*

execración. f. cult. Hecho de execrar. *Cometió actos dignos de execración.*

execrar. tr. cult. Condenar o reprobar (algo o a alguien). *El escrito comienza execrando la guerra. Acabó execrado por los que un día lo apoyaron.*

exégesis o **exegesis.** f. cult. Explicación o interpretación de algo, espec. de la Biblia o de otro texto. *Enseña exégesis bíblica en la Facultad de Teología.*

exégeta o **exegeta.** m. y f. cult. Persona que hace una exégesis de algo, espec. de la Biblia. *Fue gran lector y exégeta de los clásicos.*

exegético, ca. adj. cult. De la exégesis. *Las interpretaciones de la parábola varían según las corrientes exegéticas.*

exención. f. Hecho de eximir. *La ley establece la exención* DE *responsabilidad penal en estos casos. Se incentiva a las empresas mediante exenciones fiscales.*

exento, ta. adj. **1.** Libre o dispensado de algo, espec. de una obligación o de algo molesto. *Las rentas más bajas están exentas* DE *impuestos. Quedó exento* DEL *servicio militar.* **2.** Que carece de algo. *Es un hombre desconcertante y no exento* DE *misterio.* **3.** Aislado o independiente. Se usa espec. en arte. *El baptisterio es un edificio exento. El conjunto escultórico tiene relieves y figuras exentas.* ► **1:** LIBRE. **2:** *CARENTE.

exequias. f. pl. Honras fúnebres. *Hoy se celebran las exequias por su padre.* ► *HONRAS.

exfoliación. f. Hecho o efecto de exfoliar. *La exfoliación elimina las células muertas de la piel.*

exfoliante. adj. Que exfolia. *Crema exfoliante.* Tb. m., referido a producto cosmético. *Limpie el cutis con un exfoliante.*

exfoliar. (conjug. ANUNCIAR). tr. Dividir (algo, espec. la piel) en láminas o escamas. *Es aconsejable exfoliar e hidratar la piel.* Tb. en constr. prnl. media. *La mica se exfolia al tocarla.*

exhalación. f. **1.** Hecho o efecto de exhalar. *En el proceso respiratorio alternan las fases de inhalación y exhalación.* **2.** Rayo (chispa eléctrica). Gralm. en la constr. *como una* ~ para enfatizar la rapidez con la que ocurre o se hace algo. *Ha salido de la oficina como una exhalación.* ► **2:** RAYO.

exhalar. tr. **1.** Despedir una persona o cosa (gases, vapores u olores). *Las rosas exhalan un agradable aroma.* **2.** Lanzar (suspiros o quejas). *Exhaló un suspiro de resignación.*

exhaustividad. f. Cualidad de exhaustivo. *Alaban el estudio por su exhaustividad.*

exhaustivo, va. adj. Que agota o apura por completo el tema o asunto de que se trata. *Hizo una corrección exhaustiva del texto.*

exhausto, ta. adj. Enteramente agotado o falto de lo necesario para hallarse en buen estado. *Los esfuerzos del parto la dejaron exhausta. La guerra dejó exhausto el erario.*

exhibición. f. Hecho de exhibir o exhibirse. *El ejercicio del gimnasta fue una exhibición de fuerza y técnica.*

exhibicionismo. m. **1.** Inclinación o conducta de la persona que desea exhibirse. *Actúa movido por un exhibicionismo infantil.* **2.** Inclinación o conducta de la persona que siente el impulso de exhibir su cuerpo, espec. los órganos genitales. *Lo acusaron de perversión de menores y exhibicionismo.*

exhibicionista. adj. **1.** Del exhibicionismo o que lo implica. *En su afán exhibicionista sería capaz de teñirse de azul.* ● m. y f. **2.** Persona aficionada al exhibicionismo. *Viste tan provocativa porque es una exhibicionista. Un exhibicionista asusta a las mujeres en un portal abriéndose la gabardina.*

exhibidor, ra. adj. Que exhibe. *Empresa exhibidora.* Dicho de pers., espec. de empresario de salas de cine, tb. m. y f. *Los productores piden a distribuidores y exhibidores que apoyen el cine nacional.*

exhibir. tr. **1.** Manifestar o mostrar (algo) en público. *Va a exhibir sus cuadros en una galería. En este cine exhiben las películas en versión original.* **2.** Presentar (algo, espec. un documento legal) ante quien corresponda. *El que va a votar debe exhibir su DNI o pasaporte.*

exhortación. f. Hecho o efecto de exhortar. *Terminó su discurso con una exhortación* A *la prudencia. De nada sirvieron sus exhortaciones.*

exhortar. tr. Incitar (a alguien) con palabras, espec. razones o ruegos, a que haga o deje de hacer algo. *Los exhortó* A *mantener la calma.*

exhortativo, va. adj. Que sirve para exhortar. Se usa espec. en lingüística. *"¡Date prisa!" es una oración exhortativa.*

exhorto. m. *Der.* Comunicación de un juez o un organismo judicial a otros de igual categoría, para que lleven a cabo determinado trámite. *La juez remitió un exhorto al tribunal de primera instancia para que interrogara a los detenidos.*

exhumación. f. Hecho de exhumar. *Exhumación de un cadáver.*

exhumar. tr. **1.** Desenterrar (algo, espec. un cadáver o restos humanos). *El juez ha ordenado exhumar el cadáver.* **2.** Dar nuevo auge (a alguien o algo olvidados). *Exhumó sus lienzos y volvió a pintar.* ▶ DESENTERRAR.

exigencia. f. Hecho o efecto de exigir. *El nivel de exigencia en esta escuela es muy alto. A mí no me vengas con exigencias.*

exigente. adj. Que exige mucho. *Es un profesor exigente. La profesión de médico es muy exigente.* Dicho de pers., tb. m. y f. *Es un exigente.*

exigir. tr. **1.** Pedir (algo) a alguien quien tiene derecho o autoridad. *Para hacer el máster, el centro exige al alumno el título de licenciado. Hacienda exige* DEL *contribuyente el pago de impuestos.* **2.** Pedir enérgicamente (algo). *Exijo una explicación.* **3.** Hacer una cosa que (otra) sea necesaria. *Estudiar exige concentración.*

exigüidad. f. Cualidad de exiguo. *Critican la exigüidad del presupuesto.*

exiguo, gua. adj. Escaso o reducido. *Poco podrá hacer con tan exiguo presupuesto. Un exiguo comunicado de tres líneas anuncia su retirada.*

exilado, da. part. **1.** → **exilar. 2.** Que ha sido exilado o se ha exilado (→ 1). Tb. m. y f. *¡Cuánta añoranza en las miradas de los exilados!* ▶ **2:** EXILIADO.

exilar. tr. **1.** Exiliar (a alguien). *La menor disidencia política era motivo para exilar a una persona.* ○ intr. prnl. **2.** Exiliarse alguien. *Prefirió ser encarcelado a exilarse.* ▶ **1:** EXILIAR. **2:** EXILIARSE.

exiliado, da. part. **1.** → **exiliar. 2.** Que ha sido exiliado o se ha exiliado (→ 1). Tb. m. y f. *Durante la transición, volvieron a España muchos exiliados.* ▶ **2:** EXILADO.

exiliar. (conjug. ANUNCIAR). tr. **1.** Expulsar (a alguien) de un territorio. *Tras el golpe de estado, la junta militar exilió al Presidente.* ○ intr. prnl. **2.** Abandonar alguien su país, gralm. por motivos políticos. *Durante la dictadura, se exilió* A *Austria.* ▶ **1:** EXILAR. **2:** EXILARSE.

exilio. m. **1.** Separación de una persona de su propio país por motivos políticos. *Napoleón fue condenado al exilio en la isla de Elba.* Tb. el conjunto de las personas que viven esa separación. *Destaca la poesía escrita por el exilio español en México.* **2.** Situación de la persona exiliada. *Alfonso XIII vivió su exilio en Roma.*

eximente. adj. **1.** Que exime. *La ignorancia no es un factor eximente de culpa.* ● f. (Tb., más raro, m.). **2.** Circunstancia que exime a alguien de responsabilidad en algo. *No le busques eximentes, no tiene justificación.* **3.** *Der.* Circunstancia eximente (→ **circunstancia**). *El abogado alega la eximente de enajenación mental. La legítima defensa constituye un eximente.*

eximio, mia. adj. cult. Muy ilustre o de calidad excelente. *La ciudad dedicará una plaza al eximio escritor.*

eximir. tr. Librar (a alguien) de algo, espec. de una carga u obligación, o de culpa o responsabilidad. *La sentencia los exime* DE *toda responsabilidad. Tener una beca lo exime* DE *pagar la matrícula. No puede eximirse* DE *su obligación de decidir.* ▶ *LIBRAR.

existencia. f. **1.** Hecho de existir. *No cree en la existencia de fantasmas.* **2.** Vida (hecho de vivir). *Aspira a llevar una existencia tranquila.* ○ pl. **3.** Mercancías destinadas a la venta, guardadas en un almacén o tienda. *La oferta durará hasta que se acaben las existencias.*

existencial. adj. De la existencia. *Dudas existenciales.*

existencialismo. m. *Filos.* Doctrina según la cual el hombre no está predeterminado por su esencia, sino que es libre y responsable de su existencia, y esta constituye el fundamento de su comprensión de la realidad. *Tras las dos grandes guerras surge el existencialismo. Relaciones entre los existencialismos de Jaspers, Heidegger y Sartre.*

existencialista. adj. **1.** *Filos.* Del existencialismo. *Ideas existencialistas.* **2.** *Filos.* Partidario del existencialismo. *Filósofo existencialista.* Dicho de pers., tb. m. y f. *Sartre es un existencialista.*

existente. adj. Que existe. *Analiza las relaciones existentes entre medio ambiente y desarrollo económico.*

existir. intr. **1.** Ser alguien o algo reales, en el plano físico o mental. *Se comporta como si solo existiera él en el mundo. Existe la posibilidad de pagar a plazos.* **2.** Tener vida. *Nadie te recordará cuando no existas.*

éxito. m. **1.** Resultado feliz de una acción o de algo que se emprende. *Espero tener éxito con el negocio. El tratamiento se aplicó con éxito.* **2.** Buena aceptación que tiene alguien o algo entre la gente. *De jovencita tenía mucho éxito con los chicos. La película está cosechando un gran éxito.* **3.** Cosa que tiene éxito (→ 1, 2). *La operación ha sido un éxito. Recordemos, entre sus éxitos, la canción que lo lanzó a la fama.*

exitoso, sa. adj. Que tiene éxito, espec. entre la gente. *Su carrera como escritor fue exitosa.*

exlibris. (pl. invar.). m. Ex libris. *En su exlibris figura el escudo familiar.*

ex libris. (loc. lat.; pl. invar.). m. Etiqueta o sello grabado que se estampa gralm. en el reverso de la tapa de un libro, y donde consta el nombre del dueño o el de la biblioteca a que pertenece. *El libro había pertenecido a un tal P. Gómez, según se leía en el ex libris.* ▶ EXLIBRIS.

exocrino, na. adj. *Fisiol.* Dicho de glándula: Que vierte su secreción al tubo digestivo o al exterior del organismo. *El páncreas es una glándula mixta, tanto endocrina como exocrina.*

éxodo. m. cult. Emigración de un pueblo o de una muchedumbre de personas. *La Pascua conmemora el éxodo de los judíos de Egipto. Se ha producido un éxodo del campo a la ciudad.* Tb. fig. *En verano se da un éxodo masivo a las playas.*

exoesqueleto. m. *Zool.* Esqueleto exterior al cuerpo de un animal y que le sirve de protección. *El cuerpo del cangrejo está cubierto por un caparazón (exoesqueleto) de consistencia dura.*

exoftalmia o **exoftalmía.** f. *Med.* Situación saliente del globo ocular. *Padece la exoftalmia característica de algunos enfermos de tiroides.*

exogamia. f. **1.** *Antropol.* Práctica de contraer matrimonio o tener relaciones sexuales entre personas de ascendencia distinta o procedentes de distintos grupos sociales o comunidades. *Aunque en ocasiones se da la exogamia, prevalece en estas tribus la tendencia a la endogamia.* **2.** *Biol.* Cruce entre individuos de distinta raza o comunidad. *La exogamia tiende a producir híbridos con características mejoradas.*

exogámico, ca. adj. *Antropol.* y *Biol.* De la exogamia. *Matrimonio exogámico.*

exógeno, na. adj. Que tiene origen o causa externa. *La depresión exógena puede producirse por la pérdida de un ser querido. Las rocas exógenas se forman como resultado de la sedimentación.*

exoneración. f. Hecho de exonerar. *Si se demuestra su inocencia, la exoneración* DEL *castigo será inmediata. Cumplió sus obligaciones hasta su exoneración del cargo.*

exonerar. tr. **1.** Descargar (a alguien) de una carga u obligación. *Ha firmado un documento exonerándolo* DE *toda responsabilidad.* **2.** Destituir (a alguien) de un cargo o empleo. *Lo han exonerado* DE *su cargo de juez.* ▶ **1:** *LIBRAR.

exorbitante. adj. Que es excesivo o sobrepasa con mucho el límite de lo normal o de la justa medida. *El caviar alcanza precios exorbitantes.* ▶ *EXCESIVO.

exorcismo. m. Practica religiosa para exorcizar. *Lo sometieron a una sesión de exorcismo.*

exorcista. m. y f. Persona que hace exorcismos. En el catolicismo, designa al eclesiástico con potestad para hacer exorcismos. *En la película, un exorcista intenta desposeer a un niño poseído por el demonio.*

exorcizar. tr. Expulsar al demonio (de alguien o algo) con ayuda de exorcismos. *La rociaron con agua bendita para exorcizarla.*

exordio. m. **1.** cult. Introducción o preámbulo, espec. de un razonamiento o una conversación. *He hecho todo este exordio para plantear la siguiente reflexión.* **2.** *Lit.* Introducción de una obra literaria o de un discurso, dirigida a captar la atención de los oyentes o lectores. *El discurso oratorio clásico empezaba con un exordio y terminaba con un epílogo.*

exosfera. f. *Meteor.* Capa exterior a la atmósfera terrestre, caracterizada por su baja densidad. *Más allá de la ionosfera encontramos la exosfera y el espacio interplanetario.*

exotérico, ca. adj. Común o accesible para la generalidad de las personas. Se usa en contraposición a *esotérico. Los comentaristas del Corán trascienden su significado exotérico y ahondan en el esotérico.*

exotérmico, ca. adj. *Quím.* Dicho espec. de proceso: Que se produce con desprendimiento de calor. *La formación de enlaces es un proceso exotérmico. Reacciones exotérmicas.*

exótico, ca. adj. **1.** Extranjero o procedente de un país o lugar lejanos y percibidos como muy distintos del propio. *Lo vi rodeado de mujeres exóticas de ojos rasgados.* Tb. referido a ese lugar o país: *La película está rodada en los exóticos bosques coreanos.* **2.** Extraño o llamativo, frec. por ser poco común en un ambiente determinado. *Es exótico que haya puesto a sus hijos nombres de plantas.*

exotismo. m. Cualidad de exótico. *El exotismo de la isla cautiva al visitante.*

expandir. tr. **1.** Dilatar (algo), o hacer que aumente de tamaño. *El diafragma es el músculo que expande los pulmones en la inspiración.* Tb. en constr. prnl. media. *Los gases se expanden o se contraen por efecto de la presión.* **2.** Difundir o propagar (algo, como noticias o ideas). Más frec. en constr. prnl. media. *La noticia se ha expandido* POR *todo el país.* **3.** Extender (algo), o hacer que ocupe más espacio. *La organización ha expandido su influencia. El viento ha expandido el fuego.* Tb. en constr. prnl. media. *La ciudad fue expandiéndose poco a poco.* ▶ **3:** *EXTENDER.

expansión. f. **1.** Hecho o efecto de expandir o expandirse. *La empresa ha presentado un plan de expansión. La expansión de la enfermedad ha sido muy rápida.* **2.** Hecho de exteriorizar efusivamente un sentimiento o un estado de ánimo. *Expansión de alegría.* **3.** Diversión o distracción. *Le hace falta un poco de expansión.*

expansionar. tr. **1.** Expandir (algo). *Le gustaría expansionar su círculo de amistades.* Tb. en constr. prnl. media. *El sector de las telecomunicaciones se ha expansionado mucho.* ○ intr. prnl. **2.** Desahogarse con alguien exteriorizando los sentimientos o el estado de ánimo. *Necesita expansionarse con alguien.* **3.** Divertirse o distraerse. *Tiene derecho a expansionarse un poco.* ▶ **1:** *EXTENDER. **2:** DESAHOGARSE.

expansionismo. m. Tendencia a la expansión económica, política o territorial. *Los imperios coloniales son el fruto del expansionismo europeo. Expansionismo empresarial.*

expansionista. adj. **1.** Del expansionismo. *Política expansionista.* **2.** Partidario del expansionismo. *Este Napoleón expansionista despertó viejos temores europeos.* Dicho de pers., tb. m. y f. *La isla siempre estuvo en el punto de mira de los expansionistas.*

expansivo, va. adj. **1.** De la expansión. *La onda expansiva de la explosión alcanzó a los edificios aledaños. La economía atraviesa una fase expansiva.* **2.** Dicho de persona: Que tiende a la expansión o efusión anímicas. *Su novia es muy abierta y expansiva.* **3.** Propio de la persona expansiva (→ 2). *Tiene un carácter expansivo.* **4.** Dicho de cosa: Que tiende a expandirse o dilatarse. *Gas expansivo. Cementos expansivos.*

expatriación. f. Hecho de expatriar o expatriarse. *Carlos III ordenó la expatriación de los miembros de la Compañía de Jesús.*

expatriado, da. part. **1.** → **expatriar.** **2.** Que ha sido expatriado o se ha expatriado (→ 1). Tb. m. y f. *El nuevo Gobierno permitió el regreso de los expatriados.*

expatriar. (conjug. ANUNCIAR o ENVIAR). tr. **1.** Hacer salir (a alguien) de su patria. *El Gobierno decide expatriar a los disidentes.* ○ intr. prnl. **2.** Abandonar alguien su patria, por propia voluntad o por necesidad. *Si la situación política continúa, son muchos los que están dispuestos a expatriarse.*

expectación. f. Espera, gralm. curiosa o tensa, de algo que interesa o importa. *Entre el cierre de las urnas y el anuncio del resultado, se viven horas de expectación.* Tb. la curiosidad o interés con que se espera. *La visita del Papa ha despertado gran expectación.*

expectante. adj. Que espera con atención y gralm. con tensión o interés. *Permanecimos allí, expectantes, hasta que se confirmó la noticia.*

expectativa. f. **1.** Esperanza de realizar o conseguir algo. *No quiero crear falsas expectativas, pero creo que podemos ganar.* **2.** Posibilidad razonable de que algo suceda. Frec. en pl. *¿Qué expectativas hay de que los precios de la vivienda bajen?* ■ **a la ~.** loc. adv. Sin actuar ni tomar una determinación hasta ver qué sucede. *Los inversores se mantienen a la expectativa.*

expectoración. f. Hecho o efecto de expectorar. *El jarabe facilita la expectoración. Las expectoraciones sanguinolentas son propias de la tuberculosis.*

expectorante. adj. Que hace expectorar. *Jarabe expectorante.* Frec. m., referido a medicamento o sustancia. *Esta planta se utiliza en infusión como expectorante.*

expectorar. tr. Arrojar por la boca, tosiendo, (las flemas y secreciones que se depositan en los órganos del aparato respiratorio). Más frec. usado en constr. intr. *Le han recetado un jarabe para que expectore.*

expedición. f. **1.** Hecho de expedir. *Pagó las tasas de expedición del permiso de conducir.* **2.** Viaje organizado con un fin militar, científico o deportivo. *Estas expediciones militares cristianas se conocen como Cruzadas. Expedición científica a la Antártida.* Tb. el conjunto de personas que lo realizan. *Forman la expedición siete escaladores.* **3.** Excursión o desplazamiento por placer o diversión. *El hotel ofrece expediciones turísticas por la isla.*

expedicionario, ria. adj. Que emprende una expedición o participa en ella. *Las tropas expedicionarias asaltaron varias plazas enemigas.* Dicho de pers., tb. m. y f. *Los expedicionarios descendieron por el Amazonas.*

expedidor, ra. adj. Que expide. *El peticionario del pasaporte presentará la documentación en la oficina expedidora.* Dicho de pers., tb. m. y f. *Todo expedidor de mercancía debe facilitar su inspección.*

expedientar. tr. Someter (a una persona o entidad) a expediente para enjuiciar su actuación. *El juez lo ha expedientado por desacato.*

expediente. m. **1.** Conjunto de documentos correspondientes a la tramitación de un asunto. Se usa espec. hablando de actuaciones administrativas y judiciales *La secretaria entregó el expediente del caso al letrado.* **2.** Procedimiento administrativo en que se enjuicia la actuación de una persona o de una entidad. *La Fiscalía va a incoar un expediente sancionador a la fábrica responsable del vertido tóxico.* Frec. en la constr. *abrir ~. Han abierto expediente disciplinario contra el conductor del autobús.* **3.** Conjunto de calificaciones e incidencias en la carrera de un estudiante. *Los candidatos deben presentar su expediente académico. El cambio de instituto conlleva el traslado de expediente.* **4.** Relación de trabajos realizados por un funcionario o empleado. *Tiene un expediente profesional brillante.* **5.** Medio o recurso que se emplea para salvar una dificultad o inconveniente. *No quieren recurrir al expediente de la fuerza.* ■ **cubrir el ~.** loc. v. coloq. Aparentar que se cumple una obligación o hacer lo menos posible para cumplirla. *En el trabajo se limita a cubrir el expediente.*

expedir. (conjug. PEDIR). tr. **1.** Extender (un documento o una orden), o poner(los) por escrito y en la forma adecuada. *Me han expedido el pasaporte en la comisaría del barrio.* **2.** Enviar (algo) a otro lugar. *Expedir paquetes al extranjero sale muy caro.*

expeditivo, va. adj. **1.** Que actúa o se ocupa de algo con rapidez, sin enredarse en trámites u obstáculos. *Es muy expeditivo en su trabajo. Piden una justicia más expeditiva.* **2.** Propio de la persona expeditiva. *Métodos expeditivos.* ▶ EXPEDITO.

expedito, ta. adj. **1.** Libre de obstáculos. *Debe quedar expedita la salida de emergencia.* **2.** Expeditivo. *Nuestros profesionales han de ser expeditos. El problema se resolvió de forma expedita.*

expeler. tr. Expulsar una persona o cosa (algo) de su interior. *Cuando espiramos, expelemos el aire de los pulmones. Los extintores suelen llevar aire a presión para expeler el agua.* ▶ EXPULSAR.

expendedor, ra. adj. **1.** Que expende. *Saca el billete de metro en la máquina expendedora.* Dicho de máquina o aparato, tb. m. o f. *La expendedora de refrescos se ha tragado las monedas. Han instalado un expendedor de tarjetas telefónicas.* ● m. y f. **2.** Persona que se dedica a expender, espec. tabaco, sellos, billetes o entradas para espectáculos. *–Cada vez se fuma menos –dice el expendedor de un puesto de tabaco.*

expendeduría. f. Establecimiento en que se expende algo, espec. tabaco u otros artículos estancados o monopolizados. *Le concedieron una licencia para abrir una expendeduría de tabacos.*

expender. tr. Vender (algo) al por menor. *En la farmacia expenden medicamentos.*

expensas. a ~ (de alguien). loc. adv. Cubriendo (él) los costes. *Sigue viviendo a expensas* DE *sus padres. Viaja por todo el mundo a mis expensas.*

experiencia. f. **1.** Hecho de haber sentido, conocido o presenciado algo. *Lo sé por experiencia. La experiencia sensorial es la base del conocimiento.* **2.** Práctica prolongada que proporciona conocimiento o habilidad para hacer algo. *Tiene mucha experiencia dando clases. Es un abogado con experiencia* EN *tribunales. Tiene experiencia* DE *cuidar ancianos.* **3.** Conocimiento de la vida adquirido por las circunstancias o situaciones vividas. *Déjate aconsejar por tus padres, que tienen más experiencia que tú.* **4.** Circunstancia o acontecimiento vivido por una persona. *Ser madre es una experiencia maravillosa. Nuestro viaje por Europa fue una experiencia inolvidable.* **5.** Experimento. *En la clase de química realizamos una experiencia con disoluciones.*

experiencial. adj. *tecn.* De la experiencia como conocimiento o práctica. *Combina el saber teórico y el saber experiencial.*

experimentación. f. **1.** Hecho de experimentar. *El medicamento se comercializará después de su experimentación en humanos.* **2.** Método científico de investigación, basado en la provocación y estudio de los fenómenos. *Por medio de la experimentación se llega al conocimiento de la naturaleza.*

experimentado, da. part. **1.** → **experimentar.** ● adj. **2.** Dicho de persona: Que tiene experiencia, conocimiento o práctica. *Un hombre experimentado no comete ese error. La ha operado un médico experimentado.* ▶ **2:** DUCHO, EXPERTO.

experimentador, ra. adj. Que experimenta o hace experimentos. *Algunos consideran a Galileo el primer científico experimentador.* Dicho de pers., tb. m. y f. *Leonardo fue un gran experimentador.*

experimental. adj. **1.** Fundado en la experiencia o en el experimento. *La Biología, la Química y la Física son ciencias experimentales.* **2.** Que sirve de experimento, con vistas a posibles perfeccionamientos o aplicaciones. *La máquina debe someterse a la oportuna prueba experimental.* **3.** Que tiende a la búsqueda de nuevas formas estéticas y de técnicas expresivas renovadoras. *Exploró el campo de la música experimental.*

experimentalismo. m. En el arte contemporáneo: Tendencia a la búsqueda de nuevas formas estéticas y de técnicas expresivas renovadoras. *Los dramaturgos de los años sesenta en España se interesaban por el experimentalismo.*

experimentalista. adj. **1.** Del experimentalismo. *"La parábola del náufrago" es una novela experimentalista.* **2.** Seguidor del experimentalismo. *La compañía está formada por bailarines y músicos experimentalistas.* Tb. m. y f. *Escribir sin signos de puntuación fue un recurso empleado por algunos experimentalistas.*

experimentar. tr. **1.** Probar y examinar de forma práctica las propiedades (de algo). *En los laboratorios están experimentando una nueva vacuna.* **2.** Notar en uno mismo (algo, espec. una impresión o un sentimiento). *Experimentó una gran alegría al verlo.* **3.** Sufrir (una modificación o cambio). *Nuestra economía ha experimentado un notable crecimiento.* ○ intr. **4.** Hacer operaciones destinadas a descubrir, comprobar o demostrar determinados fenómenos o principios científicos. *Experimentan* CON *embriones. La actividad de estos científicos es experimentar.*

experimento. m. Operación destinada a descubrir, comprobar o demostrar determinados fenómenos o principios científicos. *Mendel realizó importantes experimentos genéticos con guisantes.* ▶ EXPERIENCIA.

experto, ta. adj. **1.** Dicho de persona: Hábil o experimentada en algo. *Ni el conductor más experto está libre de accidentes. Es una abogada experta.* Tb. m. y f. *Es un experto* EN *este tipo de situaciones.* **2.** Dicho de persona: Que está especializada en una materia o tiene muchos conocimientos sobre ella. *Conozco a un científico experto* EN *biología marina.* Tb. m. y f. *Los expertos aseguran que el agujero de la capa de ozono aumenta.* ▶ **1:** *EXPERIMENTADO. ‖ **Am: 2:** BAQUEANO, BAQUIANO.

expiación. f. Hecho de expiar. *Expiación de los pecados.*

expiar. (conjug. ENVIAR). tr. **1.** Borrar (culpas) por medio de algún sacrificio o penitencia. *Cree que yendo a misa expiará sus pecados.* **2.** Sufrir la pena impuesta (por un delito). *Tendrá que expiar sus crímenes en prisión.*

expiatorio, ria. adj. Que sirve para expiar. *Se busca que la pena tenga un carácter expiatorio y ejemplar. Jesucristo fue víctima expiatoria de nuestros pecados.*

expiración. f. Hecho de expirar. *Expiración del plazo.*

expirar. intr. **1.** Morir alguien. *Expiró al amanecer.* **2.** Acabar un período de tiempo, espec. un plazo. *Debe presentar la solicitud antes de que expire el plazo. Su mandato expira el próximo año.* ▶ **1:** MORIR. **2:** *VENCER.

explanación. f. Hecho de explanar. *Han empezado los trabajos de explanación del terreno.*

explanada. f. Espacio de terreno llano o allanado. *La verbena se celebra en una explanada a las afueras del pueblo.*

explanar. tr. Poner llano o nivelado (un terreno). *Están explanando la finca para construir una casa.*

explayarse. intr. prnl. **1.** Extenderse hablando. *El director se explayó en su discurso de bienvenida.* **2.** Esparcirse o divertirse. *Lleva a los niños al parque para que se explayen.* **3.** Manifestar alguien sus secretos o sentimientos para desahogarse. *Estaba deprimida y se explayó conmigo.*

explicable. adj. Que se puede explicar. *A la luz de la ciencia, esos misterios son ya explicables. Me parece explicable su desconfianza.*

explicación. f. **1.** Hecho o efecto de explicar o explicarse. *Atiende a la explicación del profesor.* **2.** Cosa que explica algo. *Su cansancio es la explicación de su bajo rendimiento.* **3.** Justificación o razón de algo, espec. de un comportamiento. *No encuentro explicación a lo que ha hecho. No tienes que dar explicaciones a nadie.*

explicador, ra. adj. Que explica algo. *Formule una hipótesis explicadora de estos sucesos.* Dicho de pers., tb. m. y f. *El profesor no es un simple explicador de su materia.*

explicar. tr. **1.** Dar a conocer (algo) aportando datos. *Tienes que explicarme cómo has conseguido convencerlo.* **2.** Presentar (algo de difícil comprensión) de forma clara para que se entienda. *El profesor nos ha explicado el teorema de Pitágoras.* **3.** Enseñar (una materia o asignatura). *Explica Literatura en la Universidad.* **4.** Dar a conocer la causa o justificación (de algo). *No ha explicado por qué dimitió.* ○ tr. prnl. **5.** Llegar a comprender la razón (de algo). *Ahora me explico lo que ha pasado.* ○ intr. prnl. **6.** Dar alguien a conocer lo que piensa o hacerse entender. *Sabe explicarse muy bien.* **7.** Dar alguien a conocer la causa o justificación de su comportamiento. *Deja que se explique: quizá tenía razones para hacer lo que hizo.*

explicativo, va. adj. Que explica o sirve para explicar. *El pasaje no lleva ninguna nota explicativa. ¿En qué se diferencia un adjetivo explicativo de otro especificativo?*

éxplicit. m. En bibliografía: Últimas palabras de un escrito o de un impreso antiguo. *En el éxplicit del manuscrito se lee la fecha y nombre del autor del texto.*

explicitar. tr. Hacer explícito (algo). *El autor explicita en el prólogo el propósito del libro.*

explícito, ta. adj. **1.** Dicho de cosa: Expresada de forma clara y precisa. *Hizo referencia explícita al problema del agua. El sujeto de la oración puede estar explícito o implícito.* **2.** Dicho de persona: Que se expresa con claridad y precisión sobre algo. *No entiendo lo que insinúas, ¿podrías ser más explícita?* ▶ **1:** EXPRESO.

explicitud. f. Cualidad de explícito. *Se refirió a él unas veces con alusiones, otras con toda explicitud.*

explicotear. tr. **1.** coloq. Explicar (algo), espec. si se hace con extensión y desenvoltura. *El guía no paraba de hablar y explicotearlo todo.* ○ intr. prnl. **2.** coloq. Explicarse alguien, espec. si lo hace con extensión y desenvoltura. *¡No veas cómo se explicotea la niña!*

exploración. f. Hecho de explorar. *Han enviado una nave de exploración a Júpiter. La exploración radiológica confirma el diagnóstico.*

explorador, ra. adj. **1.** Que explora. Dicho de pers., tb. m. y f. *La aventura americana atraía a navegantes y exploradores.* • m. y f. **2.** Escultista. *En los campamentos participan exploradores de varias nacionalidades.*

explorar. tr. **1.** Recorrer (un lugar desconocido) para examinar(lo) o conocer(lo). *La expedición ha explorado la isla.* **2.** Examinar con cuidado (algo) para conocer sus características o circunstancias. *Este curso exploraremos la pintura del siglo* XVI. **3.** *Med.* Examinar (a alguien o una parte de su organismo) con fines diagnósticos. *El pediatra exploró al bebé y dijo que estaba sano.*

exploratorio, ria. adj. Que sirve para explorar. *Lanzan al espacio una nave en misión exploratoria. Los médicos le han realizado unas pruebas exploratorias.*

explosión. f. **1.** Ruptura violenta y gralm. estruendosa de algo, provocada por un incremento brusco de la presión interior. *El incendio se produjo por la explosión de una bombona de gas.* Frec. con *hacer*. *La bomba haría explosión a las nueve.* Tb. el estruendo. *El conductor oyó la explosión del neumático.* **2.** Liberación brusca y violenta de energía, debida a una reacción química o nuclear muy rápida, y que se manifiesta en la producción de gran cantidad de calor, luz y gases, gralm. acompañada de estruendo. *Según una teoría, el Universo se originó a partir de una gran explosión.* **3.** Manifestación súbita y violenta de un sentimiento o un estado de ánimo. *¡Qué explosión de alegría tras la victoria!* **4.** Desarrollo repentino o muy rápido de algo. *La explosión demográfica en el Tercer Mundo agrava el problema de la pobreza.*

explosionar. tr. **1.** Provocar la explosión o ruptura brusca y ruidosa (de algo). *Los artificieros de la policía explosionaron el artefacto.* ○ intr. **2.** Hacer explosión algo. *Le ha explosionado una granada en las manos.* ► **2:** EXPLOTAR.

explosivo, va. adj. **1.** Que hace o puede hacer explosión. *Carga explosiva.* **2.** Que causa impresión o llama mucho la atención. *La prensa se hace eco de sus explosivas declaraciones. La protagonista es una rubia explosiva.* • m. **3.** Sustancia o mezcla de sustancias químicas capaces de provocar una explosión. *Para la demolición emplearán dinamita u otro explosivo.*

explotable. adj. Que se puede explotar. *La zona es rica en recursos naturales explotables.*

explotación. f. **1.** Hecho de explotar algo o a alguien. *Se encarga de la explotación del negocio familiar.* **2.** Conjunto de elementos e instalaciones dedicados a sacar provecho de una fuente de riqueza o de un recurso. *Trabaja en una explotación agrícola.*

explotador, ra. adj. Que explota algo o a alguien. *La empresa explotadora del ferrocarril construirá nuevas estaciones.* Dicho de pers., tb. m. y f. *Imagina una sociedad sin explotadores ni explotados.*

explotar[1]. tr. **1.** Sacar provecho (de una fuente de riqueza o de un recurso) trabajando en ellos. *Tiene licencia para explotar una cantera de granito.* **2.** Utilizar en provecho propio, gralm. de modo abusivo, (algo o a alguien). *En muchos países pobres explotan a los menores.*

explotar[2]. intr. **1.** Hacer explosión algo. *La nave puede explotar al entrar en contacto con la atmósfera.* **2.** Manifestar violentamente alguien un sentimiento o emoción reprimidos. *No pudo contener la risa y explotó.* ► **1:** EXPLOSIONAR.

expoliación. (Tb. **espoliación**). f. Hecho de expoliar. *El patrimonio histórico debe ser protegido de la expoliación.*

expoliador, ra. (Tb. **espoliador**). adj. Que expolia. *No más regímenes expoliadores de derechos.* Dicho de pers., tb. m. y f. *Detenido un expoliador de yacimientos arqueológicos.*

expoliar. (Tb. **espoliar;** conjug. ANUNCIAR). tr. Despojar (algo o a alguien) con violencia o injusticia. *Algún depredador puede expoliar el nido. Los invasores expoliaron la ciudad.*

expolio. (Tb. **espolio**). m. Hecho o efecto de expoliar. *La tumba del faraón sufrió sucesivos expolios.*

exponencial. adj. **1.** Dicho de proceso, espec. de crecimiento: Que se produce a un ritmo que aumenta cada vez más rápidamente. *El precio de la vivienda ha tenido un crecimiento exponencial en los últimos años.* **2.** *Mat.* Que contiene un exponente. *¿Qué valor tiene la variable en la siguiente expresión exponencial?* Frec. referido a función. *Propiedades de las funciones exponenciales y logarítmicas.*

exponente. adj. **1.** Que expone o habla de algo para darlo a conocer. *El libro, exponente de ideas revolucionarias, se publicó anónimo.* Dicho de pers., tb. m. y f. *Esto afirma un exponente autorizado de la nueva doctrina.* • m. **2.** Persona o cosa que son representativas o constituyen un índice de algo. *Picasso: uno de los máximos exponentes de la pintura del siglo* XX. *Todas estas publicaciones son exponente del interés por la ciencia.* **3.** *Mat.* Número o expresión algebraica colocados en la parte superior derecha de otro número o expresión, y que indican la potencia a la que han de elevarse aquellos. *¿Cómo se calcula la potencia de un número complejo elevado a un exponente entero?*

exponer. (conjug. PONER). tr. **1.** Presentar (algo) para que sea visto. *El escultor ha expuesto sus obras en varias galerías.* Tb. usado en constr. intr. *Va exponer en Nueva York.* **2.** Hablar (de algo) para dar(lo) a conocer. *Han expuesto sus peticiones al director.* **3.** Colocar (algo o a alguien) para que reciban la acción de un agente. *En la etiqueta del producto dice que no debemos exponerlo* A *la luz.* **4.** Poner (algo o a alguien) en peligro o en situación de sufrir un daño o perjuicio. *No quiere exponerse* A *que lo despidan.* **5.** Someter (una placa fotográfica o un papel sensible) a la acción de la luz para que se impresione. *El fotómetro de una cámara nos da la información necesaria para exponer correctamente una foto.*

exportación. f. **1.** Hecho de exportar. *Se ha prohibido la exportación de materias primas.* **2.** Mercancía o servicio que se exportan. *Una de las principales exportaciones de España es el aceite.*

exportador, ra. adj. Que exporta. *Venezuela es un país exportador de petróleo.* Dicho de pers., tb. m. y f. *Una moneda débil beneficia a los exportadores y perjudica a los importadores.*

exportar. tr. Vender (mercancías o servicios) a otro país. *Colombia exporta café a muchos países.*

exposición. f. **1.** Hecho o efecto de exponer. *El Museo programa una exposición de pintura impresionista. Me hizo una exposición detallada de todo lo* *ocurrido.* **2.** Lugar donde se exponen artículos, gralm. obras de arte o productos comerciales, para que sean vistos por el público. *Quedamos en la puerta de la exposición de arte antiguo.* Tb. el conjunto de esos artículos. *Un magnate ha comprado casi toda la exposición.*

expositivo, va. adj. **1.** Que expone o manifiesta algo. *Se adjunta una memoria expositiva de las actividades realizadas. ¿En qué se diferencian los textos expositivos de los narrativos?* **2.** De la exposición. *La claridad expositiva es fundamental en un discurso.*

expósito, ta. adj. Dicho de persona: Abandonada por sus padres y confiada a una institución benéfica estando recién nacida. *Fue un niño expósito, criado por las monjas en el orfanato.* Tb. m. y f. *Decidieron adoptar a una expósita.*

expositor, ra. adj. **1.** Que expone algo en una exposición pública. *En la feria participan más de cien firmas expositoras.* Dicho de pers., tb. m. y f. *La muestra reunirá a expositores de distintas nacionalidades.* ● m. **2.** Mueble en que se expone algo a la vista del público, gralm. para su venta. *En uno de los expositores de la librería están los libros más vendidos.* ○ m. y f. **3.** Persona que expone o explica algo, espec. un texto sagrado o jurídico. *Fue el santo uno de los mayores expositores de la doctrina de la Iglesia.*

exprés. adj. **1.** Dicho espec. de olla o cafetera: Rápida y a presión. *Haz el estofado en la olla exprés.* **2.** Dicho de café: Hecho en una cafetera exprés (→ 1). *Me gusta el café exprés.* **3.** Dicho espec. de servicio: Rápido. *Si utiliza nuestro servicio exprés, su paquete llegará en 24 horas. Transporte exprés.* ● m. **4.** Tren expreso. *El exprés procedente de Barcelona tiene prevista su llegada a las cinco.*

expresar. tr. **1.** Manifestar (algo) con palabras. *Tengo la idea clara en mi mente pero no sé cómo expresarla. No tengo palabras para expresarte mi agradecimiento.* **2.** Manifestar (algo) con miradas, gestos, actitudes o por medio del arte. *Utilizando colores oscuros el pintor quiso expresar un sentimiento de tristeza.* ○ intr. prnl. **3.** Manifestarse por medio de la palabra. *Luis se expresa con mucha propiedad. Me expreso mejor en portugués que en alemán.* **4.** Manifestarse con miradas, gestos o actitudes o por medio del arte. *Los sordomudos utilizan gestos para expresarse. Es artista y como mejor se expresa es actuando en el escenario.*

expresión. f. **1.** Hecho o efecto de expresar o expresarse. *Las canciones que compone son el vehículo de expresión de su pensamiento. Los besos suelen ser expresión de cariño. Su expresión en portugués es muy fluida. Defendemos la libertad de expresión.* **2.** Palabra o conjunto de palabras con una forma fija. *"A la porra" es una expresión coloquial que se utiliza para expresar rechazo. Cuando estuve en Inglaterra aprendí muchas expresiones y frases hechas.* **3.** Signo o gesto que manifiesta en una persona un estado de ánimo, un sentimiento o un rasgo de su carácter. *Había una expresión de enfado en su rostro.* **4.** Viveza o fuerza con que se manifiestan los afectos en las artes. *Sus esculturas están llenas de expresión y dramatismo.* **5.** *Ling.* Componente formal de un signo o de un texto. *Lea el texto y señale las figuras retóricas del plano de la expresión.* **6.** *Mat.* Conjunto de términos que representan una cantidad o una relación. *Si la expresión algebraica no contiene los signos de la adición o de la sustracción, constituye un monomio.* ■ **~ corporal.** f. Técnica practicada por el intérprete para expresar circunstancias de su papel por medio de gestos y movimientos del cuerpo, con independencia de la palabra. *En las clases de expresión corporal se aprende a coordinar los movimientos con armonía.* □ **reducir** (algo) **a la mínima ~.** loc. v. Disminuir(lo) todo lo posible. *Competir con unos candidatos tan buenos reducía mis posibilidades de ganar a la mínima expresión.* ■ **valga la ~.** expr. Se usa por el hablante para tratar de pedir disculpas o la aceptación de alguna deficiencia o inexactitud verbal de la que es consciente. *Eso es, valga la expresión, como querer y no poder.*

expresionismo. m. Tendencia artística y literaria surgida en Europa a principios del s. XX como reacción al impresionismo, y que propugna la expresión intensa de los sentimientos del artista. *Un cuadro emblemático del expresionismo es "El grito". Expresionismo cinematográfico alemán.*

expresionista. adj. **1.** Del expresionismo. *Uno de los autores más importantes de la literatura expresionista fue Franz Kafka.* **2.** Seguidor del expresionismo. *Escultor expresionista.* Dicho de pers., tb. m. y f. *Entre los expresionistas, Van Gogh ocupa un lugar destacado.*

expresividad. f. Cualidad de expresivo. *Unos adjetivos bien elegidos confieren expresividad al texto. ¡Qué gran actor, qué expresividad en cada gesto!*

expresivo, va. adj. **1.** De la expresión. *Es innegable que el poema tiene una gran fuerza expresiva.* **2.** Dicho de persona: Que manifiesta con gran viveza lo que siente o piensa. *Es una chica muy expresiva, y se nota enseguida si está enfadada.* **3.** Dicho de cosa: Que muestra con viveza un sentimiento, una idea o una emoción. *Utilizó una frase muy expresiva para decir que estaba harta. Tiene unos ojos muy expresivos.* **4.** Que constituye un indicio de algo. *El número de automóviles es un dato expresivo del nivel de vida alcanzado.* **5.** *Ling.* De la expresión. *La metáfora es un recurso expresivo.*

expreso[1]. m. Tren expreso (→ **tren**). *¿A qué hora sale el expreso a París?*

expreso[2], sa. adj. Especificado o expresado de forma clara. *El entierro se celebrará en la intimidad por expreso deseo de la familia.* ▶ EXPLÍCITO.

exprimidor. m. Utensilio que sirve para exprimir algo, espec. una fruta, y extraer su zumo. *¿Tienes naranjas y un exprimidor para preparar zumo?*

exprimir. tr. **1.** Extraer el zumo o líquido (de una cosa), apretándo(la) o retorciéndo(la). *Exprime cuatro naranjas para el zumo.* **2.** coloq. Sacar (de alguien o algo) todo el partido o rendimiento posibles. *Su jefe lo exprime.*

ex profeso. loc. adv. A propósito o con intención. *Viajó a Lisboa ex profeso para firmar el contrato.*

expropiación. f. Hecho de expropiar. *El Ayuntamiento ha iniciado los trámites de expropiación de los terrenos.*

expropiador, ra. adj. Que expropia. *Administración expropiadora.* Dicho de pers., tb. m. y f. *Los revolucionarios se proponían acabar con la desigualdad expropiando a los expropiadores.*

expropiar. (conjug. ANUNCIAR). tr. Privar la Administración a una persona de la titularidad (de un bien o un derecho) dándole a cambio una indemnización, por motivos de utilidad pública. *Van a expropiarle el solar para ensanchar la carretera.* Tb. referido a esa persona. *Lo expropiarán para ensanchar la carretera.*

expropiatorio, ria. adj. De la expropiación. *¿Quién determina el precio de las fincas afectadas por el proyecto expropiatorio?*

expuesto, ta. part. **1.** → **exponer.** ● adj. **2.** Que supone o puede suponer peligro. *Conducir bebido es muy expuesto.*

expugnar. tr. Tomar por las armas (un lugar). *Expugnó fortalezas y saqueó ciudades.*

expulsar. tr. **1.** Hacer una persona o cosa que (algo) salga de su interior. *Pon al niño bocabajo para que expulse los gases.* **2.** Echar, a veces de forma brusca o violenta, (a alguien) de un lugar. *Lo expulsarán* DEL *colegio. El juez expulsó* DE *la sala a varias personas.* ▶ **1:** EXPELER. **2:** ECHAR.

expulsión. f. Hecho de expulsar. *Por el tubo de escape se produce la expulsión de los gases de la combustión. Su expulsión del terreno de juego fue muy criticada.*

expulsor, ra. adj. Que expulsa. *Un aparato expulsor lanza al aire los platos que sirven de blanco.* Dicho de mecanismo o dispositivo, tb. m. *Después del disparo, el expulsor del revólver expulsará el cartucho vacío.*

expurgación. f. Hecho de expurgar. *El régimen dictó órdenes sobre expurgación de libros y depuración de profesores.* ▶ EXPURGO.

expurgar. tr. **1.** Limpiar (algo) de lo malo o inútil. *Habrá que expurgar los archivos* DE *algunos documentos.* **2.** Mandar la autoridad competente que se supriman (palabras, frases o pasajes) de determinados libros o impresos, sin prohibir la lectura de estos. *La censura expurgó varios pasajes de la primera edición del libro.*

expurgo. m. Expurgación. *Con los fondos que llegan a la biblioteca, se realiza una primera tarea de expurgo.*

exquisitez. f. **1.** Cualidad de exquisito. *El restaurante es famoso por la exquisitez de sus platos. Compuso poesía de una exquisitez sublime.* **2.** Cosa exquisita. *Nos ofrecieron bombones y otras exquisiteces.*

exquisito, ta. adj. **1.** Que agrada de manera muy especial, por su extraordinaria calidad, perfección o delicadeza. *Aquí hacen unos pasteles exquisitos. Me parece un poeta exquisito.* **2.** Que denota gran refinamiento o delicadeza. *Es una dama de exquisitos modales.*

extasiar. (conjug. ENVIAR). tr. Hacer caer (a alguien) en un estado de éxtasis. *La grandiosidad del palacio extasía a los visitantes.* Tb. en constr. prnl. media. *Se extasiaba* ANTE *aquel paisaje.* ▶ *EMBELESAR.

éxtasis. m. **1.** Estado de una persona embargada por un sentimiento de profunda admiración o alegría. *¡Qué éxtasis ante la visión de aquel paisaje!* **2.** *Rel.* Estado de una persona caracterizado por la unión mística de su alma con Dios, y por la suspensión de los sentidos. *Mediante la contemplación, el místico alcanza el éxtasis.*

extático, ca. adj. **1.** Del éxtasis, o que lo implica. *Trance extático.* **2.** Que está en éxtasis, o lo tiene con frecuencia. *La pintura representa a un santo extático con sus estigmas.*

extemporaneidad. f. Cualidad de extemporáneo. *La demanda fue desestimada por la extemporaneidad de su presentación.*

extemporáneo, nea. adj. **1.** Impropio del tiempo en que sucede o se hace. *Aquellas vacaciones extemporáneas le habían sentado bien.* **2.** Inoportuno o inconveniente, por suceder o intervenir en mal momento. *No voy a soportar otra salida extemporánea.*

extender. (conjug. ENTENDER). tr. **1.** Hacer que (algo) ocupe más espacio que antes. *Hay peligro de que el viento extienda el fuego* AL *bosque.* Tb. en constr. prnl. media. *El anticiclón se extenderá mañana* POR *la Península.* **2.** Hacer que (algo amontonado o espeso) deje de estarlo. *Extiende bien la crema hidratante* POR *todo el cuerpo.* **3.** Hacer que (algo doblado o encogido) deje de estarlo. *Extiende el plano* EN/SOBRE *la mesa.* **4.** Hacer que (algo) alcance un determinado punto o lugar. *Extendió su imperio* HASTA *el mar.* Tb. en constr. prnl. media. *El dolor se extendía* DESDE *la mano* HASTA *el hombro.* **5.** Hacer que (una cosa) alcance a alguien o algo a los que no llega habitualmente. *Extendió el indulto* A *los presos políticos.* Tb. en constr. prnl. media. *La plaga se ha extendido* A *los cerezos.* **6.** Poner (un documento) por escrito y en la forma adecuada. *Le extenderé un cheque.* ○ intr. prnl. **7.** Estar situado algo que ocupa cierto espacio en un lugar. *Delante del Ministerio se extiende una explanada.* **8.** Ocupar algo cierta porción de espacio. *La ciudad se extiende sobre una colina.* **9.** Llegar algo a muchos sitios o personas. *Se ha extendido la creencia de que es un agua curativa.* **10.** Durar algo cierta cantidad de tiempo. *La reunión se ha extendido demasiado.* **11.** Hacer, por escrito o de palabra, un relato muy detallado sobre algo. *En una carta de presentación es mejor no extenderse.* **12.** Hacerse común o habitual algo, espec. un uso o costumbre. *Se ha ido extendiendo la práctica de contratar a trabajadores temporales.* ▶ **1:** EXPANDIR, EXPANSIONAR. **2:** ESPARCIR, REPARTIR. **3:** TENDER.

extensión. f. **1.** Hecho o efecto de extender o extenderse. *Hay que evitar la extensión del conflicto.* **2.** Medida del espacio ocupado por algo. *Es desigual la extensión de los capítulos.* **3.** Línea telefónica conectada a una centralita. *Pidió a la telefonista que lo pusiera con la extensión 299.* **4.** *Mat.* y *Fís.* Capacidad para ocupar una parte del espacio. *El punto no tiene extensión.* **5.** *Fil.* y *Ling.* Cantidad mayor o menor de elementos a los que se puede aplicar un concepto. *La palabra "ropa" tiene mayor extensión que la palabra "abrigo".* **6.** *Ling.* Extensión (→ 1) del significado de una palabra o expresión a otro concepto relacionado con el primero. *"Hijo" puede ser, por extensión, cualquier persona de una generación más joven.* ■ **en toda la ~ de la palabra.** loc. adv. Enteramente o por completo. *Es un sabio en toda la extensión de la palabra.*

extensivo, va. adj. Que se extiende o aplica a más cosas o personas de lo habitual. Frec. en la constr. *hacer* ~ algo a una persona o cosa. *Me gustaría hacer extensiva mi felicitación a todos tus colaboradores.*

extenso, sa. adj. **1.** Que tiene mucha extensión en el espacio o en el tiempo. *La ciudad está rodeada por una extensa muralla. Mantuve una extensa entrevista con el director.* **2.** Dicho de conjunto: Formado por muchos elementos. *Contamos con una extensa plantilla.* ■ **por extenso.** loc. adv. Con todo detalle. *Enumeraré los puntos de mi intervención para después exponerlos por extenso.* ▶ **2:** *AMPLIO.

extensor, ra. adj. Que extiende o sirve para extender. *Músculos extensores de la mano.* Dicho de músculo, tb. m. *Se ha roto el extensor del dedo gordo.*

extenuación. f. Hecho o efecto de extenuar o extenuarse. *Los dos púgiles lucharon hasta la extenuación. Está al borde de la extenuación.*

extenuante. adj. Que extenúa. *Hicieron un esfuerzo físico extenuante.*

extenuar. (conjug. ACTUAR). tr. Debilitar (a alguien) al máximo. *La caminata nos ha extenuado.* Tb. en constr. prnl. media. *Trabajó hasta extenuarse.*

exterior. adj. **1.** Que está en la parte de fuera. *La corteza es la capa exterior del tronco del árbol.* **2.** Dicho de habitación o vivienda: Que tiene vistas a la calle. *Tiene un apartamento exterior en Madrid.* Dicho de vivienda, tb. m. *Venden un exterior precioso en ese bloque.* **3.** De otros países, o no nacional. Se usa en contraposición a *interior*. *Ha pedido información al Instituto de Comercio Exterior sobre ayudas a la exportación.* ● m. **4.** Parte exterior (→ 1) de algo. *El exterior de la iglesia es de estilo barroco.* **5.** Aspecto de una persona. *No es muy agraciado físicamente, pero a mí el exterior no me importa.* **6.** Espacio que rodea una cosa. *Los periodistas aguardan en el exterior del Congreso la salida del Presidente.* ○ pl. **7.** *Cine y TV* Secuencias rodadas en espacios al aire libre o en decorados que los representan. *Los exteriores de la serie se están filmando en Barcelona.* Tb. esos espacios. *El director lleva un mes en Ibiza localizando exteriores para la película.*

exterioridad. f. **1.** Parte o aspecto exterior de alguien o algo. *Para conocer bien a las personas, no hay que quedarse en la exterioridad.* **2.** Cosa puramente externa. *Es un frívolo al que solo preocupan las exterioridades.*

exteriorización. f. Hecho o efecto de exteriorizar o exteriorizarse. *Es una persona poco dada a la exteriorización de sus sentimientos.*

exteriorizar. tr. Mostrar (algo, espec. un sentimiento) al exterior. *Exteriorizó su alegría con una enorme sonrisa.* Tb. en constr. prnl. media. *La piorrea se exterioriza por hemorragias de las encías.*

exteriormente. adv. **1.** Por la parte exterior. *Exteriormente, tu coche se parece mucho al mío.* **2.** En apariencia. *Exteriormente se encontraba bien, pero la procesión iba por dentro.*

exterminación. f. Hecho o efecto de exterminar. *Un equipo de exterminación combate la plaga de ratas.* ▶ EXTERMINIO.

exterminador, ra. adj. Que extermina. *El bosque fue pasto de un fuego exterminador.* Dicho de pers., tb. m. y f. *Habrá que contratar a un exterminador de insectos.*

exterminar. tr. Acabar del todo (con un conjunto de animales o plantas, o con un grupo humano). *Este insecticida extermina las cucarachas.*

exterminio. m. Hecho de exterminar. *Tratan de evitar el exterminio de más especies animales y vegetales.* ▶ EXTERMINACIÓN.

externado. m. Estado y régimen de vida de un alumno externo. *Los alumnos podrán matricularse en régimen de internado, externado o media pensión.*

externalidad. f. *Econ.* Perjuicio o beneficio experimentados por un individuo o una empresa a causa de acciones ejecutadas por otras personas o entidades. *La depreciación de los inmuebles de una zona contaminada por una fábrica es una externalidad negativa.* Gralm. en pl. *Las externalidades afectan a los agentes económicos que no son ni los productores ni los consumidores directos.*

externamente. adv. Por fuera. *Externamente parecía calmado, pero por dentro estaba furioso.*

externar. tr. Am. Manifestar (algo, espec. una opinión). *Las empresas encuestadas externaron su opinión* [C]. *El dueño de la finca externó al diario que había pensado donarla a las personas pobres* [C].

externo, na. adj. **1.** Que está fuera. *El ordenador cuenta con altavoces externos. La capa externa de la piel se llama epidermis. Un auditor externo realizará la auditoría de la empresa.* **2.** Dicho de cosa: Que se manifiesta en el exterior. *Las arrugas son un signo externo del envejecimiento.* **3.** Dicho de persona: Que no vive en el lugar donde estudia o trabaja. *El centro cuenta con 300 alumnos externos y 60 internos. Tiene una muchacha externa para cuidar de los niños.* Tb. m. y f. *El colegio ha organizado un partido de fútbol de internos contra externos. Necesito una externa para que me cuide al bebé.*

extinción. f. Hecho o efecto de extinguir o extinguirse. *Trabaja en los servicios de extinción de incendios. Especie en peligro de extinción.*

extinguidor. m. Am. Extintor. *Combatieron el fuego con extinguidores* [C].

extinguir. tr. **1.** Hacer que cese (un fuego o una luz). *Es difícil extinguir un incendio en un rascacielos.* Tb. en constr. prnl. media. *El resplandor fue disminuyendo hasta extinguirse.* **2.** Hacer que (algo) se acabe o deje de existir por completo. *Ha extinguido su vínculo laboral con la empresa.* Tb. en constr. prnl. media. *Su vida se extingue poco a poco.* ▶ **1:** SOFOCAR.

extinto, ta. adj. **1.** cult. Extinguido. *Visitaron la capital de la extinta Unión Soviética. Especies extintas.* **2.** cult. Muerto o fallecido. *El extinto actor recibirá un homenaje de sus compañeros.* Tb. m. y f. *Rezaron por el eterno descanso de la extinta.*

extintor, ra. adj. **1.** Que extingue un fuego. *El agua y el dióxido de carbono son agentes extintores.* ● m. **2.** Aparato que sirve para extinguir incendios, gralm. consistente en un recipiente hermético con agua u otra sustancia que dificulta la combustión, y un mecanismo que permite lanzar chorros de esa sustancia sobre el fuego. *La sala está dotada de extintores y puertas ignífugas.* ▶ **Am: 2:** EXTINGUIDOR.

extirpación. f. Hecho o efecto de extirpar. *Tras la extirpación del tumor, el paciente se recupera. Combatamos la injusticia hasta su extirpación.*

extirpar. tr. **1.** Quitar (un órgano o una formación patológica), gralm. con fines terapéuticos. *Le han extirpado la vesícula.* **2.** Hacer que (algo) deje de existir por completo. *Es difícil extirpar los vicios.*

extorsión. f. **1.** Presión que se ejerce sobre alguien mediante amenazas para obligarlo a actuar de determinada manera y obtener así dinero u otro beneficio. *La banda se financiaba mediante secuestros y extorsiones.* **2.** Trastorno o perjuicio. *¿Te haría mucha extorsión acercarme a casa?* ▶ **1:** CHANTAJE.

extorsionador, ra. adj. Que extorsiona. *Una mafia extorsionadora tiene atemorizados a los comerciantes.* Dicho de pers., tb. m. y f. *Si no entregaba el dinero a los extorsionadores, atacarían a su familia.* ▶ CHANTAJISTA, EXTORSIONISTA.

extorsionar. tr. Hacer extorsión (a alguien). *Se dedican a extorsionar a los propietarios de negocios.* ▶ CHANTAJEAR.

extorsionista. adj. Que extorsiona, espec. mediante amenazas. *Destapada una red extorsionista.* Dicho de pers. tb. m. y f. *Los extorsionistas enviaron una carta amenazadora.* ▶ *EXTORSIONADOR.

extra. adj. **1.** Extraordinario o superior a lo normal. *Productos de calidad extra. Gasolina extra.* **2.** Extraordinario (añadido a lo ordinario). *Todo tiempo extra de trabajo se compensará con el doble de horas de descanso.* ● m. **3.** Cosa extraordinaria (→ 2), como un gasto, un número de una publicación o una retribución. *La revista sacará un extra sobre la moda de invierno.* **4.** Accesorio o complemento de un producto, espec. de una máquina o aparato, que no van incorporados al modelo ordinario. *Si le pones airbag y demás extras, el precio del coche se dispara.* ○ f. **5.** Paga extra (→ 2). *Con la extra de junio me iré de vacaciones.* ○ m. y f. **6.** *Cine, Teatro* y *TV* Persona que aparece en una escena sin hablar ni intervenir directamente en la acción. *En la escena de la discoteca, aparecen varios extras bailando.* ▶ **1-3:** EXTRAORDINARIO. **5:** EXTRAORDINARIA. **6:** *FIGURANTE.

extra-. pref. **1.** Significa 'externo o ajeno a'. *Extracomunitario, extraconyugal, extraparlamentarismo.* **2.** Significa 'en grado sumo o extraordinario'. *Extrafuerte, extrasuave, extralujo.*

extracción. f. **1.** Hecho de extraer. *Las extracciones de sangre se realizarán en ayunas.* **2.** Origen de una persona. *Los miembros del grupo son de extracción social muy distinta.*

extracorpóreo, a. adj. *Med.* Que está situado u ocurre fuera del cuerpo. *Fue sometido a ondas de choque extracorpóreas para deshacer los cálculos del riñón.*

extractar. tr. Reducir a extracto (algo). *Es difícil extractar una obra tan larga.*

extracto. m. **1.** Resumen de un escrito o exposición, en el que se expresa de manera precisa únicamente lo más sustancial. *La revista publica un extracto del discurso. El banco le remitirá extractos mensuales de su cuenta.* **2.** Producto sólido o espeso obtenido al concentrar un zumo o una disolución. *Champú elaborado con extractos vegetales.*

extractor, ra. adj. **1.** Que extrae o sirve para extraer. *Enciende la campana extractora para que se vaya el humo.* Dicho de pers., tb. m. y f. *Asociación de extractores de aceite de orujo.* ● m. **2.** Aparato o pieza de un mecanismo que sirve para extraer. *Han instalado un extractor de humos.*

extracurricular. adj. Que no pertenece a un currículo o no está incluido en él. *La Universidad organiza actividades extracurriculares. Asignatura extracurricular.*

extradición. f. Entrega de una persona, solicitada por las autoridades de un Estado a las de otro, para que pueda ser juzgada en aquel primero o cumpla en él una pena ya impuesta. *Las autoridades españolas han pedido al Gobierno francés la extradición del presunto etarra.*

extraditado, da. part. **1.** → **extraditar. 2.** Que ha sido extraditado (→ 1). Tb. m. y f. *El extraditado forma parte de un comando terrorista.*

extraditar. tr. Conceder un gobierno la extradición (de alguien reclamado por la justicia de otro país). *Extraditarán al mafioso a Italia para que ingrese en prisión.*

extraer. (conjug. TRAER). tr. **1.** Poner (algo) fuera de donde está. *Habrá que extraerle la muela.* **2.** Obtener (una cosa) de otra, de la que forma parte. *Extraen el aceite de oliva* DE *la aceituna.* **3.** *Mat.* Averiguar (la raíz) de una cantidad o expresión algebraica. *Extrae la raíz cúbica de 125.* ▶ **2:** SACAR.

extraescolar. adj. Dicho de actividad educativa: Que se realiza fuera del centro de enseñanza o en horario distinto al lectivo. *El centro ofrece actividades extraescolares como* ballet, *teatro o informática.*

extrafino, na. adj. **1.** Muy fino o delgado. *Fideos extrafinos. Compresas extrafinas.* **2.** De muy buena calidad. *Exquisitos bombones de chocolate extrafino.*

extrajudicial. adj. Que se hace o trata fuera de la vía judicial. *Es preferible una solución extrajudicial de los conflictos laborales.*

extralimitación. f. Hecho de extralimitarse. *Ha sido acusada de extralimitación* EN *el ejercicio de sus funciones.*

extralimitarse. intr. prnl. Sobrepasar el límite de lo autorizado o recomendable en el uso de facultades o atribuciones. *El tribunal se ha extralimitado* EN *sus competencias.*

extralingüístico, ca. adj. Dicho de cosa: Que es externa a la lengua. *Los gestos son elementos extralingüísticos que enriquecen la expresión oral.*

extramuros. adv. Fuera del recinto de una ciudad, población o lugar. *Ya extramuros, aparecen las viñas. El cementerio se encuentra extramuros* DEL *pueblo.*

extranjería. f. **1.** Condición de extranjero. *Factores como la extranjería dificultan el acceso al mercado laboral.* **2.** Conjunto de normas reguladoras de la condición, los actos y los intereses de los extranjeros en un país. *Su expulsión del país vulnera la legislación en materia de extranjería.*

extranjerismo. m. Palabra o uso empleados en una lengua, propios o procedentes de otra extranjera. *El texto está plagado de extranjerismos, sobre todo anglicismos.*

extranjerizar. tr. Introducir características extranjeras (en alguien o algo). *Pretenden modernizar el país sin extranjerizarlo.* Tb. en constr. prnl. media. *Sus gustos se han extranjerizado.*

extranjero, ra. adj. **1.** De un país extranjero (→ 2). *Domina varias lenguas extranjeras.* Dicho de pers., tb. m. y f. *Numerosos extranjeros visitaron nuestro país.* **2.** Dicho de país: Que no es el propio. *Le gustaría ampliar estudios en un país extranjero.* ■ **el extranjero.** loc. s. País o conjunto de países que no son el propio. *Viajar por el extranjero abre mucho la mente.*

extranjis. de ~. loc. adv. coloq. A escondidas o de manera oculta o disimulada. *Se ha colado de extranjis en el concierto.*

extrañamiento. m. Hecho de extrañar o desterrar. *Pena de extrañamiento.*

extrañar. tr. **1.** Encontrar raro o sorprendente (algo) por su novedad o por no ser habitual. *No ha dormido bien porque extraña la cama.* **2.** Echar de menos (algo o a alguien). *Llora porque extraña a su madre.* **3.** *Der.* Desterrar (a alguien) a un país extranjero. *El régimen ha optado por extrañar a los presos políticos.* ○ intr. prnl. **4.** Sentir extrañeza o sorpresa por algo. *No sé* DE *qué te extrañas.*

extrañeza. f. **1.** Admiración o sorpresa. *Puso cara de extrañeza.* **2.** Cualidad de extraño o raro. *Nos desconcertó la extrañeza de la respuesta.* **3.** Cosa extraña o rara. *No debería ser una extrañeza ayudar a un desconocido.* ▶ **1:** *ASOMBRO.

extraño, ña. adj. **1.** Raro o sorprendente. *Tiene la extraña manía de leer el periódico empezando por el final. Es un hombre extraño.* **2.** Dicho de persona: De una familia o grupo social distintos de los de la persona o personas de que se trata. *No abras la puerta a gente extraña.* Tb. m. y f. *Me acogieron tan bien que nunca me sentí un extraño. Sorprende a propios y extraños.* **3.** Dicho de cosa: De naturaleza o condición distintas de las de aquella de que se trata. *Retire los cuerpos extraños de la herida con unas pinzas.* **4.** Dicho de persona o cosa: Que es ajena a alguien o algo, o no tiene relación con ellos. *Prohibida la entrada a toda persona extraña* A *la empresa.* ● m. **5.** Movimiento súbito o inesperado. *El coche me hizo un extraño al tomar la curva.* ▶ **1:** *RARO.

extraoficial. adj. Dicho de cosa: Que no es oficial o está al margen de lo oficial. *Lo de mi ascenso aún es extraoficial, no lo comentes.*

extraordinario, ria. adj. **1.** Fuera de lo común u ordinario. *Tiene una facilidad extraordinaria para aprender idiomas.* **2.** Añadido a lo ordinario. *Necesitaríamos un plazo extraordinario para incorporar esos cambios al proyecto.* ● m. **3.** Cosa extraordinaria (→ 2), espec. un gasto o un número de una publicación. *He tenido que pedir un préstamo porque este mes tengo varios extraordinarios. El domingo sale un extraordinario con ofertas de empleo público.* ○ f. **4.** Paga extraordinaria (→ 2). *Con la extraordinaria de diciembre compraré los regalos de Navidad.* ▶ **2-4:** EXTRA.

extraparlamentario, ria. adj. **1.** Dicho espec. de partido político: Que no tiene representación en el Parlamento. *La manifestación está convocada por grupos radicales extraparlamentarios.* **2.** Dicho de cosa: Que es ajena al Parlamento o se desarrolla al margen de su actividad. *Pacto extraparlamentario.*

extraplano, na. adj. Dicho de cosa: Que es extraordinariamente plana en relación con otras de su especie. *Ordenador con pantalla extraplana.*

extrapolación. f. Hecho de extrapolar. *La extrapolación de los datos de los sondeos permite hacer algunas predicciones.*

extrapolar. tr. Aplicar (conclusiones obtenidas en un campo) a otro. *Podemos extrapolar los resultados de la estadística del primer trimestre* AL *segundo.*

extrarradio. m. Zona que rodea el casco de una población o está alejada del centro. *Viven en el extrarradio.*

extrasensorial. adj. Dicho de percepción: Que se produce sin intervención de los sentidos. *Asegura que tiene percepciones extrasensoriales.* Dicho tb. de lo relacionado con ese tipo de percepción. *Facultades extrasensoriales.*

extrasístole. f. *Med.* Contracción anticipada del corazón, seguida de una pausa más larga de lo normal. *El consumo de excitantes puede provocar extrasístoles.*

extraterrestre. adj. **1.** Situado en el espacio exterior a la Tierra. *Vida extraterrestre.* **2.** Que procede del espacio exterior a la Tierra. *Nave extraterrestre.* Dicho de ser, tb. m. y f. *Cree en los extraterrestres.* ▶ **2:** ALIENÍGENA.

extraterritorial. adj. *Der.* Que está o se considera fuera del territorio de la propia jurisdicción. *¿Quién controla las capturas de pesca en aguas extraterritoriales?*

extraterritorialidad. f. *Der.* Derecho por el que algunas personas o cosas, como los diplomáticos, las embajadas o los buques, siguen sujetos a las leyes de su país de origen y no a las del territorio en que se encuentran. *Al entrar en la embajada, la policía local está violando el principio de extraterritorialidad.*

extrauterino, na. adj. *Med.* Que está u ocurre fuera del útero. *Feto extrauterino. Vida extrauterina.*

extravagancia. f. **1.** Cualidad de extravagante. *Se burlan de ella por su extravagancia en el vestir.* **2.** Cosa o hecho extravagantes. *Solía, entre otras extravagancias, lavarse con leche recién ordeñada.*

extravagante. adj. Raro o alejado de lo común o acostumbrado, frec. hasta el punto de resultar negativamente llamativo. *Se viste con una ropa muy extravagante. Lo tenían por hombre extravagante.* Dicho de pers., tb. m. y f. *Es un extravagante.*

extravasación. f. *tecn.* Hecho o efecto de extravasarse. Se usa espec. en medicina. *Presenta una hinchazón debida a la extravasación del suero inyectado.*

extravasarse. intr. prnl. *tecn.* Salirse un líquido, espec. la sangre, de su vaso o conducto. Se usa espec. en medicina. *Hay acumulación de sangre extravasada.*

extraversión. f. Actitud de la persona cuyo interés se dirige fundamentalmente al mundo exterior por medio de los sentidos. *Su extraversión y sociabilidad hacen que tenga muchos amigos.* ▶ EXTROVERSIÓN.

extravertido, da. adj. Dado a la extraversión. *Los españoles tenemos fama de extravertidos. Tiene un carácter extravertido.* Dicho de pers., tb. m. y f. *A los extravertidos enseguida se les nota si están contentos o enfadados.* ▶ EXTROVERTIDO.

extraviado, da. part. **1.** → **extraviar.** ● adj. **2.** Dicho de lugar: Apartado o poco transitado. *Vive en una extraviada aldea. Viaja por caminos extraviados.*

extraviar. (conjug. ENVIAR). tr. **1.** Perder (algo) o dejar de saber dónde se encuentra. *He extraviado las llaves.* Tb. en constr. prnl. media. *Se han extraviado las llaves.* ○ intr. prnl. **2.** Perder alguien el camino o la orientación. *El niño se extravió en la playa.* **3.** Perder su fijeza u orientación los ojos o la mirada. *Su mirada se extravió y una enigmática sonrisa apareció en su rostro. Estaba ausente, con la mirada extraviada.* ▶ **1:** PERDER. **2:** PERDERSE.

extravío. m. **1.** Hecho o efecto de extraviar o extraviarse. *En caso de extravío de su tarjeta de crédito, comuníqueselo a su banco.* **2.** Conducta desordenada o que se aparta de las normas morales. *Tiene una hija fruto de ciertos extravíos de juventud.*

extremado, da. part. **1.** → **extremar.** ● adj. **2.** Dicho de cosa: Exagerado o que sobrepasa los límites de lo justo, conveniente o razonable. *Criticó mi actuación con extremada dureza.* ▶ **2:** *EXCESIVO.

extremar. tr. Llevar (algo) al extremo o punto último a que puede llegar. *Van a extremar la vigilancia en los aeropuertos.*

extremaunción. f. *Rel.* Sacramento que consiste en la unción con óleo sagrado hecha por un sacerdote a una persona enferma y en peligro de morir. *Ya en coma, recibió la extremaunción.* ▶ UNCIÓN.

extremeño, ña. adj. **1.** De Extremadura. *Mérida es una ciudad extremeña.* Dicho de pers., tb. m. y f. *Hay una extremeña en su clase.* **2.** Del extremeño (→ 3). *Voces extremeñas.* ● m. **3.** Variedad de la lengua española hablada en Extremadura. *En extremeño se suele utilizar el sufijo "-ino" para el diminutivo, como en "pequeñino".*

extremidad. f. **1.** Parte extrema o última de algo. *Me llamó dándome en el hombro con la extremidad de su bastón.* **2.** Brazo o pierna del hombre.

Gralm. en pl. *Tiene muy desarrollados los músculos de las extremidades inferiores.* **3.** Pata de un animal. Gralm. en pl. *Las liebres y los conejos tienen las extremidades posteriores más largas que las anteriores.* ▶ **2, 3:** MIEMBRO.

extremismo. m. Tendencia a adoptar ideas o actitudes extremas o exageradas, espec. en política. *Los compañeros de partido critican su extremismo.*

extremista. adj. **1.** Del extremismo. *Se teme un avance de las posturas extremistas.* **2.** Que practica el extremismo. *Pertenece al ala más extremista del partido.* Tb. m. y f. *El atentado ha sido obra de un grupo de extremistas.*

extremo, ma. adj. **1.** Dicho de cosa: Que está en su grado más intenso o elevado. *Este verano ha hecho un calor extremo.* **2.** Que es lo más alejado del término medio. *Milita en un partido de extrema izquierda.* **3.** Que ocupa un lugar muy distante con respecto a otro dado. *Japón es un país del Extremo Oriente.* ● m. **4.** Parte primera o espec. final de algo. *Agárrate al extremo de la cuerda. La bailarina va saltando de un extremo a otro del escenario.* **5.** Punto último a que puede llegar algo. *La amabilidad llevada al extremo puede resultar empalagosa. No sabía que estaba enfadada hasta ese extremo.* **6.** Actitud o comportamiento más alejados del término medio. *Es una persona de extremos: tan pronto está muy simpática como muy antipática.* **7.** cult. Asunto o materia. *Les informaremos oportunamente sobre este y otros extremos.* **8.** En deportes, espec. en fútbol: Jugador de la delantera que actúa junto a las bandas del terreno de juego. *El extremo izquierda marcó un gol. Cuando jugaba al balonmano, jugaba de extremo.* ○ pl. **9.** Manifestaciones exageradas y vehementes de un sentimiento. *Hizo extremos de alegría al vernos.* ■ **en extremo.** loc. adv. cult. Muchísimo o excesivamente. *Me complace en extremo que haya venido.* ■ **en último extremo.** loc. adv. Si no hay más remedio. *Solo tomaremos medidas drásticas en último extremo.* ▶ **5:** *LÍMITE.

extremosidad. f. Cualidad de extremoso. *Reacciona siempre con extremosidad.*

extremoso, sa. adj. **1.** Dicho de persona: Que no se modera en sus afectos, opiniones o acciones. *Es tan extremoso que para él todo es blanco o negro.* **2.** Muy expresivo en demostraciones de cariño. *Como es tan extremosa, se puso a hacer aspavientos en cuanto me vio.*

extrínseco, ca. adj. Que es externo o no pertenece a la esencia o naturaleza propias de algo o de alguien. *En el fracaso escolar intervienen causas intrínsecas y extrínsecas* AL *alumno.*

extroversión. f. Extraversión. *Para el puesto de animador se requiere extroversión y ganas de divertirse.*

extrovertido, da. adj. Extravertido. *Sería un buen relaciones públicas porque es muy extrovertido. Tiene un carácter extrovertido.* Dicho de pers., tb. m. y f. *Los extrovertidos suelen ser personas muy sociables.*

extrusión. f. *tecn.* Proceso por el que se da forma a un material fluido, gralm. plástico o metálico, haciéndolo pasar por el orificio de un molde. *El polietileno se usa en la fabricación de objetos moldeados por extrusión.*

exuberancia. f. Cualidad de exuberante. *El retablo presenta la exuberancia ornamental típica del Barroco.*

exuberante. adj. Muy abundante. *La exuberante vegetación del Amazonas. Sus libros reflejan una imaginación exuberante.*

exudación. f. Hecho y efecto de exudar. *Si se produce exudación de líquido por el pezón, acuda al ginecólogo. Antes de aplicar la pomada, hay que limpiar las exudaciones de la herida.*

exudado. m. *Med.* Producto de la exudación. *Según el análisis del exudado vaginal, la paciente sufre una infección.*

exudar. tr. cult. Dejar un cuerpo que salga por sus poros o sus grietas (un líquido o una sustancia viscosa). *El tronco del pino exuda resina.*

exultación. f. Hecho y efecto de exultar. *¡Qué contraste entre la exultación de unos y el abatimiento de otros!*

exultante. adj. Que exulta. *El premiado está exultante. La vi exultante* DE *felicidad.*

exultar. intr. Mostrar una gran alegría. *Exultaba* DE *júbilo.*

exvoto. m. Ofrenda dedicada a Dios, a la Virgen o a un santo en señal y recuerdo de un beneficio recibido, que frec. consiste en una figura representativa de una persona o miembro sanados y suele colgarse en los muros o techos de los templos. *Cuando su hijo sanó, llevó una muleta como exvoto a la capilla de la Virgen.*

eyaculación. f. Hecho o efecto de eyacular. *A la excitación sexual seguirá la erección y la eyaculación.*

eyaculador, ra. adj. Que eyacula o sirve para eyacular. *Conductos eyaculadores.*

eyacular. tr. Expulsar con rapidez y fuerza (el contenido de un órgano o cavidad, espec. el semen). *El hombre eyacula el semen a través de la uretra.* Tb. usado en constr. intr. *Tiene problemas para eyacular.*

eyaculatorio, ria. adj. *Fisiol.* De la eyaculación. *Reflejo eyaculatorio.*

eyección. f. *tecn.* Hecho de eyectar. *Los científicos estudian las eyecciones solares de grandes masas de gas.*

eyectar. tr. **1.** *tecn.* Expulsar una persona o cosa (algo) de su interior. *El núcleo de la estrella eyecta gas hacia el espacio.* **2.** Expulsar con fuerza (algo o a alguien) mediante un mecanismo automático. *El piloto tendrá que eyectar la carga para hacer un aterrizaje de emergencia.*

eyector. m. Mecanismo que sirve para expulsar una pieza o extraer un fluido. *Uno de los asientos del coche se puede lanzar mediante un eyector.*

f. f. Letra del abecedario español cuyo nombre es *efe.*

fa. m. *Mús.* Cuarta nota de la escala de do mayor.

fabada. f. Potaje de judías blancas con chorizo, tocino, morcilla y otros ingredientes, típico de Asturias. *En Gijón comimos una fabada.*

fábrica. f. **1.** Establecimiento para la fabricación industrial de objetos o productos, o para la producción de energía. *La fábrica textil está en un polígono de las afueras.* **2.** Construcción hecha con piedra o ladrillo y argamasa. *La casa está rodeada por un muro de fábrica.*

fabricación. f. Hecho de fabricar. *La fabricación en serie abarata el producto.*

fabricante. adj. Que fabrica. *La empresa fabricante sustituirá las piezas defectuosas.* Dicho de persona, tb. m. y f. *La feria reúne a fabricantes de calzado.*

fabricar. tr. **1.** Hacer (algo) por medios mecánicos. *En esta factoría fabrican piezas para automóviles.* **2.** Elaborar o hacer (algo) mediante una serie de transformaciones. *Con las moras que recoge fabrica mermelada casera. Venden alfombras fabricadas a mano.* **3.** Hacer que (algo no material) tenga existencia. *Llega a creerse las mentiras que fabrica.* ► **1, 2:** *HACER.

fabril. adj. De las fábricas. *La escasez de materias primas ha reducido la actividad fabril.*

fábula. f. **1.** Relato literario breve, frec. en verso y con animales como personajes, cuya intención es dar una enseñanza moral. *La fábula de la cigarra y la hormiga.* **2.** Relato falso y carente de fundamento. *Lo que nos contó era pura fábula.* **3.** Relato mitológico. *La fábula de Venus y Adonis.* ■ **de ~.** loc. adj. coloq. Estupendo o muy bueno. *Vive en una mansión de fábula.* Tb. loc. adv. *Ese vestido te queda de fábula.* ► **1:** APÓLOGO. **2:** FABULACIÓN.

fabulación. f. **1.** Hecho de fabular. *Tiene gran capacidad de fabulación.* **2.** Fábula (relato falso). *Ha llegado a creerse sus propias fabulaciones.* ► **2:** FÁBULA.

fabulador, ra. adj. Que fabula. *Llega a creerse lo que idea su mente fabuladora.* Dicho de pers., tb. m. y f. *Como novelista, es un buen fabulador.*

fabular. intr. **1.** Inventar relatos falsos o argumentos de obras literarias. *Fabulaba a menudo y terminamos por no creerla.* ○ tr. **2.** Inventar (cosas imaginarias). *Cuando juega a la lotería, fabula planes y viajes para el futuro.*

fabulista. m. y f. Autor de fábulas literarias. *Los grandes fabulistas Iriarte y Samaniego.*

fabuloso, sa. adj. **1.** Fantástico o irreal. *En la mitología aparecen monstruos fabulosos.* **2.** Extraordinario o fuera de lo común. *Ha amasado una fortuna fabulosa.* ► **2:** *ESTUPENDO.

faca. f. Cuchillo grande y con punta. *El atracador le puso la faca en la garganta.*

facción. f. **1.** Grupo de personas unidas por ideas o intereses comunes dentro de una agrupación o colectividad. *La facción conservadora del partido.* ○ pl. **2.** Conjunto de líneas que forman el rostro de una persona. *Es delgado y de facciones angulosas.*

faccioso, sa. adj. Perteneciente a una facción de rebeldes armados. *Cabecilla faccioso.* Dicho de pers., tb. m. y f. *Los facciosos se rindieron.*

faceta. f. **1.** Cada uno de los aspectos que se pueden considerar en alguien o algo. *Pocos conocen su faceta de escultor.* **2.** Cara o lado de un poliedro. Designa espec. los de las piedras preciosas talladas. *Las facetas del diamante.*

facha[1]. f. coloq. Aspecto o apariencia, espec. de una persona. *Con esta facha no puedo salir a la calle.* ■ **hecho una ~.** loc. adj. coloq. Que presenta un aspecto ridículo o extravagante. *Con esa ropa vas hecho una facha.*

facha[2]. adj. **1.** coloq., despect. Fascista. *Se ha afiliado a un grupo facha.* Dicho de pers., tb. m. y f. **2.** coloq., despect. Reaccionario. *El padre es un tipo liberal, pero la madre es bastante facha.* Dicho de pers., tb. m. y f. *Para él, todos los que no son de izquierdas son unos fachas.*

fachada. f. **1.** Cara exterior de un edificio, espec. la principal o delantera. *La fachada de la catedral.* **2.** coloq. Presencia o aspecto de una persona. *Tras esa fachada de angelito se esconde un demonio.*

fachoso, sa. adj. coloq. De mala facha o aspecto. *Con ese abrigo tan viejo vas un poco fachoso.*

facial. adj. Del rostro. *Por sus rasgos faciales parece africano.*

fácil. adj. **1.** Que se consigue, realiza o entiende sin mucho esfuerzo o habilidad. *El plátano es una fruta fácil* DE *pelar.* **2.** Que puede suceder con mucha probabilidad. *Si no llegamos con tiempo al cine, es fácil que no queden entradas.* **3.** Apacible o agradable en el trato. *Es una persona fácil y no tenemos problemas de convivencia.* **4.** Dicho espec. de mujer: Que se presta sin problemas a mantener relaciones sexuales. *Se ganó fama de mujer fácil.* ● adv. **5.** coloq. Fácilmente. *La mancha de café se limpia fácil.*

facilidad. f. **1.** Cualidad de fácil. *Elegí la radio pequeña por su facilidad de manejo.* **2.** Aptitud o capacidad de alguien para algo. *Tiene facilidad* PARA *la música.* **3.** Condición que hace algo fácil o más fácil. Gralm. en pl. y con *dar. Hoy hay más facilidades para viajar.*

facilismo. m. Am. Tendencia a hacer algo por el camino fácil y con el menor esfuerzo. *Su destino está en el trabajo paciente y profundo, alejado de los facilismos* [C].

facilitación. f. Hecho de facilitar. *El objetivo de este método es la facilitación del aprendizaje.*

facilitador, ra. adj. **1.** Que facilita. *La luz facilitadora de la lectura.* ● m. y f. **2.** Am. Persona que trabaja como orientador o instructor en una actividad. *En el colegio, los facilitadores les pedían a los niños que representaran un personaje* [C].

facilitar. tr. **1.** Hacer que (algo) sea fácil o más fácil, o que requiera poco o menos esfuerzo. *La maquinaria facilita el trabajo.* **2.** Proporcionar o dar (algo) a alguien. *En el Ayuntamiento le facilitarán información.*

fácilmente. adv. De manera fácil. *Lo aprenderás fácilmente.*

facilón, na. adj. coloq. Excesivamente fácil. *Este juego tan facilón me aburre.*

facineroso, sa. adj. Delincuente habitual. *Fue asaltado por una banda facinerosa.* Tb. m. y f. *La policía puso a buen recaudo a los facinerosos.*

facistol. m. Atril grande, frec. de cuatro caras, donde se ponen los libros para cantar en el coro de la iglesia. *Sobre el facistol reposa un libro de canto.*

facsímil. m. Reproducción exacta de un impreso, manuscrito o grabado. *El facsímil de los autógrafos del poeta.* Frec. en aposición. *Edición facsímil.* ► FACSÍMILE.

facsimilar. adj. Hecho en facsímil. *Edición facsimilar de las obras de Calderón.*

facsímile. m. Facsímil. *La publicación del facsímile permitirá a los investigadores estudiar el manuscrito.* Frec. en aposición. *Edición facsímile.*

factible. adj. Que se puede hacer o que puede suceder. *La comisión estudiará el proyecto y decidirá si es factible.*

fáctico, ca. adj. **1.** De los hechos. *El abogado se basa en datos fácticos.* **2.** Fundamentado en hechos, o limitado a ellos. *Expuso argumentos fácticos y teóricos.*

factor. m. **1.** Causa que contribuye, junto con otras, a producir un determinado resultado. *En los accidentes de tráfico influyen varios factores.* **2.** Empleado de una estación de ferrocarril encargado de la facturación de equipajes y mercancías. *El factor pide el billete para facturar la maleta.* **3.** *Mat.* Cada una de las cantidades o expresiones que se multiplican para obtener un producto. *El orden de los factores no altera el producto.* **4.** *Mat.* Divisor (cantidad contenida en otra). *El 2 y el 5 son factores del 10. Hallar los factores comunes de 20 y 60.* ■ ~ **Rh.** m. *Fisiol.* Sustancia cuya presencia o ausencia en la sangre puede provocar una reacción inmunitaria en las transfusiones o en los embarazos. *La mayor parte de la población tiene factor Rh positivo.* ⇒ RH. ► **4:** *DIVISOR.

factoría. f. **1.** Fábrica o complejo industrial. *La mayor factoría azucarera del país.* **2.** Establecimiento comercial situado en un país colonial. *En la costa mediterránea hubo factorías griegas.*

factorial. adj. **1.** De los factores. *Análisis factorial.* • m. **2.** *Mat.* Producto que resulta de multiplicar un número entero positivo por todos los números enteros positivos inferiores a él hasta el uno. *Puedes hallar el factorial de este número con la calculadora.*

factótum. (pl. **factótums**). m. coloq. Persona que hace de todo, espec. en la casa o en el trabajo. *Es el factótum del negocio.*

factura. f. **1.** Cuenta en que se detallan con su precio los artículos vendidos o los servicios realizados y que se entrega al cliente como justificante de la operación. *En la factura figuran los datos del comerciante.* **2.** cult. Manera en que está hecha una cosa. Se usa espec. en arte. *En la exposición destacan dos lienzos de admirable factura.* ■ **pasar ~.** loc. v. Pedir a alguien compensación por algo, como un favor o un servicio prestado. *Cuando me ayudó, no pensé que luego me pasaría factura.* Tb. fig. *Mañana el esfuerzo me pasará factura.*

facturación. f. **1.** Hecho de facturar. *Un contable se ocupa de la facturación de la empresa.* **2.** Suma de las cantidades que figuran en las facturas o cuentas de una empresa. *La facturación anual de la compañía asciende a mil millones.*

facturar. tr. **1.** Hacer la factura o cuenta (de algo). *La compañía telefónica factura las llamadas por segundos.* **2.** Entregar (equipajes o mercancías) en un aeropuerto o estación de tren para que sean enviados a su destino. *Factura sus maletas una hora antes del embarque.*

facultad. f. **1.** Aptitud o capacidad para algo. Más frec. en pl. *Tiene muchas facultades* PARA *el deporte.* **2.** Poder o derecho de hacer algo. *El juez tiene facultad* DE/PARA *solicitar los datos necesarios.* **3.** Cada una de las grandes divisiones de una universidad, correspondiente a una rama del saber. *Es profesor de la Facultad de Filosofía y Letras.* Tb. el edificio en el que está instalada. *Va a la facultad en autobús.*

facultar. tr. Dar (a alguien) facultad o poder para algo. *Tengo un poder que me faculta* PARA *actuar en su nombre.*

facultativo, va. adj. **1.** Opcional o no obligatorio. *El pago de impuestos no es algo facultativo.* **2.** Del facultativo (→ 4). *Debe guardar reposo por prescripción facultativa.* **3.** Dicho de persona: Que trabaja para el Estado en un puesto que requiere una preparación técnica específica. Más frec. m. y f. *Oposiciones para el cuerpo de facultativos archiveros.* • m. y f. **4.** Médico. *Los facultativos dicen que la lesión es grave.*

facundia. f. cult. Facilidad para hablar o abundancia de palabras. *Tenía la facundia del predicador.* A veces despect. *Su facundia me cansa.*

fado. m. Canción popular portuguesa de carácter melancólico. *Los fados de Amália Rodrigues.*

faena. f. **1.** Trabajo, espec. el corporal. *Al caer la tarde se acaba la faena.* **2.** Conjunto de tareas que hay que hacer. *Aún me queda mucha faena en la cocina.* **3.** coloq. Hecho perjudicial, gralm. malintencionado. *Despedirlo ahora sería una faena.* **4.** *Taurom.* Conjunto de operaciones que realiza el diestro durante la lidia, espec. las que hace con la muleta. *Hizo una buena faena y cortó dos orejas.* ■ **meterse,** o **entrar, en ~.** loc. v. coloq. Empezar a hacer algo. *Antes de meterme en faena, tengo que ordenar el escritorio.*

faenar. intr. Realizar los trabajos propios de la pesca marina. *La flota no ha podido salir a faenar.*

faetón. m. histór. Coche de caballos descubierto, de cuatro ruedas, alto y ligero. *Dieron un paseo en faetón.*

fagocitar. tr. *Biol.* Capturar y digerir un fagocito (un microorganismo o una partícula). *Los glóbulos blancos fagocitan los microbios.* Tb. fig. *La multinacional ha fagocitado varias pequeñas empresas.*

fagocito. m. *Biol.* Célula capaz de capturar, mediante seudópodos, partículas o microorganismos nocivos o inútiles para el organismo, digiriéndolos después. *Los fagocitos eliminan bacterias y restos celulares.*

fagocitosis. f. *Biol.* Captura y digestión de partículas o microorganismos realizada por los fagocitos con fines alimenticios o de defensa. *En la fagocitosis, la membrana celular se extiende hasta abarcar en su interior a la partícula fagocitada.*

fagot. (pl. **fagots**). m. **1.** Instrumento musical de viento, de madera, formado por un tubo largo, con orificios y llaves, en el que va insertado otro, metálico, curvo y más estrecho, que lleva ajustada una boquilla de caña. *El sonido del fagot es grave y profundo.* • m. y f. **2.** Músico que toca el fagot (→ 1). *En la orquesta, los fagots se sientan detrás de los oboes.*

faisán, na. m. **1.** Ave de caza, apreciada por su carne, del tamaño de un gallo, con cola muy larga y plumaje de vivos colores en el macho. *La especialidad de la casa es el faisán relleno.* Tb. designa específicamente al macho. *El faisán es más grande y vistoso que su compañera.* ○ f. **2.** Hembra del faisán (→ 1). *La faisana tiene un color pardo grisáceo.*

faja. f. **1.** Prenda interior femenina, ajustada y elástica, que cubre la cintura y las caderas. *Lleva faja para parecer más delgada.* **2.** Tira de tela o de tejido con que se rodea el cuerpo por la cintura. *El traje regional se compone de camisa, pantalón, faja y alpargatas.* **3.** Faja (→ 2) que se emplea como insignia de un cargo civil, militar o eclesiástico. *El obispo lleva sotana, faja roja y solideo.* **4.** Franja mucho más larga que ancha, espec. de terreno. *A lo largo del camino hay una faja de tierra sin cultivar.* **5.** Tira de papel que se pone alrededor de un periódico u otro impreso para su envío, espec. si es por correo. *La faja con las señas del destinatario se ha roto al meter la revista en el buzón.* **6.** Tira de papel que se pone sobre la cubierta o sobrecubierta de un libro y que contiene un texto breve, gralm. publicitario, relativo a la obra. *En la faja del libro pone que esta es la cuarta edición.*

fajador, ra. adj. Dicho de boxeador: Que tiene gran capacidad para aguantar los golpes. *Un púgil fajador.* Tb. fig. *Un político experimentado y fajador.* Tb. m. y f. *Como es un buen fajador, aguantará bien los quince asaltos.*

fajar. tr. **1.** Rodear con una faja (a alguien, espec. a un niño de pecho). *En el lienzo se ve a una mujer fajando a un niño.* ○ intr. prnl. **2.** frecAm. coloq. Pelearse o luchar una persona con otra. *Él sabía fajarse* CONTRA *enemigos de carne y hueso* [C]. Tb.: *Mauricio y Carlos se fajaron en un tremendo desafío* [C]. Tb. fig. *Es un gobierno fuerte, capaz de fajarse* CON *la oposición.* **3.** Am. coloq. Dedicarse alguien intensamente a una tarea. *En junio hay que fajarse* A *estudiar todas las materias* [C].

fajín. m. Faja de seda empleada como insignia de un cargo, espec. militar. *En el acto solemne, el rey le impuso el fajín de general.*

fajo. m. Conjunto de cosas alargadas, espec. papeles, atadas gralm. por el centro. *Sacó del bolsillo un fajo de billetes.*

fajón. m. *Arq.* Arco fajón (→ **arco**). *La nave central de la iglesia tiene una bóveda de cañón reforzada con fajones.*

falacia. f. cult. Mentira o falsedad. *El artículo encierra muchas falacias.*

falange. f. **1.** Organización política derechista, de carácter totalitario. Frec., en mayúsc., designa el partido fundado en España por José Antonio Primo de Rivera en 1933. *La bandera de la Falange era roja y negra.* **2.** *Anat.* Hueso de los que forman el dedo. *Se fracturó la segunda falange del anular.* **3.** *Anat.* Primera falange (→ 2) del dedo contando desde la base. *El dedo tiene tres huesos: falange, falangina y falangeta.*

falangeta. f. *Anat.* Tercera falange del dedo contando desde la base. *La falangeta forma la punta de los dedos.*

falangina. f. *Anat.* Segunda falange del dedo contando desde la base. *La falangina está entre la falange y la falangeta.*

falangismo. m. *Polít.* Doctrina de Falange Española (partido derechista, de carácter totalitario, fundado por José Antonio Primo de Rivera en 1933). *El falangismo rechazaba la lucha de clases.*

falangista. adj. **1.** *Polít.* De Falange Española. *La defensa de la tradición era uno de los puntos del ideario falangista.* **2.** *Polít.* Miembro de Falange Española. Tb. m. y f. *Los falangistas se unieron al alzamiento militar.*

falansterio. m. histór. En el socialismo utópico de Charles Fourier (filósofo y economista francés, 1772-1837): Comunidad de trabajadores autosuficiente y con una organización social igualitaria. *Cada falansterio sería capaz de producir todo lo que necesitara para su consumo.*

falaz. adj. cult. Falso o engañoso. *Nos ha engañado con promesas falaces.*

falconiforme. adj. **1.** *Zool.* Del grupo de las falconiformes (→ 2). *Ave falconiforme.* • f. **2.** *Zool.* Ave rapaz de fuertes garras, cabeza robusta y pico fuerte y ganchudo, como el halcón o el águila.

falda. f. **1.** Prenda de vestir o parte del vestido, gralm. de mujer, que cubre desde la cintura hacia abajo. *La chica lleva una falda vaquera.* A veces en pl. con significado sing. *Se recogió las faldas para no tropezar.* A veces, en pl., alude a la protección o autoridad ejercidas por una madre. *Aunque ya tiene diez años, sigue muy pegado a las faldas de su madre.* **2.** Pieza de tela con que se cubre una mesa camilla y que gralm. llega hasta el suelo. Frec. en pl. con significado sing. *Las faldas de la camilla guardan el calor del brasero.* **3.** Parte baja de un monte o de una montaña. *El pueblo está en la falda de una montaña.* **4.** Parte de la carne de una res que corresponde al bajo vientre y cuelga de las costillas delanteras sin pegarse al hueso. *Para el guiso se necesita medio kilo de falda.* ○ pl. **5.** coloq. Mujer o mujeres. *Se han divorciado por un lío de faldas.* ■ ~ **pantalón.** (pl. **faldas pantalón**). f. Prenda de vestir que parece una falda (→ 1) pero que tiene perneras, como un pantalón. *La falda pantalón es muy cómoda para ir en moto.* ▶ **1:** SAYA. || **Am: 1:** POLLERA. **3:** FALDEO.

faldellín. m. Falda corta, espec. la que se lleva sobre otra prenda. *Los antiguos egipcios vestían un faldellín sujeto a la cintura.*

faldeo. m. Am. Falda (parte baja de una montaña). *El ganado ribereño irá bajando el faldeo de la colina* [C]. ▶ FALDA.

faldero, ra. adj. **1.** De la falda. *Vuelve la moda faldera.* **2.** coloq. Dicho de hombre: Aficionado a las mujeres. *Es juerguista y muy faldero.*

faldón. m. **1.** Parte que cuelga por abajo en una prenda de vestir. Frec. en pl. *Bajo el jersey le asoman los faldones de la camisa.* **2.** Parte de una cosa que cuelga por abajo o que cubre la zona inferior. *El faldón del mantel tapa las patas de la mesa.* **3.** Prenda de vestir de bebé que cubre desde la cintura hasta los pies. *Para el bautizo pondrán al niño un faldón bordado.*

faldriquera. f. cult. Faltriquera. *Este traje regional incluye pololos, delantal y faldriquera.*

falible. adj. cult. Que puede fallar o equivocarse. *La justicia es falible.*

fálico, ca. adj. cult. Del falo. *Los símbolos fálicos.*

falla[1]. f. **1.** Defecto o fallo. *El coche se ha parado por una falla en el motor.* **2.** *Geol.* Quiebra que los movimientos geológicos producen en el terreno, con desplazamiento de los bloques situados a cada lado de ella. *El desplazamiento en una falla puede alcanzar kilómetros.* ▶ **1:** *DEFECTO.

falla[2]. f. **1.** Conjunto de figuras burlescas de madera y cartón que se queman públicamente en Valencia la noche de San José. *Las fallas se levantan en las plazas.* ○ pl. **2.** Fiestas de Valencia en que se queman las fallas (→ 1). *A mediados de marzo iremos a las fallas.*

fallar[1]. tr. Decidir un tribunal o un jurado el resultado (de un proceso judicial o de un concurso). *Mañana fallan el premio de novela.* Tb. usado en constr. intr. *El tribunal ha fallado a mi favor.*

fallar[2]. intr. **1.** No funcionar alguien o algo bien o como se espera. *El mecanismo de cierre falla.* **2.** Dejar de funcionar alguien o algo bien o como se espera. *No me falles: cuento con tu ayuda.* **3.** Perder su resistencia algo que sirve de apoyo. *Si la cuerda fallara, la escaladora caería al vacío.* ○ tr. **4.** No acertar (algo, como un tiro o una respuesta) o equivocarse (en ello). *El concursante ha fallado otra respuesta.*

falleba. f. En una puerta o ventana: Mecanismo de cierre consistente en una varilla vertical de hierro con extremos en forma de gancho que, al girar toda la pieza, encajan en el marco. *Está rota la falleba de la ventana.*

fallecer. (conjug. AGRADECER). intr. cult. Morir espec. una persona. *En el accidente fallecieron tres personas.*

fallecido, da. part. **1.** → **fallecer. 2.** cult. Que ha fallecido (→ 1). Tb. m. y f. *Los familiares del fallecido están en el tanatorio.*

fallecimiento. m. cult. Muerte, espec. la de una persona. *Cobrará pensión por fallecimiento del cónyuge.*

fallero, ra. adj. **1.** De las fallas. *Los valencianos preparan las fiestas falleras.* **2.** Que construye fallas. *El ninot es obra de un artista fallero de Gandía.* Tb. m. y f. *Los falleros han terminado su trabajo.* ● m. y f. **3.** Persona que participa en las fallas. *La fallera mayor es la alcaldesa.*

fallido, da. adj. **1.** Que no da el resultado esperado. *Tras dos intentos fallidos, conseguí comunicar.* **2.** Dicho de cantidad o de crédito: Que no se puede cobrar. *El banco hace balance de los créditos fallidos.* Tb. m. *Aumenta el fondo para previsión de fallidos.*

fallo[1]. m. Hecho o efecto de fallar o decidir. *La acusada se puso en pie para oír el fallo del tribunal.*

fallo[2]. m. Hecho o efecto de fallar (→ **fallar**[2]). *No he tenido ni un solo fallo en el test.*

falluto, ta. adj. Am. coloq. Hipócrita o desleal. *Sé que es sincero; y yo me siento muy falluta tratando de contestarle en esa misma vena* [C]. Tb. m. y f. *Viste, te dijimos que era una falluta* [C].

falo. m. cult. Pene.

falsario, ria. adj. **1.** Que falsea. Tb. m. y f. *Detuvieron a unos falsarios que vendían como plata una aleación sin valor.* **2.** Que dice mentiras. Tb. m. y f. *Es un falsario: nada de lo que contó es cierto.* ▶ **2:** *MENTIROSO.

falseamiento. m. Hecho de falsear. *Con el falseamiento de las cuentas la empresa pagó menos impuestos.*

falsear. tr. **1.** Alterar (algo) de manera que deje de ajustarse a la verdad. *Falseó los datos del estudio para obtener mejores resultados. La memoria falsea los recuerdos.* **2.** Falsificar (una cosa) imitando otra auténtica. *Como no tenía edad para conducir, falseó el carné.* ▶ FALSIFICAR.

falsedad. f. Condición de falso. *Descubren la falsedad de los billetes al mirarlos al trasluz.*

falsete. m. Voz de una persona, gralm. hombre, más aguda que la natural, producida de manera accidental o intencionada. *El actor recitaba en falsete, imitando a una mujer.*

falsificación. f. Hecho o efecto de falsificar. *El cuadro no es auténtico, sino una falsificación.*

falsificador, ra. adj. Que falsifica. *Una historia falsificadora de la realidad.* Más frec. m. y f., referido a pers. *Han desarticulado una banda de falsificadores de tarjetas de crédito.*

falsificar. tr. **1.** Hacer (una cosa) falsa imitando otra auténtica. *Lo acusan de falsificar cheques.* **2.** Falsear o alterar (algo). *La versión oficial falsifica los datos reales.* ▶ FALSEAR.

falsilla. f. Hoja de papel con líneas muy señaladas, que se pone debajo de otra donde se va a escribir, para que aquellas, al transparentarse, sirvan de guía. *Escribe con falsilla para hacer derechos los renglones.*

falso, sa. adj. **1.** Que no se ajusta a la verdad. *Su declaración es falsa.* **2.** Fingido o simulado. *Una sonrisa falsa.* **3.** Dicho de cosa: Que se hace imitando a otra auténtica, frec. con intención de engañar. *El billete con el que ha pagado es falso.* **4.** Dicho de persona: Que miente o que no manifiesta lo que realmente piensa o siente. *No te fíes de su simpatía, porque es una mujer muy falsa.* **5.** *Arq.* Dicho de bóveda o cúpula: Que está hecha por aproximación sucesiva de hiladas. Se usa antepuesto al n. *La falsa cúpula se emplea en la arquitectura megalítica.* ■ **en falso.** loc. adv. **1.** De manera falsa (→ 1). *Había jurado en falso.* **2.** Sin la seguridad o el apoyo necesarios. *El camino era irregular, pisé en falso y me caí.* ▶ **1:** INCIERTO. **4:** *MENTIROSO.

falta. f. **1.** Hecho de faltar. *Se cancela el espectáculo por falta de público.* **2.** Nota en que se hace constar que alguien no ha acudido donde debía, espec. a clase o al trabajo. *Si no voy a clase me pondrán falta.* **3.** Hecho de no producirse la menstruación. *Ha tenido ya dos faltas; quizá esté embarazada.* **4.** Error o equivocación. *Suspenderé a los que tengan faltas de ortografía.* **5.** Defecto o imperfección. *No critiques tanto, que tú también tienes tus faltas.* **6.** En un deporte: Infracción del reglamento. *A raíz de una falta vino el primer gol.* **7.** *Der.* Infracción de una norma, castigada por la ley con pena leve o, en el ámbito administrativo o laboral, con una sanción. *Que el hurto sea delito o falta depende normalmente de la cuantía de lo sustraído. El acoso sexual es falta muy grave sancionable con despido.* ■ **a ~ de.** loc. prepos. **1.** En caso de carecer de. *A falta de perejil, aderezaremos el asado con romero.* **2.** Por el hecho de carecer de. *A falta de un trabajo estable, hace chapuzas.* **3.** Careciendo solamente de. *El permiso está a falta de la firma del director.* ■ **echar en ~** (algo o a alguien). loc. v. Notar o sentir la falta (→ 1) (de esa persona o cosa). *¡Qué pena que no vinieras!; te echamos en falta.* ■ **hacer ~.** loc. v. Ser necesario. *Si hace falta, te ayudo.* ■ **sacar faltas** (a alguien o algo). loc. v. coloq. Atribuir(les) o encontrar(les) faltas (→ 5) reales o imaginarias. *Los actores están tan bien que es difícil sacarles faltas.* ■ **sacar, o tirar, o lanzar, una ~.** loc. v. En algunos deportes: Poner de nuevo en juego el balón cuando el equipo contrario ha cometido una falta (→ 6). *El alero sacó la falta desde la línea de fondo.*

■ **sin ~.** loc. adv. Con seguridad. *Mañana sin falta te devuelvo los libros.* ▶ **5:** *DEFECTO.

faltar. intr. **1.** No existir alguien o algo en un lugar, o no existir en la cantidad suficiente. *EN la empresa falta personal.* **2.** No existir alguien o algo para una persona o cosa, o no existir en la cantidad suficiente. *A la ensalada le falta el aceite.* **3.** Seguido de una oración introducida por *sino que,* se usa para expresar enfáticamente rechazo de lo que se dice a continuación. *No faltaba más sino que se presentaran a la boda.* **4.** No acudir alguien a un lugar. *Ayer falté A clase. El capataz pasó lista para saber quién había faltado.* **5.** No estar alguien o algo presentes en el lugar donde deben o suelen estar. *Falta DE su casa desde hace tres días. Te falta un botón EN la manga.* **6.** coloq., eufem. Morir una persona. *Hoy hace un año que faltó mi abuelo.* **7.** No cumplir alguien con un compromiso o una obligación. *Espero que no faltes A tu promesa. La reunión es a las 7: no faltes.* **8.** coloq. Tratar a alguien sin respeto o consideración. *¡Eh, sin faltar!, que yo a usted no la he insultado.* **9.** Tener que sumarse una determinada cantidad de algo, frec. de tiempo o espacio, para que una cosa llegue o suceda. *Falta un mes PARA las Navidades. Solo nos faltaban veinte kilómetros de viaje. Faltan diez gramos PARA el kilo.* ■ (no) **faltaba,** o **faltaría, más.** expr. **1.** Se usa para expresar enfáticamente rechazo de lo anterior. *–Nos vamos en metro. –Faltaría más, os llevo yo.* **2.** Se usa para expresar enfáticamente acuerdo en el cumplimiento de una petición. *–¿Me dejas un folio? –No faltaba más.* ■ **solo** (**me,** o **te,** o **le,** etc.) **faltaba,** o **faltaría.** expr. Se usa para expresar lo increíble o excesivo que resultaría lo que sigue. *Con esta lluvia, solo faltaba que se nos pinchara una rueda.*

falto, ta. adj. Carente o necesitado de algo. *Es una niña falta DE cariño. Estas plantas están faltas DE riego.* ▶ *CARENTE.

faltón, na. adj. **1.** coloq. Que falta o trata sin respeto a las personas. *Le llamé la atención porque es muy faltón con los mayores.* **2.** coloq. Dicho de persona: Que con frecuencia falta o no acude donde debe. *Los compañeros faltones piden prestados los apuntes.*

faltriquera. f. **1.** cult. Bolsillo de una prenda. *Solía llevar la pipa y el tabaco en la faltriquera.* Tb. fig. *El negocio le ha dejado la faltriquera bien llena.* **2.** Bolsita que se lleva atada a la cintura, frec. bajo el vestido o el delantal. *La abuela hurgó en su faltriquera y sacó unas monedas.*

falúa. f. Embarcación ligera, con compartimento cubierto o entoldado, utilizada en ríos y puertos con fines ceremoniales o para llevar a alguien importante. *El rey paseaba por el río en una falúa.*

fama. f. **1.** Condición de famoso. *No hay que confundir la fama con el éxito.* **2.** Opinión que la gente tiene de alguien o algo. *Este restaurante tiene fama DE caro.* **3.** Opinión favorable que la gente tiene de alguien o algo. *Un escándalo manchó la fama de la institución.*

famélico, ca. adj. **1.** cult. Hambriento. *No he comido aún y estoy famélico.* **2.** cult. Muy delgado, espec. por hambre. *Niños africanos con rostro famélico.*

familia. f. **1.** Conjunto de personas que tienen parentesco entre sí. *Mi familia es originaria de Santander.* **2.** Conjunto de personas que tienen parentesco entre sí y viven juntas, espec. el formado por una pareja y sus hijos. *Los pisos están pensados para familias con dos hijos o menos.* **3.** Hijos o descendencia. *Llevan casados dos años, pero aún no tienen familia.* **4.** Conjunto de personas que pertenecen a un mismo colectivo. *Toda la familia socialista apoya el proyecto.* **5.** *Biol.* Categoría taxonómica en que se clasifican los seres vivos, inmediatamente superior al género e inferior al orden. *La nutria, la mofeta y el armiño pertenecen a la familia de los mustélidos.* ■ **~ de lenguas.** f. *Ling.* Grupo de lenguas que derivan de una lengua común. *La familia de lenguas eslavas.* ■ **~ de palabras,** o **léxica.** f. *Ling.* Grupo de palabras que tienen la misma raíz. *"Apasionarse" pertenece a la familia de palabras "pasión".* □ **de buena ~.** loc. adj. De una familia (→ 1, 2) de buena posición social. *Se casa con un chico de muy buena familia.* ■ **en ~.** loc. adv. **1.** Solo con miembros de la familia (→ 1, 2). *El bautizo se celebrará en familia.* **2.** Con pocas personas. *Ese día estábamos en familia: solo el profesor y cuatro alumnos.* ▶ **2:** CASA.

familiar. adj. **1.** De la familia. *Hoy tenemos reunión familiar.* **2.** Conocido o que no es extraño. *Su cara me es familiar, pero no recuerdo su nombre.* **3.** Dicho de trato: Sencillo y sin ceremonia. *Es un restaurante pequeño en el que dan un trato muy familiar.* **4.** Dicho de lenguaje o estilo: Natural o propio de la conversación normal y corriente. *El autor emplea el lenguaje familiar en busca de un aire espontáneo.* **5.** De tamaño mayor que el normal. *Si compra el envase familiar, ahorrará cuatro euros.* ● m. **6.** Respecto de una persona: Otra que pertenece a su familia. *A la boda asistirán solo los familiares.*

familiaridad. f. **1.** Condición de familiar en el trato. *Nos trata con familiaridad.* **2.** Contacto habitual o conocimiento profundo. *Tiene una gran familiaridad con la literatura clásica.* **3.** Gesto o actitud que manifiestan o implican familiaridad (→ 1) o confianza excesivas. Frec. en pl. *El profesor no nos permite el tuteo ni otras familiaridades.* ▶ **1:** CONFIANZA.

familiarizar. tr. Hacer que algo pase a ser familiar o conocido (para alguien). *El estudio del latín lo familiarizó CON los autores clásicos.* Tb. en constr. prnl. media. *La gente tardó en familiarizarse CON la nueva moneda.*

famoso, sa. adj. **1.** Conocido por mucha gente. *Se hizo famoso a través de la televisión.* Dicho de pers., tb. m. y f. *A la entrega del premio asistieron muchos famosos.* **2.** coloq. Que es objeto de muchos comentarios. *¿Esta es la famosa llave que todos andan buscando?* ▶ **1:** AFAMADO, CÉLEBRE, CONOCIDO, ILUSTRE, INSIGNE, NOMBRADO, POPULAR, RENOMBRADO.

fámulo, la. m. y f. cult. o humoríst. Criado. *El caballero tenía un fámulo que se ocupaba de todas las tareas.*

fan. (pl. **fans** o **fanes**). m. y f. Admirador o seguidor entusiasta de alguien o algo. *Es un fan de las telenovelas.*

fanal. m. **1.** Campana de cristal que sirve para resguardar del polvo una cosa o para que el aire no apague una luz puesta en su interior. *La abuela tenía un Sagrado Corazón dentro de un fanal.* **2.** Farol grande que se emplea en los puertos y en las embarcaciones. *Entre los restos del naufragio se encontró el fanal de la nave capitana.*

fanaticada. f. Am. coloq. Hinchada. *La fanaticada llenó la cancha durante toda la temporada* [C].

fanático, ca. adj. **1.** Partidario apasionado e intransigente de una persona o unas ideas. *Los guerreros de Gengis Kan eran gente fanática y despiadada.* Tb. m. y f. *El uso de la violencia en nombre de la religión es de fanáticos.* **2.** Preocupado o entusiasmado ciegamente por algo. *Es un ama de casa fanática de la limpieza.* Tb. m. y f. *Un disco para fanáticos del pop.*

fanatismo. m. Actitud de fanático. *La tolerancia es la antítesis del fanatismo.*

fanatizar. tr. Volver fanático (a alguien). *El líder de la secta fanatiza a los nuevos miembros.*

fandango. m. Baile popular español, espec. de Andalucía, de movimiento vivo y con acompañamiento de cante, palmas, guitarra y castañuelas. *El bailaor se arranca por fandangos.* Tb. su música y su letra. *En el tablao sonaba un fandango de Huelva.*

faneca. f. Pez marino comestible, de color pardusco en el lomo y blanco en el vientre, con barbillas en el mentón. *La faneca abunda en el Cantábrico.*

fanega. f. **1.** Unidad de capacidad para granos y diversos frutos, que en Castilla equivale a 55,5 litros. Tb. la cantidad de grano o de frutos que cabe en ella. *Compraron dos arrobas de aceite y una fanega de harina.* **2.** Unidad agraria de superficie, que en Castilla equivale a 64 áreas y 596 miliáreas. *Finca de 100 fanegas.* Tb. ~ *de tierra.*

fanerógamo, ma. adj. **1.** *Bot.* Del grupo de las fanerógamas (→ 2). *Planta fanerógama.* • f. **2.** *Bot.* Planta en que el conjunto de los órganos de la reproducción se presenta en forma de flor. *Las fanerógamas se reproducen por semillas.* ▶ ESPERMAFITO.

fanfarria. f. **1.** Conjunto musical compuesto pralm. por instrumentos de metal. *Una fanfarria acompaña a la procesión.* **2.** Música interpretada por una fanfarria (→ 1). *Durante las fiestas se oyen fanfarrias y cohetes.*

fanfarrón, na. adj. despect. Que presume de ser superior, espec. en algo que no tiene, como valentía o riqueza. *No tienen un duro, pero son muy fanfarrones.* Tb. m. y f. *No es más que un fanfarrón; jamás se atrevería a denunciarnos.*

fanfarronada. f. despect. Hecho o dicho propios de un fanfarrón. *Amenazó con pegarnos, pero vimos que era una fanfarronada.*

fanfarronear. intr. despect. Decir o hacer fanfarronadas. *Le gusta fanfarronear y darse importancia.*

fanfarronería. f. **1.** despect. Cualidad de fanfarrón. *Con su fanfarronería habitual, retó a todos los presentes a jugar contra él.* **2.** despect. Fanfarronada. *En la rueda de prensa oyó las fanfarronerías del rival.*

fangal. m. Lugar lleno de fango. *Me hundí hasta los tobillos en el fangal.*

fango. m. Mezcla espesa de agua y tierra, que se forma donde hay aguas detenidas. *Los hipopótamos se bañaban en el fango.* Tb., fig., denota deshonra o degradación. *Está arrastrando por el fango el nombre de la familia.* ▶ *BARRO.

fangoso, sa. adj. Lleno de fango. *El agua fangosa de la charca.*

fantasear. intr. Dejar correr la fantasía o imaginación. *Pasa el día fantaseando sobre lo que hará si le toca la lotería.*

fantasía. f. **1.** Facultad que tiene la mente de representar en imágenes cosas irreales o inexistentes. *Para escribir historias de ciencia ficción hace falta fantasía.* **2.** Cosa creada por la fantasía (→ 1). *Una de mis fantasías es convertirme en piloto de aviones.* **3.** *Mús.* Composición musical de carácter instrumental y de forma libre. *Interpretó fantasías para piano de Chopin.* ■ **de ~.** loc. adj. **1.** Dicho de prenda de vestir o adorno: De forma o gusto poco corrientes. *Medias de fantasía con lentejuelas doradas.* **2.** Dicho espec. de joya: De imitación o de materiales que no son nobles. *Es un collar de fantasía, no de perlas auténticas.*

fantasioso, sa. adj. Que se deja llevar por la fantasía. *Era un niño fantasioso que jugaba con personajes imaginarios.*

fantasma. m. **1.** Imagen de una persona muerta que se aparece a los vivos. *Un castillo habitado por fantasmas.* **2.** Imagen irreal, producto de la imaginación, la fantasía o el recuerdo. *En la soledad de la noche vuelven todos mis fantasmas.* **3.** coloq. Persona vana y presuntuosa, con tendencia a exagerar o mentir. *No me creo lo que dice el fantasma ese.* Tb. adj. *¿Te ha dicho que lo hizo todo ella sola?; ¡mira que es fantasma!* **4.** cult. Amenaza o riesgo que causan temor. *El fantasma de la guerra.* **5.** Se usa en aposición para expresar la falsedad o inexistencia de lo designado por el nombre al que sigue. *Ese coche fantasma del que presume.* **6.** Se usa en aposición, pospuesto a un nombre de población, para expresar que esta se encuentra deshabitada. *Tras el bombardeo, la aldea quedó convertida en un pueblo fantasma.* ▶ **1:** ESPECTRO.

fantasmada. f. coloq. Hecho o dicho propios de un fantasma o persona presuntuosa. *Eso de que va a hacer una película es una fantasmada.*

fantasmagoría. f. Ilusión de los sentidos o figuración creada por la fantasía. *Quería creer que aquello era solo una fantasmagoría.*

fantasmagórico, ca. adj. De la fantasmagoría. *El pueblo deshabitado tenía un aspecto fantasmagórico.*

fantasmal. adj. Que es irreal o lo parece. *La bruma convertía los barcos en figuras fantasmales.*

fantasmón, na. m. y f. coloq. Persona vana y presuntuosa, con tendencia a exagerar o mentir. *Ese fantasmón dice que es el mejor del equipo.* Tb. adj. *No lo creas, que es bastante fantasmón.*

fantástico, ca. adj. **1.** Que es irreal o producto de la fantasía. *El unicornio es un animal fantástico.* **2.** coloq. Magnífico o muy bueno. *Tienen una casa fantástica.* Tb. adv. *Lo hemos pasado fantástico.*

fantochada. f. despect. Hecho o dicho propios de un fantoche. *Fue una fantochada rechazar el dinero cuando nos hace tanta falta.*

fantoche. m. **1.** despect. Persona que por su aspecto o sus actos resulta grotesca. *Ella se creerá muy elegante, pero a mí me parece un fantoche.* **2.** despect. Hombre vano y presumido. *Sale con un fantoche que conduce un deportivo.* **3.** Muñeco grotesco, frec. movido por medio de hilos. *Los titiriteros recorrían los pueblos divirtiendo a la gente con sus fantoches.*

faquir. m. **1.** Asceta musulmán o hindú que lleva una vida austera y practica duros ejercicios de mortificación. *En las calles de Bombay es fácil toparse con faquires.* **2.** Artista de circo que, a imitación de los faquires (→ 1), realiza ejercicios corporales dolorosos. *El faquir se tumbó sobre una cama de clavos.*

faradio. m. *Fís.* Unidad de capacidad eléctrica del Sistema Internacional que equivale a la capacidad de un condensador cargado con un culombio y con una diferencia de potencial de un voltio (Símb. *F*). *Como el faradio es una unidad muy grande, se suelen usar submúltiplos.*

faralá. (pl. **faralaes**). m. Volante ancho que llevan como adorno algunos vestidos o trajes regionales femeninos, espec. el andaluz. Gralm. en pl. *Las mujeres bailaban sevillanas en traje de faralaes.*

farallón. m. Roca alta y cortada verticalmente, espec. la situada en la costa. *La costa está bordeada de farallones.*

farándula. f. Profesión o ambiente de los actores y gentes del teatro. *En el estreno había muchas caras conocidas del mundo de la farándula.*

farandulero, ra. m. y f. Actor de teatro. *Una compañía de faranduleros.*

faraón. m. histór. Rey del antiguo Egipto. *En las pirámides se sepultaba a los faraones.*

faraónico, ca. adj. **1.** De los faraones. *El poder faraónico era absoluto.* **2.** Grandioso o fastuoso. *Era fácil perderse en aquel palacio faraónico.*

fardar. intr. **1.** coloq. Presumir, o mostrarse alguien orgulloso, de sí mismo o de sus cosas. *Le gusta fardar* DE *ligón.* **2.** coloq. Resultar algo atractivo por ser vistoso o aparente. *Tus patines fardan un montón.*

fardo. m. Paquete grande de ropa u otra cosa, apretado y atado para su transporte. *El té llegaba a los puertos europeos en enormes fardos.*

fardón, na. adj. coloq. Que farda. *¡Qué cazadora más fardona llevas!* Dicho de pers., tb. m. y f. *Los de sexto son unos fardones porque pronto irán al instituto.*

farero, ra. m. y f. Persona encargada de vigilar y hacer funcionar un faro marino. *La vida de farero era muy solitaria.*

farfolla. f. **1.** Envoltura a modo de hoja de la mazorca del maíz y de otros cereales. *Los campesinos se hacían jergones de paja o de farfolla.* **2.** coloq., despect. Cosa de mucha apariencia pero escaso valor. *Las figurillas parecían de mármol, pero eran pura farfolla.*

farfullar. tr. coloq. Decir (algo) deprisa y de manera confusa. *Se fue enfadado y farfullando algo que no entendí.* Tb. usado en constr. intr. *Deja de farfullar y habla claro.*

faria. (Marca reg.). m. (Tb. f.). Puro barato peninsular cuyo relleno es de hebra larga. *Después de comer se fumó un faria.*

farináceo, a. adj. De la harina, o de características semejantes a las suyas. *Esta seta tiene un sabor farináceo.*

faringe. f. *Anat.* Porción del tubo digestivo situada a continuación de la boca y antes del esófago. *Los alimentos pasan a través de la faringe.*

faríngeo, a. adj. *Anat.* De la faringe. *Región faríngea.*

faringitis. f. *Med.* Inflamación de la faringe. *El médico le recetó un jarabe para la faringitis.*

fario. m. Suerte o fortuna. Frec. en la constr. *mal ~. Dicen que abrir un paraguas dentro de casa trae mal fario.* ▶ *SUERTE.

farisaico, ca. adj. De los fariseos. *Judaísmo farisaico.*

fariseísmo. m. **1.** histór. Secta de los fariseos. *El cristianismo surge en parte como reacción al fariseísmo.* **2.** Condición de fariseo o hipócrita. *Criticó el fariseísmo de los que se llaman demócratas.*

fariseo. m. **1.** histór. Miembro de una secta judía que cumplía con rigor los aspectos externos de la Ley, pero no sus preceptos y su espíritu. *Jesús se enfrentó a los fariseos.* **2.** Hombre hipócrita, espec. el que se finge virtuoso y juzga con severidad a los demás. *Es un fariseo, que pretende que cumplamos normas que él mismo no respeta.* ▶ **2:** *MENTIROSO.

farmacéutico, ca. adj. **1.** De la farmacia. *Un laboratorio farmacéutico ha desarrollado la vacuna.* ● m. y f. **2.** Especialista o titulado en farmacia. *Si tiene dudas sobre el medicamento, consulte a su farmacéutico.* ▶ **2:** BOTICARIO.

farmacia. f. **1.** Establecimiento en que se preparan y venden medicamentos. *Si pasas por la farmacia, compra aspirinas.* **2.** Ciencia que estudia los medicamentos y cómo prepararlos. *Estudia Farmacia en la Universidad.* ▶ **1:** BOTICA.

fármaco. m. *Med.* Medicamento. *Un nuevo fármaco para la gripe.*

farmacología. f. Parte de la medicina que estudia los medicamentos, su empleo y sus propiedades. *Los avances en farmacología han erradicado enfermedades antes incurables.*

farmacológico, ca. adj. De la farmacología, o de su objeto de estudio. *El paciente recibió tratamiento farmacológico.*

farmacopea. f. Libro en que están registrados oficialmente los medicamentos en uso, con información sobre su preparación, propiedades y otras características. *El médico consultó la farmacopea antes de recetar.* A veces designa otros libros semejantes de carácter no oficial. *Las primeras farmacopeas se elaboran en el siglo* XVI.

faro. m. **1.** Torre alta situada en la costa, con una luz en la parte superior que sirve de señal a los barcos por la noche. *La luz del faro se divisa a varias millas de la costa.* **2.** En un vehículo: Lámpara de luz potente situada en la parte delantera. *Me deslumbraron los faros del coche.* ▶ **Am: 2:** FOCO.

farol. m. **1.** Caja de vidrio u otro material transparente, que tiene puesta una luz en su interior. *Un farol iluminaba la puerta de entrada.* **2.** Elemento urbano compuesto de un pie metálico con un farol (→ 1) en lo alto, destinado a iluminar calles y otros espacios públicos. *Comprobó la hora a la luz de un farol del parque.* **3.** En un juego de cartas: Envite o apuesta que se hacen llevando mal juego, para hacer creer que se tiene bueno. *Yo creo que su apuesta es un farol.* Frec. en constr. como *tirarse un ~* o *ir de ~. Se tiró un farol en la partida de póquer.* **4.** coloq. Hecho o dicho exagerados, propios de quien presume sin fundamento. Frec. con v. como *marcarse* o *tirarse. Dijo que lo haría en la mitad de tiempo, pero se estaba marcando un farol.* ▶ **2:** FAROLA.

farola. f. Farol grande, gralm. compuesto de varios brazos, destinado a iluminar carreteras, calles y otros espacios públicos. *El coche se estrelló contra una farola.* ▶ FAROL.

farolear. intr. coloq. Tirarse faroles, o presumir de algo sin fundamento. *Deja ya de farolear: lo que dices no te lo crees ni tú.*

farolero, ra. adj. **1.** coloq. Que se tira faroles. *Un jugador de póquer farolero.* Tb. m. y f. *Es un fanfarrón y un farolero.* ● m. **2.** histór. Hombre encargado de encender los faroles del alumbrado público. *Para abrir la llave de gas del farol, los faroleros usaban una vara larga.*

farolillo. m. Farol hecho con papel de colores que sirve de adorno en fiestas y verbenas. *Colgaron en la plaza farolillos y banderitas.* ■ **~ rojo.** m. coloq. Persona o equipo que ocupa el último puesto en una competición. *El equipo local es el farolillo rojo de la Liga.* Tb. ese puesto. *La caída en la contrarreloj lo llevó al farolillo rojo de la clasificación.*

farra. f. coloq. Juerga bulliciosa que gralm. se hace yendo de un sitio a otro. *Para celebrar el final de curso nos fuimos de farra.*

fárrago. m. Conjunto desordenado de cosas. *Puse un poco de orden en el fárrago de papeles.*

farragoso, sa. adj. Que resulta pesado por el exceso de ideas desordenadas o innecesarias. *Debería hacer discursos más breves y menos farragosos.*

farruco, ca. adj. **1.** coloq. Dicho de persona: Insolente o desafiante. *A veces el niño se pone farruco y se niega a obedecer.* ● f. **2.** Cante popular andaluz de aire melancólico. *La farruca es un cante que está un poco en desuso.* Tb. su baile y su música. *El bailaor se arrancó por farrucas.*

farsa. f. **1.** Obra de teatro cómica, gralm. breve y de carácter satírico. *Vimos una farsa en que se hacía burla de los políticos.* **2.** Cosa que se hace para aparentar o engañar. *El concurso fue una farsa: los premios estaban adjudicados de antemano.*

farsante, ta. (La forma **farsanta** solo se usa como n. f., alternando con la más frec. **farsante**). adj. Que finge lo que no es o no siente. *No te creas sus bonitas palabras, porque es muy farsante.* Tb. m. y f. *Un farsante se había hecho pasar por el director.* ▶ *MENTIROSO.

fascículo. m. Cada uno de los cuadernos impresos que forman una obra publicada por partes. *Llevó a encuadernar los fascículos coleccionados.* ▶ ENTREGA.

fascinación. f. Hecho o efecto de fascinar. *Siente fascinación por ese país.*

fascinador, ra. adj. Que fascina. *Mujer de belleza fascinadora.* ▶ FASCINANTE.

fascinante. adj. Que fascina. Frec. con intención enfática. *China es un país fascinante.* ▶ FASCINADOR.

fascinar. tr. Atraer (a alguien) de manera irresistible. Frec. con intención enfática. *Me fascina Egipto.* ▶ *ATRAER.

fascismo. m. Movimiento político de carácter totalitario surgido en Italia tras la Primera Guerra Mundial. *El fundador del fascismo fue Benito Mussolini.* Tb. el régimen que instauró. *Durante el fascismo estaban prohibidas las huelgas.* Tb. designa otros movimientos y regímenes semejantes. *En el período de entreguerras se extienden los fascismos por Europa.*

fascista. adj. **1.** Del fascismo. *El partido fascista era el único reconocido en Italia. En España y Alemania se instauraron regímenes fascistas.* **2.** Partidario del fascismo. *Militantes fascistas.* Tb. m. y f. *La camisa negra formaba parte del uniforme de los fascistas.*

fase. f. **1.** Cada uno de los distintos estados sucesivos de un fenómeno o proceso. *El proyecto se encuentra todavía en la fase inicial.* **2.** Apariencia que presenta un astro, espec. la Luna, según la iluminación del Sol. *La Luna está en la fase de cuarto creciente.* ▶ **1:** ETAPA.

fastidiado, da. part. **1.** → **fastidiar.** ● adj. **2.** Dicho de persona o de parte de su cuerpo: Que está enferma o con mala salud. *–¿Cómo se encuentra su madre? –Bastante fastidiada.*

fastidiar. (conjug. ANUNCIAR). tr. **1.** Molestar (a alguien) u ocasionar(le) malestar o disgusto. *Me fastidió que no me avisaras.* Tb. usado en constr. intr. *Niño, deja ya de fastidiar con el silbato.* **2.** Ocasionar (a alguien) un daño o un perjuicio. *Con tu descuido nos has fastidiado a todos.* **3.** Estropear o echar a perder (algo). *Deja de abrir y cerrar, que vas a fastidiar la cerradura.* Tb. en constr. prnl. media. *De tanto abrir y cerrar se ha fastidiado la cerradura.* ○ intr. prnl. **4.** Aguantarse o sufrir con paciencia algo negativo. *Tendremos que fastidiarnos y quedarnos sin cine.* ■ **hay que ~se.** expr. coloq. Se usa para expresar asombro o enojo ante algo, frec. indicando que no se puede evitar. *¡Hay que fastidiarse, el frío que hace aquí!* ■ **¿no te fastidia?** expr. coloq. Se usa, frec. al final de una frase, para expresar indignación o enojo. *¿No te fastidia con lo que sale ahora?* ▶ **1:** *MOLESTAR. **3:** *ESTROPEAR. **4:** AGUANTARSE. ‖ **Am: 4:** EMBROMARSE.

fastidio. m. Hecho o efecto de fastidiar o fastidiarse. *Cuando le pido un favor, pone cara de fastidio.*

fastidioso, sa. adj. Que fastidia o molesta. *Limpiar el polvo es una tarea fastidiosa.*

fasto. m. cult. Fausto (lujo extraordinario). *No le gusta el fasto de la corte.*

fastuosidad. f. Cualidad de fastuoso. *Los visitantes quedan admirados ante la fastuosidad del palacio.*

fastuoso, sa. adj. Magnífico o muy lujoso. *Mansiones fastuosas de gente rica.*

fatal. adj. **1.** Inevitable o ineludible. *Hay que resignarse ante lo fatal.* **2.** Dicho de cosa: Desgraciada o que causa desgracia. *Fue un error fatal el dejar su empleo.* **3.** coloq. Muy malo. *No te lo recomiendo; a mí me ha dado un resultado fatal.* ○ adv. **4.** coloq. Muy mal. *–¿Qué tal has dormido? –Fatal.* ▶ **2:** *DESGRACIADO.

fatalidad. f. **1.** Cualidad de fatal o inevitable. *Se abandonó a la fatalidad de su destino.* **2.** Desgracia o suceso desfavorable. *Fue una fatalidad que me robaran la cartera.* **3.** Destino o fuerza que determina lo que va a suceder. *La fatalidad quiso que ese día se embarcaran en el Titanic.*

fatalismo. m. Actitud de quien cree que todo lo que sucede está determinado de manera ineludible por el destino. *Las malas noticias se sucedían y entre la gente reinaba el fatalismo.* Tb. la doctrina correspondiente. *La "Ética" de Spinoza es un ejemplo de fatalismo racionalista.*

fatalista. adj. **1.** Del fatalismo, o propio de la persona fatalista (→ 2). *El escritor tiene una visión fatalista del mundo.* **2.** Dicho de persona: Que cree que todo lo que sucede está determinado de manera ineludible por el destino. *No seáis fatalistas; la sociedad se puede mejorar.* Tb. m. y f. *Era un fatalista que no creía en la libertad del individuo.*

fatídico, ca. adj. **1.** Funesto o desgraciado. *No quiero recordar aquel día fatídico.* **2.** cult. Que anuncia el futuro, espec. si es una desgracia. *Dijo que nos arrepentiríamos, y sus palabras resultaron fatídicas.* ▶ **1:** *DESGRACIADO.

fatiga. f. **1.** Cansancio producido por un esfuerzo físico o mental intenso. *La fatiga del viaje la hizo caer en un sueño profundo.* **2.** Dificultad para respirar producida por el esfuerzo o por una enfermedad. *El asmático usa el inhalador cuando tiene fatiga.* **3.** coloq. Penalidad o sufrimiento. Frec. en pl. *Pasó muchas fatigas para sacar adelante a sus hijos.*

fatigar. tr. Causar fatiga (a alguien o algo). *Me fatiga tener que repetir las cosas tantas veces.* Tb. en constr. prnl. media. *Está muy débil y se fatiga con facilidad.*

fatigoso, sa. adj. **1.** Que causa fatiga. *El trabajo en la mina es muy fatigoso.* **2.** Que manifiesta o implica fatiga. *Los jornaleros volvían a casa con paso fatigoso.*

fatimí. adj. Descendiente de Fátima (hija de Mahoma). *Dinastía fatimí.* Tb. m. y f. *En el siglo X, los fatimíes de Túnez llegaron a dominar el norte de África.*

fatuidad. f. **1.** Cualidad de fatuo. *Hablaba con la fatuidad del que se cree elegido por la Providencia.* **2.** Hecho o dicho fatuos. *Sería una fatuidad nuestra que no admitiésemos su superioridad.*

fatuo, tua. adj. Lleno de una presunción o una vanidad ridículas y sin fundamento. *Hablaba de sí misma con fatua autocomplacencia.* Dicho de pers., tb. m. y f. *Eres un fatuo y un arrogante.*

fauces. f. pl. En algunos animales: Boca, espec. su parte posterior. *El pez cayó en las fauces del tiburón.*

fauna. f. **1.** Conjunto de los animales de un país, región o medio determinados. *Protejamos la fauna autóctona.* **2.** coloq., humoríst. Conjunto de personas de un mismo ambiente o que tienen un mismo comportamiento. *Un reportaje sobre la fauna nocturna que frecuenta estos locales.* Frec. despect. *No me gusta la fauna que hay en el barrio.*

fauno. m. **1.** En la mitología grecorromana: Semidiós de los campos y los bosques, gralm. representado con cuerpo de hombre y cuernos y patas de cabra. *En el cuadro aparece un fauno tocando la flauta.* **2.** cult. Hombre lascivo. *Un fauno la observaba desde un banco del parque.* ▶ SÁTIRO.

fausto[1]**.** m. cult. Lujo extraordinario. *Nos admiró el fausto de la mansión.*

fausto[2]**, ta.** adj. cult. Feliz (que trae felicidad). *Se acerca el día de la coronación y con tan fausto motivo la ciudad está engalanada.*

favela. f. Chabola. Referido a Brasil. *Un barrio de favelas en Río de Janeiro.*

favor. m. **1.** Acción con que se presta ayuda a alguien de manera voluntaria y gralm. desinteresada. *Tengo que pedirte un favor.* **2.** Confianza o predilección de alguien, espec. si tiene poder o autoridad. *Siempre ha gozado del favor del público.* ■ **a** ~ (de alguien o algo). loc. adv. De parte (de esa persona o cosa) o apoyándo(las). *Tiene a todo el tribunal a su favor.* Tb. loc. adj. *Ha ganado con veinte votos a favor y diez en contra.* ■ **a** ~ (de algo). loc. adv. Con la ayuda (de esa cosa). *Remaban a favor* DE *la corriente.* ■ **a,** o **en,** ~ (de alguien o algo). loc. adv. En beneficio (de esa persona o cosa). *Todos se sacrificaron a favor* DEL *proyecto.* Tb. loc. adj. *La ley contiene medidas en favor* DE *los discapacitados.* ■ **hacer un** ~ (a una persona). loc. v. coloq., humoríst. Tener una relación sexual ocasional (con ella). ■ **haz**(**me**) **el** ~ (de hacer algo). expr. Se usa como fórmula de cortesía para pedir o mandar algo. *Haz el favor* DE *darte prisa.* ■ **por** ~. loc. adv. **1.** Se usa como fórmula de cortesía para pedir o mandar algo. *Por favor, ¿puede ayudarme?* □ expr. **2.** Se usa para expresar protesta o rechazo. *¡Pero, por favor, ya está bien!*

favorable. adj. **1.** Que favorece. *La lluvia será favorable* PARA *los sembrados.* **2.** Que está a favor o de parte de alguien o algo. *Se mostró favorable* A *las reformas.*

favorecedor, ra. adj. Que favorece, espec. mejorando el aspecto. *Ese pañuelo que llevas te resulta favorecedor.*

favorecer. (conjug. AGRADECER). tr. **1.** Ayudar o beneficiar (a alguien o algo). *La falta de flúor favorece la aparición de caries.* **2.** Mejorar el aspecto (de alguien o algo). *Ese corte de pelo te favorece mucho.*

favoritismo. m. Preferencia por alguien o algo basada en razones personales, como la amistad, y no en el mérito o en la justicia. *Acusan al Ayuntamiento de favoritismo en la asignación de las plazas.*

favorito, ta. adj. **1.** Que se prefiere a todos los demás. *Su fruta favorita es la naranja.* **2.** En una competición: Que tiene atribuida mayor probabilidad de ganar. *Apostamos al caballo favorito.* Dicho de pers., tb. m. y f. *El jamaicano es el favorito en la prueba de cien metros.* ● m. **3.** Hombre de confianza de un rey u otro alto personaje. *Carlos IV dejó la política del reino en manos de su favorito.* ▶ **3:** PRIVADO.

fax. (pl. **faxes**). m. **1.** Sistema que permite la transmisión y reproducción por línea telefónica de documentos gráficos o escritos. *Envíenos su currículum por fax.* Tb. el aparato que emplea este sistema. *El fax se ha quedado sin papel.* **2.** Documento recibido por fax (→ 1). *Al llegar al despacho, leí un fax del día anterior.* ▶ TELEFACSÍMIL, TELEFAX.

faxear. tr. Enviar (algo) por fax. *He faxeado el pedido a la compañía.*

faz. f. **1.** cult. Cara o rostro. *Tenía la faz pálida y demacrada por el cansancio.* **2.** cult. Superficie o lado externo de algo. *Los dinosaurios desaparecieron de la faz de la Tierra.*

fe. f. **1.** Creencia en algo de lo que no se tienen pruebas. *A Dios se llega por medio de la fe, no de la razón.* **2.** Conjunto de creencias de una religión. *Los mártires murieron por su fe.* **3.** Confianza que alguien tiene en una persona o cosa. *Tengo mucha fe* EN *él.* **4.** Testimonio de que algo es cierto. *Yo estaba presente y puedo dar fe de que las cosas ocurrieron así.* Se usa espec. en derecho. *El notario da fe de que la persona que firma el documento es quien dice ser.* **5.** Documento que certifica la verdad de algo. *Entre otros papeles le piden la fe de bautismo.* **6.** *Rel.* Virtud teologal que consiste en creer en las enseñanzas de la Iglesia. *Las virtudes teologales son fe, esperanza y caridad.* ■ ~ **de erratas.** f. Lista de las erratas de un libro con su correspondiente corrección. *La fe de erratas suele aparecer al principio o al final de la obra.* ■ **buena** (o **mala**) ~. f. Buena (o mala) intención. Frec. en la constr. *de buena* (o *mala*) ~. *No dudo de tu buena fe.*

fealdad. f. Cualidad de feo. *Han criticado el edificio por su fealdad.*

febrero. m. Segundo mes del año. *Febrero tiene veintiocho días.*

febrícula. f. *Med.* Fiebre moderada y prolongada. *Si la fiebre se mantiene entre 37 y 38 °C, se suele hablar de febrícula.*

febrífugo, ga. adj. *Med.* Que combate la fiebre. *Los lugareños preparan una infusión febrífuga con corteza de sauce.* Frec. m., referido a medicamento. *Su temperatura era muy alta y le dimos un febrífugo.* ▶ *ANTITÉRMICO.

febril. adj. **1.** De la fiebre. *El estado febril es característico de la gripe.* **2.** Que tiene fiebre. *Al tocarle la frente comprobé que estaba febril.* **3.** Ardoroso o fogoso. *Se entregó al proyecto con pasión febril.* ▶ **2:** ENFEBRECIDO. **3:** *APASIONADO.

fecal. adj. Del excremento intestinal. *El agua contenía residuos fecales.*

fecha. f. **1.** Indicación del tiempo, y a veces del lugar, en que ocurre o se hace algo. *El cuadro no lleva fecha.* **2.** Tiempo en que ocurre o se hace algo. *Aún no se sabe la fecha del examen.* **3.** Día completo. *Estamos a tres fechas del inicio de la primavera.* **4.** Tiempo o momento actuales. *Hasta la fecha no hemos tenido noticias de ellos.* ▶ **1, 2:** DATA.

fechar. tr. **1.** Poner fecha (a un escrito). *Olvidó fechar la carta.* **2.** Determinar la fecha o el tiempo (de algo). *Los arqueólogos analizan y fechan las piezas encontradas.* ▶ DATAR.

fechoría. f. **1.** Mala acción. *Confesó haber cometido robos y otras fechorías.* **2.** Travesura. *Cuando dejan solo al cachorro, hace toda clase de fechorías en la casa.*

fécula. f. Sustancia blanquecina en forma de granos microscópicos, que se encuentra como nutriente de reserva en semillas, raíces y tubérculos, de donde se extrae para utilizarla como alimento o con fines industriales. *Su dieta es rica en fécula.*

fecundación. f. Hecho de fecundar. *Técnicas de fecundación in vitro.*

fecundar. tr. **1.** Unirse la célula reproductora masculina (a la femenina) para dar origen a un nuevo ser. *El espermatozoide fecunda el óvulo.* **2.** Hacer que (alguien o algo) sean productivos o fértiles. *El abono fecunda la tierra.*

fecundidad. f. Cualidad de fecundo. *La fecundidad de las ratas es extraordinaria.* ▶ FERTILIDAD.

fecundo, da. adj. **1.** Dicho de ser vivo: Que puede reproducirse. *Cada colonia de abejas tiene una sola hembra fecunda.* **2.** Que produce mucha vegetación o hace posible su desarrollo. *Dejaron su hogar en busca de tierras más fecundas.* **3.** Lleno o abundante. *El Siglo de Oro fue fecundo* EN *buenos escritores.* **4.** Que crea abundantes obras o produce buenos resultados. *Verdi fue un compositor muy fecundo.* ▶ **1, 2:** *FÉRTIL.

fedatario, ria. m. y f. Notario, o funcionario que da fe pública de algo. *El secretario municipal es fedatario de las sesiones del Ayuntamiento.*

federación. f. **1.** Hecho de federarse. *Algunos Estados no son partidarios de una federación.* **2.** Organismo, entidad o Estado resultantes de una federación (→ 1). *Federación Nacional de Baloncesto.*

federal. adj. **1.** De la federación. *República federal. Policía federal.* **2.** Partidario de la federación. Dicho de pers., tb. m. y f. *Los federales ganaron la Guerra de Secesión.*

federalismo. m. Sistema federal, espec. el de carácter político. *El federalismo de Suiza.*

federalista. adj. **1.** Del federalismo. *Sistema político federalista.* **2.** Partidario del federalismo. *Yo no soy federalista.* Dicho de pers., tb. m. y f. *Los federalistas frente a los sudistas.*

federarse. intr. prnl. **1.** Unirse varias provincias o estados independientes con un gobierno central y algunos organismos políticos comunes. *Las antiguas repúblicas se federaron. Alemania está formada por varios estados federados.* **2.** Unirse varios organismos o entidades con características comunes. *Las empresas textiles se han federado.*

federativo, va. adj. De la federación. *Los dirigentes federativos quieren prorrogar el contrato del seleccionador nacional.* Tb. m. y f., referido a dirigente de una federación deportiva.

fehaciente. adj. Dicho de cosa: Que da fe o prueba de que algo es cierto. *Para probar su tesis aporta datos fehacientes.*

feísmo. m. *Arte* y *Lit.* Tendencia que valora estéticamente lo feo. *Cultivadores del feísmo.*

felación. f. Estimulación del pene con la boca.

feldespato. m. Mineral de gran dureza y tonalidades diversas, constituido por un silicato de aluminio pralm. con sodio, potasio o calcio. *Formaciones graníticas con alto porcentaje de feldespatos.*

felicidad. f. **1.** Estado de plena satisfacción material y espiritual. *Puso cara de felicidad cuando le di la noticia.* **2.** Persona o cosa que dan felicidad (→ 1). *Estos niños son mi felicidad.* ■ **~es.** interj. Se usa para expresar felicitación. *¡Felicidades!, ya me he enterado de tu ascenso.* ▶ DICHA, VENTURA.

felicitación. f. **1.** Hecho de felicitar. *Pronunció unas palabras de felicitación por nuestro trabajo.* **2.** Tarjeta o palabras con que se felicita. *Sobre mi mesa había un regalo y una felicitación.* ▶ PARABIÉN.

felicitar. tr. **1.** Manifestar satisfacción (a alguien) por un suceso feliz (para él). *Te felicito* POR *tu ascenso.* **2.** Desear (a alguien) que sea feliz. *La llamé para felicitarla por su cumpleaños.* ○ intr. prnl. **3.** Estar satisfecho o alegre por algo. *Se felicitaba* DE *lo bien que habían salido las cosas.* ▶ **3:** CONGRATULARSE.

félido, da. adj. **1.** *Zool.* Del grupo de los félidos (→ 2). *Mamífero félido.* ● m. **2.** *Zool.* Mamífero de cabeza redondeada y hocico corto, con uñas agudas y retráctiles y colmillos muy desarrollados, como el gato y el tigre. ▶ FELINO.

feligrés, sa. m. y f. Persona que pertenece a una determinada parroquia. *El cura conocía por su nombre a muchos feligreses.*

feligresía. f. **1.** Conjunto de feligreses de una parroquia. *La feligresía entra en la iglesia para la misa.* **2.** Territorio bajo la jurisdicción de un párroco. *El párroco recorre los pueblos de su feligresía.*

felino, na. adj. **1.** Del gato. *Peculiaridades del comportamiento felino.* **2.** Que parece de gato. *Astucia felina.* **3.** Del grupo de los felinos (→ 4). *Mamífero felino.* ● m. **4.** Félido. *El león es uno de los grandes felinos.* ▶ **3:** FÉLIDO.

feliz. adj. **1.** Dicho de persona: Que tiene felicidad. *Desde que la conoció, es un hombre feliz. El niño está feliz con su regalo.* **2.** Dicho de cosa: Que trae o causa felicidad. *Se enteró de la feliz noticia por la prensa.* **3.** Dicho de cosa: Oportuna o acertada. *La feliz intervención de los bomberos.* ■ **hacer ~** algo (a alguien). loc. v. coloq. Agradar(le) o parecer(le) bien. *Cambiamos de barrio, si eso te hace feliz.* ▶ **1, 2:** DICHOSO.

felizmente. adv. De manera feliz. *El viaje terminó felizmente.*

felón, na. adj. cult. Que comete felonía. *Pasó a la historia como un rey felón.* Tb. m. y f. *Un felón los vendió al enemigo.*

felonía. f. cult. Deslealtad o traición. *La felonía de conspirar contra su propio país.*

felpa. f. Tejido de pelo largo y suave por una de sus caras, hecho gralm. de algodón. *Toallas de felpa.*

felpudo. m. Alfombra gruesa y gralm. pequeña que se pone en la entrada de un lugar para limpiarse la suela de los zapatos. *Se quitó el barro de las botas en el felpudo.*

femenino, na. adj. **1.** De la mujer. *El libro ha tenido mucho éxito entre el público femenino.* **2.** Propio de una mujer. *Dio un toque femenino a la decoración.* **3.** Dicho de ser vivo: Que tiene órganos para ser fecundado. *Un individuo femenino.* **4.** De un ser femenino (→ 3). *Los óvulos son células reproductoras femeninas.* **5.** *Gram.* Dicho de palabra: De género femenino (→ **género**). *Los sustantivos "casa", "fe" y "acción" son femeninos.* ● m. **6.** *Gram.* Género femenino (→ **género**). *Muchas palabras hacen el fe-*

menino añadiendo "-a" a la raíz. Tb. la palabra con la forma correspondiente a ese género. *¿Cuál es el femenino de "actor"?*

fementido, da. adj. cult. Falso o engañoso. *Palabras fementidas.*

fémina. f. cult. o humoríst. Mujer (ser de sexo femenino). *¿Crees que se molestarán las féminas si ponemos un rato el fútbol?*

femineidad. f. cult. Feminidad. *La mujer desea alcanzar la igualdad de derechos sin renunciar a su femineidad.*

feminidad. f. Cualidad de femenino. *Se vestía de hombre, pero la feminidad de su rostro la delataba.*

feminismo. m. Doctrina que defiende que las mujeres deben tener los mismos derechos que los hombres. *Los alumnos y las alumnas discutían de feminismo.* Tb. el movimiento que se apoya en esta doctrina. *Uno de los logros del feminismo es la plena incorporación de la mujer al mercado laboral.*

feminista. adj. **1.** Del feminismo. *El movimiento feminista.* **2.** Partidario del feminismo. *Las asociaciones feministas.* Dicho de pers., tb. m. y f. *Se considera un feminista.*

feminización. f. Aparición o desarrollo de caracteres femeninos, espec. sexuales. *El proceso de feminización en la pubertad.*

femoral. adj. *Anat.* Del fémur. *La cornada le atravesó la arteria femoral.*

fémur. m. *Anat.* Hueso del muslo, articulado por arriba con la pelvis y por abajo con la tibia y el peroné. *Se rompió la cabeza del fémur.*

fenecer. (conjug. AGRADECER). intr. cult. Morir una persona. *Feneció en un trágico accidente.* Tb. fig. *No quieren que la iniciativa fenezca por falta de apoyo institucional.*

fenicio, cia. adj. **1.** histór. De Fenicia (antiguo país de Asia, en el Mediterráneo oriental). *Comerciantes fenicios.* Dicho de pers., tb. m. y f. *La fundación de Cádiz corresponde a los fenicios.* **2.** despect. Dicho de persona: Hábil para comerciar o negociar sacando el máximo beneficio. *Los de este pueblo tienen fama de ser un poco fenicios.* Tb. m. y f.

fénix. m. **1.** En mitología: Ave fabulosa que renace de sus cenizas después de haber ardido. Tb. *ave ~. El escudo de la casa ducal incluye un ave fénix sobre el fuego.* Frec. en constr. comparativas. *La ciudad arrasada resurge cual ave fénix.* **2.** Persona extraordinaria y única entre las de su clase. *Lope de Vega, el Fénix de los ingenios.*

fenol. m. *Quím.* Compuesto orgánico derivado del benceno y obtenido por destilación de aceites de alquitrán, usado en medicina como antiséptico.

fenomenal. adj. **1.** coloq. Estupendo o muy bueno. Se usa con intención enfática. *El vino de esta tierra es fenomenal.* **2.** coloq. Tremendo o muy grande. Se usa con intención enfática. *Me echó una bronca fenomenal.* • adv. **3.** coloq. Muy bien. Se usa con intención enfática. *Lo hemos pasado fenomenal.*

fenómeno. m. **1.** Cualquier manifestación perceptible por los sentidos o por la inteligencia. *El fenómeno de la refracción de la luz. El fenómeno de la emigración.* **2.** Persona o cosa extraordinarias o sorprendentes. *Esta chica es un fenómeno para las matemáticas.* **3.** Persona o animal monstruosos. *En la barraca de feria exhibían mujeres barbudas y otros fenómenos.* • adj. **4.** coloq. Estupendo o muy bueno. Frec. con intención enfática. *Es un chico fenómeno.* • adv. **5.** coloq. Estupendamente o muy bien. Frec. con intención enfática. *Se pasa fenómeno jugando al dominó.*

fenomenología. f. *Fil.* Método que, partiendo de una descripción de las entidades y los fenómenos que se presentan a la intuición intelectual, trata de captar la esencia pura de dichas entidades, trascendente a la misma consciencia. *El filósofo alemán Edmund Husserl desarrolló la fenomenología.*

fenomenológico, ca. adj. *Fil.* De la fenomenología. *Filosofía fenomenológica.*

fenotípico, ca. adj. *Biol.* Del fenotipo. *Diferencias fenotípicas.*

fenotipo. m. *Biol.* Conjunto de los caracteres visibles de un individuo, determinados por la interacción del genotipo con factores ambientales. *Las mutaciones genéticas pueden producir cambios decisivos en el fenotipo. El fenotipo es la manifestación externa del genotipo.*

feo, a. adj. **1.** Dicho de persona o cosa: Que carece de belleza. *Tu amiga no es nada fea.* **2.** Dicho de cosa: Que produce desagrado o rechazo, pralm. moral. *Está feo morderse las uñas.* **3.** Dicho de cosa: De aspecto malo o desfavorable. *El cielo se puso muy feo y empezó a tronar.* • m. **4.** Desaire, o acción ofensiva o humillante. Frec. con *hacer*. *Acepté el regalo por no hacerle un feo a mi madre.* ▶ **4:** DESAIRE.

feraz. adj. cult. Dicho espec. de tierra: Fértil. *Las feraces huertas levantinas.*

féretro. m. Caja en que se pone un cadáver para enterrarlo. *Los compañeros del difunto llevaron el féretro a hombros.* ▶ *ATAÚD.

feria. f. **1.** Mercado grande que se celebra al aire libre en lugar público y en días señalados. *En esta plaza se hacía la feria de ganado.* **2.** Exposición temporal en un recinto de productos de un ramo industrial o comercial para su promoción y venta. *Esta semana se celebra la feria del calzado.* **3.** Conjunto de instalaciones recreativas que se montan al aire libre, gralm. con motivo de las fiestas de un lugar. *En la feria subimos en el tiovivo.*

feriado. m. frecAm. Día feriado (→ **día**). *El pueblo está lleno de turistas los fines de semana y feriados* [C].

ferial. adj. De la feria. *El recinto ferial.*

feriante. adj. Que acude a una feria, espec. para comprar, vender o establecer un negocio. Dicho de pers., tb. m. y f. *Al amanecer, los feriantes montan sus tenderetes.*

fermentación. f. Hecho de fermentar. *La fermentación del zumo de manzana produce la sidra.*

fermentar. intr. **1.** Sufrir una sustancia orgánica un proceso bioquímico de transformación por la acción de un fermento. *El mosto fermenta y se convierte en vino.* ○ tr. **2.** Hacer que (una sustancia orgánica) fermente (→ 1). *La levadura fermenta la masa del pan.*

fermento. m. Sustancia que cataliza algunas reacciones bioquímicas. *La pepsina es un fermento que interviene en la digestión.* Tb. fig. *La mala situación económica sirvió de fermento a la corrupción.* ▶ ENZIMA.

fernandino, na. adj. **1.** histór. De Fernando VII (rey de España, 1784-1833). *El absolutismo fernandino.* **2.** histór. Partidario de Fernando VII. Dicho de pers., tb. m. y f. *Los fernandinos persiguieron a los liberales.*

ferocidad. f. Cualidad de feroz. *El pintor retrata la ferocidad de la guerra.*

feroz. adj. **1.** Dicho de animal: Fiero y agresivo. *El tiburón tiene fama de feroz.* **2.** Dicho de persona: Brutal y despiadada. *Un crítico feroz.* **3.** Propio de la persona o el animal feroces (→ 1, 2). *El espeso bigote le daba un aspecto feroz.* **4.** Dicho de cosa: Muy grande o intensa. *Tengo un hambre feroz.*

férreo, a. adj. **1.** De hierro. *Estructura férrea.* **2.** Duro o fuerte. *Disciplina férrea.*

ferretería. f. **1.** Tienda donde se venden diversos objetos, pralm. de metal, como herramientas, útiles para bricolaje y reparaciones, o piezas de menaje. *Compró un martillo en la ferretería.* **2.** Conjunto de objetos que se venden en la ferretería (→ 1). *El departamento de ferretería.*

ferretero, ra. m. y f. Propietario o empleado de una ferretería. *El ferretero me hizo una copia de la llave.*

férrico, ca. adj. *Quím.* Dicho de compuesto de hierro: Que tiene este metal con valencia tres. *Sulfato férrico.*

ferrocarril. m. **1.** Vía formada por dos carriles de hierro paralelos por los que circulan los trenes. *Trabajaban en el tendido del ferrocarril.* **2.** Tren (conjunto de vagones y locomotora, o medio de transporte). *Un silbato anuncia la partida del ferrocarril.* ▶ **2:** *TREN.

ferrocarrilero, ra. adj. frecAm. Ferroviario. *Se transformó en el centro ferrocarrilero más importante* [C]. Dicho de empleado, tb. m. *Un documental sobre los ferrocarrileros de Baja California* [C].

ferroso, sa. adj. *Quím.* Dicho de compuesto de hierro: Que tiene este metal con valencia dos. *Sulfato ferroso.*

ferroviario, ria. adj. **1.** Del ferrocarril. *Quieren mejorar la línea ferroviaria.* ● m. y f. **2.** Empleado del ferrocarril. *Cerca de la estación están las viviendas de los ferroviarios.* ▶ **frecAm:** FERROCARRILERO.

ferruginoso, sa. adj. Dicho espec. de agua mineral: Que contiene hierro, espec. en abundancia. *El agua del manantial es ferruginosa.*

ferry. (pal. ingl.; pronunc. "férri"). m. Transbordador (embarcación). *Se toma el* ferry *en Algeciras para cruzar el Estrecho.* ▶ TRANSBORDADOR. ¶ [Equivalente recomendado: *transbordador.* Adaptación recomendada: *ferri,* pl. *ferris*].

fértil. adj. **1.** Dicho espec. de tierra: Que produce mucho fruto o mucha vegetación. *Las tierras del valle son fértiles.* Tb. fig. *La colaboración entre los dos guionistas resultó muy fértil.* **2.** Dicho de ser vivo: Capaz de reproducirse. *La mujer es fértil desde la pubertad.* ▶ **1:** FECUNDO, RICO. **2:** FECUNDO.

fertilidad. f. Cualidad de fértil. *El abono aumenta la fertilidad del suelo.* ▶ FECUNDIDAD.

fertilización. f. Hecho de fertilizar. *Con la fertilización mejora la cosecha.*

fertilizante. adj. Que fertiliza o sirve para fertilizar. *Productos fertilizantes.* Dicho de sustancia o producto, tb. m. *Echó fertilizante en las macetas.*

fertilizar. tr. Hacer que (la tierra) sea fértil o más fértil, frec. mediante el uso de abonos. *Fertilizan las huertas con estiércol.*

férula. f. **1.** cult. Autoridad o poder, espec. si son despóticos. *Vivieron años bajo la férula del dictador.* **2.** *Med.* Tablilla flexible y resistente que se emplea para mantener en su sitio un hueso fracturado. *La férula me impide mover bien la muñeca.*

ferviente. adj. Que tiene o manifiesta fervor. *El escritor tiene multitud de fervientes admiradores.* ▶ *ENTUSIASTA.

fervor. m. **1.** Entusiasmo o apasionamiento. *Siente fervor* POR *su nieto.* **2.** Entusiasmo o interés extremos en lo religioso. *Rezaba con fervor.* ▶ **1:** *ENTUSIASMO.

fervoroso, sa. adj. Que tiene o manifiesta fervor, espec. religioso. *Fervoroso creyente.* ▶ *ENTUSIASTA.

festejar. tr. **1.** Celebrar (algo) con una fiesta u otro acto que demuestra alegría. *Los hinchas festejaban la victoria de su equipo.* **2.** Hacer una fiesta u otro acto que demuestra alegría en atención (a alguien). *Festejaron al invitado con un banquete.*

festejo. m. **1.** Hecho de festejar o celebrar algo. *El festejo de mi cumpleaños.* **2.** Acto público que conmemora una fiesta y se celebra para disfrute de los que asisten. *El pregón anuncia el comienzo de los festejos de San Isidro.*

festero, ra. adj. Fiestero. *Aquí la gente es muy festera.* Tb. m. y f. *Al final de la noche, músicos y festeros terminan confraternizando.*

festín. m. Banquete espléndido y abundante. Frec. con intención enfática. *El día que toca cocido nos damos un festín.*

festival. m. Conjunto de actuaciones o representaciones dedicadas a un arte determinado, celebradas gralm. durante varios días y de manera periódica, a veces con entrega final de premios. *La película ha sido galardonada en varios festivales.*

festividad. f. Día festivo en que la Iglesia celebra un misterio, u honra a Dios, a la Virgen o a algún santo. *Las festividades de Navidad y Epifanía.*

festivo, va. adj. **1.** Alegre o lleno de alegría. *Ya hay ambiente festivo.* **2.** Chistoso o humorístico. *El poema de tono festivo.* ● m. **3.** Día festivo (→ **día**). *El restaurante abre todos los festivos.* ▶ **3:** FIESTA.

festón. m. **1.** Bordado, gralm. formando ondas, en que cada puntada queda rematada con un nudo en la parte exterior, de tal modo que puede cortarse la tela a raíz del bordado sin que este se deshaga. *En la clase de costura nos enseñan a hacer vainica y festón.* **2.** Adorno o remate en forma de ondas o puntas hechos en el borde de algo. *Llevaba un pañuelo con festón de encaje.*

festoneado, da. part. **1.** → **festonear.** ● adj. **2.** Que tiene el borde en forma de festón o de ondas. *Hojas festoneadas.*

festonear. tr. Adornar (algo) con un festón o remate en forma de ondas. *Con la máquina festoneó las servilletas en un momento.*

feta. f. Am. Loncha. *Cubra las tostadas con las fetas de jamón cocido y el queso* [C].

fetal. adj. Del feto. *Malformaciones fetales.*

fetén. adj. **1.** coloq. Estupendo o muy bueno. Se usa con intención enfática. *Un almuerzo fetén. Es un tío fetén.* **2.** coloq. Auténtico o verdadero. *El primer billete del fajo es fetén, pero los demás son falsos.* ● adv. **3.** coloq. Muy bien. Se usa con intención enfática. *Ese vestido te queda fetén.*

fetiche. m. Ídolo u objeto de culto a los que se atribuyen poderes sobrenaturales, espec. entre pueblos primitivos. *La tribu fabricaba fetiches de madera.*

fetichismo. m. **1.** Culto de los fetiches. *El fetichismo en pueblos centroafricanos.* **2.** *Psicol.* Tendencia sexual, a veces patológica, de quien encuentra excitación en alguna parte del cuerpo distinta de los órganos sexuales, o en algún objeto relacionado con él. *Su fetichismo se centraba en los zapatos de tacón.*

fetichista. adj. **1.** Del fetichismo. *Conducta fetichista.* **2.** Que practica el fetichismo. *El hombre primitivo era fetichista.* Dicho de pers., tb. m. y f. *Es un fetichista de la ropa interior.*

fetidez. f. cult. Mal olor. *La fetidez de los cadáveres.*

fétido, da. adj. cult. Que despide mal olor. *Las fétidas aguas de la cloaca.*

feto. m. **1.** Embrión de un mamífero desde que se implanta en el útero hasta el momento del parto. *El alimento llega al feto a través del cordón umbilical.* Designa espec. el del ser humano desde el final del tercer mes de gestación. *El consumo de alcohol afecta al feto.* **2.** coloq. Persona muy fea. *Se cree guapísima, pero es un feto.*

feúcho, cha. adj. coloq. Algo feo. *De niña era flaca y feúcha.* A veces con intención afectiva. *Ven aquí, feúcho, que te voy a dar un abrazo.*

feudal. adj. **1.** histór. Del feudo. *Los señores feudales.* **2.** histór. De la organización política y social basada en los feudos. *La sociedad feudal.*

feudalismo. m. histór. Sistema político y social basado en los feudos. *El desarrollo del comercio contribuyó a la desaparición del feudalismo.*

feudo. m. histór. Contrato por el cual los soberanos y los grandes señores concedían en la Edad Media tierras o rentas en usufructo, obligándose quien las recibía a ciertas contrapartidas. *Concedió en feudo la isla a Jaime II.* Frec. el territorio correspondiente. *El señor era la máxima autoridad en su feudo.*

fez. m. Gorro de fieltro rojo, en forma de cubilete y con borla, usado por moros y turcos. *El rey vestía babuchas, chilaba y fez.*

fiabilidad. f. Cualidad de fiable. *Es el de mayor fiabilidad.*

fiable. adj. **1.** Dicho de persona: Digna de confianza. *Son gente seria y fiable.* **2.** Dicho de cosa: Que ofrece seguridad o credibilidad. *Lo apunto en la agenda, porque mi memoria no es muy fiable.*

fiado. al ~. loc. adv. Sin pagar o sin cobrar en el momento. *No me gusta comprar al fiado*

fiador, ra. m. y f. Persona que asegura que otro cumplirá su promesa o pagará su deuda, comprometiéndose, en caso contrario, a hacerlo por él. *Su padre le salió como fiador.*

fiambre. m. **1.** Carne que, después de asada o cocida, o una vez curada, se consume fría y puede conservarse durante bastante tiempo. *Compró jamón, mortadela y otros fiambres.* **2.** coloq., humoríst. Cadáver de una persona. *Metieron el fiambre en el maletero del coche.* ► **Am: 1:** ARROLLADO.

fiambrera. f. Recipiente con tapa bien ajustada, que sirve para guardar comida o llevarla fuera de casa. *Se trae el almuerzo en una fiambrera.*

fianza. f. Cantidad de dinero, u objeto de valor, que se entregan como garantía del cumplimiento de una obligación. *Si el apartamento queda en mal estado, no le devolvemos la fianza.* Frec. en derecho. *El acusado salió en libertad tras pagar la fianza.*

fiar. (conjug. ENVIAR). tr. **1.** Vender (una cosa) a alguien sin exigirle que pague en el momento de la compra. *En el mercado me han fiado la compra.* Frec. usado en constr. intr. *En este bar nos fían.* O intr. prnl. **2.** Confiar en alguien o algo. *No se fiaban* DE *él.* ■ **de ~.** loc. adj. Digno de confianza. *La escalera está muy vieja y no es de fiar.*

fiasco. m. cult. Fracaso (hecho o efecto de fracasar). *El negocio fue un fiasco y nos arruinamos.*

fibra. f. **1.** Filamento muy fino, de origen animal, vegetal o artificial, que se emplea en la fabricación de tejidos y materias textiles. *Son fibras naturales el algodón y la lana.* Frec. designa solo el artificial. *Esta prenda no encoge porque lleva fibra.* **2.** Filamento que, con fines industriales, se obtiene artificialmente de diversas materias o elementos. *Fibra de vidrio.* **3.** *Anat.* y *Biol.* Cada uno de los filamentos que constituyen los tejidos animales o vegetales. *El pan integral es rico en fibra.* ■ **~ óptica.** f. Fibra (→ 2) de material transparente que por medio de señales luminosas transmite información a grandes distancias. *Cables telefónicos de fibra óptica.*

fibrilación. f. *Med.* Contracción espontánea e incontrolada de las fibras musculares, espec. de las del corazón. *Hubo fibrilación y otras alteraciones cardíacas que precedieron al fallecimiento.*

fibrilar. intr. *Med.* Tener fibrilación. *Cuando una aurícula fibrila, se puede formar un coágulo.*

fibrocemento. m. *Constr.* Material de gran resistencia constituido por una mezcla de cemento y fibra de amianto. *Naves industriales con techumbre de fibrocemento.*

fibroma. m. *Med.* Tumor benigno formado exclusivamente por tejido fibroso. *La paciente presenta un fibroma uterino.*

fibrosis. f. *Med.* Formación patológica de tejido fibroso. *El amianto puede producir fibrosis pulmonar.*

fibroso, sa. adj. **1.** De la fibra. *Los tendones están formados por tejido fibroso.* **2.** Que tiene muchas fibras. *La pulpa de la piña es fibrosa.*

fíbula. f. *Arqueol.* Broche o hebilla usados para sujetar prendas de vestir. *En los yacimientos prerromanos se han encontrado fíbulas de bronce.*

ficción. f. **1.** Hecho o efecto de fingir. *Las horas extras que declara son una ficción.* **2.** Invención o producto de la imaginación. *La mayor parte lo que cuenta es pura ficción.* Se usa espec. en literatura. *Don Quijote es un personaje de ficción.* **3.** *Lit.* Género literario que comprende las obras, gralm. narrativas, que tratan de hechos y personajes imaginarios. *En la estantería están las obras de ficción.*

ficha. f. **1.** Pieza pequeña, gralm. plana y circular, que tiene un valor asignado y se usa en sustitución de la moneda. *El agua caliente de las duchas funciona con fichas.* **2.** Pieza pequeña, gralm. de plástico y con un número grabado, que se usa para control en lugares como guardarropas, vestuarios o consignas. *El encargado de los vestuarios le dio una ficha.* **3.** En algunos juegos de mesa: Pieza pequeña con que se juega. *Las fichas de dominó.* **4.** Trozo de papel o de cartulina, gralm. pequeño y rectangular, en que se anotan determinados datos y que se suele archivar junto a otros del mismo tipo con fines clasificatorios. *El profesor tiene una ficha de cada alumno.* ■ **~ artística.** f. *Teatro, Cine* y *TV* Lista de los nombres y funciones de los miembros del equipo artístico, como director, guionista, actores, etc. *En la ficha artística de este filme está lo mejor de Hollywood.* ■ **~ técnica.** f. *Teatro, Cine* y *TV* Lista de los nombres y funciones de los miembros del equipo técnico, como operadores, ingenieros de sonido, electricistas, etc.

fichaje. m. Hecho de fichar o contratar. *El fichaje del delantero.* Tb. la persona fichada. *El nuevo fichaje debuta hoy.* Tb. fig. *El último fichaje de la empresa es un economista.*

fichar. tr. **1.** Hacer una ficha con los datos (de alguien o algo). *El bibliotecario tiene que fichar los libros.* **2.** En deporte: Contratar (a un deportista o a un técnico). *El club fichará al jugador brasileño.* Tb. fig. *El político ha fichado a un asesor de imagen.* **3.** coloq. Sentir desconfianza o recelo (hacia alguien). *El jefe me tiene fichado.* ○ intr. **4.** Marcar un trabajador la hora de entrada o salida de un centro de trabajo introduciendo su ficha en una máquina con reloj. *Hoy he fichado a las nueve.* **5.** Firmar un contrato como jugador o técnico de un equipo. *El portero ha fichado* POR *el Deportivo.* Tb. fig. *Se marchó de su empresa para fichar* POR *una multinacional.*

fichero. m. **1.** Caja o mueble con cajones que se emplea para guardar fichas ordenadamente. *En la oficina había una mesa de trabajo y un fichero metálico. Buscó bibliografía en los ficheros.* Tb. el conjunto de fichas que contiene. *El fichero está ordenado alfabéticamente.* **2.** *Inform.* Archivo. *He grabado el fichero en un disquete.*

ficticio, cia. adj. **1.** Fingido o simulado. *En la foto tenían todos una sonrisa ficticia.* **2.** Imaginario o falso. *Un personaje ficticio.*

ficus. m. Planta ornamental de interior con hojas grandes y de haz brillante. *El ficus del salón ha crecido mucho.*

fidedigno, na. adj. Digno de crédito. *Un testigo fidedigno del suceso.*

fideicomiso. m. *Der.* Disposición por la que una persona que hace testamento deja a otra unos bienes para que, cumpliéndose determinadas circunstancias, los transmita a alguien o los invierta del modo que se le señala. *El notario aclaró a los comparecientes los términos del fideicomiso.*

fidelidad. f. Cualidad de fiel. *Dudaba de la fidelidad de su marido.* ■ **alta ~.** f. En un aparato de sonido: Capacidad para lograr una reproducción muy fiel del sonido. *Equipos de alta fidelidad.*

fidelísimo, ma. → **fiel.**

fideo. m. **1.** Pasta alimenticia en forma de cordel. Frec. en pl. *Sopa de fideos.* **2.** coloq. Persona muy delgada. *¿Quién es ese fideo que va con tu hermana?*

fideuá. f. Plato semejante a la paella pero hecho con fideos en lugar de arroz. *El plato del día es fideuá de marisco.*

fiduciario, ria. adj. **1.** *Econ.* Dicho de moneda o título: De valor variable, que depende del crédito y confianza que merezca. *Antes de que apareciera la moneda fiduciaria, se pagaba con piezas de oro o plata.* ● m. y f. **2.** *Der.* Persona que hereda unos bienes para transmitirlos a otra o para invertirlos de determinada manera. *En el testamento, nombra fiduciario a su amigo.*

fiebre. f. **1.** Aumento anormal de la temperatura del cuerpo, con aceleración del pulso y de la respiración. *Temblaba y deliraba a causa de la fiebre.* **2.** Se usa para designar diferentes enfermedades que tienen como síntoma característico la fiebre (→ 1). *Fiebre palúdica.* Frec. en pl. *El explorador cogió unas fiebres.* **3.** Estado de viva agitación producido por algo. *Ahora está entusiasmado con la videoconsola; ya se le pasará la fiebre.* ■ **~ aftosa.** f. Enfermedad del ganado caracterizada por la fiebre (→ 1) y el desarrollo de vesículas en la boca y entre las pezuñas. *Una epidemia de fiebre aftosa.* ■ **~ amarilla.** f. Enfermedad infecciosa epidémica, propia de América tropical y Senegal, transmitida por la picadura de ciertos mosquitos y caracterizada por vómitos y fiebres (→ 1) altas. *La fiebre amarilla azotó a la población antillana.* ■ **~ del heno.** f. Estado alérgico, propio de la primavera o el verano, producido por la inhalación del polen y caracterizado por conjuntivitis, catarro nasal y síntomas asmáticos. *Tiene fiebre del heno y estornuda sin cesar.* ■ **~ de Malta.** f. Enfermedad infecciosa, propia pralm. de países mediterráneos, producida por una bacteria y caracterizada por temperatura irregular y sudores abundantes. *Cogió la fiebre de Malta por estar con las cabras.* ■ **~ tifoidea.** f. Enfermedad infecciosa que afecta al intestino delgado y es producida por una bacteria. *Contrajo la fiebre tifoidea al beber agua contaminada.* ⇒ TIFOIDEA. ▶ **1:** CALENTURA.

fiel. adj. (sup. **fidelísimo**). **1.** Constante en el cumplimiento de sus obligaciones o compromisos con alguien o algo. *Los empleados fieles* A *la empresa no la abandonaron. Un perro fidelísimo.* Tb. fig. *La nueva ley es fiel* AL *espíritu de la reforma.* **2.** Exacto, o conforme con la verdad. *Hizo una traducción muy fiel.* **3.** Creyente de una religión, espec. del catolicismo. Más frec. m. y f. *El sacerdote se dirige a los fieles.* ● m. **4.** En una balanza: Aguja que se pone en posición vertical cuando hay igualdad entre los pesos comparados. *Añadió un tomate al platillo y el fiel señaló el centro.*

fieltro. m. Materia textil semejante al paño, pero sin tejer, que se obtiene prensando borra, lana o pelo. *Sombrero de fieltro.*

fiera. → **fiero.**

fiereza. f. Cualidad de fiero. *Defendía a su amigo con fiereza.*

fiero, ra. adj. **1.** Dicho de animal: Salvaje o agresivo. *El león se vuelve más fiero cuando está hambriento.* Tb. fig. *Un viento fiero.* **2.** Duro o áspero. *Me miró con gesto fiero.* ● f. **3.** Animal salvaje, espec. el carnívoro. *Llevaba un rifle para defenderse de las fieras.* **4.** coloq. Persona cruel o de carácter violento. *Los guerreros enemigos eran fieras sanguinarias.* **5.** coloq. Persona muy dotada o brillante en una actividad. *¡Menuda fiera eres tú* PARA/EN *los negocios!* ■ **como una fiera.** loc. adv. coloq. En estado de gran irritación. *Se puso como una fiera conmigo.*

fierro. m. Am. Hierro. *El techo está cubierto por una chapa de fierro* [C]. *Se recomienda aplicar a la planta sulfato de fierro* [C].

fiesta. f. **1.** Día en que, por disposición legal o por precepto eclesiástico, no se trabaja y la mayoría de los establecimientos permanecen cerrados. *Mañana es fiesta y no hay colegio.* Tb. *día de ~. El uno de enero es día de fiesta.* **2.** Acto organizado para que se diviertan los asistentes. *Están preparando el programa de fiestas.* **3.** Reunión de gente para celebrar algo o para divertirse. *El día de mi cumpleaños daré una fiesta.* **4.** coloq. Descanso laboral que se hace en un día que no es fiesta (→ 1). *En el trabajo nos han dado un día de fiesta.* Frec. en la constr. *hacer ~. Como el 12 de octubre cae en jueves, el viernes 13 haremos fiesta.* **5.** coloq. Palabra, caricia o gesto cariñosos. Frec. en la constr. *hacer ~s* a alguien. *El perrito vino a hacernos fiestas.* ■ **~ de guardar,** o **de precepto.** f. *Rel.* Día en que hay obligación de oír misa. *Los domingos y fiestas de guardar no se trabaja.* □ **aguar la ~.** loc. v. coloq. Interrumpir una diversión. *Lo estoy pa-*

sando muy bien, no me agües la fiesta. ■ **no estar** alguien **para ~s.** loc. v. coloq. Estar de mal humor o no encontrarse en buena disposición para lo que se expresa. *Id vosotros al cine, yo no estoy para fiestas.* ■ **se acabó la ~.** expr. coloq. Se usa para interrumpir y cortar una discusión o un asunto cualquiera. *Vamos, se acabó la fiesta: cada uno a su trabajo.* ■ **tengamos la ~ en paz.** expr. Se usa para advertir a alguien que no dé motivo de discusión o pelea. *Dejad la política y tengamos la fiesta en paz.* ▶ **1:** FESTIVO.

fiestero, ra. adj. Amigo de fiestas o celebraciones. *Mis paisanos son gente fiestera.* Tb. m. y f. *El local cierra tarde y en él paran todos los fiesteros.* ▶ FESTERO.

figón. m. Casa de comidas de poca categoría. *Comimos en un figón inmundo.*

figura. f. **1.** Forma exterior de alguien o algo. *La Tierra tiene figura esférica.* **2.** Figura (→ 1) del cuerpo de una persona, espec. si es proporcionada. *Para mantener la figura, procura hacer deporte.* Frec. precedido de un adj. como *buena* o *mala.* **3.** Representación de una figura (→ 1). *El papel de envolver tiene pequeñas figuras de colores.* **4.** Representación pictórica o escultórica de la figura (→ 1) humana o animal. *Colocó las figuras del belén.* **5.** Ilustración de un libro. *Véase la figura de la página siguiente.* **6.** En una baraja: Carta en la que aparece una figura (→ 1) humana. *La sota, el caballo y el rey son figuras.* **7.** Personaje de una obra dramática. *Este actor suele interpretar la figura de galán.* **8.** Persona que destaca en una determinada actividad. *Su sueño es convertirse en figura de la canción.* **9.** *Lit.* Forma de expresarse que se aparta de la habitual con fines expresivos o estilísticos. *El poema abunda en figuras.* Tb. *~ retórica.* **10.** *Mat.* Línea o conjunto de líneas con que se representa un objeto. Tb. *~ geométrica. En la lámina aparecen triángulos, circunferencias y otras figuras geométricas.* ■ **~ decorativa.** f. Persona que ocupa un puesto sin ejercer las funciones esenciales del mismo, o asiste a un acto solemne sin tomar en él parte activa. *Él no participa en las decisiones, es una figura decorativa.* ▶ **2:** TALLE, TIPO.

figuración. f. **1.** Hecho o efecto de figurar o figurarse. *Yo no te tengo manía: son figuraciones tuyas.* **2.** *Teatro, Cine* y *TV* Conjunto de figurantes. *Las películas de romanos necesitan mucha figuración.* ▶ **2:** COMPARSA.

figurado, da. part. **1.** → **figurar.** ● adj. **2.** Dicho de sentido: Que no corresponde al literal de una palabra o expresión, pero está relacionado con él por una asociación de ideas. *El sentido literal de "lazo" es "atadura", y el sentido figurado, "unión".* **3.** Del sentido figurado (→ 2). *Lenguaje figurado.*

figurante, ta. m. y f. *Teatro, Cine* y *TV* Persona que aparece en una escena sin hablar ni intervenir directamente en la acción. *En la obra intervienen decenas de figurantes.* ▶ COMPARSA, EXTRA.

figurar. intr. **1.** Formar parte de un determinado conjunto de personas o cosas. *La tenista figura* ENTRE *las mejores del mundo.* **2.** Aparecer o constar en algún lugar. *Su nombre no figura* EN *esta lista.* **3.** Destacar, o ser considerado importante. *Le gusta mucho figurar y salir en los periódicos.* ○ tr. prnl. **4.** Imaginarse o suponer (algo). *Me figuro que habrá perdido el autobús.*

figurativo, va. adj. **1.** Dicho de arte o de obra artística: Que representa figuras de seres o cosas concretos del mundo material. *Su obra se aleja del arte figurativo.* **2.** Dicho de artista: Que cultiva el arte figurativo (→ 1). *Comenzó como pintor figurativo.* Tb. m. y f. *Es uno de los figurativos más cotizados.* ■ **no ~.** loc. adj. Dicho de arte, obra artística o artista: Abstracto. *Pintura no figurativa.*

figurín. m. **1.** Dibujo de una prenda de vestir que se emplea como modelo para confeccionarla. *Este vestido lo he copiado del figurín.* **2.** Persona que va muy elegante o pone mucho cuidado en su vestido. *Es muy sencilla vistiendo, pero el marido es un figurín.*

figurinista. m. y f. Persona que se dedica a hacer figurines, espec. los del vestuario de una obra teatral o cinematográfica. *Trabajó como figurinista en el teatro.*

figurón. m. despect. Persona que aparenta o se da importancia. *En el acto hablarán tres o cuatro figurones.*

fijación. f. Hecho de fijar o fijarse. *La fijación del salario mínimo es tarea del Gobierno.*

fijado. m. Hecho de fijar. *Para el fijado del cabello utilice laca.*

fijador, ra. adj. **1.** Que fija o sirve para fijar. *Existen algas fijadoras de nitrógeno.* ● m. **2.** Cosmético de consistencia pastosa que sirve para fijar el cabello. *Con el peine se extendió el fijador.* **3.** Líquido que sirve para que una imagen fotográfica o una pintura quede inalterable a la acción de la luz o de otros agentes atmosféricos. *Después de revelar las fotos, las puso en un recipiente con fijador.* ▶ **2:** GOMINA.

fijar. tr. **1.** Poner (algo o a alguien) en un lugar, asegurándo(los) de modo que no se muevan o se desplacen. *Fijó el cartel* EN *la pared con chinchetas.* **2.** Poner (algo, frec. la mirada o la atención) en un lugar o situación y hacer que se mantenga en ellos. *Es un niño muy inquieto y cuesta fijar su atención.* **3.** Establecer o determinar (algo) de manera firme. *Aún no han fijado la fecha.* **4.** Precisar (algo) o hacer que quede claro. *Antes de empezar la lección, fijaremos algunos conceptos.* **5.** En fotografía: Hacer que (la imagen fotográfica) quede inalterable a la acción de la luz. *El líquido empleado para fijar la imagen fotográfica se llama fijador.* **6.** *Arte* Hacer que (un dibujo, una pintura o el color) queden inalterables a la acción de la luz o de otros agentes atmosféricos. *El restaurador se limita a eliminar barnices y fijar el color.* ○ intr. prnl. **7.** Dirigir la atención hacia alguien o algo. *Se fija mucho* EN *la gente.* **8.** Notar algo o darse cuenta de ello. *¿Te has fijado* EN *las ojeras de Luis?* ▶ **3:** DETERMINAR, SEÑALAR.

fijeza. f. Cualidad de fijo. *Me miraba con fijeza.*

fijo, ja. adj. **1.** Fijado o que no se mueve. *La pieza puede ser fija o móvil.* **2.** Permanentemente establecido sobre reglas determinadas, y no expuesto a cambio o alteración. *Tiene un sueldo fijo.* ● adv. **3.** Con seguridad o sin duda. *Está muy nublado: fijo que hoy llueve.* Frec. con v. como *saber* y en la constr. *de ~. No lo sé de fijo, pero creo que vuelve mañana.*

fila. f. **1.** Conjunto de personas o cosas situadas unas al lado de otras o unas detrás de otras. *Una fila de botellas.* **2.** Línea horizontal formada por un conjunto de personas u objetos colocados unos al lado de otros. *Los soldados de la primera fila dieron un paso al frente.* **3.** coloq. Antipatía (sentimiento de rechazo). Gralm. con *tener* o *tomar. El profesor me tiene fila.* ○ pl. **4.** Servicio militar. *A los dieciocho años, lo llamaron a filas.* **5.** Agrupación, espec. la de carácter político. *El desánimo se apoderó de las filas del equipo.* **6.** *Mil.* Fuerzas militares. *Cunde el pánico en las filas* *enemigas.* ■ ~ **india.** f. Fila (→ 1) de personas colocadas unas detrás de otras. *Entramos en la cueva en fila india.* □ **en ~.** loc. adv. Formando una fila (→ 1). *La gente espera en fila ante la ventanilla.* ▶ **1:** HILERA.

filamento. m. **1.** Cuerpo con forma de hilo. *Si está roto el filamento de la bombilla, es que se ha fundido.* **2.** *Bot.* En una flor: Parte delgada y alargada del estambre. *El filamento sujeta la antera.* ▶ **1:** HILO.

filamentoso, sa. adj. **1.** Que tiene filamentos. *Madera filamentosa.* **2.** Que tiene forma de filamento. *Bacteria filamentosa.*

filantropía. f. Amor al género humano. *Su filantropía hizo posible la construcción del hospital.*

filantrópico, ca. adj. De la filantropía. *Una organización filantrópica se ocupa de los niños de la calle.*

filántropo, pa. m. y f. Persona que se distingue por el amor a sus semejantes y frec. por sus obras en bien de la comunidad. *El filántropo donó su casa para la construcción de una biblioteca.* Tb. adj. *El teatro se edificará gracias a la ayuda de un magnate filántropo.*

filarmónico, ca. adj. **1.** De la música, espec. de la clásica. *El pianista recibe el premio de la sociedad filarmónica.* **2.** Dicho de orquesta: Sinfónica. *La Orquesta Filarmónica de Berlín.* Tb. f. *La Filarmónica de Galicia.* ▶ **2:** SINFÓNICA.

filatelia. f. Afición a coleccionar y estudiar sellos de correos. *En la feria del sello se reúnen anualmente los entusiastas de la filatelia.*

filatélico, ca. adj. **1.** De la filatelia. *Revistas filatélicas.* ● m. y f. **2.** Coleccionista de sellos de correos. *La lupa es instrumento básico del filatélico.*

filatelista. m. y f. Persona que se dedica al estudio o al coleccionismo de sellos de correos. *Un sello que cualquier filatelista desearía poseer.*

filete. m. **1.** Trozo largo y delgado de carne magra, o de pescado sin raspas. *Córteme la pechuga del pollo en filetes.* Frec. designa solo el de carne. *Hoy he comido filetes empanados.* **2.** Línea fina o franja estrecha que sirven de adorno en algo, espec. las situadas en los bordes. *El diploma está impreso en cartulina blanca con filete dorado.* ■ ~ **ruso.** m. Trozo de carne picada, gralm. mezclada con harina, ajo y perejil, que se reboza y se fríe. *De segundo, tomaré filetes rusos con patatas.* □ **darse el ~.** loc. v. malson. Besarse y acariciarse dos personas.

filfa. f. coloq. Mentira, engaño o cosa falsa. *Eso de que ha dado la vuelta al mundo es pura filfa.*

filia. f. cult. Afición o predilección por algo. *Cada cual tiene sus filias y sus fobias.*

filiación. f. **1.** Conjunto de los datos personales de alguien. *Un agente tomó la filiación al detenido.* **2.** Hecho o efecto de tomar la filiación (→ 1) a alguien. *En unas elecciones es indispensable la correcta filiación de los votantes.* **3.** Adscripción a una doctrina u organización. *No declaró su filiación política.* **4.** Relación de influencia o procedencia que una persona o cosa tienen respecto de otra. *Su música tiene filiación romántica.*

filial. adj. **1.** Del hijo. *Amor filial.* **2.** Dicho de entidad: Que depende de otra principal. *Trabaja en una empresa filial nuestra.* Tb. f. *Puede cobrar el cheque en cualquier filial del banco.*

filibustero. m. histór. En el s. XVII: Pirata que actuaba en el mar de las Antillas, espec. contra las colonias españolas. *La isla fue guarida de filibusteros.*

filiforme. adj. *tecn.* De forma de hilo. *Las pestañas son un conjunto de apéndices filiformes.*

filigrana. f. **1.** Obra hecha con hilos de oro o plata soldados con suma delicadeza y de tal manera que formen complicados dibujos. *Lleva unos pendientes con filigrana de plata.* **2.** Cosa delicada o muy trabajada. *La patinadora hacía filigranas sobre el hielo.* **3.** Marca visible al trasluz, que se hace en el papel al fabricarlo. *En la aduana comprueban la filigrana del papel del pasaporte.*

filípica. f. cult. Censura o reprobación severas. *El maestro nos ha echado una filípica.*

filipino, na. adj. De Filipinas (país asiático). *El archipiélago filipino.* Dicho de pers., tb. m. y f. *Muchos filipinos hablan tagalo.*

filisteo, a. adj. histór. De un pueblo que ocupaba la costa mediterránea al norte de Egipto y que luchó contra los israelitas. Dicho de pers., tb. m. y f. *El rey David sometió a los filisteos.*

filloa. f. Torta típica de Galicia, que se hace con harina, huevos y leche, y se fríe en la sartén. *Tomamos de postre filloas.*

film. (pl. **films**). m. Filme. *El film "Casablanca" es un clásico.*

filmación. f. Hecho o efecto de filmar. *La filmación de la película duró ocho semanas.*

filmar. tr. **1.** Registrar o grabar las imágenes (de una película de cine o de una parte de ella). *Antes de filmar la escena, el director habla con los actores.* **2.** Registrar o grabar imágenes (de alguien o algo) en una película cinematográfica. *Filmaron el desembarco del ejército aliado.* ▶ **1:** RODAR. **2:** CINEMATOGRAFIAR.

filme. m. Película cinematográfica. *El filme se rodó en España.* ▶ *PELÍCULA.

fílmico, ca. adj. Del filme. *Ha aumentado la producción fílmica.*

filmina. f. Diapositiva. *La profesora de arte pone filminas de arquitectura griega.*

filmografía. f. Conjunto de filmes de un cineasta, actor, país, época o tema determinados. *"Viridiana" es una de las grandes obras de la filmografía de Buñuel.*

filmoteca. f. Lugar donde se conservan y archivan los filmes para su estudio y exhibición. *Para hacer el reportaje, buscó material en la filmoteca.* Tb. la sala o local donde se proyectan esos filmes. *En la filmoteca ponen un ciclo de cine iraní.* ▶ CINEMATECA. ‖ **Am:** CINETECA.

filo¹. m. **1.** Borde agudo de un arma o instrumento cortantes. *El carnicero le sacaba filo al cuchillo.* **2.** Borde de algo. *Se asomó al filo del acantilado.* ■ **al ~ de.** loc. prepos. Muy poco antes o después de. *Llegamos a casa al filo de la medianoche.*

filo². m. *Biol.* Categoría taxonómica en que se clasifican los seres vivos, inmediatamente superior a la clase e inferior al reino. *Los artrópodos y los cordados son ejemplos de filos.* ▶ TIPO.

filogenético, ca. adj. *Biol.* De la filogenia. *Relaciones filogenéticas entre especies.*

filogenia. f. *Biol.* Desarrollo evolutivo de las especies. *La filogenia de las distintas clases de vertebrados.*

filología. f. Ciencia que estudia una cultura tal como se manifiesta en su lengua y en su literatura, pralm. a través de los textos escritos. *Doctor en Filología Clásica.* Tb. designa el estudio de una o varias lenguas y sus literaturas. *Estudia Filología Inglesa.*

filológico, ca. adj. De la filología. *La Universidad publica una revista de estudios filológicos.*

filólogo, ga. m. y f. Especialista o titulado en filología. *La Universidad forma buenos filólogos.*

filón. m. **1.** Masa mineral que rellena una antigua grieta de las rocas de un terreno. *Al excavar en la montaña, encontraron filones de mineral de cobre.* **2.** Cosa de la que se saca gran provecho. *La novela fue un filón para el autor, que vendió miles de ejemplares.*

filoso, sa. adj. Afilado. *Las rocas filosas del acantilado.*

filosofar. intr. Pensar o reflexionar filosóficamente sobre algo. *El profesor filosofaba* SOBRE *la misión del educador. En sus memorias filosofa* SOBRE *el paso del tiempo y* SOBRE *la muerte. De vez en cuando le gusta estar a solas para filosofar.*

filosofía. f. **1.** Ciencia que busca establecer, de manera racional, los principios más generales que organizan y orientan el conocimiento de la realidad, así como el sentido del obrar humano. *La filosofía abarca la totalidad de las cosas.* **2.** Conjunto sistemático de concepciones de filosofía (→ 1) de alguien. *La filosofía de Kant.* **3.** Manera de pensar de alguien, o concepción que tiene de la vida y las cosas. *Mi filosofía se resume en el lema "vive y deja vivir".* **4.** coloq. Serenidad de ánimo. Frec. en la constr. *tomarse* algo *con* ~. *No te alteres, tómatelo con filosofía.*

filosófico, ca. adj. De la filosofía. *Descartes creó una corriente filosófica.*

filósofo, fa. m. y f. Especialista en filosofía, espec. el que ha creado un sistema filosófico. *La filósofa española María Zambrano fue discípula de Ortega y Gasset.*

filoxera. f. Insecto de color amarillento y tamaño minúsculo, que ataca las hojas y las raíces de las vides. *Una plaga de filoxera.*

filtración. f. Hecho o efecto de filtrar o filtrarse. *Al impermeabilizar el tejado se han terminado las filtraciones de agua. La reunión se hizo en secreto para evitar filtraciones. Se puede producir una filtración del producto tóxico hacia el acuífero.*

filtrado. m. Hecho de filtrar. *En la depuradora se realiza el filtrado de las aguas.*

filtrador, ra. adj. **1.** Que filtra. *Los mejillones son moluscos filtradores del agua.* ● m. **2.** Aparato o dispositivo que sirve para filtrar. *El teléfono cuenta con un filtrador de llamadas no deseadas.*

filtraje. m. Hecho de filtrar. *Han instalado un nuevo sistema de filtraje en la piscina.*

filtrar. tr. **1.** Hacer pasar (algo) por un filtro. *Filtramos el café para que no queden posos.* **2.** Divulgar indebidamente (algo secreto o confidencial). *Alguien filtró las preguntas el día antes del examen.* **3.** Dejar un cuerpo sólido que (algo, espec. un líquido) pase a través de sus poros o resquicios. *La arena del suelo filtra el agua de lluvia.* ○ intr. prnl. **4.** Pasar algo, espec. un líquido a través de los poros o resquicios de un cuerpo sólido. *El agua se filtra* POR *las paredes del cántaro.* **5.** Divulgarse indebidamente algo secreto o confidencial. *La noticia de la detención se ha filtrado y hoy viene en el periódico.*

filtro[1]. m. **1.** Materia o dispositivo porosos a través de los cuales se hace pasar un líquido o un gas para eliminar las partículas que llevan en suspensión. *En la cafetera puso un filtro de papel.* **2.** Dispositivo que elimina o selecciona determinadas frecuencias o radiaciones. *El filtro solar impide que las radiaciones lleguen a la piel.* **3.** Sistema o medio para seleccionar personas o cosas. *Hay que pasar filtros: un examen y una entrevista. Yo hago de filtro y solo le paso las llamadas que le interesan.*

filtro[2]. m. Bebida mágica que hace sentir amor a la persona que la toma. *Tristán e Isolda bebieron accidentalmente un filtro y se enamoraron.*

filudo, da. adj. Am. Afilado. *Ni me mostrarían los perros sus colmillos filudos* [C].

fimosis. f. *Med.* Estrechez del orificio del prepucio, que impide la salida del glande. *Está operado de fimosis.*

fin. m. **1.** Punto en que termina algo, en el tiempo o en el espacio. *Al fin de su vida se arrepintió.* **2.** Última parte de un período de tiempo. *Para llegar a fin de mes, tengo que gastar solo lo justo.* Frec. en pl. *El puente es de fines del siglo* XIX. **3.** Objetivo, o cosa que se pretende. *El fin que persiguen los aspirantes es aprobar.* ■ **~ de fiesta.** m. **1.** Espectáculo con que se termina una función. *El grupo actuará en el fin de fiesta.* **2.** Final notable con que se termina algo. *Por si tuviéramos pocos problemas ahora, como fin de fiesta, te pones malo.* ■ **~ de semana.** m. Parte de la semana que comprende normalmente el sábado y el domingo. *Este fin de semana me voy de acampada.* □ **a ~,** o **a ~es.** loc. adv. En los últimos días, meses o años del período de tiempo que se indica. *Vuelve a fin de año. Nació a fines de julio.* ■ **a ~ de.** loc. prepos. Para, o con el fin (→ 3) de. *Han trabajado toda la noche a fin de entregar el pedido.* ■ **a ~ de cuentas,** o **en ~ de cuentas.** loc. adv. En definitiva. *Después de tantas amenazas, a fin de cuentas no hizo nada.* ■ **a ~ de cuentas,** o **en ~ de cuentas,** o **al ~ y al cabo,** o **al ~ y a la postre.** loc. adv. Se usa para introducir un argumento a favor de lo que se está defendiendo y que se opone a algo dicho o pensado anteriormente. *No tienes que ayudarla; al fin y al cabo ella no te lo ha pedido.* ■ **al ~,** o **por ~.** loc. adv. Se usa para indicar que algo ha sucedido tras una larga espera o tras muchos obstáculos. *Por fin ha llegado el paquete que esperabas.* ■ **dar ~** algo. loc. v. Terminar o acabarse. *Aquí da fin mi historia.* ■ **dar ~** (a algo). loc. v. Acabar(lo). *Estoy a punto de dar fin al trabajo.* ■ **el ~ del mundo.** loc. s. Un sitio muy lejano. Frec. con intención enfática. *Tarda dos horas en llegar porque vive en el fin del mundo. Sus fans lo seguirían hasta el fin del mundo.* ■ **en ~.** loc. adv. **1.** En suma, o en resumen. *He perdido las llaves, el bolso..., en fin, un desastre.* **2.** Se usa para dar por terminada una conversación o un asunto. *En fin, Julio, te dejo, que tengo prisa.* ■ **poner ~** (a algo). Hacer que acabe. *La madre entró y puso fin a la pelea.* ■ **por ~.** → **al fin.** ■ **sin ~.** loc. adj. **1.** Que no se acaba nunca o que no tiene límite. Se usa con intención enfática. *Surgen problemas sin fin.* **2.** Dicho de correa, cinta o cadena: Cerrada, de modo que puede girar continuamente. *El trigo se sube mediante una cinta sin fin.* ▶ **1:** FINAL, LÍMITE. **2:** FINAL.

finado, da. part. **1.** → **finar.** **2.** cult. Que ha finado (→ 1) o que ha muerto. Tb. m. y f. *Al funeral asistieron los amigos y familiares del finado.*

final. adj. **1.** Del fin o punto en que termina algo. *El examen final del curso.* **2.** *Gram.* Dicho espec. de conjunción: Que introduce oraciones finales (→ 3). *"Para que" es un nexo final.* **3.** *Gram.* Que expresa finalidad. *Oración subordinada final.* ● m. **4.** Fin, o punto en que termina algo. *La tienda está al final de* *la calle.* **5.** Última parte de un período de tiempo. *No tengo dinero para llegar a final de mes.* Frec. en pl. *Desde finales de año reside en Madrid.* ○ f. **6.** Competición última y decisiva de un campeonato o de un concurso. *Hoy se juega la final de la Copa.* ■ **a ~, o a ~es.** loc. adv. En los últimos días, meses o años del período de tiempo que se indica. *Cobrarán a final de mes.* ► **4, 5:** *FIN.

finalidad. f. Fin u objetivo de algo. *La encuesta tiene como finalidad conocer las preocupaciones del ciudadano.*

finalista. adj. **1.** Dicho de persona o de equipo: Que en una competición o en un concurso llega a la prueba final después de vencer en las anteriores. Tb. m. y f. *Los finalistas lucharán por la copa.* **2.** Dicho de autor o de obra: Que llega a la votación final. *Hoy se decide cuál de las dos novelas finalistas se lleva el premio.* Dicho de pers., tb. m. y f. *Van a entrevistar al finalista del concurso.*

finalización. f. Hecho de finalizar. *No se sabe la fecha de finalización de las obras.*

finalizar. tr. **1.** Acabar (una cosa), o hacer(la) hasta el final. *Cuando finalices el trabajo, entrégamelo.* ○ intr. **2.** Acabarse o llegar a su fin una cosa. *Deben entregar los impresos antes de que finalice el plazo.* ► *ACABAR.

finalmente. adv. En último lugar. *Le haremos análisis de sangre, de orina y, finalmente, una radiografía.*

financiación. f. Hecho de financiar. *El Ayuntamiento se ocupa de la financiación del festival.* ► FINANCIAMIENTO.

financiador, ra. adj. Que financia. *Las empresas financiadoras del proyecto.* Dicho de pers., tb. m. y f. *Un empresario es el financiador del premio de pintura.*

financiamiento. m. Financiación. *Las obras se realizan con financiamiento público.*

financiar. (conjug. ANUNCIAR). tr. **1.** Aportar el dinero necesario (para algo). *La edición del libro la ha financiado la Comunidad Autónoma.* **2.** Aportar el dinero necesario para la compra (de algo). *El banco nos financió la casa.* ► **1:** *PATROCINAR.

financiero, ra. adj. **1.** De las finanzas. *Es el director financiero de la compañía.* **2.** Que financia. *Entidad financiera.* Dicho de empresa, tb. f. *Compró el coche a través de una financiera.* ● m. y f. **3.** Persona versada en finanzas. *Un financiero podría aconsejarte.* ► **Am: 3:** FINANCISTA.

financista. m. y f. **1.** Am. Persona que financia un proyecto. *Fue acusado de ser el presunto financista del secuestro* [C]. **2.** Am. Financiero (persona especialista en finanzas). *Ve pensando en un buen financista para Ministro de Hacienda* [C]. ► **2:** FINANCIERO.

finanzas. f. pl. **1.** Conjunto de actividades relacionadas con el dinero que se invierte. *La amenaza de una guerra afecta al mundo de las finanzas.* **2.** Asuntos de dinero. *Antes de darle el crédito, el banco averigua cómo van sus finanzas. Es el responsable de las finanzas del partido.* **3.** Hacienda pública. *Ministro de Finanzas.*

finar. intr. cult. Morir una persona. *El enfermo finó tiempo después.*

finca. f. Propiedad inmueble rústica o urbana. *Han comprado una finca en el campo. El portero de la finca le informará sobre el piso en venta.* Frec. designa la destinada a tareas agrícolas. *En invierno llevan el ganado a una finca de Extremadura.* ► **Am:** ESTANCIA.

finés, sa. adj. **1.** Finlandés. *Parte de Laponia se halla en territorio finés.* Dicho de pers., tb. m. y f. *Los fineses han logrado el oro en el lanzamiento de jabalina.* ● m. **2.** Finlandés (lengua). *Las palabras "sauna" y "tundra" provienen del finés.* ► FINLANDÉS.

fineza. f. **1.** Finura. *Sus análisis políticos son de una gran fineza. Composiciones plenas de fineza armónica.* **2.** Dicho o hecho corteses. *Ha tenido la fineza de invitarnos. Conquistaba a las mujeres con sus detalles y finezas.* ► **2:** *CORTESÍA.

fingido, da. part. **1.** → **fingir.** ● adj. **2.** Falso o no verdadero. *Todo es posible en el fingido mundo de los sueños.*

fingimiento. m. Hecho de fingir. *Su vida se ha convertido en un puro fingimiento.*

fingir. tr. **1.** Dar a entender (algo que no es cierto). *Finge dormir, pero sé que está despierta.* **2.** Dar existencia ideal (a algo que realmente no la tiene). *Con luces y sombras fingía escenas maravillosas en el escenario.* ► **1:** AFECTAR, APARENTAR, SIMULAR. **2:** SIMULAR.

finiquitar. tr. **1.** Liquidar o pagar por completo (una cuenta). *Ha vendido una propiedad para finiquitar sus cuentas con Hacienda.* **2.** Acabar o concluir (algo). *Llegó a un acuerdo para finiquitar su contrato antes de lo estipulado.* ► **1:** *LIQUIDAR. **2:** *ACABAR.

finiquito. m. **1.** Hecho de finiquitar o liquidar. *Ha pedido el finiquito en su empresa. Me comprometo a pagar una cantidad mensual hasta el finiquito de la deuda.* Tb. el documento en que se hace constar. *Hemos firmado ya el finiquito.* **2.** Hecho de finiquitar o acabar. *El golpe de Estado dio finiquito al régimen anterior.*

finisecular. adj. Del fin de siglo. Frec. referido al s. XIX. *El Madrid finisecular está bien retratado en las obras de Galdós.*

finito, ta. adj. cult. Que tiene fin o límite. *Los recursos del planeta son finitos.* Se usa espec. en ciencias como la física o las matemáticas. *¿Es el universo finito o infinito? Los números de dos cifras forman un conjunto finito.*

finitud. f. cult. Cualidad de finito. *Al ser humano le cuesta aceptar la finitud de la vida.*

finlandés, sa. adj. **1.** De Finlandia. *La bandera finlandesa es blanca con una cruz azul.* Dicho de pers., tb. m. y f. *Gran parte de los finlandeses vive en Helsinki.* ● m. **2.** Lengua hablada en Finlandia. *Buscan intérpretes de finlandés para el Parlamento Europeo.* ► FINÉS.

fino, na. adj. **1.** Delgado o de poco grosor. *Una fina película de polvo cubre los muebles. Ponle al niño una camisa de tejido fino.* **2.** Dicho de persona o de parte de su cuerpo: Delgada y gralm. de formas delicadas. *Es menuda y con la cara fina. A mi gusto, tiene las piernas demasiado finas.* **3.** Suave o agradable al tacto. *Tiene una piel muy fina. Lleva un pañuelo de fina seda.* **4.** Dicho de persona: Cortés o bien educada. *Es muy fino y no come nunca con las manos.* **5.** Dicho de sentido: Agudo o que percibe las cosas con claridad y detalle. *Ningún ruido escapa a su fino oído.* **6.** Dicho de persona o de sus cosas: Agudas o penetrantes. *Es una fina observadora de cuanto la rodea. Tiene un fino sentido del humor.* **7.** Dicho de cosa: De buena calidad. *En esta pastelería tienen unos dulces muy finos. Solo usa joyas finas, jamás bisutería.* **8.** Dicho de metal: Muy depurado. *Oro fino. Plata fina.* **9.** Dicho de jerez: Muy seco, de color pálido y con una graduación que oscila entre 15 y 17 grados. *Le encanta el jerez fino de esa marca.* Tb. m. *Tomaron una copa de fino.*

finolis. adj. coloq., despect. Que muestra finura y delicadeza exageradas o poco naturales. *Como es tan finolis, nunca moja pan en la salsa.* Dicho de pers., tb. m. y f. *A ese restaurante solo van los finolis.*

finta. f. Hecho de amagar un golpe o un movimiento con intención de engañar al rival. *Con ágiles fintas se zafaba de sus perseguidores.* Se usa espec. en deportes. *El extremo hace una finta y desborda al defensa.*

fintar. intr. Hacer una o varias fintas. *El boxeador finta con habilidad.*

finura. f. Cualidad de fino. *La finura del velo permite ver la cara de la novia. El pelo del gato tiene la finura del terciopelo. Su falta de finura ha molestado a los presentes. Su vista no tiene ya la finura de antaño.* ▶ FINEZA.

fiordo. m. Golfo estrecho y profundo, entre montañas de laderas abruptas, formado por los glaciares durante el período cuaternario. *Haremos un viaje por los fiordos de Noruega.*

firma. f. **1.** Nombre de una persona que, escrito por ella de su propia mano y siempre de la misma manera, sirve gralm. para dar autenticidad a un documento o aprobar su contenido. *El cheque no sirve si no lleva la firma del titular. Tiene una firma difícil de falsificar. Un cuadro sin firma.* **2.** Hecho de firmar. *El notario nos citó para la firma de las escrituras.* **3.** Empresa o compañía comercial. *La firma de cosméticos presenta sus nuevos productos.* **4.** Autor periodístico, literario o artístico. *En el diario escriben algunas de las más prestigiosas firmas del país.* **5.** Peculiaridad del estilo o de la manera de actuar de alguien. *El robo tiene la firma de un profesional. La restauración efectuada en el edificio traiciona la firma del arquitecto.* ▶ **3:** *EMPRESA. **5:** SELLO.

firmamento. m. cult. Cielo, espec. cuando en él aparecen los astros. *Señala un punto del firmamento para indicarnos la Estrella Polar. Un relámpago cruza el firmamento.*

firmante. adj. Que firma. *Los Estados firmantes se comprometen a cumplir el convenio.* Dicho de pers., tb. m. y f. *Entre los firmantes del manifiesto hay varios intelectuales. Los abajo firmantes aceptan los términos del contrato.*

firmar. tr. Poner alguien su firma (en un documento). *Firmó la carta y la metió en el sobre. Ha firmado un contrato por dos años.* Tb. usado en constr. intr. *Ha usado una pluma para firmar.*

firme. adj. **1.** Que no se mueve ni se desplaza, por estar bien sujeto o apoyado. *Esta mesa es firme, no se tambalea. Las baldosas no están firmes y alguien puede tropezar.* **2.** Dicho de persona: De actitud u opiniones invariables o que no se deja influir. *Se mantiene firme en su decisión.* **3.** Definitivo (final y no sujeto a cambios). *El juez dictó sentencia firme. Aún no tenemos un plan firme para las vacaciones.* **4.** Dicho de soldado: Que está de pie con los tacones juntos y los brazos rígidos y pegados al cuerpo. *Al entrar el capitán, los soldados se ponen firmes.* Frec. en la constr. *en posición de ~s. El batallón formaba en posición de firmes.* ● m. **5.** Capa sólida de terreno, sobre la que se puede cimentar. *Les costó hacer los cimientos porque no encontraban el firme.* **6.** Capa de piedra machacada que da consistencia al pavimento de una calle o carretera. Tb. todo el pavimento. *Cortarán el tráfico para reparar el firme de la carretera.* ■ **de ~.** loc. adv. Con constancia o intensidad. *Si quieres aprobar, tienes que estudiar de firme. Su jefe lo aprecia porque trabaja de firme.* ■ **en ~.** loc. adv. Con carácter definitivo. *La fecha del encuentro se fijó en firme para la semana que viene. Lo has encargado en firme y no te puedes echar atrás.* Tb. loc. adj. *Cuando tengas una propuesta en firme, comunícamelo.* ■ **~s.** interj. *Mil.* Se usa para ordenar a los soldados que adopten la posición de firmes (→ 4). *El coronel exclamó: –¡Firmes!* ▶ **1:** ESTABLE, SEGURO. **3:** DEFINITIVO.

firmeza. f. Cualidad de firme. *Los tablones tienen poca firmeza y se mueven al pisarlos. Admiro la firmeza con la que defiende sus convicciones.*

fiscal, la. (La forma **fiscala** solo se usa como n. f., alternando con la más frec. **fiscal**). adj. **1.** Del fisco. *Un asesor fiscal le hace la declaración de la renta. La ley tributaria establece exenciones fiscales.* **2.** Del fiscal (→ 3). *El acusado se enfrenta a una petición fiscal de diez años de prisión. Toda la carrera fiscal está a favor de las reformas procesales.* ● m. y f. **3.** Persona que ejerce la acusación pública en los tribunales de justicia. *Fue nombrada fiscal antidroga.*

fiscalía. f. **1.** Cargo o actividad del fiscal. *Ha ocupado la Fiscalía General del Estado.* **2.** Oficina del fiscal. *El informe policial se remitirá a la fiscalía.*

fiscalidad. f. Sistema fiscal o tributario. *El Gobierno se propone reformar la fiscalidad. Habrá mejoras en la fiscalidad de los planes de pensiones.*

fiscalización. f. Hecho de fiscalizar. *El objetivo de la fiscalización es comprobar que no hay errores contables. Los observadores internacionales llevan a cabo la fiscalización del proceso electoral.*

fiscalizador, ra. adj. Que fiscaliza. *El informe fiscalizador del Tribunal de Cuentas revela graves anomalías. Es una madre fiscalizadora que apenas deja libertad a sus hijos.* Dicho de pers., tb. m. y f. *No soy un fiscalizador ni estoy aquí para ver si trabajas o no.*

fiscalizar. tr. Controlar o vigilar (algo o a alguien). *Los inspectores de la ONU fiscalizarán el proceso de desarme. Está harto de que su hermano lo fiscalice.*

fisco. m. **1.** Conjunto de organismos públicos que se ocupan de la recaudación de impuestos. *El fisco le reclama miles de euros por ingresos no declarados.* **2.** Conjunto de bienes del Estado. *El dinero para obras públicas proviene del fisco.* ▶ *HACIENDA.

fisgar. tr. coloq. Mirar con curiosidad (algo) o intentar enterarse (de ello). *Ha fisgado mis cartas. Fisgaba desde la ventana.* Tb. usado en constr. intr. *¡Cómo le gusta fisgar!*

fisgón, na. adj. coloq. Aficionado a fisgar. *Es tan fisgona que escucha detrás de las puertas.* Tb. m. y f. *Algún fisgón ha estado revolviendo en el cajón de mi mesa.*

fisgonear. tr. coloq. Fisgar (algo). *Alguien fisgoneó mis cosas y las dejó desordenadas.* Tb. usado en constr. intr. *Siempre anda fisgoneando.*

físico, ca. adj. **1.** De la física (→ 6), o de su objeto de estudio. *La longitud es la magnitud física que expresa la distancia entre dos puntos.* **2.** Del cuerpo. *Personas con discapacidad física o psíquica. Hace ejercicio para mejorar su estado físico.* **3.** Material o real. *Ante la imposibilidad física de leer toda la bibliografía, hizo una selección.* ● m. y f. **4.** Especialista o titulado en física (→ 6). *Newton y Einstein son dos de los grandes físicos de la Historia.* ○ m. **5.** Aspecto externo del cuerpo de una persona. *Es un hombre atractivo, tanto por su físico como por su personalidad.* ○ f. **6.** Ciencia que estudia las propiedades de la materia y la energía y las relaciones entre ambas. *La profesora de física explicó los conceptos de velocidad e inercia de un móvil.* Frec. en pl. designa los estudios universitarios correspondientes. *Estudia Físicas en la Universidad de Barcelona.*

fisicoquímico, ca. adj. **1.** De la fisicoquímica (→ 2), o de su objeto de estudio. *Leyes fisicoquímicas. Las propiedades fisicoquímicas del agua.* ● f. **2.** Ciencia que estudia los fenómenos comunes a la física y la química. *La especialización da lugar a ciencias interdisciplinarias, como la bioquímica o la fisicoquímica.*

fisiocracia. f. histór. Doctrina económica del s. XVIII que atribuía a la naturaleza y a la agricultura el origen de toda riqueza. *La fisiocracia nació en Francia.*

fisiócrata. m. y f. histór. Partidario de la fisiocracia. *Adam Smith conoció a Quesnay y otros fisiócratas, que le influyeron notablemente.*

fisiología. f. Ciencia que estudia las funciones de los seres vivos. *En la carrera de Medicina se estudian Fisiología y Anatomía.*

fisiológico, ca. adj. De la fisiología, o de su objeto de estudio. *El envejecimiento produce cambios fisiológicos en el organismo. Estudios fisiológicos.*

fisiólogo, ga. m. y f. Especialista en fisiología. *El fisiólogo ha explicado cómo la sudoración sirve para refrigerar el organismo.*

fisión. f. *Fís.* Rotura del núcleo de un átomo con liberación de energía. *Energía de fisión. Reactor de fisión.* Tb. ~ *nuclear. A mediados del siglo* XX *comenzó a producirse electricidad mediante fisión nuclear.*

fisionomía. f. Fisonomía. *La fisionomía del minero reflejaba la dureza de su trabajo. En pocos años ha cambiado la fisionomía de la ciudad.*

fisioterapeuta. m. y f. Especialista en fisioterapia. *Un fisioterapeuta me da masajes en la espalda.*

fisioterapia. f. Tratamiento de las enfermedades o lesiones por medio de elementos naturales, como el aire, el agua o la luz, o de ejercicios mecánicos, como el masaje o la gimnasia. *El médico le ha prescrito fisioterapia para sus dolencias articulares.*

fisonomía. f. **1.** Aspecto particular del rostro de una persona. *La operación de cirugía estética ha cambiado radicalmente su fisonomía.* **2.** Aspecto exterior de algo. *El ser humano actúa sobre la fisonomía del paisaje. Se realizarán obras en el museo sin alterar su fisonomía.* ▶ FISIONOMÍA.

fisonómico, ca. adj. De la fisonomía. *El lunar en la mejilla es el rasgo fisonómico que permite distinguir a los gemelos.*

fisonomista. m. y f. Persona que tiene facilidad natural para recordar y distinguir a las personas por su fisonomía. *Soy buen fisonomista y nunca se me olvida una cara.*

fístula. f. *Med.* Conducto anormal que comunica un órgano con el exterior del cuerpo o dos órganos entre sí y que puede ser congénito, adquirido o artificial. *Su incontinencia se debe a una fístula en las vías urinarias. Fístula anal.*

fisura. f. **1.** Grieta o hendidura en la superficie de algo. *El agua entraba en el barco por las fisuras del casco. Las raíces del árbol han abierto fisuras en el pavimento.* **2.** Hendidura de un hueso sin que llegue a romperse. *La radiografía muestra que hay fisura de tibia.* **3.** Quiebra o pérdida de consistencia en algo, espec. en una actitud, una idea u otra cosa inmaterial. *El partido mantiene una unidad sin fisuras.* ▶ **1:** *ABERTURA.

fitófago, ga. adj. *Zool.* Dicho de animal: Que se alimenta de vegetales. *El pulgón es un insecto fitófago.* Tb. m. *En el parque abundan los ciervos, los venados y otros grandes fitófagos.*

fitoplancton. m. *Biol.* Plancton vegetal. *La marea negra afectó gravemente al fitoplancton marino.*

fitosanitario, ria. adj. *Agric.* y *Biol.* De la prevención y curación de las enfermedades de las plantas. *La productividad de las tierras mejora con el empleo de productos fitosanitarios.*

fitoterapia. f. *Med.* Tratamiento de las enfermedades por medio de plantas o sustancias vegetales. *El romero y el tomillo se usan mucho en fitoterapia.*

flacidez. (Tb. **flaccidez**). f. Cualidad de flácido. *Hace abdominales para combatir la flacidez del vientre. Ha estrechado mi mano con flaccidez.*

flácido, da. (Tb. **fláccido**). adj. Blando o sin consistencia. *Tiene los muslos flácidos. Las hojas penden flácidas de las ramas.*

flaco, ca. adj. **1.** Dicho de persona o animal, o de parte de su cuerpo: Que tiene muy poca carne. *Está tan flaco que se le caen los pantalones. Un gato flaco hurgaba en la basura. Tiene los brazos largos y flacos.* **2.** Antepuesto a un nombre como *servicio* o *favor*, se usa para enfatizar la idea contraria a la designada por ese nombre. *Comiendo lo que te prohíbe el médico, te estás haciendo un flaco favor. Sus declaraciones hacen un flaco servicio a la democracia.* **3.** cult. Flojo o débil. *La guerra destapa la miseria moral y la flaca condición del ser humano.* ▶ **1:** DELGADO.

flacucho, cha. adj. coloq., despect. Algo flaco. *Es una chica flacucha y desgarbada.* A veces con intención afectiva. *¡Ay, flacucho, cuánto te quiero!*

flagelación. f. Hecho de flagelar o flagelarse. *La flagelación era un castigo habitual en época de Jesucristo.*

flagelado, da. adj. *Biol.* Que tiene uno o más flagelos. *Células flageladas.*

flagelar. tr. **1.** Azotar (a alguien) con un flagelo. *Los alguaciles flagelaban al reo para que confesara. Un monje se flagela en su celda.* **2.** Criticar o censurar (a alguien) con dureza. *Nos flagela con el reproche de que hemos cedido al chantaje.*

flagelo. m. **1.** Instrumento que sirve para azotar. *Los penitentes se golpeaban con flagelos.* Tb. fig. *El paro es el flagelo de nuestra sociedad.* **2.** *Biol.* Órgano con forma de hilo que sirve a algunas células o microorganismos para desplazarse. *Con el microscopio se pueden ver los flagelos de las bacterias.* ▶ **1:** *LÁTIGO.

flagrante. adj. **1.** Tan evidente que no necesita pruebas. *La invasión es una violación flagrante del derecho internacional. La medida está en flagrante contradicción con sus promesas electorales.* **2.** Que se está ejecutando en el momento del que se habla. *La policía podrá entrar en la vivienda si hay certeza de delito flagrante.*

flamante. adj. **1.** Dicho de cosa: Acabada de hacer o de estrenar. *Como no ha vivido nadie en el piso, los muebles están flamantes. Hoy se inaugura el flamante* *edificio.* **2.** Antepuesto a un nombre, expresa que la condición de lo designado por él se tiene desde hace poco. *Todos felicitaban al flamante académico. Nos ha presentado a su flamante esposa.* **3.** Brillante o resplandeciente. *Desenvainó la espada flamante.*

flambear. tr. Rociar (un alimento) con licor y prenderle fuego a este. *El camarero flambea la tarta y la sirve.*

flamboyán. m. Árbol tropical de copa achaparrada, que se cubre de abundantes y vistosas flores rojas. *La plaza de la ciudad colonial está adornada con flamboyanes y tamarindos.*

flamear. intr. **1.** Ondear una bandera u otra cosa parecida movidas por el viento. *Las banderas flamean a media asta en señal de duelo.* **2.** Despedir llamas. *La hoguera flameaba en la oscuridad.* ○ tr. **3.** Pasar (algo) por una llama. *Antes de asar el pollo, lo flameó.*

flamenco, ca. adj. **1.** De Flandes (región histórica de Europa, o provincia actual de Bélgica). *Pintura flamenca. Nacionalismo flamenco.* Dicho de pers., tb. m. y f. *Los flamencos defienden el uso de su idioma.* **2.** Dicho espec. de cante o baile: De carácter popular y propio de Andalucía, espec. de su población gitana. *Festival de cante flamenco.* Tb. referido a la persona que se dedica a ellos. *Un bailaor flamenco taconea sobre el tablao.* **3.** coloq. Chulo o insolente. *Oye, no te pongas flamenco.* ● m. **4.** Idioma flamenco (→ 1). *El flamenco es lengua oficial en Bélgica.* **5.** Cante o baile flamencos (→ 2). *Vamos a ver un espectáculo de flamenco.* **6.** Ave de patas y cuello muy largos, con el pico curvado hacia abajo y plumaje blanco y rosado o rojo. *El flamenco hembra. Centenares de flamencos se juntan en la marisma.*

flamencología. f. Estudio del cante y el baile flamencos. *El experto en flamencología conoce bien los palos del cante jondo.*

flamencólogo, ga. m. y f. Experto en flamencología. *El flamencólogo analiza el origen de los cantes.*

flamígero, ra. adj. **1.** cult. Que arroja o despide llamas. *Un ángel flamígero.* **2.** cult. Que imita o evoca la forma de las llamas. *Una espada flamígera.*

flan. m. Dulce hecho con yemas de huevo, leche y azúcar, cuajado al baño María dentro de un molde bañado de azúcar tostada y con forma gralm. de cono truncado. *De postre hay flan.* ■ **como un ~.** loc. adj. coloq. Muy nervioso. *En los exámenes me pongo como un flan.*

flanco. m. Lado o costado. *Atacaron a la infantería por el flanco derecho. Pegado al flanco de la casa había un cobertizo.*

flanera. f. Molde para hacer flan. *Recubra el interior de la flanera de azúcar tostado.*

flanquear. tr. Estar alguien o algo al lado o a los lados (de una persona o cosa). *Dos guardaespaldas flanquean al presidente. Una avenida flanqueada de palmeras.*

flaquear. intr. Debilitarse o perder fuerza. *Con los años, su vista empezó a flaquear. No flaquees ahora, que falta poco para la cima.*

flaqueza. f. **1.** Debilidad o falta de fuerza, espec. moral o espiritual. *En un momento de flaqueza he accedido a su petición.* **2.** Acción desacertada o reprobable cometida por debilidad. *Una flaqueza juvenil lo marcó toda la vida.*

flash. (pal. ingl.; pronunc. "flas"). m. **1.** Aparato que produce un destello breve e intenso, proporcionando la luz necesaria para hacer una fotografía. *El* flash *de la cámara se activa automáticamente al disparar.* Tb. el destello. *Los* flashes *deslumbraban a la actriz.* **2.** *Period.* Noticia breve que se da con carácter urgente. *Interrumpimos la emisión para dar un* flash *sobre el comienzo de la guerra.* ¶ [Adaptación recomendada: *flas,* pl. *flases*].

flashback. (pal. ingl.; pronunc. "flásbak"). m. *Cine, TV* y *Lit.* Interrupción del relato para narrar algo anterior a la acción en curso y gralm. relacionado con ella. *En "Casablanca" hay un* flashback *de la historia de amor en París.* ¶ [Equivalentes recomendados: Cine, TV: *escena, secuencia retrospectiva, salto atrás;* Lit.: *analepsis*].

flato. m. Acumulación molesta de gases en el tubo digestivo. *El champán me produce flato.*

flatulencia. f. Malestar causado por la acumulación de gases en el tubo digestivo. *El paciente se queja de flatulencia.*

flatulento, ta. adj. **1.** Que produce flato. *Las lentejas pueden ser flatulentas.* **2.** Que padece flato. *Las personas flatulentas deben evitar algunos alimentos.*

flauta. f. **1.** Instrumento musical de viento, de madera o metal, que tiene forma de tubo y varios agujeros que se tapan con los dedos o con llaves. *Aprende a tocar la flauta.* ○ m. y f. **2.** Flautista. *Los flautas de la orquesta se levantaron para saludar.* ■ **~ dulce, o de pico.** f. Flauta (→ 1) que tiene boquilla en el extremo superior del tubo y se toca colocándola de frente delante de la cara. *Hizo sus primeros pinitos musicales con la flauta dulce.* ■ **~ travesera.** f. Flauta (→ 1) que tiene embocadura en un lateral de la parte superior del tubo y se toca colocándola de través, de izquierda a derecha. *Toca la flauta travesera en una orquesta.* □ **sonar la ~ (por casualidad).** expr. coloq. Se usa para indicar que un acierto es casual. *Me presentaré al examen a ver si suena la flauta.*

flautín. m. **1.** Flauta pequeña de tono agudo y penetrante. *El sonido del flautín me recuerda al trino de un pajarillo.* ○ m. y f. **2.** Músico que toca el flautín. *Estuvo de flautín en una banda militar.*

flautista. m. y f. Músico que toca la flauta. *Los flautistas se sientan detrás de las violas.* ▶ FLAUTA.

flebitis. f. *Med.* Inflamación de una vena. *Evítese el medicamento en caso de enfermedad circulatoria, como arteriosclerosis o flebitis.*

flecha. f. **1.** Arma arrojadiza consistente en una varilla delgada con punta afilada en uno de sus extremos. *Los indígenas cazan con arco y flechas.* **2.** Indicador en forma de flecha (→ 1), espec. el de dirección. *Siga la flecha. La flecha del plano indica la posición de la casa.* ■ **como una ~.** loc. adv. coloq. Muy deprisa. *El ladrón corría como una flecha.* ▶ **1:** SAETA.

flechar. tr. **1.** Herir (a alguien) con una flecha. *Un indio flechó al vaquero.* **2.** Enamorar (a alguien) de manera repentina. *Es tan guapa que me ha flechado con la mirada.*

flechazo. m. **1.** Golpe o herida de flecha. *El animal tiene un flechazo en el costado.* **2.** coloq. Amor repentino e inmediato. *Tuve un flechazo con ella nada más conocerla. Lo nuestro fue un flechazo.*

fleco. m. **1.** Adorno compuesto por una serie de hilos, tiras o cordoncillos, normalmente de la misma longitud, que cuelgan de una tira de tela. *Juguetea con el fleco de la bufanda.* Tb. cada hilo, tira o cordoncillo. *A la alfombra se le están deshilachando los flecos.* **2.** coloq. Detalle o aspecto menor que quedan por resolver en un asunto. *Salvo pequeños flecos aún por negociar, el pacto es ya un hecho.*

fleje. m. Tira de hierro u otro material resistente que se emplea para reforzar embalajes o, en forma de aro, para asegurar cubas y toneles. *Con el martillo remacha los flejes del barril.*

flema. f. **1.** Mucosidad que se arroja por la boca, procedente de las vías respiratorias. *Expulsa flemas al toser.* **2.** Calma o impasibilidad. *Ha afrontado el problema con su habitual flema.*

flemático, ca. adj. Que tiene flema o calma. *Es un hombre flemático, jamás se altera.*

flemón. m. *Med.* Inflamación del tejido conjuntivo, espec. de las encías. *Tiene la mejilla hinchada por un flemón.*

flequillo. m. Porción de cabello recortado que cae sobre la frente. *Córteme el flequillo.* ▶ **Am:** CERQUILLO.

fletán. m. Pez comestible, parecido al gallo pero más oscuro, que vive en aguas profundas al norte del Atlántico. *El pesquero llega con una carga de fletán.*

fletar. tr. Tomar en alquiler (una embarcación, espec. un buque, u otro vehículo aéreo o terrestre). *Fletarán un barco para transportar la mercancía.*

flete. m. **1.** Precio del alquiler de una embarcación, espec. un buque, u otro vehículo aéreo o terrestre. *La compañía exportadora pagó el flete y el seguro de transporte.* **2.** Carga de un buque. *El barco porta un flete de armas y municiones.*

flexibilidad. f. Cualidad de flexible. *Entre las ventajas del cuero está su flexibilidad. Han mostrado flexibilidad y han llegado a un acuerdo.*

flexibilizar. tr. Hacer flexible (algo o a alguien). *Pretenden flexibilizar los horarios comerciales.*

flexible. adj. **1.** Que se puede doblar fácilmente. *Material flexible. La gimnasta tiene las articulaciones muy flexibles.* **2.** Dicho de cosa: Que puede adaptarse según las circunstancias o necesidades. *Tiene un horario flexible. Las condiciones del préstamo son flexibles.* **3.** Dicho de persona: Que acepta con facilidad la opinión o la voluntad de otros. *No sabe ser flexible con sus empleados.* **4.** Dicho de cosa: Propia de la persona flexible (→ 3). *Su padre es un hombre de carácter flexible.*

flexión. f. **1.** Hecho o efecto de doblar algo, espec. el cuerpo o una de sus partes. *Se tumba en el suelo para hacer flexiones. La escayola le impide hacer la flexión del brazo.* **2.** *Gram.* Variación que puede sufrir la forma de una palabra mediante el cambio de desinencias. *Los nombres tienen flexión de género y número.*

flexionar. tr. Doblar o hacer que se doble (algo). *Para agacharse flexionó las rodillas.*

flexivo, va. adj. *Gram.* De la flexión. *Las desinencias son morfemas flexivos.*

flexo. m. Lámpara eléctrica de mesa, con brazo flexible que permite concentrar el foco de luz en un espacio determinado. *En la mesa de estudio tiene un flexo.*

flexor, ra. adj. Que permite un movimiento de flexión. *Se ha seccionado el tendón flexor del dedo.* Dicho de músculo, tb. m. *Sufre una contractura de los flexores de la pierna.*

flipar. intr. **1.** coloq. Entusiasmarse con alguien o algo. *He flipado* CON *la película; es buenísima.* ○ intr. prnl. **2.** coloq. Drogarse o consumir drogas. *Se flipan con pegamento.* ○ tr. **3.** Apasionar o gustar mucho (a alguien). *Me flipa el chocolate.*

flirtear. intr. Coquetear o mantener un juego amoroso con una persona. *Flirtea* CON *todas las mujeres que conoce.* ▶ COQUETEAR.

flirteo. m. Hecho de flirtear. *Entre ellos no ha habido más que un flirteo.*

flogisto. m. histór. *Quím.* Principio que se creía que formaba parte de todos los cuerpos y era causa de su combustión.

flojear. intr. Empezar a estar flojo o más flojo. *Empezó el curso bien, pero ahora está flojeando. Su argumentación flojea un poco.*

flojedad. f. Cualidad de flojo. *La flojedad de sus ropas le disimula la gordura. La corrida es aburrida por la flojedad de los toros.*

flojera. f. **1.** coloq. Flojedad o falta de fuerza. *Siento flojera en las rodillas.* **2.** coloq. Flojedad o pereza. *Después de comer me entra una flojera tremenda.*

flojo, ja. adj. **1.** Poco apretado o poco tirante. *Le gusta llevar los zapatos flojos. Tensa los cables que están flojos.* **2.** Que tiene poca fuerza. *Al final de las carreras me siento muy flojo. Un vino flojo.* Dicho de pers., tb. m. y f. *Es un flojo y no aguantará la caminata.* **3.** Que tiene poca actividad. *Hoy la Bolsa ha estado floja. Es una época floja para el comercio.* **4.** De calidad inferior a la normal. *Tu ejercicio de redacción es flojo. El equipo ha estado flojo.* **5.** Cobarde o apocado. Dicho de pers., tb. m. y f. *Este es un flojo: en cuanto ve sangre, se marea.* **6.** frecAm. coloq. Vago o perezoso. *Luis es flojo, y Rosita, aplicada* [C]. Tb. m. y f. *Se estarán preguntando cómo un flojo como yo pudo terminar este libro* [C]. ▶ **2:** *DÉBIL.

flor. f. **1.** En una planta: Parte, gralm. perfumada y con hojas de colores, que brota periódicamente y contiene los órganos reproductores. *Compra unas rosas en el puesto de flores. La flor del almendro sale temprano.* **2.** Parte mejor y más escogida de algo. *Este pan se hace con la flor de la harina. La flor del ajedrez mundial.* **3.** Nata que se forma en la superficie del vino durante la fermentación. *En los toneles en que no surja flor, el jerez será normalmente un oloroso.* **4.** Dulce en forma de flor (→ 1), hecho con huevos, leche y harina, frito en aceite y rociado con miel o azúcar. *Acompañan el café con unas flores.* **5.** coloq. Piropo o alabanza. *No me eches tantas flores, que me ruborizo.* ■ **~ compuesta.** f. *Bot.* Conjunto de muchas florecillas (→ 1) agrupadas en un receptáculo común. *El diente de león tiene flores compuestas.* ■ **~ de lis.** f. *Heráld.* Figura de la flor (→ 1) del lirio compuesta de tres hojas, una grande y ancha en el medio, y dos estrechas y curvadas a los lados. *En el escudo hay una flor de lis blanca.* ⇒ LIS. □ **a ~.** loc. adv. En o sobre la superficie. *El yacimiento se encuentra a flor* DE *tierra.* ■ **a ~ de piel.** loc. adv. A punto de mostrarse o dejarse ver. *Tengo los nervios a flor de piel.* ■ **en ~.** loc. adj. **1.** Que tiene flores (→ 1). *El valle está precioso con los cerezos en flor.* Tb. loc. adv. **2.** Que está en el primer momento de esplendor o belleza. *Una muchacha en flor.* Tb. loc. adv. ■ **en la ~ de la edad,** o **de la vida.** loc. adv. En la juventud. *Están en la flor de la vida y rebosan energía.* ■ **la ~ y nata.** loc. s. Lo más escogido y selecto. *En el festival estará la flor y nata del cine europeo.* ■ **ni ~es.** loc. adv. coloq. Nada. *A pesar de mi insistencia, él ni flores, no respondía.*

flora. f. **1.** Conjunto de las plantas de un país, región o medio determinados. *Flora ibérica. Flora acuática.* **2.** *Biol.* Conjunto de los microorganismos que habitan en un medio determinado, espec. en una parte del cuerpo. *Los laxantes destruyen la flora intestinal.*

floración. f. Hecho de florecer una planta. *Las altas temperaturas han adelantado la floración.* Tb. el tiempo en que se produce. *La floración del almendro suele empezar en febrero.*

floral. adj. De la flor o las flores, o de flores. *Hacen un ofrenda floral al santo. Una tela estampada con motivos florales.*

floreado, da. part. **1.** → **florear.** ● adj. **2.** Que tiene flores pintadas como adorno. *Lleva una falda floreada.*

florear. tr. **1.** Adornar y guarnecer (algo) con flores. Gralm. en part. *Un balcón floreado.* **2.** *Mús.* Desarrollar con adornos (una melodía). Gralm. en part. *Los despertaron con una diana floreada.*

florecer. (conjug. AGRADECER). intr. **1.** Echar flores una planta. *Ya ha florecido el romero.* **2.** Prosperar, o adquirir fuerza o empuje. *Después de la crisis, la economía floreció.* **3.** Aparecer, o pasar a tener existencia. *El surrealismo florece en Francia en los años veinte.* ○ intr. prnl. **4.** Ponerse mohoso algo, espec. un alimento. *Con la humedad el pan se ha florecido.*

floreciente. adj. Que está en plena etapa de prosperidad o de desarrollo. *Gracias a su industria, esta es una ciudad floreciente. Un negocio floreciente.*

florecimiento. m. Hecho de florecer, espec. desarrollándose. *Los mecenas contribuyen al florecimiento de las artes.*

florería. f. frecAm. Floristería. *Fui a una florería del centro y le envié un ramo de rosas* [C].

florero. m. Recipiente para poner flores. *Pon las rosas en el florero.* ▶ BÚCARO.

floresta. f. cult. Terreno frondoso y agradable, poblado de árboles. *Las ninfas corrían por la floresta.*

florete. m. Espada de hoja muy estrecha, de cuatro aristas y gralm. sin aro en la empuñadura, que se usa en esgrima. *Empuña el florete y se pone en guardia.*

floricultor, ra. m. y f. Persona que se dedica a la floricultura. *El floricultor cruza variedades de plantas.*

floricultura. f. Cultivo de las flores. *En el invernadero se dedican a la floricultura.*

florido, da. adj. **1.** Que tiene flores. *La ventana daba a un jardín florido.* **2.** Escogido o selecto. *Al acto asiste lo más florido de la sociedad.* **3.** Dicho espec. de lenguaje o estilo: Muy adornado. *Escribe con un estilo rico y florido.*

florilegio. m. Colección de piezas literarias selectas. *El florilegio recoge poesías de los mejores autores de la época.*

florín. m. Unidad monetaria de los Países Bajos anterior al euro, y de Hungría. *En su colección de monedas tiene florines holandeses.*

floripondio. m. despect. Flor grande, espec. en adornos. *Lleva un horrible vestido de floripondios.*

florista. m. y f. Persona que vende flores. *La florista prepara un bonito ramo.*

floristería. f. Establecimiento en que se venden flores. *Ha comprado claveles en la floristería.* ▶ **frecAm:** FLORERÍA.

floritura. f. Adorno, espec. el aparatoso o complicado. *Su estilo narrativo es sencillo y sin florituras.* Frec. despect. *Termine el informe y no se entretenga en florituras.*

florón. m. Adorno en forma de flor grande. *El espadachín llevaba un florón de plumas en su sombrero.* Se usa espec. en arquitectura. *La lámpara cuelga de un florón en el techo.*

flota. f. **1.** Conjunto de barcos que tienen un destino o utilidad comunes. *La flota pesquera permanece amarrada por el temporal. Flota de guerra.* **2.** Conjunto de aviones u otros vehículos. *Las líneas aéreas están renovando sus flotas.*

flotabilidad. f. Capacidad de flotar. *La grasa proporciona mayor flotabilidad al cuerpo.*

flotación. f. Hecho de flotar un cuerpo. *La flotación de un cuerpo depende de su densidad.*

flotador. m. **1.** Objeto destinado a flotar en la superficie de un líquido y evitar que un cuerpo se hunda. *Antes de meterte en la piscina, ponte el flotador.* **2.** Aparato que sirve para determinar el nivel de un líquido o para regular su salida. *Se ha roto el flotador de la cisterna.*

flotante. adj. Que flota. *Un cuerpo flotante. En el lago se alquilan casas flotantes.*

flotar. intr. **1.** Sostenerse un cuerpo en la superficie de un líquido. *La pelota flota* EN *el agua. El corcho flota.* **2.** Sostenerse en suspensión un cuerpo en un líquido o un gas. *Partículas de polvo flotan por todas partes.* **3.** Estar algo inmaterial en un lugar. *El miedo flota en el ambiente.*

flote. a ~. loc. adv. **1.** Flotando. *No consiguen poner la barca a flote.* **2.** A salvo o fuera de peligro. *Ha sacado a flote la empresa en plena crisis.*

flotilla. f. Flota de barcos pequeños. *El barco fue rescatado por una flotilla de remolcadores.*

fluctuación. f. Hecho o efecto de fluctuar. *El valor de las acciones depende de las fluctuaciones de la bolsa.*

fluctuante. adj. Que fluctúa. *El nivel de agua del embalse es fluctuante.*

fluctuar. (conjug. ACTUAR). intr. Oscilar algo, creciendo y disminuyendo alternativamente su intensidad, grado o medida. *El valor de la moneda fluctúa. El precio fluctúa* ENTRE *los diez y los doce euros.* ▶ OSCILAR.

fluidez. f. Cualidad de fluido. *La fluidez de la lava varía según el tipo de volcán. Se expresa con gran fluidez.*

fluidificar. tr. cult. Hacer fluido o más fluido (algo). *Los vahos fluidifican las secreciones del resfriado.*

fluido, da. adj. **1.** Dicho de sustancia: Que se encuentra en estado líquido o gaseoso. *Los cuerpos fluidos carecen de forma propia.* Frec. m. *Propiedades físicas de los fluidos.* **2.** Dicho de cosa, frec. de lenguaje o estilo: Que se produce o se desarrolla de manera natural, fácil y continuada, sin interrupciones ni obstáculos. *Tráfico fluido. Las relaciones entre los dos estados son fluidas.* ● m. **3.** Corriente eléctrica. *Al reparar el cable, se ha restablecido el fluido.* Tb. *~ eléctrico. La tormenta ha interrumpido el fluido eléctrico.*

fluir. (conjug. CONSTRUIR). intr. **1.** Correr o moverse un fluido. *El agua fluye por el cauce.* Tb. fig. *Una masa de gente fluye por la avenida.* **2.** Brotar con facilidad una idea o una palabra de la mente o de la boca. *Las palabras fluyen de la boca del orador.*

flujo. m. Hecho o efecto de fluir. *Flujo sanguíneo.* Tb. fig. *El flujo de inmigrantes crece.*

flúor. m. Elemento químico del grupo de los halógenos, gaseoso en estado natural, tóxico, de color amarillo verdoso y olor sofocante (Símb. *F*). *Los dentífricos con flúor previenen la caries.*

fluoración. f. *tecn.* Hecho de fluorar. *La fluoración de las aguas.*

fluorar. tr. *tecn.* Añadir flúor (a una sustancia). *Las autoridades decidieron no fluorar el agua de beber.*

fluorescencia. f. *Fís.* Luminiscencia que desaparece al cesar la causa que la produce. *La fluorescencia se descubrió al estudiar la acción del sol sobre el espato flúor.*

fluorescente. adj. **1.** De la fluorescencia. *A lo lejos se ve el resplandor fluorescente de un anuncio.* **2.** Que tiene fluorescencia. *Lleva una camiseta con dibujo fluorescente.* ● m. **3.** Tubo fluorescente (→ **tubo**). *Se encendieron los fluorescentes del aula.*

fluorita. f. *Mineral.* Mineral compuesto de flúor y calcio, cristalino y de colores brillantes y variados, que se emplea pralm. en metalurgia y artes decorativas. *Lentes de fluorita.*

fluoruro. m. *Quím.* Sal de un ácido del flúor. *Un dentífrico con fluoruro sódico.*

fluvial. adj. Del río o de los ríos. *Puerto fluvial. Pesca fluvial.*

flux. m. Am. Terno. *El director viste un flux de dril blanco limpiecito* [C]. ▶ *TRAJE.

fluyente. adj. Que fluye. *El agua fluyente del río.*

FM. (sigla; pronunc. "efe-eme"). f. *Radio* Sistema de transmisión por medio de la modulación de la frecuencia de las ondas sonoras, que permite una alta calidad de sonido. *La cadena de radio tiene varias emisoras que emiten en FM.* Tb. la banda de frecuencias correspondiente en el aparato receptor. *Sintonícenos en el 96.3 de la FM.*

fobia. f. **1.** cult. Aversión o rechazo fuertes. *Tendrás que vencer tu fobia* A *madrugar. Tiene muchas filias y fobias.* **2.** *Med.* Miedo patológico, irracional y obsesivo. *Tiene fobia* A *las alturas.*

fóbico, ca. adj. **1.** *Med.* De la fobia. *Sufre trastornos fóbicos.* **2.** *Med.* Dicho de persona: Que padece fobia. *El paciente es un individuo fóbico.*

foca. f. Mamífero marino de cuerpo alargado, pelaje corto y espeso, frec. gris, sin orejas y con dos aletas delanteras para arrastrarse y una trasera para nadar, del cual existen varias especies, por ej.: *~ gris, ~ monje. La foca macho. Un grupo de focas se zambulle para pescar. Un abrigo de piel de foca.*

focal. adj. Del foco. *El pintor escoge con cuidado el motivo focal del cuadro.* Se usa espec. en física y matemáticas. *Distancia focal.*

focalización. f. Hecho de focalizar. *La focalización del interés en las elecciones ha marginado otros asuntos.*

focalizar. tr. Centrar o concentrar (algo) en un foco o punto. *Han focalizado la atención en el escándalo político.*

focha. f. Ave acuática de tamaño medio, con plumaje negro, pico blanco y una placa córnea en la frente, también blanca, que habita en las orillas de lagos y pantanos. *La focha macho. La focha puso el nido entre los carrizos.*

foco. m. **1.** Lámpara eléctrica orientable, de luz muy potente, concentrada en una dirección. *Un foco ilumina el centro del escenario.* **2.** Punto en que se origina y desde el que se propaga algo. *Los bomberos buscan el foco del incendio.* **3.** Punto donde algo se encuentra concentrado con toda su fuerza. *El pueblo se ha convertido en el foco de interés de la prensa.* **4.** *Fís.* Punto donde se concentran o del que parten ondas o haces de rayos. *Los rayos traspasan la lente y convergen en el foco.* **5.** *Mat.* Punto fijo que sirve para generar una elipse, una hipérbola o una parábola. *La elipse y la hipérbola tienen dos focos; la parábola, solo uno.* **6.** Am. En un vehículo: Faro. *En el camino costero, se encendieron los focos de un auto* [C]. ▶ **6:** FARO.

fofo, fa. adj. despect. Blando y de poca consistencia. *Sus fofas carnes tiemblan al caminar. Es un tipo gordo y fofo.*

fogata. f. Fuego con mucha llama. *Una fogata ilumina el campamento.*

fogón. m. En una cocina: Lugar en que se hace fuego para guisar. *Pon la cazuela sobre el fogón.*

fogonazo. m. Llamarada o destello instantáneos, espec. al disparar un arma de fuego o una cámara fotográfica con *flash. Los fogonazos de las cámaras deslumbran a los actores.*

fogonero. m. Hombre encargado de alimentar la caldera de una máquina de vapor. *El fogonero echa paladas de carbón.*

fogosidad. f. Cualidad de fogoso. *Tiene la fogosidad de un potro salvaje.*

fogoso, sa. adj. Lleno de ímpetu, vehemencia y viveza. *Es un orador fogoso. Temperamento fogoso.* ▶ *APASIONADO.

foguear. tr. Acostumbrar (a alguien) a los problemas y dificultades de un trabajo o situación nuevos. *El chico está malacostumbrado: hay que foguearlo.* Tb. en constr. prnl. media. *Se ha fogueado en la política local.*

fogueo. m. Hecho o efecto de foguear. *Lleva años de fogueo a pie de calle.* ■ **de ~.** loc. adj. Dicho espec. de bala: Que solo tiene pólvora. *Los actores utilizan balas de fogueo.*

foie-gras o ***foie gras.*** (loc. fr.; pronunc. "fuagrás"). m. Paté de hígado, espec. de cerdo o de ave. *Unto* foie-gras *en el pan. He comprado una lata de* foie gras. ¶ [Adaptación recomendada: *fuagrás*, pl. *fuagrases*].

folclor. m. Folclore. *El flamenco pertenece al folclor español.*

folclore. m. Conjunto de costumbres, creencias, canciones, artesanía y otras cosas semejantes, de carácter tradicional y popular. *Un estudioso del folclore se ha especializado en juegos tradicionales.* ▶ FOLCLOR.

folclórico, ca. adj. **1.** Del folclore. *Actúa un grupo folclórico de danza.* ● f. **2.** Cantante de coplas y canciones aflamencadas o de influencia andaluza. *La folclórica sale al escenario con bata de cola.*

folclorista. m. y f. Especialista en folclore. *El folclorista diserta sobre las fiestas populares de la región.*

fólder. m. Am. Carpeta para guardar papeles. *Julián abrió un fólder sobre su escritorio y empezó a sacar papeles* [C]. ▶ CARPETA.

foliación. f. **1.** *Bot.* Hecho de echar hojas una planta. *La floración y foliación del árbol se producen en mayo.* **2.** *Geol.* Estructura en láminas propia de las rocas metamórficas. *La pizarra es una roca de foliación muy desarrollada.*

foliar. adj. *Bot.* De la hoja. *Vellosidad foliar.*

folículo. m. *Anat.* Glándula en forma de saco situada en el espesor de la piel o de las mucosas. *Se* *observa una atrofia de los folículos pilosos. Folículo ovárico.*

folio. m. **1.** Hoja de papel que mide aproximadamente 33 cm de largo y 22 cm de ancho. *En el examen solo ha rellenado medio folio.* Frec. en aposición para expresar esas dimensiones. *Usa hojas de tamaño folio para imprimir el trabajo.* **2.** Hoja de un libro o de un cuaderno. *La escritura de compraventa consta en el libro registral 432, folios 31-40.*

folíolo o **foliolo.** m. *Bot.* Hojita de las varias que forman una hoja compuesta. *Las hojas de la acacia se componen de pares de folíolos opuestos.*

folk. adj. **1.** Dicho de música: Moderna pero inspirada en temas o motivos de la música folclórica. *Vamos a un concierto de música folk.* **2.** De la música folk (→ 1). *Festival folk. Grupo folk.* ● m. **3.** Música folk (→ 1). *Un cantante de folk.*

follaje. m. Conjunto de hojas de los árboles y otras plantas. *En otoño el follaje adquiere tonos amarillentos.* ▶ VERDE.

follar. intr. **1.** malson. Realizar el coito. ○ tr. **2.** malson. Realizar el coito (con alguien). A veces con un pron. expresivo de interés.

folletín. m. **1.** Novela de gusto popular y tono melodramático, con abundantes peripecias, propia del siglo XIX, y que solía publicarse por entregas. *Es una estudiosa de los folletines de la época de Isabel II.* **2.** despect. Novela, u obra teatral o cinematográfica, que presenta características propias del folletín (→ 1). *La película es un folletín lacrimógeno.* **3.** despect. Conjunto de sucesos insólitos, propios de un folletín (→ 1). *Su luna de miel se ha convertido en el folletín del verano.*

folletinesco, ca. adj. despect. Del folletín. *La trama de la obra es folletinesca. Se vio envuelta en una intriga folletinesca.*

folleto. m. Obra impresa, no periódica, de pocas hojas y de carácter informativo o publicitario. *Un folleto turístico.*

folletón. m. despect. Folletín. *No se cómo puedes leer esos folletones.*

follón. m. **1.** coloq. Situación confusa y gralm. ruidosa. *Hay un follón de tráfico en el centro. Una mujer se ha colado y se ha armado un follón.* **2.** coloq. Confusión o falta de claridad, espec. en las ideas. *Tengo bastante follón con las fechas que me he estudiado. Me he armado un follón con tanto papeleo.* Tb. el conjunto de cosas que dan lugar a esa confusión. *No encuentro el talón entre todo este follón de papeles.*

follonero, ra. adj. coloq. Dicho de persona: Que suele armar follones o meterse en líos. *No me gusta ir con él por lo follonero que es.* Tb. m. y f. *Unos folloneros están buscando pelea.*

fomentar. tr. Promover o impulsar el desarrollo (de algo). *Las medidas fiscales fomentan el ahorro. Una campaña para fomentar el turismo.* ▶ *ESTIMULAR.

fomento. m. Hecho o efecto de fomentar. *El fomento de la lectura.* ■ **de Fomento.** loc. adj. Dicho de ministerio: Que se ocupa de obras públicas y transportes, y antiguamente también de otras áreas, como agricultura, industria y comercio. *El Ministerio de Fomento proyecta una nueva autovía.* Tb. dicho del ministro o de otros altos cargos de ese ministerio. *Subsecretario de Fomento.*

fonación. f. *Fon.* y *Fisiol.* Producción de la voz o de los sonidos articulados. *La lengua es un órgano de la fonación.*

fonador, ra. adj. *Fon.* y *Fisiol.* De la fonación. *El aparato fonador.*

fonda. f. Establecimiento hotelero de categoría semejante o inferior a la de la pensión, donde se da alojamiento y se sirven comidas. *Los viajeros se alojan en las fondas del camino.*

fondeadero. m. *Mar.* Lugar de profundidad suficiente para que una embarcación pueda fondear. *Han dejado el barco en el fondeadero.*

fondear. intr. **1.** *Mar.* Asegurarse una embarcación o cualquier otro cuerpo flotante por medio de anclas que se agarren al fondo de las aguas o de grandes pesos que descansen en él. *El barco fondeará en la bahía.* ○ tr. **2.** *Mar.* Asegurar (una embarcación o cualquier otro cuerpo flotante) por medio de anclas que se agarren al fondo de las aguas o de grandes pesos que descansen en él. *El capitán se dispone a fondear el buque cerca de la costa.*

fondillo. m. **1.** Parte trasera de un pantalón, que cubre las nalgas. *Se te ha roto el fondillo del pantalón.* Frec. en pl. con significado sing. *El pantalón tiene los fondillos raídos.* **2.** Am. coloq. Nalgas (parte del cuerpo). *Te prestaré un vestido mío, de cuando todavía no me había desarrollado este fondillo* [C]. Frec. en pl. con significado sing. *Había limpiado los fondillos a Rosalinda hasta que cumplió los cuatro años* [C]. ▶ **1:** FUNDILLO.

fondista[1]. m. y f. Persona que tiene una fonda o que se encarga de ella. *El fondista la acompaña hasta su habitación.*

fondista[2]. m. y f. *Dep.* Corredor de fondo. *Los fondistas se entrenan para el maratón.*

fondo. m. **1.** Parte interna o más alejada del borde de una cosa hueca. *Los posos quedan en el fondo de la botella. Las llaves están en el fondo del bolso.* **2.** Parte interna o más alejada de la entrada de un lugar o de un determinado punto de referencia. *Se sienta al fondo de la clase. El tenista devuelve el golpe desde el fondo de la pista.* **3.** Superficie sólida sobre la que está o sobre la que fluye una masa de agua. *Los cantos se depositan en el fondo del río.* **4.** Profundidad, o distancia que hay entre el fondo (→ 1-3) y el borde, la entrada o la superficie de algo. *El saco tiene poco fondo. La clase tiene unos quince metros de ancho y doce de fondo. Es una laguna de poco fondo.* **5.** Color o dibujo que cubre una superficie y sobre el que destacan otros colores, figuras o dibujos. *He comprado un mantel de flores rojas sobre fondo azul.* **6.** Parte principal y esencial de algo. *Hay que llegar al fondo del asunto.* Frec. se usa en contraposición a *forma*. *El documento contiene errores tanto de forma como de fondo.* **7.** Forma de ser verdadera de una persona. *Es cascarrabias, pero tiene un buen fondo.* **8.** Conjunto de impresos y manuscritos de una biblioteca o archivo. *El fondo documental de esta biblioteca es muy rico.* Frec. en pl. *El libro que busca no se encuentra en los fondos de la biblioteca.* Tb. el conjunto de obras de un museo. *El mosaico forma parte de los fondos del Museo Nacional de Arte Romano de Mérida.* **9.** Conjunto de libros publicados por una editorial. *El nuevo sello editorial dispone de los fondos de todas las editoriales del grupo.* **10.** Cantidad de dinero reunido entre varias personas para un fin. *Hicimos un fondo para pagar la comida.* Tb. ~ *común*. *Cada uno puso diez euros en el fondo común.*

11. *Econ.* Cantidad de dinero que un organismo destina a un fin determinado. *Parte del fondo para el medio ambiente se empleará en la protección de los arrecifes.* **12.** *Dep.* Resistencia física. *Lleva un mes sin entrenar y le falta fondo.* Tb. designa la carrera o modalidad de larga distancia que requieren mucha resistencia. *Es especialista en maratón y en fondo. Practica esquí de fondo.* **13.** Am. Combinación (prenda de vestir). *Ella tenía una capa negra, y debajo el fondo, o si se quiere, la enagua blanca con lacitos azul pálido* [C]. ○ pl. **14.** Dinero, o conjunto de billetes y monedas. *No puedo hacerle un préstamo, porque no tengo fondos. Fondos públicos.* ■ **~ de inversión.** m. Fondos (→ 14) destinados a la inversión de una pluralidad de personas, y administrados por una sociedad gestora. *Traspasa su dinero de un fondo de inversión a otro.* ■ **~ de pensiones.** m. Fondos (→ 14) aportados para disponer de ellos tras la jubilación. *Te convendría ahorrar para un fondo de pensiones.* ■ **~ de reptiles.** m. coloq. Fondos (→ 14) secretos utilizados por un ministerio o un organismo público espec. para corromper a la prensa. *Ciertos periodistas, que cobraban del fondo de reptiles, apoyaban incondicionalmente al Gobierno.* ■ **~s reservados.** m. pl. Dinero autorizado por el presupuesto del Estado para gastos de seguridad exterior o interior, cuya utilización no hay obligación de justificar. *Los altos cargos de Interior han sido acusados del uso irregular de fondos reservados.* ■ **bajos ~s.** m. pl. Sector de la sociedad en que abundan los delincuentes. *El policía conoce todo tipo de personajes de los bajos fondos.* □ **a ~.** loc. adv. **1.** Completamente o con todo detalle. *Necesito estudiar a fondo el problema.* **2.** Con la mayor intensidad posible. *Tienes que emplearte a fondo. Pisa a fondo el acelerador.* ■ **a ~ perdido.** loc. adv. Sin compromiso de devolución. *Cada socio entregó dos millones a fondo perdido.* Tb. loc. adj. *La película recibirá una subvención a fondo perdido.* ■ **de dos, o tres, o cuatro,** etc., **en ~.** loc. adv. En una fila compuesta transversalmente por tantos elementos como se indican. *Los prisioneros van de dos en fondo, escoltados por los policías.* ■ **en el ~.** loc. adv. En realidad. *Aunque parezca enfadado, en el fondo se alegra de lo ocurrido. No te preocupes; en el fondo, la cosa no tiene importancia.* ■ **tocar ~.** loc. v. Llegar al límite de una situación desfavorable. *El equipo tocó fondo cuando descendió a segunda.* ▶ **6:** *ESENCIA. **13:** *COMBINACIÓN.

fondón, na. adj. coloq. Dicho de persona: Que ha perdido la buena figura por haber engordado. *Me he puesto un poco fondona este invierno.*

fondue. (pal. fr.; pronunc. "fondí"). f. **1.** *Coc.* Plato a base de queso que se funde dentro de una cazuela especial y en el que se mojan trozos de pan. *Haremos una* fondue *para la cena.* Tb. el que se hace con otros ingredientes de manera semejante, por ej. con carne frita en aceite o con chocolate fundido. *La carne para la* fondue *tiene un corte especial.* **2.** *Coc.* Conjunto formado por una cazuela, un hornillo y otros utensilios, que se usa para hacer *fondues* (→ 1). *A los novios les regalamos una* fondue.

fonema. m. *Ling.* Sonido del lenguaje considerado exclusivamente en su aspecto significativo. *Las palabras "piso" y "peso" se distinguen por el primer fonema vocálico.*

fonendo. m. *Med.* Fonendoscopio. *El médico lleva el fonendo en el bolsillo de la bata.*

fonendoscopio. m. *Med.* Aparato que amplifica los sonidos de auscultación, consistente en una boquilla que se aplica sobre el cuerpo del paciente y que va unida por dos tubos a unos auriculares. *El doctor escucha el latido del corazón con el fonendoscopio.* ▶ FONENDO.

fonético, ca. adj. **1.** *Ling.* De los sonidos del lenguaje. *El profesor nos ha mandado hacer una transcripción fonética del texto.* ● f. **2.** *Ling.* Parte de la lingüística que estudia los sonidos atendiendo a sus características articulatorias o acústicas. *En fonética se estudian las consonantes sordas y sonoras.* **3.** Conjunto de los sonidos de una lengua. *La fonética castellana se parece más a la italiana que a la inglesa.*

foniatra. m. y f. *Med.* Especialista en enfermedades de los órganos de fonación. *El foniatra enseña al profesor a no forzar la voz.*

fónico, ca. adj. De los sonidos, espec. los del lenguaje. Se usa espec. en lingüística. *Analice el texto en los niveles fónico, morfológico y sintáctico.*

fono. m. Am. Auricular (parte o pieza que se aplica a los oídos). *Entré a una de las cabinas, descolgué el fono y llamé* [C]. *Se escuchaban a través del fono unos ruidos que perturban la conversación* [C]. ▶ AURICULAR.

fonográfico, ca. adj. De la grabación y reproducción de las vibraciones sonoras, o de los instrumentos que se utilizan para ello. *Archivo fonográfico. Disco fonográfico.*

fonógrafo. m. **1.** Gramófono. *En el desván hay un viejo fonógrafo.* **2.** histór. Aparato que registraba las vibraciones sonoras en un cilindro y permitía su reproducción. *Edison inventó el fonógrafo en 1877.*

fonología. f. *Ling.* Parte de la lingüística que estudia los fonemas. *No hay que confundir la fonética con la fonología.*

fonológico, ca. adj. *Ling.* De la fonología. *Nuestro sistema fonológico está constituido por fonemas vocálicos y consonánticos.*

fonoteca. f. Colección o archivo de grabaciones sonoras. *Las cintas de los programas antiguos están en la fonoteca de la emisora.*

fontana. f. cult. Fuente (construcción o manantial). *En los jardines del palacio hay unas hermosas fontanas.*

fontanela. f. *Anat.* Espacio membranoso de los que hay en el cráneo antes de que este adquiera consistencia ósea completa. *Tenga cuidado con la cabeza del bebé, sobre todo hasta que se le cierren las fontanelas.*

fontanería. f. **1.** Oficio o actividad del fontanero. *Se dedica a hacer trabajos de fontanería. Un taller de fontanería.* **2.** Conjunto de conductos por donde se dirige y distribuye el agua. *El piso necesita reparaciones en la fontanería.* **3.** Establecimiento o taller del fontanero. *Si tiene cualquier problema con el grifo, llámenos a la fontanería.* ▶ **Am:** PLOMERÍA.

fontanero, ra. m. y f. Persona que tiene por oficio instalar y reparar conducciones de agua. *El fontanero arregla un grifo que gotea.* ▶ **Am:** PLOMERO.

footing. (pal. ingl.; pronunc. "fútin"). m. Actividad deportiva que consiste en correr al aire libre a velocidad moderada y constante. *En el parque hay gente haciendo* footing. ▶ *JOGGING.*

foque. m. *Mar.* Vela triangular situada en la proa, espec. la mayor de ellas. *El capitán manda izar los foques.*

forajido, da. adj. Que ha cometido un delito y huye de la justicia. *Banda forajida.* Más frec. m. y f., referido a pers. *El protagonista es asaltado por unos forajidos.*

foral. adj. **1.** De los fueros. *Algunas normas del derecho foral gallego siguen vigentes.* **2.** Dicho de territorio o institución: Que tiene fueros. *Pamplona es la capital de la Comunidad Foral de Navarra. Diputación foral.*

foráneo, a. adj. cult. Que es o que viene de fuera, espec. del extranjero. *Varias empresas nacionales cayeron en manos de capital foráneo. Un jugador foráneo.*

forastero, ra. adj. Dicho de persona: Que viene de fuera o que solo vive temporalmente en el lugar de que se habla. *Durante las fiestas, el pueblo se llena de gente forastera.* Tb. m. y f. *Los forasteros no conocen las costumbres locales.* ▶ **Am:** AFUERINO, FUEREÑO.

forcejear. intr. Hacer fuerza una persona para vencer la resistencia de otra persona o de una cosa. *El policía forcejea* CON *el atracador. Forcejeó y consiguió arrebatarle el arma.*

forcejeo. m. Hecho de forcejear. *Tras un largo forcejeo, la cerradura se ha abierto.*

fórceps. (pl. invar.). m. *Med.* Instrumento en forma de tenaza, que se emplea para extraer a la criatura en un parto difícil. *Hay que sacar al niño con el fórceps.* A veces en pl. con significado sing. *El doctor usa los fórceps para corregir la posición del feto.*

forense. m. y f. Médico forense (→ **médico**). *Un forense del juzgado hará la autopsia al cadáver.*

forestación. f. *Bot.* Hecho de poblar un terreno con plantas forestales. *Se ha diseñado un programa regional de forestación.*

forestal. adj. Del bosque. *En verano aumentan los incendios forestales. Camino forestal. Guarda forestal.*

forfait. (pl. **forfaits**). m. Abono que se paga por anticipado y permite disfrutar de un servicio o de unas instalaciones en un tiempo determinado. Se usa espec. en turismo y deportes de nieve. *Con el forfait, los esquiadores suben en el telesilla cuantas veces quieren.*

forja. f. **1.** Hecho o efecto de forjar. *El escultor domina las técnicas de la forja. En la exposición hay rejas y otros trabajos de forja.* **2.** Lugar donde se reduce a metal el mineral de hierro. *Las minas de hierro del Rosellón y la Cerdaña alimentaron las forjas catalanas.* **3.** Fragua. *En la forja le hicieron unas herraduras para el caballo.*

forjado. m. *Constr.* Relleno con que se hacen las separaciones de los pisos de un edificio. *Sobre el forjado se pone el solado de la casa.*

forjador, ra. adj. Que forja. Dicho de pers., tb. m. y f. *El forjador golpea el hierro candente con un martillo. Napoleón fue el forjador del imperio francés.*

forjar. tr. **1.** Dar forma (a un metal o a un objeto de metal), gralm. golpeándo(los) en caliente. *Domina el arte de forjar el hierro. El herrero forja todo tipo de útiles de labranza.* **2.** cult. Crear o formar. *Los romanos forjaron un gran imperio.* Tb. en constr. prnl. media. *Aparecen unas nubes y poco a poco va forjándose la tormenta.*

forma. f. **1.** Aspecto o apariencia exteriores de un cuerpo. *Las monedas tienen forma circular. Cortó una tajada de sandía con forma de media luna.* **2.** Modo en que se hace o en que ocurre algo. *No nos parecía bien su forma de actuar. Cambió de forma de vida. Llueve de forma intermitente.* **3.** Modo en que se expresa una idea. *En la redacción, cuidad tanto el fondo como la forma. No me gustaron ni el fondo ni la forma de sus declaraciones.* **4.** Disposición física o moral para realizar una determinada actividad. *Hace deporte y está en forma. El jugador atraviesa una etapa de buena forma. Se encuentra deprimido y en baja forma.* **5.** *Der.* Conjunto de requisitos externos que debe cumplir un acto jurídico. *La demanda contenía defectos de forma y no fue admitida.* **6.** *Rel.* Pan ácimo de forma (→ 1) circular, usado para la celebración de la eucaristía y para la comunión. *El sacerdote consagra las formas.* **7.** *Ling.* Cada una de las variaciones que puede presentar un elemento gramatical. *La palabra "estudiábamos" es una forma verbal.* ○ pl. **8.** Forma (→ 2) de comportarse adecuadamente. *Procura guardar las formas y ser cortés. Es respetuoso y nunca olvida las buenas formas.* **9.** Forma (→ 1) del cuerpo humano, espec. del pecho, cintura y caderas de la mujer. *Era una mujer atractiva y de formas generosas.* ■ **~ no personal.** f. *Gram.* Forma (→ 7) que presenta un verbo cuando no expresa persona gramatical. *Las formas no personales del verbo son infinitivo, gerundio y participio.* ■ **~ personal.** f. *Gram.* Forma (→ 7) que presenta un verbo cuando expresa persona gramatical. *La oración "Te llamaré cuando termine" tiene dos verbos en forma personal.* □ **dar ~** (a algo). loc. v. Expresar(lo) de manera precisa y ordenada. *Tengo ideas para el artículo, pero aún tengo que darles forma.* ■ **de cualquier ~.** loc. adv. De cualquier manera o sin cuidado. *Con la prisa, metió la ropa en la maleta de cualquier forma.* ■ **de cualquier ~,** o **de todas ~s.** loc. adv. De cualquier manera o en cualquier caso. *–No vas a poder arreglarlo. –De todas formas, lo intentaré. De todas formas, no pensaba presentarme al examen.* ■ **de ~ que.** loc. conjunt. Así que, *No estuvo allí, de forma que no pudo ser el autor del robo.* ■ **de todas ~s.** → **de cualquier forma.** ▶ **8:** *MODALES.

formación. f. **1.** Hecho de formar o formarse. *Las bajas temperaturas dan lugar a la formación de placas de hielo. Irá a Roma para completar su formación.* **2.** *Mil.* Reunión ordenada de un cuerpo de tropas o de barcos de guerra. *El general pasa revista a la formación.* **3.** *Geol.* Conjunto de rocas o masas minerales con características comunes. *El estudio de las formaciones geológicas ayuda a determinar la edad de la Tierra.* **4.** *Bot.* Conjunto de vegetales en los que domina una determinada especie. Tb. ~ *vegetal. La pradera, el pinar y el robledal son formaciones vegetales.* ▶ **1:** *ENSEÑANZA.

formador, ra. adj. Que forma. *La niñez es una etapa formadora del carácter.* Dicho de pers., tb. m. y f. *El curso será impartido por dos formadores.*

formal. adj. **1.** De la forma. *Describe las características formales del poema.* **2.** Dicho de persona: Seria o responsable. *Es un hombre muy formal y no faltará a su palabra.* **3.** Dicho de cosa: Que se ajusta a los requisitos fijados. *Ha hecho renuncia formal de la herencia. Una protesta formal.*

formaldehído. m. *Quím.* Gas incoloro y de olor picante, resultante de la oxidación del alcohol metílico, que tiene usos diversos en la industria química y, disuelto en agua, constituye el formol. *Este pegamento contiene formaldehído.*

formalidad. f. **1.** Cualidad de formal. *Todos confían en ella por su formalidad.* **2.** Requisito externo establecido para la realización de algo. Frec. en pl. *El juez rechaza el recurso porque no cumple las formalidades establecidas.*

formalismo. m. **1.** Tendencia o actitud de aplicar con rigor las normas externas. *Aplica la norma por puro formalismo.* **2.** Tendencia a considerar las cosas en su aspecto formal o externo. Se usa espec. en filosofía. Tb. las doctrinas que siguen esta tendencia. *El formalismo ético de Kant.*

formalista. adj. **1.** Del formalismo. *Hizo un análisis formalista de la obra de arte. Ética formalista.* **2.** Dicho de persona: Que aplica con rigor las normas externas. *Es muy formalista y le gusta que se siga el protocolo.* Tb. m. y f. *Es un formalista.*

formalización. f. Hecho o efecto de formalizar o formalizarse. *Para la formalización del contrato han recurrido a un notario.*

formalizar. tr. **1.** Hacer que (algo) sea formal o se ajuste a los requisitos fijados. *Los asistentes al curso formalizarán su inscripción en secretaría.* **2.** Dar a conocer seria y públicamente (una relación). *Salieron durante varios meses antes de formalizar su relación.* ○ intr. prnl. **3.** Hacerse formal o responsable una persona. *Era un juerguista, pero se ha formalizado.*

formar. tr. **1.** Dar forma (a algo). *Forma un muñeco con plastilina.* **2.** Hacer que (algo) empiece a existir. *El viento forma dunas en la costa. La terminación "-ito" se usa para formar diminutivos.* Tb. en constr. prnl. media. *Se formaron nubes y el sol quedó oculto. Se han formado grumos en la masa.* **3.** Juntar personas o cosas para hacer (un conjunto o un todo). *El profesor ha formado dos equipos con los alumnos de su clase.* **4.** Ser un conjunto de personas o cosas los componentes o partes (de un todo o unidad). *La compañía teatral la forman diez actores. Los médicos estudian los huesos que forman el esqueleto.* **5.** Educar (a alguien) o preparar(lo) para una actividad. *Los profesores forman a los alumnos. Un empleado experto forma a los recién contratados.* Tb. en constr. prnl. media. *Se formó en la universidad de Oxford.* ○ intr. **6.** Colocarse alguien en una formación o conjunto ordenado. *El sargento ordena a los soldados que formen.* ▶ **5:** *ENSEÑAR.

formatear. tr. *Inform.* Dar formato (a algo). *Formatea el disquete. Debes formatear el documento.*

formateo. m. *Inform.* Hecho de formatear. *El formateo del disco es necesario para poder grabar en él.*

formativo, va. adj. Que forma o sirve para formar o educar. *El personal recibe un curso formativo. El deporte es una actividad formativa.* ▶ *EDUCATIVO.

formato. m. **1.** Tamaño de un impreso, considerando su altura y su anchura. *El formato de este periódico es enorme. Han publicado la novela en formato reducido.* **2.** Tamaño de una cosa, espec. de una fotografía o de un cuadro. *En la exposición había varios cuadros de gran formato. El formato de la ampliación es dos veces mayor que el de la foto original.* **3.** *Inform.* Estructura que determina la disposición de los datos en un texto, en un archivo o en un soporte físico de información. *Cuando termine el informe, le daré formato. Compró una caja de disquetes sin formato.* **4.** *Radio* y *TV* Conjunto de características técnicas y de presentación de un programa. *El concurso ha cambiado de formato.*

formenterano, na. adj. De Formentera (isla del archipiélago balear). *La costa formenterana.* Dicho de pers., tb. m. y f.

formica. (Marca reg.). f. Materia plástica dura, en forma de lámina, revestida de una resina artificial brillante, que se pega sobre maderas y aglomerados para protegerlos. *El bar tiene el mostrador de formica.*

formidable. adj. **1.** Muy grande. *Se oyó una formidable detonación. El ejercicio abre un apetito formidable.* **2.** Excelente o magnífico. Se usa con intención enfática. *Hace un día formidable. Felicidades, has estado formidable.* ▶ **2:** *ESTUPENDO.

formol. m. Líquido incoloro y de olor fuerte, consistente en una solución acuosa de formaldehído al 40%, usado como desinfectante y para la conservación de muestras anatómicas o biológicas. *En la sala de operaciones huele a formol.*

formón. m. Herramienta de carpintería semejante a un escoplo, pero de hoja más ancha y plana. *Rebaje la madera sobrante con un formón.*

fórmula. f. **1.** Modo establecido para resolver un asunto o ejecutar algo difícil. *La actual fórmula de reparto de las ayudas es injusta. Para elegir representantes existe la fórmula de las elecciones.* **2.** Modo establecido de expresar algo determinado. *Se despidió con la fórmula "atentamente suyo" y firmó. "Encantado de conocerla" es una fórmula de cortesía.* **3.** Expresión detallada de los componentes de algo, frec. por medio de letras y símbolos. *El médico descubrió la fórmula de la vacuna. Patentarán la fórmula del medicamento.* **4.** *Quím.* Combinación de símbolos químicos que expresa la composición de una molécula de un cuerpo. *La fórmula del agua es H_2O.* **5.** *tecn.* Expresión abreviada de una regla o un principio. *La fórmula de la velocidad es espacio partido por tiempo. Con la fórmula del área se calcula la superficie de un polígono.* **6.** *Dep.* Seguido de un numeral: Categoría de automóviles de carreras que depende de determinadas características, como el peso o la cilindrada. *El piloto es campeón de fórmula 1.* ■ ~ **magistral.** f. Medicamento que solo se prepara por prescripción del médico. *El farmacéutico hace fórmulas magistrales.* □ **por** (**pura**) ~. loc. adv. Para cubrir las apariencias. *Me ofrece su ayuda por pura fórmula, no sinceramente.*

formulación. f. Hecho o efecto de formular. *Concluyó su discurso con la formulación de un deseo. En clase de química aprendemos formulación.*

formular. tr. **1.** Expresar o manifestar (algo). *Formula un deseo y sopla las velas.* **2.** Hacer (algo, como una denuncia, una reclamación o una pregunta). *Volveré a formular la pregunta de manera distinta. Revisaremos las solicitudes que ustedes han formulado.* **3.** *Quím.* Representar mediante símbolos químicos la composición (de una sustancia) o de las sustancias que intervienen (en una reacción). *El profesor nos manda formular el cloruro sódico. Formular una reacción química no es fácil.*

formulario, ria. adj. **1.** Dicho de cosa: Que se hace solo por cubrir las apariencias. *Sus palabras de aliento eran simplemente formularias.* ● m. **2.** Impreso con espacios en blanco para rellenar. *Rellene el formulario y entréguelo en secretaría.* ▶ **Am: 2:** PLANILLA.

formulismo. m. **1.** Tendencia excesiva al uso de fórmulas en la resolución de asuntos o en la expresión de determinadas cosas. *La religión se caracteriza por el formulismo ritual. En sus cartas se aprecia cierto formulismo.* **2.** Actitud de quien actúa solo por cubrir las apariencias. *Le estrechó la mano por puro formulismo.*

fornicación. f. Hecho de fornicar.

fornicar. intr. Realizar el coito fuera del matrimonio. ▶ COPULAR.

fornicio. m. cult. Fornicación.

fornido, da. adj. Dicho de persona o de una parte de su cuerpo: Grande y fuerte. *Es un hombre fornido. Tiene unos brazos muy fornidos.*

foro. m. **1.** (Tb. en mayúsc.). Reunión para discutir asuntos de interés actual ante un auditorio que a veces interviene en la discusión. *Se celebra un foro nacional sobre drogas.* **2.** (Tb. en mayúsc.). histór. En la antigua Roma: Plaza donde se trataban los asuntos públicos y donde el pretor celebraba los juicios. *En el foro había templos y edificios públicos. Cuando estuve en Roma, visité el Foro.* **3.** *Teatro* Fondo del escenario o del decorado. *El actor cruza la escena y hace mutis por el foro.* ▶ **1:** FÓRUM.

forofo, fa. adj. coloq. Partidario entusiasta de algo o alguien, espec. de un deporte o equipo deportivo. *No soy tan forofo* DEL *fútbol como tú.* Más frec., m. y f. *Los forofos* DEL *torero no se pierden una sola de sus corridas.*

forraje. m. Hierba verde o seca destinada a la alimentación del ganado. *Ceban a los corderos con forraje.*

forrajero, ra. adj. Dicho de planta: Que sirve para forraje. *La alfalfa es una planta forrajera.*

forrar. tr. **1.** Poner forro (a algo). *Forra los libros de texto.* ○ intr. prnl. **2.** coloq. Enriquecerse. *Se ha forrado con el negocio de la construcción.*

forro. m. Cubierta con que se reviste algo, por dentro o por fuera, y que sirve de abrigo, protección o adorno. *La cazadora lleva un forro de guata. Le pone forro a los libros.* ■ **~ polar.** m. Prenda de abrigo confeccionada con un tejido que protege mucho del frío. *Para subir a la sierra se pone un forro polar.* □ **ni por el ~.** loc. adv. coloq. En absoluto o de ninguna manera. *Tú no sabes lo que es pasar hambre ni por el forro.*

fortachón, na. adj. coloq. Dicho de persona: Fuerte o robusta. *Su hijo es un chico alto y fortachón.*

fortalecedor, ra. adj. Que fortalece o sirve para fortalecer. *El champú tiene un efecto fortalecedor para el cabello.*

fortalecer. (conjug. AGRADECER). tr. Hacer fuerte o más fuerte (algo o a alguien). *El deporte fortalece los músculos. Las desgracias lo han fortalecido.* Tb. en constr. prnl. media. *Desde que hace ejercicio, se ha fortalecido.*

fortalecimiento. m. Hecho de fortalecer o fortalecerse. *La vida al aire libre ha contribuido a su fortalecimiento.*

fortaleza. f. **1.** Fuerza física. *El luchador tiene una gran fortaleza.* **2.** Fuerza moral. *Se necesita mucha fortaleza para aguantar esa desgracia.* **3.** Recinto fortificado. *Los soldados defendieron la fortaleza.* ▶ **2:** ENTEREZA.

fortificación. f. **1.** Hecho de fortificar. *Para proteger el puente, se hizo necesaria su fortificación.* **2.** Obra que hace un lugar más resistente a los ataques del enemigo. *Son las ruinas de una antigua fortificación.*

fortificar. tr. **1.** Dar (a alguien o algo) fortaleza física o moral. *Camina para fortificar las piernas. Fortifica su fe con oraciones.* **2.** Hacer obras de defensa (en un lugar) para que resista los ataques del enemigo. *Fortificaron la ciudad antes de que llegaran las tropas.*

fortín. m. Recinto fortificado de pequeñas dimensiones. *Los soldados se atrincheran en el fortín.* Tb. fig. *Se refugia en el fortín de su casa y no sale.*

fortísimo, ma. → **fuerte.**

fortuito, ta. adj. Imprevisto y casual. *Un encuentro fortuito. La rotura se ha producido de manera fortuita.*

fortuna. f. **1.** Suerte (causa, o poder imaginario). *La fortuna ha querido que nos reencontremos.* Frec. con adj. como *buena* o *mala*. *Tuvo la mala fortuna de romperse un brazo.* **2.** Buena suerte. *Para triunfar hace falta tenacidad y algo de fortuna.* **3.** Éxito o aceptación. *La película no tuvo mucha fortuna.* **4.** Conjunto de bienes y riquezas de alguien, espec. si es grande. *Los hijos heredarán su fortuna. Tiene una fortuna en joyas.* **5.** Suma grande de dinero. *En ese puesto se debe de ganar una fortuna.* ■ **por ~.** loc. adv. Afortunadamente. *Por fortuna, no hay heridos.* ■ **probar ~.** loc. v. Actuar o participar en algo de dudoso resultado con esperanzas de tener buena suerte. *El negocio es arriesgado, pero hay que probar fortuna.* ▶ **1, 2:** *SUERTE. **4:** *DINERO.

fórum. (pl. **fórums**). m. Foro (reunión). *En el fórum sobre empleo participan ponentes de toda Europa. En Barcelona se celebró el Fórum de las Culturas.*

forúnculo. m. Inflamación con pus producida en el espesor de la piel por una infección bacteriana. *Esta pomada es eficaz en afecciones cutáneas, como eccemas o forúnculos.* ▶ FURÚNCULO.

forzado, da. part. **1.** → **forzar.** ● adj. **2.** Que no es natural o espontáneo. *Su risa es algo forzada. La amabilidad con que nos trata resulta forzada.* ● m. **3.** histór. Galeote condenado a servir al remo en las galeras. *Trabaja como un forzado.*

forzamiento. m. Hecho de forzar. *El forzamiento del mecanismo ha provocado su rotura.*

forzar. (conjug. CONTAR). tr. **1.** Obligar (a alguien) a hacer algo. *Me han forzado* A *entregarles el bolso. Si el niño no quiere comer más, no lo fuerces.* **2.** Aplicar la fuerza (a algo) para vencer su resistencia. *Alguien ha forzado la puerta.* **3.** Poseer sexualmente (a alguien) contra su voluntad. *Los atacantes la secuestraron y la forzaron.*

forzoso, sa. adj. **1.** Obligado o no voluntario. *La jubilación a los 60 años es voluntaria y a los 65 forzosa. La flota se encuentra en situación de amarre forzoso.* **2.** Inevitable o ineludible. *Olvidé las llaves y era forzoso volver a recogerlas.* **3.** Dicho de aterrizaje: Que se hace en un lugar imprevisto debido a dificultades técnicas. *El piloto ha hecho un aterrizaje forzoso con un motor averiado.*

forzudo, da. adj. Dicho de persona: Que tiene mucha fuerza. *Para llevar ese peso hace falta alguien forzudo. En el circo vimos a la mujer forzuda.* Tb. m. y f. *Dos forzudos transportan la estatua.*

fosa. f. **1.** Hoyo hecho en la tierra, espec. para enterrar un cadáver. *Introducen el ataúd en la fosa.* **2.** *Anat.* En algunas partes del cuerpo: Cavidad. Se usa espec. para designar las de la nariz. *El aire pasa a través de las fosas nasales.* **3.** *Geol.* Zona alargada de la corteza terrestre que presenta un hundimiento profundo respecto a los bloques laterales. *Fosa oceánica. Fosa tectónica.* ■ **~ común.** f. Fosa (→ 1) en que se entierran cadáveres que no tienen sepultura propia. *Entierran en fosas comunes a las víctimas del seísmo.* ■ **~ séptica.** f. Pozo negro. *Una fosa séptica recoge las aguas residuales de la urbanización.*

fosco, ca. adj. Dicho de pelo: Ahuecado y algo rizado. *Tiene el pelo negro y fosco.*

fosfatado, da. adj. *Quím.* Que contiene fosfato. *Abona la tierra con fertilizantes fosfatados.*

fosfatina. **hacer ~** (algo o a alguien). loc. v. coloq. Destrozar(los) o causar(les) un gran daño. Se usa con intención enfática. *Ha tirado el jarrón y lo ha hecho fosfatina.* Frec. en part. *La gripe me ha dejado hecha fosfatina.*

fosfato. m. *Quím.* Sal de un ácido del fósforo. *Abonos ricos en fosfato.*

fosforado, da. adj. *Quím.* Que contiene fósforo. *Emplean insecticidas fosforados contra las plagas.*

fosforecer. (conjug. AGRADECER). intr. Emitir luz un cuerpo por fosforescencia. *Algunos minerales fosforecen.* ▶ FOSFORESCER.

fosforescencia. f. **1.** *Fís.* Luminiscencia que permanece algún tiempo al cesar la causa que la produce. *El cuerpo dotado de fosforescencia absorbe energía.* **2.** *Fís.* Luminiscencia persistente de origen químico. *Las luciérnagas presentan fosforescencia.*

fosforescente. adj. Que tiene fosforescencia. *El letrero de la salida está hecho de un material fosforescente.*

fosforescer. intr. Fosforecer. *El uranio, el rubí y la esmeralda fosforescen a bajas temperaturas.*

fosfórico, ca. adj. *Quím.* Del fósforo, o que lo contiene. *El ácido fosfórico se emplea en la preparación de refrescos.*

fosforito. (pl. invar.). adj. **1.** coloq. Dicho de color: Muy luminoso y llamativo. *Lleva una camiseta amarilla fosforito.* **2.** coloq. De color fosforito (→ 1). *Subraya los apuntes con rotuladores fosforito.*

fósforo. m. **1.** Elemento químico inflamable y fosforescente que se encuentra, en diversas formas, tanto en los seres vivos como en el mundo mineral (Símb. *P*). *El fósforo es necesario para mantener sanos los huesos.* **2.** Cerilla. *Prende un fósforo para encender la lumbre.*

fósil. adj. Dicho de sustancia de origen orgánico, o de resto de organismo: Que se encuentra más o menos petrificado en las capas terrestres, espec. si pertenece a otra época geológica. *Han encontrado el diente fósil de un roedor. El ámbar es una resina fósil.* Tb. m. *Un fósil de dinosaurio.*

fosilización. f. Hecho de fosilizar o fosilizarse. *Explique el proceso de fosilización de las bacterias en la roca.*

fosilizar. intr. Convertirse en fósil. *El animal fue sepultado por la tierra y fosilizó.* Frec. prnl. *Estos anfibios se fosilizaron hace miles de años.*

foso. m. **1.** Hoyo profundo en la tierra. *Cavan un foso para reparar la tubería.* **2.** Excavación profunda que rodea una fortaleza. *El gran castillo tenía foso y puente levadizo.* **3.** En un garaje o taller mecánico: Excavación que permite reparar y revisar con comodidad por abajo el vehículo colocado encima. *Para localizar la avería, hay que meter el coche en el foso.* **4.** *Teatro* Piso inferior del escenario. Frec. designa la parte descubierta donde se sitúa la orquesta. *Los músicos ocupan su lugar en el foso.*

foto. f. coloq. Fotografía (imagen). *Nos ha hecho una foto con su cámara digital. Me enseñará fotos de su familia.*

foto-[1]**.** elem. compos. Significa 'luz'. *Fototerapia, fotocromático.*

foto-[2]**.** elem. compos. Significa 'fotografía'. *Fotoperiodismo, fotograbar.*

fotocomposición. f. *Gráf.* Sistema de composición de textos basada en la impresión fotográfica sobre una película fotosensible para su posterior reproducción. *Una vez redactado el libro, se lleva a los talleres de fotocomposición.*

fotocopia. f. Reproducción fotográfica de imágenes directamente sobre papel. *La obra no puede ser reproducida por fotocopia sin el permiso de la editorial.* Más frec. la fotografía obtenida. *Haz fotocopias de los apuntes.*

fotocopiador, ra. adj. **1.** Que fotocopia o sirve para fotocopiar. *Máquina fotocopiadora.* ● f. **2.** Máquina para fotocopiar. *Casi todas las papelerías tienen fotocopiadora.* ▶ **2:** COPIADORA.

fotocopiar. (conjug. ANUNCIAR). tr. Reproducir (algo) mediante fotocopia. *He fotocopiado el artículo.*

fotoeléctrico, ca. adj. *Fís.* Dicho de fenómeno eléctrico: Producido por la acción de la luz o de otras radiaciones de longitud de onda semejante. *Teoría del efecto fotoeléctrico.*

fotofobia. f. *Med.* Rechazo patológico a la luz. *Como padece fotofobia, siempre lleva gafas de sol.*

fotogenia. f. Cualidad de fotogénico. *El fotógrafo escoge a la modelo por su fotogenia.*

fotogénico, ca. adj. Que resulta bien o sale favorecido en las fotografías. *No me gusta que me hagan fotos: no soy nada fotogénica.*

fotograbado. m. **1.** *Gráf.* Procedimiento de grabado que permite obtener planchas de impresión por medios fotográficos y utilizando productos químicos. *Los dibujos han sido reproducidos por fotograbado.* **2.** *Gráf.* Grabado o plancha realizados mediante fotograbado (→ 1). *Una exposición de fotograbados.*

fotografía. f. **1.** Arte o técnica de reproducir imágenes de la realidad mediante la acción de la luz en una superficie sensible a esta y situada en el interior de una cámara oscura. *Curso de fotografía. Maestros de la fotografía.* **2.** Imagen o estampa obtenidas por medio de la fotografía (→ 2). *Le revelamos sus fotografías del verano.* Frec. con v. como *hacer* o *sacar*. *En los viajes hace muchas fotografías. Saca una fotografía de todo el grupo.* **3.** Representación o descripción de gran exactitud. *Las novelas de Galdós son una fotografía de la sociedad del momento.*

fotografiar. (conjug. ENVIAR). tr. Hacer una fotografía (de alguien o algo). *Fotografía a los niños jugando. Le gusta fotografiar paisajes.*

fotográfico, ca. adj. De la fotografía. *Laboratorio fotográfico.*

fotógrafo, fa. m. y f. Persona que hace fotografías o realiza esta actividad como oficio. *Encargarán las fotos de la boda a un fotógrafo.*

fotograma. m. Imagen fotográfica de las que se suceden en una película cinematográfica. *El libro sobre Buñuel incluye numerosos fotogramas.*

fotolisis o **fotólisis.** f. *Quím.* Descomposición de una sustancia por acción de la luz. *En la fotolisis del agua las moléculas se rompen liberando oxígeno.*

fotolito. m. *Gráf.* Cliché fotográfico de un original que se usa en determinadas técnicas de impresión, como el *offset* y el huecograbado. *Para imprimir el libro se han usado fotolitos.*

fotomatón. (Marca reg.). m. Cabina equipada para hacer pequeñas fotografías automáticamente y en pocos minutos. *Me he hecho las fotos para el carné en un fotomatón.*

fotomecánico, ca. adj. **1.** De la fotomecánica (→ 2). *Procesos fotomecánicos.* ● f. **2.** Técnica de impresión por medio de clichés fotográficos. *Una vez terminado el diseño del logotipo, se pasa a la fase de fotomecánica e impresión.*

fotómetro. m. *tecn.* Instrumento que mide la intensidad de la luz. Frec. en fotografía. *Las cámaras réflex suelen ir provistas de fotómetro.*

fotomontaje. m. Composición fotográfica elaborada con varias fotografías unidas o superpuestas, frec. con fines artísticos, publicitarios o humorísticos. *La portada es un fotomontaje con los rostros de los ministros.*

fotón. m. *Fís.* Partícula de las que componen la luz u otra radiación electromagnética. *Un rayo de luz está formado por un chorro de fotones.*

fotonovela. f. Relato contado por medio de una sucesión de fotografías acompañadas de pequeños textos narrativos o dialogados. *Es aficionada a las fotonovelas de amor.*

fotoquímico, ca. adj. **1.** De la fotoquímica, o de su objeto de estudio. *La impresión de una imagen en una película es un proceso fotoquímico.* ● f. **2.** Parte de la química que estudia las transformaciones químicas que producen la luz y otras radiaciones electromagnéticas. *Los alumnos de fotografía estudian óptica y fotoquímica.*

fotosensible. adj. *tecn.* Sensible a la luz. *La retina es la parte fotosensible del ojo. La película fotográfica está hecha de material fotosensible.*

fotosfera. f. *Fís.* Capa externa del Sol formada por gases que emiten luz. *En la fotoesfera se observan manchas solares.*

fotosíntesis. f. *Biol.* Proceso característico de las plantas verdes por el cual, gracias a la energía luminosa, se sintetizan sustancias orgánicas a partir de otras inorgánicas. *Durante la fotosíntesis, las plantas producen oxígeno.*

fototropismo. m. *Biol.* Movimiento de orientación de un organismo como respuesta a un estímulo luminoso. *Estudia el fototropismo del heliotropo.*

fotovoltaico, ca. adj. *Fís.* Capaz de generar fuerza electromotriz a partir de energía luminosa. *Una instalación fotovoltaica da luz y calor a la nave.*

fovismo. m. *Arte* Movimiento pictórico de comienzos del s. XX que exaltaba el uso del color puro. *Matisse es uno de los grandes pintores del fovismo.*

fox terrier. m. Perro pequeño y fuerte, de pelaje blanco con manchas negras o marrones, que hoy se emplea gralm. como animal de compañía. *Juega con su inquieto fox terrier.*

foxtrot o **fox-trot.** m. Baile originario de Estados Unidos, de ritmo cortado y alegre, que se ejecuta por una pareja enlazada. *El foxtrot estuvo de moda en las primeras décadas del siglo XX.* Tb. su música. *La orquesta toca un fox-trot.*

Fr. abrev. Fray. *Fr. Luis de León.*

frac. (pl. **fracs**). m. Prenda de vestir masculina a modo de chaqueta, que por delante llega hasta la cintura y por detrás tiene dos faldones largos, y que se usa para actos formales o solemnes. *Los caballeros deberán ir con frac a la ceremonia.* ▶ FRAQUE.

fracasado, da. part. **1.** → **fracasar. 2.** Que ha fracasado (→ 1) en sus intentos o aspiraciones. Tb. m. y f. *Su mujer lo acusa de ser un fracasado.*

fracasar. intr. **1.** No tener algo el resultado deseado o previsto. *El plan ha fracasado. El negocio fracasó.* **2.** No conseguir alguien el resultado deseado o previsto en algo. *Ha fracasado* EN *su intento. Fracasó como arquitecto. Intenta reconciliar a sus amigos, pero está fracasando.*

fracaso. m. **1.** Hecho o efecto de fracasar. *Están tristes por el fracaso del proyecto. Su vida está llena de fracasos. La fiesta ha sido un fracaso.* **2.** *Med.* Alteración brusca de la función de un órgano. *Presenta fracaso renal agudo.*

fracción. f. **1.** Parte de un todo. *Dividió la tarta en ocho fracciones. Tardó una fracción de segundo en reaccionar.* **2.** Grupo de los varios que forman un conjunto. *El líder trata de aunar a las diferentes fracciones del partido.* **3.** *Mat.* Número que expresa una o varias partes iguales de la unidad. *1/5 y 3/2 son fracciones, o números fraccionarios.* ■ ~ **decimal.** f. *Mat.* Fracción (→ 3) cuyo denominador es una potencia de diez. *1/100 es una fracción decimal.* ■ ~ **impropia.** f. *Mat.* Fracción (→ 3) cuyo numerador es mayor que el denominador, y por consiguiente es mayor que la unidad. *3/2 es una fracción impropia.* ■ ~ **propia.** f. *Mat.* Fracción (→ 3) cuyo numerador es menor que el denominador, y por consiguiente es menor que la unidad. *1/5 es una fracción propia.* ▶ **1:** *PARTE.

fraccionamiento. m. Hecho o efecto de fraccionar o fraccionarse. *Trata de evitar el fraccionamiento del grupo. Solicita el fraccionamiento de la deuda para pagarla a plazos.*

fraccionar. tr. Dividir (algo) en fracciones o partes. *Puede fraccionar el pago de su electrodoméstico. Si fraccionamos la comida, habrá para todos.* Tb. en constr. prnl. media. *Tras la desaparición del líder, el grupo se fraccionó.*

fraccionario, ria. adj. De la fracción. *Halle el valor de la siguiente función con exponente fraccionario.*

fractal. m. *Mat.* y *Fís.* Figura plana o espacial que posee la propiedad de tener el mismo aspecto y estructura sea cual sea la escala con que se observe. *Los fractales sirven para explicar fenómenos como la circulación de la sangre.* Tb. adj. *La coliflor es un objeto fractal natural.*

fractura. f. Hecho o efecto de fracturar algo, espec. un hueso. *Tiene fractura de tibia.*

fracturar. tr. Romper (algo) con violencia. *Fractura la capa de hielo con la bota.* Tb. en constr. prnl. media. *Se le fracturaron dos costillas.*

fragancia. f. Olor suave y agradable. *Hay una fresca fragancia en el jardín.*

fragante. adj. Que tiene fragancia. *Las fragantes lilas.*

fragata. f. **1.** Buque de guerra ligero, destinado a misiones de escolta o patrulla, y dotado gralm. de armamento antisubmarino y antiaéreo. *Cuatro fragatas escoltan al portaaviones.* **2.** histór. Buque de tres palos, con aparejo para vela cuadrada en todos ellos y, si era de guerra, con batería corrida de cañones entre los puentes. *El cuadro muestra una batalla naval entre fragatas.*

frágil. adj. **1.** Que se rompe o se hace pedazos con facilidad. *Estas copas de cristal son muy frágiles.* **2.** Dicho de cosa: Que puede deteriorarse con facilidad. *La paz es aún frágil. Tiene una salud frágil.* **3.** Dicho de persona: De escasa fuerza física o moral. *Es una mujer menuda y frágil. No hay que ser frágiles ante la adversidad.* ▶ **3:** *DÉBIL.

fragilidad. f. Cualidad de frágil. *El edificio se ha derrumbado por la fragilidad de los materiales de* *construcción. La fragilidad del paciente hace temer por su vida.* ▶ DEBILIDAD.

fragmentación. f. Hecho o efecto de fragmentar o fragmentarse. *La fragmentación del reino dio lugar a varias provincias.*

fragmentar. tr. Dividir (algo) en fragmentos. *Fragmentó la tiza en dos.* Tb. fig. *La cuestión de la guerra ha fragmentado la opinión pública.* Tb. en constr. prnl. media. *La célula se fragmenta en la reproducción.* Tb. fig. *El grupo se ha fragmentado.*

fragmentario, ria. adj. **1.** Del fragmento o los fragmentos. *La información del conflicto nos llega de modo fragmentario.* **2.** Que está incompleto o constituye un fragmento. *Se hallaron fósiles humanos, en su mayoría fragmentarios. Nuestro conocimiento de esa época es solo fragmentario.*

fragmento. m. **1.** Porción de una cosa partida o rota. *Pega los fragmentos de la taza rota.* Tb. fig. *Solo recordaba fragmentos de lo ocurrido.* **2.** Trozo sacado de una obra artística, literaria o musical. *Interpreta fragmentos de óperas famosas.* ▶ *PARTE.

fragor. m. cult. Estruendo, o ruido grande. *El fragor del bombardeo.*

fragoroso, sa. adj. cult. Estruendoso o muy ruidoso. *Una fragorosa tormenta.*

fragosidad. f. **1.** Cualidad de fragoso. *Avanzábamos penosamente debido a la fragosidad del terreno.* **2.** Terreno fragoso. *Se han ocultado en las fragosidades de la sierra.*

fragoso, sa. adj. Áspero, abrupto y lleno de maleza. *Para llegar a la aldea hay que atravesar una sierra fragosa, llena de barrancos.*

fragua. f. Fogón en que se calientan metales, espec. hierro, para forjarlos. *El herrero saca la pieza de la fragua con unas tenazas.* Tb. el taller donde está instalado. *Trabaja duramente en la fragua.* ▶ FORJA.

fraguado. m. Hecho de fraguar o endurecerse. *El agua fría retrasa el fraguado del cemento. Utilizan escayola de fraguado rápido.*

fraguar. (conjug. AVERIGUAR). tr. **1.** Idear o planear (algo). *Fraguan un plan para escapar.* ○ intr. **2.** *Constr.* Endurecerse o tomar consistencia una mezcla o una masa. *Este cemento fragua muy rápido. La cal con arcilla fragua en lugares húmedos.*

fraile. m. (apóc. **fray:** se usa como tratamiento ante nombre de pila de persona). Miembro de una orden religiosa. *Un convento de frailes agustinos. Fray Benito Jerónimo Feijoo fue monje benedictino y escritor.* ▶ *HERMANO.

frailecillo. m. Ave marina de plumaje blanco y negro, y pico triangular, pintado de brillantes colores y comprimido por los lados, que se alimenta de peces que atrapa buceando. *El frailecillo hembra. En el acantilado cría una colonia de frailecillos.*

frailuno, na. adj. despect. Propio de fraile. *Llevaba un largo abrigo, con un capuchón frailuno.*

frambuesa. f. Fruto del frambueso, de forma semejante a la de la mora, color rojizo y sabor agridulce. *De postre tomamos frambuesas. Mermelada de frambuesa.*

frambueso. m. Planta de tallos espinosos y hojas en forma de corazón, con el borde dentado, cuyo fruto es la frambuesa. *En la montaña encontramos frambuesos silvestres.*

francachela. f. coloq. Reunión bulliciosa de varias personas para comer, beber y divertirse, gralm. de manera desenfrenada. *Es asiduo de fiestas y francachelas. Les gusta salir de francachela.*

francamente. adv. **1.** Con franqueza o sinceridad. *Hablemos francamente. Francamente, no te entiendo. –¿Te apetece venir? –Pues no, francamente.* **2.** De manera clara o evidente. Frec. con intención enfática. *Estoy francamente cansado. Lo pasamos francamente bien.*

francés, sa. adj. **1.** De Francia. *Río francés.* Dicho de pers., tb. m. y f. *Los franceses son nuestros vecinos del norte.* **2.** Del francés (→ 3). *Pronunciación francesa.* ● m. **3.** Lengua hablada en Francia y otros países de su cultura. *En Bélgica se habla francés y flamenco.* ▶ **1:** GALO.

franchute, ta. m. y f. despect. Francés. *No soporto a ese franchute.*

franciscano, na. adj. De la orden de San Francisco. *Misionero franciscano. Convento franciscano.* Dicho de pers., tb. m. y f. *Los franciscanos suelen llevar un hábito marrón con un cordón a la cintura.*

francmasón, na. m. y f. Masón. *Los francmasones se reconocen entre sí por signos y gestos especiales.*

francmasonería. f. Masonería. *Para ingresar en la francmasonería se sigue un rito iniciático.*

franco, ca. adj. **1.** Dicho de persona: Sincera (que dice lo que realmente piensa o siente). *Da la impresión de hombre sencillo y franco. Seré franco con usted: no me gusta lo que hizo.* **2.** Propio de la persona franca (→ 1). *Se notaba que sus palabras y su actitud eran francas.* **3.** Claro o evidente. *El paciente experimenta una franca mejoría.* **4.** Despejado o libre de obstáculos. *Los soldados huyen dejando el paso franco al enemigo.* **5.** Dicho de lugar: Destinado al almacenamiento de mercancía que no ha de pagar impuestos o aranceles. *El pedido está en el depósito franco. Descargan los contenedores en la zona franca del puerto.* **6.** histór. De un pueblo germánico que ocupó la Galia romana a finales del s. V a. C. *El rey Clodoveo fue el fundador de la monarquía franca.* Dicho de pers., tb. m. y f. *Los francos lucharon contra los visigodos.* ● m. **7.** Unidad monetaria de Francia, Bélgica y Luxemburgo anterior al euro, y de Suiza. *En Liechtenstein se usa el franco suizo.* ▶ **1, 2:** *SINCERO. **3:** *EVIDENTE.

franco-. elem. compos. Significa 'francés'. *Francofilia, francocanadiense.*

francófilo, la. adj. Simpatizante o admirador de lo francés. *Es un intelectual francófilo.* Tb. m. y f.

francófono, na. adj. De habla francesa. *La comunidad francófona del Canadá.* Dicho de pers., tb. m. y f. *Hay muchos francófonos en el norte de África.*

francotirador, ra. m. y f. **1.** Persona aislada que, apostada en un lugar escondido, ataca con armas de fuego. *El francotirador dispara desde un tejado.* **2.** Persona que actúa aisladamente y por su cuenta, sin seguir ninguna disciplina de grupo. *Tienen fama de francotirador dentro del Parlamento.*

franela. f. Tejido fino de lana o algodón, ligeramente cardado por una de sus caras. *Lleva la clásica camisa de franela de los leñadores.*

franja. f. **1.** Trozo largo y estrecho de una cosa. *Una franja de terreno. En la pared queda una franja sin pintar.* **2.** Dibujo o adorno de forma alargada y estrecha, gralm. de diferente color o en relieve. *La ensaladera es blanca con una franja azul en el borde.*

franquear. tr. **1.** Abrir (algo) o hacer que quede libre de obstáculos. *El vigilante me franqueó la puerta. Un oficial de policía nos ha franqueado el paso.* **2.** Atravesar (algo) o pasar al otro lado. *Tenemos que franquear el río.* **3.** Poner sellos (a una carta o paquete que se envían por correo). *Franqueó la carta y la echó al buzón.*

franqueo. m. Hecho de franquear o poner sellos. *Para el franqueo de paquetes, diríjase a la ventanilla tres.* Tb. la cantidad que se paga en sellos. *Esta carta no lleva suficiente franqueo.*

franqueza. f. Cualidad de franco o sincero. *Agradezco tu franqueza. Hablemos con franqueza.*

franquicia. f. **1.** Exención concedida a alguien para no pagar un impuesto o no pagar por el uso de un servicio público. *La carta del ministerio lleva el sello de franquicia postal. El Gobierno concedió franquicia arancelaria para la importación de materias primas.* **2.** *Econ.* Cesión que, a cambio de un beneficio económico, hace una empresa a otra de los derechos de explotación de su nombre comercial, su producto o su actividad. *La cadena hotelera tiene diez establecimientos en régimen de franquicia.*

franquismo. m. Régimen dictatorial instaurado por el general Franco en España a partir de la Guerra Civil (1936-1939) y desarrollado en los años que ocupó la jefatura del Estado (1939-1975). *Hubo movimientos obreros y estudiantiles de oposición al franquismo.*

franquista. adj. **1.** De Franco o del franquismo. *El régimen franquista fue una dictadura de derechas. Su obra fue prohibida por la censura franquista.* **2.** Partidario de Franco o del franquismo. *Tenía un padre franquista que renegaba de la democracia.* Tb. m. y f. *Los franquistas sitiaron Madrid.*

fraque. m. Frac. *En el ropero hay dos fraques.*

frasca. f. Botella de vidrio, de base cuadrada y cuello bajo, que se usa para servir vino. *El tabernero nos trajo una frasca de tinto y unos vasos.*

frasco. m. Recipiente de vidrio, u otro material semejante, gralm. pequeño y de cuello estrecho. *El jarabe viene en un frasco. En la mesa hay una pluma y un frasco de tinta.* Tb. su contenido. *Se ha tomado un frasco de pastillas.*

frase. f. Conjunto de palabras dotado de sentido propio, que puede constituir o no una oración. *El autor utiliza un estilo conciso, de frases cortas.* ■ **~ hecha.** f. Frase de uso común, que tiene forma fija y sentido figurado. *Su discurso está lleno de latiguillos y frases hechas.*

fraseo. m. *Mús.* Hecho o efecto de interpretar una pieza musical delimitando bien sus partes y expresándolas con nitidez y destreza. *El fraseo de la soprano cautiva al público.*

fraseología. f. **1.** Conjunto de modos de expresión peculiares de una lengua, de una actividad, de un grupo o de una persona. *Me cuesta entender la fraseología del fútbol. Ha hecho un estudio de la fraseología del novelista.* **2.** *Ling.* Conjunto de locuciones, frases hechas y modismos de una lengua o de un habla. *El diccionario recoge la fraseología más usual del español.*

fraternal. adj. Propio de hermanos. *Siente un cariño fraternal por su amigo.* ▶ FRATERNO.

fraternidad. f. Afecto entre hermanos o entre quienes se tratan como hermanos. *El viaje fortaleció los vínculos de fraternidad del grupo. Queremos que haya fraternidad y concordia entre los pueblos.*

fraternizar. intr. Tener una persona una relación amistosa con otra. *Los soldados fraternizaban* CON *la población civil.* Tb.: *Empezaron a fraternizar en un viaje de negocios.*

fraterno, na. adj. De los hermanos, o propio de ellos. *Entre sus hijos reina un amor fraterno. Los dos amigos tienen una relación fraterna.* ▶ FRATERNAL.

fratricida. adj. **1.** Del fratricida (→ 2). *Una guerra fratricida.* ● m. y f. **2.** Persona que mata a su hermano. *El fratricida se ha entregado a la policía.*

fratricidio. m. cult. Muerte dada por alguien a su propio hermano. *Lo han condenado por el delito de fratricidio.*

fraude. m. Engaño hecho en beneficio propio y perjuicio de otro, espec. si es contrario a la ley. *Los inspectores han descubierto un fraude fiscal millonario.* Tb. fig. *Pagar seis euros por ver esta película me parece un fraude.* ▶ *ENGAÑO.

fraudulento, ta. adj. Que implica o constituye fraude. *Crece el uso fraudulento de las tarjetas de crédito. Un negocio fraudulento.*

fray. → **fraile.**

frazada. f. frecAm. Manta. *Es como una frazada eléctrica, esta preciosura* [C].

freático, ca. adj. **1.** *Geol.* Dicho de agua: Que está acumulada en el subsuelo y puede aprovecharse por medio de pozos. *El agua freática fluye lentamente hacia las capas más bajas.* **2.** *Geol.* Dicho de capa del subsuelo: Que contiene aguas freáticas (→ 1). *El vertido químico se ha filtrado hasta la capa freática.*

frecuencia. f. **1.** Cualidad de frecuente. *La frecuencia de sus visitas aumenta. Las contracciones se repiten ya con una frecuencia de cinco minutos. Vengo por aquí con frecuencia.* **2.** Número de veces que se repite un hecho por unidad de tiempo. *Su pulso tenía una frecuencia de 80 latidos por minuto.* **3.** *Fís.* En un proceso periódico: Número de ciclos completos por unidad de tiempo. *Los rayos X son ondas electromagnéticas de frecuencia muy elevada. La frecuencia de onda de una emisora.*

frecuentación. f. Hecho de frecuentar. *La frecuentación de librerías y bibliotecas es su pasatiempo favorito.*

frecuentar. tr. **1.** Acudir con frecuencia (a un lugar). *Frecuenta el bar de la facultad.* **2.** Tratar con frecuencia (a alguien). *Frecuenta a la alta sociedad barcelonesa. Te presentaré a los amigos que frecuento.*

frecuente. adj. **1.** Que se repite cada poco tiempo. *Sus frecuentes viajes le impiden pasar más tiempo con la familia.* **2.** Usual o común. *Hoy en día es frecuente sufrir estrés. "Homicidio" es un término frecuente en derecho.* ▶ **2:** *HABITUAL.

free lance. (loc. ingl.; pronunc. "frí-láns"). adj. Dicho de profesional, espec. de los medios de comunicación: Que trabaja por cuenta propia y sin contrato fijo con ninguna empresa. *Trabaja como redactora* free lance. *La revista ha comprado las imágenes a una fotógrafa* free lance. Tb. m. y f. *Encargaremos la traducción a un* free lance. ¶ [Equivalentes recomendados: *independiente, autónomo, por libre*].

fregadero. m. Pila de fregar. *Llena el fregadero de agua para lavar los platos.*

fregado[1]. m. **1.** Hecho de fregar. *Para el fregado de la vajilla use guantes.* **2.** coloq. Lío o alboroto. *¡Vaya fregado que se ha montado con la manifestación!* **3.** coloq. Asunto complicado o difícil. *Me dijo que me* *asociara con él, pero no quise meterme en semejante fregado.*

fregado[2]**, da.** adj. **1.** Am. coloq. Que se halla en mal estado físico o moral. *Cuando está fregado, aparece pidiendo ayuda* [C]. *–Nada me importa ahora, salvo esta mujer. –De veras que está fregado* [C]. Tb. m. y f. *Los fregados estamos dejados de la mano de Dios* [C]. **2.** Am. coloq. Molesto o fastidioso. *Arnaldo, no seas fregado, déjalo tranquilo al muchacho* [C]. *Es fregado, pero alguien lo tiene que hacer* [C].

fregar. (conjug. ACERTAR). tr. **1.** Limpiar (algo) restregándo(lo) gralm. con un estropajo o una bayeta empapados en agua y jabón. *Ya he fregado los platos. ¿Qué usas para fregar los suelos?* Tb. usado en constr. intr. *Para fregar siempre usa guantes.* **2.** Am. coloq. Fastidiar o molestar (a alguien). *Y otra vez no me vengas a fregar a esta hora* [C]. Tb. en constr. prnl. media. *Ya encarrerado el ratón, el gato es el que se friega* [C]. **3.** Am. coloq. Causar (a alguien o algo) un daño o perjuicio graves. *Los guerrilleros prometían fregar a los que estaban en el gobierno* [C]. Tb. en constr. prnl. media. *Dicen que el que se casa se friega* [C].

fregona. f. **1.** Utensilio para fregar los suelos que consiste en un palo largo con un conjunto de tiras absorbentes en su extremo. *Primero barre y después pasa la fregona.* **2.** despect. Mujer que friega o que realiza esta actividad como oficio. *Estoy harta de trabajar de fregona limpiando escaleras.*

fregotear. tr. despect. Fregar deprisa y mal (algo). *Un camarero fregoteaba el suelo del bar. En un minuto fregoteó el montón de cacharros.*

fregoteo. m. despect. Hecho de fregotear. *Con un rápido fregoteo dio la limpieza por concluida. Da un fregoteo a los vasos.*

freidora. f. Electrodoméstico que sirve para freír. *Mete las patatas en la freidora.*

freiduría. f. Bar o tienda especializados en alimentos fritos, espec. pescado. *Almorzamos boquerones fritos en una freiduría.*

freír. (conjug. SONREÍR; part. **freído** o **frito.** Ambos part. se utilizan en la conjugación: *He freído/frito un huevo.* Como adj. solo se usa *frito: Unas patatas fritas*). tr. **1.** Preparar (un alimento) para su consumo teniéndo(lo) durante el tiempo necesario en aceite o grasa hirviendo. *Frió los filetes. Frió las patatas* EN *aceite de oliva.* **2.** coloq. Molestar insistentemente (a alguien) con algo. *Lo frieron* A *preguntas. Me está friendo* CON *sus llamadas.* **3.** coloq. Acribillar a balazos (a alguien). *Salió de su escondite y lo frieron a balazos.* ○ intr. **4.** Cocinarse algo en aceite o grasa hirviendo. *Añada la cebolla y deje que fría hasta que esté dorada.*

fréjol o **frejol.** m. frecAm. Judía (planta, fruto, o semilla). *Las miradas se hundían en las matas de fréjoles abrazadas a las cañas de maíz* [C]. *El maíz, el frejol, el pescado y la carne eran los alimentos más usuales* [C]. ▶ *JUDÍA.

frenada. f. **1.** Hecho de frenar una máquina o un vehículo. *El piloto se pasa de frenada y se sale de la pista.* **2.** Am. Frenazo de un vehículo. *En eso el conductor se manda una frenada que hace que los pasajeros se caigan al piso* [C]. *Parecía la marca de una frenada en el asfalto* [C]. ▶ **1:** FRENADO. **2:** FRENAZO.

frenado. m. Hecho de frenar una máquina o un vehículo. *Comience la maniobra de frenado antes de llegar al cruce.* ▶ FRENADA.

frenar. tr. **1.** Moderar o parar con el freno el movimiento (de una máquina o un vehículo). *Frena el coche en esa curva.* **2.** Moderar los impulsos (de alguien). *Su entusiasmo es tal, que nada conseguirá frenarla. Quería pegarlo, pero yo lo frené.*

frenazo. m. Hecho de frenar de manera repentina. *Un perro cruzó la calzada y tuve que dar un frenazo. Las medidas adoptadas son un frenazo a las reformas sociales.* ▶ **Am:** FRENADA.

frenesí. m. Exaltación violenta del ánimo. *En el frenesí de su locura, no sabía lo que decía. Se besan con frenesí.* Frec. fig. y con intención enfática. *Le ha entrado el frenesí de viajar.*

frenético, ca. adj. **1.** Poseído de frenesí. *Un grupo de fans frenéticas rodea al cantante.* **2.** Que implica frenesí. *Hay una actividad frenética en la redacción.* **3.** coloq. Furioso o rabioso. *Lo insultaron y se puso frenético.*

frenillo. m. *Anat.* Membrana o pliegue que limita el movimiento de una parte del cuerpo. *El frenillo de la lengua. El prepucio está unido al glande por el frenillo.*

freno. m. **1.** Dispositivo para moderar o parar el movimiento de una máquina o un vehículo. *Detuvo el coche pisando el freno.* **2.** Instrumento de hierro que sirve para sujetar y gobernar las caballerías. *Pone el freno a la yegua y le ajusta la cabezada.* **3.** Cosa que sirve para moderar o detener algo. *Los precios son un freno* PARA *el consumo.*

frente. f. **1.** Parte superior de la cara, que va desde las cejas hasta el inicio del cuero cabelludo. *Cayó de bruces y se hizo una herida en la frente.* ○ m. **2.** Parte delantera de algo. *La catedral tiene un frente barroco. Se ha comprado un apartamento con frente al paseo marítimo. En el frente del televisor está el cuadro de mandos.* **3.** Parte o cara de algo que se ofrece a la vista. *El sarcófago tenía esculpida en uno de sus frentes una imagen alusiva a la muerte.* **4.** Coalición o agrupación de personas o partidos con un objetivo común. *Los partidos de izquierdas se han agrupado en un frente común. Hay que formar un frente que agrupe a todos los tenderos.* **5.** *Meteor.* Zona de contacto entre dos masas de aire de distinta temperatura y humedad. *Un frente frío entrará en la Península por el norte.* **6.** *Mil.* Extensión o franja de terreno donde combaten dos ejércitos. *Lo enviaron al frente cuando era apenas un niño. Luchó en el frente* DE *Teruel.* ■ **al ~.** loc. adv. **1.** Hacia delante. *Que los voluntarios den un paso al frente.* **2.** Dirigiendo o mandando. *El éxito del proyecto depende de quién esté al frente. Han puesto al más cualificado al frente* DEL *equipo.* **3.** Am. Enfrente. *La casa tenía viñas a los lados y, al frente, una alameda de encinas* [C]. ■ **con la ~ muy alta.** loc. adv. Con actitud orgullosa, o sin avergonzarse. *Puedes ir con la frente muy alta: no has hecho nada malo. Cuando empezaron a abuchearla, salió de la sala con la frente muy alta.* ■ **de ~.** loc. adv. **1.** Con la cara o la parte delantera orientadas hacia lo que se toma como referencia. *Aparca el coche de frente* A *la entrada. No te pongas de frente, colócate de espaldas.* Tb. loc. adj. *La foto de frente salió mejor que la de perfil.* **2.** Avanzando hacia delante. *Sigan de frente por esta calle hasta encontrar una plaza.* **3.** Con actitud decidida. *Tienes que atacar el problema de frente.* **4.** Sin desviar la vista. Con el v. *mirar. Cuando te habla, no te mira de frente. No bajes los ojos, mírame de frente.* ■ **en ~.** → **enfrente.** ■ **~ a.** loc. prepos. Enfrente de. *Han abierto un supermercado frente a mi* *casa.* ■ ~ **a** ~. loc. adv. Cara a cara. *Se sentaron frente a frente en la mesa.* ■ ~ **por** ~. loc. adv. Exactamente enfrente. *La terraza da frente por frente* A *un parque. Los dos edificios están frente por frente.* ■ **hacer** ~ (a alguien o algo). loc. v. Oponerse (a ellos). *Si te atacan, no les hagas frente. Debió hacer frente a una acusación de malos tratos.* ■ **llevarlo,** o **traerlo,** alguien **escrito en la** ~. loc. v. No poder disimular u ocultar esa persona su condición o su pensamiento. *Estás enfadado: lo llevas escrito en la frente.*

fresa[1]. f. **1.** Fruto comestible en forma de pequeño corazón, granuloso por fuera y carnoso por dentro, de color rojo y sabor agridulce. *De postre tomaré fresas con nata. Mermelada de fresa.* Tb. su planta. *Tiene plantadas fresas en el huerto.* ○ m. **2.** Color rojo como el de la fresa (→ 1). Tb. adj. *Un rojo fresa.* ▶ **1:** FRESÓN. ‖ **Am: 1:** FRUTILLA.

fresa[2]. f. Herramienta de movimiento circular continuo, constituida por una serie de cuchillas o piezas cortantes, que se usa para labrar o perforar metales u otras materias duras. *El dentista le pule la muela con la fresa. La fresa se emplea en metalurgia para conseguir acabados.*

fresador, ra. adj. **1.** Que fresa. *Máquina fresadora.* Dicho de máquina, tb. f. *En el taller hay fresadoras y tornos.* ● m. **2.** Operario que maneja una máquina fresadora (→ 1). *Trabaja de fresador en una fábrica.*

fresar. tr. Perforar o labrar (algo) por medio de la fresa. *En la fábrica fresan la madera para hacer molduras.*

fresca. → **fresco.**

frescachón, na. adj. coloq. Dicho de persona, espec. de mujer: Robusta y con aspecto de buena salud. *El ama de cría era una muchacha frescachona.*

frescales. m. y f. coloq., humoríst. Persona fresca o desconsiderada. *Ten cuidado con él, que es un frescales.* Tb. adj. *Es bastante frescales, seguro que te tima.*

fresco, ca. adj. **1.** Moderadamente frío. *Un vaso de agua fresca. Mi habitación está fresca incluso en verano.* **2.** Reciente o que se acaba de hacer o producir. *Quiero una docena de huevos frescos. Traigo noticias frescas.* **3.** Dicho de alimento: Que no ha sido sometido a procesos de congelación o conservación. *Coma abundantes verduras frescas. El pescado lo puedes comprar fresco, congelado o en conserva.* **4.** Descansado o que no da muestras de fatiga. *Aún estoy fresco y puedo trabajar otro rato. Después de la paliza que se ha dado, está tan fresco.* **5.** Tranquilo o inmutable. Se usa precedido de *tan* y con v. como *estar* o *quedarse*. *Acaban de decirle que lo despiden y está tan fresco. Le dije que era un caradura y se quedó tan fresco.* **6.** Desvergonzado o que no tiene consideración hacia los demás. *Es bastante fresco y no creo que te devuelva el dinero.* Tb. m. y f. *Eres un fresco de mucho cuidado.* **7.** Dicho de tela: Delgada o ligera. *Para el verano elige telas frescas.* ● m. **8.** Frío moderado. *Abrígate, que hace fresco. Me gusta el fresquito del amanecer.* **9.** Pintura al fresco (→ **al fresco**). *Los frescos de la Capilla Sixtina representan escenas de la Creación.* ○ f. **10.** Fresco (→ 8), espec. el que hace en tiempo caluroso al amanecer o al anochecer. *Se fue a dar un paseo con la fresca.* **11.** coloq. Expresión desenfadada y algo desagradable. *Este le suelta una fresca por menos de nada.* ■ **al fresco.** loc. adj. Dicho de pintura: Que está realizada sobre paredes o techos con colores disueltos en agua de cal y extendidos sobre una capa de estuco. *Los techos están decorados con pinturas al fresco.* ■ **estar** ~. loc. v. coloq. Se usa para expresar que es poco probable que suceda lo que alguien piensa o espera. *Si crees que te voy a invitar, estás fresco. –Dice que tú le ayudarás. –Pues está fresca.* ■ **traer al fresco** algo (a alguien). loc. v. Ser(le) completamente indiferente. *Me trae al fresco lo que digan de mí.*

frescor. m. Cualidad de fresco o moderadamente frío. *Al abrir la ventana se siente el frescor del alba. Me gusta el frescor del jardín recién regado.*

frescura. f. Cualidad de fresco, espec. de desconsiderado. *Me admira su frescura: otra vez me ha pedido dinero.*

fresno. m. Árbol alto, muy ramoso, de tronco grisáceo y madera blanquecina, apreciada por su elasticidad. *Podaron el fresno para hacer leña.* Tb. su madera. *Se hizo una vara de fresno con la navaja.*

fresón. m. Variedad de fresa de mayor tamaño y más ácida que la normal. *Tomamos fresones con azúcar.* ▶ *FRESA.

fresquera. f. Armario con rejilla u otra ventilación, situado en lugar fresco y destinado para conservar los alimentos en buen estado. *Antes de que hubiera frigoríficos, los huevos se guardaban en la fresquera.*

fresquilla. f. Variedad de melocotón, de piel rojiza y carne muy jugosa. *Las fresquillas se comen a principios de verano.*

freudiano, na. (pronunc. "froidiáno"). adj. **1.** De Sigmund Freud (médico austriaco, 1856-1939) o de su obra, o con características semejantes a las suyas. *La teoría del psicoanálisis es la gran aportación de la obra freudiana. Hizo una interpretación freudiana de mi sueño.* **2.** Partidario de las doctrinas de Freud. *Psiquiatra freudiano.* Tb. m. y f. *Los freudianos aplican la interpretación de los sueños.*

freza. f. Desove de un pez. *La carpa está ahora en período de freza.*

frialdad. f. Cualidad de frío. *La frialdad de la casa no invita a quedarse. Nos suele tratar con frialdad.*

fricativo, va. adj. *Fon.* Dicho de articulación o de sonido: Que se produce al aproximar dos órganos articulatorios sin llegar a cerrarlos, de tal modo que el aire sale rozándolos. *El sonido "f" es fricativo.* Tb. f., referido a consonante. *La "j" es una fricativa sorda.*

fricción. f. **1.** Hecho de frotar o friccionar. *Aplique el gel y dé unas fricciones en la zona.* **2.** Roce de dos cuerpos en contacto. *La fricción de las piezas ha ocasionado su desgaste.* ○ pl. **3.** Desavenencias o faltas de acuerdo. *Las fricciones entre los dos países pueden desembocar en un conflicto. Cuando hablamos de política, siempre surgen fricciones.*

friccionar. tr. Frotar o restregar (algo o a alguien). *Friccione la región dolorida con la pomada.*

friega. f. Frotamiento realizado con fines curativos en una parte del cuerpo, aplicando sobre ella alguna sustancia. *Le dio una friega de linimento en las piernas.* Frec. en pl. *Para el dolor muscular me recomendaron friegas con alcohol de romero.*

friegaplatos. m. Lavavajillas (máquina). *Metió la vajilla sucia en el friegaplatos y lo puso en marcha.* ▶ *LAVAVAJILLAS.

frigidez. f. **1.** Ausencia anormal de deseo o de placer sexual. *Las causas de la frigidez femenina son varias.* **2.** cult. Cualidad de frígido o frío. *Su cuerpo tenía la frigidez del mármol.*

frigidísimo, ma. → **frígido** y **frío.**

frígido, da. adj. **1.** Que padece ausencia anormal de deseo o de placer sexual. *Una mujer frígida.* **2.** cult. Frío. *Sopla el viento frígido de los Pirineos. Frigidísimo páramo.*

frigio, gia. adj. histór. De Frigia (antiguo reino de Asia Menor). *Territorio frigio.* Dicho de pers., tb. m. y f. *Midas era rey de los frigios.*

frigoría. f. *Fís.* Unidad de medida de absorción del calor, que se emplea en la tecnología de la refrigeración y que equivale a la absorción de una kilocaloría. *Este sistema de aire acondicionado tiene una potencia de 15 000 frigorías.*

frigorífico, ca. adj. **1.** Que produce frío artificialmente. *La mezcla frigorífica contenía nitrato de amonio. Mueble frigorífico.* **2.** Dicho de vehículo: Provisto de un espacio refrigerado para el transporte de alimentos perecederos. *Un camión frigorífico transporta la carne desde el matadero a los mercados. Buque frigorífico.* ● m. **3.** Nevera (electrodoméstico). *Metió la leche y los huevos en el frigorífico.* ▶ **3:** *NEVERA.

friísimo, ma. → **frío.**

frijol o **fríjol.** m. frecAm. Judía (planta, fruto, o semilla). *Este plato se sirve con frijoles verdes. Al fríjol hay que ponerle unas ramitas para que se enrolle* [C]. *–¿Qué traes? –Tortas de queso y frijoles, y jugos de lata* [C]. ■ **ganarse los frijoles.** loc. v. Am. coloq. Conseguir, gralm. trabajando, lo necesario para vivir. *Habían de buscarse otra manera más rentable de ganarse los frijoles* [C]. ▶ *JUDÍA.

frío, a. adj. (sup. **friísimo;** sup. cult. **frigidísimo**). **1.** Que tiene una temperatura inferior a la ordinaria del ambiente o a la del cuerpo humano. *El helado está frío. Se me han quedado los pies fríos. El agua de la nevera no está fría, sino friísima.* **2.** Dicho de persona: Distante o poco afectuosa. *Es un hombre frío y calculador.* **3.** Propio de la persona fría (→ 2). *Me ha hablado en un tono frío. Temía encontrarme con su fría mirada.* **4.** Dicho de persona: Indiferente al placer sexual. *Suele tildarse de frías a las mujeres siguiendo criterios machistas.* **5.** Dicho de colorido o de gama de colores: De tonos azules o verdosos. *Los colores fríos producen efecto sedante.* ● m. **6.** Temperatura baja. *En invierno hace frío.* **7.** Sensación que se experimenta ante un descenso de temperatura o por contacto con un cuerpo frío (→ 1). *Se ha puesto el sol y ahora tengo frío. Sentía frío y se puso un jersey.* ● interj. **8.** Se usa para indicar a alguien que está lejos del objeto que está buscando o de acertar algo. *–¿Por aquí? –Frío, frío.* ■ **dejar** algo ~ (a alguien), o **no darle** (a esa persona) **ni** ~ **ni calor.** loc. v. coloq. Dejar(la) indiferente o no causar(le) ninguna impresión. *A mí sus alardes de dinero me dejan fría. Decían que era una obra magnífica, pero a ella no le daba ni frío ni calor.* ■ **en** ~. loc. v. Sin dejarse llevar por ninguna emoción o pasión. *Tengo que decidir en frío lo que haré.*

friolento, ta. adj. frecAm. Friolero. *Siempre he sido algo friolento y me pasaba las tardes remojado en agua caliente* [C].

friolera. f. Gran cantidad de algo, espec. de dinero. *Se ha gastado la friolera de dos mil euros. Desde que nos vimos ha pasado la friolera de cinco años.*

friolero, ra. adj. Muy sensible al frío. *Como es tan friolero, duerme con calcetines.* ▶ **frecAm:** FRIOLENTO.

frisar. intr. cult. Acercarse a algo, espec. a una determinada edad. *Aún es joven: frisa* EN *los cuarenta.*

friso. m. **1.** Franja en la parte inferior de una pared que se pinta o se decora de manera diferente al resto. *La casa tenía frisos de azulejos.* **2.** *Arq.* Franja que se encuentra entre el arquitrabe y la cornisa, frec. decorada con adornos esculpidos. *El friso del templo de Apolo muestra una batalla de la guerra de Troya.* ▶ **1:** RODAPIÉ, ZÓCALO.

fritada. f. Conjunto de alimentos fritos. *Ha hecho una fritada de pimientos.* Tb. el plato constituido por esos alimentos. *De primero hay fritada de verdura.* ▶ FRITURA.

fritanga. f. despect. Comida frita, espec. la grasienta. *De la churrería sale olor a fritanga.*

frito, ta. part. **1.** → **freír.** ● adj. **2.** coloq. Muerto. *De un tiro lo dejó frito. Se quedó frito de una descarga eléctrica.* **3.** coloq. Dormido. *Está frito; no lo despiertes. Se ha quedado frita en el sofá.* ● m. **4.** Comida frita (→ 1). *Los fritos me resultan indigestos.* ■ **tener,** o **traer,** (a alguien) ~. loc. v. coloq. Molestar(lo) insistentemente. *Me tiene frito con su dichoso examen.*

fritura. f. Conjunto de alimentos fritos. *Me sientan mal las frituras.* Tb. el plato constituido por esos alimentos. *Nuestra especialidad es la fritura de pescado.* ▶ FRITADA.

frivolidad. f. Cualidad de frívolo. *Su frivolidad le impide hablar en serio de temas importantes.*

frivolizar. tr. Tratar con frivolidad (algo). *No frivolices un asunto tan grave.*

frívolo, la. adj. **1.** Dicho de persona: Superficial o insustancial. *Es una mujer frívola, preocupada solo por su belleza.* Tb. m. y f. *Solo un frívolo hablaría de la muerte en ese tono.* **2.** Dicho de cosa: Ligera y de poca sustancia. *Estuvimos charlando de temas frívolos.* **3.** Dicho de espectáculo o publicación: Ligero y sensual. *Comedia frívola. Semanario frívolo.*

fronda. f. Conjunto espeso de hojas y ramas. *La fronda da sombra al jardín. Entre la fronda de los nogales cantan los pájaros.*

fronde. m. *Bot.* Hoja de helecho. *El suelo está cubierto por frondes secos.*

frondosidad. f. Cualidad de frondoso. *La frondosidad del bosque apenas dejaba pasar la luz.*

frondoso, sa. adj. Abundante en hojas y ramas. *Un árbol frondoso oculta la casa. Se internan en el frondoso bosque.*

frontal. adj. **1.** De la frente. Frec. en anatomía. *El herido presenta contusión en la región frontal. Músculos frontales.* **2.** Del frente o parte delantera de algo. *Aquí se fabrican las tapas frontal y trasera del motor. Una lavadora de carga frontal.* **3.** Que se produce de frente. *Hubo un choque frontal entre los dos vehículos.* ● m. **4.** *Anat.* Hueso frontal (→ **hueso**). *El frontal no está soldado todavía en los recién nacidos.*

frontenis. m. Deporte que se practica en un frontón con raquetas y pelotas de tenis. *Jugamos un partido de frontenis.*

frontera. f. **1.** Límite que separa dos Estados contiguos. *En la frontera nos pidieron el pasaporte.* **2.** Límite o término de una cosa. *El bosque y la montaña son las fronteras naturales del pueblo. Pasa la frontera de los cuarenta años.* Frec. en pl. *Su codicia no tiene fronteras.*

fronterizo, za. adj. **1.** Que está en la frontera. *Una ciudad fronteriza.* **2.** Dicho de Estado: Que tiene frontera con otro. *Chile es fronterizo* CON *Argentina.* Tb.: *España y Portugal son países fronterizos.*

frontis. m. Parte frontal o delantera de algo, espec. de un edificio o un mueble. *Hay una inscripción en el frontis del edificio. Los mandos de la cocina están en el frontis del mueble.*

frontispicio. m. **1.** *Arq.* Fachada delantera de un edificio. *Contemplen el magnífico frontispicio de la catedral.* **2.** *Arq.* Frontón (remate triangular). *A la primitiva portada de la iglesia se sobrepuso otra, dórica y con frontispicio.* **3.** *Gráf.* En un libro: Página anterior a la portada, que suele contener el título y algún grabado o viñeta. *El libro tiene un frontispicio con el escudo real.* ▶ **2:** FRONTÓN.

frontón. m. **1.** Pelota vasca. *Los pelotaris juegan al frontón.* **2.** Cancha de tres paredes para jugar al frontón (→ 1) o a otros juegos semejantes. *Golpea la pelota desde el fondo del frontón. Ponen el cine de verano en el frontón del pueblo.* Tb. el lugar o edificio en que está instalada. *El público abarrota el frontón.* **3.** *Arq.* Remate triangular de una fachada, un pórtico, una puerta o una ventana. *En el frontón de la iglesia hay un bajorrelieve.* ▶ **3:** FRONTISPICIO.

frotación. f. Frotamiento. *La frotación de la piel con un guante de crin es exfoliante.*

frotamiento. m. Hecho de frotar. *El frotamiento de la madera con la lija era un trabajo agotador. Evite el frotamiento de la superficie con objetos que rayen.* ▶ FROTACIÓN.

frotar. tr. **1.** Hacer que una cosa pase muchas veces (sobre alguien o algo) con más o menos fuerza. *Para quitar la mancha, frótala* CON *un paño húmedo.* **2.** Hacer que (alguien o algo) pasen muchas veces sobre otra persona o cosa con más o menos fuerza. *Frota los zapatos* CONTRA *la alfombrilla. El gato se frota* CONTRA *mí en busca de mimos.*

frotis. m. *Med.* Preparación de una sustancia orgánica entre dos cristales para su examen en el microscopio. *Envían el frotis sanguíneo al laboratorio.* Tb. el examen correspondiente. *El ginecólogo le hará un frotis vaginal.*

fructífero, ra. adj. Que da fruto. *Estas tierras son poco fructíferas.* Frec. fig. *El año ha sido fructífero para la Bolsa.*

fructificación. f. Hecho o efecto de fructificar. *La fructificación del ciruelo es anual. La fructificación ha sido abundante debido al buen tiempo.*

fructificar. intr. Dar fruto. *Los cerezos fructifican en junio.* Tb. fig. *Esperemos que nuestros esfuerzos fructifiquen.*

fructosa. f. *Bioquím.* Azúcar que se encuentra en las frutas dulces. *A los diabéticos les sienta mejor la fructosa que la glucosa.*

fructuoso, sa. adj. cult. Fructífero. Frec. fig. *Si las pesquisas de la policía son fructuosas, pronto habrá detenciones.*

frufrú. m. Ruido que produce el roce de una tela, como la seda. *Se oye por el pasillo el frufrú de la sotana del sacerdote.*

frugal. adj. **1.** Dicho de persona: Moderada en la comida y la bebida. *Las gentes del desierto suelen ser frugales. Es muy frugal y le basta con un solo plato ligero.* **2.** Propio de la persona frugal (→ 1). *El almuerzo ha sido muy frugal. Los monjes llevan una vida frugal.*

frugalidad. f. Cualidad de frugal. *Su frugalidad contrasta con la glotonería de su hermano.*

frugívoro, ra. adj. *Zool.* Dicho de animal: Que se alimenta de frutos. *Las especies frugívoras del bosque almacenan frutos para el invierno.*

fruición. f. cult. Placer o complacencia. *Comía con fruición, chupándose los dedos. Lee con fruición la novela.*

frunce. m. Efecto de fruncir, espec. una tela. *La falda lleva frunces en la cintura.*

fruncido. m. Hecho o efecto de fruncir una tela. *El traje lleva unos fruncidos en los bolsillos.*

fruncimiento. m. Hecho o efecto de fruncir o arrugar. *Un fruncimiento de cejas.*

fruncir. tr. **1.** Arrugar (una parte de la cara, como el ceño o el entrecejo). *Frunce el entrecejo, pensativo. Cuando frunces el ceño sé que hay malas noticias.* **2.** Recoger (algo flexible, espec. una tela) haciendo arrugas pequeñas. *Tienes que fruncir un poco más el volante.* ▶ **1:** ARRUGAR.

fruslería. f. Cosa de poco valor o importancia. *En el bazar venden todo tipo de fruslerías. No tengo tiempo para fruslerías.* ▶ *NIMIEDAD.

frustración. f. Hecho de frustrar o frustrarse. *Siento una gran frustración por este suspenso.*

frustrante. adj. Que frustra o causa decepción. *Una derrota frustrante. Resulta frustrante no poder hacer nada por ayudarle.*

frustrar. tr. **1.** Impedir que (algo) alcance su natural desarrollo o dé el resultado esperado o buscado. *La vida fue frustrando todas sus ilusiones. La policía ha frustrado el atraco.* Tb. en constr. prnl. media. *Se han frustrado nuestros planes.* **2.** Hacer que (alguien) sienta decepción por no obtener lo que esperaba. *Si no le traes lo que le prometiste, frustrarás al niño.*

fruta. f. Fruto comestible, espec. el de ciertas plantas cultivadas. *Tómate una fruta de postre.* Frec. en sent. colectivo. *El médico le ha dicho que coma fruta y verdura.* ■ **~ del tiempo.** f. Fruta propia de la parte del año que se menciona o en que se está. *De postre tienen helado, natillas o fruta del tiempo.*

frutal. adj. **1.** Dicho de árbol: Que da fruta. *Árbol frutal.* Tb. m. *El naranjo es un frutal típico del Mediterráneo.* **2.** De la fruta. *El perfume tiene un aroma frutal.*

frutería. f. Establecimiento en que se vende fruta. *Ve a la frutería a comprar un melón.*

frutero, ra. adj. **1.** Destinado para llevar o contener fruta. *Barco frutero.* ● m. y f. **2.** Persona que tiene por oficio vender fruta. *El frutero pesa las mandarinas en la báscula.* ○ m. **3.** Recipiente para servir la fruta. *Hay un frutero en el centro de la mesa.*

frutícola. adj. De la fruticultura. *Ha sido un buen año para el sector frutícola.*

fruticultura. f. Cultivo de las plantas que producen frutas. *La finca está dedicada a la fruticultura.*

frutilla. f. Am. Fresón o fresa (planta, o fruto). *Tiene una hectárea con 50 000 plantas de frutillas* [C]. *Hagan la salsa cocinando 500 g de frutillas con una taza de azúcar* [C]. *Existen muchas especies de frutillas, su fruto es rojo, jugoso y agridulce* [C]. ▶ *FRESA.

fruto. m. **1.** Producto del desarrollo del ovario de una flor tras la fecundación, en el que está contenida la semilla. *Después de la floración aparecen pequeños frutos verdes. La planta se ha secado antes de dar fruto.* **2.** Producto o resultado de algo, espec. si es favorable. *Los años de estudio han dado su fruto. Sabe sacar fruto a las ocasiones que se le presentan. La compañía* *es fruto de la fusión de dos empresas.* **3.** Producto de la tierra o del mar, espec. el que sirve como alimento. Frec. en pl. *Al mercado llegan frescos los frutos de la tierra y del mar.* **4.** cult. Hijo de un matrimonio, de una relación o de una mujer. *La niña es el fruto de su primer matrimonio.*

fu. interj. Se usa para imitar el bufido de un gato. *El gato hizo fu y salió corriendo.* ■ **ni ~ ni fa.** expr. coloq. Se usa para expresar la condición de regular o mediano. *–¿Cómo estás? –Ni fu ni fa. El profesor de historia es bueno; el de lengua, ni fu ni fa.*

fucsia. f. **1.** Arbusto de hojas ovales, agudas y dentadas, y flores colgantes, de color rosa intenso característico, que se emplea como planta ornamental. *En el jardín hay una fucsia abarrotada de flores.* Tb. su flor. *Un ramo de fucsias.* ○ m. **2.** Color rosa intenso como el de la flor de la fucsia (→ 1). *El fucsia te favorece.* Tb. adj. *Lleva un vestido fucsia.*

fuego. m. **1.** Fenómeno caracterizado por la emisión de luz y calor, gralm. con llama. *El descubrimiento del fuego supuso un gran avance.* **2.** Masa de materia combustible, gralm. carbón o leña, que sirve para producir fuego (→ 1), espec. con el fin de calentar o cocinar. *Colocó la leña y prendió el fuego. El fuego de la chimenea está apagado.* **3.** Fuego (→ 2) de mucha llama, hecho normalmente al aire libre y con leña. *Los excursionistas charlan alrededor del fuego.* **4.** Incendio. *Se ha declarado un fuego en la fábrica de papel.* **5.** Quemador de una cocina. *Es una cocina de tres fuegos.* **6.** Hecho de disparar un arma de fuego (→ **arma**). *El fuego enemigo no cesa.* **7.** Excitación producida por una pasión, como el amor o la ira. *Se ha dejado llevar por el fuego de su amor.* **8.** Ardor o vehemencia. *Ha puesto tal fuego en sus palabras que la ha convencido.* **9.** Mechero o cerillas para prender el tabaco. Frec. con *dar, tener* o *llevar. ¿Llevas fuego? Me dio fuego con su encendedor. Lo siento, no tengo fuego.* ● interj. **10.** Se usa en el ejército para ordenar a la tropa que dispare. *El capitán gritó: "¡Fuego!".* ■ **~ cruzado.** m. Fuego (→ 6) que se hace contra un blanco desde varios lados, gralm. opuestos. *Acorralan al enemigo con fuego cruzado.* ■ **~ fatuo.** m. Llama pequeña que se forma a poca distancia del suelo por inflamación de ciertas materias que se elevan de las sustancias animales o vegetales en putrefacción. *Vieron fuegos fatuos cerca de un lugar pantanoso.* ■ **~s artificiales.** m. pl. Conjunto de luces de colores y detonaciones obtenido mediante diferentes dispositivos de pólvora y que se usa en fiestas públicas. *Las fiestas terminarán con fuegos artificiales.* □ **alto el ~.** → **alto.** ■ **atizar el ~.** loc. v. Avivar una contienda o fomentar una discordia. *Una compañera no deja de atizar el fuego en la oficina.* ■ **entre dos ~s.** loc. adv. En una situación difícil por estar entre dos personas o cosas que se oponen o excluyen. *Sus padres se han separado y él se encuentra entre dos fuegos.* ■ **hacer ~.** loc. v. Disparar un arma de fuego (→ **arma**). *La policía ha hecho fuego* CONTRA *el atracador. A una orden del superior, los soldados harán fuego.* ■ **jugar con ~.** loc. v. Hacer por pasatiempo o diversión algo que puede traer consecuencias negativas. *No juegues con fuego o te arrepentirás.* ■ **pegar,** o **prender, ~** (a algo o a alguien). loc. v. Hacer que arda (esa persona o cosa). *Un pirómano ha pegado fuego al bosque.* ▶ **3:** *HOGUERA. **5:** *QUEMADOR.

fuel. m. Combustible líquido obtenido del petróleo, que se destina espec. a la calefacción. *Un depósito de fuel.*

fuelle. m. **1.** Instrumento para avivar el fuego, consistente en una especie de caja con tapa y fondo de madera y costados flexibles de piel que, al extenderse, hacen que entre aire por una válvula y, al plegarse, hacen que salga por una boquilla. *Atiza el fuego con el fuelle.* **2.** coloq. Capacidad respiratoria. *El centrocampista tiene mucho fuelle.*

fuente. f. **1.** Construcción provista de uno o más caños por los que sale agua, y que a veces tiene carácter monumental. *Los niños beben en la fuente del parque. La fuente de la plaza está iluminada por la noche.* **2.** Manantial de agua. *En mitad de la ladera mana una fuente que riega los prados.* **3.** Plato grande, poco profundo y de forma alargada o circular, que se usa para servir alimentos. *Sirve la ensalada en esta fuente.* Tb. la cantidad de comida que cabe en ese plato. *Nos comimos una fuente de buñuelos.* **4.** Cosa material o inmaterial que constituye el origen de algo. *La decisión ha sido fuente de disputas. Fuentes de energía. Busca fuentes de financiación para su proyecto.* **5.** Persona o cosa de las que se obtiene información. *El periodista no revela la identidad de sus fuentes. Cuando hagas una cita, tienes que citar la fuente.*

fuer. a ~ de. loc. prepos. cult. Por tener la cualidad o condición de. *Ella, a fuer de luchadora, no se quería rendir. Muestra una alegría que, a fuer de entusiasta, parece fingida.*

fuera. adv. **1.** En un lugar no comprendido en el espacio delimitado que se toma como referencia. *Lo echaron fuera* DE *la clase por hablar. Construyeron un aparcamiento fuera* DEL *casco urbano. Hay demasiado viento para comer fuera. Presentó la solicitud fuera* DE *plazo.* A veces precedido de prep. *Desde fuera no se oía lo que decían dentro. El ruido viene de fuera. Las críticas vienen de fuera* DEL *ámbito universitario.* Frec. en constr. exclamativas para exhortar a alguien a que abandone un lugar. *¡Fuera, dejen sitio! ¡Fuera* DE *aquí!* ● interj. **2.** Se usa para expresar rechazo o desaprobación de una persona o un hecho. *Lo despidieron con gritos de "¡fuera, fuera!". –¡Fuera las oposiciones! –gritaban los manifestantes.* **3.** Seguido de un nombre, se usa para incitar a alguien a quitar de donde está lo designado por ese nombre, o a desprenderse de ello. *Al empezar el examen, el profesor dijo: –¡Fuera libros! ¡Fuera chaquetas, que aquí hace mucho calor!* ■ **~ de.** loc. prepos. **1.** Además de. *Fuera de ser un chapucero, cobra muchísimo.* **2.** Excepto, o a excepción de. *Fuera de su madre, no lo sabe nadie.* **3.** Indica privación de lo designado por el complemento que introduce. *Los médicos dijeron que estaba fuera de peligro. Los acusados quedaron fuera de toda sospecha.* ■ **~ de sí.** loc. adv. En un estado de alteración causado por la ira. Con v. como *estar* o *ponerse. Se puso fuera de sí cuando vio la multa.* Tb. *~ de mí,* o *~ de ti. A veces me pongo fuera de mí por tonterías.*

fueraborda. m. Motor fuera borda (→ **motor**). *La lancha de rescate lleva un fueraborda.*

fuereño, ña. adj. Am. Forastero. *Para los boxeadores fuereños siempre es difícil obtener la victoria por puntos* [C]. Tb. m. y f. *Consideraban al fuereño más compatriota que a sus verdaderos compatriotas* [C].

fuero. m. **1.** Conjunto de leyes dadas como privilegio a un territorio determinado. *El rey abolió el fuero de Aragón.* Frec. en pl. con significado sing. *La Constitución de 1978 mantuvo los fueros de Navarra.* **2.** Jurisdicción o autoridad. *Los miembros del ejército están sometidos al fuero militar. Fuero eclesiástico.*

3. Conjunto de privilegios concedidos a una persona. *El senador se acogió a su fuero parlamentario para no declarar ante el juez.* **4.** histór. Compilación de leyes. *El Fuero Juzgo recopila leyes visigodas.* ■ **~ interno.** m. Parte más íntima de la conciencia. *En mi fuero interno estoy convencido de que mienten.*

fuerte. adj. (sup. **fuertísimo;** sup. cult., **fortísimo**). **1.** Que tiene fuerza. *Él es fuerte y podrá con todas las bolsas. Perdió a su madre, pero es fuerte y se repondrá. Se necesita un pilar más fuerte. Este detergente es fuerte y da buen resultado. Mis argumentos son más fuertes que los tuyos, reconócelo. El campeón de halterofilia es un hombre fuertísimo. Se necesita ser fortísimo para soportar esa desgracia.* **2.** Que tiene buena salud. *Ha salido de la enfermedad y vuelve a estar fuerte.* **3.** Corpulento o de cuerpo fuerte (→ 1) o grande. *Su hermano es un chico alto y fuerte.* **4.** Resistente o difícil de romper. *Ata el paquete con una cuerda fuerte. Los platos de loza son más fuertes que los de porcelana.* **5.** Dicho de una sensación: Que se percibe con intensidad. *Hay un fuerte olor a aguarrás. Lleva un jersey rojo fuerte. El guiso tiene un fuerte sabor a ajo. Se oyen fuertes voces.* **6.** Que tiene mucha preparación o instrucción en algo. *No estoy muy fuerte* EN *matemáticas.* **7.** Dicho de una obra de ficción: Que tiene un contenido erótico o violento. *La película es demasiado fuerte para los niños.* **8.** Poderoso. *Alemania es un país fuerte.* **9.** Dicho de una moneda o de una divisa: Que internacionalmente inspiran confianza. *El euro es una moneda fuerte.* **10.** coloq. Terrible o excesivo. *Le han vuelto a suspender..., ¡qué fuerte!* **11.** eufem. Dicho de persona: Gorda (que tiene mucha carne). *Es una chica bajita y fuerte.* ● m. **12.** Recinto fortificado. *Los indios atacaron el fuerte.* **13.** Actividad en la que alguien sobresale. *La geografía es su fuerte. El canto no es mi fuerte.* ● adv. **14.** Con fuerza. *Agárrate fuerte. Se enfadó y golpeó fuerte la mesa.* **15.** Mucho o en abundancia. *Desayuna fuerte. Los jugadores del casino juegan fuerte.* ▶ **4:** RESISTENTE.

fuerza. f. **1.** Capacidad física para mover algo o a alguien que tenga peso o haga resistencia. *El caballo tiene fuerza para tirar del carro.* Frec. en pl. *No tengo fuerzas para levantar la maleta. La enfermedad lo ha dejado sin fuerzas.* **2.** Capacidad moral para hacer o soportar algo. *En los momentos duros, tenéis que tener fuerza.* Frec. en pl. *No me quedan fuerzas para seguir discutiendo.* **3.** Capacidad para soportar un peso o un empuje. *Los maderos laterales dan más fuerza a la viga. Esta estantería no tiene fuerza para aguantar tantos libros.* **4.** Capacidad de algo para producir un efecto. *Con el tiempo disminuye la fuerza del medicamento. La fuerza de sus argumentos nos convenció.* **5.** Medida en que se aplica o se tiene una fuerza (→ 1-4). *Agarró su bolso con fuerza. Me ha pegado con bastante fuerza.* **6.** *Fís.* Causa capaz de modificar el estado de reposo o de movimiento de un cuerpo o de deformarlo. *Al aplicar una fuerza lateral al cuerpo, se desvía de su trayectoria.* ○ pl. **7.** *Mil.* Gente de guerra y material militar. *Francia retira sus fuerzas de Indochina.* ■ **~ aérea.** f. Cuerpo militar basado en la aviación. *Un avión de la fuerza aérea española transporta la ayuda humanitaria.* ■ **~ bruta.** f. Fuerza (→ 1) que se usa de manera irracional. *Para este trabajo se necesita habilidad y no fuerza bruta. Trató de abrir la caja por la fuerza bruta.* ■ **~ centrífuga.** f. *Mec.* Fuerza (→ 6) que hace que un cuerpo tienda a desplazarse hacia fuera cuando describe una trayectoria circular. *Un vehículo se puede salir de una curva por la fuerza centrífuga. La fuerza centrífuga se opone a la fuerza centrípeta.* ■ **~ centrípeta.** f. *Mec.* Fuerza (→ 6) que hace que un cuerpo siga una trayectoria circular. *El satélite se mantiene en órbita por la fuerza gravitacional, que es una fuerza centrípeta.* ■ **~ de voluntad.** f. Capacidad de una persona para hacer lo que quiere o debe a pesar de las dificultades. *Para estudiar una oposición se requiere mucha fuerza de voluntad.* ⇒ VOLUNTAD. ■ **~ electromotriz.** f. *Fís.* Diferencia máxima de potencial que puede ser generada por una fuente de corriente eléctrica. *La pila común produce una fuerza electromotriz de 1,5 voltios.* ■ **~ mayor.** f. Situación que no se puede prever ni evitar y que exime del cumplimiento de una obligación. *Solo se puede ausentar de su puesto en caso de fuerza mayor.* ■ **~ pública.** f. Conjunto de agentes de la autoridad encargados de mantener el orden público. *La fuerza pública disolvió la manifestación.* ■ **~s armadas.** f. pl. Conjunto constituido por el Ejército, la Armada y la Aviación de una nación. *Las fuerzas armadas se ocupan de la defensa del país. Día de las Fuerzas Armadas.* ■ **~s vivas.** f. pl. Personas representativas de un lugar, por su autoridad o por su influencia social. *Al gran evento asisten las fuerzas vivas de la región.* □ **a ~ de.** loc. prepos. Como resultado de. *A fuerza de oírtelo, ya me lo he aprendido. Ha aprobado a fuerza de estudio y sacrificio.* ■ **a la ~.** loc. adv. **1.** Con violencia o contra la propia voluntad. *Los atracadores los sacaron del coche a la fuerza.* **2.** De manera necesaria o inevitable. *Con tanto trajín, a la fuerza se tenía que romper algo.* ■ **a la ~ ahorcan.** expr. coloq. Se usa para dar a entender que alguien se ve o se ha visto obligado a hacer algo contra su voluntad. *No tengo más remedio que aceptar la propuesta del director..., ¡a la fuerza ahorcan!* ■ **a viva ~.** loc. adv. Violentamente o con todo el vigor posible. *La policía los ha expulsado del local a viva fuerza.* ■ **írsele** (a alguien) **la ~ por la boca.** loc. v. coloq. Hablar demasiado y no actuar en consecuencia. *A este fanfarrón se le va la fuerza por la boca.* ■ **por ~.** loc. adv. De manera necesaria. *Entre tantos vestidos, por fuerza tiene que haber uno que te guste.* ■ **sacar** alguien **~s de flaqueza.** loc. v. Hacer un esfuerzo cuando se siente débil o impotente. *El corredor saca fuerzas de flaqueza en la última recta.* ■ **ser ~.** loc. v. Ser necesario o forzoso. *Es fuerza tomar una determinación.* ▶ **3:** RESISTENCIA.

fuet. (pl. **fuets**). m. Embutido típico de Cataluña, semejante al salchichón, pero alargado y más estrecho. *Un bocadillo de fuet.*

fuga. f. **1.** Hecho de fugarse. *La fuga de los presos se ha producido de madrugada. Los padres notifican a la policía la fuga de su hijo.* **2.** Salida de gas o líquido por una abertura producida accidentalmente. *La explosión se ha debido a una fuga de gas. Esta tubería tiene una fuga.* **3.** *Mús.* Composición musical que consiste en la repetición de un tema y su contrapunto por cada una de las voces. *El cuarteto termina con una grandiosa fuga.* ■ **~ de cerebros.** f. Emigración al extranjero de personas destacadas en el ámbito científico, técnico o cultural, para ejercer su profesión en mejores condiciones. *Se modificará la política de becas para evitar la fuga de cerebros.* ▶ **1:** *HUIDA.

fugacidad. f. Cualidad de fugaz. *El poeta se lamenta de la fugacidad de la vida.*

fugarse. intr. prnl. **1.** Huir de un lugar donde se está encerrado. *Dos reclusos se han fugado* DE *la prisión. Los prisioneros excavaron un túnel y se fugaron.* **2.** Abandonar, gralm. por sorpresa y de manera clandestina, el lugar de residencia. *Dos menores se fugan* DE *su casa. Se ha fugado* DE *su país por razones políticas.* ▶ **1:** *HUIR.

fugaz. adj. **1.** Que dura muy poco. *Una mirada fugaz. Un fugaz encuentro en el aeropuerto.* **2.** cult. Que se aleja y desaparece velozmente. *De repente, un ciervo cruza fugaz en la espesura.*

fugitivo, va. adj. Que huye. *La jauría persigue al fugitivo animalillo. Un terrorista fugitivo.* Tb. fig. *A través de la ventanilla del tren contempla el paisaje fugitivo.* Dicho de pers., tb. m. y f. *La policía ha detenido a los fugitivos.*

fulano, na. m. y f. **1.** (Frec. en mayúsc.). Se usa en sustitución del nombre propio de una persona, cuando este se ignora o no se quiere decir. *Si alguien te pregunta, le dices: –Mira, Fulano, yo no sé nada.* Frec. formando enumeración con *Mengano, Zutano* y *Perengano. ¡Si vas a hacer caso de lo que digan Fulano o Mengano, estás listo!* **2.** despect. Persona cuyo nombre se ignora. *¿Quién era aquel fulano que vino el otro día?* ○ f. **3.** coloq., despect. Prostituta. *Esa calle está llena de chulos y fulanas.*

fular. m. Pañuelo para el cuello, a modo de bufanda, hecho de seda u otra tela fina. *Lleva un elegante fular de seda.*

fulero, ra. adj. coloq. Dicho de persona: Falsa o embustera. *Nunca he visto un tipo tan fulero como tú.* Tb. m. y f. *El local está lleno de fuleros y timadores.*

fulgente. adj. cult. Brillante o resplandeciente. *Una fulgente espada.*

fulgir. intr. cult. Resplandecer o despedir rayos de luz una cosa. *Su pelo rubio fulge como el oro.*

fulgor. m. Brillo o resplandor intensos. *El fulgor de un relámpago iluminó la habitación.*

fulguración. f. cult. Hecho o efecto de fulgurar. *A la fulguración del rayo sigue la explosión del trueno.*

fulgurante. adj. **1.** cult. Que fulgura. *En la oscuridad del campo se ven las fulgurantes estrellas.* **2.** cult. Muy rápido. *Su éxito fue fulgurante.*

fulgurar. intr. cult. Despedir rayos de luz. *Un anillo de brillantes fulgura en su mano.* Tb. fig. *Sus ojos fulguran de odio.*

fullería. f. Trampa o engaño, espec. en el juego. *Tiene los naipes marcados para hacer fullerías. Se enriqueció gracias a sus fullerías en los negocios.*

fullero, ra. adj. Que hace fullerías. *Echaremos a los jugadores fulleros. Son gente fullera y mentirosa.* Tb. m. y f. *Es un fullero que usa dados trucados.*

fulminante. adj. **1.** Que fulmina. *Una enfermedad fulminante. Me ha dirigido una mirada fulminante.* **2.** Muy rápido o inmediato. *Ha tenido un éxito fulminante con su primer disco. Lo han cesado de manera fulminante.* **3.** Dicho de materia: Que sirve para hacer estallar cargas explosivas. Más frec. m. *El fulminante de un cartucho.*

fulminar. tr. **1.** Matar (a alguien) un rayo. *Un rayo ha fulminado a un montañero.* **2.** Causar muerte repentina (a alguien). *Un ataque al corazón lo ha fulminado.* **3.** Dejar rendido o muy impresionado (a alguien) al dirigir(le) una mirada, espec. de ira. *Por hacer una simple broma, me ha fulminado* CON *la mirada.*

fumadero. m. Local para fumadores, espec. aquel en que se fuman drogas. *Un fumadero de opio.*

fumador, ra. adj. Que tiene el hábito de fumar. *Tú eres más fumador que yo.* Tb. m. y f. *En el restaurante hay un área para fumadores. Es un fumador empedernido.* ■ **~ pasivo/va.** m. y f. Persona que no fuma, pero respira el humo de quienes fuman a su alrededor. *Los fumadores pasivos también pueden contraer graves enfermedades.*

fumar. intr. **1.** Aspirar y despedir el humo del tabaco. *Siempre fuma después de comer. Fumo en pipa.* ○ tr. **2.** Aspirar y despedir el humo del tabaco u otra sustancia contenidas (en un cigarrillo, un cigarro o una pipa). *Fuma cigarrillos sin filtro. Creo que fuma porros.* Frec. con un pron. expresivo de interés. *Se fuma un pitillo mientras espera. Después del banquete nos fumaremos un puro.* Tb. referido al tabaco o la sustancia. *Suele fumar tabaco negro. Fuma hachís.* ○ tr. prnl. **3.** coloq. No acudir (a una obligación, espec. a una clase). *Me voy a fumar la clase de matemáticas.*

fumarola. f. *Geol.* Emisión por una grieta en el terreno de gases o vapores procedentes de un conducto volcánico o de un flujo de lava. *Las emanaciones de las fumarolas contienen azufre.*

fumata. f. *Rel.* Nube de humo que anuncia el resultado de la votación en la elección de Papa. *La fumata blanca indica que los cardenales ya han elegido Papa. La fumata negra anuncia que no ha habido elección.* Tb. fig. *Al final de la reunión hubo fumata blanca y todos firmaron el pacto.*

fumigación. f. Hecho de fumigar. *La fumigación evitará que se extienda la plaga.*

fumigar. tr. Echar (sobre alguien o algo) determinadas sustancias, en forma de gas, humo, vapor o polvo, para desinfectar(los) o librar(los) de los parásitos. *Utilizan una avioneta para fumigar la plantación. Fumigan los vagones de metro con insecticida. Fumigan al ganado periódicamente.*

funambulismo. m. Arte del funámbulo. *En el circo hemos visto ejercicios de funambulismo.* Tb. fig. *Tiene que hacer funambulismo para que le cuadren los presupuestos.*

funámbulo, la. m. y f. Acróbata que realiza ejercicios sobre la cuerda floja o el alambre. *El funámbulo utiliza una pértiga para mantener el equilibrio.* ▶ *ACRÓBATA.

función. f. **1.** Acción o capacidad de actuar propias de alguien o algo. *La función del casco es proteger la cabeza. Cada ser vivo cumple su función en la cadena alimentaria. La enfermedad impedía que el hígado desarrollase su función. Estudiamos las funciones del lenguaje.* **2.** Tarea propia de un empleo o cargo, o de la persona que lo desempeña. *La contratación de personal es función del jefe de Recursos Humanos.* Frec. en pl. *Hacer el pedido forma parte de mis funciones. Cuando falta el director, ella lo sustituye en sus funciones.* **3.** Acto solemne, espec. el religioso. *El sacerdote se pone las vestiduras sagradas para celebrar funciones litúrgicas.* **4.** Representación de un espectáculo, espec. teatral o circense, o proyección de una película. *A final de curso los alumnos hacen una función. La obra lleva más de mil funciones.* **5.** *Ling.* Papel que desempeña dentro de la oración un elemento de ella. *En la oración "la casa es grande", "la casa" tiene función de sujeto.* **6.** *Mat.* Relación entre dos conjuntos que asigna a cada elemento del primero un elemento del segundo, o ninguno. *Haz la representación gráfica de la función "y = 2x". Llamamos función exponencial a aquella en que la x es un exponente.* ■ **en ~ de.** loc. prepos. Dependiendo de. *Pagan al traductor en función del número de palabras traducidas.* ■ **en funciones.** loc. adj. Dicho de persona con un cargo:

Que sustituye temporalmente en sus funciones (→ 2) al titular de ese cargo. *El alcalde en funciones preside el pleno.* Tb. loc. adv. *El presidente saliente permanece en funciones.*

funcional. adj. **1.** De la función o las funciones. *Cada departamento se ocupa de un área funcional de la empresa. La rehabilitación ayuda al paciente en su recuperación funcional.* **2.** Dicho de cosa: Diseñada u organizada pensando sobre todo en la utilidad y la comodidad. *El mobiliario de un hospital debe ser funcional.* **3.** *Ling.* De la función. *Desde el punto de vista funcional, esa oración es un complemento directo.*

funcionalidad. f. Cualidad de funcional o práctico. *Elegimos este modelo de coche por su funcionalidad.*

funcionalismo. m. *Arq.* Tendencia arquitectónica que considera que los elementos prácticos o funcionales deben prevalecer sobre los decorativos. *El museo es una muestra del funcionalismo del siglo* XX.

funcionamiento. m. Hecho de funcionar o realizar la función propia. *Promete mejorar el funcionamiento de las instituciones. Puso la máquina en funcionamiento.*

funcionar. intr. **1.** Realizar alguien o algo la función que les es propia. *En el laboratorio funcionan tres equipos de investigación. La lavadora no funciona. La radio funciona con pilas.* **2.** Resultar alguien o algo como se esperaba. *El experimento ha funcionado. Tu plan no funcionará. Como encargado no funciona.*

funcionariado. m. Conjunto de los funcionarios. *Se anuncian subidas salariales para el funcionariado.*

funcionarial. adj. Del funcionario. *En la Administración hay distintas categorías funcionariales. Cuerpo funcionarial.*

funcionario, ria. m. y f. Persona que desempeña como titular un empleo en la Administración pública. *Ha aprobado unas oposiciones y ahora es funcionaria en un ministerio. Los funcionarios de prisiones piden más seguridad.* ▶ BURÓCRATA.

funda. f. Cubierta de material rígido o flexible con que se envuelve algo para tenerlo guardado y protegido. *Saca la guitarra de su funda. Lleva el puñal en una funda de cuero. He perdido la funda de las gafas.*

fundación. f. **1.** Hecho de fundar o crear. *Los fondos se destinarán a la fundación de una escuela. La fundación de la ciudad tuvo lugar en la época romana.* **2.** Institución dedicada a la beneficencia o a la cultura y que está financiada por bienes privados. *La fundación se dedica a difundir la obra del escritor.*

fundacional. adj. De la fundación o creación. *Período fundacional. Tratado fundacional de la Unión Europea.*

fundadamente. adv. Con fundamento. *Sospecha fundadamente que lo engañan. Para hablar fundadamente sobre el tema, tengo que estudiarlo.*

fundador, ra. adj. Que funda o crea algo. *Los socios fundadores redactaron los estatutos del club.* Dicho de pers., tb. m. y f. *Un millonario es el fundador de la asociación benéfica.*

fundamental. adj. **1.** Que sirve de fundamento. *Estudiamos las leyes fundamentales de la física. El rojo, el amarillo y el azul son los colores fundamentales.* **2.** De la máxima importancia. *Es fundamental que obedezcas al médico. Lo fundamental es llegar.*

fundamentalismo. m. **1.** *Rel.* Tendencia a la interpretación literal de los textos sagrados y a la aplicación estricta de sus normas. *La Inquisición fue producto del fundamentalismo de la Iglesia. Fundamentalismo islámico.* Tb. la actitud correspondiente. *Surgen brotes de fundamentalismo en algunos países.* **2.** Exigencia intransigente de sometimiento a una doctrina o práctica establecidas. *El conflicto surge del choque entre fundamentalismos nacionalistas.* ▶ **1:** INTEGRISMO.

fundamentalista. adj. **1.** Del fundamentalismo. *La amenaza fundamentalista.* **2.** Partidario o seguidor del fundamentalismo. *La guerrilla fundamentalista atemoriza a la población. Un neoliberal fundamentalista.* Dicho de pers., tb. m. y f. *Los fundamentalistas cristianos niegan el evolucionismo.* ▶ INTEGRISTA.

fundamentar. tr. Establecer el fundamento (de una cosa) en otra. *Fundamenta la decisión* EN *los datos expuestos anteriormente. El tribunal fundamenta su resolución* EN *la ley recientemente aprobada.*

fundamento. m. **1.** Cosa sobre la que se apoya o en la que se basa otra. *El científico explica los fundamentos teóricos de sus afirmaciones. Esos rumores no tienen fundamento.* **2.** Motivo o razón. *No tienes ningún fundamento para sospechar.* **3.** Seriedad o formalidad de una persona. *Este chico no tiene fundamento.*

fundar. tr. **1.** Establecer o crear (algo). *Dos socios fundaron la compañía. Ha fundado una asociación benéfica.* **2.** Basar o apoyar (una cosa) en otra. *El juez funda su decisión* EN *sentencias precedentes. No sé* EN *qué fundas tus afirmaciones.* ○ intr. prnl. **3.** Basarse o apoyarse en algo. *El método de aprendizaje se funda* EN *la participación del alumno.* ▶ **1:** *ESTABLECER. **2:** *APOYAR. **3:** *APOYARSE.

fundente. adj. **1.** Que funde o facilita la fundición. *Material fundente.* ● m. **2.** Sustancia que se mezcla con otra para facilitar la fusión de esta. *La caliza se emplea como fundente para la obtención del hierro.*

fundición. f. **1.** Hecho de fundir. *La fundición de los metales requiere altas temperaturas.* **2.** Fábrica donde se funden metales. *Los hornos de la fundición consumen mucho combustible.*

fundido. m. *Cine* y *TV* Hecho o efecto de mezclar los últimos momentos de una imagen o sonido con los primeros de otra secuencia. *La escena termina con un fundido en negro.*

fundidor. m. Persona que tiene por oficio fundir metales u objetos de metal. *El abuelo es fundidor de cobre. En el Renacimiento hubo grandes fundidores de estatuas.*

fundillo. m. **1.** Am. Fondillo (parte trasera del pantalón). *Alcanza a ver el fundillo de su pantalón siempre chorreado* [C]. Frec. en pl. con significado sing. *Toma a Rudolf por los fundillos y comienza a arrastrarlo hacia la playa* [C]. **2.** Am. coloq. Nalgas (parte del cuerpo). *Lo último que vi de ella fue su fundillo envuelto en la falda floreada, bamboleándose* [C]. Frec. en pl. con significado sing. *La espada le traspasa los fundillos, quedando así ensartado en el arma por el trasero* [C]. ▶ **1:** FONDILLO.

fundir. tr. **1.** Hacer líquido (un cuerpo sólido, espec. un metal) por medio del calor. *Los artesanos funden el cobre para hacer útiles. Funde el chocolate para cubrir la tarta.* **2.** Fabricar (algo) con metal fundido (→ 1) en moldes. *Una vez preparado el molde, se procede a fundir la estatua.* **3.** Estropear (un aparato o un dispositivo eléctrico). *La subida de tensión ha fundido la lámpara.* Tb. en constr. prnl. media. *Con la tormenta se fundieron los plomos. Se ha fundido la* *bombilla.* **4.** Reducir a una (dos o más cosas diferentes). *En la obra han fundido dos textos del autor.* Tb. en constr. prnl. media. *La danza y la música se funden en armonía. La danza se funde* CON *la música.* **5.** coloq. Derrochar o despilfarrar (algo, espec. dinero). *He fundido el sueldo en tres días.* ○ intr. **6.** Volverse líquido un cuerpo sólido por la acción del calor. *El hierro funde a una temperatura muy elevada.* Frec. prnl. *El hielo se funde al sacarlo de la nevera.* ▶ **1, 6:** DERRETIR.

fúnebre. adj. **1.** Del difunto o de los difuntos. *Coche fúnebre. Suena la marcha fúnebre.* **2.** Triste (que experimenta o manifiesta tristeza). *No os pongáis fúnebres, que la cosa no es tan grave. Su rostro era fúnebre.* ▶ **2:** *TRISTE.

funeral. adj. **1.** Del entierro o del funeral (→ 2). *Misa funeral.* ● m. **2.** Acto religioso solemne en recuerdo de un difunto, que se celebra algunos días después del entierro o anualmente. *Sus amigos más íntimos han asistido al funeral.* Frec. en pl. con significado sing. *Se hicieron funerales de Estado por las víctimas.* ▶ **2:** *HONRAS.

funerario, ria. adj. **1.** Del entierro. *El profesor estudia los ritos funerarios de los antiguos egipcios. Monumentos funerarios. Servicios funerarios.* ● f. **2.** Empresa que se encarga de organizar entierros. *Los empleados de la funeraria trasladan el féretro.*

funesto, ta. adj. Que trae o implica ruina o desgracia. *No abrir la salida de emergencia fue un error funesto. El desenlace del secuestro ha sido funesto.* ▶ *DESGRACIADO.

fungible. adj. cult. Que se consume con el uso. *Material fungible de papelería.*

fungicida. adj. *tecn.* Que sirve para destruir los hongos. *Aplican a las vides un tratamiento fungicida.* Dicho de producto, tb. m. *Tengo hongos en los pies y el médico me ha recetado un fungicida.*

funicular. adj. Dicho de vehículo: Sometido a tracción por medio de cuerdas, cables o cadenas. Más frec. m. *Tomamos el funicular que sube al Tibidabo.*

furcia. f. coloq., despect. Prostituta. *Las insultaron y las llamaron furcias.*

furgón. m. **1.** Vehículo automóvil cubierto, con un espacio amplio destinado al transporte de personas o mercancías. *Transportan el dinero en furgones blindados. Un furgón policial. Han alquilado un furgón para la mudanza.* **2.** Vagón destinado al transporte de correspondencia, equipajes o mercancías. *Este tren lleva un furgón de equipajes.* ■ **~ de cola.** m. **1.** Furgón (→ 2) que cierra la composición de un tren. *Los polizones se ocultan en el furgón de cola.* **2.** Persona o conjunto de personas que ocupan el último lugar en un ámbito o actividad. *Su departamento es el furgón de cola de la empresa.*

furgoneta. f. Vehículo automóvil cubierto, más pequeño que el camión, destinado gralm. al transporte de mercancías. *Necesitamos repartidores con furgoneta propia. Tengo la caja de herramientas en la furgoneta.*

furia. f. **1.** Ira exaltada. *No podía contener la furia que sentía.* **2.** Violencia o agresividad. *El asesino golpeó a su víctima con furia.* Tb. fig. *El mar azota las rocas con furia.* **3.** Vehemencia o ímpetu con que se actúa. *El ciclista pedalea con furia.* **4.** En la mitología grecorromana: Cada una de las tres divinidades infernales que personificaban la venganza o los remordimientos. *Las furias nacieron de la sangre de Urano.* ■ **hecho una ~.** loc. adj. Muy irritado o enfadado. *Viene hacia mí hecha una furia. Se volvió hacia su agresor hecho una furia.* ▶ **1-3:** FUROR.

furibundo, da. adj. **1.** Dicho de persona: Que siente furia o ira. *Está furibundo y no me atrevo a decirle nada.* **2.** Dicho de cosa: Que denota furia. *Me ha lanzado una mirada furibunda. Ha hecho una crítica furibunda del libro.* **3.** Vehemente o entusiasta. *Un admirador furibundo se ha lanzado a pedirle un autógrafo. Son furibundos partidarios de la reforma.*

furioso, sa. adj. Que tiene furia. *Se puso furioso cuando se enteró. Cuando se acerca un animal furioso, lo mejor es huir.*

furor. m. **1.** Furia o ira. *Oír aquella sarta de mentiras provocó mi furor.* **2.** Furia o violencia. *No han podido defenderse del furor de su atacante.* Tb. fig. *La tormenta estalla con furor.* **3.** Furia o vehemencia. *Parecía concentrado y tecleaba con furor.* **4.** Momento de mayor intensidad de una moda o costumbre. *Vivió el furor de la minifalda, en los años 60.* **5.** Arrebato de entusiasmo. Frec. con *hacer* y *causar*. *Tu hermano ha causado furor entre mis amigas.* ■ **~ uterino.** m. Ninfomanía. *El furor uterino le hace sentir deseo sexual constantemente.* ■ **hacer ~.** loc. v. Ponerse o estar muy de moda. *Ese tipo de pintura hizo furor a principios de siglo.* ▶ **1-3:** FURIA.

furriel. m. *Mil.* Cabo que tiene a su cargo la distribución de suministros y el nombramiento del personal destinado al servicio de la tropa correspondiente. *El furriel reparte el pan cada mañana.* Tb. *cabo ~*. *Hizo la mili de cabo furriel.*

furtivismo. m. Práctica del cazador o pescador furtivos. *Las autoridades forestales luchan contra el furtivismo.*

furtivo, va. adj. **1.** Que se hace o se produce a escondidas. *Le lanza una mirada furtiva. Temen que alguien descubra sus contactos furtivos.* **2.** Dicho espec. de cazador o pescador: Que actúa a escondidas y violando la ley. *Los cazadores furtivos amenazan la supervivencia de la especie.* Tb. m. y f. *La guardia civil detuvo a tres furtivos.*

furúnculo. m. Forúnculo. *Fue al médico para que le curara el furúnculo.*

fusa. f. *Mús.* Nota cuyo valor es la mitad de una semicorchea.

fuselaje. m. Cuerpo del avión. *La caja negra del avión ha aparecido entre los restos del fuselaje.*

fusible. adj. **1.** Que puede fundirse. *La grasa animal es una sustancia fusible.* ● m. **2.** En una instalación eléctrica: Dispositivo de seguridad consistente en un hilo metálico que, cuando la intensidad de la corriente es excesiva, se funde y la interrumpe. *Si pongo la lavadora y el lavavajillas a la vez, saltan los fusibles.* Tb. dicho hilo. *El fusible se ha fundido.*

fusiforme. adj. *tecn.* De forma de huso. *El ciprés es un árbol de copa fusiforme. La zanahoria es una raíz fusiforme.*

fusil. m. Arma de fuego portátil que consta de un cañón de acero, gralm. de entre 80 cm y un metro, y de un mecanismo de disparo, ambos encajados en una culata. *Un soldado armado con fusil vigila la entrada. Los rebeldes llevan fusiles automáticos.*

fusilamiento. m. Hecho de fusilar. *El fusilamiento de los prisioneros fue al alba. Un pelotón de fusilamiento.*

fusilar. tr. **1.** Ejecutar (a alguien) con una descarga de fusilería. *Lo fusilaron por traidor.* **2.** Plagiar (algo, espec. una obra, o a su autor). *Para su novela, ha fusilado un viejo texto desconocido.* ▶ **2:** PLAGIAR.

fusilería. f. Conjunto de fusiles. *Reciben al enemigo con una descarga de fusilería.*

fusilero. m. Soldado de infantería armado con fusil y bayoneta. *Un batallón de fusileros.*

fusión. f. Hecho o efecto de fundir o fundirse un cuerpo sólido, o dos o más cosas diferentes. *El soplete se emplea para la fusión de metales. La fusión del hielo se produce a 0°. La fusión de las dos empresas dará lugar a una gran compañía.*

fusionar. tr. Hacer que (dos o más cosas diferentes) pasen a ser una sola por fusión. *Los directivos de ambas empresas acordaron fusionarlas.* Tb. en constr. prnl. media. *Los dos grandes bancos se fusionarán. La compañía hidroeléctrica se fusionó* CON *su antiguo competidor.*

fusta. f. Vara flexible y delgada, con una trencilla de correa en uno de sus extremos, que usa el jinete para fustigar al caballo. *El yóquey golpea al caballo con la fusta.*

fuste. m. **1.** Entidad o importancia. *Estaban las autoridades y otros invitados de fuste. Hoy se enfrentan dos equipos de mucho fuste. Charlaban de temas sin fuste.* **2.** Tronco de un árbol. *Talan los árboles de mayor fuste.* **3.** *Arq.* Parte central de una columna, comprendida entre la basa y el capitel. *El fuste de orden jónico es estriado.*

fustigar. tr. **1.** Golpear (a un animal) con un látigo, vara u otro instrumento para hacer(lo) andar. *El labrador fustiga a las mulas.* **2.** Censurar con dureza (a alguien). *El líder de la oposición fustiga al Gobierno.*

fútbol o **futbol.** (**futbol,** frecAm.). m. Deporte que se practica entre dos equipos de once jugadores, cuya finalidad es introducir un balón en la portería contraria golpeándolo pralm. con los pies pero no con las manos o los brazos. *Hoy se juega la última jornada de la liga de fútbol. Antes se podía jugar futbol en la calle* [C]. ■ **~ americano.** m. Deporte de origen estadounidense, semejante al *rugby,* en el que se permite pasar el balón hacia delante, y cuyos jugadores llevan el cuerpo muy protegido. *Los jugadores de fútbol americano llevan casco, hombreras y rodilleras. Tendré que comprarme un equipo de jugador de futbol americano* [C]. ■ **~ sala.** m. Deporte muy semejante al fútbol, pero que se juega en un campo más pequeño, gralm. cubierto, y con dos equipos de cinco jugadores. *Los partidos de fútbol sala duran cuarenta minutos.* ▶ BALOMPIÉ.

futbolero, ra. adj. **1.** coloq. Futbolístico. *La afición está deseando que empiece la temporada futbolera.* **2.** coloq. Aficionado al fútbol. *En casa somos todos muy futboleros.* Tb. m. y f. *Los futboleros no se perderán el partido.* ● m. y f. **3.** coloq. Jugador de fútbol. *Es increíble el dineral que ganan estos futboleros.*

futbolín. (Marca reg.). m. Juego que imita un partido de fútbol y que se realiza sobre un tablero cerrado por todos sus lados y con unas figurillas accionadas por medio de barras. *En el bar hacemos campeonatos de futbolín.* Tb. el aparato en que se practica. *Le ha pedido a los Reyes Magos un futbolín.*

futbolista. m. y f. Jugador de fútbol. *El futbolista sufre una lesión y no jugará.*

futbolístico, ca. adj. Del fútbol. *Peñas futbolísticas. Jornada futbolística.*

fútil. adj. cult. De poca importancia. *No es un problema fútil, sino bastante grave. Se acerca a mí con los más fútiles pretextos.*

futilidad. f. cult. Cualidad de fútil. *Aquellas charlas se caracterizan por su futilidad.*

futón. m. Colchoneta de algodón, típica de Japón, que sirve como asiento o como cama. *Cuando vienen invitados, duermen en el futón.*

futre. m. Am. coloq. o despect. Persona que viste elegancia afectada. *Vistió buena ropa y trabó amistad con gente ciudadana para aprender la moda de los futres* [C].

futurible. adj. Dicho de cosa: Que podría existir u ocurrir en el futuro, espec. si se diese una condición determinada. *En su novela imagina un mundo futurible.* Tb. m. *El método científico no puede especular con futuribles.*

futurismo. m. Movimiento vanguardista surgido en Italia a principios del s. XX, que trataba de reflejar en el arte el dinamismo de las máquinas y los avances tecnológicos. *El impulsor del futurismo fue el poeta italiano Marinetti.*

futurista. adj. **1.** Del futurismo. *El manifiesto futurista se publicó en 1909.* **2.** Partidario o cultivador del futurismo. *Pintor futurista.* Tb. m. y f. *Los futuristas italianos se centraron sobre todo en la pintura y la poesía.*

futuro, ra. adj. **1.** Que está por venir. *Para ocasiones futuras estaremos prevenidos. Esa decisión la tendrá que tomar el futuro secretario.* ● m. **2.** Tiempo futuro (→ 1). *No lo gastes todo ahora y guarda algo para el futuro. Me pregunto cómo serán las ciudades del futuro.* **3.** *Gram.* Tiempo verbal que indica que la acción ocurre en un momento posterior a aquel en que se habla. *"Estaré" y "habré estado" son formas de futuro del verbo "estar".* ■ **~ imperfecto,** o **simple.** m. *Gram.* Tiempo que expresa de modo absoluto que la acción tiene lugar en el futuro (→ 2). *"Llamaré" es el futuro imperfecto de "llamar".* ■ **~ perfecto,** o **compuesto.** m. *Gram.* Tiempo que expresa que la acción es futura (→ 1) respecto al momento en que se habla, pero pasada respecto a un punto de referencia posterior a ese momento. *En la frase "A las dos ya habré comido" usamos el verbo en futuro perfecto.* ⇒ frecAm: ANTEFUTURO. ▶ **2:** MAÑANA, PORVENIR.

futurología. f. Conjunto de estudios que tienen como finalidad predecir el futuro de manera científica. *Congreso de futurología.*

futurólogo, ga. m. y f. Especialista en futurología. *Un futurólogo había anunciado la tragedia.*

g

g. f. Letra del abecedario español cuyo nombre es *ge*, y que tiene dos pronunciaciones diferentes según la vocal que la siga. *Ganado, goma, agua, guerra, pingüino; general, agitar.*

gabacho, cha. adj. coloq., despect. Francés. *Tiene acento gabacho.* Dicho de pers., tb. m. y f. *Está casada con un gabacho.*

gabán. m. Abrigo masculino. *Se quitó el gabán y lo colgó en el perchero.*

gabardina. f. **1.** Prenda de abrigo ligera, amplia, larga y con mangas, hecha de tejido impermeable. *Se ciñe la gabardina, abre el paraguas y echa a andar bajo la lluvia.* **2.** Tela resistente y tupida, de tejido diagonal, que se emplea en la confección de gabardinas (→ 1) y otras prendas de vestir. *Unos pantalones de gabardina.* **3.** Pasta esponjosa hecha de harina, huevo y otros ingredientes, con que se rebozan algunos alimentos. *De aperitivo sirvieron croquetas y gambas con gabardina.*

gabarra. f. Embarcación grande destinada a los transportes en las costas o a la carga y descarga en los puertos. *En el muelle, los estibadores descargaban una gabarra.*

gabela. f. cult. Tributo o impuesto. *Imponen gabelas con las que esquilman el bolsillo del contribuyente.* Frec. referido a época antigua. *El documento reseña los censos y gabelas que gravaban a los vecinos del concejo.*

gabinete. m. **1.** Habitación más pequeña que la sala, donde se recibe a las personas de confianza. *El mayordomo los conduce al gabinete.* **2.** Oficina de un organismo encargada de atender determinados asuntos. *El gabinete de prensa del sindicato ha emitido un comunicado.* **3.** Despacho o local destinados al ejercicio de una actividad profesional. *Contactarán con un gabinete de abogados para tramitar su divorcio.* **4.** Conjunto de ministros que forman el Gobierno de un país. *El presidente releva a cuatro miembros de su gabinete.* ■ **~ de crisis.** m. Conjunto de ministros y altos cargos de un país escogidos para afrontar una situación excepcionalmente crítica. *Al recibir la noticia del alzamiento, el presidente convocó el gabinete de crisis.*

gabonés, sa. adj. De Gabón (país de África). *Libreville es la capital gabonesa.* Dicho de pers., tb. m. y f. *Los gaboneses hablan francés.*

gacela. f. Mamífero rumiante de talla mediana, muy ágil y esbelto, y con cuernos curvados en forma de "S", que habita en zonas áridas de África y Asia. *La gacela macho. Una gacela huye veloz de un guepardo.*

gaceta. f. **1.** Publicación periódica en que se dan noticias, espec. las relativas a un determinado ámbito. *Las gacetas de la época dan cuenta del hecho.* Gralm. se usa como parte del nombre de dichas publicaciones. *El dibujante publica sus viñetas en "La Gaceta Ilustrada".* **2.** coloq. Persona que se entera de todo y se lo cuenta a los demás. *Me lo ha dicho el portero, que ya sabes que es la gaceta del vecindario.* **3.** histór. En España: Diario oficial del Gobierno. *"La Gaceta" publicaba los reales decretos y demás leyes.*

gacetilla. f. Noticia corta publicada en un periódico. *En el periódico no hay referencia alguna al enlace, ni siquiera una gacetilla.*

gacetillero, ra. m. y f. Persona que redacta gacetillas. *Al acabar periodismo, entró de gacetillero en un diario local.*

gachas. f. pl. Guiso de harina cocida con agua y sal, al que se añaden otros ingredientes dulces o salados. *La especialidad del mesón son las gachas manchegas y las migas de pastor.* ▶ PUCHES.

gachí. (pl. **gachís**). f. vulg. Mujer, espec. la que es joven. *He conocido a una gachí de armas tomar.*

gacho, cha. adj. Doblado o inclinado hacia abajo. *El perro se acerca a su amo con las orejas gachas.*

gachó. m. vulg. Hombre. *¡Vaya genio que gasta el gachó!*

gachupín, na. m. y f. frecAm. coloq., despect. Español establecido en América. Se usa en algunos países americanos. *¡Antes casadas con un indio rabón que con un gachupín!* [C].

gaditano, na. adj. De Cádiz. *Playas gaditanas.* Dicho de pers., tb. m. y f. *Manuel de Falla es un gaditano universal.*

gaélico. m. Lengua celta hablada en Escocia e Irlanda. *En gaélico, "loch" significa "lago".*

gafa. f. **1.** Utensilio para corregir defectos de visión o para proteger la vista, formado por dos lentes encajadas en una montura que se apoya en la nariz y se sujeta a las orejas. *Llévese esta, que es una buena gafa.* Gralm. en pl. con significado sing. *Levantó la vista del libro y me miró por encima de las gafas.* **2.** Utensilio para cubrir los ojos y proteger la vista en determinadas actividades, formado por una o dos piezas transparentes, gralm. de vidrio o plástico, encajadas en una montura que se apoya en la nariz y se sujeta por detrás de la cabeza. Gralm. en pl. con significado sing. *Unas gafas de bucear. Unas gafas de aviador.* ▶ **1:** LENTES. ‖ **frecAm: 1:** ANTEOJOS.

gafar. tr. coloq. Dar o transmitir mala suerte (a alguien o a algo). *Es mejor que no venga, que nos gafa todos los viajes. El proyecto está gafado.*

gafe. adj. coloq. Dicho de persona: Que trae mala suerte. *Tú no compres la lotería, que eres un poco gafe.* Tb. m. y f. *Sois unos gafes: cada vez que venís, llueve.*

gag. (pl. **gags**). m. En un espectáculo, espec. cinematográfico: Situación o efecto cómicos. *La película está salpicada de divertidísimos gags.*

gagá. adj. coloq. Dicho de persona: Que ha perdido parte de las facultades mentales, espec. por su avanzada edad. *El abuelo está gagá.*

gaita. f. **1.** Instrumento musical de viento, propio de Escocia, Galicia y Asturias, formado por una bolsa de cuero donde se almacena aire que, mediante presión del brazo, sale por unos tubos produciendo el sonido. *La gaita es un instrumento típico de la música celta.* **2.** coloq. Cosa molesta o fastidiosa. *Es una gaita que se ponga a llover justo ahora que vamos a salir.* **3.** coloq. Tontería o cosa sin importancia. Frec. en pl. *Págame lo que me debes y déjate de gaitas.* **4.** coloq. Cuello (parte del cuerpo). *Asomaba la gaita, intentando enterarse de lo que pasaba fuera.* ■ **templar ~s.** loc. v. coloq. Actuar con contemplaciones para evitar enfados o problemas. *¡Estoy más que harta de templar gaitas!*

gaitero, ra. m. y f. Músico que toca la gaita. *Unos gaiteros tocan junto a la catedral de Santiago.*

gaje. ~s del oficio. m. pl. Molestias o perjuicios que llevan consigo un empleo o una situación. *No le gusta firmar autógrafos, pero son gajes del oficio.*

gajo. m. **1.** Cada una de las partes en que se divide el interior de algunos frutos, espec. los cítricos. *Peló la naranja y separó los gajos.* **2.** Cada uno de los grupos de uvas en que se divide el racimo. *–¿Quieres uvas? –Sí, dame un gajo.*

gala. f. **1.** Fiesta en que se exige ropa más lujosa que la ropa normal. *Después del estreno se celebró una gala a la que asistió el equipo de la película.* **2.** Actuación artística de carácter excepcional. *El cantante está preparando las galas del verano.* ○ pl. **3.** Vestidos y complementos lujosos que se llevan en ocasiones especiales. *Los invitados al baile lucían sus mejores galas.* ■ **de ~.** loc. adj. **1.** Dicho de ropa: Más lujosa de lo normal. *Los soldados llevan el uniforme de gala.* **2.** Dicho de fiesta o ceremonia: Que exige ropa de gala (→ **de gala** 1). *Los embajadores asisten a una cena de gala en palacio.* □ loc. adv. **3.** Con ropa de gala (→ **de gala** 1). *Es obligatorio ir de gala a la entrega de premios.* ■ **hacer ~** (de algo). loc. v. Mostrar algo alardeando (de ello). *Hace gala* DE *sus conocimientos de inglés.* ■ **tener** (algo) **a ~.** loc. v. Presumir o preciarse (de ello). *El equipo tiene a gala ser el menos goleado.*

galáctico, ca. adj. De la galaxia. *Nubes de polvo galáctico.* Frec. referido a la Vía Láctea. *El Sol está situado a miles de años luz del centro galáctico.*

galaico, ca. adj. **1.** cult. De Galicia. *Montes galaicos.* **2.** histór. De un pueblo hispánico prerromano que habitaba territorios correspondientes a la actual Galicia y zona norte de Portugal. Dicho de pers., tb. m. y f. *Las legiones romanas lograron someter a los galaicos.*

galaicoportugués, sa o **galaico-portugués, sa.** adj. histór. Gallegoportugués. *Cancionero galaicoportugués. Trovador galaico-portugués.* Tb. m., referido a lengua. *El galaicoportugués es una lengua románica.*

galán. m. **1.** Hombre que galantea a una mujer. *Iba cogida del brazo de su galán.* **2.** *Cine* y *Teatro* Actor que representa papeles principales de hombre enamorado, joven y atractivo. *Hizo papeles de galán hasta que su edad se lo permitió.* ■ **~ de noche.** m. Mueble de dormitorio consistente en una percha que se apoya en el suelo, donde se cuelga la ropa, espec. la masculina. *Cuelga en el galán de noche el traje que te pondrás mañana.*

galano, na. adj. **1.** cult. Dicho de cosa: De buen gusto o hecho con primor. *Una faena torera de factura galana. Versos galanos.* **2.** Dicho de persona: Elegante o bien vestido. *Hay que ver cómo va, ¡con lo galana que era!*

galante. adj. **1.** Dicho gralm. de hombre: Atento y cortés, espec. con las mujeres. *Tiene un novio muy galante que siempre le abre la puerta.* **2.** Que trata con picardía un tema amoroso. *Novela galante. Literatura galante.*

galanteador, ra. adj. Dicho de hombre: Que galantea. *Un joven apuesto y galanteador.* Tb. m. *La comedia trata sobre las proezas de un galanteador.*

galantear. tr. Cortejar (a una mujer). *Galantea a todas las mujeres que conoce.* ▶ CORTEJAR.

galanteo. m. Hecho de galantear. *Logró seducirla con su galanteo.*

galantería. f. **1.** Cualidad de galante o atento. *El conserje nos ha cedido el paso en un gesto de galantería.* **2.** Hecho o dicho propios del hombre galante. *Su pretendiente la abruma con cumplidos y galanterías.*

galanura. f. cult. Cualidad de galano. *La galanura de la muchacha.*

galápago. m. Reptil de agua dulce, semejante a la tortuga, con membranas entre los dedos. *El galápago hembra. Los galápagos ponen sus huevos en tierra firme.*

galardón. m. Premio o recompensa por un mérito o servicio. *El cineasta recibe el galardón de manos del presidente del jurado.*

galardonar. tr. Conceder un galardón (a alguien). *Lo han galardonado con el Premio Príncipe de Asturias de las ciencias.*

gálata. adj. histór. De un antiguo pueblo celta que emigró de la Galia y se estableció en Asia Menor. *Tribus gálatas.* Dicho de pers., tb. m. y f. *La epístola de San Pablo a los gálatas.*

galaxia. f. Conjunto enorme de estrellas, polvo interestelar, gases y partículas, que constituye un sistema aislado dentro del universo. *Andrómeda y la Vía Láctea son galaxias.* Frec. designa la Vía Láctea. *La sonda espacial ha traspasado los límites de la galaxia.*

galbana. f. coloq. Pereza o desidia. *Después de comer me entra galbana.*

galena. f. Mineral compuesto de azufre y plomo, de color gris y brillo intenso. *Gran parte de la producción de plomo salía de la galena extraída en el sur de España.*

galeno. m. cult. o humoríst. Médico. *El boticario despachó el jarabe prescrito por el galeno.*

galeón. m. histór. Embarcación grande de vela, mercante o de guerra, de tres o cuatro palos, que tuvo su auge en los ss. XVI y XVII, en las travesías a América. *El galeón partió de Cádiz rumbo al Nuevo Mundo.*

galeote. m. histór. Hombre condenado a remar en las galeras. *Los peores delincuentes terminaban de galeotes.*

galera. f. **1.** histór. Embarcación de vela y remo, larga y de gran ligereza. *Los remeros de las galeras romanas eran esclavos.* ○ pl. **2.** histór. Condena que consistía en remar en las galeras reales. *El reo fue condenado a galeras.*

galerada. f. *Gráf.* Prueba de un texto impreso sin ajustar, que se saca para corregirla. *La editora envía a los correctores las galeradas de la novela.*

galería. f. **1.** Habitación de paso, larga y espaciosa, gralm. con arcos o columnas, en la que se suelen colocar cuadros o adornos. *Las paredes de las galerías del castillo estaban cubiertas con tapices.* **2.** Corredor descubierto, o con columnas o vidrieras. *La ventana de la cocina da a una galería.* **3.** Camino subterráneo.

El hormiguero es un laberinto de galerías. **4.** Establecimiento dedicado a la exposición y venta de obras de arte, espec. cuadros y esculturas. *Tiene su obra expuesta en una galería de la ciudad.* Tb. *~ de arte. Vendió uno de sus cuadros a una galería de arte.* **5.** Pasaje interior, situado gralm. en la planta baja de un edificio, a cuyos lados se alinea un conjunto de tiendas. Gralm. en pl. con significado sing. *En las galerías del barrio tienes buenas pescaderías.* Tb. *~ comercial. Prefieren la galería comercial al supermercado.* **6.** Bastidor para colgar cortinas. *Los ganchos de los visillos corren por la galería.* **7.** Público de carácter popular. *Es una obra sin concesiones a la galería.* ○ pl. **8.** Grandes almacenes. *Van a abrir unas galerías en el centro.*

galerista. m. y f. Persona que posee o dirige una galería de arte. *Un importante galerista ha pujado en la subasta del cuadro.*

galerna. f. Viento muy fuerte que sopla entre el oeste y el noroeste en la costa cantábrica. *No saldrán a navegar porque se ha levantado una galerna.*

galés, sa. adj. **1.** De Gales (parte del Reino Unido). *Cardiff es la capital galesa.* Dicho de pers., tb. m. y f. *Los galeses ganaron a Inglaterra en el partido de rugby.* **2.** Del galés (→ 3). *Pronunciación galesa.* ● m. **3.** Lengua celta hablada en Gales. *En Gales, el galés y el inglés son lenguas cooficiales.*

galgo, ga. m. **1.** Perro galgo (→ **perro**). *Carreras de galgos.* ○ f. **2.** Hembra del galgo (→ 1). *La galga ha tenido cuatro crías.* ■ **echar un galgo** (a alguien). loc. v. coloq. Tratar de alcanzar(lo) o de localizar(lo). Gralm. en la constr. *échale un galgo*, denotando dificultad. *En la ciudad se tiene más controlados a los niños, pero en el pueblo échales un galgo.*

gálibo. m. **1.** Perímetro imaginario que marca las dimensiones máximas autorizadas de la sección transversal de un vehículo. *Las luces de gálibo delanteras son blancas.* **2.** Arco de hierro en forma de "U" invertida que indica el gálibo (→ 1) permitido para pasar por un túnel o un puente, o bajo un paso elevado. *Cerca del túnel un cartel anuncia: "Atención gálibo".*

galicismo. m. Palabra o uso propios de la lengua francesa empleados en otra. *Este texto está lleno de galicismos e incorrecciones.*

galicista. adj. **1.** Del galicismo. *Expresiones galicistas.* **2.** Que emplea frecuentemente galicismos. *Escritor galicista.* Dicho de pers., tb. m. y f.

galileo, a. adj. De Galilea (región de la antigua Palestina). *Nazaret era una ciudad galilea.* Dicho de pers., tb. m. y f. *Jesucristo predica entre los galileos.*

galimatías. m. **1.** Cosa difícil de comprender, espec. por estar expresada con un lenguaje oscuro. *A ver si entre los dos podemos entender este galimatías.* **2.** Lío o confusión. *El moderador era incapaz de poner orden en aquel galimatías.*

gallada. f. Am. coloq. Pandilla o camarilla. *El país no podía seguir soportando a Bucaram, su familia y su gallada* [C].

galladura. f. Pequeña mancha como de sangre, que se halla en la yema del huevo de la gallina e indica que está fecundado. *Hasta que no traigas un gallo, los huevos saldrán sin galladura.*

gallardete. m. Bandera triangular, alargada y estrecha, que se emplea como insignia o adorno, o para hacer señales. *Las calles están engalanadas con farolillos y gallardetes.* Se usa espec. en marina. *Un gallardete ondea en lo alto del palo mayor.*

gallardía. f. cult. Cualidad de gallardo. *El torero destaca por la gallardía de su figura.*

gallardo, da. adj. **1.** cult. Elegante y airoso. *Se divisa la gallarda torre de la catedral.* **2.** cult. Valiente o intrépido. *El gallardo capitán arriesga su vida por sus soldados.*

gallear. intr. coloq. Presumir de hombría, espec. levantando la voz con gritos y amenazas. *Cuando no están tus amigotes no galleas tanto.*

gallego, ga. adj. **1.** De Galicia. *Quieren mejorar las carreteras gallegas.* Dicho de pers., tb. m. y f. *En la excursión hay tres gallegos.* **2.** Del gallego (→ 4). *Acento gallego.* **3.** Am. coloq. o despect. Dicho de persona: Nacida en España o de ascendencia española. Se usa en algunos países americanos. *Todos los que vivían en el conventillo eran tanos y gallegos* [C]. Tb. m. y f. *Cuando informó que se iba para la Madre Patria le tomaron el pelo con que le vendería buzones a los gallegos* [C]. ● m. **4.** Lengua hablada en Galicia. *La carta se ha publicado en gallego.*

gallegohablante. adj. Que tiene como lengua propia o materna el gallego. *Población gallegohablante.* Tb. m. y f. *Ha crecido el número de gallegohablantes.* ▶ GALLEGOPARLANTE.

gallegoparlante. adj. Gallegohablante. *Población gallegoparlante.* Tb. m. y f. *Es una cadena de televisión para los gallegoparlantes.*

gallegoportugués, sa o **gallego-portugués, sa.** adj. **1.** histór. Del gallegoportugués (→ 3). *Fonética gallegoportuguesa.* **2.** histór. Que emplea el gallegoportugués (→ 3). *Literatura gallego-portuguesa.* ● m. **3.** histór. Lengua que se habló durante la Edad Media en los actuales territorios de Galicia y norte de Portugal, y de la que derivaron el gallego y el portugués. *Alfonso X escribió las "Cantigas de Santa María" en gallegoportugués.*

galleguismo. m. **1.** Palabra o uso propios de la lengua gallega empleados en otra. *El término "botafumeiro" es un galleguismo.* **2.** Gusto o predilección por lo gallego. *Hace gala de su galleguismo allá donde va.*

galleguista. adj. **1.** Del galleguismo. *Es un signo de identidad galleguista.* **2.** Partidario del galleguismo. *Escritor galleguista.* Tb. m. y f.

galleta. f. **1.** Alimento de pequeño tamaño, forma variada y consistencia quebradiza, hecho con una masa de harina, azúcar y otros ingredientes, que se cuece al horno. *De aperitivo puso aceitunas y galletas saladas.* **2.** coloq. Bofetada o cachete. *Como te sigas metiendo conmigo, te voy a dar una galleta.* **3.** coloq. Golpe violento. *Se han dado una galleta con el coche.*

galliforme. adj. **1.** *Zool.* Del grupo de las galliformes (→ 2). *Ave galliforme.* ● f. **2.** *Zool.* Ave de costumbres terrestres, de aspecto compacto, alas cortas, pico corto, algo curvado, y patas robustas que usa para escarbar, como la gallina, la perdiz y el faisán.

gallina. f. **1.** Ave de corral, de tamaño mediano y vuelo corto, con la cabeza provista de cresta y cuya hembra pone huevos. *Un perro está alborotando a las gallinas del corral.* Tb. designa específicamente a la hembra. *La gallina ha puesto un huevo.* **2.** Carne de gallina (→ 1). *Le echo gallina al cocido.* ● adj. **3.** coloq. Dicho de persona: Cobarde. *Venga, no seas tan gallina y entra conmigo en la cueva.* Tb. m. y f. *Se ha retirado del juego porque es un gallina.* ■ **~ ciega.** f. Juego en que un jugador, con los ojos vendados, tiene que atrapar a uno de los otros y adivinar quién es, pasando este a ocupar su lugar. *En el cuadro de Goya, unas gentes juegan a la gallina ciega.* Tb. *gallinita ciega.* □ **cantar** alguien **la ~.** loc. v. coloq. Confesar esa persona algo cuando se ve obligado a ello. *El detenido no podrá resistir la presión y cantará la gallina.* ■ **como ~ en corral ajeno.** loc. adv. coloq. Con sensación de incomodidad por estar entre gente desconocida. *Pasea entre los corros de invitados como gallina en corral ajeno.* ■ **con las ~s.** loc. adv. coloq. Muy temprano. *Anoche estaba tan cansado, que me acosté con las gallinas.* ■ **la ~ de los huevos de oro.** loc. s. Aquello de lo que se obtiene un gran beneficio o grandes ganancias. *El negocio familiar no es precisamente la gallina de los huevos de oro.*

gallináceo, a. adj. **1.** De la gallina. *Vuelo gallináceo.* **2.** Zool. Galliforme. *Ave gallinácea.* Tb. f. *El pavo es una gallinácea.*

gallinaza. f. Excremento de gallina. *El corral apesta a gallinaza.*

gallinazo. m. frecAm. Zopilote. *Vio pasar flotando tres cuerpos humanos, hinchados y verdes, con varios gallinazos encima* [C].

gallinejas. f. pl. Tripas fritas de gallina u otras aves, o a veces de otros animales, típicas de puestos callejeros o establecimientos populares. *Comen gallinejas de cordero en una tasca de Madrid.*

gallinero. m. **1.** Lugar vallado o cobertizo donde se guardan gallinas y otras aves de corral. *El granjero limpia el gallinero.* **2.** coloq. En un cine o un teatro: Conjunto de butacas situadas en la parte más alta. *Como estamos casi sin blanca, habrá que coger entradas de gallinero.* **3.** coloq. Lugar o reunión donde hay gran griterío y confusión. *La sala de juntas es un gallinero.*

gallito. m. coloq. Hombre arrogante y fanfarrón. *Voy a darle su merecido a ese gallito.* Tb. adj. *Se ha puesto muy gallito con el profesor.*

gallo. m. **1.** Macho de la gallina, mayor que esta, con una cresta más llamativa y provisto de espolones en las patas. *El canto del gallo anuncia que está amaneciendo. Crían gallos de pelea.* **2.** Pez marino comestible, de piel clara y cuerpo aplanado, algo más grande que un lenguado. *El pescadero corta el gallo en filetes.* **3.** coloq. Sonido chillón que se emite involuntariamente al cantar o al hablar. *La soprano soltó un gallo mientras interpretaba el aria.* **4.** frecAm. coloq. Hombre arrogante o fanfarrón (→ **gallito**). Tb. adj. *Me acaba haciendo los mandados el presidente más gallo* [C]. **5.** Am. coloq. Hombre adulto. *Llegabas a París e ibas a ver al gallo que escribió el libro.* [C]. ■ **en menos que canta un ~.** loc. adv. coloq. En muy poco tiempo. *Vuelvo en menos que canta un gallo.* ■ **entre ~s y medianoche.** loc. adv. Am. En secreto o de manera clandestina. *Fue una decisión tomada entre gallos y medianoche* [C]. ■ **otro ~ me,** o **te,** o **le,** etc., **cantara.** expr. coloq. Se usa para expresar que, si se hubiera hecho otra cosa o hubiera sucedido algo diferente, mejor suerte se habría tenido. *Si yo fuera rico, otro gallo me cantara.*

galo, la. adj. **1.** De Francia. *La prensa gala.* Dicho de pers., tb. m. y f. *El 14 de julio los galos celebran el aniversario de la Revolución.* **2.** histór. De la Galia (antigua región europea correspondiente aproximadamente a la actual Francia). *Tribus galas.* Dicho de pers., tb. m. y f. *Julio César derrotó a los galos.* ▶ **2:** FRANCÉS.

galo-. elem. compos. Significa 'francés'. *Galofobia, galorromance.*

galón[1]. m. **1.** Cinta estrecha de tejido fuerte que se emplea como adorno en una prenda de vestir. *El portero del hotel llevaba levita con galones dorados y sombrero de copa.* **2.** Galón (→ 1) que llevan en la manga o bocamanga los uniformes militares como distintivo de los grados. *En el Ejército de Tierra, los galones del cabo son tres tiras de tela roja.*

galón[2]. m. Unidad de capacidad del sistema anglosajón, que equivale a 4,55 litros en Gran Bretaña y a 3,78 litros en Norteamérica. *Los británicos miden la gasolina que echan al coche en galones.*

galopada. f. Carrera a galope. *Su caballo llegó el primero tras una frenética galopada.*

galopante. adj. **1.** Que galopa. *Un corcel galopante.* **2.** Dicho de proceso, espec. de enfermedad: De desarrollo y avance muy rápidos. *Ha muerto de una cirrosis galopante.*

galopar. intr. **1.** Ir una caballería a galope. *Los caballos salvajes galopan en las praderas.* **2.** Montar una persona en una caballería que va a galope. *Un jinete se acerca galopando.*

galope. m. Marcha rápida de una caballería, más veloz que el trote, que consiste en avanzar saltando y manteniendo en algún momento las cuatro patas en el aire. *Mi caballo no es capaz de seguir el galope de tu yegua.* Frec. en la constr. *a,* o *al, ~. Con la fusta puso su caballo al galope.* ■ **a,** o **al, ~.** loc. adv. A toda velocidad o a toda prisa. *Revisamos el texto al galope.*

galopín. m. coloq. Pícaro o bribón, espec. si es un muchacho. *¡No corráis, galopines, devolvedme los tomates que me habéis robado!*

galpón. m. Cobertizo. *El maíz se almacena en un galpón junto a la casa.*

galvanización. f. Hecho de galvanizar un metal. *La galvanización del acero.*

galvanizado. m. Hecho de galvanizar un metal. *Proceden al galvanizado de las tuberías para protegerlas.*

galvanizar. tr. **1.** Recubrir (un metal) con una fina capa de otro, frec. cinc, mediante una corriente eléctrica o por inmersión. *Las farolas son de acero galvanizado.* **2.** Reactivar súbitamente (una actividad o un sentimiento). *El capitán supo galvanizar el juego de su equipo.*

gama[1]. → **gamo.**

gama[2]. f. **1.** Escala o gradación de colores. *En las fotos del globo terráqueo predomina la gama de azules.* **2.** Serie o variedad de elementos que pertenecen a una misma clase o categoría. *Se ha comprado el coche más caro de la gama.*

gamba[1]. f. Crustáceo marino comestible, semejante al langostino pero de menor tamaño. *De aperitivo pediremos unas gambas a la plancha.*

gamba[2]. **meter la ~.** loc. v. coloq. Meter la pata. *Has metido la gamba al echarle la culpa, porque ella no ha sido.*

gamberrada. f. coloq. Hecho propio de un gamberro. *El profesor lo castigó por hacer gamberradas.*

gamberrismo. m. Conducta o actitud propias de un gamberro. *La policía ha detenido a varios hinchas por actos de gamberrismo.*

gamberro, rra. adj. Dicho de persona: Grosera y carente de civismo. *Las dos hacíamos travesuras, pero mi hermana era más gamberra que yo.* Frec. m. y f. *Unos gamberros rompieron el brazo de la estatua.*

gambiano, na. adj. De Gambia (país de África). *El territorio gambiano se extiende al sur de Senegal.* Dicho de pers., tb. m. y f. *Entre los inmigrantes hay un gambiano.*

gambito. m. En el ajedrez: Jugada que consiste en sacrificar al principio de la partida algún peón u otra pieza para conseguir una buena posición. *El ajedrecista no acepta el gambito de alfil que le propone su rival.*

gameto. m. *Biol.* Célula sexual de las que al unirse forman el huevo o cigoto. *El óvulo es un gameto femenino, y el espermatozoide, un gameto masculino.*

gamma. f. Letra del alfabeto griego (Γ, γ), que corresponde al sonido de *g* en *ganado.*

gammaglobulina. f. *Bioquím.* y *Med.* Parte del plasma sanguíneo que contiene más abundancia de anticuerpos. *El médico le inyecta una dosis de gammaglobulina.*

gamo, ma. m. **1.** Mamífero rumiante similar al ciervo pero de menor tamaño, de pelaje rojizo salpicado de pequeñas manchas blancas y cuernos en forma de pala. *El cazador se ha cobrado un gamo.* Tb. designa específicamente al macho. *Dos gamos luchan por una hembra.* ○ f. **2.** Hembra del gamo (→ 1). *La gama amamanta a sus crías.*

gamonal. m. Am. Cacique o terrateniente. *Se dijo que la Reforma Agraria iba a acabar con los latifundios y los gamonales* [C].

gamusino. m. Animal imaginario con el que se gastan bromas, espec. a los cazadores novatos. *Para cazar gamusinos se necesitan un candil y un saco.*

gamuza. f. **1.** Rebeco. *La gamuza macho. Hay un grupo de gamuzas saltando por los riscos.* **2.** Piel de gamuza (→ 1), que, después de curtida, queda suave, aterciopelada y de color amarillo pálido. *Lleva unos guantes de gamuza.* **3.** Tejido de lana o algodón, de tacto y aspecto semejantes a los de la piel de gamuza (→ 1). *Saca brillo a los zapatos con un paño de gamuza.* **4.** Bayeta de gamuza (→ 3), que se emplea para la limpieza. *Limpio el polvo con una gamuza.*

gana. f. **1.** Deseo de algo. *Venía contento y con gana* DE *ayudar.* Más frec. en pl. con significado sing. *Le dieron ganas* DE *ir al baño. Iba a pedirte un favor, pero se me están quitando las ganas.* **2.** Apetito, o ganas (→ 1) de comer. Más frec. en pl. con significado sing. *Déjale, que ya comerá cuando tenga ganas.* ■ **buena ~.** expr. coloq. Se usa para expresar que es inútil o no tiene sentido hacer algo. *Buena gana de salir ahora, con lo que llueve.* ■ **con ~s.** loc. adv. coloq. Muchísimo o en exceso. *Es feo con ganas.* ■ **darle** (a alguien) **la** (**real**) **~** algo. loc. v. Querer eso. *Iré si me da la gana. Desde pequeña ha hecho lo que le ha dado la real gana.* ■ **darle** (a alguien) **la** (**real**) **~** (de algo). loc. v. Querer(lo). *No le ha dado la gana* DE *hacer los deberes.* ■ **de buena ~.** loc. adv. Con gusto. *De buena gana iría contigo.* ■ **de mala ~.** loc. adv. Mostrando resistencia y fastidio. *Al final me ayudará, pero lo hace de mala gana.* ■ **las ~s.** expr. coloq. Se usa para expresar que lo que otro acaba de decir es más un deseo que una realidad. *–Esa chica no para de mirarme. –¿A quién? ¿A ti? Las ganas.* ■ **ni ~s.** loc. adv. coloq. Se usa para expresar enfáticamente la falta de gana (→ 1) de hacer algo. *A quien no he vuelto a ver, ni ganas, es al presumido de tu primo.* ■ **quedarse con las ~s** (de algo). loc. v. coloq. No lograr(lo). *Quería irme de vacaciones, pero me he quedado con las ganas. El crío se quedó con las ganas* DE *un tren eléctrico.* ■ **tenerle ~s** (a alguien). loc. v. coloq. Sentir antipatía o rencor (hacia él). *Al chulito ese le tengo ganas desde que íbamos al colegio.* ■ **venir en ~** algo (a alguien). loc. v. Apetecer(le). *Con tu dinero puedes hacer lo que te venga en gana.*

ganadería. f. **1.** Cría de ganado. *Su abuelo se dedicaba a la ganadería.* **2.** Conjunto de los ganados de una región o país. *La oveja merina es propia de la ganadería española.* **3.** Conjunto de reses bravas de la misma casta, perteneciente a un ganadero. *Los seis toros de la corrida son de una sola ganadería.*

ganadero, ra. adj. **1.** Del ganado. *Una feria ganadera.* ● m. y f. **2.** Persona que se dedica a la cría de ganado, del que es propietario. *Los ganaderos reclaman más subvenciones.*

ganado. m. **1.** Conjunto de animales cuadrúpedos que se crían para su explotación. *Ganado vacuno. Ganado ovino.* **2.** coloq., despect. Grupo de personas. *Menudo ganado se ha presentado para el puesto.* ■ **~ de cerda.** m. Ganado (→ 1) compuesto de cerdos. *En Extremadura abunda el ganado de cerda.* ■ **~ mayor.** m. Ganado (→ 1) compuesto de reses grandes, como vacas o caballos. *Se castiga el comercio ilegal de ganado mayor.* ■ **~ menor.** m. Ganado (→ 1) compuesto de reses pequeñas, como ovejas o cabras. *En esta zona se cría fundamentalmente ganado menor.*

ganador, ra. adj. Que gana. *El caballo ganador.* Dicho de pers., tb. m. y f. *La vida es una historia de ganadores y perdedores.*

ganancia. f. Hecho o efecto de ganar, espec. dinero. *Desde que juega en bolsa, ha tenido muchas ganancias.* ■ **no arrendar la(s) ~(s)** (a alguien). loc. v. coloq. Se usa para expresar la creencia de que (esa persona) está en una situación peligrosa o perjudicial. *No les arriendo la ganancia a los que han intentado engañarlo.*

gananciales. m. pl. Bienes gananciales (→ **bien**). *Todo lo que compréis estando casados son gananciales.*

ganapán. m. Hombre rudo y tosco. Frec. despect. *Un ganapán ha intentado enmendarme la plana.*

ganar. tr. **1.** Obtener (algo) como resultado de haber vencido en un combate, una disputa o una competición. *Ha ganado una medalla de plata. Recibieron la orden de ganar la colina. Sitiarán la ciudad para ganarla por hambre.* **2.** Obtener (algo) como resultado de un esfuerzo. *Es difícil ganar su confianza. Ha ganado el ascenso a base de dedicación.* Frec. con un pron. expresivo de interés. *Este año sí que me he ganado las vacaciones. ¡Tienes una paciencia!: te vas a ganar el cielo.* **3.** Obtener (dinero). *Ha ganado un millón con la venta del edificio. El negocio nos ha hecho ganar mucho dinero.* **4.** Obtener (un tiempo o un espacio de los que no se podía disponer). *Han ganado varias hectáreas al mar adelantando la línea de costa. Ganaremos media hora si vamos en metro.* **5.** Recibir (una cantidad de dinero) como sueldo por un trabajo. *Con el ascenso, gana el doble que antes.* **6.** Superar o vencer (a alguien) en algo. *Ha vuelto a ganarme* AL *parchís.* Tb. usado en constr. intr. *No vuelvo a jugar contigo* AL *ajedrez: siempre ganas. En todas las discusiones acaba ganando.* **7.** Ser vencedor (en algo, como un combate, una disputa o una competición). *Luchó en el bando de los que ganaron la guerra. Un atleta keniata ganó la prueba de velocidad. Has ganado la apuesta.* **8.** Atraerse la voluntad (de alguien). *Ha ganado a todo el mundo con su simpatía.* Frec. con un pron. expresivo de interés. *Sabe cómo ganarse a la gente.* **9.** cult. Alcanzar con algún esfuerzo (el lugar al que se quiere ir). *Se tiraron del barco y ganaron la orilla a nado. La cabra ganó la cima de unos cuantos saltos.* ○ intr. **10.** Mejorar o prosperar. *Ganas mucho cuando te arreglas. El nuevo modelo de todoterreno ha ganado* EN *comodidad.* ○ tr. prnl. **11.** Hacerse merecedor (de algo, como un castigo o un golpe). *Como te pillen, te vas a ganar una buena bronca.* ▶ **6:** *VENCER.

ganchillo. m. **1.** Aguja larga terminada en un gancho, que se emplea para hacer labores de punto o de encaje. *Es muy hábil con el ganchillo.* **2.** Labor de punto o de encaje que se hace con ganchillo (→ 1). *Una colcha de ganchillo.* ▶ **2:** CROCHÉ.

ganchito. m. Aperitivo ligero y crujiente, con forma alargada o de gancho, hecho gralm. de maíz o patata. *Para la fiesta compra ganchitos y patatas fritas.*

gancho. m. **1.** Instrumento curvo y gralm. puntiagudo en uno o ambos extremos, que sirve para colgar o agarrar algo. *Los albornoces están colgados de unos ganchos.* **2.** Parte de algo en forma de gancho (→ 1). *El dentista me limpia los dientes con un instrumento acabado en gancho.* **3.** coloq. Persona encargada de hacer caer a otra en una trampa o engaño. *Su marido hizo de gancho en la broma que le gastaron en un programa.* **4.** coloq. Persona encargada de atraer a la gente. *Los grandes almacenes contratarán a un famoso como gancho para las rebajas.* **5.** coloq. Atractivo de una persona, espec. de una mujer. *Esa chica tiene mucho gancho.* **6.** En boxeo: Golpe dado de abajo arriba con el brazo arqueado. *Derribó a su oponente de un gancho de derecha.* **7.** En baloncesto: Tiro a canasta arqueando el brazo sobre la cabeza. *El pívot ha encestado un gancho impresionante.* **8.** Am. Horquilla (pieza para sujetar el pelo). *Se fue retirando los ganchos de pelo, uno a uno* [C]. **9.** Am. Percha (utensilio para colgar la ropa). *Para colgar los pantalones o bluyines venden unos ganchos largos con varias divisiones* [C]. **10.** Am. Pinza (instrumento para sujetar). *Los niños tragan desde un alfiler hasta un gancho grande de prender ropa* [C]. ▶ **8:** HORQUILLA. **9:** PERCHA. **10:** PINZA.

ganchudo, da. adj. Que tiene forma de gancho. *Una nariz ganchuda.*

gandul, la. adj. Holgazán. *No seas gandula y levántate ya, que es tarde.* Tb. m. y f. *La clase está llena de gandules.*

gandulear. intr. Holgazanear. *Te has pasado el curso ganduleando.*

ganga[1]**.** f. **1.** Ave semejante a la tórtola, de plumaje pardo, negro y amarillo por arriba y blanco por abajo, con alas y cola puntiagudas. *La ganga macho. La ganga suele nidificar en la estepa castellana.* **2.** coloq. Cosa valiosa o beneficiosa que se obtiene por poco dinero o con poco esfuerzo. *Con las rebajas llegan las gangas. Hoy en día, ser librero no es ninguna ganga.* A veces en sent. irónico. *Menuda ganga de coche: todos los días en el taller.*

ganga[2]**.** f. En minería: Materia que acompaña a los minerales al extraerlos y que se separa como inútil. *Junto a la mina se han acumulado depósitos de ganga silícea.*

ganglio. m. **1.** *Anat.* Órgano intercalado en el trayecto de un vaso linfático, que interviene en la formación de los linfocitos. *El médico le palpa los ganglios de las ingles.* Tb. ~ *linfático.* **2.** *Anat.* Centro nervioso constituido por una masa de neuronas intercalada en el trayecto de un nervio. *Ganglio yugular.* Tb. ~ *nervioso.*

ganglionar. adj. *Anat.* De los ganglios. *Células ganglionares.*

gangoso, sa. adj. **1.** Dicho de persona: Que habla con resonancia nasal por algún problema en los conductos de la nariz. *El profesor es un poco gangoso.* Tb. m. y f. *Se ha hecho popular imitando a gangosos.* **2.** Propio de la persona gangosa (→ 1). *La voz me sale un poco gangosa por el resfriado.*

gangrena. f. Muerte de los tejidos corporales por falta de riego sanguíneo, frec. a causa de la infección de una herida. *Estuvieron a punto de amputarle el brazo debido a la gangrena.*

gangrenarse. intr. prnl. Padecer gangrena. *El médico le amputará la pierna gangrenada.*

gansa. → **ganso.**

gansada. f. coloq. Hecho o dicho propios de una persona gansa. *Estoy harta de reírle sus gansadas.*

ganso, sa. m. **1.** Ave semejante al pato pero de mayor tamaño, gralm. de plumaje gris, cuyo hígado es muy apreciado como alimento, y de la cual existen varias especies, algunas de ellas domésticas. *El hígado de ganso se emplea para hacer* foie-gras. Tb. designa específicamente al macho. ○ f. **2.** Hembra del ganso (→ 1). *La gansa cuida de la pollada.* ○ m. y f. **3.** Persona patosa o torpe. *El pívot es un ganso de dos metros.* Tb. adj. **4.** coloq. Persona aficionada a hacer gracias, o que presume de chistosa sin serlo. *Se pasa el día haciendo el ganso, sin tomarse nada en serio.* Tb. adj. *No seas tan gansa y quítate ese colador de la cabeza.* ▶ **1, 2:** ÁNSAR, OCA. **3:** *TORPE.

gánster. m. Miembro de una banda organizada de criminales. *Al Capone era el gánster más importante del Chicago de los años veinte.*

gansterismo. m. Conducta o actividad del gánster. *La policía se afana en combatir el gansterismo.*

ganzúa. f. Alambre fuerte doblado por un extremo, que se usa para abrir cerraduras sin llave. *El ladrón abre la puerta con una ganzúa.*

gañán. m. **1.** Hombre que trabaja de criado en labores de labranza. *El gañán enganchó los aperos en las mulas.* **2.** Hombre bruto y tosco. *No sé qué hace una chica tan fina con un gañán como él.*

gañido. m. Quejido del perro o de otros animales. *El perro lanza gañidos lastimeros.*

gañir. (conjug. MULLIR). intr. Dar gañidos un perro u otro animal. *La galga no ha dejado de gañir en toda la noche.*

gañote. m. coloq. Garganta o cuello. *Sintió el cañón de la pistola en el gañote.*

garabatear. tr. **1.** Hacer garabatos (en algo). *Garabatean las paredes con* spray. **2.** Escribir (algo) haciendo garabatos. *Garabateé mi firma al pie del documento.* ○ intr. **3.** Hacer garabatos. *Mientras espera, garabatea* EN *una hoja de papel.* ▶ GARRAPATEAR.

garabato. m. Trazo torpe o irregular, espec. de escritura. *El niño hace garabatos intentando escribir su nombre.*

garaje. m. **1.** Local destinado a guardar coches u otros vehículos automóviles. *La casa tiene garaje, trastero y piscina.* **2.** Taller de reparación de automóviles. *Trabaja de mecánico en un garaje.* ▶ **frecAm: 1:** COCHERA.

garante. adj. Que garantiza. *Los países garantes del tratado velarán por su cumplimiento.* Dicho de pers., tb. m. y f. *Él fue el garante de la estabilidad democrática.*

garantía. f. **1.** Seguridad que se da de que algo es o va a ser de determinada manera. *La operación no ofrece al enfermo una garantía total de recuperación.* **2.** Persona o cosa que sirven de garantía (→ 1). *Científicos como ella son garantía de rigor.* **3.** Cosa que sirve para asegurar el cumplimiento de una obligación o como protección contra un riesgo. *Como garantía de pago, la empresa facilitaba pagarés a sus proveedores.* **4.** Compromiso temporal de un fabricante o un vendedor, por el que asegura el buen funcionamiento de un artículo y su reparación gratuita en caso de avería. *El televisor tiene dos años de garantía.* Tb. el documento en que consta. *En la tienda nos sellan la garantía.* ■ ~ **constitucional.** f. Derecho que la Constitución de un Estado reconoce a todos los ciudadanos. *La libertad de expresión es una garantía constitucional.* Gralm. en pl. *Los golpistas suspendieron las garantías constitucionales.* □ **de ~.** loc. adj. Que ofrece confianza o fiabilidad. *El frutero vende un género de garantía.*

garantizar. tr. Dar garantía (de alguien o algo). *Nos garantiza que todo saldrá bien.*

garañón. m. Caballo o burro semental. *El garañón montó a la yegua.*

garbancero, ra. adj. **1.** Del garbanzo. *Una comarca garbancera.* **2.** coloq., despect. Ordinario o vulgar. *Se lamentaba de vivir en un país garbancero e inculto.* Dicho de pers., tb. m. y f. *Tienes a unos garbanceros por amigos.*

garbanzo. m. Semilla comestible de piel rugosa, forma redondeada rematada en pico y color amarillento. *El cocido madrileño se hace con garbanzos.* Tb. su planta. *Aquí se cultivan legumbres como el garbanzo.* ■ ~ **negro.** m. coloq. Persona que destaca entre las de su clase o su grupo por sus malas cualidades. *En todas las familias hay algún garbanzo negro.*

garbeo. m. coloq. Paseo (hecho de pasear). *Todas las tardes sale a darse un garbeo por el barrio.*

garbo. m. Gracia y soltura. Referido espec. al modo de andar de una persona. *La modelo desfila con garbo por la pasarela. Su zarzuela tiene vigor y garbo.*

garboso, sa. adj. Que tiene garbo. *El torero remata la serie con un garboso recorte.*

garceta. f. Ave semejante a la garza pero más pequeña, de plumaje blanco, patas y pico negros y penacho con dos plumas alargadas en la cabeza. *La garceta macho. Hemos visto un grupo de garcetas en la marisma.*

garcilla. f. Ave semejante a la garza pero más pequeña, de la cual existen dos especies: ~ *bueyera* y ~ *cangrejera. La garcilla macho.* ■ ~ **bueyera.** f. Garcilla de plumaje blanco con partes ocres en la nuca y el dorso. *No es extraño ver a la garcilla bueyera posada sobre una res.* ■ ~ **cangrejera.** f. Garcilla de plumaje pardo terroso, con las partes inferiores blancas. *Encontramos un nido de garcilla cangrejera entre los carrizales.*

gardenia. f. Flor blanca y olorosa, de pétalos gruesos, muy apreciada en jardinería. *Adornaron el coche nupcial con gardenias.* Tb. su planta. *La gardenia se suele cultivar en invernaderos.*

garduña. f. Mamífero carnívoro de costumbres nocturnas, semejante a la marta, de pelaje pardo, pero con la garganta y el pecho blancos, y una cola larga y tupida. *La garduña macho. La garduña ha atrapado una gallina.*

garete. irse algo **al ~.** loc. v. coloq. Fracasar o estropearse. *Toda la cosecha se ha ido al garete.*

garfio. m. Instrumento de hierro, curvo y puntiagudo, que sirve para agarrar o colgar algo. *En el matadero abren las reses en canal y las cuelgan de unos garfios.*

gargajo. m. Flema espesa que se escupe. *Tiene la asquerosa costumbre de soltar gargajos por la calle.*

garganta. f. **1.** Parte delantera del cuello. *El médico le palpa la garganta.* **2.** Espacio interno comprendido entre el velo del paladar y la entrada del esófago y de la laringe. *Me duele la garganta.* **3.** Voz de cantante o aptitudes para el canto. *Le falta garganta para el flamenco.* Tb. la persona que las tiene. *Es una de las grandes gargantas del bel canto.* **4.** Valle estrecho y profundo excavado por un río. *Del macizo descienden empinadas gargantas.*

gargantilla. f. Collar corto que se ciñe al cuello. *La anfitriona luce una gargantilla de esmeraldas.*

gárgara. f. Hecho de mantener un líquido en la garganta, sin tragarlo y moviéndolo con la expulsión del aire. Gralm. en pl. *Haz gárgaras con limón y miel para curar el catarro.* ■ **a hacer ~s.** expr. coloq. Se usa para expresar desaprobación o rechazo. Frec. con v. como *mandar* o *irse* y en constr. imperativas. *Como me enfade, lo mando todo a hacer gárgaras.* ▶ GARGARISMO.

gargarismo. m. Gárgara. Gralm. en pl. *La soprano hace gargarismos para aclarar la voz.*

gárgola. f. Caño adornado, gralm. con formas vistosas o figuras fantásticas, por donde se vierte el agua de un tejado o de una fuente. *Las gárgolas de la iglesia son animales terroríficos.*

garita. f. **1.** Caseta u otra construcción pequeña para abrigo y defensa de centinelas o vigilantes. *Un soldado hace guardia en la garita del cuartel.* **2.** En un portal: Cuarto pequeño, gralm. acristalado, que ocupa el portero para el control de salidas y entradas. *El portero está en su garita.*

garito. m. **1.** Casa de juego, espec. la clandestina. *La policía hizo una redada en un garito de apuestas.* **2.** Establecimiento de diversión. *La pandilla se reúne en un garito del centro.* Frec. despect. *A mí llévame a un sitio bueno, no a uno de esos garitos que tú conoces.*

garlopa. f. Cepillo de carpintero, largo y con puño, que sirve para igualar las superficies de la madera ya cepillada. *La baranda de roble está trabajada a garlopa.*

garnacha. f. Uva roja, tirando a morada, muy fina y dulce. *Este rioja lleva garnacha y tempranilla.*

garra. f. **1.** Mano o pie de animal, provistos de uñas curvas, fuertes y agudas. *El león saca las garras. El águila clavó las garras en el cuerpo de su presa.* **2.** Mano de persona. Frec. en constr. como *caer en las ~s* de alguien, o *sacar de las ~s* de alguien. *La princesa cayó en las garras de la bruja.* Tb. fig. *Hice lo que pude por sacarlo de las garras de la droga.* **3.** Fuerza o empuje. *Al equipo le faltó garra para vencer.* **4.** coloq. Poder de atracción o convicción. *El eslogan de la campaña tiene mucha garra.* ○ pl. **5.** En peletería: Parte menos apreciada de la piel, que corresponde a las patas. *Una estola de garras.*

garrafa. f. Vasija de vidrio, ancha, redondeada y rematada por un cuello largo y estrecho, que suele tener asa y revestimiento de mimbre, esparto o plástico. *Las garrafas de vino se apilan junto al mostrador.* ■ **de ~.** loc. adj. coloq. Dicho de bebida alcohólica: Que se vende a granel y es de mala calidad. *En la discoteca nos han dado ginebra de garrafa.*

garrafal. adj. Dicho espec. de error: Muy grande. *He cometido un error garrafal al confiar en él.*

garrafón. m. Garrafa grande. *Guardan el aceite en garrafones.* ■ **de ~.** loc. adj. coloq. Dicho de bebida alcohólica: Que se vende a granel y es de mala calidad. *Si vas a tomar algo, pide cerveza, porque lo demás es de garrafón.*

garrapata. f. Arácnido diminuto que vive parásito en mamíferos y aves a los que chupa la sangre, a veces en tal cantidad que su cuerpo se hace casi esférico. *No acaricies al chucho, que tiene garrapatas.*

garrapatear. tr. **1.** Garabatear (algo o en algo). *Mientras la maestra explica la lección, garrapatea tonterías en el cuaderno. Me riñeron por garrapatear los libros.* ○ intr. **2.** Garabatear. *El niño está muy entretenido garrapateando* EN *un papel.* ▶ **1:** GARABATEAR.

garrapiñado, da. part. **1.** → **garrapiñar.** ● f. **2.** Almendra que ha sido garrapiñada (→ 1). *En la feria compro garrapiñadas.*

garrapiñar. tr. Bañar (una almendra u otro fruto seco) en un almíbar que forma grumos. *Además de almendras, también puedes garrapiñar pistachos.*

garrido, da. adj. cult. Dicho de persona: Lozana y hermosa. *La muchacha era ya una moza garrida.*

garrocha. f. **1.** Vara larga, con punta de acero en un extremo, que se emplea para picar al toro y en faenas de apartado y conducción de ganado vacuno. *El picador hiere al toro con la garrocha.* **2.** Vara larga empleada como apoyo, espec. para saltar. *Antiguamente los toreros practicaban la suerte de saltar sobre el toro con ayuda de una garrocha.* ▶ **1:** PUYA.

garrota. f. Garrote (palo). *No sale a la calle sin su boina y su garrota.* ▶ GARROTE.

garrotazo. m. Golpe dado con un garrote o una garrota. *Un títere le da un garrotazo al otro.*

garrote. m. **1.** Palo grueso y fuerte, curvado por la parte superior, que suele usarse como bastón. *La anciana camina apoyada en un garrote.* **2.** Procedimiento de ejecución consistente en estrangular al condenado comprimiéndole la garganta con una soga retorcida con un palo, o con un aro de hierro que se va estrechando por medio de un tornillo. *Una cédula real ordenaba sustituir la horca por el garrote.* Tb. el instrumento empleado. *Sentaron al reo y lo ataron al garrote.* Frec. *~ vil. El verdugo cumplió la orden de accionar el garrote vil.* ■ **dar ~.** loc. v. Ejecutar a un condenado por medio del garrote (→ 2). *La turba pedía que dieran garrote a aquel criminal.* ▶ **1:** GARROTA.

garrotín. m. Baile folclórico español, muy popular a fines del s. XIX. *La gitana bailaba unos garrotines.* Tb. su música y su letra. *El cantaor se arranca con un alegre garrotín.*

garrucha. f. Polea (mecanismo). *El cubo del pozo cuelga de una garrucha.* ▶ *POLEA.

garrulo, la. adj. coloq. Dicho de persona: Bruta o tosca. *Hace falta ser muy garrulo para hablar así de las mujeres.* Tb. m. y f. *¿Qué hace un garrulo como tú en un sitio tan fino?*

gárrulo, la. adj. cult. Dicho de persona: Muy habladora o charlatana. *El pescadero es un hombre gárrulo y chismoso.*

garúa. f. Am. Llovizna. *No es una garúa, ni un chaparrón, sino un diluvio total* [C].

garza. f. Ave semejante a la cigüeña pero algo más pequeña, de plumaje grisáceo o verdoso, penacho oscuro en la cabeza y pico amarillento, de la que existen varias especies, por ej.: *~ real, ~ imperial. La garza macho. Una colonia de garzas anida cerca del río.*

garzo, za. adj. **1.** cult. Dicho espec. de ojo: Azulado. *Es un hombre de hermosos ojos garzos.* **2.** cult. Dicho de persona: Que tiene los ojos garzos (→ 1). *La muchacha es morena y garza.*

gas. m. **1.** Cuerpo fluido de baja densidad, cuyas moléculas tienden a expandirse indefinidamente. *El oxígeno y el hidrógeno son gases.* **2.** Gas (→ 1) o mezcla gaseosa empleados como combustibles en usos domésticos o industriales. *Ha llegado la factura del gas. Cocina de gas butano.* **3.** coloq. Fuerza o energía. *El caballo ha perdido gas en la recta final.* ○ pl. **4.** Residuos gaseosos que se producen en el aparato digestivo. *Las legumbres me dan gases.* ■ **~ ciudad.** m. Gas (→ 2) distribuido en redes urbanas para uso doméstico. *En casa tenemos gas ciudad.* ■ **~ mostaza.** m. Gas (→ 1) tóxico amarillento, empleado como arma de guerra. *El gas mostaza empezó a utilizarse durante la Primera Guerra Mundial.* ■ **~ natural.** m. Gas (→ 2) procedente de depósitos naturales y compuesto espec. por metano. *Están instalando la red de gas natural en toda la ciudad.* □ **a todo ~.** loc. adv. coloq. A toda velocidad. *Vamos a todo gas por la autopista.* ■ **dar,** o **meter, ~.** loc. v. coloq. Pisar el acelerador. *Dale gas, que llegamos tarde.*

gasa. f. **1.** Tela de seda o hilo muy fina y transparente. *Lleva un pañuelo de gasa anudado al cuello.* **2.** Tejido poco tupido de algodón que se emplea en curas y vendajes. *Una venda de gasa.* Tb. trozo o tira de ese tejido. *Tapa la quemadura con una gasa esterilizada y sujétala con esparadrapo.*

gascón, na. adj. **1.** De Gascuña (antigua provincia de Francia). *Territorio gascón.* Dicho de pers., tb. m. y f. *D'Artagnan es el gascón más famoso de la literatura.* **2.** Del gascón (→ 3). *Fonética gascona.* ● m. **3.** Dialecto romance hablado en Gascuña. *Algunos trovadores hablaban gascón.*

gasear. tr. Someter (a alguien) a la acción de un gas tóxico, espec. para matar(lo). *Los nazis gaseaban a los judíos en los campos de concentración.*

gaseoducto. m. Gasoducto. *La explosión del gaseoducto ha provocado un incendio.*

gaseoso, sa. adj. **1.** Dicho de estado: Característico de un gas. *El vapor es agua en estado gaseoso.* **2.** Dicho de cuerpo: Que se halla en estado gaseoso (→ 1). *Las estrellas son cuerpos gaseosos.* **3.** Dicho de líquido: Que contiene gas. *Me gustan más los refrescos sin gas que los gaseosos.* ● f. **4.** Bebida gaseosa (→ 3), refrescante y sin alcohol, compuesta de agua azucarada. *He tomado tinto con gaseosa.* En Am., designa cualquier refresco. *No se puede nombrar la Coca-Cola en una novela; se debe decir "gaseosa" o "bebida cola"* [C].

gasificación. f. Hecho de pasar un cuerpo al estado gaseoso. *El gas procedente de la gasificación del carbón produce electricidad.*

gasoducto. m. Tubería de grandes dimensiones para conducir gas combustible desde el lugar donde se produce hasta aquel donde se consume o se distribuye. *Miles de kilómetros de gasoductos recorren Europa.* ▶ GASEODUCTO.

gasógeno. m. Aparato que se instala en algunos vehículos para producir carburo de hidrógeno como carburante sustitutivo de la gasolina o el gasóleo. *Algunos taxis funcionan con gasógeno.*

gasoil. m. Gasóleo. *Los coches de gasoil consumen menos carburante.*

gasóleo. m. Líquido obtenido por destilación del petróleo, que se emplea como carburante en los motores diésel y como combustible doméstico. *El edificio tiene calefacción central con caldera de gasóleo.* ▶ GASOIL.

gasolina. f. Líquido muy inflamable y volátil, consistente en una mezcla de hidrocarburos derivada del petróleo, que se emplea como combustible en los motores de explosión. *El coche no arranca porque no tiene gasolina.* ▶ **Am:** BENCINA, NAFTA.

gasolinera. f. Establecimiento dotado de las instalaciones adecuadas para suministrar gasolina y otros combustibles a vehículos automóviles. *Tengo que encontrar una gasolinera antes de que se me pare la moto.* ▶ **Am:** BOMBA.

gastador, ra. adj. **1.** Que gasta dinero, espec. en gran cantidad. *Es una niña mimada y gastadora.* ● m. **2.** *Mil.* Soldado que desfila a la cabeza de una formación. *El batallón lo encabeza una escuadra de gastadores.*

gastar. tr. **1.** Emplear (dinero). *Gasta mucho dinero* EN *ropa.* Tb. usado en constr. intr. *Le encanta gastar.* **2.** Deteriorar (algo) con el uso. *Has gastado los codos de la chaqueta.* Tb. en constr. prnl. media. *La suela de cuero se gasta con facilidad.* **3.** Usar una persona o cosa (algo que se altera, disminuye o desaparece) para satisfacer sus necesidades o para su funcionamiento. *No gastes energía* EN *eso.* **4.** Tener (algo) habitualmente. *Gasta mal humor.* Frec. con un pron. expresivo de interés. *¡Vaya carácter que se gasta la amiga!* **5.** Usar o llevar (algo), frec. de manera habitual. *Mi jefe gasta gafas y bigote.* **6.** Hacer (una broma). *Le encanta gastar bromas. Solo te estaba gastando una broma.* ■ **~las.** loc. v. coloq. Comportarse de una manera determinada. *No enfades a tu madre, que ya sabes cómo las gasta.* Frec. con un pron. expresivo de interés. *No veas cómo se las gasta el director.* ▶ **3:** CONSUMIR. ‖ **Am: 1:** EROGAR.

gasterópodo. adj. **1.** *Zool.* Del grupo de los gasterópodos (→ 2). *Molusco gasterópodo.* ● m. **2.** *Zool.* Molusco dotado de un pie carnoso con el que se arrastra, tentáculos en la cabeza y gralm. con una concha enrollada en espiral, como la babosa y el caracol.

gasto. m. Hecho o efecto de gastar. *He tenido muchos gastos imprevistos. Tenemos que reducir el gasto de agua.* ■ **~ público.** m. Gasto que realiza la Administración pública. *Ha aumentado la inversión en gasto público.* ■ **~s de representación.** m. pl. Parte del presupuesto que se asigna a un cargo público o privado para atender sus actividades sociales. *Le dan 6000 euros al mes en concepto de gastos de representación.* □ **correr con los ~s.** loc. v. Aportar el dinero necesario. *Las dos familias correrán con los gastos* DE *la boda.* ■ **cubrir ~s.** loc. v. Compensar los costes de algo. *El negocio solo da para cubrir gastos.* ▶ **Am:** EROGACIÓN.

gástrico, ca. adj. *Anat.* Del estómago. *El bicarbonato combate la acidez gástrica.*

gastritis. f. *Med.* Inflamación de la mucosa del estómago. *El dolor abdominal puede ser síntoma de gastritis.*

gastroenteritis. f. *Med.* Inflamación simultánea de las mucosas del estómago y de los intestinos. *Los afectados de gastroenteritis habían bebido agua contaminada.*

gastrointestinal. adj. *Anat.* Del estómago y los intestinos. *La diarrea es un trastorno gastrointestinal.*

gastronomía. f. Arte de preparar una buena comida o de disfrutar de ella. *El pisto es una especialidad de la gastronomía manchega.*

gastronómico, ca. adj. De la gastronomía. *En el País Vasco abundan las sociedades gastronómicas.*

gastrónomo, ma. m. y f. Persona experta o entendida en gastronomía. *Las jornadas de degustación reunieron a gastrónomos y restauradores.*

gata. → **gato.**

gatas. a ~s. loc. adv. coloq. Con las manos y las rodillas, o los pies, apoyados en el suelo. *El bebé avanza a gatas sobre la alfombra.*

gatear. intr. Andar a gatas. *Mi hija está empezando a gatear.*

gatera. f. Agujero hecho en una puerta, una pared o un tejado, para que puedan entrar y salir los gatos. *La gata huyó, colándose por la gatera.*

gatillazo. m. **1.** En un arma de fuego: Golpe que da el gatillo, espec. cuando no sale el tiro. *Se oyó un gatillazo: el arma se le había encasquillado.* **2.** coloq. En el hombre: Imposibilidad transitoria de alcanzar la erección para realizar el acto sexual.

gatillo. m. En un arma de fuego: Pieza que se aprieta con el dedo para disparar. *Apretó varias veces el gatillo hasta vaciar el revólver.*

gato, ta. m. **1.** Mamífero doméstico de pequeño tamaño, cabeza redonda, ojos brillantes y pelaje suave y espeso, que suele cazar ratones. *Los gatos eran venerados en el antiguo Egipto.* Tb. designa específicamente al macho. *Mi gato ha preñado a la gata del vecino.* **2.** Aparato que sirve para levantar grandes pesos a poca altura. *Levantó el coche con el gato para cambiar la rueda pinchada.* ○ f. **3.** Hembra del gato (→ 1). *La gata ha tenido gatitos.* ○ m. y f. **4.** coloq. Persona nacida en Madrid. Tb. adj. *Es gata, del barrio de Chamberí.* ■ **gato de Angora.** m. Gato (→ 1) de pelo muy largo, fino y sedoso, procedente de Angora, en Asia Menor. *Tiene una preciosa gata de Angora.* ■ **gato montés.** m. Felino salvaje parecido al gato (→ 1) pero de mayor tamaño, más robusto y de pelaje rayado de bandas negras, que vive en bosques y en las laderas de las montañas. *En la excursión vimos un gato montés.* ■ **gato siamés.** m. Gato (→ 1) de pelo muy corto y de color amarillento, con la cola, la cara, las orejas y las patas oscuras, procedente de Asia. *En Tailandia, el gato siamés es un animal sagrado.* ⇒ SIAMÉS. □ **a lo gato,** o **como los gatos.** loc. adv. coloq. Sin mojarse apenas. Gralm. con *lavar. ¡Qué cochino, se lava como los gatos!* ■ **como gato panza arriba.** loc. adv. coloq. Con mucho empeño. Gralm. con v. como *defender* o *resistir. Aguantó los golpes defendiéndose como gato panza arriba.* ■ **cuatro gatos.** loc. s. coloq. Muy pocas personas. *En agosto solo quedan cuatro gatos en la oficina.* ■ **dar gato por liebre.** loc. v. coloq. Engañar dando algo por otra cosa de mejor calidad. *Me parece que nos han dado gato por liebre con el jamón.* ■ **haber gato encerrado** (en algo). loc. v. coloq. Haber algo oculto o misterioso (en ello). *¡Qué raro, aquí hay gato encerrado!* ■ **llevarse el gato al agua.** loc. v. coloq. Conseguir algo que pretenden varios. *No sé cómo se las apaña, pero siempre es ella quien se lleva el gato al agua.*

gatuno, na. adj. Del gato. *Una mujer de rostro gatuno.*

gauchada. f. Am. coloq. Favor desinteresado. *Está bien, le daré el adelanto, tómelo como una gauchada* [C].

gauchesco, ca. adj. histór. Del gaucho. *Antología de la poesía gauchesca.*

gaucho. m. histór. Habitante de las pampas del sur de América, diestro en el manejo del caballo y en los trabajos ganaderos. *El gaucho empleaba sus boleadoras para sujetar al ganado.*

gauss. (pal. al.; pronunc. "gaus"). m. *Fís.* Unidad de inducción magnética, que equivale a una diezmilésima de tesla (Símb. *G*). *Un campo magnético de 100* gauss.

gaveta. f. Cajón de los que hay en los escritorios. *Guarda las cartas bajo llave en una gaveta del buró.*

gavia. f. *Mar.* Vela de las que van situadas justo encima de las tres velas mayores o principales, espec. la del palo mayor. *Es un navío de tres palos, con sus velas mayores y sus correspondientes gavias.*

gavilán. m. Ave rapaz pequeña, de plumaje gris por encima y blanco con listas oscuras por debajo, que se alimenta de pájaros y otros animales pequeños que suele cazar al vuelo. *El gavilán hembra. El gavilán atrapa un gorrión.*

gavilla. f. **1.** Conjunto de mieses, ramas o cosas semejantes, normalmente atadas por el centro, que es mayor que el manojo y menor que el haz. *Las gavillas se amontonan en la era.* **2.** Conjunto grande de personas. Gralm. despect. *Una gavilla de desalmados siembra el terror entre la población.*

gaviota. f. Ave acuática, gralm. marina, de tamaño mediano, plumaje blanco con el dorso gris y graznido estridente, que suele vivir en las cosas y alimentarse de peces. *La gaviota macho. Las gaviotas sobrevuelan el puerto.*

gay. (pl. **gais**). adj. **1.** De los homosexuales. *Miles de personas celebraron el día del orgullo gay. Barrios gais.* ● m. **2.** Hombre homosexual. *Comparto piso con un gay.* ▶ *HOMOSEXUAL.

gazapo[1]**.** m. Conejo joven. *El perro persigue a los gazapos hasta su madriguera.*

gazapo[2]**.** m. coloq. Error cometido al hablar o al escribir. *En la noticia se ha colado un gazapo.*

gazmoñería. f. despect. Cualidad de gazmoño. *Es religiosa, pero sin la gazmoñería de las beatas.*

gazmoño, ña. adj. despect. Que muestra excesivos escrúpulos morales o devoción religiosa, o que los finge. *Una sociedad gazmoña e hipócrita.*

gaznápiro, ra. adj. Dicho de persona: Boba o atontada. Más frec. m. y f. *Me mira con cara de gaznápiro.*

gaznate. m. coloq. Garganta (parte delantera del cuello, o espacio interno). *Lo agarró por el gaznate y lo empujó contra la pared. Remoja el gaznate con un trago de tinto.*

gazpacho. m. Sopa fría, típica de Andalucía, compuesta de tomate, pepino, pimiento, cebolla, ajo y miga de pan, y aliñada con sal, vinagre y aceite. *Hay gazpacho en la nevera.*

gazuza. f. coloq. Hambre (ganas y necesidad de comer). *Saca ya la comida, que esta gente tiene gazuza.*

ge. f. Letra *g.*

géiser. m. Fuente natural en forma de surtidor, de la que brotan intermitentemente agua caliente o vapor. *Islandia es famosa por sus géiseres.*

geisha. (pal. jap.; pronunc. "guéisa"). f. En Japón: Joven instruida en la danza, la música y otras artes, con el fin de entretener a los hombres. *Una* geisha *sirvió el té siguiendo la ceremonia tradicional.*

gel. m. **1.** Producto cosmético o medicinal en estado de gel (→ 2). *Para ducharme prefiero el gel. ¿Quiere el antiinflamatorio en gel, pomada o aerosol?* **2.** *Quím.* Sustancia en dispersión coloidal que se ha coagulado o cuyas partículas sólidas se han agregado. *Gel de sílice.*

gelatina. f. Sustancia sólida de gran cohesión, blanda y transparente, sin olor ni color, que se obtiene de la cocción de huesos, cartílagos y otros tejidos. *La gelatina se emplea en la fabricación de mermeladas.*

gelatinoso, sa. adj. De la gelatina, o de características semejantes a las suyas, espec. el aspecto o la consistencia. *Una medusa de aspecto gelatinoso.*

gelidez. f. cult. Cualidad de gélido. *La gelidez del viento colorea sus mejillas.* Tb. fig. *La gelidez de su mirada.*

gélido, da. adj. cult. Muy frío. *Una gélida mañana de febrero.* Tb. fig. *Una gélida bienvenida.*

gema. f. Piedra preciosa. *El cofrecillo tiene gemas engastadas.*

gemación. f. **1.** *Biol.* Reproducción asexual consistente en que una pequeña porción del organismo se separa de este y se desarrolla hasta formar otro individuo. *Las esponjas se reproducen principalmente por gemación.* **2.** *Biol.* Modo de reproducción celular en el que el citoplasma se divide en dos partes de tamaño muy desigual. *El medicamento inhibe la gemación en las células del VIH.* Tb. *~ celular.*

gemelar. adj. De las personas gemelas. *Un embarazo gemelar.*

gemelo, la. adj. **1.** Dicho de persona: Que es una de las nacidas de un mismo parto, espec. cuando proceden del mismo óvulo y, por ello, presentan gran parecido. *Me confunden con mi hermano gemelo.* Tb. m. y f. *Ana ha tenido gemelas.* **2.** Dicho de cosa: Igual que otra con la que normalmente forma pareja. *El atentado contra las Torres Gemelas de Nueva York. La habitación tiene camas gemelas.* ● m. **3.** Instrumento formado por dos piezas que semejan botones y que, abrochadas, sirven para cerrar el puño de la camisa. *He perdido uno de los gemelos de la camisa.* **4.** Músculo gemelo (→ **músculo**). *Al futbolista le ha dado un tirón en el gemelo izquierdo.* ○ pl. **5.** Instrumento óptico formado por dos tubos provistos de lentes, que sirve para mirar con los dos ojos y ampliar y acercar la visión. *Lleva al teatro unos gemelos para ver mejor a los actores.* ▶ **5:** *PRISMÁTICOS. ‖ **Am: 3:** MANCUERNA.

gemido. m. Hecho o efecto de gemir. *Me han despertado los gemidos de un niño. El gemido del viento.*

geminado, da. adj. *tecn.* Formado por dos elementos iguales. *En el claustro hay columnas geminadas. El latín tiene consonantes geminadas.*

géminis. m. y f. Persona nacida bajo el signo de Géminis. *Un géminis de mayo.* Tb. adj. *Mujer géminis.*

gemir. (conjug. PEDIR). intr. **1.** Emitir alguien sonidos que expresan dolor, pena o placer sexual. *La mujer gemía desconsolada.* **2.** Producir un animal o una cosa sonidos semejantes a los que emiten las personas cuando gimen (→ 1). *Los peldaños gimen bajo sus pies.*

gemología. f. Parte de la mineralogía que estudia las gemas. *El joyero ha estudiado gemología.*

gemólogo, ga. m. y f. Especialista en gemología. *Llevarán la piedra preciosa a una gemóloga para que la identifique.*

gen. m. *Biol.* Unidad transmisora de caracteres hereditarios, constituida por una secuencia de ADN y situada en una posición fija a lo largo del cromosoma. *Los varones de esta familia llevan el gen de la hemofilia.*

genciana. f. Planta de hojas grandes y flores en ramillete, gralm. amarillas, que se emplea en medicina como tónico. *En la ladera crecen las gencianas.*

gendarme. m. Agente de policía de algunos países, espec. de Francia. *Un gendarme hacía la ronda por los Campos Elíseos.*

gendarmería. f. **1.** Cuerpo de gendarmes. *La gendarmería francesa está colaborando con la policía española.* **2.** Cuartel o puesto de gendarmes. *Los detenidos pasaron la noche en una gendarmería de Bayona.*

genealogía. f. **1.** Conjunto de los progenitores y antepasados de una persona. *Escarbando en su genealogía descubrió que tenía origen noble.* Tb. referido a animales. *En la genealogía de este caballo hay un ganador del Grand National.* **2.** Documento en que consta una genealogía (→ 1). *En el atlas histórico hay un apéndice con la genealogía de los Austrias.* **3.** Estudio de las genealogías (→ 1). *Un curso de genealogía y heráldica.*

genealógico, ca. adj. De la genealogía. *Un estudio genealógico de las casas reales.*

genealogista. m. y f. Especialista en genealogía. *Un genealogista investiga los orígenes de su apellido.*

generación. f. **1.** Hecho de generar. *El objetivo es la generación de empleo.* **2.** Hecho de engendrar o procrear. *Los órganos de la generación.* **3.** Sucesión de descendientes en línea recta. *En la foto están representadas las cuatro generaciones de la familia.* **4.** Conjunto de todos los vivientes coetáneos. *La generación presente. La generación futura.* **5.** Conjunto de personas de edad parecida que se comportan o actúan de manera similar, espec. por haber recibido una educación o una influencia sociocultural semejantes. *Unamuno pertenece a la generación del 98.* **6.** Cada una de las fases de una técnica en evolución, en que se aportan avances e innovaciones respecto a la fase anterior. *Ordenadores de última generación.* ■ **~ espontánea.** f. *Biol.* Aparición de un ser vivo a partir de materia no viva. *Los científicos creían que las células se originaban por generación espontánea.* □ **por ~ espontánea.** loc. adv. Sin causa aparente. *Ese odio no surge por generación espontánea.*

generacional. adj. De la generación o conjunto de personas de edad parecida. *La jubilación de varios catedráticos produjo un relevo generacional en la facultad.*

generador, dora (o **triz**). adj. **1.** Que genera. *El turismo es una actividad generadora de riqueza. En toda creación existe una idea generatriz. Tratan de reducir la producción de gases generadores del efecto invernadero.* **2.** (Como f. se usa **generatriz**). *Mat.* Dicho de línea o figura geométrica: Que con su movimiento generan, respectivamente, una figura o un cuerpo geométricos. *Recta generatriz. Triángulo generador.* Tb. f. *Calcula el valor de la generatriz del cono.* **3.** *Fís.* Dicho de máquina, o parte de ella: Que genera fuerza o energía, espec. eléctrica. *La presa tendrá 26 unidades generadoras.* Frec. m. *En caso de corte del fluido eléctrico, disponemos de un generador propio.*

general. adj. **1.** De todos los componentes de un conjunto, o de la mayoría. *Mañana hay junta general de accionistas. El descontento de los pescadores es general.* **2.** Común o frecuente. *La automedicación es una práctica general muy poco recomendable.* **3.** Que no está especializado o no es específico. *Vamos a la consulta de medicina general. El profesor dio unas nociones generales antes de entrar en materia.* ● m. y f. **4.** Oficial general (→ **oficial**) del Ejército cuyo empleo es inferior al de capitán general (→ **capitán**). *Han nombrado ministro de Defensa a un general. Un general de división tiene un rango superior al de un general de brigada.* ○ m. **5.** Prelado superior de una orden religiosa. *El general de los jesuitas visita al Papa.* ■ **~ de brigada.** m. y f. Oficial general (→ **oficial**) del Ejército cuyo empleo es inferior al de general de división (→ **general de división**). ■ **~ de división.** m. y f. Oficial general (→ **oficial**) del Ejército cuyo empleo es inferior al de teniente general (→ **teniente**). ■ **~ en jefe.** m. y f. Oficial general (→ **oficial**) que tiene el mando superior de un ejército. *Fue nombrado general en jefe del ejército insurrecto.* □ **en ~.** loc. adv. De forma general (→ 1 y 3) o en conjunto. *En general la película me ha gustado bastante. Hablaba en general, sin referirse a nadie en concreto.* ■ **en ~**, o **por lo ~.** loc. adv. Normalmente o por lo común. *En general, suelo ahorrar algo todos los meses. Por lo general, comer deprisa produce trastornos digestivos.* ▶ **1:** GLOBAL, TOTAL.

generala. f. Toque militar para anunciar a la tropa una situación de alerta máxima. *El corneta toca generala.*

generalato. m. **1.** Empleo o cargo de general. *Ascendió al generalato a los cincuenta años.* **2.** Conjunto de los generales de uno o varios ejércitos. *Los Reyes reciben al generalato.*

generalidad. f. **1.** Mayoría o casi totalidad de los componentes de un conjunto. *La generalidad de los escolares estudia inglés como lengua extranjera.* **2.** Cosa general o no específica. *Responderá con una generalidad.* Gralm. en pl. *El portavoz se limitó a contestar a las preguntas con generalidades.* **3.** (En mayúsc.). Gobierno autonómico de Cataluña y de la Comunidad Valenciana. *El Presidente de la Generalidad de Cataluña recibe al Alcalde de Barcelona.* ○ pl. **4.** Conocimientos generales de una ciencia o un arte. *Primera unidad: "Arquitectura egipcia. Generalidades".*

generalísimo, ma. adj. **1.** sup. → **general.** ● m. **2.** Jefe de todos los generales del ejército. *Franco tenía el título de Generalísimo.*

generalización. f. Hecho de generalizar o generalizarse. *El artículo incurre en generalizaciones y tópicos.*

generalizador, ra. adj. Que generaliza. *Su explicación es demasiado generalizadora.*

generalizar. tr. **1.** Hacer (algo) general o mayoritario. *El ministerio pretende generalizar el uso del ordenador en las escuelas.* Tb. en constr. prnl. media. *El uso del teléfono móvil se ha generalizado.* **2.** Considerar general (algo particular). *El chimpancé es capaz de generalizar la relación entre dos objetos dados y aplicarla a otros casos análogos.* Frec. usado en constr. intr. *No se puede generalizar: cada caso es diferente.*

generar. tr. Producir o causar (algo). *Son imágenes generadas por ordenador.*

generativo, va. adj. De la generación o hecho de engendrar. *Potencia generativa. Los genitales son órganos generativos.*

generatriz. → **generador.**

genérico, ca. adj. **1.** Del género. *Cabe englobar todos estos estilos dentro del término genérico de "bailes de salón". La ficha de cada película incluye reparto, sinopsis y clasificación genérica.* **2.** Dicho de medicamento: Que tiene la misma composición que uno con marca registrada, pero se comercializa bajo la denominación de su principio activo. *Los medicamentos genéricos son más baratos que los específicos.* Tb. m. *Las autoridades quieren reducir el gasto sanitario mediante la prescripción de genéricos.* **3.** *Gram.* Del género. *Muchas palabras no tienen diferencia genérica.*

género. m. **1.** Conjunto de personas o cosas con caracteres comunes. *Las embarcaciones de recreo constituyen un género especial.* **2.** Clase o tipo a que pertenecen personas o cosas. *No aguanto ese género* DE *bromas.* **3.** Cada uno de los grupos o clases a los que pertenece una obra de arte según sus características de forma y contenido. *Ha escrito una novela del género policíaco. Los géneros cinematográficos.* **4.** Tela o tejido. *–¿De qué género es este traje? –De pura lana virgen.* **5.** *Com.* Mercancía. *La pescadería tiene un género de primera calidad.* **6.** *Biol.* Categoría taxonómica en que se clasifican los seres vivos, inmediatamente superior a la especie. *El ser humano es del género "Homo", y el perro, del "Canis".* **7.** *Gram.* Accidente gramatical de un nombre o pronombre por el cual han de tomar una forma en *-o* o una forma en *-a* los adjetivos de dos terminaciones que a ellos se refieran. *El atributo ha de concordar con el sujeto en género y número.* ■ **~ chico.** m. Clase de obras teatrales musicales de corta duración y de ambiente costumbrista o popular, que comprende zarzuelas, sainetes y comedias. *La zarzuela "La verbena de la Paloma" pertenece al género chico. Carlos Arniches cultivó el género chico.* ■ **~ femenino.** m. *Gram.* Género (→ 7) del nombre o del pronombre que impone la forma en *-a* en los adjetivos de dos terminaciones que a ellos se refieran. ⇒ FEMENINO. *"Casa" y "moto" son nombres de género femenino.* ■ **~ masculino.** m. *Gram.* Género (→ 7) del nombre o del pronombre que impone la forma en *-o* en los adjetivos de dos terminaciones que a ellos se refieran. *"Camino" y "poeta" son nombres de género masculino.* ⇒ MASCULINO. ■ **~ neutro.** m. *Gram.* Género (→ 7) que no es masculino ni femenino. *"Esto" es un pronombre del género neutro.* ⇒ NEUTRO. □ **de ~.** loc. adj. *Arte* Dicho de obra: Que representa escenas de costumbres o de la vida común. *Pinta cuadros de género.* Tb. dicho del artista que ejecuta estas obras. *Un pintor de género.* ■ **ser** algo **del ~ tonto.** loc. v. coloq. Ser propio de una persona tonta. *Sería del género tonto pensar que me van a elegir a mí.*

generosidad. f. Cualidad de generoso. *La generosidad de los voluntarios es admirable.* ▶ DADIVOSIDAD, DESPRENDIMIENTO, ESPLENDIDEZ, LARGUEZA, LIBERALIDAD.

generoso, sa. adj. **1.** Dicho de persona: Que da lo que tiene desinteresadamente. *Es muy generosa dando propinas.* **2.** Dicho de persona: Que se sacrifica desinteresadamente por los demás. *Los misioneros son personas generosas.* **3.** Dicho de cosa: Abundante o grande. *Lleva un vestido de escote generoso.* ▶ **1:** DADIVOSO, DESPRENDIDO, ESPLÉNDIDO, LIBERAL, RUMBOSO.

génesis. f. **1.** Origen o principio de algo. *La génesis de la epidemia.* **2.** Serie de hechos y causas que conducen a algo. *El autor explicó la génesis de su novela.*

genético, ca. adj. **1.** De la genética (→ 2), o de su objeto de estudio. *Se ha elaborado el mapa genético del ser humano. Una mutación genética.* ● f. **2.** Parte de la biología que estudia los genes y la naturaleza y transmisión de los caracteres hereditarios. *La genética permite prevenir la aparición de malformaciones.*

genetista. m. y f. Especialista en genética. *El equipo de genetistas presentó el primer animal clonado de la historia.*

genial. adj. **1.** Dicho de cosa: Propia del genio. *Esperamos alguna de tus geniales ideas. Algunos inventos son realmente geniales.* **2.** Dicho de persona: Que es un genio. *Miguel Ángel fue un escultor genial.* **3.** coloq. Muy bueno. Con intención enfática. *Hace un tiempo genial para viajar.* ● adv. **4.** coloq. Muy bien. Con intención enfática. *Me lo he pasado genial.*

genialidad. f. **1.** Cualidad de genial. *La Historia ha reconocido la genialidad del escritor.* **2.** Cosa genial. Frec. en sent. irónico. *Cada vez que se le ocurre una genialidad, me pongo a temblar.*

génico, ca. adj. *Biol.* De los genes. *Algunas enfermedades hereditarias podrían combatirse con terapia génica.*

genio. m. **1.** Carácter (conjunto de cualidades psíquicas de una persona o colectividad). *La exploradora fue una mujer de genio aventurero.* **2.** Disposición del ánimo que lleva a alguien a mostrarse alegre o triste, simpático o antipático, pacífico o violento. *Recién levantada tengo muy mal genio. Ya está de mejor genio.* **3.** Mal genio (→ 2). *Se enfada por nada, ¡vaya genio! Mi padre tiene mucho genio.* **4.** Capacidad mental extraordinaria para crear o inventar cosas nuevas y admirables. *Es una artista de genio indiscutible.* **5.** Persona dotada de genio (→ 4). *Mozart era un genio. Es un genio de la informática.* **6.** Índole o condición peculiar de algunas cosas. *El genio de la lengua.* **7.** Ser fantástico que se representa como un hombre y que está dotado de poderes mágicos. *El genio de la lámpara le concede tres deseos.* ▶ **1:** CARÁCTER.

genital. adj. **1.** De la reproducción. *Los ovarios son órganos genitales internos.* ● m. pl. **2.** Órganos genitales (→ 1) externos. *Le han dado una patada en los genitales.*

genitivo. m. *Gram.* Caso de la declinación con que se expresa la función de complemento del nombre, denotando gralm. posesión o pertenencia. *Pon "dominus" en genitivo.* Tb. *caso ~*. *La profesora de latín nos explicó el caso genitivo.*

genitourinario, ria. adj. **1.** *Anat.* Dicho de aparato: Genital y urinario. *La próstata forma parte del aparato genitourinario masculino.* **2.** *Anat.* Del aparato genitourinario (→ 1). *Una infección genitourinaria.*

genízaro, ra. → **jenízaro.**

genocida. adj. Que comete genocidio. *Gobernante genocida.* Tb. m. y f. *El Tribunal de La Haya juzgará a los genocidas.*

genocidio. m. Exterminio sistemático de un grupo humano por motivo de su raza, etnia, religión o nacionalidad. *Los nazis son responsables del genocidio judío.*

genoma. m. *Biol.* Conjunto de los genes de un individuo o de una especie, contenido en un juego completo de cromosomas. *La identificación del genoma humano.*

genotípico, ca. adj. *Biol.* Del genotipo. *El estudio genotípico revela la presencia de una mutación.*

genotipo. m. *Biol.* Conjunto de los genes de un individuo. *Correlación entre genotipo y fenotipo en un individuo.*

gente. f. **1.** Personas, frec. consideradas colectivamente. *La gente pasea bajo la lluvia. La gente* DEL *pueblo se mete con él. Hay mucha gente esperando en la sala de espera. La gente* DEL *teatro se manifestó para pedir subvenciones.* **2.** Conjunto de personas que siguen a alguien o trabajan para él. *Siempre que aparece en público, está rodeado de su gente.* **3.** coloq. Familia (conjunto de parientes). *Ven a comer el domingo y tráete a tu gente.* ■ ~ **bien.** f. coloq. Gente (→ 1) de buena posición social. *A ese restaurante solo va la gente bien.* ■ ~ **gorda.** f. coloq. Gente (→ 1) importante o de buena posición. *Se codea con gente gorda.* ■ ~ **menuda.** f. coloq. Niños. *Es una película para la gente menuda.* ■ **buena** ~. f. coloq. Buena persona. *Julián parece buena gente.*

gentil. adj. **1.** cult. Hermoso o elegante. *La niña larguirucha se ha convertido en una gentil mujer.* **2.** cult. Amable o cortés. *Con gesto gentil me cedió el paso.* ● m. y f. **3.** *Rel.* En el judaísmo: Persona que profesa otra religión. *San Pablo escribe a los gentiles.*

gentileza. f. **1.** cult. Cualidad de gentil. *Siempre saluda con gentileza.* **2.** cult. Cosa que se hace o que se da como muestra de amabilidad o cortesía. *Le agradezco la gentileza de asistir a la mesa redonda. Los licores son gentileza de la casa.*

gentilhombre. (pl. **gentileshombres** o **gentilhombres**). m. histór. Caballero que estaba al servicio del monarca o de un gran señor. *El mosquetero se preciaba de su condición de gentilhombre.*

gentilicio. m. *Gram.* Adjetivo o nombre que expresan el lugar de origen o la nacionalidad. *El adjetivo "americano" es un gentilicio.*

gentío. m. Gran cantidad de gente. *Me perdí entre el gentío.*

gentleman. (pal. ingl.; pronunc. "yéntelman"). m. Caballero inglés de categoría, u hombre que lo parece por su educación, elegancia y distinción. *Regresa del colegio británico convertido en un* gentleman.

gentuza. f. despect. Gente despreciable. *Me han destrozado el coche, ¡qué gentuza!*

genuflexión. f. Hecho de doblar la rodilla hacia el suelo, gralm. en señal de reverencia. *Se santigua y hace una genuflexión al pasar frente al altar.*

genuino, na. adj. Auténtico o legítimo. *Unos cuadros genuinos de Picasso. El genuino cine negro americano.*

geo. m. Miembro del grupo de operaciones especiales de la policía española. *Una unidad de los geos redujo a los secuestradores.*

geo-. elem. compos. Significa 'tierra' (*geobotánica, geomancia*) o 'la Tierra' (*geoestrategia, geomagnetismo*).

geocéntrico, ca. adj. *Fís.* Del geocentrismo. *El modelo geocéntrico de Ptolomeo.*

geocentrismo. m. *Fís.* Teoría que consideraba la Tierra como centro del universo. *Según el geocentrismo, el Sol y los planetas giraban alrededor de la Tierra.*

geoda. f. *Mineral.* Hueco de una roca tapizado de una sustancia gralm. cristalizada. *Una geoda de amatista.*

geodesia. f. Ciencia matemática que estudia la forma y magnitud de la Tierra. *La geodesia permite elaborar mapas precisos.*

geodésico, ca. adj. De la geodesia. *Técnicas geodésicas para estudiar los movimientos del terreno.*

geodinámica. f. Parte de la geología que estudia las modificaciones de la corteza terrestre, sus causas y consecuencias. *Según expertos en geodinámica, la presa es geológicamente inestable.*

geoestacionario, ria. adj. **1.** *tecn.* Dicho de satélite artificial: Que viaja de Oeste a Este a una altura superior a 36 000 km sobre el Ecuador y a una velocidad igual a la de rotación de la Tierra, por lo que parece estar siempre en el mismo sitio. *El satélite meteorológico Meteosat es geoestacionario.* **2.** *tecn.* De los satélites geoestacionarios (→ 1). *Órbita geoestacionaria.*

geofísico, ca. adj. **1.** De la geofísica (→ 2). *Experimentos geofísicos.* ● f. **2.** Estudio científico de la física terrestre. *La geofísica se ocupa de la fuerza de la gravedad en la Tierra.* ○ m. y f. **3.** Especialista en geofísica (→ 2). *Wegener, geofísico alemán, desarrolló la teoría de la deriva continental.*

geografía. f. **1.** Ciencia que tiene por objeto la descripción de la Tierra. *En clase de geografía estudiamos los ríos de España.* **2.** Conjunto de accidentes y rasgos geográficos de un territorio. *La geografía* DE *la región es llana.* Tb. dicho territorio. *Me he recorrido gran parte de la geografía española.* ■ ~ **física.** f. Parte de la geografía (→ 1) que se ocupa de la disposición natural de las tierras, los mares y la atmósfera. *La geografía física comprende áreas como la orografía.* ■ ~ **política.** f. Parte de la geografía (→ 1) que se ocupa de la distribución y organización de la Tierra en estados y unidades administrativas. *El trazado de las fronteras es tarea de la geografía política.*

geográfico, ca. adj. De la geografía, o de su objeto de estudio. *La carretera habrá de sortear montañas, ríos y otros accidentes geográficos.*

geógrafo, fa. m. y f. Especialista en geografía. *Tras la colonización, los geógrafos completan el mapa de América.*

geología. f. Ciencia que estudia la historia del globo terrestre, así como la naturaleza, formación, evolución y disposición actual de las materias que lo componen. *La geología establece diferentes unidades cronológicas en la Tierra.*

geológico, ca. adj. De la geología, o de su objeto de estudio. *El Jurásico es un período geológico.*

geólogo, ga. m. y f. Especialista en geología. *Unos geólogos estudian las rocas de la zona.*

geómetra. m. y f. Especialista en geometría. *El geómetra Tales de Mileto formuló el teorema que lleva su nombre.*

geometría. f. Parte de las matemáticas que estudia las propiedades y las medidas de las figuras en el plano o en el espacio. *Euclides es el padre de la geometría.*

geométrico, ca. adj. **1.** De la geometría, o de su objeto de estudio. *En la pintura cubista predomina el uso de formas geométricas.* **2.** De formas geométricas (→ 1). *Una vasija decorada con motivos geométricos.*

geomorfología. f. Estudio científico de la forma y características de la superficie terrestre. *Un experto en geomorfología nos describe el relieve de la comarca.*

geopolítico, ca. adj. **1.** De la geopolítica (→ 2). *Intereses geopolíticos en una región.* ● f. **2.** Estudio de los condicionamientos geográficos de la política. *Se recurre a expertos en geopolítica para explicar el* *curso de la economía mundial.* Tb. la política determinada por dichos condicionamientos. *Los avatares de la geopolítica han puesto a la región en el candelero.* ○ m. y f. **3.** Especialista en geopolítica (→ 2).

geoquímico, ca. adj. **1.** De la geoquímica (→ 2), o de su objeto de estudio. *Las propiedades geoquímicas de los fondos marinos.* ● f. **2.** Estudio científico de la naturaleza, distribución y combinación de los elementos químicos del globo terrestre. *Es profesora de geoquímica en la facultad.* ○ m. y f. **3.** Especialista en geoquímica (→ 2). *Un geoquímico estudia los sedimentos minerales del yacimiento.*

georgiano, na. adj. De Georgia (país de Asia). *Tiflis es la capital georgiana.* Dicho de pers., tb. m. y f.

geranio. m. Planta de hojas olorosas con borde ondulado y flores de distintos colores, que se cultiva como ornamental. *En las macetas plantaré geranios.* Tb. la flor. *Unos tiestos con geranios rojos.*

gerbo. → **jerbo.**

gerencia. f. **1.** Cargo o actividad de gerente. *Ella lleva la gerencia de la empresa.* **2.** Oficina del gerente. *La gerencia está en la planta baja.*

gerente, ta. (Gralm. como f. se usa **gerente**). m. y f. Persona encargada de la gestión y administración de una empresa, sociedad o institución. *La gerente se reunió con el comité de empresa.*

geriatra. m. y f. Especialista en geriatría. *Acompaña a su abuelo al geriatra.*

geriatría. f. Rama de la medicina que se ocupa de las enfermedades de la vejez y de su tratamiento. *Lo han ingresado en la unidad de Geriatría del hospital.*

geriátrico, ca. adj. **1.** De la geriatría. *Los pacientes geriátricos requieren a veces cuidados paliativos.* ● m. **2.** Hospital o residencia donde se atiende a ancianos enfermos. *Pasará los últimos años de su vida en un geriátrico.*

gerifalte. m. despect. Persona con autoridad y poder. *El dictador asiste al desfile acompañado por sus gerifaltes.*

germanía. f. Jerga de delincuentes. *En la cárcel aprendió la germanía de los presos.*

germánico, ca. adj. **1.** histór. De la Germania (antigua región de Europa central, entre el Rin y el Vístula) o de los germanos. *Los romanos sometieron a los pueblos germánicos.* **2.** De Alemania. *En su obra se ve la huella del expresionismo germánico.* **3.** Dicho de lengua: Que deriva del germánico (→ 4). *El inglés y el alemán son lenguas germánicas.* A veces f. pl. para designar los estudios filológicos correspondientes. *Una licenciada en germánicas.* ● m. **4.** Lengua o familia de lenguas habladas por los antiguos germanos. *En castellano, algunos términos bélicos proceden del germánico.* ▶ **2:** *ALEMÁN.

germanio. m. *Quím.* Elemento sólido, de color blanco grisáceo, brillante y quebradizo, empleado en la fabricación de transistores y detectores de radiación (Símb. *Ge*). *Para hacer el transistor se necesita un semiconductor, normalmente germanio o silicio.*

germanismo. m. Palabra o uso propios de la lengua alemana empleados en otra. *El filósofo emplea algunos germanismos.*

germanista. m. y f. Especialista en lenguas y culturas germánicas. *Un germanista disertará sobre la influencia de Goethe.*

germanización. f. Hecho o efecto de germanizar o germanizarse. *Proceso de germanización.*

germanizar. tr. Dar carácter germano (a alguien o algo). *Hitler quiso germanizar Checoslovaquia.* Tb. en constr. prnl. media. *Su música se germanizó por la influencia wagneriana.*

germano, na. adj. **1.** histór. De la Germania (antigua región de Europa central, entre el Rin y el Vístula). *Los visigodos eran un pueblo germano.* Dicho de pers., tb. m. y f. *Los germanos conquistan Roma en el 476.* **2.** De Alemania. *La selección germana ganó el mundial.* Dicho de pers., tb. m. y f. *La mayoría de los germanos estaba a favor de la reunificación del país.* ▶ **2:** *ALEMÁN.

germano-. elem. compos. Significa 'alemán'. *Germanofilia, germanófobo.*

germanófilo, la. adj. Simpatizante o admirador de lo alemán. *Un gobierno germanófilo.* Tb. m. y f. *La opinión pública se dividió en germanófilos y aliadófilos.*

germen. m. **1.** Principio elemental de un ser vivo. *El cigoto es el germen que dará lugar al embrión.* **2.** Parte de una semilla, de la cual nace la planta. *La vitamina E está presente en el germen de los cereales.* **3.** Microorganismo que puede causar o propagar enfermedades. *Este potente limpiador elimina todos los gérmenes.* Tb. ~ *patógeno. Las bacterias y los virus son gérmenes patógenos.* **4.** Principio u origen de algo, espec. no material. *Los disturbios constituyeron el germen de la revolución.*

germinación. f. Hecho de germinar. *Las temperaturas extremas no favorecen la germinación de las semillas.*

germinal. adj. **1.** Del germen. *El espermatozoide es una célula germinal.* ● m. **2.** histór. Séptimo mes del calendario republicano francés, que transcurre entre el 21 de marzo y el 19 de abril del calendario occidental. *Germinal era el primer mes de la primavera.*

germinar. intr. **1.** Empezar a desarrollarse una semilla, un grano de polen o una espora para formar una nueva planta. *El grano de polen germina en el estigma de la flor.* **2.** cult. Empezar a desarrollarse algo no material. *La tristeza germinó en su alma.*

germinativo, va. adj. De la germinación. *Las semillas han perdido su poder germinativo.*

gerontocracia. f. *Polít.* Forma de gobierno en que el poder es ejercido por los ancianos. *La generación de la transición puso fin a años de gerontocracia.* Tb. el Estado o la comunidad así gobernados. *Con el tiempo, la Unión Soviética se había convertido en una gerontocracia.*

gerontología. f. Estudio científico de la vejez y de los fenómenos y problemas que la caracterizan. *Curso de Gerontología.*

gerontológico, ca. adj. De la gerontología. *Un centro gerontológico.*

gerontólogo, ga. m. y f. Especialista en gerontología. *Una gerontóloga es la directora de la residencia de ancianos.*

gerundense. adj. De Gerona. *La comarca gerundense del Ampurdán.* Dicho de pers., tb. m. y f.

gerundio. m. *Gram.* Forma no personal del verbo, cuya terminación en español es *-ando, -iendo* o *-yendo*, y que funciona como un adverbio. *En "vino corriendo", el gerundio tiene valor adverbial.* ■ **~ compuesto.** m. *Gram.* Forma no personal del verbo, que se construye con el gerundio del verbo *haber* y el participio del verbo conjugado. *El gerundio compuesto de* *"llegar" es "habiendo llegado".* □ **que es ~.** expr. coloq. Se usa después de un verbo en gerundio para incitar a hacer con prontitud lo expresado por dicho verbo. *Nos apuntó con la pistola y dijo: –¡Andando, que es gerundio!*

gesta. f. cult. Hecho memorable. *Homero cantó las gestas de Ulises.* Frec. en sent. colectivo. *Los Reyes Católicos impulsan la gesta del Descubrimiento.*

gestación. f. **1.** Hecho de gestar o gestarse algo. *El proyecto tuvo una gestación complicada.* **2.** Embarazo o preñez. *Estás en el sexto mes de gestación. La gestación de una jirafa dura 440 días.*

gestante. adj. Embarazada o preñada. *Madres gestantes.* Frec. f. *Este medicamento está contraindicado en gestantes.* ▶ *EMBARAZADA.

gestar. tr. **1.** Llevar una hembra vivípara (a su hijo) en su interior desde la concepción hasta el momento del parto. *Algunas mujeres gestan hijos para otras que no pueden tenerlos.* **2.** Preparar o desarrollar (algo). Más frec. en constr. prnl. pasiva. *La novela se gestó en una sola tarde.* Tb. en constr. prnl. media. *Durante el siglo XV se fue gestando un cambio en la concepción del mundo.*

gesticulación. f. Hecho o efecto de gesticular. *El actor tiene una gesticulación excesiva.*

gesticulante. adj. Que gesticula, espec. si lo hace en exceso. *El gesticulante actor desentona en la película.*

gesticular. intr. Hacer gestos. *Gesticula mucho cuando habla.*

gestión. f. **1.** Acción dirigida a conseguir o resolver algo. *Ha ido a renovar el pasaporte y a hacer otras gestiones.* **2.** Hecho de administrar u organizar algo. *La oposición critica la gestión de la televisión pública.*

gestionar. tr. Hacer gestiones para conseguir o resolver (algo). *Una abogada le está gestionando el divorcio.*

gesto. m. **1.** Movimiento del rostro, las manos u otra parte del cuerpo, que denota o expresa algo, espec. un estado de ánimo o un propósito. *Asintió con un gesto. Miraban con gesto de incredulidad. Fue expulsado por hacer gestos groseros al árbitro.* **2.** Movimiento involuntario del cuerpo, espec. de la cara. *Repite mucho ese gesto porque tiene un tic.* **3.** Rostro o semblante. *Tiene el gesto contraído por el frío.* **4.** Acto dotado de significación o intencionalidad. *Un gesto conciliador. A pesar de nuestras diferencias, me invitó, gesto que agradecí.* ■ **torcer el ~.** loc. v. coloq. Poner expresión de enfado o fastidio. *Cuando le insinué que tenía que ayudar, torció el gesto.*

gestor, ra. adj. **1.** Que hace gestiones para conseguir o resolver algo, o que lleva la gestión de algo. *Los socios del club elegirán a una comisión gestora.* Dicho de pers., tb. m. y f. *Es mejor profesor que gestor.* Dicho de comisión o empresa, tb. f. *Pondrá sus asuntos financieros en manos de una gestora.* ● m. y f. **2.** Persona que se dedica profesionalmente a gestionar determinados asuntos, gralm. de carácter administrativo, por encargo de la persona interesada. *La declaración de la renta me la hace un gestor.* Tb. *~ administrativo. Colegio de gestores administrativos.*

gestoría. f. Oficina del gestor administrativo. *Del papeleo se encarga la gestoría.*

gestual. adj. Del gesto o de los gestos. *El lenguaje gestual.*

gestualidad. f. cult. Conjunto de gestos. *En el conjunto escultórico destaca la enérgica gestualidad de las figuras.*

ghanés, sa. adj. De Ghana (país de África). *Accra es la capital ghanesa.* Dicho de pers., tb. m. y f.

giba. f. Joroba. *Las gibas del camello almacenan grasa.*

gibar. tr. coloq. Fastidiar o molestar (a alguien). *Lo que más me giba es tener que pedirle el favor.* ■ **no te giba.** expr. coloq. Se usa, frec. al final de una frase, para expresar indignación o enojo. *Si tienes sueño, acuéstate antes, ¡no te giba!*

gibelino, na. adj. **1.** histór. En la Italia medieval: Partidario de la dinastía imperial alemana en oposición a los güelfos, defensores de los papas. Tb. m. y f. *El conflicto entre güelfos y gibelinos se extendió de Florencia al resto de Italia.* **2.** histór. De los gibelinos (→ 1). *El partido gibelino trató de unificar Italia.*

gibón. m. Simio pequeño de abundante pelaje, sin cola y con largos brazos, que puede caminar erguido y habita en los bosques del sudeste asiático. *Los gibones se desplazan colgándose de sus brazos. El gibón hembra.*

giboso, sa. adj. Que tiene giba. *Es un viejecito delgado y giboso. Espalda gibosa.* ▶ *JOROBADO.

gibraltareño, ña. adj. De Gibraltar. *Territorio gibraltareño.* Dicho de pers., tb. m. y f.

giga-. elem. compos. Significa 'mil millones'. Se une a n. de unidades de medida para designar el múltiplo correspondiente (Símb. *G*). *Gigavatio, gigaelectronvoltio.*

gigabyte. (pronunc. "jigabáit"). m. *Inform.* Unidad de información que equivale a 1024 megabytes (Símb. *GB*). *El disco duro de este ordenador tiene una capacidad de 30 gigabytes.*

gigahercio. m. *tecn.* Unidad de frecuencia del Sistema Internacional, que equivale a mil millones de hercios (Símb. *GHz*). *La frecuencia de emisión de los satélites se mide en gigahercios.*

gigante, ta. (La forma **giganta** solo se usa como f. en las acep. 2-5). adj. **1.** Mucho mayor de lo normal. *Pan de molde de tamaño gigante. Tu trabajo requiere un esfuerzo gigante.* ● m. y f. **2.** Personaje imaginario de enorme estatura. *En el cuento de Andersen, el sastrecillo derrota al gigante.* **3.** Persona de estatura mucho mayor de lo normal. *Goliat era un gigante. Las del equipo de baloncesto son unas gigantas.* **4.** Figura que representa a una persona de enorme estatura y que forma parte de algunas fiestas populares. *Un desfile de gigantes y cabezudos.* **5.** Persona que destaca o sobresale en algo. *Es un gigante de las finanzas. La actriz es una giganta de la escena.* ▶ **4:** GIGANTÓN.

gigantesco, ca. adj. Sumamente grande. *Las secuoyas son árboles gigantescos.* Frec. con intención enfática. *La atleta dio un salto gigantesco.* ▶ *ENORME.

gigantismo. m. *Med.* Trastorno del crecimiento caracterizado por un desarrollo excesivo del organismo. *Una anomalía en la hormona del crecimiento puede provocar gigantismo.*

gigantón, na. m. y f. Gigante (figura). *Se han disfrazado de gigantones en las fiestas patronales.* ▶ GIGANTE.

gil. adj. coloq. Tonto o simple. *Chica, no sé cómo has podido ser tan gil.* Tb. m. y f. *Han conseguido timar a muchos giles.*

gilí. adj. coloq. Tonto o simple. *No se puede ser tan bueno y tan gilí.* Tb. m. y f. *Vino el gilí ese y me quitó la pelota.* Frec. se usa como insulto. *¡Tú, chaval, eres un gilí!*

gilipollas. adj. malson. Tonto o simple. Tb. m. y f. Frec. se usa como insulto.

gilipollez. f. malson. Hecho o dicho propios de una persona gilipollas.

gilipuertas. adj. coloq., eufem. Tonto o simple. *Hay que ser muy gilipuertas para dejarse engañar así.* Tb. m. y f. *Solo fuimos a trabajar los cuatro gilipuertas de siempre.* Frec. se usa como insulto.

gimnasia. f. **1.** Práctica que tiene por objeto desarrollar, fortalecer y dar flexibilidad al cuerpo por medio de ciertos ejercicios físicos. *Estoy en forma gracias a la gimnasia.* Tb. esos ejercicios. *No hago gimnasia desde que iba al colegio.* **2.** Práctica que sirve para desarrollar una facultad intelectual. *La lectura es una forma de gimnasia mental.* ■ ~ **artística.** f. Deporte consistente en hacer ejercicios gimnásticos con diversos aparatos o, sin ellos, sobre el suelo. *Suelo y caballo de saltos son dos pruebas de gimnasia artística.* ■ ~ **rítmica.** f. Deporte femenino que combina ejercicios gimnásticos y pasos de baile, ejecutados al ritmo de una música y empleando diversos aparatos, como cintas o mazas. *El equipo de gimnasia rítmica consiguió la plata.* ■ ~ **sueca.** f. Gimnasia (→ 1) que se practica sin aparatos. *Hace un poco de gimnasia sueca antes de desayunar.*

gimnasio. m. Establecimiento o local destinados a la práctica de ejercicios gimnásticos. *Es monitora en un gimnasio. La mansión tiene gimnasio y piscina.*

gimnasta. m. y f. Deportista que practica la gimnasia. *Los gimnastas entrenan con vistas al mundial.*

gimnástico, ca. adj. De la gimnasia. *El potro y las mazas son aparatos gimnásticos.*

gimnospermo, ma. adj. **1.** *Bot.* Del grupo de las gimnospermas (→ 2). *Planta gimnosperma.* ● f. **2.** *Bot.* Planta que carece de flores vistosas y cuyas semillas están al descubierto, como el pino o el ciprés.

gimotear. intr. despect. Gemir con insistencia y débilmente, gralm. por algo de poca importancia. *El niño gimotea en un rincón.*

gimoteo. m. despect. Hecho de gimotear. *Tus gimoteos no me conmueven.*

ginebra. f. Bebida alcohólica obtenida de semillas de cereales y aromatizada con bayas de enebro. *El aliento le apesta a ginebra.*

gineceo. m. **1.** *Bot.* Conjunto de los órganos reproductores femeninos de una flor. *Las flores hermafroditas poseen androceo y gineceo.* **2.** histór. En la antigua Grecia: Conjunto de las habitaciones de la casa destinadas a las mujeres.

ginecología. f. Rama de la medicina que se ocupa de las enfermedades propias de la mujer. *Servicio de Ginecología del hospital.*

ginecológico, ca. adj. De la ginecología. *Revisión ginecológica. Clínica ginecológica.*

ginecólogo, ga. m. y f. Especialista en ginecología. *Tiene cita con la ginecóloga.*

gineta. → **jineta.**

gin-fizz. (pal. ingl.; pronunc. "yín-fís"). m. Bebida alcohólica compuesta de ginebra, zumo de limón, soda y azúcar. *En el aperitivo se ha tomado un* gin-fizz.

ginger-ale. (pal. ingl.; pronunc. "yínyer-éil"). m. Bebida gaseosa, refrescante y sin alcohol, elaborada con jengibre. *Un combinado de ginebra con* ginger-ale.

gingival. adj. *Anat.* De las encías. *Afección gingival. Tejido gingival.*

gingivitis. f. *Med.* Inflamación de las encías. *El dentista me ha diagnosticado una gingivitis.*

gin-tonic. (pal. ingl.; pronunc. "yintónic"). m. Bebida alcohólica compuesta de ginebra y tónica. *Un* gin-tonic *con hielo y una rodaja de limón.*

gira. f. **1.** Excursión o viaje por distintos lugares. *Una gira turística. El mandatario comenzará en Madrid su gira por Europa.* **2.** Serie de actuaciones sucesivas de un artista o grupo de artistas en diferentes lugares. *La compañía teatral está de gira por México.*

giradiscos. m. **1.** En un tocadiscos: Plato (pieza sobre la que gira el disco). *Coloque el disco sobre el giradiscos y la aguja en el surco.* **2.** Tocadiscos. *Se ha roto la aguja del giradiscos.* ▶ **1:** PLATO.

girar. intr. **1.** Moverse una persona o cosa en círculo alrededor de sí misma o de otra. *La Luna gira alrededor de la Tierra. La peonza gira* SOBRE *sí misma. El bailarín giraba* SOBRE *sus talones.* **2.** Desarrollarse una cosa en torno a alguien o algo. *La trama de la novela gira en torno a la locura. Cree que la vida gira a su alrededor.* **3.** Desviarse alguien o algo de su dirección inicial. *El taxi giró* A/HACIA *la derecha en el primer cruce. Está prohibido girar en esta plaza.* ○ tr. **4.** Hacer que (algo) gire (→ 1). *Giré el volante para evitar el choque. Al girar la cabeza, me duele el cuello.* **5.** Enviar (dinero) a través de una oficina de correos o telégrafos. *Le girarán algo de dinero.* **6.** *Com.* Expedir (una letra u otra orden de pago). *Me giró un talón por la cantidad que me debía.*

girasol. m. Planta de tallo muy alto, terminado en una gran flor amarilla semejante a una margarita, que gira para estar de cara al sol y cuyas semillas son unas pipas negruzcas comestibles de las que se extrae aceite. *Aceite de girasol.* Tb. la flor. *Un jarrón con girasoles.*

giratorio, ria. adj. Que gira o se mueve en círculo. *Unas puertas giratorias.*

giro. m. **1.** Hecho o efecto de girar. *El acróbata hizo dos giros en el aire.* **2.** Hecho de girar dinero. Frec. *~ postal. Pagaré la multa mediante giro postal.* Tb. la cantidad de dinero que se gira. *Con el giro que le envía su familia no llega a fin de mes.* **3.** Dirección que toma algo o que se da a algo. *La conversación tomó un giro inesperado.* **4.** Expresión peculiar de una lengua o estilo. *Sus novelas en castellano tienen giros del catalán.*

girola. f. *Arq.* Pasillo que rodea la parte trasera del altar mayor de una iglesia o catedral, propio espec. de las arquitecturas románica y gótica. *Desde la girola se accede a las capillas del ábside.*

girondino, na. adj. **1.** histór. Dicho de persona: Perteneciente al grupo de diputados moderados de la Asamblea Legislativa durante la Revolución francesa. *Revolucionario girondino.* Tb. m. y f. *Muchos girondinos fueron guillotinados por los jacobinos.* **2.** histór. De los girondinos (→ 1). *Partido girondino.*

giroscopio. m. *Fís.* Giróscopo. *El primer giroscopio fue ideado para demostrar la rotación de la Tierra.*

giróscopo. m. *Fís.* Aparato empleado como estabilizador en navegación aérea y marítima, consistente en un disco que gira rápidamente y cuyo eje de rotación tiende a conservar su dirección frente a fuerzas o alteraciones externas. *Un fallo en los giróscopos alteró el rumbo de la estación espacial.* ▶ GIROSCOPIO.

gitanería. f. **1.** Carácter gitano. *El espectáculo tiene arte y gitanería.* **2.** Conjunto de los gitanos. *Toda la gitanería del barrio se reunió para la boda.*

gitano, na. adj. **1.** De un pueblo originario de la India y extendido por Europa, que mantiene rasgos físicos y culturales propios y, con frecuencia, costumbres nómadas. *En las afueras hay un poblado gitano.* Dicho de pers., tb. m. y f. *Nadie canta flamenco como los gitanos.* **2.** coloq. Dicho de persona: Que tiene gracia y encanto para ganarse a los demás. *¿Has convencido al abuelo para que te lo compre? ¡Mira que eres gitano!* Tb. m. y f. *¡Dame un beso, gitanilla!* **3.** coloq. Dicho de persona: Que actúa con engaño. Tb. m. y f. *Cuidado con el tendero, que es un gitano.* ▶ **1:** CALÉ, CÍNGARO.

glaciación. f. *Geol.* Período en que el hielo invade grandes zonas de la superficie terrestre debido a un enfriamiento del planeta. *Las cuatro glaciaciones tuvieron lugar en el Cuaternario.* Tb. dicha invasión. *La especie fue desplazada hacia el sur por la glaciación.*

glacial. adj. **1.** Helado o muy frío. *En los polos el clima es glacial.* **2.** Que hiela. Frec. con intención enfática. *Está haciendo un frío glacial.* **3.** Muy frío, distante o que no manifiesta emociones. *Una mirada glacial. Un público glacial.* **4.** *Geogr.* Dicho de zona terrestre: Que tiene clima glacial (→ 1) y está situada entre el polo y el círculo polar. *La Antártida está en la zona glacial del hemisferio sur.* **5.** *Geogr.* Que está en la zona glacial (→ 4). *Océano Glacial Ártico. Océano Glacial Antártico.*

glaciar. adj. **1.** De los glaciares (→ 2). *En el macizo hay un circo glaciar.* ● m. **2.** Gran masa de hielo acumulada en las zonas altas de las montañas, que se desliza muy lentamente hacia abajo, como si fuese un río. *En Alaska se halla uno de los glaciares más largos del mundo. Glaciar alpino.*

gladiador. m. histór. En la antigua Roma: Hombre que luchaba en el circo contra otro hombre o contra una fiera. *Los gladiadores saludaron al Emperador antes de combatir.*

gladiolo o **gladíolo.** m. Planta de tallo largo, con hojas en forma de espada que nacen de la raíz y flores en espiga de vistosos colores, que se cultiva como ornamental. *El jardinero riega los gladiolos.* Tb. la flor. *Le ha enviado un ramo de gladíolos.*

glamour. (pal. ingl.; pronunc. "glamúr"). m. Encanto o atractivo que causan fascinación. *Al estreno acudirán las estrellas con más* glamour. ¶ [Adaptación recomendada: *glamur*].

glamouroso, sa. (pronunc. "glamuróso"). adj. Glamuroso. *Es un personaje en el glamouroso mundo de la moda.*

glamuroso, sa. adj. Que tiene *glamour. La glamurosa actriz. Trajes glamurosos.* ▶ GLAMOUROSO.

glande. m. *Anat.* Cabeza o extremo abultado del pene. *El glande está cubierto por el prepucio.*

glándula. f. *Anat.* Órgano cuya función es segregar una sustancia que el organismo necesita utilizar o eliminar. *Glándulas sebáceas. El páncreas es una glándula que segrega insulina.* ■ ~ **pineal.** f. *Anat.* Glándula situada en la parte superior del cerebro medio. *La glándula pineal segrega una hormona que influye en la regulación de la actividad sexual.* ■ ~ **pituitaria.** f. *Anat.* Hipófisis. *La glándula pituitaria segrega la hormona del crecimiento.* ⇒ HIPÓFISIS, PITUITARIA. ■ ~ **suprarrenal.** f. *Anat.* Glándula situada en la parte superior de cada riñón. *Las glándulas suprarrenales segregan adrenalina.*

glandular. adj. *Anat.* De las glándulas. *Secreciones glandulares.*

glasear. tr. **1.** *Coc.* Recubrir (un dulce) con una capa de almíbar o de azúcar glas. *El pastelero glasea unas rosquillas recién sacadas del horno.* **2.** *Coc.* Hacer, con diversos medios, que (un alimento) quede brillante. *Glaseó la carne asada.*

glauco, ca. adj. cult. Verde claro. *Unos ojos glaucos.*

glaucoma. m. *Med.* Enfermedad del ojo caracterizada por un aumento de la presión en el interior del globo ocular, con pérdida progresiva de visión e incluso ceguera. *El anciano padece glaucoma.*

gleba. f. cult. Tierra, espec. la cultivada. *Campos estériles y glebas a punto de arar.*

glicerina. f. Líquido incoloro, espeso y dulce, que está presente en la composición de todos los cuerpos grasos y se emplea en farmacia, en perfumería y en la fabricación de nitroglicerina. *Jabón de glicerina.*

glicina. f. Glicinia. *Las glicinas trepan por las columnas del cenador.*

glicinia. f. Planta de jardín, que crece enrollándose alrededor de un soporte y produce grandes racimos colgantes de flores olorosas, normalmente azuladas o malvas. *Unas frondosas glicinias cubren la pérgola.* Tb. la flor. *Un ramo de glicinias.* ▶ GLICINA.

global. adj. **1.** Del conjunto. *La nota global bajó por las faltas de ortografía. El importe global es de 350 euros.* **2.** Del globo terráqueo. *Unas jornadas sobre el calentamiento global.* ▶ **1:** *GENERAL.

globalización. f. **1.** Hecho de globalizar. *Las nuevas tecnologías permiten la globalización de la información.* **2.** Proceso por el que los mercados y las empresas extienden su actividad más allá del ámbito nacional para alcanzar una dimensión mundial. *La globalización puede marginar a los países pobres.*

globalizador, ra. adj. Que globaliza. *Un enfoque globalizador. Política globalizadora.*

globalizar. tr. Dar carácter global o general (a algo). *Es necesario globalizar los derechos humanos.*

globo. m. **1.** Cuerpo esférico. *Le gusta hacer globos al mascar chicle. De la parte posterior del globo ocular sale el nervio óptico.* **2.** Planeta Tierra. *No existe en todo el globo nadie más afortunado que yo.* Tb. *~ terráqueo* o *terrestre. El diámetro ecuatorial del globo terrestre es de 12 756 km.* **3.** Esfera que representa la superficie del planeta Tierra. *Estudia geografía con el globo delante.* Tb. *~ terráqueo* o *terrestre. En el aula hay un globo terráqueo.* **4.** Aparato de navegación aérea consistente en una gran bolsa, gralm. esférica, que se eleva al hincharla con un gas menos denso que el aire y de la que cuelga una barquilla para la carga y los pasajeros. *La vuelta al mundo en globo.* Tb. *~ aerostático. Las fotografías aéreas se hicieron desde un globo aerostático.* **5.** Objeto de materia flexible lleno de aire u otro gas más ligero, que sirve de juguete a los niños o como decoración en fiestas. *La niña lleva un globo con forma de perro. El patio está adornado con globos de colores.* **6.** Pieza de cristal, de forma gralm. esférica, con que se cubre una luz. *El globo de la lámpara del salón está rajado.* **7.** En una viñeta o un dibujo: Bocadillo. *Mi hija todavía no sabe leer los globos de los tebeos.* **8.** En algunos deportes: Trayectoria curva que describen la pelota o el balón al ser lanzados muy alto. *El tenista contrarrestaba con globos las subidas a la red de su rival.* ■ ~ **sonda.** m. **1.** Globo (→ 4) no tripulado que se emplea para estudios meteorológicos. **2.** Noticia que se difunde con el fin de observar la reacción que produce y actuar en consecuencia. *El Gobierno lanzó un globo* *sonda sobre la privatización de la televisión.* ▶ **4:** DIRIGIBLE. **7:** BOCADILLO.

globular. adj. **1.** De los glóbulos. *El análisis indica un aumento del volumen globular en la sangre.* **2.** Que tiene forma de glóbulo. *Proteína globular.*

globulina. f. *Bioquím.* Proteína del suero sanguíneo, insoluble en agua y coagulable por calor. *Los anticuerpos son proteínas del grupo de las globulinas.*

glóbulo. m. Pequeño cuerpo esférico. *Glóbulos sanguíneos.* ■ **~ blanco.** m. Célula incolora de la sangre y de la linfa, encargada de la defensa del organismo. *La invasión de un virus provoca la activación de los glóbulos blancos.* ⇒ LEUCOCITO. ■ **~ rojo.** m. Célula roja de la sangre, encargada de transportar oxígeno a todo el organismo. *La anemia es consecuencia de una carencia de glóbulos rojos.* ⇒ ERITROCITO, HEMATÍE.

gloria. f. **1.** Fama u honor sobresalientes. *Su mayor afán es conseguir la gloria.* **2.** Persona o cosa que honran a otra o la ennoblecen. *Cervantes ocupa un lugar eminente entre las glorias nacionales.* **3.** Alabanza o exaltación. *Los frailes vivían entregados a la gloria de Dios. Gloria a Dios en las alturas.* **4.** Esplendor o magnificencia. *Ni Salomón en toda su gloria se vistió con tanto primor.* **5.** Pastel a base de yema de huevo. Tb. *pastel de ~*. *En Navidad suele comprar pasteles de gloria.* **6.** coloq. Gusto o satisfacción. Gralm. en la constr. *dar ~*. *Hija mía, da gloria verte.* **7.** Cámara dispuesta bajo el suelo de una habitación, en cuyo interior se quema un combustible, como paja o leña, para calentar dicha habitación. *El salón del pueblo se caldea por el sistema de la gloria.* **8.** *Rel.* Felicidad eterna alcanzada en el cielo por estar en presencia de Dios. *Los bienaventurados alcanzarán la gloria.* ● m. **9.** *Rel.* Rezo o cántico de la misa que comienza con la palabra "gloria". *En la misa solemne se canta el Gloria.* **10.** *Rel.* Oración que comienza con las palabras "Gloria al Padre" y que suele rezarse después de otras oraciones. ■ **vieja ~.** f. Persona que destacó en otro tiempo en alguna actividad. *Las viejas glorias del fútbol se reúnen en un partido benéfico.* □ **a ~.** loc. adv. coloq. Muy bien. *En la cocina huele a gloria. Esto sabe a gloria.* ■ **cubrirse** alguien **de ~.** loc. v. Decir o hacer algo inoportuno o poco acertado. *Cada vez que abre la boca, se cubre de gloria.* ■ **en la ~**, o **en sus ~s.** loc. adv. coloq. Muy a gusto. Gralm. con *estar*. *¿Por qué me despiertas justo ahora que estaba en la gloria? El niño estaba en sus glorias jugando en la arena.* ■ **que en ~ esté.** expr. Se usa siguiendo a la mención de una persona muerta. *Me acuerdo mucho de mi madre, que en gloria esté.*

gloriarse. (conjug. ENVIAR). intr. prnl. Presumir o jactarse de algo. *Se gloría* DE *descender de una familia muy antigua.* ▶ *PRESUMIR.

glorieta. f. **1.** Plaza donde desembocan varias calles o paseos arbolados. *Siga todo recto y cambie de sentido en la glorieta.* Frec. se usa como parte del nombre de esa plaza. *Glorieta de Cuatro Caminos.* **2.** Plazoleta de un jardín. *En una de las glorietas del parque hay un kiosco.*

glorificación. f. Hecho de glorificar. *Sus memorias son una glorificación de sí mismo.*

glorificar. tr. **1.** Dar gloria u honor (a alguien o algo). *Tales hechos glorifican a su autor.* **2.** Alabar o ensalzar (a alguien o algo). *Los enfermos curados volvían glorificando a Dios.*

glorioso, sa. adj. **1.** Digno de honor y alabanza. *Entre sus hechos gloriosos se encuentra la conquista de la ciudad.* **2.** De la gloria. *Nos esperan días gloriosos.* **3.** *Rel.* Que ha alcanzado la gloria o bienaventuranza. *La gloriosa Virgen María. Entre las características de los cuerpos gloriosos está la impasibilidad.*

glosa. f. **1.** Nota que se añade a un texto, gralm. al margen o entre líneas, para explicar algo de difícil comprensión. *Las glosas emilianenses constituyen los primeros testimonios del castellano.* **2.** Comentario o explicación. *El artículo es una glosa de las virtudes de la cocina vegetariana.*

glosador, ra. m. y f. Persona que glosa. *Su obra ha tenido innumerables glosadores.*

glosar. tr. **1.** Escribir glosas (en un texto). *Un monje glosó el manuscrito anónimo.* **2.** Hacer comentarios (sobre algo). *Colabora con el diario glosando las lidias de la feria taurina.*

glosario. m. Catálogo de palabras pertenecientes a un texto, autor o ámbito determinados, acompañadas de una definición o explicación. *El manual incluye un glosario en las últimas hojas. Ha publicado un glosario de términos informáticos.*

glotis. f. *Anat.* Abertura superior de la laringe, situada entre las cuerdas vocales. *Al contraerse la laringe y el diafragma, y cerrarse la glotis, se produce el hipo.*

glotón, na. adj. **1.** Que come en exceso y con ansia. *Un niño glotón.* Dicho de pers., tb. m. y f. *Los glotones disfrutarán con las raciones de este bar.* ● m. **2.** Mamífero carnívoro de las regiones árticas, con aspecto de oso pequeño, de cola peluda y pelaje pardo oscuro con franja clara en la frente y los costados. *El glotón hembra. La taiga es uno de los hábitats del glotón.*

glotonería. f. Cualidad de glotón. *Te duele la tripa por glotonería.*

glucemia. f. *Med.* Cantidad de glucosa presente en la sangre. *Si el análisis indica un alto nivel de glucemia, puede tratarse de diabetes.*

glucógeno. m. *Bioquím.* Hidrato de carbono de color blanco, que el organismo almacena como sustancia de reserva, pralm. en el hígado, y luego transforma en glucosa cuando lo necesita. *Con la inanición, las reservas de glucógeno disminuyen.*

glucosa. f. *Quím.* Azúcar cristalizable, de color blanco y sabor muy dulce, muy soluble en agua, que se encuentra en muchas frutas maduras y en la sangre. *La fermentación de la glucosa de la uva produce alcohol etílico.*

gluten. m. Proteína de reserva nutritiva que, junto con el almidón, se encuentra en las semillas de plantas gramíneas, pralm. el trigo. *Los enfermos celíacos tienen alergia al gluten.*

glúteo, a. adj. **1.** De la nalga o de los glúteos (→ 2). *Una cornada en la región glútea.* ● m. **2.** Músculo glúteo (→ **músculo**). *Subir escaleras endurece los glúteos.*

gneis. (Tb. **neis**). m. Roca de estructura pizarrosa e igual composición que el granito. *El gneis es abundante en minerales como la mica negra.*

gnomo. (Tb. **nomo**). m. Ser fantástico con forma de enano, que trabaja las minas y vive bajo tierra. *Se creía que los gnomos eran los causantes de los terremotos.*

gnoseología. f. *Fil.* Teoría del conocimiento. *La gnoseología estudia el origen y los límites del conocimiento.*

gnoseológico, ca. adj. *Fil.* De la gnoseología. *Sus estudios sobre filosofía de la ciencia inciden en el aspecto gnoseológico.*

gnosis. f. *Fil.* y *Rel.* Conocimiento absoluto e intuitivo de las cosas divinas, espec. de la divinidad misma. *La gnosis es el fin último de los gnósticos.*

gnosticismo. m. *Fil.* y *Rel.* Doctrina difundida durante los primeros siglos de la Iglesia, mezcla de creencias cristianas con elementos esotéricos, que pretendía alcanzar la salvación a través de la gnosis. *El gnosticismo dio lugar a varias sectas heréticas.*

gnóstico, ca. adj. **1.** *Fil.* y *Rel.* Del gnosticismo. *Textos gnósticos.* **2.** *Fil.* y *Rel.* Seguidor del gnosticismo. *Sectas gnósticas.* Dicho de pers., tb. m. y f. *La doctrina de los gnósticos florece en Alejandría a mediados del siglo* II.

gobernación. f. Hecho de gobernar un Estado, un territorio o una colectividad política. *Sancho Panza tuvo a su cargo la gobernación de la Ínsula Barataria.* ■ **de la Gobernación.** loc. adj. histór. Dicho de ministerio: Que se ocupaba de la administración local y del orden interior del Estado. *Antes el Ministerio del Interior se llamaba Ministerio de la Gobernación.* Tb. dicho del ministro o de otros altos cargos de ese ministerio. *Ministro de la Gobernación.*

gobernador, ra. adj. **1.** Que gobierna, espec. un Estado, un territorio o una colectividad. *Maria Cristina utilizó el título de reina gobernadora.* Dicho de pers., tb. m. y f. *Colón fue el primer gobernador de las Indias. Para los egipcios, la diosa Nut era la suprema gobernadora de la noche.* ● m. y f. **2.** Jefe superior de una provincia, ciudad o territorio. *El gobernador de Texas.* **3.** Representante del Gobierno en una institución u organismo públicos. *Los antiguos billetes llevan la firma del gobernador del Banco de España.*

gobernanta. f. **1.** En un hotel u otro establecimiento hotelero: Mujer que dirige el servicio de limpieza, así como la conservación del mobiliario, tapicería, ropa de cama y otros enseres. *A primera hora de la mañana, la gobernanta asigna a cada camarera sus habitaciones.* **2.** Mujer encargada de la administración de una casa o institución. *La gobernanta y la servidumbre vivían en un ala de la mansión.*

gobernante. adj. Que gobierna un Estado, un territorio o una colectividad. *Partido gobernante.* Dicho de pers., frec. m. y f. *El país, mal dirigido por sus gobernantes, había ido a la ruina.*

gobernar. (conjug. ACERTAR). tr. **1.** Dirigir alguien el funcionamiento (de un Estado, un territorio o una colectividad política). *Pétain gobernaba Francia durante la ocupación alemana.* **2.** Manejar (a alguien) o ejercer una fuerte influencia (sobre él). *Es muy independiente y no se deja gobernar por nadie.* **3.** Regir o administrar (algo) con autoridad. *La vieja ama de llaves aún gobierna el castillo.* **4.** Guiar o dirigir (algo). *Nadie gobernaba la nave, que iba a la deriva.* ○ intr. **5.** Dirigir alguien el funcionamiento de un Estado, un territorio o una colectividad política. *Cuando estalló la Segunda Guerra Mundial,* EN *Alemania gobernaba Hitler.* **6.** Regir o administrar algo con autoridad. *No se sabe quién gobierna* EN *esta casa.*

gobiernista. adj. **1.** Am. Del Gobierno. *Silva, del Partido de los Trabajadores, obtuvo 23 votos, seguido por el candidato gobiernista* [C]. **2.** Am. Partidario del Gobierno. *Una manifestación gobiernista* [C]. Tb. m. y f. *Algunos gobiernistas dicen que no apoyar al Gobierno es hacerle el juego a la guerrilla* [C].

gobierno. m. **1.** Hecho de gobernar. *Dejó el gobierno de la nación en sus manos. El timonel se encarga del gobierno del barco.* **2.** Conjunto del presidente y los ministros de un Estado o territorio. *Una parte del Ejército se sublevó contra el Gobierno de la Segunda República.* **3.** Cargo o dignidad de gobernador. *Desempeñó durante varios años el Gobierno Civil de la provincia.* **4.** Edificio donde están las oficinas del gobernador. *La manifestación finalizó frente al Gobierno Civil.* ▶ **2:** EJECUTIVO.

gobio. m. Pez semejante al barbo pero de pequeño tamaño, que vive en ríos y aguas litorales y es apreciado por su carne. *En la cesta hay gobios y truchas.*

goce. m. Hecho de gozar. *La viuda tendrá derecho al goce* DE *los bienes de su difunto marido. Goce estético.*

godo, da. adj. **1.** histór. De un antiguo pueblo germánico que se extendió por el continente europeo fundando reinos en España e Italia. *La lista de los reyes godos.* Dicho de pers., tb. m. y f. *Los godos fueron los primeros germanos en convertirse al cristianismo.* **2.** Am. coloq., despect. histór. De España. *El Deán Funes le escribe al gobernador godo de La Paz* [C]. Dicho de pers., tb. m. y f. *Al fusil él lo llamaba "rifle", como los godos* [C].

gofio. m. Harina de maíz, trigo o cebada tostados, propia de Canarias. *Desayunamos leche con gofio.*

gofre. m. Dulce hecho con una masa ligera de harina, huevos, leche y azúcar, que se cuece entre dos placas que le imprimen un dibujo en forma de rejilla. *En el puesto venden gofres calientes con nata.*

gogó. **a ~.** loc. adv. coloq. En abundancia o sin límite. *En las películas de acción hay tortas a gogó.*

gol. m. En algunos deportes, espec. fútbol: Introducción del balón o de la pelota en la portería. *El delantero ha metido un gol de cabeza.* ■ **meter un ~** (a alguien). loc. v. coloq. Engañar(lo) o aprovecharse (de él) con astucia. *Prepárate bien antes de ir a la reunión para que no te metan ningún gol.*

gola. f. histór. Cuello ancho de tela, rizado y almidonado. *Los caballeros de los cuadros del Greco llevan gola.*

goleada. f. Hecho de meter una gran cantidad de goles. *Los aficionados no olvidan la goleada que sufrió su equipo.* ■ **por ~.** loc. adv. **1.** Por muchos goles. *Perdimos el partido por goleada.* **2.** Por gran diferencia y de manera irrefutable. *En cuanto a simpatía, te gana por goleada.*

goleador, ra. adj. Que golea. *No siempre el equipo más goleador gana la liga.* Dicho de jugador, tb. m. y f. *El máximo goleador de la pasada liga.*

golear. tr. En algunos deportes, espec. en fútbol: Meter goles (a un equipo rival), espec. en gran cantidad. *Golearon a su adversario.*

goleta. f. Embarcación de vela, de dos o tres palos, con bordas poco elevadas. *Tomó el timón de la goleta.*

golf. m. Deporte que consiste en empujar con un palo especial una pelota pequeña para introducirla en una serie de hoyos distribuidos por un terreno extenso cubierto de césped. *Un torneo de golf.*

golfa. → **golfo**[2].

golfante. adj. coloq. Golfo. *Un señorito golfante.* Frec. m. y f. *Era un golfante hasta que se enamoró.*

golfear. intr. Tener un comportamiento de golfo. *Creció golfeando en las calles del barrio.*

golfería. f. **1.** Conjunto de golfos o sinvergüenzas. *Allí se junta toda la golfería del barrio.* **2.** Hecho propio de un golfo. *Aprovecharse del cargo para hacer negocios es una golfería.*

golfista. m. y f. Jugador de golf. *Los golfistas caminan hacia el último hoyo del campo.*

golfo[1]**.** m. Porción grande de mar que se adentra en la tierra, gralm. entre dos cabos. *El golfo de Bengala.*

golfo[2]**, fa.** adj. **1.** Pillo o sinvergüenza. *No vayas con esos chicos, que son muy golfos.* Frec. m. y f. *Se ha casado con un golfo que persigue su dinero.* A veces como insulto o con intención afectiva. *¡Usted es un golfo! ¡A ver, golfetes, salid de debajo de la cama!* ● f. **2.** coloq., despect. Prostituta. *Con ese maquillaje tiene pinta de golfa.*

goliardo. m. histór. En la Edad Media: Clérigo o estudiante vagabundos y de vida irregular. *El humor y la sátira caracterizan la literatura de los goliardos.*

gollete. m. Parte superior del cuello de una botella o recipiente semejante. *Bebe de la petaca, con los labios bien apretados contra el gollete.* Tb. el cuello entero. *Empuñó la botella por el gollete y la rompió contra la mesa.*

golondrina. f. **1.** Pájaro de cuerpo negro azulado por encima y blanco por debajo, alas puntiagudas y cola ahorquillada, que suele anidar bajo los aleros de los tejados y que, en los meses fríos, emigra a lugares cálidos. *La golondrina macho. Un nido de golondrinas.* **2.** En un puerto, espec. el de Barcelona: Embarcación pequeña de motor destinada a transportar pasajeros. *El paseo en golondrina es una de las atracciones turísticas de la ciudad.*

golondrino. m. **1.** Pollo de la golondrina. *Los golondrinos pían en el nido.* **2.** Inflamación de las glándulas sudoríparas de la axila. *Le ha salido un golondrino que le duele al mover el brazo.*

golosina. f. **1.** Alimento delicado y exquisito, gralm. dulce, que se toma más por gusto que por necesidad. *Compra caramelos y chicles en la tienda de golosinas.* **2.** Cosa agradable que despierta deseo o atracción. *Me tienen pillada con la golosina de que me harán un contrato fijo.*

goloso, sa. adj. **1.** Aficionado a comer golosinas, espec. si son dulces. *Soy tan goloso que estaría todo el día comiendo chocolate.* Tb. m. y f. *La pastelería es el paraíso de los golosos.* **2.** Que siente gran deseo o apetito de algo o de alguien. *El hombre miraba goloso a la mujer.* **3.** Apetecible o atrayente. *Mañana tendrá lugar el concierto más goloso del festival.*

golpazo. m. Golpe grande. *Se dio un golpazo contra el bordillo.*

golpe. m. **1.** Hecho o efecto de entrar en contacto físico, más o menos violentamente, dos o más personas o cosas. *Dio unos golpecitos en la puerta y entró en la habitación. El coche tiene un golpe en el parachoques.* Tb. el ruido así producido. *Se oyó un golpe seco.* **2.** Hecho de hacer chocar algo contra una persona o cosa para causarle daño. *Lo ha matado de un golpe en la cabeza. Se liaron a golpes.* Tb. el daño así producido. *Supe que te habías peleado por los golpes que tenías en la cara.* **3.** Cosa inmaterial que produce dolor. *El divorcio de sus padres será un duro golpe.* **4.** Hecho o dicho ocurrentes o graciosos. *La película tiene golpes buenísimos.* **5.** Robo o atraco. *El botín conseguido en el último golpe ascendía a dos millones.* **6.** Manifestación brusca y repentina de algo, espec. de un fenómeno atmosférico. *Un golpe* DE *viento tronchó el árbol. Tuvo un golpe* DE *tos.* **7.** Movimiento rápido y brusco. *Con un golpe de volante ha evitado la colisión.* ■ **~ bajo.** m. **1.** En boxeo: Golpe (→ 2) ilegal que se da por debajo de la cintura. *El árbitro advirtió que no valían los golpes bajos.* **2.** Acción malintencionada y ajena a las normas admitidas en el trato social. *Fue un golpe bajo que intentaras ligarte a la novia de tu amigo.* ■ **~ de efecto.** m. Hecho que sorprende o impresiona. *Su carta de dimisión fue un golpe de efecto que dio resultado, pues le subieron el sueldo.* ■ **~ de Estado.** m. Toma violenta y rápida del gobierno de un país, gralm. por parte de fuerzas militares. *Pinochet dio un golpe de Estado en 1973.* ■ **~ de fortuna.** → **golpe de suerte.** ■ **~ de gracia.** m. **1.** Golpe (→ 2) con que se remata a alguien. *Si el enemigo caía herido, se le daba el golpe de gracia.* **2.** Revés que completa la desgracia o la ruina de alguien. *La caída de la bolsa supuso el golpe de gracia para su empresa.* ■ **~ de mano.** m. *Mil.* Ataque rápido e inesperado. *El golpe de mano del general cogió por sorpresa al enemigo.* Tb. fig. *El equipo local no esperaba el golpe de mano que dio el visitante.* ■ **~ de mar.** m. Ola fuerte que rompe contra una embarcación, roca o costa. *Un golpe de mar volcó el bote.* ■ **~ de pecho.** m. Hecho de golpearse con la mano o el puño en el pecho en señal de arrepentimiento. *Los penitentes se daban golpes de pecho.* ■ **~ de suerte,** o **de fortuna.** m. Suceso inesperado, favorable o desfavorable, que cambia la situación de alguien o algo. *Tuve un golpe de suerte en la lotería. Siempre espera que un golpe de fortuna cambie su vida.* ■ **~ de vista.** m. Mirada rápida. *La buscaba entre la gente y la encontré al primer golpe de vista.* □ **a ~** (de algo). loc. adv. Sirviéndose (de ello). *Consiguió los apoyos que necesitaba a golpe* DE *talonario.* ■ **dar el ~.** loc. v. Sorprender o impresionar. *Con ese modelito vas a dar el golpe.* ■ **dar,** o **pegar, ~.** loc. v. coloq. Trabajar. Gralm. en constr. negativas. *Tu profesora me ha dicho que no das ni golpe.* ■ **de ~** (**y porrazo**). loc. adv. coloq. De repente o súbitamente. *Era un tipo adinerado y, de golpe y porrazo, se quedó en la ruina. Dejó de fumar de golpe.* ■ **de un ~.** loc. adv. De una vez. *Bébete el agua de un golpe para que se te pase el hipo.* ■ **errar,** o **fallar, el ~.** loc. v. coloq. No lograr el efecto deseado. *La campaña de publicidad erró el golpe y las ventas descendieron.* ■ **parar el ~.** loc. v. coloq. Evitar un daño o perjuicio que amenaza. *El rumor llevaba días circulando, por lo que fue imposible parar el golpe.* ■ **pegar ~.** → **dar golpe.**

golpear. tr. **1.** Dar un golpe o golpes repetidos (a alguien o algo). *El atracador lo golpeó con una porra. Las ramas, sacudidas por el viento, golpeaban los cristales.* ○ intr. **2.** Dar un golpe o golpes repetidos en alguien o algo. *La lluvia golpea* EN *los cristales. El mar golpeaba* CONTRA *las rocas.* ▶ **1:** PEGAR, PERCUTIR. **2:** PERCUTIR.

golpetazo. m. Golpe grande. *¡Menudo golpetazo me he pegado contra la puerta!*

golpetear. tr. **1.** Golpear (algo) repetidamente. *Está nervioso y golpetea el tablero con las fichas.* ○ intr. **2.** Golpear en algo repetidamente. *Los caballos golpetean* EN *el asfalto con los cascos.*

golpeteo. m. Hecho o efecto de golpetear. *Me despertó el golpeteo de la lluvia* EN *el tejado.*

golpismo. m. Actitud o tendencia favorables al golpe de Estado. *Pretende llegar a un pacto contra el golpismo y el terrorismo.*

golpista. adj. **1.** Del golpe de Estado. *En 1981 hubo una intentona golpista contra el Gobierno democrático.* **2.** Que participa en un golpe de Estado o que lo apoya. *Los generales golpistas fueron condenados a prisión.* Dicho de pers., tb. m. y f. *Los golpistas tomaron el Parlamento.*

golpiza. f. Am. Paliza (serie de golpes). *Cuando descubrió el robo, lo echó de la casa, luego de propinarle una tremenda golpiza* [C]. *Le dieron una golpiza fenomenal y lo metieron en la celda* [C]. ▶ PALIZA.

goma. f. **1.** Sustancia viscosa segregada por algunas plantas, que se emplea en farmacia e industria y que, disuelta en agua, tiene propiedades adhesivas. *La cola de carpintero está hecha con goma.* **2.** Caucho (sustancia elástica). *Para hacer deporte uso unas zapatillas con suela de goma.* Tb. ~ *elástica. Los neumáticos están hechos de goma elástica.* Frec. fig. para enfatizar la elasticidad. *Esta gimnasta es de goma.* **3.** Anillo de goma (→ 2) empleado para sujetar o atar cosas. *Enrolla el diploma y sujétalo con una goma.* **4.** Tira de goma (→ 2), gralm. cubierta de tela, empleada en costura. *Se le caen los pantalones porque no tienen goma.* **5.** Trozo de goma (→ 2) preparada específicamente para borrar lo escrito a lápiz o con tinta. *En el estuche solo llevo un lápiz y una goma.* Tb. ~ *de borrar. Pásame la goma de borrar, que me he equivocado en las cuentas.* **6.** coloq. Preservativo. *Siempre llevaba alguna goma a mano, por si acaso.* **7.** Neumático (tubo de goma o caucho que se coloca sobre la llanta). *Se reventó una goma a la altura de Zaragoza y por poco nos estrellamos.* ■ **~ arábiga.** f. Goma (→ 1) amarillenta que producen algunas acacias, usada en medicina e industria. *El mármol puede pegarse con una mezcla de yeso y goma arábiga disuelta en bórax.* ■ **~ de mascar.** f. Chicle. *En el puesto de chucherías compró goma de mascar.* ▶ **2:** CAUCHO. **5:** BORRADOR. **7:** *NEUMÁTICO.

gomaespuma. f. Caucho natural o sintético, blando y esponjoso, que se emplea espec. en la fabricación de colchones y en tapicería. *Los almohadones están rellenos de bolitas de gomaespuma.* ▶ ESPUMA.

gomería. f. Am. Taller de venta o reparación de neumáticos. *Llevamos la cubierta a la gomería para que le sacaran unos fierros incrustados* [C].

gomero, ra. adj. De La Gomera (isla canaria). *Costas gomeras.* Dicho de pers., tb. m. y f. *Los gomeros inventaron un sistema de comunicación basado en silbidos.*

gomina. f. Fijador (cosmético para fijar el cabello). *Se peina hacia atrás con gomina.* ▶ FIJADOR.

gomoso, sa. adj. De la goma o de goma, o de características semejantes a las suyas. *Hace tanto calor que el pan se ha puesto gomoso.*

gónada. f. *Biol.* Órgano animal, masculino o femenino, que produce células sexuales y hormonas. *Los testículos son las gónadas de los hombres.*

góndola. f. **1.** Embarcación pequeña y alargada, propia de Venecia, manejada desde popa con un solo remo y usada pralm. para pasear por los canales. *Es obligado para los turistas el paseo en góndola por el Gran Canal.* **2.** Am. Autobús. *Tomó una góndola, que corría una vez al día de Chincolco a Petorca* [C].

gondolero. m. Hombre que dirige una góndola veneciana. *El gondolero lleva camiseta de rayas y sombrero de paja.*

gong. (pl. **gongs**). m. Instrumento de percusión originario de Oriente, formado por un disco metálico que, suspendido de un soporte, vibra al ser golpeado por una maza. *El concursante debe responder cuando suene el gong.*

gonorrea. f. *Med.* Enfermedad contagiosa de origen bacteriano, que se transmite por vía sexual y se caracteriza por un flujo purulento de la vagina o de la uretra. *La gonorrea se trata con antibióticos.* ▶ BLENORRAGIA.

gordinflas. adj. coloq., humoríst. Gordinflón. *Un fraile gordinflas tocaba la campana.* Tb. m. y f. *Eres un gordinflas.*

gordinflón, na. adj. coloq., humoríst. Dicho de persona: Muy gorda. *Los niños aplaudían las bromas de un payaso gordinflón.* Tb. m. y f. *Está saliendo con una gordinflona muy simpática.*

gordo, da. adj. **1.** Que tiene mucha carne. *Me he puesto a régimen porque estoy gordo. La perrita no está gorda, sino preñada. ¡Qué brazos tan gorditos!* Dicho de pers., tb. m. y f. *Los gordos se sienten discriminados.* **2.** Que sobrepasa el grosor normal en su especie. *Ponte un jersey gordo. Las gallinas ponían huevos muy gordos. Los cristales de sus gafas son muy gordos. Has cortado demasiado gordas las lonchas de jamón.* **3.** coloq. Muy grande o importante. *Tengo un problema gordísimo. Se está tramando algo gordo.* ● m. **4.** Sebo o grasa. *El filete tenía mucho gordo.* **5.** coloq. Premio gordo (→ **premio**). *Este año el gordo de Navidad ha estado muy repartido.* ○ f. **6.** coloq. Alboroto o discusión ruidosa. Frec. con *armar* o *armarse. Me armó la gorda por llegar tarde. Aquí se va a armar una gorda.* ■ **caer** alguien ~ (a otra persona). loc. v. coloq. Resultar(le) antipático. *Aunque no me ha hecho nada, me cae gorda.* ■ **ni gorda.** loc. s. coloq. Nada. *No entiendo ni gorda de lo que dice. Enciende la luz, que no veo ni gorda.* ■ **sin (una) gorda.** loc. adv. coloq. Sin dinero. *Préstame algo, que estoy sin gorda. Me dejó sin una gorda.* ▶ **1, 2:** GRUESO.

gordura. f. Cualidad de gordo o abundante en carne. *Lleva ropa ancha para disimular la gordura.*

gorgojo. m. Insecto del grupo de los escarabajos, de pequeño tamaño, cuerpo ovalado y cabeza picuda, que es muy dañino para las cosechas. *Una plaga de gorgojo arruinó la cosecha de trigo.*

gorgona. f. En la mitología grecorromana: Cada uno de los tres monstruos femeninos que petrificaban con la mirada y cuyos cabellos eran serpientes. *Medusa era una gorgona.*

gorgonzola. m. Queso de vaca, con vetas de moho y sabor intenso, originario de la localidad italiana de Gorgonzola. *Rebanadas de pan con gorgonzola.*

gorgorito. m. Quiebro hecho con la voz, espec. al cantar. *La profesora de canto hacía gorgoritos.*

gorgotear. intr. Producir ruido un líquido o un gas al moverse en el interior de una cavidad, o al entrar o salir de ella. *El agua de la fuente gorgoteaba en el patio.*

gorgoteo. m. Hecho o efecto de gorgotear. *Se oía el gorgoteo del café en la cafetera.*

gorguera. f. histór. Cuello ancho de tela, rizado y almidonado. *El libro lleva en la portada el famoso retrato de Cervantes con gorguera.* Tb. designaba específicamente cualquier adorno femenino de tela o encaje destinado a cubrir la garganta y el escote. *La reina aparece con una gorguera de encaje.*

gorigori. m. coloq. Canto fúnebre propio de entierros y funerales. *El sacristán y los parientes del difunto entonaron un gorigori.*

gorila. m. **1.** Simio sin cola, muy fuerte y corpulento, de tupido pelaje negro o gris y de estatura semejante a la de un hombre, que vive en grupo en algunas selvas de África. *El gorila hembra. El gorila se golpea el pecho como demostración de fuerza.* **2.** coloq. Guardaespaldas. *El magnate siempre va escoltado por dos gorilas.*

gorjear. intr. Emitir gorjeos un pájaro. *Se oía gorjear al ruiseñor.* ▶ TRINAR.

gorjeo. m. Canto o voz característica de algunos pájaros. *Me despertaron los gorjeos de los pájaros.* ▶ TRINO.

gorra. f. Prenda de vestir redondeada, gralm. con visera, que cubre la parte superior de la cabeza. *Ponle la gorra al niño para que no le dé el sol en la cabeza.* ■ **~ de plato.** f. Gorra de visera con el borde inferior de poca altura y la parte superior más ancha, plana y circular. *El chófer lleva uniforme y gorra de plato.* □ **con la ~.** loc. adv. coloq. Con gran facilidad. *Yo, el examen de conducir, lo saco con la gorra.* ■ **de ~.** loc. adv. coloq. A costa de otro. *Vive de gorra en casa de su hermana.* ■ **pasar la ~.** loc. v. coloq. Pedir dinero al público, gralm. por una actuación callejera. *El niño pasaba la gorra mientras su padre tocaba la trompeta.* ■ **pegar la ~.** loc. v. coloq. Hacerse invitar por otro o vivir a su costa. *Vino para unos días y lleva meses en casa pegando la gorra.* ▶ **Am:** CACHUCHA.

gorrina. → **gorrino.**

gorrinada. f. coloq. Guarrada o cerdada. *A los críos les encanta decir gorrinadas. Lo que le has hecho a tu amiga es una gorrinada.*

gorrino, na. m. **1.** Cerdo (mamífero). *Alimenta a los gorrinos con bellotas.* Tb. designa específicamente al macho. *Tienen apartado un gorrino para la matanza.* ○ f. **2.** Cerda (hembra del cerdo). *La gorrina ha parido.* ○ m. y f. **3.** coloq. Persona sucia o desaseada. *Es un gorrino: solo se ducha una vez a la semana.* Tb. adj. *No seas gorrino y lávate los dientes.* ▶ **1:** *CERDO.

gorrión, na. m. **1.** Pájaro pequeño, de plumaje pardo con manchas y más claro en el vientre, que abunda en el campo y la ciudad. *Sentado en un banco, daba de comer a los gorriones.* Tb. designa específicamente al macho. ○ f. **2.** Hembra del gorrión (→ 1). *Las gorrionas ponen de cuatro a seis huevos.*

gorro. m. Prenda de vestir redondeada, de tela o de punto, que cubre la cabeza ciñéndose a su contorno y carece de alas o visera. *En el quirófano todos llevan gorro y mascarilla. La madre le puso un gorrito al bebé.* ■ **~ frigio.** m. Gorro de forma más o menos cónica, semejante al que usaban los antiguos frigios, tomado como emblema de la libertad por los revolucionarios franceses y por otros movimientos republicanos. *La mujer que representa la República francesa lleva un gorro frigio.* □ **estar hasta el ~** (de alguien o algo). loc. v. coloq. Estar absolutamente harto (de ellos). *Estoy hasta el gorro de tus quejas. En el trabajo están hasta el gorro de él.*

gorrón, na. adj. coloq. Dicho de persona: Que vive o come a costa de otra. *Un pariente gorrón se apuntó a la fiesta.* Tb. m. y f. *Los gorrones le piden tabaco.*

gorronear. intr. coloq. Vivir o comer a costa ajena. *Lleva varios meses gorroneando.*

gorronería. f. coloq. Cualidad de gorrón. *Los amigos le reprochan su gorronería.*

góspel. (pal. ingl.; pronunc. "góspel"). m. Música religiosa propia de la población negra norteamericana. *El coro de la iglesia canta* gospel. ¶ [Adaptación recomendada: *góspel*, pl. *góspeles*].

gota. f. **1.** Pequeña porción de líquido, de forma esférica. *Está empezando a llover: me ha caído una gota. Al amanecer, las hojas están cubiertas de gotas* DE *rocío.* **2.** coloq. Cantidad muy pequeña de algo. *–¿Quieres más? –Bueno, pero solo una gota, que estoy a régimen.* **3.** *Med.* Enfermedad producida por el exceso de ácido úrico en la sangre y caracterizada por la hinchazón dolorosa de algunas articulaciones. *Se me ha hinchado el dedo gordo del pie porque tengo gota.* ○ pl. **4.** Preparación farmacéutica en que se presentan algunos medicamentos líquidos para facilitar su dosificación en gotas (→ 1). *Los colirios para los ojos suelen venir en gotas.* Tb. ese medicamento. *Me han recetado unas gotas para los oídos.* ■ **~ fría.** f. *Meteor.* Masa de aire frío que desciende sobre otra de aire caliente originando grandes perturbaciones atmosféricas. *La gota fría causó precipitaciones torrenciales.* □ **cuatro ~s.** loc. s. coloq. Lluvia escasa. *Ayer llovió, pero solo cayeron cuatro gotas.* ■ **~ a ~.** loc. adv. **1.** En forma de gotas (→ 1). *El agua del canalón caía gota a gota en los charcos.* **2.** Poco a poco, o lentamente. *Las provisiones se fueron acabando gota a gota.* □ loc. s. **3.** *Med.* Método para administrar sustancias gota a gota (→ **gota a gota** 1) por vía intravenosa. *Como no dilataba, el tocólogo decidió recurrir al gota a gota.* Tb. el aparato con que se administra (→ **gotero**). *El enfermo iba con el gota a gota a todas partes.* ■ **ni ~.** loc. s. Nada. Se usa como refuerzo de una negación. *Tienes que comprar sal porque no queda ni gota.* ■ **ser** algo **la ~ que colma el vaso.** loc. v. coloq. Ser lo que hace que alguien pierda la paciencia. *No pensaba decirte nada, pero esto es la gota que colma el vaso.* ■ **sudar la ~ gorda** (para algo). loc. v. coloq. Esforzarse o sufrir mucho (para ello). *Sudó la gota gorda para aprobar la oposición.*

gotear. intr. **1.** Caer un líquido gota a gota. *La sangre de la herida está goteando.* **2.** Dejar caer algo un líquido gota a gota. *Este grifo gotea. La nariz le gotea.* ○ intr. impers. **3.** Caer gotas de lluvia pequeñas y espaciadas. *Abre el paraguas, que está empezando a gotear.*

gotelé. m. Pintura de pared con pequeñas gotas en relieve. *Quieren quitar el gotelé y repintar las paredes en liso.*

goteo. m. **1.** Hecho de gotear. *La huerta tiene un sistema de riego por goteo.* **2.** Hecho de producirse algo de forma lenta y espaciada. *Con la vacuna se pondrá fin al goteo de muertes debidas a la enfermedad.*

gotera. f. **1.** Filtración de agua a través de un techo o un muro. *En el desván hay goteras.* **2.** Mancha que deja la gotera (→ 1). *La gotera de la habitación tiene forma de pera.* **3.** Grieta o agujero por donde se produce la gotera (→ 1). *Recorrieron el tejado en busca de la gotera.* **4.** Achaque propio de la vejez. Gralm. en pl. *A esta edad ya empiezan a salir las primeras goteras.*

gotero. m. Aparato para administrar sustancias por vía intravenosa. *La matrona le puso el gotero para provocarle el parto.*

goterón. m. Gota muy grande, espec. de agua de lluvia. *Sonó un trueno y comenzaron a caer goterones. El carnicero tiene el mandil lleno de goterones de sangre.*

gótico, ca. adj. **1.** Dicho de arte: Desarrollado en Europa occidental desde el siglo XII hasta el Renacimiento y caracterizado, arquitectónicamente, por el empleo de arcos apuntados y bóvedas de crucería. Frec. m. *El gótico sucedió al románico.* **2.** Del arte gótico (→ 1). *El arbotante es un elemento de la arquitectura gótica. La catedral de Burgos es gótica.* **3.** *Lit.* Dicho de novela: De misterio y terror, propia de finales del s. XVIII y principios del XIX. *"Frankenstein" es una novela gótica.* ● m. **4.** histór. Lengua hablada por los godos. *El gótico fue sustituido por otras lenguas: germánicas o romances.* ■ ~ **flamígero.** m. Gótico (→ 1) tardío, caracterizado por el recargamiento y la abundancia de elementos decorativos, típicamente en forma de llamas ondulantes. *La fachada sur de la catedral es un buen ejemplo del gótico flamígero.*

gotoso, sa. adj. Que padece gota. *Anciano gotoso. Pie gotoso.* Dicho de pers., tb. m. y f. *Los gotosos sufren fuertes dolores.*

gouache. (pal. fr.; pronunc. "guásh", "guás" o "guáche"). m. *Arte* Aguada. *El pintor es un maestro del* gouache. *Expuso sus* gouaches *en una galería.*

gourmet. (pal. fr.; pronunc. "gurmét" o "gurmé"). m. y f. Persona de gustos refinados en lo relativo a la comida y a la bebida. *Los manjares de esta tienda harán las delicias del buen* gourmet. ¶ [Adaptación recomendada: *gurmé,* pl. *gurmés*].

gozada. f. coloq. Cosa que produce goce o gozo intensos. *Es una gozada ver en directo a tu grupo favorito.* Frec. con intención enfática. *¡Qué gozada, este fin de semana me voy a la playa!*

gozar. intr. **1.** Sentir placer o alegría a causa de alguien o algo. *El niño gozaba* CON *los mimos de su madre. Goza oyéndole cantar. Relájate y goza* DE *la tranquilidad de este paraíso.* **2.** Tener o poseer algo bueno. *Goza* DE *unos magníficos ingresos. Goza* DE *fama y prestigio. El médico me dijo que gozaba* DE *una salud de hierro.* ○ tr. **3.** Sentir placer o alegría (a causa de algo). *Gozó la vista del mar.* **4.** Tener o poseer (algo bueno). *Temía que se acabara la felicidad que gozaba.*

gozne. m. Bisagra metálica para puertas y ventanas, cuya lámina inferior tiene un eje que encaja en la superior. *Se abrió la puerta y los goznes chirriaron.* ▶ PERNIO.

gozo. m. **1.** Placer (sensación agradable). *Los amantes se entregaban al gozo amoroso. La buena mesa es uno de los mayores gozos que proporciona la vida.* **2.** Alegría (sentimiento de animación que suele manifestarse con risa). *La noticia me llenó de gozo. Mientras en el bando vencedor todo eran gozos, en el perdedor todo eran llantos.* ■ **mi,** o **tu,** o **su,** etc., ~ **en un pozo.** expr. coloq. Se usa para expresar que no se ha cumplido algo bueno con lo que se contaba. *Pensaba ir a la piscina, pero mi gozo en un pozo: está empezando a llover.* ▶ **1:** *PLACER. **2:** *ALEGRÍA.

gozoso, sa. adj. **1.** Que siente gozo. *Estaban gozosos de volver a verse.* **2.** Que produce gozo. *Fue uno de los momentos más gozosos de mi vida.*

grabación. f. **1.** Hecho de grabar, espec. imágenes o sonidos. *Varios músicos extranjeros participaron en la grabación del disco.* **2.** Disco o cinta grabados con imágenes o sonidos. *Lo detuvieron por vender grabaciones piratas.*

grabado. m. **1.** Hecho de grabar un letrero, una figura o una representación de un objeto. *Elige la figura y procederemos a su grabado.* **2.** Arte y técnica de grabar una figura sobre una lámina y de reproducirla después mediante su estampación. *Está haciendo un curso de grabado.* **3.** Estampa realizada mediante el grabado (→ 2). *Visitó una exposición de grabados de Goya.*

grabador, ra. adj. **1.** Que graba. *Aparato grabador.* ● m. y f. **2.** Persona que se dedica al arte del grabado. *El grabador trabajaba el estaño con un buril. Goya fue un extraordinario grabador.* ○ f. **3.** Aparato que sirve para grabar sonidos. *La periodista grabó la entrevista con una grabadora.*

grabar. tr. **1.** Señalar con incisión o abrir y labrar en hueco o en relieve sobre una superficie (un letrero, una figura o una representación de cualquier objeto). *Con la navaja grabó un corazón en el tronco del árbol.* Tb. referido a la superficie. *Tengo que llevar el reloj para que me lo graben* CON *la fecha de la boda.* **2.** Captar y almacenar (imágenes o sonidos) por medio de un disco, una cinta magnética u otro procedimiento, de manera que se puedan reproducir. *El vídeo se ha estropeado y solo graba imágenes sin sonido. No me gusta grabar música de la radio. Graba el archivo antes de apagar el ordenador.* Tb. referido al disco o cinta. *El cantante ha grabado un nuevo disco. Grábame unas cintas para el coche.* **3.** Fijar profundamente en el ánimo (un concepto, un sentimiento o un recuerdo). *Grabáoslo bien en la memoria, porque no volveré a repetirlo.* Tb. en constr. prnl. media. *Tus palabras se me grabaron a fuego en la mente.* ▶ **2:** REGISTRAR.

gracejo. m. Gracia para expresarse al hablar o escribir. *Conquistó al público con ese gracejo andaluz que le caracteriza.*

gracia. f. **1.** Cualidad o conjunto de cualidades que hacen agradable a la persona o cosa que las tiene. *Ese corte le da cierta gracia al vestido.* **2.** Atractivo de una persona, independiente de la belleza de sus facciones. *Esa chica es fea, pero tiene su gracia.* **3.** Habilidad y soltura para algo. *Tiene gracia para peinarse.* **4.** Capacidad de alguien o de algo para hacer reír o para divertir. *Es una anécdota con mucha gracia.* A veces en sent. irónico. *Tendría gracia que me regañaran por tu culpa.* **5.** Hecho o dicho que divierten o hacen reír. *De vez en cuando soltaba una gracia y todos se reían.* A veces en sent. irónico. *Menuda gracia, la multa que me pusieron ayer.* **6.** Cualidad de sorprendente. *La gracia del aparatito es que funciona sin pilas.* A veces en sent. irónico. *Tiene gracia que te opongas ahora cuando fuiste tú quien hizo la propuesta.* **7.** Hecho o dicho sorprendentes. *¡Qué gracia, si le tiras del pelo a la muñeca, saca la lengua!* A veces en sent. irónico. *Mira tú qué gracia: está lloviendo y no he traído paraguas.* **8.** Acción que sirve de lucimiento, espec. la de un niño. *Los abuelos miraban embobados las gracias de su nieta.* **9.** Don o concesión gratuitos. *Cada una de las hadas concedió una gracia a la princesa.* **10.** Perdón o indulto. *La gracia afecta solo a los presos políticos. El Jefe del Estado tenía derecho de gracia.* **11.** Benevolencia y amistad de alguien poderoso. *Gozaba de la gracia del rey.* **12.** En la mitología grecorromana: Cada una de las tres divinidades, hijas de Venus, que representaban la alegría, la amabilidad y la belleza. Gralm. en pl. *Rubens pintó "Las tres gracias".* **13.** vulg. Nombre de una persona. *–¿Cuál es su gracia? –Pepe.* **14.** *Rel.* Favor sobrenatural y gratuito que Dios concede al hombre para ponerlo en el camino de la salvación. *La gracia es necesaria para salvarse.* ■ **caer en ~.** loc. v. Agradar o gustar. *Me cayó en gracia desde el momento en que la vi.* ■ **dar (las) ~s.** loc. v. Expresar agradecimiento por algo. *Os doy las gracias a todos por vuestro apoyo.* ■ **~s.** expr. Se usa como expresión de cortesía para manifestar agradecimiento. *Gracias por dejarme los apuntes. Muchas gracias, no sabes el favor que me haces.* ■ **~s a.** loc. prepos. Por causa de. Referido a alguien o algo que produce un bien o evita un mal. *Encontré plaza en el avión gracias a que hubo una cancelación de última hora.* ■ **~s a Dios.** expr. Se usa para expresar alegría por algo que se esperaba, o alivio al desaparecer un temor o peligro. *Por fin es* *viernes, gracias a Dios. Gracias a Dios, todo quedó en un susto.* ■ **hacer** algo ~ (a una persona o a una cosa). loc. v. Agradar o gustar. *El coche que te has comprado no me hace mucha gracia.* ■ **no hacer,** o **no tener,** ~, o **maldita la** ~, o **ninguna** ~. loc. v. coloq. Se usa para expresar el descontento, disgusto o mal humor que produce algo. *No me hace ninguna gracia tener que ir sola. La cosa no tiene maldita la gracia.* ■ **por la** ~ **de Dios.** expr. Se usa como fórmula para acompañar a títulos como el de rey. *Felipe II, rey de España por la gracia de Dios.* ■ **reír las** ~**s** (a alguien). loc. v. Aplaudir(le) todo lo que dice o hace, aunque sea digno de censura. *Deberías regañarlo cuando se porta mal, en vez de reírle las gracias.* ■ **ser** algo **una triste** ~. loc. v. coloq. Causar disgusto o mal humor. *Es una triste gracia tener que trabajar en domingo.* ■ **y** ~**s.** expr. coloq. Se usa para expresar que hay que contentarse con lo que se ha conseguido. *He aparcado a dos manzanas de aquí, y gracias.*

grácil. adj. cult. Que tiene gracia, ligereza y armonía. *Una bailarina de grácil figura danzaba descalza.*

gracilidad. f. cult. Cualidad de grácil. *La gracilidad de sus movimientos cautivó a los jueces de la competición.*

gracioso, sa. adj. **1.** Que tiene gracia o resulta agradable o atractivo. *Tiene una cara graciosa. No es guapa, pero resulta graciosa.* **2.** Que tiene gracia o capacidad de hacer reír o de divertir. *¿De qué os reís?, ¿es que he dicho algo gracioso? Es un chica muy graciosa, nadie cuenta los chistes como ella.* Dicho de pers., tb. m. y f. *No aguanto a los graciosos.* A veces en sent. irónico. *A ver quién ha sido el gracioso que ha apagado las luces.* **3.** Que tiene gracia o resulta sorprendente. *¡Anda, qué gracioso: tu loro canta el himno de tu equipo!* A veces en sent. irónico. *Sería gracioso que después de habernos dado la espalda nos pidiera ayuda.* **4.** Que se da gratuitamente. *El predicador proclamaba que todo lo que recibimos es don gracioso de Dios.* ● m. **5.** *Lit.* En el teatro clásico español: Personaje secundario, gralm. un criado, encargado de hacer reír, y que se caracteriza por su ingenio y socarronería. *Estamos representando una comedia de Lope y yo hago el papel del gracioso.* ▶ **2:** CHISTOSO, DESTERNILLANTE.

grada. f. **1.** En un teatro, estadio, plaza de toros o edificación semejante: Escalón corrido que sirve de asiento. *Los espectadores aplaudían desde las gradas del teatro.* Frec. en sent. colectivo. *La grada estaba abarrotada de hinchas eufóricos.* **2.** Público que ocupa la grada (→ 1). *El torero recibió la ovación de la grada.* ○ pl. **3.** Escalinata situada delante de la fachada o del pórtico de un gran edificio. *Dos grandes leones de piedra flanquean las gradas del edificio del Congreso.*

gradación. f. Serie de cosas ordenadas gradualmente o en grados. *El retrato presenta una suave gradación de colores.*

gradería. f. Conjunto de gradas, espec. de un teatro o anfiteatro clásicos. *El teatro se compone de una escena recta y una gradería semicircular.* A veces en pl. con significado sing. *Las graderías del estadio municipal tienen un aforo de 8000 espectadores.*

graderío. m. **1.** Conjunto de gradas, espec. de un campo deportivo o de una plaza de toros. *El graderío de la plaza de toros se divide en tendidos.* **2.** Público que ocupa el graderío (→ 1). *El graderío celebraba cada gol.*

gradiente. m. *tecn.* Variación de una magnitud física en dos puntos en función de la distancia que los separa. *El gradiente geotérmico es la variación de temperatura con respecto a la profundidad.*

grado[1]. m. **1.** Cada uno de los diversos estados o valores que, en relación de menor a mayor, puede tener algo. *El grado de dificultad de los ejercicios aumenta. Sufre quemaduras de tercer grado. Lo condenaron por homicidio en primer grado. Su impertinencia ha llegado a un grado intolerable.* **2.** Cada uno de los lugares de la escala en la jerarquía de una institución, espec. en la militar. *El grado de soldado es inferior al de sargento.* **3.** Cada una de las generaciones que marcan el parentesco entre las personas. *Los abuelos de una persona son parientes suyos en segundo grado de consanguinidad.* **4.** En las enseñanzas media y superior: Título que se alcanza al superar determinados niveles de estudio. *Tiene el grado de bachiller. Obtuvo el grado de doctor con una tesis brillante.* **5.** Unidad de medida de temperatura. *Expresa las siguientes temperaturas en grados de las distintas escalas.* **6.** Grado (→ 5) de la escala que asigna el valor 0 a la temperatura de fusión del hielo, y 100 a la temperatura de ebullición del agua a presión normal (Símb. °C). *Me puse el termómetro y tenía 38 grados.* Tb. ~ *centígrado,* o *Celsius. El termómetro de la calle marcaba 40 grados centígrados.* **7.** Unidad de medida del porcentaje de alcohol en un líquido, que equivale a 1 cm^3 de alcohol en 100 cm^3 de líquido. *Desinfecta la herida con alcohol de 96 grados. El aguardiente tiene entre 40 y 50 grados.* **8.** *Gram.* Manera de expresar la intensidad relativa de lo designado por un adjetivo o un adverbio. *Los grados del adjetivo son positivo, comparativo y superlativo. "Lejísimos" es un adverbio en grado superlativo.* **9.** *Mat.* Cada una de las 360 partes en que se divide la circunferencia, que se utiliza como unidad de medida de ángulos. *El ángulo recto mide 90 grados.* **10.** *Mat.* En un monomio: Exponente de una variable, o suma de los exponentes de las distintas variables. *El grado de* $3x^5$ *es 5.* **11.** *Mat.* En una ecuación o en un polinomio: Exponente mayor de una variable. *La ecuación* $x^5 - 3x^2 + 7x - 1 = 0$ *es de grado 5.* Frec. se alude a ese exponente mediante un numeral ordinal. *La expresión* $3x^2 - 21x = 0$ *es una ecuación de segundo grado.* ■ ~ **Fahrenheit.** m. *Fís.* Grado (→ 5) de la escala que asigna el valor 32 a la temperatura de fusión del hielo, y 212 a la temperatura de ebullición del agua a presión normal (Símb. *°F*). ■ ~ **Kelvin.** m. *Fís.* Kelvin. *La temperatura del cometa se aproxima a los 28 grados Kelvin (–245 °C).* ■ **tercer** ~. m. Interrogatorio bajo presión física o psíquica. *Sometieron al detenido al tercer grado.* Tb. fig. *Aunque me sometas al tercer grado, no te diré nada.* □ **en** ~ **superlativo,** o **en** ~ **sumo.** loc. adv. Mucho. *La cuestión me preocupa en grado sumo.* ■ **en mayor o menor** ~. loc. adv. Con más o menos intensidad. *Todos son responsables del fraude en mayor o menor grado.*

grado[2]. **de** (**buen**) ~. loc. adv. cult. Voluntaria o gustosamente. *Si tú me lo pides, lo haré de buen grado. Aceptó de grado su proposición.* ■ **de** ~ **o por fuerza.** loc. adv. cult. Voluntariamente o a la fuerza. *Tendrá que hacerlo, de grado o por fuerza.* ■ **de mal** ~. loc. adv. cult. A disgusto o a la fuerza. *Nos acompañó de mal grado al hospital.*

graduable. adj. Que se puede graduar. *La temperatura del horno es graduable.*

graduación. f. **1.** Hecho o efecto de graduar o graduarse. *Asisten a la ceremonia de graduación de su hijo. La óptica anuncia la graduación gratuita de la vista.* **2.** Cantidad de alcohol que contiene una bebida alcohólica. *La cerveza tiene poca graduación.* **3.** Grado de un militar. *El oficial de mayor graduación en la sala es un teniente.*

graduado, da. part. **1.** → **graduar.** ● m. y f. **2.** Persona que ha obtenido el título correspondiente a un nivel de estudios determinado. *Es graduado en Psicología por una universidad americana.* **3.** Graduado (→ 2) universitario. *Se incentivará a las empresas que contraten graduados de menos de 25 años.* ■ ~ **escolar.** m. y f. Persona que ha obtenido un graduado escolar (→ **graduado escolar**). *Para ser secretaria necesitas tener el título de graduada escolar.* ■ **graduado escolar.** m. Título oficial correspondiente a los estudios primarios exigidos por la ley. *Asiste a una escuela de adultos para sacarse el graduado escolar.*

gradual. adj. Que se produce por grados o de grado en grado. *Mañana se espera un aumento gradual de la nubosidad.*

graduar. (conjug. ACTUAR). tr. **1.** Dar (a algo) el grado que le corresponde o se desea. *Las persianas sirven para graduar la entrada de luz.* **2.** Dar (a una lente o a unas gafas) la corrección adecuada. *Lleva gafas graduadas porque es miope. Me graduaron mal las gafas.* **3.** Medir el grado (de algo). *El oftalmólogo me gradúa la vista. En el laboratorio gradúan la densidad de la leche.* **4.** Señalar (en algo, espec. en un instrumento de medida) los grados o elementos en que se divide. Frec. en part. *Los termómetros están graduados. La escuadra y el cartabón son reglas graduadas.* ○ intr. prnl. **5.** Obtener un título al superar un nivel de estudios determinado. *Se graduó en la universidad a los 23 años. Se acaba de graduar* DE/COMO *doctor.*

grafía. f. Representación escrita de un sonido o de una palabra. *Las letras son grafías. El fonema fricativo velar sordo tiene dos grafías posibles en español: la "g" y la "j".*

gráfico, ca. adj. **1.** De la escritura. *El alfabeto es un sistema de signos gráficos.* **2.** Que se hace o representa por medio de signos o figuras. *La representación gráfica de una ecuación con dos incógnitas es una recta.* **3.** Que expresa con gran claridad lo que representa, como si utilizara su imagen. *Con un gesto muy gráfico, me recordó que era la hora de comer.* **4.** Que se basa pralm. en imágenes. *El periódico publica un reportaje gráfico del desierto de Túnez. La página suele llevar un chiste gráfico.* ● m. **5.** Representación de datos mediante líneas, signos y figuras que hacen visible la relación que hay entre ellos. *El gráfico muestra el descenso de la natalidad.* ○ f. **6.** Gráfico (→ 5). *Los médicos estudian la gráfica de la evolución del paciente. Halla la gráfica de la función.*

grafismo. m. **1.** Característica o conjunto de características de la letra de una persona. *Su grafismo revela un fuerte complejo de inferioridad.* **2.** Diseño gráfico de libros, carteles u otros materiales impresos. *El arte pop ejerció una gran influencia sobre el grafismo y la moda.*

grafista. m. y f. Especialista en grafismo o diseño gráfico. *Los grafistas se reunieron para diseñar la nueva portada de la revista.*

grafito[1]. m. Mineral de color negro, constituido por carbono cristalizado, que se usa en la fabricación de lapiceros y en otras aplicaciones industriales. *Las minas de los lápices son de grafito.*

grafito[2]. m. Inscripción o dibujo hechos sobre una pared. *Los jóvenes llenaban de grafitos los muros del instituto.*

grafología. f. Estudio de las particularidades de la letra de una persona, con el fin de identificarla o de averiguar sus características psicológicas. *El investigador se sirvió de la grafología para hallar al criminal.*

grafológico, ca. adj. De la grafología. *El informe grafológico garantiza la autenticidad de la firma.*

grafólogo, ga. m. y f. Especialista en grafología. *Según el grafólogo, el autor de la carta era zurdo.*

gragea. f. Pequeña porción de medicamento, de forma gralm. redondeada, recubierta de una sustancia agradable al paladar. *Tómese una gragea al día.*

graja. f. Grajo. *Las grajas se alimentan de insectos.*

grajilla. f. Ave del mismo grupo que el cuervo, pequeña y de color negro, salvo el cogote y las zonas posteriores de la cabeza, que son grises. *La grajilla macho. Una colonia de grajillas anidaba entre los árboles.*

grajo. m. Ave semejante al cuervo pero de menor tamaño, de plumaje negro violáceo y cara y base del pico blanquecinos. *Me despertó el graznido de los grajos en la era.* ▶ GRAJA.

grama. f. **1.** Hierba de flores en espiga, tallo cilíndrico y rastrero, y hojas ásperas, que echa raicillas por los nudos. *La grama ha invadido el césped.* **2.** Am. Césped. *Como profesional, pisó la grama del legendario estadio a los 17 años* [C].

gramaje. m. *tecn.* Peso en gramos, espec. del papel. *Para el dibujo técnico se usa un papel de gramaje alto.*

gramática. → **gramático.**

gramatical. adj. **1.** De la gramática. *El texto tiene errores gramaticales.* **2.** Que se ajusta a las reglas de la gramática. *La oración "la mesa llora" es gramatical, pero es una estupidez.*

gramático, ca. m. y f. **1.** Especialista en gramática (→ 2). *Los gramáticos no se ponen de acuerdo sobre si esto es un adjetivo o un participio.* ○ f. **2.** Ciencia que estudia los elementos de una lengua y sus combinaciones. *La fonología, la morfología y la sintaxis son partes de la gramática.* **3.** Libro o tratado de gramática (→ 2). *Si tienes alguna duda, consulta la gramática. La biblioteca cuenta con una gramática de principios del siglo* XVI. **4.** Conjunto de normas para hablar y escribir correctamente una lengua. *El profesor enseñaba la gramática del inglés a sus alumnos.* ■ **gramática descriptiva.** f. *Ling.* Gramática (→ 2, 3) que describe la lengua sin formular normas acerca de su uso. *Se ha publicado una gramática descriptiva del español.* ■ **gramática estructural.** f. *Ling.* Gramática (→ 2, 3) que estudia la lengua, basándose en el principio de que todos sus elementos mantienen entre sí relaciones sistemáticas. *La gramática estructural nace a principios del siglo* XX. ■ **gramática funcional.** f. *Ling.* Gramática (→ 2, 3) basada en el estudio de las funciones de los elementos que constituyen la lengua. *Alarcos hizo una gramática funcional.* ■ **gramática generativa.** f. *Ling.* Gramática (→ 2, 3) constituida por una serie de reglas capaces de generar todas las oraciones posibles y aceptables de la lengua. *Chomsky es el fundador de la gramática generativa.* ■ **gramática normativa.** f. *Ling.* Gramática (→ 2, 3) que establece las normas para usar correctamente la lengua. *La gramática de la Academia era una gramática normativa.* ■ **gramática parda.** f. coloq. Habilidad para salir bien de cualquier situación. *De poco sirven los estudios en la cárcel: allí lo que hay que tener es gramática parda.* ■ **gramática tradicional.** f. *Ling.* Gramática (→ 2) basada en las ideas lingüísticas vigentes hasta entrado el s. XX. *Los libros de texto enseñaban la gramática tradicional.* ■ **gramática transformacional, o transformativa.** f. *Ling.* Gramática generativa (→ **gramática generativa**) que establece las reglas para pasar de un esquema oracional a otro. *En clase hicimos prácticas de gramática transformacional.*

gramilla. f. **1.** Am. Hierba del grupo de la grama, algunas de cuyas especies se usan como forraje. *Avanza por el camino ancho, cubierto de gramilla y de verbenitas rojas* [C]. **2.** Am. Césped. *La gramilla de Puntarenas es difícil, pero confiamos en sacar un buen resultado* [C].

gramínea. adj. **1.** *Bot.* Del grupo de las gramíneas (→ 2). *Planta gramínea.* ● f. **2.** *Bot.* Planta de tallo cilíndrico y nudoso, frec. hueco, y flores en espiga, cuyo fruto es un grano seco, como el trigo o el arroz. *Cada vez es mayor el número de alérgicos al polen de las gramíneas.*

gramo. m. Unidad de masa que equivale a la de un centímetro cúbico de agua a una temperatura de 4 °C (Símb. *g*). *El azafrán viene en cajitas de veinte gramos.* Tb. la cantidad de materia que tiene esa masa. *Póngame cien gramos de chorizo.*

gramófono. (Marca reg.). m. Aparato para reproducir el sonido grabado en un disco, espec. el antiguo que iba provisto de bocina exterior. *En casa hay un viejo gramófono que aún funciona.* ▶ FONÓGRAFO.

gramola. (Marca reg.). f. **1.** Gramófono sin bocina exterior. *La bocina de la gramola era dorada.* **2.** Gramófono eléctrico propio de ciertos establecimientos públicos, que funciona con monedas y permite escoger entre una variedad de discos. *En el bar había una gramola con los éxitos del momento.*

gran. → **grande.**

grana. f. Color rojo oscuro, que se obtiene de la cochinilla. *El torero viste de grana y oro. Al oír los piropos, se puso como la grana.* Frec. en aposición. *El manto del rey es de armiño y terciopelo grana.*

granada. f. **1.** Fruto comestible del granado, de forma esférica, color rojizo y corteza dura y correosa, cuya pulpa está llena de jugosas semillas rojas, dulces o agridulces. *La granada llega a las fruterías en otoño.* **2.** Proyectil metálico, hueco y redondeado, que contiene un gas o un explosivo, y se lanza con la mano, con arma portátil o con pieza de artillería. *Las granadas de mortero. Lanzaron una granada de mano y el búnker saltó por los aires.*

granadero. m. Soldado de infantería armado con granadas de mano. *En el asalto participarán varias compañías de granaderos.*

granadina[1]**.** → **granadino.**

granadina[2]**.** f. Refresco o jarabe hecho con zumo de granada. *El cóctel lleva tequila, zumo de naranja y un chorrito de granadina.*

granadino, na. adj. **1.** De Granada. *Monumentos granadinos.* Dicho de pers., tb. m. y f. *Lorca es uno de los granadinos más conocidos.* ● f. **2.** Cante popular andaluz propio de Granada, semejante al fandango. *El cantaor se arrancó por granadinas.*

granado[1]**.** m. Árbol de cinco a seis metros de altura, de tronco liso y torcido y hojas rojas y alargadas, cuyo fruto es la granada. *En la zona abundan los granados y los naranjos.*

granado[2]**, da.** part. **1.** → **granar.** ● adj. **2.** Notable o relevante. *A la recepción asistirá lo más granado de la sociedad.*

granar. intr. Producir y desarrollar el grano una planta o una parte de ella. *El trigo ha granado bien este año. La espiga está granando. Las vides no llegaron a granar.*

granate. m. **1.** Piedra preciosa compuesta de silicatos de aluminio, hierro y otros metales, cuya variedad de color rojo es muy usada en joyería. *El anillo tiene un granate.* **2.** Color rojo oscuro como el de una variedad del granate (→ 1). *Esta chaqueta la tenemos en granate y en negro.* Tb. adj. *Una alfombra granate cubría el suelo del vestíbulo.*

grancanario, ria. adj. De Gran Canaria (isla canaria). *Playas grancanarias.* Dicho de pers., tb. m. y f. *Los guanches son los antepasados de los grancanarios.*

grande. (Se usa la apóc. **gran** delante de n. sing., salvo cuando va precedido de *más* o *menos;* sup. **grandísimo, máximo**). adj. **1.** De unas dimensiones que exceden de lo corriente o lo esperable. *Trae la fuente grande. Tiene la nariz grande y aguileña. Vimos un gran rebaño de vacas pastando. Ha sido la más grande estafa de los últimos años. Escogió el coche más grande. Camina a grandes zancadas. Es de la máxima importancia que te vea hoy. Lo multaron por sobrepasar la velocidad máxima permitida. Viven en una casa grandísima.* **2.** Grande (→ 1) con relación a una persona o cosa. *Este mueble es grande* PARA *esta sala.* Se usa frec. con v. como *estar, ir, venir* o *quedar. Los zapatos que le gustaban le iban grandes. El marco que compramos le quedaba grande a la fotografía. El cargo le viene grande.* **3.** Antepuesto a un nombre: De importancia en cuanto a su calidad, cantidad o intensidad. *Esta es tu gran oportunidad. Destaca por su gran olfato para los negocios. No es que hiciera grandes películas, pero se podían ver. No pueden atracar barcos de gran tonelaje. Se armó un gran revuelo.* **4.** Dicho de persona: Adulta. *Cuando seas grande, podrás ir solo.* ● m. (Gralm. con art. y en pl.). **5.** Persona o entidad que ocupa un lugar importante en un área determinada. *En su época fue uno de los grandes de la pantalla. Los siete grandes han vuelto a reunirse en Luxemburgo. Llegó a ser otro grande de la literatura. El festival reunía a todas las grandes de la ópera. A la reunión asistieron grandes de la economía mundial.* ■ **~ de España.** m. y f. Persona que tiene el máximo grado dentro de la nobleza española. *Presumía de estar emparentado con un grande de España.* □ **a lo ~.** loc. adv. Con mucho lujo. *No se privan de ningún capricho, viven a lo grande.* Tb. loc. adj. *Hicieron un crucero a lo grande.* ■ **en ~.** loc. adv. coloq. Muy bien. Con v. como *pasar* o *disfrutar. Ayer nos lo pasamos en grande. Vente con nosotros y disfrutaremos en grande.* ▶ **1:** CORPULENTO. **3:** BUENO. **4:** ADULTO.

grandemente. adv. cult. Mucho. *El entorno familiar influye grandemente en el desarrollo de la personalidad.*

grandeza. f. **1.** Cualidad de grande. *La grandeza del mar le resultaba asombrosa. César acrecentó el poder y la grandeza de Roma.* **2.** Importancia social de una persona. *No entiendo cómo alguien tan vulgar puede darse esos aires de grandeza.* **3.** Gran altura moral o espiritual. *Tuvieron la grandeza de luchar por la libertad.*

grandilocuencia. f. Cualidad de grandilocuente. *Era conocida por la grandilocuencia de sus escritos.*

grandilocuente. adj. **1.** Dicho de persona: Que se expresa con estilo elevado y en tono muy enfático. *Cuando habla de la patria, se pone grandilocuente.*

2. Propio de la persona grandilocuente (→ 1). *Arenga a los militantes con discursos grandilocuentes.*

grandiosidad. f. Cualidad de grandioso. *Sobrecoge la grandiosidad del Everest.*

grandioso, sa. adj. Que causa asombro y admiración por su tamaño o importancia. *Los egipcios levantaban grandiosas construcciones.*

grandísimo, ma. → **grande.**

grandullón, na. adj. coloq. Dicho de persona, espec. de muchacho: Muy grande, o demasiado grande para su edad. *Es una niña grandullona y algo patosa.* Tb. m. y f. *El pívot es ese grandullón.*

granel. a ~. loc. adj. **1.** Sin envase o sin empaquetar. *El barco trae contenedores de cemento a granel.* Tb. loc. adv. *El vino lo adquiere a granel en la taberna.* **2.** Abundante. *En el parque de atracciones encontrarás emociones a granel.* Tb. loc. adv. *El fraude fiscal se practicaba a granel.*

granero. m. **1.** Lugar donde se almacena el grano. *El trigo se transporta del granero a la fábrica de harina.* **2.** Territorio que produce cereales en abundancia y provee de ellos a otros territorios. *Kansas es uno de los graneros de Norteamérica.*

granítico, ca. adj. Del granito, o de características semejantes a las suyas, espec. la dureza o la solidez. *El suelo de la zona es granítico. El puente tiene sillería granítica.*

granito. m. Roca dura y compacta, compuesta de feldespato, cuarzo y mica, muy empleada como material de construcción. *Para el Acueducto de Segovia se utilizaron grandes sillares de granito.*

granívoro, ra. adj. Dicho de animal: Que se alimenta de granos. *Las aves granívoras poseen un pico fuerte con el que rompen las semillas.*

granizada. f. **1.** Hecho de granizar. *Cayó una granizada que obligó a suspender el encuentro.* **2.** Hecho de caer o producirse muchas cosas de forma continuada y abundante. *Lo recibieron con una granizada de proyectiles. ¡Qué granizada de preguntas!* ▶ **1:** PEDREA.

granizado, da. part. **1.** → **granizar.** ● adj. **2.** Dicho de refresco: Hecho con hielo picado y alguna bebida, espec. zumo de frutas. *Pidió un café granizado.* Tb. m. *En el kiosco solo sirven horchata y granizado de limón.*

granizar. intr. impers. Caer granizo. *Está empezando a granizar.*

granizo. m. Agua congelada que cae de las nubes en forma de granos más o menos duros y gruesos. *El granizo dificulta la visibilidad de los conductores.* ▶ PEDRISCO.

granja. f. Finca dedicada a la agricultura o a la ganadería, en la que suele haber vivienda, establo, granero y otras instalaciones. *Una granja de cerdos. Estas pieles provienen de animales de granja, no de animales salvajes.* ▶ **Am:** CHACRA.

granjear. tr. Captar o atraer (algo). *Su integridad le granjeó el respeto de todos. Te estás granjeando el odio de tus compañeros.*

granjero, ra. m. y f. Persona que cuida una granja o es propietario de ella. *La granjera da de comer a las gallinas.* ▶ **Am:** CHACARERO.

grano. m. **1.** Semilla y fruto de los cereales. *Los invitados arrojan granos de arroz a los novios.* Frec. en sent. colectivo. *En el molino se muele el grano para hacer harina.* **2.** Semilla pequeña, y frec. redondeada, de algunas plantas. *Los granos de mostaza pican mucho. Tenemos café molido o en grano.* **3.** Fruto, frec. redondeado, que con otros iguales forma un conjunto homogéneo. *Los racimos de uva están cargados de granos. Se comió un grano de pimienta y la boca le ardía.* **4.** Porción pequeña y redondeada de algo. *Los granos de arena se me metían por el bañador.* **5.** Protuberancia pequeña y redondeada de las que se distinguen en la superficie o en la estructura de algo. *Puliremos la madera con una lija de grano grueso. En el microscopio se observan los granos de la cuarcita.* **6.** Bulto pequeño, a veces con pus, que sale en la piel. *Muchos adolescentes tienen granos.* **7.** En fotografía: Partícula sensible a la luz, que junto a otras forma la imagen y cuyo grosor determina la mayor o menor definición de la fotografía. *El tamaño del grano depende en gran medida del revelador empleado.* ■ **~,** o **granito, de arena.** m. Pequeña contribución a una obra o fin determinados. *Cada jugador aporta su grano de arena al equipo. En casa todos poníamos nuestro granito de arena para llegar a fin de mes.* □ **al ~.** loc. adv. A la parte fundamental o sustancial del asunto en cuestión. *Al grano, por favor, que no tenemos todo el día. Déjese de rodeos y vaya directamente al grano.* ■ **salirle** (a alguien) **un ~** (con una persona o cosa). loc. v. coloq. Pasar a ser (esa persona o cosa) una molestia o un motivo de preocupación (para él). *¡Menudo grano nos ha salido con este chico!* ■ **separar el ~ de la paja.** loc. v. Distinguir lo importante o lo sustancial de lo que no lo es. *Es difícil ir deprisa intentando a la vez separar el grano de la paja.*

granuja. m. y f. Persona poco honrada o que engaña con astucia. *Han pillado a un par de granujas robando.* Frec. como insulto y a veces, espec. referido a niños, con intención afectiva. *Es usted un granuja y un sinvergüenza. Papá dijo: –¡Salid de vuestro escondite, granujillas!* ▶ *PÍCARO.

granujiento, ta. adj. Dicho de persona o cosa: Que tiene muchos granos. *El aula está llena de adolescentes granujientos. Cara granujienta.*

granulado, da. adj. **1.** Que se presenta en forma de gránulos. *Un café con sacarina granulada.* Dicho de producto, espec. de preparación farmacéutica, tb. m. *Me recetó un granulado de sales efervescentes. Con el granulado de esmeril se preparan papeles de lija.* **2.** Que tiene gránulos. *La lija tiene una cara lisa, y otra, granulada.* ▶ **1:** GRANULAR.

granular. adj. **1.** De gránulos. *El granito tiene estructura granular. El contenido granular de las células es muy variado.* **2.** Que se presenta en forma de gránulos. *Utiliza materiales granulares.* ▶ **2:** GRANULADO.

gránulo. m. Partícula de materia de pequeño tamaño. *En el interior de la célula hay gránulos de proteínas. Mi perro come pienso en gránulos.*

granuloso, sa. adj. Que tiene gránulos o asperezas en forma de gránulos. *La carne de la manzana es granulosa. Piel granulosa.*

grapa. f. Pieza alargada de metal, cuyos extremos, doblados en ángulo recto, se clavan para unir o sujetar cosas, espec. papeles. *Las hojas del informe iban sujetas con una grapa. Le cerraron la herida con grapas.*

grapadora. f. Utensilio o máquina que sirven para grapar. *Fija el cable a la pared con una grapadora.* ▶ **Am:** ENGRAPADORA.

grapar. tr. Unir o sujetar (algo) con grapas. *Grapa esas facturas para que no se pierdan.*

grasa. → **graso.**

grasiento, ta. adj. Que tiene grasa o está lleno de grasa. *Nos sirvieron una comida grasienta. Los muebles de la cocina están grasientos.*

graso, sa. adj. **1.** Que tiene grasa (→ 3) o la naturaleza de la grasa. *El pescado azul es un pescado graso. El régimen incluye quesos no grasos.* **2.** Dicho espec. de cabello o piel: Que tiene exceso de grasa (→ 3). *Utiliza una crema hidratante para cutis grasos. Tienes el cabello graso.* ● f. **3.** Sustancia viscosa e insoluble en agua, presente en tejidos animales y vegetales, que se forma por combinación de unos ácidos con la glicerina y actúa como reserva de energía. *La grasa subcutánea sirve a muchos mamíferos para aislarse del frío. El médico me ha puesto una dieta baja en grasas.* **4.** Grasa (→ 3) animal. *La carne del cocido ha soltado toda la grasa. Limpió las botas con grasa de caballo.* **5.** Suciedad producida por la grasa (→ 3). *El fogón está lleno de grasa.* **6.** Lubricante graso (→ 1). *Hay que darle grasa a los engranajes para que no chirríen.*

grasoso, sa. adj. Que tiene grasa o exceso de grasa. *Cada fibra nerviosa está rodeada de mielina, una cubierta grasosa.*

gratén. **al ~.** loc. adj. Gratinado. *De primero tomaré macarrones al gratén.*

gratificación. f. Recompensa económica por un servicio o un favor. *Algunos vecinos le dan una gratificación al portero por recogerles la basura.*

gratificador, ra. adj. Gratificante. *La enseñanza puede ser una actividad muy gratificadora.*

gratificante. adj. Que gratifica o complace. *Realiza un trabajo poco gratificante.* ▶ GRATIFICADOR.

gratificar. tr. **1.** Recompensar (a alguien) con una gratificación. *Los dueños del perro extraviado gratificarán a quien lo encuentre.* **2.** Complacer o agradar (a alguien). *Me gratifica saber que puedo contar contigo.* ▶ **2:** *AGRADAR.

gratín. **al ~.** loc. adj. Gratinado. *Comimos unos calabacines al gratín.*

gratinado[1]. m. Hecho o efecto de gratinar. *El queso se añade en el momento del gratinado.*

gratinado[2], da. part. **1.** → **gratinar.** ● m. **2.** Plato gratinado (→ 1). *La especialidad de la casa es el gratinado de mariscos.*

gratinador. m. Dispositivo situado en la parte superior del horno, que sirve para gratinar los alimentos. *Enciende el gratinador para que se dore el bizcocho.* ▶ GRILL.

gratinar. tr. Tostar o dorar por encima en el horno (un alimento cubierto de queso o besamel). *Gratina la lasaña durante unos minutos antes de servirla.*

gratis. adv. **1.** Sin coste alguno o a cambio de nada. *Los niños entran gratis al museo. Si no sabes nadar, yo te enseño gratis.* ● adj. **2.** Que se da o se recibe gratis (→ 1). *El premio del sorteo consiste en un año de luz gratis.* ▶ **2:** GRATUITO.

gratitud. f. Sentimiento de quien aprecia el favor o el beneficio recibidos y desea corresponder a ellos. *No tengo palabras para expresar mi gratitud por su apoyo.* ▶ RECONOCIMIENTO.

grato, ta. adj. cult. Agradable (que causa agrado, placer o satisfacción). *Nos llevamos una grata sorpresa al verte.*

gratuidad. f. Cualidad de gratuito. *Los pensionistas reclaman la gratuidad del transporte público. La falta de pruebas pone de manifiesto la gratuidad de las acusaciones.*

gratuito, ta. adj. **1.** Que se da o se recibe gratis, o no tiene coste alguno. *Las llamadas a este teléfono son gratuitas.* **2.** Que no tiene fundamento o justificación. *Se ha demostrado que sus imputaciones eran gratuitas.* ▶ **1:** GRATIS.

grava. f. **1.** Piedra machacada que se emplea para cubrir y allanar el suelo de los caminos. *Han tapado con grava y asfalto los socavones de la calzada.* **2.** Conjunto de piedras sueltas de pequeño tamaño, procedentes del desgaste de algunas rocas. *Los peces desovan en fondos de grava.* ▶ **Am: 1:** RIPIO.

gravamen. m. Impuesto o tributo. *El Gobierno incrementará el gravamen sobre el tabaco.*

gravar. tr. Imponer un gravamen (a alguien o algo). *Su política fiscal grava a los más pobres.*

grave. adj. **1.** De mucha entidad o importancia. *Ha cometido una falta grave y la han despedido. La contaminación es un problema grave.* **2.** Dicho espec. de enfermedad o lesión: Preocupante o peligrosa. *Sufre una grave lesión que la tiene postrada en cama.* **3.** Dicho de persona: Que padece una enfermedad o lesión graves (→ 2). *Trasladaron a los heridos graves al hospital.* **4.** Serio o formal. *La expresión grave de su rostro indica que algo malo ha ocurrido.* **5.** Dicho de sonido: Que tiene una frecuencia de vibración pequeña. *La viola emite un sonido más grave que el violín.* Tb. m. *Con este botón se suben o bajan los graves.* **6.** *Fon.* Llano. *Las palabras "árbol" y "trabajo" son graves.* ▶ **5:** BAJO.

gravedad. f. **1.** Cualidad de grave. *No tienes idea de la gravedad de la situación. Desconocía la gravedad de su dolencia. Fue herido de gravedad en una reyerta. Habló con gravedad a sus subordinados.* **2.** *Fís.* Fuerza de atracción de los cuerpos en razón de su masa, espec. la que ejerce la Tierra sobre otros cuerpos. *Las cosas tienen un peso debido a la gravedad. Los astronautas se preparan para soportar la ausencia de gravedad en el espacio exterior.*

gravidez. f. cult. Condición de grávido. *El tamaño del vientre delataba la gravidez de la mujer.*

grávido, da. adj. **1.** cult. Dicho de mujer: Embarazada. *Con solo mirarla, supo que estaba grávida.* **2.** cult. Dicho de cosa: Cargada o llena de algo. *Nos esperaba un futuro grávido de sorpresas.* **3.** cult. Pesado, o que tiene peso. *Los copos caían grávidos sobre el agua.*

gravilla. f. Grava pequeña. *Había gravilla en la curva y las ruedas derraparon.*

gravitación. f. **1.** Hecho de gravitar. *Gravitación del pasado sobre el presente.* **2.** *Fís.* Atracción que ejercen los cuerpos entre sí con una fuerza que es proporcional al producto de sus masas e inversamente proporcional al cuadrado de la distancia que los separa. *Isaac Newton formuló la ley de la gravitación universal.*

gravitacional. adj. *Fís.* Gravitatorio. *El meteorito penetró en el campo gravitacional de la Tierra.*

gravitar. intr. **1.** *Fís.* Moverse un cuerpo alrededor de otro por la atracción gravitatoria. *La Tierra gravita alrededor del Sol.* **2.** Descansar o hacer fuerza una cosa sobre otra. *El tejado de la casa gravita* SOBRE *las vigas maestras.* **3.** Recaer una carga u obligación sobre alguien o algo. *Toda la responsabilidad gravita* SOBRE *sus hombros.*

gravitatorio, ria. adj. *Fís.* De la gravitación. *Los cometas están sometidos a la acción gravitatoria de los planetas.* ▶ GRAVITACIONAL.

gravoso, sa. adj. **1.** Que ocasiona un gasto. *La medida va a resultar muy gravosa para los contribuyentes.* **2.** cult. Que constituye una carga o una molestia. *No se debería ver al anciano como algo gravoso para la familia y la sociedad. Acarrea un gravoso bagaje de frustraciones.*

gray. m. *Fís.* Unidad de dosis absorbida de radiación ionizante del Sistema Internacional, que equivale a un julio por kilogramo (Símb. *Gy*). *En las personas expuestas a la radiación se detectaron dosis de hasta 1 gray.*

graznar. intr. Dar graznidos. *Las urracas graznan.*

graznido. m. **1.** Voz característica de algunas aves, como el cuervo. *En la fábula, la zorra engaña al cuervo diciéndole que le gustan sus graznidos.* **2.** coloq. o despect. Canto o grito estridentes o desagradables al oído. *No se dejó amilanar por los graznidos de aquella masa que protestaba.*

greca. f. Adorno consistente en una franja más o menos ancha en la que se repite la misma combinación de elementos decorativos, espec. a base de líneas en ángulos rectos. *El alicatado del baño es en blanco con una greca azul a media altura.*

grecolatino, na. adj. De los antiguos griegos y romanos. *En la mitología grecolatina, Ares o Marte es el dios de la guerra.* ▶ GRECORROMANO.

grecorromano, na. adj. Grecolatino. *La "Odisea" y la "Eneida" son dos de las grandes obras de la literatura grecorromana.*

greda. f. Arcilla arenosa, gralm. de color blanco azulado, usada para quitar manchas y en la fabricación de objetos de cerámica y alfarería. *En la cuenca del río abundan las margas y gredas calcáreas. Sobre la mesa había un bonito jarrón de greda.*

green. (pal. ingl.; pronunc. "grin"). m. *Dep.* En el golf: Zona de césped bajo y muy cuidado situada alrededor de cada hoyo. *El jugador alcanzó el* green *con su segundo golpe.*

gregario, ria. adj. **1.** Dicho de animal: Que vive en rebaño o manada. *Los elefantes son animales gregarios.* **2.** despect. Dicho de persona: Que forma con otras un grupo en el que actúa sin iniciativa propia y siguiendo ciegamente a los demás. *Al régimen le convenía una población gregaria y sumisa.* Tb. m. y f. *El líder de la secta era jaleado por sus gregarios.* ● m. y f. **3.** En ciclismo: Corredor encargado de ayudar a su jefe de equipo. *Subió el puerto arropado por sus gregarios.*

gregarismo. m. Condición de gregario. *Frente al gregarismo dominante, el autor basó su obra en la independencia de criterio.*

gregoriano, na. adj. **1.** Del canto gregoriano (→ **canto**). *La coral ofreció un concierto de música gregoriana.* **2.** Del calendario gregoriano (→ **calendario**). *El año gregoriano dura, como promedio, 365,2425 días.*

greguería. f. *Lit.* Composición muy breve en prosa, de carácter metafórico y humorístico, que presenta una visión sorprendente de algún aspecto de la realidad, y cuyo creador fue Ramón Gómez de la Serna (escritor español, 1888-1963). *"Los tornillos son clavos peinados con la raya al medio" es una greguería.*

greguescos o **gregüescos.** m. pl. histór. Calzones muy anchos usados en los ss. XVI y XVII. *Los caballeros de los cuadros de Velázquez llevan greguescos.*

grelo. m. Hoja tierna y comestible del nabo. Gralm. en pl. *El lacón con grelos es un plato típico gallego.*

gremial. adj. Del gremio. *La asociación defiende los intereses gremiales de la judicatura.*

gremio. m. **1.** Conjunto de personas que tienen la misma profesión, oficio o actividad. *Los nuevos horarios perjudican al gremio de comerciantes.* **2.** histór. Corporación de origen medieval formada por los maestros, oficiales y aprendices de un mismo oficio. *El gremio de los herreros tenía como emblema el yunque.*

greña. f. Mechón de pelo revuelto o despeinado. Gralm. en pl. *Ya va siendo hora de que te cortes esas greñas.* ■ **andar a la ~** dos o más personas. loc. v. coloq. Reñir acaloradamente. *Andan a la greña desde que se casaron.* Tb.: *Siempre anda a la greña* CON *los vecinos.*

greñudo, da. adj. Que tiene greñas. *El cantante era un tipo greñudo vestido de cuero.*

gres. m. Pasta a base de arcilla de alfarero y arena de cuarzo que, cocida a altas temperaturas, se hace resistente e impermeable y se emplea para fabricar cerámica. *El suelo del cuarto de baño es de gres.*

gresca. f. coloq. Riña o pelea. *Como no te disculpes, vamos a tener gresca.*

grey. (pl. **greyes**). f. **1.** cult. Rebaño (grupo de ganado, o conjunto de fieles). *Los perros vigilaban a las ovejas de la grey. El párroco dirigió un sermón a su grey.* **2.** cult. Conjunto de personas con alguna característica común. *La bulliciosa grey escolar celebraba el fin de curso.*

grial. (Frec. en mayúsc.). m. En leyendas y libros de caballería medievales: Copa o plato supuestamente utilizados por Jesucristo en la Última Cena. *El Grial tenía propiedades milagrosas.* Tb. *santo ~*. *Los caballeros del rey Arturo partieron en busca del Santo Grial.*

griego, ga. adj. **1.** De Grecia. *La tragedia griega.* Dicho de pers., tb. m. y f. *En 1981, los griegos se incorporaron a la Comunidad Económica Europea.* **2.** Del griego (→ 3). *Alfabeto griego.* ● m. **3.** Lengua hablada en Grecia. *El griego es una lengua indoeuropea.* ▶ **1:** HELÉNICO, HELENO.

grieta. f. **1.** Abertura alargada que se hace en la tierra, en un muro o en un cuerpo sólido. *El terremoto produjo grandes grietas en el suelo y en los muros.* **2.** Abertura poco profunda que se forma en la piel. *Las manos de los recolectores estaban llenas de grietas.* **3.** Dificultad o desacuerdo que amenazan la solidez o unidad de algo. *Nuestra relación presenta numerosas grietas.*

grifa. f. **1.** jerg. Marihuana o hachís, espec. de procedencia marroquí. *Cuando estuvo de legionario probó la grifa.* **2.** *Mec.* Llave grifa (→ **llave**). *El fontanero sacó la grifa de la caja de herramientas.*

grifería. f. Conjunto de grifos para regular el paso de líquido. *La grifería del cuarto de baño es dorada.*

grifo[1]**.** m. Llave colocada en la boca de una cañería o en un depósito para regular el paso de líquido. *El grifo del lavabo gotea. Prefiere la cerveza de grifo a la de botella.* ▶ **Am:** CANILLA.

grifo[2]**.** m. Animal fabuloso, de la mitad para arriba águila, y de la mitad para abajo león. *Los grifos aparecían en los bestiarios medievales.*

grill. (pronunc. "gril"). m. **1.** Gratinador. *Este microondas tiene grill.* **2.** Parrilla (utensilio para asar o tostar alimentos, o restaurante especializado en asados). *Lo mejor del restaurante son sus carnes al grill. Cenamos en el grill del hotel.* ▶ **2:** PARRILLA.

grillado, da. adj. coloq. Loco o chiflado. *Tú estás grillado, ¿cómo puedes decir eso?*

grillete. m. Pieza de hierro, gralm. semicircular, que, cerrada con un perno, sirve para asegurar una cadena a algo, espec. al tobillo de un preso. Frec. en pl. *Los condenados a galeras llevaban grilletes en los pies.*

grillo. m. Insecto saltador de color negro y largas antenas, cuyo macho produce un sonido rítmico y prolongado al frotar las alas. *El grillo hembra. Por la noche se oye el canto de los grillos.*

grillos. m. pl. Conjunto de dos grilletes con un perno común. *Cuando lo rescataron de su prisión, llevaba grillos en los pies.*

grima. f. **1.** Dentera (sensación desagradable en los dientes). Frec. en la constr. *dar* ~. *Me da grima el chirrido de la tiza en la pizarra.* **2.** Desazón o inquietud. Frec. en la constr. *dar* ~. *Los cementerios le dan grima desde pequeño.* ▶ **1:** DENTERA.

gringo, ga. adj. coloq. o despect. De los Estados Unidos de América. *Embajada gringa. Los soldados gringos han bombardeado la zona.* Dicho de pers., tb. m. y f. *Un gringo, con pinta de vaquero, masca chicle en el aeropuerto.* Tb., espec. en Am., puede designar extranjero. *Estos náufragos de las sociedades europeas fueron los hijos gringos de Martín Fierro* [C].

gripa. f. Am. Gripe. *Les va a dar gripa a los tres y a mí pulmonía* [C].

gripal. adj. De la gripe. *Sufre un proceso gripal agudo.*

griparse. intr. prnl. *Mec.* Agarrotarse un mecanismo o sus piezas. *El motor de la motocicleta se gripó en plena carrera.*

gripe. f. Enfermedad epidémica producida por un virus, cuyos síntomas característicos son fiebre, dolores generalizados y catarro respiratorio. *En otoño empieza la campaña de vacunación contra la gripe.* ▶ **Am:** GRIPA.

griposo, sa. adj. Que padece gripe. *Ando un poco griposa.* Tb. m. y f. *La sala de espera estaba llena de griposos.*

gris. adj. **1.** Dicho de color: Que es semejante al de la ceniza o la plata y resulta de mezclar el negro con el blanco. *Unas nubes de color gris anunciaban tormenta.* Tb. m. *El cuadro está pintado en una variada gama de grises.* **2.** De color gris (→ 1). *El uniforme del colegio consistía en falda gris y jersey azul. Un gato gris.* **3.** Que carece de atractivo especial o de singularidad. *Llevamos una vida gris y aburrida. Era un individuo gris que siempre pasaba inadvertido.* **4.** Nublado o cubierto de nubes. *Los días grises me deprimen. Era una mañana gris y lluviosa.* ● m. **5.** coloq. Miembro de la antigua Policía Armada española, cuyo uniforme era de color gris (→ 1). *Los grises disolvieron la manifestación estudiantil.* ■ ~ **marengo.** loc. adj. Gris (→ 1, 2) oscuro. *Lleva un traje gris marengo.* Tb. m. *El gris marengo combina con el negro.* ⇒ MARENGO. ■ ~ **perla.** loc. adj. Gris (→ 1, 2) como el color de la perla. *Se puso un jersey gris perla.* Tb. m. *Ese gris perla no te favorece.*

grisáceo, a. adj. **1.** Dicho de color: Que tira a gris. *El denso humo teñía todo de un color grisáceo.* Tb. m. *El muro está pintado de un grisáceo que da sensación de sucio.* **2.** De color grisáceo (→ 1). *Era un hombre mayor, de pelo ya grisáceo.* ▶ AGRISADO.

grisear. intr. Ponerse algo de color gris. *La barba y el bigote empezaban a grisearle.*

grisú. m. Gas metano que se desprende de las minas de hulla y que, al mezclarse con el aire, se hace inflamable y produce violentas explosiones. *Dos mineros han muerto en una explosión de grisú.*

grisura. f. cult. Cualidad de gris. *La película recrea la grisura de la posguerra.*

gritar. intr. **1.** Dar uno o más gritos. *No dejó de gritar durante los minutos que duró el recorrido de la montaña rusa.* **2.** Hablar levantando la voz más de lo normal. *¿Es que no puedes hablar sin gritar? No me grites, que no soy sorda.* **3.** Regañar a alguien dando gritos. *Me gritó y me castigó sin salir.* ○ tr. **4.** Decir (algo) levantando la voz más de lo normal. *Los hinchas gritaban consignas para animar a su equipo.* ▶ **1:** BRAMAR, CHILLAR, VOCEAR, VOCIFERAR. **2, 3:** CHILLAR. **4:** CHILLAR, VOCEAR.

gritería. f. Griterío. *¡No hay quien se entere de nada con esta gritería!*

griterío. m. Confusión de gritos y voces. *Desde mi ventana se oye el griterío del patio del colegio.* ▶ GRITERÍA, VOCERÍO.

grito. m. **1.** Sonido muy alto y fuerte emitido por una persona. *La parturienta soltó un grito de dolor. Subió al escenario entre aplausos y gritos de entusiasmo.* Tb. el emitido por un animal. *Se oye el ruido del mar y los gritos de las gaviotas.* **2.** Palabra o expresión emitidas en voz muy alta. *Te oigo; no hace falta que des gritos. La gente se echó a la calle al grito de "¡viva la República!".* Frec. en la constr. *a ~s. Su madre lo llamaba a gritos desde la ventana.* ■ **último ~.** m. Novedad más reciente. *En la feria de la moda podremos ver el último grito en diseños.* □ **a ~ pelado,** o **limpio.** loc. adv. coloq. En voz muy alta. *Discutían a grito pelado en el portal.* ■ **en un ~.** loc. adv. coloq. Profiriendo quejas debido a un dolor agudo e incesante. *La ciática me tiene en un grito.* ■ **pedir** una cosa (algo) **a ~s.** loc. v. coloq. Necesitar(lo) mucho. *Esa planta está pidiendo a gritos que la rieguen.* ■ **poner el ~ en el cielo.** loc. v. coloq. Quejarse o protestar con vehemencia. *Los vecinos pondrán el grito en el cielo cuando se enteren de la tala de árboles.* ▶ **1:** ALARIDO, BRAMIDO, CHILLIDO. **2:** VOZ.

gritón, na. adj. coloq. Que grita mucho. *De bebé eras muy gritón.* Dicho de pers., tb. m. y f. *El profesor de Educación Física era un gritón.*

groenlandés, sa. adj. De Groenlandia (isla danesa al nordeste de América). *Gran parte de la economía groenlandesa se basa en la pesca.* Dicho de pers., tb. m. y f. *Los groenlandeses descienden de esquimales y europeos.*

grogui. adj. **1.** En el boxeo: Aturdido por los golpes. *El púgil yace grogui sobre la lona.* **2.** coloq. Atontado o aturdido por causas físicas o psíquicas, espec. por cansancio o por haber tomado alguna sustancia. *Los medicamentos la tienen medio grogui.* **3.** coloq. Dormido. *Se ha quedado grogui en el sofá.*

grosella. f. **1.** Fruto comestible del grosellero, pequeño, redondo, de color rojo o negro y sabor agridulce, que se emplea mucho en postres y mermeladas. *Mermelada de grosella. Licor de grosellas.* ○ m. **2.** Color rojo como el de la grosella (→ 1). *El traje es grosella y oro.* Tb. adj. *Un rojo grosella.*

grosellero. m. Arbusto ramoso, de hojas lobuladas y flores en racimo, cuyo fruto es la grosella. *Un grosellero crece en el jardín.*

grosería. f. **1.** Cualidad de grosero o maleducado. *No soporto su grosería.* **2.** Hecho o dicho propios de la persona grosera. *Me soltó una grosería que me dejó sin habla. Hacer ruido al masticar es una grosería.* ▶ **Am: 2:** LISURA.

grosero, ra. adj. **1.** Dicho de persona: Maleducada o descortés. *No seas grosero y contesta cuando te saluden.* Tb. m. y f. *¡Es usted un grosero!, ¿cómo se atreve a hablarme así?* **2.** Dicho de cosa: Propia de la persona grosera (→ 1). *El corte de mangas es un gesto muy grosero. Modales groseros.* **3.** Basto o mal confeccionado. *Va vestida con ropa barata, de tela grosera.* ▶ **1:** *MALEDUCADO.

grosor. m. Anchura (dimensión que no es la altura ni la longitud). *Corte las berenjenas en rodajas de medio centímetro de grosor. El libro está impreso en un papel de poco grosor.* ▶ *ANCHURA.

grosso modo. (loc. lat.; pronunc. "gróso-módo"). loc. adv. A grandes rasgos o aproximadamente. *Y en esto se resume, grosso modo, mi viaje por el continente africano.*

grotesco, ca. adj. Ridículo y extravagante. *Las obras de Valle-Inclán abundan en personajes grotescos. La escena del amante escondido en el armario resultaba un tanto grotesca.*

grúa. f. **1.** Máquina compuesta por un brazo montado sobre un eje vertical giratorio y con poleas, que sirve para levantar grandes pesos y llevarlos de un lugar a otro, dentro del círculo que el brazo describe o del área de movimiento de la máquina. *La grúa desmonta el edificio incendiado.* **2.** Vehículo automóvil provisto de grúa (→ 1) para remolcar a otro. *Se me averió el coche y tuve que llamar a una grúa.* Frec. designa el oficial destinado a retirar los vehículos mal estacionados. *Dejó el coche en doble fila y se lo llevó la grúa.* **3.** *Cine* y *TV* Aparato provisto de un brazo móvil con una plataforma sobre la que van instalados la cámara y el asiento del operador. *Las primeras escenas están filmadas con grúa.*

grueso, sa. adj. **1.** Que sobrepasa el grosor normal en su especie. *Los gruesos muros del castillo están en ruinas. Usa un rotulador de trazo grueso.* **2.** Gordo (que tiene mucha carne). *Cuando llega el verano, el gimnasio se llena de personas gruesas.* ● m. **3.** Parte mayor o más importante de algo. *Los legionarios constituían el grueso* DEL *ejército romano.* **4.** Grosor. *El clavo es demasiado corto para atravesar el grueso de la madera.* ▶ **1, 2:** GORDO. **4:** *ANCHURA.

grulla. f. Ave grande, de patas y cuello largos, con plumaje gris en el cuerpo y negro y blanco en la cabeza y el cuello, que cuando vuela emite un graznido muy sonoro. *La grulla macho. La grulla pasa el invierno en el sur de la Península Ibérica.*

grumete. m. Muchacho que aprende el oficio de marinero ayudando a la tripulación. *El grumete fregaba la cubierta.*

grumo. m. Parte sólida o más espesa formada en una sustancia líquida. *La papilla tenía grumos.*

grumoso, sa. adj. Que tiene grumos. *Liga bien la besamel para que no te quede grumosa.*

gruñido. m. **1.** Voz característica de algunos animales, como el cerdo. *Los gruñidos de los puercos se oían en toda la granja.* **2.** Sonido ronco que emiten algunos animales cuando amenazan. *Los gruñidos del perro me asustan.* **3.** Sonido ronco e inarticulado que emite una persona para expresar algo, espec. enfado o disgusto. *Cuando le pedí prestado su coche, me soltó un gruñido.*

gruñir. (conjug. MULLIR). intr. **1.** Emitir gruñidos un animal. *Los cerdos gruñían en la pocilga. El perro me gruñó cuando me acerqué.* **2.** Mostrar alguien disgusto o enfado murmurando o hablando entre dientes. *Recién levantado no habla, sino que gruñe.*

gruñón, na. adj. Que gruñe mucho. *Era un viejo gruñón. ¡Qué perro tan gruñón!* Dicho de pers., tb. m. y f. *Con los años te has convertido en una gruñona.*

grupa. f. Parte trasera del lomo de una caballería. *El caballero llevaba a una muchacha a la grupa de su corcel.* ▶ ANCAS.

grupal. adj. Del grupo. *Los profesores fomentarán las actividades grupales.*

grupo. m. **1.** Número limitado de personas o cosas que forman un conjunto, por tener caracteres comunes o por estar en el mismo lugar. *Formamos un grupo musical. Un grupo de niños juega a la pelota. Fueron en grupo a hablar con la directora. Es presidente de un grupo empresarial. El flúor pertenece al grupo de los halógenos.* **2.** *Arte* Conjunto de figuras, gralm. humanas, que forman una unidad en una obra. *El grupo escultórico de Laocoonte y sus hijos.* **3.** *Ling.* Sintagma. *Grupo nominal.* ■ **~ de presión.** m. Grupo (→ 1) de personas que, en beneficio de sus propios intereses, influye en una organización, esfera o actividad social. *Algunos grupos de presión católicos trataron de frenar la ley del divorcio.* ■ **~ electrógeno.** m. *tecn.* Conjunto de un motor de explosión y un generador eléctrico, empleado para el suministro de corriente eléctrica. *La casa dispone de un grupo electrógeno que asegura el suministro en caso de apagón.* ■ **~ mixto.** m. *Polít.* Grupo (→ 1) parlamentario formado por representantes de partidos diversos que no tienen grupo propio. *El único diputado del partido ecologista pasará al grupo mixto.* ■ **~ sanguíneo.** m. Cada uno de los cuatro tipos establecidos de sangre humana, según su compatibilidad con los otros tres en caso de transfusión. *El donante universal tiene grupo sanguíneo 0.*

grupúsculo. m. despect. Grupo poco numeroso de personas, gralm. de carácter político. *Los detenidos pertenecen a grupúsculos neonazis.*

gruta. f. Cavidad profunda formada en la roca, gralm. de manera natural. *Los espeleólogos exploran la gruta.* ▶ *CUEVA.

gruyer. m. Queso suizo de vaca, con unos agujeros característicos. *Para hacer esta salsa añadimos gruyer rallado a la besamel.*

gua. m. Juego infantil que consiste en meter canicas en un pequeño hoyo impulsándolas con un dedo. *Los niños jugaban al gua en el patio del colegio.* Tb. el hoyo. *Es muy difícil alcanzar el gua desde tanta distancia.*

guabina. f. **1.** Am. Música popular, propia de algunas zonas de América, de ritmo cadencioso. *Recorrió la región escuchando la nostalgia de la guabina* [C]. Tb. su baile. **2.** Am. Pez comestible de agua dulce, propio de algunas zonas de América, de cuerpo alargado, boca grande y gran voracidad. *También se agarran las guabinas sin anzuelo* [C].

guacal. (Tb. **huacal**). m. frecAm. Especie de cajón hecho con varillas, que se usa para transportar objetos frágiles o animales pequeños. *Vino cargada de guacales de pavos vivos* [C]. *La urna parecía más bien un enorme guacal de tomates* [C].

guacamaya. f. Am. Guacamayo. *Se ven volar aves de brillante plumaje: loros, guacamayas, tucanes.* [C].

guacamayo. m. Ave americana del mismo grupo que el loro, de tamaño medio o grande, plumaje de vistosos y variados colores y cola muy larga. *En la pajarería había guacamayos rojos y azules.* ▶ **Am:** GUACAMAYA.

guacamole. m. Salsa de consistencia pastosa, propia de México y América Central, que se prepara con aguacate triturado, cebolla, tomate y chile verde. *Como entrante nos pusieron tacos y un cuenco de guacamole.*

guachimán. m. Am. Vigilante (persona encargada de vigilar). *Cuatro guachimanes con pistola y cara de orangutanes están cuadrados en la puerta* [C]. *Trabajaba de guachimán en una compañía* [C]. ▶ *VIGILANTE.

guacho, cha. adj. Am. coloq. Dicho de persona o animal: Cuya madre ha muerto. *Si hubo uno criado guacho, sin madre, igual se le escapaba la palabra mamá* [C]. *Se conocen casos de cachorros criados como guachos sin mayores inconvenientes* [C].

guadalajareño, ña. adj. De Guadalajara. *Sigüenza es una ciudad monumental guadalajareña.* Dicho de pers., tb. m. y f. *Los guadalajareños son castellanomanchegos.*

guadaña. f. Instrumento para segar a ras de tierra, constituido por una cuchilla alargada, curva y puntiaguda, sujeta a un mango largo que se maneja con las dos manos. *Antiguamente se segaba con guadaña. La figura de la muerte suele aparecer con una guadaña en la mano.*

guagua[1]. f. frecAm. Autobús. *Decidí acompañarlo hasta la parada de guaguas* [C].

guagua[2]. f. Am. Bebé. *Cuando era una guagua, le cantaba canciones de cuna* [C].

guajiro, ra. m. y f. **1.** Campesino cubano. *Un guajiro nos ofreció unos aguacates.* ○ f. **2.** Canción popular cubana de tema campesino. *Se oyen los compases de una guajira.*

guajolote. m. Am. Pavo (ave). *Tuvo mucho cuidado en cebar a los guajolotes* [C]. ▶ *PAVO.

gualdo, da. adj. cult. Amarillo. *La bandera española es roja y gualda.*

gualdrapa. f. Cobertura larga de tela, que tapa y adorna las ancas de las caballerías. *Los caballos que desfilaron llevaban bordado el escudo de la Casa Real en las gualdrapas.*

guama. f. Am. Fruta americana en forma de vaina, cuyas semillas, de color negro, están envueltas en una pulpa blanca, algodonosa y dulce. *Los gringos también compran las guamas y las guayabas* [C].

guanábana. f. frecAm. Fruto comestible de un árbol tropical, de carne dulce y semillas negras, semejante a la chirimoya. *Tomar todas las noches un vasito de jugo de guanábana* [C].

guanche. adj. **1.** histór. De un pueblo que habitaba las islas Canarias en el momento de su conquista por los españoles en el s. XV. *Mujeres guanches.* Dicho de pers., tb. m. y f. *Los guanches eran pastores.* **2.** Del guanche (→ 3). *"Gofio" es una palabra guanche.* ● m. **3.** Lengua hablada por los guanches (→ 1). *El guanche es una lengua bereber.*

guano[1]. m. Excremento de aves marinas, muy abundante en las costas e islas de Perú y norte de Chile, que se emplea como abono. *La zona costera cuenta con grandes recursos de guano y nitrato.*

guano[2]. m. Am. Hoja de la palma, que se emplea en trabajos de cestería y construcciones rústicas. *Por el suelo, sombreros de guano* [C]. *Viviendas rústicas con techo de guano* [C].

guantada. f. Bofetada (golpe en la cara). *Como no te estés quieto, te voy a dar una guantada.* ▶ *BOFETADA.

guantazo. m. Bofetón. *Le tiró las gafas al suelo de un guantazo.* ▶ *BOFETADA.

guante. m. **1.** Prenda flexible de abrigo o de protección que cubre la mano enfundando cada dedo por separado. *Ponte los guantes de lana, que hace mucho frío. El médico se puso unos guantes de látex para explorar a la paciente.* **2.** En algunos deportes, espec. boxeo y béisbol: Cubierta acolchada que protege la mano, enfundando todos los dedos juntos excepto el pulgar. *El boxeador se puso los guantes, ayudado por su entrenador.* ■ **arrojar el ~** (a alguien). loc. v. Desafiar(lo). *Aunque me arrojes el guante, no voy a aceptar tu reto.* ■ **colgar los ~s.** loc. v. En boxeo: Retirarse. *Colgó los guantes después de perder su pelea por el título mundial.* ■ **como un ~.** loc. adv. Perfectamente. *Ese traje te sienta como un guante.* ■ **como un ~,** o **más suave que un ~.** loc. adv. coloq. Con actitud dócil o amable. *Desde que la regañé, está como un guante. Volvió de la reunión con el jefe más suave que un guante.* ■ **de ~ blanco.** loc. adj. Dicho de ladrón: Que actúa con elegancia y sin emplear la violencia. *El robo de las joyas fue obra de un ladrón de guante blanco.* ■ **echar el ~** (a alguien). loc. v. coloq. Atrapar(lo) o capturar(lo). *La policía no ha conseguido echar el guante al fugitivo.* ■ **recoger el ~.** loc. v. Aceptar el desafío. *El presidente ha recogido el guante de la oposición.*

guantera. f. Compartimento del salpicadero de un automóvil, gralm. cerrado, donde se guardan objetos pequeños. *La documentación del coche está en la guantera.*

guaperas. m. coloq. Hombre guapo, espec. si presume de serlo. *Sale con un guaperas muy creído.* Tb. adj. *El protagonista es un actor guaperas.*

guapetón, na. adj. coloq. Muy guapo. Frec. con intención afectiva. *¡Pero qué niña más guapetona!* Tb. m. y f. *¿Cómo es que no tiene novia un guapetón como tú?*

guapo, pa. adj. **1.** De cara y aspecto físico acordes con la idea de belleza. *No es guapo, pero tiene algo que lo hace atractivo.* Se usa para dirigirse a una persona cariñosamente. *¡Muchas gracias, guapa!* **2.** Arreglado y bien vestido. *Ponte guapa, que nos vamos de paseo. Estaba muy guapo el día de su comunión.* **3.** frecAm. coloq. Valiente. *El buzo contó cómo los tiburones rondaban la popa; son guapos los buzos* [C]. Tb. m. y f. *Iba dando voces a las tropas para que regresaran al combate; era un guapo de armas tomar* [C]. **4.** frecAm. coloq. Chulo y pendenciero. *Y metieron allí a los más guapos, a los más feroces, a los que llevaban años recorriendo cárceles* [C]. Tb. m. y f.

guapura. f. coloq. Cualidad de guapo o bello. *Lo tiene todo: simpatía, inteligencia y guapura.*

guaracha. f. Baile popular antillano, de ritmo rápido, que se ejecuta por parejas. *Tras la guaracha bailaron un danzón.* Tb. su música.

guarango, ga. adj. Am. coloq. Grosero. *Te atienden con cara de perro; la gente está cada vez más guaranga* [C]. Tb. m. y f. *Este chico es un guarango que ni a Dios le respeta* [C].

guaraní. adj. **1.** De un pueblo indígena que se extendía desde el Amazonas hasta el Río de la Plata y que en la actualidad habita en zonas de Brasil, Paraguay y otros países del entorno. *Costumbres guaraníes.* Dicho de pers., tb. m. y f. *Los jesuitas convirtieron a los guaraníes al cristianismo.* **2.** Del guaraní (→ 3). *Palabra guaraní.* ● m. **3.** Lengua hablada por los guaraníes (→ 1). *El guaraní y el español son las lenguas de Paraguay.* **4.** Unidad monetaria de Paraguay.

guarapo. m. **1.** Am. Zumo de la caña de azúcar. *Con el guarapo mezclado con naranja agria atacaban las fiebres palúdicas* [C]. **2.** Am. Bebida alcohólica elaborada con guarapo (→ 1) fermentado. *No deben ingerir bebidas como guarapo o chicha* [C].

guarda. m. y f. **1.** Persona encargada de cuidar, vigilar o proteger algo. *El guarda ahuyentó a los cazadores furtivos. Los excursionistas hacían una fogata bajo la atenta mirada del guarda forestal.* ○ f. **2.** Hecho de guardar, espec. algo o a alguien. *El juez otorgó al padre la guarda y custodia de sus hijos.* **3.** Cada una de las dos hojas de papel blanco que están unidas a la cubierta de los libros. *El sello de la biblioteca estaba en las guardas del libro.* ■ **~ jurado.** m. y f. Guarda (→ 1) que jura su cargo ante la autoridad y que puede trabajar para empresas particulares. *En la puerta de los grandes almacenes hay un guarda jurado.*

guardabarrera. m. y f. Persona encargada de vigilar un paso a nivel en una línea de ferrocarril. *El guardabarrera les hace señales para que detengan el coche.*

guardabarros. m. En un vehículo: Pieza que va sobre la rueda para proteger de las salpicaduras. *En el accidente se abolló uno de los guardabarros traseros. La bici no va bien porque la rueda roza con el guardabarros.* ▶ ALETA. || **frecAm:** GUARDAFANGO.

guardabosque. m. y f. Guardabosques. *A la entrada del parque está la caseta del guardabosque.*

guardabosques. m. y f. Persona encargada de cuidar y vigilar los bosques. *Los guardabosques vestían uniforme verde.* ▶ GUARDABOSQUE.

guardacoches. m. Persona encargada de vigilar coches estacionados. *Dale una propina al guardacoches.*

guardacostas. m. Barco, gralm. pequeño, destinado a la vigilancia y defensa del litoral o a la persecución del contrabando. *El guardacostas interceptó una balsa con inmigrantes ilegales.*

guardaespaldas. m. y f. Persona que tiene como misión acompañar a otra con el fin de protegerla de cualquier ataque. *El guardaespaldas de la actriz es un ex policía.*

guardafango. m. frecAm. Guardabarros. *Quiso esquivarle, pero era tarde; vino a estrellarse sobre el guardafango* [C]. *Era un automóvil viejo con guardafangos anchos* [C].

guardagujas. m. y f. Empleado ferroviario encargado de manejar las agujas o raíles móviles que permiten a los trenes cambiar de vía. *El accidente se debió a un fallo del guardagujas, que accionó el mando equivocado.*

guardameta. m. y f. *Dep.* Portero (jugador). *El guardameta atrapó el balón.* ▶ *PORTERO.

guardamuebles. m. Local destinado a guardar muebles. *De momento, llevaré mis cosas a un guardamuebles y viviré en una pensión.*

guardapolvo. m. Prenda amplia y larga, de tela ligera, que se lleva sobre la ropa para preservarla de polvo y manchas. *El profesor tenía un guardapolvo gris siempre manchado de tiza.* ▶ GUARDAPOLVOS.

guardapolvos. m. Guardapolvo. *Los empleados de la ferretería llevaban guardapolvos azul.*

guardar. tr. **1.** Cuidar o vigilar (algo o a alguien). *El perro guardaba el ganado. Los soldados guardan la prisión.* **2.** Poner (algo) en un lugar donde esté seguro o protegido. *¿Por qué no guardas el dinero* EN *el banco? Guarda el coche* EN *el garaje. Guardé la comida* EN *la nevera.* **3.** Conservar o mantener (algo). *Debes guardar una distancia de seguridad. No le guardo rencor. En los hospitales hay que guardar silencio. Guardo un buen recuerdo de aquella época.* **4.** Reservar o no gastar (dinero). *Estoy guardando la paga de los domingos para comprarme unas botas.* Tb. usado en constr. intr. *El avaro vive obsesionado con guardar.* **5.** Proteger (algo o a alguien) de algo dañino. *Hay que guardar a los niños* DE *las corrientes.* **6.** Cumplir (una ley o una obligación). *Le han puesto una multa por no guardar las normas de circulación. Hay que guardar los mandamientos. Sabe guardar la palabra dada.* ○ intr. prnl. **7.** Precaverse de alguien o algo. *Guárdate* DE *los murmuradores.* **8.** Poner cuidado en evitar algo. *Guárdate* DE *llevarle la contraria, que tiene muy mal genio.* ■ **guardársela** (a alguien). loc. v. coloq. Esperar un tiempo para vengarse (de él). *Esta te la guardo.* ▶ **1:** *VIGILAR.

guardarropa. m. **1.** En un local público: Lugar donde se pueden depositar prendas de abrigo, complementos y otros objetos semejantes. *Un camarero llevó nuestros paraguas y abrigos al guardarropa.* **2.** Conjunto de vestidos de una persona. *Tengo que renovar mi guardarropa.*

guardarropía. f. *Teatro, Cine* y *TV* Conjunto de prendas de vestir y complementos empleados por los actores. *La encargada de guardarropía toma medidas a los actores.* Tb. el lugar donde se guardan. *El vestuario está listo en guardarropía para el ensayo general.*

guardavalla. m. y f. Am. *Dep.* Portero (jugador). *La guardavalla brasileña fue la figura del choque* [C]. ▶ *PORTERO.

guardería. f. Establecimiento donde se cuida y atiende a niños que aún no están en edad escolar. *Hasta que cumpla los dos años no llevaré a mi hija a una guardería.* Tb. ~ *infantil. Trabaja en una guardería infantil.*

guardés, sa. m. y f. **1.** Persona encargada de cuidar una casa o una finca. *La casa tiene guardés.* ○ m. pl. **2.** Matrimonio encargado de cuidar una casa o una finca. *Los guardeses viven en una de las casas del cortijo.*

guardia. f. **1.** Hecho de guardar o vigilar. *Dos soldados hacen guardia a las puertas de palacio.* **2.** Servicio de guardia (→ 1) obligatorio que prestan por turno los miembros del ejército. *El sargento me ha puesto guardia para esta noche.* **3.** Servicio obligatorio que prestan por turno algunos profesionales fuera del horario habitual. *Esta noche tengo guardia en el hospital.* **4.** Conjunto de personas armadas que aseguran la defensa de una persona o de un puesto. *¡A mí la guardia!* **5.** Cuerpo armado que se encarga de las funciones de vigilancia o defensa. *La Guardia Municipal amplía su plantilla.* **6.** En el boxeo: Posición de los brazos para protegerse de los golpes del adversario. *El púgil intentaba mantener alta la guardia.* **7.** En la esgrima: Posición de defensa. Frec. en la constr. *en ~. Los contrincantes empuñaron sendos* *floretes y se pusieron en guardia.* ○ m. y f. **8.** Miembro de una guardia (→ 5). *Si no encuentras la calle, pregúntale a un guardia. Se casó con un guardia urbano. Una guardia de tráfico me puso una multa.* ■ ~ **civil.** f. **1.** (En mayúsc.). Cuerpo de seguridad español encargado espec. de la vigilancia de las zonas rurales, las fronteras marítimas o terrestres, las carreteras y los ferrocarriles. *El duque de Ahumada creó la Guardia Civil.* □ m. y f. **2.** Miembro de la Guardia Civil (→ **guardia civil** 1). *Es guardia civil como su padre. Los guardias civiles visten de verde.* ■ ~ **de asalto.** f. **1.** (En mayúsc.). histór. Cuerpo de la Segunda República española creado para reprimir movimientos subversivos o de desorden público. *La Guardia de Asalto tenía tomada la calle.* □ m. **2.** histór. Miembro de la Guardia de Asalto (→ **guardia de asalto** 1). *Un guardia de asalto se dirigió a él.* ■ **Guardia de Corps.** f. histór. Cuerpo destinado a proteger al rey. *Apareció el Rey rodeado de su Guardia de Corps.* ■ ~ **marina.** → **guardiamarina.** □ **bajar la ~.** loc. v. Descuidar la vigilancia o la defensa. *Es difícil pillarla en un error porque nunca baja la guardia.* ■ **de ~.** loc. adv. Cumpliendo el servicio de guardia (→ 2, 3). *El soldado no puede hablar mientras está de guardia. La farmacia del barrio está de guardia.* Tb. loc. adj. *Presentamos una denuncia en el juzgado de guardia.* ■ **en ~.** loc. adv. En actitud de vigilancia o defensa. *La campaña pretende poner en guardia contra los peligros del tabaco.* ■ **montar ~.** loc. v. **1.** *Mil.* Hacer guardia (→ 1). *Los soldados montaban guardia en el campamento.* **2.** Vigilar. *Una corte de admiradoras montaba guardia en la puerta de la casa del cantante.*

guardiamarina. (Tb. **guardia marina**). m. y f. Alumno de uno de los dos últimos años en la Escuela Naval Militar. *Hay varios guardiamarinas en el puerto. Su hermano es guardia marina. Los guardiamarinas visten de blanco.*

guardián, na. m. y f. Persona encargada de guardar o cuidar algo o a alguien. *Mi perro es el mejor guardián de mi casa. Es un celoso guardián de la moralidad.*

guarecer. (conjug. AGRADECER). tr. **1.** Cobijar (algo o a alguien). *El tejadillo nos guarece de la lluvia.* ○ intr. prnl. **2.** Cobijarse. *Han entrado en un portal para guarecerse.* ► **1:** *REFUGIAR. **2:** *REFUGIARSE.

guarida. f. **1.** Cueva o lugar protegido donde se guarece un animal. *La loba tuvo a sus crías en la guarida.* **2.** Lugar donde se refugia o esconde alguien, espec. un delincuente. *La policía ha localizado la guarida de los ladrones.*

guarismo. m. Cifra o conjunto de cifras que expresan una cantidad. *La numeración decimal utiliza como base diez guarismos. El informe está lleno de guarismos y estadísticas.*

guarnecer. (conjug. AGRADECER). tr. **1.** Poner adornos o complementos (a algo). *Las paredes del parador están guarnecidas* CON *tapices. Lleva un vestido de seda guarnecido* DE *encaje.* **2.** Acompañar (un plato de carne o pescado) con guarnición. *Puede guarnecer el solomillo* CON *unas patatas. De segundo hay lenguado guarnecido* DE *verduras.* **3.** *Mil.* Estar una tropa o un soldado (en un lugar) para defender(lo). *Los soldados guarnecían las murallas de la ciudad.*

guarnición. f. **1.** Adorno o complemento con que se guarnece algo. *La guarnición de la capa es de pedrería.* **2.** Porción de hortalizas o legumbres que se sirve para acompañar un plato de carne o de pescado. *El filete lleva guarnición de ensalada o patatas fritas.* **3.** Tropa que guarnece o defiende un lugar. *Los galos atacaron a las guarniciones romanas de la costa.* **4.** En una espada u otra arma blanca: Pieza junto al puño, que sirve para resguardar la mano. *El caballero tenía una espada de empuñadura y guarnición doradas.* ○ pl. **5.** Conjunto de correas y otros objetos que se ponen a las caballerías para montarlas o cargarlas, o para que tiren de los carruajes. *En la cuadra se guardan las guarniciones de los caballos.* ► **5:** *ARNÉS.

guaro. m. Am. Aguardiente de caña. *Me acurruco en el sillón con una botella de guaro en el regazo* [C].

guarra. → **guarro.**

guarrada. f. **1.** coloq. Cosa que produce asco. *No pienso comerme esa guarrada.* **2.** coloq. Hecho o dicho sucios o indecentes. *A esas horas, en la tele solo ponen guarradas. ¡Niño, no digas guarradas!* **3.** coloq. Mala pasada. *Lo que me has hecho es una guarrada.*

guarrazo. m. coloq. Golpe fuerte que se recibe al caer o chocar. *Resbalé y me pegué un guarrazo. ¡Qué guarrazo se ha dado esa moto!*

guarrear. intr. Hacer guarrerías o cosas que producen asco. *El bebé guarreaba con la papilla.*

guarrería. f. **1.** coloq. Porquería (suciedad o basura). *A ver si limpias la cocina, que está llena de guarrería.* **2.** coloq. Cosa que produce asco. *¡Qué guarrería de habitación! Sacarse la comida de la boca es una guarrería.* **3.** coloq. Hecho o dicho groseros o indecentes. *Está en la edad de decir guarrerías.* **4.** coloq. Porquería (alimento poco nutritivo). *No tomes más guarrerías, que luego no vas a comer.*

guarro, rra. m. **1.** Cerdo (mamífero). *Ha ido a dar de comer a los guarros.* Tb. designa específicamente al macho. *En diciembre matarán al guarro.* ○ f. **2.** Cerda (hembra del cerdo). *La guarra ya ha parido.* ○ m. y f. **3.** coloq. Cerdo (persona sucia o grosera). *Aséate un poco, que si no van a pensar que eres un guarro.* Tb. adj. *No seas tan guarra y deja de meterte el dedo en la nariz.* **4.** coloq. Cerdo (persona mala o despreciable). *¿Quién habrá sido el guarro que se ha chivado?* Tb. adj. *El tío guarro me debe dinero y no quiere pagarme.* ► **1:** *CERDO.

guasa. f. coloq. Broma o burla. *Menos guasa, que esto es muy serio. Hoy no estoy para guasas.* ■ **estar de ~.** loc. v. coloq. Bromear. *No me tomes en serio, que estoy de guasa.*

guasearse. intr. prnl. Burlarse de una persona o cosa. *Se guasea* DE *todo el mundo.*

guaso, sa. → **huaso.**

guasón, na. adj. Bromista o burlón. *Había un tono guasón en sus palabras.* Dicho de pers., tb. m. y f. *No le hagas caso, que es un guasón.*

guata. f. Algodón en rama que, dispuesto en capas, se emplea para acolchados o como material de relleno. *El chaquetón tiene un agujero por donde se sale la guata.*

guatear. tr. Rellenar (algo) con guata. *El taller confecciona batas guateadas.*

guatemalteco, ca. adj. De Guatemala. *Han hallado restos de la civilización maya en la selva guatemalteca.* Dicho de pers., tb. m. y f. *El quetzal es la moneda de los guatemaltecos.* ► **Am:** CHAPÍN.

guateque. m. Fiesta casera de gente joven, en que hay baile, merienda y bebidas. *Mis padres se conocieron en los años sesenta, en un guateque.*

guau. interj. Se usa para imitar la voz característica del perro. *–Nene, ¿cómo hace el perrito? –Guau, guau.*

guay. adj. **1.** coloq. Muy bueno o estupendo. Frec. en el lenguaje de los jóvenes. *¡Qué chica más guay! El viernes es un día guay.* ● adv. **2.** coloq. Muy bien o estupendamente. Frec. en el lenguaje de los jóvenes. *Esa falda te queda guay. –¿Qué tal las vacaciones? –¡Guay!*

guayaba. f. Fruto del guayabo, de forma aovada, color gralm. amarillento o verdoso, y carne llena de semillas pequeñas. *La frutería vende frutas tropicales, como mangos y guayabas.*

guayabera. f. Prenda de vestir masculina, a modo de camisa suelta y ligera, que tiene bolsillos en la pechera y los faldones, y se lleva por fuera del pantalón. *El cantante cubano lleva una guayabera blanca.*

guayabo[1]**.** m. Árbol originario de América, de tronco torcido, hojas ásperas y gruesas, y flores blancas y olorosas, cuyo fruto es la guayaba. *Unas indígenas descansan a la sombra de los guayabos.*

guayabo[2]**.** m. coloq. Muchacha joven y guapa. *Está saliendo con un guayabo de veinte años.*

guayanés. adj. De Guayana (territorio del nordeste de Sudamérica). *Holandeses, británicos y franceses se asentaron en las costas guayanesas.* Dicho de pers., tb. m. y f.

gubernamental. adj. **1.** Del Gobierno del Estado. *La oposición critica la política gubernamental.* **2.** Partidario del Gobierno. *Las emisoras gubernamentales procuran tranquilizar a la población.*

gubernativo, va. adj. Del Gobierno. *El asunto queda fuera de las competencias gubernativas.*

gubia. f. Herramienta de carpintería, semejante a un formón pero con hoja de perfil semicircular, que sirve para labrar superficies curvas. *El ebanista da forma a las molduras con la gubia.*

guedeja. f. Mechón de pelo, espec. si es largo. *Una guedeja le cae sobre la frente.* Más frec. en pl. *Alisa sus guedejas con un cepillo.*

güelfo, fa. adj. **1.** histór. En la Italia medieval: Partidario de los papas y enfrentado a los gibelinos, defensores de la dinastía imperial alemana. Tb. m. y f. *El conflicto entre güelfos y gibelinos se extendió de Florencia al resto de Italia.* **2.** histór. De los güelfos (→ 1). *El partido güelfo defendía la independencia de Italia frente al poder imperial.*

guepardo. m. Mamífero carnívoro africano de gran tamaño, semejante al leopardo pero más esbelto y veloz, y con una franja negra que va desde el ojo a la boca. *El guepardo hembra. Los guepardos nacen sin manchas.*

güero, ra. adj. Am. Dicho de persona: Rubia. *Luisillo, de tan güero, es casi albino* [C]. Tb. m. y f. *Se defienden ayudados por la güera oxigenada* [C]. *Los ojos fisgaban a las güeritas que pasaban por el mercado* [C]. ▶ *RUBIO.

guerra. f. **1.** Lucha armada entre dos o más países o grupos. *La Guerra de la Independencia española comenzó en 1808. El fanatismo religioso puede llevar a la guerra.* **2.** Enfrentamiento entre personas o grupos. *Hay una verdadera guerra de medios de comunicación. La discriminación conduce a la guerra de sexos.* ■ ~ **civil.** f. Guerra (→ 1) entre los habitantes de un mismo país. *Tras la muerte del dictador, hubo un largo período de guerras civiles.* ■ ~ **de nervios,** o **psicológica.** f. Enfrentamiento sin violencia física, en el que se intenta desmoralizar al enemigo. *La propaganda formaba parte de la guerra psicológica.* ■ ~ **fría.** (Frec. en mayúsc.). f. Situación de hostilidad entre dos naciones o grupos de naciones, sin llegar al empleo de las armas. *La Guerra Fría entre los bloques capitalista y socialista comenzó tras la Segunda Guerra Mundial.* ■ ~ **santa.** f. Guerra (→ 1) que se hace por motivos religiosos, espec. la que hacen los musulmanes a quienes no lo son. *El imán llamó a la guerra santa.* ■ ~ **sucia.** f. Conjunto de acciones que están al margen de la legalidad y que combaten a un determinado grupo social o político. *El tribunal condenó a los responsables de la guerra sucia contra el terrorismo.* □ **dar ~.** loc. v. coloq. Molestar o incordiar. *Mi hijo come mucho y no da guerra. El estómago llevaba unos días dándole guerra.* ■ **de antes de la ~.** loc. adj. coloq. Muy antiguo. *Llevas unas gafas de antes de la guerra.* ■ **declarar la ~** un país (a otro). loc. v. Hacer(le) saber la decisión de trata(lo) como enemigo, y empezar la guerra (→ 1) (contra él). *Alemania e Italia declararon la guerra a Estados Unidos en 1941.* ■ **hacer** alguien **la ~ por su cuenta.** loc. v. No tener en cuenta a nadie, ir por libre. *De Pepe no esperéis nada; él hace la guerra por su cuenta.* ■ **tener la ~ declarada** (a alguien o algo). loc. v. Actuar de manera hostil (con ellos) continuamente o por sistema. *Desde que discutimos, me tiene la guerra declarada. Los ecologistas tienen la guerra declarada a la fábrica de papel.*

guerrear. intr. Hacer la guerra contra alguien. *Unos clanes guerreaban* CONTRA/CON *otros.*

guerrero, ra. adj. **1.** De la guerra. *El libro narra las hazañas guerreras de Asdrúbal.* **2.** Que hace la guerra. *Las amazonas eran mujeres guerreras.* **3.** Inclinado a la guerra. *Los mongoles eran un pueblo guerrero. Unos son pacíficos, otros no ocultan su espíritu guerrero.* **4.** coloq. Dicho espec. de niño: Que da guerra o que molesta. *Los de 1º A son muy guerreros.* ● m. **5.** Soldado, o persona que lucha en una guerra. Gralm. referido a época antigua. *Los guerreros galos hicieron frente a las legiones romanas.* ○ f. **6.** Chaqueta de uniforme militar, ajustada y abrochada desde el cuello. *El militar lleva la guerrera llena de condecoraciones.* ▶ **1:** BÉLICO. **3:** BELICOSO.

guerrilla. f. Grupo armado independiente y gralm. poco numeroso, que lucha por motivos políticos contra un ejército o contra el poder establecido, acosando al enemigo con ataques por sorpresa. *Se reanudaron las negociaciones entre el Gobierno y la guerrilla.*

guerrillero, ra. adj. **1.** De la guerrilla. *Un ataque guerrillero.* ● m. y f. **2.** Miembro de una guerrilla. *Los guerrilleros antifranquistas resistían en las montañas.*

gueto. m. **1.** Barrio o suburbio en que vive aislada o marginada una comunidad de personas. *Ningún blanco se atrevía a entrar en los guetos negros.* **2.** Lugar en que vive marginado un grupo de personas. *Los colegios públicos no deben convertirse en guetos para inmigrantes.* Tb. fig. *La autora se niega a que la incluyan en el gueto de la literatura femenina.* **3.** Judería. *La película recrea la ocupación nazi y la destrucción del gueto de Varsovia.*

guía. f. **1.** Cosa que guía. *El sol nos sirvió de guía. La Biblia es su guía.* **2.** Libro que contiene datos o normas orientativos sobre una materia. *Compró un botiquín y una guía de primeros auxilios. No olvides meter en la maleta la guía de viaje.* **3.** Lista impresa de nombres o datos ordenados alfabéticamente, gralm. presentada en forma de libro. *Busca el número en la guía telefónica. El taxista saca de la guantera una guía de calles.* **4.** Pieza que sirve para obligar a otra a seguir en su movimiento un camino determinado. *El cajón no cierra porque se ha salido de sus guías.* **5.** Vara que se coloca junto al tallo de una planta para dirigir su crecimiento. *Han puesto guías a las tomateras.* **6.** Extremo del bigote terminado en punta. *El hombre se retuerce las guías del bigote.* ○ m. y f. **7.** Persona que guía. *Para cruzar la selva nos hacía falta un guía. El sacerdote era su guía espiritual.* **8.** Persona que se dedica a enseñar a los turistas y visitantes las cosas notables de un lugar. *Trabaja de guía turístico en la Alhambra.* ► **Am: 7:** BAQUEANO, BAQUIANO.

guiar. (conjug. ENVIAR). tr. **1.** Ir mostrando el camino (a alguien). *La Estrella Polar guía a los navegantes. El perro lazarillo guiaba a su amo.* **2.** Dirigir u orientar (a alguien) en algo. *El sacerdote guía a sus fieles.* ○ intr. prnl. **3.** Tener algo que muestra el camino. *Se guió* POR *las piedras del camino para volver a casa.* ► **2:** *DIRIGIR.

guija. f. Piedra pequeña y lisa que se encuentra en las orillas y cauces de los ríos. *Sintió bajo sus pies las guijas pulidas del arroyo.*

guijarro. m. Canto rodado pequeño. *Se entretenía lanzando guijarros al río.*

guillotina. f. **1.** Máquina para decapitar a los condenados a muerte, consistente en una cuchilla ancha y pesada que baja deslizándose entre dos guías verticales. *Muchos murieron en la guillotina durante la Revolución francesa.* **2.** Máquina para cortar papel, gralm. consistente en una cuchilla vertical que se desliza guiada hasta una base. *Utiliza la guillotina para cortar por la mitad la pila de folios.*

guillotinar. tr. **1.** Ejecutar (a alguien) mediante la guillotina. *Los revolucionarios guillotinaban a los nobles durante la Revolución francesa. Robespierre murió guillotinado.* **2.** Cortar (algo) de manera parecida a como lo hace la guillotina. *Ha guillotinado el cigarro con el cortapuros.*

guinda. f. **1.** Fruto del guindo, semejante a la cereza pero de menor tamaño, ácido y de color rojo vivo, que se emplea en repostería. *El pastel estaba adornado con una guinda.* **2.** coloq. Cosa que remata o culmina algo. *El golazo de cabeza fue la guinda de un partido magnífico.* ■ **échale ~s (al pavo).** expr. coloq. Se usa para expresar asombro o para enfatizar la importancia de algo. *¡Mira con lo que me salta la niña, échale guindas al pavo!*

guindilla. f. **1.** Variedad de pimiento pequeño, alargado y picante. *Rehoga las angulas con ajo y guindilla picada.* ○ m. **2.** histór., coloq. Miembro de la policía municipal. *Iba escoltado por una pareja de guindillas.*

guindo. m. Variedad de cerezo, de hojas pequeñas y flores blancas, cuyo fruto es la guinda. *Los guindos suelen ser más pequeños que los cerezos.* ■ **caerse** alguien **de un,** o **del, ~.** loc. v. **1.** coloq. Ser muy inocente o crédulo. *No me vengas con cuentos, ¿o crees que me he caído de un guindo?* **2.** coloq. Caer en la cuenta o enterarse de algo obvio. *Finge caerse ahora del guindo, pero lo sabía todo.*

guineano, na. adj. De la República de Guinea, o de Guinea-Bissau, o de Guinea Ecuatorial (países de África). *El avión aterrizó en Malabo, la capital guineana.* Dicho de pers., tb. m. y f.

guineo. m. Am. Variedad de plátano, de tamaño pequeño y sabor muy dulce. *Empuja las tajadas de guineo en el triturador* [C]. Tb. la planta. *Empezó a balancearse en el mecedor, contemplando las matas de guineo del patio* [C].

guiñapo. m. **1.** Andrajo (prenda vieja y rota). *La chaqueta del mendigo es un guiñapo mugriento.* Frec. en la constr. *hecho un ~*. *Ha dormido sin quitarse la ropa, por eso tiene el traje hecho un guiñapo.* **2.** Persona moralmente abatida o físicamente muy débil. Frec. en la constr. *hecho un ~*. *La gripe me ha dejado hecha un guiñapo.* ► **1:** *ANDRAJO.

guiñar. tr. **1.** Cerrar (un ojo) por un momento manteniendo el otro abierto, gralm. como seña. *Me ha guiñado el ojo para que le siga la corriente.* **2.** Cerrar ligeramente (los ojos), por efecto de la luz o por mala visión. *Los miopes guiñan los ojos cuando no llevan gafas. La claridad me hacía guiñar los ojos.*

guiño. m. **1.** Hecho de guiñar, espec. como seña. *Mi pareja en el mus me hizo un guiño.* **2.** Mensaje implícito. *El libro está cargado de guiños al lector.*

guiñol. m. Teatro de títeres que se manejan metiendo la mano en su interior. *Una función de guiñol.*

guiñolesco, ca. adj. Del guiñol. *Los críticos hablan del carácter de farsa guiñolesca que tiene la obra.*

guion o **guión.** m. **1.** Texto breve y esquemático que sirve de guía para desarrollar un tema. *Miraba el guión de vez en cuando para no perder el hilo de su discurso.* **2.** Texto en que figura de forma completamente detallada el contenido de una película o de un programa de radio o televisión, con las indicaciones necesarias para su realización. *Los actores no se sabían el guión.* **3.** Signo ortográfico (-) que se usa para dividir una palabra en final de línea o para relacionar elementos, espec. los que forman una palabra compuesta. *Aquí se te ha olvidado poner guión al final de la línea. El nombre de la carretera lleva una letra, un guión y un número.* ■ **~ largo.** m. Raya (signo ortográfico). *Las aclaraciones pueden ir delimitadas por paréntesis o por guiones largos.*

guionista. m. y f. Autor de guiones cinematográficos, radiofónicos o televisivos. *El director es también el guionista de la película.*

guipar. tr. coloq. Ver (algo o a alguien), o percibir(los) por los ojos. *No hagas trampas, que te guipo.*

guipuzcoano, na. adj. De Guipúzcoa. *San Sebastián es la capital guipuzcoana.* Dicho de pers., tb. m. y f.

guiri. m. y f. coloq. Extranjero, espec. el turista. *La playa está llena de guiris.*

guirigay. m. coloq. Alboroto causado por varios que hablan, gritan o cantan a la vez. *Es imposible entenderse en medio de aquel guirigay. Le despertó el guirigay de los pájaros.*

guirlache. m. Pasta dulce en forma de tableta, hecha de almendras tostadas y caramelo. *Sacaron una bandeja con turrón y guirlache.*

guirnalda. f. Tira tejida gralm. con flores y ramas, que se emplea como adorno. *Las bailarinas hawaianas llevan guirnaldas de flores en la cabeza.*

güiro. m. frecAm. Instrumento musical popular antillano, hecho con una calabaza. *El ritmo del danzón es lento y está marcado por el güiro* [C].

guisa. f. cult. Modo o manera. *Eran frailes, o al menos de tal guisa iban vestidos.* Frec. en la constr. *a ~ de*. *Solo lo he mencionado a guisa de ejemplo.*

guisado. m. Guiso de carne o de pescado en trozos, que se rehogan antes de cocerlos en salsa. *Ha preparado un guisado de cordero con patatas.*

guisante. m. Semilla comestible pequeña, redonda y de color verde, que crece con otras en hilera dentro de un fruto en vaina casi cilíndrico. *Compré una lata de guisantes para la ensaladilla.* Tb. la planta y su fruto. *En el huerto tienen plantados guisantes. Desgrana unos guisantes.* ▶ **Am:** ARVEJA.

guisar. tr. **1.** Preparar (los alimentos) sometiéndo(los) a la acción del fuego. *¿Cómo guisas ese pescado? Come fuera porque no sabe guisar.* **2.** Preparar (los alimentos) cociéndo(los) en una salsa después de rehogar(los). *La ternera le gusta guisada o asada, pero no frita.*

guiso. m. Comida guisada. *Nadie prepara los guisos como mi abuela.*

guisote. m. coloq. Guiso mal hecho. *En la escalera olía a guisote quemado.*

güisquería. → **whiskería.**

güisqui. → ***whisky.***

guita. f. **1.** Cuerda delgada de cáñamo. *El paquete va atado con una guita.* **2.** coloq. Dinero (conjunto de monedas o billetes). *Paga tú, que yo no tengo guita.*

guitarra. f. **1.** Instrumento musical de cuerda, compuesto por una caja de madera en forma de "8", con un agujero en el centro, y un mástil en que se sujetan las cuerdas, gralm. seis, que se hacen sonar con los dedos. *Está aprendiendo a tocar la guitarra. Interpretarán el "Concierto de Aranjuez" para guitarra y orquesta.* ○ m. y f. **2.** Guitarrista. *El grupo lo componen un guitarra, un bajo y un batería.* ■ **~ eléctrica.** f. Guitarra (→ 1) cuyo sonido se amplifica por medios electrónicos. *Toca la guitarra eléctrica en un grupo de* rock.

guitarrista. m. y f. Músico que toca la guitarra. *La guitarrista del grupo toca un solo.* ▶ GUITARRA.

güito. m. Hueso de un fruto, espec. de albaricoque o de aceituna. *Ten cuidado, no vayas a tragarte el güito.* ▶ *HUESO.

gula. f. Vicio de comer y beber exageradamente y sin moderación. *Sigo comiendo por gula, no por hambre.*

gulag. m. Campo de concentración de la antigua Unión Soviética. *Estuvo confinado en un gulag en la época de Stalin.*

gumía. f. Arma blanca árabe, en forma de daga un poco curva. *El tuareg llevaba una gumía al cinto.*

guripa. m. coloq. Miembro del cuerpo de policía. *Unos guripas lo andan buscando.*

gurriato. m. Pollo del gorrión. *Los gurriatos pían en el nido.*

gurruño. m. Bola arrugada y compacta de algo, espec. de tela o de papel. *Hizo un gurruño con la carta y la tiró a la papelera. Las sábanas estaban en el suelo hechas un gurruño.*

gurú. m. **1.** En el hinduismo: Maestro o jefe espiritual. *El gurú meditaba en el templo.* **2.** Persona considerada un maestro o una autoridad en un área determinada. *En la revista escriben los grandes gurús del periodismo.*

gusanillo. m. coloq. Inquietud, espec. la producida por el deseo de hacer algo. *Sintió el gusanillo del deporte desde la niñez.* ■ **matar el ~.** loc. v. **1.** coloq. Saciar el hambre momentáneamente. *Vamos a picar algo para matar el gusanillo.* **2.** coloq. Beber aguardiente en ayunas. *En cuanto se levanta, coge la botella para matar el gusanillo.*

gusano. m. **1.** Animal invertebrado pequeño, de cuerpo blando, alargado y cilíndrico o aplanado, que carece de patas y camina arrastrándose. *La tenia es un gusano parásito que vive en el intestino.* **2.** Animal pequeño, de cuerpo blando y alargado, como la oruga o la larva de un insecto. *El gusano se transforma en mariposa.* **3.** Persona mala o despreciable. *Solo un vil gusano como tú podría hacer una cosa así.* ■ **~ de (la) seda.** m. Oruga que fabrica un capullo del que se obtiene la seda. *Los gusanos de seda se alimentan de la hoja de la morera.* ▶ **1:** VERME.

gusarapo. m. Animal con forma de gusano, que se cría en un líquido, espec. en agua. *Limpiaban a fondo los bidones para que no criaran gusarapos.*

gustar. intr. **1.** Causar placer o satisfacción a alguien. *¿Te gustan los macarrones? Le gusta montar en bicicleta. A mi perro le gusta que lo acaricies. El candidato no gusta demasiado entre la población.* **2.** Resultar una persona atractiva a otra. *Me gusta una chica del instituto.* Tb.: *Tu hermana y mi hermano se gustan.* **3.** cult. Sentir placer o satisfacción con algo. *Los aficionados a la buena mesa gustan también* DE *los buenos vinos. La anciana gusta* DE *la compañía de sus nietos.* ○ tr. **4.** cult. Probar o tomar (una comida o bebida). *El sumiller gustó el vino antes de servirlo.* **5.** cult. Experimentar o probar (algo). *Se hizo marino para gustar aventuras.* ■ **¿(usted) gusta?** expr. Se usa como fórmula de cortesía que se dirige a alguien cuando uno va a empezar a comer. *Voy a merendar, ¿usted gusta?* ▶ **1:** *AGRADAR.

gustativo, va. adj. Del sentido del gusto. *Las papilas gustativas están situadas en la lengua.*

gustazo. m. coloq. Gusto o placer intensos producidos por algo muy deseado. *Con este calor, la ducha es un gustazo.* Frec. en la constr. *darse el ~. Me di el gustazo de decirle cuatro cosas al jefe.*

gustillo. m. Sabor que se percibe en una cosa junto con el sabor principal. *El vino tenía un gustillo rancio.*

gusto. m. **1.** Sentido corporal que permite percibir los sabores. *La lengua es el órgano del gusto.* **2.** Sabor de una cosa. *El limón tiene gusto ácido.* **3.** Placer o satisfacción. *Tengo el gusto de presentarles al ganador del concurso. Da gusto verte comer. Con mis ahorros me puedo dar el gusto de dar la vuelta al mundo. Si me lo pides tú, lo haré con gusto.* **4.** Voluntad o deseo. *Ha sido su gusto venir; nadie la ha obligado.* **5.** Afición o inclinación por algo. *Heredó de su abuelo el gusto* POR *las letras.* **6.** Manera que tiene cada persona de apreciar las cosas. *Mis gustos musicales han cambiado con los años. Para mi gusto está soso. Lo de la ropa va en gustos.* **7.** Manera de sentir o apreciar la belleza. *La dama de la foto va arreglada según el gusto de la época.* **8.** Facultad de sentir o apreciar lo bello o lo feo. Frec. con los adj. *bueno* o *malo. Marta tiene muy buen gusto.* **9.** Cualidad que hace bello o feo algo. Frec. con los adj. *bueno* o *malo. Obra de buen gusto. Adorno de mal gusto.* **10.** Buen gusto (→ 8, 9). *Luis tiene gusto. El local está decorado con gusto.* ■ **a ~.** loc. adv. Cómodamente. *En tren se viaja muy a gusto. No me encuentro a gusto en mi nuevo trabajo.* ■ **al ~.** loc. adv. Según el gusto (→ 4) de cada persona. *Aquí preparan los huevos al gusto.* ■ **coger,** o **tomar, el ~** (a algo). loc. v. Aficionarse (a ello). *Le estoy cogiendo el gus-*

to a la vida de casado. Le ha tomado el gusto a viajar y no para en casa. ■ **con mucho ~.** expr. Se usa como fórmula de cortesía para responder afirmativamente a una petición o invitación. *–¿Me deja pasar, por favor? –Con mucho gusto, señorita.* ■ **dar ~** (a alguien). loc. v. Complacer(lo). *Te voy a dar gusto solo por no oírte.* ■ **mucho,** o **tanto ~.** expr. Se usa como fórmula de saludo en presentaciones formales. *–Te presento al señor García. –Mucho gusto. –Esta es Ana. –Tanto gusto.* ■ **que es un ~.** loc. adv. coloq. Mucho. *Corre que es un gusto. Llovía que era un gusto.* ■ **tomar el ~** (a algo). → **coger el gusto.** ▶ **1:** PALADAR. **3:** *PLACER.

gustoso, sa. adj. **1.** Que tiene buen gusto o sabor. *Nos han servido una comida muy gustosa.* **2.** Que hace algo con gusto o placer. *Aceptó gustoso la invitación.* **3.** Que causa gusto o placer. *El terciopelo tiene un tacto gustoso.*

gutural. adj. **1.** De la garganta. *En la figura puede verse un esquema de la región gutural.* **2.** Producido en la garganta. *Al contener la risa, le salió un sonido gutural.*

h

h. f. Letra del abecedario español cuyo nombre es *hache*, y que no se pronuncia. *Ahora, herrero.*

H. (pl. **HH.**). abrev. Hermano. *El H. Felipe es el portero.*

haba. f. **1.** Cada una de las semillas comestibles en forma de riñón, semejantes a la judía pero aplastadas y más grandes, que crecen en hilera en frutos con forma de vaina y se consumen verdes o secas. *De primero pedí habas con jamón.* Tb. la planta y el fruto. *Vamos a plantar habas y tomates. Se sentaron en la mesa a pelar habas.* **2.** Semilla de algunos frutos, como el café o el cacao. *España importa habas de soja de Hispanoamérica.* ■ **del ~.** loc. adj. coloq. Pospuesto al adjetivo despectivo *tonto,* se usa para enfatizar el significado de este. *Hay que ser tonto del haba para dejarse engañar así.* ■ **en todas partes cuecen ~s.** expr. coloq. Se usa para expresar que un inconveniente o un defecto no es exclusivo de un lugar concreto. *Por muy ricos que sean, también tendrán sus líos: en todas partes cuecen habas.* ■ **ser ~s contadas.** loc. v. Constituir un número fijo y escaso. *Los que aún trabajan como afiladores son habas contadas.*

habanero, ra. adj. **1.** De La Habana (capital de Cuba), o de su provincia. *Pasean por el malecón habanero.* Dicho de pers., tb. m. y f. *Me alojé en casa de un habanero amigo mío.* ● f. **2.** Canción de origen cubano, de ritmo pausado y compás binario. *Concurso de habaneras.* Tb. su baile. *Es una maestra bailando habaneras.*

habano, na. adj. **1.** Dicho de tabaco: Cubano, espec. de La Habana. *Fuma tabaco habano.* ● m. **2.** Cigarro puro cubano. *Al final del convite de boda repartirán habanos.* ▶ **2:** *CIGARRO.

hábeas corpus. (loc. lat.). m. *Der.* Derecho de un ciudadano detenido a comparecer inmediata y públicamente ante un juez para que resuelva si su detención es legal. *Recurso de hábeas corpus. El detenido presenta una petición de hábeas corpus.*

haber. (conjug. HABER). aux. **1.** Seguido de la forma del participio en -*o* de cualquier verbo, se usa para formar todos los tiempos compuestos correspondientes. *Si lo hubiera sabido, te lo habría dicho. A esa hora ya habrán vuelto. Negó haber robado los documentos.* **2.** Seguido de *de* y un infinitivo, expresa obligación de hacer lo expresado por el infinitivo, o la necesidad de que suceda. *He de levantarme antes de las 7. Habremos de arreglárnoslas sin su ayuda. Ha de saberse pronto qué pasó realmente. Ha de nevar en invierno para que se llenen los acuíferos. Necesariamente hemos de saberlo esta tarde cuando se publique el fallo.* ○ aux. impers. **3.** Seguido de *que* y un infinitivo: Ser necesario o conveniente hacer lo expresado por el infinitivo. *Hay que acostumbrarse a sus cambios de humor. Hay que clasificar esos expedientes. Habrá que empezar de nuevo. Hace tiempo que había que haber segado la hierba.* ○ tr. impers. **4.** Acompañado de un nombre o un pronombre, expresa existencia o presencia física de las personas o cosas designadas por ese nombre o pronombre. *Hay muchos que piensan como tú. Había dos señores que preguntaban por ti. Cuando haya membrillos, haremos dulce. Hay razones para pensar así. Hubo un tiempo en que fuimos amigos. No hay ninguna duda. Lo haremos así y no hay más que hablar. Los hay que prefieren seguir como siempre. Corrigieron la errata que había en la página veinte. Hubo las dificultades habituales. Hay una fuga de gas.* **5.** cult. Hacer (un período de tiempo). Se usa solo en la forma *ha* y detrás del complemento que expresa ese período de tiempo. *Los hechos relatados sucedieron siglos ha. Años ha aquí había una ermita.* ● m. **6.** En una cuenta corriente: Columna en que se apuntan las cantidades que se abonan al titular. Se usa en contraposición a *debe*. *La suma que le ingresaron figura en el haber.* Tb. fig. *El deportista tiene en su haber numerosos títulos.* **7.** Conjunto de bienes de una persona. Frec. en pl. *La mitad de sus haberes pasará a manos de los acreedores.* ■ **habérselas** (con alguien o algo). loc. v. Enfrentarse (con esa persona o cosa). *Tendré que habérmelas yo sola* CON *la declaración de la renta. Si me provocas, tendrás que habértelas* CONMIGO. ■ **habido y por ~.** loc. adj. Que puede imaginarse. Se usa con intención enfática y precedida de *todo*. *Revisó toda la información habida y por haber sobre el tema. Superó todas las pruebas habidas y por haber.* Tb. sustantivada precedida de *lo*. *Me contó todo lo habido y por haber sobre su divorcio. Comió de todo lo habido y por haber.* ■ **no hay de qué.** expr. Se usa como fórmula de cortesía para contestar a alguien que da las gracias. *–Gracias por acompañarme. –No hay de qué.* ■ **no ~ por donde,** o **dónde, coger** (algo o a alguien). loc. v. Se usa para enfatizar la mala opinión que se tiene de alguien o de algo. *No hay por dónde coger este examen: está lleno de faltas y tiene una letra endiablada. Es mentiroso, fanfarrón, vago..., en fin, que no hay por dónde cogerlo.*

habichuela. f. Judía (planta, fruto, o semilla). *Tiene plantadas habichuelas en el huerto. Hemos comido un arroz con habichuelas.* ▶ JUDÍA.

hábil. adj. **1.** Capaz de realizar con éxito tareas manuales. *Un buen conductor debe ser hábil y poseer buenos reflejos. El chimpancé es el más hábil de los monos.* **2.** Dotado de inteligencia para actuar adecuadamente o lograr lo que se propone. *Si fueras más hábil, habrías esperado para darle la noticia. Es un político hábil.* **3.** Propio de la persona hábil (→ 1, 2). *Realizó hábiles maniobras para acceder al puesto.* **4.** Dicho de persona o cosa: Apta para algo. *Lo declararon hábil* PARA *el ejercicio de la medicina. Este tren no es hábil* PARA *el transporte de mercancías.* **5.** Dicho de período de tiempo: Que cuenta o es apto para la realización de una actividad, espec. para actuaciones judiciales o administrativas. *Dispone de quince días hábiles para presentar recurso.* ▶ **5:** ÚTIL.

habilidad. f. **1.** Cualidad de hábil. *Tiene gran habilidad manual. Ha esquivado con habilidad las preguntas comprometidas.* **2.** Cosa que alguien hace con habilidad (→ 1). *Hizo un despliegue de sus habilidades como artista de circo.*

habilidoso, sa. adj. Que tiene habilidad, espec. para tareas manuales. *Es tan habilidoso que hace todas las reparaciones caseras.*

habilitación. f. Hecho de habilitar. *El título acredita la habilitación del alumno* PARA *el ejercicio de una profesión. Se estudia la habilitación de la base militar como aeropuerto civil.*

habilitado, da. part. **1.** → **habilitar.** • m. y f. **2.** Persona encargada de cobrar de la Hacienda pública sueldos u otros haberes para entregarlos a los interesados, espec. a los funcionarios. *El habilitado deberá enviar copia de las nóminas a la inspección.*

habilitar. tr. **1.** Hacer (algo, espec. un lugar) apto para un fin, frec. distinto del que le es propio. *El banco habilitará una ventanilla* PARA *el pago de recibos.* **2.** Hacer (a alguien) hábil o apto para algo. *La ley habilita al vicepresidente* PARA *ejercer de presidente en funciones.*

habitabilidad. f. Cualidad de habitable, espec. la que deben tener un local o una vivienda de acuerdo con las normas legales. *Cédula de habitabilidad.*

habitable. adj. Que puede habitarse. *Para que la casa esté habitable, necesita una reforma.*

habitación. f. **1.** En una vivienda u otro edificio: Espacio limitado por tabiques destinado a comer, dormir, trabajar u otras actividades. *Usamos esta habitación de despacho. El material se almacena en una habitación del sótano.* **2.** Habitación (→ 1) de una vivienda destinada a dormir. *Se vende un piso de tres habitaciones.* ▶ **1:** DEPENDENCIA, ESTANCIA, PIEZA, CUARTO. **2:** *DORMITORIO. ‖ **frecAm: 1:** AMBIENTE.

habitáculo. m. **1.** Habitación o lugar destinados a vivienda, espec. si son precarios o rudimentarios. *Las familias se hacinan en habitáculos.* **2.** Espacio limitado y de dimensiones reducidas, destinado a ser ocupado por personas o animales. *Las gallinas de la granja están en habitáculos acondicionados.*

habitante. adj. Que habita un lugar. *La ardilla roja es una de las especies habitantes de nuestros pinares.* Dicho de pers., tb. m. y f. *España supera los cuarenta millones de habitantes.*

habitar. tr. **1.** Permanecer un ser vivo (en un lugar) a lo largo de su vida o parte de ella. *El reno habita las regiones árticas.* **2.** Ocupar alguien (un edificio u otra construcción) como residencia habitual. *Habita una casa de dos plantas.* ○ intr. **3.** Permanecer un ser vivo en un lugar a lo largo de su vida o de parte de ella. *La chumbera habita* EN *terrenos áridos o desérticos.* **4.** Ocupar alguien un edificio u otra construcción como residencia habitual. *La población más pobre habita* EN *viviendas precarias.* ▶ **1:** POBLAR. **3, 4:** RESIDIR, VIVIR.

hábitat. (pl. **hábitats**). m. *Ecol.* Lugar donde se dan las condiciones apropiadas para que habite una especie animal o vegetal. *El bosque es el hábitat del urogallo.* Tb. el conjunto de dichas condiciones. *La marea negra ha producido alteraciones en el hábitat del litoral.*

hábito. m. **1.** Manera individual de comportarse adquirida por repetición de actos iguales u originada por una tendencia natural. *Ha adquirido el hábito* DE *la lectura. El documental investiga los hábitos del oso pardo.* **2.** Dependencia patológica de algo, espec. de una sustancia. *Hay somníferos que crean hábito.* **3.** Traje que distingue a los miembros del clero o de una orden religiosa. *Los frailes dominicos llevan un hábito blanco con capucha.* ■ **colgar,** o **ahorcar, los ~s.** loc. v. coloq. Dejar un religioso la vida o los estudios eclesiásticos. *El sacerdote colgó los hábitos y se hizo profesor.* Tb. fig. *Se cansó de estudiar y colgó los hábitos.* ■ **tomar el ~,** o **los ~s.** loc. v. Ingresar en una orden religiosa con las formalidades correspondientes. *Se formó en el seminario y luego tomó los hábitos.* ▶ **2:** DEPENDENCIA.

habituación. f. Hecho o efecto de habituar o habituarse. *Hay que evitar la habituación* AL *medicamento.*

habitual. adj. **1.** Dicho de cosa: Que se tiene por hábito. *Esa es su conducta habitual.* **2.** Dicho de cosa: Que existe o se da normalmente o con frecuencia. *Los cortes de electricidad son habituales.* **3.** Dicho de persona: Que hace repetidamente lo que le es propio. *El detenido es un delincuente habitual.* **4.** Dicho de persona: Que acude repetidamente o por hábito a un lugar. *Reserva las mejores mesas para los clientes habituales.* ▶ **1:** ACOSTUMBRADO. **2:** ACOSTUMBRADO, COMÚN, CORRIENTE, FRECUENTE, ORDINARIO, USUAL.

habituar. (conjug. ACTUAR). tr. **1.** Acostumbrar (a alguien) a algo. *Habitúe a sus hijos* A *lavarse los dientes.* Tb. en constr. prnl. media. *No logra habituarse* A *vivir en el campo.* **2.** Hacer que (alguien) adquiera hábito o dependencia patológica de algo. *Un traficante la ha habituado* A *la heroína.* Tb. en constr. prnl. media. *Hay peligro de que el paciente se habitúe* A *los antidepresivos.* ▶ **1:** *ACOSTUMBRAR.

habla. f. **1.** Facultad de hablar. *Un trauma infantil le hizo perder el habla.* Frec. en constr. como *dejar sin ~* o *quedarse sin ~*, para expresar susto o asombro. *Su respuesta me ha dejado sin habla.* **2.** Hecho de hablar. *La enfermedad de Parkinson puede conllevar dificultades en la escritura y en el habla.* **3.** Manera particular de hablar. *Por el habla noté que era colombiano.* **4.** Lengua o idioma. *Países de habla inglesa.* **5.** *Ling.* Uso de la lengua que hace cada individuo. *Los fonemas son unidades de la lengua, y los sonidos, del habla.* ■ **al ~.** loc. adv. **1.** En trato o en comunicación con alguien. *Para más información, póngase al habla* CON *nuestras oficinas.* □ expr. **2.** Se usa para contestar una llamada telefónica cuando se es la persona con quien se quiere hablar. *–¿Me puede poner con el señor Pedraza? –Al habla, ¿quién es?* ▶ **4:** *LENGUA.

hablado, da. part. **1.** → **hablar.** • adj. **2.** Oral o producido a través del habla. *Las voces malsonantes son más propias del lenguaje hablado.* ■ **bien hablado.** → **bienhablado.** ■ **mal hablado.** → **malhablado.** ▶ **2:** ORAL.

hablador, ra. adj. Que habla mucho o de manera inoportuna. *¡Qué niña tan habladora!* Tb. m. y f. *Delante se sientan los aplicados y detrás los habladores.*

habladuría. f. **1.** Comentario crítico u ofensivo sobre alguien que no está presente. Frec. en pl. *Viste como quiere y le dan igual las habladurías de las vecinas.* **2.** Noticia falsa o sin confirmar que circula entre la gente. Frec. en pl. *Se oyen muchas habladurías sobre la salud del presidente.* ▶ **2:** *RUMOR.

hablante. adj. Que habla. *El modo de expresarse depende de la intención del sujeto hablante.* Frec. m. y f. *Hay unos 350 millones de hablantes de español.*

hablar. intr. **1.** Emitir palabras para hacerse entender. *El niño aún no sabe hablar. No para de hablar.* **2.** Imitar la voz humana. *Le han comprado una muñeca que habla. Enseñó a hablar a un periquito.* **3.** Dirigirse a alguien al hablar (→ 1). *¿Me hablas a mí?* **4.** Comunicarse o tratarse con alguien hablando (→ 1). *Ayer hablé* CON *él.* Tb.: *Tenéis que hablar para arreglar las cosas.* Tb. prnl. *Nos hablamos por teléfono con frecuencia.* **5.** Dar un discurso o disertación ante un público. *Mañana hablará en las Cortes el ministro de Hacienda.* **6.** Expresar noticias, ideas u opiniones sobre algo o alguien, hablando (→ 1) o por escrito. *Se pasan horas hablando* SOBRE *toros. Los periódicos hablan bien* DE *la obra.* **7.** Expresarse o decir algo sin hablar (→ 1). *Hablan por señas a través del cristal.* Tb. fig. *Las cifras hablan por sí solas.* **8.** Tratar una cosa sobre algo. *El primer capítulo habla* DE *los orígenes de la filosofía.* **9.** Murmurar o criticar. *No le importa que hablen* DE *él.* **10.** Sugerir o evocar una cosa algo. *Los viejos aperos de labranza hablan* DE *un mundo rural ya desaparecido.* **11.** Tener relaciones de noviazgo con otra persona. *Ese chico estuvo varios años hablando* CON *tu prima.* ○ intr. prnl. **12.** En construcción negativa: No tratarse una persona con otra, por haberse enemistado con ella. *No se habla* CON *su hermano.* Tb.: *Esos dos no se hablan.* ○ tr. **13.** Decir (algo). *La crítica habla maravillas de esta cantante.* **14.** Tratar (un tema o un asunto). *¿Por qué no te sientas y lo hablamos con calma?* **15.** Expresarse (en una lengua), o tener la capacidad de hacerlo. *Oí que hablaban alemán. Habla varios idiomas.* ■ **~ por ~.** loc. v. Decir algo sin fundamento o sin venir al caso. *La gente habla por hablar, porque en realidad pocos saben lo que pasó.* ■ **ni ~.** expr. coloq. Se usa para negar o rechazar algo con rotundidad. *–¿Quieres que te lleve? –¡Ni hablar, que tú conduces fatal! –¿Puedes prestarme dinero? –¡*DE *eso ni hablar!* ■ **no se hable más** (**de ello**, o **del asunto**). expr. Se usa para dar por concluida una discusión. *Venga, daos la mano y no se hable más del asunto.* ■ **solo le falta ~.** expr. Se usa para enfatizar la perfección de un animal o de una cosa, espec. de una representación humana. *A la "Mona Lisa" solo le falta hablar. Esta lavadora hace de todo, solo le falta hablar.*

hablilla. f. Noticia falsa o sin confirmar que circula entre la gente. *No presta oídos a las hablillas de los vecinos.* ▶ *RUMOR.

habón. m. Bulto en forma de haba que aparece en la piel, gralm. por una picadura de insecto. *Le picó una avispa en el brazo y le salió un enorme habón.*

hacedero, ra. adj. Que puede hacerse o es fácil de hacer. *Le tocó la parte más hacedera del trabajo.*

hacedor, ra. m. y f. **1.** Persona que hace algo. *Se ha definido al hacedor* DE *cuentos como un "novelista en pequeño".* **2.** (En mayúsc., gralm. con art.). Dios (ser supremo). *Responderá de sus pecados ante el Hacedor.* Frec. en constr. como *el Sumo,* o *el Supremo, Hacedor. Los fieles dan gracias al Sumo Hacedor.* ▶ **2:** *DIOS.

hacendado, da. adj. Dicho de persona: Que tiene muchas tierras u otros bienes inmuebles. *Desciende de una familia hacendada.* Tb. m. y f. *Se casó con un hacendado.*

hacendista. m. y f. Especialista en Hacienda pública. *Diversos hacendistas defienden la reducción del gasto público.*

hacendístico, ca. adj. De la Hacienda pública. *Reforma hacendística. Política hacendística.*

hacendoso, sa. adj. Diligente en las tareas domésticas. *Es limpia y hacendosa.*

hacer. (conjug. HACER). tr. **1.** Dar realidad o existencia (a algo). *Juntaos un poco para hacerle sitio. Ha hecho varios reportajes para la revista. Me hizo un jersey de lana. Nos está haciendo señas para que nos acerquemos. Haz lo que debas. Hagan todas las preguntas que quieran. Deja de hacer tonterías. Esta crema hace maravillas.* **2.** Seguido de un nombre: Llevar a cabo la acción designada o implicada por él. *No hagáis burla de él. Estás haciendo juicios precipitados. Suele hacer un descanso a media mañana. Tengo que hacer la compra.* **3.** Se usa, acompañado de palabras como *lo, eso* o *qué,* para referirse a una acción expresada antes o no precisada. *Me voy, y tú deberías hacer lo mismo. ¿Qué hiciste ayer? Ellos habrán mentido, pero yo no estoy dispuesta a hacerlo. Eso que haces está mal.* **4.** Causar o motivar (algo). *El tilo hace mucha sombra. La reprimenda hizo el efecto contrario. No me hace ninguna gracia que venga. Procura no hacer humo al encender la chimenea. No hagas que se enfade.* **5.** Disponer o preparar (un alimento o una comida). *No he empezado a hacer la comida. Yo me encargaré de hacer los bocadillos.* **6.** Disponer o componer (algo). *¿Todavía no has hecho la maleta? Solo me falta hacer la cama.* **7.** Seguido de un adjetivo: Dar una cosa (a alguien o algo) el aspecto expresado por él. *Esta falda te hace muy delgada. El corte de pelo lo hace más joven. Una pintura clara en las paredes hará más luminosa la habitación.* **8.** Habituar o acostumbrar (algo o a alguien) a una cosa. *Tienes que hacer el cuerpo* AL *ejercicio. Le ha ido haciendo* A *la vida en pareja.* Tb. en constr. prnl. media. *No me hago* AL *horario de tarde. Hay que darle tiempo para hacerse* A *la nueva situación.* **9.** Cumplir (años o un número determinado de años). *Hizo tres años en julio. Hace los años cuando yo. Ya he hecho cinco años en la facultad.* **10.** Recorrer (un trayecto o una distancia). *Han hecho dos kilómetros a pie. ¿Cuánto tarda el tren en hacer el trayecto Madrid-Sevilla?* Tb. prnl. *Nos hicimos el camino en bicicleta.* **11.** Fomentar el desarrollo o agilidad (de un miembro o un músculo) mediante ejercicios adecuados. *Le recomendaron hacer abdominales. Hace dedos en el piano todos los días. Salió al jardín para hacer piernas un rato.* **12.** Arreglar o embellecer (una parte del cuerpo). *Mientras la peinaban, le hacían las uñas.* **13.** Convertir (algo o a alguien) en lo que se indica. *Le pidió al pescadero que le hiciera filetes el lenguado. Decidió hacerse ingeniero. Aquello nos hizo aún más amigos. Nada me haría más feliz.* Tb. en constr. prnl. media. *Este vino se ha hecho vinagre.* **14.** Creer o suponer (a alguien) con una determinada cualidad o en la circunstancia que se indica. *Os hacíamos en casa. Siempre te hago con un libro en las manos. La hacía menos ambiciosa. A estas horas los hago a todos durmiendo. Te hacía ya de vacaciones.* **15.** Representar o interpretar (un determinado papel) en una obra dramática o en una película. *Hace el comendador en el Tenorio. Ha hecho el asesino en la nueva versión de la película. Va a hacer el papel principal.* **16.** Llevar a escena (una obra dramática) o a la pantalla (una película). *El Teatro Español va a hacer "Yerma". El director argentino hará una nueva versión de la película.* **17.** Seguido de una oración introducida por *que* o *como que:* Fingir (lo expresado por ella). *Nos cruzamos por la calle e hizo que no me veía. Mírala, hace como que no nos oye. Tú haz como que no sabías nada.* **18.** Seguido del artículo *el* y un adjetivo o un nombre: Comportarse como se considera propio (de la persona designada). *Cierra la boca y no hagas el paleto. ¡Cómo te gusta hacer el payaso!* **19.** Constituir (una cantidad). *Cinco y cinco hacen diez. La falda y el vestido hacen 180 euros sin el descuento.*

20. Tener capacidad un recipiente para (una determinada cantidad de algo). *Este termo hace dos litros.* **21.** Ocupar (cierto número de orden) en una serie. *Este caso de neumonía hace el número veinte. Hago el número diez de la lista.* **22.** coloq. Expeler (excrementos u orina). *Ha ido a hacer pis. Hace una orina muy oscura.* Tb. prnl. *El bebé ha vuelto a hacerse caca.* **23.** Alcanzar (una velocidad determinada). *Este coche hace doscientos kilómetros por hora.* **24.** Cursar o estudiar (una materia o un ciclo de enseñanza). *Ha hecho Geografía de España durante un curso. Quiere hacer la carrera en el extranjero. ¿Vas a hacer el doctorado? Está haciendo primero de Económicas.* **25.** Seguido de un infinitivo o de una oración de subjuntivo precedida por *que:* Obligar (a alguien o algo) a lo que se expresa. *La enfermera nos hizo salir de la habitación. No quiero haceros esperar. El incendio hizo huir a los animales. La tormenta hará que los barcos vuelvan a puerto.* ○ intr. **26.** Obrar o actuar de una determinada manera. *No has hecho bien contándoselo. Reconozco que hice mal. ¿Cómo haces para salirte siempre con la tuya?* **27.** Concernir algo a una persona o cosa, o tener que ver con ellas. *Es muy exigente* EN *lo que hace* AL *trabajo.* POR *lo que hace* AL *dinero, no te preocupes.* **28.** Causar la impresión que se indica. Frec. con los adv. *bien* y *mal. Este cuadro no hace bien aquí. No te hace mal el sombrero.* **29.** Seguido de un complemento introducido por *con:* Facilitar o procurar a alguien lo designado por él. *¿Podrías hacernos con unas entradas para el partido?* Más frec. prnl. *Ha planeado hacerse con la mitad de las acciones de la compañía.* **30.** Seguido de un complemento introducido por *de:* Representar el papel de lo expresado. *Va a hacer de Cenicienta en la función del colegio.* **31.** Seguido de un complemento introducido por *de:* Desempeñar la función de lo expresado por él. *Lo propusieron para hacer de portavoz. Tú nos harás de guía. El sofá puede hacer de cama.* **32.** Seguido de *por* y un infinitivo o una oración introducida por *que:* Poner empeño o esfuerzo en conseguir lo expresado. *A ver si haces por venir a vernos. Todos hemos hecho por que se sienta cómoda en el grupo.* ○ tr. impers. **33.** Haber o existir (un estado atmosférico determinado). *¿Qué tal tiempo hace por ahí? Hace menos calor que ayer. No salgas, que hace malo. Mañana hará muy buen día. Al anochecer hace fresco.* **34.** Haber transcurrido (cierto tiempo). *Hace horas que te estamos esperando. Mañana hará dos años que murió. Hacía meses que no lo veía.* ○ intr. prnl. **35.** Llegar alguien o algo al estado adecuado o conveniente que se espera. *Si recoges la fruta antes de que se haga, no sabe a nada. El pescado se hace en el horno en media hora.* **36.** Llegar alguien al estado de madurez o plenitud. *Es un niño: todavía se está haciendo. Es una mujer muy hecha y formal.* **37.** Seguido de un adjetivo sustantivado con artículo: Fingirse lo expresado por ese adjetivo. *Se hace la valiente, pero no le cabe el miedo en el cuerpo. ¡Deja de hacerte el tonto, que ya sé que estás enterado de todo!* **38.** Apartarse o retirarse a un lado. *Hazte un poco hacia allá. Los coches se hicieron a un lado para que pasara la ambulancia.* **39.** Seguido de un complemento introducido por *con:* Apoderarse de lo expresado por él. *Los ladrones se hicieron con un gran botín.* **40.** Seguido de un complemento introducido por *con:* Dominar o controlar lo expresado por él. *Al salir de la curva, no pudo hacerse con el coche y derrapó. No logra hacerse con la clase. En el segundo tiempo, se hicieron con el partido.* **41.** Llegar para alguien la hora que se indica. *Se nos hicieron las dos de la madrugada hablando. Se me va a hacer la hora de comer y no he preparado nada.* **42.** Parecer una cosa a alguien lo que se indica. *La situación se le hizo insoportable. ¿No se te hace difícil creerlo? Se me hace que ha entrado alguien. No se me hace muy buena idea eso de tener que mentirle.* ○ intr. prnl. impers. **43.** cult. Se usa en la construcción *qué se hizo de* seguida de un nombre, para preguntar qué ocurrió con lo designado por ese nombre. *¿Qué se hizo de todas aquellas promesas?* ■ **eso está hecho.** expr. Se usa para enfatizar lo fácil que se considera algo que se pide o se propone. *–¿Puedes traerme un vaso de agua? –Eso está hecho.* ■ **~** (algo) **a mal ~.** loc. v. Hacer (→ 1) (algo malo) adrede o intencionadamente. *No ha sido un despiste: está hecho a mal hacer.* ■ **~** alguien **de las suyas.** loc. v. Realizar alguien una mala acción, de las que acostumbra. *Como vuelvas a hacer de las tuyas, te vas a enterar. Cuando está mucho tiempo callado, es que está haciendo de las suyas.* ■ **~ de menos** (a alguien). loc. v. Menospreciar(lo). *No toleraré que nos hagan de menos. Suele hacer de menos a los que no han ido a la universidad.* ■ **~ presente** (algo) (a alguien). loc. v. Expresár(selo) para que (lo) tenga en consideración. *Quiero hacerle presente mi gratitud.* ■ **~la (buena).** loc. v. coloq. Hacer (→ 1) algo que resulta perjudicial, frec. de modo involuntario. *La hicimos buena diciéndoselo. Buena la has hecho al invitar a tanta gente. A mí no vuelve a hacérmela.* ■ **~se** alguien **de rogar.** loc. v. No acceder a la petición de otra persona hasta que esta se la formula con insistencia. *Le gusta hacerse de rogar. No te hagas de rogar, que estás deseando ir.* ■ **~se fuerte** (en un lugar). loc. v. Hacer obras de defensa (en él) para resistir un ataque. *Los rebeldes se hicieron fuertes en un edificio.* Tb. fig. *Se han hecho fuertes en la decisión que tomaron.* ■ **~se tarde.** loc. v. Sobrevenir un tiempo más avanzado que aquel con el que se contaba. *Me voy, que se me hace tarde.* ■ **~ y deshacer.** loc. v. Obrar en un asunto sin tener en cuenta la opinión de nadie. *Hace y deshace como si estuviera en su casa.* ■ **hecho.** expr. Se usa para expresar asentimiento o conformidad con algo que se pide o se propone. *–¿Vendrás mañana a comer? –Hecho.* ■ **¿qué le vamos,** o **vas,** etc., **a ~?,** o **¿qué se le va a ~?** expr. coloq. Se usa para expresar resignación ante lo que sucede. *¿Qué le voy a hacer si soy así?* ▶ **1:** ELABORAR, FABRICAR, PRODUCIR, REALIZAR. **2:** EFECTUAR.

hacha[1]**.** f. Herramienta cortante, compuesta de una hoja de acero gruesa, con el filo algo curvo y un agujero para insertar el mango, que se emplea pralm. para cortar madera. *Los leñadores llevan el hacha al hombro.* ■ **el ~ de guerra.** loc. s. Se usa como símbolo del enfrentamiento o las hostilidades. *Los dos bandos han desenterrado el hacha de guerra.* ■ **ser un ~.** loc. v. coloq. Ser muy hábil o sobresaliente en algo. *Es un hacha* EN *matemáticas.*

hacha[2]**.** f. Vela de cera, grande y gruesa. *En la procesión, muchos devotos llevan hachas encendidas.* ▶ HACHÓN.

hachazo. m. Golpe dado con el hacha de cortar. *Dio un hachazo al tronco y saltaron astillas.*

hache. f. Letra *h. El verbo "adherir" se escribe con hache intercalada.* ■ **llámalo,** o **llámelo, ~.** expr. coloq. Se usa para expresar que el nombre de algo o los motivos de una cosa no tienen importancia. *–¿Qué será esto?, ¿carne o pescado? –Llámalo hache, el caso es que está riquísimo.* ■ **por ~ o por be.** loc. adv. coloq. Por una razón u otra. *Por hache o por be, siempre se escaquea del trabajo.*

hachemí. adj. Hachemita. *Reino hachemí.*

hachemita. adj. **1.** De una dinastía árabe emparentada con Mahoma, que ha reinado en países como Irak o Jordania. *Monarca hachemita.* **2.** De Jordania (país de Asia). *Estado hachemita.* ▶ HACHEMÍ.

hachís. (pronunc. "jachís"). m. Preparado hecho con la resina que se obtiene de las hojas y flores del cáñamo índico y que se usa como droga. *Los porros son cigarrillos de hachís o de marihuana. Un alijo de hachís.* ▶ KIF.

hachón. m. Hacha (vela). *Unos hachones iluminan la capilla.* ▶ HACHA.

hacia. prep. **1.** Indica el sentido de un movimiento, una tendencia o una actitud. *El avión se dirigía hacia Italia. Colócate mirando hacia la ventana. Lo atrajo hacia sí. No demuestra ninguna sensibilidad hacia los desfavorecidos.* **2.** Indica tiempo o lugar de forma aproximada. *Volveré hacia las cinco. Vendrá hacia mediados de septiembre. Este pueblo está hacia Tordesillas.*

hacienda. f. **1.** Finca agrícola. *En su hacienda tiene olivos.* **2.** Conjunto de bienes y riquezas que alguien posee. *Ha legado toda su hacienda a su esposa.* **3.** (Frec. en mayúsc.). Conjunto de rentas y bienes del Estado. *El ministro de Hacienda.* Tb. ~ *pública. Lo acusan de malversación de la hacienda pública.* **4.** (En mayúsc.). Departamento de la Administración del Estado encargado de elaborar los presupuestos generales, recaudar los ingresos y controlar los gastos. *Ha presentado la declaración de la renta en la delegación de Hacienda.* ▶ **2:** *DINERO. **3:** ERARIO, FISCO, TESORO. **4:** FISCO, TESORO.

hacinamiento. m. Hecho de hacinar o hacinarse. *Los reclusos protestan por el hacinamiento en las celdas.*

hacinar. tr. Juntar o amontonar desordenadamente (personas o cosas) en un lugar. *Hacinaron a los prisioneros en barracones. Hay muchos muebles hacinados en el desván.*

hada. f. Ser fantástico que se representa como una mujer y está dotado de poderes mágicos. *El hada madrina le concedió tres deseos.*

hado. m. cult. Fuerza desconocida que determina lo que ha de suceder. *El hado dispuso su triste final.* Frec. en pl. *Que los hados te sean propicios.*

hagiografía. f. **1.** Historia de la vida de los santos. *San Juan de la Cruz ya figura en las hagiografías del siglo* XVII. **2.** Biografía que alaba en exceso al biografiado. *El libro es una hagiografía del político.*

hagiográfico, ca. adj. De la hagiografía. *El biógrafo ha hecho un libro hagiográfico. Literatura hagiográfica.*

hagiógrafo, fa. m. y f. **1.** Escritor de vidas de santos. *Los hagiógrafos atribuyen al santo muchos milagros.* **2.** Biógrafo que alaba en exceso al biografiado. *La biografía es obra de un hagiógrafo.*

haitiano, na. adj. De Haití (país de América Central). *Territorio haitiano.* Dicho de pers., tb. m. y f.

hala. interj. **1.** Se usa para dar ánimos o meter prisa. *¡Hala!, vámonos, que se hace tarde.* **2.** Se usa para expresar sorpresa o admiración. *–Cuesta cien euros. –¡Hala!, es carísimo.*

halagador, ra. adj. Que halaga. *Ha hecho comentarios muy halagadores sobre tu trabajo. Desconfío de las personas halagadoras.* ▶ *ADULADOR.

halagar. tr. **1.** Hacer o decir cosas que agraden (a alguien), frec. de manera interesada. *Me halaga usted, pero no merezco tantos elogios.* **2.** Agradar o satisfacer algo (a una persona). *Le halaga que hayan pensado en él para el puesto.* ▶ **1:** ADULAR.

halago. m. Hecho o efecto de halagar. *Con el halago se ha ganado el favor de sus jefes.*

halagüeño, ña. adj. **1.** Que halaga o elogia. *El libro ha recibido críticas halagüeñas.* **2.** Que resulta agradable, atractivo o satisfactorio. *El panorama económico no es muy halagüeño.*

halar. tr. frecAm. Jalar (de alguien o algo). *Cuando la caja tocó la tierra, los sepultureros halaron las correas* [C]. ▶ **frecAm:** JALAR.

halcón. m. **1.** Ave rapaz de mediano tamaño y vuelo rápido, a veces adiestrada para la caza de aves, de la que existen varias especies, por ej.: ~ *común*, ~ *peregrino. El halcón hembra. El halcón cae en picado sobre su presa.* **2.** *Polít.* Persona partidaria de medidas duras e intransigentes. Se usa en contraposición a *paloma. Con el cambio de gobierno, los halcones han sustituido a las palomas.*

halconero. m. Hombre que tiene por oficio cuidar y adiestrar halcones para la caza. *El rey salió a cazar acompañado de sus halconeros.*

hale. (Tb. **ale**). interj. **1.** Se usa para dar ánimos o meter prisa. *¡Hale, hale!, no llores. ¡Ale!, que se hace tarde.* **2.** Se usa para expresar sorpresa o admiración. *¡Hale, cuánta gente!*

hálito. m. cult. Aliento (aire expulsado, o respiración). *El hálito del enfermo era tan tenue que apenas se oía.* Tb. fig. *Abrió la ventana y le llegó el hálito suave de la brisa del mar.*

halitosis. f. cult. Olor fuerte y desagradable del aliento. *Tiene halitosis.* Se usa espec. en medicina. *Una infección bucal puede causar halitosis.*

hall. (pal. ingl.; pronunc. "jol"). m. Vestíbulo de un edificio o de una vivienda. *Quedaron en verse en el* hall *del hotel.* ▶ *VESTÍBULO. ¶ [Equivalentes españoles: *recibidor, vestíbulo, entrada*].

hallaca. (Tb. **hayaca**). f. Am. Plato consistente en una masa de harina de maíz, rellena de carne o pescado troceados y otros ingredientes, que se envuelve gralm. en una hoja de plátano o de maíz, y se cuece. *Uno come hallacas a gusto haciéndolas en la casa* [C]. ▶ **frecAm:** TAMAL.

hallar. tr. **1.** Encontrar (algo o a alguien que se buscan). *Han hallado a los montañeros perdidos. No halla consuelo a su dolor. Hay que hallar el área de un triángulo equilátero.* **2.** Encontrar casualmente (algo o a alguien). *Unos chicos que paseaban por el parque hallaron el cadáver.* **3.** Percibir (algo o a alguien) de una determinada manera al ver(los) o pensar (sobre ellos). *El jurado lo halló culpable.* ○ intr. prnl. **4.** Encontrarse en un determinado lugar. *Un corresponsal se halla en el lugar de los hechos.* **5.** Encontrarse de una determinada manera. *Toda la región se halla afectada por el temporal. El péndulo se halla en reposo.* **6.** Estar a gusto alguien en una determinada situación. *Lo sacas del pueblo y no se halla.*

hallazgo. m. **1.** Hecho de hallar o encontrar. *Las investigaciones policiales han conducido al hallazgo del secuestrado.* **2.** Persona o cosa halladas, espec. si resultan de gran calidad o utilidad. *Publicará sus hallazgos en una revista científica.*

halo. m. **1.** Círculo de luz difusa en torno a un cuerpo luminoso, espec. el Sol o la Luna. *Un halo alrededor del Sol o la Luna es señal de mal tiempo.* **2.** Aureola (círculo luminoso de las imágenes sagradas). *El cuadro representa a la Virgen con un halo.* **3.** Aire o aspecto que parece surgir de alguien o algo. *Las noches de luna tienen un halo de romanticismo.* ▶ **2:** *AUREOLA.

halófilo, la. adj. *Biol.* Que vive en un medio o terreno donde abundan las sales. *Bacteria halófila. Las plantas halófilas, como el arroz, se dan en marismas saladas y albuferas.*

halógeno, na. adj. **1.** *Quím.* Dicho de elemento: Que forma parte del grupo de la tabla periódica integrado por el flúor, el cloro, el bromo, el yodo y el ástato, una de cuyas características es que suelen combinarse con metales para formar sales. Frec. m. *La sal común resulta de la combinación de un halógeno, el cloro, y un metal, el sodio.* Frec., en pl., designa dicho grupo de la tabla periódica. *El ástato es el más pesado de los halógenos.* **2.** Dicho de lámpara o bombilla: Que contiene un elemento halógeno (→ 1) y produce una luz blanca y brillante. *El automóvil lleva faros halógenos.*

halón. m. Am. Tirón (hecho de tirar de algo o alguien). *En el remo, mientras las extremidades superiores realizan los halones, las inferiores desarrollan los empujes* [C]. ▶ *TIRÓN.

haltera. f. *Dep.* En halterofilia y gimnasia: Aparato formado por una barra metálica que en cada extremo lleva unas pesas, gralm. en forma de disco. *La culturista levanta una haltera con cada brazo.*

halterofilia. f. Deporte que consiste en el levantamiento de peso con halteras. *Es campeón de halterofilia.*

halterófilo, la. m. y f. *Dep.* Persona que practica la halterofilia. *El halterófilo debe levantar las pesas por encima de su cabeza.*

hamaca. f. **1.** Pieza de red o de lona, alargada y resistente, que se extiende y se cuelga por los extremos para poder tumbarse encima. *Colgó la hamaca entre dos palmeras.* **2.** Silla plegable con respaldo alto y graduable que permite recostarse o tumbarse. *Se sienta a leer en una hamaca del porche.* ▶ **2:** TUMBONA. ‖ **Am: 1:** CHINCHORRO.

hambre. f. **1.** Ganas y necesidad de comer. *No tengo hambre.* **2.** Escasez generalizada de alimentos. *Tras la guerra, el país se vio castigado por el hambre.* **3.** Deseo grande de algo. *Se embarcaron con hambre* DE *aventuras.* ■ **~ canina.** f. Hambre (→ 1) grande. *Después de hacer ejercicio me entra un hambre canina.* □ **juntarse el ~ con las ganas de comer.** loc. v. coloq. Coincidir dos personas o cosas de características parecidas o complementarias. *Son a cual más egoísta, así que se han juntado el hambre con las ganas de comer.* ■ **más listo que el ~.** loc. adj. coloq. Muy listo o sagaz. *Este niño es más listo que el hambre.* ■ **morirse de ~.** loc. v. Pasar muchas penurias o necesidades. *Con este sueldo nos moriremos de hambre.*

hambriento, ta. adj. Que tiene mucha hambre. *Estoy hambriento. Un ser hambriento* DE *cariño.* Dicho de pers., tb. m. y f. *Dar de comer al hambriento.*

hambrón, na. adj. coloq. Que está continuamente hambriento o con ansia de comer. *¡No seas hambrón y deja pasteles para los demás!* Dicho de pers., tb. m. y f. *Son unos hambrones.*

hambruna. f. Hambre o escasez generalizada de alimentos, espec. la de grandes proporciones. *La hambruna ha azotado el país.*

hamburguesa. f. Filete redondo de carne picada, que suele tomarse en bocadillo con pan blando y esponjoso, y acompañado de otros ingredientes, como cebolla y tomate. *Ha puesto dos hamburguesas en la plancha.*

hamburguesería. f. Establecimiento donde se preparan y venden hamburguesas. *Los niños hacen cola en la hamburguesería.*

hampa. f. Conjunto de los maleantes y los delincuentes. *El asesinato ha sido un ajuste de cuentas entre miembros del hampa.*

hampón. adj. Dicho de hombre: Del hampa. Frec. m. *Por la comisaría desfilan hampones de la peor calaña.*

hámster. (pronunc. "jámster"; pl. **hámsteres**). m. Roedor parecido al ratón, que tiene la cola corta y bolsas en los carrillos para almacenar alimento, y se cría como animal de compañía y de laboratorio. *El hámster hembra. El niño da de comer a su hámster.*

handicap. (pal. ingl.; pronunc. "jándikap"). m. **1.** Desventaja u obstáculo. *Su tartamudez es un* handicap *para relacionarse.* **2.** *Dep.* Competición en que se imponen desventajas a algunos participantes para igualar las posibilidades de victoria. Se usa espec. en hípica. *El premio Castilla es un* handicap *de primera categoría.* ¶ [Equivalentes recomendados: 1: *desventaja, obstáculo, impedimento.* Adaptación recomendada: 2: *hándicap*, pl. *hándicaps*].

hangar. m. Nave o cobertizo grande, utilizados pralm. para guardar vehículos, espec. aviones o trenes. *La avioneta aterriza y se dirige a los hangares.*

hanseático, ca. adj. histór. De la Hansa (antigua confederación comercial de ciudades alemanas). *Ciudad hanseática.*

haploide. adj. *Biol.* Que posee un único juego de cromosomas. *Células haploides.*

haragán, na. adj. Dicho de persona: Vago o que no quiere trabajar. *No seas haragán y recoge tu cuarto.* Tb. m. y f. *Eres un haragán.* ▶ *VAGO.

haraganear. intr. Hacer el haragán. *Solo quiere haraganear.* ▶ *HOLGAZANEAR.

haraganería. f. Cualidad de haragán. *No soporto la haraganería de algunos compañeros de trabajo.* ▶ *VAGANCIA.

harapiento, ta. adj. Lleno de harapos. *Un mendigo harapiento pide limosna.*

harapo. m. Andrajo. *El ermitaño iba vestido con harapos.*

haraquiri. m. Suicidio ritual practicado en Japón, gralm. por razones de honor o por orden superior, que consiste en abrirse el vientre con instrumento cortante. *El samurái se hizo el haraquiri con su sable.*

haras. m. Am. Establecimiento destinado a la cría de caballos de carreras. *Fundó un haras propio e hizo construir el primer hipódromo* [C].

hardware. (pal. ingl.; pronunc. "járwer" o "járwar"). m. *Inform.* Conjunto de elementos que componen la parte material de un sistema informático. *Los diseñadores de* hardware *idearon los monitores de pantalla plana. En el almacén venden el* hardware *y cada usuario debe instalar el* software. ¶ [Equivalentes recomendados: *equipo* (*informático*), *componentes, soportes físicos*].

harén. m. **1.** Conjunto de mujeres que viven bajo la dependencia de un jefe de familia musulmán. *Un sultán la compró para su harén.* **2.** Parte de la casa musulmana donde vive el harén (→ 1). *El harén tiene ventanas con celosías.* ▶ SERRALLO.

harina. f. **1.** Polvo que resulta de moler granos de cereal. *Este pan es de harina de trigo.* **2.** Polvo más o menos fino a que queda reducida una materia sólida. *Utilizan las harinas de pescado para hacer piensos.* ■ **meterse en ~.** loc. v. coloq. Ponerse a hacer algo con muchas ganas o empeño. *Antes de meternos en harina, vamos a comer algo.* ■ **ser** algo **~ de otro costal.** loc. v. coloq. Ser muy diferente a la cosa con que se compara. *Ese es un buen coche, pero el deportivo ya es harina de otro costal.*

harinero, ra. adj. De la harina. *Molino harinero.* Dicho de fábrica, tb. f. *El camión transporta un cargamento de trigo a la harinera.*

harinoso, sa. adj. **1.** De características similares a las de la harina. *La manzana está harinosa.* **2.** Que tiene mucha harina. *Me gusta el pan harinoso del horno de leña.*

harmonía..., harpía. → **armonía..., arpía.**

hartar. tr. **1.** Satisfacer sobradamente el deseo o la necesidad que (alguien) tiene de comer. *Una buena comida no consiste en hartar al comensal.* **2.** Satisfacer el deseo que (alguien) tiene de algo. *Nos harta* DE *dulces. En vacaciones se harta* DE *leer.* **3.** Cansar mucho (a alguien) hasta conseguir que este pierda la paciencia o el interés. *Conseguiréis hartarlo con tanta pregunta. Los largos intervalos de anuncios hartan al telespectador.* Tb. en constr. prnl. media. *Se hartó* DE *pedalear y se bajó de la bici.* **4.** coloq. Dar algo (a alguien) en abundancia. *Como vuelvas a hacerlo, te harto* DE *palos.* ▶ **1, 2:** ATIBORRAR. **3:** *ABURRIR.

hartazgo. m. Hecho o efecto de hartar o hartarse. *Lo ha repetido hasta el hartazgo. Me he dado un hartazgo* DE *pasteles.*

harto, ta. adj. **1.** Cansado en exceso de algo o de alguien. *Me tienen harta. Estamos hartos* DE *ti y* DE *tus quejas.* **2.** Saciado de comer o de beber. *Después del potaje se sentía harta.* **3.** Bastante o mucho. En Esp. sobre todo tiene carácter literario o formal. *Lo ha repetido hartas veces. Mi mamá hacía harto queso y yo me juntaba con amigos* [C]. ● adv. **4.** Muy. En Esp. sobre todo tiene carácter literario o formal. *Es una tarea harto complicada. En el Consejo Nacional de Televisión se rieron harto* [C]. *Sé harto bien esas cosas* [C].

hartón. m. coloq. Hartazgo. *¡Qué hartón!, lleva un mes lloviendo. Se han dado un hartón* DE *golosinas.*

hartura. f. Hartazgo. *¿Otra vez fútbol en la tele?, ¡qué hartura!*

hasta. prep. **1.** Indica el límite final de una trayectoria en el espacio o en el tiempo. *Trabajan hasta las tres. Llegaremos hasta la cima. Siguieron caminando hasta que anocheció. Bailamos hasta caer rendidos.* Frec. en correlación con *desde. Hay tres kilómetros desde mi casa hasta la tuya.* **2.** Indica el límite máximo de una cantidad variable. *Estaba dispuesta a pagar solo hasta mil pesetas.* **3.** Incluso o con inclusión de. *Hasta yo estoy harta.* ● adv. **4.** Incluso. *La noticia apareció hasta en los periódicos de provincias. Canta hasta cuando come. Canta hasta comiendo. Está tan enfadado que hasta nos ha retirado el saludo.*

hastial. m. *Arq.* Parte superior triangular de la fachada de un edificio, que delimita las dos vertientes del tejado. *En los Países Bajos abundan las casas con hastiales puntiagudos.*

hastiar. (conjug. ENVIAR). tr. Causar hastío (a alguien). *Los aduladores lo hastían.* Tb. en constr. prnl. media. *Se ha hastiado* DE *su trabajo.* ▶ *ABURRIR.

hastío. m. Aburrimiento o fastidio. *Me causa hastío oír siempre la misma historia.*

hatajo. (Tb. **atajo**). m. **1.** coloq., despect. Conjunto de personas o cosas. *Sois un hatajo* DE *perdedores. Lo que dices es un atajo* DE *disparates.* **2.** Grupo pequeño de ganado. *Un pastor conduce el hatajo.* ▶ **2:** *REBAÑO.

hato. m. **1.** Envoltorio que se hace para transportar la ropa y los objetos que se meten en su interior. *Se marchó con el hato al hombro.* **2.** Grupo de ganado. *Hato de ovejas.* **3.** despect. Grupo de personas. *Los considera un hato* DE *majaderos.* **4.** Am. Hacienda destinada a la cría de ganado. *Arrió hacia su hato un ganado de su propiedad* [C]. *Logró conseguir trabajo en el hato de Angosturas* [C]. ▶ **2:** *REBAÑO.

hawaiano, na. (pronunc. "jawayáno"). adj. De Hawái (archipiélago estadounidense del Pacífico). *Música hawaiana.* Dicho de pers., tb. m. y f.

haya. f. Árbol de gran tamaño, propio de climas suaves y húmedos, de tronco liso y grisáceo y copa redondeada, cuyo fruto es el hayuco. *La madera de haya es resistente. Un haya frondosa.* Tb. su madera. *Mesa de haya.*

hayaca. → **hallaca.**

hayedo. m. Lugar poblado de hayas. *Atravesamos un hayedo.*

hayuco. m. Fruto del haya. *El hayuco sirve de alimento al ganado.*

haz[1]. m. **1.** Conjunto de cosas largas y estrechas, gralm. cereales o leña, dispuestas a lo largo y normalmente atadas por el centro. *Llevaba un haz* DE *leña al hombro.* **2.** Conjunto de partículas o rayos luminosos que se propagan desde un mismo punto sin dispersarse. *El reflector despide un haz* DE *luz muy potente.* **3.** *Biol.* Conjunto de fibras, nervios o vasos, agrupados en paralelo. *Los nervios de las hojas son haces fibrosos que sobresalen por el envés.* **4.** *Mat.* Conjunto de rectas que pasan por un mismo punto, o de planos que se juntan en una misma recta. *Trace un semicírculo y un haz de rectas en su interior.*

haz[2]. f. **1.** Cara más visible o vistosa de una tela u otra cosa plana, gralm. por tener un acabado especial. *El hule lleva el haz barnizada.* **2.** *Bot.* Cara superior de la hoja, gralm. más lisa y brillante, y con menos nervios. *La hoja del laurel es lustrosa por el haz y pálida por el envés.*

hazaña. f. Acción sobresaliente o extraordinaria, espec. la de carácter heroico. *El "Poema de Mio Cid" narra las hazañas de Rodrigo Díaz de Vivar. Aprenderse el código de circulación es toda una hazaña.*

hazmerreír. m. Persona que por su aspecto o su conducta sirve de diversión a otros. *Es el hazmerreír* DE *todo el colegio.*

he. (Verbo defectivo que se usa únicamente en esta forma). tr. impers. cult. Se usa con *aquí, ahí* o *allí* para llamar la atención del que escucha sobre la presencia o existencia de lo designado por el complemento directo. *Señalando el voluminoso pisapapeles dijo: "He aquí el cuerpo del delito". Agotamiento físico y mental, he ahí el motivo de su dimisión. Henos aquí solos y abandonados. Helas aquí a las dos dispuestas a todo.* Frec. con el pron. expresivo de interés *te. Pensamos que se aprobaría la moción, pero hete aquí que los nuestros votaron en contra. Héteme aquí defendiendo lo contrario de lo que pienso.*

hebilla. f. Pieza plana unida al extremo de una correa, con un hueco en el centro y gralm. una varilla articulada, que sirve para sujetar el otro extremo de la correa pasándolo por el hueco. *Un cinturón con hebilla plateada. La hebilla de las sandalias me roza.*

hebra. f. **1.** Porción de hilo u otra fibra, que se emplea para coser, metiéndola por el ojo de una aguja. *Corta una hebra de hilo.* **2.** Fibra o filamento, espec. de una materia vegetal o textil. *El apio tiene muchas hebras.* **3.** Partícula del tabaco picado en filamentos. *Se te ha quedado una hebra de tabaco en el labio.* **4.** Estigma de la flor del azafrán. *Ha echado unas hebras de azafrán a la paella.* **5.** coloq. Hilo del discurso. *No me distraigas, que pierdo la hebra de lo que estoy diciendo.* ■ **pegar la ~.** loc. v. coloq. Trabar conversación, o conversar prolongadamente. *Pega la hebra* CON *todo el mundo.*

hebraico, ca. adj. Hebreo (de un pueblo semítico que habitó en Palestina). *La cábala es un elemento importante de la tradición hebraica.* ▶ *HEBREO.

hebraísmo. m. **1.** Judaísmo. *En la ciudad de Belén conviven el islamismo, el hebraísmo y el cristianismo.* **2.** Palabra o uso propios de la lengua hebrea empleados en otra. *Los judíos introducen hebraísmos en el español medieval.*

hebraísta. m. y f. Especialista en lengua y cultura hebreas. *Es un hebraísta prestigioso.*

hebreo, a. adj. **1.** De un pueblo semítico que habitó en Palestina. *Tribu hebrea. Tradiciones hebreas.* Dicho de pers., tb. m. y f. *Moisés liberó a los hebreos de su esclavitud.* **2.** Judío (que profesa el judaísmo, o de los que profesan el judaísmo). *Creyente hebreo. La Tora es el libro sagrado hebreo.* Dicho de pers., tb. m. y f. *Los hebreos creen en la llegada del Mesías.* **3.** Del hebreo (→ 4). *Gramática hebrea.* ● m. **4.** Lengua de los hebreos (→ 1), hablada en comunidades de todo el mundo y, como lengua oficial, en Israel. *El hebreo es una de las lenguas más antiguas de la humanidad.* ▶ **1:** HEBRAICO, ISRAELITA, JUDÍO. **2:** *JUDÍO.

hecatombe. f. **1.** cult. Desgracia o catástrofe de grandes proporciones. *El maremoto ha sido la mayor hecatombe del siglo.* **2.** cult. Gran cantidad de muertes a causa de un desastre. *La hambruna producirá una hecatombe entre la población infantil.*

hechicería. f. **1.** Arte de hechizar usando poderes mágicos. *Los nativos creían en la hechicería.* **2.** Acto de hechicería (→ 1). *El chamán de la tribu ahuyentaba los malos espíritus con hechicerías.*

hechicero, ra. adj. **1.** Que practica la hechicería o arte de hechizar. Frec. m. y f. *Es el hechicero de la tribu.* **2.** Que hechiza o despierta fuerte atracción. *Es una mujer seductora y hechicera. Mirada hechicera.*

hechizar. tr. **1.** Ejercer un influjo o un acto maléfico (sobre alguien o algo) usando poderes mágicos. *La bruja hechizó al príncipe convirtiéndolo en rana.* **2.** Despertar fuerte atracción o admiración (en alguien). *Lo ha hechizado con su inteligencia.* ▶ **1:** EMBRUJAR, ENCANTAR. **2:** EMBRUJAR.

hechizo. m. **1.** Hecho o efecto de hechizar. *El primer beso de amor rompe el hechizo de la Bella Durmiente.* **2.** Cosa que se emplea para hechizar. *El brujo preparaba pócimas y hechizos.* ▶ **1:** EMBRUJAMIENTO, EMBRUJO, ENCANTAMIENTO, ENCANTO, MALEFICIO.

hecho, cha. part. **1. → hacer.** ● adj. **2.** Que ha llegado a su punto de madurez o pleno desarrollo. *Un manzano no está hecho hasta que no tiene 3 ó 4 años. Caló el melón para ver si estaba hecho. Es un niño: todavía no está hecho.* **3.** Seguido de *un* y un nombre: Semejante a lo designado por ese nombre, o que tiene sus mismas características. *Se pusieron hechas unas fieras. Está hecho un artista.* **4.** Dicho de persona o de una parte de su cuerpo, y precedido de *bien* (o *mal*): Bien (o mal) constituidas. *Tiene las piernas mal hechas: es patizambo.* ● m. **5.** Acción. Expresa, en forma sustantivada, la idea de hacer. *El hecho de firmar el contrato te obliga a cumplirlo. Se le acusa de varios hechos delictivos.* **6.** Suceso. Expresa, en forma sustantivada, la idea de suceder. *Los hechos de los que habla tuvieron lugar hace años. Es un hecho probado que participó en la revuelta. Tenemos que acostumbrarnos al hecho de que las cosas cambiarán.* ▶ **5:** *ACCIÓN. **6:** *ACONTECIMIENTO.

hechura. f. **1.** Confección de una prenda de vestir. *Encargó la hechura del traje a una modista.* **2.** Conjunto de formas que configuran el exterior del cuerpo de una persona o un animal. *Aunque todavía es un niño, tiene ya hechura* DE *hombre.* Frec. en pl. con significado sing. *Tiene hechuras* DE *atleta.*

hectárea. f. Unidad de superficie que equivale a 100 áreas (Símb. *ha*). *La finca tiene cincuenta hectáreas de terreno cultivado.*

hecto-. elem. compos. Significa 'cien'. Se une a n. de unidades de medida para designar el múltiplo correspondiente (Símb. *h*). *Hectogramo, hectómetro.*

hectolitro. m. Unidad de capacidad que equivale a 100 litros (Símb. *hl*). *La comarca produjo más de un millón de hectolitros de vino.*

hectómetro. m. Unidad de longitud que equivale a 100 metros (Símb. *hm*). *La ciudad consume 60 000 hectómetros cúbicos de agua al día.*

heder. (conjug. ENTENDER). intr. cult. Despedir hedor. *La carne comienza a heder. Aquí hiede* A *ajos.*

hediondez. f. cult. Hedor. *Con la huelga aumentó la hediondez de las calles.*

hediondo, da. adj. cult. Que despide hedor. *La verdura podrida se acumula en cajones hediondos.*

hedónico, ca. adj. cult. Del placer. *Existe un factor hedónico en la elección de los alimentos.*

hedonismo. m. *Fil.* Doctrina filosófica que considera el placer como fin único o supremo de la vida. *El hedonismo es una concepción ética.*

hedonista. adj. **1.** cult. Del hedonismo. *La ética hedonista.* **2.** cult. Seguidor del hedonismo o que lo practica. *Filósofo hedonista.* Tb. m. y f. *Los hedonistas buscan lo agradable y evitan lo doloroso.*

hedonístico, ca. adj. cult. Hedónico. *En el deporte hay un aspecto lúdico o hedonístico.*

hedor. m. cult. Olor penetrante y desagradable. *El hedor de los urinarios era insoportable. Despide un fuerte hedor* A *sudor.*

hegeliano, na. (pronunc. "jegueliano"). adj. **1.** De Hegel (filósofo alemán, 1770-1831) o de su filosofía. *Pensamiento hegeliano.* **2.** Seguidor de Hegel o de su filosofía. *Filósofo hegeliano. Escuela hegeliana.* Dicho de pers., tb. m. y f.

hegemonía. f. Supremacía, espec. la de un Estado o un grupo político. *Existe una hegemonía de la televisión* SOBRE *los demás medios de comunicación.* ▶ SUPREMACÍA.

hegemónico, ca. adj. De la hegemonía. *El español es la lengua hegemónica en la mayoría de los países sudamericanos.*

hégira o **héjira.** f. Era de los musulmanes, que se cuenta desde el año 622, en que Mahoma huyó de La Meca a Medina. *La hégira se compone de años lunares de 354 días.*

helada. f. Hecho o efecto de helar al bajar las temperaturas a menos de cero grados. *Las heladas han arruinado la cosecha.* ■ **caer una ~.** loc. v. Helar al bajar las temperaturas a menos de cero grados. *Esta noche va a caer una helada.* ▶ HIELO.

heladera. → **heladero.**

heladería. f. Establecimiento donde se hacen y venden helados. *Se han comprado unos cucuruchos en la heladería.*

heladero, ra. m. y f. **1.** Persona que fabrica o vende helados. *A la feria viene un heladero ambulante.* ○ f. **2.** Am. Nevera (electrodoméstico). *Abrió la heladera y se dio cuenta de que se había quedado sin manteca* [C]. ▶ **2:** *NEVERA.

helado, da. part. **1.** → **helar.** ● adj. **2.** Muy frío. Frec. con intención enfática. *Sopla un viento helado. La sopa se te está quedando helada.* **3.** coloq. Estupefacto o sobrecogido. *Al oír el chillido, me quedé helada.* ● m. **4.** Alimento dulce, hecho gralm. con leche o zumo de frutas, que se consume en cierto grado de congelación. *Los puestos de helados abren en primavera. Un helado de chocolate y vainilla.*

helador, ra. adj. Que hiela. Frec. con intención enfática. *Sintió el aire helador de la madrugada. Hace una tarde heladora.*

helar. (conjug. ACERTAR). tr. **1.** Solidificar (un líquido) el frío, o una persona por medio del frío. *El frío ha helado el agua del estanque.* Tb. en constr. prnl. media. *En invierno se hiela el agua de la piscina.* **2.** Hacer que (alguien o algo) se queden muy fríos. Frec. con intención enfática. *Corre un viento frío que te hiela los huesos.* Tb. en constr. prnl. media. *Pasa, que te vas a helar ahí fuera.* **3.** Secar (una planta o un fruto) el frío. *La ola de frío ha helado los cerezos.* Tb. en constr. prnl. media. *Como el balcón da al Norte, se nos helaron las plantas.* ○ intr. impers. **4.** Producirse hielo al bajar las temperaturas a menos de cero grados. *Esta noche helará.* ▶ **1:** CONGELAR.

helecho. m. Planta siempre verde y sin flores, que crece en lugares húmedos y sombríos, tiene hojas grandes en cuyo envés se forman esporas, y de la cual existen varias especies, por ej.: *~ hembra, ~ macho. Los helechos abundan en los bosques del norte.*

helénico, ca. adj. De Grecia. *El equipo helénico ganó el campeonato.* Frec. referido a la Antigüedad clásica. *Civilización helénica.* ▶ *GRIEGO.

helenismo. m. **1.** Período de la cultura griega que va desde Alejandro Magno hasta Augusto. *En el helenismo se produce una asimilación de elementos de las culturas de Egipto y Asia Menor.* **2.** Influencia de la cultura de la Grecia antigua. *En la poesía renacentista se percibe el helenismo en los temas y en las formas.* **3.** Palabra o uso propios de la lengua griega empleados en otra. *En el español se introdujeron helenismos, como "micra" y "acrópolis".*

helenista. m. y f. Especialista en lengua y cultura griegas. *Varios helenistas trabajan en una edición de los "Diálogos" de Platón.*

helenístico, ca. adj. Del helenismo. *Filosofía helenística.*

helenización. f. Hecho o efecto de helenizar o helenizarse. *El proceso de helenización de la religión en Roma.*

helenizar. tr. Dotar (algo o a alguien) de rasgos propios de la cultura helénica. *Alejandro Magno helenizó parte de Asia.* Tb. en constr. prnl. media. *Las poblaciones indígenas de Ampurias se helenizaron paulatinamente.*

heleno, na. adj. De Grecia. *Cavafis es uno de los grandes escritores helenos modernos.* Frec. referido a la Antigüedad clásica. *Filosofía helena. Poseidón es el dios heleno del mar.* Dicho de pers., tb. m. y f. *Persas y helenos se enfrentan en las guerras médicas.* ▶ *GRIEGO.

hélice. f. **1.** Mecanismo giratorio constituido por varias paletas dispuestas alrededor de un eje. *Limpiaron de algas la hélice del fueraborda.* **2.** *Mat.* Curva que, trazada sobre la superficie de un cilindro, corta todas sus generatrices formando ángulos iguales. *La molécula de ADN tiene una estructura de doble hélice. Tornillos y brocas de hélice ancha.* ▶ **2:** ESPIRA, ESPIRAL.

helicoidal. adj. *Mat.* Que tiene forma de hélice. *Al subir por una escalera de caracol, realizamos un giro helicoidal. Una barrena helicoidal.*

helicoide. m. *Mat.* Superficie curva generada por una recta que describe una trayectoria regular en forma de hélice en torno a un eje. *El aceite se extrae con un tornillo exprimidor en forma de helicoide continuo.*

helicóptero. m. Vehículo aéreo provisto en su parte superior de una gran hélice de eje vertical que le permite elevarse y descender verticalmente. *Fueron rescatados por un helicóptero.*

helio. m. Elemento químico del grupo de los gases nobles, incoloro e incombustible, que por su ligereza se emplea para llenar globos aerostáticos (Símb. *He*). *El helio terrestre es escaso.*

heliocéntrico, ca. adj. *Fís.* Del heliocentrismo. *En el sistema heliocéntrico, la Tierra gira alrededor del Sol.*

heliocentrismo. m. *Fís.* Teoría que consideraba el Sol como centro del universo. *La Iglesia no aceptó el heliocentrismo.*

heliotropismo. m. *Biol.* Movimiento de un organismo, espec. una planta, por el que este que toma determinada orientación debido a la luz del Sol. *En el girasol se produce un caso claro de heliotropismo.*

heliotropo. m. Planta de tallo leñoso y ramoso, con flores aromáticas de color azul, todas orientadas hacia el mismo lado, muy cultivada como ornamental. *Del jardín venía el suave perfume de los jazmines y heliotropos.*

helipuerto. m. Pista destinada al aterrizaje y despegue de helicópteros. *El hospital está dotado de helipuerto.*

helvético, ca. adj. De Suiza. *Ciudad helvética.* Dicho de pers., tb. m. y f. *Los helvéticos se mantuvieron neutrales en la Segunda Guerra Mundial.* ▶ SUIZO.

hemático, ca. adj. *Med.* De la sangre. *El virus del sida se disemina por vía hemática.*

hematíe. m. *Biol.* Glóbulo rojo. *Un nivel adecuado de hematíes permite la correcta oxigenación de la sangre.*

hematites. f. *Mineral.* Mineral de hierro oxidado, de color rojo o pardo y de gran dureza, que se emplea para pulir metales. *Un yacimiento de hematites.*

hematocrito. m. *Med.* Proporción de células o glóbulos que hay en la sangre. *Tiene altos los niveles de hematocrito.*

hematología. f. *Med.* Estudio de la sangre, de los órganos que la producen y de sus enfermedades. *El servicio de Hematología del hospital.*

hematológico, ca. adj. *Med.* De la hematología. *El análisis hematológico indica una infección.*

hematólogo, ga. m. y f. *Med.* Especialista en hematología. *El hematólogo le diagnosticó leucemia.*

hematoma. m. Acumulación de sangre en un tejido por rotura de un vaso sanguíneo. *Salió del accidente solo con algunos hematomas.*

hematuria. f. *Med.* Presencia de sangre en la orina. *La hematuria puede deberse a alteraciones en el riñón.*

hembra. f. **1.** Animal de sexo femenino. *La hembra del león no tiene melena.* Frec. en aposición. *El pingüino hembra.* **2.** Mujer (ser de sexo femenino). *En casa éramos siete hermanos: cinco varones y dos hembras.* Frec. coloq. *Es toda una hembra.* **3.** *Bot.* En plantas con individuos distintos para cada sexo: Individuo que da fruto. Frec. en aposición. *La datilera hembra.* **4.** Pieza, de las dos de que están compuestos algunos objetos, que tiene un hueco o agujero en donde encaja la otra. *La clavija necesita una hembra de un diámetro mayor.* ▶ **2:** MUJER. **4:** HEMBRILLA.

hembrilla. f. **1.** En objetos compuestos de dos partes que encajan: Hembra. *Conecte el cable del vídeo a la hembrilla de la antena colectiva.* **2.** Clavo o tornillo con cabeza en forma de anilla. *Atornilló una hembrilla en la parte de atrás del cuadro para colgarlo.* ▶ **1:** HEMBRA. **2:** ARMELLA.

hemeroteca. f. Biblioteca pública donde se guardan diarios, revistas y otras publicaciones periódicas para ser consultadas. *Acudió a la hemeroteca para documentarse sobre la época.*

hemiciclo. m. Sala semicircular con gradas, espec. la de una cámara legislativa. *En el Parlamento, el partido del Gobierno se sienta en un lado del hemiciclo, y la oposición, en el otro.*

hemiplejia o **hemiplejía.** f. *Med.* Parálisis de todo un lado del cuerpo. *Ha sufrido una hemiplejia.*

hemipléjico, ca. adj. **1.** Que padece hemiplejia. *Se quedó hemipléjica por un accidente vascular.* Tb. m. y f. **2.** De la hemiplejia. *Un ataque hemipléjico lo ha dejado postrado en la cama.*

hemíptero. adj. **1.** *Zool.* Del grupo de los hemípteros (→ 2). *Insecto hemíptero.* • m. **2.** *Zool.* Insecto chupador, gralm. con dos pares de alas, y de metamorfosis sencilla, como la cigarra y la chinche.

hemisférico, ca. adj. **1.** Del hemisferio, espec. del terrestre o del cerebral. *Según su cobertura, las antenas del satélite son hemisféricas o globales. Especialización hemisférica de las funciones cerebrales.* **2.** Que tiene forma de hemisferio. *Es una seta de sombrero hemisférico.* ▶ **2:** SEMIESFÉRICO.

hemisferio. m. **1.** Mitad de la superficie de la esfera terrestre, espec. la limitada por el Ecuador o por un meridiano. *Cuando en el hemisferio norte es verano, en el hemisferio sur es invierno.* **2.** *Anat.* Mitad lateral del cerebro. *Las funciones del lenguaje se localizan en el hemisferio izquierdo.* Tb. *~ cerebral.* **3.** *Mat.* Semiesfera. *Cuando la Luna está llena, vemos uno de sus hemisferios iluminado.* ■ **~ austral.** m. Hemisferio (→ 1) que, limitado por el Ecuador, contiene el Polo Sur. *La Antártica se halla en el hemisferio austral.* ■ **~ boreal.** m. Hemisferio (→ 1) que, limitado por el Ecuador, contiene el Polo Norte. *El océano Ártico se halla en el hemisferio boreal.*

hemistiquio. m. *Lit.* Parte de las dos en que queda dividido un verso por una cesura o pausa interna. *El verso alejandrino se compone de dos hemistiquios de siete sílabas cada uno.*

hemoderivado. m. *Med.* Sustancia derivada de la sangre. *Es obligatorio realizar la prueba del sida en plasma sanguíneo y hemoderivados.*

hemodiálisis. f. *Med.* Depuración de la sangre en que se eliminan las sustancias nocivas contenidas en ella, haciéndola pasar a través de una membrana semipermeable. *Un paciente sometido a hemodiálisis.*

hemofilia. f. *Med.* Enfermedad hereditaria caracterizada por una coagulación deficiente de la sangre. *Una mujer puede transmitir a sus hijos la hemofilia sin padecerla ella misma.*

hemofílico, ca. adj. *Med.* Que padece hemofilia. *Los pacientes hemofílicos.* Tb. m. y f. *Un hemofílico puede tener grandes hemorragias por una simple herida.*

hemoglobina. f. *Bioquím.* Proteína de la sangre que da a esta su color rojo característico, y que transporta oxígeno desde los órganos respiratorios a los tejidos. *La falta de hemoglobina produce anemia.*

hemograma. m. *Med.* Representación gráfica donde se muestran los valores y porcentajes de la composición de la sangre. *Se ha solicitado una ecografía y un hemograma del paciente.*

hemorragia. f. Salida de sangre por rotura de vasos sanguíneos. *Le han hecho un torniquete para detener la hemorragia.*

hemorrágico, ca. adj. **1.** De la hemorragia. *Ha tenido un episodio hemorrágico con amenaza de aborto.* **2.** Dicho de enfermedad: Que lleva asociada hemorragia. *Úlcera hemorrágica.*

hemorroidal. adj. *Med.* De las hemorroides. *Tejido hemorroidal.*

hemorroide. f. *Med.* Bulto con acumulación de sangre, que aparece en la zona del ano o del recto debido a una dilatación de las venas. *Aplíquese una pomada para aliviar el picor de la hemorroide.* Frec. en pl. *El sedentarismo puede provocar hemorroides.* ▶ ALMORRANA.

hemostático, ca. adj. *Med.* Que detiene o sirve para detener una hemorragia. *Medicamento hemostático. Pinzas hemostáticas.* Dicho de medicamento o agente, tb. m. *Le han suministrado un hemostático al herido.*

henchir. (conjug. PEDIR). tr. cult. Llenar (algo o a alguien). *La brisa del mar henchía las velas. Las felicitaciones lo henchían* DE *orgullo.* Tb. en constr. prnl. media. *Se hinche* DE *satisfacción.*

hendedura. f. Hendidura. *Pueden hacerse injertos de empalme o de hendedura. La tijereta se ha escondido en una hendedura del rodapié.*▶ *ABERTURA.

hender. (conjug. ENTENDER). tr. **1.** cult. Abrir o cortar (algo sólido) sin dividir(lo) del todo. *El escultor hiende la piedra con el cincel. Un rayo ha hendido la encina.* Tb. en constr. prnl. media. *La parte alta de la cordillera se hiende en abruptos cortes.* **2.** cult. Atravesar o cortar (un fluido). *Las flechas hienden el aire. La quilla del barco hendía las aguas.* Tb. fig. *El aullido de los lobos hiende la noche.* **3.** cult. Abrirse paso (a través de algo). *El río hiende la cadena montañosa.*

hendido, da. part. **1.** → **hender** y **hendir.** • adj. **2.** Que presenta una o más hendiduras. *Es un hombre de mentón hendido. Las ovejas son animales de pata hendida.* **3.** *Bot.* Dicho de hoja: Que tiene el limbo dividido en lóbulos irregulares. *Los arces son árboles de hoja palmeada y hendida.*

hendidura. f. Abertura o corte en un cuerpo sólido, que no llega a dividirlo del todo. *La lagartija se* *cuela por una hendidura de la roca. Los panaderos hacen unas hendiduras oblicuas a las barras de pan.* ▶ *ABERTURA.

hendija. f. frecAm. Rendija. *Hasta las hendijas de las puertas estaban cubiertas con paños* [C]. ▶ *ABERTURA.

hendir. (conjug. DISCERNIR). tr. cult. Hender (algo). *El arado hiende la tierra. El barco hendirá de nuevo las aguas.*

henil. m. Lugar donde se guarda el heno. *Al fondo del corral está el henil.*

heno. m. Hierba segada y seca, que se emplea como alimento del ganado. *El suelo del establo está cubierto de heno. Una paca de heno.* Tb. dicha hierba antes de segarse. *El heno se siega en verano.*

hepático, ca. adj. **1.** Del hígado. *Función hepática. Cirrosis hepática.* **2.** Que padece del hígado. *Enfermos hepáticos crónicos.* Tb. m. y f. **3.** *Bot.* Del grupo de las hepáticas (→ 4). *Planta hepática.* ● f. **4.** *Bot.* Planta sin raíces ni vasos conductores, de hojas poco desarrolladas, que vive en lugares húmedos y umbríos, adherida al suelo o al tronco de los árboles. *El musgo y las hepáticas pertenecen al mismo grupo.* **5.** Planta de tallo corto, hojas partidas en tres lóbulos acorazonados, verdes por el haz y rojizas por el envés, y flores gralm. azuladas, que vive en terrenos húmedos y umbríos. *La hepática se emplea como planta ornamental.*

hepatitis. f. Inflamación del hígado. *La hepatitis A es de origen vírico.*

heptágono. m. *Mat.* Polígono de siete ángulos y siete lados. *Mida los lados del heptágono para hallar su área.*

heptasílabo, ba. adj. *Lit.* Dicho de verso: De siete sílabas. *La lira tiene tres versos heptasílabos.* Tb. m. *El poema combina heptasílabos y endecasílabos.*

heráldico, ca. adj. **1.** De la heráldica (→ 3). *El blasón de la fachada es de gran interés heráldico.* **2.** De los escudos de armas y de las figuras que los componen. *Motivos heráldicos. Museo heráldico.* ● f. **3.** Técnica de explicar y describir los escudos de armas. *Es un experto en heráldica.*

heraldista. m. y f. Especialista en heráldica. *Historiadores y heraldistas han intervenido en el diseño del escudo municipal.*

heraldo. m. **1.** cult. Mensajero. *Llegó a palacio un heraldo con la nueva de la victoria.* **2.** cult. Persona o cosa que anuncian algo que llega o va a suceder. *En el valle hay cerezos y almendros en flor, heraldos* DE *la primavera.* **3.** histór. En las cortes de la Edad Media: Caballero que tenía el cargo de transmitir mensajes de importancia, ordenar las grandes ceremonias y llevar los registros de la nobleza. *Al lado del rey un heraldo portaba el pendón.*

herbáceo, a. adj. Dicho de planta: De forma o características similares a las de la hierba. *Las plantas herbáceas no desarrollan tallos leñosos.* Tb. f. *El azafrán es una herbácea.*

herbario. m. Colección ordenada y clasificada de plantas secas. *El museo de ciencias naturales atesora un vastísimo herbario. Los alumnos de biología han elaborado un herbario de flores.*

herbazal. m. Lugar poblado de hierbas. *El ganado se alimenta en herbazales.*

herbicida. adj. Dicho de producto químico: Que sirve para destruir plantas herbáceas o impedir su desarrollo. *Un producto herbicida.* Frec. m. *El abuso de herbicidas tiene un impacto medioambiental negativo.*

herbívoro, ra. adj. Dicho de animal: Que se alimenta de vegetales, espec. de hierba. *La vaca es un animal herbívoro.* Tb. m. *La mayoría de los herbívoros son mamíferos.*

herbolario, ria. m. y f. **1.** Persona que se dedica a recoger hierbas y plantas medicinales, o a venderlas. *El herbolario le recomendó infusiones de menta.* ○ m. **2.** Establecimiento en que se venden hierbas y plantas medicinales, y a veces otros productos afines. *He comprado valeriana en el herbolario.* ▶ **2:** HERBORISTERÍA.

herboristería. f. Herbolario (establecimiento). *La jalea real la encontrará en herboristerías.* ▶ HERBOLARIO.

herboso, sa. adj. Poblado de hierba. *Lugares herbosos.*

herciano, na. adj. *Fís.* De las ondas hercianas (→ **onda**). *La imagen televisiva puede transmitirse por redes hercianas.* ▶ HERTZIANO.

hercio. m. *Fís.* Unidad de frecuencia del Sistema Internacional que equivale a la frecuencia de un fenómeno cuyo ciclo o período es de un segundo (Símb. *Hz*). *El procesador de un ordenador funciona a millones de hercios.*

hercúleo, a. adj. **1.** Que tiene características consideradas propias de Hércules (héroe de la mitología grecorromana), espec. la fuerza o el vigor. *Los hercúleos gladiadores se enfrentaban en el circo.* **2.** Propio de la persona hercúlea (→ 1). *Tiene una fuerza hercúlea.* Tb. fig. *La elaboración de una enciclopedia es una tarea hercúlea.*

hércules. m. Hombre de gran fuerza y musculatura. *Un hércules levantaba pesas de 100 kilos en el gimnasio.*

heredad. f. Finca rústica, gralm. con cultivos y espec. la recibida en herencia por una familia. *Tiene casa y heredad a las afueras del pueblo.*

heredar. tr. **1.** Recibir (algo) a la muerte de su poseedor, espec. mediante documento legal. *Ha heredado una fortuna* DE *un pariente rico.* **2.** Recibir los bienes y posesiones (de alguien) a su muerte. *Al morir, lo heredarán su esposa y su único hijo.* **3.** Recibir (algo) que ha pertenecido a otra persona. *El pequeño hereda toda la ropa* DE *su hermano mayor.* **4.** Recibir (algo, espec. ciertas circunstancias) de una persona o de una situación anteriores. *El ejecutivo ha heredado los problemas* DE *la legislatura anterior.* **5.** Recibir un ser vivo (rasgos biológicos) de sus padres. *Ha heredado los ojos azules* DE *su madre.* Tb. fig. *Ha heredado* DE *su padre la vocación por la música.* ▶ **2:** SUCEDER.

heredero, ra. adj. Que hereda o heredará. *Es heredera* DE *un imperio económico.* Frec. m. y f. *Su sobrino es el heredero* DE *todos sus bienes. El testamento del difunto se leyó ante sus herederos.*

hereditario, ria. adj. **1.** De la herencia. *En el desarrollo de un cáncer pueden intervenir factores hereditarios. El notario asegura la correcta partición hereditaria.* **2.** Que se adquiere o se transmite por herencia. *Enfermedad hereditaria. Los títulos nobiliarios suelen ser hereditarios.*

hereje. m. y f. **1.** Persona que niega alguno de los dogmas de una religión, espec. el cristiano que niega los de la católica. *La Inquisición mandó quemar en la hoguera a muchos herejes.* **2.** coloq. Persona descarada o irrespetuosa, espec. respecto a la opinión oficial o mayoritaria. *Lo llamaron hereje por equiparar a los Beatles con Mozart.*

herejía. f. **1.** Negación de alguno de los dogmas de una religión, espec. de los de la religión católica. *La Inquisición lo encarceló como sospechoso de herejía.* **2.** coloq. Afirmación contraria a los principios establecidos de una ciencia o arte. *Afeitar al toro le parece una herejía.* **3.** coloq. Hecho o dicho disparatados. *Echarle* ketchup *al solomillo es una herejía.* **4.** coloq. Daño o sufrimiento infligido a una persona o animal. *En algunas fiestas le hacen auténticas herejías a la vaquilla.*

herencia. f. **1.** Conjunto de cosas que se heredan. *Su marido le dejó una jugosa herencia.* **2.** Derecho de heredar. *Los descendientes del autor son, por herencia, propietarios de su obra.* **3.** Hecho de heredar. *Mendel estudió las leyes que rigen la herencia genética.*

heresiarca. m. Autor de una herejía. *Lutero fue condenado por heresiarca.*

herético, ca. adj. De la herejía o de los herejes. *La Iglesia perseguía a las sectas heréticas. Libros heréticos.*

herida. f. **1.** Daño corporal con perforación o desgarramiento de los tejidos. *Se hizo una herida cortando jamón. Falleció por herida* DE *bala.* **2.** Daño moral. *Prefirió no reabrir viejas heridas sacando a la luz los reproches de siempre.* ■ **~ contusa.** f. *Med.* Herida (→ 1) producida por un golpe o contusión. *La mujer fue atendida por herida contusa.* ■ **~ punzante.** f. *Med.* Herida (→ 1) producida por un objeto puntiagudo o cortante. *El paciente presenta herida punzante en el muslo.* □ **respirar por la ~.** loc. v. Dar a conocer un sentimiento que se tiene oculto. *Respiraba por la herida con los comentarios de siempre.*

herido, da. part. **1.** → **herir. 2.** Que ha sido herido (→ 1) corporalmente. Frec. m. y f. *Se llevaron al herido en ambulancia.*

herir. (conjug. SENTIR). tr. **1.** Hacer daño físico (a una persona o un animal, o a una parte de su cuerpo), con perforación o desgarramiento de tejidos. *La bala lo hirió* EN *un hombro. El torero hirió de muerte al toro* CON *el estoque.* **2.** Hacer daño moral (a una persona, a sus sentimientos o a su sensibilidad). *Me hiere que mis amigos desconfíen de mí. Lo has herido* EN *su orgullo. No quería herir sus sentimientos.* **3.** Causar algo una impresión fuerte y gralm. desagradable (en los sentidos, espec. la vista o el oído). *El resplandor de la nieve le hería los ojos. Dice unas palabrotas que hieren los oídos.*

hermafrodita. adj. Que tiene los dos sexos. *El caracol es hermafrodita. En las mitologías orientales abundan los dioses hermafroditas.* Dicho de pers., tb. m. y f. *Los hermafroditas tienen órganos sexuales de hombre y de mujer.* ▶ ANDRÓGINO.

hermafroditismo. m. Condición de hermafrodita. *En las fanerógamas suele darse el hermafroditismo.*

hermanamiento. m. Hecho o efecto de hermanar o hermanarse. *Los alcaldes firmaron el hermanamiento de las ciudades de Puebla y Fez.*

hermanar. tr. **1.** Establecer una relación propia de hermanos (entre personas o colectivos). *La cena anual de la empresa tiene por objeto hermanar a los empleados.* **2.** Establecer una relación oficial de amistad y cooperación (entre dos municipios o poblaciones). *Los alcaldes han acordado hermanar sus respectivos municipios.* Tb.: *Buenos Aires está hermanada* CON *Tel-Aviv.* **3.** Unir o combinar armoniosamente (dos cosas). *El bailarín logra hermanar arte y sentimiento.* Tb.: *El realismo mágico hermana lo soñado* CON *lo vivido.* ○ intr. prnl. **4.** Unirse o combinarse armoniosamente dos cosas. *Las voces del orfeón y los instrumentos se hermanan a la perfección.* Tb.: *En el bodegón se hermanan hortalizas* CON *objetos de cobre.*

hermanastro, tra. m. y f. **1.** Respecto de una persona: Hijo del cónyuge de su padre o de su madre, con el que no se comparten lazos de consanguinidad. *He conocido al nuevo marido de mi madre y a mis hermanastros.* **2.** Respecto de una persona: Otra que tiene en común con ella solo uno de los padres. *Mi hermanastra se parece mucho a mí.* ▶ **2:** HERMANO.

hermandad. f. **1.** Relación íntima o amistosa, propia de hermanos. *La reunión se celebró en un clima de hermandad.* **2.** (Frec. en mayúsc.). Cofradía (asociación de devotos). *La Hermandad del Silencio desfila en la Semana Santa sevillana.* **3.** (Frec. en mayúsc.). Sociedad (agrupación de personas con un interés común). *Muchos universitarios pertenecen a hermandades estudiantiles.* ■ **Santa Hermandad.** f. histór. Entidad jurídica y policial creada por los Reyes Católicos, que perseguía y castigaba los delitos cometidos fuera de una población. *La Santa Hermandad protegía de expolios a los viajeros y comerciantes.* ▶ **2:** COFRADÍA. **3:** *SOCIEDAD.

hermano, na. m. y f. **1.** Respecto de una persona o animal: Otro que tiene el mismo padre y la misma madre. *Mi hermana es mayor que yo. Son como hermanos porque se criaron juntos. Separaron al cachorro de sus hermanos.* Tb. *~ carnal. No son hermanastros, sino hermanos carnales.* Tb. fig. *Todos los cristianos se consideran hermanos.* **2.** Respecto de una persona: Otra que tiene en común con ella solo uno de los padres. *Mi hermano es hijo de mi madre y de su primer marido.* Tb. *medio ~. Mi medio hermano se parece bastante a mi padre.* **3.** Miembro de una orden religiosa. *El hermano prior dirigirá el rezo. Los hermanos agustinos.* Se usa como tratamiento, solo o antepuesto al nombre de pila. *Hermanas, mañana recibiremos la visita del arzobispo. El hermano Juan se encarga del huerto.* **4.** Individuo que pertenece a una hermandad o cofradía. *Es hermano de una cofradía.* **5.** Respecto de una cosa: Otra de semejantes características, de la misma clase o de igual procedencia. *El montilla es hermano del jerez.* A veces en aposición. *Para España, los países hispanoamericanos son naciones hermanas.* ■ **~ de leche.** m. y f. Respecto de una persona: Otra que, sin ser su hermana (→ 1, 2), ha sido amamantada por la misma mujer. *Como a Juan lo crió la madre de Luis, los dos son hermanos de leche.* ■ **~ de madre.** m. y f. Respecto de una persona: Hermano (→ 2) que tiene la misma madre, pero distinto padre. *Se han criado con familias distintas, pero son hermanas de madre.* ■ **~ de padre.** m. y f. Respecto de una persona: Hermano (→ 2) que tiene el mismo padre, pero distinta madre. *Compartió la herencia con sus hermanos de padre.* ▶ **2:** HERMANASTRO. **3:** FRAILE, SOR.

hermeneuta. m. y f. Persona que se dedica a la hermenéutica. *Numerosos hermeneutas han interpretado los textos de Nostradamus.*

hermenéutico, ca. adj. **1.** De la hermenéutica (→ 2). *Los principios del análisis hermenéutico.* ● f. **2.** Disciplina que se ocupa de interpretar textos. *La hermenéutica es objeto de estudio para el filólogo.*

hermético, ca. adj. **1.** Dicho de cierre: Que impide el paso de aire u otro fluido. *El frasco tiene cierre hermético.* **2.** Dicho de cosa: Provista de cierre hermético (→ 1). *Guarda las legumbres en un recipiente hermético. Cámara hermética.* **3.** Dicho de persona: Que no deja ver sus opiniones o sentimientos. *Es un hombre distante y hermético.* **4.** Que no se puede comprender o descifrar. *Su poesía resulta hermética.* **5.** Cerrado a la influencia o penetración de lo externo. *El del espionaje constituye un mundo hermético.* **6.** Del hermetismo o doctrina esotérica. *La "Tabula Smagardina" es un texto hermético que se convirtió en la base de la alquimia medieval.* ► **3, 4:** IMPENETRABLE.

hermetismo. m. **1.** Condición de hermético. *La locuacidad del hermano pequeño contrasta con el hermetismo del mayor. La secta se caracteriza por su hermetismo. El hermetismo del texto hace difícil su lectura.* **2.** Doctrina esotérica de carácter filosófico y astrológico, cuyo origen se atribuye a Hermes Trimegisto (personaje legendario del antiguo Egipto). *Los alquimistas se interesaban por el hermetismo.*

hermosear. tr. Hacer hermoso o bello (algo o a alguien). *Los almendros en flor hermoseaban el valle. Un lunar hermosea su rostro.*

hermoso, sa. adj. **1.** Dicho de cosa: Bella (que produce placer a la vista o al oído). *Recitó un hermoso soneto.* **2.** Dicho de cosa: Bella o buena en el aspecto moral o intelectual. *En un hermoso gesto, ha dedicado el triunfo a su compañero.* **3.** Dicho de persona, espec. de mujer: Bella (que tiene buen físico). *Es una mujer hermosa.* **4.** Dicho de tiempo: Despejado y apacible. *¡Qué hermoso día!* **5.** coloq. Dicho espec. de niño: Robusto y saludable. *Está muy hermosa: se nota que le gusta comer.* ► **1-3:** *BELLO.

hermosura. f. **1.** Cualidad de hermoso. *Disfrutamos de la hermosura de la puesta de sol.* **2.** Persona o cosa hermosas. *El niño era una hermosura.*

hernia. f. Salida de parte de un órgano de la estructura anatómica en que está fijado. *Le van a operar de una hernia.* ■ **~ de disco.** f. *Med.* Hernia de un fragmento de un disco intervertebral que comprime el nervio adyacente. *La hernia de disco puede ser muy dolorosa.* ■ **~ de hiato.** f. *Med.* Hernia del estómago u otro órgano abdominal, que se produce a través de un orificio del diafragma por el que pasa el esófago. *La hernia de hiato le obliga a llevar un régimen severo.*

herniarse. (conjug. ANUNCIAR). intr. prnl. **1.** Pasar a padecer una hernia. *Se ha herniado corriendo el armario de sitio.* **2.** humoríst. Agotarse por realizar un esfuerzo excesivo. Frec. en sent. irónico. *Tú sigue tumbado en el sofá, no vayas a herniarte.*

héroe, heroína. m. y f. **1.** Persona extraordinariamente valiente, que lleva a cabo una acción o una tarea admirables. *Miles de héroes anónimos han perdido la vida en las trincheras. La bañista que salvó a un niño de morir ahogado era una heroína.* **2.** Persona admirada y famosa por sus acciones o sus cualidades. *La cantante es la heroína de las quinceañeras.* **3.** cult. Protagonista (personaje principal de una obra de ficción). *Fortunata y Jacinta son las heroínas de una novela de Galdós.* ○ m. **4.** En la mitología grecorromana: Ser nacido de un dios o una diosa y de un ser humano. *Hércules es el nombre romano del héroe griego Heracles.* ► **4:** SEMIDIÓS.

heroicidad. f. **1.** Cualidad de heroico. *El soldado fue condecorado por su heroicidad.* **2.** Acción heroica. *La película narra las heroicidades del protagonista. Haber llegado a semifinales es ya una heroicidad.*

heroico, ca. adj. **1.** Dicho de persona: Que tiene carácter de héroe. *Los heroicos habitantes de la ciudad resistieron el asedio. Ejército heroico.* **2.** Dicho de cosa: Del héroe o de los héroes. *Lo ascendieron por sus acciones heroicas en el frente.* **3.** Que canta las acciones gloriosas y memorables de un héroe. *Poema heroico.*

heroína[1]**.** → **héroe.**

heroína[2]**.** f. Droga adictiva obtenida de la morfina, que se presenta en forma de polvo blanco y tiene propiedades sedantes y narcóticas. *Murió de una sobredosis de heroína. Traficantes de heroína.*

heroinómano, na. adj. Adicto a la heroína. *Una mujer heroinómana.* Tb. m. y f. *El síndrome de abstinencia del heroinómano.*

heroísmo. m. **1.** Condición de héroe. *Los bomberos han mostrado gran heroísmo durante el incendio.* **2.** Acción heroica. *Déjate de heroísmos; es mejor no cruzar el río con esta corriente.*

herpes. m. (Tb., más raro, f.). Enfermedad cutánea caracterizada por la aparición de grupos aislados de pequeñas vesículas transparentes rodeadas de una franja rojiza, que suelen producir escozor. *El herpes es provocado por un virus.*

herrador. m. Hombre que tiene por oficio poner herraduras a las caballerías. *El mozo lleva la yegua al herrador.*

herradura. f. Pieza de hierro plana, de forma semicircular o algo más cerrada, que se clava en la base de los cascos de las caballerías para protegerlos. *El caballo ha perdido una herradura.*

herraje. m. **1.** Conjunto de piezas o adornos de hierro u otro metal que se pone en un objeto. *La huella del plateresco puede verse en los herrajes de las puertas.* Frec. en pl. con significado sing. *Un arca con herrajes de plata.* **2.** Conjunto de herraduras y clavos que se ponen a las caballerías. *El jinete revisa el estado del herraje antes de montar.*

herramienta. f. **1.** Instrumento, gralm. de hierro o acero, que sirve para diferentes trabajos manuales. *La caja de herramientas.* Tb. fig. *Un procesador de textos es una herramienta indispensable en la oficina.* **2.** Conjunto de herramientas (→ 1). *El fontanero echó un vistazo a la avería y fue a buscar la herramienta.* ► **1:** *INSTRUMENTO.

herrar. (conjug. ACERTAR). tr. **1.** Poner herraduras (a una caballería). *Domaron el potro y lo herraron.* **2.** Marcar con un hierro candente (algo o a alguien, espec. ganado). *Salió el toro herrado con el número 62.* **3.** Poner piezas o adornos de hierro u otro metal (en un objeto). *Lleva unas botas herradas.*

herreño, ña. adj. De El Hierro (isla del archipiélago canario). *Quedamos fascinados por el paisaje herreño.* Dicho de pers., tb. m. y f.

herrería. f. **1.** Taller o tienda del herrero. *Ayudaba a su padre en la herrería.* **2.** Oficio de herrero. *Hay ya pocos artesanos que se dediquen a la herrería.*

herrerillo. m. Pájaro insectívoro pequeño, de cabeza, alas y lomo azulados, y pecho y vientre amarillentos, que vive en bosques y jardines. *El herrerillo hembra. Los herrerillos cantan en la copa de los árboles.*

herrero. m. Hombre que tiene por oficio labrar el hierro. *El herrero martillea una barra de hierro sobre el yunque.*

herrete. m. Pieza metálica que remata cada uno de los extremos de un cordón o una cinta, y que sirve para pasarlos con facilidad por un agujero. *Compró cordones y herretes en la mercería.*

herrumbre. f. Óxido de hierro, formado a causa de la humedad. *La verja está cubierta de herrumbre.*

herrumbroso, sa. adj. Que tiene herrumbre. *Unas máquinas herrumbrosas.*

hertziano, na. (pronunc. "erziáno"). adj. *Fís.* Herciano. *La telemática posibilita la transmisión de datos por vía hertziana.*

hervidero. m. Lugar donde hay agitación o movimiento de gran cantidad de personas, animales o cosas. *El mercadillo era un hervidero* DE *gente. Mi cabeza es un hervidero* DE *ideas.*

hervido. m. Hecho de hervir. *Se recomienda la esterilización del biberón mediante el hervido.*

hervir. (conjug. SENTIR). intr. **1.** Producir burbujas un líquido por calentamiento o por fermentación. *Cuando hierva el agua, echa los macarrones. Ríos de lava hirviendo descienden por la ladera del volcán.* **2.** cult. Tener un espacio gran cantidad de personas, animales o cosas en movimiento. *Los alrededores del estadio hierven* DE *espectadores.* **3.** cult. Experimentar un sentimiento intensamente. *Está hirviendo* DE *ira.* ○ tr. **4.** Hacer que (un líquido) hierva (→ 1). *Tienen que hervir el agua para poder beberla.* **5.** Someter (algo) a la acción de un líquido que hierve (→ 1). *Hierva el biberón durante 25 minutos.* ▶ **1:** BULLIR, COCER. **4, 5:** COCER.

hervor. m. Hecho de hervir. *Con el primer hervor se echan las gambas.* ■ **dar un ~.** loc. v. Hervir durante breve tiempo. *Los huevos pasados por agua solo necesitan dar un hervor.* ▶ EBULLICIÓN.

hetaira. f. **1.** cult. Prostituta. *Hetairas y marineros bailaban en el local.* **2.** histór. En la antigua Grecia: Cortesana de elevada condición social. *Las hetairas cantaban versos en los banquetes.*

heteróclito, ta. adj. cult. Compuesto de partes o elementos muy distintos. *Un público heteróclito. Una colección de cuadros heteróclita.*

heterodoxia. f. Condición de heterodoxo. *La misión del Santo Oficio era acabar con la heterodoxia de conversos y herejes.*

heterodoxo, xa. adj. Que no aprueba una doctrina o un dogma generalmente admitidos. *Es un pintor heterodoxo.* Dicho de pers., tb. m. y f.

heterogeneidad. f. Cualidad de heterogéneo. *El Románico presenta gran heterogeneidad estilística.*

heterogéneo, a. adj. Compuesto de partes o elementos muy distintos. *La población del barrio es muy heterogénea. Su pintura refleja influencias heterogéneas.*

heterónimo. m. *Lit.* Personaje inventado por un autor para esconder su personalidad detrás de él. *A veces Antonio Machado habla por boca de su heterónimo, el profesor Juan de Mairena.*

heterónomo, ma. adj. cult. Sometido a un poder ajeno. *La intelectualidad no debe ser heterónoma.* Se usa espec. en filosofía. *El énfasis en la soberanía divina presenta a un ser humano predestinado y heterónomo.*

heterosexual. adj. **1.** Dicho de persona: Que siente inclinación o atracción sexual hacia individuos del otro sexo. *Parejas heterosexuales.* Tb. m. y f. **2.** Propio de la persona heterosexual (→ 1). *Siempre ha mantenido relaciones heterosexuales.*

heterosexualidad. f. Condición de heterosexual. *Declaró su heterosexualidad.*

heterótrofo, fa. adj. **1.** *Biol.* Dicho de ser vivo: Que se nutre de otros seres vivos al no ser capaz de elaborar su propia materia orgánica a partir de sustancias inorgánicas. *Los hongos son heterótrofos.* **2.** *Biol.* Propio del organismo heterótrofo (→ 1). *Nutrición heterótrofa.*

hético, ca. adj. **1.** cult. Tísico. *Ingresó en un sanatorio para enfermos héticos.* Tb. m. y f. *El médico recomendaba a los héticos que respiraran aire puro.* **2.** cult. Muy flaco. *Jóvenes héticas desfilan por la pasarela.*

heurístico, ca. adj. **1.** *tecn.* De la heurística (→ 2). *Método heurístico.* ● f. **2.** *tecn.* Técnica de la investigación y el descubrimiento. *En la introducción a la tesis se establece la heurística empleada.*

hexaedro. m. *Mat.* Cuerpo de seis caras. *Una pirámide truncada de base cuadrangular es un hexaedro.* ■ **~ regular.** m. *Mat.* Cubo (cuerpo geométrico). *Un metro cúbico es el volumen contenido en un hexaedro regular de un metro de arista.* ⇒ CUBO.

hexagonal. (Tb. **exagonal**). adj. **1.** Del hexágono. *Una cometa de forma hexagonal.* **2.** Que tiene forma de hexágono. *Las abejas construyen celdillas hexagonales. Tornillo de cabeza exagonal.*

hexágono. (Tb. **exágono**). m. *Mat.* Polígono de seis ángulos y seis lados. *El ábside del templo tiene forma de hexágono.*

hexámetro. m. *Lit.* Verso hexámetro (→ **verso**). *Traduce los siguientes hexámetros de "La Ilíada".*

hexasílabo, ba. adj. *Lit.* Dicho de verso: De seis sílabas. *Encontramos versos hexasílabos en villancicos y serranillas.* Tb. m. *En el poema alternan octosílabos y hexasílabos.*

hez. f. **1.** Residuo sólido que se deposita en el fondo de un recipiente que contiene una sustancia líquida, espec. vino. Gralm. en pl. *En el fondo de la cuba del vino van quedando las heces.* **2.** cult. Parte más vil y despreciable de algo. *Los grandes narcotraficantes son la hez* DE *la sociedad.* ○ pl. **3.** cult. Excrementos expulsados por el ano. *El médico le mandó un análisis de las heces.* Tb. *heces fecales. De la alcantarilla salía un hedor a heces fecales.* ▶ **1:** MADRE.

hiato. m. **1.** *Fon.* Secuencia de dos vocales que se pronuncian en sílabas distintas. *Tenemos hiato en las palabras "leer", "leo" y "leí".* **2.** cult. Interrupción o separación espacial o temporal. *Tras un breve hiato de silencio, se reanudó el griterío. El hiato* ENTRE *ciencias y letras.*

hibernación. f. **1.** *Zool.* Estado de somnolencia que presentan algunos animales en invierno, caracterizado por el descenso de la temperatura corporal y la disminución de las funciones metabólicas. *La marmota pasa los meses fríos en hibernación.* **2.** Estado semejante a la hibernación (→ 1), producido artificialmente en personas, gralm. con fines anestésicos o curativos. *En la hibernación, el cuerpo gasta pocas calorías.*

hibernar. intr. Experimentar un estado de hibernación. *Las hormigas almacenan comida para luego hibernar bajo tierra. El protagonista está cien años hibernando.*

hibridación. f. *tecn.* Producción de un híbrido a partir de dos individuos de distinta variedad, raza o especie. *La genética permite obtener por hibridación animales domésticos con mejor rendimiento.*

hibridar. tr. *tecn.* Producir híbridos (a partir de dos individuos de distinta variedad, raza o especie). *El* *jardinero ha hibridado dos variedades de rosa.* Tb. usado en constr. intr. *Los criadores hibridan para mejorar la raza de los perros.*

híbrido, da. adj. **1.** *tecn.* Dicho de animal o vegetal: Que procede de dos individuos de distinta variedad, raza o especie. *Mendel basó sus estudios en plantas híbridas.* Tb. m. *El híbrido* DE *dos razas es un animal fértil.* **2.** Dicho de cosa: Que es producto de elementos de distinta naturaleza. *La geoquímica es una ciencia híbrida* DE *la geología y la química.* Tb. m. *El motocarro es un híbrido* ENTRE *coche y motocicleta.*

hidalgo, ga. adj. **1.** De hidalgo o del hidalgo (→ 3). *El caballero provenía de estirpe hidalga. Una casona hidalga con escudo de armas.* **2.** cult. Generoso y noble. *Un gesto hidalgo.* ● m. y f. **3.** histór. Persona que, por sangre, pertenecía a la clase noble. *El protagonista del "Quijote" es un hidalgo manchego empobrecido.*

hidalguía. f. **1.** cult. Cualidad de hidalgo o generoso. *Trata a los vencidos con hidalguía.* **2.** histór. Condición del hidalgo. *La hidalguía era un requisito para acceder a la carrera militar.*

hidatídico. adj. *Med.* Dicho de quiste: Que se forma en el hígado u otros órganos y es producido por la larva de la tenia del perro. *El contacto con un perro le produjo un quiste hidatídico en el pulmón.*

hidra. f. **1.** (Frec. en mayúsc.). En la mitología grecorromana: Monstruo acuático de varias cabezas que resurgían a medida que eran cortadas. *Uno de los trabajos de Hércules fue aniquilar a la Hidra.* **2.** Pólipo de agua dulce, de pequeño tamaño y forma cilíndrica, con varios tentáculos en uno de sus extremos. *Las hidras verdes deben su color a las algas unicelulares que viven en su interior.* **3.** Culebra acuática venenosa. *Se pueden ver hidras cerca de la orilla.*

hidratación. f. Hecho o efecto de hidratar o hidratarse. *La aplicación de cremas contribuye a la hidratación de la piel.*

hidratante. adj. Que hidrata o sirve para hidratar, espec. la piel u otro tejido. *Crema hidratante.* Dicho de crema, tb. f. *Se lavó la cara y se aplicó una hidratante.*

hidratar. tr. **1.** Proporcionar (a algo, espec. a la piel o a otro tejido) el grado de humedad normal o necesario. *Es recomendable que hidrate bien su piel.* Tb. en constr. prnl. media. *Después del ejercicio físico, el organismo necesita líquidos para hidratarse.* **2.** *Quím.* Combinar (un cuerpo) con agua. *Para pintar, hidrata la cal.* Tb. en constr. prnl. media. *La herrumbre es básicamente óxido férrico hidratado.*

hidrato. m. *Quím.* Compuesto obtenido por la combinación de agua con otro cuerpo. *Han descubierto hidrato de metano en el fondo submarino.* ■ **~ de carbono.** m. Compuesto químico obtenido por la combinación de carbono, hidrógeno y oxígeno. *Una dieta equilibrada debe contener hidratos de carbono.* ⇒ SACÁRIDO.

hidráulico, ca. adj. **1.** Del aprovechamiento, embalse y conducción de las aguas. *Red hidráulica.* **2.** Que funciona o se mueve por medio del agua u otro fluido. *Una central hidráulica abastece de luz a la comarca. Frenos hidráulicos.* **3.** Dicho de energía: Producida por el movimiento del agua. *Gran parte de la producción de la compañía eléctrica proviene de la energía hidráulica.* **4.** De la hidráulica (→ 5). *Ingeniero hidráulico.* ● f. **5.** Parte de la mecánica que estudia el equilibrio y el movimiento de los líquidos y otros fluidos, espec. con respecto a sus aplicaciones en ingeniería. *Leyes de la hidráulica.*

hídrico, ca. adj. cult. Del agua. *Es necesario un mejor aprovechamiento de los recursos hídricos del planeta.*

hidroavión. m. Avión diseñado para aterrizar y despegar sobre el agua. *Un hidroavión transporta a los miembros de la expedición hasta el Amazonas.* ▶ HIDROPLANO.

hidrocarburo. m. **1.** Compuesto químico que solo contiene carbono e hidrógeno. *Los hidrocarburos se encuentran en el petróleo y en el carbón.* **2.** Producto industrial elaborado con hidrocarburos (→ 1) y usado frec. como carburante o lubricante. *La gasolina es un hidrocarburo.*

hidrocefalia. f. *Med.* Dilatación anormal de los ventrículos del encéfalo por acumulación de líquido cefalorraquídeo. *La hidrocefalia puede causar retrasos o deficiencias mentales graves.*

hidrocéfalo, la. adj. *Med.* Que padece hidrocefalia. *Feto hidrocéfalo.* Dicho de pers., tb. m. y f. *Los hidrocéfalos tienen la frente abombada y la cabeza mayor de lo normal.*

hidrodinámico, ca. adj. **1.** *Mec.* De la hidrodinámica (→ 2). *La construcción de la presa requiere un estudio hidrodinámico previo.* ● f. **2.** *Mec.* Parte de la mecánica que estudia el movimiento de los líquidos y otros fluidos. *Principios de la hidrodinámica.*

hidroeléctrico, ca. adj. *Fís.* De la energía eléctrica obtenida por transformación de energía hidráulica. *Junto a la presa hay una central hidroeléctrica. Compañía hidroeléctrica.* Dicho de empresa, tb. f. *Las acciones de las hidroeléctricas han subido.*

hidrófilo, la. adj. Dicho de materia: Que absorbe el agua u otros líquidos con facilidad. *Tenga siempre algodón hidrófilo en su botiquín.*

hidrofobia. f. **1.** Rabia (enfermedad). *La vacuna evita que el perro padezca hidrofobia.* **2.** Temor patológico al agua. *Los gatos tienen hidrofobia y no se dejan bañar.* ▶ **1:** RABIA.

hidrófobo, ba. adj. Que padece hidrofobia o rabia. *Fue atacado por un perro hidrófobo.*

hidrófugo, ga. adj. *tecn.* Que evita la humedad o las filtraciones de agua. *La azotea está revestida con un aislante hidrófugo.*

hidrogenación. f. *Quím.* Adición de hidrógeno a una sustancia o a un compuesto. *Se somete el aceite de maíz a hidrogenación para obtener margarina.*

hidrógeno. m. Elemento químico gaseoso, muy ligero e inflamable, que es incoloro e inodoro, y que, combinado con el oxígeno, forma el agua (Símb. *H*). *El hidrógeno se encuentra en toda la materia orgánica.*

hidrografía. f. **1.** *Geogr.* Parte de la geografía que describe y estudia las aguas del globo terrestre. *Los expertos en Hidrografía estudian el proyecto de trasvase fluvial.* **2.** *Geogr.* Conjunto de las aguas de un país o región. *El mapa físico refleja la orografía y la hidrografía de un territorio.*

hidrográfico, ca. adj. *Geogr.* De la hidrografía. *La cuenca hidrográfica del Ebro. Red hidrográfica de la Península.*

hidrólisis o **hidrolisis.** f. *Quím.* Descomposición molecular de una sustancia o de un compuesto por acción del agua. *El almidón puede dar, por hidrólisis, glucosa.*

hidrolizar. tr. *Quím.* Producir una hidrólisis (en una sustancia o en un compuesto). *La proteasa es una enzima que hidroliza las proteínas.*

hidrología. f. *tecn.* Estudio de la distribución, las propiedades y el comportamiento de las aguas. *Expertos en hidrología analizarán el estado de los acuíferos.* ■ **~ médica.** f. Estudio de las aguas en relación con el tratamiento de las enfermedades.

hidrológico, ca. adj. De la hidrología, o de su objeto de estudio. *El desplazamiento continuo del agua a la atmósfera y viceversa se denomina ciclo hidrológico.*

hidromasaje. m. Masaje realizado por medio de chorros de agua a presión. *Una bañera de hidromasaje.*

hidromiel. m. Aguamiel. *En el herbolario venden ampollas de jalea real con hidromiel.*

hidropesía. f. *Med.* Acumulación anormal de un líquido orgánico en una cavidad o en el tejido celular. *El clima frío y húmedo provoca hidropesía.*

hidrópico, ca. adj. *Med.* Que padece hidropesía. *Enfermo hidrópico.* Dicho de pers., tb. m. y f. *Tenía el vientre hinchado típico de los hidrópicos.*

hidroplano. m. **1.** Embarcación provista de unas aletas que, por el rozamiento con el agua, hacen que el casco se eleve ligeramente y se alcance así mayor velocidad. *En el puerto deportivo alquilan hidroplanos con fueraborda.* **2.** Hidroavión. *Ha volado en hidroplano.*

hidropónico, ca. adj. **1.** *Bot.* Dicho de cultivo: Que se realiza sin tierra, sumergiendo las raíces en una solución acuosa con sustancias nutrientes, gralm. sobre un fondo de arena o grava. *Los cultivos hidropónicos permiten un mayor control de las características de la planta.* **2.** *Bot.* Del cultivo hidropónico (→ 1). *Planta hidropónica. Técnicas hidropónicas.*

hidrosfera. f. *tecn.* Capa discontinua de la superficie terrestre, formada por todas las partes líquidas del planeta. *La hidrosfera cubre las tres cuartas partes de la Tierra.*

hidrosoluble. adj. *tecn.* Que puede disolverse en agua. *La vitamina C es hidrosoluble.*

hidrostático, ca. adj. **1.** *Mec.* De la hidrostática (→ 2), o de su objeto de estudio. *Los equipos de inmersión son sometidos a pruebas hidrostáticas periódicas. Presión hidrostática.* ● f. **2.** *Mec.* Parte de la mecánica que estudia el equilibrio de los líquidos y otros fluidos. *El principio de Arquímedes es uno de los pilares de la Hidrostática.*

hidroterapia. f. Tratamiento de las enfermedades por medio del agua. *El balneario ofrece servicios de masajes e hidroterapia.*

hidrotermal. adj. *Geol.* De las aguas que brotan a temperatura superior a la normal. *En la corteza oceánica se han localizado emanaciones de fluidos hidrotermales.*

hidróxido. m. *Quím.* Compuesto que contiene una agrupación de un átomo de hidrógeno y otro de oxígeno combinada con uno o más elementos. *La sosa es hidróxido sódico.*

hiedra. (Tb. **yedra**). f. Planta trepadora siempre verde, de hojas oscuras y brillantes, que se agarra a cualquier superficie mediante unas raicillas que brotan del tronco y las ramas. *Los muros de la casa están cubiertos de hiedra. La yedra ha levantado el tejado.*

hiel. f. **1.** Bilis (líquido que segrega el hígado). *Sintió arcadas y la hiel amarga le subió a la boca.* **2.** cult. Amargura o disgusto. *La hiel del fracaso.* Frec. en pl. *Las hieles del exilio.* ▶ **1:** BILIS.

hielera. f. **1.** Am. Cubitera. *Esta hielera y pinzas de diseño muy actual son de acero inoxidable* [C]. **2.** Am. Nevera (electrodoméstico). *Llegó a la casa, abrió la hielera y se tomó una cerveza* [C]. ▶ **2:** *NEVERA.

hielo. m. **1.** Agua helada o congelada por el frío. *Por favor, póngame unos cubitos de hielo en el refresco. Hay hielo en la calzada.* **2.** Helada. *Los hielos arruinaron la cosecha.* ■ **romper el ~.** loc. v. Hacer desaparecer el embarazo, la frialdad o la desconfianza que se producen en una situación. *Lo he invitado a tomar café para romper el hielo de la entrevista.*

hiena. f. **1.** Mamífero carroñero africano o asiático, de aspecto parecido al de un perro grande, con pelo gris amarillento y manchas o rayas oscuras, y del que existen varias especies. *La hiena macho. Las hienas parece que ríen cuando aúllan.* **2.** Persona mala o cruel. *Esas hienas se mueren de envidia de nuestro éxito.*

hierático, ca. adj. Que tiene o aparenta mucha solemnidad. *Un mayordomo hierático les abrió la puerta. Su rostro hierático no deja traslucir nada.*

hieratismo. m. Cualidad de hierático. *La guardia real desfiló con marcial hieratismo.*

hierba. (Tb. **yerba**). f. **1.** Planta pequeña y de tallo tierno, que gralm. muere poco después de dar la semilla. *Han segado las hierbas del borde del camino. El burro se detiene a mordisquear yerbas y florecillas. Por favor, un licor de hierbas.* **2.** Conjunto de hierbas (→ 1) que nacen en un terreno. *Se sentaron en la hierba a tomar el sol. La yerba del estadio está en buenas condiciones.* **3.** Bebida medicinal o venenosa hecha con hierbas (→ 1). Frec. en pl. con significado sing. *Se ha tomado unas hierbas para el resfriado. La bruja hechiza a la princesa con unas yerbas.* **4.** jerg. Marihuana. *El camello de la plaza pasa hierba y chocolate. En la comuna se fumaba mucha yerba.* ■ **mala ~.** f. Hierba (→ 1) que crece espontáneamente y perjudica los cultivos. *Está arrancando malas hierbas del jardín. El huerto se ha llenado de malas yerbas.* ⇒ Am: YUYO. □ **ver crecer la ~.** loc. v. coloq. Ser muy agudo o sagaz. *Parece tonto, pero es de los que ven crecer la hierba.* ■ **y otras ~s.** expr. coloq., humoríst. Se usa al final de una enumeración. *Habló de música, política, sexo y otras hierbas.* ▶ **2:** VERDE. ‖ **Am: 2:** PASTO.

hierbabuena. (Tb. **yerbabuena**). f. Hierba aromática de poca altura, tallo erguido y hojas dentadas y vellosas, que se emplea en infusiones y como condimento. *Le echa hierbabuena al cocido. Tomaré un té con yerbabuena.*

hierbajo. (Tb. **yerbajo**). m. **1.** despect. Mala hierba. *El jardinero arranca los hierbajos.* **2.** despect. Hierba (planta). *Esos hierbajos que estás echando al guiso no tienen buena pinta.*

hierbaluisa. (Tb. **yerbaluisa**). f. Planta de hojas alargadas y puntiagudas, y flores blancas en espiga, que desprende aroma a limón y tiene usos medicinales y ornamentales. *La infusión de hierbaluisa le calmará el estómago. Perfume de yerbaluisa.*

hierbero, ra. (Tb. **yerbero**). m. y f. **1.** Am. Persona que vende hierbas medicinales. *Ha tomado agua zafia de la que venden los yerberos del mercado* [C]. **2.** Am. Curandero (persona que se dedica a curar). *Fue a ver a la hierbera y le recetó borraja con manzanilla* [C]. *Se presentó en mi consultorio una joven* *que había sido atendida por un yerbero* [C]. ▶ **2:** CURANDERO.

hierro. m. **1.** Elemento químico del grupo de los metales, maleable, resistente y de color gris, que abunda en yacimientos minerales, se halla en los seres vivos, y es muy empleado en la industria (Símb. *Fe*). *La verja de hierro se ha oxidado. Las lentejas contienen hierro y magnesio.* **2.** Instrumento o pieza de hierro (→ 1) o acero. *Los ladrones han forzado la puerta con un hierro.* **3.** Parte de hierro (→ 1) o acero de un arma blanca. *Afila bien el hierro de la navaja.* **4.** Instrumento de hierro (→ 1) que sirve para hacer una marca, espec. al ganado. *Los ganaderos marcan a sus reses con un hierro candente.* **5.** Marca que se hace al ganado con un hierro (→ 4). *Cada toro lleva grabado el hierro de su ganadería.* **6.** Ganadería de toros de lidia. *El torero ha lidiado toros de los mejores hierros del país.* **7.** *Dep.* En golf: Palo con cabeza de hierro (→ 1) utilizado para golpes que requieren más precisión que potencia. *Para el golpe de aproximación al* green *escogió un hierro.* ○ pl. **8.** Instrumento metálico que sirve para asegurar a un preso, como los grilletes o las cadenas. *Maniataron al secuestrado y le pusieron hierros en los pies.* ■ **~ colado.** m. *tecn.* Hierro (→ 1) quebradizo y de tacto rugoso que se obtiene en los altos hornos tras una segunda fusión. *Una cazuela de hierro colado.* □ **de ~.** loc. v. coloq. Muy fuerte o resistente. *Tiene una salud de hierro.* ■ **quitar ~** (a algo). loc. v. Quitar(le) importancia. *Había cometido un error, pero trató de quitarle hierro al asunto.* ▶ **Am: 1-7:** FIERRO.

higa. f. Gesto de desprecio que se hace mostrando el puño cerrado y haciendo asomar el dedo pulgar entre el índice y el corazón. *El ladronzuelo salió corriendo y me hizo la higa desde lejos.* ■ **una ~.** loc. adv. coloq. Muy poco o nada. Frec. en las constr. *dársele,* o *importarle, una ~* a alguien. *Le importa una higa lo que diga la gente.*

higadillo. m. Hígado de un animal pequeño, espec. de un ave. *Comimos higadillos de pollo.*

hígado. m. En los vertebrados: Órgano voluminoso de color rojo oscuro, situado en el abdomen, que desempeña importantes funciones metabólicas. *El hígado interviene en la digestión al segregar la bilis. Hígado de oca.* ■ **echar los ~s.** loc. v. coloq. Trabajar o esforzarse mucho. *Había que echar los hígados para ganarse un mísero jornal.*

higiene. f. **1.** Limpieza o aseo. *Ha comprado productos de higiene corporal.* **2.** Conjunto de normas y técnicas que tienen por objeto la conservación de la salud y la prevención de enfermedades. *Los trabajadores deben seguir las medidas de higiene y seguridad.* Tb. fig. *Necesito unas vacaciones, más que nada por higiene mental.*

higiénico, ca. adj. **1.** De la higiene. *El envase de vidrio es muy recomendable desde el punto de vista higiénico.* **2.** Conforme con las reglas de la higiene. *Las condiciones de las viviendas no son higiénicas.*

higienista. m. y f. Especialista en higiene o en normas para prevenir enfermedades. *El higienista le recomendó ayuno. Higienista dental.*

higienización. f. Hecho de higienizar. *La leche es sometida a diversos procesos de higienización.*

higienizar. tr. **1.** Dotar (a una cosa) de condiciones higiénicas. *Es necesario higienizar al máximo las instalaciones hospitalarias.* **2.** Tratar o preparar (algo) conforme a las reglas de la higiene. *Higienizan los envases de vidrio para reutilizarlos. Leche higienizada.*

higo. m. Segundo fruto comestible de la higuera, más pequeño que la breva, de piel verde, morada o negra, blando, de sabor dulce y lleno de pequeñas semillas. *De postre tomaron higos.* ■ **~ chumbo.** m. Fruto comestible de la chumbera. *Quita las púas de los higos chumbos y pélalos.* □ **de ~s a brevas.** loc. adv. coloq. Raramente, o con escasa frecuencia. *Vivo tan lejos de mi familia que solo nos vemos de higos a brevas.* ■ **hecho un ~.** loc. adj. coloq. Muy arrugado. *No te sientes sobre la ropa, que se queda hecha un higo.*

higrómetro. m. Instrumento que sirve para determinar la humedad del aire atmosférico. *En la bodega hay un higrómetro que controla el grado de humedad.*

higroscópico, ca. adj. *Fís.* Dicho de cuerpo o sustancia: Que tiene la propiedad de absorber la humedad del medio en que se encuentra. *La sal marina es altamente higroscópica.*

higuera. f. Árbol frutal de tronco grisáceo y hojas grandes, ásperas y lobuladas, cuyos frutos son la breva y el higo. *Se durmió a la sombra de una higuera.* ■ **~ chumba.** f. Chumbera. *Las higueras chumbas han sobrevivido a la sequía.* □ **en la ~.** loc. adv. coloq. En actitud distraída, o sin enterarse de lo que pasa alrededor. *No has entendido lo que te he dicho porque estás en la higuera.*

hijadalgo. → **hijodalgo.**

hijastro, tra. m. y f. Respecto de una persona: Hijo que su cónyuge ha tenido anteriormente con otra persona. *No se lleva bien con su hijastro.*

hijo, ja. m. y f. **1.** Respecto de una persona o un animal: Otro que ha sido engendrado por ellos. *Al año de casados tuvieron un hijo. Adora a sus hijos. Es hija* DE *madre soltera. La yegua ganadora es hija* DE *purasangres.* Tb. fig. *Según el cristianismo, todos somos hijos* DE *Dios. Mi nuera es para mí una hija más.* **2.** Respecto de una localidad o un país: Persona nacida en ellos. *En la plaza mayor se alza el busto de un conocido escritor, hijo* DEL *lugar. Hijos* DE *la patria mueren en el frente.* **3.** Persona considerada como producto de algo, espec. de una circunstancia. *Algunos hijos* DE *las revueltas de mayo del 68 ocuparon después cargos políticos. Los niños de las favelas son hijos* DE *la miseria y el desamparo.* **4.** Cosa engendrada o producida por otra. *Al rosal le están brotando hijos. Su poesía es hija* DEL *sentimiento.* **5.** coloq. Se usa para dirigirse a una persona, gralm. más joven, con la que se tiene confianza, a veces cariñosamente, otras en tono de reproche. *–¿Me das otro caramelo, tío Ángel? –Lo siento, hijo, se me han acabado. ¿Que te vas a quedar en casa?, ¡hija, qué aburrida eres!* ○ m. **6.** (En mayúsc.). *Rel.* Segunda persona de la Santísima Trinidad. *El Padre, el Hijo y el Espíritu Santo.* ○ m. pl. **7.** Descendientes. *Todos luchan para que sus hijos vivan en un mundo mejor.* ■ **hija de la Caridad.** f. Religiosa de la congregación fundada por San Vicente de Paúl en el siglo XVII para la asistencia benéfica en hospitales, asilos y centros semejantes. *El hospital está atendido por hijas de la Caridad.* ■ **~ adoptivo/va.** m. y f. **1.** Hijo (→ 1) que ha sido adoptado. *Viajó hasta la India para conocer a su hijo adoptivo.* (→ **adoptivo**) **2.** Persona a la que una localidad en la que no ha nacido le concede esa distinción honorífica. *Es hijo adoptivo* DE *la ciudad.* Tb. dicha distinción. *El consistorio le concedió el título de Hija Adoptiva* DE *la localidad.* ■ **~ de papá.** m. y f. despect. Persona que disfruta de buena posición social y económica gracias a sus padres más que a sus propios méritos. *Uno se mata a trabajar para que luego lleguen unos hijos de papá y cierren la fábrica.* ■ ~ **de puta.** m. y f. malson. Mala persona. ■ ~ **de su madre.** m. y f. coloq., eufem. Mala persona. *Algún hijo de su madre me ha birlado la cartera.* Frec. se usa como insulto. *¡La hija de su madre!, ¿has visto qué mala idea tiene?* ■ ~ **ilegítimo/ma,** o **natural.** m. y f. Hijo (→ 1) nacido de padres no unidos por el matrimonio. *Tuvo hijos ilegítimos con varias amantes. Don Juan de Austria era hijo natural de Carlos V.* ■ ~ **legítimo/ma.** m. y f. Hijo (→ 1) nacido de legítimo matrimonio. *La herencia recayó solo en los hijos legítimos.* ■ ~ **predilecto/ta.** m. y f. Persona a la que la localidad en que nació le concede esa distinción honorífica. *La campeona olímpica es hija predilecta* DE *su pueblo.* Tb. dicha distinción. *La diputación coruñesa concedió el título de Hijo Predilecto al escritor ferrolano Gonzalo Torrente Ballester.* ■ ~ **pródigo/ga.** m. y f. Hijo (→ 1) que regresa al hogar de los padres después de haberlo abandonado para independizarse. *La madre recibió al hijo pródigo con los brazos abiertos.* Tb. fig. *La hinchada disfrutó con el regreso del hijo pródigo tras su aventura en el fútbol italiano.* □ **cada,** o **cualquier,** o **todo, hijo de vecino.** loc. s. coloq. Cualquier persona. *Tengo derecho a una buena educación como cualquier hijo de vecino.*

hijodalgo, hijadalgo. (pl. **hijosdalgo, hijasdalgo**). m. y f. cult. Hidalgo. *Don Julián venía de familia de hijosdalgo.*

hijuela. f. **1.** Conjunto de bienes que corresponden a cada heredero en una herencia. *La casa familiar pasó a la hijuela del hijo mayor.* Tb. el documento donde constan. *El heredero debe presentar su hijuela firmada por el notario.* **2.** Cosa subordinada o derivada de otra principal. *La agencia que canaliza la ayuda internacional es una hijuela del Ministerio de Asuntos Exteriores.*

hilacha. f. **1.** Pedazo de hilo que se desprende de la tela. *Recortó las hilachas del retal.* Tb. fig. *Hilachas de neblina.* **2.** Resto o vestigio. *Aquellas cartas eran hilachas de un pasado feliz e irrecuperable.* ▶ **1:** HILACHO.

hilacho. m. Hilacha (pedazo de hilo). *Dejó de coser y se sacudió los hilachos que habían caído en la falda.* ▶ HILACHA.

hilada. f. **1.** Fila o hilera. *La bodega está dividida por hiladas de pilastras.* **2.** *Constr.* Serie horizontal de ladrillos o piedras. *Los albañiles levantaron varias hiladas de ladrillos.*

hilado[1]**.** m. Hecho de hilar materias textiles. *La cadena de producción textil incluye varias operaciones: lavado, cardado, hilado, etc.*

hilado[2]**, da.** part. **1.** → **hilar.** ● m. **2.** Materia textil hilada (→ 1). *En Cataluña abundan las fábricas de hilados. Se dedica a la venta de tejidos e hilados de algodón.*

hilador, ra. m. y f. **1.** Persona que tiene por oficio hilar materias textiles. *Las hiladoras y tejedoras domésticas pasaron a ser trabajadoras fabriles.* ○ f. **2.** Máquina de hilar materias textiles. *En el siglo* XVIII *se inventa la primera hiladora hidráulica.*

hilandería. f. **1.** Técnica de hilar materias textiles. *La hilandería industrial tenía gran tradición en Inglaterra.* **2.** Fábrica de hilados. *El algodón se recoge en la plantación y se envía a la hilandería.*

hilandero, ra. m. y f. Persona que tiene por oficio hilar materias textiles. *Trabaja de hilandera en una fábrica textil.*

hilar. tr. **1.** Reducir a hilo (algodón, lana u otra materia textil). *La abuela hilaba la lana con el huso y la rueca. Una máquina se encarga de hilar la fibra textil.* Tb. usado en constr. intr. *Las mujeres se reunían para hilar y coser.* **2.** Formar el gusano de seda (su capullo) o la araña (su tela). *Los gusanos de seda ya están hilando sus capullos. La araña hila su tela en la entrada de la cueva.* **3.** Unir de manera lógica o coherente (algo inmaterial). *No es capaz de hilar dos frases. Trata de hilar tu pensamiento y expresarlo con claridad.* ■ ~ **fino,** o **delgado.** loc. v. Ser muy sutil en el pensamiento o muy preciso y cuidadoso en los actos. *No hay que hilar tan fino: los motivos de su dimisión son mucho más simples. En asuntos de Estado, el periodista debe hilar muy delgado al redactar la noticia.*

hilarante. adj. cult. Que produce hilaridad o risa. *La obra tiene diálogos hilarantes.*

hilaridad. f. cult. Risa o alborozo ruidosos. *Sus chistes provocaron la hilaridad del público.*

hilatura. f. Técnica de hilar materias textiles. *El nacimiento de la hilatura permitió al hombre primitivo hacer telas y redes de pesca.*

hilemorfismo. m. *Fil.* Teoría aristotélica según la cual todo cuerpo está constituido por dos principios esenciales, materia y forma. *Aristóteles recurre al hilemorfismo para explicar el concepto de sustancia.*

hilera. f. Conjunto de personas o cosas situadas una detrás de otra. *Hileras de árboles bordean el bulevar. Una hilera de ciclistas circula por el arcén.* ▶ FILA.

hilo. m. **1.** Cuerpo largo y delgado que resulta de la elaboración de una materia textil y que se emplea pralm. para coser. *Tomó aguja e hilo, y se puso a coser. Una bobina de hilo. Hilo dental.* Tb. una porción de dicho cuerpo (→ **cabo**). *Te cuelga un hilo de la manga.* **2.** Lino (fibra textil, o tejido). *El tejido lleva mezcla de hilo y algodón. El mantel es de hilo.* **3.** Cuerpo en forma de hilo (→ 1). *El gusano de seda segrega un hilo con el que forma su capullo. El apio tiene muchos hilos. El cable eléctrico lleva hilo de cobre en su interior.* **4.** Cable eléctrico de transmisión. *La telefonía sin hilos facilitó las comunicaciones intercontinentales.* **5.** Chorro muy delgado de líquido. *De la nariz le brota un hilo de sangre. La fuente apenas echa un hilo de agua.* **6.** Curso o evolución de una cosa, espec. del discurso o del pensamiento. *El hilo argumental de la obra es sencillo.* Frec. con v. como *coger, perder* o *seguir*. *Llegó con la tertulia empezada y no cogía el hilo de la conversación. La novela tiene muchos personajes y cuesta seguir el hilo.* **7.** Sarta de adornos enhebrados en un hilo (→ 1). *Lleva al cuello un hilo de cuentas. Hilo de perlas.* ■ ~ **de voz.** m. Voz muy débil o apagada. *El enfermo ha pedido agua con un hilo de voz.* ■ ~ **musical.** m. Sistema de transmisión de programas musicales por el cable telefónico. *Todas las habitaciones del hotel disponen de hilo musical.* □ **al** ~. loc. adv. Denota que el corte de las cosas que tienen hebras o venas va según la dirección de estas, y no cortándolas al través. *El cuello del traje va cortado al hilo y la tirilla al bies.* ■ **colgar,** o **pender, de un** ~. loc. v. Correr gran riesgo. *La vida del enfermo pende de un hilo.* ▶ **2:** LINO. **3:** FILAMENTO.

hilván. m. **1.** Costura de puntadas largas con que se une lo que después se ha de coser definitivamente. *Antes de coserlo a máquina, prepáralo con un hilván.* **2.** Hilo empleado para hilvanar. *Sobre la mesa de la* *modista se acumulan montoncillos de retales e hilvanes.* ▶ **1:** BASTA.

hilvanado. m. Hecho de hilvanar. *Una se encarga del corte y otra del hilvanado y cosido de las piezas.*

hilvanar. tr. **1.** Hacer un hilván (en algo que se ha de coser). *Hay que hilvanar el dobladillo. Cuando termine de hilvanar la falda, te la pruebas.* **2.** Enlazar o coordinar (algo inmaterial, espec. ideas o frases). *Está nervioso y no puede hilvanar las ideas.* **3.** Preparar (algo) de forma precipitada o poco detallada. *El mismo director redactará el guión que ya tiene hilvanado.*

himen. m. *Anat.* Repliegue membranoso que reduce el orificio externo de la vagina mientras se es virgen. *Es normal sangrar un poco cuando se rompe el himen.*

himeneo. m. cult. Boda o casamiento. *En el lecho nupcial se consumó el himeneo.*

himenóptero. adj. **1.** *Zool.* Del grupo de los himenópteros (→ 2). *Insecto himenóptero.* ● m. **2.** *Zool.* Insecto provisto de mandíbulas para masticar y chupar, y de cuatro alas membranosas, como la hormiga y la abeja.

himno. m. **1.** Composición musical que identifica y representa a un país o a una colectividad. *Cuando le colgaron la medalla de oro, sonó el himno nacional de su país. Los hinchas corean el himno del equipo.* **2.** Composición poética, gralm. cantada, de tono solemne y entusiasta, que tiene por objeto la alabanza o la exaltación. *Los fieles entonan himnos religiosos. El "Canto general" de Neruda es un himno* A *la libertad.*

hincapié. **hacer ~** (en algo). loc. v. Insistir (en esa cosa). *Ha hecho mucho hincapié* EN *que seamos puntuales.*

hincar. tr. **1.** Clavar o introducir (algo) en un lugar. *Hincó el palo de la sombrilla en la arena. Se ha hincado una astilla en el dedo. El perro le hincó los dientes.* **2.** Apoyar (algo) en el suelo. *Hincó la rodilla en el suelo.* ○ intr. prnl. **3.** Arrodillarse. *Se hincó ante el crucifijo y rezó.*

hincha[1]**.** f. coloq. Antipatía u ojeriza. *El profesor me tiene hincha.*

hincha[2]**.** m. y f. coloq. Partidario entusiasta de algo o de alguien, espec. de un equipo deportivo. *Los hinchas festejaban los goles de su equipo. Es un gran hincha* DE *la radio.*

hinchable. adj. Que se puede hinchar con aire u otro fluido. *Compró un colchón hinchable para la playa. Una muñeca hinchable.* ▶ INFLABLE.

hinchada. f. coloq. Conjunto de hinchas de algo o de alguien, espec. de un equipo deportivo. *El cuarto gol ha provocado el delirio de la hinchada.*

hinchado, da. part. **1.** → **hinchar.** ● adj. **2.** Presumido o vanidoso. *Es un tipo petulante e hinchado.* **3.** Dicho de lenguaje o estilo: Enfático y afectado. *Habla con la retórica hinchada de los grandes demagogos.*

hinchar. tr. **1.** Hacer que (algo) aumente de volumen llenándo(lo) de aire u otro fluido. *Sacaron una bomba para hinchar el balón. El viento hincha las velas.* Tb. en constr. prnl. media. *El agua hervía y las burbujas se hinchaban hasta estallar. La madera se hincha con la humedad.* **2.** Hacer que (alguien o una parte de su cuerpo) aumente anormalmente de volumen. *Esta medicación suele hinchar a los enfermos. Al tocar la trompeta, hincha los carrillos.* Tb. en constr. prnl. media. *En verano se le hinchan los pies.* **3.** Exagerar (algo, espec. un hecho o una noticia). *La prensa sensacionalista hinchó el incidente. Acusan al consejo de administración de hinchar el volumen de pérdidas.* **4.** Am. coloq. Fastidiar (a alguien) o molestar(lo). *Cada uno se prepara lo que quiere, así no te hincho* [C]. Tb. usado en constr. intr. *¡Déjala donde quieras y déjate de hinchar!* [C]. ○ intr. prnl. **5.** coloq. Hartarse. *Me hincho cada vez que hay cocido en el menú. Se hinchó* DE *pasteles. Se han hinchado* A *ganar dinero. Me he hinchado* DE *gritar.* **6.** Ponerse soberbio o vanidoso. *No se ha hinchado con el éxito. Al oír tales elogios, se hinchaba como un pavo real.* ▶ **1, 3, 6:** INFLAR.

hinchazón. f. **1.** Efecto de hinchar o hincharse algo, espec. una parte del cuerpo. *Ponte hielo en el tobillo para que baje la hinchazón.* **2.** Vanidad o soberbia. *Su hinchazón y pedantería resultan repelentes.* **3.** Afectación enfática del estilo o del lenguaje. *La crónica del enlace tiene la hinchazón propia de los ecos de sociedad.* ▶ **1:** TUMEFACCIÓN.

hindi. m. Lengua hablada en la India, cuya escritura y cuyo vocabulario están, en gran parte, tomados del sánscrito. *El hindi es lengua oficial de la India.*

hindú. adj. **1.** De la India. *Le encanta la cocina hindú. Parlamento hindú.* Dicho de pers., tb. m. y f. **2.** Del hinduismo. *La estatua representa al dios hindú Krishna.* **3.** Que profesa el hinduismo. *La mayor parte de la población de la India es hindú.* Tb. m. y f. *La mayoría musulmana de Indonesia coexiste con hindúes y cristianos.* ▶ **1:** *INDIO. **2, 3:** HINDUISTA.

hinduismo. m. Religión politeísta predominante en la India, procedente del antiguo brahmanismo, que afirma la existencia de la reencarnación y prescribe un sistema social de castas. *El hinduismo influyó mucho en el movimiento* hippie.

hinduista. adj. **1.** Del hinduismo. *Templo hinduista.* **2.** Que profesa el hinduismo. *Los creyentes hinduistas veneran a las vacas.* Tb. m. y f. *El yoga proviene de los hinduistas.* ▶ HINDÚ.

hinojo[1]**.** m. Planta aromática, usada espec. como condimento, cuyas variedades cultivadas tienen un cogollo blanco y redondeado que se consume como verdura. *El hinojo le da un aroma dulce a los guisos.* Tb. el cogollo. *Para esta receta, hay que cortar el hinojo en rodajas.*

hinojo[2]**.** m. cult. Rodilla. Gralm. en la constr. *de ~s. Cayó de hinojos ante el rey pidiendo clemencia.*

hipar. intr. **1.** Tener hipo. *No podía parar de hipar.* **2.** Sollozar con convulsiones semejantes al hipo. *El niño temblaba e hipaba atemorizado.*

híper. m. coloq. Hipermercado. *Los sábados van al híper a hacer compra para toda la semana.*

hiper-. elem. compos. Significa 'exceso'. *Hiperinflación, hiperproducción, hiperestresado.*

hiperactividad. f. Actividad excesiva o exagerada. *La hiperactividad de los candidatos durante la campaña es abrumadora. Tiene un problema de hiperactividad del tiroides.* Se usa espec. en psicología. *Terapia para niños aquejados de hiperactividad.*

hiperactivo, va. adj. Que presenta hiperactividad. *Los mercados financieros se muestran hiperactivos al final del año. Comportamiento hiperactivo.* Se usa espec. en psicología. *El niño hiperactivo tiene gran dificultad para centrar su atención en una tarea.*

hipérbaton. (pl. **hipérbatos**). m. *Lit.* y *Gram.* Inversión o alteración del orden habitual de las palabras en la frase. *En el verso de Bécquer "Del salón en el ángulo oscuro" hay un hipérbaton.*

hipérbola. f. *Mat.* Curva compuesta por dos tramos simétricos y opuestos respecto de dos ejes de coordenadas perpendiculares, obtenida al cortar un cono doble con un plano. *La gráfica de esta función es una hipérbola que nunca corta los ejes de coordenadas.*

hipérbole. f. cult. Exageración. Se usa espec. en literatura. *En el poema abundan hipérboles y exclamaciones.*

hiperbólico[1], **ca.** adj. **1.** cult. De la hipérbole. *Su tono hiperbólico resta verosimilitud al relato.* **2.** cult. Que implica o contiene una hipérbole. *Hace hiperbólicas alabanzas de su anfitrión.*

hiperbólico[2], **ca.** adj. **1.** *Mat.* De la hipérbola. *La superficie del espejo tiene forma hiperbólica convexa.* **2.** *Mat.* Que tiene forma de hipérbola. *La sonda describe una órbita hiperbólica que tiene su centro en la Tierra.*

hiperclorhidria. f. *Med.* Exceso de ácido clorhídrico en el jugo gástrico. *Padece hiperclorhidria y tiene unas digestiones muy pesadas.*

hiperespacio. m. Espacio de más de tres dimensiones. *En la novela, la nave viaja a gran velocidad a través del hiperespacio.*

hiperestesia. f. cult. Sensibilidad excesiva o exagerada. *Es preferible evitar acontecimientos excitantes que fomenten su hiperestesia.* Se usa espec. en medicina. *La picadura del escorpión puede provocar hiperestesia cutánea.*

hiperestésico, ca. adj. cult. Que tiene hiperestesia. *El poeta era hiperestésico y delicado.* Se usa espec. en medicina. *Algunas zonas cutáneas del pabellón auricular a menudo se vuelven hiperestésicas.*

hiperglucemia. f. *Med.* Nivel de glucosa en la sangre superior al normal. *La hiperglucemia es un síntoma de un tipo de diabetes.*

hipermercado. m. Supermercado de grandes dimensiones, localizado gralm. en la periferia urbana. *Los clientes deambulan con los carros llenos por el aparcamiento del hipermercado.*

hipermétrope. adj. *Med.* Que padece hipermetropía. *Ojo hipermétrope.* Dicho de pers., tb. m. y f. *Los hipermétropes ven borroso de cerca.*

hipermetropía. f. *Med.* Defecto visual que hace que los objetos cercanos se perciban de forma confusa debido a que la imagen se forma más allá de la retina. *Debe llevar gafas para corregir la hipermetropía y el astigmatismo.*

hiperrealismo. m. Realismo sumamente fiel y minucioso. *Cuenta una historia de gran verosimilitud, teñida de hiperrealismo.* Tb. la tendencia artística del último tercio del s. XX caracterizada por dicho realismo. *Su pintura, de técnica casi fotográfica, se inscribe dentro del hiperrealismo.*

hiperrealista. adj. **1.** Del hiperrealismo. *Poco tienen en común un cuadro hiperrealista y otro abstracto.* **2.** Partidario o seguidor del hiperrealismo. *Escultor hiperrealista.* Tb. m. y f. *Antonio López es el más conocido de los hiperrealistas españoles.*

hipersensibilidad. f. Sensibilidad excesiva o exagerada. *Tiene una hipersensibilidad que hace difícil el trato con él. El enfermo presenta hipersensibilidad* A *la luz. El asma se debe a una hipersensibilidad de los bronquios* A *sustancias externas.*

hipersensible. adj. Excesiva o exageradamente sensible. *Un joven hipersensible y melancólico. Ten cuidado con lo que dices; es hipersensible* A *las críticas. Sus ojos son hipersensibles: no soportan la luz.*

hipertensión. f. *Med.* Tensión sanguínea excesivamente alta. *Obesidad e hipertensión van frecuentemente asociadas.* Tb. ~ *arterial. Entre los factores de riesgo coronario está la hipertensión arterial.*

hipertenso, sa. adj. *Med.* Que padece hipertensión. *Todo paciente hipertenso debe someterse a chequeos periódicos.* Tb. m. y f. *Se recomienda a los hipertensos dietas bajas en sal.*

hipertermia. f. *Med.* Aumento patológico de la temperatura del cuerpo. *El enfermo presenta escalofríos, sudores e hipertermia.*

hipertexto. m. *Inform.* Texto que contiene elementos, gralm. resaltados, desde los que se puede acceder a la información contenida en otros archivos o en otras partes de dicho texto. *Haciendo clic en el enlace de hipertexto se pasa rápidamente de una página web a otra.*

hipertiroidismo. m. *Med.* Trastorno que consiste en un aumento de la segregación de hormonas de la glándula tiroidea. *El hipertiroidismo puede producir bocio.*

hipertrofia. f. **1.** cult. Desarrollo excesivo o exagerado. *El mercado editorial ha llegado a la hipertrofia y se publica de todo, al margen de su calidad.* **2.** *Biol.* y *Med.* Aumento anormal del tamaño de un órgano, o de parte de él. *Las vegetaciones son una hipertrofia de las amígdalas nasales y faríngeas. Hipertrofia cardíaca.*

hipertrofiarse. (conjug. ANUNCIAR). intr. prnl. *Biol.* y *Med.* Aumentar anormalmente de tamaño un órgano o parte de él. *Cuando la próstata se hipertrofia, se produce una obstrucción del paso de la orina.*

hipertrófico, ca. adj. cult. Que presenta hipertrofia. *Se está produciendo un crecimiento hipertrófico de la ciudad.* Se usa espec. en biología y medicina. *Bazo hipertrófico.*

hiperventilación. f. *Med.* Respiración de frecuencia e intensidad anormalmente elevadas. *El atleta ha sufrido un desvanecimiento por hiperventilación.*

hípico, ca. adj. **1.** De la hípica (→ 3). *Concurso hípico de saltos de obstáculos. Quiniela hípica.* **2.** Del caballo. *En la feria habrá una exhibición hípica. Carrera hípica.* ● f. **3.** Deporte de montar a caballo en carreras, concursos de salto u otros ejercicios. *Es aficionado a la hípica y un buen jinete.* ▶ **3:** EQUITACIÓN.

hipido. m. Hecho o efecto de sollozar con convulsiones semejantes al hipo. *Entre hipidos, el niño repite que no quiere ir el colegio.* ▶ JIPIDO.

hipnosis. f. Sueño producido por hipnotismo. *Mírame fijamente a los ojos y entrarás en estado de hipnosis.*

hipnótico, ca. adj. **1.** De la hipnosis o del hipnotismo. *El psicoterapeuta duerme al paciente mediante sugestión hipnótica.* Tb. fig. *La contemplación del fuego de la hoguera resulta hipnótica.* ● m. **2.** Medicamento que produce sueño. *Toma hipnóticos para combatir el insomnio.*

hipnotismo. m. Método para producir sueño artificial mediante técnicas de sugestión o con aparatos adecuados. *En las sesiones de psicoterapia, emplean el hipnotismo.*

hipnotizador, ra. adj. Que hipnotiza. *El hechicero repite sus palabras mágicas e hipnotizadoras. Una belleza hipnotizadora.* Dicho de pers., tb. m. y f. *El hipnotizador pidió voluntarios entre el público.*

hipnotizar. tr. **1.** Producir hipnosis (en alguien). *Lo ha hipnotizado con un péndulo. El sonido de la flauta hipnotiza a la cobra.* **2.** Causar asombro o fascinación (en alguien). *La mira boquiabierto, hipnotizado por su atractivo.*

hipo. m. **1.** Convulsión del diafragma, que produce una interrupción brusca de la respiración acompañada de un ruido normalmente agudo. Frec. en sing. con significado pl. *Dicen que con un buen susto se quita el hipo.* **2.** Convulsión semejante al hipo (→ 1), que a veces acompaña al sollozo. *Llora desconsolada, sin poder reprimir los hipos.* ■ **quitar** alguien o algo **el ~.** loc. v. coloq. Sorprender o asombrar por sus excelentes cualidades. *En la revista salen unas modelos que quitan el hipo. Deja unas propinas de quitar el hipo.*

hipoalergénico, ca. adj. *tecn.* Que tiene pocas probabilidades de producir una reacción alérgica. *Proteja la piel con cremas o lociones hipoalergénicas.* ▶ HIPOALÉRGICO.

hipoalérgico, ca. adj. *tecn.* Hipoalergénico. *Use jabones hipoalérgicos que no irriten la piel.*

hipocalórico, ca. adj. *Med.* Que contiene pocas calorías. *Una dieta hipocalórica ayuda a bajar de peso. Edulcorante hipocalórico.*

hipocampo. m. *Zool.* Caballito de mar. *Un hipocampo se ase con su cola a un alga para no ser arrastrado por la corriente.*

hipocentro. m. *Geol.* Punto del interior de la Tierra donde tiene origen un terremoto. *Los sismólogos sitúan el hipocentro del terremoto a 50 km de profundidad.*

hipocondría. f. *Med.* Afección caracterizada por tristeza habitual y preocupación excesiva por la salud. *Está convencido de estar muy enfermo, pero todo es fruto de su hipocondría.*

hipocondríaco, ca o **hipocondriaco, ca.** adj. **1.** *Med.* De la hipocondría. *Padece ansiedad hipocondríaca. Conducta hipocondriaca.* **2.** *Med.* Que padece hipocondría. *Persona hipocondríaca.* Tb. m. y f. *No te pasa nada, lo que ocurre es que eres un hipocondriaco.*

hipocondrio. m. *Anat.* Zona lateral de las dos que forman la parte superior del vientre, y que están situadas debajo de las costillas falsas. *El diestro fue operado de una cornada en el hipocondrio derecho.*

hipocorístico, ca. adj. *Ling.* Dicho de nombre: Que se usa, abreviado o modificado, para sustituir al nombre de pila, frec. con intención afectiva. *"Pepe", por José, o "Charo", por Rosario, son nombres hipocorísticos.* Tb. m. *"Chelo" es un hipocorístico.*

hipocrático, ca. adj. De Hipócrates (médico griego, ss. IV-V a. C.), o de su escuela. *El famoso juramento hipocrático sería adoptado como código ético por la profesión médica. Tratados hipocráticos. Médicos hipocráticos.*

hipocresía. f. **1.** Cualidad de hipócrita. *Esa aparente compasión es pura hipocresía.* **2.** Hecho o dicho hipócritas. Frec. en pl. *Basta de hipocresías, los dos sabemos que no nos soportamos.*

hipócrita. adj. **1.** Que finge cualidades o sentimientos que no tiene. *No seas hipócrita, en realidad te da igual lo que me pase.* Tb. m. y f. *Sería un hipócrita si negara que quiero ganar el premio.* **2.** Propio de la persona hipócrita (→ 1). *Nos ha saludado con una sonrisa hipócrita.* ▶ **1:** *MENTIROSO.

hipodérmico, ca. adj. *Med.* Que está o se aplica debajo de la piel. *Para poner la vacuna se utiliza una aguja hipodérmica. Inyección hipodérmica.*

hipódromo. m. Lugar destinado a carreras de caballos. *Le gusta ir al hipódromo y apostar.*

hipófisis. f. *Anat.* Glándula interna de pequeño tamaño situada en la base del cráneo. *La hipófisis, o glándula pituitaria, segrega las hormonas del desarrollo sexual.*

hipogeo. m. histór. Construcción subterránea, gralm. excavada en una pared rocosa, empleada en la Antigüedad para enterrar cadáveres. *La momia de Nefertari, esposa del faraón, se hallaba en un colosal hipogeo.*

hipoglucemia. f. *Med.* Nivel de glucosa en la sangre inferior al normal. *Se ha desvanecido a causa de una hipoglucemia.*

hipogrifo. m. Animal fabuloso cuyo cuerpo es una mezcla de caballo, león y águila. *En su blasón de caballero figura un hipogrifo alado.*

hipopótamo. m. Mamífero de gran tamaño, con patas cortas, piel gruesa y grandes mandíbulas, que vive en ríos africanos, donde pasa mucho tiempo sumergido. *El hipopótamo hembra. Un río plagado de cocodrilos e hipopótamos.*

hipóstasis. f. *Rel.* En el cristianismo: Persona de la Santísima Trinidad. *Padre, Hijo y Espíritu Santo son tres hipóstasis con una misma esencia.*

hipotálamo. m. *Anat.* Región del encéfalo situada en la base del cerebro, que es el centro de control del sistema nervioso y de la vida vegetativa. *De controlar la temperatura corporal se encarga el hipotálamo.*

hipoteca. f. Derecho que grava un inmueble, sujetándolo al pago de una deuda. *Viven en una casa sujeta a hipoteca.*

hipotecar. tr. **1.** Gravar (un bien inmueble) con hipoteca. *Van a hipotecar la casa para poder abrir el negocio.* **2.** Poner en peligro (algo no material) con una acción. *No quiere hipotecar su futuro profesional.*

hipotecario, ria. adj. De la hipoteca. *Se puede adquirir una vivienda mediante un crédito hipotecario.*

hipotensión. f. *Med.* Tensión sanguínea excesivamente baja. *Siente fatiga a causa de la hipotensión.* Tb. *~ arterial. La fuerte hemorragia ha producido hipotensión arterial.*

hipotenso, sa. adj. *Med.* Que padece hipotensión. *Paciente hipotenso.* Tb. m. y f. *Los hipotensos a menudo sienten vértigo.*

hipotenusa. f. *Mat.* Lado opuesto al ángulo recto de un triángulo rectángulo. *Conociendo la longitud de los catetos, podemos calcular la de la hipotenusa.*

hipotermia. f. *Med.* Descenso, gralm. patológico, de la temperatura del cuerpo. *El montañero presenta síntomas de hipotermia.*

hipótesis. f. Suposición en la que se fundamentan una argumentación o unas conclusiones. *La policía parte de la hipótesis de que el asesino conocía a la víctima.* ■ **~ de trabajo.** f. Hipótesis provisional de una investigación. *Supongamos, como hipótesis de trabajo, que el universo es infinito.*

hipotético, ca. adj. De la hipótesis, o basado en hipótesis. *Sin más datos, las conclusiones que se pueden sacar son solo hipotéticas.*

hipotiroidismo. m. *Med.* Trastorno que consiste en una disminución de la segregación de hormonas de la glándula tiroidea. *El endocrinólogo trata a los pacientes de hipotiroidismo.*

hippy o ***hippie.*** (pal. ingl.; pronunc. "jípi"). adj. De un movimiento juvenil surgido en Estados Unidos en la década de 1960, caracterizado por el pacifismo, la rebelión contra las estructuras sociales vigentes y el retorno a la naturaleza. *En los grupos* hippies *se fumaba marihuana y se practicaba el amor libre. Comuna* hippy. Dicho de pers., tb. m. y f. *Los* hippies *llevaban el pelo largo.* ¶ [Adaptación recomendada: *jipi*, pl. *jipis*].

hiriente. adj. Que hiere, espec. los sentimientos o los sentidos. *Ha sido hiriente en sus críticas. La hiriente luz le hace entornar los ojos.*

hirsuto, ta. adj. **1.** cult. Dicho de pelo: Duro y rígido. *Tiene el pecho cubierto de un vello negro e hirsuto.* **2.** cult. De pelo hirsuto (→ 1). *Unas cejas pobladas e hirsutas.*

hisopo. m. **1.** Utensilio empleado en la liturgia cristiana para esparcir agua bendita, y que consiste en un mango que en su extremo lleva una bola hueca y agujereada, donde se halla el agua. *El sacerdote bendice la lápida con unos golpes del hisopo.* **2.** Planta muy olorosa, de tallos leñosos, hojas puntiagudas y flores azules o blanquecinas dispuestas en espiga. *El hisopo, en tisana o en jarabe, se empleaba contra el asma.*

hispalense. adj. De Sevilla. *Catedral hispalense.* Dicho de pers., tb. m. y f. *Los hispalenses celebran la Feria de Abril.* ► SEVILLANO.

hispánico, ca. adj. **1.** De España. *Emigrantes hispánicos.* **2.** De lengua y cultura españolas. *El diccionario pretende recoger la diversidad léxica del mundo hispánico. Filología hispánica.* Frec. f. pl. para designar los estudios filológicos correspondientes. *Estudia Hispánicas.* **3.** histór. De Hispania (Península Ibérica). *Roma invadió Hispania y sometió a los pueblos hispánicos.* ► **1:** *ESPAÑOL.

hispanidad. f. **1.** (Frec. en mayúsc.). Conjunto de los pueblos hispánicos. *El español es la lengua común de la Hispanidad.* **2.** Carácter hispánico. *Es una ciudad cosmopolita, pero aún se aprecia en ella su profunda hispanidad.*

hispanismo. m. **1.** Estudio de las lenguas y culturas de los pueblos hispánicos. *El profesor es una de las figuras del hispanismo.* **2.** Palabra o uso propios de la lengua española empleados en otra. *Los hispanismos "siesta" y "tapas" se han consolidado en inglés.* ► **2:** ESPAÑOLISMO.

hispanista. m. y f. Especialista en lenguas y culturas de los pueblos hispánicos. *Un hispanista prepara la nueva edición de "La Celestina". El hispanista se ha especializado en la Guerra Civil española.*

hispanización. f. Hecho de hispanizar o hispanizarse. *Los visigodos que llegan a la Península sufren una paulatina hispanización. El término "fútbol" resulta de la hispanización de la palabra inglesa "football".*

hispanizar. tr. Dar carácter hispánico (a alguien o a algo). *En América perviven indígenas que nunca fueron hispanizados. Hemos hispanizado muchos términos de otras lenguas.* Tb. en constr. prnl. media. *La palabra latina "referendum" se hispaniza y da el término "referendo".*

hispano, na. adj. **1.** Hispanoamericano. Frec. referido a la persona de ese origen que reside en Estados Unidos. *La comunidad hispana es muy numerosa en Florida.* Dicho de pers., tb. m. y f. *Cada vez hay más hispanos en la política estadounidense.* **2.** De España. *El equipo hispano le ha dado la vuelta al marcador en el segundo tiempo.* **3.** histór. De Hispania (Península Ibérica). *Los romanos dividieron el territorio hispano en dos provincias: Hispania Citerior e Hispania Ulterior.* ► **1:** HISPANOAMERICANO. **2:** *ESPAÑOL.

hispano-. elem. compos. Significa 'español'. *Hispanojudío, hispanofrancés.*

hispanoamericano, na. adj. De Hispanoamérica (conjunto de países americanos donde el español es la lengua oficial). *España debe estrechar sus lazos con las naciones hispanoamericanas. Literatura hispanoamericana.* Dicho de pers., tb. m. y f. *Muchos hispanoamericanos trabajan en Europa.* ► HISPANO.

hispanoárabe. adj. histór. De la España musulmana. *La mezquita de Córdoba es un edificio emblemático del arte hispanoárabe.* Dicho de pers., tb. m. y f. *La ciencia más cultivada por los hispanoárabes fue la medicina.* ► HISPANOMUSULMÁN.

hispanohablante. adj. Que tiene como lengua propia o materna el español. *Cada vez es mayor la comunidad hispanohablante en Estados Unidos.* Dicho de pers., tb. m. y f. *Hay más hispanohablantes en América que en Europa.* ► HISPANOPARLANTE.

hispanomusulmán, na. adj. histór. Hispanoárabe. *Al caer el califato de Córdoba, el territorio hispanomusulmán se divide en pequeños reinos, o taifas.* Dicho de pers., tb. m. y f. *En la España medieval conviven cristianos, judíos e hispanomusulmanes.*

hispanoparlante. adj. Hispanohablante. *El cantante hará una gira por toda la América hispanoparlante.* Dicho de pers., tb. m. y f. *Hay varios cientos de millones de hispanoparlantes en el mundo.*

hispanorromano, na. adj. histór. De la Hispania romana. *Las tribus bárbaras saquearon las ciudades hispanorromanas.* Dicho de pers., tb. m. y f. *Los hispanorromanos tenían que acatar las leyes de Roma.*

histamina. f. *Bioquím.* Sustancia presente en los tejidos orgánicos, que participa en las reacciones alérgicas. *El contacto con el polen provoca la liberación de histamina.*

histeria. f. **1.** Estado pasajero de gran excitación nerviosa. *La aparición del grupo de* rock *desata la histeria de sus admiradoras.* **2.** *Med.* Enfermedad nerviosa caracterizada por síntomas como hipersensibilidad, excitabilidad y, a veces, ataques convulsivos. *Ataque de histeria.* ► HISTERISMO.

histérico, ca. adj. **1.** De la histeria. *Al ver la araña, lanzó un grito histérico. El paciente presenta síntomas histéricos.* **2.** Afectado de histeria. *Se pone histérico cuando llegan los exámenes. La paciente histérica puede llegar a sufrir alucinaciones.* Tb. m. y f. *No he dicho que seas una histérica, solo que estás algo nerviosa.*

histerismo. m. Histeria. *El accidente provocó escenas de pánico e histerismo. Según el psicólogo, su estado de ansiedad raya en el histerismo.*

histograma. m. *tecn.* Representación gráfica de una distribución de frecuencias por medio de rectángulos gralm. verticales. *El histograma representa la evolución de la facturación de la empresa en los últimos años.*

histología. f. *Biol.* y *Anat.* Estudio de los tejidos orgánicos, espec. de su estructura y composición. *Ramón y Cajal recibió el Nobel por sus descubrimientos en el campo de la Histología.*

histológico, ca. adj. *Biol.* y *Anat.* De la histología, o de su objeto de estudio. *El médico ha encargado un estudio histológico del tumor.*

histólogo, ga. m. y f. *Biol.* y *Anat.* Especialista en histología. *El microscopio es la herramienta de trabajo del histólogo.*

historia. f. **1.** Conjunto de los acontecimientos pasados de la humanidad. *El descubrimiento de la rueda tuvo un papel crucial en la historia.* Tb. la narración cronológica de dichos acontecimientos. *Estudió la civilización egipcia en un libro de historia.* **2.** Conjunto de los acontecimientos pasados de alguien o algo. *Le interesa mucho la historia de los fenicios. Cossío fue un gran conocedor de la tauromaquia y de su historia. La historia de esta ciudad es muy interesante.* Tb. la narración cronológica de dichos acontecimientos. *Trabaja en la redacción de una nueva historia de América. Ha escrito una historia de la Literatura.* **3.** Conjunto de los hechos ocurridos a una persona en su vida o en parte de ella. *La historia de la muchacha estaba llena de desgracias. Nuestra historia de amor ha durado bien poco.* Tb. la narración de dichos hechos. *Le cuenta su historia a todo el que quiere escucharla.* **4.** Ciencia que estudia y narra cronológicamente los acontecimientos pasados. *Cuando acabe el bachillerato, quiere hacer la carrera de Historia. Es licenciada en Historia del Arte.* **5.** Narración real o inventada. *Me gusta escuchar las historias que cuenta la abuela. La novela es en realidad la historia de un niño que no quería crecer.* **6.** coloq. Chisme o cuento. *Está harto de oír historias de la gente famosa. La vecina me ha contado una historia que no sé si creerme.* ■ **~ clínica.** f. Relación de los datos médicos referentes a la enfermedad o enfermedades de un paciente, a su tratamiento y a su evolución. ■ **~ natural.** f. Ciencia que estudia los reinos animal, vegetal y mineral. *La Historia Natural comprende tres áreas: botánica, zoología y mineralogía.* ■ **~ sagrada,** o **sacra.** f. Conjunto de narraciones contenidas en el Antiguo y el Nuevo Testamento. *En clase de religión estudiaban episodios de la Historia Sagrada.* □ **dejarse de ~s.** loc. v. coloq. Dejar a un lado los rodeos o los asuntos secundarios. *Déjate de historias y di claramente qué opinas. Deberíamos reformar ya la casa y dejarnos de historias.* ■ **hacer ~.** loc. v. Merecer ser recordado por generaciones futuras. *El nadador hizo historia al conseguir siete medallas de oro en una olimpiada. Su discurso fue de los que hacen historia.* ■ **pasar a la ~.** loc. v. **1.** Ser recordado por generaciones futuras. *Un altruista no hace las cosas con intención de pasar a la historia. La intrépida espía pasaría a la historia como Mata Hari. Esta batalla pasará a la historia* POR *su crueldad.* **2.** Perder interés, actualidad o vigencia. *Con la llegada del ordenador, la máquina de escribir pasó a la historia. En 2002 la peseta pasó a la historia y entró en vigor el euro.*

historiado, da. part. **1.** → **historiar.** ● adj. **2.** coloq. Recargado de adornos. *No quiero un traje de novia historiado, con una cola kilométrica.* **3.** *Arte* Decorado con escenas relativas al hecho que representa. *Las columnas del claustro están rematadas por capiteles historiados.*

historiador, ra. m. y f. Persona especialista en historia o que escribe historia. *Los historiadores discuten sobre la interpretación de esos hechos. Un equipo de historiadores del arte ha diseñado la exposición. Los historiadores de Indias nos ofrecen datos preciosos sobre la América precolombina.*

historial. m. Narración escrita y detallada de los antecedentes de alguien o de algo, espec. de los antecedentes profesionales de una persona. *Los interesados en el puesto deberán enviar su historial a la dirección que se indica. El cirujano estudia el historial médico del paciente.* Tb. el conjunto de dichos antecedentes. *No hay un solo accidente laboral en el historial de la empresa.*

historiar. (conjug. ANUNCIAR o, raro, ENVIAR). tr. Contar o escribir la historia (de algo). *En su último libro ha decidido historiar la caída del Imperio romano. Los archivos de prensa son una útil herramienta para historiar la fotografía.*

historicidad. f. Cualidad de histórico. *La Iglesia ha defendido la historicidad de los hechos relatados en los Evangelios.*

historicismo. m. Tendencia a interpretar la realidad desde un punto de vista única o principalmente histórico. *El historicismo afirma que el hombre no tiene naturaleza, sino historia. El historicismo filosófico del* XIX.

historicista. adj. **1.** Del historicismo. *Las doctrinas filosóficas de Ortega y Gasset son de corte historicista.* **2.** Partidario o seguidor del historicismo. *Los pintores historicistas eran contrarios al naciente impresionismo.* Tb. m. y f. *Marx y otros historicistas.*

histórico, ca. adj. **1.** De la historia. *El prologuista sitúa la obra en su marco histórico. Documentos históricos. Archivo histórico.* **2.** Dicho de persona o cosa: Que ha tenido existencia real y comprobada. *No se sabe si el rey Arturo era un personaje histórico o legendario. Los hechos narrados son rigurosamente históricos.* **3.** Que, por su importancia, figura en la historia o es digno de ello. *La histórica cumbre entre Churchill, Roosevelt y Stalin tuvo lugar en Yalta.* **4.** *Lit.* Dicho de obra literaria: Basada en hechos o personajes históricos (→ 1). *Los "Episodios Nacionales" de Galdós son una serie de novelas históricas. Drama histórico.* **5.** *Ling.* Que atiende a la evolución de la lengua a lo largo de su historia. *El diccionario histórico da cuenta de los usos de cada palabra desde su aparición en la lengua.* ▶ **5:** DIACRÓNICO.

historieta. f. **1.** Narración breve de un suceso gracioso o singular y de poca importancia. *El abuelo nos cuenta historietas de cuando hizo la mili.* **2.** Serie de dibujos enmarcados en viñetas, acompañados o no de texto, que constituyen un relato. *La revista infantil contiene actividades, cuentos ilustrados e historietas. Le encantaban las historietas de El Coyote.* Tb. el género artístico correspondiente. *Mafalda es uno de los personajes más conocidos de la historieta hispana.*

historiografía. f. **1.** Actividad de escribir la historia, espec. mediante el estudio y crítica de sus fuentes. *Tuñón de Lara fue uno de los grandes renovadores de la historiografía española. La historiografía literaria.* **2.** Conjunto de obras de historia. *"Erasmo y España" es una de las obras principales de la historiografía del humanismo.*

historiográfico, ca. adj. De la historiografía. *La fiabilidad de las fuentes es fundamental en la investigación historiográfica. Un catálogo historiográfico sobre la Guerra Civil española.*

historiógrafo, fa. m. y f. Especialista en historiografía. *El historiógrafo busca documentación en los archivos y las hemerotecas.*

histrión, nisa. m. y f. **1.** cult. Actor teatral. *El histrión terminó su parlamento entre los abucheos del público.* **2.** despect. Persona que se expresa o gesticula con la afectación o exageración consideradas propias de un histrión (→ 1). *Si tengo que oír de nuevo los lamentos de ese histrión, me largo de esta oficina.*

histriónico, ca. adj. Del histrión. *Gestos histriónicos. En el* casting *se ponen a prueba las dotes histriónicas de los aspirantes.*

histrionisa. → **histrión.**

histrionismo. m. **1.** despect. Actitud o comportamiento propios de un histrión. *Todos conocemos su histrionismo y su tendencia a exagerar.* **2.** cult. Oficio de histrión. *Su actuación constituye una lección magistral de histrionismo.*

hitita. adj. histór. De un pueblo establecido en Anatolia (península de Asia, hoy perteneciente a Turquía), que constituyó un imperio en el segundo milenio a. C. *Imperio hitita.* Dicho de pers., tb. m. y f. *Los hititas llegaron a extenderse por Siria y Babilonia.*

hitleriano, na. adj. **1.** histór. De Adolf Hitler (político alemán, 1889-1945), o propio de él. *Los discursos hitlerianos entusiasmaban a la población.* **2.** histór. Partidario o seguidor de Adolf Hitler. *Ideólogo hitleriano. Las juventudes hitlerianas.* Tb. m. y f. *Los hitlerianos tenían atemorizada a la población judía.*

hito. m. **1.** Poste de piedra clavado en el suelo, que sirve para indicar la dirección o las distancias en un camino, o para delimitar un terreno. *La senda forestal está marcada con hitos para no perderse.* **2.** cult. Punto culminante de un proceso. *La invención de la imprenta fue un hito en la difusión de la cultura.* ■ **de ~ en ~.** loc. adv. Fijamente. Frec. con *mirar. Ambos se miraban de hito en hito.*

hobby. (pal. ingl.; pronunc. "jóbi"). m. Pasatiempo o entretenimiento que se practican habitualmente en los ratos de ocio. *Su* hobby *es la jardinería. No quieren ser músicos profesionales, solo tocan por* hobby. *Tiene como* hobbies *el billar y el ajedrez.* ¶ [Equivalentes recomendados: *afición, pasatiempo*].

hocicar. tr. **1.** Mover y levantar (la tierra) con el hocico un animal. *Los cerdos hocican la tierra buscando trufas.* ○ intr. **2.** Dar un animal con el hocico contra algo. *Al salir del quite, el toro dobló las rodillas y hocicó* EN *la arena.* ► **1:** HOZAR.

hocico. m. **1.** En algunos animales: Parte prolongada de la cabeza, donde se hallan la boca y la nariz. *El perro levanta el hocico y olfatea el aire.* Tb. en pl. con significado sing. *Sobre el agua asoman los hocicos de un cocodrilo.* **2.** coloq., humoríst. Cara o rostro de una persona, espec. la zona de la nariz y la boca. *Límpiate el hocico, que lo tienes manchado de chocolate.* Tb. en pl. con significado sing. *¡Como no te calles, te pego un mamporro en los hocicos!* ■ **meter el ~** (en algo). loc. v. coloq. Curiosear o entrometerse (en ello). *¿A ti quién te manda meter el hocico* EN *la vida de los demás?* ► **1:** MORRO.

hocicón, na. adj. Am. Hocicudo. *El muchacho tiene la cara larga y hocicona, como de coyote emplumado* [C].

hocicudo, da. adj. De hocico grande o saliente. *Una rata hocicuda hurga en la basura. El hombre de Neanderthal tenía un rostro grande y hocicudo.* ► **Am:** HOCICÓN.

hockey. (pal. ingl.; pronunc. "jókei"). m. Deporte que se juega entre dos equipos y que consiste en introducir una bola o un disco en la portería contraria, impulsándolos con un bastón que es curvo en su parte inferior. *Juega al* hockey *sobre hielo. Hoy es la final del campeonato de* hockey *sobre hierba.* ¶ [Adaptación recomendada: *jóquey*].

hogaño. adv. cult. En esta época. *Hogaño no tiene las mismas ilusiones que antaño.* A veces precedido de prep. *La narrativa de hogaño.*

hogar. m. **1.** Vivienda en la que reside una persona o una familia. *Se han mudado a su nuevo hogar.* Tb. esa familia. *Quiere encontrar una pareja y formar un hogar. El niño ha crecido en un hogar roto.* **2.** Centro de reunión para personas que tienen en común una actividad, una situación o una procedencia. *Va a echar una partida de cartas al hogar del pensionista.* **3.** Asilo (establecimiento benéfico). *El alcalde visitará un hogar de niños abandonados.* **4.** En una cocina, chimenea u otra cosa semejante: Espacio donde se enciende el fuego. *La leña arde en el hogar.* ► **1:** *VIVIENDA. **3:** ASILO. **4:** LAR.

hogareño, ña. adj. **1.** Dicho de persona: Amante del hogar y la vida familiar. *Es un hombre hogareño.* **2.** Dicho de cosa: Del hogar familiar. *Llevamos una vida muy hogareña y nos gusta poco salir.*

hogaza. f. Pan grande y circular, cuyo peso aproximado es de un kilo. *Con unos chorizos y una hogaza, hacemos una merienda campestre.*

hoguera. f. Fuego de mucha llama, hecho normalmente al aire libre y con leña. *Dormían en torno a la hoguera envueltos en mantas. El hereje ardió en la hoguera.* ► FUEGO, PIRA.

hoja. f. **1.** En un vegetal: Órgano, gralm. plano, delgado y de color verde, que nace normalmente del tallo y en que principalmente se realizan las funciones de transpiración y fotosíntesis. *La hoja va unida al tallo o a la rama por un pequeño rabo. Hay plantas con hojas radicales. Échale una hoja de laurel al arroz.* Frec. en sent. colectivo. *En otoño, con la caída de la hoja, los árboles se quedan desnudos.* **2.** En una flor: Pétalo. *Iba quitando una a una las hojas de la margarita.* **3.** Lámina delgada de una materia, como papel o metal. *Con una hoja de papel hace un cucurucho. El daguerrotipo es una fotografía sobre una hoja de cobre.* **4.** Hoja (→ 3) de papel, espec. de las que componen un libro o un cuaderno. *Arranca una hoja de la libreta para anotar el teléfono. Envolvían el pescado en hojas de periódico.* **5.** En una puerta, una ventana u otra cosa semejante: Cada una de las partes articuladas que se abren y se cierran. *Las hojas de la ventana no encajan bien. Alguien espiaba tras el biombo, utilizando la rendija de las hojas. Portón de doble hoja.* **6.** En un arma blanca o una herramienta cortante: Cuchilla. *La hoja de la espada está mellada. La maquinilla de afeitar de doble hoja permite un buen apurado.* **7.** Publicación periódica. *La homilía del obispo saldrá publicada en la hoja parroquial.* Gralm. se usa como parte del nombre de la publicación. *La Hoja del Lunes. La Hoja de Medellín.* ■ **~ de afeitar.** f. Lámina de acero, muy delgada y cortante, que colocada en la maquinilla sirve para afeitar. *Se había cortado las venas con una hoja de afeitar.* ■ **~ de cálculo.** f. *Inform.* Programa que presenta datos numéricos o textuales en tablas constituidas por filas y columnas, y que permite realizar operaciones matemáticas o estadísticas con esos datos. *Las hojas de cálculo se emplean en contabilidad.* ■ **~ de lata.** f. Hojalata. *Un molde de hoja de lata.* ■ **~ de parra.** f. Figura de hoja (→ 1) de parra con que se oculta el sexo humano en algunas obras artísticas. *En el cuadro aparecen Adán y Eva con la pudorosa hoja de parra.* ■ ~ **de ruta.** f. En transportes, viajes o carreras: Documento en que constan datos sobre el itinerario, la carga y cosas semejantes. *En la hoja de ruta del camionero figura que la mercancía son naranjas.* ■ ~ **de servicios.** f. Documento en que constan los antecedentes personales y profesionales de un funcionario público en el ejercicio de su profesión. *Por su impecable hoja de servicios fue ascendido a coronel.* ■ ~ **suelta.** f. Impreso que, sin ser cartel ni periódico, tiene menos de cinco páginas. *No se permite repartir carteles, folletos u hojas sueltas.* □ **poner** (a alguien) **como ~ de perejil.** loc. v. coloq. Insultar(lo) o criticar(lo) con dureza. *Las feministas te van a poner como hoja de perejil por tus declaraciones sexistas.* Tb.: *Discutieron y se pusieron como hoja de perejil.* ▶ **2:** PÉTALO. **5:** BATIENTE. **6:** CUCHILLA.

hojalata. f. Lámina de hierro o acero bañada en estaño por las dos caras. *Utiliza envases de hojalata porque son reciclables.* ▶ LATA.

hojalatero, ra. m. y f. Persona que tiene por oficio fabricar o vender objetos de hojalata. *Le ha comprado una aceitera al hojalatero del mercadillo.*

hojaldrado, da. adj. De hojaldre, o semejante a él. *Los volovanes son pastelillos hojaldrados. Masa hojaldrada.*

hojaldre. m. **1.** Masa de harina y manteca que, al cocerse en el horno, forma muchas hojas delgadas superpuestas. *Meta la empanada en el horno hasta que el hojaldre suba y se dore.* **2.** Dulce de hojaldre (→ 1). *De postre tomamos unos hojaldres deliciosos.*

hojarasca. f. **1.** Conjunto de hojas caídas de los árboles. *El suelo del parque se ha cubierto de hojarasca.* **2.** Conjunto de hojas excesivas e inútiles de una planta. *Es necesario quitar la hojarasca a las plantas con regularidad.* **3.** Cosa que resulta inútil o innecesaria dentro de un conjunto, espec. palabras en un discurso. *En su disertación había cosas interesantes, pero también mucha hojarasca.*

hojear. tr. Pasar con rapidez las hojas (de un libro, de un cuaderno o de otra cosa semejante). *Se entretuvo hojeando una revista.*

hojuela. f. Dulce hecho con una masa delgada y extendida, que se fríe en aceite. *De postre hay hojuelas con miel.*

hola. interj. **1.** coloq. Se usa como saludo. *–Hola, Paco, ¿cómo estás?* **2.** cult. Se usa para expresar asombro. *¡Hola, qué cosas hay que ver!*

holanda. f. Tela muy fina de lino o algodón. *Sábanas de holanda.*

holandés, sa. adj. **1.** De Holanda (parte de los Países Bajos). *Solo son holandesas las dos provincias costeras occidentales de los Países Bajos.* Tb. de los Países Bajos. *Tiene nacionalidad holandesa.* Dicho de pers., tb. m. y f. *Los holandeses ganaron terreno al mar construyendo diques.* ● m. **2.** Dialecto del neerlandés hablado en los Países Bajos. *El neerlandés tiene dos dialectos muy parecidos: el holandés y el flamenco.* ● f. **3.** Hoja de papel de 28 por 22 cm. *Presentó el original de su novela en 200 holandesas a dos espacios.* ▶ **1:** NEERLANDÉS.

holding. (pal. ingl.; pronunc. "jóldin"). m. *Econ.* Sociedad financiera cuyo activo está constituido, básicamente, por acciones y participaciones de otras sociedades. *La familia levantó un* holding *de empresas de hostelería.* Holding *industrial.*

holgado, da. part. **1.** → **holgar.** ● adj. **2.** Dicho de objeto, espec. de prenda de vestir: Sobradamente grande o ancho para lo que debe contener. *En verano apetece llevar ropa holgada. Calzado holgado.* **3.** Dicho de persona o cosa: Que tiene espacio sobrante dentro de lo que la contiene. *Si el pie va demasiado holgado en la bota, puede sufrir una torcedura. La cama es tan grande que podrían dormir holgadas tres personas.* **4.** Dicho de persona: Que tiene bastantes recursos para vivir con comodidad y sin problemas. *Ahora estamos más holgados porque hemos terminado de pagar el piso.* Frec. con v. como *andar* o *vivir. No es que nos sobre el dinero, pero vivimos holgados.* **5.** Dicho de cosa: Propia de la persona holgada (→ 4). *Al trabajar los dos y no tener hijos, disfrutan de una vida holgada. Posición económica holgada.* ▶ **2, 3:** *ANCHO. **4, 5:** DESAHOGADO.

holganza. f. **1.** cult. Estado de quien no trabaja o está ocioso. *Crearon escuelas de oficios para sacar de la holganza a los desocupados.* **2.** cult. Placer o diversión. *Acabada la holganza del carnaval, comienza la penitencia de la Cuaresma.*

holgar. (conjug. CONTAR). intr. **1.** cult. Sobrar o ser innecesaria una cosa. *Su descripción es tan gráfica que huelga todo comentario.* **2.** cult. Divertirse o entretenerse. *Vayamos a holgar y bailar.* **3.** cult. Estar ocioso o sin trabajar. *No puede ser bueno vivir entregado a tantos afanes, sin holgar de cuando en cuando.*

holgazán, na. adj. Dicho de persona: Vago o que no quiere trabajar. *Holgazán y bebedor, no tenía oficio conocido. No seas holgazana y ponte a estudiar.* Tb. m. y f. *Aquí no hay sitio para holgazanes: o trabajas o te despedimos.* ▶ *VAGO.

holgazanear. intr. Tener un comportamiento de holgazán. *En cuanto llega el capataz, cogen el pico y la pala y dejan de holgazanear.* ▶ HARAGANEAR, GANDULEAR.

holgazanería. f. Condición de holgazán. *Si suspende es por su holgazanería.* ▶ *VAGANCIA.

holgura. f. **1.** Condición de holgado. *Cuesta llegar con holgura a fin de mes. Nadie marca al delantero, que se mueve con holgura en el área.* **2.** Espacio vacío que queda entre dos cosas que deben encajar entre sí. *La ventana tiene algo de holgura y se cuela el frío.*

holismo. m. *Fil.* Doctrina que propugna la concepción de cada realidad como un todo distinto de la suma de sus partes.

holístico, ca. adj. *Fil.* Que trata cada realidad como un todo distinto de la suma de sus partes. *Un enfoque holístico del ser humano.*

hollar. (conjug. CONTAR). tr. cult. Pisar o poner el pie (sobre algo). *Se adentran en territorios jamás hollados por el hombre.*

hollejo. m. Piel delgada de algunas frutas o legumbres, como la uva o la judía. *Al cocer los garbanzos, se desprende el hollejo.*

hollín. m. Sustancia oscura que el humo deposita en la superficie de los cuerpos. *La chimenea se ha llenado de hollín.* ▶ TIZNE.

holocausto. m. **1.** cult. Gran matanza de personas, espec. por razones políticas, religiosas o étnicas. *Sobrevivió al holocausto judío.* **2.** histór. *Rel.* Sacrificio en que la víctima se quemaba por completo. *Ofrecieron un cordero en holocausto.*

holoceno, na. adj. **1.** (Como m. se usa en mayúsc.). *Geol.* Dicho de división geológica: Que es la última o más reciente del período cuaternario. Tb. m. *El Ho-*

loceno abarca desde hace unos 10 000 años hasta nuestros días. **2.** *Geol.* Del Holoceno (→ 1). *Yacimientos holocenos.*

holografía. f. *tecn.* Técnica fotográfica que, mediante iluminación por láser, permite obtener imágenes tridimensionales. *Es especialista en holografía.* Tb. la imagen así obtenida. (→ **holograma**). *Si nos movemos alrededor de una holografía, la perspectiva cambia.*

holográfico, ca. adj. *tecn.* De la holografía. *Para obtener una imagen holográfica es necesario el láser.*

hológrafo. → **ológrafo.**

holograma. m. Imagen obtenida mediante la técnica de la holografía. *Los animales del holograma parecen estar acercándose al espectador.* ▶ HOLOGRAFÍA.

holoturia. f. *Zool.* Animal marino de forma alargada, con boca y ano en los extremos opuestos del cuerpo, y tentáculos alrededor de la boca. *En el acuario vimos una holoturia que tenía el aspecto de un pepino.*

hombrada. f. Acción propia de un hombre, sobre todo en lo que se refiere a las cualidades habitualmente atribuidas a su sexo, como el valor o la fuerza. *El equipo ha conseguido la hombrada de remontar un partido perdido.*

hombre. m. **1.** Ser animado racional. *Los monos son los antepasados de los hombres.* Frec. en sent. colectivo. *La rueda es una de las grandes invenciones del hombre. El hombre de Neanderthal. El hombre del Renacimiento.* **2.** Ser animado racional de sexo masculino. *Hay igual número de hombres que de mujeres.* **3.** Hombre (→ 2) adulto. *En el barco hundido había hombres, mujeres y niños. El niño se había hecho un hombre.* **4.** Hombre (→ 2) que tiene cualidades que suelen atribuirse especialmente a su sexo, como el valor o la fuerza. *Hay que ser todo un hombre para arriesgar la vida tratando de salvar a alguien. Es minera y demuestra todos los días que su oficio no es solo cosa de hombres.* Tb. adj., con v. como *ser* y gralm. precedido de adv. *Era muy hombre y no le asustaba el peligro. No se es menos hombre por llorar de vez en cuando.* **5.** coloq. Marido. *Sale a pasear toda orgullosa del brazo de su hombre.* ● interj. **6.** coloq. Se usa para expresar asombro. *¡Hombre, las gafas, menos mal que han aparecido! ¡Hombre, Lucía, tú por aquí!* **7.** coloq. Se usa para expresar intención de conciliar o de persuadir. *¡Hombre, no te enfades, lo dije sin ánimo de ofender! ¡Venga, hombre, anímate!* ■ **~ bueno.** m. *Der.* Mediador en actos de conciliación. *Un abogado actuó como hombre bueno.* ■ **~ de paja.** m. Hombre (→ 2) aparentemente responsable en un asunto, pero que en realidad obedece órdenes de otro que no quiere figurar como tal. *El propietario de la emisora es un hombre de paja tras el que se esconde un rico empresario.* ■ **~ lobo.** m. Hombre (→ 2) que, según la tradición popular, se convierte en lobo en las noches de luna llena. *Entre los lugareños circula el rumor de que el pastor es un hombre lobo.* ■ **~ objeto.** (pl. **hombres objeto**). m. Hombre (→ 2) valorado exclusivamente por su belleza o atractivo sexual. Frec. con intención humoríst. *Estoy harta de la belleza interior: yo lo que necesito es un hombre objeto.* ■ **~ orquesta.** (pl. **hombres orquesta**). m. Hombre (→ 2) que toca un conjunto de instrumentos simultáneamente. *El hombre orquesta tocaba la trompeta y el tambor con las manos, y el bombo y los platillos con los pies.* ■ **~ rana.** (pl. **hombres rana**). m. Hombre (→ 2) que, provisto del equipo necesario, realiza trabajos subacuáticos. *Un hombre rana de la Guardia Civil encontró el cadáver en el fondo del embalse.* ■ **pobre ~.** m. Hombre (→ 2) de poca resolución o escaso valor moral o intelectual. *Es un pobre hombre, del que abusan todos.* Frec. con intención despect. *Se las da de importante, pero no es más que un pobre hombre.* □ **buen ~.** loc. s. Se usa, frec. en zonas rurales, para dirigirse con amabilidad a un desconocido. *Dígame, buen hombre, ¿por dónde queda la ermita?* ■ **como un solo ~.** loc. adv. Conjuntamente y de manera unánime. *Los manifestantes gritaban las consignas como un solo hombre.* ■ **de ~ a ~.** loc. adv. Con sinceridad y en igualdad de condiciones. Se usa referido a dos hombres que hablan. *Ya es hora de que hables con tu hijo de hombre a hombre.* ■ **el ~ del saco.** loc. s. Personaje imaginario con que se asusta a los niños, amenazándolos con que se los llevará en un saco. *¡Sé bueno, que si no vendrá el hombre del saco!* ■ **hacer ~** (a alguien). loc. v. coloq. Favorecer(le) mucho, o hacer(le) un gran favor. *Si me prestas el coche para el fin de semana, me haces hombre.* ■ **ser** alguien **~ al agua.** loc. v. coloq. Hallarse en una situación desesperada. *Como esta solución me falle, soy hombre al agua.* ▶ **1:** *PERSONA. **2:** VARÓN.

hombrera. f. **1.** Almohadilla que algunas prendas de vestir llevan por dentro del hombro para realzar esta zona. *Una blusa con hombreras.* **2.** Cordón o tira que se coloca sobre el hombro del vestido o del uniforme, gralm. como adorno. *El uniforme del soldado raso no lleva insignias ni hombreras.* **3.** Tira de algunas prendas de vestir que permite que estas se sujeten de los hombros. *Camiseta de hombreras. Un vestido escotado y de hombrera estrecha.* ▶ **3:** TIRANTE.

hombretón. m. coloq. Hombre alto y robusto. *Para mover este armario hace falta un hombretón.*

hombría. f. Condición de hombre, espec. del que tiene cualidades gralm. atribuidas a su sexo, como el valor o la fuerza. *Nadie duda de tu hombría, pero es mejor no meterse en peleas.*

hombro. m. **1.** En el cuerpo humano: Parte superior y lateral del tronco, de donde nace el brazo. *Dio un empujón con el hombro para abrir la puerta atascada. El pirata llevaba un loro en el hombro.* Tb. la parte correspondiente de una prenda de vestir. *El abrigo tiene una mancha en el hombro.* **2.** En el cuerpo de algunos animales: Parte de donde nacen el brazo o el ala. *Acaricia al caballo en el hombro. La paloma tiene el hombro herido y no puede volar.* ■ **a ~s,** o **en ~s.** loc. adv. Sobre los hombros (→ 1). *El torero salió de la plaza a hombros. Los amigos llevan el féretro en hombros hasta el cementerio. Papá, ¿me subes a hombros?* ■ **al ~.** loc. adv. Sobre el hombro (→ 1), o colgando de él. *Se puso la escopeta al hombro.* ■ **arrimar el ~.** loc. v. Ayudar aportando el propio trabajo o esfuerzo. *Toda la familia tendrá que arrimar el hombro para salvar el negocio.* ■ **encogerse de ~s,** o **encoger los ~s.** loc. v. Mostrar ignorancia o indiferencia ante algo, gralm. elevando los hombros (→ 1). *Ante mi pregunta, ella encogió los hombros. Frente a un problema tan grave no puedes encogerte de hombros.* ■ **en ~s.** → **a hombros.** ■ **mirar** (a alguien) **por encima del ~.** loc. v. Desdeñar(lo) o menospreciar(lo). *Ahora que se han hecho ricos nos miran por encima del hombro.*

hombruno, na. adj. **1.** Dicho de mujer: Que se parece al hombre en algún aspecto o cualidad. *Es una mujer algo hombruna.* **2.** Dicho de cosa: Propia del hombre o de la mujer hombruna (→ 1). *Voz hombruna.*

homenaje. m. **1.** Acto celebrado como demostración de respeto o admiración hacia alguien o algo. *La asociación ha organizado un homenaje* AL *poeta. El homenaje* A *la bandera tendrá lugar en el patio de armas.* Tb. dicha demostración. *Sirvan estas palabras de homenaje* AL *viejo maestro. Compuso una sinfonía en homenaje* A *América.* **2.** histór. En la Edad Media: Juramento solemne de fidelidad hecho a un rey o a un señor feudal. *Mediante el ritual del homenaje, el caballero quedaba ligado a su señor.*

homenajeado, da. part. **1.** → **homenajear. 2.** Dicho de persona: Que ha sido homenajeada (→ 1). Tb. m. y f. *El homenajeado dijo unas palabras antes del brindis.*

homenajear. tr. Rendir homenaje (a alguien o algo). *La peña taurina homenajea al diestro con una cena.*

homeópata. adj. *Med.* Dicho de médico: Especialista en homeopatía. *Acude a un médico homeópata.* Tb. m. y f. *El homeópata le ha recetado "Avena sativa" para el estrés.*

homeopatía. f. *Med.* Método terapéutico que consiste en administrar, en dosis pequeñas, las mismas sustancias que, en dosis altas, producirían síntomas similares a los de la enfermedad que se trata de combatir. *La homeopatía es una alternativa a la medicina convencional.*

homeopático, ca. adj. *Med.* De la homeopatía. *Tratamiento homeopático. Producto homeopático.*

homeostasis. f. *Biol.* En un ser vivo: Tendencia a mantener unas condiciones fisiológicas constantes, independientemente de las condiciones externas, mediante un conjunto de procesos de autorregulación. *La homeostasis permite que se mantenga una temperatura corporal constante.*

homeotermo, ma. adj. *Biol.* Dicho de animal: Capaz de mantener una temperatura del cuerpo constante, independientemente de la temperatura ambiental. *Los mamíferos y las aves son homeotermos.* Tb. m. *Los homeotermos sobreviven a temperaturas extremas.*

homérico, ca. adj. De Homero (poeta griego, s. VIII a. C.?), o de características semejantes a las de sus obras, espec. la grandiosidad. *La "Odisea" es un poema épico del ciclo homérico. Hazaña homérica.*

homicida. adj. **1.** Que comete homicidio. *El asesinato es obra de un maníaco homicida.* Tb. m. y f. *El homicida declaró que no recordaba lo ocurrido.* **2.** Dicho de cosa: Que causa la muerte de alguien. *La policía no encuentra el arma homicida.* **3.** Dicho de cosa: Propia del homicida (→ 1). *Instinto homicida.*

homicidio. m. Muerte dada por una persona a otra. *El fiscal acusa al detenido* DEL *homicidio de tres personas.*

homilía. f. Discurso en el que un sacerdote explica materias religiosas. *La homilía de la boda ha tratado sobre el amor entre los esposos cristianos.*

homínido. adj. **1.** *Zool.* Dicho de animal: Del grupo de los homínidos (→ 2). *Mamífero homínido.* • m. **2.** *Zool.* Mamífero perteneciente al grupo de los primates superiores, cuya única especie superviviente es el hombre. *Se cree que el primer homínido vivió en África.*

homofobia. f. cult. Aversión hacia la homosexualidad o las personas homosexuales. *La manifestación denuncia la homofobia de algunos sectores sociales.*

homofóbico, ca. adj. **1.** cult. Que siente o manifiesta homofobia. *Sociedad homofóbica.* **2.** cult. Propio de la persona homofóbica (→ 1). *Debemos evitar las actitudes sexistas y homofóbicas.*

homófono, na. adj. *Ling.* Dicho de palabra: Que suena igual que otra, pero tiene distinto significado. *Las palabras "tuvo" y "tubo" son homófonas.* Tb. m. *"Huno" es el homófono* DE *"uno".*

homogeneidad. f. Cualidad de homogéneo. *El control de producción de la fábrica asegura la calidad y homogeneidad de los productos.*

homogeneización. f. Hecho de homogeneizar. *Uno de los objetivos de la moneda única era la homogeneización de los precios en Europa.*

homogeneizar. (conjug. PEINAR). tr. **1.** Hacer homogéneo (algo). *La radio homogeneiza los gustos musicales.* **2.** *tecn.* Someter (un líquido, espec. leche) a un tratamiento que evita la separación de sus componentes. *La leche homogeneizada se conserva más tiempo que la fresca.*

homogéneo, a. adj. **1.** Dicho de cosa o de un conjunto de ellas: Formado por elementos iguales, o de igual naturaleza. *Las piezas de la colección forman un conjunto homogéneo.* **2.** Dicho de cosa: De igual género o carácter que otra. *Dentro del mismo partido, las opiniones sobre el asunto no son homogéneas.* **3.** Dicho de sustancia o de una mezcla de ellas: De composición y estructura uniformes. *Amase la harina y el agua hasta que quede una masa homogénea.*

homógrafo, fa. adj. *Ling.* Dicho de palabra: Que se escribe igual que otra, pero tiene distinto significado. *"Vino" de la uva y "vino" del verbo "venir" son palabras homógrafas.* Tb. m. *Algunos homófonos son también homógrafos.*

homologación. f. Hecho de homologar. *Los interinos exigen su homologación* CON *el resto del personal laboral. Para la homologación del título es necesario presentar una instancia.*

homologar. tr. **1.** Hacer o considerar (una cosa o a una persona) homólogas o equivalentes a otra. *Los del sector privado desean que sus sueldos se homologuen* A/CON *los de los funcionarios.* Tb.: *La adhesión a la Unión Europea obliga a homologar legislaciones y reglamentos.* **2.** Certificar oficialmente que (algo) cumple las especificaciones o las normas establecidas. *No puede ejercer la medicina sin homologar su título. Es un circuito homologado para carreras de fórmula 1.* **3.** *Dep.* Registrar y dar validez oficialmente (al resultado de una prueba). *La federación de atletismo no le homologó su récord.*

homología. f. Condición de homólogo. *El virus presenta cierta homología* CON *el de la gripe.*

homólogo, ga. adj. **1.** Dicho de persona o cosa: Correspondiente o equivalente a otra por tener algunas características esenciales comunes. *Goethe, Cervantes y Shakespeare son figuras homólogas por su talla literaria. En los gorilas se observan pautas de conducta homólogas* A *las del ser humano. Una institución científica francesa, homóloga* DEL *CSIC español, le concedió una beca.* Tb. sustantivado. *El ministro de Comercio chileno se entrevistará con su homólogo argentino.* **2.** *Mat.* Dicho de elemento geométrico: Que presenta la misma colocación que otro de una figura semejante. *Dos polígonos son semejantes si tienen ángulos homólogos iguales y lados homólogos proporcionales.*

homonimia. f. Condición de homónimo. *A pesar de la homonimia, las biblias cristiana y judía no son* *idénticas.* Se usa espec. en lingüística. *Estamos estudiando la diferencia entre polisemia y homonimia.*

homónimo, ma. adj. **1.** Dicho de persona o cosa: Que tiene el mismo nombre que otra. *La película "La colmena" está basada en la novela homónima de Camilo José Cela.* Tb. sustantivado. *Me refería a Burton, el explorador, y no a su homónimo, el actor.* **2.** *Ling.* Dicho de palabra: Que se escribe y suena igual que otra, pero tiene distinto significado. *En algunos diccionarios, las palabras homónimas están en la misma entrada.* Tb. m. *Los homónimos pueden dar lugar a ambigüedad.*

homosexual. adj. **1.** Dicho de persona: Que siente inclinación sexual hacia individuos de su mismo sexo. *Jóvenes homosexuales.* Tb. m. y f. *En algunos países ya se acepta el matrimonio entre homosexuales.* **2.** Del individuo homosexual (→ 1). *Relaciones homosexuales.* ▶ **1:** GAY, LESBIANA.

homosexualidad. f. **1.** Condición de homosexual. *Nadie debería ser discriminado en razón de su homosexualidad.* **2.** Conducta homosexual. *Defiende una homosexualidad abierta y sin complejos.*

homúnculo. m. cult. Hombre pequeño. *Me abrió la puerta un homúnculo encorvado.*

honda. f. Tira de cuero, esparto u otro material semejante, algo más ancha en el centro, que se emplea para lanzar piedras. *Los niños del pueblo cazaban pájaros con honda.*

hondamente. adv. De manera honda. *Suspiró hondamente. La idea caló hondamente en el auditorio.* Se usa frec. antepuesto a un adj. para enfatizar el significado de este. *Se halla hondamente preocupado.*

hondo, da. adj. Profundo. *La tinaja es un recipiente hondo. La cornada es muy honda. Le invade una honda tristeza. La ciudad ha experimentado una honda transformación. Larra fue un hondo analista de la sociedad de su época.* Tb. adv. *El médico le pidió que respirara hondo. Sus palabras calaron hondo en la audiencia.*

hondonada. f. Espacio de terreno más hondo que el que lo rodea. *El pueblo está enclavado en una hondonada rodeada de cerros. El agua de lluvia se embalsaba en los baches y las hondonadas de la carretera.*

hondura. f. Profundidad. *La piscina infantil tiene muy poca hondura. Los datos económicos señalan la hondura de la crisis. Interpretó sus canciones con hondura y sentimiento.* ■ **meterse en ~s.** loc. v. Profundizar en algo complicado, innecesariamente o sin conocimiento suficiente. *Contesta a las preguntas del examen de manera breve y clara, sin meterte en honduras.*

hondureño, ña. adj. De Honduras. *La expedición atraviesa tierras hondureñas.* Dicho de pers., tb. m. y f. *Un matrimonio de hondureños nos dio alojamiento.*

honestidad. f. Cualidad de honesto. *La honestidad era una virtud esencial en la mujer. Nadie duda de su honestidad, pero falta dinero de la caja. Admiro la honestidad de su trabajo.*

honesto, ta. adj. **1.** Dicho de persona, espec. de mujer: Decente, en el aspecto sexual. *La educaron para ser una esposa honesta y una madre ejemplar.* **2.** Honrado, o que actúa conforme a las normas morales o legales establecidas. *Un funcionario honesto no acepta sobornos.* **3.** Propio de la persona honesta (→ 1 y 2). *Las intenciones del joven eran honestas. Su comportamiento fue totalmente honesto, nunca nos engañó.* ▶ **1:** *DECENTE. **2:** *HONRADO. **3:** *DECENTE.

hongo. m. **1.** Organismo con aspecto de planta, sin raíces, hojas ni clorofila, que se reproduce por esporas y vive parásito o sobre materia orgánica en descomposición, como la seta, la levadura y el moho. *Fleming obtuvo la penicilina a partir de un hongo microscópico.* Tb. designa espec. el que tiene forma de sombrilla sostenida por un pie. (→ **seta**). *Con las primeras lluvias, los prados se llenan de hongos.* **2.** Cosa con forma de hongo (→ 1) o seta. *En la foto se ve sobre Hiroshima el hongo de la bomba atómica.* **3.** Sombrero hongo (→ **sombrero**). *Un clásico caballero británico: con traje negro, hongo y paraguas.* **4.** *Med.* Hongo (→ 1) parásito que produce infecciones. Frec. en pl. *Ha cogido hongos en los pies en el vestuario de la piscina.*

honor. m. **1.** Cualidad moral que lleva al cumplimiento de los propios deberes respecto de los demás y de uno mismo. *El militar defendió con honor a su patria. Los samuráis se rigen por un estricto código de honor. Su sentido del honor le impide aceptar limosnas.* **2.** Buena reputación adquirida por la virtud y los méritos propios. *Mancharon su honor con calumnias y difamaciones.* **3.** Honestidad de una mujer. *La protagonista estaba enamorada de un donjuán y perdía el honor con él.* **4.** Cosa que hace que alguien se sienta orgulloso. *Siendo decano, le cupo el honor de inaugurar la nueva aula magna.* Frec. en las constr., gralm. empleadas como fórmulas de cortesía, *ser* algo *un ~ para* alguien, o *tener* alguien *el honor de* algo. *Es para mí un honor recibir este premio. Tuvo el honor de trabajar con insignes científicos.* **5.** Homenaje o agasajo que se tributa a alguien. *El héroe fue recibido con honores.* Frec. en la constr. *en ~ de* alguien. *El 12 de octubre se celebra la festividad en honor de la Virgen del Pilar. Han organizado una fiesta en mi honor.* ○ pl. **6.** Demostraciones de respeto solemnes o protocolarias. Frec. con *rendir. Se le rendirán honores de Jefe de Estado.* Tb. fig. *La noticia aparece destacada con honores de portada.* **7.** cult. Dignidades o cargos de alto rango. *Aspiraba a los honores de la Magistratura.* ■ **de ~.** loc. adj. **1.** Que implica homenaje o distinción. *El homenajeado ocupa el lugar de honor, en la cabecera de la mesa. A los socios más veteranos se les concede una insignia de honor.* **2.** Honorario. *Fue nombrado presidente de honor de la institución.* ■ **hacer ~** (a algo). loc. v. Demostrar ser digno (de ello) o fiel (a ello). *La Plaza Vieja hace honor a su nombre, pues muchas de sus fachadas amenazan ruina. La cocinera hace honor a la tradición culinaria vasca.* ■ **hacer los ~es** (a un invitado). loc. v. Atender(lo). *La anfitriona aguardaba en el vestíbulo para hacer los honores a los que iban llegando.* ■ **hacer los ~es** (a una comida o bebida). loc. v. Manifestar aprecio (hacia ella), gralm. tomando bastante cantidad. *Los comensales hicieron los honores al asado, repitiendo varias veces.*

honorabilidad. f. Cualidad de honorable. *Es un inspector de probada honorabilidad.*

honorable. adj. **1.** Dicho de persona: Digna de ser honrada o respetada. *Confía en ella, porque es una mujer honorable.* **2.** Propio de la persona honorable (→ 1). *El "Lazarillo de Tormes" relata las peripecias poco honorables de un pícaro.* **3.** Se usa como tratamiento que corresponde a determinadas personas por su cargo o dignidad. *El primer gobierno catalán después de 1975 estuvo presidido por el honorable Josep Tarradellas.* ▶ **1:** *HONRADO. **2:** *DECENTE.

honorario, ria. adj. **1.** Dicho de persona con un título o cargo: Que tiene los honores pero no las responsabilidades o los derechos efectivos que implica tal título o cargo. *Fue designado presidente honorario del club.* Tb. dicho de ese título o cargo, o de lo que le es propio. *Ostenta la presidencia honoraria de la empresa. El título de rector se le concedió con carácter honorario.* ● m. pl. **2.** Remuneración por un trabajo, espec. en una profesión liberal. *La factura incluye los honorarios del abogado.*

honorífico, ca. adj. Que supone honor o reconocimiento para alguien. *El director recibió un galardón honorífico al conjunto de su carrera. Diploma honorífico.*

honoris causa. (loc. lat.). loc. adj. Dicho de doctorado: Concedido con carácter honorífico por la Universidad. *La escuela concedió al arquitecto un doctorado honoris causa.* Tb. dicho de la persona que lo recibe. *Fue investido doctor honoris causa por varias universidades.*

honra. f. **1.** Buena reputación. *Estaba empeñado en limpiar su honra. Sus calumnias dañaron la honra de su familia.* **2.** Honestidad de una mujer. *La doncella prefirió perder la vida antes que la honra.* **3.** Demostración de respeto o aprecio hacia alguien por sus virtudes y méritos. *Ha sido un año de éxito y allá donde va se multiplican las honras y los premios.* ○ pl. **4.** Acto religioso solemne en recuerdo de un difunto, frec. después de su entierro. *Se decretó una semana de luto oficial con ocasión de las honras al fallecido estadista.* Más frec. *~s fúnebres. Tras las honras fúnebres, el féretro será trasladado hasta el cementerio.* ■ **tener** (algo) **a** (**mucha**) ~. loc. v. Enorgullecerse o presumir (de ello). *Es hombre de campo y lo tiene a mucha honra. Tiene a honra ser la catedrática más joven del país.* ▶ **4:** EXEQUIAS, FUNERAL.

honradez. f. Cualidad de honrado. *Reconoció con honradez que le sería muy difícil cumplir lo prometido. Dudan de la honradez del administrador.*

honrado, da. part. **1.** → **honrar.** ● adj. **2.** Que actúa conforme a las normas morales o legales establecidas, espec. diciendo la verdad o no apropiándose de lo ajeno. *Seamos honrados y reconozcamos que nos hemos equivocado. Yo no he cogido el dinero, soy pobre pero muy honrada. Todos lo tenían por un honrado padre de familia.* **3.** Propio de la persona honrada (→ 2). *Tenía el honrado propósito de trabajar por el bien común. Cuando salió de la cárcel, encontró un trabajo honrado.* ▶ **2:** DECENTE, HONESTO, HONORABLE, ÍNTEGRO. **3:** *DECENTE.

honrar. tr. **1.** Demostrar respeto (por alguien o algo). *"Honrarás a tu padre y a tu madre" es uno de los mandamientos de la ley de Dios. El ayuntamiento declaró un día de luto para honrar la memoria del difunto.* **2.** Conceder (a alguien o algo) una cosa que supone un honor o un motivo de orgullo. *Me honra* CON *su amistad.* Frec. se usa en fórmulas de cortesía. *Hoy nos honra* CON *su presencia el Ilustrísimo Señor Decano de la Facultad de Historia.* **3.** Dar honra y estimación (a alguien o algo). *Su dedicación a la defensa de los derechos humanos es algo que la honra.* ○ intr. prnl. **4.** Tener algo a honra, o enorgullecerse de ello. *La conozco hace tiempo y me honro* CON *su amistad. Se honra* DE *ser uno de los pocos clubes con superávit.* Frec. se usa en fórmulas de cortesía. *Este circo se honra* EN *presentarles al gran trapecista Lucio Borsani.*

honrilla. f. coloq. Sentimiento de orgullo que impulsa a quedar bien ante los demás. *El deportista que pasa a profesional se juega algo más que la honrilla en las competiciones.* A veces en la constr. *la negra ~. Esta vez tengo que aprobar el examen, aunque solo sea por la negra honrilla.*

honroso, sa. adj. **1.** Dicho de cosa: Que da honra y estimación. *Recibieron el honroso encargo de redactar la Constitución.* **2.** Dicho de cosa: Suficiente para salvar la dignidad o la honra. *El equipo acabó la competición en un honroso quinto puesto. La dimisión era la única salida honrosa que le quedaba.*

hontanar. m. cult. Sitio donde nace una fuente o un manantial. *El agua mana cristalina en el hontanar.*

hooligan. (pal. ingl.; pronunc. "júligan"). m. Hincha de comportamiento vandálico y agresivo, espec. el británico. *La policía detuvo a varios* hooligans *en la final del campeonato.* ¶ [Equivalente recomendado: *hincha violento*].

hoplita. m. histór. Soldado griego de infantería que usaba armas pesadas. *Las falanges estaban formadas por hoplitas armados con escudo y lanza.*

hora. f. **1.** Unidad de tiempo que equivale a una de las veinticuatro partes iguales de un día (Símb. *h*). *Llevo media hora esperándote. La gasolinera está abierta las 24 horas.* **2.** Momento preciso del día, identificado por las horas (→ 1) y minutos transcurridos desde su comienzo. *–¿Qué hora es? –Son las dos y veinticinco.* **3.** Contabilización de las horas (→ 1) del día establecida con respecto a una referencia, normalmente geográfica. *Al aterrizar, atrasó su reloj para adaptarlo a la hora de Venezuela.* **4.** Momento concreto o determinado. *Están regando los jardines justo a la hora en que más calienta el sol.* **5.** Momento oportuno para algo. *Es hora* DE *que hablemos con franqueza.* Frec. en la constr. *no son ~s. Baja un poco la música, que no son horas.* **6.** Momento o tiempo establecidos para algo. *Como no estéis a la hora, el autocar se va. No hagáis ruido a la hora* DE *la siesta.* **7.** Cita oficial o profesional a una hora (→ 2) determinada. *Tengo hora con la dentista.* **8.** Momento de morir. Gralm. con *llegar. A todos nos llega la hora.* ○ pl. **9.** Tiempo tardío, inoportuno o inusual para algo. *¿Qué horas son estas* DE *llegar a casa?* **10.** *Rel.* Partes del oficio divino que se rezan en distintos momentos del día. *El monje interrumpe sus tareas para el rezo de las horas.* Frec. *~s canónicas. Los maitines, rezados antes del amanecer, son la primera de las horas canónicas.* ■ ~ **pico.** (pl. **horas pico**). f. Am. Hora punta (→ **hora punta**). *En las horas pico, las guaguas deberán salir cada tres minutos* [C]. ■ ~ **punta.** (pl. **horas punta**). f. Tiempo del día en que se registra mayor aglomeración en los transportes o mayor demanda de determinados servicios. *A la hora punta hay grandes atascos.* ■ ~ **valle.** (pl. **horas valle**). f. Tiempo del día en que se registra menor aglomeración en los transportes o menor demanda de determinados servicios. *Los trenes pasan con menos frecuencia en las horas valle.* ■ **~s bajas.** f. pl. Período o momento de desánimo. *El equipo está en horas bajas debido a las últimas derrotas.* ■ **~s de vuelo.** f. pl. **1.** Horas (→ 1) pasadas en vuelo a bordo de una aeronave por un piloto u otro profesional de la aviación. *Se necesita un número determinado de horas de vuelo para conseguir el carné de piloto.* **2.** Experiencia acumulada en una actividad. *Es un director de cine con muchas horas de vuelo.* □ **a buena ~.** loc. adv. Temprano, o en el momento oportuno. *Tenemos que madrugar si queremos llegar a Barcelona a buena hora.* ■ **a buena**(s) ~(s). loc. adv. **1.** coloq. Demasiado tarde. Se usa irónicamente para expresar que algo se produce cuando ya ha pasado el momento oportuno. *–Ahí llega la policía. –¡A buenas horas!* Tb. *a buenas ~s, mangas verdes. ¿Ahora te arrepientes?; ¡a buenas horas, mangas verdes!* **2.** coloq. Se usa para expresar el rechazo ante lo que se enuncia. *Si no fuera porque hay que comer, a buenas horas iba yo a estar trabajando.* ■ **a todas ~s.** loc. adv. Continua o constantemente. *Allí llueve a todas horas.* ■ **a última ~.** loc. adv. En el último momento. *Iba a venir, pero a última hora se echó atrás.* ■ **dar la ~.** loc. v. Llegar el momento de salir de clase o del trabajo. *Los niños están deseando que dé la hora para ir al recreo.* ■ **en buena ~.** loc. adv. Feliz o afortunadamente. *Se mudó a Sevilla, y en buena hora, pues allí conoció a la que sería su mujer.* ■ **en mala ~.** loc. adv. Se usa para expresar disgusto o desaprobación ante lo que se enuncia. *¡En mala hora decidí venirme del pueblo!* ■ **entre ~s.** loc. adv. Entre dos de las comidas principales del día. *Para mantener la línea, no se debe picar entre horas.* ■ **hacer ~s.** loc. v. Hacer horas (→ 1) extraordinarias de trabajo fuera del horario normal. *Con su sueldo no llega a fin de mes, así que tiene que hacer horas.* ■ **la ~ de la verdad.** loc. s. El momento decisivo. *A la hora de la verdad, el soldado se condujo con valentía.* ■ **las ~s muertas.** loc. s. Mucho tiempo ocupado en una sola actividad. Frec. con *pasar*. *Pasábamos las horas muertas jugando al ajedrez.* ■ **no dar** alguien **ni la ~.** loc. v. coloq. Ser muy tacaño. *No te invitará, ese es de los que no dan ni la hora.* ■ **no ver la ~** (de algo). loc. v. Tener muchas ganas (de ello). *Después de todo el día trabajando, no veía la hora* DE *irme a casa.* ■ **poner en ~** (un reloj). loc. v. Ajustar(lo) para que indique la hora (→ 2) exacta. *Puse en hora el reloj, conecté el despertador y me acosté.* ■ **por ~s.** loc. adv. Tomando como unidad de cómputo la hora (→ 1). *A los colaboradores se les paga por horas.* ■ **tener** alguien o algo **las ~s contadas.** loc. v. Estar próximos su fin o su muerte. *El enfermo tiene las horas contadas.*

horadar. tr. Agujerear (algo) atravesándo(lo) de parte a parte. *Le horadaron las orejas para ponerle los pendientes.* ▶ *AGUJEREAR.

horario, ria. adj. **1.** De la hora o las horas. *Al oír las señales horarias, serán las dos de la tarde. La diferencia horaria entre Europa y América varía según las zonas.* ● m. **2.** Cuadro que indica con exactitud las horas en que se realizan determinadas actividades. *En la estación le dieron un horario de autobuses.* **3.** Tiempo en que se desarrolla habitual o regularmente una actividad o servicio. *El horario de atención al cliente es de ocho a tres.* **4.** Contabilización de las horas del día establecida oficialmente en un territorio. Se usa espec. en las constr. *~ de verano,* u *~ de invierno. Con el horario de verano se aprovecha la luz natural para ahorrar energía.*

horca. f. **1.** Estructura compuesta por uno o dos maderos verticales y otro horizontal del que se cuelga por el cuello a un condenado a muerte. *Los condenados fueron ejecutados en la horca.* **2.** Herramienta agrícola formada por un palo largo con dos o más púas en el extremo, que sirve para tareas como amontonar las mieses o levantar la paja. *Los campesinos llenan el carro de heno con sus horcas.* **3.** Palo terminado en dos puntas. *Sostuvo las ramas con horcas para que no se tronchasen.*

horcajadas. a ~. loc. adv. Con una pierna a cada lado del animal, la persona o la cosa sobre los que se está subido. *Los niños se sientan a horcajadas en la tapia del colegio.*

horchata. f. Bebida hecha con chufas, almendras u otros frutos semejantes, machacados, exprimidos y mezclados con agua y azúcar. *Nos vamos al quiosco a tomar una horchata.*

horchatería. f. Establecimiento en que se hace o se vende horchata. *Compra un litro de horchata y otro de granizado en la horchatería.*

horda. f. **1.** Tribu nómada y salvaje. *Las hordas visigodas invadieron la Península.* **2.** Multitud de personas que actúan sin orden ni disciplina. *La horda revolucionaria lo arrasaba todo a su paso.*

horizontal. adj. **1.** Paralelo al horizonte. *Al cortarse una recta horizontal y otra vertical, forman cuatro ángulos rectos.* **2.** Que va de derecha a izquierda, o de izquierda a derecha. *Ha dividido el folio en dos con un trazo horizontal.*

horizontalidad. f. Cualidad de horizontal. *La horizontalidad de la meseta contrasta con las montañas.*

horizonte. m. **1.** Línea que constituye el límite visual de la superficie terrestre, donde parecen juntarse el cielo y la tierra. *El barco se alejó hasta convertirse en un punto en el horizonte.* Tb. la superficie limitada por esa línea. *El vigía otea el horizonte.* **2.** Conjunto de posibilidades o perspectivas de una persona o una cosa. Frec. en pl. *La supresión de aranceles abre nuevos horizontes al comercio internacional.* ○ pl. **3.** Límites o fronteras de un territorio. *Con las sucesivas conquistas, los horizontes del imperio se ensancharon.* **4.** cult. Lugares o paisajes. *Los titiriteros parten en busca de nuevos horizontes.*

horma. f. **1.** Molde con que se fabrica o forma algo, espec. un zapato o un sombrero. *Antes de hacer los zapatos, se diseña la horma y se elige el material.* **2.** Pieza que, colocada en el interior de un zapato, evita que este se deforme. *Mete las hormas en las botas y las guarda en el armario.* ■ **encontrar** alguien **la ~ de su zapato.** loc. v. coloq. Encontrar la persona o la cosa que mejor se acomoda a él. Frec. en sent. irónico. *Su nueva amiga es tan pedante como él; ¡ha encontrado la horma de su zapato!*

hormiga. f. **1.** Insecto gralm. pequeño y negro, que forma colonias en una red de galerías, pralm. bajo tierra. *El pastel caído en el suelo se ha llenado de hormigas.* **2.** Persona laboriosa y ahorradora. Frec. *hormiguita. Como era una hormiguita, llegó a amasar una fortuna.*

hormigón. m. Material de construcción que consiste en una mezcla de piedras pequeñas, agua y arena, aglutinada con cemento o cal. *Muros de hormigón.* ▶ **Am:** CONCRETO.

hormigonera. f. Máquina provista de un recipiente giratorio, que sirve para hacer la mezcla del hormigón. *Mientras gira la hormigonera, un albañil echa dentro paladas de arena.*

hormiguear. intr. **1.** Experimentar una parte del cuerpo una sensación, gralm. molesta, semejante a la de que por ella corrieran hormigas. *Cuando paso tanto rato sentada, me hormiguean las piernas.* **2.** Bullir o moverse una multitud de personas o animales. *El gentío hormiguea por las callejuelas del centro.* ▶ **2:** BULLIR.

hormigueo. m. Hecho o efecto de hormiguear. *Al oír su nombre, sintió un hormigueo en el estómago. El hormigueo de criados y cocineros por el sótano del palacio era constante.*

hormiguero. m. **1.** Lugar donde habita una colonia de hormigas, que consiste en una red de galerías, gralm. subterránea. *Filas de hormigas entraban y sa-*

lían del hormiguero. **2.** coloq. Lugar en que hay muchas personas o animales en movimiento. *Los domingos la playa es un hormiguero.*

hormiguillo. m. Inquietud o agitación. *Tranquilícese, hombre, que parece que tiene usted el hormiguillo.*

hormiguita. → **hormiga.**

hormona. f. Sustancia segregada internamente por un ser vivo o creada artificialmente en el laboratorio, cuya función es estimular, inhibir o regular la actividad orgánica. *La glándula tiroides segrega una hormona responsable del crecimiento.*

hormonal. adj. De las hormonas. *La obesidad puede deberse a un trastorno hormonal.*

hornacina. f. Hueco en forma de arco que se hace en una pared o un muro, gralm. para colocar un objeto decorativo o de culto. *En uno de los ábsides de la catedral, hay pequeñas hornacinas con relicarios.*

hornada. f. **1.** Cantidad de pan, pasteles u otras cosas, que se cuece de una vez en el horno. *La gente hace cola en la tahona esperando la siguiente hornada de pan.* **2.** coloq. Conjunto de personas que terminan su período de formación o comienzan a ejercer sus funciones al mismo tiempo. *De la Escuela de Bellas Artes ha salido una nueva hornada de jóvenes pintores.*

hornazo. m. Rosca o torta cocidas al horno, que pueden ser dulces o saladas y gralm. llevan huevos. *Comimos un delicioso hornazo relleno de embutido.*

hornear. tr. Meter (algo) en el horno para cocer(lo). *El alfarero moldea la pieza en el torno y luego la hornea. En la tahona olía a pan recién horneado.* Tb. usado en constr. intr. *Leyó las instrucciones para hornear en microondas.*

hornero, ra. m. y f. Persona encargada del manejo de un horno, espec. en una panadería. *Trabajó como amasador y hornero en una tahona.*

hornillo. m. **1.** Aparato pequeño, gralm. portátil, que funciona con alcohol, gas o electricidad, y sirve para calentar o cocinar. *Cuando van de acampada, guisan en un hornillo de gas.* **2.** Fuego o quemador de una cocina. *La cocina tiene los hornillos llenos de grasa.* ▶ **2:** *QUEMADOR.

horno. m. **1.** Construcción de piedra o ladrillo, o aparato metálico, en cuyo interior se introduce algo para someterlo a la acción del fuego o del calor. *La carne asada en horno de leña tiene un sabor especial.* **2.** Tahona. *En el horno se despacha pan todos los días.* **3.** coloq. Lugar muy caluroso. *Este piso es un horno en verano.* ■ ~ **(de) microondas.** m. Horno (→ 1) que funciona con ondas electromagnéticas de alta frecuencia y sirve para calentar o cocinar alimentos con gran rapidez. *Calentó la leche en el horno microondas.* ⇒ MICROONDAS. ■ **alto ~,** u **~ alto.** m. Horno (→ 1) con un recipiente interior muy prolongado, alimentado gralm. por carbón y destinado a reducir y fundir los minerales de hierro. *El acero se fabrica con el hierro que se obtiene en los altos hornos.* □ **no estar el ~ para bollos.** loc. v. coloq. No haber una situación favorable, o no ser buen momento. *Yo no hablaría con la jefa ahora, que no está el horno para bollos.*

horóscopo. m. Predicción del futuro de una persona, que se basa en la posición de los astros y de los signos del Zodiaco en un momento determinado. *Un astrólogo le ha hecho su horóscopo.* Tb. el escrito en que figura dicha predicción. *En el horóscopo dice que hoy tendré un buen día.*

horqueta. f. Palo terminado en dos puntas que se usa para sostener algo, espec. una rama. *Pon una horqueta al manzano, que la rama tiene mucho fruto.*

horquilla. f. **1.** Pieza de alambre u otro material doblada en forma de U, que se emplea para sujetar el pelo. *Lleva el moño sujeto con horquillas.* **2.** En una bicicleta o motocicleta: Pieza que une la rueda delantera y el manillar. *Me he caído y se ha doblado la horquilla de la bici.* **3.** Pieza en forma de Y o V, que sirve gralm. para sujetar o apoyar algo. *El mosquete era tan largo que había que apoyarlo en una horquilla para disparar.* **4.** Espacio comprendido entre dos medidas o valores. *El índice de la Bolsa se movió en una horquilla de 15 puntos a lo largo de la sesión.* ▶ **Am: 1:** GANCHO.

horrendo, da. adj. **1.** Que causa horror. *Fueron condenados por crímenes horrendos.* Frec. con intención enfática. *Como dibujante, soy horrendo.* **2.** coloq. Muy feo. *Con este vestido estoy horrenda.* **3.** coloq. Muy grande o extraordinario. *Me han entrado unas ganas horrendas de comer chocolate.* ▶ **1:** *TERRIBLE.

hórreo. m. Construcción aislada de piedra o de madera, que se eleva sobre el suelo sostenida por columnas y es típica de Galicia y el norte de España. *Junto al pazo hay un hórreo para guardar el grano.*

horrible. adj. **1.** Que causa horror. *El horrible asesinato fue cometido por un perturbado.* Frec. con intención enfática. *Soy horrible bailando.* **2.** coloq. Muy feo. *Con ese peinado está horrible.* **3.** coloq. Muy grande o extraordinario. *Me entraron unas ganas horribles de ir al baño.* ▶ **1:** *TERRIBLE.

horripilante. adj. **1.** Que causa horror. *El bombardeo ha provocado una matanza horripilante.* Frec. con intención enfática. *–¿Qué te pareció la película? –Horripilante.* **2.** coloq. Muy feo. *El bolso que lleva es horripilante.* ▶ **1:** *TERRIBLE.

horripilar. tr. Causar horror (a alguien). *Le horripila la violencia. Me horripila la idea de irme de viaje con él.* Tb. en constr. prnl. media. *Se horripilaba oyendo contar aquellas terribles historias.*

horrísono, na. adj. cult. De sonido horrible. *El horrísono fragor de la batalla.*

horro, rra. adj. cult. Carente o falto de algo. *Años horros* DE *educación ni cultura.*

horror. m. **1.** Rechazo o aversión profundos hacia algo desagradable. *Descubrió con horror que le habían robado.* **2.** Miedo intenso. *Allí solos y en la oscuridad, nos invadió el horror.* **3.** Cosa que causa horror (→ 1). *El libro relata los horrores de la guerra.* ■ **~es,** o **un ~.** loc. adv. coloq. Muchísimo. *Me gusta horrores tu camisa. Los precios han subido un horror.* ▶ **2:** *MIEDO.

horrorizar. tr. Causar horror (a alguien). *Me horroriza viajar en avión. Miró horrorizado la factura del teléfono.* Tb. en constr. prnl. media. *El público se horrorizó con las escenas sangrientas.*

horroroso, sa. adj. **1.** Que causa horror. *Las imágenes de la matanza son horrorosas.* Frec. con intención enfática. *Es horroroso conduciendo.* **2.** coloq. Muy feo. *Escogió un color horroroso para las cortinas. Me engañó con una foto retocada, pero en la realidad es horroroso.* **3.** coloq. Muy grande o extraordinario. *Tengo un hambre horrorosa.* ▶ **1:** *TERRIBLE.

hórror vacui. (loc. lat.). m. *Arte* Tendencia a llenar todos los espacios vacíos, gralm. con elementos decorativos. *El hórror vacui se acentúa especialmente en los artistas barrocos.*

hortaliza. f. Planta comestible que se cultiva en las huertas, como la lechuga o la zanahoria. *La acelga es una hortaliza.* Más frec. en pl. *La dieta debe incluir abundantes frutas y hortalizas.* ▶ VERDURA.

hortelano, na. m. y f. Persona que tiene por oficio cultivar una huerta. *Cada jueves, los hortelanos venden sus productos en el mercadillo.*

hortense. adj. De la huerta. *La alcachofa y la espinaca son plantas hortenses.*

hortensia. f. Planta muy empleada como ornamental, que tiene racimos redondos de vistosas flores de color rosa o azul, que después se vuelven casi blancas. *Tiene hortensias plantadas en el jardín.* Tb. la flor. *Las hortensias ya están tomando su color rosado.*

hortera. adj. coloq., despect. Vulgar y de mal gusto. *Hace falta ser hortera para llevar ese medallón. Se compra una ropa muy hortera.* Dicho de pers., tb. m. y f. *El chiringuito está lleno de horteras.*

horterada. f. coloq., despect. Cosa hortera. *Lo de llevar zapatos de tacón con el chándal es una horterada.*

hortícola. adj. De la horticultura. *En el área mediterránea abundan los productos hortícolas.*

horticultor, ra. m. y f. Persona que se dedica a la horticultura. *Muchos horticultores se organizan en cooperativas.*

horticultura. f. Cultivo de los huertos y huertas. *La fértil vega granadina es muy propicia para la horticultura.* Tb. el arte o técnica correspondientes. *Cursos de jardinería y horticultura.*

hortofrutícola. adj. Del cultivo de las huertas y frutales. *La empresa hortofrutícola está en plena expansión.*

hosanna. interj. **1.** *Rel.* En las liturgias cristiana y judía: Se usa para expresar júbilo. *Al paso de Jesús, la gente agitaba sus palmas y exclamaba: –¡Hosanna!* Tb. m. ● m. **2.** *Rel.* Himno cantado el Domingo de Ramos. *Los fieles entonaron a coro hosannas y aleluyas.*

hosco, ca. adj. **1.** Dicho de persona: Áspera o desagradable en el trato. *La soledad la ha hecho una mujer hosca y poco sociable.* **2.** Dicho de cosa: Propia de la persona hosca (→ 1). *Los lugareños tenían una actitud hosca con los forasteros.* ▶ *ANTIPÁTICO.

hospedaje. m. **1.** Hecho de hospedar u hospedarse. *El palacio es lugar de hospedaje para dignatarios extranjeros.* **2.** Lugar donde alguien se hospeda. *Los turistas buscan buen servicio y un hospedaje confortable.* **3.** Cantidad que se paga por hospedarse. *Hablemos del hospedaje: ¿cuánto pide por mes?*

hospedar. tr. **1.** Recibir (a alguien) como huésped, o dar(le) alojamiento. *El hotel hospeda sobre todo a hombres de negocios. Tienen familiares hospedados en su casa.* ○ intr. prnl. **2.** Estar de huésped en un lugar. *La noche que llegué a Barcelona me hospedé* EN *su casa. ¿*EN *qué hotel se hospeda usted?* ▶ **1:** *ALOJAR. **2:** *ALOJARSE.

hospedería. f. **1.** Establecimiento público, gralm. poco lujoso y de carácter tradicional, donde se da hospedaje a personas. *Encima de la panadería está la única hospedería que hay en el pueblo.* **2.** En una comunidad religiosa: Lugar destinado a recibir huéspedes. *Los peregrinos se alojan en la hospedería, un edificio anejo al cenobio.*

hospiciano, na. adj. Acogido por un hospicio. *Tenía la mirada triste de los niños hospicianos.* Tb. m. y f. *Para molestarla, los otros niños la llamaban la hospiciana.*

hospicio. m. Establecimiento benéfico en que se acoge a niños pobres, huérfanos o abandonados. *Se ha criado en un hospicio.*

hospital. m. Establecimiento público destinado al diagnóstico y tratamiento de quienes requieren atención médica, espec. ingresados. *Ha ingresado en el hospital para ser operado.* ■ ~ **de sangre.** m. *Mil.* En una guerra: Lugar en el que se hace la primera cura a los heridos. *En la retaguardia se ubican el puesto de mando y un hospital de sangre.*

hospitalario, ria. adj. **1.** Que acoge con agrado a huéspedes, a visitantes o a extranjeros. *Me alojaré en casa de sus padres, que son muy hospitalarios.* **2.** Propio de la persona hospitalaria (→ 1). *Invitarnos a cenar ha sido un gesto muy hospitalario.* **3.** Del hospital. *Los heridos requieren atención hospitalaria.*

hospitalidad. f. Cualidad de hospitalario. *Es un pueblo conocido por la hospitalidad de sus gentes.*

hospitalización. f. Hecho de hospitalizar. *La operación es sencilla y no requiere hospitalización.*

hospitalizar. tr. Internar (a alguien) en un hospital o clínica. *Lo hospitalizarán para hacerle unas pruebas.*

hosquedad. f. Cualidad de hosco. *–¿Y usted qué quiere? –me espetó con hosquedad.*

hostal. m. Establecimiento hotelero de categoría superior a la de la pensión e inferior a la del hotel, que ofrece alojamiento y comida. *Las dos primeras plantas del edificio están ocupadas por un hostal.*

hostelería. f. Industria que proporciona servicios como alojamiento y comida a huéspedes y viajeros. *Empezó en la hostelería como botones.*

hostelero, ra. adj. **1.** De la hostelería. *En la región disponemos de una gran oferta hostelera.* ● m. y f. **2.** Persona que posee o tiene a su cargo un establecimiento de hostelería. *Los hosteleros andaluces prevén un aumento en el número de reservas.*

hostería. f. histór. Establecimiento público donde se daba comida y alojamiento a viajeros y caballerías. *Recitó los versos de don Diego Tenorio cuando entra en la hostería del Laurel.* Tb. designa en la actualidad un establecimiento hotelero que suele conservar rasgos del antiguo mesón. *El antiguo palacio ha sido rehabilitado y transformado en hostería.*

hostia. f. **1.** *Rel.* Hoja redonda y delgada de pan ácimo, que se consagra en la misa y con la que se comulga. *El ofertorio es la parte de la misa en que el cura ofrece la hostia y el vino a Dios antes de consagrarlos.* **2.** malson. Golpe fuerte. Frec. con *dar, meter* o *pegar.* ■ **mala ~.** f. **1.** malson. Mala intención. **2.** malson. Mal humor. □ **a toda ~.** loc. adv. **1.** malson. A toda velocidad. **2.** malson. A todo volumen. ■ **de la ~.** loc. adj. malson. Muy grande o extraordinario. ■ **~(s).** interj. malson. Se usa para expresar asombro o rechazo. ■ **la ~.** loc. s. **1.** malson. Persona o cosa que han alcanzado el máximo grado en algún aspecto. Gralm. con *ser.* Frec. con carácter exclamativo para expresar rechazo o calificar lo que resulta insoportable. □ loc. adv. **2.** malson. Mucho.

hostigamiento. m. Hecho de hostigar. *La oposición ha intensificado su campaña de hostigamiento al Gobierno.*

hostigar. tr. **1.** Acosar o molestar (a alguien) con insistencia. *Las guerrillas locales hostigan a las tropas* *invasoras. El venado huye hostigado por los perros.* **2.** Golpear (a un animal) con una fusta, un palo o algo parecido, para hacer que se mueva. *El buey no se mueve si el campesino no lo hostiga.* ▶ **1:** *ACOSAR.

hostil. adj. **1.** Dicho de persona: Contraria a alguien o algo, o enemiga de ellos. *La población era hostil* A *los invasores. Son hostiles* A *cualquier cambio.* Tb. fig. *En el Polo, los exploradores se enfrentan a un medio hostil.* **2.** Dicho de cosa: Propia de la persona hostil (→ 1). *Los veteranos tenían una actitud hostil* HACIA *los novatos.*

hostilidad. f. **1.** Cualidad de hostil. *Notaba cierta hostilidad hacia ella.* **2.** Conflicto o enfrentamiento armados. Gralm. en pl. *El tratado de paz puso fin a las hostilidades entre los dos países.* ■ **romper las ~es.** loc. v. Comenzar la guerra atacando al enemigo. *Los dos pueblos se acusan mutuamente de haber roto las hostilidades.*

hostilizar. tr. Llevar a cabo ataques o acciones hostiles (contra alguien o algo). *La ONU pide al Gobierno que su ejército deje de hostilizar al país vecino.*

hotel. m. **1.** Establecimiento público que ofrece alojamiento, comida y otros servicios. *El único alojamiento de la localidad es un pequeño hotel.* **2.** Chalé. *La familia tiene un hotelito en la sierra con piscina y jardín.*

hotelero, ra. adj. **1.** De la hostelería o de sus establecimientos, espec. de los hoteles. *La guía recomienda los mejores restaurantes y establecimientos hoteleros.* ● m. y f. **2.** Persona que posee o tiene a su cargo un establecimiento de hostelería, espec. un hotel. *Los hoteleros prevén una ocupación del 100% en Semana Santa.*

hotentote, ta. (Gralm. como f. se usa **hotentote**). adj. De un pueblo que habitaba en el sudoeste de África, cerca del Cabo de Buena Esperanza. *Tribu hotentote.* Dicho de pers., tb. m. y f. *Se teme la desaparición de pueblos africanos como los bosquimanos o los hotentotes.*

hoy. adv. **1.** En este día. *¿Cómo te ha ido hoy en la oficina? ¡Qué elegante vienes hoy! Hoy a las nueve le toca estar de guardia en el hospital. Hoy hace un año que nos conocimos. Hoy, cuando la saludé, la encontré muy cambiada.* A veces precedido de prep. *No lo he sabido hasta hoy. De hoy en adelante, te sentarás en otro sitio.* **2.** En el tiempo actual o presente. *En aquel tiempo circulaban muchos menos coches que hoy. Quién iba a decir hace unos años que hoy sería un escultor cotizado.* Se usa tb. *~ día* u *~ en día* con intención enfática. *Hoy día ya no se hacen muebles como los de antes.* A veces precedido de prep. *El cine de hoy está muy mecanizado.* ■ **por ~,** u **~ por ~.** loc. adv. Indica que el hecho de que algo suceda en el presente no implica que no pueda cambiar en el futuro. *Por hoy no tenemos pensado mudarnos, pero quién sabe. Es imposible hoy por hoy viajar fuera de nuestro sistema solar.* ■ **que es para ~.** expr. coloq. Se usa para meter prisa al que va despacio o tarda mucho. *Vamos, que es para hoy, acaba ya de vestirte. No te enrolles tanto, que es para hoy.*

hoya. f. **1.** Hoyo u hondonada grandes. *En verano, los muchachos se bañan en las hoyas que hace el río.* **2.** Extensión de terreno llano rodeada de montañas. *El sendero discurre por una hoya entre cumbres nevadas.*

hoyo. m. **1.** Concavidad formada en una superficie, espec. en la tierra. *El perro excava un hoyo para enterrar el hueso. El golfista ha conseguido embocar la pelota en el hoyo.* Tb. fig. *Tuvo una mala racha y le ha costado mucho salir del hoyo.* **2.** coloq. Hoyo (→ 1) excavado para enterrar un cadáver. *No quiero pillar una enfermedad que me lleve derecho al hoyo.*

hoyuelo. m. Pequeña concavidad que se forma en la piel de las personas, espec. en la barbilla o en las mejillas. *Cuando sonríe le salen hoyuelos.*

hoz[1]**.** f. Instrumento de agricultura para segar la hierba o la mies, compuesto por un mango corto de madera y una hoja curva de acero con filo o dientes cortantes en la parte interior. *Antes, la siega era lenta y trabajosa porque se hacía con hoces.*

hoz[2]**.** f. Paso estrecho y profundo entre montañas, espec. el que forma un río. *Desde la cima se ven las hoces y desfiladeros que el río ha esculpido a su paso.*

hozar. intr. **1.** Mover y levantar la tierra con el hocico un animal. *Ahuyentaron al jabalí que hozaba en el huerto.* ○ tr. **2.** Mover y levantar (la tierra) con el hocico un animal. *El perro husmea y hoza la tierra.* ▶ **2:** HOCICAR.

huacal. → **guacal.**

huaso, sa. (Tb. **guaso**). m. y f. frecAm. Campesino chileno. *Quería ser un hombre de campo y amaba la tierra, los caballos, las costumbres del huaso* [C].

huasteco, ca. adj. De una tribu indígena americana de la familia maya que vive en los Estados mexicanos de Tamaulipas, San Luis Potosí y Veracruz. *Tierras huastecas.* Dicho de pers., tb. m. y f. *En la zona conviven nahuas y huastecos.*

hucha. f. Recipiente cerrado que sirve para guardar dinero y está provisto de una ranura para introducirlo. *Rompió la hucha y gastó sus ahorros en un teléfono móvil.* ▶ ALCANCÍA.

hueco, ca. adj. **1.** Que tiene vacío el interior. *Escondieron el dinero en el tronco hueco de un viejo olmo.* **2.** Mullido y esponjoso. *La tierra debe estar hueca para que penetre bien el agua en las raíces.* **3.** De sonido retumbante y profundo. *Era una mujer hombruna y de voz hueca.* **4.** Presumido o vanidoso. *Se puso todo hueco cuando lo felicitaron.* **5.** Dicho espec. de lenguaje o de estilo: Afectado y de contenido escaso o trivial. *Su discurso tiene la retórica hueca del demagogo.* ● m. **6.** Espacio vacío. *Se le cayeron las llaves por el hueco del ascensor.* **7.** Espacio libre o disponible. *La entrada es buena; solo hay algunos huecos en las gradas. Hazme un hueco, que me siente.* Tb. fig. *Las toreras tratan de abrirse un hueco en un mundo de hombres. Encontraron un hueco para él en el departamento de ventas.* **8.** Intervalo de tiempo sin ocupar. *En cuanto encuentre un hueco, te llamo.* **9.** *Arq.* Abertura en un muro para servir de puerta, ventana u otra cosa semejante. *Los albañiles ya han hecho el hueco y mañana instalan la ventana.*

huecograbado. m. *Gráf.* Procedimiento para imprimir con planchas o cilindros metálicos en los que se han practicado huecos donde queda alojada la tinta. *Tiene antiguos carteles publicitarios hechos en huecograbado.* Tb. la reproducción obtenida con dicho procedimiento. *El periódico dedica amplia información gráfica a la noticia en las páginas de huecograbado.*

huelga. f. Interrupción colectiva de la actividad laboral para exigir ciertas condiciones o protestar por algo. *Los taxistas están en huelga. La huelga general ha paralizado el país.* ■ **~ a la japonesa.** f. Medida de protesta laboral que consiste en trabajar más tiempo o aumentar mucho el rendimiento. *La huelga a la ja-*

ponesa de los sanitarios ha desbaratado el funcionamiento del centro. ■ ~ **de brazos caídos.** f. Huelga que se realiza permaneciendo inactivo en el puesto de trabajo. *Los obreros de la fábrica harán una huelga de brazos caídos.* ■ ~ **de celo.** f. Medida de protesta laboral que consiste en aplicar estrictamente el reglamento y, como consecuencia, realizar el trabajo con gran lentitud. *La huelga de celo de los agentes judiciales ha colapsado los juzgados.* ■ ~ **de hambre.** f. Medida reivindicativa o de protesta, que consiste en abstenerse voluntariamente de tomar alimentos hasta conseguir lo que se demanda. *Los presos políticos permanecen en huelga de hambre.*

huelguista. m. y f. Persona que toma parte en una huelga. *Los huelguistas reclaman mejoras salariales.*

huelguístico, ca. adj. De la huelga o de los huelguistas. *Dispositivo huelguístico.*

huella. f. **1.** Señal que deja el pie de un hombre o de un animal en la tierra donde pisa. *Seguimos el rastro de sus huellas en la arena de la playa.* **2.** Señal que deja la yema del dedo en algo al tocarlo. *El asesino dejó sus huellas en la pistola.* Tb. *~ dactilar,* o *digital. La policía toma las huellas dactilares a la detenida.* **3.** Señal, material o inmaterial, que dejan algo o alguien. *En el asfalto se ve la huella del frenazo. La huella de Baroja es evidente en sus relatos.* Frec. con *dejar. Viajar a América es una experiencia que deja huella.* ■ **seguir la ~,** o **las ~s,** (de alguien o algo). loc. v. Seguir su ejemplo o imitar(los). *El cantante sigue las huellas de los grandes intérpretes de boleros.* ▶ **3:** *SEÑAL.

huérfano, na. adj. **1.** Dicho de persona menor de edad: Que ha perdido a uno de sus padres, o a los dos, por fallecimiento. *Siendo muy pequeña se quedó huérfana* DE *madre.* Tb. m. y f. *En el hospicio cuidaban de los huérfanos de guerra.* **2.** cult. Carente o falto de algo o de alguien. *Ha leído un discurso grandilocuente pero huérfano* DE *ideas.*

huero, ra. adj. **1.** Dicho de huevo: Que no produce cría, aunque ha sido incubado. *En la granja se desechan los huevos hueros.* **2.** cult. Vacío o vano. *Sus promesas no son más que palabras hueras.*

huerta. f. **1.** Terreno de mayor extensión que el huerto, destinado al cultivo de verduras, legumbres y árboles frutales. *Estos tomates son de huerta, no de invernadero.* **2.** Tierra de regadío. *La naranja es el producto más conocido de la huerta valenciana.*

huertano, na. adj. De la huerta, espec. de la valenciana o de la murciana. *Las comarcas huertanas exportan hortalizas.* Dicho de pers., tb. m. y f. *El Tribunal de las Aguas resuelve los litigios entre los huertanos de Valencia.*

huerto. m. Terreno de poca extensión, gralm. cercado, destinado al cultivo de verduras, legumbres y árboles frutales. *En una esquina del jardín plantaron un huerto.* ■ **llevar(se)** (a alguien) **al ~.** loc. v. **1.** coloq. Seducir(lo) para mantener una relación sexual. *Ha tratado de llevarse al huerto a su compañero de piso.* **2.** coloq. Convencer(lo) de algo. *La niña ha terminado llevando al huerto a sus padres y le han comprado la bici.*

hueso. m. **1.** En un vertebrado: Pieza dura de las que forman el esqueleto. *Los huesos sirven de sujeción al cuerpo. Le encanta rebañar los huesos del pollo. Una navaja con mango de hueso.* **2.** Parte dura y compacta que hay en el centro de algunos frutos. *La ciruela tiene hueso. Se ha atragantado con el hueso de una aceituna.* **3.** coloq. Persona de carácter desagradable o trato difícil. *La enfermera del turno de noche es un hueso.* **4.** coloq. Profesor muy exigente. *Me han dicho que el profesor de Anatomía es un hueso: va a ser difícil aprobar.* **5.** coloq. Cosa difícil de hacer o de superar. *Las oposiciones son un hueso.* Tb. fig. *En semifinales le tocó jugar contra el campeón del mundo, un auténtico hueso.* **6.** Color blanco amarillento como el del hueso (→ 1). *Le gusta la ropa en colores discretos, como el beis o el hueso.* Frec. adj. *Color hueso. Blanco hueso.* ○ m. pl. **7.** Restos mortales. *Sus huesos reposan ya en el cementerio.* ■ ~ **de santo.** m. Rollito de pasta de almendra relleno de crema, chocolate u otros ingredientes, típico del día de Todos los Santos. *En la pastelería les prepararon una bandeja con buñuelos y huesos de santo.* ■ ~ **escafoides.** m. **1.** *Anat.* Hueso (→ 1) más externo y voluminoso de los cuatro que componen la primera fila del carpo. *El hueso escafoides está en la muñeca en el lado del dedo pulgar.* ⇒ ESCAFOIDES. **2.** *Anat.* Hueso (→ 1) del pie, situado en la parte interna del tarso, entre el astrágalo y los metatarsos. *El hueso escafoides es uno de los que forman el empeine.* ⇒ ESCAFOIDES. ■ ~ **esfenoides.** m. *Anat.* Hueso (→ 1) en forma de murciélago, situado en las partes frontal y media de la base del cráneo. *El hueso esfenoides contribuye a formar las cavidades nasales y las órbitas oculares.* ⇒ ESFENOIDES. ■ ~ **etmoides.** m. *Anat.* Hueso (→ 1) de pequeño tamaño, encajado en el frontal, que forma parte de la base del cráneo, las cavidades nasales y las órbitas. *El hueso etmoides y el esfenoides quedan ocultos en el interior del cráneo.* ⇒ ETMOIDES. ■ ~ **frontal.** m. *Anat.* Hueso (→ 1) que forma la parte anterior y superior del cráneo. *El hueso frontal abarca la frente y la parte superior de las órbitas oculares.* ⇒ FRONTAL. ■ ~ **maxilar.** m. *Anat.* Hueso (→ 1) de los tres que forman las mandíbulas, dos en la superior y uno en la inferior. *En los huesos maxilares están encajados los dientes.* ⇒ MAXILAR. ■ ~ **occipital.** m. *Anat.* Hueso (→ 1) correspondiente al occipucio, o parte posterior de la cabeza por donde esta se une con las vértebras del cuello. *Al tocar la parte trasera del cráneo, se nota la protuberancia externa del hueso occipital.* ⇒ OCCIPITAL. ■ ~ **parietal.** m. *Anat.* Hueso (→ 1) de los dos situados a cada lado de la parte media y superior del cráneo. *El hueso parietal se halla detrás del frontal, delante del occipital y encima del temporal.* ⇒ PARIETAL. ■ ~ **sacro.** m. *Anat.* Hueso (→ 1) formado por varias vértebras soldadas, situado en la parte inferior de la espina dorsal, entre las vértebras lumbares y el cóccix. *El hueso sacro se articula con los huesos de la cadera para formar la pelvis.* ⇒ SACRO. ■ ~ **temporal.** m. *Anat.* Hueso (→ 1) de los dos situados a cada lado de la parte media e inferior del cráneo. *Los huesos temporales corresponden a las sienes.* ⇒ TEMPORAL. □ **dar** alguien **con sus ~s** (en un lugar). loc. v. coloq. Ir a parar (a él). *El ladrón dio con sus huesos en la cárcel. El boxeador dio con sus huesos en la lona.* ■ **dar,** o **pinchar, en ~.** loc. v. coloq. Encontrar alguien o algo que presenta oposición o dificultades. *Intentarán sobornarle, pero van a dar en hueso, porque es muy honrado. Los científicos han pinchado en hueso* CON *este fenómeno paranormal.* ■ **en los ~s.** loc. adv. coloq. En estado de suma delgadez. Frec. con v. como *estar* o *quedarse. Tienes que comer más, que te vas a quedar en los huesos.* Tb. loc. adj. *Se acercó un hombre anciano y en los huesos pidiendo limosna.* ■ **hasta los ~s.** loc. adv. Profunda o totalmente. *El frío se le había metido hasta los huesos.* Frec. con v. como *calar* o *empapar. La tormenta me pilló sin paraguas y volví calado hasta los huesos.*

■ **la sin ~.** (Tb. **la sinhueso**) loc. s. coloq. La lengua, como órgano del habla. *Se pone muy pesada cuando suelta la sinhueso.* Frec. en la constr. *darle a la sin ~. Se pasan el día al teléfono, dándole a la sin hueso.* ■ **moler,** o **romper,** (a alguien) **los ~s.** loc. v. coloq. Golpear(lo) con fuerza y repetidas veces. *Venían con palos, dispuestos a molernos los huesos. Como te pongas chulo, te rompo los huesos.* ■ **no poder** alguien **con sus ~s.** loc. v. coloq. Estar muy cansado. *¿Cómo quieres que corra, si no puedo con mis huesos?* ■ **pinchar en ~.** → **dar en hueso.** ▶ **2:** GÜITO. ‖ **Am: 2:** CAROZO.

huésped, da. (Frec. como f. se usa **huésped**). m. y f. **1.** Persona alojada en casa ajena. *No hace falta que vayáis a un hotel: seréis nuestros huéspedes.* **2.** Persona alojada en un establecimiento de hostelería. *Los huéspedes deben desalojar la habitación del hotel antes de mediodía.* **3.** *Biol.* Ser vivo en cuyo cuerpo se aloja un parásito. *Hay parásitos, como las bacterias o los virus, que causan enfermedades en el huésped.*

hueste. f. **1.** cult. Ejército en campaña. *Se enfrentaron con una hueste de aguerridos soldados.* Frec. en pl. *Las huestes de Almanzor tomaron Zaragoza.* **2.** Conjunto de seguidores o partidarios de alguien o algo. *La hueste romántica se reunía en el Café del Príncipe.* Frec. en pl. *El nuevo presidente es aclamado por las huestes del partido.*

huesudo, da. adj. De huesos muy marcados. *Tiene el rostro enjuto y huesudo. Un perro huesudo hurgaba entre las basuras.*

hueva. f. Masa que forman los huevos de algunos pescados. *El caviar se hace con la hueva del esturión salada y prensada.*

huevera. → **huevero.**

huevería. f. Establecimiento en el que se venden huevos de gallina o de otras aves. *He comprado en una huevería que hay en la galería de alimentación.*

huevero, ra. m. y f. **1.** Persona que vende huevos. *Ha discutido con el huevero sobre el precio de los huevos.* ○ f. **2.** Recipiente que sirve para guardar o transportar huevos. *Venden los huevos en hueveras de cartón de media o de una docena.* **3.** Utensilio en forma de copa pequeña que se emplea para servir el huevo duro o pasado por agua. *Le trajeron una cucharilla y un huevo pasado por agua en una huevera.*

huevo. m. **1.** Cuerpo de forma redondeada, que producen las hembras de las aves u otros animales y que contiene el germen del embrión y las sustancias necesarias para su nutrición durante la incubación. *De los huevos que ponen los insectos nacen las larvas. Huevo de avestruz.* **2.** Huevo (→ 1) de gallina destinado a la alimentación humana. *Ve a la pollería y compra un cartón de huevos.* **3.** Cosa en forma de huevo (→ 2). *Usa un huevo de madera para remendar los calcetines.* **4.** malson. Testículo. **5.** *Biol.* Cigoto. *El huevo es la célula resultante de la fecundación del gameto femenino por el masculino.* ■ **~ de Colón.** m. Cosa sencilla pero aparentemente complicada. *¡Cómo no se nos ha ocurrido antes, si esto es el huevo de Colón!* ■ **~ de Pascua.** m. Dulce de chocolate en forma de huevo (→ 2), que se toma por Pascua. *El huevo de Pascua lleva dentro una sorpresa.* ■ **~ duro.** m. Huevo (→ 2) cocido con su cáscara hasta hacer que la yema y la clara queden totalmente cuajadas. *Pele el huevo duro y córtelo en rodajas.* ■ **~ frito.** m. Huevo (→ 2) que se fríe sin la cáscara y sin batirlo. *Desayunó huevos fritos con beicon.* ■ **~ hilado.** m. Mezcla de huevos (→ 2) y azúcar que forma hebras o hilos. *La camarera trae una fuente de jamón cocido con huevo hilado.* ■ **~ pasado por agua.** m. Huevo (→ 2) cocido ligeramente con su cáscara, de tal manera que la yema y la clara no terminen de cuajar. *Le gusta mojar pan en el huevo pasado por agua.* ■ **~s al plato.** m. pl. Huevos (→ 2) cuajados en aceite y servidos en el mismo recipiente en que se han hecho. *De segundo, pedimos huevos al plato.* ■ **~s revueltos.** m. pl. Huevos (→ 2) batidos y fritos en la sartén, revolviéndolos de tal manera que no formen tortilla. *Estoy preparando huevos revueltos para la cena.* □ **a ~.** loc. adv. coloq. A tiro o al alcance. *La pelota se le quedó a huevo para meter gol.* ■ **parecerse** dos personas o cosas **como un ~ a una castaña.** loc. v. coloq. No parecerse en nada. *Aunque son hermanos, se parecen como un huevo a una castaña.* ■ **pisando ~s.** loc. adv. coloq. Con excesiva lentitud. *Iba pisando huevos en su utilitario por el carril de la derecha.* ■ **tener ~s.** loc. v. malson. Tener valor o coraje. ▶ **Am: 1, 2:** BLANQUILLO.

huevón, na. adj. **1.** Am. coloq., malson. Tonto (de corto entendimiento). Se usa como insulto. Dicho de pers., tb. m. y f. **2.** Am. coloq., malson. Perezoso. Dicho de pers., tb. m. y f.

hugonote, ta. adj. histór. Calvinista francés. Tb. m. y f. *En el siglo XVI, el enfrentamiento entre hugonotes y católicos da lugar a las guerras de religión.*

huida. f. Hecho de huir. *En su huida, los ladrones olvidaron parte del botín. Para muchos, las drogas son un medio de huida* DE *la realidad.* ▶ ESCAPADA, ESCAPATORIA, ESCAPE, EVASIÓN, FUGA.

huidizo, za. adj. **1.** Que huye o tiene tendencia a huir. *El sexto fue un toro manso y huidizo. Es un joven nervioso y de mirada huidiza.* **2.** cult. Fugaz o pasajero. *Aquella huidiza visión despertó en ella una intensa curiosidad.*

huido, da. part. **1.** → **huir.** ● adj. **2.** Que huye o anda escondiéndose de algo o de alguien. *Dos de los atracadores han sido detenidos y otros dos permanecen huidos.* Tb. m. y f. *Los huidos son acogidos por países fronterizos.*

huipil. m. Blusa con adornos típica del algunos pueblos indígenas americanos. *El huipil guatemalteco tiene un bordado multicolor.*

huir. (conjug. CONSTRUIR). intr. **1.** Alejarse deprisa, por miedo o por otro motivo, de algo o de alguien. *La gacela huye al ver al guepardo. ¡No huyas, cobarde! Huyeron* DEL *lugar del crimen en un automóvil. Los exiliados huían* DE *la represión política. El fugitivo huyó* AL *extranjero.* **2.** Salir con fuerza o habilidad de un lugar donde se está encerrado. *Tenía un plan para huir* DE *la cárcel.* Tb. fig. *A veces le agobia su situación y siente deseos de huir.* **3.** Apartarse de alguien o algo que se consideran malos o perjudiciales. *Es un artista original, que huye* DE *los tópicos. Huye* DE *la prensa y raramente concede entrevistas.* **4.** cult. Transcurrir o pasar velozmente el tiempo. *El tiempo huye y nosotros envejecemos.* ○ tr. **5.** Apartarse (de alguien o algo que se consideran malos o perjudiciales). *Todos me huyen cuando me ven por los pasillos.* ▶ **1:** ESCAPAR. **2:** ESCAPAR, EVADIRSE, FUGARSE.

hule. m. **1.** Tela impermeable pintada al óleo y barnizada con caucho por uno de sus lados. *Un mantel de hule.* **2.** Am. Caucho (sustancia elástica). *Guantes de hule estériles* [C]. ▶ **2:** *CAUCHO.

hulla. f. Carbón mineral negro y sin brillo, de gran poder calorífico, que se emplea como combustible. *Trabaja en una mina de hulla.*

hullero, ra. adj. De la hulla. *La cuenca hullera asturiana. Industria hullera.*

humanamente. adv. **1.** En el aspecto humano. Se usa gralm. antepuesto a un adj. para enfatizar el significado de este. *Los médicos han hecho lo humanamente posible para salvarlo.* **2.** De manera humana. *Los presos piden que los traten humanamente.*

humanidad. f. **1.** (Frec. en mayúsc.). Conjunto de los seres humanos. *La ciudad es Patrimonio de la Humanidad.* **2.** Cualidad o condición de humano. *El lenguaje articulado es un rasgo de humanidad. Había mucha humanidad en sus palabras.* ○ pl. **3.** Conjunto de disciplinas relacionadas con el hombre, como la filosofía, la literatura, la historia o las lenguas. *Está estudiando una carrera de humanidades.* ▶ **3:** LETRAS.

humanismo. m. **1.** Doctrina basada en la consideración del ser humano como centro de todas las cosas. *La Enciclopedia es producto del humanismo.* Tb. la actitud correspondiente. *El humanismo es el contrapunto a la deshumanización.* **2.** histór. Movimiento cultural del Renacimiento que se basa en el estudio de los clásicos grecolatinos, tomados como modelo de pensamiento y de vida. *El humanismo nace en la Italia del siglo* XIV.

humanista. adj. **1.** Del humanismo. *Pensamiento humanista.* **2.** Partidario del humanismo. *Escritor humanista.* Tb. m. y f. *Se han reunido humanistas de toda Europa.* ● m. y f. **3.** histór. En el Renacimiento: Persona versada en la cultura clásica grecolatina. *Erasmo fue uno de los grandes humanistas.*

humanístico, ca. adj. **1.** Del humanismo, espec. del renacentista. *"El cortesano" es una gran obra de la cultura humanística.* **2.** De las humanidades. *La literatura es una disciplina humanística.*

humanitario, ria. adj. **1.** Que aspira al bien de la humanidad. *El platonismo es una doctrina humanitaria.* **2.** Que tiene como fin ayudar a las personas necesitadas o desfavorecidas. *Organización humanitaria. Misión humanitaria.* **3.** Dicho de persona: Caritativa o solidaria. *Se las da de persona humanitaria.* **4.** Propio de la persona humanitaria (→ 3). *Piden un trato más humanitario.*

humanitarismo. m. Actitud o cualidad de la persona humanitaria. *Recoger niños abandonados es un acto de humanitarismo.*

humanización. f. Hecho o efecto de humanizar o humanizarse. *Reclaman una humanización del trato a los presos.*

humanizar. tr. Hacer (algo o a alguien) más humanos o amables. *Trabajar con niños lo ha humanizado.* Tb. en constr. prnl. media. *Se ha humanizado con los años.*

humano, na. adj. **1.** Dicho de ser: De la especie hombre. *El ser humano es un animal dotado de inteligencia.* Tb. m., gralm. en pl. *El lenguaje de los humanos.* **2.** Del ser humano (→ 1). *La especie humana.* **3.** Propio del ser humano (→ 1). *Su grito no parecía humano. Errar es humano.* **4.** Dicho de persona: Comprensiva, benévola y sensible al sufrimiento ajeno. *Es una persona muy humana.* ▶ **1:** *PERSONA.

humanoide. adj. De forma o características semejantes a las del ser humano. *Robot humanoide.* Tb. m. *Descendieron cuatro humanoides del ovni.*

humareda. f. Abundancia de humo. *Los bomberos trabajan en medio de la humareda.*

humazo. m. Humo denso y muy abundante. *El humazo que se forma asando sardinas.*

humeante. adj. Que humea. *Un cigarrillo humeante.*

humear. intr. **1.** Despedir humo o gas algo. *El volcán sigue humeando.* **2.** Despedir humo o vapor algo. *La cafetera humeaba en el fuego.*

humedad. f. **1.** Condición de húmedo. *La humedad de la tierra indica que han regado.* **2.** Líquido, espec. agua, que impregna un cuerpo. *En el techo hay una mancha de humedad.* **3.** Vapor de agua que está en el aire. *En la costa hay mucha humedad.*

humedal. m. Terreno de aguas superficiales o subterráneas de poca profundidad. *Las aves migratorias descansan en los humedales.*

humedecer. (conjug. AGRADECER). tr. Hacer que (algo) pase a estar húmedo o ligeramente impregnado de agua u otro líquido. *Humedece el sello y pégalo. Se humedeció los labios con la lengua.* Tb. en constr. prnl. media. *Sus ojos se humedecieron.* ▶ HUMIDIFICAR.

húmedo, da. adj. **1.** Que está ligeramente impregnado de agua u otro líquido. *La ropa del tendedero sigue húmeda. Tiene los ojos húmedos, como si hubiera llorado.* **2.** Dicho de territorio, clima o tiempo: Que abunda en lluvias y tiene el aire cargado de vapor de agua. *El clima tropical es húmedo.* ■ **la húmeda.** loc. s. coloq. La lengua, como órgano del habla. Frec. en la constr. *darle a la húmeda. El portero está todo el día dándole a la húmeda.*

húmero. m. *Anat.* Hueso de la parte superior del brazo, que se articula en el codo con el cúbito y el radio, y en el hombro con el omóplato. *El herido presenta fractura de húmero.*

humidificador. m. Aparato que sirve para humidificar el ambiente. *Si respiras con dificultad, pon un humidificador en su habitación.*

humidificar. tr. Humedecer (algo, espec. el ambiente). *Es un aparato para humidificar el aire.*

humildad. f. Cualidad de humilde. *Una cura de humildad. Vivimos con humildad, pero no pasamos hambre.*

humilde. adj. **1.** Dicho de persona: Que reconoce sus propios defectos o limitaciones y no presume de sus cualidades. *Sé humilde y deja que te ayuden. A pesar de su gran sabiduría, es muy humilde.* **2.** De nivel social o económico bajo. *Vive en un barrio de gente humilde.* **3.** De poca categoría o importancia. *Solo soy un humilde trabajador.*

humillación. f. Hecho o efecto de humillar o humillarse. *Estoy harto de soportar humillaciones.*

humillante. adj. Que humilla a alguien. *Una derrota humillante. Me parece humillante que me traten así.*

humillar. tr. **1.** Doblar o inclinar (una parte del cuerpo, espec. la cabeza), frec. en señal de obediencia o sumisión. *Se arrodilló ante su dama y humilló la cabeza.* Tb. usado en constr. intr., referido al toro. *El último toro no humillaba.* **2.** Vencer la arrogancia o el orgullo (de alguien). *El colista ha humillado al equipo líder. He tenido que humillarme para pedirle dinero.* **3.** Herir el amor propio o la dignidad (de alguien). *El profesor humilla a sus peores alumnos.*

humita. f. Am. Plato consistente en una masa elaborada con maíz triturado, rellena con diversos ingredientes, que se envuelve en hojas de mazorca de maíz y se cuece o se asa. *Me sirvieron una humita auténtica, en su envoltorio de hojas de choclo* [C].

humo. m. **1.** Mezcla gaseosa, de color y densidad variables, que despide un cuerpo en combustión. *Me* *molesta el humo del cigarrillo. Señales de humo.* **2.** Vapor que despide un líquido al hervir o evaporarse. *La sopa aún echa humo.* ○ pl. **3.** coloq. Arrogancia o vanidad. *¡Desde que te han ascendido, te das unos humos! Menos humos, por favor.* ■ **bajarle** (a alguien) **los ~s.** loc. v. coloq. Hacer(le) perder su arrogancia o su vanidad. *Necesita que alguien le baje los humos.* ■ **echar ~** alguien. loc. v. coloq. Estar muy enfadado. *Como llegué tarde, mi padre echaba humo.* ■ **hacerse ~.** loc. v. coloq. Desaparecer o desvanecerse. *El tipo se hace humo en cuanto ve a la policía.* ■ **subírsele** (a alguien) **los ~s a la cabeza.** loc. v. coloq. Ponerse soberbio o vanidoso. *Se le han subido los humos a la cabeza, ahora que tiene dinero.*

humor. m. **1.** Estado de ánimo que muestra una persona. *No entiendo sus cambios de humor.* **2.** Buena disposición para algo. *¿Cómo puedes tener humor* PARA *fiestas? No estoy de humor* PARA *recibir visitas.* **3.** Tendencia a ver el lado cómico o ridículo de las cosas. *Tiene un humor envidiable, a todo le encuentra chispa.* Tb. *sentido del ~. No tienes sentido del humor.* **4.** Actividad de humorista. *El humor tiene entre nosotros figuras muy importantes. Revista de humor.* **5.** *Fisiol.* Cada uno de los líquidos del cuerpo de una persona o de un animal. *El humor vítreo y el humor acuoso están en el ojo.* ■ **~ de perros.** m. Mal humor (→ **mal** ~) muy acentuado. *Se ha levantado con un humor de perros.* ■ **~ gráfico.** m. Humorismo expresado mediante dibujos. *Trabaja en la sección de humor gráfico.* ■ **~ negro.** m. Humorismo basado en la muerte o en algo trágico o desgraciado. *Incluso con un pie en la tumba, hacía gala de su humor negro.* ■ **buen ~.** m. Estado de alegría o satisfacción. *Siempre está de buen humor.* ■ **mal ~.** (Tb. **malhumor**). m. Estado de tristeza o enfado. *Tienes la capacidad de ponerme de mal humor.* ▶ **1:** TALANTE, TEMPLE. **3, 4:** HUMORISMO.

humorada. f. **1.** Hecho o dicho graciosos u originales. *Ha tenido la humorada de venir disfrazado.* **2.** *Lit.* Composición poética breve en tono humorístico, que contiene una advertencia moral o un pensamiento filosófico, creada por Ramón de Campoamor (1817-1901). *Las humoradas parecen refranes.*

humorado, da. adj. Que tiene humor. ■ **mal ~.** → **malhumorado.**

humorismo. m. **1.** Actitud o tendencia de quien ve o muestra el lado cómico o ridículo de las cosas. *Mi humorismo no es comprendido.* **2.** Actividad de humorista. *Ha ganado un premio de humorismo gráfico.* ▶ HUMOR.

humorista. m. y f. **1.** Persona que tiene por oficio divertir al público mediante chistes, imitaciones o parodias. *La gente se desternilla con el humorista.* **2.** Persona que cultiva el humorismo en sus obras literarias o en sus dibujos. *La humorista tiene una viñeta en un semanario.*

humorístico, ca. adj. Del humorismo. *Tono humorístico. "La Codorniz" era una semanario humorístico.*

humus. m. *Geol.* Capa superficial del suelo constituida por materia orgánica procedente de la descomposición de animales y vegetales. *Las raíces de las plantas se nutren del humus.*

hundimiento. m. Hecho o efecto de hundir o hundirse. *Una brecha en el casco del barco ha provocado su hundimiento. El hundimiento de la empresa.*

hundir. tr. **1.** Meter (algo o alguien) en el interior de una cosa o en el fondo de algo hueco. *El panadero hunde sus manos* EN *la masa.* Tb. en constr. prnl. media. *No me gusta este colchón porque me hundo.* **2.** Deformar (una superficie) haciendo descender su nivel o produciendo huecos (en ella). *No saltes sobre el sofá, que vas a hundir el asiento.* Tb. en constr. prnl. media. *El tejado se hunde por el centro.* **3.** Hacer que (alguien o algo) vayan al fondo de un líquido u otra materia. *El submarino ha hundido un portaaviones.* Tb. en constr. prnl. media. *Se hundía en las arenas movedizas.* **4.** Derribar (un edificio u otra construcción, o una parte de ellos), o hacer(los) caer al suelo. *El huracán ha hundido varias casas.* Tb. en constr. prnl. media. *Se ha hundido una pared.* **5.** Arruinar (algo o a alguien) o causar(les) un grave daño. *Los escándalos hundirán a la familia.* Tb. en constr. prnl. media. *La empresa se está hundiendo.* **6.** Desanimar o desmoralizar (a alguien). *No dejes que este problema te hunda.* Tb. en constr. prnl. media. *Se hundirá si lo suspenden.*

húngaro, ra. adj. **1.** De Hungría. *El compositor húngaro Franz Listz. El idioma húngaro.* Dicho de pers., tb. m. y f. *Los húngaros ingresaron en la Unión Europea.* ● m. **2.** Lengua hablada en Hungría. *Aquellos gitanos hablan húngaro.* ▶ **1:** MAGIAR.

huno, na. adj. histór. De un pueblo asiático que en los ss. IV y V ocupó el territorio que se extiende desde el Volga hasta el Danubio. *Caudillo huno.* Dicho de pers., tb. m. y f. *Atila era rey de los hunos.*

huracán. m. **1.** Viento fuerte muy rápido, que gira en grandes círculos, propio de las zonas tropicales. *El huracán ha dejado miles de víctimas.* **2.** Viento muy fuerte. *¡Cualquiera sale a la calle con este huracán!* **3.** Persona o cosa impetuosas. *Tu hijo es un huracán.* ▶ **1:** CICLÓN, TIFÓN, TORNADO. **2, 3:** CICLÓN.

huracanado, da. adj. De fuerza o características propias del huracán. *Soplarán vientos huracanados.*

huraño, ña. adj. Dicho de persona: Que se esconde de la gente o rehúye su trato. *La timidez la hace parecer huraña.*

hurgar. tr. **1.** Escarbar (algo). *El perro tiene las patas sucias de hurgar el barro.* **2.** Revolver en el interior (de algo). *Se hurga los bolsillos buscando una moneda.* **3.** Fisgar o curiosear (algo ajeno). *Alguien ha estado hurgando mis archivos.* ○ intr. **4.** Hurgar (→ 1-3) algo. *Un mendigo hurga* EN *la basura.* ▶ **1:** ESCARBAR.

hurí. f. *Rel.* En el islamismo: Mujer bellísima creada para acompañar al bienaventurado en el paraíso. *Las huríes son eternamente jóvenes.*

hurón, na. m. **1.** Mamífero carnívoro pequeño, de cuerpo alargado y flexible, patas cortas y pelaje gralm. gris, que despide un olor desagradable y, domesticado, se emplea para cazar conejos. *El hurón entra en la madriguera del conejo.* Tb. designa específicamente al macho. **2.** coloq. Persona huraña. *Mi vecino es un hurón que nunca saluda.* Tb. adj. *Los dependientes hurones ahuyentan a la clientela.* ○ f. **3.** Hembra del hurón (→ 1). *La hurona parió cinco crías.*

hurra. interj. Se usa para expresar alegría o satisfacción. *¡Hurra, mañana nos dan las vacaciones!* Tb. m. *¡Tres hurras por los novios!*

hurtadillas. a ~. loc. adv. Con disimulo o a escondidas. *Mira a hurtadillas el examen del compañero.*

hurtar. tr. **1.** Tomar o retener (algo ajeno) contra la voluntad de su dueño, sin hacer uso de la intimidación ni de la fuerza. *Le hurtan la fruta.* Tb. usado en constr. intr. *Se dedica a hurtar en las tiendas.* **2.** Ocultar o esconder (algo o a alguien). *Le hurtan la verdad* *para no herirlo. Se hurtan* A *las miradas de los curiosos.* **3.** Apartar (algo o a alguien) para evitar algo. *Trataba de hurtar la cara* A *los golpes.* ► **1:** ROBAR.

hurto. m. Hecho de hurtar o tomar algo ajeno. *Tiene varias denuncias por hurto.* ► ROBO.

húsar. m. histór. Soldado de caballería ligera vestido con el uniforme de la caballería húngara. *Fue capitán de húsares.*

husmear. tr. **1.** Rastrear con el olfato (algo). *Los perros husmean el rastro de la liebre.* **2.** coloq. Indagar o curiosear (algo). *Le gusta husmearlo todo.* Tb. usado en constr. intr. *El detective husmea buscando pistas.*

huso. m. Utensilio, gralm. de madera, alargado y redondeado, que va estrechándose hacia los extremos y se emplea en el hilado manual para torcer y devanar el hilo. *La hilandera sostiene el huso con la mano.* ■ ~ **horario.** m. *Geogr.* Cada una de las 24 partes limitadas por meridianos en que se considera dividida la superficie terrestre para que en ellas rija un mismo horario. *El territorio de Estados Unidos abarca varios husos horarios.*

huy. interj. Se usa para expresar dolor, vergüenza o asombro. *¡Huy, qué daño! ¡Huy, qué pronto has llegado!*

i

i. (pl. **íes**). f. Letra del abecedario español que corresponde al sonido vocálico cerrado que se articula en la parte anterior de la boca. ■ ~ **griega.** f. Letra *y*.

i-. → **in-.**

ibérico, ca. adj. **1.** De la Península Ibérica. *El museo exhibe cerámica de antiguos pueblos ibéricos. Bosques ibéricos.* **2.** Del ibérico (→ 3). *Alfabeto ibérico.* ● m. **3.** Lengua hablada por los iberos. *Algunas palabras españolas proceden del ibérico.* ▶ **3:** IBERO.

ibero, ra o **íbero, ra.** adj. **1.** histór. Dicho de individuo: De alguno de los pueblos que habitaban en la Península Ibérica, espec. en la zona del Levante, antes de las colonizaciones fenicia y griega. *Jefe ibero.* Tb. dicho de esos pueblos. *Los vestigios arqueológicos prueban la presencia de pueblos íberos.* Dicho de pers., tb. m. y f. *Tartesios e iberos alcanzaron un alto grado de civilización.* **2.** De los iberos (→ 1). *Arte íbero.* ● m. **3.** Lengua hablada por los iberos (→ 1). *Se han hallado monedas con inscripciones en ibero.* ▶ **3:** IBÉRICO.

ibero-. elem. compos. Significa 'de la Península Ibérica'. *Iberorrománico, iberorromana.*

iberoamericano, na. adj. **1.** De Iberoamérica (conjunto de países americanos que antes formaron parte de los reinos de España y Portugal). *El presidente español visitará varios países iberoamericanos.* Dicho de pers., tb. m. y f. *En el proyecto participan españoles e iberoamericanos.* **2.** Del conjunto formado por los países iberoamericanos (→ 1) e ibéricos. *Se ha celebrado una cumbre iberoamericana sobre desarrollo.*

íbice. m. Cabra semejante a la cabra montés, propia de los Alpes y otras zonas de alta montaña, con largos cuernos curvados hacia atrás. *El íbice hembra. En los terrenos escarpados encuentra el íbice su hábitat preferido.*

ibicenco, ca. adj. De Ibiza. *Me encantan las casas blancas de estilo ibicenco.* Dicho de pers., tb. m. y f. *Ganó la regata un ibicenco.*

ibídem. adv. cult. En la misma obra o pasaje de una obra ya citados. Se usa en índices, notas o citas de impresos o manuscritos, para evitar repetir completa una referencia. *Como dice Ortega, "el pensamiento es un instrumento para mi vida" (ibídem, p. 164).*

ibis. m. Ave zancuda con pico largo y de punta encorvada, plumaje blanco excepto en la cabeza, cuello, cola y extremidad de las alas, donde es negro, y que se alimenta de moluscos fluviales. *El dios egipcio aparece representado con figura de hombre y cabeza de ibis.*

iceberg. (pl. **icebergs**). m. Gran masa de hielo flotante, desgajada del polo, que sobresale parcialmente de la superficie del mar. *El barco chocó contra un iceberg.*

icónico, ca. adj. **1.** Del icono. *El arte abstracto podrá carecer de fuerza icónica, pero no de intensidad.* **2.** *tecn.* Que tiene cualidades o carácter de icono. *Los términos onomatopéyicos, como "tictac", son signos icónicos.*

icono o **ícono.** (**ícono**, frecAm.). m. **1.** Representación pictórica religiosa, sobre tabla y con técnica bizantina, propia de las iglesias cristianas orientales. *En el templo, ortodoxo, se conserva un icono de la Virgen del siglo* XV. **2.** *tecn.* Signo que mantiene una relación de semejanza con el objeto representado. *Las señales de cruce en las carreteras es un icono.* **3.** *Inform.* Pequeña representación gráfica que aparece en la pantalla de un ordenador para identificar una aplicación, función o programa, y que permite ejecutarlos o abrirlos accionando el cursor sobre ella. *Haga doble clic en el icono para conectarse a Internet.*

iconoclasia. f. cult. Doctrina de los iconoclastas. *Los defensores de la iconoclasia combatían la idolatría.* Tb. la actitud correspondiente. *Late en muchos vanguardistas una cierta iconoclasia.*

iconoclasta. adj. **1.** Dicho de persona: Que rechaza el culto a las imágenes sagradas. Referido espec. a los miembros de un movimiento religioso desarrollado en Bizancio en el s. VIII y que propugnaba la destrucción de las imágenes y la persecución de quienes las veneraban. Tb. m. y f. *Los iconoclastas esgrimían la prohibición del Antiguo Testamento de adorar imágenes.* **2.** Dicho de persona: Que niega y rechaza la autoridad de maestros, normas o modelos. *Fue un dramaturgo rompedor e iconoclasta.* Tb. m. y f. *A sus setenta años, sigue siendo un iconoclasta de la cultura.* **3.** De los iconoclastas (→ 1, 2). *El movimiento iconoclasta influiría notablemente en el arte bizantino.*

iconografía. f. **1.** Estudio descriptivo de las imágenes u otras representaciones plásticas sobre un tema. *La iconografía nos muestra al rey enfermo.* Tb. la disciplina científica correspondiente. *Ha resaltado la importancia de la iconografía como ciencia auxiliar de la historia.* **2.** Conjunto de imágenes u otras representaciones plásticas con una característica común. *El arte medieval tiene una rica iconografía religiosa.*

iconográfico, ca. adj. De la iconografía o de su objeto de estudio. *Símbolo iconográfico.*

icosaedro. m. *Mat.* Cuerpo de veinte caras. *Cuando sus caras son triángulos equiláteros iguales, el icosaedro es regular.*

ictericia. f. *Med.* Coloración amarillenta de piel y las mucosas, producida por la acumulación de pigmentos biliares en la sangre. *Presenta un cuadro típico de hepatitis, con dolor abdominal e ictericia.*

ictiología. f. *Zool.* Parte de la zoología que estudia los peces. *La facultad de Biología edita una revista de ictiología.*

ictus. m. *Med.* Ataque súbito. *Quedó hemipléjico como consecuencia de un ictus cerebral.*

íd. abrev. Ídem. *Gastos pasaje: 200 €. Íd. hotel: 325 €.*

ida. f. Hecho de ir a un lugar. *En la ida he tardado más que en la vuelta, por el tráfico. Ida a París en* *avión.* ■ **de ~.** loc. adj. En deporte, dicho de partido o encuentro: Que es el primero de los dos en que dos equipos se enfrentan en una eliminatoria. *Si el partido de ida termina con empate, todo se decidirá en el de vuelta.*

idea. f. **1.** Representación abstracta de algo o alguien que se forma en la mente. *Mi idea del cielo es la de un lugar donde se alcanza la felicidad. La idea del bien y del mal.* **2.** Conocimiento aproximado que se tiene de algo o de alguien. *No tienes ni idea de lo que te espera.* **3.** Intención de hacer algo. *Salí con idea de comprarme un vestido.* **4.** Cosa, gralm. original o ingeniosa, que viene de pronto a la mente de alguien. *Tengo una idea para solucionar el problema.* **5.** Creencia sobre algo o alguien. Frec. en pl. *No comparto tus ideas políticas.* **6.** Concepto o juicio que una persona se forma sobre alguien o algo. *Tenía una idea equivocada de ti.* **7.** *Fil.* En el platonismo: Ejemplar eterno e inmutable que de cada cosa creada existe en la mente divina. *Para Platón las ideas existían con independencia de nuestros pensamientos.* ■ **~ de bombero.** f. coloq. Idea (→ 4) descabellada o extravagante. *Ir de acampada con tacones es una idea de bombero.* ■ **mala ~.** f. Mala intención. *Cuidado con ella, que tiene muy mala idea.* □ **hacerse a la ~** (de algo). loc. v. Aceptar(lo). *Ya me he hecho a la idea de que no podremos ir de vacaciones.* ► **1:** CONCEPTO. **4:** OCURRENCIA. **6:** CONCEPTO.

ideación. f. Hecho o efecto de idear. *Previo a la escritura de la obra, debe haber un trabajo de ideación.*

ideal. adj. **1.** De la idea. *Platón tenía una concepción dualista del mundo: el mundo ideal frente al mundo físico.* **2.** Que solo existe en el pensamiento. *El Ecuador es una línea ideal.* **3.** Dicho de cosa o persona: Que se considera perfecta en su línea. *Las islas son el lugar ideal para unas vacaciones. Eres el hombre ideal para ese puesto.* Frec. coloq., con intención enfática. *María, llevas un vestido ideal, me encanta.* ● m. **4.** Modelo de perfección. *La mujer rellenita y con muchas curvas fue el ideal de belleza.* **5.** Aquello a lo que alguien tiende por considerarlo el mayor bien. *Mi ideal es vivir en la playa cuando me jubile.* Frec. en pl. *Siempre luchó por sus ideales.*

idealidad. f. Cualidad de ideal. *La realidad y la idealidad del mundo descrito por el poeta.*

idealismo. m. **1.** Tendencia a considerar las cosas o a las personas de acuerdo con unos modelos de perfección que no se ajustan a la realidad. *Tu idealismo te lleva a pensar que podemos conseguir un mundo perfecto.* **2.** Sistema filosófico que considera la idea como principio del ser y del conocer. *Según el idealismo, la realidad no existe independientemente del sujeto que la conoce. Platón fue precursor del idealismo.*

idealista. adj. **1.** Dicho de persona: Que tiende a considerar las cosas o a las personas de acuerdo con unos modelos de perfección que no se ajustan a la realidad. *Como es una persona tan idealista, ha sufrido muchos desengaños.* Tb. m. y f. *Es una idealista que todavía cree en el amor para toda la vida.* **2.** Del idealismo filosófico. *Postulados idealistas.* **3.** Partidario del idealismo filosófico. *Hegel fue un importante filósofo idealista.* Tb. m. y f. *Los idealistas, sobre todo Kant y Hegel, desconfiaron siempre de los sentimientos.*

idealización. f. Hecho o efecto de idealizar. *Es frecuente en los hijos la idealización de sus padres.*

idealizador, ra. adj. Que idealiza. *Hay un arte idealizador de la realidad.*

idealizar. tr. Considerar (algo o a alguien) como un modelo de perfección o como mejor de lo que es en realidad. *Ha idealizado a su novio. Algunos idealizan el pasado y no viven el presente.*

idear. tr. Formar la idea (de algo) en la mente. *Ideó un plan para quedarse con todo. Han ideado un dispositivo que funciona como un motor.* ► CONCEBIR, DISCURRIR.

ideario. m. Conjunto de ideas o creencias principales de un autor o de una colectividad. *Nunca traicionaría el ideario de mi partido.*

ídem. (No se usa en pl.). pron. **1.** El mismo. Se usa gralm. en citas bibliográficas en sustitución del nombre del autor citado antes. *Benito Pérez Galdós, "Marianela"; ídem, "Doña Perfecta".* **2.** Lo mismo. *Folios, dos paquetes; cuartillas, ídem.* Tb., coloq., en la constr. *~ de ~. Ella está harta, y yo ídem de ídem.*

idéntico, ca. adj. Exactamente igual. *Estamos en idéntica situación laboral: con un contrato por obra.* Frec. con intención enfática. *El hijo es idéntico* AL *padre.*

identidad. f. **1.** Cualidad de idéntico. *La identidad de los gemelos hace casi imposible distinguirlos.* **2.** Conjunto de rasgos propios de un individuo o de una colectividad que los caracterizan frente a los demás. *Se desconoce la identidad del autor del crimen. Para recoger el paquete, presente su carné de identidad. Es lógico que los pueblos deseen preservar su identidad cultural.* **3.** *Mat.* Igualdad algebraica que se verifica siempre, cualquiera que sea el valor de sus variables. *"$2x = x + x$" es una identidad.*

identificable. adj. Que puede ser identificado. *Algunas bacterias son fácilmente identificables con microscopio.*

identificación. f. Hecho o efecto de identificar o identificarse. *La identificación del terrorista fue posible gracias a la colaboración ciudadana. Mi identificación con el personaje me ayudó a interpretarlo.*

identificador, ra. adj. Que identifica. *Uno de los rasgos identificadores de mi familia es la nariz grande.*

identificar. tr. **1.** Hacer que (dos o más personas o cosas) aparezcan y se consideren como una misma. *Identificar la libertad y el libertinaje es un error.* Tb.: *Nunca identificaría el dinero* CON *la felicidad.* **2.** Reconocer si (una persona o cosa) es la misma que se supone o se busca. *Varios familiares identificaron el cadáver de la víctima. Un testigo lo ha identificado como autor de los disparos. Tiene un acento difícil de identificar.* ○ intr. prnl. **3.** Ser idénticas dos o más personas o cosas. *El entendimiento, la memoria y la voluntad se identifican entre sí.* Tb.: *Para ellos el dinero se identifica* CON *la felicidad.* **4.** Tener las mismas creencias, propósitos o deseos que otra persona. *Me identifico mucho* CON *mi madre. Se identifica* CON *su jefe porque él también empezó desde abajo.* **5.** Dar los datos personales necesarios para ser reconocido. *El cabo se identificó y nos pidió la documentación del vehículo.*

identificativo, va. adj. Que identifica o que sirve para identificar o reconocer. *Presenté un documento identificativo.* ► IDENTIFICATORIO.

identificatorio, ria. adj. Identificativo. *Cada solicitud lleva un número identificatorio.*

ideografía. f. Representación de ideas, palabras, morfemas o frases por medio de ideogramas. *Pictografía e ideografía fueron fases primitivas de la escritura.*

ideográfico, ca. adj. De la ideografía o de los ideogramas. *En la escritura japonesa se utilizan signos ideográficos.*

ideograma. m. Imagen convencional o símbolo que en la escritura de ciertas lenguas significa una idea, palabra, morfema o frase determinados, sin representar cada una de sus sílabas o fonemas. *En la escritura china se utilizan ideogramas.*

ideología. f. Conjunto de ideas fundamentales que caracteriza el pensamiento de una persona, colectividad o época, de un movimiento cultural, religioso o político. *Lee un periódico de ideología liberal.*

ideológico, ca. adj. De la ideología. *Defiende los principios ideológicos del capitalismo.*

ideologización. f. Hecho de ideologizar. *Como reacción a la dictadura, se produjo una ideologización de la literatura.*

ideologizar. tr. Hacer que (alguien o algo) tengan una determinada ideología. *El partido que gobierna pretende ideologizar la enseñanza.*

ideólogo, ga. m. y f. Persona creadora o estudiosa de una ideología. *Bakunin es uno de los grandes ideólogos del anarquismo.*

idílico, ca. adj. Del idilio, o de características similares a las suyas, espec. su carácter idealizado o su belleza natural. *Tienes una visión idílica del mundo.*

idilio. m. **1.** Relación amorosa, espec. la de carácter idealizado y tierno. *Mantuvieron un idilio.* **2.** *Lit.* Composición poética breve, de carácter pastoril y tema amoroso. *De su poesía destacan las odas e idilios.*

idiocia. f. *Med.* Deficiencia mental muy profunda, por la que el individuo no sobrepasa una edad mental de tres años, y que le impide comunicarse mediante la palabra. *Entre el trastorno mental leve y la idiocia hay una amplia escala.*

idioma. m. **1.** Lengua de una comunidad humana. *El idioma oficial de Brasil es el portugués.* **2.** Modo particular de expresarse de algunas personas en determinadas circunstancias. *No entiendo el idioma de los médicos.* ► **1:** *LENGUA.

idiomático, ca. adj. **1.** Del idioma. *La ventaja del hispanoamericano en España es que no tiene dificultades idiomáticas.* **2.** Propio o característico de un idioma determinado. *Los refranes y demás expresiones idiomáticas son difíciles de traducir.*

idiosincrasia. f. Manera de ser distintiva y propia de un individuo o de una colectividad. *En esto de las preferencias, interviene mucho la idiosincrasia de cada cual.*

idiosincrásico, ca. adj. De la idiosincrasia. *Cada cultura tiene su singularidad y sus rasgos idiosincrásicos.*

idiota. adj. **1.** Tonto o corto de entendimiento. *Lo entiendo perfectamente, no soy tan idiota.* Se usa como insulto. *¡Me has pisado, idiota!* Dicho de pers., tb. m. y f. *No le hagas caso, es una idiota.* **2.** *Med.* Que padece idiocia. Dicho de pers., tb. m. y f. *Las dificultades de aprendizaje no son las mismas, por ej., para un idiota y para un cretino.* **3.** Propio de la persona idiota (→ 1, 2). *Es un juego muy idiota.* ► **1, 3:** *TONTO.

idiotez. f. **1.** Cualidad de idiota. *A qué grado de idiotez estamos llegando. No deben confundirse esquizofrenia e idiotez.* **2.** Hecho o dicho propios de un idiota. *No digas idioteces, estoy hablando en serio.* ► *TONTERÍA.

idiotismo. m. Cualidad de idiota o corto de entendimiento. *Asegura que ver tanta televisión produce idiotismo.*

idiotizar. tr. Volver idiota (a alguien). *Cualquier fanatismo brutaliza e idiotiza a la gente.* Tb. en constr. prnl. media. *Espabila, que te estás idiotizando.*

ido, da. part. **1.** → **ir.** ● adj. **2.** Dicho de persona: Que ha perdido la capacidad para darse cuenta de lo que pasa a su alrededor. *Durante el entierro, estaba sedada y completamente ida.* Frec. eufem. para indicar falta de juicio. *No hagas caso de lo que dice, que el pobre no rige: está ido.*

idólatra. adj. **1.** Que practica la idolatría. *Civilización idólatra.* Dicho de pers., tb. m. y f. *Una cruzada contra idólatras y herejes.* **2.** cult. Que profesa idolatría a alguien o algo. Dicho de pers., tb. m. y f. *Es una idólatra de la buena música.*

idolatrar. tr. **1.** Adorar (algo o a alguien) como ídolo. *Los egipcios idolatraban a la diosa Isis.* **2.** cult. Amar o admirar con exaltación (algo o a alguien). *Discute mucho con su hermana, pero la idolatra.*

idolatría. f. **1.** Adoración o culto a los ídolos. *Rechaza el paganismo y la idolatría.* **2.** cult. Amor o admiración excesivos y exaltados a alguien o algo. *La idolatría de los bienes materiales.*

idolátrico, ca. adj. De la idolatría. *El Sol y la Luna eran objeto de culto idolátrico.*

ídolo. m. **1.** Imagen de una deidad, que es objeto de culto. *La tribu llevaba ofrendas a sus ídolos de barro.* **2.** Persona o cosa amadas o admiradas de manera exaltada. *El cantante se ha convertido en el ídolo de las quinceañeras.*

idoneidad. f. Cualidad de idóneo. *Comprobada la idoneidad de un nuevo fármaco contra el cáncer.*

idóneo, a. adj. Adecuado o apropiado para algo. *Ella es la persona más idónea para el puesto. La costa, lugar idóneo para el descanso.*

idus. m. pl. histór. En el calendario de los antiguos romanos: Día 15 de marzo, mayo, julio u octubre, o día 13 de los demás meses. *En los idus de marzo del año 44 a. C. César fue asesinado. Se celebraban dos sesiones senatoriales por mes: en las calendas y en los idus.*

iglesia. (En mayúsc. en acep. 1-3). f. **1.** Comunidad de fieles que siguen la religión de Jesucristo. *La Iglesia ha tenido muchos mártires a lo largo de la Historia.* **2.** Comunidad de fieles con una doctrina cristiana particular. *Enrique VIII fundó la Iglesia anglicana.* Frec. designa la comunidad católica. *Para la Iglesia, el Papa es el vicario de Cristo en la Tierra.* **3.** Conjunto del clero y demás personas pertenecientes a órdenes o congregaciones religiosas. *Las relaciones entre la Iglesia y el Estado son fluidas.* **4.** Templo cristiano. *El bautizo se celebrará en la iglesia parroquial de la Anunciación.* ■ **casarse por la Iglesia.** loc. v. Contraer matrimonio canónico. *No saben si casarse por la Iglesia o solo por lo civil.*

iglú. m. Vivienda de forma semiesférica construida con bloques de hielo, propia de los esquimales. *Dentro del iglú, una lámpara de sebo servía para calentarse.*

ignaciano, na. adj. **1.** De San Ignacio de Loyola (1491?-1556). *Escritos ignacianos.* **2.** Jesuita. *Centro educativo ignaciano.* Dicho de pers., tb. m. y f. *El colegio estaba regentado por los ignacianos.*

ignaro, ra. adj. cult. Ignorante (que carece de cultura o instrucción). *Qué fácil rebatir las ideas de tan* *ignaro interlocutor.* Dicho de pers., tb. m. y f. *Igual escucha al sabio que al ignaro.*

ígneo, a. adj. **1.** cult. De fuego, o de características semejantes a las del fuego. *El resplandor ígneo de las brasas.* **2.** *Geol.* Dicho de roca: Formada por el enfriamiento y solidificación del magma existente en el interior de la Tierra. *El granito y el basalto son rocas ígneas.*

ignición. f. **1.** *tecn.* Hecho de estar un cuerpo ardiendo, si es combustible, o enrojecido por un fuerte calor, si es incombustible. *Se llama temperatura de ignición aquella en que una sustancia empieza a arder.* **2.** *tecn.* Hecho de iniciarse una combustión. *La ignición se ha producido mediante una chispa eléctrica en la bujía.*

ignífugo, ga. adj. Que protege contra el fuego. *Los uniformes de los bomberos se confeccionarán con tejidos ignífugos.*

ignominia. f. **1.** Vergüenza o deshonor públicos. *Para mayor ignominia, la adúltera era expuesta en la plaza pública.* **2.** Hecho que causa ignominia (→ 1). *No es ninguna ignominia no tener carrera universitaria.*

ignominioso, sa. adj. Que implica o causa ignominia. *Muchos en el Tercer Mundo viven en condiciones ignominiosas.*

ignorancia. f. **1.** Cualidad de ignorante o inculto. *No sabe cuál es la capital de Noruega, qué ignorancia la suya.* **2.** Hecho de ignorar. *La ignorancia de la ley no exime de su cumplimiento.*

ignorante. adj. **1.** Que carece de cultura o conocimientos. *Es gente ignorante, pero no tonta.* Dicho de pers., tb. m. y f. *No sabe ni sumar, es un ignorante.* **2.** Que ignora o desconoce algo. *Ignorante* DEL *peligro que corría, acudió desarmado.* ▶ **1:** ANALFABETO, BRUTO, ILETRADO, INCULTO, INDOCUMENTADO, MASTUERZO, OBTUSO. **2:** DESCONOCEDOR.

ignorar. tr. **1.** No saber (algo) o no tener noticia (de ello). *Ignoro si sigue viviendo en Guatemala.* **2.** No hacer caso (de algo o alguien) o tratar(los) como si no merecieran atención. *Me duele que me ignore más que si me insultara.*

ignoto, ta. adj. cult. No conocido o no descubierto. *Perviven costumbres de origen ignoto. Tierras lejanas e ignotas.*

igual. adj. **1.** Dicho de cosa o persona: De las mismas características que otra en algún aspecto o en todos. *Divide la tarta en partes iguales. Todos somos iguales ante la ley. Su coche es igual* AL *mío.* A veces con intención enfática. *Tu hija es igual* QUE *tú.* **2.** Dicho de superficie: Lisa o que no presenta irregularidades. *La parcela está en una zona de terreno igual.* **3.** Dicho de cosa: Que se mantiene constante o no cambia en el espacio o en el tiempo. *Es de un carácter igual y afable.* **4.** Dicho de cosa: Del mismo valor que otra. Se usa espec. en matemáticas. *Cobramos sueldos iguales. Dos más tres es igual* A *cinco.* **5.** *Geom.* Dicho de figura: Que se puede superponer a otra de modo que coincidan en su totalidad. *Estos dos polígonos son iguales.* ● m. y f. **6.** Persona de la misma clase o condición que otra. *Se dirigía al director como a un igual.* ○ m. **7.** *Mat.* Signo formado por dos rayas horizontales y paralelas (=), que se utiliza para expresar igualdad. *Antes y después del igual debes dejar un espacio.* ● adv. **8.** De la misma manera. *Los dos gemelos se visten igual. Igual le da por reír que por llorar.* **9.** coloq. A lo mejor. *Igual mañana nieva.* ■ (al) ~ **que.** loc. conjunt. De la misma manera que. *Los gatos, al igual que los perros, son excelentes animales de compañía.* ■ **dar,** o **ser,** ~. loc. v. Ser indiferente. *Da igual que venga o no. Es igual que llueva; iremos de todos modos. Me da igual conseguir o no el trabajo. Todo le es igual.* ■ **de ~ a ~.** loc. adv. Como a una persona de la misma categoría o clase social. *Se tratan de igual a igual.* ■ **por ~,** o **por un ~.** loc. adv. Igualmente o de la misma manera. *Los dos anillos me gustan por igual.* ■ **sin ~.** loc. adj. Singular o único. *Está dotada de una inteligencia sin igual.*

iguala. f. Convenio entre un médico y su cliente por el que aquel presta a este sus servicios mediante el pago de una cantidad fija periódica. *Don Ventura gana muchos cuartos con la iguala.* Tb. la cantidad pagada. *Este mes no podemos pagarle la iguala al médico.*

igualación. f. Hecho o efecto de igualar. *Reclaman la igualación de los salarios.*

igualada. f. **1.** *Dep.* Empate. *El delantero deshizo la igualada con un tanto al final del partido.* **2.** *Taurom.* Hecho de igualar al toro. *Busca la igualada para entrar a matar.*

igualador, ra. adj. Que iguala. *La educación podría tener un efecto igualador.*

igualar. tr. **1.** Hacer iguales (a dos o más personas o cosas) en cualidades o valor. *Van a igualar los sueldos de todas las personas del departamento. Algunos pretenden igualar las máquinas* A *los humanos. Tenemos que igualar nuestros niveles de riqueza* CON *los de los demás países europeos.* **2.** Hacer igual (una cosa) o hacer que no presente irregularidades. *Hay que igualar el camino antes de asfaltarlo.* **3.** *Taurom.* Hacer que (el toro) coloque sus cuatro extremidades perpendiculares y paralelas. *Igualó al toro con varios pases de muleta antes de clavarle el estoque.* ○ intr. **4.** Ser una cosa igual a otra. *El rollo de papel no iguala* CON *el que hay puesto. Este papel no iguala* AL *que hay puesto. Las baldosas no igualan.* Tb. prnl. *En esa época del año las noches se igualan* CON *los días. Solo su orgullo se iguala* A *su crueldad. Las noches y los días se igualan.* **5.** *Taurom.* Colocar el toro sus cuatro extremidades perpendiculares y paralelas. *Deja que el toro iguale antes de entrar a matar.*

igualatorio, ria. adj. Que iguala o tiende a igualar a dos o más personas o cosas. *La muerte tiene poder igualatorio.*

igualdad. f. **1.** Cualidad o condición de igual. *La igualdad del terreno facilitará la construcción de la autovía. Ha propuesto la igualdad de sueldos. La igualdad de dos figuras geométricas.* **2.** Existencia de los mismos derechos para todas las personas. *El lema de la Revolución francesa fue "libertad, igualdad y fraternidad".* **3.** *Mat.* Expresión de la equivalencia de dos cantidades o expresiones. *Una ecuación es una igualdad en que interviene una incógnita.*

igualitario, ria. adj. Que tiende a la igualdad social o que la implica. *Todos recibirán un trato igualitario. Lucha por una sociedad igualitaria.*

igualitarismo. m. Tendencia política que propugna la desaparición o atenuación de las diferencias sociales. *El igualitarismo es contrario a la discriminación.*

igualmente. adv. **1.** De manera igual. *He encontrado los dos libros igualmente interesantes.* **2.** También o asimismo. *Nos habló de sus proyectos y nos confirmó, igualmente, que está embarazada.* Se usa frec. para manifestar al interlocutor reciprocidad en lo que él ha dicho. *–Mucha suerte. –Igualmente.*

iguana. f. Reptil propio de la América tropical, parecido al lagarto pero de mayor tamaño, gralm. con una papada grande y una cresta espinosa a lo largo del lomo y cola, del que existen varias especies. *La iguana macho. Unos indios cazan una iguana para comer su carne.*

iguanodonte. m. *Zool.* Reptil fósil del grupo de los dinosaurios, de hasta doce metros de largo, con las extremidades anteriores mucho más cortas que las posteriores y cola muy larga. *En el Mesozoico aparecen los dinosaurios: diplodocus, iguanodontes...*

ijada. f. **1.** En las personas y en algunos mamíferos: Ijar. *Preparaban un remedio casero para el dolor de ijada o de tripas.* **2.** En los peces: Parte anterior e inferior del cuerpo. *El plato lleva gambas e ijadas de merluza.* ▶ **1:** IJAR.

ijar. m. Cada una de las dos cavidades situadas simétricamente entre las costillas falsas y los huesos de las caderas. Frec. en pl. *El jinete golpea con las espuelas los ijares de su corcel.* ▶ IJADA.

ikastola. f. Escuela vasca en la que se enseña en euskera. *Lleva a sus hijos a una ikastola de Llodio.*

ikurriña. f. Bandera oficial del País Vasco. *En el Ayuntamiento ondea la ikurriña.*

ilación. f. Trabazón o conexión lógica o razonable, gralm. entre ideas o entre las partes de un discurso. *Lo que recuerda del sueño es una sucesión de imágenes sin ilación.*

ilegal. adj. Contrario a la ley o no permitido por ella. *Es ilegal la venta de alcohol a menores.*

ilegalidad. f. **1.** Cualidad de ilegal. *El Tribunal ha determinado la ilegalidad de la organización.* **2.** Hecho ilegal. *Retener a una persona contra su voluntad es una ilegalidad.*

ilegalización. m. Hecho de ilegalizar. *Se ha pedido la ilegalización del partido.*

ilegalizar. tr. Decidir la autoridad competente que (algo) pase a ser ilegal. *El Parlamento ha ilegalizado el partido.*

ilegibilidad. f. Cualidad de ilegible. *Si la receta médica se tramita electrónicamente, se evitan problemas de ilegibilidad.*

ilegible. adj. Que no puede leerse. *Una parte del manuscrito es ilegible.*

ilegitimidad. f. Cualidad de ilegítimo. *Nadie niega la ilegitimidad del derrocamiento de un gobierno democrático.*

ilegítimo, ma. adj. No legítimo. *Quizá sea ilegítima una autoridad no respaldada por la mayoría.*

íleon[1]. m. *Anat.* En los mamíferos: Tercera porción del intestino delgado. *El intestino delgado se divide en duodeno, yeyuno e íleon.*

íleon[2]. m. *Anat.* Ilion. *El íleon es el hueso saliente de la cadera.*

ilerdense. adj. De Lérida. *Universidad ilerdense.* Dicho de pers., tb. m. y f. *Un barcelonés y un ilerdense ganan la competición de vela.* ▶ LERIDANO.

ileso, sa. adj. Que no ha recibido lesión o daño. *Salió milagrosamente ilesa del accidente.*

iletrado, da. adj. Que carece de cultura o instrucción. *Para un lector iletrado, la novela es difícil de entender.* ▶ *IGNORANTE.

ilíaco, ca o **iliaco, ca.** adj. **1.** *Anat.* Del ilion. *La arteria ilíaca interna irriga las regiones pélvica y glútea.* **2.** *Anat.* Dicho de hueso: Coxal. Tb. m. *El ilíaco, articulado con el sacro, circunscribe la cavidad pelviana.* ▶ **2:** COXAL.

ilícito, ta. adj. No permitido por la ley o por la moral. *Podría ser encarcelado por tenencia ilícita de armas.* ▶ **Am:** CHUECO.

ilicitud. f. Cualidad de ilícito. *La investigación puso al descubierto la ilicitud de sus negocios.*

ilimitable. adj. Que no puede limitarse. *Es absurdo intentar cercar el pensamiento, limitar lo ilimitable.*

ilimitado, da. adj. Que carece de límites. *Los recursos naturales no son ilimitados. Tiene una fe ilimitada en sus posibilidades.* ▶ IRRESTRICTO.

ilion. m. *Anat.* En los mamíferos: Hueso superior y lateral de la pelvis, que se une al isquion y al pubis. *El ilion es un hueso ancho que podemos tocar al poner las manos en las caderas.* ▶ ÍLEON.

Ilmo., Ilma. abrev. Ilustrísimo, ilustrísima. *La Ilma. Sra. Alcaldesa inauguró el auditorio municipal.*

ilocalizable. adj. Que no se puede localizar. *No sé nada de él, está ilocalizable.*

ilógico, ca. adj. Contrario a la lógica o carente de ella. *Tiene una mente ilógica, pero genial.*

iluminación. f. **1.** Hecho o efecto de iluminar. *Al atardecer se procede a la iluminación de las casetas. Esta planta crece en lugares de escasa iluminación.* **2.** Conjunto de luces. *La iluminación del escenario consta de varios focos de colores.*

iluminado, da. part. **1.** → **iluminar.** • adj. **2.** histór. *Rel.* Alumbrado (seguidor de una secta herética). Tb., más frec., m. y f. *Los iluminados fueron perseguidos por la Inquisición.* • m. y f. **3.** Persona que se cree inspirada por un poder sobrenatural para acometer una acción o predecir un acontecimiento. *La política está llena de iluminados.*

iluminador, ra. adj. Que ilumina. *Relámpagos iluminadores. Su respuesta a mi pregunta fue poco iluminadora.* Dicho de pers., tb. m. y f. *El iluminador está colocando los focos en el estudio de grabación.*

iluminar. tr. **1.** Alumbrar o dar luz (a alguien o algo). *Las farolas iluminan el paseo.* Tb. fig. *Su respuesta iluminó mi mente. Una sonrisa le ilumina la cara.* Tb. usado en constr. intr. *Ilumina, que no se ve nada.* Tb. en constr. prnl. media. *La plaza se iluminó con el relámpago.* Tb. fig. *Le interesa la propuesta, porque se le ha iluminado la cara al oírla.* **2.** Adornar (un lugar, espec. público) con luces. *El Ayuntamiento iluminó la plaza con lucecitas de colores para las fiestas del pueblo.* **3.** Enseñar (a alguien) la verdad o el camino acertado. *La Iglesia ha asumido la misión de iluminar a sus fieles. Que Dios te ilumine.* **4.** Dar color (a las figuras, letras, etc., de una estampa o de un libro). *El artista que iluminó el códice era realmente experto.*

iluminativo, va. adj. De la iluminación por Dios. *Según San Juan de la Cruz, la vía iluminativa es la etapa previa a la vía unitiva.*

iluminismo. m. *Rel.* Doctrina de los iluminados. *Tanto el erasmismo como el iluminismo eran sospechosos de herejía.* Tb. el movimiento apoyado en esa doctrina.

ilusión. f. **1.** Concepto o imagen que no se corresponden con la realidad, sino que son producto de la imaginación o de una falsa percepción de los sentidos. *Le pareció haber visto un ovni, pero fue una ilusión óptica.* **2.** Esperanza, frec. infundada, cuyo cumplimiento produciría satisfacción. *Por fin ha visto* *cumplida su ilusión de ser astronauta.* Frec. en la constr. *hacerse ilusiones. Quizás te concedan la beca, pero no te hagas ilusiones.* **3.** Sentimiento de satisfacción e interés en relación con algo. *Sigue trabajando con la misma ilusión que cuando empezó.* Tb. la cosa o persona que despiertan ese sentimiento. *Los nietos son la ilusión de su vida.* ▶ **1:** ESPEJISMO.

ilusionar. tr. Provocar ilusión (en alguien). *El viaje me ilusiona mucho.* Tb. en constr. prnl. media. *Se ha ilusionado con la posibilidad de ser elegido.*

ilusionismo. m. Arte o técnica de producir, mediante trucos, juegos de prestidigitación u otros recursos, ilusiones o fenómenos que parecen contradecir las leyes naturales. *Le encantan los espectáculos de magia e ilusionismo.*

ilusionista. m. y f. Persona que practica el ilusionismo. *El ilusionista sopla sobre el pañuelo y sale volando una paloma.*

iluso, sa. adj. Inclinado a hacerse ilusiones con demasiada facilidad o sin fundamento. *Sé que no contarán conmigo, no soy tan iluso.* Dicho de pers., tb. m. y f. *Se lleva tantas decepciones porque es una ilusa.*

ilusorio, ria. adj. Que constituye una ilusión sin fundamento ni apoyo en la realidad. *Nada se puede hacer, toda esperanza sería ilusoria.*

ilustración. f. **1.** Hecho o efecto de ilustrar. *Se dedica a la ilustración de libros infantiles.* **2.** Dibujo o fotografía con que se ilustra un texto. *Le atraen los cuentos con muchas ilustraciones.* **3.** (En mayúsc.). Movimiento filosófico y cultural del s. XVIII, caracterizado por la preponderancia concedida a la razón y por la fe en el progreso humano. *Jovellanos es quizá el máximo exponente de la Ilustración española.* Tb. el período histórico correspondiente. *Muchas reformas se emprendieron durante la Ilustración o Siglo de las Luces.*

ilustrado, da. part. **1.** → **ilustrar.** ● adj. **2.** Dicho de persona: Culta o instruida. *Era un hombre ilustrado, un intelectual.* **3.** De la Ilustración (movimiento filosófico y cultural del s. XVIII). *Carlos III fue un monarca ilustrado.* Dicho de pers., tb. m. y f. *Los ilustrados defendían un saber que permitiera el desarrollo de las personas.*

ilustrador, ra. adj. **1.** Que ilustra o sirve para ilustrar. *Valga esta anécdota como ejemplo ilustrador de lo que quiero decir.* **2.** Dicho de persona: Que ilustra un texto con dibujos o realiza esta actividad como oficio. Tb. m. y f. *Mención aparte merece la ilustradora de esta cuidada edición.*

ilustrar. tr. **1.** Proporcionar cultura o instrucción (a alguien). *El maestro ilustra a sus pupilos. A falta de escuela, intentaba ilustrarse leyendo.* **2.** Dar información o hacer aclaraciones (a alguien) sobre algo. *Querría ilustrarme* SOBRE *las ventajas de cada sistema. Si está interesado en el tema, puede leer este folleto para ilustrarse.* **3.** Poner (a un texto escrito) imágenes gralm. alusivas (al mismo) o complementarias de su información. *Han ilustrado la enciclopedia* CON *láminas en color.* **4.** Servir algo para aclarar (otra cosa). *El dibujo ilustra las partes de la célula. Pon un ejemplo que ilustre lo que quieres decir.* ▶ **1:** *ENSEÑAR.

ilustrativo, va. adj. Que ilustra o sirve para ilustrar. *Ponme un ejemplo ilustrativo para que lo entienda.*

ilustre. adj. **1.** De ascendencia u origen distinguidos. *Pertenece a una ilustre familia emparentada con la realeza.* **2.** Célebre o eminente. *El homenaje es un reconocimiento a la trayectoria del ilustre escritor.* **3.** Se usa como tratamiento aplicado a personas distinguidas. *Entregará los premios la ilustre señora alcaldesa.* **4.** Se usa como calificativo honorífico referido a determinadas corporaciones. *Ilustre Colegio Oficial de Médicos de Sevilla.* ▶ **2:** *FAMOSO.

ilustrísimo, ma. adj. **1.** sup. → **ilustre. 2.** Se usa, gralm. antepuesto a *señor* o *señora,* como tratamiento que corresponde a determinados cargos o dignidades. *Preside el acto la Ilustrísima Señora Decana de la Facultad.* ● f. **3.** histór. Se usaba como tratamiento que correspondía a los obispos. Frec. precedido de *su* o *vuestra. Dios guarde a Vuestra Ilustrísima muchos años.*

im-. → **in-.**

imagen. f. **1.** Figura o representación de una persona o cosa formada por la combinación de los rayos de luz que parten de ellas. *Se ha puesto delante del espejo para ver su imagen. La retina recibe las imágenes y las retiene por un pequeño lapso de tiempo.* **2.** Representación gráfica o plástica de una divinidad o un personaje sagrado. *En el altar de la iglesia hay una imagen del Cristo de la Salud.* **3.** Representación mental de alguien o algo. *La imagen que tiene de él es la de una persona fría. No puedo borrar de mi mente la imagen del accidente.* **4.** Conjunto de rasgos que caracterizan ante la sociedad a una persona o entidad. *Las acusaciones de corrupción pueden afectar a la imagen pública del presidente.* **5.** Aspecto físico de alguien. *Quiero cambiar de imagen: estoy aburrida de llevar el pelo largo.* **6.** *Lit.* Recurso expresivo que consiste en sustituir una palabra por otra, o en relacionarlas, cuando estas presentan algún tipo de analogía. *El poema está lleno de sugerentes imágenes.* ■ **~ real.** f. *Fís.* Imagen (→ 1) de un objeto formada por la convergencia de los rayos luminosos que, procedentes de él, atraviesan una lente o un aparato óptico, y que puede ser proyectada en una pantalla. *En la película fotográfica se forman imágenes reales.* ■ **~ virtual.** f. *Fís.* Imagen (→ 1) de un objeto formada por la convergencia de los rayos luminosos que proceden de él después de pasar por un espejo o un sistema óptico, y que no puede proyectarse en una pantalla. *Un objeto real da, en un espejo, una imagen virtual.* □ **ser la viva ~** (de una persona). loc. v. Parecerse mucho en el físico (a ella). *Eres la viva imagen de tu madre.*

imaginación. f. **1.** Facultad para imaginar o representar en la mente las imágenes de las cosas reales o ideales. *Como tiene mucha imaginación, escribe unos cuentos muy originales.* **2.** Sensación o juicio falsos de algo que no hay en realidad o no tiene fundamento. *Eso de que todo el mundo te critica son imaginaciones tuyas.* ■ **pasarle** algo (a alguien) **por la ~.** loc. v. Ocurrírse(le). *Le pasó por la imaginación hacer una locura.* Tb. prnl. *Nunca se me pasaría por la imaginación dejarte en la estacada.* ▶ **1:** IMAGINATIVA.

imaginar. tr. **1.** Representar en la mente imágenes (de cosas reales o ideales). *Imagina un mundo en que no hubiera guerras.* Frec. con un pron. expresivo de interés. *No te puedes imaginar lo feliz que me siento.* **2.** Suponer (algo) a partir de los indicios que se tienen. *Imagino que después de la faena estará enfadado.* **3.** Inventar o crear (algo). *He imaginado una forma de solucionar el problema.*

imaginario, ria. adj. **1.** Que solo existe en la imaginación. *La historia se desarrolla en una ciudad* *imaginaria. El Ecuador es una línea imaginaria que divide la Tierra en dos hemisferios.* ● f. **2.** *Mil.* Vigilancia que se hace por turno durante la noche en cada dormitorio colectivo. *Esta noche al soldado le toca estar de imaginaria en el primer turno.* ○ m. y f. **3.** Soldado que presta los servicios de imaginaria (→ 2). *El imaginaria dio el relevo a su compañero.*

imaginativo, va. adj. **1.** De la imaginación o facultad para imaginar. *Tiene una gran capacidad imaginativa.* **2.** Que tiene mucha imaginación. *Para trabajar en publicidad hay que ser imaginativo.* ● f. **3.** Imaginación (facultad para imaginar). *Es un autor de gran imaginativa.* ▶ **3:** IMAGINACIÓN.

imaginería. f. **1.** Arte de tallar o pintar imágenes sagradas. *El escultor cultivó la imaginería religiosa.* **2.** Conjunto de imágenes literarias o plásticas usadas por un autor, una escuela o una época. *La imaginería de sus poemas resulta muy evocadora. En la imaginería gótica es frecuente el Cristo de la Pasión.*

imaginero, ra. m. y f. Artista que esculpe o pinta imágenes. *En la procesión salen tallas de los grandes imagineros castellanos.*

imam. → **imán**[2].

imán[1]**.** m. **1.** Mineral de hierro de color negruzco, duro, y que tiene la propiedad de atraer el hierro, el acero y otros cuerpos. *La magnetita es un imán natural.* Tb. designa cualquier cuerpo u objeto con esa propiedad. *Al pasar la corriente por el cable enrollado en torno al clavo, este se transforma en un imán. En la puerta del frigorífico hay una nota sujeta con un imán.* **2.** Atractivo de alguien o algo. *Es una mujer con imán, a todos encandila.* Tb. la persona o cosa que lo tienen. *El producto es bueno, pero necesitamos un imán para atraer a la clientela.* ▶ **2:** ATRACTIVO.

imán[2]**.** (Tb. **imam**). m. **1.** Encargado de presidir y dirigir la oración canónica musulmana en la mezquita. *Los fieles, colocados en línea, esperan la señal del imam para iniciar la plegaria.* **2.** Guía o jefe religioso y frec. también político en una sociedad musulmana. *La revolución islámica estuvo liderada por el imán Jomeini.*

imanación. f. Hecho o efecto de imanar. *Procesos de imanación de metales.* ▶ *IMANTACIÓN.

imanar. tr. Imantar (un cuerpo). *Las corrientes eléctricas imanan el acero.* Tb. en constr. prnl. media. *La aguja imanada de una brújula.* ▶ *IMANTAR.

imantación. f. Hecho o efecto de imantar. *El níquel sufre imantación al ser sometido a un campo magnético.* ▶ IMANACIÓN, MAGNETIZACIÓN.

imantar. tr. Transmitir la propiedad magnética (a un cuerpo), o convertir(lo) en un imán. *Imantamos una pieza de hierro sometiéndola al campo magnético creado por un imán.* Tb. en constr. prnl. media. *Comprueba que una corriente eléctrica desvía una aguja imantada.* ▶ IMANAR, MAGNETIZAR.

imbatibilidad. f. Cualidad de imbatible. *El débil acabó con la imbatibilidad del más fuerte.*

imbatible. adj. Que no puede ser batido o derrotado. *El tenista tiene ante sí un rival imbatible. Ha proseguido en la lucha con ánimo imbatible.*

imbatido, da. adj. No vencido. Se usa espec. en deporte. *Son el único equipo imbatido de la liga.*

imbécil. adj. **1.** Tonto o falto de inteligencia. *Hace falta ser imbécil para no entender algo tan simple.* Se usa como insulto. *¡Imbécil, no me empujes!* Dicho de pers., tb. m. y f. *Los imbéciles como tú nunca se enteran de nada.* **2.** Propio de la persona imbécil (→ 1). *¡Qué idea tan imbécil!* ▶ *TONTO.

imbecilidad. f. **1.** Condición de imbécil. *¡Qué muestra de imbecilidad!* **2.** Hecho o dicho propios de un imbécil. *Todos se ríen de las imbecilidades que dice.* ▶ *TONTERÍA.

imberbe. adj. Dicho espec. de joven: Que todavía no tiene barba. *Era solo un chaval imberbe cuando se enamoró por primera vez.*

imborrable. adj. Que no se puede borrar. *Tengo recuerdos imborrables de mi niñez.* ▶ INDELEBLE.

imbricación. f. Hecho o efecto de imbricar o imbricarse. *La imbricación de las tejas de un tejado. La imbricación de las escamas de la lagartija. La imbricación de varias historias en el relato lo hace más interesante.*

imbricar. tr. Disponer (una serie de cosas iguales) de manera que queden superpuestas parcialmente. *Imbrica bien las tejas para que no penetre el agua.* Tb. fig. *Trataremos de imbricar los proyectos de investigación nacionales con los internacionales.* Tb. en constr. prnl. media. Se usa espec. en ciencias. *Las escamas de los peces y los reptiles se imbrican unas en otras.* Tb. fig. *Los recuerdos de aquella tarde fueron imbricándose en su memoria.*

imbuir. (conjug. CONSTRUIR). tr. **1.** Transmitir (a alguien) o hacer que surja (en él) algo, como una idea o un sentimiento. *No sé quién lo ha imbuido* DE *tales prejuicios.* Tb. en constr. prnl. media. *Se está imbuyendo* DEL *pesimismo de sus compañeros.* **2.** Transmitir a alguien o hacer que surja en él (algo, como una idea o un sentimiento). *Les imbuyó los principios del liberalismo.* ▶ **2:** INFUNDIR.

imitación. f. **1.** Hecho de imitar. *Los niños tienden a la imitación de los mayores.* **2.** Cosa que imita o reproduce otra gralm. auténtica o más valiosa. *¿Esto es cuero, o una imitación?* Frec. en la constr. *de ~* para calificar ese tipo de cosas. *El collar lleva perlas de imitación.*

imitador, ra. adj. Que imita. *Proliferaron los pintores imitadores de Goya.* Dicho de pers., tb. m. y f. *Es un gran cómico y excelente imitador.*

imitar. tr. **1.** Reproducir (algo) o seguir(lo) como modelo. *Es muy difícil imitar tu firma. Muchos han imitado sus obras.* **2.** Hacer una persona lo mismo que (otra) o actuar de su misma manera. *Me imita hasta en la forma de vestir.* **3.** Presentar algo características semejantes a las de (otra cosa) o producir el efecto de ser (esa cosa). *Utilizan un tipo de cristal que imita las piedras preciosas.* ▶ **1, 2:** MIMETIZAR.

imitativo, va. adj. De la imitación. *Emplea sus dotes imitativas para hacer reír.*

impaciencia. f. Cualidad de impaciente. *Esperamos con impaciencia tus noticias.*

impacientar. tr. Poner impaciente (a alguien). *Su tardanza comienza a impacientarlos.* Tb. en constr. prnl. media. *No te impacientes: voy ahora mismo.*

impaciente. adj. **1.** Que no tiene paciencia para esperar. *No seas impaciente, espera a que estemos todos.* Dicho de pers., tb. m. y f. *El ordenador trae un manual y una guía rápida para impacientes.* **2.** Intranquilo o nervioso, espec. debido a una espera o una falta de información. *Pasan las horas sin noticias y cada vez estamos más impacientes.* **3.** Que espera o desea algo con desasosiego o con mucha intensidad. *Estoy impaciente* POR *saber si será niño o niña.*

impactante. adj. Que impacta o impresiona. *La película tiene efectos especiales muy impactantes. Noticia impactante: se hunde un barco con 200 pasajeros.* ▶ *ASOMBROSO.

impactar. intr. **1.** Hacer impacto en alguien o algo. *El proyectil casi impacta* CONTRA/EN *el edificio.* ○ tr. **2.** Causar un impacto o choque (en alguien o algo). *Si se desprende un ladrillo podría impactar a alguien.* **3.** Producir gran impacto o impresión (en alguien). *Nos impactó mucho su muerte.* ▶ **3:** *ASOMBRAR.

impacto. m. **1.** Choque de un proyectil u otro cuerpo contra algo. *Un impacto de bala* EN *la cabeza acabó con su vida. Si se estrella a esa velocidad, el impacto sería brutal.* **2.** Huella o señal que deja un impacto (→ 1). *El vehículo presenta un impacto en el lateral derecho.* **3.** Conmoción o impresión en el ánimo producidas por alguien o algo. *El atentado produjo un gran impacto en la opinión pública.* **4.** Conjunto de efectos causados por un hecho u otra causa sobre algo. *La construcción de la carretera causará un grave impacto ambiental.*

impagable. adj. Que no se puede pagar. *La deuda contraída resulta impagable para un país tan pobre.* Frec. con intención enfática. *Me hizo un favor impagable.*

impagado, da. adj. *Com.* Que no se ha pagado. *Le remitimos copia de las facturas impagadas.* ▶ **Am:** IMPAGO.

impago[1]**.** m. Hecho de no pagar una deuda en la fecha o plazo debidos. *El impago de la multa antes de 30 días supondrá un recargo del 10%. La empresa será sancionada por impago a sus empleados.*

impago[2]**, ga.** adj. **1.** Am. *Com.* Dicho de persona: Que no ha recibido un determinado pago. *La sociedad hoy se encuentra sin molienda y sus trabajadores están impagos* [C]. **2.** Am. *Com.* Impagado. *No puedes salir del país mientras mantengas la hipoteca impaga* [C].

impala. m. Mamífero rumiante africano, parecido al ciervo, cuyo macho presenta cuernos finos, anillados y dispuestos en forma de lira. *El impala hembra. En la sabana vemos manadas de ñus y grupos de impalas.*

impalpable. adj. **1.** Que no produce sensación al tacto, o la produce apenas. *La impalpable cortina de vapor interfería la visión.* **2.** Sutil o casi imperceptible. *Una desconfianza impalpable flota entre ambos.*

impar. adj. **1.** cult. Que no tiene par o igual. *Es autor de una impar obra artística.* ● m. **2.** Número impar (→ **número**). *El resultado de sumar un par y un impar será siempre otro impar.*

imparable. adj. Que no se puede parar o detener. *Lleva una carrera de éxitos imparable.*

imparcial. adj. **1.** Que juzga o procede con rectitud, sin haber tomado partido previo por alguien o algo, y sin dejarse llevar por la propia inclinación. *Los jueces deben ser imparciales.* **2.** Propio de la persona imparcial (→ 1). *Se ha hecho una valoración imparcial de todos los candidatos.*

imparcialidad. f. Cualidad de imparcial. *Su imparcialidad se pone en tela de juicio.*

impartición. f. Hecho de impartir. *Compete a los jueces la impartición de justicia.*

impartir. tr. Dar o distribuir (algo no material). *El sacerdote imparte la bendición a los fieles.*

impasibilidad. f. Cualidad de impasible. *Es complicado entender su impasibilidad ante tales actos vandálicos.*

impasible. adj. Que no se altera o no muestra emoción alguna ni indicio de estar afectado. *Escuchó impasible las acusaciones del fiscal.* ▶ IMPERTÉRRITO.

impavidez. f. Cualidad de impávido. *El domador demostró su impavidez ante los rugidos de los leones.*

impávido, da. adj. Que se muestra sereno o sin miedo ante el peligro. *Cuando se produjo el tiroteo, él permaneció impávido.*

impecable. adj. **1.** Que no tiene defecto o imperfección. *Desde el punto de vista ortográfico, la redacción está impecable.* **2.** Completamente limpio. *Con este detergente la ropa queda impecable.*

impedancia. f. *Fís.* Oposición que ofrece un circuito al paso de la corriente alterna, y que es el equivalente a la resistencia en un circuito de corriente continua. *La impedancia se mide en ohmios.*

impedido, da. part. **1.** → **impedir.** ● adj. **2.** Dicho de persona: Que no puede usar alguno o algunos de sus miembros. *Cedí el asiento a una muchacha impedida que llevaba muletas.* Tb. m. y f. *Los impedidos en silla de ruedas disponen de accesos especiales al edificio.* ▶ **2:** *INVÁLIDO.

impedimenta. f. Equipo o conjunto de pertrechos que lleva la tropa y que dificulta su avance y operaciones. *Los soldados avanzaban con rapidez porque llevaban poca impedimenta.*

impedimento. m. Cosa o persona que impiden algo. *No hablar inglés puede ser un impedimento* PARA *encontrar trabajo. No quiero ser un impedimento* PARA *tu felicidad.* ▶ *OBSTÁCULO.

impedir. (conjug. PEDIR). tr. Estorbar o imposibilitar la ejecución (de algo). *El portero me impidió acceder al edificio. Un accidente en la carretera impedía la circulación.* ▶ *OBSTACULIZAR.

impeditivo, va. adj. Que impide. *El trabajador sufre una lesión impeditiva de su actividad laboral.*

impelente. adj. Que impele. *No hay mayor fuerza impelente que la voluntad.*

impeler. tr. **1.** Impulsar (algo o a alguien) haciendo que se muevan. *Tras el choque, el vehículo fue impelido hacia la cuneta.* **2.** cult. Impulsar o incitar (a alguien) a hacer algo. *Alguna razón la impelió* A *abandonar a los suyos.* ▶ **1:** *IMPULSAR.

impenetrabilidad. f. Cualidad de impenetrable. *El rostro del juez era de una impenetrabilidad absoluta.*

impenetrable. adj. **1.** Dicho de cosa: Que no se puede penetrar. *Cierra el búnker una gruesa e impenetrable puerta de acero.* **2.** Dicho de lugar: Que no permite penetrar en él. *Estaba prisionera en una fortaleza impenetrable.* **3.** Que no se puede comprender o descifrar. *El sentido de la vida es un enigma impenetrable para el hombre.* **4.** Dicho de persona: Que no deja ver sus opiniones o sentimientos. *Siempre en su papel de jefe, distante e impenetrable.* ▶ **3, 4:** HERMÉTICO.

impenitente. adj. **1.** Que se obstina en el pecado, sin arrepentimiento. *Fue un ladrón impenitente.* **2.** Antepuesto o pospuesto a un nombre que designa persona con un hábito o comportamiento: Que se mantiene firme en ese hábito o comportamiento. *Es un jugador impenitente.* ▶ **2:** *EMPEDERNIDO.

impensable. adj. Que no se puede pensar o imaginar. *Para nosotros era impensable alcanzar un éxito tan grande.*

impensado, da. adj. No pensado, o que sucede sin esperarlo. *Ha dado una respuesta espontánea, impensada. Su victoria fue algo impensado que sorprendió a todos.*

impepinable. adj. coloq. Seguro o que no admite discusión. *Si no estudias, suspenderás, eso es impepinable.*

imperante. adj. Que impera. *Vestían según la moda imperante* EN *el momento.*

imperar. intr. **1.** Predominar algo en un lugar o en una época. *El recurso a la violencia impera* EN *el país.* **2.** cult. Mandar sobre alguien o algo. *El león impera* SOBRE *el resto de los animales de la sabana.*

imperativo, va. adj. **1.** Que impera o manda. *El general, imperativo, hizo la señal de ataque.* **2.** Dicho de cosa: Que expresa o conlleva un mandato o exigencia. *Nos dijo que le siguiéramos en tono imperativo. Es imperativo presentar el Documento Nacional de Identidad.* ● m. **3.** Deber o exigencia inexcusables. *Luchar contra el hambre en el mundo es un imperativo moral.* **4.** Modo imperativo (→ **modo**). *En "baja del coche", el verbo está en imperativo.*

imperceptible. adj. Que no se puede percibir o notar. *Un parásito imperceptible para el ojo humano causa la enfermedad.*

imperdible. adj. **1.** Que no se puede perder. *Es capaz de perder lo imperdible.* ● m. **2.** Alfiler que se abrocha quedando su punta dentro de un gancho para que no pueda abrirse fácilmente. *Se me ha caído un botón y he tenido que ponerme un imperdible.*

imperdonable. adj. Que no se puede o no se debe perdonar. *Has cometido un error imperdonable.*

imperecedero, ra. adj. No perecedero o inmortal. *Velázquez dejó una huella imperecedera en la pintura.*

imperfección. f. **1.** Cualidad de imperfecto. *La teología opone la imperfección humana a la perfección divina.* **2.** Defecto o deficiencia de alguien o algo. *Venden más barata la ropa que tiene imperfecciones.* ▶ **2:** *DEFECTO.

imperfectivo, va. adj. *Gram.* Dicho de aspecto: Que presenta la acción verbal como no acabada. *El futuro imperfecto es un tiempo de aspecto imperfectivo.*

imperfecto, ta. adj. **1.** Que no es perfecto, o que no tiene las mejores cualidades posibles. *Todos somos imperfectos, pero todos tenemos virtudes.* ● m. **2.** *Gram.* Pretérito imperfecto (→ **pretérito**). *El imperfecto de "partir" es "partía".* ▶ **1:** DEFECTUOSO.

imperial. adj. Del emperador o del imperio. *El ejército invasor traspasó las fronteras imperiales.*

imperialismo. m. Tendencia de un Estado a extender su dominio sobre otro u otros por medio de la fuerza militar, económica o política. *En el siglo* XIX *Asia y África se ven afectadas por el imperialismo europeo.* Tb. el sistema político basado en esa tendencia. *La isla estaba sometida al imperialismo británico.*

imperialista. adj. **1.** Del imperialismo. *La política imperialista de Napoleón.* **2.** Partidario del imperialismo. *Estado imperialista.* Dicho de pers. tb. m. y f. *Los nuevos imperialistas se proponen extender el capitalismo al resto del mundo.*

impericia. f. Falta de pericia. *Han perdido el juicio por la impericia del abogado.*

imperio. m. **1.** Hecho de imperar. *No es razonable vivir bajo el imperio de una minoría.* **2.** Dignidad de emperador. *Tiberio accede al imperio con casi sesenta años.* **3.** Forma de organización política del Estado regido por un emperador. *En Roma, el imperio se instaura tras la república.* Tb. el tiempo durante el que está vigente esa forma. *El imperio bizantino pervive hasta 1453.* **4.** Tiempo que dura el gobierno de un emperador. *La paz fue una constante durante el imperio de Adriano.* **5.** Estado o conjunto de Estados sometidos a un emperador. *Con Napoleón, Francia se convierte en imperio.* **6.** Conjunto de Estados o territorios sometidos a otro. *El imperio colonial británico se extendía por todos los continentes.* **7.** Empresa o entidad que constituyen una potencia. *Consiguió construir un imperio editorial.* **8.** Estilo artístico y decorativo que predominó durante el imperio (→ 4) de Napoleón Bonaparte (emperador francés, 1769-1821). Frec. en aposición siguiendo a *estilo. Muebles de estilo imperio.* ■ **valer un ~** alguien o algo. loc. v. coloq. Ser excelente o de gran valor o mérito. *Mi mujer vale un imperio.*

imperioso, sa. adj. **1.** Dicho de cosa: Que resulta ineludible u obliga a actuar. *Siente la imperiosa necesidad de cambiar de vida.* **2.** Dicho de persona: Que actúa con marcado autoritarismo. *Es un personaje imperioso, casi amenazante.* **3.** Propio de la persona imperiosa (→ 2). *Mandó callar con voz imperiosa.*

impermeabilidad. f. Cualidad de impermeable. *El fabricante garantiza la impermeabilidad del tejido.*

impermeabilización. f. Hecho de impermeabilizar. *Tratamiento de impermeabilización.*

impermeabilizante. adj. Que impermeabiliza. *Barniz impermeabilizante.* Dicho de sustancia o producto, tb. m. *Existen impermeabilizantes específicos para tejados.*

impermeabilizar. tr. Hacer impermeable (algo). *Hay que impermeabilizar la techumbre para evitar infiltraciones.*

impermeable. adj. **1.** Dicho de objeto o material: Que no deja pasar líquidos, espec. el agua, a través de él. *Lleva unas botas de material impermeable.* **2.** Que es indiferente a algo o no se deja influir o afectar por ello. *Sigue en su decisión inicial, impermeable* A *los ruegos.* ● m. **3.** Prenda ligera semejante a un abrigo, hecha con tela impermeable (→ 1). *Lleva impermeable y paraguas.* ▶ **3:** CHUBASQUERO.

impersonal. adj. **1.** Que no tiene o no manifiesta personalidad u originalidad. *Los hoteles me parecen sitios fríos e impersonales.* **2.** Que no se aplica a nadie en particular. *El mensaje publicitario tiene un carácter impersonal.* **3.** *Gram.* Dicho de oración: Que carece de sujeto, elíptico o expreso. *"Llaman por teléfono" es una oración impersonal.* **4.** *Gram.* Dicho de verbo: De la oración impersonal (→ 3). *"Llover" es un verbo impersonal.*

impersonalidad. f. Cualidad de impersonal. *La impersonalidad de los muebles hace aún más fría la estancia. Da a sus palabras un tono de impersonalidad que desconcierta.*

impertérrito, ta. adj. Dicho de persona: Que no se altera o no se intimida. *El músico sigue tocando impertérrito, a pesar de los abucheos.* ▶ IMPASIBLE.

impertinencia. f. **1.** Cualidad de impertinente. *No soporto ni su impertinencia ni sus malos modos.* **2.** Hecho o dicho impertinentes. *Yo no tengo por qué aguantar tus impertinencias.*

impertinente. adj. **1.** Dicho de cosa: Que no es pertinente o no viene al caso. *Toda prueba que no guarde relación con el caso es impertinente.* **2.** Dicho de persona: Que molesta por hacer o decir cosas poco respetuosas o inapropiadas. *Se puso impertinente con su jefe y casi le cuesta el puesto.* Tb. m. y f. *Eres un impertinente y un maleducado.* **3.** Propio de la persona impertinente (→ 2). *Sus comentarios son muy impertinentes.* ● m. pl. **4.** Anteojos provistos de un mango lateral, usados por mujeres. *Desde el palco, miraba la escena con sus impertinentes.*

imperturbabilidad. f. Cualidad de imperturbable. *Para los estoicos, la imperturbabilidad era la fuente de la felicidad.*

imperturbable. adj. Que no se perturba o altera. *Alguien lo insultó, pero él prosiguió su camino, imperturbable.*

impetrar. tr. **1.** cult. Solicitar (algo) con ruegos. *Tras impetrar la ayuda divina, empezó su obra.* **2.** cult. Conseguir (algo solicitado con ruegos). *Desearía conmoverlo para impetrar su perdón.*

ímpetu. m. **1.** Fuerza o violencia con que alguien o algo se mueven. *No consiguen frenar el ímpetu de las llamas.* **2.** Energía o decisión con que se actúa. *Ha empezado el nuevo proyecto con mucho ímpetu.*

impetuosidad. f. Cualidad de impetuoso. *Su impetuosidad se debe a su juventud.*

impetuoso, sa. adj. **1.** Que se mueve con ímpetu y rapidez. *La impetuosa corriente lo arrastra todo a su paso.* **2.** Dicho de persona: Que se deja llevar por los impulsos o el apasionamiento. *Es joven e impetuosa.* **3.** Propio de la persona impetuosa (→ 2). *Debe templar ese carácter tan impetuoso.* ▶ **2:** *APASIONADO.

impiedad. f. **1.** Cualidad de impío. *Fue acusado de impiedad ante la Inquisición.* **2.** Hecho o dicho propios de un impío. *No cabe mayor impiedad que maltratar al indefenso.*

impío, a. adj. **1.** Falto de religión. Dicho de pers., tb. m. y f. *Los impíos no creen en el más allá.* **2.** Contrario a la religión o irrespetuoso con ella. *Profanaron iglesias y cometieron otros actos impíos.*

implacabilidad. f. Cualidad de implacable. *La lucha contra la delincuencia será de una implacabilidad absoluta.*

implacable. adj. Que no se puede aplacar o templar. *Siente hacia su rival un odio implacable.* Frec. con intención enfática. *Caminaban bajo un sol implacable.*

implantación. f. **1.** Hecho o efecto de implantar o implantarse. *La operación consiste en la implantación de un marcapasos.* **2.** *Fisiol.* Fijación del huevo fecundado en la mucosa uterina. *La píldora evita la implantación del óvulo en el útero.*

implantar. tr. **1.** Establecer (algo, espec. un sistema, una institución o una costumbre). *Implantaron la democracia en el país. Quieren implantar un nuevo sistema de tarifas.* Tb. en constr. prnl. media. *Se ha implantado la costumbre de dejar propina en los restaurantes.* **2.** *Med.* Colocar (un implante) a alguien. *Le han implantado una prótesis en la rodilla.* **3.** *Med.* Colocar un implante (a alguien). Más frec. en part. *Muchos pacientes implantados sufren infecciones.*

implante. m. **1.** *Med.* Hecho de implantar algo a alguien. *El implante de pelo se realizó con éxito.* **2.** *Med.* Prótesis, tejido o sustancia que se colocan en el cuerpo para mejorar alguna de sus funciones, o con fines estéticos. *Lleva implantes de silicona en el pecho.*

implementación. f. *tecn.* Hecho de implementar. *La implementación de nuevas medidas presenta dificultades.*

implementar. tr. *tecn.* Poner en funcionamiento o aplicar (algo, como un método o una medida). *Se quiere implementar un método de trabajo más eficaz.*

implicación. f. Hecho o efecto de implicar o implicarse. *El acusado niega su implicación* EN *el caso.*

implicar. tr. **1.** Complicar o enredar (a alguien o algo) en un asunto. *Quieren implicar* EN *la estafa a varios altos cargos.* **2.** Llevar en sí o significar (algo). *Le atraen las aventuras que implican riesgo.* ▶ **1:** *COMPROMETER. **2:** CONLLEVAR, COMPORTAR, ENTRAÑAR, SUPONER.

implícito, ta. adj. Dicho de cosa: Que se entiende incluida en otra que se dice o hace, sin que esta la exprese. *En su aceptación del cargo va implícita su conformidad con el proyecto. El significado explícito e implícito del texto.*

imploración. f. Hecho de implorar. *–Doctor, salve a mi hija –dijo en tono de imploración.* ▶ *RUEGO.

implorar. tr. Rogar o pedir con suma humildad (algo). *Imploró a Dios la gracia de tener un hijo.* ▶ *ROGAR.

implosión. f. *tecn.* Hecho de romperse hacia dentro con estruendo las paredes de una cavidad cuya presión interior es inferior a la exterior. *Se teme la implosión de los tanques de crudo del barco naufragado.*

impolítico, ca. adj. Contrario a una buena política. *Resulta impolítico hacer tales críticas en público.*

impoluto, ta. adj. cult. Limpio o sin mancha. *Dejó el suelo impoluto.* Tb. fig. *Su imagen pública se mantiene impoluta.*

imponderable. adj. **1.** Que excede a toda ponderación. *Es de una generosidad imponderable.* **2.** Que no se puede pesar, medir o valorar. *El éxito depende del esfuerzo y de otros factores imponderables.* ● m. **3.** Circunstancia imprevisible o cuyas consecuencias no se pueden calcular. *Si surge cualquier imponderable y no puede asistir, le ruego que me avise.*

imponente. adj. **1.** Que impone o infunde respeto. *Se oyó la voz imponente del director.* **2.** Formidable o extraordinario. *En la plaza se alza la imponente catedral gótica.*

imponer. (conjug. PONER). tr. **1.** Poner (algo) como obligación o exigencia. *En mi casa las normas las impongo yo. Ha impuesto varias condiciones antes de firmar el contrato. No me puedes imponer que estudie una carrera.* **2.** Infundir (respeto o miedo). *El león es un animal que impone respeto.* **3.** Poner a alguien (un nombre). *Al bebé le impusieron el nombre de David.* **4.** Poner (algo) sobre alguien en una ceremonia. *Le han impuesto una medalla por sus méritos.* **5.** Poner (dinero) a rédito o en depósito. *Ha impuesto su capital a un interés relativamente alto.* **6.** Enterar (a alguien) de algo. *Llamó a su padre para imponerlo* DE *la noticia.* Tb. en constr. prnl. media. *Pronto se impuso* DE *todo lo sucedido.* **7.** Instruir (a alguien) en algo. *Necesita a un experto que le imponga* EN *esos temas.* Tb. en constr. prnl. media. *En pocos días se impuso* EN *cómo dirigir la empresa. Está muy impuesto* EN *esos temas.* ○ intr. **8.** Infundir respeto o miedo a alguien. *Tu padre es un señor que impone.* ○ intr. prnl. **9.** Hacer valer una persona su autoridad o poder. *Si no te impones, tus hijos te van a perder el respeto.* **10.** Hacerse necesario algo, o ser imprescindible. *Se impone un cambio de política.* **11.** *Dep.* Ganar. *El tenista español se impuso* AL *francés en la final.* **12.** Predominar o hacerse habitual algo, espec. una moda. *Se ha impuesto la minifalda este verano.*

imponible. adj. Que se puede gravar con un impuesto. *La compra de un inmueble es un hecho imponible.*

impopular. adj. Que no agrada al pueblo o a la mayoría. *El aumento de los impuestos es una medida impopular.*

impopularidad. f. Cualidad de impopular. *Es la solución más justa, pese a su impopularidad.*

importación. f. **1.** Hecho de importar mercancías o servicios. *Crece la importación de materias primas.* **2.** Mercancía o servicio que se importan. *El petróleo es una de las principales importaciones de España.*

importador, ra. adj. Que importa mercancías o servicios. *Es un país importador de tecnología.* Dicho de pers., tb. m. y f. *Un importador de vehículos de lujo.*

importancia. f. Cualidad de importante. *Tranquila, es un error sin importancia.* ■ **darse** alguien **~.** loc. v. Afectar superioridad o relevancia. *Se da mucha importancia, pero es un profesional mediocre.*

importante. adj. **1.** Dicho de persona o cosa: Que importa, o es motivo de interés o preocupación para alguien. *PARA mí la familia es muy importante.* **2.** Dicho de persona o cosa: Que importa por ser de gran valor o magnitud o de consecuencias considerables. *Lo importante es tener salud. Se han malgastado importantes sumas de dinero.* **3.** Dicho de persona: Que tiene relevancia por su cargo o posición. *A la inauguración asistirán importantes personalidades.*

importar[1]**.** tr. **1.** Alcanzar algo (el precio que se indica). *El mueble importa doscientos euros.* ○ intr. **2.** Ser una persona o cosa motivo de interés o preocupación para alguien. *Me importas mucho. No le importó que no lo invitaran.* **3.** Seguido de un infinitivo o una oración introducida por *que*: Resultar conveniente o necesario lo expresado por ellos. *Lo que importa es que llegues a tiempo.*

importar[2]**.** tr. Introducir en un país, mediante compra, (mercancías o servicios extranjeros). *España importa café de Colombia.* Tb. fig. *Los europeos estamos importando costumbres estadounidenses.*

importe. m. Cantidad de dinero correspondiente a algo como un precio, un crédito o una deuda. *Deseo abonar el importe de la factura con un cheque.*

importunar. tr. Molestar (a alguien) con pretensiones o actos insistentes o poco oportunos. *Espero no importunarlo llamando a estas horas de la noche.*

importuno, na. adj. Que importuna. *Necesitaba soledad, huir de testigos importunos.*

imposibilidad. f. **1.** Condición de imposible. *Dada la imposibilidad de ejecutar el plan previsto, busquemos una alternativa.* **2.** Incapacidad o falta de aptitud para algo. *Necesita ayuda, dada su imposibilidad DE valerse por sí mismo.*

imposibilitado, da. part. **1.** → **imposibilitar.** ● adj. **2.** Dicho de persona: Que ha perdido el movimiento del cuerpo o de alguno de sus miembros. *Cuida a un señor imposibilitado que no puede moverse de la cama.* Tb. m. y f. ▶ **2:** *INVÁLIDO.

imposibilitar. tr. Hacer imposible (algo). *Su intransigencia imposibilitó el acuerdo.*

imposible. adj. **1.** Que no puede existir o suceder. *La situación es tan mala, que es imposible que empeore.* **2.** Que no puede realizarse. *Veo imposible acabar el trabajo para mañana.* **3.** Sumamente difícil. *Ha conseguido un logro tan imposible como aprobar la oposición.* **4.** Inaguantable o insoportable. *Cuando tiene hambre, el niño se pone imposible.* ● m. **5.** Cosa imposible (→ 1, 2). *Lo que me pides es un imposible.* ■ **hacer lo ~.** loc. v. coloq. Agotar todas las posibilidades para lograr un fin. *Haré lo imposible POR llegar a tiempo.*

imposición. f. Hecho o efecto de imponer o imponerse. *No acepta imposiciones de nadie. Para realizar imposiciones, diríjase a la caja.* ■ **~ de manos.** f. Ceremonia de la Iglesia católica para transmitir la gracia del Espíritu Santo a quienes van a recibir ciertos sacramentos, colocando las manos sobre su cabeza. *La foto capta la imposición de manos del obispo en el rito de la confirmación.*

impositivo, va. adj. **1.** Que impone o se impone. *Es una persona impositiva, que no sabe lo que es negociar.* **2.** Del impuesto público. *El gobierno va a realizar una reforma del sistema impositivo.*

impositor, ra. m. y f. Persona que impone dinero a rédito o en depósito. *El banco sorteará diez coches entre sus impositores.*

imposta. f. *Arq.* Serie horizontal de piedras, algo salediza y a veces con moldura, sobre la que descansa un arco o una bóveda. *La bóveda del ábside descansa sobre impostas de rombos.*

impostación. f. *Mús.* Hecho o efecto de impostar. *Técnicas de impostación de voz para cantantes.*

impostar. tr. *Mús.* Colocar (la voz) en las cuerdas vocales para poder emitir el sonido de manera clara y graduar su intensidad sin tener que forzar el aparato fonador. *La actriz ha aprendido a impostar la voz para no tener que gritar.*

impostergable. adj. Que no se puede postergar. *No pudo quedarse: le esperaba un compromiso impostergable.*

impostor, ra. m. y f. Persona que se hace pasar por quien no es. *El supuesto periodista era en realidad un impostor.* ▶ SUPLANTADOR.

impostura. f. Fingimiento o engaño con apariencia de verdad, espec. el consistente en hacerse pasar por otra persona. *Tras años dándoselas de conde se ha descubierto su impostura.*

impotencia. f. **1.** Falta de capacidad para hacer algo. *Siento una gran impotencia cuando veo sufrir a un enfermo.* **2.** Imposibilidad del hombre para realizar el coito. *Los problemas de impotencia afectan a la relación de pareja.*

impotente. adj. **1.** Que no tiene capacidad para hacer algo. *Me veo impotente PARA hacer frente al problema.* **2.** Dicho de hombre: Incapaz de realizar el coito. *Hoy en día hay tratamientos para los pacientes impotentes.* Tb. m.

impracticable. adj. **1.** Que no se puede practicar. *Un método tan complejo resulta impracticable.* **2.** Dicho de camino o lugar: Que presenta unas condiciones que hacen muy difícil caminar o pasar por él. *Debido a la nevada, la carretera está impracticable.*

imprecación. f. cult. Hecho o efecto de imprecar. *Ha soportado todo tipo de amenazas e imprecaciones.*

imprecar. tr. cult. Dirigir (a alguien) palabras que expresan el deseo de que sufra algún mal. *Los detenidos insultaban e imprecaban a los policías.*

imprecisión. f. **1.** Cualidad de impreciso. *Sorprende tanta imprecisión en el modo de expresarse un jurista.* **2.** Expresión de algo, espec. de un dato, de manera imprecisa. *Hay ciertas imprecisiones históricas en la novela.*

impreciso, sa. adj. Que no es preciso o carece de exactitud. *Ha sido muy imprecisa en su relato de los hechos.*

impredecibilidad. f. Cualidad de impredecible. *El hombre se siente perdido ante la impredecibilidad del destino.*

impredecible. adj. **1.** Dicho de cosa: Que no se puede predecir. *Ha cometido un error de consecuencias impredecibles.* **2.** Dicho de persona: Que actúa de manera impredecible (→ 1). *No sé cómo reaccionará, es una persona impredecible.*

impregnación. f. Hecho o efecto de impregnar o impregnarse. *La madera debe someterse a una impregnación con productos químicos resistentes al fuego.*

impregnar. tr. **1.** Penetrar una sustancia, espec. líquida, (en un cuerpo poroso) en cantidad considerable. *El agua vertida ha impregnado la moqueta.* **2.** Hacer que penetre una sustancia, espec. líquida, (en un cuerpo poroso) en cantidad considerable. *Impregne el algodón* DE/EN *alcohol.* Tb. en constr. prnl. media. *El papel se ha impregnado* DE/EN *tinta.* **3.** Influir profundamente un sentimiento o una idea (en alguien o algo). *Las ideas revolucionarias impregnaron su espíritu.*

impremeditación. f. Falta de premeditación. *En un asunto tan delicado no habría que actuar con impremeditación.*

impremeditado, da. adj. Que manifiesta o implica falta de premeditación o reflexión. *En un acto impremeditado, casi reflejo, lo agarró para que no se cayera.*

imprenta. f. **1.** Arte o técnica de imprimir. *El texto tiene errores de imprenta.* **2.** Taller o lugar donde se imprime. *He encargado a la imprenta cien tarjetas de visita.* **3.** Publicación de textos impresos. *La ley de imprenta consagraba la libertad de expresión.*

imprescindible. adj. Dicho de persona o cosa: Absolutamente necesaria, o de la que no se puede prescindir. *En el equipo, todos somos importantes, pero ninguno es imprescindible.* ▶ INDISPENSABLE.

imprescriptible. adj. Dicho espec. de derecho, obligación o responsabilidad: Que no puede prescribir o perder vigencia. *La libertad de pensamiento es un derecho imprescriptible.*

impresentable. adj. **1.** Que no puede presentarse o ser presentado públicamente, espec. por tener un aspecto o calidad inaceptables. *No entres, que me acabo de levantar y estoy impresentable. Este informe está impresentable, corríjalo.* **2.** Dicho de persona: De escasa calidad moral. *Tu amigo es un tipo impresentable.* Tb. m. y f.

impresión. f. **1.** Hecho de imprimir. *Para la impresión de imágenes es mejor una impresora en color.* **2.** Marca o señal que algo deja en otra cosa al presionar sobre ella. *Las impresiones digitales del asesino están en el cuerpo de la víctima.* **3.** Efecto o sensación que algo o alguien causa en el ánimo. *Me causa impresión verlo tan demacrado.* **4.** Efecto o alteración que causa en un cuerpo otro extraño. *El agua fría me causa mucha impresión.* **5.** Calidad o forma de letra con que está impreso algo. *La impresión del libro es mala.* **6.** Opinión o juicio que algo o alguien suscitan, sin que, muchas veces, se puedan justificar. *Tengo la impresión de que quiere engañarnos.*

impresionabilidad. f. Cualidad de impresionable. *El daño psicológico depende de la impresionabilidad del sujeto.*

impresionable. adj. **1.** Que puede ser impresionado. *Con la fotografía, se fija una imagen en una placa impresionable a la luz.* **2.** Fácil de impresionar o propenso a recibir una impresión. *Es muy impresionable y no soporta ver una herida.*

impresionante. adj. Que causa gran impresión en el ánimo. *Es un espectáculo impresionante.* Frec. con intención enfática. *Tengo unas ganas impresionantes de irme de vacaciones.* ▶ *ASOMBROSO.

impresionar. tr. **1.** Producir (en alguien o algo) impresión o efecto. *Me impresionó su elegancia. Los fenómenos materiales impresionan nuestros sentidos.* Tb. en constr. prnl. media. *Te impresionas por cualquier cosa.* **2.** Exponer (una superficie convenientemente preparada) a la acción de las vibraciones acústicas o luminosas, de manera que queden fijadas (en ella) y puedan ser reproducidas. *Con una cámara fotográfica podemos impresionar películas.*

impresionismo. m. **1.** Tendencia pictórica surgida en Francia en el s. XIX y que busca representar los objetos, no de acuerdo con su supuesta realidad objetiva, sino según la impresión, condicionada por la luz, que en un momento dado producen a la vista. *Todos los "ismos" del siglo XX parten del impresionismo.* **2.** Tendencia literaria o musical que pretende transmitir las impresiones subjetivas que la realidad provoca en el artista. *Algunas obras de Falla pueden adscribirse al impresionismo.*

impresionista. adj. **1.** Del impresionismo. *Cuadros impresionistas.* **2.** Seguidor del impresionismo. *Debussy es un compositor impresionista.* Dicho de pers., tb. m. y f. *El museo expondrá pinturas de los impresionistas.*

impreso, sa. part. **1.** → **imprimir.** ● m. **2.** Libro, folleto u hoja impresos (→ 1). *Impresos publicitarios.* **3.** Hoja u hojas impresas (→ 1) con espacios en blanco para rellenar en la realización de trámites. *Rellene el impreso de solicitud.*

impresor, ra. adj. **1.** Que imprime o sirve para imprimir. *Cabezal impresor.* ● m. y f. **2.** Persona que imprime o realiza esta actividad como oficio. *Trabaja como impresor en un periódico.* **3.** Persona que dirige una imprenta o es su propietaria. *Ha encargado la edición del libro a un prestigioso impresor.* ○ f. **4.** Máquina que, conectada a un ordenador, imprime los datos o documentos elaborados con este. *Se ha acabado el cartucho de tinta de la impresora.*

imprevisibilidad. f. Cualidad de imprevisible. *Me exaspera la imprevisibilidad de su carácter.*

imprevisible. adj. Que no se puede prever. *Atravesamos una crisis de imprevisibles consecuencias.*

imprevisión. f. Falta de previsión. *Las cosas no pueden salir bien con tanta imprevisión.*

imprevisor, ra. adj. Que no prevé lo que puede ocurrir ni actúa en consecuencia. *Es descuidado e imprevisor, porque todo le da igual.*

imprevisto, ta. adj. **1.** No previsto. *Dificultades imprevistas retrasaron el proyecto.* ● m. **2.** Hecho imprevisto (→ 1). *Allí estaré, salvo que surja algún imprevisto.* **3.** Gasto imprevisto (→ 1). *Reserva una parte del presupuesto para imprevistos.* ▶ **1:** *INESPERADO.

imprimación. f. **1.** Hecho o efecto de imprimar. *Técnicas de imprimación.* **2.** Pintura o conjunto de ingredientes con que se imprima. *Cuando esté bien seca la imprimación, la igualaremos con lija.*

imprimar. tr. Preparar con los ingredientes necesarios (una superficie que se va a pintar o teñir). *Antes de empezar a pintar, conviene imprimar el lienzo.*

imprimátur. m. Licencia que da la autoridad eclesiástica para imprimir un escrito. *La obra obtuvo el imprimátur en Roma.* Tb. la expresión de esa licencia, puesta en el escrito. *En la primera hoja del libro se lee el imprimátur.*

imprimir. (part. **imprimido** o **impreso.** Ambos part. se utilizan en la conjugación: *He imprimido/impreso el texto.* Como adj. la forma preferida es *impreso*: *Me entregó una copia impresa*). tr. **1.** Dejar marcados en el papel o en otra materia (textos, imágenes o elementos gráficos) mediante procedimientos adecuados. *Imprime el texto para corregirlo en papel.* **2.** Imprimir (→ 1) textos o imágenes (en algo). *Van a imprimir los folletos en papel satinado.* **3.** Dejar la marca (de algo) en papel u otra superficie por medio de presión o contacto. *El detenido debe imprimir sus huellas en la ficha.* **4.** Fijar (una idea o un sentimiento) en una persona o en su ánimo. *Quieren imprimir* EN *nosotros ideas revolucionarias.* **5.** Dar (a alguien o algo) un determinado estilo o característica. *La ropa que lleva le imprime un aire juvenil.*

improbabilidad. f. Cualidad de improbable. *El ministro habló de la improbabilidad de que suban los precios.*

improbable. adj. **1.** Que es bastante difícil que ocurra o que sea cierto. *Es improbable que me concedan la beca.* **2.** Que no se puede probar o demostrar. *Los hechos improbables no tienen valor para el juez.*

improbar. (conjug. CONTAR). tr. Am. No aprobar (algo o a alguien). *El Congreso tiene la facultad de aprobar o improbar la propuesta* [C].

ímprobo, ba. adj. cult. Dicho de trabajo o esfuerzo: Muy grande o intenso. *Elaborar una enciclopedia supone un trabajo ímprobo.*

improcedencia. f. Cualidad de improcedente. Se usa frec. en derecho. *El juez decidirá sobre la procedencia o improcedencia de la demanda.*

improcedente. adj. Que no procede o no es conforme a la norma o a la razón. *Su pregunta es improcedente.* Se usa frec. en derecho. *Ha demandado a la empresa por despido improcedente.*

improductivo, va. adj. Que no produce fruto, beneficio o resultado. *El procedimiento es costoso e improductivo.* ▶ *ESTÉRIL.

impromptu. m. Composición musical de carácter instrumental y forma libre, que improvisa el ejecutante o que se compone con cierto aire de improvisación. *Impromptus y preludios para piano de Schubert.*

impronta. f. **1.** Huella en hueco o en relieve dejada por un sello u otro cuerpo, mediante presión, en una materia blanda o dúctil. *En el barro se distinguían improntas de manos.* **2.** Marca o huella físicas o morales dejadas por alguien o algo. *El pintor dejó su impronta en sus discípulos.*

impronunciable. adj. **1.** Imposible o muy difícil de pronunciar. *Los nombres rusos son impronunciables.* **2.** Que no debe pronunciarse, para no ofender. *Profirió insultos impronunciables ante personas educadas.*

improperio. m. Injuria grave de palabra. *Nos ha dirigido graves improperios a todos los presentes.*

impropiedad. f. **1.** Cualidad de impropio. *En el texto aparecen términos jurídicos utilizados con impropiedad.* **2.** Hecho o dicho impropios. *Decir "norteamericanos" por "estadounidenses" es una impropiedad.*

impropio, pia. adj. **1.** Falto de las cualidades convenientes o adecuadas. *Vuestro comportamiento es impropio.* **2.** No característico de alguien o algo. *Gritar así es impropio* DE *él.*

improrrogable. adj. Que no se puede prorrogar. *El plazo para presentar las solicitudes es improrrogable.*

improvisación. f. **1.** Hecho de improvisar. *Prepáralo todo, no dejes nada a la improvisación.* **2.** Cosa improvisada. *Esto no es un trabajo serio, sino una improvisación.*

improvisadamente. adv. De improviso. *Circulaba con normalidad cuando, improvisadamente, se paró.*

improvisador, ra. adj. Que improvisa. Dicho de pers., tb. m. y f. *Como músico de jazz, es un gran improvisador.*

improvisar. tr. **1.** Hacer (algo) sin haber(lo) preparado previamente. *En un momento improviso una comida.* **2.** Hacer o componer (algo) sobre la marcha. *Un cantante canta una estrofa y el otro improvisa otra de respuesta.* Tb. usado en constr. intr. *Si el actor se queda en blanco, improvisa.*

improviso. de ~. loc. adv. De manera imprevista o sin avisar. *Se presentó de improviso.*

imprudencia. f. **1.** Cualidad de imprudente. *Su imprudencia al volante le costó la vida.* **2.** Hecho o dicho imprudentes. *Es una imprudencia pasar solo por esa zona tan peligrosa.*

imprudente. adj. **1.** Dicho de persona: Que no tiene prudencia para evitar peligros o daños. *Yo no iría en coche con alguien tan imprudente.* Tb. m. y f. *Solo un imprudente llevaría el arma sin seguro.* **2.** Dicho de cosa: Propia de la persona imprudente (→ 1). *Un comentario imprudente podría descubrirnos a todos.*

impúber. adj. cult. Dicho de persona: Que no ha llegado aún a la pubertad. *Muchachos impúberes.* Tb. m. y f.

impudicia. f. Cualidad de impúdico. *Se desnudaría ante todos con total impudicia.*

impúdico, ca. adj. **1.** Dicho de persona: Que no tiene pudor. *No seas impúdico y tápate con la toalla.* **2.** Dicho de cosa: Que manifiesta o implica falta de pudor. *Exhibición impúdica.*

impudor. m. Falta de pudor. *Habló con impudor de su primera experiencia sexual.*

impuesto, ta. part. **1.** → **imponer.** ● m. **2.** Contribución obligatoria que se paga al Estado o a otra Administración para hacer frente a las cargas públicas. *Han subido los impuestos del alcohol y el tabaco.* ■ **impuesto directo.** m. Impuesto (→ 2) que grava la renta o el patrimonio. *El Impuesto sobre la Renta de las Personas Físicas es un impuesto directo y periódico.* ■ **impuesto indirecto.** m. Impuesto (→ 2) que grava el consumo o gasto. *El IVA es un impuesto indirecto.* ■ **impuesto revolucionario.** m. Dinero exigido por una organización terrorista a determinadas personas o entidades mediante amenazas y chantaje. *Los terroristas le exigen el impuesto revolucionario bajo amenazas de muerte.*

impugnable. adj. Que se puede impugnar. *La resolución es impugnable ante la jurisdicción contencioso-administrativa.*

impugnación. f. Hecho o efecto de impugnar. *El abogado va a presentar un escrito de impugnación de la sentencia.*

impugnador, ra. adj. Que impugna. Dicho de pers., tb. m. y f. *La doctrina encontró adeptos e impugnadores.*

impugnar. tr. **1.** Contradecir o refutar (algo). *Sus detractores impugnan sus teorías.* **2.** *Der.* Solicitar la nulidad (de una resolución, una disposición o un acto) al amparo de las normas vigentes. *La oposición impugnará el resultado de las elecciones.*

impulsar. tr. **1.** Empujar (a alguien o algo) haciendo que se muevan. *Móntate en el columpio, que yo te impulso.* **2.** Dar impulso o fuerza (a alguien o algo). *Para impulsar la bicicleta, tienes que pedalear. Se impulsó con brazos y piernas para saltar.* **3.** Estimular a (alguien) a hacer algo. *El hambre lo impulsó* A *robar.* ▶ **1:** IMPELER, PROPULSAR. **3:** *ESTIMULAR.

impulsión. f. *tecn.* Impulso. *La forma de impulsión utilizada por los aviones es la propulsión a chorro.*

impulsividad. f. Cualidad de impulsivo. *Su impulsividad lo lleva a hablar demasiado.*

impulsivo, va. adj. **1.** Dicho de persona: Que actúa de manera irreflexiva o imprudente, dejándose llevar por los impulsos. *Es joven e impulsivo, no le pidas paciencia.* Tb. m. y f. *Los impulsivos cometen más errores.* **2.** Propio de la persona impulsiva (→ 1). *Tiene un temperamento muy impulsivo.* **3.** Que impulsa o puede impulsar. *Calcular el movimiento de un péndulo al que se aplica una fuerza impulsiva x.*

impulso. m. **1.** Hecho o efecto de impulsar. *Con el impulso del taco, la bola se introduce en la tronera.* **2.** Fuerza que hace moverse a un cuerpo. *Se corre antes del salto para coger impulso.* Frec. fig. *El aumento de las exportaciones ha dado impulso a la economía.* **3.** Deseo o motivo afectivo que inducen a hacer algo de manera repentina y sin reflexionar. *No pude refrenar el impulso y lo insulté.* ▶ IMPULSIÓN.

impulsor, ra. adj. Que impulsa. *Motor impulsor.* Dicho de pers., tb. m. y f. *El rey fue un gran impulsor de la democracia.* Dicho de mecanismo o agente, tb. m. *El sistema de bombeo está compuesto por bomba, impulsor e instalación de tuberías.*

impune. adj. Que queda sin castigo. *El responsable del crimen no saldrá impune.*

impunidad. f. Falta de castigo. *El Estado debe evitar que los delincuentes actúen con impunidad.*

impuntual. adj. Que no es puntual, o que no llega o hace las cosas en el tiempo previsto. *No me gusta quedar con él porque es muy impuntual.*

impuntualidad. f. Cualidad de impuntual. *Me irrita su impuntualidad.*

impureza. f. **1.** Cualidad de impuro. *La impureza del aire es un problema de salud pública.* **2.** Materia o elemento extraños presentes en una sustancia y que deterioran sus cualidades. Frec. en pl. *El agua sale del filtro libre de impurezas.*

impurificar. tr. Hacer impuro (algo). *Las emisiones de gases tóxicos impurifican la atmósfera.*

impuro, ra. adj. **1.** Que tiene mezcla o contiene elementos extraños. *Intentan sacar oro a partir de un metal impuro.* **2.** Que tiene defectos o imperfecciones morales. *El alma impura.* **3.** Que no es honesto o decente, en el aspecto sexual. *Se ha confesado de haber realizado tocamientos impuros.* ▶ **3:** DESHONESTO.

imputable. adj. Que se puede imputar. *Ha habido negligencia imputable al equipo médico.*

imputación. f. Hecho o efecto de imputar. *Para la imputación de un delito hacen falta pruebas.*

imputado, da. part. **1.** → **imputar. 2.** Que ha sido imputado (→ 1). Se usa espec. en derecho. Tb. m. y f. *Los imputados declararán en el juicio.*

imputar. tr. Atribuir a alguien la responsabilidad (de un hecho reprobable). *Imputan el atentado a una banda terrorista extranjera.* ▶ *ACUSAR.

in-. (Tb. **im-** o **i-**. Se usa la forma *im-* cuando va delante de *b* o *p*, e *i-* cuando va delante de *l* o *r*). pref. Significa 'negación' (*impagable, irreconstruible*) o 'falta o privación' (*indiscriminación, ilegitimar*).

inabarcable. adj. Que no puede abarcarse. *Un mar inabarcable se extiende ante nosotros.*

inabordable. adj. Dicho espec. de persona o asunto: Imposible de abordar. *Se ha convertido en una persona inabordable. Es un proyecto inabordable para una empresa pequeña.*

inacabable. adj. Que no se puede acabar, o que se prolonga tanto que parece no tener fin. *La elaboración de una enciclopedia es una tarea inacabable.*

inacabado, da. adj. No acabado. *El escritor ha dejado una novela inacabada.*

inaccesibilidad. f. Cualidad de inaccesible. *Me molesta la inaccesibilidad de los famosos.*

inaccesible. adj. No accesible. *El nacimiento del río se encuentra en un lugar inaccesible.*

inacción. f. Falta de acción. *Nada justifica la inacción de la justicia ante el crimen.*

inaceptable. adj. No aceptable. *Las condiciones del contrato son inaceptables.*

inactividad. f. Falta de actividad. *Volverá a los entrenamientos tras un mes de inactividad.*

inactivo, va. adj. Que no es activo o no actúa. *Si estoy inactivo, siento que pierdo el tiempo. Hay bacterias que permanecen inactivas en el organismo.*

inadaptación. f. Falta de adaptación, espec. a la sociedad. *Muchos inmigrantes tienen problemas de inadaptación.*

inadaptado, da. adj. Que no se adapta o amolda a las circunstancias, espec. sociales. *Fue un niño inadaptado y con problemas de conducta.* Dicho de pers., tb. m. y f.

inadecuación. f. Falta de adecuación. *Se critica la inadecuación de los planes de estudio* A *la realidad laboral.*

inadecuado, da. adj. No adecuado, o que no se adapta a las necesidades o a las condiciones de algo o alguien. *Ha empeorado por culpa de un tratamiento inadecuado.*

inadmisible. adj. No admisible. *La propuesta que nos hacen es inadmisible.*

inadvertencia. f. Falta de advertencia o atención. *Ha cometido un error grave por inadvertencia.*

inadvertido, da. adj. No advertido o no notado. *Llevaba gafas oscuras para pasar inadvertido.*

inagotable. adj. Que no se puede agotar. *Solemos pensar que los recursos naturales son inagotables.*

inaguantable. adj. Que no se puede aguantar o sufrir. *Hace un calor inaguantable. Los niños están inaguantables.*

inalámbrico, ca. adj. Dicho espec. de aparato o sistema de comunicación: Que no utiliza alambres o hilos conductores. *Micrófono inalámbrico.* Dicho de teléfono, tb. m. *Me llevo el inalámbrico a la cocina.* Tb. dicho de la comunicación u otra operación realizadas mediante ese tipo de aparato o sistema. *Transmisión inalámbrica de imágenes.*

in albis. (loc. lat.). loc. adv. Sin entender nada. *Cuando hablan de filosofía, yo me quedo in albis.*

inalcanzable. adj. Que no se puede alcanzar. *Mi sueño de ser astronauta es inalcanzable.*

inalienable. adj. Dicho de cosa: Que no puede enajenarse. *Los bienes de dominio público son inalienables.*

inalterabilidad. f. Cualidad de inalterable. *La congelación garantiza la inalterabilidad de los alimentos.*

inalterable. adj. **1.** Que no se puede alterar. *Trabaja con materiales inalterables, para evitar la oxidación.* **2.** Que no se altera. *El acusado, inalterable, escuchó la sentencia.*

inalterado, da. adj. Que no tiene alteración. *Los tipos de interés se han mantenido inalterados en los últimos meses.*

inamovible. adj. Que no se puede mover o cambiar. *Las fechas de los exámenes son inamovibles.*

inamovilidad. f. Cualidad de inamovible. *Se garantiza la inamovilidad en el cargo durante el período para el que ha sido designado.*

inane. adj. cult. Vano, o carente de contenido o interés. *Es un debate inane y que no conduce a ninguna conclusión.*

inanición. f. Debilidad grande por falta de alimento. *El vagabundo ha muerto de inanición.*

inanidad. f. cult. Cualidad de inane. *Reflexiona sobre la inanidad de las cosas terrenales.*

inanimado, da. adj. Que no tiene vida. *Una piedra es un objeto inanimado.*

inapelable. adj. **1.** Que no se puede apelar o no admite apelación. *El fallo del jurado será inapelable.* **2.** Irremediable o inevitable. *El inapelable discurrir del tiempo.*

inapetencia. f. Falta de apetito o ganas de comer. *La inapetencia puede ser síntoma de enfermedad.* ▶ DESGANA.

inapetente. adj. Que tiene inapetencia. *No me sirvas mucho, que hoy estoy inapetente.* ▶ DESGANADO.

inaplazable. adj. Que no se puede aplazar. *Gestionar mejor los servicios públicos es una tarea inaplazable.*

inaplicable. adj. No aplicable. *El modelo anglosajón es inaplicable* A *nuestro país.*

inapreciable. adj. **1.** Que no se puede apreciar o medir por su extremada pequeñez. *Existe un inapreciable margen de error en las estadísticas.* **2.** Que no se puede apreciar o tasar por su gran valor o mérito. *Lo hemos conseguido gracias a su inapreciable ayuda.*

inaprensible. adj. **1.** Que no se puede asir o agarrar. *La vida se nos escapa, fugaz e inaprensible.* **2.** Imposible de comprender. *Hablan de conceptos filosóficos inaprensibles para muchos.*

inapropiado, da. adj. Que no es apropiado. *Los vaqueros me parecen inapropiados* PARA *una entrevista de trabajo.*

inarmónico, ca. adj. Falto de armonía. *De su guitarra sale un conjunto de sonidos inarmónicos.*

inarrugable. adj. Que no se arruga con el uso. *Tejido inarrugable.*

inarticulado, da. adj. **1.** No articulado. *Apéndices inarticulados.* **2.** Dicho de sonido de la voz: Que no forma palabras. *Con la emoción, solo acierta a emitir sonidos inarticulados.*

in artículo mortis. (loc. lat.). loc. adv. A punto de morir. Gralm. hablando de contraer matrimonio. *Se casó con ella in artículo mortis.*

inasequible. adj. No asequible. *Con estos precios, las viviendas resultan inasequibles para muchos.*

inasible. adj. Que no se puede asir o coger. *La vida pasa, escurridiza e inasible.*

inasistencia. f. Falta de asistencia. *La inasistencia injustificada al examen supondrá un suspenso.*

inatacable. adj. Que no puede ser atacado. *Defendió su tesis con argumentos inatacables.*

inaudible. adj. Que no se puede oír. *Sus susurros son casi inaudibles.*

inaudito, ta. adj. Sorprendente por insólito, nunca oído o escandaloso. *Es inaudito que nadie socorriera a la víctima.*

inauguración. f. Hecho de inaugurar. *La ministra asiste a la inauguración del museo.*

inaugurador, ra. adj. Que inaugura. *Esta es la obra que se considera inauguradora del género.*

inaugural. adj. De la inauguración. *Mañana tendrá lugar la ceremonia inaugural del campeonato.*

inaugurar. tr. **1.** Dar comienzo (a algo) con cierta solemnidad. *El presidente inaugura el congreso con un discurso.* **2.** Celebrar con solemnidad y públicamente la terminación o el estreno (de una obra, como un edificio o un monumento). *El alcalde inaugurará el monumento a la paz.* **3.** Comenzar (algo nuevo). *Con este título inauguramos la colección de novela negra.*

inca. adj. **1.** Dicho de individuo: Del pueblo que, a la llegada de los españoles, habitaba en la parte oeste de América del Sur, desde el actual Ecuador hasta Chile y el norte de Argentina. Tb. m. y f. *Atahualpa fue el último soberano de los incas.* **2.** Incaico. *Visitaremos las ruinas de la ciudad inca de Machu Picchu.* ● m. **3.** Soberano del Imperio inca (→ 2). *Quiso el inca poner a prueba la fidelidad de sus súbditos.* **4.** Descendiente del inca (→ 3).

incaico, ca. adj. De los incas. *Cuzco fue la capital del Imperio incaico.* ▶ INCA.

incalculable. adj. **1.** Que no se puede calcular. *Por entonces, las distancias entre planetas resultaban incalculables.* **2.** Muy grande o muy numeroso. *Posee una fortuna incalculable. He recibido incalculables muestras de afecto.*

incalificable. adj. Que no tiene calificativo posible, frec. por ser sumamente censurable o rechazable. *Su conducta es incalificable.*

incandescencia. f. Cualidad o estado de incandescente. *La débil incandescencia de la bombilla apenas permite leer.*

incandescente. adj. Dicho de cuerpo, espec. de metal: Que despide luz roja o blanca por la acción del calor. *Marcan las reses con un hierro incandescente.*

incansable. adj. **1.** Que no se cansa. *Es incansable, ni siquiera necesita hacer una pausa.* **2.** Que persiste o se mantiene tenaz sin ceder al cansancio. *Es una luchadora incansable.* ▶ INFATIGABLE.

incapacidad. f. Cualidad de incapaz. *Reconozco mi incapacidad* PARA *los idiomas. En caso de incapacidad legal, firmará el tutor.* ■ ~ **laboral.** f. *Der.* Situación, debida a enfermedad o accidente, que impide a una persona realizar su actividad profesional. *Recibe un subsidio por incapacidad laboral transitoria.*

incapacitación. f. Hecho o efecto de incapacitar. *El proceso ha terminado con la incapacitación del abogado* PARA *ejercer.* ▶ INHABILITACIÓN.

incapacitado, da. part. **1.** → **incapacitar. 2.** *Der.* Que ha sido incapacitado (→ 1). Tb. m. y f. *El incapacitado sufre privación de derechos civiles.* ● adj. **3.** Incapaz (falto de cualidades o de talento). *Tiene un hijo incapacitado, con un grave retraso mental.* ▶ **3:** INCAPAZ.

incapacitar. tr. **1.** Dejar (a alguien) incapaz para algo. *La lesión lo incapacita* PARA *jugar al fútbol.* **2.** *Der.* Decretar la incapacidad legal (de una persona). *Lo han incapacitado* PARA *ejercer como juez.* ▶ INHABILITAR.

incapaz. adj. **1.** Que no puede realizar la acción designada. *Soy incapaz* DE *leer el cartel a esta distancia.* **2.** Que no posee cualidades para algo. *Lo veo incapaz* PARA *esa tarea.* **3.** Falto de talento o de aptitudes intelectuales. *Tiene un sobrino incapaz que va a un colegio especial.* **4.** Que no se atreve a algo. *Soy incapaz* DE *decirle la verdad.* **5.** *Der.* Que no posee aptitud legal para algo. *Hasta la mayoría de edad se es incapaz* PARA *votar.* ▶ **2, 3:** INCAPACITADO.

incardinación. f. cult. Hecho o efecto de incardinar o incardinarse. *Las leyes definen la incardinación de la Administración local* EN *la estructura del Estado.*

incardinar. tr. cult. Incorporar (a una persona o una cosa) a algo. *La asociación trabaja para incardinar a los marginados* EN *la sociedad.* Tb. en constr. prnl. media. *Su obra se incardina* EN *las tendencias dominantes en la época.*

incautación. f. Hecho de incautarse. *Han aumentado las incautaciones de mercancías falsificadas.*

incautarse. (conjug. CAUSAR). intr. prnl. Apoderarse una autoridad judicial o administrativa de bienes relacionados con un delito, falta o infracción. *La policía se ha incautado* DE *un alijo de cocaína.*

incauto, ta. adj. **1.** Que no tiene cautela o precaución. *No seas incauto y mira antes de cruzar.* Dicho de pers., tb. m. y f. *Solo un incauto se adentraría solo en la selva.* **2.** Ingenuo, o que no tiene malicia. *Los clientes incautos han caído en la trampa publicitaria.* Dicho de pers., tb. m. y f. *Embauca a los incautos con su labia.* ▶ **2:** *INGENUO.

incendiar. (conjug. ANUNCIAR). tr. Hacer que arda (algo, gralm. grande, que no debería arder). *Unos gamberros se dedican a incendiar coches.* Tb. en constr. prnl. media. *El camión volcó y se incendió.*

incendiario, ria. adj. **1.** Que incendia voluntariamente, frec. para obtener beneficio o por maldad. *Banda incendiaria.* Dicho de pers., tb. m. y f. *Han sido detenidos los incendiarios del robledal.* **2.** Dicho de cosa: Destinada a incendiar o capaz de causar incendio. *Bombas incendiarias.* **3.** Escandaloso o subversivo. *Ha escrito un artículo incendiario en defensa de la revolución.*

incendio. m. Hecho o efecto de incendiar o incendiarse. *El incendio ha arrasado hectáreas de bosque.* ▶ FUEGO.

incensar. (conjug. ACERTAR). tr. Dirigir el humo del incienso (hacia alguien o algo). *El obispo inciensa la imagen de la Virgen.*

incensario. m. Recipiente metálico pequeño, con tapa y provisto de unas cadenillas, que sirve para quemar incienso e incensar en ceremonias religiosas. *El sacerdote hace oscilar el incensario.*

incentivar. tr. Estimular (algo o a alguien), o dar(les) incentivo. *Hay que incentivar el uso del transporte público. La empresa incentivará a los trabajadores más productivos.* ▶ *ESTIMULAR.

incentivo. m. **1.** Cosa que estimula a hacer algo o a hacerlo mejor. *Este premio constituye un incentivo en mi carrera.* **2.** En economía: Estímulo, gralm. una cantidad de dinero, que se ofrece a un trabajador, grupo o sector con el fin de elevar la producción o mejorar el rendimiento. *Además del sueldo, cobra incentivos por productividad.* ▶ **1:** *ESTÍMULO.

incertidumbre. f. Falta de certidumbre. *No puedo seguir con esta incertidumbre; dígame qué ha pasado.*

incesante. adj. Que no cesa. *Han localizado a los desaparecidos tras una incesante búsqueda.*

incesto. m. Relación sexual entre parientes dentro de los grados en que está prohibido el matrimonio. *Las relaciones sexuales entre padre e hija constituyen incesto.*

incestuoso, sa. adj. **1.** Del incesto. *Relaciones incestuosas.* **2.** Dicho de persona: Que comete incesto. *Madre incestuosa.* Tb. m. y f.

incidencia. f. **1.** Hecho de incidir. *El clima tiene una importante incidencia* SOBRE *las cosechas.* **2.** Número de casos ocurridos de un fenómeno, espec. de una enfermedad, en un período de tiempo. *Se pretende reducir la incidencia del cáncer de mama.* **3.** Acontecimiento que se produce en el curso de un asunto o negocio y tiene con él alguna conexión. *Me enteré de todas las incidencias del caso por el periódico.* **4.** Incidente (acontecimiento). *La operación se ha desarrollado sin incidencias.* ▶ **4:** INCIDENTE.

incidental. adj. Que tiene carácter de incidente o de incidencia. *El descubrimiento se produjo gracias a un hallazgo incidental.*

incidente. adj. **1.** Que incide. *Vamos a medir la intensidad de luz incidente en un punto.* ● m. **2.** Acontecimiento que altera o interrumpe el curso normal de algo. *La jornada electoral ha transcurrido sin incidentes.* **3.** Enfrentamiento entre dos o más personas. *En la manifestación hubo incidentes entre los manifestantes y la policía.* **4.** *Der.* Cuestión distinta del asunto principal del juicio, pero relacionada con él, que se ventila y decide por separado, suspendiendo a veces el curso de aquel. ▶ **2:** INCIDENCIA.

incidir. intr. **1.** Caer o incurrir en una falta, un error o algo similar. *Incidió* EN *un grave error y fue despedido.* **2.** Repercutir o tener efecto una cosa en otra. *La mala gestión de un proyecto incide* EN/SOBRE *el resultado.* **3.** Caer algo, espec. un rayo de sol, sobre algo o alguien. *Los rayos de sol inciden directamente* EN/SOBRE *la mesa.* **4.** Insistir o hacer hincapié en algo. *Los nutricionistas inciden* EN *la importancia de una dieta sana.* ▶ **2:** REPERCUTIR.

incienso. m. Sustancia resinosa extraída de diversos árboles asiáticos y africanos, que despide un olor aromático al arder y que se quema en ceremonias religiosas. *En la iglesia olía a incienso.*

incierto, ta. adj. **1.** No cierto o no verdadero. *Cuanto se ha dicho sobre mí es incierto.* **2.** Desconocido o no sabido con certeza. *Su futuro en la empresa es incierto.* **3.** Impreciso o no fijo. *Ilumina la habitación una luz débil e incierta.* ▶ **1:** FALSO.

incineración. f. Hecho de incinerar. *Después del funeral, tendrá lugar la incineración del cadáver. Las basuras se eliminan mediante incineración.* ▶ CREMACIÓN.

incinerador, ra. adj. Dicho de instalación o aparato: Destinado a incinerar. *Horno incinerador de basuras.* Tb. m. o f. *El material de desecho se trasladará a una incineradora para su destrucción.*

incinerar. tr. Reducir (algo, espec. un cadáver) a cenizas. *Cuando muera, quiere que lo incineren.* ▶ **Am:** CREMAR.

incipiente. adj. Que empieza. *Le preocupa mucho su incipiente calvicie.*

incisión. f. Hendidura hecha en un cuerpo con un instrumento cortante. *El médico hace una incisión en la piel con un bisturí.*

incisivo, va. adj. **1.** Apto para cortar o penetrar como un instrumento cortante. *Arma incisiva.* **2.** Dicho espec. de persona, de su carácter o de sus dichos: Penetrante o mordaz. *Es un ensayista brillante e incisivo.* ● m. **3.** *Anat.* Diente incisivo (→ **diente**). *Los conejos tienen los incisivos muy desarrollados.* ▶ **2:** *MORDAZ.

inciso. m. Frase o expresión con autonomía que se intercalan en lo que se está diciendo, frec. para introducir una explicación o un comentario paralelo. *Los incisos en la oración van entre paréntesis, entre rayas o entre comas.*

incitación. f. Hecho o efecto de incitar. *Lo han acusado de incitación* A *la violencia.*

incitador, ra. adj. Que incita. Dicho de pers., tb. m. y f. *El incitador del crimen será procesado.*

incitante. adj. **1.** Que incita. *Vivíamos un tiempo incitante, sin espacio para el aburrimiento.* **2.** Que resulta atractivo e incita al deseo. *Una mujer de curvas incitantes.*

incitar. tr. Estimular (a alguien) a algo. *Incitó a sus compañeros* A *la huelga.* ▶ *ESTIMULAR.

incívico, ca. adj. Incivil. *No respetar las zonas verdes es tener un comportamiento incívico.* Dicho de pers., tb. m. y f. *Deberían multar a los incívicos que ensucian las playas.*

incivil. adj. **1.** Falto de civismo o de educación. *Destrozar el mobiliario urbano es de gente incivil.* **2.** Que muestra o denota falta de civismo. *Tirar papeles al suelo es un acto incivil.* ▶ INCÍVICO, INCIVILIZADO.

incivilizado, da. adj. Incivil. *Actitud incivilizada. Las palabrotas son de gente incivilizada.*

inclasificable. adj. Que no se puede clasificar en ningún grupo conocido. *Es un músico genial e inclasificable.*

inclemencia. f. **1.** Rigor del tiempo o de los fenómenos atmosféricos. Frec. en pl. *Una cueva permite guarecerse de las inclemencias del tiempo.* **2.** cult. Falta de clemencia. *En un gesto de inclemencia, se negó a perdonarla.*

inclemente. adj. **1.** Dicho espec. de tiempo o fenómeno atmosféricos: Riguroso o muy duro. *Se desató una inclemente tormenta.* **2.** Falto de clemencia. *Busco en ti al amigo y encuentro a un juez inclemente.*

inclinación. f. **1.** Hecho o efecto de inclinar o inclinarse. *La Torre de Pisa es famosa por su inclinación.* **2.** Reverencia que se hace con la cabeza o el cuerpo. *Me ha saludado con una leve inclinación de cabeza.* **3.** Impulso instintivo de hacer algo, de comportarse de cierta manera, o de interesarse por algo. *Desde muy joven es manifiesta su inclinación* A/POR *las artes.* **4.** Afecto por alguien o algo. *Siente una especial inclinación* POR *su primogénito.* ▶ **3:** PROCLIVIDAD, PROPENSIÓN, TENDENCIA.

inclinar. tr. **1.** Desviar (algo o a alguien) de la posición horizontal o vertical que tenía. *Inclina* HACIA *adelante la pantalla para evitar reflejos.* Tb. en constr. prnl. media. *La antena se ha inclinado por la fuerza del viento.* **2.** Persuadir (a alguien) para que haga o diga algo que dudaba hacer o decir. *Con sus discursos trata de inclinar al electorado* A *votar a su partido.* ○ intr. prnl. **3.** Bajar el tronco o la cabeza hacia adelante, a veces en señal de adoración, respeto o cortesía. *Se inclina* HACIA *la cuna y besa al bebé. Todos se inclinan cuando entran los reyes.* **4.** Sentirse impulsado a pensar, decir o hacer algo. *Me inclino* A *pensar que está mintiendo.* **5.** Mostrar preferencia por algo o por alguien. *Se inclina* POR *la ropa cómoda.* ▶ **4:** PROPENDER, TENDER.

ínclito, ta. adj. cult. Ilustre o célebre. *La frase es de Petrarca, ínclito poeta italiano.* Frec. en sent. irónico o humorístico. *La ínclita presentadora ha vuelto a meter la pata.*

incluir. (conjug. CONSTRUIR). tr. **1.** Poner (algo o a alguien) dentro de un conjunto. *La empresa va a incluir una nueva cláusula* EN *el contrato. Incluyéndola a ella, son cuatro hermanos.* **2.** Contener (algo o a alguien) una cosa compuesta por elementos. *El precio del viaje incluye la comida y el alojamiento.* ▶ **2:** *CONTENER.

inclusa. f. Casa donde se recoge y cría a los niños abandonados por sus padres. *Alguien dejó al bebé a las puertas de la inclusa.*

inclusero, ra. adj. Dicho de persona: Que se cría o se ha criado en la inclusa. *Niño inclusero.* Tb. m. y f. *Fue un inclusero y nunca conoció a sus padres.*

inclusión. f. Hecho o efecto de incluir. *Se prevé la inclusión de un nuevo artículo* EN *la ley. No es segura su inclusión* EN *el equipo.*

inclusive. adv. Pospuesto a un nombre o un pronombre: Incluyendo lo designado por ese nombre. *Han ampliado la red de alumbrado hasta el kilómetro ocho inclusive. Estará abierto desde mañana hasta el lunes inclusive. Para este examen entran del capítulo tercero al séptimo, ambos inclusive.*

inclusivo, va. adj. Que incluye o tiene capacidad para incluir. *Necesitamos una sociedad más inclusiva, menos discriminatoria.*

incluso. (Se pronuncia frec. átono, excepto cuando va pospuesto). adv. **1.** Incluyendo. *Han reformado todas las alas del edificio, incluso las nuevas.* **2.** Indica que lo enunciado en la palabra o elemento de oración a los que modifica resulta sorprendente o inesperado. *Incluso Álvaro ha llegado puntual. Han llegado incluso a amenazarlo. El accidente pudo ser muy grave, mortal incluso.* ● prep. **3.** Con inclusión de. *Todos, incluso él, aprueban el proyecto.*

incoación. f. *Der.* Hecho de incoar. *El ministerio ha decretado la incoación del expediente disciplinario al funcionario.*

incoar. tr. *Der.* Comenzar (un proceso, pleito, expediente o alguna otra actuación oficial). *El juez ha ordenado incoar el sumario.*

incoativo, va. adj. *Gram.* Que expresa el principio de una acción. *El verbo "florecer" es incoativo.*

incobrable. adj. Que no se puede cobrar. *La empresa ha quebrado y sus deudas son ya incobrables.*

incoercible. adj. cult. Que no se puede reprimir o contener. *Un súbito e incoercible deseo de huir lo asaltó.*

incógnito, ta. adj. **1.** cult. No conocido. *Recorrería el mundo y descubriría lugares incógnitos.* ● m. **2.** Situación de una persona, espec. de alguien conocido, que mantiene su identidad oculta. *El monarca se ha desplazado hasta la costa en el más riguroso incógnito.* ○ f. **3.** Cosa desconocida que se quiere descubrir.

El paradero de la secuestrada sigue siendo una incógnita. **4.** *Mat.* Cantidad desconocida que es preciso determinar en una ecuación o en un problema para resolverlos. *Hemos aprendido a despejar una incógnita en una ecuación de primer grado.* ■ **de incógnito.** loc. adv. Ocultando alguien, gralm. una persona conocida, su identidad. *Dicen que el presidente ha viajado de incógnito por el país.*

incognoscible. adj. cult. Que no se puede conocer. *Esencia incognoscible de la divinidad.*

incoherencia. f. **1.** Cualidad de incoherente. *Sospecho que miente por la incoherencia de sus explicaciones.* **2.** Hecho o dicho incoherentes. *Su testimonio ha sido una sarta de incoherencias.*

incoherente. adj. No coherente. *Ha pronunciado un discurso incoherente y plagado de contradicciones. Estás siendo incoherente* CONTIGO *mismo.*

incoloro, ra. adj. Que carece de color. *El agua es incolora e inodora.*

incólume. adj. cult. Que no ha sufrido daño o deterioro. *A pesar del fracaso, su espíritu de lucha se mantiene incólume.*

incombustibilidad. f. Cualidad de incombustible. *Lleva veinte años en cargos públicos: todo un ejemplo de incombustibilidad política.*

incombustible. adj. **1.** No combustible. *El acero es incombustible.* **2.** Que se mantiene activo o no sufre desgaste a pesar del tiempo y las dificultades. *El público sigue aclamando al legendario e incombustible grupo de* rock.

incomestible. adj. No comestible. *Las lentejas están incomestibles.*

incomible. adj. Que no se puede comer, espec. por estar mal preparado. *Este trozo de carne incomible no merece llamarse bistec.*

incomodar. tr. **1.** Causar incomodidad o molestia (a alguien). *No se ponga unos zapatos que la incomoden.* **2.** Causar enfado (a alguien). *Espero no haberla incomodado con mi pregunta.* Tb. en constr. prnl. media. *Se ha incomodado por lo que le he dicho.*

incomodidad. f. **1.** Cualidad de incómodo. *Se me han dormido las piernas por la incomodidad de la postura.* **2.** Cosa que no permite estar cómodo o que implica esfuerzo o molestia. *Es una incomodidad tener que subir tantas escaleras.* Frec. en pl. *Lo bien que lo hemos pasado compensa todas las incomodidades.*

incomodo. m. Hecho o efecto de incomodar o incomodarse. *Si no es para usted mucho incomodo, me gustaría retrasar la reunión.*

incómodo, da. adj. **1.** Dicho de cosa: Que no proporciona descanso o bienestar, o implica esfuerzo o molestia. *El colchón de la cama es muy incómodo. Viajar en autobús me resulta incómodo.* **2.** Dicho de persona: Molesta o de trato difícil. *Es una persona incómoda para tenerla como compañera.* **3.** Dicho de persona: Que se encuentra en una situación incómoda (→ 1). *Se siente incómoda cuando hablamos de sexo.*

incomparable. adj. Que no es comparable. Frec. con intención enfática. *Ha escrito páginas de incomparable belleza.*

incomparecencia. f. Hecho de no comparecer en un acto o lugar en que se debía estar presente. *Han ganado por incomparecencia de su rival.*

incompatibilidad. f. **1.** Condición de incompatible. *A veces puede haber incompatibilidad entre la sangre de la madre y la del feto.* **2.** Imposibilidad legal para ejercer una función determinada, o dos o más cargos a la vez. *En caso de incompatibilidad, el funcionario debe optar por uno de los dos cargos.*

incompatible. adj. No compatible con alguien o algo. *Mi trabajo es incompatible* CON *los estudios. Tú y yo somos incompatibles.*

incompetencia. f. Cualidad o condición de incompetente. *No ha conseguido ni un cliente, ¡qué incompetencia la suya!*

incompetente. adj. No competente. *El tribunal ha sido declarado incompetente para juzgar este caso.* Dicho de pers., tb. m. y f. *Comete errores en el trabajo porque es una incompetente.*

incompleto, ta. adj. No completo. *Su última obra ha quedado incompleta.*

incomprendido, da. adj. **1.** Que no es debidamente comprendido. *Es un libro incomprendido a pesar de su calidad.* **2.** Dicho de persona: Que no es debidamente valorada o apreciada. *Un genio incomprendido.* Tb. m. y f. *Soy una incomprendida; nadie aprecia lo que hago.*

incomprensibilidad. f. Cualidad de incomprensible. *Ante la incomprensibilidad del mundo, el hombre recurre a la fe.*

incomprensible. adj. Que no se puede comprender o entender. *La terminología jurídica me resulta incomprensible.*

incomprensión. f. Falta de comprensión. *Busca apoyo y solo encuentra incomprensión.*

incomprensivo, va. adj. No comprensivo, o no inclinado a comprender los sentimientos o la conducta de los demás. *Se ha vuelto exigente e incomprensivo con todos.*

incomunicable. adj. Que no se puede comunicar. *Se trata de un sentimiento íntimo e incomunicable.*

incomunicación. f. **1.** Hecho o efecto de incomunicar. *Continúa la incomunicación de varios pueblos a causa de la nieve.* **2.** Falta de comunicación entre las personas. *La incomunicación en la pareja provoca distanciamiento.* **3.** *Der.* Aislamiento temporal de procesados o de testigos, acordado por los jueces. *El juez ha ordenado la incomunicación del preso.*

incomunicado, da. part. **1.** → **incomunicar.** **2.** Dicho de preso: Que ha sido incomunicado (→ 1). Tb. m. y f. *Los incomunicados están en una celda especial.*

incomunicar. tr. **1.** Privar de comunicación (a alguien o algo). *La nevada ha incomunicado varias localidades. El teléfono no funciona; estamos incomunicados.* **2.** Aislar temporalmente (a un preso) sin permitir(le) tratar con nadie de palabra ni por escrito. *El detenido permanece incomunicado.*

inconcebible. adj. Que no puede concebirse o comprenderse. *Me parece inconcebible que lo defiendas.*

inconciliable. adj. Que no se puede conciliar. *Ambas partes defienden intereses inconciliables.*

inconcluso, sa. adj. cult. No concluido o no acabado. *Su obra inconclusa no llegó a ver la luz.*

inconcreción. f. Cualidad de inconcreto. *La inconcreción de los datos impide extraer conclusiones firmes.*

inconcreto, ta. adj. Que no es concreto o preciso. *Basta de insinuaciones y acusaciones inconcretas.*

incondicionado, da. adj. Que no está sujeto a ninguna condición. *Se exige la aceptación incondicionada de todas las cláusulas del contrato.*

incondicional. adj. **1.** Absoluto y sin condiciones ni restricciones. *Cuenta con el apoyo incondicional de los suyos.* ● m. y f. **2.** Persona que es partidaria de algo o de alguien sin condiciones ni limitaciones. *Soy una incondicional de los cantantes latinos.*

inconexo, xa. adj. Que no tiene conexión o relación lógica. *Aún aturdida, balbuceaba palabras inconexas.*

inconfesable. adj. Dicho de cosa: Que no se puede confesar, gralm. por resultar vergonzoso o violento. *Todos guardamos algún secreto inconfesable.*

inconfesado, da. adj. No confesado. *Una pasión inconfesada.*

inconfeso, sa. adj. Que no ha confesado el delito que se le imputa. *Reo inconfeso.* Frec. fig. *Es un moralista inconfeso.*

inconforme. adj. **1.** Que no está conforme. *Hay sectores inconformes* CON *la propuesta.* Dicho de pers., tb. m. y f. *Son más los que están de acuerdo que los inconformes.* **2.** Inconformista. *Espíritu inconforme.* Dicho de pers., tb. m. y f. *Es un revolucionario, un inconforme radical.* ▶ **1:** DISCONFORME.

inconformidad. f. Cualidad o condición de inconforme. *Los intelectuales han manifestado su inconformidad* CON *el régimen.* ▶ DISCONFORMIDAD.

inconformismo. m. Actitud o tendencia de quien no se conforma con lo establecido y lo rechaza. *La música de cantautor se convirtió en cauce del inconformismo social.*

inconformista. adj. Que tiene o demuestra inconformismo. *Actitud inconformista.* Dicho de pers., tb. m. y f. *Los inconformistas como tú siempre encuentran motivos para quejarse.* ▶ INCONFORME.

inconfundible. adj. Que no se puede confundir, dada su marcada peculiaridad. *Su voz es inconfundible.*

incongruencia. f. **1.** Cualidad de incongruente. *No puedo analizar el sueño debido a su incongruencia.* **2.** Dicho o hecho incongruentes. *Cuando bebe, solo dice incongruencias.*

incongruente. adj. No congruente. *La explicación que estás dando es incongruente.*

inconmensurable. adj. Enorme o de una magnitud tan grande que no se puede medir. *Al verlo, sintió una alegría inconmensurable.* ▶ *ENORME.

inconmovible. adj. **1.** Dicho de cosa: Que no se puede conmover o alterar. *Tiene una fe inconmovible.* **2.** Dicho de persona: Incapaz de conmoverse, o muy difícil de conmover. *–Ahórrate esas lágrimas –dijo inconmovible.*

inconsciencia. f. **1.** Cualidad de inconsciente. *Muchos accidentes se deben a la inconsciencia del conductor.* **2.** Estado o situación de la persona que ha perdido la consciencia o facultad de reconocer la realidad. *Al ataque epiléptico sigue un período de inconsciencia.* **3.** Hecho o dicho inconscientes o imprudentes. *Ha sido una inconsciencia dejarse el fuego encendido.*

inconsciente. adj. **1.** Dicho de persona: Que no es consciente de algo concreto, o de sus propios actos y sus consecuencias. *Inconsciente* DEL *peligro, se adentró en el bosque.* Tb. m. y f. *Mira que dejar al niño solo: eres un inconsciente.* **2.** Dicho de persona: Que ha perdido la consciencia o facultad de reconocer la realidad. *La enferma permanece inconsciente.* **3.** Propio de la persona inconsciente (→ 1, 2). *Los tics son movimientos inconscientes.* ● m. **4.** *Psicol.* Conjunto de caracteres y procesos psíquicos que, aunque condicionan la conducta, no afloran en la conciencia. *El psicoanálisis permite conocer el inconsciente de una persona.* ■ **el ~ colectivo.** m. *Psicol.* Parte del inconsciente (→ 4) que no depende de la experiencia personal y que está compuesto por arquetipos o representaciones comunes al género humano. *El inconsciente colectivo explicaría que los mismos mitos aparezcan en culturas diferentes.*

inconsecuencia. f. **1.** Cualidad de inconsecuente. *No es consciente de la inconsecuencia de lo que dice.* **2.** Dicho o hecho inconsecuentes. *Es una inconsecuencia luchar por la paz usando las armas.*

inconsecuente. adj. **1.** No consecuente con las propias ideas o principios. *Son los que tanto predican los más inconsecuentes* CON *su doctrina.* Dicho de pers., tb. m. y f. *Es usted un inconsecuente o un embustero.* **2.** Que no se sigue o deduce de algo. *El argumento de que se necesitan armas es inconsecuente* CON *el principio de que no se debe matar.*

inconsiderado, da. adj. No considerado o carente de consideración. *Nos ha tratado de modo inconsiderado.*

inconsistencia. f. Condición de inconsistente. *En mi vida he oído argumentos de tanta inconsistencia.*

inconsistente. adj. Falto de consistencia o firmeza. *El testimonio del testigo era inconsistente.*

inconsolable. adj. Que no puede ser consolado. *La inconsolable familia de la víctima.*

inconstancia. f. Cualidad de inconstante. *La inconstancia en el estudio no se suple con inteligencia.*

inconstante. adj. Dicho de cosa o persona: No constante. *Es listo, pero tan inconstante que nunca llega a nada.*

inconstitucional. adj. Que no se ajusta a la Constitución del Estado. *Varios artículos de la ley han sido declarados inconstitucionales.*

inconstitucionalidad. f. Cualidad de inconstitucional. *El alto tribunal determinará la constitucionalidad o inconstitucionalidad de las medidas.*

inconsútil. adj. cult. Que no tiene costuras. Frec. referido a la túnica de Jesucristo. *La túnica inconsútil del Salvador.* Tb. fig. *Recuerdo el cielo azul inconsútil de la isla.*

incontable. adj. **1.** Que no puede contarse. **2.** Tan numeroso que resulta difícil de contar. *Recibió incontables felicitaciones.* ▶ **2:** INNUMERABLE.

incontaminado, da. adj. No contaminado. *El proyecto permitirá mantener las aguas de los ríos incontaminadas.*

incontenible. adj. Que no se puede contener o frenar. *Sintió un incontenible deseo de llorar.*

incontestable. adj. Que no se puede discutir o cuestionar. *Ha sido un triunfo incontestable.*

incontinencia. f. **1.** Incapacidad para controlar voluntariamente la expulsión de orina o heces. *El paciente padece incontinencia urinaria.* **2.** Falta de continencia o moderación, espec. al hablar o en el aspecto sexual. *Es buena en un portavoz la locuacidad, pero no la incontinencia verbal.*

incontinente. adj. **1.** Que padece incontinencia. *Enfermos incontinentes.* Dicho de pers., tb. m. y f. *Pañales para incontinentes.* **2.** Que tiene o manifiesta incontinencia, espec. al hablar o en el aspecto sexual. *Allí sigue, incontinente, soltando cuantas barbaridades se le ocurren.*

incontrastable. adj. Que no se puede refutar o contradecir con razones o argumentos sólidos. *Que la Tierra gira alrededor del Sol es una verdad incontrastable.*

incontrolable. adj. Que no se puede controlar. *Siente unos celos incontrolables.*

incontrolado, da. adj. **1.** Que no tiene control. *Los consumidores se quejan del crecimiento incontrolado de los precios.* **2.** Que actúa sin control. *La policía cargó contra un grupo incontrolado de manifestantes.* Dicho de pers., tb. m. y f.

incontrovertible. adj. Que no admite duda ni discusión. *El aumento de la esperanza de vida es un hecho incontrovertible.*

inconveniencia. f. **1.** Cualidad de inconveniente. *Tengo que advertirles de la inconveniencia de cambiar ahora de estrategia.* **2.** Hecho o dicho inconvenientes, espec. por su carácter inoportuno u ofensivo. *Al notar las miradas de todos, supo que había dicho una inconveniencia.*

inconveniente. adj. **1.** No conveniente. *Cuidado, no vayas a hacer nada inconveniente.* ● m. **2.** Impedimento u obstáculo para hacer algo. *No creo que me pongan inconvenientes para tomarme el día libre.* **3.** Aspecto desfavorable de algo. *Cualquier decisión tendrá ventajas e inconvenientes.* ▶ **2:** *OBSTÁCULO. **3:** DESVENTAJA.

incordiar. (conjug. ANUNCIAR). tr. coloq. Molestar o importunar (a alguien). *Deja ya de incordiarme, que me tienes harta.* Tb. usado en constr. intr. *Se ha pasado la tarde incordiando.*

incordio. m. coloq. Persona o cosa que incordian. *Esta tía es un incordio, no la aguanto.*

incorporación. f. Hecho o efecto de incorporar o incorporarse. *Si acepta el puesto, su incorporación será inmediata.*

incorporal. adj. Incorpóreo. *Andaba como levitando, como una presencia incorporal.*

incorporar. tr. **1.** Unir (una persona o una cosa) a otra u otras para que forme un todo con ellas. *Incorpore la sal* AL *huevo batido. La empresa quiere incorporar a nuevos profesionales.* **2.** Poner en posición de sentada o reclinada (a una persona echada o tendida). *Incorporó al enfermo en la cama para darle la pastilla. Tenía tanto sueño que apenas podía incorporarse.* ○ intr. prnl. **3.** Empezar a trabajar o participar en algo, o a desempeñar las funciones que corresponden. *Nada más jurar el cargo, se incorporará a su puesto.*

incorpóreo, a. adj. No corpóreo, o carente de consistencia física. *Cree en la existencia de seres incorpóreos.* ▶ INCORPORAL.

incorrección. f. **1.** Cualidad de incorrecto. *No seré yo quien juzgue la corrección o incorrección de su comportamiento.* **2.** Hecho o dicho incorrectos. *El texto está plagado de incorrecciones gramaticales.*

incorrecto, ta. adj. No correcto. *La garantía no cubre los daños debidos al uso incorrecto del aparato. Has estado algo incorrecto con las visitas.*

incorregible. adj. **1.** Que no se puede corregir. *Tiene la manía incorregible de escuchar conversaciones ajenas.* **2.** Antepuesto o pospuesto a un nombre que designa persona con un hábito o comportamiento: Que persiste con firmeza o terquedad en ese hábito o comportamiento. *Es un romántico incorregible.* ▶ **2:** *EMPEDERNIDO.

incorruptibilidad. f. Cualidad de incorruptible. *Los cristianos creen en la incorruptibilidad del alma.*

incorruptible. adj. No corruptible. *Tiene fama de juez justo e incorruptible. Necesitamos materiales resistentes e incorruptibles.*

incorrupto, ta. adj. No corrupto. *Han hallado el cadáver incorrupto de un hombre que vivió hace cientos de años.*

increado, da. adj. No creado. *El Dios cristiano es un ser eterno e increado.*

incredulidad. f. Cualidad de incrédulo. *Encoge los hombros, en un gesto de incredulidad.*

incrédulo, la. adj. **1.** Dicho de persona: Que no cree fácilmente lo que ve o se le dice. *Una y otra vez mira incrédulo el boleto premiado.* Tb. m. y f. *Solo con promesas no convencerán a los incrédulos.* **2.** Dicho de persona: Que no tiene fe religiosa. Tb. m. y f. *La nueva congregación se propone convertir a los incrédulos.*

increíble. adj. Que no se puede creer o es muy difícil de creer. *A cualquiera le resultaría increíble una historia tan fantástica.* Frec. con intención enfática. *Ha hecho unos progresos increíbles.*

incrementar. tr. Aumentar (algo). *La campaña publicitaria ha incrementado las ventas.* Tb. en constr. prnl. media. *El desempleo se ha incrementado* EN *un dos por ciento.* ▶ *AUMENTAR.

incremento. m. Hecho de incrementar o incrementarse. *La entrada en circulación del euro supuso un incremento de precios.* Tb. la cantidad que se incrementa. *Se ha registrado un incremento* DEL *tres por ciento en las exportaciones.* ▶ AUMENTO.

increpación. f. Hecho o efecto de increpar. *Ha tenido que soportar las increpaciones y abucheos de los asistentes.*

increpar. tr. Reprender (a alguien) con severidad. *Lo increpó por saltarse las normas.*

in crescendo. (loc. it.; pronunc. "in-kreshéndo"). loc. adv. Con aumento gradual. *Se acercaba la fecha del examen y mi nerviosismo iba* in crescendo. ¶ [Equivalente recomendado: *en aumento*].

incriminación. f. Hecho de incriminar. *No se ha podido probar la incriminación contra él.*

incriminar. tr. Imputar (a alguien) un delito o falta graves. *La fiscalía no ha hallado pruebas para incriminarlo.* ▶ *ACUSAR.

incruento, ta. adj. cult. No cruento, o que no causa derramamiento de sangre. *Un golpe de Estado incruento acabó con su presidencia.*

incrustación. f. **1.** Hecho de incrustar o incrustarse. *Decoran la pieza mediante la incrustación de hueso* EN *la madera.* **2.** Cosa incrustada. *La copa es de bronce con incrustaciones de nácar.*

incrustar. tr. **1.** Embutir o introducir (algo) en una superficie dura, de modo que quede sujeto o adherido en ella. *Incrustó el clavo* EN *la pared de un martillazo.* Tb. en constr. prnl. media. *Se ha incrustado mucha grasa* EN *la sartén.* **2.** Embutir o introducir algo (en una superficie dura), de modo que quede sujeto o adherido (en ella). *Una corona de oro incrustada* DE *piedras preciosas.*

incubación. f. Hecho de incubar o incubarse. *No molesten a las aves durante la incubación de sus huevos. Período de incubación de una enfermedad.*

incubadora. f. **1.** Aparato o lugar que sirven para la incubación artificial de huevos. *La granja cuenta* *con dos incubadoras con capacidad para 1500 huevos.* **2.** Aparato con forma de urna de cristal, que permite mantener a temperatura adecuada para su desarrollo a los niños nacidos prematuros o en circunstancias anormales. *Los sietemesinos tienen que pasar un tiempo en la incubadora.*

incubar. tr. **1.** Calentar un ave u otro animal ovíparo (los huevos), gralm. con su cuerpo, para que nazcan las crías. *Una paloma incuba sus huevos en el nido.* Tb. usado en constr. intr. *El macho y la hembra se turnan para incubar.* **2.** Desarrollar (una enfermedad) desde que se contrae hasta que aparecen los primeros síntomas. *Creo que estoy incubando una gripe.* Tb. en constr. prnl. media. *La varicela se incuba durante un período de unos días.* **3.** Hacer que (algo) comience a desarrollarse sin manifestarse. *Los enfrentamientos entre los dos países pueden estar incubando una guerra futura.* Tb. en constr. prnl. media. *Nada hacía pensar al régimen que se estaba incubando una revolución.* ▶ **1:** EMPOLLAR.

íncubo. adj. Dicho de diablo: Que adoptando apariencia de hombre tiene relación sexual con una mujer. Más frec. m. *En la leyenda aparecen brujas e íncubos.*

incuestionable. adj. No cuestionable. *Hacen un trabajo de un mérito incuestionable.*

inculcar. tr. Infundir de manera duradera y profunda (una idea o un sentimiento) en alguien o en su ánimo. *Es bueno inculcar* EN *el niño el amor por los animales.*

inculpación. f. Hecho de inculpar. *Ha sido un testigo clave en la inculpación del acusado.*

inculpado, da. part. **1.** → **inculpar. 2.** Que ha sido inculpado (→ 1) de un delito. Tb. m. y f. *La inculpada se declara inocente.*

inculpar. tr. Atribuir (a alguien) un delito. *La juez lo inculpa* DE *homicidio.* ▶ *ACUSAR.

inculpatorio, ria. adj. Que inculpa o sirve para inculpar. *El fiscal presentó pruebas inculpatorias contra el acusado.*

incultivable. adj. Que no se puede cultivar. *Terrenos incultivables.*

inculto, ta. adj. **1.** Que carece de cultura o tiene un nivel cultural bajo. *Era gente inculta, casi analfabeta.* Dicho de pers., tb. m. y f. *Es de incultos expresarse con tan poca propiedad.* **2.** Propio de la persona inculta (→ 1). *Utilizan un lenguaje zafio e inculto.* **3.** Dicho de terreno: Que no tiene cultivo ni labor. *En las tierras incultas abunda el matorral.* ▶ **1:** *IGNORANTE. **3:** *YERMO.

incultura. f. Falta de cultura o de conocimientos adquiridos. *Reconozco mi incultura en materia musical.*

incumbencia. f Obligación, asunto o función que incumben a alguien. *Juzgar es incumbencia de los tribunales. No te inmiscuyas, esto no es de tu incumbencia.*

incumbir. intr. Corresponder algo a alguien, o ser responsabilidad suya. *Incumbe al director tomar las decisiones. Se ha metido en lo que no le incumbe.* ▶ CORRESPONDER.

incumplimiento. m. Hecho de incumplir. *Lo demandaron por incumplimiento de contrato.*

incumplir. tr. Dejar de cumplir (algo, espec. una ley, una orden, un castigo, un deber o una promesa). *El que incumpla la ley será castigado. Ha incumplido su promesa.* ▶ *INFRINGIR.

incunable. adj. Dicho de obra: Impresa en el período que va desde la invención de la imprenta hasta principios del s. XVI. *Libro incunable.* Tb. m. *La biblioteca atesora valiosos manuscritos e incunables.*

incurable. adj. **1.** Que no se puede curar. *Padece una enfermedad incurable.* Dicho de pers., tb. m. y f. **2.** Que no tiene arreglo o remedio. *Es de una tacañería incurable.*

incuria. f. cult. Abandono o falta de cuidado. *La incuria oficial ha causado el deterioro del patrimonio.*

incurrir. intr. **1.** Cometer una falta, un delito o un error. *El funcionario incurrió* EN *un delito de malversación. Siempre incurre* EN *los mismos errores.* **2.** Seguido de *en* y un nombre como *odio, sospecha* o *desprecio*: Ser alguien objeto de lo designado por ese nombre. *Sin saber por qué, incurrió* EN *su odio.*

incursión. f. **1.** Penetración de corta duración en territorio enemigo, llevada a cabo por fuerzas armadas con intención hostil. *Como era ciudad fronteriza, se vio repetidamente afectada por incursiones enemigas.* **2.** Hecho de dedicarse a una actividad o introducirse en un ámbito de manera temporal. *Lo suyo es el teatro, pero ha hecho alguna incursión* EN *el cine.*

incursionar. intr. **1.** Realizar una incursión. *Los vikingos incursionaban con frecuencia* EN *las costas atlánticas.* **2.** Am. Realizar una actividad distinta de la habitual. *El político Carlos de Campos también incursionó* EN *el arte operístico* [C].

incurso, sa. adj. Que ha incurrido en algo. *El indulto afectaría a presos incursos* EN *delitos que no sean de sangre.*

indagación. f. Hecho de indagar. *Las indagaciones de la policía han conducido hasta el asesino.*

indagador, ra. adj. Que indaga. *Nada escapa a sus ojos indagadores.* Dicho de pers., tb. m. y f.

indagar. tr. Intentar averiguar (algo), discurriendo o preguntando. *Una comisión indagará las causas del accidente.*

indagatorio, ria. adj. De la indagación. *Como investigador ha demostrado gran capacidad indagatoria.*

indebido, da. adj. Que no se debe hacer por ser contrario a las normas. *La han multado por aparcamiento indebido.*

indecencia. f. **1.** Cualidad de indecente. *Veían en el provocativo vestido una muestra de indecencia.* **2.** Hecho o dicho indecentes. *Tanta ostentación de riqueza es una indecencia.*

indecente. adj. No decente, espec. en el aspecto sexual. *Las playas de nudistas le parecen indecentes.*

indecible. adj. Que no se puede decir o explicar. Gralm. con intención enfática. *Se esfuerza lo indecible por agradarnos.*

indecisión. f. Cualidad de indeciso. *Eres de una indecisión exasperante.* Tb. la actitud correspondiente. *Un momento de indecisión puede hacernos perder una buena oportunidad.*

indeciso, sa. adj. Que tiene dificultad para decidirse. *Estoy indecisa, no sé qué vestido elegir.*

indeclinable. adj. **1.** Que no se puede declinar o rechazar. *La justicia tiene el deber indeclinable de castigar al criminal.* **2.** *Gram.* Dicho de palabra: Que no se declina. *En latín hay palabras indeclinables.*

indecoroso, sa. adj. Que carece de decoro o atenta contra él. *Considera indecorosas esas minifaldas tan cortas.*

indefectible. adj. Que no puede faltar o dejar de ser. *El verano llega indefectible cada mes de junio.*

indefendible. adj. Que no se puede defender. *Se obstina en mantener una postura indefendible.*

indefensión. f. **1.** Condición de indefenso. *Los comerciantes se quejan de su indefensión ante los atracos.* **2.** *Der.* Situación de la persona a la que se impide o se limita la defensa de su derecho en un procedimiento administrativo o judicial. *El abogado presentará un recurso alegando indefensión del acusado.*

indefenso, sa. adj. Que no tiene defensa. *El cazador dispara a un ciervo indefenso.*

indefinible. adj. Que no se puede definir. *He sentido algo indefinible, mezcla de alegría y desconcierto.*

indefinición. f. Cualidad de indefinido. *La indefinición de competencias provoca conflictos.*

indefinido, da. adj. **1.** Impreciso o no definido. *El cielo tenía un color indefinido entre naranja y rosa.* **2.** Que no tiene término señalado o conocido. *Hay huelga indefinida de metro. Contrato indefinido.* **3.** *Gram.* Dicho de adjetivo o pronombre: Que hace referencia a la calidad, la cantidad o la identidad de manera imprecisa. *"Nadie" es un pronombre indefinido.* Tb. m. *El adjetivo "algunas" de "algunas veces" es un indefinido.* ● m. **4.** *Gram.* Pretérito indefinido (→ **pretérito**). *El indefinido de "andar" es "anduve, anduviste...".*

indeleble. adj. Que no se puede borrar o eliminar. *Aquella experiencia ha dejado en ellos una huella indeleble.* ▶ IMBORRABLE.

indelegable. adj. Que no se puede delegar. *El Estado tiene la responsabilidad indelegable de garantizar un sistema sanitario.*

indeliberado, da. adj. No deliberado. *Si ha habido ofensa, ha sido indeliberada.*

indelicadeza. f. **1.** Cualidad de indelicado. *Su indelicadeza raya en la grosería.* **2.** Hecho o dicho faltos de delicadeza. *Sería una indelicadeza declinar la invitación.*

indelicado, da. adj. Falto de delicadeza o cortesía. *Su conducta ha sido algo indelicada.*

indemne. adj. Que no ha recibido daño o perjuicio. *Ha salido indemne del atentado.*

indemnización. f. **1.** Hecho de indemnizar. *Las aseguradoras procederán a la indemnización de los afectados por la catástrofe.* **2.** Cantidad con que se indemniza. *Ha recibido una indemnización de un millón de euros.* ▶ **1:** *COMPENSACIÓN.

indemnizar. tr. Dar una compensación, gralm. económica, (a alguien) por un daño o perjuicio. *El Gobierno indemnizará a las víctimas del terremoto. Lo indemnizaron con cinco millones.* ▶ *COMPENSAR.

indemostrable. adj. Que no se puede demostrar. *Su teoría es indemostrable.*

independencia. f **1.** Condición o estado de independiente. *Filipinas consiguió la independencia en 1898. Es fundamental lograr la independencia económica.* **2.** Cualidad de independiente. *Admiro tu independencia de espíritu.* ■ **con ~ de.** loc. prepos. Sin depender de. *Todos somos iguales ante la ley, con independencia de la raza, el sexo o las creencias.*

independentismo. m. Movimiento político que propugna la independencia de un país o una región. *Los líderes del independentismo militan en el partido nacionalista.*

independentista. adj. **1.** Del independentismo. *Ideología independentista.* **2.** Partidario del independentismo. *Grupos independentistas.* Dicho de pers., tb. m. y f. *Los independentistas más radicales defienden la lucha armada.*

independiente. adj. **1.** Dicho de cosa o persona: Que no depende de otra. *Cuba se hizo independiente* DE *España a finales del* XIX. **2.** Dicho de cosa: Que no tiene relación o conexión con otra. *El curso está dividido en varios módulos independientes.* **3.** Dicho de persona: Que mantiene sus opiniones sin dejarse influir o controlar por otros. *Los jueces deben ser independientes.* **4.** Que actúa de forma autónoma, sin contar con el apoyo de otros ni someterse a la disciplina de un grupo. *Es un chico muy independiente y no le gusta que lo controlen. Se presenta como candidato independiente.* **5.** Propio de la persona o cosa independientes (→ 1-4). *Cada célula de la organización funciona de modo independiente.*

independientemente. adv. De manera independiente. *Trabaja independientemente como traductora.* ■ **~ de.** loc. prepos. Con independencia de. *Todos merecemos respeto, independientemente de nuestra posición social.*

independizar. tr. Hacer independiente (algo o a alguien). *En cuanto encuentre trabajo, me independizo. Vamos a hacer un tabique para independizar la cocina del salón.*

indescifrable. adj. Que no se puede descifrar. *Un mensaje indescifrable.*

indescriptible. adj. Que no se puede describir, gralm. por su magnitud o carácter extraordinario. *Sintió una emoción indescriptible al recibir el premio.*

indeseable. adj. **1.** No deseable. *Pongamos todos de nuestra parte para evitar tensiones indeseables.* **2.** Dicho de persona: Cuyo trato no es recomendable, dadas sus cualidades negativas. *Hay pocos seres más indeseables que un violador.* Tb. m. y f. *No la queremos como compañera, es una indeseable.* **3.** Dicho de persona: Cuya permanencia en un país es considerada peligrosa por las autoridades de este. *Ha sido declarado indeseable y expulsado por el régimen.* Tb. m. y f. *Varios intelectuales críticos engrosan las listas de indeseables.*

indeseado, da. adj. Que no es deseado. *Los anticonceptivos ayudan a evitar embarazos indeseados.*

indestructible. adj. Que no se puede destruir. *Los une un vínculo indestructible.*

indeterminación. f. Falta de determinación en algo, o de resolución en alguien. *La indeterminación del gobierno para acabar con la violencia callejera es alarmante. Para evitar ambigüedades e indeterminaciones, daremos cifras concretas.*

indeterminado, da. adj. No determinado o no concreto. *El terremoto se ha cobrado un número indeterminado de víctimas.*

indexación. f. *Inform.* y *Econ.* Hecho de indexar. *Un sistema de indexación de datos facilita las búsquedas en la biblioteca.* ▶ INDIZACIÓN.

indexar. tr. **1.** *Inform.* Elaborar un índice (de algo, espec. de un documento o un conjunto de datos). *El buscador rastrea la red e indexa automáticamente los resultados obtenidos.* **2.** *Econ.* Asociar las variaciones (de un valor) a las de un elemento de referencia. *El ministerio de Economía indexará los salarios a las estimaciones más altas de la inflación.* ▶ INDIZAR.

indiano, na. adj. **1.** De las Indias Occidentales o América colonial española. *Las potencias europeas pugnaban por controlar el comercio indiano.* **2.** Dicho de persona: Que vuelve rica de América. Más frec. m. y f. *Se casó con un indiano de Sevilla que había hecho su fortuna en Lima.*

indicación. f. **1.** Hecho o efecto de indicar. *Siga las indicaciones del médico.* **2.** Señal que indica. *Cuando veas la indicación del desvío, pásate al carril derecho.*

indicador, ra. adj. Que indica o sirve para indicar. *A la entrada del pueblo hay una placa indicadora con su nombre.* Dicho de aparato o dispositivo, tb. m. *Compruebe que el indicador de presión marca 1,5 bares.*

indicar. tr. **1.** Mostrar (algo) con indicios o señales. *Hace un movimiento con la cabeza para indicar asentimiento.* **2.** Decir (algo que se propone, aconseja u ordena). *¿Podría indicarme un buen restaurante? Un agente me indicó que detuviera el vehículo.* ▶ **1:** *SEÑALAR.

indicativo, va. adj. **1.** Que indica o sirve para indicar. *La caída del cabello puede ser indicativa de una deficiencia vitamínica.* ● m. **2.** *Gram.* Modo indicativo (→ **modo**). *En "comimos en casa", el verbo "comer" está en indicativo.*

índice. m. **1.** Dedo índice (→ **dedo**). *Recorre la lista de nombres con el índice.* **2.** Indicio o señal de algo. *El aumento del paro es un índice de crisis económica.* **3.** En un libro u otra publicación: Lista ordenada de contenidos con indicación del lugar donde aparecen. *En el índice del libro figura el nombre de cada capítulo. Índice de ilustraciones.* **4.** Expresión numérica de la relación entre dos cantidades o magnitudes. *Índice de población activa. Índice de audiencia.* **5.** *Mat.* Número o letra que indica el grado de una raíz. *El índice de una raíz cuadrada es 2.* ■ **~ de precios al consumo.** m. *Econ.* Expresión numérica del incremento de los precios de bienes y servicios en un período de tiempo con respecto a otro anterior. *El índice de precios al consumo subió un 0,2% el trimestre pasado.* ⇒ IPC. ■ **~ de refracción.** m. *Fís.* Razón entre las velocidades de propagación de la luz en el vacío y en un determinado medio. *El índice de refracción del agua es mayor que el del aire.* ▶ **2:** *INDICIO.

indiciario, ria. adj. *Der.* Basado en indicios o derivado de ellos. *Existen pruebas indiciarias de su implicación en el crimen.*

indicio. m. **1.** Cosa que permite conocer o inferir la existencia de otra no percibida. *Estos nubarrones son indicio de lluvia. No hay pruebas, solo indicios.* **2.** Cantidad muy pequeña de algo, que no acaba de manifestarse como significativa. *Se hallaron en la bebida indicios de arsénico.* ▶ **1:** ATISBO, ÍNDICE, SEÑAL, VISLUMBRE.

índico, ca. adj. De la India. *Lenguas índicas.* ▶ *INDIO.

indiferencia. f. Actitud de indiferente. *Me duele que me trate con esa indiferencia.*

indiferenciado, da. adj. Que no tiene caracteres que lo diferencien. *Las células de la sangre se forman a partir de células indiferenciadas de la médula ósea.*

indiferente. adj. **1.** No inclinado a una cosa o persona más que a otra. *Un 30% apoya la propuesta, un 50% la rechaza, y un 20% se muestra indiferente.* **2.** Que no manifiesta interés o afectación por algo o alguien. *Permanecía callada, indiferente* A *lo que sucedía a su alrededor.* **3.** Que puede ser o hacerse de una forma o de otra, sin importar cuál se elija. *Puede presentar el original o una fotocopia, es indiferente.* **4.** Que no despierta interés ni rechazo. *No solo no estoy enamorado de ella: me es totalmente indiferente.*

indiferentismo. m. Actitud de la persona indiferente, espec. en materia religiosa. *Parecen extenderse el ateísmo y el indiferentismo en las sociedades modernas.*

indígena. adj. Originario del país de que se trata. *El autor ha hecho un catálogo de las lenguas indígenas de Oceanía.* Frec. referido a civilizaciones poco desarrolladas. Dicho de pers., tb. m. y f. *Los misioneros evangelizaron a los indígenas.*

indigencia. f. Estado de indigente. *Muchas personas viven en la indigencia en el Tercer Mundo.* ▶ *POBREZA.

indigenismo. m. Doctrina que defiende reivindicaciones políticas, sociales y económicas para los indígenas, espec. los iberoamericanos. *La salvaguardia de la identidad cultural indígena es el punto central del indigenismo.* Tb. el movimiento que defiende esa doctrina. *Se han llevado a cabo experiencias de educación bilingüe impulsadas por el indigenismo.*

indigenista. adj. **1.** Del indigenismo. *Reivindicaciones indigenistas.* **2.** Partidario del indigenismo. *Organizaciones indigenistas.* Dicho de pers., tb. m. y f. *Los indigenistas defienden el derecho de los indios a mantener sus costumbres.*

indigente. adj. Que carece de los medios necesarios para vivir. *Existe una población indigente difícil de censar.* Dicho de pers., tb. m. y f. *Unos indigentes dormían en los bancos del parque.* ▶ *POBRE.

indigerible. adj. Que no se puede digerir. *La fibra indigerible del pan integral contribuye a evitar el estreñimiento.* Tb. fig. *Tanta información resulta ya indigerible.*

indigestarse. intr. prnl. **1.** Provocar indigestión a alguien un alimento o una comida. *Se le indigestaron los callos.* **2.** coloq. Hacerse alguien o algo desagradables o molestos a una persona. *Este curso se me están indigestando las matemáticas.*

indigestión. f. Trastorno causado por una mala digestión. *No comas tan deprisa, que te va a dar una indigestión.*

indigesto, ta. adj. Que no se digiere o se digiere con dificultad. *Las comidas con tanta grasa suelen ser indigestas.* Tb. fig. *La filosofía les gusta a unos, pero a otros les resulta indigesta.*

indignación. f. Sentimiento de enfado y rechazo vehementes causado por algo que choca con la conciencia moral o el sentido de justicia. *Me entra indignación al oír las noticias sobre casos de maltrato.*

indignante. adj. Que indigna. *Es indignante que suba todo menos los sueldos.*

indignar. tr. Provocar indignación (en alguien). *Me indigna esa actitud.* Tb. en constr. prnl. media. *Se indignó al oír las mentiras que contaban.*

indignidad. f. **1.** Cualidad de indigno. *Este escándalo demuestra su indignidad para el cargo.* **2.** Hecho indigno o rechazable. *Es una indignidad vivir en tan ínfimas condiciones.*

indigno, na. adj. **1.** No digno o no merecedor de algo o de alguien. *Un autor tan mediocre es indigno* DE *cualquier premio. Si te engaña, es indigna* DE *ti.* **2.** Que no corresponde al mérito o condición de alguien o algo. *Sería indigno* DE *un caballero faltar al respeto a una dama.* **3.** No digno de respeto o consideración. *Eran estafadores, gente indigna.* **4.** De calidad muy baja o inaceptable. *Tiene un salario indigno.* ▶ **3:** *DESPRECIABLE.

índigo. m. Añil. *El índigo combina con el blanco.* Tb. adj., referido a color y gralm. siguiendo a *azul. Tengo unos vaqueros azul índigo.*

indio, dia. adj. **1.** De la India. *Población india.* Dicho de pers., tb. m. y f. *Indios y chinos intentan resolver sus conflictos fronterizos.* **2.** Dicho de persona: De los pueblos o razas indígenas de América. *Jefe indio.* Tb. m. y f. *Los indios que trabajaban en las encomiendas recibían formación cristiana.* En Esp., frec. referido a los indígenas de América del Norte. *Le encantan las películas de indios y vaqueros.* **3.** De los indios (→ 1, 2). *El hindi es una lengua india. La tribu india de los apaches.* ■ **hacer el indio.** loc. v. **1.** coloq. Divertirse o divertir a los demás con travesuras o bromas. *Cómo te gusta hacer el indio y que te rían las gracias.* **2.** coloq. Actuar de forma desacertada o perjudicial para uno mismo. *Has hecho el indio prestándole dinero, seguro que no te lo devuelve.* ▶ **1:** HINDÚ, ÍNDICO.

indirecto, ta. adj. **1.** Que no se produce o no lleva a un fin o resultado de forma directa. *Una consecuencia indirecta del aumento de la población es la reducción de las zonas verdes.* ● f. **2.** Dicho o medio para dar a entender algo sin expresarlo claramente. *Le lancé una indirecta a ver si se callaba, pero no la captó.*

indiscernible. adj. Que no se puede discernir. *Entre la copia y el original había diferencias indiscernibles.*

indisciplina. f. Falta de disciplina. *La indisciplina de los alumnos preocupa a los profesores.*

indisciplinado, da. adj. Dicho de persona: Que no se sujeta a la disciplina. *Te van a expulsar del instituto por indisciplinado.*

indiscreción. f. **1.** Cualidad de indiscreto. *No voy a confiar un secreto a alguien de su indiscreción.* **2.** Hecho o dicho indiscretos. *Si he cometido alguna indiscreción, le ruego me disculpe.*

indiscreto, ta. adj. **1.** Que se comporta sin discreción. *No quiero ser indiscreta, pero ¿qué edad tiene usted?* Dicho de pers., tb. m. y f. *Seguro que algún indiscreto lo cuenta todo.* **2.** Propio de la persona indiscreta (→ 1). *Echa las cortinas para estar a salvo de miradas indiscretas.*

indiscriminado, da. adj. Dicho de cosa: Que no hace discriminación o distinción. *El ejército abrió fuego sobre la población civil de forma indiscriminada.*

indiscutible. adj. Que no se puede discutir por ser evidente. *Lo que dices es una verdad indiscutible. El vencedor indiscutible de la prueba es Mario.*

indiscutido, da. adj. No discutido o no puesto en duda. *Todos respetan la autoridad indiscutida de los monarcas.*

indisimulado, da. adj. No disimulado, o que se manifiesta de forma patente. *Recoge el premio con indisimulada satisfacción.*

indisociable. adj. Que no se puede disociar. *En un buen aprendizaje, la teoría es indisociable* DE *la práctica.*

indisolubilidad. f. Cualidad de indisoluble. *Como católica, acepta la indisolubilidad del matrimonio.*

indisoluble. adj. Que no se puede disolver o deshacer desuniendo sus componentes. *El presidente ha hablado de la unidad indisoluble de la nación.*

indispensable. adj. Dicho de persona o cosa: Absolutamente necesaria, o de la que no se puede prescindir. PARA *optar al puesto, es requisito indispensable hablar inglés.* ▶ IMPRESCINDIBLE.

indisponer. (conjug. PONER). tr. Hacer que (dos o más personas) se vuelvan enemigas o pierdan su amistad. *El reparto de la herencia indispuso a los hermanos.* Tb.: *Lo indispusieron* CONTRA *mí y ahora ni me saluda.* Tb. en constr. prnl. media. *Se han indispuesto por un malentendido. No quería indisponerse* CON *nadie.* ▶ ENEMISTAR.

indisposición. f. **1.** Alteración leve de la salud. *Ha tenido que irse a casa por una indisposición.* **2.** Falta de disposición o preparación para algo. *Queda demostrada la indisposición de las partes* PARA *llegar a un acuerdo.*

indispuesto, ta. part. **1.** → **indisponer.** ● adj. **2.** Que se siente algo enfermo o afectado por una indisposición. *Después de comer tanto, se sintió indispuesto.*

indisputable. adj. Que no admite disputa o discusión. *Es un hecho indisputable que la Tierra gira alrededor del Sol.*

indistinción. f. Falta de distinción o diferenciación. *Al lector lo desorienta esta confusión o indistinción entre lo real y lo ficticio.*

indistinguible. adj. Que no se puede distinguir o diferenciar. *Con tanta niebla, el puente es casi indistinguible.*

indistinto, ta. adj. **1.** Que no se distingue de otra cosa. *Todas las noches de verano se le antojaban iguales, indistintas.* **2.** Que no se percibe o distingue con claridad. *A lo lejos se oyen voces indistintas.* **3.** Que resulta indiferente o no es objeto de preferencia. *Puede tomar el medicamento antes o después de la comida, es indistinto.*

individuación. f. Hecho o efecto de individuar. *Hay dos fases en el conocimiento, una de individuación y otra de universalización.*

individual. adj. **1.** Del individuo como ser organizado. *Nadie puede coartar nuestras libertades individuales.* **2.** De un solo individuo o elemento. *Se puede pedir la pizza entera o en porciones individuales.* **3.** Propio de alguien o algo. *Cada estudiante tiene unas estrategias individuales de aprendizaje.* ▶ **3:** *CARACTERÍSTICO.

individualidad. f. Cualidad propia de una persona o de una cosa, por la cual se distingue del resto. *El profesor debe respetar la individualidad de cada alumno.*

individualismo. m. **1.** Tendencia a pensar y actuar con independencia de los demás, o sin sujetarse a normas generales. *Vivimos en sociedad, no podemos dejarnos llevar por el individualismo.* Tb. la actitud correspondiente. *Me molesta su individualismo y su falta de solidaridad.* **2.** Doctrina filosófica que defiende la autonomía y supremacía de los derechos del individuo frente a los de la sociedad y el Estado. *Las ideas del individualismo moderno quedaron reflejadas en la Declaración de los Derechos Humanos.*

individualista. adj. **1.** Del individualismo. *No podemos regir nuestras vidas por criterios individualistas. Tesis individualistas.* **2.** Seguidor del individualismo, o que lo practica. *No le gusta compartir, es muy individualista. Filósofo individualista.* Dicho de pers., tb. m. y f. *Los individualistas siempre actúan guiados por su propio interés.*

individualización. f. Hecho o efecto de individualizar. *Diagnosticar las dificultades de cada alumno permite la individualización de la enseñanza.*

individualizar. tr. Dar carácter individual (a alguien o algo). *Cada paciente necesita un tratamiento individualizado.* ▶ INDIVIDUAR.

individuar. (conjug. ACTUAR). tr. Individualizar (algo o a alguien). *Atribuye a la materia el poder de individuar a los seres, de hacerlos concretos y diferentes.* ▶ INDIVIDUALIZAR.

individuo, dua. m. **1.** Ser organizado, animal o vegetal, respecto de la especie a que pertenece. *Un óvulo fecundado por un espermatozoide genera un nuevo individuo.* **2.** Persona, o individuo (→ 1) de la especie humana. *Todo individuo tiene derecho a la vida. Las enfermedades respiratorias son frecuentes en individuos adictos al tabaco.* **3.** Hombre cuyo nombre se ignora. *Un individuo se me acercó y me pidió fuego.* **4.** Persona perteneciente a una clase o corporación. *Ingresó como individuo de número de la Academia Española. Individuo del Consejo de Estado.* ○ m. y f. **5.** despect. Persona despreciable. *Con esa individua no tengo ningún trato ni quiero tenerlo.* ▶ **2, 3:** *PERSONA.

indivisibilidad. f. Cualidad de indivisible. *La Constitución declara la unidad e indivisibilidad de la nación.*

indivisible. adj. Que no se puede dividir. *Todo número primo es indivisible.*

indiviso, sa. adj. No dividido o separado en partes. *Concibe cuerpo y mente como una unidad indivisa.*

indización. f. *Inform.* y *Econ.* Hecho de indizar. *Técnicas de indización y resumen de documentos.* ▶ INDEXACIÓN.

indizar. tr. *Inform.* y *Econ.* Indexar (algo). *El programa permite indizar automáticamente los datos.* ▶ INDEXAR.

indoamericano, na. adj. Amerindio. *El mapuche es una lengua indoamericana.* Dicho de pers., tb. m. y f. *Los indoamericanos no comprendían la lengua de los colonizadores.*

indochino, na. adj. De Indochina (península asiática). *La visita a Camboya busca impulsar las relaciones con el país indochino.* Dicho de pers., tb. m. y f. *Tras la guerra de Vietnam, muchos indochinos emigraron.*

indócil. adj. No dócil. *Al llegar a la adolescencia, el niño cambia y se vuelve indócil.*

indocilidad. f. Cualidad de indócil. *Cada reacción suya refleja su rebeldía e indocilidad.*

indocto, ta. adj. cult. Inculto o falto de instrucción. *Sus canciones gustan a un público musicalmente indocto.* Dicho de pers., tb. m. y f. *Se trata de una obra de consulta apreciada por los doctos y los indoctos.*

indocumentado, da. adj. **1.** Dicho de persona: Que no lleva consigo documento oficial por el cual pueda identificarse, o que carece de él. *La policía ha detenido a un grupo de inmigrantes indocumentados.* **2.** Falto de documentación o información. *Ha presentado un informe indocumentado y poco fiable.* **3.** Ignorante o inculto. *Eran personas indocumentadas, sin ninguna formación.* ▶ **3:** *IGNORANTE.

indoeuropeo, a. adj. **1.** Dicho de lengua: Que procede del indoeuropeo (→ 5). *El latín es una lengua indoeuropea.* **2.** Dicho de individuo o pueblo: Que habla indoeuropeo (→ 5) o una lengua indoeuropea (→ 1). *La mayoría de la población europea actual procede de los pueblos indoeuropeos.* Dicho de pers., tb. m. y f. *El conferenciante disertará sobre los indoeuropeos y el origen de Europa.* **3.** De los indoeuropeos (→ 2). *Invasiones indoeuropeas.* **4.** Del indoeuropeo (→ 5). *La palabra "mente" deriva de una antigua raíz indoeuropea.* ● m. **5.** Lengua o grupo de lenguas que supuestamente constituyen el origen común de muchas de las lenguas extendidas desde la India hasta el occidente de Europa. *Las lenguas romances proceden del indoeuropeo.*

índole. f. **1.** Condición e inclinación naturales de una persona. *Es hombre de índole pacífica.* **2.** Naturaleza o condición de una cosa. *Pueden exigir a los candidatos determinadas capacidades físicas, intelectuales o de otra índole.* ▶ **1:** CONDICIÓN.

indolencia. f. Cualidad de indolente. *Me molestan su indolencia y su falta de interés por las cosas.*

indolente. adj. **1.** Dicho de persona: Perezosa o abandonada en lo que hace. *Así pasa los días, indolente, sin hacer nada de provecho.* **2.** Propio de la persona indolente (→ 1). *Camina con desgana y paso indolente.*

indoloro, ra. adj. Que no causa dolor. *Esté tranquila, la prueba es completamente indolora.*

indomable. adj. Que no se puede o no se deja domar. *Una fiera indomable.* Frec. fig. *Su indomable fuerza de voluntad vence todas las dificultades.*

indomeñable. adj. cult. Que no se puede domeñar. *Un impulso indomeñable le mueve a actuar.*

indómito, ta. adj. Indomable o difícil de domar. *Un potro indómito.* Tb. fig. *Los invasores se enfrentaban con tribus indómitas.*

indonesio, sia. adj. **1.** De Indonesia. *Capital indonesia.* Dicho de pers., tb. m. y f. *Una indonesia es la dueña del restaurante.* ● m. **2.** Lengua hablada en la República de Indonesia. *El libro está escrito en indonesio.*

indostánico, ca. adj. Del Indostán (región de Asia). *Religiones indostánicas.* Dicho de pers., tb. m. y f. *Los indostánicos tienen la piel morena.*

indubitable. adj. cult. Indudable. *Existen pruebas indubitables de su culpabilidad.*

indubitado, da. adj. cult. Que no admite duda. *Es un hecho indubitado que la publicidad influye en el comprador.*

inducción. f. **1.** Hecho o efecto de inducir. *Fue acusado de inducción* AL *suicidio. La inducción parte de los casos particulares para llegar a la idea general.* **2.** *Fís.* Producción de energía eléctrica o magnética a distancia por medio de campos eléctricos o magnéticos o de ambos a la vez. *Un cuerpo puede cargarse por frotamiento, por contacto o por inducción.*

inducido. m. *Fís.* Circuito que gira en el campo magnético de una dinamo o de un alternador, y en el cual se desarrolla una corriente por efecto de su rotación. *Los dos componentes básicos de un motor eléctrico son el inductor y el inducido.*

inducir. (conjug. CONDUCIR). tr. **1.** Mover (a alguien) a que haga o piense algo. *Su marido la indujo* A *cometer el robo. Su conducta me induce* A *pensar que está furioso. La policía no halló nada que pudiera inducir* A *sospecha.* **2.** Provocar o causar (algo). *Cuando hay peligro para la madre, los médicos prefieren inducir el parto.* **3.** *Fil.* Extraer a partir de observaciones o experiencias particulares (el principio general implícito). *Indujo una regla sobre la base de los datos concretos.* **4.** *Fís.* Producir a distancia en otros cuerpos (fenómenos eléctricos o magnéticos). *Basta acercar un imán para que este induzca magnetismo en el objeto de hierro.*

inductancia. f. *Fís.* Propiedad de un circuito eléctrico, o de uno de sus componentes, de generar una fuerza electromotriz como consecuencia de la variación de la corriente que fluye a través de él o de otro próximo. *La inductancia se mide en henrios.*

inductivo, va. adj. **1.** De la inducción. Se usa espec. en filosofía. *En su pensamiento subyace una concepción inductiva del conocimiento.* **2.** Que procede por inducción. Se usa espec. en filosofía. *Método inductivo.*

inductor, ra. adj. **1.** Que induce. *El uso del móvil al volante es un factor inductor de accidentes.* Dicho de pers., tb. m. y f. *Han detenido al inductor del crimen.* Dicho de agente, tb. m. *El fármaco es un inductor del sueño.* • m. **2.** *Fís.* Órgano de una máquina eléctrica que produce inducción. *El inductor de un motor puede consistir en un imán o una bobina.*

indudable. adj. Que no se puede poner en duda. *La obra posee una indudable calidad artística.*

indulgencia. f. **1.** Actitud indulgente. *La maestra ha tratado con indulgencia a los autores de la gamberrada.* **2.** *Rel.* Perdón de las penas correspondientes a los pecados cometidos, que se obtiene por mediación de la Iglesia. *El Papa imparte su bendición con indulgencia plenaria.*

indulgente. adj. **1.** Dicho de persona: Que perdona o disculpa fácilmente errores o faltas. *El juez fue indulgente con el acusado.* **2.** Propio de la persona indulgente (→ 1). *Una mirada indulgente.*

indultar. tr. Conceder indulto (a alguien). *El reo será ejecutado a menos que el gobernador lo indulte.*

indulto. m. Perdón total o parcial o conmutación de una pena impuesta por la justicia, que concede una autoridad competente. *El Consejo ha denegado el indulto al condenado.*

indumentario, ria. adj. **1.** De la vestimenta. *Llama la atención por su elegancia indumentaria.* • f. **2.** Vestimenta de una persona. *Deberías cuidar más tu indumentaria y no ir tan desaliñado.* ▶ **2:** *VESTIMENTA.

indumento. m. cult. Indumentaria. *Lleva una túnica como único indumento.*

industria. f. **1.** Actividad económica que tienen por objeto la obtención, transformación o transporte de productos naturales. *La principal fuente de ingresos nacional es la industria.* **2.** Conjunto de las industrias (→ 1) de un mismo tipo o con una característica común. *La región cuenta con una pujante industria textil.* **3.** Instalación destinada a una industria (→ 1). *En el norte se localizan varias industrias siderúrgicas.* ■ **~ pesada.** f. Industria (→ 2) que se dedica a la construcción de maquinaria y armamento pesados. *Dentro de la industria pesada destaca la metalurgia.*

industrial. adj. **1.** De la industria. *Los alimentos son sometidos a procesos industriales de congelación.* • m. y f. **2.** Persona que tiene una industria o se dedica profesionalmente a ella. *El industrial posee varias fábricas de productos lácteos.*

industrialismo. m. Tendencia al predominio de la actividad e intereses industriales. *Muchos problemas ambientales son fruto del industrialismo.*

industrialización. f. Hecho o efecto de industrializar o industrializarse. *La región aborda un proceso de industrialización. Cultivo e industrialización de la caña de azúcar.*

industrializar. tr. **1.** Hacer que (algo) sea objeto de industria o elaboración. *Si aumenta la demanda, convendrá industrializar la fabricación del producto.* **2.** Hacer que (un país o una zona) tengan una economía predominantemente industrial. *Las inversiones extranjeras ayudaron a industrializar el país.* Tb. en constr. prnl. media. *La región se ha industrializado rápidamente.*

industrioso, sa. adj. Que se dedica con ahínco al trabajo. *Es un hombre emprendedor e industrioso.*

inédito, ta. adj. **1.** Dicho de escrito: No publicado. *La nueva edición incorpora poemas inéditos hasta la fecha.* Dicho de obra literaria, tb. m. *El investigador desearía encontrar un inédito de Cervantes.* **2.** Dicho de autor: Que aún no ha publicado nada. *Aún es un escritor inédito, pero tiene mucho futuro.* **3.** Desconocido o nuevo. *Quiere viajar, abrirse a experiencias inéditas.*

ineducado, da. adj. Falto de educación o de buenos modales. *Hablar con la boca llena es propio de personas ineducadas.* ▶ *MALEDUCADO.

inefabilidad. f. Cualidad de inefable. *La inefabilidad de la experiencia mística.*

inefable. adj. Que no se puede explicar con palabras. *Dar a luz es una experiencia inefable.* ▶ INENARRABLE.

ineficacia. f. Cualidad de ineficaz. *Fue relevado del cargo por su ineficacia.*

ineficaz. adj. No eficaz. *Las medidas contra el desempleo han resultado ineficaces.*

ineficiencia. f. Cualidad de ineficiente. *El artículo denuncia la ineficiencia de la Administración.*

ineficiente. adj. No eficiente. *Los retrasos se deben a un sistema de gestión ineficiente.*

inelegancia. f. **1.** Cualidad de inelegante. *Muchos critican la inelegancia con que se comporta en público.* **2.** Hecho o dicho inelegantes. *Cometió la inelegancia de no dejar ni un céntimo de propina.*

inelegante. adj. No elegante. *Ha sido un gesto inelegante rechazar su obsequio.*

ineluctable. adj. Dicho de cosa: Que es inevitable y contra la cual no se puede luchar. *Nos enfrentamos a un destino ineluctable.*

ineludible. adj. Que no se puede eludir. *Mañana tengo un compromiso ineludible.*

inenarrable. adj. Que no se puede explicar con palabras, gralm. por sus dimensiones o carácter extraordinarios. *La aurora boreal es un espectáculo inenarrable.* ▶ INEFABLE.

inepcia. f. **1.** cult. Ineptitud. *Todo ha ocurrido por la inepcia de los dirigentes.* **2.** cult. Hecho o dicho necios. *Es capaz de las mayores genialidades y de las más sorprendentes inepcias.*

ineptitud. f. Cualidad de inepto. *Su ineptitud* PARA *el cargo es manifiesta.*

inepto, ta. adj. Que no tiene aptitudes o capacidad. *Es tan inepto que no se le puede encargar nada.* Dicho de pers., tb. m. y f. *Soy una inepta* PARA *los negocios.*

inequívoco, ca. adj. Que no admite duda o no da lugar a duda o equivocación. *Sus ojeras son signo inequívoco de cansancio.*

inercia. f. **1.** *Fís.* Propiedad de los cuerpos de no modificar su estado de reposo o de movimiento si no es por la acción de una fuerza. *Cuanto mayor sea la masa de un cuerpo, mayor será su inercia.* **2.** Tendencia a actuar de manera rutinaria, o de la manera como se viene haciendo o como marcan otros, sin plantearse una iniciativa distinta. *Ya no se plantea si el trabajo le gusta o no; sigue en él por inercia.*

inercial. adj. De la inercia. *Fuerza inercial. De manera casi inercial, apaga la luz, coge las llaves, cierra y se va.*

inerme. adj. cult. Que no tiene armas. *El ejército ha atacado a una población civil inerme. Se siente inerme ante las acusaciones de su superior.*

inerte. adj. **1.** Que no tiene vida. *Decenas de cuerpos inertes yacen en el campo de batalla.* Frec. referido a lo que no tiene vida por naturaleza. *Materia inerte.* **2.** Inmóvil y sin signos de vida. *Permanece inmóvil, con la mirada inerte.* **3.** *Quím.* Inactivo, o incapaz de reacción. *El nitrógeno es un gas inerte.*

inervación. f. *Anat.* Hecho o efecto de inervar. *Inervación de los músculos.*

inervar. tr. *Anat.* Alcanzar un nervio o los nervios (un órgano o una parte del cuerpo). *La caries ha afectado a los nervios que inervan las piezas dentales.*

inescrupuloso, sa. adj. **1.** Dicho de persona: Carente de escrúpulos. *Es un inescrupuloso traficante de droga.* **2.** Dicho de cosa: Propia de la persona inescrupulosa (→ 2). *Lo ha perdido su búsqueda inescrupulosa del poder.*

inescrutable. adj. Que no se puede saber o averiguar. *El universo encierra misterios inescrutables.*

inesperable. adj. No esperable. *Estoy acostumbrado a sus inesperables reacciones y a sus cambios de humor.*

inesperado, da. adj. Que sucede sin esperarse. *Nos hizo una visita inesperada.* ▶ IMPREVISTO, INOPINADO.

inestabilidad. f. Cualidad de inestable. *Dada la inestabilidad de los cimientos, la casa podría hundirse. La inestabilidad política crece en el país africano.*

inestable. adj. No estable. *Tendremos tiempo inestable en el norte.*

inestimable. adj. Que no se puede estimar como corresponde por su gran valor o importancia. *Cuenta con la inestimable ayuda de expertos colaboradores.*

inevitable. adj. Que no se puede evitar. *La muerte es inevitable.*

inexactitud. f. **1.** Cualidad de inexacto. *La inexactitud de los datos hace las conclusiones del estudio poco fiables.* **2.** Dicho inexacto. *El texto está plagado de inexactitudes.*

inexacto, ta. adj. No exacto. *Estás dando una versión inexacta de los hechos. El resultado de la división es inexacto.*

inexcusable. adj. **1.** Que no puede eludirse con pretextos o dejar de hacerse. *Una vez en París, la visita al Louvre es inexcusable.* **2.** Que no tiene excusa o disculpa. *Has cometido una equivocación inexcusable.*

inexistencia. f. Hecho de no existir. *Se discute mucho sobre la existencia o inexistencia de Dios.*

inexistente. adj. Que no existe. *Puso como pretexto para no acudir un inexistente dolor de cabeza.*

inexorabilidad. f. Cualidad de inexorable. *La inexorabilidad del destino.*

inexorable. adj. **1.** Dicho de cosa: Que no se puede evitar. *El paso inexorable del tiempo.* **2.** Dicho de persona: Que no se deja vencer o ablandar con ruegos. *A la hora de castigar las injusticias es inexorable.*

inexperiencia. f. Falta de experiencia. *Pese a su inexperiencia, ha hecho un excelente trabajo.*

inexperto, ta. adj. No experto. *Soy inexperto* EN *la materia y prefiero no opinar.* Dicho de pers., tb. m. y f. *Un inexperto no puede realizar un trabajo tan especializado.*

inexplicable. adj. Que no se puede explicar. *Es inexplicable que no haya llegado todavía.*

inexplicado, da. adj. No explicado. *En la casa se han observado fenómenos todavía hoy inexplicados.*

inexplorado, da. adj. No explorado. *Hay territorios que permanecen inexplorados.*

inexpresable. adj. Que no se puede expresar. *Con su música transmite emociones inexpresables.*

inexpresado, da. adj. No expresado. *Sentimientos inexpresados.*

inexpresividad. f. Cualidad de inexpresivo. *La inexpresividad de su mirada puede interpretarse como falta de interés.*

inexpresivo, va. adj. No expresivo, o que carece de expresividad. *Me parece un actor inexpresivo, que no transmite emoción.*

inexpugnable. adj. **1.** Que no se puede conquistar por las armas. *La ciudadela, situada en lo más alto, era inexpugnable.* **2.** De acceso imposible o muy difícil. *Ocultaría el arma en un lugar inexpugnable del monte.* **3.** Que no se deja vencer o persuadir. *En la defensa de mis derechos seré inexpugnable.*

inextenso, sa. adj. *tecn.* Que carece de extensión. *A diferencia del cuerpo, el alma es inextensa y no ocupa lugar.*

in extenso. (loc. lat.). loc. adv. Por extenso. *En el capítulo siguiente se tratará este punto in extenso.*

inextinguible. adj. Que no puede extinguirse. *Su amor era inextinguible. Arderás en el fuego inextinguible del infierno.*

in extremis. (loc. lat.). loc. adv. **1.** En los últimos instantes de la existencia. *Cambió el testamento in extremis.* Tb. loc. adj. *Arrepentimiento in extremis.* **2.** En los últimos instantes de una situación peligrosa o comprometida. *El acuerdo se ha logrado in extremis.* Tb. loc. adj. *Una sorprendente victoria in extremis nos da el pase a la final.*

inextricable. adj. Que no se puede desenredar. *Una maraña inextricable de vegetación impedía el paso.* Tb. fig. *Las razones de tal decisión son un misterio inextricable.*

infalibilidad. f. Cualidad de infalible. *Muchos creen en la infalibilidad de la ciencia.*

infalible. adj. **1.** Dicho de persona: Que no puede fallar o equivocarse. *Errar es humano, nadie es infalible.* **2.** Dicho de cosa: Que no puede fallar. *Conozco un remedio infalible contra las quemaduras.* **3.** Dicho de cosa: Cierta o que no puede estar equivocada. *Que la sentencia sea conforme a derecho no quiere decir que sea infalible.*

infamante. adj. Que causa deshonra. *No toleres un trato infamante por parte de otra persona.*

infamar. tr. Quitar la fama, la reputación o el aprecio (a alguien o algo). *Los persiguieron e infamaron por su condición de judíos.* ▶ *DESACREDITAR.

infamatorio, ria. adj. Que infama o contiene infamias. *Lo apresaron por escribir unos versos infamatorios contra el monarca.*

infame. adj. **1.** Muy malo en su especie. *Realmente es una película infame.* **2.** Malvado e indigno de aprecio. *Hay que ser infame para maltratar a un niño.*

Dicho de pers., tb. m. y f. **3.** Propio de la persona infame (→ 2). *Calumnias infames.*

infamia. f. **1.** Cualidad de infame. *Actos tan viles dejan al descubierto la infamia de quien los comete.* **2.** Hecho o dicho infames o despreciables. *Toda guerra es una infamia.* **3.** Descrédito o deshonra. *Antes morir que vivir en la infamia.*

infancia. f. **1.** Niñez. *Aún recuerdo los juegos de mi infancia.* **2.** Conjunto de los niños. *UNICEF, organismo internacional para la protección de la infancia.* **3.** Primer período de la existencia de una cosa, inmediato a su nacimiento o fundación. *Todos estos mitos y creencias son propios de la infancia de la humanidad.*

infantado. m. histór. Territorio de un infante o infanta reales. *La villa estaba dentro del infantado que el rey dio a su hija doña Sancha.*

infante, ta. m. y f. **1.** Hijo legítimo del rey, no heredero del trono. *En "Las meninas" Velázquez retrata a la infanta Margarita, hija de Felipe IV.* **2.** histór. Hasta los tiempos de Juan I de Castilla (1379-1390): Hijo primogénito del rey. *El infante Sancho heredó el trono de Castilla de su padre Alfonso X.* **3.** cult. Niño que aún no ha llegado a la edad de siete años. *Traía en brazos a un tierno infante.* ○ m. **4.** Militar que sirve en el arma de infantería. *El ejército aliado contaba 26 000 infantes y 7000 caballos.*

infantería. f. Parte del ejército que combate a pie y está encargada de la ocupación del terreno. *Han mandado al frente dos regimientos de infantería ligera.* ■ **~ de Marina.** f. Parte de la Armada encargada de llevar a cabo operaciones anfibias. *El contingente estará al mando de un coronel de Infantería de Marina.*

infanticida. adj. cult. Que comete infanticidio. *Madre infanticida.* Dicho de pers., tb. m. y f. *El presunto infanticida será internado en un psiquiátrico.*

infanticidio. m. cult. Muerte dada a un niño de corta edad. *Herodes cometió un gran infanticidio.*

infantil. adj. **1.** De la infancia o niñez. *El sarampión suele aparecer en la etapa infantil.* **2.** Del niño o de los niños. *Aún me divierten los juegos infantiles.* **3.** Dicho de persona adulta: Que tiene el comportamiento propio de un niño, espec. por su candidez o inmadurez. Frec. despect. *Qué infantil eres: a tu edad y montándote en tiovivos.* **4.** Propio de un niño. *Tiene reacciones infantiles.* ▶ **2-4:** PUERIL.

infantilidad. f. Cualidad de infantil. *Sus pataletas son de una infantilidad absoluta.*

infantilismo. m. **1.** Carácter o comportamiento infantiles o propios de un niño. Frec. despect. *Ese miedo al compromiso demuestra su infantilismo.* **2.** *Med.* Persistencia en adolescentes o personas adultas de los caracteres físicos y mentales propios de la infancia. *Uno de los síntomas de esta enfermedad es el infantilismo genital.*

infanzón, na. m. y f. histór. En la Edad Media: Hidalgo perteneciente a la nobleza media, y que tenía un poder limitado sobre sus dominios. *El prestigio alcanzado por el Cid, un simple infanzón, despertó muchas envidias.*

infartado, da. part. **1.** → **infartar. 2.** *Med.* Que ha sufrido un infarto. Dicho de pers., tb. m. y f. *La mayoría de los infartados tenían sobrepeso.*

infartar. tr. *Med.* Causar un infarto (a alguien o a un órgano). *Infartar la aorta.* Tb. en constr. prnl. media. *Los ganglios se infartan con frecuencia.*

infarto. m. **1.** *Med.* Muerte de un órgano o de parte de él por falta de riego sanguíneo debida a la obstrucción de la arteria correspondiente. *Murió de un infarto cerebral. Fumar aumenta las posibilidades de sufrir infarto de miocardio.* Frec. designa el de miocardio. *Sintió un dolor fuerte en el pecho y le dio un infarto.* **2.** *Med.* Aumento de tamaño de un órgano enfermo. *Infarto pulmonar.*

infatigable. adj. Incansable. *Eres una trabajadora infatigable.*

infausto, ta. adj. cult. Desgraciado o infeliz. *Aún recuerda aquel infausto día del accidente.*

infección. f. **1.** Invasión de un ser vivo o de una parte de él por un microorganismo patógeno. *Una infección por hongos.* Tb. la enfermedad o el efecto producidos por esa invasión. *Tiene una infección de garganta de origen bacteriano.* **2.** Hecho o efecto de infectar o infectarse. *Compartir jeringuillas es una vía de infección.*

infeccioso, sa. adj. **1.** Que causa infección. *El síndrome parece causado por un agente infeccioso del tipo de los virus.* **2.** Dicho espec. de enfermedad: Causada por infección. *Ha sido internado en la unidad de enfermedades infecciosas.* Dicho tb. de la persona con ese tipo de enfermedad. *Enfermos infecciosos.* **3.** De la infección. *Patologías de carácter infeccioso.*

infectar. tr. **1.** Invadir un microorganismo patógeno, como un virus o una bacteria, (un ser vivo o una parte de él). *El virus del sida ha infectado a millones de personas.* En informática se usa referido a virus que dañan el funcionamiento o la información de un ordenador. *A través del correo electrónico pueden entrar virus que infecten los archivos.* Tb. en constr. prnl. media. *Limpie la herida con alcohol para que no se infecte.* **2.** Transmitir (a alguien o algo) microorganismos patógenos. *Si usted ha contraído la enfermedad, tome medidas para no infectar a otras personas.* **3.** Corromper o afectar con una influencia nociva (a alguien o algo). *El ansia de dinero infecta a todos.*

infectivo, va. adj. Que infecta o puede infectar. *Algunos parásitos son infectivos para el hombre.*

infecto, ta. adj. **1.** cult. Sucio o repugnante. *No sé cómo puede vivir en ese agujero infecto.* Tb. fig. *Cuántas mentiras infectas.* **2.** cult. Infectado o contagiado. *Sufre un trastorno estomacal por ingestión de agua infecta.*

infecundidad. f. Cualidad de infecundo. *Quería ser madre, a pesar de sus problemas de infecundidad.*

infecundo, da. adj. No fecundo. *Con la inseminación artificial puede resolverse el problema de las parejas infecundas. Heredó unas tierras infecundas y de escaso valor. Los tertulianos se enfrascaron en un debate infecundo.* ▶ *ESTÉRIL.

infelicidad. f. Cualidad de infeliz o desgraciado. *El amor no correspondido es fuente de infelicidad.*

infeliz. adj. **1.** No feliz o no afortunado. *Es infeliz en su matrimonio. Vivimos un momento infeliz.* Dicho de pers., tb. m. y f. *Dudo que sean más los felices que los infelices.* **2.** Bondadoso y falto de maldad. Dicho de pers., tb. m. y f. *Es imposible que fuera ella la ladrona, ¡pero si es una infeliz!*

inferencia. f. Hecho o efecto de inferir o deducir algo. *Un razonamiento es la inferencia* DE *una conclusión a partir de unas premisas.*

inferior. adj. **1.** Que está más bajo. *La ropa de niño está en la planta inferior* A *esta. La parte superior es oscura y la inferior clara.* **2.** Que es menos que otro en calidad o en cantidad. *Este vino es inferior* A *aquel* EN *calidad. Somos inferiores* EN *número.* **3.** *Biol.* Dicho de ser vivo: De organización más sencilla y primitiva. *Las algas son vegetales inferiores. Los peces son vertebrados inferiores.* ● m. **4.** Persona subordinada a otra. *Sus inferiores le tratan con respeto.*

inferioridad. f. Cualidad de inferior. *Su inferioridad numérica era notable. Complejo de inferioridad.*

inferir. (conjug. SENTIR). tr. **1.** Deducir (algo) o extraer(lo) como consecuencia de otra cosa. DEL *comportamiento del individuo se infiere a veces su estado de ánimo. El hombre es capaz de inferir unos conocimientos a partir de otros.* **2.** Causar (una ofensa o un daño). *Los manifestantes infirieron insultos a la fuerzas policiales. El golpe inferido era mortal.* ▶ **1:** DEDUCIR.

infernal. adj. **1.** Del infierno. *Los que mueran en pecado mortal sufrirán los castigos infernales.* **2.** Muy malo o propio de un ser malvado. *Concibieron un plan infernal para acabar con la resistencia.* **3.** Muy desagradable o difícil de soportar. *Hay un ruido infernal en la discoteca.*

infernillo. m. Infiernillo. *¡Qué frío!, enchufa el infernillo.*

infértil. adj. No fértil. *Se han multiplicado los suelos infértiles.* Tb. fig. *Una discusión infértil.* ▶ *ESTÉRIL.

infertilidad. f. Condición de infértil. *Sigue un tratamiento contra la infertilidad.*

infestación. f. Hecho de infestar. *Se tomarán medidas para combatir la infestación de ratas.*

infestar. tr. **1.** Invadir en forma de plaga gran cantidad de individuos de una misma especie (un lugar o un organismo). *Millones de langostas avanzan infestando los campos.* **2.** Llenar gran cantidad de personas o cosas (un lugar). *Los aficionados infestan las calles próximas al estadio.* ▶ **2:** ATESTAR.

infidelidad. f. **1.** Cualidad de infiel. *Pasó información confidencial, en un acto de infidelidad contra su empresa.* **2.** Hecho propio de la persona infiel. *Nunca perdonaría una infidelidad de su pareja.*

infiel. adj. **1.** Que no es fiel o constante en el compromiso con alguien o algo. *Nunca sería infiel* A *sus principios. Cuesta creer que tu pareja te sea infiel.* **2.** Que no profesa la fe considerada verdadera. *Se proponían evangelizar a los pueblos infieles.* Dicho de pers., tb. m. y f. *Los cruzados iban a luchar contra los infieles.* **3.** Dicho de cosa: Inexacto, o que no se ajusta a la verdad o a los rasgos de lo que sirve de referente. *Rechazaremos cualquier traducción que sea infiel* AL *texto original.*

infiernillo. m. Aparato pequeño para calentar o cocinar, que funciona con electricidad, gas o alcohol. *Si vamos de acampada, llevaremos un infiernillo de butano para cocinar.* ▶ INFERNILLO.

infierno. m. **1.** *Rel.* Lugar al que están destinados los condenados para sufrir el castigo eterno después de la muerte. *Los pecadores irán al infierno.* Frec. en pl. con significado sing. *Satanás, señor de los infiernos.* **2.** En diversas mitologías y religiones no cristianas: Lugar donde habitan los espíritus de los muertos. Frec. en pl. con significado sing. *Plutón era el dios de los infiernos.* **3.** Lugar o conjunto de circunstancias en que hay gran alboroto, enfrentamiento o destrucción, que causan sufrimiento o malestar intensos. *Esta casa es un infierno. Durante la guerra su vida fue un infierno.* Tb. ese sufrimiento o malestar. *El infierno empezó para ella cuando cayó en la droga.* ■ **al ~.** expr. coloq. Se usa para despedir a alguien o desechar algo despectivamente o con enojo. Frec. con v. como *mandar* y en constr. imperativas con *irse* o *andar. Estoy tan harta que me dan ganas de mandarlo todo al infierno. ¡Vete al infierno, no te soporto!* ■ **el quinto ~.** loc. s. coloq. Un lugar muy lejano. *Vive en el quinto infierno.*

infiltración. f. Hecho o efecto de infiltrar o infiltrarse. *Las goteras son infiltraciones de agua en paredes y techos. Si el dolor continúa, recurriremos a las infiltraciones. Se habla de una posible infiltración de agentes secretos en el Gobierno.*

infiltrado, da. part. **1.** → **infiltrar. 2.** Dicho de persona: Que se ha infiltrado (→ 1) en un lugar o en un grupo. Tb. m. y f. *La policía detuvo a los terroristas gracias a un infiltrado en el comando.*

infiltrar. tr. **1.** Introducir suavemente (un fluido) entre los poros de un sólido. *Han infiltrado agua* EN *la masa.* Tb. en constr. prnl. media. *Una parte del agua de lluvia se infiltra* EN *el terreno.* **2.** Introducir o infundir (ideas o doctrinas). *Occidente ha infiltrado sus ideas* EN *algunos países orientales.* Tb. en constr. prnl. media. *Poco a poco, las ideas revolucionarias se infiltraron* EN *la población.* **3.** *Med.* Inyectar (a alguien) un medicamento antiinflamatorio en una articulación lesionada o en un músculo doloroso. *Lo infiltraron para calmarle el dolor de la rodilla.* ○ intr. prnl. **4.** Penetrar subrepticiamente en territorio ocupado por fuerzas enemigas a través de las posiciones de estas. *Grupos armados se han infiltrado* EN *la ciudad sitiada.* **5.** Introducirse en un partido, corporación o medio social, con propósito de espionaje, propaganda o sabotaje. *Un periodista se infiltrará* EN *la secta.*

ínfimo, ma. adj. Muy bajo o inferior a los demás de la misma clase en valor, calidad, grado o importancia. *Ha comprado una tela de ínfima calidad.*

infinidad. f. Cantidad infinita o muy numerosa de cosas o personas. *Te he dicho infinidad* DE *veces que apagues las luces. Tiene una infinidad* DE *admiradores.* ▶ SINFÍN.

infinitamente. adv. **1.** De manera infinita. *Disfruta mientras puedas, que nadie vive infinitamente.* **2.** Enormemente o muchísimo. *Los pantalones me parecen infinitamente más cómodos que las faldas.*

infinitesimal. adj. *Mat.* Dicho de cantidad: Infinitamente pequeña. *Una operación con cantidades infinitesimales.*

infinitivo. m. *Gram.* Forma no personal del verbo, cuya terminación en español es *-ar, -er* o *-ir,* y que funciona como un nombre. *En "quiero dormir", "dormir" es un infinitivo.* ■ **~ compuesto.** m. *Gram.* Forma no personal del verbo, que se construye con el infinitivo del verbo *haber* y el participio del verbo conjugado. *El infinitivo compuesto de "estar" es "haber estado".*

infinito, ta. adj. **1.** Que no tiene ni puede tener fin o límite. *Cree en la existencia de una vida infinita después de la muerte.* Frec. con intención enfática. *Recuerda su niñez con una nostalgia infinita.* **2.** Referido a un nombre en plural: Muchos. *La situación plantea infinitos interrogantes.* ● m. **3.** Espacio impreciso y lejano o sin límite. *Lo encontré con la mirada perdida en el infinito.* **4.** En una cámara fotográfica: Última graduación de un objetivo, adecuada para enfocar lo que está distante. *Para enfocar objetos lejanos, coloque el objetivo de la cámara en infinito.* Tb. la zona o la distancia que se pueden enfocar con esa graduación. *Cámara de enfoque manual (desde 50 cm a infinito).* **5.** *Mat.* Valor mayor que cualquier otro que se pueda asignar. *Calcula el límite de la* *función cuando "x" tiende a infinito.* **6.** *Mat.* Signo semejante a un *8* tumbado, con que se expresa el infinito (→ 5). ● adv. **7.** Infinita o enormemente. *Me alegro infinito de su buena suerte.* ▶ **2:** *MUCHOS.

infinitud. f. cult. Cualidad de infinito. *Resulta abrumadora la idea de la infinitud del universo.*

inflable. adj. Que se puede inflar con aire u otro gas. *Colchoneta inflable.* ▶ HINCHABLE.

inflación. f. **1.** *Econ.* Elevación del nivel de precios que implica una reducción del poder adquisitivo del dinero. *La nueva moneda hizo que creciera la inflación.* **2.** Abundancia o aumento excesivos de algo. *Tal inflación de medios informativos no garantiza una mejor información.*

inflacionario, ria. adj. *Econ.* Inflacionista. *Si el proceso inflacionario se acelera, cabe temer una crisis económica.*

inflacionista. adj. *Econ.* De la inflación. *Con el repunte inflacionista ha descendido el consumo.* ▶ INFLACIONARIO.

inflamable. adj. Que se inflama o arde con facilidad. *El metano es un gas inflamable.*

inflamación. f. **1.** Hecho o efecto de inflamar o inflamarse. *La inflamación de la mezcla de aire y gasolina se realiza mediante una chispa.* **2.** Alteración patológica en una parte del organismo, caracterizada por aumento de calor, enrojecimiento, hinchazón y dolor. *Se puso hielo en el tobillo para bajar la inflamación.*

inflamar. tr. **1.** Hacer que (algo) arda desprendiendo llamas inmediatamente. *El químico acercó la llama a la probeta para inflamar la mezcla.* Tb. en constr. prnl. media. *Los aerosoles pueden inflamarse al acercarlos al fuego.* **2.** Encender (una pasión o un sentimiento). *La victoria inflamó los sentimientos patrióticos del pueblo.* ○ intr. prnl. **3.** Empezar a sufrir inflamación una parte del cuerpo. *Se dio un golpe en la rodilla y se le ha inflamado.*

inflamatorio, ria. adj. De la inflamación o que comporta inflamación. *La artritis es un trastorno inflamatorio de las articulaciones.*

inflar. tr. **1.** Hacer que (algo) aumente de tamaño llenándo(lo) de aire u otro gas. *El niño quiere que le infle el globo.* Tb. en constr. prnl. media. *Cuando tomo bebidas gaseosas, se me infla el vientre.* **2.** Exagerar (algo, espec. un hecho o una noticia). *El portavoz ha inflado el resultado de las negociaciones.* **3.** coloq. Golpear (a alguien) repetidamente. *Como no te calles, te inflo* A *tortas.* ○ intr. prnl. **4.** coloq. Ponerse soberbio o vanidoso. *Se infla en cuanto le dicen algún piropo.* **5.** coloq. Hartarse. *Me he inflado* DE *pasteles.* ▶ **1, 2, 4:** HINCHAR.

inflexibilidad. f. Cualidad de inflexible. *Que el juez muestre absoluta inflexibilidad frente al delito.*

inflexible. adj. Que se mantiene firme y constante, sin ceder ni doblegarse. *No aprobará quien tenga faltas de ortografía; en esto seré inflexible.*

inflexión. f. **1.** Comba, o cambio de dirección de algo que estaba recto o plano. *Observa la inflexión de un rayo de luz al incidir sobre el agua.* Frec. fig. *Su estancia en Roma marca un punto de inflexión en su trayectoria artística.* **2.** Cambio de tono de la voz. *Los gestos e inflexiones de voz contribuyen a mantener la atención del auditorio.* **3.** *Mat.* Cambio en el sentido de la curvatura de una curva. Frec. en la constr. *punto de* ~. *Donde la curva pasa de ser cóncava a convexa o viceversa, decimos que hay un punto de inflexión.*

infligir. tr. Causar (un daño o un castigo). *Quería vengarse del sufrimiento que le habían infligido. El juez le infligió una dura pena.*

inflorescencia. f. *Bot.* Grupo de flores dispuestas sobre un mismo eje. *La espiga, el racimo y la umbela son inflorescencias.*

influencia. f. **1.** Hecho o efecto de influir. *En algunos cuadros de Manet se ve la influencia de Velázquez.* **2.** Poder de influir en otra persona o cosa. *El privado tenía gran influencia* SOBRE *el rey.* **3.** Buena relación con una persona poderosa de la que se puede obtener un provecho o favor. Más frec. en pl. *Consiguió el puesto gracias a sus influencias.* ▶ **1:** INFLUJO.

influenciar. (conjug. ANUNCIAR). tr. Influir (sobre alguien o algo). *No te dejes influenciar por los demás.*

influir. (conjug. CONSTRUIR). intr. **1.** Producir una cosa o persona sobre otra cosa ciertos efectos. *El clima influye* EN *el estado de ánimo de las personas.* **2.** Ejercer una persona o cosa fuerza moral sobre otra persona. *La televisión influye mucho* EN *la gente.* ○ tr. **3.** Producir una cosa o persona (sobre otra cosa) ciertos efectos. *El arte romano está influido por el griego.* **4.** Ejercer una persona o cosa fuerza moral (sobre otra persona). *No sé por qué te influyen tanto sus comentarios.* ▶ **3, 4:** INFLUENCIAR.

influjo. m. Hecho o efecto de influir. *Es conocido el influjo de la Luna* SOBRE *las mareas.* ▶ INFLUENCIA.

influyente. adj. **1.** Que influye o produce efecto en algo o alguien. *Otro factor influyente* EN *el rendimiento es la motivación.* **2.** Dicho de persona: Que tiene mucha influencia sobre alguien o algo. *Su padre es un empresario muy influyente.*

infografía. f. *tecn.* Técnica de creación de imágenes mediante ordenador. *Curso de infografía aplicada al diseño de videojuegos.* Tb. la imagen así obtenida. *Exposición de pinturas, fotografías e infografías.*

infográfico, ca. adj. De la infografía. *Diseño infográfico.*

infolio. m. Libro en folio. *Pasaba las tardes entre los viejos infolios de la biblioteca.*

información. f. **1.** Hecho o efecto de informar o informarse. *Para su información, le comunicamos que cerramos los domingos.* **2.** Conjunto de datos que se dan a conocer o son objeto de información (→ 1). *Ampliaremos esta y otras informaciones en el telediario. El sobre contiene información confidencial.* **3.** Oficina o departamento donde se informa sobre algo. *Pregunta en información si el vuelo tiene retraso.* ■ **~ genética.** f. *Biol.* Conjunto de los caracteres hereditarios propios de los seres vivos, y transmitidos por los genes. *La información genética está almacenada en las moléculas de ADN.*

informador, ra. adj. **1.** Que informa de algo. Dicho de pers., tb. m. y f. *¿Cómo lo sabes, quién ha sido tu informador?* ● m. y f. **2.** Periodista de un medio de información. *En la rueda de prensa había informadores de todos los medios.*

informal. adj. **1.** Dicho de persona: Que no es formal o seria en su comportamiento o en el cumplimiento de sus compromisos. *Es inteligente, pero demasiado informal en el trabajo.* Tb. m. y f. *Otra vez llegas tarde, eres una informal.* **2.** Dicho de cosa: Que no se ajusta a las formas o requisitos fijados. *Ambas delegaciones mantuvieron contactos informales previos a la cumbre.* **3.** Que no se atiene a lo convencional. *Viste con ropa informal.*

informalidad. f. **1.** Cualidad de informal. *Detesto la informalidad y la falta de seriedad en las personas.*

2. Hecho informal. *Presentar el trabajo con tanto retraso es una informalidad.*

informante. adj. Que informa a alguien de algo. *Mis fuentes informantes son fidedignas.* Dicho de pers., tb. m. y f. *La policía recibió una llamada de un informante anónimo.*

informar. tr. **1.** Hacer saber algo (a alguien). *La informaron* SOBRE *el precio de los pisos. No nos informó* DE *su llegada. Infórmate* DE *cuándo sale nuestro tren.* **2.** Hacer saber (algo) a alguien. *Le informamos que ya se encuentra restablecido el servicio en línea 1. Informaron a María que su solicitud había sido admitida.* **3.** cult. Constituir la esencia (de alguien o algo). *La lealtad es uno de los principios éticos que informan su conducta.* ○ intr. **4.** Dictaminar un cuerpo consultivo o un funcionario en un asunto de su competencia. *La Dirección General de Bellas Artes informó* SOBRE *la futura sede del museo.* **5.** *Der.* Hablar un fiscal o un abogado en un juicio. *El abogado de la acusación informará en la sesión de mañana.*

informático, ca. adj. **1.** De la informática (→ 2). *Para instalar el programa informático, siga las instrucciones.* ● f. **2.** Conjunto de conocimientos y técnicas que hacen posible el tratamiento automático de la información por medio de ordenadores. *Para el puesto se exigen conocimientos de informática.* ○ m. y f. **3.** Persona especialista en informática (→ 2). *Los informáticos recomiendan instalar un antivirus.* ▶ **2:** COMPUTACIÓN.

informativo, va. adj. **1.** Que sirve para informar a alguien de algo. *Los socios recibirán una circular informativa.* **2.** De la información. *Nuestra emisora le mantendrá al corriente de la actualidad informativa.* ● m. **3.** Programa informativo (→ 1) de radio o televisión. *Dieron la noticia del terremoto en el informativo.*

informatización. f. Hecho o efecto de informatizar. *Se ha aprobado el presupuesto para la informatización de la biblioteca.*

informatizar. tr. Aplicar los recursos de la informática (a algo). *Van a informatizar el archivo.*

informe[1]**.** m. **1.** Exposición oral o escrita y gralm. ordenada en que se informa sobre las características, circunstancias o valoración de algo o alguien. *Se ha realizado un informe sobre especies en peligro de extinción.* **2.** *Der.* Exposición que hace un fiscal o un abogado en un juicio. *Terminado el informe fiscal, se concedió la palabra al defensor.* ○ pl. **3.** Información o datos que se dan o se consiguen sobre alguien o algo. *Tengo muy buenos informes de usted y de su trabajo.*

informe[2]**.** adj. Que no tiene forma definida. *A golpe de cincel, convierte un bloque informe de piedra en una escultura.*

infortunado, da. adj. cult. Que no es afortunado. *Hallaron el cuerpo de la infortunada víctima. ¡Qué infortunado accidente!*

infortunio. m. **1.** cult. Fortuna adversa. *Tuvo el infortunio de quedarse paralítica.* **2.** cult. Hecho desgraciado. *Su vida es una sucesión de infortunios.*

infra-. pref. Significa 'debajo' (*infraorbitario, infracostal*) o 'inferior' (*inframundo, infracondiciones, infraperiodismo*).

infracción. f. Hecho de infringir. *La infracción de las normas de seguridad pudo ser la causa del accidente.*

infractor, ra. adj. Que infringe. *El vehículo infractor era robado.* Dicho de pers., tb. m. y f. *Aumentará la cuantía de las multas para los infractores.*

infraestructura. f. **1.** Conjunto de elementos o servicios necesarios para la creación y funcionamiento de una organización o actividad. *Aunque el método para potabilizar el agua es sencillo, requiere cierta infraestructura.* Frec. en economía para designar las instalaciones o servicios generales que condicionan el funcionamiento de un país; frec. en pl. *Se invertirá más en infraestructuras: carreteras, ferrocarril, hospitales... El país dispone de una buena infraestructura educativa.* **2.** Parte de una construcción situada en su parte inferior, gralm. bajo el nivel del suelo, y que sirve para cimentarla o sustentarla. Frec. fig. *El acuerdo constituye la infraestructura que sustentará las relaciones futuras.*

infraganti. adv. In fraganti. *Me pillaron infraganti espiando.*

in fraganti. loc. adv. En el mismo momento en que se está cometiendo el delito o realizando la acción censurable de que se trata. *Lo sorprendieron in fraganti abriendo la caja fuerte.*

infrahumano, na. adj. Inferior a lo que se considera propio de humanos. *Viven en un gueto en condiciones infrahumanas.*

infranqueable. adj. Que no se puede franquear o atravesar. *Una muralla infranqueable rodea la ciudad.* Tb. fig. *Nos separa una infranqueable diferencia de edad.*

infrarrojo, ja. adj. *Fís.* Dicho de radiación electromagnética: Situada más allá del rojo visible en el espectro luminoso y de alto poder calorífico. *Rayos infrarrojos.* Tb. m. *El mando a distancia funciona por infrarrojos.*

infrascrito, ta. adj. Que firma al final del escrito de que se trata. Se usa en lenguaje administrativo. *Yo, el infrascrito notario, doy fe de todo lo anterior.* Tb. m. y f. *La infrascrita certifica que la que antecede es copia fiel y completa del original.*

infrasonido. m. *Fís.* Onda sonora de tan baja frecuencia de vibración que no puede ser percibida por el oído humano. *Por debajo de las frecuencias audibles están los infrasonidos.*

infrautilización. f. Hecho de infrautilizar. *Hay una infrautilización de los recursos naturales.*

infrautilizar. tr. Utilizar (algo o a alguien) por debajo de sus posibilidades o capacidades. *Están infrautilizando al personal.*

infravaloración. f. Hecho de infravalorar. *Esto supone una infravaloración de nuestro trabajo.* ▶ MENOSPRECIO.

infravalorar. tr. Atribuir (a alguien o algo) valor inferior al que tiene. *Te estás infravalorando. Los críticos han infravalorado su obra.* ▶ *MENOSPRECIAR.

infravivienda. f. Vivienda que carece de las condiciones mínimas para ser habitada. *En este suburbio de infraviviendas viven decenas de familias marginadas.*

infrecuente. adj. No frecuente o poco frecuente. *Hoy es infrecuente encontrar mujeres en puestos de responsabilidad.*

infringir. tr. Desobedecer (una ley o una orden). *Se endurecerán las penas para quienes infrinjan la ley.* ▶ CONTRAVENIR, INCUMPLIR, QUEBRANTAR, TRANSGREDIR, VIOLAR, VULNERAR.

infructuoso, sa. adj. Que no da fruto o no produce el efecto deseado. *La búsqueda de los desaparecidos ha sido infructuosa.* ▶ *ESTÉRIL.

ínfulas. f. pl. Presunción o pretensiones arrogantes. *Es un tipo mediocre, pero con unas ínfulas... No me vengas con esas ínfulas* DE *mujer culta.* ▶ AIRES.

infumable. adj. **1.** Dicho de tabaco o droga: Que no se puede fumar por su mala calidad. *Esos puros son infumables.* **2.** coloq. Inaceptable o de mala calidad. *No te lo recomiendo, es un libro infumable.*

infundado, da. adj. Que carece de fundamento real o racional. *Le hice ver que su miedo era infundado.*

infundio. m. Mentira o noticia falsa, gralm. malintencionadas o tendenciosas. *Esta es la verdad, lo que te han contado son infundios.* ▶ *MENTIRA.

infundir. tr. **1.** Causar o hacer que surja en alguien (algo, como un sentimiento, un estado de ánimo o una idea). *Tu padre me infunde respeto. La buena marcha de la economía infunde confianza* EN *los inversores.* **2.** *Rel.* Comunicar Dios al hombre o a su alma (un don no material). *El sacerdote explica que, mediante el bautismo, Dios infunde la fe en el alma.* ▶ **1:** IMBUIR.

infusión. f. Líquido que se obtiene introduciendo frutos o hierbas aromáticas en agua hirviendo para extraer sus principios activos, y que se toma como bebida. *Una infusión de valeriana antes de acostarse ayuda a conciliar el sueño.*

ingeniar. (conjug. ANUNCIAR). tr. Idear (algo) utilizando el ingenio. *Ingenió una manera de salir airoso del problema.* ■ **ingeniárselas** (para algo). loc. v. Conseguir(lo) utilizando el ingenio. *A ver cómo me las ingenio para llegar a fin de mes.*

ingeniería. f. Conjunto de conocimientos técnicos y científicos orientados a la invención y utilización de técnicas para el aprovechamiento de los recursos naturales o para la actividad industrial. *Estudia ingeniería naval.* Tb. la actividad profesional correspondiente. *Se dedica a la ingeniería y construcción de obras hidráulicas.* ■ **~ genética.** f. *Biol.* Conjunto de métodos y técnicas de investigación y experimentación sobre los genes para la creación y mejora de especies. *La ingeniería genética ha hecho posible la clonación de embriones.*

ingenieril. adj. De la ingeniería o de los ingenieros. *La construcción del túnel transoceánico es un ambicioso proyecto ingenieril.*

ingeniero, ra. m. y f. (A veces como f. se usa **ingeniero**). Persona legalmente capacitada para ejercer la ingeniería. *El proyecto del puente es de un ingeniero español. Su hija es ingeniero industrial.* ■ **~ técnico/ca.** m. y f. Persona que ha obtenido el título de grado medio inferior al de ingeniero. *Se necesita ingeniero técnico aeronáutico.* ⇒ PERITO.

ingenio. m. **1.** Facultad para inventar o discurrir la manera de resolver problemas con rapidez y facilidad. *Tendrás que aguzar el ingenio para descifrar el enigma.* **2.** Aptitud para inventar cosas graciosas o descubrir el aspecto gracioso de las cosas. *La obra está llena de chistes y golpes de ingenio.* **3.** Persona dotada de gran ingenio (→ 1). Gralm. referido a escritor. *Lope de Vega: ingenio de las letras españolas.* **4.** Máquina o aparato, espec. mecánicos. *Constantemente aparecen nuevos ingenios tecnológicos.* ▶ **4:** *APARATO.

ingeniosidad. f. **1.** Cualidad de ingenioso. *Sus observaciones rebosan ingeniosidad y sentido del humor.* **2.** Hecho o dicho ingeniosos. *Escribe diálogos siempre salpicados de ingeniosidades.* ▶ AGUDEZA.

ingenioso, sa. adj. **1.** Dicho de persona: Que tiene ingenio. *Qué ingeniosa la chica, mira lo que se le ha ocurrido.* **2.** Dicho de cosa: Que demuestra ingenio. *Ideó un ingenioso artilugio.* ▶ AGUDO.

ingénito, ta. adj. **1.** cult. No engendrado. *Para el creyente, Dios es eterno e ingénito.* **2.** cult. Connatural. *Hay personas con una maldad ingénita.*

ingente. adj. cult. Muy grande. *En la base de datos se almacena una ingente cantidad de información.*

ingenuidad. f. **1.** Cualidad de ingenuo. *La ha engañado aprovechándose de su ingenuidad.* **2.** Hecho o dicho ingenuos. *Ha sido una ingenuidad pensar que podíamos entendernos.* ▶ **1:** CANDIDEZ, CANDOR, CREDULIDAD, INOCENCIA.

ingenuo, nua. adj. **1.** Dicho de persona: Que se comporta de manera sincera e inocente y sin pensar mal de los demás. *No seas ingenuo: si te ha ayudado, algo quiere de ti.* Tb. m. y f. *Te timan porque eres una ingenua.* **2.** Propio de la persona ingenua (→ 1). *Preguntaba con expresión ingenua.* ▶ **1:** CÁNDIDO, CANDOROSO, CRÉDULO, INCAUTO, INOCENTE, PÁRVULO.

ingerir. (conjug. SENTIR). tr. Introducir en el cuerpo (algo, espec. un alimento o una bebida) a través de la boca. *Es aconsejable que las embarazadas no ingieran alcohol. Ingirió algún alimento en mal estado.* ▶ TOMAR.

ingesta. f. *tecn.* Conjunto de alimentos o sustancias que se ingieren. *Es aconsejable incluir frutas y verduras en la ingesta diaria.*

ingestión. f. Hecho de ingerir. *Debe reducir la ingestión de sal.*

ingle. f. Parte del cuerpo en que se junta el muslo con el vientre. *El dolor producido por el cólico iba del riñón a la ingle.*

inglés, sa. adj. **1.** De Inglaterra (parte del Reino Unido). *Visitaremos la ciudad inglesa de Manchester.* Tb. dicho de las cosas o personas de todo el Reino Unido. *Participan representantes ingleses y alemanes.* Dicho de pers., tb. m. y f. *Es grande la rivalidad deportiva entre ingleses y escoceses.* **2.** Del inglés (→ 3). *Tengo pocos conocimientos de gramática inglesa.* ● m. **3.** Lengua hablada en Inglaterra y resto del Reino Unido, y en otros países de su cultura. *Pasará una temporada en California para mejorar su inglés.*

ingobernabilidad. f. Cualidad de ingobernable. *Era evidente la ingobernabilidad de un país enzarzado en una guerra civil.*

ingobernable. adj. Que no se puede gobernar. *La ciudad ha crecido tanto que se ha vuelto ingobernable.*

ingratitud. f. Cualidad de ingrato o desagradecido. *Muchos padres se quejan de la ingratitud de los hijos.*

ingrato, ta. adj. **1.** Desagradecido. *Qué ingrata has sido conmigo.* Dicho de pers., tb. m. y f. *No soy un ingrato.* **2.** Desagradable. *Intenta olvidar los ingratos recuerdos del pasado.* **3.** Dicho espec. de ocupación: Que produce un resultado o unos beneficios que no compensan el esfuerzo que requiere. *El trabajo del ama de casa es muy ingrato.*

ingravidez. f. Cualidad o condición de ingrávido. *Estudian los efectos de la ingravidez en los astronautas.*

ingrávido, da. adj. **1.** Dicho de cuerpo: No sometido a la gravedad. *El satélite está flotando ingrávido en el espacio.* **2.** cult. Ligero o leve. *La pluma ingrávida del pajarillo se posó en el suelo.*

ingrediente. m. Sustancia que, gralm. con otras, entra en la composición de algo, espec. de un guiso. *Los ingredientes de la tortilla son patatas, cebolla y* *huevo*. Frec. fig. *La película tiene todos los ingredientes de una divertida comedia.*

ingresar. intr. **1.** Entrar en un lugar. *Se ingresa* EN *el claustro de la iglesia por una pequeña puerta.* **2.** Entrar en un establecimiento sanitario para recibir tratamiento. *Ingresará* EN *el hospital para ser operado de corazón.* **3.** Entrar a formar parte de una corporación o institución. *Ingresó* EN *el Partido Laborista.* **4.** Entrar a formar parte del alumnado de un centro de enseñanza, del personal de un lugar de trabajo o de los presos de una cárcel. *Ingresó muy joven* EN *el Conservatorio.* ○ tr. **5.** Meter (dinero) en un lugar para su custodia. *He ingresado todo el dinero* EN *el banco.* **6.** Meter (a alguien) en un establecimiento sanitario para que reciba tratamiento. *La han ingresado* EN *una clínica.* **7.** Ganar (una cantidad de dinero) regularmente. *Mensualmente ingreso más de mil euros.*

ingreso. m. **1.** Hecho de ingresar. *El juez ha decretado el ingreso* EN *prisión del procesado.* **2.** Dinero que se ingresa en una cuenta, un banco o una caja. *Todavía no he recibido el ingreso de las horas extraordinarias.* ○ pl. **3.** Dinero que se gana regularmente. *Con su nuevo trabajo aumentarán sus ingresos.*

íngrimo, ma. adj. frecAm. Solitario (que no tiene compañía, o que está aislado). En Esp. sobre todo tiene carácter literario o formal. *¿De verdad has sido capaz de abandonarlo así, íngrimo y sometido a su suerte?* [C]. *El aullido íngrimo de un congo quiebra el silencio* [C]. ▶ SOLITARIO.

inguinal. adj. *Anat.* De la ingle. *El paciente presenta una hernia en la región inguinal.*

inhábil. adj. **1.** Poco hábil. *Sus manos son inhábiles* PARA *cualquier trabajo delicado.* **2.** Dicho de persona: Que no es apta o no reúne las condiciones necesarias para algo. *El funcionario condenado será considerado inhábil* PARA *el ejercicio de cargos públicos.* **3.** Dicho de período de tiempo: No hábil o no apto para una actividad, espec. para actuaciones judiciales o administrativas. *En el calendario laboral se señalan los días hábiles e inhábiles* PARA *el próximo año.*

inhabilidad. f. Cualidad de inhábil. *El informe psicológico señala su inhabilidad para relacionarse.*

inhabilitación. f. Hecho de inhabilitar. *El juez ha decretado la inhabilitación del diputado por prevaricación.* ▶ INCAPACITACIÓN.

inhabilitar. tr. **1.** Declarar (a alguien) incapaz para desempeñar determinados cargos o para ejercer determinados derechos. *Fue inhabilitado* PARA *ejercer cualquier cargo público.* **2.** Dejar (a alguien) inhábil para algo. *La grave cornada inhabilitará al diestro* PARA *torear.* ▶ INCAPACITAR.

inhabitable. adj. Que no se puede habitar. *El edificio está inhabitable, en ruinas.*

inhabitado, da. adj. No habitado. *Planetas inhabitados.* ▶ DESHABITADO.

inhalación. f. Hecho de inhalar. *Murió por inhalación de gas.*

inhalador. m. Aparato para efectuar inhalaciones. *Utiliza un inhalador cuando tiene crisis asmáticas.*

inhalar. tr. Aspirar (gases, olores o sustancias pulverizadas), voluntaria o involuntariamente, o con fines terapéuticos. *Detesta inhalar el humo de los que fuman.*

inherente. adj. Que, por naturaleza, está de tal manera unido a algo o a alguien, que no se puede separar de ellos. *Ha desempeñado con lealtad las funciones inherentes* A *su cargo. El derecho a la vida es inherente* A *la persona.*

inhibición. f. Hecho o efecto de inhibir o inhibirse. *La inhibición de las inversiones privadas afecta negativamente a la economía.*

inhibidor, ra. adj. Que inhibe. *Hay sustancias inhibidoras de la ovulación que se emplean como anticonceptivos.*

inhibir. tr. **1.** Reprimir o contener (algo o a alguien). *La presencia del jefe nos inhibe. Tomo unas pastillas que inhiben el hambre.* **2.** *Fisiol.* Suspender transitoriamente (la función de un órgano o una actividad del organismo). *Este medicamento inhibe la coagulación de la sangre.* ○ intr. prnl. **3.** Abstenerse alguien de entrar en un asunto. *Me inhibo de opinar* EN *cuestiones que desconozco.* **4.** *Der.* Declararse un juez incompetente en una causa. *El juez se ha inhibido* EN *el caso del asesinato.* ▶ **1:** *REPRIMIR.

inhibitorio, ria. adj. Que causa inhibición. *Las normas producen un efecto inhibitorio de la conducta.*

inhóspito, ta. adj. Dicho de lugar: Carente de comodidad u otras condiciones que hagan agradable la estancia en él. *Difícilmente sobreviviría un náufrago en aquella isla inhóspita.*

inhumación. f. cult. Hecho de inhumar. *La inhumación del cadáver tendrá lugar a las diez en el cementerio Sur.*

inhumanidad. f. Cualidad de inhumano. *Las fotografías reflejan toda la inhumanidad de una guerra.*

inhumano, na. adj. **1.** Cruel o carente de humanidad. *Los asesinos son inhumanos. Recibió un trato inhumano.* **2.** Impropio de la condición humana. *Miles de personas sobreviven en condiciones inhumanas.* ▶ **1:** *CRUEL.

inhumar. tr. cult. Enterrar (un cadáver). *Inhumaron sus restos mortales junto a los de su esposa.*

iniciación. f. Hecho de iniciar o iniciarse. *La iniciación del proceso alteró sus planes. Su iniciación* EN *las artes fue muy temprana. Ceremonias de iniciación.*

iniciado, da. part. **1.** → **iniciar.** ● adj. **2.** Dicho de persona: Que comparte el conocimiento de algo reservado a un grupo limitado. Frec. m. y f. *Esas noticias no rebasan el ámbito de los iniciados y rara vez llegan al público.* ● m. **3.** Miembro de una sociedad secreta. *Las sociedades secretas reservan ciertas ceremonias para los iniciados.*

iniciador, ra. adj. Que inicia. *Estamos ante el proceso iniciador de la modernización del país.* Dicho de pers., tb. m. y f. *Él fue el iniciador de los trabajos.*

inicial. adj. **1.** Del inicio o principio. *Los momentos iniciales de la entrevista habrán sido tensos.* **2.** Dicho de una letra: Que es la primera de una palabra, de un verso, de un capítulo o de otro escrito. *La letra inicial del verso está escrita con mayúscula.* Tb. f. *Lleva bordadas las iniciales de su nombre.*

inicializar. tr. *Inform.* Establecer los valores iniciales para la ejecución (de un programa). *Al encender el ordenador debes inicializar el programa.*

inicialmente. adv. En el inicio. *Inicialmente esto fue una escuela de niños.*

iniciar. (conjug. ANUNCIAR). tr. **1.** Empezar o comenzar (algo). *Los corredores han iniciado la marcha.* Tb. en constr. prnl. media. *El incendio se inició en el granero.* **2.** Proporcionar (a alguien) los primeros conocimientos o experiencias sobre algo. *Su padre lo inició* EN *el arte desde pequeño.* Tb. en constr.

prnl. media. *El ambiente familiar hizo que se iniciase* EN *la música desde pequeño.* **3.** Introducir (a alguien) en una secta o una sociedad, especialmente secreta o misteriosa. *Sus compañeros lo iniciaron en la masonería.* Tb. en constr. prnl. media. *Se había iniciado* EN *una secta.* ▶ **1:** *EMPEZAR.

iniciático, ca. adj. De la iniciación en un rito, un culto o una sociedad secreta. *Ceremonias iniciáticas.*

iniciativa. f. **1.** Idea o propuesta para iniciar o hacer algo. *La iniciativa del homenaje partió de sus alumnos.* **2.** Capacidad de tener iniciativas (→ 1). *Es un hombre con mucha iniciativa.* **3.** Derecho de hacer una propuesta. EN *esta materia la iniciativa corresponde al Gobierno.* ■ **tomar la ~.** loc. v. Adelantarse a los demás al hablar o actuar. EN *asuntos amorosos solía tomar la iniciativa.*

inicio. m. Comienzo. *Al sentarse dejaba ver el inicio del muslo. Se reúnen al inicio de la jornada para distribuir el trabajo.*

inicuo, cua. adj. **1.** cult. Injusto o perverso. *Sería incapaz de cometer un acto tan inicuo.* **2.** cult. Contrario a la equidad o a la ética. *Exigencias moralmente inicuas.*

inidentificable. adj. Que no puede ser identificado. *El dibujo representa a algún animal inidentificable.*

inigualable. adj. Que no puede ser igualado. *Las huellas dactilares de una persona son inigualables.* Frec. con intención enfática. *Tiene un talento inigualable para la música.*

inigualado, da. adj. Que no ha sido igualado o no tiene igual. *"Las meninas" son de una calidad inigualada.*

in illo témpore. (loc. lat.; pronunc. "in-ílo-témpore"). loc. adv. Hace mucho tiempo. *In illo témpore, Mérida se llamaba Emerita Augusta.*

inimaginable. adj. Que no puede ser imaginado. *Era inimaginable que el hombre llegara a la Luna.*

inimitable. adj. Que no puede ser imitado. *Los billetes llevan una banda magnética que los hace inimitables.* Frec. con intención enfática. *Admiren esta obra única e inimitable.*

ininteligible. adj. Que no se puede entender. *La carta está escrita con una caligrafía ininteligible.*

ininterrumpido, da. adj. Continuado, o que no tiene interrupción. *Nuestras oficinas están abiertas de 8 a 20 horas de forma ininterrumpida.*

iniquidad. f. **1.** cult. Cualidad de inicuo. *Mucho se ha hablado de la iniquidad de los crímenes nazis.* **2.** cult. Hecho inicuo. *Es una iniquidad que paguen justos por pecadores.*

injerencia. f. Hecho de injerir o injerirse. *No permitía injerencias de nadie* EN *su vida. Fue una época de fuerte injerencia del Estado* EN *la economía.*

injerir. (conjug. SENTIR). tr. **1.** Meter (una cosa) en otra. *Injirió un cuento corto* EN *la novela.* ○ intr. prnl. **2.** Entrometerse. *Un país no puede injerirse* EN *los asuntos internos de otro.*

injertar. tr. **1.** Introducir en la rama o tronco (de un árbol o planta) alguna rama de otro árbol o planta en que haya una yema para que pueda brotar. *En el curso de jardinería enseñan a injertar rosales.* **2.** *Med.* Trasladar (una porción de tejido o un órgano) a otra parte del cuerpo o a otro organismo lesionados para que se regeneren. *Se está avanzando en las técnicas para injertar tejidos animales* EN *humanos.*

injerto. m. **1.** Hecho o efecto de injertar. *Tenía quemaduras graves y le han hecho un injerto de piel.* **2.** Rama de un árbol con que se hace un injerto (→ 1). *Sujetaremos el injerto al tronco del árbol con cintas especiales.* **3.** *Med.* Parte de tejido u órgano injertados. *El injerto de pelo tiene aún zonas que clarean.*

injuria. f. Ofensa, gralm. hecha de palabra. *Va a presentar una querella contra la revista por injurias.* ▶ *OFENSA.

injuriar. (conjug. ANUNCIAR). tr. Hacer una injuria (a alguien). *Muchas palabras malsonantes se utilizan para injuriar.* ▶ *OFENDER.

injurioso, sa. adj. Dicho de cosa: Que injuria. *Esa es una acusación falsa e injuriosa.*

injusticia. f. **1.** Hecho injusto. *No cometan la injusticia de encarcelar a una inocente.* **2.** Falta de justicia. *Nos manifestaremos contra la injusticia social y la discriminación.*

injustificable. adj. Que no se puede justificar. *El uso de la violencia es injustificable.*

injustificado, da. adj. No justificado. *Su despido se considera injustificado y recibirá una indemnización.*

injusto, ta. adj. **1.** Que no actúa de acuerdo con la justicia. *El tribunal ha sido injusto al negarle la plaza.* Dicho de pers., tb. m. y f. *Premiará a los justos y castigará a los injustos.* **2.** Dicho de cosa: No justa o no conforme con la justicia. *Es injusta la distribución de la riqueza en el mundo.*

inmaculado, da. adj. Que no tiene mancha. *Puso un mantel inmaculado sobre la mesa.* Tb. fig. *Lleva una trayectoria profesional inmaculada.* Frec. con intención enfática. *La blancura inmaculada de las sábanas. Limpieza inmaculada.*

inmadurez. f. Cualidad de inmaduro. *Ciertos problemas de los prematuros se deben a la inmadurez de sus órganos.*

inmaduro, ra. adj. No maduro, o que no ha alcanzado un grado de madurez o desarrollo adecuado. *Es una sociedad democráticamente inmadura. Frutos inmaduros.* Dicho de pers., tb. m. y f. *Eres un crío, un inmaduro.*

inmanejable. adj. Que no se puede manejar. *El fichero ha adquirido tales dimensiones que resulta ya inmanejable.*

inmanencia. f. *Fil.* Cualidad de inmanente. *Ensayo sobre la inmanencia del derecho natural* AL *ser humano.*

inmanente. adj. *Fil.* Que es inherente a un ser o va unido de un modo inseparable a su esencia y no proviene de una fuente exterior. *En la concepción religiosa, la perfección es una cualidad inmanente* A *Dios.*

inmarcesible. adj. cult. Inmarchitable. Frec. fig. *Alberga la inmarcesible esperanza de volver a verlo.*

inmarchitable. adj. Que no se puede marchitar. Frec. fig. *Ojalá la juventud fuera inmarchitable.*

inmaterial. adj. Que no tiene carácter material. *Da más valor a los bienes materiales que a los inmateriales.*

inmaterialidad. f. Condición de inmaterial. *Es la filósofa de la inmaterialidad e inmortalidad del alma.*

inmediación. f. **1.** Inmediatez. *En la administración de justicia, deben cumplirse los principios de inmediación y rapidez.* ○ pl. **2.** Proximidades en torno a un lugar. *Se hallaron huellas en las inmediaciones del lago.* ▶ **2:** AFUERAS, ALEDAÑOS, ALREDEDORES, CERCANÍAS, PROXIMIDADES.

in medias res. (loc. lat.). loc. adv. *Lit.* En plena acción o con la acción ya comenzada. Se usa hablando del comienzo de una narración. *La "Eneida" comienza in medias res.*

inmediatamente. adv. **1.** Al instante o en el momento inmediato. *Ven aquí inmediatamente. Inmediatamente después de comer, recogemos la mesa.* **2.** En lugar inmediato o contiguo. *La panadería se encuentra inmediatamente detrás del banco.* **3.** De manera inmediata, sin interposición de otros elementos. *De este principio se deducen inmediatamente las siguientes reglas.*

inmediatez. f. Cualidad de inmediato. *Una de las ventajas de la comunicación telefónica es su inmediatez.* ▶ INMEDIACIÓN.

inmediato, ta. adj. **1.** Que sucede enseguida, sin intervalo de tiempo. *Es necesaria la hospitalización inmediata del enfermo.* **2.** Que está al lado de alguien o algo. *Ocupa el dormitorio inmediato* AL *salón.* **3.** Que está muy cercano a alguien o algo. *Existe una normativa para la edificación en lugares inmediatos* A *un monumento.* **4.** Relacionado con algo directamente, sin interposición de otros elementos. *Analizaremos las consecuencias mediatas e inmediatas del conflicto.* ■ **de inmediato.** loc. adv. Inmediatamente o en el momento inmediato (→ 1). *No hay tiempo que perder, partiremos de inmediato.* ▶ **2:** CONTIGUO.

inmejorable. adj. Que no se puede mejorar. Frec. con intención enfática. *Esta es una inmejorable ocasión para invertir.*

inmemorable. adj. Inmemorial. *La medicina natural se utiliza desde tiempos inmemorables.*

inmemorial. adj. **1.** Tan antiguo, que no hay memoria de su comienzo. *De generación en generación se había transmitido aquella leyenda inmemorial.* **2.** Dicho de tiempo: Muy antiguo y no fijado con precisión por documentos ni testigos. *Estos ritos en torno a una hoguera se celebran desde tiempos inmemoriales.* ▶ INMEMORABLE.

in memóriam. (loc. lat.). loc. adv. En memoria o en recuerdo. Gralm. se usa en textos destinados a recordar a alguien fallecido. *La dedicatoria del libro decía: "A mi padre, in memóriam".*

inmensidad. f. **1.** Cualidad de inmenso. *Sobrecoge del desierto la inmensidad de su extensión. Inmensidad y omnipresencia de Dios.* **2.** Extensión inmensa. *El barco se perdió en esa inmensidad que es el océano.* **3.** Cantidad o número inmensos. *Me siento desbordado ante tal inmensidad de problemas.*

inmenso, sa. adj. **1.** Muy grande, frec. hasta el punto de ser difícil o imposible de medir o de contar. *Una inmensa cantidad de gente se agolpa a las puertas del cine. Me ha dado una alegría inmensa verlo.* **2.** Infinito o ilimitado. Gralm. referido a Dios o a sus atributos. *Dios verdadero, inmenso e inmutable.*

inmensurable. adj. cult. Muy grande, frec. hasta el punto de ser difícil o imposible de medir. *El espacio inmensurable.*

in mente. (loc. lat.). loc. adv. En la mente o en el pensamiento. *Tengo in mente un negocio muy rentable.*

inmerecido, da. adj. No merecido. *Gracias por este inmerecido premio.*

inmersión. f. **1.** Hecho de introducir o introducirse algo en un fluido. *El submarino empezó la maniobra de inmersión. Un procedimiento de conservación del queso es la inmersión* EN *aceite.* **2.** Hecho de introducir o introducirse plenamente alguien en un ambiente o en una actividad. *Su inmersión* EN *la vida alemana fue fundamental para aprender la lengua. La lectura de los cuentos nos permite la inmersión* EN *mundos imaginarios.*

inmerso, sa. adj. cult. Sumergido en algo. *El cofre permanece inmerso* EN *el río.* Frec. fig. *Allí está, inmersa* EN *sus pensamientos.*

inmigración. f. Hecho o efecto de inmigrar. *Se adoptarán medidas para frenar la inmigración ilegal. Es frecuente la inmigración a los países ricos.*

inmigrante. adj. Que inmigra. *Población inmigrante.* Dicho de pers., tb. m. y f. *Fuimos un país de emigrantes; hoy lo somos de inmigrantes.*

inmigrar. intr. Llegar alguien a un país extranjero para establecerse en él. *La búsqueda de trabajo es un motivo para inmigrar.*

inmigratorio, ria. adj. De la inmigración. *Las grandes urbes absorben importantes flujos inmigratorios.*

inminencia. f. Cualidad de inminente. *Cuánta tristeza ante la inminencia del adiós.*

inminente. adj. Que está a punto de suceder o amenaza suceder en un tiempo inmediato. *Sonaron las sirenas: el bombardeo era inminente.* Tb. dicho del peligro de un suceso de esas características. *Ante el peligro inminente de derrumbe, el edificio será desalojado.*

inmiscuirse. (conjug. CONSTRUIR). intr. prnl. Entrometerse. *No te inmiscuyas* EN *mis asuntos.*

inmisericorde. adj. cult. Cruel o carente de compasión. *Me resisto a creer en un Dios inmisericorde.* Tb. fig. *Caminamos bajo una lluvia inmisericorde.*

inmobiliario, ria. adj. **1.** De los inmuebles. *Es constructor y conoce bien el mercado inmobiliario.* ● f. **2.** Empresa o sociedad que se dedica a construir, arrendar, vender o administrar viviendas. *Hemos comprado el piso a través de una inmobiliaria.*

inmoderado, da. adj. Que no tiene moderación. *El consumo inmoderado de alcohol perjudica la salud.*

inmodestia. f. Falta de modestia o humildad. *Perdone la inmodestia, pero le aseguro que soy el mejor en mi oficio.*

inmodesto, ta. adj. Carente de modestia. *A riesgo de parecer inmodesta, quiero decir que hemos hecho una gran obra.*

inmodificable. adj. Que no se puede modificar. *El pasado es inmodificable.*

inmolación. f. cult. Hecho de inmolar o inmolarse. *El lienzo representa la inmolación de Jesucristo en la cruz.*

inmolar. tr. **1.** cult. Sacrificar (algo o a alguien) a la divinidad. *Dios pidió a Abraham que inmolara a su hijo. En una fiesta anual, los musulmanes inmolan un cordero.* ○ intr. prnl. **2.** cult. Ofrecer alguien su vida, gralm. por alguien o por una causa. *Los mártires se inmolaban por su fe.*

inmoral. adj. Contrario a los principios de la moral, en el aspecto ético o sexual. *Es inmoral enriquecerse a costa de los necesitados. Fue juzgado por exhibicionismo y conducta inmoral.*

inmoralidad. f. **1.** Cualidad de inmoral. *Debate sobre la moralidad o inmoralidad de la manipulación genética.* **2.** Hecho inmoral. *Me parece una inmoralidad cobrar el subsidio de desempleo teniendo trabajo.*

inmortal. adj. **1.** Que no puede morir. *Para Platón el alma es inmortal.* Tb. fig. *Unidos por un amor inmortal.* **2.** Destinado a perdurar indefinidamente en la memoria de los hombres. *Lea usted "La Celestina", un clásico inmortal de nuestras letras.*

inmortalidad. f. Cualidad de inmortal. *El héroe ambiciona para sí la inmortalidad de los dioses.*

inmortalizar. tr. Hacer inmortal o perdurable en la memoria de los hombres (algo o a alguien). *Goya inmortalizó en un cuadro a la familia de Carlos IV.*

inmotivado, da. adj. Carente de motivo. *Tus críticas son inmotivadas e injustas.*

inmóvil. adj. **1.** Que no se mueve. *Su cuerpo yacía inmóvil en el lecho.* **2.** Invariable o que no cambia. *La política exterior del Gobierno permanece inmóvil.*

inmovilidad. f. Cualidad de inmóvil. *Se mantuvo en la inmovilidad más absoluta para que la fiera no se fijara en ella.*

inmovilismo. m. Tendencia a mantener sin cambios una situación, espec. política. *En la ciencia existía cierta tendencia al inmovilismo.*

inmovilista. adj. **1.** Del inmovilismo. *Actitud inmovilista.* **2.** Partidario del inmovilismo. *Forma parte del sector inmovilista del partido.* Tb. m. y f. *Estoy a favor del progreso, no soy una inmovilista.*

inmovilización. f. Hecho o efecto de inmovilizar o inmovilizarse. *Las escaras pueden producirse por la inmovilización prolongada del paciente.*

inmovilizado. m. *Econ.* Conjunto de bienes materiales o inmateriales reflejados en los balances de las empresas y creados o adquiridos por ellas para ser utilizados de forma duradera. *Las patentes forman parte del inmovilizado de la empresa.*

inmovilizar. tr. **1.** Hacer que (alguien o algo) queden inmóviles. *Le han inmovilizado el brazo con una escayola. La policía atrapó al ladrón y lo inmovilizó poniéndole unas esposas. El miedo la inmovilizaba.* Tb. en constr. prnl. media. *Todos enmudecieron y se inmovilizaron al verlo aparecer.* **2.** *Com.* Invertir (un capital) en bienes de lenta o difícil realización. *Con los intereses tan bajos no interesa inmovilizar los ahorros.*

inmueble. m. Casa (edificio). *En el inmueble residen treinta familias.* ▶ CASA.

inmundicia. f. cult. Suciedad o basura. *El poema habla de la belleza y de la inmundicia del mundo.* Frec. en pl. *Por las cloacas circulan las inmundicias de la ciudad.*

inmundo, da. adj. cult. Sucio y asqueroso. *Lo encerraron en un calabozo inmundo y lleno de ratas. Es una bestia inmunda.*

inmune. adj. **1.** Libre de algo negativo, o invulnerable ante ello. *Los jueces deben permanecer inmunes* A *las presiones.* **2.** *Med.* Que tiene inmunidad. *Soy inmune* A *la rubeola porque me vacunaron.* **3.** *Med.* De la inmunidad, o de sus causas, efectos o mecanismos. *El sida se caracteriza por la ausencia de respuesta inmune frente al virus.*

inmunidad. f. **1.** Cualidad de inmune a algo negativo. *Los equipos de a bordo deben presentar alta inmunidad* A *las interferencias.* **2.** *Med.* Resistencia, natural o adquirida, de un organismo frente a una enfermedad o a acciones patógenas de microorganismos o sustancias extrañas. *Una alimentación equilibrada contribuye a reforzar la inmunidad.* **3.** *Der.* Prerrogativa concedida a una persona o un lugar, por la cual quedan exentos de determinadas obligaciones, cargos o penas. *Los nobles y el clero gozaban de inmunidad fiscal.* ■ ~ **diplomática.** f. *Der.* Inmunidad (→ 3) de la que gozan los representantes diplomáticos acreditados en un país extranjero, que los exime de someterse a la jurisdicción de los tribunales de este. *La inmunidad diplomática impide detener al embajador.* ■ ~ **parlamentaria.** f. *Der.* Inmunidad (→ 3) de la que gozan senadores y diputados, que los exime de ser detenidos o procesados sin autorización del Parlamento. *El ministro perdió su inmunidad parlamentaria y fue juzgado.*

inmunitario, ria. adj. *Med.* De la inmunidad. *Los linfocitos son células del sistema inmunitario.*

inmunización. f. *Med.* Hecho o efecto de inmunizar. *Se investigan nuevas formas de inmunización* CONTRA *los virus.*

inmunizante. adj. Que inmuniza. *La vacuna contiene un potente agente inmunizante.*

inmunizar. tr. Hacer inmune (a alguien), espec. ante las enfermedades. *La vacuna lo inmunizó* CONTRA/DE *la gripe.* Tb. fig. *Está inmunizada* CONTRA *el desánimo.*

inmunodeficiencia. f. *Med.* Incapacidad total o parcial del organismo para generar la respuesta inmunitaria adecuada ante una enfermedad o un agente patógeno. *Las personas con inmunodeficiencia son más vulnerables a las infecciones.*

inmunodeficiente. adj. *Med.* Que padece inmunodeficiencia. *Paciente inmunodeficiente.* Dicho de pers., tb. m. y f. *Esta enfermedad adquiere especial gravedad en inmunodeficientes.*

inmunodepresión. f. *Med.* Fuerte disminución de la respuesta inmunitaria de un organismo. *El virus del sida origina una inmunodepresión celular.*

inmunodepresor, ra. adj. *Med.* Que produce inmunodepresión. *Fármaco inmunodepresor.* Dicho de medicamento o sustancia, tb. m. *El empleo de inmunodepresores tras el trasplante reduce el rechazo.*

inmunodeprimido, da. adj. *Med.* Que padece inmunodepresión. *Paciente inmunodeprimido.* Dicho de pers., tb. m. y f. *La meningitis puede ser muy peligrosa en inmunodeprimidos.*

inmunoglobulina. f. *Bioquím.* Proteína presente en el plasma y que actúa como anticuerpo. *El ejercicio físico disminuye la grasa corporal y eleva las inmunoglobulinas.*

inmunología. f. *Med.* Estudio científico de la inmunidad y de las reacciones del sistema inmunitario. *En el servicio de inmunología del hospital le diagnosticaron una rara infección.*

inmunológico, ca. adj. *Med.* De la inmunología, o de su objeto de estudio. *Técnicas inmunológicas. Sufre un trastorno del sistema inmunológico.*

inmunólogo, ga. m. y f. *Med.* Especialista en inmunología. *Un grupo de inmunólogos participan en las pruebas de una nueva vacuna.*

inmunosupresión. f. *Med.* Anulación de la respuesta inmunitaria de un organismo. *El objetivo de la inmunosupresión en pacientes trasplantados es evitar un rechazo agudo.*

inmunosupresor, ra. adj. *Med.* Que produce inmunosupresión. *Terapia inmunosupresora.* Dicho de medicamento o sustancia, tb. m. *Sigue un tratamiento con inmunosupresores.*

inmunoterapia. f. *Med.* Tratamiento de las enfermedades mediante la potenciación o debilitamiento de los mecanismos inmunitarios, frec. administrando sueros con anticuerpos. *La inmunoterapia reduce los síntomas del asma.*

inmutabilidad. f. Cualidad de inmutable. *El Derecho civil establece la inmutabilidad de los contratos.*

inmutable. adj. **1.** Que no puede ni se puede cambiar. *Pensemos en el futuro, el pasado ya es inmutable.* **2.** Que no se inmuta. *Ha permanecido inmutable ante los insultos.*

inmutar. tr. **1.** Alterar el ánimo (de alguien). *La triste noticia no lo inmutó.* ○ intr. prnl. **2.** Manifestar una alteración del ánimo a través del semblante o la voz. Más frec. en constr. negativas. *Ni se inmutó cuando le dije que estaba despedido.*

innatismo. m. *Fil.* Doctrina que afirma la existencia en los seres humanos de ideas o estructuras mentales innatas, previas a la experiencia. *Como buen empirista rechaza el innatismo en todas sus variantes.*

innato, ta. adj. Dicho de cosa: Natural y como nacida con la persona. *Tiene un don innato para la música.*

innatural. adj. No natural. *Parece innatural desear la propia muerte.*

innecesario, ria. adj. No necesario. *No corramos riesgos innecesarios.*

innegable. adj. Que no se puede negar. *Es innegable que estamos ante una de las mejores pinacotecas del mundo.*

innegociable. adj. Que no se puede negociar. *Condición innegociable para aceptar el cargo es que yo pueda formar mi equipo.*

innoble. adj. **1.** Dicho de persona: Que no es noble en su comportamiento o manera de ser. *No hay persona más innoble que quien traiciona a un amigo.* **2.** Dicho de cosa: Propio de la persona innoble (→ 1). *No lo creía capaz de una acción tan innoble.*

innombrable. adj. Que no se puede o no se debe nombrar. *Tan terrible enfermedad sigue siendo innombrable.*

innominado, da. adj. Que no tiene ningún nombre. *Los exploradores recorrieron lugares desconocidos e innominados.*

innovación. f. Hecho o efecto de innovar. *Hay que invertir en innovación tecnológica.*

innovador, ra. adj. Que innova. *Es un coche de diseño innovador.* Dicho de pers., tb. m. y f. *La crítica considera a Cortázar un innovador.*

innovar. tr. Introducir novedades (en algo). *Se propuso innovar la gastronomía local.* Tb. usado en constr. intr. *La empresa que no innova acaba por quebrar.*

innumerable. adj. Muy numeroso, hasta el punto de no poderse contar. *He recorrido el mismo camino innumerables veces.* ▶ INCONTABLE.

innúmero, ra. adj. cult. Innumerable. *Las innúmeras estrellas del firmamento.*

inobjetable. adj. Dicho de persona o cosa: Que no es objetable o discutible. *La resolución adoptada es inobjetable.*

inobservable. adj. Que no se puede observar. *Hasta la aparición del microscopio, los microorganismos eran inobservables.*

inobservancia. f. Falta de observancia. *Podrán imponerse sanciones por inobservancia de la ley.*

inocencia. f. Cualidad de inocente. *Crecerás y perderás la inocencia de la niñez.* ▶ *INGENUIDAD.

inocentada. f. Broma o engaño, espec. los que se suelen hacer el día de los Santos Inocentes (28 de diciembre). *El periódico publicó una inocentada.*

inocente. adj. **1.** Libre de culpa. *El acusado se ha declarado inocente* DE *todos los cargos.* Dicho de pers., tb. m. y f. *En las guerras mueren muchos inocentes.* **2.** Dicho de cosa: De persona inocente (→ 1). *Que nunca más se derrame sangre inocente.* **3.** Dicho de persona: Que carece de malicia y es fácil de engañar. *Es tan inocente que todos se aprovechan de ella.* Tb. m. y f. *Cómo va a querer perjudicarte, si es un inocente.* **4.** Dicho de cosa: Que carece de malicia. *Le hice una pregunta inocente, pero él la malinterpretó.* **5.** Dicho de cosa: Que no daña o no es perjudicial. *Sea precavido, conducir no es un juego inocente.* **6.** coloq. o eufem. Ignorante o tonto. *¡Qué inocente, mira que creerte esa estupidez!* Dicho de pers., tb. m. y f. **7.** histór. Dicho de niño: Que no ha llegado a la edad de dos años. Tb. m. y f. *Herodes ordenó la matanza de los inocentes.* ▶ **3:** *INGENUO.

inocuidad. f. Cualidad de inocuo. *La ecografía es un instrumento de control del embarazo de probada inocuidad.*

inoculación. f. Hecho de inocular. *La inoculación del virus en el organismo por un insecto.*

inocular. tr. **1.** *Med.* Introducir en un organismo (una sustancia que contiene los gérmenes de una enfermedad). *Cuando te inoculan el virus del sarampión, el organismo crea anticuerpos.* **2.** Transmitir o infundir (una pasión, una idea o un sentimiento, espec. negativos). *No dejes que te inocule sus ideas.*

inocultable. adj. Que no se puede ocultar. *La noticia le ha causado una inocultable satisfacción.*

inocuo, cua. adj. Que no hace daño. *Que algunas drogas se usen como medicamentos no quiere decir que sean inocuas.* Tb. fig. *Hemos conversado sobre el tiempo y otros temas inocuos.*

inodoro, ra. adj. **1.** Que no tiene olor. *El hidrógeno es un gas inodoro.* ● m. **2.** Taza del váter. *Levanta la tapa del inodoro para orinar.* ▶ **2:** TAZA.

inofensivo, va. adj. Que no puede causar daño. *Acércate sin miedo, el perro es inofensivo.*

inolvidable. adj. Que no se puede olvidar, espec. por razones afectivas. *Hemos pasado unas vacaciones inolvidables.*

inoperable. adj. Dicho de enfermedad: Que no se puede tratar mediante una operación quirúrgica. *Le han detectado un tumor inoperable.* Tb. dicho del enfermo con ese tipo de enfermedad. *Dados sus problemas respiratorios, se le consideró inoperable.*

inoperancia. f. Cualidad de inoperante. *Es lamentable la inoperancia de ciertos organismos internacionales.*

inoperante. adj. Que no es eficaz o no produce efecto. *Las medidas adoptadas resultan inoperantes.*

inoperatividad. f. Falta de operatividad. *Resultado de tal falta de recursos es la inoperatividad del sistema judicial.*

inopia. **en la ~.** loc. adv. coloq. Sin enterarse de algo que es sabido en general. *Ella liada con unos y con otros, y el marido, en la inopia.*

inopinado, da. adj. Que sucede sin que se espere. *Recibió la inopinada visita de un amigo de la infancia.* ▶ *INESPERADO.

inoportunidad. f. Cualidad de inoportuno. *No me ha molestado la pregunta en sí, sino su inoportunidad.*

inoportuno, na. adj. Que interviene o sucede en tiempo inconveniente. *Nos retrasó una inoportuna avería. Qué persona más inoportuna, siempre llama* *cuando estoy ocupada.* Tb. dicho de ese tiempo. *Llegas en un momento inoportuno, tengo que salir.* ▶ **Am:** DESUBICADO.

inorgánico, ca. adj. **1.** Dicho de ser o cuerpo: No orgánico o no dotado de órganos para la vida. *Los minerales son seres inorgánicos.* **2.** Dicho de un todo o de un conjunto: Carente de la conveniente ordenación entre sus partes o componentes. *El plan de urbanismo evitará que la zona se convierta en un conjunto inorgánico de edificios.* **3.** *Quím.* Dicho de sustancia: Que no tiene como componente el carbono. *El análisis del agua detecta sustancias inorgánicas contaminantes, como el mercurio.*

inoxidable. adj. **1.** Que no se puede oxidar. *Piezas de material inoxidable.* **2.** De acero inoxidable (→ 1). *Conozca las ventajas de una batería de cocina inoxidable.*

in péctore. (loc. lat.). loc. adj. cult. Dicho de persona: Que ya ha sido designada para un cargo, pero cuyo nombramiento no se ha hecho público. *Se dice que el ministro de Economía es el sucesor in péctore del presidente.*

input. (pal. ingl.; pronunc. "ímput"). m. **1.** *Inform.* Entrada de información en un sistema informático. Se usa en contraposición a *output*. *Teclado y micrófono son dispositivos de* input*; la impresora, de* output. **2.** *Econ.* Elemento inicial necesario de un proceso de producción. *El petróleo se utiliza como* input *en los procesos de producción de plásticos.* Tb. fig. *Los resultados de esta evaluación servirán de* input *para otras posteriores.* ¶ [Equivalentes recomendados: 1: *entrada* (o *introducción*) *de datos* o *datos de entrada*. 2: *insumo*].

inquebrantable. adj. Que no se puede quebrantar. *Es de una lealtad inquebrantable.*

inquietante. adj. Que inquieta. *Un futuro inquietante se abre ante nosotros.* ▶ DESASOSEGADOR, DESASOSEGANTE, INTRANQUILIZADOR.

inquietar. tr. Poner inquieto, agitado o preocupado (a alguien). *Su manera de mirar me inquieta.* Tb. en constr. prnl. media. *Como los actores no salían a escena, el público se inquietaba.* ▶ ACUCIAR, DESASOSEGAR, DESAZONAR, INTRANQUILIZAR.

inquieto, ta. adj. **1.** Dicho de persona o animal: Que no está tranquilo o tiene cierta agitación nerviosa. *Inquietos, los candidatos esperaban los resultados de las pruebas de selección.* **2.** Que está preocupado. *Estamos inquietos porque no sabemos nada de ellos.* **3.** Interesado en conocer o emprender cosas nuevas. *Siempre fue una persona inquieta y con gran curiosidad intelectual.* **4.** Dicho de persona o animal: Que está en constante movimiento. *Es un perro muy inquieto, pero no muerde.* **5.** Propio de la persona o el animal inquietos (→ 1-4). *La niña ha pasado una noche muy inquieta.* ▶ **1, 2:** INTRANQUILO.

inquietud. f. **1.** Cualidad de inquieto. *Tiene la inquietud de un niño travieso.* **2.** Preocupación o conmoción. *La posibilidad de guerra provoca inquietud entre la población.* Tb. la cosa o persona que la causa. *El empleo es una de las inquietudes de los jóvenes.* **3.** Inclinación o interés hacia algo. Frec. en pl. *Desde muy joven tiene inquietudes literarias.* ▶ **1:** COMEZÓN, DESASOSIEGO, DESAZÓN, INTRANQUILIDAD.

inquilinato. m. Arriendo de una casa o parte de ella. *Ocupa la vivienda en régimen de inquilinato.*

inquilino, na. m. y f. Persona que habita una casa, o parte de ella, que ha alquilado. *El casero ha subido el alquiler a los inquilinos.*

inquina. f. Aversión o antipatía grande. *No puede disimular su inquina hacia mí. Él era un artesano y miraba las máquinas modernas con inquina.*

inquirir. (conjug. ADQUIRIR). tr. cult. Intentar averiguar (algo), espec. con preguntas. *–¿De dónde vienes? –inquirió su padre.*

inquisición. f. **1.** cult. Hecho o efecto de inquirir. *Sus inquisiciones no han dado resultado.* **2.** (En mayúsc.). histór. Tribunal eclesiástico que inquiría y castigaba los delitos contra la fe. *La Inquisición prohibía los libros sospechosos de herejía.* Tb. *Tribunal de la (Santa) Inquisición. Fue denunciado al Tribunal de la Inquisición.*

inquisidor, ra. m. histór. Juez de la Inquisición. *Fue acusado de tendencias luteranas por el inquisidor Valdés.*

inquisitivo, va. adj. De la inquisición o indagación. *Observaba nuestros movimientos con inquisitiva mirada.* ▶ INQUISITORIO.

inquisitorial. adj. De la Inquisición. *Juicios inquisitoriales.* Tb. fig. *No adoptes esa actitud inquisitorial conmigo.*

inquisitorio, ria. adj. De la inquisición o indagación. *Nos ha preguntado con tono inquisitorio.* ▶ INQUISITIVO.

inri. para más, o **mayor, ~.** loc. adv. coloq. Para mayor burla u ofensa. *Su mujer lo engañaba, y con su mejor amigo, para mayor inri.* Frec. con intención enfática, para expresar que algo negativo ocurre por añadidura. *Pierdo las llaves y, para más inri, me roban la cartera.*

insaciabilidad. f. Cualidad de insaciable. *Nada es suficiente para calmar la insaciabilidad humana.*

insaciable. adj. Que no se puede saciar. Frec. con intención enfática. *Tiene un apetito insaciable.*

insalivación. f. Hecho de insalivar. *La digestión comienza en la boca con la masticación e insalivación de los alimentos.*

insalivar. tr. Mezclar (los alimentos) con saliva en la boca. *Es importante masticar e insalivar bien los alimentos.*

insalubre. adj. Malo o dañino para la salud. *La humedad del sótano es insalubre.* ▶ *INSANO.

insalubridad. f. Cualidad de insalubre. *Los refugiados viven en condiciones de hacinamiento e insalubridad.*

insalvable. adj. Que no se puede salvar o superar. *No hay obstáculos insalvables para el amor.*

insania. f. cult. Locura o falta de juicio. *La desesperación lo ha sumido en un estado rayano en la insania.*

insano, na. adj. **1.** Perjudicial para la salud. *Hace un calor insano en la habitación.* **2.** Loco o perturbado. *Solo una mente insana ha podido concebir una idea tan atroz.* ▶ **1:** INSALUBRE, MALSANO. **2:** *LOCO.

insatisfacción. f. Cualidad de insatisfecho. *No puede ocultar un poso de amargura e insatisfacción.*

insatisfactorio, ria. adj. Que no satisface lo que se desea o necesita. *Resulta insatisfactorio realizar un trabajo tan monótono.*

insatisfecho, cha. adj. No satisfecho. *Está insatisfecho con su sueldo.*

insaturado, da. adj. *Quím.* Dicho de un compuesto: Que posee uno o varios enlaces covalentes múltiples. *El pescado contiene grasas insaturadas. Hidrocarburos insaturados.*

inscribir. (part. **inscrito** o, Am, **inscripto**). tr. **1.** Apuntar (algo o a alguien) en un registro o una lista para un fin determinado. *Me inscribiré* EN *un curso de informática.* **2.** Grabar (algo) en metal, piedra u otra materia. *El escultor inscribió sus iniciales* EN *la escultura.* **3.** *Mat.* Trazar (una figura) dentro de otra, de manera que tengan puntos comunes sin cortarse. *Inscribe una circunferencia* EN *un pentágono.* ▶ **1:** *APUNTAR.

inscripción. f. **1.** Hecho de inscribir o inscribirse. *Inscripción en el Registro Civil.* **2.** Escrito grabado en piedra, metal u otra materia duradera, espec. en conmemoración de alguien o algo importantes. *La inscripción dice: "Aquí vivió Pío Baroja".* ▶ **2:** EPÍGRAFE.

insecticida. adj. Que sirve para matar insectos. *Producto insecticida.* Dicho de producto, tb. m. *¿Tiene un insecticida eficaz contra las cucarachas?*

insectívoro, ra. adj. **1.** Dicho de animal: Que se alimenta de insectos. *Un pájaro insectívoro.* Tb. m. **2.** *Zool.* Del grupo de los insectívoros (→ 3). *Mamífero insectívoro.* ● m. **3.** *Zool.* Mamífero plantígrado de pequeño tamaño que se alimenta pralm. de insectos, como el topo y el erizo.

insecto. m. Animal invertebrado de pequeño tamaño, con el cuerpo dividido en cabeza, tórax y abdomen, con dos antenas y tres pares de patas, y que frec. tiene alas y sufre metamorfosis, como la mariposa y la cucaracha. *Multitud de insectos han acudido al olor de la comida.* ■ ~ **social.** m. *Zool.* Insecto que forma parte de una comunidad organizada en castas. *Las abejas son insectos sociales.*

inseguridad. f. Falta de seguridad. *Ha aumentado la inseguridad en las calles.*

inseguro, ra. adj. No seguro, o poco seguro. *Es muy insegura y prefiere que otro tome las decisiones.*

inseminación. f. Hecho de inseminar. *Con la inseminación artificial, las parejas estériles pueden tener hijos.*

inseminar. tr. Hacer llegar el semen al óvulo (de una hembra) de forma natural o mediante técnicas artificiales. *Han inseminado a cien ovejas.*

insensatez. f. **1.** Cualidad de insensato. *La insensatez de algunas decisiones judiciales es alarmante.* **2.** Dicho o hecho insensatos. *Prestarle dinero ha sido una insensatez. ¡Deja de decir insensateces!*

insensato, ta. adj. **1.** Dicho de persona: Que piensa o actúa de manera imprudente e irreflexiva. *Un conductor insensato se ha saltado el semáforo.* Tb. m. y f. *Es una insensata, ¿a quién se le ocurre bañarse en un lago helado?* **2.** Propio de la persona insensata (→ 1). *Sería insensato desaprovechar esta oportunidad.*

insensibilidad. f. Cualidad de insensible. *Los discapacitados se quejan de la insensibilidad* ANTE *sus problemas. Insensibilidad* AL *dolor.*

insensibilizar. tr. Hacer insensible (a alguien o algo). *El dentista la anestesia para insensibilizarle la encía.* Tb. en constr. prnl. media. *Viendo tantas desgracias en la televisión acabaremos insensibilizándonos.*

insensible. adj. **1.** Dicho de ser vivo o de órgano: Incapaz de experimentar sensaciones. *Del frío, se me han quedado los dedos insensibles.* **2.** Dicho de persona: Incapaz de reaccionar ante lo que normalmente conmueve o afecta. *Es insensible* A *las críticas.* **3.** Dicho de cosa: Que no puede ser alterada por la acción de un agente externo. *Materiales de construcción insensibles* A *los agentes atmosféricos.* **4.** Imperceptible. *El paso a la adolescencia ocurre de forma insensible.*

inseparabilidad. f. Cualidad de inseparable. *Ortega nos habla de la inseparabilidad del hombre y su circunstancia.*

inseparable. adj. **1.** Que no se puede separar. *Espacio y tiempo son inseparables.* Frec. con intención enfática. *Apareció con su inseparable mochila.* **2.** Dicho de dos o más personas: Estrechamente unidas entre sí, espec. por vínculos afectivos. *Se han hecho amigos inseparables.*

insepulto, ta. adj. cult. No sepultado. *Decenas de cadáveres yacen insepultos en las calles.*

inserción. f. Hecho de insertar o insertarse. *Es muy cara la inserción de un anuncio en el periódico.*

insertar. tr. **1.** Incluir o introducir (algo) en otra cosa. *Inserta la tarjeta y marca tu número secreto.* **2.** Publicar un periódico o una revista (una información o un texto). *El periódico inserta la noticia en primera página.* ○ intr. prnl. **3.** *Biol.* Adherirse un órgano en una parte. *El tendón de Aquiles se inserta* EN *el hueso calcáneo del pie.* **4.** Incluirse o situarse algo en otra cosa. *La obra se inserta* EN *la corriente modernista.*

inserto, ta. adj. Que está insertado. *Un artículo inserto en la revista llamó su atención.*

inservible. adj. Dicho de cosa: Que no sirve o no puede servir. *En el desván hay un montón de trastos inservibles.* ▶ *INÚTIL.

insidia. f. **1.** Engaño para perjudicar a alguien. *Con las insidias que le ha preparado logrará desbancarlo.* **2.** Hecho o dicho malintencionados. *Ha lanzado insidias contra mí.* ▶ **1:** *ENGAÑO.

insidioso, sa. adj. **1.** Que actúa con insidias. *El valido fue víctima de cortesanos insidiosos.* **2.** Que se hace con insidias. *No contestaré a preguntas insidiosas.* **3.** Dañino aunque de apariencia inofensiva. *Siempre hay alguna mosca insidiosa molestando.*

insigne. adj. Célebre o eminente. *Ha sido una figura insigne del toreo.* ▶ *FAMOSO.

insignia. f. **1.** Distintivo que indica grado o que se concede por un mérito u honor. *La insignia de la Orden del Imperio Británico.* **2.** Distintivo que va prendido en la ropa y que indica pertenencia o vinculación a un grupo o asociación. *Lleva en la chaqueta la insignia del club.* **3.** Bandera o estandarte de un grupo civil, militar o religioso. *La insignia del batallón.* **4.** *Mar.* Bandera que, puesta en lo más alto de un palo del buque, indica la graduación del jefe que está al mando. *La fragata porta la insignia del almirante.* **5.** Se usa en aposición, pospuesto a *buque*, para expresar que este lleva la insignia (→ 4) del jefe de la flota. *El portaaviones es el buque insignia de la Armada.* Tb. fig. *El rioja es el buque insignia de los vinos españoles en el mundo.*

insignificancia. f. **1.** Cualidad de insignificante. *Mi descubrimiento, pese a su insignificancia, me llenaba de alegría.* **2.** Cosa insignificante. *Se enfada por cualquier insignificancia.* ▶ *NIMIEDAD.

insignificante. adj. **1.** De escasa importancia. *Tu problema es insignificante comparado con el mío. Se considera un ser insignificante.* **2.** Dicho de cosa: Muy pequeña. *La diferencia de precio es insignificante.* **3.** Dicho de persona: Pequeña y poco agraciada. *Ninguna se fija en un chico tan insignificante como yo.* ▶ **1:** *NIMIO.

insinceridad. f. Cualidad de insincero. *Nos consta su insinceridad.*

insincero, ra. adj. No sincero. *Jamás fue desleal ni insincero con nadie.*

insinuación. f. Hecho o efecto de insinuar. *Déjate de insinuaciones y habla abiertamente.*

insinuador, ra. adj. Que insinúa. *Un lenguaje insinuador y atrevido.* Dicho de pers., tb. m. y f. *Se sospecha que fueron los insinuadores de la teoría conspirativa.*

insinuante. adj. **1.** Que insinúa o se insinúa. *–Estamos solos –dijo insinuante. Es una mujer coqueta e insinuante.* **2.** Propio de la persona insinuante (→ 1). *Lanza miradas insinuantes.*

insinuar. (conjug. ACTUAR). tr. **1.** Dar a entender (algo) de forma sutil o disimulada. *Insinuó que la culpa era nuestra.* ○ intr. prnl. **2.** Dar a entender a una persona el deseo de mantener con ella relaciones amorosas. *Se me ha insinuado muchas veces, pero yo siempre le doy calabazas.*

insipidez. f. Cualidad de insípido. *El cloro altera la insipidez del agua.*

insípido, da. adj. **1.** Falto de sabor. *El agua es insípida.* **2.** Que no tiene el grado de sabor que debiera o pudiera tener. *¡Qué consomé tan insípido!* **3.** Falto de gracia o viveza. *Encuentro a su amiga un poco insípida.*

insistencia. f. Hecho o efecto de insistir. *Ante la insistencia del periodista, tuvo que contestar.*

insistente. adj. **1.** Dicho de persona: Que insiste. *Es muy insistente: te convencerá.* **2.** Dicho de cosa: Que persiste en el tiempo. *El ruido insistente de la calle no me deja dormir.*

insistir. intr. **1.** Persistir o mantenerse firme en algo, espec. en una idea o actitud. *Insistió* EN *acompañarme a casa.* **2.** Repetir algo, o volver a decirlo. *La mujer insiste* EN *que no vio la cara de su agresor.*

in situ. (loc. lat.). loc. adv. En el lugar de que se trata. *El herido recibió asistencia médica in situ.*

insobornable. adj. **1.** Que no puede ser sobornado. *Es una funcionaria íntegra e insobornable.* **2.** Que no se deja llevar o afectar por ninguna influencia ajena. *Lo ha conseguido gracias a su voluntad insobornable.*

insociabilidad. f. Cualidad de insociable. *La insociabilidad puede ser síntoma de un trastorno psicológico.*

insociable. adj. No sociable. *Le cuesta hacer amigos: es bastante insociable.*

insolación. f. **1.** Malestar o trastorno producidos por una exposición excesiva a los rayos solares. *Para evitar insolaciones, es conveniente llevar sombrilla a la playa.* **2.** *tecn.* Exposición al sol. *El abeto soporta bien los niveles de insolación del verano pirenaico.* **3.** *tecn.* Tiempo en que luce el sol sin nubes. *En invierno los días son más cortos y la insolación es menor.*

insolencia. f. **1.** Cualidad de insolente. *Los alumnos contestan al profesor con insolencia.* **2.** Dicho o hecho insolentes. *No pienso tolerar ni una insolencia más.* ▶ *ATREVIMIENTO.

insolentarse. intr. prnl. Mostrarse insolente con alguien. *No consiento que se insolente* CONMIGO.

insolente. adj. **1.** Dicho de persona: Que actúa con descaro, insultando u ofendiendo. *–¡No me da la gana! –replica insolente la muchacha.* Tb. m. y f. *Este niño es un insolente.* **2.** Propio de la persona insolente (→ 1). *Sus órdenes eran recibidas con gestos insolentes.* ▶ *ATREVIDO.

insolidaridad. f. Cualidad de insolidario. *Tanta insolidaridad* CON *los desfavorecidos indigna.*

insolidario, ria. adj. **1.** Dicho de persona: Que no es solidaria con otros, o no se adhiere a su causa, acción u opinión. *Son insolidarios* CON *el resto de las comunidades.* **2.** Propio de la persona insolidaria (→ 1). *Actitud insolidaria.*

insólito, ta. adj. Raro o poco habitual. *Sería insólito que nevara en primavera.* ▶ *RARO.

insolubilidad. f. Cualidad de insoluble. Referido a una sustancia. *Los lípidos se caracterizan por su insolubilidad en agua.*

insoluble. adj. **1.** Dicho de sustancia: Que puede disolverse. *El ámbar es insoluble en agua.* **2.** Que no puede resolverse o solucionarse. *El conflicto parece insoluble.*

insolvencia. f. Cualidad de insolvente. *En caso de insolvencia, se liquidarán los bienes de la empresa.*

insolvente. adj. Que no puede pagar sus deudas. *Se ha declarado insolvente para no pagar.*

insomne. adj. Que no duerme o no puede dormir. *Como estaba insomne, me puse a leer.*

insomnio. m. Falta de sueño o dificultad para dormirse, frec. de naturaleza patológica. *Padece insomnio y toma somníferos.*

insondable. adj. Que no se puede averiguar o llegar a conocer a fondo. *El libro aborda los enigmas insondables del universo.*

insonorización. f. Hecho o efecto de insonorizar. *Las obras de insonorización de la discoteca.*

insonorizar. tr. Acondicionar (un lugar) para aislar(lo) acústicamente. *La ley les obliga a insonorizar el local.*

insonoro, ra. adj. Que no produce o transmite sonido. *Penumbra insonora.*

insoportable. adj. Que no se puede soportar. *¡Qué dolor de cabeza tan insoportable!*

insoslayable. adj. Que no se puede soslayar. *Estamos encontrando dificultades insoslayables.*

insospechable. adj. Que no puede sospecharse. *Asistimos a un proceso de consecuencias insospechables.*

insospechado, da. adj. No sospechado o no esperado. *La historia tiene un desenlace insospechado.*

insostenible. adj. **1.** Que no se puede sostener. *Algo tiene que cambiar; la situación es insostenible.* **2.** Dicho espec. de argumento o pensamiento: Que no se puede defender razonablemente. *Te obcecas en un argumento insostenible.*

inspección. f. **1.** Hecho de inspeccionar. *Es obligatorio que los vehículos pasen la inspección técnica periódicamente.* **2.** Cargo o actividad de inspector. Tb. la pers. que los ejerce o el órgano administrativo correspondiente. *En el informe de la Inspección se alude a varias deficiencias detectadas.* **3.** Oficina del inspector. *Ha presentado una denuncia en la Inspección de Trabajo.*

inspeccionar. tr. Examinar o reconocer (algo) atentamente. *En la aduana inspeccionaron mi maleta. Una avanzadilla inspeccionará el terreno.*

inspector, ra. adj. **1.** Que inspecciona. *Fue jefe de la comisión inspectora de la ONU para Iraq.* **2.** De la inspección. *Función inspectora. Actuación inspectora.* ● m. y f. **3.** Empleado público o particular que tienen la función de inspeccionar. *Un inspector de Hacienda revisará sus libros de contabilidad. Inspector de aduanas.* **4.** Oficial de policía de rango inferior al de comisario. *Es inspector de la brigada de estupefacientes.* Tb. ~ *de policía.*

inspiración. f. **1.** Hecho o efecto de inspirar o inspirarse. *La respiración tiene dos fases: inspiración y espiración.* **2.** Persona o cosa que inspiran. *Cuando le llega la inspiración, se pone a escribir. El arte grecorromano sirve de inspiración a los neoclásicos.*

inspirador, ra. adj. Que inspira un sentimiento o una idea. *La soberanía popular es el principio inspirador de la Constitución.* Dicho de pers., tb. m. y f. *Ellos son los inspiradores de la reforma.*

inspirar. tr. **1.** Atraer (el aire) a los pulmones. *Inspiró todo el aire que pudo y lo soltó lentamente.* Tb. usado en constr. intr. *Sube los brazos al inspirar y bájalos al espirar.* **2.** Causar en el ánimo de alguien (un sentimiento). *Es un hombre que me inspira confianza.* **3.** Hacer que nazca en alguien (la idea de algo, espec. de una obra literaria o artística). *La realidad social inspira sus canciones.* **4.** Hacer que (una persona) conciba ideas, espec. literarias o artísticas. *Picasso ha inspirado a muchos otros pintores.* **5.** *Rel.* Ordenar Dios (a una persona) que anuncie algo públicamente o que realice determinada acción. *Inspirados por Dios, los Reyes Magos regresaron por otro camino.* ○ intr. prnl. **6.** Tomar ideas de una persona o cosa para crear algo, espec. una obra artística o literaria. *El modisto se ha inspirado* EN *la moda de los años veinte.* **7.** Tener una obra, espec. artística o literaria, su modelo en algo o alguien. *La obra se inspira* EN *las tragedias griegas.*

inspiratorio, ria. adj. De la inspiración respiratoria. *La prueba mide la capacidad inspiratoria y espiratoria.*

Inst. abrev. Instituto. *Eulalia Gómez Pajares. Inst. Nacional de Meteorología.*

instalación. f. **1.** Hecho de instalar o instalarse. *Se pedirá permiso a los vecinos para la instalación de una antena.* **2.** Conjunto de cosas instaladas. *Vienen a revisar la instalación eléctrica.* Frec. en pl. *Instalaciones deportivas.*

instalador, ra. adj. Que instala algo. *Técnico instalador. Programa instalador.* Dicho de pers., tb. m. y f. *Asegúrese de que le pone la caldera un instalador autorizado.* Dicho de empresa, tb. f. *Trabajo para una instaladora eléctrica.*

instalar. tr. **1.** Poner (algo) en un lugar de manera más o menos estable. *Todavía tienen que instalar la calefacción* EN *las viviendas.* **2.** Colocar o acomodar (a alguien) en un lugar. *Se ha instalado provisionalmente* EN *un hotel.* ○ intr. prnl. **3.** Fijar alguien su residencia en un lugar. *La familia se ha instalado* EN *la costa.*

instancia. f. **1.** Petición formal por escrito, espec. a una autoridad. *He presentado una instancia para una de las viviendas.* Frec. en la constr. *a ~(s) de. Se expide el presente certificado a instancias de la interesada.* **2.** Nivel o grado de autoridad, espec. administrativa o política. *El papel de las distintas instancias del Estado.* Tb. la persona, corporación u organismo que constituyen dicho nivel. *En el Antiguo Régimen, el monarca es la más alta instancia política.* **3.** *Der.* Grado jurisdiccional de los varios que establece la ley para resolver y sentenciar asuntos de justicia. *Gané una demanda en primera instancia.* ■ **en primera ~.** loc. adv. Primeramente o en un primer momento. *Lo que en primera instancia parecía un buen negocio supuso al final nuestra ruina.* ■ **en última ~.** loc. adv. **1.** Finalmente o por último. *En última instancia quien decide eres tú.* **2.** Como último recurso. *Recomiendan usar el coche solo en última instancia.*

instantánea. → **instantáneo.**

instantaneidad. f. Cualidad de instantáneo. *El correo electrónico ofrece la ventaja de la instantaneidad.*

instantáneo, a. adj. **1.** Que solo dura un instante. *Se hizo un silencio instantáneo.* **2.** Que se produce al instante o inmediatamente. *Pastillas de efecto instantáneo.* ● f. **3.** Fotografía que se obtiene inmediatamente. *Unos turistas toman instantáneas con una Polaroid.*

instante. m. Porción de tiempo muy breve. *Espere un instante, que ahora la atiendo.* ■ **a cada ~.** loc. adv. Repetida o frecuentemente. *Preguntan a cada instante si falta mucho para llegar.* ■ **al ~.** loc. adv. Enseguida o inmediatamente. *El mago agita su varita y al instante aparece un conejo.* ▶ MOMENTO.

instar. tr. Pedir (a alguien) con insistencia o urgencia que haga algo. *Lo instaron* A *tomar una decisión.* ▶ *URGIR.

instauración. f. Hecho de instaurar. *Un sector de la población apoya la instauración de la república.*

instaurador, ra. adj. Que instaura. *Un tratado instaurador de la paz.* Dicho de pers., tb. m. y f. *Fue el instaurador de un nuevo modo de tocar la guitarra.*

instaurar. (conjug. CAUSAR). tr. Establecer o crear (algo). *Es preciso instaurar un orden social más justo.* ▶ *ESTABLECER.

instigación. f. Hecho de instigar. *La instigación* A *la violencia constituye un delito.*

instigador, ra. adj. Que instiga. Dicho de pers., tb. m. y f. *Es el instigador de la revuelta.*

instigar. tr. Inducir (a alguien) a algo. *Fue ella quien lo instigó* A *obrar así.*

instintivo, va. adj. Que se produce por instinto y no como fruto de la reflexión. *Se tapó la cara en un gesto instintivo.*

instinto. m. **1.** Impulso natural e innato, común a los individuos de una especie animal. *El bebé succiona por instinto. El instinto de conservación empuja al animal a buscar refugio.* **2.** Tendencia natural y no deliberada de la persona a actuar o sentir de manera determinada. *No ha desarrollado su instinto maternal.* **3.** Facultad para intuir algo o para valorar ciertas cosas. *El instinto me dice que no le caigo bien. Tiene instinto para los negocios.* ▶ **3:** INTUICIÓN.

institución. f. **1.** Hecho de instituir. *La institución del nuevo sistema de tarifas ha sido muy criticada.* **2.** Cosa establecida o fundada. *La familia es una institución.* **3.** Organismo que desempeña una función de interés público, espec. benéfico o docente. *Instituciones culturales. Institución benéfica.* **4.** Organismo que desempeña una función destacada en un Estado. *El Parlamento es una institución.* **5.** Organización fundamental de un Estado, nación o sociedad. *Institución monárquica. Institución republicana.* ○ pl. **6.** Órganos constitucionales del poder soberano en la nación. *El pueblo ha de confiar en las instituciones del Estado.* ■ **ser** alguien **una ~.** loc. v. Tener esa persona prestigio y carácter representativo en un lugar por su antigüedad. *El profesor Garrido es una institución en esta universidad.*

institucional. adj. De la institución o de las instituciones. *El patrocinio institucional ha hecho posible la exposición. Un cargo institucional.*

institucionalidad. f. Cualidad de institucional. *El país ha recuperado la plena institucionalidad democrática.*

institucionalización. f. Hecho de institucionalizar. *Se ha propuesto la institucionalización de la emisora de radio.*

institucionalizar. tr. Conferir carácter institucional (a algo). *El tratado institucionaliza la cooperación entre ambos países.* Tb. en constr. prnl. media. *Con el tiempo, esas agrupaciones adquieren reconocimiento y se institucionalizan.*

institucionista. adj. De la Institución Libre de Enseñanza (institución pedagógica española de tendencia krausista fundada en 1876). *Profesor institucionista.* Dicho de pers., tb. m. y f. *Los institucionistas cultivaban el arte.*

instituir. (conjug. CONSTRUIR). tr. **1.** Fundar o establecer (algo). *El Tratado de Roma instituye la Comunidad Económica Europea.* **2.** *Der.* Nombrar (a alguien) heredero en el testamento. *En el testamento instituye herederos a sus tres hijos.* ▶ *ESTABLECER.

instituto. m. **1.** Centro estatal de enseñanza secundaria. *Estudia bachillerato en el instituto del pueblo.* **2.** Institución científica o cultural. *Instituto de Artes y Ciencias.* **3.** Organismo oficial que se ocupa de un servicio concreto. *Instituto Nacional de Empleo.* **4.** Establecimiento público destinado a tratamientos físicos. *Fue a un instituto de belleza.* **5.** Cuerpo militar. *La Guardia Civil es un instituto armado.* **6.** Congregación religiosa. *Institutos y organizaciones religiosas.* ▶ **frecAm: 1:** LICEO.

institutriz. f. Mujer encargada de la educación de uno o varios niños en el hogar de estos. *Sus hijos no irían al colegio: tendrían institutriz.*

instrucción. f. **1.** Hecho de instruir o comunicar conocimientos. *Campaña de instrucción de adultos.* **2.** Cultura o conocimientos adquiridos. *Es un hombre sin instrucción.* **3.** Conjunto de enseñanzas prácticas para el adiestramiento de un soldado o de un alumno de una academia militar. Tb. ~ *militar. Los guardiamarinas llevarán a cabo su instrucción en el buque.* **4.** *Der.* Hecho de instruir o tramitar un procedimiento administrativo o judicial. *El juez concluye la instrucción del caso.* ○ pl. **5.** Reglas o advertencias para hacer o utilizar algo. *Un manual de instrucciones.* **6.** Órdenes dictadas. *Cumplir las instrucciones de mis superiores.* ■ **hacer la ~** un soldado. loc. v. Hacer los ejercicios previstos para conseguir la formación militar. *Los soldados hacían la instrucción.* ▶ **1:** *ENSEÑANZA. **2:** CULTURA.

instructivo, va. adj. Dicho de cosa: Que sirve para instruir o comunicar conocimientos. *Trabajar en la fundación fue una experiencia muy instructiva.* ▶ *EDUCATIVO.

instructor, ra. adj. Que instruye. *El juez instructor tomará declaración al procesado.* Dicho de pers., tb. m. y f. *Un instructor de vuelo.*

instruido, da. part. **1.** → **instruir.** ● adj. **2.** Dicho de persona: Que tiene muchos conocimientos adquiridos. *Es una mujer inteligente e instruida.*

instruir. (conjug. CONSTRUIR). tr. **1.** Comunicar conocimientos (a alguien). *La profesora instruye a sus alumnos. Nos instruyen* EN *el manejo del ordenador.* Tb. en constr. prnl. media. *Leer es un buen modo de instruirse.* **2.** Dar formación militar (a un soldado o a un alumno de una academia militar). *Apenas hubo tiempo de instruir al pelotón.* **3.** *Der.* Tramitar un juez (un procedimiento administrativo o judicial). *La juez que instruye el sumario es muy conocida.* ▶ **1:** *ENSEÑAR.

instrumentación. f. **1.** Hecho o efecto de instrumentar. *Curso de instrumentación y orquestación para compositores.* **2.** *tecn.* Conjunto de instrumentos utilizados para un fin. *Desarrollo de instrumentación para mediciones.*

instrumental. adj. **1.** Del instrumento o los instrumentos. *El cantante lleva acompañamiento instrumental.* **2.** Que sirve de instrumento para hacer algo. *La lengua y las matemáticas son materias instrumentales básicas.* **3.** Dicho de música: Compuesta solo para instrumentos. *Música instrumental.* Dicho de pieza musical, tb. m. *Abren sus conciertos con un instrumental.* ● m. **4.** Conjunto de instrumentos u objetos destinados a un determinado fin. *El médico lleva su instrumental en el maletín. El instrumental de una banda de música.*

instrumentalización. f. Hecho de instrumentalizar. *Ha habido una instrumentalización de las instituciones con fines políticos.*

instrumentalizar. tr. Utilizar (algo o a alguien) como instrumento para conseguir un fin. *La oposición ha instrumentalizado los errores del gobierno con fines electorales.*

instrumentar. tr. **1.** Organizar o poner en práctica (una medida o un plan). *Es necesario instrumentar una política económica eficaz.* **2.** Disponer las partituras (de una composición musical) para los instrumentos que han de ejecutarla. *La ópera, con música del maestro, fue instrumentada por uno de sus discípulos.* **3.** *Taurom.* Ejecutar (una suerte de la lidia). *El torero instrumentó una brillante faena.*

instrumentista. m. y f. Músico que toca un instrumento. *Cantante e instrumentistas deben estar perfectamente coordinados.*

instrumento. m. **1.** Objeto, simple o constituido por varias piezas, fabricado para realizar determinadas acciones, espec. en artes y oficios. *La paleta y el pincel son los instrumentos del pintor.* **2.** Cosa que sirve o se usa para hacer algo. *Los animales usan los cuernos como instrumento de defensa. Hemos sido un instrumento para conseguir su propósito.* **3.** Objeto constituido por una o varias piezas, utilizado para producir sonidos musicales. *¿Tocas algún instrumento?* Frec. ~ *musical. La flauta es su instrumento musical predilecto.* **4.** *Der.* Documento con que se justifica o prueba algo. *La venta del local consta en instrumento público.* ■ **~ de cuerda.** m. *Mús.* Instrumento (→ 3) que lleva cuerdas de tripa o de metal, que se hacen sonar pulsándolas, golpeándolas con macillos o haciendo que un arco roce con ellas. *La guitarra es un instrumento de cuerda.* ⇒ CUERDA. ■ **~ de percusión.** m. *Mús.* Instrumento (→ 3) que se hace sonar golpeándolo, gralm. por medio de baquetas o varillas. *Si hubiera estudiado música, tocaría algún instrumento de percusión.* ⇒ PERCUSIÓN. ■ **~ de viento.** m. *Mús.* Instrumento (→ 3) que se hace sonar soplando o haciendo pasar aire a través de él. *Se defiende con la trompeta y algún otro instrumento de viento.* ⇒ VIENTO. ▶ **1:** HERRAMIENTA, UTENSILIO, ÚTIL.

insubordinación. f. Hecho de insubordinar o insubordinarse. *Se han dado brotes de insubordinación en la tropa.*

insubordinado, da. part. **1.** → **insubordinar.** **2.** Que se ha insubordinado (→ 1). Dicho de pers., tb. m. y f. *Los insubordinados recibirán un castigo ejemplar.*

insubordinar. tr. **1.** Hacer que (alguien) se insubordine (→ 2). *Ha insubordinado al resto de los compa-*

ñeros de trabajo. ○ intr. prnl. **2.** Negarse una persona a respetar las órdenes de sus superiores. *Un grupo de oficiales del ejército se insubordinó y apoyó el golpe de Estado.*

insubstancial..., insubstituible. → **insustancial..., insustituible.**

insuficiencia. f. **1.** Condición de insuficiente. *El proyecto es inviable por la insuficiencia de los recursos.* **2.** *Med.* Incapacidad total o parcial de un órgano para realizar adecuadamente sus funciones. *Paciente aquejado de insuficiencia hepática.*

insuficiente. adj. No suficiente. *El número de camas hospitalarias es insuficiente.*

insuflar. tr. Introducir (un gas o una sustancia pulverizada) en alguien o algo. *El vidriero insuflaba aire* EN *la pasta de vidrio.* Frec. fig. referido a algo como valor o ánimo. *El entrenador ha insuflado energía al equipo.*

insufrible. adj. Que no se puede sufrir o aguantar. *Su sola presencia me resulta insufrible.*

ínsula. f. humoríst. Lugar pequeño desde donde se ejerce el poder, gralm. de forma arbitraria. *El presidente del club no consiente que le digan cómo dirigir su ínsula.*

insular. adj. De la isla o de las islas. *En las regiones insulares lucirá el sol.* Dicho de pers., tb. m. y f. *Los insulares no tenemos vocación de aislamiento.*

insularidad. f. Condición de insular. *Los canarios disfrutan de algunas ventajas debido a su insularidad.*

insulina. f. Hormona segregada por el páncreas y obtenida también artificialmente, que regula la cantidad de glucosa en la sangre. *Es diabético y tiene que inyectarse insulina.*

insulinodependiente. adj. *Med.* Que precisa de la administración de insulina. *Enferma insulinodependiente. Diabetes insulinodependiente.* Dicho de pers., tb. m. y f. *El abuso del alcohol es fatal para los insulinodependientes.*

insulsez. f. Cualidad de insulso. *Se queja de la insulsez de la comida.*

insulso, sa. adj. **1.** Falto o corto de sabor. *Una sopa insulsa.* **2.** Falto de gracia o interés. *Qué vida tan insulsa.*

insultante. adj. **1.** Dicho de persona: Que insulta. *Estuvo insultante con los medios de comunicación.* **2.** Dicho de cosa: Que manifiesta o implica insulto. *He recibido una llamada insultante. Es insultante que nos dejen fuera de la negociación.* Tb. fig. *Han pasado la eliminatoria con una superioridad insultante.*

insultar. tr. Ofender (a alguien) con palabras. *Me insultó, y eso no se lo perdono.*

insulto. m. **1.** Hecho de insultar. *Cuando se quedan sin argumentos, recurren al insulto.* **2.** Palabra o expresión con que se insulta. *Los manifestantes profieren insultos contra la policía.* Tb. fig. *Sus observaciones son un insulto a la inteligencia.*

insumergible. adj. No sumergible. *La canoa tiene compartimentos estancos que la hacen insumergible.*

insumisión. f. Cualidad de insumiso. *El rector no permitirá actos de insumisión.*

insumiso, sa. adj. **1.** Que no se somete o no se subordina. *Militantes insumisos. Territorios insumisos.* Dicho de pers., tb. m. y f. *Los insumisos serán juzgados en consejo de guerra.* **2.** Dicho de cosa: Que manifiesta o implica insumisión. *Voluntad insumisa.*

insumo. m. *Econ.* Bien empleado en la producción de otros bienes. *Fabrican insumos agrícolas.*

insuperable. adj. Que no puede ser superado. *Posee un talento insuperable. No es una dificultad insuperable.*

insurgencia. f. **1.** Levantamiento contra la autoridad. *Insurgencia urbana.* **2.** Grupo que protagoniza una insurgencia (→ 1). *Varios miembros de la insurgencia fueron detenidos.* ▶ **1:** *SUBLEVACIÓN.

insurgente. adj. Que protagoniza una insurgencia. *Cabecilla insurgente.* Dicho de pers., tb. m. y f. *Revueltas organizadas por grupos de insurgentes.* ▶ *REBELDE.

insurrección. f. Levantamiento o sublevación de un pueblo o una colectividad contra la autoridad. *Los abusos del dictador motivaron la insurrección del ejército.* ▶ *SUBLEVACIÓN.

insurreccional. adj. De la insurrección. *Lidera un movimiento insurreccional contra el régimen.*

insurrecto, ta. adj. Que participa en una insurrección. *Militares insurrectos.* Dicho de pers., tb. m. y f. *Un grupo de insurrectos ha asaltado el palacio presidencial.* ▶ *REBELDE.

insustancial. (Tb. **insubstancial**). adj. De poca o ninguna sustancia. *Una comida insustancial.* Frec. fig. *Hemos tenido una charla insustancial.*

insustancialidad. (Tb. **insubstancialidad**). f. **1.** Cualidad de insustancial. *Algunos programas televisivos fomentan la insustancialidad.* **2.** Cosa insustancial. *No hablan más que de insustancialidades.*

insustituible. (Tb. **insubstituible**). adj. Que no puede ser sustituido, dada su importancia o calidad. *Eres insustituible en este equipo. Un componente insustituible de la dieta.*

intachable. adj. Que no merece tacha o censura. *Tiene un comportamiento intachable. Una empleada intachable.*

intacto, ta. adj. **1.** No tocado o palpado. *Ha dejado las tostadas intactas.* **2.** Que no ha sufrido alteración o deterioro. *Su reputación ha quedado intacta. El puente se mantiene intacto.*

intangibilidad. f. Cualidad de intangible. *La intangibilidad de los sentimientos.*

intangible. adj. Que no puede o no debe ser tocado. *El tiempo es intangible.*

integración. f. Hecho o efecto de integrar o integrarse. *Se propone la integración de los dos departamentos.*

integracionista. adj. Partidario de la integración, espec. política y racial. *Una postura integracionista.*

integrador, ra. adj. Que integra. *Una sociedad integradora.*

integral. adj. **1.** Que comprende todos los elementos de un conjunto. *Es necesaria una formación integral.* **2.** Dicho de alimento: Que conserva todos sus componentes naturales. *Arroz integral.* **3.** Dicho de producto alimenticio: Elaborado con harina integral (→ 2). *Una barra de pan integral.* ● f. **4.** *Mat.* Resultado de integrar una expresión diferencial. *Calcular derivadas e integrales.*

integrante. adj. Que integra un todo o forma parte de él. *España es parte integrante de la Unión Europea.* Dicho de pers., tb. m. y f. *Un integrante del grupo.*

integrar. tr. **1.** Constituir diversas personas o cosas (un todo). *Ocho provincias integran la Comunidad*

Autónoma de Andalucía. **2.** Hacer que (alguien o algo) pasen a formar parte de un todo. *Hacemos lo posible para integrar al nuevo compañero* EN *el departamento.* Tb. en constr. prnl. media. *Al principio, le costó un poco integrarse* EN *su nuevo colegio.* **3.** Contener un todo dentro de sí (cosas o personas). *La coalición integra liberales y socialistas.* **4.** Aunar (dos o más partes) en una sola que (las) sintetice. *El nuevo enfoque integra las dos teorías.* **5.** *Mat.* Calcular (una función) a partir de otra que representa su derivada. *Me está costando mucho aprender a integrar funciones.* Tb. usado en constr. intr. *La profesora de matemáticas nos enseñó a derivar y después a integrar.* ▶ **3:** *CONTENER.

integridad. f. Cualidad de íntegro. *Hay que abordar el problema en toda su integridad. La aluminosis pone en peligro la integridad del edificio. Siempre conservó su integridad y fue fiel a sus principios.*

integrismo. m. Tendencia a mantener intacta la doctrina tradicional, espec. en materia religiosa. *Un grupo terrorista vinculado al integrismo islámico.* Tb. la actitud correspondiente. *Muestran su integrismo en temas como el divorcio.* ▶ FUNDAMENTALISMO.

integrista. adj. **1.** Del integrismo. *Movimiento integrista.* **2.** Partidario del integrismo. *En algunos países árabes existen regímenes integristas.* Dicho de pers., tb. m. y f. *Los integristas rechazan el aborto.* ▶ FUNDAMENTALISTA.

íntegro, gra. adj. **1.** Dicho de cosa: Completa, o que no carece de ninguna de sus partes. *Reste de la cuota íntegra los impuestos satisfechos a lo largo del año. Le devolveremos el importe íntegro de los productos defectuosos.* **2.** Dicho de persona: Honrada y de conducta intachable. *El sistema educativo aspira a formar personas íntegras.* ▶ **1:** *COMPLETO. **2:** *HONRADO.

intelección. f. cult. Hecho de entender algo por medio de la inteligencia. *Se siguen realizando estudios para una mejor intelección de las psicopatologías.*

intelectivo, va. adj. Del intelecto. *¿Qué asignaturas requieren mayor esfuerzo intelectivo del estudiante?*

intelecto. m. cult. Inteligencia o entendimiento. *Lee para cultivar el intelecto.*

intelectual. adj. **1.** De la inteligencia o entendimiento. *El desarrollo intelectual del niño es normal.* **2.** Dicho de persona: Dedicada primordialmente a la actividad intelectual (→ 1) de carácter científico o creativo. Tb. m. y f. *En el café hay una tertulia de artistas e intelectuales.*

intelectualidad. f. **1.** Condición de intelectual. *Los críticos han destacado la intelectualidad de sus películas.* **2.** Conjunto de los intelectuales. *En París entró en contacto con la intelectualidad francesa.*

intelectualismo. m. Tendencia a dar al intelecto preeminencia frente a la afectividad o la voluntad. *Hay en su discurso un tono cercano, alejado de todo intelectualismo.* Se usa espec. en filosofía. *Cultiva el intelectualismo moral.*

intelectualista. adj. **1.** Del intelectualismo. Se usa espec. en filosofía. *La filosofía moral de los griegos es intelectualista.* **2.** Seguidor del intelectualismo. Se usa espec. en filosofía. Tb. m. y f.

intelectualizar. tr. Dar carácter intelectual (a algo). *Intelectualiza las cosas más elementales.*

inteligencia. f. **1.** Capacidad de entender o razonar. *Tiene inteligencia para los negocios.* **2.** Servicio de inteligencia (→ **servicio**). *Trabajó como espía para la inteligencia soviética.* **3.** cult. Comprensión de algo. *Hay que estar muy preparado para la correcta inteligencia de estos textos.* ■ ~ **artificial.** f. *Inform.* Desarrollo y utilización de ordenadores con el propósito de reproducir procesos de la inteligencia humana. *Es un experto en inteligencia artificial aplicada a la medicina.* ▶ **1:** ENTENDIMIENTO, LISTEZA, PERSPICACIA, RACIOCINIO, RAZÓN, SAGACIDAD.

inteligente. adj. **1.** Que tiene inteligencia o capacidad de entender. *El hombre es un ser inteligente.* **2.** Dicho de persona: Que tiene una inteligencia elevada. *Es una niña inteligente; seguro que enseguida aprende a leer.* **3.** Que indica inteligencia. *Pronunció un discurso inteligente.* ▶ **2:** AGUDO, DESPABILADO, DESPIERTO, ESPABILADO, LISTO, PERSPICAZ, SAGAZ, VIVO. ‖ **Am: 2:** ABUSADO.

inteligibilidad. f. Cualidad de inteligible. *El abuso de recursos estilísticos afecta a la inteligibilidad del texto.*

inteligible. adj. Que se puede entender. *Escriban con letra inteligible.*

intemerata. **la ~.** loc. s. coloq. Algo exagerado o inimaginable, espec. una cantidad. *Gastó la intemerata en ropa.*

intemperancia. f. Cualidad de intemperante. *Su intemperancia revela cierta amargura.* ▶ *DESTEMPLANZA.

intemperante. adj. Destemplado (falto de templanza o moderación). *El jefe es una persona intemperante.* ▶ DESTEMPLADO.

intemperie. f. Exposición a los cambios del tiempo atmosférico. *Será mejor resguardar las sillas de la intemperie.* ■ **a la ~.** loc. adv. Al aire libre y sin techumbre alguna. *Los mendigos duermen a la intemperie.*

intempestivo, va. adj. **1.** Dicho de tiempo: Inoportuno o inconveniente. *Se excusó por lo intempestivo de la hora.* **2.** Que actúa o se presenta en un momento inoportuno. *Vecinos intempestivos.*

intemporal. adj. Que está fuera del tiempo o es independiente de su transcurso. *Sería el suyo un amor intemporal que los sobreviviría.* ▶ ATEMPORAL.

intemporalidad. f. Cualidad de intemporal. *Dota sus historias de una intemporalidad que las preserva del envejecimiento.* ▶ ATEMPORALIDAD.

intención. f. **1.** Hecho de intentar. *Hice intención* DE *levantarme, pero ella me contuvo.* **2.** Propósito o determinación. *No era mi intención molestarla, señora. Su intención es casarse por la iglesia. No lo he hecho con mala intención.* ■ **segunda ~.** f. Interés oculto y gralm. malicioso. *¿Por qué piensas que todo lo que te digo va con segundas intenciones?* ⇒ SEGUNDAS. □ **de primera ~.** loc. adv. En un primer momento. *De primera intención pensó en contárselo, pero luego se arrepintió.* ▶ **2:** ÁNIMO, MIRA, VOLUNTAD.

intencionado, da. adj. **1.** Hecho con alguna intención o propósito. *Nuestro encuentro no fue intencionado.* **2.** Que tiene una intención, espec. maliciosa. *La canción estaba llena de frases intencionadas.* ■ **bien ~.** → **bienintencionado.** ■ **mal ~.** → **malintencionado.** ▶ INTENCIONAL.

intencional. adj. **1.** De la intención o propósito. *Había carga intencional en sus palabras.* **2.** Intencionado. *El asesinato es un homicidio intencional.*

intencionalidad. f. Cualidad de intencional. *Nadie duda de la intencionalidad del crimen.*

intendencia. f. **1.** Cuerpo de oficiales y tropa destinado al abastecimiento de las fuerzas militares. *Per-*

tenece al cuerpo de Intendencia del Ejército del Aire. **2.** Administración de las cuestiones materiales. Frec. humoríst. *Tú llamas a la gente que vamos a invitar y yo me ocupo de la intendencia.*

intendente, ta. m. y f. (La forma **intendenta**, frec. Am., alterna para el f. con la más frec. **intendente**). **1.** Persona que se encarga del avituallamiento de una empresa o entidad. *El intendente se ocupará de hacer el pedido de material.* **2.** frec. Am. Jefe superior en la administración de algunas entidades. *Trabaja como intendente de la orquesta sinfónica. La intendenta municipal tendrá a su cargo la defensa civil* [C]. ○ m. **3.** En el Ejército: Jefe superior de los servicios de la Administración militar. *El intendente general revisó las cuentas.*

intensidad. f. Grado de fuerza o energía con que se manifiesta algo, espec. un agente natural, una magnitud física, una sensación o una cualidad. *Llovía con intensidad. La sombra de ojos aumenta la intensidad de la mirada. Nunca ha deseado algo con tanta intensidad.* ■ ~ **luminosa.** f. *Fís.* Magnitud física que expresa el flujo luminoso emitido por una fuente puntual en una dirección determinada, por unidad de ángulo sólido. *La unidad de la intensidad luminosa en el Sistema Internacional es la candela.* ■ ~ **de (la) corriente.** f. *Fís.* Magnitud física que expresa la cantidad de electricidad que atraviesa un conductor en la unidad de tiempo. *La unidad de la intensidad de corriente en el Sistema Internacional es el amperio.* ■ **del sonido.** f. *Fís.* Magnitud física que expresa la mayor o menor amplitud de las ondas sonoras. *Por la intensidad del sonido se distingue uno fuerte de otro débil.*

intensificación. f. Hecho o efecto de intensificar o intensificarse. *Se espera una intensificación de las lluvias. Intensificación de las relaciones internacionales.*

intensificador, ra. adj. Que intensifica. *Me he dado un tinte intensificador del color. Prefijos como "ultra-" e "hiper-" son intensificadores.*

intensificar. tr. Hacer que (algo) sea más intenso. *Las desgracias han intensificado su pesimismo.* Tb. en constr. prnl. media. *Las lluvias se intensificarán con la llegada de un frente frío.*

intensivo, va. adj. Más intenso, enérgico o activo que lo habitual. *Los procesos industriales requieren un consumo intensivo de calor. La poda intensiva de árboles.*

intenso, sa. adj. Que tiene intensidad o más intensidad de la habitual. *Hay una intensa actividad diplomática. El tráfico es intenso en la capital.*

intentar. tr. Hacer todo lo posible para lograr (algo). *Intenta no llegar tarde. Intenté abrir la puerta pero no hubo manera.* ▶ PROCURAR, TRATAR.

intento. m. Hecho de intentar. *Has encestado al primer intento. Intento de asesinato.* ▶ TENTATIVA.

intentona. f. coloq. Intento, espec. el frustrado. *Después de varias intentonas, desistirá. Una intentona golpista.*

inter-. pref. Significa 'entre' o 'en medio' (*interarticular, interocular*) o 'entre varios' (*interindividual, intercentros, intertextualidad*).

interacción. f. **1.** Hecho de relacionarse personas o cosas de forma recíproca. *El antidepresivo presenta interacciones peligrosas* CON *otros medicamentos.* **2.** *Inform.* Intercambio de información entre un usuario y una máquina. *El ratón facilita la interacción del usuario* CON *el ordenador.*

interaccionar. intr. **1.** Relacionarse personas o cosas de forma recíproca. *En el teatro experimental, los actores interaccionan* CON *el público. Los seres vivos interaccionan entre sí.* **2.** *Inform.* Intercambiar un usuario información con una máquina o equipo electrónicos. *Para interaccionar* CON *el ordenador, suministre su contraseña.*

interactividad. f. Cualidad de interactivo. *La interactividad de la red es un fuerte reclamo para los usuarios.*

interactivo, va. adj. **1.** De la interacción. *El taller de literatura incluye una sesión interactiva con todos los participantes.* **2.** *Inform.* Dicho de sistema o programa: Que permite el flujo recíproco de información entre un usuario y una máquina. *La televisión digital interactiva permite configurar la programación. Programa informático interactivo.*

interamericano, na. adj. De los países americanos en cuanto a sus relaciones multilaterales. *Se va a firmar un tratado interamericano.*

interanual. adj. Dicho de cifra o cantidad: Que resulta de la comparación con la correspondiente a un año antes. *La tasa interanual del IPC.*

interbancario, ria. adj. De los bancos, en cuanto a sus relaciones, o que se produce entre ellos. *Mercado interbancario. Préstamo interbancario.*

intercalación. f. Hecho de intercalar o intercalarse. *La constante intercalación de espacios publicitarios irrita al espectador.*

intercalar. tr. Poner (algo) dentro de una serie de cosas. *Intercalaremos otro párrafo* EN *el texto.* Tb. en constr. prnl. media. *Dentro de la representación se intercalan dos descansos.*

intercambiable. adj. Que se puede intercambiar. *Es difícil encontrar sinónimos perfectos, intercambiables en cualquier contexto.*

intercambiador. m. Instalación situada en un nudo urbano de comunicaciones, que permite a los viajeros el enlace rápido entre distintas líneas o medios de transporte. *Llegué en metro al intercambiador y allí cogí el autobús.*

intercambiar. (conjug. ANUNCIAR). tr. Hacer cambio recíproco (de una cosa o persona) por otra u otras. *La guerrilla pretende intercambiar al rehén* POR *guerrilleros presos.* Tb.: *En la reunión intercambiamos impresiones.*

intercambio. m. Cambio recíproco de cosas o personas. *Hubo intercambio de insultos. Un programa de intercambio cultural.*

interceder. intr. Hablar o actuar en favor de alguien para que consiga lo que desea o se libre de un mal. *Si tú intercedes* POR *mí, seguro que me perdona.*

intercelular. adj. *Biol.* Situado entre las células. *Espacio intercelular.*

interceptación. f. Hecho de interceptar. *La interceptación de un alijo de armas.*

interceptar. tr. **1.** Apoderarse (de algo) antes de que llegue a su destino. *El defensa interceptó el balón y evitó el tanto.* **2.** Detener (algo) en su camino. *La policía ha interceptado un vehículo cargado de explosivos.* **3.** Interrumpir (el paso o la comunicación). *Los vigilantes te interceptan la entrada si no tienes pase.*

interceptor, ra. adj. **1.** Que intercepta o detiene algo en su camino. Dicho de dispositivo o instalación, tb. m. *El interceptor recoge las aguas residuales.* **2.** *Mil.* Dicho espec. de avión: Destinado a interceptar aviones enemigos. Tb. m. *Los soviéticos les habían vendido tanques e interceptores.*

intercesión. f. Hecho de interceder. *Gracias a la intercesión del embajador, el preso será devuelto a su país.*

intercesor, ra. adj. Que intercede. Más frec. m. y f. *Si hay sequía, rezan a la santa patrona, su intercesora ante Dios.*

interclasista. adj. **1.** Que se dirige o se refiere a las diversas clases sociales. *Partido interclasista. Política interclasista.* **2.** Que se produce entre diferentes clases sociales o entre miembros de ellas. *Guerra interclasista. Amores interclasistas.*

intercolumnio. m. *Arq.* Espacio entre dos columnas. *Las gradas están rodeadas por una columnata, con esculturas en los intercolumnios.*

intercomunicación. f. **1.** Comunicación recíproca. *La intercomunicación entre directivos y empleados es fluida.* **2.** Comunicación telefónica entre las distintas dependencias de un edificio o recinto. *En mi empresa disponemos de un sistema de intercomunicación.*

intercomunicador. m. Aparato destinado a la intercomunicación telefónica. *A través del intercomunicador, el secretario anuncia la visita al director.*

intercomunitario, ria. adj. Que afecta a varias comunidades o se produce entre ellas. *Proyecto intercomunitario. Conversaciones intercomunitarias.*

interconectar. tr. Establecer conexión (entre dos o más o cosas). *El banco interconectará sus oficinas mediante un sistema informático.* Tb.: *La nueva línea de metro interconecta el aeropuerto* CON *la estación de tren.* ▶ *CONECTAR.

interconexión. f. Hecho o efecto de interconectar. *Hay que fomentar la interconexión entre escuelas. Interconexión telefónica.*

intercontinental. adj. **1.** Que va de un continente a otro. *Misiles intercontinentales. Vuelos intercontinentales.* **2.** Que afecta a dos o más continentes. *Comercio intercontinental.*

intercostal. adj. *Anat.* Que está entre las costillas. *Región intercostal.*

interdental. adj. *Fon.* Dicho de articulación o sonido: Que se produce colocando la punta de la lengua entre los incisivos superiores y los inferiores. *El sonido de "z" es interdental.* Tb. f., referido a consonante. *La "z" es una interdental fricativa sorda.*

interdepartamental. adj. Que afecta a varios departamentos o se desarrolla entre ellos. *Programas de doctorado interdepartamentales.*

interdependencia. f. Dependencia recíproca. *Relación de interdependencia.*

interdependiente. adj. Que tiene interdependencia. *Las economías nacionales son cada vez más interdependientes.*

interdigital. adj. *Anat.* Que se halla entre los dedos. *Las extremidades de la foca presentan membranas interdigitales.*

interdisciplinar. adj. Interdisciplinario. *La investigación tiene un enfoque interdisciplinar.*

interdisciplinariedad. f. Cualidad de interdisciplinario. *El sistema educativo fomenta la interdisciplinariedad.*

interdisciplinario, ria. adj. Que se refiere o implica a varias disciplinas o materias de estudio. *Ciencia interdisciplinaria.* ▶ INTERDISCIPLINAR.

interés. m. **1.** Inclinación del ánimo hacia alguien o algo. *Interés* POR *los estudios. No tengo ningún interés* EN *ese chico.* **2.** Deseo de lograr algo. *Tenemos mucho interés* EN *ampliar nuestro negocio.* **3.** Deseo de lograr un provecho. *Se casa con él solo por interés.* **4.** Valor de una cosa por la que se tiene estimación. *El museo alberga colecciones de gran interés.* **5.** Conveniencia o beneficio. *Trabajamos al servicio del interés general.* **6.** Cantidad generada por el capital en un tiempo determinado. *Pague en tres meses sin interés.* ○ pl. **7.** Bienes que se poseen. *Tiene intereses en toda Europa.* ■ **~ compuesto.** m. Interés (→ 6) de un capital al que se van acumulando sus réditos para que produzcan otros. *Depósito de mil euros a interés compuesto.* ■ **~ simple.** m. Interés (→ 6) de un capital sin agregarle los réditos. *¿Cuánto da un capital de 3000 euros al 5% en cinco años a interés simple?* ■ **intereses creados.** m. pl. Ventajas, no siempre legítimas, de que gozan varios individuos, y por las que se establece entre ellos alguna solidaridad circunstancial. *Hay demasiados intereses creados en el comercio.*

interesado, da. part. **1.** → **interesar.** ● adj. **2.** Dicho de persona: Que se mueve o se deja llevar por el interés de lograr un provecho. *Este niño es muy interesado: solo te da un beso si espera algo.* Tb. m. y f. *Se arrima a la gente con dinero porque es un interesado.* **3.** Dicho de persona: Que es la afectada en un asunto. Tb. m. y f. *El certificado se expide a petición de la interesada.*

interesante. adj. Que interesa o produce interés. *Asistimos a una interesante conferencia. Es un hombre interesante.* ■ **hacerse el ~.** loc. v. coloq. Comportarse de una forma especial para sobresalir o hacerse notar. *Le gusta mucho hacerse la interesante.*

interesar. tr. **1.** Provocar interés (en alguien). *Me interesa la moda. Si te interesa Juan, te lo presento.* Tb. usado en constr. intr. *Las cuestiones medioambientales siempre interesan.* **2.** *Med.* Producir una cosa alteración o daño (en un órgano del cuerpo). *La cornada interesa el pulmón.* ○ intr. prnl. **3.** Mostrar interés por alguien o algo. *Tus amigos te quieren y se interesan* POR *ti.* **4.** Mostrar interés haciendo preguntas sobre alguien o algo. *Llamó para interesarse* POR *mi madre cuando estaba en el hospital.*

interestatal. adj. Que afecta a varios Estados o tiene lugar entre ellos. *Relaciones interestatales.*

interestelar. adj. Comprendido o situado entre dos o más astros. *Espacio interestelar.*

interétnico, ca. adj. Que afecta a personas de etnias distintas o se produce entre ellas. *El conflicto interétnico en los Balcanes.*

interfaz. f. *Inform.* Conjunto de elementos de un programa que permiten la conexión entre un ordenador y otro aparato. *El cable de la interfaz para conectar la impresora al ordenador se regala.* Tb. el conjunto de elementos de un programa que permiten la comunicación con el usuario. *La interfaz gráfica del procesador de textos permite redactar cartas.*

interfecto, ta. m. y f. **1.** *Der.* Persona muerta violentamente, espec. como resultado de un delito. *La interfecta presenta signos de fallecimiento por asfixia.* **2.** coloq., humoríst. Persona de la que se está hablando. *¿Qué opinas del interfecto?*

interferencia. f. **1.** Hecho o efecto de interferir. *No tolera interferencias* EN *su vida privada.* **2.** *Fís.* Acción recíproca de las ondas, de la cual puede resultar, en ciertas condiciones, aumento, disminución o anulación del movimiento ondulatorio. *Apaguen sus* *teléfonos móviles para evitar interferencias con los instrumentos de vuelo.*

interferir. (conjug. SENTIR). tr. **1.** Interponer (algo) en el camino de otra cosa, o en una acción. *Las actividades extraescolares no deberán interferir el desarrollo normal del curso.* **2.** *Fís.* Causar interferencia (en una transmisión). *Si descuelgas el teléfono, interfieres la transmisión del fax.* ○ intr. **3.** Interponerse en el camino de algo o en una acción. *No deja que su trabajo interfiera* EN *su vida personal.* **4.** *Fís.* Causar interferencia. *La señal de un teléfono móvil puede interferir* CON *un marcapasos.*

interfono. m. Aparato para la comunicación telefónica interna en un recinto o edificio. *Avíseme por el interfono.* ▶ TELEFONILLO.

intergaláctico, ca. adj. *Fís.* Del espacio existente entre las galaxias. *Distancias intergalácticas.* Tb. dicho de ese espacio. *La nave recorre el espacio intergaláctico.*

interglaciar. adj. *Geol.* Dicho de período: Comprendido entre dos glaciaciones. *Períodos interglaciares.*

intergubernamental. adj. Que afecta a dos o más gobiernos o se desarrolla entre ellos. *Conferencia intergubernamental.*

ínterin. **en el ~.** loc. adv. cult. En el tiempo que transcurre durante la realización de un hecho. *El acuerdo fue firmado en enero y ratificado en mayo; en el ínterin hubo muchos enfrentamientos.*

interinidad. f. **1.** Cualidad de interino. *La interinidad del personal docente.* **2.** Cargo de interino. *Sacó una interinidad en el concurso.* Tb. el tiempo que dura. *Acabó su interinidad.*

interino, na. adj. **1.** Dicho de persona: Que ejerce un cargo o empleo por ausencia o falta de su titular. *Trabajadores interinos del Ayuntamiento.* Tb. m. y f. *Está de interina en un colegio.* **2.** De la persona interina (→ 1). *Un empleo interino.* **3.** Temporal o provisional. *Se ha alcanzado un acuerdo interino para prolongar la tregua.*

interinsular. adj. Dicho espec. de tráfico o relación: Que se produce entre dos o más islas. *Vuelos interinsulares.*

interior. adj. **1.** Que está en la parte de dentro. *Páginas interiores. Bolsillo interior de la mochila.* **2.** Dicho de habitación o vivienda: Que no tiene vistas a la calle. *Un piso interior.* Dicho de vivienda, tb. m. *Vive en un interior.* **3.** Nacional, o que se produce en el ámbito nacional. Se usa en contraposición a *exterior*. *La política interior del Gobierno.* **4.** Del alma o la conciencia. *Es una persona con una intensa vida interior.* ● m. **5.** Parte interior (→ 1) de algo. *Es arquitecto y se dedica al diseño de interiores.* **6.** Parte no costera o no fronteriza de un país. *Toledo es una provincia del interior de España.* **7.** Alma o conciencia de alguien. *En mi interior algo me decía que me equivocaba.* **8.** En fútbol: Jugador que se sitúa entre el extremo de su lado y el delantero centro. *El interior izquierdo dio un pase de gol.* ○ pl. **9.** *Cine* y *TV* Secuencias de una película o un programa rodadas con decorados que representan espacios cerrados. *Rodaron los interiores en un restaurante.* Tb. esos decorados. *Los carpinteros disponían los interiores.* **10.** Am. Calzoncillo. *Los interiores del marido se secaban junto a las prendas de la hijita* [C]. ■ **del Interior.** loc. adj. Dicho de ministerio: Que se ocupa de la administración local y del orden interior (→ 3) del Estado. *Una de las prioridades del Ministerio del Interior es la lucha contra el terrorismo.* Tb. dicho del ministro o de otros altos cargos de ese ministerio. *Ministro del Interior.* ▶ **1, 4:** INTERNO.

interioridad. f. **1.** Parte o aspecto interiores de alguien o algo. *Entiende el arte como expresión de la interioridad del artista. Las interioridades del almacén.* ○ pl. **2.** Asuntos privados, gralm. secretos, de una persona, una familia o una entidad. *Es una persona reservada y no cuenta a nadie sus interioridades. Las interioridades de la empresa.*

interiorismo. m. Acondicionamiento y decoración de los espacios interiores de los edificios. *Estudió arquitectura y se dedica al interiorismo.*

interiorista. m. y f. Especialista en interiorismo. *Han encargado la decoración a una interiorista.*

interiorización. f. Hecho o efecto de interiorizar. *La interiorización de valores dura toda la vida.*

interiorizar. tr. Incorporar a la propia manera de ser, de pensar y de sentir (ideas o acciones ajenas). *Interiorizó el sentido del deber desde muy pequeño.*

interiormente. adv. **1.** En la parte interior de algo. *La iglesia es mudéjar, pero interiormente de decoración barroca.* **2.** En el interior o en el alma de alguien. *Parecía feliz, pero interiormente estaba roto de dolor.*

interjección. f. *Gram.* Palabra invariable que expresa lo que siente el hablante, establece una comunicación entre el hablante y el oyente, o reproduce un sonido o un ruido. *"Ay", "zas" y "hola" son interjecciones.*

interlineado. m. Espacio que queda entre las líneas de un escrito. *El interlineado del texto.*

interlineal. adj. Interpolado o contenido entre dos líneas o renglones de un escrito. *Texto interlineal. Espacio interlineal.*

interlocución. f. Diálogo (conversación entre dos o más personas). CON *alguien que se niega a escuchar, no hay interlocución posible.* ▶ DIÁLOGO.

interlocutor, ra. m. y f. Persona que toma parte en un diálogo. *La moderadora da la palabra a los interlocutores.*

interludio. m. Composición musical breve que se ejecuta a modo de intermedio entre las partes de una obra extensa. *La orquesta interpreta interludios entre acto y acto.* Tb. ese intermedio. *Salen a fumar durante el interludio de la obra.*

intermareal. adj. Situado entre los límites de la bajamar y la pleamar. *Las aves frecuentan las zonas intermareales durante la bajamar.*

intermediación. f. Hecho o efecto de intermediar. *La intermediación del abogado resolvió el conflicto.*

intermediador, ra. adj. Que intermedia. Más frec. m. y f. *Va a hacer de intermediador en la negociación.* ▶ INTERMEDIARIO.

intermediar. (conjug. ANUNCIAR). intr. Actuar poniendo en relación a dos o más personas o entidades, espec. para que lleguen a un acuerdo. *Los diplomáticos intermediarán para resolver la crisis.*

intermediario, ria. adj. Que intermedia. Se usa espec. en comercio. *Empresa intermediaria.* Dicho de pers., tb. m. y f. *Hará de intermediaria para resolver el conflicto.* ▶ INTERMEDIADOR.

intermedio, dia. adj. **1.** Que está entre los dos extremos de algo, espec. de una escala, un lugar o un proceso. *Busquemos una solución intermedia. Ocupa un puesto intermedio* ENTRE *la directora y el secretario.*

• m. **2.** Tiempo de descanso en el desarrollo de una acción. *Tomaremos café en el intermedio de la reunión.* **3.** Tiempo de descanso entre partes de un espectáculo o un programa. *En el intermedio de la película ponen anuncios.* ■ **por ~ de.** loc. prepos. Por medio de o por mediación de. *Lo he conocido por intermedio de una amiga.*

interminable. adj. Que no se termina. Frec. con intención enfática. *Hay una cola interminable para entrar al museo.*

interministerial. adj. Que se refiere a varios ministerios, depende de ellos o los relaciona entre sí. *Una comisión interministerial estudiará las propuestas.*

intermitencia. f. Cualidad de intermitente. *Llovía con intermitencia.*

intermitente. adj. **1.** Que actúa o se produce con interrupciones normalmente periódicas o regulares. *Divisamos el destello intermitente de un faro.* • m. **2.** En un automóvil: Luz lateral intermitente (→ 1) que indica un cambio de dirección a derecha o izquierda. *El conductor ha girado sin poner el intermitente.*

internación. f. Hecho o efecto de internar o internarse. *Los médicos recomiendan su internación en el hospital.* ▶ INTERNAMIENTO.

internacional. adj. **1.** De varias o de todas las naciones, o que se produce o se realiza entre ellas. *La comunidad internacional debe unirse para luchar contra la malaria.* **2.** Que trasciende las fronteras de su país. *Se ha convertido en un artista internacional.* **3.** Dicho de deportista: Que participa en competiciones internacionales (→ 1) representando a su país. *Ha sido internacional con Argentina.* Tb. m. y f. *En el club juegan varios internacionales.* • f. (Gralm. en mayúsc.). **4.** *Polít.* Organización internacional (→ 1) de las varias sucesivas en que se han agrupado los partidos y sindicatos revolucionarios, espec. socialistas y comunistas, desde mediados del s. XIX. *Fue uno de los dirigentes de la Primera Internacional.* **5.** *Polít.* Organización internacional (→ 1) de partidos y sindicatos con una ideología afín. *Es un partido integrado en la Internacional Liberal.* **6.** *Polít.* Himno internacional (→ 1) de los socialistas y comunistas. *En el acto se cantó la Internacional.*

internacionalidad. f. Condición de internacional. *La internacionalidad del certamen lo hace aún más atrayente.*

internacionalismo. m. **1.** Doctrina que defiende que los intereses internacionales deben primar sobre los nacionales. *Tras la guerra, una ola de internacionalismo pacifista recorría Europa.* Tb. la situación correspondiente. *La economía ha ido evolucionando hacia un internacionalismo.* **2.** *Polít.* Doctrina socialista que preconiza la unión internacional de los obreros. *Es partidario del internacionalismo proletario.*

internacionalista. adj. **1.** Del internacionalismo. *Movimiento internacionalista.* **2.** Partidario del internacionalismo. *Político internacionalista.* Dicho de pers., tb. m. y f. *Los internacionalistas quieren crear una Internacional Obrera.* **3.** Especialista en derecho internacional. *Catedrática internacionalista.* Tb. m. y f. *Una internacionalista ha redactado la petición de extradición.*

internacionalización. f. Hecho de internacionalizar. *Los analistas temen una internacionalización del conflicto.*

internacionalizar. tr. **1.** Someter a la autoridad conjunta de varias naciones, o de un organismo que las represente, (territorios o asuntos que dependían de la autoridad de un solo Estado). *El territorio fue internacionalizado al terminar la guerra.* **2.** Dar carácter internacional (a algo). *Es necesario internacionalizar la lucha contra la violencia.*

internada. f. *Dep.* Avance rápido de un jugador con el balón hacia el área contraria. *La internada del lateral acabó en gol.* ▶ COLADA.

internado. m. **1.** Estado y régimen de personas que viven internas, espec. en un establecimiento educativo. *Mi afición a la medicina surgió durante mis años de internado.* **2.** Establecimiento educativo donde viven alumnos internos. *Ha pasado su infancia en un internado.* ▶ **2:** PENSIONADO.

internamente. adv. Por dentro. *El útero está recubierto internamente por una membrana mucosa.*

internamiento. m. Hecho o efecto de internar o internarse, espec. en un hospital, prisión u otro establecimiento. *Lo condenaron a dos años de internamiento en un centro de menores.* ▶ INTERNACIÓN.

internar. tr. **1.** Realizar el ingreso (de alguien) en un establecimiento, espec. en un hospital o una prisión. *Han internado a sus hijos en un colegio inglés. La van a internar en una clínica.* ○ intr. prnl. **2.** Penetrar o avanzar hacia dentro en un lugar. *El cazador se interna* EN *el bosque.* Tb. fig. *Se internó* EN *el mundo de la moda muy joven.*

internet. (Frec. en mayúsc.). f. (Tb. m.). Red informática mundial, descentralizada, que permite la transferencia casi inmediata de datos entre ordenadores. *Se pasa el día navegando por Internet.*

internista. adj. Dicho de médico: Especialista en el estudio y tratamiento de enfermedades que afectan a los órganos internos. *Un médico internista le diagnosticó una cardiopatía.* Tb. m. y f. *El caso lo lleva una internista.*

interno, na. adj. **1.** Interior (de dentro, o del alma). *El disparo no ha afectado a ningún órgano interno.* **2.** Dicho de persona: Que vive en el lugar donde estudia o trabaja. *Tiene una muchacha interna para atender a los niños.* Tb. m. y f. *El colegio ha organizado un partido de internos contra externos.* **3.** Dicho de persona: Que vive internada, espec. en una prisión o un hospital. Tb. m. y f. *Un interno ha intentado fugarse de la prisión.* • m. y f. **4.** Médico interno residente (→ **médico**). *En la plantilla del hospital hay pocos internos.* ▶ **1:** INTERIOR. **4:** *MIR.

interoceánico, ca. adj. Que pone en comunicación dos océanos, o que se establece entre ellos. *Se abrirán nuevas rutas interoceánicas para el comercio.*

interparlamentario, ria. adj. Que une o incluye a representaciones parlamentarias de varios países. *Se celebrará una conferencia interparlamentaria sobre desarrollo.*

interpelación. f. Hecho de interpelar. *Nuestro partido presentará una interpelación al Gobierno.*

interpelar. tr. **1.** Pedir (a alguien) explicaciones sobre algo que ha dicho o hecho. *Interpeló al portero al ver que le prohibía el paso.* **2.** Usar la palabra un diputado o senador para comenzar o plantear (al Gobierno) una discusión ajena a los proyectos de ley y a las proposiciones. *La oposición interpeló al Gobierno sobre el escándalo.*

interpersonal. adj. Que existe o se desarrolla entre dos o más personas. *Relaciones interpersonales.*

interplanetario, ria. adj. Que existe, actúa o se produce entre dos o más planetas. *Una nave interplanetaria. Un viaje interplanetario.*

interpolación. f. Hecho o efecto de interpolar. *En el texto aparecen interpolaciones de otra mano.*

interpolar. tr. Poner (algo) dentro de una serie de cosas, espec. palabras o frases en un texto o escrito ajenos. *En la lista original han interpolado varios nombres.*

interponer. (conjug. PONER). tr. **1.** Poner (una persona o una cosa) en medio de otras dos. *Interpuso una lupa* ENTRE *sus ojos y el sello para apreciarlo mejor.* Tb. en constr. prnl. media. *Cuando la Tierra se interpone* ENTRE *la Luna y el Sol, hay eclipse lunar.* Tb. fig. ENTRE *los dos se interpone una gran diferencia de edad.* **2.** *Der.* Formalizar (un recurso) mediante un escrito. *La demandante interpuso recurso de apelación contra la sentencia.*

interposición. f. Hecho o efecto de interponer o interponerse. *El eclipse solar ocurre por interposición de la Luna entre el Sol y la Tierra.*

interpretación. f. **1.** Hecho o efecto de interpretar. *Discutimos por una mala interpretación de sus palabras. Premio a la mejor interpretación.* **2.** Oficio o actividad de intérprete. *Se dedica a la traducción e interpretación.*

interpretador, ra. adj. Que interpreta. *Programa interpretador de comandos.* Dicho de pers., tb. m. y f. *Fue un interpretador de la Historia.* ▶ INTÉRPRETE.

interpretar. tr. **1.** Explicar el sentido (de algo, espec. de un texto). *Interpretó correctamente los datos del gráfico.* **2.** Dar (a algo) un significado determinado. *No interpretes mis comentarios* COMO *una ofensa.* **3.** Ser actor (en una obra de teatro o en una película). *Un compañero y yo vamos a interpretar una escena de "Romeo y Julieta".* **4.** Hacer (un papel) en una obra teatral o en una película. *Voy a interpretar el papel de Melibea en la obra.* **5.** Ejecutar (una pieza musical o de danza). *La orquesta interpretó una sinfonía.* ▶ **3:** REPRESENTAR. **4:** ENCARNAR, REPRESENTAR.

interpretativo, va. adj. De la interpretación. *Todos alaban las dotes interpretativas de la actriz.*

intérprete. m. y f. **1.** Persona que interpreta. *Un intérprete de los sueños. Le dan papeles de protagonista porque es una gran intérprete.* **2.** Especialista o titulado en interpretación o traducción oral de lenguas. *Los dos mandatarios conversan ayudados de un intérprete.* ▶ **1:** INTERPRETADOR.

interprofesional. adj. Que afecta o se refiere a varias o a todas las profesiones. *Van a subir el salario mínimo interprofesional.*

interprovincial. adj. Que afecta a dos o más provincias o se produce entre ellas. *Llamadas telefónicas interprovinciales.*

interracial. adj. **1.** Integrado por individuos de razas distintas. *Vivimos en una sociedad interracial.* **2.** Que afecta a dos o más razas o se produce entre ellas. *En las colonias surgieron problemas interraciales.*

interregional. adj. Que afecta a dos o más regiones o se produce entre ellas. *Solidaridad interregional.*

interregno. m. Espacio de tiempo en que un Estado no tiene soberano. *Luego de un interregno, Fernando VII regresó a España.* Tb. fig. *Vuelven las sesiones tras el interregno parlamentario.*

interrelación. f. Relación mutua entre personas, cosas o fenómenos. *La interrelación entre delincuencia y pobreza.*

interrogación. f. **1.** Hecho o efecto de interrogar. *Lo miró con cara de interrogación.* **2.** Signo ortográfico que se pone antes (¿) y después (?) de una frase o una palabra para indicar que tienen entonación interrogativa. *A esta oración le falta la interrogación de cierre.* ▶ **1:** *PREGUNTA.

interrogador, ra. adj. Que interroga. *La recepcionista mira interrogadora a los recién llegados.* Dicho de pers., tb. m. y f. *Los interrogadores harán que confiese.*

interrogante. adj. **1.** Que interroga. *Todos me miraban interrogantes.* ● m. (Tb. f.). **2.** Pregunta. *Me ha planteado interrogantes que no sé contestar.* **3.** Problema no aclarado o cuestión dudosa. *El origen del universo es uno de los grandes interrogantes de la humanidad.*

interrogar. tr. Hacer (a alguien) una o varias preguntas, espec. para aclarar un hecho o unas circunstancias. *La policía interroga a los testigos. Se interrogaba sobre el sentido de la vida.* ▶ PREGUNTAR.

interrogativo, va. adj. *Gram.* Dicho de palabra u oración: Que sirve para interrogar. *Adverbio interrogativo.* Dicho de palabra, tb. m. *"Quién" es un interrogativo.* Dicho de oración, tb. f. *Una interrogativa puede ser directa o indirecta.*

interrogatorio. m. Serie de preguntas, espec. la formulada por una autoridad para esclarecer unos hechos. *El juez somete al acusado a un interrogatorio.*

interrumpir. tr. **1.** Impedir la continuidad (de algo) en el lugar o en el tiempo. *Ha habido que interrumpir la clase.* **2.** Impedir que (alguien) siga hablando o haciendo algo. *Déjame hablar y no me interrumpas.*

interrupción. f. Hecho de interrumpir o interrumpirse. *La televisión emite sin interrupción.*

interruptor, ra. adj. **1.** Que interrumpe. *La sentencia puede tener un efecto interruptor del proceso.* ● m. **2.** Mecanismo destinado a interrumpir o establecer un circuito eléctrico. *Interruptor de la luz.*

intersección. f. **1.** Punto de encuentro de dos o más cosas de forma lineal, espec. calles o vías. *Gire a la derecha en la próxima intersección.* **2.** *Mat.* Encuentro de dos líneas, dos superficies o dos sólidos que se cortan entre sí. *Llamamos "origen" al punto de intersección entre el eje de abscisas y el de ordenadas.* **3.** *Mat.* Conjunto de elementos comunes a dos o más conjuntos. *Sombrea la intersección de los tres conjuntos.*

intersticial. adj. *tecn.* Que ocupa los intersticios. *Entre célula y célula fluyen los líquidos intersticiales.*

intersticio. m. Espacio pequeño que media entre dos cuerpos o entre dos partes de un mismo cuerpo. *La luz se filtra por los intersticios de las contraventanas.* ▶ *ABERTURA.

interterritorial. adj. Que afecta a varios o a todos los territorios, o se desarrolla entre ellos. *Desigualdades interterritoriales.*

intertropical. adj. Dicho de zona o país: Situado entre los dos trópicos. *Regiones intertropicales.* Tb. dicho de lo propio de esa zona. *Clima intertropical. Bosque intertropical.*

interurbano, na. adj. Que se hace o funciona entre distintas poblaciones. *Llamadas interurbanas. Autobús interurbano.*

intervalo. m. **1.** Período de tiempo que transcurre entre dos hechos o momentos. *Los ciclistas salen con intervalos de dos minutos. Habrá tiempo soleado* *con intervalos nubosos.* **2.** Espacio que hay entre dos puntos o lugares. *El escalador avisa a su compañero del intervalo de cuerda que le queda por cubrir.* **3.** *tecn.* Conjunto de los valores que toma una magnitud entre dos límites dados. *Calcule el valor medio de vaporización del agua en este intervalo de temperaturas.* **4.** *Mús.* Diferencia de tono entre los sonidos de dos notas musicales. *Entre do y fa el intervalo es de cuarta.*

intervención. f. **1.** Hecho o efecto de intervenir. *Fue necesaria la intervención de los bomberos.* **2.** Oficina del interventor. *En el banco trabajo ahora en intervención.*

intervencionismo. m. **1.** *Polít.* Tendencia de un Estado a intervenir en asuntos que competen a la sociedad o a la iniciativa privada. *El liberalismo económico se opone a cualquier clase de intervencionismo.* **2.** *Polít.* Tendencia de un Estado a intervenir en asuntos internacionales que no le competen. *El intervencionismo de ese país no ha hecho sino empeorar el conflicto.*

intervencionista. adj. **1.** *Polít.* Del intervencionismo. *Política intervencionista.* **2.** *Polít.* Partidario del intervencionismo, o que lo practica. *Estado intervencionista. Superpotencia intervencionista.* Dicho de pers., tb. m. y f. *Los intervencionistas proponen un control de los precios.*

intervenir. (conjug. VENIR). intr. **1.** Tomar parte en un asunto o en un proceso. *Mantente al margen, no intervengas* EN *la polémica.* **2.** Interceder por alguien. *Intervino a mi favor para que me subieran el sueldo.* ○ tr. **3.** Vigilar (una comunicación privada) por mandato o autorización legal. *La policía tiene intervenidos los teléfonos.* **4.** Controlar una autoridad el libre ejercicio (de actividades o funciones). *El Estado interviene la producción industrial.* **5.** *Med.* Operar (a alguien). *La van a intervenir* DE *cataratas.* ▶ **5:** OPERAR.

interventor, ra. adj. **1.** Que interviene algo. *Comité interventor.* ● m. y f. **2.** Persona que oficialmente autoriza y fiscaliza ciertas operaciones para asegurar su corrección. *Un interventor comprobará las cuentas del organismo.* **3.** En unas elecciones: Persona designada oficialmente por un partido político para vigilar la regularidad de la votación. *Todas las mesas tienen interventores de los principales partidos.* **4.** En un tren: Persona encargada de comprobar los billetes de los viajeros. *El interventor pasa por los vagones picando los billetes.*

intervertebral. adj. *Anat.* Que está entre dos vértebras. *Articulaciones intervertebrales.*

interviú. f. Entrevista, espec. la periodística. *Echa de menos las giras, los fotógrafos, las interviús.* ▶ ENTREVISTA.

ínter vivos. (loc. lat.). loc. adj. *Der.* Dicho de donación o transmisión: Que tiene efecto en vida del donante o transmisor. *Las transmisiones ínter vivos están sujetas a gravamen.*

intervocálico, ca. adj. *Fon.* Dicho de consonante: Que está situada entre dos vocales. *En el andaluz es frecuente la pérdida de la "d" intervocálica en palabras como "quejido".*

intestado, da. adj. Que muere sin hacer testamento. *Murió intestado y las cuestiones de la herencia se complicaron.*

intestinal. adj. Del intestino. *Toma yogures, que son buenos para la flora intestinal. Digestión intestinal.*

intestino, na. adj. **1.** Dicho de lucha o confrontación: Interna. *Las guerras intestinas. Es un partido debilitado por las luchas intestinas.* ● m. **2.** En animales vertebrados y en algunos invertebrados: Conducto membranoso con tejido muscular, que forma parte del aparato digestivo y se halla situado a continuación del estómago. *En el intestino se completa la digestión de los alimentos.* Frec. en pl. con significado sing. *Se sacan los intestinos del cerdo y se aprovechan como tripa para el embutido.* ■ **intestino ciego.** m. *Anat.* Parte del intestino grueso (→ **intestino grueso**) situada entre el delgado y el colon. *El apéndice es una prolongación delgada y hueca del intestino ciego.* ⇒ CIEGO. ■ **intestino delgado.** m. *Anat.* Parte del intestino (→ 2) de los mamíferos que tiene menor diámetro. *Los alimentos pasan del estómago al intestino delgado.* ■ **intestino grueso.** m. *Anat.* Parte del intestino (→ 2) de los mamíferos que tiene mayor diámetro. *El recto es la parte final del intestino grueso.*

intimar. intr. Pasar a tener dos personas una amistad íntima. *Nos conocíamos, pero no llegamos a intimar.* Tb.: *No quería intimar* CON *nadie.*

intimidación. f. Hecho de intimidar. *Táctica de intimidación.*

intimidad. f. **1.** Ámbito íntimo y más reservado de una persona o de un grupo de ellas. *Me molesta que se metan en mi intimidad. Boda en la intimidad.* **2.** Relación o trato íntimos. *No tengo tanta intimidad con ella como para contarle mis problemas.* **3.** Asunto íntimo. Frec. en pl. *Tenía una amiga a la que confiaba todas sus intimidades.*

intimidar. tr. Causar miedo (a alguien). *Sus amenazas no me intimidan. El atracador intimidó a la cajera con una navaja.* Tb. usado en constr. intr. *Es de esas personas que intimidan.* ▶ *ATEMORIZAR.

intimidatorio, ria. adj. Que intimida o sirve para intimidar. *El policía hizo dos disparos intimidatorios. Su rival le lanzaba miradas intimidatorias.*

intimismo. m. **1.** Tendencia literaria que muestra predilección por los asuntos de la vida íntima de la persona. *El intimismo en la obra de Bécquer.* **2.** Tendencia artística, espec. pictórica, a la representación de escenas domésticas o de la vida íntima familiar. *En sus primeras obras domina el intimismo.*

intimista. adj. **1.** Del intimismo. *Narración intimista. Pintura intimista.* **2.** Partidario o cultivador del intimismo. *Poeta intimista. Pintor intimista.*

íntimo, ma. adj. **1.** Que pertenece a lo más profundo y particular de una persona. *Contó al psicólogo sus experiencias más íntimas.* **2.** De la intimidad o que se hace en la intimidad. *Buscaron un sitio íntimo donde poder charlar.* **3.** Dicho de amigo o amistad: De la mayor confianza. *Al funeral acudieron familiares y amigos íntimos.* **4.** Dicho de cosa: Más interior o interna. *El microscopio electrónico ha ayudado a conocer mejor la estructura íntima de la materia.*

intitular. tr. **1.** Poner como título (a alguien o algo) el nombre que se indica. *Ha intitulado su artículo "Una guerra anunciada".* ○ intr. prnl. **2.** Tener algo como título el nombre que se indica. *La obra se intitula "Historia de la filosofía".*

intocable. adj. **1.** Que no se puede tocar. *Leyes intocables.* Frec. referido a persona o cosa cuya imagen no puede ser tocada o alterada con comentarios negativos. *Alcanzó tanta fama que se convirtió en intocable dijera lo que dijera.* ● m. y f. **2.** En la India: Persona considerada impura, que pertenece a la clase social más baja y cuyo trato evitan los demás. *Las comunidades de intocables en Calcuta.*

intolerable. adj. Que no se puede tolerar. *Su falta de respeto resulta intolerable.*

intolerancia. f. Falta de tolerancia, espec. hacia ideas o comportamientos ajenos, o hacia quien los tiene. *Negros, judíos y gitanos fueron víctimas de la intolerancia. Su intolerancia al gluten le impide comer pan normal.*

intolerante. adj. Que tiene o muestra intolerancia. *Es muy intolerante con los que no opinan como él.* Dicho de pers., tb. m. y f. *Los intolerantes no tienen cabida aquí.*

intoxicación. f. Hecho de intoxicar o intoxicarse. *El paciente sufre una intoxicación grave.*

intoxicar. tr. **1.** Producir daños (en un ser vivo) por la acción de sustancias tóxicas. *Un escape de gas los ha intoxicado.* Tb. en constr. prnl. media. *Se han intoxicado por consumir mayonesa en mal estado.* **2.** Proporcionar (a alguien) información manipulada con el fin de crear (en él) un determinado estado de opinión o hacer que se comporte de una determinada manera. *El Gobierno pretende intoxicar a la opinión pública.*

intracelular. adj. *Biol.* Que está u ocurre dentro de la célula. *El magnesio es un importante componente intracelular.*

intradós. m. *Arq.* Superficie interior cóncava de un arco o una bóveda. *El intradós del arco está decorado con pequeños lóbulos.*

intraducible. adj. Que no se puede traducir. *Este chiste es intraducible* A *otras lenguas.*

intrahistoria. f. cult. Vida tradicional del pueblo, que sirve de fondo permanente a la historia cambiante y visible. *Unamuno analiza la esencia del alma española y acuña el concepto de intrahistoria.*

intramuros. adv. Dentro de los muros de la ciudad. *El monasterio fue construido intramuros.*

intramuscular. adj. *Med.* Que está o se aplica dentro del músculo. *Inyección intramuscular.*

intranquilidad. f. Cualidad de intranquilo. *No podía disimular su intranquilidad por eso.* ▶ *INQUIETUD.

intranquilizador, ra. adj. Que intranquiliza. *El resultado de las pruebas médicas es intranquilizador.* ▶ *INQUIETANTE.

intranquilizar. intr. Poner intranquilo (a alguien). *Me intranquiliza no saber cuándo vas a llegar.* Tb. en constr. prnl. media. *Cuando vio que algo no iba bien, empezó a intranquilizarse.* ▶ *INQUIETAR.

intranquilo, la. adj. **1.** Dicho de persona o animal: Que muestra nerviosismo o falta de tranquilidad. *Está intranquilo.* **2.** Dicho de persona: Preocupada. *Las palabras del médico me dejaron intranquilo.* **3.** Dicho de cosa: Que tiene agitación o mucho movimiento. *Era un hombre de mirada intranquila.* ▶ **1, 2:** INQUIETO.

intransferible. adj. Que no puede ser transferido o traspasado. *Las acciones transferibles e intransferibles cotizan por igual en las bolsas.* Frec. con intención enfática. *Como escritor tiene un estilo personal e intransferible.*

intransigencia. f. Cualidad de intransigente. *No se llegará a un acuerdo por la intransigencia de las partes.*

intransigente. adj. Que no es transigente o tolerante. *Es intransigente* CON *las injusticias. El sargento era un hombre intransigente.* Dicho de pers., tb. m. y f. *Con intransigentes como tú no se puede discutir nada.*

intransitable. adj. Dicho de lugar: No apto para transitar por él. *Varias carreteras están intransitables por la nieve y el hielo.*

intraocular. adj. *Med.* Del interior del ojo. *El glaucoma se caracteriza por un aumento de la presión intraocular.*

intrascendencia. f. Cualidad de intrascendente. *La charla tenía la intrascendencia de una conversación de ascensor.*

intrascendente. adj. Que no es trascendente o importante. *Es un programa de cotilleos y noticias intrascendentes.*

intratable. adj. **1.** Que no se puede tratar. *El medicamento se usa como paliativo en personas con patologías intratables.* **2.** Dicho de persona: De trato difícil por su mal genio. *Es un viejo gruñón e intratable.*

intrauterino, na. adj. *Med.* Que está u ocurre dentro del útero. *Dispositivo intrauterino. A los siete meses de vida intrauterina los fetos distinguen la luz de la oscuridad.*

intravenoso, sa. adj. Que está o se aplica dentro de la vena. *Suero intravenoso. Inyección intravenosa.*

intrepidez. f. Cualidad de intrépido. *La intrepidez del guerrero.* ▶ *VALENTÍA.

intrépido, da. adj. Que no teme el peligro o no se detiene ante él. *Fue un intrépido explorador.* ▶ *VALIENTE.

intriga. f. Acción oculta, ejecutada con cautela y astucia, y con un fin normalmente poco noble. *Intrigas para derrocar al rey. Medró a base de intrigas.* ▶ ENREDO, MANEJO, MAQUINACIÓN.

intrigante. adj. **1.** Dicho de persona: Que intriga o emplea intrigas. *Los generales intrigantes fueron acusados de conspiración.* Tb. m. y f. *La vecina me parece una intrigante.* **2.** Dicho de persona o cosa: Que intriga o provoca curiosidad. *Su intrigante comentario nos dejó a todos pensando.*

intrigar. tr. **1.** Provocar curiosidad (en alguien). *Su actitud nos intriga. Continúa con tu historia, que me estás intrigando.* O intr. **2.** Emplear intrigas. *Se dedican a intrigar para conseguir el poder.*

intrincado, da. adj. **1.** Complicado o confuso. *Se perdía en el intrincado terreno de la filosofía.* **2.** Enredado o enmarañado. *Caminos intrincados.* ▶ **1:** *COMPLICADO.

intríngulis. m. **1.** coloq. Dificultad o complicación de algo. *Aprender a jugar al mus tiene su intríngulis.* **2.** coloq. Razón oculta de algo. *Conoce bien los intríngulis del mercado bursátil.*

intrínseco, ca. adj. Que pertenece a la esencia o naturaleza propias de algo o de alguien. *La racionalidad es una cualidad intrínseca del ser humano.*

introducción. f. **1.** Hecho de introducir o introducirse. *Para la introducción de la droga en el país, utilizaron un carguero.* **2.** Preparación para llegar al conocimiento de algo. *El curso es una introducción* A *los lenguajes de programación.* **3.** Parte que precede a un discurso o a una obra escrita, y que sirve de aproximación al sentido de la misma. *Lee la introducción y sabrás si te interesa o no el libro.* **4.** *Mús.* Parte inicial de una obra instrumental o de cualquiera de sus movimientos. *La introducción de la sinfonía es espectacular.*

introducir. (conjug. CONDUCIR). tr. **1.** Meter (algo o a alguien) en un lugar, o hacer(los) entrar en él. *Introduzca las monedas* EN *la ranura. Un mayordomo* *nos introduce* EN *el salón. Tienen que introducirle una sonda por la nariz.* Tb. en constr. prnl. media. *El balón chocó en el poste y se introdujo en la red.* **2.** Hacer que (alguien) sea admitido en un lugar. *Sus nuevas amistades han introducido a la actriz en la* jet. *Ella será la encargada de introducirlo en la radio.* **3.** Hacer que (algo, espec. no material) pase a estar en uso. *La nueva ley introduce algunas novedades en materia de impuestos. Fue mi hermano el que introdujo esa costumbre en la familia. Aquellas jóvenes introdujeron la minifalda en España.* ▶ **1:** *METER.

introductor, ra. adj. Que introduce. *Ensayo introductor de la obra del filósofo.* Dicho de pers., tb. m. y f. *Fue uno de los introductores de las vanguardias artísticas.* ■ **introductor de embajadores.** m. Funcionario que en algunos estados acompaña a los embajadores y ministros extranjeros en las entradas públicas y otros actos de ceremonia. *Su cargo de introductor de embajadores lo unía mucho al Presidente.*

introductorio, ria. adj. Que sirve de introducción. *El primer capítulo es introductorio y da un visión general del tema.*

introito. m. **1.** cult. Entrada o principio. *El conferenciante hizo algunas consideraciones a modo de introito.* **2.** *Rel.* Salmo que lee el sacerdote en el altar al principio de la misa. *Cuando entró en la iglesia, el sacerdote terminaba el introito.*

intromisión. f. Hecho de entrometerse. *No tolera intromisiones* EN *sus asuntos.*

introspección. f. Observación de los propios estados de ánimo o de conciencia. *En su narrativa hay pocos diálogos y mucha introspección de los personajes.*

introspectivo, va. adj. De la introspección. *La práctica del yoga amplía la capacidad introspectiva del individuo.*

introversión. f. Actitud de la persona cuyo interés se dirige fundamentalmente al mundo interior, concentrándose en los propios pensamientos y sentimientos, y abstrayéndose del mundo exterior. *El muchacho muestra cierta tendencia a la introversión.*

introvertido, da. adj. Dado a la introversión. *Es muy introvertido y apenas se comunica.* Dicho de pers., tb. m. y f. *Para un introvertido es muy difícil abrirse a los demás.*

intrusión. f. Hecho de introducirse sin derecho ni autorización en un lugar o en una actividad. *El dispositivo de alarma detecta cualquier intrusión. Denuncian la intrusión de obreros no cualificados.*

intrusismo. m. Ejercicio de una actividad, espec. de una profesión, sin derecho ni autorización. *Los periodistas se quejan del intrusismo que reina en la televisión.*

intruso, sa. adj. Que se ha introducido sin derecho ni autorización en un lugar o en una actividad. *Colaboró con el gobierno intruso de José Bonaparte.* Dicho de pers., tb. m. y f. *Ve a su futura nuera como una intrusa.*

intubación. f. *Med.* Hecho de intubar. *Se hizo necesaria la intubación del paciente.*

intubar. tr. *Med.* Introducir un tubo en un conducto del organismo (de una persona), espec. en la laringe. *Lo intubaron porque tenía una insuficiencia respiratoria grave.*

intuición. f. **1.** Hecho de intuir. *Intuición de un peligro.* **2.** Cosa intuida. *Al despedirse de él, tuvo la intuición de que no volvería a verlo.* **3.** Capacidad de intuir. *Si mi intuición no me falla, esto es cosa suya.* ▶ **3:** INSTINTO.

intuir. (conjug. CONSTRUIR). tr. **1.** *Fil.* Conocer (algo) de forma instantánea, sin necesidad de razonamiento. *El entendimiento no puede intuir nada.* **2.** Presentir (algo que no existe todavía o no puede verificarse), o tener la sensación (de ello). *Intuyo que el negocio nos va a ir muy bien.*

intuitivo, va. adj. **1.** De la intuición, o basado en ella. *No acudió a ninguna escuela de dibujo; su aprendizaje fue puramente intuitivo. El arrebato místico va acompañado de un conocimiento intuitivo de la divinidad.* **2.** Dicho de persona: Que se guía pralm. por su intuición. *Es el prototipo del ajedrecista genial e intuitivo.*

inundación. f. Hecho de inundar o inundarse. *La inundación del garaje fue debida a la rotura de una tubería.*

inundar. tr. **1.** Cubrir el agua u otro líquido (un lugar). *Las aguas del río pueden inundar el pueblo.* Tb. en constr. prnl. media. *Los cultivos se han inundado.* **2.** Llenar de agua u otro líquido (un lugar). *El temporal ha inundado las zonas costeras.* **3.** Llenar gran cantidad de personas o cosas un lugar. *Los aficionados inundan los alrededores del estadio.* Tb. en constr. prnl. media. *La televisión se está inundando* DE *anuncios.* ▶ **1, 2:** ANEGAR.

inusitado, da. adj. Dicho de cosa: No usual o no habitual. *La sequía dejó los pantanos con unos niveles de agua inusitados.* Frec. con intención enfática. *El resultado de la votación creó una inusitada expectación.*

inusual. adj. No usual. *Se ha retrasado, cosa inusual en él.*

inútil. adj. **1.** Dicho de persona o cosa: Que no es útil o provechosa. *No gastes el dinero en cosas inútiles. Todo esfuerzo por salvar al enfermo resultó inútil.* Dicho de pers., tb. m. y f. *Trabajaré al máximo; no quiero que piensen que soy una inútil.* **2.** Dicho de persona: Que no puede trabajar o moverse por impedimento físico. *Un accidente laboral lo dejó inútil para toda la vida.* **3.** Dicho de persona: No apta para el servicio militar. *No hizo la mili porque lo declararon inútil.* ▶ **1:** BALDÍO, INSERVIBLE, VANO.

inutilidad. f. Cualidad o condición de inútil. *El paciente depresivo puede tener sentimientos de culpa y de inutilidad. Cobraba una pensión por inutilidad.*

inutilizable. adj. Que no puede ser utilizado. *En el contenedor se acumulaban escombros, chatarra y objetos inutilizables.*

inutilización. f. Hecho de inutilizar. *La inutilización de los semáforos colapsará el tráfico.*

inutilizar. tr. Hacer que (algo o alguien) queden inútiles. *Los aviones enemigos han inutilizado los radares.*

invadir. tr. **1.** Entrar (en un lugar) por la fuerza. *El ejército ha invadido las regiones del norte del país vecino.* Tb. fig. *Un grupo de manifestantes quiere invadir el ayuntamiento.* **2.** Entrar por la fuerza en el territorio (de alguien). *En la Segunda Guerra Mundial los alemanes invadieron a los polacos.* **3.** Entrar injustificadamente (en las funciones u ocupaciones ajenas). *Acusan al juez de invadir las competencias de otros magistrados.* **4.** Ocupar alguien o algo (un lugar) de manera anormal o irregular. *El agua desbordada invadirá los campos de cultivo. El accidente se produjo cuando uno de los coches invadió el lado contrario* *de la carretera. Cuando acabe el partido los aficionados intentarán invadir la cancha.* **5.** Apoderarse (de alguien) un sentimiento o un estado de ánimo. *Cuando murió su marido la invadió una profunda tristeza.* **6.** *Biol.* y *Med.* Penetrar y multiplicarse un agente patógeno (en un órgano o en un organismo). *El virus del sida invade las células y anula el sistema inmunológico.*

invalidación. f. Hecho de invalidar. *Solicitó la invalidación de la sentencia.*

invalidar. tr. Hacer que (algo) no tenga validez. *Los últimos descubrimientos invalidan su teoría. El árbitro ha invalidado la canasta.*

invalidez. f. **1.** Condición de inválido o que padece algún defecto físico. *Por su invalidez tenía derecho a una pensión. Una enfermedad congénita fue la causante de su invalidez.* **2.** Cualidad de inválido o nulo. *Un tribunal comprobará la validez o invalidez de sus tesis.*

inválido, da. adj. **1.** Dicho de persona: Que padece algún defecto físico que le impide o dificulta alguna de sus actividades. *Quedó inválido tras una herida de guerra.* Dicho de pers., tb. m. y f. *Un inválido pedía a la puerta de la iglesia.* **2.** Nulo o que no tiene validez. *El acuerdo resulta inválido en esas circunstancias.* ▶ **1:** IMPEDIDO, IMPOSIBILITADO, LISIADO, PARALÍTICO, TULLIDO.

invalorable. adj. Am. Invaluable. Frec. con intención enfática. *Cada día me presta una invalorable ayuda en mi propio trabajo* [C]. *Una dulce esposa y una compañera invalorable* [C].

invaluable. adj. Que no se puede valorar. Frec. con intención enfática. *Ha aportado datos invaluables para la investigación.* ▶ **Am:** INVALORABLE.

invariabilidad. f. Cualidad de invariable. *La científica ha demostrado la invariabilidad del peso en las reacciones químicas.*

invariable. adj. Que no varía o no puede variar. *Las preposiciones son palabras invariables.*

invasión. f. Hecho o efecto de invadir. *Para la invasión de la isla movilizarán al ejército.*

invasivo, va. adj. *Med.* Que invade o tiene capacidad para invadir. *La prueba demuestra que el cáncer es invasivo.*

invasor, ra. adj. Que invade. *Los glóbulos blancos nos defienden de los microbios invasores.* Dicho de pers., tb. m. y f. *La fortaleza ha sido tomada por los invasores.*

invectiva. f. Discurso o escrito que critican con dureza a alguien o algo. *Sus poemas satíricos son invectivas* CONTRA *sus enemigos.*

invencible. adj. Que no puede ser vencido. *Jugando al mus son casi invencibles. Para ella no hay obstáculo invencible.*

invención. f. **1.** Hecho de inventar. *La invención de la máquina de vapor supuso un gran progreso.* **2.** Cosa inventada. *No creas lo que dicen de mí: son todo invenciones.*

invendible. adj. Que no puede venderse. *En este estado, la mercancía es invendible.*

inventar. tr. **1.** Hallar o descubrir (algo nuevo o no conocido). *Alexander Bell inventó el teléfono. Es un cocinero que ha inventado numerosas recetas.* **2.** Crear o imaginar (algo o a alguien que no existe). *El escritor inventa unas historias fantásticas y muy divertidas. Se ha inventado un amigo imaginario para jugar con él.* **3.** Contar como reales (hechos falsos). *Di la verdad y no inventes cosas raras.*

inventariar. (conjug. ENVIAR). tr. Hacer inventario (de algo). *Hay que inventariar todas las piezas del museo.*

inventario. m. Lista ordenada y precisa de las cosas que pertenecen a una persona, entidad o comunidad, o de las que se hallan en un lugar. *Inventario de muebles. El jefe de compras ha pedido que hagamos inventario en el almacén.*

inventivo, va. adj. **1.** Capaz de inventar o que tiene disposición para inventar. *El pintor destaca por su extraordinario genio inventivo.* ● f. **2.** Capacidad y disposición para inventar. *Para el puesto necesitan una persona con mucha inventiva.*

invento. m. **1.** Cosa inventada. *La brújula fue un invento muy importante para la navegación. No te creas nada, todo lo que está diciendo son inventos.* **2.** Hecho de inventar. *El invento de la televisión revolucionó el mundo de la información.*

inventor, ra. adj. Que inventa. *Entre los antiguos existía una deidad inventora de las artes.* Dicho de pers., frec. m. y f. *El protagonista es un inventor de objetos maravillosos.*

invernada. f. Estancia en un lugar durante el invierno. Se usa espec. en zoología. *La marisma es zona de invernada de aves acuáticas.*

invernadero. m. Espacio cerrado en cuyo interior se crean las condiciones ambientales adecuadas para el cultivo de determinadas plantas. *En el Jardín Botánico hay un invernadero con plantas tropicales.*

invernal. adj. Del invierno. *Las infecciones respiratorias son más frecuentes en la época invernal.* ▶ INVERNIZO.

invernar. intr. Pasar el invierno en un lugar. *Muchas aves llegan a España para invernar.*

invernizo, za. adj. Invernal. *Caminaban por la nieve bajo el cielo invernizo.*

inverosímil. adj. Que no es verosímil. *Justificaba su tardanza con excusas inverosímiles.*

inverosimilitud. f. Cualidad de inverosímil. *Los investigadores desconfían de la declaración del testigo por su inverosimilitud.*

inversión. f. Hecho o efecto de invertir. *Inversión de la escala de valores. Inversión de capital.*

inversionista. adj. *Econ.* Que invierte dinero. *Compañía inversionista.* Dicho de pers., tb. m. y f. *La buena marcha del país atrajo a inversionistas extranjeros.*

inverso, sa. adj. Dicho espec. de dirección, orden o sentido: Contrario. *Se cierra girando la manivela a la derecha y se abre en sentido inverso. Los ciclistas tomarán la salida en orden inverso al de la clasificación general. La raíz crece en dirección inversa al tallo. En cine, el contrapicado es el procedimiento inverso al picado.* ■ **a la inversa.** loc. adv. Al contrario. *Echa la sal y luego el aceite, y no a la inversa.*

inversor, ra. adj. **1.** Que invierte dinero. *En el proyecto participan varias sociedades inversoras.* Dicho de pers., tb. m. y f. *El desplome de las bolsas ha arruinado a muchos inversores.* **2.** *tecn.* Que sirve para invertir el sentido o la posición de algo. *El dispositivo inversor permite transformar la máquina de refrigeración en una bomba de calor.*

invertebrado, da. adj. **1.** Del grupo de los invertebrados (→ 2). *La lección trató de los animales invertebrados.* ● m. **2.** Animal que carece de columna vertebral. *Un insecto es un invertebrado.*

invertido, da. part. **1.** → **invertir.** • m. y f. **2.** eufem. Homosexual. Gralm. designa hombre. Frec. despect. *Se rumoreaba que entre ellos había varios invertidos.*

invertir. (conjug. SENTIR). tr. **1.** Cambiar (el orden o la posición) por los contrarios. *Para captar el sentido del texto tienes que invertir el orden de los párrafos.* **2.** Colocar (algo) en el sentido o en la posición contrarios a los que tenía. *Invierte los párrafos y entenderás el sentido. El mago invirtió el vaso, y el agua, sorprendentemente, no cayó al suelo.* **3.** Emplear (un tiempo o un dinero determinados) en algo. *EN ese trabajó invirtió unas cuarenta horas. Va a invertir doce mil euros* EN *arreglar la casa. Invirtió su dinero* EN *acciones.*

investidura. f. Hecho o efecto de investir. *La investidura del jefe del gobierno será retransmitida por televisión.*

investigación. f. Hecho de investigar. *Habrá una investigación policial. Cuando acabe la carrera quiere dedicarse a la investigación.*

investigador, ra. adj. Que investiga. *Comisión investigadora.* Dicho de pers., tb. m. y f. *Un equipo de investigadores trabaja en un tratamiento contra el cáncer. Contrató a un investigador privado para vigilar a su marido.*

investigar. tr. **1.** Hacer diligencias, indagaciones o estudios para tener un conocimiento más profundo (de algo). *Están investigando los fósiles hallados cerca de la cueva.* **2.** Hacer diligencias, indagaciones o estudios para descubrir (algo). *Tendrán que investigar las causas de la explosión.* **3.** Hacer diligencias, indagaciones o estudios para aclarar la conducta (de alguien). *Lo están investigando por posible malversación de fondos públicos.*

investir. (conjug. PEDIR). tr. cult. Conferir (a alguien) dignidad o autoridad. *Lo invistieron* CON *el título de cónsul. Está investido* DE *un poder absoluto.*

inveterado, da. adj. Antiguo o arraigado. *Encabezó la carta con una cruz, según su inveterada costumbre.*

inviabilidad. f. Cualidad de inviable. *Los disturbios ponen de manifiesto la inviabilidad del proceso de paz.*

inviable. adj. **1.** Que no es viable o no se puede realizar. *Las reformas son inviables.* **2.** *Med.* Dicho espec. de feto o de recién nacido: Que no puede vivir. *El embrión era inviable debido a una alteración genética.*

invicto, ta. adj. cult. Que no ha sido vencido. *El equipo permanece invicto.*

invidencia. f. cult. Condición de invidente. *La invidencia le llegó con la vejez.*

invidente. adj. cult. Dicho de persona: Ciega (privada del sentido de la vista). *Lectura para personas invidentes.* Tb. m. y f. *Estos perros están adiestrados para guiar a invidentes.*

invierno. m. Estación más fría del año, que sigue al otoño y que en el hemisferio norte dura del 21 de diciembre al 21 de marzo. *Llega el invierno y bajan las temperaturas.*

inviolabilidad. f. Cualidad de inviolable. *El derecho internacional debe garantizar la inviolabilidad de las fronteras.*

inviolable. adj. Dicho de cosa: Que no se puede violar. *El último refugio de los perseguidos era el inviolable recinto del templo.*

inviolado, da. adj. cult. Que se conserva en toda su integridad y pureza. *Mantenía inviolado el recuerdo de su primer amor.*

invisibilidad. f. Cualidad de invisible. *La invisibilidad de uno de los personajes provoca situaciones cómicas.*

invisible. adj. Que no puede ser visto. *Con un microscopio podemos observar las bacterias, invisibles al ojo humano.*

invitación. f. **1.** Hecho de invitar. *Espero que aceptes nuestra invitación* A *cenar. Su invitación* A *que pasáramos no parecía sincera.* **2.** Tarjeta o impreso con que se invita. *En la taquilla os darán vuestras invitaciones.*

invitado, da. part. **1.** → **invitar. 2.** Que ha sido invitado (→ 1). Tb. m. y f. *Los invitados* A *la cena llegaron puntuales. Al bautizo asistirán trescientos invitados.*

invitar. tr. **1.** Pedir (a alguien) que asista a un acto o que se presente en un lugar, como muestra de cortesía. *Nos ha invitado* A *su boda. Va a hacer una fiesta para inaugurar su casa y quiere invitar a mucha gente.* **2.** Pagar (a alguien) algo, espec. comida o bebida, como muestra de cortesía. *¿Me invitas* A *una copa? Quien pierda la apuesta tiene que invitar a los demás* A *una mariscada. Déjale que pague, para una vez que nos invita.* Tb. usado en constr. intr. *Pedid lo que queráis, yo invito.* **3.** Pedir (a alguien) cortésmente que haga algo. *Pasamos al salón y me invitó* A *que me sentara.* **4.** eufem. Ordenar o pedir con firmeza (a alguien) que haga algo. *La policía invitaba a los manifestantes* A *que abandonaran el recinto.* **5.** Incitar o estimular (a alguien) a algo. *El sofocante calor invitaba a la gente* A *bañarse.* Tb. usado en constr. intr. *La lluvia invita* A *quedarse en casa.* ▶ **1, 2, 5:** CONVIDAR.

in vitro. (loc. lat.). loc. adj. *Biol.* Dicho de proceso biológico: Realizado en el laboratorio, en un medio creado artificialmente fuera del organismo vivo. *Tuvo su hijo por fecundación in vitro. Cultivos in vitro.* Tb. loc. adv. *El científico reprodujo in vitro el fenómeno de la fermentación alcohólica.*

invocación. f. **1.** Acción de invocar. *La ceremonia empieza con la invocación a la Virgen.* **2.** Palabra o palabras con que se invoca. *Un sermón plagado de invocaciones.*

invocar. tr. **1.** Pedir ayuda (a alguien, espec. a Dios, la Virgen o los santos). *Invoquemos al Señor. En la misa negra invocan al demonio.* Tb. referido a la ayuda. *Reza invocando la ayuda de la Virgen.* **2.** Exponer o alegar (algo) para justificar un hecho o una actitud. *Puede invocar su derecho a guardar silencio.*

involución. f. Detención y retroceso en el desarrollo de algo o alguien. *La tregua no aleja el riesgo de involución en el proceso de paz. Involución fisiológica.*

involucionismo. m. Tendencia a la involución, espec. en política. *Hay un clima de involucionismo golpista.*

involucionista. adj. **1.** Del involucionismo. *Nadie creía que hubiera tentaciones involucionistas.* **2.** Partidario del involucionismo. *Dentro del partido hay un sector involucionista.* Dicho de pers., tb. m. y f. *Los involucionistas planean un golpe de Estado.*

involucrar. tr. **1.** Complicar (a alguien) en un asunto, comprometiéndo(lo) en él. *No ha querido involucrarse* EN *el proyecto. Está involucrado* EN *la conspiración.* **2.** Incluir (algo o a alguien) dentro de algo. *Se ha visto involucrado* EN *un accidente de circulación.* ▶ **1:** *COMPROMETER.

involuntario, ria. adj. Que no es voluntario o no nace de la voluntad. *Homicidio involuntario. El calambre es una contracción involuntaria del músculo.*

involutivo, va. adj. De la involución. *La paciente ha entrado en un proceso involutivo. Se temía un golpe de Estado involutivo.*

invulnerabilidad. f. Cualidad de invulnerable. *Napoleón estaba convencido de la invulnerabilidad de su ejército.*

invulnerable. adj. Que no puede ser dañado o herido. *El druida les da una poción mágica que los hace invulnerables. El mero deseo de estar bien no nos vuelve invulnerables* A *la melancolía. Sucumbieron ante los muros de la invulnerable fortaleza.*

inyección. f. **1.** Hecho o efecto de inyectar. *No me ha hecho daño al ponerme la inyección. Motor de inyección.* **2.** Líquido que se inyecta en un organismo. *Nota cómo la inyección penetra en su cuerpo y lo relaja.*

inyectar. tr. **1.** Introducir a presión en alguien o algo (un gas, un líquido o una masa fluida). *Están inyectando hormigón* EN *los cimientos del edificio.* **2.** Introducir (un líquido, espec. un medicamento) por medio de una aguja en un organismo o en una parte de él. *Se inyecta insulina. Han tenido que inyectarle un tranquilizante.*

inyector. m. *tecn.* Dispositivo o aparato utilizados para inyectar fluidos. *El cabezal de la impresora lleva inyectores que producen finos chorros de tinta. El combustible no llega bien al motor por un defecto en los inyectores de gasolina.*

iodo. → **yodo.**

ioduro. → **yoduro.**

ion o **ión.** m. *Fís.* y *Quím.* Átomo o agrupación de átomos que adquieren carga eléctrica por pérdida o ganancia de electrones. *Los iones con carga positiva se denominan cationes. Unas enzimas llevan el ión hidrógeno al interior de las células.*

iónico, ca. adj. *Fís.* y *Quím.* De los iones. *El impulso nervioso se origina en la neurona por un intercambio iónico.*

ionización. f. *Fís.* y *Quím.* Hecho o efecto de ionizar o ionizarse. *Las lámparas fluorescentes funcionan mediante la ionización de un gas que hay en su interior.*

ionizante. adj. *Fís.* y *Quím.* Que ioniza. *La exposición a radiaciones ionizantes es un factor de riesgo en la aparición del cáncer.*

ionizar. tr. *Fís.* y *Quím.* Convertir (un átomo o molécula) en ion. *Hay aparatos que ionizan el aire.* Tb. en constr. prnl. media. *Algunas moléculas se ionizan cuando se disuelven en agua.*

ionosfera. f. *Fís.* Capa más alta de la atmósfera terrestre, inmediatamente superior a la mesosfera, que presenta una fuerte ionización a causa de las radiaciones solares. *Las propiedades conductoras de la ionosfera permiten la propagación de las ondas de radio.*

IPC. (sigla; pronunc. "i-pe-ce"). m. *Econ.* Índice de precios al consumo. *En el primer trimestre el IPC ha subido un 0,3%.*

ipso facto. (loc. lat.). loc. adv. Inmediatamente. *Cayó rendido sobre la cama y se durmió ipso facto.*

ir. (conjug. IR). intr. **1.** Moverse en dirección a un lugar, determinado o no, alejado de la persona que habla. *¿A qué hora irás a tu casa? Voy un momento hasta la tienda de la esquina. La policía va hacia allí. Hay que ir hacia delante por esta calle hasta llegar a la plaza. Es mejor que vayas al médico a que te vea esa herida. Ve a verla y dile que no puedes salir.* Tb. prnl., expresando el comienzo de la acción. *Tú no te vas de aquí hasta que no me digas la verdad. Tengo que irme, es muy tarde. Tuvo que irse a Urgencias a las 2 de la mañana. Espérame, que me voy contigo.* **2.** Ser alguien o algo adecuado a las características de otra persona u otra cosa. *Es difícil encontrar una chaqueta que le vaya a esa falda. Se empeña en llevar sombrero y no le va nada. No va* CON *tu carácter enfadarte así. Esta actitud no va* CONTIGO. *Esa sombra verde no va* CON *su color de ojos.* **3.** Haber una diferencia. *Va una gran diferencia* DE *imaginar algo* A *vivirlo. No creo que vaya tanto* DE *un programa* A *otro.* **4.** Llevar o conducir un camino a un lugar, determinado o no. *La carretera de la costa va a ese pueblo del que me han hablado tanto. El sendero va hacia el Norte.* **5.** Extenderse algo desde un punto en el espacio o en el tiempo a otro. *Las tierras de regadío iban* DESDE *los pies de la montaña* HASTA *el río. El plazo de entrega de las solicitudes va* DEL *15 de enero* AL *15 de febrero.* **6.** En algunos juegos de cartas: Entrar en una apuesta. *Con estas cartas no voy.* **7.** Ser u ocurrir algo de una manera determinada. *Se puso muy serio para demostrar que la cosa iba de veras. Sus amenazas van muy en serio.* **8.** Estar o hallarse. *En la factura van detalladas las piezas que ha habido que cambiar. El balance económico va en un informe aparte.* **9.** Ser apostado algo, espec. una cantidad de dinero por parte de la persona que habla. *Va una cena* A *que no se presenta. ¿Cuánto te va* A *que no se atreve? ¿Os van 20 euros* A *que ganamos el partido?* **10.** Seguido de un gerundio, forma con él una perífrasis que expone en su desarrollo la acción expresada por el gerundio. *Iba parándose delante de cada escaparate. La niebla va espesándose a medida que descendemos. Ve pensando una solución.* **11.** Seguido de *a* y un infinitivo, forma una perífrasis que expone la acción expresada por el infinitivo como un hecho futuro o una intención, espec. en un momento próximo. *¿Qué vas a hacer el domingo? Como siga así, va a oírme. Vamos a acabar discutiendo. Si te lo vas a tomar así, no vuelvo a decirte nada. Iba a salir cuando oí que alguien me llamaba. Vamos a ponernos a trabajar, que se nos hace tarde.* **12.** Seguido de un complemento de modo: Comportarse o actuar ante una determinada circunstancia de la manera expresada. *En una situación tan delicada hay que ir con mucho tacto. Si quieres comprarte una casa, no vayas a ciegas.* **13.** coloq. Seguido de *y* y otro verbo, se usa para resaltar la acción expresada por ese verbo. *Y encima va y se pone a llorar.* **14.** Seguido de *en* y un nombre: Depender una cosa de lo designado por el nombre. *Se lo ha tomado tan a pecho que parece que le va la vida en ello. Lo de preferir actuar a observar va en caracteres.* **15.** Seguido de *para* y un nombre: Mostrar inclinación hacia la profesión designada por el nombre, o haber iniciado la preparación para ella. *Esta niña va para bailarina.* **16.** Seguido de *por* y una expresión nominal: Estar, dentro de una sucesión, en el lugar, tiempo o situación expresados. *Ya voy por el último capítulo. Ese director ya va por la tercera película de ciencia ficción. Entonces íbamos por cuarto de carrera.* **17.** Seguido de *por* y un nombre: Hacer algo referencia a la persona designada. *Lo de idiota no iba por ti. Siempre piensa que todo lo que se dice va por él.* **18.** Seguido de un complemento introducido por *a*: Decidir tratar o abordar el asunto designado por él. *–No me has explicado lo que te pasó ayer. –Pues a eso iba. Bueno, a lo que* *iba, que mañana nos traen la nevera.* **19.** Seguido de un complemento introducido por *con*: Estar de parte de lo expresado por ese complemento. *Yo en este partido voy con el Estudiantes.* **20.** Seguido de un adverbio o una expresión equivalente: Tener una cosa el efecto o resultado expresados por ellos. *Este clima seco te irá muy bien para los bronquios. El color morado va fatal con su tono de piel. Le iría de perlas un descanso.* ○ intr. prnl. **21.** Salirse una materia, frec. líquida, del recipiente en que está. *¡Anda, la bolsa tenía un agujero y se ha ido toda la sal! Estuvo yéndose agua de la cañería toda la noche. El coche debe de tener una grieta en el depósito porque se le está yendo la gasolina.* **22.** Dejar salir un recipiente la materia, frec. líquida, que contiene. *Esa jarra debe de tener una grieta, porque se va.* **23.** Desaparecer algo del lugar en que está. *Esas manchas solo se van con lejía. Se me acaba de ir la idea.* **24.** cult., eufem. Morirse. *Se ha ido un gran poeta, un gran escritor. Su mejor amigo se le fue en un grave accidente de tráfico.* **25.** coloq., eufem. Ventosear o expeler los gases intestinales involuntariamente. *Alguien acaba de irse, porque aquí huele fatal.* **26.** coloq. Unido a expresiones como *al carajo, al cuerno, al traste* o *a hacer puñetas*: Estropearse o fracasar algo. *El proyecto se ha ido al cuerno.* ■ **allá se van** dos o más personas o cosas. expr. coloq. Son o valen casi lo mismo. *–¿Significan lo mismo "benévolo" y benevolente"? –Allá se van. Tu coche será mejor que el mío, pero en cuanto al precio allá se van.* ■ **dónde va a parar.** expr. coloq. Se usa para ponderar la diferencia que hay de una persona o cosa a otra. *Es más bajo que tú, ¡dónde va a parar! Su letra se entiende todavía peor que la mía, ¡dónde va a parar!* ■ **el no va más.** loc. s. coloq. La persona o cosa que han alcanzado el máximo grado en algún aspecto. *Desde que expuso en el Museo Contemporáneo, se cree el no va más de la modernidad.* Gralm. con *ser*. *Tu ordenador será bueno, pero el mío es el no va más.* Frec. con carácter exclamativo para expresar rechazo o calificar lo que resulta insoportable. *Y ahora encima se va la luz, ¡esto ya es el no va más!* ■ ~ alguien **a lo suyo.** loc. v. coloq. Atender solo a su propio interés o a sus propios asuntos. *No confíes en que te ayude, ese va solo a lo suyo. Aquí nadie ayuda a nadie, así que yo voy a lo mío también.* ■ **~ a más.** → **más.** ■ **~ a menos.** → **menos.** ■ **~ a parar.** loc. v. Terminar o desembocar en algo. *El camino de la derecha va a parar a la carretera. ¡No sé adónde iremos a parar con estas subidas de precios!* ■ ~ algo **para largo.** loc. v. Faltar mucho tiempo a esa cosa para terminarse. *Los médicos dijeron que la recuperación iba para largo. La cola aún va para largo.* ■ **~ y venir.** loc. v. **1.** Moverse sin cesar de un lugar a otro. *Deja de ir y venir todo el rato, me estás poniendo nerviosa. Se pasa todo el año yendo y viniendo en avión a Barcelona.* □ loc. s. m. **2.** Movimiento incesante y en varias direcciones. *En la redacción del periódico hay un frenético ir y venir* DE *gente. La entrada del hospital era un ir y venir constante* DE *ambulancias.* ■ **no, o ni, ~le ni venirle** algo (a una persona). expr. coloq. No importarle o no incumbirle. *No debió meterse en un asunto que ni le iba ni le venía.* ■ **qué va.** expr. coloq. Se usa para negar algo enfáticamente. *–Habrá unos 200 km desde aquí, ¿no? –¡Qué va, hombre, ni la mitad!* ■ **sin ~ más lejos.** loc. adv. Sin que sea necesario buscar ejemplos más lejanos que el que se expone a continuación. *Dice que ha dejado el tabaco, pero esta mañana, sin ir más lejos, lo vi fumando.* ■ **vamos.** interj. Se usa para expresar desaprobación o rechazo. *Vamos, acaba de comer, que tenemos que irnos.* ■ **vaya.** interj. **1.** Se usa para expresar sorpresa, aprobación o decepción. *¡Vaya, qué tarde es, ya habrá empezado la película!* Se usa frec. seguida de *con* y un nombre. *¡Vaya con ese amigo tuyo!, ¡pensé que era de fiar y me metió en un lío!* **2.** Seguida de un nombre sin artículo, se usa para enfatizar lo designado por él. *¡Vaya golpetazo que se dio! ¡Vaya cara la tuya!* ■ **vete tú, o vaya usted, a saber.** expr. coloq. Se usa con intención enfática para expresar duda ante un hecho. *Dice que ha vivido en EE. UU., vaya usted a saber. Vete tú a saber si es verdad que tiene el título de abogado.*

ira. f. **1.** Sentimiento de indignación o rechazo que produce enojo y suele acompañarse de una actitud agresiva. *El asesinato de su padre lo llenaba de ira. En un ataque de ira agarré al hombre por las solapas.* ○ pl. **2.** Arranques o ataques de ira (→ 1). *El árbitro fue objeto de las iras del público.*

iracundia. f. Cualidad de iracundo. *Hablaba con iracundia de sus enemigos.*

iracundo, da. adj. **1.** Dicho de persona: Que tiene o muestra ira. *Al oír su respuesta, se levantó iracundo y fue hacia él.* **2.** Que es propenso a la ira. *Es mejor no meterse con ella porque es muy iracunda.*

iraní. adj. De Irán. *Teherán es la capital iraní.* Dicho de pers., tb. m. y f. *La mayoría de los iraníes son musulmanes.* ▶ PERSA.

iraquí. adj. De Iraq. *El territorio iraquí es rico en petróleo.* Dicho de pers., tb. m. y f. *Los iraquíes hablan árabe.*

irascibilidad. f. Cualidad de irascible. *Heredó de su padre el mal genio y la irascibilidad.*

irascible. adj. Propenso a la ira. *El asesino era una persona irascible. Carácter irascible.*

iridio. m. *Quím.* Elemento del grupo de los metales, de color blanco y brillo metálico, duro y resistente a la corrosión, que, en aleación con otros metales, se emplea en joyería y materiales especiales (Símb. *Ir*). *La aleación de platino-iridio se usó en la confección de los patrones de masa y longitud.*

iridiscente. adj. Que muestra o refleja los colores del arco iris. *Asomó el sol y el asfalto mojado se llenó de reflejos iridiscentes. La tela del vestido era aterciopelada e iridiscente.*

iris. m. *Anat.* Disco membranoso y coloreado del ojo, en cuyo centro está la pupila. *Las fibras del iris contraen y dilatan la pupila.*

irisación. f. Hecho o efecto de irisar. *Tiene los ojos castaños con irisaciones verdes.*

irisado, da. part. **1.** → **irisar.** ● adj. **2.** Que muestra reflejos de luz con los colores del arco iris. *Las escamas irisadas de los peces.*

irisar. tr. Hacer que (algo) muestre reflejos de luz con los colores del arco iris. *Los rayos del sol irisaban los cristales de las ventanas.*

irlandés, sa. adj. **1.** De Irlanda. *Folclore irlandés.* Dicho de pers., tb. m. y f. *Los irlandeses celebran su fiesta nacional el día de San Patricio.* ● m. **2.** Lengua hablada en Irlanda. *El irlandés es una lengua celta.* **3.** Café irlandés (→ **café**). *Después de comer, pidió un irlandés con mucha nata.*

ironía. f. **1.** Modo de expresión que consiste en dar a entender lo contrario de lo que se dice, gralm. usado como burla disimulada. *Con su fina ironía el humorista se ganó al público.* **2.** Tono burlón con que se dice algo. *–Este país está lleno de lumbreras –dijo con ironía.* ▶ **2:** SARCASMO, SORNA.

irónico, ca. adj. Que tiene o muestra ironía. *Es un letrista irónico. Tiene frases irónicas.* ▶ SARCÁSTICO, SARDÓNICO.

ironizar. intr. Hablar con ironía. *No me parece oportuno ironizar en estos momentos.*

iroqués, sa. adj. De un pueblo indígena de América del Norte. *Indio iroqués.* Dicho de pers., tb. m. y f. *Los iroqueses habitaban en el actual estado de Nueva York y zona sudoriental de Canadá.*

irracional. adj. **1.** Dicho de ser, espec. animal: Que carece de razón. *Los perros son seres irracionales.* Tb. m. y f. *Las cosas que hace son propias de un irracional.* **2.** Dicho de cosa: Opuesta a la razón o ajena a ella. *Un impulso irracional la llevó a cometer el asesinato.* **3.** *Mat.* Dicho de una raíz o de una cantidad radical: Que no puede expresarse exactamente con números enteros ni fraccionarios.

irracionalidad. f. **1.** Cualidad de irracional. *La irracionalidad de la violencia terrorista.* **2.** Cosa irracional. *La descoordinación entre las dos administraciones es fuente de muchas irracionalidades.*

irracionalismo. m. Tendencia a dar más importancia a la intuición, los instintos y los sentimientos que a la razón. *En el ensayo el filósofo se opone claramente al irracionalismo.* Tb. la actitud correspondiente. *Un controlado irracionalismo le distingue como poeta.*

irracionalista. adj. **1.** Del irracionalismo. *Su pensamiento se inscribe dentro de la tradición irracionalista.* **2.** Seguidor del irracionalismo. Tb. m. y f. *Por su forma de entender la vida lo consideraban un irracionalista.*

irradiación. f. Hecho o efecto de irradiar. *La irradiación se utiliza en el tratamiento de tumores.*

irradiar. (conjug. ANUNCIAR). tr. **1.** Despedir (luz, calor u otra energía). *La resistencia eléctrica irradia calor.* Tb. fig. *Su cara irradia alegría.* **2.** Someter (un cuerpo) a radiaciones. *Si un producto está irradiado, debe figurar en la etiqueta.* **3.** Propagar o difundir (algo). *El Barroco nace en Europa e irradia su influencia a América.*

irrazonable. adj. Dicho de cosa: No razonable. *Le reproché su conducta irrazonable.*

irreal. adj. Que no es real o no tiene existencia verdadera. *En sus cuadros crea mundos irreales.*

irrealidad. f. Cualidad de irreal. *La obra discurre en una atmósfera de irrealidad.*

irrealizable. adj. Que no se puede realizar. *El proyecto era interesante, pero irrealizable.*

irrebatible. adj. Que no se puede rebatir. *Sus argumentos eran irrebatibles.*

irreconciliable. adj. Dicho de persona o cosa: Que no se puede reconciliar con otra. *Son enemigos irreconciliables. La asociación acabó dividida en dos grupos irreconciliables.*

irreconocible. adj. Que no se puede reconocer o identificar. *Con la barba y el pelo largo, estás irreconocible.*

irrecuperable. adj. Que no se puede recuperar. *El dinero gastado era ya irrecuperable.*

irrecusable. adj. Que no se puede recusar. *El testimonio de la víctima era irrecusable.*

irredentismo. m. *Polít.* Actitud que propugna la anexión de un territorio irredento a la nación a la que debería pertenecer. *Casos como el de las Malvinas o el de Gibraltar alimentan el irredentismo.*

irredentista. adj. **1.** *Polít.* Del irredentismo. *Tiene ideas irredentistas sobre el conflicto norirlandés.* **2.** *Polít.* Partidario o seguidor del irredentismo. *Pertenece a un partido político nacionalista e irredentista.* Tb. m. y f. *Los irredentistas griegos y turcos pedían la anexión de todo Chipre.*

irredento, ta. adj. Dicho espec. de territorio que una nación pretende anexionarse por razones históricas: Que permanece sin redimir. *Los dos países entraron en guerra por la provincia irredenta. La organización apoya al irredento pueblo saharaui.*

irreducible. adj. Que no se puede reducir. *Fracción irreducible.* ▶ IRREDUCTIBLE.

irreductibilidad. f. Cualidad de irreductible. *La irreductibilidad del pensamiento.*

irreductible. adj. Que no se puede reducir. *Guerreros irreductibles.* ▶ IRREDUCIBLE.

irreemplazable. adj. Que no se puede reemplazar. *Ha muerto una gran persona y un actor irreemplazable.*

irreflexión. f. Falta de reflexión o detenimiento. *Sorprende que una decisión tan importante se haya tomado con tanta irreflexión.*

irreflexivo, va. adj. **1.** Dicho de persona: Que actúa sin reflexionar. *La travesura de un grupo de adolescentes irreflexivos terminó en tragedia.* Tb. m. y f. *Solo a un suicida o a un irreflexivo se le ocurre hacer una cosa así.* **2.** Dicho de cosa: Que se hace o se dice sin reflexionar. *Le hizo una irreflexiva propuesta de matrimonio.*

irrefrenable. adj. Que no se puede refrenar o contener. *Sentí unas ganas irrefrenables de darle un bofetón.*

irrefutable. adj. Que no se puede refutar. *Sus teorías eran irrefutables. Pruebas irrefutables.*

irregular. adj. **1.** No uniforme, o que tiene cambios grandes o bruscos. *Las lluvias serán irregulares.* **2.** Que no se ajusta a una regla o a una organización establecidas. *La rima de sus versos es irregular. El participio regular de "freír" es "freído", y el irregular, "frito".* **3.** Contrario a la legalidad o moralidad. *El ayuntamiento otorgó los contratos de explotación de una forma irregular. Le ha pedido el divorcio porque mantiene relaciones irregulares con una mujer.* **4.** *Mat.* Dicho de polígono: Cuyos lados y ángulos no son iguales. *Dibuja un pentágono irregular.* **5.** *Mat.* Dicho de poliedro: Cuyas caras y ángulos no son iguales. *La piedra está labrada como un poliedro irregular.*

irregularidad. f. **1.** Cualidad de irregular. *Esta figura se caracteriza por su irregularidad. La irregularidad de las precipitaciones será más notable en el norte.* **2.** Cosa irregular o por la que algo es irregular. *Un accidente es una irregularidad del terreno.* **3.** Hecho contrario a la legalidad o moralidad. *Hubo irregularidades en el recuento de votos.*

irrelevancia. f. Cualidad de irrelevante. *A medida que avanzaba la reunión se dio cuenta de la irrelevancia de su presencia.* ▶ *NIMIEDAD.

irrelevante. adj. Que no tiene relevancia. *Artistas irrelevantes. Observaciones irrelevantes.* ▶ *NIMIO.

irreligioso, sa. adj. **1.** Falto de religión. *Hombre irreligioso.* **2.** Dicho de cosa: Opuesta a la religión. *Durante la Ilustración afloran las tendencias irreligiosas.*

irremediable. adj. Que no se puede remediar. *La ruptura con su novia era irremediable.*

irremisible. adj. Que no se puede remitir o perdonar. *El sacerdote fue condenado a la suspensión irremisible de sus funciones.*

irrenunciable. adj. Dicho de cosa: A la que no se puede renunciar. *Derecho irrenunciable.*

irreparable. adj. Que no se puede reparar. *El fuego ha causado daños irreparables.* A veces con intención enfática. *Su muerte supuso una irreparable pérdida.*

irrepetible. adj. Que no se puede repetir. *Algo irrepetible en el deporte actual.* Gralm. se usa para expresar enfáticamente el carácter singular o excepcional de algo o de alguien. *Una experiencia irrepetible. Una figura irrepetible.*

irrepresentable. adj. Dicho espec. de obra dramática: Que no se puede representar. *La versión íntegra de la obra era irrepresentable.*

irreprimible. adj. Dicho espec. de sentimiento o impulso: Que no se puede reprimir. *Una alegría irreprimible. Llevado por un impulso irreprimible, la besó.*

irreprochable. adj. **1.** Que no merece reproche. *Comportamiento irreprochable.* **2.** Que no tiene ningún defecto o falta. *Aunque de factura irreprochable, su música carece de chispa.*

irresistible. adj. **1.** Que no se puede resistir o soportar. *El dolor de pies es irresistible.* **2.** Dicho de cosa: A la que no es posible oponer resistencia. *Deseo irresistible de fumar.* **3.** Dicho de persona o cosa: Muy atractiva. *Con ese traje estás irresistible. Sonrisa irresistible.*

irresoluble. adj. Que no se puede resolver o solucionar. *Conflicto irresoluble.*

irresolución. f. Falta de resolución o decisión. *El problema ha surgido debido a la irresolución de los dos mandatarios.*

irresoluto, ta. adj. Falto de resolución o decisión. *En situaciones difíciles no se puede ser temerario, pero tampoco irresoluto.*

irrespetar. tr. Am. No respetar (algo o a alguien). *Atrevimiento es si yo irrespetara o agrediera a alguien* [C]. *Imponen el precio que prefieren o irrespetan las condiciones que fijan las reglas* [C].

irrespeto. m. Am. Falta de respeto. *Un fenómeno que preocupa hondamente es el irrespeto* A *la ley* [C].

irrespetuoso, sa. adj. No respetuoso. *Niño irrespetuoso. Chistes irrespetuosos.*

irrespirable. adj. **1.** Dicho espec. de aire: Que no se puede respirar o aspirar. *Hay tal contaminación que el aire es casi irrespirable.* **2.** Dicho de ambiente social: Insoportable o muy desagradable. *Tanto rencor y rivalidad han hecho que el ambiente en el equipo se vuelva irrespirable.*

irresponsabilidad. f. **1.** Cualidad de irresponsable. *Te han despedido por tu irresponsabilidad.* **2.** Hecho o dicho irresponsables. *Dejar en casa a niños pequeños es una irresponsabilidad.*

irresponsable. adj. **1.** Dicho de persona: Que carece de responsabilidad o no suele cumplir sus obligaciones. *Si no fueras tan irresponsable la gente confiaría más en ti.* Tb. m. y f. *El que permitió que se construyeran casas en mitad de la rambla es un irresponsable.* **2.** Dicho de cosa: Propia de la persona irresponsable (→ 1). *Su irresponsable manejo del dinero nos arruinó.* **3.** Dicho de persona: Que carece de responsabilidad legal o moral. *El juez consideró irresponsable al psicópata.*

irrestricto, ta. adj. Que no tiene límites o restricciones. *Le hemos dado nuestro apoyo irrestricto a la ministra.* ▶ ILIMITADO.

irreverencia. f. **1.** Cualidad de irreverente. *Se ha hecho famoso por la irreverencia anticlerical de sus montajes escénicos.* **2.** Hecho o dicho irreverentes. *Decir irreverencias.*

irreverente. adj. **1.** Dicho de persona: Que muestra falta de reverencia o respeto. *Es un humorista irreverente* CON *el poder establecido.* **2.** Dicho de cosa: Que manifiesta o implica falta de reverencia o respeto. *Los borrachos cantan canciones irreverentes.*

irreversibilidad. f. Cualidad de irreversible. *Confirman la irreversibilidad de las lesiones.*

irreversible. adj. Que no es reversible o no puede volver a un estado o condición anteriores. *Proceso irreversible de cambio político.*

irrevocable. adj. Que no se puede revocar o anular. *La sentencia del Supremo es irrevocable.*

irrigación. f. **1.** Hecho de irrigar. *Sistema de irrigación de cultivos.* **2.** Hecho de introducir un líquido en una cavidad del cuerpo, espec. el intestino. *La irrigación con agua caliente le solucionó su problema de estreñimiento.*

irrigar. tr. **1.** *Fisiol.* Llevar una arteria sangre (a un órgano o a una parte del cuerpo). *Las arterias coronarias irrigan el corazón.* **2.** Regar (un terreno). *Dos ríos irrigan la comarca.*

irrisión. f. Burla a costa de alguien o algo, que mueve a risa. *Era un vanguardista que hacía irrisión de todo.*

irrisorio, ria. adj. **1.** Que mueve a risa o a burla. *El protocolo le parecía de una pomposidad irrisoria.* **2.** Dicho de cosa: Tan pequeña que resulta insignificante. *Gano una cantidad irrisoria. Precios irrisorios.*

irritabilidad. f. Cualidad de irritable. *El estrés produce irritabilidad.*

irritable. adj. Propenso a irritarse. *Estás muy irritable. Pieles irritables.*

irritación. f. Hecho o efecto de irritar o irritarse. *Irritación de garganta. Su irritación está justificada.*

irritante. adj. Que irrita. *Su parsimonia llega a ser irritante. La tos es signo de que existe un elemento irritante en las vías respiratorias.*

irritar. tr. **1.** Hacer sentir ira (a alguien). *Su comportamiento infantil me irrita.* Tb. en constr. prnl. media. *Cuando está muy cansado, se irrita con facilidad.* **2.** Causar una ligera inflamación, gralm. acompañada de dolor o picor (en un órgano o parte del cuerpo). *Ese tipo de pañuelos me irrita la piel.* Tb. en constr. prnl. media. *Con el humo del tabaco se irritan los ojos.* **3.** Excitar (los nervios). *Solo verlo me irrita los nervios.* ▶ **1:** CRISPAR, ENCALABRINAR, ENERVAR, ERIZAR, EXASPERAR. **3:** ENCALABRINAR.

irrogar. tr. cult. Causar (un daño o perjuicio). *Se le impondrá una sanción por los perjuicios que ha irrogado la demora de la obra.*

irrompible. adj. Que no se puede romper. *Mampara irrompible. Entre madre e hijo existe un vínculo irrompible.*

irrumpir. intr. Entrar violentamente en un lugar. *Irrumpió* EN *el despacho dando gritos.* Tb. fig. *La moda de la minifalda irrumpió con fuerza* EN *nuestro país.*

irrupción. f. Hecho de irrumpir. *La irrupción de la policía* EN *el local los sorprendió.*

isa. f. Baile popular de las islas Canarias, semejante a la jota. *El grupo de danza de Tenerife ejecutó una isa.* Tb. la música y la canción propias de este baile. *El disco contiene isas, muñeiras y otros aires folclóricos.*

isabelino, na. adj. **1.** De cualquiera de las reinas que se llamaron Isabel, espec. de Isabel la Católica (1451-1504), Isabel II de España (1830-1904) o Isabel I de Inglaterra (1558-1603), o del estilo o las características propios de su época. *En tiempos de los Reyes Católicos floreció el llamado arte gótico isabelino. Shakespeare es uno de los grandes dramaturgos del teatro isabelino.* **2.** histór. Partidario de Isabel II de España en oposición a los carlistas, defensores del pretendiente don Carlos. *Ejército isabelino.* Tb. m. y f. *Zumalacárregui derrotó varias veces a los isabelinos.*

isla. f. **1.** Porción de tierra rodeada de agua por todas partes. *A la isla se puede llegar en avión o en barco.* **2.** Zona que por sus características aparece aislada o claramente separada del espacio circundante. *Pequeñas islas de árboles salpican la llanura. El parque es una isla de sosiego en la ciudad.*

islam. (Frec. en mayúsc.). m. **1.** Religión basada en la doctrina de Mahoma (profeta árabe, ss. VI-VII d. C.). *El Corán es libro sagrado del Islam. Se ha convertido al islam.* **2.** Conjunto de los pueblos que profesan la religión de Mahoma. *Los reinos cristianos trataban de recuperar las tierras conquistadas por el islam.* ▶ **1:** ISLAMISMO, MAHOMETISMO.

islámico, ca. adj. Del islam. *Arte islámico. Mundo islámico.*

islamismo. m. Islam (religión). *Alá es el dios del islamismo.* ▶ *ISLAM.

islamista. adj. **1.** Del integrismo islámico. *Los talibanes implantaron un régimen islamista en Afganistán.* **2.** Partidario del integrismo islámico. *Pertenece a un grupo político islamista.* Dicho de pers., tb. m. y f. *El atentado fue obra de dos islamistas suicidas.*

islamita. adj. Musulmán. *Se hizo un estudio sobre el culto mozárabe durante la dominación islamita.* Dicho de pers., tb. m. y f. *Un grupo de islamitas oraba.*

islamizar. tr. **1.** Dar carácter islámico (a algo). *Intentan islamizar la educación.* Tb. en constr. prnl. media. *Sus costumbres se han islamizado.* **2.** Hacer que (alguien) adopte la religión o las costumbres islámicas. *El objetivo es islamizar a la población.* Tb. en constr. prnl. media. *Muchos habitantes de la Península se islamizaron bajo el dominio musulmán.*

islandés, sa. adj. **1.** De Islandia. *Economía islandesa.* Dicho de pers., tb. m. y f. *Los islandeses estuvieron muchos años bajo dominio danés.* ● m. **2.** Lengua hablada en Islandia. *El islandés es una lengua de la familia germánica.*

isleño, ña. adj. De una isla. *Los productos isleños llegaban en barco.* Dicho de pers., tb. m. y f. *La hospitalidad de los isleños.*

isleta. f. **1.** dim. → **isla. 2.** En una vía pública: Área de la calzada, pavimentada y ligeramente elevada, que sirve de refugio a peatones o como medio de canalización del tráfico. *La gente puede subir al autobús desde las isletas centrales del bulevar.*

islote. m. Isla pequeña y gralm. despoblada. *El ejército utiliza los islotes del archipiélago para hacer maniobras.*

isobara o **isóbara.** f. *Meteor.* Línea trazada sobre un mapa para unir los puntos de la Tierra que en un tiempo determinado tienen la misma presión atmosférica. *Mapa de isobaras.*

isómero, ra. adj. *Quím.* Dicho de dos o más cuerpos: Que, con igual composición química, tienen distintas propiedades físicas. *La fructosa es isómera* DE *la glucosa.* Tb. m. *En los isómeros varía la estructura espacial de la molécula, pero no sus elementos.*

isomorfismo. m. *Geol.* Cualidad de isomorfo. *En clase de cristalografía nos enseñaron los conceptos de isomorfismo y polimorfismo.*

isomorfo, fa. adj. *Geol.* Dicho de dos o más cuerpos: Que, con diferente composición química, presentan igual estructura cristalina. *La mayoría de los silicatos que forman las rocas ígneas constituyen series isomorfas.*

isoterma. → **isotermo.**

isotérmico, ca. adj. Que mantiene la temperatura constante. *Bolsa isotérmica. En expediciones de alta montaña se utilizan tiendas isotérmicas.* ▶ ISOTERMO.

isotermo, ma. adj. **1.** Isotérmico. *El transporte del producto se hace en contenedores isotermos.* ● f. **2.** *Meteor.* Línea trazada sobre un mapa para unir los puntos de la Tierra que tienen la misma temperatura media anual. *El área litoral mediterránea se halla aproximadamente en la isoterma de los 14 °C.*

isotónico, ca. adj. *Quím.* Dicho de sustancia o solución: Que presenta la misma presión osmótica que otra, espec. que el suero de la sangre. *Al paciente se le administró por vía intravenosa una solución isotónica de cloruro sódico. Las bebidas isotónicas son aconsejables después de un ejercicio físico intenso.*

isotópico, ca. adj. *Quím.* De los isótopos. *Según el estudio, la Luna tiene la misma composición isotópica del oxígeno que la Tierra.*

isótopo o **isotopo.** m. *Quím.* Elemento que ocupa el mismo lugar que otro en la tabla periódica por tener igual número de protones, aunque su número de neutrones es distinto. *El deuterio es un isótopo* DEL *hidrógeno. En el experimento se utilizaron isotopos* DE *uranio.*

isótropo, pa. adj. *Fís.* Dicho de cuerpo: Que presenta idénticas propiedades físicas en todas las direcciones. *El científico elaboró una teoría sobre la elasticidad en medios isótropos.*

isquemia. f. *Med.* Disminución o detención del riego sanguíneo de una parte del cuerpo. *Se produjo una isquemia renal por oclusión parcial de su arteria.*

isquémico, ca. adj. *Med.* De la isquemia. *El medicamento reduce el riesgo de cardiopatía isquémica.*

isquion. m. *Anat.* En los mamíferos: Hueso inferior y posterior de la pelvis, que se une al ilion y al pubis. *Al caer sentado, se fracturó el isquion.*

israelí. (pl. **israelíes**). adj. De Israel (país de Asia). *Tel Aviv es la principal ciudad israelí. Ejército israelí.* Dicho de pers., tb. m. y f. *La mayoría de los israelíes son judíos.*

israelita. adj. **1.** Hebreo (de un pueblo semítico que habitó en Palestina). *La entrada en Palestina de las tribus israelitas se produjo de modo progresivo.* Dicho de pers., tb. m. y f. *En el Éxodo se narra la salida de los israelitas de Egipto.* **2.** Judío (que profesa el judaísmo, o de los que profesan el judaísmo). *Fue enterrado con los judíos en el cementerio israelita.* ▶ **1:** *HEBREO. **2:** *JUDÍO.

istmo. m. *Geogr.* Porción de tierra larga y estrecha que une dos continentes o una península con un continente. *Istmo de Panamá.* ▶ TÓMBOLO.

italianismo. m. Palabra o uso propios de la lengua italiana empleados en otra. *Se desaconseja el uso del italianismo futbolístico "escuadra".*

italianizante. adj. Que tiene carácter italiano o inclinación a lo italiano. *El endecasílabo era propio de la poesía culta e italianizante. Los compositores patrios luchaban por imponerse a los gustos de una burguesía italianizante.*

italianizar. tr. Dar (a alguien o algo) carácter italiano. *Los años de estancia en Roma han italianizado sus gustos culinarios.* Tb. en constr. prnl. media. *Sus costumbres se han italianizado.*

italiano, na. adj. **1.** De Italia. *Me encanta la comida italiana.* Dicho de pers., tb. m. y f. *Los italianos son muy aficionados a la ópera.* **2.** Del italiano (→ 3). *Gramática italiana.* ● m. **3.** Lengua hablada en Italia. *Aprendió italiano en la escuela.* ▶ **1:** ITÁLICO, ÍTALO.

itálico, ca. adj. De Italia, espec. de la Italia antigua. *Un grupo de arqueólogos ha desenterrado unas ruinas itálicas. La costa itálica.* ▶ *ITALIANO.

ítalo, la. adj. De Italia. *La prensa ítala se hace eco de la noticia.* Dicho de pers., tb. m. y f. *Los ítalos ganaron el encuentro.* ▶ *ITALIANO.

italo-. elem. compos. Significa 'italiano'. *Italoamericano, italoespañol.*

ítem. (pl. **ítems**). m. **1.** *tecn.* Elemento de los que constituyen un conjunto. *El catálogo incluye fotografía y datos técnicos de los ítems hallados en la excavación arqueológica.* **2.** *Psicol.* Parte o unidad de las que componen una prueba o test. *El cuestionario consta de 17 ítems.*

iteración. f. cult. Repetición. *El poeta emplea a menudo el recurso de la iteración anafórica.*

iterativo, va. adj. cult. Que se reitera o se repite. *El estrépito iterativo del teléfono.*

itinerante. adj. Ambulante (que va de un lugar a otro). *Llega la muestra itinerante de pintura flamenca. Los atentados son obra de un comando itinerante.* ▶ AMBULANTE.

itinerario m. Ruta que se sigue para llegar a un lugar. *Nuestro itinerario comienza a la entrada del valle. Las obras modifican el itinerario de varias líneas de autobús.*

IVA. (sigla; pronunc. "iva"). m. Impuesto que grava el consumo de un producto o el uso de un servicio. *A los 380 euros que cuesta la televisión tienes que sumarle el IVA.*

izada. f. Izado. *La izada de la bandera.*

izado. m. Hecho de izar. *El general presenció el izado de la bandera y la interpretación de himno.* ▶ IZADA.

izar. tr. Hacer subir (algo, espec. una bandera) tirando de la cuerda de que está colgado. *A primera hora de la mañana en el cuartel izaban la bandera nacional.*

izq. abrev. Izquierdo, izquierda. *Julián Ramón, 24, 6º izq.*

izqdo., izqda. abrev. Izquierdo, izquierda. *De izqda. a dcha.: Amalia Sánchez, su hermana y su prima.*

izquierda. → **izquierdo.**

izquierdismo. m. Conjunto de principios y doctrinas de la izquierda política. *Comulga con un izquierdismo radical y subversivo.* Tb. la condición de partidario de esas ideas. *¿No es un tópico el izquierdismo de la juventud?*

izquierdista. adj. **1.** De la izquierda política. *Ideología izquierdista.* **2.** Partidario o defensor de las ideas de la izquierda política. *Prensa izquierdista.* Dicho de pers., espec. de miembro de un partido, tb. m. y f. *Era un izquierdista muy comprometido.*

izquierdo, da. adj. **1.** Dicho de parte del cuerpo humano: Que está situada en el lado del corazón. *Lleva un anillo en la mano izquierda.* **2.** Que está situado en el mismo lado que el corazón del observador. *En el ángulo izquierdo del cuadro aparece el pintor.* **3.** Que cae hacia la parte izquierda (→ 2) de una cosa. *El jardín está situado en el lado izquierdo de la casa.* **4.** En las cosas que se mueven: Que está situado en su parte izquierda (→ 2) o cae hacia ella, considerado en el sentido de su marcha o avance. *El faro izquierdo del autobús. La orilla izquierda del río.* ● f. **5.** Mano izquierda (→ 1). *El tenista golpeó la pelota con la izquierda.* **6.** Dirección correspondiente al lado izquierdo (→ 1). *Al llegar al cruce, tuerce a la izquierda.* **7.** En las asambleas parlamentarias: Conjunto de los representantes de los partidos no conservadores ni centristas. *La izquierda parlamentaria se mostró favorable al proyecto.* **8.** Conjunto de personas que profesan ideas reformistas o, en general, no conservadoras. *La izquierda gana votos, según el último sondeo.* ■ **a izquierdas.** loc. adv. En sentido contrario al de las manecillas del reloj. *El tornillo va a izquierdas.* ■ **de izquierda,** o **de izquierdas.** loc. adj. De ideas reformistas o, en general, no conservadoras. *Los partidos de izquierda votaron en contra. La gente de izquierdas apoya la reforma.* ▶ **5:** ZURDA.

izquierdoso, sa. adj. coloq., despect. Izquierdista. *No soporto a los radicales, ya sean izquierdosos o de derechas.* Dicho de pers., tb. m. y f. *No se les quita a los izquierdosos la idea de nacionalizar la banca.*

j. f. Letra del abecedario español cuyo nombre es *jota*.

ja. interj. **1.** Se usa para imitar el sonido de la risa o de una carcajada. Gralm. repetido. *¡Ja, ja, ja, qué chiste más bueno!* **2.** Se usa para expresar burla o incredulidad. *Que no le importa el sueldo, ¡ja!* Frec. repetido. *Conque eres ministro, ¡ja, ja!; y yo, una princesa rusa.*

jabalí, lina. m. **1.** Cerdo salvaje de gran fortaleza, recio pelaje gris o pardo y grandes colmillos sobresaliendo de la boca, que habita en bosques y matorrales. *Van al monte a cazar jabalíes. El jabalí es omnívoro.* Tb. designa específicamente al macho. *Disparan contra el jabalí y dejan escapar a la hembra.* ○ f. **2.** Hembra del jabalí (→ 1). *La jabalina amamanta a sus crías.*

jabalina[1]. f. Arma en forma de lanza que se emplea en una modalidad de atletismo consistente en lanzarla lo más lejos posible. *La rusa es campeona del mundo en lanzamiento de jabalina.* Tb. dicha modalidad. *Hoy es la final de jabalina.*

jabalina[2]. → **jabalí.**

jabato, ta. adj. **1.** coloq. Valiente (que tiene o muestra valor). *¡Qué jabata es esta chica!* Frec. m. y f. *El soldado ha sido un jabato.* ● m. **2.** Cría de jabalí. *Los jabatos siguen en fila a la jabalina.*

jabón. m. **1.** Producto soluble en agua, resultante de la combinación de un álcali con los ácidos del aceite u otro cuerpo graso, y utilizado gralm. para lavar. *En el lavabo hay una pastilla de jabón. Jabón de afeitar.* **2.** Jaboncillo. *La costurera marca la tela con el jabón.* Tb. ~ *de sastre. Compró jabón de sastre en la mercería.* ■ **dar** ~ (a alguien). loc. v. coloq. Adular(lo) o halagar(lo) interesadamente. *No hace más que dar jabón a su jefa.*

jabonadura. f. Hecho de jabonar. *Los pantalones necesitan otra jabonadura.*

jabonar. tr. Enjabonar (algo o a alguien). *Moja la blusa y la jabona. Jabónate bien las manos.* ▶ ENJABONAR.

jaboncillo. m. Variedad de talco, gralm. de color blanco, suave y blanda, que se emplea para señalar en una tela el lugar por donde se ha de cortar o coser. *La modista marca el patrón en la tela con el jaboncillo.* Tb. ~ *de sastre. En el costurero está el jaboncillo de sastre.* ▶ JABÓN.

jabonero, ra. adj. **1.** Del jabón. *Industria jabonera.* ● m. y f. **2.** Persona que fabrica o vende jabón. *Su padre era jabonero.* ○ f. **3.** Recipiente para guardar o depositar el jabón. *En el neceser lleva una jabonera.*

jabonoso, sa. adj. **1.** De jabón. *El agua tiene un gusto jabonoso.* **2.** Que contiene jabón o está mezclado con jabón. *Moja las ventanas con agua jabonosa.*

jabugo. m. Jamón de gran calidad, procedente de la población española de Jabugo, en Huelva. *Tomaremos una ración de jabugo.*

jaca. f. **1.** Caballo de poca alzada, gralm. menos de metro y medio. *El niño monta una jaca.* **2.** Yegua. *Una jaca ha ganado el concurso de saltos.*

jácara. f. *Lit.* Romance de tono jocoso, propio del s. XVII, en que se narran hechos de maleantes. *Hemos leído una jácara de Quevedo.*

jacarandá. m. Árbol propio de América tropical, con follaje caedizo y flores de color azul violáceo, que se cultiva como ornamental. *Por la tapia del jardín asoman los jacarandás.*

jacarandoso, sa. adj. **1.** coloq. Dicho de persona: Garbosa, alegre y desenvuelta. *Un cómico jacarandoso.* **2.** coloq. Propio de la persona jacarandosa (→ 1). *Camina con aire jacarandoso.*

jacinto. m. Planta ornamental de hojas largas y estrechas, y flores olorosas, blancas, azules, rosadas o amarillentas, en forma de campana y agrupadas en racimo. *Ha plantado unos bulbos de jacinto.* Tb. su flor. *Corta unos jacintos para hacer el ramo.*

jaco. m. **1.** Caballo pequeño y de mal aspecto. *Un jaco tira del carro.* **2.** jerg. Heroína (droga). *Lo han detenido por pasar jaco.*

jacobeo, a. adj. Del apóstol Santiago. *El camino jacobeo. Culto jacobeo.*

jacobinismo. m. *Polít.* Tendencia o actitud de los jacobinos. *Robespierre fue líder del jacobinismo. El jacobinismo ahoga la vida política.*

jacobino, na. adj. **1.** histór. *Polít.* Dicho de persona: De un grupo revolucionario radical surgido durante la Revolución Francesa. *Líder jacobino.* Tb. m. y f. *El Club de los Jacobinos se funda en 1789.* **2.** *Polít.* Defensor exaltado de ideas revolucionarias y radicales. *Es un político jacobino.* Tb. m. y f. *El partido ha purgado sus filas de jacobinos.* **3.** *Polít.* De los jacobinos (→ 1, 2). *En el partido jacobino se integró la burguesía revolucionaria francesa. Al hablar de política, saca su lado jacobino.*

jactancia. f. Presunción u orgullo excesivo de uno mismo o de sus cosas. *Habla con jactancia de sus éxitos.*

jactancioso, sa. adj. **1.** Dicho de persona: Que tiene o muestra jactancia. *No soporto a la gente jactanciosa.* Tb. m. y f. *Son un puñado de jactanciosos.* **2.** Propio de la persona jactanciosa (→ 1). *Habla con aire jactancioso.*

jactarse. intr. prnl. Presumir o mostrarse orgulloso de algo. *Se jacta* DE *tener mucho dinero.* ▶ *PRESUMIR.

jaculatoria. f. Oración breve y fervorosa, gralm. de fórmula fija. *Está rezando una jaculatoria a la Virgen.* Tb. fig. *"¡A vivir, que son dos días!" era la jaculatoria que se repetía a sí mismo.*

jacuzzi. (pronunc. "yacúsi"; marca reg.). m. Bañera o piscina de hidromasaje provistas de un sistema de chorros de agua que produce remolinos y burbujeo. *Se ha bañado en el* jacuzzi *del gimnasio.* ¶ [Adaptación recomendada: *yacusi*, pl. *yacusis*].

jade. m. Piedra dura, de aspecto jabonoso y color verdoso o blanquecino, muy utilizada en joyería. *Una figura de jade.*

jadeante. adj. Que jadea. *Llega jadeante a la meta.*

jadear. intr. Respirar agitadamente, gralm. por fatiga. *Jadea al subir la cuesta.*

jadeo. m. Hecho de jadear. *Habla entre jadeos.*

jaez. m. **1.** Adorno que se pone a las caballerías. Frec. en pl. *Desfilan unos caballos engalanados con jaeces.* **2.** Cualidad o condición. *Me decía eso y otras cosas de semejante jaez. La abogada trata con tipos del peor jaez.* Frec. despect. *A pelmazos de este jaez es mejor no hacerles caso.*

jaguar. m. Felino de gran tamaño y pelaje dorado con manchas negras en forma de anillo, que vive en bosques y zonas pantanosas de América. *El jaguar hembra. Los jaguares son excelentes trepadores.* ▶ **Am:** YAGUARETÉ.

jai. f. jerg. Mujer, espec. la joven y atractiva. *Va del brazo de una jai de campeonato.*

jaiba. f. Am. Cangrejo. *Se cuecen las jaibas en agua con sal* [C].

jaima. f. Tienda de campaña que sirve de vivienda a los pueblos nómadas del desierto del norte de África. *El beduino descansa en su jaima.*

jalar. tr. **1.** coloq. Comer (un alimento, espec. sólido). *Vamos a jalar algo.* Tb. usado en constr. intr. *No hace más que jalar y jalar.* Frec. con un pron. expresivo de interés. *Se ha jalado un bocata de calamares.* **2.** frecAm. Tirar una persona (de alguien o algo) hacia sí. *Jaló a mi abuelo* DE *una mano y lo llevó al fondo del pasaje* [C]. *Ha impuesto la costumbre de no jalar la cadena del excusado sino una vez al día* [C]. ▶ **frecAm: 2:** HALAR.

jalea. f. Conserva transparente y gelatinosa, hecha con el zumo de algunas frutas. *La tarta era de bizcocho y jalea de grosellas.* ■ **~ real.** f. Sustancia rica en vitaminas, segregada por las abejas obreras para la nutrición de las larvas y las reinas, y empleada a veces con fines medicinales. *Toma cápsulas de jalea real porque está débil.*

jalear. tr. Animar con palmadas y expresiones (a alguien, espec. que canta o baila). *La afición jaleaba a su equipo.*

jaleo. m. **1.** coloq. Ruido o bullicio. *No arméis jaleo a la hora de la siesta. Se oía jaleo de ambulancias.* **2.** coloq. Alboroto o tumulto. *Portaos bien y no os metáis en jaleos. Vienen con ganas de armar jaleo.* **3.** coloq. Confusión o falta de claridad, espec. en las ideas. *Me hice un jaleo con las cuentas.* **4.** coloq. Cosa complicada o confusa. *Lo que propones es un jaleo.*

jalón[1]. m. **1.** Hito (punto clave o culminante). *La obra de Goya es un gran jalón en la historia del arte.* **2.** *tecn.* Vara que se clava en la tierra para determinar puntos fijos cuando se levanta el plano de un terreno. *El ayudante del topógrafo coloca los jalones.*

jalón[2]. m. frecAm. Tirón (hecho de tirar de algo o alguien). *Le arrancaron a jalones el pantalón* [C]. ■ **de un ~.** loc. adv. Am. De un tirón. *Les cuento de un jalón lo que le apenaba* [C]. ▶ *TIRÓN.

jalonar. tr. **1.** Constituir una serie de cosas los jalones o hitos (de algo). *Dos oros olímpicos jalonan su trayectoria.* **2.** Establecer jalones o hitos (en algo). *Ciertos países tratan de jalonar su desarrollo.*

jamacuco. m. coloq. Indisposición repentina y pasajera. *Nos va a dar un jamacuco con este calor.*

jamaicano, na. adj. De Jamaica. *Música jamaicana.* Dicho de pers., tb. m. y f. *Los jamaicanos hablan inglés.*

jamar. tr. coloq. Comer (un alimento, espec. sólido). *No he jamado nada en todo el día.* Frec. con un pron. expresivo de interés. *Para desayunar se jama unos huevos fritos con beicon.* Tb. usado en constr. intr. *Deja ya de jamar.*

jamás. adv. Nunca. *Jamás habla de su familia.* Tb., coloq., (*en*) ~ *de los jamases,* con intención enfática. *–¿Te casarás? –¿Yo?, ¡jamás de los jamases!*

jamba. f. Cada una de las dos piezas labradas verticales que sostienen el dintel o el arco de una puerta o de una ventana. *Las jambas de la mezquita están decoradas con arabescos.*

jamelgo. m. despect. Caballo flaco y desgarbado. *Un jamelgo tira del carro.*

jamón. m. **1.** Pierna trasera del cerdo, espec. la que está curada. *He comprado un jamón en la charcutería.* **2.** Carne de la pierna trasera del cerdo, espec. la curada. *Un bocadillo de jamón.* **3.** coloq. Parte superior de la pierna de una persona, espec. cuando es gruesa. *¡Qué buenos jamones tienes!* ■ **~ de pata negra.** m. Jamón (→ 1, 2) de cerdo ibérico de gran calidad, que tiene la pezuña negra. *Un jamón de pata negra cuesta un dineral.* ■ **~ de York,** o **~ (de) york.** m. Jamón (→ 2) cocido que se consume como fiambre. *Compra cien gramos de jamón york.* ■ **~ en dulce.** m. Jamón (→ 2) cocido en vino blanco, que se consume como fiambre. *Canapés de hojaldre con jamón en dulce.* ■ **~ serrano.** m. Jamón (→ 2) curado. *Una loncha de jamón serrano.* □ **(y) un ~ (con chorreras).** expr. coloq. Se usa para rechazar lo que se considera excesivo o inaceptable. *–Te toca fregar. –¡Y un jamón!*

jamona. adj. coloq. Dicho de mujer: Que ha pasado de la juventud y es algo gruesa. *Está un poco jamona.* Tb. f.

jansenismo. m. *Rel.* Movimiento surgido en el s. XVII, basado en las teorías de Cornelio Jansen (teólogo holandés, 1585-1638), que exageraba las ideas de San Agustín acerca de la libertad y de la gracia divina. *El jansenismo tuvo su foco en el monasterio de Port Royal.*

jansenista. adj. **1.** *Rel.* Del jansenismo. *La doctrina jansenista.* **2.** *Rel.* Partidario o seguidor del jansenismo. *Clérigo jansenista.* Tb. m. y f. *El Papa condenó las proposiciones de los jansenistas.*

japonés, sa. adj. **1.** Del Japón. *El quimono es un vestido japonés.* Dicho de pers., tb. m. y f. *Un japonés le da clases de kárate.* ● m. **2.** Lengua hablada en el Japón. *Estudia japonés.* ▶ **1:** NIPÓN.

japuta. f. Pez marino comestible, de color gris plomizo, cuerpo alto y comprimido, y cola en forma de media luna, que es propio del Mediterráneo. *Prepara la japuta al horno.*

jaque. m. **1.** En ajedrez: Jugada en la que se amenaza directamente al rey o a la reina del contrario. *El jaque al rey hay que avisarlo.* Frec. en la constr. *dar ~. Me ha dado jaque con un caballo.* **2.** Estado de perturbación o inquietud. Gralm. en las constr. *poner en ~, tener en ~* o *traer en ~. La guerrilla puso en jaque al ejército. Un ladrón trae en jaque a la policía.* ■ **~ mate.** m. Jaque (→ 1) que supone el final de la partida, porque el rey no puede librarse de él. *Me ha dado jaque mate en cinco jugadas.* ⇒ MATE.

jaqueca. f. Dolor de cabeza intenso, gralm. recurrente y localizado solo en un lado de esta. *El estrés le produce jaquecas.* ▶ MIGRAÑA.

jaquetón. m. Tiburón de gran tamaño y muy peligroso. *El jaquetón, o tiburón blanco, es muy peligroso.*

jara. f. Arbusto oloroso, abundante en el área mediterránea, con hojas pegajosas en forma de punta de lanza, de color verde oscuro por el haz y blanquecino por el envés, y grandes flores blancas. *El cazador se abre paso entre las jaras.*

jarabe. m. Bebida que se prepara cociendo azúcar en agua hasta que se espesa y añadiendo sustancias refrescantes o medicinales. *Tome este jarabe para la tos. El cóctel lleva unas gotas de jarabe de menta.* ■ **~ de palo.** m. coloq. Castigo consistente en una paliza. *Le ha dado jarabe de palo por ir de chulo.*

jaral. m. Sitio poblado de jaras. *En el monte hay jarales y encinares.*

jaramago. m. Planta de tallo ramoso desde la base, hojas grandes, ásperas y arrugadas, y flores pequeñas, amarillas o blancas. *Las ruinas del convento están cubiertas de jaramagos.*

jarana. f. **1.** coloq. Diversión bulliciosa. *Ha estado de jarana con sus amigos.* **2.** coloq. Pelea o riña. *El cliente, con ganas de jarana, provoca al camarero.*

jaranero, ra. adj. coloq. Dicho de persona: Aficionada a la jarana o a la juerga. *Una pandilla jaranera.*

jarapa. f. Alfombra de varios colores, confeccionada con un tejido grueso de lana o de trapo viejo retorcido con hilos de algodón o fibra. *Tiene una jarapa al pie de la cama.* Tb. dicho tejido. *Utiliza la jarapa para hacer mantas.*

jarcha. f. *Lit.* Estrofa breve, escrita en lengua mozárabe, que aparece al final de ciertos poemas andalusíes árabes o hebreos. *Las jarchas pertenecen a la lírica tradicional.*

jarcia. f. *Mar.* Conjunto de aparejos y cabos de un barco. *Antes de zarpar, inspecciona la jarcia.* Frec. en pl. con significado sing. *El vigía trepa por las jarcias.* ▶ CORDAJE.

jardín. m. **1.** Terreno donde se cultivan plantas y flores con fines ornamentales. *Ha plantado lirios y rosales en su jardín.* **2.** coloq. Razonamiento o situación complicados, de los que es difícil salir. Frec. en la constr. *meterse en un ~. Atente a lo que te pregunten y no te metas en jardines.* ■ **~ botánico.** m. Terreno destinado para el cultivo de plantas que son objeto de estudio científico. *En el jardín botánico vimos un árbol originario de Australia.* ■ **~ de infancia.** m. Centro educativo para niños en edad preescolar. *Lleva a su hija al jardín de infancia.*

jardinera. → **jardinero.**

jardinería. f. Arte o técnica de cultivar y cuidar jardines. *Es aficionada a la jardinería.*

jardinero, ra. m. y f. **1.** Persona que tiene por oficio cuidar o cultivar jardines. *Trabaja de jardinero en una urbanización.* ○ f. **2.** Mueble o soporte para tener colocadas plantas ornamentales, en maceta o directamente en la tierra. *En el balcón tiene una jardinera con geranios.*

jareta. f. **1.** En una prenda de vestir: Dobladillo hueco por el que se introduce una cinta, un cordón o una goma. *Al bañador se le ha salido la goma de la jareta.* **2.** En una prenda de vestir: Adorno consistente en un pliegue pespunteado cerca de su doblez. *La blusa tiene unas jaretas en la pechera.*

jarra. f. Vasija, gralm. de barro o de vidrio, con cuello y boca anchos y una o dos asas. *El camarero trae la bandeja llena de jarras de cerveza.* Tb. su contenido. *Se han bebido una jarra de sangría.* ■ **en ~s.** loc. adv. Con las manos en la cintura y los codos separados del cuerpo. *Se planta en jarras delante de la puerta.* Tb. loc. adj. *Espera con los brazos en jarras que le dé una respuesta.* ▶ JARRO.

jarrear. intr. impers. coloq. Llover con fuerza y abundantemente. *Empieza a jarrear: refugiémonos en el soportal.*

jarrete. m. **1.** Corva de la pierna humana. *Le hace cosquillas en los jarretes.* **2.** Parte de carne del corvejón de algunos cuadrúpedos. *Comeré jarrete de ternera.* ▶ **1:** CORVA.

jarro. m. Jarra, gralm. de barro o de metal, y con solo un asa. *Llena la palangana con un jarro.* ■ **~ de agua fría.** m. (Frec. con art.). Cosa que quita bruscamente la esperanza o el entusiasmo. *El gol encajado en el último minuto fue un jarro de agua fría.* □ **a ~s.** loc. adv. coloq. A cántaros. *Está lloviendo a jarros.* ▶ JARRA.

jarrón. m. Vasija con o sin asas, gralm. de porcelana o de cristal y más alta que ancha, que se usa para decorar interiores. *En el centro de la mesa hay un jarrón con flores.*

jaspe. m. **1.** Piedra opaca muy dura, de textura homogénea y diversos colores, que se usa en joyería. *El sello del anillo es de jaspe rojo.* **2.** Mármol veteado. *Una mesa de jaspe.*

jaspeado[1]**.** m. Hecho o efecto de jaspear. *Pinta el jarrón con la técnica del jaspeado.*

jaspeado[2]**, da.** part. **1.** → **jaspear.** ● adj. **2.** Que tiene vetas o manchas de diferentes colores parecidas a las del jaspe. *Una blusa jaspeada.*

jaspear. tr. Pintar (algo) imitando las vetas y salpicaduras del jaspe. *El encuadernador jaspea la piel.*

jauja. (Frec. en mayúsc.). f. Lugar imaginario donde reinan la prosperidad y la abundancia, y todo es fácil de conseguir. *Pensaba que Occidente era Jauja. Esto no es jauja, aquí se viene a estudiar.*

jaula. f. **1.** Armazón cerrada, hecha con barrotes o listones separados entre sí y destinada a encerrar animales. *El canario se ha escapado de su jaula. El domador entró en la jaula de los leones.* **2.** Objeto o espacio de forma semejante a la de una jaula (→ 1). *En una jaula de madera se prensa la uva.* **3.** En una mina: Armazón metálica que, a modo de montacargas, sirve para subir y bajar a los operarios y los materiales. *La jaula desciende por el pozo de la mina.* ■ **~ de grillos.** f. coloq. Lugar en el que hay gran desorden y confusión. *¡Esta casa es una jaula de grillos!*

jauría. f. **1.** En una cacería: Conjunto de perros mandados por un mismo perrero. *La jauría ha acorralado al ciervo.* **2.** Conjunto de personas que persiguen con saña a alguien. *Una jauría enfurecida quiere linchar al detenido.* ▶ **1:** REHALA.

javanés, sa. adj. De Java (isla de Indonesia). *El clima javanés es cálido y húmedo.* Dicho de pers., tb. m. y f. *Los javaneses son mayoritariamente musulmanes.*

jayán, na. m. y f. cult. Persona de gran estatura, robustez y fuerza. *El luchador es un jayán imponente.*

jazmín. m. Arbusto de tallos trepadores verdes y flores muy olorosas, blancas o amarillas, que se cultiva como ornamental y para perfumería, y del que existen varias especies. *Ha plantado un jazmín.* Tb. la flor. *Un ramo de jazmines.*

jazz. (pal. ingl.; pronunc. "yas"). m. Género de música derivado de la tradicional de los negros estadounidenses y caracterizado por la improvisación y los ritmos cambiantes. *Un concierto de* jazz.

je. interj. Se usa para imitar el sonido de la risa. Gralm. repetido. *¡Je, je, je, qué gracioso el niño!*

jefa. → **jefe.**

jefatura. f. **1.** Cargo o condición de jefe. *Opta a la jefatura del departamento.* **2.** Oficina u organismo bajo el mando de un jefe. *La jefatura de policía investiga el crimen. Jefatura Superior de Tráfico.*

jefe, fa. m. y f. **1.** (A veces como f. se usa **jefe**). Persona que manda y dirige a otras, o que tiene el mando en un lugar o ámbito determinados. *Mi jefe me ha pedido un informe. Han detenido al jefe de la banda. Jefe de estación.* **2.** (Gralm. como f. se usa **jefe**). *Mil.* Militar con grado superior al de capitán e inferior al de general. *En el palco, junto a oficiales y jefes, hay autoridades civiles.* ■ **~ de Estado.** (Frec. en mayúsc.). m. y f. Autoridad superior de un país. *Los cuatro Jefes de Estado acudirán a la cumbre.* Cuando designa el de un Estado en concreto, toma la forma ~ *del Estado. El funeral es presidido por el Jefe del Estado.* ■ **~ de Gobierno.** m. y f. Presidente del Gobierno de un país. *Los jefes de Gobierno se reúnen en Bruselas.* Cuando designa el de un Gobierno en concreto, toma la forma ~ *del Gobierno.* ■ **~ de negociado.** m. y f. Funcionario de categoría administrativa inmediatamente superior a la de oficial. *La licencia de apertura está firmada por el jefe de negociado.*

jején. m. frecAm. Insecto más pequeño que el mosquito y de picadura más irritante. *Se produjo un aguacero estruendoso, que trajo más plagas de mosquitos y jejenes* [C].

jengibre. m. Tallo subterráneo grueso de forma irregular, aromático y de sabor picante, que, crudo o en polvo, se emplea como condimento, como medicamento y para la fabricación de licor. *Pele y trocee el jengibre.* Tb. la planta y el polvo que se extrae del tallo. *El guiso está más sabroso con una pizca de jengibre.*

jenízaro, ra. (Tb. **genízaro**). m. y f. histór. Soldado de infantería turco, espec. el perteneciente a la Guardia Imperial del sultán. *Los jenízaros eran temidos por su crueldad.*

jeque. m. En países musulmanes: Jefe que gobierna un territorio o una tribu. *El jeque posee explotaciones petrolíferas.*

jerarca. m. **1.** Hombre de elevada categoría en la jerarquía eclesiástica. *A la beatificación asisten los jerarcas de la Iglesia.* ○ m. y f. **2.** Persona de elevada categoría en la jerarquía de una organización o una empresa. *Los jerarcas de la compañía se disputan el poder.*

jerarquía. f. **1.** Ordenación en grados o categorías sucesivos, ascendentes o descendentes. *Ha ido ascendiendo en la jerarquía militar. Jerarquía de valores.* **2.** Grado o categoría de una jerarquía (→ 1). *En la fábrica hay varias jerarquías y él pertenece a la de los operarios.* **3.** Persona de elevada categoría en una jerarquía (→ 1). *Al acto asisten las principales jerarquías del Ministerio.*

jerárquico, ca. adj. De la jerarquía. *La organización de la Iglesia es jerárquica.*

jerarquización. f. Hecho o efecto de jerarquizar. *En las manadas de lobos existe una fuerte jerarquización.*

jerarquizar. tr. Organizar (algo) conforme a una jerarquía u ordenación. *La sociedad feudal estaba fuertemente jerarquizada. Debemos jerarquizar los objetivos.*

jerbo. (Tb. **gerbo**). m. Roedor del tamaño de una rata, de pelaje amarillento por encima y blanco por debajo, ojos grandes, cola larga y patas traseras muy desarrolladas que le permiten dar grandes saltos. *El jerbo habita en estepas y desiertos.*

jeremiada. f. Lamentación exagerada. *Déjate de jeremiadas y estudia más la próxima vez.*

jerez. m. Vino blanco, fino y de alta graduación, originario de la zona de Jerez de la Frontera. *Toma de aperitivo una copa de jerez.*

jerga. f. Lenguaje especial e informal que usan entre sí los individuos de una profesión o actividad o de un grupo. *Los informáticos hablan una jerga que no comprendo. La jerga carcelaria.* ▶ ARGOT.

jergal. adj. De la jerga. *Es una palabra del habla jergal de los estudiantes.*

jergón. m. Colchón de paja, hierba o esparto, sin ataduras que mantengan sujeto el relleno. *Duerme sobre un jergón en su choza.*

jerigonza. f. Lenguaje complicado y difícil de entender. *No entiendo la jerigonza de los abogados.*

jeringa. f. **1.** Instrumento compuesto de un tubo que termina en una boquilla estrecha, dentro del cual hay un émbolo que permite aspirar un líquido y después expulsarlo o inyectarlo. *Extrajo la sangre con una jeringa.* **2.** Instrumento semejante a una jeringa (→ 1), que sirve para expulsar o introducir materias blandas. *Para meter la masa del embutido en la tripa se usaba una jeringa.*

jeringar. tr. **1.** coloq. Molestar o fastidiar (a alguien). *Me jeringa que me tomen el pelo.* ○ intr. prnl. **2.** coloq. Fastidiarse una persona. *Al que no le guste, que se jeringue.*

jeringuilla. f. Jeringa pequeña en la que se enchufa una aguja hueca y puntiaguda, y que se utiliza para inyectar sustancias medicamentosas. *Le han inyectado un tranquilizante con una jeringuilla.*

jeroglífico, ca. adj. **1.** Dicho de escritura: Que se caracteriza por representar ideas o palabras por medio de figuras, y no por signos fonéticos o alfabéticos. *La escritura jeroglífica es común en los bajorrelieves del arte faraónico.* ● m. **2.** Figura usada en la escritura jeroglífica (→ 1). *Estudian el significado de los jeroglíficos.* **3.** Juego de ingenio en el que una frase aparece expresada por medio de un conjunto de signos y figuras. *Se entretiene con jeroglíficos y crucigramas.* **4.** coloq. Cosa difícil de entender o interpretar. *La mente del psicópata es un jeroglífico.*

jerónimo, ma. adj. De la orden de San Jerónimo. *Monje jerónimo.* Dicho de pers., tb. m. y f. *Convento de jerónimos.*

jersey. (pl. **jerséis**). m. Prenda de vestir de punto, cerrada y con mangas, que cubre aproximadamente desde el cuello hasta la cintura y se ciñe más o menos al cuerpo. *Ponte el jersey, que hace frío. Un jersey de cuello alto.* ▶ SUÉTER. ‖ **Am** o **frecAm:** BUZO, CHOMPA, PULÓVER, TRICOTA.

jesuita. adj. De la Compañía de Jesús (orden religiosa fundada por San Ignacio de Loyola en 1540). *Padre jesuita. Misiones jesuitas.* Dicho de pers., tb. m. y f. *Estudió en un colegio de jesuitas.*

jesuítico, ca. adj. **1.** De la Compañía de Jesús o de los jesuitas. *Un templo jesuítico. Ha recibido una* *educación jesuítica.* **2.** coloq. Hipócrita y disimulado. *Me ha traicionado con modos jesuíticos.*

Jesús. interj. **1.** Se usa para expresar sorpresa o queja ante algo negativo. *¡Jesús, qué susto me has dado! ¡Jesús, qué caro!* Tb. ~, *María y José. ¡Jesús, María y José, cómo me he puesto de barro!* **2.** Se usa cuando alguien estornuda. *–¡Achís! –Jesús.* ■ **en un** (**decir**) ~. loc. adv. coloq. En brevísimo tiempo. Se usa con intención enfática. *En un Jesús se plantó en la estación. Eso lo hago yo en un decir Jesús.*

jet[1]. (pal. ingl.; pronunc. "yet"). m. Avión propulsado con motor de reacción. *El multimillonario vuela en su* jet *privado. Volamos en un* jet *de las líneas aéreas tailandesas.* ▶ REACTOR. ¶ [Adaptación recomendada: *yet*, pl. *yets*].

jet[2]. (pal. ingl.; pronunc. "yet"). f. Grupo social internacional constituido por personas ricas que frecuentan los lugares de moda. *Marbella es una ciudad frecuentada por la* jet. ▶ *JET SET.* ¶ [Adaptación recomendada: *yet*].

jeta. f. **1.** Hocico de cerdo. *Pedid unos vinos y una ración de jeta.* **2.** coloq. Cara (parte de la cabeza, o descaro). *Le ha dado un balonazo en toda la jeta. ¡Qué jeta tienes!* ○ m. y f. **3.** coloq. Caradura. *Un jeta se ha colado en el banquete.*

jet set. (loc. ingl.; pronunc. "yét-sét"). f. Grupo social internacional constituido por personas ricas que frecuentan los lugares de moda. *Es una fiesta para la* jet set. ▶ *JET.* ¶ [Adaptación recomendada: *yetset*].

ji. interj. Se usa para imitar el sonido de la risa, frec. socarrona o maliciosa. Gralm. repetido. *–¡Qué corte le he dado, ji, ji, ji!*

jíbaro, ra. adj. De un pueblo indígena de la parte oriental de Ecuador y noroeste de Perú. *Tribus jíbaras.* Dicho de pers., tb. m. y f. *Los jíbaros cortaban y reducían las cabezas de sus enemigos.*

jibia. f. Molusco comestible semejante al calamar, que en el dorso, bajo la piel, tiene una concha blanda y ligera. *En estas aguas abunda la jibia.* Tb. la concha. *El canario se afila el pico con una jibia.* ▶ CHOCO, SEPIA.

jícara. f. Taza pequeña, gralm. de loza, que suele emplearse para tomar chocolate. *Sirve el chocolate en jícaras.* ▶ **frecAm:** POCILLO.

jiennense. (Tb. **jienense**). adj. De Jaén. *Nació en la localidad jiennense de Úbeda.* Dicho de pers., tb. m. y f. *Muchos jienenses pasan el fin de semana en la playa.*

jijona. m. Turrón blando procedente de la ciudad española de Jijona, en Alicante. *La cesta de Navidad lleva dos tabletas de jijona.*

jilguero, ra. m. **1.** Pájaro cantor de color pardo por el lomo, cabeza blanca con una mancha roja y otra negra, y alas y cola negras con manchas amarillas y blancas. *Tiene dos jilgueros, uno hembra y otro macho.* Tb. designa específicamente al macho. *He cruzado al jilguero con una canaria.* ○ f. **2.** Hembra del jilguero (→ 1). *La jilguera canta en su jaula.*

jineta. (Tb. **gineta**). f. Mamífero carnívoro semejante a un gato, de hocico prolongado, cola larga y pelaje grisáceo o pardusco con listas negras por el cuerpo y anillos negros alrededor de la cola. *La jineta macho. Las ginetas cazan de noche.*

jinete. m. **1.** Hombre que cabalga o va a caballo. *El jinete galopa campo a través.* **2.** Hombre diestro en equitación. *El jinete ha ganado la prueba de saltos.*

jiñar. intr. **1.** malson. Evacuar el vientre. ○ intr. prnl. **2.** malson. Evacuar el vientre involuntariamente. **3.** malson. Acobardarse o sentir miedo.

jipido. m. Hipido. *La niña dice entre jipidos que se ha perdido.*

jipijapa. m. Sombrero fabricado con una tira fina y flexible que se saca de las hojas de un tipo de palmera. *Me ha traído de Ecuador un jipijapa.*

jipío. m. Quejido propio del cante flamenco. *El público se estremece con los jipíos del cantaor.*

jira. f. Merienda campestre. *Mañana iremos de jira al río.*

jirafa. f. **1.** Mamífero rumiante africano de unos cinco metros de altura, cuello largo y esbelto, y pelaje amarillento con manchas rojizas. *La jirafa macho. Un grupo de jirafas come de las copas de los árboles.* **2.** *Cine* y *TV* Mecanismo consistente en un largo brazo articulado que permite mover el micrófono para ampliar su alcance. *La jirafa ha salido en el plano.*

jirón. m. **1.** Trozo desgarrado de una prenda de vestir o de un objeto de tela u otra materia semejante. *Ha hecho unas vendas con los jirones de la camisa.* Frec. en la constr. *hecho ~es. El mendigo tiene la ropa hecha jirones.* **2.** Parte pequeña separada o desgarrada de un todo. *Jirones de nubes salpican el cielo.*

jo. interj. eufem. Se usa para expresar contrariedad, sorpresa o enfado. *¡Jo, niño, qué pesado eres! –Le ha tocado la lotería. –¡Jo, qué suerte!*

jobar. interj. eufem. Se usa para expresar contrariedad, sorpresa o enfado. *¡Deja de molestarme, jobar! ¡Jobar, qué casa más bonita!*

jocosidad. f. Cualidad de jocoso. *Hay cierta jocosidad en sus palabras. Su jocosidad ha animado la velada.*

jocoso, sa. adj. Gracioso o divertido. *Un comentario jocoso. El criado es un personaje jocoso.*

jocundo, da. adj. cult. Alegre o risueño. *Interpreta a una pícara jocunda y revoltosa.*

joda. f. **1.** Am. coloq. Broma (cosa dicha o hecha para reírse de alguien). *El tipo se lo tomó en joda* [C]. **2.** Am. coloq. Fastidio. *Es una joda que los químicos te quiten el derecho a examen por una sola falta* [C].

joder. intr. **1.** malson. Realizar el coito. ○ tr. **2.** malson. Realizar el coito (con alguien). **3.** malson. Fastidiar o molestar (a alguien). Tb. usado en constr. intr. **4.** malson. Estropear (algo). Tb. en constr. prnl. media. ○ intr. prnl. **5.** malson. Fastidiarse o aguantarse alguien. ● interj. **6.** malson. Se usa para expresar contrariedad, sorpresa o enfado. ■ **~la.** loc. v. malson. Estropear o malograr aquello de que se habla.

jodido, da. part. **1.** → **joder.** ● adj. **2.** malson. Dicho de persona: Que se halla en muy mal estado físico o moral. **3.** malson. Dicho de cosa: Difícil o complicada.

jodienda. f. **1.** malson. Hecho de joder o realizar el coito. **2.** malson. Cosa que fastidia o molesta.

jofaina. f. Palangana. *Se lava las manos en una jofaina.*

jogging. (pal ingl.; pronunc. "yóguin"). m. Actividad deportiva que consiste en correr al aire libre a velocidad moderada y constante. *Hace* jogging *en el parque.* ▶ *FOOTING.*

jojoba. f. Arbusto originario de México, de cuyas semillas se extrae un aceite usado en cosmética. *Uso un champú con aceite de jojoba.*

jolgorio. m. coloq. Diversión bulliciosa. *¡Vaya noche de jolgorio!* ▶ *JUERGA.

jolín. interj. eufem. Se usa para expresar contrariedad, sorpresa o enfado. *¡Jolín, qué golpe me he dado! ¡Qué pesado eres, jolín!*

jolines. interj. eufem. Se usa para expresar contrariedad, sorpresa o enfado. *¡Déjame en paz, jolines!*

jónico, ca. adj. **1.** histór. De un pueblo que habitó en Jonia (antigua región de Grecia y Asia Menor). *Éfeso fue una importante ciudad jónica.* Dicho de pers., tb. m. y f. *La base económica de los jónicos era el comercio.* **2.** *Arq.* Dicho de orden: Que tiene el capitel adornado con volutas. *Hace la tesis sobre el orden jónico.* Tb. m. *El jónico es uno de los grandes estilos arquitectónicos clásicos.* Tb. dicho de lo perteneciente a ese orden. *Capitel jónico. Templo jónico.* ● m. **3.** Dialecto de los jónicos (→ 1). *El jónico es un dialecto del griego clásico.*

jonio, nia. adj. histór. Jónico (de un pueblo de la antigua Grecia). *Tales nació en la ciudad jonia de Mileto.* Dicho de pers., tb. m. y f. *Los jonios lucharon contra los persas.* ▶ JÓNICO.

jopé o **jope.** interj. eufem. Se usa para expresar contrariedad, sorpresa o enfado. *¡Jopé, mamá, no me deja la muñeca! ¡Jope, qué bicicleta te han comprado!*

jordano, na. adj. De Jordania (país de Asia). *Territorio jordano.* Dicho de pers., tb. m. y f. *La mayoría de los jordanos son de raza árabe.*

jornada. f. **1.** Día (período de veinticuatro horas). *Hace tres jornadas que zarpamos. Se ha declarado jornada de luto.* **2.** Reunión de un día de duración para tratar o estudiar un tema. *Me han invitado a una jornada gastronómica.* Gralm. en pl. *Se celebran unas jornadas sobre educación vial.* **3.** Período de tiempo dedicado al trabajo diario. *A las seis termina mi jornada.* Tb. *~ laboral,* o *~ de trabajo. Tiene una jornada laboral de ocho horas.* **4.** Camino que se recorre en un día de viaje. *Aún queda mucha jornada para llegar a la cima.* **5.** *Teatro* Acto (parte de una obra teatral). *"Fuenteovejuna" es una comedia en tres jornadas.* ■ **~ intensiva.** f. Jornada (→ 3) que se realiza de modo continuado, en ocasiones con una breve interrupción. *En verano tengo jornada intensiva.* ▶ **1:** DÍA. **5:** ACTO.

jornal. m. Remuneración que recibe un trabajador por cada día de trabajo. *El capataz paga a cada peón su jornal.* ■ **a ~.** loc. adv. Cobrando un jornal. *Trabaja a jornal en una obra.* ▶ *SUELDO.

jornalero, ra. m. y f. Persona que trabaja cobrando un jornal. *Va de jornalero a la recogida de la aceituna.* ▶ BRACERO, PEÓN.

joroba[1]**.** f. **1.** Curvatura anómala de la columna vertebral de una persona. *Es un chico bajito y con joroba.* **2.** Abultamiento dorsal de algunos animales, producido gralm. por acumulación de grasa. *Los dromedarios tienen una joroba.* ▶ **1:** CORCOVA, GIBA. **2:** GIBA.

joroba[2]**.** interj. eufem. Se usa para expresar contrariedad, sorpresa o enfado. *¡Joroba, ya se ha vuelto a poner mi camisa!*

jorobado, da. part. **1.** → **jorobar.** ● adj. **2.** Que tiene joroba. *Un mendigo jorobado pide a la puerta de la iglesia.* Dicho de pers., tb. m. y f. *Vimos la película "El jorobado de Notre Dame".* ▶ **2:** CORCOVADO, GIBOSO.

jorobar. tr. **1.** coloq. Fastidiar o molestar (a alguien). *Me joroba que me mientas.* Tb. usado en constr. intr. *Tú has venido a jorobar.* ○ intr. prnl. **2.** coloq. Fastidiarse o aguantarse alguien. *Si tienes hambre, te jorobas, haber desayunado.*

joropo. m. Baile popular con zapateado y ritmo acelerado, típico de Venezuela y de algunos países limítrofes. *Bailan un joropo en el escenario.* Tb. su música. *En la radio suena un joropo.*

jota[1]**.** f. Letra *j.* ■ **ni ~,** o **una ~.** loc. s. coloq. Nada. Se usa en constr. negativas, gralm. con v. como *saber* o *entender. No he entendido ni jota. No sabes una jota del asunto.*

jota[2]**.** f. Baile popular de Aragón y de otras regiones españolas. *Bailan una jota acompañados de bandurrias y castañuelas.* Tb. la música y la copla propias de este baile. *Las jotas suelen ser estrofas de cuatro versos.*

jotero, ra. m. y f. Persona que canta, baila o compone jotas. *Un grupo de joteros actuará en las fiestas.*

joven. (sup. **jovencísimo**). adj. **1.** Que está en la juventud o período que va desde la niñez hasta la madurez. *La foto es de cuando yo era joven. Se casó con un chico jovencísimo.* Tb. m. y f. *Es un joven de veinte años.* **2.** Dicho de cosa: Propia de la persona joven (→ 1). *Conserva un espíritu joven. Moda joven.* **3.** De poca edad. *De los muchachos que allí había, el más joven era su hijo.* **4.** Dicho de animal. Que no ha llegado a la madurez sexual. *Los restos hallados son de un équido joven.* ▶ **1:** *MUCHACHO.

jovial. adj. Alegre y festivo. *Es una chica jovial y simpática. Tiene un carácter jovial.* ▶ *ALEGRE.

jovialidad. f. Cualidad de jovial. *Ha contado la anécdota con su habitual jovialidad.* ▶ *ALEGRÍA.

joya. f. **1.** Adorno personal hecho de un metal valioso, como oro o plata, que a veces lleva perlas o piedras preciosas. *Me han robado una sortija de oro con diamantes, entre otras joyas.* **2.** Persona o cosa de excelentes cualidades. *Tu marido es una joya. La iglesia es una joya del románico.* A veces en sent. irónico. *El chico es una joya: ya lo han detenido ocho veces.* ▶ **1:** ALHAJA. **2:** ALHAJA, PERLA, TESORO.

joyería. f. **1.** Tienda o taller del joyero. *Ha comprado en esta joyería el anillo de compromiso.* **2.** Arte u oficio de hacer joyas. *Las piedras y los metales preciosos tienen amplio uso en joyería.* **3.** Comercio de joyas. *Se dedica a la joyería.*

joyero, ra. m. y f. **1.** Persona que hace o vende joyas. *Pregúntale al joyero el precio de la sortija.* ○ m. **2.** Estuche, caja o armario para guardar joyas. *En el joyero guarda su brazalete de oro.*

juan. don ~. → **donjuán.**

juanete. m. Hueso del nacimiento del dedo gordo del pie, que sobresale de forma anormal. *No puedo caminar más, me duele mucho el juanete.*

jubilación. f. **1.** Hecho o efecto de jubilar o jubilarse. *La edad normal de jubilación está en los sesenta y cinco años.* **2.** Pensión que recibe la persona que se ha jubilado. *La jubilación apenas le da para vivir.*

jubilado, da. part. **1.** → **jubilar.** **2.** Dicho de persona: Que ha sido jubilada (→ 1). Tb. m. y f. *Varios jubilados juegan a la petanca.*

jubilar[1]**.** adj. Del jubileo. *Durante el año jubilar habrá numerosas celebraciones religiosas.*

jubilar[2]**.** tr. **1.** Disponer que (alguien) cese en su trabajo, por enfermedad o por haber cumplido la edad estipulada por la ley, asignándo(le) una pensión. *Le quedan cinco años para que lo jubilen.* **2.** Desechar (una cosa), espec. por vieja o inservible. *Voy a jubilar estos zapatos porque están rotos.* ● intr. prnl. **3.** Cesar alguien en su trabajo, por razón de edad o enfermedad, recibiendo la pensión correspondiente. *Se jubiló a los sesenta y cinco años. Cuando se jubile quiere viajar mucho.*

jubileo. m. **1.** *Rel.* Indulgencia plenaria solemne y universal concedida por el Papa en determinadas ocasiones. *Se recorrió el camino de Santiago a pie para ganar el jubileo.* **2.** Entrada y salida frecuente de muchas personas en un lugar. *Desde que han empezado las rebajas, esto es un jubileo.*

júbilo. m. Alegría intensa que se manifiesta exteriormente. *Se escuchan los gritos de júbilo de los seguidores.*

jubiloso, sa. adj. Lleno de júbilo. *Al oír la buena noticia, se abrazan jubilosos.*

jubón. m. histór. Prenda de vestir ceñida y ajustada al cuerpo que cubría desde los hombros hasta la cintura. *En el retrato, el caballero viste jubón y capa.*

judaico, ca. adj. De los judíos. *Su apellido tiene raíces judaicas. Rito judaico.*

judaísmo. m. Religión de los judíos, que se basa en la ley de Moisés (profeta israelita, s. XIII a. C.). *El Muro de las Lamentaciones es lugar de veneración del judaísmo.* ▶ HEBRAÍSMO.

judaizante. adj. histór. Dicho de judío converso: Que sigue practicando los ritos y ceremonias del judaísmo. *Un católico judaizante.* Tb. m. y f. *Quevedo acusaba a Góngora de ser un judaizante.*

judas. m. Hombre traidor. *Ten mucho cuidado con él, es un judas.* Frec. se usa como insulto. *–¡Canalla, sinvergüenza, judas!*

judeocristiano, na. adj. Del cristianismo de raíces judías. *Tradición judeocristiana.* Dicho de pers., tb. m. y f. *La figura del apóstol Santiago es muy importante entre los judeocristianos.*

judeoespañol, la. adj. **1.** Judío español o de origen español. *Cultura judeoespañola.* Dicho de pers., tb. m. y f. *Parte de los judeoespañoles expulsados se estableció en el Mediterráneo oriental.* ● m. **2.** Sefardí (variedad del español). *El judeoespañol conserva rasgos del español antiguo.* ▶ *SEFARDÍ.

judería. f. Barrio de los judíos. *El casco viejo fue en la Edad Media una judería.* ▶ GUETO.

judía. f. Cada una de las semillas comestibles en forma de riñón y de diversos colores según la variedad, que crecen en hilera en frutos con forma de vaina aplastada y terminada en dos puntas. *Compra judías blancas para hacer una fabada. Un guiso de judías pintas.* Tb. la planta y el fruto. *En el huerto ha plantado judías. Yo pelo las judías y tú las vas cortando.* ■ **~ verde.** f. Fruto de la planta de la judía, que se consume cuando está verde. *El filete lleva de guarnición judías verdes.* ⇒ Am: CHAUCHA, EJOTE, POROTO. ▶ ALUBIA, HABICHUELA. ‖ **Am** o **frecAm:** CARAOTA, FRÉJOL, FRIJOL, POROTO.

judiada. f. coloq. Acción malintencionada con que se perjudica a alguien. *Mandarlo al paro a sus años es una judiada.*

judicatura. f. **1.** Cargo o empleo de juez. *Ejerce la judicatura en una capital de provincia.* Tb. el tiempo que dura. *Durante su judicatura ha tenido varios casos muy importantes.* **2.** Cuerpo constituido por los jueces de un país. *Ha aprobado la oposición y formará parte de la judicatura.*

judicial. adj. Del juez o de la administración de justicia. *Orden judicial. El poder judicial.*

judío, a. adj. **1.** Hebreo (de un pueblo semítico que habitó en Palestina). *Después del Éxodo, las tribus judías se asentaron en Palestina.* Dicho de pers., tb. m. y f. *David fue rey de los judíos.* **2.** Que profesa el judaísmo. *En España se obligó a la población judía a convertirse al cristianismo.* Tb. m. y f. *El día de descanso de los judíos es el sábado.* **3.** De los judíos (→ 2). *Nació en el barrio judío de Praga. Culto judío.* ▶ **1:** *HEBREO. **2:** HEBREO, ISRAELITA.

judión. m. Variedad de judía de tamaño grande y vaina ancha. *La especialidad de la casa es la perdiz con judiones.* Tb. la planta y su fruto.

judo. (pronunc. "yúdo"). m. Yudo. *Es cinturón negro de judo.*

juego. m. **1.** Hecho de jugar para entretenerse. *Los niños han de tener sus horas de juego.* **2.** Ejercicio recreativo sometido a reglas y en el que se gana o se pierde. *Conoce muchos juegos de cartas.* **3.** Juego (→ 2) cuyo resultado no depende de la habilidad o destreza de los jugadores, sino de la suerte. *El juego ha arruinado su vida.* Tb. *~ de azar. La ruleta y el bingo son juegos de azar.* **4.** Actividad intranscendente o que no ofrece ninguna dificultad. *Sé más serio: esto no es ningún juego.* Tb. *~ de niños. Pilotar un avión es para él un juego de niños.* **5.** Cada una de las divisiones de la partida de un juego (→ 2). *Perdimos la partida de mus por tres juegos a dos.* **6.** En tenis: Cada una de las partes en que se divide un set. *Ha ganado el primer set por dos juegos de diferencia.* **7.** En los juegos de cartas: Conjunto de ellas que se reparten a cada jugador. *A ver si en esta mano me das un buen juego.* **8.** Conjunto de cosas de las mismas características que sirven para un mismo fin. *Al juego* DE *café le faltaba una taza. Tenemos dos juegos* DE *llaves.* **9.** Combinación cambiante de agua, colores o luces que produce un efecto estético. *Los juegos de agua de la fuente son muy vistosos.* **10.** Propósito o intención con que actúa alguien. Frec. en constr. como *conocer el ~* o *descubrir el ~*. *No me vas a engañar porque te conozco el juego.* **11.** Movimiento de dos cosas unidas entre sí, como articulaciones o goznes. *Por una lesión, no puede hacer bien el juego del codo.* ○ pl. **12.** histór. Fiestas y espectáculos públicos que se celebraban en la antigua Grecia. *En Grecia se celebraban diversos juegos, entre ellos los Olímpicos y los Nemeos.* ■ **~ de manos.** m. Truco de prestidigitación. *El juego de manos consistía en hacer desaparecer un pañuelo.* ■ **~ de palabras.** m. Uso ingenioso del sentido equívoco de una palabra o del parecido fonético entre dos palabras de diferentes sentidos. *En sus poesías utiliza juegos de palabras.* ■ **~ de pelota.** m. Juego (→ 2) entre dos o más personas, consistente en lanzar contra una pared, con la mano, con pala o con cesta, una pelota que, al rebotar, debe ser relanzada por un jugador del equipo contrario. *En el pueblo hay mucha afición por el juego de pelota.* Tb. el lugar destinado a su práctica. *El baile se celebrará en el juego de pelota.* ■ **~ de rol.** m. Juego (→ 2) en que los participantes interpretan el papel de un personaje de ficción, en una historia de carácter misterioso o fantástico. *Jugamos a un juego de rol cuyo tema era la Edad Media.* ■ **~s florales.** m. pl. Concurso poético en que el vencedor recibe una flor como premio. *Antes de ser un poeta famoso, ganó varios juegos florales.* ■ **~s malabares.** m. pl. Ejercicios de agilidad o destreza que se realizan como espectáculo, lanzando y recogiendo diversos objetos, o manteniéndolos en equilibrio inestable. *Hace juegos malabares con seis naranjas a la vez.* Frec. fig. y en la constr. *hacer ~s malabares. He hecho juegos malabares para aprobar esta asignatura.* ⇒ MALABARES. ■ **~s olímpicos.** (Frec. en mayúsc.). m. pl. Olimpiada (competición deportiva internacional). *Participó en los Juegos Olímpicos de Barcelona. Ha ganado una medalla de oro en los juegos olímpicos.* □ **a ~** (con algo). loc. adv. En armonía o en correspondencia (con ello). *Puso las cortinas del salón a juego* CON *las paredes.* Tb. loc. adj. *Ha comprado un pantalón azul y una blusa a juego.* ■ **abrir (el) ~.** loc. v. coloq. En algunos deportes, espec. en fútbol: Lanzar la pelota desde un lugar donde hay gran acumulación de jugadores, hacia un compañero desmarcado en una banda. *El entrenador indica que se abra el juego a las bandas.* ■ **crear ~.** loc. v. coloq. En algunos deportes de equipo, espec. en fútbol: Proporcionar un jugador a sus compañeros la posibilidad de atacar y conseguir tantos. *Los centrocampistas empezaron a crear juego.* ■ **dar ~** alguien o algo. loc. v. Rendir o ser útil. *Los zapatos aún me tienen que dar juego.* Tb. fig. *Su humor ha dado mucho juego en la cena.* ■ **en ~.** loc. adv. **1.** En situación de intervenir. *Pon en juego toda tu astucia para convencerlo.* **2.** En peligro. *En este asunto nuestra reputación está en juego.* ■ **fuera de ~.** loc. s. En algunos deportes, espec. en fútbol: Posición antirreglamentaria en que se encuentra un jugador, y que se sanciona con falta. *Ha marcado un gol en fuera de juego.* Tb. la falta correspondiente. *El árbrito ha pitado fuera de juego.* ■ **hacer el ~** (a alguien). loc. v. Favorecer, espec. de manera involuntaria, los propósitos e intenciones (de esa persona). *Les estáis haciendo el juego a los poderosos.* ■ **hacer ~** dos cosas. loc. v. Formar un conjunto armonioso. *La blusa y la falda hacen juego.* Tb.: *La mesa hace juego* CON *la estantería.*

juerga. f. Diversión bulliciosa. *He estado de juerga toda la noche.* Frec. en la constr. *correrse una ~. Me voy a correr una buena juerga en Nochevieja.* ▶ **Am:** RELAJO.

juerguista. adj. Dicho de persona: Aficionada a la juerga. *Como es tan juerguista, ha suspendido el curso.* Tb. m. y f. *Todos sus amigos son unos juerguistas.*

jueves. m. Día de la semana que sigue al miércoles. *Voy al gimnasio los martes y los jueves.* ■ **del otro ~.** loc. adj. coloq. Extraordinario o fuera de lo común. Se usa en constr. negativas, como *no ser nada,* o *cosa, del otro ~. Es guapa, pero nada del otro jueves. El piso no es cosa del otro jueves.*

juez, za. m. y f. (Frec. como f. se usa **juez**). **1.** Persona que tiene autoridad para juzgar y sentenciar en un tribunal de justicia. *El juez condena al acusado a cinco años de cárcel. La jueza ordena su ingreso en prisión.* **2.** Persona que tiene autoridad para juzgar en una materia determinada. *La juez mexicana puntuó con un 9,7 el ejercicio del gimnasta.* **3.** Persona nombrada para resolver una duda o disputa. *Han pedido a su padre que sea juez en su discusión.* ○ m. **4.** histór. En época bíblica: Magistrado supremo del pueblo de Israel. *Samuel fue uno de los últimos jueces.* ■ **~ de línea.** m. y f. En algunos deportes, espec. en fútbol y tenis: Árbitro auxiliar encargado pralm. de vigilar una de las líneas que delimitan el terreno de juego. *El juez de línea levanta el banderín.* ⇒ LINIER. ■ **~ de paz.** m. y f. Persona legalmente autorizada y con competencias en asuntos civiles y penales de menor importancia. *El juez de paz es elegido con el voto favorable de los miembros del ayuntamiento.* ■ **~ de primera instancia (y de instrucción).** m. y f. Juez (→ 1) encargado de los asuntos civiles en primera instancia y que instruye los sumarios en los asuntos penales. *El juez de primera instancia ha desestimado la petición del abogado.* ■ **~ de silla.** m. y f. En tenis: Árbitro principal, que se sienta en una silla alta situada cerca de la red. *El juez de silla ha señalado la marca que ha dejado la pelota.* □ **ser** una persona **juez y parte.** loc. v. Estar implicada en un asunto, lo que dificulta o imposibilita mantener una actitud imparcial con respecto a este. *El Gobierno ha de ser objetivo, y nunca juez y parte.*

jugada. f. **1.** Acción propia de un juego realizada por un jugador. *En dos jugadas el equipo le ha dado la vuelta al marcador.* **2.** coloq. Acción malintencionada con que se perjudica a alguien. *En cuanto te descuidas te hace una jugada.* Tb. *mala ~. Me han hecho una mala jugada.*

jugador, ra. adj. **1.** Dicho de persona: Que juega. Gralm. m. y f. *Una jugadora de tenis. Un jugador pidió otra carta.* **2.** Dicho de persona: Aficionada a los juegos de azar. *Alcohólico y jugador, ha llevado a la familia a la ruina.* Tb. m. y f. *Un jugador echa monedas en la tragaperras.* **3.** Dicho de persona: Que juega con gran habilidad y destreza. Gralm. m. y f. *Un jugador no comete los errores que has cometido tú.* ■ **~ de ventaja.** m. y f. Jugador (→ 2) fullero o tramposo. *Han descubierto a un jugador de ventaja en el casino.*

jugar. (conjug. JUGAR). intr. **1.** Hacer algo con el fin de entretenerse o divertirse. *El niño quiere jugar con sus amigos. Los cachorros se pasan el día jugando.* **2.** Llevar a cabo los actos propios de un juego sometido a reglas. *¿Jugamos* AL *ajedrez? El equipo visitante ha jugado muy bien.* Tb. fig. *No soy nada criticón, no me gusta jugar* A *eso.* **3.** Tomar parte en un juego de azar. *Después de la cena jugaron* AL *bingo. Juega* A *la lotería.* **4.** En juegos de cartas: Intervenir en alguna de las acciones propias del juego con el fin de ganar. *En esta mano no juego, no tengo buenas cartas.* **5.** Llevar a cabo un jugador una acción propia del juego cada vez que le toca intervenir. *Le toca jugar y no sabe si tirar el tres o el as de oros.* **6.** Intervenir en un asunto. *Hay diversos factores que juegan* EN *la subida o bajada de la Bolsa.* **7.** Entretenerse con una cosa moviéndola o tocándola, sin ningún fin determinado. *¿Quieres dejar de jugar* CON *la comida? Distraído, jugaba* CON *las llaves.* **8.** Seguido de los adverbios *limpio* o *sucio:* Comportarse de la manera que se indica. *Ten cuidado con ella: no juega limpio. Lo expulsaron del partido por jugar sucio.* **9.** Tratar algo o a alguien sin la consideración o el respeto que merece. *Estás jugando* CON *tu salud. No juegues* CONMIGO, *que me voy a enfadar.* ○ tr. **10.** Llevar a cabo (una partida o un partido de un juego). *Está jugando su partida de tute. ¿Jugamos un partido de tenis?* **11.** Hacer uso (de una carta, ficha o pieza de un juego). *Si hubiese jugado el rey en vez de la sota, habría ganado.* **12.** Apostar (algo) en un juego de azar. *Juego dos décimos de la lotería.* Frec. con un pron. expresivo de interés. *Se ha jugado todos sus ahorros en una partida de póquer.* ○ tr. prnl. **13.** Arriesgar (algo). *Los bomberos se han jugado la vida. Nos estamos jugando nuestro prestigio.* ■ **jugársela** (a alguien). loc. v. coloq. Comportarse (con él) mal o de modo desleal. *Pensaba que era un buen compañero hasta que me la jugó.*

jugarreta. f. coloq. Acción malintencionada con que se perjudica a alguien. *No me fío de ella porque ya me ha hecho alguna jugarreta.*

juglar, resa. m. y f. histór. En la Edad Media: Persona que se ganaba la vida interpretando música, recitando poemas y haciendo acrobacias. *Un juglar actuaba en la plaza del mercado.*

juglaresco, ca. adj. histór. Del juglar. *Poesía juglaresca.*

juglaría. f. histór. Arte u oficio de los juglares. *El mester de clerecía recurre a las fórmulas propias de la juglaría.*

jugo. m. **1.** Líquido que se extrae de determinadas frutas o verduras. *Toma jugo de melocotón porque es diurético.* En Am. referido a frutas en general. *Desde niña ha bebido jugo de naranja al despertar* [C]. **2.** Líquido que se obtiene de sustancias animales. *Añade al estofado el jugo de carne y la nata líquida.* **3.** Líquido orgánico producto de la secreción de una o varias glándulas. *Los jugos gástricos y pancreáticos intervienen en la digestión.* **4.** Parte útil o sustancial de algo. *El jugo de la revista es su sección de reseñas.* Tb. fig. *La novela tiene poco jugo.* ■ **sacar el ~** (a alguien o algo). loc. v. coloq. Obtener (de ellos) el mayor provecho posible. *Hay que sacarle el jugo a la vida.* A veces con intención despect. *En su trabajo le sacan el jugo por una miseria.* ▶ **1:** ZUMO.

jugosidad. f. Cualidad de jugoso. *La jugosidad del melocotón.*

jugoso, sa. adj. Que tiene jugo. *Llévese esos filetes, que salen muy jugosos. He leído un jugoso artículo de opinión.*

juguete. m. **1.** Objeto que sirve para que los niños jueguen. *Su juguete favorito es la casita de muñecas.* **2.** Persona o cosa completamente dominadas y manejadas por alguien o algo. *El hombre es un juguete del azar.* **3.** *Lit.* Pieza teatral breve y ligera. Frec. *~ cómico. El juguete cómico se cultivaba a principios del siglo XX.*

juguetear. intr. Jugar o entretenerse con algo sin un propósito determinado o sin poner mucho interés. *Juguetea* CON *el llavero.*

juguetería. f. **1.** Establecimiento donde se venden juguetes. *En una juguetería ha comprado un triciclo.* **2.** Industria o comercio del juguete. *Es una empresa familiar dedicada a la juguetería.*

juguetero, ra. adj. **1.** Del juguete. *Empresa juguetera.* ● m. y f. **2.** Persona que fabrica o vende juguetes. *El juguetero nos ha hecho un descuento por el tren eléctrico.* ○ m. **3.** Mueble para guardar juguetes. *Del juguetero sacó un muñeco.*

juguetón, na. adj. Dicho de persona o animal: Aficionado a jugar. *El cachorrillo es muy juguetón. Los niños ríen juguetones en la piscina.*

juicio. m. **1.** Hecho o efecto de juzgar. *La defensa pide un aplazamiento del juicio. No conozco tanto el tema como para emitir un juicio sobre él.* **2.** Facultad de juzgar de forma razonable. Frec. en la constr. *estar en su (sano) ~. No estás en tu sano juicio si piensas que te voy a dar permiso.* **3.** Capacidad de actuar de manera prudente y reflexiva. *¡Qué poco juicio tiene ese chico!* **4.** *Fil.* Operación del entendimiento, que consiste en comparar dos ideas para conocer y determinar sus relaciones. *Formula un juicio y un razonamiento con los conceptos "hombre" y "racional".* ■ **perder el ~.** loc. v. coloq. Volverse loco. *En la guerra perdió el juicio.* Tb. fig. *¡Qué barbaridad dices!; tú has perdido el juicio.* ▶ **3:** *SENSATEZ.

juicioso, sa. adj. **1.** Dicho de persona: Que actúa de forma razonable o sensata. *Llegará lejos: es inteligente y juiciosa.* **2.** Dicho de cosa: Propia de la persona juiciosa (→ 1). *Se comporta de modo juicioso.* ▶ *SENSATO.

julandrón. m. jerg., despect. Hombre homosexual.

julepe. m. Juego de cartas en que se reparten cinco a cada jugador y se da la vuelta a una que marca el triunfo, y en que pierde quien no consigue hacer un mínimo de dos bazas. *Por las tardes juegan al julepe.*

julio[1]. m. Séptimo mes del año. *Nos iremos de vacaciones en julio.*

julio[2]. m. *Fís.* Unidad de trabajo del Sistema Internacional que equivale al trabajo realizado por una fuerza de un *newton* cuyo punto de aplicación se desplaza un metro en la dirección de la fuerza (Símb. *J*). *Una caloría equivale a 4,18 julios.*

jumento. m. Burro (mamífero). *Sube a la sierra a lomos de un jumento.* ▶ *BURRO.

jumilla. m. Vino originario de la comarca española de Jumilla, en Murcia. *Tomaron cabrito asado regado con un jumilla.*

juncal. adj. **1.** Gallardo y esbelto. *La modelo tiene un cuerpo juncal.* ● m. **2.** Lugar poblado de juncos. *Una rana croaba en el juncal.*

junco[1]. m. Planta que crece en el agua y en lugares húmedos, de tallos rectos, largos, cilíndricos y flexibles, muy utilizada en trabajos de cestería y de la que existen varias especies, por ej.: *~ florido, ~ oloroso. El perro se metió entre los juncos.* Tb. cada tallo. *Una silla de juncos trenzados.* ▶ JUNQUERA.

junco[2]. m. Embarcación de vela, ligera y de fondo plano, propia de países de Extremo Oriente. *La mercancía era transportada hasta Taiwán en juncos.*

jungla. f. En Asia y América: Selva. *Un guía nos llevará a la jungla.* Frec. fig. *La ciudad es una jungla de asfalto.* ▶ SELVA.

junio. m. Sexto mes del año. *El 25 de junio es su cumpleaños.*

júnior. (pronunc. "yúnior"). adj. Se usa pospuesto a un nombre propio de persona para indicar que esta es más joven que otra emparentada con ella, gralm. su padre, y del mismo nombre. Se usa en contraposición a *sénior. P. López sénior cede los derechos de explotación del negocio a su hijo, P. López júnior.*

junquera. f. Junco (planta). *El estuario está jalonado de junqueras.* ▶ JUNCO.

junquillo. m. Moldura delgada y redondeada. *El cuadro lleva marco de listón o junquillo.*

junta. f. **1.** Reunión de las personas que componen una entidad o una junta (→ 2), para tratar asuntos de esta. *En la junta, los vecinos discutían. La empresa celebra una junta de accionistas.* **2.** Conjunto de personas encargadas de dirigir los asuntos de una entidad o un colectivo. *Es miembro de la junta de gobierno del Colegio de Abogados. Junta militar. La Junta de Castilla y León.* **3.** Parte o lugar en que se juntan dos o más cosas. *Pon cinta aislante en la junta de las dos piezas.* **4.** Espacio que queda entre dos elementos contiguos, espec. piedras o ladrillos de una pared, y que gralm. se rellena con un material adecuado. *El albañil tapa las juntas con cemento.* **5.** Pieza o materia que se coloca en la unión de dos elementos contiguos para impedir filtraciones o escapes. *Una de las juntas se ha podrido y se sale el agua.*

juntamente. adv. De manera junta o conjunta. *Trataremos los dos problemas juntamente, no por separado.* ■ **~ con.** loc. prepos. Con o junto con. *Ha* *participado juntamente con compañeros de clase en un taller de teatro.*

juntar. tr. **1.** Unir (dos o más personas o cosas), o hacer que estén juntas. *Junta un poco las sillas. Junta los dos tablones y los clava. Junta la ropa sucia y métela en la lavadora. Si nos juntamos un poco, cabremos todos.* Tb.: *Podemos juntar la cama* A *la pared. No juntes mis cromos* CON *los tuyos.* Tb. en constr. prnl. media. *Los dos caminos se juntan más adelante. En el horizonte la tierra parece que se junta* CON *el cielo.* **2.** Hacer que estén juntas en cantidad (cosas de la misma clase). *Ha juntado dinero suficiente para la entrada del piso. Juntan víveres para el duro invierno.* **3.** Hacer que (varias personas) acudan a un mismo sitio. *Para la fiesta quiere juntar a todos sus amigos. En su cumpleaños se junta toda la familia.* ○ intr. prnl. **4.** coloq. Tener amistad una persona con otra. *Ya no se junta* CON *los del barrio.* **5.** coloq. Amancebarse dos personas. *No están casados: se han juntado.* Tb.: *Se juntó* CON *su novia.* ► **2:** REUNIR. **3:** CONGREGAR, REUNIR.

juntero, ra. m. y f. Miembro de una junta. *El jefe del partido se ha reunido con sus alcaldes, concejales y junteros.*

junto, ta. adj. **1.** Referido a un nombre en plural o a un nombre colectivo en singular: Que está uno muy cerca de otro, o unido a él. *La gimnasta aterrizó con las piernas juntas. En clase se sientan juntos. Escribe con la letra muy junta.* **2.** Referido a un nombre en plural o a un nombre colectivo en singular: Que está agrupado o formando un conjunto. *Mis primos y yo iremos juntos a la piscina. Coció toda la verdura junta.* ● adv. **3.** vulg. Cerca o al lado. *La tienda que usted busca está en esa calle de ahí junto.* ■ **junto a.** loc. prepos. Muy cerca o al lado de. *La catedral está junto al ayuntamiento. Leía sentado junto al fuego.* ■ **junto con.** loc. prepos. En compañía de o en colaboración con. *Acudió a la boda junto con su novia. Junto con su hermano ha montado una empresa de hostelería.* Tb. fig. *Las petroleras junto con los bancos han sido las empresas con más beneficios.* ■ **todo junto.** loc. adv. Al mismo tiempo o a la vez. *Siente tristeza, rabia y decepción todo junto.*

juntura. f. Parte o lugar en que se juntan dos o más cosas. *En las junturas de las baldosas se acumula suciedad.*

jura. f. Hecho de jurar, espec. un cargo. *El Rey asiste a la jura del presidente del gobierno. La jura de cargos tendrá lugar mañana.*

jurado, da. part. **1.** → **jurar.** ● adj. **2.** Dicho de persona: Que ha jurado (→ 1) su cargo o función en el momento de empezar a desempeñarlos. *Dos guardas jurados llevan las sacas de dinero al furgón. Intérprete jurado.* ● m. **3.** Institución para la participación de los ciudadanos en la Administración de Justicia, mediante la cual personas designadas por sorteo contribuyen al enjuiciamiento de determinados delitos. *El juez preguntó al portavoz del jurado si tenían un veredicto.* **4.** Grupo de personas encargadas de calificar o premiar algo en un concurso o competición. *El jurado ha declarado desierto el premio. El salto fue puntuado con un 9 por el jurado.* ○ m. y f. (Frec. como f. se usa **jurado**). **5.** Persona que forma parte de un jurado (→ 3, 4). *Uno de los jurados del premio es un famoso escultor. La mesa estará presidida por un jurado y una jurada. Lo acusan de intento de soborno a una jurado.*

juramentarse. intr. prnl. Contraer un compromiso o una obligación mediante juramento. *Se juramentaron para mantener el secreto.*

juramento. m. **1.** Hecho o efecto de jurar, o afirmar o negar algo. *Si no cumples tu juramento, no confiaré más en ti.* **2.** Blasfemia o maldición. *Ha soltado varios juramentos cuando se ha dado el golpe.*

jurar. tr. **1.** Afirmar o negar (algo) poniendo por testigo a Dios, a una divinidad o a alguien o algo muy queridos o valiosos, de forma directa o indirecta. *Te juro por Dios que yo no he sido. Te juro por mi padre que no te he engañado. El sospechoso jura que no sabe nada del robo.* **2.** Comprometerse una persona solemnemente y por medio de juramento a cumplir las obligaciones y exigencias (de algo, espec. un cargo). *El ministro jura su cargo ante el Rey.* **3.** Reconocer solemnemente y por medio de juramento (a alguien) como rey o príncipe heredero. *Isabel fue jurada Reina de Castilla.* ○ intr. **4.** Decir blasfemias o maldiciones. Frec. humoríst. *Al ver que no venías, se puso a jurar en hebreo.* ■ **jurársela** una persona (a otra). loc. v. coloq. Asegurar que se ha de vengar (de ella). *Me la ha jurado porque piensa que le he rayado el coche.* Frec. *tenérsela jurada. Se la tengo jurada a ese chulo.*

jurásico, ca. adj. **1.** (Como m. se usa en mayúsc.). *Geol.* Dicho de división geológica: Que es la segunda de la era mesozoica, posterior al Triásico. Tb. m. *En el Jurásico aparecen los mamíferos y predominan los dinosaurios.* **2.** *Geol.* Del Jurásico (→ 1). *Fósiles jurásicos.*

jurel. m. Pez marino comestible, azul por el lomo y blanco por el vientre, de cola extensa y muy ahorquillada, y con una fila de escamas duras en el costado. *En estas aguas abunda el pescado azul, como la caballa y el jurel.* ► CHICHARRO.

juridicidad. f. **1.** Condición de conforme con el derecho. *La juridicidad de una norma.* **2.** Tendencia o criterio favorable al predominio de las soluciones de estricto derecho en los asuntos políticos y sociales. *Se refirió a la precaria juridicidad de los primeros años de la República.*

jurídico, ca. adj. Del derecho. *Textos jurídicos. Desde un punto de vista jurídico tu acusación no tiene base. Vía jurídica.*

jurisconsulto, ta. m. y f. Persona dedicada al estudio, interpretación y aplicación del derecho. *Consulte a un jurisconsulto su pleito.* ► JURISPERITO.

jurisdicción. f. **1.** Poder o autoridad que tiene alguien para gobernar. *Estos asuntos no entran en la jurisdicción del alcalde.* **2.** Poder que tienen los jueces y tribunales para juzgar y hacer ejecutar lo juzgado. *El Tribunal Supremo tiene jurisdicción en toda España.* **3.** Territorio en que se ejerce una jurisdicción (→ 1, 2). *La jurisdicción eclesiástica suele coincidir con la municipal.*

jurisdiccional. adj. De la jurisdicción. *Conflicto jurisdiccional.*

jurisperito, ta. m. y f. Jurisconsulto. *El jurisperito publica un libro de derecho romano.*

jurisprudencia. f. **1.** Ciencia del derecho. *Estudia jurisprudencia para ser juez en el futuro.* **2.** Conjunto de las sentencias de los tribunales, y doctrina que contienen. *Hay abundante jurisprudencia sobre esa cuestión. En caso de omisión de ley hay que recurrir a la jurisprudencia.*

jurista. m. y f. Persona que ejerce una profesión jurídica. *Una reconocida jurista valora negativamente la reforma legal.*

justa. f. **1.** histór. Juego o torneo en que a lomos de un caballo se acreditaba la destreza en el manejo de las armas. *La pintura representa una justa entre dos caballeros medievales.* **2.** Competición o certamen literarios. Frec. en pl. *Ha ganado el tercer premio en las justas poéticas.*

justamente. adv. **1.** De manera justa o conforme con la justicia. *Cree haber actuado justamente al despedir a ese empleado.* **2.** Precisamente o exactamente. *Yo opino justamente lo contrario. ¡Qué casualidad!, justamente ahora iba yo a llamarte.* Se usa frec. para expresar asentimiento o confirmación. *–¿Te duele aquí? –Sí, justamente ahí.*

justeza. f. **1.** Cualidad de justo o exacto. *El libro describe con justeza la sociedad de la época.* **2.** Correspondencia justa o exacta con lo que se considera adecuado. *La Constitución califica con toda justeza al pueblo de "soberano".*

justicia. f. **1.** Idea moral que inclina a dar a cada uno lo que le corresponde o pertenece. *Lucharé toda mi vida por defender la justicia y la libertad. Solidaridad y justicia social son dos valores clásicos del socialismo.* **2.** Cualidad de justo o conforme con la justicia (→ 1). *El alcalde es un hombre apreciado por su justicia y honradez. Nadie duda de la justicia de tal medida.* **3.** Aplicación de las leyes, castigando a quien las incumple. *Los jueces y los tribunales se encargan de administrar justicia. Las víctimas piden justicia.* **4.** Poder judicial. *El decreto provoca tensiones entre el ejecutivo y la justicia.* Tb. el conjunto de las personas que lo ejercen. *El criminal es llevado ante la justicia. ¡Abran paso a la justicia!* ○ m. **5.** (Frec. en mayúsc.). histór. Desde la Edad Media hasta el s. XVIII: Magistrado supremo de Aragón. *La institución del Justicia de Aragón data de mediados del siglo* XIII. Tb. ~ *mayor (de Aragón). Invocaron la protección del Justicia Mayor.* Tb. designa actualmente al defensor del pueblo de Aragón. *El Justicia de Aragón defiende el estatuto de autonomía.* ■ **de ~.** loc. adj. Justo o conforme con la justicia (→ 1). *Es de justicia devolverle el favor.* ■ **hacer ~** (a alguien o algo). loc. v. Dar(les) el trato o reconocimiento que merecen. *Le han hecho justicia con este premio. Las fotos no le hacen justicia: es más guapa en persona.* ■ **tomarse** alguien **la ~ por su mano.** loc. v. Aplicar, por cuenta propia e ignorando las normas, el castigo que se considera merecido. *La policía ha evitado que el populacho se tome la justicia por su mano.*

justicialismo. m. Peronismo (movimiento, o doctrina). *Defiende los avances logrados por el justicialismo. El justicialismo tiene carácter populista.* ▶ PERONISMO.

justicialista. adj. Peronista. *Ideas justicialistas.* Dicho de pers., tb. m. y f. *Los justicialistas pueden vencer en las elecciones.*

justiciero, ra. adj. Que observa y hace observar estrictamente la justicia, espec. en el castigo de los delitos. *El protagonista es un héroe justiciero.* Tb. fig. *El ángel justiciero de la muerte.*

justificable. adj. Que se puede justificar. *Tu actitud cobarde no es justificable*

justificación. f. **1.** Hecho de justificar o justificarse. *Su conducta no tiene justificación posible.* **2.** Causa, motivo o razón que justifica. *No tienes ninguna justificación para hacer lo que has hecho.*

justificado, da. part. **1.** → **justificar.** ● adj. **2.** Dicho de cosa: Que tiene razón o motivo que la hacen adecuada o admisible. *Su enfado era justificado.*

justificador, ra. adj. Que justifica. *Argumento justificador. Causa justificadora.*

justificante. adj. Dicho de cosa: Que justifica. *El miedo podría ser un factor justificante de su actitud.* Dicho de documento o prueba, tb. m. *Si no vienes a trabajar, tienes que presentar un justificante.*

justificar. tr. **1.** Hacer una cosa que (algo) sea adecuado o admisible. *Estar borracho no justifica lo que ha hecho.* **2.** Demostrar mediante razones o motivos convincentes que (algo) es adecuado o admisible. *Justificó su ausencia* CON *un viaje imprevisto.* **3.** Demostrar mediante razones o motivos convincentes que la actitud (de alguien) es adecuada o admisible. *La defiendes y la justificas porque es tu hermana.* **4.** *Gráf.* Hacer que (una o más líneas) se ajusten a los márgenes izquierdo y derecho predeterminados. *Justifique la carta a la izquierda.*

justificativo, va. adj. Dicho de cosa: Que sirve para justificar algo. *Presenta una nota justificativa por faltar a clase.*

justipreciar. (conjug. ANUNCIAR). tr. Apreciar (algo) o determinar su valor. *Antes de concedernos la hipoteca justipreciaron la casa.*

justiprecio. m. Hecho o efecto de justipreciar. *Para el justiprecio del inmueble han enviado a un perito.*

justo, ta. adj. **1.** Que actúa con justicia. *Un juez justo. Un hombre justo no estafaría a sus trabajadores.* **2.** Dicho de cosa: Conforme con la justicia. *Un juicio justo. No es justo decir que no se esfuerza.* **3.** Exacto en cantidad, peso o medida, sin que sobre o falte nada. *El barco tarda una hora justa en cruzar el estrecho. El filete pesa doscientos gramos justos.* Tb. sustantivado. *Estamos los justos para poder jugar un partido. Me queda el dinero justo para el autobús.* A veces denota escasez. *El atleta tiene las fuerzas muy justas. Andan justos de dinero.* **4.** Adaptado al espacio que debe ocupar, de manera que no falte ni sobre nada. *La cocina entra justa entre la nevera y el fregadero. Si el zapato no queda bien justo, te puede hacer rozadura.* A veces denota estrechez o apretura. *En el asiento de atrás caben cuatro, aunque un poco justos. La falda me queda muy justa.* **5.** *Rel.* Que vive según la ley de Dios. *El fariseo se consideraba un hombre justo y temeroso de Dios.* Tb. m. y f. *De los justos será el reino de los cielos.* ● adv. **6.** Exactamente o precisamente. *¿Por qué hay que irse justo ahora que lo estamos pasando tan bien? La piedra le dio justo en la cabeza.* **7.** De manera justa (→ 4). *–¿Cabe ahí la lavadora? –Entra justo, pero entra.* ■ **pagar justos por pecadores.** loc. v. Pagar los inocentes las culpas o errores de otros. *Solo algunos armaron el jaleo, pero al final siempre pagan justos por pecadores.*

juvenil. adj. De la juventud. *Sus ilusiones juveniles no se han cumplido. Viste con ropa juvenil.*

juventud. f. **1.** Condición de joven. *No lo han contratado por su juventud e inexperiencia. Envidia la juventud de su hija.* **2.** Período de la vida de una persona, que se extiende desde la niñez hasta la madurez. *En su juventud viajó mucho. Un amor de juventud.* **3.** Conjunto de los jóvenes. *Dicen que la juventud lee poco. En el pueblo cada vez queda menos juventud.* ○ pl. **4.** Rama juvenil de una organización, espec. política. *Milita en las juventudes del partido.* ▶ **2:** MOCEDAD.

juzgado. m. Juez o conjunto de jueces encargados de administrar justicia en un territorio determinado. *El juzgado ha fallado en contra de la parte demandante.* Tb. el territorio de su jurisdicción o el lugar donde juzga. *El juzgado está al lado del ayuntamiento.*

■ **de ~ de guardia.** loc. adj. coloq. Intolerable o inadmisible. *Su comportamiento es de juzgado de guardia.*

juzgador, ra. adj. Que juzga, espec. respecto a la ley. *Tribunal juzgador.* Dicho de pers., tb. m. y f. *El juzgador ha de ser imparcial.*

juzgar. tr. **1.** Valorar un juez o un tribunal si la actitud o comportamiento (de alguien) son contrarios o no a la ley y establecer una sentencia en función de ello. *Lo juzgan por un delito de sangre.* **2.** Valorar un juez o un tribunal si (un hecho) es contrario o no a la ley y establecer una sentencia en función de ello. *Juzgan la posible vinculación del acusado con la banda terrorista.* **3.** Formar opinión (sobre alguien o algo). *No me atrevo a juzgar su comportamiento.* Tb. usado en constr. intr. *Si no me crees, juzga por ti mismo.* **4.** Considerar (algo o a alguien) de la manera que se indica. *La juzgo capacitada para este puesto.* **5.** Tener (una opinión o idea). *Juzgo que se debería haber obrado de otra manera.* ► **5:** *CREER.

k

k. f. Letra del abecedario español cuyo nombre es *ka.*

ka. f. Letra *k.*

kafkiano, na. adj. **1.** Del escritor checo Franz Kafka (1883-1924) o con características semejantes a las de sus obras. *Un estudio sobre la obra kafkiana.* **2.** Dicho de situación: Absurda hasta el punto de poder angustiar. *Una situación kafkiana.*

káiser. m. histór. Emperador de Alemania. *Las tropas del káiser Guillermo II invadieron Bélgica.*

kaki[1]**.** → **caqui**[1].

kaki[2]**.** → **caqui**[2].

kamikaze. m. **1.** En la Segunda Guerra Mundial: Piloto suicida japonés que tripulaba un avión cargado de explosivos, el cual estrellaba contra su objetivo. *El kamikaze se lanzó contra el acorazado.* ○ m. y f. **2.** Persona temeraria que arriesga su vida. *Conduciendo es un kamikaze.* Tb. fig. *Es una kamikaze de la política.* **3.** Terrorista suicida. *La kamikaze hizo estallar su chaleco de explosivos en un mercado.*

kan. m. histór. Jefe supremo de los tártaros o los mongoles. *Los ejércitos del kan conquistaron China.*

kantismo. m. Doctrina y escuela filosóficas de Immanuel Kant (filósofo alemán, 1724-1804). *Las críticas de Hegel al kantismo.*

karaoke. m. **1.** Diversión consistente en cantar, sobre un fondo musical grabado, una canción cuya letra va apareciendo en una pantalla de vídeo. *Un concurso de karaoke.* **2.** Establecimiento público que ofrece karaoke (→ 1). *Terminaron la noche en un karaoke.* **3.** Equipo de sonido que se usa para el karaoke (→ 1). *Para su cumpleaños le han regalado un karaoke.*

kárate o **karate.** m. Deporte de lucha de origen japonés, en el que se enfrentan dos personas dándose golpes secos con el borde de las manos, con los codos o con los pies. *Da clases de kárate en un gimnasio. Un golpe de karate.*

karateca. m. y f. Persona que practica el kárate. *El equipo olímpico incluye buenos karatecas.*

karma. m. *Rel.* En el hinduismo y el budismo: Conjunto de los actos de una persona durante su vida, que condiciona su destino en las sucesivas reencarnaciones. Tb. la energía que deriva de esos actos. *El karma se disuelve y finalmente se alcanza el nirvana.*

karst. (pl. invar.). m. *Geol.* Paisaje accidentado de terreno calizo, caracterizado por sus formaciones kársticas. *El karst de la Ciudad Encantada, en Cuenca.*

kárstico, ca. (Tb. **cárstico**). adj. *Geol.* Dicho de una formación caliza: Producida por la acción erosiva o disolvente del agua. *Cavidades kársticas. Relieve cárstico.*

katiuska. f. Bota de goma para proteger del agua, que llega hasta media pierna o hasta la rodilla. Gralm. en pl. *Los niños, calzados con katiuskas, chapotean en los charcos.*

kayak. (pl. **kayaks**). m. **1.** Canoa usada por los esquimales, forrada de piel de foca y con una abertura por arriba que se ajusta a la cintura del tripulante. *Los esquimales salen a pescar en sus kayaks.* **2.** *Dep.* Embarcación semejante al kayak (→ 1), propulsada con remos de dos palas y usada en pruebas de velocidad. *Bajan los rápidos en kayak.* Tb. la prueba. *Una medalla de oro en kayak.*

kazako, ka. adj. De Kazajstán (país de Asia). *Nacionalismo kazako.* Dicho de pers., tb. m. y f. *Los kazakos se independizan de la Unión Soviética en 1991.*

kebab. (pl. **kebabs**). m. Masa de carne picada que, ensartada en una varilla, se asa haciéndola girar ante una fuente de calor. *En el turco pedimos kebab con ensalada.*

kéfir. (pl. **kéfires**). m. Leche fermentada artificialmente, que contiene alcohol y ácido carbónico, y es propia del Cáucaso. *Tomamos kéfir en un restaurante armenio.*

kelvin. m. *Fís.* Unidad básica de temperatura del Sistema Internacional, cuya magnitud es igual a la del grado centígrado y que se emplea en la escala absoluta, donde 0 equivale a –273,16 °C (Símb. *K*). Tb. *grado Kelvin. La mínima temperatura que en teoría se puede obtener es la de 0 grados Kelvin.*

kendo. m. Arte marcial de origen japonés, en el que se utiliza una armadura y un sable de bambú. *En el pabellón de deportes vimos una exhibición de kendo.*

keniata. adj. De Kenia. *El puerto keniata de Mombasa.* Dicho de pers., tb. m. y f. *La keniata ganó el oro en la prueba de cinco mil metros.*

kermes. → **quermes.**

kermés. (Tb. **quermés**). f. Fiesta popular al aire libre, con bailes, concursos y rifas, espec. la de carácter benéfico. *Las señoras organizaban kermeses a beneficio de los pobres.*

keroseno. → **queroseno.**

kétchup. m. Salsa de tomate espesa, condimentada con vinagre, azúcar y especias. *¿Me pasas el bote de kétchup?* ▶ CÁTCHUP, CÁTSUP.

kibutz. (pronunc. "kibúts"; pl. invar.). m. Colonia agrícola israelí de producción y consumo comunitarios. *De estudiante trabajó en verano en un kibutz.*

kif. (Tb. **quif**). m. Hachís. *Fumaban quif en una pipa.*

kiko. m. Grano de maíz tostado y gralm. salado. *Compró en un quiosco una bolsa de kikos.*

kilo. (Tb. **quilo**). m. **1.** Kilogramo. *Este mes he perdido tres kilos. Un quilo de tomates.* **2.** coloq. Millón de pesetas. *Le han tocado diez kilos en la lotería.*

kilo-. (Tb. **quilo-**). elem. compos. Significa 'mil'. Se une a n. de unidades de medida para designar el múltiplo correspondiente (Símb. *k*). *Kilohercio, kilovoltio.*

kilobyte. (pronunc. "kilobáit"). m. *Inform.* Unidad de información que equivale a 1024 *bytes* (Símb. *KB*). *El archivo ocupa 123 kilobytes de disco duro.*

kilocaloría. f. *Fís.* Unidad de energía térmica que equivale a 1000 calorías (Símb. *kcal*). *Sigue una dieta de adelgazamiento de 1000 kilocalorías diarias.*

kilociclo. m. *Fís.* Unidad de frecuencia que equivale a 1000 oscilaciones o vibraciones por segundo. *Puede sintonizar nuestra emisora en los 870 kilociclos de la onda media.*

kilogramo. (Tb. **quilogramo**). m. Unidad básica de masa del Sistema Internacional que equivale a 1000 gramos (Símb. *kg*). *Las patatas vienen en bolsas de cinco kilogramos.* Tb. la cantidad de materia que tiene esa masa. *La policía encontró en su domicilio un kilogramo de cocaína.* ▶ KILO.

kilometraje. m. Distancia en kilómetros. *La etapa tiene un recorrido de escaso kilometraje.*

kilométrico, ca. (Tb. **quilométrico**). adj. **1.** Del kilómetro. *Cerca de la señal kilométrica hay un teléfono de emergencia.* **2.** De muy larga extensión o duración. *Una cola kilométrica en el cine. Un discurso kilométrico.* ● m. **3.** Billete kilométrico (→ **billete**). *Enseñó al revisor del tren el kilométrico.*

kilómetro. (Tb. **quilómetro**). m. Unidad de longitud que equivale a 1000 metros (Símb. *km*). *El pinar está a unos diez kilómetros de aquí.*

kilotón. m. *Fís.* Unidad de potencia explosiva que equivale a la de 1000 toneladas de TNT. *Bombas atómicas con una potencia de 20 kilotones.*

kilovatio. m. Unidad de potencia eléctrica que equivale a 1000 vatios (Símb. *kW*). *La presa produce millones de kilovatios al año.* ■ ~ **hora.** m. Unidad de trabajo o de energía que equivale a la energía producida o consumida durante una hora por una potencia de un kilovatio. *Su consumo energético ha sido de 362 kilovatios hora.*

kimono. → **quimono.**

kiosco. → **quiosco.**

kiosquero, ra. → **quiosquero.**

kipá. (pl. **kipás**). f. Casquete redondo que llevan en la cabeza los judíos practicantes durante sus actos religiosos. *Un hombre con kipá reza ante el Muro de las Lamentaciones.*

kirguís. adj. De un pueblo que vive pralm. en Kirguistán (país de Asia). Dicho de pers., tb. m. y f. *Los kuirguises cayeron bajo dominio ruso en el siglo* XIX. ▶ QUIRGUIZ.

kirie. (Tb. **quirie**). m. *Rel.* Invocación a Dios que se hace al principio de la misa, después del introito. *Un solista del coro canta los kiries.*

kirsch. (pal. al.; pronunc. "kirs"). m. Aguardiente de cerezas. *Echa un chorrito de* kirsch *a la macedonia.*

kit. (pl. **kits**). m. Conjunto de productos y utensilios destinados a un determinado fin y comercializados como una unidad. *Me han regalado un kit de maquillaje.*

kitsch. (pal. al.; pronunc. "kich"; pl. invar.). adj. Pretencioso, cursi y de mal gusto o pasado de moda. *Decoración* kitsch. Dicho de estética, tb. m. *La tienda de recuerdos era un auténtico museo del* kitsch.

kivi. m. Kiwi. *Los primeros kivis que llegaron a las fruterías venían de Nueva Zelanda. El kivi es un ave corredora nocturna.*

kiwi. (pronunc. "kíwi" o "kíbi"). m. **1.** Arbusto trepador, originario de China, que produce un fruto comestible aovado, de piel parda y vellosa y pulpa verde y jugosa. *En Andalucía se cultivan kiwis.* Más frec. el fruto. *Los kiwis tienen vitamina C.* **2.** Ave de Nueva Zelanda, del tamaño de una gallina y de pico largo, cuyas alas atrofiadas no le permiten volar. *Los maoríes cazan al kiwi por su carne.* ▶ KIVI, QUIVI.

koala. m. Mamífero australiano semejante a un oso pequeño, de orejas grandes, que habita en los árboles de los bosques de eucaliptos y cuya hembra posee una bolsa donde lleva las crías. *El koala hembra. Los koalas comen hojas de eucalipto.*

koiné. f. **1.** *Ling.* Lengua común a varios territorios, que suele resultar de la adaptación de distintas variedades lingüísticas. *Las provincias que forman la región usan una koiné.* **2.** histór. Lengua griega común a los territorios del Mediterráneo oriental durante las épocas helenística y romana. *La koiné era el vehículo de cultura.*

krausismo. m. Doctrina filosófica de Karl Christian Friedrich Krause (pensador alemán, 1781-1832), de carácter moralista y racionalista, que influyó mucho en la cultura y pensamiento españoles de la segunda mitad del s. XIX. *El sentido del rigor científico, heredado del krausismo, presidía la Institución Libre de Enseñanza.*

krausista. adj. **1.** Del krausismo. *Ideas krausistas.* **2.** Seguidor del krausismo. *Intelectuales krausistas.* Tb. m. y f. *Giner de los Ríos fue un destacado krausista.*

kril. m. Conjunto de crustáceos marinos diminutos, semejantes al camarón, que integran el zooplancton y que constituyen el alimento principal de las ballenas. *La ballena azul se alimenta de kril.* Tb. cada individuo de este conjunto. *El kril suele medir entre 3 y 6 cm de longitud.*

kriptón. (Tb. **criptón**). m. *Quím.* Elemento del grupo de los gases nobles, incoloro e inodoro, empleado en la fabricación de lámparas fluorescentes (Símb. *Kr*). *El kriptón es prácticamente inerte.*

kung-fu. (pronunc. "kunfú"). m. Arte marcial de origen chino, semejante al kárate. *Es maestro de kung-fu.*

kurdo, da. → **curdo.**

kuwaití. adj. De Kuwait. *La moneda kuwaití.* Dicho de pers., tb. m. y f. *Los kuwaitíes tienen explotaciones de petróleo.*

l. f. Letra del abecedario español cuyo nombre es *ele.*

la¹. m. *Mús.* Sexta nota de la escala de do mayor. *Hizo sonar un la en el piano.*

la². → **el.**

la³. → **lo³.**

laberíntico, ca. adj. **1.** Del laberinto. *Las dependencias del hospital tienen una distribución laberíntica. Una afección laberíntica.* **2.** De características semejantes a las de un laberinto, espec. su carácter enredado y confuso. Frec. con intención enfática. *Su razonamiento es laberíntico.*

laberinto. m. **1.** Lugar formado por calles o caminos entrecruzados, en el que es difícil orientarse y encontrar la salida. *El laberinto de callejas de los barrios viejos.* **2.** Cosa enredada y confusa. Frec. con intención enfática. *Tuvo que pasar por un laberinto de trámites.* **3.** *Anat.* Conjunto de cavidades y conductos que constituyen el oído interno de los vertebrados. *Una lesión en el laberinto puede provocar problemas de equilibrio.*

labia. f. coloq. Capacidad de hablar con gracia y de forma persuasiva. *Con esa labia, es capaz de venderte cualquier cosa.*

labial. adj. **1.** Del labio o de los labios. *Crema de protección labial.* **2.** *Fon.* Dicho de articulación o de sonido: Que se produce con la intervención de los labios. *El sonido "b" es labial.* Tb. f., referido a consonante. *La "m" es una labial.*

lábil. adj. **1.** cult. Débil o frágil. *Era una flor delicada, de pétalos lábiles y fino tallo. El organismo se vuelve lábil ante las enfermedades.* **2.** cult. Que resbala o se desliza fácilmente. *El lábil mercurio se escurría entre sus dedos.* **3.** *Quím.* Dicho de compuesto: Que se puede transformar fácilmente en otro más estable. *Los metales nobles forman compuestos lábiles.*

labio. m. **1.** Borde carnoso y móvil de la boca. *Se ha pintado los labios de rojo.* **2.** Borde de una abertura. *Los labios de una herida.* **3.** *Anat.* Borde de la abertura genital femenina. Frec. en pl. *Los labios son pliegues que protegen la entrada de la vagina.* ■ **~ leporino.** m. Labio (→ 1) superior con una hendidura central, como el de la liebre. *Tiene el labio leporino de nacimiento.* □ **morderse los ~s.** loc. v. Evitar reírse o hablar. *Tuve que morderme los labios para no saltar.* ■ **no abrir,** o **no despegar, los ~s.** loc. v. Callar o no contestar. *No abrió los labios en toda la reunión.* ■ **sellar los ~s** de alguien. loc. v. Impedir que esa persona hable. *Mis labios están sellados, no diré una palabra. El pacto que había hecho sellaba sus labios.*

labiodental. adj. *Fon.* Dicho de articulación o de sonido: Que se produce acercando el labio inferior al borde de los incisivos superiores. *El sonido "f" es labiodental.* Tb. f., referido a consonante. *La "f" es una labiodental sorda.*

labor. f. **1.** Conjunto de acciones realizadas con un fin determinado. *Los albañiles interrumpieron la labor para comer. Atender a los periodistas es parte de su labor. Labores de limpieza.* **2.** Trabajo de costura o tejido. *La tía hacía labor sentada en una butaca.* Tb. la pieza en que se hace. *En su ajuar tiene algunas labores que bordó su abuela.* **3.** Labranza (cultivo del campo). *Desde el monte se ven las tierras de labor.* Tb. cada una de las operaciones de esta actividad. *Después de fumigar, hay que esperar unos días para hacer otras labores.* ■ **~ de zapa.** f. Labor (→ 1) que se hace de manera oculta o solapada. *El ciclista realizó una labor de zapa para desbancar al líder.* □ **estar por la ~.** loc. v. Estar dispuesto a hacer aquello que se menciona o a lo que se alude. Frec. en constr. negativas. *Necesitamos su ayuda, pero él no está por la labor.* ■ **sus ~es.** loc. s. En un documento administrativo: Dedicación de la mujer a las tareas de su casa. *En su viejo carné de identidad ponía como profesión "sus labores".* ▶ **3:** LABRANZA.

laborable. m. Día laborable (→ **día**). *Hay más tráfico los laborables que los festivos.*

laboral. adj. Del trabajo, en sus aspectos económico, jurídico y social. *Mi jornada laboral es de ocho horas. Ha firmado un contrato laboral por tres años. El calendario laboral.*

laboralista. adj. Dicho de abogado: Especialista en derecho laboral. *Es abogada laboralista.* Tb. m. y f. *Un laboralista lleva el asunto de mi despido.*

laborar. intr. frecAm. Trabajar. *Los diputados laboraban* EN *la redacción de la Constitución. Los campesinos laboran bajo el sol abrasador. Laboró en el Ministerio de Acción Social* [C].

laboratorio. m. Lugar en que se realizan investigaciones, experimentos o trabajos de carácter científico o técnico. *Las muestras de sangre se analizan en el laboratorio. Los óvulos son fecundados en el laboratorio y luego se implantan a la madre.*

laboratorista. m. y f. Am. Analista (persona que hace análisis químicos o médicos). *Los laboratoristas deben tener cuidado para no pincharse con agujas contaminadas* [C]. ▶ ANALISTA.

laboreo. m. Hecho de trabajar algo, espec. la tierra o una mina. *Hay cuencas mineras donde el laboreo se hace a cielo abierto.*

laboriosidad. f. Cualidad de laborioso o trabajador. *Se valora positivamente la laboriosidad de los trabajadores.*

laborioso, sa. adj. **1.** Trabajador (que se aplica en el trabajo). *Es muy laboriosa y siempre tiene algo que hacer.* **2.** Trabajoso. *El encaje de bolillos es una tarea laboriosa.* ▶ **1:** TRABAJADOR.

laborismo. m. Doctrina o movimiento políticos británicos de carácter socialista y reformista. *Los simpatizantes del laborismo han aumentado tras la crisis.*

laborista. adj. **1.** Partidario del laborismo. *Diputados laboristas.* Tb. m. y f. *Los laboristas británicos se reunirán en un congreso.* **2.** Del laborismo. *El líder laborista. El ideario laborista.*

labra. f. Hecho o efecto de labrar. *Se dedicaba a la labra de madera. La portada de la iglesia destaca por la perfección de su labra.* ▶ LABRADO.

labrado. m. Hecho o efecto de labrar, espec. una materia para darle forma. *Antes de sembrar, se procede al labrado de la tierra. Los canteros se dedican al labrado de la piedra.* ▶ LABRA.

labrador, ra. adj. Que labra o cultiva la tierra, espec. si es de su propiedad. Tb. m. y f. *Los labradores temen que el granizo estropee la cosecha.* ▶ LABRIEGO.

labrantío, a. adj. Dicho de terreno: Destinado al cultivo. *La finca es un terreno labrantío de varias hectáreas.* Tb. m. *Por allí abundan las viñas y los labrantíos.*

labranza. f. **1.** Cultivo del campo. *Tierras de labranza. En el cobertizo guarda hoces, rastrillos y otros aperos de labranza.* **2.** Tierra destinada a la labranza (→ 1). *Las labranzas del pueblo están regadas por el río.* ▶ **1:** LABOR.

labrar. tr. **1.** Arar (la tierra). *Hay que labrar el terreno antes de la siembra.* **2.** Cultivar (la tierra). *El hombre pescaba y labraba la tierra para obtener alimentos.* **3.** Trabajar (algo) dándo(le) forma. *Es un experto en labrar el bronce. Los canteros labran los sillares con un cincel.* **4.** Hacer relieves (en una materia) como adorno. *Unas puertas de madera labrada. La túnica es de seda labrada.* **5.** cult. Hacer lo necesario para causar o conseguir (algo, como la felicidad o la desgracia). *Delito tras delito, fue labrando su ruina.* Frec. con un pron. expresivo de interés. *Con esfuerzo se labrará un porvenir.* ▶ **1:** ARAR. **2:** CULTIVAR.

labriego, ga. m. y f. Labrador. *Los labriegos siegan la mies.*

laburar. intr. Am. coloq. Trabajar (ejercer una actividad retribuida). *Él nos paga, nosotros laburamos* [C].

laburo. m. Am. coloq. Trabajo (actividad retribuida). *Acá vas a buscar laburo y te exigen experiencia previa* [C].

laca. f. **1.** Sustancia resinosa, traslúcida y de color rojo, que se forma en las ramas de algunos árboles asiáticos. *Con la laca se fabricaba lacre.* **2.** Barniz duro y brillante fabricado a partir de la laca (→ 1). *La laca se emplea en el arte tradicional chino.* **3.** Barniz de aspecto parecido al de la laca (→ 2). *Pinte la madera con una capa de laca.* **4.** Cosmético líquido e incoloro que se vaporiza sobre el cabello para mantener el peinado. *La peluquera me puso laca.* ■ **~ de uñas.** f. Cosmético que se usa para colorear las uñas o darles brillo. *Aplique la laca de uñas y espere a que se seque.* ⇒ ESMALTE, PINTAÚÑAS.

lacado. m. Hecho o efecto de lacar. *Se procederá a la reparación, lacado y tapizado de las butacas.*

lacar. tr. Cubrir o barnizar con laca (algo). *El pintor tiene que lacar las puertas.* ▶ LAQUEAR.

lacayo. m. histór. Criado vestido de librea cuya ocupación era acompañar a su amo. *El lacayo abría la puerta del coche a su señor.*

lacedemonio, nia. adj. histór. De Lacedemonia (país de la antigua Grecia). *Las tropas lacedemonias invadieron el Ática.* Dicho de pers., tb. m. y f. *Los lacedemonios lucharon contra los atenienses.*

lacerante. adj. cult. Que lacera. *Un lacerante dolor. El recuerdo lacerante de su infancia.*

lacerar. tr. cult. Herir o hacer daño (a alguien o a una parte de su cuerpo). *Las lanzas laceran su pecho.* Tb. fig. *Le lacera el alma tanta ingratitud.*

lacería. f. *Arte* Decoración geométrica que consiste en una serie de líneas entrecruzadas alternativamente unas sobre otras y formando determinadas figuras. *La iglesia tiene un artesonado de lacería.*

lacio, cia. adj. **1.** Marchito o ajado. *Las flores se han secado y sus hojas están lacias.* **2.** Dicho de cabello: Liso, o sin ondas ni rizos. *Tiene el pelo lacio y rubio.* ▶ **2:** LISO.

lacón. m. Parte de la pata delantera del cerdo que se extiende entre el codo y la rodilla, espec. la curada como jamón. *Hay que desalar el lacón antes de cocerlo.*

lacónico, ca. adj. **1.** Dicho de persona: Que se expresa de manera breve y concisa. *Es una mujer muy lacónica.* **2.** Propio de la persona lacónica (→ 1). *Manda unos mensajes muy lacónicos, casi telegráficos.*

laconismo. m. Cualidad de lacónico. *Me irrita su laconismo: nunca da detalles de nada.*

lacra. f. cult. Defecto o vicio morales. *La lacra del racismo.*

lacrar. tr. Cerrar (algo) con lacre. *El testamento está en un sobre lacrado.*

lacre. m. Pasta sólida y gralm. roja, que se utiliza derretida para cerrar o sellar cartas, documentos o paquetes y evitar que puedan abrirse sin que se note. *En correos me cerraron el paquete con lacre.*

lacrimal. adj. *Anat.* De las lágrimas. *El conducto lacrimal.*

lacrimógeno, na. adj. **1.** Dicho espec. de gas: Que produce lágrimas. *Han utilizado gases lacrimógenos para desalojar el edificio.* **2.** despect. Dicho de cosa: Que incita al llanto por su carácter triste o conmovedor. *Aborrezco los folletines lacrimógenos.*

lacrimoso, sa. adj. **1.** cult. Que tiene lágrimas. *Es un viejecito de ojos cansados y lacrimosos.* **2.** despect. Lacrimógeno (que incita al llanto). *Los invitados del programa cuentan historias lacrimosas.*

lactancia. f. Hecho de alimentarse una persona o un mamífero básicamente con leche durante el primer período de su vida. *Los pediatras recomiendan la lactancia natural.* Tb. ese período. *Durante la lactancia, la madre necesita un aporte extra de minerales.*

lactante. adj. **1.** Dicho de persona o de mamífero: Que se alimenta básicamente con leche, estando en el primer período de su vida. *Un bebé lactante. Los perritos lactantes permanecen cuarenta días con su madre.* Tb. m. y f. *La dieta del lactante.* **2.** Que da de mamar. *Las madres lactantes.* Dicho de mujer, tb. f. *Las lactantes deben vigilar su alimentación.*

lácteo, a. adj. De la leche. *Productos lácteos. Sector lácteo.* Dicho de producto alimenticio, tb. m. *Se deben consumir queso, yogur y otros lácteos.*

láctico, ca. adj. *tecn.* De la leche. *El yogur se produce provocando la fermentación láctica.*

lactosa. f. *Quím.* Azúcar que se encuentra en la leche. *En la fermentación del queso, la lactosa se transforma en ácido láctico.*

lacustre. adj. cult. Del lago. *Los palafitos son viviendas lacustres.*

ladear. tr. Inclinar (algo) hacia un lado. *Tenía que ladear la cabeza para ver la pantalla.*

ladera. f. Parte inclinada de un monte o de otra altura del terreno. *En las laderas de la montaña crece el romero.*

ladilla. f. Insecto pequeño, redondo y amarillento, que vive parásito en las partes vellosas del cuerpo humano. *Las ladillas producen intensos picores.*

ladino, na. adj. **1.** Que es despierto y tiene habilidad para conseguir lo que quiere, espec. con engaños. *El muy ladino nos entretuvo mientras nos robaban.* **2.** Am. Dicho de persona: Mestizo. Frec. referido a los de habla española. *Una minoría ladina acapara la mayoría de beneficios de modernidad* [C]. Tb. m. y f. *El sistema trataba de aislarnos con barreras entre indios y ladinos* [C]. ● m. **3.** Sefardí (variedad del español). *Los judeoespañoles dispersos por el mundo aún conservan el ladino.* ▶ **1:** *ASTUTO. **2:** MESTIZO. **3:** *SEFARDÍ.

lado. m. **1.** Parte, considerada por separado, de las varias que se pueden diferenciar en una cosa. *Coge el cuchillo por el lado del mango. El camarero está al otro lado del mostrador. La ciudad se hallaba sitiada por todos lados.* **2.** Parte izquierda o derecha de alguien o algo. *Sufrió una parálisis y tiene inmovilizado un lado del cuerpo.* **3.** Parte lateral del cuerpo humano comprendida entre la axila y la cintura. *Tenía un terrible dolor en un lado.* **4.** Cada una de las dos caras de una tela, de una moneda o de otra cosa semejante. *Un lado de la moneda tiene el símbolo del euro. Escribo en ambos lados de la hoja.* **5.** Sitio o lugar. *Pon estos trastos en otro lado.* **6.** *Mat.* Cada una de las dos líneas que forman un ángulo. *Los lados del ángulo recto.* **7.** *Mat.* Cada una de las líneas que forman o limitan un polígono. *El perímetro de un rectángulo se halla sumando la longitud de sus lados.* ■ **al ~** (de alguien o algo). loc. adv. **1.** Cerca o a poca distancia (de esa persona o cosa). *El cine está al lado* DE *casa. Tenemos el metro al lado.* **2.** En el lugar inmediato a un lado (→ 2) (de esa persona o cosa). *Mi hermano se sentó al lado* DE *Silvia. Ven, ponte a mi lado.* **3.** En comparación (con esa persona o cosa). *Al lado* DEL *suyo, tu coche es una birria. A nuestro lado, aquel equipo era fabuloso.* **4.** A favor (de esa persona). *Siempre está al lado* DE *los débiles.* ■ **dar de ~** (a alguien). loc. v. Dejar el trato o la compañía (de esa persona). *Por chivato, sus compañeros lo dieron de lado.* ■ **dejar a un ~** (algo). loc. v. Omitir(lo) o dejar de tener(lo) en cuenta. *Dejemos a un lado ese asunto, que no es urgente.* ■ **de ~.** loc. adv. Con inclinación hacia un lado (→ 2). *Ella duerme de lado.* ■ **de ~ a ~.** loc. adv. De un extremo al otro. *Cruzamos la ciudad de lado a lado. La lanza atraviesa al animal de lado a lado.* ■ **del ~** (de alguien). loc. adv. A favor (de esa persona) o de acuerdo (con ella). *En la discusión, se puso* DE *mi lado. Estoy del lado* DE *los republicanos.* ■ **de medio ~.** loc. adv. De manera oblicua. *Observa la escena de medio lado, sin volverse.* Tb. loc. adj. *Siempre está con esa sonrisa de medio lado.* ■ **de un ~ a, o para, otro.** loc. adv. Con mucho movimiento o actividad. *Llevo todo el día de un lado para otro y estoy rendida.* ■ **por su ~.** loc. adv. Con independencia o autonomía. *Abandonó el grupo musical y se fue por su lado. Si no me ayudas a buscar piso, lo haré por mi lado.* ■ **por un ~.** loc. adv. Enunciado ante un elemento de oración, introduce un aspecto de algo que se considera. Se usa en correlación con *por otro* (~), que introduce otro aspecto que complementa el anterior. *Por un lado, me gusta el jersey, pero por otro es muy caro. Por un lado nos apetece ir a la fiesta; por otro lado, estamos muy cansados.* ▶ **1-3:** COSTADO.

ladrador, ra. adj. Que ladra. *Un perro muy ladrador.*

ladrar. intr. Dar ladridos un perro. *El mastín ladra cuando oye un ruido raro.*

ladrido. m. Voz característica del perro. *Al pasar oímos los ladridos del perro guardián.*

ladrillo. m. **1.** Pieza de barro cocido en forma de prisma rectangular que se emplea para construir muros y para solar. *El albañil levanta un tabique con ladrillos y cemento.* **2.** coloq. Cosa pesada o aburrida. *La película es un verdadero ladrillo.*

ladrón, na. adj. **1.** Que roba. *El frutero es bastante ladrón y siempre nos sisa en el peso.* Dicho de pers., tb. m. y f. *Unos ladrones desvalijaron el local.* Frec. fig. *Presume de ser un ladrón* DE *corazones.* ● m. **2.** Enchufe o clavija con salida para varias tomas de corriente eléctrica. *Necesitamos un ladrón para enchufar la tele y el vídeo.* ▶ **1:** RATERO.

lady. (pal. ingl.; pronunc. "léidi"). f. Se usa, antepuesto al nombre de pila o al apellido, como tratamiento que corresponde a la esposa de un lord. *Lady Windsor asistió a las carreras de Ascot.*

lagar. m. Lugar en que se pisan o se prensan la uva, la aceituna o la manzana para obtener su jugo. *Vaciaban los capachos de uva en el lagar.* Tb. el edificio donde se encuentra este lugar. *El tractor, cargado de aceitunas, se dirige al lagar.*

lagarta. → **lagarto.**

lagartija. f. Reptil parecido al lagarto pero de menor tamaño, que es muy asustadizo y vive en los huecos de las paredes y las rocas. *La lagartija se escondió en una rendija.*

lagarto, ta. m. **1.** Reptil de color verdoso, cabeza ovalada, cuatro patas cortas y cola muy larga. *Tumbado al sol en una roca había un lagarto.* Tb. designa específicamente al macho. ○ f. **2.** Hembra del lagarto (→ 1). *La lagarta pone los huevos y los abandona.* ○ m. y f. **3.** coloq. Persona pícara o astuta. *A Andrés lo ha pescado una lagarta.* Tb. adj. *No te fíes de ella, que es muy lagarta.* ■ **lagarto.** interj. Se usa, gralm. repetida, para ahuyentar la mala suerte cuando alguien menciona algo que la puede traer, espec. la culebra. *–He visto una culebra enorme. –Lagarto, lagarto.*

lagartón, na. m. y f. coloq. Lagarto (persona astuta). *Es un lagartón poco fiable.* Tb. adj. *Es tan lagartona que prefiero no tratar con ella.*

lago. m. Masa grande y permanente de agua depositada en una depresión del terreno. *En la orilla del lago crecen los juncos. En los grandes lagos se puede navegar.*

lagomorfo. adj. **1.** *Zool.* Del grupo de los lagomorfos (→ 2). *Mamíferos lagomorfos.* ● m. **2.** *Zool.* Mamífero que se caracteriza por tener dos pares de incisivos superiores capacitados para roer, como el conejo y la liebre.

lágrima. f. **1.** Gota de líquido acuoso segregada por una glándula del ojo debido a la irritación de este, o a un dolor o una emoción. *Estaba triste y tenía los ojos llenos de lágrimas.* **2.** En una lámpara: Adorno de cristal con forma de lágrima (→ 1). *Limpia con cuidado las lágrimas de la araña del salón.* ○ pl. **3.** Pesadumbre o tristeza. *Vender la casa de mamá nos costó muchas lágrimas.* ■ **llorar a ~ viva.** loc. v. Llorar derramando muchas lágrimas (→ 1). *En la despedida, lloramos a lágrima viva.* ■ **llorar ~s de sangre.** loc. v. Sentir arrepentimiento y desesperación. *Si no echas una mano ahora, luego llorarás lágrimas de sangre.* ■ **saltársele las ~s** (a alguien). loc. v. Aparecer las lágrimas (→ 1) en los ojos (de esa persona) sin llegar a caer. *Se me saltaban las lágrimas de emoción.*

lagrimal. m. Extremo del ojo que está próximo a la nariz. *Tiene legañas en el lagrimal.*

lagrimear. intr. Segregar lágrimas el ojo. *Le lagrimean los ojos debido a la alergia.*

lagrimeo. m. Hecho de lagrimear. *Picar una cebolla suele producir picor y lagrimeo.*

laguna. f. **1.** Masa de agua depositada en una depresión del terreno, gralm. permanente y de menor tamaño que un lago. *El riachuelo desemboca en una laguna.* **2.** Carencia o falta de algo. *Tiene lagunas en su formación académica. La enfermedad se manifiesta con lagunas* DE *memoria.*

laicado. m. *Rel.* Conjunto de los fieles laicos. *El Papa habló del compromiso del laicado con los problemas sociales.*

laicismo. m. Doctrina que defiende la independencia del hombre y de la sociedad, espec. del Estado, respecto a cualquier confesión religiosa. *Los defensores del laicismo abogan por la separación de la Iglesia y el Estado.*

laicista. adj. **1.** Partidario del laicismo. *Un partido laicista.* Dicho de pers., tb. m. y f. *A las elecciones concurren laicistas radicales y fundamentalistas islámicos.* **2.** Del laicismo. *Es una constitución de carácter laicista.*

laicización. f. Hecho de laicizar o laicizarse. *Fue el artífice de la laicización de la educación en su país.*

laicizar. tr. Hacer laico (algo o a alguien). *El presidente laiciza su política.* Tb. en constr. prnl. media. *Con el paso del tiempo, los contenidos televisivos se han laicizado.*

laico, ca. adj. **1.** Independiente de cualquier confesión religiosa. *Un Estado laico. La enseñanza laica y la religiosa.* **2.** *Rel.* Que no tiene órdenes clericales. *Los católicos laicos.* Tb. m. y f. *Sacerdotes y laicos.*

laísmo. m. *Gram.* Empleo de los pronombres *la* y *las* como complemento indirecto, en lugar de *le* y *les*. *El laísmo es más frecuente en la zona central de España. "La dije que sí" es un ejemplo de laísmo.*

laísta. adj. **1.** *Gram.* Que practica el laísmo. *Los hispanoamericanos no son laístas.* Dicho de pers., tb. m. y f. *"La pondré un vestido" es lo que dirían los laístas.* **2.** *Gram.* Del laísmo. *Uso laísta.*

laja. f. Lancha (piedra). *Las casas del pueblo están construidas con lajas superpuestas.* ▶ LANCHA.

lama¹. f. Fango de color oscuro que se forma en el fondo de las aguas detenidas. *La lama del pantano.* ▶ *BARRO.

lama². f. Lámina fina y plana de un material duro. *La rejilla del aire acondicionado es de lamas de aluminio. La puerta del armario tiene lamas de madera.*

lama³. m. *Rel.* En el budismo: Sacerdote del lamaísmo. *Los lamas celebran una fiesta que conmemora la reencarnación de Buda.*

lamaísmo. m. *Rel.* Secta budista del Tíbet (región asiática). *El lamaísmo emplea las técnicas del yoga y la meditación.*

lamber. tr. Am. coloq. Lamer (algo o a alguien). *¿A qué se queda el gato, si no es a lamber el plato?* [C]. *Ahora empiezan a lamberse y besarse y a abrazarse* [C] *¡A mí no me van a obligar a lamberle el culo a ningún político!* [C].

lambiscón, na. adj. Am. coloq. Adulador. *Premian a los medios que se muestran lambiscones* [C]. Dicho de pers., tb. m. y f. *Y después invitó personalmente a sus lambiscones más queridos* [C]. *No habrá gobernantes mezquinos, no habrá ya lambiscones de príncipes* [C].

lamé. m. Tela tejida con hilos laminados de oro o de plata. *Lleva un vestido de lamé y zapatos de tacón.*

lameculos. m. y f. coloq., despect. Persona aduladora y sumisa ante la autoridad o ante otros. *Siempre hay algún lameculos haciéndole la pelota al jefe.*

lamelibranquio. adj. **1.** *Zool.* Del grupo de los lamelibranquios (→ 2). *Molusco lamelibranquio.* ● m. **2.** *Zool.* Molusco de concha de dos valvas, sin cabeza diferenciada y con un pie en forma de hacha, como la almeja y el mejillón.

lamentable. adj. **1.** Digno de lamentación. Frec. con intención enfática. *Es lamentable la falta de medios de esta escuela.* **2.** coloq. Que por su aspecto o su calidad causa disgusto. *La comida de ese restaurante es lamentable.*

lamentablemente. adv. De manera lamentable. *Lamentablemente, no se pudo hacer nada para salvarla.*

lamentación. f. Hecho de lamentar o lamentarse. *La lamentación no te servirá de consuelo.* Tb. las palabras con que se hace. *Estoy cansada de oír sus lamentaciones.*

lamentar. tr. **1.** Sentir pena o contrariedad (por algo). *Lamentamos las molestias que les hemos causado.* ○ intr. prnl. **2.** Expresar pena o contrariedad por algo. *Se lamenta* DE *que su sueldo es muy bajo.*

lamento. m. Lamentación o queja. *Se oían los lamentos del enfermo desde el pasillo.*

lamentoso, sa. adj. **1.** Que se lamenta. *Es muy lamentoso y siempre viene con alguna queja.* **2.** Propio de la persona lamentosa (→ 1). *Me lo contó con tono lamentoso.*

lamer. tr. Pasar la lengua por la superficie (de algo). *La niña está lamiendo un polo.*

lametazo. m. coloq. Lametón. *Se toma el helado a lametazos.*

lametón. m. Hecho de lamer, espec. de manera enérgica. *El perro salta de alegría y me da lametones.*

lamia. f. En la mitología grecorromana: Ser fantástico terrorífico con cabeza de mujer y cuerpo de dragón. *Contaban historias de lamias para asustar a los niños.*

lámina. f. **1.** Porción plana y de poco grosor de una materia. *La puerta lleva en su interior una lámina de hierro. Corte el pepino en finas láminas.* **2.** Lámina (→ 1) de cobre u otro metal en que está grabado un dibujo para estamparlo. *El grabador coloca la lámina y el papel en la prensa.* **3.** Dibujo trasladado al papel. *De la pared cuelgan láminas de Goya. En la enciclopedia hay una lámina del cuerpo humano.* **4.** Figura total de una persona o animal. Frec. con *buena* o *mala*. *El primer toro es negro y de buena lámina.*

laminación. f. Hecho de laminar. *La laminación del acero.*

laminado. m. Hecho o efecto de laminar. *El laminado del acero puede hacerse en frío o en caliente.*

laminar¹. adj. **1.** De forma de lámina. *El pez tiene branquias laminares.* **2.** Dicho de la estructura de un cuerpo: Que tiene sobrepuestas y paralelas sus láminas u hojas. *Un yeso de estructura laminar.*

laminar². tr. Dar (a algo, espec. a un metal) forma de lámina. *En la fábrica laminan el hierro con grandes máquinas.*

lámpara. f. **1.** Aparato que sirve de soporte a una o más bombillas o velas. *Enciende la lámpara de su escritorio. En el salón hay una lámpara de pie.* **2.** Utensilio que sirve para dar luz mediante la combustión de una sustancia o mediante corriente eléctrica. *Antiguamente se empleaban lámparas de aceite.* **3.** *Fís.* Dispositivo que se emplea en algunos aparatos eléctricos para generar, amplificar, detectar o modular señales eléctricas. *El técnico reparó la radio cambiándole una lámpara.*

lamparilla. f. Lámpara formada por una mecha sujeta a un disco de corcho que flota en un recipiente con aceite. *Los devotos ponen lamparillas junto a la imagen de la Virgen.*

lamparón. m. coloq. Mancha de grasa caída en la ropa. *Llevas un lamparón en la blusa.*

lampiño, ña. adj. Que no tiene pelo o vello. *Rostro lampiño. Las hojas de la planta son velludas por el haz y lampiñas por el envés.*

lamprea. f. Pez comestible de cuerpo alargado, cilíndrico y sin escamas, con boca en forma de ventosa, del que existen una especie marina y otra de río. *La especialidad del restaurante gallego es la lamprea.*

lana. f. **1.** Pelo de oveja. *La lana se hila y sirve para hacer tejidos.* **2.** Hilo de lana (→ 1). *Un ovillo de lana.* **3.** Tejido de lana (→ 1). *Lleva una chaqueta de lana.* **4.** Pelo parecido a la lana (→ 1) pero de otro animal. *Las tiendas de los beduinos estaban hechas con lana de camello.* **5.** coloq. Dinero. *Si quieres un coche nuevo, tendrás que soltar la lana.*

lanar. adj. De la oveja. *Ganado lanar.* ▶ OVINO.

lance. m. **1.** Suceso o acontecimiento. *El abuelo nos estuvo contando lances de su juventud.* **2.** *Taurom.* Suerte de las que ejecuta el torero o matador de toros en la lidia, espec. la realizada con el capote. *El lance favorito del diestro es la chicuelina.* ■ **~ de honor.** m. Desafío para batirse en duelo. *Una bala terminó con su vida en un lance de honor.* ▶ **2:** SUERTE.

lancear. tr. *Taurom.* Torear (a un toro) con la capa. *Al lancear al primer toro, el diestro fue enganchado.* Tb. usado en constr. intr. *El torero lanceó a la verónica con corrección.*

lanceolado, da. adj. *Bot.* Dicho espec. de hoja: De forma de punta de lanza. *Las hojas del eucalipto son lanceoladas.*

lancero. m. Soldado armado con lanza. *Los lanceros, en uniforme de gala, acompañan a la comitiva real.*

lanceta. f. *Med.* Instrumento de hoja de acero, afilada por ambos lados y con la punta muy aguda, que sirve para hacer incisiones. *Antiguamente se empleaba la lanceta para hacer sangrías.*

lancha¹. f. Piedra lisa, plana y de poco grosor. *Una lancha de granito sirve de puente en el arroyo. Construían las casas con lanchas de pizarra.* ▶ LAJA.

lancha². f. Embarcación a remo, a vela o a motor, empleada para el transporte en los puertos o entre puntos cercanos de la costa, o como barco de recreo. *Los servicios de rescate recogieron al bañista en una lancha.*

landa. f. Gran extensión de tierra llana en que solo se crían plantas silvestres. *Paseamos por las landas pobladas de brezos y zarzas.*

landó. m. histór. Coche de cuatro ruedas tirado por caballos, con capota delantera y trasera plegables. *Las damas paseaban en un landó por la avenida.*

lanero, ra. adj. De la lana. *Burgos era el centro del comercio lanero en la época de los Reyes Católicos.*

langosta. f. **1.** Crustáceo marino comestible de cuerpo alargado y cilíndrico y color oscuro, con diez patas sin pinzas, cuatro antenas y cola carnosa. *Podemos pedir langosta con mayonesa.* **2.** Insecto parecido al saltamontes pero de mayor tamaño, que se reproduce con gran rapidez y forma plagas que devastan los campos, y del que existen varias especies. *La voracidad de las langostas arruinó la cosecha.*

langostino. m. Crustáceo marino comestible de color pardo, con diez patas y con pinzas en seis de ellas, caparazón poco consistente y cola larga. *Los langostinos se vuelven rojizos al cocerlos.*

languidecer. (conjug. AGRADECER). intr. Ponerse lánguido. *El pobre muchacho languidecía en su cama. Al final de la velada la conversación languidece.*

languidez. f. Cualidad de lánguido. *Quiero vencer la languidez que me entra a la hora de la siesta. Tras un período de languidez, el negocio se recupera.*

lánguido, da. adj. Que tiene poca fuerza o energía. *Después de la enfermedad estaba muy lánguida. Dejó caer los brazos con gesto lánguido.*

lanilla. f. Tejido fino hecho con lana. *Lleva una bufanda azul de lanilla.*

lanolina. f. Sustancia grasa que se extrae de la lana y se utiliza para fabricar pomadas y cosméticos. *Una crema con lanolina.*

lanoso, sa. adj. Lanudo. *Los cachorros de lobo tienen la piel lanosa.*

lantánido. adj. *Quím.* Dicho de elemento: Que tiene un número atómico comprendido entre el 57 y el 71. Tb. m. *Todos los minerales contienen algún lantánido.* Frec., en pl., designa el grupo correspondiente de la tabla periódica de los elementos. *El cerio pertenece a los lantánidos o tierras raras.*

lanudo, da. adj. Dicho espec. de animal: Que tiene mucha lana o pelo. *Un perro lanudo.* ▶ LANOSO.

lanza. f. Arma compuesta por un palo largo con un hierro puntiagudo y cortante en el extremo. *Los jinetes atacaban al enemigo con sus lanzas.* ■ **romper una ~** (por alguien o algo). loc. v. Salir en defensa (de él o de ello). *El artista ha roto una lanza* POR *la renovación de la pintura.*

lanzacohetes. m. Arma que dispara cohetes. *Entre el material requisado hay lanzacohetes y granadas.*

lanzada. f. Golpe o corte dados con una lanza. *El romano asestó una fuerte lanzada al cartaginés.* ▶ LANZAZO.

lanzadera. f. **1.** Vehículo capaz de transportar un objeto al espacio y situarlo en él. *La lanzadera puso en órbita un satélite espía.* Tb. *~ espacial. La lanzadera espacial transporta un satélite de comunicaciones.* **2.** Instrumento alargado y con punta en sus extremos que se emplea en un telar para hacer la trama. *La tejedora pasa la lanzadera entre los hilos del tapiz.*

lanzado, da. part. **1.** → **lanzar.** ● adj. **2.** Que actúa de manera impetuosa y sin pensar en los posibles peligros o dificultades. *Hay que tener cuidado con él, que es muy lanzado.*

lanzador, ra. adj. **1.** Que lanza o sirve para lanzar algo o a alguien, espec. impulsándolos con fuerza. *El mecanismo lanzador de un arma.* Dicho de aparato, tb. m. *Para poner satélites en órbita utilizan sofisticados lanzadores.* ● m. y f. **2.** Persona que practica algún tipo de lanzamiento, espec. como deporte. *Los lanzadores de disco desarrollan mucho la musculatura de los brazos.*

lanzagranadas. m. Arma portátil que sirve para lanzar granadas o proyectiles. *Los carros blindados han sido atacados con lanzagranadas.*

lanzallamas. m. Arma que lanza un chorro de líquido inflamado a varios metros de distancia. *Los guerrilleros prendieron fuego a las casas con un lanzallamas.*

lanzamiento. m. **1.** Hecho de lanzar. *La fiesta termina con el lanzamiento de cohetes. El pívot falló el lanzamiento. Oferta de lanzamiento: dos artículos por el precio de uno.* **2.** Prueba atlética que consiste en lanzar un determinado objeto a distancia y desde una zona determinada. *Posee el récord de lanzamiento de jabalina.*

lanzamisiles. adj. **1.** Dicho de vehículo o rampa: Que tiene lanzamisiles (→ 2). *Un crucero lanzamisiles.* ● m. **2.** Dispositivo para lanzar misiles. *El barco está dotado de lanzamisiles antiaéreos.*

lanzar. tr. **1.** Impulsar con fuerza (algo o a alguien) hacia un sitio. *Alguien ha lanzado una piedra* CONTRA *la ventana. Me lancé* A *la piscina.* Tb. fig. *La película lanzó al actor* AL *estrellato.* Tb. usado en constr. intr. *El jugador lanza y encesta.* **2.** Seguido de un nombre que expresa acción: Realizar con ímpetu o fuerza (lo designado por ese nombre). *El diputado ha lanzado duras críticas. Me lanzó una mirada acusadora.* **3.** Promover la rápida difusión (de algo nuevo). *Han lanzado el nuevo coche con una gran campaña.* ○ intr. prnl. **4.** Empezar alguien a hacer algo con mucho ánimo o con irreflexión. *Las parejas se lanzan* A *bailar. No puedo lanzarme alegremente* A *esa aventura.* ▶ **1:** ARROJAR, TIRAR. ‖ **Am: 1:** AVENTAR.

lanzaroteño, ña. adj. De Lanzarote. *Arrecife es la capital lanzaroteña.* Dicho de pers., tb. m. y f. *Muchos lanzaroteños viven de la pesca o del turismo.*

lanzatorpedos. adj. Que sirve para lanzar torpedos. *Los destructores están dotados de seis tubos lanzatorpedos.* Dicho de dispositivo, tb. m. *El armamento de la fragata incluye cuatro lanzatorpedos antisubmarinos.*

lanzazo. m. Lanzada. *Un horrible lanzazo le atravesó el pecho.*

laña. f. Grapa, espec. la que se usa para unir barro o porcelana. *Reparó con lañas el cántaro quebrado.*

laosiano, na. adj. De Laos (país de Asia). *La economía laosiana se basa en la agricultura.* Dicho de pers., tb. m. y f. *La mayoría de los laosianos son budistas.*

lapa. f. **1.** Molusco de concha cónica que se adhiere con fuerza a las rocas por medio de un pie y del que existen varias especies. *Para coger las lapas utilizamos una navaja.* **2.** Persona pesada o insistente de la que es difícil deshacerse. *Teresa es una lapa y me sigue a todos los sitios.*

laparoscopia. f. *Med.* Exploración de la cavidad abdominal mediante un instrumento parecido al endoscopio. *Le han hecho una laparoscopia de urgencia para averiguar si tiene un tumor.*

lapicera. f. **1.** Am. Pluma estilográfica. *Cargué la lapicera y escribí de un tirón mi mensaje* [C]. **2.** Am. Bolígrafo. *Busca un cuaderno y una lapicera y se pone a escribir* [C]. ▶ **1:** PLUMA.

lapicero. m. **1.** Lápiz (instrumento para escribir). *El niño dibuja con lapiceros de colores.* **2.** Am. Bolígrafo. *La firma se encarga de la fabricación de los lapiceros de tinta lila* [C]. *Había una carta a medio hacer, la tinta todavía brillando, y un lapicero abierto* [C]. ▶ **1:** LÁPIZ.

lápida. f. Piedra plana en la que gralm. se pone una inscripción. *Para cerrar las sepulturas se utiliza una lápida grande. Pondrán una lápida conmemorativa en la antigua casa del poeta.*

lapidación. f. Hecho de lapidar. *La muchedumbre se apiñaba para ver la lapidación del condenado.*

lapidar. tr. Matar (a alguien) a pedradas. *En Nigeria lapidaron a una mujer por cometer adulterio.* ▶ APEDREAR.

lapidario, ria. adj. cult. Dicho de lenguaje, estilo o expresión: Digno de ser grabado en una lápida, debido a su concisión y exactitud. *Sócrates acuñó la frase lapidaria: "Solo sé que no sé nada". El columnista tiene un estilo lapidario.* Frec. en sent. irónico. *Si sigues hablando con frases lapidarias, yo me voy.*

lapislázuli. m. Mineral de color azul intenso y tan duro como el acero, que se emplea en joyería y para fabricar objetos de adorno. *Llevaba un collar de lapislázuli con cierre de plata. Los muros del templo tienen incrustaciones de nácar y lapislázuli.*

lápiz. m. **1.** Utensilio para escribir o dibujar formado por un cilindro o prisma de madera con una barra de grafito en su interior. *¿Tienes un lápiz para apuntar mi teléfono? El pintor traza a lápiz las primeras líneas del retrato.* **2.** Cosmético en forma de lápiz (→ 1), que se usa para pintar determinadas partes del rostro. *Utiliza un lápiz de ojos para perfilar el borde de los párpados.* ■ **~ de labios.** m. Pintalabios en forma de lápiz (→ 1). *Se pintó la boca con un lápiz de labios rojo.* ▶ **1:** LAPICERO.

lapón, na. adj. De Laponia (región del noroeste de Europa que comprende territorios de Noruega, Suecia, Finlandia y Rusia). *En el territorio lapón habitan osos blancos y lobos.* Dicho de pers., tb. m. y f. *Los lapones son nómadas.*

lapso. m. Tiempo comprendido entre dos límites. *En su trayectoria hay un lapso de cinco años en que no trabajó.* Tb. *~ de tiempo. En tan breve lapso de tiempo han ocurrido varios accidentes.*

lapsus. m. (pl. invar.). cult. Falta o equivocación cometidas por descuido. *Llamarla Susana en lugar de Marta fue un terrible lapsus.*

laqueado. m. Hecho o efecto de laquear. *Los laqueados resultan muy decorativos.*

laquear. tr. Lacar. *La almohadilla se impregna de laca y luego se frota sobre la superficie que se va a laquear.*

lar. m. **1.** Hogar (lugar donde se enciende el fuego). *En un caldero apoyado en un lar de piedras, cocía el guiso. Puso en el lar de la chimenea hierba seca y leña menuda.* ○ pl. **2.** En la mitología grecorromana: Dioses domésticos que protegen a la familia. *A los lares se les ofrecían sacrificios en las fiestas familiares.* ▶ **1:** HOGAR.

larga. → **largo.**

largamente. adv. Durante mucho tiempo. *Charlamos largamente y se hizo de noche.*

largar. tr. **1.** coloq. Dar a alguien (algo, espec. un golpe). *Si no te callas, te largo un sopapo.* **2.** *Mar.* Soltar poco a poco (un cabo, un cable o el ancla).

Los marineros largaron el ancla de estribor. ○ intr. **3.** coloq. Hablar o emitir palabras. *Con las amigas largo durante horas.* **4.** coloq. Decir o contar algo que se debería callar. *Mataron al testigo para que no largara.* ○ intr. prnl. **5.** coloq. Irse de un lugar. *Si me aburro, me largo.*

largavista. m. Am. Gemelos (instrumento óptico). *Desde el mirador, con un largavista, se puede observar el campo circundante* [C]. Frec. en pl. con significado sing. *Con largavistas se pueden salvar los tres kilómetros que separan este punto de la base de EE UU* [C]. ▶ *PRISMÁTICOS.

largo, ga. adj. **1.** Que tiene mucha longitud o más longitud de la normal. *Llevaba el pelo muy largo. Había una larga cola ante la taquilla.* **2.** Que dura mucho o en exceso. *Me cansan las películas largas. La carrera de Arquitectura es larga.* **3.** Siguiendo a un nombre que designa cantidad, indica que dicha cantidad es en realidad superior a lo expresado. *Tiene sesenta años largos. Hasta el pueblo faltan diez kilómetros largos.* **4.** cult. Seguido de un nombre que designa tiempo: Mucho. *Pasó largos años en la cárcel.* **5.** *Fon.* En determinadas lenguas, dicho de sílaba: De la duración mayor, de las dos posibles. Se usa en contraposición a *breve. El yambo era un pie formado por una sílaba breve y una larga.* Tb. dicho de la vocal correspondiente. *La vocal larga se representa con un guión sobre la letra. En griego había vocales largas y breves.* ● m. **6.** Longitud (dimensión lineal). *El sastre mide el largo del pantalón.* **7.** En algunos deportes, como natación: Recorrido que se tiene que hacer varias veces hasta completar la longitud establecida en la prueba. *En los 100 m libres, los nadadores hacen dos largos de la piscina olímpica.* **8.** *Mús.* Tempo muy lento. *El largo es más lento que el adagio.* Tb. la composición o fragmento que deben ejecutarse con ese tempo. *La sonata termina con un largo.* ■ **larga cambiada.** f. *Taurom.* Lance que consiste en citar al toro de frente y, sosteniendo el diestro el capote con una mano, pasárselo por encima para hacer salir al toro por el lado contrario. *El torero recibe con una larga cambiada a su primer toro.* □ **a la larga.** loc. adv. Después de un tiempo. *A la larga la gente se cansará de tus mentiras.* ■ **a lo largo.** loc. adv. En sentido de la longitud de una cosa. *Corte las zanahorias a lo largo.* ■ **a lo largo de.** loc. prep. En el transcurso de. *A lo largo del curso habrá tres exámenes.* ■ **de largo.** loc. adv. **1.** Con vestido largo (→ 1), que llega hasta los pies. Frec. con *ponerse, ir* o *vestirse. En la fiesta, las mujeres iban de largo. Para la boda todas las chicas se vistieron de largo.* **2.** Desde hace mucho tiempo. *El problema no es nuevo, viene de largo.* ■ **largo.** interj. Se usa para echar a alguien de un lugar. *¡Largo!, aquí no se puede estar. ¡Largo* DE *aquí, chavales, que estáis molestando!* ■ **largo y tendido.** loc. adv. De manera extensa. *Hablamos largo y tendido.* ▶ **6:** *LONGITUD. **8:** LENTO.

largometraje. m. Película cinematográfica cuya duración supera los sesenta minutos. *El director filmó su primer largometraje a los treinta años.*

larguero. m. **1.** En una pieza de carpintería: Palo o barrote que se coloca en sentido longitudinal a la pieza y forma parte de su armazón. *Al ir a hacer la cama, me he dado un golpe con el larguero derecho.* **2.** En el fútbol y otros deportes de pelota: Palo horizontal de una portería. *El remate de Vázquez se estrelló en el larguero.* ▶ **2:** TRAVESAÑO.

largueza. f. Generosidad. *Cogía nuestros platos y nos servía con largueza.*

larguirucho, cha. adj. despect. Dicho de persona: Alta y delgada. *Es un muchacho larguirucho y feo.* Tb. m. y f. *Algunas larguiruchas tienen mucho encanto.*

largura. f. Longitud (dimensión lineal mayor de una superficie). *La cigüeña se caracteriza por la largura de su pico.* ▶ *LONGITUD.

laringe. f. *Anat.* Órgano hueco situado a continuación de la boca, que comunica con la faringe y la tráquea e interviene en la emisión de voz. *Al tragar, la laringe sube para que el alimento no entre en las vías respiratorias.*

laríngeo, a. adj. *Anat.* De la laringe. *Las cuerdas vocales se encuentran en la cavidad laríngea.*

laringitis. f. *Med.* Inflamación de la laringe. *Una inoportuna laringitis impidió la actuación del tenor.*

larva. f. *Zool.* Animal en estado de desarrollo, que ha abandonado el huevo y se nutre por sí mismo, pero que no ha alcanzado la fase adulta. *Las orugas son larvas de mariposas.*

larvado, da. adj. Dicho de cosa: Que no se manifiesta abiertamente. *Existe un enfrentamiento larvado entre ambos. La enfermedad iba minando su salud de forma larvada.*

larvario, ria. adj. *Zool.* De la larva. *La carcoma y la polilla roen la madera en su fase larvaria.*

las[1]. → **el.**

las[2]. → **lo**[3].

lasaña. f. Plato formado por capas de tiras de pasta que se intercalan con otras de besamel y de un relleno hecho gralm. de carne picada y tomate. *Espolvoreó la lasaña con queso y la metió al horno.*

lasca. f. Trozo desprendido de una piedra, espec. de sílex. Se usa espec. en arqueología. *Las lascas de sílex halladas pertenecieron a hombres del Paleolítico.*

lascivia. f. cult. Cualidad de lascivo. *Miraba a la mujer con lascivia.*

lascivo, va. adj. cult. Que tiene una fuerte tendencia al deseo sexual. *Tiene fama de sensual y lascivo.* Tb. m. y f. *Don Juan era un lascivo.*

láser. m. Rayo láser (→ **rayo**). *Me operaron de los ojos con láser.*

lasitud. f. cult. Cualidad de laso. *Tras un gran esfuerzo aparecen la lasitud y la sensación de relajación.*

laso, sa. adj. cult. Desfallecido o falto de fuerzas. *Después de cada ataque, el enfermo quedaba laso, tendido y sin moverse.*

lástima. f. **1.** Sentimiento de pena producido por el sufrimiento de otro. Frec. con *tener* y *dar. Tengo lástima* DE *los pobres animales abandonados. Me da lástima* DE *María, pobrecilla. El mendigo que vimos en la calle nos dio lástima.* **2.** Cosa que causa disgusto o pesar. *Es una lástima que te hayas perdido la película.* ● interj. **3.** Se usa para expresar que algo produce disgusto o pesar. *¡Lástima que no puedas venir a la fiesta! –Ya no llegamos a tiempo. –¡Lástima!* ■ **hecho una ~.** loc. adj. Que tiene muy mal aspecto. *El cachorro dejó las zapatillas hechas una lástima.* ▶ **1:** *COMPASIÓN.

lastimar. tr. Causar daño (a alguien o algo). *Una pedrada le lastimó la frente. El escándalo ha lastimado su imagen pública.* Tb. en constr. prnl. media. *Ten cuidado, no te lastimes con el cuchillo.*

lastimero, ra. adj. Dicho de quejas u otras demostraciones de dolor: Que dan lástima o pretenden darla. *Oigo los lastimeros gemidos del enfermo. Me suplicaba perdón con acento lastimero.*

lastimoso, sa. adj. Dicho de cosa: Que da lástima. *El aspecto del jardín es lastimoso.* Frec. con intención enfática. *Lo encontraron en un estado lastimoso.*

lastrar. tr. Poner lastre o material pesado (a algo). *Tras descargar la mercancía, los marineros lastraron el barco.*

lastre. m. **1.** Material pesado, como arena o agua, que se pone a algo, espec. a una embarcación o a un globo aerostático, para aumentar su peso. *Al soltar lastre, el globo asciende.* **2.** Cosa que retrasa o impide algo. *El constante recuerdo del pasado es un lastre* PARA *avanzar. La deuda externa es el mayor lastre del país.*

lata. f. **1.** Hojalata. *Las galletas vienen en cajas de lata.* **2.** Envase hecho de lata (→ 1), espec. el de conserva. *Abrió una lata de atún. A la excursión llevamos refrescos en lata. En el coche llevo siempre una lata de aceite.* **3.** coloq. Cosa que fastidia o molesta, gralm. por su pesadez o insistencia. *Es una lata tener que fregar. ¡Qué lata!; otra vez al colegio.* ■ **dar la ~.** loc. v. coloq. Molestar haciendo o diciendo algo que resulta pesado o demasiado insistente. *Estate quieto y no des más la lata. El niño me daba la lata para que le comprara un polo. No me des más la lata con esa historia, que ya me la sé.*

latazo. m. coloq. Lata (cosa que fastidia o molesta). *El discurso del presidente fue un latazo. ¡Menudo latazo tener que ponerse a estudiar ahora!*

latencia. f. Condición de latente. *Durante el período de latencia, la enfermedad no muestra síntomas.*

latente. adj. Dicho de cosa: Oculta o que no se muestra exteriormente. *La amenaza de guerra está latente. Al final estalló la crisis, latente desde hacía meses.*

lateral. adj. **1.** Dicho de cosa: Situada a un lado. *Lleva una falda con una abertura lateral. La iglesia tiene una nave central y dos naves laterales.* **2.** *Dep.* Dicho de futbolista: Que actúa junto a las bandas del terreno de juego, gralm. con funciones defensivas. Tb. m. *El lateral convirtió en goles sus dos primeros disparos. Actuará de lateral izquierdo en el partido.* **3.** *Fon.* Dicho de articulación o de sonido: Que se produce cuando la lengua impide la salida de aire por la parte central de la boca, dejando que pase por los lados. *El sonido de "l" es lateral.* Tb. f., referido a consonante. *La "l" es una lateral.* ● m. **4.** Calle o parte lateral (→ 1) de una avenida. *Para torcer a la derecha, debes abandonar la parte central y coger el lateral.*

lateralmente. adv. **1.** De, por o hacia un lado. *El sol da lateralmente. La máquina no se desplazaba hacia delante, sino lateralmente.* **2.** En un lado o en los lados. *El pantalón se cierra con una cremallera situada lateralmente.*

látex. m. Jugo lechoso que circula por los vasos de algunas plantas, que se coagula al contacto con el aire y del que se obtienen materiales como el caucho y la goma. *La higuera tiene un látex pringoso y blanquecino.* Tb. el material. *El cirujano se puso los guantes de látex.*

latido. m. **1.** Cada uno de los golpes producidos por el movimiento alternativo de dilatación y contracción del corazón contra la pared del pecho, o de las arterias contra los tejidos que las cubren. *Apoya la cabeza en su pecho para oírle los latidos.* **2.** Sensación dolorosa en ciertas partes sensibles, a consecuencia de este movimiento de las arterias que las riegan. *Sentía fuertes latidos en la sien.*

latifundio. m. Finca rústica de gran extensión. *Los latifundios estaban en manos de unos pocos.*

latifundismo. m. Sistema de distribución de la tierra que se basa en la existencia de latifundios. *El retraso de la agricultura se debe al latifundismo y al minifundismo.*

latifundista. adj. **1.** Del latifundismo. *Andalucía, Extremadura y La Mancha eran las principales regiones latifundistas.* **2.** Que posee uno o varios latifundios. *Había una oligarquía latifundista que no invertía en el campo.* Tb. m. y f. *La mayor parte de la comarca pertenece a unos pocos latifundistas.*

latigazo. m. Golpe dado con un látigo. *El domador dio un latigazo en el suelo y el tigre saltó.*

látigo. m. **1.** Instrumento compuesto por un mango unido a una tira larga de cuero o de cuerda, que se usa para azotar o para animar a andar espec. a las caballerías. *El profesor de equitación hacía restallar el látigo.* **2.** Atracción de feria de movimiento casi circular, cuyas sacudidas en las curvas semejan latigazos. *Montaremos en el látigo y en la montaña rusa.* ▶ **1:** AZOTE, FLAGELO. ‖ **Am: 1:** CHICOTE.

latiguillo. m. despect. Palabra o frase que se repiten de forma habitual en la conversación. *Terminaba cada frase con el latiguillo "¿sabes?".*

latín. m. Lengua hablada en la antigua Roma, que se utilizó como lengua de la cultura hasta la época moderna y de la que derivan las lenguas romances, como el español o el francés. *Los romanos impusieron el latín en la Península. En clase hemos traducido un texto del latín al español.* ■ **~ clásico.** m. Latín de los escritores del Siglo de Oro de la literatura latina. *En latín clásico "ce", "ci" sonaban como "ke", "ki".* ■ **~ vulgar,** o **rústico.** m. Latín hablado por el vulgo de los pueblos romanizados. *Existen pocos testimonios del latín vulgar porque era básicamente una lengua hablada.* □ **saber ~.** loc. v. coloq. Ser despierto o astuto. *Este niño sabe latín y no hay quien lo engañe.*

latinajo. m. despect. Palabra o frase en latín. *Utiliza un montón de latinajos que nadie entiende.*

latinidad. f. **1.** Lengua y cultura latinas. *Los jóvenes tenían profesores de latinidad.* **2.** Conjunto de los pueblos latinos o de los que tienen lengua y cultura latinas. *Roma era el centro político y cultural de la latinidad. Se estima que la latinidad está formada por mil millones de personas.*

latinismo. m. Vocablo, giro o modo de hablar propios del latín o procedentes de él. *Muchos latinismos entraron en nuestra lengua a través de la ciencia. Al latinismo "colocar" le corresponde la palabra vulgar "colgar".*

latinista. m. y f. Especialista en la lengua y la cultura latinas. *Como latinista, tradujo obras de Catulo y Plauto.*

latinización. f. Hecho o efecto de latinizar. *Con la latinización de Hispania retroceden las lenguas prerromanas. La latinización de "Ramón Llull" es "Raimundo Lulio".*

latinizar. tr. **1.** Dar forma latina o de latín (a palabras de otra lengua). *Colón latinizó su apellido y pasó a llamarse Colonus.* **2.** Introducir el latín o la cultura latina (en un lugar). *Los romanos latinizaron la Península en apenas dos siglos.*

latino, na. adj. **1.** Dicho de lengua: De la antigua Roma y del Imperio romano. *La lengua latina se impuso en la Península.* **2.** De la lengua latina (→ 1). *Estudiamos gramática latina. "Corpus" es palabra latina.* **3.** Dicho de lengua: Derivada del latín. *El portugués, el español y el francés son lenguas latinas.*

4. De lengua y cultura latinas (→ 1, 3). *Los países latinos se distribuyen entre Europa y América.* Dicho de pers., tb. m. y f. *Los latinos tienen fama de apasionados.*

latinoamericano, na. adj. De Latinoamérica (conjunto de países americanos que fueron colonizados por España, Portugal o Francia). *Borges es uno de los autores latinoamericanos más famosos. La empresa abrirá sucursales en varios países latinoamericanos.* Dicho de pers., tb. m. y f. *Cada vez hay más latinoamericanos establecidos en España.*

latir. intr. Dar latidos el corazón o las arterias. *Después de la carrera, me latía muy deprisa el corazón. Tomándole la muñeca, siente latir sus arterias.*

latitud. f. *Geogr.* Distancia que hay desde un punto de la superficie terrestre al Ecuador, medida por los grados de su meridiano. *Para comunicar la posición del barco, el capitán dice su latitud y su longitud. La latitud del Polo Norte es de 90° norte.*

lato, ta. adj. cult. Dicho espec. del sentido o significado de una palabra: Amplio o que no es el que en rigor le corresponde a esa palabra. *Decimos "nuestra tierra" en sentido lato; no significa que nos pertenezca. Lo que digo debe interpretarse en sentido lato y no en sentido estricto.*

latón. m. Aleación de cobre y cinc, de color amarillo pálido, que puede tener mucho brillo y quedar muy pulida. *Dormía en una cama antigua de latón. Los botones de la casaca eran de latón.*

latoso, sa. adj. coloq. Fastidioso o pesado. *Esta enfermedad es muy latosa: tarda meses en curarse.* Dicho de pers., tb. m. y f. *Era un latoso y me perseguía sin cesar pidiéndome cosas.*

latrocinio. m. cult. Robo o fraude grave. *Durante la revuelta hubo numerosos latrocinios. Estos precios son un latrocinio.*

laucha. f. Am. Ratón (mamífero roedor). *Sólo conozco posadas infectas con chinches y lauchas* [C]. *Las lauchas recorren distancias inconmensurables por las tinieblas* [C]. ▶ RATÓN.

laúd. m. Instrumento musical de cuerda, semejante a una guitarra pero con la caja de forma aovada y abombada por debajo, y el mástil más corto. *Música renacentista para laúd.*

laudable. adj. Digno de alabanza. *Tenía el laudable propósito de mejorar la educación. La asociación hace un laudable esfuerzo por ayudar a los emigrantes.*

láudano. m. Preparado farmacéutico hecho con opio, vino blanco y azafrán, y usado como calmante. *Ni siquiera el láudano le calmaba el dolor de cabeza.*

laudatorio, ria. adj. Que contiene alabanza o sirve para alabar. *Han publicado un artículo laudatorio sobre el presidente.* ▶ ENCOMIÁSTICO.

laudes. f. pl. *Rel.* Hora canónica que se reza después de maitines. *Por la mañana, las campanas llaman a los monjes a la oración de laudes.*

laudo. m. *Der.* Fallo dictado por un árbitro. *Un laudo de la Administración fija el precio de la leche para esta temporada.*

laurear. tr. **1.** Premiar o galardonar (a alguien). *Regresa a casa el atleta laureado en los Juegos Olímpicos.* **2.** Poner (a alguien) una corona de laurel. *En la antigua Roma laureaban a los grandes personajes de la política.*

laurel. m. **1.** Árbol siempre verde de hojas aromáticas en forma de punta de lanza, brillantes y de color verde oscuro, que se usan en cocina como condimento. *El laurel se emplea como planta ornamental en parques y jardines.* Tb. su hoja. *Añadió laurel al estofado.* **2.** cult. Gloria o fama obtenidos por hechos destacables. Frec. en pl. con significado sing. *El escritor no obtuvo los laureles hasta el final de su carrera.* ■ **dormirse en los ~s.** loc. v. Descuidar una actividad emprendida por confiar demasiado en los éxitos logrados. *A pesar de este sobresaliente, no te duermas en los laureles y sigue estudiando.*

lauro. m. cult. Laurel, espec. el que se obtiene por alguna acción destacable. *El torero cosechó grandes lauros.*

lava. f. Materia fundida que sale de un volcán en erupción y que al enfriarse se solidifica formando rocas. *Un río de lava humeante baja por la ladera.*

lavable. adj. Dicho espec. de tejido o prenda: Que se puede lavar o limpiar con agua. *El vestido es lavable y no hay que llevarlo al tinte. Los asientos llevan fundas de material lavable.*

lavabo. m. **1.** Pila adosada a la pared, que tiene grifos y desagüe y se usa para lavarse. *Se lavó las manos en el lavabo.* **2.** Cuarto de baño. *Entré al lavabo para darme una ducha.* **3.** Retrete (habitación). Frec., en pl., designa el que se encuentra en lugares públicos. *Tenéis que dar propina a la señora encargada de los lavabos.* ▶ **3:** *RETRETE. ‖ **Am: 1:** LAVATORIO.

lavacoches. m. y f. Persona encargada de lavar coches en un garaje o en una estación de servicio. *El lavacoches quita la espuma del vehículo con la manguera.*

lavada. f. Lavado. *El jersey estaba tan sucio que tuvo que darle varias lavadas.*

lavadero. m. Lugar utilizado habitualmente para lavar, espec. ropa. *Las mujeres frotaban la ropa sucia en el lavadero del pueblo. Dejó el coche en el lavadero del garaje para que se lo limpiaran.*

lavado. m. Hecho de lavar o lavarse. *Compró jabón para el lavado de prendas delicadas. En la gasolinera hay un servicio de lavado de coches. Oferta: lavado y peinado por diez euros.* ▶ LAVADA.

lavadora. f. Máquina para lavar la ropa. *Metió las sábanas en la lavadora y la puso en marcha.*

lavafrutas. m. Recipiente lleno de agua que se pone en la mesa al final de la comida para lavar algunas frutas. *El camarero trajo un lavafrutas para cada comensal.*

lavanda. f. Espliego (planta). *Entre la ropa del armario ponía unos saquitos con ramilletes de lavanda.* Espec. en perfumería. *Lleva una colonia con aroma de lavanda.* ▶ ESPLIEGO.

lavandera. f. **1.** Mujer que tiene por oficio lavar la ropa. *Las lavanderas trabajaban arrodilladas a la orilla del río.* **2.** Pájaro de pico largo y delgado y cola larga, la cual mueve continuamente, del que existen varias especies. *La lavandera macho. Las lavanderas se alimentan de insectos. La lavandera puede correr por el suelo rápidamente.* ■ **~ blanca.** f. Lavandera (→ 2) de plumaje blanco, negro y grisáceo. *La lavandera blanca suele vivir cerca de lugares húmedos.* ⇒ AGUZANIEVES, ANDARRÍOS.

lavandería. f. Establecimiento industrial donde se lava la ropa. *En el hotel mandan todas las sábanas y toallas a una lavandería.*

lavaplatos. m. Lavavajillas (máquina). *Sacó la vajilla limpia del lavaplatos.* ▶ *LAVAVAJILLAS.

lavar. tr. **1.** Limpiar (algo o a alguien) con agua u otro líquido. *Lava la ropa a mano. Hay que lavarse las manos antes de comer.* **2.** Purificar o limpiar (algo). Frec. fig. *Ahora se comporta bien contigo para lavar su conciencia.* ○ intr. **3.** Prestarse más o menos al lavado un tejido. *Esta tela lava bien.*

lavativa. f. Medicamento líquido que se introduce por el ano, espec. para limpiar el intestino. *Le han recetado una lavativa diaria contra el estreñimiento.* ▶ ENEMA.

lavatorio. m. **1.** Hecho de lavar o lavarse. *Tras su habitual lavatorio, se vistió y salió.* **2.** Am. Lavabo (pila). *Se puso frente al lavatorio y se miró al espejo* [C]. **3.** Am. Cuarto de baño. *Aquí la única que hace pipí en este lavatorio soy yo* [C]. **4.** Am. Palangana. *Me lavé las manos en un lavatorio antiguo de porcelana* [C]. ▶ **2:** LAVABO.

lavavajillas. m. **1.** Detergente para lavar la vajilla y otros utensilios. *Pone lavavajillas en el estropajo y friega los platos.* **2.** Máquina para lavar la vajilla y otros utensilios. *Llenó el lavavajillas con los platos, los vasos y los cubiertos de la comida.* ▶ **2:** FRIEGAPLATOS, LAVAPLATOS.

lavotear. tr. coloq. Lavar con agua (algo o a alguien) deprisa y sin poner cuidado. *Me lavoteé un poco y me vestí. Apenas tiene tiempo de lavotearse la cara y las manos.*

laxante. adj. Que facilita la evacuación de excrementos. *Nada tan laxante como las ciruelas pasas.* Tb. m., referido a medicamento. *No tome el laxante durante más de cinco días.*

laxitud. f. Cualidad de laxo. *Acusan al juez de laxitud por no haber aplicado la ley con todo su rigor. Después del esfuerzo físico, podía sentir la laxitud y flojedad de sus músculos.*

laxo, xa. adj. **1.** Que no tiene tensión o firmeza. *Para el ejercicio de relajación debe dejar el cuerpo laxo.* **2.** De moral relajada o poco exigente. *No debes tener un criterio ni muy estricto ni demasiado laxo.*

laya. f. despect. Clase o tipo. *Por la plaza pululan timadores, mangantes y más gente de esa laya. Cuando hay un accidente aparecen curiosos de toda laya.*

lazada. f. Atadura hecha de manera que tirando de uno de sus cabos se suelta fácilmente. *Hizo una lazada con los cordones de los zapatos.*

lazareto. m. Establecimiento sanitario en que se mantiene aisladas a las personas que padecen o son sospechosas de padecer una enfermedad contagiosa. *Confinaron a los viajeros en un lazareto por si traían el cólera.* ▶ LEPROSERÍA.

lazarillo. m. **1.** Muchacho que guía a un ciego. *El ciego caminaba del brazo del lazarillo.* **2.** Persona o animal que sirve de guía a alguien. *Teresa fue mi lazarillo cuando entré aquí y no sabía nada del negocio.*

lazo. m. **1.** Atadura que consiste en una o más lazadas sujetas por un nudo, gralm. hecha con cinta y que se usa como adorno. *Lleva un lazo rojo en la coleta. El regalo estaba envuelto y con un gran lazo.* **2.** Cuerda con un nudo corredizo en un extremo, que se lanza a los animales para sujetarlos o cazarlos. *El vaquero tiró el lazo al cuello de la vaca.* **3.** Cosa que tiene forma de lazo (→ 1). *La carretera de la montaña tiene muchos lazos. Me comí un lazo de hojaldre. La princesa lleva una diadema con lazos de brillantes.* **4.** cult. Unión no material que existe entre dos personas o cosas. Frec. en pl. *Tiene lazos de parentesco con el famoso actor. Enseguida se establecen lazos de amistad entre los alumnos.*

Ldo., Lda. abrev. Licenciado, licenciada. *Cándido Gómez, Ldo. en Derecho.*

le[1]**.** (pl. **les**; → **se**[2]. Se pronuncia siempre átono. En ciertos casos va detrás del v. y se escribe unido a él: *Debería preguntarle a él; Estaba estorbándole; Ofrécele ayuda; Síganle la pista*). pron. pers. m. y f. **1.** Designa, en función de complemento indirecto sin preposición, a la misma persona o cosa designadas con los pronombres *él* o *ella*, o con un nombre. *Le dio un golpe al ordenador. Le dedicó un poema a su hija. A las focas les gusta el pescado. A esa camisa le cosió los botones.* **2.** Designa, en función de complemento indirecto sin preposición, a una persona que recibe el tratamiento de *usted*. *No le hablaba a usted. Este asunto no le interesa, señora.* **3.** En singular, designa, en función de complemento directo sin preposición, a la misma persona designada con un nombre o pronombre masculinos. *A tu amigo le vi en el cine. A ese le tengo bien calado.* **4.** En singular, designa, en función de complemento directo sin preposición, a una persona masculina que recibe el tratamiento de *usted*. *Don Felipe, a usted le oí ayer en la conferencia.*

le[2]**.** (No tiene pl. Se pronuncia siempre átono. En ciertos casos va detrás del v. y se escribe unido a él: *No consigo verle la gracia a eso*). pron. pers. Designa, en función de complemento indirecto sin preposición, un hecho, una idea, una cosa o un conjunto de cosas mencionados antes o que se mencionan a continuación. *No le veo la gracia a nada de lo que dice. A todo le encuentra pegas.*

leal. adj. **1.** Fiel a alguien o algo. *El perro es leal* A *su amo. Me mantendré leal* A *mis ideas. El rey llama a su lado a su consejero más leal.* Dicho de pers., tb. m. y f. y, entonces, gralm. en pl. *Los leales* AL *Cid fueron con él al destierro.* **2.** Que se comporta con alguien con honradez y sin engañarlo ni traicionarlo. *Soy leal* CON *mis compañeros y nunca les miento. Habla con tu mujer y sé leal* CON *ella.* **3.** Propio de la persona o animal leales (→ 1, 2). *Solo Manolo mantuvo su leal apoyo.*

lealtad. f. Cualidad de leal. *Hemos jurado lealtad* A *la Constitución. Demostró su lealtad confesándome lo ocurrido.*

leasing. (pal. ingl.; pronunc. "lísin"). m. Arrendamiento con derecho a compra del objeto arrendado. *En lugar de comprarse el coche, firmó un contrato de* leasing *por tres años.* ¶ [Equivalentes recomendados: *arrendamiento* (o *alquiler*) *con opción a compra.* Adaptación recomendada: *lisin*].

lebrato. m. Cría de la liebre. *Un lebrato cruzó velozmente el camino.*

lebrel. m. Perro lebrel (→ **perro**). *Los lebreles perseguían a las piezas incansablemente.*

lebrillo. m. Vasija hecha gralm. de barro vidriado, más ancha por el borde que por el fondo, y que se emplea espec. para lavar. *Las mujeres hacían la colada a mano, en grandes lebrillos.*

lección. f. **1.** Sesión en la que un profesor enseña una parte de su asignatura. *Cuando suena el timbre, termina la lección. A las 9 tenemos lección de Matemáticas.* **2.** Parte de una asignatura, o de su libro de texto, que el alumno debe estudiar para una clase. *El profesor me puso un cero por no saberme la lección. Por las tardes se aprendía la lección.* **3.** Capítulo o parte de un libro de texto. *Abrid el libro por la tercera lección. Estúdiense la lección de la célula.* **4.** Suceso o acción ajena que sirven para enseñar a alguien cómo hay que comportarse. *El sabio nos ha dado una* *lección de humildad. Su comportamiento es una lección de valentía.* ■ ~ **magistral.** f. Exposición oral hecha en un acto público por un profesor, o en una oposición por el candidato. *El catedrático pronunciará una lección magistral en la apertura del curso.* □ **dar** (a alguien) **una ~.** loc. v. Hacer(le) algo para que comprenda un error suyo y lo corrija. *Era un presumido y le dimos una lección.* ■ **tomar** (a alguien) **la ~.** loc. v. Escuchar(lo) mientras repite la lección (→ 2) que ha estudiado, para comprobar que la sabe. *Cada noche mi madre nos tomaba la lección.*

lechada. f. Masa poco compacta hecha de agua mezclada con cal, yeso o cal y arena, que se usa para blanquear paredes o para unir piedras o ladrillos. *Para fijar bien las baldosas se les da una lechada de yeso. Con una brocha, el albañil aplica la lechada en los muros de la casa.*

lechal. adj. Dicho de animal: Que mama. *Ternera lechal. En el restaurante vamos a pedir cordero lechal asado.* Dicho de cordero, tb. m. *Comieron chuletitas de lechal.*

lechazo. m. Cordero lechal. *La especialidad de la casa es el lechazo al horno.*

leche. f. **1.** Líquido que segregan las mamas de las hembras de los mamíferos y que constituye el alimento de las crías. *El cachorro más gordo era el que más leche tomaba. El bebé reclamaba la leche de su madre cada cuatro horas.* **2.** Leche (→ 1) de algunos animales que se emplea como alimento. *Por la mañana me tomo un café con leche. Este queso está hecho con leche de oveja.* **3.** Líquido semejante a la leche (→ 1). *Como no había agua en la isla, bebían leche de coco.* **4.** Cosmético de aspecto parecido al de la leche (→ 1), pero más espeso. *Todas las noches uso una leche limpiadora para el rostro.* **5.** malson. Golpe (hecho o efecto de entrar en contacto físico violentamente). Frec. con v. como *darse* o *pegarse.* **6.** malson. Bofetada (golpe). Frec. con v. como *dar* o *pegar.* **7.** malson. Semen. ● interj. **8.** malson. Se usa para expresar sorpresa o enfado. Tb. *~s.* ■ ~ **en polvo.** f. Leche (→ 2) que ha sido sometida a deshidratación. *A la acampada nos llevamos leche en polvo.* ■ ~ **entera.** f. Leche (→ 2) que conserva toda su grasa. *La leche entera tiene más sabor que la desnatada.* ■ ~ **frita.** f. Dulce que consiste en una masa de harina y leche (→ 2), rebozada en huevo y frita. *De postre hay natillas o leche frita.* ■ ~ **merengada.** f. Bebida preparada con leche (→ 2), claras de huevo, azúcar y canela, que se sirve fría o en forma de helado. *Tomamos café granizado con leche merengada.* ■ **mala ~.** f. **1.** malson. Mal humor. **2.** malson. Mala intención. □ **a toda ~.** loc. adv. malson. A todo volumen. ■ **a toda ~,** o **echando ~s.** loc. adv. malson. A toda velocidad. ■ **de ~.** loc. adj. Dicho de animal hembra: Empleado para aprovechar la leche que da. *En el prado pastaban varias vacas de leche.* ■ **la ~.** loc. s. **1.** malson. Persona o cosa que han alcanzado el máximo grado en algún aspecto. Gralm. con *ser.* Frec. con carácter exclamativo para expresar rechazo o calificar lo que resulta insoportable. □ loc. adv. **2.** malson. Mucho.

lechera. → **lechero.**

lechería. f. Establecimiento en que se vende leche. *La leche, los huevos y la mantequilla los he comprado en la lechería de la esquina.*

lechero, ra. adj. **1.** De la leche, espec. de la empleada como alimento. *La central lechera compra la leche a los ganaderos. El sector lechero tiene una importante producción.* **2.** Dicho de animal: Que da leche. *El campesino tenía cerdos, gallinas y vacas lecheras.* ● m. y f. **3.** Persona que vende leche. *El lechero deja una botella a la puerta de casa.* ○ f. **4.** Vasija para transportar la leche. *Trae leche fresca de la vaquería en una lechera.*

lecho. m. **1.** Cosa extendida horizontalmente sobre la que se pone otra. *Coloque el besugo sobre un lecho de patata y hornéelo.* **2.** Cauce (de un río). *Los cantos se depositan en el lecho del río.* **3.** cult. Cama (mueble). *La dama reposaba en su lecho.* ▶ **2:** CAUCE.

lechón. m. **1.** Cría del cerdo que todavía mama. *En el restaurante pidió lechón asado.* **2.** Cerdo macho. *Están engordando un lechón para la matanza.*

lechoso, sa. adj. De características similares a las de la leche, espec. el color. *Ana es rubia y de piel lechosa.*

lechuga. f. Hortaliza de hojas verdes y grandes que suele comerse en ensalada. *El pescado lleva lechuga como guarnición.* ■ **como una ~.** loc. adv. coloq. Con sensación o aspecto de frescor y vigor. *Después de la ducha me encuentro como una lechuga.*

lechuguino, na. adj. despect. Dicho de persona joven: De elegancia afectada. Más frec. m. y f. *Dos lechuguinos con gomina y raya al medio esperaban en la plaza.*

lechuza. f. Ave rapaz nocturna, parecida al búho pero de menor tamaño, de ojos grandes y redondos, cara blanca en forma de corazón, y pico corto y curvado. *La lechuza macho. La lechuza lleva un ratón en el pico.*

lecitina. f. *Biol.* Sustancia grasa semilíquida y viscosa que abunda en las membranas celulares, el tejido nervioso y la yema de huevo, y que se emplea en la industria alimentaria y cosmética. *La lecitina de soja impide que la grasa se deposite en venas y arterias.*

lectivo, va. adj. Dicho de período de tiempo: Destinado a dar clases. *Este mes tiene veinte días lectivos. El colegio solo abre durante el período lectivo.*

lectoescritura. f. *tecn.* Capacidad de leer y escribir. *Hacia los seis años comienza el aprendizaje de la lectoescritura.*

lector, ra. adj. **1.** Que lee, espec. un texto. *Los alumnos lectores tienen mayor vocabulario.* Tb. m. y f. y, entonces, designa espec. al que lee de forma habitual. *El periódico publica las cartas de los lectores.* **2.** *Electrón.* Dicho de dispositivo: Que convierte la información grabada en un soporte magnético en señales acústicas o visuales. Frec. m. *Se ha comprado un lector de DVD.* **3.** *Inform.* Dicho de dispositivo: Que obtiene los datos almacenados en un soporte, como una memoria, una tarjeta o un disco, para pasarlos a otro. Frec. m. *El lector óptico lleva la información del código de barras al ordenador.* ● m. y f. **4.** En una editorial: Persona que examina los originales recibidos para valorarlos. *El lector rechazó la publicación de la novela. Un lector debe ser intuitivo, objetivo y severo.* **5.** *Enseñ.* En una universidad: Profesor extranjero que enseña su lengua materna. *Laura es lectora de español en París.*

lectorado. m. Cargo de lector de idiomas. *Estudió filología y ahora ocupa un lectorado de inglés en Roma.*

lectura. f. **1.** Hecho de leer. *La enseñanza de la lectura y la escritura es fundamental. Dedica un rato a la lectura de los periódicos. Estoy familiarizado con la lectura de mapas.* **2.** Obra o publicación leídas o para ser leídas. *¿Cuáles son tus últimas lecturas? La "Celestina" es una de las lecturas del curso.* **3.** Interpretación del sentido de un texto. *Cada lector hace una lectura* *diferente de la novela. La lectura que el juez hace de la ley condiciona la sentencia.* ■ **dar ~** (a un escrito). loc. v. Leer(lo) públicamente y en voz alta. *La presidenta dará lectura* A *un comunicado.*

leer. (conjug. LEER). tr. **1.** Interpretar, mentalmente o convirtiéndolos en sonidos, los signos empleados (en un texto escrito), gralm. utilizando para ello la vista. Más frec. usado en constr. intr. *La niña aprende a leer. No puedo leer sin gafas.* **2.** Leer (→ 1) (un texto escrito) para entender su significado. *¿Has leído "El principito"? No me había leído aún el informe.* Frec. usado en constr. intr. *Siempre leo un rato en la cama.* **3.** Interpretar el sentido (de una representación gráfica) pasando la vista (por ella). *Le expliqué cómo leer el plano del metro.* **4.** Adivinar por indicios (algo no material que está oculto). *Leí en su rostro la preocupación. Parece que me lee el pensamiento.* **5.** Descifrar el significado (de algo) mediante prácticas esotéricas. *La bruja me leyó las líneas de la mano.*

legación. f. Conjunto de personas nombradas por un gobierno para que lo representen ante otro gobierno extranjero, y que está encabezado por un ministro plenipotenciario o un encargado de negocios. *La legación diplomática tramitó su petición de asilo.* Tb. su sede. *La gente hace cola ante la legación para pedir un visado.*

legado[1]. m. Eclesiástico nombrado para representar al Papa. *El legado es el vínculo entre la Santa Sede y las otras Iglesias.*

legado[2]. m. **1.** Hecho de legar. *Acudió a un notario para hacer el legado de sus bienes.* **2.** Cosa que se lega. *El legado de su padre consistía en una colección de cuadros. Los romanos aprovecharon el legado cultural griego.*

legajo. m. Conjunto de papeles atados juntos y que gralm. tratan de una misma materia. *El investigador consulta los legajos del archivo.*

legal. adj. **1.** De la ley o de las leyes. *El abogado consulta el Código Civil y otros textos legales.* **2.** Dicho de cosa: Que se ajusta a lo que dice la ley. *No es legal conducir sin carné.* **3.** coloq. Dicho de persona: Digna de confianza. *El Chiqui es un tío legal y no nos dejará tirados.*

legalidad. f. **1.** Cualidad de legal o que se ajusta a la ley. *El portavoz socialista pone en duda la legalidad del proyecto.* **2.** Conjunto sistemático de las normas legales. *Pidió que todos los países se atengan a la legalidad internacional.*

legalismo. m. **1.** Formalidad o requisito legales que obstaculizan o impiden algo. *Los legalismos retrasaron la apertura del negocio.* **2.** Condición de legalista. *Su legalismo le impide ver si algo es justo; solo piensa en si es legal.*

legalista. adj. Que defiende la aplicación estricta de las leyes por encima de cualquier otra consideración. *Los más legalistas proponían duras sanciones para los trasgresores.*

legalización. f. Hecho de legalizar. *Habrá un debate sobre la legalización de las drogas.*

legalizar. tr. **1.** Hacer que (algo) pase a ser legal o conforme a la ley. *Han legalizado todos los partidos.* **2.** Certificar un notario que (un documento o una firma) son auténticos. *Debe entregar el documento y una copia legalizada.*

légamo. m. Barro viscoso que se forma en el fondo de las aguas detenidas. *Los sapos se esconden en el légamo de la charca.* ▶ *BARRO.

legaña. f. Líquido segregado por la mucosa de los párpados y que se cuaja en los bordes de estos o en los ángulos de los ojos. *Se lavó la cara y se quitó las legañas.*

legañoso, sa. adj. Que tiene legañas. *Al levantarme, tengo los ojos legañosos.*

legar. tr. **1.** Dejar a alguien (algo) en el testamento. *Ha legado su biblioteca a la Universidad.* **2.** cult. Transmitir (algo, espec. ideas o conocimientos). *Mi padre nos legó el amor al trabajo.*

legendario, ria. adj. De la leyenda. *En la novela hay unos personajes reales y otros legendarios.*

legibilidad. f. Cualidad de legible. *La legibilidad de los caracteres es buena en esta impresora.*

legible. adj. Que se puede leer. *Por favor, chicos, escribid con letra legible. En la vieja lápida había una inscripción apenas legible.*

legión. f. **1.** (Frec. en mayúsc.). Cuerpo militar de soldados voluntarios y profesionales, tanto extranjeros como nacionales, que no forma parte del ejército regular. *Se alistó en la Legión.* Tb. ~ *extranjera.* **2.** Grupo numeroso de personas o de cosas. *Los que dejan de fumar son ya legión.* **3.** histór. En el ejército romano: Unidad constituida por soldados de infantería y caballería. *Durante las invasiones bárbaras llegó a haber ciento setenta y cinco legiones.* ▶ **2:** *BATALLÓN.

legionario, ria. adj. **1.** De la legión o cuerpo militar que no pertenece al ejército. *Las fuerzas legionarias irán al lugar del conflicto.* Dicho de pers., tb. m. y f. *Los legionarios desfilan ante el presidente.* ● m. **2.** histór. Soldado de una legión romana. *Los legionarios debían ser ciudadanos romanos.*

legionela. f. **1.** *Med.* Enfermedad respiratoria grave y contagiosa causada por la legionela (→ 2). *El origen del brote de legionela está en una torre de refrigeración.* **2.** *Med.* Bacteria en forma de pequeña barra que se encuentra gralm. en medios acuáticos y se difunde por el aire. *La legionela llegó a las instalaciones por las redes de distribución de agua.*

legislación. f. Conjunto de leyes. *El centro no cumple la legislación vigente.*

legislador, ra. adj. Que legisla. *En las sociedades primitivas no había órganos legisladores.* Dicho de pers., tb. m. y f. *Los legisladores deben ser prudentes.*

legislar. intr. Hacer leyes. *El Parlamento es el encargado de legislar.*

legislativo, va. adj. **1.** Dicho espec. de organismo: Que legisla. *Asamblea legislativa. El poder legislativo dicta las leyes.* **2.** De la legislación. *Los avances tecnológicos exigen modificaciones legislativas.*

legislatura. f. Tiempo durante el cual funcionan los cuerpos legislativos. *La ley se aprobará antes del fin de la legislatura.*

legítima. → **legítimo.**

legitimación. f. Hecho de legitimar. *Los presupuestos no se pueden aprobar sin la legitimación del Parlamento.*

legitimador, ra. adj. Que legitima. *Los racistas utilizan como argumento legitimador la superioridad de unas razas sobre otras.*

legitimar. tr. **1.** Hacer que (algo) pase a ser legítimo. *Con sus palabras, el líder radical legitima el uso de la violencia.* **2.** Probar o justificar que (algo) es legítimo o auténtico. *La firma ha sido legitimada por un notario.* **3.** Hacer que (alguien) pase a tener capacidad legal para algo. Frec. en part. *Solo podrán firmar el convenio las partes legitimadas* PARA *ello.* **4.** Hacer que (un hijo natural) pase a ser hijo legítimo. *El rey legitimó a su hijo bastardo.*

legitimidad. f. Cualidad de legítimo. *Las irregularidades en la votación ponen en duda la legitimidad del resultado.*

legitimista. adj. *Polít.* Partidario de un rey o una dinastía por considerarlos únicos aspirantes legítimos a la corona. *Militó en el bando legitimista durante la guerra carlista.* Dicho de pers., tb. m. y f. *Los legitimistas franceses defendían a la casa de Borbón frente a la de Orleans.*

legítimo, ma. adj. **1.** Que se ajusta a lo dispuesto por la ley o se basa en ella. *El príncipe es el heredero legítimo de la corona. Una parte de la herencia corresponde a la esposa legítima.* **2.** Lícito. *Me parece legítimo tu deseo de prosperar en la vida.* **3.** Auténtico o verdadero. *Los candelabros eran de plata legítima.* ● f. **4.** *Der.* Parte de una herencia de la que el testador no puede disponer por estar asignada a determinado heredero. *La legítima de los hijos supone los dos tercios del total.*

lego, ga. adj. **1.** Que tiene pocos conocimientos sobre algo. *No me pidas mi opinión porque soy lego* EN *la materia.* Tb. m. y f. *La introducción del libro facilita al lego la lectura.* **2.** *Rel.* Dicho de miembro de comunidad religiosa: Que es profeso pero no tiene opción a recibir las órdenes sagradas. *En la abadía vivían el abad, los monjes y cinco hermanos legos.* Tb. m. y f. *Las legas del convento cultivaban el huerto.* ▶ **2:** MOTILÓN.

legrado. m. *Med.* Raspado de una parte del organismo, espec. el interior del útero. *El ginecólogo le recomendó hacerse un legrado.* ▶ RASPADO.

legua. f. Unidad tradicional de longitud que equivale a 5572,7 metros. *Recorrió en mula las tres leguas que había hasta el pueblo.* Frec. fig. *Mi pensamiento se encontraba a mil leguas de aquella clase.*

leguleyo, ya. m. y f. despect. Abogado (persona legalmente capacitada para defender a otra). *Por culpa de aquel leguleyo perdimos el pleito.*

legumbre. f. Fruto que consiste en una vaina que contiene una o varias semillas dispuestas en fila. *Las judías verdes son legumbres.* Tb. su semilla. *Las legumbres que más me gustan son las lentejas.*

leguminoso, sa. adj. **1.** *Bot.* Del grupo de las leguminosas (→ 2). *La retama es una planta leguminosa.* ● f. **2.** *Bot.* Planta de hojas compuestas, con flores gralm. en inflorescencias en racimo y fruto en legumbre, como la judía y la acacia.

leído, da. part. **1.** → **leer.** ● adj. **2.** Que tiene mucha cultura por haber leído (→ 1) mucho. *Da gusto escucharla, porque es una persona muy leída.* ■ **~ y escribido.** adj. coloq. Que es instruido, lo parece o presume de serlo. Se usa en sent. irónico. *Ella siempre tiene razón, ya sabes que es muy leída y escribida.*

leísmo. m. *Gram.* Empleo de los pronombres *le* y *les* como complemento directo masculino, en casos en que deberían haberse usado *lo* y *los*. *"El paquete le puse sobre la mesa" es un caso de leísmo. El leísmo está permitido cuando el pronombre designa a una persona masculina.*

leísta. adj. **1.** Que practica el leísmo. *Muchos castellanos son leístas.* Dicho de pers., tb. m. y f. *Un leísta diría "el boli te le doy" en vez de "el boli te lo doy".* **2.** *Gram.* Del leísmo. *El uso leísta hay que evitarlo.*

leitmotiv. (pal. al.; pronunc. "laitmotíf"). m. **1.** *Mús.* Tema que se repite varias veces a lo largo de una composición. *El compositor emplea un leitmotiv para identificar a los diferentes personajes.* **2.** cult. Tema central o que se repite a lo largo de una obra, espec. literaria o cinematográfica. *Las inquietudes del hombre moderno es un* leitmotiv *del cineasta.* ¶ [Equivalentes recomendados: *motivo* o *tema*, con los adj. *conductor, central, principal* o *recurrente*].

lejanía. f. **1.** Cualidad de lejano. *Son municipios que pocos visitan debido a su lejanía. La lejanía de su tierra le hacía sentir nostalgia.* **2.** Parte más lejana de un paisaje. *En la lejanía se divisaban las luces del pueblo.*

lejano, na. adj. **1.** Que está lejos. *Ha viajado por países lejanos. Se oye el canto lejano de un gallo. Sucedió en un tiempo lejano.* **2.** Dicho de pariente de una persona: Que no tiene con ella vínculo de parentesco en primer o segundo grado. *Vino a visitarnos un pariente lejano.* ▶ **1:** ALEJADO, APARTADO, DISTANTE, REMOTO, RETIRADO.

lejía. f. Líquido obtenido de la disolución en agua de sales alcalinas o neutras, que se emplea para la limpieza y para blanquear la ropa. *Siempre pongo un chorro de lejía en el agua de fregar.*

lejísimos. adv. Muy lejos. *Ese sitio está lejísimos; no podemos ir andando.*

lejos. adv. **1.** A gran distancia. *Nos hemos sentado muy lejos. Estaba muy lejos* DE *los primeros puestos de la clasificación. Está demasiado lejos para ir andando.* Tb. fig. *Algunos fueron aún más lejos y lo acusaron de haberlos estafado. Está muy lejos* DE *conocerme bien.* A veces precedido de prep. *Lo saludé desde lejos. De lejos apenas se ve el fallo en el bordado.* **2.** En un tiempo que está distante en el pasado o en el futuro. *Aquella discusión queda ya muy lejos, he olvidado por qué fue. El examen está todavía lejos para preocuparme.* ■ **a lo ~.** loc. adv. Al, o en el, lugar que está más lejos (→ 1). *Se quedó absorto mirando a lo lejos. ¿Ves un pueblecito allá a lo lejos?* ■ **~ de.** loc. prepos. En vez de. *Lejos de arreglar las cosas, cada palabra que añadía empeoraba la situación. Necesitaban una victoria, pero, lejos de eso, volvieron a perder por 5 a 0.* ■ **~ de mí,** o **de nosotros;** o **~ de mi,** o **de nuestra, intención.** expr. cult. Seguida de un infinitivo, se usa para expresar enfáticamente que se renuncia a hacer lo expresado por ese infinitivo. *Nada más lejos de mi intención que ofenderte. Lejos de mí provocar un conflicto.* ■ **ni de ~.** loc. adv. Se usa como refuerzo de una negación. *No es ni de lejos tan buen conductor como tú.*

lelo, la. adj. coloq. Tonto y como pasmado. *Es lelo y no se entera de nada.* Se usa como insulto. *Muévete, lelo, que nos vamos.* Tb. m. y f. *Sonreía sin motivo, como un lelo.*

lema. f. **1.** Frase que resume el ideal de conducta de alguien. *El lema del establecimiento es que el cliente siempre tiene razón.* **2.** En un concurso u oposición: Palabra o frase que se utilizan en lugar del nombre del autor para que no se conozca su identidad hasta el fallo del jurado. *En el sobre cerrado con los datos del concursante irá escrito el lema.* **3.** Texto que acompaña a un escudo o emblema. *El emblema de la Real Academia lleva el lema "Limpia, fija y da esplendor".*

lempira. m. Unidad monetaria de Honduras. *Los frijoles estaban a cuarenta lempiras.*

lémur. m. Mamífero primate de Madagascar, gralm. nocturno, de hocico afilado y cola más larga que el cuerpo, y del que existen varias especies. *El lémur hembra. El lémur suele alimentarse de frutas e insectos.*

lencería. f. **1.** Ropa interior femenina. *Compró una combinación, un sujetador y otras prendas de lencería.* **2.** Establecimiento en que se vende lencería (→ 1). *Entró en una lencería y pidió un camisón.*

lencero, ra. m. y f. Persona que vende o confecciona lencería. *La lencera me mostró varias camisetas interiores para que eligiera.*

lendakari. m. Presidente del Gobierno autonómico del País Vasco. *El nuevo lendakari se reunirá con los líderes de los partidos vascos.*

lengua. f. **1.** Órgano muscular situado en la cavidad de la boca y que sirve para gustar y deglutir, y para articular los sonidos. *Se pasó la lengua por los labios. El perro jadeaba con la lengua fuera.* **2.** Lenguaje o sistema de comunicación utilizado por una comunidad humana. *Habla varias lenguas.* **3.** Modo de hablar o expresarse. *Tiene una lengua muy afilada. Hablaban la lengua de los maleantes.* ■ **~ de fuego.** f. Llama que sale de una hoguera o de un incendio. *Las lenguas de fuego alcanzaban gran altura.* ■ **~ de gato.** f. **1.** Bizcocho duro, fino y alargado, de forma parecida a la de la lengua (→ 1) de un gato. *Tomamos té con lenguas de gato.* **2.** Chocolatina fina y alargada de forma parecida a la de la lengua (→ 1) de un gato. *En la caja hay lenguas de gato con leche y sin leche.* ■ **~ de oc.** f. Conjunto de lenguas románicas habladas en el sur de Francia que se caracterizan por emplear "oc" con el significado 'sí'. ⇒ OCCITANO, PROVENZAL. ■ **~ de oíl.** f. histór. Conjunto de lenguas románicas habladas en el sur de Francia que se caracterizaban por emplear "oíl" con el significado de 'sí'. ■ **~ de tierra.** f. Porción de tierra larga y estrecha que se adentra en el mar o en un río. *Una lengua de tierra sobresale de la costa.* ■ **~ de trapo.** f. coloq. Modo de hablar confuso y vacilante. *El pequeño intentaba decir "papá" con lengua de trapo. El borracho hablaba con lengua de trapo.* ■ **~ franca.** f. Lengua (→ 2) que tiene elementos de varias y que es utilizada por personas con diferentes lenguas maternas para comunicarse entre sí. *El* swahili *es la lengua franca de millones de personas en África. El inglés se usa como lengua franca en todo el mundo.* ■ **~ madre.** f. Lengua (→ 2) de la que han derivado otras. *El latín es la lengua madre de las lenguas romances.* ■ **~ muerta.** f. Lengua (→ 2) ya no se usa en el momento presente. *El latín y el griego clásico son lenguas muertas.* ■ **~ viperina.** f. Lengua (→ 3) de la persona que critica por costumbre a alguien o algo o que habla maliciosamente de ellos. *Con esa lengua viperina que tiene nos despellejará.* Tb. la persona que tiene esta lengua (→ 3). *Muchas lenguas viperinas la critican sin motivo.* ■ **~ viva.** f. Lengua (→ 2) que se usa en el momento presente. *El inglés, el español y el francés son lenguas vivas.* ■ **malas ~s.** f. pl. coloq. Gente que murmura o critica a los demás. *Dicen las malas lenguas que es la amante del jefe.* □ **con la ~ fuera.** loc. adv. coloq. Con mucho cansancio. *Andas tan deprisa que voy con la lengua fuera.* ■ **darle a la ~.** loc. v. coloq. Hablar, espec. mucho. *Con lo que le dais a la lengua, se os pasa la tarde volando.* ■ **irse de la ~.** loc. v. coloq. Decir por descuido lo que no se quería o no se debía decir. *El jefe mafioso matará al que se vaya de la lengua.* ■ **meterse la ~ en el culo.** loc. v. malson. Callarse o dejar de hablar. ■ **morderse la ~.** loc. v. coloq. Contenerse para no decir lo que se quisiera. *Me mordí la lengua para no entrar en una discusión.* ■ **sacar la ~** (a alguien). loc. v. Burlarse (de él) haciendo el gesto de sacar la lengua (→ 1). *Mamá, un niño me insultó y yo le saqué la lengua.* ■ **tirar de la ~** (a alguien). loc. v. coloq. Provocar(le) para que hable, espec. de algo que no querría o no debería decir. *No me tires de la lengua, que no diré ni palabra.* ► **2:** HABLA, IDIOMA.

lenguado. m. Pez marino comestible, de cuerpo ovalado y plano, que tiene los dos ojos en el mismo lado del cuerpo. *El lenguado permanece echado en el fondo del mar, cubierto por la arena.*

lenguaje. m. **1.** Sistema de comunicación humano que consiste en un conjunto de signos formados por sonidos articulados. *El niño adquiere el lenguaje en sus primeros años. Las lesiones cerebrales pueden dañar la facultad del lenguaje.* **2.** Conjunto organizado de signos. *Los sordomudos utilizan el lenguaje de las manos. Los amantes se comunicaban con el lenguaje de las flores.* **3.** Manera de expresarse. *En la redacción no utilicéis el lenguaje coloquial.* **4.** *Inform.* Conjunto de signos y reglas que permiten la comunicación con un ordenador. *Lenguaje de programación.*

lenguaraz. adj. Que habla de forma atrevida o grosera. *Es un tipo descarado y lenguaraz que no respeta a nadie.*

lengüeta. f. **1.** En un zapato o bota: Tira de piel que se encuentra en la parte interior del cierre, por debajo de los cordones. *Tiró de la lengüeta y ajustó los cordones.* **2.** Pieza u objeto con forma de lengua. *La caja se abre tirando de una pequeña lengüeta que sobresale.* **3.** *Mús.* En los instrumentos de viento: Lámina movible que abre o cierra el paso del aire. *En la boquilla del clarinete hay una lengüeta de caña.*

lengüetazo. m. Movimiento que realiza la lengua al pasar por algo para lamerlo, o para comer o beber. *El niño daba lengüetazos a su helado.*

lenidad. f. cult. Blandura en el castigo de las faltas o en la exigencia del cumplimiento de las obligaciones. *Este curso ha fracasado por la lenidad del profesor. Los familiares de las víctimas se quejan de la lenidad de los jueces.*

leninismo. m. Doctrina política y económica basada en el marxismo y elaborada por Lenin (político y estadista ruso, 1870-1924). *El leninismo propugna la revolución proletaria.*

leninista. adj. **1.** Del leninismo. *La teoría leninista adaptaba las ideas marxistas al contexto ruso.* **2.** Partidario del leninismo. *Político leninista. Se afilió a un partido leninista.* Tb. m. y f. *Los leninistas se adueñaron del poder.*

lenitivo, va. adj. Que sirve para calmar o suavizar. *Estas pastillas son lenitivas del dolor.* Dicho de medicamento, tb. m. *Sufrió fuertes dolores hasta que el médico le recetó un lenitivo.* Frec. fig. *Vuestra llegada fue un lenitivo para mi tristeza.*

lente. f. (Tb., más raro, m.). **1.** Pieza de cristal o de otro material transparente, con al menos una de las caras cóncava o convexa y que se utiliza en instrumentos ópticos. *La lente de un microscopio. Esta cámara lleva una lente para hacer fotos a larga distancia.* ○ pl. **2.** Pareja de lentes (→ 1) con montura que se colocan cerca del ojo para corregir defectos de visión. *El caballero se puso los lentes para leer el periódico.* ■ **~ de contacto.** f. Lente (→ 1) pequeña, cóncava por un lado y convexa por el otro, que se coloca sobre la córnea para corregir defectos de visión. *Para dormir hay que quitarse las lentes de contacto.* ⇒ LENTILLA. ► **2:** *GAFAS.

lenteja. f. Semilla comestible en forma de disco y de color gralm. marrón. *Para comer voy a hacer lentejas estofadas.* Tb. su planta y su fruto. *La lenteja se cultiva en zonas templadas.*

lentejuela. f. Lámina pequeña y redonda, de metal u otro material brillante, que se cose en los vestidos como adorno. *El cuerpo de mi vestido de noche es de lentejuelas doradas.*

lenticular. adj. De forma de lenteja. *Muchos ciclistas usan ruedas lenticulares.*

lentificar. tr. Ralentizar (algo). *El fármaco lentifica el ritmo cardíaco.* ▶ *RALENTIZAR.

lentilla. f. Lente de contacto. *Tardó unos días en adaptarse a llevar lentillas.*

lentisco. m. Arbusto siempre verde de hojas ovaladas, brillantes por el haz y mates por el envés, y flores pequeñas amarillentas o rojizas dispuestas en racimos. *De las ramas del lentisco se extrae una resina aromática.*

lentitud. f. Condición de lento. *Las parejas se quejan de la lentitud de los trámites de divorcio.* ▶ MOROSIDAD, PARSIMONIA.

lento, ta. adj. **1.** Que tarda más de lo normal o de lo esperado en realizar una acción. *Como soy lento comiendo, siempre me quedo el último. Es lento* EN *las sumas.* **2.** Que se mueve a poca velocidad. *Los trenes antiguos eran muy lentos.* **3.** Dicho de acción o proceso: Que se produce a poca velocidad. *Observo el lento movimiento de las olas. La cocción del asado debe ser lenta.* **4.** Dicho de persona: Que tarda en comprender algo o en reaccionar ante una situación. *Explícamelo otra vez, que soy un poco lento. Como es tan lenta, se quedó allí parada sin ayudarme.* **5.** Dicho espec. de fuego: Suave o poco intenso. Se usa en la constr. *a fuego lento. Se dora la cebolla picada a fuego lento.* ● m. **6.** *Mús.* Largo (tempo, composición o fragmento). *Escuchamos embelesados el famoso lento de la sinfonía.* ▶ **1:** MOROSO, PARSIMONIOSO. **6:** LARGO.

leña[1]. f. **1.** Madera cortada y troceada que se usa como combustible. *Buscamos leña para encender un fuego.* **2.** coloq. Paliza o conjunto de golpes. *No te metas en la pelea, que al final te van a dar leña a ti también.* Tb. fig. *Iban a bajar los impuestos, pero nos están dando leña de verdad.* ■ **echar ~ al fuego.** loc. v. Hacer que aumente un mal. *Si le dices algo cuando está preocupado, solo consigues echar más leña al fuego.*

leña[2]. **hecho ~.** loc. adj. Am. coloq. Destrozado o en muy mal estado. *Es una comunidad nacional hecha leña por la falta de fuentes de trabajo* [C]. *Bueno, estoy hecha leña, porque anoche salí con Jaime después de tiempo* [C].

leñador, ra. m. y f. Persona que tiene por oficio cortar leña. *El leñador trocea el tronco del árbol con un hacha.*

leñazo. m. coloq. Golpe fuerte, espec. el dado con un palo. Frec. con v. como *dar. Le dio un leñazo con la porra que lo dejó en el suelo. Tropecé y me di un buen leñazo.*

leñe. interj. eufem. Se usa para expresar enfado o sorpresa. *¡No me lleves la contraria, leñe!*

leñero, ra. adj. **1.** *Dep.* Dicho espec. de futbolista: Que juega de manera violenta. *Es el jugador más leñero: hizo cuatro faltas en cinco minutos.* ● f. **2.** Lugar donde se guarda la leña. *La leñera era una pequeña cabaña hecha de tablones.*

leño. m. **1.** Trozo de árbol cortado y limpio de ramas. *Puso otro leño en el fuego.* **2.** *Bot.* En una planta: Conjunto de vasos que conducen la savia bruta desde la raíz hasta las hojas. *El leño se encuentra bajo el tronco de los árboles.* ■ **como un ~.** loc. adv. coloq. Muy profundamente. Frec. con *dormir. No oye el teléfono porque duerme como un leño.*

leñoso, sa. adj. *Bot.* Que tiene la dureza y la consistencia de la madera. *El pino es la especie leñosa con más aplicaciones.* Dicho de planta, tb. f. *El terreno se repoblará con leñosas.*

leo. m. y f. Persona nacida bajo el signo de Leo. *Se dice que el leo tiene espíritu de triunfador.* Tb. adj. *Mujer leo.*

león, na. m. **1.** Felino carnívoro africano de cuerpo robusto y pelaje amarillo rojizo, con cola larga terminada en un fleco de pelos, y dientes y uñas fuertes. *En el circo hay un domador de leones.* Tb. designa específicamente al macho. *El león tiene una abundante melena dorada.* ○ f. **2.** Hembra del león (→ 1). *En cada manada hay varias leonas con sus crías.* ■ **león marino.** m. Mamífero marino parecido a la foca pero de mayor tamaño y con pequeñas orejas, que vive cerca de las costas de mares glaciales. *El león marino hembra. Un león marino macho puede sobrepasar los mil kilos.*

leonado, da. adj. **1.** Dicho de color: Amarillo rojizo, como el del pelo del león. *Cuando la mies madura, los campos tienen un color leonado.* **2.** De color leonado (→ 1). *Pasó un perro de pelaje leonado.*

leonera. f. **1.** Lugar en que se encierra a los leones. *Después de la actuación meten a los leones en la leonera por un pasadizo.* **2.** coloq. Habitación o lugar muy desordenados. *Este cuarto es una leonera, así que vete ordenándolo. No encontraba ningún papel porque el despacho era una leonera.*

leonés, sa. adj. **1.** De León. *Vive en la ciudad leonesa de Ponferrada. Los reyes leoneses de la Edad Media.* Dicho de pers., tb. m. y f. *En junio, los leoneses celebran sus fiestas patronales.* ● m. **2.** Variedad de la lengua española hablada en León. *En leonés se suele decir "cayó" cuando en Madrid decimos "ha caído".* **3.** histór. Dialecto romance usado en el antiguo reino de León. *En zonas de Zamora perviven rasgos del leonés antiguo.*

leonesismo. m. Palabra o uso propios de la variedad leonesa de la lengua española. *Emplear la forma "la mi casa" por "mi casa" es un leonesismo.*

leonino, na. adj. **1.** Dicho espec. de condición o contrato: Ventajoso solo para una de las partes. *Las condiciones del préstamo son leoninas.* **2.** Del león. *El viento desordenaba su melena leonina.*

leontina. f. Cadena del reloj de bolsillo. *Una leontina de oro colgaba de un lado a otro de su chaleco.*

leopardo. m. Felino carnívoro, parecido al gato pero de tamaño mucho mayor, que gralm. tiene el pelaje amarillo rojizo con manchas negras redondeadas. *El leopardo hembra. Los leopardos pueden subir a los árboles.* Tb. su piel. *Llevaba un abrigo de leopardo.* ▶ PANTERA.

leotardo. m. Prenda de vestir femenina que consiste en dos medias altas, frec. de lana, que cubren los pies y las piernas enteras y se prolongan hasta la cintura. Frec. en pl. con significado sing. *Ana se puso una minifalda y unos leotardos de colores.*

Lepe. **saber más que ~.** loc. v. coloq. Ser muy perspicaz y despierto. Frec. con intención enfática. *No le engañarás, sabe más que Lepe.*

lepidóptero. adj. **1.** *Zool.* Del grupo de los lepidópteros (→ 2). *Insectos lepidópteros.* ● m. **2.** *Zool.* Insecto de boca chupadora, con dos pares de alas escamosas y metamorfosis completa, como la mariposa y la polilla.

lepra. f. Enfermedad infecciosa que se caracteriza por la aparición de manchas y úlceras, por la falta de sensibilidad y la pérdida de tejidos. *La lepra desfigura la cara y las manos del enfermo.* Tb. fig. *El caciquismo, esa lepra que corroe los pueblos.*

leprosería. f. Hospital para leprosos. *En las afueras de la ciudad había una leprosería.* ▶ LAZARETO.

leproso, sa. adj. Que padece lepra. *Los primeros síntomas que presentan los enfermos leprosos son manchas en la piel.* Dicho de pers., tb. m. y f. *Los leprosos pueden contagiar la enfermedad a quien tiene trato diario con ellos.*

lerdo, da. adj. Lento y torpe para comprender o ejecutar algo. *Como es tan lerdo no se le pueden mandar tareas complicadas. Soy bastante lerdo* PARA *aprender el funcionamiento de las máquinas.*

leridano, na. adj. De Lérida. *Pasaron las vacaciones en el Pirineo leridano.* Dicho de pers., tb. m. y f. *Muchos leridanos viven de la agricultura y la ganadería.* ▶ ILERDENSE.

les. → **le**[1].

lesbianismo. m. Condición de lesbiana u homosexual. *La mujer proclamó su lesbianismo ante las cámaras de televisión.*

lesbiano, na. adj. **1.** Lésbico. *La escritora mantuvo relaciones lesbianas con una actriz.* **2.** Dicho de mujer: Homosexual. *Pertenece a una asociación de mujeres lesbianas.* Tb. f. *Las lesbianas reclaman el derecho a adoptar niños.* ▶ **2:** *HOMOSEXUAL.

lésbico, ca. adj. De la mujer lesbiana. *El artista pintó numerosas escenas de amor lésbico. Sus tendencias lésbicas se reflejan en la obra de la poetisa.* ▶ LESBIANO.

lesión. f. **1.** Daño de los tejidos del cuerpo causado por una herida, un golpe o una enfermedad. *El futbolista se recupera de su lesión de rodilla.* **2.** *Der.* Perjuicio o daño. *El abogado alegó que se había producido una lesión al honor de su cliente.*

lesionar. tr. Causar lesión (a alguien o algo). *Un bote lanzado desde las gradas lesionó al árbitro. La nueva norma lesiona los intereses de los trabajadores.* Tb. en constr. prnl. media. *El futbolista se ha lesionado y no podrá jugar.*

lesivo, va. adj. Que causa lesión, espec. cuando se produce un perjuicio. *El medicamento frena la acción lesiva de los virus. El presidente se negó a firmar un acuerdo lesivo para los intereses de su país.*

leso, sa. adj. cult. Agraviado o dañado. *Cinco jefes militares de la dictadura fueron condenados por crímenes de lesa humanidad.*

letal. adj. cult. Dicho de cosa: Que puede causar la muerte. *Tomó una dosis letal de veneno.*

letanía. f. **1.** *Rel.* Oración que consiste en una serie ordenada de invocaciones a la Virgen, a Jesucristo o a los santos, recitadas por una persona y a las que contestan los demás. *La letanía de la Virgen suele acompañar al rezo del rosario.* Frec. en pl. con significado sing. *Uno de los feligreses interrumpió al sacerdote en medio de las letanías.* **2.** Retahíla o serie larga de cosas que se nombran una detrás de otra. *El camarero recitaba la letanía del menú a cada cliente.*

letárgico, ca. adj. Del letargo. *Los animales enfermos entran en un estado letárgico.*

letargo. m. **1.** Estado de inactividad y reposo en que permanecen algunos animales durante determinados períodos de tiempo. *El animal en letargo tiene una temperatura corporal inferior a la normal.* **2.** Estado anormal caracterizado por el sueño profundo y prolongado, y que es síntoma de algunas enfermedades. *La fiebre puede producir letargo.*

letón, na. adj. **1.** De Letonia (país de Europa). *La capital letona es Riga. El mar Báltico baña la costa letona.* Dicho de pers., tb. m. y f. *Los letones se independizaron de la URSS en 1991.* ● m. **2.** Lengua hablada en Letonia. *El letón se escribe con el alfabeto latino.*

letra. f. **1.** Signo gráfico de los que representan los sonidos del lenguaje. *"Tú" y "yo" son palabras de dos letras.* Frec. en sent. colectivo. *En el cheque, escriba la cantidad en letra.* **2.** Manera personal de trazar las letras (→ 1). *Su letra no se entiende.* **3.** Texto que se canta en una composición musical. *El poeta escribió la letra y ella puso la música. El CD trae un cuadernillo con las letras de las canciones.* **4.** Documento que un comprador entrega a un vendedor a cambio de un producto y por el que se compromete a pagar una cantidad concreta en una fecha determinada. *A principio de mes tengo que pagar la letra del coche.* Tb. ~ *de cambio. Pagarán la deuda con una letra de cambio a noventa días vista. El vendedor puede llevar la letra de cambio a un banco y cobrarla.* **5.** Sentido literal o exacto de un texto. *El Gobierno respetará la letra y el espíritu de la Constitución.* **6.** *Gráf.* Tipo (pieza de la imprenta o de la máquina de escribir). *La letra "d" tiene rota la parte superior.* ○ pl. **7.** Conjunto de disciplinas relacionadas con el hombre, como la filosofía, la literatura, la historia o las lenguas. *Me gustan más las letras que las ciencias.* **8.** Literatura (arte, conjunto de obras, o conjunto de conocimientos). *El escritor recibe el mayor galardón de las letras. La gente de letras se reunía en tertulias de café.* Tb. *bellas ~s,* o *buenas ~s.* ■ **~ bastarda.** f. Letra (→ 1) escrita a mano e inclinada hacia la derecha. *El manuscrito está en letra bastarda.* ⇒ BASTARDA. ■ **~ capital.** → **~ mayúscula.** ■ **~ cursiva,** o **bastardilla.** f. *Gráf.* Letra (→ 1) impresa inclinada hacia la derecha. *Las palabras extranjeras están en letra cursiva. Los nombres científicos de las especies se ponen en letra bastardilla.* ⇒ BASTARDILLA, CURSIVA. ■ **~ de imprenta.** f. Letra (→ 1) escrita a mano, gralm. mayúscula, que imita la letra impresa. *Rellene la solicitud con bolígrafo y letra de imprenta.* ■ **~ de molde.** f. Letra (→ 1) impresa. *Jamás llegó a ver su novela en letras de molde.* ■ **~ gótica.** f. Letra (→ 1) de forma rectilínea y angulosa. *El libro está impreso en letra gótica.* ■ **~ inglesa.** f. Letra (→ 1) más inclinada que la bastarda. *Escribe con elegante letra inglesa.* ■ **~ mayúscula,** o **capital.** f. Letra (→ 1) de mayor tamaño que la minúscula y que gralm. tiene distinta forma. *Los nombres propios empiezan por letra mayúscula. Las letras capitales del códice están bellamente miniadas.* ⇒ CAPITAL, MAYÚSCULA. ■ **~ minúscula.** f. Letra (→ 1) de tamaño pequeño que se emplea habitualmente en la escritura. *Los días de la semana se escriben con letra minúscula.* ⇒ MINÚSCULA. ■ **~ muerta.** f. Regla o norma que no se cumplen o que no tienen efecto. *En muchos países la Declaración Universal de los Derechos Humanos es letra muerta.* ■ **~ negrita.** f. *Gráf.* Letra (→ 1) gruesa que destaca de los tipos ordinarios y resalta el texto. *El título de cada* *capítulo está en letra negrita.* ⇒ NEGRITA. ■ ~ **pequeña.** f. Parte de un texto o contrato en la que figuran cláusulas importantes que pueden resultar menos atendidas por aparecer en un cuerpo menor. *Antes de firmar el crédito, lee bien la letra pequeña.* ■ ~ **redonda.** f. *Gráf.* Letra (→ 1) vertical y redondeada. *Las definiciones del diccionario están en letra redonda.* ⇒ REDONDA. ■ ~ **versal.** f. *Gráf.* Letra mayúscula (→ **letra mayúscula**). *Las siglas se escriben con letras versales.* ⇒ VERSAL. ■ ~ **versalita.** f. *Gráf.* Letra (→ 1) con forma de mayúscula pero del tamaño de la minúscula. *Los sinónimos del diccionario están en letra versalita.* ⇒ VERSALITA. ■ **primeras ~s.** f. pl. Primeras cosas que se enseñan a los niños, como leer, escribir y la aritmética básica. *El maestro me enseñó las primeras letras.* ■ **unas ~s,** o **cuatro ~s,** o **dos ~s.** f. pl. Escrito breve, espec. una carta. Frec. con v. como *poner. Le pondré unas letras para agradecerle el regalo. Cuando llegues, escribe cuatro letras a la familia.* □ **a la ~.** loc. adv. Al pie de la letra. *Sus palabras fueron transcritas a la letra.* ■ ~ **por ~.** loc. adv. Enteramente, sin quitar ni añadir nada. *Esa frase se repite letra por letra en otro lugar.* ▶ **6:** TIPO. **7:** HUMANIDADES. **8:** LITERATURA.

letrado, da. adj. **1.** Que tiene cultura o instrucción. *Es una persona inteligente y letrada.* ● m. y f. **2.** Abogado (persona legalmente capacitada para defender a otra). *El letrado de la defensa leyó su alegato.* **3.** Jurista de una institución pública encargado de estudiar y preparar sus dictámenes o resoluciones. *Letrado del Consejo de Estado.* ▶ **2:** ABOGADO.

letrero. m. Palabra o conjunto de palabras escritas en un lugar visible para anunciar o comunicar algo. *En la puerta de la tienda había un letrero que decía: "Cerrado". Según el letrero, faltan tres kilómetros para Burgos.* ▶ RÓTULO.

letrilla. f. *Lit.* Composición poética de varias estrofas, con estribillo al final de cada una, que gralm. tiene carácter festivo o satírico. *Quevedo es famoso por sus divertidas letrillas. Solían circular letrillas populares en que se ridiculizaba a los políticos.*

letrina. f. Retrete colectivo formado por varios compartimentos y empleado en cuarteles y campamentos. *El hedor de la letrina era insoportable.* Frec. en pl. *Castigaron al soldado a limpiar las letrinas.* ▶ *RETRETE.

letrista. m. y f. Persona que escribe letras para canciones. *Un compositor y un letrista colaboran en la elaboración del disco.*

leucemia. f. Enfermedad que se caracteriza por la proliferación maligna de glóbulos blancos. *La leucemia aguda se desarrolla rápidamente. Para tratar la leucemia se emplea el transplante de sangre del cordón umbilical.*

leucémico, ca. adj. **1.** De la leucemia. *Los leucocitos sirven de defensa al organismo, pero las células leucémicas, no.* **2.** Que padece leucemia. *Los enfermos leucémicos suelen presentar anemia y hemorragias.* Dicho de pers., tb. m. y f. *Muchos leucémicos esperan un transplante de médula ósea.*

leucocito. m. *Biol.* Glóbulo blanco. *Los leucocitos luchan contra las infecciones causadas por virus y bacterias.*

leucoma. m. *Med.* Mancha blanca y opaca en la córnea del ojo. *El leucoma hace que disminuya la agudeza visual del paciente.*

leva. f. **1.** Hecho de reclutar gente para la guerra. *El Ejército recurrió a la leva forzosa para reunir suficientes hombres.* **2.** *Mec.* Pieza giratoria cuyo perfil se apoya y desliza en el extremo de una varilla, de manera que su movimiento de rotación uniforme se transforma en movimiento de vaivén de la varilla. *Las levas regulan la admisión y escape en los cilindros de los motores.*

levadizo, za. adj. Dicho espec. de puente: Que se puede levantar y volver a bajar por medio de un mecanismo. *Para defender el castillo, alzaron el puente levadizo.*

levadura. f. **1.** Sustancia capaz de hacer fermentar el cuerpo con el que se mezcla. *El panadero pone levadura a la masa del pan.* **2.** *Bot.* Hongo unicelular que produce las enzimas que provocan la fermentación. *Varias levaduras diferentes intervienen en la transformación del mosto en vino.*

levantador, ra. m. y f. Persona que practica algún tipo de levantamiento de pesos, espec. como deporte. *El levantador de pesas norteamericano fue acusado de dopaje. España estará representada por cinco levantadores. En la exhibición hubo cortadores de troncos y levantadores de piedras.*

levantamiento. m. Hecho de levantar o levantarse. *Practica el levantamiento de pesos. El juez ordenó el levantamiento del cadáver. Están en la fase de levantamiento de planos. El levantamiento de la veda tendrá lugar mañana. Se produjo un levantamiento militar.* ▶ *SUBLEVACIÓN.

levantar. tr. **1.** Mover (algo) hacia arriba o poner(lo) en un lugar más alto que el que tenía. *Levantó los hombros en señal de indiferencia.* Tb. en constr. prnl. media. *Las faldas se le levantaron con el aire.* **2.** Dirigir hacia arriba (algo, espec. los ojos o la mirada). *Levantó los ojos al cielo.* **3.** Poner derecha o en posición vertical (a una persona o una cosa). *Es peligroso levantar a un herido. Si estás sentado, debes levantarte cuando entra el Director. Hay que levantar los postes de la luz que están tirados por el suelo.* Tb. en constr. prnl. media. *Al tirar de esta maroma, los postes se levantan.* **4.** Hacer (un edificio o construcción). *En ese terreno han levantado un edificio de cuatro plantas.* **5.** Dibujar (un plano). *Están levantando los planos de la nueva fábrica.* **6.** Hacer o producir (algo que forma bulto sobre otra cosa). *El roce del zapato me levantó una buena ampolla.* **7.** Montar (la clara de huevo o la nata). *Cuesta mucho levantar las claras.* **8.** Separar (algo) de otra cosa sobre la cual descansa o a la que está adherido. *Hay que levantar con cuidado el apósito.* Tb. en constr. prnl. media. *Con la humedad se están empezando a levantar las baldosas.* **9.** Recoger o quitar (algo) de donde está. *El ejército levantó el campamento.* **10.** Hacer que salte (la caza) del sitio en que estaba. *Los ojeadores levantan la caza.* **11.** Poner (algo o a alguien) en un estado mejor. *Esto me levanta el ánimo.* **12.** Dar mayor fuerza (a la voz) o hacer que suene más. *Levanta la voz, que no te oigo.* **13.** Ocasionar o causar (algo). *Sus palabras levantaron protestas del público. Esa música me levanta dolor de cabeza.* Tb. en constr. prnl. media. *Con esa música se me ha levantado dolor de cabeza.* **14.** Atribuir o imputar maliciosamente (algo falso). *No levantarás falso testimonio.* **15.** Hacer que cesen (una pena o una prohibición). *Si te portas bien, te levantaré el castigo. Hoy levantan la veda de la codorniz.* **16.** Sublevar (a alguien). *Los activistas tratan de levantar a la población.* Tb. en constr. prnl. media. *El pueblo se levantó contra los franceses.* **17.** Reclutar o alistar (gente) para el Ejército. *Habían comenzado a levantar tropas en servicio del Emperador.* ○ intr.

prnl. **18.** Sobresalir o elevarse algo sobre una superficie o plano. *La torre de la iglesia se levanta sobre los tejados de las casas.* **19.** Dejar la cama un enfermo o una persona que está acostada. *El enfermo ya se levanta. Se levanta a las ocho para ir a clase.* **20.** Comenzar a alterarse el viento o la mar. *Se ha levantado un viento tremendo.* ▶ **1:** ALZAR. **2:** ALZAR, SUBIR. **3:** ALZAR, ERGUIR. **4:** ALZAR, ELEVAR. **9, 12, 15:** ALZAR. **16:** *SUBLEVAR. **18:** ALZARSE, ELEVARSE, ERGUIRSE. || **Am: 1:** ARRISCAR.

levante. (Referido a punto cardinal, se usa en mayúsc.). m. Este (punto cardinal, lugar, o viento). *Los primeros rayos de sol surgían ya por el levante. Soplará levante fuerte en el Estrecho.* Frec., en mayúsc., designa las regiones valenciana y murciana. *Para mañana se esperan lluvias en Baleares y Levante.* ▶ *ESTE.

levantino, na. adj. De Levante. *El escritor narra sus viajes por tierras levantinas.* Dicho de pers., tb. m. y f. *Los levantinos reclaman trasvases para regar sus cultivos.*

levantisco, ca. adj. Rebelde o con tendencia a sublevarse. *El profesor se queja de que los alumnos son levantiscos y desobedientes.*

levar. tr. *Mar.* Desprender (el ancla o las anclas) del fondo y recoger(las). Frec. en la constr. ~ *anclas. Cuando el buque estuvo cargado, la tripulación levó anclas y zarpamos.*

leve. adj. **1.** Ligero o de poco peso. *Sobre los hombros llevaba un leve chal de gasa.* Tb. fig. *Tras lo ocurrido, se quedó con un leve pesar.* **2.** De poca importancia. *En el accidente, el conductor sufrió heridas leves.* ▶ *LIGERO.

levedad. f. Cualidad de leve. *El deportista levanta las pesas como si tuvieran la levedad de una pluma. La condena ha sido muy dura, dada la levedad de la falta.*

leviatán. m. Monstruo marino terrorífico y maligno que se menciona en la Biblia. *El leviatán suele identificarse con el demonio.*

levita[1]**.** m. histór. Israelita de la tribu de Leví, que estaba dedicada al servicio del templo. *Los levitas eran descendientes de Jacob.*

levita[2]**.** f. Prenda de vestir masculina de etiqueta, a modo de chaqueta, con faldones que llegan a cruzarse por delante. *El uniforme de los cocheros constaba de levita y chambergo emplumado.*

levitación. f. Hecho de levitar. *En las vidas de algunos santos se narran momentos de levitación.*

levitar. intr. Elevarse en el espacio sin intervención de agentes físicos conocidos. *En uno de sus trucos, el mago levitaba sobre el escenario.*

levítico, ca. adj. **1.** despect. Partidario del clero o supeditado a él. *Era una ciudad provinciana y levítica donde el visitante se asfixiaba.* **2.** histór. De los levitas. *El apellido de Samuel indicaba que tenía ascendencia levítica.*

levógiro, ra. adj. **1.** *Fís.* Que desvía hacia la izquierda el plano de luz polarizada. *Unos monosacáridos son dextrógiros; otros, levógiros.* **2.** *tecn.* Que gira o se desvía hacia la izquierda, en el sentido contrario a las agujas del reloj. *En la lancha instalaron una hélice levógira y otra dextrógira.*

lexema. f. *Ling.* Unidad mínima de significado, que puede ser una palabra o parte de una palabra. *En la palabra "grandote" el lexema es "grand". "Pan" es a la vez palabra y lexema.*

lexicalizarse. intr. prnl. *Ling.* Pasar una combinación de letras o palabras a ser una unidad léxica de la lengua. *Las locuciones son formas lexicalizadas. Algunas siglas se han lexicalizado, como "ovni" y "elepé".*

léxico, ca. adj. **1.** Del léxico (→ 2). *Con la lectura aumenta el caudal léxico de los alumnos.* ● m. **2.** Conjunto de las palabras de una lengua. *Muchas palabras extranjeras entran a formar parte de nuestro léxico. El léxico está recogido en los diccionarios.* **3.** Conjunto de las palabras peculiares de una región, de una actividad, de un grupo o de una persona. *El léxico del escritor es muy rico. Como no soy aficionado, no entiendo el léxico del fútbol.* ▶ **2, 3:** VOCABULARIO.

lexicografía. f. **1.** Técnica de hacer diccionarios. *La lexicografía se desarrolla en España a partir de Nebrija.* **2.** Parte de la lingüística que estudia los diccionarios y su técnica. *El especialista en lexicografía explica los diferentes tipos de definición.*

lexicográfico, ca. adj. De la lexicografía. *El diccionario que ahora se publica es una de las mayores obras lexicográficas.*

lexicógrafo, fa. m. y f. Persona que se dedica a la lexicografía. *El lexicógrafo selecciona las palabras que formarán parte del diccionario.*

lexicología. f. *Ling.* Estudio de las unidades léxicas de la lengua y de las relaciones sistemáticas que se establecen entre ellas. *La lexicología estudia la derivación de palabras.*

lexicólogo, ga. m. y f. *Ling.* Especialista en lexicología. *El lexicólogo ha publicado un artículo sobre derivación y composición.*

lexicón. m. cult. Diccionario. *Mi abuelo tiene en su mesa un viejo lexicón.*

ley. f. **1.** Norma establecida por las autoridades, que prohíbe, regula o manda alguna cosa y que debe cumplirse de forma obligatoria. *El Gobierno revisará la ley de pensiones.* **2.** Conjunto de las leyes (→ 1). *La ley prohíbe la evasión de capitales. Los ciudadanos están obligados a respetar la ley.* **3.** Regla fija a la que está sometido un fenómeno de la naturaleza. *Las leyes de la óptica explican por qué sale el arco iris.* **4.** Conjunto de preceptos de una religión determinada. *En algunos países se aplica estrictamente la ley coránica o islámica.* **5.** coloq. Sentimiento de afecto hacia alguien. Frec. con v. como *tener. La conozco hace tiempo y le tengo ley.* ■ **~ de Dios.** f. *Rel.* Conjunto de preceptos contenidos en los diez mandamientos *Los perjuros quebrantan la ley de Dios.* ■ **~ del embudo.** f. coloq. Criterio del que es muy permisivo con la propia conducta y muy exigente con la de los demás. *Nos hace cumplir las normas y él se las salta: es la ley del embudo.* ■ **~ del talión.** f. Norma según la cual se debe castigar al que comete una falta con un daño igual al que ha provocado. *Algunos quieren que se aplique la ley del talión a los asesinos.* ■ **~ marcial.** f. Ley (→ 1) para mantener el orden público que está en vigor durante el estado de guerra. *Tras el golpe de Estado se implantó la ley marcial.* ■ **~ sálica.** f. histór. Ley (→ 1) que impedía que reinaran las mujeres y sus descendientes. *Fernando VII derogó la ley sálica para que reinara su hija, Isabel II.* ■ **~ seca.** f. Prohibición del tráfico y consumo de bebidas alcohólicas. *Con la ley seca aumentó el contrabando de licores.* □ **con todas las de la ~.** loc. adj. coloq. Que cumple todos los requisitos. *Es un profesional con todas las de la ley. Nos hizo un chantaje con todas las de la ley.* Tb. loc. adv. *Con más medios trabajaríamos con todas las de la ley.*

■ **de (buena) ~.** loc. adj. Que tiene cualidades morales deseables, como la bondad o la honradez. *Mi amiga es de ley y confío en ella. La gente de buena ley es incapaz de esa crueldad.* ■ **de ~.** loc. adj. Dicho de oro o plata: Que contiene la proporción mínima que debe tener la aleación. *La pulsera es de oro de ley, de 18 kilates. Me regalaron una bandeja de plata de ley.*

leyenda. f. **1.** Narración de sucesos fantásticos que se transmite por tradición. *Según la leyenda, el palacio está encantado.* **2.** Texto que acompaña a algo, espec. a una imagen, gralm. explicándola. *Al pie de los grabados de Goya hay una leyenda que alude al dibujo.* **3.** Persona muy admirada y a la que se recuerda a pesar del paso del tiempo. *Elvis Presley es una leyenda del* rock. ■ **~ negra.** f. Relato desfavorable y gralm. infundado sobre alguien o algo. *Sus oponentes hacen circular una leyenda negra del político.* Frec. designa la difundida en el s. XVI sobre la política de los Austrias. *La leyenda negra surge en el reinado de Felipe II.*

lezna. f. Instrumento que consiste en un hierro de punta muy fina con mango de madera, usado espec. por los zapateros para agujerear el cuero. *El zapatero cosía las botas de piel con una lezna y una aguja.*

lía. f. Soga de esparto tejida en forma de trenza. *Los fardos iban atados con lías.*

liana. f. Planta tropical trepadora, de tallos largos y flexibles que se sujetan a otras plantas para ascender hacia la luz. *Tarzán saltaba de un árbol a otro agarrándose a las lianas.*

liante, ta. (A veces como f. se usa **liante**). adj. coloq. Que organiza líos o embrollos o que confunde o compromete con engaño a los demás. *Es muy lianta y me engatusó para que la acompañara.* Tb. m. y f. *No te fíes de ese tipo, que es un liante de cuidado.*

liar. (conjug. ENVIAR). tr. **1.** Envolver o cubrir (algo o alguien) con una cosa. *Lió la ropa sucia* CON *una sábana y la llevó a lavar.* **2.** Hacer (un cigarrillo) envolviendo el tabaco en el papel de fumar. *Lía el cigarrillo con manos expertas.* **3.** coloq. Enredar (a alguien) o hacer(le) contraer un compromiso, espec. de forma engañosa. *Mi hermano me lió para que le ayudara.* ○ intr. prnl. **4.** coloq. Ponerse a hacer algo con vehemencia. *Nos liamos* A *hablar y se nos hizo tarde.* **5.** coloq. Empezar a dar golpes una persona a otra o a una cosa. *La pelea comenzó cuando un cliente del bar se lió* A *puñetazos* CON *uno de los camareros. Se lió a patadas* CON *la puerta.* Tb.: *Se liaron* A *golpes y no podíamos separarlos.* **6.** coloq. Mantener una persona con otra una relación sexual o amorosa sin pretensión de consolidarla. *El actor se había liado* CON *una actriz durante el rodaje.* Tb.: *Juan y María se han liado.* ■ **~la.** loc. v. **1.** coloq. Armar un lío o crear una situación conflictiva. *Es muy susceptible y por menos de nada te la lía. Va por ahí metiéndose con la gente y al final la liará* CON *alguno.* **2.** coloq. Meterse en una situación complicada. *¡La hemos liado!: mi madre se ha enterado de que no fuimos a clase.*

libación. f. **1.** cult. Hecho de libar. *La euforia de los invitados se debe a un exceso de libaciones.* **2.** histór. Ceremonia religiosa pagana que consistía en derramar vino u otro licor en honor de los dioses. *En Alejandría, el sacerdote hacía sus libaciones diarias en el templo de Isis.*

libanés, sa. adj. Del Líbano. *La nave atracó en el puerto libanés de Trípoli.* Dicho de pers., tb. m. y f. *La mitad de los libaneses son cristianos.*

libar. tr. **1.** Chupar un insecto (el néctar de las flores). *La abeja se posa en el centro de la flor y liba su néctar.* **2.** cult. Beber (un líquido, espec. vino). *No había prisa y libábamos con delectación los caldos de la casa.*

libelo. m. Escrito en que se desacredita algo o a alguien o en que se expresa una opinión desfavorable sobre ellos. *Por toda la ciudad se ha difundido un libelo que acusa al alcalde de corrupción.*

libélula. f. Insecto de cuerpo alargado de vivos colores, con ojos grandes y dos pares de alas estrechas y transparentes, que vive en las orillas de estanques y ríos. *Una libélula estaba posada en el tallo de un junco.*

líber. m. *Bot.* En una planta: Conjunto de vasos que llevan la savia elaborada a toda la planta. *El líber está formado por células en forma de tubo.*

liberación. f. Hecho de liberar o liberarse. *La liberación del secuestrado se llevó a cabo de madrugada. Terminar un trabajo pesado supone una liberación.*

liberador, ra. adj. Que libera. *Las tropas liberadoras entraron en la ciudad. Creo en el poder liberador de la cultura. Hay bacterias liberadoras de nitrógeno.* Dicho de pers., tb. m. y f. *Los prisioneros se abrazaron a sus liberadores.*

liberal. adj. **1.** Del liberalismo. *Pensamiento liberal. En el siglo* XIX *se produce el avance de la ideología liberal.* **2.** Partidario del liberalismo. *El candidato liberal está dispuesto a negociar con los laboristas. El partido liberal obtuvo la mayoría de los votos.* Dicho de pers., tb. m. y f. *Los liberales se han aliado con los socialdemócratas.* **3.** Dicho de profesión: Que consiste pralm. en una actividad intelectual. *Los abogados, los médicos y los arquitectos ejercen profesiones liberales.* **4.** Tolerante o comprensivo. *Yo soy muy liberal, respeto a los que tienen ideas distintas.* **5.** Generoso o que da lo que tiene desinteresadamente. *Como es tan liberal, no le importó desprenderse de sus cosas.* ▶ **5:** *GENEROSO.

liberalidad. f. Cualidad de liberal o generoso. *Su excesiva liberalidad lo llevó a la ruina.* ▶ *GENEROSIDAD.

liberalismo. m. **1.** Doctrina política que defiende las libertades de los individuos. *El liberalismo se oponía a la permanencia del sistema feudal.* **2.** Doctrina económica que defiende la libertad de las empresas privadas. *El sistema capitalista se fundamenta en el liberalismo.* **3.** Condición de liberal. *Su liberalismo le causaría problemas al volver la monarquía absoluta. Tiene amigos de todas las ideologías, lo que prueba su liberalismo.*

liberalización. f. Hecho de liberalizar. *Terminó la dictadura y la liberalización política avanzaba a buen ritmo. La prensa contribuyó a la liberalización del régimen. Hubo una liberalización de la sociedad y la gente se hizo más permisiva.*

liberalizador, ra. adj. **1.** Que liberaliza. *El Gobierno adopta medidas liberalizadoras para la economía.* **2.** De la liberalización. *Los banqueros impulsaron el proceso liberalizador de la banca.*

liberalizar. tr. Hacer liberal (a alguien o algo). *Los expertos no creen que el dictador liberalice su régimen.*

liberar. tr. **1.** Hacer que (alguien preso o sometido) quede libre. *Los soldados liberaron a los prisioneros. La policía liberó a los rehenes. Lucharon por liberar al pueblo oprimido.* **2.** Hacer que (una persona o cosa) queden libres de algo, espec. de una obligación. *Mi jefe me liberó* DE *la aburrida tarea de hacer copias. Un viaje te liberaría* DEL *tedio de la rutina. Al irse de casa se liberó* DE *la influencia de su padre. Bailar me libera.* **3.** *tecn.* Desprender o soltar (algo). *El* *carbón libera oxígeno en contacto con el agua. La madera al quemarse libera gran cantidad de calor. Al madurar, la cáscara se abre y libera el fruto.* ▶ **1, 2:** LIBERTAR.

liberatorio, ria. adj. Que libera o sirve para liberar, espec. de una obligación. *Los exámenes parciales serán liberatorios. Se añadió al acuerdo una cláusula liberatoria que reducía el importe de la deuda.*

liberiano, na. adj. De Liberia (país de África). *La población liberiana la componen numerosos grupos étnicos.* Dicho de pers., tb. m. y f. *Los liberianos hablan varias lenguas africanas.*

líbero. m. *Dep.* En el fútbol: Jugador que refuerza la línea de defensa, que se puede desplazar libremente y no tiene que marcar a un contrario. *La categoría del líbero y de los defensas hacen infalible a la selección.*

libérrimo, ma. → **libre.**

libertad. f. **1.** Condición de libre. *El héroe luchó por la libertad de su país. Ha cumplido la condena y está en libertad. Prefiero llevar mochila, que me da más libertad.* **2.** *Polít.* Facultad de los individuos de actuar como quieran, siempre que sus acciones no se opongan a la ley. *Murieron luchando por la libertad y contra la dictadura. Los ciudadanos reclaman más libertad.* **3.** Derecho de un individuo a actuar libremente en un campo determinado. *Libertad de imprenta. Libertad de culto. La libertad de conciencia permite profesar cualquier religión.* **4.** Osadía o familiaridad. Frec. con *tomarse. Me tomo la libertad de escribirle.* Frec en pl. *Con mis jefes no me tomo muchas libertades.* ■ ~ **condicional.** f. *Der.* Beneficio de abandonar la prisión que puede concederse a los penados en el último período de su condena, y que está sometido a la posterior observancia de buena conducta. *Le han concedido la libertad condicional.* ■ ~ **provisional.** f. *Der.* Beneficio de que pueden gozar con fianza o sin ella los procesados, no sometiéndolos durante la causa a prisión preventiva. *El juez concede al encausado la libertad provisional bajo fianza.*

libertador, ra. adj. Que liberta, espec. en el aspecto político. *El joven se unió a la guerrilla libertadora de su país.* Dicho de pers., tb. m. y f. *Simón Bolívar fue el libertador de buena parte de Hispanoamérica.*

libertar. tr. Liberar (a una persona, espec. presa o sometida). *Con la amnistía libertaron a los presos.* ▶ LIBERAR.

libertario, ria. adj. *Polít.* Que defiende la libertad política absoluta y la supresión del gobierno y la ley. *Las calles de Barcelona se llenaron de grupos libertarios.* Tb. m. y f. *Los libertarios atentaron contra los políticos más representativos.* ▶ *ANARQUISTA.

libertinaje. m. Exceso de libertad. *En las calles reinaban el caos y el libertinaje.*

libertino, na. adj. Dicho de persona: Que se entrega sin mesura al placer sexual. *De joven fue bastante libertino.* Tb. m. y f. *Los libertinos solían contraer enfermedades venéreas.* Frec. con intención enfática. *Este hombre no tiene remedio; ¡es un libertino!*

liberto, ta. m. y f. histór. Esclavo a quien se ha dado la libertad. *En la antigua Roma había patricios, plebeyos, esclavos y libertos.*

libidinoso, sa. adj. cult. Lujurioso. *La pobre criada huía de su libidinoso patrón.*

libido. f. **1.** *Med.* y *Psicol.* Impulso sexual, considerado como la raíz de variadas manifestaciones de la actividad psíquica. *Freud dio gran importancia a la libido en el desarrollo del ser humano. Algunos fármacos provocan la desaparición de la libido.* **2.** cult. Deseo sexual. *El entorno sensual de la isla había despertado su libido.*

libio, bia. adj. De Libia. *Gran parte del territorio libio es desierto.* Dicho de pers., tb. m. y f. *La mayoría de los libios son árabes.*

libra. f. **1.** Unidad monetaria del Reino Unido de Gran Bretaña e Irlanda del Norte. *¿Cuántas libras costaba la entrada al Museo Británico?* Tb. ~ *esterlina. El euro se había apreciado frente a la libra esterlina.* **2.** Unidad monetaria de Irlanda anterior al euro, y de otros países. *En Irlanda se gastó doscientas libras. Libra egipcia. Libra libanesa.* **3.** Unidad de peso del sistema anglosajón, que equivale a 453,592 g. *La señora pesa 130 libras.* **4.** Unidad tradicional de peso que en Castilla equivale a 460 g. *Compró una libra de carne.* ○ m. y f. **5.** Persona nacida bajo el signo de Libra. *María es una libra típica.* Tb. adj. *Solo tengo un amigo libra.* ▶ **1:** ESTERLINA.

librado, da. m. y f. *Com.* Persona contra la que se gira una letra de cambio. *En la letra de cambio intervienen tres personas: el librador, el librado y el tenedor.*

librador, ra. m. y f. *Com.* Persona que libra una letra de cambio. *Tu jefe figura como librador en las letras de cambio.*

libramiento. m. *Com.* Hecho de librar o expedir una letra de cambio u orden de pago. *Las cantidades inferiores a 4000 euros se abonarán en un único libramiento.* Tb. el documento en que figura. *El presidente firma el libramiento para que paguen a los funcionarios.*

librar. tr. **1.** Hacer que (una persona o cosa) queden libres de otra perjudicial, molesta o negativa. *El abogado nos libró* DE *una buena multa. A ver si me libras* DE *este perro insoportable.* Tb. en constr. prnl. media. *Este año te has librado* DE *la gripe. Con la excusa del partido, se libró* DE *recoger la mesa.* **2.** *Com.* Expedir (una letra de cambio o una orden de pago). *El vendedor libra una letra de cambio* CONTRA *el comprador.* ○ intr. **3.** Disfrutar un obrero o empleado del día o días de descanso que le corresponden. *El taxista libra los lunes.* ■ ~ **bien** (o **mal**), o **salir bien** (o **mal**) **librado.** loc. v. Salir en buena (o mala) situación de un asunto o negocio. *El matón salió mal librado* DE *la pelea. Hemos salido bien librados* DEL *accidente.* ▶ **1:** EXIMIR, EXONERAR.

libre. adj. (sup. **libérrimo**). **1.** Que puede actuar como quiera, sin estar sujeto a limitaciones. *Soy un hombre libre y nadie controla mi vida. El artista tenía un espíritu inquieto y libérrimo.* **2.** Que no está sometido al dominio de otro. *Al declarar su independencia, la colonia pasa a ser un Estado libre.* **3.** Que no es esclavo. *Los hombres libres tenían derechos, y los esclavos, no.* **4.** Que no está preso. *Pasó dos años en la cárcel, pero ya está libre.* **5.** Dicho de tiempo: Disponible para otras actividades al margen de las ocupaciones habituales. *En su tiempo libre practica el ciclismo. ¿Tienes un rato libre?* **6.** Que no está ocupado. *¿Está libre este asiento? Me dirigí a la dependienta que estaba libre.* **7.** Que puede moverse con soltura o realizar sus funciones sin impedimento. *Le quitaron las esposas dejándole las manos libres.* **8.** Dicho de persona: Que no está casada ni mantiene una relación o compromiso parecidos. *Es una mujer libre y puede salir con quien quiera.* **9.** Que no tiene algo considerado negativo. *La sociedad ideal es tolerante y libre* DE *prejuicios. La zona ha sido declarada libre* DE *la peste porcina.* **10.** Que no está sujeto a algo, como una obligación, una carga o un impuesto. *Los productos comunitarios están libres* DE *aranceles. Ganó en la lotería dos millones libres* DE *impuestos.* **11.** Suelto o no sujeto. *Toma el extremo libre de la cuerda.* **12.** Atrevido o deshonesto. *Costumbres libres.* **13.** *Dep.* En natación: Se usa en plural, pospuesto a una expresión de longitud, para especificar la modalidad de competición en que cada nadador puede elegir su estilo. *Hoy se disputa la final de los cien metros libres femeninos.* Tb. dicho del estilo. *Practica el estilo libre.* ■ **por ~.** loc. adv. Por su cuenta o sin seguir las normas de los demás. *Siempre ha ido por libre y le cuesta adaptarse al equipo.* ▶ **10:** EXENTO.

librea. f. Traje de uniforme de lujo, con levita y distintivos, usado por criados y empleados subalternos. *Los invitados eran recibidos por lacayos de librea.*

librecambio. (Tb. **libre cambio**). m. *Econ.* Sistema que fomenta el comercio internacional y elimina o reduce las restricciones a este, como los aranceles. *El libre cambio se opone a las medidas proteccionistas de los Estados.*

librecambismo. m. *Econ.* Doctrina del librecambio. *El librecambismo triunfó en el Reino Unido a mediados del siglo* XIX.

librecambista. adj. **1.** *Econ.* Del librecambio. *Adam Smith apoyaba las tesis librecambistas.* **2.** *Econ.* Partidario del librecambio. *Los países librecambistas reducen los aranceles a las importaciones.* Dicho de pers., tb. m. y f. *Las ideas de librecambistas y proteccionistas son opuestas.*

librepensador, ra. adj. Que profesa o practica el librepensamiento. *El maestro es librepensador. Publicaba sus artículos en un periódico librepensador.* Dicho de pers., tb. m. y f. *Los librepensadores pusieron en entredicho la utilidad de la Iglesia y la religión.*

librepensamiento. m. Doctrina según la cual en materia religiosa solo se debe atender al criterio de la razón. *Sus padres lo educaron en el librepensamiento y en una concepción laica de la vida.*

librería. f. **1.** Establecimiento en que se venden libros. *Fue a la librería a comprar un diccionario.* **2.** Mueble con estanterías para colocar libros. *Cuando terminó la novela, volvió a ponerla en la librería.* ▶ **2:** BIBLIOTECA. || **Am: 2:** LIBRERO.

librero, ra. m. y f. **1.** Persona que se dedica a la venta de libros. *Suelo comprar obras que me recomienda el librero.* ○ m. **2.** Am. Librería (mueble). *La cuarta habitación contenía un librero con novelas de amor* [C]. ▶ **2:** *LIBRERÍA.

libresco, ca. adj. **1.** De los libros. *La obra está llena de citas librescas.* **2.** Inspirado principalmente en la lectura de libros. *Tiene una concepción libresca del amor.*

libreta. f. Cuaderno pequeño para hacer anotaciones. *Apuntó mi teléfono en una libreta que llevaba en el bolsillo.*

libretista. m. y f. Autor de libretos. *El compositor y el libretista colaboran para escribir la ópera.*

libreto. m. Obra dramática escrita para ser puesta en música enteramente, como en la ópera, o solo en parte, como en la zarzuela. *La ópera "Tristán e Isolda" tiene libreto y música de Wagner.*

librillo. m. Conjunto de hojas de papel de fumar. *Sacó un librillo y una bolsa de tabaco y se lió un cigarro.*

libro. m. **1.** Conjunto numeroso de hojas de papel unidas por uno de sus lados que gralm. contienen un texto impreso. *Me regalaron un libro de Borges. La estantería está llena de libros.* **2.** Texto escrito que forma o puede formar el contenido de un libro (→ 1). *Voy a escribir un libro de viajes.* **3.** Cada una de las partes en que se puede dividir un texto y que constituye uno de sus apartados. *Abrió la novela y empezó a leer el libro primero. El pasaje está en capítulo dos del libro tercero.* **4.** *Zool.* Tercera de las cuatro cavidades que forman el estómago de los rumiantes. *La mucosa del libro tiene pliegues que parecen páginas.* ■ **~ blanco,** o **rojo,** etc. m. Conjunto de documentos oficiales o diplomáticos que publica el gobierno de un país para informar a la opinión pública. *El libro blanco de Hacienda servirá para debatir la reforma del impuesto. La ministra de cultura presentó el libro blanco de la prensa.* ■ **~ de caballerías.** m. Novela de caballerías. *Don Quijote enloqueció leyendo libros de caballerías.* ■ **~ de cabecera.** m. Libro (→ 1) que una persona valora mucho y que consulta con frecuencia. *Su libro de cabecera son las obras completas de Shakespeare.* ■ **~ de coro.** m. Libro (→ 1) de gran tamaño, en que están escritos los salmos y antífonas que se cantan en el coro, con sus notas musicales. *La catedral conserva una colección de libros de coro del siglo* XVI. ⇒ CANTORAL. ■ **~ de escolaridad.** m. Libro (→ 1) en que se registran las calificaciones obtenidas por un alumno en cada curso. *Para matricularme tengo que presentar el libro de escolaridad.* ■ **~ de estilo.** m. Libro (→ 1) que contiene las normas de redacción que deben respetarse en un medio de comunicación determinado. *El libro de estilo del periódico recoge las palabras que no deben emplearse.* ■ **~ de familia.** m. Libro (→ 1) en que se registran los datos de una familia que se refieren al estado civil de los esposos y al nacimiento de los hijos. *Para acreditar que estaban casados, presentaron el libro de familia.* ■ **~ de texto.** m. Libro (→ 1) que se sigue a lo largo del curso para estudiar una asignatura. *En la mochila llevo al colegio los libros de texto.* ⇒ TEXTO. □ **como un ~ (abierto).** loc. adv. Muy bien y diciendo cosas inteligentes. Frec. con *hablar. El profesor habla como un libro y da gusto escucharlo. Era un sabio y hablaba como un libro abierto.* ■ **de ~.** loc. adj. coloq. Perfecto o que tiene las mejores cualidades posibles. *Fue una velada de libro; nunca lo he pasado mejor.* Tb. loc. adv. *Como es mañoso, las maquetas le salen de libro.*

licantropía. f. cult. En la tradición popular: Transformación de un hombre en lobo. *La licantropía aparece en las leyendas de varias culturas.*

licántropo. m. cult. Hombre lobo. *El licántropo se transforma sin poder evitarlo cuando aparece la luna llena.*

licaón. m. Mamífero carnívoro africano, semejante al chacal pero de mayor tamaño, y con manchas irregulares en la piel, y que caza en jaurías. *Solo algunos vieron cómo unos licaones devoraban al antílope.*

licencia. f. Permiso para hacer algo, espec. si se da con carácter legal. *El criado abandonó la casa sin licencia de su señor. No puede abrir el bar porque no tiene licencia. El cazador debe sacarse la licencia de armas.* Tb. el documento en que consta. *El taxista llevaba su licencia en el salpicadero.* ■ **~ poética.** f. *Lit.* Uso irregular del lenguaje permitido en poesía por razones estilísticas. *Alterar el orden de la frase para que se adapte al verso es una licencia poética.* Tb. fig. *Sus exageraciones al contar anécdotas las tomamos como licencias poéticas.* □ **tomarse alguien la ~ (de hacer algo).** loc. v. Permitírse(lo) sin haber pedido autorización. *Me he tomado la licencia* DE *comprarte unas cosas para la casa.*

licenciado, da. part. **1.** → **licenciar.** ● m. y f. **2.** Persona que ha obtenido una licenciatura. *Mi hermana es licenciada* EN *Historia.*

licenciamiento. m. Hecho de licenciar a un soldado. *El día antes de nuestro licenciamiento, lo celebramos en el cuartel.*

licenciar. (conjug. ANUNCIAR). tr. **1.** Permitir que (un soldado) abandone de forma definitiva el servicio. *Terminada la guerra, licenciaron a los combatientes.* ○ intr. prnl. **2.** Obtener alguien el grado de licenciado. *Tras cinco años de estudios, se licenció en Física.*

licenciatura. f. **1.** Grado universitario inmediatamente inferior al doctorado. *Mi promoción obtuvo la licenciatura en 2003.* **2.** Estudios necesarios para obtener una licenciatura (→ 1). *Abandonó la universidad antes de acabar la licenciatura.*

licencioso, sa. adj. Que incumple de manera manifiesta las normas de la moral sexual normalmente admitidas. *Tenía mala fama por su vida licenciosa.*

liceo. m. frecAm. Centro de enseñanza secundaria. *Los profesores de los liceos de Francia están en huelga. Consiguió dar clases de español a algunos alumnos de liceo atrasados en esa asignatura* [C]. *Se instalaron 80 bibliotecas en igual número de liceos secundarios* [C]. ▶ INSTITUTO.

licitación. f. Hecho de licitar. *Los plazos para la licitación se harán públicos a través de la prensa.*

licitador, ra. adj. Que licita. *El gobierno encargará las obras a una de las empresas licitadoras.* Dicho de pers., tb. m. y f. *El proyecto no fue adjudicado por falta de licitadores solventes.*

licitar. intr. Ofrecer precio por algo en una subasta. *Se ha invitado a varias empresas para que liciten en las obras del metro.*

lícito, ta. adj. Permitido por la ley o la moral. *Dejó el robo para dedicarse a una actividad lícita.* ▶ LEGÍTIMO.

licitud. f. Cualidad de lícito. *Admito la licitud de sus demandas, pero no puedo atenderlas.*

licor. m. Bebida alcohólica obtenida por destilación, maceración o mezcla y compuesta de alcohol, agua, azúcar y zumos o esencias vegetales. *Los licores que más le gustan son el orujo y el pacharán.*

licorera. f. Botella de cristal decorada que se usa para guardar y servir licores. *En el comedor hay una licorera con aguardiente.*

licorería. f. **1.** Establecimiento en que se venden licores. *Compra una botella de ron en la licorería.* **2.** Fábrica de licores. *En esta licorería se produce la mayor parte del aguardiente de la región.*

licuación. f. Hecho de licuar o licuarse. *La compañía tiene una planta de licuación de gas natural.*

licuado, da. part. **1.** → **licuar.** ● m. **2.** Am. Bebida de frutas licuadas (→ 1) con leche o agua. *No le gusta la cerveza; prefiere el licuado de banana* [C]. *Me detengo en un pequeño café y pido un licuado de melón* [C].

licuadora. f. Aparato eléctrico que sirve para licuar frutas u otros alimentos. *Con la licuadora preparó un zumo de sandía.*

licuar. (conjug. AVERIGUAR o ACTUAR). tr. **1.** Hacer líquida (una sustancia sólida o gaseosa). *Licuó las fresas para hacer un batido.* ○ intr. prnl. **2.** Hacerse líquida una sustancia sólida o gaseosa. *Ponga la miel al baño María hasta que se licúe.*

licuefacción. f. *Fís.* Hecho de licuar o licuarse un gas. *Las técnicas de licuefacción del gas natural permiten almacenarlo en depósitos o bombonas.*

lid. f. cult. Combate o pelea. *Los dos ejércitos entraron en lid.* Frec. fig., espec. para designar un enfrentamiento verbal o deportivo. *El político es zorro viejo en las lides del parlamento y no teme responder a la oposición.*

líder. m. y f. **1.** Persona a la que un grupo reconoce y sigue como su jefe o guía. *El líder socialista intervendrá hoy en el Congreso.* **2.** Persona o entidad que va en cabeza entre las de su clase, espec. en una competición deportiva. *El líder de la vuelta ciclista.* Frec. en aposición. *Empresa líder en el sector textil.*

liderar. tr. Ser el líder (de algo). *La compañía lidera el sector del transporte urgente.*

liderato. m. Liderazgo, espec. el del jefe o guía de un grupo. *El jefe de la banda mantuvo el liderato a pesar de los enfrentamientos.* ▶ LIDERAZGO.

liderazgo. m. Condición de líder. *El piloto alemán ha arrebatado el liderazgo al español.* ▶ LIDERATO.

lidia. f. Hecho de lidiar o torear. *Los toros bravos se crían para la lidia.* ▶ TOREO.

lidiador, ra. m. y f. Persona que lidia. *Pocos lidiadores de reses bravas tienen tanto valor.* ▶ *TORERO.

lidiar. (conjug. ANUNCIAR). tr. **1.** Torear (un toro). *El matador lidiará seis toros de la ganadería sevillana.* ○ intr. **2.** cult. Pelear o combatir. Frec. fig. *El contable lidia con una enorme montaña de facturas.* ▶ **1:** TOREAR.

liebre. f. **1.** Mamífero roedor parecido al conejo, pero con orejas y patas más largas, de carrera muy veloz y que se caza por ser su carne comestible apreciada. *La liebre macho. La liebre estofada es típica de esta comarca.* **2.** Atleta que en pruebas de larga distancia se pone a la cabeza e impone el ritmo para favorecer a otro participante. *Pajares corrió tras Simarro, el cual ejerció de liebre y se retiró luego de la carrera.* ■ **levantar la ~.** loc. v. coloq. Dar a conocer un asunto que se mantenía en secreto. *El programa de radio levantó la liebre: el famoso delantero jugará en el Milán.*

liendre. f. Huevo de piojo. *Para terminar con las liendres debe aplicarse un champú especial.*

lienzo. m. **1.** Tela preparada para pintar sobre ella. *El pintor dio las primeras pinceladas sobre el lienzo en blanco.* **2.** Pintura realizada sobre un lienzo (→ 1). *En el museo se exhiben lienzos de Goya y Velázquez.* **3.** Tejido grueso hecho de lino, cáñamo o algodón. *Las enfermeras ponían a los heridos vendas de lienzo.* ▶ **1, 2:** TELA.

lifting. (pal. ingl.; pronunc. "líftin"). m. Operación de cirugía estética que consiste en estirar la piel de la cara y el cuello para eliminar las arrugas. *Carmen se ha hecho un* lifting *y ahora parece otra.* ¶ [Equivalente recomendado: *estiramiento facial*].

liga[1]. f. **1.** Competición deportiva en que cada equipo debe jugar contra todos los demás. *Mañana es la última jornada de la liga.* **2.** Cinta de tejido elástico para sujetar las medias o los calcetines. *Antiguamente, las señoras se enganchaban las ligas a la faja.* **3.** Unión o agrupación de personas o de grupos que tienen un objetivo común. *Se formó una liga de Estados árabes.*

liga[2]. f. Materia pegajosa usada para cazar pájaros, que se obtiene gralm. del muérdago o del acebo. *La liga se pone en lugares a los que acuden los pájaros.*

ligado. m. *Mús.* Modo de ejecutar las notas sin interrupción del sonido en la transición de una a otra. *Los críticos han elogiado el impecable ligado del instrumentista.* Tb. la composición o fragmento que deben ejecutarse de ese modo. *Lo que más me gustó del concierto fue el ligado que ejecutó la trompa.*

ligadura. f. **1.** Hecho o efecto de ligar. *Para no tener más hijos se ha hecho una ligadura de trompas.* **2.** Cosa que liga o sirve para ligar. *El prisionero no lograba soltar las ligaduras de sus muñecas.*

ligamento. m. *Anat.* Cordón fibroso y resistente que liga los huesos de las articulaciones o mantiene un órgano en su posición. *El jugador sufre una rotura de ligamentos.*

ligar. tr. **1.** Atar (algo o a alguien) con una cuerda o algo similar. *Ligaron el brazo herido con un torniquete.* **2.** Atar (a alguien) a una persona o a una cosa con vínculos que (le) impiden actuar con libertad. *Ningún compromiso me liga* CON *esta empresa.* **3.** Hacer que los ingredientes empleados (en un plato, espec. en una salsa) formen una masa homogénea. *Remueva la salsa hasta ligarla.* **4.** Unir (a dos personas o cosas) o hacer que tengan una relación o conexión. *El químico descubrió la ley que liga la presión y el volumen de un gas.* Tb.: *El cordón umbilical liga al feto* AL/CON *el cuerpo de la madre.* **5.** En algunos juegos de cartas: Juntar las cartas necesarias (para una jugada). *–¿Has ligado algo? –Sí, tengo escalera de color.* **6.** *Taurom.* Ejecutar (pases) enlazados o sin interrupción. *El diestro ligaba los pases con la muleta en la zurda.* ○ intr. **7.** coloq. Dar comienzo a una relación sexual pasajera con alguien desconocido. *Vamos a la discoteca, a ver si ligamos.* ▶ **1:** ATAR.

ligazón. f. Hecho o efecto de ligar. *Existe una fuerte ligazón entre los dos hermanos.*

ligereza. f. **1.** Cualidad de ligero. *Siempre me ha admirado su ligereza al andar.* **2.** Hecho o dicho irreflexivos o poco meditados. *Tuvo una indiscreción y aquella ligereza le costó el puesto.* ▶ **1:** *RAPIDEZ.

ligero, ra. adj. **1.** Que pesa poco. *Una mochila ligera es todo mi equipaje.* **2.** Que actúa o se mueve con rapidez y agilidad. *Camina ligero y con la vista al frente. Es muy ligera para comer y termina antes que yo.* **3.** De poca importancia. *Al trabajo solo hay que darle unos ligeros retoques. Tuvieron un ligero enfrentamiento, pero pronto pasó todo. Solo me he hecho unos ligeros rasguños.* **4.** Dicho del sueño: Que se interrumpe fácilmente si hay un pequeño ruido. *Tiene un sueño tan ligero que una mosca la despertaría.* **5.** Dicho de alimento: Que se digiere pronto y con facilidad. *El queso fresco es más ligero que el curado. El médico le ha recomendado que haga comidas ligeras.* **6.** Dicho de parte del ejército: Destinada a intervenir en acciones rápidas, gralm. con armamento ligero (→ 1). *Napoleón ganó la batalla gracias a la caballería ligera.* ■ **a la ligera.** loc. adv. Sin reflexionar. *De los asuntos serios no se puede hablar a la ligera. Tomé la decisión a la ligera y ahora me arrepiento.* ▶ **1:** LEVE, LIVIANO. **2:** *RÁPIDO. **3:** LEVE, LIVIANO.

light. (pal. ingl.; pronunc. "lait"). adj. **1.** Dicho de bebida o alimento: Preparado de manera que tiene menos calorías que las habituales. *Como está a régimen, pidió un refresco* light. **2.** humoríst. Dicho de persona o cosa: Que ha perdido gran parte de sus características esenciales. *Ha sido una huelga* light, *sin apenas repercusión.* ¶ [Equivalentes recomendados: 1: *hipocalórico, bajo en calorías.* 2: *suave, ligero, liviano, superficial, frívolo, descafeinado*].

lignito. m. Carbón fósil de color negro o pardo, frec. con textura semejante a la de la madera de la que procede. *El lignito se emplea como combustible barato.*

ligón, na. adj. coloq. Dicho de persona: Que liga o entabla relaciones sexuales pasajeras a menudo o con facilidad. *Como es tan ligón, al final de la noche siempre tiene pareja.* Tb. m. y f. *Cuando estoy sola en el bar, me acosan los ligones.*

ligue. m. coloq. **1.** Hecho de ligar o iniciar una relación sexual pasajera. *La discoteca era un lugar apropiado para el ligue.* **2.** Persona con la que se tiene un ligue (→ 1). *Mi amigo vino a presentarnos a su ligue de esa noche.*

liguero, ra. adj. **1.** De la liga deportiva. *Mañana es la primera jornada liguera.* ● m. **2.** Prenda interior femenina que consiste en una tira que se ajusta a la cintura y de la que cuelgan bandas elásticas para sujetar las medias. *Antes de que se inventaran los* pantys, *las mujeres usaban liguero.*

liguilla. f. Competición deportiva parecida a la liga, pero en la que participan pocos equipos. *Cuatro equipos de segunda jugarán la liguilla de ascenso.*

ligur. adj. **1.** De la Liguria (región de Italia). *La capital ligur es Génova.* Dicho de pers., tb. m. y f. *Los ligures reciben turistas de toda Europa.* **2.** histór. De un pueblo que se estableció entre Galia e Italia hacia el s. VI a. C. *Muchas localidades llevan nombres de origen ligur.* Dicho de pers., tb. m. y f. *Los ligures fueron vencidos por los romanos en el s.* II *a. C.*

lija. f. **1.** Papel con polvo o granos de vidrio o esmeril adheridos, que sirve para pulir. *Antes de barnizar, frotó la mesa con la lija.* Tb. *papel de ~. Fue a la ferretería a comprar papel de lija.* **2.** Pez de esqueleto cartilaginoso, cuerpo alargado y hocico aplanado, de piel grisácea con manchas oscuras, sin escamas y muy áspera, que vive en los fondos arenosos. *La piel de la lija se usaba para pulir en las fábricas de muebles.* ▶ **2:** PINTARROJA.

lijado. m. Hecho de lijar. *Al terminar el lijado del mueble, se le da una mano de cera.*

lijadora. f. Máquina para lijar. *La lijadora quita los arañazos de la madera.*

lijar. tr. Pulir o alisar (algo) con lija. *Han lijado el suelo y ahora lo van a barnizar.*

lila[1]**.** f. **1.** Arbusto de flores pequeñas y fragantes, gralm. de color morado claro, que forman grandes ramilletes de forma cónica, el cual se cultiva como ornamental. *En abril florecieron las lilas.* Tb. su flor. *Lleva en la mano un ramo de lilas.* ○ m. **2.** Color morado claro como el de la flor de la lila (→ 1). *El pintor mezcló los óleos hasta obtener un lila claro.* Tb. adj. *Viste una camiseta lila.* ▶ **1:** LILO.

lila[2]**.** adj. coloq. Tonto o de corto entendimiento. Dicho de pers., tb. m. y f. *Es un lila y resulta fácil tomarle el pelo.*

liliputiense. adj. cult. Extremadamente pequeño. *Su cuerpo liliputiense encerraba un gran talento.* Dicho de pers., tb. m. y f. *Como era un liliputiense, le hacían la ropa a medida.*

lilo. m. Lila (arbusto). *Las flores del lilo desprenden un aroma delicioso.* ▶ LILA.

lima[1]**.** f. Fruto comestible, semejante a una naranja aplanada, de color amarillo verdoso y sabor algo dulce. *El cóctel llevaba unas gotas de zumo de lima.* Tb. el árbol que lo produce. *En el jardín hay un naranjo y una lima.*

lima[2]**.** f. **1.** Herramienta que consiste en una barra de acero de superficie estriada y que sirve para desgastar o alisar materias duras. *El herrero pule la pieza de metal con una lima.* **2.** Utensilio que consiste en una lámina fina de metal o de papel de lija, y que sirve para desgastar o pulir las uñas. *En su neceser siempre lleva una lima y un cortaúñas.* **3.** Hecho de limar. *El trabajo necesita aún una última lima.* ■ **comer como una ~.** loc. v. coloq. Comer mucho. *Aunque come como una lima, está delgadísimo.*

limadura. f. Parte muy pequeña que se desprende de una materia al limarla. Frec. en pl. *El imán atrae las limaduras de hierro.*

limar. tr. **1.** Desgastar o alisar (algo) con una lima. *Los ladrones han limado los barrotes de la ventana.* **2.** cult. Pulir o perfeccionar (algo o a alguien). *Ya tengo escrito el artículo, pero lo limaré un poco.* **3.** cult. Disminuir (algo) o hacer(lo) menor. *Los dos amigos se reunieron para limar sus diferencias.*

limbo. m. **1.** *Rel.* En el cristianismo: Lugar al que van las almas de los niños que mueren sin haber sido bautizados. *Dijo que su hermanito recién nacido había muerto y estaba en el limbo.* **2.** *Bot.* Parte ensanchada de la hoja de una planta. *Los nervios de la hoja llegan hasta el borde del limbo.* ■ **en el ~.** loc. adv. coloq. Sin enterarse de lo que ocurre alrededor. Frec. con v. como *estar* o *vivir*. *Estás en el limbo: no sabes ni en qué día vives.*

limeño, ña. adj. De Lima (capital de Perú). *La novela está ambientada en las calles limeñas.* Dicho de pers., tb. m. y f. *Cientos de limeños abarrotan el mercado ambulante.*

limícola. adj. **1.** *Zool.* Del grupo de las limícolas (→ 2). *Ave limícola.* ● f. **2.** *Zool.* Ave que vive en las costas o riberas, como la avefría y la chocha.

limitación. f. Hecho o efecto de limitar o limitarse. *La limitación de velocidad redujo el número de accidentes.*

limitado, da. part. **1.** → **limitar.** ● adj. **2.** Que tiene límite o fin. *El presupuesto es limitado y no podemos sobrepasarlo.* **3.** Escaso o poco abundante. *Al homenaje asistió un número muy limitado de personas.* **4.** Poco inteligente. *Es un poco limitado y no podrá con un trabajo tan difícil.*

limitador, ra. adj. **1.** Que limita o sirve para limitar. *La prensa actúa como mecanismo limitador del poder.* ● m. **2.** Aparato o mecanismo que sirve para limitar. *El termo del agua lleva un limitador de temperatura.* ▶ **1:** LIMITANTE.

limitante. adj. Limitador (que limita). *El frío es un factor limitante de la supervivencia de especies vegetales.* ▶ LIMITADOR.

limitar. tr. **1.** Poner límites (a algo) o impedir que pase de determinado punto. *Un mecanismo limita el consumo de agua.* **2.** Hacer que (algo) se ajuste a determinados límites. *La empresa ha limitado su área de influencia* A *dos provincias.* ○ intr. **3.** Compartir un terreno o territorio uno o más límites o líneas de separación con otro. *Galicia limita* CON *Asturias y Portugal.* ○ intr. prnl. **4.** Seguido de *a* y un infinitivo o un nombre: No sobrepasar el límite o punto designado por ellos. *Limítese a cumplir con su obligación.* ▶ **3:** *LINDAR.

límite. m. **1.** Línea que separa dos cosas, espec. dos territorios o terrenos. *Una valla marca los límites del jardín.* **2.** Punto en que termina algo, en el tiempo o en el espacio. *Su avaricia no tiene límite.* **3.** Punto último al que puede llegar algo. *El corredor estaba al límite de sus fuerzas.* Frec. en aposición. *La fecha límite para matricularse es el lunes.* **4.** *Mat.* En una secuencia infinita de magnitudes: Magnitud fija a la que se aproximan cada vez más los términos de la secuencia. *Calcula el límite de la función f(x) cuando x tiende a más infinito.* ▶ **1:** *LINDE. **2:** *FIN. **3:** EXTREMO, TECHO, TOPE.

limítrofe. adj. Dicho de territorio: Que tiene límites con otro. *Vive en la parte de Badajoz limítrofe* CON *Portugal.*

limo. m. Barro o mezcla de tierra y agua, espec. el que es muy fino y se deposita en las orillas y en el fondo de los ríos. *Al bucear removía el limo del fondo.* ▶ *BARRO.

limón. m. Fruto comestible del limonero, de forma ovalada, color amarillo y carne jugosa y ácida, dividida en gajos. *El refresco lleva hielo y una rodaja de limón.* Tb. su árbol (→ **limonero**). *Las ramas del limón tienen espinas gruesas y duras.*

limonada. f. Bebida compuesta de agua, azúcar y zumo de limón. *¡Qué refrescante es una limonada fría en verano!*

limonar. m. Terreno plantado de limoneros. *En la costa abundan los limonares.*

limonero, ra. adj. **1.** Del limón. *La cosecha limonera fue muy abundante.* ● m. **2.** Árbol frutal siempre verde, de tronco liso y copa abierta, hojas ovaladas y lustrosas y flores rosas y blancas, cuyo fruto es el limón. *En Levante hay grandes extensiones de limoneros.* ▶ **2:** LIMÓN.

limonita. f. *Mineral.* Mineral blando y opaco, de color amarillo parduzco, que gralm. forma masas compactas y terrosas y se usa como mena de hierro y como pigmento. *La limonita se puede formar a partir de agua de mar.*

limosna. f. Cosa, espec. dinero, que se da a otro por caridad. *Un vagabundo pide limosna a la puerta del metro.*

limosnero, ra. adj. Que da limosnas. *La señora era muy limosnera.*

limoso, sa. adj. Que tiene limo. *Los pies se me hunden en el fondo limoso del pantano.*

limpia. m. coloq. Limpiabotas. *El cliente del café pagó al limpia y se marchó.*

limpiabotas. m. Persona que tiene por oficio limpiar calzado. *En la acera había un limpiabotas con su cajón.* ▶ **Am:** LUSTRABOTAS, LUSTRADOR.

limpiador, ra. adj. **1.** Que limpia o sirve para limpiar. *Para desmaquillarse usa una leche limpiadora.* Dicho de producto, tb. m. *Compró un limpiador para fregar los suelos.* ● m. y f. **2.** Persona que tiene por oficio limpiar. *Las limpiadoras van a trabajar en la oficina cuando acaba la jornada.*

limpiaparabrisas. m. Mecanismo adaptado a la parte exterior del parabrisas que se mueve de un lado a otro para limpiarlo de lluvia o nieve. *Acciona el limpiaparabrisas con la palanca que está al lado del volante.*

limpiar. (conjug. ANUNCIAR). tr. **1.** Quitar la suciedad (de alguien o algo). *He limpiado la mesa con un paño.* **2.** Hacer que (algo o alguien) queden limpios o libres de algo negativo o perjudicial. *Hay que limpiar de minas la zona.* **3.** Quitar (a algo) la parte que se considera inútil. *Limpiaré el pescado antes de freírlo.*

4. Quitar (a una planta) las ramas pequeñas que se dañan entre sí. *En noviembre limpiamos los árboles del jardín.* **5.** coloq. En un juego: Ganar (a alguien) todo el dinero. *Anoche en la partida me limpiaron.*

limpidez. f. cult. Cualidad de límpido. *La costa es famosa por la limpidez de sus aguas. Asombra la limpidez del aire.*

límpido, da. adj. cult. Limpio, sin nada que lo manche o altere. *El cielo estaba límpido, sin una nube.*

limpieza. f. **1.** Hecho de limpiar. *Tenía demasiados papeles y he hecho una limpieza.* **2.** Cualidad de limpio. *Me gusta este local por su limpieza.* ▶ **frecAm: 1:** LIMPIA.

limpio, pia. adj. **1.** Que no tiene mancha o suciedad. *Coge una toalla limpia del armario.* **2.** Que suele mantener limpios su propio aspecto y el de sus cosas. *Me gustan los gatos porque son limpios.* **3.** Dicho de cosa: Que está libre de algo considerado negativo o que no lo tiene. *La policía ha dejado la zona limpia* DE *traficantes.* **4.** Dicho de cantidad de dinero: Neta o libre de deducciones. *Mi sueldo se queda en mil doscientos euros limpios.* **5.** coloq. Que no tiene dinero. Frec. con *estar, dejar* o *quedarse. Con las compras de Navidad, me he quedado limpio.* **6.** coloq. Precedido de *a* y de un nombre que designa golpe o acción violenta, se usa para enfatizar la fuerza o la violencia con que se realiza la acción. *Terminaron a puñetazo limpio.* ● f. **7.** frecAm. Limpieza (hecho de limpiar). *Haré una limpia y tiraré muchos trastos. Escobar hizo una limpia de narcotraficantes que intentaron rebelarse a su control* [C]. **8.** Am. Limpieza de un terreno para sembrar. *No se abandonaron las demás atenciones a la caña, los cultivos, la siembra y la limpia* [C]. ● adv. **9.** Sin emplear medios censurables. Frec. con *jugar. Siempre ha jugado limpio con su socio.* ▶ **4:** *NETO. **7:** LIMPIEZA.

limusina. f. Automóvil de lujo de gran tamaño. *La famosa actriz llegó en una limusina blanca.*

linaje. m. Ascendencia o descendencia de alguien, espec. si es noble. *El linaje de los Alba tiene muchos siglos.* ▶ ESTIRPE.

linajudo, da. adj. De linaje noble. *Ella pertenece a una linajuda familia leonesa.*

linaza. f. Semilla del lino, de forma aovada y aplanada y color castaño, que se emplea espec. para fabricar pinturas y barnices. *Con el aceite de linaza se fabrica el linóleo.*

lince. m. Felino carnívoro parecido al gato pero de mayor tamaño, de pelaje rojizo con manchas oscuras, cola corta y orejas puntiagudas terminadas en penacho. *El lince hembra. El lince ibérico es una especie en alto riesgo de extinción.*

linchamiento. m. Hecho de linchar. *Protegen al procesado para evitar su linchamiento.* Tb. fig. *El político fue sometido a un linchamiento mediático.*

linchar. tr. Ejecutar o matar (a alguien) sin proceso una multitud de personas. *Los vecinos lincharon al asesino.*

lindante. adj. Que linda. *El pueblo está en la zona de Jaén lindante* CON *Córdoba.*

lindar. intr. **1.** Compartir lindes dos fincas, dos terrenos o dos territorios. *Las propiedades de los dos hermanos lindaban.* Tb.: *La viña grande linda* CON *la dehesa municipal.* **2.** Estar una cosa no material muy próxima a otra. *Su atrevimiento linda* CON *la impertinencia.* ▶ **1:** COLINDAR, LIMITAR.

linde. f. (Tb., más raro, m.). Límite o línea que separa dos fincas, dos terrenos o dos territorios contiguos. *Aquí está la linde entre nuestras tierras y las de los Sánchez.* ▶ LÍMITE, LINDERO, TÉRMINO.

lindero. m. Linde. *La huerta termina en el lindero del bosque.*

lindeza. f. **1.** Cualidad de lindo. *No podía olvidar la lindeza de aquellos ojos.* **2.** Cosa linda. *La muñeca es una lindeza.* Frec. en sent. irónico. *Dijo que era mentiroso, ladrón y otras lindezas.*

lindo, da. adj. Bello o hermoso. *¡Qué música tan linda!* ■ **de lo lindo.** loc. adv. coloq. Mucho o intensamente. *Los niños disfrutan de lo lindo en la playa.* ▶ *BELLO.

línea. f. **1.** *Mat.* Sucesión continua de puntos. *La circunferencia es una línea curva.* **2.** Marca alargada y estrecha que se hace o se forma sobre un cuerpo. *Está prohibido pisar la línea continua de la calzada.* **3.** Perfil o contorno de una figura. *El nuevo coche es más deportivo, me gusta más su línea.* **4.** En una persona, espec. en una mujer: Figura esbelta o delgada. Frec. en constr. como *guardar,* o *mantener, la ~. Yo mantengo la línea gracias al deporte.* **5.** Línea (→ 1) que separa dos cosas. *El río marca la línea que divide los dos pueblos.* Tb. fig. *Le aterroriza rebasar la línea de los cuarenta años.* **6.** Conjunto de personas o cosas situadas una detrás de otra o una al lado de otra. *Una línea de policías impedía el paso.* **7.** Renglón (serie de palabras o caracteres). *Cada alumno leerá una línea del texto.* **8.** En el bingo: Serie de números que forma una de las líneas (→ 6) horizontales de un cartón. *Si sale el cinco, completo la línea.* Tb. el premio que gana el jugador que antes consigue completar los números de una línea de su cartón. *Ayer sacó dos bingos y tres líneas.* **9.** Clase o tipo. *Este es uno de los coches mejores en su línea.* Frec. en la constr. *en la ~* de alguien o algo. *El nuevo programa está en la línea de otros informativos.* Se usa espec. en comercio para designar un conjunto de artículos con características comunes. *La firma saca al mercado una línea de productos de belleza.* **10.** Servicio regular de transporte que cubre un determinado itinerario. *La línea de autobuses de Madrid a Vigo.* **11.** Dirección o línea (→ 1) en que se mueve un cuerpo para ir a un lugar. *Para llegar a la plaza tienes que caminar en línea recta.* **12.** Conducta o comportamiento en una determinada dirección. *La actriz se mantuvo en la línea de sencillez acostumbrada.* **13.** Tendencia u orientación. *La línea dura del partido se opone a la decisión del secretario.* **14.** Conjunto de hilos y cables que conducen la energía eléctrica de un punto a otro. *No tenemos luz porque hay una avería en la línea.* Tb. *~ eléctrica. Están instalando los postes de la línea eléctrica.* **15.** Conjunto de hilos y aparatos conductores que sirven para establecer la comunicación telefónica o telegráfica. *Solicite a la compañía la instalación de la línea.* Tb. *~ telefónica* o *telegráfica. El pueblo quedó incomunicado por una avería en la línea telefónica.* **16.** Comunicación telefónica. *Al ir a llamar, me di cuenta de que no había línea.* **17.** Conjunto de ascendientes o descendientes de alguien. *Los González son tíos míos por línea materna.* **18.** *Dep.* Conjunto de jugadores que desempeñan una misión semejante. *El equipo debe presionar más sobre la línea defensiva rival.* **19.** *Mil.* Conjunto de posiciones alineadas. *La patrulla atravesó las líneas enemigas.* Tb. el conjunto de unidades militares que se encuentran en ellas. *Un soldado enemigo se infiltró en nuestras líneas.* **20.** *Geogr.* Ecuador terrestre. *Mañana pasamos la línea.* ■ **~ abierta.** f. *Geom.* Línea (→ 1) que posee extremos, por lo que es preciso retroceder para volver al punto de partida. *La línea recta es una línea abierta.* ■ ~ **caliente.** f. Servicio telefónico en que se atiende directamente a los clientes o usuarios. *Usted puede reclamar al ministerio a través de la línea caliente.* ■ ~ **cerrada.** f. *Geom.* Línea (→ 1) que carece de extremos, por lo que, sin retroceder, se puede llegar al punto de partida. *La circunferencia es una línea cerrada.* ■ ~ **colateral** o **transversal.** f. Línea (→ 17) constituida por personas que no descienden unas de otras, pero que proceden de un tronco común. *Es pariente del duque por línea colateral.* ■ ~ **de flotación.** f. En una embarcación: Línea (→ 5) entre la parte sumergida del casco y la que no lo está. *Un enorme boquete se abrió en la línea de flotación del Titanic.* ■ ~ **de fuego.** → **primera** ~. ■ ~ **directa.** f. Descendencia de padres a hijos. *Isabel II era descendiente por línea directa de Carlos III.* ■ ~ **equinoccial.** f. Ecuador terrestre. *Atravesaremos la línea equinoccial y seguiremos rumbo a Santiago de Cuba.* ⇒ ECUADOR. ■ ~ **férrea.** f. Ferrocarril (medio de transporte). *El candidato promete la ampliación de las líneas férreas.* ⇒ FERROCARRIL. ■ ~ **transversal.** → ~ **colateral.** ■ **primera** ~, o ~ **de fuego.** f. *Mil.* Frente (terreno donde se combate). *Mandaron a mi compañía a la primera línea.* ⇒ FRENTE. □ **de primera** ~. loc. adj. De la mayor calidad o importancia. *La editorial publica solo autores de primera línea.* ■ **en ~s generales.** loc. adv. En general o en conjunto. *En líneas generales, los resultados han sido buenos.* ■ **en primera** ~. loc. adv. Entre los mejores o más avanzados de su clase. *La empresa permanece en primera línea desde hace veinte años.* ■ **en toda la** ~. loc. adv. Completamente. *Triunfó en toda la línea.* ■ **leer entre ~s.** loc. v. Suponer en un discurso la existencia de un sentido no explícito. *Cuando hay censura, hay que saber leer entre líneas.* ▶ **2:** RAYA. **7:** RENGLÓN. **20.** ECUADOR.

lineal. adj. **1.** De la línea. *El edificio tiene estructura lineal.* **2.** Que tiene forma de línea. *A lo largo del río se construirá un largo parque lineal.* **3.** Dicho de aumento en un salario o pensión: Que se aplica por igual a todos los afectados, sin tener en cuenta su categoría. *Los trabajadores piden un aumento lineal de cincuenta euros.* **4.** *Lit.* Dicho espec. de relato o narración: Que sigue una secuencia normal de tiempo y con escasa o ninguna acción secundaria. *La novela es el relato lineal de la vida del personaje.*

linealidad. f. Condición de lineal. *Al intercalar episodios pasados se rompe la linealidad del relato.*

linfa. f. *Anat.* Líquido transparente y ligeramente amarillento que contiene pralm. linfocitos y que se difunde por los tejidos, recoge las sustancias producidas por las células y las conduce de nuevo a la sangre venosa. *La linfa aporta nutrientes a las células.*

linfático, ca. adj. *Anat.* De la linfa. *El paciente presenta inflamación de los ganglios linfáticos.*

linfocito. m. *Anat.* Glóbulo blanco con un solo núcleo grande que se origina en el timo o en la médula ósea e interviene en la reacción inmunitaria. *Algunos linfocitos destruyen bacterias y células extrañas.*

linfoma. m. *Med.* Tumor del tejido linfático. *Las personas con defensas bajas pueden desarrollar un linfoma.*

lingotazo. m. coloq. Copa de bebida alcohólica. *Me preparé un buen lingotazo de* whisky.

lingote. m. Barra o bloque de un metal o aleación con la forma del molde que los ha contenido. *El tesoro consistía en varios baúles repletos de lingotes de oro.*

lingual. adj. *Anat.* De la lengua u órgano muscular situado en la boca. *Las papilas linguales sirven para diferenciar los sabores.*

lingüista. m. y f. Especialista en lingüística. *El bilingüismo de la región no ha sido muy estudiado por los lingüistas.*

lingüístico, ca. adj. **1.** De la lingüística (→ 3). *El profesor ha publicado sus estudios lingüísticos.* **2.** Del lenguaje o sistema de comunicación humano. *El niño desarrolla poco a poco sus habilidades lingüísticas.* ● f. **3.** Ciencia que estudia el lenguaje. *La lingüística aplicada se ocupa de la enseñanza de la lengua.*

linier. m. *Dep.* En el fútbol: Juez de línea. *El linier señaló el fuera de juego.*

linimento. m. Preparación farmacéutica que se aplica en fricciones. *En la farmacia le dieron un linimento para los dolores musculares.*

lino. m. **1.** Planta de hojas en forma de punta de lanza, flores azules y tallo recto y hueco, de la que se extrae una fibra textil y de la que existen varias especies. *Se concederán ayudas al cultivo del lino.* Tb. esa fibra textil (→ **hilo**). *Para coser el cuero utilizaban hilo de lino.* **2.** Tejido hecho de fibra de lino (→ 1). *Las camisas de lino se arrugan mucho.* ▶ HILO.

linóleo. m. Tejido de yute fuerte e impermeable, recubierto de corcho en polvo y aceite de linaza, que se usa espec. para cubrir suelos. *La cocina tiene piso de linóleo, que es fácil de limpiar.*

linotipia. f. *Gráf.* Máquina de componer textos para imprimir en que las letras pasan a formar el molde de una línea completa, que se funde en una sola pieza. *Antes de la linotipia, las páginas se componían a mano, letra por letra.*

linotipista. m. y f. *Gráf.* Persona que maneja una linotipia. *Trabajó como linotipista en una imprenta.*

linterna. f. **1.** Aparato eléctrico portátil para proyectar luz, que lleva una bombilla y funciona con pilas. *Como era de noche, nos alumbrábamos con una linterna.* **2.** *Arq.* Torre con ventanas, pequeña y alargada, que remata un edificio y frec. se encuentra sobre una cúpula. *La luz entraba por la linterna de la iglesia.* ▶ **2:** LUCERNARIO.

lío. m. **1.** Conjunto de cosas atadas, espec. de ropa. *Por todo equipaje llevaba un lío de ropa vieja.* **2.** coloq. Confusión o falta de claridad, espec. en las ideas. *Me di un atracón de estudiar y llegué al examen con un lío de cuidado en la cabeza.* Frec. con v. como *armar* o *armarse.* Tb. el conjunto de cosas que dan lugar a esa confusión. *Tendré que poner un poco de orden en este lío de papeles.* **3.** coloq. Situación confusa y gralm. ruidosa. Frec. con v. como *armar* o *armarse. ¡Menudo lío se armó en la cola cuando uno intentó colarse!* **4.** coloq. Situación complicada y de la que es difícil salir. *No sé cómo he podido meterme en este lío con Hacienda.* Frec. con v. como *armar* o *armarse.* **5.** coloq. Relación amorosa pasajera o mantenida fuera de la pareja habitual. *Pidió el divorcio porque su mujer tenía un lío con el vecino.* Tb. la persona con la que se mantiene esa relación. *Ese no es su novio, es solo un lío de fin de semana.*

liofilización. f. *tecn.* Hecho de liofilizar. *La liofilización permite reducir el peso de los alimentos.*

liofilizar. tr. *tecn.* Deshidratar (una sustancia) mediante congelación y posterior sublimación del hielo formado, para que se conserve durante largo tiempo con todas sus propiedades. *En la fábrica liofilizan la leche infantil.*

lioso, sa. adj. coloq. Dicho de cosa: Difícil de entender o resolver. *No me leí el manual de instrucciones porque era muy lioso.*

lípido. m. *Bioquím.* Sustancia orgánica insoluble en agua, que forma reservas de energía en los seres vivos. *Las grasas, los aceites y las ceras son lípidos.*

liposucción. f. *Med.* Técnica de cirugía que consiste en extraer grasa localizada del organismo mediante un pequeño tubo conectado a un aparato aspirador. *Actualmente la liposucción se realiza con anestesia local.*

lipotimia. f. *Med.* Pérdida repentina y pasajera del conocimiento. *Le dio una lipotimia y se cayó al suelo.* ▶ *DESMAYO.

liquen. m. *Bot.* Organismo vegetal que resulta de la simbiosis de un hongo y un alga y que vive sobre árboles y rocas formando costras. *Los líquenes son sensibles a la contaminación y no sobreviven en las ciudades.*

liquidación. f. **1.** Hecho de liquidar. *Liquidación del negocio.* **2.** Venta de artículos a precio rebajado para terminar con las existencias. *Esta mesa la encontré en la liquidación de un anticuario.*

liquidar. tr. **1.** Pagar por completo (una cuenta). *Ha liquidado su deuda con el banco.* **2.** Acabar (una cosa), o hacer(la) por completo o hasta el final. *Tengo que liquidar un asunto pendiente.* **3.** Hacer el ajuste final de cuentas (de un negocio) para cesar (en él). *Liquidó el negocio y se marchó de la ciudad.* **4.** Vender (algo) a precio rebajado para terminar con las existencias. *Esta semana liquidamos todo el género al 50%.* **5.** coloq. Matar (a alguien). *Liquidó a todos los de la banda.* **6.** coloq. Gastar completamente (algo). *Liquidó el patrimonio familiar en pocos meses.* Frec. con un pron. expresivo de interés. *¿Ya te has liquidado los bombones?* **7.** Am. Despedir (a alguien) del trabajo. *Laura tenía buen empleo y la empresa la liquidó* [C]. ▶ **1:** CANCELAR, FINIQUITAR, SALDAR. **2:** *ACABAR.

liquidez. f. *Econ.* Capacidad de hacer frente de manera inmediata a las obligaciones financieras. *La empresa no tenía liquidez para pagar las nóminas.*

líquido, da. adj. **1.** Dicho de cuerpo: Que tiene las moléculas con poca cohesión entre sí y que se adapta a la forma del recipiente que lo contiene. *Para hacer la masa, mezcle la harina con mantequilla líquida.* Tb. m. *Le duelen las muelas y solo puede tomar líquidos.* **2.** *Fon.* Dicho de consonante: Que puede formar sílaba con otra consonante anterior y una vocal posterior. *Nos explicó la diferencia entre consonantes nasales y líquidas.* Tb. f. *La "r" es una líquida.* **3.** *Econ.* Dicho de saldo o resto: Que resulta después de descontar los gastos, los impuestos y las deudas. *Para obtener el sueldo líquido hay que restar las deducciones al sueldo bruto.* Tb. m. *Si quitamos los sueldos y facturas, el líquido de la empresa queda muy bajo.* ▶ **3:** *NETO.

lira[1]. f. **1.** Instrumento musical antiguo cuyas cuerdas, sujetas a una caja de resonancia con dos brazos curvos laterales, se pulsan con ambas manos. *El tañido de la lira solía acompañar las fiestas de los romanos.* **2.** *Lit.* Estrofa de cinco versos, tres de ellos heptasílabos y dos endecasílabos. *La primera lira la hizo Garcilaso de la Vega, imitando las odas de Horacio.*

lira[2]. f. Unidad monetaria de Italia anterior al euro, y de Turquía, Malta, San Marino y Ciudad del Vaticano. *Al llegar a Malta, cambiamos dólares por liras.*

lírico, ca. adj. **1.** De la lírica (→ 6). *Poema lírico.* **2.** Propio de la lírica (→ 6) o apto para ella. *Inspiración lírica.* **3.** Que produce sentimientos o emociones como los que transmite la lírica (→ 6). *En la exposición predomina la pintura serena, lírica e íntima.* **4.** Dicho de autor: Que cultiva la lírica (→ 6). *Juan Ramón Jiménez es uno de los mayores poetas líricos españoles.* Tb. m. y f. *Ha publicado una traducción de los líricos griegos.* **5.** Dicho de obra o género musicales o teatrales: Destinados al canto y a la representación escénica. *La ópera y la zarzuela pertenecen al género lírico.* ● f. **6.** Género literario constituido por las obras, generalmente en verso, en que predomina la expresión de los sentimientos y emociones del autor. *Rafael Alberti destaca entre los cultivadores de la lírica.*

lirio. m. Planta siempre verde, de largos tallos envueltos por hojas en forma de espada y flores grandes de seis pétalos, azules, moradas o blancas, que se emplea como ornamental. *Los jardineros han plantado bulbos de lirio en el parque.* Tb. su flor. *Un ramo de lirios.* ■ **~ de los valles.** m. Planta silvestre siempre verde, de hojas en forma de punta de lanza y flores blancas en racimo, que crece en montes elevados. *El lirio de los valles se puede cultivar en zonas de sombra.*

lirismo. m. Cualidad de lírico. *La música romántica se caracteriza por su lirismo.*

lirón. m. **1.** Mamífero roedor nocturno parecido al ratón, de grandes ojos y cola larga y peluda, que se aletarga en invierno. *El lirón hembra. El lirón trepa a los árboles con agilidad.* **2.** coloq. Persona dormilona. *¡Despierta a ese lirón y dile que ya son horas de levantarse!*

lis. m. o f. **1.** cult. Lirio (planta, o flor). *Un jarrón de lises blancas adornaba la habitación. En el cuadro de Van Gogh hay un campo de lises.* **2.** *Heráld.* Flor de lis (→ **flor**). *La tela tiene bordadas las lises de la Casa de Borbón.*

lisa. f. Pez marino comestible, de cuerpo alargado, gris azulado por el dorso y plateado por el vientre, y que abunda en las costas europeas. *Las lisas se agrupan formando bancos. En esta agua se pescan anguilas, lisas y lubinas.* ▶ MÚJOL.

lisboeta. adj. De Lisboa. *El barrio lisboeta de la Alfama es muy típico.* Dicho de pers., tb. m. y f. *Los lisboetas van de paseo hasta la orilla del Tajo.*

lisiado, da. part. **1.** → **lisiar.** ● adj. **2.** Dicho de una persona: Que tiene alguna lesión permanente, especialmente en las extremidades. Tb. m. y f. *Un lisiado pedía limosna en la iglesia.* ▶ **2:** *INVÁLIDO.

lisiar. (conjug. ANUNCIAR). tr. Producir una lesión (a una persona o una parte de su cuerpo), espec. si (las) deja incapacitadas. *Levanté tanto peso que me lisié la espalda.*

liso, sa. adj. **1.** Dicho espec. de superficie: Que no tiene asperezas ni partes que sobresalgan. *El tablero de la mesa es liso. Era delgada, de cintura estrecha y vientre liso.* **2.** Dicho de cabello: Que no tiene ondas ni rizos. *No le gustaba su pelo liso y se hizo la permanente.* **3.** Dicho de cosa: De un solo color. *La corbata lisa combina mejor que la de rayas.* ■ **lisa y llanamente.** loc. adv. De forma sencilla y sin rodeos. *Lo que ha hecho es, lisa y llanamente, un crimen.* ▶ **1:** *LLANO. **2:** LACIO.

lisonja. f. cult. Hecho de lisonjear. *Era sincero, en sus palabras no había propósito de lisonja.* Tb. las palabras o actos con que se lisonjea. *A todos nos halaga la lisonja.*

lisonjear. tr. cult. Hacer o decir lo que puede agradar (a alguien), frec. de manera interesada. *La viuda rica mira con recelo a los pretendientes que la lisonjean.*

lisonjero, ra. adj. **1.** cult. Que resulta agradable o satisfactorio. *Los críticos hicieron comentarios muy lisonjeros de la película.* **2.** cult. Que lisonjea. *La reina no quería a su lado damas lisonjeras.*

lista. f. **1.** Serie escrita de los nombres o designaciones de un conjunto de personas o cosas, ordenada gralm. en forma de columna. *Cogió la lista de la compra y se fue al mercado.* **2.** En una superficie: Parte rectangular, larga y delgada que tiene diferente color o relieve que el resto. *El taxi es blanco con una lista azul en la puerta.* ■ **~ de boda.** f. Conjunto de objetos elegidos por una pareja de novios y expuestos en una tienda para que los invitados escojan entre ellos el regalo de boda. *En nuestra lista de boda hay artículos de todos los precios.* ■ **~ de correos.** f. Oficina de correos a la que se dirigen cartas o paquetes que los destinatarios deben ir a recoger. *Como no tengo domicilio aquí, recibo las cartas en la lista de correos.* □ **pasar ~.** loc. v. Leer en voz alta los nombres de las personas de una lista (→ 1) para comprobar que están presentes. *Al comienzo de la clase, el profesor pasa lista.*

listado, da. part. **1.** → **listar.** ● adj. **2.** Que tiene listas o rayas. *El suelo de la habitación es de madera listada.*

listar. tr. frecAm. Incluir (algo o a alguien) en una lista. *Todos los temas están listados en el índice. Comenzó a apostrofar por no haberlo listado para integrar el directorio* [C].

listeza. f. Cualidad de listo o sagaz. *Para desenvolverse en la calle hacen falta listeza y picardía.* ▶ *INTELIGENCIA.

listín. m. **1.** Lista pequeña o extractada de otra más extensa. *La agenda incluye un listín de los números de teléfono fundamentales.* **2.** Publicación que recoge el nombre, dirección y número de teléfono de los abonados. *Cada año los repartidores traen el nuevo listín a casa.* ▶ **Am: 2:** DIRECTORIO.

listo, ta. adj. **1.** Sagaz o despierto. *El niño es muy listo y no es fácil engañarlo.* Frec. en la constr. *más ~ que el hambre.* **2.** Preparado o dispuesto para algo. *Ya estoy listo* PARA *salir.* ■ **estar,** o **ir,** alguien **~.** loc. v. coloq. Tener muchas posibilidades de que sus propósitos o esperanzas salgan fallidos. *Si piensa que va a entrar en el concierto por la cara, va listo.* ▶ **1:** *INTELIGENTE.

listón. m. **1.** Pieza plana, larga y estrecha de madera. *Las puertas de la alacena están hechas de listones que forman un dibujo de rombos.* **2.** *Dep.* En las pruebas de salto: Barra ligera colocada horizontalmente sobre dos soportes, por encima de la cual hay que saltar. *El pertiguista derribó el listón cuando estaba a 5,60 m de altura.* ■ **poner el ~ (muy) alto.** loc. v. Alcanzar alguien o algo un nivel difícil de superar. *Su trabajo es muy bueno; nos ha puesto el listón alto a los demás.*

lisura. f. **1.** Cualidad de liso. *Su piel tenía la lisura de la seda.* **2.** Am. Grosería (hecho o dicho groseros). *De tres palabras que decía, cuatro eran lisuras, ¡qué barbaridad!* [C]. ▶ **2:** GROSERÍA.

litera. f. **1.** Cada una de las dos o más camas sencillas y estrechas que, superpuestas, forman un mueble. *Yo dormiré en la litera de arriba y tú, en la de abajo.* Tb. ese mueble. *Mi hermano y yo dormíamos en una litera.* **2.** Cada una de las camas sencillas y estrechas que se usan superpuestas en algunos medios de transporte. *El tren a París tenía compartimentos con seis literas.*

literal. adj. **1.** Dicho de sentido: Propio y exacto de una palabra o frase. *No tomes sus palabras en sentido literal porque siempre exagera.* **2.** Dicho de traducción o transcripción: Que sigue palabra por palabra lo que dice el original. *Como prueba se presentó en el juicio la transcripción literal de las conversaciones.*

literalidad. f. cult. Cualidad de literal, espec. fiel al original. *El autor dice que transcribe las palabras del maestro, pero se duda de la literalidad de la cita.*

literario, ria. adj. De la literatura. *Los críticos literarios han alabado mucho la novela.*

literato, ta. m. y f. Persona que se dedica a la literatura como arte. *Galdós fue uno de los grandes literatos del siglo* XIX.

literatura. f. **1.** Arte que utiliza como medio de expresión la lengua, espec. escrita. *Sus aficiones son el cine, la música y la literatura.* **2.** Conjunto de obras literarias. *En la literatura del Siglo de Oro destaca la obra de Cervantes.* **3.** Conjunto de conocimientos sobre la literatura. *Javier enseña literatura en la universidad.* **4.** Conjunto de libros o textos sobre una materia determinada. *En la literatura médica no aparecen descritos casos como el del paciente.* ▶ **1-3:** LETRAS.

lítico, ca. adj. cult. De la piedra. *El hombre primitivo fabricaba herramientas líticas.*

litigante. adj. Que litiga. *Cada una de las partes litigantes designará a su abogado.* Dicho de pers., tb. m. y f. *Los litigantes recibieron la citación para presentarse ante el juez.*

litigar. tr. Disputar o enfrentarse en un juicio una persona con otra (por algo). Más frec. usado en constr. intr. *La mujer litigó* CON *su marido* SOBRE *la custodia de los hijos.* Tb.: *Los dos hermanos litigan* SOBRE *la herencia desde hace años.* ▶ PLEITEAR.

litigio. m. **1.** Hecho o efecto de litigar. *La familia mantiene un litigio con el ayuntamiento por la expropiación de unas tierras.* **2.** Disputa o enfrentamiento. *Los embajadores se reúnen para hablar del litigio que hay entre los dos países.*

litio. m. *Quím.* Elemento del grupo de los metales, de color blanco plateado, blando y muy ligero, que se emplea para hacer aleaciones y lubricantes y en la industria farmacéutica (Símb. *Li*). *Las baterías de litio tienen larga duración.*

litografía. f. **1.** *Arte* Técnica de grabado consistente en dibujar con un lápiz graso sobre una plancha de piedra que es bañada en ácido o sobre la que se aplican tintas. *Las revistas del siglo* XIX *usaban la litografía para hacer reproducciones.* **2.** *Arte* Estampa realizada mediante la litografía (→ 1). *En la sala había colgadas litografías de Joan Miró.*

litográfico, ca. adj. *Arte* De la litografía. *Es un maestro en el arte litográfico.*

litógrafo, fa. m. y f. *Arte* Persona que se dedica a hacer litografías. *Era dibujante y litógrafo y colaboró en la ilustración de muchos libros.*

litología. f. *Geol.* Parte de la geología que estudia las rocas. *El estudio de litología informa de las condiciones del terreno antes de empezar la perforación.* ▶ PETROGRAFÍA.

litológico, ca. adj. *Geol.* De la litología o de las rocas. *El mapa litológico indica la permeabilidad de un terreno.*

litoral. adj. **1.** Del litoral (→ 2). *Se protegerán la flora y la fauna de las zonas litorales.* ● m. **2.** Franja de tierra que está junto a la orilla del mar. *Se prevén nieblas en el litoral.* ▶ **2:** COSTA.

litosfera. f. *Geol.* Capa exterior y sólida de la Tierra, en la que se encuentran las partes rocosas del globo. *Las deformaciones terrestres se deben al movimiento de las placas de la litosfera.*

litote. f. *Lit.* Lítotes. *En lugar de decir que era guapa, usó la litote "no es fea la muchacha".*

lítotes o **litotes.** f. *Lit.* Figura retórica que consiste dar a entender más de lo que se expresa, gralm. negando lo contrario de aquello que se quiere afirmar. *"No te falta razón" es una lítotes que significa "tienes razón".* ▶ LITOTE.

litro. m. Unidad de capacidad para líquidos que equivale al volumen de un decímetro cúbico (Símb. *l*). *Compro el vino en botellas de litro.* Tb. la cantidad de líquido que cabe en ella. *Bebe dos litros de agua al día.*

litrona. f. coloq. Botella de cerveza de un litro. *Varios jóvenes compartían una litrona sentados en la plaza.*

lituano, na. adj. **1.** De Lituania (país de Europa). *La selección lituana de baloncesto venció a la española.* Dicho de pers., tb. m. y f. *Los lituanos proclamaron su independencia de la URSS en 1990.* ● m. **2.** Lengua hablada en Lituania. *El lituano ha experimentado muy pocos cambios a lo largo de los siglos.*

liturgia. f. Orden y forma establecidos por una Iglesia para la celebración de las ceremonias de culto. *Los practicantes conocen la liturgia de la misa.*

litúrgico, ca. adj. De la liturgia. *El Concilio comenzó con un acto litúrgico.*

liviandad. f. Cualidad de liviano, espec. de moral poco exigente. En Esp. sobre todo tiene carácter literario o formal. *Al volar se experimenta una increíble sensación de liviandad. Criticaban la liviandad de su conducta. La liviandad y facilidad de manejo de los grabadores permite su manipulación a una sola persona* [C].

liviano, na. adj. **1.** Ligero (que pesa poco, o de poca importancia). En Esp. sobre todo tiene carácter literario o formal. *La actriz lleva una liviana túnica de lino. Como yo era flaco y liviano, me empiné por la claraboya* [C]. *Los metales se fueron al centro y las rocas más livianas a la superficie* [C]. *Se recomiendan cinco comidas livianas distribuidas durante el día* [C]. *Fue una conversación muy liviana sobre el clima y el chisme político del momento* [C]. *Como la mujercita en ciernes que era, se preocupó de cosas más livianas, ¿qué se pondría, papi?, ¿qué zapatos?* [C]. **2.** De moral relajada en lo que se refiere al sexo. *Tenía fama de mujer liviana. En la película aparecían escenas livianas y mujeres en paños menores.* ▶ **1:** *LIGERO.

lividez. f. cult. Cualidad de lívido. *El pelo negro contrasta con la lividez de su piel.*

lívido, da. adj. **1.** cult. Que tira a morado. *Desde la ventana contempla la lívida luz del amanecer.* **2.** cult. Intensamente pálido. *Cuando vio al monstruo se quedó lívida de terror.*

living. (pal. ingl.; pronunc. "líbin"). m. frecAm. Cuarto de estar. *Nos invitó a pasar al* living *de su casa* [C]. ¶ [Adaptación recomendada: *livin*, pl. *lívines*].

liza. f. cult. Lid (combate). Frec. fig. *El escritor sigue en la liza tras cuarenta años de profesión.* Frec. en la constr. *entrar en ~. Treinta partidos entran en liza en las elecciones.*

ll. f. Combinación de dos letras *l*, que suele recibir el nombre de *elle*, y que en unas zonas se pronuncia con un sonido propio, y en otras, como *y*. *Llanto, ballena.*

llaga. f. Herida abierta en un tejido del cuerpo de un animal o una persona y que no cicatriza o lo hace con dificultad. *El roce de las correas me hace llagas en las manos.* ▶ ÚLCERA.

llama[1]**.** f. Masa gaseosa con forma de lengua puntiaguda que se eleva de un cuerpo que arde, y que produce luz y calor. *Las llamas devoraron el pinar.*

llama[2]**.** f. Mamífero rumiante doméstico, propio de los Andes, de cuello largo y pelaje lanoso muy apreciado, y que se utiliza como animal de carga. *La llama macho. En las laderas de las altas montañas pastaban las llamas.*

llamada. f. **1.** Hecho de llamar. *Voy a hacer una llamada desde la cabina telefónica. Cuando se vio a punto de ahogarse lanzó una llamada de auxilio.* **2.** En un texto: Signo que sirve para enviar al lector de un lugar a otro donde hay una nota o aclaración. *En el manuscrito las llamadas se indicaban con asteriscos.* ▶ **Am: 1:** LLAMADO.

llamado. m. **1.** Am. Llamada (hecho de llamar). *Esa misma noche recibió un llamado telefónico de Charly García* [C]. *Acudió a atender un llamado en la puerta de su domicilio* [C]. *La pasión iba en aumento y ella estaba cansada de resistir el llamado del deseo* [C]. **2.** Am. Llamamiento. *Nuestro país no escatima sacrificios en responder al llamado de las Naciones Unidas* [C]. ▶ **1:** LLAMADA.

llamador. m. Utensilio para llamar a una casa, espec. el de metal que cuelga de la puerta. *La vieja casona tenía llamadores de hierro.*

llamamiento. m. Hecho de estimular a alguien a hacer una cosa o pedirle que la haga, espec. si es de manera formal. *El candidato ha dirigido un llamamiento a la población para que vote.* ▶ **Am:** LLAMADO.

llamar. tr. **1.** Tratar de captar la atención (de alguien) mediante palabras, ruidos o gestos. *La llamé y ella alzó la vista del libro.* **2.** Establecer comunicación (con alguien) a través del teléfono. *Cuando estabas fuera, te llamó tu madre.* Tb. usado en constr. intr. *He llamado muchas veces, pero no contestan.* **3.** Pedir (a alguien) que vaya a un lugar. *Llama al camarero y pide la cuenta.* **4.** Aplicar (a alguien o algo) un nombre o un adjetivo calificativo determinados. *A Teresa todos la llaman Tere.* **5.** Hacer una persona o cosa que (otra) se sienta atraída por ella. *El estudio no la llamaba mucho y se puso a trabajar.* ○ tr. prnl. **6.** Tener alguien o algo (el nombre) que se indica. *No sé cómo se llama el restaurante donde comimos.* ○ intr. **7.** Avisar alguien de su llegada a un lugar golpeando con la mano o accionando un mecanismo, como un timbre, gralm. para que le abran una puerta. *Si llaman a la puerta, abre tú.* ▶ **2:** TELEFONEAR.

llamarada. f. Llama grande que se apaga rápidamente. *Echó alcohol al fuego y salieron grandes llamaradas.*

llamativo, va. adj. Dicho de persona o cosa: Que hace que los demás se fijen en ella o la presten atención, espec. por su aspecto. *Llevaba unos zapatos amarillos muy llamativos.*

llameante. adj. cult. Que llamea. *Las llameantes antorchas iluminaban el castillo.* Tb. fig. *Me dieron miedo sus ojos llameantes y llenos de ira.*

llamear. intr. cult. Echar llamas. *En la chimenea llameaban tres gruesos leños.* Tb. fig. *Su larga melena rubia llamea con el sol.*

llana. → **llano.**

llanero, ra. adj. De Los Llanos (región que comprende territorios de Colombia y Venezuela). *En el festival de folclore hubo música llanera.* Dicho de pers., tb. m. y f. *Muchos llaneros viven de la ganadería.*

llaneza. f. Cualidad de llano o sencillo. *A pesar del poder y la fama, era un hombre conocido por su llaneza. Me gusta este escritor por la llaneza de su estilo.*

llano, na. adj. **1.** Que no tiene desniveles o desigualdades. *Después de la cuesta hay un tramo del camino que es llano.* **2.** Dicho de persona: Sencilla y natural en su trato con los demás. *La condesa era una persona llana que charlaba con todos.* **3.** Sencillo o sin complicaciones ni adornos. *Se expresa con un lenguaje llano y claro.* **4.** Que no disfruta de privilegios propios de una clase acomodada. *En la Edad Media había tres estamentos: nobleza, clero y estado llano.* **5.** *Fon.* Dicho de palabra: Que lleva el acento de intensidad en la penúltima sílaba. *"Álbum" y "camino" son palabras llanas.* ○ m. **6.** Terreno llano (→ 1). *Atravesamos los llanos de La Mancha.* ○ f. **7.** Herramienta de albañilería compuesta por una plancha de acero con asa de madera, que se usa para extender y alisar el yeso o la argamasa. *Para tapar la grieta, pone un pegote de cemento y pasa la llana.* ▶ **1:** LISO, PLANO. **5:** GRAVE, PAROXÍTONO.

llanta. f. **1.** Pieza metálica central de una rueda sobre la que se monta el neumático. *El coche nuevo tiene llantas de aluminio.* **2.** Am. Neumático. *Los campesinos pincharon las llantas de los camiones de carga* [C].

llantén. m. Hierba siempre verde que crece en prados y huertos, cuyas hojas tienen propiedades medicinales y de la que existen varias especies, p. ej.: *~ mayor, ~ menor. La infusión de hojas de llantén alivia el dolor de garganta.*

llantina. f. coloq. Llanto fuerte y continuado. *A la niña le ha dado una llantina y no ha habido forma de calmarla.*

llanto. m. Hecho o efecto de llorar. *Al oír el llanto del bebé, corrió hacia la cuna.* ▶ LLORO.

llanura. f. Extensión de terreno llano, espec. el de gran amplitud. *Para llegar a Albacete atravesamos la extensa llanura manchega.*

llave. f. **1.** Instrumento gralm. metálico que se introduce en una cerradura y sirve para abrirla o cerrarla. *Sacó las llaves del bolsillo y abrió la puerta.* **2.** Herramienta que sirve para apretar o aflojar tuercas. *El mecánico ajustó las tuercas de la rueda con una llave.* **3.** Mecanismo que sirve para regular el paso de un fluido por un conducto. *Todas las noches cierra la llave del gas.* Tb. *~ de paso.* **4.** Instrumento que consiste en un cilindro hueco con una parte más ancha en el extremo y que sirve para dar cuerda a relojes y otros aparatos. *El reloj de pared se paró, porque se había perdido la llave.* **5.** En un instrumento musical de viento: Pieza que sirve para abrir o cerrar el paso de aire. *Al pulsar las distintas llaves de la flauta se obtienen diferentes sonidos.* **6.** Signo gráfico de forma parecida a un corchete grande ({), que sirve para agrupar varias líneas de elementos que forman una serie. *El profesor dibujó una llave y puso dentro los diferentes tipos de adjetivo.* **7.** En algunos deportes de lucha: Movimiento para derribar o inmovilizar al contrario. *Hizo una llave de judo a su agresor y este cayó al suelo.* **8.** Medio que permite conseguir algo. *Aquella voz clara y suave fue la llave del éxito del cantante.* ■ **~ grifa.** f. *tecn.* Llave (→ 2) de abertura regulable que se utiliza espec. en fontanería. *Para ajustar las tuberías del agua se necesita una llave grifa.* ⇒ GRIFA. ■ **~ inglesa.** f. Llave (→ 2) de abertura regulable para tuercas de diversos tamaños. *En el taller, aprietan las tuercas del vehículo con una llave inglesa.* ■ **~ maestra.** f. Llave (→ 1) que sirve para varias cerraduras distintas. *En el hotel hay una llave maestra que abre todas las habitaciones.* □ **bajo ~.** loc. adv. En un sitio cerrado con llave. *Los documentos los guardo bajo llave.* ■ **bajo siete ~s.** loc. adv. coloq. En lugar muy custodiado u oculto. *Guarda su colección de monedas bajo siete llaves.*

llavero. m. Utensilio en forma de anilla o de cartera pequeña en el que se llevan las llaves. *Me han regalado un llavero de piel.*

llavín. m. Llave pequeña y plana. *Metió el llavín en la cerradura.*

llegada. f. **1.** Hecho de llegar. *La llegada del vuelo se retrasa por la niebla.* **2.** Meta (lugar donde termina una carrera). *La atleta rusa cruzó la línea de llegada.* ▶ **2:** META.

llegar. intr. **1.** Acabar alguien o algo su trayectoria o su recorrido hacia un lugar. *Llegó* A *la puerta y se dio la vuelta sin llamar. Su avión llega a las ocho de la mañana. Llega* DEL *trabajo agotado. Llegaremos hacia el mediodía. Aún faltan por llegar muchos participantes en la maratón.* Tb. fig. *Su ambición era llegar* AL *poder.* **2.** Durar una persona o una cosa hasta un límite determinado. *A este ritmo, la barra de pan no llega* A *la noche. Su matrimonio no llegó* AL *año. Su abuela llegó* HASTA *los cien años.* **3.** Hacerse realidad algo previsible o esperado. *Cuando te llegue tu oportunidad, no la desaproveches. Ya ha llegado el invierno.* **4.** Convertirse alguien en algo que gralm. se ha propuesto como objetivo. *Llegó* A *general muy rápidamente. Llegará* A *lo que se proponga. ¡Tienes una paciencia!, llegarás* A *santo.* **5.** Seguido de *a* y un infinitivo, expresa que la realización de la acción denotada por el infinitivo se produce al término de un proceso, frec. como resultado de un esfuerzo. *Llegué a saludarlo en una ocasión, pero no hablé con él. ¿Has llegado a entenderlo? Llegó a convertirse en un experto maquinista. Llegaron a hacerse amigos íntimos. Llegó a odiar aquellas interminables reuniones.* **6.** Extenderse algo hasta un punto o límite determinados. *La falda le llegaba* A *los tobillos. El agua nos llegaba casi* A *las rodillas. La estantería llega* HASTA *el techo. El olor a quemado llegaba* HASTA *el recibidor. La epidemia llegó* HASTA *1900.* **7.** Ascender algo a una cantidad. *El cuadro subastado llegó* AL *millón de euros.* **8.** Ser suficiente una cantidad de algo. *Una ración nos llega* PARA *los dos. Ese dinero no llega ni* PARA *comprar el billete. Dos metros de tela llegan* PARA *un par de blusas.* ○ intr. prnl. **9.** coloq. Acercarse alguien a otra persona. *Sin mediar palabra, se llegó* HASTA *él y le dio una torta. Se llegó* A *mí a pedirme fuego.* **10.** Ir alguien a un lugar que le queda cerca. *Si quieres, me llego en un momento* A *su casa y se lo pido. Llégate* HASTA *la tienda de la esquina por unos yogures. Estoy al lado, puedo llegarme* HASTA *ahí en un santiamén.* ■ **hasta ahí podíamos, o podríamos, ~.** expr. coloq. Se usa con intención enfática para expresar que no se va tolerar un posible abuso. *No voy a permitir que cuentes mentiras sobre mí, ¡hasta ahí podíamos llegar!*

llenado. m. Hecho de llenar o hacer que alguien o algo, espec. un recipiente, pasen a estar llenos. *El llenado de algunas latas de conserva se hace a mano. Cada año se procede a la limpieza y llenado de las piscinas.*

llenar. tr. **1.** Hacer que (algo o alguien) pasen a estar llenos. *Por favor, llena la jarra* DE *agua. No me llenes la taza: solo quiero un poco de café. Ha llenado la casa* DE *trastos. El perro me llenó* DE *manchas el jersey. La noticia me llenó* DE *angustia. Las judías blancas me llenan mucho.* Tb. en constr. prnl. media. *A primera hora, el autobús siempre se llena. La casa se ha llenado* DE *ratones. Al oír la noticia se llenó* DE *angustia. Soy de poco comer y me lleno enseguida.* **2.** Estar alguien o algo (en un lugar) en gran cantidad o de modo que no quepa más. *Cincuenta mil espectadores llenaron el estadio. Un montón de papeles y facturas llenan su cartera.* **3.** Ser algo la actividad (de un espacio de tiempo). *El ejercicio físico me llena toda la mañana.* **4.** Hacer alguien que (un espacio de tiempo) tenga una actividad. *Con este asunto lleno parte de la tarde.* **5.** Satisfacer o gustar (a alguien). *Mi trabajo no está mal, pero no me llena. Debes buscar una actividad que te llene.* ▶ **2-4:** OCUPAR.

lleno, na. adj. **1.** Que contiene la máxima cantidad posible de cosas o de personas. *No pongas gasolina: el depósito está lleno. El vagón va lleno y no hay sitio. El vaso estaba lleno* DE *agua a rebosar.* **2.** Que tiene gran cantidad de cosas o de personas. *Los domingos el parque está lleno* DE *gente. El escrito estaba lleno* DE *errores. Llevas la falda llena de manchas. El enfermo está lleno* DE *ganas de vivir.* **3.** Dicho de persona: Que no desea comer más, por haber comido mucho. *–¿Quieres más tarta? –No, gracias; estoy lleno. Me siento muy llena; no tenía que haber comido tanto.* **4.** eufem. Dicho de persona: Un poco gorda. Más frec. *llenito. Mi amiga es una chica baja y algo llenita.* ● m. **5.** Hecho de llenar por completo el público el local destinado a un espectáculo público. *En el estreno hubo un lleno absoluto. El conjunto musical tuvo un lleno espectacular en su concierto.* ■ **de lleno.** loc. adv. Total o completamente. *Se dedicó de lleno a la literatura. El adivino acertó de lleno. La explosión ha alcanzado de lleno a los edificios vecinos.*

llevadero, ra. adj. Que se puede soportar o aguantar. *Gracias al libro, el viaje me resulta llevadero.*

llevar. tr. **1.** Hacer alguien o algo que, por medio de ellos, (una persona o cosa) pasen a otra o a otro lugar, alejado del que habla. *Me pidió que le llevara unos documentos a su oficina. Llévalos a dar una vuelta para que conozcan el pueblo. Olvidé llevar el informe a la reunión. Se llevó dos dedos a la boca y empezó a silbar. Hay que llevar el televisor a arreglar.* Tb. fig. *Todo esto me lleva a pensar que han querido engañarme. Su desesperación lo llevó al suicidio.* **2.** Cobrar (una cantidad de dinero). *¿Cuánto te han llevado* POR *el arreglo? Nos llevaron seis euros* POR *un simple café.* **3.** Soportar alguien (algo), o hacer(lo) más tolerable. *Tener cerca a su familia lo ayudó a llevar su desgracia.* **4.** Soportar alguien (algo) de una determinada manera. *¿Cómo llevas lo de estar escayolado? Llevo fatal eso de levantarme tan temprano. Lleva muy bien la popularidad. La recuperación hay que llevarla con paciencia.* **5.** Manejar (a alguien), o influir sobre su comportamiento o su opinión. *Habla tú con él, que sabes llevarlo mejor. Tiene habilidad para llevar a todo el mundo por donde él quiere.* Tb. en la constr. *dejarse ~. No suele tomar la iniciativa, simplemente se deja llevar.* **6.** Servir de medio algo, espec. un camino (a una persona) para ir a un lugar. *El camino nos lleva* HASTA *la cima. Sigan esta carretera y los llevará* AL *hotel que buscan. La última pista os llevará* AL *premio.* Tb. intr. *Coja el desvío que lleva* AL *pueblo. Esa carretera no lleva* A *ningún sitio, está cortada.* **7.** Estar provisto (de algo). *¿Lleva cremallera la falda? Mi reloj lleva alarma.* **8.** Tener puesto (algo, como una prenda de vestir). *Llevas una corbata muy vistosa. ¿No se te ocurrirá llevar ese abrigo todo raído? En la invitación decía que había que llevar esmoquin. Lleva demasiadas joyas.* **9.** Conducir o manejar (un vehículo, espec. un automóvil). *¿Quieres llevar un rato el coche? Me dejó llevar su moto nueva.* **10.** Hacer (un tiempo determinado) que alguien o algo están en una situación o en un lugar. *Llevo cinco noches sin dormir. Llevo una hora esperándote. Ese piso lleva mucho tiempo vacío. El pescado lleva varios días en la nevera.* **11.** Exceder o sobrepasar una persona o cosa (en una medida) a otra. *Tu hija le lleva a la mía un año. Aquí no va a caber el sofá nuevo, porque le lleva unos 25 cm al que había.* **12.** Ser alguien el responsable o el encargado (de algo). *Lo van a contratar para llevar los asuntos económicos. No puede llevar ella sola la casa. Lleva las relaciones con la prensa.* **13.** Arrastrar (algo o a alguien) haciendo que se muevan o se desplacen. *Hacía un viento tan fuerte que me llevaba. El río lleva mucho barro.* **14.** Tener alguien consigo o sobre sí (una cosa o a una persona). *Llevaba en brazos a la niña. Lleva consigo fotos de toda la familia. Siempre lleva encima mucho dinero.* **15.** Acomodarse (a un ritmo), o seguir(lo) moviéndose conforme a él. *Los reclutas tuvieron que aprender a llevar el paso en los desfiles. Lleva el ritmo con las manos.* **16.** Tener arrendada (una finca) para cultivar(la). *Durante toda su vida, llevó las tierras de un médico que vivía en Madrid. Llegaron a un acuerdo para que él le llevara la huerta.* **17.** Producir una planta o un terreno (algo). *La variedad de manzano que han plantado lleva mucha fruta. Esa tierra es muy buena para garbanzos, lleva cada año varios quintales.* **18.** Seguido del participio concertado de un verbo transitivo, expresa que continúa o puede continuar el estado al que ha dado lugar la acción expresada por el participio. *Siempre lleva las manos manchadas de pintura. Lleva comidos tres bocadillos. No ha acabado el primer tiempo, y ya llevan marcados tres goles.* **19.** *Mat.* Reservar las decenas de una operación parcial en una suma o multiplicación para agregarlas al resultado de la siguiente operación parcial. *En la operación "5 × 5 = 25", llevamos 2.* Frec., coloq., prnl. *En la operación "6 + 7 = 13", te llevas 1.* ○ tr. prnl. **20.** Llevar (→ 1) consigo (algo o a alguien). *El vendaval se ha llevado la ropa tendida. Llévate a tu hermano de aquí. Los ladrones se llevaron todos los objetos de valor de la casa. Se ha llevado mis llaves sin darse cuenta.* **21.** Ser alguien o algo los que reciben (un beneficio o un daño). *Me llevé un susto de muerte. Su novela se ha llevado el primer premio. Como sigas molestando, acabarás por llevarte una torta. Me llevé una sorpresa al verlo.* **22.** Tener una persona o cosa (una diferencia en medida) con otra. *Se lleva dos años* CON *su hermano.* Tb.: *Solo se llevan tres meses.* ○ intr. prnl. **23.** Estar de moda algo. *Ya no se lleva el pelo cortado así. El año que viene volverá a llevarse la minifalda.* ■ **~ las de ganar.** loc. v. coloq. Estar en posición ventajosa. *Con su capacidad dialéctica, lleva las de ganar en cualquier discusión.* ■ **~ las de perder.** loc. v. Estar en posición desventajosa. *No te metas con él, porque llevas las de perder con un brazo escayolado.* ■ **~se por delante** (a alguien o algo). loc. v. coloq. Derribar una persona o cosa que se mueven (a otra que se interpone en su marcha). *El coche patinó y se llevó por delante una farola. El perro se llevó por delante varias matas de tomates cuando perseguía al gato.* Tb. fig. *Antes de ser detenido se había llevado por* *delante a cuatro policías.* ▶ **1, 7, 8, 14:** PORTAR. ‖ **Am: 8, 9:** ANDAR.

llorar. intr. **1.** Derramar lágrimas alguien. *El niño llora cuando se va su madre. Lloro cuando pico cebolla. Le hizo tanta gracia que lloraba* DE *risa.* **2.** Derramar lágrimas el ojo. *Los ojos pueden llorar cuando hay mucho viento. Tengo alergia y me lloran los ojos.* **3.** coloq. Quejarse o lamentarse alguien de sus necesidades o desgracias, espec. para conseguir algo. *A cualquiera que te llora un poco le prestas dinero.* ○ tr. **4.** Sentir tristeza o dolor (por una desgracia). *Sus amigos lloraban su muerte.* **5.** Derramar (lágrimas) alguien. *No se quejaba, pero lloraba lágrimas* DE *dolor.*

llorera. f. Lloro fuerte y continuado. *Cuando recuerdo los momentos tristes me da la llorera.*

llorica. m. y f. coloq., despect. Persona que llora por cualquier motivo. *Mi hermano es un llorica y cada dos por tres está berreando.* Tb. adj. *No seas tan llorica, que esa herida no es nada.*

lloriquear. intr. despect. Llorar alguien de forma débil y repetitiva. *No lloriquees más, que así no solucionas nada.*

lloriqueo. m. despect. Hecho o efecto de lloriquear. *¡Cállate ya!; me saca de quicio ese lloriqueo.*

lloro. m. Hecho o efecto de llorar. *Por el patio se oía el lloro de un niño.* ▶ LLANTO.

llorón, na. adj. Dicho de persona: Que llora mucho o con facilidad. *No puedo ver películas tristes porque soy muy llorona.* Tb. m. y f. *En nuestra pandilla no queremos llorones ni chivatos.*

lloroso, sa. adj. Que está llorando o tiene señales de haber llorado. *Durante el funeral, la viuda estaba pálida y llorosa. Hacía mucho frío y teníamos los ojos llorosos.*

llover. (conjug. MOVER). intr. impers. **1.** Caer agua de las nubes. *Llueve a cántaros. Lleva meses sin llover.* ○ intr. **2.** Caer agua de las nubes. *Está lloviendo una lluvia fina.* **3.** Caer una cosa en abundancia sobre alguien o algo. *Llovieron los cristales rotos* SOBRE *nuestras cabezas.* Tb. fig. *A la actriz le llueven los contratos. Le van a llover las críticas.* ■ **ha llovido mucho.** expr. coloq. Ha transcurrido mucho tiempo. *–No nos veíamos desde tu boda. –Ha llovido mucho desde entonces.* ■ **~ sobre mojado.** loc. v. coloq. Ocurrir algo negativo que agrava una situación que ya era mala. *Esta faena no se la perdono: ya llueve sobre mojado.*

llovizna. f. Lluvia de gotas finas que cae con suavidad. *Había niebla y llovizna.* ▶ **Am:** GARÚA.

lloviznar. intr. impers. Caer llovizna. *Ha estado lloviznando todo el día.*

lluvia. f. **1.** Fenómeno atmosférico que consiste en caer agua de las nubes. *Han anunciado lluvias para el fin de semana.* **2.** Hecho de llover o caer algo en abundancia sobre alguien. *Recibieron al político con una lluvia de huevos.* Tb. fig. *La subida de precios produjo una lluvia de quejas.* ■ **~ ácida.** f. Lluvia (→ 1) que contiene contaminantes ácidos procedentes de las emanaciones de las industrias. *La lluvia ácida asola los bosques y lagos de Europa.* ■ **~ de estrellas.** f. Aparición de muchas estrellas fugaces en el cielo. *Desde las dos de la mañana se podrá ver una lluvia de estrellas.*

lluvioso, sa. adj. De lluvias frecuentes o abundantes. *El otoño fue frío y lluvioso.*

lo[1]**.** art. (No tiene pl.). **1.** Precede a un adjetivo al que sustantiva dándole el valor de nombre de la cualidad expresada por él. *Nos gustó la exposición por lo original. Nos sorprendió lo inesperado de su reacción.* **2.** Precede a un adjetivo o a una proposición adjetiva que se sustantivan, para designar un aspecto o una parte de algo. *Lo bueno de vivir aquí es que estás cerca del trabajo. Lo primero es deshacer las maletas. Lo curioso es que no se diera cuenta.* **3.** Precede a un adjetivo o un elemento adjetivo que se sustantivan, para designar una cosa o un conjunto de cosas. *Lo principal es que estés bien. Lo muy barato suele dar mal resultado. Eso no es lo que te dije. ¿Qué es lo peor que puede pasar? Es lo mismo de siempre. Haremos lo decidido por todos. Coloca en un lado todo lo etiquetado y en otro lo que no está marcado. Lo de tu ascenso fue una sorpresa.*

lo[2]**.** (No tiene pl. Se pronuncia siempre átono. En ciertos casos va detrás del v. y se escribe unido a él: *Solo puedo suponerlo; Sigue siéndolo; Compréndelo*). pron. pers. **1.** Designa, en función de complemento predicativo, una cualidad o un conjunto de cualidades expresadas por un adjetivo o un nombre. Se usa con los v. *ser, estar* y *parecer*. *Si yo soy tenaz y valiente, vosotros lo sois aún más. Aunque no lo parezca, en el fondo es muy cariñoso. Estaba soltero, pero ahora ya no lo está. Me parecía un idiota, pero ha dejado de parecérmelo.* **2.** Designa, en función de complemento directo sin preposición, un hecho, una idea o una cosa o conjunto de cosas mencionados antes. *Eso que dices tendrás que probarlo. Me han contado que ha dimitido, pero no lo creo.* Tb. designa, anticipándolos, un hecho, una idea o una cosa o conjunto de cosas que se mencionan después. *Ya lo creo que obedecerá.*

lo[3]**, la.** (pl. **los, las.** Se pronuncia siempre átono. En ciertos casos va detrás del v. y se escribe unido a él: *Intentó calmarlo; Estaba buscándolas; Acompáñala*). pron. pers. **1.** Designa, en función de complemento directo sin preposición, a la misma persona o cosa designadas con los pronombres *él* o *ella*, o con un nombre, o a la misma persona designada con el pronombre *usted*. *A la mujer ya me la habían presentado. Fríelos en aceite bien caliente. El anillo se lo daré cuando estemos solos. Envolvédselo para regalo. No encuentro las llaves, ¿las tienes tú?* Tb. designa, anticipándolas, a una persona o una cosa que se mencionan después. *Los saludé a todos. Los citó a los cuatro a la misma hora.* **2.** Designa, en función de complemento directo sin preposición, a una persona que recibe el tratamiento de *usted*. *A ustedes los creía en París.* **3.** En ciertas expresiones y locuciones verbales, se usan las formas *la* y *las* sin que designen nada concreto. *Me las pagarás todas juntas. Arréglatelas como puedas. ¡Buena la hemos hecho pidiéndole ayuda! Las pasamos moradas para convencerlo.*

loa. f. **1.** cult. Hecho de loar. *Su valentía es digna de loa.* **2.** *Lit.* Composición poética en que se alaba algo o a alguien. *Los poetas solían escribir loas en honor de los reyes.*

loable. adj. cult. Digno de loa o alabanza. *Encuentro loable la tarea que realizan los voluntarios.*

loar. tr. cult. Alabar (algo o a alguien). *El invitado comía con apetito y loaba el arte de la cocinera.*

loba. → **lobo.**

lobanillo. m. Bulto que se forma debajo de la piel, espec. el que contiene materia grasa. *Le salió un lobanillo en la frente y el cirujano se lo extirpó.* ▶ QUISTE.

lobato. m. Lobezno. *La loba amamanta a los lobatos.*

lobby. (pal. ingl.; pronunc. "lóbi"). m. Grupo organizado para presionar a los poderes públicos a favor de intereses particulares. *El* lobby *de los petroleros lucha por mantener sus privilegios.* ¶ [Equivalentes recomendados: *grupo de presión* o, Am., *grupo de cabildeo*].

lobera. f. Guarida de lobos. *La loba parió a sus cachorros en la lobera.*

lobezno. m. Cachorro de lobo. *Los lobeznos jugaban bajo la mirada de su madre.* ▶ LOBATO.

lobo, ba. m. **1.** Mamífero carnívoro parecido al perro, de hocico afilado, orejas puntiagudas y cola larga y peluda. *Los pastores temen que los lobos ataquen al ganado.* Tb. designa específicamente al macho. *Un lobo luchaba con otro para hacerse jefe de la manada.* ○ f. **2.** Hembra del lobo (→ 1). *Antes de parir, la loba prepara la guarida de sus cachorros.* ■ **lobo de mar.** m. Marino con mucha experiencia. *En el puerto, un lobo de mar me contaba sus viajes.* □ **menos lobos.** expr. coloq. Se usa expresar que lo que se acaba de decir resulta exagerado. *–Le dieron un millón. –¡Menos lobos, Juan!, no será ni la mitad.*

lobotomía. f. *Med.* Operación que consiste en una incisión o corte de las fibras del lóbulo frontal del cerebro. *La lobotomía se practicaba en trastornos mentales como la esquizofrenia.*

lóbrego, ga. adj. cult. Oscuro o que tiene poca luz. *Aquel pasillo largo y lóbrego me daba miedo.*

lobreguez. f. cult. Cualidad de lóbrego. *Me entristecía la lobreguez de la habitación al atardecer.*

lobulado, da. adj. *tecn.* Que tiene lóbulos o partes salientes. Se usa espec. en botánica. *Estos arbustos tienen hojas gruesas, ovales y lobuladas. Las ventanas tienen arcos lobulados.*

lóbulo. m. **1.** Parte inferior, redondeada y blanda de la oreja. *Para ponerse pendientes se perforó los lóbulos.* **2.** Parte de una cosa que sobresale en forma de onda. *El arco de la ventana tiene tres lóbulos.* **3.** *Anat.* Parte redondeada y saliente de un órgano. *El pulmón está formado por lóbulos.*

lobuno, na. adj. Del lobo. *Aseguran haber visto un animal de aspecto lobuno.*

loca. → **loco.**

local. adj. **1.** De un determinado lugar. *En el mercadillo se venderán productos locales.* **2.** Municipal. *La policía local regula el tráfico de la avenida.* **3.** Que afecta solo a determinada parte del cuerpo. *Es una operación sencilla que se realiza con anestesia local.* ● m. **4.** Lugar cerrado y cubierto, espec. el dedicado al comercio o al entretenimiento. *En el local que hay debajo de casa van a abrir un bar.*

localidad. f. **1.** Población (lugar edificado). *La nieve ha incomunicado varias localidades de la sierra.* **2.** En un local de espectáculos: Plaza o asiento destinados a un espectador. *Nuestras localidades estaban muy lejos del escenario.* Tb. la entrada que permite ocupar esa plaza. *Venta de localidades por teléfono.* ▶ **1:** POBLACIÓN.

localismo. m. **1.** Actitud o tendencia de quien tiene excesiva preferencia o preocupación por lo local o por la propia tierra. *Cambiemos el localismo por una actitud más universal.* **2.** Palabra o expresión propias de una localidad o zona determinadas. *El campesino usa muchos localismos que en la ciudad no se conocen.*

localista. adj. **1.** Del localismo. *Las ideas localistas provocan el desinterés por lo que ocurre en el resto de Europa.* **2.** Que tiene o demuestra localismo. *Ha viajado mucho y no tiene prejuicios localistas.* Dicho de pers., tb. m. y f. *Es muy localista y lo único que le interesa es su ciudad natal.*

localización. f. Hecho de localizar. *Una llamada anónima facilitó la localización del secuestrado.*

localizar. tr. Averiguar dónde se encuentra (alguien o algo). *Localicen a los familiares del enfermo.*

locatis. adj. coloq., humoríst. Loco (insensato, o que no puede razonar). *No le hagas caso, que está un poco locatis.* Tb. m. y f. *Todos tenemos algún locatis en la familia.*

locativo, va. adj. **1.** Que expresa lugar. Se usa espec. en lingüística. *Los adverbios "aquí" y "ahí" tienen significado locativo.* ● m. **2.** *Ling.* Caso de la declinación con que se expresa la función de complemento circunstancial de lugar en donde. *La palabra latina "Romae" está en locativo y significa 'en Roma'.* Tb. *caso* ~. *El latín conserva el caso locativo en algunos nombres como "domus".*

loción. f. Líquido que se aplica sobre la piel o el pelo por sus propiedades medicinales o como cosmético. *Uso una loción contra la caída del cabello.*

loco, ca. adj. **1.** Que no es capaz de razonar normalmente. *Vino hacia mí loco* DE *furia. Te volverás loco si no cambias de actitud.* Tb. m. y f. *Don Quijote es el loco más famoso de la literatura.* **2.** Insensato o poco prudente. *Hay que estar loco para ir sin jersey con este frío.* Tb. m. y f. (→ **orate**). *Solo un loco conduciría tan deprisa.* **3.** Dicho de aparato o dispositivo: Que funciona sin control. *La tele está loca y se enciende sola.* **4.** Dicho de cosa: Muy grande o excesiva. *Tengo unas ganas locas de bailar.* **5.** coloq. Dicho de persona: Entusiasmada. *Los niños están locos con los Reyes Magos.* Tb. ~ *de contento. Cuando supe que sería padre, me puse loco de contento.* Frec. en la constr. *como* ~. *Está como loco con su coche nuevo.* **6.** coloq. Que siente gran amor o afición por alguien o algo. *Juan está loco* POR *su novia. A Laura la vuelven loca las joyas. Mi compañero me tiene loca, pero no lo sabe.* ● f. **7.** coloq., despect. Hombre homosexual. *Tu amigo Javier es una loca.* ■ **a lo loco.** loc. adv. De manera imprudente o sin reflexionar. *Se ha gastado todo el dinero a lo loco.* ■ **hacer el loco.** loc. v. Actuar como un loco (→ 2). *Si haces el loco con la bici, te caerás.* ■ **hacerse el** ~. loc. v. Fingir que se está distraído o que se ignora algo. *¡No te hagas el loco, que te pregunto a ti!* ■ **ni** ~. loc. adv. coloq. De ninguna manera. *No te presto mi bici ni loco. Mi madre no se sube a un avión ni loca.* ▶ **1:** ALIENADO, ALUCINADO, DEMENCIADO, DEMENTE, ENAJENADO, INSANO, PERTURBADO.

locomoción. f. Desplazamiento de un lugar a otro, espec. el que se lleva a cabo en un medio de transporte. *El metro es el medio de locomoción más utilizado en la ciudad. Las piernas de los humanos tienen fuertes músculos que permiten la locomoción.*

locomotor, tora (o **triz**). adj. **1.** De la locomoción. *Nuestro aparato locomotor está formado por dos extremidades. Tiene dificultades locomotrices por su lesión de columna.* ● f. (**locomotora**). **2.** Máquina que arrastra los vagones de un tren. *Las locomotoras antiguas eran de vapor.*

locuacidad. f. Cualidad de locuaz. *A pesar de su locuacidad, se mantuvo en silencio largo rato.*

locuaz. adj. Que habla mucho. *Estuvo más locuaz que de costumbre.*

locución. f. *Gram.* Combinación fija de dos o más palabras que funcionan como una unidad. *"Mano a mano" es una locución corriente.*

locura. f. **1.** Condición de loco. *A pesar de su locura, tiene momentos de lucidez.* **2.** Hecho propio de una persona loca. *Es una locura dejar a los niños solos.* **3.** Pasión o afecto extraordinarios. *Tengo locura por mis nietos.* ■ **con ~.** loc. adv. coloq. Muchísimo o con gran intensidad. Frec. con v. como *gustar* o *querer. Los pasteles me gustan con locura.* ■ **de ~.** loc. adj. coloq. Extraordinario o excepcional. Frec. con intención enfática. *Rebajas: precios de locura.* ▶ **1:** DEMENCIA, ENAJENACIÓN.

locutor, ra. m. y f. Persona que da las noticias o presenta un programa en la radio o en la televisión. *El locutor deportivo anunció el gol a gritos.*

locutorio. m. **1.** Habitación, en un convento, en que los visitantes pueden hablar con las monjas, o, en una cárcel, en que los visitantes pueden hablar con los presos. *Hablé con la madre superiora a través de la celosía del locutorio.* **2.** Local o departamento en que hay varias cabinas de teléfono individuales. *El jardinero habla con su familia marroquí desde un locutorio.*

lodazal. m. Sitio lleno de lodo. *Cuando llueve, el camino se convierte en un lodazal.* ▶ *BARRIZAL.

lodo. m. Mezcla de agua y tierra que se forma en el suelo por la lluvia, y en el fondo de corrientes o aguas detenidas. *El coche se ha quedado atascado en el lodo.* ▶ *BARRO.

logarítmico, ca. adj. *Mat.* Del logaritmo. *Función logarítmica.*

logaritmo. m. *Mat.* Exponente al que hay que elevar una cantidad para obtener un número determinado. *El próximo curso estudiaremos logaritmos.* ■ **~ decimal.** m. *Mat.* Logaritmo que tiene como base el número 10. *Represente el logaritmo decimal de 100.* ■ **~ neperiano.** m. *Mat.* Logaritmo que tiene como base el número *e*. *Tablas de logaritmos neperianos.*

logia. f. Agrupación de masones. *Las logias están estructuradas jerárquicamente.* Tb. la asamblea o reunión de sus miembros y el local donde se celebra. *El aprendiz llama a la puerta de la logia para ser admitido en la asociación.*

lógico, ca. adj. **1.** Que se ajusta a las leyes de la lógica (→ 4, 5). *Su razonamiento es lógico.* **2.** Esperable, dados los antecedentes. *Si no estudias, es lógico que suspendas.* **3.** De la lógica (→ 4). *Leyes lógicas.* ● f. **4.** Parte de la filosofía que estudia las leyes que rigen el pensamiento. *El profesor de filosofía nos enseña el lenguaje de la lógica.* **5.** Conjunto de normas por las que se rige el pensamiento humano. *Eso es un disparate, está fuera de toda lógica.* ○ m. y f. **6.** Persona especialista en lógica (→ 4). *Para el lógico Russell, las matemáticas y la filosofía son afines.* ■ **lógica formal,** o **matemática.** f. *Fil.* Lógica (→ 4) en la que se emplean símbolos y procedimientos matemáticos. *Para evitar la ambigüedad del lenguaje, la lógica formal emplea símbolos.*

logístico, ca. adj. **1.** De la logística (→ 2, 3). *La empresa marcha porque tiene una buena estructura logística. El piso servía de base logística a los terroristas.* ● f. **2.** Organización de los medios y métodos necesarios para llevar a cabo algo. *En la reunión discutiremos la logística de la distribución del producto.* **3.** *Mil.* Parte de la estrategia militar que se ocupa del movimiento y mantenimiento de las tropas en campaña. *El sargento era el encargado de la logística del batallón.*

logopeda. m. y f. *Med.* y *Psicol.* Especialista en logopedia. *El logopeda le enseñará a articular correctamente los sonidos.*

logopedia. f. *Med.* y *Psicol.* Estudio de los trastornos del lenguaje y aplicación de técnicas para su corrección. *La logopedia ayuda a los sordos a comunicarse mejor.*

logos. m. **1.** *Fil.* Discurso o serie de palabras que expresan el pensamiento. *Aristóteles dijo que el hombre es el animal que posee el logos.* **2.** *Fil.* Orden universal que rige el universo. *Para Heráclito, el mundo no es caótico, sino que todo sucede conforme al logos.*

logotipo. m. Símbolo formado por letras o dibujos que sirve de emblema de una empresa o entidad, de una marca o de un producto. *El sobre lleva el logotipo del banco.*

logrado, da. part. **1.** → **lograr.** ● adj. **2.** Dicho de cosa: Bien hecha. Frec. con intención enfática. *La película tiene unos efectos especiales muy logrados.*

lograr. tr. **1.** Conseguir (algo no material que se desea). *Hemos logrado nuestro objetivo.* **2.** Seguido de un infinitivo: Llegar a realizar (la acción designada). *¿Has logrado hablar con él?* ○ intr. prnl. **3.** Llegar a desarrollarse algo perfectamente. *A ver si este año se logran las alcachofas.* ▶ **1, 2:** CONSEGUIR.

logrero, ra. m. y f. Persona que procura lucrarse por cualquier medio. *El mundo está lleno de especuladores y logreros.*

logro. m. Hecho o efecto de lograr o lograrse. *Nuestro mayor logro fue reducir el desempleo.*

logroñés, sa. adj. De Logroño. *Mis abuelos son logroñeses. Paseamos por las calles logroñesas.* Dicho de pers., tb. m. y f. *San Bernabé es el patrón de los logroñeses.*

loísmo. m. *Gram.* Empleo de los pronombres *lo* y *los* como complemento indirecto masculino, en casos en que deberían haberse usado *le* y *les*. *En la frase "lo di el regalo a Juan" hay un caso de loísmo.*

loísta. adj. **1.** *Gram.* Que practica el loísmo. *En mi pueblo no son loístas.* Dicho de pers., tb. m. y f. *Un loísta diría "lo dio una patada" en lugar de "le dio una patada".* **2.** *Gram.* Del loísmo. *El uso loísta está mal visto.*

lolita. f. coloq. Adolescente seductora y provocativa. *La película narra el romance entre una lolita y un cincuentón.*

loma. f. Elevación del terreno pequeña y de forma alargada. *Subió a lo alto de la loma para observar el paisaje.*

lombardo, da. adj. **1.** De Lombardía (región de Italia). *Milán es la capital lombarda.* Dicho de pers., tb. m. y f. *Muchos lombardos viven de la industria.* **2.** histór. De un pueblo germánico que invadió Italia en el s. VI y se estableció en el norte. *El rey lombardo llevaba una corona de hierro.* Dicho de pers., tb. m. y f. *Los lombardos adoptaron la religión cristiana.* ● f. **3.** Variedad de col de color morado. *En Navidad comimos lombarda con pasas y piñones.*

lombriz. f. Gusano de cuerpo alargado y cilíndrico con anillos transversales, que excava galerías en terrenos húmedos. *Las lombrices remueven y airean la tierra.* Tb. *~ de tierra. El pescador empleaba lombrices de tierra como cebo.* ■ **~ intestinal.** f. Gusano parásito que vive en el intestino del hombre y de algunos animales. *Debe dar al perro un preparado contra las lombrices intestinales.* ⇒ OXIURO.

lomo. m. **1.** Parte del cuerpo de un animal cuadrúpedo, que se extiende sobre el espinazo. *Cuando el perro se asusta, se le eriza el pelo del lomo.* A veces en pl. con significado sing. *Cargó los sacos de grano sobre los lomos de la mula.* **2.** Pieza de carne de cerdo o de vacuno, correspondiente al lomo (→ 1). Designa espec. la de cerdo. *En la carnicería compró un kilo de lomo adobado.* **3.** Parte de un libro en la que van pegadas o cosidas las hojas. *En el lomo se lee el título y el nombre del autor.* **4.** coloq. Parte inferior y central de la espalda del ser humano. Más frec. en pl. con significado sing. *Me duelen los lomos de tanto cavar.* ■ **a ~s** (de una caballería). loc. adv. Montando (sobre ella). *El campesino iba al mercado a lomos* DE *un burro.*

lona. f. **1.** Tela fuerte de algodón o cáñamo que se emplea para hacer toldos y velas. *En la playa hay tumbonas de lona.* **2.** En algunos deportes de lucha: Suelo acolchado sobre el que se celebran los combates. *Si el púgil no se levanta de la lona en diez segundos, pierde el combate.*

loncha. f. Porción plana y delgada de un alimento. *Puso tres lonchas de jamón en el bocadillo. En el supermercado venden queso en lonchas.* ▶ LONJA. || **Am:** FETA.

londinense. adj. De Londres. *Visitaremos los principales museos londinenses.* Dicho de pers., tb. m. y f. *Muchos londinenses van a trabajar en metro.*

loneta. f. Lona delgada. *El sofá está tapizado de loneta blanca.*

longaniza. f. Embutido de forma alargada y estrecha relleno de carne de cerdo picada y adobada. *Comimos unos huevos con longaniza.*

longevidad. f. Cualidad de longevo. *Todos se admiran de la longevidad del abuelo.*

longevo, va. adj. Que vive muchos años. *La tortuga es un animal longevo.*

longitud. f. **1.** En una superficie plana: Dimensión lineal mayor. *La playa tiene dos kilómetros de longitud.* **2.** *Fís.* Magnitud que expresa la distancia entre dos puntos y cuya unidad en el Sistema Internacional es el metro. *La yarda es una medida inglesa de longitud.* **3.** *Geogr.* Distancia que hay entre un punto de la Tierra y el meridiano cero y que se expresa en grados. *El barco se encontraba a 41° 20' de latitud norte y 39° 23' de longitud oeste.* ■ **~ de onda.** f. *Fís.* Distancia entre dos puntos correspondientes a una misma fase de dos ondas consecutivas. *La energía de las radiaciones ultravioletas depende de su longitud de onda.* ▶ **1:** LARGO, LARGURA.

longitudinal. adj. **1.** De la longitud. *Rasgó la tela en sentido longitudinal y obtuvo dos piezas largas y estrechas.* **2.** Que está en sentido longitudinal (→ 1). *Parte el melón con un corte longitudinal.*

longobardo, da. adj. histór. Lombardo (de un pueblo germánico que invadió Italia). *Los invasores longobardos no consiguieron conquistar Roma.* Dicho de pers., tb. m. y f. *Los longobardos fundaron el reino de Lombardía.*

longui. hacerse el ~. loc. v. coloq. Hacerse el distraído. *Cuando les traen la cuenta, él se hace el longui.*

longuis. hacerse el ~. loc. v. coloq. Hacerse el distraído. *No te hagas el longuis: sabes muy bien de qué te hablo.*

lonja¹. f. Loncha. *Para dar gusto al pescado, se rellena con unas lonjas de beicon.*

lonja². f. Edificio donde se compran y venden mercancías al por mayor, espec. el de un puerto, destinado a la subasta de pescado. *Cuando el barco llega a puerto, las capturas se trasladan a la lonja.*

lontananza. en ~. loc. adv. cult. A lo lejos. *En lontananza, entre la niebla, se ve la silueta de la sierra.*

loor. m. cult. Elogio. *Era un librito de composiciones en loor de la Virgen.*

loquero, ra. m. y f. Persona que se dedica a cuidar locos. *Dos loqueros con batas blancas lo condujeron hasta la ambulancia.*

lora. f. Am. Loro (ave). *Desde chiquita hablaba como una lora* [C]. *Muchos artesanos ofrecían loras para mascotas* [C]. ▶ LORO.

lord. (pronunc. "lor"; pl. **lores**). m. Miembro de la nobleza británica que tiene el título de conde, barón, marqués o vizconde. *A la fiestas de Buckingham asisten numerosos lores.* Se usa, antepuesto al nombre de pila o al apellido, como tratamiento que corresponde a un lord o a un alto cargo. *Lord Arthur y su esposa vivían en una lujosa mansión. El poeta lord Byron.*

loriga. f. histór. Arma defensiva para proteger el pecho y la espalda, hecha de láminas en forma de escamas, gralm. de acero. *El caballero iba armado con loriga, yelmo y escudo.*

loro. m. **1.** Ave tropical de colorido brillante, con pico fuerte y curvado, que puede aprender a imitar la voz humana y del que existen varias especies. *El loro hembra. El loro trepa con facilidad gracias a sus patas ganchudas.* Tb. designa específicamente al macho. *Voy a comprarle una hembra a mi loro para que críen.* **2.** coloq. Persona que habla mucho. *Los dos loros chismorrearon durante toda la tarde. Como Luis es un loro, me ha dejado con dolor de cabeza.* **3.** coloq., humoríst. Mujer muy fea. *No sé cómo te puede gustar Lola, ¡si es un loro!* **4.** coloq. Radiocasete. *El chaval llevaba al hombro un loro a todo volumen.* ▶ **1:** PERICO. || **Am: 1:** LORA.

los¹. → **el.**

los². → **lo³.**

losa. f. **1.** Piedra grande, llana y delgada, gralm. labrada, que se emplea para cubrir suelos y tapar sepulturas. *La plaza de la catedral está pavimentada con losas de granito.* **2.** Baldosa. *El suelo de la cocina es de losas blancas y negras.*

loseta. f. Baldosa. *Puse el suelo de losetas porque son fáciles de limpiar.*

lote. m. **1.** Cada una de las partes en que se divide un todo para repartirlo entre varias personas. *Hicieron tres lotes de la herencia, uno para cada hermano.* **2.** Conjunto de objetos similares que se agrupan con un fin determinado, como venderlos o repartirlos. *Por la compra de una enciclopedia regalamos un lote de libros.* **3.** Am. Solar o parcela. *Se debe tener un lote limpio, sin piedras, ramas, etc., para efectuar el trazado del huerto* [C]. *En la ciudad se encuentran extensos complejos urbanísticos al lado de grandes lotes vacíos* [C]. ■ **darse el ~.** loc. v. malson. Besarse y acariciarse dos personas. ▶ **3:** *SOLAR. || **Am: 2:** COMBO.

lotería. f. **1.** Juego de azar del Estado en el que se venden billetes numerados, de los que se premian con diferentes cantidades los que coincidan en una o más cifras con determinados números sacados por sorteo. *Juega a la lotería todas las semanas.* Tb. *~ nacional. El premio gordo de la lotería nacional tocó en Zaragoza.* **2.** Asunto que depende de la suerte o de la casualidad. *Aunque uno sea bueno, dice el actor, lo del éxito es una lotería.* ■ **~ primitiva.** f. Juego de azar del Estado en que el apostante marca en un boleto seis números, se extraen por sorteo seis números más uno extra y se premian los boletos con tres o más aciertos. *Ayer no hubo ningún acertante en la lotería primitiva.* ⇒ PRIMITIVA. □ **tocarle la ~** (a alguien). loc. v. Suceder(le) algo bueno inesperadamente. *Cuando me eligieron para aquel trabajo, me tocó la lotería.* Frec. en sent. irónico. *Te ha tocado la lotería con unos vecinos así.*

lotero, ra. m. y f. Persona que vende lotería nacional o que tiene a su cargo un despacho de lotería. *El lotero cerró el kiosco para celebrar que había vendido el gordo.*

loto. m. Planta acuática ornamental de grandes hojas brillantes y flores blancas y olorosas, que se cultiva en lagos y estanques. *El loto abunda a orillas del Nilo.* Tb. su flor. *El loto se cierra al anochecer.*

loza. f. **1.** Barro fino, cocido y barnizado del que están hechos diversos objetos, espec. las piezas de una vajilla. *Hemos puesto sanitarios de loza blanca.* **2.** Conjunto de objetos de loza (→ 1), espec. de utensilios de uso doméstico. *Después de fregar, colocó la loza en el aparador.*

lozanía. f. cult. Cualidad de lozano. *Ha perdido la lozanía de la juventud.*

lozano, na. adj. cult. Vigoroso y de aspecto sano. *Las rosas están tan lozanas como el primer día.*

LP. (sigla; pronunc. "ele-pe"). m. Elepé. *Puso en el tocadiscos el viejo LP. Ese año salió a la venta un LP de los Beatles.*

Ltdo., Ltda. abrev. Limitado, limitada. *Fundó en 2004 la empresa Infotex Ltda.*

lubina. f. Pez marino de cuerpo y cabeza alargados, de color gris oscuro en el dorso y blanco en el vientre, cuya carne es muy apreciada. *Preparé lubina cocida con salsa holandesa.* ▶ RÓBALO.

lubricación. f. Hecho de lubricar. *Los labios se cortan por falta de lubricación. El nuevo aceite facilita la lubricación del motor a cualquier temperatura.*

lubricante. adj. Que lubrica. *Aceite lubricante. Las glándulas sebáceas producen una sustancia lubricante.* Dicho de producto, tb. m. *Utilice solo el lubricante adecuado para su vehículo.* ▶ LUBRIFICANTE.

lubricar. tr. Hacer que (algo) quede resbaladizo. *El aceite lubrica las piezas del motor.* ▶ LUBRIFICAR.

lubricidad. f. cult. Cualidad de lúbrico. *La lubricidad de Mesalina.*

lúbrico, ca. adj. cult. Que tiene tendencia excesiva a desear el placer sexual. *Ellas huían del acoso de aquel lúbrico sujeto.*

lubrificante. adj. Lubricante. *Las aves segregan una sustancia lubrificante que protege las alas.* Dicho de producto, tb. m. *La vaselina actúa como lubrificante.*

lubrificar. tr. Lubricar (algo). *Las lágrimas lubrifican el ojo y los párpados.* ▶ LUBRICAR.

lucense. adj. De Lugo. *Las murallas lucenses son de época romana.* Dicho de pers., tb. m. y f. *Los lucenses celebran las fiestas de San Froilán en octubre.*

lucerna. f. *Constr.* Abertura en el techo o en la parte alta de una habitación que sirve para dar luz y para ventilar. *Dos grandes lucernas iluminan la buhardilla.*

lucernario. m. **1.** *Constr.* Ventana abierta en la parte alta de una pared. *La luz de la tarde entra en el sótano por los lucernarios.* **2.** *Arq.* Linterna. *La galería del centro comercial está rematada por un lucernario.*

lucero. m. **1.** Astro que se ve grande y brillante en el cielo. *En la noche sin luna se ven mejor los luceros.* **2.** Mancha blanca que tienen en la frente algunos animales de cuatro patas. *El potrillo nació con un lucero en forma de estrella.* ■ **el ~ del alba.** loc. s. El planeta Venus. *Al atardecer sale el lucero del alba.*

lucha. f. **1.** Hecho de luchar. *Todos colaboran en la lucha* CONTRA *el fuego. Participó activamente en la lucha* POR *la democracia.* **2.** Deporte en que dos adversarios luchan abrazándose e intentando derribarse el uno al otro. *El español se enfrenta al campeón olímpico de lucha.* ■ **~ grecorromana.** f. Lucha (→ 2) en que no se permite usar las piernas para derribar al adversario ni atacarlo por debajo de la cintura. *En lucha grecorromana, el que toca con los hombros en el suelo es derrotado.* ■ **~ libre.** f. Lucha (→ 2) en que se permite usar todo el cuerpo para derribar al adversario y atacarle por debajo de la cintura. *El rumano ganó por puntos en lucha libre.* ▶ **1:** *PELEA.

luchador, ra. adj. **1.** Que tiene tendencia a luchar. *Con un carácter tan luchador puede conseguir lo que quiera.* Dicho de pers., tb. m. y f. *El equipo es invencible porque está formado por buenos luchadores.* ● m. y f. **2.** Persona que lucha. *Su abuela fue una luchadora* POR *la libertad de las mujeres.* **3.** Persona que practica el deporte de la lucha. *Los luchadores de sumo siguen una dieta para engordar.*

luchar. intr. Emplear alguien las fuerzas o los recursos a su alcance para dominar a una persona o cosa, o para conseguir algo. *Lucharemos* POR *un mundo mejor. La mujer luchaba* POR *desasirse de su atacante. El alcalde lucha* PARA *que la ciudad sea sede de las Olimpiadas.* Tb.: *Los dos machos de la manada luchan a muerte.* Tb. fig. *Ya no podía luchar* CONTRA *el cansancio y se durmió.* ▶ COMBATIR, CONTENDER, DEBATIRSE, PELEAR, PUGNAR.

lucidez. f. Cualidad o estado de lúcido. *Cualquiera con un mínimo de lucidez se da cuenta del problema.*

lucido, da. part. **1.** → **lucir.** ● adj. **2.** Dicho de cosa: Que llama la atención por su belleza. *El desfile no ha sido muy lucido a causa de la lluvia.* **3.** Dicho de cosa: Que permite a alguien lucirse. *El papel que tiene el actor en la obra es muy lucido. Al matador le tocó un lote poco lucido y no triunfó.*

lúcido, da. adj. Que razona de forma clara. *A pesar de su edad, mantiene la cabeza lúcida.*

luciente. adj. Que despide luz, propia o reflejada. *Nos gusta tumbarnos bajo el sol luciente.* ▶ *BRILLANTE.

luciérnaga. f. Insecto capaz de emitir luz, cuyo macho tiene forma de escarabajo y cuya hembra parece un gusano sin alas y despide una luz más fuerte. *En la noche oscura se ve la luz verdosa de las luciérnagas.*

lucimiento. m. Hecho de lucir o lucirse. *La obra está escrita para el lucimiento de la actriz.*

lucio. m. Pez comestible de agua dulce, de gran tamaño, con cuerpo alargado de color verdoso y boca grande con muchos dientes. *El pescador ha atrapado un lucio de casi veinte kilos.*

lucir. (conjug. LUCIR). intr. **1.** Brillar o despedir luz. *Hacía frío, pero lucía el sol.* **2.** Resultar provechoso (algo, como un trabajo o un esfuerzo). *Me paso el día limpiando, pero no me luce nada.* ○ intr. prnl. **3.** Hacer alguien muy bien una cosa, de manera que causa buena impresión en los demás. *El bailaor se lució: puso a todo el teatro en pie.* Frec. con sent. irónico.

La casa está peor que antes; se han lucido con la obra. ○ tr. **4.** Exhibir (algo de valor o de lo que se puede presumir). *La mujer lucía una sortija de brillantes. Le gusta lucir sus dotes de jinete.* A veces en sent. irónico. *Luce una enorme barriga.* ▶ **1:** *BRILLAR.

lucrarse. intr. prnl. Obtener ganancias de un asunto o negocio. *Se lucra* CON *el tráfico de drogas. Perseguiremos a los que se lucren* DE *la inmigración ilegal. Algunos comerciantes se lucraron durante la escasez.*

lucrativo, va. adj. Que produce ganancias. *Para realizar una actividad lucrativa se necesita permiso de trabajo.*

lucro. m. Hecho o efecto de lucrarse. *Trabaja en una asociación sin ánimo de lucro.*

luctuoso, sa. adj. cult. Dicho de cosa: Triste o que produce tristeza. *Se enteró de la luctuosa noticia por la prensa.*

lucubración. f. cult. Elucubración. *Las lucubraciones teóricas del científico están respaldadas por datos empíricos.* A veces despect. *Eso son meras lucubraciones, no tienen ningún fundamento.*

lúcuma. f. Fruto comestible americano del tamaño de una manzana y de carne amarilla y dulce. *Las lúcumas se pelan, se muelen, se pasan por cedazo y se mezclan con la crema batida* [C].

lúdico, ca. adj. cult. Del juego. *Los monitores organizan actividades de carácter lúdico.*

ludo. m. Am. Parchís. *En casa de mi amigo Jorge, jugábamos al ludo o a las damas* [C].

ludópata. adj. *Med.* Que padece ludopatía. Tb. m. y f. *Se aficionó a las tragaperras y se ha convertido en un ludópata.*

ludopatía. f. *Med.* Adicción patológica al juego. *El gusto por los juegos de azar puede degenerar en una ludopatía.*

ludoteca. f. Centro o lugar donde hay juegos y juguetes para su uso o préstamo. *El Ayuntamiento abrirá una ludoteca en el centro cultural.*

luego. (Se pronuncia siempre tónico, salvo en la acep. 4). adv. **1.** Después, o más tarde. *Luego hablamos. Ya te lo explicaré luego. Se bañaron y luego se tumbaron a tomar el sol.* **2.** En un lugar que va después o a continuación. *Primero hay un prólogo y luego viene la introducción.* **3.** frecAm. Enseguida. *Merche se va a dar cuenta, muy luego, quién es el depredador en esta casa* [C]. ● conj. **4.** Así que, o por consiguiente. *¿Luego tenía yo razón después de todo? El jurado ha entrado en la sala, luego ya tiene un veredicto.* ■ **desde ~.** loc. adv. Sin duda. *–Supongo que fue un momento inolvidable. –Sí, desde luego. Desde luego que no vamos a hacer nada sin contar con él. Yo, desde luego, no pinto nada en esa reunión.* ■ **~ de.** loc. prepos. frecAm. Después de. *Luego de esa breve reunión, se fue cada uno a sus ocupaciones de siempre* [C]. *El edificio fue totalmente renovado luego de algunos años de puertas cerradas* [C]. ■ **~ que.** loc. conjunt. cult. Tan pronto como. *Luego que tomaron asiento los familiares, empezó la ceremonia.* ■ **hasta ~.** expr. Se usa para despedirse de alguien a quien se espera volver a ver dentro de poco. *¿Nos vemos esta tarde?, ¿sí?, entonces, hasta luego. Volveré dentro de una hora, hasta luego.*

luengo, ga. adj. cult. Largo. *La casa permaneció abandonada por luengos años.*

lugar. m. **1.** Espacio que está o puede estar ocupado por una persona o cosa. *No sé en qué lugar de la casa poner las flores. Me gustaría viajar a otros lugares.* **2.** Lugar (→ 1), real o imaginario, que corresponde a una persona o una cosa en una serie. *Me he examinado en último lugar, después de todos mis compañeros. En primer lugar, quisiera presentarme. El soldado ocupó su lugar en la fila.* **3.** Ocasión para algo. *Sus palabras no dieron lugar* A *equívocos.* **4.** Población, espec. pequeña. *Todos los habitantes del lugar se conocen.* ■ **~ común.** m. Expresión o idea muy conocidas y empleadas en casos semejantes. *Decir que hay que fomentar el diálogo se ha convertido en un lugar común.* ⇒ *TÓPICO. □ **dar ~** (a algo). loc. v. Ocasionar(lo) o motivar(lo). *La falta de acuerdo dio lugar a una crisis en el partido.* ■ **en buen** (o **mal**) **~.** loc. adv. En buena (o mala) situación o consideración. Frec. con *dejar* y *quedar*. *Con su comportamiento ha dejado en mal lugar a toda la familia. Se esforzó para quedar en buen lugar.* ■ **en ~ de.** loc. prepos. En sustitución de. *Yo vengo en lugar de mi madre.* ■ **en el ~** (de alguien). loc. adv. En la situación o circunstancias (de esa persona). *Yo en tu lugar no gastaría tanto. En mi lugar tú habrías hecho lo mismo.* ■ **fuera de ~.** loc. adj. Inoportuno o poco adecuado. *Hice un comentario fuera de lugar. Sus muestras de cariño son excesivas y fuera de lugar.* ■ **ponerse en el ~** (de alguien). loc. v. Adoptar el punto de vista (de esa persona) o tratar de comprenderlo. *Si te pones en mi lugar, entenderás mi actitud. Pónganse en el lugar de los emigrantes que llegan aquí sin nada.* ■ **sin ~ a duda**(s). loc. adv. Con toda seguridad. *Es, sin lugar a dudas, el mejor músico del momento. Sin lugar a duda, el exceso de velocidad provoca muchos accidentes.* ■ **tener ~** algo. loc. v. cult. Ocurrir o suceder. *La entrega de premios tendrá lugar en marzo.* ▶ **1:** SITIO, PARAJE. **2:** PUESTO.

lugareño, ña. adj. De un lugar o población pequeños. *Las imágenes de la iglesia son obra de un artista lugareño.* Dicho de pers., tb. m. y f. *Preguntamos a un lugareño cómo se llegaba a la carretera.*

lugarteniente. m. y f. Persona que tiene la función de sustituir a otra en su cargo en determinadas ocasiones. *Al morir el líder, su lugarteniente tomó el poder.*

lúgubre. adj. Triste (que experimenta o manifiesta tristeza). *Se hundió en lúgubres pensamientos. Anímate, no te pongas lúgubre.* ▶ *TRISTE.

luis. m. histór. Antigua moneda de oro francesa equivalente a veinte francos. *El conde pagó al compositor cien luises por su trabajo.*

lujo. m. **1.** Abundancia de objetos y comodidades que supone un gran gasto. *Es rico y está acostumbrado a vivir con lujo. Me fascinaba el lujo de los salones del palacio.* **2.** Abundancia excesiva de algo. *Lo contó con todo lujo de detalles.* **3.** Cosa que no está al alcance de todos gralm. por exigir muchos medios. *Trabajar sin horarios fijos es un lujo. Es un lujo tenerle a usted como invitado. Para ahorrar, he decidido eliminar los lujos.* Frec. en la constr. *permitirse el ~ de*. *No puedo permitirme el lujo de derrochar gasolina.*

lujoso, sa. adj. Dicho de cosa: Que manifiesta o implica lujo. *Se alojaron en un lujoso hotel.*

lujuria. f. Deseo excesivo del placer sexual. *Son imágenes que pueden incitar a la lujuria.*

lujurioso, sa. adj. Dicho de persona: Que tiene lujuria. *Un sujeto lujurioso la perseguía diciéndole obscenidades.* Tb. m. y f. *Es un lujurioso obsesivo.*

lumbago. m. Dolor agudo y persistente en la región lumbar. *Me dio lumbago por levantar una caja pesada.* ▶ LUMBALGIA.

lumbalgia. f. *Med.* Lumbago. *Tratamos la lumbalgia con calor, analgésicos y masajes.*

lumbar. adj. *Anat.* De la parte de la espalda comprendida entre la cintura y los glúteos. *El hombre tiene cinco vértebras lumbares.*

lumbre. f. **1.** Fuego encendido, gralm. con leña, para dar calor, cocinar u otros usos. *Me arrimaré a la lumbre para calentarme.* **2.** Fuego que se necesita para encender algo, espec. un cigarro o un cigarrillo, producido por un objeto, como una cerilla o un mechero. *Estoy sin lumbre y no puedo fumar.*

lumbrera. f. Persona que destaca por su saber o su inteligencia. *No hace falta ser una lumbrera para entender lo que pasa.* Frec. en sent. irónico. *Con esta lumbrera de entrenador, el equipo va a la ruina.*

lumen. (pl. invar. o, más raro, **lúmenes**). m. *Fís.* Unidad de flujo luminoso del Sistema Internacional (Símb. *lm*). *El nivel de iluminación se mide en lumen. Necesitamos un proyector de 1500 lúmenes.*

luminaria. f. histór. Luz colocada en calles y ventanas con motivo de una fiesta. Gralm. en pl. *Celebraron con luminarias la llegada de los reyes.*

lumínico, ca. adj. *tecn.* De la luz. *El aparato mide la intensidad lumínica. La contaminación lumínica impide ver las estrellas.*

luminiscencia. f. *Fís.* Propiedad de algunos cuerpos que consiste en emitir luz propia sin que haya aumento de la temperatura. *La luminiscencia permite a las luciérnagas comunicarse en la oscuridad.*

luminiscente. adj. *Fís.* Que tiene luminiscencia. *Los peces luminiscentes brillan en las aguas abisales.*

luminosidad. f. Cualidad de luminoso. *Me gusta la luminosidad del cuadro.*

luminoso, sa. adj. **1.** Que despide luz. *Un letrero luminoso señala la puerta de entrada.* **2.** Que tiene mucha luz. *La habitación es amplia y luminosa.* **3.** De aspecto vivo o alegre. *Pintaré la casa con colores luminosos.*

luminotecnia. f. Arte o técnica de iluminar con luz artificial. *En la obra destacan los decorados y los efectos de luminotecnia.*

luminotécnico, ca. adj. **1.** De la luminotecnia. *Las combinaciones luminotécnicas crean diferentes ambientes en el teatro.* ● m. y f. **2.** Persona que se dedica a la luminotecnia. *En el montaje de la obra es esencial el papel del luminotécnico.*

lumpen. m. Capa social más baja y marginada de la sociedad. *El lumpen lo forman los mendigos y desarraigados.*

luna. f. **1.** (Frec. en mayúsc.; gralm. con art.). Satélite natural de la Tierra. *La Luna brilla porque refleja la luz del Sol.* **2.** Lámina gruesa de cristal. *Los ladrones rompieron la luna del escaparate.* **3.** Espejo grande, espec. el que hay en la puerta de un armario ropero. *En la habitación hay un armario de luna.* **4.** Tiempo que transcurre entre una luna nueva y la siguiente. *Hace ya tres lunas que partió.* **5.** Luz de la Luna (→ 1). *Llegaron a las ruinas, bañadas por la luna.* **6.** *Fís.* Satélite natural de un planeta. *Marte tiene dos lunas.* ■ **~ creciente.** f. Luna (→ 1) que se ve como un semicírculo iluminado que aumenta día a día de tamaño. *A la luna creciente le sigue la luna llena.* ■ **~ de miel.** f. Espacio de tiempo que sigue inmediatamente al matrimonio. *La pareja pasó su luna de miel en Venecia.* ■ **~ llena.** f. Luna (→ 1) que se ve como un círculo completo iluminado. *Con la luna llena se ve bien el camino.* ■ **~ menguante.** f. Luna (→ 1) que se ve como un semicírculo iluminado que disminuye día a día de tamaño. *Hoy hay luna menguante.* ■ **~ nueva.** f. Luna (→ 1) en la fase en que su superficie no es visible. *A la luna nueva le sigue la luna creciente. ¡Qué oscuras son las noches de luna nueva!* ■ **media ~.** → **medialuna.** □ **en la ~.** loc. adv. coloq. Sin darse cuenta de lo que está ocurriendo. *Es un sabio distraído que está siempre en la luna.* ■ **pedir la ~.** loc. v. Pedir algo imposible. *No pedimos la luna; solo queremos que revisen nuestro salario.* ▶ **14:** LUNACIÓN.

lunación. f. *Fís.* Tiempo que transcurre entre una conjunción de la Luna con el Sol y la siguiente. *Al final de la lunación aparece una luna creciente muy delgada.* ▶ LUNA.

lunar[1]**.** m. **1.** Mancha pequeña que se forma en la piel por acumulación de pigmento. *La niña nació con un lunar junto a la oreja.* **2.** Cada uno de los dibujos de forma redondeada que decoran una tela u otra superficie. *Hoy llevas la corbata de lunares.*

lunar[2]**.** adj. De la Luna. *Los astronautas toman muestras de rocas lunares. La nave tomó tierra en la superficie lunar.*

lunático, ca. adj. Que padece ataques de locura de manera periódica. *Es un poco lunático y no se sabe cómo actuará.* Tb. m. y f. *Vagaba por las calles como un lunático.*

lunes. m. Día de la semana que sigue al domingo. *El lunes volveré al trabajo.*

lunfardo. m. Jerga empleada originalmente por los maleantes de Buenos Aires y extendida después al habla popular de la región del Río de la Plata. *No entiendo algunos tangos porque tienen palabras del lunfardo.*

lúnula. f. En una uña: Parte blanquecina en forma de media luna que se encuentra en la raíz. *Aplique el esmalte desde la lúnula al borde de la uña.*

lupa. f. Lente con las dos caras curvas que sirve para ver los objetos con aumento y que gralm. tiene una montura y un mango. *El joyero examina el anillo con una lupa. Para ver el dibujo del sello necesito una lupa.*

lupanar. m. cult. Prostíbulo. *Es cliente asiduo del lupanar.*

lúpulo. m. Planta trepadora de largos tallos sarmentosos y hojas parecidas a las de la vid, cuyo fruto desecado se emplea para dar sabor amargo a la cerveza. *El lúpulo cultivado crece trepando por una armazón de andamios y alambres.* Tb. su fruto. *El lúpulo se utiliza para combatir el insomnio.*

lusitano, na. adj. **1.** cult. Portugués. *Hicimos un viaje por tierras lusitanas.* Dicho de pers., tb. m. y f. *Los lusitanos entraron en la UE a la vez que España.* **2.** histór. De un pueblo prerromano que habitaba el territorio del oeste peninsular comprendido entre el Tajo y el Duero. *El caudillo lusitano Viriato dirigió el levantamiento contra los romanos.* Dicho de pers., tb. m. y f. *Los lusitanos se organizaban en tribus.*

luso, sa. adj. cult. Portugués. *El congreso se celebrará en la ciudad lusa de Oporto.* Dicho de pers., tb. m. y f. *En los siglos pasados, muchos lusos tuvieron que emigrar.*

lustrabotas. m. Am. Limpiabotas. *Los portales de la plaza estaban llenos de lustrabotas, mendigos y vendedores ambulantes* [C].

lustrador. m. Am. Limpiabotas. *Los niños realizan trabajos como lustradores, limpiadores de carros y voceadores de periódicos* [C]. Tb. *~ de zapatos.*

lustrar. tr. Dar lustre o brillo (a algo). *La plata reluce porque la lustran a menudo.*

lustre. adj. **1.** Brillo de un objeto. *El parqué ha perdido lustre por el uso.* **2.** cult. Esplendor o grandiosidad. *La presencia de la ministra dará lustre al acto.*

lustro. m. Período de cinco años. *El presidente permanece un lustro en el cargo.*

lustroso, sa. adj. Que tiene lustre o brillo. *Cubre su lustrosa calva con una gorra.*

luteranismo. m. Doctrina religiosa de Martín Lutero (reformador protestante alemán, 1483-1546). *Los príncipes alemanes adoptaron el luteranismo.*

luterano, na. adj. **1.** De Martín Lutero (reformador protestante alemán, 1483-1546). *La doctrina luterana se extendió por Europa.* **2.** Que profesa el luteranismo. *La mayoría de la población es luterana.* Dicho de pers., tb. m. y f. *Los luteranos abogan por la interpretación personal de la Biblia.*

luto. m. **1.** Ropa negra que se usa como signo exterior de pena por la muerte de alguien, espec. un pariente. *El luto te hace más delgada. Se ha quedado viuda y va de luto.* **2.** Duelo, o dolor por la muerte de alguien. *Lleva corbata negra en señal de luto.* Tb. la demostración de este dolor y el tiempo que dura. *El luto por su madre duró un año.* ■ **de ~.** loc. adv. En el período que sigue a la muerte de un pariente y durante el que se respetan determinadas normas en el vestido y el comportamiento. Gralm. con *estar. Está de luto desde la muerte de su hija.*

lux. m. (pl. invar. o, más raro, **luxes**). *Fís.* Unidad del Sistema Internacional con que se mide la cantidad de luz recibida por unidad de superficie y que equivale a la luz de una superficie que recibe un lumen por metro cuadrado (Símb. *lx*). *La fábrica tiene iluminación artificial de 500 luxes por* m^2.

luxación. f. *Med.* Desplazamiento de un hueso de su lugar o posición normales. *Sufre una luxación de cadera.* ▶ DISLOCACIÓN.

luxemburgués, sa. adj. De Luxemburgo. *El equipo luxemburgués derrotó al alemán.* Dicho de pers., tb. m. y f. *Casi todos los luxemburgueses hablan varios idiomas.*

luz. f. **1.** Agente físico que hace visibles los objetos. *Con tan poca luz no se puede leer. La luz de la Luna ilumina el camino.* **2.** Luz (→ 1) del Sol. *Por las tardes ya no hay luz. En la playa la luz resulta cegadora.* Tb. ~ *natural. Prefiero hacer las fotos con luz natural.* **3.** Corriente eléctrica. *Como no hay luz, la tele no funciona.* **4.** Utensilio o dispositivo que sirven para dar luz (→ 1), espec. por medio de energía eléctrica. *A cada lado de la cama hay una luz pequeña.* **5.** Información que sirve de aclaración o de ayuda para comprender algo. Frec. en la constr. *arrojar*, o *dar*, ~ sobre algo. *La declaración del testigo arrojará luz* SOBRE *el caso.* **6.** *Arq.* En un vano o un hueco: Anchura o medida horizontal interior. *Los arcos superiores del acueducto tienen una luz de 18 metros.* ○ pl. **7.** Capacidad para comprender y razonar con claridad. *Es un hombre de pocas luces.* ■ **~ verde.** f. Permiso o autorización. Frec. con *dar. Los jefes dieron luz verde al proyecto.* □ **a la ~ de.** loc. prepos. Teniendo en cuenta la información proporcionada por. *No existe cura para el sida, a la luz de los conocimientos actuales.* ■ **a media ~.** loc. adv. Con poca luz (→ 1, 2). *Cerró la cortina y el dormitorio quedó a media luz.* ■ **entre dos luces.** loc. adv. Al amanecer o al anochecer. *Cada mañana sale de casa entre dos luces. Viajamos todo el día y llegamos entre dos luces.* ■ **sacar a la ~** (algo). loc. v. **1.** Hacer que pase a conocerse (algo oculto o desconocido). *El investigador sacará a la luz textos inéditos de Santa Teresa. El periódico ha sacado a la luz un caso de corrupción.* **2.** Publicar (un libro u otro texto). *El escritor sacará pronto a la luz una novela.* ■ **salir** algo **a la ~.** loc. v. **1.** Pasar a ser conocido públicamente algo oculto o desconocido. *Han salido a la luz los negocios ilegales del presidente.* **2.** Publicarse un libro u otro texto. *El primer "Quijote" sale a la luz en 1605.* ■ **ver la ~.** loc. v. cult. Nacer, o salir del vientre de la madre. *Pío Baroja vio la luz en San Sebastián en 1872.* Frec. fig. *La revista vio la luz el pasado otoño.* ▶ **3:** CORRIENTE.

lycra. (Marca reg.). f. Tejido artificial, elástico y brillante, utilizado para hacer prendas de vestir. *Medias de* lycra. *Lleva una camiseta ajustada de* lycra. ¶ [Adaptación recomendada: *licra*].

m

m. f. Letra del abecedario español cuyo nombre es *eme*.

macabro, bra. adj. **1.** Dicho de cosa: Relacionada con la muerte en su aspecto más repulsivo y desagradable. *Un macabro instrumento de tortura. Algunas escenas de la película son muy macabras.* **2.** Dicho de persona: Aficionada a las cosas macabras (→ 1). *El asesino es una persona sádica y macabra.*

macaco, ca. m. y f. **1.** Simio de mediano tamaño y pelaje gralm. pardusco, que habita pralm. en Asia. *Están haciendo experimentos con macacos. La mona de Gibraltar pertenece al género de los macacos.* **2.** coloq. Persona física o moralmente insignificante. *No sé cómo se ha casado con ese macaco.* A veces se usa como insulto. *¿Tú qué miras, macaco?*

macana. f. **1.** Am. Garrote grueso. *Hay vigilantes de barrio (muchachos adolescentes con macanas y tubos de fierro)* [C]. **2.** Am. coloq. Tontería (hecho o dicho tontos). *Diserta sobre historia, filosofía, y te juro que no habla macanas* [C]. **3.** Am. coloq. Problema o dificultad. *La macana es que les tapa la luz del sol* [C]. *La macana es que usted no sabe cantar* [C].

macanudo, da. adj. frecAm. coloq. Magnífico o extraordinario. *Anoche hice un poema macanudo* [C]. *Era un tipo macanudo* [C].

macarra. adj. **1.** coloq. Dicho de persona: Chula y agresiva. *Me ha amenazado un vecino muy macarra.* Tb. m. y f. *Es un macarra y lo único que busca es pelea.* **2.** coloq. Vulgar o de mal gusto. *Llenar el coche de pegatinas me parece macarra.* Dicho de pers., tb. m. y f. *Irá a la última, pero me parece una macarra.* ● m. **3.** coloq. Proxeneta.

macarrón. m. **1.** Pasta alimenticia en forma de canuto alargado. Frec. en pl. *Cuece los macarrones con sal y aceite.* **2.** Tubo delgado, gralm. de plástico flexible y resistente, que se emplea, entre otros usos, para recubrir cables. *Se protege el hilo de toma de tierra con un macarrón.*

macarrónico, ca. adj. despect. Dicho de lengua, espec. del latín: Usada de forma defectuosa o manifiestamente incorrecta. *Es un texto medieval escrito en latín macarrónico. Habla un inglés macarrónico.*

macedonia. → **macedonio.**

macedónico, ca. adj. histór. Macedonio (del antiguo reino de Macedonia). *El territorio macedónico fue una provincia romana.* Dicho de pers., tb. m. y f.

macedonio, nia. adj. **1.** De Macedonia (país de Europa). *La moneda macedonia es el dinar.* Dicho de pers., tb. m. y f. *Los macedonios se han independizado.* **2.** histór. Del antiguo reino de Macedonia. Dicho de pers., tb. m. y. f. *Con Filipo II los macedonios vivieron un época de esplendor.* ● f. **3.** Ensalada de frutas. *De postre tomaré macedonia.*

maceración. f. Hecho de macerar. *Dejo los boquerones en maceración varias horas.*

macerar. tr. Mantener sumergida (una sustancia sólida) en un líquido para ablandar(la) y que suelte sus partes solubles. *Para el postre maceraba las pasas en ron.*

macero. m. En actos públicos: Hombre que lleva la insignia en forma de maza ante las corporaciones o personas que usan esta señal de dignidad. *Delante del regidor van los maceros del Ayuntamiento.*

maceta. f. Recipiente de barro, gralm. con la base y la boca circulares, que, lleno de tierra, sirve para criar plantas. *Planta geranios en las macetas de la terraza.* ▶ TIESTO.

macetero. m. Soporte para macetas. *De las ventanas cuelgan maceteros con tiestos rebosantes de flores.*

mach. (A veces en mayúsc.; pl. invar.). m. *Fís.* Unidad de velocidad que equivale a la de propagación del sonido en el mismo medio. Se usa espec. en aeronáutica. *El cohete entra en órbita cuando alcanza los 25 mach.*

machaca. m. y f. **1.** coloq. Empleado o subordinado. *Han detenido a los machacas del traficante.* ○ m. **2.** coloq. *Mil.* Soldado destinado al servicio de un superior.

machacante. m. coloq. Duro (moneda). *Se gana unos machacantes cantando en las ferias.*

machacar. tr. **1.** Aplastar o reducir a trozos muy pequeños (algo) golpeándo(lo). *Machaca unos ajos en el mortero.* **2.** Causar un gran perjuicio o daño (a alguien o algo). *Fumar tanto te va a machacar los pulmones.* ○ intr. **3.** coloq. Insistir sobre algo. *No sigas machacando* SOBRE *el tema.* ▶ **1:** MACHUCAR, MAJAR.

machacón, na. adj. coloq. Tan insistente o repetitivo que resulta pesado. *Un ritmo machacón. Es muy machacona con el tema de la boda.* Dicho de pers., tb. m. y f. *Eres un machacón; ya te he dicho que no.*

machaconería. f. coloq. Cualidad de machacón. *Pide las cosas con machaconería.*

machada. f. coloq. Acción que implica valentía, fuerza u otras cualidades que suelen atribuirse al sexo masculino. *Ha hecho la machada de llegar sola hasta la cima.* A veces despect. *No me impresionan sus machadas.*

machamartillo. a ~. (Tb. **a macha martillo**). loc. adv. coloq. Con gran firmeza. *Aprendió su oficio a machamartillo.* Tb. loc. adj. *Es católico a macha martillo.*

machaqueo. m. Hecho de machacar. *Machaqueo de piedra.*

machetazo. m. Golpe dado con un machete. *Ha matado a su víctima a machetazos.*

machete. m. **1.** Arma blanca, más corta que una espada, pesada, ancha y de un solo filo. *Corta el cuello a su enemigo con un machete.* **2.** Cuchillo grande. *Se abre paso entre la maleza a golpe de machete.* ▶ **Am: 1:** PEINILLA.

machihembrar. tr. *Of.* Ensamblar (dos piezas de madera) de modo que una parte saliente de una entre en una ranura de la otra. *Las tablas de la tarima están machihembradas.*

machismo. m. Actitud de considerar al hombre superior a la mujer. Frec. despect. *El maltrato a su mujer es una manifestación de su machismo.*

machista. adj. **1.** Del machismo, o propio de la persona machista (→ 2). Frec. despect. *Ideas machistas.* **2.** Partidario del machismo o que lo practica. Frec. despect. Tb. m. y f. *Ha dejado a su novio porque es un machista.*

macho. m. **1.** Animal de sexo masculino. *El gorila que han cazado es un macho adulto.* Frec. en aposición. *La tortuga macho.* **2.** *Bot.* En plantas con individuos distintos para cada sexo: Individuo que no da fruto. Frec. en aposición. *La datilera macho.* **3.** Pieza, de las dos de que están compuestos algunos objetos, que tiene un gancho o un saliente que encaja en la otra. *Al automático de la falda le falta el macho.* **4.** coloq. Hombre con características consideradas propias de su sexo, espec. la fuerza y la valentía. *Subir esa montaña será fácil para un macho como él.* Tb. adj. *Te crees muy macho, pero no me das miedo.* **5.** coloq. Se usa para dirigirse a una persona de sexo masculino. *Oye, macho, déjame algo de dinero.* ■ **~ cabrío.** m. Macho (→ 1) de la cabra. *El cuadro representa al demonio con barba de macho cabrío.* ⇒ CABRÓN. ‖ Am: CABRO. □ **apretarse,** o **atarse, los ~s.** loc. v. coloq. Prepararse bien ante una acción o situación difíciles. *Vienen malos tiempos: habrá que apretarse los machos.*

machón. m. *Arq.* Pilar de fábrica. *Los machones de la iglesia están muy deteriorados.*

machorra. f. Hembra estéril. *En el rebaño hay varias machorras.* Tb. adj. *Oveja machorra.*

machote. m. coloq. Hombre con las cualidades que suelen atribuirse al sexo masculino, espec. la fuerza y la valentía. Se usa con intención enfática. *Fue un machote y aguantó el pinchazo del practicante sin llorar.* Tb. adj. *Parecen muy machotes, pero luego se acobardan.*

machucar. tr. Machacar (algo) golpeándo(lo). *Machuca las aceitunas verdes.* ▶ *MACHACAR.

macilento, ta. adj. **1.** Dicho de persona: Flaca y descolorida. *El abuelo es un anciano macilento.* **2.** Dicho de cosa: Propia de la persona macilenta (→ 1). *Un rostro macilento.*

macillo. m. En un piano: Cada una de las piezas semejantes a un mazo pequeño y con la cabeza forrada de fieltro que, a impulso de una tecla, golpean la cuerda correspondiente para hacerla sonar. *Varios macillos del piano están rotos.*

macizo, za. adj. **1.** Dicho de cosa: Sólida y sin ningún hueco en su interior. *Dos candelabros de oro macizo adornaban la mesa. Las bolas de billar son macizas.* **2.** Dicho de persona: De carnes duras y consistentes. *En la arena lucha un grupo de macizos gladiadores.* Frec. coloq., con intención enfática. *Se ha echado un novio que está macizo.* Tb. m. y f. ● m. **3.** Conjunto de montañas que constituye una unidad. *La cuenca del Ebro bordea el Macizo Ibérico.* **4.** Conjunto compacto de plantas, espec. el que sirve de adorno en los cuadros de los jardines. *Los jardineros arreglan los macizos de flores del bulevar.* **5.** *Arq.* Parte de pared que está entre dos vanos. *En la iglesia predomina el macizo sobre el vano.* ▶ **Am: 4:** CANTERO.

macramé. m. Tejido decorativo hecho con hilos gruesos trenzados y anudados. *La planta cuelga de un macetero de macramé.*

macro. f. (Tb., menos frec., m.). *Inform.* Orden simple que permite ejecutar automáticamente una secuencia de operaciones. *Al abrir el archivo, ejecute la macro.*

macro-. elem. compos. Significa 'grande' o 'muy grande'. *Macroconcierto, macroencuesta.*

macrobiótico, ca. adj. **1.** De la macrobiótica (→ 3). *Alimentos macrobióticos. Dieta macrobiótica.* **2.** Partidario o seguidor de la macrobiótica (→ 3). *El curso sobre nutrición lo imparte un naturista macrobiótico.* Dicho de pers., tb. m. y f. ● f. **3.** Método de alimentación basado en el consumo de vegetales y cereales, encaminado a mejorar y prolongar la vida. *Lee un libro sobre vegetarianismo y macrobiótica.*

macrocefalia. f. Cualidad de macrocéfalo. *En la ecografía han detectado la macrocefalia del feto.*

macrocéfalo, la. adj. Dicho de persona o animal: Que tiene la cabeza muy grande con relación al cuerpo. *Un recién nacido macrocéfalo.*

macrocosmo. m. cult. Macrocosmos.

macrocosmos. m. cult. Universo, considerado como una entidad semejante al ser humano. Frec. en filosofía. *Su concepción se enmarca en la tradición medieval de macrocosmos y microcosmos.*

macroeconomía. f. *Econ.* Parte de la economía que estudia los factores globales o colectivos, como la renta nacional o las importaciones y exportaciones. *La crisis internacional es un problema de macroeconomía.*

macroeconómico, ca. adj. *Econ.* De la macroeconomía. *El PIB es un dato macroeconómico.*

macromolécula. f. *Quím.* Molécula de gran tamaño y gralm. de alto peso molecular. *Las macromoléculas pueden ser naturales o sintéticas.*

macroscópico, ca. adj. *tecn.* Que se ve a simple vista. *Especie macroscópica.*

mácula. f. **1.** cult. Mancha. *Tiene una piel tersa y sin mácula.* **2.** *Anat.* Zona amarillenta de la retina, que contiene el punto de máxima agudeza visual. *La anciana padece degeneración de la mácula.*

macuto. m. Mochila para excursiones o viajes, espec. la de soldado. *Los milicianos portaban sus armas y sus macutos. Mete comida en el macuto.* ▶ MOCHILA.

madalena. f. vulg. Magdalena. *He desayunado café y madalenas.*

madama. f. coloq. Mujer que regenta o dirige un prostíbulo.

madeja. f. Porción grande de hilo recogido en vueltas iguales, gralm. atadas por el centro. *Compra madejas de lana para hacer un jersey.* Tb. fig. *Se ha enredado en una madeja de mentiras.* ■ **enredar la ~.** loc. v. coloq. Complicar el asunto. *Los vecinos con sus chismes enredaron más la madeja.*

madera. f. **1.** Materia sólida y fibrosa de los árboles cubierta por la corteza. *La madera del roble es muy dura. Una cuchara de madera.* **2.** Pieza de madera (→ 1) cortada, espec. para trabajos de carpintería. *Compra maderas para hacer una caseta.* **3.** Disposición natural de alguien para hacer algo. *Tiene madera* DE *escritor.* **4.** *Mús.* Conjunto de los instrumentos de viento gralm. hechos de madera (→ 1). Tb. el conjunto de sus instrumentistas. *La madera de la orquesta cuenta con tres flautistas.* Frec. en pl. *El solo de oboe fue lo mejor de las maderas.* **5.** *Dep.* En golf: Palo con cabeza de madera (→ 1) utilizado para golpes muy potentes. *Para este golpe usaré la madera del número uno.* **6.** jerg. Policía (cuerpo). *La madera anda detrás de él.* ■ **tocar ~.** loc. v. Hacer el gesto supersticioso de tocar algo de madera (→ 1) para alejar un daño o peligro que se consideran posibles. *Nunca he tenido un accidente de tráfico; toco madera.*

maderable. adj. Dicho espec. de árbol o bosque: Que da madera útil. *El incendio arrasó mil hectáreas de bosque maderable.*

maderamen. m. Conjunto de maderas de una construcción, espec. de un edificio o de una embarcación. *El maderamen de la casa está carcomido.*

maderero, ra. adj. **1.** De la madera, espec. como producto industrial. *Empresa maderera.* **2.** Dicho de buque: Dedicado al transporte de madera. Frec. m. *Se ha embarcado en un maderero.* ● m. y f. **3.** Persona que comercia con madera o trabaja en su explotación. *Acusan a los madereros de acabar con los bosques.*

madero. m. **1.** Pieza grande de madera labrada en ángulo recto o descortezada y sin labrar. *El carpintero cepilla un madero.* **2.** jerg. Miembro del cuerpo de Policía. *Lo han pillado los maderos robando.*

madona. f. *Arte* Representación pictórica o escultórica de la Virgen María. *En el museo hay una madona de Rafael.*

madrastra. f. Esposa del padre, respecto del hijo tenido por él con otra mujer. *Su madrastra los quiere como a sus propios hijos.*

madraza. f. coloq. Madre cariñosa y poco severa con sus hijos. *Con lo que te gustan los niños, serás una madraza.*

madre. f. **1.** Mujer de quien ha nacido otra persona. *En mayo será madre. Mi madre me manda a comprar el pan.* **2.** Animal hembra del que ha nacido otro animal. *Los lechones corren junto a su madre.* **3.** Cosa que es causa u origen de otra. *La envidia es la madre de todos sus problemas.* Frec. en aposición. *Roca madre.* **4.** Se usa como tratamiento propio de algunas religiosas. *Estudia en un colegio de madres ursulinas.* **5.** Aquello en que figuradamente concurren algunas circunstancias propias de la maternidad. *La madre patria.* **6.** Heces del vino o del vinagre. *En el fondo de la cuba se deposita la madre del vino.* **7.** Cauce por donde discurre un río u otra corriente de agua. Gralm. en la constr. *salir de ~*, o *salirse de ~*. *El río se salió de madre e inundó varios campos cultivados.* ■ **~ de familia.** f. Mujer que tiene hijos a su cuidado. *Varias madres de familia pasean a sus hijos por el parque.* □ **de puta ~.** loc. adj. malson. Muy bueno. Con intención enfática. Tb. loc. adv. ■ **la ~ del cordero.** loc. s. coloq. La esencia o la parte más importante de algo. *Falta dignidad, ahí está la madre del cordero.* ■ **la ~ que te, o lo, u os, etc., parió.** expr. coloq. Se usa para expresar rechazo o protesta. *La madre que te parió, sal de aquí de una vez.* ■ **mentar la ~** (a alguien). loc. v. coloq. Decir insultos contra la madre (de esa persona) para injuriar(la) gravemente. *No me mientes la madre, que te atizo.* ■ **mi, o su, ~.** expr. Se usa para expresar sorpresa. *–Se ha dado un golpe con el coche. –¡Mi madre!, ¿y cómo está? –¿Sabes que lo han pillado robando? –¡Su madre!* ■ **sacar de ~** (a alguien). loc. v. coloq. Exasperar(lo) o hacer(le) perder la paciencia. *Me saca de madre su pachorra.* ■ **salirse de ~** una persona o cosa. loc. v. coloq. Exceder de lo acostumbrado o de los límites de lo razonable. *El presupuesto se ha salido de madre.* ▶ **6:** HEZ.

madreña. f. Zueco (zapato de madera). *Iba por los caminos encharcados con sus madreñas.* ▶ *ZUECO.

madreperla. f. Molusco del grupo de las ostras, de concha casi circular, que produce perlas. *Los isleños se dedican a la pesca de la madreperla.* Tb. la concha, de la que se obtiene nácar. *Lleva un colgante hecho de madreperla.*

madrépora. f. *Zool.* Animal marino que habita en colonias, produciendo una masa calcárea muy ramificada que llega a formar escollos, arrecifes o islas. *En estas aguas podemos ver madréporas y corales.*

madreselva. f. Planta arbustiva, de tallos trepadores y flores olorosas, gralm. amarillentas, cultivada frec. en jardines. *Una madreselva cubre el cenador del jardín.*

madrigal. m. **1.** *Lit.* Composición poética breve, gralm. de tema amoroso, en que se combinan versos de siete y once sílabas. *Ha recitado un conocido madrigal de Gutierre de Cetina.* **2.** *Mús.* Composición musical para varias voces, sin acompañamiento, sobre un texto gralm. lírico. *Un madrigal renacentista.*

madriguera. f. **1.** Cavidad pequeña, frec. subterránea, en que habitan o se refugian algunos animales, espec. el conejo. *La coneja se mete en su madriguera.* **2.** Lugar donde se oculta alguien, espec. gente de mal vivir. *Un cabaña era la madriguera de los atracadores.*

madrileñismo. m. Condición de madrileño. *Hace gala de su madrileñismo.*

madrileño, ña. adj. De Madrid. *Vive en un pueblo de la sierra madrileña.* Dicho de pers., tb. m. y f. *Muchos madrileños veranean en la playa.*

madrina. f. **1.** Mujer que presenta y asiste a una persona en ciertos sacramentos. *Su mejor amiga será la madrina de su boda.* **2.** Mujer que protege o patrocina a una persona, entidad o iniciativa. *Su madrina la recomienda para el puesto.* **3.** Mujer designada para presidir honoríficamente algo, espec. la botadura de un barco. *Botaron la fragata y la infanta fue la madrina. La madrina de las fiestas.* ■ **~ de guerra.** f. En tiempo de guerra: Mujer que envía cartas y paquetes a un soldado que está en el frente y al que tiene bajo su cuidado. *El soldado solo conoce a su madrina de guerra por la correspondencia.*

madroño. m. Arbusto siempre verde, de hojas en forma de punta de lanza y fruto comestible, redondo y de color rojo. *El escudo de Madrid tiene un oso y un madroño.* Tb. el fruto. *Licor de madroño.*

madrugada. f. **1.** Parte del día que transcurre entre la medianoche y el amanecer. *Ha llegado a casa a las cinco de la madrugada.* **2.** Hecho de madrugar o levantarse temprano. *Me he dado una buena madrugada.* ■ **de ~.** loc. adv. En la madrugada (→ 1). *Llegamos al pueblo de madrugada.*

madrugador, ra. adj. Que madruga. *¿Desayunando ya?, ¡qué madrugador!* Dicho de pers., tb. m. y f. *Los madrugadores se evitarán los atascos en las carreteras.* ▶ MAÑANERO, TEMPRANERO.

madrugar. intr. **1.** Levantarse temprano por la mañana. *Le cuesta madrugar.* **2.** Actuar con rapidez o anticipándose a los demás. *Al terminar la carrera madrugó y consiguió un buen trabajo.* **3.** Aparecer algo muy pronto. *El premio gordo ha madrugado en el sorteo.*

madrugón. m. coloq. Hecho de madrugar mucho. *El quiosquero se da buenos madrugones.*

maduración. f. Hecho o efecto de madurar. *La maduración de los frutos.*

madurar. tr. **1.** Hacer que (un fruto) pase a estar maduro. *El sol va madurando los frutos.* **2.** Dar forma mediante la reflexión (a una idea o un proyecto). *Tenemos poco tiempo para madurar el plan.* ○ intr. **3.** Pasar a estar maduro alguien o algo. *Cuando el trigo madure, lo segarán. En la Universidad ha madurado bastante.*

madurez. f. **1.** Condición o estado de maduro. *Su madurez le da otra visión de las cosas. En plena madurez de las uvas, comienza la vendimia.* **2.** Período de la vida de una persona en el que se es maduro. *Pintó sus mejores cuadros en la madurez.*

maduro, ra. adj. **1.** Dicho de fruto: Que ha alcanzado el punto de desarrollo adecuado para su consumo. *Arranca de la mata los tomates maduros.* **2.** Dicho de persona o cosa: Que ha alcanzado un estado de desarrollo adecuado para su realización, utilización o funcionamiento. *El plan está suficientemente maduro.* **3.** Dicho de persona: Que tiene la prudencia y sensatez propias de la persona adulta. *Es un muchacho muy maduro para su edad.* **4.** Dicho de persona: Que ha dejado de ser joven, pero no ha llegado a la vejez. *Me atraen los hombres maduros.*

maese. m. histór. Maestro de un oficio. Se usaba como título que se anteponía al nombre propio de una persona. *Maese Pérez era un personaje de Bécquer.*

maestra. → **maestro.**

maestranza. f. Conjunto de talleres donde se construyen y reparan piezas de artillería y material de guerra. *Estuvo destinado varios años en la maestranza de artillería.*

maestrazgo. (Frec. en mayúsc.). m. **1.** Cargo o dignidad de maestre. *El rey le entregó el maestrazgo de la orden de Santiago.* **2.** Dominio territorial de un maestre. *La comarca pertenecía al Maestrazgo de Calatrava.*

maestre. (Frec. en mayúsc.). m. Superior de una orden militar. *Rodrigo Manrique fue Maestre de la Orden de Santiago en el siglo* XV.

maestría. f. **1.** Condición de maestro. *En sus artículos muestra su maestría como escritor.* **2.** Título o grado de maestro. *Ha obtenido la maestría en albañilería.* **3.** Am. Curso de posgrado en una determinada especialidad. *Hizo una maestría* EN *literatura italiana* [C]. **4.** Am. Título correspondiente a la maestría (→ 3). *Obtuvo la maestría* EN *Estudios Latinoamericanos* [C]. ▶ **3, 4:** MÁSTER.

maestro, tra. adj. **1.** Dicho de obra: Relevante o muy importante dentro de las de su clase. *"La Gioconda" es una obra maestra de la pintura.* ● m. y f. **2.** Persona que enseña una ciencia o arte. *Escuchan atentos las explicaciones de la maestra* DE *canto. Como poeta tuvo por maestro a Gerardo Diego.* **3.** Persona que tiene título oficial para enseñar en una escuela primaria. *El maestro nos ha mandado deberes.* Tb. *~ de escuela. De mayor quiere ser maestra de escuela.* **4.** Persona que tiene gran conocimiento o habilidad en una ciencia, arte o actividad. *Cervantes fue un maestro* DE *la novela. Los chinos son unos maestros* DEL *tenis de mesa.* Tb. fig. *Es una maestra dando buenos consejos.* **5.** Persona que ha alcanzado el grado máximo en su oficio. *Su padre es maestro albañil. Un maestro platero.* ○ m. **6.** Compositor de música. Gralm. se usa como tratamiento. *El concierto es obra del maestro Rodrigo.* **7.** Director de orquesta. Gralm. se usa como tratamiento. *El director de escena gritó: –¡Música, maestro!* **8.** *Taurom.* Matador de toros. *El maestro ha cortado dos orejas.* ○ f. **9.** Cosa que instruye o enseña. *La historia es maestra* DE *la vida. La experiencia es una gran maestra.* ■ **~ de ceremonias.** m. y. f. Persona que dirige un acto ceremonial. *La actriz es la maestra de ceremonias de la gala.* ■ **maestro de capilla.** m. Profesor que compone y dirige la música que se canta en un templo. *Fue maestro de capilla en la catedral de Toledo.* ■ **maestro de obras.** m. Hombre que dirige el trabajo de albañiles y peones en una obra. *El albañil pregunta al maestro de obras dónde tiene que construir el tabique.*

mafia. f. **1.** (Frec. en mayúsc.). Organización criminal clandestina de origen siciliano, que emplea la violencia y actúa pralm. en Italia y Estados Unidos. *El juez de Palermo procesará a un capo de la Mafia.* **2.** Organización criminal clandestina. *En el sur operan mafias dedicadas al tráfico de armas.* **3.** despect. Grupo que se organiza para defender sus intereses y ejercer control en un ámbito o actividad determinados. *El catedrático y sus amigos son una mafia que domina el departamento.*

mafioso, sa. adj. De la mafia. *El detenido pertenece a una banda mafiosa. Usan métodos mafiosos.* Dicho de pers., tb. m. y f. *El mafioso será procesado.*

magacín. (Tb. **magazín**). m. **1.** Revista de información general con artículos de diversos autores. *El diario del domingo viene acompañado de un magacín.* **2.** Programa de televisión o radio que trata temas variados. *Presenta un magazín matinal.*

magdalena. f. Bollo pequeño, hecho al horno en molde de papel rizado, con harina, huevos, leche, aceite y azúcar. *Merendaron café y magdalenas.* ■ **llorar como una Magdalena.** loc. v. Llorar mucho o con gran desconsuelo. *La niña se había perdido y lloraba como una Magdalena.*

magdaleniense. adj. **1.** (Como m. se usa en mayúsc.). *Prehist.* Dicho de cultura o período: Del final del Paleolítico superior, caracterizado por el gran desarrollo del arte rupestre y de los útiles de hueso. *Las cuevas de Altamira son del período magdaleniense.* Tb. m. *En el museo se conservan arpones del Magdaleniense.* **2.** Del Magdaleniense (→ 1). *Arte magdaleniense.*

magenta. adj. **1.** Dicho de color: Rojo intenso que tira a morado. *El color magenta es muy importante en artes gráficas.* Tb. m. *La impresora lleva un cartucho con magenta, cian y amarillo.* **2.** De color magenta (→ 1). *Compró una cartulina magenta.*

magia. f. **1.** Arte de producir, por manipulaciones o medios ocultos, fenómenos sobrenaturales, o que lo parecen. *Debaten las diferencias entre magia, religión y ciencia. Un truco de magia.* **2.** Atracción o encanto misteriosos producidos por alguien o algo. *La Alhambra tiene una magia que atrapa al visitante. La bailaora ha desplegado toda su magia.* ■ **~ blanca.** f. Magia (→ 1) que por medios naturales logra efectos que parecen sobrenaturales. *Han asistido a un ritual de magia blanca.*

magiar. adj. **1.** De un pueblo que habita en Hungría y Transilvania. Dicho de pers., tb. m. y f. *Los magiares constituyen la mayor parte de la población húngara.* **2.** Húngaro. *El equipo magiar.* Dicho de pers., tb. m. y f. *Los magiares han entrado en la Unión Europea.*

mágico, ca. adj. **1.** De la magia o que la implica. *Dijo una palabras mágicas y deshizo el encantamiento. Una alfombra mágica.* **2.** Maravilloso o extraordinario. *Recuerda el momento mágico en que se enamoró de ella.*

magín. m. coloq. Imaginación. *A fuerza de darle al magín, he encontrado la solución.*

magisterio. m. **1.** Oficio o actividad de maestro. *Ejerce su magisterio en una escuela privada.* **2.** Conjunto de estudios para la obtención del título de maestro. *Estudia magisterio en la universidad.* **3.** Conjunto de los maestros. *Como intelectual, pertenece al magisterio español.*

magistrado, da. m. y f. (Frec. como f. se usa **magistrado**). **1.** Alto dignatario del Estado en el orden civil, hoy especialmente en la Administración de Justicia. *El jefe del Estado es el primer magistrado de la nación.* **2.** Miembro de una sala de Audiencia Territorial o Provincial, o del Tribunal Supremo de Justicia. *Es magistrada en la Audiencia Provincial.*

magistral. adj. **1.** Que tiene las mejores cualidades posibles dentro de su clase. *Es un jugador magistral. Ha escrito una novela magistral.* **2.** Del maestro. *Sube al estrado con aire magistral.* A veces con intención despect. para denotar afectación. *Habla en tono magistral.* ● m. **3.** Sacerdote predicador de un cabildo. *El magistral de la catedral de Toledo.*

magistratura. f. **1.** Cargo o dignidad de magistrado. *El Rey ostenta la más alta magistratura de la nación. El juez ha sido privado del ejercicio de la magistratura.* **2.** Conjunto de los magistrados. *Hay un fuerte debate dentro de la magistratura.*

magma. m. *Geol.* Masa fundida existente en el interior de la Tierra. *La solidificación del magma.*

magnanimidad. f. cult. Cualidad de magnánimo. *Los han juzgado con magnanimidad.*

magnánimo, ma. adj. **1.** cult. Dicho de persona: Generosa y benévola, espec. a la hora de perdonar. *El jurado ha sido magnánimo con el criminal. Se muestra magnánimo al dar la propina.* **2.** cult. Dicho de cosa: Propia de la persona magnánima (→ 1). *En un gesto magnánimo, el rey indultará al reo.*

magnate. m. Persona de gran importancia y poder, espec. en el mundo empresarial o industrial. *Un magnate de la prensa. Un magnate del petróleo.*

magnesia. f. Sustancia blanca y terrosa, constituida por óxido de magnesio, que se halla presente en algunas rocas y se usa en medicina como purgante. *Los médicos recetaban magnesia para el estreñimiento.*

magnésico, ca. adj. *Quím.* Del magnesio. *Cloruro magnésico. Sulfato magnésico.*

magnesio. m. Elemento químico del grupo de los metales, ligero y de color blanco, que arde fácilmente y con llama muy brillante (Símb. *Mg*). *Una lámpara de magnesio.*

magnético, ca. adj. **1.** Del magnetismo o del imán. *El físico estudia los fenómenos magnéticos. Impulsos magnéticos.* **2.** Que tiene magnetismo. *Un ajedrez magnético. Tiene una mirada magnética.* **3.** Provisto de material magnético (→ 2) que permite registrar y almacenar información. *Cinta magnética.*

magnetismo. m. **1.** Poder de atracción del imán. *El imán ejerce su magnetismo sobre el hierro.* **2.** Propiedad de los imanes y las corrientes eléctricas de ejercer acciones a distancia, como atracción o repulsión mutuas, o producción de corrientes inducidas. *Existe una estrecha relación entre electricidad y magnetismo.* **3.** Parte de la física que estudia los fenómenos del magnetismo (→ 1, 2). *Es catedrático de Electricidad y Magnetismo.* **4.** Atracción poderosa ejercida por alguien o algo. *La actriz irradia un magnetismo irresistible.*

magnetita. f. *Mineral.* Mineral de color negro y brillo metálico, compuesto por óxidos de hierro, que tiene propiedades magnéticas. *La magnetita constituye una importante mena de hierro.*

magnetización. f. Hecho de magnetizar un cuerpo. *Magnetización de las rocas.* ▶ *IMANTACIÓN.

magnetizar. tr. **1.** Transmitir propiedades magnéticas (a un cuerpo). *Si pones la aguja en contacto con el imán, la puedes magnetizar.* **2.** Atraer o fascinar (a alguien). *Su sonrisa me magnetiza.* ▶ **1:** *IMANTAR. **2:** *ATRAER.

magnetofón. m. Magnetófono. *Mete esta cinta en el magnetofón.*

magnetofónico, ca. adj. Del magnetófono. *Cinta magnetofónica. Grabación magnetofónica.*

magnetófono. m. Aparato que sirve para registrar sonido en una cinta magnética y para reproducirlo. *El reportero graba la entrevista con un magnetófono.* ▶ MAGNETOFÓN.

magnetoscopio. m. *tecn.* Vídeo (aparato). *El magnetoscopio permite grabar las emisiones televisivas.* ▶ VÍDEO.

magnicida. m. y f. cult. Persona que comete magnicidio. *Han detenido al presunto magnicida.* Tb. adj.

magnicidio. m. cult. Muerte dada violentamente a una persona muy importante por su cargo o su poder. *Un grupo terrorista es el autor del magnicidio.*

magníficamente. adv. Muy bien. Se usa con intención enfática. *Hace su trabajo magníficamente. El hotel está magníficamente situado.*

magnificar. tr. Engrandecer (algo o a alguien). *Estás magnificando el problema.*

magníficat. (Frec. en mayúsc.). m. *Rel.* Cántico que dirigió a Dios la Virgen en la visita a su prima Santa Isabel y que se reza o canta al final de las vísperas. Tb. la composición musical creada sobre este cántico. *El "Magníficat" de Bach.*

magnificencia. f. **1.** cult. Cualidad de magnífico o espléndido. *La magnificencia del palacio es deslumbrante.* **2.** cult. Generosidad o desprendimiento. *Nos paga sin regateos, con magnificencia incluso.*

magnificente. adj. cult. Magnífico (espléndido). *Un espectáculo magnificente.*

magnífico, ca. adj. **1.** Espléndido o grandioso. *Visitamos el magnífico casco histórico de la ciudad.* **2.** Muy bueno o extraordinario. Se usa con intención enfática. *Es un magnífico jugador de ajedrez. Cómpralo, es un coche magnífico.* **3.** Se usa como tratamiento, pospuesto a *rector*. *Es rector magnífico de la Universidad.* ▶ **2:** *ESTUPENDO.

magnitud. f. **1.** Tamaño de algo. *Las flores del magnolio son notables por su magnitud.* **2.** Alcance o importancia, espec. de algo inmaterial. *La magnitud de la lesión le obliga a abandonar el atletismo. Un cambio social de gran magnitud.* **3.** *Fís.* y *Mat.* Propiedad física que puede ser medida. *Longitud, masa, tiempo y temperatura son magnitudes básicas en el Sistema Internacional.* ▶ **1:** *TAMAÑO.

magno, na. adj. cult. Grande (de importancia). Se usa gralm. con intención enfática. *Un magno proyecto. "Las meninas" son una obra magna.*

magnolia. f. Árbol siempre verde, de copa ancha, hojas ovaladas y grandes flores blancas y muy olorosas, que se cultiva como ornamental. *En el paseo hay magnolias y acacias.* Tb. su flor. *Un ramo de magnolias.* ▶ MAGNOLIO.

magnolio. m. Magnolia (árbol). *Descansa a la sombra de un magnolio.*

mago, ga. m. y f. **1.** Persona que practica la magia. *El mago esconde un conejo en su chistera.* **2.** Persona dotada de grandes aptitudes para realizar una actividad. *Un mago* DE *los negocios.* ○ m. **3.** (Frec. con art. y en mayúsc.). Rey Mago (→ **rey**). *Los Magos de Oriente iban acompañados de sus pajes.*

magrear. tr. malson. Manosear lascivamente (a alguien).

magrebí. adj. Del Magreb (región del noroeste de África que se considera constituida por Marruecos, Túnez, Argelia y, a veces, Libia). *Cultura magrebí.* Dicho de pers., tb. m. y f. *Comparte piso con un magrebí.*

magreo. m. malson. Hecho de magrear.

magro, gra. adj. **1.** Dicho de carne: Que no tiene grasa ni nervios. *Compra medio kilo de carne magra para el arroz.* **2.** cult. Flaco o enjuto. *Un torso magro.* Tb. fig. *Le ha quedado una magra hacienda.* ● m. **3.** Carne magra (→ 1) de cerdo, espec. de la parte próxima al lomo. *Especialidad de la casa: magro con tomate.*

maguey. m. frecAm. Pita (planta). *Es un aguardiente de maguey, está muy sabroso* [C]. *Un cerrito del norte había sido plantado de magueyes* [C]. ▶ *PITA.

magulladura. f. Hecho o efecto de magullar. *El herido tiene magulladuras por todo el cuerpo.* ▶ MAGULLAMIENTO.

magullamiento. m. Magulladura. *Me caí y tengo una sensación de magullamiento por el cuerpo.*

magullar. tr. Causar contusiones (a alguien o algo). *Le han magullado la cara.*

mahometano, na. adj. Musulmán. *Religión mahometana.* Dicho de pers., tb. m. y f. *El Corán es el libro sagrado de los mahometanos.*

mahometismo. m. Islam (religión). *Se ha convertido al mahometismo.* ▶ *ISLAM.

mahonesa. f. Salsa mahonesa (→ **salsa**). *Tomaré espárragos con mahonesa.*

maicena. (Marca reg.: *Maizena*). f. Harina fina de maíz. *Espesa la salsa con un poco de maicena.*

maillot. (pl. **maillots**). m. **1.** Camiseta deportiva, ajustada y elástica, que usan los ciclistas. *Lleva el maillot de líder.* **2.** Prenda de vestir ajustada y elástica, de una sola pieza, que se usa en gimnasia y danza. *Para las clases de baile se ha comprado un maillot.*

maitines. m. pl. *Rel.* Primera hora canónica, que se reza al amanecer. *La campana del convento llama a maitines.*

maître. (fr.; pronunc. "métre"). m. y f. En restaurantes y hoteles: Jefe de comedor. *El* maître *los condujo hasta una mesa.* ¶ [Adaptación recomendada: *metre*, pl. *metres*].

maíz. m. Cereal cuyos frutos son mazorcas de granos gruesos y amarillos. *Ha comprado tierras para plantar maíz.* Tb. el grano. *Las palomitas se hacen tostando maíz.* ▶ **Am:** CHOCLO.

maizal. m. Terreno sembrado de maíz. *Alrededor del pueblo se extienden maizales y trigales.*

majada. f. Lugar en el campo, donde se recoge el ganado y se albergan los pastores. *Los pastores regresan a la majada.*

majadería. f. Hecho o dicho tontos. *¡Deja de decir majaderías! No hagas la majadería de comprar ese cacharro.* ▶ *TONTERÍA.

majadero, ra. adj. Tonto o necio. *Hay que ser majadero para creer esa mentira.* Dicho de pers., tb. m. y f. *Por sus comentarios, me parece un majadero.* ▶ *TONTO.

majar. tr. Machacar (algo) golpeándo(lo). *Maja ajo y perejil en el mortero.* Tb. fig. *Lo voy a majar a palos.* ▶ *MACHACAR.

majara. adj. coloq. Majareta. *Tú estás majara si vas a salir con la que está cayendo.* Tb. m. y f. *Solo a un majara se le ocurre tal disparate.*

majareta. adj. coloq. Loco o chiflado. *Me voy a volver majareta con tanto jaleo.* Tb. m. y. f. *Es un majareta; no le hagas caso.*

maje. adj. Am. coloq. Tonto (de corto entendimiento). *Nadie le quiso entrar, yo porque soy maje* [C]. Tb. m. y f. *¿De qué le sirve a este maje oír de Pablo cuando no sabe ni siquiera qué es un clip?* [C].

majestad. f. **1.** Grandeza que impresiona e infunde respeto. *Admiren la majestad de la catedral. La capa te da un aire de majestad.* **2.** (Frec. en mayúsc.). Se usa como tratamiento que corresponde a reyes o emperadores. *¿Quiere tomar asiento, Majestad?* Gralm. precedido de posesivo y en constr. como *Su ~*, o *Vuestra ~*. *Su Majestad la Reina inaugurará la exposición.* ■ **de lesa ~.** loc. adj. Dicho de crimen o delito: Cometido contra la vida del rey, de su sucesor o del regente. *Fue ejecutado por un delito de lesa majestad.*

majestuosidad. f. Cualidad de majestuoso. *La majestuosidad del Everest es sobrecogedora.*

majestuoso, sa. adj. Que tiene majestad o grandeza. *Caminaba majestuosa hacia el altar. Un palacio majestuoso.* ▶ MAYESTÁTICO.

majo, ja. adj. **1.** coloq. Que gusta por sus cualidades, espec. por su simpatía. *Te caerá bien, es muy maja. Se ha comprado un apartamento muy majo.* Se usa para dirigirse a una persona cariñosamente. *¿Y tú cómo te llamas, majo?* **2.** coloq. Agradable a la vista. *Es maja, sí, bastante agraciada. Está majo con ese abrigo.* **3.** coloq. Adornado o arreglado. *Se puso muy maja para la fiesta.*

majorero, ra. adj. De Fuerteventura (isla canaria). *La capital majorera es Puerto del Rosario.* Dicho de pers., tb. m. y f. *Los majoreros aman su isla.*

majorette. (pal. fr.; pronunc. "mayorét"). f. Muchacha vestida con uniforme militar de fantasía, que desfila moviendo rítmicamente un bastón. *Un grupo de* majorettes *va delante de la banda de música.*

majuelo. m. Espino de flores blancas, muy olorosas, y frutos pequeños, redondeados, rojos y comestibles, muy utilizado como seto. *Acebos y abedules se mezclan con majuelos y retamas.* Tb. *espino ~*. ▶ ESPINO.

mal[1]. adj. **1.** → **malo.** ● m. **2.** Lo contrario al bien, o lo malo. Frec. con art. *Aunque es pequeño, distingue el bien del mal.* **3.** Cosa mala. *Algo bueno nos tiene que pasar, no todo van a ser males.* **4.** Daño o perjuicio. *Al obrar así solo busca tu mal.* **5.** Enfermedad o dolencia. *Cura todo tipo de males.* ■ **~ caduco.** m. Epilepsia. *César padecía de mal caduco.* ■ **~ de montaña.** m. Estado morboso que se manifiesta en las grandes alturas por disminución de la presión atmosférica. *Padece del mal de montaña.* ■ **~ de ojo.** m. Influjo maléfico que, según se cree supersticiosamente, puede una persona ejercer sobre otra mirándola de cierta manera. *Lleva amuletos contra el mal de ojo.* ■ **~ de piedra.** m. Enfermedad que resulta de la formación de cálculos en las vías urinarias. *El mal de piedra se combate hoy con facilidad.* ■ **~ francés.** m. Sífilis. *La sífilis* *o mal francés se consideraba una enfermedad vergonzosa.* ■ **del ~, el menos.** expr. coloq. Se usa para manifestar conformidad, cuando la desgracia que ocurre no es tan grande como se temía que fuese o hubiera podido ser. *Llueve, pero no hace frío. ¡Del mal, el menos!* ■ **llevar** alguien **a ~** (algo). loc. v. Soportar(lo) con mal humor o enfado. *Lleva a mal que le contradigan.* ■ **menos ~.** expr. Se usa para indicar alivio porque no ocurre o no ha ocurrido algo malo que se temía, o porque ocurre o ha ocurrido algo bueno con lo que apenas se contaba. *Menos mal que no llueve.* ■ **tomar** alguien **a ~** (algo). loc. v. Ofenderse (por ello). *No tomes a mal mis palabras.* ▶ **5:** ENFERMEDAD.

mal[2]**.** adv. **1.** Contrariamente a lo que es debido o de manera inadecuada. *Esos niños se portan siempre mal. Lo hace todo mal.* **2.** Contrariamente a lo que se desea o requiere. *Creo que saldremos mal de esta. Me parece mal lo que hace.* **3.** Con mala salud. *No ha venido a trabajar porque se encuentra mal.* **4.** Difícilmente. *Mal puedo yo saberlo si no estaba allí.* **5.** Insuficientemente o poco. *Este niño come mal.* ■ **de ~ en peor.** loc. adv. Cada vez peor. *Las cosas van de mal en peor.* ■ **~ que bien.** loc. adv. Con dificultades o no demasiado bien. *Mal que bien, vamos saliendo adelante.*

malabares. m. pl. Juegos malabares (→ **juego**). *En el circo hemos visto un número de malabares.* Frec. fig. y en la constr. *hacer ~. Hago malabares para llegar a fin de mes.*

malabarismo. m. Arte de realizar juegos malabares. *Hacen malabarismo con mazas y pelotas.* Frec. fig. *Han quebrado por culpa de una operación de malabarismo contable.* Frec. en pl. designa los propios juegos malabares, gralm. con sent. fig. *Los políticos hacen malabarismos para llegar a un acuerdo.*

malabarista. m. y f. Persona que hace juegos malabares. *Su número de circo favorito es el de los malabaristas.* Tb. fig. *Es un malabarista de las finanzas.*

malacitano, na. adj. cult. Malagueño. *Semana Santa malacitana.* Dicho de pers., tb. m. y f. *He conocido a un malacitano.*

malacostumbrar. (Tb. **mal acostumbrar**). tr. Hacer que (alguien) adquiera un mal hábito o costumbre. Frec. en part. *Ese niño está malacostumbrado. La tengo muy mal acostumbrada.*

málaga. m. Vino originario de la región española de Málaga. *Beberé un málaga dulce bien frío.*

malagueño, ña. adj. **1.** De Málaga. *Un vino dulce malagueño.* Dicho de pers., tb. m. y f. *Los malagueños hacen su feria en agosto.* ● f. **2.** Cante popular propio de la provincia de Málaga, semejante al fandango. *La malagueña tiene normalmente coplas de cuatro versos octosílabos.* Tb. su música. *El guitarrista se arranca por malagueñas.* ▶ **1:** MALACITANO.

malamente. adv. Mal. *La discusión va a acabar malamente. Nos han tratado muy malamente.*

malandanza. f. cult. Desgracia o desdicha. Frec. en pl. *La novela narra las malandanzas de un pícaro.*

malandrín, na. adj. cult. Dicho de persona: Maligna o perversa. Más frec. m. y f. *El jefe de la banda es un malandrín.*

malanga. f. Am. Planta de hojas grandes en forma de corazón, tallo muy corto y tubérculo comestible, que se cultiva en terrenos bajos y húmedos. *El patio estaba repleto de helechos gigantes y malangas* [C]. Tb. su tubérculo. *Hubo albóndigas de merluza y fritangas de malanga en ají* [C].

malaquita. f. *Mineral.* Mineral de color verde, compuesto por carbonato de cobre, que se puede pulir y se emplea en objetos lujosos o de ornamento. *Una mesa de malaquita.*

malar. adj. *Anat.* De la mejilla. *Presenta una fisura en la región malar. Hueso malar.* Dicho de hueso, tb. m. (→ **pómulo**). *Se ha fracturado el malar izquierdo.*

malaria. f. Paludismo. *Urge encontrar una vacuna contra la malaria.*

malasio, sia. adj. De Malasia (país del sudeste asiático). *Kuala Lumpur es la capital malasia.* Dicho de pers., tb. m. y f. *El arroz es el alimento básico de los malasios.*

malayo, ya. adj. **1.** De un pueblo que habita en Malasia, Indonesia y otras áreas cercanas. *Marineros malayos.* Dicho de pers., tb. m. y f. *Gran parte de los malayos son musulmanes.* ● m. **2.** Lengua hablada por los malayos (→ 1). *La palabra "cacatúa" proviene del malayo.*

malbaratar. tr. **1.** Malvender (algo). *Has malbaratado tu casa.* **2.** Desperdiciar o malgastar (algo). *Ha malbaratado su herencia.* ▶ **1:** MALVENDER. **2:** MALGASTAR.

malcasado, da. adj. Dicho de persona: Que no vive en armonía con su cónyuge, o está separada de él. *Para estar malcasada prefiero divorciarme.* Tb. m. y f. *La malcasada discute con su marido.*

malcomer. intr. Comer escasa o insuficientemente. *El sueldo apenas le da para malcomer.*

malcriado, da. part. **1.** → **malcriar.** ● adj. **2.** (Tb. **mal criado**). Dicho de niño: Maleducado. *Se comporta como un niño malcriado. ¡Qué niña tan mal criada!* Tb. m. y f. *Eres una malcriada.* ▶ **2:** *MALEDUCADO.

malcriar. (Tb. **mal criar;** conjug. ENVIAR). tr. Educar mal (a un niño) mimándo(lo) en exceso y permitiéndo(le) hacer todo lo que quiere. *Sus abuelos la están malcriando.* ▶ MALEDUCAR.

maldad. f. **1.** Cualidad de malo. *En sus palabras había mucha maldad. La obra habla de la maldad humana.* **2.** Acción mala. Frec. en pl. *Han descubierto todas las maldades que ha cometido.*

maldecir. (conjug. BENDECIR). tr. **1.** Decir palabras que expresan enojo o rechazo (contra alguien o algo). *Maldigo mi suerte.* **2.** Expresar el deseo de que le ocurra algo malo (a alguien o algo). *La maldijo diciendo: ¡Ojalá no vuelvas a ver la luz!* ○ intr. **3.** Expresar queja o rechazo contra alguien o algo. *Maldice* DE *su suerte. Maldecía por lo bajo, conteniendo la rabia.*

maldiciente. adj. Que maldice o tiene el hábito de maldecir. *Gente maldiciente.* Dicho de pers., tb. m. y f. *No hagas caso de los maldicientes.*

maldición. f. **1.** Hecho o efecto de maldecir. *Una maldición pesa sobre él.* **2.** Palabras con que se maldice. *El detenido lanza insultos y maldiciones a los policías.* ● interj. **3.** Se usa para expresar enojo o rechazo. *¡Maldición!; me he quedado sin gasolina.* ■ **caer la ~** (a, o sobre, alguien o algo). loc. v. coloq. Cumplirse (en ellos) desgracias o sucesos desafortunados. *Este año parece que le ha caído la maldición.*

maldito, ta. adj. **1.** Maldecido. *¡Maldito sea el niño, casi me descalabra!* **2.** Dicho de persona: Perversa o de mala intención. Frec. con intención afectiva. *Deja de jugar y dame la gorra, maldito.* **3.** coloq. Antepuesto a un nombre, se usa para expresar la molestia o rechazo que causa lo designado por este. *¡Ya podía* *mejorar este maldito tiempo!* **4.** coloq. Ninguno. Con intención enfática. *Maldito el caso que me hace. No me hace maldita gracia.* ■ **maldita sea.** expr. Se usa para expresar enojo o enfado. *¡Maldita sea, me he vuelto a equivocar!*

maldivo, va. adj. De las islas Maldivas (país del sur de Asia). *El archipiélago maldivo.* Dicho de pers., tb. m. y f. *Muchos maldivos viven de la pesca.*

maleabilidad. f. Cualidad de maleable. *La maleabilidad del aluminio hace de él un metal muy útil. Ha prosperado en la empresa gracias a su maleabilidad.*

maleable. adj. **1.** Dicho de metal: Que puede batirse y extenderse en planchas o láminas. *El estaño y el cobre son maleables.* **2.** Dicho de cosa: Que puede ser modelada sin romperse. *Utilizaremos un material maleable, como la plastilina.* Tb. fig. *El tenor tiene una voz maleable.* **3.** Dicho de persona: Fácil de convencer o de dominar. *Contratan gente joven y maleable que no dé problemas.*

maleante. m. y f. Persona que se dedica a cometer delitos y vive al margen de la ley. *Han detenido a dos maleantes.* Tb. adj. *Gente maleante.*

malear. tr. **1.** Pervertir (a alguien), o hacer(lo) malo o vicioso. *Sus amigos lo están maleando.* Tb. en constr. prnl. media. *En el instituto empezó a malearse.* **2.** Dañar o echar a perder (algo). *Tanto cotilleo ha maleado el ambiente de trabajo.* ▶ **1:** PERVERTIR.

malecón. m. Dique o muro para contener las aguas, espec. las del mar. *Las olas rompen con fuerza en el malecón.* ▶ *DIQUE.

maledicencia. f. Hecho de hablar mal de una persona. *Soy víctima de la maledicencia de los envidiosos.*

maleducado, da. part. **1.** → **maleducar.** ● adj. **2.** (Tb. **mal educado**). Dicho de persona: Que tiene mala educación. *Es una niña maleducada y respondona. Tengo un vecino mal educado que no saluda.* Tb. m. y f. *Es usted un maleducado.* ▶ **2:** BASTO, CHABACANO, DESATENTO, DESCORTÉS, GROSERO, INEDUCADO, MALCRIADO, ORDINARIO, TOSCO, VULGAR, ZAFIO.

maleducar. (Tb. **mal educar**). tr. Educar mal (a alguien) mimándo(lo) en exceso y permitiéndo(le) hacer todo lo que quiere. *Sus padres la han maleducado. Lo mal educaron con miles de caprichos.* ▶ MALCRIAR.

maleficio. m. Hechizo empleado para causar un daño. *El hada deshizo el maleficio de la bruja.* ▶ *HECHIZO.

maléfico, ca. adj. Que perjudica o hace daño. *Una maléfica epidemia. La casa estaba habitada por un genio maléfico.*

malentender. (conjug. ENTENDER). tr. Entender o interpretar equivocadamente (algo o a alguien). *Has malentendido mis palabras.*

malentendido. m. Equivocación o mala interpretación en el entendimiento de algo. *Ha habido un malentendido: yo no he pedido sopa. Dejemos las cosas claras y no habrá malentendidos.*

malestar. m. **1.** Sensación indefinida de encontrarse mal físicamente. *Si tienes fiebre y malestar general, a lo mejor es gripe.* **2.** Disgusto o descontento. *Había malestar entre los empleados.*

maleta[1]. f. **1.** Caja rectangular, con asa y cerradura, que se utiliza pralm. para llevar cosas en los viajes. *Un juego de maletas. En la maleta ya no me cabe el neceser.* **2.** frecAm. Maletero de un automóvil. *Metieron a Pedro Tercero en la maleta trasera del vehículo, encogido como un fardo* [C]. ■ **hacer la(s)** ~(s). loc. v. coloq. Prepararse para irse de algún lugar. *Si no te gusta cómo funciona esto, ve haciendo las maletas.* ▶ **2:** *MALETERO.

maleta[2]. m. y f. coloq. Persona que realiza con torpeza o desacierto una actividad. *Jugando al fútbol eres un maleta.*

maletero. m. **1.** Hombre que tiene por oficio transportar equipajes. *Los maleteros esperan en el andén.* **2.** Lugar de una vivienda, espec. un armario, destinado a guardar maletas u otros objetos. *Guarda las mantas en el maletero.* **3.** En un automóvil: Espacio cubierto con una tapa en que se guardan las maletas o el equipaje. *Su coche tiene un maletero muy amplio.* ▶ **Am** o **frecAm: 3:** BAÚL, CAJUELA, MALETA, PORTAMALETAS.

maletilla. m. y f. *Taurom.* Joven que, sin medios ni ayudas, aspira a ser torero y procura intervenir en capeas, tientas o becerradas. *El matador fue maletilla en sus comienzos.*

maletín. m. Maleta pequeña, espec. la usada para llevar útiles o papeles de trabajo. *Lleva un maletín a la oficina.*

malevo. m. Am. Hombre pendenciero, provocador y diestro en el manejo del cuchillo. *El saber poner la bala como un malevo el facón* [C]. *Entra a la barra de La Playita luciendo su panamá de gallero malevo a lo Pedro Navaja* [C].

malevolencia. f. Mala voluntad o mala intención. *La malevolencia del valido le granjeó enemigos en la corte.*

malevolente. adj. cult. Malintencionado. *El cacique es un hombre ambicioso y malevolente.*

malévolo, la. adj. Malintencionado. *Con los años se ha vuelto malévola. Esa es una observación malévola.* Dicho de pers., tb. m. y f. *Los malévolos me van a arruinar la vida.*

maleza. f. **1.** Conjunto denso y abundante de arbustos y hierbas salvajes. *El animal se esconde en la maleza. Se abren camino entre la maleza.* **2.** Conjunto abundante de malas hierbas. *El campesino arranca la maleza del sembrado.* ▶ **1:** BROZA.

malformación. f. *Anat.* Anomalía o deformidad, espec. si es de nacimiento. *Nació con una malformación en la columna.*

malgache. adj. De Madagascar. *Antananarivo es la capital malgache.* Dicho de pers., tb. m. y f. *Los malgaches se independizaron de Francia en 1958.*

malgastar. tr. Gastar (algo, espec. dinero o tiempo) en algo inútil o que no vale la pena. *Comprar otro televisor es malgastar el dinero.* ▶ MALBARATAR.

malhablado, da. (Tb. **mal hablado**). adj. Dicho de persona: Que utiliza un lenguaje vulgar e irrespetuoso. *¡Niño, no seas mal hablado!* Tb. m. y f. *Siempre está diciendo groserías, es un malhablado.*

malhadado, da. adj. Desgraciado o desafortunado. *Una malhadada tarde tuvo la cogida.* ▶ *DESGRACIADO.

malhechor, ra. m. y f. Delincuente, espec. el que delinque de forma habitual. *Una banda de malhechores.* ▶ *DELINCUENTE.

malherir. (conjug. SENTIR). tr. Herir gravemente (a alguien). *Lo han malherido en una reyerta. Quedó tendido en el suelo, malherido.*

malhumor. → **humor.**

malhumorado, da. (Tb. **mal humorado**). adj. Dicho de persona: Que tiene mal humor. *Es un chico* *introvertido y mal humorado. Me ha atendido un dependiente malhumorado.*

malí. adj. De Malí. *Tombuctú era la capital del imperio malí.* Dicho de pers., tb. m. y. f. *Los malíes ganaron el* cross *por equipos.*

malicia. f. **1.** Intención oculta, gralm. dañina o picante, con que se hace o se dice algo. *Ha sido una broma sin malicia.* **2.** Inclinación a pensar mal o a sospechar. *Tiene la malicia del que ha recibido muchos palos en la vida.* **3.** Cualidad de la persona que tiene malicia (→ 1, 2). *En los niños no hay malicia.*

maliciar. (conjug. ANUNCIAR). tr. **1.** Sospechar (algo). *Malicio que quiere pedirme algo.* Frec. con un pron. expresivo de interés. *Se malicia que quieren traicionarlo.* **2.** Malear (a alguien), o hacer(lo) malo o vicioso. *Están maliciando al niño dándole todo lo que pide.*

malicioso, sa. adj. **1.** Dicho de persona: Que tiene malicia. *Es muy malicioso para ser tan pequeño.* Tb. m. y f. *Hay maliciosos que piensan que somos más que amigos.* **2.** Propio de la persona maliciosa (→ 1). *Una acusación maliciosa.*

malignidad. f. Cualidad de maligno. *Sus ojos brillan con malignidad. El médico ha confirmado la malignidad del tumor.*

maligno, na. adj. **1.** Que tiene inclinación a hacer el mal. *La madrastra de Cenicienta es un ser maligno.* **2.** Propio de la persona maligna (→ 1). *Una sonrisa maligna. Un propósito maligno.* **3.** Dañino o perjudicial. *Es una droga muy maligna. Estas hierbas tienen propiedades malignas.* **4.** *Med.* Dicho de lesión o enfermedad: Que es grave y evoluciona de modo desfavorable. *Presenta una arritmia ventricular maligna.* ■ **el maligno.** (Frec. en mayúsc.). loc. s. El diablo. *Murió en la hoguera, acusada de pactos con el Maligno.*

malintencionado, da. (Tb. **mal intencionado**). adj. **1.** Que tiene mala intención. *Hay gente muy mal intencionada.* **2.** Dicho de cosa: Propia de la persona malintencionada (→ 1). *Tus acusaciones son falsas y malintencionadas.* ► MALÉVOLO.

malinterpretar. tr. Interpretar (algo o a alguien) mal o de forma equivocada. *Yo no he dicho eso: me has malinterpretado.*

malísimo, ma. → **malo.**

malla. f. **1.** Cuadrilátero formado por cuerdas o hilos que se cruzan y anudan en sus cuatro vértices, y que constituye el elemento básico del tejido de red. *Las redes del pesquero son de malla ancha.* **2.** Tejido de malla (→ 1). *Lleva una medias de malla. El cerramiento es de malla de alambre.* **3.** Tejido formado por anillos o eslabones metálicos enlazados entre sí. *La estatua representa a un caballero con cota de malla.* **4.** Vestido de punto muy fino, que va ajustado al cuerpo y es propio de gimnastas, bailarines y artistas de circo. Frec. en pl. con significado sing. *La bailarina viste mallas blancas y tutú.* **5.** Am. Bañador. *Contrató un publicista para promocionar la playa mostrando bellezas en malla* [C].

mallorquín, na. adj. **1.** De Mallorca. *Playas mallorquinas.* Dicho de pers., tb. m. y f. *Unos mallorquines nos han enseñado la isla.* ● m. **2.** Variedad del catalán, que se habla en Mallorca. *El dependiente atiende en mallorquín.*

malmeter. tr. **1.** Inducir (a alguien) a que haga algo malo. *Sus amigos lo malmeten para que lo haga.* **2.** Enemistar (a una persona) con otra. *Contó mentiras para malmeter a sus compañeras de trabajo* CON *ella.*

malnacido, da. (Tb. **mal nacido**). adj. despect. Dicho de persona: Indeseable o despreciable. *No seas mal nacido y ayúdame.* Tb. m. y f. *Ha abandonado a sus hijos: es un malnacido.*

malnutrición. f. *Med.* Nutrición inadecuada o insuficiente. *En los países del Tercer Mundo muchos niños sufren malnutrición.*

malnutrido, da. adj. *Med.* Que padece malnutrición. *La epidemia afecta a la población malnutrida.*

malo, la. (apóc. **mal:** se usa ante m. sing.; compar. **peor;** sup. **malísimo, pésimo**). adj. **1.** Que no es como debe o se desea según su naturaleza o su función. *Solo ha escrito malas novelas. No vuelvo a ir a un restaurante tan malo. He tenido un mal día. Esta secretaria es peor que la anterior. El resultado es pésimo.* **2.** Dicho de cosa: Que no se ajusta a la norma moral. *Bajó la cabeza como si hubiera cometido una mala acción. Es necesario tener muy malos sentimientos para obrar así.* **3.** Dicho de persona: Que piensa o actúa en desacuerdo con la norma moral. *Es una mala persona: no te fíes de él.* Tb. m. y f. *En las películas pocas veces ganan los malos.* **4.** Dicho de persona o animal: Enfermo. *No ha ido a trabajar porque está malo con la gripe. El perro lleva unos días malo.* **5.** Dicho de cosa: Que no es útil o a propósito para algo. *Es mal momento para hablar de eso.* **6.** Dicho de cosa: Desagradable. *¡Qué olor tan malo! Hace un tiempo muy malo.* **7.** Seguido de infinitivo: Que ofrece dificultad o resistencia para lo significado por este. *Juan es malo* DE *servir. Este verso es malo* DE *entender.* **8.** Deslucido o deteriorado. *Este vestido está ya muy malo.* **9.** coloq. Dicho espec. de niño: Travieso o enredador. *¡Qué niños tan malos; no paran de hacer barrabasadas!* ■ **a malas.** loc. adv. Con enemistad. *Está a malas con todos.* ■ **de malas.** loc. adv. **1.** Con mala intención. *Ten cuidado, que va de malas.* **2.** De mal humor o de mal talante. *No le digas nada, que se ha levantado de malas.* ■ **lo malo es.** loc. v. Seguida de una oración introducida por *que* que expresa un hecho no deseado, se usa para manifestar la dificultad o poca probabilidad de que suceda ese hecho. *Yo iría con gusto, lo malo es que tengo trabajo.* ■ **malo.** interj. Se usa para reprobar algo, o para significar que ocurre inoportunamente, infunde sospechas o es contrario a un fin determinado. *Ya empieza a fallar esto. ¡Malo!* ■ **malo será** o **sería.** loc. v. Seguida de una oración introducida por *que* que expresa un hecho no deseado, se usa para manifestar la dificultad o poca probabilidad de que suceda ese hecho. *Malo será que no lleguemos a tiempo. Malo sería que fallases el tiro.* ■ **por las malas.** loc. adv. A la fuerza o de manera involuntaria. *Si no lo hace por las buenas, lo hará por las malas.* ► **4:** ENFERMO.

malograr. tr. **1.** Impedir que (alguien o algo) alcancen su natural desarrollo o perfeccionamiento. *Su incompetencia malogró el proyecto. Una sequía puede malograr la cosecha.* ○ intr. prnl. **2.** No llegar una persona o cosa a su natural desarrollo o perfeccionamiento. *Los tomates se han malogrado por el granizo. Sería una lástima que se malograse, con las cualidades que tiene.* ► *ESTROPEAR.

maloliente. adj. Que despide mal olor. *Ropa maloliente.*

malparar. tr. Perjudicar notablemente (a alguien o algo) o causar(les) un daño importante. Gralm. en part. *El país salió malparado de la guerra civil.*

malpensado, da. (Tb. **mal pensado**). adj. Que tiende a pensar mal de lo que hacen los demás o de sus intenciones. *¡No seas mal pensada!* Tb. m. y f. *Los malpensados creen que todo es un montaje.*

malqueda. m. y f. coloq. Persona que incumple sus promesas o falta a su deber. *¡Eres un malqueda!, ¡dijiste que me escribirías!*

malquerencia. f. Mala voluntad hacia alguien o algo. *Su forma de ser tan retorcida concita malquerencias.*

malquerer. (conjug. QUERER). tr. Tener mala voluntad (a alguien o algo). *No podría malquererlo porque siempre me ha ayudado.*

malquistar. tr. cult. Enemistar (a una persona) con otra. *Su carácter despótico lo ha malquistado* CON *sus subordinados.* Tb.: *No dejéis que este asunto os malquiste.* Tb. en constr. prnl. media. *Se ha malquistado* CON *todo el mundo.*

malsano, na. adj. **1.** Dañino para la salud. *El aire malsano de la mina daña los pulmones.* **2.** Moralmente perjudicial o poco sano. *Siente un placer malsano al castigarlos. Curiosidad malsana.* ▶ **1:** *INSANO.

malsonante. adj. Dicho de palabra o frase: Que ofende al pudor, al buen gusto o a la religiosidad. *En clase está castigado el uso de expresiones malsonantes.*

malta. f. **1.** Cebada o trigo que, germinados artificialmente y tostados, se emplean en la fabricación de cerveza o licores. *La malta y el lúpulo son ingredientes básicos de la cerveza.* Whisky *de malta.* **2.** Cebada tostada y molida que se emplea para hacer una infusión como sustituto del café. *Como escaseaba el café, teníamos que tomar malta.*

maltés, sa. adj. De Malta. *La economía maltesa.* Dicho de pers., tb. m. y f. *Los malteses obtuvieron la independencia de Gran Bretaña.*

maltraer. → **traer.**

maltratador, ra. adj. Dicho de persona: Que maltrata a alguien. *Un marido maltratador.* Tb. m. y f. *El maltratador es condenado a pena de prisión.*

maltratar. tr. **1.** Tratar (a alguien o algo) con violencia o menosprecio. *No tiene derecho a maltratar a su perro.* **2.** Estropear o echar a perder (algo). *Cuida el libro y no lo maltrates.*

maltrato. m. Hecho de maltratar. *Lo ha denunciado por maltrato y acoso.*

maltrecho, cha. adj. Que se halla en mal estado físico o moral. *La explosión ha dejado el edificio muy maltrecho. El ánimo del equipo está maltrecho.*

maltusianismo. m. *Econ.* Teoría de Thomas Malthus (economista británico, 1766-1834), según la cual es necesario un control de la natalidad porque la población aumenta a un ritmo mucho mayor que los recursos disponibles para sustentarla. *El maltusianismo refleja una visión pesimista del crecimiento económico.*

malva. f. **1.** Planta de tallo recto y flores de color morado pálido o rosáceo, que tiene propiedades medicinales y de la que existen varias especies. *He arrancado unas malvas junto a la vereda.* **2.** coloq. Persona dócil y obediente. *No te dará problemas porque es una malva.* ● m. **3.** Color morado pálido como el de la malva (→ 1). *Pintaré de malva las paredes.* Tb. adj. *Lleva un vestido malva.* ■ **criar ~s.** loc. v. coloq. Estar muerto y enterrado. *Si la policía no hubiese llegado a tiempo, ahora estaría criando malvas.*

malvado, da. adj. Dicho de persona: Muy mala o que causa daño de manera intencionada. *No entiendo cómo pueder ser tan malvada una persona.* Tb. m. y f. *Es una malvada.*

malvasía. f. **1.** Variedad de uva blanca, muy dulce y fragante, cultivada en países mediterráneos. *La cepa de la malvasía fue traída desde Grecia.* **2.** Vino hecho con uva malvasía (→ 1). *En Lanzarote se elabora una excelente malvasía.*

malvavisco. m. Planta de hojas dentadas y flores de color blanco rojizo o rosáceo, cuya gruesa raíz tiene propiedades medicinales. *La raíz de malvavisco va bien para ablandar durezas.*

malvender. tr. Vender (algo) a bajo precio, sin sacar el beneficio justo o debido. *He tenido que malvender el coche.* ▶ MALBARATAR.

malversación. f. Hecho de malversar. *Lo acusan de malversación de fondos.*

malversador, ra. adj. Que malversa. *Un gerente malversador.* Dicho de pers., tb. m. y f. *Se perseguirá a los malversadores del erario público.*

malversar. tr. Gastar una persona indebidamente (fondos ajenos que administra). *Van a juzgar al alcalde por malversar fondos públicos.*

malvivir. intr. Vivir con estrecheces o penalidades. *En las chabolas malviven muchas familias.*

mama[1]**.** f. En las hembras de los mamíferos: Órgano que segrega leche. Se usa espec. en anatomía. *Durante la gestación, las mamas aumentan de tamaño.* ▶ PECHO, SENO, TETA, UBRE.

mama[2]**.** f. infant. o vulg. Madre (mujer). *¡Mama, mama, ven a ver lo que dice la tele!*

mamá. f. coloq. o infant. Madre (mujer). *Será mamá en noviembre. Mamá, ¿me compras una piruleta?*

mamada. f. **1.** Hecho de mamar leche. *Los lechoncitos están en plena mamada.* **2.** malson. Felación.

mamadera. f. Am. Biberón. *Desea constantemente el pecho y rechaza las mamaderas* [C].

mamado, da. part. **1.** → **mamar.** ● adj. **2.** coloq. Ebrio o borracho. *Se han bebido dos botellas de vino y están mamados.*

mamar. tr. **1.** Chupar con los labios y la lengua (la leche) de la mama. *El ternero mama la leche con ansia.* Tb. usado en constr. intr. *El bebé se queda dormido después de mamar.* **2.** Adquirir alguien (un sentimiento, una cualidad o un conocimiento) durante la infancia. *Su padre es pianista y él ha mamado la afición a la música.* ○ intr. prnl. **3.** coloq. Emborracharse una persona. *No bebas tanto, que te vas a mamar.*

mamario, ria. adj. De las mamas. Se usa espec. en anatomía. *El ginecólogo le hizo una exploración mamaria. Glándulas mamarias.*

mamarrachada. f. coloq. Cosa ridícula y llena de defectos. *No vayas a ver esa obra porque es una mamarrachada.*

mamarracho. m. coloq. Persona o cosa ridículas y llenas de defectos. *No sé cómo ha podido casarse con semejante mamarracho. Aquel cuadro tan caro me parece un mamarracho.* A veces se usa como insulto. *¡Cállate, mamarracho!*

mambo. m. Baile moderno de origen cubano, de ritmo rápido, muy popular en la década de 1950. *Aprenden a bailar el mambo y el chachachá.* Tb. su música. *La orquesta interpretó un mambo.*

mameluco. m. **1.** histór. Soldado de una milicia especial de los sultanes de Egipto. *En 1250, los mamelucos se hacen con el sultanato.* **2.** coloq. Persona necia o boba. *No es ninguna lumbrera, pero tampoco un mameluco.* A veces se usa como insulto. *¡A ver si estudias más, mameluco!*

mamey. m. frecAm. Árbol de tronco recto y copa densa, hojas siempre verdes, flores blancas y fruto comestible de pulpa amarilla o rojiza. *Daban sombra a su entrada los mameyes y guayabos* [C]. Tb. su fruto. *Vienen cargados de mameyes, piñas, tunas y aguacates* [C].

mamífero, ra. adj. **1.** Del grupo de los mamíferos (→ 2). *Animal mamífero.* • m. **2.** Animal vertebrado de temperatura constante, cuya hembra alimenta a sus crías con la leche de sus mamas, como la vaca, el murciélago y la foca.

mamografía. f. *Med.* Radiografía de mama. *En la mamografía le han detectado un tumor.*

mamón, na. adj. **1.** Que todavía mama o que mama mucho. *La gata está hecha un ovillo con sus gatos mamones.* **2.** malson. Dicho de persona: Despreciable o que tiene malas intenciones. Tb. m. y f. Se usa como insulto.

mamotreto. m. **1.** Libro o legajo de gran tamaño. Frec. despect. *Pasa las noches estudiando mamotretos de historia.* **2.** despect. Objeto grande que constituye un estorbo o es de escasa utilidad. *¡Vaya mamotreto que están edificando! No metas más mamotretos en el salón.*

mampara. f. Panel de vidrio, madera u otro material semejante, que sirve para dividir o aislar un espacio. *Las dos terrazas están separadas por una mampara de cristal. Cuando te duches, cierra la mampara.*

mamporro. m. coloq. Golpe (hecho de golpear para causar daño, o choque más o menos violento). *Dos jugadores se han liado a mamporros en pleno partido.*

mampostería. f. *Constr.* Obra hecha con piedras toscas, poco o nada labradas, que se pueden colocar con la mano, con o sin argamasa, y sin seguir un orden específico. *La vieja iglesia tiene muros de mampostería.*

mampuesto. m. *Constr.* Piedra tosca, poco o nada labrada, que se emplea en mampostería. *El muro está construido con lajas y mampuestos.*

mamut. (pl. **mamuts**). m. Elefante fósil del Cuaternario, que poseía colmillos curvos muy desarrollados. *En Siberia se han encontrado mamuts enteros conservados bajo el hielo.*

maná. m. **1.** Alimento milagroso enviado por Dios al pueblo de Israel durante su estancia en el desierto. *El maná caía del cielo.* **2.** cult. Beneficio o regalo que se reciben de manera inesperada. *España no pudo participar en el maná del plan Marshall.*

manada. f. **1.** Conjunto de animales salvajes de la misma especie, gralm. cuadrúpedos, que van o viven en grupo. *Grandes manadas de búfalos pastan en la pradera. Los lobos atacan en manada.* **2.** Rebaño de ganado que está al cuidado de un pastor. *El cabrero y su perro reúnen a la manada.* **3.** despect. Grupo numeroso de personas. *Manadas de críos corren a la salida del colegio.*

mánager. (pronunc. "mánayer"; pl. invar.). m. y f. **1.** Persona que gestiona los contratos y asuntos profesionales de un artista o un deportista. *El mánager del grupo les ha conseguido una gira. El boxeador va acompañado de su mánager.* **2.** *Econ.* Gerente de una empresa o sociedad. *Es mánager en una multinacional.*

manantial. m. **1.** Lugar donde brota agua de forma natural. *En lo alto de la sierra abundan los manantiales.* **2.** Cosa que es el origen o principio de algo. *La biblioteca es un manantial de cultura.*

manar. intr. **1.** Salir líquido de un lugar. *La sangre mana a borbotones* DE *la herida.* ○ tr. **2.** Echar algo al exterior (un líquido contenido en su interior). *La herida mana sangre.* ► **1:** BROTAR, SURGIR.

manatí. m. Mamífero acuático herbívoro, semejante a la foca pero de mayor tamaño, piel gris y labio superior muy desarrollado, que habita en costas y ríos de la América y África atlánticas. *El manatí hembra. La carne y la piel del manatí son muy apreciadas.*

manazas. m. y f. coloq. Persona torpe con las manos. *No toques el aparato, que eres un manazas.* Tb. adj. *Es muy manazas, todo lo rompe.*

mancar. tr. Lastimar (a alguien, o una parte de su cuerpo, espec. una extremidad). *Me manqué un dedo en la fábrica. Suéltame el brazo, que me mancas.*

manceba. → **mancebo.**

mancebía. f. Prostíbulo. *La dueña de la mancebía daba comida y alojamiento a las pupilas.*

mancebo, ba. m. **1.** cult. Hombre joven. *Casó con un apuesto mancebo de apenas veinte años.* ○ m. y f. **2.** Auxiliar de farmacia sin título facultativo. *El mancebo despacha en la botica.* ○ f. **3.** cult. Concubina. *Su criada también hacía las veces de manceba.*

mancha. f. **1.** Señal visible que deja una sustancia en un cuerpo por contacto, gralm. ensuciándolo. *Frota bien la camisa para que salgan las manchas. El herido llevaba manchas de sangre en la cara.* **2.** Parte de una superficie, con distinto color del que domina en esta. *La jirafa tiene el pelaje amarillento con manchas rojizas.* **3.** Área de terreno que se distingue de la circundante por alguna cualidad, espec. por su vegetación. *Siguió el camino del arroyo, dejando a la izquierda una mancha de pinos.* **4.** Cosa que deshonra o que deteriora la reputación. *No hay una sola mancha en su historial.* **5.** *Fís.* Área oscura que se observa en la superficie de un astro. *Manchas solares.*

manchado, da. part. **1.** → **manchar.** • adj. **2.** Que tiene manchas o partes de distinto color. *Esta seta tiene el sombrerillo de color blanco manchado. La hiena manchada vive en las sabanas de África.*

manchar. tr. **1.** Poner sucio (algo o a alguien) con manchas. *Tiró la copa y manchó el mantel de vino.* Tb. intr. *Ten cuidado con eso, que mancha.* Tb. en constr. prnl. media. *Se me han manchado los pantalones de barro.* **2.** Hacer que disminuya el valor o la estimación (de alguien o algo). *El escándalo ha manchado su reputación.* ► **1:** *ENSUCIAR.

manchego, ga. adj. De la Mancha (región de España). *En la localidad manchega de Almagro se celebra un festival de teatro clásico. Queso manchego.* Dicho de pers., tb. m. y f. *La reforma obligaba a muchos manchegos a arrancar sus viñas.*

manchú. adj. De Manchuria (región asiática). *El transiberiano atraviesa territorio manchú.* Dicho de pers., tb. m. y f. *Un grupo de manchúes visitará la ONU.*

mancilla. f. cult. Mancha (cosa que deshonra). *Es una familia de rectos principios y sin mancilla alguna.*

mancillar. tr. cult. Manchar (algo o a alguien), o hacer que disminuya su valor o estimación. *Han mancillado su buen nombre.*

manco, ca. adj. **1.** Dicho de persona o animal: Que está falto de uno o ambos brazos o manos, o ha perdido el uso de ellos. *Una sierra mecánica lo dejó manco* DE *una mano. El perro manco apenas puede caminar.* Dicho de pers., tb. m. y f. *Un manco pedía* *limosna a la puerta de la iglesia.* **2.** Dicho de cosa: Incompleta o defectuosa. *Sin el testimonio del principal testigo, el proceso quedará manco.* ■ **no ser ~** alguien o algo. loc. v. coloq. Tener una importancia o calidad considerables. Se usa con intención enfática. *El pellizco que le tocó a la lotería no fue manco. El tipo es listísimo... y su hermano tampoco es manco.*

mancomunar. tr. Unir (varias cosas o a varias personas) para un fin. *Los tres municipios han decidido mancomunar sus recursos.*

mancomunidad. f. Entidad legalmente constituida por agrupación de municipios o provincias. *Los cabildos constituyeron una mancomunidad. Fuengirola se integró en la Mancomunidad de Municipios de la Costa del Sol.*

mancuerna. f. **1.** Am. Pareja (conjunto de dos personas o cosas). *Nicolasa y Dionisia hicieron mancuerna, no se levantaron más que para ir al baño* [C]. *La importancia de la poesía como mancuerna de la música iba más allá del canto lírico trovadoresco* [C]. **2.** Am. Gemelo (instrumento para cerrar el puño de la camisa). *Tiene los puños almidonados, abrochados con vistosas mancuernas* [C]. **3.** *Dep.* Pesa consistente en una barra cilíndrica con discos metálicos en los extremos, que sirve para desarrollar los músculos, espec. los de los brazos. Gralm. en pl. *Fortalece los brazos con las mancuernas.* ▶ **1:** PAREJA. **2:** GEMELO.

mandado, da. part. **1.** → **mandar.** ● m. y f. **2.** Persona que cumple órdenes. *A mí no me eche la culpa: solo soy un mandado.* ○ m. **3.** frecAm. Recado (encargo). *Antes de llegar a casa tengo que hacer un mandado* [C]. ■ **bien ~.** → **bienmandado.** ▶ **3:** RECADO.

mandala. m. *Rel.* En el budismo y el hinduismo: Dibujo complejo, gralm. circular, que representa simbólicamente el universo y sirve de ayuda a la meditación. *En el centro del mandala aparece representada una divinidad.*

mandamás. m. y f. coloq. Persona que tiene la máxima autoridad o desempeña una función de mando. *El mandamás de la tropa no para de dar órdenes. Tendremos que hacer lo que digan los mandamases.*

mandamiento. m. **1.** Precepto de la ley de Dios o de la Iglesia católica. *El cuadro retrata a Moisés sujetando las tablas con los diez mandamientos. En el catecismo venían los cinco mandamientos de la Santa Madre Iglesia.* **2.** *Der.* Orden que da un juez por escrito. Gralm. *~ judicial. La policía obtuvo un mandamiento judicial para registrar el piso.*

mandanga. f. **1.** coloq. Cuento o tontería. *No hagas caso a toda esa mandanga de los videntes.* Frec. en pl. *¡Basta ya de mandangas!* **2.** coloq. Indolencia o desgana. *Se sacudió su habitual mandanga y se puso a trabajar.*

mandante. adj. **1.** Dicho de persona: Que manda. Tb. m. y f. *Vengo con un recado de mis mandantes.* ● m. y f. **2.** *Der.* Persona que, mediante contrato de mandato, confía a otra su representación o la gestión de alguno de sus negocios. *Todo mandato puede revocarse cuando lo desee el mandante.*

mandar. tr. **1.** Manifestar alguien con autoridad su voluntad de que se haga (algo). *El profesor mandó callar a los alumnos.* **2.** Imponer una ley o precepto (algo). *En estos casos la ley manda que el acusado pague las costas del juicio.* **3.** Dirigir (a una persona o colectividad). *El general mandaba la flota que ganó la batalla.* **4.** Enviar (algo o a alguien). *La carta que te mandé te llegará dentro de tres días. Mi madre te manda saludos. Le mandó un emisario con la noticia.* ○ intr. **5.** Tener la autoridad o el mando. *En esta casa mando yo. Tienes que obedecer al jefe, que es quien manda.* **6.** *Taurom.* Hacer el torero que el toro siga el engaño. *El matador ha dado una lección de lo que es parar, templar y mandar.* ■ **a ~.** expr. Se usa para declararse dispuesto a cumplir los deseos de otro. *–Muchas gracias. –De nada, a mandar.* ■ **mande.** expr. Se usa como fórmula de cortesía para responder a una llamada o para pedir que se repita algo que no se ha entendido. *–Abuelo. –Mande. –¿Qué quiere de comer hoy? –Giras a la derecha, luego a la izquierda, continúas, luego a la izquierda y otra vez a la derecha. –¿Mande?* ▶ **2:** DISPONER, ORDENAR. **3:** *DIRIGIR.

mandarín. m. **1.** histór. En China y otros países asiáticos: Hombre que tenía a su cargo el gobierno de una ciudad o la administración de justicia. *Había dos clases de mandarines, uno civil y otro militar.* **2.** despect. Persona influyente en algún ámbito, espec. en el político o en el cultural. *Los mandarines de la crítica han hundido su carrera.* **3.** Lengua hablada en la mayor parte de China, oficial en este país. *El mandarín se basa en la variedad de chino hablada en Pekín.*

mandarina. f. Fruto semejante a la naranja pero más pequeño, de piel delgada y fácil de separar, y pulpa muy dulce. *De postre comeré unas mandarinas.*

mandatario, ria. m. y f. **1.** Persona que, gralm. por elección, ocupa un cargo político importante, espec. en el gobierno y representación del Estado. *El máximo mandatario de la diplomacia estadounidense visita Israel. Mandatarios municipales.* Frec. designa a un Jefe de Estado o de Gobierno. *Los mandatarios de los dos países se reúnen para firmar el tratado.* **2.** *Der.* Persona que, mediante contrato de mandato, acepta representar a otra o gestionar sus asuntos. *El mandatario actuará siempre en nombre del mandante.*

mandato. m. **1.** Cosa que manda alguien con autoridad. *Cierran el local por mandato del juez. Cumple con diligencia los mandatos de sus superiores. El mandato divino.* **2.** Período en que una persona ocupa un cargo político. *Durante su mandato se han llevado a cabo numerosas reformas.* **3.** *Polít.* Encargo que, por medio de la elección, se da a diputados, concejales o cargos semejantes. *La Constitución establece que los parlamentarios no están ligados por mandato imperativo.* **4.** *Der.* Contrato por el que una persona confía a otra su representación o la gestión de alguno de sus negocios. *Todo mandato puede revocarse cuando lo desee el mandante.* ▶ **1:** ORDEN.

mandíbula. f. **1.** En los vertebrados: Cada una de las dos piezas óseas, cartilaginosas o córneas que forman la boca y en las que están implantados los dientes, si los hay. *Al rugir, el león deja ver sus poderosas mandíbulas. El pico de las aves está formado por dos mandíbulas.* **2.** Hueso maxilar inferior de una persona. *El puñetazo le fracturó la mandíbula.* **3.** *Zool.* En los artrópodos: Cada una de las dos piezas duras situadas en la boca, que sirven para triturar los alimentos. *La carcoma pulveriza la madera con sus potentes mandíbulas.* ■ **a ~ batiente.** loc. adv. coloq. A carcajadas. *Los críos ríen a mandíbula batiente con los payasos.*

mandibular. adj. *Anat.* De la mandíbula. *Articulación mandibular.*

mandil. m. Delantal, espec. el largo, hecho de cuero o tela fuerte y propio de algunos oficios. *El pesca-*

dero usa mandil y botas de goma. Unas camareras con mandil y cofia sirven la cena. ▶ DELANTAL.

mandinga. adj. De un pueblo indígena africano que habita pralm. en Senegal, Costa de Marfil, Guinea y Malí. *Etnia mandinga.* Dicho de pers., tb. m. y f. *El músico es un mandinga nacido en Senegal.*

mandioca. f. Arbusto tropical originario de América, de cuya raíz grande y carnosa se extrae almidón. *En África se cultivan la mandioca y el maíz.* Tb. la raíz. *De la mandioca se extrae una fécula: la tapioca.* ▶ YUCA.

mando. m. **1.** Hecho de mandar. *Tiene dotes de mando.* **2.** Autoridad (poder). *El capitán tiene mando sobre el sargento.* **3.** Persona o conjunto de personas que tienen autoridad. *En el palco hay varios mandos militares.* **4.** Dispositivo que permite actuar sobre un aparato para iniciar, suspender o regular su funcionamiento. *Los mandos del horno están estropeados.* ■ **~ a distancia.** m. Mando (→ 4) sin cable que permite hacer funcionar un aparato a cierta distancia. *Con el mando a distancia de la televisión cambió de canal.* ⇒ TELEMANDO. ▶ **2, 3:** AUTORIDAD.

mandoble. m. **1.** Cuchillada o golpe grande que se dan empuñando el arma con ambas manos. *El guerrero se defendía dando mandobles con la espada.* **2.** coloq. Golpe grande dado con la mano. *Como vuelvas a replicar, te arreo un mandoble.*

mandolina. f. Instrumento musical parecido a la bandurria, pero de menor tamaño y con cuatro cuerdas dobles. *Sabe tocar el laúd y la mandolina.* ▶ BANDOLINA.

mandón, na. adj. coloq. Dicho de persona: Demasiado aficionada a mandar o a dar órdenes. *Es buen profe, pero un poco mandón.* Tb. m. y f. *Tu hermana mayor es una mandona y una dominante.*

mandrágora. f. Planta de hojas grandes que crecen desde el suelo y raíz gruesa, gralm. bifurcada o ramificada, que tiene propiedades narcóticas y a la que la tradición atribuye poderes mágicos. *La mandrágora se utilizaba como afrodisíaco.*

mandria. adj. despect. Dicho de persona: Apocada e inútil. *Ha desperdiciado su juventud con un novio mandria y apático.* Tb. m. y f. *El ministerio está lleno de mandrias.*

mandril. m. Simio africano grande y robusto, de pelaje pardo, cola corta, hocico alargado de color rojo con pliegues azules a los lados y nalgas desnudas de color rojizo y azulado. *El mandril hembra. Han traído al zoo una pareja de mandriles de Camerún.*

manduca. f. coloq. Comida (alimento). *Hay que ir por manduca al súper. Ya está lista la manduca.*

manducar. tr. coloq. Comer (alimento, espec. sólido). *Tengo ganas de manducar algo.* Tb. usado en constr. intr. *Si no paras de manducar, te vas a poner como una foca.*

manecilla. f. Aguja del reloj. *Las manecillas marcan las doce.* ▶ *AGUJA.

manejable. adj. Que se maneja con facilidad. *Las cámaras digitales son ligeras y muy manejables. Es una persona dócil y manejable.*

manejar. tr. **1.** Usar (algo) con las manos. *No le dejes la escopeta porque no sabe manejarla.* **2.** Usar o utilizar (algo). *Para su informe ha manejado fuentes muy fiables.* **3.** Dirigir o gobernar (algo o a alguien). *Nos maneja a su antojo.* **4.** Am. Conducir (un vehículo). *Él andaba manejando un autobús urbano* [C]. Tb. usado en constr. intr. *Él manejaba, yo ponía en la casetera una cinta de Satie* [C]. ○ intr. prnl. **5.** coloq. Desenvolverse con habilidad. *Acaba de empezar a trabajar y aún no se maneja muy bien.* ■ **manejárselas.** loc. v. coloq. Desenvolverse con habilidad. *Vas a tener que manejártelas tú solo.* ▶ **1, 2:** *UTILIZAR. **4:** CONDUCIR.

manejo. m. **1.** Hecho de manejar o manejarse. *Es un experto en el manejo de la espada.* **2.** Maquinación o intriga. *Hemos descubierto todos sus manejos y engaños.* ▶ **2:** *INTRIGA.

manera. f. **1.** Modo (circunstancia en que se produce o realiza algo). *No sé de qué manera hablarle. Su manera de pensar es un poco enrevesada. El regalo es su manera de darte las gracias.* **2.** Estilo o forma característica de expresión que un artista o un escritor dan a sus obras. *Con sus maneras innovadoras el pintor cautiva al público.* ○ pl. **3.** Modales. *Da gusto tratar con él; tiene unas maneras exquisitas. Se ha puesto delante de mí con malas maneras.* ■ **a ~ de.** loc. prepos. Como, o a semejanza de. *Juntó y ahuecó las manos a manera de cuenco para coger agua.* ■ **de cualquier ~.** loc. adv. Sin cuidado o sin interés. *Hace las cosas deprisa y de cualquier manera.* ■ **de cualquier ~, o de todas ~s.** loc. adv. En cualquier caso. *No me gusta el plan, pero de cualquier manera iré. Dirán lo que quieran, pero canta muy bien de todas maneras.* ■ **de ~ que.** loc. conjunt. De modo que, o de forma que. *Cuando llegamos ya era de noche, de manera que dejamos el paseo para el día siguiente.* ■ **de ninguna ~.** loc. adv. De ningún modo. Se usa para negar enfáticamente. *De ninguna manera voy a dejar que se salga con la suya.* ■ **de todas ~s.** → **de cualquier manera.** ■ **en gran ~.** loc. adv. cult. Mucho. *Agradezco en gran manera sus consejos.* ■ **no haber ~.** loc. v. coloq. Ser imposible. *No ha habido manera* DE *subir hasta la cima. ¿No hay manera* DE *que me perdones?* ■ **sobre ~.** → **sobremanera.** ▶ **1:** MODO. **3:** *MODALES.

manes. m. pl. En la mitología grecorromana: Almas de los muertos. *En el culto a los manes se les ofrecía vino, miel, leche y flores.*

manga. f. **1.** Parte de una prenda de vestir que cubre el brazo. *Tenía calor y se remangó las mangas de la camisa. Tiene blusas de manga corta y de manga larga.* **2.** Tubo largo y flexible, gralm. de lona o caucho, que se utiliza para dirigir fluidos. *Riega el patio con la manga.* **3.** Tela de forma cónica que sirve para colar líquidos. *Utiliza una manga para colar el café.* **4.** Utensilio de tela u otro material, de forma cónica y provisto de una boquilla, que se usa en cocina y pastelería para decorar. *Hizo un dibujo de nata en el centro del pastel con la manga.* Tb. *~ pastelera. Con la manga pastelera decora el borde de la tarta.* **5.** En algunos deportes: Parte de un encuentro deportivo o una eliminatoria. *En la primera manga la tenista gana por seis juegos a tres. Se ha clasificado para la segunda manga.* **6.** *Mar.* Anchura de una embarcación. *El buque tiene 83 metros de eslora y 15 de manga.* ■ **~ ancha.** f. Tolerancia excesiva. *El padre tiene manga ancha con sus hijas. En este asunto ha habido manga ancha.* ■ **~ raglán, o ranglan.** f. Manga (→ 1) que empieza en el cuello y cubre el hombro. *Lleva un jersey de cuello alto con mangas ranglan.* □ **en ~s de camisa.** loc. adv. Con la parte superior del cuerpo cubierta con solo la camisa o con la camisa y el chaleco. *No se te ocurra salir a la calle en mangas de camisa con el frío que hace.* ■ **hacer ~s y capirotes.** loc. v. coloq. Actuar caprichosamente, sin detenerse en inconvenientes ni dificultades. *Se creen con derecho a hacer mangas y capirotes con todo.* ■ ~ **por hombro.** loc. adv. coloq. En completo abandono y desorden. *En esa casa todo anda manga por hombro.* ■ **sacarse** (algo) **de la ~.** loc. v. coloq. Hacer(lo) o decir(lo) por sorpresa. *El ajedrecista se sacó de la manga una jugada magistral.* ■ **ser más corto que las ~s de un chaleco.** loc. v. coloq. Ser muy tímido. *Ese novio tuyo es más corto que las mangas de un chaleco.* ▶ **2:** MANGUERA.

manganeso. m. Elemento químico del grupo de los metales, duro y resistente al fuego, que se usa en la fabricación del acero (Símb. *Mn*). *El manganeso proporciona al acero dureza y resistencia.*

mangante. adj. **1.** coloq. Dicho de persona: Que roba. *Van a juzgar al empresario mangante.* Tb. m. y f. *Vigila la cartera, que esto está lleno de mangantes.* **2.** coloq. Sinvergüenza y holgazán. Tb. m. y f. *¡Venga, mangantes, a trabajar!*

mangar. coloq. Robar (algo). *Me han mangado el móvil.* Tb. usado en constr. intr. *Lo pillaron mangando en el supermercado.*

manglar. m. Terreno característico de zonas costeras tropicales, inundado gralm. por las grandes mareas y poblado de árboles con raíces aéreas, adaptados a la vida en el agua salada. *La bahía está rodeada de manglares.*

mangle. m. Arbusto tropical grande, de ramas largas que descienden hasta el suelo, flores amarillas y raíces aéreas, propio del manglar. *La canoa avanza entre los mangles.*

mango¹. m. Parte alargada, estrecha y con un extremo libre, por la que se puede agarrar un instrumento o utensilio. *El mango de la sartén. El bisturí tiene un mango metálico.*

mango². m. Árbol tropical de tronco recto, con corteza negra y rugosa, y fruto oval, amarillo, aromático y de sabor agradable. *En la India abundan las plantaciones de mangos.* Tb. el fruto. *Ha preparado una ensalada con mango y papaya.*

mangonear. tr. **1.** coloq., despect. Imponer alguien de manera injusta o incorrecta sus criterios (sobre alguien o algo). *¿No te das cuenta de que te está mangoneando?* ○ intr. **2.** coloq., despect. Imponer alguien de manera injusta o incorrecta sus criterios sobre alguien o algo. *Deja de mangonear* EN *los asuntos de los demás.*

mangoneo. m. coloq., despect. Hecho de mangonear. *Estoy harta de tus mangoneos.*

mangosta. f. Mamífero carnívoro pequeño, de pelaje gris, cuerpo alargado, patas cortas y cola larga. *La mangosta macho. Las mangostas se alimentan de insectos y pequeños vertebrados.*

manguera. f. Manga para dirigir fluidos, espec. la de riego. *Riega el jardín con una manguera.* ▶ MANGA.

manguito. m. **1.** Prenda en forma de media manga que se lleva sobrepuesta, gralm. para proteger la ropa. *El tipógrafo se pone manguitos para trabajar en la imprenta.* **2.** Prenda femenina de piel, en forma de tubo abierto por los extremos, usada para abrigar las manos. *Las señorita se quitó los manguitos, el gorro y el abrigo.* **3.** *Mec.* Tubo que sirve para unir o empalmar dos piezas cilíndricas en una máquina. *El coche se calienta porque se ha roto un manguito del radiador.*

maní. m. frecAm. Cacahuete (planta, o fruto). *En la Amazonia se cultivan yuca y maní* [C]. *Chillan y aplauden mientras descascaran maníes infinitos* [C]. ▶ *CACAHUETE.

manía. f. **1.** *Med.* Trastorno mental caracterizado por agitación, euforia e hiperactividad. *La manía puede presentarse como una fase de la psicosis maníaco-depresiva.* **2.** Obsesión o preocupación caprichosa. *Ahora le ha entrado la manía de que su marido la engaña.* **3.** Costumbre extravagante y obsesiva. *No aguanto su manía de dormir con calcetines.* **4.** Afición exagerada por alguien o algo. *De niño le entró la manía del fútbol.* **5.** Antipatía o aversión. *El profesor me tiene manía. Le ha tomado manía a los teléfonos móviles.* ■ ~ **persecutoria.** f. Manía (→ 2) de sentirse objeto de la mala voluntad de una o más personas. *Es alcohólico, tiene alucinaciones y sufre manía persecutoria.* ▶ **5:** *ANTIPATÍA.

maníaco, ca o **maniaco, ca.** adj. *Med.* Dicho de persona: Que padece manía. *Pacientes maníacos.* Tb. m. y f. *El violador era un maniaco sexual.*

maniatar. tr. Atar las manos (a una persona o animal). *Amordazaron y maniataron al secuestrado.*

maniático, ca. adj. Dicho de persona: Que tiene manías. *No seas maniático; nadie te está persiguiendo. Con los años se ha vuelto muy maniática.* Tb. m. y f. *Es un maniático de los videojuegos.*

manicomio. m. Hospital para enfermos mentales. *Trabaja de celador en un manicomio.*

manicuro, ra. m. y f. **1.** Persona que tiene por oficio cuidar las manos, espec. cortar y limar las uñas. *Trabaja de manicura en un centro de belleza.* ○ f. **2.** Cuidado y embellecimiento de las manos, espec. de las uñas. Frec. en la constr. *hacer la manicura. En la peluquería la depilaron y le hicieron la manicura.*

manido, da. adj. Dicho de asunto o tema: Muy común o utilizado. *El amor es un tema muy manido en la literatura.*

manierismo. (Frec. en mayúsc.). m. *Arte* y *Lit.* Estilo difundido por Europa en el s. XVI, que constituye la transición entre el Renacimiento y el Barroco, y se caracteriza por el refinamiento y la expresividad artificiosa. *El Greco es un gran representante del Manierismo español.* Tb. la tendencia artística o literaria correspondiente. *Su poesía adolece de cierto manierismo.*

manierista. adj. **1.** *Arte* y *Lit.* Del Manierismo. *En la pintura manierista es frecuente ver composiciones complejas.* **2.** *Arte* y *Lit.* Partidario o cultivador del Manierismo. *Escultores manieristas.* Tb. m. y f. *Tomó como modelo a los manieristas italianos.*

manifestación. f. **1.** Hecho o efecto de manifestar o manifestarse. *El regalo es una manifestación de su afecto. Las Glosas Emilianenses son las primeras manifestaciones escritas del castellano.* **2.** Reunión pública, gralm. al aire libre, para reclamar algo o protestar por algo. *La calle estaba cortada por la manifestación.*

manifestante. m. y f. Persona que toma parte en una manifestación pública. *Miles de manifestantes recorren las calles.*

manifestar. (conjug. ACERTAR). tr. **1.** Declarar o dar a conocer (algo). *Ha manifestado que quiere retirarse.* **2.** Dejar ver (algo). *Muchos han manifestado su descontento. No manifestó sorpresa.* ○ intr. prnl. **3.** Dar a conocer alguien su opinión sobre algo. *No quiere manifestarse* SOBRE *este asunto.* **4.** Dejarse ver. *Su sentido del humor se manifiesta en sus relatos.* **5.** Tomar parte en una manifestación. *Los profesores se manifestaron frente al Ministerio de Educación.* ▶ **1:** DECLARAR. **2, 4:** MOSTRAR.

manifiesto, ta. adj. **1.** Claro o evidente. *Cojea de forma manifiesta. El atropello fue un caso manifiesto* *de imprudencia temeraria.* ● m. **2.** Escrito en que una persona o un grupo de ellas declaran públicamente sus ideas o propósitos. *Suscribimos el manifiesto contra la pena de muerte. En 1924 aparece el primer manifiesto surrealista.* ■ **poner de manifiesto** (algo). loc. v. Manifestar(lo). *Ha puesto de manifiesto sus intenciones. El incidente pone de manifiesto la escasez de medidas de seguridad.* ▶ **1:** *EVIDENTE.

manigua. f. Terreno pantanoso cubierto de maleza. Referido espec. a algunos países americanos. *Los fugitivos se esconden en la manigua del Darién.*

manija. f. **1.** Mango de un instrumento o utensilio. *La manija de la barrena es de madera.* **2.** Palanca pequeña para accionar el pestillo de una puerta o ventana. *Abre la puerta con la manija.* ▶ **2:** MANILLA.

manileño, ña. adj. De Manila (capital de Filipinas). Tb. m. y f. *Su abuelo era un manileño descendiente de españoles.*

manilla. f. **1.** Aguja del reloj. *Las manillas marcan las dos en punto.* **2.** Manija (palanca pequeña). *El cerrajero ha desmontado la manilla de la ventana.* ▶ **1:** *AGUJA. **2:** MANIJA.

manillar. m. En una bicicleta, motocicleta o vehículo semejante: Pieza para manejar la dirección, cuyos extremos se curvan formando un doble mango en el que se apoyan las manos. *Le he puesto un timbre al manillar. El ciclomotor lleva el acelerador en el puño derecho del manillar.* ▶ **Am:** MANUBRIO.

maniobra. f. **1.** Operación o conjunto de operaciones para dirigir una máquina, espec. un vehículo. *Suele hacer muchas maniobras para aparcar. Una mala maniobra de adelantamiento ha causado el accidente.* **2.** Acción encaminada a un fin, espec. la realizada con astucia. *La compra de las acciones es una maniobra para controlar la empresa.* Frec. despect. *Todos desconfían de sus maniobras.* ○ pl. **3.** Conjunto de operaciones militares de entrenamiento. *El escuadrón hace maniobras en una zona montañosa.* Frec. *~s militares. Los dos países harán maniobras militares conjuntas.*

maniobrabilidad. f. **1.** Capacidad para maniobrar. *Tuvimos escasa maniobrabilidad en las negociaciones.* **2.** Facilidad que ofrece una máquina, espec. un vehículo, para ser maniobrada. *Es un coche de excelente maniobrabilidad.*

maniobrar. intr. **1.** Hacer una maniobra o maniobras. *He tenido que maniobrar para aparcar en este hueco.* ○ tr. **2.** Hacer maniobras (con algo). *La dirección asistida permite maniobrar el coche con facilidad.*

manipulación. f. Hecho de manipular. *Manipulación de alimentos.*

manipulador, ra. adj. Que manipula. *El país estaba en manos de políticos corruptos y manipuladores.* Dicho de pers., tb. m. y f. *Ha hecho el cursillo de manipulador de alimentos.*

manipular. tr. **1.** Operar con las manos o con un instrumento (sobre algo). *Hay que manipular el explosivo con cuidado.* **2.** Intervenir (en algo) distorsionándo(lo) de manera hábil e interesada. *Están manipulando la información.*

maniqueísmo. m. **1.** *Fil.* y *Rel.* Doctrina de Manes (pensador persa, s. III d. C.), que admite dos principios creadores, uno para el bien y otro para el mal. *El maniqueísmo alcanza difusión en la alta Edad Media.* **2.** despect. Tendencia a interpretar la realidad sobre la base de dos elementos opuestos, espec. el bien y el mal. *Esperamos un debate sin maniqueísmos.*

maniqueo, a. adj. **1.** *Fil.* y *Rel.* Del maniqueísmo. *Dualismo maniqueo.* **2.** *Fil.* y *Rel.* Partidario o seguidor del maniqueísmo. Tb. m. y f. *Los maniqueos fueron considerados herejes.* **3.** despect. Que manifiesta maniqueísmo. *No es la clásica película maniquea de buenos y malos.*

maniquí. m. **1.** Armazón o figura en forma de cuerpo humano, que se usan para exhibir o probar prendas de vestir. *Está arreglando los maniquíes del escaparate.* ○ m. y f. **2.** Persona encargada de exhibir modelos de ropa. *La maniquí luce un vestido de seda muy elegante.*

manirroto, ta. adj. Que gasta mucho y sin control. *Ahorrarías algo si no fueras tan manirroto.* Tb. m. y f. *La hija era una manirrota que dilapidó toda la herencia.*

manisero, ra. m. y f. frecAm. Persona que vende maní tostado en la calle. *Volvieron a salir los maniseros y los que venden dulce de guayaba* [C].

manita. f. dim. → **mano.** ■ **~s.** m. y f. coloq. Persona hábil en tareas manuales. *Ese enchufe te lo cambia mi marido, que es un manitas.* Tb. adj. *Es buena cocinera y muy manitas.* □ **hacer ~s** dos personas. loc. v. coloq. Cogerse y acariciarse las manos. *Las parejas hacían manitas en el cine.* Tb.: *Hace manitas* CON *su novio.*

manivela. f. En algunos aparatos o mecanismos: Empuñadura en ángulo recto que, unida normalmente a un eje, sirve para transformar un movimiento giratorio en rectilíneo o viceversa. *La organillera da vueltas a la manivela. Mi coche tiene ventanillas de manivela.* ▶ MANUBRIO.

manjar. m. cult. Comida o alimento, espec. si son exquisitos. *El jamón de pata negra es un manjar.*

mano[1]**.** (dim. **manita** o, Am., **manito**). f. **1.** En el cuerpo humano: Extremidad del brazo, que comprende desde la muñeca inclusive hasta la punta de los dedos. *Lleva un anillo en la mano derecha. ¡Qué manitas tan pequeñas tiene el bebé! Sintió las manitos delgadas de Borobá en su cabello* [C]. **2.** En algunos animales: Extremidad cuyo dedo pulgar puede oponerse a los otros. *El mono se agarra con manos y pies.* **3.** En un animal cuadrúpedo: Cada uno de los dos pies delanteros. *El perro sabe dar la mano.* **4.** En una res de carnicería: Cada uno de los cuatro pies después de cortados. *Comimos manos de cerdo.* **5.** Lado hacia el que cae o está algo, respecto de otra cosa o persona que se toman como referencia. Frec. en la constr. *a ~ derecha,* o *izquierda. El museo está en la siguiente calle a mano derecha. A mano izquierda de la escalera están las oficinas.* **6.** Pieza que sirve para machacar en el mortero o el almirez. *La mano del mortero es de madera.* **7.** Persona que ejecuta algo. *En este asunto han intervenido demasiadas manos. En algunos detalles del cuadro se aprecia la participación de una tercera mano.* **8.** Acción o intervención. *En los ejercicios del alumno se nota la mano de un adulto.* **9.** Habilidad o destreza. *¿Qué tal mano tienes* PARA *la cocina? Tiene mano* CON *los niños.* **10.** Poder o dominio. *Tiene mucha mano en la empresa.* Frec. en pl. con significado sing. *Hay que evitar que la ayuda vaya a parar a las manos de los especuladores.* **11.** Capa de pintura u otra sustancia que se da sobre una superficie. *La pared lleva dos manos de yeso. El cuadro tiene varias manos de barniz superpuestas.* **12.** Vuelta que se da a algo para su perfección o corrección. *Ayer dimos la última mano al trabajo.* **13.** Conjunto de cinco cuadernillos de papel. *Compra una mano de* *papel de seda.* **14.** Conjunto de juegos en número igual al de jugadores. *Aún es pronto, podemos echar otra mano a la brisca.* **15.** coloq. Serie de golpes dados a alguien. *Su madre le dio una mano* DE *azotes. Recibió una mano* DE *tortas.* ○ m. y f. **16.** En un juego: Jugador al que corresponde jugar en primer lugar. *Tú eres mano. Se reparten las cartas entre los jugadores, empezando por el mano.* ■ ~ **de obra.** f. **1.** Trabajo manual de los obreros. *El coste de la mano de obra y de las materias primas determina el precio final del producto.* **2.** Conjunto de los trabajadores asalariados. *Abunda la mano de obra no especializada.* ■ ~ **derecha.** f. Persona muy útil a otra como auxiliar o colaborador. *Enrique es la mano derecha de su jefe.* ■ ~ **de santo.** f. coloq. Remedio totalmente eficaz. *Las pastillas para la tos han sido mano de santo. Si se pone impertinente, le das un grito, y ¡mano de santo!* ■ ~ **dura.** f. Severidad en el ejercicio del mando o de la autoridad. *Hace falta mano dura con esta gente tan indisciplinada.* ■ ~ **izquierda.** f. Habilidad o astucia para manejarse o resolver situaciones difíciles. *Un jefe de personal debe tener mano izquierda para tratar con la gente.* ■ ~ **larga.** f. **1.** Inclinación a pegar o golpear. *Cuidado con ella, que tiene mucha mano larga. Tiene la mano muy larga y el pobre hermano siempre está cobrando.* Frec. en pl. con significado sing. *¡Qué manos más largas tiene este crío!* **2.** Inclinación al hurto o al robo. *No confío en él como administrador, tiene la mano demasiado larga.* Frec. en pl. con significado sing. *El cajero tenía las manos muy largas.* ■ ~**s de mantequilla.** f. pl. Manos (→ 1) que dejan caer las cosas con facilidad. *Con estas manos de mantequilla que tengo, mejor lleva tú la bandeja.* ■ ~**s libres.** f. pl. Libertad de actuación. *El Presidente quiere tener las manos libres en este asunto. Te dejo manos libres para decidir.* ■ ~**s limpias.** f. pl. Integridad o limpieza con que se actúa. *El candidato propuso una política de manos limpias.* ■ ~**s muertas.** f. pl. histór. Propietarios de fincas, en quienes se perpetuaba el dominio por no poder enajenarlas. *La desamortización de bienes de manos muertas afectó sobre todo a la Iglesia.* ■ ~**s sucias.** f. pl. Falta de honradez con que se actúa. *Quiere acabar con la corrupción y el problema de las manos sucias.* ■ **buena** (o **mala**) ~. f. Habilidad o destreza notables (o escasas). Frec. con *darse* o *tener*. *Se da buena mano* PARA *pintar. Tiene buena mano* CON *las plantas. Tengo muy mala mano* PARA *aparcar.* Tb. en pl. con significado sing. *Mi modista tiene muy buenas manos.* □ **abrir la** ~. loc. v. Moderar el rigor o el grado de exigencia. *El dictador parecía decidido a abrir un poco la mano.* ■ **a** (**la**) ~. loc. adv. **1.** Cerca o a muy poca distancia. *El diccionario lo tengo ahí, a la mano. Hay un cine que nos pilla muy a mano.* **2.** A disposición de la persona a la que se hace referencia. *No siempre tienes a mano alguien a quien consultar. Me tienes a la mano para lo que quieras.* ■ **alzar la** ~. → **levantar la mano.** ■ **a** ~. loc. adv. Con la mano (→ 1), sin otro instrumento o ayuda. *Hecho a mano. La mantelería está bordada a mano.* ■ **a** ~ **airada.** loc. adv. Violentamente. Gralm. con *morir* o *matar*. *Son muchos los que mueren a mano airada.* ■ **a** ~ **armada.** loc. adv. Con armas. Frec. hablando de robo o atraco. *Se dedican a robar a mano armada.* Tb. loc. adj. *Se le acusa de atraco a mano armada.* ■ **a** ~**s llenas.** loc. adv. Con gran abundancia. *Derrocha dinero a manos llenas.* ■ **apretar la** ~. loc. v. Aumentar el rigor o el grado de exigencia. *Debes apretar la mano y poner fin a ese desbarajuste.* ■ **atar las** ~**s** (a alguien). loc. v. Impedir(le) que actúe con libertad. *Con ese pacto nos han atado las manos.* ■ **bajo** ~. loc. adv. Oculta o secretamente. *Le acusan de recibir dinero bajo mano.* ■ **besar la** ~, o **las** ~**s,** (a alguien). loc. v. cult. Se usa en fórmulas de cortesía para despedirse, de palabra o por escrito. *Beso a usted la mano.* ■ **caerse de las** ~**s** un libro u otro escrito. loc. v. coloq. Ser muy aburrido o no ofrecer ningún interés. *Su última novela se me cayó de las manos.* ■ **cambiar** algo **de** ~**s.** loc. v. Cambiar de propietario. *La casa ha cambiado de manos varias veces.* ■ **cargar la** ~ (en algo). loc. v. coloq. Excederse (en ello). *Has cargado la mano* EN *el vinagre al aliñar la ensalada. Puedes elogiarlo, pero, si cargas mucho la mano, sonará a peloteo.* ■ **con la** ~ **en el corazón.** loc. adv. Con absoluta franqueza o sinceridad. *He disfrutado mucho con este trabajo, lo digo con la mano en el corazón.* ■ **con las** ~**s cruzadas.** → **mano sobre mano.** ■ **con las** ~**s en la masa.** loc. adv. coloq. En el momento de estar haciendo algo que normalmente se desea mantener oculto. Gralm. con v. que significan 'sorprender'. *Han cogido al ladrón con las manos en la masa.* ■ **con las** ~**s vacías.** loc. adv. **1.** Sin haber logrado lo que se pretendía. *Aspiraba a medalla, pero volvió del campeonato con las manos vacías.* **2.** Sin nada que ofrecer. *No puedes ir a verla con las manos vacías.* ■ **con una** ~ **atrás y otra delante,** o **con una** ~ **delante y otra atrás.** loc. adv. Con pobreza o miseria. *Siempre ha vivido con una mano atrás y otra delante.* ■ **dar la** ~ (a alguien). loc. v. Alargársela para saludar(lo). *Al entrar dio la mano a todos los presentes.* ■ **darse la** ~ dos cosas. loc. v. Unirse o coincidir. *Belleza y elegancia se dan la mano en este conjunto.* Tb.: *Un enclave donde la historia se da la mano* CON *un exotismo tranquilo.* ■ **dejar de la** ~ (algo o a alguien). loc. v. Abandonar(lo). *No dejes ese asunto de la mano. Nunca dejaré de la mano a tu hijo.* ■ **de la** ~. loc. adv. Con la mano (→ 1) cogida por la de otro, o con las manos cogidas mutuamente. *El padre trae al niño de la mano. El niño viene de la mano de su padre. Vienen de la mano.* ■ **de** ~. loc. adj. Portátil o fácil de transportar con las manos (→ 1). *Puede subir al avión con el bolso de mano. Granadas de mano. Taladradora de mano.* ■ **de** ~ **en** ~. loc. adv. De una persona a otra. Gralm. con *ir* o *pasar*. *Las fotografías pasaban de mano en mano.* ■ **de** ~**s a boca.** loc. adv. coloq. De repente o impensadamente. *Se encontró de manos a boca con tus padres cuando salía del cine.* ■ **de primera** ~. loc. adj. **1.** Adquirido del primer vendedor. *El piso que ha comprado es de primera mano.* **2.** Tomado o aprendido directamente de la fuente original. *Ha obtenido la información de primera mano.* Tb. loc. adv. *Conoce de primera mano la situación.* ■ **de segunda** ~. loc. adj. **1.** Adquirido del segundo vendedor, o que ha pertenecido antes a otra persona. *Compra un coche de segunda mano.* **2.** Tomado no de la fuente original, sino de otra secundaria. *Sus conclusiones son poco fiables porque se basan en datos de segunda mano.* ■ **echar** ~ (a algo o alguien). loc. v. Coger(lo). *Echa mano a la cartera y saca un billete. La policía le ha echado mano cuando trataba de escapar.* ■ **echar** ~ (de alguien o algo). loc. v. Valerse (de ellos). *Si hace falta, echo mano* DE *mis hermanos para que se queden con los pequeños. Tuvo que echar mano* DE *su astucia.* ■ **echar una** ~ (a alguien). loc. v. Ayudar(lo). *Si puedo echarte una mano, lo haré encantada.* ■ **en buenas** ~**s.** loc. adv. Al cuidado de alguien capaz de manejar o hacer bien aquello de que se trata. Frec. con *estar*. *No te preocupes, que el asunto está en buenas manos. Ha caído en buenas manos.* ■ **en** ~**s** (de alguien). loc. adv. **1.** En poder (de esa persona). *La ciudad cayó en manos* DEL *enemigo.* **2.** Al cuidado o bajo la responsabilidad (de esa persona). Gralm. con *dejar* o *poner*. *Dejo la decisión en tus manos, piénsalo bien.* ■ **ensuciarse** alguien **las ~s.** loc. v. Participar en una acción ilícita o poco honrada. *Prefiere pasar necesidad antes que ensuciarse las manos.* ■ **estar** alguien **dejado de la ~ de Dios.** loc. v. Ser persona inclinada a cometer delitos o grandes errores. *Según ella, sus hijos están dejados de la mano de Dios, no hacen más que barbaridades.* ■ **estar** alguien o algo **dejado de la ~ de Dios.** loc. v. Estar abandonado o desatendido. *Nadie hace nada, todo está dejado de la mano de Dios.* ■ **estar** algo **en la ~** (de alguien). loc. v. Ser(le) posible. *Si está en mi mano ayudarte, lo haré. Hizo cuanto estaba en su mano por él.* ■ **estrechar la ~** (de alguien, o a alguien). loc. v. Tomar su mano (→ 1) como saludo o expresión de afecto. *Estrechó la mano a su suegro.* ■ **frotarse las ~s.** loc. v. coloq. Manifestar gran satisfacción. *El muy ladino estará frotándose las manos al ver el lío que tenemos.* ■ **ganar por la ~** (a alguien). loc. v. Anticipárse(le). *Quiso ocupar la secretaría, pero otro le ganó por la mano.* ■ **ir** una persona o un vehículo **por su ~.** loc. v. Transitar por el lado de la vía que le corresponde. *En carretera, debes ir siempre por tu mano.* ■ **írsele** algo (a alguien) **de las ~s.** loc. v. Quedarse sin ello cuando ya lo tenía o creía tenerlo. *La pelota se le fue de las manos.* Tb. fig. *En la segunda parte, el partido se nos fue de las manos.* ■ **írsele** (a alguien) **la ~** (en algo). loc. v. Excederse en la cantidad (de esa cosa) que da o pone. *Se te ha ido la mano* EN *la sal.* ■ **la ~** (de una mujer). loc. s. El permiso formal para casarse (con ella). Con v. como *pedir*, *solicitar* o *conceder*. *Carmen se casará pronto: ya han pedido su mano. El rey concederá la mano de la princesa a quien desentrañe el enigma.* ■ **lavarse** alguien **las ~s** (en un asunto). loc. v. Desentenderse (de ello) o rechazar la responsabilidad en los problemas que presenta. *El tribunal se lava las manos* EN *este asunto.* ■ **levantar,** o **alzar, la ~** (a alguien, o contra alguien). loc. v. Pegar(le), o amenazar(lo) haciendo el gesto de ir a pegar(le). *Le ha levantado la mano a un compañero. Nunca se perdonará haber alzado la mano* CONTRA *su padre.* ■ **llegar,** o **venir, a las ~s** dos personas. loc. v. Empezar a pegarse o a pelear. *Han discutido y casi llegan a las manos. Los jugadores vinieron a las manos en varias ocasiones.* Tb.: *Casi llega a las manos* CON *un compañero.* ■ **llevarse las ~s a la cabeza.** loc. v. coloq. Asombrarse de algo o indignarse a causa de ello. *Ante esta solución, más de uno se llevará las manos a la cabeza.* ■ **~ a ~.** loc. adv. **1.** Interviniendo solo dos personas, gralm. compitiendo entre ellas. *El trabajo lo han hecho entre los dos, mano a mano.* Tb. m., referido a la acción que se realiza de ese modo. *El debate fue un mano a mano entre el presidente y el líder de la oposición.* **2.** *Taurom.* Actuando solo dos diestros en una corrida. *Hoy torean mano a mano el Juli y Rincón.* Tb. m., referido a la actuación que se realiza de ese modo. *El mano a mano de ayer entre el Juli y Rincón fue un éxito.* ■ **~s a la obra.** expr. Se usa para animarse alguien a sí mismo, o animar a los demás, a emprender o reanudar un trabajo. *Vamos, chicos, manos a la obra.* ■ **~s arriba.** expr. Se usa para ordenar una persona armada a otra que alce los brazos y no se resista. *¡Policía, manos arriba! ¡Manos arriba, esto es un atraco!* ■ **~ sobre ~,** o **con las ~s cruzadas.** loc. adv. Sin hacer nada. *Se pasa el día mano sobre mano. Eso es una injusticia y no podemos quedarnos con las manos cruzadas.* ■ **meter las ~s** (en algo). loc. v. Empezar a intervenir en su ejecución. *Desde que él metió las manos* EN *este asunto, todo va mejor.* ■ **meter ~** (a algo, espec. a un trabajo). loc. v. coloq. Empezar a ejecutar(lo). *No sé por dónde meter mano a este artículo.* ■ **meter ~** (a alguien). loc. v. **1.** coloq. Investigar su conducta para descubrir posibles irregularidades. *Parece que van a meter mano al jefe de personal.* **2.** coloq. Tocar(lo) o manosear(lo) con intención erótica. *La llamó estrecha porque no se dejó meter mano.* ■ **no caérsele** (a alguien) algo **de (entre) las ~s.** loc. v. Llevarlo siempre en ellas. *Al abuelo no se le caía el cigarro de las manos.* ■ **no dejar** (algo) **de la ~.** loc. v. Continuar ocupándose (de ello) con empeño. *Procura no dejar el asunto de la mano, que es muy importante.* ■ **no saber** alguien **dónde tiene la,** o **su, ~ derecha.** loc. v. coloq. Ser incapaz o poco apto, espec. para la realización de un trabajo. *–Es algo torpe. –¿Algo?, no sabe dónde tiene la mano derecha.* ■ **no saber** alguien **lo que** (**se**) **trae entre ~s.** loc. v. coloq. No tener capacidad para la actividad o la función que realiza. *Para mí, ese abogado no sabe lo que se trae entre manos.* ■ **pasar la ~ por el lomo** (a alguien). loc. v. coloq. Halagar(lo). *El Gobierno se dedica a pasar la mano por el lomo a los banqueros para que lo apoyen.* ■ **poner** (a alguien) **la ~ encima.** loc. v. Pegar(le) o golpear(lo). *No te atrevas a ponerle al niño la mano encima.* ■ **poner la ~,** o **las ~s, en el fuego** (por alguien o algo). loc. v. Responder (por ellos). Se usa para expresar seguridad en la honradez de esa persona, o en la verdad y certeza de esa cosa. *Me parece buena persona, pero no pongo la mano en el fuego* POR *ella.* ■ **ponerse de ~s** un animal. loc. v. Levantar el cuerpo apoyándose en las patas de atrás. *El caballo se puso de manos y casi me tira.* ■ **quitarle** el público (algo, espec. una mercancía) **de las ~s** (a alguien). loc. v. Comprár(selo) rápidamente, por la aceptación o interés que suscita. *Ese producto se vende muy bien; nos lo quitan de las manos.* ■ **quitarse** (algo) unas personas (a otras) **de las ~s.** loc. v. coloq. Disputarse su adquisición. *Los parroquianos se quitaban unos a otros la mercancía de las manos.* ■ **sentar la ~** (a alguien). loc. v. **1.** coloq. Castigar(lo) con golpes. *Su padre nunca le sentó la mano.* **2.** coloq. Reprender(lo) o castigar(lo) con severidad. *El conserje se está extralimitando, creo que necesita que alguien le siente la mano.* ■ **tender** (a alguien) **la,** o **una, ~.** loc. v. Socorrer(lo) o ayudar(lo). *Cuando lo necesité, fue el único que me tendió una mano.* ■ **tener** alguien (algo) **en la,** o **su, ~.** loc. v. Poder conseguir(lo), realizar(lo) o disponer (de ello). *Tienes en tu mano sacar el curso.* ■ **tocar con la ~** (algo). loc. v. Tener(lo) muy próximo. *Italia toca con la mano las elecciones legislativas. Nuestro pasado está ahí, lo estamos tocando con la mano.* ■ **traer**(**se**), o **tener, entre ~s** (algo). loc. v. Estar ocupándose (en ello). *¿Qué te traes entre manos? ¿Qué libro tienes entre manos?* ■ **untar la ~,** o **las ~s,** (a alguien). loc. v. coloq. Sobornar(lo). *Se le acusa de untar la mano a varios concejales.* ■ **venir a las ~s** dos personas. → **llegar a las manos.** ■ **vivir de,** o **por, sus ~s.** loc. v. Mantenerse de su trabajo. *Todos mis hijos viven por sus manos.*

mano[2]**, na.** m. y f. Am. coloq. Se usa para dirigirse a una persona con la que se tiene amistad o confianza. *Vamos a dar una vuelta, mana, no te quedes ahí* [C]. *¡Qué cara traes, manito! ¿Qué te pasó?* [C].

manojo. m. **1.** Conjunto pequeño de cosas, gralm. alargadas y unidas entre sí, que se puede coger con la mano. *He puesto un manojo de rosas en el jarrón. Sacó del bolsillo un manojo de llaves. En el cajón hay un manojo de cartas.* **2.** Conjunto abundante de cosas. *Está tan delgada que su cuerpo es un manojo de huesos. Estoy hecho un manojo de nervios.* **3.** Conjunto pequeño de personas o cosas. *Escribió decenas de novelas y un manojo de cuentos.*

manoletina. f. **1.** *Taurom.* Pase que se hace de frente y con la muleta a la espalda, sujetándola con las dos manos. *El público aplaude el quite por manoletinas.* **2.** Zapato bajo de punta redondeada, semejante al que usan los toreros. *La niña calza unas manoletinas rojas.*

manolo, la. m. y f. histór. A finales del s. XVIII y principios del XIX: Persona de las clases populares de Madrid, que se distinguía por su vestimenta y su desenfado. *Goya retrataba a manolos y manolas en sus lienzos.*

manómetro. m. *Fís.* y *Med.* Instrumento para medir la presión. *Comprueba la presión de las ruedas con el manómetro*

manopla. f. **1.** Guante sin separaciones para los dedos, o solo con una para el pulgar. *Los esquimales llevan manoplas. Se pone la manopla para sacar el asado del horno.* **2.** histór. En una armadura: Pieza que cubre la mano.

manosear. tr. **1.** Sobar (algo o a alguien). *Si quieres una pera, cógela, pero no las manosees todas.* **2.** Tratar con insistencia (un asunto) o utilizar repetidamente (un procedimiento). *Es un tema muy manoseado.* ▶ **1:** *SOBAR.

manoseo. m. Hecho de manosear. *El frutero se queja del manoseo de la fruta por parte de los clientes.*

manotada. f. Manotazo. *Se quita los moscones de encima a manotadas.*

manotazo. m. Golpe dado con la mano abierta. *Dio un manotazo en la mesa. Espanta a la mosca de un manotazo. Lo han sacado de la cama a manotazos.* ▶ MANOTADA.

manotear. intr. Mover alguien las manos reiteradamente de un lado a otro, para dar mayor expresividad a lo que dice. *Empieza a gritar y a manotear enfadado.*

mansalva. a ~. loc. adv. Sobre seguro y sin freno. *En aquella época se asesinaba a mansalva.*

mansarda. f. Buhardilla. *En París vivía en una mansarda, cerca del Sena. Un gato se ha colado por una mansarda.*

mansedumbre. f. Cualidad de manso. *El público abucheó a los toros por su mansedumbre. La mansedumbre del indígena lo hacía más vulnerable. Los copos de nieve caen con mansedumbre.*

mansión. f. Casa grande y lujosa. *El hacendado vivía en una antigua mansión colonial. Tienen una mansión en la Costa Azul.*

manso, sa. adj. **1.** Dicho de animal: Que no es bravo o fiero. *No muerde: es un perro muy manso. Los toros de la corrida salieron mansos.* **2.** Dicho de persona: Apacible y nada agresiva. *Es muy manso y siempre evita discutir.* **3.** Dicho de cosa: Tranquila y apacible. *Una lluvia mansa empapa los valles.* ● m. **4.** En ganadería: Animal macho manso (→ 1), espec. buey, que sirve de guía a los demás. *Los toros van entrando en toriles detrás de los mansos.*

mansurrón, na. adj. despect. Dicho de animal, espec. toro: Manso en exceso. *El quinto fue un toro mansurrón y sin casta.*

manta. f. **1.** Prenda grande y rectangular, de lana u otro tejido, que sirve de abrigo, espec. en la cama. *Duerme con dos mantas.* **2.** coloq. Gran cantidad de algo, espec. de golpes. *Le voy a dar una manta* DE *golpes que se va a enterar. Nos ha pillado una tormenta y nos ha caído una manta* DE *agua.* **3.** Pez marino semejante a la raya pero de mayor tamaño, con dos cuernos carnosos cerca de la boca, y que se alimenta de plancton. *La manta tiene las aletas pectorales muy desarrolladas.* ● adj. **4.** coloq. Holgazán o perezoso. *No ha suspendido por tonto, sino porque es muy manta.* Tb. m. y f. *No da ni golpe, es un manta.* **5.** coloq. Dicho de persona: Inútil. *¡Qué manta eres, mira que no saber arreglarlo!* Tb. m. y f. ■ **~ eléctrica.** f. Aparato formado por dos capas de tejido y una resistencia eléctrica entre ambas, que se usa para dar calor al cuerpo. *La manta eléctrica tiene un mando para regular la intensidad de calor.* □ **a ~, o a ~ de Dios.** loc. adv. coloq. En abundancia o en gran cantidad. *Empezó a caer agua a manta.* Tb. adj. *Ha habido goles a manta de Dios en el partido.* ■ **liarse la ~ a la cabeza.** loc. v. coloq. Tomar una determinación arriesgada, de modo precipitado o irreflexivo. *Se lió la manta la cabeza y se marchó a otro país.* ■ **tirar de la ~.** loc. v. coloq. Descubrir algo que se quiere mantener en secreto. *Ocultaron el fraude hasta que alguien tiró de la manta.* ▶ **Am: 1:** COBIJA, FRAZADA.

mantear. tr. Lanzar al aire repetidas veces (a alguien o a un pelele) con una manta cogida por varias personas. *Sus amigos lo mantearon.*

manteca. f. **1.** Grasa de los animales, espec. del cerdo. *Cubra el fondo de la cazuela con manteca derretida.* **2.** Grasa sólida de algunos frutos. *Ponte manteca de cacao en los labios para que no se te resequen. Manteca de cacahuete. Manteca de coco.* **3.** Cosa muy blanda o suave. *¡Qué ricas están las judías, son manteca!* **4.** humoríst. Grasa del cuerpo humano. *Tienes que hacer deporte para bajar esas mantecas.* **5.** coloq. Dinero (monedas o billetes). *¿Te han soltado ya la manteca?* **6.** frecAm. Mantequilla. *"Nada de manteca ni de panecillos", pidió el General* [C]. ■ **el que asó la ~.** loc. s. Una persona que simboliza al mayor de los necios. *Eso que has hecho no se le ocurre ni al que asó la manteca.*

mantecada. f. Bollo hecho de harina, huevos, azúcar y mantequilla, que suele cocerse en un molde cuadrado de papel. *Las mantecadas son típicas de Astorga.*

mantecado. m. **1.** Bollo hecho con manteca de cerdo. *En la mesa hay un plato con mazapanes, mantecados y alfajores.* **2.** Helado hecho con leche, huevos y azúcar. *Si no te comes rápido el mantecado se te va a derretir.*

mantecoso, sa. adj. **1.** Que tiene mucha manteca. *La leche contiene una sustancia mantecosa: la nata. Queso mantecoso.* **2.** Que tiene características semejantes a las de la manteca. *La pulpa del aguacate es blanda y mantecosa.*

mantel. m. Cubierta de tela u otro material semejante que se pone sobre la mesa para comer. *Tiró la copa y manchó el mantel de vino. Un mantel de hule.*

mantelería. f. Juego de mantel y servilletas. *En su boda les han regalado una mantelería y una cubertería.*

mantenedor, ra. adj. Que se dedica al mantenimiento de algo. *La reparación del ascensor es responsabilidad de la empresa mantenedora.* Dicho de pers., tb. m. y f. *Hice el curso de instalador y mantenedor eléctrico.*

mantener. (conjug. TENER). tr. **1.** Proporcionar (a alguien) el alimento necesario. *Las leonas cazan para mantener a la manada.* **2.** Costear las necesidades económicas (de alguien). *Tienes que buscar trabajo: no te vamos a mantener toda la vida.* **3.** Hacer que (alguien o algo) estén en una situación o un estado durante un tiempo. *Si no quieres que nos descubran, mantente agachado. El café lo mantiene despierto toda la noche.* **4.** Hacer que (algo) siga existiendo. *Lo único que han mantenido del edificio ha sido la fachada.* **5.** Realizar (una acción que se prolonga durante un tiempo). *Mantienen una conversación muy interesante. Mantiene correspondencia con una antigua compañera del instituto.* **6.** Defender (una idea o una opinión). *El científico mantiene que la vida no empezó en el agua.* ○ intr. prnl. **7.** Alimentarse. *Se mantiene* DE *fruta y verdura.* **8.** Seguir alguien o algo en una situación o un estado durante un tiempo. *Para mantenerse en forma hay que hacer deporte. Durante el interrogatorio se mantuvo frío y calculador. El muñeco se mantiene en pie a pesar de los vaivenes.* ▶ **2, 5, 6:** SOSTENER.

mantenida. f. Mujer que vive a expensas de su amante. *Su vecina era la mantenida de un banquero.*

mantenimiento. m. **1.** Hecho de mantener o mantenerse. *El político apuesta por el mantenimiento del actual sistema educativo.* **2.** Hecho de mantener algo o a alguien en perfectas condiciones o en funcionamiento. *Es el jefe de mantenimiento de las instalaciones deportivas.* ▶ **1:** SOSTÉN, SOSTENIMIENTO.

manteo[1]. m. Hecho de mantear. *El cuadro representa el manteo de un pelele.*

manteo[2]. m. **1.** Capa larga con cuello, que llevan los eclesiásticos sobre la sotana. *El cura vestía sotana, manteo y sombrero de teja.* **2.** Falda larga usada por campesinas y aldeanas, que hoy forma parte de algunos trajes típicos. *Las joteras llevan zapatos negros, medias blancas y manteo.*

mantequería. f. Tienda donde se venden mantequilla, quesos, fiambre y otros productos de alimentación. *Despacha el embutido en una mantequería.*

mantequilla. f. Producto graso y pastoso que se obtiene batiendo la nata de la leche. *Unta mantequilla en la tostada.* ▶ **frecAm:** MANTECA.

mantilla. f. **1.** Prenda de lana o de seda, gralm. de encaje, usada por las mujeres para cubrir la cabeza y los hombros, espec. en fiestas y actos solemnes. *La madrina y las damas de honor llevan mantilla y peineta.* **2.** Prenda de lana usada para abrigar y envolver a un niño por encima de los pañales. *Tapa al bebé con la mantilla para que no coja frío.* ■ **en ~s.** loc. adv. En un estado de desarrollo poco avanzado. *Apostó por la telefonía móvil cuando el sector estaba aún en mantillas.*

mantillo. m. **1.** Capa superior del suelo, formada pralm. por la descomposición de materias orgánicas. *La cobertura del terreno boscoso está formada por plantas y mantillo.* **2.** Abono obtenido de la fermentación y putrefacción de estiércol o de la desintegración parcial de materias orgánicas. *Rellena la maceta con mantillo.*

mantis. f. Insecto alargado, con grandes ojos y patas anteriores robustas, las cuales recoge cuando reposa, como si estuviera en actitud orante. *La mantis permanece inmóvil para capturar a sus presas.* Tb. ~ *religiosa.* ▶ SANTATERESA.

manto. m. **1.** Vestidura amplia, semejante a una capa, que cubre desde la cabeza o los hombros hasta los pies y es propia de monarcas, personajes insignes o imágenes religiosas. *Los fieles besaban el manto azul de la Virgen. El emperador lleva un manto de armiño.* **2.** Cosa que cubre u oculta. *Hay un espeso manto de nieve en las calles. Las lluvias torrenciales erosionan el suelo y el manto vegetal.* **3.** *Zool.* En los moluscos: Pliegue protector que recubre el cuerpo y segrega la sustancia que forma la concha. *El manto protege las partes blandas del animal.* **4.** *Geol.* Capa sólida del interior de la Tierra, situada entre la corteza y el núcleo central. *El manto constituye casi un 70% de la masa total de la Tierra.* Tb. ~ *terrestre. El manto terrestre se divide en manto superior y manto inferior.*

mantón. m. **1.** Pañuelo grande, gralm. bordado y de seda, para llevar sobre los hombros. *La folclórica viste traje de faralaes y mantón.* Tb. ~ *de Manila. En la fiesta lució un elegante mantón de Manila.* **2.** Prenda de abrigo cuadrada o rectangular, que se pone sobre los hombros. *La abuela se arropaba con un mantón.*

mantra. m. *Rel.* En el hinduismo y el budismo: Conjunto de sílabas, palabras o frases sagradas que se recitan durante el culto para invocar a la divinidad o como apoyo de la meditación. *Los fieles repiten una y otra vez el mantra.*

manual. adj. **1.** De las manos. *Aquí no hay máquinas, todo se hace de forma manual. Este trabajo exige más habilidad manual que intelectual.* **2.** Que se maneja o se usa con las manos. *El vehículo viene equipado con caja de cambios manual.* **3.** Dicho de trabajo: Que se realiza con las manos. *En clase de educación plástica hacemos trabajos manuales.* **4.** Dicho de persona: Que hace trabajo manual (→ 3). *La siniestralidad es mayor entre los trabajadores manuales no cualificados.* ● m. **5.** Libro en que se resume lo esencial y más importante de una materia. *Ha publicado un manual de pintura. Manual de instrucciones. Consulté varios manuales para hacer el trabajo.*

manualidad. f. Trabajo manual. Gralm. en pl., espec. para designar los que se hacen en el tiempo libre o en la escuela. *El centro cultural organiza talleres de manualidades.*

manubrio. m. **1.** Manivela. *El organillero le daba al manubrio.* **2.** Am. Manillar. *Me apoyé en el manubrio de la bicicleta* [C].

manufactura. f. **1.** Producto manufacturado. *Trabaja para una empresa de manufacturas textiles.* **2.** Hecho de manufacturar. *El grafito se usa en la manufactura de lapiceros.* **3.** Fábrica o lugar donde se manufactura. *El edificio albergó una manufactura de porcelana.* ▶ **2:** MANUFACTURACIÓN.

manufacturación. f. Hecho de manufacturar. *La empresa se dedica a la manufacturación de bolsos.* ▶ MANUFACTURA.

manufacturar. tr. Fabricar con medios mecánicos (algo). Frec. en part. *Han aumentado las exportaciones de productos manufacturados.*

manufacturero, ra. adj. De la manufactura. *Industria manufacturera.*

manumisión. f. Hecho de manumitir. *Era hijo de un esclavo que consiguió la manumisión.*

manumitir. tr. Libertar (a un esclavo). *Los esclavos manumitidos se convertían en ciudadanos romanos.*

manuscrito, ta. adj. **1.** Escrito a mano. *En el libro hay hojas manuscritas y hojas impresas. Ha recibido una nota manuscrita del rey felicitándole.* ● m. **2.** Texto escrito a mano. *En la biblioteca hay varios manuscritos del siglo* XVII.

manutención. f. Hecho de mantener o proporcionar alimento. *El sueldo es suficiente para la manutención de sus hijos. La empresa corre con los gastos de alojamiento y manutención.*

manzana. f. **1.** Fruto redondo y comestible del manzano, de piel delgada, verde, roja o amarilla, y carne amarillenta, entre ácida y dulce, del cual existen diversas variedades, por ej.: ~ *reineta* (→ **reineta**). *De postre se ha comido una manzana. La sidra se elabora con manzanas. Pastel de manzana.* **2.** Grupo de edificios, gralm. cuadrangular, delimitado por calles en todos sus lados. *Te echo una carrera a ver quién da antes la vuelta a la manzana. El banco está a dos manzanas de aquí.* ■ ~ **de la discordia.** f. Cosa que produce desacuerdo o discordia. *El porcentaje de aumento salarial fue la manzana de la discordia en las negociaciones.* □ **sano como una ~.** loc. adj. Muy sano. *Aunque lo veas tan mayor, está sano como una manzana.*

manzanilla. f. **1.** Planta aromática de tallo delgado, con flores amarillas semejantes a las de la margarita. *Tiene plantada manzanilla en el jardín.* Tb. la flor. **2.** Infusión medicinal elaborada con las flores secas de la manzanilla (→ 1). *Como le dolía la tripa, se tomó una manzanilla.* **3.** Vino blanco andaluz originario de Sanlúcar de Barrameda. *Con la ración de jamón nos bebimos una copita de manzanilla.* ▶ **1:** CAMOMILA.

manzano. m. Árbol frutal de pequeño o mediano tamaño, tronco corto y corteza agrietada, cuyo fruto es la manzana. *En el huerto tiene perales y manzanos.*

maña. f. **1.** Habilidad o destreza. *Para arreglar relojes hacen falta buen pulso y mucha maña.* **2.** Medio hábil o astuto para conseguir algo. Frec. en pl. *Tuvo que emplear todas sus mañas para convencerlo.* **3.** Vicio o mala costumbre. Frec. en pl. *Aún conserva las mañas de juerguista.* ■ **darse** (**buena**) **~.** loc. v. Tener mucha habilidad. *Se da buena maña para conquistar a las chicas. Con lo pequeño que es y la maña que se da jugando a la pelota.* ▶ **2:** *ARTIMAÑA.

mañana. f. **1.** Parte del día que transcurre desde que amanece hasta el mediodía. *Te llevará una mañana entera hacer todo el papeleo. El sábado por la mañana fui de compras. Tengo horario de mañana.* **2.** Parte del día que transcurre desde la medianoche hasta el mediodía. *Me he acostado a las dos de la mañana.* ○ m. **3.** (Frec. con art.). Tiempo que todavía no ha llegado. *No pienses tanto en el mañana, preocúpate del presente. Había ahorrado algo pensando en el mañana.* ● adv. **4.** En el día que sigue inmediatamente al de hoy. *Lo operan mañana. Es mañana cuando hay que ir a recogerlo. ¿Quedamos mañana para comer?* A veces precedido de prep. *Si hoy estás cansada, lo dejamos para mañana. A partir de mañana sube el billete de autobús.* **5.** En un tiempo que todavía no ha llegado. *Si quieres ser alguien mañana, tendrás que esforzarte.* A veces precedido de prep. *No vive el momento, siempre está pensando en mañana.* ■ **muy de ~.** loc. adv. Muy temprano, o en las primeras horas del día. *Se acostaron pronto porque tenían que levantarse muy de mañana.* ■ **pasado ~.** loc. adv. En el día que sigue inmediatamente al de mañana. *Nos veremos pasado mañana.* A veces precedido de prep. *Me han dado hora para pasado mañana a las cuatro.* ▶ **3:** *FUTURO.

mañanero, ra. adj. **1.** De la mañana. *Ha salido a dar su paseo mañanero.* **2.** Madrugador. *El labrador es muy mañanero: se levanta con el alba.*

mañanita. f. **1.** dim. → **mañana. 2.** Prenda de vestir femenina, de punto o de tela, que cubre de los hombros a la cintura y se emplea espec. para estar incorporada en la cama. *La enferma se cubre con una mañanita de punto.* ○ pl. **3.** Canción popular mexicana que se le canta a una mujer por la mañana en el día de su cumpleaños. *El novio cantó unas mañanitas al pie de su ventana.*

maño, ña. adj. coloq. Aragonés. *La basílica del Pilar es uno de los grandes monumentos de la capital maña.* Dicho de pers., tb. m. y f.

mañoso, sa. adj. Que tiene maña. *Un carpintero muy mañoso nos arregló el mueble.*

maoísmo. m. Doctrina política y económica aplicada en la revolución comunista china por Mao Tse-tung (político chino, 1893-1976). *El maoísmo adaptaba el marxismo a la realidad de China.*

maoísta. adj. **1.** Del maoísmo. *De joven militó en un partido maoísta.* **2.** Partidario o seguidor del maoísmo. *Político maoísta.* Tb. m. y f. *Los maoístas controlaban el partido comunista chino.*

maorí. adj. Del pueblo aborigen de Nueva Zelanda. *Cultura maorí. Lengua maorí.* Dicho de pers., tb. m. y f. *Los misioneros trataban de evangelizar a los maoríes.*

mapa. m. Representación de la Tierra o de parte de ella en una superficie plana. *Para el viaje os hará falta un mapa. Sitúa Panamá en el mapa de América. Mapa de carreteras. Mapa meteorológico.* ■ ~ **mudo.** m. Mapa (→ 1) que no tiene escritos los nombres de los lugares representados y que se usa pralm. para ejercicios de geografía. *En el examen teníamos que escribir los nombres de las cordilleras en un mapa mudo.* □ **borrar** (algo o a alguien) **del ~.** loc. v. coloq. Eliminar(los) o hacer(los) desaparecer. *La isla fue borrada del mapa por el maremoto. A un tirano sanguinario como él habría que borrarlo del mapa.* ▶ CARTA.

mapache. m. Mamífero carnívoro americano, de pequeño tamaño, pelaje gris, cola larga con anillos negros y una mancha negra sobre los ojos que parece un antifaz. *El mapache hembra. El cazador lleva un gorro de piel de mapache.*

mapamundi. m. Mapa que representa la superficie de la Tierra dividida en dos hemisferios. *En clase hay un mapamundi al lado de la pizarra.*

mapuche. adj. **1.** De un pueblo indígena de la región central y sur de Chile. *Había varias mujeres de rasgos mapuches.* Dicho de pers., tb. m. y f. *Unos mapuches reivindicaban sus derechos sobre las tierras.* ● m. **2.** Lengua de los mapuches (→ 1). *El indígena le habló en mapuche.* ▶ ARAUCANO.

maqueta. f. **1.** Modelo a escala reducida de una construcción. *En la inmobiliaria tienen una maqueta de la urbanización. Le han regalado la maqueta de un velero.* **2.** *Gráf.* Modelo previo de un texto o libro que se va a publicar, usado para determinar sus características definitivas. *En el departamento de producción hacen la maqueta de los libros.* **3.** *Mús.* Grabación de prueba de uno o más temas musicales. *A la discográfica le ha interesado nuestra maqueta.*

maquetación. f. Hecho de maquetar. *Los diseñadores trabajan en la maquetación del prototipo del vehículo. Ha hecho labores de edición y maquetación en un periódico.*

maquetar. tr. Hacer la maqueta (de algo). *Maquetan el libro con un programa de ordenador. Se dedica a maquetar aviones.*

maquetista. m. y f. Persona que se dedica a hacer maquetas. *El maquetista trabaja siguiendo las órdenes del arquitecto. El texto original pasa por las manos de correctores y maquetistas.*

maquiavélico, ca. adj. **1.** De Nicolás Maquiavelo (político y escritor italiano, 1469-1527). *La doctrina maquiavélica defiende la autonomía de la política frente a la moral.* **2.** Astuto y malicioso. *Un plan maquiavélico. El psicópata es frío y maquiavélico.*

maquiavelismo. m. **1.** Doctrina política de Nicolás Maquiavelo (político y escritor italiano, 1469-1527), fundada en la preeminencia de la razón de Estado sobre cualquier otra de carácter moral. *Su tesis versa sobre el maquiavelismo.* **2.** Conducta maquiavélica o maliciosa. *Los diputados han denunciado el maquiavelismo del candidato.*

maquila. f. **1.** Am. Producción de manufacturas, espec. textiles. *Hoy en día domina la maquila de ropa de compañías coreanas* [C]. **2.** Am. Fábrica destinada a la maquila (→ 1). *El centro laboral atenderá a 1200 empleados que laboran en siete maquilas* [C]. ▶ **2:** MAQUILADORA.

maquiladora. f. Am. Maquila (fábrica). *Muchos de los obreros despedidos encontraron acomodo en las maquiladoras de ropa* [C]. ▶ **Am:** MAQUILA.

maquillador, ra. m. y f. Persona que se dedica a maquillar a otras. *Trabaja de maquillador en unos estudios de televisión.*

maquillaje. m. **1.** Hecho o efecto de maquillar. *La sometieron a una sesión de maquillaje. El maquillaje del actor que hace de Drácula da miedo.* **2.** Cosmético, gralm. en forma de pasta y del color de la piel, que se usa para maquillar el rostro. *Se da maquillaje para disimular su palidez.*

maquillar. tr. **1.** Modificar el aspecto (de alguien o de su rostro) mediante cosméticos para embellecer(los) o caracterizar(los). *Maquillan a la actriz en el camerino. Se maquilla para ir a la fiesta.* **2.** Alterar (algo) de manera engañosa para mejorar su apariencia. *Se empeña en maquillar la realidad.* ▶ **1:** PINTAR.

máquina. f. **1.** Objeto compuesto de diversos elementos, que aprovecha una determinada fuerza para producir trabajo. *Tiene una máquina para pelar verduras. Le regalaron una máquina fotográfica. La máquina de tabaco está estropeada. No sabe escribir a máquina. Se ha comprado una máquina de coser.* **2.** Conjunto organizado de partes que funcionan como un todo. *La máquina del Universo.* **3.** Se usa para designar una locomotora, un automóvil, una motocicleta o una bicicleta. *La máquina descarriló cerca de la estación. La nueva máquina de la escudería es velocísima. El ciclista y su máquina bajan a toda velocidad.* **4.** coloq. Persona que realiza las cosas de manera rápida y precisa. *En su trabajo es una máquina.* Se usa frec. para enfatizar automatismo. *¿Te has creído que soy una máquina?* ■ **~ herramienta.** f. Máquina (→ 1) que por procedimientos mecánicos hace funcionar una herramienta, sustituyendo el trabajo manual del operario. □ **a toda ~.** loc. adv. Muy deprisa. *El barco navega a toda máquina. Trabajan a toda máquina para terminar las obras.*

maquinación. f. Hecho o efecto de maquinar. *Lo acusan de maquinación para alterar el precio de las cosas. Su estrategia es una maquinación para conseguir más poder.* ▶ *INTRIGA.

maquinal. adj. **1.** De máquina. *Con eficacia maquinal ha ordenado todo el archivo.* **2.** Ejecutado sin deliberación y sin intervención de la consciencia. *Se arregla la corbata con un gesto maquinal.* ▶ **2:** MECÁNICO.

maquinar. tr. Tramar (algo). *El cabecilla de la banda maquinó el secuestro. ¿Qué andas maquinando?* ▶ *TRAMAR.

maquinaria. f. **1.** Conjunto de máquinas. *Feria de maquinaria agrícola y textil.* **2.** Mecanismo que da movimiento. *Este reloj tiene la maquinaria estropeada.*

maquinilla. f. Máquina de afeitar. *El cabezal de la maquinilla tiene tres cuchillas.* Tb. *~ de afeitar. Se ha hecho un corte en la mejilla con la maquinilla de afeitar.*

maquinismo. m. Empleo predominante de las máquinas en la industria. *El maquinismo acarrea la práctica desaparición de los oficios.*

maquinista. m. y f. Persona que dirige o gobierna una máquina, espec. de vapor. *Dos maquinistas conducen la locomotora. Su abuelo fue maquinista de un barco de vapor.*

maquis. m. **1.** histór. Guerrilla de resistencia antifranquista que actuó después de la Guerra Civil española. *Durante la década de 1940 el maquis libraba su batalla en el norte de España.* **2.** histór. Miembro del maquis (→ 1). *Los maquis se refugiaban en la montaña y en los bosques.*

mar. m. (En acep. 1, 2 y 4, tb. f.). **1.** Extensión total de agua salada que cubre la mayor parte de la superficie terrestre. *En el mar habitan millones de especies.* **2.** Cada una de las grandes divisiones del mar (→ 1) delimitadas geográficamente. *Cuba está en el mar Caribe.* **3.** Lago de gran extensión. *El mar de Aral está en Asia.* **4.** Agitación del mar. *La mar está en calma.* **5.** Gran cantidad de cosas o personas. *Un mar de gente atraviesa la avenida principal. Estoy sumida en un mar de dudas.* ■ **~ de fondo.** m. (Tb. f). **1.** *Mar.* Agitación de las aguas producida en alta mar (→ **alta ~**), que alcanza la costa de forma atenuada. *Hoy se espera mar de fondo en el Cantábrico.* **2.** Inquietud o agitación que no son evidentes. *Tras el conflicto hay mucho mar de fondo.* ■ **~ gruesa.** f. *Mar.* Agitación de las aguas, con olas de hasta seis metros. *Se prevé fuerte marejada con áreas de mar gruesa.* ■ **alta ~.** f. Parte del mar (→ 1) que está a bastante distancia de la costa. *Los buques pescan en alta mar.* □ **a ~es.** loc. adv. Abundantemente. Gralm. con intención enfática. *Coge el paraguas, que está lloviendo a mares.* ■ **hacerse a la ~.** loc. v. Empezar la navegación. *Al amanecer, los pescadores se hicieron a la mar.* ■ **la ~.** loc. adv. coloq. Mucho. *Lo pasamos la mar de bien.*

mara. f. Am. Pandilla, espec. la que se reúne para hacer daño. *Dijo al juez que estaba presionado para unirse a una mara que le ofrecía protección* [C]. ▶ *PANDILLA.

marabú. m. Ave parecida a la cigüeña que habita en África y Asia, cuyo plumaje, gris y blanco, se emplea como adorno. *El marabú hembra. Lleva una estola de plumas de marabú.*

marabunta. f. **1.** Plaga de hormigas que devoran a su paso todo lo que encuentran. *La marabunta ha devastado la zona.* **2.** Gran cantidad de personas que causan jaleo y confusión. *Una marabunta de periodistas espera en el aeropuerto.*

maraca. f. Instrumento musical originario de las Antillas, que consiste en una calabaza con granos de maíz o chinas en su interior, y que actualmente se fabrica de madera o de plástico. Gralm. en pl. *Agita las maracas al son de la música.*

maracuyá. m. Fruto comestible de la pasionaria, redondeado y de color amarillo o púrpura, y muy apreciado en alimentación. *Helado de maracuyá.*

maragato, ta. adj. De la Maragatería (comarca de León). *En tierras maragatas, la sopa del cocido se come al final.* Dicho de pers., tb. m. y f. *Los maragatos eran arrieros y pastores.*

maraña. f. **1.** Conjunto de cosas, como hilos o cabellos, que se cruzan de forma desordenada. *El costurero se ha convertido en una maraña* DE *hilos. No puedo desenredar las marañas que tienes en el pelo.* **2.** Cosa intrincada o difícil. *Estoy metido en una maraña burocrática.*

marasmo. m. Paralización o inmovilidad. Frec. fig. *El país recibe ayudas para salir del marasmo económico.*

maratón. m. **1.** (Tb. f.). En atletismo: Carrera de resistencia en la que se recorre una distancia de 42 km y 195 m. *Miles de participantes corren el maratón de Nueva York. Voy a participar en una maratón popular.* **2.** Competición de resistencia. *La pareja ganó el maratón de baile.* **3.** Actividad larga o intensa que se desarrolla en una sola sesión o en poco tiempo. *Después del maratón de los exámenes, estamos agotados.*

maratoniano, na. adj. Del maratón. *Atletas maratonianos. La intervención para separar a las siamesas fue maratoniana.* ▶ **frecAm:** MARATÓNICO.

maratónico, na. adj. frecAm. Maratoniano. *Vuelve a su casa después de un viaje maratónico por Europa* [C].

maravedí. (pl. **maravedís** o, más raro, **maravedíes, maravedises**). m. histór. Antigua moneda española. *El pueblo debía pagar al rey 10 000 maravedís anuales.*

maravilla. f. Persona o cosa que causan admiración o asombro por sus buenas cualidades. Frec. con intención enfática. *¡Qué maravilla de coche, qué poco gasta! Mi novio es una maravilla.* ■ **de ~,** o **a las mil ~s.** loc. adv. coloq. Muy bien. Frec. con intención enfática. *En la cocina huele de maravilla. El ordenador funciona a las mil maravillas.*

maravillar. tr. Causar admiración (a alguien). *No deja de maravillarme tu facilidad para hacer amigos.* Tb. en constr. prnl. media. *Los espectadores se maravillan* ANTE *los goles del brasileño.*

maravilloso, sa. adj. **1.** Muy bueno o admirable. Frec. con intención enfática. *¡Es una noticia maravillosa! ¡Qué pintora tan maravillosa!* **2.** Extraordinario o sobrenatural. *Los héroes del cómic tienen poderes maravillosos.* ▶ **1:** *ESTUPENDO.

marbete. m. Etiqueta que se pone en un objeto para indicar algún dato, espec. su contenido, precio, origen o la dirección a la que se envía. *En el marbete dice que la garrafa contiene cloro.*

marca. f. **1.** Señal hecha en alguien o algo para distinguirlos o para indicar su pertenencia. *Mi libro tiene una marca en el lomo. La vaca lleva la marca de su ganadería.* **2.** Distintivo que el fabricante pone a sus productos, y cuyo uso le pertenece exclusivamente. *A los artículos rebajados a veces les quitan la marca. Solo lleva ropa de marca.* Tb. *~ de fábrica. Estas gafas no llevan marca de fábrica porque son de imitación.* **3.** Señal o huella que deja algo en una persona o una cosa. *Tiene la cara llena de marcas de la varicela. Me ha agarrado tan fuerte que me ha dejado una marca en el brazo.* **4.** *Dep.* Mejor resultado técnico homologado de una persona o de un grupo. *La saltadora de pértiga obtuvo su mejor marca esta temporada.* Frec. con *batir. El equipo de relevos batió la marca mundial.* **5.** histór. Provincia o distrito fronterizo. *El condado de Barcelona pertenecía a la Marca Hispánica.* ■ **~ registrada.** f. Marca (→ 2) que está inscrita en el registro correspondiente y goza por ello de protección legal. *Algunos nombres comunes provienen de marcas registradas.* □ **de ~ (mayor).** loc. adj. Que sobrepasa lo normal. *Es una profesional de marca mayor. Tengo un resfriado de marca.* ▶ **3:** *SEÑAL. **4:** RÉCORD.

marcado, da. part. **1.** → **marcar.** ● adj. **2.** Manifiesto o perceptible. *La filosofía tomista posee un marcado carácter aristotélico.*

marcador, ra. adj. **1.** Que marca. Dicho de pers., tb. m. y f. *El delantero logró zafarse de sus marcadores.* ● m. **2.** Dispositivo en que quedan registrados los tantos obtenidos por los participantes o los equipos que compiten en un encuentro deportivo o en un juego. *El partido ha terminado con empate en el marcador.* ▶ **2:** TANTEADOR.

marcaje. m. Hecho de marcar, espec. a un jugador del equipo contrario. *El defensa lo sometió a un duro marcaje.*

marcapaso. m. Marcapasos. *Los que llevan marcapaso no deben pasar por el detector de metales.*

marcapasos. m. Aparato electrónico de pequeño tamaño que regulariza la frecuencia cardíaca. *Tiene un marcapasos implantado desde que le dio el último infarto.* ▶ MARCAPASO.

marcar. tr. **1.** Hacer (una marca). *Marcó su nombre en el árbol. Las camisas tienen mis iniciales marcadas.* **2.** Hacer una marca (en alguien o algo). *Mi madre me ha marcado el uniforme del colegio. El ganadero marca las vacas.* **3.** Herir (a una persona o una parte de su cuerpo) de modo que quede señal. *Marcaron al chivato para que no volviera a irse de la lengua. El gánster tenía la cara marcada.* **4.** Peinar (a una persona o su pelo) de manera que el peinado permanezca durante un tiempo. *La peluquera me marca el pelo con el secador.* Frec. usado en constr. intr. *En mi peluquería cobran 15 euros por lavar y marcar.* **5.** Dejar una huella inmaterial (en alguien o algo). *Aquel suceso me marcó para siempre. El divorcio de mis padres ha marcado su niñez.* **6.** Determinar o fijar (algo). *En la agencia nos han marcado el itinerario del viaje.* **7.** Indicar un aparato (un dato, espec. una cantidad o magnitud). *El reloj marca las diez. El termómetro marca la temperatura. La aguja de la brújula marca el Norte.* **8.** Poner el precio (en un producto). *En las rebajas, marcan las prendas con los descuentos.* **9.** Hacer resaltar (algo). *Al hablar marca las eses. Lleva un vestido que marca su silueta.* Tb. en constr. prnl. media. *Tiene la piel tan blanca que se le marcan las venas.* **10.** Formar (un número) pulsando las teclas o girando el disco de un teléfono. *No olvides marcar el prefijo. Si quieres llamar al número de emergencias, marca el 112.* Tb. usado en constr. intr. *Espera a que te den línea antes de marcar.* **11.** Hacer que se noten las pausas y los movimientos (en algo, espec. en el paso o el compás). *El director de orquesta marca el compás con la batuta. La tropa desfilaba marcando el paso.* **12.** En algunos deportes: Conseguir (un tanto). *El alero marcó una canasta de tres puntos.* Tb. usado en constr. intr. *No marcamos hasta el minuto cuarenta.* **13.** En algunos deportes: Controlar un jugador (a otro jugador contrario) para dificultar su juego. *El lateral derecho ha marcado al extremo durante todo el partido.* ▶ **12:** ANOTAR.

marcha. f. **1.** Hecho de marchar o marcharse. *Los excursionistas harán una marcha de 20 km. Por fin llegó el día de mi marcha. Estoy sorprendida por la marcha de los acontecimientos. Tenemos que ponernos en marcha.* **2.** Modo de andar del hombre y de algunos animales. *La marcha de los mamíferos es diferente de la de los reptiles.* **3.** Velocidad o rapidez. Frec. en la constr. *a toda ~. El tren se acerca a toda marcha. El coche redujo la marcha.* **4.** Desarrollo de algo. *Tengo en marcha un plan infalible.* **5.** En algunos vehículos: Cada una de las posiciones de la caja de cambios. *Para arrancar, mete la primera marcha.* **6.** En atletismo: Carrera en la que el corredor camina rápidamente manteniendo siempre uno de los pies en contacto con el suelo. Frec. en aposición, pospuesto a una expresión de longitud. *Está entrenándose para correr los 5000 metros marcha.* Tb. *~ atlética. La marcha atlética es una carrera de larga distancia.* **7.** coloq. Animación o diversión. *Tiene mucha marcha para su edad. Fui a las fiestas buscando marcha. Le va la marcha.* **8.** *Mús.* Composición musical de ritmo determinado, que marca el paso de la tropa o de un cortejo. *Marcha militar. Marcha fúnebre.* ■ **~ atrás.** f. **1.** Hecho de retroceder un vehículo. *Maniobra de marcha atrás.* Tb. el mecanismo correspondiente. *Las bicicletas no tienen marcha atrás.* **2.** En algunos vehículos: Posición de la palanca de cambios que corresponde a la marcha atrás (→ **marcha atrás** 1). *Mete la marcha atrás.* □ **abrir la ~.** loc. v. Ir delante de un grupo que se desplaza. *En la manifestación, el líder de la oposición abría la marcha.* Tb. fig. *Francia y Estados Unidos abrieron la marcha en la investigación contra el sida.* ■ **a ~s forzadas.** loc. adv. **1.** *Mil.* Haciendo jornadas más largas que las regulares. *El pelotón alcanzó el campamento a marchas forzadas.* **2.** Muy deprisa. *Los albañiles están trabajando a marchas forzadas.* ■ **dar ~ atrás.** loc. v. Arrepentirse o echarse atrás. *Tenía decidido venir, pero en el último momento dio marcha atrás.* ■ **sobre la ~.** loc. adv. A medida que se hace algo. *Se me ha ocurrido sobre la marcha.* ▶ **5:** VELOCIDAD.

marchamo. m. Marca que se pone a determinados productos comerciales para indicar que han pasado el debido control o reconocimiento. *Todas nuestras carnes llevan marchamo sanitario.*

marchante, ta. m. y f. (En acep. 1, se usa **marchante** como f.). **1.** Persona que comercia con obras de arte. *El cuadro ha sido vendido a una marchante por un millón de euros.* **2.** frecAm. Vendedor, espec. el que tiene una clientela habitual. *Vino la marchanta del pescado y me trajo un blanquito* [C]. *Compraba, discutía precios con los marchantes, y hasta rezongaba improperios* [C]. **3.** frecAm. Cliente (persona que compra en una tienda). *Despache a esas marchantas, que se le van* [C]. ▶ **2:** VENDEDOR. **3:** CLIENTE.

marchar. intr. **1.** Desplazarse o moverse. *El tren marcha a 250 km/h.* **2.** Ir a un lugar. *El capitán ordenó marchar* A/HACIA *Flandes.* **3.** Irse o partir de un lugar. *El jefe de la tribu dejó marchar a los prisioneros.* Frec. prnl. *Me marché* DE *casa a los veinte años. Se ha marchado* AL *extranjero. Márchate, que no quiero verte.* **4.** Funcionar o desenvolverse algo. *Los negocios marchan bien. ¿Cómo marcha todo?* **5.** Funcionar o desenvolverse bien algo. *Que la cosa marche depende de ti. Esto no marcha.* **6.** *Mil.* Caminar en formación. *Los soldados marchan ante la bandera.*

marchitar. tr. **1.** Hacer que (algo) se ponga marchito. *El sol ha marchitado las flores del jardín.* Tb. fig. *El tiempo no ha marchitado su recuerdo.* ○ intr. prnl. **2.** Ponerse algo marchito. *El ramo de rosas tardó poco en marchitarse.* Tb. fig. *Su juventud ha empezado a marchitarse.*

marchito, ta. adj. Falto de vigor y frescura. *Sobre la losa había unas rosas marchitas.* Tb. fig. *Defiende unas ideas ya marchitas.*

marchoso, sa. adj. coloq. Que tiene marcha o animación. *Saltó a la fama con una canción muy marchosa. ¡Qué abuela tan marchosa!* Dicho de pers., tb. m. y f. *¿Cómo puede salir una tía tan aburrida con un marchoso como tú?*

marcial. adj. **1.** De los militares. *El soldado se cuadró e hizo el saludo marcial.* **2.** Gallardo o garboso. *Camina con paso marcial.*

marcialidad. f. Cualidad de marcial o garboso. *Los bailarines se movían con marcialidad al ritmo de un pasodoble.*

marciano, na. adj. Del planeta Marte. *Atmósfera marciana.* Dicho de habitante de ese planeta, tb. m. y f. *Anoche dieron una película de marcianos.*

marco. m. **1.** Cerco fijo donde encajan una ventana o una puerta. *Han puesto marcos de aluminio en las ventanas.* **2.** Cerco que rodea o protege un cuadro, un espejo o una fotografía, y que se emplea como adorno. *Tiene la foto de la boda en un marco de plata.* **3.** Espacio o ámbito dentro de los cuales sucede o se desarrolla algo. *La reforma legal se hará dentro del marco de la Constitución.* **4.** Unidad monetaria de Alemania y Finlandia anterior al euro. *Cuando íbamos a Berlín, cambiábamos pesetas por marcos.*

marea. f. **1.** Movimiento periódico y alternativo de ascenso y descenso del nivel del mar, producido por la atracción del Sol y de la Luna. *Las mareas producen energía que se emplea para generar electricidad.* **2.** Nivel del mar. *Es peligroso bañarse cuando sube la marea.* **3.** Gran cantidad de personas o de cosas. *Me vi atrapado por una marea de gente que salía del estadio.* ■ **~ alta.** f. Ascenso máximo de la marea (→ 2). *Cuando hay marea alta, las olas llegan hasta el malecón.* ■ **~ baja.** f. Descenso máximo de la marea (→ 2). *Aprovechamos la marea baja para hacer submarinismo.* ■ **~ negra.** f. Masa de petróleo vertida al mar, que llega a la costa. *La marea negra ha provocado una catástrofe medioambiental.* ■ **~ roja.** f. Aumento de determinadas algas marinas unicelulares productoras de toxinas, que se acumulan en el cuerpo de moluscos y crustáceos, y hacen peligroso su consumo. *La marea roja ha afectado al marisco de la zona.*

mareante. adj. Que marea. *El balanceo de la barca es mareante.*

marear. tr. **1.** Causar mareo o malestar (a alguien). *Las alturas me marean.* Tb. en constr. prnl. media. *Se marea en el coche.* **2.** Emborrachar ligeramente (a alguien). *El champán me marea con solo olerlo.* Tb. en constr. prnl. media. *Como nunca bebe alcohol, se marea con una cerveza.* **3.** coloq. Molestar o fastidiar. *No quiero marearte con mis problemas.*

marejada. f. **1.** Movimiento del mar, con olas de gran altura. *Se prevé una fuerte marejada en el Estrecho.* **2.** Situación tensa de excitación o disgusto que suele preceder a una discusión. *Hay marejada en la oficina.*

maremagno. m. Maremágnum. *No hay quien se aclare en este maremagno* DE *cifras.*

maremágnum. (Tb. **mare mágnum**; pl. invar.). m. Cantidad grande y confusa de cosas o personas. *¿Cómo puedes trabajar en este maremágnum? Un mare mágnum* DE *fotógrafos esperaba a los campeones.* ▶ MAREMAGNO.

mare mágnum. → **maremágnum.**

maremoto. m. Agitación violenta del mar producida por una sacudida del fondo marino. *El maremoto ha arrasado la isla.*

marengo. adj. Gris marengo (→ **gris**). *Un abrigo marengo.* Tb. m., referido a color. *Esta temporada se lleva el marengo.*

mareo. m. **1.** Malestar que se manifiesta con náuseas y, a veces vómitos, y que se produce gralm. al viajar en algún vehículo. *No olvides meter en la maleta las pastillas contra el mareo.* **2.** coloq. Borrachera ligera. *¡Qué mareo, el cava se me ha subido a la cabeza!*

marfil. m. **1.** Materia dura, compacta y blanca, de la que están formados los dientes de los mamíferos, y que está cubierta por el esmalte en la corona y por el cemento en la raíz. *El comercio de marfil ha hecho peligrar la supervivencia de los elefantes.* **2.** Color blanco amarillento como el del marfil (→ 1). Frec. en aposición y gralm. siguiendo a *blanco*. *La novia lleva un vestido blanco marfil.*

marfileño, ña. adj. **1.** Del marfil, o de características semejantes a las suyas, espec. el color. *Dentadura marfileña. Palidez marfileña.* **2.** De Costa de Marfil. *Unos estudiantes marfileños preparan su doctorado en España.* Dicho de pers., tb. m. y f.

margarina. f. Producto alimenticio parecido a la mantequilla, que se elabora con grasa vegetal o animal. *Desayuna una tostada con margarina y mermelada.*

margarita. f. Planta silvestre pequeña con flores de centro amarillo y pétalos blancos. Tb. la flor. *Hemos estado cogiendo margaritas en el prado.* ■ **echar ~s a los cerdos.** loc. v. coloq. Dar algo a quien no sabe apreciarlo. *Regalarte un buen vino es echar margaritas a los cerdos.*

margen. f. **1.** Orilla de algo, espec. de un río. *Las murallas se alzan sobre la margen derecha del río.* Tb. m. *En los márgenes del camino crecen las amapolas.* ○ m. **2.** Espacio en blanco que queda a cada uno de los cuatro lados de una página, espec. a derecha e izquierda. *Anotó el número de teléfono en el margen de la hoja.* **3.** Oportunidad o espacio para algo. *Los sindicatos no dan margen a la negociación con el Gobierno.* **4.** Diferencia que se prevé o se admite entre el cálculo aproximado de algo y el resultado exacto. *El sondeo tiene un margen de error inferior al 1%.* **5.** Diferencia entre el precio de coste y el precio de venta. *La venta de enciclopedias me deja muy poco margen.* ■ **al ~.** loc. adv. Fuera o sin participar. Gralm. con v. como *dejar, estar* o *quedar*. *Prefiero estar al margen* DE *las disputas familiares.*

marginación. f. Hecho o efecto de marginar. *Es objeto de la marginación de sus compañeros.* ▶ MARGINALIZACIÓN.

marginado, da. part. **1.** → **marginar.** ● adj. **2.** Dicho de persona: No integrado en la sociedad. *En este barrio abunda la gente marginada.* Frec. m. y f. *Colabora con una asociación ayudando a los marginados.*

marginal. adj. **1.** Del margen de una página. *Las notas marginales del libro están escritas a lápiz.* **2.** Dicho de cosa: Secundaria o de poca importancia. *El guión es un elemento marginal en sus películas.* **3.** Que está al margen de la sociedad o de las normas sociales comúnmente admitidas. *En períodos de crisis surgen movimientos marginales.* Dicho de pers., tb. m. y f. *Muchas novelas cuentan historias de marginales.* **4.** Que está al margen. *En lo que al conflicto se refiere, mantienen una postura marginal.*

marginalidad. f. Cualidad de marginal. *En todas partes existe gente relegada a la marginalidad.*

marginalización. f. Marginación. *El candidato prometió luchar contra la marginalización si resultaba elegido.*

marginar. tr. **1.** Dejar (algo o a alguien) al margen. *Los regímenes totalitarios marginan al individuo. Hay que marginar la violencia y la intolerancia.* **2.** Excluir o apartar (a alguien) desde el punto de vista social. *Sus compañeros de clase la marginan. Se margina por timidez. Lo han marginado por ser homosexual.*

maría. f. **1.** coloq., despect. Ama de casa. *Con la bata y los rulos pareces una maría.* **2.** coloq. Asignatura que se considera poco importante y fácil de aprobar. *Religión y gimnasia son marías.* **3.** jerg. Marihuana. *Los* hippys *fumaban maría.*

mariachi. m. **1.** Conjunto de músicos que interpretan canciones mexicanas. *Un mariachi amenizaba la velada.* **2.** Componente de un mariachi (→ 1). *Los mariachis cantaron una ranchera.*

marianista. adj. De la Compañía de María. *Congregación marianista.* Dicho de pers., tb. m. y f. *Estudié con los marianistas.*

mariano, na. adj. De la Virgen María, o de su culto. *Las niñas presenciaron una aparición mariana. Pertenece a una cofradía mariana.*

marica. m. coloq., despect. Hombre afeminado u homosexual. Se usa como insulto.

maricón. m. malson. Hombre afeminado u homosexual. Tb. adj. Se usa como insulto. Frec. *mariconazo*, con intención enfática.

mariconada. f. malson. Hecho propio de un maricón.

mariconera. f. coloq. Bolso de mano para hombres. *Lleva el dinero, las llaves y las gafas en una mariconera.*

maridaje. m. Enlace o unión entre dos o más cosas. *El anuncio es una muestra del maridaje entre la estética y los intereses comerciales.*

marido. m. Respecto de una mujer: Hombre casado con ella. *La alcaldesa vino acompañada de su marido.* ▶ *ESPOSO.

mariguana. f. Marihuana. *Consume mariguana ocasionalmente.*

marihuana. f. Cáñamo índico, cuyas hojas y flores, fumadas, tienen efectos narcóticos. *Cultivos de marihuana.* Tb. las hojas y las flores. *La policía lo detuvo vendiendo marihuana.* ▶ CANNABIS, MARIGUANA.

marimacho. m. coloq. Mujer que tiene características propias de los hombres, espec. el aspecto o el comportamiento. *La han llamado marimacho por jugar al fútbol con los chicos.*

marimandona. f. coloq. Mujer mandona. *¡Qué marimandona!, todo el día dando órdenes.*

marimorena. f. coloq. Situación confusa y ruidosa, gralm. provocada por personas que riñen. Frec. con v. como *armar* o *armarse*. *Un tipo nos insultó; le respondimos y se armó la marimorena.*

marina. → **marino.**

marinada. f. **1.** *Coc.* Adobo a base de vino, vinagre, sal y especias, en que se maceran determinados alimentos, espec. pescado y carne de caza, antes de cocinarlos. *Meta las codornices en la marinada para ablandarlas.* **2.** *Coc.* Plato preparado con marinada (→ 1). *Para cenar hay marinada de salmón.*

marinar. tr. *Coc.* Macerar (alimentos, espec. carne o pescado) en marinada. *Yo tomaré la trucha marinada.*

marine. m. Soldado de la infantería de marina estadounidense. *Se alistó en el cuerpo de marines a los veinte años.*

marinería. f. **1.** Profesión de marinero. *Se dedicó a la marinería, como su padre y su abuelo.* **2.** En la Armada: Categoría de rango inferior, constituida por los marineros y los cabos. *Se convocan plazas de militar de empleo en la categoría de tropa y marinería.*

marinero, ra. adj. **1.** De la marina o de los marineros (→ 3). *Crecí en un pueblo marinero.* **2.** Dicho de embarcación: Que tiene las características necesarias para navegar con facilidad y seguridad. *El capitán gobernaba una goleta muy marinera.* ● m. y f. **3.** Persona que trabaja en una embarcación. *Un marinero limpia la cubierta principal.* **4.** Militar de la clase de marinería, cuyo empleo tiene el grado inferior. *En el puerto se embarcan otros siete marineros en el buque de la Armada.*

marino, na. adj. **1.** Del mar. *Sal marina. El delfín es un mamífero marino.* ● m. **2.** Especialista en náutica o navegación. *El timonel era un veterano marino.* **3.** Hombre que tiene un grado militar o profesional en la Marina (→ 5). *Los marinos vestían el uniforme de gala.* ○ f. **4.** Arte o ciencia de navegar. *Para sacarse la licencia de patrón se necesitan conocimientos de marina.* **5.** (Frec. en mayúsc.). Conjunto de los buques de una nación y del personal correspondiente. *La Marina española cuenta con un buque de investigación hidrográfica.* ■ **marina de guerra.** (Frec. en mayúsc.). f. Conjunto de los buques de guerra de una nación y del personal correspondiente. *Los piratas cañoneaban los barcos de la Marina de guerra.*

mariología. f. Estudio de lo relacionado con la Virgen María. *Es teólogo experto en mariología.*

marioneta. f. **1.** Títere, espec. el que se mueve con hilos. *Los niños hacían bailar las marionetas.* **2.** Títere (persona u organización que se dejan manejar). *Solo es una marioneta de su socio.* ○ pl. **3.** Espectáculo de teatro con marionetas (→ 1). *Los domingos hay marionetas en el parque.* ▶ **1, 2:** TÍTERE. **3:** TÍTERES.

mariposa. f. **1.** Insecto chupador que se caracteriza por tener dos pares de alas, gralm. de colores vistosos y cubiertas de pequeñas escamas. *La oruga se ha convertido en mariposa. Las polillas son mariposas nocturnas.* **2.** Estilo de natación en que se mueven los brazos simultáneamente hacia delante, y las piernas juntas y de arriba abajo. Frec. en aposición, pospuesto a *estilo* o a una expresión de longitud. *Ganó los 100 metros mariposa femeninos.* ○ m. **3.** coloq., despect. Hombre afeminado u homosexual.

mariposear. intr. **1.** Ser inconstante en algo, espec. en cuestiones amorosas. *Dejó de mariposear cuando conoció a su mujer.* **2.** Andar insistentemente alrededor de alguien, para conseguir el trato con él o atraer su atención. *Los fans mariposean alrededor de la cantante.*

mariposón. m. coloq., despect. Hombre afeminado u homosexual.

mariquita. f. **1.** Insecto de pequeño tamaño, de forma semiesférica y alas de color rojo o anaranjado con puntos negros. *Tengo una mariquita de siete puntos posada en la mano.* ○ m. **2.** coloq., despect. Hombre afeminado u homosexual. Se usa como insulto.

marisabidilla. f. coloq. Mujer que presume de lista o de culta. *La vecina de abajo es una marisabidilla.*

mariscada. f. Comida constituida principalmente por mariscos. *Nos va a invitar a una mariscada para celebrar su ascenso.*

mariscador, ra. m. y f. Persona que tiene por oficio pescar mariscos. *Las mariscadoras de almejas salen a faenar con la marea baja.*

mariscal. m. En determinados países: Jefe militar con mayor graduación. *El mariscal Pétain presidió el gobierno colaboracionista de Vichy.* ■ **~ de campo.** m. histór. Militar cuya categoría equivalía a la de general de división. *El mariscal de campo Rommel.*

mariscar. intr. Pescar mariscos. *Lo han multado por mariscar furtivamente.*

marisco. m. Animal marino invertebrado, espec. los crustáceos y los moluscos comestibles. *La langosta es un marisco.* Frec. en sent. colectivo. *El precio del marisco sube siempre en Navidad.*

marisma. f. Terreno bajo y pantanoso que se inunda con el agua del mar cuando sube la marea. *Las marismas del Guadalquivir constituyen una reserva de aves.*

marismeño, ña. adj. De la marisma. *Los humedales marismeños de Doñana.*

marisquería. f. Establecimiento público donde se venden o se consumen mariscos. *Cenaremos en una marisquería del puerto.*

marista. adj. Del Instituto de los Hermanos Maristas de la Enseñanza. *Misionero marista.* Dicho de pers., tb. m. y f. *Los niños estudian con los maristas.*

marital. adj. Del matrimonio o de los cónyuges. *La inadaptación marital es más frecuente en parejas jóvenes.*

marítimo, ma. adj. Del mar. *Transporte marítimo. El grabado representa las rutas marítimas de la Edad Media.*

marketing. (pal. ingl.; pronunc. "márketin"). m. Mercadotecnia. *El departamento de* marketing *prepara una campaña para estimular las ventas.* ¶ [Adaptación recomendada: *márquetin*].

marmita. f. Olla de metal con tapadera ajustada y una o dos asas. *Para la sopa se ha utilizado una marmita grande de cobre.*

mármol. m. Roca dura y compacta, gralm. con vetas de colores, que se pule con facilidad y se emplea en escultura y decoración, y como material de construcción. *Lápida de mármol. El palacio tiene suelos de mármol blanco.*

marmolillo. m. coloq. Persona torpe para comprender o razonar. *Eres un marmolillo, todo te lo tengo que repetir.*

marmóreo, a. adj. Del mármol, o de características semejantes a las suyas, espec. el color o la dureza. *Columnas marmóreas. El cadáver tiene una palidez marmórea.*

marmota. f. **1.** Mamífero roedor de pelaje rojizo y espeso, patas cortas, cabeza grande y cola corta, que pasa varios meses en hibernación. *La marmota macho. La marmota sale de su madriguera para alimentarse.* **2.** coloq. Persona muy dormilona. *¡Arriba, marmota, que son más de las doce!*

maroma. f. **1.** Cuerda gruesa. *El marinero amarra la maroma a un bolardo del puerto.* **2.** Am. Pirueta. *Hizo un par de graciosas maromas y se retiró dando saltos de tirabuzones* [C]. *Tres mujeres hacen maromas desde sogas suspendidas* [C]. Tb. fig. *Vio a su papá haciendo maromas para fabricar la consola de sonido* [C].

maromo. m. **1.** coloq. Novio o pareja de una mujer. *Se ha echado un maromo guapísimo.* **2.** coloq. Individuo o tipo. *En la barra del bar hay un maromo de aspecto sospechoso.*

maronita. adj. *Rel.* Dicho de persona: Perteneciente a una comunidad cristiana árabe que conserva un rito propio, reconoce la autoridad del Papa y está asentada espec. en el Líbano. *Patriarca maronita.* Tb. m. y f. *El Pontífice se entrevistará con el líder de los maronitas.*

marqués, sa. m. y f. **1.** Persona con título nobiliario inmediatamente inferior al de duque. *El marqués de Villena.* **2.** Consorte de un marqués (→ 1) o de una marquesa (→ 1). *Si es marqués es porque se casó con una auténtica marquesa.*

marquesado. m. **1.** Título nobiliario de marqués. *El rey ha concedido un marquesado al militar.* **2.** Territorio sobre el que recaía un marquesado (→ 1). *El marquesado llega hasta el río.*

marquesina. f. **1.** Alero que sobresale sobre la entrada de un edificio y que sirve de protección. *La gente se guarece de la lluvia bajo la marquesina del cine.* **2.** Construcción con cubierta y cerrada por los lados que sirve de protección en las paradas de los transportes públicos. *En los días ventosos, los viajeros se apiñan en la marquesina del autobús.*

marquetería. f. **1.** Incrustación hecha en madera con otras maderas de diferentes colores, con metales u otros materiales. *La mesa es de palisandro con marquetería de boj.* **2.** Obra decorada mediante marquetería (→ 1). *La sala está decorada con marqueterías, alfombras y pinturas.*

marrajo, ja. adj. **1.** coloq. Dicho de persona: Astuta y malintencionada. Frec. m. y f. *Ten cuidado con ese, que es un marrajo.* ● m. **2.** Tiburón de gran tamaño y de color azul grisáceo, que vive gralm. en las costas mediterráneas. *Los pescadores preparan los palangres para capturar marrajos.*

marrana. → **marrano.**

marranada. f. **1.** coloq. Hecho o dicho propios de la persona marrana. *¡Deja de hacer marranadas con la comida!* **2.** coloq. Faena (hecho perjudicial). *No esperaba que fueras capaz de hacerme una marranada así.* ○ pl. **3.** coloq. Hechos que se consideran groseros u ofensivos, gralm. por estar relacionados con el placer sexual.

marrano, na. m. **1.** Cerdo (mamífero). *Hay que limpiar el corral de los marranos.* Tb. designa específicamente al macho. ○ f. **2.** Cerda (hembra del cerdo). *La marrana está preñada.* ○ m. y f. **3.** coloq. Persona sucia. *–El baño está hecho un asco. –Eso ha sido algún marrano.* Tb. adj. *No seas marrano y límpiate esos mocos.* Se usa como insulto. *¡A ver si te duchas hoy, so marrana!* **4.** coloq. Persona que actúa de manera baja o ruin. *Eres un marrano y un traidor.* **5.** histór. Judío converso. *Los cristianos viejos despreciaban a los marranos.* ▶ **1:** *CERDO.

marrar. tr. **1.** Errar o no acertar (algo). *El pistolero marró el tiro.* ○ intr. **2.** Errar o equivocarse. *Ha marrado en sus predicciones.*

marras. de ~. loc. adj. coloq. Sobradamente conocido. *Ha contado a todo el mundo el chistecito de marras.*

marrasquino. m. Licor elaborado a base de zumo de cerezas amargas y azúcar. *El barman adorna el cóctel con un par de guindas al marrasquino.*

marrón. adj. **1.** Dicho de color: Semejante al del chocolate o al de la cáscara de la castaña. *Lleva un bolso de color marrón.* Tb. m. *Un marrón oscuro.* **2.** De color marrón (→ 1). *Tengo los ojos marrones.* ● m. **3.** coloq. Cosa o situación molestas o desagradables. *¡Menudo marrón, el profesor los pilló copiando!* ■ **comerse el,** o **un, ~.** loc. v. **1.** coloq. Cargar con la culpa de algo. *Aunque no haya hecho nada, le va a tocar comerse el marrón.* **2.** coloq. Asumir una obligación o una circunstancia desagradables o que no se desean. *Había que sacar al perro y fui yo quien se comió el marrón.*

marroquí. adj. De Marruecos. *Costas marroquíes.* Dicho de pers., tb. m. y f. *En España viven miles de marroquíes.*

marroquinería. f. **1.** Arte o técnica de hacer artículos de cuero o de piel. *La familia entera se dedica a la marroquinería.* **2.** Conjunto de artículos de marroquinería (→ 1). *Benefíciese de nuestros descuentos en calzado y marroquinería.*

marrullería. f. Hecho propio de una persona marrullera. *Los boxeadores pelearon limpiamente y sin marrullerías.*

marrullero, ra. adj. Dicho de persona: Que actúa de forma tramposa y malintencionada. *El árbitro expulsó a un futbolista marrullero.* Tb. m. y f. *No juego contigo a las cartas porque eres un marrullero.*

marsopa. f. Mamífero marino, parecido al delfín pero de menor tamaño, de cuerpo grueso, cabeza redondeada y sin hocico. *La marsopa macho. Las marsopas habitan en aguas costeras.*

marsupial. adj. **1.** *Zool.* Del grupo de los marsupiales (→ 2). *Mamífero marsupial.* ● m. **2.** *Zool.* Mamífero cuyas crías nacen prematuramente y terminan de desarrollarse en una bolsa abdominal donde están las mamas, como el canguro o la zarigüeya. *El koala es un marsupial.*

marsupio. m. *Zool.* Bolsa abdominal de los marsupiales donde las crías completan su desarrollo. *El canguro recién nacido trepa por el vientre de su madre hasta llegar al marsupio.*

marta. f. Mamífero carnívoro de cuerpo alargado y delgado, con patas cortas, cuyo pelaje es muy apreciado en peletería. *La marta macho. El maniquí del escaparate lleva un abrigo de marta.*

martes. m. Día de la semana que sigue al lunes. *El próximo martes es fiesta.*

martillar. tr. Dar golpes (a algo) con el martillo. *Martillaba una cuña para encajarla.*

martillazo. m. Golpe dado con un martillo. *Clavó el clavo a martillazos.*

martillear. tr. Dar golpes (a algo) repetidamente con otra cosa, espec. con un martillo. *Martillea una lámina de latón para darle forma. El pianista novato martilleaba las teclas.* Tb. fig. *El dolor me martillea las sienes.*

martilleo. m. Hecho de martillear. *Ha cesado el martilleo del granizo en las ventanas.* Tb. el ruido correspondiente. *El martilleo del herrero retumbaba en la fragua.*

martillero. m. Am. Subastador. *El martillero señalaba con su martillo a los que hacían ofertas y vociferaba* [C].

martillo. m. **1.** Herramienta formada por una pieza metálica, gralm. de hierro, y un mango de madera encajado en ella, y que sirve para golpear, espec. clavos. *El martillo está en la caja de herramientas.* **2.** *Anat.* Hueso pequeño del oído medio de los mamíferos, que está situado entre el tímpano y el yunque. *Las vibra-*

ciones que produce el tímpano se transmiten al martillo. **3.** *Dep.* En atletismo: Bola metálica sujeta a una empuñadura por un cable, que el atleta lanza girando sobre sí mismo. *Ganó el oro en lanzamiento de martillo.* ■ **~ pilón.** m. Máquina que consiste en una masa de metal que se eleva por medios mecánicos y se deja caer sobre una pieza colocada en un yunque. *El martillo pilón funciona con vapor o mediante un motor.* □ **a macha ~.** → **machamartillo.**

martín. **~ pescador.** m. Ave de cuerpo pequeño, plumaje de colores vistosos y pico largo y fuerte, con el que pesca peces y animales acuáticos. *El martín pescador hembra. En una rama, el martín pescador acecha a su presa.*

martinete[1]. m. Ave parecida a la garza pero de menor tamaño, de cuerpo robusto y pico fuerte y negro, con patas amarillas y grandes ojos rojos. *El martinete hembra. Un martinete ha pescado un pez.*

martinete[2]. m. Cante popular andaluz que proviene del canto de las fraguas y que se canta sin acompañamiento. *El cantaor entonaba un martinete.*

martingala. f. coloq. Medio hábil y engañoso para conseguir algo. *Con la martingala de que está enfermo ha logrado no dar ni golpe.*

mártir. m. y f. **1.** Persona que muere por su fe. *Los mártires de los circos romanos.* **2.** Persona que sufre o muere por sus ideas o convicciones. *Su muerte los convirtió en mártires de la revolución.* **3.** Persona que sufre mucho, espec. si lo hace con resignación. *Esa pobre mujer es una mártir de su familia.*

martirio. m. **1.** Muerte o sufrimiento que padece una persona por su fe o por sus ideas. *El cuadro representa el martirio de San Sebastián.* **2.** Dolor o sufrimiento muy grandes. Frec. con intención enfática. *Trabajar con este calor es un martirio.*

martirizar. tr. **1.** Dar martirio (a alguien) por su fe o por sus ideas. *Los romanos martirizaron a los primeros cristianos.* **2.** Causar martirio o dolor (a alguien). *No te martirices más, que no es culpa tuya.*

martirologio. m. **1.** Libro o catálogo de los mártires y de los santos del cristianismo. *Un martirologio del siglo XVI.* **2.** Lista de las víctimas de una causa. *El poeta pasó a formar parte del martirologio de la guerra.*

maruja. f. coloq., despect. Ama de casa. *Deja de hablar del detergente, que pareces una maruja.*

marujear. intr. coloq., despect. Actuar o comportarse como una maruja. *Hoy prefiero quedarme en casa marujeando.*

marujeo. m. coloq., despect. Comportamiento propio de una maruja. *En su casa está feliz, porque le gusta el marujeo.*

marujil. adj. **1.** coloq., despect. De las marujas. *Es un programa para público marujil.* **2.** coloq., despect. Propio de una maruja. *Aspecto marujil.*

marxismo. m. Doctrina política y económica creada por los filósofos alemanes Karl Marx (1818-1883) y Friedrich Engels (1820-1895), según la cual la lucha de clases es el motor de la historia. *"El capital" es la obra cumbre del marxismo.*

marxista. adj. **1.** Del marxismo. *Pensamiento marxista.* **2.** Partidario del marxismo. *Está afiliado a un partido marxista.* Dicho de pers., tb. m. y f. *Lenin era un marxista.*

marzo. m. Tercer mes del año. *Empiezo mi nuevo trabajo en marzo.*

mas. (Se pronuncia siempre átona). conj. **1.** cult. Pero. Une dos oraciones o elementos de oración indicando que la idea expresada en segundo lugar se opone a la otra, sin ser incompatibles. *Le agradezco su ayuda, mas no será necesaria.* **2.** cult. Sino. Une oraciones o elementos de oración indicando contraposición entre la idea afirmativa expresada en segundo lugar y la idea negativa expresada en primer lugar. *No sentía tristeza, mas desesperación.*

más. adv. **1.** Denota idea de aumento o superioridad de una persona o cosa en comparación con un segundo término tomado como referencia, introducido por *que* o *de*. *Es más valiente que tú. Le gusta más desayunar cereales que café con leche. Tu comentario viene más a propósito que el de Julián. Está más cerca de lo que nos dijeron. El más perseverante de todos.* A veces se omite el segundo término de la comparación. *¿Pero todavía está más arriba? Me confesó que le gustaba más el cine. Siempre escoges los más caros.* **2.** Tan. Se usa en oraciones exclamativas. *¡Qué salón más espacioso! ¡Estoy más harta! ¡Está más lejos!* ● adj. **3.** Expresa cantidad superior de personas o cosas en comparación con un segundo término tomado como referencia, introducido por *que* o *de*. *Ha leído más libros que tú. Hay que comprar más clavos de los previstos. Tiene más paciencia de lo que parece. Compró más revistas que discos.* A veces se omite el segundo término de la comparación. *Se necesitan dos botones más. Trae más leña.* ● pron. **4.** Designa personas o cosas en una cantidad superior en comparación con un segundo término tomado como referencia, introducido por *de* o *que*. *Llegaron más de los previstos a cenar. Son más de las diez. Entre ellos hubo más que una simple amistad.* A veces se omite el segundo término de la comparación. *¿Has abierto ya todas las cartas, o hay más?* ● m. **5.** Signo de la suma o adición, que se representa por una cruz (+). *Cambia el más por un menos y vuelve a hacer la operación.* **6.** *Mat.* y *Fís.* Signo (+) que indica el carácter positivo de una cantidad. *+3 es un número positivo porque lleva antepuesto un más.* ■ **a lo ~.** loc. adv. Como mucho. *Tardará un día, dos a lo más.* ■ **de lo ~.** loc. adv. Muy. Se usa seguida de un adj. o de un adv. y con intención enfática. *Invitados de lo más selecto. Recetas de lo más sencillo. Están de lo más cerca.* ■ **de ~.** loc. adj. De sobra o sobrante. *Le dio dinero de más. Nos trajeron una ración de más.* ■ **ir a ~.** loc. v. **1.** Aumentar o crecer. *Si el dolor va a más, tome un calmante. Si no solucionamos el problema, irá a más.* **2.** Mejorar o prosperar. *El jugador irá a más si se le dan más oportunidades. Desde que empezó en este negocio no ha dejado de ir a más y hoy tiene una fortuna.* ■ **los ~.** loc. s. La mayoría de las personas o cosas. *Los más llegarán mañana. Había muchas alumnas, las más, de los primeros cursos.* ■ **~ bien.** loc. adv. De manera preferible. *Fue a verlo más bien por obligación. No es pena, sino más bien desesperación.* ■ **~ o menos.** loc. adv. Aproximadamente. *Tendrá más o menos 60 años. Pesa 50 kg más o menos.* ■ **~ que.** loc. conjunt. Sino. *No se lo he dicho a nadie más que a ti. No lo sabe nadie más que tú. ¿A quién van a culpar más que al responsable?* ■ **~ y ~.** loc. adv. Cada vez más. *Se encerraba más y más en sí mismo a medida que transcurrían los días. Con el tiempo se volvió más y más intransigente.* ■ **ni ~ ni menos.** loc. adv. Exactamente. Se usa con intención enfática. *Eso es ni más ni menos lo que te dije ayer.* A veces se usa seguido de la conj. *que* para resaltar la importancia de lo que sigue. *Presentó su protesta ni más ni menos que* *al ministro en persona.* ■ **por ~ que.** loc. conjunt. Aunque. *Por más que se lo advertí, no me hizo caso.* (→ **por**). ■ **sin ~ ni ~.** loc. adv. Sin causa justificada. *Acababa de conocerla y, sin más ni más, se puso a insultarla.* ■ **sus ~ y sus menos.** loc. s. Dificultades o problemas. Frec. con *tener. Cuando establecieron su negocio tuvieron sus más y sus menos.*

masa. f. **1.** Mezcla que se produce al incorporar un líquido a una materia sólida o pulverizada. *Echa agua al cemento y remueve bien la masa.* **2.** Mezcla de harina y agua, a la que se pueden añadir otros ingredientes. *El panadero alisa la masa con un rodillo.* **3.** Cantidad más o menos grande de algo. *El transatlántico chocó contra una masa de hielo.* **4.** Cantidad total de algo. *Durante la menopausia, se puede producir una disminución de la masa ósea.* **5.** Conjunto numeroso de personas. *Una masa de curiosos se acercó al accidente.* **6.** *Fís.* Cantidad de materia que contiene un cuerpo, cuya unidad en el Sistema Internacional es el kilogramo. *El aparato que sirve para medir la masa de un cuerpo es la balanza.* ■ **~ atómica.** f. *Fís.* y *Quím.* Masa (→ 6) de un átomo de un elemento químico dividida por la masa de un átomo de hidrógeno. *Los isótopos son átomos de un mismo elemento con diferente masa atómica.* □ **en ~.** loc. adv. Con la intervención de todos los miembros de una colectividad. *El público aplaude en masa a los actores. Los miembros de la secta se suicidaron en masa.*

masacrar. tr. Asesinar en masa (a personas, gralm. indefensas). *Los nazis masacraron a los judíos.*

masacre. f. Hecho o efecto de masacrar. *El atentado ha provocado una masacre.* ▶ *MATANZA.

masaje. m. Operación que consiste en presionar, frotar o golpear con las manos determinadas partes del cuerpo con fines terapéuticos o estéticos. *La fisioterapeuta me da masajes en la espalda.*

masajista. m. y f. Persona que tiene por oficio dar masajes. *El masajista asistió al jugador en el campo.*

mascar. tr. **1.** Masticar (algo). *La maestra me ha regañado por mascar chicle en clase.* ○ intr. prnl. **2.** Percibirse algo de forma clara o inminente. *Aquí se masca la tensión.* ▶ **1:** MASTICAR.

máscara. f. **1.** Figura, que gralm. representa una cara, que se pone sobre el rostro para ocultarlo o modificarlo. *Iré a la fiesta con una máscara de Drácula. El ladrón cubría su cara con una máscara.* **2.** Objeto que cubre la cara para impedir la entrada de gases tóxicos en las vías respiratorias. *Los policías se protegían con máscaras antigás.* **3.** Cosa con que una persona oculta sus verdaderos pensamientos, sentimientos o propósitos. *Ya es hora de que te quites la máscara y seas sincero.*

mascarada. f. Farsa o engaño. *Todo ha sido una mascarada para desprestigiarlo.*

mascarilla. f. **1.** Objeto que cubre la nariz y la boca para evitar los contagios o el contacto con sustancias tóxicas, o para permitir la inhalación de oxígeno o de determinados medicamentos. *En el quirófano hay que entrar siempre con mascarilla.* **2.** Capa de cosmético con que se cubre una parte del cuerpo, espec. la cara o el pelo, durante un tiempo determinado. Frec. ese cosmético. *La peluquera me ha puesto una mascarilla porque tengo el pelo muy seco.*

mascarón. m. **1.** En una embarcación: Figura colocada como adorno en lo alto del tajamar. Tb. *~ de proa. El mascarón de proa del galeón era una sirena.* **2.** *Arq.* Cara fantástica o grotesca que se emplea como adorno. *La fachada del templo está decorada con unos mascarones de piedra.*

mascota. f. **1.** Animal de compañía. *Tiene un hámster como mascota.* **2.** Persona, animal o cosa que supuestamente dan buena suerte. *La mascota del regimiento es un perro.*

masculinidad. f. Cualidad de masculino. *¿Porque tengo la voz aguda cuestionan mi masculinidad?*

masculino, na. adj. **1.** Del hombre. *Ha cambiado el ideal de belleza masculina. El protagonista masculino es un actor desconocido.* **2.** Propio del hombre. *Tenía unas manos grandes y masculinas.* **3.** Dicho de ser vivo: Que tiene órganos para fecundar. *Los huesos encontrados pertenecen a un ejemplar masculino de australopiteco.* **4.** De un ser masculino (→ 3). *Los ejemplares de sexo masculino de esta especie tienen mayor tamaño que las hembras.* **5.** *Gram.* Dicho de palabra: De género masculino (→ **género**). *Los sustantivos "problema" y "lápiz" son masculinos.* ● m. **6.** *Gram.* Género masculino (→ **género**). *Algunos nombres tienen la misma forma para el masculino y para el femenino.* Tb. la palabra con la forma correspondiente a ese género. *El masculino de "gata" es "gato".*

mascullar. tr. Decir (algo) entre dientes y en voz baja, de manera que resulta difícil de entender. *¿Qué estás mascullando?*

masetero. adj. *Anat.* Dicho de músculo: Que mueve la mandíbula inferior. Frec. m. *El masetero tiene una función masticadora.*

masía. f. Casa de campo que forma parte de una finca agrícola y ganadera, y que es propia espec. de Cataluña. *Vive retirado en una vieja masía del Bajo Ampurdán.*

masificación. f. Hecho de masificar o masificarse. *Han denunciado la masificación de las cárceles.*

masificar. tr. Hacer multitudinario (algo). *El turismo ha masificado las playas.* Tb. en constr. prnl. media. *En verano las playas se masifican.*

masilla. f. Mezcla pastosa para sujetar cristales o tapar agujeros, que se endurece al secarse. *Rellena con masilla los agujeros de la pared antes de pintar.*

masivo, va. adj. **1.** Que se produce en gran cantidad. *Durante la guerra hubo un éxodo masivo de refugiados.* **2.** *Med.* Dicho de dosis: Cercana al límite máximo que tolera el organismo. *Ha ingerido una dosis masiva de somníferos.*

masoca. adj. coloq. Dicho de persona: Masoquista. *Si te hace sufrir, no sigas con él; que pareces masoca.* Tb. m. y f. *Es una masoca: trabaja incluso los fines de semana.*

masón, na. m. y f. Persona que pertenece a la masonería. *Los masones se comprometen a ayudarse entre sí.* ▶ FRANCMASÓN.

masonería. f. Asociación secreta internacional cuyos miembros profesan principios de libertad, justicia y fraternidad, y utilizan emblemas y signos reconocibles solo por ellos. *Muchos personajes ilustres han pertenecido a la masonería.* ▶ FRANCMASONERÍA.

masónico, ca. adj. De la masonería. *Ritos masónicos.*

masoquismo. m. **1.** Perversión sexual de la persona que encuentra placer en ser maltratada o humillada por otra. *El masoquismo está relacionado con el sadismo.* **2.** Actitud de la persona que disfruta con el propio sufrimiento. Frec. en sent. irónico. *Si permitimos que vuelva a ser elegido, será por masoquismo.*

masoquista. adj. **1.** Del masoquismo. *Prácticas masoquistas.* **2.** Dicho de persona: Inclinada al masoquismo, o que lo practica. Tb. m. y f. *El masoquista se inflige castigo a sí mismo.* Frec. en sent. irónico. *No voy a ver el partido: nuestro equipo va a perder y no soy masoquista.*

mastaba. f. histór. Tumba del antiguo Egipto en forma de pirámide truncada. *El sarcófago se depositaba en una sala subterránea de la mastaba.*

mastectomía. f. *Med.* Amputación total o parcial de la mama. *Le han hecho una mastectomía para evitar que el cáncer se extienda.*

máster. m. **1.** Curso de posgrado en una determinada especialidad. *Se ha ido al extranjero a hacer un máster.* **2.** Título obtenido tras cursar un máster (→ 1). *Tengo un máster en dirección y administración de empresas.* ▶ **Am:** MAESTRÍA.

masticable. adj. Que se puede masticar. *El fármaco se presenta en comprimidos masticables.*

masticación. f. Hecho de masticar o triturar. *La secreción de la saliva se activa principalmente durante la masticación.*

masticador, ra. adj. **1.** Que mastica. *Insectos masticadores.* **2.** *Zool.* Que es apto para masticar. *La mantis religiosa tiene un aparato bucal masticador.*

masticar. tr. Triturar (algo, espec. un alimento) con los dientes. *Mastica bien la comida antes de tragarla.* Tb. usado en constr. intr. *Me han sacado una muela y no puedo masticar.* ▶ MASCAR.

mástil. m. **1.** Palo de una embarcación. *El galeón tenía tres mástiles de los que colgaban las velas.* **2.** Palo vertical que sirve para sostener algo. *El técnico coloca el mástil de la antena. La bandera del ayuntamiento ondea en lo alto de un mástil.* **3.** En un instrumento musical de cuerda: Parte estrecha y alargada sobre la que se tienden y se tensan las cuerdas. *El guitarrista es zurdo y coge el mástil con la derecha.*

mastín. m. Perro mastín (→ **perro**). *Dos grandes mastines guardaban la finca.*

mastitis. f. *Med.* Inflamación de la mama. *No es raro que las madres lactantes padezcan mastitis.*

mastodonte. m. **1.** Mamífero fósil parecido al elefante, con dos largos colmillos, que vivió en el Terciario y en el Cuaternario. *El mastodonte se alimentaba de hojas.* **2.** Persona o cosa muy grandes. *¡Menudo mastodonte han construido! El pívot del equipo es un mastodonte.*

mastodóntico, ca. adj. Enorme o de grandes proporciones. *Los primeros ordenadores personales eran mastodónticos.* ▶ *ENORME.

mastoides. adj. *Anat.* Dicho de apófisis: Que tiene forma de pezón. Referido a la que está situada detrás y debajo de la oreja. *Apófisis mastoides.* Tb. m. *Las infecciones del oído pueden afectar al mastoides.*

mastuerzo. m. Persona torpe para comprender o razonar. *Es imposible dialogar con mastuerzos como esos.* Tb. adj. *¡No seas mastuerzo y piensa antes de contestar!* ▶ *IGNORANTE.

masturbación. f. Hecho de masturbar o masturbarse.

masturbador, ra. adj. **1.** De la masturbación. **2.** Que masturba. Dicho de pers., tb. m. y f.

masturbar. tr. Estimular los órganos sexuales (de alguien) para producir un orgasmo.

mata. f. **1.** Planta de poca altura. *El gazapo se ha ocultado entre unas matas. Mata de tomates.* **2.** Planta que tiene el tallo bajo, ramificado y leñoso. *El jardinero arranca las matas del jardín.* **3.** Am. Planta (vegetal). *Si no tienes una mata que de cuando en cuando te dé sombra, con aquel calor, imagina* [C]. *Florentino Ariza la enterró y le sembró sobre la tumba una mata de rosas* [C]. ■ **~ de pelo.** f. Cabellera (conjunto de cabellos). *Tiene una espesa mata de pelo rojo, que recoge en una trenza.* ⇒ CABELLERA.

matacaballo. a ~. (Tb. **a mata caballo**). loc. adv. coloq. Atropelladamente o muy deprisa. *Nos ha llevado a matacaballo por toda la ciudad.*

matachín. m. Matarife. *El matachín abrió en canal al gorrino.*

matadero. m. **1.** Lugar donde se matan animales destinados al consumo. *Las vacas enfermas son sacrificadas en el matadero.* **2.** Lugar donde alguien va a morir. Frec. fig. *¡Cualquiera diría que vas al matadero en lugar de al médico!*

matador, ra. adj. **1.** Que mata. *Mirada matadora.* Dicho de pers., tb. m. y f. **2.** coloq. Muy pesado o molesto. *Tengo un dolor de cabeza matador.* **3.** coloq. Muy feo o de mal gusto. *Lleva un modelito matador.* • m. y f. **4.** Torero que mata toros con el estoque. *El tendido en pleno aplaude la faena del matador.* Tb. *~ de toros.* ▶ **4:** *TORERO.

matadura. f. Llaga o herida que produce a una caballería el roce de los arreos. *El viejo borrico tenía el cuerpo lleno de mataduras.*

matalahúga. f. Anís (planta, o semilla). *La matalahúga con que se elabora este anís da al licor un sabor especial.* ▶ *ANÍS.

matalahúva. f. Anís (planta, o semilla). *Las infusiones de matalahúva son muy digestivas.* ▶ *ANÍS.

matambre. m. **1.** frecAm. Parte de la carne de una res que se extiende de la piel a las costillas. *Desgrasar bien el matambre y salpimentar a gusto* [C]. **2.** frecAm. Fiambre hecho de matambre (→ 1). *Los chacinados no embutidos son, entre otros, la cima y el matambre arrollado* [C].

matamoscas. m. **1.** Utensilio para matar moscas, formado por un mango y una pala de plástico o de tela metálica. *Tengo las moscas a raya a golpe de matamoscas.* **2.** Producto insecticida que sirve para matar moscas. *Salid de la cocina, que voy a echar matamoscas.*

matanza. f. **1.** Hecho de matar muchas personas o animales. *Un tribunal internacional juzgará a los autores de la matanza.* **2.** Hecho de matar uno o más cerdos y preparar sus productos para el consumo casero. *Los cerdos más gordos están destinados a la matanza.* **3.** Época del año en que se hace la matanza (→ 2). *Todos los años vuelvo al pueblo en la matanza.* **4.** Conjunto de productos que resultan de la matanza (→ 2) y que están destinados al consumo casero. *La matanza durará varios meses.* ▶ **1:** CARNICERÍA, DEGOLLINA, ESCABECHINA, MASACRE.

matar. tr. **1.** Quitar la vida (a alguien). *Mató a su vecino de una puñalada. El pulgón ha matado la planta.* Tb. fig. *Quisiera matarlo con la mirada.* **2.** Hacer que (algo) deje de existir. *Me he tomado un aperitivo para matar el hambre.* **3.** Apagar o extinguir (algo, espec. una luz o el fuego). *Antes de acostarse, mató el fuego de la chimenea.* **4.** Quitar intensidad (a algo, espec. al color o al brillo). *El sol ha matado el color de los muebles. El ácido mata el brillo de los metales.* **5.** Quitar la fuerza (a la cal o al yeso) echándo(les) agua. *Para pintar con cal, hay que matarla.* **6.** Quitar el filo o la punta (a algo, espec. a una esquina o una arista). *Los picos de los muebles están matados para que el bebé no se haga daño.* **7.** Inutilizar (un sello de correos) poniéndo(le) una marca para que no pueda usarse de nuevo. *Recibí una carta en la que no habían matado el sello.* **8.** Actuar alguien de modo que (el tiempo) no se haga largo. *Matan el tiempo jugando al dominó.* **9.** En algunos juegos de cartas: Echar una superior (a la que ha jugado el contrario). *Me mató el tres con el as.* **10.** coloq. Hacer sufrir mucho (a alguien) física o moralmente. *Estos zapatos me están matando. Me vais a matar a disgustos.* **11.** coloq. Molestar o incomodar intensamente (a alguien). *Me mata madrugar los domingos.* ○ intr. **12.** Hacer la matanza del cerdo. *Matan a primeros de diciembre.* ○ intr. prnl. **13.** Perder alguien la vida involuntariamente. *Se mató en un accidente.* Frec. con intención enfática. *Casi me mato esquiando.* **14.** Pelearse con alguien. Frec. con intención enfática. *Me mataría con cualquiera por conseguir su autógrafo.* **15.** Esforzarse mucho o trabajar intensamente haciendo algo. Frec. con intención enfática. *Me he matado a estudiar. Se mata tratando de ayudarte. Se mata* POR *hacerme feliz. Prepara algo de comer, pero no te mates.* ■ **a ~.** loc. adv. coloq. Con gran enemistad o antipatía. Gralm. con v. como *estar* o *llevarse*. *Están a matar todo el día. Me llevo a matar con mi compañero.* ■ **mátalas callando.** loc. s. m. y f. coloq. Persona que con maña y secreto procura conseguir su intento. *Ana es una mátalas callando.* ■ **~las callando.** loc. v. coloq. Actuar de manera interesada en secreto y aparentando bondad. *No te fíes de esa mosquita muerta, que las mata callando.* ■ **que me maten.** expr. coloq. Se usa para asegurar la verdad de algo. *Que me maten si entiendo algo.* ▶ **1:** ASESINAR, ELIMINAR. || **Am** o **frecAm: 1:** ULTIMAR, VICTIMAR.

matarife. m. Persona que tiene por oficio matar animales y descuartizarlos. *El matarife trocea la ternera y un veterinario examina las piezas.* ▶ MATACHÍN.

matarratas. m. **1.** Sustancia venenosa que sirve para matar ratas. *No toques ahí, que he echado matarratas.* **2.** coloq. Aguardiente muy fuerte y de muy mala calidad. *¡Menudo matarratas nos sirvieron!* ▶ **1:** RATICIDA.

matasanos. m. y f. coloq. o despect. Médico. *¿Dejarme yo operar por ese matasanos?; tú estás loco.*

matasellos. m. **1.** Estampilla o sello que tienen grabados un dibujo o escrito y que, humedecidos en tinta, sirven para inutilizar los sellos de correos. *La empleada de correos moja el matasellos y lo estampa sobre la carta.* **2.** Dibujo o marca que se estampa con el matasellos (→ 1). *La postal lleva matasellos de Barcelona.*

matasuegras. m. Artículo de broma que consiste en un tubo de papel enrollado, que se desenrosca bruscamente al soplar por la boquilla que tiene en un extremo. *Los niños del cumpleaños llevan matasuegras y gorritos de papel.*

mate[1]**.** adj. Que no tiene brillo. *Voy a revelar las fotos en papel mate.*

mate[2]**.** m. En el ajedrez: Jaque mate (→ **jaque**). *Mate al rey, he ganado.*

mate[3]**.** m. **1.** Infusión de sabor fuerte y amargo, y de color verde oscuro, típica de América del Sur. *Durante mi viaje a Buenos Aires, me aficioné al mate.* Tb. la planta con cuyas hojas se prepara esa infusión. *Las hojas del mate tienen propiedades medicinales.* **2.** Am. Recipiente donde se toma el mate (→ 1), espec. la calabaza pequeña, seca y hueca, donde tradicionalmente se prepara. *Mientras mateábamos, notamos que el mate se había rajado* [C].

matear. intr. Am. coloq. Beber mate con bombilla. *A la mañana siguiente la esperé en la cocina, para matear como siempre* [C].

matemático, ca. adj. **1.** De las matemáticas (→ 3). *Cálculo matemático.* **2.** Exacto o preciso. *Puntualidad matemática.* ● f. **3.** Ciencia que trata de la cantidad. *Historia de la matemática del siglo* XX. Más frec. en pl. *Enseña matemáticas en el instituto. La carrera de matemáticas o ciencias exactas dura cinco años.* ○ m. y f. **4.** Persona especialista en matemáticas (→ 3). *El congreso reúne a los mejores matemáticos del mundo.*

materia. f. **1.** Realidad primaria de la que están hechas las cosas y que, con la energía, constituye el mundo físico. *Todos los cuerpos tienen materia y forma. La materia puede cambiar de estado al variar la temperatura.* **2.** Materia (→ 1) dotada de unas propiedades determinadas. *La gelatina es una materia blanda y pegajosa. El agua lleva disueltas distintas materias.* **3.** Ser que tiene existencia física. *El ser humano no solo es materia, sino también espíritu.* **4.** Cosa de la que se habla o se piensa. *Índice de materias. Su obra literaria se ha convertido en materia de estudio. Soy un experto en la materia.* **5.** Cada uno de los conjuntos unitarios de conocimientos relativos a un asunto, que se enseñan en un centro docente o forman un plan estudios. *La profesora enseñaba latín y otras materias. Hay materias optativas y materias obligatorias.* **6.** Pus. *La herida está infectada porque tiene materia.* ■ **~ prima,** o **primera ~.** f. Materia (→ 2) que se transforma al elaborar un producto. *La arcilla es la materia prima de la cerámica. La celulosa se emplea como primera materia en la fabricación de papel.* □ **entrar en ~.** loc. v. Empezar a tratar un asunto después de un preliminar. *Antes de entrar en materia me gustaría comunicarles algo.* ■ **en ~ de.** loc. prepos. En lo relativo a, o hablando de. *La legislación en materia de empleo no dice nada al respecto. En materia de fiestas, estamos a la cabeza de Europa.* ▶ **4:** *ASUNTO. **5:** ASIGNATURA.

material. adj. **1.** De la materia. *Solo da importancia a las cosas materiales. El anillo apenas tiene valor material.* ● m. **2.** Cosa que se usa para hacer algo. *Tengo material suficiente para escribir tres libros. No han llegado los materiales* DE *construcción.* **3.** Conjunto de máquinas, utensilios y otros objetos que se usan en una actividad. *El colegio proporciona el material escolar. Le abrieron un expediente por robar material* DE *oficina.* **4.** Cuero curtido. *Los zapatos son de material, pero el bolso es imitación.*

materialidad. f. **1.** Cualidad de material. *Los teólogos niegan la materialidad del alma.* **2.** Aspecto externo. *Eres un superficial: solo te fijas en la materialidad de las cosas.*

materialismo. m. **1.** Tendencia a dar excesiva importancia a las cosas materiales. *Llevó su materialismo al extremo al casarse por dinero.* **2.** *Fil.* Doctrina filosófica según la cual la materia es la única realidad. *El materialismo se opone al idealismo.* ■ **~ dialéctico,** o **histórico.** m. Marxismo. *El materialismo dialéctico combina el materialismo de Feuerbach y la dialéctica de Hegel.*

materialista. adj. **1.** Excesivamente preocupado por los bienes materiales. *Vivimos en una sociedad materialista y consumista.* Dicho de pers., frec. m. y f. *Es una materialista que valora a la gente solo por lo que tiene.* **2.** *Fil.* Del materialismo. *Principios materialistas.* **3.** *Fil.* Partidario del materialismo. *Pensadores materialistas.* Tb. m. y f. *Los materialistas sostienen que la materia es eterna e infinita.*

materialización. f. Hecho de materializar o materializarse. *Hace falta capital para la materialización del proyecto. El poema es la materialización de su pensamiento.*

materializar. tr. Hacer que (algo) tenga existencia material o real. *Fantasea con la idea de materializar su proyecto.* Tb. en constr. prnl. media. *La belleza acababa de materializarse ante él.*

materialmente. adv. **1.** En el aspecto material. *La aseguradora nos ha compensado materialmente de manera satisfactoria.* **2.** De manera real o verdadera. Gralm. con intención enfática. *Es materialmente imposible que llegues a tiempo.*

maternal. adj. De la madre. *Carece de instinto maternal. No hay nada como el amor maternal. Durante el embarazo, asistió a un curso de educación maternal.*

maternidad. f. **1.** Condición de madre. *Su maternidad ha supuesto un cambio radical en su vida. Está de baja por maternidad.* **2.** Hospital o zona de un hospital donde se atiende a las parturientas. *Han inaugurado una maternidad en las afueras. La maternidad del hospital está en la cuarta planta.*

maternizar. tr. Dar (a una leche) las propiedades de la leche materna. *Alimentaban a los lechones con un biberón de leche maternizada.*

materno, na. adj. **1.** De la madre. *Se alimentó exclusivamente de leche materna hasta los seis meses. Soy su prima por línea materna.* **2.** Dicho de lengua: Que primero aprende a hablar una persona. *Mi lengua materna es el castellano.*

matinal. adj. De la mañana. *Se esperan nieblas matinales en la costa. Fuimos a la sesión matinal de cine.*

matiné. f. frecAm. Sesión matinal de un espectáculo, espec. de cine. En Am. designa tb. la que tiene lugar a primeras horas de la tarde. *En aquella época mi padre me permitió ir solo a la matiné de los domingos* [C].

matiz. m. **1.** Cada uno de los grados posibles de un color. *En el cuadro, el pintor ha utilizado todos los matices del azul.* **2.** Rasgo distintivo que da a algo un carácter determinado. *He notado cierto matiz de reproche en tus palabras.* **3.** Rasgo diferenciador de algo que no afecta a lo esencial. *La voz de la soprano tenía mil matices distintos.*

matización. f. Hecho de matizar. *Permítanme que haga una matización respecto a lo que dije ayer.*

matizar. tr. **1.** Precisar los matices (de algo). *Conviene que matices tus palabras.* **2.** Combinar armónicamente (los colores). *Matiza bien los colores de los árboles cuando pintes el paisaje.*

matojo. m. Mata pequeña y frondosa. *A los lados del camino crecen matojos.*

matón. m. Hombre fanfarrón y camorrista que intimida a los demás. *El capo va acompañado de dos matones.*

matorral. m. **1.** Conjunto espeso de matas. *Hay un conejo agazapado en un matorral.* **2.** Extensión de terreno llena de matas y de maleza. *El jabalí habita en los matorrales mediterráneos.*

matraca. f. **1.** Instrumento de madera propio de la Semana Santa, compuesto por varias tablas que forman un aspa, entre las que cuelgan mazas que las golpean mediante un mecanismo giratorio, produciendo un ruido fuerte y desagradable. *El sacristán hacía sonar la matraca.* **2.** Instrumento de madera propio de la Semana Santa, compuesto de un tablero y una o más aldabas o mazos, que, al sacudirlo, produce un ruido fuerte y desagradable. *Los niños del pueblo corren por las calles tocando las matracas.* **3.** coloq. Cosa pesada o molesta. *¿Puedes quitar esa matraca de música?* ■ **dar la ~.** loc. v. coloq. Molestar haciendo o diciendo algo de manera insitente. *¡Deje de dar la matraca con el martillo, que hay gente durmiendo!*

matraz. m. Recipiente de vidrio, gralm. redondo u ovalado y terminado en un tubo alargado y estrecho, que se emplea en laboratorios. *Para el experimento necesitaremos matraces, probetas y tubos de ensayo.*

matriarca. f. *Sociol.* Mujer que ejerce el matriarcado. *En algunos clanes, las matriarcas practicaban la poliandria. La bisabuela es la matriarca de la familia.*

matriarcado. m. **1.** *Sociol.* Organización social en que la autoridad es ejercida por la madre. *El matriarcado se ha mantenido en tribus muy antiguas.* **2.** *Sociol.* Predominio de la mujer en una sociedad o un grupo. *Ha comenzado una etapa de matriarcado en el cine. Actualmente, vivimos un momento de matriarcado.*

matriarcal. adj. *Sociol.* De la matriarca o del matriarcado. *Los antropólogos hallaron restos de una sociedad matriarcal.*

matricial. adj. *Mat.* De las matrices. *Cálculo matricial.*

matricida. m. y f. cult. Persona que comete matricidio. *El presunto matricida vivía con la víctima.* Tb. adj. *Hija matricida.*

matricidio. m. cult. Muerte dada a la propia madre. *El matricidio provoca un profundo rechazo social.*

matrícula. f. **1.** Lista oficial en que se inscriben con un fin determinado personas o vehículos. *Se ha dado de baja en la matrícula de contribuyentes sobre el impuesto de actividades económicas. El barco figura en la matrícula de buques de la provincia.* Tb. el conjunto de personas o vehículos inscritos en esa lista. *La matrícula del instituto es de unos mil alumnos.* **2.** Placa en que consta el número y letras de orden con que se inscribe un vehículo en una matrícula (→ 1). *La policía lo detuvo por circular sin matrícula. El coche siniestrado tiene matrícula de las antiguas.* Tb. el número y letras de orden. *La matrícula de mi coche es 7777 CBC.* **3.** Hecho de matricular o matricularse. *La matrícula en la facultad es más barata si el alumno es de familia numerosa.* **4.** Calificación académica que se concede como distinción añadida a la nota máxima y da derecho a una matrícula (→ 3) gratuita en el curso siguiente. *Ha sacado tres sobresalientes y una matrícula.* Frec. *~ de honor. Sacó matrícula de honor en Literatura.* ▶ **Am** o **frecAm: 2:** CHAPA, PATENTE, PLACA.

matriculación. f. Hecho de matricular. *Hoy comienza el plazo de matriculación.*

matriculado, da. part. **1.** → **matricular. 2.** Que ha sido matriculado (→ 1). Tb. m. y f. *Solo los matriculados tendrán derecho a examen y certificado.*

matricular. tr. Inscribir (algo o a alguien) en una matrícula o lista oficial. *Compraron el coche en el extranjero, pero lo han matriculado en España. Me he matriculado en un curso de inglés.*

matrimonial. adj. Del matrimonio. *Ha solicitado la separación matrimonial.*

matrimonialista. adj. Dicho de abogado: Especialista en causas matrimoniales. Tb. m. y f. *Pondré mi divorcio en manos de un matrimonialista.*

matrimonio. m. **1.** Unión de un hombre y una mujer mediante determinados ritos o formalidades legales. *Matrimonio civil. Matrimonio eclesiástico. Sus abuelos contrajeron matrimonio hace cincuenta años.* Tb. la ceremonia correspondiente. *El matrimonio se celebra en la iglesia del pueblo.* **2.** Conjunto formado por un hombre y una mujer que están casados entre sí. *En el tercero vive un matrimonio muy joven.* **3.** *Rel.* En el cristianismo: Sacramento por el cual un hombre y una mujer se unen conforme a las prescripciones de la Iglesia. *Los sacerdotes y las monjas no pueden recibir el matrimonio.* ■ **~ morganático.** m. Matrimonio (→ 1) contraído entre una persona de sangre real y otra que no lo es, y en el que cada cónyuge conserva su condición anterior. *El príncipe contrajo matrimonio morganático y renunció a sus derechos dinásticos.*

matritense. adj. cult. De Madrid. *Tras una larga ausencia, la obra vuelve a los escenarios matritenses.*

matriz. f. **1.** Útero. *Durante la gestación, la matriz aumenta en función del crecimiento fetal.* **2.** Cosa de la que procede otra. Frec. en aposición. *La empresa matriz ha invertido diez millones en su filial española.* **3.** Parte que queda en un talonario al separar los talones. *Las matrices indican que has extendido muchos cheques.* **4.** *tecn.* Molde para fundir o grabar objetos. *El escultor rellena la matriz de yeso para hacer un vaciado.* **5.** *Mat.* Conjunto de números o símbolos algebraicos colocados en líneas horizontales y verticales, y dispuestos en forma de rectángulo. *En matemáticas estamos haciendo problemas de matrices.* **6.** *Gráf.* Cada uno de los caracteres o espacios en blanco de un texto impreso. Frec. en pl. *El texto que está corrigiendo tiene un millón de matrices.*

matrona. f. Comadrona. *Dos matronas ayudan al tocólogo en el parto.*

matute. m. Contrabando (introducción clandestina de mercancías). Frec. en la constr. *de ~*. *Pasan el tabaco de matute por la aduana.* ▶ CONTRABANDO.

matutino, na. adj. De la mañana. *No puedo prescindir de la ducha matutina.*

maula. m. y f. **1.** coloq. Persona vaga que no cumple sus obligaciones. *Mis alumnos son un hatajo de maulas.* **2.** coloq. Persona tramposa o embustera. *No te fíes de él, que es un maula.*

maullar. (conjug. AUNAR). intr. Dar maullidos el gato. *El minino maulló de dolor cuando le pisé el rabo.* ▶ MAYAR.

maullido. m. Voz característica del gato. *En el callejón se oyen los maullidos de un gato callejero.*

mauritano, na. adj. De Mauritania. *Ciudad mauritana.* Dicho de pers., tb. m. y f. *En la tripulación del pesquero había varios mauritanos.*

máuser. m. Fusil de repetición. *El soldado engrasa un viejo máuser.*

mausoleo. m. Sepulcro monumental y majestuoso. *El magnate se hizo construir un magnífico mausoleo de mármol blanco.*

máx. abrev. Máximo. *Resumen del texto (máx. 150 palabras).*

maxi-. elem. compos. Significa 'grande'. *Maxifalda, maxisingle.*

maxilar. adj. **1.** *Anat.* De la mandíbula. *Región maxilar.* ● m. **2.** *Anat.* Hueso maxilar (→ **hueso**). *Le han fracturado el maxilar de un puñetazo.*

maxilofacial. adj. *Med.* De las mandíbulas y la cara. *A la paciente se le practicará una intervención de cirugía maxilofacial.*

máxima. f. **1.** Frase breve que encierra una idea de carácter doctrinal o moral. *La máxima de Horacio "carpe diem" significa "aprovecha el momento".* **2.** Norma o regla de comportamiento. *Siempre ha sido mi máxima decir la verdad.* ▶ **1:** *DICHO.

maximalismo. m. Tendencia a defender posturas extremas e inamovibles. Se usa espec. en política. *Los socialistas moderados rechazan el maximalismo de los más radicales.*

maximalista. adj. **1.** Del maximalismo. *Perspectiva maximalista.* **2.** Partidario o seguidor del maximalismo. Tb. m. y f. *No es fácil dialogar con un maximalista.*

máxime. adv. Principalmente o sobre todo. *No puedo permitírmelo, máxime con los gastos que tengo ahora.*

maximizar. tr. Hacer que (algo) alcance el máximo. *La empresa pretende maximizar el rendimiento de sus trabajadores.*

máximo, ma. adj. **1.** Más grande que ninguno en su especie. *Es de la máxima importancia que lo vea hoy. La han multado por sobrepasar la velocidad máxima permitida.* ● m. **2.** Límite o punto más alto en cantidad, calidad o intensidad a que se puede llegar. *Ha llegado al máximo de sus posibilidades. El aire acondicionado está en el máximo.* ▶ **2:** MÁXIMUM.

máximum. (pl. **máximums**). m. Máximo (límite o punto). *El médico le ha recetado un máximum de dos pastillas al día.* ▶ MÁXIMO.

maya. adj. **1.** De un pueblo amerindio que habita en la península de Yucatán, en Guatemala y en regiones vecinas. *Civilización maya.* Dicho de pers., tb. m. y f. *Los antiguos mayas construyeron decenas de ciudades y monumentos.* **2.** Del maya (→ 3). *La escritura maya era jeroglífica.* ● m. **3.** Grupo de lenguas habladas por los mayas (→ 1). *Cerca de seis millones de personas hablan el maya.*

mayar. intr. Maullar. *La gata maya en el balcón.*

mayestático, ca. adj. Majestuoso. *Habla con un tono mayestático.*

mayéutico, ca. adj. **1.** De la mayéutica. *Procedimientos mayéuticos.* ● f. **2.** Método socrático de enseñar, mediante el diálogo y las preguntas, nociones que el alumno conoce sin saberlo. *Sócrates enseñaba en la calle mediante la mayéutica.*

mayo. m. Quinto mes del año. *Nació el doce de mayo.*

mayonesa. f. Salsa mayonesa (→ **salsa**). *Para preparar la mayonesa, necesitas un huevo, aceite, sal y limón.*

mayor. adj. (Comparativo de *grande* en las acep. 1 y 2; el segundo término de la comparación, cuando se expresa, va introducido por *de* o *que*. Tb. superlativo relativo, en las mismas acep., gralm. precedido de art. det. y seguido de un compl. introducido por *de*). **1.** Más grande. *Su casa es mayor que la mía. El problema es mucho mayor de lo que creíamos. ¿Hay una talla mayor? Cuanto mayor es la inversión, mayores serán los beneficios. Esa es nuestra mayor preocupación.* **2.** Dicho de persona: De más edad que otra. *Es un año mayor que tú. Tiene dos hermanos mayores.*

Tienen descuento las personas mayores de 65 años. La tía Anselma es la mayor de las tres. **3.** Dicho de persona: De edad avanzada. *Murió muy mayor.* **4.** Dicho de persona: Que tiene mayoría de edad. *Los chicos mayores pueden entrar solos al cine.* Tb. m y f. *Siempre hay algún mayor cuidando a los niños.* Tb. ~ *de edad. Mintió al decir que era mayor de edad.* **5.** Principal o más importante. *Mi pueblo no tiene plaza mayor. Un retablo barroco preside el altar mayor.* ● **6.** m. pl. cult. Antepasados o ascendientes. *Es una tradición que viene de nuestros mayores.* ■ **al por ~.** loc. adv. *Com.* En gran cantidad. *En este establecimiento se vende al por mayor.* Tb. loc. adj. *Compran aceite al por mayor.*

mayoral. m. Vaquero principal de una ganadería, espec. de reses bravas. *El matador salió por la puerta grande junto al mayoral de la ganadería.*

mayorazgo. m. **1.** Institución del derecho civil que tiene por objeto perpetuar en la familia la propiedad de unos bienes determinados. *El mayorazgo fue suprimido en el siglo* XIX. **2.** Conjunto de bienes vinculados por un mayorazgo (→ 1). *Cubría sus gastos con las rentas de su mayorazgo.* **3.** Persona que posee mayorazgo (→ 2). *El mayorazgo visitaba sus tierras a menudo.* **4.** Hijo mayor de una persona que posee un mayorazgo (→ 2). *Comprometieron a su hija* CON *el mayorazgo de esa familia.*

mayordomo. m. Criado principal que está a cargo del gobierno de una casa. *–La cena está servida –anunció el mayordomo.*

mayoría. f. **1.** Parte mayor de un conjunto de cosas o personas. *La mayoría* DE *los ciudadanos aprueba la medida. Acataré lo que decida la mayoría.* **2.** Mayor número de votos. *El partido conservador ha obtenido la mayoría.* ■ **~ absoluta.** f. Mayoría (→ 2) formada por más de la mitad de los votos. *Han ganado las elecciones, pero no tienen mayoría absoluta.* ■ **~ de edad.** f. Edad establecida por la ley para que una persona pueda tener pleno derecho sobre sí y sobre sus bienes. *El año que viene alcanzaré la mayoría de edad.*

mayorista. adj. **1.** Dicho de comercio: Que se realiza al por mayor. *La compañía ha monopolizado el comercio mayorista de frutas.* **2.** Que se dedica al comercio mayorista (→ 1). *Comerciantes mayoristas.* Dicho de pers., tb. m. y f. *El mayorista compra el género a los fabricantes.*

mayoritario, ria. adj. **1.** De la mayoría. *Los presupuestos deben tener la aprobación mayoritaria.* **2.** Que constituye mayoría. *El partido mayoritario se abstuvo en la votación.*

mayormente. adv. Principalmente o sobre todo. *La nueva normativa afecta mayormente a la población inmigrante.*

mayúsculo, la. adj. **1.** Enorme o muy grande. *¡Me has dado un susto mayúsculo!* ● f. **2.** Letra mayúscula (→ **letra**). *Escriba sus datos en mayúsculas, por favor.*

maza. f. **1.** Utensilio que consiste en un mango cuyo extremo es cilíndrico y más ancho, y que se usa para golpear. *Machaca los ingredientes con la maza para hacer la salsa.* **2.** Aparato gimnástico formado por un palo gralm. cilíndrico y ensanchado por un extremo, que se usa para hacer ejercicios de gimnasia rítmica. *El equipo obtuvo un nueve en mazas.* **3.** histór. Arma antigua de hierro o de madera recubierta de hierro, formada por un mango con una pieza cilíndrica o más gruesa en su extremo. *De la montura del jinete colgaba una maza con púas.*

mazacote. m. **1.** Masa dura y compacta. *No hay quien se coma este mazacote.* **2.** Cosa, espec. una construcción, de aspecto macizo y poco elegante. *El edificio del museo es un mazacote.*

mazamorra. f. Am. Plato de harina de maíz y otros ingredientes, semejante a las gachas. *El almuerzo consistía en una taza de chocolate o un poco de mazamorra* [C].

mazapán. m. Pasta hecha con almendras molidas y azúcar, que se presenta gralm. en forma de figuritas cocidas al horno. *En Navidad, nunca faltan el turrón y las figuritas de mazapán.* Tb. cada una de esas figuritas. *¿Os apetecen unos polvorones y unos mazapanes?*

mazazo. m. **1.** Golpe dado con una maza o con un mazo. *El subastador da un mazazo y el lote queda adjudicado.* **2.** Cosa que produce una impresión o una pena muy grandes. *Su muerte ha sido un mazazo para todos.*

mazdeísmo. m. *Rel.* Religión de los antiguos persas, basada en la existencia de dos principios divinos, uno bueno y otro malo. *En el mazdeísmo, las divinidades del bien y el mal están supeditadas a un dios superior.*

mazmorra. f. Prisión subterránea. *Acabó sus días encerrado en las mazmorras del castillo.*

mazo. m. Martillo grande de madera. *Clava las estacas de la valla golpeando con un mazo.*

mazorca. f. Fruto de algunas plantas, espec. del maíz, de forma gralm. cilíndrica, cuyos granos crecen muy apretados alrededor del eje. *Me gustan las mazorcas cocidas y con mantequilla.* ▶ PANOCHA, PANOJA. || **Am:** ELOTE.

mazurca. f. Baile de origen polaco, que se ejecuta por parejas con movimientos lentos y cuidados. *El baile de palacio se abrió con una mazurca.* Tb. su música. *Del salón llegan las notas de una mazurca de Chopin.*

me. (Se pronuncia siempre átono. En ciertos casos va detrás del v. y se escribe unido a él: *No puedes obligarme; Estoy lavándome; Ayúdame*). pron. pers. Designa, en función de complemento directo o indirecto sin preposición, a la misma persona designada con el pronombre *yo. Me confesó que estaba arrepentido. Me trata con indiferencia. Cuéntamelo todo. Me lo dio ayer.*

mea culpa. (loc. lat.). expr. Se usa para admitir una culpa o un error. *Está bien, lo reconozco, mea culpa.* Tb. m. *Entonó el mea culpa ante sus compañeros.*

meada. f. malson. Hecho o efecto de mear.

meado. m. malson. Orina. Mas frec. en pl.

meandro. m. Curva pronunciada en el curso de un río. *Los meandros del río parecen enormes herraduras.*

meapilas. m. y f. coloq., despect. Persona que frecuenta mucho la iglesia y manifiesta una devoción y una piedad exageradas. *Las meapilas de turno hacían cola frente al confesionario.*

mear. tr. **1.** malson. Orinar (un líquido). ○ intr. **2.** malson. Orinar. Tb. prnl. ○ intr. prnl. **3.** malson. Orinar de forma involuntaria. **4.** malson. Reírse mucho. Frec. *~se de risa.*

meato. m. *Anat.* Conducto u orificio del cuerpo. *Meato urinario. El meato del conducto auditivo externo se debe limpiar con gasa y suero fisiológico.*

meca. f. Lugar que es el centro de una actividad determinada. *Hollywood es la meca del cine.*

mecachis. interj. coloq. Se usa para expresar contrariedad o enfado. *¡Mecachis, otra vez voy a perder el autobús!*

mecánica. → **mecánico.**

mecanicismo. m. *Fil.* Doctrina según la cual todo fenómeno natural se puede explicar por las leyes de la mecánica. *El mecanicismo imperó durante el siglo* XIX.

mecanicista. adj. **1.** *Fil.* Del mecanicismo. *Postulados mecanicistas.* **2.** *Fil.* Seguidor del mecanicismo. *Newton era mecanicista.* Tb. m. y f. *Los mecanicistas se oponen a la interpretación teleológica del universo.*

mecánico, ca. adj. **1.** De la mecánica (→ 5). *Leyes mecánicas.* **2.** Que se hace o funciona mediante máquinas. *Escaleras mecánicas. Podan los árboles con una sierra mecánica.* **3.** Automático o irreflexivo. *Me saludó con un gesto mecánico.* ● m. y f. **4.** Persona que se dedica al arreglo y mantenimiento de las máquinas y, a veces, a su manejo. *El mecánico dice que hay que cambiar los amortiguadores.* ○ f. **5.** Parte de la física que estudia el movimiento de los cuerpos sometidos a la acción de las fuerzas. *La mecánica se ocupa de la cinemática y de la dinámica.* **6.** Pieza o conjunto de piezas que ponen en movimiento un aparato o una máquina. *La avería del coche se debe a un fallo eléctrico y no de mecánica.* Tb. su funcionamiento. *La moto no arranca, ¿sabes algo de mecánica?* Tb. fig. *La presentadora explica la mecánica del concurso.* ■ **~ dentista.** m. y f. Persona que prepara y ajusta las piezas de una prótesis dental. *Un mecánico dentista le va a hacer una dentadura postiza a medida.* ▶ **3:** MAQUINAL.

mecanismo. m. **1.** Conjunto de piezas que ponen en movimiento un aparato o una máquina. *He desmontado el mecanismo del reloj y ahora no sé cómo montarlo.* **2.** Modo en que se producen un fenómeno, una actividad o una función. *El mecanismo de pago es muy sencillo y cómodo.* ■ **~ de defensa.** m. Actitud que tiene una persona para protegerse de lo que considera un ataque. Se usa espec. en psicología. *Su hostilidad es un mecanismo de defensa.*

mecanización. f. Hecho de mecanizar. *Todavía queda un largo camino en la mecanización del campo.*

mecanizar. tr. **1.** Introducir el uso de máquinas (en una actividad). *Al mecanizar la industria, aumentó la producción.* **2.** Dar carácter mecánico (a algo). *Las nuevas tecnologías han mecanizado el proceso de envasado y etiquetado.*

mecano. m. Juguete que consiste en una serie de piezas, gralm. metálicas, con las que se pueden componer construcciones. *Le gusta jugar con mecanos y juegos de construcción.*

mecanografía. f. Técnica de escribir a máquina. *Ha hecho un curso de taquigrafía y mecanografía.*

mecanografiar. (conjug. ENVIAR). tr. Escribir (algo) a máquina. *Tengo que mecanografiar unas cartas. El profesor nos ha pedido que le entreguemos el trabajo mecanografiado.*

mecanógrafo, fa. m. y f. Persona que domina o practica profesionalmente la mecanografía. *Encargó a un mecanógrafo que pasara a máquina la carta.*

mecate. m. Am. Cuerda, espec. la gruesa hecha de fibra vegetal. *Los ataba por la cintura con un mecate muy largo* [C]. ▶ *CUERDA.

mecedor, ra. adj. **1.** Que mece o sirve para mecer. ● m. **2.** frecAm. Mecedora (→ 3). *Luego recostó la cabeza en el espaldar del mecedor, y volvió a cerrar los ojos* [C]. ○ f. **3.** Silla con brazos cuyas patas se apoyan en dos balancines para poder mecerse. *Hacía ganchillo sentada en una mecedora.*

mecenas. m. y f. Persona poderosa que protege y apoya económicamente a uno o más artistas o intelectuales. *El escritor dedica la novela a su mecenas.*

mecenazgo. m. Condición de mecenas. *El mecenazgo de los Medici permitió trabajar a Leonardo da Vinci.*

mecer. tr. Mover (algo o a alguien) de un lado a otro acompasadamente. *Mecía a su hija en los brazos. La brisa mece las ramas de los árboles.* Tb. en constr. prnl. media. *El barco se mece al ritmo de las olas.*

mecha. f. **1.** Cuerda, o conjunto de hilos retorcidos, que se impregnan de combustible para hacerlos arder. *La mecha de la vela se ha consumido.* **2.** Cordón hecho de material combustible que sirve para dar fuego a un explosivo. *La dinamita tenía una mecha muy corta.* **3.** Mechón de pelo, espec. el que está teñido de un color diferente al del resto del cabello. Gralm. en pl. *Soy castaña, pero llevo mechas rubias.* Tb. el tinte con que se tiñe. *El peluquero aplica las mechas con una brocha.* ■ **aguantar ~.** loc. v. coloq. Sufrir una contrariedad o una molestia con resignación. *Ya estoy harto de aguantar mecha.* ■ **a toda ~.** loc. adv. coloq. A toda velocidad. *Vístete a toda mecha, que llegas tarde.*

mechar. tr. Introducir tiras de tocino o de otro ingrediente (en la carne que se va a cocinar). *Hoy comemos ternera mechada al horno.*

mechero. m. Aparato que sirve para encender por medio de una chispa o de una llama. *¿Tienes un mechero o unas cerillas?* ▶ *ENCENDEDOR.

mechón. m. Conjunto de pelos de la misma forma o color, o colocados en la misma posición, que se separan del resto. *Tiene un mechón rubio de nacimiento.*

medalla. f. **1.** Pieza de metal, gralm. redonda, con alguna inscripción o figura grabadas en ella. *Lleva una cadena con una medalla de la Virgen.* **2.** Premio que se concede en algunas competiciones o certámenes. *Varios pintores de la exposición aspiran a medalla.* **3.** Distinción honorífica. *Le dieron la medalla al mérito ciudadano.* ■ **~ de bronce.** f. Medalla (→ 2) que se concede al tercer clasificado. *Ha ganado una medalla de bronce en natación.* ⇒ BRONCE. ■ **~ de oro.** f. Medalla (→ 2) que se concede al primer clasificado. *¿Confía en conseguir la medalla de oro en el campeonato?* ⇒ ORO. ■ **~ de plata.** f. Medalla (→ 2) que se concede al segundo clasificado. *¡Medalla de plata, somos subcampeones!* ⇒ PLATA. ▶ **Am: 2:** PRESEA.

medallero. m. *Dep.* Relación de las medallas conseguidas por los participantes en una competición. *España ocupa el segundo lugar en el medallero olímpico.*

medallista. m. y f. *Dep.* Deportista que consigue una medalla en una competición. *La medallista cubana va a dar una rueda de prensa.*

medallón. m. **1.** Medalla grande. *Un medallón de oro brilla en su pecho.* **2.** Joya en forma de caja pequeña, donde se guardan retratos, cabellos u otros recuerdos. *Lleva un medallón con la foto de su nieto.* **3.** Porción redonda de un alimento, espec. de carne o pescado. *Su especialidad son los medallones de merluza con almejas.* **4.** *Arte* Elemento decorativo de forma redonda u ovalada, que encierra un relieve o una pintura. *El arco de Constantino está decorado con medallones de dos metros de diámetro.*

médano. m. Duna. *Las playas de la isla son famosas por sus médanos.*

media[1]. → **medio.**

media[2]. m. pl. Medios de comunicación de masas. *Ahora, cualquier noticia llega a todo el mundo a través de los media.*

mediación. f. **1.** Hecho de mediar o intervenir. *Las negociaciones de paz se realizaron con la mediación de Estados Unidos.* **2.** Hecho de mediar o interceder. *Ha obtenido plaza en el colegio gracias a la mediación de un familiar.*

mediador, ra. adj. **1.** Que media o interviene. Dicho de pers., tb. m. y f. *La embajadora se ofrece a actuar de mediadora en el conflicto.* **2.** Que media o intercede. Dicho de pers., tb. m. *El sacerdote era el mediador de los condenados a muerte.*

mediados. m. pl. Parte central de un período de tiempo superior o igual a una semana. Gralm. en la constr. *a* ~. *Se incorporó al trabajo a mediados del mes pasado. Me han dicho que recibirán el pedido a mediados de semana.*

mediagua. f. Am. Construcción con el tejado inclinado, de una sola vertiente. *Esa mediagua es una construcción de adobe de un solo cuarto* [C].

medialuna. (Tb. **media luna**; pl. **medialunas** o **medias lunas**). f. **1.** Cosa en forma de media luna. *Cada pendiente es una medialuna de plata.* **2.** Bollo en forma de media luna. *Mojaba una medialuna en el café.*

mediana. → **mediano.**

medianamente. adv. De manera mediana, espec. en calidad. *El tema me interesa medianamente.* Seguido de un adjetivo, se usa para enfatizar el significado de este. *Los resultados del examen no han sido ni siquiera medianamente aceptables.*

medianero, ra. adj. Dicho de pared u otra división: Común a dos edificios o terrenos. *La alambrada medianera está cubierta de hiedra.* Tb. f. *Nuestra casa comparte medianera con una oficina.*

medianía. f. **1.** Cualidad de mediano, espec. en calidad. *Como estudiante siempre ha estado en una discreta medianía.* **2.** Persona que no posee ninguna cualidad relevante. *Fue un gran dramaturgo, pero como poeta no pasó de ser una medianía.*

mediano, na. adj. **1.** De calidad, cantidad o tamaño intermedios. *Necesito un cuaderno mediano. Sale con un hombre de mediana edad.* • f. **2.** En una carretera: Zona que separa longitudinalmente los dos sentidos de circulación. *El camión invadió la mediana al intentar evitar la colisión.* Tb. el seto o la construcción situados en esa zona. *El coche ha chocado contra la mediana.* **3.** *Mat.* En un triángulo: Recta que une un vértice con el punto medio del lado opuesto. *Traza las medianas de un triángulo isósceles.* ▶ **1:** TERCIADO.

medianoche. (Tb. **media noche**; pl. **medianoches** o **medias noches**). f. **1.** Hora en que el Sol está en el punto opuesto al mediodía. *Faltan dos minutos para la medianoche.* **2.** Período en torno a la medianoche (→ 1). *Se despertó a medianoche y vio que el despertador marcaba las dos.* **3.** Bollo pequeño y de forma redondeada, que se parte en dos mitades para hacer bocadillos. *¿Te apetece una medianoche de jamón?*

mediante. prep. Por medio de. *Mediante la colaboración de todos lo conseguiremos.*

mediar. (conjug. ANUNCIAR). intr. **1.** Llegar algo a la mitad. *Mediaba la primavera cuando nació su hijo.* **2.** Existir o encontrarse algo entre dos o más personas o cosas. *Un espacioso patio media* ENTRE *la casa y la calle.* **3.** Ocurrir algo entre dos hechos. ENTRE *las dos reuniones ha mediado la dimisión del encargado.* **4.** Pasar un tiempo entre dos hechos. *Mediaron cuatro días* ENTRE *el nombramiento y la toma de posesión.* **5.** Intervenir para que dos o más personas lleguen a un acuerdo. *Se ha ofrecido para mediar* ENTRE *el jefe y los empleados.* **6.** Interceder por alguien. *El Papa ha mediado* POR *los condenados a muerte.*

mediático, ca. adj. De los medios de comunicación. *El evento ha dado lugar a un despliegue mediático abrumador.*

mediatización. f. Hecho de mediatizar. *La oposición denunció la mediatización del poder judicial.*

mediatizar. tr. Influir (en una persona o una institución) limitando su libertad. *El organismo público podría ser mediatizado por intereses privados. La educación y la sociedad mediatizan a los seres humanos.*

mediato, ta. adj. Que está cercano a algo, pero dependiendo de un elemento intermedio. *Tenemos que alcanzar una serie de objetivos mediatos e inmediatos.*

mediatriz. f. *Mat.* Recta perpendicular a un segmento que lo corta en su punto medio. *Traza la mediatriz del radio de la circunferencia.*

médica. → **médico.**

medicación. f. **1.** Hecho de medicar. *Le han suspendido la medicación.* **2.** Conjunto de medicamentos para medicar a una persona. *Con la medicación adecuada, podrá llevar una vida normal.*

medicamento. m. Sustancia que sirve para prevenir, curar o aliviar las enfermedades, y para reparar sus consecuencias. *Lee bien el prospecto antes de tomar el medicamento.* ▶ FÁRMACO, MEDICINA.

medicamentoso, sa. adj. Del medicamento. *Alergia medicamentosa. Lo ingresaron con un cuadro de intoxicación medicamentosa.*

medicar. tr. Administrar o recetar medicamentos (a alguien). *Lo están medicando con antiinflamatorios.*

medicina. f. **1.** Ciencia que se ocupa de la prevención y curación de las enfermedades humanas. *Estudió medicina y se especializó como cirujano.* **2.** Medicamento. *Tengo que ir a la farmacia a comprar unas medicinas.* Tb. fig. *Un amigo es la mejor medicina para los malos momentos.* ■ ~ **legal.** f. Medicina (→ 1) aplicada a asesorar pericialmente a los tribunales. *Trabajaba en el departamento de medicina legal de la facultad.* ■ ~ **nuclear.** f. Parte de la medicina (→ 1) que aplica la energía nuclear al diagnóstico y el tratamiento de las enfermedades. *La medicina nuclear se utiliza en oncología.*

medicinal. adj. Que sirve para curar. *Hierbas medicinales. En el balneario hay un manantial de aguas medicinales.*

medición. f. Hecho de medir. *Los topógrafos van a proceder a la medición del terreno.*

médico[1]**, ca.** adj. **1.** De la medicina o de los médicos (→ 2). *Conocimientos médicos. Toma tranquilizantes por prescripción médica.* • m. y f. (A veces como f. se usa **médico**). **2.** Persona legalmente capacitada para ejercer la medicina. *Voy a ir al médico porque me duele la garganta.* ■ ~ **de cabecera,** o **de familia.** m. y f. Médico (→ 2) que atiende habitualmente a una persona o a una familia. *El médico de familia le ha dado la baja. Tengo cita con mi médica de cabecera.* ■ ~ **forense.** m. y f. Especialista en medicina legal. *El médico forense procedió a realizar la autopsia.* ⇒ FORENSE. ■ ~ **(interno/na) residente.** m.

y f. Médico (→ 2) que trabaja en un centro hospitalario para completar su formación. *Los médicos residentes acompañan al doctor en las visitas.* ⇒ *MIR. ▶ **2:** DOCTOR, FACULTATIVO.

médico[2]**, ca.** adj. histór. De los medos. *Las guerras médicas enfrentaron a griegos y persas.*

medida. f. **1.** Hecho de medir. *Unidades de medida. El sismógrafo se emplea para la medida y el registro de los temblores de tierra.* **2.** Expresión numérica del resultado de una medición. *En el plano están apuntadas las medidas de la casa.* **3.** Cada una de las unidades que se emplean para medir longitudes, superficies o volúmenes. *El metro cuadrado es una medida de superficie.* **4.** Disposición para prevenir algo o enfrentarse a sus consecuencias. Frec. en pl. *Se reforzarán las medidas de seguridad durante la cumbre. Hay que tomar medidas para que no vuelva a ocurrir algo así.* **5.** Grado o intensidad. *Colaboraré en la medida de mis posibilidades.* **6.** Prudencia o moderación. *A la hora de gastar, no tienes medida.* **7.** *Lit.* Número de sílabas de un verso. *En los poemas de verso libre, los versos tienen medidas diferentes.* ■ **a (la) ~.** loc. adv. Según las medidas adecuadas a la persona o cosa a las que está destinado. *Lleva un traje hecho a medida.* Tb. loc. adj. *Encargaré una librería a medida para el salón.* Tb. fig. *Ha encontrado un trabajo a la medida.* ■ **a ~ que.** loc. conjunt. Introduce una proposición que expresa una acción que se desarrolla simultáneamente a la acción expresada en la oración principal. *La temperatura baja a medida que subimos la montaña.*

medidor, ra. adj. Que mide o sirve para medir. *Se ha averiado el circuito medidor de temperatura de las instalaciones.* Dicho de aparato, tb. m. *Instalarán un medidor de radiación cerca de la central nuclear.*

medieval. adj. De la Edad Media. *Han encontrado los restos de una ciudad medieval.*

medievalista. m. y f. Especialista en la Edad Media. *El reinado de Alfonso X el Sabio es objeto de estudio de los medievalistas.*

medievo. m. cult. Edad Media. *Las grandes catedrales fueron construidas en el medievo.*

medina. f. Barrio antiguo de una ciudad árabe. *Los turistas visitaron la medina de Rabat.*

medio, dia. adj. **1.** Que es la mitad de lo expresado por el nombre que sigue. *Aún falta media hora. El arbusto medirá medio metro. Queda media tarta. Añade vaso y medio de vino al guiso. La película ha durado hora y media.* **2.** Intermedio entre dos extremos. *Lleva el anillo en el dedo medio. Ayer jugué en la línea media. Su familia era de clase media. Tiene un nivel medio de inglés. La medida se aplicará a todos los profesores de enseñanza media.* **3.** Que corresponde a los caracteres más generales de un grupo. *La reforma fiscal va a beneficiar al ciudadano medio.* **4.** Gran parte de lo expresado por el nombre que sigue. *Se usa con intención enfática. Media ciudad fue a la feria del libro el domingo. Se ha recorrido medio continente.* **5.** *Fon.* Dicho de sonido o de fonema vocálicos: Que se articulan en la parte central de la boca. *La "a" es una vocal media.* **6.** *Fon.* Dicho de fonema o de sonido vocálicos: Que se articula con un grado intermedio de abertura de la boca. *La "e" y la "o" son vocales medias.* **7.** *Gram.* Dicho de voz: Que tiene un sujeto que designa a la persona o cosa que reciben la acción verbal, sin la intervención de ese sujeto ni de otro agente. *La voz media se forma con el pronombre "se".* Tb. dicho de la construcción correspondiente a dicha voz. *"El suelo se hundió bajo mis pies" es una construcción media.* ● m. y f. **8.** Jugador de la media (→ 22). *En mi equipo juego de medio.* ○ m. **9.** En una cosa: Punto o zona situados en su centro y a igual distancia de sus extremos. *El tirador apuntó a la diana y dio justo en el medio.* **10.** Cosa que sirve para un fin determinado. *Se sirvió de la tarjeta de crédito como medio de pago. Los medios de transporte han cambiado mucho. Hemos utilizado todos los medios a nuestro alcance.* **11.** Conjunto de factores externos que condicionan a un ser vivo en su desarrollo y en sus actividades. *Los peces no podrían sobrevivir fuera de su medio.* Frec. medio ambiente. *Las emisiones de gases dañan el medio ambiente.* **12.** Conjunto de circunstancias culturales, económicas y sociales que rodean a una persona o a un grupo. *El medio y la genética condicionan al individuo. La presión del medio social fue insoportable.* **13.** Sustancia en que se desarrolla un fenómeno determinado. *La propagación del sonido se produce tanto en un medio líquido como sólido o gaseoso.* **14.** Grupo o círculo social. Gralm. en pl. *Según medios bien informados, el estado del Papa es grave. La guerra influyó en los medios financieros.* **15.** *Mat.* Cada una de las dos partes iguales en que puede dividirse la unidad. *Si el reparto es entre tres, les corresponde un tercio, y si es entre dos, un medio.* ○ m. pl. **16.** Dinero o hacienda. *La gente que carecía de medios no podía estudiar.* Tb. *medios económicos. El Ayuntamiento no dispone de medios económicos para restaurar la iglesia.* **17.** Conjunto de la radio, la prensa y la televisión. *Todos los medios se hicieron eco de la noticia.* Tb. *medios de comunicación. El Gobierno invertirá en medios de comunicación.* **18.** *Taurom.* Tercio correspondiente al centro del ruedo. *El diestro salió a saludar a los medios.* ○ f. **19.** Prenda de punto que cubre el pie y la pierna hasta la rodilla o más arriba. *Los futbolistas llevan espinilleras debajo de las medias.* Frec. designa las femeninas que gralm. llegan hasta la cintura. *Tienes una carrera en la media. Necesito comprarme medias.* **20.** Am. Calcetín. *No hay nada menos sexy que ver a un hombre con medias y pantuflas* [C]. *¿Te acuerdas de los mocasines que Renán se ponía sin medias?* [C]. **21.** Media (→ 1) hora. *Después del recreo, las clases empiezan a la media. El reloj dio la media.* **22.** En algunos deportes, espec. en fútbol: Conjunto de jugadores que actúan entre la defensa y la delantera, y sirven de enlace a estas. *El equipo ha fichado a un centrocampista para reforzar la media.* **23.** *Mat.* Número que resulta al efectuar una serie determinada de operaciones con un conjunto de números y que, en determinadas condiciones, puede representar por sí solo a todo el conjunto. *Media proporcional. Media geométrica.* **24.** *Mat.* Cantidad que resulta de dividir la suma de varias cantidades por el número de ellas. *La media de edad en el equipo era de 25 años.* Tb. media aritmética. *La media aritmética de 10, 12 y 2 es 8.* ○ f. pl. **25.** En el mus: Reunión de tres cartas del mismo valor en una mano. *Ganó los pares con medias de reyes.* ● adv. **26.** No del todo o no completamente. *Me lo dijo medio en broma. Estoy medio mareada.* **27.** coloq. Antepuesto a un adjetivo que expresa cualidad negativa, se usa para suavizar el significado de este. *Es medio tonto. Estás medio loca.* ■ **a medias.** loc. adv. **1.** Por mitad, o la mitad cada uno. *La cena la pagamos a medias.* **2.** No del todo o no completamente. *–¿Has terminado? –A medias.* ■ **a medio.** loc. adv. Seguida de un infinitivo: Sin haberse completado la acción expresada por el infinitivo. *Hay casas a medio cons-*

truir. *Salió a la calle a medio vestir.* ■ **de medio a medio.** loc. adv. Completamente o por completo. *Te has equivocado de medio a medio.* ■ **de por medio.** loc. adv. **1.** En medio, o entre dos o más personas o cosas. *Hablaban con la mesa de por medio.* **2.** Interviniendo. *Hay mucho dinero de por medio. Tuvo un problema con un vecino y su familia estaba de por medio.* ■ **en medio.** loc. adv. **1.** En la parte central. *Hay un socavón en medio* DE *la calle. La nariz está en medio* DE *la cara. Dibuja una estrella en medio.* **2.** Entre dos o más personas o cosas. *Somos tres hermanos y yo soy el de en medio. No te metas en medio, que esto no va contigo.* ■ **entre medias.** (Tb. **entremedias**). loc. adv. En medio, o entre dos o más personas o cosas. *Tengo una reunión a las nueve y otra a la una, pero entre medias estoy libre. El menú constaba de varios platos y entremedias sirvieron un sorbete de champán.* ■ **por en medio,** o **por medio.** loc. adv. En desorden y estorbando. *Ordena tu cuarto, que tienes todo por en medio. No recoge nada, lo deja todo por medio.* ■ **por medio de.** loc. prepos. Valiéndose de. *Los sonidos se representan por medio de signos en la escritura.* ■ **quitar de en medio** (a alguien o algo). loc. v. coloq. Apartar(lo) o alejar(lo) para que deje de estorbar o para que no sufra daño. *Quita esos trastos de en medio, que te vas a caer. Cuando se pone furioso, lo mejor es quitar a los niños de en medio. Quítate de en medio, que no puedo pasar. Si la cosa se pone fea, lo mejor es quitarse de en medio.* ■ **quitar de en medio** (a alguien). loc. v. coloq. Matar(lo). *Están protegiendo al testigo por si intentan quitarlo de en medio. No soportó tanta presión y se quitó de en medio pegándose un tiro.*

medioambiental. adj. Del medio ambiente. *Deben endurecerse las medidas de protección medioambiental.*

mediocre. adj. De calidad media, tirando a mala. *Como actor es bastante mediocre.*

mediocridad. f. Cualidad de mediocre. *Es un pintor que nunca ha destacado debido a la mediocridad de su obra.*

mediodía. m. **1.** Hora en que el Sol está en el punto más alto de su elevación sobre el horizonte. *Han dado las doce en el reloj de la plaza; ya es mediodía.* **2.** Período en torno al mediodía (→ 1). *Prefiero desayunar fuerte y que la comida de mediodía sea ligera.* **3.** (En mayúsc.). Sur (punto cardinal). *El galeón zarpó rumbo al Mediodía.* ▶ **3:** *SUR.

medioevo. m. cult. Medievo. *El medioevo comienza con el fin de la Edad Antigua.*

mediometraje. m. *Cine* Película con una duración comprendida entre los treinta y los sesenta minutos. *El mediometraje sobre la guerra se emitirá en televisión.*

mediopensionista. adj. Dicho de persona: Que está sometida a un régimen de media pensión. *La mayoría de los alumnos del colegio son mediopensionistas.* Tb. m. y f. *Los mediopensionistas pagarán el servicio de comedor aparte.*

medir. (conjug. PEDIR). tr. **1.** Determinar las dimensiones o la cantidad (de una cosa o de una persona) mediante la unidad de medida. *En la revisión médica, me pesaron y me midieron.* Tb. fig. *El cariño no se puede medir.* **2.** Tener algo o alguien (una medida determinada). *La parcela debe de medir unas seis hectáreas. La pívot mide casi dos metros.* **3.** Comparar (cosas no materiales). *Los dos equipos volverán a medir sus fuerzas en el campeonato europeo.* **4.** Actuar con moderación (en lo que se hace o se dice). *Deberías medir tus palabras.* **5.** *Lit.* Determinar la medida (de un verso). *El profesor de literatura mide los versos de un soneto.*

meditabundo, da. adj. Dicho de persona: Que medita en silencio. *Deambulaba por el parque, triste y meditabundo.*

meditación. f. Hecho o efecto de meditar. *El ermitaño dedicó su vida a la meditación. Anota en un diario sus meditaciones sobre la vida.* ▶ REFLEXIÓN.

meditar. tr. **1.** Pensar a fondo o detenidamente (algo). *Medita la contestación antes de darla.* ○ intr. **2.** Pensar a fondo o detenidamente sobre algo. *Necesito tiempo para meditar. ¿Has meditado* SOBRE *lo que te dije?* ▶ REFLEXIONAR.

mediterráneo, a. adj. Del mar Mediterráneo, o de los territorios que baña. *Bosque mediterráneo. Mallorca y Menorca son islas mediterráneas.*

médium. (pl. **médiums**). m. y f. Persona a la que se considera dotada de facultades paranormales, que le permiten actuar de mediadora en la comunicación con los espíritus. *Durante la sesión de espiritismo, la médium entró en trance.*

medo, da. adj. histór. De Media (antigua región de Asia). *Cultura meda.* Dicho de pers., tb. m. y f. *Los medos lucharon contra los asirios y los escitas.*

medrar. intr. **1.** Mejorar social o económicamente. *Está dispuesta a todo con tal de medrar.* **2.** Crecer o desarrollarse una planta o un animal. *Con tantos parásitos, las hortalizas no medran.*

medroso, sa. adj. cult. Que siente temor. *La excesiva protección de su familia lo convirtió en un muchacho medroso.*

médula o **medula.** f. **1.** *Anat.* Sustancia que se encuentra en el interior de algunos huesos. *En los adultos, la médula es amarillenta.* Tb. ~ *ósea. Los linfocitos se originan en la médula ósea.* **2.** *Anat.* Prolongación del cerebro situada en el interior de la columna vertebral y que ocupa desde la base del cráneo hasta la segunda vértebra lumbar. *La anestesia epidural se inyecta en la médula.* Tb. ~ *espinal. Se va a someter a un transplante de médula espinal.* **3.** Parte interior de la raíz o del tallo de algunas plantas. *Los papiros se hacían con la médula de la planta del mismo nombre.* **4.** Parte más importante de algo no material. *El mundo de las pasiones constituye la médula de su obra.*

medular. adj. De la médula. *Sufrió una lesión medular y ha quedado parapléjica.*

medusa. f. Animal marino invertebrado, transparente y gelatinoso, que, en una fase de su vida, tiene forma de campana o de sombrilla provista de tentáculos. *La corriente arrastra las medusas hasta la orilla.*

mefistofélico, ca. adj. cult. Propio de Mefistófeles (personaje maligno de la leyenda de Fausto). *Sonrisa mefistofélica.*

mega-. elem. compos. **1.** coloq. Significa 'muy grande o extraordinario'. *Megatienda, megaconcierto, megafiesta.* **2.** *tecn.* Significa 'un millón'. Se une a n. de unidades de medida para designar el múltiplo correspondiente (Símb. *M*). *Megajulio, megavoltio.*

megabyte. (pronunc. "megabáit"). m. *Inform.* Unidad de información que equivale a 1024 kilobytes (Símb. *MB*). *El disquete tiene una capacidad de 1,44 megabytes.*

megaciclo. m. *tecn.* Megahercio. *La emisora trabajaba en la banda de los 60 megaciclos para el sonido y en la de 55 para la imagen.*

megafonía. f. **1.** Técnica de aumentar el volumen del sonido mediante aparatos e instalaciones. *Los técnicos de megafonía realizan pruebas de sonido antes del concierto.* **2.** Conjunto de micrófonos, altavoces y otros aparatos, que sirven para aumentar el volumen del sonido. *La megafonía no funciona.*

megáfono. m. Aparato que sirve para aumentar el volumen del sonido, espec. de la voz. *Habla a la multitud a través de un megáfono.*

megahercio. m. *tecn.* Unidad de frecuencia del Sistema Internacional, que equivale a un millón de hercios (Símb. *MHz*). *La frecuencia de las transmisiones televisivas se mide en megahercios.* ▶ MEGACICLO.

megalítico, ca. adj. **1.** *Prehist.* Que está construido con grandes bloques de piedra sin labrar. *Los dólmenes son construcciones megalíticas.* **2.** *Prehist.* Del megalito. *Cultura megalítica.*

megalito. m. *Prehist.* Monumento construido con grandes bloques de piedra sin labrar. *A finales del Neolítico, se erigen megalitos en diversas partes de Europa.*

megalomanía. f. Trastorno psicológico de la persona que cree tener gran importancia social. *Según el psiquiatra, presenta un cuadro de megalomanía.*

megalómano, na. adj. Que padece megalomanía. *Fue un artista megalómano.* Tb. m. y f. *El dictador es un megalómano.*

megalópolis. f. Ciudad gigantesca. *La ciudad se ha convertido en una megalópolis superpoblada.*

megatón. m. *Fís.* Unidad de potencia explosiva que equivale a la de un millón de toneladas de trinitrotolueno. *El superbombardero puede volar con una carga nuclear de varios megatones.*

megavatio. m. *Fís.* Unidad de potencia eléctrica que equivale a un millón de vatios (Símb. *MW*). *La central eólica genera 100 megavatios de potencia.*

meiosis. f. *Biol.* Proceso de doble división celular, del que resultan cuatro gametos o células sexuales, y en el que el número de cromosomas se reduce a la mitad. *Los granos de polen se forman por meiosis.*

mejicano, na. → **mexicano.**

mejilla. f. Parte carnosa que hay a cada uno de los dos lados de la cara. *Le di un beso en la mejilla.* ▶ CACHETE, CARRILLO, MOFLETE.

mejillón. m. Molusco marino comestible, con dos valvas negras casi triangulares, que vive pegado a las rocas costeras. *Hemos preparado mejillones al vapor.* ▶ **Am:** CHORO.

mejillonero, ra. adj. **1.** De la cría y explotación del mejillón. *Sector mejillonero.* • m. y f. **2.** Persona que se dedica a la cría y explotación del mejillón. *Los mejilloneros gallegos han aumentado sus ventas.* ○ f. **3.** Instalación dedicada a la cría y explotación del mejillón. *Hay más de doscientas mejilloneras repartidas por la ría.*

mejor. adj. (Comparativo de *bueno;* el segundo término de la comparación, cuando se expresa, va introducido por *de* o *que*; tb. superlativo relativo, gralm. precedido de art. det. y seguido de un compl. introducido por *de*). **1.** Más bueno. *Se ha mudado a un piso mucho mejor. Es mejor que te calles. Es el mejor regalo de los que me han hecho. Es la mejor de la clase.* • adv. (Comparativo de *bien.* En acep. 2, el segundo término de la comparación, cuando se expresa, va introducido por *de* o *que;* en acep. 3, el segundo término, que se expresa siempre, va introducido por *que*). **2.** Más bien, o de manera más buena o adecuada. *Desde aquí verás mejor. El viaje ha ido mejor de lo esperado. Se le da mejor que a ti tocar la guitarra.* **3.** Indica preferencia de algo con respecto al segundo término. *Quiere ir andando mejor que en coche.* ■ **a lo ~.** loc. adv. coloq. Quizá. *A lo mejor no te ha oído.* ■ **~ que ~,** o **tanto ~.** expr. Se usa para expresar que lo que se acaba de enunciar mejora lo expresado anteriormente. *Puedo ir solo, pero si me acompañas, mejor que mejor.*

mejora. f. Hecho o efecto de mejorar. *Han anunciado una mejora del tiempo. Voy a hacer mejoras en el piso.*

mejorable. adj. Que puede o debe ser mejorado. *Todo récord es mejorable.*

mejoramiento. m. Hecho de mejorar. *El presupuesto se destinará al mejoramiento de las infraestructuras.*

mejorana. f. Planta aromática de aspecto blanquecino, con hojas aovadas y flores blancas en espiga, que tiene propiedades medicinales y se usa como condimento. *Aliñe la ensalada con sal, mejorana y aceite de oliva.*

mejorar. tr. **1.** Hacer mejor (algo o a alguien). *Tienes que mejorar las notas.* **2.** Hacer que (alguien) recobre la salud. *El clima de la costa me ha mejorado.* ○ intr. **3.** Hacerse mejor. *He mejorado mucho desde que empecé en este trabajo.* **4.** Recobrar alguien la salud. *Lleva semanas con el tratamiento, pero no mejora.* **5.** Ponerse mejor el tiempo. *A partir de mañana mejora el tiempo.*

mejoría. f. Hecho o efecto de mejorar. *El enfermo ha experimentado una ligera mejoría.*

mejunje. m. despect. Sustancia de aspecto o sabor desagradables, formada por la mezcla de varios ingredientes. *Si esperas que me beba ese mejunje, vas lista.*

melado, da. adj. De color miel. *Los vasos eran de vidrio melado.*

melancolía. f. Tristeza o abatimiento profundos. *Le invade la melancolía al recordar su niñez.*

melancólico, ca. adj. **1.** Que tiene melancolía. *Un poeta melancólico escribió esos versos desesperados.* **2.** Que manifiesta o implica melancolía. *Versos melancólicos.*

melanina. f. *Biol.* Pigmento de color negro o pardo negruzco, contenido en algunas células de los vertebrados, que da color a la piel, el pelo y los ojos. *La melanina protege la piel de los rayos ultravioleta.*

melanoma. m. *Med.* Tumor de las células que contienen melanina. *Van a extirparle el melanoma que tiene en la espalda.*

melaza. f. Líquido espeso y viscoso, de color oscuro y sabor muy dulce, que queda como residuo en la fabricación del azúcar de caña o de remolacha. *El ron se obtiene de la melaza del azúcar de caña.*

melena. f. **1.** Pelo largo y suelto. *La melena le llega a la cintura.* **2.** Crin del león. *Las leonas y las crías carecen de melena.* ■ **soltarse** alguien **la ~.** loc. v. coloq. Empezar a hablar o actuar sin preocuparse por lo que piensen los demás. *Tienes que ser menos estricto contigo mismo y soltarte la melena de vez en cuando.*

melenudo, da. adj. Dicho de persona: Que tiene una melena abundante. Frec. despect., referido a hombre. *Un tipo melenudo conducía la furgoneta.* Tb. m. y f. *El batería del grupo es un melenudo.*

melifluo, flua. adj. Dulce y delicado. Frec. despect. *Habla con un tonillo melifluo bastante irritante.*

melillense. adj. De Melilla. *Costas melillenses.* Dicho de pers., tb. m. y f. *Los melillenses se enfrentarán al equipo murciano.*

melindre. m. **1.** Delicadeza excesiva y afectada en palabras, acciones o gestos. Frec. en pl. *Déjate de melindres y acepta el regalo de una vez.* **2.** Dulce en forma de rosquilla pequeña, elaborado con mantequilla, huevo, azúcar y anís, y cocido al horno. *En la vitrina de la pastelería hay tejas y melindres.* ▶ **1:** DENGUE, REMILGO.

melindroso, sa. adj. Que manifiesta una delicadeza afectada y excesiva. *Es muy melindroso con la comida.* ▶ REMILGADO.

melisa. f. Planta aromática con olor a limón, de hojas ovaladas y dentadas, que se usa en medicina, en perfumería y como condimento. *Una infusión de melisa.*

mella. f. **1.** Rotura o hendidura en el borde o el filo de un objeto. *El golpe produjo una mella en el borde de la taza. Había piedras en la tierra y la azada acabó con varias mellas.* **2.** Vacío o hueco que queda por faltar algo de su lugar. *Cuando sonríe, se le ven las mellas de la dentadura.* ■ **hacer ~.** loc. v. **1.** Causar efecto en alguien. *Las críticas no han hecho mella en mí.* **2.** Causar daño o menoscabo. *El calor hizo mella en la jugadora, que acabó desfondada.*

mellado, da. part. **1.** → **mellar.** ● adj. **2.** Desprovisto de uno o más dientes. *Se le han caído dos dientes de leche y está mellado.*

mellar. tr. **1.** Hacer mellas (en algo). *Cortó un cable con las tijeras y las melló.* Tb. en constr. prnl. media. *Las tijeras se han caído y se han mellado.* **2.** Dañar o menoscabar. *El paso del tiempo ha mellado su interés.*

mellizo, za. adj. Dicho de persona: Que es una de las nacidas de un mismo parto. *Tengo una hermana melliza.* Tb. m. y f. *Está embarazada de mellizos.*

melocotón. m. Fruto comestible del melocotonero, redondo, amarillo anaranjado, de carne jugosa y piel aterciopelada. *De postre tomaré un melocotón.* Tb. su árbol (→ **melocotonero**). *El melocotón del jardín ha florecido.* ▶ **Am:** DURAZNO.

melocotonero. m. Árbol frutal pequeño, propio de climas templados, cuyo fruto es el melocotón. *Los melocotoneros ya tienen fruto.* ▶ DURAZNO, MELOCOTÓN.

melodía. f. **1.** Composición musical. *Caminaba silbando una vieja melodía.* **2.** Cualidad de los sonidos que, por su ordenación, resultan agradables al oído. *Sus versos carecen de melodía.* **3.** *Mús.* Sucesión de sonidos de distinta altura y duración, ordenada según una idea musical e independiente del acompañamiento. *La ópera comienza con una melodía que tocan primero las cuerdas y luego los vientos.*

melódico, ca. adj. De la melodía. *La línea melódica apenas se distinguía del acompañamiento.*

melodioso, sa. adj. Dulce y agradable al oído. *La soprano tiene una voz suave y melodiosa.*

melodrama. m. **1.** Obra teatral, cinematográfica o literaria en que se exageran los aspectos tristes y sentimentales. *Me gusta más el cine negro que los melodramas.* **2.** Suceso o narración tristes y exageradamente conmovedores. *Tu historia es un melodrama; deberías escribirla.*

melodramático, ca. adj. Del melodrama, o de características semejantes a las suyas, espec. el sentimentalismo exagerado. *El actor hace muchos papeles melodramáticos. Me contó una historia de lo más melodramática.*

melomanía. f. Amor apasionado por la música. *Todo el mundo conoce su melomanía, sobre todo hacia Wagner.*

melómano, na. m. y f. Persona apasionada o fanática por la música. *Es una gran aficionada a la pintura y una gran melómana.*

melón. m. **1.** Fruto grande y gralm. ovalado, de corteza gruesa, verde o amarilla, y carne amarillenta y dulce, con muchas pepitas en el centro. *Tomaré melón con jamón.* Tb. su planta. **2.** coloq. Persona torpe para comprender o razonar. *¿Lo has entendido bien, pedazo de melón?* **3.** coloq. Cabeza humana. *Lleva gorra para disimular el melón.*

melonar. m. Terreno plantado de melones. *A las afueras del pueblo se extendían viñas y melonares.*

meloncillo. m. Mangosta que habita en la Península Ibérica. *El meloncillo hembra. El meloncillo es inmune al veneno de las serpientes de las que se alimenta.*

melopea. f. coloq. Borrachera. *¡Menuda melopea llevabas anoche!*

melosidad. f. Cualidad de meloso. *Habla con una melosidad fingida.*

meloso, sa. adj. **1.** Dulce y agradable. *Se ha acercado a mí muy melosa; seguro que me pide algo.* **2.** despect. Empalagoso. *Canciones de letra melosa.*

melva. f. Pez marino comestible parecido al bonito, pero con las aletas dorsales muy separadas. *En Valencia tomamos un potaje hecho con verduras y melva.*

membrana. f. **1.** *Biol.* Capa delgada, elástica y resistente, que cubre o separa células, órganos o cavidades. *Membrana celular. La retina es una membrana que recubre el ojo.* **2.** Lámina delgada de un material flexible. *Una de las membranas del tambor está rasgada.* ■ **~ mucosa.** f. *Anat.* Membrana (→ 1) que cubre las cavidades del cuerpo comunicadas con el exterior, y que está provista de glándulas que producen mucosidad. *Una membrana mucosa reviste la cavidad nasal.* ⇒ MUCOSA. ■ **~ pituitaria.** f. *Anat.* Membrana (→ 1) que cubre la cavidad de las fosas nasales y en la que se encuentra el sentido del olfato. *Las sustancias olorosas estimulan las células olfatorias de la membrana pituitaria.* ⇒ PITUITARIA. ■ **~ serosa.** f. *Anat.* Membrana (→ 1) que cubre las cavidades del cuerpo que no están comunicadas con el exterior. *El peritoneo es una membrana serosa.* ⇒ SEROSA.

membranoso, sa. adj. De la membrana, o de características semejantes a las suyas, espec. la elasticidad o la resistencia. *Las mariposas tienen alas membranosas.*

membresía. f. **1.** Am. Condición de miembro. *Las millas también pueden canjearse por membresías a los salones VIP* [C]. **2.** Am. Conjunto de los miembros. *Ante la membresía de la Cámara Americana de Comercio, refirió que la pobreza preocupa a todos* [C]. *La minoría que votó es una representación de toda la membresía del partido* [C].

membrete. m. Nombre, dirección o título de una persona o entidad, impresos en el papel que emplean para escribir. *La carta lleva el membrete del hospital.*

membrillero. m. Membrillo (árbol). *El membrillero de la huerta está cargado de frutos.* ▶ MEMBRILLO.

membrillo. m. **1.** Fruto aromático, parecido a la pera pero de mayor tamaño, de color amarillo y carne ácida y áspera, con la que se elaboran jaleas y mermeladas. *La abuela mete membrillos en los cajones para perfumar la ropa.* **2.** Árbol pequeño y ramoso de flores blancas, cuyo fruto es el membrillo (→ 1). *Hay que podar el membrillo.* **3.** Carne de membrillo (→ **carne**). *Hoy he merendado queso fresco con membrillo.* ▶ **2:** MEMBRILLERO.

membrudo, da. adj. Robusto de cuerpo y miembros. *El vigilante es un hombre alto y membrudo.*

memento. m. *Rel.* Cada una de las dos partes del canon de la misa en que se ruega por los fieles y por los difuntos. *A la oración siguió el memento de difuntos.*

memez. f. **1.** Hecho o dicho propios de un memo. *Anda, cállate y no digas memeces.* **2.** Cosa de poca importancia. *Le han llamado la atención por una memez.* **3.** Cualidad de memo. *Lo que no soporto de él es su memez.* ▶ **1:** *TONTERÍA. **2:** *NIMIEDAD. **3:** *TONTERÍA.

memo[1]**.** m. Am. Memorándum (informe en que se expone algo). *Había revisado memos internos y había sonsacado información a Mary* [C]. *Mañana mismo te hago tu memo y sale tu aumento al toque* [C]. ▶ *MEMORÁNDUM.

memo[2]**, ma.** adj. Tonto o simple. *¡Qué mema eres!, ¿no ves que te está engañando?* Tb. m. y f. *El muy memo se lo cree todo.* Se usa como insulto. *Calla, memo, que no sabes lo que dices.* ▶ *TONTO.

memorable. adj. Digno de ser recordado. *Fue un combate memorable, el combate del siglo.*

memorando. m. Memorándum. *Tengo que archivar los memorandos sobre el acuerdo alcanzado.*

memorándum. (pl. **memorándums**). m. **1.** Comunicación diplomática, gralm. no firmada, en que se recapitulan hechos y razones que deben tenerse en cuenta en un asunto determinado. *La embajadora recibió un memorándum sobre el tratado de adhesión.* **2.** Informe en que se expone algo que debe tenerse en cuenta para un asunto determinado. *Al comienzo de la reunión, repartió una copia del memorándum entre los socios.* ▶ MEMORANDO. ‖ **Am: 2:** MEMO.

memoria. f. **1.** Facultad o capacidad de recordar. *Se golpeó en la cabeza y ha perdido la memoria.* **2.** Dispositivo, gralm. electrónico, de una máquina o aparato, en el que se almacenan datos e instrucciones para recuperarlos y utilizarlos posteriormente. *Guardo tu número en la memoria del teléfono móvil.* **3.** Recuerdo (hecho de recordar, o cosa recordada). *Organizarán un acto en memoria de las víctimas.* **4.** Estudio sobre un tema determinado. *Al final del curso, los alumnos deben presentar una memoria.* **5.** Informe o relación de datos referidos a un asunto determinado. *En enero se publica la memoria anual de la empresa.* ○ pl. **6.** Texto en que una persona narra su propia vida o recuerdos de ella. *La actriz está escribiendo sus memorias.* ■ **de ~.** loc. adv. **1.** Valiéndose únicamente de la memoria (→ 1). *No tengo aquí la receta, pero te la puedo decir de memoria.* **2.** Pudiendo repetir algo exactamente. *Se sabe los apuntes de memoria.* ■ **hacer ~.** loc. v. Tratar de recordar. *Anda, haz memoria, ¿qué decía la carta?* ▶ **3:** RECUERDO.

memorial. m. Escrito en que se hace una petición, alegando los motivos en que se basa. *Los comuneros dirigieron al rey un memorial con sus reivindicaciones.*

memorístico, ca. adj. **1.** De la memoria. *En los exámenes se pone a prueba la capacidad memorística.* **2.** Que se basa principalmente en la memoria. *La profesora está en contra del aprendizaje memorístico.*

memorización. f. Hecho de memorizar. *Tiene una enorme capacidad de memorización.*

memorizar. tr. Fijar (algo) en la memoria. *Leía los apuntes una y otra vez, intentado memorizar el texto.*

mena. f. Mineral del que se extrae un metal, tal y como se encuentra en el yacimiento. *La galena es una mena de plomo.*

ménade. f. histór. Bacante. *Las ménades danzaban en honor del dios Baco.*

menaje. m. Conjunto de utensilios y otros artículos de una casa, espec. de cocina. *La sección de menaje del hogar está en la segunda planta.*

menarquia. f. *Fisiol.* Primera menstruación de la mujer. *La menarquia se produce alrededor de los trece años.*

menchevique. adj. histór. De la facción moderada del Partido Socialdemócrata ruso, tras su división en 1903. *Los sóviets prohibieron el partido menchevique.* Dicho de pers., tb. m. y f. *Los mencheviques eran partidarios de pactar con la burguesía.*

mención. f. **1.** Hecho de nombrar o citar. Frec. en la constr. *hacer ~* de algo o de alguien. *Antes de comenzar su discurso, hará mención* DE *los patrocinadores del acto.* **2.** En un concurso o certamen: Distinción inferior al premio y al accésit. *El documental ha obtenido una mención del jurado.* Tb. *~ honorífica,* o *de honor. El jurado otorga una mención honorífica al proyecto.*

mencionable. adj. Digno de ser mencionado. *En su trayectoria como compositora, hay varias obras mencionables.*

mencionar. tr. Hacer mención (de algo o de alguien). *No quiero dejar de mencionar a las personas que me ayudaron a llegar aquí. Si tengo que mencionar una ópera, elijo "Rigoletto".*

menda. pron. **1.** coloq. Yo. Frec. en las constr. *este ~*, o *mi ~*. *Esta menda se va a dormir la siesta mientras vosotros recogéis.* ● m. **2.** coloq. Hombre cuyo nombre se ignora. *¿Quién era el menda que iba contigo?*

mendacidad. f. cult. Cualidad de mendaz. *Su mendacidad acabará descubriéndose.*

mendaz. adj. cult. Mentiroso o embustero. *Ya nadie se fiaba de aquel sujeto mendaz y tramposo.*

mendelismo. m. *Biol.* Conjunto de las leyes sobre la herencia de los caracteres, basadas en los experimentos de Mendel (botánico austriaco, 1822-1884). *El mendelismo es el origen de la ciencia genética.*

mendicante. adj. **1.** Que mendiga. *Un pobre mendicante pedía a la puerta de la iglesia.* Dicho de pers., tb. m. y f. *Las calles estaban llenas de mendicantes.* **2.** Dicho de orden religiosa: Que tiene como normas el voto de pobreza y vivir de las limosnas. *Francisco de Asís fundó la primera orden mendicante.* **3.** Dicho de religioso: Que pertenece a una orden mendicante (→ 2). *Frailes mendicantes.* Tb. m. y f. *Ingresó en un monasterio de mendicantes.*

mendicidad. f. **1.** Estado o condición de mendigo. *Pasó de la opulencia a la mendicidad.* **2.** Actividad de mendigo. *Las autoridades han prohibido la mendicidad y la venta ambulante.*

mendigar. intr. **1.** Pedir limosna. *Dos niños mendigaban en un semáforo.* ○ tr. **2.** Pedir (algo) suplicando y humillándose. *Desde que lo despidieron, anda mendigando trabajo de un lado a otro.* ▶ PORDIOSEAR.

mendigo, ga. m. y f. Persona que pide limosna habitualmente. *Vive de su trabajo, no es ninguna mendiga.* ▶ POBRE, PORDIOSERO.

mendrugo. m. **1.** Trozo de pan duro. *Suele echar mendrugos de pan a las palomas.* **2.** coloq. Persona torpe para comprender o razonar. *Como no estudies, vas a ser un mendrugo toda tu vida.* ▶ **1:** *CORRUSCO.

menear. tr. coloq. Mover (algo o a alguien) de un lado a otro. *La perrita menea el rabo de contento. La gente se menea al ritmo de la música.* ■ **de no te menees.** loc. adj. coloq. Muy grande o extraordinario. *Se montó un jaleo de no te menees.* ■ **peor es meneallo.** expr. coloq. Se usa para indicar la inconveniencia de volver a tratar un asunto desagradable o que no tiene solución. *Olvídalo, que peor es meneallo.*

meneo. m. **1.** coloq. Hecho de menear. *Me contestó con un meneo de cabeza.* **2.** coloq. Golpe fuerte. *Al pasar, me has pegado un meneo que casi me tiras.*

menester. m. cult. Trabajo u ocupación. Frec. en pl. *Prefiere dedicarse a otros menesteres en lugar de perder el tiempo.* ■ **haber ~** (algo). loc. v. cult. Necesitar(lo). *Siempre da buen consejo a quien lo ha menester.* ■ **ser ~** algo. loc. v. cult. Ser necesario. *Renunciaría a mi cargo si fuera menester.*

menesteroso, sa. adj. cult. Pobre o necesitado. *Las clases menesterosas fueron las más castigadas por la hambruna.* Dicho de pers., tb. m. y f. *Recogen donativos para los menesterosos.*

menestra. f. Guiso a base de hortalizas variadas y trozos de jamón o de carne. *Menú del día: menestra de verduras y pollo asado.*

menestral, la. m. y f. Persona que tiene un oficio manual. *Vivía en un barrio de obreros y menestrales.*

mengano, na. (Frec. en mayúsc.). m. y f. Se usa en sustitución del nombre propio de una persona cuando este se ignora o no se quiere decir, después de aludir a otra persona con un término semejante como *Fulano. Un día queda con Fulanito, otro con Menganito..., ¡no para en casa!*

mengua. f. Hecho de menguar. *El endurecimiento de las medidas de seguridad supone una mengua de las libertades.*

menguado, da. adj. Pequeño o de poca importancia. *Cuenta con un menguado grupo de colaboradores.*

menguante. adj. Que mengua o disminuye. *La menguante llama de una vela a punto de consumirse.*

menguar. (conjug. AVERIGUAR). intr. **1.** Disminuir algo o hacerse menor. *La corriente de agua ha menguado bastante con la sequía. El presupuesto menguó considerablemente el año pasado.* **2.** Disminuir la parte iluminada y visible de la Luna. *Tras el plenilunio, la Luna empieza a menguar.* ○ tr. **3.** Hacer que (algo) disminuya o se haga menor. *El último ataque menguó las tropas.* **4.** En las labores de punto o ganchillo: Reducir (puntos) para que resulte disminuido su número en la vuelta siguiente. *Debes menguar dos puntos en cada vuelta.* Tb. usado en constr. intr. *A la vuelta siguiente tienes que empezar a menguar.* ▶ **1, 3:** *DISMINUIR.

menhir. m. *Arqueol.* Monumento prehistórico que consiste en una piedra grande y larga clavada verticalmente en el suelo. *En Francia se conservan menhires y dólmenes del Neolítico.*

menina. f. histór. Niña de familia noble que estaba al servicio de la reina o de las infantas. *En la obra de Velázquez, las meninas acompañan a la infanta Margarita.*

meninge. f. *Anat.* Membrana de las que envuelven el encéfalo y la médula espinal. *Una punción permitirá averiguar si hay infección en las meninges.*

meningitis. f. *Med.* Inflamación de las meninges. *Le han puesto la vacuna contra la meningitis.*

meningítico, ca. adj. **1.** *Med.* De la meningitis. *Síntomas meningíticos.* **2.** *Med.* Dicho de persona: Que padece meningitis. *Enfermos meningíticos.* Tb. m. y f. *El meningítico evoluciona favorablemente.*

meningococo. m. *Med.* Bacteria de forma redondeada que se agrupa por parejas y causa diversas enfermedades, espec. un tipo de meningitis. *La penicilina es muy efectiva en el tratamiento de las infecciones por meningococos.*

menisco. m. *Anat.* Cartílago situado entre dos articulaciones. Referido espec. al que está situado en la rodilla. *El delantero está de baja por una rotura de menisco.*

menopausia. f. **1.** Cese natural de la menstruación. *La menopausia supone el fin de la capacidad reproductora de la mujer.* **2.** Período de la vida de una mujer en que se experimenta la menopausia (→ 1). *Durante la menopausia se producen desequilibrios hormonales.*

menor. adj. (Comparativo de *pequeño* en las acep. 1 y 2; el segundo término de la comparación, cuando se expresa, va introducido por *de* o *que*. Tb. superlativo relativo, en las mismas acep., gralm. precedido de art. det. y seguido de un compl. introducido por *de*). **1.** Más pequeño. *Esta sala es menor que la anterior. Este es el pueblo de menor densidad de población del municipio. Su miedo es cada vez menor. Ha sido un contratiempo menor.* **2.** Dicho de persona: De menos edad que otra. *Es dos años menor que tú. Tiene tres hermanos menores. No pueden entrar las personas menores de 18 años. Es el menor de los cuatro primos.* **3.** Dicho de persona: Que tiene minoría de edad. *Han detenido a varios chicos menores.* Tb. m. y f. *Los menores no pueden ir a prisión.* Tb. *~ de edad. Si eres menor de edad, no puedes sacarte el carné de conducir. Un menor de edad debe ir acompañado.* **4.** De menos importancia. *Esa novela figura entre sus obras menores. Es una operación de cirugía menor.* ■ **al por ~.** loc. adv. *Com.* En pequeñas cantidades. *Estos almacenes no venden al por menor.* Tb. loc. adj. *El vino al por menor es más caro.*

menorquín, na. adj. De Menorca. *Playas menorquinas.* Dicho de pers., tb. m. y f. *Unos menorquines nos alquilaron su casa para el verano.*

menos. adv. **1.** Denota idea de disminución o inferioridad de una persona o cosa en comparación con un segundo término tomado como referencia, introducido por *que* o *de*. *Martín es menos bromista que Manuel. Estaba menos lejos de lo que nos habían dicho. Le gusta menos el cocido que la fabada. Se enfadó menos de lo esperado. Es el menos estudioso de los alumnos.* A veces se omite el segundo término de la comparación. *Hablaremos cuando estés menos ocupado. Escogió el menos llamativo.* ● adj. **2.** Expresa cantidad inferior de personas o cosas, o de una cosa, en comparación con un segundo término tomado como referencia, introducido por *que* o *de*. *Hay menos visitantes que la semana pasada. Comió menos pescado que arroz. Compró menos queso del que le habían encargado.* A veces se omite el segundo término de la comparación. *Seguro que hoy viene menos gente.* ● pron. **3.** Designa personas o cosas en cantidad inferior en comparación con un segundo término tomado como referencia, introducido por *de* o *que*. *Son menos de las dos. Es mucho menos de lo que me habían prometido. Hoy vendrán menos que el* *domingo.* A veces se omite el segundo término de la comparación. *Pensé que quedaban diez raciones, pero había menos.* ● m. **4.** Signo de la resta o sustracción, que se representa por una raya horizontal (–). *Como el profesor olvidó poner el menos de la operación, los alumnos sumaron en vez de restar.* **5.** *Fís.* y *Mat.* Signo (–) que indica el carácter negativo de una cantidad. *–5 es un número negativo porque lleva antepuesto un menos.* ● prep. **6.** A excepción de. *Menos Mariana, lo sabe todo el mundo. Todo menos eso. Menos mendigar, ha hecho de todo.* ■ **al ~,** o **por lo ~.** loc. adv. **1.** Se usa para introducir una salvedad o limitación a lo que se acaba de decir. *No ha llegado todavía, al menos que yo sepa. No te ha llamado nadie, por lo menos mientras he estado aquí.* **2.** Se usa para establecer el límite mínimo de algo. *Esto te habrá costado por lo menos el sueldo de un mes. La reunión se prolongará hasta las dos por lo menos. Déjame al menos que te lo explique.* ■ **a ~ que.** loc. conjunt. A no ser que. *No vayas, a menos que sea imprescindible.* ■ **de ~.** loc. adj. Que es menos (→ 3) en medida o cantidad de lo necesario o justo. *Al darte el cambio te han devuelto dinero de menos. Has comprado tela de menos.* ■ **ir a ~.** loc. v. Disminuir, o pasar a ser menor. *Desde que lo operaron, su salud ha ido a menos. Cuando la inflamación vaya a menos, le pondremos la escayola.* ■ **ir,** o **venir, a ~.** loc. v. Decaer o empeorar. *Si el negocio va a menos, tendremos que acabar cerrando. Pertenecía a una familia venida a menos.* ■ **lo ~.** loc. s. La cosa más pequeña. Se usa seguido de una oración introducida por *que. Lo menos que puedo hacer por ti es echarte una mano.* ■ **los ~.** loc. s. Una parte pequeña de personas o cosas del grupo considerado. *Algunos protestaron por el horario, pero fueron los menos. Algunas veces, las menos, lograron engañarnos.* ■ **ni mucho ~.** expr. Se usa para negar algo enfáticamente. *No está ni mucho menos a su altura. –¿Acabarás mañana el trabajo? –¡Ni mucho menos!, me falta la mitad.* ■ **no ser para ~.** expr. Se usa para corroborar algo que se ha dicho justificándolo. *–¡No voy a volver a hablarle! –No es para menos, con la faena que te hizo.* ■ **por lo ~.** → **al menos.**

menoscabar. tr. Quitar valor o importancia (a algo). *Con sus injurias pretendía menoscabar mi reputación.*

menoscabo. m. Hecho o efecto de menoscabar. *El jefe alabó el trabajo de un subordinado, sin menoscabo del de los demás.*

menospreciar. (conjug. ANUNCIAR). tr. **1.** Tener (algo o a alguien) en menos de lo que merece. *No menosprecies su inteligencia.* **2.** Despreciar (a alguien), o tratar(lo) con desprecio. *Menospreciaba a los que no habían ido a la Universidad.* ► **1:** INFRAVALORAR, MINUSVALORAR, SUBESTIMAR. **2:** *DESPRECIAR.

menosprecio. m. Hecho o efecto de menospreciar. *La película sufrió el menosprecio de la crítica.* ► INFRAVALORACIÓN.

mensaje. m. **1.** Comunicación transmitida o enviada. *Si no contesta al teléfono, déjale un mensaje en el contestador.* **2.** Idea que transmiten una persona, una doctrina o una obra. *Sus palabras contenían un mensaje de esperanza.* **3.** Idea que constituye el sentido profundo de una obra literaria o artística y que su autor dirige al público. *No he comprendido cuál era el mensaje de la película.* **4.** Comunicación oficial que una autoridad política o religiosa dirige al pueblo. *Todas las cadenas retransmiten el mensaje navideño del Rey.* **5.** *Ling.* Conjunto de señales, signos o símbolos que son objeto de una comunicación. *El emisor transmite un mensaje al receptor mediante un código.*

mensajería. f. Empresa privada dedicada al reparto de cartas y paquetes. *Se precisan jóvenes con moto para mensajería.*

mensajero, ra. adj. **1.** Que lleva mensajes. *Palomas mensajeras.* Dicho de pers., tb. m. y f. *Un mensajero a caballo lleva noticias al emperador.* ● m. y f. **2.** Persona que tiene por oficio llevar cartas o paquetes a sus destinatarios. *Le enviaremos el documento a través de un mensajero.* ► **Am:** CHASQUI.

menso, sa. adj. Am. coloq. Tonto (de corto entendimiento). *Soy muy mensa para la geografía* [C]. Tb. m. y f. *No reíamos como dos mensos* [C]. Se usa como insulto. *¿Qué les pasa, mensos?* [C].

menstruación. f. **1.** Evacuación de sangre procedente del útero, que se produce todos los meses en las mujeres y en las hembras de algunos mamíferos. *¿A qué edad tuviste la primera menstruación?* **2.** Sangre evacuada durante la menstruación (→ 1). *La menstruación contiene células del endometrio.* ► MENSTRUO, PERÍODO, REGLA.

menstrual. adj. *Fisiol.* Del menstruo. *El ciclo menstrual suele durar veintiocho días.*

menstruar. (conjug. ACTUAR). intr. *Fisiol.* Tener la menstruación. *Dejó de menstruar a los cincuenta años.*

menstruo. m. *Fisiol.* Menstruación. *Acudió al doctor porque tenía menstruos dolorosos.*

mensual. adj. **1.** Que sucede cada mes. *Revista mensual. Pagaba un alquiler mensual de seiscientos euros.* **2.** Que dura un mes. *¿Cuánto cuesta el pase mensual para la piscina?*

mensualidad. f. Cantidad que se cobra o que se paga mensualmente. *Compre ahora y pague en cómodas mensualidades.* ► **frecAm:** MESADA.

ménsula. f. *Arq.* Elemento que sobresale de un plano vertical y sirve para sostener algo. *Las ménsulas que sustentan el tímpano de la catedral están adornadas con figuras.*

menta. f. **1.** Hierba aromática de hojas verde intenso y flores lila, que tiene sabor picante y se emplea en infusiones y como condimento. *Me apetece un té con menta.* **2.** Esencia aromática de sabor picante que se extrae de la menta (→ 1). *¿Quieres un chicle de menta?*

mental. adj. De la mente. *Enfermedad mental. El estudio favorece la agilidad mental.*

mentalidad. f. Manera de pensar que caracteriza a una persona o a un grupo. *Es difícil que cambie de mentalidad a sus años.*

mentalización. f. Hecho de mentalizar o mentalizarse. *Para dejar de fumar, lo más importante es una buena mentalización.*

mentalizar. tr. **1.** Preparar o predisponer la mente (de alguien) de una manera determinada. *El entrenador mentaliza al equipo* PARA *la final del campeonato.* **2.** Hacer que (alguien) tome conciencia de algo. *La campaña pretende mentalizar a los ciudadanos* SOBRE *los riesgos del alcohol.* Tb. en constr. prnl. media. *Tienes que mentalizarte* DE *que ella no va a volver contigo.*

mentar. (conjug. ACERTAR). tr. Nombrar o mencionar (algo o a alguien). *¿Cómo se atreve a mentar su nombre? No mientes la bicha, que trae mala suerte.*

mente. f. Facultad o capacidad intelectuales. *Debes ejercitar tanto el cuerpo como la mente. Las ideas se agitaban en su mente.*

mentecato, ta. adj. Tonto o carente de juicio. Se usa como insulto. *¡Cállate, mentecata, que te van a* *oír!* Tb. m. y f. *No des crédito a lo que diga ese mentecato.* ▶ *TONTO.

mentidero. m. Lugar donde se reúne la gente para conversar. *En los mentideros políticos se especula sobre la crisis del partido.*

mentir. (conjug. SENTIR). intr. Decir algo contrario a la verdad. *Me has mentido y ya no confío más en ti.* ■ ~ alguien **más que habla.** loc. v. coloq. Mentir mucho. *¿Cómo la puedes creer, si miente más que habla?* ■ **miento.** expr. Se usa para rectificar cuando se ha cometido una equivocación. *El lunes hablé con ella; miento, fue el martes.*

mentira. f. Expresión o manifestación contrarias a la verdad. *No digas mentiras, niño. ¡Eso es mentira, embustero!* ■ ~ **piadosa.** f. Mentira dicha para evitar un disgusto o una pena. *Le dijo que su salud era buena; era una mentira piadosa.* □ **de ~.** loc. adj. Que no es verdadero. *La niña juega con un teléfono de mentira.* Tb. loc. adv. *No le hagas caso, que lo ha dicho de mentira.* ■ **parecer** ~ algo. loc. v. Ser increíble. *Parece mentira que nadie me haya ofrecido su ayuda.* ▶ EMBUSTE, INFUNDIO, PATRAÑA.

mentirijillas. **de ~.** loc. adj. coloq. De mentira. *Jugábamos a cocinar con cacharros de mentirijillas.* Tb. loc. adv. *Llora de mentirijillas, para ablandar a su madre.*

mentiroso, sa. adj. **1.** Que miente, espec. si lo hace por costumbre. *Como eres tan mentiroso, ya nadie te cree.* Tb. m. y f. *Sus padres la han castigado por mentirosa.* **2.** Engañoso o falso. *El político empleaba metáforas mentirosas para manipular a la gente.* ▶ **1:** EMBUSTERO, FALSARIO, FALSO, FARISEO, FARSANTE, HIPÓCRITA.

mentís. m. Comunicado en que se desmiente o se niega algo. *La familia ha emitido un mentís para acallar los rumores.*

mentol. m. Alcohol extraído de la esencia de menta, que se emplea en farmacia y como aromatizante. *El jarabe para la tos contiene mentol.*

mentolado, da. adj. Que contiene mentol. *Caramelos mentolados.*

mentón. m. Barbilla (parte de la cara). *Se llevó la mano al mentón, pensativa.* ▶ *BARBILLA.

mentor, ra. m. y f. **1.** cult. Instructor o educador. *Una mentora se encarga de la formación del príncipe.* **2.** cult. Consejero o guía. *El párroco es su mentor y confidente desde hace años.*

menú. m. **1.** Conjunto de platos que constituyen una comida. *Mi menú favorito es sopa de cocido y filete con patatas.* **2.** En un restaurante o un hotel: Comida de precio fijo, con una posibilidad de elección limitada. *En el bar de la esquina, el menú cuesta diez euros.* Tb. ~ *del día. El menú del día consta de dos primeros, dos segundos, postre y café.* **3.** Carta (lista de comidas y bebidas). *El camarero nos entregó el menú y tomó nota de las bebidas.* **4.** *Inform.* Conjunto de opciones que aparecen en la pantalla de un ordenador. *Despliegue el menú "archivo" y seleccione la opción "imprimir".* ▶ **3:** CARTA.

menudear. intr. **1.** Producirse algo con frecuencia. *En el libro menudean las referencias a los clásicos.* ○ tr. **2.** Hacer (algo) con frecuencia. *Hasta que discutió con ella, menudeaba las llamadas a su casa.*

menudencia. f. **1.** Cosa de poca importancia. *Se han enfadado por una menudencia.* **2.** Despojos o partes pequeñas que se sacan de reses o aves, y destinadas al consumo. Se usa en pl. *Para dar sabor al caldo añada menudencias de pollo.* ▶ **1:** *NIMIEDAD.

menudeo. m. Venta al por menor. *Es un especialista en el menudeo de géneros extravagantes o inútiles.*

menudillo. m. Conjunto de las vísceras de un ave. Gralm. en pl. *Preparo sopa de menudillos de pollo.*

menudo, da. adj. **1.** De pequeño tamaño. *La carta está escrita con letra menuda e ilegible.* **2.** Dicho de persona: Pequeña y delgada. *La niña está sana, pero es muy menudita.* **3.** De poca o ninguna importancia. *Pasaron horas hablando de cosas menudas de la vida.* **4.** coloq. Seguido de un nombre, se usa para enfatizar el significado de este. *¡Menuda casa se han construido!* ○ pl. **5.** Vísceras de un ave. *Para esta sopa, utilizo menudos de ave.* **6.** Tripas de una res. *Con los menudos de cordero hacen una especie de morcilla con arroz.* ■ **a menudo.** loc. adv. Frecuentemente. *Vamos al cine muy a menudo.* ■ **por menudo.** loc. adv. Con detalle o de manera pormenorizada. *Se lo contó todo por menudo.*

meñique. m. Dedo meñique (→ **dedo**). *Me he pillado el meñique con la tapa del pupitre.*

meollo. m. Parte principal y esencial de algo. *No discutan de tonterías y vayamos al meollo del asunto.* ▶ *ESENCIA.

meón, na. adj. malson. Que orina con mucha frecuencia. Dicho de pers., tb. m. y f.

mequetrefe. m. coloq. Hombre entrometido, alocado e informal. *Se nos pegó un mequetrefe que hablaba por los codos.*

meramente. adv. Sola o únicamente. *Es un cargo meramente honorífico.*

mercachifle. m. despect. Comerciante de poca importancia. *Mercachifles y buhoneros montaban sus tenderetes.*

mercadear. intr. Comerciar. *Está prohibido mercadear con especies protegidas.*

mercadeo. m. **1.** Hecho de mercadear. *El mercadeo de esclavos proliferó con la colonización de América.* **2.** Am. Mercadotecnia. *Arribará al país con la finalidad de hacer un estudio de mercadeo en las ciudades sede* [C]. *Técnico en mercadeo* [C].

mercader, ra. m. y f. Persona que se dedica al comercio. Gralm. referido a época antigua. *Los mercaderes viajaban a Oriente para comprar especias.*

mercadería. f. frecAm. Mercancía. *Fue al Mercado Mayorista y gastó cuatro mil en mercadería de venta segura* [C]. *La nave conducía un cargamento de mercaderías* [C].

mercadillo. m. Mercado que se celebra gralm. al aire libre y un día a la semana, en el que se venden artículos a precio más bajo que el de los establecimientos comerciales. *Los martes hay mercadillo de frutas en el pueblo.*

mercado. m. **1.** Lugar público destinado permanentemente, o en días señalados, a la compra y venta de determinados productos. *Voy al mercado a hacer la compra.* **2.** Reunión pública de compra y venta de productos determinados, que se celebra en lugares y días señalados. *Los martes hay mercado en la plaza.* **3.** Conjunto de actividades relativas a la compra y venta de bienes y servicios. *El mercado se rige por la ley de la oferta y la demanda.* **4.** Conjunto de consumidores capaces de comprar un producto o servicio. *La empresa está interesada en el mercado americano.* ■ ~ **negro.** m. Tráfico clandestino de mercancías escasas o no autorizadas, a precios superiores a los legales. *La escasez de la posguerra favoreció el mercado negro.* ▶ **1:** PLAZA.

mercadotecnia. f. Conjunto de prácticas y técnicas que, basándose en los estudios de mercado, pretenden favorecer y estimular el comercio, espec. la demanda. *La directora de mercadotecnia presenta la campaña de lanzamiento del producto.* ▶ MARKETING. ‖ **Am:** MERCADEO.

mercancía. f. Cosa mueble que es objeto de compra o venta. *Cerró el tenderete, porque había vendido toda la mercancía. La policía ha decomisado mercancía robada.* ▶ GÉNERO. ‖ **frecAm:** MERCADERÍA.

mercancías. m. Tren destinado al transporte de mercancías. *Un mercancías ha pasado por la estación sin detenerse.*

mercante. adj. Dicho de marino, barco o marina: Que se dedica al transporte de pasajeros y mercancías. *Un buque mercante. Es oficial de la Marina mercante.* Dicho de barco, tb. m. *La tripulación del mercante fue detenida por tráfico de drogas.*

mercantil. adj. Del comercio, o de la actividad comercial o empresarial. *Derecho mercantil. Han firmado un contrato mercantil de compraventa.* ▶ COMERCIAL.

mercantilismo. m. **1.** Espíritu mercantil. Frec. despect. *Un acusado mercantilismo impregna la sociedad actual.* **2.** histór. Doctrina política y económica de los ss. XVI y XVII, que fomentaba el desarrollo del comercio, espec. de las exportaciones, y consideraba la acumulación de metales preciosos como signo de riqueza. *Los grandes descubrimientos geográficos favorecen el desarrollo del mercantilismo.*

mercantilista. adj. **1.** Del mercantilismo. *Principios mercantilistas.* **2.** Partidario del mercantilismo. *Político mercantilista.* Tb. m. y f. *Los mercantilistas pretendían obtener el máximo beneficio de las colonias.* **3.** Dicho de abogado: Especialista en derecho mercantil. *Es la única abogada mercantilista del bufete.* Tb. m. y f. *La empresa ha confiado la fusión a un mercantilista.*

merced. f. **1.** cult. Gracia que concede un rey o un señor. *Todos los súbditos esperaban recibir alguna merced del soberano.* **2.** cult. Gracia o favor. *Hágame la merced de acompañarme; quiero mostrarle algo.* **3.** Voluntad de alguien. *No puedo hacer nada, porque estoy a su merced.* **4.** histór. Se usaba, precedido de *su* o *vuestra*, como tratamiento de cortesía equivalente al actual *usted*. *Como guste vuestra merced. Partiremos cuando su merced lo considere oportuno.* ■ **~ a.** loc. prepos. Gracias a. *El proyecto es posible merced a la ayuda de una fundación.*

mercedario, ria. adj. De la orden de la Merced. *Fraile mercedario.* Dicho de pers., tb. m. y f. *Los mercedarios visten hábito blanco.*

mercenario, ria. adj. Dicho espec. de soldado: Que presta sus servicios exclusivamente a cambio de dinero. *Ejército mercenario.* Tb. m. y f. *Entre nuestras tropas hay mercenarios extranjeros.*

mercería. f. Establecimiento donde se venden artículos de costura. *Cómprame una bobina de hilo negro en la mercería.*

mercero, ra. m. y f. Persona que tiene por oficio atender una mercería. *Detrás del mostrador, la mercera ordena las cajas de botones.*

mercurial. adj. Del mercurio. *La contaminación mercurial pone en peligro los ríos de la sierra.*

mercurio. m. Elemento químico del grupo de los metales, de color blanco plateado, brillante y muy pesado, que permanece líquido a temperatura ambiente. *El mercurio se emplea en la fabricación de termómetros.* ▶ AZOGUE.

merecedor, ra. adj. Que merece. *No me considero merecedor de tantos elogios.*

merecer. (conjug. AGRADECER). tr. **1.** Estar alguien en situación de deber recibir (un premio o un castigo) por su comportamiento o por sus cualidades. *No merecía ganar el concurso.* Frec prnl. *Se merece una gratificación.* **2.** Estar algo en situación de ser objeto (de algo) por sus cualidades. *Su actuación merece un aplauso.* ▶ **2:** VALER. ‖ **Am: 2:** AMERITAR.

merecido, da. part. **1.** → **merecer.** ● m. **2.** Castigo merecido (→ 1) por alguien. *Algún día te darán tu merecido.*

merecimiento. m. Hecho o efecto de merecer. *El piloto obtuvo el título mundial con todo merecimiento. Sus merecimientos son muy superiores a los míos.*

merendar. (conjug. ACERTAR). intr. **1.** Tomar la merienda. *Vamos, niñas, a merendar.* ○ tr. **2.** Tomar (algo) de merienda. *De pequeño merendaba pan con chocolate.* ○ tr. prnl. **3.** coloq. Ganar o derrotar (a alguien) con facilidad. *El boxeador se merendó a su contrincante en un solo asalto.*

merendero. m. **1.** Lugar en el campo donde los excursionistas pueden comer y descansar. *Haremos una chuletada en un merendero del bosque.* **2.** Establecimiento público situado en un parque o en el campo, donde se sirven bebidas y determinadas cosas de comer. *Con la llegada del buen tiempo, abren los merenderos.*

merendola. f. coloq. Merienda abundante en la que participan varias personas. *Por su cumpleaños, da una merendola en el jardín de su casa.*

merengue. m. **1.** Dulce hecho con claras de huevo batidas a punto de nieve y azúcar. *La tarta nupcial es de merengue.* **2.** Baile de origen caribeño, de ritmo muy movido, que se ejecuta por parejas. *Estoy aprendiendo a bailar salsa y merengue.* Tb. su música. *La orquesta toca un merengue.* ● adj. **3.** coloq. Del Real Madrid Club de Fútbol. *Afición merengue.* Dicho de jugador o de seguidor, tb. m. y f. *Los merengues empataron en su campo.*

meretriz. f. cult. Prostituta.

meridiano, na. adj. **1.** Muy claro. *Me lo ha explicado de forma meridiana.* ● m. **2.** *Geogr.* Cada uno de los círculos imaginarios que rodean la Tierra en un plano perpendicular al Ecuador y que pasan por los polos. *Los meridianos sirven para determinar la longitud de cualquier punto de la superficie terrestre.*

meridional. adj. Del sur o situado al sur. *La sequía afecta a la región meridional del país.* ▶ *SUREÑO.

merienda. f. Comida ligera que se toma por la tarde. *De merienda, tomaré leche con galletas.* ■ **~ de negros.** f. coloq. Situación confusa y gralm. ruidosa. *La discusión se convirtió en una merienda de negros.*

merino, na. adj. **1.** Dicho de oveja o carnero: Que tiene el hocico grueso y ancho, y el cuerpo cubierto de lana muy fina, corta y rizada. *Queso elaborado con leche de oveja merina.* Tb. m. y f. **2.** Dicho de lana o de raza: De oveja merina (→ 1). *Durante siglos, España fue el único productor de raza merina.*

mérito. m. **1.** Acción de una persona que la hace digna de premio o de aprecio. *Está haciendo méritos para ascender en su trabajo.* **2.** Valor o importancia de alguien o de algo. *Ganar haciendo trampas no tiene mérito.* Frec. en la constr. *de ~*. *En el reparto de la película hay varios actores de mérito.*

meritorio, ria. adj. **1.** Que es digno de premio o aprecio. *Los bomberos han tenido una actuación me-*

ritoria. ● m. y f. **2.** Persona que trabaja sin sueldo, haciendo méritos para conseguir un puesto remunerado. *Empezó de meritoria y ahora es la vicepresidenta de la compañía.*

merluza. f. **1.** Pez marino comestible, de color gris plateado, mandíbula prominente y dientes finos. *Voy a preparar merluza a la romana.* **2.** coloq. Borrachera (estado de la persona borracha). *¡Anoche me cogí una merluza...!*

merluzo. m. coloq. Persona tonta o boba. *¿Qué haces ahí parado con esa cara de merluzo?* Tb. adj. Se usa como insulto. *¡Quita, merluzo, que tú de esto no tienes ni idea!*

merma. f. Hecho o efecto de mermar. *Al aumentar los costes, se produce una merma de los beneficios.* ▶ *DISMINUCIÓN.

mermar. intr. **1.** Disminuir o hacerse menor algo. *Nuestros ingresos han mermado bastante en el último año.* ○ tr. **2.** Hacer que (algo) disminuya o se haga menor. *El paso del tiempo merma las facultades físicas y mentales.* ▶ **1:** *DISMINUIR.

mermelada. f. Conserva elaborada con fruta cocida y azúcar. *Desayuna tostadas con mermelada.*

mero[1]**.** m. Pez marino comestible de color amarillo oscuro, cuerpo oval y achatado, y cabeza y ojos grandes. *Voy a tomar ensalada y mero a la plancha.*

mero[2]**, ra.** adj. Puro o simple. Se usa antepuesto al n. *Lo pregunta por mera curiosidad. No es una mera casualidad.* ▶ *PURO.

merodeador, ra. adj. Que merodea. Frec. m. y f. *La policía ha detenido a un merodeador.*

merodear. intr. Vagar por los alrededores de un lugar, frec. con malas intenciones. *Avisa a la policía, que hay un tipo merodeando* POR *el jardín.*

merodeo. m. Hecho de merodear. *Tras un breve merodeo* POR *la zona, los agentes volvieron al coche.*

merovingio, gia. adj. histór. De la dinastía de reyes francos que reinaron en la actual Francia desde el año 481 hasta el 751. *Rey merovingio.* Dicho de pers., tb. m. y f. *Los godos de la Península tuvieron que enfrentarse a los merovingios.*

mes. m. **1.** Cada una de las doce partes en que se divide el año. *Agosto es el octavo mes del año.* **2.** Conjunto de días consecutivos desde uno señalado hasta otro de igual fecha en el mes (→ 1) siguiente. *Falta un mes para tu cumpleaños.* **3.** Sueldo o salario de un mes (→ 1). *Aún no me han pagado el mes que me deben.* **4.** coloq. Menstruación. *Le duele la tripa porque está con el mes.* ■ **~ lunar.** m. *Fís.* Tiempo que tarda la Luna en dar una vuelta completa alrededor de la Tierra. *El mes lunar dura algo más de veintinueve días.*

mesa. f. **1.** Mueble formado por una superficie plana sostenida por una o varias patas, y que tiene distintos usos, espec. comer o escribir. *La mesa de la cocina es de madera.* **2.** Mesa (→ 1) preparada con todo lo necesario para comer. *Antes de sentarte a la mesa, lávate las manos.* **3.** Conjunto de personas que dirigen una asamblea o corporación. *La mesa está formada por el presidente, el secretario y dos vocales.* **4.** cult. Comida que se sirve en la mesa (→ 2). *Se considera un amante de la buena mesa.* ■ **~ camilla.** f. Mesa (→ 1) armada con bastidores y un tablero redondo, y provista de una tarima para colocar el brasero. *La mesa camilla está cubierta por unas faldas.* ⇒ CAMILLA. ■ **~ de noche.** f. Mesilla. *Dejó el libro sobre la mesa de noche y apagó la luz.* ■ **~ redonda.** f. Reunión de personas especializadas en una materia determinada, para debatir sobre ella sin diferencia de jerarquía entre los participantes. *Después de la conferencia, participamos en una mesa redonda.* □ **a ~ puesta.** loc. adv. Sin preocuparse de preparar la comida. *Si te gusta comer a mesa puesta, vete a un restaurante.* ■ **poner la ~.** loc. v. Preparar la mesa (→ 1) con todo lo necesario para comer en ella. *Por favor, poned la mesa, que ya está lista la comida.* ■ **quitar,** o **recoger, la ~.** loc. v. Retirar de la mesa (→ 1) todo lo que se ha preparado para comer en ella. *Yo quito la mesa y tú friegas los platos, ¿vale?*

mesada. f. frecAm. Mensualidad. *Bonita figura hago yo, recibiendo mesada de mi hermano menor...* [C]. *Hace más o menos dos años que dejó de enviarle su mesada a Agnes* [C].

mesana. f. *Mar.* En una embarcación de vela: Mástil más próximo a la popa. *La mesana del barco sostiene tres velas.* Tb. la vela que sostiene. *¡Arriad la mesana!*

mesar. tr. cult. Arrancar (el pelo o la barba) con las manos. *El caballero, desesperado, se mesaba los cabellos.*

mescolanza. f. Mezcolanza. *Desde el patio llegan decenas de voces en mescolanza estruendosa.*

mesenterio. m. *Anat.* Repliegue del peritoneo, que une el intestino con las paredes abdominales. *Le van a extirpar un quiste del mesenterio.* ▶ ENTRESIJO.

mesero, ra. m. y f. Am. Camarero (persona que tiene por oficio servir consumiciones). *Una mesera nos trajo la botella* [C]. ▶ *CAMARERO.

meseta. f. Planicie extensa situada a considerable altura sobre el nivel del mar. *En la meseta, las temperaturas estivales son muy altas, y las invernales, muy bajas.*

mesiánico, ca. adj. Del mesías o del mesianismo. *Los evangelios difunden el mensaje mesiánico.*

mesianismo. m. **1.** Confianza en la llegada de un mesías. *El mesianismo está en la base del pensamiento judío.* **2.** Doctrina del mesías. *Los teólogos estudiaban el mesianismo de los textos proféticos.*

mesías. m. **1.** En el judaísmo: Hombre enviado por Dios para liberar al pueblo judío. *Los judíos no reconocen a Jesucristo como mesías.* **2.** En el cristianismo: Hombre enviado por Dios para liberar a la humanidad. En mayúsc. designa a Jesucristo. *Los profetas del Antiguo Testamento anuncian la llegada del Mesías.* **3.** Persona en la que se confía ciegamente para que ponga remedio a los problemas de un país o de un pueblo. *El revolucionario fue el mesías que liberó a su pueblo de la explotación.*

mesilla. f. Mueble pequeño, gralm. con cajones, que se coloca al lado de la cabecera de la cama. *En la mesilla hay un despertador y una lámpara.* Tb. **~ de noche.** *Siempre pongo un vaso de agua en mi mesilla de noche.* ▶ **Am:** VELADOR.

mesita. **~ de noche.** f. Mesilla. *Se quitó el reloj y los pendientes y los puso en la mesita de noche.*

mesnada. f. histór. Compañía de gente de armas que servía bajo el mando de un rey o un señor. *El capitán arengaba a sus mesnadas antes de la batalla.* Tb. fig. *El candidato comparecerá en el mitin arropado por sus mesnadas.*

mesocarpio. m. *Bot.* Capa media de las tres que forman el pericarpio de un fruto. *En el melocotón, la pulpa corresponde al mesocarpio.*

mesocracia. f. cult. Clase media. *Pertenecía a una vieja familia de la mesocracia provinciana.*

mesolítico, ca. adj. **1.** (Como m. se usa en mayúsc.). *Prehist.* Dicho de período de tiempo: Que es el segundo de la Edad de Piedra, posterior al Paleolítico. Tb. m. *En el Mesolítico, los hombres eran cazadores y recolectores.* **2.** *Prehist.* Del Mesolítico (→ 1). *Restos arqueológicos mesolíticos.*

mesón. m. **1.** Establecimiento típico, donde se sirven comidas y bebidas. *Los turistas buscan los tradicionales mesones del casco viejo.* **2.** histór. Establecimiento público donde se daban comida y alojamiento a viajeros y caballerías. *Llegaron al mesón unos caballeros que pidieron cena y hospedaje.*

mesonero, ra. m. y f. **1.** Persona que posee o tiene a su cargo un mesón. *La mesonera sirvió el almuerzo a los viajeros.* **2.** Am. Camarero (persona que tiene por oficio servir consumiciones). *A sus gritos acudieron las mesoneras de la cafetería* [C]. ▶ **2:** *CAMARERO.

mesopotámico, ca. adj. histór. De Mesopotamia (antigua región de Asia situada entre los ríos Tigris y Éufrates). *Arte mesopotámico.* Dicho de pers., tb. m. y f. *Los mesopotámicos eran politeístas.*

mesosfera. f. *Fís.* Capa de la atmósfera, inmediatamente superior a la estratosfera. *Al alcanzar la mesosfera, la temperatura desciende.*

mesozoico, ca. adj. **1.** (Como m. se usa en mayúsc.). *Geol.* Dicho de era: Que es la tercera de la historia de la Tierra, posterior al Paleozoico. Tb. m. *El Mesozoico abarca desde hace unos 245 millones de años hasta hace unos 65 millones de años.* **2.** *Geol.* Del Mesozoico (→ 1). *Rocas mesozoicas.*

mester. **~ de clerecía.** m. *Lit.* Género de poesía cultivado por los clérigos y por las personas cultas en la Edad Media, y caracterizado por el uso de la cuaderna vía. *El "Libro de Alexandre" es una obra del mester de clerecía.* ▪ **~ de juglaría.** m. *Lit.* Género de poesía cultivado por los juglares en la Edad Media, y caracterizado por la rima asonante. *Los cantares de gesta pertenecen al mester de juglaría.*

mestizaje. m. **1.** Mezcla de razas. *En las colonias españolas de América tuvo lugar un proceso de mestizaje.* **2.** Mezcla de culturas. *La convivencia de diversas culturas dio lugar a un curioso mestizaje.*

mestizo, za. adj. **1.** Dicho de persona: Nacida de padre y madre de razas diferentes. Referido espec. a los nacidos en América de español e india, o de indio y española. *Una gran parte de la población americana es mestiza.* Frec. m. y f. *Es hijo de un mestizo y una mulata.* **2.** Dicho de animal o vegetal: Que procede del cruce de individuos de razas distintas. *Hemos adoptado un perro mestizo del albergue.* **3.** Que procede de la mezcla de elementos distintos. *El grupo ha creado un estilo musical mestizo.* ▶ **Am: 1:** LADINO.

mesura. f. Moderación o comedimiento. *No es bueno comer sin mesura.* ▶ *MODERACIÓN.

mesurado, da. adj. Moderado o comedido. *Suele hablar en un tono mesurado.* ▶ *MODERADO.

meta. f. **1.** Lugar donde termina el trayecto de una carrera. *El corredor ha llegado el último a la meta.* **2.** Objetivo o cosa que se pretende conseguir. *¿Cuáles son tus metas en la vida?* **3.** En algunos deportes de pelota: Portería. *Los defensas protegen la meta de los ataques del equipo contrario.* ○ m. **4.** *Dep.* Portero (jugador). *El meta ha parado el penalti.* ▶ **1:** LLEGADA. **3:** *PORTERÍA. **4:** *PORTERO.

metabólico, ca. adj. *Fisiol.* Del metabolismo. *El endocrino dice que padezco un trastorno metabólico.*

metabolismo. m. *Fisiol.* Conjunto de reacciones y transformaciones químicas que se producen en las células de los seres vivos. *Las hormonas regulan el metabolismo.*

metacarpiano, na. adj. *Anat.* Del metacarpo. Dicho de hueso, frec. m. *Los metacarpianos se articulan con las falanges.*

metacarpo. m. *Anat.* Conjunto de huesos de la mano, situados entre el carpo y los dedos. *En la radiografía se aprecia una fractura de metacarpo.*

metacrilato. m. Plástico transparente, ligero y resistente, que se emplea en la fabricación de diversos objetos, como muebles y artículos de decoración. *Una estantería de metacrilato.*

metadona. f. Compuesto químico sintético, de propiedades analgésicas y estupefacientes semejantes a las de la morfina, pero no adictivo, que se utiliza en tratamientos de desintoxicación de drogodependientes. *Suministramos metadona a los heroinómanos en rehabilitación.*

metafísico, ca. adj. **1.** De la metafísica (→ 3). *Categorías metafísicas.* **2.** Difícil de comprender. *Explícamelo con claridad, sin pararte en consideraciones metafísicas.* ● f. **3.** Parte de la filosofía que se ocupa del ser en cuanto tal, y de sus propiedades, principios y causas primeras. *Es profesora de metafísica en la facultad.* ○ m. y f. **4.** Especialista en metafísica (→ 3). *El problema de la existencia de Dios es objeto de estudio de metafísicos y teólogos.*

metáfora. f. *Lit.* Figura retórica que consiste en designar una cosa con el nombre de otra, tras establecer una comparación no expresa entre ellas. *En "los luceros con que me miras" hay una metáfora.*

metafórico, ca. adj. De la metáfora o que la contiene. *Lenguaje metafórico.*

metal. m. **1.** *Quím.* Elemento que se caracteriza por ser buen conductor del calor y de la electricidad y por tener un brillo característico. *El mercurio es el único metal líquido a temperatura ambiente.* Frec., en pl., designa el grupo correspondiente de la tabla periódica de los elementos. *El hierro y el titanio pertenecen al grupo de los metales.* **2.** *Mús.* Conjunto de los instrumentos de viento gralm. hechos de metal (→ 1). Tb. el conjunto de sus instrumentistas. *Todo el metal tocó bien, con excepción de las trompetas.* Frec. en pl. *Los metales de la banda son más numerosos que las maderas.* ▪ **~ precioso.** m. Metal (→ 1) de gran valor, que se usa espec. en joyería. *El oro es un metal precioso.* ▪ **no ~.** m. *Quím.* Elemento que se caracteriza por ser mal conductor del calor y de la electricidad y por carecer de brillo propio. Frec., en pl., designa el grupo correspondiente de la tabla periódica de los elementos. *El oxígeno y el carbono pertenecen al grupo de los no metales.* □ **el vil ~.** loc. s. coloq. El dinero. *No se habla con su hermano, y todo por el vil metal.*

metalenguaje. m. *Ling.* Lenguaje que se usa para estudiar el lenguaje mismo. *Hablar de la palabra "pez" es usarla en metalenguaje.*

metálico, ca. adj. **1.** Del metal, o de características semejantes a las suyas, espec. el brillo o el sonido. *¿Con qué puedo limpiar los objetos metálicos? Sonó la voz metálica del contestador automático.* ● m. **2.** Dinero en efectivo. *En la tienda solo admiten el pago en metálico.*

metalífero, ra. adj. Que contiene metal. *Algunos de los minerales metalíferos de la mena no tienen aprovechamiento.*

metalingüístico, ca. adj. *Ling.* Del metalenguaje. *El uso metalingüístico de una palabra.*

metalizar. tr. Recubrir (algo) de metal. *El recipiente tiene el interior metalizado.*

metalurgia. f. Conjunto de técnicas que permiten extraer los metales de los minerales que los contienen. *La metalurgia ha ido perfeccionándose con el paso de los siglos.* Tb. la actividad industrial correspondiente. *La economía de la región se basa en la minería y la metalurgia.*

metalúrgico, ca. adj. **1.** De la metalurgia. *Industria metalúrgica.* Dicho de empresa, tb. f. *La metalúrgica daba empleo a gran parte de la población.* ● m. y f. **2.** Persona que trabaja en la industria metalúrgica (→ 1). *Los metalúrgicos amenazan con ir a la huelga.*

metamórfico, ca. adj. *Geol.* Dicho de mineral o de roca: Que ha sufrido metamorfismo. *La cuarcita y el mármol son rocas metamórficas.*

metamorfismo. m. *Geol.* Conjunto de transformaciones químicas o físicas que sufren las rocas o los minerales, y que son debidas a diferentes agentes, como la presión o la temperatura. *La pizarra se forma por el metamorfismo de la arcilla o el esquisto.*

metamorfosear. tr. Hacer que (alguien o algo) sufra una metamorfosis. *La bruja metamorfoseó al príncipe* EN *sapo.* Tb. en constr. prnl. media. *Se metamorfoseó* EN *lobo por el influjo de la luna llena.*

metamorfosis. f. **1.** Transformación o cambio. *El cuento narra la metamorfosis del patito feo* EN *cisne.* **2.** *Zool.* Conjunto de cambios que experimentan algunos animales durante su desarrollo, y que se manifiestan espec. en la variación de forma. *Los renacuajos completan su metamorfosis al convertirse en ranas.*

metano. m. *Quím.* Gas incoloro, inodoro e inflamable en contacto con el aire, que se produce en las minas de carbón y se desprende del cieno de los pantanos, y que es el componente principal del gas natural. *Metano, etano y propano son hidrocarburos.* Frec. en aposición, siguiendo a *gas. El camión cisterna transportaba gas metano.*

metástasis. f. *Med.* Propagación del foco de una enfermedad, espec. cáncer, o aparición de otro foco de la misma. *Cuanto mayor es el tumor, más elevado es el riesgo de metástasis.* Tb. el resultado de ese proceso. *La prueba confirma la presencia de metástasis en el hígado.*

metatarsiano, na. adj. *Anat.* Del metatarso. Dicho de hueso, frec. m. *Los juanetes son deformaciones del primer metatarsiano.*

metatarso. m. *Anat.* Conjunto de huesos del pie, situados entre el tarso y los dedos. *Sufre una fractura de metatarso del pie derecho.*

metátesis. f. *Fon.* Cambio de lugar de un sonido en una palabra. *En la palabra "probe" se ha producido una metátesis de la "r".*

metazoo. adj. **1.** *Zool.* Del grupo de los metazoos (→ 2). *Animal metazoo.* ● m. **2.** *Zool.* Animal cuyo cuerpo está formado por muchas células diferenciadas, como los mamíferos, los moluscos o los gusanos. *Los metazoos tienen células especializadas para cada función.*

meteco. m. histór. En la Grecia antigua: Extranjero establecido en una ciudad, espec. en Atenas, que no gozaba de los derechos de ciudadanía. *Los ciudadanos podían ser políticos, pero los metecos, no.*

metedura. f. coloq. Hecho de meter la pata. Frec. ~ *de pata. Su metedura de pata le ha costado una amonestación.*

metempsícosis o **metempsicosis.** f. Doctrina religiosa y filosófica según la cual las almas transmigran a otros cuerpos después de la muerte, de acuerdo con los méritos alcanzados en la vida anterior. *Los antiguos egipcios creían en la metempsicosis. La filosofía platónica se basa en la metempsícosis.*

meteórico, ca. adj. De los meteoros, o de características semejantes a las suyas, espec. su gran velocidad. *En el cráter se encontró una roca meteórica. El equipo ha experimentado un ascenso meteórico.*

meteorismo. m. *Med.* Abultamiento del vientre causado por la acumulación de gases en el tubo digestivo. *Algunas verduras pueden producir meteorismo.*

meteorito. m. Fragmento de un cuerpo celeste que penetra en la atmósfera y cae sobre la Tierra. *El impacto del meteorito produjo un enorme cráter.*

meteoro o **metéoro.** m. **1.** Fenómeno atmosférico. *Los rayos son meteoros eléctricos.* **2.** *Fís.* Cuerpo celeste que penetra en la atmósfera terrestre. *Las estrellas fugaces son meteoros.*

meteorología. f. Ciencia que estudia la atmósfera y los fenómenos atmosféricos. *La meteorología se ocupa de la predicción del tiempo.*

meteorológico, ca. adj. De la meteorología, o de su objeto de estudio. *Las condiciones meteorológicas van a empeorar.*

meteorólogo, ga. m. y f. Especialista en meteorología. *Los meteorólogos han anunciado lluvias para el fin de semana.*

metepatas. m. y f. coloq. Persona que mete la pata. *Un metepatas le preguntó por su mujer justo cuando acababa de separarse.*

meter. tr. **1.** Poner (algo o a alguien) dentro de un lugar. *¿Habéis metido una moneda* EN *la máquina? Se ha metido* EN *su habitación y no quiere salir. No te metas el dedo* EN *la nariz, niño.* Tb. en constr. prnl. media. *Aquí el mar se mete* EN *la tierra varios kilómetros.* **2.** Ocasionar o producir (algo, espec. ruido). *Han metido un jaleo tremendo toda la noche. Esa máquina no ha parado de meter ruido.* **3.** Poner (a alguien) en determinada situación. *A mí no me metas* EN *líos. Se ha metido* EN *un negocio ruinoso. Estamos metidos* EN *un proyecto muy interesante.* **4.** Seguido de un nombre, precedido por *de*, que designa la persona que ejerce una profesión: Dedicar (a alguien) a esa profesión. *Van a meter a alguien de encargado. Lo metieron de aprendiz en una sastrería.* A veces sin prep. *Dicen que se ha metido cura. Hace diez años que se metió monja.* Tb., coloq., precedido por *a. No querían que se metiera a cómico.* **5.** Estrechar o acortar (una prenda de vestir o una parte de ella) modificando las costuras. *Al vestido solo hay que meterle un poco la cintura. Tengo que meter los pantalones porque me quedan largos.* **6.** coloq. Presentar o entregar (algo, como una demanda o una solicitud). *Les ha metido una querella por injurias. Voy a meter un pliego de descargo. ¿Has metido ya la solicitud de traslado?* **7.** coloq. Dar a alguien (algo negativo, como un castigo), o hacer que (lo) reciba. *Le ha metido una buena bronca. Como lleguemos tarde al cuartel, nos van a meter un paquete. Qué susto nos ha metido.* ○ intr. prnl. **8.** Entrometerse en un asunto ajeno. *Tiene que meterse* EN *todo. Tú no te metas, que no es asunto tuyo. Pero ¡quién me mandaría a mí meterme!*

Es mejor que no se meta donde no lo llaman. **9.** Pasar alguien a ejercer la actividad que se indica. *Se ha metido* EN *negocios de exportación. ¿*EN *qué andará metido ahora? Allá tú si te metes* EN *política.* **10.** Seguido de *a* y un infinitivo: Ponerse alguien a realizar la acción expresada, sin tener capacidad o sin corresponderle. *No voy a ser yo la que me meta a juzgarlo. Pero ¿quién te manda meterte a dar consejos? Como se meta él a arreglar el grifo, estamos apañados.* Tb. seguido de *a* y un n. que designa la persona que realiza esa actividad. *No voy a ser yo la que me meta a juez. Como te metas a fontanero, vamos a salir en balsa.* **11.** coloq. Censurar o criticar algo o a alguien. *Está todo el día metiéndose* CON *su hermano.* ■ **a todo ~.** loc. adv. coloq. Con gran velocidad. *Acaba de pasar un coche a todo meter.* ▶ **1:** ENTRAR, INTRODUCIR. **8:** *ENTROMETERSE.

metiche. adj. Am. coloq. Entrometido. *Discúlpame por hacerte estas preguntas; ya me parezco a mamá, que es tan metiche* [C]. Tb. m. y f. *Decenas de metiches y chismosos buscan afanosamente la parte que falta* [C].

meticón, na. adj. coloq. Entrometido. *Dos viejas meticonas chismorrean en la plaza del pueblo.* Tb. m. y f. *El vecino es un meticón que se mete en la vida de los demás.*

meticulosidad. f. Cualidad de meticuloso. *El detective inspecciona con meticulosidad el lugar del crimen.*

meticuloso, sa. adj. Que se detiene hasta en los detalles más pequeños. *Es muy meticulosa en su trabajo.* ▶ *MINUCIOSO.

metido, da. part. **1.** → **meter.** ● adj. **2.** coloq. Abundante. Se usa en las constr. ~ *en carnes* o ~ *en años. Es una mujer metida en carnes. Se casó con un hombre metido en años.*

metijón, na. adj. coloq. Entrometido. *No seas metijona y deja ya de mirar por la ventana.* Dicho de pers., tb. m. y f. *Es un metijón insoportable.*

metilo. m. *Quím.* Radical del metano. *El bromuro de metilo se emplea para fabricar pesticidas.*

metódico, ca. adj. Que sigue un método. *Para ser tan joven, es muy ordenada y metódica.*

metodismo. m. *Rel.* Doctrina protestante fundada en Inglaterra en el siglo XVIII. *El metodismo cuenta con muchos adeptos en Estados Unidos.*

metodista. adj. **1.** *Rel.* Del metodismo. *Iglesia metodista.* **2.** *Rel.* Que profesa el metodismo. *Pastor metodista.* Tb. m. y f. *Los metodistas creen en la salvación por medio de la fe.*

método. m. **1.** Procedimiento que se usa para hacer algo. *Tus métodos de enseñanza están anticuados.* **2.** Modo ordenado de actuar. *Para aprobar, has de estudiar con método.* **3.** Libro que recoge las reglas y los ejercicios para enseñar o aprender algo. *He comprado un método de inglés para estudiar en casa.*

metodología. f. **1.** Ciencia del método. *La metodología está al servicio de otras disciplinas.* **2.** Conjunto de métodos o procedimientos que se usan para hacer algo. *La profesora explicó la metodología que iba a seguir en sus clases.*

metodológico, ca. adj. De la metodología. *¿Qué criterios metodológicos ha seguido para realizar el análisis?*

metomentodo. (pl. invar.). m. y f. coloq. Entrometido. *Si no quieres ser una metomentodo, deja al chico vivir su vida.*

metonimia. f. *Lit.* Figura retórica que consiste en designar algo con el nombre de otra cosa con la que guarda determinada relación, como el efecto por la causa, el autor por la obra o el continente por el contenido. *En "leer a Cervantes" hay una metonimia de "Cervantes" por "un libro de Cervantes".*

metopa o **métopa.** f. *Arq.* En un friso dórico: Espacio entre dos triglifos. *Los relieves de las metopas del Partenón representan las batallas de los centauros.*

metraje. m. Longitud de una película cinematográfica. *Lo peor de la película es su excesivo metraje.*

metralla. f. Munición pequeña con que se cargan piezas de artillería, proyectiles, bombas y otros explosivos. *Le extrajeron del hombro fragmentos de metralla.*

metralleta. f. Arma de fuego portátil, automática y de repetición, que puede disparar a gran velocidad. *Los militares van armados con metralletas.* ▶ SUBFUSIL.

métrico, ca. adj. **1.** Dicho de sistema de medida: Que toma como base el metro. *El litro es la unidad de capacidad en el sistema métrico decimal.* **2.** *Lit.* De la métrica (→ 3). *Análisis métrico.* ● f. **3.** *Lit.* Estudio de la medida o estructura de los versos, de sus clases y de las combinaciones que con ellos pueden formarse. *Vamos a estudiar métrica en la clase de literatura.*

metro[1]. m. **1.** Unidad básica de longitud del Sistema Internacional que equivale a la distancia que recorre la luz en el vacío durante 1/299 792 458 de segundo y que tradicionalmente se definía como la diezmillonésima parte del cuadrante del meridiano terrestre (Símb. *m*). *Es tan alta que casi mide dos metros.* Tb. la cantidad de materia que tiene esa longitud. *He comprado cuatro metros de tela.* **2.** Instrumento para medir, que tiene marcada la longitud de un metro (→ 1) y sus divisiones en centímetros. *El carpintero saca un metro de la caja de herramientas.* **3.** *Lit.* Medida de un verso. Tb. el verso, en relación con la medida. *Durante el Renacimiento, se introducen en la poesía nuevos metros y estrofas.* ■ **~ cuadrado.** m. Unidad de superficie del Sistema Internacional que equivale al área de un cuadrado de un metro (→ 1) de lado (Símb. m^2). *Vivo en un piso de 70* m^2. Tb. la cantidad de algo que tiene esa superficie. *¿Cuánto vale el metro cuadrado de terreno?* ■ **~ cúbico.** m. Unidad de volumen del Sistema Internacional que equivale al volumen de un cubo de un metro (→ 1) de arista (Símb. m^3). Tb. la cantidad de algo que tiene ese volumen. *Consumimos 50* m^3 *de agua al año.*

metro[2]. m. Tren eléctrico, gralm. subterráneo, que circula por los distintos barrios de una ciudad. *Cada mañana voy en metro a trabajar.* ▶ METROPOLITANO. ‖ **Am:** SUBTE, SUBTERRÁNEO.

metrónomo. m. *Mús.* Instrumento que sirve para medir el tiempo y marcar el compás en una interpretación musical. *El alumno leía las notas del pentagrama al ritmo del metrónomo.*

metrópoli. f. **1.** Ciudad principal o muy importante, y de grandes dimensiones. *Llegó del campo a la metrópoli buscando trabajo.* **2.** Respecto de una colonia: Estado al que pertenece. *Las colonias mantenían relaciones comerciales con la metrópoli.* ▶ METRÓPOLIS.

metrópolis. f. Metrópoli. *La capital era una metrópolis portuaria e industrial. Estados Unidos se independizó de la metrópolis en 1776.*

metropolitano, na. adj. **1.** De la metrópoli. *Policía metropolitana. Las llamadas metropolitanas son* *más baratas.* ● m. **2.** Metro (tren). *La primera línea de metropolitano apareció en el siglo* XIX. ▶ **2:** *METRO.

mexicano, na. (Tb. **mejicano;** pronunc. "mejicáno"). adj. **1.** De México. *Ciudad mexicana.* Dicho de pers., tb. m. y f. *Con los mejicanos del trabajo se comunica en español.* **2.** Del mexicano (→ 3). *Palabra mexicana.* ● m. **3.** Náhuatl (lengua). *La palabra "cacao" procede del mexicano.* ▶ **3:** *NÁHUATL.

mezcal. m. Aguardiente de origen mexicano que se obtiene por fermentación del jugo de la pita. *En el restaurante mexicano nos ofrecieron un chupito de mezcal.*

mezcla. f. **1.** Hecho o efecto de mezclar o mezclarse dos o más cosas de manera que formen una unidad o un todo homogéneo. *El engrudo es una mezcla de harina y agua.* **2.** Hecho o efecto de mezclar o mezclarse dos o más personas o cosas sin que formen un todo homogéneo. *La población del país era una mezcla de indígenas y emigrantes europeos. En el edificio hay una mezcla de estilos.* **3.** Tejido hecho con hilos de diferentes clases y colores. *Lleva un traje de mezcla.* **4.** *Constr.* Argamasa. *El peón remueve la mezcla.*

mezclar. tr. **1.** Juntar (dos o más cosas) de manera que formen una unidad o un todo homogéneo. *La pintora mezcla los colores de la paleta.* Tb.: *Mezclar la harina* CON *los huevos para hacer la masa.* **2.** Juntar (dos o más personas o cosas) sin que formen un todo homogéneo. *No conviene mezclar la vida personal y los negocios.* Tb.: *El suicida había mezclado alcohol* CON *somníferos.* Tb. en constr. prnl. media. *Se me han mezclado los papeles y ahora no sé qué es cada cosa. Se mezcló* CON *la multitud para pasar desapercibida.* **3.** Hacer que (una persona o una cosa) intervengan en algo. *Lo mezclaron* EN *un asunto de tráfico de drogas.* Tb. en constr. prnl. media. *El problema tiene difícil solución, ya que* EN *él se mezclan varios factores.* ○ intr. prnl. **4.** Juntarse una cosa con otra de manera que formen una unidad o un todo homogéneo. *El bolo alimenticio se mezcla* CON *los jugos gástricos en el estómago.*

mezclilla. f. Tejido hecho como la mezcla, pero de menos cuerpo. *Viste pantalón de mezclilla y camisa de franela.*

mezcolanza. f. Mezcla extraña y confusa. *En Toledo había una mezcolanza de culturas, razas y religiones.* ▶ MESCOLANZA.

mezquindad. f. **1.** Cualidad de mezquino. *Demostró su mezquindad al negarse a colaborar en la colecta.* **2.** Hecho mezquino. *Fue una mezquindad que engañaras a tu propia hermana.* ▶ *TACAÑERÍA.

mezquino, na. adj. **1.** Que escatima exageradamente en lo que da o gasta. *Eres tan mezquina que no te permites el más mínimo lujo.* **2.** Falto de nobleza y generosidad en el modo de obrar. *Fue tan mezquino que se calló que la idea era del otro.* ▶ **1:** *TACAÑO.

mezquita. f. Edificio en el que los musulmanes practican sus ceremonias religiosas. *Los fieles acuden a orar a la mezquita.*

mezzosoprano. (pal. it.; pronunc. "metsosopráno"). m. y f. *Mús.* Persona cuya voz tiene un registro entre el de soprano y el de contralto. *El recital correrá a cargo de una conocida* mezzosoprano. Tb. m., designando la voz. *Al final del aria alternan el bajo y el* mezzosoprano.

mi[1]**.** m. *Mús.* Tercera nota de la escala de do mayor. *Un mi sostenido.*

mi[2]**.** → **mío.**

mí. (Cuando va precedido de la prep. *con,* forma con ella una sola palabra: *conmigo*). pron. pers. Designa, en función de complemento con preposición, a la misma persona designada con el pronombre *yo. Está detrás de mí. A mí no me molesta. Se dirigió hacia mí corriendo. ¿Vienes conmigo?* ■ **dar de ~.** → **dar.** ■ **volver en ~.** → **volver.**

miaja. f. vulg. Porción muy pequeña de algo. *Échale a la carne una miaja de perejil.*

miasma. m. (Tb., más raro, f.). Emanación nociva que se desprende de cuerpos enfermos, materias en descomposición o aguas estancadas. *Un miasma asfixiante flota sobre el vertedero.* Más frec. en pl. *Respira un aire cargado de miasmas.*

miau. interj. Se usa para imitar la voz característica del gato. *El niño, disfrazado de gato, decía: –¡Miau, miau!* Tb. m. *Se oían los miaus de un gato.*

mica. f. Mineral constituido por silicatos, que se presenta en láminas finísimas, brillantes y elásticas, y forma parte de diversas rocas, como el granito. *Las láminas de mica se emplean como aislantes eléctricos.*

micción. f. cult. Hecho de orinar. *El niño ya controla la micción.* Se usa espec. en medicina y fisiología. *El trastorno de la próstata hace que aumente la frecuencia de las micciones.*

micelio. m. *Biol.* Aparato vegetativo de los hongos, que permite su nutrición y está constituido por una masa de filamentos ramificados. *El micelio obtiene del subsuelo las sustancias necesarias para el desarrollo de la seta.*

micénico, ca. adj. histór. De Micenas (antigua ciudad griega). *Los ricos ajuares hallados en las tumbas micénicas asombraron a los arqueólogos.* Dicho de pers., tb. m. y f. *Según algunas versiones de los textos homéricos, Agamenón fue rey de los micénicos.*

michelín. m. coloq. Pliegue de grasa que se forma en alguna parte del cuerpo, espec. en la cintura. *He engordado y me han salido michelines.*

mico. m. **1.** Mono de cola larga. *El mico está en el hombro de su amo.* **2.** coloq. Persona pequeña. *No era más que un mico y ya tocaba el piano.* A veces despect. *La chica le saca tres palmos al mico ese que va con ella.* Frec. se usa para dirigirse cariñosamente a un niño. *¡Tú, mico, baja de ahí!*

micología. f. Estudio científico de los hongos. *En el curso de micología nos enseñaron a reconocer setas.*

micólogo, ga. m. y f. Especialista en micología. *Los micólogos catalogan los hongos.*

micosis. f. *tecn.* Infección por hongos. *Las micosis más frecuentes en el hombre son las de la piel. El olmo sufre una micosis.*

micra. f. Micrómetro (unidad de longitud). *Las bacterias suelen medir alrededor de una micra.* ▶ *MICRÓMETRO.

micro. m. coloq. Micrófono. *Se nos acercó un periodista con un micro.*

micro-. elem. compos. **1.** Significa 'muy pequeño'. *Microcircuito, microgravedad.* **2.** *tecn.* Significa 'millonésima parte'. Se une a n. de unidades de medida para designar el submúltiplo correspondiente (Símb. *µ*). *Microfaradio, microvoltio.*

microbiano, na. adj. De los microbios. *Este antibiótico puede dañar la flora microbiana del intestino.*

microbio. m. Organismo que solo se puede ver a través del microscopio, espec. el causante de enfermedades. *Algunos microbios se hacen resistentes a los fármacos.*

microbiología. f. Ciencia que estudia los microbios. *Es profesor de microbiología.*

microbiólogo, ga. m. y f. Especialista en microbiología. *Muchos microbiólogos trabajan en la elaboración de vacunas.*

microbús. m. Autobús de tamaño menor que el normal. *Una línea de microbús recorre las calles.*

microchip. (pl. **microchips**). m. *Electrón.* Chip. *Los microchips para ordenadores. El microchip de las mascotas.*

microcirugía. f. *Med.* Cirugía realizada con ayuda del microscopio y otros instrumentos de precisión en partes del cuerpo sumamente pequeñas o delicadas. *Fue operado de un tumor cerebral mediante técnicas de microcirugía.*

microclima. m. *Ecol.* Clima característico de un área reducida, distinto del de la zona en que se encuentra. *La bahía tiene un microclima privilegiado.*

microcosmo. m. cult. Microcosmos. *Este ensayo niega al individuo la condición de microcosmo.*

microcosmos. m. cult. Ser o entidad concebidos como reflejo y resumen completo del universo. Frec. en filosofía. *Los sabios de la Antigüedad veían al hombre como un microcosmos dentro de un macrocosmos.* Tb. fig. *La escuela es un microcosmos.*

microeconomía. f. *Econ.* Parte de la economía que estudia los factores individuales o particulares, como el comportamiento del consumidor o de una empresa. *Aunque mejoran las cifras macroeconómicas, no se perciben logros en microeconomía.*

microelectrónica. f. *Electrón.* Técnica de diseñar y producir circuitos y otros dispositivos electrónicos de tamaño muy reducido. *La microelectrónica permitió el nacimiento del ordenador personal.*

microficha. f. Ficha archivable que contiene, en soporte de película, fotografías de documentos en tamaño muy reducido. *En el archivo se conserva el documento original y una microficha del mismo.*

microfilm. (pl. **microfilms**). m. Microfilme. *La biblioteca permite consultar los documentos más antiguos en microfilm.*

microfilmar. tr. Reproducir en microfilme (un documento gráfico). *El espía microfilmó los papeles. En la hemeroteca tienen muchos periódicos microfilmados.*

microfilme. m. Película en que se reproducen documentos gráficos en tamaño muy reducido, con el fin de facilitar su manipulación y consulta. *Para ver los microfilmes se precisa un reproductor.* ▶ MICROFILM.

micrófono. m. Aparato que capta ondas sonoras y las transforma en corriente eléctrica, permitiendo la amplificación, grabación o transmisión de los sonidos. *La grabadora lleva micrófono incorporado.*

microgramo. m. Unidad de masa que equivale a la millonésima parte de un gramo (Símb. *µg*). *El polvo en suspensión se mide en microgramos.*

micrómetro. m. **1.** Unidad de longitud que equivale a la milésima parte de un milímetro (Símb. *µm*). *El grosor de la cartulina se mide en micrómetros.* **2.** *Fís.* Instrumento de precisión para medir cantidades lineales o angulares muy pequeñas. *El telescopio está equipado con un micrómetro.* ▶ **1:** MICRA, MICRÓN.

micrón. m. Micrómetro (unidad de longitud). *Quinientos micrones equivalen a medio milímetro.* ▶ *MICRÓMETRO.

microondas. m. Horno de microondas (→ **horno**). *Calienta la cena en el microondas.*

microorganismo. m. Organismo que solo se puede ver a través del microscopio. *El laboratorio detectó la presencia de microorganismos patógenos en el agua.*

microprocesador. m. *Electrón.* Circuito integrado en un chip, que constituye la unidad central de procesamiento en un ordenador u otro dispositivo electrónico. *Un microprocesador controla el sistema de inyección del automóvil.*

microscópico, ca. adj. **1.** Que solo se puede ver a través del microscopio. *Hongo microscópico.* **2.** Hecho u obtenido con microscopio. *Imágenes microscópicas.* **3.** Muy pequeño. Se usa con intención enfática. *¿En este coche microscópico tenemos que meternos todos?*

microscopio. m. Instrumento óptico que permite ver aumentada la imagen de cosas muy pequeñas o imposibles de percibir a simple vista. *El médico observa una muestra de sangre a través del microscopio.* ■ ~ **electrónico.** m. Microscopio que funciona mediante dispositivos electrónicos y con el que se consiguen aumentos miles de veces superiores a los del microscopio normal. *Con el microscopio electrónico se pueden estudiar las partes de la célula.*

microsurco. m. Disco de gramófono cuyos surcos, finísimos y muy próximos entre sí, permiten grabar gran cantidad de sonidos. *Los viejos microsurcos se editan ahora en CD.*

miedica. adj. coloq., despect. Miedoso. *¡Hala, no seas miedica y tírate al agua!* Dicho de pers., tb. m. y f. *Los que te pegaron y salieron corriendo son unos miedicas.*

mieditis. f. coloq., humoríst. Miedo. *La casa tan oscura da un poco de mieditis.*

miedo. m. **1.** Sentimiento de inquietud producido por una persona o cosa que se consideran dañinas o peligrosas. *Las serpientes me dan miedo. Tiene miedo* A *viajar en avión.* **2.** Sentimiento de inquietud producido por creer que puede suceder algo contrario a lo que se desea. *Tengo miedo* A *quedar en ridículo. Tiene miedo* DE *perder su trabajo.* ■ **de ~.** loc. adj. coloq. Que causa asombro o admiración. Se usa con intención enfática. *Armó un escándalo de miedo por una minucia. Hacía un día de miedo y nos fuimos a la playa.* Tb. loc. adv. *Lo hemos pasado de miedo. Mi abuela cocina de miedo.* ▶ APRENSIÓN, ESPANTO, HORROR, PÁNICO, PAVOR, RESPETO, TEMOR, TERROR.

miedoso, sa. adj. Que siente miedo con facilidad. *Es muy miedosa y no puede quedarse sola en casa. El perro miedoso se refugia a los pies de su dueño.* Dicho de pers., tb. m. y f. *Los miedosos huyen cuando huelen el peligro.*

miel. f. Sustancia comestible, pegajosa, muy dulce y de color amarillento, que producen las abejas a partir del néctar de las flores. *El apicultor saca la miel. Desayunamos tostadas con miel. Miel de romero.* ■ **con la ~ en los labios.** loc. adv. Sin algo agradable de lo que se empezaba a disfrutar. *No nos dejes con la miel en los labios y cuenta el final de la historia.* ■ **~ sobre hojuelas.** expr. Se usa para expresar que una cosa viene a mejorar, por añadidura, otra que ya era buena. *El horario es bueno; si además te pagan bien, miel sobre hojuelas.*

mielina. f. *Bioquím.* Sustancia grasa que constituye el envoltorio de las fibras nerviosas. *Si se rompe la cubierta de mielina, los axones de las neuronas no conducen los impulsos.*

miembro. m. **1.** Extremidad de una persona o de un animal. *Remar hace que se desarrollen los miembros superiores. Algunos ancianos se quejan de dolor en los miembros inferiores. La veterinaria examina los miembros anteriores y posteriores del animal.* **2.** Parte de un todo. *El sujeto es uno de los miembros de la oración.* **3.** Pene de un hombre o de un animal. Tb. ~ *viril* para designar el del hombre. **4.** *Mat.* Cada una de las dos expresiones de una ecuación separadas por el signo de igualdad o de desigualdad. *Si se pasa "+3x" de un miembro a otro, se convierte en "–3x".* ○ m. y f. **5.** Persona que forma parte de un conjunto o corporación. *Los miembros del jurado.* Tb. se usa el m. referido a mujer. *La directora es el miembro más antiguo de la asociación.* ▶ **1:** EXTREMIDAD. **3:** *PENE.

mientes. f. pl. Mente o pensamiento. *Le vinieron a las mientes recuerdos de infancia.* ■ **parar ~** (en algo). loc. v. Pensar (en ello) detenidamente. *No paró mientes* EN *las consecuencias de su acción.*

mientras. (Se pronuncia siempre átono, salvo en la acep. 1). adv. **1.** Durante el tiempo en que sucede lo expresado antes. *Yo prepararé algo de comer; tú, mientras, ve poniendo la mesa.* ● conj. **2.** Durante el tiempo en que. *Espérame aquí mientras acabo de arreglarme.* **3.** En la medida en que. Se usa seguida de *más* o *menos*. *Mientras más tiempo le dediques, mejor te saldrá. Mientras menos venga, más tranquilos estaremos.* ■ **~ que.** loc. conjunt. Pero. Se usa con intención enfática. *A Mercedes le resultó muy fácil sacar el carné de conducir, mientras que para Rosa fue un calvario.*

miércoles. m. Día de la semana que sigue al martes. *Los miércoles tengo clase de inglés.*

mierda. f. **1.** malson. Excremento. **2.** malson. Suciedad o porquería. **3.** malson. Persona o cosa sin valor alguno. ○ m. y f. **4.** malson. Persona despreciable. ● interj. **5.** malson. Se usa para expresar contrariedad o enfado. ■ **a la ~.** expr. malson. Se usa para expresar desagrado o rechazo. ■ **una ~.** expr. malson. Se usa para enfatizar una negativa o una reacción de rechazo ante lo que otro acaba de decir.

mies. f. Conjunto de plantas de cereales, espec. de aquellos con los que se hace pan. *En verano se siega la mies.* Frec. en pl. *Un campo de mieses doradas.*

miga. f. **1.** Parte interior y más blanda del pan. *Yo me como la miga y dejo la corteza.* **2.** Porción muy pequeña de pan o de otro alimento. *De la tarta solo quedaban unas migas.* **3.** coloq. Sustancia o importancia de algo. *El asunto tiene miga; ya hablaremos despacio.* ○ pl. **4.** Plato hecho con pan picado, humedecido en agua y rehogado en aceite con ajo y pimentón. *Nos comimos unas migas con chorizo y huevos fritos.* ■ **hacer** alguien **(buenas) ~s** (con otra persona). loc. v. coloq. Llevarse bien (con ella). *Mi hijo hace buenas migas con el tuyo.* Tb.: *Parece que todos en la oficina hacen buenas migas.* ■ **hacer ~s** (algo o a alguien). loc. v. coloq. Destruir(los) o destrozar(los) por completo. *El pelotazo hizo migas el cristal. Llegué hecha migas de la excursión.* ▶ **2:** MIGAJA.

migaja. f. **1.** Miga (porción pequeña de alimento). *Cuando comen bocadillos, lo dejan todo lleno de migajas.* **2.** Porción muy pequeña de algo. *No me conformo con las migajas de su cariño.* ▶ **1:** MIGA.

migración. f. **1.** *Geogr.* Desplazamiento de población desde su lugar de origen a otro diferente, gralm. por causas económicas o sociales. *La guerra produjo una gran migración a los países vecinos.* **2.** *Zool.* Desplazamiento periódico de determinados animales de un área geográfica a otra, a causa del clima, el alimento o la reproducción. *La migración de aves a la Península.* ▶ **1:** EMIGRACIÓN.

migraña. f. *Med.* Jaqueca. *Toma analgésicos para combatir la migraña.*

migrar. intr. cult. Emigrar. *En otoño, muchas aves migran* A *África. Los campesinos migraban* A *la ciudad.*

migratorio, ria. adj. **1.** De la migración o la emigración. *El gobierno endurecerá su política migratoria.* **2.** *Zool.* Dicho de animal: Que hace migraciones. *La cigüeña es un ave migratoria.* ▶ **1:** EMIGRATORIO.

mihrab. m. En una mezquita: Hueco en el muro, que señala el sitio hacia donde deben mirar los que rezan. *El mihrab suele estar orientado a La Meca.*

mijo. m. Cereal que da una mazorca de granos pequeños, redondos y amarillentos, empleados como pienso y en la alimentación humana, espec. en África y Asia. *El mijo puede crecer en terrenos áridos.* Tb. el grano. *Una mujer muele mijo.*

mil. (APÉND. NUM.). adj. **1.** Novecientos noventa y nueve más uno. *Un sueldo de mil euros.* Tb. sustantivado. *De los seleccionados, los mil últimos no entrarán.* Tb. pron. *–¿Cuántos invitados hay? –Mil.* Frec. con intención enfática. *Me hizo mil promesas y no cumplió ninguna.* **2.** En una serie: Milésimo. *Volvió a revisar el expediente mil.* ● m. **3.** Número que sigue al novecientos noventa y nueve. *En cifras, mil se escribe 1000.* Frec. *número* ~. ○ pl. **4.** Millares. *Un rebaño de varios miles* DE *cabezas.* Tb. con intención enfática. *Tengo miles de problemas.* ■ **las ~ (y quinientas).** loc. s. coloq. Una hora muy tardía. *Los domingos nos levantamos a las mil. Me entretuve y llegué a casa a las mil y quinientas.*

milagrería. f. despect. Tendencia a tomar hechos naturales como milagros. *Crecía la milagrería del pueblo.*

milagrero, ra. adj. **1.** Que hace milagros. *La santa milagrera.* **2.** despect. Que tiende a tomar hechos naturales como milagros. *La milagrera feligresía despreciaba cualquier explicación científica del prodigio.*

milagro. m. **1.** Hecho contrario a las leyes de la naturaleza, que se atribuye a una intervención divina o sobrenatural. *Jesús obró el milagro de los panes y los peces.* **2.** Cosa extraordinaria que no concuerda con lo previsible. *El ministro es el artífice del milagro económico.* Frec. con intención enfática. *¡Qué milagro, llegas a tiempo!* ■ **de ~.** loc. adv. **1.** Por muy poco o por los pelos. *De milagro no me atropellan.* **2.** Por pura casualidad. Se usa con intención enfática. *Si la cosa sale bien, será de milagro.* ■ **hacer ~s.** loc. v. coloq. Hacer algo que parece imposible con los medios disponibles. *Tenían un presupuesto muy bajo, pero han hecho milagros.*

milagroso, sa. adj. **1.** Que constituye un milagro. *El Evangelio narra la milagrosa resurrección de Lázaro.* **2.** Que hace milagros. *Vendía un agua milagrosa.*

milanesa. f. Filete de carne empanado. *Pedimos una sopa, milanesas y vino.*

milano. m. Ave rapaz de tamaño mediano, plumaje pardo rojizo en el cuerpo, alas largas y cola ahorquillada, que presenta varias especies, por ej.: ~ *negro*, ~ *real*. *El milano hembra.*

mildiu o **mildiú.** m. Enfermedad de las plantas, espec. de la vid, producida por un hongo que cubre las hojas, el tallo y los frutos de una capa blanquecina. *Sulfatan las vides para combatir el mildiú.*

milenario, ria. adj. **1.** Que tiene mil años o más. *Leyendas milenarias.* ● m. **2.** Fecha en que se cumplen uno o varios milenios de un acontecimiento. *Se conmemora el milenario de la fundación de la ciudad.*

milenarismo. m. **1.** Doctrina según la cual Jesucristo reinaría en la tierra durante mil años antes del Juicio Final. *El milenarismo se basa en un capítulo del Apocalipsis.* **2.** Doctrina según la cual el fin del mundo ocurriría en el año mil de la era cristiana. *Las premoniciones del milenarismo eran apocalípticas.*

milenarista. adj. **1.** Del milenarismo. *La Iglesia condenó por heréticas las creencias milenaristas.* **2.** Partidario o seguidor del milenarismo. *Cristianos milenaristas.* Dicho de pers., tb. m. y f. *Para los milenaristas, el fin de reinado divino traería la guerra y el desastre.*

milenio. m. Tiempo de mil años. *Durante milenios el hombre ha vivido de la agricultura.*

milésimo, ma. (APÉND. NUM.). adj. **1.** Que ocupa en una serie el lugar número mil. *Soy tan lento que llegaría en milésimo lugar.* Frec. con intención enfática. *¡Al milésimo intento, acerté!* **2.** Dicho de parte: Que es una de las mil iguales en que puede dividirse un todo. *Un milímetro es la milésima parte de un metro.* Tb. f. *Perdió por unas milésimas* DE *segundo.*

milhojas. m. Pastel rectangular hecho con capas de hojaldre, espolvoreado con azúcar y relleno de merengue. *Merendaron café y milhojas.*

mili. f. coloq. Servicio militar. *Se libró de hacer la mili porque tenía los pies planos.*

mili-. elem. compos. Significa 'milésima parte'. Se une a n. de unidades de medida para designar el submúltiplo correspondiente (Símb. *m*). *Miliamperio, milivoltio.*

milibar. m. *Meteor.* Unidad de presión atmosférica que equivale a 100 pascales, o la milésima parte de un bar (Símb. *mbar*). *Sobre las islas hay un potente anticiclón de 1032 milibares.*

milicia. f. **1.** Profesión de soldado. *El general había dedicado toda su vida a la milicia.* **2.** Grupo o cuerpo armado, gralm. con estructura o disciplina militar. *La milicia integrista ha reivindicado el atentado.* ■ **~ universitaria.** f. Servicio militar para universitarios. Más frec. en pl. con significado sing. *Al terminar la carrera, hizo las milicias universitarias.*

miliciano, na. adj. **1.** De la milicia o grupo armado. *Fuerzas milicianas.* ● m. y f. **2.** Miembro de una milicia o grupo armado. *Los milicianos luchan en la retaguardia.*

milico. m. frecAm. coloq., despect. Militar (persona que pertenece al ejército). *Lo más posible es que los milicos hicieran desaparecer a su marido* [C].

miligramo. m. Unidad de masa que equivale a la milésima parte de un gramo (Símb. *mg*). *En el prospecto figura el peso en miligramos del fármaco.*

mililitro. m. Unidad de capacidad para líquidos que equivale a la milésima parte de un litro (Símb. *ml*). *Un mililitro es igual a un centímetro cúbico. El envase contiene 75 mililitros.*

milimétrico, ca. adj. **1.** Del milímetro. *El aparato permite observaciones de gran resolución angular en el rango milimétrico.* **2.** Muy pequeño. *Tiene recortes de prensa milimétricos.* **3.** Absolutamente exacto o riguroso. *Precisión milimétrica.*

milímetro. m. Unidad de longitud que equivale a la milésima parte de un metro (Símb. *mm*). *Pasa las siguientes medidas en centímetros a milímetros.*

milisegundo. m. Unidad de tiempo que equivale a la milésima parte de un segundo (Símb. *ms*). *Las neuronas operan en intervalos medidos en milisegundos.*

militancia. f. **1.** Condición de militante. Se usa espec. en política. *Compagina la abogacía con la militancia en un partido.* **2.** Conjunto de militantes. Se usa espec. en política. *Los políticos movilizaron a su militancia.*

militante. adj. Que milita. *Un equipo militante en la segunda división.* Dicho de pers., tb. m. y f. *Cientos de militantes acudieron al mitin.*

militar[1]**.** intr. **1.** Formar parte de un partido político o de una agrupación. *Milita* EN *el partido socialista.* Tb. fig. *Muchos intelectuales militaron* EN *el regeneracionismo.* **2.** cult. Luchar o pelear. *En la guerra militó* EN *el bando republicano.* Frec. fig. *El equipo milita* EN *la primera división.*

militar[2]**.** adj. **1.** Del ejército o de la milicia. *En el centro trabaja personal militar.* ● m. y f. **2.** Persona que pertenece al ejército. *Decidió hacerse militar profesional.* ▶ **1:** CASTRENSE.

militarismo. m. **1.** Predominio de los militares o de lo militar en una nación. *Las amenazas de invasión sumieron al país en un clima de militarismo.* **2.** Condición de militarista. *El militarismo del gobierno.*

militarista. adj. **1.** Del militarismo, o predominio de lo militar. *Política militarista.* **2.** Partidario del militarismo, o predominio de lo militar. *Un gobierno militarista.* Dicho de pers., tb. m. y f. *Los militaristas propugnaban el rearme.*

militarización. f. Hecho de militarizar. *La guerra ha provocado la militarización de la sociedad.*

militarizar. tr. **1.** Someter (algo o a alguien) a la disciplina militar. *Han decretado el toque de queda y militarizado a la población.* **2.** Dar carácter u organización militar (a alguien o algo). *Intentan militarizar los cuerpos de seguridad.*

milla. f. **1.** Unidad de longitud para navegación marítima y aérea que equivale a 1852 metros. *El buque atracó a dos millas de la costa.* Tb. *~ marina,* o *náutica. Las aguas territoriales comprenden doce millas marinas desde la costa.* **2.** Unidad de longitud del sistema anglosajón que equivale a 1609,34 metros. *Como corredor de medio fondo, ganó varias veces la prueba de la milla.* Tb. *~ terrestre. En Gran Bretaña las distancias se miden en millas terrestres.*

millar. m. **1.** Conjunto de mil unidades. *En la finca hay más de un millar de cabezas de ganado.* ○ pl. **2.** Cantidad numerosa de personas o cosas del mismo tipo, que se cuentan por millares (→ 1). *Millares de ciudadanos acudieron a la manifestación.* Frec. con intención enfática. *No te preocupes, chicos como ese hay millares.* ▶ **2:** MILES.

millardo. (APÉND. NUM.). m. *Econ.* Conjunto de mil millones. *La reserva de divisas alcanza los 61 millardos de dólares.*

millón. (APÉND. NUM.). m. **1.** Conjunto de mil millares. *Un millón de euros.* ○ pl. **2.** Cantidad numerosa de personas o cosas del mismo tipo, que se cuentan por millones (→ 1). *Millones de niños pasan hambre en el mundo.* Frec. con intención enfática. *Me asaltan un millón de dudas.*

millonada. f. coloq. Cantidad de dinero que asciende aproximadamente a uno o varios millones. *Los futbolistas de primera ganan una millonada.* Frec. fig. para enfatizar la magnitud de la cantidad. *El colegio del niño nos cuesta una millonada.*

millonario, ria. adj. **1.** Dicho de persona: Que posee una fortuna de uno o varios millones. *Un comerciante millonario financió el proyecto.* Tb. m. y f. *Un billete de lotería la convirtió en millonaria.* Tb. fig. *De joven era millonario en ilusiones.* **2.** De millones. *Ha firmado un contrato millonario.* ▶ **1:** *RICO.

millonésimo, ma. (APÉND. NUM.). adj. **1.** Dicho de parte: Que es una del millón de partes iguales en que puede dividirse un todo. *Una millonésima parte de gramo del veneno sería mortal.* Tb. f. *El microprocesador hace operaciones complejas en millonésimas de segundo.* **2.** Que ocupa en una serie el lugar número un millón.

millonetis. adj. coloq., humoríst. Millonario (que posee una fortuna de millones). *Iba a un colegio de niños millonetis.* Tb. m. y f. *El puerto deportivo está lleno de millonetis.*

milonga. f. **1.** Canción popular propia del Río de la Plata, de ritmo lento y tono nostálgico, que se acompaña con la guitarra. *Canturreaba viejas milongas.* Tb. la música y el baile que se ejecutan con ella. *Sonaba una milonga y los paisanos bebían mate.* **2.** Baile argentino de ritmo vivo, que se ejecuta por una pareja enlazada. *La coreografía de la milonga fue adoptada por el tango.* **3.** coloq. Mentira. *No cuentes milongas, que al final siempre te pillan.*

milord. m. Se usa como tratamiento para dirigirse a un lord. *Milord, un caballero pregunta por usted.*

milpa. f. frecAm. Terreno de maíz y a veces de otras semillas. Referido a algunos países americanos. *Nuestros mozos se van a la milpa o a cultivar la tierra* [C].

milpiés. m. Miriápodo de color oscuro, con dos pares de patas en cada segmento, que, cuando hay peligro, se enrosca haciéndose una bola. *Al levantar una piedra, apareció un milpiés.*

milrayas. (Tb. **mil rayas**). adj. Dicho de tejido o prenda: Que tiene un dibujo de rayas finas y muy juntas. *Pantalón milrayas. Trajes mil rayas.* Dicho de traje o tejido, tb. m. *Va muy elegante con su milrayas y su camisa blanca.*

mimado, da. part. **1.** → **mimar.** ● adj. **2.** Dicho espec. de niño: Caprichoso y malacostumbrado por exceso de mimos. *Si les dices que sí a todo, se harán unos niños mimados.*

mimar. tr. Tratar (a alguien) con mimo o de forma cariñosa y complaciente. *Como era la primera hija, la mimaron mucho. Estoy triste y necesito que me mimen.*

mimbre. m. (Tb., menos frec., f.). Ramilla larga, flexible y resistente que produce la mimbrera y que se emplea en trabajos de cestería. *Ha puesto la fruta en un cestillo de mimbre. Al sentarse, crujieron las mimbres del sillón.* Tb. su planta (→ **mimbrera**). *El cazador se adentró entre los mimbres.*

mimbrera. f. Arbusto de la familia del sauce, que crece en lugares húmedos y del cual salen los mimbres o ramillas que se emplean en cestería. *El río discurre por una espesura de mimbreras y zarzamoras.* ▶ MIMBRE.

mímesis o **mimesis.** f. cult. Imitación. *En sus comienzos, el aprendizaje se produce por mímesis.*

mimético, ca. adj. **1.** De la mímesis o del mimetismo. *Por un fenómeno mimético las clases medias se igualaron a las altas.* **2.** Que tiene o muestra mimetismo, o propiedad de camuflarse. *Algunos insectos miméticos alejan a su atacante adquiriendo colores vivos.*

mimetismo. m. **1.** Propiedad de algunos animales y plantas de tomar un aspecto semejante al de otros seres u objetos de su entorno. *El mimetismo permite a los insectos adoptar el aspecto de una planta.* **2.** Tendencia a adoptar como propios los comportamientos y opiniones ajenos. *Por mimetismo hizo suyas las costumbres de sus amigos.*

mimetizar. tr. **1.** Imitar (algo o a alguien). *Los niños mimetizaban el comportamiento de los adultos. Muchos discípulos mimetizaron al maestro.* ● intr. prnl. **2.** Pasar a tener un animal o una planta el aspecto de los seres u objetos de su entorno. *Muchos anfibios se mimetizan cambiando de color.* ▶ **1:** IMITAR.

mímico, ca. adj. **1.** De la mímica (→ 2). *Las primeras escenas de la obra son mímicas. Los actores perfeccionan su técnica mímica.* ● f. **2.** Expresión de pensamientos, sentimientos o hechos a través de gestos. *Hablamos distintos idiomas y nos entendemos por mímica.*

mimo[1]**.** m. **1.** Cariño o ternura extremados con que se trata a una persona, espec. a un niño. *Al bebé debes moverlo con mucho mimo.* **2.** Demostración de cariño o ternura con hechos o palabras. *Todos le hacen mimos a la niña.* **3.** Cuidado o delicadeza con que se trata o hace una cosa. *Trata con mimo los prismáticos, que son delicados. Me gusta adornar la mesa con mimo.* **4.** Actitud caprichosa propia de la persona acostumbrada a que la traten con mimo (→ 1). *Este niño está apegado a la madre y tiene mucho mimo.* Frec. en pl. con significado sing. *Como no le quites esos mimos, tu hijo será insoportable.*

mimo[2]**.** m. **1.** Actor que emplea única o principalmente gestos y movimientos corporales para actuar. *El mimo simulaba subir una escalera.* **2.** Pantomima (representación teatral). *El espectáculo combinaba el mimo, la música y la improvisación.* ▶ **2:** PANTOMIMA.

mimoso, sa. adj. **1.** Dicho de persona o animal: Que gusta de que le hagan mimos o demostraciones de cariño. *A la niña mimosa le gustan los arrumacos. El perro es mimoso y se acerca para que lo acaricie.* ● f. **2.** Planta tropical de diversos tamaños, frec. espinosa y con flores gralm. amarillas, cuyas hojas, en algunas especies, se repliegan al rozarlas. *En el jardín tenemos un par de mimosas.*

mín. abrev. Mínimo. *Para el certamen poético envíe el original (mín. 700 versos) antes del 15 de noviembre.*

mina. f. **1.** Yacimiento de mineral útil para su explotación. *La expedición partió en busca de una mina de plata.* **2.** Excavación con las instalaciones adecuadas para extraer el mineral de una mina (→ 1). *Trabaja en una mina de carbón.* **3.** Barrita de grafito que va en el interior de un lápiz. *Si aprietas al escribir, se partirá la mina.* **4.** Artefacto explosivo con espoleta, que se coloca enterrado o camuflado y estalla al mínimo contacto. *Perdió una pierna al pisar una mina. Una mina submarina hundió el buque.* **5.** Persona, animal o cosa de los que se puede sacar gran provecho o utilidad. *El chiringuito no es una mina, pero da para vivir. Este archivo es una mina para el historiador.* **6.** Am. coloq. Mujer (ser animado racional del sexo femenino). *Pegarle a una mina. No está bien* [C]. *Recuerda al taita cuya mina le fue infiel* [C].

minado. m. Hecho o efecto de minar un lugar. *El minado de los puertos se consideró contrario a las leyes internacionales.*

minar. tr. **1.** Abrir galerías subterráneas (en un lugar). *Los topos han minado la huerta. El suelo de las grandes ciudades está minado.* **2.** Colocar minas explosivas (en un lugar). *La resistencia minó las calles para que no entrara el enemigo.* **3.** Destruir poco a poco (algo o a alguien). *La mala vida ha minado su salud. Las críticas minan la moral del equipo. El tenista está minando la resistencia de su adversario.*

minarete. m. Alminar. *Desde el minarete de la mezquita llega la voz del muecín.*

minera. → **minero.**

mineral. adj. **1.** De los minerales (→ 3). *El fósforo es muy abundante en el reino mineral.* **2.** Que tiene carácter de mineral (→ 3). *La caries se origina por una pérdida de sustancias minerales en el esmalte.* ● m. **3.** Sustancia natural inorgánica con propiedades físicas y químicas determinadas, espec. la que es sólida y se halla en la corteza terrestre. *En la facultad de Geología tienen una extensa colección de minerales.* **4.** Parte útil de una explotación minera. *El capataz nos explicó el proceso de extracción del mineral.*

mineralización. f. Hecho o efecto de mineralizar o mineralizarse. *En el proceso de mineralización se transforman los elementos orgánicos en inorgánicos. Los vertidos químicos afectaron a la mineralización de las aguas.*

mineralizar. tr. **1.** Hacer que (algo) pase a ser mineral. *Hay microorganismos que descomponen y mineralizan la materia orgánica muerta.* Tb. en constr. prnl. media. *La placa bacteriana puede mineralizarse formando sarro.* **2.** Hacer que (el agua) pase a tener sustancias minerales. *En algunos casos hay que mineralizar el agua de riego echándole sal.* Tb. en constr. prnl. media. *El agua se mineraliza al filtrarse en la tierra.*

mineralogía. f. Estudio científico de los minerales. *En la sección de mineralogía del museo vimos cuarzos y piritas.*

minería. f. Actividad de explotar las minas. *La minería constituye una de las industrias más importantes del país.* Tb. el conjunto de los trabajadores que se dedican a ella. *La minería está en huelga.*

minero, ra. adj. **1.** De la minería o de las minas. *Las empresas mineras recibieron ayudas del Estado.* ● m. y f. **2.** Persona que trabaja en una mina. *Los mineros atrapados en una galería sobrevivieron.* ○ f. **3.** Cante andaluz típico de los mineros (→ 2), de ritmo arrastrado y triste. *Ganó el premio de cante por minera en el Festival de La Unión.*

minga. f. malson. Pene.

mingitorio. m. cult. Urinario. *El ayuntamiento instalará mingitorios en diversos puntos de la ciudad.*

mini-. elem. compos. Significa 'pequeño'. *Minibásquet, minicine.*

miniar. (conjug. ANUNCIAR). tr. Ilustrar con miniaturas (algo). Frec. en part. *El libro tiene las iniciales de cada capítulo miniadas.*

miniatura. f. **1.** Pintura de pequeño tamaño hecha con gran detalle y perfección, gralm. para ilustrar libros o manuscritos. *El facsímil reproduce las miniaturas del códice.* **2.** Reproducción de algo en tamaño muy pequeño. *Me trajo de París una miniatura de la Torre Eiffel.* Frec. en la constr. *en ~. De pequeño tenía una colección de coches en miniatura.*

miniaturista. m. y f. Pintor de miniaturas. *Trabajaba con la paciencia de un miniaturista medieval.*

miniaturización. f. Hecho de miniaturizar. *La miniaturización del aparato reduce su coste.*

miniaturizar. tr. Producir (algo, espec. un mecanismo o aparato) en un tamaño sumamente pequeño. *Los fabricantes luchan por miniaturizar los aparatos eléctricos. Un chip es un circuito eléctrico miniaturizado.*

minibar. m. Nevera con bebidas y aperitivos instalada gralm. en una habitación de hotel. *Comunique al recepcionista si ha consumido algo del minibar.*

minifalda. f. Falda corta que queda por encima de la rodilla. *Lleva minifalda para lucir las piernas.*

minifaldero, ra. adj. **1.** Que usa minifalda. *Un grupo de jóvenes minifalderas entró en la tienda.* **2.** De la minifalda. *Están de moda los vestidos minifalderos.*

minifundio. m. **1.** Finca rústica de pequeña extensión. *Frente al extenso cortijo andaluz, en el norte peninsular predomina el minifundio.* **2.** Minifundismo. *La concentración parcelaria perseguía acabar con el minifundio.*

minifundismo. m. Sistema de división de la tierra basado en el minifundio. *La producción agrícola se veía ahogada por el minifundismo.* ▶ MINIFUNDIO.

minifundista. adj. **1.** Del minifundismo. *Galicia es minifundista.* **2.** Que posee uno o varios minifundios. *Agricultor minifundista.* Tb. m. y f. *La tierra estaba en manos de minifundistas.*

minigolf. m. Juego a imitación del golf, que se practica en un campo muy pequeño y con obstáculos artificiales. *Juego al minigolf para perfeccionar mi estilo.* Tb. el campo o instalación donde se practica. *En el hotel hay minigolf y piscina cubierta.*

minimalismo. m. *Arte* Tendencia a emplear los elementos mínimos y más básicos, como colores puros o formas geométricas simples. *Su obra se caracteriza por una sencillez que raya en el minimalismo.* Tb. el movimiento artístico correspondiente. *El minimalismo surge en Estados Unidos a mediados de la década de 1960.*

minimalista. adj. **1.** *Arte* Del minimalismo. *El museo inaugura una retrospectiva de pintura y escultura minimalistas. Música minimalista.* **2.** *Arte* Seguidor o cultivador del minimalismo. *Los escultores minimalistas empleaban materiales industriales.* Tb. m. y f. *Los minimalistas suponen una reacción contra el expresionismo abstracto.*

minimización. f. Hecho de minimizar. *El objetivo del gerente es la minimización de los gastos.*

minimizar. tr. Reducir al mínimo el valor o la importancia (de algo). *Las madres tienden a minimizar los errores de sus hijos.* Tb. referido al valor o la importancia. *No se debe minimizar la importancia de lo ocurrido.*

mínimo, ma. adj. **1.** Más pequeño que ninguno en su especie. *El edificio no cumple las condiciones mínimas de seguridad. Gana el salario mínimo.* ● m. **2.** Límite o punto más bajo a que puede llegar algo. *La calefacción está en el mínimo.* ■ **como mínimo.** loc. adv. Por lo menos. *Necesito sesenta euros como mínimo.* ■ **el más mínimo.** loc. adj. Ninguno. *No tolerará el más mínimo error. ¿Tienes la más mínima idea de lo que significa eso?* ■ **lo más mínimo.** loc. adv. Nada en absoluto. *Usted no molesta aquí lo más mínimo. No me importa lo más mínimo.* ▶ **2:** MÍNIMUM.

mínimum. (pl. **mínimums**). m. Mínimo (límite o punto). *Tengo que dormir un mínimum de ocho horas.* ▶ MÍNIMO.

minino, na. m. y f. coloq. Gato (animal). *¡Pobres mininos!, maúllan porque tienen hambre.*

minio. m. Polvo de óxido de plomo, de color rojo anaranjado, empleado en pinturas. *El minio se usaba en las ilustraciones de los manuscritos medievales.* Tb.

la pintura antioxidante hecha con este polvo. *Aplique una capa de minio sobre la barandilla de hierro.*

ministerial. adj. Del ministerio. *Los agricultores se manifestaron ante la sede ministerial. Una orden ministerial.*

ministerio. m. **1.** Departamento de los varios en que se divide el gobierno de un Estado, que se ocupa de un conjunto de asuntos determinado. *Dejó su empleo como funcionaria en un ministerio. El Ministerio de Industria ha diseñado un plan de investigación y desarrollo.* **2.** Edificio en que tiene sus oficinas un ministerio (→ 1). *En esta calle hay varios ministerios.* **3.** Función u ocupación de alguien. *Como obispo, ejerció el ministerio pastoral en El Salvador. La maestra ejercía su ministerio con vocación.* ■ **~ fiscal,** o **público.** m. *Der.* En un tribunal de justicia: Órgano que representa la legalidad y el interés público, y cuya misión es promover la acción de la justicia, espec. mediante la acusación penal. *El ministerio fiscal. Tanto la acusación particular como el ministerio público están satisfechos con la sentencia.* ▶ **1:** CARTERA.

ministrable. adj. Que tiene posibilidades de ser nombrado ministro, o aptitudes para ello. *Políticos ministrables.* Tb. m. y f. *Su nombre figura en la lista de ministrables.*

ministro, tra. m. y f. Persona que dirige un ministerio. *El presidente ha dado la lista de los ministros que compondrán su gobierno. La Ministra de Sanidad inauguró un nuevo hospital.* ■ **ministro de Dios,** o **del Señor.** m. *Rel.* cult. Sacerdote (persona que ha recibido las órdenes sagradas). *Un ministro de Dios debe siempre observar el celibato.* ■ **~ plenipotenciario/ria.** m. y f. Diplomático de rango inmediatamente inferior al de embajador. *Fue ministro plenipotenciario y, posteriormente, embajador en Washington.* ■ **~ sin cartera.** m. y f. Persona que forma parte del gobierno pero no tiene a su cargo ningún ministerio. *Fue nombrado ministro sin cartera para las relaciones con la Unión Europea.* ■ **primer/ra ~.** m. y f. Jefe del Gobierno o presidente del consejo de ministros. *El presidente del gobierno se reunirá con la primera ministra británica.*

minoico, ca. adj. histór. De la antigua Creta, espec. en su época más floreciente (3000-1100 a. C. aproximadamente). *El gran palacio de Cnosos es un magnífico ejemplo de la cultura minoica. Los navegantes minoicos surcaban el Mediterráneo.*

minorar. tr. cult. Aminorar o disminuir (algo). *Hay que fomentar energías que minoren la emisión de gases.*

minoría. f. **1.** Parte menor de un conjunto de personas o cosas. *Una minoría* DE *los vecinos está en contra. La mayoría votó, pero una minoría se abstuvo. En clase, los que hacemos deporte somos minoría.* **2.** Parte de la población que es diferente de la mayoría por motivos como la raza, la lengua o la religión. *La ley protege a las minorías. La minoría blanca dominaba el país.* ■ **~ de edad.** f. Edad menor de la establecida por la ley para que una persona pueda tener pleno derecho sobre sí y sobre sus bienes. *Su minoría de edad le impide votar.*

minorista. adj. **1.** Dicho de comercio: Que se realiza al por menor. *La tienda se dedica al comercio minorista de ropa vaquera.* **2.** Que se dedica al comercio minorista (→ 1). *Comerciantes minoristas.* Dicho de pers., tb. m. y f. *Los minoristas compran el género a los grandes distribuidores.*

minoritario, ria. adj. **1.** De la minoría. *El billar es un deporte minoritario. Religiones minoritarias.* **2.** Que constituye una minoría. *Los grupos minoritarios no han obtenido escaños. El teatro experimental es para un público minoritario.*

minucia. f. Cosa de poco valor o importancia. *Mil euros son una minucia para alguien con tanto dinero. ¡No te preocupes por esas minucias!* ▶ *NIMIEDAD.

minuciosidad. f. Cualidad de minucioso. *En el trabajo del orfebre hay minuciosidad y precisión. La policía estudió las pruebas con minuciosidad.*

minucioso, sa. adj. Que se detiene hasta en los menores detalles. *Es tan minuciosa que no entregará el trabajo hasta que quede perfecto. El autor hace un análisis minucioso del panorama internacional.* ▶ DETALLISTA, METICULOSO.

minué. m. histór. Baile de origen francés, de ritmo pausado, que se ejecutaba por parejas y que estuvo de moda en los ss. XVII y XVIII. *El minué se bailaba en los salones de las cortes europeas.* Tb. su música. *Las parejas danzaban con elegancia al son de un minué.*

minuendo. m. *Mat.* En una sustracción o resta: Cantidad de la que se resta otra. *En la resta 20 – 5 = 15, el minuendo es 20.*

minueto. m. *Mús.* Composición instrumental de ritmo pausado, como de minué, que constituye un movimiento de otras composiciones, como la *suite*, la sonata o la sinfonía. *Mozart y Haydn utilizaban el minueto en sus sonatas.*

minúsculo, la. adj. **1.** Extremadamente pequeño. *Un insecto minúsculo se posó en mi dedo. El cuarto de baño es minúsculo.* ● f. **2.** Letra minúscula (→ **letra**). *Los nombres de los meses se escriben con minúscula. El subtítulo del libro está en minúsculas.*

minusvalía. f. **1.** Discapacidad física o mental. *Muchas minusvalías son congénitas.* **2.** *Econ.* Disminución de valor. *Las minusvalías acumuladas por los accionistas rondan los mil millones.* ▶ **1:** DISCAPACIDAD.

minusválido, da. adj. Que tiene discapacidad física o mental. *Es más difícil que contraten a una persona minusválida.* Tb. m. y f. *Las barreras arquitectónicas dificultan la vida de los minusválidos.* ▶ DISCAPACITADO.

minusvalorar. tr. Valorar (algo o a alguien) menos de lo debido. *No debemos minusvalorar al contrincante. Algunos minusvaloran el trabajo doméstico.* ▶ *MENOSPRECIAR.

minuta. f. Factura detallada de los honorarios de un profesional, gralm. un abogado o un notario. *Después del juicio el abogado nos pasará la minuta.*

minutero. m. Manecilla que señala los minutos en un reloj. *El minutero marcaba la media en punto.*

minuto. m. **1.** Unidad de tiempo que equivale a una de las 60 partes iguales de una hora (Símb. *min*). *La verdura tardará aún unos minutos en cocerse. El tren salió con diez minutos de retraso. Fue la primera nadadora en bajar del minuto en los cien metros mariposa.* **2.** Período muy breve de tiempo. *Aguarda un minuto, que ya acabo. No lo dudó ni un minuto.* **3.** *Mat.* Cada una de las 60 partes iguales en que se divide un grado de una circunferencia. *El ángulo mide 45 grados y 20 minutos.*

mío, a. (Antepuesto al n., apóc. *mi*, pl. *mis*). adj. De la persona que habla. Si va pospuesto al n., este puede ir precedido de art., dem. o indef. *Fue compañero mío en el colegio. Un primo mío es profesor. Esta afición mía por los coches me va a arruinar. Mis abuelos son de León. Lo conseguí con mi esfuerzo.* Tb.

sustantivado. *Sus hijas son amigas de las mías.* ■ **la mía.** loc. s. coloq. Respecto de la persona que habla: Ocasión favorable. Frec. con el v. *ser. ¡Ahora es la mía!: me toca decidir la película que veremos.* ■ **lo mío.** loc. s. Mucho. *Este coche es muy bueno, pero me costó lo mío.* ■ **los ~s.** loc. s. Los familiares o personas vinculadas a un grupo del que forma parte el que habla. *Tenía muchas ganas de ver a los míos. Esa es de las mías, no le importa madrugar.*

miocardio. m. *Anat.* Parte musculosa del corazón. *El miocardio está situado entre el pericardio y el endocardio. El tabaquismo puede producir infarto de miocardio.*

mioceno, na. adj. **1.** (Como m. se usa en mayúsc.). *Geol.* Dicho de división geológica: Que es la primera o más antigua del Neógeno. Tb. m. *En el Mioceno aparecieron los primeros primates.* **2.** *Geol.* Del Mioceno (→ 1). *En la cantera se explota una formación miocena de areniscas.*

mioma. m. *Med.* Tumor formado por elementos musculares. *Le detectaron un mioma en el útero.*

miope. adj. **1.** Dicho de persona o de ojo: Que padece miopía. *Era un poco miope y se equivocaba al leer.* Dicho de pers., tb. m. y f. *Los miopes suelen necesitar gafas.* **2.** Corto de miras o falto de perspicacia. *El atraso del país se debía a una política miope en investigación tecnológica.*

miopía. f. **1.** Defecto de la visión consistente en una percepción confusa de los objetos lejanos, debido a que su imagen se enfoca en un punto anterior a la retina. *Lleva lentillas para la miopía.* **2.** Cortedad de miras o falta de perspicacia. *El crecimiento de la empresa se ve frenado por la miopía de sus directivos.*

mir. (Tb. **MIR**). m. y f. **1.** Médico interno residente. *Los MIR piden mejor trato económico.* ○ m. **2.** Examen que deben hacer los licenciados en medicina para pasar a la condición de mir (→ 1). *Para aprobar el mir se requiere buena preparación.* ▶ **1:** INTERNO, RESIDENTE.

mira. f. **1.** Intención o propósito. *Especulan en el mercado de la vivienda sin otra mira que enriquecerse rápidamente.* Frec. en pl. *La Universidad debe innovar y tener amplitud de miras. Sus miras eran aún más elevadas.* **2.** Punto de mira (→ **punto**). *Cometieron el atentado con un rifle de mira telescópica.* Tb. fig. *El país estaba en la mira de los terroristas.* ■ **con ~s a.** loc. prepos. Con vistas a o con el objetivo de. *Trabajan en un prototipo con miras al próximo Salón del Automóvil. Se harán inversiones con miras a incrementar el turismo.* ■ **poner la ~,** o **las ~s,** (en algo). loc. v. Ponérse(lo) como objetivo. *El equipo puso la mira* EN *el Campeonato del Mundo. La empresa ha puesto sus miras* EN *los mercados del este.* ▶ **1:** *INTENCIÓN.

mirada. f. **1.** Hecho de mirar hacia alguien o algo. *La madre no aparta la mirada de los niños. Una mirada de la profesora nos hace callar.* **2.** Modo de mirar o dirigir la vista. *Tiene la mirada triste. Examina la habitación con mirada penetrante.* ▶ **1:** VISTA.

mirado, da. part. **1.** → **mirar.** ● adj. **2.** Que se comporta de manera respetuosa y atenta con los demás. *El señor es muy mirado y nunca causa molestias. –Siento mucho llegar tarde. –Tú siempre tan mirada.* **3.** Cuidadoso o prudente. *Yo soy muy mirada* PARA *el dinero. No admite a desconocidos en su casa; es muy mirada* EN *eso. Sé más mirado* CON *las opiniones de los demás.*

mirador. m. **1.** Balcón cerrado con cristales. *El salón tiene mirador y es muy luminoso.* **2.** Lugar desde el que se puede contemplar un amplio paisaje. *Tomó fotografías del valle desde un mirador.*

miramiento. m. Respeto o atención en el trato. *Nos han tratado con mucho miramiento.* Frec. en pl. *Déjate de miramientos, que yo soy como de la familia.*

miranda. de ~. loc. adv. coloq. Sin hacer nada y mirando lo que hacen los otros. *¡Nosotros dando el callo, y tú, de miranda!*

mirar. tr. **1.** Dirigir la vista (hacia alguien o algo) para ver(los). *Mira su rostro en el espejo. Tumbados en el suelo, miramos las estrellas.* **2.** Mirar (→ 1) o examinar (algo o a alguien) despacio y con cuidado para conocer sus características o circunstancias. *Miró mi atuendo de arriba abajo. Mira el mapa y dime el camino. ¿Has mirado ya el informe que te di?* **3.** Pensar o considerar detenidamente (algo). *Antes de aceptar el puesto, mira si te conviene. Mira lo que haces, no vayas a arrepentirte.* Se usa en formas como *mira* o *mire,* para llamar la atención sobre lo que se dice a continuación. *Mira, es la última vez que te lo advierto. Mire, señorita, o me atiende o me voy.* **4.** tr. Buscar (algo) o informarse (de ello). *Está mirando pisos para mudarse.* **5.** Tener (algo) como objetivo. *Solo mira su provecho.* ○ intr. **6.** Dirigir la vista hacia alguien o algo. *No mires* AL *suelo cuando camines. Habla sin mirar* A *los ojos. Miró* HACIA *atrás para ver si la seguían. Si miran* PARA *su derecha verán la catedral.* **7.** Cuidar o proteger algo o a alguien. *No derrocho porque miro* POR *mi familia.* **8.** Estar situada una cosa enfrente de otra. *Mis balcones miran* A *la plaza. Los apartamentos miran* AL *mar.* ■ **bien mirado.** loc. adv. Si se considera con detenimiento. *Bien mirado, por probar no se pierde nada. La falta de noticias es, bien mirado, una buena señal.* ■ **de mírame y no me toques.** loc. adj. coloq. Muy delicado y que se puede dañar con facilidad. *Las encuadernaciones de hoy son de mírame y no me toques.* ■ **mira.** interj. coloq. Se usa para expresar sorpresa o admiración. *–Hemos decidido casarnos. –¡Mira!, no lo sabía.* ■ **mira (tú) por dónde,** o **por cuánto.** expr. coloq. Se usa para expresar que lo que se dice a continuación resulta muy sorprendente. *¡Mira tú por dónde!: estaba hablando de ti. Precisamente este fin de semana se acaba el buen tiempo, mira por cuánto.* ■ **mira quién habla,** o **quién fue a hablar.** expr. coloq. Se usa para expresar que la persona que habla tiene el mismo defecto que ella critica en otro. *–Tu amiga es muy habladora. –¡Mira quién habla!; ¡si tú eres una cotorra...! Me ha dicho que estoy gordo; ¡mira quién fue a hablar!*

miríada. f. cult. Cantidad muy grande e indefinida. *Una miríada de moscas revolotea sobre el cadáver. En las noches claras se ven miríadas de estrellas.*

miriápodo. m. *Zool.* Artrópodo terrestre de cuerpo alargado dividido en segmentos, con uno o dos pares de patas en cada uno de ellos, que tiene dos antenas en la cabeza y respira por tráqueas, como la escolopendra y el ciempiés. *Algunos miriápodos son venenosos.*

mirilla. f. Pequeña ventana o abertura hecha en una superficie, espec. en la puerta de entrada de una casa, y que permite mirar al otro lado. *Toqué el timbre y alguien se asomó a la mirilla.*

miriñaque. m. histór. Armazón de tela rígida o almidonada, frec. con aros de metal, que se colocaba bajo el vestido a la altura de la cadera para darle vuelo a la falda. *Las doncellas ayudaron a la señora a quitarse el miriñaque.*

mirlo. m. Pájaro de plumaje negro en el macho y pardo en la hembra, con el pico amarillo, que abunda en parques y jardines. *El mirlo hembra. Cerca del banco, un mirlo picotea el suelo en busca de comida.* ■ ~ **blanco.** m. Persona extraordinariamente fuera de lo común o difícil de encontrar. *Qué suerte tienes; una novia así es un mirlo blanco.*

mirón, na. adj. **1.** despect. Que mira con insistencia o con curiosidad. *Chiquillos mirones.* Más frec. m. y f., referido a pers. *La policía dispersa a los mirones que se han juntado en el lugar del accidente.* **2.** despect. Dicho de persona: Que mira cómo otros hacen algo, espec. cómo juegan o trabajan. Más frec. m. y f. *Un círculo de mirones rodea la mesa de póquer. Aquí sobran mirones y falta gente que eche una mano.*

mirra. f. Resina aromática roja, semitransparente y brillante, que se obtiene de un árbol originario de Arabia y del este de África. *Los Reyes Magos llevaron a Jesús oro, incienso y mirra.*

mirto. m. Arbusto oloroso, de flores blancas y fruto pequeño, redondeado y de color negro azulado, que se cultiva como ornamental. *El seto de mirto florece en verano.* ▶ ARRAYÁN.

misa. f. En la Iglesia católica: Rito en que el sacerdote ofrece a Dios el sacrificio del cuerpo y la sangre de Cristo en forma de pan y vino. *Va a misa los domingos. El obispo oficiará la misa.* Tb. la composición musical escrita a partir de las letras de los cánticos litúrgicos de la misa. *La misa en re menor de Mozart es una de las más bellas.* ■ ~ **cantada.** f. Misa que celebra con canto un solo sacerdote. *El domingo hay misa cantada.* ■ ~ **de campaña.** f. Misa que se celebra al aire libre, espec. la que constituye una ceremonia militar. *Nombraron nuevos tenientes y se celebró una misa de campaña.* ■ ~ **de difuntos,** o **de réquiem.** f. Misa que se celebra por los que han fallecido. *En la parroquia hay una misa de difuntos por nuestros familiares. En la catedral se celebró una misa de réquiem por el presidente.* ■ ~ **del gallo.** f. Misa que se celebra la madrugada del 25 de diciembre. *Después de la cena de Nochebuena, iremos a la misa del gallo.* ■ ~ **solemne.** f. Misa cantada en la que, además del sacerdote, están el diácono y el subdiácono. *El alcalde asiste a la misa solemne en conmemoración del santo.* ■ **~s gregorianas.** f. pl. Misas que se dicen en sufragio de un difunto durante treinta días seguidos, gralm. inmediatos al del entierro. □ **ayudar a ~.** loc. v. Actuar en ella como acólito o monaguillo. *De pequeño solía ayudar a misa.* ■ **cantar** ~ un sacerdote recién ordenado. loc. v. Decir la primera misa. *Su hermano cantará misa mañana.* ■ **decir** ~ un sacerdote. loc. v. Celebrar la misa. *El padre Juan dice misa todos los días a las siete.* ■ **ir a** ~ algo que se dice. loc. v. coloq. Ser indiscutiblemente verdadero. *Don José es un sabio y lo que diga va a misa.* ■ **no saber de la ~ la media, o la mitad.** loc. v. coloq. Ignorar o desconocer aquello de que se trata. *No opines sobre el tema, que no sabes de la misa la media.* ■ **oír ~.** loc. v. Asistir a ella. *Es obligatorio oír misa los domingos.* ■ **que diga,** o **que digan, ~.** expr. coloq. Se usa para expresar que a la persona que habla no le importa en absoluto la opinión o los comentarios de alguien. *–Te van a criticar por esto. –Por mí, que digan misa. –Dice papá que no tienes permiso para salir. –Papá que diga misa.* ▶ EUCARISTÍA.

misal. m. Libro que contiene los textos y oraciones de la misa, y las notas que indican cómo se debe celebrar esta. *Iban a misa con su rosario y su misal. Sobre el altar había un candelabro y un misal abierto.*

misantropía. f. Aversión al género humano o al trato con los demás. *Su misantropía lo llevó a la más absoluta soledad.*

misántropo, pa. m. y f. Persona que siente o manifiesta misantropía. *Después de años atendiendo las quejas de los clientes, se ha vuelto una misántropa.* Tb. adj. *Es el hombre más misántropo y solitario que he conocido.*

misceláneo, a. adj. **1.** Compuesto por una mezcla de cosas distintas. *La autora publica un libro misceláneo que incluye tanto ficción como ensayo.* ● f. **2.** Mezcla de cosas distintas. *El programa de estudios universitarios ofrece una miscelánea de contenidos y asignaturas.* **3.** Obra o escrito de contenido diverso. *El hecho aparece recogido en anecdotarios y misceláneas. El espectáculo es una miscelánea de fragmentos de piezas clásicas.*

miserable. adj. **1.** Perverso o despreciable. *Se pregunta quién sería el miserable soplón que lo delató. En la guerra se ven por igual acciones heroicas y miserables.* Dicho de pers., tb. m. y f. *Lo siento, me he comportado como un miserable.* Frec. se usa como insulto. *¡Miserable!, confiaba en ti y me has traicionado.* **2.** Tacaño o mezquino. *No seas miserable y dale una propina.* Tb. m. y f. *No le pido dinero porque es un miserable.* **3.** Muy pobre. *La gente más miserable no tiene ni para comer.* **4.** cult. Desdichado o infeliz. *Solo piensa en poner fin a su miserable existencia.* ▶ **1:** CANALLA. **2:** *TACAÑO. **3:** *POBRE.

miserere. m. *Rel.* Salmo número 50 de la Biblia, que empieza con la palabra "miserere". *Durante la procesión los fieles entonan el miserere.*

miseria. f. **1.** Pobreza extrema. *El compositor murió olvidado y en la miseria. La miseria los obliga a emigrar.* **2.** Estrechez o apuro económicos. Frec. en pl. *Desde que perdió el trabajo, ha pasado muchas miserias.* **3.** Cosa o cantidad insignificantes. Frec. con intención enfática. *A ti te han puesto un buen plato, pero a mí, una miseria. Les pagan una miseria.* **4.** Desgracia o desdicha. Frec. en pl. *No me gusta ir contando mis miserias a la gente. Los niños le hacen olvidar las miserias del día a día.* ▶ **1:** *POBREZA.

misericordia. f. **1.** Inclinación a compadecerse del sufrimiento de los demás y a tratar de ayudarlos. *No ha muerto de hambre gracias a la misericordia de una mujer.* **2.** Benevolencia al juzgar a alguien por sus faltas o errores. *Tu pecado no es tan grave; Dios tendrá misericordia. El condenado se arrodilló y pidió misericordia.* ▶ **1:** *COMPASIÓN.

misericordioso, sa. adj. Que tiene misericordia. *Hay gentes misericordiosas que visitan y ayudan a los pobres. ¡Dios misericordioso, apiádate de mí! El profesor fue misericordioso y nos levantó el castigo.* Tb. m. y f. *Los misericordiosos alcanzarán misericordia.* ▶ *COMPASIVO.

mísero, ra. adj. (sup. **misérrimo**). **1.** cult. Miserable (muy pobre, o desdichado). *Nos alojábamos en míseras posadas. Creció en las calles misérrimas de Calcuta. ¡Qué vida más mísera! ¡Mísero de mí!* **2.** cult. Tacaño o mezquino. *Ha dejado una mísera propina.* **3.** De valor o cantidad insignificantes. *Malvive con un sueldo mísero.* Frec. con intención enfática. *De comer no les queda ni un mísero pincho de tortilla.*

misil o **mísil.** m. Proyectil de guerra autopropulsado, guiado electrónicamente. *La defensa antiaérea lanza misiles contra los aviones enemigos. El submarino va equipado con misiles nucleares.*

misión. f. **1.** Encargo hecho a una persona. *Le encomendaron la misión de dirigir el equipo. Tenía la misión secreta de espiar a la competencia.* **2.** Evangelización de un lugar en que todavía no está establecida la Iglesia católica. Frec. en pl. *La parroquia recaudaba fondos para las misiones.* **3.** Casa o sede de los misioneros. *El sacerdote recorrió las aldeas y regresó a la misión. En la misión hay una iglesia y una escuela.* **4.** Tierra o lugar en que predican los misioneros. *La misión incluye numerosos pueblos y aldeas.* **5.** Conjunto de personas enviadas por un Estado u organización con la misión (→ 1) de representarlos o de hacer una determinada tarea. *La misión de la ONU llegó al lugar del conflicto. Enviaron a Irak una misión internacional de observadores. Una misión especial enviada por el Gobierno asistirá a la ceremonia en Roma.* ► **1:** COMETIDO.

misional. adj. Misionero (de la misión o evangelización). *Los donativos se destinan a la acción misional de la Iglesia.* ► MISIONERO.

misionero, ra. adj. **1.** De la misión o evangelización. *El jesuita llevó a cabo su labor misionera en la India.* ● m. y f. **2.** Persona que predica el Evangelio en las misiones. *Algunos misioneros aprenden las lenguas indígenas. Su tía es misionera en África.* ► **1:** MISIONAL.

misiva. f. cult. Carta (escrito que se envía). *Rasgó el sobre para leer la misiva.*

mismamente. adv. **1.** vulg. Justa o precisamente. *–Iremos hoy. –¿Por qué hoy mismamente y no otro día? Dejé las llaves mismamente aquí y ahora ya no están.* **2.** vulg. Cabal o exactamente. *Es un borrachín y un bocazas, mismamente un charlatán de feria.*

mismo, ma. adj. **1.** Que es una sola persona o cosa, pero en circunstancias diferentes. Se usa antepuesto a un n. precedido de art. *Se enfrenta a todas las tareas con la misma desgana. Todos los cuadros son del mismo pintor.* Frec. seguido de una oración introducida por *que*, que expresa el término de comparación. *Habéis ido al mismo hotel que yo.* Tb. sustantivado. *Siempre contesta lo mismo. Esta dependienta es la misma que te atendió ayer.* **2.** Exactamente igual. Se usa antepuesto a un n. precedido de art. o poses. *No son del mismo color. Tienen la misma altura. Persiguen un mismo fin. Se compró mi mismo coche.* Frec. seguido de una oración introducida por *que*, que expresa el término de comparación. *Estos pantalones son de la misma talla que los tuyos.* Tb. sustantivado. *No es lo mismo hablar de algo que experimentarlo.* **3.** Referido a un nombre o pospuesto a un pronombre, se usa para enfatizar la identidad de la persona o cosa designadas. *Sin salir de esta misma calle encontrarás un par de peluquerías. Puedes comprar los billetes en la misma estación. Olga misma puede explicártelo. Él mismo se ha delatado. Eso mismo le contesté yo. No está a gusto consigo misma. Uno mismo puede montar la estantería con un poco de paciencia. Aquel mismo día decidió irse.* ● adv. **4.** Pospuesto a otro adverbio, se usa para enfatizar la circunstancia expresada por él. *Lo dejé encima mismo de la mesa. Mañana mismo te lo doy. Te espero aquí mismo. Está a la vuelta mismo de la esquina.* ■ **así mismo.** loc. adv. **1.** De este o del mismo (→ 2) modo. *Decidió cambiar de trabajo por motivos personales y así mismo se lo comunicaron al director.* **2.** → **asimismo.** ■ **dar,** o **ser, lo mismo** algo. loc. v. Ser indiferente. *Me da lo mismo que estés enfadado. –Se me olvidó decirte que había una reunión. –Es lo mismo, no hubiera podido ir.* ■ **en las mismas.** loc. adv. En la misma (→ 1) situación que antes. *Prometió que no habría más goteras, pero seguimos en las mismas. Volvemos a estar en las mismas de siempre.* ■ **por lo mismo.** loc. adv. Por la razón mencionada. *Había huelga en el aeropuerto y por lo mismo prefirió cancelar su viaje. Se confesó autor de cuatro robos a mano armada y fue encarcelado por lo mismo varios años. –Ha sido muy comprensivo y razonable. –Pues por lo mismo no deberías tratarlo así.*

misoginia. f. cult. Aversión hacia las mujeres. *La caracterización tan negativa de los personajes femeninos refleja la misoginia del autor.*

misógino, na. adj. **1.** cult. Que siente o manifiesta misoginia. *Los autores misóginos dan una mala imagen de las mujeres.* Tb. m. y f. *Los misóginos consideran a las mujeres como seres inferiores.* **2.** cult. Propio de la persona misógina (→ 1). *Los comentarios misóginos del profesor indignaban a las alumnas.*

misquito, ta. adj. De un pueblo indígena de Centroamérica que habita en zonas de la costa atlántica de Honduras y Nicaragua. *Poblado misquito.* Dicho de pers., tb. m. y f. *Un equipo de antropólogos estudia las costumbres de los misquitos.*

miss. (pal. ingl.; pronunc. "mis"). f. Mujer ganadora de un concurso de belleza. *Se casó con una* miss. *La actriz es* Miss *Universo.* ¶ [Adaptación recomendada: *mis*, pl. *mises*].

mistela. f. Bebida dulce que se obtiene añadiendo al mosto de uva una cantidad de alcohol suficiente para impedir la fermentación. *Con los mantecados tomaron una copita de mistela. En Levante se hacen buenas mistelas.*

míster. m. **1.** Hombre ganador de un concurso de belleza. *El nuevo míster recoge el trofeo.* **2.** *Dep.* En fútbol: Entrenador. *Volveré a jugar cuando lo decida el míster.* ► **2:** *ENTRENADOR.

misterio. m. **1.** Cosa secreta u oculta que no se puede conocer. *El juego consiste en adivinar un misterio. No se ha resuelto el misterio de si hay vida inteligente en el espacio.* **2.** Cosa que no se puede comprender o explicar. *El comportamiento de estos animales es un misterio para los biólogos.* **3.** *Rel.* En el cristianismo: Verdad que no puede ser comprendida por la razón y debe ser objeto de fe. *La trasformación del Verbo en hombre constituye el misterio de la Encarnación.* **4.** *Rel.* En el cristianismo: Episodio de la vida de Jesús. *En la Pascua se conmemoran los misterios de la Pasión, Muerte y Resurrección de Cristo.*

misterioso, sa. adj. **1.** Que tiene o implica misterio. *¿Qué contendría aquel misterioso paquete? La policía investiga la misteriosa desaparición del muchacho.* **2.** Dicho de persona: Que actúa de manera muy cautelosa y reservada, dando a entender la existencia de algún secreto o misterio. *Cuando los niños se ponen tan misteriosos es que traman algo. Se me acercó muy misterioso y me dijo que lo acompañara.*

mística. → **místico.**

misticismo. m. **1.** Condición de místico. *En este capítulo analizaremos el misticismo de Santa Teresa.* **2.** Dedicación profunda e intensa a la religión o a la espiritualidad. *Un halo de misticismo rodea todo lo que hace.* **3.** *Fil.* y *Rel.* Doctrina según la cual es posible la comunicación directa entre el hombre y la divinidad. *El arabista habló del enraizamiento de estos poemas en el misticismo sufí.*

místico, ca. adj. **1.** De la mística (→ 3, 4) o del misticismo. *Santa Teresa nos narra su experiencia mística. El santo alcanzó el éxtasis místico. Poesía* *mística.* **2.** Dicho de persona: Que se entrega a una vida espiritual y contemplativa cuyo fin es la unión con la divinidad, y que frec. escribe sobre ello. *Una antología de poetas místicos.* Tb. m. y f. *El libro describe prácticas que son comunes a los místicos cristianos y musulmanes.* ● f. **3.** Unión del hombre con la divinidad a través de éxtasis o de visiones intuitivas. *La mística requiere un proceso previo de depuración espiritual.* **4.** Literatura que trata sobre la mística (→ 3). *El "Cántico espiritual" de San Juan de la Cruz es una de las cimas de la mística.*

mistificación. (Tb. **mixtificación**). f. Hecho o efecto de mistificar. *El texto es solo una burda mistificación de los clásicos. La fotografía refleja la cruda realidad, sin mixtificaciones ni manipulaciones.*

mistificar. (Tb. **mixtificar**). tr. Falsear o falsificar (algo). *Mixtifican la historia para crear una visión idílica del pasado.*

mistral. m. Viento frío que sopla del Norte o del Noroeste en el litoral mediterráneo de Francia, espec. en el valle del Ródano. *El crucero, azotado por el mistral, perdía estabilidad.*

mitad. f. **1.** Cada una de las dos partes iguales en que puede dividirse un todo. *Me dio la mitad de su bocadillo. Parte la naranja en dos mitades. La mitad del grupo ha votado a favor.* **2.** Parte de un todo que está a igual distancia de todos sus extremos. *He llegado en mitad de la clase. A mitad de camino se dieron la vuelta. La película iba por la mitad cuando empecé a verla.* ■ **~ y ~.** loc. adv. En dos mitades (→ 1). *–Cómo repartimos las ganancias? –Mitad y mitad.*

mítico, ca. adj. Del mito, o que tiene carácter de mito. *En la narración se combinan elementos míticos e históricos. Alcanzaron la mítica cumbre del Everest. Bogart se convirtió en un actor mítico.*

mitificación. f. Hecho de mitificar. *La muerte del artista contribuyó a su mitificación. Asistimos a una mitificación de la juventud y la belleza.*

mitificar. tr. Convertir en mito (algo o a alguien), o formar una imagen idealizada (de ellos). *La gente de la ciudad mitifica la vida del campo.*

mitigación. f. Hecho de mitigar o mitigarse. *Hay nuevos fármacos para la mitigación del dolor. En el alcohol buscaba la mitigación de su sufrimiento.*

mitigar. tr. Atenuar (algo negativo), o hacer que disminuya su intensidad o gravedad. *Estas pastillas mitigarán el dolor de espalda. Se adoptarán medidas para mitigar la crisis. La llamada de su hijo mitigó su angustia.* Tb. en constr. prnl. media. *Cuando tomo una aspirina, el dolor se mitiga.* ▶ *ALIVIAR.

mitin. m. **1.** Reunión pública, organizada con fines políticos, en que una o más personas pronuncian discursos. *Como cierre de campaña, los políticos dan un mitin.* **2.** Discurso que se pronuncia en un mitin (→ 1). *En su mitin, el candidato atacó duramente a la oposición.*

mitinero, ra. adj. **1.** Del mitin, o propio de él. *Habló con vehemencia mitinera.* **2.** Que da un mitin o que habla con el tono propio del mitin. *Se puso mitinero y reivindicativo.* Frec. m. y f. *Los militantes aplaudían las intervenciones de los mitineros.*

mito. m. **1.** Narración fantástica tradicional, situada en tiempos remotos y protagonizada por seres o fuerzas sobrenaturales, que sirve de explicación a cosas tales como el origen del mundo o la existencia de un fenómeno natural. *Distintos mitos africanos nos cuentan cómo se creó la sabana. En la sala hay un cuadro sobre el mito de Orfeo y Eurídice.* **2.** Concepto muy arraigado y deformado de alguien o algo reales. *La generosidad del payés hace que el mito de la tacañería catalana se desmorone.* **3.** Persona o cosa muy estimadas y de las que se ha formado un mito (→ 2). *Marilyn Monroe es uno de los grandes mitos del cine.* **4.** Cosa irreal o inventada. *Eso de que tiene fincas y tierras es un mito. ¿Es el yeti un mito o existe de verdad?*

mitocondria. f. *Biol.* En una célula: Órgano que se halla en el citoplasma y cuya función es producir energía a partir de reacciones químicas. *Con el microscopio electrónico vi las mitocondrias.*

mitología. f. Conjunto de los mitos de un pueblo o de una cultura. *Odín es un dios de la mitología escandinava. Los pintores barrocos empleaban temas de la mitología.*

mitológico, ca. adj. De la mitología. *Velázquez pintó escenas mitológicas. El Ave Fénix y la Esfinge son seres mitológicos.*

mitomanía. f. Afición exagerada a los mitos o a la mitificación. *En torno a las estrellas del fútbol hay una gran mitomanía.*

mitómano, na. adj. Que tiene mitomanía. *Me gusta el cine, pero no soy nada mitómana.* Tb. m. y f. *Como buen mitómano, conoce al detalle la vida de su ídolo.*

mitón. m. Guante que cubre la mano y deja los dedos al descubierto. *El frío de la oficina obligaba a los empleados a llevar mitones.*

mitosis. f. *Biol.* División celular en la que, previa duplicación del material genético, cada una de las dos nuevas células recibe una dotación completa de cromosomas. *La mayoría de las células se dividen por mitosis.*

mitra. f. **1.** Gorro alto, con la parte superior de forma triangular, que usan en las celebraciones solemnes los obispos, los arzobispos y otras dignidades eclesiásticas. *El Papa lleva casulla, mitra y báculo.* **2.** Cargo o dignidad de obispo o arzobispo. *Renunció a la mitra.*

miura. m. **1.** Toro de lidia de la ganadería de Miura, famosa por su bravura e intención. *Un miura acabó con la vida del matador.* **2.** coloq. Persona aviesa o malintencionada. *Con el jefe ten cuidado, que es un miura.*

mixomatosis. f. Enfermedad infecciosa de los conejos, caracterizada por hinchazones en la piel. *La mixomatosis diezmó la población de conejos de España.*

mixtificación. → **mistificación.**

mixtificar. → **mistificar.**

mixtilíneo, a. adj. *Mat.* Formado por rectas y curvas. *El patio tiene una galería de arcos mixtilíneos.*

mixto, ta. adj. Formado por varios elementos diferentes. *La ensalada mixta lleva lechuga, tomate y cebolla. En un sistema de financiación mixto intervienen el Estado y la empresa privada. Los colegios públicos pasaron a ser mixtos. Cada vez hay más matrimonios mixtos entre negros y blancos.*

mixtura. f. cult. Mezcla (hecho o efecto de mezclar o mezclarse). *Compró en el herbolario una mixtura de hierbas. Su memoria era una mixtura de vivencias y recuerdos. Una lengua nueva nació de la mixtura del inglés y el español. El secreto de la salsa está en la mixtura de los ingredientes.*

mnemotecnia. (Tb. **nemotecnia**). f. Técnica para aumentar la capacidad de memorización pralm. por medio de asociaciones mentales. *Usaba reglas de mnemotecnia para recordar los números de teléfono.*

mnemotécnico, ca. (Tb. **nemotécnico**). adj. **1.** De la mnemotecnia. *En el curso de técnicas de estudio aprendimos métodos mnemotécnicos.* **2.** Que sirve de ayuda para memorizar algo. *Para recordar la matrícula de mi coche uso un truco mnemotécnico.*

moaré. m. Muaré. *Para la actuación lució un precioso vestido de moaré.*

moaxaja. f. *Lit.* Composición poética medieval, escrita en árabe o en hebreo, que termina con una jarcha en mozárabe. *Los poetas andalusíes empezaron a cultivar la moaxaja en el siglo* XI.

mobiliario. m. Conjunto de muebles de una casa u otro lugar. *El seguro de la casa cubre el mobiliario. Mobiliario de oficina.* ■ **~ urbano.** m. Conjunto de elementos o instalaciones dispuestos por el ayuntamiento en espacios públicos para uso de los ciudadanos, como bancos, papeleras o marquesinas. *Unos gamberros causaron destrozos en el mobiliario urbano.*

moca. m. Variedad de café originaria de Moka (ciudad de Yemen). *Nos sirvió unas tazas de moca. Helado de moca.*

mocárabe. m. *Arte* Elemento decorativo propio de la arquitectura árabe, formado por una combinación geométrica de prismas de base cóncava, acoplados y dispuestos en vertical, a modo de estalactitas, gralm. en bóvedas o cornisas. *Han estado restaurando los mocárabes y lacerías de la Alhambra.*

mocasín. m. **1.** Zapato de piel suave, con empeine en forma de "U" y sin cordones, hecho a imitación del mocasín (→ 2) indio. *Cuando llega el calor voy con mocasines y sin calcetines.* **2.** Calzado propio de los indios norteamericanos, hecho de piel sin curtir. *La piel de alce es apreciada por los indios para hacer mocasines.*

mocedad. f. Juventud (período de la vida). *El primer tomo de sus memorias recrea la infancia y mocedad del autor en Sevilla.* ▶ JUVENTUD.

mocetón, na. m. y f. Persona joven, alta y corpulenta. *La niña había crecido y era ya una mocetona.*

mochales. adj. coloq. Loco o chiflado. *¡Qué tonterías dices..., tú estás mochales!*

mochila. f. **1.** Bolsa de lona u otro material resistente, con correas para cargarla a la espalda, que sirve para llevar provisiones y equipo en excursiones, expediciones o viajes. *El montañero sacó unas latas de comida de su mochila.* **2.** Bolso o cartera que se lleva a la espalda. *Los niños cargan sus mochilas de libros.* ▶ **1:** MACUTO.

mochilero, ra. m. y f. Persona que viaja con mochila. *Unos mochileros hacían autoestop.*

mocho, cha. adj. **1.** Dicho espec. de animal cornudo, árbol o torre: Que carece de punta o de la terminación normal. *Tiene una cabra mocha.* ● m. **2.** Remate grueso y romo de un instrumento o utensilio alargado. *Hay que cambiar el mocho de la fregona.*

mochuelo. m. **1.** Ave rapaz nocturna, semejante al búho pero de menor tamaño, plumaje pardo oscuro con pequeñas motas y ojos grandes y amarillos. *El mochuelo hembra. El mochuelo se alimenta de roedores y reptiles.* **2.** coloq. Asunto difícil o enojoso del que nadie quiere encargarse. Frec. en la constr. *cargar con el ~. Pídeselo a otro, que siempre cargo yo con el mochuelo. Le cargaron el mochuelo al novato.* ■ **cada ~ a su olivo.** expr. coloq. Se usa para indicar la acción de volver cada persona a su casa o a su sitio, o para expresar el deseo de que lo hagan. *¡Venga, cada mochuelo a su olivo, que ya es muy tarde!*

moción. f. Proposición hecha en una junta o asamblea deliberantes. *Que levanten la mano los vecinos que apoyan la moción. Moción de censura contra el Gobierno.*

moco. m. **1.** Sustancia fluida y pegajosa que segregan las mucosas nasales. *Tengo mucho moco por el catarro.* Tb. la porción más o menos seca de dicha sustancia. *Se sacó un moco e hizo una pelotilla.* Frec. en pl. *Toma un pañuelo y suénate los mocos.* **2.** Materia orgánica fluida y pegajosa semejante al moco (→ 1). *El caracol deja un rastro de moco. Moco vaginal.* **3.** Apéndice carnoso que el pavo tiene sobre el pico. *El moco del pavo crece cuando está en celo.* ■ **no ser ~ de pavo.** loc. v. coloq. No ser despreciable o de poca consideración. *Trabaja muchas horas, pero el dinero que le pagan no es moco de pavo.* ■ **llorar a ~ tendido.** loc. v. coloq. Llorar de manera abundante y aparatosa. *El dramón hacía que el público llorara a moco tendido.*

mocoso, sa. adj. **1.** Que tiene mocos. *Un niño mocoso se acercó a su madre para que le limpiara.* **2.** despect. Dicho de niño: Atrevido o insolente. Más frec. m. y f. *Un mocoso viene hasta mí y me pide un cigarrillo.* Frec. se usa como insulto. *¿Y tú qué sabrás, mocosa?* **3.** despect. Dicho de joven: Inexperto o inmaduro. Más frec. m. y f. *Su jefe es un mocoso recién salido de la facultad.*

moda. f. **1.** Uso, gusto o costumbre que tienen mucha aceptación en un tiempo o lugar determinados. *Ahora la moda es tener mascotas exóticas. La pintura abstracta no fue una moda pasajera.* **2.** Gusto colectivo y cambiante en lo relativo a prendas de vestir y complementos. *El mundo de la moda mueve mucho dinero. En una revista de moda he leído que vuelve la maxifalda.* **3.** Conjunto de la vestimenta y los adornos de moda (→ 2). *En el mercadillo se puede comprar moda infantil a buen precio.* Frec. en pl. *El modisto ha abierto una tienda de modas.* ■ **de ~.** loc. adv. De acuerdo o en consonancia con la moda (→ 1). *El cine mexicano está de moda. Se ha puesto de moda dejarse patillas.* Tb. adj. *Es el coche de moda.*

modal. adj. **1.** Del modo. *Completa la frase con una oración subordinada adverbial con valor modal.* ● m. pl. **2.** Conjunto de acciones y actitudes de una persona, que muestran su modo de comportarse en sociedad. *Era un caballero de finos modales.* Frec. con los adj. *malo* o *bueno. Sus padres le enseñaron buenos modales.* **3.** Buenos modales (→ 2). *No tienes modales.* ▶ **2:** FORMAS, MANERAS, MODOS.

modalidad. f. Modo o forma particulares de manifestarse una cosa. *Las cámaras digitales han creado una nueva modalidad de fotografía. Fue campeón de esquí en la modalidad de descenso.*

modelado. m. Hecho o efecto de modelar. *El modelado de la figura le llevó varias semanas. En esta escultura destaca el fino modelado de las manos.*

modelador, ra. adj. Que modela. *Todos destacan su poder modelador de conciencias.* Dicho de pers., tb. m. y f. *Es un magnífico modelador en barro.*

modelar. tr. **1.** Formar (una figura) con cera, barro u otra materia blanda. *Está modelando un busto* EN *arcilla.* **2.** Dar forma (a algo no material). *Los mensajes de la televisión modelan nuevas formas de comportamiento.* ▶ **2:** MOLDEAR.

modélico, ca. adj. Que sirve o puede servir de modelo. *Su trayectoria profesional ha sido modélica. La calificó de alumna modélica.* ▶ *EJEMPLAR.

modelo. m. **1.** Persona o cosa que se imitan o deben imitarse. *Los adolescentes tomaron como modelo al actor rebelde. Modelo de solicitud.* **2.** Persona o cosa que por su perfección son dignas de ser imitadas. *El veterano campeón es un modelo para los jóvenes.* Tb. en aposición. *Un padre modelo.* **3.** Cosa diseñada para ser reproducida o imitada. *A partir de un modelo de llave, crean múltiples copias.* Tb. en aposición. *Granja modelo.* **4.** Clase de objetos fabricados según un mismo modelo (→ 3). *Este modelo de lavadora es un poco viejo.* Tb. en aposición. *Se quiere comprar un coche último modelo.* **5.** Esquema teórico de un sistema o de una realidad compleja que se elabora para facilitar su comprensión o explicación. *Platón propuso un modelo de estado en "La República".* **6.** Objeto cuya imagen se representa. *Hace bocetos de la figura humana fijándose en un modelo de escayola.* **7.** Objeto que reproduce en pequeño otro. *En el concurso de aeromodelismo hubo una exhibición de modelos de aviones.* **8.** Prenda de vestir única creada por un modisto o una firma de ropa. *El modisto presenta sus modelos en París.* Tb. cualquier prenda de vestir que esté de moda. *Llevas un modelito muy elegante.* ○ m. y f. **9.** Persona que posa para un artista. *Los estudiantes de dibujo hacen retratos de la modelo.* **10.** Persona de buena figura que se pone las prendas diseñadas por un modisto o una firma de ropa para enseñarlas en público. *Las modelos saludaron desde la pasarela después del desfile.* ■ **~ vivo.** m. y f. Persona, por lo común desnuda, que sirve para el estudio en el dibujo. *Tenían clase de dibujo con modelo vivo.* ▶ **2:** EJEMPLO.

módem. m. *Inform.* Aparato que transforma señales digitales en analógicas, y viceversa, para que puedan transmitirse por una línea de telecomunicación. *Necesitas un módem si quieres conectarte a Internet.*

moderación. f. **1.** Hecho de moderar o moderarse. *Pidió a sus colaboradores cierta moderación de los gastos.* **2.** Cualidad de moderado. *Lo más destacado de su carácter es la moderación.* ▶ **2:** COMEDIMIENTO, MESURA, PONDERACIÓN.

moderado, da. part. **1.** → **moderar.** ● adj. **2.** Que no es excesivo. *Esta semana el calor será moderado. Los precios moderados favorecen el consumo.* **3.** Dicho de persona: Que se comporta con sensatez y sin excesos. *Te has vuelto muy moderado, con lo loco que tú eras.* **4.** Que no es extremista, espec. en política. *El partido moderado hizo posible una transición pacífica a la democracia.* Dicho de pers., tb. m. y f. *Los moderados se oponían a los cambios drásticos en la constitución.* ▶ **3:** COMEDIDO, MESURADO, PONDERADO.

moderador, ra. adj. **1.** Que modera. *La cercanía a la costa es un elemento moderador de las temperaturas.* ● m. y f. **2.** Persona que preside y dirige un debate, un coloquio o una asamblea. *La moderadora ha dado por terminado el debate.* ○ m. **3.** *Fís.* Sustancia que reduce la energía cinética de los neutrones sin absorberlos. *El grafito es utilizado como moderador en los reactores nucleares.*

moderar. tr. Hacer moderado o más moderado (algo o a alguien). *El budismo recomienda moderar nuestras pasiones. Modere la velocidad. Al principio estaba exaltado, pero poco a poco se fue moderando.*

moderato. m. *Mús.* Tempo moderadamente rápido. *El moderato es menos vivo que el alegro.* Tb. la composición o fragmento que deben ejecutarse con ese tempo. *El pianista ensaya el moderato de la sonata.*

modernamente. adv. En época moderna o en los tiempos actuales. *Modernamente, se ha incorporado la tecnología digital al montaje de películas.*

modernidad. f. Cualidad de moderno. *La minifalda era un signo de modernidad en los años sesenta.*

modernismo. m. **1.** Afición a las cosas modernas, gralm. con desprecio de las antiguas o clásicas. *Critica por igual el tradicionalismo de los mayores y el modernismo de los jóvenes.* **2.** *Arte* y *Lit.* Movimiento artístico y literario de finales del s. XIX y principios del XX, caracterizado por una actitud esteticista y cosmopolita, y el gusto por lo refinado y exótico. *Rubén Darío es una de las cumbres del modernismo poético. Las artes decorativas tuvieron gran desarrollo con el modernismo.*

modernista. adj. **1.** *Arte* y *Lit.* Del modernismo. *El estilo modernista busca el preciosismo formal.* **2.** *Arte* y *Lit.* Partidario o cultivador del modernismo (→ 1). *Manuel Machado fue poeta modernista.* Tb. m. y f. *Los modernistas reaccionan contra el naturalismo de finales del XIX.*

modernización. f. Hecho de modernizar o modernizarse. *La modernización de las técnicas agrícolas fue tardía en esta región.*

modernizador, ra. adj. Que moderniza. *La labor modernizadora de los ilustrados se extendió a todos los ámbitos.* Dicho de pers., tb. m. y f. *Es un vanguardista, un modernizador de nuestro cine.*

modernizar. tr. Hacer moderno o de este tiempo (algo o a alguien). *La importación de maquinaria está modernizando la industria.* Tb. en constr. prnl. media. *La sociedad se ha modernizado.*

moderno, na. adj. **1.** Dicho de tiempo: Actual o más reciente. *Hicieron una versión de "Fuenteovejuna" adaptada a la época moderna.* **2.** Del tiempo actual o más reciente, frec. por oposición al antiguo o clásico. *El avión está equipado con modernos sistemas de seguridad. Es muy moderna vistiendo. Estudia griego moderno. La parte moderna de la ciudad data del siglo XVIII. Da clases de danza clásica y moderna.* ■ **a la moderna.** loc. adv. De manera moderna (→ 2). *Su experimento de interpretar coplas a la moderna no ha tenido éxito.*

modestia. f. Cualidad de modesto. *"Gracias, gracias, no me lo merezco", dijo con falsa modestia. La modestia del barrio se nota en la poca calidad de sus viviendas. Una dama debe vestir y comportarse con modestia.*

modesto, ta. adj. **1.** Humilde o carente de vanidad. *No quiero parecer modesto, pero lo que he hecho no tiene tanto mérito.* **2.** De nivel económico relativamente bajo. *El premio le tocó a un modesto albañil. Es un barrio modesto.* **3.** De poca categoría o importancia. *Este trabajo es mi modesta contribución a la empresa.* **4.** Dicho espec. de mujer: Honesta y pudorosa. *Las muchachas deben ser modestas.* ▶ **4:** *DECENTE.

módico, ca. adj. Dicho espec. de precio o cantidad de dinero: Moderado o no excesivo. *Venden coches usados a precio módico. Gana un módico sueldo.*

modificación. f. Hecho o efecto de modificar o modificarse. *Las propuestas de modificación de la ley fueron rechazadas. El escritor ha hecho modificaciones en el texto de la segunda edición.*

modificador. adj. Que modifica. *La actividad industrial es un agente modificador del medio ambien-*

te. Tb. m., referido a palabra. *El adjetivo es un modificador del nombre.*

modificar. tr. Transformar o cambiar (algo), sin afectar a la esencia. *Este imprevisto nos obliga a modificar el plan de trabajo.* Tb. en constr. prnl. media. *La percepción se modifica por efecto de los alucinógenos.*

modismo. m. Expresión fija, propia de una lengua, cuyo significado no es deducible de las palabras que la forman. *"De armas tomar" es un modismo.*

modista. m. y f. Persona que tiene por oficio hacer prendas de vestir. *La modista cortaba los patrones. Han encargado el traje de novia a un conocido modista.* ► MODISTO.

modistilla. f. coloq. Oficiala o aprendiza de modista. *Cuando llegó a Madrid, una tía la colocó de modistilla en su taller.*

modisto. m. Hombre que tiene por oficio hacer prendas de vestir. *Un modisto le hace los vestidos a medida. La modelo ha desfilado para los mejores modistos.* ► MODISTA.

modo. m. **1.** Circunstancia o conjunto de circunstancias en que se produce o realiza algo. *El toro cayó sobre la arena de un modo fulminante. Ese modo de hablar es propio de alguien instruido.* **2.** Modo (→ 1) de comportarse con los demás. Gralm. en pl. *¡Esos no son modos de tratar a tu madre! Le llamó la atención con buenos modos.* **3.** *Gram.* Accidente gramatical que expresa la actitud del hablante ante lo enunciado por el verbo. *El modo es un accidente propio del verbo.* **4.** *Mús.* Disposición de los intervalos de la escala. *Modo mayor. Modo, armonía y timbre son características del sonido musical.* ■ **~ imperativo.** m. *Gram.* Modo (→ 3) que expresa orden o mandato. *"Venid" es una forma del modo imperativo.* ⇒ IMPERATIVO. ■ **~ indicativo.** m. *Gram.* Modo (→ 3) que presenta como real la acción del verbo. *"Estábamos" pertenece al modo indicativo.* ⇒ INDICATIVO. ■ **~ subjuntivo.** m. *Gram.* Modo (→ 3) que presenta como pensada la acción del verbo. *En "ojalá venga", el verbo está en modo subjuntivo.* ⇒ SUBJUNTIVO. □ **a ~ de.** loc. prepos. Como, o a manera de. *El profesor citó, a modo de ejemplo, varios casos de escritores exiliados.* ■ **a mi, o tu, o su,** etc., **~.** loc. adv. Según la costumbre o la peculiaridad de la persona que habla o de la que se habla. *Si el trabajo no se hace a su modo, él no colabora.* ■ **de cualquier ~.** loc. adv. De cualquier manera o sin cuidado. *Este puente se hizo de cualquier modo y ahora es un peligro.* ■ **de cualquier ~, o de todos ~s.** loc. adv. De cualquier manera o en cualquier caso. *No me gusta el plan, pero de cualquier modo iré. De todos modos, no pensaba prestarle nada.* ■ **de ~ que.** loc. conjunt. Así que, o de forma que. *Ha vivido en muchos lugares, de modo que no le costará adaptarse aquí.* ■ **de ningún ~.** loc. adv. Se usa para negar enfáticamente. *No voy a aceptar de ningún modo este tipo de comportamientos. –¿No crees que se merece que lo perdones? –No, de ningún modo.* ■ **de todos ~s.** → **de cualquier modo.** ► **1:** MANERA. **2:** *MODALES.

modorro, rra. adj. **1.** Que tiene modorra (→ 2). *Había comido mucho y se sentía algo modorro.* ● f. **2.** Somnolencia profunda. *A ver si con el café se me quita la modorra.* ► **1:** *SOMNOLIENTO. **2:** *SOMNOLENCIA.

modoso, sa. adj. Que guarda los buenos modos y la compostura. *Es una muchacha muy modosa y servicial.*

modulación. f. Hecho o efecto de modular. *En las clases de canto trabajan la modulación de la voz.*

modulador, ra. adj. Dicho de cosa: Que modula. *Ciertas neuronas tienen un papel modulador del estrés y la ansiedad.* Dicho espec. de aparato o mecanismo, tb. m. *El satélite lleva un modulador de frecuencia.*

modular¹. tr. **1.** Producir (un sonido o una melodía) con la entonación adecuada. *El coro modula un cántico.* **2.** Regular (algo) estableciendo la medida o la intensidad adecuadas. *Un técnico modula la intensidad de las luces.* **3.** *Radio* Modificar (una onda, o una de sus características, como su frecuencia o amplitud). *Un circuito de la emisora de radio modula la amplitud de las ondas sonoras. Frecuencia modulada.*

modular². adj. Del módulo. *Venden muebles modulares fáciles de montar. Los ciclos de formación profesional tienen una composición modular.*

módulo. m. **1.** Unidad o elemento independientes, destinados a formar con otros un conjunto o una serie, espec. en construcciones. *En función del espacio disponible, puede añadir más módulos al armario. Los astronautas están en el módulo de mando. Hay una variada oferta de módulos de formación profesional.* **2.** Dimensión o medida que se toman convencionalmente como norma. *Cada estilo arquitectónico se basa en un módulo distinto.* **3.** *Mat.* Longitud del segmento que define un vector. *Calcula el módulo de los siguientes vectores.*

modus operandi. (loc. lat.; pl. invar.). m. Manera determinada de actuar. *Este no es el modus operandi habitual de los terroristas.*

modus vivendi. (loc. lat.; pl. invar.). m. **1.** Modo de vivir. *El libro habla de las costumbres y el modus vivendi de las tribus guerreras.* **2.** Medio de ganarse la vida. *La venta ambulante es el modus vivendi de estas familias.* **3.** Acuerdo provisional entre dos partes enfrentadas. Se usa espec. en diplomacia y política internacional. *Los países en conflicto pactaron un modus vivendi.*

mofa. f. Burla despreciativa. *Fue objeto de mofa por parte de sus adversarios. Los niños hacían mofa de su acento.* ► *BURLA.

mofarse. intr. prnl. Hacer mofa de alguien o algo. *Se mofa de su manera de hablar.*

mofeta. f. Mamífero carnívoro americano, de pequeño tamaño y pelaje oscuro con partes blancas, que cuando está en peligro lanza un líquido maloliente segregado por unas glándulas próximas al ano. *La mofeta macho. La mofeta sale de su madriguera por la noche.*

moflete. m. Carrillo carnoso y abultado. Frec. en pl. *El bebé tiene unos mofletes sonrosados.* ► *MEJILLA.

mofletudo, da. adj. Que tiene mofletes. *Tiene una cara mofletuda. Es un niño mofletudo.* ► **Am:** CACHETÓN.

mogol, la. adj. Mongol. *El imperio mogol.* Dicho de pers., tb. m. y f. *Muchos viajeros y exploradores europeos tomaron contacto con los mogoles.*

mogollón. m. **1.** (Frec. sin art.). coloq. Cantidad grande de algo. *Había mogollón de gente en la manifestación. Tengo tal mogollón de problemas que no me puedo concentrar.* ● adv. **2.** coloq. Mucho. *He currado mogollón para aprobar el curso.*

mohín. m. Mueca o gesto. *Al oír la propuesta hizo un mohín de disgusto.*

mohíno, na. adj. Triste o disgustado. *Desde que cortó con la novia se le ve mohíno.*

moho. m. **1.** Capa de hongos muy pequeños que se cría sobre la superficie de materia orgánica animal o vegetal. *Les ha salido moho a las naranjas.* Tb. dichos hongos. *El moho se emplea en la elaboración de quesos, como el roquefort.* **2.** Capa que se forma en la superficie de un cuerpo por alteración química de su materia. *En el sótano había una caja de herramientas llenas de moho.*

mohoso, sa. adj. Que tiene moho. *He tenido que tirar el pan porque estaba mohoso.*

moisés. m. Cuna para bebés y recién nacidos, de mimbre, plástico o lona, frec. con asas y portátil. *La madre dormía con el moisés junto a la cama.*

mojadura. f. Hecho o efecto de mojar o mojarse. *Ha cogido una pulmonía por culpa de una mojadura.*

mojama. f. Cecina de atún. *De aperitivo tomamos un jerez con una tapa de mojama.*

mojar. tr. **1.** Hacer que el agua u otro líquido humedezcan la superficie (de alguien o algo) o penetren en su interior. *Mojó un pañuelo y se lo pasó por la frente. Le gusta mojar las magdalenas* EN *el café.* Tb. en constr. prnl. media. *Con el chaparrón se habrá mojado la ropa tendida.* **2.** Orinarse involuntariamente (en algo, espec. en la cama). *La niña ha vuelto a mojar la cama esta noche.* **3.** coloq. Celebrar (algo) con bebida. *Saca el champán: hay que mojar esta buena noticia.* ○ intr. prnl. **4.** coloq. Comprometerse o decidirse. *Mójate: di lo que piensas.* **5.** Orinarse de forma involuntaria. *Hay que cambiarle las sábanas, porque se ha mojado.* ▶ **2, 5:** ORINARSE.

mojarra. f. Pez marino comestible, de cuerpo ovalado y comprimido, y color plateado por sus lados. *Compró filetes de mojarra para hacerlos en salsa.*

moje. m. Salsa de un guiso. *¿Alguien quiere un poco más de carne o de moje?*

mojicón. m. **1.** Bollo de bizcocho que se toma gralm. con el chocolate. *Merendamos chocolate y mojicones.* **2.** coloq. Golpe que se da en la cara con la mano. *Le dio tal mojicón que las gafas salieron volando.*

mojiganga. f. **1.** *Lit.* Obra dramática muy breve, de personajes ridículos y extravagantes, concebida para hacer reír. *Las mojigangas y los entremeses son piezas populares en el Siglo de Oro.* **2.** Cosa ridícula que se hace por burla. *Sin libertades políticas aquellas elecciones resultaban una mojiganga.*

mojigatería. f. **1.** Cualidad de mojigato. *Si voy así de tapada es por el frío, no por mojigatería.* **2.** Acción o actitud propias de un mojigato. *Hablaron de sexo sin mojigaterías.*

mojigato, ta. adj. Que muestra escrúpulos morales afectados o exagerados. *Es una película erótica, no para espectadores mojigatos.* Tb. m. y f. *Es una mojigata.*

mojito. m. Cóctel que se prepara con ron, zumo de limón, azúcar y hierbabuena. *El barman del hotel hace unos mojitos excelentes.*

mojo. m. Salsa típica de Canarias, hecha con aceite, ajos, cominos, pimienta y otros ingredientes. *El mojo verde lleva perejil y el mojo picón, pimentón. Papas con mojo.*

mojón. m. **1.** Señal, frec. de piedra, que marca el límite entre fincas o territorios. *Dos vecinos disputaban por la colocación de los mojones en sus tierras.* **2.** En un camino o carretera: Señal que sirve de guía o indica las distancias. *Según el mojón, llevamos recorridos cien kilómetros desde Madrid.* **3.** coloq. Excremento. *Casi pisas un mojón de perro.*

mol. m. *Quím.* Molécula gramo. *Calcula el número de moles de hidrógeno que hay en la disolución.*

molar[1]**.** intr. coloq. Gustar. Frec. en el lenguaje de los jóvenes. *Me mola ir de acampada. Este videojuego mola un montón.*

molar[2]**.** adj. **1.** Apto para moler. *Para triturar el cereal, se coloca entre dos discos de piedra molar.* ● m. **2.** *Anat.* Diente molar (→ **diente**). *El primer molar superior tiene una caries.*

moldavo, va. adj. De Moldavia (región histórica y país de Europa). *Ciudad moldava.* Dicho de pers., tb. m. y f. *Los moldavos se independizaron de la Unión Soviética en 1991.*

molde. m. **1.** Recipiente con una o varias formas en hueco, que permite reproducirlas vertiendo en él una masa líquida o blanda y dejándola solidificar. *Se pone la masa en el molde y este se introduce en el horno.* **2.** Instrumento que sirve para estampar o dar forma a algo que se aplica sobre él. *El tipógrafo pone tinta en los moldes antes de proceder a la impresión.* **3.** Norma o modelo establecidos. *El arte de vanguardia rompió los moldes estéticos tradicionales.*

moldeado. m. Hecho de moldear. *Con una espátula hace el moldeado de la arcilla.*

moldeador, ra. adj. Que moldea. *La publicidad está llena de mensajes moldeadores de las conciencias. El peluquero le puso espuma moldeadora.* Dicho de aparato o producto, tb. m. *Moldeador de pelo.*

moldear. tr. **1.** Dar forma (a algo) utilizando un molde. *Moldean el oro para hacer lingotes.* **2.** Modelar o dar forma (a algo). *Este vestido moldea la figura.* ▶ **2:** MODELAR.

moldura. f. *Arq.* y *Of.* Parte saliente, alargada y de perfil uniforme, que sirve de adorno o refuerzo. *Los techos son altos, con molduras de escayola. El mueble lleva molduras doradas.*

mole[1]**.** f. Cosa muy grande y pesada. *El monumento es una mole de granito de quince metros de altura.* Tb., humoríst., referido a pers. *El defensa, que era una mole, casi aplasta al delantero.*

mole[2]**.** m. **1.** frecAm. Salsa espesa típica de Centroamérica, que se prepara con diferentes tipos de chiles y otros ingredientes y especias. *Añoraba el sabor del lomo de puerco en mole amarillo* [C]. **2.** frecAm. Guiso de carne preparado con mole (→ 1). *Sonrió antes de dar un bocado de mole* [C].

molécula. f. *Quím.* Partícula formada por átomos, que constituye la unidad mínima de un cuerpo o sustancia que conserva sus propiedades químicas. *La molécula de dióxido de carbono está formada por un átomo de carbono y dos de oxígeno.* ■ **~ gramo.** f. *Quím.* Cantidad de un cuerpo o sustancia cuyo peso es su peso molecular expresado en gramos. *La oxidación de una molécula gramo de glucosa libera casi 700 calorías.* ⇒ MOL.

molecular. adj. *Quím.* De la molécula. *La genética molecular estudia la estructura del ADN. Peso molecular.*

moler. (conjug. MOVER). tr. **1.** Reducir (algo) a polvo o a fragmentos muy pequeños, espec. mediante golpes, presión o frotamiento. *La harina se obtiene de moler el trigo.* **2.** Cansar o fatigar mucho (a alguien). *Estoy molido de andar.* **3.** Destrozar o maltratar (algo o a alguien). *Como te pille, te muelo a palos.*

molestar. tr. **1.** Causar fastidio o malestar (a alguien). *Sus comentarios me molestan.* **2.** Impedir u obstaculizar (algo). *Unos andamios molestan el paso de la procesión.* Tb. usado en constr. intr. *La grúa retira un coche que molesta.* ○ intr. prnl. **3.** Hacer alguien algo que puede causarle molestia. *No te molestes* EN *ir a recogerme al aeropuerto.* ▶ **1:** FASTIDIAR. **Am: 1:** EMBROMAR.

molestia. f. **1.** Hecho de molestar o molestarse. *Lamento las molestias que le he causado.* **2.** Cosa que causa molestia (→ 1). *No es ninguna molestia llevarte a casa.* **3.** Dolor físico leve. *Tengo molestias en el estómago.* ■ **tomarse la ~** (de hacer algo). loc. v. Molestarse (en ello). *No se ha tomado la molestia de avisarme.*

molesto, ta. adj. **1.** Que causa molestia. *Ruido molesto. ¡Qué vecinos más molestos!* **2.** Que siente molestia. *Está molesta conmigo por no haberla llamado. Pasé unos días algo molesto hasta que cicatrizó la herida.* ▶ **1:** EMPACHOSO.

molicie. f. Afición a las comodidades y a la vida placentera. *La pobreza de las clases bajas contrasta con el lujo y la molicie de la aristocracia.*

molienda. f. Acción de moler o reducir a polvo. *Molienda del centeno.*

molinero, ra. adj. **1.** Del molino. *Industria molinera.* ● m. y f. **2.** Persona que tiene a su cargo un molino o que trabaja en él. *El molinero se queda con un porcentaje del grano molido.*

molinete. m. **1.** Rueda con aspas, espec. la que se instala en puertas o ventanas para que al girar renueve el aire. *El aire movía el molinete de la ventana.* **2.** Juguete que consiste en una varilla en cuya punta hay una cruz o estrella de papel que gira movida por el viento. *En el parque venden globos y molinetes.* **3.** Movimiento circular que se hace con una espada, lanza u objeto semejante, gralm. alrededor de la cabeza, para atacar al contrario o para defenderse de sus golpes. *Desarmó a su adversario con un molinete.* **4.** *Taurom.* Pase en que el torero gira en sentido contrario al de la embestida del toro. *Remató la serie de naturales con un molinete.* ▶ **2:** MOLINILLO.

molinillo. m. **1.** Instrumento pequeño para moler. *Molinillo de café.* **2.** Molinete (juguete). *El niño sopla el molinillo de papel que le han comprado en la feria.* ▶ **2:** MOLINETE.

molino. m. **1.** Máquina o instalación para moler, que aprovecha la fuerza motriz del agua, del viento o de otro agente mecánico. *Molino harinero.* Tb. el edificio donde se encuentra. *El molino de viento es característico del paisaje manchego.* **2.** Máquina, gralm. provista de algún elemento giratorio, que sirve para machacar, estrujar, laminar u otros usos semejantes. *Molino de papel. Molino de moneda.*

molla. f. Parte magra y sin hueso de la carne. *Lo que más le gusta de las chuletas es la molla.*

mollar. adj. **1.** Blando y fácil de partir. *Se trocea la parte mollar de la carne y se sofríe.* **2.** Dicho de cosa: Útil y fácil. *Una tarea mollar.*

molleja. f. **1.** Apéndice carnoso de las reses, formado gralm. por infarto de una glándula y apreciado como alimento. *Mollejas de ternera.* **2.** Estómago muscular de las aves, que les sirve para triturar y ablandar los alimentos. *Córteme el pollo en trozos y tire la molleja y las patas.*

mollera. f. coloq. Cabeza humana. *Es muy duro de mollera. No le entra en la mollera que no quiere nada con él.*

mollete. m. Panecillo esponjoso, gralm. blanco, de forma oval o redondeada. *Tomaron café y molletes con aceite.*

molón, na. adj. coloq. Que mola. Frec. en el lenguaje de los jóvenes. *¡Qué moto más molona!*

molturación. f. Hecho de molturar. *De la molturación del trigo se obtiene la harina.*

molturar. tr. Moler (algo), o reducir(lo) a polvo o a fragmentos muy pequeños. *Molturan la aceituna para obtener aceite.*

molusco. m. Animal invertebrado de cuerpo blando, desnudo o cubierto por una concha, y con simetría bilateral, como el caracol y la sepia.

momentáneo, a. adj. Que dura solo un momento o un tiempo breve. *Los tranquilizantes le producen un alivio momentáneo de la ansiedad.*

momento. m. **1.** Porción muy breve de tiempo. *Pararemos un momento para estirar las piernas.* **2.** Porción más o menos extensa de tiempo caracterizada por determinadas circunstancias. *Estoy atravesando un mal momento.* **3.** Época presente o de la que se habla. *Es la actriz del momento.* **4.** Oportunidad u ocasión propicia. *En su carrera no le ha llegado todavía su momento.* ■ **~ de una fuerza.** m. *Mec.* Magnitud resultante del producto del valor de una fuerza por su distancia a un punto de referencia. □ **a cada ~.** loc. adv. Con frecuencia o de manera repetida. *Viene a cada momento para preguntarme dudas.* ■ **al ~.** loc. adv. Inmediatamente o sin dilación. *Todo lo que se le ocurre lo quiere hacer al momento.* ■ **de ~**, o **por el ~.** loc. adv. Por ahora. *De momento, conviene que no nos movamos de aquí.* ■ **de un ~ a otro.** loc. adv. Muy pronto o de manera inminente. *De un momento a otro aparecerán los ciclistas escapados.* ■ **por ~s.** loc. adv. Continuada y progresivamente. *El enfermo mejora por momentos.* ▶ **1:** INSTANTE.

momia. f. Cadáver que, de manera natural o artificial, se deseca con el paso del tiempo sin entrar en putrefacción. *Los arqueólogos estudian las momias halladas en las pirámides.* Tb. fig. *La enfermedad te consume y acabas convertido en una momia.*

momificación. f. Hecho o efecto de momificar o momificarse. *Las técnicas de momificación de los egipcios eran muy avanzadas.*

momificar. tr. Convertir en momia (un cadáver). *Era costumbre entre los guanches momificar a sus nobles.* Tb. en constr. prnl. media. *El cadáver quedó sepultado en el hielo y se momificó.*

mona[1]. → **mono.**

mona[2]. f. Bollo o rosca con huevos cocidos, que es costumbre tomar en la Pascua de Resurrección, espec. en Cataluña. *Mi padrino me ha regalado una mona riquísima.* Tb. *~ de Pascua.*

monacal. adj. De los monjes o monjas, o propio de ellos. *Comunidad monacal. Vida monacal.*

monacato. m. **1.** Estado monacal. *Profesar el monacato supone renunciar a los bienes materiales.* **2.** Institución monástica. *Estas tierras pertenecieron primero al monacato y luego a la nobleza.*

monada. f. **1.** coloq. Gesto o acción afectados y enojosos con que se pretende halagar, hacer gracia o llamar la atención. *Déjate de monadas, que me tienes muy enfadado.* **2.** coloq. Acción graciosa de un niño. *¡Hay que ver las monadas que hace este crío!* **3.** coloq. Persona o cosa bonita. *Ese niño es una monada. ¡Qué monada de apartamento!* Tb. se usa para dirigirse a una persona cariñosa o irónicamente. *Mira, monada, tú no eres quién para decirme lo que tengo que hacer.*

mónada. f. *Fil.* Sustancia indivisible de las que componen el universo, según el sistema de Leibniz (filósofo alemán, ss. XVII-XVIII). *El profesor nos explicó el concepto de mónada.*

monaguillo. m. Niño que ayuda en la misa al sacerdote y presta otros servicios en la iglesia. *De niño fue monaguillo.*

monarca. m. Jefe de Estado de una monarquía. *El presidente se ha entrevistado con el monarca marroquí.* ▶ REY.

monarquía. f. **1.** Forma de gobierno en la que el poder supremo corresponde a una sola persona y es hereditario. *En la Revolución francesa se abolió la monarquía y se instauró la república.* **2.** Estado cuya forma de gobierno es una monarquía (→ 1). *España es una monarquía.*

monárquico, ca. adj. **1.** De la monarquía. *Régimen monárquico.* **2.** Partidario de la monarquía. *Periódico monárquico.* Dicho de pers., tb. m. y f. *Los monárquicos forman un nuevo partido.*

monarquismo. m. **1.** Adhesión a la monarquía. *Hace gala de su monarquismo.* **2.** *Polít.* Tendencia que propugna la monarquía como forma de gobierno. *Se ha publicado un libro sobre el monarquismo en el siglo XX.*

monasterio. m. Casa, gralm. fuera de poblado, donde vive una comunidad de monjes. *Monasterio benedictino. Monasterio budista.*

monástico, ca. adj. De los monjes o del monasterio. *Orden monástica. Dependencias monásticas.*

monda. f. **1.** Piel o cáscara que se quita a un fruto. *Mondas de patata.* **2.** Hecho de mondar. *Hay que hacer la monda con cuidado, para que quede la pulpa limpia y entera.* ■ **la ~.** loc. s. coloq. Persona o cosa que han alcanzado el máximo grado en algún aspecto. Gralm. con *ser*. *Este coche es la monda.* Frec. con carácter exclamativo para expresar rechazo o calificar lo que resulta insoportable. *Qué cara tiene este tío..., ¡es la monda!*

mondadientes. m. Utensilio pequeño, alargado y puntiagudo, gralm. de madera, que sirve para quitar de entre los dientes los restos de comida. *No te hurgues con el mondadientes.* ▶ PALILLO.

mondar. tr. **1.** Quitar la piel o la cáscara (a algo, como una fruta o un tubérculo). *Monda las mandarinas con la mano. El pinche monda kilos de patatas al día.* **2.** Limpiar (algo) quitándo(le) lo superfluo o extraño. *Los buitres mondan los huesos del animal muerto. Hay que mondar el ciruelo* DE *algunas ramas.* **3.** Cortar el pelo (a alguien). *Ya verás cómo te mondan cuando entres en el cuartel.* ○ intr. prnl. **4.** coloq. Reírse mucho. *Me mondo con este humorista.* Frec. *~se de risa.*

mondo, da. adj. Completamente limpio y libre de cosas añadidas o superfluas. *El perro deja los huesos mondos.* Frec. en la constr. *~ y lirondo. Tiene una calva monda y lironda. Cuenta con su sueldo mondo y lirondo.*

mondongo. m. Intestinos, espec. de cerdo. *Abrieron al cerdo en canal y le sacaron el mondongo.*

moneda. f. **1.** Pieza de metal, gralm. en forma de disco, acuñada por ambas caras con distintivos que acreditan su legitimidad, y que sirve como medida del valor de las cosas y como medio de pago. *Puso sobre el mostrador un billete y unas monedas. Colecciono monedas antiguas.* **2.** Signo representativo del valor de las cosas, aceptado oficialmente para hacer contratos y cambios. *La implantación de la moneda sustituyó progresivamente al sistema de trueque.* **3.** Unidad monetaria de un país. *La moneda de Estados Unidos es el dólar.* ■ **~ fraccionaria.** f. Moneda (→ 1) cuyo valor equivale a una fracción del de la unidad monetaria. *Los bancos no te cambian moneda fraccionaria.* □ **ser ~ corriente.** loc. v. Ocurrir con mucha frecuencia. *Los atracos empiezan a ser moneda corriente en el barrio.* ■ **pagar** (a alguien) **en,** o **con, la misma ~.** loc. v. Comportarse (con él) de la misma manera, frec. por venganza. *Me ha engañado, pero le pagaré con la misma moneda.*

monedero. m. Bolsa pequeña para llevar monedas. *Abre el monedero y busca unas monedas.*

monegasco, ca. adj. De Mónaco. *Principado monegasco.* Dicho de pers., tb. m. y f. *Los monegascos despiden a su príncipe.*

monería. f. coloq. Monada. *Esta casa es una monería. Le hace monerías al niño.*

monetario, ria. adj. De la moneda. *El gobierno autoriza emisiones monetarias. Europa ha abordado la unificación monetaria.*

monetarismo. m. *Econ.* Teoría que da primacía al dinero como instrumento de la política económica y propugna su control como forma de reducir la inflación. *Los asesores económicos del Gobierno defendían el monetarismo.*

monetarista. adj. **1.** *Econ.* Del monetarismo. *El ministro apuesta por medidas monetaristas para remontar la crisis.* **2.** *Econ.* Partidario del monetarismo. Dicho de pers., tb. m. y f. *Los monetaristas dan primacía a la política monetaria sobre la fiscal.*

mongol, la. adj. **1.** De Mongolia (región histórica y país de Asia central). *Los pueblos mongoles eran nómadas. El ejército ruso hizo maniobras cerca de la frontera mongola.* Dicho de pers., tb. m. y f. *Los mongoles unificaron China en el siglo* XIII. ● m. **2.** Lengua hablada por los mongoles (→ 1). *En partes de China se habla mongol.* ▶ **1:** MOGOL, MONGÓLICO.

mongólico, ca. adj. **1.** Mongol. *Imperio mongólico. Raza mongólica.* **2.** Que padece mongolismo. *Corre el riesgo de que su hijo nazca mongólico.* Dicho de pers., tb. m. y f. *Hay un mongólico en la familia.*

mongolismo. m. Síndrome de Down. *Su hijo padece mongolismo.*

mongoloide. adj. Que presenta rasgos de la raza mongólica. *Individuo mongoloide.* Dicho de pers., tb. m. y f. *Los mongoloides se caracterizan por la oblicuidad de los ojos.*

monicaco. m. coloq. Hombre de escasa valía o importancia. *No me gusta ese monicaco que se ha echado de novio.* A veces se usa para dirigirse a un niño cariñosamente. *¡Venga, monicaco, siéntate a comer!*

monigote. m. **1.** Figura humana hecha sin arte o de manera esquemática. *El niño dibuja monigotes. Como inocentada le pegaron un monigote en la espalda.* **2.** Persona de escasa valía o importancia. *¡Ese qué va a saber, si es un monigote!* **3.** Persona que se deja manejar por otros. *El presidente era un monigote de Estados Unidos.*

monismo. m. *Fil.* Doctrina filosófica que reduce todos los seres y fenómenos del universo a una única sustancia o idea. *El profesor nos ha explicado la diferencia entre monismo y dualismo.*

monista. adj. **1.** *Fil.* Del monismo. *Su concepción monista de la realidad no admite oposición entre ma-*

teria y espíritu. **2.** *Fil.* Partidario del monismo. *Parménides y Spinoza fueron filósofos monistas.* Tb. m. y f.

monitor[1], ra. m. y f. Persona que se dedica a la enseñanza de determinadas disciplinas, espec. deportivas, recreativas o culturales. *Las actividades del campamento de verano están supervisadas por monitores. Es monitora de esquí.*

monitor[2]. m. **1.** Aparato electrónico que, a través de señales visuales o acústicas, permite hacer el seguimiento de un proceso o un fenómeno. *El avión dispone de maletín de primeros auxilios con monitor de ritmo cardíaco.* **2.** Aparato receptor de imágenes, que las toma directamente de las instalaciones de filmación y sirve para controlar su transmisión. *Cada plaza de la tribuna de prensa dispone de micrófono, monitor y terminal informático.* **3.** *Inform.* Aparato que tiene la pantalla para visualizar imágenes. *El monitor de mi ordenador es de pantalla plana.*

monitorizar. tr. Observar o controlar (algo) por medio de un aparato, espec. de un monitor. *Le monitorizaron el corazón mientras pedaleaba en una bicicleta estática.*

monitos. m. pl. Am. Cómic (serie de dibujos, o revista). *Los documentos donde yo aprendí a leer fueron documentos con dibujos, con monitos, con gráficos* [C]. *Aquellos monitos que pasábamos de mano en mano no se restringían a "Mandrake el Mago"* [C]. ▶ CÓMIC.

monje, ja. m. y f. Persona que pertenece a una orden religiosa y vive según sus reglas. *Los monjes madrugan para rezar. Una monja clarisa. Un monje budista.*

monjil. adj. De las monjas, o propio de ellas. *Hábito monjil. Actitud monjil.*

mono, na. m. **1.** Mamífero con el cuerpo cubierto de pelo, salvo en la cara, y con cuatro extremidades con dedos adaptados para coger o sujetar las cosas, y del que existen varias especies, como ~ *araña*, ~ *aullador*, ~ *capuchino. La gente arroja cacahuetes a los monos del zoo.* Tb. designa específicamente al macho. *En algunas especies, un único mono vive con varias hembras.* **2.** Prenda de vestir de una sola pieza, que consta de cuerpo y pantalón y que se usa espec. en diversos oficios. *El mono azul del mecánico estaba manchado de grasa.* **3.** Dibujo rápido y poco elaborado. *Siempre está pintando monos en cualquier papel.* **4.** jerg. Síndrome de abstinencia. *El yonqui estaba con el mono.* **5.** coloq. Necesidad, deseo apremiante o añoranza de algo. *Cuando viaja mucho, tiene mono de su casa.* ○ f. **6.** Hembra del mono (→ 1). *La mona amamanta a su cría.* **7.** Mono (→ 1) con pelaje de color pardo amarillento, nalgas sin pelo y callosas, y cola muy corta, que se cría en África y en el Peñón de Gibraltar. *La mona de Gibraltar se domestica fácilmente.* **8.** Juego de naipes en que se reparten entre todos los jugadores las cartas de la baraja, menos una que queda oculta, y que consiste en intercambiarlas hasta emparejarlas. *Estuvimos jugando a la mona con los niños.* **9.** coloq. Borrachera. *Anoche bebió y ahora está durmiendo la mona.* ● adj. **10.** coloq. Bonito. *¡Qué falda tan mona! ¿Has visto qué chico tan mono? Vino muy mona a la cena.* ■ **mono de imitación.** m. coloq. Persona que imita lo que hacen otros. *Los niños son monos de imitación.* □ **a freír monas.** expr. coloq. Se usa para expresar rechazo o enfado. Frec. con v. como *irse* y en constr. imperativas. *¡Vete a freír monas!* ■ **el último mono.** loc. s. Una persona insignificante o que no cuenta para nada. *A mí nadie me pregunta mi opinión, soy el último mono. Te trata como al último mono.* ■ **tener monos en la cara.** loc. v. Se usa, frec. en constr. interrogativas, para expresar enfado hacia quien mira insistentemente. *¿Y tú qué miras?, ¿es que tengo monos en la cara?* ▶ **1:** SIMIO. **2:** BUZO. ‖ **Am: 2:** OVEROL.

mono-. elem. compos. Significa 'uno solo'. *Monocarril, monoparental.*

monocolor. adj. **1.** De un solo color. *Tejidos monocolores de tonos vivos.* **2.** *Pol.* De una sola tendencia o partido. *Gobierno monocolor.*

monocorde. adj. **1.** Que suena de manera monótona y repetitiva. *Zumbido monocorde. Voz monocorde.* **2.** Monótono o falto de variedad. *Su vida es una sucesión de días monocordes.*

monocotiledóneo, a. adj. **1.** *Bot.* Del grupo de las monocotiledóneas (→ 2). *Planta monocotiledónea.* ● f. **2.** *Bot.* Planta cuyo embrión contiene un solo cotiledón, como la palmera y el ajo. *Entre las monocotiledóneas hay plantas acuáticas.*

monocromático, ca. adj. Monocromo. *Pinta figuras humanas sobre fondos monocromáticos.*

monocromo, ma. adj. De un solo color. *En el arte japonés destaca la pintura de tinta monocroma.* ▶ MONOCROMÁTICO.

monóculo. m. Lente para un solo ojo. *Parece un viejo aristócrata con su monóculo.*

monocultivo. m. Cultivo único o predominante de una especie vegetal en una zona determinada. *Los monocultivos pueden poner en peligro la variedad de un ecosistema.*

monodia. f. *Mús.* Canto a una sola voz. *Se fue pasando de la monodia a la polifonía.*

monódico, ca. adj. *Mús.* De la monodia. *El coro interpretó unos cantos monódicos medievales.*

monofásico, ca. adj. *Fís.* Dicho de corriente eléctrica: Que es alterna y circula por dos conductores. *Los motores eléctricos de poca potencia suelen emplear corriente monofásica.* Tb. dicho del sistema o aparato eléctricos que tienen ese tipo de corriente. *Un generador monofásico de corriente alterna.*

monogamia. f. Estado o condición de monógamo. *Dice que la monogamia le coarta la libertad.* Tb. el sistema familiar basado en ellos. *La monogamia es el modelo de agrupación familiar más extendido en Occidente.*

monógamo, ma. adj. **1.** Dicho de persona: Que está casada o mantiene relación de pareja con una sola persona. *Los católicos son monógamos.* Tb. m. y f. *Un monógamo se escandalizaría ante tanta promiscuidad.* **2.** *Zool.* Dicho de animal: Que solo se aparea con un individuo del otro sexo. *La paloma es un animal monógamo.*

monografía. f. Estudio detallado y extenso sobre un tema específico. *Tras la muerte del artista, han aparecido varias monografías sobre su obra.*

monográfico, ca. adj. De la monografía, o que tiene carácter de monografía. *Cada mes la revista dedica un número a un tema monográfico. En la bibliografía encontraréis estudios monográficos sobre el teatro de Lorca.*

monograma. m. Enlace de letras que representa un nombre abreviado. *En la fachada de la catedral está grabado el monograma de Cristo.*

monolingüe. adj. **1.** Que solo habla una lengua. *Una parte de la población gallega es monolingüe.*

2. Expresado en una sola lengua. *Diccionario monolingüe.*

monolítico, ca. adj. **1.** Del monolito. *En lo alto de la colina hay una formación monolítica.* **2.** Constituido por un gran bloque de piedra de una sola pieza. *Dos columnas monolíticas sostienen el friso.* **3.** Dicho espec. de cosa inmaterial: Sólida e inalterable. *Su fe era monolítica.* Gralm. denota rigidez o inflexibilidad. *El partido es un bloque monolítico donde no hay lugar para la disensión.*

monolitismo. m. Condición de monolítico o inalterable. Gralm. denota rigidez o inflexibilidad. *Frente al monolitismo del régimen, la oposición defendía el pluralismo político.*

monolito. m. Monumento constituido por un gran bloque de piedra de una sola pieza. *En el centro de la plaza hay un monolito erigido en memoria de los libertadores.* A veces designa simplemente un gran bloque de piedra. *La puerta de la tumba está flanqueada por dos monolitos que sustentan el dintel.*

monologar. intr. Hablar alguien solo o como si estuviera solo. *No dialoga, lo único que hace es monologar.*

monólogo. m. **1.** Reflexión o discurso que una persona hace en voz alta y para sí misma. Frec. fig. *Las conversaciones con mi padre acaban siendo un monólogo, porque no me deja meter baza.* **2.** En una obra literaria, gralm. dramática: Monólogo (→ 1) puesto en boca de un personaje. *Es famoso el monólogo de Hamlet que empieza: "Ser o no ser".* **3.** *Lit.* Obra literaria en que habla solo un personaje. *"Cinco horas con Mario", de Miguel Delibes, es un monólogo.* ▶ **1, 2:** SOLILOQUIO.

monomando. adj. Dicho de grifo: Que tiene un solo mando para regular el caudal y temperatura del agua. *El apartamento cuenta con grifería monomando en cocina y baño.* Tb. m. *Un monomando para baño y ducha.*

monomanía. f. Manía que tiene por objeto una sola idea o un solo orden de ideas. *La caza es su monomanía.* Se usa a veces en medicina. *Lo han ingresado porque padece monomanía delirante.*

monomaniaco, ca o **monomaníaco, ca.** adj. Que tiene o padece monomanía. *Las decepciones lo volvieron monomaniaco.* Tb. m. y f. *Los monomaníacos de la velocidad son un peligro.*

monomio. m. *Mat.* Expresión algebraica que consta de un solo término. *Un binomio es la adición o sustracción de dos monomios.*

mononucleosis. f. *Med.* Exceso de leucocitos de un solo núcleo en la sangre, espec. el debido a una infección. *Padece mononucleosis infecciosa.*

monopatín. m. Juguete para patinar consistente en una tabla alargada sobre ruedas en la que se apoyan uno o los dos pies. *Los chicos hacen acrobacias con el monopatín.*

monoplaza. adj. Dicho de vehículo: De una sola plaza. *Los coches de Fórmula 1 son monoplazas.* Tb. m. *Dos monoplazas chocaron en la exhibición aérea.*

monopolio. m. **1.** Régimen económico o situación de mercado en los que una sola empresa explota en exclusiva una industria o comercio. *Una compañía nacional tiene el monopolio del tabaco. El Gobierno quiere acabar con los monopolios.* Tb. dicha empresa. *El monopolio eléctrico se escindió en dos compañías privadas.* **2.** Dominio o disfrute exclusivos de algo. *Hablan como si tuvieran el monopolio de la verdad.*

monopolista. m. y f. Persona o entidad que ejercen un monopolio. *Los monopolistas dictan las leyes del mercado.* Tb. adj. *Grupo monopolista.*

monopolístico, ca. adj. Del monopolio. *La ley pretende combatir las prácticas monopolísticas.*

monopolización. f. Hecho de monopolizar. *Monopolización del mercado.*

monopolizador, ra. adj. Que monopoliza. *Los procesos monopolizadores son una amenaza para la libre competencia.* Tb. m. y f. *Durante años, el club fue el monopolizador de los trofeos internacionales.*

monopolizar. tr. Tener el monopolio (de algo). *El partido monopoliza el poder.*

monorraíl. adj. Dicho de tren: Que circula por un solo raíl. *Un tren monorraíl une la ciudad con la villa olímpica.* Tb. m. *Los clientes se desplazan en un monorraíl.*

monorrimo, ma. adj. *Lit.* Dicho de estrofa o de composición: De una sola rima. *La cuaderna vía es una estrofa monorrima típica del mester de clerecía.*

monosabio. m. *Taurom.* Mozo que ayuda al picador en la plaza. *Los monosabios empujaban al caballo para que el toro no lo derribara.*

monosacárido. m. *Quím.* Azúcar que no se puede descomponer en otro más simple. *La glucosa es un monosacárido.*

monosilábico, ca. adj. Monosílabo. *Palabras monosilábicas.*

monosílabo, ba. adj. Dicho de palabra: De una sola sílaba. *La palabra "sal" es monosílaba.* Tb. m. *Cuando está de mal humor responde con monosílabos.* ▶ MONOSILÁBICO.

monoteísmo. m. Creencia en un solo dios. *Los cristianos heredaron el monoteísmo judío.*

monoteísta. adj. **1.** Del monoteísmo. *Culto monoteísta.* **2.** Que profesa el monoteísmo. *Los judíos son monoteístas.* Tb. m. y f.

monotonía. f. Cualidad de monótono. *Los alumnos repetían con monotonía la tabla de multiplicar. Evito la monotonía del viaje con un buen libro.*

monótono, na. adj. **1.** Dicho de sonido: De tono uniforme y sin variación. *Voz monótona. Música monótona.* **2.** Falto de variedad. *Trabajo monótono. Vida monótona.*

monovalente. adj. *Quím.* Que tiene una sola valencia. *Los metales alcalinos son monovalentes.*

monovolumen. adj. Dicho de automóvil: Que tiene el capó, el habitáculo para los pasajeros y el maletero en un solo espacio de perfil continuo. *Turismo monovolumen.* Tb. m. *En el monovolumen puede viajar cómodamente toda la familia.*

Mons. abrev. Monseñor. *Mons. Federico Arias.*

monseñor. m. Se usa como tratamiento que corresponde a los prelados y a otros eclesiásticos. *El arzobispo de San Salvador, monseñor Romero, oficiará la misa.*

monserga. f. coloq. Exposición o discurso que resultan molestos por su carácter pesado o repetitivo, y que frec. constituyen una reprensión. *No me vengas con monsergas, que no eres mi padre.*

monstruo. m. **1.** Ser fantástico que causa horror. *El doctor Frankenstein creó un monstruo en su laboratorio.* **2.** Persona o cosa muy feas. *De pequeña era mona, pero ahora es un monstruo.* **3.** Persona cruel y perversa. *Solo un monstruo podría cometer semejan-*

te atrocidad. **4.** Persona que sobresale en una actividad por sus cualidades extraordinarias. *Es un monstruo de las finanzas.* **5.** Cosa muy grande. *El rascacielos era un monstruo de vidrio y metal.* **6.** Ser que presenta irregularidades respecto a los de su especie. *A veces nacen monstruos, como ovejas con cinco patas.*

monstruosidad. f. **1.** Cualidad de monstruoso. *Los judíos sufrieron la monstruosidad de los nazis.* **2.** Cosa monstruosa. *Las cortinas del salón son una monstruosidad.*

monstruoso, sa. adj. **1.** Digno de ser condenado o aborrecido. *Ha cometido un crimen monstruoso.* **2.** Dicho de ser: Que presenta irregularidades respecto a los de su especie. *Dibuja seres monstruosos, con dos cabezas y cuatro brazos.* **3.** Muy grande. *La escultura es una monstruosa masa de granito.* **4.** Muy feo. *No sé como te gusta ese chico; es monstruoso.* ▶ **3:** *ENORME.

monta. f. Hecho de montar. *La monta tendrá lugar solo si la hembra lo permite. El jinete practica la monta desde muy joven.* ■ **de poca ~.** loc. adj. De poca importancia. *Es un negocio de poca monta. En el garito se reúnen delincuentes de poca monta.*

montacargas. m. Ascensor destinado espec. a subir o bajar pesos de un piso a otro. *El botones sube las maletas en el montacargas.*

montado, da. part. **1.** → **montar.** ● adj. **2.** Dicho de policía o soldado: Que va a caballo. *La policía montada patrulla las calles.* ● m. **3.** Rebanada de pan con un filete o una loncha de un determinado tipo de alimentos, frec. lomo. *Camarero, por favor, una caña y un montado de lomo.*

montador, ra. m. y f. **1.** Persona encargada de montar muebles, máquinas o aparatos. *Trabaja de montador en una fábrica de automóviles.* **2.** Persona que tiene por oficio montar películas. *El montador ordena las secuencias de la película.*

montaje. m. **1.** Hecho o efecto de montar. *El director está preparando un nuevo montaje teatral. Ha ganado el premio al mejor montaje cinematográfico.* **2.** Fotografía que se obtiene combinando otras fotografías. *Aunque en la foto aparecen juntos, se trata de un montaje.* **3.** Grabación que se obtiene combinando otras grabaciones. *El autor de la coreografía realizó también el montaje musical.* **4.** Acción preparada para hacer creer algo que no es verdad. *Su divorcio ha sido un montaje, pues todavía están casados.*

montante. m. **1.** Importe de una cuenta. *El montante total de la operación asciende a un millón de euros.* **2.** Ventana, fija o abatible, situada sobre la puerta de una habitación. *La luz entra por el montante de la cocina.*

montaña. f. **1.** Gran elevación natural del terreno. *Los escaladores llegan a la cima de la montaña. El ganado pasta en la ladera de la montaña.* **2.** Territorio de montañas (→ 1). *Nevará en zonas de montaña.* **3.** Gran cantidad de cosas. *Hay una montaña* DE *ropa para planchar.* ■ **~ rusa.** f. Atracción de feria que consiste en un raíl con grandes altibajos, por el que se deslizan vehículos pequeños a gran velocidad. *En el parque de atracciones, montan en la montaña rusa.* ▶ **3:** MONTÓN.

montañero, ra. adj. **1.** De la montaña. *Paisaje montañero.* ● m. y f. **2.** Persona que practica el montañismo. *La patrulla de rescate ha encontrado al montañero perdido.* ▶ **2:** ALPINISTA.

montañés, sa. adj. **1.** De la montaña. *Caserío montañés.* Dicho de pers., tb. m. y f. *Los habitantes de la aldea son rudos montañeses.* **2.** De Cantabria. *Hemos disfrutado de la gastronomía montañesa.* Dicho de pers., tb. m. y f. *Es una montañesa de Torrelavega.*

montañismo. m. Deporte que consiste en escalar montañas. *Los fines de semana practica el montañismo.* ▶ ALPINISMO.

montañoso, sa. adj. **1.** De las montañas. *Una gran cadena montañosa separa las dos regiones.* **2.** Abundante en montañas. *La Península Ibérica es muy montañosa.*

montar. intr. **1.** Estar una cosa o una parte de ella sobre otra. *El armario siempre se queda abierto porque una puerta monta sobre la otra.* **2.** Subirse sobre una caballería o sobre un vehículo. *El escudero ayuda a su señor a montar* EN *el caballo.* Tb. prnl. *Se ha montado* EN *el autobús sin dinero para el billete.* **3.** Andar o estar sobre una caballería. *Monta a caballo los fines de semana. Nunca montes sin casco.* **4.** Ir sobre un vehículo. *He aprendido a montar* EN *bicicleta. Es la primera vez que monto* EN *barco.* **5.** Alcanzar algo un importe determinado. *El alquiler del local monta* A *tres mil euros.* ○ tr. **6.** Poner (una cosa o a una persona) encima de otra. *Ha montado el equipaje* EN *la baca del coche. Voy a montar a los niños* EN *los caballitos.* **7.** Ir o estar (sobre una caballería o sobre un vehículo). *El jinete monta un purasangre. El piloto monta una moto japonesa.* **8.** Cubrir el macho (a la hembra). *Han comprado un semental para que monte a las hembras del rebaño.* **9.** Batir (claras de huevo o nata) hasta poner(las) esponjosas y consistentes. *Monta las claras a punto de nieve. La batidora sirve para montar la nata.* **10.** Poner en su lugar las piezas (de algo). *¿Me ayudas a montar la librería que he comprado?* **11.** Poner (en una casa, local o edificio) todo lo necesario para vivir o trabajar (en ellos). *Han montado la casa con los regalos de boda. Montar el restaurante nos cuesta 60 000 euros.* **12.** Preparar lo necesario para representar (una obra de teatro). *Los alumnos están montando una comedia de Lope para fin de curso.* **13.** Seleccionar y ordenar las secuencias (de una película). *El director también monta sus películas.* **14.** Engastar (una piedra preciosa). *Lleva unos pendientes de brillantes montados al aire.* **15.** Poner (un arma de fuego portátil) en condiciones de disparar. *Al llegar al coto, montan las escopetas.* **16.** coloq. Formar (algo, como un ruido o un lío). *Le montó un pollo al camarero porque había una mosca en la sopa.* Frec. en la constr. coloq. *~la,* para referirse a una pelea o un alboroto. *Como no me devuelvan el dinero, la monto.* Tb. en constr. prnl. media. *En cuanto caen cuatro gotas, se monta un follón en la carretera.* ■ **montárselo.** loc. v. coloq. Organizarse alguien sus asuntos. *¿Cómo te lo montas para tener tiempo para todo?* ■ **tanto monta.** expr. Se usa para expresar que da lo mismo una cosa que otra. *–¿Vamos antes a tu casa o a la mía? –Tanto monta.* ▶ **3, 7:** CABALGAR. **8:** CUBRIR. **10:** ARMAR. **13:** EDITAR. **14:** *ENGASTAR.

montaraz. adj. Que vive o se ha criado libre o salvaje en el monte. *La fauna montaraz abunda en la montaña. Los ermitaños eran montaraces, hoscos y de aspecto descuidado.* ▶ **frecAm:** MONTUNO.

monte. m. **1.** Gran elevación natural del terreno. *Se puede subir al monte por un estrecho sendero. La ermita está en lo alto del monte.* **2.** Terreno poblado de árboles, matas y arbustos. *Hemos comido conejo de monte.* **3.** Establecimiento benéfico, combinado gralm.

con una caja de ahorros, en que se hacen préstamos a bajo interés, por los que se deja un objeto en prenda. Tb. ~ *de piedad. Ha empeñado sus joyas en el monte de piedad.* ■ ~ **bajo.** m. Monte (→ 2) en que predomina la vegetación de matas y arbustos. *El incendio ha afectado a una zona de monte bajo.* Tb. esa vegetación. *Se usaba leña de monte bajo: de tomillo y romero.* ■ ~ **de Venus.** m. **1.** Pubis de la mujer. **2.** Pequeña protuberancia de la palma de la mano en la raíz de cada uno de los dedos. *Tu línea de la vida va desde la muñeca hasta el monte de Venus.* □ **echarse al ~.** loc. v. Irse a vivir fuera de poblado huyendo de la justicia. *Se echó al monte y se convirtió en un bandolero muy buscado.* ■ **ser todo el ~ orégano.** loc. v. Ser todo fácil o placentero en un asunto. *Este trabajo tiene su dificultad, ¡no creas que todo el monte es orégano!*

montenegrino, na. adj. De Montenegro. *Fronteras montenegrinas.* Dicho de pers., tb. m. y f. *Un año más, los montenegrinos celebran la Navidad ortodoxa.*

montepío. m. Institución que recibe las contribuciones de los miembros de un cuerpo o profesión para conceder pensiones y ayudas. *Recibe una pensión del montepío de actores.*

montera. f. Gorro que forma parte del traje del torero, de terciopelo negro y rematado a los lados por dos borlas. *El matador alza la montera para dedicar al público la faena.*

montería. f. **1.** Cacería de animales grandes, como el jabalí o el ciervo. *En la finca se organizan monterías.* **2.** Caza de animales grandes, como el jabalí o el ciervo. *Tratado de montería.*

montero, ra. m. y f. Persona que busca la caza y la ahuyenta hasta el lugar en que esperan los cazadores. *El montero, con los perros, persigue al venado.*

montevideano, na. adj. De Montevideo (capital de Uruguay). *Playa montevideana.* Dicho de pers., tb. m. y f. *Está casado con una montevideana.*

montículo. m. Monte pequeño y gralm. aislado, natural o hecho por el hombre. *Se sube a un montículo para otear el horizonte. Los motoristas saltan los montículos de arena del circuito.*

montilla. m. Vino originario de la región española de Montilla. *Acompañan el montilla con unas aceitunas.*

monto. m. Suma total de las cantidades de una cuenta. *El monto de la deuda asciende a 8000 euros.*

montón. m. **1.** Conjunto de cosas puestas unas encima de otras, gralm. sin orden. *En la mesa hay un montón* DE *papeles. Un perro husmea un montón* DE *basura.* **2.** Gran cantidad de personas o cosas. *Tengo un montón* DE *cosas que contarte.* ■ **a montones.** loc. adv. coloq. En abundancia. *Por su cumpleaños ha recibido regalos a montones.* ■ **del ~.** loc. adj. coloq. Corriente o normal. *No es guapa, sino más bien del montón.* ▶ **2:** MONTAÑA.

montonera. f. coloq. Montón. *Por el suelo hay montoneras* DE *libros que no caben en los estantes. Todavía falta una montonera* DE *días para el verano.*

montonero, ra. adj. De un grupo guerrillero de carácter radical, escindido del peronismo, que surgió en Argentina en los años setenta. *Comando montonero.* Dicho de pers., tb. m. y f. *Los montoneros secuestraron a un empresario para obtener fondos.*

montuno, na. adj. frecAm. Montaraz. *Vio a su niña, bonita pero montuna, y a su hijo, silvestre a más no poder* [C].

montura. f. **1.** Soporte donde se coloca la parte principal de un objeto, espec. de una joya o de unas gafas. *Este mes, si compra unas gafas, le regalamos la montura.* **2.** Animal en que se monta. *"Trueno" es la mejor montura que ha tenido el jinete.* **3.** Conjunto de los arreos que lleva una montura (→ 2) sobre el lomo y que permiten montar sobre ella. *Pon la montura a la yegua y apriétale la cincha.* ▶ **2:** CABALGADURA.

monumental. adj. **1.** Del monumento o de los monumentos. *El guía nos condujo por el Toledo monumental. Las ruinas romanas tienen carácter monumental.* **2.** coloq. Enorme o muy grande. Frec. con intención enfática. *Ha caído una granizada monumental. La película ha sido un fracaso monumental.* **3.** coloq. Excelente en su línea. Frec. con intención enfática. *La actriz tuvo una actuación monumental.*

monumentalidad. f. Cualidad de monumental. *Me asombró la monumentalidad de las pirámides.*

monumentalismo. m. **1.** Tendencia a la creación de obras artísticas de grandes proporciones. *La ciudad es una muestra del monumentalismo de los arquitectos renacentistas.* **2.** Tendencia a fomentar la construcción de monumentos públicos de grandes proporciones, espec. como expresión de poder. *La oposición critica duramente el monumentalismo del alcalde.*

monumento. m. **1.** Obra arquitectónica o escultórica que conmemora algo o a alguien. *Han erigido un monumento a los héroes de la guerra.* **2.** Construcción que posee gran valor artístico, arqueológico o histórico. *Hemos visitado los principales monumentos de la ciudad.* **3.** Obra científica, artística o literaria, memorable por su mérito excepcional. *La obra de Velázquez es un monumento de la pintura española.* **4.** coloq. Persona de gran belleza y bien proporcionada. *Su novia es un monumento.* ■ ~ **nacional.** m. Monumento (→ 2) que el Estado toma bajo su protección. *Han declarado el monasterio monumento nacional.*

monzón. m. Viento periódico propio del sudeste asiático, que durante seis meses trae tiempo húmedo, y durante los otros seis, seco. *La estación de los monzones trae lluvias muy intensas.*

moña. f. **1.** Lazo u otro adorno que se pone en la cabeza. *Lleva la coleta recogida con una moña.* **2.** coloq. Borrachera (estado de la persona borracha de alcohol). *¡Menuda moña cogió en la boda de su hermano!*

moño. m. **1.** Parte del cabello enrollada y sujeta, gralm. con horquillas, en la parte posterior de la cabeza. *La novia lleva el velo prendido de un moño.* **2.** Grupo de plumas que sobresale en la cabeza de algunas aves. *En la jaula hay una cacatúa de moño naranja.* ■ **estar hasta el ~** (de alguien o de algo). loc. v. coloq. Estar harto (de él o de ello). *Estoy hasta el moño* DE *oír tus quejas.* ▶ **Am: 1:** CHONGO.

mopa. f. Utensilio de limpieza para sacar brillo a los suelos, formado por un palo largo que tiene en su extremo una bayeta o un conjunto de hilos gruesos. *Después de dar cera al parqué, paso la mopa.*

moquear. intr. Echar mocos. *Tiene alergia al polen y se pasa el día moqueando.*

moqueo. m. Hecho de moquear. *La fiebre y el moqueo son síntomas de la gripe.*

moquero. m. coloq. Pañuelo para limpiarse los mocos. *Saca un moquero del bolsillo y se suena ruidosamente.*

moqueta. f. Tejido fuerte que se emplea para cubrir suelos y paredes. *Los suelos de la oficina están forrados de moqueta gris.*

moquillo. m. Enfermedad de algunos animales jóvenes, espec. de los perros, que produce fiebre, aumento de la secreción nasal y dificultad respiratoria. *El veterinario vacuna al cachorro contra el moquillo.*

mor. **por ~ de.** loc. prepos. cult. Por causa de. *Abandonó los estudios por mor de una larga enfermedad.*

mora. f. **1.** Fruto comestible del moral, compuesto por granos pequeños y jugosos, y de color morado cuando está maduro. *Mermelada de mora.* **2.** Fruto de la morera, parecido a la mora (→ 1) pero más pequeño y de color blanco amarillento. *Los gusanos de seda se alimentan de hojas de morera, pero no de moras.* **3.** Zarzamora (fruto). *He ido a coger moras y me he pinchado con las espinas de la zarza.* ▶ **3:** ZARZAMORA.

morabito. m. **1.** Musulmán que vive como un ermitaño. *El morabito enseña los ritos islámicos en la aldea.* **2.** Ermita en que vive un morabito (→ 1). *Escondido entre los árboles hay un morabito.*

morada. f. cult. Lugar en que se mora o habita. *Bienvenidos a mi humilde morada.* Tb. fig. *El cuerpo es la morada del alma.*

morado, da. adj. **1.** Dicho de color: Que está entre el rojo y el azul. *La piel de la berenjena es de color morado.* Tb. m. *El torero va vestido de morado y oro.* **2.** De color morado (→ 1). *El sacerdote lleva una casulla morada.* ● m. **3.** coloq. Cardenal (mancha que sale en la piel). *Me di contra una mesa y me ha salido un morado.* ■ **pasarlas moradas.** loc. v. coloq. Encontrarse en una situación difícil o comprometida. *Las he pasado moradas en el examen oral.* ■ **ponerse ~** (de algo, espec. de comida). loc. v. coloq. Hartarse (de ello). *En Galicia nos pusimos morados* DE *marisco.*

morador, ra. adj. cult. Que mora o habita en un lugar. Tb. m. y f. *El estado ruinoso de la vivienda pone en peligro a sus moradores.*

moradura. f. Cardenal (mancha que sale en la piel). *Tiene las piernas llenas de moraduras.* ▶ CARDENAL.

moral[1]**.** adj. **1.** Que está relacionado con el comportamiento o el carácter humanos, desde el punto de vista del bien o del mal. *Ayudar al necesitado es un precepto moral.* **2.** Que está relacionado con la conciencia o con el espíritu. *Tenía la obligación moral de cumplir lo pactado.* **3.** Conforme con las normas morales (→ 1). *No me parece moral gastar tanto dinero en cosas superfluas.* ● f. **4.** Estudio del comportamiento humano desde el punto de vista del bien o del mal. Se usa espec. en filosofía y religión. *La moral establece los criterios que rigen las relaciones entre las personas.* **5.** Conjunto de normas morales (→ 1). *Su comportamiento es contrario a la moral establecida.* **6.** Estado de ánimo. *Tengo la moral por los suelos.* **7.** Buen ánimo. *Se necesita tener moral para aguantar tantas penalidades.* ▶ **4:** ÉTICA. **5:** ÉTICA, MORALIDAD.

moral[2]**.** m. Árbol de tronco grueso y recto, copa amplia y hojas ásperas de forma de corazón, cuyo fruto es la mora. *Nos solemos sentar a la sombra de los morales del jardín.*

moraleja. f. Lección o enseñanza que se deduce de algo, espec. de un cuento o de una fábula. *–¿Cuál es la moraleja del cuento? –Que no se debe hablar con extraños.*

moralidad. f. **1.** Cualidad de moral o conforme con las normas morales. *Es un acto de dudosa moralidad.* **2.** Moral (conjunto de normas morales). *La obra es un ataque contra la moralidad imperante.* ▶ **2:** *MORAL.

moralina. f. despect. Conjunto de normas morales falsas o superficiales. *El libro desprende una moralina propia de tiempos pasados.*

moralismo. m. Tendencia a conceder una importancia predominante a los valores morales. *El partido conservador defiende un moralismo a ultranza.*

moralista. m. y f. **1.** Autor de obras que tratan sobre principios o normas morales. *Baltasar Gracián era un moralista.* **2.** Persona que realiza reflexiones morales o que enseña moral. *Médicos y moralistas discuten sobre el controvertido tema del aborto.*

moralizador, ra. adj. Que moraliza. *Discursos moralizadores.* Dicho de pers., tb. m. y f. *Intentó ser un moralizador de la vida política.*

moralizante. adj. Que moraliza o intenta moralizar. *Sus obras tienen una intención moralizante.*

moralizar. tr. **1.** Hacer que (algo o alguien) se ajusten a las normas morales. *Moratín utilizó el teatro como vehículo para moralizar las costumbres.* ○ intr. **2.** Dar lecciones morales. *Las fábulas, además de entretener, moralizan.*

moralmente. adv. En el aspecto moral. *Afirma que la pena de muerte es algo moralmente inadmisible.*

morapio. m. coloq. Vino tinto. *Los parroquianos de la taberna le dan al morapio.*

morar. intr. cult. Habitar o residir en un lugar. *Las nereidas moraban* EN *las aguas del mar.*

moratón. m. coloq. Cardenal (mancha que sale en la piel). *Tienes un moratón en la rodilla.*

moratoria. f. Ampliación del plazo que se concede para pagar una deuda que ya ha vencido, espec. un impuesto. *Han concedido al país una moratoria para el pago de la deuda exterior.*

morbidez. f. cult. Cualidad de mórbido o blando. *El pintor plasma como nadie la morbidez del cuerpo desnudo.*

mórbido, da. adj. **1.** cult. Blando y suave. *El vaporoso vestido transparenta sus formas mórbidas.* **2.** cult. De la enfermedad. Se usa espec. en medicina. *Padece obesidad mórbida.* **3.** cult. Que ocasiona una enfermedad. Se usa espec. en medicina. *Entre los agentes mórbidos destacan los virus.*

morbilidad. f. Número de personas afectadas por una enfermedad en una población y un tiempo determinados. Se usa espec. en medicina. *Estudian el índice de morbilidad de la depresión entre los pacientes del ambulatorio.*

morbo. m. Interés o atracción por lo prohibido, lo desagradable o lo escabroso. *–Me gusta ver programas sobre crímenes. –¡Qué morbo!*

morbosidad. f. Cualidad de morboso. *Critican el programa por la morbosidad de sus contenidos.*

morboso, sa. adj. **1.** Que produce morbo. *Le gustan los detalles morbosos de los sucesos.* **2.** Que siente o manifiesta morbo. Tb. m. y f. *Los accidentes despiertan la curiosidad de los morbosos.* **3.** De la enfermedad. *Los médicos han detectado mejorías en el proceso morboso que lo aqueja.*

morcilla. f. **1.** Embutido hecho con sangre cocida, gralm. de cerdo, y especias, a las que se añaden otros ingredientes, como arroz o cebolla. *Hay judías blancas con morcilla y chorizo.* **2.** coloq. Cosa gorda o deforme. Frec. designa los brazos o las piernas hinchados. *Durante el embarazo, sus piernas eran dos morcillas.* **3.** coloq. Palabra o frase improvisadas que añaden los actores al representar una función teatral. *Al director no le gusta que se metan demasiadas morcillas.* ■ **que te,** o **le,** etc., **den ~.** expr. coloq. Se usa para expresar rechazo o falta de interés. *Oye, si no les gusta lo que haces, que les den morcilla.*

morcillo. m. Parte de la carne de una res que corresponde a la parte alta de las patas. *Deme medio kilo de morcillo para el cocido.*

morcón. m. Embutido hecho con la parte más ancha de las tripas del animal. *Servirán unas entradas de morcón y lomo.*

mordacidad. f. Cualidad de mordaz. *Todos temen la mordacidad de sus comentarios.*

mordaz. adj. Que critica con malicia aguda e ingeniosa. *El escritor hace un retrato mordaz de la sociedad de su tiempo.* ▶ CÁUSTICO, CORROSIVO, INCISIVO.

mordaza. f. Cosa que se pone a alguien en la boca para impedir que hable. *El atracador ata a los rehenes y les pone una mordaza.* Tb. fig. *Acusan al gobierno de intentar poner una mordaza a la prensa.*

mordedor, ra. adj. Que muerde. *El perro parece fiero, pero no es mordedor.*

mordedura. f. Hecho o efecto de morder o clavar los dientes. *La mordedura de víbora puede ser mortal.* ▶ *MORDISCO.

morder. (conjug. MOVER). tr. **1.** Clavar los dientes (en alguien o algo). *Espera a que algún pez muerda el cebo. Me he mordido el labio.* Tb. usado en constr. intr. *No puede morder porque no tiene dientes.* ○ intr. **2.** coloq. Manifestar alguien mucha ira. *No te acerques, que está que muerde.*

mordida. f. **1.** Hecho o efecto de morder o clavar los dientes. *El pez se ha llevado el cebo en la mordida.* **2.** coloq. Dinero de un soborno. *El funcionario no ha aceptado la mordida.* ▶ **1:** *MORDISCO.

mordisco. m. **1.** Hecho o efecto de morder o clavar los dientes. *El perro la emprende a mordiscos con los ladrones.* **2.** Pedazo que se saca de algo al morder o clavar los dientes. *¿Me das un mordisco de tu bocadillo?* **3.** Beneficio o parte que se saca de algo. *Se ha llevado un buen mordisco de la herencia.* ▶ **1:** MORDEDURA, MORDIDA.

mordisquear. tr. Dar (a algo) pequeños mordiscos repetidamente. *Tiene la manía de mosdisquear los lápices.*

morena. f. Pez marino comestible parecido a la anguila, de color oscuro, con manchas amarillas y cuerpo alargado y cilíndrico. *Cuando buceamos, vemos pulpos y morenas.*

morenez. f. Cualidad de moreno. *La blancura de sus dientes contrasta con la morenez de su piel.*

moreno, na. adj. **1.** Dicho de color: Oscuro que tira a negro. *Tiene ojos negros y piel de color moreno.* Tb. m. *Luce un moreno envidiable.* **2.** De color moreno (→ 1). *Tiene la piel morena por el sol. Su pelo es moreno.* **3.** Dicho de persona: Que tiene el pelo castaño o negro. *Es alto, moreno y de ojos azules.* Tb. m. y f. *Sale con una morena guapísima.* **4.** Dicho de cosa: De color más oscuro que otras de su misma clase. *Huevos morenos. Prefiero el pan moreno al blanco.* **5.** coloq. Dicho de persona: Negra. Tb. m. y f. *Muchos morenos vienen a buscar trabajo.* ▶ **Am: 2, 4:** PRIETO.

morera. f. Árbol de tronco recto, con hojas ovales y dentadas que sirven de alimento a los gusanos de seda, cuyo fruto es la mora. *Los niños trepan a la morera para arrancar sus hojas.*

morería. f. histór. Barrio de una población en que habitaban los moros. *Una muralla separaba la morería del barrio cristiano.*

moretón. m. coloq. Cardenal (mancha que sale en la piel). *No me agarres tan fuerte, que me vas a hacer un moretón.*

morfar. tr. Am. coloq. Comer (alimento). *Si vamos a comer salchichas, morfamos salchichas; no nos ponemos a morfar zanahorias* [C]. Tb. usado en constr. intr. *Salió del baño y se sentó a morfar como si nada* [C].

morfema. m. **1.** *Ling.* Unidad mínima dotada de significado. *Las palabras "pan" y "de" son morfemas.* **2.** *Ling.* Parte de una palabra que contiene la información gramatical. *En español, el morfema de plural es "s" o "es".*

morfina. f. Sustancia que se extrae del opio y se emplea en medicina como somnífero y para calmar el dolor. *La enfermera inyectó una dosis de morfina al herido.*

morfinómano, na. adj. Adicto a la morfina. *Se hizo morfinómano tras emplear la droga para combatir el dolor.* Tb. m. y f. *El morfinómano buscaba desesperadamente su dosis.*

morfología. f. **1.** Forma de algo. *En clase de ciencias estudiamos la morfología de la mosca. Ha publicado un artículo sobre la morfología del paisaje urbano.* **2.** *Biol.* Parte de la biología que estudia la forma de los seres vivos o de sus partes, y las transformaciones que experimentan. *La morfología explica los diferentes órganos de la planta.* **3.** *Gram.* Parte de la gramática que estudia la forma y la estructura de las palabras. *La morfología se ocupa de los prefijos y los sufijos.*

morfológico, ca. adj. De la morfología. *Desde el punto de vista morfológico, la palabra "sacapuntas" es un compuesto. La célula presenta alteraciones morfológicas.*

morfosintáctico, ca. adj. *Ling.* De la morfosintaxis. *Estudio morfosintáctico del verbo español.*

morfosintaxis. adj. *Ling.* Parte de la gramática que combina el estudio de la morfología y la sintaxis. *Morfosintaxis latina.*

morgue. f. Depósito de cadáveres. *El cadáver es trasladado a la morgue.* ▶ DEPÓSITO.

moribundo, da. adj. Que está muriendo o está a punto de morir. *En el arcén hemos visto un perro moribundo.* Dicho de pers., tb. m. y f. *El sacerdote da la extremaunción a los moribundos.*

morigerado, da. part. **1.** → **morigerar.** ● adj. **2.** Dicho de persona: De buenas costumbres. *Es un hombre muy morigerado.*

morigerar. tr. Moderar (las costumbres o las pasiones). *Los médicos le han aconsejado que morigere su modo de vida.*

moriles. m. Vino originario de la región española de Moriles. *En Córdoba hemos tomado un moriles excelente.*

morillo. m. Caballete de hierro que se pone en la chimenea para sujetar la leña. *Pon un buen tronco entre los dos morillos.*

morir. (conjug. DORMIR; part. **muerto**). intr. **1.** Dejar de vivir. *Ha muerto en un accidente.* Tb. prnl. *Se ha muerto de un ataque al corazón.* **2.** Llegar algo a su fin. *El río muere en esta laguna.* Tb. prnl. *El fuego está a punto de morirse.* ○ intr. prnl. **3.** coloq. Sentir intensamente algo. *Se muere* DE *ganas de verte. Estoy muerto* DE *hambre.* **4.** coloq. Reírse mucho. Frec. *~se de risa. Cuenta unas historias para morirse de risa.* **5.** coloq. Amar intensamente a alguien. *Le dijo que se moría* POR *ella.* **6.** coloq. Desear vehementemente algo. *Se muere* POR *conocerlo.* ■ **muera.** expr. Se usa seguido de un nombre de persona o cosa para expresar rechazo u odio hacia ellas. Se usa espec. como grito de protesta. *Los republicanos gritaban: –¡Muera la monarquía!* Tb. m. *Los mueras contra el general ahogaban los vítores de sus partidarios.* ▶ **1:** EXPIRAR.

morisco, ca. adj. **1.** histór. Dicho de persona de religión musulmana: Que se convirtió al cristianismo y se quedó en España después de haber terminado la Reconquista. *Artesanos moriscos.* Tb. m. y f. *La expulsión de los moriscos se produjo en el siglo* XVII. **2.** histór. De los moriscos (→ 1). *Las costumbres y la lengua moriscas sobrevivieron a las conversiones.*

morisma. **la ~.** loc. s. histór. El conjunto de los moros. *Las huestes castellanas derrotaron a la morisma.*

morlaco. m. *Taurom.* Toro de lidia de gran tamaño. *El matador aguanta con temple las embestidas del morlaco.*

mormón, na. adj. **1.** *Rel.* De un movimiento religioso fundado en el siglo XIX en Estados Unidos, cuya denominación oficial es Iglesia de Jesucristo de los Santos de los Últimos Días. *Iglesia mormona.* **2.** *Rel.* Adepto al movimiento mormón (→ 1). *Pastor mormón.* Tb. m. y f. *Los mormones construyeron una iglesia en la ciudad.*

moro, ra. adj. **1.** Del norte de África, espec. de Marruecos. *En la ciudad, la población mora es mayoritaria.* Dicho de pers., tb. m. y f. *El moro vestía chilaba y babuchas.* **2.** Musulmán (que profesa la religión musulmana). *La comunidad mora ayuna durante el ramadán.* Tb. m. y f. *Algunas moras llevan velo.* **3.** histór. Dicho de persona de religión musulmana: Que ocupó la Península Ibérica desde el siglo VIII hasta el XV. *El rey moro vivía en un hermoso palacio.* Tb. m. y f. *El avance de la Reconquista hizo retroceder a los moros.* **4.** coloq. Dicho de hombre: Que es celoso y posesivo, y tiene dominada a su pareja. *Su novio es muy moro y no la deja ir sola a ninguna parte.* ■ **moros y cristianos.** m. pl. Fiesta pública en la que algunos de los participantes se visten de moros (→ 3) y otros de cristianos, y fingen mantener una batalla entre ellos. *Los moros y cristianos terminan con fuegos artificiales.* □ **haber moros en la costa.** loc. v. coloq. Estar presente alguien que no conviene que oiga o vea algo. *Espera, calla, que creo que hay moros en la costa.* ▶ **1:** MORUNO. **2:** *MUSULMÁN.

morocho, cha. adj. frecAm. coloq. Dicho de persona: Morena. *Se enamoró de esa muchacha morocha y tímida* [C]. Tb. m. y f. *Murió una mañana ante el llanto de las morochas* [C].

morosidad. f. Cualidad de moroso. *Lee el discurso con afectada morosidad. Ha descendido la morosidad en los bancos.* ▶ *LENTITUD.

moroso, sa. adj. **1.** Que se retrasa en algo, espec. en un pago o en una devolución. *El casero echará a los inquilinos morosos.* Dicho de pers., tb. m. y f. *Los acreedores asedian al moroso.* **2.** Lento o que tarda más de lo normal o de lo esperado. *En sus obras abundan las descripciones morosas y detallistas.* ▶ **2:** *LENTO.

morral. m. Saco, gralm. de lona, que usan los cazadores, pastores y caminantes para echar la caza o llevar provisiones. *Ha vuelto a casa con dos liebres en el morral.*

morralla. f. coloq. Conjunto de cosas inútiles o de poco valor. *En su libro hay datos interesantes, pero también mucha morralla.*

morrear. tr. **1.** coloq. Besar (a alguien) en la boca persistentemente. *La morrea apasionadamente.* ○ intr. prnl. **2.** coloq. Besarse dos personas en la boca persistentemente. *Una pareja se morrea en un banco.* Tb.: *Su madre la ha pillado morreándose* CON *su novio.*

morrena. f. *Geol.* Montón de piedras, barro y otros materiales, arrastrados y acumulados por un glaciar. *El lago, de origen glaciar, se formó por una morrena que hizo de presa de contención.*

morreo. m. coloq. Hecho de morrear o morrearse. *Los han visto dándose un morreo.*

morrillo. m. Pieza de carne de una res que corresponde a la parte superior y anterior del cuello. *El espada hundió el estoque en el morrillo del toro. Pide al carnicero morrillo de añojo.*

morriña. f. Tristeza o melancolía, espec. las que se sienten por nostalgia de la tierra natal. *Desde que dejó Galicia, no ha dejado de tener morriña.*

morrión. m. histór. Casco de la armadura, de forma esférica y bordes levantados por la parte anterior y posterior. *Un penacho de plumas coronaba el morrión del capitán.*

morro. m. **1.** En algunos animales: Parte saliente de la cabeza en que están la nariz y la boca. *El perro acerca el morro al suelo para olfatear.* **2.** Extremo delantero y prolongado de una cosa. *Le han dado un golpe en el morro del coche.* **3.** coloq. Labios de una persona, espec. los que son gruesos y abultados. Frec. en pl. *Se pinta los morros de rojo.* **4.** coloq. Descaro o atrevimiento. *Me debe dinero y todavía tiene el morro de pedirme más.* ■ **beber a ~.** loc. v. coloq. Beber aplicando directamente la boca a la botella o al líquido. *¡No bebas a morro, cochino!* ■ **caerse de ~s.** loc. v. coloq. Caerse boca abajo. *Se ha caído de morros y se ha roto dos dientes.* ■ **dar** (a alguien) **en los ~s.** loc. v. coloq. Fastidiar(lo) presumiendo de algo. *Me gustaría ganar el premio solo para darte en los morros.* ■ **estar de ~(s).** loc. v. coloq. Estar enfadado. *Su novia está de morros y no lo quiere ver.* ■ **por (todo) el ~.** loc. adv. coloq. De forma gratuita. *Nosotros entramos en la discoteca por el morro.* ■ **torcer el ~.** loc. v. coloq. Poner expresión de enfado o de fastidio. *Cuando hablo de trabajo, tuerce el morro.* ▶ **1:** HOCICO.

morrocotudo, da. adj. coloq. Muy grande o extraordinario. Se usa con intención enfática. *Has pescado un resfriado morrocotudo.*

morrón. m. coloq. Golpe fuerte. *¡Menudo morrón se ha metido con la bici!*

morsa. f. Mamífero carnívoro marino, parecido a la foca pero de mayor tamaño, que tiene dos grandes colmillos que sobresalen de la mandíbula superior. *La morsa macho. Los esquimales cazan una morsa.*

morse. (A veces en mayúsc.). m. **1.** Sistema de telegrafía que utiliza un alfabeto formado por la combinación de rayas y puntos. *El morse revolucionó el mundo de las comunicaciones.* Frec. en aposición. *El barco ha enviado un SOS utilizando el sistema Morse.* **2.** Alfabeto utilizado en el sistema morse (→ 1). *El espía logra mandar un mensaje en morse.* Frec. en aposición. *El telegrafista maneja el código morse.*

mortadela. f. Embutido muy grueso, hecho con carne de cerdo y de vaca, muy picada y mezclada con tocino. *Bocadillo de mortadela.*

mortaja. f. Vestidura o tela en que se envuelve a un cadáver para enterrarlo. *El traje de los domingos ha sido su mortaja.*

mortal. adj. **1.** Que va a morir. *Los animales son mortales.* **2.** Dicho de cosa: Que causa o puede causar la muerte. *Ha tomado un veneno mortal. La caída fue mortal.* Frec. con intención enfática. *Hace un frío mortal.* **3.** Dicho de un sentimiento negativo: Que lleva a desear la muerte de alguien. *Siente hacia ella un odio mortal.* ● m. **4.** Ser humano. *El héroe era hijo de una diosa y un mortal. Algunos lujos están vetados para la mayoría de los mortales.* ▶ **2:** MORTÍFERO. **4:** *PERSONA.

mortalidad. f. Número de muertes producidas en una población y en un tiempo determinados. *La tasa de mortalidad infantil ha descendido en los países desarrollados.*

mortandad. f. Gran cantidad de muertes producidas por una epidemia, una guerra u otra catástrofe. *El terremoto ha causado en la zona una enorme mortandad.*

mortecino, na. adj. Que no tiene fuerza, intensidad o vigor. *Una luz mortecina ilumina la estancia. Su piel tiene un color mortecino.*

mortero. m. **1.** Recipiente en forma de vaso, de madera, piedra o metal, que se emplea para machacar cosas en él con un mazo. *Triture el ajo y el perejil en un mortero.* **2.** Pieza de artillería de gran calibre, destinada a lanzar proyectiles a corta distancia. *Los disparos de mortero han sorprendido a las tropas.* **3.** *Constr.* Masa formada por la mezcla de agua y arena con cal o cemento. *El albañil aplica el mortero entre los ladrillos.* ▶ **1:** ALMIREZ.

morteruelo. m. Guiso hecho con hígado de cerdo machacado y mezclado con especias y pan rallado. *En Cuenca hemos probado los zarajos y el morteruelo.*

mortífero, ra. adj. Dicho de cosa: Que causa o puede causar la muerte. *La bomba atómica es un arma mortífera.* ▶ MORTAL.

mortificación. f. Hecho o efecto de mortificar o mortificarse. *El ayuno es una forma de mortificación.*

mortificar. tr. **1.** Causar pesadumbre o molestia (a alguien). *Las moscas mortifican a la mula. No te mortifiques, que ya no tiene remedio.* **2.** Causar sufrimiento (a una persona o a una parte de ella) como penitencia o por fervor religioso. *Los nazarenos caminan descalzos para mortificarse. El fraile mortifica su cuerpo dándose latigazos.*

mortuorio, ria. adj. Del muerto. *Esquela mortuoria. En el antiguo sepulcro han hallado una sábana mortuoria.*

mórula. f. *Biol.* Primera etapa del desarrollo de un embrión, en el que este tiene el aspecto de una mora. *Un análisis genético de la mórula desvela si se desarrollará la enfermedad.*

moruno, na. adj. Moro (del norte de África). *De la cocina moruna, lo que más me gusta es el cuscús. Té moruno.* ▶ MORO.

mosaico[1]. m. Obra decorativa realizada sobre muros o suelos, uniendo trozos pequeños de piedra, vidrio u otros materiales de diferentes colores. *El palacio está decorado con bellos mosaicos.*

mosaico[2], ca. adj. De Moisés (profeta hebreo). *La ley mosaica prohibía trabajar los sábados.*

mosca. f. **1.** Insecto pequeño de color negro, con dos alas transparentes y cabeza ovalada, del que existen varias especies, por ej.: ~ *borriquera,* ~ *de la carne,* ~ *tse-tse. La mosca macho. Cierra la puerta, que entran moscas.* **2.** Porción de pelo que se deja crecer entre el labio inferior y el principio de la barbilla. *Se ha dejado mosca y perilla.* **3.** Cebo que imita a una mosca (→ 1) y que se utiliza en la pesca con caña. *He pescado con mosca toda la vida.* Tb. ~ *artificial. Prefiere el cebo vivo a la mosca artificial.* ■ **~ muerta.** f. coloq. Persona aparentemente mansa o inocente, pero que actúa con malicia y de forma interesada. Más frec. *mosquita muerta. No te fíes de esa mosquita muerta, que va detrás de tu puesto.* □ **aflojar,** o **soltar, la ~.** loc. v. coloq. Dar o gastar dinero. *Afloja la mosca, que te toca pagar a ti.* ■ **con la ~ en,** o **detrás de, la oreja.** loc. adv. coloq. Con recelo o desconfianza. *Ten cuidado, que el jefe está con la mosca detrás de la oreja.* ■ **estar ~.** loc. v. coloq. Estar receloso. *Mi madre está mosca y me vigila constantemente.* ■ **papar ~s.** loc. v. coloq. Estar distraído o sin hacer nada, con la boca abierta. *Los alumnos de la última fila se pasan el día papando moscas.* ■ **por si las ~s.** loc. adv. coloq. Por si acaso. *Me traigo una muda de sobra por si las moscas.* ■ **¿qué ~ te,** o **le,** etc., **ha picado?** expr. coloq. Se usa para preguntar por la causa del mal humor, enfado o malestar de alguien. *¿Se puede saber qué mosca te ha picado?* ■ **soltar la ~.** → **aflojar la mosca.** ■ **tener la ~ en,** o **detrás de, la oreja.** loc. v. coloq. Estar receloso. *Como nos oyó cuchichear, tiene la mosca detrás de la oreja.*

moscarda. f. Mosca grande y de colores brillantes, cuyas larvas se alimentan de carne en estado de descomposición. *Las moscardas revolotean sobre el animal muerto.*

moscardón. m. **1.** Mosca grande, de color pardo oscuro y muy vellosa, que deposita sus huevos en el pelo de los animales. *Los moscardones zumban alrededor del ganado.* **2.** coloq. Persona pesada y molesta, que asedia a otra para conseguir algo, espec. el hombre que intenta conquistar a una mujer. *La chica va acompañada de una corte de moscardones.* ▶ **1:** MOSCÓN.

moscatel. adj. **1.** Dicho de vino: Elaborado con uva moscatel (→ 2). Frec. m. *Toma una copita de moscatel después de comer.* ● f. **2.** Uva blanca, grande y muy dulce. *Por favor, póngame un kilo de moscatel.* Tb. *uva ~. La cosecha de uva moscatel ha sido muy buena.*

moscón. m. **1.** Moscardón (mosca grande). *Un moscón se posa a cada instante en su piel.* **2.** coloq. Moscardón (persona pesada). *Está acostumbrada al asedio de los moscones.* ▶ **1:** MOSCARDÓN.

moscovita. adj. De Moscú. *El* ballet *moscovita está de gira por América.* Dicho de pers., tb. m. y f. *En el tour por Europa había muchos moscovitas.*

mosquear. tr. coloq. Causar desconfianza o enfado (a alguien). *Me mosquea que no me haya llamado.* Tb. en constr. prnl. media. *Se ha mosqueado porque le di plantón.*

mosqueo. m. coloq. Hecho o efecto de mosquear o mosquearse. *Aún no se le ha pasado el mosqueo.*

mosquete. m. histór. Arma de fuego antigua, parecida al fusil pero más larga y de mayor calibre, que se disparaba apoyándola sobre una horquilla. *Los soldados se enfrentaron al enemigo con cañones y mosquetes.*

mosquetero. m. **1.** histór. Soldado armado de mosquete. *Los mosqueteros se batieron en duelo.* **2.** histór. En los antiguos corrales de comedias: Hombre que veía la representación de pie en la parte posterior del patio. *Los mosqueteros descontentos silbaban a los actores.*

mosquetón. m. **1.** Anilla que se abre y se cierra mediante un muelle. *El alpinista pasa la cuerda por el mosquetón.* **2.** Arma de fuego parecida al fusil, pero más corta. *El soldado encajaba la bayoneta en el mosquetón.*

mosquita. → **mosca.**

mosquitera. f. Mosquitero (pieza de gasa). *La cuna está cubierta con una mosquitera.* ► MOSQUITERO.

mosquitero. m. **1.** Pieza de gasa o de otro tejido similar que se cuelga sobre la cama para impedir que pasen los mosquitos. *Las camas del hotel tienen dosel y mosquitero.* **2.** Tela metálica que se coloca en puertas y ventanas para impedir que pasen los mosquitos y otros insectos. *En todas las casas del pueblo hay cortinas y mosquiteros.* ► **1:** MOSQUITERA.

mosquito. m. Insecto de pequeño tamaño, con patas largas y finas, y dos alas transparentes que producen un sonido agudo, cuya hembra chupa la sangre a los mamíferos, y del que existen varias especies, por ej.: ~ *anofeles* (→ **anofeles**). *El mosquito hembra. Esta noche me han picado los mosquitos.* ► **Am:** ZANCUDO.

mostacho. m. Bigote grande y espeso. *Se atusa el mostacho frente al espejo.*

mostaza. f. **1.** Planta de flores amarillas, cuyas semillas pequeñas y picantes, gralm. negras por fuera y amarillas por dentro, se usan como condimento, y de la que existen varias especies, por ej.: ~ *blanca,* ~ *negra. La plantación de mostaza ha sufrido una plaga.* Tb. la semilla. *Se muele la mostaza y se mezcla con vinagre, sal y agraz.* **2.** Salsa pastosa y picante, de color amarillo o marrón oscuro, elaborada con las semillas de la mostaza (→ 1). *Échale mostaza y* ketchup *a la hamburguesa.*

mosto. m. Zumo de la uva, antes de fermentar y hacerse vino. *Me gusta el sabor dulce del mosto.*

mostrador. m. **1.** En una tienda: Tablero o mueble alargados, gralm. cerrados por la parte exterior, que se emplean para mostrar las mercancías a los clientes. *La dependienta extiende varios jerséis sobre el mostrador.* **2.** En bares, cafeterías y otros establecimientos similares: Tablero alargado que se emplea para servir las consumiciones a los clientes. *El barman prepara un cóctel detrás del mostrador.*

mostrar. (conjug. CONTAR). tr. **1.** Enseñar (algo), o poner(lo) ante la vista de alguien. *Se remanga el pantalón para mostrarnos la cicatriz. Un policía le ha pedido que le muestre su documentación.* **2.** Poner de manifiesto (algo) o dejar(lo) ver. *Es una manera de mostrarles mi agradecimiento. Siempre ha mostrado valor en las situaciones difíciles.* ○ intr. prnl. **3.** Dejarse ver alguien de una manera determinada. *Se muestra optimista. Intenta mostrarte simpática con él.* ► **2:** MANIFESTAR.

mostrenco, ca. adj. Dicho de persona: Torpe para comprender o razonar. *No seas mostrenca y piensa antes de hablar.* Tb. m. y f. *¿Quién será el mostrenco que ha escrito "haber" sin "h"?*

mota. f. **1.** Partícula de algo. *Se me ha metido una mota en el ojo. El mueble no tiene ni una mota* DE *polvo.* **2.** Mancha o dibujo redondeados y muy pequeños. *La piel del plátano tiene motas negras. En la camisa han quedado motas de lejía.*

mote[1]. m. Nombre dado a alguien en lugar del suyo o añadido a este, y frec. inspirado en una cualidad o condición de esa persona. *A Juan todos le llaman por el mote de "Rubio".* ► *SOBRENOMBRE.

mote[2]. m. Am. Maíz desgranado y cocido. *Se complementa con arroz, yuca, lenteja, camote o mote* [C].

motear. tr. Salpicar de motas o manchas (algo, espec. una tela). *La sangre del toro motea el capote.*

motejar. tr. Calificar (a alguien) con la denominación que se indica. *Lo motejan* DE *cobarde.*

motel. m. Establecimiento público, situado gralm. fuera de los núcleos urbanos y junto a la carretera, que ofrece alojamiento en departamentos y plaza de garaje. *Nos alojaremos en un motel con piscina y restaurante.*

motero, ra. m. y f. coloq. Persona que conduce una motocicleta, espec. la que es muy aficionada a las motos. *Este fin de semana se celebra la concentración anual de moteros.*

motete. m. Composición musical breve, de carácter religioso, que se canta en las iglesias. *A lo largo de la misa, el coro ha interpretado varios salmos y motetes.*

motilidad. f. *Med.* Cualidad de móvil. *El medicamento hace que aumente la motilidad intestinal.*

motilón, na. adj. **1.** De un pueblo amerindio que habita en la frontera entre Colombia y Venezuela, y que se caracteriza por su corte de pelo en forma de casquete. *Indios motilones.* Dicho de pers., tb. m. y f. *El misionero se fue a vivir entre los motilones, en plena selva tropical.* **2.** *Rel.* Dicho de miembro de una comunidad religiosa: Lego. *Fraile motilón.* Tb. m. y f. *En el convento había diez monjas y una motilona.* ► **2:** LEGO.

motín. m. Movimiento colectivo de protesta, gralm. violento, contra una autoridad. *Estalló un motín a bordo del buque. Los geos han sofocado el motín de la cárcel.*

motivación. f. **1.** Hecho de motivar. *Los anuncios buscan la motivación de los consumidores potenciales.* **2.** Motivo o causa. *No llegamos a comprender la motivación de este hecho.*

motivador, ra. adj. Que motiva. *La tristeza tiene siempre un agente motivador. Nos propone objetivos realistas y motivadores.*

motivar. tr. **1.** Ser el motivo o causa (de algo). *Tu alusión motivó su enfado.* **2.** Explicar los motivos o causas (de algo). *Debes motivar tu respuesta.* **3.** Disponer el ánimo (de alguien) para que proceda de un determinado modo. *El profesor debe motivar a los alumnos para que estudien.*

motivo. m. **1.** Causa que mueve a actuar. *Desconozco el motivo que lo impulsa a obrar así. No tengo motivos para alegrarme.* **2.** Causa que hace que algo suceda o exista. *¿Por qué motivo sale el arco iris cuando llueve?* **3.** Rasgo o elemento característico que se repite en una obra o en un conjunto de ellas. *Las hojas de acanto son un motivo ornamental característico del orden corintio.* ■ **con ~ de.** loc. prepos. A causa de. *Con motivo de la visita del Rey se celebrarán diversos actos.*

moto. f. Motocicleta. *Si vais a montar en moto, poneos el casco.* ■ **vender la ~** (a alguien). loc. v. coloq. Tratar de convencer(lo) de algo, espec. si es falso o poco creíble. *Nos quieren vender la moto de que todo va bien.*

moto-. elem. compos. Significa 'movido por motor'. *Motocultivador, motonáutica.*

motocarro. m. Vehículo de tres ruedas, con motor, que se emplea para transportar cargas ligeras. *El repartidor conduce un motocarro.*

motocicleta. m. Vehículo de dos ruedas con motor. *Una motocicleta nos ha adelantado en la curva.* ▶ MOTO.

motociclismo. m. Deporte que consiste en montar en moto. *Hoy comienza el mundial de motociclismo.*

motociclista. adj. **1.** Del motociclismo. *Carrera motociclista.* ● m. y f. **2.** Persona que conduce una motocicleta. *El motociclista ha sufrido un aparatoso accidente.* ▶ **2:** MOTORISTA.

motocross. (pal. fr.; pronunc. "motocrós"). m. Deporte que consiste en montar en una moto a través del campo o en un circuito de terreno accidentado. *Los corredores de* motocross *dan saltos espectaculares.* ¶ [Adaptación recomendada: *motocrós*].

motor, tora (o **triz**). adj. **1.** Que mueve. *El ganado se utilizaba como fuerza motriz en las labores agrícolas. El impulso nervioso es enviado a los órganos motores.* Tb. m. *La industria petrolera es el motor de la economía.* ● m. **2.** Máquina que produce movimiento a partir de una fuente de energía. *El motor del coche hace un ruido muy raro.* ○ f. (**motora**). **3.** Embarcación pequeña provista de motor. *Salieron a pescar en la motora.* ■ **motor de arranque.** m. *Mec.* Motor (→ 2) eléctrico que pone en marcha otro. *Se me ha estropeado el motor de arranque del coche.* ■ **motor de explosión.** m. *Mec.* Motor (→ 2) que funciona con la energía que produce la explosión de la mezcla de aire y combustible en el carburador, la cual se inflama por la acción de una chispa. *El turismo tiene motor de explosión.* ■ **motor de reacción.** m. *Mec.* Motor (→ 2) que produce un movimiento contrario al del chorro de los gases que expulsa. *Los ingenieros desarrollan un nuevo motor de reacción para cohetes y misiles.* ■ **motor diésel.** m. *Mec.* Motor (→ 2) que utiliza gasóleo como combustible, el cual se inflama por la compresión a que se somete la mezcla de aire y combustible en el cilindro. *El coche es más caro porque lleva motor diésel.* ⇒ DIÉSEL. ■ **motor fuera borda.** m. *Mec.* En una embarcación: Motor de explosión (→ **motor de explosión**) provisto de una hélice, que está situado en la parte exterior de la popa. *Vamos a navegar por la bahía en una lancha de motor fuera borda.* ⇒ FUERABORDA. □ **calentar motores.** loc. v. coloq. Prepararse para comenzar una actividad que requiere esfuerzo. *Con este partido, el equipo calienta motores para el mundial.*

motorista. m. y f. Persona que conduce una motocicleta. *El motorista adelanta a los coches a toda velocidad.* ▶ MOTOCICLISTA.

motorización. f. Hecho de motorizar o motorizarse. *El sector textil despegó con la motorización de la industria.*

motorizado, da. part. **1.** → **motorizar.** ● adj. **2.** *Mil.* Que dispone de camiones o vehículos especiales. *En las maniobras interviene una división motorizada.*

motorizar. tr. Dotar (a alguien o algo) de medios mecánicos o de vehículos con motor. *El país motorizó su ejército para modernizarlo.* Tb. en constr. prnl. media. *La industria ha ido creciendo y motorizándose en los últimos tiempos.*

motosierra. f. Sierra provista de motor, espec. la que sirve para cortar madera. *El jardinero poda el árbol con una motosierra.*

motriz. → **motor.**

motu proprio. (loc. lat.). loc. adv. Voluntariamente o por propia iniciativa. *Se disculpó motu proprio.*

mousse. (pal. fr.; pronunc. "mus"). f. (Tb. m.). *Coc.* Plato de consistencia esponjosa, preparado con claras de huevo batidas a punto de nieve y otros ingredientes. *Tomaré una* mousse *de limón. El* mousse *de chocolate es mi postre favorito.* ¶ [Equivalente recomendado: *espuma*].

movedizo, za. adj. **1.** Que se mueve continuamente. *Las nubes, movedizas y cambiantes, dibujan formas fantásticas en el cielo.* **2.** Inseguro o que no es firme. *Cuidado, que este terreno es movedizo.*

mover. (conjug. MOVER). tr. **1.** Hacer que (alguien o algo) dejen el lugar o la posición en que están y pasen a estar en otros. *Ayúdame a mover el mueble. Cuidado, no muevan a los heridos. Movió la cabeza en señal de aprobación. El viento mueve las ramas de los árboles.* Tb. en constr. prnl. media. *El suelo tembló y todo comenzó a moverse.* **2.** Inducir o incitar (a alguien) a algo. *Su sentido de la justicia lo movió* A *intervenir.* Tb. usado en constr. intr. *Tus palabras pueden mover* A *engaño.* **3.** Hacer gestiones para resolver (un asunto) rápida y eficazmente. *Me encargaré de moverlo personalmente.* ○ intr. prnl. **4.** Darse prisa. *Muévete, que llegamos tarde.* **5.** Desenvolverse en un lugar o en un ambiente determinados. *Está acostumbrado a moverse* EN *círculos aristocráticos.*

movida. f. **1.** coloq. Situación o asunto, gralm. problemáticos. *¡Menuda movida!; me he olvidado las llaves de casa.* **2.** coloq. Alboroto o jaleo. *Se ha montado tal movida que ha intervenido la policía.* **3.** coloq. Juerga o fiesta. *¿A qué hora empieza la movida?*

movido, da. part. **1.** → **mover.** ● adj. **2.** Que se caracteriza por la agitación o las incidencias. *Llevo una semana muy movida.* **3.** Que se caracteriza por las fuertes discusiones. *La sesión del congreso ha sido movida.*

móvil. adj. **1.** Que se mueve o puede moverse. *Esculturas móviles. UVI móvil. Hay varias unidades móviles de televisión en el estadio.* **2.** Dicho de teléfono: Que es portátil y permite la comunicación sin cables, por medio de ondas electromagnéticas. *Tienes el teléfono móvil apagado.* Tb. m. *Lleva siempre el móvil para estar localizable.* Dicho tb. de la telefonía en que se emplean esos teléfonos. *Antenas de telefonía móvil.* ● m. **3.** Cosa que mueve o induce a algo. *El móvil del crimen fue el dinero.* **4.** Objeto decorativo formado por piezas, gralm. colgadas de hilos, que se mueven por la acción del viento o por otro motivo. *El móvil tintinea al abrir la puerta de la tienda.* **5.** *Fís.* Cuerpo en movimiento. *El profesor nos ha hablado de la velocidad de los móviles en el espacio.*

movilidad. f. Cualidad de móvil. *Las barreras arquitectónicas reducen la movilidad de los minusválidos.*

movilización. f. Hecho de movilizar o movilizarse. *Los sindicatos han logrado la movilización de miles de trabajadores.*

movilizar. tr. **1.** Poner (a las tropas o a sus miembros) en disposición de entrar en guerra. *Han movilizado a todos los efectivos del Ejército de Tierra.* Tb. fig. *La izquierda intenta movilizar al electorado progresista.* **2.** Poner (algo o a alguien) en movimiento. *El ejercicio moviliza y quema las grasas del organismo.*

movimiento. m. **1.** Hecho de mover o moverse. *El jugador pone el balón en movimiento. La policía vigila sus movimientos. Newton formuló las leyes del movimiento.* **2.** Presencia en un lugar de personas o vehículos que se mueven. *Se espera movimiento en las carreteras este fin de semana.* **3.** Cualidad por la que algo da sensación de movimiento (→ 1). *Sus es-*

culturas están llenas de movimiento. **4.** Alzamiento o rebelión. *Han apresado a los cabecillas del movimiento revolucionario.* **5.** Manifestación artística, ideológica o política, de carácter innovador, que se desarrolla durante un período de tiempo determinado. *Larra es uno de los representantes del movimiento romántico. Movimiento feminista.* **6.** Cambio o conjunto de cambios ocurridos en una actividad durante un período de tiempo determinado. *Los financieros siguen con interés los movimientos bursátiles.* **7.** Cambio numérico producido en una cuenta bancaria durante un período de tiempo determinado. *¿Podría usted decirme los últimos movimientos de mi cuenta?* **8.** *Mús.* Cada una de las grandes partes en que se divide una composición instrumental, como una sonata o una sinfonía, caracterizada por el tempo con que debe ejecutarse. *El segundo movimiento de la sinfonía era un adagio.* **9.** *Mús.* Ritmo o velocidad con que deben ejecutarse una composición o un fragmento. *El largo es un movimiento más lento que el andante.* ■ **~ acelerado.** m. *Fís.* Movimiento (→ 1) en que la velocidad aumenta con el tiempo. *Una fuerza constante produce un movimiento acelerado.* ■ **~ ondulatorio.** m. *Fís.* Movimiento (→ 1) que se propaga por medio de ondas, y en el que se produce un transporte de energía, pero no de materia. *El sonido es un movimiento ondulatorio.* ■ **~ uniforme.** m. *Fís.* Movimiento (→ 1) cuya velocidad permanece constante. *Los planetas se mueven con movimiento uniforme.* ■ **~ uniformemente acelerado.** m. *Fís.* Movimiento (→ 1) en que la velocidad aumenta proporcionalmente al tiempo transcurrido. *El movimiento de caída libre es un movimiento uniformemente acelerado.* ▶ **8:** TIEMPO. **9:** TEMPO, TIEMPO.

moviola. (Marca reg.). f. *Cine* Aparato proyector utilizado para el montaje de películas cinematográficas. *El montador y el director revisan las escenas en la moviola.*

moza. → **mozo.**

mozalbete. m. Niño o adolescente. *El monaguillo es un mozalbete pecoso. Han pillado a unos mozalbetes fumando en el parque.* ▶ *MUCHACHO.

mozambiqueño, ña. adj. De Mozambique. *Costa mozambiqueña.* Dicho de pers., tb. m. y f. *En mi clase hay un mozambiqueño.*

mozárabe. adj. **1.** histór. Dicho de persona de religión cristiana: Que vivía en los territorios de la Península Ibérica ocupados por los musulmanes. *Muchos cristianos mozárabes huyeron para no convertirse al Islam.* Tb. m. y f. *El profesor explica la diferencia entre mozárabes y mudéjares.* **2.** histór. De los mozárabes (→ 1). *Arquitectura mozárabe. Barrio mozárabe.* **3.** Del mozárabe (→ 4). *Pronunciación mozárabe.* ● m. **4.** Lengua románica hablada por los mozárabes (→ 1). *El manuscrito está en mozárabe.*

mozo, za. adj. **1.** Joven (que está en la juventud). *Es una canción de cuando éramos mozos.* Tb. m. y f. *Los mozos del pueblo van al baile los domingos.* ● m. y f. **2.** Persona que sirve en una casa o en un establecimiento público. *Un mozo me lleva el pedido a casa. El mozo de la estación se encarga del equipaje.* ■ **mozo de cuadra.** m. Hombre que se ocupa de las caballerías. *El mozo de cuadra limpia los establos.* ■ **mozo de cuerda.** m. Hombre que tiene por oficio llevar cosas pesadas de un sitio a otro. *Dos mozos de cuerda suben los baúles al desván.* ⇒ Am: CHANGADOR. ■ **mozo de estoques.** m. *Taurom.* Hombre que asiste al matador de toros y cuida de sus espadas. *El mozo de estoques ayuda al maestro a vestirse.* ■ **buen/na ~.** m. y f. coloq. Persona alta y de buena presencia. *Yo, de joven, era una buena moza.* ▶ **1:** *MUCHACHO.

mozuelo, la. m. y f. Niño o adolescente. *Abrió la puerta una mozuela de unos doce años.* ▶ *MUCHACHO.

mozzarella. (pal. it.; pronunc. "motsaréla"). f. Queso fresco de procedencia italiana, elaborado originalmente con leche de búfala. *Me gustan las* pizzas *con mucha* mozzarella. ¶ [Adaptación recomendada: *mosarela*].

muaré. m. Tejido fuerte que forma aguas. *Viste un chaleco de muaré muy elegante.* ▶ MOARÉ.

mucamo, ma. m. y f. **1.** frecAm. Criado. *Un mucamo de etiqueta y guantes blancos lo recibió y lo hizo pasar* [C]. **2.** Am. Persona encargada de acondicionar las habitaciones de un hotel. *Tiene departamentos con TV color, servicio de mucamas, lavandería* [C].

muchachada. f. Conjunto de muchachos. *Allí suele reunirse la muchachada para sus diversiones.*

muchacho, cha. m. y f. **1.** Persona adolescente. *El muchacho estudia secundaria.* **2.** Persona joven. *Es una muchacha de unos veinte años.* **3.** Niño que tiene pocos años. *La muchacha ha dejado de llorar cuando su madre la ha sacado de la cuna.* ○ f. **4.** Sirvienta o criada. *La señora ordenó a la muchacha que sirviera el té.* ▶ **1, 2:** CHICO, JOVEN, MOZALBETE, MOZO, MOZUELO, ZAGAL. **3:** *NIÑO. ‖ **Am: 1:** CHAMACO, CHAVO.

muchedumbre. f. Gran cantidad de personas o animales. *Una muchedumbre de fans espera la llegada del cantante.*

mucho, cha. (En acep. 6, gralm. apóc. **muy** delante de adjetivos o adverbios). adj. **1.** Que se presenta en gran cantidad o en alto grado. *Ese yacimiento ha dado mucho petróleo. Presentaron muchas quejas. Demostró tener mucha intuición.* **2.** Demasiado o que excede a lo justo o previsible. *Es mucho trabajo* PARA *ti solo. Tendrías que hacer muchos preparativos* PARA *un viaje tan corto.* ● pron. **3.** Una cantidad grande de personas o cosas. *Pensé que solo vendrían uno o dos amigos, pero llegaron muchos. Muchas de las piezas llegaron defectuosas.* A veces en sing. con sent. pl. *Mucho de lo que se publica sobre ella es mentira.* **4.** Una cantidad de personas o cosas que excede a lo justo o previsible. *Gana mucho* PARA *lo que trabaja.* **5.** Una cantidad grande de tiempo o de dinero. Se usa en la forma m. sing. *¿Falta mucho para llegar? ¿Te costará mucho el arreglo?* ● adv. **6.** Expresa intensificación de una cualidad, una circunstancia o una acción. *Mucho me temo que no saldrá bien. Me inquieta mucho pensar en eso. Su reinado fue muy posterior al siglo* XVI. *Está mucho más gordo.* **7.** En cantidad o intensidad que exceden a lo justo o previsible. *Trabaja mucho* PARA *su edad.* ■ **como mucho.** loc. adv. Se usa para establecer el límite máximo de algo. *El examen será, como mucho, a finales de junio. –Rondará los cuarenta. –Eso como mucho.* ■ **ni con mucho.** loc. adv. Se usa para enfatizar una negación referida a intensidad o cantidad. *Tu amigo es muy listo, pero no llega ni con mucho a tu altura.* ■ **ni mucho menos.** loc. adv. Se usa para enfatizar una negación. *No sucedió ni mucho menos como nos lo había contado. –¿Llegaste a insultarlo? –Ni mucho menos.* ▶ **1:** ABUNDANTES, INFINITOS, NUMEROSOS.

mucílago o **mucilago.** m. *Bot.* Sustancia viscosa que se halla en algunos vegetales o se prepara disolviendo materias gomosas en agua. *El jarabe es rico en mucílagos.*

mucosidad. f. *tecn.* Sustancia pegajosa semejante al moco. *La secreción excesiva de mucosidad es uno de los síntomas de la bronquitis.*

mucoso, sa. adj. **1.** *Anat.* Semejante al moco. *En la gastritis, el tejido mucoso que recubre el estómago se inflama.* ● f. **2.** *Anat.* Membrana mucosa (→ **membrana**). *Evite que la sustancia entre en contacto con las mucosas.*

muda. f. **1.** Hecho de mudar, espec. la piel o las plumas. *Añade vitaminas al canario durante la muda.* **2.** Conjunto de prendas de vestir, espec. interiores, que se mudan. *Metió en la bolsa de viaje dos camisetas, un vaquero y un par de mudas.*

mudable. adj. Que muda con gran facilidad. *En primavera llegan las tormentas y el tiempo mudable.*

mudanza. f. **1.** Hecho o efecto de mudar o mudarse. *No sabían las razones de la mudanza de su comportamiento.* **2.** Cambio de casa. *Unos amigos los han ayudado a hacer la mudanza.*

mudar. tr. **1.** Poner (una cosa) en lugar de otra de las mismas características. *Muda los pañales al bebé.* **2.** Poner (a alguien) una cosa, espec. una prenda, en lugar de otra de similares características. *Hay que mudar al niño. Ha tenido que mudarse* DE *camisa.* **3.** Desprenderse algunos animales (de la piel o de las plumas). *Las serpientes mudan la piel.* **4.** Dar (a alguien o algo) otra naturaleza, situación o apariencia. *La operación ha mudado sus rasgos.* ○ intr. **5.** Pasar a tener otra naturaleza, situación o apariencia. *Ha mudado* DE *opinión.* ○ intr. prnl. **6.** Irse una persona de un lugar en que estaba establecido a otro. *Quiere mudarse* A *una casa mayor.* ▶ **1, 2:** CAMBIAR.

mudéjar. adj. **1.** histór. Dicho de persona de religión musulmana: Que vivía en los territorios cristianos españoles. Tb. m. y f. *Los mudéjares pagaban un tributo para poder conservar su religión.* **2.** histór. De los mudéjares (→ 1). *La ciudad fue un importante núcleo mudéjar en el siglo* XVI. **3.** Dicho de estilo arquitectónico: Que se caracteriza por el empleo de elementos del arte cristiano y de la ornamentación árabe. *La iglesia de San Pedro es una muestra de arte mudéjar.* Tb. m. *El profesor es especialista en el mudéjar.*

mudez. f. Condición de mudo. *Su mudez no le impide llevar una vida normal.*

mudo, da. adj. **1.** Privado del sentido del habla. *Una lesión en las cuerdas vocales lo ha dejado mudo.* Tb. m. y f. *Los mudos hablan por señas.* **2.** Que no puede hablar por efecto de una impresión o un sentimiento intensos. *La sorpresa la ha dejado muda.* **3.** Que está muy silencioso o callado. *Están enfadados y cuando tienen que sentarse juntos se quedan mudos.* **4.** Dicho de cine o película: Que carece de banda sonora. *Charlot es tal vez el personaje más conocido del cine mudo.* **5.** *Ling.* Dicho de letra: Que no se pronuncia. *La "u" de "que" es muda.*

mueble. adj. **1.** Dicho de posesión material: Que se puede mover de un sitio a otro. *Heredará una fortuna en bienes muebles e inmuebles.* ● m. **2.** Objeto que se puede mover, tiene usos prácticos y sirve para decorar una casa u otro lugar semejante. *En la tienda de muebles he visto una mesa para el salón.*

mueca. f. Gesto anormal del rostro, frec. de burla. *En cuanto se dé la vuelta, los alumnos empezarán a hacerle muecas. Ha apartado la cara, con una mueca de asco.*

muecín. m. En el islamismo: Hombre que desde el alminar de la mezquita convoca en voz alta al pueblo para la oración. *Se oye al muecín llamando a la oración de la tarde.* ▶ *ALMUÉDANO.

muela. f. **1.** Diente de la parte posterior de la boca, que sirve para moler o triturar los alimentos. *Tiene un par de caries en una muela.* **2.** Rueda de molino. *Las aspas del molino mueven la muela que tritura el cereal.* **3.** Rueda de material abrasivo que se utiliza para afilar herramientas. *Afilaba las tijeras en la muela.* ■ ~ **del juicio.** f. Muela (→ 1) que nace, en la edad adulta, en cada extremo de la mandíbula humana. *Le tienen que sacar las muelas del juicio.* □ **echar las ~s.** loc. v. coloq. Estar muy enfadado o irritado. *No es un buen día para hablar con ella porque está que echa las muelas.*

muelle[1]. adj. **1.** cult. Agradable o blando. *El poema canta las delicias de la vida muelle.* ● m. **2.** Pieza elástica, gralm. de metal, que puede deformarse y después recuperar su forma. *Los muelles sobresalían del viejo colchón. La navaja automática tiene un muelle que empuja hacia arriba la hoja.* ▶ **2:** RESORTE.

muelle[2]. m. **1.** Obra construida en la orilla del mar o de un río, que sirve para facilitar a las embarcaciones el embarque y desembarque de personas y cosas. *Trabaja como estibador en los muelles del puerto.* **2.** Andén alto que sirve para la carga y descarga de mercancía. *El camión llegará a los muelles de la estación de tren para cargar el contenedor.*

muérdago. m. Planta siempre verde, de fruto pequeño y blanco, que crece parásita en los troncos y ramas de los árboles. *La ilustración representa a un druida con una hoz y unas ramitas de muérdago.*

muermo. m. **1.** coloq. Persona o cosa que aburre o produce tedio. *Si no tienes ganas de aguantar muermos, no vayas a ver esa película.* **2.** coloq. Aburrimiento. *Su charla pedante me produce muermo.*

muerte. f. **1.** Término de la vida de una persona o de otro ser vivo. *No quiere pensar en la muerte porque le produce pavor.* Tb. fig. *La carencia de imaginación de los artistas supone la muerte del arte.* **2.** Hecho de matar a alguien. *Al acusado se le imputan varias muertes.* **3.** coloq. Cosa muy molesta o insufrible. *Este calor es la muerte.* ■ ~ **natural.** f. Muerte (→ 1) producida por enfermedad y no por accidente o de forma violenta. *El forense certificó que había fallecido de muerte natural.* ■ ~ **violenta.** f. Muerte (→ 1) que se produce de forma accidental o violenta. *La policía no descarta una muerte violenta a manos de su novio.* □ **a la ~.** loc. adv. En peligro inminente de morir. *El enfermo se puso a la muerte. Ha estado a la muerte varias veces.* ■ **a ~.** loc. adj. **1.** Que dura hasta que una de las partes causa la muerte (→ 1) a la otra. *El toreo es un duelo a muerte entre el diestro y el toro.* Tb. fig. *Entre las dos empresas hay una lucha a muerte por controlar el mercado.* Tb. adv. *Los dos espadachines se batían a muerte.* **2.** Implacable o feroz. *Le tiene un odio a muerte.* Tb. adv. *Se odian a muerte.* ■ **dar** ~ (a alguien). loc. v. Matar(lo). *De un tiro dio muerte al ciervo.* ■ **de mala ~.** loc. adj. coloq. De poco valor o importancia. *Trabaja en un garito de mala muerte.* ■ **de ~.** loc. adj. coloq. Extraordinario o fuera de lo común. *Pasamos un día de muerte en el parque de atracciones. Un susto de muerte.* Tb. adv. *En este restaurante se come de muerte.* ■ **la Muerte.** loc. s. Personaje imaginario con figura de esqueleto humano, gralm. con una guadaña, que simboliza la muerte (→ 1). *En el cuento, la Muerte le propone un trato al caballero.* ▶ **1:** DEFUNCIÓN.

muerto, ta. part. **1.** → **morir. 2.** Que ha muerto (→ 1). Tb. m. y f. *En el accidente de circulación ha habido varios muertos.* • adj. **3.** coloq. Muy fatigado. *La caminata me ha dejado muerta.* **4.** Que no tiene vida. *Las piedras preciosas para mí son solo cosas muertas.* **5.** Dicho de cosa: Falta de actividad. *Nos aburrimos porque la discoteca estaba muerta.* **6.** Dicho de color: Poco vivo. *En sus pinturas utiliza colores fríos y muertos.* **7.** Dicho de la cal o del yeso: Apagado con agua. *Pinta con cal muerta.* • m. **8.** coloq. Asunto pesado o fastidioso. *Siempre me caen todos los muertos.* **9.** coloq. Responsabilidad. *El jefe me ha cargado a mí con el muerto y él se ha lavado las manos.* ■ ~ **de hambre.** m. y f. coloq., despect. Persona pobre o miserable. *Es un muerto de hambre.* □ **hacer el** ~ alguien. loc. v. Quedarse flotando en el agua boca arriba. *Hacer el muerto en la piscina me relaja.* ■ **más ~ que vivo.** loc. adj. coloq. Enajenado por el miedo. *La rehén, más muerta que viva, apenas podía articular palabra.*

muesca. f. **1.** Concavidad o hueco que se hace en una cosa para que encaje con otra. *La puerta corredera encaja en una muesca que hay en el armario.* **2.** Corte que se hace en la superficie de algo, espec. como señal. *Cada muesca en la pared de la celda representaba un año de prisión.*

muestra. f. **1.** Porción de algo, espec. de un producto o mercancía, que sirve para dar a conocer sus características. *El comercial entrega al dentista varias muestras de cemento para los empastes.* **2.** Parte que se extrae de una materia para analizarla y así poder conocer las características de esta. *Tomarán una muestra de ADN de la víctima.* **3.** Parte de un conjunto considerada representativa del mismo. *Los resultados de la encuesta se basan en diferentes muestras de población.* **4.** Modelo que se imita o copia. *Han entregado a los pintores una muestra del color que quieren para la habitación.* **5.** Señal o indicio. *En sus declaraciones no hay ninguna muestra de arrepentimiento.*

muestral. adj. *tecn.* De la muestra. *En el centro de datos procesan la información muestral.*

muestrario. m. Colección de muestras. *El dependiente nos enseña un muestrario de telas.*

muestreo. m. Selección, según métodos estadísticos, de muestras consideradas representativas de un conjunto. *Un muestreo realizado aleatoriamente entre la población confirma esta tendencia.*

muftí. m. En el islamismo: Jurisconsulto con funciones religiosas, cuyas decisiones son consideradas como leyes. *El muftí interpreta la ley basándose en el Corán.*

mugido. m. Voz característica de una res vacuna. *Se oían los mugidos de las vacas en el establo.*

mugir. intr. Emitir una res vacuna su sonido característico. *Al clavarle las banderillas el toro mugía con fuerza.* Tb. fig. *El viento mugía y la lluvia caía a cántaros. Se oye mugir a la muchedumbre en el estadio.*

mugre. f. Suciedad, espec. la grasienta. *Salió un mecánico con su mono lleno de mugre. La fachada tiene tanta mugre que hay que adivinar su color.*

mugriento, ta. adj. Lleno de mugre. *Lleva una gabardina raída y mugrienta. Un chiquillo mugriento pedía a la puerta del metro.* ▶ **Am:** MUGROSO.

mugroso, sa. adj. Am. Mugriento. *Contó los mugrosos billetes* [C]. *Oyó que algo decía de indios mugrosos que nomás vienen a ensuciar la ciudad* [C].

mujer. f. **1.** Ser animado racional de sexo femenino. *Según la encuesta las mujeres conducen mejor que los hombres.* **2.** Mujer (→ 1) adulta. *Ha dejado de ser una adolescente alocada y ya es una mujer.* **3.** Mujer (→ 1) que tiene las cualidades que suelen atribuirse especialmente a su sexo, como la sensibilidad o la fuerza moral. *Es toda una mujer.* Tb. adj. *Es muy mujer.* **4.** Respecto de un hombre: Mujer casada con él. *¿Dónde fuisteis de luna de miel tu mujer y tú?* • interj. **5.** Se usa, dirigida a una mujer (→ 1), para expresar sorpresa o asombro. *¡Qué susto me has dado, mujer!* **6.** Se usa, dirigida a una mujer (→ 1), para expresar intención de conciliar o de persuadir. *¡Mujer, no te enfades!* ■ ~ **de su casa.** f. Mujer (→ 1) que se dedica a las tareas domésticas y a cuidar a su familia. *Su esposa es una mujer de su casa.* ■ ~ **fatal.** f. Mujer (→ 1) que posee un atractivo irresistible que utiliza para aprovecharse de aquellos a quienes seduce, o causar su desgracia. *Se enamoró de una mujer fatal que arruinó su vida. La protagonista de la novela es una mujer fatal.* ⇒ VAMPIRESA. ■ ~ **objeto.** (pl. **mujeres objeto**). f. Mujer (→ 1) valorada exclusivamente por su belleza o atractivo sexual. *No es solo una mujer objeto, es más inteligente de lo que crees.* ■ ~ **pública.** f. Prostituta. *En la esquina una mujer pública fumaba esperando clientes.* ■ **pobre** ~**.** f. Mujer (→ 1) de poca resolución o escaso valor moral o intelectual. *Es un trabajo para personas con decisión, no para una pobre mujer como ella.* Frec. con intención despect. *No es más que una pobre mujer que no tiene dónde caerse muerta.* □ **buena** ~**.** loc. s. Se usa, frec. en zonas rurales, para dirigirse con amabilidad a una desconocida. *Dígame, buena mujer, ¿por dónde queda la ermita?* ■ **de ~ a ~.** loc. adv. Con sinceridad y en igualdad de condiciones. Se usa referido a dos mujeres que hablan. *Quiero hablar contigo de mujer a mujer.* ■ **ser** ~ una adolescente. loc. v. Tener por primera vez la menstruación. *Fue mujer a los catorce años.* ▶ **1:** HEMBRA. **4:** *ESPOSA.

mujeriego, ga. adj. Dicho de hombre: Muy aficionado a las mujeres. *Tiene fama de mujeriego.* Tb. m. *Se divorcia de su marido porque es un mujeriego.* ■ **a la mujeriega,** o **a mujeriegas.** loc. adv. Cabalgando con las piernas en un mismo lado de la montura. *El cura viene en un burro, sentado a mujeriegas.*

mujeril. adj. **1.** De la mujer. *Atavíos mujeriles. Tertulia mujeril.* **2.** Afeminado. *Es un chico con maneras mujeriles.*

mujerío. m. coloq. Conjunto de mujeres. *¡Anda que no le gusta a él el mujerío!*

mujerona. f. Mujer alta y corpulenta. *Está hecha una mujerona.*

mujerzuela. f. despect. Prostituta. *La calle está llena de maleantes, chulos y mujerzuelas.*

mújol. m. Lisa. *El arroz lleva rape, mújol y mero.*

mula. → **mulo.**

muladar. m. Lugar donde se amontona el estiércol u otros desechos. *El hedor viene de un muladar cercano.* Tb. fig. *No quisiera tirar al muladar aquella amistad.*

mulato, ta. adj. Dicho de persona: Nacida de negra y blanco, o de blanca y negro. *La atleta mulata ha sido la vencedora de la prueba.* Tb. m. y f. *Es un mulato de origen dominicano.*

mulero, ra. m. y f. Persona encargada de cuidar las mulas. *Entran en la posada, después de decir al mulero que dé de comer a las mulas.*

muleta. f. **1.** Bastón con un apoyo para la axila o la parte posterior del brazo y otro para la mano, con que se ayuda la persona que tiene dificultad para andar. *Tiene una pierna escayolada y va con muletas.* **2.** *Taurom.* Palo que lleva pendiente un paño o capa roja que sirve para engañar al toro cuando embiste. *El toro ha enganchado la muleta con el pitón derecho.* ▶ **2:** *CAPOTE.

muletazo. m. *Taurom.* Pase que se ejecuta con la muleta. *El público aplaude la última tanda de muletazos.*

muletilla. f. Palabra o frase que se repite mucho, gralm. de forma innecesaria. *Abusa de la muletilla "o sea".*

muletón. m. Tela gruesa, suave y afelpada, de algodón o lana. *La mesa está cubierta con un muletón, para proteger la madera, y un mantel.*

mulilla. f. *Taurom.* Cada una de las mulas que forman el tiro que se usa para retirar del ruedo a los toros muertos. Frec. en pl. *Las mulillas arrastran al toro fuera del albero.*

mullir. (conjug. MULLIR). tr. **1.** Hacer que (algo) quede blando y esponjoso de manera que resulte cómodo. *Mulle los cojines del sofá.* **2.** Cavar alrededor (de una cepa) ahuecando la tierra. *Hay que mullir las lechugas.*

mulo, la. m. y f. Animal hijo de burro y yegua o de caballo y burra, gralm. estéril. *En la cuadra hay dos burros y un mulo. Un carro tirado por una mula.* ■ **mulo de carga.** m. coloq. Persona encargada de los trabajos más pesados. *Para las cuatro perras que me pagan no pienso ser el mulo de carga de la empresa.* □ **hecho un mulo.** loc. adj. coloq. Dicho de hombre: Fuerte y vigoroso. *El transportista está hecho un mulo de tanto cargar con armarios.*

multa. f. Sanción administrativa o penal que consiste gralm. en el pago de una determinada cantidad. *El juez impondrá al acusado una multa de 500 euros.*

multar. tr. Imponer una multa (a alguien). *Lo han multado por aparcar en doble fila.*

multi-. elem. compos. Significa 'muchos'. *Multirracial, multiculturalismo, multirriesgo.*

multicolor. adj. De muchos colores. *En primavera el valle ofrece un paisaje multicolor.*

multicopista. adj. Dicho de máquina: Que sirve para reproducir numerosas copias de un texto o un dibujo mediante diversos procedimientos. Frec. f. *Los rebeldes instalaron una multicopista clandestina.*

multicultural. adj. De muchas o variadas culturas. *La inmigración está transformando el país en una sociedad multicultural.*

multiculturalismo. m. Existencia de muchas o variadas culturas. *Defiende el multiculturalismo y la convivencia entre las etnias.*

multidisciplinar. adj. Que abarca varias disciplinas. *Tiene una formación multidisciplinar.* ▶ PLURIDISCIPLINAR.

multifamiliar. adj. frecAm. Dicho de edificio: Que tiene varias plantas y numerosos apartamentos destinados a ser ocupados por familias. *La gente desea vivir en una casa independiente, sin las complicaciones de las viviendas multifamiliares* [C]. Tb. m. *Frente al Centro Médico se ubica un gran multifamiliar* [C].

multiforme. adj. Que tiene muchas o variadas formas. *La ciudad lleva camino de convertirse en un monstruo multiforme.*

multilateral. adj. De varias partes. Se usa espec. en política. *El plan de paz es fruto de un acuerdo multilateral.*

multimedia. adj. (Como adj., pl. gralm. invar.). Que utiliza simultáneamente diversos medios, como imágenes, texto y sonido, en la transmisión de una información. *Ha comprado una enciclopedia multimedia en CD-ROM.* Dicho de producto, tb. m. *Una empresa especializada en multimedias.*

multimillonario, ria. adj. **1.** Muy rico o acaudalado. *El aristócrata multimillonario posee una colección de pintura excepcional.* Dicho de pers., tb. m. y f. *La multimillonaria ha hecho fortuna invirtiendo en bolsa.* **2.** Que asciende a muchos millones. *La empresa tendrá que hacer frente a pérdidas multimillonarias.*

multinacional. adj. **1.** De muchas naciones. *Ejército multinacional.* **2.** Dicho de empresa o sociedad: Cuyos intereses y actividades se hallan establecidos en diversos países. *Corporación multinacional.* Tb. f. *Trabaja en una multinacional del acero cuya sede central está en Londres.* ▶ **2:** TRANSNACIONAL.

multípara. adj. **1.** *Med.* y *Zool.* Dicho de hembra: Que tiene varios hijos de un solo parto. *Ha aumentado el número de madres multíparas en el primer parto.* **2.** *Med.* Dicho de mujer: Que ha tenido más de un parto. Tb. f. *En las multíparas la dilatación es menos costosa que en las primíparas.*

múltiple. adj. **1.** Formado por varios elementos. *Han detenido al asesino múltiple.* ○ pl. **2.** Muchos o abundantes. *El éxito del proyecto depende de múltiples factores.*

multiplicación. f. Hecho de multiplicar o multiplicarse. *El calor ha favorecido la multiplicación de las bacterias.* En matemáticas, designa la operación aritmética de multiplicar. *Te has equivocado en la multiplicación.*

multiplicador, ra. adj. **1.** Que multiplica o se utiliza para multiplicar. *La corrupción del gobierno era un factor multiplicador de tensiones políticas. Efecto multiplicador.* Dicho de máquina o de componente de un aparato, tb. m. o f. *Si quiere ver un vídeo en más de una pantalla, necesitará un multiplicador.* ● m. **2.** *Mat.* En una multiplicación: Cantidad por la que se multiplica otra. *En la multiplicación* $9 \times 4 = 36$*, el multiplicador es el 4.*

multiplicando. m. *Mat.* En una multiplicación: Cantidad que se multiplica. *En la multiplicación* $9 \times 4 = 36$*, el multiplicando es el 9.*

multiplicar. tr. **1.** Averiguar el resultado de sumar (un número) tantas veces como indica otro. Se usa en matemáticas. *Multiplica 8* POR *65.* Tb. usado en constr. intr. *En este curso aprenderán a multiplicar y a dividir.* **2.** Aumentar el número o la cantidad (de algo). *Tenemos que multiplicar nuestros esfuerzos.* ○ intr. prnl. **3.** Aumentar algo en número o cantidad. *Se han multiplicado los problemas.* **4.** Reproducirse un ser vivo. *Están investigando cómo se multiplica el virus.* **5.** Trabajar duramente para atender a muchas cosas a la vez. *Cuando se queda solo en la tienda, tiene que multiplicarse.*

multiplicativo, va. adj. *Gram.* Dicho de adjetivo numeral: Que expresa multiplicación. Tb. m. *En "whisky doble", "doble" es un multiplicativo.* ▶ MÚLTIPLO.

multiplicidad. f. Condición de múltiple. *El ecosistema se caracteriza por la multiplicidad de sus especies.*

múltiplo. adj. **1.** *Gram.* Multiplicativo. *Los adjetivos "triple" y "cuádruple" son múltiplos.* Tb. m. ● m. **2.** *Mat.* Cantidad que contiene a otra un número exacto de veces. *25 es múltiplo* DE *5. Hallen el mínimo común múltiplo de 4 y 6.*

multipropiedad. f. Régimen de propiedad de un inmueble, espec. de viviendas de vacaciones, cuyo disfrute está restringido a períodos determinados. *Muchos turistas recurren a la multipropiedad para disfrutar de un chalé en la costa.*

multitud. f. Cantidad grande de personas o cosas. *Una multitud abarrota las gradas del estadio. El original es un documento con multitud de anotaciones.*

multitudinario, ria. adj. De la multitud. *Se prevé que la manifestación sea multitudinaria.*

multiuso. adj. Que puede tener varios usos. *Le han regalado una navaja multiuso.* ▶ MULTIUSOS.

multiusos. adj. Multiuso. *Van a construir un pabellón multiusos.*

mundanal. adj. cult. Mundano (del mundo). *Vivía en el campo, alejado del mundanal ruido.* ▶ MUNDANO.

mundanidad. f. Cualidad de mundano. *La mundanidad y la sensualidad están presentes en su pintura.*

mundano, na. adj. **1.** Dicho de persona: Inclinada a los placeres del mundo. *Es un hombre mundano, muy vitalista.* **2.** Del gran mundo o de la sociedad adinerada. *Los cotilleos mundanos son habituales en las revistas del corazón.* **3.** Del mundo o de la sociedad humana. *El amor divino frente al mundano es constante en su poesía.* ▶ **3:** MUNDANAL.

mundial. adj. **1.** De todo el mundo. *El país posee gran parte de las reservas mundiales de gas natural.* Frec. con intención enfática. *Con esta receta tan rica vas a alcanzar fama mundial.* ● m. **2.** *Dep.* Campeonato en que pueden participar todas las naciones del mundo. *Ha conseguido un oro en el mundial de natación.*

mundialista. adj. **1.** *Dep.* Del mundial. *Las eliminatorias mundialistas se jugarán este fin de semana. Debut mundialista.* **2.** *Dep.* Dicho de persona: Que participa en un mundial. *Los atletas mundialistas entrenan en la pista del estadio.* Tb. m. y f. *Las mundialistas españolas consiguieron la medalla de plata.*

mundillo. m. coloq. Conjunto de personas que tienen una misma posición social, profesión o actividad. *Gran parte del mundillo del cine estará presente en la entrega de premios.*

mundo. m. **1.** Conjunto de todo lo existente. *El filósofo se pregunta por qué existimos y cuál es el destino del mundo. En el Génesis se dice que Dios creó el mundo en seis días.* **2.** Conjunto de los seres humanos. *El estudio afirma que un tercio del mundo está malnutrido o pasa hambre.* **3.** Sociedad humana. *Cómo está el mundo: ¡todos los días hay crímenes!* **4.** Parte de la sociedad humana caracterizada por alguna cualidad o circunstancia común a todos sus individuos. *La Meca es una ciudad santa para el mundo musulmán.* **5.** Ambiente determinado en el que se mueve una persona. *Es un periodista muy reconocido en el mundo del deporte. El mundo de las finanzas.* **6.** Vida seglar, en contraposición a la monástica. *Abandonó el mundo para entrar en una orden religiosa.* **7.** Experiencia de la vida y del trato social. Gralm. en constr. como *tener ~* o *ser de ~*. *Consúltale a ella, que ha viajado mucho y tiene mucho mundo. Es una persona de mundo.* **8.** (Frec. con el art. *el*). Planeta del sistema solar donde habitan los seres humanos. *Buenos Aires es una de las ciudades del mundo con más habitantes.* **9.** Astro, espec. habitado. *Su sueño es ser astronauta y viajar a otros mundos.* ■ **tercer ~.** (Gralm. en mayúsc.). m. Conjunto de los países menos desarrollados económica y socialmente. *La ONG envía alimentos al Tercer Mundo.* □ **caérsele el ~ encima** (a alguien). → **hundírsele** (a alguien) **el mundo.** ■ **correr ~.** → **ver mundo.** ■ **del otro ~.** loc. adj. coloq. Extraordinario o fuera de lo común. *La actriz ha tenido muy buenas críticas, pero a mí no me parece nada del otro mundo. Para lo que trabaja, su sueldo no es una cosa del otro mundo.* ■ **desde que el ~ es ~.** loc. adv. Desde siempre. Se usa para explicar la antigüedad de algo. *Los hombres han luchado por su territorio desde que el mundo es mundo.* ■ **echar al ~.** → **traer al mundo.** ■ **echarse al ~** una mujer. loc. v. coloq., eufem. Hacerse prostituta. *Era muy pobre y tuvo que echarse al mundo para dar de comer a su hija.* ■ **el gran ~.** loc. s. La sociedad adinerada y distinguida. *Su amigo el marqués lo introdujo en el gran mundo.* ■ **el ~ al revés.** expr. Se usa para hablar de una situación en que el orden de las cosas está invertido. *Había que ver al hijo regañando al padre como si fuera un niño: el mundo al revés.* ■ **el otro ~.** loc. s. El lugar donde se va después de morir. *Está muy enfermo, con un pie en el otro mundo.* ■ **hacer un ~** (de algo). loc. v. Creer que es muy grave o difícil, sin serlo. *Hace un mundo de cualquier cosa intrascendente.* ■ **hundirse el ~.** loc. v. coloq. Haber un cataclismo. Gralm. fig., con intención enfática. *Lo haré, aunque se hunda el mundo. No pasa nada: no se va a hundir el mundo porque un día llegues tarde.* ■ **hundírsele** (a alguien) **el ~,** o **venírsele,** o **caérsele, el ~ encima.** loc. v. coloq. Sentirse desamparado ante un acontecimiento adverso. *Cuando vio el resultado del examen se le hundió el mundo. Al pensar que ya no la vería nunca más, se le venía el mundo encima.* ■ **irse de este ~.** loc. v. Morirse. *No quería irse de este mundo sin saber quién fue su madre.* ■ **medio ~.** loc. s. coloq. Mucha gente. *Trabaja como relaciones públicas y conoce a medio mundo.* ■ **ponerse el ~ por montera.** loc. v. coloq. No hacer caso en absoluto de la opinión de los demás. *Estaba decidida a ponerse el mundo por montera y ser ella misma.* ■ **por nada del ~.** loc. adv. Se usa para expresar la decisión de no hacer algo. *No dejaré que se vaya por nada del mundo.* ■ **todo el ~.** loc. s. Todas las personas. *A todo el mundo le gusta que le den una alegría de vez en cuando.* Frec. con intención enfática. *No se le puede comentar nada porque después lo sabe todo el mundo.* ■ **traer,** o **echar, al ~** (a alguien). loc. v. Parir(lo) o dar(lo) a luz. *Viva la madre que te trajo al mundo.* ■ **valer un ~.** loc. v. coloq. Valer mucho. *Este chico vale un mundo.* ■ **venir al ~.** loc. v. Nacer. *Su hija vino al mundo el 6 de mayo.* ■ **venírsele el ~ encima.** → **hundírsele el mundo.** ■ **ver,** o **correr, ~.** loc. v. coloq. Viajar por diferentes países. *No le apetece seguir estudiando; lo que quiere es ver mundo. Me animaba para que corriera mundo.* ▶ **1:** COSMOS, UNIVERSO.

munición. f. Conjunto de cargas o proyectiles que se ponen en las armas de fuego. *En la armería ha comprado una caja de munición.* Frec. en pl. con significado sing. *Dentro del cuartel hay un almacén de municiones.*

municipal. adj. Del municipio. *Sus datos no aparecen en el censo municipal.* Dicho de guardia o policía, tb. m. y f. *El municipal me ha puesto una multa.* ▶ LOCAL.

municipalidad. f. Ayuntamiento (corporación). *En el próximo pleno la municipalidad votará el plan urbanístico.* ▶ *AYUNTAMIENTO.

municipalismo. m. *Polít.* Tendencia que propugna la primacía de los municipios frente a otras instituciones. *Un partido que defiende el municipalismo.*

municipalista. adj. **1.** *Polít.* Del municipalismo. *Política municipalista.* **2.** *Polít.* Partidario o seguidor del municipalismo. *Alcalde municipalista.* Tb. m. y f.

municipio. m. División administrativa formada por una o varias poblaciones, con una extensión de terreno determinada y regida por un mismo organismo. *El Estado español está organizado en municipios, provincias y comunidades autónomas. San Pedro de Montes y Compludo son dos poblaciones del municipio de Ponferrada.*

munificencia. f. cult. Generosidad espléndida. *Podemos disfrutar de este retablo gracias a la munificencia de Carlos III.*

muñeco, ca. m. y f. **1.** Figura de persona, hecha gralm. de plástico, trapo o goma, que sirve de juguete o adorno. *Vestía a la muñeca con una camisa a cuadros. El muñeco es un soldado alemán.* A veces, en m., designa cualquier otra figura de juguete. *De entre todos sus muñecos, su preferido es un osito de peluche.* **2.** Niño o joven muy guapos. *Es aquel de allá, el que baila con la muñeca de falda verde. Mi nieto me tiraba besitos; ¡es un muñeco!* Se usa para dirigirse a una persona cariñosamente. *¡Eh, muñeca!, ¿me dices la hora?* ○ f. **3.** Parte del cuerpo humano en donde se articula la mano con el antebrazo. *Se ha hecho una fisura en la muñeca derecha.* **4.** Lío de trapo, de forma redondeada, que se utiliza para barnizar. *Mojó la muñeca en el barniz y la aplicó en la superficie de la mesa.*

muñeira. f. Baile popular de Galicia, que se acompaña con gaitas y tamboriles. *En el festival folclórico vimos bailar una muñeira.* Tb. su música. *Se oyen las gaitas de una muñeira.*

muñequera. f. Banda o correa que se pone alrededor de la muñeca, gralm. para sujetarla. *La tenista se seca el sudor de la frente con la muñequera.*

muñidor, ra. m. y f. Persona hábil para urdir o amañar algo con engaños. *Es conocido como cacique y muñidor electoral.*

muñón. m. Parte de un miembro cortado que permanece adherida al cuerpo. *Se quitó la prótesis y dejó el muñón del brazo al descubierto.*

mural. adj. **1.** Del muro o pared. *El interior del palacio está decorado con pinturas murales. Espacio mural.* ● m. **2.** Pintura o decoración mural. *Encargaron a la artista un mural para una sala del aeropuerto.*

muralismo. m. *Arte* Arte y técnica del mural. *El muralismo surgió en México tras la Revolución.*

muralista. m. y f. *Arte* Artista que realiza murales. *Diego Rivera es uno de los muralistas más reconocidos.*

muralla. f. Muro u obra defensiva que rodea un lugar, espec. una población o una plaza fuerte. *Las murallas del castillo han sido dañadas por el bombardeo. Las murallas de Ávila.*

murciano, na. adj. De Murcia. *Veranea en un pueblo murciano.* Dicho de pers., tb. m. y f.

murciélago. m. Mamífero nocturno volador, que se orienta en la oscuridad mediante la emisión de ondas que rebotan en los objetos, y del que existen varias especies. *El murciélago hembra. La cueva está llena de murciélagos.*

murga. f. **1.** Grupo de músicos callejeros de poca calidad. *La murga, después de interpretar un pasodoble, pasó la gorra.* Tb. grupo de cantantes, propio de algunas regiones, cuyas letras caricaturizan la sociedad. *En Carnavales cantará en una murga de Cádiz.* **2.** coloq. Cosa que molesta gralm. por su pesadez o insistencia. *No me vengas con la murga de dónde he estado.* ■ **dar la ~.** loc. v. coloq. Molestar haciendo o diciendo algo que resulta pesado o demasiado insistente. *¡Deje ya de dar la murga con sus bromitas!*

murmullo. m. Ruido continuado y confuso producido espec. por voces, una corriente de agua o el viento. *Cuando ha desvelado su nombre ha habido un murmullo de asombro.*

murmuración. f. Hecho o efecto de murmurar de alguien ausente o de algo. *No hagas caso de las murmuraciones de esos envidiosos.*

murmurador, ra. adj. Que murmura. *No la soporto porque es muy murmuradora.* Dicho de pers., tb. m. y f. *En la oficina hay muchos murmuradores.*

murmurar. intr. **1.** Hablar entre dientes, espec. manifestando queja o disgusto. *En cuanto me di la vuelta, empezó a murmurar.* **2.** Hablar de alguien ausente o de algo censurándolos. *No le importa que los vecinos murmuren.* **3.** cult. Producir un ruido continuado y confuso algo, espec. una corriente de agua o el viento. *Se oye al viento murmurar.* ○ tr. **4.** Decir entre dientes (algo), espec. manifestando queja o disgusto. *¿Qué estás murmurando?* **5.** Decir (algo) de alguien ausente o de algo, censurándolos. *Quiero saber quién murmura esas cosas de mí.*

muro. m. Pared, espec. la gruesa que soporta una carga. *Tras los muros de piedra hay un convento. Habrá que construir un muro de contención para evitar corrimientos.*

mus. m. Juego de cartas que se juega con baraja española, en el que los jugadores hacen diversas apuestas y, cuando van por parejas, suelen comunicarse por señas. *Jugaba una partida de mus en el bar.*

musa. f. **1.** En la mitología grecorromana: Cada una de las nueve divinidades que protegen las ciencias y las artes liberales. *Euterpe es la musa de la música.* **2.** cult. Inspiración del artista. *Sin su musa el poeta se sentía hueco.*

musaraña. f. Roedor parecido al ratón, con el hocico alargado y puntiagudo, que se alimenta de insectos. *La gata se entretenía jugando con una musaraña que había cazado.* ■ **mirar a las ~s,** o **pensar en las ~s.** loc. v. coloq. Estar muy distraído. *Se pasa toda la clase mirando a las musarañas.*

musculación. f. Hecho de muscularse. *En el gimnasio hay varias salas de musculación.*

muscular¹. adj. Del músculo o de los músculos. *Los síntomas de la enfermedad son fiebre y dolores musculares.*

muscular². tr. Desarrollar los músculos (de alguien o algo). *Tiene las piernas musculadas por el ejercicio.* Tb. en constr. prnl. media. *Dedica muchas horas a muscularse.*

musculatura. f. Conjunto de los músculos. *Estos ejercicios fortalecen la musculatura de la columna.*

músculo. m. Órgano humano y de los animales, compuesto por fibras contráctiles, gracias a las cuales se produce el movimiento. *Tengo los músculos agarrotados por el esfuerzo.* ■ **~ esternocleidomastoideo.** m. *Anat.* Músculo del cuello, que interviene en los movimientos de flexión y giro de la cabeza. *Sufre una contractura en el músculo esternocleidomastoideo.* ⇒ ESTERNOCLEIDOMASTOIDEO. ■ **~ gemelo.** m. *Anat.* Músculo de los dos que concurren al movimiento de la pierna. *Los músculos gemelos están situados en la zona posterior de la pierna.* ⇒ GEMELO. ■ ~ **glúteo.** m. *Anat.* Músculo de los tres que forman la nalga. *Los músculos glúteos están dañados debido a un accidente.* ⇒ GLÚTEO.

musculoso, sa. adj. **1.** Dicho de parte del cuerpo: Que tiene músculos. *El útero es un órgano musculoso.* **2.** Que tiene músculos fuertes y desarrollados. *El ciclista tiene unas piernas muy musculosas. Es una joven corpulenta y musculosa.*

museístico, ca. adj. Del museo o de los museos. *Europa presenta una enorme oferta museística.*

muselina. f. Tela de algodón, seda o lana, fina y poco tupida. *Lleva una blusa verde de muselina.*

museo. m. **1.** Lugar en que se guardan objetos artísticos, científicos o de interés cultural para conservarlos, estudiarlos y exponerlos al público. *Trabaja como catalogadora en el Museo de Ciencias Naturales. Visitaremos el Museo del Calzado.* **2.** Lugar que contiene objetos valiosos o curiosos. *Si quieres saber lo que es el mal gusto, ve a su casa: es el museo de los horrores.*

museografía. f. Técnica relativa al funcionamiento de un museo. *En la licenciatura de Historia del Arte tendrá que estudiar museografía.*

museográfico, ca. adj. De la museografía. *Necesitan una persona con conocimientos museográficos.*

museología. f. Estudio de los museos, su historia, y las técnicas para su catalogación y conservación. *Está estudiando un curso de museología.*

museológico, ca. adj. De la museología. *Un proyecto museológico.*

musgo. m. Planta, gralm. de color verde, que crece, en lugares sombríos, sobre las piedras, las cortezas de los árboles o el suelo, formando masas compactas. Gralm. en sing. para designar el conjunto de ellas. *Las piedras que hay junto a la cascada están tapizadas de musgo.*

música. → **músico.**

musical. adj. **1.** De la música. *En las fiestas habrá varios espectáculos musicales. Instrumento musical.* **2.** Dicho de género u obra teatral o cinematográfica: Cuya acción se desarrolla fundamentalmente con partes cantadas y bailadas. *No se pierde ninguna película musical.* Tb. m. *Fred Astaire es una figura del musical.*

musicalidad. f. Cualidad de musical. *Sus poesía está llena de musicalidad.*

musicalizar. tr. Poner música (a algo). *El cantautor ha musicalizado los versos de Machado.* ► MUSICAR.

musicar. tr. Poner música (a algo). *Puccini musica de nuevo la novela de Manon.* ► MUSICALIZAR.

músico, ca. adj. **1.** De la música (→ 2). *En la vitrina hay algunos instrumentos músicos de cuerda.* ● f. **2.** Arte de combinar los sonidos de forma armónica para producir emociones. *Busque en la biblioteca un tratado de música.* **3.** Sucesión de sonidos combinados de forma armónica. *La música de la violinista callejera llega hasta la terraza del bar.* **4.** Composición musical. *La música y la letra de esta ópera son de una joven compositora.* **5.** Conjunto de composiciones musicales. *Es una estudiosa de la música de Falla.* ○ m. y f. **6.** Persona que se dedica a la música (→ 3-5), espec. como compositor o instrumentista. *El guitarrista es un músico muy conocido.* ■ **música celestial.** f. coloq. Palabras que se escuchan sin mucha atención o con desconfianza. *Sus palabras me han sonado a música celestial.* ■ **música ligera.** f. Música (→ 3) melodiosa y pegadiza que se suele recordar fácilmente. *El programa de radio está especializado en música ligera.* ■ **música ratonera.** coloq. f. Música (→ 3) mala. *Esa música ratonera se apoya en estribillos facilones.* □ **con la música a otra parte.** loc. adv. coloq. A otro lugar. *¿Por qué no dejas de dar la lata y te vas con la música a otra parte?*

musicología. f. Estudio de la teoría y la historia de la música. *Es profesora de musicología en el conservatorio.*

musicólogo, ga. m. y f. Especialista en musicología. *La musicóloga dará una charla sobre los orígenes de la zarzuela.*

musitar. intr. **1.** Susurrar o hablar entre dientes. *La oía musitar con voz entrecortada.* ○ tr. **2.** Decir (algo) susurrando o entre dientes. *Le musitó algo al oído.*

muslo. m. Parte de la pierna que va desde la cadera hasta la rodilla. *Del golpe le ha salido un cardenal en el muslo. Mañana prepararé muslos de pollo en salsa.* ► PIERNA.

mustélido, da. adj. **1.** *Zool.* Del grupo de los mustélidos (→ 2). *Animal mustélido.* ● m. **2.** *Zool.* Mamífero carnívoro de cuerpo alargado, patas cortas, glándulas anales olorosas y piel muy apreciada, como el visón o la nutria.

musteriense. adj. (Como m. se usa en mayúsc.). **1.** *Prehist.* Dicho de cultura o período: Del Paleolítico medio, caracterizado por la gran evolución en las técnicas de talla. *La especialización de los utensilios es característica del período musteriense.* Tb. m. *El yacimiento es del Musteriense.* **2.** Del Musteriense (→ 1). *Hachas bifaces musterienses.*

mustio, tia. adj. **1.** Dicho de algo, espec. de plantas: Marchito o falto de vigor. *A ver si riegas los geranios, que están un poco mustios.* **2.** Melancólico o triste. *Habla con ella y anímala: últimamente está muy mustia.*

musulmán, na. adj. **1.** Que profesa la religión de Mahoma. *Las autoridades musulmanas han condenado el atentado.* Tb. m. y f. *En el ramadán los musulmanes ayunan durante el día.* **2.** De los musulmanes (→ 1). *Las mezquitas son templos musulmanes.* ► **1:** ISLAMITA, MAHOMETANO, MORO, SARRACENO. **2:** ISLAMITA, MAHOMETANO.

mutabilidad. f. cult. Cualidad de mutable. *La frase contiene una reflexión acerca de la mutabilidad de todo lo existente.*

mutable. adj. cult. Mudable. *La realidad es efímera y mutable.*

mutación. f. **1.** Cambio o evolución. *El país está experimentando una mutación. A lo largo de la obra el personaje sufre una mutación.* **2.** *Biol.* Alteración producida en la estructura o en el número de los genes o de los cromosomas de un organismo, que se transmite por herencia. *Las radiaciones pueden producir mutaciones. Las mutaciones son fundamentales para la variación genética.*

mutante. adj. **1.** Que cambia o se modifica. *Opiniones mutantes del electorado.* **2.** *Biol.* Dicho de gen u organismo: Que resulta de una mutación. *Alelos mutantes.* Tb. m. *La rápida aparición de mutantes hace muy difícil combatir el virus. En la novela unos mutantes amenazan a la humanidad.*

mutar. intr. *Biol.* Sufrir mutación. *El virus tiene una gran capacidad para mutar.*

mutilación. f. Hecho de mutilar. *En el accidente sufrió la mutilación de su mano derecha.*

mutilado, da. part. **1.** → **mutilar.** **2.** Dicho de persona: Que ha sido mutilada (→ 1). Tb. m. y f. *Un mutilado de guerra.*

mutilar. tr. **1.** Cortar (a un ser vivo) una parte del cuerpo. *Cada año las minas terrestres mutilan a miles de personas.* **2.** Cortar a un ser vivo (una parte del cuerpo). *Las hélices de la barca le mutilaron una pierna.* **3.** Cortar o quitar una parte (de algo). *Los productores mutilaron varias escenas de la película.*

mutis. m. **1.** En una obra de teatro: Salida de escena de un actor. *Me sé de memoria la obra: ahora viene el mutis de la protagonista.* ● interj. **2.** Se usa para imponer silencio. *¡Mutis!, no quiero oírte más.* ■ **hacer ~.** loc. v. **1.** En una obra de teatro: Salir de escena. *Cuando acaban su parlamento, los campesinos hacen mutis y no vuelven a escena hasta el final.* Tb. fig. *Se aburría en la fiesta e hizo mutis.* **2.** Callarse. *Esperábamos su respuesta, pero él hizo mutis.*

mutismo. m. Silencio voluntario o impuesto. *La directora mantiene un absoluto mutismo sobre sus planes.*

mutua. f. Mutualidad. *Han contratado el seguro en una mutua automovilística.*

mutualidad. f. Asociación con un régimen de prestaciones mutuas. *La empresa cuenta con una mutualidad que garantiza las pensiones de sus empleados.* ▶ MUTUA.

mutualismo. m. Régimen de prestaciones mutuas entre los miembros de una mutualidad. *El mutualismo surgió con el objetivo de hacer frente a los riesgos sociales.*

mutualista. adj. **1.** De la mutualidad. *La intervención quirúrgica entra dentro de la cobertura mutualista.* ● m. y f. **2.** Miembro de una mutualidad. *Algunos mutualistas se han dado de baja al subir las cuotas.*

mutuo, tua. adj. Dirigido a alguien y, a su vez, recibido de este en igual medida. *Se tienen mutuo respeto. El acuerdo se basa en la mutua confianza.* ▶ RECÍPROCO.

muy. → **mucho.**

n

n[1]. f. **1.** Letra del abecedario español cuyo nombre es *ene*. **2.** *Mat.* Ene (cantidad indeterminada). Tb. adj. *5 elevado a n es igual a 5 multiplicado por sí mismo n veces.*

n[2]. abrev. Nota. *La cita está en pág. 55, n. 1.*

nabo. m. Hortaliza de raíz comestible, carnosa y blanquecina. *Tenemos nabos plantados en el huerto.* Tb. la raíz. *Echa al cocido un nabo y una zanahoria.*

nácar. m. Sustancia dura y blanca que recubre el interior de algunas conchas de moluscos y que, con la luz, adquiere reflejos irisados. *Mesas de caoba con incrustaciones de nácar. Unos pendientes de nácar.*

nacarado, da. adj. **1.** Del color y brillo del nácar. *Esmalte nacarado para las uñas. La luz nacarada de la luna.* **2.** Adornado con nácar. *Un estuche nacarado.* ▶ **1:** ANACARADO.

nacer. (conjug. AGRADECER). intr. **1.** Salir del vientre de la madre, o del huevo. *Ha nacido un ternerillo en la granja. Nada más nacer el polluelo, echa a andar.* **2.** Salir de la semilla o de la tierra una planta. *La planta de la judía nace bajo tierra. ¡Mira, ha nacido otro tulipán!* **3.** Aparecer una hoja, flor o fruto en la planta o pelo o pluma en la piel. *En primavera nacen muchas flores. Le empezó a nacer vello* EN *las piernas.* **4.** Salir de la tierra un río o manantial. *El Júcar nace* EN *la cordillera Ibérica.* **5.** Comenzar a existir. *Estas vanguardias nacen en los años veinte. Que no nazca en ti la sed de venganza.* **6.** Tener principio u origen en algo. *La calle Mayor nace* EN *el Puente Viejo. Muchos prejuicios nacen* DE *la ignorancia.* **7.** Tener una tendencia o aptitud naturales para algo. *Ha nacido* PARA *la música.* **8.** Comenzar una actividad. *Decenas de jóvenes nacen* A *la pintura en esta escuela.* **9.** Aparecer el sol en el horizonte. *El sol nace por oriente.* ■ **volver a ~.** loc. v. Librarse de morir. *Al ver el estado del coche, supo que había vuelto a nacer.* ▶ **2, 3:** *SALIR. **4:** MANAR. **5:** BROTAR, SURGIR. **9:** SALIR.

nacido, da. part. → **nacer.** ■ **bien ~.** loc. adj. Noble o bien intencionado. Frec. m. y f. *Es propio de un bien nacido defender a los débiles.* ■ **mal ~.** → **malnacido.**

naciente. adj. Que nace. *El naciente estado alemán. Se observaba un interés naciente por las telecomunicaciones.* Frec. dicho del sol. *Los primeros rayos del sol naciente.*

nacimiento. m. **1.** Hecho de nacer. *Fecha y lugar de nacimiento. El nacimiento de la informática.* **2.** Lugar donde nace algo. *Subiremos hasta el nacimiento del río. El nacimiento del cabello.* **3.** Representación del nacimiento (→ 1) de Jesucristo, mediante una escena con figuras. *Unos días antes de Nochebuena ponemos el nacimiento.* ■ **de ~.** loc. adj. Dicho de característica: Que se tiene desde el momento de nacer. *Padece una sordera de nacimiento. Ese lunar es de nacimiento.* Tb. dicho de la pers. que la tiene. *Es ciego de nacimiento.* ▶ **3:** BELÉN, PESEBRE, PORTAL.

nación. f. **1.** Conjunto de los ciudadanos que viven en un territorio regido por un mismo Gobierno. *El rey se dirigirá por radio a la nación.* **2.** Territorio de una nación (→ 1). *La red eléctrica llega a todos los puntos de la nación.* **3.** Conjunto de personas con un origen y tradición comunes, que suele hablar el mismo idioma. *La nación curda.*

nacional. adj. **1.** De la nación. *Es demócrata y defensor de la soberanía nacional. Vuelos nacionales e internacionales. La prensa nacional.* Dicho de pers., tb. m. y f. *El equipo tiene más nacionales que extranjeros.* **2.** De la facción contraria al Gobierno republicano durante la Guerra Civil de 1936 en España. *El ejército nacional tomó Madrid.* Dicho de pers., tb. m. y f. *El líder de los nacionales.*

nacionalcatolicismo. m. Doctrina política caracterizada por establecer una estrecha relación entre el Estado y la Iglesia católica. *Franco impuso un régimen totalitario marcado por un férreo nacionalcatolicismo.*

nacionalcatólico, ca. adj. **1.** Del nacionalcatolicismo. *Recibe una educación nacionalcatólica en un colegio religioso.* **2.** Partidario o seguidor del nacionalcatolicismo. *Los sectores nacionalcatólicos pretendían instaurar una rígida moral.* Dicho de pers., tb. m. y f.

nacionalidad. f. **1.** Condición de la persona que pertenece a una nación. *Un individuo de nacionalidad francesa.* **2.** En el Estado español: Comunidad autónoma que posee un estatuto que reconoce su especial identidad histórica y cultural. *Se establece el principio de solidaridad entre las nacionalidades y demás regiones del Estado.*

nacionalismo. m. **1.** Sentimiento de apego a la propia nación y a lo relacionado con ella. *Los cantos tradicionales avivan el nacionalismo de las gentes.* **2.** Aspiración o movimiento políticos basados en la conciencia de singularidad de un pueblo y encaminados hacia su constitución como nación. *Los resultados electorales reflejan un crecimiento del nacionalismo democrático.* Tb. la doctrina en la que se apoyan. *El ideario del partido se basa en un nacionalismo que excluye la violencia.*

nacionalista. adj. **1.** Del nacionalismo. *Ideología nacionalista.* **2.** Partidario del nacionalismo. *La prensa nacionalista.* Dicho de pers., tb. m. y f. *Los nacionalistas defienden el uso oficial de la lengua autóctona.*

nacionalización. f. Hecho de nacionalizar o nacionalizarse. *Ha solicitado su nacionalización como ciudadano mexicano.*

nacionalizar. tr. **1.** Convertir (a alguien) en ciudadano de una nación. *Han nacionalizado a los refugiados políticos. Se va a nacionalizar italiano.* **2.** Convertir (un bien, empresa o servicio privados) en propiedad del Estado. *Nacionalizarán la red eléctrica.*

nacionalsindicalismo. m. Doctrina política y social basada en el ideario del falangismo y adoptada por el régimen franquista. *Pretendían difundir el nacionalsindicalismo entre obreros y campesinos.*

nacionalsindicalista. adj. **1.** Del nacionalsindicalismo. *La Falange propugna una revolución nacionalsindicalista.* **2.** Partidario o seguidor del nacionalsindicalismo. *Político nacionalsindicalista.* Dicho de pers., tb. m. y f.

nacionalsocialismo. m. Movimiento político alemán, dictatorial y expansionista, surgido tras la Primera Guerra Mundial y caracterizado por un nacionalismo racista. *La llegada al poder de Hitler y el nacionalsocialismo sería catastrófica.* ▶ NAZISMO.

nacionalsocialista. adj. **1.** Del nacionalsocialismo. *Una dictadura nacionalsocialista.* **2.** Partidario del nacionalsocialismo. *Juventudes nacionalsocialistas.* Dicho de pers., tb. m. y f. *Se suceden los actos de racismo cometidos por los nacionalsocialistas.* ▶ NAZI.

nada. (No tiene pl.). pron. **1.** Ninguna cosa. *No le digas nada. No queda nada en la nevera. No sirve de nada que le grites. Nada parece complacerle. Por nada me metería yo en ese jaleo.* **2.** Poca cantidad de algo, espec. de tiempo. *Pasó por aquí hace nada. Dentro de nada tendremos vacaciones. Con nada que lloviera, se le estropearía el peinado.* **3.** Cualquier cosa, gralm. sin importancia. *Se preocupa por nada. Se ofende a nada que le digas. Antes de nada, haré un resumen de lo que se dijo ayer.* ● f. (Frec. con art.). **4.** Inexistencia total, negación del ser. *Algunos afirman que tras la muerte está la nada. Los existencialistas hablan de una nada inconcebible para un creyente.* **5.** Sensación de vacío o inexistencia. *Le invade la nada.* **6.** Situación propia de alguien o algo insignificantes. *Un magnate que salió de la nada. Creó un imperio de la nada.* ● adv. **7.** De ninguna manera. *No está nada preocupado. Ese traje no te sienta nada mal.* ■ **ahí es ~.** expr. Se usa para enfatizar la importancia o la cantidad de lo expresado. *Una boda con mil invitados, ¡ahí es nada!* ■ **como si ~.** loc. adv. Sin inmutarse. *Hablan de billones como si nada. Le amenazaron con echarlo, y él, como si nada.* ■ **de ~.** loc. adj. **1.** De poca importancia. *Una avería de nada. Es un arañazo de nada.* □ loc. adv. **2.** Se usa como fórmula de cortesía para contestar a alguien que da las gracias. *–Gracias por ayudarme a subir estos paquetes. –De nada.* ■ **~ más.** loc. adv. Solamente. *Hay cinco personas nada más.* ■ **~ menos.** loc. adv. Se usa para enfatizar la importancia o la cantidad de lo expresado. *–¿Tiene un cargo importante en la compañía? –Es director general nada menos. Llegó nada menos que a pedírselo de rodillas. Hubo nada menos que 15 000 heridos en el terremoto.* ■ **para ~.** loc. adv. coloq. En absoluto. *Para nada cambió su forma de pensar en ese tema. –¿Te importa? –Para nada.*

nadador, ra. adj. **1.** Que nada. *Crustáceos nadadores.* ● m. y f. **2.** Persona que practica el deporte de la natación. *En la piscina cubierta entrenan los nadadores del equipo olímpico.*

nadar. intr. **1.** Desplazarse por el agua una persona o animal moviendo el cuerpo y sin tocar el fondo. *Nada con ayuda de unos flotadores.* **2.** Flotar algo en un líquido. *Las hojas secas nadan* EN *el estanque.* **3.** Tener gran cantidad de algo. *Pocos son los países que nadan* EN *dinero.*

nadería. f. Cosa de poco valor o importancia. *No te enfades por semejante nadería.* ▶ *NIMIEDAD.

nadie. (No tiene pl.). pron. **1.** Ninguna persona. *No lo sabe nadie. ¿A nadie le apetece un café?* **2.** Ninguna persona de importancia o autoridad. *Ellos aquí no son nadie. Tú no eres nadie* PARA *dar órdenes.* ■ **don ~.** m. Persona insignificante. *El don nadie de su marido.* Gralm. precedido de *un*. *Toda su vida ha sido un don nadie.*

nadir. m. *Fís.* Punto de la esfera celeste diametralmente opuesto al cenit.

nado. a ~. loc. adv. Nadando. *Cruzaremos el embalse a nado.*

nafta. f. **1.** *Quím.* Líquido inflamable obtenido espec. por destilación de petróleo, que se usa como disolvente o combustible. *El buque naufragado lleva un cargamento de nafta.* **2.** Am. Gasolina. *Tuvimos que esperar el pase de un vehículo y pedirle unos litros de nafta* [C].

naftalina. f. Sustancia sólida, blanca y aromática, derivada del alquitrán de hulla, que se utiliza como desinfectante o insecticida. *Compra bolas de naftalina para las polillas.*

nahua. adj. **1.** De un antiguo pueblo indígena de México y América Central. *El territorio nahua.* Dicho de pers., tb. m. y f. *La civilización de los nahuas.* **2.** Del nahua (→ 3). *Palabra nahua.* ● m. **3.** Náhuatl (lengua). *En México aún se habla nahua.* ▶ **3:** *NÁHUATL.

náhuatl. adj. **1.** Del náhuatl (→ 2). *Gramática náhuatl.* ● m. **2.** Lengua hablada por el antiguo pueblo nahua, y que aún se conserva en zonas de México y América Central. *El texto está en náhuatl.* ▶ **2:** MEXICANO, NAHUA.

naíf o **naif.** adj. Del artista o del estilo artístico, espec. pictórico, que imitan la ingenuidad y sencillez infantiles en su representación de la realidad y uso del color. *Ha comprado un cuadro naíf.* Dicho de estilo, tb. m. *Es un representante del naíf actual.* Dicho de pers., tb. m. y f. *Visitaremos la exposición de un naíf colombiano.*

nailon. m. Material sintético con el que se elabora una fibra elástica y resistente, que se emplea espec. en la fabricación de tejidos. Tb. la fibra. *Un impermeable de nailon. Tejidos de nailon.* ▶ NILÓN.

naipe. m. **1.** Cada una de las cartulinas rectangulares, con dibujos, letras o números estampados por una de sus caras, que se utilizan en diversos juegos de mesa. *Hemos hecho un castillo de naipes.* ○ pl. **2.** Baraja (conjunto de cartas). *Saca unos naipes y echemos una partida.* ▶ **1:** CARTA. **2:** BARAJA.

nalga. f. **1.** Cada una de las dos porciones carnosas y redondeadas del cuerpo humano sobre las que se sienta una persona. *Le han puesto la inyección en la nalga izquierda.* ○ pl. **2.** Parte del cuerpo formada por las nalgas (→ 1). *Mueve las nalgas al caminar.*

namibio, bia. adj. De Namibia (país de África). *Un parque nacional namibio.* Dicho de pers., tb. m. y f. *Los namibios se independizan de la República de Sudáfrica en 1990.*

nana. f. **1.** Canto o pieza musical con que se duerme a un niño. *Mece al bebé mientras le canta una nana. Entre las nanas más famosas está la "Canción de cuna" de Brahms.* **2.** Am. Niñera (mujer que cuida niños). *Los niños fueron recogidos por sus nanas* [C]. ▶ **2:** NIÑERA.

nanay. interj. Se usa para negar o rechazar algo con rotundidad. *Me ha contestado que nanay. –¿Me lo prestas? –¡Nanay!*

nano-. elem. compos. Significa 'milmillonésima parte'. Se une a n. de unidades de medida para designar el submúltiplo correspondiente (Símb. *n*). *Nanosegundo.*

nao. f. cult. Nave (embarcación). *En cabeza del convoy va la nao capitana.*

napa. f. Piel curtida, gralm. de cabra o cordero, con la que se confeccionan prendas de abrigo. *Cazadoras, chaquetas y guantes de napa.*

napalm. m. Sustancia inflamable empleada en bombas incendiarias y lanzallamas. *La guerra de Vietnam se recordará por los bombardeos de napalm.*

napias. f. pl. coloq. Nariz de una persona. *Toma un pañuelo y suénate las napias, mocoso.*

napoleónico, ca. adj. De Napoleón Bonaparte (emperador francés, 1769-1821), o del estilo o las características propios de su época. *Toda Europa se ve afectada por las guerras napoleónicas. Muebles de estilo napoleónico.*

naranja. f. **1.** Fruto redondo y comestible del naranjo, entre rojo y amarillo, de carne en gajos y jugo agridulce, del que existen diversas variedades. *Con la naranja amarga hacen mermelada. Zumo de naranja.* ○ m. **2.** Color entre rojo y amarillo, como el de la naranja (→ 1) madura. *El naranja te sienta bien.* Frec. en aposición. *Una luz naranja.* ■ **media ~.** f. Esposo o pareja de una persona. *Ha conocido a su media naranja en un viaje.* □ **~s.** interj. coloq. Se usa para negar o rechazar algo con rotundidad. *Si pretendes obligarlo a venir, te dirá que naranjas.* Tb. *~s de la China. –Anda, déjamelo. –¡Naranjas de la China!*

naranjada. f. Bebida hecha con zumo de naranja, agua y azúcar. *¿Te apetece una limonada o una naranjada fresquita?*

naranjal. m. Terreno plantado de naranjos. *El pueblo está rodeado de olivares y naranjales.*

naranjero, ra. adj. **1.** De la naranja. *El sector naranjero.* ● m. y f. **2.** Persona que cultiva o vende naranjas. *Los naranjeros de la comarca exportan a varios países.*

naranjo. m. Árbol frutal de climas templados, de tronco recto y liso y hoja perenne, cuyo fruto es la naranja. *Llega el olor de los naranjos en flor.* Tb. su madera. *Una sillería de caoba con incrustaciones en naranjo.*

narcisismo. m. Aprecio excesivo del aspecto físico, las cualidades o los actos de uno mismo. *Algunas estrellas de la música adolecen de narcisismo.*

narcisista. adj. **1.** Del narcisismo. *Le ha salido la vena narcisista.* **2.** Que tiene o muestra narcisismo. *Un dictador narcisista y egocéntrico.* Dicho de pers., tb. m. y f. *Es una narcisista y no entiende que la critiquen.*

narciso[1]. m. Planta de flores olorosas, gralm. amarillas y en forma de tubo, y hojas largas y puntiagudas que nacen de la raíz. *Un arriate de narcisos.* Tb. la flor. *Un ramo de rosas y narcisos.*

narciso[2]. m. Hombre que siente excesivo aprecio por su aspecto físico. *Es un narciso: se pasa el día delante del espejo.*

narco. m. y f. Narcotraficante. *Dos narcos se han fugado de la cárcel.*

narco-. elem. compos. Significa 'droga o narcótico'. *Narcodependencia, narcodependiente.*

narcodólar. m. Dólar procedente del tráfico de drogas. Gralm. en pl. *Investigan la implicación del banco en el blanqueo de narcodólares.*

narcolepsia. f. *Med.* Estado patológico caracterizado por accesos irresistibles de sueño profundo. *Muchas personas con narcolepsia sufren estados depresivos.*

narcosala. f. Dependencia sanitaria de uso público donde los toxicómanos pueden inyectarse droga en condiciones higiénicas adecuadas. *El Ayuntamiento abrirá una narcosala en un poblado marginal.*

narcótico, ca. adj. Dicho de sustancia: Que produce sueño, relajación muscular y disminución de la sensibilidad. *Drogas narcóticas.* Tb. m. *Ha sido detenido por comercio ilegal de narcóticos.*

narcotizar. tr. Dejar (a alguien) en estado de adormecimiento mediante un narcótico. *La narcotizaron y la secuestraron.*

narcotraficante. m. y f. Persona que se dedica al narcotráfico. *La policía ha desarticulado una red de narcotraficantes.* ▶ NARCO.

narcotráfico. m. Comercio ilegal, y en grandes cantidades, de drogas o narcóticos. *Unos cuantos capos controlan el narcotráfico internacional.*

nardo. m. Planta con bulbo y con espigas de flores blancas y olorosas, espec. de noche, que se cultiva en jardines. *Una vara de nardo.* Tb. la flor. *Luce un nardo en la solapa.*

narguile. m. Pipa usada por árabes y orientales, compuesta de un tubo largo y flexible, un recipiente para quemar el tabaco y un frasco de agua perfumada por donde pasa el humo. *Fuma en narguile.*

narigón, na. adj. Narigudo. *Es mofletuda y narigona.* Dicho de pers., tb. m. y f. *No sé cómo puede gustarte ese narigón.*

narigudo, da. adj. Que tiene la nariz grande. *En la familia son todos narigudos.* Dicho de pers., tb. m. y f. *Tienen que aguantar muchas bromas los narigudos.* ▶ NARIGÓN.

nariz. f. **1.** Órgano prominente del rostro humano, entre los ojos y la boca, formado por dos orificios y con funciones olfativas y respiratorias. *Inspire por la nariz y espire por la boca.* Frec. en pl. con significado sing. *Aplastaba las narices contra el escaparate.* **2.** En animales vertebrados: Parte de la cabeza con situación y funciones análogas a las de la nariz (→ 1) humana. *La nariz del zorro.* **3.** Sentido del olfato. *Si la nariz no me falla, aquí han fumado.* ■ **~ griega.** f. Nariz (→ 1) cuyo perfil es una continuación del de la frente. ■ **~ perfilada.** f. frecAm. Nariz (→ 1) recta y bien formada. *Tiene los ojos grandes y una nariz perfilada.* □ **asomar la ~, o las narices** (por un lugar). loc. v. coloq. Aparecer (en él), espec. para fisgar. *Nunca asoma la nariz* POR *allí. En cuanto asome la nariz, me freirán a preguntas.* ■ **dar** algo (a alguien) **en la ~.** loc. v. coloq. Sospechar (alguien) algo. *Me da en la nariz que no les caemos bien.* ■ **dar** alguien **en las narices** (a otra persona) (con algo). loc. v. coloq. Causar(le) irritación o envidia (con ello). *Ha dado en las narices a todos sus críticos* CON *el éxito de su disco.* ■ **darse de narices** (con alguien o algo). loc. v. coloq. Encontrárse(los) de repente. *Lo que menos te esperas es darte de narices* CON *tu jefe en una fiesta. De pronto abre y se da de narices* CON *un fuerte olor a gas.* ■ **de (dos pares de) narices.** loc. adj. coloq. Muy grande o extraordinario. *Me he dado un coscorrón de narices.* ■ **de las narices.** loc. adj. coloq. Pospuesto a un nombre, se usa para expresar la molestia o rechazo que causa lo designado por este. *¡Otra vez suena el teléfono de las narices!* ■ **hasta las narices.** loc. adv. coloq. En un estado de hartazgo. *Estoy hasta las narices* DE *ti y tus chismorreos. Si sigue así, acabará hasta las narices.* ■ **hinchársele,** o **inflársele,** (a alguien) **las narices.** loc. v. coloq. Hartarse o enfadarse. *Se le han hinchado las narices y se ha ido.* ■ **meter la ~,** o **las narices,** (en algo). loc. v. coloq. Curiosear o entrometerse (en ello) sin ser llamado. *Disfruta metiendo la nariz* EN *asuntos de otros.* ■ **no ver** alguien **más allá de sus narices.** loc. v. **1.** coloq. Ver muy poco. *Hay tanta niebla que no veo más allá de mis narices. Sin gafas, no ve más allá de sus narices.* **2.** coloq. Ser demasiado simple o superficial. *Se dejan llevar por las modas porque no ven más allá de sus narices.* ■ **pasar,** o **restregar,** (algo) (a alguien) **por las narices.** loc. v. coloq. Mostrár(selo) o recordár(selo) con insistencia para provocar irritación, humillación o envidia. *Goza restregándole por las narices su etapa en prisión.* ■ **salirle** algo (a alguien) **de las narices.** loc. v. coloq. Apetecer(le), espec. de forma caprichosa. *Siempre hace lo que le sale de las narices.* ■ **tocar las narices** (a alguien). loc. v. coloq. Molestar(lo) o fastidiar(lo). *Si le tocáis mucho las narices, terminará hartándose. Me toca las narices que no llame.* ■ **tocarse las narices.** loc. v. coloq. Estar sin hacer nada o sin trabajar. *Con el dinero de la herencia puede pasar mucho tiempo tocándose las narices.*

narizotas. m. y f. coloq., despect. Persona con la nariz muy grande. *Sale con un narizotas de unos veinte años.*

narración. f. Hecho o efecto de narrar. *El acusado faltó a la verdad en la narración de los hechos. La película está basada en una narración de Hemingway.* ▶ RELATO.

narrador, ra. adj. Que narra. Dicho de pers., tb. m. y f. *Es uno de los mejores narradores españoles. El narrador omnisciente de una novela.*

narrar. tr. Contar (un hecho o una historia). *La obra narra la historia de una familia.* ▶ *CONTAR.

narrativo, va. adj. **1.** De la narración. *Género narrativo. Estilo narrativo.* ● f. **2.** Género literario constituido por la novela y el cuento. *Es un entusiasta de la narrativa rusa.*

narval. m. Cetáceo propio del océano Ártico, cuyo macho posee un largo incisivo en forma de cuerno con estrías en espiral. *El narval hembra.*

nasa. f. Arte de pesca que consiste en un cesto cilíndrico de juncos entretejidos o en una red de forma semejante con dos aros de madera en sus extremos. *Una nasa para pescar langostas.*

nasal. adj. **1.** De la nariz. *Fosas nasales.* **2.** *Fon.* Dicho de articulación o de sonido: Que se produce dejando salir el aire total o parcialmente por la nariz. *El sonido "n" es nasal.* Tb. f., referido a consonante. *La "ñ" es una nasal.*

nata. f. **1.** Sustancia espesa, cremosa, blanca o amarillenta, que forma una capa sobre la leche cuando se deja en reposo. *Cuela la leche antes de servirla; tiene mucha nata.* **2.** Nata (→ 1) batida con azúcar, de consistencia esponjosa, muy usada en repostería. *Una tarta de nata y chocolate.*

natación. f. **1.** Hecho de nadar o desplazarse por el agua moviendo el cuerpo. *Los patos tienen las patas adaptadas para la natación.* **2.** Deporte o ejercicio consistentes en nadar. *Me gustan la natación y el tenis.*

natal. adj. Dicho de lugar: Que es el de nacimiento. *Echa de menos las costumbres de su país natal.*

natalicio. m. cult. Nacimiento de una persona. *Mañana se conmemora el natalicio del rey.*

natalidad. f. Número de nacimientos en un lugar durante un tiempo determinado. *Al descender la natalidad, se produce el envejecimiento de la población.*

natatorio, ria. adj. De la natación. *Los órganos natatorios de los peces. El ganador de la prueba tiene una excelente técnica natatoria.*

natillas. f. pl. Dulce cremoso, elaborado con huevos, leche y azúcar. *De postre, tenemos natillas y flan de la casa.*

natividad. f. Nacimiento. Frec., en mayúsc. designa el de Jesucristo, el de la Virgen María y el de San Juan Bautista. *El cuadro representa una escena de la Natividad, con los pastores adorando al Niño.*

nativo, va. adj. **1.** Nacido en el lugar de que se trata. *Ha contratado un profesor nativo para aprender inglés.* Tb. m. y f. *Muchos nativos* DE *la comarca tuvieron que emigrar en busca de trabajo.* **2.** Del país o lugar en que se ha nacido. *Se dirigió a nosotros en su lengua nativa.* **3.** Dicho de metal o mineral: Que se encuentra en la naturaleza en estado puro. *Oro nativo.*

nato, ta. adj. Pospuesto a un nombre que designa persona con una condición o cualidad: Que tiene predisposición natural para ser lo expresado por ese nombre. *Es un líder nato.*

natura. **contra ~.** loc. adj. cult. Contrario a las leyes de la naturaleza. *Una relación sexual contra natura.* Tb. fig. *Un pacto contra natura.*

natural. adj. **1.** De la naturaleza. *Un examen de ciencias naturales. La riqueza natural de un país.* **2.** Propio de la naturaleza o esencia de un ser. *El brillo es una cualidad natural de los diamantes. Posee una elegancia natural.* **3.** Nativo de un lugar. *Un concursante natural* DE *Burgos.* Tb. m. y f. *Los naturales* DEL *pueblo veían con malos ojos nuestra llegada.* **4.** Que está tal como se halla en la naturaleza, o que no tiene mezcla o elaboración. *Prefiero la piña natural a la piña en almíbar. Un vestido de seda natural.* **5.** Espontáneo o que no es afectado. *Juan es una persona muy natural.* **6.** Normal o lógico. *Es muy natural que se hayan ido a vivir juntos.* **7.** Que imita fielmente a la naturaleza. *Se ha teñido de un rubio muy natural.* **8.** *Taurom.* Dicho de pase de muleta: Que se hace con la mano izquierda y sin el estoque. Frec. m. *El público aplaudió la serie de naturales.* **9.** *Mús.* Dicho de nota: Que no está modificada por sostenido ni bemol. *Do natural.* ● m. **10.** Temperamento o carácter. *Es de natural cariñoso.* **11.** *Arte* Modelo del que copia directamente el artista. Frec. en la constr. *del ~. Un paisaje pintado del natural.* ■ **al ~.** loc. adv. Sin artificio, mezcla o elaboración. Tb. loc. adj. *Tomamos almejas al natural.*

naturaleza. f. **1.** Conjunto de caracteres y propiedades que constituyen la esencia de un ser. *Su visión de la naturaleza humana es muy pesimista.* **2.** Conjunto de todo lo que existe en el universo, ajeno a la intervención humana. *Ayúdanos a conservar la naturaleza.* Tb. el principio que lo ordena. *Es mejor dejar que la naturaleza obre su curso.* **3.** Carácter o temperamento. *Una persona de naturaleza tranquila.* **4.** Complexión o constitución física. *Aguantará la operación, es de naturaleza fuerte.* **5.** Especie o clase. *Un virus de esta naturaleza podría colapsar los orde-*

nadores de la empresa. ■ ~ **muerta.** f. Cuadro que representa animales muertos o seres inanimados. *En el museo se exponen varias naturalezas muertas del pintor.* ▶ **1:** CONDICIÓN.

naturalidad. f. Cualidad de natural o espontáneo. *Se comportó con mucha naturalidad.*

naturalismo. m. **1.** *Lit.* Corriente del s. XIX, influida por el positivismo, que se caracteriza por presentar la realidad con absoluta objetividad, incluyendo sus aspectos más crudos. *Zola fue el principal representante del naturalismo literario.* **2.** *Fil.* Doctrina según la cual la naturaleza es el primer principio de la realidad. *El naturalismo excluye la posibilidad de un origen sobrenatural.*

naturalista. adj. **1.** *Fil.* y *Lit.* Del naturalismo. *Sistema filosófico naturalista. Manifiesto naturalista.* **2.** *Fil.* y *Lit.* Seguidor del naturalismo. *Filósofo naturalista.* Dicho de pers., tb. m. y f. *Los naturalistas franceses.* ● m. y f. **3.** Especialista en ciencias naturales. *Este naturalista estudió la flora americana.*

naturalización. f. Hecho de naturalizar o naturalizarse. *El Estado concedió la naturalización de los refugiados.*

naturalizar. tr. **1.** Convertir (a alguien) en ciudadano de una nación. *El rey naturalizó a los soldados extranjeros que participaron en la batalla.* Tb. en constr. prnl. media. *Aunque es de origen español, se naturalizó francés. Se naturalizó* EN *España tras la guerra.* **2.** Introducir y emplear como propia de un país (una cosa extranjera). *La nobleza naturalizó muchas de las costumbres francesas.* Tb. en constr. prnl. media. *Las refinadas costumbres de los conquistadores no tardaron en naturalizarse en las islas.* **3.** Adaptar a un país (una especie animal o vegetal foráneas). *Este botánico ha naturalizado en España una nueva planta tropical.* Tb. en constr. prnl. media. *Este árbol, introducido en Europa en el siglo* XVI, *se naturalizó rápidamente.*

naturalmente. adv. **1.** De manera natural. *El avestruz no está naturalmente dotado para volar. Se comporta siempre muy naturalmente.* **2.** Lógicamente o como es natural. *No limpió la herida y, naturalmente, se le infectó.* **3.** Por supuesto o sin duda. Se usa para expresar afirmación enfáticamente. *¡Naturalmente que voy a ir a la boda! –¿Te gusta? –Naturalmente, me encanta.*

naturismo. m. Doctrina que preconiza el empleo de medios naturales para conservar la salud y tratar las enfermedades. *El contacto con la naturaleza es uno de los fundamentos del naturismo.*

naturista. adj. **1.** Del naturismo. *Medicina naturista.* **2.** Seguidor del naturismo. Dicho de pers., tb. m. y f. *En esta playa se reúnen muchos naturistas.*

naufragar. intr. **1.** Hundirse o irse a pique una embarcación. *El barco naufragó frente a las costas africanas.* **2.** Sufrir alguien el hundimiento de la embarcación en que viaja. *Naufragamos en aguas del Estrecho.* **3.** Salir mal o fracasar una empresa o negocio. *El negocio ha naufragado, tenemos que cerrar.* **4.** Fracasar alguien en una empresa o negocio. *Abrió un restaurante, pero también naufragó en el negocio de la hostelería.*

naufragio. m. Hecho de naufragar. *Naufragio de un petrolero en aguas gallegas. Las encuestas pronostican el naufragio del Partido Radical en las elecciones.*

náufrago, ga. adj. Que ha sufrido un naufragio al navegar. Dicho de pers., tb. m. y f. *Hallados tres náufragos en una isla desierta.* Tb. fig. *El campo es lo suyo, es un náufrago en la ciudad.*

náusea. f. **1.** Gana de vomitar. Frec. en pl. *Estoy mareado y tengo náuseas.* **2.** Asco o aversión. Frec. en pl. *No los soporto; solo verlos me produce náuseas.* ▶ **1:** BASCA.

nauseabundo, da. adj. Que produce náuseas. *Un olor nauseabundo. Un tipo nauseabundo.*

nauta. m. cult. Marinero o navegante. *Embelesado por el canto de las sirenas, el nauta se arrojó al agua.*

náutico, ca. adj. **1.** De la navegación. *Deportes náuticos.* ● f. **2.** Ciencia o arte de navegar. *Practica muchos deportes, pero tiene especial predilección por la náutica.* ▶ **2:** NAVEGACIÓN.

nautilo. m. Molusco provisto de muchos tentáculos y cubierto por una concha en espiral dividida en celdas.

nava. f. Tierra llana, a veces pantanosa, situada gralm. entre montañas. *Estas plantas crecen en las zonas más húmedas de la sierra: valles, vaguadas y navas.*

navaja. f. **1.** Cuchillo cuya hoja puede doblarse sobre el mango para que el filo quede guardado. *Abrió la navaja para partir el chorizo.* **2.** Molusco comestible de color pardo verdoso, con dos conchas alargadas y rectangulares. *Pedimos una ración de navajas a la plancha.* ■ ~ **barbera.** f. Navaja (→ 1) de filo agudo que se utiliza para afeitar la barba. *En la barbería me afeitan con navaja barbera.* ▶ **Am: 1:** CHAVETA.

navajazo. m. Golpe que se da con la navaja. *Le asestó tres navajazos en el pecho.* Tb. la herida que produce. *Reconocieron al pirata por el navajazo que tenía en la cara.*

navajero, ra. adj. **1.** De la navaja. *Artesanía navajera.* ● m. **2.** Delincuente que utiliza habitualmente la navaja como arma para cometer delitos. *Un grupo de navajeros tiene aterrorizados a los vecinos del barrio.*

naval. adj. De las naves o embarcaciones, o de la navegación. *Industria naval. Base naval.*

navarro, rra. adj. De Navarra. *Las tradiciones navarras.* Dicho de pers., tb. m. y f. *Los navarros elaboran grandes vinos.*

nave. f. **1.** Embarcación. *Avistamos a lo lejos una nave mercante.* **2.** Vehículo preparado para desplazarse por el espacio exterior. Tb. ~ *espacial. La nave espacial ha regresado a la Tierra.* **3.** En los templos y otros grandes edificios: Espacio delimitado por muros o filas de columnas y que se extiende a lo largo. *Una iglesia de tres naves.* **4.** Edificio grande, sin divisiones internas, que gralm. se utiliza como almacén o para usos industriales. *El taller que busca está instalado en una nave.* ■ **quemar las ~s.** loc. v. Tomar una decisión extrema y que no tiene vuelta atrás. *El entrenador decidió quemar las naves y sacó a otros dos delanteros.* ▶ **2:** ASTRONAVE, COSMONAVE.

navegable. adj. Dicho espec. de río: Apto para la navegación. *El Guadalquivir es navegable en su curso bajo.*

navegación. f. **1.** Hecho de navegar. *La tripulación está cansada después de un mes de navegación. Lindbergh fue uno de los pioneros de la navegación aérea.* **2.** Náutica (ciencia). *Una escuela de navegación.* ▶ **2:** NÁUTICA.

navegante. adj. Que navega. Dicho de pers., tb. m. y f. *Uno de los navegantes avistó tierra firme.*

navegar. intr. **1.** Viajar por el agua en una embarcación. *Navegábamos rumbo a las Canarias.* **2.** Avanzar por el agua una embarcación. *El velero navegaba a buena velocidad.* **3.** Viajar por el aire en avión, globo u otro aparato aéreo. *En estos momentos navegamos a 3000 pies de altura.* **4.** Avanzar por el aire un avión u otro aparato aéreo. *La nave espacial navega en dirección a Marte.* **5.** *Inform.* Desplazarse por una red informática. *Sabe navegar por Internet.*

navidad. (Frec. en mayúsc.). f. **1.** Día en que se celebra el nacimiento de Jesucristo. *La comida de Navidad se suele realizar en familia.* **2.** Tiempo comprendido entre la Navidad (→ 1) y el día de Reyes. Frec. en pl. con significado sing. *Pasaremos las Navidades en el Caribe.*

navideño, ña. adj. De la Navidad. *Ambiente navideño.*

naviero, ra. adj. **1.** De las naves, o de la navegación. *Sector naviero.* Dicho de empresa, tb. f. *La naviera negocia la adquisición de nuevos buques.* ● m. y f. **2.** Dueño de uno o más navíos. *Su padre es un naviero griego.*

navío. m. Barco de gran tamaño, gralm. con varias cubiertas, apto para navegar en alta mar. *Un navío de guerra. Un navío mercante.* ▶ *EMBARCACIÓN.

náyade. f. En la mitología grecorromana: Ninfa de los ríos y de las fuentes.

nazareno, na. adj. **1.** De Nazaret, antigua ciudad de Galilea. *La tradición nazarena.* Dicho de pers., tb. m. y f. Frec. referido a Jesucristo y en mayúsc. *El mensaje de amor del Nazareno.* **2.** (Frec. en mayúsc.). Dicho de imagen de Jesucristo: Que está vestida con túnica morada. *Un Jesús Nazareno de enorme realismo.* Tb. m. *La procesión del Nazareno recorrerá las calles de la localidad.* ● m. **3.** Penitente que en las procesiones de Semana Santa va vestido con túnica, gralm. morada. *Es nazareno de la hermandad del Silencio.*

nazarí. adj. De la dinastía musulmana que reinó en Granada desde el s. XIII al XV. *Arte nazarí.* Dicho de pers., tb. m. y f. *La derrota de los nazaríes puso fin a la dominación árabe de la Península Ibérica.* ▶ NAZARITA.

nazarita. adj. Nazarí. *Reino nazarita.* Dicho de pers., tb. m. y f. *El refinamiento de los nazaritas se refleja en sus palacios.*

nazi. adj. Nacionalsocialista. *Ideología nazi.* Dicho de pers., tb. m. y f. *Lo acusan de colaborar con los nazis.*

nazismo. m. Nacionalsocialismo. *El documental trataba sobre las víctimas del nazismo.*

neblina. f. Niebla baja y poco espesa. *La neblina dio paso a un sol espléndido.*

nebuloso, sa. adj. **1.** Que tiene niebla o está cubierto por ella. *Un día nebuloso. Un paisaje nebuloso.* **2.** Falto de claridad. *Un recuerdo nebuloso. Un pasado nebuloso.* ● f. **3.** *Fís.* Masa de materia cósmica, compuesta de polvo y gas, de aspecto semejante a una nube.

necedad. f. **1.** Cualidad de necio. *No soporto la necedad.* **2.** Hecho o dicho necios. *¡Deja de decir necedades!* ▶ *TONTERÍA.

necesario, ria. adj. **1.** Expresa que la falta de una persona o cosa hacen imposible algo. *El agua es necesaria* PARA *la vida.* **2.** Que inevitablemente ha de ser o suceder. *Según algunos filósofos, Dios es un ser necesario.*

neceser. m. Estuche o maletín para guardar y trasladar diversos utensilios, espec. de aseo. *Mete en la maleta el neceser con las cosas de baño.*

necesidad. f. **1.** Hecho de ser necesario. *Puedes obtener un título sin necesidad* DE *ir a clase. ¿Fue el azar o la necesidad?* **2.** Cosa necesaria. *Aumentar las ventas es una necesidad* PARA *la empresa.* **3.** Situación difícil, en la que se necesita ayuda o auxilio. *En caso de necesidad, utilice el chaleco salvavidas.* Tb. aquella en la que faltan las cosas necesarias para la subsistencia, y en ese caso frec. en pl. con significado sing. *Desde que perdió el trabajo está pasando necesidades.* **4.** Evacuación de orina o excrementos. Frec. en pl. con *hacer. Salió al corral a hacer sus necesidades.* ■ **de ~.** loc. adv. De manera necesaria o inevitable. *La cornada le causó una herida mortal de necesidad.* ■ **de primera ~.** loc. adj. Dicho de cosa: Que no se puede prescindir de ella. *El pan es un producto de primera necesidad.*

necesitado, da. part. **1.** → **necesitar.** ● adj. **2.** Dicho de persona: Que carece de lo necesario para subsistir. *Cerca hay un albergue para las personas necesitadas.* Tb. m. y f. *Es una asociación que ayuda a los necesitados.* ▶ **2:** *POBRE.

necesitar. tr. **1.** Tener necesidad (de alguien o algo). *Necesito un bolígrafo. Te necesita a su lado.* ○ intr. **2.** Tener necesidad de alguien o algo. *Necesitarán* DE *tu compañía.*

necio, cia. adj. **1.** Tonto o lelo. Tb. m. y f. *A los necios es mejor no hacerles caso.* **2.** Propio de la persona necia (→ 1). *Tu necia arrogancia te llevará a la ruina.* ▶ *TONTO.

nécora. f. Cangrejo de mar de mediano tamaño y carne muy apreciada. *Vamos a tomar gambas y nécoras.*

necrofagia. f. cult. Hecho de comer cadáveres o carroña. *La necrofagia es la forma de alimentación de las hienas.*

necrófago, ga. adj. cult. Que se alimenta de cadáveres. Se usa espec. en zoología. *Los cuervos son aves necrófagas.*

necrofilia. f. **1.** Atracción por la muerte y lo relacionado con ella. *Su necrofilia es evidente: no hay novela suya en que no aparezca un entierro.* **2.** Perversión que consiste en sentir atracción erótica por los muertos. *La necrofilia ha sido condenada por la mayoría de las sociedades.*

necrofílico, ca. adj. De la necrofilia. *El psiquiatra encuentra rasgos necrofílicos en la personalidad del paciente.* ▶ NECRÓFILO.

necrófilo, la. adj. **1.** De la necrofilia, o propio de la persona necrófila (→ 2). *Tendencias necrófilas.* **2.** Que siente o padece necrofilia. *El asesino necrófilo fue internado en un hospital psiquiátrico.* Dicho de pers., tb. m. y f. ▶ **1:** NECROFÍLICO.

necrología. f. Noticia comentada acerca de una persona muerta recientemente. *Se enteró de su muerte por la necrología publicada en el periódico.* ▶ OBITUARIO.

necrológico, ca. adj. De la necrología. *Una crónica necrológica ensalzaba la figura del artista fallecido.* Referido a nota, tb. f. *La necrológica estaba firmada por todos sus compañeros de profesión.*

necromancia o **necromancía.** f. Nigromancia. *Practicaba la necromancia y otras artes adivinatorias.*

necrópolis. f. cult. Cementerio, espec. el de gran extensión, con abundantes monumentos funerarios. *Verdi está enterrado en la necrópolis de Père Lachaise.* Frec. en arqueología para designar el lugar de enterramientos de una comunidad. *Continúan las excavaciones en la necrópolis fenicia.*

necrosis. f. *Biol.* y *Med.* Muerte de las células de un tejido. *El infarto ha provocado necrosis en una parte del corazón.*

néctar. m. **1.** Jugo azucarado que segregan las flores. *Las abejas chupan el néctar de las flores.* **2.** En la mitología grecorromana: Bebida destinada a los dioses. Tb. fig. *Bebe de este vino, es puro néctar.*

nectarina. f. Fruta de piel lisa y carne jugosa, que resulta del injerto de ciruelo y melocotonero. *Prefiero las nectarinas al melocotón, porque me da grima la piel.*

nectario. m. *Bot.* Órgano de la flor que segrega el néctar.

neerlandés, sa. adj. **1.** De los Países Bajos. *El jugador neerlandés.* Dicho de pers., tb. m. y f. *Miles de neerlandeses acudieron a las urnas.* ● m. **2.** Lengua germánica hablada en los Países Bajos y el norte de Bélgica. *El holandés y el flamenco son dialectos del neerlandés.* ▶ **1:** HOLANDÉS.

nefando, da. adj. cult. Que causa repugnancia u horror. *Crimen nefando.*

nefasto. adj. Desgraciado o desastroso. *He tenido un año nefasto.*

nefrítico, ca. adj. Del riñón. *Estuve ingresada por un cólico nefrítico.*

nefrología. f. Rama de la medicina que estudia el riñón y el tratamiento de sus enfermedades. *Es el jefe de la sección de nefrología del hospital.*

negación. f. **1.** Hecho de negar. *Se obstina en la negación de lo evidente. El prefijo "in-" denota o indica negación.* **2.** Palabra o conjunto de palabras que sirven para negar. *El adverbio "no" es una negación.*

negado, da. part. **1.** → **negar.** ● adj. **2.** Incapaz o inepto. *Un chico negado* PARA *las matemáticas.* Tb. m. y f. *Ese mecánico es un negado.*

negador, ra. adj. Que niega. *Ha surgido un movimiento negador de los principios del arte del siglo* XX. Dicho de pers., tb. m. y f. *Fue un negador sistemático de cualquier forma de autoritarismo.*

negar. (conjug. ACERTAR). tr. **1.** Decir que (algo) no existe o no es verdad. *El famoso actor negó su relación con la cantante. Negaron que hubieran participado en el atraco.* **2.** No dar o no conceder (algo). *Le han negado el visado. Me negó el saludo.* ○ intr. prnl. **3.** Oponerse a hacer algo o a tomar parte en ello. *Se negó* A *comer. Se niega* A *cualquier cambio. Me negué en redondo.*

negativa. → **negativo.**

negatividad. f. Cualidad de negativo o pesimista. *La negatividad de sus comentarios sobre el futuro del mundo caracteriza sus ensayos políticos.*

negativo, va. adj. **1.** De la negación o que la contiene. *Obtuvo una respuesta negativa.* **2.** Dicho de cosa: Mala o perjudicial. *La emisión de gases contaminantes es negativa para el medio ambiente. Un nuevo atentado sería negativo para el proceso de paz.* **3.** Dicho de persona: Que ve el aspecto negativo (→ 2) de las cosas. *No conseguirás nada siendo tan negativa, hay que mirar el lado bueno de las cosas.* **4.** Que indica ausencia de algo. *El resultado negativo de la analítica indica que el paciente no está contagiado.* **5.** Dicho de imagen fotográfica: Que tiene los tonos claros de los objetos convertidos en oscuros y a la inversa. Frec. m. *Necesito los negativos para hacer copias de las fotos.* **6.** *Mat.* Dicho de cantidad: Menor que cero. *Restando los gastos de mis ingresos me sale una cantidad negativa.* **7.** *Fís.* Dicho de electricidad: Propia del electrón. Dicho tb. de la carga eléctrica del electrón. *La carga negativa del electrón es atraída por la carga positiva del núcleo del átomo.* ● f. **8.** Hecho de negar o negarse. *A todos nos sorprendió tu negativa, pues siempre te has mostrado receptivo. Su tajante negativa* A *modificar la ley se debe a la proximidad de las elecciones.* ▶ **3:** PESIMISTA.

negligencia. f. Falta de cuidado o de interés. *Es una negligencia por tu parte dejar solo al bebé.*

negligente. adj. Que tiene o muestra negligencia. *El castigo se agravará si se tiene en cuenta su conducta negligente.* Dicho de pers., tb. m. y f. *Eres un negligente.*

negociable. adj. Que se puede negociar. *El ultimátum contiene unas condiciones no negociables.*

negociación. f. Hecho de negociar. *Intentemos resolver el conflicto mediante la negociación.* Frec., en pl., designa una serie de reuniones mantenidas para alcanzar un acuerdo sobre un asunto. *Empieza una ronda de negociaciones para la fusión de ambas empresas.*

negociado. m. Sección de una organización administrativa que se encarga de un determinado tipo de asuntos. *El negociado* DE *tráfico ha admitido la denuncia del peatón.*

negociador, ra. adj. **1.** Dicho de persona: Que negocia, espec. asuntos. Tb. m. y f. *Los negociadores del banco intentan un acuerdo con la Administración.* **2.** De la negociación. *Buscan para el puesto a alguien con aptitudes negociadoras.*

negociante. adj. Dicho de persona: Que negocia, espec. en actividades comerciales. Tb. m. y f. *Es una hábil negociante y seguro que obtendrá ganancias.*

negociar. (conjug. ANUNCIAR). intr. **1.** Comerciar con algo para obtener un beneficio. *Negocia* CON *objetos de arte. Negocia* EN *pieles.* ○ tr. **2.** Tratar o discutir (un asunto) para llegar a un acuerdo. *Tengo que negociar las condiciones de mi contrato.* **3.** Efectuar una operación bancaria (con algo, como una letra o un efecto). *Al cierre de la bolsa, la multinacional había negociado títulos por 300 millones de euros.*

negocio. m. **1.** Actividad comercial en la que se persigue un beneficio económico. *La compraventa de coches es un negocio rentable.* **2.** Actuación de la que se obtiene un beneficio económico. *Ha sido un buen negocio comprar esos terrenos.* **3.** Beneficio o provecho. *Intenta ayudar sin buscar nunca su propio negocio.* **4.** Ocupación o asunto. *Está metido en negocios oscuros.* **5.** Local en el que se negocia o comercia. *Va a abrir un negocio de hostelería en el centro.* ■ **hacer ~.** loc. v. Obtener un beneficio. *Hizo negocio al comprar esas acciones.* ▶ **1:** ASUNTO.

negrear. intr. Tener color negro o negruzco. *El techo negrea sobre la chimenea.*

negrero, ra. adj. **1.** Dedicado al comercio de esclavos negros. *Un buque negrero.* Dicho de pers., tb. m. y f. *Los negreros vendían esclavos en la plaza.* ● m. y f. **2.** coloq. despect. Persona que trata duramente a sus subordinados o los explota. *Tu jefe es un negrero.*

negrillo. m. Olmo. *Descansa a la sombra de un negrillo.*

negrita. f. *Gráf.* Letra negrita (→ **letra**). *Los epígrafes vienen destacados en negrita.*

negritud. f. Conjunto de características sociales y culturales propias de los pueblos de raza negra. *Nicolás Guillén, gran poeta de la negritud.*

negro, gra. adj. **1.** Dicho de color: Semejante al del carbón o al de la oscuridad completa. *El traje es de color negro.* Tb. m. *Un negro mate.* **2.** De color negro (→ 1). *Lleva un vestido negro.* **3.** Dicho de persona: De piel oscura, labios gruesos y pelo muy rizado. *La mayoría de los haitianos son negros.* Tb. m. y f. *Negros procedentes de África.* **4.** De los negros o propio de los negros. *Raza negra. Música negra.* **5.** De color más oscuro de lo habitual. *El cielo se va cubriendo de nubes negras.* **6.** Dicho de cosa: De color más oscuro que otras de su misma clase. *Dicen que el pan negro es más sano. Una cerveza negra.* **7.** Clandestino o ilegal. *Hay un mercado negro de armas. Dinero negro.* **8.** Dicho de ciertos ritos y actividades: Que invocan al demonio. *Magia negra. Misa negra.* **9.** Dicho de novela o cine: Que trata temas policíacos y criminales. *Es un gran lector de novela negra.* **10.** Dicho de cosa: Desgraciada o triste. *No me hables, que tengo un día negro.* **11.** De tabaco negro (→ **tabaco**). *Fuma rubio, pero no rechaza un cigarrillo negro.* Tb. m., referido a cigarrillo. *Compra en el estanco un paquete de negro.* **12.** coloq. Malhumorado o enfadado. *Está negro porque tiene que trabajar el fin de semana.* **13.** coloq. Bronceado por el sol. *Con tanta piscina se ha puesto negro.* ● m. y f. **14.** coloq. Persona que trabaja de manera anónima para beneficio o lucimiento de otra, espec. en trabajos literarios. *Se ha demostrado que había contratado a un negro que le escribiera la novela.* ○ f. **15.** *Mús.* Nota cuyo valor es la mitad de una blanca. *Un compás de 3/4 tiene tres negras.* ■ **negro sobre blanco.** loc. adv. Por escrito. *Al final de su vida, puso negro sobre blanco sus aventuras.* ■ **pasarlas negras.** loc. v. coloq. Pasar dificultades. *Las han pasado negras para pagar la casa.* ■ **tener la negra.** loc. v. coloq. Tener mala suerte. *Tiene la negra y todo le sale mal.* ■ **trabajar como un negro.** loc. v. coloq. Trabajar mucho. *Trabaja como un negro y cobra un sueldo mísero.* ■ **verse ~** (para algo). loc. v. coloq. Tener dificultades (para ello). *Me he visto negra* PARA *arrancar el coche.*

negroide. adj. Que presenta rasgos propios de la raza negra. *Tiene el cabello ensortijado y la piel negroide.* Dicho de pers., tb. m. y f. *Entre los americanos abundan los negroides.*

negrura. f. Cualidad de negro. *La negrura de la tinta contrasta con el papel blanco.*

negruzco, ca. adj. Que tira a negro. *Los mineros salen de la mina con la cara negruzca. Color negruzco.*

neis. → **gneis.**

nematodo. adj. **1.** Del grupo de los nematodos (→ 2). *Gusano nematodo.* ● m. **2.** *Zool.* Gusano de cuerpo cilíndrico, cuyo aparato digestivo en forma de tubo recto se extiende desde la boca hasta el ano.

nemotecnia. → **mnemotecnia.**

nemotécnico, ca. → **mnemotécnico.**

nene, na. m. y f. **1.** coloq. Niño de corta edad. *No hagas rabiar al nene.* **2.** coloq. Persona joven. *Viene a cenar el novio de la nena.* Se usa para dirigirse a una persona cariñosamente, espec., en f., a una mujer. *Con ese collar estás preciosa, nena.*

nenúfar. m. Planta acuática de pantanos y estanques, con flores grandes y hojas redondas que flotan extendidas sobre el agua. *En la charca, unas ranas saltan sobre los nenúfares.* Tb. la flor.

neo-. elem. compos. Significa 'nuevo' o 'reciente'. *Neoconservadurismo, neosurrealista.*

neoclasicismo. m. Movimiento artístico y literario dominante en Europa en la segunda mitad del s. XVIII y caracterizado por seguir los gustos y normas de la Antigüedad clásica. *La muestra reúne pinturas del neoclasicismo y del romanticismo.*

neoclásico, ca. adj. **1.** Del neoclasicismo. *Edificios neoclásicos. Poesía neoclásica.* **2.** Partidario o cultivador del neoclasicismo. Dicho de pers., tb. m. y f. *Los neoclásicos cultivan más el teatro que la novela.*

neocolonialismo. m. Predominio económico, político y cultural de una gran potencia sobre un país subdesarrollado. *Las relaciones euroafricanas siguen marcadas por el neocolonialismo.*

neófito, ta. m. y f. **1.** Persona incorporada recientemente a una actividad, colectividad o ámbito. *El manual es claro incluso para un neófito en matemáticas.* **2.** Persona incorporada recientemente a una religión. *El neófito pronuncia la frase ritual y bebe el agua bendita.*

neógeno, na. adj. **1.** (Como m. se usa en mayúsc.). *Geol.* Dicho de división geológica: Que es la última o más reciente del período terciario. Tb. m. *El Neógeno está dividido en Mioceno y Plioceno.* **2.** *Geol.* Del Neógeno (→ 1). *Cuencas neógenas.*

neokantiano, na. adj. **1.** *Fil.* Del neokantismo. *Teorías neokantianas.* **2.** *Fil.* Partidario del neokantismo. *Filósofos neokantianos.* Dicho de pers., tb. m. y f. *La polémica entre neokantianos y empiristas.*

neokantismo. m. *Fil.* Doctrina que surge en Alemania en la segunda mitad del s. XIX y que, a través de una renovación del kantismo, se opone al positivismo y al materialismo. *Tanto el neokantismo como la fenomenología influirían en su filosofía.*

neoliberal. adj. **1.** *Econ.* Del neoliberalismo. *Principios neoliberales.* **2.** *Econ.* Partidario del neoliberalismo. *El Gobierno neoliberal se propone privatizar la empresa.* Dicho de pers., tb. m. y f. *Es un neoliberal convencido.*

neoliberalismo. m. *Econ.* Doctrina basada en los principios del liberalismo y que defiende una reducción al mínimo de la intervención del Estado. *Piensa que el neoliberalismo acabará con las políticas sociales.*

neolítico, ca. adj. **1.** (Como m. se usa en mayúsc.). *Prehist.* Dicho de período de tiempo: Que es el último de la Edad de Piedra, posterior al Mesolítico. Tb. m. *En el Neolítico aparece la cerámica.* **2.** *Prehist.* Del Neolítico (→ 1). *Restos neolíticos de piedras talladas.*

neologismo. m. Palabra, expresión o significado nuevos en una lengua. *"Marketing" es un neologismo en español.*

neón. m. **1.** Elemento químico del grupo de los gases nobles, escaso en la atmósfera y que se utiliza en la fabricación de tubos fluorescentes (Símb. *Ne*). **2.** Aparato de luz fluorescente que contiene neón (→ 1). *La luz de los neones publicitarios ilumina la calle.*

neonatal. adj. *Med.* Del neonato. *Enfermedades neonatales.*

neonato, ta. m. y f. Niño recién nacido. *El hospital cuenta con una unidad de neonatos.* Tb. adj. *Niños neonatos.*

neonatología. f. *Med.* Rama de la pediatría que se ocupa de los neonatos. *El bebé está ingresado en la unidad de neonatología.*

neonazi. adj. **1.** Del neonazismo. *Postulados neonazis.* **2.** Partidario del neonazismo. *Manifestantes neonazis.* Dicho de pers., tb. m. y f. *Dos neonazis han dado una paliza a un inmigrante.*

neonazismo. m. Movimiento político posterior a la Segunda Guerra Mundial, que reivindica las doctrinas y prácticas del nazismo. *El auge del neonazismo se vive en Europa como una amenaza.*

neoplatónico, ca. adj. **1.** *Fil.* Del neoplatonismo. *La escuela neoplatónica.* **2.** *Fil.* Partidario del neoplatonismo. Tb. m. y f. *Comparte ideas de los neoplatónicos.*

neoplatonismo. m. *Fil.* Doctrina que surge en Alejandría en los ss. II y III, y que se basa en la filosofía platónica. *Va a hacer la tesis sobre el neoplatonismo.*

neopositivismo. m. *Fil.* Doctrina que surge en el s. XX y que destaca la importancia del análisis del lenguaje y de la metodología científica en filosofía. *En el método científico ve el neopositivismo una estrategia para el hallazgo de la verdad.*

neopositivista. adj. **1.** *Fil.* Del neopositivismo. *Tesis neopositivistas.* **2.** *Fil.* Partidario del neopositivismo. *Pensador neopositivista.* Dicho de pers., tb. m. y f. *Los neopositivistas del Círculo de Viena.*

neopreno. m. Caucho sintético muy resistente y con propiedades aislantes, frec. usado para confeccionar prendas deportivas. *Buceadores con trajes de neopreno.*

neorrealismo. m. *Cine* Movimiento surgido en Italia tras la Segunda Guerra Mundial, y que refleja los aspectos cotidianos de la realidad social. *"El ladrón de bicicletas" es una de las grandes películas del neorrealismo.*

neorrealista. adj. **1.** *Cine* Del neorrealismo. *Una película neorrealista italiana.* **2.** *Cine* Partidario o cultivador del neorrealismo. *Entre los cineastas neorrealistas, citemos a Visconti.* Tb. m. y f. *Se define como un neorrealista.*

neoyorquino, na. adj. De Nueva York (ciudad de EE. UU.). *Rascacielos neoyorquinos.* Dicho de pers., tb. m. y f. *Ha conocido a una neoyorquina de Brooklyn.*

neozelandés, sa. (Tb. **neocelandés**). adj. De Nueva Zelanda. *Costa neozelandesa.* Dicho de pers., tb. m. y f. *Muchos neozelandeses son descendientes de europeos.*

nepalés, sa. adj. De Nepal. *Territorio nepalés.* Dicho de pers., tb. m. y f. *En la expedición al Himalaya hay varios nepaleses.*

nepotismo. m. Preferencia hacia familiares y amigos a la hora de otorgar un empleo o cargo públicos. *Acusan al alcalde de nepotismo.*

nereida. f. En la mitología grecorromana: Ninfa marina que era mitad pez y mitad mujer. *En la pintura aparecen un tritón y una nereida.*

nerón. m. Hombre muy cruel. *El jefe del comando es un nerón.*

nervadura. f. *Arq.* y *Bot.* Nervio o conjunto de nervios. *Cubre el ábside una bóveda soportada por gruesas nervaduras. Estas plantas presentan hojas con nervadura muy ramificada.* ▶ *NERVIO.

nervio. m. **1.** En las personas o los animales: Fibra o conjunto de fibras que transportan sensaciones e impulsos motores entre el cerebro y el resto del cuerpo. *Nervio auditivo.* **2.** Tendón blanquecino, duro y resistente. *Este filete tiene muchos nervios.* **3.** Fuerza o vigor. *Es una persona con mucho nervio.* **4.** *Bot.* Haz fibroso que sobresale en el envés de una hoja. *Las lombrices se comen las hojas caídas, excepto los nervios.* **5.** *Arq.* Arco que, al cruzarse con otro u otros, forma una bóveda, espec. la de crucería. *La bóveda ojival se apoya en un sistema de nervios que se unen en un punto central.* **6.** *Encuad.* Cordel del lomo de un libro, que une sus cuadernillos. ○ pl. **7.** Tensión o excitación. *Serena tus nervios.* ■ **~ ciático.** m. *Anat.* Nervio (→ 1) que se distribuye en los músculos posteriores del muslo, en los de la pierna y en la piel de esta y del pie. *Sufre daños en el nervio ciático por una inyección.* ⇒ CIÁTICO. ■ **~ vago.** m. *Anat.* Nervio (→ 1) craneal que parte del bulbo, desciende por ambos lados del cuello y se ramifica hasta llegar a varios órganos del tórax y del abdomen. *El nervio vago regula las funciones respiratoria y digestiva.* ⇒ VAGO. □ **crispar** (a alguien) **los ~s,** o **poner** (a alguien) **los ~s de punta.** loc. v. coloq. Excitar(lo) o irritar(lo). *Me crispas los nervios con tus impertinencias.* ■ **crispársele** (a alguien) **los ~s,** o **ponérsele** (a alguien) **los ~s de punta.** loc. v. coloq. Excitar(lo) o irritar(lo) (alguien). *Se le ponen los nervios de punta al pensar en el examen.* ■ **perder** alguien **los ~s.** loc. v. Alterarse o perder la serenidad. *Tranquilo, no pierdas los nervios.* ■ **ser** alguien **(un) puro ~.** loc. v. coloq. Ser muy activo o inquieto. *La chica es puro nervio, no para.* ▶ **4:** NERVADURA, VENA. **5:** NERVADURA.

nerviosismo. m. Estado transitorio de tensión o excitación. *El nerviosismo me hace cometer errores.*

nervioso, sa. adj. **1.** De los nervios. *Un centro nervioso regula la sensación de saciedad.* **2.** Dicho de persona o animal: Que tiene los nervios excitables. *Es una persona nerviosa e irascible.* **3.** Dicho de persona o animal: Inquieto o incapaz de permanecer en reposo. *Los caballos de carreras son animales muy nerviosos.* **4.** Dicho de persona o animal: Que tiene nervios o está excitado. *Está nerviosa por tener que enfrentarse a un jurado.*

neto, ta. adj. **1.** Claro o bien definido. *Una neta mayoría ha votado por el candidato más joven.* **2.** Dicho de cantidad: Libre de gastos, impuestos o deducciones. *Precio neto.* Se usa en contraposición a *bruto*. *Indique cuál es su sueldo neto y su sueldo bruto.* **3.** Dicho de peso de una cosa: Que es el que le corresponde después de restarle la tara. *La lata de aceitunas pesa 100 gramos, pero su peso neto escurrido es de 55 gramos.* Se usa en contraposición a *bruto*. ▶ **2:** LIMPIO, LÍQUIDO.

neumático, ca. adj. **1.** Dicho de máquina o aparato: Que funciona con aire. *Balsa neumática. Cilindro neumático.* ● m. **2.** Tubo de goma o caucho relleno de aire a presión, con cámara o sin ella, y que se coloca sobre la llanta de algunos vehículos. *Necesita cambiar los neumáticos del coche.* ▶ **2:** GOMA. ‖ **Am: 2:** CAUCHO, LLANTA.

neumococo. m. *Biol.* y *Med.* Microorganismo que produce determinados tipos de pulmonía. *Una cepa de neumococos resistentes a la penicilina.*

neumología. f. *Med.* Estudio de las enfermedades de los pulmones o de las vías respiratorias. *Asistirá a un congreso de neumología.*

neumonía. f. *Med.* Pulmonía. *El médico teme que tenga una neumonía.*

neumotórax. m. *Med.* Entrada de aire o gas en la cavidad de la pleura. *Utilizan el neumotórax artificial con fines terapéuticos.*

neural. adj. *Med.* Del sistema nervioso y de las neuronas. *El alzhéimer va destruyendo redes neurales asociadas a funciones cognitivas, conductuales...*

neuralgia. f. *Med.* Dolor fuerte y continuo a lo largo de un nervio y de sus ramificaciones. *A la consulta acuden bastantes pacientes con neuralgia cervical.*

neurálgico, ca. adj. **1.** *Med.* De la neuralgia. *Crisis neurálgicas.* **2.** Dicho de lugar: Principal o muy importante. *La plaza es el centro neurálgico del pueblo.*

neurastenia. f. *Med.* Trastorno psíquico caracterizado por agotamiento y depresión. *Tantas tensiones y frustraciones lo tienen al borde de la neurastenia.*

neurasténico, ca. adj. **1.** *Med.* De la neurastenia. *Estado neurasténico.* **2.** *Med.* Que padece neurastenia. *La soledad lo ha vuelto neurasténico.* Tb. m. y f., y frec. fig.

neurita. f. *Anat.* Axón. *Entre las prolongaciones de la neurona distinguimos las dendritas y la neurita.*

neurocirugía. f. *Med.* Cirugía del sistema nervioso. *Ha ingresado en el servicio de neurocirugía con traumatismo craneal grave.*

neurocirujano, na. m. y f. *Med.* Especialista en neurocirugía. *En caso de tumor cerebral, el neurocirujano valorará la posibilidad de intervenir.*

neurología. f. Rama de la medicina que estudia el sistema nervioso y sus enfermedades. *La neurología investiga cómo combatir la enfermedad de Alzheimer.*

neurólogo, ga. m. y f. Especialista en neurología. *Mucho debe la medicina al gran neurólogo Ramón y Cajal.*

neurona. f. *Anat.* Célula nerviosa, formada por un cuerpo central y varias prolongaciones. *De todas estas redes de neuronas depende la actividad cerebral.*

neuronal. adj. *Anat.* De la neurona o de las neuronas. *El sistema neuronal del cerebro.*

neurosis. f. *Med.* y *Psicol.* Trastorno mental o emocional caracterizado por ansiedad y miedo irracional, acompañado a veces por la necesidad de repetir innecesariamente algún tipo de conducta. *Padece una neurosis depresiva.*

neurótico, ca. adj. **1.** De la neurosis. *Síntomas neuróticos.* **2.** Que padece neurosis. Tb. m. y f. *Tiene obsesiones propias de un neurótico.*

neurotransmisor, ra. adj. *Biol.* Dicho de sustancia o producto: Que transmite los impulsos nerviosos. Tb. m. *Gracias a los neurotransmisores se establece la comunicación entre neuronas.*

neurovegetativo, va. adj. **1.** *Anat.* Dicho de sistema nervioso: Que controla el funcionamiento involuntario de vísceras, glándulas y músculos. *El ritmo de los latidos está regulado por el sistema nervioso neurovegetativo.* **2.** *Anat.* Del sistema nervioso neurovegetativo (→ 1). *Desequilibrio neurovegetativo.*

neutral. adj. Que no toma partido por ninguna de las opciones en un enfrentamiento o rivalidad. *Los árbitros deben ser neutrales. El país permanece neutral durante la guerra.* Dicho de pers., tb. m. y f. *Son más los que se decantan por una opción que los neutrales.*

neutralidad. f. Condición de neutral. *Confío en la neutralidad de los jueces.*

neutralismo. m. Tendencia a permanecer neutral, espec. en un conflicto internacional. *En las luchas de poder intenta mantener su neutralismo.*

neutralización. f. Hecho de neutralizar o neutralizarse. *El objetivo de la misión es la neutralización del ataque enemigo.*

neutralizar. tr. **1.** Anular o contrarrestar (algo). *Un antídoto neutralizará los efectos del veneno.* Tb. en constr. prnl. media. *La oposición entre realidad y fantasía se neutraliza en sus relatos.* **2.** *Quím.* Hacer neutra (una sustancia o una disolución). *La sosa reacciona con el ácido sulfúrico neutralizándolo.* Tb. en constr. prnl. media. *Una base se neutraliza con un ácido.*

neutro, tra. adj. **1.** Indiferente en política, o que se abstiene de intervenir en ella. *Tanta represión no nos convertirá en una sociedad neutra.* **2.** *Quím.* Que no es ácido ni básico. *La unión de óxidos ácidos con los básicos producen sales neutras.* **3.** *Fís.* Dicho de cuerpo: Que no tiene carga eléctrica positiva ni negativa. *Un átomo neutro.* **4.** *Gram.* Dicho de palabra: De género neutro (→ **género**). *Los pronombres "esto", "eso" y "aquello" son neutros.* ● m. **5.** *Gram.* Género neutro (→ **género**). *El neutro era uno de los tres géneros del latín.*

neutrón. m. *Fís.* Partícula elemental sin carga eléctrica, que forma parte del núcleo del átomo. *El núcleo del átomo está compuesto de neutrones y protones.*

nevada. f. Hecho o efecto de nevar. *No pudo salir a causa de la nevada. Cayó una nevada de medio metro de espesor.*

nevar. (conjug. ACERTAR). intr. impers. **1.** Caer nieve. *Ayer nevó copiosamente.* ○ tr. **2.** Poner blanca (una cosa) con algo que recuerde a la nieve. *Su chaqueta estaba siempre nevada de caspa.*

nevera. f. **1.** Electrodoméstico que produce frío y que se emplea para conservar o enfriar alimentos. *Mete la mantequilla en la nevera, que se derrite.* Tb. fig. para designar enfáticamente un lugar muy frío. *Esta casa es una nevera, no hay modo de calentarla.* **2.** Recipiente portátil hecho de material aislante, que sirve para conservar fríos los alimentos. *Hemos comprado una neverita para llevarla cuando vamos de excursión.* ► **1:** FRIGORÍFICO, REFRIGERADOR. ‖ **Am: 1:** HELADERA, HIELERA, REFRIGERADORA.

nevero. m. Lugar en las montañas en que la nieve se conserva durante todo el año. *Antiguamente, se iba a los neveros para abastecer las ciudades de hielo durante el verano.* Tb. la nieve que se conserva.

nevisca. f. Nevada breve y de copos menudos. *Con esta nevisca no apetece salir.*

newton. (pal. ingl.; pronunc. "niúton"). m. *Fís.* Unidad de fuerza del Sistema Internacional que equivale a la fuerza necesaria para comunicar a un cuerpo con masa de un kilogramo una aceleración de un metro por segundo cada segundo (Símb. *N*).

nexo. m. Elemento que sirve para unir dos o más cosas entre sí. *El idioma es un nexo entre ambas culturas.* Frec. *~ de unión.*

ni. conj. **1.** Une oraciones o elementos de oración que tienen forma negativa. *No pude hacer fotos de los leones ni de los gorilas. No dice, hace ni resuelve nada sin que se lo ordenen. Nadie comprende lo que dice ni lo que quiere. Nunca grita ni se enfada. Nada ni nadie me lo impedirán. Ningún amigo ni ningún compañero lo apoyaron.* Se usa repetida cuando va delante del v., que a veces está sobrentendido. *Ni tú ni yo deberíamos estar aquí. Ni de ti ni de mí esperaban algo así. –¿Piensas ir en avión o* *en tren? –Ni una cosa ni otra.* ● adv. **2.** Se usa en vez de *no* con intención enfática, cuando va seguido de otra negación introducida por *ni. Ni lo sé ni quiero saberlo. Ni puede ayudarte ni deberías pedírselo en estos momentos.* **3.** Enfatiza la negación de un hecho que se considera lo mínimo esperable. *Ni los más radicales apoyaban esas medidas. No tardaron ni cinco minutos en volver.* Frec. en constr. como ~ *siquiera,* ~ *tan siquiera* o ~ *aun. Ni siquiera mi profesor ha sabido resolver el ejercicio. Ni aun pagándome conseguirás que haga la comida.* (→ **siquiera**). **4.** Forma parte de varias locuciones y construcciones adverbiales que se usan como negación enérgica. *¿Crees que te voy a prestar dinero otra vez?; ¡ni soñarlo! No vuelvo allí ni a tiros. No tenía ni idea de cómo ir.* ■ ~ **que.** loc. conjunt. coloq. Introduce una exclamación en la que se rechaza enfáticamente una posibilidad falsa. Se usa con un v. en subj. *Dice que estudió toda la noche: ¡ni que yo fuera tonta! Ahora quiere que cambiemos de coche; ¡ni que estuviéramos forrados!*

nicaragüense. adj. De Nicaragua (país centroamericano). *Río nicaragüense.* Dicho de pers., tb. m. y f. *Rubén Darío es uno de los nicaragüenses más internacionales.*

nicho. m. **1.** En un cementerio: Hueco o cavidad hechos en un muro para introducir un cadáver o sus cenizas. *Lo enterraron en un nicho.* **2.** Hueco hecho en un muro, gralm. en forma de arco, en el que se coloca una estatua u otro objeto decorativo. *En la fachada había un nicho con una imagen de la Virgen.*

nicotina. f. Sustancia aceitosa contenida en el tabaco, de color amarillento, y perjudicial para la salud. *Estos cigarrillos contienen mucha nicotina.*

nidada. f. Conjunto de los huevos puestos por un ave. *La pava empolló la nidada hasta que nacieron las crías.* Tb. el conjunto de crías nacidas de esos huevos. *La nidada se crió sana y salva.*

nidal. m. **1.** Lugar donde las gallinas u otras aves domésticas ponen los huevos. *Revisó los nidales en busca de huevos frescos.* **2.** Lugar al que alguien acude con frecuencia y que le sirve de escondite. *El desván era mi nidal: allí iba yo cada tarde a leer.*

nidificar. intr. *Zool.* Anidar un ave. *Algunas aves nidifican en los tejados de las casas.* ▶ ANIDAR.

nido. m. **1.** Cama o refugio que construyen algunas aves para poner los huevos y criar a las crías. *En el campanario hay un nido de cigüeñas.* Tb. los que construyen otros animales. *Vio un nido de avispas en el tejado.* **2.** En un hospital: Lugar en el que están los recién nacidos. **3.** coloq. Hogar de alguien. Gralm. con intención irónica. *Ahora que se han casado, no hay quien los saque de su nidito.* **4.** Lugar donde se juntan o se hallan en gran cantidad personas o cosas consideradas negativas. *Aquel bar es un nido de traficantes. Los rincones son nidos de suciedad.* **5.** Lugar en el que surge alguna cosa, espec. negativa. *La oficina se convirtió en un nido de corrupción.* ■ ~ **de abeja.** m. Bordado que se parece a las celdas de los panales de las abejas. ■ ~ **de ametralladoras.** m. *Mil.* Lugar que se encuentra protegido por ametralladoras. *Los soldados destruyeron un nido de ametralladoras enemigo.* □ **caer(se)** alguien **del** ~. loc. v. **1.** coloq. Ser muy inocente o creerlo todo con facilidad. *A mí no me engañas, ¡a ver si te crees que me he caído del nido!* **2.** coloq. Darse cuenta de algo que es evidente para los demás. *Ya es hora de que te caigas del nido: tu novio te engaña.*

niebla. f. **1.** Nube muy baja, que está en contacto con el suelo y dificulta la visión. *Había niebla y tuve que encender los faros del coche.* **2.** Estado de falta de claridad que impide comprender algo. *La niebla de los años entorpecía sus recuerdos.* ■ ~ **meona.** f. Niebla (→ 1) que desprende pequeñas gotas de agua. ▶ BRUMA.

nieto, ta. m. y f. Respecto de una persona: Otra que es hijo de su hijo o de su hija. *Mis hijos son los nietos de mis padres.*

nieve. f. Agua helada que cae de las nubes en cristales microscópicos que se unen formando copos blancos. ■ ~ **carbónica.** f. Anhídrido carbónico que se emplea como refrigerante y en la producción de efectos especiales. *El concursante salió caracterizado, y envuelto en una nube de nieve carbónica.* ■ **~s eternas,** o **perpetuas.** f. pl. Nieve (→ 1) caída en alta montaña y que permanece, sin derretirse, de un invierno a otro. *La cima de la montaña está cubierta de nieves perpetuas.*

NIF. (sigla; pronunc. "nif"). m. Número de identificación fiscal de una persona. *Tienes que indicar el NIF en la factura.*

nigeriano, na. adj. De Nigeria. *El río Níger desemboca en la costa nigeriana.* Dicho de pers., tb. m. y f. *Los nigerianos pertenecen a varias etnias.*

nigerino, na. adj. De Níger. *El lago Chad está en la frontera nigerina.* Dicho de pers., tb. m. y f. *Los nigerinos son vecinos de los libios.*

nigromancia. f. Adivinación mediante la invocación de los muertos. *A menudo, para poner en práctica la nigromancia se realizan sesiones espiritistas.* ▶ NECROMANCIA.

nigromante. m. y f. Persona que practica la nigromancia. *En la antigua Grecia abundaban los nigromantes.*

nigua. f. Insecto de América tropical y de África, parecido a la pulga pero de menor tamaño, que se introduce bajo la piel de animales y personas, y produce picazón y úlceras. *A algunos los han atacado las niguas por ir descalzos.*

nihilismo. m. **1.** Actitud de negar cualquier creencia, valor o principio religiosos, políticos o sociales. *Su nihilismo le hundió en la desesperación: ya no creía en nada.* **2.** *Fil.* Doctrina que niega la posibilidad de conocimiento. *Según el nihilismo de Schopenhauer, toda percepción de los sentidos es mera ilusión.*

nihilista. adj. **1.** Del nihilismo. *Las ideas nihilistas de Nietzsche. Critica la actitud nihilista en que está sumida la sociedad.* **2.** Seguidor del nihilismo o que lo practica. Dicho de pers., tb. m. y f. *Los nihilistas rusos atacaron los valores espirituales y sociales.*

nilón. m. Nailon. *Se puso unas medias de nilón.*

nimbo. m. **1.** Aureola (círculo luminoso de las imágenes sagradas). *El santo del cuadro tiene un nimbo dorado.* **2.** *Meteor.* Nube baja y portadora gralm. de lluvia, nieve o granizo. *Aprendió a distinguir los cirros de los nimbos.* ▶ **1:** *AUREOLA.

nimiedad. f. **1.** Cualidad de nimio. *La nimiedad de tus problemas hace que no me alarme.* **2.** Cosa nimia. *¡A mí no me entretengáis con esas nimiedades!* ▶ **1:** BANALIDAD, INSIGNIFICANCIA, IRRELEVANCIA, TRIVIALIDAD. **2:** BANALIDAD, BOBADA, BOBERÍA, FRUSLERÍA, INSIGNIFICANCIA, MEMEZ, MENUDENCIA, MINUCIA, NADERÍA, SIMPLEZA, TONTADA, TONTERÍA, TRIVIALIDAD.

nimio, mia. adj. Que tiene poca importancia o relevancia. *Dejemos esos detalles nimios y vayamos al fondo de la cuestión.* ▶ BANAL, INSIGNIFICANTE, IRRELEVANTE, TRIVIAL.

ninfa. f. **1.** En la mitología grecorromana: Divinidad femenina representada por una mujer joven y hermosa que suele aparecer en bosques y ríos. *En el cuadro, una ninfa se bañaba en una fuente.* Tb. fig. para designar enfáticamente a una mujer joven y hermosa. *Se había enamorado de una ninfa.* **2.** *Zool.* En la metamorfosis de algunos insectos: Individuo que se encuentra en el estado siguiente al de larva y anterior al de adulto. *Ninfas de saltamontes.* ▶ **2:** *CRISÁLIDA.

ninfómana. f. cult. Mujer que padece ninfomanía. Se usa espec. en medicina.

ninfomanía. f. cult. Deseo sexual exagerado o patológico en la mujer. Se usa espec. en medicina.

ningún. → **ninguno.**

ningunear. tr. No hacer caso (a alguien) o tratar(lo) con desprecio. *No seremos marqueses, pero no nos gusta que nadie nos ningunee.*

ninguno, na. (En acep.1, apóc. **ningún:** se usa delante de m. sing., tb. cuando entre los dos se interpone un adj.: *ningún niño; ningún mal día*). adj. **1.** Expresa la ausencia de lo designado por el nombre al que acompaña. Se usa gralm. en sing. *Ningún profesor se atrevía a llamarle la atención. Ningún otro amigo me habría ayudado tanto. Ningunas gafas le sentaban bien.* Cuando va detrás del v., este va precedido de un elemento negativo. *No quiero que me des ningún consejo. No me cabe ninguna duda de que lo harás bien. No tiene ningunas ganas de ir.* Tb. pospuesto al n. en constr. negativas. *Sin duda ninguna fue idea de David. No tenía intención ninguna de asistir a la reunión.* ● pron. **2.** Indica la ausencia de todas las personas o cosas a las que se refiere. Se usa en sing. *–¿Cuántos pasteles has comprado? –Ninguno; he traído bollos. Espero que ninguna de nosotras lo haya olvidado. Fue empeñando sus joyas hasta quedarse sin ninguna.* Cuando va detrás del v., este va precedido de un elemento negativo. *Prometió traerme varios regalos de París y no me ha traído ninguno.*

ninot. (pl. **ninots**). m. Figura de las que forman una falla valenciana. *El mejor ninot se salva de ser quemado en la hoguera.*

niña. → **niño.**

niñato, ta. m. y f. despect. Persona joven y presumida o sin experiencia. *Casi me atropella un niñato que iba en una moto.*

niñera. → **niñero.**

niñería. f. Hecho o dicho de poca importancia. *Discuten por cualquier niñería.*

niñero, ra. adj. **1.** Que es aficionado a tratar con los niños. *Mis padres son muy niñeros: les encanta estar con sus nietos.* ● f. **2.** Mujer que cuida niños o que tiene por oficio cuidar niños. *La niñera salió con los niños al parque. Esta noche tenemos una fiesta, así que necesitamos una niñera.* ▶ **Am: 2:** NANA.

niñez. f. Período de la vida de una persona, que se extiende desde el nacimiento hasta la adolescencia. *Vivió en Asturias durante toda su niñez.* ▶ INFANCIA.

niño, ña. m. y f. **1.** Persona que está en la niñez. *A estas horas los niños están en el colegio.* Tb. adj. *Cuando era aún muy niño, lo llevaron a vivir con sus abuelos.* **2.** Persona que tiene pocos años. *Ya no es ningún niño: acaba de cumplir los treinta. La niña se casó con un cazadotes.* **3.** Persona adulta que se comporta de forma poco responsable o inmadura. *Tiene cuarenta años, pero es un niño.* Tb. adj. *Venga, no seas niña, deja ya de llorar.* ○ f. **4.** Pupila (parte del ojo). *En el centro del iris, que es de colores, está la niña del ojo, que es negra.* ■ ~ **bien.** m. y f. despect. Persona joven de clase social alta. *Es un niño bien; no necesita trabajar.* ■ ~ **de pecho,** o **de teta.** m. y f. coloq. Niño (→ 1) pequeño que está en el período de mamar. *Había una mujer con un niño de pecho en sus brazos.* ■ ~ **probeta.** m. y f. Niño (→ 1) concebido mediante una técnica de laboratorio que consiste en la implantación de un óvulo fecundado en el útero de la madre. ■ ~ **zangolotino/na.** m. y f. coloq., despect. Muchacho que mantiene todavía el aspecto o el comportamiento de un niño. *Una niña zangolotina se columpiaba en el parque.* □ **como (un) niño con zapatos nuevos.** loc. adv. Con gran alegría o mucha ilusión, espec. por algo que acaba de ocurrir o que se acaba de conseguir. *Está con su reloj como un niño con zapatos nuevos. Se pasa el día decorando su piso, como niño con zapatos nuevos.* ■ **la niña bonita.** loc. s. En la lotería y otros juegos de azar: El número quince. *Ha salido la niña bonita.* ■ **la niña de sus ojos.** loc. s. coloq. La persona o cosa a la que alguien tiene mucho aprecio. *Mi nieta pequeña es la niña de mis ojos. La moto es la niña de sus ojos.* ■ **qué... ni qué niño muerto.** expr. coloq. Se usa para expresar rechazo o desprecio hacia lo se acaba de oír. *¡Qué recado ni qué niño muerto!; lo que quieres es escaquearte.* ▶ **1:** CHICO, MOZALBETE, MOZUELO, MUCHACHO. **4:** PUPILA. ‖ **Am: 1:** CHAMACO, CHAVO.

nipón, na. adj. Japonés. *El gobierno nipón.* Dicho de pers., tb. m. y f. *Los nipones tienen los ojos rasgados.*

níquel. m. Elemento químico del grupo de los metales, de color blanco plateado y brillante, que se emplea para recubrir y dar resistencia a otros metales (Símb. *Ni*). *Moneda de níquel.*

niquelado. m. Hecho o efecto de niquelar. *El niquelado de esta pieza le saldrá caro. La plancha estaba perdiendo el niquelado de la suela.*

niquelar. tr. Recubrir (un objeto de metal) con un baño de níquel. *Están niquelando los barrotes para protegerlos del óxido. Piezas de acero niquelado.*

niqui. m. Polo (prenda de vestir). *Se le ha manchado el niqui de algodón.* ▶ POLO.

nirvana. m. *Rel.* En el budismo: Estado de felicidad total del alma en el que el individuo se funde con la divinidad, y que se alcanza a través de la meditación y la iluminación. *En el nirvana, el deseo de cosas materiales desaparece.*

níscalo. m. Seta comestible de carne dura y de color anaranjado o rojizo. *Fueron a un pinar a buscar níscalos.*

níspero. m. **1.** Fruto comestible de forma globosa y color anaranjado, con piel fina, carne tierna y un poco ácida, y varias semillas grandes de color pardo. Tb. ~ *del Japón.* Tb. su árbol. **2.** Fruto comestible, pardo, casi esférico y velloso, de carne blanca y áspera y solo comestible tras haber fermentado. Tb. su árbol.

nitidez. f. Cualidad de nítido. *A estas fotografías les falta nitidez.*

nítido, da. adj. **1.** Que se distingue bien. *He sintonizado la televisión y ahora la imagen es nítida. Un* *nítido sonido de violín llegaba hasta nuestra ventana.* **2.** cult. Limpio o claro. *El cielo nítido y sin nubes de una mañana soleada.*

nitrato. m. *Quím.* Sal del ácido nítrico. *La pólvora se fabrica con nitrato potásico.* ■ ~ **de Chile.** m. Nitrato de sodio, que se usa pralm. como abono. *En el desierto de Atacama hay grandes yacimientos de nitrato de Chile.*

nítrico, ca. adj. *Quím.* Del nitrógeno. *El óxido nítrico es un vasodilatador muy potente.*

nitro. m. *Quím.* Nitrato potásico, que se emplea como abono y para la fabricación de explosivos. *El nitro abunda en los terrenos húmedos y salados.* ▶ SALITRE.

nitrocelulosa. f. *Quím.* Nitrato de celulosa, empleado en la fabricación de explosivos y celuloide.

nitrogenado, da. adj. *Quím.* Que contiene nitrógeno. *Los abonos nitrogenados son aconsejables para los terrenos alcalinos.*

nitrógeno. m. Elemento químico, gaseoso en estado natural, incoloro e insípido, que constituye las 4/5 partes de la atmósfera terrestre, y que está presente en todos los seres vivos (Símb. *N*). *Las leguminosas fijan el nitrógeno a la tierra de forma natural.*

nitroglicerina. f. Líquido inflamable y explosivo, que se emplea para fabricar dinamita.

nitroso, sa. adj. *Quím.* Que contiene nitrógeno. *El ácido nítrico se consigue comprimiendo gases nitrosos.*

nivel. m. **1.** Altura a la que llega algo, con respecto a un plano horizontal. *El nivel del agua del embalse está muy alto. La pila de periódicos llegaba al nivel del techo.* **2.** Altura de una cosa, que se toma como referencia. *Le conviene situar la pantalla del ordenador por debajo del nivel de los ojos.* **3.** Grado o altura de una cosa. *El nivel de preparación de los alumnos en Matemáticas ha subido. El nivel económico de ese país es más alto que el del nuestro.* **4.** Categoría o rango. *En la Administración los niveles están muy establecidos.* **5.** Instrumento que sirve para determinar si una superficie está horizontal. *Vamos a comprobar si la mesa está recta con un nivel.* ■ ~ **de vida.** m. Grado de bienestar, espec. económico, de una persona o de un conjunto de personas. *La reducción de los salarios hará bajar el nivel de vida de la población.* □ **a ~.** loc. adv. **1.** En un plano horizontal. *Hay que poner esta tabla a nivel para que sirva de estantería.* **2.** A la misma altura. *Colgó los dos armarios de la cocina a nivel.*

nivelación. f. Hecho o efecto de nivelar o nivelarse. *Procederemos a la nivelación del terreno con una excavadora. Aspiran a la nivelación económica entre los países de la zona.*

nivelador, ra. adj. Que nivela o sirve para nivelar. *Utilizarán la subida de los impuestos como mecanismo nivelador de las diferencias económicas.*

nivelar. tr. **1.** Poner (una cosa) en posición horizontal. *Nivela el tablero para que no resbalen las fichas.* **2.** Poner al mismo nivel o altura (dos cosas). *Nivele los extremos de la barra para que la cortina no quede torcida.* Tb. fig. *Habría que nivelar los beneficios de cuantos participan en la obra.* Tb. en constr. prnl. media. Tb. fig. *Los sueldos de los empleados y los de los empresarios se han nivelado.* **3.** En la construcción: Allanar (un terreno o una superficie). *La máquina niveló el terreno.*

níveo, a. adj. cult. **1.** De la nieve. *Paisaje níveo. Blancura nívea.* **2.** Blanco como la nieve. *La anciana tenía cabellos níveos.*

no. adv. **1.** Se usa como respuesta negativa a una pregunta. *–¿Te apetece algo de beber? –No, gracias.* **2.** Se usa para expresar falsedad o la inexistencia de algo. *No tengo tiempo de hablar ahora. Irá, aunque no voluntariamente. Es un chico no muy simpático.* **3.** Seguido de un nombre de acción, indica inexistencia. *La no inclusión de asignaturas optativas en el programa provocó una protesta. Abogamos por la no violencia.* **4.** Se usa en oraciones interrogativas en las que se supone una respuesta afirmativa. *¿No crees que está mintiendo? Te he dicho que vengas, ¿no me oyes?* **5.** Precede inmediatamente al verbo cuando en la oración hay una palabra de sentido negativo. *Yo no he dicho nada. No vimos a nadie. No volverá nunca.* **6.** En una comparación puede seguir a la conjunción *que,* sin ningún significado. *A Óscar se le da mejor hablar que no escuchar.* (= 'A Óscar se le da mejor hablar que escuchar'). ● m. **7.** (pl. **noes**). Respuesta negativa. *Le pedí que se casara conmigo y me dio un no como una casa. En la votación hubo 5 síes y 3 noes.* ■ ~ **bien.** loc. conjunt. cult. En cuanto, o tan pronto como. *No bien hubo terminado de hacer el equipaje, llamó a un taxi.* ■ ~ **ya.** loc. adv. cult. No (→ 2) solamente. Se usa en correlación con *sino. Lo hizo no ya por obligación, sino por amor propio.*

n.º abrev. Número. *Avda. de Orense, n.º 11.*

nobel. m. **1.** (En mayúsc.). Premio otorgado anualmente por la fundación sueca Alfred Nobel a personas o instituciones que han destacado en campos como las artes, las ciencias o la promoción de la paz mundial. *Le concedieron un Nobel por sus estudios de Astrofísica.* **2.** Persona galardonada con un nobel (→ 1). *Van a entrevistar al nuevo nobel de literatura.*

nobiliario, ria. adj. **1.** De la nobleza. *Le han concedido un título nobiliario.* **2.** Dicho de libro: Que trata de la nobleza y genealogía de las familias. Tb. m. *En un viejo nobiliario aparecía el nombre de sus tatarabuelos.*

noble. adj. **1.** Generoso, leal e incapaz de llevar a cabo una mala acción. *Es un amigo muy noble: sé que no me va a fallar.* Tb. fig. referido a animal. *Es un caballo muy noble que nunca ha tirado a nadie.* **2.** Que pertenece a una clase social privilegiada por nacimiento o por haber recibido un título del rey. *Una familia noble.* Frec. m. y f. *En la época feudal los nobles tenían muchos privilegios.* **3.** Dicho de cosa: Propia de la persona noble (→ 1), o de los nobles (→ 2). *Fue un gesto muy noble no denunciarlo. Tenía un porte noble y distinguido.* **4.** Superior en calidad o importancia. *Los muebles del despacho eran de maderas nobles. El edificio tenía una zona noble y otra de oficinas.* **5.** *Quím.* Dicho de gas: Que es químicamente inerte o inactivo. *El helio es un gas noble.* **6.** *Quím.* Dicho de metal: Que es resistente a los agentes químicos y no se oxida. *El oro se encuentra entre los metales nobles.* ▶ **2:** ARISTÓCRATA, ARISTOCRÁTICO. **3:** ARISTOCRÁTICO.

nobleza. f. **1.** Cualidad de noble. *Nobleza de carácter. La nobleza se adquiere por herencia o por méritos propios.* **2.** Conjunto de los nobles. *Se puso de moda entre la nobleza veranear en un balneario.* ▶ **2:** ARISTOCRACIA.

nobuk. m. Piel curtida de vaca, con aspecto aterciopelado. *Tengo unos zapatos de nobuk negros.*

nocedal. m. Terreno plantado de nogales. *A lo lejos se veían los campos segados y el nocedal.*

noche. f. Parte del día que transcurre entre la puesta de sol y el amanecer. *Esta noche hay luna llena.*

■ **Noche Buena.** → **Nochebuena.** ■ **~ toledana.** f. coloq. Noche que se pasa sin poder dormir. *¡Vaya noche toledana que he pasado!; no he pegado ojo.* ■ **Noche Vieja.** → **Nochevieja.** ■ **media ~.** → **medianoche.** □ **ayer ~.** loc. adv. Anoche. *Llegaron ayer noche y esta mañana se han vuelto a marchar.* ■ **buenas ~s.** expr. Se usa como fórmula de saludo o de despedida por la noche. *Me voy a la cama; buenas noches. Buenas noches, ¿podría indicarme dónde está la estación?* ■ **como de la ~ al día,** o **como del día a la ~.** expr. Se usa para enfatizar la diferencia que existe entre dos términos comparados. *Desde que cambió el cocinero, el restaurante es otra cosa, hay una diferencia...; como del día a la noche.* ■ **dar las buenas noches.** loc. v. Despedirse por la noche al irse a dormir. *Da las buenas noches y vete a la cama.* ■ **de la ~ a la mañana.** loc. adv. Muy rápidamente. Gralm. con intención enfática. *El pueblo se ha convertido en ciudad de la noche a la mañana.* ■ **de ~.** loc. adv. Durante el tiempo que transcurre desde que se pone el Sol hasta que amanece. *Llegó a su casa de noche.* ■ **día y ~,** o **~ y día.** → **día.** ■ **hacer ~** (en un sitio). loc. v. En un viaje: Detenerse y pasar la noche (en un lugar determinado). *Haremos noche* EN *La Roda.* ■ **hacerse de ~.** loc. v. Desaparecer la luz del Sol. *Se está haciendo de noche.*

Nochebuena. (Tb. **Noche Buena**). f. Noche anterior al día de Navidad. *En Nochebuena vendrá toda la familia a cenar. El coro ensayaba villancicos para la Noche Buena.* Tb. el día correspondiente. *En Nochebuena las tiendas cierran antes de lo habitual.*

Nochevieja. (Tb. **Noche Vieja**). f. Última noche del año. *En Nochevieja dan un programa especial por televisión. Pasaré la Noche Vieja en casa.* Tb. el día correspondiente. *Compra las uvas, que mañana es Nochevieja.*

noción. f. **1.** Conocimiento o idea que se tiene de una cosa. *Su noción de trabajo bien hecho no coincide con la mía. Las nociones del bien y el mal parecen ser innatas.* **2.** Conocimiento elemental de algo. Frec. en pl. *Con este libro podrás adquirir algunas nociones de geometría.*

nocivo, va. adj. Perjudicial o que causa daño. *La inhalación de los gases de la fábrica resulta nociva.*

noctambulismo. m. cult. Cualidad de noctámbulo. *Su noctambulismo lo lleva a dormir poco.*

noctámbulo, la. adj. cult. Dicho de persona: Que anda vagando por la noche. Frec. m. y f. *Es un noctámbulo; se acuesta al amanecer.*

nocturnidad. f. **1.** Cualidad de nocturno. *Algunos animales se adaptan mal a la luz debido a su nocturnidad.* **2.** *Der.* Circunstancia agravante que se da cuando se comete un delito por la noche. *El crimen ha sido cometido con nocturnidad y alevosía.*

nocturno, na. adj. **1.** De la noche o que se desarrolla durante la noche. *Horario nocturno.* **2.** Dicho de animal o planta: Que realiza sus principales funciones durante la noche. *Una mariposa nocturna revolotea alrededor del farol.* ● m. **3.** Pieza musical de melodía dulce y tranquila. *El "Claro de luna" de Chopin es uno de los nocturnos más conocidos.*

nodo[1]**.** m. *Fís.* Punto que permanece fijo en un cuerpo vibrante. *Los extremos de una cuerda vibrante son siempre nodos.*

nodo[2]**.** (Marca reg.). m. Entre 1946 y 1976: Noticiario que se proyectaba en las salas de cine españolas antes de las películas. *En el nodo, se veía a Franco inaugurando un pantano.*

nodriza. f. **1.** Mujer que amamanta a un niño ajeno. *A su madre la crió una nodriza.* **2.** Buque o aeronave que sirven para abastecer de combustible a otros. Se usa en aposición. *Un avión nodriza abastece de combustible al avión de guerra. Nave nodriza.* ▶ **1:** AMA.

nódulo. m. *Med.* Concreción o masa celular de pequeño tamaño. *Tiene nódulos en la garganta.*

nogal. m. Árbol grande de hoja caduca, tronco robusto y copa amplia y frondosa, que da madera de gran calidad y cuyo fruto es la nuez. *En el huerto hay un nogal y una higuera.* Tb. la madera. *Mesa de nogal.*

nogalina. f. Colorante obtenido de la cáscara de la nuez, empleado para dar a la madera un color similar al de la madera de nogal. *Aplique nogalina a la madera de pino para oscurecerla.*

nómada. adj. **1.** Dicho de persona o de grupo de personas: Que van de un lugar a otro sin establecer una residencia fija. *Un pueblo nómada.* Frec. m. y f. *Los nómadas cruzan el desierto.* **2.** Propio de los nómadas (→ 1). *Me costaría adaptarme a una vida nómada.*

nomadismo. m. Forma de vida de la persona nómada. *El nomadismo es propio de los pueblos primitivos.*

nombrado, da. part. **1.** → **nombrar.** ● adj. **2.** Célebre o famoso. *Cenamos en un restaurante muy nombrado.* ▶ **2:** *FAMOSO.

nombramiento. m. Hecho de nombrar o elegir a alguien para un cargo u oficio. *Tras mi nombramiento como director, inicié las reformas.* Tb. el documento o escrito en que consta este hecho. *Aún no le han enviado su nombramiento.* ▶ DESIGNACIÓN.

nombrar. tr. **1.** Decir el nombre (de alguien o algo). *El profesor nombrará a los aprobados.* **2.** Designar (a alguien) para un cargo, oficio o función. *Lo han nombrado presidente del partido.* ▶ **2:** *DESIGNAR.

nombre. m. **1.** Palabra o conjunto de palabras con que se designan y distinguen personas, objetos físicos, psíquicos o entidades abstractas. *El nombre de ese objeto es "butaca".* **2.** Palabra o conjunto de palabras con que se designa a una persona o entidad. *Mi nombre es Luis. El nombre del bar es "La chata".* **3.** *Gram.* Palabra que puede desempeñar la función sintáctica de sujeto. *En "un coche nuevo", ¿cuál es el nombre?* **4.** Fama o prestigio. *Es un profesional de mucho nombre.* ■ **~ artístico.** m. Nombre (→ 2) usado por un artista en su profesión, en lugar del suyo propio. *El nombre artístico de la cantaora era "la Niña de los Peines".* ■ **~ comercial.** m. Denominación distintiva de un producto o de un establecimiento. *El laboratorio ha registrado los nombres comerciales de dos nuevos fármacos.* ■ **~ común.** m. Nombre (→ 3) que designa todas las personas o cosas de la misma clase. *"Río" es un nombre común.* ■ **~ de guerra.** m. Nombre (→ 2) que adopta una persona para realizar una actividad. *La artista ha adoptado como nombre de guerra "la Guapa".* ■ **~ de pila.** m. Nombre (→ 2) que se da a una persona cuando es bautizada. *El nombre de pila del señor Álvarez es Joaquín.* ■ **~ propio.** m. Nombre (→ 3) que designa una persona o cosa distinguiéndolas entre las demás de su clase. *Los nombres propios se escriben con mayúscula inicial.* □ **a ~** (de una persona o entidad). loc. adv. Con el nombre (→ 2) (de esa persona o entidad) como propietario, o con destino (a ella). *El sobre va a nombre* DE *José. El coche está a nombre* DE *la empresa.* ■ **en (el) ~** (de alguien o algo). loc. adv. En representación (de él o de ello). *Firma en nombre* DE *su marido.* ■ **no tener ~** algo. loc. v. Ser incalificable o digno de censura. *Tu actitud no tiene nombre.* ▶ **1, 2:** DENOMINACIÓN, DESIGNACIÓN. **3:** SUSTANTIVO.

nomenclátor. m. Lista o catálogo de nombres. *Un nomenclátor de centros de salud.*

nomenclatura. f. Conjunto de los términos técnicos propios de una ciencia o actividad. *Nomenclatura química.*

nomeolvides. f. Flor pequeña y azul, cuya planta se emplea frec. en jardinería. Tb. la planta. *Han plantado nomeolvides en el jardín.*

nómina. f. **1.** Lista de nombres. *Una nómina de premiados.* **2.** Relación de los nombres de las personas que perciben un sueldo en un lugar de trabajo. *La nómina de esa empresa es de trescientos empleados.* **3.** Sueldo que percibe regularmente una persona en un lugar de trabajo. *Cobro la nómina a finales de mes.*

nominación. f. Hecho de nominar. *El director tiene dos nominaciones* PARA *el premio.*

nominal. adj. **1.** Del nombre o de los nombres. *Una lista nominal de matriculados.* **2.** Que tiene un nombre dado, pero no es realmente lo significado por él. *Tiene un cargo nominal.* **3.** *Com.* Dicho de título o inscripción: Nominativo. *Cheque nominal.* **4.** *Gram.* Del nombre. *El infinitivo es la forma nominal del verbo.* ▶ **3:** NOMINATIVO.

nominalismo. m. *Filos.* Doctrina que niega la existencia de los universales o ideas generales, considerándolos como meros nombres. *Nominalismo e idealismo son doctrinas contrapuestas.*

nominalista. adj. **1.** *Filos.* Del nominalismo. *Teoría nominalista.* **2.** *Filos.* Partidario del nominalismo. Tb. m. y f. *Guillermo de Ockham fue uno de los principales nominalistas de la Edad Media.*

nominar. tr. **1.** Designar (a alguien) para un cargo o cometido. *Nominarán a un candidato como jefe de partido.* **2.** Presentar o proponer (a alguien) para un premio. *Lo han nominado* PARA *un premio de teatro.* **3.** cult. Dar nombre (a alguien o a algo). *Acuñó un nuevo término para nominar su invento.* ▶ **1:** *DESIGNAR.

nominativo, va. adj. **1.** *Com.* Dicho de título o inscripción: Que lleva el nombre de la persona a favor de la que se extiende. *Cheque nominativo. Acciones nominativas.* ● m. **2.** *Gram.* Caso de la declinación que corresponde a la función sujeto. *La palabra latina "dominus" está en nominativo.* Tb. *caso ~.* ▶ **1:** NOMINAL.

nomo. → **gnomo.**

non. adj. Dicho de número: Impar. *El uno y el tres son números nones.* Tb. m. ■ **de ~.** loc. adv. Sin pareja. *Estuve de non en la fiesta.*

nona. → **nono.**

nonagenario, ria. adj. Dicho de persona: Que tiene más de noventa años, pero menos de cien. *Anciana nonagenaria.* Tb. m. y f. *Dos nonagenarios juegan al dominó.*

nonagésimo, ma. (APÉND. NUM.). adj. Que sigue inmediatamente en orden a lo octogésimo nono. *Acaba de celebrar su nonagésimo cumpleaños.* Tb. sustantivado. *Estoy la nonagésima en las listas de admitidos.* Seguido de los ordinales *primero* a *noveno*, se usa como ordinal para los números noventa y uno a noventa y nueve. *Es el nonagésimo quinto aniversario de su nacimiento.*

nonato, ta. adj. **1.** Que no ha nacido naturalmente sino mediante cesárea. *Un bebé nonato.* **2.** Dicho de cosa: Aún no acaecida, o que todavía no existe. *En sus escritos habla de la constitución, nonata en aquella época.*

nones. interj. coloq. Se usa para negar con rotundidad. *–Pásame el periódico. –Nones.*

nono, na. (APÉND. NUM.). adj. **1.** cult. Noveno. *El papa Pío nono.* ● f. **2.** *Rel.* Hora canónica que se reza después de sexta.

non plus ultra. (loc. lat.). m. Grado máximo que se puede alcanzar en algo. Gralm. con intención enfática. *Lo considero el non plus ultra de los escritores.*

nopal. m. frecAm. Chumbera. *Una serpiente de cascabel repta entre los nopales. Me gusta el amarillo porque es el color del Sol y de la flor del nopal* [C].

noquear. tr. En boxeo: Dejar (al adversario) fuera de combate. *El aspirante al título ha noqueado al campeón en dos asaltos.* Tb. fig. *Me ha soltado un rollo que me ha dejado noqueada.*

nor-. elem. compos. Significa 'norte'. *Noratlántico, noroccidente.*

norcoreano, na. adj. De Corea del Norte. *Puerto norcoreano.* Dicho de pers., tb. m. y f. *El embajador recibe a una legación de norcoreanos.*

nord-. elem. compos. Significa 'norte'. *Nordatlántico, nordiraquí.*

nordeste. m. **1.** (En mayúsc.). Punto del horizonte situado entre el Norte y el Este, a igual distancia de ambos (Símb. *NE*). **2.** En un lugar: Parte que está hacia el Nordeste (→ 1). *Cataluña está en el nordeste de la Península Ibérica.* Frec. en aposición. *El ala nordeste del edificio.* **3.** Viento que sopla del Nordeste (→ 1). ▶ NORESTE.

nórdico, ca. adj. Del norte de Europa o de sus pueblos. *Paisaje nórdico.* Dicho de pers., tb. m. y f. *Los nórdicos cuidan mucho el medio ambiente.*

noreste. (Referido a punto del horizonte, se usa en mayúsc. Símb. *NE*). m. Nordeste. *Egipto está al noreste de África. Zona noreste de la región.*

noria. f. **1.** Máquina con forma de rueda que al girar eleva agua. *Para regar la huertas sacaban agua con una noria.* **2.** Atracción de feria que consiste en una rueda vertical y giratoria con cabinas. *Vamos a montar primero en la noria y luego en el tiovivo.*

norirlandés, sa. adj. De Irlanda del Norte (parte del Reino Unido). *Territorio norirlandés.* Dicho de pers., tb. m. y f. *Una norirlandesa de Belfast.*

norma. f. **1.** Regla que se debe seguir o a que se debe ajustar una cosa. *Tenemos que respetar unas normas mínimas de convivencia.* **2.** *tecn.* Conjunto de normas (→ 1). *La norma del español está recogida en las gramáticas.* ▶ **1:** *REGLA.

normal. adj. **1.** Habitual u ordinario. *No vivo en un palacio, sino en una casa normal. En el programa entrevistan a gente normal.* **2.** Que se halla en su estado natural. *El bebé ha nacido normal. Después de la rehabilitación, su brazo ha quedado normal.* **3.** Que se ajusta a una norma o regla. *Un comportamiento normal.* **4.** *Mat.* Dicho de línea recta o de plano: Perpendicular. *Describe la intersección de una superficie con planos normales* A *ella.* Dicho de línea recta, tb. f. *El ángulo formado por la normal es recto.* ● f. **5.** Escuela normal (→ **escuela**). *Estudió magisterio en la Normal de Madrid.*

normalidad. f. Cualidad de normal. *Los ciudadanos intentan volver a la normalidad después del terremoto.*

normalización. f. Hecho de normalizar. *La normalización de una lengua. Se ha conseguido la normalización de las relaciones diplomáticas.*

normalizar. tr. **1.** Hacer que (algo) sea normal. *La paz normalizará el escenario político.* **2.** Ajustar a normas (algo). *El gobierno quiere normalizar el flujo migratorio.* ▶ **frecAm: 2:** NORMAR.

normando, da. adj. **1.** De Normandía, región de Francia. *Paisaje normando.* Dicho de pers., tb. m. y f. *En la residencia se alojan dos bretones y un normando.* **2.** histór. De los pueblos escandinavos que se establecieron en el siglo XI en Europa. *Castillo normando.* Dicho de pers., tb. m. y f. *Los normandos invadieron Inglaterra en el siglo XI.*

normar. tr. frecAm. Ajustar a normas (algo). *El reglamento normará el servicio de transporte urbano* [C]. ▶ NORMALIZAR.

normativo, va. adj. **1.** Que fija la norma. *Una gramática normativa.* • f. **2.** Conjunto de normas. *La normativa vigente es ineficaz para combatir el fraude.*

noroeste. m. **1.** (En mayúsc.). Punto del horizonte situado entre el Norte y el Oeste, a igual distancia de ambos (Símb. *NO*). **2.** En un lugar: Parte que está hacia el Noroeste (→ 1). *Galicia está en el noroeste de la Península Ibérica.* Frec. en aposición. *La zona noroeste.* **3.** Viento que sopla del Noroeste (→ 1).

norte. m. **1.** (En mayúsc.). Punto cardinal situado frente a un observador a cuya derecha está el Este (Símb. *N*). **2.** En un lugar: Parte que está hacia el Norte (→ 1). *Asturias está en el norte de España.* Frec. en aposición. *Fachada norte.* **3.** Viento que sopla del Norte (→ 1). *Si sopla el norte, bajarán las temperaturas.* **4.** Guía o punto de referencia. *Ha hecho del ecologismo el norte de su vida.* **5.** Meta u objetivo. *Decidió dedicarse a su profesión y no perder el norte por nada.* ■ ~ **magnético.** m. Dirección que corresponde al Polo Ártico. *La aguja de la brújula apunta al norte magnético.* ▶ **3:** CIERZO, TRAMONTANA.

norteamericano, na. adj. **1.** De América del Norte. *México es un país norteamericano.* Dicho de pers., tb. m. y f. *Los norteamericanos son los habitantes de Canadá, EE.UU. y México.* **2.** De los Estados Unidos de América. *Franklin fue un político norteamericano.* Dicho de pers., tb. m. y f. *La norteamericana derrotó a su contrincante en el primer set.*

norteño, ña. adj. Del norte. *Voy de vacaciones a un pueblo norteño.* Dicho de pers., tb. m. y f. *Los norteños están acostumbrados al frío.* ▶ BOREAL.

noruego, ga. adj. **1.** De Noruega. *Salmón noruego.* Dicho de pers., tb. m. y f. *Se ha casado con un noruego.* **2.** Del noruego (→ 3). *Gramática noruega.* • m. **3.** Lengua hablada en Noruega. *El noruego es inteligible para los suecos.*

nos. (Se pronuncia siempre átono. En ciertos casos va detrás del v. y se escribe unido a él: *Debemos alejarnos; Acabamos separándonos; Vayámonos*). pron. pers. pl. Designa, en función de complemento directo o indirecto sin preposición, a la misma persona designada con el pronombre *nosotros*. *Sus palabras nos emocionaron. No pudimos lavarnos las manos. Nos pusimos los guantes para salir a la calle.*

nosotros, tras. pron. pers. pl. (→ **nos**). **1.** Designa a las personas entre las que se encuentra el que habla. *Lo propusiste tú y nosotros te secundamos. –¿Quién es? –Somos nosotras. Entre nosotras no hay ningún problema. A nosotros no nos importan las críticas.* **2.** cult. Lo usa el que habla para referirse a sí mismo en ciertas situaciones formales, y espec. en textos escritos. *En el prólogo, el propio autor reconoce: "Para nosotros resultaba evidente que su teoría era indemostrable".*

nostalgia. f. Tristeza que se siente por estar lejos de las personas o de los lugares queridos, o por el recuerdo de algo perdido. *Siente nostalgia* DE *su niñez.*

nostálgico, ca. adj. **1.** De la nostalgia. *Un tono nostálgico.* **2.** Que siente nostalgia. *Una persona nostálgica.* Tb. m. y f. *Es un nostálgico* DE *los años sesenta.*

nota. f. **1.** Marca para reconocer algo. *Los párrafos que hay que suprimir están señalados con una nota.* **2.** Explicación o comentario que se escribe para aclarar un texto. *En la nota a pie de página viene la cita bibliográfica.* **3.** Apunte para ampliar o recordar algo. *Tomo notas de lo que dice el profesor en clase.* **4.** Noticia breve de un hecho. *Las notas están en las últimas páginas del periódico.* **5.** Calificación de un examen o de un ejercicio. *Mi nota en el examen final es alta.* **6.** Nota (→ 5) alta. *No me conformo con un aprobado, aspiro a nota.* **7.** Cuenta o factura. *Por favor, camarero, la nota.* **8.** Comunicación escrita entre un gobierno y una embajada. *La embajada francesa ha emitido una nota para aclarar su postura en el conflicto.* **9.** *Mús.* Signo con que se representa un sonido. *Acaba de empezar solfeo y aún no sabe leer bien las notas.* Tb. el sonido. *El tenor desafinó al cantar la nota más elevada.* ■ ~ **discordante.** f. Cosa o persona que rompen la armonía de un conjunto. *El grupo de manifestantes fue la nota discordante de la cumbre.* ■ ~ **dominante.** f. Característica más destacada. *El optimismo ha sido la nota dominante de su discurso.* □ **dar la ~.** loc. v. coloq. Llamar la atención por actuar de manera inapropiada. *Le gusta dar la nota y que todo el mundo la mire.* ■ **tomar** ~ (de algo). loc. v. Prestar atención (a esa cosa) con intención de recordar(la) o tener(la) en cuenta. *Lo que has hecho ha sido un error, así que toma nota.*

notabilidad. f. **1.** Cualidad de notable. *La escritora alcanzó notabilidad en la posguerra.* **2.** Persona notable. *El investigador premiado es una auténtica notabilidad.*

notable. adj. **1.** Que destaca por sus cualidades, por su importancia o por su cantidad. *Es un médico notable. Ha realizado un notable esfuerzo.* • m. **2.** Calificación académica inmediatamente inferior al sobresaliente. *He sacado un notable en literatura.* ○ pl. **3.** Personas más importantes de un grupo. *Tendrá lugar una reunión de notables para tratar sobre el problema.* ▶ **1:** *DESTACADO.

notación. f. **1.** Sistema de signos convencionales utilizados en una disciplina. *La notación científica está recomendada para números muy grandes o muy pequeños.* **2.** Escritura musical. *En nuestra notación musical, las notas se sitúan en un pentagrama.*

notar. tr. **1.** Percibir (una sensación). *He notado frío al salir a la calle.* **2.** Darse cuenta (de algo). *Ha notado que estoy preocupado.* ■ **hacerse** ~ alguien. loc. v. Llamar la atención. *Aporta esa cantidad de dinero para hacerse notar.* ▶ **1:** *PERCIBIR. **2:** ADVERTIR.

notaría. f. **1.** Oficio de notario. *Prefiere ejercer la notaría que asistir a juicios.* **2.** Oficina del notario. *Vamos a firmar el contrato en la notaría.* ▶ **Am:** ESCRIBANÍA.

notarial. adj. **1.** Del notario. *Archivo notarial.* **2.** Hecho o autorizado por notario. *Acta notarial.*

notario, ria. m. y f. Persona autorizada para dar fe de que lo contenido en ciertos documentos es conforme a las leyes. *Hay que firmar el documento ante notario.* ▶ **Am:** ESCRIBANO.

noticia. f. **1.** Información sobre alguien o algo, espec. sobre un suceso reciente. *En la radio han dado la noticia del terremoto.* **2.** Conocimiento o noción elemental. *No tenía noticia de la existencia de este museo.* **3.** Hecho del que se da noticia (→ 1). *La misión del reportero es estar donde se produce la noticia.* ■ ~ **bomba.** (pl. **noticias bomba**). f. coloq. Noticia (→ 1) que impresiona por ser inesperada e importante. *Aún no sabes la noticia bomba: ¡se han casado en secreto!*

noticiable. adj. Que merece ser objeto de una noticia. *La boda del futbolista es un acontecimiento noticiable.*

noticiario. m. Programa de televisión o de radio en que se difunden noticias. *Me he enterado del incendio por el noticiario.* ▶ **Am:** NOTICIERO, NOTICIOSO.

noticiero. m. Am. Noticiario. *En el noticiero del mediodía aparecían los tres generales integrantes de la junta* [C].

notición. m. coloq. Noticia extraordinaria. *¡Se divorcian!; menudo notición.*

noticioso, sa. adj. **1.** frecAm. De la noticia. *Las agencias noticiosas reportaron casi de inmediato la noticia* [C]. ● m. **2.** Am. Noticiario. *El locutor de un noticioso televisivo* [C].

notificación. f. **1.** Hecho de notificar. *La notificación se hará por escrito.* **2.** Documento en que se hace una notificación (→ 1). *Me han enviado la notificación por correo.*

notificar. tr. **1.** Comunicar de forma oficial (algo). *El magistrado notificará al acusado el contenido de la sentencia.* **2.** Hacer saber (algo). *Notificó a sus padres que estaba embarazada.*

notoriedad. f. Cualidad de notorio. *La bailarina ha alcanzado una gran notoriedad.*

notorio, ria. adj. **1.** Público y conocido por todos. *Pertenecía a una familia muy notoria en la época.* **2.** Claro o evidente. *Su delgadez es notoria.* ▶ **2:** *EVIDENTE.

nova. f. *Fís.* Estrella que adquiere temporalmente un brillo superior al ordinario.

novatada. f. **1.** Broma, gralm. pesada, que los miembros veteranos de un grupo gastan a los recién incorporados. *Le han hecho muchas novatadas en el colegio mayor.* **2.** Tropiezo sufrido por falta de experiencia. *El ciclista ha pagado cara la novatada de no haber corrido nunca esa prueba.*

novato, ta. adj. Que no tiene experiencia en una actividad. *Es un abogado novato.* Tb. m. y f. *Conduce como un novato.*

novecentismo. m. Movimiento intelectual y artístico español del primer tercio del s. XX. *El novecentismo surgió como reacción contra el modernismo.*

novecentista. adj. **1.** Del novecentismo. *Manifiesto novecentista.* **2.** Partidario o cultivador del novecentismo. *Escritor novecentista.* Tb. m. y f. *Entre los novecentistas, destaca Ortega y Gasset.*

novecientos, tas. (APÉND. NUM.). adj. **1.** Ochocientos noventa y nueve más uno. *Novecientos euros.* Tb. sustantivado. *Superaron las pruebas los novecientos de la lista.* Tb. pron. *Han aprobado novecientos.* **2.** Que ocupa en una serie el lugar número novecientos (→ 3). *Es usted el viajero novecientos.* ● m. **3.** Número que sigue al ochocientos noventa y nueve. *El novecientos se escribe 900. Ese novecientos que has escrito podría confundirse con un ochocientos.* Frec. *número novecientos.*

novedad. f. **1.** Cualidad de nuevo. *Su última colección destaca por su novedad.* **2.** Cosa nueva. *En nuestra tienda tenemos las últimas novedades.* **3.** Cambio producido en algo. *La jornada electoral transcurre sin novedad.* **4.** Suceso reciente. *El programa trata de las novedades del mundo del corazón.* Tb. su noticia. *Traigo novedades de tu familia.*

novedoso. adj. Que implica novedad. *El modisto ha utilizado tejidos muy novedosos.*

novel. adj. Que comienza a realizar una actividad o tiene poca experiencia en ella. *Conductor novel.* Tb. m. y f. *Apostó por un novel para dirigir su película.*

novela. f. **1.** Obra literaria en prosa, gralm. de larga extensión, que narra sucesos total o parcialmente ficticios. *Estoy leyendo una novela muy interesante.* Frec. en sentido colectivo. *La novela de Unamuno es mejor que su poesía.* **2.** Género literario constituido por las novelas (→ 1). *Me gusta más la novela que la poesía o el teatro.* **3.** coloq. Ficción o mentira. *¡Déjate de novelas y ponte a trabajar!* ■ ~ **bizantina.** f. Novela (→ 1, 2) propia de los ss. XVI y XVII, que imita a la antigua novelística griega y en la que se narran las aventuras y peligros de una pareja de enamorados hasta reunirse felizmente. ■ ~ **de caballerías.** f. Novela (→ 1, 2) propia de los ss. XV y XVI, que narra hazañas y hechos fabulosos protagonizados por caballeros andantes. *Amadís de Gaula es un personaje de las novelas o libros de caballerías.* ■ ~ **morisca.** f. Novela (→ 1, 2) propia del s. XVI español, protagonizada por moros y cristianos que rivalizan en valor y en virtudes corteses.

novelable. adj. Que se puede novelar o contar en forma de novela. *El asesinato del conde se convirtió en un suceso novelable.*

novelar. tr. **1.** Contar (un asunto) en forma de novela. *Galdós noveló acontecimientos históricos de la España del siglo* XIX. ○ intr. **2.** Escribir novelas. *Con este escritor da comienzo una nueva forma de novelar.*

novelería. f. despect. Fantasía o invención propia de la novela. *Pretende ser una obra histórica, pero es pura novelería.*

novelero, ra. adj. Propenso a imaginar, contar o creer historias fantásticas. *Desde niña fue muy novelera.* Tb. m. y f. *Tu tío es un novelero, ¡cree que hay un tesoro en el sótano!*

novelesco, ca. adj. **1.** De la novela o con sus características. *El relato tiene una estructura novelesca.* **2.** Que tiene el carácter fantástico o extraordinario propio de la novela. *Ha tenido una vida novelesca, llena de aventuras.*

novelista. m. y f. Autor de novelas. *Es más conocido como novelista que como poeta.*

novelístico, ca. adj. **1.** De la novela. *Su producción novelística es muy escasa.* ● f. **2.** Conjunto de novelas con una característica común. *Asiste a un congreso sobre la novelística europea de fin de siglo.* Tb. el género constituido por las novelas. *Es un maestro de la novelística.*

novelón. m. despect. Novela extensa y de carácter excesivamente dramático. *Le encantan los novelones folletinescos del siglo* XIX.

noveno, na. (APÉND. NUM.). adj. **1.** Que sigue inmediatamente en orden a lo octavo. *Septiembre es el noveno mes del año.* Tb. sustantivado. *La novena no cabe en la barca.* **2.** Dicho de parte: Que es una de las nueve iguales en que puede dividirse un todo. *Si somos nueve, a cada uno nos corresponde una novena parte del dinero.* ● f. **3.** Práctica religiosa, con oraciones y actos de devoción dedicados a Dios, la Virgen o los santos, que dura nueve días. *Prometió una novena a San Andrés si sanaba su marido.*

noventa. (APÉND. NUM.). adj. **1.** Ochenta y nueve más uno. *Noventa alumnos.* Tb. sustantivado. *No han llegado a la meta los noventa que han tomado la salida.* Tb. pron. *Solo caben noventa en el autocar.* **2.** Nonagésimo. *Capítulo noventa.* ● m. **3.** Número que sigue al ochenta y nueve. *El noventa se escribe 90.* Frec. *número* ~. ■ **los (años)** ~. m. pl. La década del siglo, espec. del XX. *Es un modelo de coche de los años noventa.*

noventayochista. adj. De 1898, o de la generación literaria e intelectual que se agrupa en torno a ese año. Dicho de miembro de esa generación, tb. m. y f. *Los noventayochistas reflexionaron sobre los problemas de España.*

noviazgo. m. **1.** Relación que mantienen los novios. *Se han casado después de un año de noviazgo.* **2.** Tiempo que dura el noviazgo (→ 1). *El noviazgo fue su período más estable.*

noviciado. m. **1.** Período de prueba, antes de profesar en una orden religiosa. *Durante el noviciado, se ha reafirmado su vocación.* **2.** Casa o residencia en que viven los novicios. *Quiere ser monja y ha ingresado en el noviciado.* **3.** Conjunto de novicios. *La mayor parte del noviciado apoyó la reforma de la orden.*

novicio, cia. m. y f. **1.** Persona que ha ingresado en una orden religiosa, pero que todavía no ha profesado. *Los novicios pasean por el claustro.* **2.** Persona principiante o sin experiencia. *Es todavía un novicio, pero muestra un gran talento artístico.*

noviembre. m. Undécimo mes del año. *El niño nacerá a mediados de noviembre.*

novillada. f. **1.** Corrida de novillos. *Durante las fiestas se celebrarán dos novilladas.* **2.** Conjunto de novillos destinados a la lidia en una novillada (→ 1). *La falta de casta de la novillada ha deslucido el espectáculo.*

novillero, ra. m. y f. Persona que lidia novillos. *El novillero ha cortado dos orejas.*

novillo, lla. m. y f. **1.** Toro o vaca de dos o tres años. *Se van a lidiar unos novillos de una conocida ganadería.* ○ m. pl. **2.** coloq. Falta de asistencia a clase no justificada. *Es mala estudiante y aficionada a los novillos.* Gralm. en la constr. *hacer* ~. *Su madre la ha castigado por hacer novillos.* Tb. fig. *Ha hecho novillos en el trabajo.*

novilunio. m. cult. Fase en que la Luna no es visible desde la Tierra. *Era una oscura noche de novilunio.*

novio, via. m. y f. **1.** Persona que mantiene relaciones amorosas con otra y tiene intención de casarse con ella. *Nuestra hija nos ha presentado a su novio.* **2.** Persona que va a casarse o acaba de casarse. *La novia, vestida de blanco, entra en la iglesia. Se van a Venecia de viaje de novios.* ■ **quedarse** alguien **compuesta y sin novio,** o **compuesto y sin novia.** loc. v. coloq. No lograr lo que deseaba o esperaba, después de haberse preparado para ello. *Tras planear las vacaciones durante meses, se quedó compuesta y sin novio.* ▶ **Am: 1:** CHAVO, POLOLO.

novísimo, ma. → **nuevo.**

nubarrón. m. Nube grande, oscura y densa. *Unos negros nubarrones cubren el cielo.*

nube. f. **1.** Masa de vapor de agua suspendida en la atmósfera. *Hace un sol radiante, no hay ni una nube.* **2.** Acumulación en el aire de partículas. *La caravana va levantando una nube de polvo.* **3.** Conjunto muy numeroso de animales que vuelan agrupados. *Una nube* DE *mosquitos.* **4.** Gran cantidad de personas o cosas juntas. *Una nube* DE *periodistas rodea al presidente.* **5.** Pequeña mancha blanquecina que se forma en el exterior del ojo e impide o dificulta la visión. *Se aprecia una nube en los ojos del perro.* ■ ~ **de verano.** f. **1.** Nube (→ 1) tormentosa, con lluvia fuerte, repentina y de corta duración. *Nos ha pillado una nube de verano.* **2.** coloq. Disgusto o enfado pasajeros. *No te preocupes por su mal humor, es solo una nube de verano.* □ **en las ~s.** loc. adv. coloq. Fuera de la realidad, o sin darse cuenta de lo que ocurre. Frec. con los v. *andar, estar* o *vivir. Presta un poco de atención, estás en las nubes.* ■ **por las ~s.** loc. adv. coloq. A un precio muy caro. Frec. con los v. *andar, estar* o *poner. El pescado está por las nubes.* ■ **poner** (algo o a alguien) **por las ~s.** loc. v. coloq. Elogiar(lo). *Sus profesores lo ponen por las nubes.*

núbil. adj. cult. Dicho de persona, espec. de mujer: Que está en edad de contraer matrimonio. *Buscaban una princesa núbil para el heredero.*

nubio, bia. adj. De Nubia (región del nordeste de África). *Arte nubio.* Dicho de pers., tb. m. y f. *Los nubios viven en el norte de Sudán y el sur de Egipto.*

nublado. m. Nube que amenaza tormenta. *Se acerca un nublado por la sierra.* ■ **temer** (a alguien o algo) **más que a un ~,** o **como a un ~.** loc. v. coloq. Temer(lo) mucho. *No quiero enfrentarme a ella: la temo más que a un nublado. Los comerciantes temen la cuesta de enero como a un nublado.*

nublar. tr. **1.** Cubrir u ocultar las nubes (el cielo, o la luz de la Luna o del Sol). *Unos oscuros nubarrones nublan el cielo de la ciudad.* Tb. en constr. prnl. media. *Cuando el sol se nubla, el frío se hace insoportable.* **2.** Hacer que (algo, espec. la vista o la mente) pierda claridad. *El alcohol nubla su mente.* Tb. en constr. prnl. media. *Se me ha nublado la vista y me he desmayado.* **3.** Enturbiar o ensombrecer (algo). *La mala noticia ha nublado la celebración.* Tb. en constr. prnl. media. *Su sonrisa se nubló al ver tantos niños enfermos.* ○ intr. prnl. **4.** Llenarse de nubes el cielo o el tiempo. *Quería ir a la piscina, pero se ha nublado el día.* ○ intr. impers. **5.** Cubrirse el cielo de nubes. *Se está nublando por el oeste.*

nubosidad. f. Cualidad de nuboso. *La nubosidad irá en aumento a lo largo del día.*

nuboso, sa. adj. Cubierto de nubes. *Se esperan cielos nubosos en toda la comarca.*

nuca. f. Parte posterior del cuello, correspondiente al lugar donde se une la columna vertebral con la cabeza. *Recibió un golpe en la nuca. El jinete acaricia a su caballo en la nuca.* ▶ TESTUZ.

nuclear. adj. **1.** Del núcleo. *Observa con un microscopio la división nuclear de la célula. Física nuclear.* **2.** Dicho de energía: Producida por reacciones atómicas. *Hay que evaluar los riesgos de la energía nuclear.* Tb. dicho de lo relacionado con esa energía. *Residuos nucleares.* **3.** Que emplea la energía nuclear (→ 2).

Hubo un accidente en la central nuclear. Armamento nuclear.

nuclearización. f. Establecimiento de la energía nuclear con fines civiles o militares. *Los ecologistas se oponen a la nuclearización de la comarca.*

núcleo. m. **1.** Parte central o fundamental. *Ya hemos identificado el núcleo del problema.* **2.** *Biol.* En la célula: Parte principal, que regula el crecimiento y la reproducción. *El núcleo celular contiene la información genética.* **3.** *Fís.* En el átomo: Parte central, de carga eléctrica positiva, que tiene la mayor proporción de masa. *El núcleo del átomo está constituido por protones y neutrones.* **4.** *Fís.* En un astro: Parte más densa. *El núcleo de Saturno está formado por rocas y hielo.* **5.** *Gram.* Elemento fundamental de una construcción sintáctica. *El núcleo de un sintagma nominal es el sustantivo.*

nucléolo. m. *Biol.* Cuerpo esférico en el interior del núcleo de la célula, compuesto fundamentalmente por proteínas. *Al comienzo de la división celular, el nucléolo desaparece.*

nucleón. m. *Fís.* En un átomo: Partícula elemental del núcleo. *Los nucleones pueden ser protones o neutrones.*

nucleótido. m. *Bioquím.* Compuesto orgánico constituido por una base nitrogenada, un azúcar y ácido fosfórico. *Los nucleótidos forman parte de la composición del ADN y el ARN.*

nudillo. m. Parte exterior de las articulaciones de los dedos. *Antes de entrar, golpeó con los nudillos en la puerta.*

nudismo. m. Práctica de mostrarse desnudo en público, espec. por doctrina o para tomar el sol. *El nudismo se ha generalizado en estas playas.* Tb. la doctrina. ▶ DESNUDISMO.

nudista. adj. **1.** Del nudismo. *Playa nudista.* **2.** Que practica el nudismo. Tb. m. y f. *Los nudistas ocupan el extremo sur de la playa.* ▶ DESNUDISTA.

nudo. m. **1.** Atadura o ligadura que se hace en una cosa flexible entrelazando sus extremos, y que se aprieta más cuanto más se tira de estos. *El nudo de la corbata. El nudo de los cordones de los zapatos.* **2.** Lugar en que se cruzan varias cosas, espec. vías de comunicación. *La localidad es un importante nudo ferroviario.* **3.** Cuestión o dificultad principal. *Todavía no hemos abordado el nudo del asunto.* **4.** En una obra cinematográfica o literaria: Parte en que se desarrolla la acción, previa al desenlace. *Las pesquisas del detective constituyen el nudo de la historia.* **5.** Parte, gralm. abultada, del tallo de una planta, por donde salen las ramas u hojas. *El tallo del trigo es hueco y con nudos. Los renuevos comienzan a asomar en los nudos de la higuera.* **6.** Unidad de velocidad que equivale a una milla náutica por hora. *El submarino avanza a una velocidad de 10 nudos. La velocidad del avión es de 155 nudos. Las rachas de viento superaron los 50 nudos.* ■ **~ en la garganta.** m. Sensación de opresión, gralm. provocada por una emoción fuerte, que impide hablar o expresarse. *Se me pone un nudo en la garganta cuando pienso en su enfermedad.* ■ **~ gordiano.** m. Cosa de difícil o imposible solución. *La posibilidad de una amnistía es el nudo gordiano de la negociación.*

nudoso, sa. adj. Que tiene nudos. *Un olivo de tronco nudoso.* Tb. fig. *Las manos nudosas de una anciana.*

nuera. f. Respecto de una persona. Mujer de su hijo. *Sale a pasear con su nuera y su nieto.*

nuestro, tra. adj. De las personas entre las que se encuentra el que habla. *Hemos cambiado nuestro hábito de comer pronto.* Si va pospuesto al n., puede ir precedido de art., dem. o indef. *Tenemos asuntos nuestros que tratar. Nunca olvidaré aquel viaje nuestro por Japón. No tolerará ninguna protesta nuestra.* Tb. sustantivado. *¿Nos prestas tu coche?, el nuestro está averiado.* ■ **hacer de las nuestras.** → **hacer.** ■ **la nuestra.** loc. s. coloq. Respecto del grupo de personas del que forma parte el que habla: Ocasión favorable. Frec. con el v. *ser*. *Esta es la nuestra, no podemos dejar escapar la oportunidad.* ■ **lo nuestro.** loc. s. Mucho. *Hemos leído lo nuestro sobre el tema.* ■ **los ~s.** loc. s. Los familiares o personas vinculadas a un grupo del que forma parte el que habla. *Los nuestros no tardarán en llegar al poder.* ■ **salirnos con la nuestra.** → **salir.**

nueva. → **nuevo.**

nuevamente. adv. De nuevo. *El caso ha quedado nuevamente archivado.*

nueve. (APÉND. NUM.). adj. **1.** Ocho más uno. *Nueve camas.* Tb. sustantivado. *Los nueve se fueron de copas.* Tb. pron. *De todos los alumnos, solo faltaron nueve.* **2.** Noveno. *Vivo en el piso nueve.* Tb. sustantivado. *–¿En qué capítulo te quedaste? –En el nueve.* ● m. **3.** Número que sigue al ocho. *El nueve se representa como 9. El número premiado de la lotería tenía varios nueves.* Frec. *número ~*. **4.** Elemento de una serie que tiene el número nueve (→ 3). *Se deshizo de la dama de trébol y el nueve de picas. Quitaron de la baraja todos los nueves.*

nuevo, va. (sup. **novísimo** o coloq. **nuevísimo**). adj. **1.** Que acaba de hacerse, formarse o aparecer. *Mañana inauguran el nuevo hotel. Un producto de limpieza nuevo y revolucionario.* **2.** Distinto o diferente de lo que antes había. *Vamos a ver su nueva casa. Esta forma de trabajar es nueva para nosotros.* **3.** Que se añade a lo que ya había. *Ha comprado un nuevo libro sobre el tema.* **4.** Poco o nada deteriorado por el uso. *No tires los zapatos, están nuevos.* **5.** Dicho de persona: Que se acaba de incorporar a un lugar, un grupo o una actividad. *El que se sienta en la esquina es nuevo en el colegio.* **6.** Dicho de un producto agrícola: De la última cosecha. *Patatas nuevas. Naranjas nuevas.* ● f. **7.** cult. Noticia. *¿Qué nuevas traes? Nos han felicitado por la buena nueva.* ■ **coger** algo **de nuevas** (a alguien). loc. v. coloq. Sorprender(lo) por lo inesperado. *La noticia me coge de nuevas, no sé qué decirte.* ■ **de nuevo.** loc. adv. Otra vez. *Mi equipo ha perdido de nuevo.* ■ **hacerse** alguien **de nuevas.** loc. v. Dar a entender que se desconoce aquello que se le dice. *Si me lo cuenta ella misma, me haré de nuevas.*

nuez. f. **1.** Fruto del nogal, formado por una cáscara dura y rugosa cubierta de una piel verde, y que contiene una semilla comestible, retorcida y amarillenta. *Casca la nuez de un golpe.* Tb. la semilla. *Prefiero tomar un pastel de nueces.* **2.** Abultamiento que forma la laringe en la parte anterior del cuello del hombre adulto. *El joven tiene la nuez prominente.* ■ **~ moscada.** f. Fruto oloroso de un árbol tropical, que contiene una semilla pardusca en forma de nuez, que se usa como especia. Tb. la semilla y la especia. *Añade a la bechamel un poquito de nuez moscada.* ■ **~ vómica.** f. Semilla de un árbol de Oceanía, que contiene estricnina y tiene usos medicinales. *El envenenado había ingerido nuez vómica.*

nulidad. f. **1.** Cualidad de nulo. *El juez ha decretado la nulidad del contrato.* **2.** coloq. Persona incapaz o inepta. *Soy una nulidad para los deportes.*

nulo, la. adj. **1.** Que no tiene validez. *Contabilizamos cuatro votos nulos.* **2.** Que no existe. *El riesgo de confusión es nulo.* **3.** coloq. Incapaz o inepto. *El pobre niño es nulo para las matemáticas.* **4.** *Dep.* En boxeo, dicho de un combate: Que termina en empate o sin vencedor. *Los jueces declaran el combate nulo.*

núm. abrev. Número. *Sinfonía núm. 9 de Mahler.*

numantino, na. adj. **1.** De Numancia, antigua población en la actual provincia de Soria. *El cerco numantino se prolongó largo tiempo.* Dicho de pers., tb. m. y f. *Los numantinos resistieron heroicamente el asedio romano.* **2.** Tenaz u obstinado. Se usa con intención enfática. *Oponen una resistencia numantina.*

numen. m. cult. Inspiración del artista. *Perdido el numen poético, pasó meses sin escribir.*

numeración. f. **1.** Hecho o efecto de numerar. *Se encarga de la ordenación y numeración de los documentos. La numeración de las páginas del libro está equivocada.* **2.** Sistema de expresión de los números. *La actual numeración fue introducida en Europa por los árabes.* ■ ~ **arábiga.** f. Numeración (→ 2) que permite expresar cualquier cantidad mediante la combinación de diez signos, del 0 al 9. *La numeración arábiga está extendida por todo el mundo.* ■ ~ **romana.** f. Numeración (→ 2) empleada por los romanos, basada en la combinación de siete letras del alfabeto latino. *Para contabilizar los siglos, se suele emplear la numeración romana.*

numerador. m. *Mat.* En un quebrado: Número que indica cuántas partes iguales de la unidad se toman. *En la fracción 3/6, el denominador es el doble del numerador.*

numeral. adj. **1.** Del número. *El sistema numeral romano fue sustituido por el arábigo en la Edad Media.* **2.** *Gram.* Dicho de adjetivo o pronombre: Que expresa cantidad numérica. *En "la primera pregunta", "primera" es un adjetivo numeral. Pronombres numerales.* Tb. m. *"Cien" es un numeral.*

numerar. tr. **1.** Marcar (algo o a alguien) con números. *Numera las páginas del documento.* **2.** Contar (algo o a alguien) siguiendo el orden de los números. *El sargento numera a los soldados de la compañía.*

numerario, ria. adj. Dicho de persona: Que forma parte de un cuerpo o corporación con carácter fijo. *Profesor numerario. Socio numerario.* Tb. m. y f. *Se han reunido los numerarios del conservatorio.*

numérico, ca. adj. **1.** Del número. *Tras la expulsión del defensa, el equipo acusó la desventaja numérica de sus jugadores.* **2.** Compuesto o ejecutado con números. *El cálculo numérico no es su punto fuerte.*

número. m. **1.** Expresión de una cantidad con relación a una unidad. *La suma de dos números es una operación matemática básica.* **2.** Signo con que se representa un número (→ 1). *¿Dónde están los números en el teclado del ordenador?* **3.** Cantidad de personas o cosas. *El número de accidentes ha vuelto a subir.* **4.** Número (→ 1) que se asigna a una persona o cosa para distinguirla de las demás o clasificarla. *Ha obtenido el número dos en las oposiciones.* **5.** En una publicación periódica: Edición o ejemplar correspondientes a una fecha determinada. *En el número de este mes hay un reportaje muy interesante.* **6.** En un espectáculo: Actuación que forma parte del programa. *El número del acróbata ha sido extraordinario.* **7.** Individuo sin graduación de algunos cuerpos de seguridad, espec. de la Guardia Civil. *En el coche viajan un número y un sargento de la Guardia Civil.* **8.** Billete de lotería o de rifa. *Tengo un número para el sorteo del viernes.* **9.** coloq. Acción extravagante con la que se llama la atención. Frec. con v. como *hacer* y *montar*. *¡Qué vergüenza!, ¡siempre tienes que montar el número!* **10.** *Gram.* Accidente gramatical de determinadas palabras que expresa si estas se refieren a una sola persona o cosa o a más de una. *En español hay dos números: singular y plural.* ■ ~ **arábigo.** m. Número (→ 2) de la numeración arábiga. *El 3 y el 9 son números arábigos.* ■ ~ **atómico.** m. *Fís.* y *Quím.* Número (→ 1) que expresa la cantidad de protones presentes en el núcleo del átomo de un elemento. *El número atómico del hidrógeno es 1.* ■ ~ **complejo.** m. *Mat.* Número (→ 1) que se compone de la suma de uno real y otro imaginario. *2 + 3i es un número complejo.* ■ ~ **decimal.** m. *Mat.* Número (→ 1) que consta de una parte que puede ser cero, o una o más unidades, y de otra que expresa una fracción de la unidad. *3,85 es un número decimal.* ■ ~ **dígito.** m. *Mat.* Número (→ 1) que puede expresarse con un solo guarismo. *En la numeración decimal, los números dígitos son los comprendidos entre el 0 y el 9.* ⇒ DÍGITO. ■ ~ **entero.** m. *Mat.* Número (→ 1) positivo o negativo que contiene una o más unidades. *El 3 y el –5 son números enteros.* ⇒ ENTERO. ■ ~ **fraccionario.** → **número quebrado.** ■ ~ **imaginario.** m. *Mat.* Número (→ 1) que se obtiene al extraer la raíz cuadrada de uno negativo. *La unidad de los números imaginarios se representa con el símbolo "i".* ■ ~ **impar.** m. Número (→ 1) que no es exactamente divisible por dos. *El 1, el 5 y el 13 son números impares.* ⇒ IMPAR. ■ ~ **másico.** m. *Fís.* y *Quím.* Número (→ 1) que resulta de sumar los protones y neutrones de un átomo. ■ ~ **natural.** m. *Mat.* Número (→ 1) entero positivo. *Cada uno de los elementos de la sucesión 1, 2, 3... es un número natural.* ■ ~ **par.** m. Número (→ 1) exactamente divisible por dos. *El 2, el 4 y el 6 son números pares.* ⇒ PAR. ■ ~ **plural.** m. *Gram.* Número (→ 10) de la palabra que se refiere a dos o más personas o cosas. *El número plural se forma añadiendo "-s" o "-es" a la raíz de la palabra.* ⇒ PLURAL. ■ ~ **primo.** m. *Mat.* Número (→ 1) que solo es exactamente divisible por sí mismo y por la unidad. *El 5 y el 7 son números primos.* ■ ~ **quebrado,** o **fraccionario.** m. *Mat.* Número (→ 1) que expresa una o varias partes iguales de la unidad. *3/5 es un número quebrado.* ⇒ FRACCIÓN, QUEBRADO. ■ ~ **redondo.** m. Número (→ 1) que expresa una cantidad aproximada prescindiendo de las unidades de orden inferior. *La cena nos costó, en números redondos, sesenta euros.* ■ ~ **romano.** m. Número (→ 2) de la numeración romana. *VI es un número romano que equivale a 6.* ■ ~ **singular.** m. *Gram.* Número (→ 10) de la palabra que se refiere a una sola persona o cosa. *Algunos nombres, como "sed", solo se usan en número singular.* ⇒ SINGULAR. ■ ~ **uno.** m. y f. Persona o cosa que destaca en algo sobre todas las demás. *Es el número uno en su profesión.* ■ **~s rojos.** m. pl. Saldo negativo en una cuenta. *La empresa ha cerrado su ejercicio anual con números rojos.* □ **de ~.** loc. adj. Que pertenece a una corporación integrada por una cantidad limitada de personas. *Académico de número.* ■ **sin ~.** loc. adj. Muy abundante. *Hubo quejas sin número.* ■ **en ~s rojos.** loc. adv. Con saldo negativo. *Mi cuenta está en números rojos.* ■ **hacer ~s.** loc. v. Calcular el dinero de que se dispone. *No sé si llegamos a fin de mes: tenemos que hacer números.*

numeroso, sa. adj. **1.** Referido a un nombre colectivo: Compuesto por gran número de personas o cosas iguales. *Reclutó un ejército muy numeroso.* **2.** Referido a un nombre en plural: Muchos. *Ha celebrado su cumpleaños con numerosos amigos. Sus hinchas son muy numerosos.* ▶ **2:** *MUCHOS.

númerus clausus. (loc. lat.; pl. invar.). m. cult. Número limitado de plazas. *La Facultad de Medicina ha establecido un númerus clausus.*

numismático, ca. adj. **1.** De la numismática (→ 2). *La moneda aparece en un viejo tratado numismático.* ● f. **2.** Ciencia que estudia las monedas y medallas, espec. las antiguas. *Me considero un mero aficionado a la numismática.* ○ m. y f. **3.** Persona que se dedica a la numismática (→ 2). *Se han reunido en Madrid numismáticos de todo el mundo.*

nunca. adv. En ningún tiempo. *Nunca me hace caso.* Tb. ~ *jamás,* con intención enfática. *Nunca jamás volveré a esa casa.*

nunciatura. f. **1.** Cargo o dignidad de nuncio. *Ha desempeñado la nunciatura durante varios años.* **2.** Lugar donde vive y ejerce sus funciones el nuncio. *El encuentro se realizará en la nunciatura.*

nuncio. m. Representante diplomático del Papa. *El nuncio puede ejercer algunas funciones pontificias.* Tb. ~ *apostólico.*

nupcial. adj. De las nupcias. *Ceremonia nupcial. Banquete nupcial.*

nupcias. f. pl. cult. Casamiento o boda. *La corte acogió con entusiasmo la noticia de las nupcias del rey.*

nutación. f. *Fís.* Oscilación periódica del eje de la Tierra, causada pralm. por la atracción lunar.

nutria. f. Mamífero carnívoro de cuerpo alargado, patas cortas con dedos unidos por membranas y piel muy apreciada, que vive a orillas de los ríos. *La nutria macho.* Tb. su piel. *Un abrigo de nutria.*

nutricio, cia. adj. Que nutre o es capaz de nutrir. *Las plantas extienden sus raíces en busca de sustancias nutricias.*

nutrición. f. Hecho o efecto de nutrir o nutrirse. *Una nutrición equilibrada es esencial para el desarrollo de los niños. Las raíces están encargadas de la nutrición de las plantas.*

nutricional. adj. De la nutrición. *Carencias nutricionales.*

nutricionista. m. y f. *Med.* Especialista en nutrición. *Los nutricionistas recomiendan la dieta mediterránea.*

nutrido, da. part. **1.** → **nutrir.** ● adj. **2.** Abundante o copioso. *Un nutrido grupo de intelectuales ha firmado el manifiesto. Tiene una nutrida biblioteca.*

nutriente. adj. Que nutre. *Sustancias nutrientes.* Dicho de sustancia, tb. m. *El nitrógeno es un nutriente fundamental para las plantas.*

nutrir. tr. **1.** Proporcionar (a un ser vivo) las sustancias necesarias para desarrollarse o mantener su actividad vital. *El abono nutrirá las plantas.* **2.** Abastecer o proveer (a algo) de lo necesario para que exista o se mantenga. *Un manantial nutre el pozo.*

nutritivo, va. adj. Que nutre. *El pan es un alimento muy nutritivo.*

ñ. f. Letra del abecedario español cuyo nombre es *eñe. Señal, ñoño.*

ñame. m. Tubérculo de una planta trepadora tropical, de corteza oscura y carne comestible parecida a la de la batata. *En Cuba probé una fritura de ñame.* Tb. la planta. *En Centroamérica se siembra mucho ñame.*

ñandú. m. Ave americana parecida al avestruz pero de menor tamaño, con tres dedos en cada pie y plumaje grisáceo. *El ñandú hembra.*

ñapa. f. Am. coloq. Yapa. Frec. designa la que se da como propina o regalo. *Después de las ñapas que me da Che Torres, es el primer dinero que me voy a ganar con mi trabajo* [C]. Frec. en la constr. *de ~. El médico cobraba dos bolívares y daba de ñapa los remedios* [C].

ñato, ta. adj. Am. Chato. *Tenía la nariz ñata* [C]. *Son coches de motores más cortos, coches ñatos de cuatro o seis cilindros* [C]. Dicho de pers., tb. m. y f. *Era un teniente de nariz aplastada al que apodaban el Ñato* [C].

ñoñería. f. **1.** despect. Cualidad de ñoño. *La relación de amor entre los dos personajes de la película roza la ñoñería.* **2.** despect. Hecho o dicho ñoños. *Es importante tratar a los niños sin ñoñerías.*

ñoñez. f. despect. Ñoñería. *Eran escenas románticas, sin caer en la ñoñez. ¡Pórtate como un adulto y deja de decir ñoñeces!*

ñoño, ña. adj. despect. Que muestra delicadeza exagerada y ridícula. *La nueva serie de dibujos animados es algo ñoña. Es una chica mona, pero muy ñoña.*

ñoqui. m. Trocito de masa, hecho de patata, harina de trigo y otros ingredientes, que se consume hervido. *De segundo pedí unos ñoquis.*

ñu. m. Mamífero rumiante africano de la familia de los antílopes, de color pardo grisáceo, cuya cabeza recuerda la de un toro. *El ñu hembra. Miles de ñus se concentran cada año junto al río Mara para atravesarlo.*

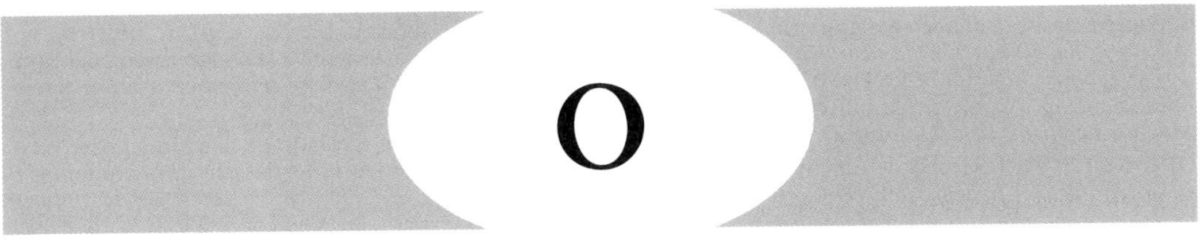

o[1]**.** (pl. **oes**). f. Letra del abecedario español que corresponde al sonido vocálico semicerrado que se articula en la parte posterior de la boca. ■ **no saber (ni) hacer la ~ con un canuto.** loc. v. coloq. Ser muy ignorante. *No sabe hacer la o con un canuto, pero quiere cobrar como un experto.*

o[2]**.** conj. (Se usa en la forma *u* ante una palabra que empiece por o u *ho: diez u once; limonada u horchata; Juan u Horacio.* Cuando va entre cifras, se escribe con tilde: *3 ó 4; 8 ó 10*). **1.** Une oraciones o elementos de oración indicando que las nociones expresadas por ellos constituyen alternativas posibles. *Tienes helado de fresa, de chocolate o de vainilla. Te apetezca o no, irás a visitarlo. ¿Quiere el café solo o con leche? ¿Lo colocaron encima o debajo de la mesa? Tendrá 7 u 8 años. Seguro que Francia u Holanda llegan a la final. Iremos hoy o cuando tú quieras.* Tb., a veces, *~ bien. Exigió que le cambiaran la chaqueta o bien que le devolvieran el dinero.* **2.** Se usa con intención enfática para introducir también el primer término de la alternativa. *O sales voluntariamente o tendré que echarte.* Tb., a veces, *~ bien. Cogeremos las vacaciones o bien en septiembre o bien en octubre.* **3.** Y también. *Aquí permiten aparcar en línea o en batería.* **4.** Introduce, para aclararlo, un término equivalente al expresado antes. *Abundan los rumiantes como el bisonte americano o búfalo. El tronco espinoso es típico, entre otros, del espino blanco, o majuelo.* ■ **~ sea.** → **ser.**

oasis. m. Lugar con agua y vegetación, situado en el interior de un desierto. *En el oasis abundan las palmeras.* Tb. fig. *El jardín botánico es un oasis de paz en medio de la ciudad.*

obcecación. f. Hecho o efecto de obcecar u obcecarse. *El abogado trató de justificar el crimen como un caso de obcecación.*

obcecar. tr. Hacer perder la claridad mental (a una persona), espec. por obstinarse en algo. *Ninguna religión ha de obcecar al historiador en sus análisis.* Tb. referido a la mente. *Algo, no sabe qué, obceca su mente.* Tb. en constr. prnl. media. *¡No te obceques y piensa bien lo que vas a hacer!*

obedecer. (conjug. AGRADECER). tr. **1.** Seguir o cumplir las órdenes o indicaciones (de alguien). *El perro me obedece cuando lo llamo.* Tb. usado en constr. intr. *Tú calla y obedece.* **2.** Seguir (una orden o una indicación). *Obedecía órdenes de sus superiores. Se sentó, obedeciendo un gesto de su anfitrión.* ○ intr. **3.** Reaccionar algo o alguien ante una acción o estímulo. *Los mandos de la nave no obedecían. El toro no obedece* A *la muleta.* **4.** Tener una cosa causa u origen en otra. *Hay comportamientos extraños que obedecen* A *trastornos psicológicos.*

obediencia. f. **1.** Hecho de obedecer. *Los religiosos deben obediencia A sus superiores. Prometieron obediencia* A *la Constitución.* **2.** Cualidad de obediente. *La obediencia es un rasgo esencial de su carácter.*

obediente. adj. Que obedece. *Debes ser más obediente. Un público obediente* A *los dictados de la moda.* ▶ BIENMANDADO.

obelisco. m. Pilar muy alto, de cuatro caras que se van estrechando y con un remate piramidal, que suele servir de monumento conmemorativo. *En Trafalgar Square se alza el obelisco en memoria del almirante Nelson.*

obertura. f. *Mús.* Pieza instrumental que sirve de introducción a una composición musical extensa, espec. a una ópera o a un oratorio. *Las oberturas de Bach.*

obesidad. f. Cualidad de obeso. Frec. en medicina. *La obesidad es un factor de riesgo de enfermedades coronarias.*

obeso, sa. adj. Dicho de persona: Que está demasiado gorda. Tb. m. y f. *Tallas especiales para obesos.* Frec. en medicina.

óbice. m. cult. Obstáculo o impedimento. *Aquel traspié no fue óbice* PARA *que triunfara.*

obispado. m. **1.** Cargo o dignidad de obispo. *El joven sacerdote obtuvo pronto un obispado.* **2.** Territorio bajo la jurisdicción de un obispo. *El monasterio pertenece al obispado de Sevilla.* **3.** Edificio donde están las oficinas del obispo. *El obispo nos recibió en el obispado.* ▶ **1:** EPISCOPADO.

obispal. adj. Del obispo. *Sede obispal.* ▶ EPISCOPAL.

obispillo. m. En un ave: Rabadilla. *La hembra del aguilucho es parda con el obispillo blanco.* ▶ RABADILLA.

obispo. m. En la Iglesia católica: Eclesiástico que posee el grado más alto de las órdenes sagradas y que gralm. tiene a su cargo una diócesis. *La misa fue oficiada por el obispo de Santiago.*

óbito. m. cult. Fallecimiento de una persona. *Según el parte médico, el óbito se produjo por causas naturales.*

obituario. m. **1.** Necrología. *Su muerte mereció un obituario en la prensa.* **2.** Sección necrológica de un periódico. *Se enteró de su muerte al leer el obituario de un diario.* **3.** Libro parroquial donde se apuntan los fallecimientos y entierros. *El párroco anotó en el obituario el fallecimiento de doña Luz.*

objeción. f. Hecho o efecto de objetar. *Nadie puso ninguna objeción a la propuesta.* ■ **~ de conciencia.** f. Negativa a cumplir una obligación o realizar un servicio, espec. el servicio militar, por razones morales o religiosas. *En los últimos años era frecuente la objeción de conciencia entre los reclutas. El médico alegó objeción de conciencia.*

objetable. adj. Que se puede objetar. *Han seguido un sistema de adjudicación de obras bastante objetable.*

objetar. tr. **1.** Exponer (algo) como argumento en contra de lo dicho. *Mañana salimos a las cuatro, ¿algo que objetar? No hay nada que objetar* A *su discurso.*

2. Poner reparos (a alguien o algo). *Muchos han objetado la comercialización de productos manufacturados por niños. Algunos objetaron al aspirante al premio.* ○ intr. **3.** Acogerse a la objeción de conciencia. *Muchos pacifistas decidían objetar.*

objetivación. f. Hecho de objetivar. *El autor, en su intento de objetivación del relato, creó unos personajes muy realistas.*

objetivar. tr. Dar carácter objetivo (a algo). *Tiene dificultades para objetivar su percepción de la realidad. El estudio estadístico permitirá objetivar la frecuencia con que se produce el fenómeno.*

objetividad. f. Cualidad de objetivo. *Analiza la situación con objetividad.*

objetivismo. m. En arte, literatura o filosofía: Tendencia a valorar especialmente lo objetivo y no lo subjetivo. *"El Jarama" es un ejemplo de objetivismo en la narrativa de posguerra.*

objetivo, va. adj. **1.** Que no está movido o motivado por intereses, ideas o sentimientos personales. *El autor trata de ser objetivo. Tienes una visión poco objetiva de los hechos.* **2.** *Fil.* Que tiene existencia real fuera del sujeto y con independencia de él. *Los objetos, a diferencia de las ideas, tienen una naturaleza objetiva.* ● m. **3.** Cosa que se pretende conseguir. *Hemos cumplido todos los objetivos que nos marcamos.* **4.** Punto que se pretende alcanzar cuando se dispara un arma. *Los misiles no hicieron impacto en el objetivo.* **5.** En una operación militar: Lugar que se pretende alcanzar u ocupar. *La Bretaña francesa era el primer objetivo del desembarco.* **6.** En una cámara fotográfica o un instrumento óptico: Lente o sistema de lentes colocados en la parte que se dirige al objeto que se fotografía o examina. *La modelo está acostumbrada a mirar al objetivo de las cámaras con naturalidad.*

objeto. m. **1.** Cosa material que se puede percibir por los sentidos. *Guardó sus objetos de valor bajo llave. Oficina de objetos perdidos.* **2.** Cosa que se pretende conseguir. *¿Cuál es el objeto* DE *su visita?* **3.** Persona o cosa que recibe una acción. *El entrenador fue objeto* DE *duros ataques. Los textos son objeto* DE *una revisión exhaustiva.* **4.** Persona o cosa de que se ocupa una ciencia o estudio. *El objeto* DE *la ecología son las relaciones de los seres vivos entre sí y con su entorno.* **5.** *Fil.* Cosa que puede ser pensada o percibida por el sujeto. *Las representaciones mentales son objetos que piensa el sujeto.* ■ **~ directo.** m. *Gram.* Complemento directo. *En la frase "Vendo periódicos", "periódicos" es el objeto directo.* ■ **~ indirecto.** m. *Gram.* Complemento indirecto. *En "¿Me cuentas un cuento?", el objeto indirecto es "me".* □ **al,** o **con, ~ de.** loc. prepos. Para, a fin de. *Entraron en su casa con objeto de robar. Utilícese un cuchillo bien afilado al objeto de que el corte sea limpio.* ▶ **1:** COSA. ‖ **Am: 1:** COROTO.

objetor, ra. adj. **1.** Que objeta. Dicho de pers., tb. m. y f. *Sus teorías han encontrado muchos objetores.* ● m. **2.** Hombre que hace objeción de conciencia. Tb. *~ de conciencia. La manifestación de objetores de conciencia llegó hasta el Ministerio de Defensa.*

oblación. f. cult. Ofrenda o sacrificio hechos a una divinidad. *En su travesía por el desierto ofrecieron oblaciones a Dios.*

oblato, ta. adj. **1.** Dicho de religioso: De alguna de las congregaciones que se dan a sí mismas el nombre de "oblatos" u "oblatas". *Estudió con los monjes oblatos.* Tb. m. y f. *Un convento de oblatos.* ● f. **2.** Religiosa perteneciente a la congregación del Santísimo Redentor. *La boda se celebró en un convento de oblatas.*

oblea. f. **1.** Hoja delgada de pan sin levadura, con la que gralm. se hacen hostias para la comunión. *El sacristán les regalaba los recortes de las obleas.* **2.** Hoja delgada de masa de harina y agua, que suele servir de base o cubierta en algunos dulces. *Le encanta la oblea del turrón.*

oblicuidad. f. Cualidad de oblicuo. *La oblicuidad del tejado era muy pronunciada.*

oblicuo, cua. adj. **1.** Que se desvía de la línea horizontal o vertical. *Dio al taco de madera un corte oblicuo para hacer una cuña. Se han escabullido por una de las callejuelas oblicuas* A *la calle Mayor.* **2.** *Mat.* Dicho de línea o de plano: Que forma un ángulo que no es recto al cortar a otra línea u otro plano. ▶ **1:** DIAGONAL, SESGADO.

obligación. f. **1.** Cosa que se está obligado a hacer. *Debes cumplir con tus obligaciones.* **2.** Hecho de estar obligado. *Se ha visto en la obligación de denunciarlo. No lo hago por gusto, sino por obligación.* **3.** *Econ.* Título que emite una entidad y que representa un préstamo a interés fijo con derecho a devolución en un plazo determinado. *Invirtió en obligaciones del Estado a diez años.*

obligacionista. m. y f. *Econ.* Persona que posee una o varias obligaciones. *Los obligacionistas se aseguraron el control de la empresa.*

obligado, da. part. **1.** → **obligar.** ● adj. **2.** Dicho de cosa: De realización forzosa, espec. por imposición legal, moral o social. *Normas de obligado cumplimiento. Es obligado mencionar el plato típico de esta región.*

obligar. tr. **1.** Hacer que (alguien) haga algo, sin dar(le) elección o contra su voluntad. *Lo hice porque me obligaste. La han obligado* A *dimitir.* Tb. usado en constr. intr. *La situación obliga* A *pensar en nuevas soluciones.* **2.** Ejercer fuerza física (sobre algo) para conseguir el efecto deseado. *La palanca de cambios se atasca y hay que obligarla un poco.* ○ intr. prnl. **3.** Adquirir un compromiso. *Mediante la escritura, los firmantes se obligan* A *cumplir el contrato.*

obligatoriedad. f. Cualidad de obligatorio. *Se establece la obligatoriedad de la enseñanza básica.*

obligatorio, ria. adj. Que se debe hacer o cumplir. *La asistencia a clase es obligatoria. Asignaturas obligatorias.*

obliterar. tr. **1.** cult. Tachar (algo). *Guarda para su colección los sellos obliterados.* **2.** cult. Anular o borrar (algo). *Se trata de una generación de poetas obliterada por sus ilustres predecesores.* **3.** *Med.* Cerrar u obstruir (un conducto o cavidad). *La angina de pecho oblitera los vasos que llegan al corazón.* Tb. en constr. prnl. media. *Las cavidades articulares se obliteran con el paso del tiempo.*

oblongo, ga. adj. cult. Que es más largo que ancho. *Un estuche oblongo. Planta de hojas oblongas.*

obnubilación. f. cult. Hecho o efecto de obnubilar u obnubilarse. *El paciente presenta obnubilación y somnolencia. Achacaba su obnubilación al hecho de estar enamorado.*

obnubilar. tr. **1.** cult. Restar claridad (a un sentido o una facultad mental). *La presión a que está sometido obnubila su mente.* Tb. en constr. prnl. media. *Cuando tuvo que contestar, la memoria se le obnubi-*

ló. **2.** cult. Restar claridad mental (a alguien). *El golpe en la cabeza lo obnubiló.* Tb. en constr. prnl. media. *Se ha obnubilado con los encantos de una muchacha.*

oboe. m. **1.** Instrumento musical de viento, de madera, formado por un tubo con una serie de orificios y de llaves, y con una boquilla de doble lengüeta. *Una sonata para oboe y piano.* ● m. y f. **2.** Músico que toca el oboe (→ 1). *En la orquesta los oboes se sientan a la izquierda.* ▶ **2:** OBOÍSTA.

oboísta. m. y f. Músico que toca el oboe. *El oboísta interpretará junto a sus cuatro compañeros un quinteto para viento.* ▶ OBOE.

óbolo. m. cult. Cantidad pequeña de dinero que se da como donativo o limosna. *Depositó su óbolo en el cepillo de la iglesia.*

obra. f. **1.** Cosa hecha por alguien o algo. *El crimen fue obra de un perturbado. Ayudar al anciano ha sido mi buena obra del día.* **2.** Creación artística, literaria o científica. *Su obra maestra es un busto en bronce.* Frec. en sent. colectivo. *Han publicado un libro sobre la obra de Moratín.* **3.** Trabajo de edificación o de albañilería. *Se ha empezado la obra para reconstruir el puente. Están haciendo obra en la cocina.* Tb. el lugar donde se realiza. *Trabaja de vigilante en una obra.* **4.** Institución con fines benéficos o culturales, que no tiene carácter lucrativo. *La restauración de la catedral correrá a cargo de la obra social de la caja de ahorros. El edificio es sede de la Obra Pía de San Antonio.* ■ **~ de fábrica.** f. Construcción hecha con ladrillo, piedra u hormigón. *Unas estanterías de obra de fábrica.* ■ **~ de romanos.** f. Cosa que cuesta mucho trabajo y tiempo, o que es grande y perfecta en su línea. *Su tesis fue una auténtica obra de romanos.* □ **la ~ de El Escorial.** loc. s. coloq. Una cosa o tarea que tarda mucho en terminarse. *El arreglo de la gotera se convirtió en la obra de El Escorial.* ■ **de ~.** loc. adv. De manera material. *Fue maltratado de palabra y de obra.* ■ **poner por ~** (algo). loc. v. Realizar(lo) o llevar(lo) a cabo. *Trata de poner por obra lo que le han mandado.* ■ **por ~ de.** loc. prepos. Debido a la acción o influencia de. *Se consiguió la subvención por obra del director. Ciudades transformadas por obra de la revolución industrial.*

obrador. m. Taller donde se elaboran productos artesanales, espec. de panadería y repostería. *Tiene un obrador de pan. Trabaja en un obrador de tapices.*

obrar. tr. **1.** Producir (algo) como resultado. *El medicamento obró maravillas en el enfermo. Un gol en el último minuto obró el milagro.* ○ intr. **2.** Realizar una acción o acciones. *Debemos obrar con prudencia. Quiero saber qué pasó para obrar en consecuencia.* **3.** Hallarse o encontrarse una cosa en un lugar o situación. *Son datos que obran en el fichero. El fiscal empleará las pruebas que obran en su poder.* **4.** cult. Defecar. A veces se usa como eufem. en zonas rurales. *La abuela decía que lo mejor para obrar a diario era comer ciruelas.*

obrerismo. m. **1.** Movimiento encaminado a mejorar las condiciones de vida y de trabajo de los obreros. *El obrerismo anarquista se desarrolló mucho a principios del siglo* XX. **2.** Conjunto de los obreros. *Fue un defensor del obrerismo reprimido.*

obrerista. adj. Del obrerismo. *Líderes obreristas.*

obrero, ra. adj. **1.** De los obreros (→ 3). *Un barrio obrero. El movimiento obrero.* **2.** Que trabaja como obrero (→ 3). *Las mujeres obreras reclaman la equiparación salarial con los hombres.* ● m. y f. **3.** Trabajador manual que realiza su trabajo a cambio de un salario, espec. en la industria. *La fábrica textil ha contratado a más obreros.* ○ f. **4.** Abeja obrera (→ **abeja**). *Las obreras se ocupan del mantenimiento de la colmena.* ▶ **3:** OPERARIO.

obscenidad. f. **1.** Cualidad de obsceno. *Sus miradas eran de una descarada obscenidad.* **2.** Hecho o dicho obscenos. *Le parecía una obscenidad tomar el sol en* topless. *Un borracho gritaba obscenidades a la gente.*

obsceno, na. adj. Que ofende al pudor. *Gestos obscenos. Una canción obscena.*

obscurantismo..., obscuro, ra. → **oscurantismo..., oscuro.**

obsequiar. (conjug. ANUNCIAR). tr. Hacer un regalo o agasajar (a alguien). *Obsequiaremos al ganador* CON *una vajilla completa. Me han obsequiado* CON *un espléndido desayuno.* ▶ REGALAR.

obsequio. m. **1.** Cosa que se regala o con la que se obsequia a alguien. *Ha venido cargado de obsequios para todos.* **2.** Hecho de obsequiar. *Le hicieron obsequio de un ramo de flores.* ■ **en ~ a, o en ~ de.** loc. prepos. cult. En atención a. *Organizó una fiesta en obsequio de su invitado.* ▶ **1:** REGALO.

obsequioso, sa. adj. cult. Que se esfuerza por hacer la voluntad de otro. *Es una anfitriona cortés y obsequiosa. El rey se rodeó de validos obsequiosos.*

observable. adj. Que se puede observar. *Estudian fenómenos solo observables a través del microscopio.*

observación. f. **1.** Hecho de observar. *Es un lugar ideal para la observación de aves. El paciente se halla en observación.* **2.** Comentario con que se llama la atención sobre algo. *Hizo alguna observación sobre mi forma de vestir.*

observacional. adj. Basado en la observación. *Una teoría científica sólida exige comprobaciones observacionales y experimentales de los fenómenos. Método observacional.*

observador, ra. adj. **1.** Dicho de persona: Que observa, espec. fijándose en los detalles. *Un buen detective debe ser muy observador.* Tb. m. y f. *Como buen observador, se fija en los detalles.* ● m. y f. **2.** Persona encargada de asistir a un acto o reunión sin intervenir en ellos y gralm. con el fin de informar. *Asistió al congreso en calidad de observador. Un grupo de observadores internacionales vigilará el proceso electoral.*

observancia. f. cult. Cumplimiento exacto de una ley, norma o costumbre. *Se debe velar por la observancia de la ley. El voto de pobreza es de obligada observancia para los monjes.*

observante. adj. Que observa u obedece leyes, normas o costumbres. *Ciudadanos observantes de las leyes.*

observar. tr. **1.** Mirar (algo o a alguien) con atención y, a veces, con disimulo. *Unos transeúntes observaban la escena. Alguien los observaba desde un coche.* **2.** Examinar o considerar (algo) atentamente. *Observaremos la evolución del paciente. Los astrónomos observan el movimiento de los planetas.* **3.** Darse cuenta (de algo). *Observo cierta ironía en tus palabras.* **4.** Hacer notar (algo). *En la entrevista observó que deseaba mantener el anonimato.* **5.** Obedecer o cumplir (una ley, norma o costumbre). *Durante el ramadán, los musulmanes deben observar el ayuno.*

observatorio. m. **1.** Lugar utilizado para la observación. *La cima del cerro es un buen observatorio de* *aves.* **2.** Instalación destinada a observaciones científicas, espec. astronómicas o meteorológicas. *Han visitado el observatorio astronómico. Observatorio de Astrofísica.*

obsesión. f. Idea fija y persistente que ocupa el pensamiento. *Tiene obsesión* POR *ganar una medalla olímpica. Lo domina la obsesión* DE *triunfar.*

obsesionante. adj. Que obsesiona. *Recuerdo obsesionante. Preocupación obsesionante.*

obsesionar. tr. Producir una obsesión (a alguien). *La idea de aprender a volar me obsesiona.* Tb. en constr. prnl. media. *Se ha obsesionado con el examen de conducir.*

obsesivo, va. adj. De la obsesión. *Los psicólogos se ocupan de los trastornos obsesivos.*

obseso, sa. adj. Que padece una obsesión, frec. sexual. *Es una persona obsesa* DE *la limpieza.* Tb. m. y f. *Este chico es un obseso: siempre detrás de las mujeres. Un obseso sexual.*

obsidiana. f. Roca volcánica de color gralm. negro y brillante. *Una figura tallada en obsidiana.*

obsoleto, ta. adj. Que está anticuado o en desuso. *Las locomotoras de vapor han quedado obsoletas. Lenguaje obsoleto.*

obstaculización. f. Hecho de obstaculizar. *La obstaculización de la labor del juez es delito.*

obstaculizar. tr. **1.** Poner un obstáculo (a algo o alguien). *Obstaculizaron la aprobación de la ley en el parlamento.* **2.** Ser una persona o una cosa un obstáculo (para la consecución de algo). *El público obstaculiza la ascensión de los ciclistas.* ▶ ESTORBAR, IMPEDIR.

obstáculo. m. **1.** Cosa o persona que impiden o dificultan algo. *Hay rocas y otros obstáculos en el camino. No quiero ser un obstáculo* EN/PARA *tu carrera.* **2.** En una carrera deportiva: Obstáculo (→ 1) que debe ser saltado o sorteado por los participantes. *El jinete derribó dos obstáculos en su recorrido.* Se usa en aposición en plural, pospuesto a una expresión de longitud, para designar la modalidad de carrera en que se colocan esos obstáculos. *Ganó la carrera de 3000 metros obstáculos.* ▶ **1:** ESCOLLO, ESTORBO, *HANDICAP*, IMPEDIMENTO, INCONVENIENTE, TROPIEZO.

obstante. no ~. loc. adv. Sin embargo. *Parecían simples piedras; eran, no obstante, joyas de gran valor. No tendría por qué disculparme; no obstante, prefiero hacerlo.*

obstar. intr. cult. Ser un obstáculo. Gralm. en constr. negativas. *Es mi opinión; lo cual no obsta* PARA *que hagas lo que te parezca.*

obstetra. m. y f. *Med.* Especialista en obstetricia. *El obstetra ha detectado malformaciones en el feto.* ▶ TOCÓLOGO.

obstetricia. f. *Med.* Rama de la medicina que se ocupa del embarazo, el parto y el período posterior a este. *La ecografía se emplea en obstetricia para ver el estado del embrión.* ▶ TOCOLOGÍA.

obstinación. f. Hecho o efecto de obstinarse. *Defienden su postura con obstinación. No comprende su obstinación* EN *defender esas ideas.* ▶ EMPECINAMIENTO, PORFÍA, TESTARUDEZ.

obstinado, da. part. **1.** → **obstinarse.** ● adj. **2.** Que se obstina. *No seas obstinado y ve al médico.* **3.** Propio de la persona obstinada (→ 2). *Lo mantenía en pie su obstinada decisión de resistir.* ▶ **2:** *TERCO.

obstinarse. intr. prnl. Mantener con empeño una opinión, actitud o decisión, a pesar de obstáculos o argumentos en contra. *Se obstina* EN *negarlo todo.* ▶ EMPECINARSE, EMPEÑARSE.

obstrucción. f. Hecho o efecto de obstruir u obstruirse. *Fue acusado de obstrucción a la justicia. Hay una obstrucción en los conductos de ventilación. Sufre obstrucción intestinal.*

obstruccionismo. m. Práctica de la obstrucción en política. *La oposición fue acusada de obstruccionismo.*

obstruccionista. adj. **1.** Del obstruccionismo. *Las maniobras obstruccionistas de un partido obligaron a retirar el proyecto de ley.* **2.** Partidario del obstruccionismo, o que lo practica. *Grupos parlamentarios obstruccionistas.* Tb. m. y f. *La ley salió adelante, a pesar de la estrategia de los obstruccionistas.*

obstruir. (conjug. CONSTRUIR). tr. **1.** Impedir el paso (por un conducto o camino). *Algo ha obstruido la cañería.* Tb. en constr. prnl. media. *Con el catarro se obstruyen las fosas nasales.* **2.** Impedir (una acción) o poner(le) obstáculos. *Los vehículos mal estacionados obstruyen el tráfico.*

obtención. f. Hecho o efecto de obtener. *Perforaron pozos para la obtención de petróleo.*

obtener. (conjug. TENER). tr. **1.** Llegar a tener (algo que se pretende o se merece). *No obtiene beneficio alguno con el negocio. Obtuvo el permiso de conducir a los 18 años. Con esa novela obtuvo un premio.* **2.** Conseguir (un material, sustancia o producto) mediante un proceso de fabricación o extracción. *Los indios obtienen un veneno* DE *esta planta.*

obturación. f. cult. Hecho de obturar. *El dentista procederá a la obturación de las caries.*

obturador, ra. adj. **1.** cult. Que obtura o sirve para obturar. *El coágulo actúa como un cuerpo obturador en el vaso sanguíneo.* Dicho de dispositivo, tb. m. ● m. **2.** *tecn.* En una cámara fotográfica: Dispositivo que controla el tiempo que la película permanece expuesta a la luz. *El* flash *se encenderá cuando aprietes el botón del obturador.*

obturar. tr. cult. Tapar o cerrar (una abertura o conducto). *Una piedra obtura el tubo de escape.*

obtuso, sa. adj. **1.** Que no tiene punta. *Una planta de hojas obtusas.* **2.** Poco inteligente o lento en comprender. *¡Hay que ser obtuso para no entender algo tan simple!* ▶ **1:** ROMO. **2:** *IGNORANTE.

obús. m. **1.** *Mil.* Pieza de artillería de menor longitud que la del cañón con relación a su calibre. *Una lluvia de proyectiles de obús cayó sobre la ciudad.* **2.** *Mil.* Proyectil disparado por un obús (→ 1). *Fue herido por obús.*

obviamente. adv. De manera obvia. *Obviamente, los más pequeños son los que más disfrutan en el parque de atracciones.* Se usa frec. para expresar asentimiento o confirmación. *–¿Te gustaría ser rico? –¡Obviamente!, ¿a quién no?*

obviar. (conjug. ANUNCIAR). tr. Evitar o quitar de en medio (un obstáculo o inconveniente). *Muchos problemas se obviarían con un cambio de actitud.*

obviedad. f. **1.** Cualidad de obvio. *Hizo una afirmación de una obviedad incuestionable.* **2.** Hecho o dicho obvios. *No dice más que obviedades.*

obvio, via. adj. Claro o evidente. *Es obvio que está enfadada.* ▶ *EVIDENTE.

oca. f. **1.** Ganso doméstico. *Unos canapés de paté de oca. La oca macho.* **2.** Juego que se practica en un tablero con 63 casillas dispuestas en forma de espiral, por las que avanzan las fichas según determinen los dados. *Pasamos la tarde jugando a la oca.* ▶ **1:** *GANSO.

ocapi. → **okapi.**

ocarina. f. Instrumento musical de viento, de carácter popular, hecho gralm. de barro cocido, con forma ovalada y ocho orificios, y de sonido muy dulce. *El grupo folclórico se acompañaba con gaitas, flautas y ocarinas.*

ocasión. f. Momento oportuno o favorable para algo. *Si te invita a ir al concierto, aprovecha la ocasión. No he tenido ocasión* DE *hablar con ella. El equipo ha tenido muchas ocasiones* PARA *empatar. Déjalo para otra ocasión.* ■ **con ~ de.** loc. prepos. Con motivo de. *El rey concedió un indulto con ocasión de su subida al trono.* ■ **de ~.** loc. adj. **1.** Dicho de objeto: Que está rebajado de precio, gralm. por ser de segunda mano. *Muebles de ocasión. Libros de ocasión.* **2.** Ocasional. *El anfitrión hizo de camarero de ocasión.*

ocasional. adj. Que ocurre o actúa solo en alguna ocasión. *Se esperan chubascos ocasionales. Es colaboradora ocasional de un periódico.*

ocasionar. tr. Ser causa (de algo). *El incendio ha ocasionado enormes daños materiales. La úlcera le ocasiona muchos dolores.*

ocaso. m. **1.** cult. Puesta del Sol o de otro astro. *En el mar se reflejaba la última luz del ocaso.* **2.** cult. Decadencia o declive. *En el ocaso de su carrera interpretó papeles de segunda fila. El ocaso de la cultura helénica.*

occidental. adj. De occidente. *En la región occidental de Bolivia predomina la agricultura. La contribución de Roma a la cultura occidental fue decisiva.* Dicho de pers., tb. m. y f. *La música africana hace furor entre los occidentales.*

occidente. m. **1.** (Referido a punto cardinal, se usa en mayúsc.). Oeste (punto cardinal, o lugar). *El sol se pone por occidente. Portugal está en el occidente de la Península Ibérica.* **2.** (Frec. en mayúsc.) Conjunto de naciones del oeste de Europa. *Occidente consiguió repeler la invasión otomana.* **3.** (Frec. en mayúsc.). Conjunto de países cuyas lenguas y cultura tienen su origen en Occidente (→ 2). *Las costumbres de Occidente.* ▶ **1:** *OESTE.

occipital. adj. **1.** *Anat.* Del occipucio. *La bala entró por la región occipital.* ● m. **2.** *Anat.* Hueso occipital (→ **hueso**). *Sufrió un golpe en la cabeza y se fracturó el occipital.*

occipucio. m. *Anat.* Parte posterior de la cabeza por donde esta se une con las vértebras del cuello. *Le dio un golpe en el occipucio y lo mató en el acto.*

occitano, na. adj. **1.** De Occitania (antigua región del sur de Francia). *Trovadores occitanos.* Dicho de pers., tb. m. y f. *Los occitanos participaron en la reconquista de Cataluña.* ● m. **2.** Lengua de oc. *El occitano es una lengua románica.*

oceánico[1]**, ca.** adj. Del océano. *Protestan contra el uso de los fondos oceánicos como cementerios nucleares.*

oceánico[2]**, ca.** adj. De Oceanía. *En la Polinesia se hablan lenguas oceánicas.*

océano. m. **1.** Extensión total de agua salada que cubre la mayor parte de la superficie terrestre. *El océano cubre el 71% de la superficie de la Tierra.* **2.** Cada una de las grandes divisiones del océano (→ 1) que separan entre sí los continentes. *Ha navegado por tres océanos. El océano Pacífico.* **3.** Inmensidad o gran extensión de algo. *Se debate en un océano de dudas. Un océano de gente abarrotaba las calles.*

oceanografía. f. Estudio científico de los mares y océanos. *Un experto en oceanografía.*

oceanográfico, ca. adj. De la oceanografía. *Revista oceanográfica.*

oceanógrafo, fa. m. y f. Especialista en oceanografía. *Una oceanógrafa hará una evaluación de los recursos pesqueros en el Atlántico.*

ocelo. m. **1.** *Zool.* En un artrópodo: Ojo simple. *La mosca tiene dos ojos compuestos y tres ocelos.* **2.** *Zool.* En un insecto o en un ave: Mancha redondeada y de dos colores, que presentan las alas o las plumas. *El pavo desplegó su cola, con sus plumas acabadas en ocelos de colores brillantes.*

ocelote. m. Mamífero felino americano de tamaño medio y pelaje amarillento con manchas negras. *La piel del ocelote es muy apreciada en peletería. El ocelote hembra.* ▶ **Am:** TIGRILLO.

ochavo. m. **1.** histór. Antigua moneda española. *El ochavo se siguió acuñando hasta mediados del siglo* XIX. **2.** coloq. Moneda de poco valor. *Perdió hasta el último ochavo.* Frec. en constr. como *no tener un ~*, o *no valer* algo *un ~*, con intención enfática. *Su coche no vale un ochavo. ¡Cómo te voy a invitar, si no tengo un ochavo!*

ochenta. (APÉND. NUM.). adj. **1.** Setenta y nueve más uno. *Tiene ochenta años.* Tb. sustantivado. *Competían ochenta atletas y los ochenta llegaron a meta.* Tb. pron. *–¿Cuántos años tiene? –Ochenta.* **2.** Octogésimo. *Llegó en el puesto ochenta.* ● m. **3.** Número que sigue al setenta y nueve. *En su dorsal lleva un ochenta. El ochenta se escribe 80.* Frec. *número ~.* ■ **los (años) ~.** loc. s. La novena década del siglo, espec. del XX. *La generación de artistas de los años ochenta.*

ocho. (APÉND. NUM.). adj. **1.** Siete más uno. *Tiene ocho años.* Tb. sustantivado. *Reservaron habitación para los ocho.* Tb. pron. *Ocho suspendieron el examen.* **2.** Octavo. *Llegó en el puesto ocho. La fila ocho.* Tb. sustantivado. *–¿En qué capítulo moría el protagonista? –En el ocho.* ● m. **3.** Número que sigue al siete. *Has escrito un ocho que parece un tres. Un teléfono con muchos ochos.* Frec. *número ~.* **4.** Elemento de una serie que tiene el número ocho (→ 3). *Para ganar necesito el ocho de corazones.* ■ **darle** (a alguien) **igual, o lo mismo, ~ que ochenta.** loc. v. coloq. Ser(le) indiferente una cosa u otra. *Buenos o malos toreros: a aquel público lo mismo le daba ocho que ochenta.* ■ **más chulo que un ~.** loc. adj. coloq. Muy chulo. *Se me acercó uno de ellos, más chulo que un ocho, jugueteando con una pistola.*

ochocientos, tas. (APÉND. NUM.). adj. **1.** Setecientos noventa y nueve más uno. *La catedral tiene ochocientos años.* Tb. sustantivado. *Se repartirán el premio entre los ochocientos de la peña.* Tb. pron. *Al examen se han presentado ochocientos.* **2.** Que ocupa en una serie el número ochocientos (→ 3). *Kilómetro ochocientos. La página ochocientas.* ● m. **3.** Número que sigue al setecientos noventa y nueve. *Su matrícula empieza por un ochocientos. El ochocientos se escribe 800.* Frec. *número ochocientos.*

ocio. m. **1.** Cesación del trabajo o inactividad laboral. *Las vacaciones son tiempo de ocio.* **2.** Tiempo de ocio (→ 1). *Dedica su escaso ocio a la lectura.* **3.** Actividad placentera en que se ocupa el tiempo de ocio (→ 1). *El anfiteatro era una construcción destinada al ocio.*

ociosidad. f. Situación o estado de quien está ocioso. *La ociosidad le produce aburrimiento.*

ocioso, sa. adj. **1.** Que no trabaja o está desocupado. *No me gusta estar ocioso. Gente ociosa.* Dicho de pers., tb. m. y f. *Programación nocturna para ociosos e insomnes.* **2.** Que no tiene uso en aquello a lo que está destinado. *Habrá que explotar muchos de los recursos agrarios que permanecen ociosos.* **3.** Que no produce ningún provecho o resultado. *Resulta ocioso discutir con alguien tan obstinado.*

ocluir. (conjug. CONSTRUIR). tr. *Med.* Cerrar (un conducto o una abertura) de modo que no pueda abrirse naturalmente. *Los pólipos pueden llegar a ocluir el intestino.* Tb. en constr. prnl. media. *En la trombosis se ocluyen las arterias.*

oclusión. f. *Med.* Hecho o efecto de ocluir u ocluirse. *Oclusión intestinal.*

oclusivo, va. adj. **1.** *Fon.* Dicho de articulación o de sonido: Que se produce cerrando por completo los órganos articulatorios, para después abrirlos bruscamente dejando salir el aire. *El sonido "p" es oclusivo.* Tb. f., referido a consonante. *La "b" inicial es una oclusiva sonora.* **2.** *Med.* Que produce oclusión. *Un trombo oclusivo.*

ocote. m. Am. Pino americano, de madera aromática, del cual existen diversas variedades. *Ella nunca enciende ramas de ocote* [C]. Tb. la madera. *Se sentó en una silla de fierro frente a una mesa de ocote* [C].

ocre. m. **1.** Mineral terroso de color amarillo oscuro, que suele presentarse mezclado con arcilla y es muy utilizado en pintura. **2.** Color amarillo oscuro, como el del ocre (→ 1). Frec. en aposición. *El rojo del capote destaca sobre la arena ocre.*

octaedro. m. *Mat.* Cuerpo de ocho caras.

octagonal. adj. Octogonal. *Una plaza octagonal.*

octágono. m. *Mat.* Octógono.

octanaje. m. *Quím.* Número de octanos de un carburante. *Gasolina de alto octanaje.*

octano. m. *Quím.* Hidrocarburo que se halla en el petróleo y cuya presencia en un carburante se toma como índice de la capacidad antidetonante de este. *El octano es un componente de la gasolina.* Tb. la unidad que expresa esa capacidad. *Gasolina sin plomo de 98 octanos.*

octava. → **octavo.**

octavilla. f. **1.** Hoja impresa de pequeño tamaño, que contiene mensajes de propaganda política o social. *Repartían octavillas a la salida de las fábricas.* **2.** *Lit.* Estrofa de ocho versos de arte menor.

octavo, va. (APÉND. NUM.). adj. **1.** Que sigue inmediatamente en orden a lo séptimo. *Terminó en el octavo puesto. La octava fila.* Tb. sustantivado. *La octava fue alabada por su ejercicio de gimnasia.* **2.** Dicho de parte: Que es una de las ocho iguales en que puede dividirse un todo. *La octava parte del capital.* Tb. m. *Un octavo del capital.* ● f. **3.** *Lit.* Estrofa de ocho versos gralm. de arte mayor. **4.** *Lit.* Octava (→ 3) de versos endecasílabos que riman en consonante, de manera alterna los seis primeros y formando pareado los dos últimos. Tb. *octava real* u *octava rima.* **5.** *Mús.* Intervalo o distancia de tono que hay entre una nota y la octava (→ 1) nota anterior o posterior a ella en la escala. *Entre un "do" y el "do" anterior más grave hay una octava.* Tb. la serie de notas comprendidas en ese intervalo. *La serie do, re, mi, fa, sol, la, si, do forma una octava.* **6.** *Mús.* Respecto de una nota: Otra que está separada de ella por una octava (→ 5). *Las voces agudas empezaron a cantar en la octava alta de la melodía principal.* ■ **octavos de final.** m. pl. En un campeonato deportivo: Fase eliminatoria en la que se producen ocho competiciones cuyos ganadores pasan a los cuartos de final. *Los octavos de final de los 110 metros vallas.* □ **en octavo.** loc. adj. *Encuad.* Dicho de libro, folleto o algo similar: Que tiene el tamaño de la octava (→ 2) parte de un pliego. *En la biblioteca encontramos dos antiguos volúmenes en octavo.*

octeto. m. **1.** *Mús.* Conjunto de ocho instrumentos o de ocho voces. *El concierto ha corrido a cargo de un octeto vocal.* **2.** *Mús.* Composición para ser interpretada por un octeto (→ 1). *Interpretaron un octeto para instrumentos de viento.* **3.** *Inform.* Unidad de información que equivale a ocho bites (Símb. *B*). *La memoria de un ordenador se mide en octetos.* ▶ **3:** BYTE.

octogenario, ria. adj. Dicho de persona: Que tiene entre ochenta y ochenta y nueve años. *Un anciano octogenario.* Tb. m. y f. *Una pareja de octogenarios.*

octogésimo, ma. (APÉND. NUM.). adj. Que sigue inmediatamente en orden a lo septuagésimo noveno. *El octogésimo aniversario.* Tb. sustantivado. *El octogésimo quedó descalificado.* Seguido de los ordinales *primero* a *noveno*, se usa como ordinal para los números ochenta y uno a ochenta y nueve. *La octogésima segunda edición de la vuelta ciclista.*

octogonal. adj. **1.** Del octógono. *Un campanario de forma octogonal.* **2.** Que tiene forma de octógono. *El tablero de la mesa es octogonal.* ▶ OCTAGONAL.

octógono. m. *Mat.* Polígono de ocho ángulos y ocho lados. ▶ OCTÁGONO.

octópodo, da. adj. **1.** *Zool.* Del grupo de los octópodos (→ 2). *Molusco octópodo.* ● m. **2.** *Zool.* Molusco que posee ocho tentáculos con ventosas, como el pulpo o el calamar.

octosilábico, ca. adj. *Lit.* Octosílabo. *Poema octosilábico.*

octosílabo, ba. adj. **1.** *Lit.* Dicho de verso: De ocho sílabas. *El poema está escrito en versos octosílabos.* Tb. m. *Un poema en octosílabos.* **2.** *Lit.* Del octosílabo (→ 1) o con octosílabos. *Ritmo octosílabo. Cuartetas octosílabas.* ▶ OCTOSILÁBICO.

octubre. m. Décimo mes del año. *Si nació en octubre, su horóscopo puede ser libra.*

óctuple. adj. cult. Ocho veces mayor. *Una unidad de CD-ROM de óctuple velocidad.* Dicho de cantidad, tb. m. *Dieciséis es el óctuple de dos.*

óctuplo, pla. adj. cult. Óctuple. Dicho de cantidad, tb. m. *Cuarenta es el óctuplo de cinco.*

ocular. adj. **1.** De los ojos. *Higiene ocular.* **2.** Realizado con los ojos. *Inspección ocular.* ● m. **3.** *Fís.* Lente que se coloca en el extremo de un instrumento por la que mira el observador. *El ocular del microscopio está arañado.*

oculista. m. y f. Médico especialista en enfermedades de los ojos. *El oculista dice que me había subido la miopía.* ▶ OFTALMÓLOGO.

ocultación. f. Hecho de ocultar u ocultarse. *Se le acusó de destrucción de pruebas y ocultación de datos al juez. La ocultación de una estrella tras un planeta.*

ocultar. tr. **1.** Tapar o encubrir (algo o a alguien) a la vista. *No puedo ocultar mi alegría. Me oculté tras el armario para que nadie me viera.* Tb. en constr. prnl. media. *La montaña se ocultó con la niebla.* **2.** Callar voluntariamente (lo que se pudiera o debiera decir). *Dime si ha venido, no lo ocultes.*

ocultismo. m. Conjunto de conocimientos y prácticas mágicas o sobrenaturales, relacionados con las ciencias ocultas.

ocultista. adj. **1.** Del ocultismo. *Es aficionado a temas ocultistas y espiritistas.* ● m. y f. **2.** Persona que profesa o practica el ocultismo. *Suele visitar a un ocultista para que le adivine el futuro.*

oculto, ta. adj. Que no se da a conocer o no se deja ver. *Un lugar oculto y solitario en la montaña.*

ocupación. f. **1.** Hecho de ocupar u ocuparse. *La ocupación hotelera de la ciudad fue muy baja en verano. La ocupación de un territorio por un ejército extranjero.* **2.** Actividad o entretenimiento. *Entre sus principales ocupaciones está su carrera.* **3.** Trabajo u oficio remunerados. *Me gustaría conseguir una ocupación bien retribuida.* ▶ **3:** *TRABAJO.

ocupacional. adj. De la ocupación laboral. *Terapia ocupacional. Formación ocupacional para desempleados.*

ocupante. adj. Que ocupa. *El ejército ocupante se mostró inflexible.* Dicho de pers., tb m. y f. *Había tres ocupantes en el vehículo siniestrado.*

ocupar. tr. **1.** Instalarse (en un lugar). *Ocupamos nuestras butacas y empezó el espectáculo. María ocupará este despacho.* **2.** Invadir (un lugar) o tomar posesión (de él). *Los invasores ocuparon el país en poco tiempo.* **3.** Estar (en un lugar). *Entre mis prioridades, la familia ocupa el primer lugar.* **4.** Llenar (un espacio de tiempo o un lugar). *La redacción me ocupará una hora. La cama ocupa toda la habitación.* **5.** Tener (un cargo). *Ocupa el puesto de director.* **6.** Dar un trabajo o una tarea (a alguien). *La empresa ocupa a mil empleados. No sé en qué ocupar a estos niños para que no molesten.* ○ intr. prnl. **7.** Dedicarse a un trabajo o una tarea. *Se ocupaba* DE *preparar la comida. Nos ocupamos* EN *los quehaceres domésticos.* **8.** Encargarse de alguien o algo. *Mis padres se ocupan* DE *los niños por las mañanas. Felipe se ocupará* DE *la organización del congreso.* ▶ **4:** LLENAR.

ocurrencia. f. Idea o dicho ingeniosos u originales. *Con sus ocurrencias nos reímos mucho.* ▶ IDEA.

ocurrente. adj. Dicho de persona: Que tiene ocurrencias. *Un humorista ocurrente.*

ocurrir. intr. **1.** Suceder un hecho. *En la casa ocurrían fenómenos extraños. No les ha ocurrido nada grave.* ○ intr. prnl. **2.** Venir de pronto una idea a la mente. *Se me ocurren varias respuestas para su pregunta.* ▶ **1:** *SUCEDER.

oda. f. Composición poética de carácter lírico y tono elevado. *Oda a la patria.*

odalisca. f. Esclava o concubina turca. *Matisse pintó odaliscas recostadas en divanes.*

odeón. m. histór. En la antigua Grecia: Teatro cubierto destinado a espectáculos musicales.

odiar. (conjug. ANUNCIAR). tr. Tener o sentir odio (hacia alguien o algo). *Odio la falta de solidaridad.*

odio. m. Sentimiento grande de rechazo y antipatía. *Con sus descalificaciones se granjeó el odio de todos.*

odioso, sa. adj. Que merece o produce odio. *El atentado fue odioso.*

odisea. f. **1.** Viaje largo lleno de aventuras y dificultades. *El reportaje contaba la odisea de la expedición al Polo Sur.* **2.** Sucesión de peripecias, gralm. desagradables, que le ocurren a una persona. *El detenido sufrió una odisea hasta que pudo demostrar su inocencia.*

odonato. adj. **1.** *Zool.* Del grupo de los odonatos (→ 2). *Insecto odonato.* ● m. **2.** *Zool.* Insecto que tiene dos pares de alas membranosas y ojos compuestos muy grandes, como la libélula.

odontología. f. *Med.* Rama de la medicina que estudia los dientes y el tratamiento de sus enfermedades. *Le gustaría estudiar odontología y poner una consulta.*

odontólogo, ga. m. y f. *Med.* Especialista en odontología. ▶ DENTISTA.

odontológico, ca. adj. De la odontología. *Tratamiento odontológico.*

odre. m. Cuero cosido, gralm. de cabra, que sirve para contener líquidos. *Bebió un trago de vino del odre.* ▶ PELLEJO.

oeste. m. **1.** (En mayúsc.). Punto cardinal situado por donde se pone el Sol (Símb. *O* o *W*). *El Sol se pone por el Oeste.* **2.** En un lugar: Parte que está hacia el Oeste (→ 1). *Portugal está en el oeste de la Península Ibérica.* Frec. en aposición. *Diríjase al pabellón oeste.* **3.** Viento que sopla del Oeste (→ 1). ■ **(Lejano) Oeste.** m. Territorio del oeste (→ 2) de los EE. UU., en donde se suelen ambientar películas basadas en la ida de sus colonos. *En esa película del Oeste, los indios matan al protagonista.* ▶ **1:** OCCIDENTE, PONIENTE. **2:** OCCIDENTE. **3:** PONIENTE.

ofender. tr. **1.** Hacer que (alguien) se sienta humillado o herido en el amor propio o la dignidad. *Procura ayudar a tus amigos sin ofenderlos. Su pasividad ofendía a sus compañeros.* Tb. usado en constr. intr. *No alaba sin ofender.* **2.** Causar daño (a algo) o ir (contra ello). *Esas imágenes ofenden la vista. Sus actos ofenden la moral.* ○ intr. prnl. **3.** Enfadarse o molestarse alguien. *No te ofendas, pero creo que te has equivocado.* ▶ **1:** AFRENTAR, AGRAVIAR, DENOSTAR, INJURIAR.

ofendido, da. part. **1.** → **ofender. 2.** Que ha sido ofendido (→ 1). Dicho de pers., tb. m. y f. *El ofensor y los ofendidos se presentaron ante el tribunal.*

ofensa. f. Hecho o efecto de ofender. *La ofensa cometida contra su madre es imperdonable. Su discurso fue una ofensa a nuestra inteligencia.* ▶ AFRENTA, AGRAVIO, DENOSTACIÓN, INJURIA.

ofensivo, va. adj. **1.** Que ofende o puede ofender. *Su ausencia a la reunión fue interpretada como un acto ofensivo.* **2.** Que ataca o sirve para atacar. *El sistema ofensivo del ejército me parece inadecuado.* ● f. **3.** Ataque militar. *El ejército inició una ofensiva* CONTRA *los guerrilleros.* Tb. fig. *Las asociaciones de consumidores han desencadenado una ofensiva* CONTRA *la subida de precios.*

ofensor, ra. adj. Dicho de persona: Que ofende. Gralm. m. y f. *El ofendido perdonó al ofensor.*

oferente. adj. cult. Que ofrece. *Estatua oferente. Hubo una enorme competencia entre las empresas oferentes.* Dicho de pers., tb. m. y f.

oferta. f. **1.** Hecho o efecto de ofrecer. *La oferta de paz convino a las dos partes. Recibió una oferta de trabajo.* **2.** Hecho de poner a la venta un producto rebajado de precio. *La oferta de ordenadores en esta tienda es muy interesante.* **3.** Producto rebajado de precio. *Solo compra las ofertas.* **4.** *Econ.* Conjunto de bienes o mercancías que se presentan en el mercado con un precio concreto y en un momento determinado. *Los precios se disparan cuando la demanda supera a la oferta.*

ofertante. adj. Que oferta. *El Estado ha ejercido su derecho de adquisición por delante de la empresa ofertante.* Dicho de pers., tb. m. y f. *Los demandantes de plazas hoteleras se quejan de que los ofertantes han subido los precios.*

ofertar. tr. Hacer una oferta (de algo). *Se oferta un solar para la construcción de viviendas. No puedo dejar escapar el coche que ofertan.*

ofertorio. m. *Rel.* Parte de la misa en la que el sacerdote ofrece a Dios la hostia y el vino del cáliz antes de consagrarlos. Tb. el texto que reza el sacerdote en este acto.

offset. (pal. ingl.; pronunc. "ófset"). m. **1.** *Gráf.* Procedimiento de impresión en el que la imagen impregnada de tinta es traspasada a un rodillo de caucho que, a su vez, la imprime en el papel. *Le han dedicado al pintor una portada a color en* offset. **2.** *Gráf.* Máquina que utiliza el *offset* (→ 1) para imprimir. *En el taller de impresión de la editorial han comprado un* offset. ¶ [Adaptación recomendada: *ófset,* pl. *ófsets*].

oficial, la. adj. (Como adj. se usa solo **oficial,** invar. en género). **1.** Que tiene autenticidad y procede de la autoridad del Estado. *El documento nacional de identidad es un documento oficial.* **2.** Dicho de institución o edificio: Que se costean con fondos públicos y están bajo la dependencia del Estado o de las entidades territoriales. *Un centro oficial de enseñanza.* **3.** Dicho de alumno: Que está inscrito en un centro oficial (→ 2) y debe asistir a las clases para poder examinarse. *Los exámenes serán los mismos para los alumnos oficiales que para los libres.* **4.** Dado a conocer públicamente por quien puede hacerlo de manera autorizada. *Hicieron oficial su relación de pareja.* ● m. y f. (Como f., se usa **oficiala** en la acep. 5, y **oficial** en las acep. 6, 7). **5.** En los oficios manuales: Persona que ha terminado el aprendizaje y no es maestro todavía. *En la peluquería necesitan una oficiala.* **6.** Funcionario público de rango superior al auxiliar. *Trabaja en el ayuntamiento y es oficial administrativo.* **7.** Militar de la escala que es superior a la de suboficiales. *Ceremonia de promoción de los oficiales de la Escuela Superior de Paracaidismo.* ■ **oficial general.** m. y f. Militar de la escala que es superior a la de oficiales (→ 7). *El grado más alto entre los oficiales generales de Tierra es el de capitán general.*

oficialidad. f. **1.** Cualidad de oficial. *Dudo de la oficialidad de esos documentos.* **2.** Conjunto de los oficiales del ejército. *La oficialidad apoyaba al general.*

oficialismo. m. Am. Conjunto de tendencias o fuerzas políticas que apoyan al Gobierno. *No está comprometido ni con el oficialismo ni con la oposición* [C].

oficialista. adj. **1.** Am. Del oficialismo. *Esto avivó la controversia entre sectores oficialistas y de oposición* [C]. **2.** Partidario del oficialismo. *Los medios oficialistas iniciaron una cacería contra mi persona* [C]. Dicho de pers., tb. m.y f. *Envió un mensaje a los oficialistas y opositores que quieren cambiar el plan* [C].

oficialización. f. Hecho de oficializar. *La oficialización del acuerdo agilizará la cooperación.*

oficializar. tr. Dar carácter o validez oficial (a algo). *Van a oficializar su ruptura en un comunicado. El Gobierno oficializó los sindicatos.*

oficiante. adj. Que oficia. *Las naves laterales del templo estaban reservadas al clero oficiante.* Dicho de pers., tb. m. *El oficiante bendijo el pan.*

oficiar. (conjug. ANUNCIAR). tr. **1.** Celebrar (la misa y demás oficios divinos). *La ceremonia fue oficiada por el párroco de la localidad.* ○ intr. **2.** Actuar alguien como algo. *Su abogado ofició* DE *conciliador.*

oficina. f. **1.** Lugar donde se realizan tareas administrativas. *Infórmese en la oficina de atención al cliente* **2.** Departamento donde trabajan los empleados públicos o particulares. *Trabajaba en la oficina del portavoz del Gobierno.*

oficinesco, ca. adj. De la oficina. Frec. despect. *El aparato oficinesco del partido era corrupto.*

oficinista. m. y f. Persona que está empleada en una oficina. *Dejó su trabajo de oficinista.*

oficio. m. **1.** Ocupación habitual. *No aprueba mi oficio de escritor.* **2.** Profesión, espec. si es manual. *Mi oficio de carpintero no me reporta grandes beneficios.* **3.** Función de una cosa. *Los infinitivos pueden desempeñar en la oración los mismos oficios que los sustantivos.* **4.** Comunicación escrita referente a asuntos de las administraciones públicas. *Recibió un oficio del ministerio.* **5.** *Rel.* Conjunto de rezos. *Tras el oficio de difuntos, el sacerdote roció el féretro con agua bendita.* **6.** *Rel.* Ceremonia religiosa, espec. alguna de las propias de Semana Santa. Frec. en pl. con sent. sing. *Los oficios de Jueves Santo se celebrarán en la Capilla Real.* ■ **buenos ~s.** m. pl. Diligencias eficaces. *Gracias a sus buenos oficios, conseguimos plaza en el avión.* □ **de ~.** loc. adv. **1.** Con carácter oficial. *El Gobierno trasladó de oficio la denuncia al fiscal.* □ loc. adj. **2.** *Der.* Dicho de abogado: Que ha sido nombrado para defender a un acusado que no tenía uno propio. *El juez le asignó un abogado de oficio.* ■ **sin ~ ni beneficio.** loc. adj. coloq. Sin trabajo ni ocupación. *Es un caradura sin oficio ni beneficio.* ▶ **2:** *TRABAJO.

oficiosidad. f. Cualidad de oficioso. *La oficiosidad de los resultados electorales no impidió la alegría del partido ganador. El jefe elogia la oficiosidad de los empleados.*

oficioso, sa. adj. **1.** Que no es oficial, pero procede de una fuente solvente. *Una noticia oficiosa.* **2.** Solícito en ejecutar lo que está a su cuidado. *El barrendero del barrio es muy oficioso.*

ofidio. adj. **1.** Del grupo de los ofidios (→ 2). ● m. **2.** Reptil sin patas, de cuerpo largo, estrecho y escamoso, como la víbora y la cobra.

ofimática. f. Informática aplicada a automatizar el trabajo de oficina. *La ofimática está acabando con el uso de la máquina de escribir en los centros de trabajo.*

ofrecer. (conjug. AGRADECER). tr. **1.** Poner (algo o a alguien) al servicio de otra persona o cosa. *Me ofrezco para ayudarte con tus estudios. Le ofrecí mi coche hasta que arreglaran el suyo.* **2.** Dar (algo), espec. como muestra de cortesía o de consideración. *El Presidente ofrecerá una recepción al Embajador. Ofreció su colaboración para ayudar a los heridos.* **3.** Dedicar o consagrar (algo o a alguien) a un ser superior. *Los egipcios ofrecían sacrificios a Isis.* **4.** Contener o manifestar una cosa (algo no material). *El proyecto ofrece muchas dificultades.* **5.** Expresar (la cantidad que se está dispuesto a pagar por algo). *Ofrece cientos de euros al que encuentre a su perro.* ■ **ofrecérsele** algo (a alguien). loc. v. Desear eso (esa persona). Se usa en situaciones formales. *¿Qué se le ofrece, señora?* ▶ **1:** BRINDAR.

ofrecimiento. m. Hecho o efecto de ofrecer o poner al servicio. *Ha rechazado todos nuestros ofrecimientos.*

ofrenda. f. Hecho de ofrecer o dedicar algo, espec. un esfuerzo o sacrificio, a una divinidad o a una causa noble. *Una ofrenda floral a la virgen.*

ofrendar. tr. cult. Dar (algo) como ofrenda. *El general ofrendó su espada al rey.*

oftálmico, ca. adj. **1.** *Med.* De los ojos. *Lentes oftálmicas.* **2.** *Med.* De la oftalmia. *Tiene un problema oftálmico.*

oftalmia u **oftalmía.** f. *Med.* Inflamación de los ojos. *Debido a su oftalmia, tuvo que ponerse un colirio.*

oftalmología. f. *Med.* Parte de la medicina que se ocupa de las enfermedades de los ojos.

oftalmológico, ca. adj. *Med.* De la oftalmología. *Examen oftalmológico.*

oftalmólogo, ga. m. y f. *Med.* Oculista. *El oftalmólogo me recetó un colirio para evitar la sequedad de los ojos.*

ofuscación. f. Hecho o efecto de ofuscar u ofuscarse. *Superado el momento de ofuscación, pidió disculpas por habernos insultado.* ▶ OFUSCAMIENTO.

ofuscamiento. m. Ofuscación. *En su ofuscamiento no acertaba a recordar dónde se alojaba. Algunas enfermedades provocan ofuscamiento y debilidad de la vista.*

ofuscar. tr. **1.** Trastornar la mente (a alguien) de forma transitoria. *El griterío lo ofuscó y no supo reaccionar en su ayuda.* Tb. en constr. prnl. media. *Te ofuscaste en el concurso y te quedaste en blanco.* **2.** Trastornar (la mente) de forma transitoria. *El cansancio ofusca el cerebro.* Tb. en constr. prnl. media. *Se me ofuscaba la mente cuando veía aparecer al examinador.* **3.** Turbar o dificultar (la visión). *La intensidad de las luces ofuscaba la visión.* Tb. en constr. prnl. media. *Su vista se ofuscó con la niebla y perdió el control del coche.*

ogro. m. **1.** Gigante imaginario que se alimenta de carne humana. *El protagonista de la leyenda era un ogro.* **2.** Persona insociable o de mal carácter. *Me confesó que se había casado con un ogro.*

oh. interj. Se usa para expresar muy diversos sentimientos, espec. pena, asombro o alegría. *¡Oh! ¡Qué guapa estás!*

ohm. m. *Fís.* Ohmio.

óhmico, ca. adj. Del ohmio. *Calentamiento óhmico.*

ohmio. m. *Fís.* Unidad de resistencia eléctrica del Sistema Internacional que equivale a la resistencia eléctrica que da paso a una corriente de un amperio cuando entre sus extremos existe una diferencia de potencial de un voltio. ▶ OHM.

oídas. **de ~.** → **oír.**

oído. m. **1.** Sentido que permite percibir los sonidos. *El oído regula el equilibrio del cuerpo.* **2.** Órgano que sirve para percibir los sonidos. *Tienes una infección de oído.* **3.** Aptitud para percibir y reproducir correctamente los sonidos, espec. musicales. *Tiene buen oído: habla tres idiomas sin acento.* ■ **abrir los ~s.** loc. v. Escuchar con atención. *Abre bien los oídos, que esto es importante.* ■ **al ~.** loc. adv. En voz muy baja y acercándose mucho al oyente para evitar que otros puedan oír. *Me cuenta chistes verdes al oído.* Frec. con v. como *decir. Me dijo un secreto al oído.* ■ **cerrar los ~s** (a razones o excusas). loc. v. Negarse a oír(las) o a tener(las) en cuenta. *Cerró los oídos* A *cualquier tipo de disculpa.* ■ **dar,** o **prestar, ~s** (a algo o a alguien). loc. v. Dar(les) crédito. *No dio oídos a las opiniones negativas sobre él. Si prestas oídos a los murmuradores, perderás tu libertad.* ■ **de ~.** loc. adv. Sin haber estudiado música y solo por tener buen oído (→ 3). *No quiero dármelas de gran guitarrista: toco de oído.* ■ **duro de ~.** loc. adj. Dicho de persona: Que es algo sorda. *No se ha enterado de lo que le dije, es un poco duro de oído.* ■ **entrarle** (a alguien) algo que se dice **por un ~ y salirle por el otro.** loc. v. No hacer caso esa persona (de ello). *Sus críticas me entraron por un oído y me salieron por el otro.* ■ **hacer ~s sordos** (a algo). loc. v. No darse por enterado (de ello). *Hizo oídos sordos a sus insultos.* ■ **llegar** algo **a ~s** (de alguien). loc. v. Llegar esa cosa a conocimiento (de esa persona). *Ha llegado a oídos* DEL *director que no hace su trabajo. Llegó a mis oídos que mi mujer me engañaba.* ■ **~ al parche.** expr. coloq. Se usa para llamar la atención sobre algo que se dice. *¡Oído al parche! Voy a contaros algo que os interesa.* ■ **prestar ~s.** → **dar oídos.** ■ **regalar el ~,** o **los ~s,** (a alguien). loc. v. Adular(lo) o alabar(lo). *Me gusta que me regalen los oídos cuando hago algo bien.* ■ **ser todo ~s.** loc. v. coloq. Escuchar con atención. *Cuéntame qué te pasa, soy todo oídos.*

oír. (conjug. OÍR). tr. **1.** Percibir con el oído (los sonidos). *Oigo algo extraño en el desván.* Tb. usado en constr. intr. *Cállate, que no oigo.* **2.** Atender (los ruegos, consejos o explicaciones de alguien). *Dios oyó sus oraciones y su hijo sanó.* ■ **como lo oye,** o **como lo oyes,** o **lo que oye,** o **lo que oyes.** loc. adv. coloq. Se usa para afirmar algo que resulta difícil de creer. *¡Como lo oye! No quiso pagarme por mi trabajo. –¿Eso te dijo? –Lo que oyes.* ■ **como quien,** o **el que, oye llover.** loc. adv. coloq. Con total indiferencia. *Escucha tus sermones como el que oye llover.* ■ **de oídas.** loc. adv. Por haber oído (→ 1) hablar de algo o alguien. *Su nombre me suena de oídas.* ■ **me va,** o **me vas, a oír.** expr. coloq. Se usa como advertencia para expresar enojo o irritación. *Si vuelves a hacerlo, me vas a oír.* ■ **~, ver y callar.** expr. Se usa para advertir a alguien que no intervenga en algo de lo que es testigo. *Te doy un consejo para la reunión: oír, ver y callar.* ■ **oye,** u **oiga.** interj. **1.** Se usa para expresar extrañeza o enfado. *¡Oye! No me digas que no quieres salir esta noche.* **2.** Se usa para dirigirse a alguien. *¡Oiga!, ¿puede decirnos dónde está esta calle?* ■ **¿oyes?,** u **¿oye usted?** expr. Se usa para dar más fuerza a lo que se advierte o se manda. *No vuelvas a hacerlo, ¿oyes?*

ojal. m. **1.** Abertura alargada y reforzada en los bordes, en donde se abrochan los botones. *El mendigo llevaba una camisa rota con más ojales que botones.* **2.** Agujero que atraviesa de parte a parte algunas cosas. *Hice varios ojales en las cortinas para colgarlas de unas anillas.*

ojalá. interj. Se usa para expresar el deseo fuerte de que suceda algo. *¡Ojalá apruebes!*

ojeada. f. Mirada rápida o superficial. *Solo he podido echar una ojeada a tu trabajo.*

ojeador. m. Hombre que ojea la caza. *Buscaban un ojeador de perdices para la cacería.*

ojear[1]. tr. Mirar superficialmente (algo o a alguien). *Estuvo ojeando los exámenes de sus alumnos.*

ojear[2]. tr. Espantar y acosar (la caza) para que se dirija al lugar donde se la va a cazar. *Tenían que ojear la caza y luego buscar las piezas perdidas.*

ojén. m. Aguardiente preparado con anís y azúcar, originario de Ojén (Málaga).

ojeo. m. Hecho de ojear la caza. *Participamos en un ojeo de perdices.*

ojera. f. Mancha oscura que se forma debajo del párpado inferior. *Se ha levantado con ojeras porque casi no ha dormido.*

ojeriza. f. Antipatía o aversión. *No sé por qué tu hermano me tiene ojeriza.* ▶ *ANTIPATÍA.

ojeroso, sa. adj. Que tiene ojeras. *Va a caer enfermo: está delgado y ojeroso.*

ojete. m. **1.** Abertura pequeña y redonda reforzada en los bordes, que sirve como adorno o para meter por ella un cordón o algo que sujete. *Primero metes los cordones por los ojetes y después haces una lazada.* **2.** malson. Ano.

ojiva. f. **1.** *Arq.* Figura formada por dos arcos de círculo iguales, que se cortan en uno de sus extremos formando un ángulo. *El arco de ojiva es característico de la arquitectura gótica.* Tb. el arco que tiene esa forma. *Las nervaduras ascendían desde los pilares hasta las ojivas.* **2.** *Mil.* Parte superior de un proyectil con forma de ojiva (→ 1). *La ojiva de un misil nuclear.* Tb. el proyectil. *Hay ojivas nucleares apuntando a ese país.*

ojival. adj. **1.** *Arq.* De la ojiva, o con forma de ojiva. *Arco ojival.* **2.** *Arq.* Del estilo dominante en Europa entre los ss. XII y XV, caracterizado por el empleo del arco de ojiva. *En la arquitectura gótica andaluza suele combinarse el estilo ojival con el mudéjar.*

ojo. m. **1.** En una persona o un animal: Órgano de la vista. *Ha perdido visión en el ojo derecho.* **2.** Parte del ojo (→ 1) visible en la cara. *Tiene los ojos azules.* **3.** Agujero por donde se introducen algunas cosas. *El hilo parece demasiado grueso para el ojo de la aguja. Para cortar cartulina son mejores unas tijeras con un ojo grande. Espiaba sus movimientos a través del ojo de la cerradura.* **4.** En un puente: Espacio vacío comprendido entre dos pilares. *Un puente de ocho ojos comunica las dos orillas.* **5.** Atención o cuidado en lo que se hace. *Ten mucho ojo al cruzar la calle.* Frec. en la constr. *andar con ~*, o *andar con cien ~s*. *Anda con ojo, creo que van contra ti. Anda con cien ojos, que esa carretera es muy peligrosa.* Frec. en forma exclamativa, para llamar la atención o como advertencia. *¡Ojo!, hay perros sueltos.* **6.** Aptitud para intuir lo que no es evidente, o para calcular lo que no se percibe con precisión. *Tiene mucho ojo para los negocios.* Tb. *~ clínico. No se te escapa ni un detalle, ¡qué ojo clínico tienes!* **7.** Hueco en la masa del pan, el queso y otras cosas esponjosas. *El queso gruyer es de ojos grandes.* **8.** Manantial que surge en un llano. *Los ojos del Guadiana.* Tb. *~ de agua.* ■ **~ a la funerala.** m. coloq. Ojo (→ 2) amoratado a consecuencia de un golpe. *Se dio con una puerta y tiene un ojo a la funerala.* ■ **~ compuesto.** m. *Zool.* Ojo (→ 1) característico de muchos insectos, crustáceos y otros invertebrados, formado por numerosos ojos (→ 1) simples, unidos entre sí por una membrana. *Los insectos suelen tener dos ojos compuestos y tres ocelos.* ■ **~ de buey.** m. Ventana circular u ovalada. *El ojo de buey de un camarote.* ■ **~ de gallo.** m. Callo redondo y algo cóncavo hacia el centro, que se forma en los dedos de los pies. *Llevar calzado estrecho suele favorecer la aparición de ojos de gallo.* ■ **~ del culo.** m. malson. Ano. ■ **~ del huracán.** m. **1.** Centro de un ciclón. *Los meteorólogos han señalado dónde se halla el ojo del huracán.* **2.** Centro de una situación conflictiva. *Sus declaraciones han contribuido a que vuelva a estar en el ojo del huracán.* ■ **~s de besugo,** u **~s de sapo.** m. pl. coloq. o despect. Ojos (→ 2) saltones. *Nos miró con sus ojos de besugo.* ■ **~s de carnero (degollado).** m. pl. coloq. Ojos (→ 2) saltones y de expresión triste. *Se ha dirigido a mí suplicante con ojos de carnero degollado.* ■ **~s rasgados.** m. pl. Ojos (→ 2) alargados y con la comisura de los párpados muy prolongada. *Los orientales suelen tener los ojos rasgados.* ■ **cuatro ~s.** m. y f. humoríst. o despect. Persona que lleva gafas. *Mi compañero de pupitre es un cuatro ojos.* □ **abrir los ~s.** loc. v. Descubrir la realidad. *Abre los ojos de una vez: nunca conseguirás ese puesto.* ■ **abrir los ~s** (a alguien). loc. v. Descubrir(le) la realidad. *Estaba confundido, pero ella me abrió los ojos.* ■ **a ~ (de buen cubero).** loc. adv. Aproximadamente, sin precisión. *Así, a ojo, le calculo cerca de treinta años. El saco pesará, a ojo de buen cubero, unos diez kilos.* ■ **a ~s cerrados,** o **con los ~s cerrados.** loc. adv. Sin dudar o sin reflexionar. *Era una oferta tan interesante que la acepté a ojos cerrados.* ■ **a ~s vistas.** loc. adv. De manera clara y patente. *Su rendimiento ha mejorado a ojos vistas.* ■ **cerrar el ~,** o **los ~s.** loc. v. coloq. Morir. *Le descerrajaron un tiro y cerró el ojo.* ■ **cerrar los ~s.** loc. v. **1.** Lanzarse a hacer una cosa sin tener en cuenta los inconvenientes. *Cierra los ojos y acepta la oferta de trabajo.* **2.** Desentenderse de una situación conflictiva. *No podemos cerrar los ojos ante lo que ocurre en ese país. Ningún intelectual pudo cerrar los ojos y mantenerse al margen.* ■ **clavar los ~s** (en algo o alguien). loc. v. Mirar(lo) fijamente. *Entró en el salón y clavó los ojos* EN *ella.* ■ **comer con los ~s.** loc. v. coloq. Desear la comida por su buen aspecto. *Come con los ojos: ha pedido dos postres y no se ha acabado ninguno.* ■ **comerse con los ~s** (a alguien o algo). loc. v. Mirar(lo) fijamente mostrando deseo. *Se nota que ese hombre le gusta: se lo come con los ojos.* ■ **con buenos** (o **malos**) **~s.** loc. adv. Con (o sin) simpatía. Gralm. con los verbos *mirar* o *ver*. *El error no ha sido tan grave, lo que pasa es que me miráis con malos ojos.* ■ **con los ~s abiertos.** loc. adv. Alerta. *Id con los ojos abiertos, creo que nos vigilan.* ■ **con los ~s cerrados.** → **a ojos cerrados.** ■ **con otros ~s.** loc. adv. Con distinta actitud o disposición. Gralm. con los verbos *mirar* o *ver*. *Desde que encontró trabajo, ve la vida con otros ojos.* ■ **dichosos los ~s (que te, o le, etc., ven).** expr. coloq. Se emplea para manifestar alegría al volver a ver a alguien después de mucho tiempo. *Dichosos los ojos, cuánto tiempo sin verle.* Frec. en sent. irónico, como reproche por una ausencia prolongada. *¡Dichosos los ojos que te ven!, ¿dónde te habías metido?* ■ **echar el ~** (a alguien o algo). loc. v. coloq. Mirar(lo) con atención, mostrando deseo. *Le ha echado el ojo al piano y no parará hasta comprarlo. Me enamoré de ti desde que te eché el ojo.* ■ **el ~ derecho** (de alguien). loc. s. coloq. La persona de mayor confianza o más estimada (por él). Frec. con *ser*. *Carlos es el ojo derecho* DEL *jefe.* Tb. *el ojito derecho. Claro, como eres su ojito derecho, todo te lo consiente.* ■ **entrar** (a alguien) **por los ~s** una persona o cosa. loc. v. Gustar(le) por su aspecto. *María me entró por los ojos y enseguida me enamoré de ella.* ■ **en un abrir (y cerrar) de ~s.** loc. adv. En un instante o con mucha rapidez. *Espera un momento,* *vuelvo en un abrir y cerrar de ojos. En un abrir de ojos se ha cambiado de ropa.* ■ **írsele** (a alguien) **los ~s** (detrás de, o tras, una persona o cosa). loc. v. coloq. Sentir (aquel) una intensa atracción (por esta persona o cosa). *Cuando veo un pastel, se me van los ojos. Se le van los ojos detrás de las chicas.* ■ **meter** (algo o a alguien) **por los ~s** (a una persona). loc. v. coloq. Alabár(selo) mucho para que lo desee o acepte. *Nunca le ha gustado el mar, pero le han metido el crucero por los ojos.* ■ **no pegar ~.** loc. v. coloq. No dormir. *No hemos pegado ojo en toda la noche.* ■ **no quitar ~** (a algo o alguien), o **no quitar los ~s** (de algo o alguien). loc. v. coloq. No dejar de mirar(lo). *No le ha quitado ojo a Pedro desde que llegó. No ha quitado los ojos* DE *la televisión en toda la tarde.* ■ **no tener** alguien **~s en la cara.** loc. v. coloq. No ver lo que es evidente o manifiesto. *Están traicionándote, ¿es que no tienes ojos en la cara?* ■ **~ avizor.** loc. adv. Alerta o en actitud vigilante. *Conviene andarse ojo avizor, pues podría haber espías.* (→ **avizor**). ■ **poner los ~s** (en alguien o algo). loc. v. Fijarse (en él o en ello) con algún propósito o interés. *Una multinacional ha puesto sus ojos* EN *la empresa.* ■ **poner los ~s en blanco.** loc. v. coloq. Mostrar gran admiración o asombro. *Todos pusimos los ojos en blanco al conocer la cantidad de dinero que había ganado en la lotería.* Frec. en sent. irónico. *Cuando habla de su niña y de lo lista que es, se le ponen los ojos en blanco.* ■ **saltar un ~** (a alguien). loc. v. Herír(se)lo o cegár(se)lo. *Ten cuidado con ese palo, casi me saltas un ojo.* ■ **un ~ de la cara.** loc. s. coloq. Mucho dinero. Frec. con el v. *costar. Trátalo con cuidado, me ha costado un ojo de la cara.* ■ **volver los ~s** (a alguien o algo). loc. v. Interesarse (por él o por ello). *Al final de su vida, volvió los ojos* A *su familia.*

ojota. f. Am. Sandalia rústica, frec. de goma, usada gralm. por los campesinos. *Trocó el poncho y las ojotas por el traje de "rapero"* [C].

okapi. (Tb. **ocapi**). m. Mamífero rumiante africano del grupo de la jirafa, pero con cuello más corto, pelaje rojizo y patas traseras rayadas como la cebra. *El okapi hembra.*

ola. f. **1.** Onda de gran amplitud que se forma en la superficie del agua. *No nos podemos bañar porque hay muchas olas.* **2.** Fenómeno atmosférico que produce variación repentina en la temperatura de un lugar. *Una ola de frío azota el país.* **3.** Oleada. *La policía está preocupada por la ola de atracos. Este verano se prevé una ola de turistas europeos.*

olé u **ole.** interj. Se usa para animar y mostrar admiración o entusiasmo. *¡Ole, vaya salero tiene mi niño!* Tb. m. *Desde el balcón se escuchaban los olés del público.*

oleada. f. Aparición repentina de personas o cosas en gran cantidad. *La nueva ley ha provocado una oleada de protestas. Los indoeuropeos se extendieron por Europa en sucesivas oleadas migratorias.* ▶ OLA.

oleaginoso, sa. adj. Aceitoso. *El petróleo es un líquido oleaginoso. No tome demasiadas almendras ni otros frutos oleaginosos.*

oleaje. m. Sucesión continuada de olas. *El barco ha quedado a merced del oleaje.*

óleo. m. **1.** Producto que se obtiene disolviendo sustancias colorantes en aceite secante y que se usa para pintar. *Compré pinceles, témperas y varios botes de óleo.* **2.** Pintura realizada con óleo (→ 1). *Se exponen óleos y acuarelas de una pintora.* Tb. la técnica correspondiente. *Dominar bien el óleo exige mucha práctica.* **3.** Aceite usado por la Iglesia en los sacramentos y otras ceremonias. Frec. en pl., en la constr. *santos ~s. Recibió los santos óleos antes de morir.* ■ **al ~.** loc. adj. Dicho de pintura: Realizada con óleo (→ 1). *Ha pujado por un cuadro al óleo de un pintor francés.*

oleoducto. m. Tubería de grandes dimensiones para transportar petróleo a lugares alejados. *Un oleoducto conecta los pozos petrolíferos con los puertos de embarque.*

oleoso, sa. adj. Aceitoso. *Aplíquese en la piel una crema oleosa. La soja es una legumbre oleosa.*

oler. (conjug. OLER). tr. **1.** Percibir (un olor). *¿Hueles el aroma del romero?* **2.** Aspirar aire para percibir el olor de (algo o a alguien). *Alzó la copa y olió el vino detenidamente.* **3.** coloq. Sospechar o presentir (algo). Frec. con un pron. expresivo de interés. *Me huelo que Juana no va a venir.* ○ intr. **4.** Exhalar o despedir olor. *Estas flores no huelen* A *nada.* **5.** coloq. Tener apariencia de algo. *Este asunto huele* A *encerrona.* ■ **~ mal,** o **no ~ bien** algo. loc. v. coloq. Inspirar sospechas de que oculta algo malo o negativo. *Este asunto me huele mal.*

olfatear. tr. **1.** Oler (algo o a alguien) de forma repetida e insistente. *La mujer se detiene y olfatea el aire.* **2.** Reconocer un animal por el olor (algo). *El perro ha olfateado un conejo.* **3.** coloq. Curiosear (algo). *Cuando se quedó solo olfateó con disimulo los papeles que estaban sobre la mesa.*

olfateo. m. Hecho de olfatear. *El inquieto olfateo del perro nos alertó de la presencia de una presa.*

olfativo, va. adj. Del olfato. *El experimento incluye las respuestas más habituales a determinados estímulos olfativos.* ▶ OLFATORIO.

olfato. m. **1.** Sentido con el que se perciben los olores. *Su fino olfato le permitió seguir el rastro de la perdiz.* **2.** Intuición para adivinar o prever con sagacidad algo. *Tiene mucho olfato para descubrir nuevos talentos. A la hora de seguir una noticia, confía en su olfato periodístico.*

olfatorio, ria. adj. Olfativo. *Los animales suelen tener los órganos olfatorios más desarrollados que el hombre.*

oligarca. m. *Polít.* Persona que forma parte de una oligarquía. *La revolución exigió a los oligarcas el reconocimiento de la democracia.*

oligarquía. f. **1.** *Polít.* Régimen de gobierno en que el poder es ejercido por una minoría que pertenece a la misma clase social. *La oligarquía precedió a la democracia en la antigua Grecia.* **2.** Minoría privilegiada que controla el poder. *La oligarquía local se reúne cada tarde en el casino.*

oligárquico, ca. adj. *Polít.* De la oligarquía. *Regímenes oligárquicos.*

oligisto. m. *Mineral.* Mineral compuesto por óxido de hierro, de color gris negruzco o pardo rojizo. *El hierro se puede extraer del oligisto.*

oligoceno, na. adj. **1.** (Como m. se usa en mayúsc.). *Geol.* Dicho de división geológica: Que es la tercera del período terciario, posterior al Eoceno. Tb. m. *En el Oligoceno desaparecieron muchas selvas africanas.* **2.** *Geol.* Del Oligoceno (→ 1). *Mamíferos oligocenos.*

oligoelemento. m. *Biol.* Elemento químico presente en muy pequeñas cantidades en un organismo, pero indispensable para su metabolismo. *El* *hierro es el oligoelemento más abundante en nuestro organismo.*

oligofrenia. f. *Med.* Deficiencia mental. *En su familia se han dado varios casos de oligofrenia.*

oligofrénico, ca. adj. **1.** *Med.* Que padece oligofrenia. *Él era el que se ocupaba de su hermano oligofrénico.* Frec. m. y f. *La oligofrénica sufría graves trastornos.* **2.** *Med.* De la oligofrenia. *Síntomas oligofrénicos.*

oligopolio. m. *Econ.* Mercado en que la oferta de un producto está bajo el control de un número reducido de vendedores o productores. *El mercado del gasóleo se ha convertido en un oligopolio.*

olimpiada u **olimpíada.** (Frec. en mayúsc.). f. **1.** Competición deportiva internacional que incluye distintas especialidades y que se celebra cada cuatro años en un lugar diferente. Frec. en pl. con significado sing. *Las Olimpiadas de 1992 se celebraron en Barcelona.* **2.** histór. Fiesta que se celebraba cada cuatro años en la antigua ciudad griega de Olimpia. *Las olimpiadas incluían competiciones deportivas y literarias.* **3.** histór. Período de cuatro años comprendido entre dos olimpiadas (→ 2) consecutivas, y que se utilizó en la antigua Grecia como unidad de tiempo. *El primer año del reinado de Ciro fue en la olimpiada 55.*

olímpico, ca. adj. **1.** De las olimpiadas. *Entrevistaremos a la nueva campeona olímpica.* **2.** Dicho de deportista: Que ha participado en una olimpiada. *Fue olímpico en Barcelona.* Tb. m. y f. *Los olímpicos fueron recibidos por el Rey.* **3.** De Olimpia. *Los juegos olímpicos comenzaron a celebrarse en el año 776 a. C.* **4.** Del Olimpo (monte de la antigua Grecia). *Zeus era el más poderoso de los dioses olímpicos.* **5.** Soberbio o altanero. *Muestra un olímpico desprecio por los derechos humanos.*

olimpismo. m. Movimiento caracterizado por la defensa de los valores relacionados con las olimpiadas. *El moderno olimpismo es heredero de los juegos de la antigua Grecia.*

olimpo. m. cult. Conjunto de las personas privilegiadas. *El escritor no consiguió ingresar en el olimpo de los grandes novelistas.* Tb. la situación particular de estas personas. Frec. despect. *Ya es hora de que los políticos bajen de su olimpo.*

olisquear. tr. **1.** Oler (algo o a alguien) de forma detenida. *El perro empezó a olisquearme.* Tb. usado en constr. intr. *Se acercó a la comida y se puso a olisquear.* **2.** Buscar o indagar (algo). *Olisqueaba alguna pista que le permitiera encauzar la investigación.* Tb. usado en constr. intr. *Un tipo ha estado por aquí olisqueando.*

oliva. f. **1.** Aceituna. *De aperitivo hemos puesto almendras y olivas.* **2.** Olivo. *Dos viejas olivas crecen en el jardín.*

oliváceo, a. adj. Aceitunado. *Sus canas contrastan con un rostro oliváceo.*

olivar. m. Terreno plantado de olivos. *Tiene olivares en Cataluña.*

olivarero, ra. adj. **1.** Del cultivo del olivo o de las industrias derivadas. *Jaén es un importante centro olivarero.* **2.** Que se dedica al cultivo del olivo. Tb. m. y f. *Varios olivareros han creado una cooperativa.*

olivino. m. *Mineral.* Mineral de color verde amarillento, aspecto granuloso o cristalino, que abunda en las rocas volcánicas. *La zona cercana al volcán es rica en basalto de olivino.*

olivo. m. Árbol de tronco corto, grueso y retorcido, copa ancha, hojas perennes, verdes por el haz y blanquecinas por el envés, cuyo fruto es la aceituna, y del que existen varias especies, por ej.: ~ *silvestre* (→ **acebuche**). *Campos de olivos.* Tb. su madera. *Muebles de olivo.* ▶ OLIVA.

olla. f. **1.** Vasija redonda, gralm. abombada, con boca ancha y una o dos asas, que se utiliza para cocer alimentos. *Ponga una olla al fuego con agua y carne.* **2.** Guiso de carne, legumbres y hortalizas, pralm. garbanzos y patatas, al que se añaden a veces otros ingredientes. *Comimos una olla exquisita.* ■ **~ a presión.** f. Olla (→ 1) metálica con cierre hermético, en la que los alimentos se cuecen con gran rapidez gracias al vapor acumulado en su interior. *Las ollas a presión tienen una válvula que regula el vapor.* ■ **~ de grillos.** f. coloq. Lugar en el que hay gran desorden y confusión. *Todos se pusieron a hablar y era imposible hacerme entender en esa olla de grillos.* ■ **~ podrida.** f. Olla (→ 2) a la que se añaden jamón, aves, embutidos y otros ingredientes. *Vayamos al mesón a comer una olla podrida.*

olmeca. adj. histór. De un antiguo pueblo indio que habitó en el golfo de México. *Arte olmeca.* Dicho de pers., tb. m. y f. *Los olmecas introdujeron en México el culto al jaguar.*

olmeda. f. Lugar plantado de olmos. *Junto al pueblo existen varias hectáreas de olmedas.*

olmo. m. Árbol grande de tronco recto y robusto, copa amplia y frondosa, y hojas ovales con los bordes serrados, cuya madera es muy apreciada. *Acamparon a la sombra de un olmo.* ▶ NEGRILLO.

ológrafo, fa. (Tb. **holágrafo**). adj. **1.** Dicho de testamento: Escrito de puño y letra por el testador. *En un testamento ológrafo, dejaba todos sus bienes a sus sobrinos.* Tb. m. *El ológrafo se conserva en una notaría.* **2.** Autógrafo. *En su colección hay varios textos ológrafos de personajes célebres.*

olor. m. Emanación de los cuerpos capaz de ser percibida por el sentido característico situado en la nariz. *Hay un fuerte olor* A *comida. Abre la ventana para que se vaya el mal olor.* ■ **en ~ de multitud.** loc. adv. Entre el entusiasmo y la admiración populares. *El vencedor fue recibido en olor de multitud.* ■ **en ~ de santidad.** loc. adv. Con reputación de santo. *Se cuenta que el beato murió en olor de santidad.*

oloroso, sa. adj. **1.** Que despide olor, gralm. agradable. *Una flor muy olorosa.* ● m. **2.** Vino de Jerez de color dorado oscuro, muy aromático y de alta graduación. *Camarero, sírvanos una copita de oloroso.*

olvidadizo, za. adj. Que se olvida de las cosas con facilidad. *Qué hombre tan olvidadizo, otra vez se ha dejado las llaves.*

olvidar. tr. **1.** Dejar de tener en la memoria (algo o a alguien). *He olvidado cómo se hacía este plato.* **2.** Dejar (algo o a alguien) por descuido en un lugar. *He olvidado la bufanda en el bar. Olvidó a su hijo en el supermercado.* Frec. con un pron. expresivo de interés. *Se olvidó las llaves en casa.* **3.** Dejar de tener afecto (por alguien). *Ya ha olvidado a Ana y está saliendo con otra chica.* **4.** Dejar de tener afición (por algo). *¡Olvida el juego de una vez!* **5.** No tener en cuenta (algo). *Olviden lo que he dicho.* ○ intr. prnl. **6.** Olvidar (→ 1-5) algo o a alguien. *Me he olvidado* DE *la calle. Se olvidó* DE *todos sus amigos y comenzó una nueva vida. Si quieres adelgazar, olvídate* DE *los dulces. Ya se ha olvidado* DE *lo que le hiciste.* **7.** Desaparecer una cosa de la memoria de alguien. *Perdona, se me ha olvidado tu nombre.*

olvido. m. Hecho o efecto de olvidar u olvidarse. *Hay en su obra un premeditado olvido de la tradición. Ya empiezo a sospechar de tus olvidos, es la tercera vez que me dejas plantado. El olvido del pasaporte le puede salir caro.*

omaní. adj. De Omán. *Petróleo omaní. Mascate es la capital omaní.* Dicho de pers., tb. m. y. f. *Los omaníes son vecinos de los yemeníes.*

ombligo. m. **1.** En los mamíferos: Cicatriz redonda que queda en medio del vientre tras la caída del cordón umbilical. *Con el top que lleva se le ve el ombligo.* **2.** Centro de algo. *No me doy aires de grandeza ni soy el ombligo de nada.* Frec. en la constr. de sent. irónico, *creerse el ~ del mundo. Se cree el ombligo del mundo y va dándose importancia.*

ombú. m. frecAm. Planta herbácea de gran tamaño y con aspecto de árbol, de tallos no leñosos y raíces emergentes. *Veo el gran ombú del patio y el jaulón de los pájaros* [C].

omega. f. Letra del alfabeto griego (Ω, ω), que corresponde al sonido de *o* larga.

omeya adj. **1.** histór. De una familia árabe fundadora de la dinastía que estableció el califato de Damasco. Dicho tb. de esa dinastía. *Príncipe omeya.* Dicho de pers., tb. m. y f. *Los omeyas de Córdoba gobernaron la España musulmana hasta el siglo XI.* **2.** De la época en que dominó la dinastía omeya (→ 1). *Arquitectura omeya.*

ominoso, sa. adj. cult. Abominable o despreciable. *Las peleas de gallos le parecen un espectáculo ominoso.*

omisión. f. Hecho de omitir. *La prensa reveló la omisión, en el juicio, de algunas pruebas del caso. Se ha convertido en su cómplice por omisión.*

omitir. tr. **1.** Dejar de hacer (algo). *¡Vaya maqueta!, no han omitido ni un detalle.* **2.** Pasar en silencio (algo). *He omitido algunos pasajes para no alargarme demasiado.*

ómnibus. (pl. invar.). m. frecAm. Autobús. *El ómnibus se cogía en esta misma calle. Usted, con la roñosería de no tomar un ómnibus, un colectivo, llega tarde a todas partes* [C]. *El evento dispondrá de un parque de unos 460 ómnibus escolares* [C].

omnímodo, da. adj. cult. Que lo abarca o lo comprende todo. *Es inaceptable el poder omnímodo de un dictador.*

omnipotencia. f. Cualidad de omnipotente. *El filósofo se refería a cómo conciliar el libre albedrío humano con la omnipotencia divina.* Tb. fig. *Está convencida de la omnipotencia de su amor.*

omnipotente. adj. Que todo lo puede. *Cree en un dios omnipotente.* Tb. fig. *Vio asomar por la puerta la omnipotente figura del director.*

omnipresencia. f. Cualidad de omnipresente. *La omnipresencia divina.* Tb. fig. *La empresa fue extendiéndose y pronto se hizo evidente su omnipresencia en el mundo.*

omnipresente. adj. Que está a la vez en todas partes. *Para los cristianos, Dios es un ser supremo y omnipresente.* Tb. fig. *Un tema omnipresente en nuestras conversaciones era la preocupación por el futuro.*

omnisciencia. f. cult. Conocimiento de todas las cosas. *La omnisciencia se atribuye a Dios.* Tb. fig.

omnisciente. adj. cult. Que tiene omnisciencia. *Dios es omnisciente.* Tb. fig. *El narrador omnisciente de la novela del siglo XIX.*

omnívoro, ra. adj. *Zool.* Dicho de animal: Que se alimenta de todo tipo de sustancias orgánicas. *El oso es un animal omnívoro.* Tb. m. *Los omnívoros pueden digerir alimentos de origen animal y vegetal.*

omóplato u **omoplato.** m. *Anat.* Cada uno de los dos huesos anchos, casi planos y de forma triangular, situados en la parte superior de la espalda, bajo cada hombro. *En el omóplato se articulan el húmero y la clavícula.* ▶ ESCÁPULA, PALETILLA.

onagro. m. Asno salvaje que vive en Asia. *El onagro hembra. Hay poblaciones de onagros en Irán.*

onanismo. m. cult. Masturbación.

onanista. adj. **1.** cult. Del onanismo. **2.** cult. Que practica el onanismo. Tb. m. y f.

once. (APÉND. NUM.). adj. **1.** Diez más uno. *Once huevos.* Tb. sustantivado. *–¿Cuántas camisetas te vas a llevar? –Las once.* Tb. pron. *Decía que no quería pasteles y se comió once.* **2.** Undécimo. *Portal once.* Tb. sustantivado. *–¿A qué piso va? –Al once.* ● m. **3.** Número que sigue al diez. *El once se escribe 11.* Frec. *número ~.* **4.** Equipo de once (→ 1) jugadores de fútbol, que disputa un partido. *El once andaluz se impuso claramente. El entrenador ordenó dos cambios en el once inicial.* ○ f. pl. **5.** (**once**; en Am., frec. **onces**). frecAm. Refrigerio que se toma a media mañana o por la tarde, según los países. *Tomaron las once en su casa. Ella me llevaba el desayuno, almuerzo, once y comida* [C]. *No tenía tiempo para desayunar, tomar onces, almorzar y comer* [C]. *Para las onces hicimos empanadas de horno* [C].

oncogén. m. *Med.* Gen que, al activarse, puede provocar la aparición del cáncer. *Se ha conseguido aislar un oncogén humano.*

oncología. f. *Med.* Rama de la medicina que se ocupa de los tumores. *Se ha celebrado un congreso de oncología.*

oncológico, ca. adj. *Med.* De la oncología. *La revista recoge las últimas investigaciones oncológicas.*

oncólogo, ga. m. y f. *Med.* Especialista en oncología. *Tiene cita con la oncóloga.*

onda. f. **1.** Elevación que se forma en la superficie de un líquido al ser agitado. *El movimiento de la barca formó ondas en el estanque.* **2.** Curva que se forma en algunas cosas flexibles, como el pelo o las telas. *La tonadillera se peinaba con una onda en la frente. Se compró unas sábanas de raso de las que resbalan y hacen ondas sobre la cama.* **3.** *Fís.* Movimiento periódico regular que se propaga en un espacio físico. *Onda electromagnética. Onda sonora. Onda luminosa.* ■ **~ corta.** f. *Fís.* Onda (→ 3) de menor longitud con respecto a la onda media (→ **~ media**). *Se están reduciendo las emisiones en onda corta.* ■ **~ herciana,** o **hertziana.** f. *Fís.* Onda (→ 3) electromagnética. *La radiotelefonía utiliza ondas hercianas.* ■ **~ larga.** f. *Fís.* Onda (→ 3) de mayor longitud con respecto a la onda media (→ **~ media**). *El barco transmitió su mensaje en onda larga.* ■ **~ media,** o **normal.** f. *Fís.* Onda (→ 3) que tiene una longitud comprendida entre los 200 y los 300 metros, empleada en telecomunicaciones. *La emisora local utiliza una banda de onda media.* ⇒ AM. □ **captar,** o **coger, la ~.** loc. v. coloq. Darse cuenta de algo no explícito o apenas insinuado. *Le he lanzado algunas indirectas, pero creo que no ha captado la onda.* ■ **estar en la ~.** loc. v. coloq. Estar al corriente de las últimas tendencias. *Si no conoces a este cantante es que no estás en la onda.*

ondeante. adj. Que ondea. *Los hinchas festejan el gol con sus banderas ondeantes.*

ondear. intr. **1.** Moverse un cuerpo flexible o una superficie formando ondas. *Las banderas ondean al viento.* ○ tr. **2.** Mover (algo) en el aire formando ondas. *Subió al barco y ondeó el pañuelo en señal de despedida.*

ondina. f. En las mitologías germánica y nórdica: Ser fantástico que habita en las aguas. *El cuadro representa a una ondina saliendo de un estanque.*

ondulación. f. **1.** Hecho o efecto de ondular. *Hay que ajustar la máquina para conseguir la ondulación de la lámina.* **2.** Onda o curva. *Desde lo alto podemos apreciar la suave ondulación de los campos.* **3.** Movimiento en forma de onda. *Las serpientes se desplazan mediante ondulaciones de su cuerpo.*

ondulado, da. part. **1.** → **ondular.** ● adj. **2.** Que forma ondas o curvas. *Tiene el pelo castaño y ondulado. Llanura ondulada.*

ondulante. adj. **1.** Que hace ondas u ondulaciones al moverse. *El vuelo ondulante de una gaviota. Su cuerpo ondulante sigue el compás de la música.* **2.** Dicho de superficie: Que tiene ondas o curvas. *Ante nosotros se extiende una planicie ondulante y suave.*

ondular. tr. **1.** Hacer ondas (en algo, espec. en el pelo). *Le han ondulado el pelo con tenazas.* ○ intr. **2.** Formar ondas u ondulaciones algo. *Las sombras de los camellos ondulaban al reverberar el sol.*

ondulatorio, ria. adj. **1.** *Fís.* De las ondas. *Mecánica ondulatoria.* **2.** *Fís.* Que se extiende o se propaga en forma de ondas. *El capítulo trata sobre el movimiento ondulatorio de la luz y el sonido.*

oneroso, sa. adj. **1.** cult. Costoso o gravoso. *La construcción de autopistas resulta onerosa para el Estado.* **2.** cult. Pesado o difícil de soportar. *Su enfermedad fue una carga onerosa para toda la familia.* **3.** *Der.* Que implica alguna contraprestación. *La pareja disfruta de bienes en común y otros adquiridos a título oneroso.*

ONG. (sigla; pronunc. "o-ene-ge"). f. Organización no gubernamental con fines altruistas. *Trabaja en una ONG que ayuda a los más necesitados. La ONG envió alimentos a la zona afectada por el terremoto.*

ónice. m. (Tb. f.). Ágata listada de colores alternativamente claros y muy oscuros. *En la vitrina guarda unas figuritas de ónice y de alabastro.* ▶ ÓNIX.

onírico, ca. adj. cult. De los sueños. *Su obra pictórica, llena de elementos fantásticos, recrea el mundo onírico.*

onirismo. m. cult. Estado de la conciencia caracterizado por la aparición de fantasías semejantes a las de los sueños, con pérdida del sentido de la realidad. *Sus pinturas conjugan onirismo y realidad.* Frec. en medicina para designar la alteración correspondiente a ese estado. *La privación de alcohol a un alcohólico puede producirle temblores, sudoración y onirismo.*

ónix. m. (Tb. f.). Ónice. *La exposición incluye varios camafeos de ónix antiguos.*

onomástico, ca. adj. **1.** De los nombres propios. *El libro contiene una lista onomástica de los faraones de Egipto.* ● f. **2.** Día en que una persona celebra su santo. *La onomástica de Pepa es el 19 de marzo.* **3.** Rama de la lingüística que estudia los nombres propios. *Un tratado de onomástica.* **4.** Conjunto de nombres propios de un lugar, una época o un país. *La onomástica romana. La onomástica medieval.*

onomatopeya. f. Imitación de un sonido o ruido en una palabra que recuerda lo que esa palabra designa. Tb. la palabra. *"Achís" es una onomatopeya.*

onomatopéyico, ca. adj. De la onomatopeya o formado por onomatopeya. *Lenguaje onomatopéyico.*

ontología. f. *Fil.* Parte de la metafísica que estudia el ser en general y sus propiedades. *La ontología es la ciencia del ser.*

ontológico, ca. adj. *Fil.* De la ontología. *Un problema ontológico.*

onubense. adj. De Huelva. *Playas onubenses.* Dicho de pers., tb. m. y f. *El coto de Doñana es el orgullo de los onubenses.*

onza. f. **1.** Unidad tradicional de peso que equivale a 28,7 g. *El oro se suele pesar en onzas.* **2.** Cada una de las partes en que se divide una tableta de chocolate. *Merendaba dos onzas de chocolate con pan.* **3.** histór. Antigua moneda española. Tb. ~ *de oro.*

oosfera. f. *Bot.* Célula reproductora femenina. *En las plantas el anterozoide se une a la oosfera para dar lugar al embrión.*

opa. (Tb. **OPA**). f. *Econ.* Oferta pública de adquisición de acciones, u operación financiera para la adquisición de las acciones de una sociedad. *El banco lanzó una opa sobre el 75% del capital de la empresa.*

opacar. tr. Oscurecer (algo). *El uso diario ha opacado el brillo del diamante.* Tb. fig. *La comida nunca debe opacar al vino.* Tb. en constr. prnl. media. *La turquesa puede cambiar de color u opacarse.* ▶ OSCURECER.

opacidad. f. Cualidad de opaco. *Podemos averiguar si un huevo está o no empollado por su opacidad.*

opaco, ca. adj. **1.** Que impide el paso de la luz o no es transparente. *El hierro es un material opaco. La puerta era de gruesos cristales opacos.* **2.** Sin brillo. *Apenas lo distinguía con la luz opaca del candil.* Tb. fig. *Habla con voz opaca. Es un hombre opaco y sin ninguna habilidad especial.*

opalescente. adj. Irisado como el ópalo, o de características similares a las suyas. *Luz opalescente.*

ópalo. m. Mineral de reflejos irisados, traslúcido u opaco, apreciado en joyería. *El rey aparece en el cuadro con un cetro de ópalo.*

opción. f. **1.** Posibilidad de optar o elegir entre dos o más cosas. *Tienes la opción de ir en tren o en autobús.* **2.** Elección o alternativa. *Abandonar la ciudad e irse al campo fue una opción personal.* **3.** Posibilidad de optar o aspirar a algo. *El equipo tiene opción* AL *triunfo.*

opcional. adj. Dicho de cosa: Que se puede elegir. *La tapicería de cuero es opcional en este modelo de coche.*

open. m. *Dep.* Abierto. *Participará en un open de golf.*

ópera. f. **1.** Obra dramática musical cuyo texto se canta con acompañamiento de orquesta. *Fuimos a ver una ópera de Verdi.* Tb. su letra y su música. **2.** Género constituido por las óperas (→ 1). *Me gusta más la ópera que la zarzuela.*

operación. f. Hecho o efecto de operar. *Operación bancaria. Operación quirúrgica. Operaciones matemáticas.*

operacional. adj. **1.** De la operación. *El margen operacional se situó en doscientos millones.* **2.** Dicho de unidad militar: Que está preparada para llevar a cabo una operación militar. *Hay una compañía operacional en la base aérea.*

operador, ra. adj. **1.** Que opera o sirve para operar. *Se convirtió en la segunda firma operadora en el país.* Dicho de empresa, tb. m. o f. *Una operadora de telefonía. Un operador de telecomunicaciones.* • m. y f. **2.** Persona que realiza operaciones propias de una actividad profesional o comercial. *Los operadores bursátiles esperaban la bajada de los tipos de interés.* **3.** Especialista en el manejo de determinados aparatos. *La operadora de cine graba la secuencia.* **4.** Persona que tiene por oficio establecer las comunicaciones no automáticas de una central telefónica. *La operadora me preguntó si aceptaba una llamada desde Australia.* • m. **5.** *Mat.* Símbolo que indica un conjunto de operaciones que han de realizarse. *En informática, se usa el operador lógico "y" para unir dos condiciones al hacer búsquedas.*

operante. adj. Que opera o lleva a cabo algo. *Las tropas operantes invadieron la ciudad.* Dicho de pers., tb. m. y f.

operar. tr. **1.** Realizar un acto quirúrgico (sobre una persona o animal, o sobre una parte de su cuerpo). *El cirujano ha operado* DE *anginas a mi hermana. Le operará la nariz por razones estéticas.* Tb. usado en constr. intr. *Necesito un bisturí para operar.* **2.** Realizar o llevar a cabo (algo). *Los revolucionarios operaron grandes cambios en ese país.* Tb. en constr. prnl. media. *En el siglo* XIX *se operaron grandes cambios en la sociedad.* ○ tr. prnl. **3.** Someterse a un acto quirúrgico. *Eduardo se operó* DE *cataratas.* ○ intr. **4.** Trabajar, o ejecutar alguien o algo una actividad. *La red de vendedores no opera en esa ciudad.* **5.** Realizar tratos o negociaciones comerciales. *No operar con una gran distribuidora ha hundido a muchas editoriales.* **6.** *Mat.* Realizar cálculos matemáticos. *Si no operas correctamente, el resultado de la división será erróneo.* ▶ **1:** INTERVENIR.

operario, ria. m. y f. Obrero (trabajador manual). *Luis es un operario de la fábrica.* ▶ OBRERO.

operático, ca. adj. Am. Operístico. *Don Félix canta en estilo operático su canción* [C]. *Efectuó un trabajo fundamental para la música operática* [C].

operatividad. f. Cualidad de operativo. *La operatividad de los acuerdos de paz quedó en entredicho tras el último atentado. Hicieron un simulacro para comprobar la operatividad del sistema de alarma.*

operativo, va. adj. **1.** Dicho espec. de cosa: Que opera y realiza el efecto para el que está destinada. *En el laboratorio cuentan con instrumental altamente operativo. Una junta directiva con tantos miembros sería poco operativa.* **2.** Listo para ser utilizado o para entrar en acción. *Mi tarjeta de crédito no está operativa. Hay grupos especiales operativos que intervendrán en caso de urgencia.* • m. **3.** Dispositivo (conjunto de medidas). *La televisión pondrá en marcha un amplio operativo para cubrir el evento.* ▶ **3:** DISPOSITIVO.

operatorio, ria. adj. De la operación quirúrgica. *En el acto operatorio le extirparon un tumor.*

opérculo. m. *Biol.* En algunos animales o plantas: Pieza que sirve para cerrar una abertura. *En los peces el opérculo cubre las branquias.*

opereta. f. **1.** Obra teatral ligera, compuesta para ser en gran parte cantada y con acompañamiento orquestal. *Fuimos al teatro a ver una opereta.* **2.** Género constituido por las operetas (→ 1). *Prefiere la ópera a la opereta.*

operístico, ca. adj. De la ópera. *Recital operístico.* ▶ **Am:** OPERÁTICO.

opiáceo, a. adj. **1.** Del opio. *Cultivos opiáceos.* **2.** Derivado del opio o que tiene sus características. *La morfina es una sustancia opiácea.* Dicho de producto, tb. m. *Algunos opiáceos se utilizan como fármacos.*

opinable. adj. Dicho de cosa: Que puede ser objeto de opinión o enjuiciamiento. *Era solo una idea y, como tal, opinable.*

opinar. tr. **1.** Tener formada (una opinión o idea). *En política Eduardo no opina lo mismo que yo.* **2.** Manifestar (una opinión o idea). *La mitad de los encuestados opinaba que ganaría el equipo local.* ○ intr. **3.** Tener una opinión. *¿Sigues opinando igual?* **4.** Manifestar una opinión. *En la mesa redonda los interlocutores opinaban de uno en uno.* ▶ **1:** *CREER.

opinión. f. **1.** Juicio o valoración que alguien tiene sobre alguien o algo. *Nuestra opinión es que esa obra de teatro es maravillosa.* **2.** Manifestación de una opinión (→ 1). *Libertad de opinión.* ■ **~ pública.** f. Opinión (→ 1) que tiene el conjunto de la sociedad sobre alguien o algo. *La prensa sondeó la opinión pública con respecto a la boda del heredero.* Tb. el conjunto de la sociedad que opina. *La noticia del secuestro ha conmocionado a la opinión pública.*

opio. m. Sustancia amarga y de olor fuerte que se extrae de la adormidera verde, y que se utiliza como droga. *La heroína y la morfina derivan del opio.*

opíparo, ra. adj. Dicho de comida o banquete: Que es abundante y espléndido. *Nos preparó un opíparo desayuno.*

oponente. adj. Que se opone. *Partidos políticos oponentes.* Dicho de pers., tb. m. y f. *Sus oponentes fueron eliminados en la última votación del premio.*

oponer. (conjug. PONER). tr. **1.** Poner (a una persona o cosa) contra otra para impedir su acción. *Los atracadores opusieron gran resistencia* A *las fuerzas de seguridad. Los rebeldes se opusieron* AL *régimen dictatorial.* **2.** Exponer (un argumento) contra algo. *Las razones que oponía el alumno eran rebatidas por el profesor.* ○ intr. prnl. **3.** Ser una cosa contraria a otra. *El blanco se opone* AL *negro.* **4.** Estar una cosa situada frente a otra. *El pulgar se opone a los otros dedos.* **5.** Estar en desacuerdo con algo o discrepar de algo. *Se opone* A *las centrales nucleares.*

oponible. adj. Que se puede oponer. *Los gorilas tienen el pulgar oponible* A *los demás dedos.*

oporto. m. Vino originario de la región portuguesa de Oporto. *De aperitivo me tomaría un oporto.*

oportunamente. adv. En el tiempo oportuno. *Se comunicará oportunamente la fecha del examen.*

oportunidad. f. **1.** Tiempo o circunstancia oportunos para algo. *Tengo la oportunidad de viajar por Asia.* ○ pl. **2.** Sección de un comercio en que se venden artículos a bajo precio. *Compré un bolso en oportunidades.*

oportunismo. m. Actitud que aprovecha las circunstancias para obtener beneficio propio, prescindiendo de los propios principios y convicciones. *El oportunismo del ministro le ocasionó una mala imagen pública.* Se usa espec. en política.

oportunista. adj. **1.** Del oportunismo. *Discurso oportunista.* **2.** Que practica el oportunismo. *Políticos oportunistas.* Tb. m. y f. *Los oportunistas suelen sacar provecho incluso de las tragedias de los demás.*

oportuno, na. adj. Que interviene o sucede en el tiempo conveniente. *Editar un libro así resulta muy oportuno. El periodista estuvo muy oportuno en sus preguntas.* Tb. dicho de ese tiempo. *Buscaré un momento oportuno para darle la noticia.*

oposición. f. **1.** Hecho o efecto de oponer u oponerse. *El ejército entregó las armas sin oposición alguna. Vida y muerte están en oposición.* **2.** Serie de pruebas selectivas en las que los aspirantes a un puesto de trabajo muestran sus conocimientos. *Ha aprobado la oposición para profesor.* Frec. en pl. con significado singular. *Se presentó a las oposiciones para entrar en el cuerpo de bomberos.* **3.** Grupo político o social que se opone a la política de quienes gobiernan. *La oposición impidió que se llevara a cabo el proyecto de ley.*

opositar. intr. Hacer oposiciones a un cargo o empleo. *Ha opositado* A *un puesto de la Administración.*

opositor, ra. adj. **1.** Que se opone. *Venció la candidatura opositora.* Dicho de pers., tb. m y f. *Los opositores fueron encarcelados.* • m. y f. **2.** Persona que se presenta a una oposición. *Aumentan las opositoras al cuerpo de policía.*

opresión. f. **1.** Hecho o efecto de oprimir. *Los sindicatos denuncian la injusticia y la opresión.* **2.** Sensación de peso en el pecho, que impide la respiración. *Se queja de una fuerte opresión en el pecho.*

opresivo, va. adj. Que oprime o implica opresión. *Sensación opresiva.*

opresor, ra. adj. Que oprime los derechos y libertades. *Regímenes opresores.* Dicho de pers., tb. m. y f. *La ciudad sitiada luchó contra los opresores.*

oprimido, da. part. **1.** → **oprimir.** **2.** Que ha sido oprimido (→ 1) o privado de sus derechos o libertades. Tb. m. y f. *La organización humanitaria actúa en defensa de los oprimidos.*

oprimir. tr. **1.** Ejercer presión (sobre algo). *Las vendas oprimían su muñeca.* **2.** Someter (a alguien) privándolo de sus derechos o libertades. *El ejército invasor oprimía a la población.* ▶ **1:** *PRESIONAR.

oprobio. m. cult. Vergüenza o humillación públicas. *Fue el oprobio de la familia.*

oprobioso, sa. adj. cult. Que causa oprobio. *Crimen oprobioso.*

optar. intr. **1.** Elegir una cosa entre varias. *Opté* POR *comprarme un coche en vez de una moto.* **2.** Aspirar a algo. *David opta* A *un puesto en una empresa de informática.*

optativo, va. adj. Dicho de cosa: Que puede ser elegida entre varias. *Religión es una asignatura optativa en secundaria.*

óptico, ca. adj. **1.** De la óptica (→ 3). *Aparatos ópticos.* **2.** De la visión. *Efecto óptico.* • f. **3.** Rama de la física que estudia las leyes y los fenómenos de la luz relacionados con la visión. *Laboratorio de óptica.* **4.** Establecimiento donde se venden objetos de óptica (→ 3). *Compré en la óptica unas gafas.* **5.** Punto de vista. *Desde una óptica realista no deberías comprar esas acciones.* ○ m. y f. **6.** Persona que se dedica a la fabricación o comercialización de objetos de óptica (→ 3). *El óptico me recomendó gafas de sol.*

optimismo. m. Cualidad de optimista. *Su optimismo le hace ser una persona alegre.*

optimista. adj. Que tiende a ver y a juzgar las cosas de la forma más favorable. *Es una persona muy optimista y nunca teme fracasar.* Tb. m. y f.

optimización. f. Hecho de optimizar. *Curso sobre optimización del sistema de ventas.*

optimizar. tr. Hacer que (algo) resulte óptimo o produzca resultados óptimos. *Hay que optimizar el rendimiento de las máquinas.*

óptimo, ma. → **bueno.**

opuesto, ta. part. **1.** → **oponer.** • adj. **2.** Contrario (totalmente diferente, o en total desacuerdo). *La mentira es opuesta* A *la verdad. El líder religioso se declaró opuesto* A *los gobiernos totalitarios.* **3.** *Bot.* Dicho de órgano de vegetal, espec. de hoja: Que está situado enfrente de otro. *Las hojas de la salvia son opuestas.* ▶ **2:** *CONTRARIO.

opulencia. f. Condición de opulento. *Lleva una vida de opulencia y derroche.*

opulento, ta. adj. **1.** Muy rico o adinerado. *Es un hombre opulento, dueño de varias mansiones.* **2.** Que manifiesta o implica riqueza. *Una casa opulenta.* ▶ **1:** *RICO.

opus. m. (Tb., más raro, f.). *Mús.* Obra catalogada. Se usa seguido del número asignado en el conjunto de la producción catalogada de un compositor. *La quinta sinfonía de Beethoven es su opus 67.*

opúsculo. m. Obra científica o literaria de poca extensión. *Leí un opúsculo de un médico medieval.*

oquedad. f. Espacio vacío en un cuerpo sólido. *La perdiz se escondió en una oquedad del barranco.* ▶ *ABERTURA.

ora. conj. cult. Enunciado ante dos oraciones, introduce otras tantas alternativas que conducen a una misma conclusión. *Ora hable de ciencias, ora de letras, su juicio siempre es atinado.*

oración. f. **1.** Hecho o efecto de orar. *Cuando entramos en el monasterio los monjes estaban en oración.* **2.** Conjunto de palabras con que se ora. *El credo es una oración cristiana.* **3.** *Gram.* Conjunto de palabras en el cual la estructura básica está formada por un sujeto y un predicado. *En el diálogo predominan las oraciones cortas.* ■ **~ compuesta.** f. *Gram.* Conjunto de palabras formado por la unión de dos o más oraciones (→ 3) o proposiciones. *Las copulativas y las adversativas son oraciones compuestas.* ■ **~ coordinada.** f. *Gram.* Oración (→ 3) unida a otra por coordinación. *La segunda es oración coordinada de la primera.* ⇒ COORDINADA. ■ **~ simple.** f. *Gram.* Oración (→ 3) formada por un solo predicado. *¿Cuál es la diferencia entre una oración simple y una compuesta?*

oracional. adj. *Gram.* De la oración. *Estructura oracional.*

oráculo. m. **1.** En la antigüedad grecorromana: Respuesta de una divinidad a una consulta, dada a través de un sacerdote o una pitonisa. *La sibila interpretó el oráculo.* **2.** Lugar dedicado a una divinidad y al que se acude para solicitar un oráculo (→ 1). *En el oráculo de Delfos se consultaba al dios Apolo.* Tb. la representación de esa divinidad. *El oráculo dio una respuesta enigmática.* **3.** Persona considerada capaz de expresar opiniones o juicios infalibles. *El poeta fue el oráculo de toda una generación.*

orador, ra. m. y f. **1.** Persona que pronuncia un discurso o una conferencia. *El orador estuvo muy elocuente en su conferencia.* **2.** Persona que tiene cualidades para la oratoria. *Es muy buena oradora y, cuando habla, sus discípulos la escuchan atentamente.*

oral. adj. **1.** Que se produce o se manifiesta a través de la palabra hablada. *Literatura oral. Examen oral.* **2.** De la boca. *Deben limpiarse cuidadosamente los dientes y la cavidad oral.* **3.** *Fon.* Dicho de articulación o de sonido: Que se produce dejando salir el aire por la boca y no por la nariz. *Los sonidos "b" y "m" son bilabiales, pero el primero es oral, y el segundo, nasal.* ▶ **1:** HABLADO.

orangután. m. Simio grande y robusto, sin cola, de pelaje rojizo y brazos muy largos, que vive en las selvas de Borneo y Sumatra. *El orangután hembra.*

orante. adj. **1.** Que ora. *Los clérigos orantes interrumpieron sus plegarias.* **2.** Dicho de figura humana: Que está representada en la actitud de orar. *En la fachada de la iglesia hay esculturas orantes.*

orar. intr. cult. Dirigirse a una divinidad o una persona sagrada. *Los monjes tibetanos oraban en silencio.*

orate. m. y f. cult. Persona loca o que ha perdido el juicio. *El pobre orate hablaba solo y daba vueltas sobre sí mismo.*

oratorio, ria. adj. **1.** De la oratoria (→ 4). *Habilidades oratorias.* ● m. **2.** Lugar en un edificio destinado a la oración. *En el oratorio del cementerio rezaban los familiares del difunto.* **3.** Composición musical religiosa para coro y orquesta sin representación escénica. *"El Mesías" de Haendel es un oratorio.* ○ f. **4.** Arte de hablar con elocuencia en público. *Cicerón fue un maestro de la oratoria.*

orbe. m. cult. Mundo (conjunto de todo lo existente). *Ese paraje es una de las maravillas del orbe.*

órbita. f. **1.** *Fís.* Trayectoria curva que describe un cuerpo en su movimiento alrededor de un centro. *La órbita de Saturno. Los electrones giran en órbita alrededor del núcleo.* **2.** Espacio de influencia. *El candidato se mueve en la órbita más radical de su partido.* **3.** *Anat.* Cuenca del ojo. *Los músculos que mueven el globo ocular están situados en la órbita del ojo.* ■ **en ~.** loc. adv. **1.** En situación de recorrer una órbita (→ 1). *Ese país ha puesto en órbita un satélite meteorológico.* **2.** coloq. En situación de ser famoso o popular. *Con semejante campaña, la canción del verano no tardará en ponerse en órbita.*

orbital. adj. **1.** De la órbita. *Trayectoria orbital de un satélite. Hueso orbital.* **2.** Dicho de estación espacial: Que está en órbita. *La estación orbital sufrió una avería.*

orca. f. Mamífero cetáceo carnívoro, semejante a una ballena, de cuerpo negro azulado y blanco, muy voraz. *La orca macho.*

órdago. m. En el juego del mus: Apuesta de todos los tantos en un solo juego. *Me echó un órdago y perdí la última partida.* ■ **de ~.** loc. adj. coloq. Se usa para enfatizar lo designado por el sustantivo que le precede. *Me dio un susto de órdago. Tiene una casa de órdago.*

ordalía. f. histór. En la Edad Media: Prueba a la que era sometido un acusado para demostrar su inocencia.

orden[1]. m. **1.** Colocación de personas o cosas según un determinado criterio. *La novela no respeta el orden cronológico de los sucesos narrados.* **2.** Disposición apropiada o correcta de las cosas entre sí. *La señora de la limpieza puso orden en la oficina. Tengo todos los libros en orden.* **3.** Funcionamiento habitual y adecuado de algo. *El movimiento de los planetas sigue las leyes de un orden universal.* **4.** Clase o categoría. *Es un restaurante de primer orden.* **5.** (Frec. en mayúsc.). *Rel.* Sacramento de la Iglesia católica, que reciben los obispos, presbíteros y diáconos. Tb. ~ *sacerdotal. Los sacramentos del orden y del matrimonio no son obligatorios. Recibió el Orden sacerdotal a la edad de 30 años.* **6.** *Biol.* Categoría taxonómica inmediatamente superior a la familia e inferior a la clase. *El león y el tigre pertenecen al orden de los carnívoros.* **7.** *Arq.* Sistema arquitectónico basado espec. en las características de la columna, y que determina un estilo. *El jónico es uno de los grandes órdenes clásicos.* ○ f. (Frec. en mayúsc.). **8.** Instituto religioso integrado por personas que viven en comunidad bajo reglas establecidas. *La Orden Franciscana.* **9.** Instituto civil o militar creado para premiar los méritos de una persona. *Recibió la Gran Cruz de la Orden de Carlos III.* **10.** *Rel.* Grado del sacramento del orden (→ 5). *Primero recibió la orden de diácono y luego la de presbítero.* Frec. *órdenes sagradas.* ■ **~ del día.** m. Relación de las tareas o asuntos que se van a tratar en una asamblea. *Sus propuestas se incluyen en el orden del día de la reunión.* ■ **~ militar.** f. Instituto de carácter religioso y militar, cuya finalidad originaria era luchar contra los infieles y en la actualidad es solo honorífica. *Las órdenes militares más conocidas son las de Santiago, Calatrava, Alcántara y Montesa.* ■ **~ público.** m. Situación de normalidad en que los ciudadanos observan y respetan las leyes. *Fue denunciado por alterar el orden público.* ■ **~ tercera.** f. Agrupación de seglares que, dependiendo de una orden (→ 8), siguen la regla correspondiente. *Pertenece a la Orden Tercera Franciscana.* ■ **órdenes mayores.** f. pl. *Rel.* Órdenes (→ 10) que comprenden los grados de diácono, subdiácono y sacerdote. *No ha recibido todavía las órdenes mayores.* ■ **órdenes menores.** f. pl. *Rel.* Órdenes (→ 10) que comprenden los primeros grados para hacerse sacerdote, anteriores a los de las órdenes mayores (→ **órdenes mayores**). *Solo tenía las órdenes menores.* □ **del ~ de.** loc. prepos. Seguida de una expresión de cantidad: Estimándose aproximadamente en. *Había en la sala del orden de cien personas.* ■ **de ~.** loc. adj. De actitud conservadora o conforme con la moral tradicional. *Sus padres son gente de orden.* ■ **en ~ a.** loc. prepos. Tocante a, o respecto a. *Aún no hay nada decidido en orden al cambio de sede.* ■ **llamar** (a alguien) **al ~.** loc. v. Advertir(le) que mantenga una conducta adecuada o correcta. *Todas las noches volvía a casa borracho y sus vecinos lo llamaron al orden.* ■ **sin ~ ni concierto.** loc. adv. Desordenadamente o sin planificación. *Peleaban cada uno por su lado, sin orden ni concierto.*

orden[2]. f. Mandato (cosa que manda alguien con autoridad). *El soldado no obedeció las órdenes y fue arrestado. Quedó en libertad por orden del juzgado.* ■ **~ del día.** f. Comunicación que da diariamente un jefe militar a sus tropas. *El capitán destacó en la orden del día la acción heroica del soldado.* □ **a la ~,** o **a sus órdenes.** expr. **1.** Se usa como fórmula militar de acatamiento o saludo ante un superior. *A la orden, mi teniente.* **2.** Se usa como fórmula de cortesía para ofrecerse a la disposición de otra persona. *–Ponte el gorro ahora mismo. –A sus órdenes, jefa.* ■ **estar** algo **a la ~ del día.** loc. v. Ser muy usual. *Últimamente las noticias de sucesos están a la orden del día.* ▶ MANDATO.

ordenación. f. **1.** Hecho o efecto de ordenar o poner en orden. *Plan de ordenación urbana. Se ocupa* *de la ordenación alfabética de las fichas.* **2.** *Rel.* Hecho o efecto de ordenar u ordenarse. *A la ordenación sacerdotal de Pablo asistió toda la familia.* ▶ **1:** ORDENAMIENTO.

ordenada. f. *Mat.* Coordenada vertical, que sirve, junto con la abscisa, para determinar la posición de un punto en el plano. *El valor de "y" en una función se representa en el eje de ordenadas, y el valor de "x" en el de abscisas.* Tb. el eje de ordenadas (→ **eje**). *En el gráfico de la recaudación del mes los días están representados en la abscisa y las cantidades en la ordenada.*

ordenado[1], da. part. **1.** → **ordenar[1].** ● adj. **2.** Dicho de persona: Que guarda orden en lo que hace. *No es nada ordenada y tiene la habitación patas arriba.*

ordenado[2], da. part. → **ordenar[2].**

ordenador, ra. adj. **1.** Que ordena o pone en orden. *Medidas ordenadoras del proceso de paz.* ● m. **2.** Máquina electrónica de tratamiento de la información, capaz de almacenar, ordenar y memorizar datos a gran velocidad, gracias al empleo de diversos programas. *Hacía los trabajos de historia en el ordenador.* ■ **ordenador personal.** m. Ordenador (→ 2) de dimensiones reducidas, con limitaciones de capacidad de memoria y velocidad, pero con total autonomía. *Muchos de los usuarios de ordenadores personales están conectados a Internet.* ⇒ PC. ▶ **2:** COMPUTADOR, COMPUTADORA.

ordenamiento. m. **1.** Hecho o efecto de ordenar o poner en orden. *Ordenamiento espacial.* **2.** *Der.* Conjunto ordenado de leyes. *Ordenamiento jurídico. Ordenamiento territorial.* ▶ **1:** ORDENACIÓN.

ordenancista. adj. Que cumple o aplica con rigor las ordenanzas y reglamentos. *Era un capitán muy ordenancista y estricto.* Tb. m. y f.

ordenanza. f. **1.** Conjunto de disposiciones y normas. *Ordenanza laboral.* Frec. en pl. *Ordenanzas municipales.* ○ m. y f. **2.** Empleado que, en una oficina, desempeña funciones subalternas. *El ordenanza nos hizo las fotocopias.* **3.** Soldado que está a las órdenes de un oficial o de un jefe para asuntos de servicio. *El ordenanza conducía el coche en el que iba el coronel.* ▶ **2:** BEDEL.

ordenar[1]. tr. **1.** Poner (a alguien o algo) en orden. *El profesor ordenó a los alumnos por apellidos. Amparo ordenó la mesa de su despacho.* **2.** *Rel.* Conferir las órdenes sagradas (a alguien). *El obispo ordenó sacerdote a mi hermano.* ○ intr. prnl. **3.** *Rel.* Recibir alguien las órdenes sagradas. *Se ordenó diácono. Se ordenó* DE *sacerdote a los 35 años.* ▶ **1:** *COLOCAR.

ordenar[2]. tr. Dar (una orden) con autoridad. *Ordenó al alumno que se callara.* ▶ *MANDAR.

ordeñar. tr. Extraer la leche (de un animal hembra) exprimiendo la ubre. *Ordeñan las ovejas para hacer queso con su leche.*

ordeño. m. Hecho de ordeñar. *Actualmente el ordeño de vacas se realiza con máquinas.*

ordinal. adj. *Gram.* Dicho de adjetivo o pronombre numerales: Que indica el puesto de un elemento en una serie. *En "tome la segunda calle", "segunda" es un adjetivo ordinal.* Tb. m. *El ordinal correspondiente a "veinte" es "vigésimo".*

ordinariez. f. **1.** Falta de educación. *Su comportamiento fue de una ordinariez inexcusable.* **2.** Hecho o dicho groseros o vulgares. *Nunca pensé que fuera capaz de decir una ordinariez así.*

ordinario, ria. adj. **1.** Común o habitual. *Es algo ordinario que llegue tarde al trabajo.* **2.** Dicho de persona: Grosera o maleducada. *Es muy ordinario y no para de decir palabrotas.* **3.** Dicho de cosa: Vulgar o de mal gusto. *Rocío tiene un salón de lo más ordinario.* ■ **de ordinario.** loc. adv. Habitualmente o con frecuencia. *Pedro, de ordinario, viaja al extranjero por motivos laborales.* ▶ **1:** *HABITUAL. **2:** *MALEDUCADO.

ordovícico, ca. adj. **1.** (Como m. se usa en mayúsc.). *Geol.* Dicho de división geológica: Que es la segunda de la era paleozoica, posterior al Cámbrico. Tb. m. *En el Ordovícico aparecieron los primeros vertebrados.* **2.** *Geol.* Del Ordovícico (→ 1). *Fósiles ordovícicos.*

orear. tr. **1.** Hacer que el viento o el aire dé (en algo) para secarlo o refrescarlo. *Tendí la ropa para orearla.* Tb. en constr. prnl. media. *Los jamones se orean en el desván.* ○ intr. prnl. **2.** Tomar alguien el aire. *Salió a la calle para orearse.*

orégano. m. Hierba aromática muy común en el Mediterráneo, utilizada en cocina como condimento o especia. *Pollo asado con limón y orégano.*

oreja. f. **1.** En una persona o en un animal: Parte exterior del órgano del oído. *Por su cumpleaños su madre le tiró de las orejas. Las orejas de burro son puntiagudas.* **2.** En un sillón: Cada uno de los dos salientes del respaldo que sirven para reclinar la cabeza. *Se sentó en su sillón de orejas y se puso a leer.* ■ **~ de soplillo.** f. coloq. En una persona: Oreja (→ 1) que está muy separada de la cabeza. Frec. en pl. *Estaba acomplejado porque tenía orejas de soplillo.* □ **bajar las ~s.** loc. v. coloq. Ceder con humildad en una disputa o réplica. *Cuando se dio cuenta de que estaba equivocado, tuvo que bajar las orejas y darles la razón.* ■ **calentar** (a alguien) **las ~s.** loc. v. coloq. Regañar(lo). *Tu madre te va a calentar las orejas cuando vea que no has hecho los deberes.* ■ **con las ~s gachas.** loc. adv. coloq. Con tristeza o vergüenza. *Fueron eufóricos al partido y volvieron con las orejas gachas.* ■ **planchar la ~.** loc. v. coloq. Dormir. *Salió de juerga anoche y a mediodía seguía planchando la oreja.* ■ **ver las ~s al lobo.** loc. v. coloq. Darse cuenta de un peligro o riesgo inminente. *Cuando le llamaron la atención, vio las orejas al lobo y se puso a trabajar con más empeño.*

orejera. f. **1.** En un gorro: Pieza que cubre la oreja para protegerla, espec. del frío. *Se compró un gorro con orejeras.* **2.** Cada una de las dos piezas, a modo de cascos, que se ajustan a las orejas para protegerlas del frío. U. m. en pl. *Se puso los guantes y las orejeras y salió a esquiar.*

orejón, na. adj. **1.** Orejudo. *El chico es bastante orejón.* **2.** Trozo de fruta, espec. de melocotón, secado al aire y al sol. *De postre tomamos orejones.*

orejudo, da. adj. Que tiene orejas grandes. *Era un chico orejudo y narigón.* ▶ OREJÓN.

orensano, na. adj. De Orense. *Ríos orensanos.* Dicho de pers., tb. m. y f. *El orensano Feijoo cultivó el ensayo en el siglo* XVIII.

oreo. m. Hecho de orear u orearse. *Tras la matanza del cerdo, se cuelga la carne para su oreo.*

orfanato. m. Institución que recoge a niños huérfanos. *Pasó los ocho primeros años de su vida en un orfanato.* ▶ ORFELINATO.

orfandad. f. Condición de huérfano. *Debido a su orfandad tiene problemas de afecto.*

orfebre. m. y f. Persona que trabaja en orfebrería. *El orfebre trabajaba con minuciosidad una copa de bronce.*

orfebrería. f. Arte o técnica de labrar objetos artísticos de oro, plata u otros metales preciosos. *La orfebrería tuvo un gran desarrollo con los Borbones.*

orfelinato. m. Orfanato. *Estuvo en un orfelinato hasta que lo adoptaron.*

orfeón. m. Coral (agrupación). *Cantaba en un orfeón vasco.* ▶ *CORAL.

organdí. m. Tela de algodón muy fina y transparente. *Su traje de comunión era de organdí.*

orgánico, ca. adj. **1.** Dicho de ser: Vivo. *Las plantas son seres orgánicos.* **2.** Propio de los seres vivos. *La digestión es una función orgánica.* **3.** De la constitución de una entidad o corporación, y de sus funciones. *El Parlamento aprobó una ley orgánica para las Fuerzas Armadas.* **4.** *Quím.* Dicho de sustancia: Que tiene como componente constante el carbono. *Las sustancias orgánicas son propias de todos los seres vivos.*

organigrama. m. Esquema de la organización de una entidad o de una tarea. *El jefe nos enseñó el organigrama de la empresa.*

organillero, ra. m. y f. Persona que toca el organillo. *El organillero iba vestido con el traje castizo de Madrid.*

organillo. m. Instrumento musical mecánico que se hace sonar por medio de un cilindro con púas movido por un manubrio. *Oímos un pasodoble que procedía de un organillo de la verbena.*

organismo. m. **1.** Conjunto de órganos del cuerpo animal o vegetal. *Hacer deporte es bueno para el organismo.* **2.** Ser vivo. *Las amebas son organismos unicelulares.* **3.** Conjunto organizado de oficinas, dependencias y personas con una función de carácter oficial o público. *La ONU es un organismo internacional.* ▶ **3:** ORGANIZACIÓN.

organista. m. y f. Músico que toca el órgano. *Durante la misa, un organista interpretó una pieza de Bach.*

organización. f. **1.** Hecho o efecto de organizar u organizarse. *Sin organización, cualquier actividad puede ser un desastre.* **2.** Conjunto organizado de personas, animales o cosas. *El atentado fue obra de una organización terrorista. Entre los insectos, encontramos organizaciones especializadas en una tarea, como la de las abejas obreras.* **3.** Organismo (conjunto de dependencias y personal). *La FAO es la Organización de las Naciones Unidas para la Agricultura y la Alimentación. Colabora como voluntario con una organización no gubernamental.* ▶ **3:** ORGANISMO.

organizador, ra adj. Que organiza o tiene aptitud para organizar. *Comité organizador de los juegos olímpicos. Es una persona organizadora y eficiente.*

organizar. tr. **1.** Establecer el orden, funcionamiento o estructura (de algo). *Hay que organizar el fichero de la biblioteca.* **2.** Hacer los preparativos (de algo). *Los alumnos organizaron un concurso de baile.* **3.** Hacer o producir (algo). *Siempre que salían de copas organizaban alguna bronca.* Tb. en constr. prnl. media. *Se organizó tal jaleo que hubo que llamar a la policía.* ○ intr. prnl. **4.** Distribuir una persona su tiempo o sus actividades. *Si te organizas te dará tiempo a estudiar y a salir con tus amigos.*

organizativo, va. adj. De la organización. *Tareas organizativas.*

órgano. m. **1.** Parte de un cuerpo animal o vegetal que realiza una determinada función. *Los pulmones y el corazón son órganos.* **2.** Parte de un organismo o entidad que ejerce una función. *La Audiencia Nacional es un órgano de justicia.* **3.** Publicación periódica que expresa la ideología de un partido o la opinión de un grupo social. *La revista se convirtió en el órgano de opinión de los sectores marginales.* **4.** Instrumento musical de viento formado por uno o varios teclados, un pedal y tubos por donde pasa el aire y se produce el sonido. *El cura toca con maestría el órgano.*

orgánulo. m. *Biol.* Parte de una célula que realiza una determinada función. *Las mitocondrias de la célula son orgánulos.*

organza. f. Tejido de seda o algodón, muy ligero, transparente y semirrígido. *La modelo luce un precioso traje de organza malva.*

orgasmo. m. Punto culminante del placer sexual. *Tener un orgasmo.*

orgía. f. **1.** Fiesta en la que se cometen excesos, gralm. sexuales. *Los vecinos estaban escandalizados por la celebración de una orgía al aire libre.* **2.** Manifestación grande o exagerada de algo. *El final de la película es una orgía de sangre y violencia.* ▶ **1:** BACANAL.

orgiástico, ca. adj. De la orgía. *El cuadro representa una escena orgiástica.*

orgullo. m. Sentimiento de satisfacción, y a veces de superioridad, causado por la consideración de que lo que se es, se tiene o se hace es muy bueno. *Hablaba, lleno de orgullo, de sus éxitos en el mundo editorial.* ▶ ALTANERÍA, ALTIVEZ, ARROGANCIA, ENGREIMIENTO, PETULANCIA, PRESUNCIÓN.

orgulloso, sa. adj. Que tiene orgullo. *Es muy orgullosa y no le gusta perder. Se siente orgulloso* DE *sus hijos.* Tb. m. y f. *Es una orgullosa.* ▶ ALTANERO, ALTIVO, ARROGANTE, ENGREÍDO, PETULANTE, PRESUMIDO, PRESUNTUOSO.

orientación. f. **1.** Hecho o efecto de orientar u orientarse. *Las ventanas tienen orientación sur. El discurso no tenía una orientación muy definida. No tiene ningún sentido de la orientación y se pierde con facilidad.* **2.** Indicación cuyo fin es orientar o informar. *El libro aporta las orientaciones necesarias para resolver el problema.*

orientador, ra. adj. Que orienta. *La policía busca algún indicio orientador de los pasos del asesino.* Dicho de pers., tb. m. y f.

oriental. adj. **1.** Del este. *El pueblo está situado en la zona oriental del país.* **2.** De Oriente (conjunto de naciones). *Tradiciones orientales.* Dicho de pers., tb. m. y f. *Los orientales tienen cocinas muy elaboradas.*

orientalismo. m. **1.** Estudio de las lenguas y culturas orientales. *Tras vivir años en China, se consideraba experto en orientalismo.* **2.** Gusto o predilección por lo oriental. *La habitación, llena de paipáis y cuadros de tigres, desprendía un marcado orientalismo.* **3.** Cualidad de oriental. *Disfruta con el orientalismo de los templos budistas.*

orientalista. adj. **1.** Del orientalismo. *Un cuadro de tema orientalista.* **2.** Especialista en lenguas y culturas orientales. Tb. m. y f. *La empresa coreana necesita un orientalista para un puesto de relaciones públicas.*

orientar. tr. **1.** Colocar (algo) en una posición determinada respecto de un lugar, espec. un punto cardinal. *El piloto orientó el morro del avión* HACIA *arriba.* **2.** Determinar la posición (de alguien o algo) respecto a los puntos cardinales. *Las estrellas orientaron al patrón del velero.* **3.** Informar (a alguien) de lo que ignora para que actúe adecuadamente. *La camarera orientó a los comensales sobre los platos del menú.* **4.** Dirigir o encaminar (a alguien) hacia una actividad. *Orientó a su hijo* HACIA/POR *el cine, y ahora es director de fotografía.* Tb. en constr. prnl. media. *La investigadora se orientó* HACIA/POR *el estudio de los filósofos presocráticos.* ▶ **3:** *ACONSEJAR.

orientativo, va. adj. Dicho de cosa: Que orienta o ayuda a orientar u orientarse. *El esquema es un ejemplo orientativo de lo que quiero realizar.*

oriente. m. **1.** (En mayúsc.). Este (punto cardinal). *El Sol sale por el Oriente.* **2.** Este (lugar). *El oriente de Venezuela.* **3.** (Frec. inicial mayúsc.). Conjunto de los países de Asia y de algunas regiones de África y Europa contiguas a Asia. *Antiguamente el mercado de especias estaba en Oriente.* Designa espec., los países del este de Asia. **4.** Brillo de la perla. *Estas perlas tienen un oriente magnífico.* ▶ **1, 2:** *ESTE.

orificio. m. **1.** Agujero o abertura. *El herido presenta un orificio de bala en la pierna.* **2.** *Anat.* Abertura de algunos conductos del cuerpo, que comunica un órgano interno con el exterior. *Orificios nasales.* ▶ **1:** *ABERTURA.

origen. m. **1.** Comienzo de la existencia de algo. *El plegamiento de las capas superficiales da origen a las montañas.* Frec. en pl. *La capital actual era en sus orígenes un pueblo pequeño.* **2.** Lugar de procedencia de alguien o algo. *Su familia es de origen austriaco. La patata es de origen americano.* **3.** Ascendencia de una persona. *El famoso escritor es de origen humilde.* **4.** Causa o circunstancia que da lugar a la existencia de una cosa. *Es una enfermedad de origen desconocido.* **5.** *Mat.* Punto de intersección de los ejes de coordenadas.

original. adj. **1.** Del origen. *La idea original del cuento procede de una noticia de prensa. Vimos la película en versión original.* **2.** Dicho de cosa: Que ha servido de modelo para hacer otras. *El cuadro original de esa copia está en el Museo del Prado.* **3.** Dicho de persona o cosa: Que no imita o copia. *Lo han acusado de plagio, pero su obra es original.* **4.** Dicho de persona o cosa: Que se aparta de la normalidad. *Es un cocinero muy original y sus platos son la atracción del restaurante.* ● m. **5.** Cosa que sirve de modelo para hacer otras iguales. *Al recoger las llaves, me devolvió el original y tres copias.* **6.** Texto que se entrega a la imprenta para su impresión. *El autor debe entregar el original limpio y claro.* **7.** Persona o cosa que se reproducen en una obra artística. *El paisaje que dibujaste no se parece en nada al original.*

originalidad. f. **1.** Cualidad de original o que no imita a otros. *La originalidad de la escultura se fundamenta en la irregularidad de sus proporciones.* **2.** Hecho o dicho original. *Sus originalidades la hacen una mujer imprevisible.*

originalmente. adv. **1.** En un principio o desde su origen. *Originalmente en la Tierra no existía la vida.* **2.** De manera original. *Amuebló la cocina originalmente.*

originar. tr. Hacer que (algo) se produzca o tenga origen. *El apagón originó multitud de accidentes domésticos.* Tb. en constr. prnl. media. *La pelea se originó en el bar.*

originario, ria. adj. **1.** Que tiene origen en un lugar, persona o cosa. *El tomate es originario* DE *América.* **2.** Dicho de cosa: Que da origen a algo. *La causa originaria* DE *su enfado está en una discusión con su mujer.* ▶ **1:** ORIUNDO.

orilla. f. **1.** Límite o extremo de la superficie de algo. *El jarrón estaba tan a la orilla del mueble que lo tiré al pasar. Las orillas del camino están llenas de flores.* **2.** Límite entre la tierra y el mar u otra extensión o corriente de agua. *En la playa, pasea por la orilla, dejando que las olas alcancen sus pies.* **3.** Franja de tierra que está más inmediata a la orilla (→ 2). *Merendamos en la orilla de la laguna.* ▶ **1:** BORDE.

orillar. tr. **1.** Eludir o dejar a un lado (algo, espec. una dificultad). *Orillando los problemas no conseguirás que desaparezcan.* ○ intr. **2.** Arrimarse a la orilla. Más frec. prnl. *Los coches se orillan para dejar paso a la ambulancia.*

orillo. m. Orilla o borde de un tejido, hechos gralm. con un hilo más basto. *Corta el orillo de la tela para que no encoja.*

orín¹. m. Óxido rojizo que se forma en la superficie del hierro por acción de la humedad. *La bicicleta abandonada se había cubierto de orín.* ▶ ROÑA.

orín². m. Orina. Frec. en pl. con significado sing. *El corral olía a orines y a excrementos de vaca.*

orina. f. Líquido amarillento que se produce en los riñones como resultado del proceso de depuración de la sangre, y que se expulsa a través de la uretra. *Le cambiaron el pañal porque estaba empapado de orina.* ▶ ORÍN.

orinal. m. Recipiente que se utiliza para recoger los excrementos humanos. *Puso al niño en el orinal para que hiciera pis.*

orinar. intr. **1.** Expulsar la orina por la uretra. *Bebí una cerveza y enseguida tuve que ir a orinar.* ○ tr. **2.** Expulsar (un líquido) por la uretra. *El enfermo orina sangre.* ○ intr. prnl. **3.** Orinar (→ 1) de forma involuntaria. *El niño se ha orinado mientras dormía.* ▶ **3:** MOJARSE.

oriundo, da. adj. Que tiene su origen en el lugar que se indica. *Su familia está afincada en España, pero es oriunda* DE *Méjico. Productos oriundos* DE *países orientales.* ▶ ORIGINARIO.

orla. f. **1.** Adorno hecho en las orillas de una hoja de papel o algo semejante, o alrededor de algo escrito o dibujado enmarcándolo. *En la cubierta del libro figura el título dentro de una orla.* **2.** Lámina de cartulina o papel en la que se recogen las fotografías de los alumnos y profesores de una promoción académica al terminar sus estudios. *Verse en la orla le traía recuerdos de la universidad.*

orlar. tr. Adornar enmarcando (algo). *Observen la entrada del templo, bellamente orlada con un festón de motivos florales.*

ornamentación. f. Hecho de ornamentar. *Se dedica a la restauración y ornamentación de castillos abandonados.* Tb. el conjunto de las cosas con que se ornamenta. *La sala estaba decorada con una lujosa ornamentación.* ▶ *ADORNO.

ornamental. adj. De la ornamentación. *Planta ornamental. Motivos ornamentales.*

ornamentar. tr. Adornar (algo). *Ornamentaron la imagen de la Virgen con flores y joyas. Una colección de tapices ornamenta las dependencias reales.* ▶ *ADORNAR.

ornamento. m. **1.** Adorno o conjunto de adornos que hacen vistoso algo. *Jarrones, cuadros y otros ornamentos ennoblecen el salón. El palacete, de estilo rococó, resulta hoy demasiado cargado de ornamento.* **2.** *Rel.* Vestidura sagrada que usa el sacerdote al celebrar misa y en otras ceremonias. *El museo diocesano conserva casullas y otros ornamentos sagrados.* **3.** *Rel.* Adorno de tela del altar. *El monaguillo preparó los ornamentos del altar.* ▶ **1:** *ADORNO.

ornar. tr. cult. Adornar (algo). *Ornaron la estancia con lujosos cortinajes. Varias esculturas ornan los jardines del palacio.*

ornato. m. cult. Adorno u ornamento. *El teatro de la ópera era un edificio lujoso y lleno de ornato.*

ornitología. f. Parte de la zoología que estudia las aves. *Especialistas en ornitología analizan el comportamiento de las aves migratorias.*

ornitológico, ca. adj. De la ornitología, o de su objeto de estudio. *Guía ornitológica del Mediterráneo. Reserva ornitológica.*

ornitólogo, ga. m. y f. Especialista en ornitología. *Un ornitólogo dio una charla sobre la población de flamencos del parque natural.*

ornitorrinco. m. Mamífero anfibio australiano del tamaño de un conejo, con hocico semejante al pico de un pato, pies palmeados y larga cola aplanada. *El ornitorrinco hembra.*

oro. m. **1.** Elemento químico del grupo de los metales, de color amarillo brillante y muy usado en joyería (Símb. *Au*). *Cadena de oro.* **2.** Color amarillo como el del oro (→ 1). *El oro de su cabello.* Tb. adj. *Un rubio oro.* **3.** Cosa o conjunto de cosas de oro (→ 1). *Robaron el oro y los diamantes.* **4.** Dinero o riquezas. *En la vida, importa más la amistad que el oro.* **5.** Medalla de oro (→ **medalla**). *Nuestros atletas lograron un oro y dos platas.* **6.** En la baraja española: Carta del palo de oros (→ 7). *Tengo un oro y tres espadas.* ○ pl. **7.** Palo de la baraja española cuyas cartas tienen representadas una o varias monedas de oro (→ 1). *Esta mano pinta en oros.* ■ **~ batido.** m. Oro (→ 1) reducido a hojas muy delgadas, que se utiliza para dorar. *El marco del cuadro está cubierto con oro batido.* ■ **~ molido.** m. coloq. Persona o cosa excelente. *Tiene un marido que es oro molido.* □ **como ~ en paño.** loc. adv. coloq. Con gran cuidado, por el aprecio que se tiene. *Guardaba el reloj de su abuelo como oro en paño.* ■ **de ~.** loc. adj. **1.** Muy bueno o valioso. *Perdí una oportunidad de oro.* **2.** Dicho de período de tiempo, espec. de edad o siglo: Del mayor esplendor, espec. en el ámbito cultural. *Los siglos* XVI *y* XVII *constituyen el siglo de oro de las letras españolas. En la época de Pericles, Atenas vive su edad de oro.* ■ **el ~.** loc. s. El as de oros (→ 7). *Me mató el rey con el oro.* ■ **el ~ y el moro.** loc. s. coloq. Una cantidad desmedida de cosas. Se emplea para enfatizar lo que se ofrece, se pide o se pretende tener. *Cambió de trabajo creyendo que le iban a dar el oro y el moro.* ■ **hacerse de ~.** loc. v. Enriquecerse o ganar mucho dinero. *Montó un restaurante y se ha hecho de oro.* ■ **valer todo el ~ del mundo.** loc. v. coloq. Valer muchísimo o ser excelente. *Tengo un amigo que vale todo el oro del mundo.*

orogénesis. f. *Geol.* Orogenia. *El sistema alpino-himalayo se formó durante la orogénesis del período terciario.*

orogenia. f. *Geol.* Parte de la geología que estudia el proceso de formación de las montañas. Tb. ese proceso. *Durante la orogenia alpina se crean los Pirineos y las Cordilleras Béticas.* ▶ OROGÉNESIS.

orogénico, ca. adj. *Geol.* De la orogenia. *El origen de estos yacimientos metálicos se asocia con los ciclos orogénicos precámbricos.*

orografía. f. **1.** *Geogr.* Parte de la geografía física que se ocupa del estudio y descripción de las montañas. *Estudia orografía.* **2.** *Geogr.* Conjunto de las montañas de un determinado territorio. *La orografía de la Península Ibérica.*

orográfico, ca. adj. *Geogr.* De la orografía. *Es un país con gran riqueza orográfica e hidrográfica.*

orondo, da. adj. **1.** coloq. Dicho de persona o de cosa: Gruesa y redondeada. *Es un actor bajito y orondo. Una vasija oronda.* **2.** coloq. Dicho de persona: Orgullosa y muy contenta de sí misma. *Es una oronda madre de familia.*

oronja. f. Seta comestible de pie amarillo y sombrerillo rojo anaranjado, ancho y con laminillas amarillas y anillo recto por debajo. *El otoño es la gran temporada de los níscalos y las oronjas.* ■ **~ verde.** f. Seta venenosa y mortal, de pie blanquecino y sombrerillo entre verde y amarillento, ancho y con laminillas blancas y anillo ondulado por debajo. *La oronja verde recibe el nombre científico de Amanita phalloides.* ■ **falsa ~.** f. Seta venenosa, de pie blanco y sombrerillo rojo escarlata, algo abombado y con escamas blancas.

oropel. m. **1.** Lámina de latón muy delgada y que imita al oro. *Bisutería de oropel.* **2.** Cosa de poco valor y mucha apariencia. *La ópera fue un desastre, mucho oropel, pero poco arte.*

oropéndola. f. Pájaro de plumaje amarillo, de alas y cola negras, que hace su nido colgándolo con hebras de las ramas horizontales de los árboles. *La oropéndola macho.*

orozuz. m. Regaliz (planta). *Toma una infusión de eucalipto y orozuz para la tos.* ▶ *REGALIZ.

orquesta. f. **1.** Conjunto de músicos que interpretan obras musicales bajo la dirección de un director y con instrumentos de distinto tipo. Designa espec. el que interpreta música polifónica y se compone de una sección de cuerda, otra de viento y otra de percusión. *Música para piano y orquesta. Orquesta Sinfónica de Viena. Orquesta de jazz.* **2.** En un teatro: Espacio comprendido entre el patio de butacas y la escena, gralm. rebajado, destinado a los músicos. *Las luces se apagan y la música que sale de la orquesta anuncia el comienzo de la obra.*

orquestación. f. Hecho o efecto de orquestar. *Existe una versión para flauta sola y otra con orquestación del mismo compositor. La policía descubre la orquestación de un plan para derrocar al Gobierno.*

orquestal. adj. De la orquesta. *Concierto bajo la dirección orquestal de Berstein.*

orquestar. tr. **1.** Preparar o adaptar (una composición musical) para que pueda ser interpretada por una orquesta. *Ese compositor orquestó una pieza para piano de Beethoven.* **2.** Organizar (una acción) disponiendo o poniendo de acuerdo los distintos elementos o personas necesarios. Frec. despect. *Orquestaron una campaña de desprestigio del candidato.*

orquestina. f. Orquesta de pocos y variados instrumentos que gralm. interpreta música de baile. *En la fiesta una orquestina amenizaba el baile.*

orquídea. f. Flor de vivos colores y formas variadas y originales, muy apreciada en floricultura por su belleza. *Le regaló un ramo de orquídeas.* Tb. su planta.

orquitis. f. *Med.* Inflamación de los testículos. *Padece orquitis.*

ortiga. f. Planta silvestre de hojas dentadas y puntiagudas, cubiertas de unos pelillos que al contacto con la piel producen sarpullido y un picor intenso. *La finca estaba llena de zarzas y ortigas.*

orto. m. cult. Salida o aparición del Sol o de otro astro por el horizonte. Frec. en astronomía. *Existen fórmulas que permiten calcular las horas del orto y del ocaso para una fecha determinada.*

ortodoncia. f. **1.** *Med.* Rama de la odontología que estudia las malformaciones y defectos de la dentadura y su tratamiento. *Especialista en medicina bucal y ortodoncia.* **2.** Tratamiento para corregir las malformaciones y defectos de la dentadura. *Cuando sonreía, se le veían los hierros de la ortodoncia.*

ortodoxia. f. **1.** Condición de ortodoxo. Frec. referido a religión. *Cualquiera podía poner en duda la ortodoxia de una persona y denunciarla a la Inquisición.* Tb. la actitud o postura correspondientes. *Las decisiones del presidente han estado siempre dentro de la más estricta ortodoxia política.* **2.** Iglesia o conjunto de iglesias ortodoxas. *La ortodoxia serbia. Los ritos cristianos presentan peculiaridades en el catolicismo, el protestantismo y la ortodoxia.*

ortodoxo, xa. adj. **1.** Conforme con los dogmas y principios de una religión o de un sistema. *Al apartarse de la doctrina ortodoxa de la Iglesia, fue considerado hereje. Judío ortodoxo. Los comunistas más ortodoxos defendían el modelo soviético.* Dicho de pers., tb. m. y f. *Ortodoxos y heterodoxos en economía mantienen análisis de la crisis muy distantes.* **2.** Conforme con las doctrinas y prácticas generalmente aceptadas. *Emplea métodos poco ortodoxos para vender sus productos.* Dicho de pers., tb. m. y f. **3.** Dicho de iglesia o de religión: Cristiana de rito oriental, separada de la Iglesia católica romana a raíz del cisma del s. XI. *El Papa se reunirá con el patriarca de la Iglesia ortodoxa rusa.* **4.** De una iglesia ortodoxa (→ 3), o de su conjunto. *Templo ortodoxo.* Dicho de pers., tb. m. y f. *Los ortodoxos griegos llaman a sus sacerdotes "popes".*

ortofonía. f. *Fon.* y *Med.* Corrección de los defectos de la voz y de la pronunciación. *Los actores aprenden técnicas de ortofonía para potenciar la voz.*

ortogonal. adj. *Mat.* Que forma ángulo recto. *Coordenadas ortogonales.*

ortografía. f. **1.** Conjunto de normas que regulan la escritura de una lengua. *Según la ortografía del español, los nombres propios se escriben con mayúscula.* **2.** Forma correcta de escribir de acuerdo con las normas de la ortografía (→ 1). *El profesor valorará el contenido, la redacción y la ortografía.*

ortográfico, ca. adj. De la ortografía. *La tilde es un signo ortográfico.*

ortopeda. m. y f. Especialista en ortopedia. *Algunas deformaciones de los pies pueden corregirse con ejercicios, bajo la dirección de un ortopeda.* ▶ ORTOPÉDICO, ORTOPEDISTA.

ortopedia. f. Técnica que tiene por objeto corregir o evitar las deformidades del cuerpo humano por medio de aparatos y ejercicios. *Servicio de traumatología y ortopedia.* Tb. el establecimiento donde se venden esos aparatos. *Ortopedia Gómez: Sillas de ruedas, fajas, prótesis.*

ortopédico, ca. adj. **1.** De la ortopedia. *Brazo ortopédico.* • m. y f. **2.** Ortopeda. *Consulte a un ortopédico.*

ortopedista. m. y f. Ortopeda. *Las plantillas debe hacerlas un ortopedista.*

ortóptero. adj. **1.** *Zool.* Del grupo de los ortópteros (→ 2). *Insecto ortóptero.* • m. **2.** *Zool.* Insecto masticador con dos pares de alas, las delanteras de cierta dureza y las traseras membranosas y plegadas longitudinalmente, como el saltamontes o el grillo.

ortosa. f. *Mineral.* Feldespato de color blanco o gris amarillento, opaco y muy abundante en rocas como el granito. *La ortosa se utiliza como aislante en tendidos eléctricos de alta tensión.*

oruga. f. **1.** Larva de mariposa, semejante a un gusano, con el cuerpo dividido en anillos y que se alimenta de hojas. *Insecticida para combatir orugas en árboles frutales.* **2.** *Mec.* Cadena articulada que rodea las ruedas de cada lado de un vehículo y le permite avanzar por terrenos escabrosos. *Los tanques tienen un sistema de tracción basado en orugas.*

orujo. m. **1.** Residuo que queda de un fruto, espec. de la uva o de la aceituna, después de exprimido o prensado. *Del orujo de la aceituna se extrae un aceite de inferior calidad.* **2.** Aguardiente. *Después de la cena nos tomamos un orujo.*

orza. f. Vasija de barro, alta y sin asas, que se utiliza gralm. para guardar conservas u otros alimentos. *Su abuela guarda los chorizos de la matanza en orzas.*

orzuelo. m. Inflamación que aparece en el borde de un párpado. *La infección de una pestaña puede provocar un orzuelo.*

os. (Se pronuncia siempre átono; se escribe unido al v. cuando va detrás de él: *Calmaos; No queremos haceros esperar; Idos ya*). pron. pers. **1.** Designa, en función de complemento directo o indirecto, a las mismas personas designadas con el pronombre *vosotros. ¿Os llegó la invitación?* **2.** En lenguaje protocolario o solemne: Designa, en función de complemento directo o indirecto, a la misma persona designada con el pronombre *vos. Os entrego a vos, Señora, las llaves de la ciudad.*

osa. → **oso.**

osadía. f. **1.** cult. Cualidad de osado. *El policía que rescató a los rehenes hizo gala de una gran osadía.* **2.** cult. Hecho o dicho osados. *Cometió la osadía de llevar la contraria al director.*

osado, da. part. **1.** → **osar.** • adj. **2.** cult. Que tiene atrevimiento y decisión para actuar. *El batallón estaba formado por fornidos y osados soldados.* **3.** cult. Propio de la persona osada (→ 2). *Hizo una propuesta tan osada que nos desconcertó a todos.*

osamenta. f. Conjunto de los huesos del esqueleto de los vertebrados. *Los arqueólogos han encontrado la osamenta humana más antigua del mundo. El mastín presenta una osamenta robusta y una musculatura bien desarrollada.*

osar. tr. cult. Atreverse (a hacer algo). *En la reunión nadie osó plantear ningún debate.*

osario. m. **1.** Lugar de las iglesias o de los cementerios donde se depositan los huesos que se sacan de las sepulturas. *Los restos de los abuelos se encuentran en el osario de la parroquia.* **2.** Lugar donde se encuentran huesos enterrados. *Creen que el osario descubierto pertenece a un antiguo pueblo prerromano.*

oscense. adj. De Huesca. *Viven en la localidad oscense de Jaca.* Dicho de pers., tb. m. y f. *Una oscense aspira a presidir el Gobierno aragonés.*

oscilación. f. **1.** Hecho de oscilar. *La oscilación exagerada de un vehículo puede deberse al mal esta-*

do de los amortiguadores. *El régimen de lluvias incide en la oscilación del caudal de los ríos.* **2.** Cada uno de los vaivenes de una oscilación (→ 1). *Las oscilaciones del precio del petróleo han superado el 2%.*

oscilador. m. *Fís.* Aparato o dispositivo capaz de producir oscilaciones eléctricas o mecánicas. En electrónica, designa un circuito eléctrico generador de señales periódicas. *El telégrafo está dotado de un oscilador de tonos.*

oscilante. adj. Que oscila. *El movimiento oscilante de la cuna adormece al bebé. La ciudad tiene una temperatura oscilante* ENTRE *25 °C* Y *30 °C.*

oscilar. intr. **1.** Efectuar algo un movimiento de vaivén. *La bombilla del techo oscilaba y hacía juegos de sombras.* Tb. fig. *Su actitud oscilaba* DESDE *la indiferencia* A *la más abierta hostilidad.* **2.** Variar algo creciendo y disminuyendo alternativamente su intensidad, grado o medida. *El precio de los pisos ha oscilado bastante en el último año.* ▶ **1:** TAMBALEARSE. **2:** FLUCTUAR.

oscilatorio, ria. adj. De la oscilación. *Movimiento oscilatorio.*

ósculo. m. cult. Beso (hecho de besar). *El cuadro representa el ósculo de Judas a Jesucristo.*

oscurantismo. (Tb. **obscurantismo**). m. Oposición a la difusión de la cultura o al progreso. *El absolutismo supuso el regreso del oscurantismo y la represión.*

oscurantista. (Tb. **obscurantista**). adj. **1.** Del oscurantismo. *Época oscurantista.* **2.** Partidario del oscurantismo. *Políticos oscurantistas.* Tb. m. y f. *Los oscurantistas sentían nostalgia de la censura gubernamental.*

oscurecer. (Tb. **obscurecer;** conjug. AGRADECER). tr. **1.** Privar de luz o claridad (a una cosa). *Oscurece un poco la habitación, hay demasiada luz.* **2.** Dar color oscuro (a una cosa). *El humo de la chimenea ha oscurecido el cuadro.* **3.** Hacer que (algo o alguien) tenga menos valor o importancia. *Su nefasto discurso oscureció la apertura del congreso.* **4.** Dificultar la comprensión (de algo). *Su mala caligrafía oscurece el texto.* **5.** Confundir u ofuscar (la razón). *Los celos oscurecen su mente.* ○ intr. prnl. **6.** Llenarse de nubes el cielo o el día. *Era un día soleado, pero al mediodía se oscureció.* ○ intr. impers. **7.** Anochecer o ponerse oscuro el cielo cuando el Sol se oculta. *En primavera oscurece más tarde.* ▶ **Am: 2, 3:** OPACAR.

oscurecimiento. (Tb. **obscurecimiento**). m. Hecho de oscurecer u oscurecerse. *Utilizan un tinte natural para el oscurecimiento del cabello. El oscurecimiento del Sol a causa de los eclipses causaba desconcierto entre los antiguos.*

oscuridad. (Tb. **obscuridad**). f. Condición de oscuro. *La oscuridad de la sala impedía ver los rostros de la gente. La oscuridad de muchos pasajes dificulta la comprensión del texto. Reina la más absoluta oscuridad en torno al suceso.*

oscuro, ra. (Tb. **obscuro**). adj. **1.** Que tiene poca o ninguna luz. *Los sótanos son fríos y oscuros.* **2.** Dicho de día o cielo: Nublado. *El cielo está oscuro y amenaza tormenta.* **3.** Dicho de color: Que tiende al negro o está más cerca del negro que otro de su misma clase. *Tonos oscuros. Marrón oscuro.* **4.** Que tiene color oscuro (→ 3). *Le gusta la ropa oscura. Es rubia, pero más oscura que su madre.* **5.** Poco conocido. *Es un personaje oscuro, apenas conocido en el ambiente cultural.* **6.** Dicho de cosa: Confusa o difícil de entender. *Leímos un pasaje oscuro de un libro medieval.* **7.** Dicho de una persona: Que se expresa de manera difícil de entender. *Es un escritor muy oscuro.* **8.** Dicho de cosa: Incierta o insegura. *El porvenir es oscuro.* ■ **a oscuras.** loc. adv. **1.** Sin luz. *Hubo un apagón y nos quedamos a oscuras.* **2.** Sin entender nada. *Estuve en la conferencia, pero me quedé a oscuras.* ▶ **1:** SOMBRÍO.

óseo, a. adj. cult. De hueso o del hueso. Frec. en medicina. *Las mandíbulas son dos piezas óseas que forman la boca. Tiene fractura ósea.*

osera. f. Cueva o guarida del oso. *Los osos hibernan en las oseras.*

osezno. m. Cachorro del oso. *La osa amamanta a sus oseznos.*

osificación. f. Hecho de osificarse. *Padece osificación de los ligamentos de las vértebras.*

osificarse. intr. prnl. Convertirse una materia orgánica en hueso o adquirir la consistencia de hueso. *En la octava semana de gestación el esqueleto del feto comienza a osificarse.*

ósmosis. f. **1.** *Fís.* Paso recíproco de líquido entre dos disoluciones de distinta concentración a través de una membrana semipermeable que las separa. *Los nutrientes transportados por la sangre pasan a las células por ósmosis.* **2.** cult. Influencia recíproca entre dos personas o grupos. *Entre el cantante y el público hubo mucha ósmosis.*

osmótico, ca. adj. *Fís.* De la ósmosis. *Las sales regulan la presión osmótica de los líquidos que rodean las células.*

oso, sa. m. **1.** Mamífero de gran tamaño, pelaje largo y espeso y andar pesado, del que existen varias especies, por ej.: ~ *polar,* o *blanco,* ~ *pardo. Los osos hibernan.* Tb. designa específicamente al macho adulto. ○ f. **2.** Hembra del oso (→ 1). *Una osa amamanta a sus crías.* ■ **oso hormiguero.** m. Mamífero americano, de hocico alargado, que se alimenta de hormigas. *El oso hormiguero hembra.* ■ **oso panda.** m. Mamífero chino semejante al oso (→ 1), de pelaje blanco y negro, y que se alimenta de bambú. *El oso panda hembra.* ⇒ PANDA. □ **anda la osa.** expr. coloq. Se usa para expresar sorpresa. *¡Anda la osa, si pensé que no ibas a venir!* ■ **hacer** alguien **el oso.** loc. v. coloq. Hacer o decir tonterías, exponiéndose a que los demás se burlen. *Para conquistar a una chica no necesitas pasarte el día haciendo el oso.*

ossobuco. (pal. it.; pronunc. "osobúko"). m. Plato que se prepara con pierna de vaca o ternera cortada en rodajas, con el hueso y su médula incluidos. *Comimos en un restaurante italiano* ossobuco *a la milanesa.* ¶ [Adaptación recomendada: *osobuco*].

ostensible. adj. Muy claro o evidente. *Durante la entrevista, daba ostensibles muestras de nerviosismo.* ▶ *EVIDENTE.

ostentación. f. Hecho o efecto de ostentar. *Hacía ostentación de sus joyas. Demostró su vasta cultura sin ningún tipo de ostentación.* ▶ ALARDE.

ostentar. tr. **1.** Mostrar (algo) presumiendo o jactándose (de ello). *Le gusta ir de uniforme para ostentar sus galones.* Tb. fig. *Habla ostentando una seguridad completamente infundada.* **2.** Mostrar (algo) de forma patente o visible. *La fachada ostenta un gran escudo de armas.*

ostentoso, sa. adj. Llamativo por su grandiosidad, lujo o aparato. *La casa era grande, con todas las comodidades, pero nada ostentosa.*

osteología. f. *Anat.* Estudio científico de los huesos. *Osteología de la columna vertebral.*

osteomielitis. f. *Med.* Inflamación simultánea del hueso y de la médula ósea. *Padece una osteomielitis del fémur.*

osteopatía. f. *Med.* Enfermedad ósea. *Entre las osteopatías destaca la osteoporosis.*

osteoporosis. f. *Med.* Fragilidad de los huesos debida a una disminución patológica de su densidad por descalcificación o carencia de componentes minerales. *Muchas fracturas de cadera se producen por osteoporosis.*

ostión. m. Molusco marino parecido a la ostra, pero de mayor tamaño y sabor más basto. *De aperitivo han servido ostiones gratinados.*

ostra. f. **1.** Molusco marino de concha grande, rugosa y con valvas desiguales, la mayor de las cuales se adhiere a las rocas, muy apreciado como marisco comestible. *En el interior de algunas ostras se forman perlas.* **2.** coloq. Persona muy retraída o cerrada. *Nunca sé si le pasa algo, es una ostra.* ■ **aburrirse como una ~.** loc. v. coloq. Aburrirse mucho. *La película era tan mala que me aburrí como una ostra.* ■ **~s.** interj. eufem. Se usa para expresar asombro o rechazo. *¡Ostras, menudo regalo! ¡Dejad ya de pelear, ostras!*

ostracismo. m. **1.** cult. Exclusión voluntaria o forzosa de un cargo público, por razones políticas. *Los disidentes fueron relegados al ostracismo por el régimen.* Frec. fig. para designar una situación de aislamiento. *Al enviudar, se sumió en un total ostracismo.* **2.** En la antigua Grecia: Destierro político de diez años dictado por el pueblo contra un ciudadano considerado peligroso. *Temístocles cayó en desgracia y fue condenado al ostracismo.*

ostricultura. f. Cría de ostras. *Muchos complementan la actividad pesquera con la ostricultura.* Tb. la técnica e industria correspondientes.

ostrogodo, da. adj. histór. De un pueblo godo que se asentó al NO del mar Negro y fundó un reino en Italia entre los ss. IV y V. *Teodorico fue un rey ostrogodo.* Dicho de pers., tb. m. y f. *Los ostrogodos establecieron la capital de su reino en Rávena.*

otalgia. f. *Med.* Dolor de oído. *Padece una otalgia por enfriamiento.*

oteador, ra. adj. Que otea. Dicho de pers., tb. m. y f. *Un oteador de horizontes.*

otear. tr. **1.** Observar o examinar desde un punto alto (algo de gran extensión, espec. un terreno). *Desde el acantilado oteábamos el mar.* **2.** Observar o examinar con cuidado (algo). *Al llegar a la fiesta oteó el panorama y pensó que iba a ser una noche aburrida.*

otero. m. Cerro aislado en un llano. *Subimos hasta un otero donde se alzaba un castillo medieval.*

otitis. f. *Med.* Inflamación del oído. *Utilizar objetos punzantes para limpiar el oído puede provocar una otitis.*

otomán. m. Tejido de algodón que forma cordones horizontales, usado en decoración y en la confección de vestidos de mujer. *Un sofá tapizado en otomán.*

otomano, na. adj. **1.** Turco (de Turquía). Gralm. referido a época antigua. *Imperio otomano.* Dicho de pers., tb. m. y f. *En la Edad Media, los otomanos se expandieron por Europa oriental.* ● f. **2.** Diván muy mullido y sin respaldo. *Le gustaba leer recostado en la otomana.* ▶ **1:** TURCO.

otoñada. f. Otoño (estación del año). *El valle resplandece con los colores de la otoñada.* ▶ OTOÑO.

otoñal. adj. **1.** Del otoño. *Atardecer otoñal. Edad otoñal.* **2.** Dicho de persona: De edad madura. *El otoñal actor borda su papel de galán maduro.* Tb. m. y f.

otoño. m. **1.** Estación del año que sigue al verano y que en el hemisferio norte dura del 21 de septiembre al 21 de diciembre. *Le encanta el otoño por los tonos marrones y amarillos que toma el paisaje.* **2.** cult. Período de la vida de una persona en que empieza la decadencia de la plenitud hacia la vejez. *Su padre está en el otoño de la vida.* ▶ **1:** OTOÑADA.

otorgador, ra. adj. Que otorga. *Recemos al Señor, otorgador de vida y de esperanza.* Dicho de pers., tb. m. y f.

otorgamiento. m. Hecho de otorgar. *El Ministerio fijará los criterios para el otorgamiento de ayudas económicas.*

otorgante. adj. Que otorga. *Las solicitudes se entregarán en la sede de la entidad otorgante de las becas.* Dicho de pers., tb. m. y f. *El contrato vincula al usuario y al otorgante de la licencia.*

otorgar. tr. **1.** Dar o conceder (algo), gralm. como respuesta a una petición o como gracia o distinción. *La Caja de Ahorros otorga créditos hipotecarios a bajo interés. Solo el Gobierno puede otorgar el indulto. El jurado otorgó el premio a un autor chileno.* **2.** *Der.* Disponer o establecer (algo). *Otorgar testamento.*

otorrino. m. y f. Otorrinolaringólogo. *Tengo cita con el otorrino para que me quite un tapón de cera.*

otorrinolaringología. f. *Med.* Rama de la medicina que estudia las enfermedades del oído, la nariz y la laringe. *Es especialista en otorrinolaringología.*

otorrinolaringólogo, ga. m. y f. *Med.* Especialista en otorrinolaringología. *Si aprecia una pérdida de audición, acuda al otorrinolaringólogo.* ▶ OTORRINO.

otredad. f. cult. Condición de ser otro o diferente. *Frente al respeto a la diferencia y la otredad se estaba imponiendo la intolerancia.* Se usa espec. en filosofía. *Ensayo sobre identidad y otredad en el hombre.*

otro, tra. adj. **1.** Distinto de la persona o cosa mencionadas o que puede identificar el oyente. Se usa antepuesto al n. y puede ir precedido de un art., poses. o dem. *No vino Luis, pero apareció otro amigo. Coge la otra carretera, llegarás antes. Déjalo para otro día. Tengo muchos otros proyectos. ¿Invitarás a tus otros primos?* Tb. sustantivado. *Han encontrado a uno de los excursionistas perdidos, pero del otro no se sabe nada.* **2.** Antepuesto a un nombre propio, expresa que la persona o cosa de las que se habla tienen las cualidades o las características que se atribuyen estereotipadamente a la persona o cosa designadas por el nombre propio. *Este niño de mayor será otro Picasso. Hay tantos turistas que el pueblo parece otro Benidorm.* **3.** Siguiente. Se usa precedido de art. *Al otro año volvieron las cigüeñas. Tiene que concertar una cita para la otra semana. –¿Hay una farmacia por aquí cerca? –En la otra esquina.* **4.** Seguido de un nombre que expresa tiempo: Pasado, o situado en el pasado cercano. Se usa precedido de art. y con un v. en pasado. *¡Pero si la otra tarde me dijiste que no vendrías! La otra noche salimos a celebrarlo. No recuerdo dónde fuimos el otro fin de semana.* **5.** cult. Diferente. Se usa precedido de *muy*. *Muy otras preocupaciones tenía él en aquel tiempo. La realidad es, sin embargo, muy otra.* ● pron. **6.** Una persona o cosa distintas de las mencionadas o que puede identificar el oyente. *Hay diferencias entre unos jugadores y otros. Eso cuéntaselo a otro.* ■ **esa es otra.** expr. Se usa para expresar que se ha dicho algo que supone una dificultad añadida con la que no se contaba. *–El gerente se jubila este mes. –¡Esa es otra! Tendremos que contratar a uno nuevo.* ■ ~ **que tal** (**baila**). expr. coloq. Se usa para expresar semejanza de cualidades consideradas negativas entre dos personas. *Mi hijo, un desastre como alumno, y mi sobrina, otra que tal.*

otrora. adv. cult. En otro tiempo. *Desde la casa se accedía a un jardín, otrora campo de labranza.*

otrosí. adv. **1.** cult. Además. Se usa espec. en derecho. *Otrosí digo que, de conformidad con el citado artículo, mi defendido tiene derecho a indemnización.* ● m. **2.** *Der.* Cada uno de los apartados de un texto jurídico que comienzan con la palabra "otrosí" y que siguen al principal para exponer una petición o un argumento añadidos. *En el primer otrosí se solicita la suspensión temporal de la resolución.*

output. (pal. ingl.; pronunc. "áutput"). m. **1.** *Inform.* Salida de información previamente procesada por un sistema informático. Se usa en contraposición a *input*. *El teclado es un dispositivo de* input; *el monitor y la impresora, de* output. **2.** *Econ.* Resultado final de un proceso de producción. Frec. fig. *El* output *de la fase de análisis constituirá el* input *de la fase siguiente, la de desarrollo del proyecto.* ¶ [Equivalentes recomendados: 1: *salida de datos, datos de salida, información de salida.* 2: *producto* (*final*)].

ovación. f. Aplauso ruidoso que una colectividad dedica a alguien o a algo. *El público brindó una ovación a la actriz protagonista.* ▶ APLAUSO.

ovacionar. tr. Dedicar una colectividad una ovación (a alguien o algo). *La muchedumbre ovacionó el espectáculo.* ▶ APLAUDIR.

oval. adj. Del óvalo o que tiene forma de óvalo. *Espejo de forma oval. Árbol de copa oval.* ▶ OVALADO.

ovalado, da. part. **1.** → **ovalar.** ● adj. **2.** Que tiene forma de óvalo. *Rostro ovalado. Medallón ovalado.* ▶ **2:** OVAL.

ovalar. tr. Dar forma de óvalo (a algo). *En las pinturas egipcias, se aprecia un esmero por ovalar y alargar los ojos.*

óvalo. m. Curva cerrada parecida a la elipse y simétrica respecto de uno o de dos ejes. *Un retrato con el marco en forma de óvalo presidía la sala.*

ovárico, ca. adj. *Anat.* Del ovario. *Hormonas ováricas.*

ovario. m. **1.** *Anat.* En las mujeres o las hembras de los animales: Órgano del aparato reproductor que produce los óvulos. *El óvulo pasa del ovario al útero a través de la trompa de Falopio.* **2.** *Bot.* En una flor: Parte inferior del pistilo, que contiene los óvulos. *Tras la fecundación el óvulo se transforma en semilla y el ovario en fruto.*

oveja. f. Mamífero rumiante doméstico, cuya lana y carne son muy apreciadas, y de cuya hembra se obtiene leche. *Un rebaño de ovejas.* Tb. designa específicamente a la hembra adulta. *La oveja parió un cordero grande y sano.* ■ ~ **negra.** f. coloq. Persona que se distingue desfavorablemente del resto, dentro de una familia o una colectividad. *Soy la oveja negra de la familia.*

ovejero, ra. adj. Que cuida ovejas. *Pastor ovejero. Perro ovejero.* Dicho de pers., tb. m. y f. *El ovejero silbaba al rebaño para que no se desperdigara.*

ovejuno, na. adj. De la oveja. *Rebaño ovejuno.*

overbooking. (pal. ingl.; pronunc. "oberbúkin"). m. Reserva de plazas, espec. de hotel o de avión, en número superior al disponible. *Los pasajeros que pierdan su vuelo por haber* overbooking *tendrán derecho a una indemnización.* ¶ [Equivalentes recomendados: *sobreventa, sobrecontratación*].

overol. m. Am. Mono (prenda de vestir). *Se puso el overol de trabajo y se despidió de su mujer* [C]. *En los escaparates hay overoles para niños y una completa serie de vestidos de noche* [C]. ▶ *MONO.

ovetense. adj. De Oviedo. *La boda se celebra en la catedral ovetense.* Dicho de pers., tb. m. y f. *Los ovetenses celebran sus fiestas patronales.*

óvido, da. adj. **1.** *Zool.* Del grupo de los óvidos (→ 2). *Mamífero óvido.* ● m. **2.** *Zool.* Mamífero rumiante, frec. cubierto de abundante lana, con cuernos en espiral o encorvados hacia atrás, como la cabra o el carnero.

ovillar. tr. **1.** Hacer un ovillo enrollando (un hilo o material similar). *Ayúdame a ovillar la lana.* ○ intr. prnl. **2.** Encogerse alguien haciéndose un ovillo. *El perro se ovilla delante de la chimenea.*

ovillo. m. **1.** Bola que se forma al enrollar un hilo o cordón sobre sí mismo. *Dejó las agujas de hacer punto y el ovillo de lana en el costurero.* **2.** Bola o cuerpo redondeado que se forman al enredar, comprimir o encoger algo. *Hizo un ovillo con los papeles y los tiró a la papelera.* ■ **hacerse** alguien **un** ~. loc. v. coloq. Acurrucarse o encogerse mucho. *Se metió en la cama y se durmió hecho un ovillo.*

ovino, na. adj. **1.** De la oveja. *Ganado ovino.* ● m. **2.** Ejemplar de ganado ovino (→ 1). *Gran cantidad de ovinos pastan en el valle.* Tb. ese ganado. *Es ganadero de ovino.* ▶ **1:** LANAR.

ovíparo, ra. adj. *Zool.* Dicho de animal: Que pone huevos, en los que se desarrollan los embriones. *Las aves y los reptiles son animales ovíparos.* Tb. m. *La reproducción en los ovíparos y en los vivíparos.*

ovni. m. Objeto volador, gralm. una nave, de procedencia y naturaleza desconocidas y supuestamente extraterrestres. *Aseguraban haber visto un ovni que se posó en el suelo y emitía una luz cegadora.*

ovoide. adj. cult. Dicho de cosa: Que tiene forma de huevo. *Los extremos del barandal estaban rematados por unos adornos ovoides.* Tb. dicho de esa forma. *Son típicas de la zona unas tinajas de forma ovoide y boca pequeña.* Dicho de cuerpo o figura geométricos, tb. m. *El balón de* rugby *es un ovoide.*

ovoideo, a. adj. cult. Ovoide. *El bazo es un órgano ovoideo de color rojo oscuro.*

ovovivíparo, ra. adj. *Zool.* Dicho de animal: Ovíparo cuyos huevos, que se abren en el interior del cuerpo materno, salen cuando ya está muy adelantado el desarrollo embrionario. *Las víboras son ovovivíparas.*

ovulación. f. *Biol.* Desprendimiento de uno o varios óvulos en el ovario, para poder ser fecundados. *Algunos anticonceptivos actúan impidiendo la ovulación.*

ovular. intr. *Biol.* Realizar la ovulación. *La menopausia se produce cuando la mujer, por edad, deja de ovular.*

óvulo. m. **1.** *Biol.* Célula sexual femenina, producida por el ovario. *El embrión se forma cuando un espermatozoide fecunda un óvulo.* **2.** *Bot.* En una flor:

Órgano que contiene las células reproductoras femeninas. *Tras la polinización, se produce la fecundación del óvulo y la formación de la semilla.*

oxidación. f. Hecho o efecto de oxidar u oxidarse. *El color rojizo que a veces presenta el hierro se debe a su oxidación. En la oxidación, los átomos pierden electrones.*

oxidante. adj. Que oxida o sirve para oxidar. Dicho de sustancia o agente, tb. m. *El aire es un oxidante.*

oxidar. tr. **1.** Alterar el aire o los agentes atmosféricos (un cuerpo, espec. un metal) formando una capa de óxido (sobre él). *La lluvia oxidó la puerta del garaje.* Tb. en constr. prnl. media. *Dimos una mano de minio a la verja para que no se oxidase.* **2.** *Quím.* Hacer que (una sustancia) gane o incorpore oxígeno. *Al oxidar un cuerpo, sus átomos pierden electrones.* Tb. en constr. prnl. media. *A temperaturas altas, el aceite se oxida rápidamente.*

óxido. m. **1.** *Quím.* Compuesto resultante de la combinación de oxígeno con otro elemento químico, gralm. un metal. *Óxido de plomo. Óxido de uranio.* **2.** Capa que se forma en la superficie de algunos metales por oxidación. *Se manchó al coger unas herramientas llenas de óxido.*

oxigenación. f. Hecho de oxigenar u oxigenarse. *Su cerebro sufre falta de oxigenación por causa de la edad.*

oxigenado, da. part. **1.** → **oxigenar.** • adj. **2.** Que contiene oxígeno. *Durante la inspiración, el aire oxigenado entra por las fosas nasales y llega a los pulmones.*

oxigenar. tr. **1.** Aportar oxígeno (a alguien o algo). *Hicieron la respiración artificial al accidentado para oxigenar sus pulmones.* Tb. en constr. prnl. media. *La respiración permite que la sangre se oxigene.* ○ intr. prnl. **2.** Airearse o respirar aire puro. *Los fines de semana vamos al campo para oxigenarnos un poco.*

oxígeno. m. Elemento químico no metálico, gaseoso en estado natural, esencial para la respiración y que se encuentra en el aire y en el agua (Símb. O). *Cada molécula de agua está formada por dos átomos de hidrógeno y uno de oxígeno.*

oxímoron. m. *Lit.* Figura retórica que consiste en la combinación de dos palabras o expresiones de significado opuesto y que crean un nuevo sentido. *Los místicos recurren al oxímoron, como "música callada", para intentar expresar lo inefable.*

oxítono, na. adj. *Fon.* Agudo. *Las palabras "camión" y "animal" son oxítonas.*

oxiuro. m. *Zool.* Lombriz intestinal. *El oxiuro afecta sobre todo a los niños.*

oyente. adj. **1.** Que oye. Dicho de pers., tb. m. y f. *El programa de radio tiene una audiencia de miles de oyentes.* • m. y f. **2.** Alumno no matriculado que tiene permiso para asistir a clase. *Puedes asistir al curso como oyente.*

ozono. m. Gas de color azul, muy oxidante y de fuerte olor, que se forma en la atmósfera por la acción de las descargas eléctricas sobre el oxígeno. *La capa de ozono nos protege de los rayos ultravioleta.*

ozonosfera. f. *Fís.* Capa de ozono. *Hay que limitar la emisión de gases que destruyen la ozonosfera.*

p

p[1]**.** f. Letra del abecedario español cuyo nombre es *pe.*

p[2]**.** (plural. **pp.**). abrev. Página. *La información que busca está en la p. 22.*

P. (pl. **PP.**). abrev. **1.** Padre. *El P. Romero oficiará la misa.* **2.** Pregunta. *P.: ¿Dónde nació? R.: En San Luis de Potosí.*

p. a. abrev. Por autorización.

pabellón. m. **1.** Bandera de una nación, espec. la que se iza en los barcos para indicar su origen. *Acaba de atracar un buque con pabellón alemán.* Frec. en la constr. de sentido enfático *dejar el ~ alto. No ganamos la copa, pero hemos dejado el pabellón español muy alto.* **2.** Tela de adorno que, gralm. suspendida del techo o sostenida por una estructura, cuelga a cierta altura sobre algunos muebles, como una cama, un trono o un altar. *Un pabellón de raso cubría la cama del príncipe.* **3.** Edificio que forma parte de un conjunto de otros edificios, o que constituye una dependencia de otro mayor. *Vamos a visitar el pabellón portugués del recinto ferial. Pabellón de deportes.* **4.** Oreja o parte externa del oído. *La bala le ha rozado el pabellón izquierdo.* Frec. *~ de la oreja,* o *auditivo,* o *auricular. Los pabellones auditivos están situados a los lados de la cabeza.* **5.** histór. Tienda de campaña en forma de cono, sostenida en el centro por un grueso palo central. *El pabellón real ocupa la parte más alta del campamento.* ► **2:** DOSEL.

pabilo o **pábilo.** m. Mecha de una vela. *Acercó una cerilla al pabilo y prendió la vela.*

pábulo. m. Cosa que sirve para mantener o avivar algo. Frec. en la constr. *dar ~* a algo. *Sus comentarios han dado pábulo a un sinfín de especulaciones.*

paca. f. Fardo apretado de lana, algodón, forraje o materias semejantes. *Contemplamos los campos de cereal, salpicados de pacas rectangulares.*

pacato, ta. adj. Excesivamente pudoroso o timorato. *Sus comentarios escandalizaron a la pacata sociedad de provincias.* Tb. m. y f. *No hables de sexo con esa pacata.*

pacense. adj. De Badajoz. *Monumentos pacenses.* Dicho de pers., tb. m. y f. *En el viaje conocí a una pacense muy simpática.*

paceño, ña. adj. De La Paz (capital de Bolivia). *Museo de Arqueología paceño.* Dicho de pers., tb. m. y f. *Los paceños están orgullosos de su ciudad.*

pacer. (conjug. AGRADECER). tr. **1.** Comer el ganado (hierba). *Las reses pacen hierba junto al rancho.* ○ intr. **2.** Comer el ganado. *Las vacas pacen en el prado.* ► **1:** PASTAR. **2:** APACENTAR, PASTAR.

pachá. m. histór. Bajá. *El pachá había llegado a un trato con los corsarios.* ■ **como un ~.** loc. adv. coloq. Con lujo y opulencia. *Vive como un pachá.*

pachanga. f. **1.** Baile muy movido y festivo. *Vamos a bailar una pachanga.* Tb. su música. *La orquesta del pueblo toca una pachanga de moda.* **2.** coloq. Fiesta o diversión bulliciosas. *Aunque la fiesta ha terminado, la gente continúa la pachanga por las calles.* **3.** coloq. Partido informal de fútbol, baloncesto u otros deportes. *Los domingos jugamos una pachanga.*

pachanguero, ra. adj. coloq. Dicho de música: Pegadiza y bulliciosa. *Comenzó a sonar una musiquilla pachanguera en la plaza.* Frec. despect. *No soporto esta canción pachanguera.*

pacharán. m. Licor que se elabora con endrinas y anís. *Me han traído un pacharán excelente de Navarra.*

pachón, na. adj. **1.** coloq. o despect. Dicho de persona: Muy tranquila y pausada. *Es un hombre pachón, que jamás se altera.* ● m. **2.** Perro pachón (→ **perro**). *Está adiestrando a un pachón para la caza.*

pachorra. f. coloq., despect. Tranquilidad y lentitud al hacer las cosas. *Como sigas con esa pachorra vamos a llegar tarde.*

pachucho, cha. adj. **1.** coloq. Que se siente ligeramente enfermo o indispuesto. *Está pachucho y se ha quedado en la cama.* **2.** coloq. Marchito o falto de frescura. *Las flores del jarrón ya están algo pachuchas.*

pachulí o **pachuli.** m. Perfume de olor penetrante que se obtiene de una planta tropical de Asia y Oceanía. *La fragancia contiene gardenia, jazmín y pachuli.* Tb. la planta. Frec. despect. para designar cualquier perfume penetrante de mala calidad. *Un olor a pachulí inundaba el ascensor.*

paciencia. f. **1.** Capacidad de soportar algo molesto o penoso sin alterarse. *Lleva la enfermedad con mucha paciencia.* **2.** Capacidad de hacer cosas pesadas o minuciosas. *Ha hecho el puzle con una paciencia asombrosa.* **3.** Capacidad de esperar con calma y tranquilidad cuando se desea algo. *Ten paciencia, pronto llegará el camarero.*

paciente. adj. **1.** Que tiene paciencia. *Se lleva muy bien con los niños porque es muy paciente.* **2.** Que manifiesta o implica paciencia. *La revisión es una tarea paciente y minuciosa.* ● m. y f. **3.** Persona que se halla bajo tratamiento o se somete a un reconocimiento médico. *El paciente acaba de ingresar en el quirófano.*

pacificación. f. Hecho de pacificar. *Han establecido una serie de medidas para la pacificación del territorio.*

pacificador, ra. adj. Que pacifica. *Proceso pacificador.* Dicho de pers., tb. m. y f. *El pacificador del país fue recibido con entusiasmo.*

pacificar. tr. Establecer la paz (en un lugar o entre personas enfrentadas). *Las medidas económicas contribuirán a pacificar el país.*

pacífico, ca. adj. **1.** No agresivo o que no provoca conflictos ni enfrentamientos. *Es una persona pacífica y bonachona.* **2.** Que está o se desarrolla en paz. *La convivencia pacífica debe ser un objetivo para todos.*

pacifismo. m. Doctrina que defiende la paz y rechaza el uso de la violencia. *El pacifismo reclama la desaparición de los ejércitos.*

pacifista. adj. **1.** Del pacifismo. *Movimiento pacifista.* **2.** Partidario del pacifismo. *Varios grupos pacifistas piden el cese la guerra.* Tb. m. y f. *Los pacifistas han convocado una manifestación en contra de la guerra.*

paco, ca. m. y f. Am. coloq., despect. Policía (miembro). *Nadie se movió para agarrar al ladrón; ni siquiera el paco* [C].

pacotilla. de ~. loc. adj. **1.** coloq. De mala calidad. *Le ha regalado un anillo de pacotilla.* **2.** Dicho de persona: De poca categoría. *Es un actor de pacotilla que se ha hecho famoso.*

pactar. tr. **1.** Acordar dos o más partes (algo). *Los países en conflicto pactaron el final de la guerra.* Tb.: *La empresa ha pactado* CON *sus empleados una mejora de sus condiciones.* ○ intr. **2.** Llegar dos o más partes a un pacto. *La presión internacional los obligó a pactar.* Tb.: *El acusado quiere pactar* CON *el juez.*

pactismo. m. Actitud o tendencia favorables al pacto, espec. para resolver problemas políticos o sociales. *El ascenso al poder de los radicales acabó con años de pactismo.*

pactista. adj. **1.** Del pactismo. *Ideas pactistas.* **2.** Partidario del pactismo. *Gobierno pactista. Tiene fama de pactista y conciliador.* Tb. m. y f. *Los pactistas reconocieron al nuevo monarca.*

pacto. m. Acuerdo entre dos o más partes, que se comprometen a cumplir lo estipulado. *Los partidos nacionalistas propusieron un pacto con el gobierno.*

paddle. (pal. ingl.; pronunc. "pádel"). m. Deporte similar al tenis, que se juega con palas de madera en una pista delimitada por cuatro paredes. *Es un gran aficionado al golf y al* paddle. ¶ [Adaptación recomendada: *pádel*].

padecer. (conjug. AGRADECER). tr. **1.** Sufrir (un daño o dolor físico o moral, o una enfermedad). *Padece terribles dolores de cabeza.* **2.** Sufrir o soportar (una circunstancia adversa o una acción perjudicial). *La región padece una terrible sequía.* **3.** Tener (un error o equivocación). *Lo siento: hemos padecido un lamentable error.* ○ intr. **4.** Sufrir un dolor físico o moral. *Ha padecido mucho durante su enfermedad.* **5.** Tener una enfermedad. *Padece* DE *diabetes.* **6.** Recibir daño una cosa. *Este motor ha padecido más de un calentón.*

padecimiento. m. Hecho o efecto de padecer. *Sus esfuerzos y padecimientos la hacen merecedora de admiración.*

padrastro. m. **1.** Marido de la madre, respecto del hijo tenido por ella con otro hombre. *Son huérfanos de padre, pero su padrastro los quiere como si fueran sus hijos.* **2.** Pedazo pequeño de piel que se levanta en la zona inmediata a las uñas de las manos y que causa dolor. *No te arranques el padrastro, que te escocerá.*

padrazo. m. coloq. Padre cariñoso y poco severo con sus hijos. *Es un padrazo, se pasa horas jugando con los niños.*

padre. m. **1.** Hombre de quien ha nacido otra persona. *Pronto será padre. Ha llamado tu padre.* **2.** Animal macho del que ha nacido otro animal. *Ese perro es el padre de "Tobi".* **3.** Sacerdote perteneciente a una orden religiosa. *El colegio es un internado religioso y en él viven quince padres.* Se usa como tratamiento, solo o antepuesto al nombre de pila. *Gracias, padre. El padre Antonio oficiará la misa.* **4.** Autor, creador o inventor de una cosa. *El padre de la idea es él.* **5.** cult. Cabeza de una descendencia o pueblo. *Isaac, padre de los hebreos.* **6.** (En mayúsc.). *Rel.* Primera persona de la Santísima Trinidad. *El Padre, el Hijo y el Espíritu Santo.* Frec. *Dios Padre.* ○ pl. **7.** Padre (→ 1, 2) y madre. *Ana y yo vamos a ser padres. Han venido tus padres.* **8.** cult. Antepasados. *Se han perdido muchas tradiciones de nuestros padres.* ● adj. **9.** coloq. Pospuesto a un nombre con artículo, se usa para enfatizar lo expresado por ese nombre. *Se armó el escándalo padre.* ■ **~ de familia.** m. Hombre que tiene a su cuidado una familia. *Es un padre de familia modélico.* ■ **~ de la patria.** m. cult. Persona que se ha distinguido por sus especiales servicios a una nación. Frec. designa a cada miembro del Parlamento, frec. con intención irónica. *Los padres de la patria han aprobado el nuevo código penal.* ■ **~ espiritual.** m. Confesor y director espiritual de una persona. *Consultó la decisión con su padre espiritual.* ■ **Padre Eterno.** m. Dios. *La imagen del Padre Eterno ocupa la parte central del altar.* ■ **~ nuestro.** (Tb. **padrenuestro**; frec. en mayúsc.). m. Oración cristiana que comienza con las palabras "Padre nuestro". *Se arrodilla ante el altar y reza un padre nuestro.* ⇒ PATERNÓSTER. ■ **Santo Padre, o Padre Santo.** m. cult. Papa. *El Santo Padre visita hoy Jerusalén.* □ **de ~ y muy señor mío.** loc. adj. coloq. Muy grande o extraordinario. *Nos ha pillado un atasco de padre y muy señor mío.* ■ **no tener** alguien **~ ni madre, ni perro que le ladre.** loc. v. coloq. Se usa para manifestar la total independencia o desamparo en que se halla esa persona. *Está solo en el mundo; no tiene padre ni madre, ni perro que le ladre.* ■ **tu ~.** expr. coloq. Se usa para expresar enfado, irritación o rechazo. *–¡Imbécil! –¡Tu padre!*

padrenuestro. → **padre.**

padrillo. m. Am. Caballo semental. *Excelentes caballos provinieron de su manada, producto del cruzamiento con padrillos puros* [C].

padrinazgo. m. **1.** Función o condición de padrino. *He aceptado el padrinazgo de su hijo.* **2.** Protección. *Ha ascendido gracias al padrinazgo del vicedirector.*

padrino. m. **1.** Hombre que presenta y asiste a una persona en ciertos sacramentos. *Seré el padrino de la boda.* **2.** Hombre que presenta y acompaña a una persona que recibe algún honor o grado. *Tomó la alternativa en Madrid, con un gran torero como padrino.* **3.** histór. Hombre que acompaña y asiste a una persona en un torneo o un desafío. *Los padrinos del duelo inspeccionaron las armas.* ○ pl. **4.** Padrino (→ 1) y madrina. *Mis padrinos son la tía Ana y el abuelo Juan.* **5.** Apoyos o influencias con que cuenta una persona para conseguir algo o desenvolverse en la vida. *Ha triunfado porque tiene buenos padrinos.*

padrón. m. Lista oficial de las personas que viven en un lugar. *El Ayuntamiento está actualizando el padrón municipal.*

padrote. m. **1.** frecAm. Semental. *Que se cumpla el deber de padrote y la vaca quede embarazada* [C]. **2.** Am. coloq. Chulo (proxeneta). *Siempre tenía una prostituta atractiva a su lado, pero nadie le conoció vocación de padrote* [C].

paella. f. **1.** Plato de arroz típico de la región valenciana, elaborado gralm. con legumbres, carne o pescado, y mariscos. *Comeremos paella y ensalada.* **2.** Paellera. *Lava la paella con un estropajo fuerte.*

paellera. f. Recipiente metálico, poco profundo y con dos asas, que sirve para hacer la paella. *Rehogó las verduras en la paellera.* ▶ PAELLA.

pág. (pl. **págs.**). abrev. Página. *Hay un artículo muy interesante en la pág. 15 del periódico.*

paga. f. **1.** Cantidad fija que tiene asignada una persona y que recibe periódicamente, espec. como pago por su trabajo. *El día 27 nos dan la paga mensual.* **2.** Cantidad de dinero que se da a alguien como pago por algo. *Los hombres recibirán su paga al final de la vendimia.* ▶ *SUELDO.

pagadero, ra. adj. Que se tiene que pagar en un tiempo o de un modo determinados. *El crédito tiene un interés del 6%, pagadero semestralmente.*

pagador, ra. adj. **1.** Que paga o da dinero. *Entidad pagadora.* Dicho de pers., tb. m. y f. *Te dará lo que te debe: es buena pagadora.* ● m. y f. **2.** Persona encargada de hacer los pagos. *El pagador es ese que está en la ventanilla.*

paganismo. m. **1.** Religión de los paganos. *El cristianismo acabó imponiéndose sobre el paganismo grecorromano.* **2.** Conjunto de los paganos. *Emprendió una cruzada para cristianizar al paganismo.*

paganizar. tr. Convertir (algo o a alguien) en paganos, o dar(les) alguna de las características del paganismo. *El pintor fue acusado de paganizar muchos símbolos religiosos.* Tb. en constr. prnl. media. *En los últimos años, la Semana Santa se ha paganizado mucho.*

pagano[1], na. adj. Que no es cristiano ni de ninguna de las otras grandes religiones monoteístas. Frec. referido a los antiguos griegos y romanos. *Teodosio proscribió los cultos paganos.* Dicho de pers., tb. m. y f. *Los misioneros intentaron convertir al cristianismo a los paganos.*

pagano[2], na. m. y f. coloq. Persona que carga con las cuentas o penas de otros. *Siempre paga las rondas el mismo pagano.*

pagar. tr. **1.** Dar dinero u otra cosa (por algo). *¿Has pagado la compra?* Tb. usado en constr. intr. *He pagado* CON *tarjeta de crédito.* **2.** Dar (dinero u otra cosa) por algo. *Pagó cincuenta euros* POR *la cena.* Tb. usado en constr. intr. *Pagaría* POR *no tener que marcharme.* **3.** Dar (a alguien) dinero u otra cosa por algo, espec. por un trabajo. *Me pagan* POR *repartir propaganda.* Tb. usado en constr. intr. *En esta empresa pagan bien.* **4.** Sufrir el castigo correspondiente (a una falta o error). *Pagará sus delitos con varios años de cárcel.* **5.** Corresponder (a un sentimiento) con algo. *Pagaron mis desvelos* CON *su cariño.* ○ intr. prnl. **6.** Sentirse orgulloso o satisfecho de algo. *Un hombre pagado* DE *sí mismo.* ■ **~la,** o **~las.** loc. v. coloq. Sufrir el castigo o las consecuencias de lo que se ha hecho. *Me las vas a pagar.* ▶ **1, 2:** ABONAR. **3:** REMUNERAR, RETRIBUIR.

pagaré. m. Documento en el que alguien se obliga a pagar una cantidad de dinero en un plazo determinado. *Mañana tengo que ir a cobrar un pagaré.*

pagel. (Tb. **pajel**). m. Breca. *La carta incluía pagel y rape.*

página. f. **1.** Cada una de las caras, gralm. numeradas, de una hoja de un libro o cuaderno. *Ha escrito una novela de quinientas páginas. En la página 9 hay una ilustración.* Tb. lo escrito en ella. *Lee detenidamente esta página.* **2.** cult. Episodio o período de la vida de una persona o de la historia de una comunidad. *Desea olvidar esa página tan negra de su pasado.* Frec. con v. como *abrir, cerrar* o *pasar. El descubrimiento abre una nueva página de la historia de la humanidad.* ■ **~ web.** f. Documento situado en una red informática, al que se accede mediante enlaces de hipertexto. *Si desea más información, consulte nuestra página web.*

paginación. f. **1.** Hecho o efecto de paginar. *El ordenador realiza la paginación automáticamente.* **2.** Conjunto de páginas de algo escrito o impreso. *Los dos volúmenes tienen aproximadamente la misma paginación.*

paginar. tr. Numerar las páginas (de algo escrito o impreso). *Ya he paginado el informe.*

pago. m. Hecho de pagar. *La empresa realiza los pagos a fin de mes. Recibió un ascenso en pago a sus servicios.*

pagoda. f. Templo de los países de Oriente, espec. el de pisos superpuestos con tejadillo volado. *En la pagoda hay una imagen de Buda.*

pagos. m. pl. cult. Lugar o región. Frec. precedido de *estos. Hace tiempo que no se veía un espectáculo así por estos pagos.*

paidofilia. f. cult. Atracción sexual que siente un adulto hacia niños o adolescentes. *El reportaje se refiere a un caso de paidofilia.*

paidófilo, la. adj. **1.** cult. De la paidofilia. *Comportamiento paidófilo.* **2.** cult. Que siente paidofilia o la lleva a la práctica. Tb. m. y f. *Está en tratamiento tras reconocer que era un paidófilo.*

paila. f. Am. Recipiente de metal, cilíndrico y poco profundo, que se utiliza para cocinar. *Carne de cerdo cocinada y frita en su propia grasa, en grandes pailas de cobre* [C].

paipay. (Tb. **paipái**; pl. **paipáis**). m. Abanico en forma de pala y con mango. *Unos filipinos se abanicaban con paipáis.*

pairo. al ~. loc. adv. **1.** A la expectativa. *Prefiere mantenerse al pairo hasta que se aclare la situación.* **2.** *Mar.* Con las velas tendidas, pero sin moverse. *La nave se mece al pairo sobre las olas.*

país. m. **1.** Territorio de una nación, que constituye una unidad política. *La ONU ha reconocido un nuevo país. El embajador representa a su país.* **2.** Territorio que constituye una unidad autónoma dentro de un Estado. *Es catedrático de la Universidad del País Vasco.* **3.** Región o comarca. *Si vas a ese pueblo, no olvides pedir aguardiente del país.* **4.** Conjunto de personas que viven en un país (→ 1-3). *Todo el país ha visto la final por la televisión.*

paisaje. m. **1.** Extensión de terreno que se observa. *Desde la cima se contempla un paisaje extraordinario. Tras el bombardeo, se ve un paisaje desolador de muertos y escombros.* **2.** Pintura o dibujo que representa un paisaje (→ 1). *Aunque cultivó el retrato, es más conocido por sus paisajes.*

paisajismo. m. **1.** Pintura de paisajes. *Su obra pictórica está muy influenciada por el paisajismo británico.* **2.** Diseño de parques y jardines. *Se van a celebrar unas jornadas sobre paisajismo.*

paisajista. adj. **1.** Que pinta paisajes. Tb. m. y f. *Los paisajistas ingleses del siglo* XIX. **2.** Especialista en el paisajismo de parques y jardines. Tb. m. y f. *Se ha encargado el diseño del parque a una paisajista.*

paisajístico, ca. adj. Del paisaje. *Las Canarias son unas islas de gran interés paisajístico.*

paisanaje. m. **1.** Conjunto de paisanos. *Cuando volvió al pueblo, comprobó que no había cambiado mucho el paisanaje.* **2.** Circunstancia de ser paisano o del mismo lugar geográfico. *Se llevan bien y, además, los une el paisanaje.*

paisano, na. adj. **1.** Dicho de persona: Que es del mismo país, provincia o lugar geográfico que otra.

Tb. m. y f. *Dedico el triunfo a mis paisanos.* ● m. y f. **2.** Campesino. *Un paisano me ha indicado el camino de la granja.* ○ m. **3.** Persona no militar. *En el cuartel no está permitida la entrada a los paisanos.* ■ **de paisano.** loc. adv. Con ropa distinta al uniforme o al hábito. *El general asistió a la boda de paisano.*

paja. f. **1.** Tallo del trigo, la cebada u otros cereales, seco y separado del grano. *Las trilladoras separan el grano de la paja.* **2.** Conjunto de pajas (→ 1), espec. una vez trituradas. *Un tejado de paja.* **3.** Brizna de una hierba u otra planta. *Se me ha metido una paja en el ojo.* **4.** Tubo delgado, gralm. de plástico, que se utiliza para sorber refrescos u otros líquidos. *Le gusta beber la horchata con paja.* Frec. *pajita. Sirva el batido acompañado de una pajita.* **5.** Parte inútil o poco importante de algo. *Este texto tiene mucha paja. No se sabía el examen, por eso metió tanta paja.* **6.** malson. Masturbación. Gralm. con *hacer.* ■ **por un quítame allá esas ~s.** loc. adv. coloq. Por algo sin importancia. *Se han peleado por un quítame allá esas pajas.*

pajar. m. Lugar donde se guarda la paja triturada. *Ha dormido en el pajar.*

pájara. → **pájaro.**

pajarear. intr. Ir de un sitio a otro sin ocuparse de nada útil. *Se ha pasado la tarde pajareando por el pueblo.*

pajarería. f. **1.** Tienda donde se venden pájaros y otros animales domésticos. *Compra comida para el canario en la pajarería.* **2.** Conjunto abundante de pájaros. *Tiene loros y periquitos, y no hay quien soporte el escándalo que arma la pajarería.*

pajarero, ra. adj. **1.** De los pájaros. *Cantos pajareros.* **2.** Aficionado a los pájaros. *Desde pequeños somos muy pajareros.* Tb. m. y f. *Los pajareros mantienen animadas charlas sobre su afición.* ● m. y f. **3.** Persona dedicada a la caza de pájaros. *Los pajareros extienden sus redes para capturar pajarillos.* ○ f. **4.** Jaula grande para pájaros. *Abrió la puerta de la pajarera y sacó una cacatúa.*

pajarita. f. **1.** Figura, gralm. con forma de pájaro, hecha con papel doblado varias veces. Tb. ~ *de papel. Se ha pasado toda la tarde haciendo pajaritas de papel.* **2.** Corbata que se anuda por delante en forma de lazo corto y sin caídas. *Va vestido con frac y pajarita.*

pajarito. m. dim. → **pájaro.** ■ **morirse,** o **quedarse,** alguien **como un pajarito.** loc. v. coloq. Morir de manera apacible y sin signos de angustia. *Se quedó dormida, y a las dos horas se murió como un pajarito.* ■ **quedarse ~.** loc. v. coloq. Quedarse helado de frío. *Me he quedado pajarito esperándote en la calle.*

pájaro, ra. m. **1.** Ave, espec. la de pequeño tamaño. *Se va al campo con sus prismáticos para ver pájaros.* Tb. designa específicamente al macho. *Hay que buscarle una hembra al pájaro, para que críen.* **2.** *Zool.* Ave paseriforme. *Los gorriones y los jilgueros son pájaros; las águilas, rapaces.* ○ m. pl. **3.** coloq. Fantasías o ilusiones infundadas. Gralm. en constr. como *tener (muchos) ~s en la cabeza. Tienes muchos pájaros en la cabeza; la vida no es tan fácil como piensas.* (→ **cabeza**). ○ f. **4.** Hembra del pájaro (→ 1). *La pajarita está haciendo nido.* **5.** *Dep.* Desfallecimiento súbito. Gralm. en ciclismo. *El líder ha sufrido una pájara en el último puerto.* ○ m. y f. **6.** coloq. Persona astuta y sin escrúpulos. *Tres pájaros habían dado con un método para no pagar a Hacienda.* Tb. ~ *de cuenta. Ten cuidado con él: es un pájaro de cuenta.* ■ **pájaro bobo.** m. Pingüino. *Los pájaros bobos viven en el hemisferio sur.* ■ **pájaro carpintero.** m. Ave trepadora de pico robusto, largo y delgado, con el que agujerea la corteza de los árboles para capturar insectos. *Se oía el sonido característico de un pájaro carpintero taladrando un tronco.* ⇒ PICO. ■ **pájaro de mal agüero.** m. coloq. Persona que suele anunciar desgracias y acontecimientos desfavorables. *No seas pájaro de mal agüero, no me va a pasar nada malo.* □ **matar dos pájaros de un tiro.** loc. v. coloq. Lograr dos cosas a la vez. *Si sacamos la basura cuando salgamos, matamos dos pájaros de un tiro.*

pajarraco, ca. m. **1.** despect. Pájaro grande cuyo nombre se ignora. *Unos pajarracos se están dando un festín con la res muerta.* ○ m. y f. **2.** despect. Persona astuta. *Parecía legal, pero ha resultado ser un pajarraco de cuidado.*

paje. m. histór. Criado joven que acompañaba a su señor y realizaba determinadas tareas domésticas. *El paje pidió autorización al duque para servir la mesa.*

pajel. → **pagel.**

pajillera. f. jerg., malson. Mujer que masturba a cambio de dinero.

pajizo, za. adj. Del color de la paja. *Un vino amarillo pajizo.*

pajolero, ra. adj. **1.** coloq. Molesto o desagradable. *No seas pajolero, deja ya de incordiar.* **2.** coloq. Referido a un sustantivo, al que gralm. se antepone, expresa rechazo hacia lo designado con ese sustantivo. *No has hecho nada útil en tu pajolera vida. ¿A quién saldrá ese pajolero niño? Eso es envidia pajolera.* A veces expresa aprecio. *Cautiva a todos con su pajolera gracia.*

pakistaní. (Tb. **paquistaní;** pl. **pakistaníes** o **pakistanís; paquistaníes** o **paquistanís**). adj. De Pakistán. *Islamabad es la capital pakistaní.* Dicho de pers., tb. m. y f. *El urdu es la lengua oficial de los paquistaníes.*

pala. f. **1.** Utensilio formado por una plancha ancha de metal o de otro material, y un mango más o menos largo, que se emplea para coger y trasladar algo. *Recoge la tierra con una pala. Utilizad la pala para servir el pescado.* **2.** Parte ancha y plana de algunos objetos. *La pala del azadón. La pala de un remo. Las palas de una hélice.* **3.** Tabla de madera con mango que se emplea para jugar a la pelota y otros deportes semejantes. *Juegan con las palas en la playa.* **4.** coloq. Paleta (diente incisivo superior). *Al niño ya le han salido las palas.* ▶ **2:** PALETA. ‖ **Am: 3:** PALETA.

palabra. f. **1.** Sonido o conjunto de sonidos dotados de significado que constituyen una unidad indivisible del discurso. *No conozco esa palabra; ¿qué significa? La preposición* A *es una palabra monosílaba.* **2.** Representación gráfica de una palabra (→ 1). *El texto no debe superar las veinte palabras.* **3.** Capacidad para expresarse verbalmente. *Tras el accidente, perdió la palabra. Admiro su facilidad de palabra.* **4.** Promesa o compromiso. *Nos va a ayudar; tengo su palabra. Le dio palabra de casamiento.* **5.** Fidelidad a una promesa. Frec. en constr. como *no tener ~,* o *ser alguien de ~. Me fío de ella, es una mujer de palabra.* **6.** En asambleas y reuniones: Derecho o turno para hablar. Gralm. con v. como *pedir, dar* o *tomar. Uno de los socios se levantó y pidió la palabra. Tiene la palabra el Presidente del Gobierno.* **7.** Ninguna cosa. Se usa en constr. negativas como *ni (media) ~,* o *no decir ~,* o *sin decir ~. No dice ni palabra sobre su problema. De esto, ni media palabra a nadie.* ● interj. **8.** Se usa para asegurar que lo que se dice es verdad. *Palabra que yo no he sido.* Tb. ~ *de honor. Yo no lo* *hice, palabra de honor.* ○ pl. **9.** Medios o recursos para expresar verbalmente algo. Frec. en constr. como *faltar ~s,* o *no tener ~s,* empleadas con intención enfática. *No tengo palabras para expresar mi agradecimiento.* ■ **~ de Dios.** f. *Rel.* Mensaje contenido en la Biblia. *Se hizo misionero para predicar la palabra de Dios.* ■ **~s mayores.** f. pl. Cosa de importancia considerable. *Esa cantidad ya es otra cosa, eso ya son palabras mayores.* ■ **última ~.** f. Decisión definitiva. Con v. como *ser, decir* o *tener. Es mi última palabra. Estamos todos en contra, pero tú tienes la última palabra.* ■ **buenas ~s.** f. pl. Expresiones dichas con intención de agradar o dar esperanzas, pero sin resultado efectivo. *Al final, todo quedó en buenas palabras.* ■ **cuatro,** o **dos, ~s.** f. pl. Una explicación o manifestación breves. *Me gustaría decir cuatro palabras sobre esta cuestión.* ■ **medias ~s.** f. pl. Expresiones incompletas y confusas. *Te hablaré con franqueza, no soy persona de medias palabras.* □ **coger,** o **tomar, la ~** (a alguien). loc. v. Considerar lo dicho (por esa persona) como un compromiso que se debe cumplir. *Te cojo la palabra, ¿cuándo has dicho que me ibas a invitar?* ■ **cruzar (la) ~** dos personas. loc. v. Hablar. Frec. en constr. negativas. *Jesús y Ana no han cruzado palabra en toda la tarde.* Tb.: *No cruzó palabra* CON *su compañera en todo el viaje.* ■ **dar** alguien **(su) ~ (de honor)** (de algo). loc. v. Asegurar(lo) o comprometerse (a ello). *Te doy mi palabra de que yo no he sido.* ■ **dejar** (a alguien) **con la ~ en la boca.** loc. v. coloq. Irse cuando (esa persona) va a hablar o no permitir(le) que termine lo que ha empezado a decir. *De repente se marchó y me dejó con la palabra en la boca.* ■ **de ~.** loc. adv. Verbalmente. *Llegamos a un acuerdo de palabra, pero no hay nada firmado.* ■ **de pocas ~s.** loc. adj. Poco hablador. *Es hombre de pocas palabras.* ■ **dirigir la ~** (a alguien). loc. v. Hablar(le). *No me ha dirigido la palabra en todo el día.* ■ **en dos ~s,** o **en pocas ~s.** loc. adv. Brevemente. *Intentaré explicar mi problema en pocas palabras.* ■ **en una ~.** loc. adv. En resumen. *En una palabra, que no estás de acuerdo.* ■ **no tener** alguien **más que una ~.** loc. v. Ser formal y sincero en lo que dice. *No me gustaría tener que castigarte, y ya sabes que no tengo más que una palabra.* ■ **~ por ~.** loc. adv. Literalmente o con total exactitud. *Me ha contado vuestra conversación palabra por palabra.* ■ **tener unas ~s** dos personas. loc. v. coloq. Tener una discusión en tono desagradable. *Vengo de hablar con Juan, hemos tenido unas palabras.* Tb.: *Tuvo unas palabras* CON *su cuñada.* ■ **tomar la ~.** → **coger la palabra.** ▶ **1:** TÉRMINO, VOCABLO, VOZ.

palabreja. f. despect. Palabra rara o de poca importancia. *¿Cuál es el significado de esa palabreja?*

palabrería. f. Abundancia de palabras inútiles o intrascendentes. *Sus declaraciones fueron mera palabrería.*

palabro. m. **1.** coloq. Palabra rara o mal dicha. *El libro de derecho está repleto de palabros. Se las da de culto y dice "preveyó" y otros palabros parecidos.* **2.** coloq. Palabrota. *La riñe cada vez que suelta un palabro.*

palabrota. f. coloq. Palabra ofensiva o grosera. *¡Niño, no digas palabrotas!*

palacete. m. Edificio de recreo con algunas de las características de un palacio, pero más pequeño. *Los marqueses veranean en un palacete en el campo.*

palacial. adj. Del palacio. *Visitamos las ruinas del conjunto palacial.*

palaciego, ga. adj. **1.** Del palacio del rey. *Jardines palaciegos.* **2.** De la corte del rey. *Intrigas palaciegas.* Dicho de pers., tb. m. y f.

palacio. m. **1.** Edificio grande y lujoso destinado a residencia de reyes o grandes personajes. *Haremos una visita guiada por el palacio real.* Tb. fig. *Vaya palacio que tiene, con piscina y todo.* **2.** Edificio público monumental o de gran tamaño, espec. si es sede de alguna corporación importante. *Palacio de justicia. Palacio de congresos.*

paladar. m. **1.** Parte interior y superior de la boca. *Se toca el paladar con la punta de la lengua.* **2.** Gusto (sentido corporal para percibir los sabores). *Tiene un paladar poco exigente.* Tb. fig. *Es una película para finos paladares.* ▶ **2:** GUSTO.

paladear. tr. Saborear (una comida o una bebida). *El catador paladea el vino antes de tragarlo.* Tb. fig. *Es una novela para paladearla tranquilamente.*

paladeo. m. Hecho de paladear. *Disfruta con el paladeo de un buen café.* Tb. fig. *Pronunció cada palabra con paladeo.*

paladín. m. **1.** histór. Caballero voluntario en la guerra que se distingue por su valentía y sus hazañas. *Los paladines defendieron a su emperador.* **2.** cult. Defensor esforzado de alguien o algo. *Ha sido un paladín de la libertad.*

paladino, na. adj. cult. Claro y evidente. *Se explica con un lenguaje paladino.*

palafito. m. Vivienda primitiva construida sobre estacas en el agua. *Varios palafitos se alzan sobre el estero.*

palafrén. m. histór. Caballo manso usado por las damas y, en determinados actos solemnes, por príncipes y reyes. *El rey entró en la ciudad a lomos de un palafrén.*

palafrenero. m. histór. Criado que cuida y lleva del freno los caballos. *El caballero entregó las bridas del caballo al palafrenero.*

palanca. f. **1.** Barra rígida que se apoya y puede girar sobre un punto, y que sirve para transmitir una fuerza destinada a levantar o mover una carga. *Coloca una palanca bajo la roca.* Tb. la que sirve para accionar algunos mecanismos. *La palanca de cambios del coche está averiada.* **2.** Medio, espec. recomendación o influencia, que se emplea para lograr algún fin. *El premio ha sido una palanca para darse a conocer.* **3.** *Dep.* En la especialidad de salto: Plataforma rígida desde la que se lanzan al agua los nadadores. *Ha ganado la medalla de oro en salto de palanca.*

palangana. f. Recipiente circular, ancho y de poca profundidad, que se emplea espec. para lavarse la cara y las manos. *Echó agua en la palangana para lavarse la cara.* ▶ AGUAMANIL, JOFAINA. ‖ **Am:** LAVATORIO, PONCHERA.

palanganero. m. Mueble donde se coloca la palangana y a veces también un jarro con agua. *Ha comprado un palanganero a un anticuario.* ▶ AGUAMANIL.

palangre. m. Arte de pesca que consiste en un cordel largo y grueso del que arrancan unos ramales con anzuelos en sus extremos. *Las merluzas han sido pescadas con palangre.*

palangrero. m. Barco de pesca con palangre. *Varios palangreros salen a faenar.*

palanqueta. f. Barra pequeña de hierro que sirve para forzar puertas o cerraduras. *Los ladrones han empleado una palanqueta.*

palanquín. m. histór. Especie de andas usadas en Oriente para llevar en ellas a personas importantes. *El emperador saludó a sus vasallos desde el palanquín. El marajá viajaba a lomos de un elefante en un palanquín.*

palatal. adj. **1.** Del paladar. *La región palatal.* **2.** *Fon.* Dicho de articulación o de sonido: Que se produce aplicando o acercando el dorso de la lengua al paladar. *La "i" es una vocal palatal.* Tb. f., referido a consonante. *La "ñ" es una palatal.*

palatino[1], na. adj. **1.** Del paladar. *Zona palatina.* ● m. **2.** *Anat.* Hueso par situado en la bóveda palatina (→ 1). *La radiografía muestra una infección en los palatinos.*

palatino[2], na. adj. **1.** Del palacio. *Los salones palatinos.* **2.** histór. Dicho de persona: Que ocupa un alto cargo en palacio. Tb. m. y f. *Eclesiásticos y palatinos concentraban buena parte del poder.*

palco. m. En un teatro y otros lugares de espectáculo: Espacio independiente con varios asientos, gralm. con forma de balcón. *Tienen un palco reservado en el Liceo. Palco de autoridades.*

palé. m. Plataforma de tablas para almacenar y transportar mercancías. *Colocan la fruta sobre palés.*

palenque. m. **1.** Valla o cerca de madera que delimita y cierra un terreno. *El capitán ordena levantar un palenque.* **2.** histór. Terreno cercado por un palenque (→ 1) y destinado a un acto festivo o solemne. *Terminado el torneo, el palenque queda desierto.*

palentino, na. adj. De Palencia. *Alcalde palentino. Iglesias palentinas.* Dicho de pers., tb. m. y f. *Los palentinos disfrutaron de la exposición.*

paleoceno, na. adj. **1.** (Como m. se usa en mayúsc.). *Geol.* Dicho de división geológica: Que es la primera o más antigua del Paleógeno. Tb. m. *El Paleoceno comenzó hace 65 millones de años, aproximadamente.* **2.** *Geol.* Del Paleoceno (→ 1). *Calizas paleocenas.*

paleocristiano, na. adj. *Arte* Dicho de arte: De las comunidades cristianas anteriores al siglo VI. *Basílica paleocristiana.*

paleógeno, na. adj. **1.** (Como m. se usa en mayúsc.). *Geol.* Dicho de división geológica: Que es la primera o más antigua del período terciario. Tb. m. *El Paleógeno comprende el Paleoceno, el Eoceno y el Oligoceno.* **2.** *Geol.* Del Paleógeno (→ 1). *Sedimentos paleógenos.*

paleografía. f. Estudio de las escrituras y los signos de los libros y documentos antiguos. *La paleografía puede servir como ciencia auxiliar de la Historia.*

paleográfico, ca. adj. De la paleografía. *Transcripción paleográfica.*

paleógrafo, fa. m. y f. Especialista en paleografía. *Un paleógrafo ha descifrado el manuscrito.*

paleolítico, ca. adj. **1.** (Como m. se usa en mayúsc.). *Prehist.* Dicho de período de tiempo: Que es el primero de la Edad de Piedra. Tb. m. *Las pinturas de la cueva de Altamira son del Paleolítico.* **2.** *Prehist.* Del Paleolítico (→ 1). *Han hallado unas herramientas paleolíticas.*

paleontología. f. Estudio de los seres orgánicos ya desaparecidos, cuyos restos se encuentran fósiles. *Los dinosaurios se conocen gracias a la paleontología.*

paleontológico, ca. adj. De la paleontología. *Han hallado unos restos paleontológicos de moluscos marinos.*

paleontólogo, ga. m. y f. Especialista en paleontología. *Asisten al congreso paleontólogos de todo el mundo.*

paleozoico, ca. adj. **1.** (Como m. se usa en mayúsc.). *Geol.* Dicho de era: Que es la segunda de la historia de la Tierra, posterior al Precámbrico. Tb. m. *El Paleozoico abarca aproximadamente entre los 570 y los 245 millones de años antes del tiempo actual.* **2.** *Geol.* De la era paleozoica (→ 1). *Sedimentos paleozoicos.*

palestino, na. adj. De Palestina. *Dirigentes palestinos.* Dicho de pers., tb. m. y f. *Ha entrevistado a varios palestinos.*

palestra. f. **1.** Lugar donde se compite o se discute públicamente. *Regresa a la palestra de la política después de varios años.* Frec. con *salir*. *Ha salido a la palestra para defender su inocencia.* **2.** histór. Lugar donde se celebran competiciones de lucha. *De la vieja ciudad griega se conservan restos de la palestra y el teatro.* ■ **salir,** o **saltar, a la ~.** loc. v. Darse a conocer públicamente. *El escándalo salió a la palestra hace dos años. Ha saltado a la palestra al casarse con un famoso cantante.*

paleta. f. **1.** Utensilio de pequeño tamaño con forma de pala. *Utiliza la paleta para sacar el huevo frito.* **2.** Tabla pequeña, con un agujero para introducir el dedo pulgar, donde el pintor mezcla y ordena los colores. *En "Las meninas", Velázquez aparece con su paleta en la mano.* Tb. el colorido propio de la obra de un pintor. *En su paleta predominan los colores vivos.* **3.** Utensilio de albañilería consistente en una plancha triangular de metal unida a un mango de madera, que se emplea para manejar la mezcla. *El albañil retira con la paleta el cemento sobrante.* **4.** Pala de una hélice o de un mecanismo semejante. *Las paletas de un ventilador.* **5.** Paletilla (pieza de carne). *He comprado una paleta de cerdo ibérico.* **6.** coloq. Diente incisivo superior. *Le han roto una paleta de una pedrada.* **7.** Am. Polo (helado). *Lo que me gustó fue que afuera vendieran paletas heladas* [C]. **8.** frecAm. Pala (tabla de madera para jugar a la pelota). *Daban exhibiciones de tenis de mesa, y cualquier transeúnte podía tomar la paleta y jugar con ellos* [C]. ▶ **4:** PALA. **5:** PALETILLA. **7:** POLO. **8:** PALA.

paletada[1]. f. Cantidad que se coge de una vez con una pala o paleta. *Echa unas paletadas de carbón a la caldera.*

paletada[2]. f. coloq., despect. Hecho propio de un paleto. *Ir con chándal y zapatos es una paletada.*

paletería. f. coloq., despect. Paletada (hecho de un paleto). *Vocear en el autobús es una paletería.*

paletilla. f. **1.** Omóplato. *Le duele la espalda, a la altura de la paletilla derecha.* **2.** En las reses destinadas al consumo: Pieza de carne que rodea la paletilla (→ 1). *Está asando una paletilla de cordero.* ▶ **2:** PALETA.

paleto, ta. adj. **1.** coloq., despect. Dicho de persona: Rústico. Tb. m. y f. *A pesar de su mucho dinero, es un paleto. Han timado a unos paletos recién llegados a la capital.* **2.** coloq., despect. Propio de la persona paleta (→ 1). *Su casa me parece un poco paleta. Tiene un nombre de pila muy paleto.*

paliar. (conjug. ENVIAR). tr. Mitigar o hacer más soportable (algo negativo). *El gobierno intenta paliar los daños ocasionados por las inundaciones. Mis palabras no han conseguido paliar su sufrimiento.*

paliativo, va. adj. **1.** Que palía o sirve para paliar. *Someterán al paciente a un tratamiento paliativo del* *dolor.* Referido a cosa, espec. a medicamento, tb. m. *No encuentra paliativos para su pena.* **2.** Que sirve para encubrir, disimular o justificar algo. Dicho de cosa, tb. m., espec. en la constr. *sin ~s. Una derrota sin paliativos.*

palidecer. (conjug. AGRADECER). intr. **1.** Ponerse pálido. *Al conocer la noticia, ha palidecido.* **2.** Perder importancia o esplendor. *La interpretación de la violinista hizo palidecer al resto de la orquesta.* ▶ EMPALIDECER.

palidez. m. Cualidad de pálido. *Por la palidez de su cara, se ve que está muy enfermo.*

pálido, da. adj. **1.** Que tiene la piel de la cara más blanca o menos rosada de lo normal. *Se puso pálido y perdió el conocimiento.* **2.** Dicho de color: Poco intenso o que tiene mucha proporción de blanco. *Un pantalón verde pálido.* **3.** Que tiene un color menos intenso o brillante de lo que es habitual o característico. *La pálida luz de la luna.* **4.** Falto de expresión o de viveza. *La narración es un pálido reflejo de la realidad.*

palillero. m. Recipiente en que se colocan los palillos o mondadientes. *Hay que rellenar el palillero.*

palillo. m. **1.** Utensilio de madera, pequeño, estrecho y rematado en punta, que sirve para limpiarse los dientes o pinchar comida. *Saca unos palillos para comer los caracoles.* **2.** Varita redonda que se emplea para tocar el tambor y otros instrumentos de percusión. *Golpeaba el tambor con los palillos.* **3.** Cada uno de los dos palitos largos y finos que se emplean para tomar los alimentos en algunos países orientales. Gralm. en pl. *En el restaurante chino comimos con palillos.* **4.** coloq. Persona muy delgada. *De joven era un palillo.* ■ **tocar todos los ~s.** loc. v. coloq. Recurrir a todos los medios para conseguir algo. *Hemos tocado todos los palillos, pero no nos han adjudicado el proyecto.* ▶ **1:** MONDADIENTES. **2:** BAQUETA.

palimpsesto. m. *tecn.* Manuscrito antiguo que conserva huellas de una escritura anterior borrada artificialmente. *En el palimpsesto se conserva una obra griega, debajo de un texto medieval.*

palíndromo. m. Palabra o frase que se lee igual de izquierda a derecha que de derecha a izquierda. *La frase "dábale arroz a la zorra el abad" y la palabra "anilina" son palíndromos.*

palinodia. f. cult. Retractación pública de lo que se había dicho. *Con esta palinodia quiere desdecirse de sus afirmaciones anteriores.* ■ **cantar la ~.** loc. v. cult. Retractarse. *Después de haber rechazado la oferta, ha tenido que cantar la palinodia.*

palio. m. Especie de dosel, cuya tela va sostenida por cuatro varas largas, bajo el cual se lleva en procesión la eucaristía o una imagen, o al jefe de Estado, el Papa o un prelado en distintos actos. *La imagen de la Virgen entra bajo palio en la catedral.*

palique. m. coloq. Conversación de poca importancia o que se tiene por pasar el tiempo. *Han estado de palique toda la tarde.*

palisandro. m. Madera de varios árboles tropicales americanos, compacta y de color rojo oscuro, muy apreciada en ebanistería. *El armario es de palisandro.*

palista. m. y f. **1.** Deportista que practica el remo. *Unos palistas entrenan en la ría de Arosa.* **2.** Jugador de pelota con pala. *El palista navarro golpea la pelota con fuerza.*

palitroque. m. Palo pequeño e irregular. *Trae unos palitroques para encender la hoguera. La cigüeña hace su nido con palitroques.*

paliza. f. **1.** Serie de golpes dados a una persona o animal. *Le han dado una paliza al pobre perro.* **2.** Esfuerzo que deja agotado o maltrecho. *Estudiar toda la noche anterior al examen ha sido una paliza.* **3.** Derrota amplia infligida a alguien en una competición o disputa. *¡Vaya paliza nos dieron jugando al mus!* ○ m. y f. **4.** coloq. Persona pesada. *Es un aburrido y un paliza.* Tb. *~s. Espero que no venga Juan, es un palizas.* ■ **dar la ~** (a alguien). loc. v. Aburrir(lo) o molestar(lo) con un discurso pesado. *Lleva toda la tarde dándome la paliza con sus problemas.* ▶ **Am: 1:** GOLPIZA.

palloza. f. Construcción de piedra, de planta circular o elíptica y cubierta de paja, usada como vivienda y para el ganado, típica de zonas montañosas del noroeste de España. *Encendían la lumbre en el centro de la palloza.*

palma. f. **1.** Cara interna de la mano. *Coloca la palma hacia arriba, como si estuviera mendigando.* **2.** Se da este nombre a varias plantas o árboles, gralm. tropicales, de tallo leñoso sin ramas, coronado con un penacho de hojas, como las palmeras, el palmito o el cocotero. *Utilizan aceite de palma para cocinar.* **3.** Hoja de la palma (→ 2), espec. si se ha atado con otras para que pierda el color verde. *Los balcones están decorados con las palmas del Domingo de Ramos.* ○ pl. **4.** Palmadas de aplauso o para marcar el ritmo. Frec. con v. como *batir* o *tocar*. *El público da palmas al compás de la música.* ■ **llevarse,** o **ganar, la ~.** loc. v. Sobresalir o ser el mejor. *La película es graciosa, pero la que vimos el sábado se lleva la palma.* ▶ **2:** PALMERA.

palmada. f. **1.** Golpe dado con la palma de la mano, gralm. como muestra de afecto. *Le da unas palmadas en la espalda al despedirse. Se ha dado una palmada en la frente cuando ha recordado la cita.* **2.** Golpe dado al chocar una palma contra la otra. *Levantó los brazos y dio una palmada en el aire.* Tb. el ruido así producido. *Se escuchan unas palmadas en el bar dirigidas al camarero.* ▶ **1:** PALMETAZO.

palmar[1]. intr. coloq. Morir. *¿Sabes que el vecino ha estado a punto de palmar?* ■ **~la.** loc. v. coloq. Morir. *Cuando mejor le iban las cosas, va y la palma.*

palmar[2]. m. frecAm. Lugar poblado de palmas. *Aparecen unas casuchas entre el palmar cruzado por veredas y bejucos playeros* [C]. ▶ PALMERAL.

palmarés. m. **1.** Lista de vencedores en una competición. *Su nombre no figura en el palmarés de la carrera.* **2.** Historial o relación de méritos de alguien, espec. de un deportista. *El ciclista se retira con un palmarés excepcional.*

palmario, ria. adj. Claro o evidente. *Nuestra superioridad es palmaria.* ▶ *EVIDENTE.

palmatoria. f. Soporte para colocar la vela, con asa y pie, gralm. con forma de platillo. *La luz de la palmatoria ilumina la habitación.*

palmeado, da. part. **1.** → **palmear.** ● adj. **2.** *Bot.* De forma semejante a una mano abierta. *Hojas palmeadas.* **3.** *Zool.* Dicho de dedos: Unidos entre sí por una membrana. *Los patos tienen dedos palmeados.*

palmear. intr. **1.** Dar palmadas. *El público palmea al ritmo de la canción.* ○ tr. **2.** Dar palmadas (a alguien o algo). *Le palmea cariñosamente la espalda.* ▶ PALMOTEAR.

palmera. f. **1.** Árbol tropical de tronco largo y recto, rematado por una corona de hojas grandes y segmentadas, alargadas o en forma de abanico, y del que existen varias especies, p. ej.: ~ *datilera* (→ **datilera**). *El paseo marítimo está bordeado de palmeras.* **2.** Dulce de hojaldre con forma de hoja de palmera (→ 1). *En el recreo me he comido una palmera de chocolate.* ▶ **1:** PALMA.

palmeral. m. Lugar poblado de palmeras. *El palmeral de Elche.* ▶ **frecAm:** PALMAR.

palmero[1]. m. histór. Peregrino de Tierra Santa. *En su viaje a Jerusalén, los palmeros corrían numerosos peligros.*

palmero[2], ra. adj. De La Palma (isla canaria). *Tradiciones palmeras.* Dicho de pers., tb. m. y f. *Unos palmeros nos acompañaron a la Caldera de Taburiente.*

palmero[3], ra. m. y f. Persona que acompaña con palmas los bailes y cantes flamencos. *El cantaor actúa acompañado por un guitarrista y dos palmeros.*

palmesano, na. adj. De Palma de Mallorca. *Cocina palmesana.* Dicho de pers., tb. m. y f. *Estuvo cenando con unos palmesanos.*

palmeta. f. histór. Instrumento, gralm. una tablilla con mango, usado por los maestros para castigar a los niños golpeándolos en la mano. *Los maestros amenazaban con la palmeta a los alumnos indisciplinados.*

palmetazo. m. **1.** histór. Golpe dado con la palmeta. *El chico aguantó los palmetazos del maestro.* **2.** Palmada (golpe dado con la palma). *Un palmetazo en la espalda.* ▶ **2:** PALMADA.

palmípedo, da. adj. **1.** *Zool.* Del grupo de las palmípedas (→ 2). *Aves palmípedas.* • f. **2.** *Zool.* Ave que tiene los dedos palmeados, adaptados para la natación, como el pato y el pelícano.

palmita. f. dim. → **palma.** ■ **en ~s.** loc. adv. coloq. Con mucho cariño o consideración. Con v. como *llevar* o *tener*. *Sus padres lo tienen en palmitas.*

palmito[1]. m. Palma de tronco corto o subterráneo y hojas en abanico, con un cogollo comestible, blando y cilíndrico. *La escoba está hecha con hojas de palmito.* Tb. el cogollo. *Palmitos en conserva.*

palmito[2]. m. coloq. Cara o tipo atractivos, espec. de mujer. *Le gusta lucir su palmito en las fiestas.*

palmo. m. Medida de longitud que equivale a unos 20 cm, y que se corresponde aproximadamente con la distancia que hay entre el extremo del pulgar y el del meñique, con la mano abierta y extendida. *La estatua medirá unos diez palmos.* Frec. en constr. para enfatizar la pequeñez de algo. *La pelea entre las dos familias empezó por un palmo de suelo. No levanta un par de palmos del suelo, pero ya se busca la vida.* ■ **con un ~ de narices.** loc. adv. coloq. Sin lo que se esperaba conseguir. Con los v. *dejar* y *quedarse*. *Se ha largado con el botín y los ha dejado con un palmo de narices.* ■ **~ a ~.** loc. adv. **1.** De modo completo y minucioso. *Hemos registrado la habitación palmo a palmo.* **2.** Con dificultad o lentitud. *Avanza palmo a palmo entre la muchedumbre.* ▶ CUARTA.

palmotear. intr. **1.** Dar palmadas. *La niña palmotea con alegría al abrir su regalo.* ○ tr. **2.** Dar palmadas (a alguien o algo). *Me palmotea la espalda cuando me ve.* ▶ PALMEAR.

palmoteo. m. Hecho de palmotear. *Varias gitanas animan a la cantaora con su palmoteo. Recibía palmoteos de felicitación.*

palo. m. **1.** Trozo de madera más largo que grueso, gralm. cilíndrico y fácil de manejar. *Se ha hecho un tirachinas con un palo.* **2.** Mango de algunas cosas. *El palo de la escoba se ha roto.* **3.** Madera. *Utiliza la cuchara de palo para guisar.* **4.** Golpe dado con un palo (→ 1) u otro objeto semejante. *Lo han molido a palos.* Tb. fig. y coloq. *Su muerte ha sido un palo para todos.* **5.** *Dep.* Cada una de las tres barras que forman la estructura de una portería. *Ha estrellado tres balones en los palos.* **6.** *Dep.* En algunos deportes, como el golf o el béisbol: Utensilio con que se golpea la pelota. *El golfista elige el palo adecuado para su siguiente golpe.* **7.** *Mar.* En una embarcación: Madero vertical destinado a sostener las velas. *La tormenta ha dañado los palos del velero.* **8.** Trazo de algunas letras que sobresale por arriba o por abajo. *El grafólogo señala la forma especial del palo de la "p".* **9.** Cada una de las cuatro series en que se divide la baraja. *Tienes que tirar una carta del mismo palo que la anterior.* **10.** Cada una de las variedades tradicionales del cante flamenco. *Es un maestro cantando cualquier palo.* **11.** Am. Árbol (planta). *Dio la vuelta y fue a pararse debajo de un palo, al otro lado de la calle* [C]. *Dos palos de limón estiran sus ramas espinosas hacia el jardín de la vecina* [C]. **12.** Am. coloq. Trago de bebida alcohólica. *Un palo en nombre de mi compadre Jaime, que el Señor me lo lleve a la gloria* [C]. ■ **~ cortado.** m. Vino de Jerez con sabor de oloroso y aroma de amontillado. *Pónganos una cerveza y un palo cortado.* ■ **~ de ciego.** m. **1.** Hecho propio de alguien desorientado y que carece de ideas para lograr sus objetivos. *El tiempo demostrará que su acusación no fue un palo de ciego.* Frec. en la constr. *dar ~s de ciego*. *Sin su ayuda seguirán dando palos de ciego.* **2.** Golpe que se da sobre algo o alguien que no se ve o no se puede ver. Frec. en la constr. *dar ~s de ciego*. *Los niños dan palos de ciego a la piñata.* ■ **~ duz.** → **paloduz.** ■ **~ mayor.** m. *Mar.* Palo (→ 7) más alto y que sostiene la vela principal. *El velero queda a la deriva al partirse su palo mayor.* ■ **~ santo.** m. Árbol tropical americano de madera negruzca, que segrega una resina aromática. Tb. su madera, muy apreciada en ebanistería. *En el centro de la habitación, hay una mesa de palo santo.* □ **a ~ seco.** loc. adv. **1.** coloq. Sin añadidos. *Se ha bebido la ginebra a palo seco.* **2.** coloq. Sin nada que atenúe o suavice. *Ha leído a palo seco un discurso de tres horas.* ■ **caérsele** (a alguien) **los ~s del sombrajo.** loc. v. coloq. Abatirse o desanimarse. *Al enterarse del suspenso, se le han caído los palos del sombrajo.* ■ **dar un ~ al agua.** loc. v. coloq. Trabajar. Se usa en constr. negativas. *Lleva toda la mañana sin dar un palo al agua.* ■ **que cada ~ aguante su vela.** expr. coloq. Se usa para indicar que cada persona debe cargar con las consecuencias de sus actos. *No estoy dispuesto a asumir todas las culpas: que cada palo aguante su vela.* ▶ **11:** ÁRBOL.

paloduz. (Tb. **palo duz**). m. Regaliz (planta). Tb. su tallo subterráneo, que se chupa como golosina. *He comprado paloduz en el quiosco.* ▶ *REGALIZ.

paloma. → **palomo.**

palomar. m. Lugar donde se crían palomas. *Ha cogido dos pichones del palomar.*

palomilla. f. **1.** Tuerca con dos extensiones laterales en que se apoyan los dedos para enroscarla o desenroscarla. *Aprieta más la palomilla, que aún está floja.* **2.** Pieza en forma de triángulo rectángulo que sirve para sostener tablas o estantes. *El tablero de la cocina descansa sobre dos palomillas.* **3.** Mariposa nocturna de pequeño tamaño. *Unas palomillas revolotean atraídas por la luz de la bombilla.*

palomino. m. **1.** Cría de la paloma silvestre. *En el nido hay tres pequeños palominos.* **2.** coloq. Mancha de excremento en la ropa interior. *El calzoncillo tiene un palomino.*

palomita. f. **1.** Grano de maíz tostado. *Antes de entrar en el cine, compra palomitas.* Tb. ~ *de maíz.* **2.** Bebida compuesta de agua y aguardiente anisado. *Después de comer suele tomarse una palomita.* **3.** En fútbol: Estirada espectacular del portero en el aire para parar un balón. *El portero impidió el gol con una palomita.*

palomo, ma. f. **1.** Ave de cuerpo rechoncho, pico corto y plumaje variado, que vive formando bandadas en bosques y ciudades, y de la cual existen varias especies, por ej.: ~ *bravía,* ~ *torcaz* o ~ *zurita. La anciana echa migas a las palomas.* Tb. designa específicamente a la hembra. *La paloma es algo más menuda que el macho.* **2.** *Polít.* Persona partidaria de medidas moderadas y conciliadoras. Se usa en contraposición a *halcón. En todas las negociaciones hay halcones y palomas.* ○ m. **3.** Macho de la especie paloma (→ 1). *El palomo zurea para cortejar a la hembra.* ○ m. y f. **4.** Persona buena e inocente. *Al timador se le iban los ojos tras aquella paloma.*

palote. m. Trazo recto de los que hacen los niños cuando aprenden a escribir. *Todavía no sabe escribir, pero ya hace palotes.*

palpable. adj. Que se puede palpar. *Existen pruebas palpables de lo que afirmo. Han encontrado un tumor claramente palpable.*

palpación. f. *Med.* Hecho de palpar o tocar con las manos como método de exploración médica. *La palpación abdominal permite descartar enfermedades.*

palpar. tr. **1.** Tocar (algo) con las manos para examinar(lo) o identificar(lo). *Palpó la pared buscando el interruptor de la luz.* **2.** Percibir claramente (algo no material). *Se puede palpar la tensión en la oficina.*

palpitación. f. **1.** Hecho de palpitar. *La débil palpitación de su corazón nos permitió saber que seguía vivo.* **2.** Latido del corazón más perceptible y rápido de lo normal. Frec. en pl. *Cuando entregan el examen, siento palpitaciones. Algunas mujeres sufren de palpitaciones durante la menopausia.*

palpitante. adj. **1.** Que palpita. *Corazón palpitante.* **2.** Que provoca un vivo interés. *El ensayo trata una cuestión palpitante.* ▶ **2:** CANDENTE.

palpitar. intr. **1.** Contraerse y dilatarse alternativamente el corazón. *Está vivo: su corazón todavía palpita.* **2.** Aumentar el corazón el ritmo de sus latidos. *La emoción hace palpitar su corazón.* **3.** Moverse o agitarse interiormente una parte del cuerpo con un movimiento tembloroso e involuntario. *De repente, siente palpitar su párpado.* **4.** Manifestarse o dejarse ver un sentimiento o pasión. *En sus palabras palpita el rencor.*

pálpito. m. Presentimiento. *Tengo el pálpito de que nos va a tocar la lotería.*

palpo. m. *Zool.* Apéndice articulado situado alrededor de la boca de los artrópodos y otros invertebrados, que tiene funciones táctiles y sirve para sujetar el alimento. *Los mejillones recogen el alimento con los palpos.*

palta. f. Am. Aguacate (fruto). *Se pelan las paltas, se muelen y se aliñan con limón* [C]. ▶ AGUACATE.

palto. m. Am. Aguacate (árbol). *La casa constaba de un patio de tierra con chirimoyos, paltos y otros árboles frutales* [C]. ▶ AGUACATE.

palúdico, ca. adj. **1.** *Med.* Del paludismo. *Fiebres palúdicas.* **2.** *Med.* Que padece paludismo. *Enferma palúdica.* Tb. m. y f. *El número de palúdicos ha disminuido.*

paludismo. m. *Med.* Enfermedad infecciosa caracterizada por fiebre alta y transmitida al hombre por la picadura del mosquito anofeles. *En África mueren muchas personas afectadas de paludismo.* ▶ MALARIA.

palurdo, da. adj. despect. Rústico. *Es bastante palurda.* Tb. m. y f. *Es un palurdo que no sabe comportarse.*

palustre[1]. m. *Of.* Paleta de albañil. *Tras repartir la mezcla, el obrero nivela con el palustre.*

palustre[2]. adj. De la laguna o del pantano. *Carrizos, juncos y espadañas forman la abundante vegetación palustre.*

pamela. f. Sombrero de ala ancha y copa baja, que usan las mujeres. *Llevará a la boda una pamela lila.*

pamema. f. **1.** coloq. Tontería o nadería. Frec. en pl. *¡Ya está bien!, llevo toda la tarde aguantando tus pamemas.* **2.** coloq. Delicadeza excesiva y afectada. Frec. en pl. *Déjate de cumplidos y pamemas; nos conocemos de toda la vida.* **3.** coloq. Acción simulada o fingida. *No entiendo toda esta pamema de la votación, ¡pero si el asunto está ya decidido!*

pampa. f. Llanura extensa y sin árboles de América del Sur. *La ganadería es la base de la economía de la pampa argentina.*

pámpano. m. Sarmiento tierno de la vid. *Han comenzado a brotar los pámpanos en los viñedos.*

pampero, ra. adj. **1.** De las pampas o de La Pampa (región argentina). *Gaucho pampero.* Dicho de pers., tb. m. y f. *El pampero prepara un mate.* ● m. **2.** frecAm. Viento fuerte y frío, propio del sur de la pampa argentina. *Viniera del sur o del sudeste, el pampero nos llevaría inevitablemente hacia la costa* [C].

pamplina. f. **1.** coloq. Tontería o nadería. Frec. en pl. *Todo eso son pamplinas, tonterías sin importancia.* **2.** coloq. Acción simulada o fingida. *Para escaquearse nos vino con la pamplina de que le dolía mucho la espalda.* **3.** Se da este nombre a varias plantas herbáceas, pequeñas, algunas de cuyas especies son comestibles. *Ensalada con pamplinas.*

pamplonés, sa. adj. De Pamplona. *El ayuntamiento pamplonés.* Dicho de pers., tb. m. y f. *Los pamploneses se preparan para los sanfermines.*

pamplonica. adj. coloq. Pamplonés. *El equipo pamplonica.* Dicho de pers., tb. m. y f. *Un pamplonica ha resultado herido en el encierro.*

pan. m. **1.** Alimento que consiste en un masa de harina y agua cocida al horno. *Suele desayunar pan con mantequilla.* Tb. pieza de este alimento, espec. si es grande y redonda. *He comprado dos panes de pueblo.* **2.** Masa de distintas sustancias con forma semejante al pan (→ 1). *Pan de higos.* **3.** Sustento. *Hay que luchar mucho para ganarse el pan cada día.* **4.** Lámina muy delgada de oro o plata, utilizada para dorar o platear. *Un marco recubierto con pan de oro.* ■ **~ ácimo.** (Tb. **~ ázimo**). m. Pan (→ 1) sin levadura. *La hostia es de pan ázimo.* ■ **~ comido.** m. coloq. Cosa muy fácil de hacer o de conseguir. Gralm. con el v. *ser. Arreglo la avería en dos minutos; es pan comido.* ■ **~ de molde.** m. Pan (→ 1) esponjoso de forma rectangular que se suele vender cortado en rebanadas. *La cafetería emplea un pan de molde especial para sus sándwiches.* □ **con su ~ se lo coma.** expr. coloq. Expresa indiferencia ante la decisión o actitud de otro. *¿Que ahora es rico y prefiere no juntarse con nosotros?; muy bien, con su pan se lo coma.* ■ **contigo ~ y cebolla.** expr. coloq. Se usa entre enamorados para expresar el amor desinteresado que siente el uno por el otro. *No te preocupes por tu sueldo: nos arreglaremos; ya sabes que contigo pan y cebolla.* ■ **el ~ (nuestro) de cada día.** loc. s. coloq. Algo habitual o frecuente. Frec. con el v. *ser. Desgraciadamente, estas peleas son el pan nuestro de cada día.* ■ **hacer un ~ como unas hostias,** o **tortas.** loc. v. coloq. Errar plenamente en algo. *Si la pieza nueva que diseñamos no encaja, hemos hecho un pan como unas hostias.* ■ **llamar al ~, ~, y al vino, vino.** loc. v. coloq. Decir las cosas con claridad y sin rodeos. *Nadie nos tapará la boca y seguiremos llamando al pan, pan, y al vino, vino.* A veces se omite el v. *llamar. No intentes ser delicado: al pan, pan, y al vino, vino.* ■ **negar el ~ y la sal** (a alguien o algo). loc. v. Tratar(lo) mal, no reconociendo sus méritos. *O me ponía por las nubes, o me negaba el pan y la sal.*

pan-. elem. compos. Significa 'totalidad'. *Panafricanismo, pangermánico, pancromático.*

pana[1]. f. Tela gruesa semejante al terciopelo, gralm. con pequeños surcos paralelos en la superficie que va a la vista. *Un pantalón de pana.*

pana[2]. m. y f. Am. coloq. Amigo (persona que tiene amistad con otra). *Estaba jugando dominó con los panas* [C].

panacea. f. **1.** Medicamento capaz de curar cualquier enfermedad. Tb. ~ *universal. Los antibióticos combaten las enfermedades bacterianas, pero no son la panacea universal.* **2.** Remedio o solución para cualquier mal. *Cree haber encontrado la panacea para los problemas de tráfico.* Tb. ~ *universal. El cambio de presidente no será la panacea universal.*

panaché. m. Conjunto de verduras cocidas. *De segundo, le han servido carne con panaché.* Tb. ~ *de verduras.* Tb. el plato consistente en esas verduras. *Comeremos panaché de verduras a la riojana.*

panadería. f. **1.** Establecimiento en que se hace o, más espec., se vende pan. *Las panaderías abren los domingos.* **2.** Oficio o actividad de panadero. *Toda la familia se dedica a la panadería.* ▶ **1:** *TAHONA.

panadero, ra. m. y f. Persona que tiene por oficio hacer o vender pan. *El panadero hornea el pan. Le pedí a la panadera que me encargase una hogaza.*

panal. m. Conjunto de celdillas de cera de forma hexagonal, que construyen las abejas en la colmena para depositar la miel. *El apicultor extrae el panal, que gotea rica miel.*

panamá. m. **1.** Sombrero de jipijapa. *Viste traje blanco y panamá de ala ancha.* **2.** Tela de algodón de hilos gruesos, muy apropiada para el bordado. *Pasa las tardes bordando manteles de panamá.*

panameño, ña. adj. De Panamá. *Prensa panameña.* Dicho de pers., tb. m. y f. *Los panameños eligen hoy a su presidente.*

panamericanismo. m. *Polít.* Doctrina o movimiento que aspira a mejorar y desarrollar las relaciones entre los países de América, pralm. entre los Estados Unidos y los países hispanoamericanos. *Rechaza el panamericanismo entendido como una hegemonía estadounidense.*

panamericano, na. adj. De todos los países de América. *Conferencia panamericana. Relaciones panamericanas.*

pancarta. f. Cartel grande con frases y consignas, que se exhibe en actos públicos, espec. en manifestaciones y acontecimientos deportivos. *Los manifestantes portan pancartas en contra de la energía nuclear. Los líderes sujetan la pancarta de cabecera.*

panceta. f. Tocino con vetas de magro. *Ayer cenamos huevos con panceta.* ▶ **Am:** TOCINETA.

panchito. m. Cacahuete pelado y frito. *Póngamos unos panchitos de aperitivo, por favor.* ▶ *CACAHUETE.

pancho, cha. adj. coloq. Tranquilo o que no se preocupa. Frec. en la constr. *tan ~. ¡Cómo vives, Ana!; tú aquí tan pancha y los demás trabajando. Le he echado la bronca y se ha quedado tan pancho.*

páncreas. m. *Anat.* Glándula situada junto al intestino delgado, que segrega insulina y un jugo que interviene en la digestión. *Las enfermedades del páncreas afectan a la correcta asimilación de las grasas.*

pancreático, ca. adj. *Anat.* Del páncreas. *Jugo pancreático.*

pancreatitis. f. *Med.* Inflamación del páncreas. *Está hospitalizado, aquejado de una pancreatitis.*

panda[1]. f. Pandilla. *He quedado con Antonio y el resto de la panda. Sois una panda de chulos.*

panda[2]. m. Oso panda (→ **oso**). *El panda se alimenta de los brotes tiernos de bambú.*

pandemia. f. *Med.* Enfermedad epidémica que afecta a muchos países o a casi todos los individuos de una región extensa. *La prevención es esencial para controlar pandemias como el sida.*

pandemónium. m. Lugar en que hay mucho ruido y confusión. *El centro de la capital es un pandemónium en Navidades.* Tb. el ruido y la confusión. *Intentaba hacerse oír en medio de aquel pandemónium.*

pandereta. f. Instrumento musical de percusión formado por un aro con sonajas y una piel muy lisa y estirada. *Cantan villancicos con panderetas y zambombas.*

pandero. m. **1.** Instrumento musical de percusión semejante a la pandereta pero más grande. *Una cíngara bailaba y hacía sonar un pandero.* **2.** coloq. Nalgas, espec. cuando son grandes. *¡Menudo pandero se le ha puesto!, no cabe en el asiento.*

pandilla. f. **1.** Grupo de amigos que se reúnen habitualmente. *Esta tarde salgo con la pandilla.* **2.** Grupo de personas asociadas para hacer daño o engañar a otros. *Una pandilla callejera tiene atemorizado al barrio.* **3.** despect. Grupo de personas. *No hagas caso a esa pandilla de imbéciles.* ▶ **1:** CUADRILLA, PANDA. **2:** PANDA. ‖ **Am: 1, 2:** MARA.

pandillero, ra. adj. **1.** De la pandilla, espec. de la formada por delincuentes. *Creció en un ambiente pandillero.* **2.** Dicho de persona: Que forma parte de una pandilla de delincuentes. *Jóvenes pandilleros.* Tb. m. y f. *Es un pandillero especializado en pequeños robos.*

panegírico, ca. adj. **1.** De la alabanza. *Está escrito en tono panegírico.* ● m. **2.** Discurso o escrito de alabanza. *Un discípulo suyo ha elaborado el panegírico.* Tb. alabanza de alguien o algo. *La novela es un panegírico de la vida nómada.* ▶ **2:** APOLOGÍA.

panegirista. m. y f. Persona que hace un panegírico. *Su panegirista alaba su entrega a los necesitados. Los panegiristas del gobierno defienden su gestión.*

panel[1]. m. **1.** En una pared, una puerta o cosa semejante: Parte lisa, gralm. cuadrada o rectangular, limitada por una moldura. *En el panel central de la escalinata hay representadas escenas mitológicas.* **2.** Elemento prefabricado, que constituye una superficie plana, que sirve para dividir el espacio en un edificio. *Los distintos despachos de la oficina están separados por paneles.* Tb. designa otros elementos prefabricados y gralm. planos, con distintas funciones. *Ha instalado unos paneles solares en el tejado de su casa.* **3.** Tablón, gralm. de grandes dimensiones, que sirve para contener información o anuncios. *Cada sala del museo cuenta con paneles explicativos.*

panel[2]**.** m. Grupo de personas seleccionado para discutir un asunto en público. *Mañana se reúne un panel de expertos.*

panela. f. Am. Azúcar de caña sin refinar, gralm. presentado en porciones compactas de forma redonda, prismática o de cono truncado. *Pidió un café preparado con panela* [C].

panelista. m. y f. frecAm. Persona que participa en un panel para discutir un asunto en público. *Los panelistas coincidieron en que el problema requiere una solución política* [C].

panero, ra. adj. **1.** Que gusta de comer mucho pan. *Compra tres barras, que en casa somos muy paneros.* ● f. **2.** Recipiente que se utiliza para colocar el pan en la mesa. *Lleva la panera a la mesa, por favor.*

paneuropeo, a. adj. *Polít.* De toda Europa. *El Gobierno defiende la colaboración paneuropea en la lucha contra el terrorismo.*

pánfilo, la. adj. coloq., despect. Dicho de persona: Tonta o ingenua. *Es tan pánfilo que lo han vuelto a timar.* Tb. m. y f. *No tiene remedio, es un pánfilo.*

panfletario, ria. adj. **1.** Propio del panfleto, o con sus características. *Una novela de tono panfletario.* ● m. y f. **2.** Panfletista. *Ha recibido críticas por parte de algunos panfletarios.*

panfleto. m. Escrito breve de tono agresivo y propagandístico, gralm. de carácter político. *Miembros de un grupo neonazi reparten panfletos racistas.*

pangermanismo. m. *Polít.* Doctrina o movimiento que defiende la unidad de los pueblos de origen germánico. *El pangermanismo tenía pretensiones expansionistas.*

pangolín. m. Mamífero que tiene el cuerpo cubierto de escamas duras y puntiagudas, y que se alimenta de hormigas, propio de Asia y África. *El pangolín hembra.*

panhelénico, ca. adj. De todos los pueblos griegos. *Los Juegos Olímpicos de la Antigüedad eran panhelénicos.*

panhispánico, ca. adj. De todos los pueblos de lengua española. *Ortografía panhispánica.*

paniaguado, da. m. y f. Persona que debe su situación al favor o la protección de otra. *Es un paniaguado sin otro mérito que su amistad con el presidente.*

pánico, ca. adj. **1.** cult. Dicho de miedo: Muy intenso. *El artista experimenta una angustia pánica.* ● m. **2.** Miedo muy intenso. *Al ver las llamas, ha sentido pánico.* ▶ **2:** *MIEDO.

panículo. m. *Anat.* Capa de tejido adiposo situada debajo de la piel. Frec. *~ adiposo. El sedentarismo favorece la acumulación de grasa en el panículo adiposo.*

panificador, ra. adj. **1.** Que fabrica pan. *Industria panificadora.* ● f. **2.** Fábrica de pan. *Hoy no hay pan; han cerrado todas las panificadoras.*

panocha. f. **1.** Mazorca. *Lleva una cesta con panochas.* **2.** Color rojo como el de la panocha (→ 1). A veces en aposición, siguiendo a *rojo*. *Tiene el pelo rojo panocha.*

panoja. f. **1.** Mazorca. *Divisaron un maizal, lleno de panojas.* **2.** *Bot.* Conjunto de espigas que nacen de un eje común. *El fruto de la avena es una panoja.*

panoli. adj. coloq. Tonto o ingenuo. Tb. m. y f. *No es fácil engañarlo, no es ningún panoli.*

panoplia. f. **1.** Tabla, gralm. en forma de escudo, donde se colocan distintas armas, espec. de esgrima. *Sobre la chimenea cuelga una panoplia con espadas antiguas.* **2.** Colección de armas. *En el salón del castillo se expone toda la panoplia familiar.* Tb. fig. *La industria farmacéutica dispone de una vasta panoplia de medicamentos.*

panorama. m. **1.** Paisaje muy extenso. *Desde lo alto del monte se contempla un magnífico panorama.* **2.** Aspecto o situación de conjunto de algo. *Es una figura clave en el panorama literario.*

panorámico, ca. adj. **1.** Del panorama. *Arriba disfrutaremos de una buena vista panorámica de la comarca. La novela ofrece una visión panorámica de la sociedad de la época.* ● f. **2.** Imagen que muestra un panorama. *La exposición recoge varias panorámicas del pueblo a lo largo del tiempo.* Tb. ese panorama. *Desde lo alto de la sierra se divisa una estupenda panorámica de la ciudad.* **3.** *Cine* y *TV.* Toma realizada con un amplio movimiento giratorio de la cámara, sin desplazamiento. *La película comienza con una panorámica vertical de la torre.*

pantagruélico, ca. adj. Dicho de comida o de apetito: Muy grande o excesivo. *Una cena pantagruélica. Apetito pantagruélico.*

pantalán. m. Muelle o embarcadero pequeño que se adentra algo en el mar. *Atracó la barca al pantalán.*

pantaleta. f. Am. Braga (prenda interior). *Lo sorprendieron con la mano puesta entre la pantaleta y la nalga de su novia* [C]. Frec. en pl. con significado sing. *Eleonora no llevaba medias, ni pantaletas, ni sujetador* [C]. ▶ *BRAGA.

pantalla. f. **1.** Lámina que se coloca delante o alrededor de una luz artificial para que no moleste a los ojos o para poder dirigirla hacia un determinado lugar. *La pantalla de la lámpara es translúcida.* **2.** Superficie en la que se proyectan imágenes cinematográficas o de otro tipo. *Ya han instalado la pantalla del cine de verano.* **3.** Parte del televisor, ordenador o aparato semejante en que se ve la imagen. *Apaga la pantalla del ordenador.* **4.** Persona o cosa que sirve para ocultar algo, gralm. clandestino. *El bar es solo una pantalla para disimular sus turbios negocios.* **5.** Superficie, como una mampara o una pared, que sirve para amortiguar el ruido, el calor o los efectos de otros fenómenos físicos. *El Ayuntamiento ha instalado pantallas acústicas.* **6.** Mundo del cine o la televisión. *Varias estrellas de la pantalla anunciaron su participación.* ■ **pequeña ~.** f. Televisión. *Han adaptado una novela de Galdós para la pequeña pantalla.*

pantalón. m. **1.** Prenda de vestir que se ajusta a la cintura y gralm. llega hasta el tobillo, cubriendo cada pierna por separado. *Mete en la maleta un pantalón y dos faldas.* Frec. en pl. con significado sing. *Tienes una mancha en los pantalones.* ○ pl. **2.** coloq. Hombre u hombres. *Dejó su familia y se fue detrás de unos pantalones.* ■ **~ bermudas.** m. Pantalón (→ 1) amplio que llega hasta la rodilla. *En verano voy más cómodo con pantalones bermudas.* ⇒ BERMUDAS. ■ **~ bombacho.** m. Pantalón (→ 1) de perneras anchas, que se ciñen a la pierna por debajo de la rodilla. *El domador viste botas altas y pantalones bombachos.* ⇒ BOMBACHO. ‖ Am: BOMBACHA. ■ **~ vaquero,** o **tejano.** m. Pantalón (→ 1) confeccionado con una tela resistente de algodón, gralm. azul, y que usaban los vaqueros norteamericanos. *Mi hijo siempre va con pantalones vaqueros.* ⇒ TEJANOS, VAQUERO. □ **bajarse los ~es.** loc. v. coloq. Ceder en condiciones poco honrosas. *Al final, se bajó los pantalones y firmó un contrato leonino.* ■ **llevar los ~es.** loc. v. coloq. Mandar o ejercer la autoridad. *En su casa, ella es la que lleva los pantalones.*

pantano. m. **1.** Terreno cubierto naturalmente por aguas estancadas poco profundas y por fango, con una vegetación característica. *El pantano, origen de muchas enfermedades, se desecó hace siglos.* **2.** Embalse (depósito artificial de agua). *El pantano evitará las restricciones de agua en época de sequía.* ▶ **2:** EMBALSE.

pantanoso, sa. adj. Del pantano. *Terreno pantanoso. El delta del río está formado por aguas pantanosas.*

panteísmo. m. Sistema filosófico de quienes creen que la totalidad del universo es el único Dios. *El panteísmo de Spinoza.*

panteísta. adj. **1.** Del panteísmo. *Doctrina panteísta.* **2.** Seguidor del panteísmo. Tb. m. y f. *Creencias de los panteístas.*

panteón. m. Monumento funerario destinado a varias sepulturas. *Será enterrado esta tarde en el panteón familiar.*

pantera. f. Leopardo, espec. el de pelaje negro. *La pantera macho. La pantera sube a su presa a un árbol para devorarla.* ▶ LEOPARDO.

pantocrátor. (Frec. en mayúsc.). m. *Arte* Representación de Cristo sentado y en actitud de bendecir, propia del arte románico y bizantino. *En el tímpano aparece un majestuoso Pantocrátor.*

pantomima. f. **1.** Representación teatral en la que se emplean exclusivamente gestos y movimientos corporales. *El espectáculo mezcla danza, magia y pantomima.* **2.** Farsa o acción fingida. *No hace falta que sigáis con esta pantomima: lo sé todo.* ▶ **1:** MIMO.

pantorrilla. f. Parte carnosa y abultada de la pierna, por debajo de la corva. *Con los pantalones remangados, deja ver sus pantorrillas.*

pantufla. f. Zapatilla sin talón para estar en casa. *Al llegar a casa, se pone las pantuflas.*

panty. (pal. ingl.; pronunc. "pánti"). m. Prenda interior femenina, parecida a un leotardo, pero de tejido fino y muy elástico. *Súbete el* panty, *que te hace arrugas.* Frec. en pl. con significado sing. *Tengo una carrera en los* panties. ¶ [Adaptación recomendada: *panti*, pl. *pantis*].

panza. f. **1.** coloq. Vientre o barriga. *Se tumba panza arriba. El burro tiene la panza manchada de barro.* **2.** Parte convexa y más saliente de algo, espec. de una vasija. *La panza del jarrón está decorada con dibujos geométricos.* **3.** *Zool.* Primera de las cuatro cavidades en que se divide el estómago de los rumiantes. ■ **~ de burra.** loc. adj. coloq. Dicho de color de cielo: Gris oscuro. *Con ese cielo color panza de burra, seguro que llueve.* ▶ **2:** BARRIGA, TRIPA, VIENTRE.

panzada. f. **1.** Golpe que se recibe en la panza o barriga. *Se ha dado una buena panzada al tirarse a la piscina.* **2.** Hartazgo o atracón. *¡Menuda panzada* DE *gambas nos hemos dado! Nos pegamos una panzada* A *reír.*

panzudo, da. adj. Que tiene mucha panza. *Un hombre pequeño y panzudo. Una panzuda copa de coñac.*

pañal. m. **1.** Pieza de material absorbente, a modo de braga, que se pone a los bebés o las personas con incontinencia de orina. *Cámbiale el pañal al niño; creo que se ha hecho pis.* ○ pl. **2.** histór. Tela en que se envolvía a los niños recién nacidos. *Vistió al recién nacido con pañales.* ■ **en ~es.** loc. adv. coloq. En los inicios o en las primeras fases de desarrollo. Gralm. con el v. *estar*. *Cree saber mucho del tema, pero todavía está en pañales. El proyecto se encuentra aún en pañales.*

pañito. m. Pieza de tela, gralm. de encaje o ganchillo, que se usa para cubrir y adornar muebles. *Queda muy bien el pañito bajo el florero.*

paño. m. **1.** Tela de lana muy tupida. *El abuelo lleva un traje de paño oscuro. Qué buen paño tiene tu abrigo.* **2.** Trozo o pieza de tela, gralm. rectangular o cuadrada, que tiene diversos usos. *Pásale un paño a los muebles: tienen mucho polvo. Cubre la bandeja con un paño blanco.* ■ **~ de lágrimas.** m. Persona que, respecto de otra, escucha sus penas, la consuela y aconseja. *En estos momentos tan duros para él, soy su paño de lágrimas.* ■ **~s calientes.** m. pl. **1.** coloq. Palabras o actos que tratan de atenuar el rigor de un asunto. *Estoy preparado para todo, así que déjate de paños calientes.* **2.** coloq. Remedios ineficaces. *¡Ya está bien de paños calientes!, necesitamos una solución definitiva.* □ **conocer el ~.** loc. v. coloq. Conocer a la persona o el asunto de que se trata. *Conozco el paño y no necesito que me adviertas.* ■ **en ~s menores.** loc. adv. En ropa interior. *Abre la puerta y la sorprende en paños menores.* ▶ **2:** TRAPO.

pañol. m. *Mar.* En un buque: Compartimento para guardar víveres, municiones o herramientas. *El barco se ha hundido tras inundarse los pañoles.*

pañoleta. f. **1.** Prenda de forma triangular, que se lleva sobre los hombros como adorno o abrigo, o en la cabeza. *Se echa una pañoleta sobre la blusa porque siente frío. Las chulapas llevan una pañoleta anudada en la cabeza.* **2.** Corbata estrecha que forma parte del traje de los toreros. *La pañoleta es del mismo color que la faja.*

pañuelo. m. **1.** Pedazo cuadrado de tela o de papel, que sirve espec. para limpiarse la nariz o secarse el sudor. *Saca un pañuelo y se suena la nariz.* **2.** Prenda, de forma gralm. cuadrada o rectangular, que suele llevarse en el cuello, la cabeza o los hombros como abrigo o adorno. *La modelo luce un vistoso pañuelo de seda sobre los hombros. El caballero lleva un pañuelo en el cuello.*

papa[1]. (Frec. en mayúsc.). m. Autoridad máxima de la Iglesia católica. *El papa reside en el Vaticano.* ■ **ser más papista que el ~.** loc. v. Mostrar en un asunto más interés que la persona directamente interesada. *No seas más papista que el papa y no hagas lo que no te piden.* ▶ PONTÍFICE.

papa[2]. f. frecAm. Patata (planta, o tubérculo). *Me apetecen unas papas fritas. Pelaremos las papas y las cortaremos en rebanadas finas* [C]. *El curso divulga conocimientos sobre plantas autóctonas, como la papa o el maíz* [C]. ▶ PATATA.

papa[3]. m. infant. o vulg. Padre (hombre). *Se lo voy a contar todo a mi papa, y ya verás.*

papa[4]. **ni ~.** loc. s. coloq. Nada. Gralm. con v. como *saber* o *entender*. *No sé ni papa* DE *ese tema.*

papá. m. **1.** coloq. o infant. Padre (hombre). *No llores, papá vendrá enseguida. Mi papá murió hace más de treinta años.* ○ pl. **2.** coloq. o infant. Padre y madre. *¿Esos son tus papás?*

papable. adj. Dicho de cardenal: Que tiene posibilidades de ser elegido papa. *Entre los papables, suena con insistencia el nombre de un cardenal.*

papada. f. **1.** En una persona: Abultamiento carnoso que se forma debajo de la barbilla y que suele llegar hasta el cuello. *Ha engordado mucho y le ha salido papada.* **2.** En un animal: Pliegue de la piel que sobresale en el borde inferior del cuello y que se extiende hasta el pecho. *Los cerdos y las vacas tienen papada. Utilizan la papada para hacer morcilla.* ▶ **1:** SOTABARBA.

papado. m. Cargo o dignidad de papa. *Tras ser elevado al papado, impulsó una nueva cruzada contra los turcos.* Tb. el tiempo que dura. *Durante su papado se celebró el concilio de Trento.*

papagayo. m. **1.** Ave del mismo grupo que el loro, de tamaño medio o grande, vistosos colores, y capaz de repetir palabras o frases. *El papagayo hembra. El pirata tenía un papagayo azul y amarillo sobre su hombro.* **2.** coloq. Persona que habla mucho y sin pensar o entender bien lo que dice. *Lo tienes por inteligente, pero es solo un papagayo.*

papal. adj. Del papa o autoridad de la Iglesia católica. *Los fieles reciben la bendición papal.*

papalote. m. Am. Cometa (juguete). *Haremos un columpio y también volaremos un papalote* [C]. ▶ *COMETA.

papamoscas. m. Pájaro de pequeño tamaño, que se alimenta de insectos, a los que caza al vuelo. *El papamoscas hembra. Un papamoscas movía su cola arriba y abajo, y agitaba las alitas.*

papanatas. m. y f. coloq. Persona tonta o crédula. *Solo a una papanatas como ella la pueden engañar así.*

papanatismo. m. coloq. Actitud o condición de papanatas. *No soporto el papanatismo de esta sociedad.*

paparazzi. (pal. it.; pronunc. "paparáchi" o "paparátsi"). m. pl. Fotógrafos de prensa que persiguen a personajes famosos para sacarles fotos sin su autorización. *Los* paparazzi *acosan a la cantante día y noche.* A veces se utiliza con valor de sing. ¶ [Adaptación recomendada: *paparazi*, pl. *paparazis*].

paparrucha. f. coloq. Tontería, o cosa hecha o dicha sin fundamento. *Esas historias que cuenta son paparruchas.*

paparruchada. f. coloq. Paparrucha. *Estoy harta de leer tanta paparruchada.*

papaya. f. Fruto del papayo, ovalado, de carne anaranjada y dulce, semejante a la del melón, y con muchas pepitas negras en el centro. *Prepara un postre tropical con papayas, mangos y guayabas.*

papayo. m. Árbol frutal tropical, de tronco fino y fibroso, coronado con grandes hojas palmeadas, cuyo fruto es la papaya. *El loro se posa sobre un papayo.*

papel. m. **1.** Materia, hecha a partir de fibras vegetales y tratada para formar una hoja delgada, que se emplea pralm. para escribir, dibujar o envolver cosas. *Mete sus compras en una bolsa de papel. Industrias de celulosa y papel. Una hoja de papel.* **2.** Hoja o pedazo de papel (→ 1). *Apunta el número de teléfono en un papel. Pone un papelito en el libro como señal.* Tb. la hoja de papel escrita o impresa. *Lee un papel que le han metido por debajo de la puerta.* **3.** Documento o escrito que acredita algo. Frec. en pl. *No encuentro los papeles del coche.* **4.** En una obra de teatro o cinematográfica: Parte que tiene que representar un actor. *La actriz está memorizando su papel. Casi siempre hace el papel de malo.* **5.** Función que cumple algo o alguien. *Discuten qué papel desempeña el ejército en nuestros días. Nuestro papel en la empresa es aportar ideas nuevas.* **6.** coloq. Periódico. Gralm. en pl. *Como siga dando escándalos, su nombre acabará apareciendo en los papeles.* **7.** *Econ.* Dinero en billetes. *Deme 20 euros en papel.* Tb. ~ *moneda. El Banco Central ha puesto en circulación nuevo papel moneda.* **8.** *Com.* Conjunto de valores mobiliarios que salen a negociación en el mercado. *Durante esta jornada bursátil ha habido poco papel a la venta.* ■ ~ **biblia.** m. Papel (→ 1) muy fino y resistente, que se suele emplear para imprimir obras de gran extensión. *Sus obras completas ocupan dos gruesos volúmenes en papel biblia.* ■ ~ **carbón**, o **de calco.** m. Papel (→ 1) fino y cubierto con tinta en una de sus caras que, intercalado entre dos hojas, sirve para obtener copias. *Sacaba sus copias escribiendo a máquina con papel carbón.* ■ ~ **cebolla.** m. Papel (→ 1) muy fino, ligero y translúcido, que se emplea para hacer copias. *Coloque un papel cebolla sobre la estampa y calque las siluetas que aparecen.* ■ ~ **celo.** m. Cinta adhesiva de celulosa o de plástico, frec. transparente, que se utiliza para pegar. *Pega la foto rota con papel celo.* ⇒ CELO. ■ ~ **cuché.** m. Papel (→ 1) satinado que se emplea espec. en revistas y obras ilustradas. *Los grabados se reprodujeron en papel cuché de alta calidad.* ■ ~ **de aluminio**, o **de plata**, o **de estaño.** m. Lámina muy fina de aluminio o estaño aleado, utilizada espec. para envolver o proteger alimentos. *Cubra el molde de la tarta con papel de plata.* ■ ~ **de calco.** → **papel carbón.** ■ ~ **de estraza.** m. Papel (→ 1) muy basto y áspero, gralm. de color ocre, que se emplea para envolver. *Envuelve el bocadillo en papel de estraza.* ■ ~ **de fumar.** m. Papel (→ 1) que se emplea para liar cigarrillos. *Compró papel de fumar en el estanco.* ■ ~ **del Estado.** m. *Econ.* Conjunto de documentos emitidos por el Estado reconociendo créditos a favor de las personas que los poseen. *Posee valores en papel de Estado.* ■ ~ **de plata.** → **papel de aluminio.** ■ ~ **de seda.** m. Papel (→ 1) fino, traslúcido y flexible. *Entre las naranjas que ha comprado hay una envuelta en papel de seda.* ■ ~ **higiénico.** m. Papel (→ 1) fino y suave que se vende gralm. en rollos y se emplea para la higiene personal en el retrete. *Pon otro rollo, que se ha acabado el papel higiénico.* ■ ~ **mojado.** m. Cosa sin valor o efecto, como un documento o un acuerdo. *Las acciones se han convertido en papel mojado con la caída de la bolsa.* ■ ~ **pintado.** m. Papel (→ 1), gralm. de colores y con dibujos, que se emplea como adorno para cubrir paredes. *Quiere quitar el papel pintado y pintar toda la casa.* ■ ~ **secante.** m. Papel (→ 1) esponjoso que se emplea para secar la tinta de los escritos. *En su escritorio guarda un tintero y papel secante.* ⇒ SECANTE. ■ ~ **vegetal.** m. Papel (→ 1) satinado y transparente usado espec. por dibujantes y arquitectos. *Dibuja primero las figuras sobre papel vegetal, para luego realizar la composición definitiva.* □ **hacer** alguien **buen** (o **mal**) ~. loc. v. Quedar bien (o mal). *El equipo ha hecho un buen papel* EN *el campeonato.* ■ **perder** alguien **los ~es.** loc. v. coloq. Perder el control de sí mismo. *Perdió los papeles y empezó a gritar.* ■ **sobre el ~.** loc. adv. En teoría. *Sobre el papel, es un magnífico proyecto.* ▶ **5:** ROL.

papeleo. m. Conjunto de papeles y trámites necesarios para resolver un asunto, espec. cuando son excesivos. *Por fin he terminado el papeleo para matricularme en la Universidad.*

papelería. f. Establecimiento donde se vende papel y otros artículos de escritorio. *Voy a la papelería a comprar folios y un bolígrafo.*

papelero, ra. adj. **1.** Del papel. *Industria papelera. Sector papelero.* ● m. y f. **2.** Persona que hace o vende papel. *La asociación defiende los intereses de los papeleros y los libreros.* ○ f. **3.** Recipiente para tirar los papeles inútiles. *Tira esa hoja a la papelera.* **4.** Fábrica de papel. *Las papeleras son industrias muy contaminantes.*

papeleta. f. **1.** Papel pequeño en el que figuran ciertos datos, como el nombre de la persona o partido político a los que se va a votar, la nota de un examen o un resguardo. *Ya ha comenzado el recuento de papeletas en la mesa electoral. Esta mañana he recogido la papeleta del examen de música.* **2.** Tarjeta en la que se escriben datos ordenados con vistas a una clasificación. *Los antiguos ficheros de la Academia guardan un tesoro en papeletas.* **3.** Asunto difícil de resolver. *Era complicado, pero resolvió la papeleta con mucha habilidad.*

papelina. m. jerg. Paquete pequeño de papel que contiene droga para su venta al por menor. *La policía le ha encontrado varias papelinas de heroína.*

papelón. m. coloq. Actuación ridícula o deslucida. *¡Menudo papelón ha hecho el equipo perdiendo por cinco a cero!*

papelote. m. **1.** Papel viejo o inservible. *El cuarto está lleno de papelotes.* **2.** despect. Papel. *Tengo que rellenar cientos de papelotes para la matrícula.*

paperas. f. pl. Inflamación de las glándulas de la saliva, situadas debajo de los oídos. *El niño no va al colegio porque está enfermo con paperas.*

papiamento. m. Lengua criolla hablada en Curazao y en otras islas de las Antillas holandesas. *El papiamento tiene base portuguesa y española.*

papila. f. *Anat.* Pequeña prominencia cónica de la piel o de las mucosas, gralm. con función sensorial. *Las papilas gustativas nos permiten distinguir los sabores.*

papilla. f. **1.** Comida triturada, que tiene la consistencia de una pasta espesa, destinada a niños o enfermos. *El bebé ya se ha tomado la papilla de frutas.* Tb. designa otras sustancias que presentan esa consistencia. *En el estómago, la comida se transforma en una papilla homogénea.* **2.** Sustancia opaca a los rayos X, que se ingiere antes de someterse a una prueba radiológica del aparato digestivo. *El paciente toma una papilla de bario para que su tubo digestivo pueda ser estudiado.* ■ **echar (hasta) la (primera) ~.** loc. v. coloq. Vomitar abundantemente. *Bebió más de la cuenta y echó hasta la primera papilla.* ■ **hacer ~** (algo o a alguien). loc. v. coloq. Destrozar(los) completamente. *Has hecho papilla el jarrón. El boxeador hizo papilla a su contrincante.*

papiloma. m. Tumor benigno caracterizado por el aumento de volumen de las papilas de la piel o las mucosas. *Algunas de sus verrugas son papilomas.*

papión. m. Mono del mismo grupo que el babuino. *Los papiones suelen vivir en manadas de decenas de individuos.*

papiro. m. **1.** Planta tropical de cuyas cañas, altas y rematadas por un penacho de hojas y pequeñas flores, obtenían los antiguos egipcios láminas para escribir. *Las raíces del papiro crecen en el cieno.* **2.** Lámina para escribir obtenida del tallo del papiro (→ 1). *Los papiros fueron sustituidos por los pergaminos.* **3.** Escrito o dibujo realizado sobre papiro (→ 2). *Es un experto en interpretar papiros egipcios.*

papiroflexia. f. Técnica de hacer figuras con papel, doblándolo convenientemente. *En sus ratos libres practica la papiroflexia.*

papirotazo. m. Golpe dado gralm. en la cabeza. *Le ha atizado un papirotazo en la coronilla.*

papisa. f. Mujer papa. *Según la tradición, la papisa Juana desempeñó el pontificado a mediados del siglo* IX.

papista. adj. **1.** despect. Católico romano. *Cristianismo papista.* Dicho de pers., tb. m. y f. *Las creencias de los papistas.* **2.** histór. Partidario del papa. *Nobles papistas.* Tb. m. y f. *En la Edad Media los gibelinos estaban enfrentados a los papistas.*

papo. m. **1.** En un ave: Buche. *Los palomos en celo hinchan el papo para atraer a las hembras.* **2.** coloq. Papada de una persona. *De tanto tocarte el cuello te va a salir papo.* **3.** coloq. Moflete. *Con esos papos sonrosados pareces un angelote.* **4.** coloq. Desfachatez o descaro. *Hay que tener mucho papo para decir una cosa así sin inmutarse.* ▶ **1:** BUCHE.

páprika. f. Pimentón, espec. la variedad de origen húngaro. *Ha preparado un guiso de carne con mucha páprika.* ▶ PIMENTÓN.

papú. adj. De Papuasia (región de Nueva Guinea). *Tribus papúes.* Dicho de pers., tb. m. y f. *El documental trata sobre las costumbres de los papúes.*

paquebote. m. Embarcación que transporta pasajeros y correo de un puerto a otro. *Es grumete en un paquebote.*

paquete. m. **1.** Cosa constituida por otra u otras envueltas o atadas. *El cartero ha traído un paquete para tu padre. Debajo del árbol de Navidad están los paquetes con los regalos.* **2.** Conjunto de cosas de una misma clase o relacionadas entre sí, espec. si forman una unidad. *El Gobierno presenta un paquete de medidas para controlar el paro. Tiene un buen paquete de acciones de la compañía.* **3.** *Inform.* Conjunto de programas que se presentan reunidos. *El paquete incluye programas de procesamiento de datos. Un paquete de* software. **4.** coloq. Persona que va sentada en una motocicleta detrás del conductor. *Va de paquete en la moto de su amigo.* **5.** coloq. Castigo o sanción. *Si nos pilla el sargento, nos meterá un buen paquete.* **6.** coloq. Órganos genitales masculinos, espec. cuando se destacan bajo una prenda muy ceñida. *Con esos pantalones ajustados va marcando paquete.*

paquidermo. adj. **1.** *Zool.* Del antiguo grupo de los paquidermos (→ 2). *Mamíferos paquidermos.* ● m. **2.** *Zool.* Mamífero de piel muy dura y gruesa, como el hipopótamo o el elefante.

paquistaní. → **pakistaní.**

par. adj. **1.** cult. Igual o muy semejante. *Su obra no tiene par en la cultura occidental.* **2.** *Anat.* Dicho de órgano: Que corresponde simétricamente a otro igual. *Los riñones son órganos pares.* ● m. **3.** Conjunto de dos personas o cosas de la misma especie. *Un par* DE *niños juegan en la plaza. Un par* DE *banderillas. Se ha comprado un par* DE *zapatos.* **4.** Número par (→ **número**). *Espérame en la acera de los pares.* **5.** histór. En algunos países: Miembro de la nobleza. *Los pares de Francia.* **6.** *Dep.* En el golf: Número de golpes establecido para recorrer un campo o cada uno de sus hoyos. *Termina el recorrido con 81 golpes, uno sobre el par.* ■ **a la ~, o al ~.** loc. adv.

A la vez o a un tiempo. *Los dos cumplen años a la par.* Frec. en las constr. *a la ~ de,* o *al ~ de,* y *a la ~ que,* o *al ~ que. Fueron eliminados a la par de sus rivales más temidos. Al par que recibe los aplausos, es felicitada por sus compañeros.* ■ **a la ~.** loc. adv. Al lado. *Caminaron a la par un trecho del camino.* ■ **a ~es.** loc. adv. De dos en dos. Frec. fig., con intención enfática. *Se come los bocadillos a pares.* ■ **de ~ en ~.** loc. adv. Enteramente. Con *abrir. Abre la ventana de par en par.* ■ **echar,** o **jugar,** dos personas **a ~es y nones** (algo). loc. v. Sortear(lo) mediante el procedimiento de adivinar si el número de cosas que se esconden en la mano es par (→ 4) o impar. *¿Echamos a pares y nones quién empieza?* ■ **sin ~.** loc. adj. cult. Singular o único. *Un hombre sin par. Una belleza sin par.*

para. (Se pronuncia siempre átona). prep. **1.** Introduce un complemento que expresa el objetivo o el propósito de una acción. *Se puso un abrigo para no pasar frío. Volvió a explicarlo para que lo entendieran todos. –¿Me prestas tu coche? –Depende de para qué lo quieras. No sé para qué va a emplearlo.* **2.** Indica el sentido de un movimiento. *Saldremos mañana para Barcelona.* **3.** Introduce un complemento que expresa el tiempo en que se realizará una acción o se acabará algo. *Acabará la obra para finales de enero. Volverá para Navidad. Pospusieron la reunión para las cinco y media.* **4.** Introduce un complemento que expresa la utilidad que se da a algo. *Compró tela de algodón para camisas. Toma pastillas para bajar la tensión. Le prestaron un aparato para picar la carne.* **5.** Indica la desproporción que se considera que existe entre lo expresado en el enunciado anterior y lo que sigue. *Conduces bien para lo poco que has practicado. Lee muchos libros para el poco tiempo libre de que dispone. Bebe demasiado para su delicado estado de salud.* **6.** Indica que lo que sigue es suficiente o necesario en relación con lo expresado por el nombre o el adjetivo que la precede. *No tiene valor para reconocer que se ha equivocado. Le sobra preparación para lograrlo. Le falta perseverancia para llegar donde quiere. Es un alimento apto para el consumo.* **7.** Indica la materia o el asunto en los que alguien muestra capacidad o incapacidad. *Es muy habilidoso para arreglar todo tipo de máquinas. Es torpe para las matemáticas.* **8.** Seguida de infinitivo: A punto de. Se usa con *estar. Estaba ya para irse a la cama.* **9.** Indica la persona o cosa a las que va destinado algo. *El libro es para Laura. Este dinero es para comprar el regalo. –¿Qué has dicho? –Nada; hablaba para mí.* ■ **~ con.** loc. prepos. cult. Respecto a. *Tiene una serie de obligaciones para con ellos.*

parabién. m. Felicitación. *Recibió el parabién de todos sus allegados.*

parábola. f. **1.** Narración de un suceso fingido, de la que se extrae una enseñanza moral. *Me ha contado la parábola del hijo pródigo.* **2.** *Mat.* Curva cuyos puntos equidistan de una recta y de un punto fijos. *La parábola resulta de la intersección de un plano con un cono circular recto.*

parabólico, ca. adj. **1.** De la parábola o narración de un suceso fingido. *Lenguaje parabólico.* **2.** Dicho de antena, espec. de televisión: Que permite captar emisoras situadas a gran distancia. *Varias antenas parabólicas están conectadas con el radiotelescopio.* Tb. f. *Ha colocado una parabólica en el tejado.* **3.** *Mat.* De la parábola. *Trayectoria parabólica.* **4.** Que tiene forma de parábola. *El jugador lanzó un chute parabólico y consiguió el tanto.*

parabrisas. m. Cristal delantero de un automóvil. *Limpió el parabrisas con un paño humedecido.*

paracaídas. m. Artefacto de tela u otra materia resistente, que al extenderse en el aire toma la forma de una sombrilla, y sirve para moderar la velocidad de caída de los cuerpos que se lanzan desde las aeronaves. *Quieren lanzar en paracaídas víveres y medicinas sobre la región.* Tb. el artefacto similar que modera la velocidad de aterrizaje de ciertas aeronaves. *El transbordador espacial tuvo problemas con los paracaídas de frenado.*

paracaidismo. m. Actividad militar o deportiva que consiste en lanzarse en paracaídas. *Practica el paracaidismo en sus ratos libres.*

paracaidista. m. y f. Persona que practica el salto en paracaídas, espec. por deporte o como actividad militar. *Los paracaidistas participaron en el desfile militar.*

parachoques. m. Pieza que llevan los automóviles y otros vehículos en la parte delantera y trasera para amortiguar los efectos de un choque. *Tiene el parachoques abollado.* ▶ **frecAm:** PARAGOLPES.

parada. f. **1.** Hecho de parar o pararse. *Haremos una parada para merendar y después continuaremos. El guardameta realizó una parada providencial.* **2.** Lugar en que se para. *El Prado es una parada obligada para un turista que visite Madrid.* **3.** Lugar en que se detienen los vehículos destinados a transportes públicos para dejar y recoger pasajeros. *La parada de autobús está cerca de su casa.* **4.** Lugar destinado al estacionamiento de vehículos de alquiler. *Allí hay una parada de taxis.* **5.** Formación de tropas para pasarles revista o para desfilar. Frec. *~ militar. Fuimos a ver la parada militar con motivo de la Fiesta Nacional.*

paradero. m. **1.** Lugar donde para o se encuentra alguien. *El afortunado con el premio gordo se halla en paradero desconocido.* **2.** Am. Parada de transporte público. *Los Taxis Colectivos tienen su paradero en la Plaza de Tongoy* [C]. *Corrió al paradero y se puso en la fila del bus* [C].

paradigma. m. **1.** Modelo o ejemplo. *Su carrera profesional es un paradigma del éxito.* **2.** *Gram.* Esquema de flexión. *En español, los verbos se conjugan según tres paradigmas.* **3.** *Ling.* Conjunto de elementos sustituibles entre sí, que pueden aparecer alternativamente en el mismo contexto. *"Aquí" y "allí" pertenecen al paradigma de los adverbios de lugar.*

paradigmático, ca. adj. **1.** Del paradigma. *Es un caso paradigmático de estupidez.* **2.** *Ling.* Dicho de relación: Que se establece entre un elemento presente en la oración y otros elementos de su paradigma. *Entre los elementos de una oración se establecen relaciones sintagmáticas y paradigmáticas.*

paradisíaco, ca o **paradisiaco, ca.** adj. Del paraíso, o con sus características. *La isla es un lugar paradisíaco.*

parado, da. part. **1.** → **parar.** ● adj. **2.** Tímido o indeciso. *Es un chico un poco parado, no tiene iniciativa.* **3.** Dicho de persona: Que no tiene empleo. *Las personas paradas reciben un subsidio de desempleo.* Tb. m. y f. *El número de parados asciende a tres millones.* **4.** Am. De pie o derecho. *Ha de estar cansada tanto tiempo parada* [C]. Tb. fig. *No hay nada como nacer parado* [C]. ▶ **3:** DESEMPLEADO. ‖ **frecAm: 3:** CESANTE, DESOCUPADO.

paradoja. f. **1.** Hecho o dicho absurdos o contrarios al sentido común. *Es una paradoja que no quiera* *engordar y se atiborre a pasteles.* **2.** *Lit.* Figura de pensamiento que consiste en emplear expresiones o frases que encierran contradicción. *En el estilo poético de Quevedo abundan las antítesis y las paradojas.*

paradójico, ca. adj. Que implica o incluye una paradoja. *Se produjo la situación paradójica de que la criada se convirtió en la dueña.*

parador. m. En España: Establecimiento hotelero de alta categoría, dependiente de organismos oficiales. Tb. *Parador Nacional (de Turismo). El congreso se celebró en el Parador Nacional de Gredos.*

paraestatal. adj. Dicho de institución, organismo o centro: Que coopera con el Estado, por delegación de este, sin formar parte de la Administración Pública. *Una empresa paraestatal está encargada del suministro de gas.*

parafernalia. f. despect. Conjunto de objetos y usos ostentosos o llamativos de una ceremonia o un acto. *Las calles se inundaron de carteles, banderas y demás parafernalia electoral.*

parafina. f. *Quím.* Sustancia sólida compuesta por una mezcla de hidrocarburos, y obtenida de derivados del petróleo, que tiene aplicaciones industriales y farmacéuticas. *Velas de parafina.*

parafrasear. tr. Hacer la paráfrasis (de un texto). *Intente condensar el contenido del texto sin parafrasearlo.*

paráfrasis. f. **1.** Explicación o interpretación ampliada de un texto para hacerlo más claro. *El profesor realizó una paráfrasis del poema.* **2.** Frase que imita en su estructura a otra frase conocida, pero que se formula con palabras diferentes. *Su libro bien podría llamarse "Versos del General", paráfrasis de uno de los títulos de Neruda.*

paragolpes. m. frecAm. Parachoques. *Solo sintió el golpe limpio, que arrancó el paragolpes trasero* [C].

parágrafo. m. Párrafo. *La disposición contraviene lo expuesto en el tercer parágrafo.*

paraguas. m. **1.** Utensilio portátil, compuesto por un eje y un varillaje cubierto de tela impermeable, que sirve para protegerse de la lluvia. *Menos mal que llevaba el paraguas cuando empezó a llover.* **2.** Persona o cosa que sirven de protección. *El ozono hace de paraguas de los rayos ultravioleta.*

paraguayo, ya. adj. **1.** De Paraguay. *Asunción es la capital paraguaya.* Dicho de pers., tb. m. y f. *Un paraguayo ganó el premio.* ● f. **2.** Fruta semejante al melocotón pero achatada, de piel verde y rojiza, y carne blanquecina. *Añadió a la papilla de frutas un trocito de paraguaya.*

paraguazo. m. Golpe dado con un paraguas. *La señora dio un paraguazo al atracador.*

paragüero. m. Mueble o utensilio para colocar los paraguas y los bastones. *Puso un paragüero de loza a la entrada de la casa.*

paraíso. m. **1.** (Frec. en mayúsc.). En el Antiguo Testamento: Lugar en el que Dios puso a Adán y Eva. Tb. ~ *terrenal. Adán y Eva comieron del fruto prohibido en el Paraíso terrenal.* **2.** (Frec. en mayúsc.). En el cristianismo: Cielo o lugar en que se goza de la presencia de Dios. *Los santos están en el Paraíso.* **3.** Lugar agradable y de gran belleza natural. *El parque es un paraíso en medio de la ciudad.* Tb. fig., para designar cualquier lugar muy favorable para algo o alguien. *La ciudad se ha convertido en el paraíso* DE *los especuladores.* ■ ~ **fiscal.** m. País o territorio que, por sus ventajas fiscales, favorece la entrada de capitales extranjeros y la realización de operaciones financieras. *La empresa estaba radicada en un paraíso fiscal.* ▶ **1, 3:** EDÉN.

paraje. m. Sitio o lugar, espec. cuando son abiertos. *La cabra montés habita en parajes montañosos e inaccesibles.* ▶ *LUGAR.

paralaje. m. *Fís.* Desplazamiento de la posición aparente de un astro al ser observado desde distintos puntos. *El efecto del paralaje será menor cuanto más lejos esté el cuerpo celeste en cuestión.*

paralelepípedo. m. *Mat.* Sólido limitado por seis paralelogramos, cuyas caras opuestas son iguales y paralelas. *El cubo es un paralelepípedo. Un libro tiene forma de paralelepípedo.*

paralelismo. m. Condición de paralelo. *Paralelismo entre recta y plano. Existe cierto paralelismo entre la vida de Cervantes y la de Shakespeare.*

paralelo, la. adj. **1.** *Mat.* Dicho de línea o plano: Que se encuentra equidistante respecto a otros, por más que se prolonguen. *El trapecio tiene dos lados paralelos.* Dicho de línea, tb. f. *Traza dos paralelas* A *un plano.* **2.** Que tiene semejanzas o correspondencias. *Son situaciones paralelas. Vivió una experiencia paralela* A *la mía.* ● m. **3.** Semejanza o correspondencia entre personas o cosas. *El paralelo de este caso con el de la mujer asesinada es evidente. La obra de Lope no tiene paralelo en nuestra literatura.* **4.** *Geogr.* Cada uno de los círculos imaginarios que rodean la Tierra en un plano paralelo (→ 1) al Ecuador. *Los paralelos sirven para determinar la latitud de cualquiera de los puntos del globo terrestre.* ○ f. pl. **5.** *Dep.* Barras paralelas (→ **barra**). *Durante el ejercicio en las paralelas, el gimnasta debe soltar las dos manos alternativamente.* ■ **paralelas asimétricas.** f. pl. *Dep.* Barras asimétricas. *Consiguió una medalla de plata en paralelas asimétricas.* □ **en paralelo.** loc. adj. *Fís.* Dicho de conexión de varios componentes de un circuito eléctrico: Que se realiza de modo que los bornes de la misma polaridad están unidos entre sí. *Montajes en serie y en paralelo.* Tb. loc. adv. *¿Cuál es la diferencia de potencial en cada uno de los condensadores si se conectan en paralelo?*

paralelogramo. m. *Mat.* Cuadrilátero cuyos lados opuestos son paralelos entre sí. *El área de un paralelogramo se halla multiplicando su base por su altura.*

paralimpiada o **paralimpíada.** (Frec. en mayúsc.). f. Olimpiada en que los participantes son minusválidos. *Es invidente y participó en las Paralimpiadas de Sydney.* Frec. en pl. con significado sing. *Las primeras paralimpíadas se celebraron en Roma en 1960.*

paralímpico, ca. adj. **1.** De las paralimpiadas. *El patinaje artístico en silla de ruedas es un deporte paralímpico.* **2.** Dicho de deportista: Que ha participado en una paralimpiada. *El nadador paralímpico marcó un nuevo récord.* Dicho de pers., tb. m. y f. *La radio ha entrevistado a la paralímpica de la medalla de oro.*

parálisis. f. **1.** *Med.* Pérdida total o parcial del movimiento natural de una o varias partes del cuerpo. *Sufre una parálisis que le afecta a una pierna. Parálisis cerebral.* **2.** Detención de una actividad o de algo que la implica. *El atasco ha provocado una parálisis del tráfico.*

paralítico, ca. adj. Que padece parálisis. *Una niña paralítica. Camina renqueante, arrastrando su pierna paralítica.* Dicho de pers., tb. m. y f. *Hubo que ayudar a un paralítico en silla de ruedas a subir al autobús.* ▶ *INVÁLIDO.

parализación. f. Hecho de paralizar o paralizarse. *Le quedaron secuelas, como la paralización de una pierna. La huelga conseguirá la paralización del país.*

paralizador, ra. adj. Paralizante. *Sintió un miedo paralizador.*

paralizante. adj. Que paraliza. *La policía ha empleado un gas paralizante.* ▶ PARALIZADOR.

paralizar. tr. **1.** Causar parálisis (a alguien o algo). *Un accidente le paralizó las piernas.* Tb. en constr. prnl. media. *Las extremidades se le paralizarán debido a la enfermedad que padece.* **2.** Detener (algo, espec. una acción). *Los empresarios han paralizado la operación de compra.* Tb. en constr. prnl. media. *El país se paraliza en agosto.*

paralogismo. m. Razonamiento falso. *La supuesta demostración de esa teoría es un paralogismo.*

paramecio. m. *Zool.* Protozoo ciliado, con forma de suela de zapato, común en aguas estancadas. *Los alumnos observan amebas y paramecios por el microscopio.*

paramento. m. *Arq.* Cada una de las caras de una pared. *Las rejas se colocan superpuestas al paramento externo.*

paramera. f. Territorio donde abundan los páramos. *La sabina puede encontrarse en las altas parameras del interior peninsular.*

parámetro. m. **1.** Dato o factor que se toma en cuenta para analizar o valorar una situación. *Es difícil entender esta situación basándonos en los parámetros habituales.* **2.** *Mat.* Variable que sirve para identificar cada uno de los elementos de una familia mediante su valor numérico. *En las ecuaciones de segundo grado, "a", "b" y "c", que representan números, son los parámetros.*

paramilitar. adj. **1.** Que tiene características militares, espec. su estructura o su disciplina. *Un grupo paramilitar se ha enfrentado a la guerrilla.* ● m. y f. **2.** Miembro de una organización paramilitar (→ 1). *Los paramilitares entraron en la aldea y asesinaron a decenas de civiles.*

páramo. m. Extensión de terreno yermo, raso y de condiciones climáticas extremas. *Vive en un pueblo abandonado del páramo castellano.* Tb. fig. *La censura convirtió el país en un páramo cultural.* ▶ *YERMO.

parangón. m. Comparación o semejanza. *Su belleza no tiene parangón.*

parangonar. tr. Establecer una comparación (entre dos personas o cosas). *No es posible parangonar a ambos pintores.* Tb.: *Quisiera parangonar estos acontecimientos* CON *lo ocurrido hace unos años.*

paraninfo. m. En una universidad: Salón de actos. *El acto de investidura de los nuevos doctores se celebrará en el paraninfo.*

paranoia. f. *Med.* y *Psicol.* Trastorno de la personalidad por el que el individuo afectado recela, sin aparente lógica, de las personas que lo rodean, atribuyéndoles malas intenciones para con él. *En su paranoia, creía que la perseguían.*

paranoico, ca. adj. **1.** *Med.* y *Psicol.* De la paranoia. *Sufrió un brote paranoico.* **2.** *Med.* y *Psicol.* Que padece paranoia. *Enfermo paranoico.* Tb. m. y f. *Los paranoicos suelen argumentar con coherencia las ideas en que basan sus temores.*

paranoide. adj. *Med.* y *Psicol.* Que tiene rasgos paranoicos atenuados. *Psicosis paranoide. Su fantasía paranoide la lleva a pensar que todos estamos en contra de ella.*

paranomasia. f. Paronomasia. *En su poesía abundan las aliteraciones y las paranomasias.*

paranormal. adj. Dicho de cosa: Que no puede ser explicada por los conocimientos científicos actuales. *La parapsicología estudia fenómenos paranormales.*

parapente. m. **1.** Deporte que consiste en lanzarse desde una pendiente con un paracaídas rectangular, previamente desplegado, para realizar un descenso controlado. *El programa incluye parapente, ala delta y paracaidismo.* **2.** Paracaídas que se emplea en el parapente (→ 1) y en otras actividades deportivas. *Se lanzará en parapente desde lo alto de la colina.*

parapetar. tr. Resguardar (algo o a alguien) con un parapeto. *El asaltante se parapetó tras el rehén.* Tb. fig. *Se parapeta de las críticas tras un pseudónimo.*

parapeto. m. **1.** En puentes, escaleras y otras construcciones: Pared o baranda que se pone para evitar caídas. *Gracias al parapeto, se evitó que el muchacho cayera.* **2.** Terraplén o muro construidos para protegerse. *Derribaron el parapeto del bando enemigo.* Tb. fig. *Se ha fabricado un parapeto de libros y plantas para que no vean cómo pierde el tiempo.*

paraplejia o **paraplejía.** f. *Med.* Parálisis de la mitad inferior del cuerpo. *La lesión de la médula le causó una paraplejia.*

parapléjico, ca. adj. **1.** *Med.* De la paraplejia. *Lesión parapléjica.* **2.** *Med.* Que padece paraplejia. *Un chico parapléjico participó en el concurso.* Tb. m. y f. *Es un ejercicio adecuado para mejorar la calidad de vida de los parapléjicos.*

parapsicología. (Tb. **parasicología**). f. Estudio de los fenómenos y los comportamientos psíquicos, como la levitación o la premonición, que los conocimientos científicos actuales no pueden explicar. *La revista de parapsicología ha dado a conocer un caso de percepción extrasensorial.*

parapsicológico, ca. (Tb. **parasicológico**). adj. De la parapsicología. *Los fenómenos relatados pertenecen al ámbito parapsicológico.*

parapsicólogo, ga. (Tb. **parasicólogo**). m. y f. Persona especializada en parapsicología. *Ha consultado a videntes y parapsicólogos.*

parar. intr. **1.** Dejar de hacer un movimiento o de avanzar. *Pararemos un rato para comer algo. Para un momento, que se me ha caído una moneda.* Frec. prnl. *Se para delante de todos los escaparates.* Tb. fig. *No creas que se paró ahí, después empezó a insultarnos.* **2.** Seguido por *de* y un infinitivo: Cesar en lo expresado por él. *No podía parar de llorar. No ha parado de llover en todo el día. –¿Te sigue doliendo la cabeza? –No, ya ha parado.* Se usa frec. solo, con intención enfática, cuando va precedido de un elemento negativo. *Este niño no para, es agotador.* **3.** Terminar algo o llegar a su fin. *La música no paró hasta la madrugada. Cuando me desperté, la tormenta ya había parado.* **4.** Vivir o habitar provisionalmente en un sitio. *Mientras estuvo en Londres paró en el apartamento de unos amigos.* **5.** coloq. Permanecer alguien en un lugar o en una situación durante un tiempo. Se usa gralm. con el v. en forma negativa. *No puede parar quieto ni un minuto. Últimamente paro poco en* *casa.* **6.** Am. Levantarse o ponerse de pie. *Debe pararse de su asiento para besar la mano del ciego* [C]. **7.** Am. Levantarse o dejar la cama una persona que está acostada o un enfermo. *Las personas de campo siempre se acostumbran a pararse temprano* [C]. ○ tr. **8.** Hacer que (alguien o algo) paren (→ 1-3). *El portero paró el disparo del delantero. Ordenaron parar la investigación. Me pararon por la calle para preguntarme una dirección. No pares el motor del coche.* ○ intr. prnl. **9.** Seguido de *a* y un infinitivo o de *en* y un nombre: Emplear tiempo y atención en lo expresado por ellos. *No se ha parado a sopesar los pros y los contras. Párate en este párrafo y léelo con atención.* ■ **sin ~.** loc. adv. Continuamente. *Habla sin parar. Bailaron sin parar durante horas.* ■ **y para de contar.** expr. coloq. Se usa para enfatizar lo escaso de lo expresado en la enumeración que precede. *Prepararé unos aperitivos y unas bebidas, y pare usted de contar. No hay calefacción; una estufa y para de contar.*

pararrayo. m. Pararrayos.

pararrayos. m. Aparato que se coloca sobre los edificios o sobre otras construcciones para protegerlos de los rayos. *Han instalado un pararrayos en el tejado.* ▶ PARARRAYO.

parasicología..., parasicólogo. → **parapsicología..., parapsicólogo.**

parasimpático, ca. adj. *Anat.* Dicho de parte del sistema nervioso neurovegetativo: Que está constituida por la parte craneal y la parte espinal, y cuya acción es antagonista del sistema simpático. *Los centros del sistema parasimpático radican en los extremos del eje cerebroespinal.* Tb. m. *El corazón acelera sus latidos por la acción del simpático, y los retarda por la del parasimpático.*

parasíntesis. f. *Gram.* Procedimiento de formación de palabras en que intervienen la composición y la derivación. *"Encañonar" es un ejemplo de parasíntesis.*

parasitario, ria. adj. De los parásitos. *Infección parasitaria.*

parasitismo. m. Modo de vida propio del parásito. *El parasitismo se da entre los hongos.* Tb. fig. *Se quejaba del parasitismo de sus hijos.*

parásito, ta. adj. **1.** *Biol.* Dicho de organismo: Que vive a costa de otro de distinta especie, alimentándose de él y causándole perjuicio. *Los pulgones viven en ciertas plantas, de las que son parásitos.* Tb. m. y f. *El anofeles transmite el parásito culpable del paludismo.* **2.** *Fís.* Dicho de ruido: Que perturba las transmisiones radioeléctricas. *Es una grabación de gran calidad, en la que no se perciben ruidos parásitos.* ● m. **3.** Persona que vive a costa ajena. *Es un parásito de la sociedad.*

parasitología. f. *Biol.* Parte de la biología que estudia los parásitos. *Se ha especializado en parasitología tropical.*

parasol. m. **1.** Sombrilla. *Lee tumbada a la sombra del parasol.* **2.** En un vehículo: Pantalla que se coloca en la parte interna del parabrisas para evitar ser deslumbrado por el sol. *En la parte superior de los parasoles de mi coche hay un espejito.*

parca. la ~. loc. s. cult. La muerte. *No habéis de temer cuando se acerque la parca.*

parcela. f. **1.** Porción pequeña en que se divide un terreno. *Se ha comprado una parcela para construirse un chalé.* **2.** Parte de un todo. *No está dispuesto a ceder su parcela de poder.*

parcelación. f. Hecho de parcelar. *Tras la expropiación, se ha procedido a la parcelación de los terrenos. Las especializaciones dan lugar a la parcelación del saber.*

parcelar. tr. Dividir (algo) en parcelas. *Quieren parcelar la finca para venderla.*

parcelario, ria. adj. De la parcela de terreno. *Para evitar los problemas del minifundio, se favorecerá una política de concentración parcelaria.*

parche. m. **1.** Pedazo de tela, papel, piel u otra materia, que se pega o se cose sobre algo, gralm. para tapar un agujero. *Me ha puesto unos parches en los vaqueros rotos.* **2.** Trozo de tela o de otro material, que contiene un medicamento, y que se pone sobre una parte determinada del cuerpo. *Lleva unos parches en los pies para curarse los callos. Parches de nicotina.* **3.** Piel del tambor. *El parche está un poco destensado y el tambor no suena bien.* **4.** coloq., despect. Solución provisional que se da a algún problema. *Han criticado la nueva ley porque la consideran un simple parche.*

parchear. tr. Poner parches (a algo). *He llevado mi tienda de campaña a que la parcheen. Algunas disposiciones recientes han ido parcheando la situación.*

parchís. m. Juego que se practica en un tablero con cuatro o más salidas, en el que cada jugador mueve sus cuatro fichas del mismo color tantas casillas como indique el dado al lanzarlo, y en el que gana el que llegue antes a la casilla central. *Echamos una partida de parchís y me ganó.* Tb. el tablero. *Me regalaron un parchís.* ▶ **Am:** LUDO.

parcial. adj. **1.** De solo una parte, o que concierne solo a una parte. *Eclipse parcial. Ha firmado un contrato a tiempo parcial. Realizaron un escrutinio parcial de los votos.* **2.** Que toma partido a favor o en contra de alguien o algo, independientemente de que ello sea justo. *Recusarán al juez por parcial.* **3.** Propio de la persona parcial (→ 2). *El informe recoge una visión parcial de lo ocurrido.* ● m. **4.** Examen de una parte de una asignatura. *Tengo un parcial de historia a mediados de febrero.*

parcialidad. f. Cualidad de parcial o no neutral. *Acusaron a los telediarios de parcialidad informativa.*

parco, ca. adj. Corto o moderado. *Es parco* EN *palabras. La comida fue parca pero sabrosa.*

pardear. intr. Tomar algo color pardo. *Los campos segados pardean en la llanura.*

pardillo, lla. adj. **1.** coloq., despect. Rústico. Tb. m. y f. *Unos pardillos se asombraban al ver los adelantos técnicos de la ciudad.* **2.** Dicho de persona: Incauta o fácil de engañar. *No seas pardilla, que te está tomando el pelo.* Tb. m. y f. *El pardillo se dejó liar con cuatro zalamerías.* ● m. **3.** Pájaro pardo rojizo, cuyo macho tiene manchas de color rojo en la cabeza y el pecho. *El pardillo hembra. En las jaulas hay jilgueros y un par de pardillos.*

pardo, da. adj. **1.** Dicho de color: Oscuro y algo marrón o rojizo. *En el paisaje castellano predominan los tonos pardos.* Tb. m. *La parte superior de la seta es de un pardo oscuro.* **2.** De color pardo (→ 1). *Tiene los ojos pardos.*

pardusco, ca. adj. Que tira a pardo. *Color pardusco. Lleva un abrigo pardusco.* ▶ PARDUZCO.

parduzco, ca. adj. Pardusco. *Color gris parduzco. En la orilla hay algas verdes y parduzcas.*

pareado. m. Estrofa formada por dos versos que riman entre sí. *Es famoso el pareado: "Sin haberlo planeado / me ha salido un pareado".*

parear. tr. **1.** Igualar (dos o más cosas). *Los bailarines parearon sus movimientos.* Tb.: *El remolcador pareó su andadura* A *la del mercante.* **2.** *Taurom.* Poner banderillas (a un toro). *Saludó al público después de parear a su segundo toro.*

parecer. (conjug. AGRADECER). copul. **1.** Seguido de un adjetivo, un nombre o el pronombre *lo*: Presentarse u ofrecerse a la vista o a la consideración como lo expresado por ellos. *La casa parece vacía. Pareces preocupado. Es de seda aunque no lo parezca. El discurso le ha parecido un aburrimiento. Parece otro cuando se pone elegante. Me parece raro que no haya llegado todavía.* ○ intr. **2.** Seguido de una oración introducida por *que*: Existir la impresión de lo expresado por ella. *Parece que se avecina una tormenta. Parecía que el accidente no era grave.* **3.** Seguido de una oración introducida por *que*: Creer alguien que el hecho expresado por ella es probable o posible. *Me parece que llega mañana. Le parece que tiene posibilidades de aprobar.* **4.** Seguido del adverbio *bien* (o *mal*) u otro quivalente: Ser algo, según una persona, correcto o aceptable (o no). *Nos ha parecido mal que le mintieras. ¿Te parece bien llegar a estas horas?* **5.** vulg. Aparecer alguien o algo, o pasar a hacerse visibles. *Las llaves no parecen. ¿Ha parecido ya Pedro?* ○ intr. prnl. **6.** Tener semejanza una persona o cosa con otra. *Se parece* A *su padre.* Tb.: *No se parecen a pesar de ser hermanos.* ● m. **7.** Opinión o juicio. *Nadie le ha pedido su parecer. Tienen pareceres distintos.* **8.** cult. Apariencia o disposición física de una persona. *Es un hombre de buen parecer.* ■ **a lo que parece,** o **al ~.** loc. adv. Según lo que muestran o dejan ver los indicios. *Al parecer, se han enfadado.* ■ **~ bien** (o **mal**) alguien o algo. loc. v. vulg. Causar buena (o mala) impresión al mirarlos. *¡Qué mal pareces con esos pantalones! Ese jarrón no parece nada bien ahí.* ▶ **6:** ASEMEJAR.

parecido[1]. m. Semejanza. *Su parecido con ella es asombroso.*

parecido[2]**, da.** part. **1.** → **parecer.** ● adj. **2.** Que se parece a otro. *Diseñaremos una casa parecida* A *la tuya.* ■ **bien** (o **mal**) **~.** loc. adj. Dicho de persona: Que tiene buen (o mal) físico. *Tu novio es bien parecido. Ella no era mal parecida.* ▶ **2:** *SEMEJANTE.

pared. f. **1.** Superficie, gralm. vertical, construida para cerrar o limitar un espacio, espec. en edificios. *Voy a pintar la pared de amarillo. Vivía en una casucha miserable con paredes de paja. Una abeja fabricaba las paredes de una nueva celdilla.* **2.** Superficie lateral de un cuerpo. *Algunas pinturas prehistóricas adornan las paredes de la cueva. Las paredes de la tinaja han criado verdín.* **3.** Superficie vertical de una montaña. *Escaló la pared rocosa ayudándose de sus manos.* **4.** *Biol.* y *Anat.* Superficie que limita algunos cuerpos o algunos órganos. *El calcio contribuye a fortalecer la resistencia de las paredes celulares. El óvulo fecundado se adhiere a la pared uterina.* **5.** *Dep.* En fútbol: Jugada en la que un jugador, para salvar a un contrario, pasa el balón a otro compañero, que se lo devuelve inmediatamente adelantándoselo. Frec. con *hacer. El delantero hizo una pared con su compañero y rebasó al contrario.* ■ **~ maestra.** f. *Arq.* Cualquiera de las paredes (→ 1) más gruesas que sostienen un edificio. *El terremoto ha producido una grieta en una pared maestra.* □ **contra la ~.** loc. adv. En una situación difícil o de apuro. Frec. con *poner. El fiscal, con sus preguntas, pone contra la pared a la acusada.* ■ **de ~.** loc. adj. Dicho de objeto: Que está destinado a colocarse adosado a una pared (→ 1) o colgando de ella. *Reloj de pared. Aplique de pared.* ■ **entre cuatro ~es.** loc. adv. Sin trato con la gente o sin salir de casa o de un cuarto. *Me he pasado la vida encerrado entre estas cuatro paredes y ahora quiero conocer mundo.* ■ **las ~es oyen.** expr. Se usa para advertir sobre el peligro de que sea escuchado algo que debe permanecer en secreto. *Háblame más bajo que las paredes oyen.* ■ **~ por medio.** loc. adv. Con una pared de separación. *Su habitación está pared por medio de la mía. Los Sánchez y los Gómez viven pared por medio.* ■ **subirse por las ~es.** loc. v. coloq. Mostrarse muy irritado. *La directora está hoy que se sube por las paredes.*

paredón. m. Pared delante de la que se coloca a los que van a ser fusilados. *Unos cadáveres yacían junto al paredón.* Frec. en la constr. *al ~. Lo llevaron al paredón para ser ejecutado.*

parejo, ja. adj. **1.** Igual o semejante. *Su casa es pareja* A *la mía.* **2.** Dicho de cosa: Que forma pareja (→ 3) con otra, o está contigua a ella. *Pediremos asientos parejos en el avión.* ● f. **3.** Conjunto de dos personas o cosas con alguna semejanza o relación entre sí. *Formaban una atractiva pareja de actores.* Designa espec. la formada por personas o por animales unidos por vínculos amorosos o sexuales. *Una pareja se besa en el parque. La pareja de cigüeñas ha vuelto a anidar en la torre de la iglesia.* Tb. la formada simplemente por un hombre y una mujer, o un animal macho y la hembra correspondiente. *Noé juntó una pareja de cada especie. Ya tenemos una hija, pero nos hace ilusión reunir a la parejita.* **4.** Persona o cosa respecto a otra con la que forma pareja (→ 3). *Ella es su pareja de baile. Me he puesto un calcetín, pero no encuentro la pareja. Vivo con mi pareja.* ● adv. **5.** frecAm. De igual modo. *El tinte es difícil de aplicar parejo con la brocha* [C]. *Los equipos estaban casi parejo en el tanteador* [C]. ■ **correr** algo **parejas** (con otra cosa). loc. v. Ser comparable una cosa (a otra). *Su egoísmo corre parejas* CON *su avaricia. Su falta de escrúpulos y su rencor desmedido corrían parejas.* ▶ **Am: 3:** MANCUERNA.

paremiología. f. Estudio de los refranes. *Especialistas en paremiología.*

parénquima. m. **1.** *Bot.* Tejido vegetal constituido por células casi esféricas con funciones pralm. de nutrición. *La mayor parte de las células de una planta forman el parénquima.* **2.** *Anat.* Tejido de los órganos glandulares. *Parénquima renal.*

parental. adj. **1.** De los padres. *El niño nació con síndrome de abstinencia transmitido por vía parental. El instinto parental hace que los animales protejan a sus hijos.* **2.** De los padres o de los parientes. *Necesita un permiso parental para firmar los documentos.* **3.** *Biol.* En genética: De uno o de ambos individuos que dan origen a un cruzamiento. *Fenotipo parental.*

parentela. f. Conjunto de los parientes de alguien. *Ha invitado a toda su parentela.*

parenteral. adj. *Med.* Que se efectúa a través de una vía distinta de la digestiva, como la intravenosa, la subcutánea o la intramuscular. *Le han recetado un medicamento de administración parenteral. La nutrición parenteral es muy frecuente en niños prematuros.*

parentesco. m. **1.** Vínculo entre personas que descienden unas de otras, o de un antepasado común. *El antropólogo desarrolló las líneas de parentesco entre el homínido y el hombre.* Tb. el vínculo equivalente que se establece con otra persona y su familia, por razones de matrimonio. *Tenemos algún parentesco, ya que su padre está casado con la prima de mi madre.* **2.** Relación o unión entre las cosas con origen o características comunes. *El alfabeto latino tiene parentesco con el griego.*

paréntesis. m. **1.** Signo ortográfico doble ( ) que se usa para aislar un inciso o una aclaración intercalados en un enunciado. *Entre paréntesis incluyo algunas explicaciones.* **2.** *Mat.* Signo igual que el paréntesis (→ 1), que se usa para aislar una expresión e indicar que una operación debe efectuarse sobre esa expresión entera. **3.** Suspensión o interrupción. *Después de la reunión hicimos un pequeño paréntesis para comer.* ■ **entre** ~. loc. adv. En duda. Frec. con *poner* o *estar*. *La entrenadora puso entre paréntesis la puntuación del jurado.*

pareo. m. Prenda femenina similar a un pañuelo grande, que se lleva, anudada a la cintura o por encima del pecho, sobre el bañador. *Bajó a la playa con un pareo encima del bañador.*

pargo. m. Pez marino comestible de color rosado, cuerpo ovalado y tamaño algo mayor que el besugo, común en los mares de España.

paria. m. y f. **1.** Habitante de la India perteneciente a la clase social más baja. *Los parias están fuera del sistema de castas.* **2.** Persona despreciada u oprimida dentro de un grupo. *Al final, somos los parias de siempre los que tenemos que hacer el trabajo.*

parias. f. pl. histór. Tributo que pagaba un soberano a otro en reconocimiento de su superioridad. *El rey moro vino a rendir parias al rey cristiano.*

parida. f. coloq. Tontería (hecho o dicho). *No le hagas caso, que no dice más que paridas.*

paridad. f. **1.** Igualdad o semejanza. *Hay que conseguir la paridad de oportunidades laborales.* **2.** *Econ.* Valor comparativo de una moneda con otra. *La paridad entre la peseta y el euro es de 166,3 pesetas por cada euro.*

parido, da. part. **1.** → **parir.** ● adj. **2.** Dicho de hembra: Que ha parido hace poco tiempo. *Una vaca recién parida.* Tb. f., referido a mujer. *Las recién paridas tienen que guardar reposo.*

pariente, ta. m. y f. **1.** (Frec. como f. se usa **pariente**). Persona que, respecto de otra, tiene parentesco con ella. *Mis parientes de Venezuela vendrán este verano a visitarnos. Es la pariente pobre de la familia.* ● m. **2.** coloq. Marido respecto de la mujer. *Tengo al pariente en la cama con fiebre.* ○ f. **3.** coloq. Mujer respecto del marido. *Esta noche salgo con la parienta.* ■ **pariente pobre.** m. y f. Persona o cosa más desfavorecidas con respecto a las demás de su mismo grupo. *La cultura fue la pariente pobre en el reparto de las subvenciones.*

parietal. adj. **1.** De la pared, espec. de un órgano. *La pleura está compuesta por una hoja visceral y otra parietal.* ● m. **2.** *Anat.* Hueso parietal (→ **hueso**). *Los dos parietales están situados en el cráneo.*

parihuela. f. Artefacto formado por dos varas gruesas con un tablero atravesado, que sirve como camilla o para transportar una carga. Frec. en pl. con significado sing. *Vamos a llevar los sacos en parihuelas. Sacaron de la plaza en parihuelas al torero herido.*

paripé. m. coloq. Fingimiento o simulación. *Esa investigación no es más que un paripé de cara al exterior.* Frec. en la constr. *hacer el* ~. *No sé si seré capaz de hacer el paripé ante tus padres.*

parir. intr. **1.** Expulsar una hembra vivípara el feto al final de la gestación. *La yegua parió ayudada por un veterinario.* Referido a la mujer, a veces coloq. *¡Parece que es la única en el mundo que ha parido!* ○ tr. **2.** Expulsar una hembra vivípara (el feto) al final de la gestación. *La perra ha parido tres cachorrillos.* Referido a la mujer, a veces coloq. *Ella es la que me parió y me sacó adelante.* **3.** Producir o crear (algo). *Le ha costado mucho esfuerzo parir esa idea.* ▶ **2, 3:** ALUMBRAR.

parisiense. adj. De París. *Parques parisienses.* Dicho de pers., tb. m. y f. *Los parisienses tienen una gran oferta cultural.* ▶ PARISINO.

parisino, na. adj. Parisiense. *Un café parisino.* Dicho de pers., tb. m. y f. *Dos parisinas paseaban cerca del Sena.*

paritario, ria. adj. Dicho de organismo: Que está constituido por partes que tienen el mismo número de representantes con los mismos derechos. *Los estibadores proponen a los patronos que se forme una comisión paritaria.*

paritorio. m. Sala de partos de una maternidad. *El padre no ha querido entrar al paritorio.*

párkinson. m. Enfermedad de Parkinson (→ **enfermedad**). *Uno de los síntomas del párkinson es el temblor de manos.*

parlamentar. intr. Negociar o entablar conversaciones con la parte contraria para llegar a un acuerdo. *El Gobierno parlamenta* CON *la oposición. Se presentó con un pañuelo blanco para parlamentar* CON *el atracador.* Tb.: *Los representantes de cada bando estuvieron parlamentando durante horas.*

parlamentario, ria. adj. **1.** Del Parlamento. *Grupo parlamentario.* ● m. y f. **2.** Persona que va a parlamentar. *Designaron a un parlamentario para que tratara las condiciones de rendición de la plaza.* **3.** Miembro de un Parlamento. *Una parlamentaria votó a favor.*

parlamentarismo. adj. Sistema parlamentario. *Se han cumplido ya varios años de parlamentarismo democrático.*

parlamento. m. **1.** Hecho de parlamentar. *Cada bando esperaba que fuera el otro el que diera algún paso en señal de parlamento.* **2.** (En mayúsc.). Cámara o asamblea legislativa, nacional o provincial. *El Parlamento aprobará una nueva ley.* Tb. su sede. *El Parlamento está situado en aquella plaza.* **3.** Discurso que se dirige a una audiencia. *En su parlamento, se refirió al problema del paro.* **4.** En teatro: Intervención larga e ininterrumpida en verso o en prosa. *El actor recita un parlamento de más de diez minutos.*

parlanchín, na. adj. coloq. Que habla mucho, espec. de forma inoportuna. *Tengo una amiga parlanchina que me deja siempre en ridículo.* Tb. m. y f. *Apenas podíamos oír la película por culpa de unos parlanchines.*

parlante. adj. **1.** Que habla. *Máquina parlante. Busto parlante.* ● m. **2.** Am. Altavoz. *Esperó hasta que oyó su nombre por el parlante* [C]. *Los parlantes del computador* [C].

parlar. intr. **1.** coloq. Hablar o charlar. *Han estado toda la tarde parla que te parla.* ○ tr. **2.** coloq. Decir (algo) de forma inoportuna. *Ten cuidado con lo que le cuentas porque luego todo lo parla por ahí.*

parlotear. intr. coloq. Hablar, gralm. mucho o sin sustancia, o por entretenimiento. *Como hacía mucho que no se veían, se pusieron a parlotear entre ellos.* Frec. referido a algunas aves para expresar el sonido característico que emiten. *Se oye aullar a los monos y parlotear a los guacamayos.*

parloteo. m. coloq. Hecho de parlotear. *Me levanta dolor de cabeza con su continuo parloteo. La casa se llena de las risas de los niños y de sus alegres parloteos.*

parmesano, na. adj. **1.** De Parma (ciudad de Italia). *Un escultor parmesano.* Dicho de pers., tb. m. y f. *Los parmesanos derrotaron al equipo contrario.* **2.** Dicho de queso: De pasta dura, fabricado con leche de vaca, y originario de la llanura italiana de Lombardía. *Me gusta el queso parmesano en muchos platos.* Tb. m. *Espolvoree un poco de parmesano por encima de los macarrones.*

parnaso. m. **1.** cult. Conjunto de todos los poetas, o los de un pueblo o tiempo determinado. *El autor puede presumir de formar parte del moderno parnaso europeo.* **2.** cult. Colección de poesías de varios autores. *Rebuscaba en las librerías a la busca de antiguos parnasos.*

parné. m. coloq. Dinero. *Te gusta demasiado el parné, así que ya puedes encontrar una novia rica.*

paro. m. **1.** Hecho de parar, o dejar de hacer un movimiento o una acción. *Le ha dado un paro cardíaco.* **2.** Interrupción de la actividad laboral promovida por algún grupo social, espec. en señal de protesta. *Los sindicatos han convocado un paro de tres horas.* **3.** Situación del que no tiene trabajo. *Se ha quedado en el paro. Lleva un año en paro.* **4.** Conjunto de las personas que no están empleadas porque no encuentran trabajo. *El paro ha disminuido en los últimos meses.* **5.** Subsidio que percibe, o puede percibir, el que no tiene trabajo. *Está cobrando el paro.* ▶ **3-5:** DESEMPLEO. ‖ **Am** o **frecAm: 3-5:** CESANTÍA, DESOCUPACIÓN.

parodia. f. Imitación burlesca. *Los humoristas hicieron una parodia de los personajes políticos más famosos. La situación era digna de una parodia.*

parodiar. (conjug. ANUNCIAR). tr. Hacer una parodia (de alguien o algo). *Por su manera de reírse, lo han parodiado muchas veces. Le gusta parodiar acentos extranjeros.*

paródico, ca. adj. De la parodia o que la incluye. *Su obra tiene un marcado tono paródico.*

parónimo, ma. adj. Dicho de dos o más vocablos: Que tienen entre sí relación o semejanza por su forma o su sonido. *"Estático" y "extático" son palabras parónimas.* Tb. m. *Al pronunciar los parónimos "aptitud" y actitud" habrá que marcar bien la diferencia para que no suenen igual.*

paronomasia. f. **1.** *Lit.* Semejanza entre dos o más vocablos que solo se diferencian por la vocal acentuada. *Entre "azar" y "azor" hay una paronomasia.* **2.** *Lit.* Figura consistente en colocar próximos en la frase dos vocablos semejantes en el sonido, pero diferentes en el significado. *El mensaje de "Secreto de dos, secreto de Dios" es más eficaz gracias a la paronomasia.* ▶ PARANOMASIA.

parótida. f. *Anat.* En las personas y en los animales mamíferos: Glándula salival situada debajo del oído y detrás de la mandíbula inferior. *La médica le apreció una inflamación de la parótida.*

paroxismo. m. **1.** Grado más alto de un sentimiento. *Unos fanáticos, en su paroxismo, ofrecieron a su líder el sacrificio de sus vidas.* **2.** *Med.* Máxima intensidad de los síntomas de una enfermedad. *Paroxismo febril.*

paroxístico, ca. adj. *Med.* Del paroxismo. *El artículo describe algunas manifestaciones paroxísticas de la enfermedad.*

paroxítono, na. adj. *Fon.* Llano. *Las palabras "pesca" y "azúcar" son paroxítonas.*

parpadeante. adj. Que parpadea. *Contemplan el espectáculo de millones de estrellas parpadeantes.*

parpadear. intr. **1.** Abrir y cerrar los párpados. *Intenta no parpadear mientras te echo el colirio.* **2.** Vacilar o moverse intermitentemente una luz. *La luz del candil parpadea. El piloto de la batería parpadea cuando esta se carga.*

parpadeo. m. Hecho de parpadear. *El parpadeo y el escozor de ojos son síntomas de cansancio. Notó que alguien había entrado por el parpadeo de la llama.*

párpado. m. Membrana móvil de piel que protege externamente los ojos. *Tiene los párpados enrojecidos porque ha dormido poco. Los reptiles tienen párpados.*

parque. m. **1.** Terreno arbolado y ajardinado, con fines ornamentales o de recreo, situado gralm. en una población o en las inmediaciones de un edificio. *Los niños juegan en el parque que está cerca de casa.* **2.** Conjunto de materiales, instrumentos o aparatos destinados a un servicio. *Se ha aumentado el parque de ordenadores de la institución investigadora.* **3.** Lugar para estacionar vehículos de un servicio. *Varios camiones se alinean en los hangares del parque de bomberos.* **4.** Pequeño recinto, consistente en una armazón cerrada, acondicionado para que jueguen en él los niños que aún no andan. *Metió al bebé en el parque mientras limpiaba la casa.* ■ **~ acuático.** m. Recinto dotado de piscinas y otras instalaciones para juegos de agua. *No les importa hacer cola en verano para entrar en el parque acuático.* ■ **~ de atracciones.** m. Recinto de ocio que ofrece espectáculos e instalaciones recreativas. *Me quiero montar en la montaña rusa del parque de atracciones.* ■ **~ móvil.** m. Conjunto de vehículos propiedad del Estado y que dan servicio a un ministerio un organismo. *Habrá que renovar el parque móvil de la policía local.* ■ **~ nacional.** m. Terreno natural extenso, acotado por el Estado para la conservación de la fauna y la flora. *En el parque nacional anida una especie de águila en peligro de extinción.* ■ **~ temático.** m. Recinto de ocio organizado en torno a un asunto determinado. *La ciudad quiere crear un parque temático del cine. Lo más visitado fue el parque temático acerca del descubrimiento de América.* ■ **~ zoológico.** m. Lugar en que se conservan, cuidan y a veces se crían diversas especies animales, para recreo de las personas que lo visitan. *El animal más conocido del parque zoológico de Barcelona era un gorila albino.* ⇒ ZOO, ZOOLÓGICO.

parqué. m. **1.** Suelo de maderas finas ensambladas. *Hay que acuchillar el parqué.* **2.** *Econ.* Recinto donde se realizan las operaciones de bolsa. *Al correrse la voz de la caída de la bolsa, muchas personas acudieron al parqué.*

parqueadero. m. Am. Aparcamiento (lugar). *El parqueadero de la Plaza de Toros estaba ya repleto de carros* [C]. ▶ *APARCAMIENTO.

parquear. tr. Am. Aparcar (un vehículo). *Calles importantes quedan bloqueadas por la forma irregular de parquear los autos* [C]. ▶ APARCAR.

parqueo. m. **1.** Am. Hecho o efecto de parquear. *El accidente se debió al mal parqueo del tractocamión* [C]. **2.** Am. Aparcamiento (lugar). *Me esperaba al lado de mi auto estacionado en el parqueo del Instituto*

[C]. *Prefería caminar, tomar un taxi, desentenderse del estrés de conducir y buscar parqueo* [C]. ▶ **2:** *APARCAMIENTO.

parquedad. f. Cualidad de parco. *No sabemos más detalles, debido a la parquedad de la nota de prensa. Su parquedad contrasta con nuestra gula.*

parquímetro. m. Máquina destinada a regular mediante pago el tiempo de estacionamiento de los vehículos. *Han instalado parquímetros en los barrios con más tráfico.*

párr. abrev. Párrafo. *Art. 25, párr. 3° del Reglamento.*

parra. f. Vid, espec. la que está levantada artificialmente y extiende mucho sus vástagos. *Adán y Eva aparecen con los órganos sexuales tapados por hojas de parra.* ■ **subirse** alguien **a la ~.** loc. v. **1.** coloq. Encolerizarse. *Reconozco que me subí a la parra cuando oí que me insultaban.* **2.** coloq. Darse importancia. *Son especialistas en subirse a la parra hablando de sus coches y mansiones.* **3.** coloq. Pedir un precio excesivo. *El piso es bonito, pero se han subido a la parra.*

parrafada. f. **1.** coloq. Fragmento largo y pesado de una conversación. *Nos ha soltado una parrafada acerca de los peligros del alcohol.* **2.** coloq. Conversación o charla. *Tenemos que quedar un día para echar una parrafada.*

párrafo. m. **1.** Cada una de las divisiones de un escrito limitadas por punto y aparte. *En el quinto párrafo del informe es donde se menciona tu labor.* **2.** Signo ortográfico (§) con que a veces se destaca un párrafo (→ 1) o se separan divisiones internas de un capítulo. *El párrafo se utiliza en textos formales.* ▶ PARÁGRAFO. ‖ **Am: 1:** ACÁPITE.

parral. m. Conjunto de parras sostenidas con armazón. *Pondremos una mesa y unas sillas bajo el parral para comer en verano.*

parranda. f. coloq. Juerga bulliciosa, espec. la que se hace yendo de un sitio a otro. *Han estado de parranda toda la noche. ¡Qué siga la parranda!*

parrandear. intr. frecAm. coloq. Ir de parranda. *Amanecíamos por ahí parrandeando* [C].

parrandeo. m. coloq. Hecho o efecto de parrandear. *Los fines de semana siempre estaba de parrandeo.*

parrandero, ra. adj. coloq. Que parrandea. *Era un tipo borrachín y parrandero.* Tb. m. y f. *Con el tiempo dejó de ser un parrandero.*

parricida. adj. cult. Que comete parricidio. *Familia parricida.* Dicho de pers., tb. m. y f. *Lo han condenado por ser el parricida de su madre.*

parricidio. m. cult. Muerte dada por una persona a un familiar próximo, espec. al padre o a la madre. *Lo han detenido por el doble parricidio de su madre y de su esposa.*

parrilla. f. **1.** Utensilio de hierro en forma de rejilla, que se pone al fuego para asar o tostar alimentos. *Pon ya las chuletas en la parrilla de la barbacoa.* **2.** Restaurante especializado en asados, que se preparan gralm. a la vista del cliente. *El bautizo se celebra en una conocida parrilla.* **3.** *Radio* y *TV* Rejilla de programación. *La parrilla de la nueva cadena ofrece más informativos.* **4.** Am. Portaequipajes. *Las ventas de ropa, zapatos y mercería que iban en la parrilla del vehículo quedaron esparcidas en la vía* [C]. ■ **~ de salida.** f. En algunos deportes, como automovilismo o motociclismo: Espacio señalado al principio de la pista, en el que se sitúan los participantes dispuestos para competir. *Los que posean mayor puntuación ocuparán los mejores puestos en la parrilla de salida.* ▶ **1, 2:** GRILL. **3:** REJILLA.

parrillada. f. Plato compuesto por diversas carnes o pescados a la parrilla. *De segundo, vamos a compartir una parrillada de pescado.*

párroco. m. Cura que tiene a su cargo una parroquia. *Nos casa el párroco del pueblo.*

parroquia. f. **1.** Iglesia encargada de administrar los sacramentos y de atender espiritualmente a los fieles de un territorio o distrito. *Van a comenzar las obras de reforma de la parroquia del pueblo.* Tb. ese territorio. *Los dos pueblos pertenecen a la misma parroquia.* **2.** Conjunto de feligreses. *Toda la parroquia está colaborando en el programa de ayuda a los pobres.* **3.** Conjunto de clientes de un establecimiento. *El camarero recién contratado fue muy celebrado por toda la parroquia femenina.*

parroquial. adj. De la parroquia. *Iglesia parroquial. Hoja parroquial.* Tb. f., referido a iglesia. *La misa se celebra en el parroquial del barrio antiguo.*

parroquiano, na. m. y f. Persona que pertenece a una parroquia. *Después de que los parroquianos ocuparan sus sitios, comenzó la misa. Desde que abrí el bar, tengo unos cuantos parroquianos fijos.*

parsec o **pársec.** m. *Fís.* Unidad astronómica de longitud, equivalente a 3,26 años luz (Símb. *pc*). *¿A cuántos pársec de distancia están las dos estrellas?*

parsi. m. Individuo perteneciente a un pueblo procedente de la antigua Persia, seguidor de la religión de Zoroastro, y que habita en la India actual. *Los parsis creen en la vida eterna y el más allá.*

parsimonia. f. Lentitud o flema. *Su parsimonia al andar contrasta con su expeditiva forma de trabajar. Contestó con parsimonia a todas las preguntas.* ▶ *LENTITUD.

parsimonioso, sa. adj. Lento o flemático. *Su parsimoniosa descripción sirvió para hacernos una idea completa de la obra. Es un hombre parsimonioso y tranquilo.* ▶ *LENTO.

parte[1]. f. **1.** Cosa que con otra u otras constituye un todo. *Las partes del cuerpo están bien diferenciadas. La pata es una parte de la silla. Voy a cortar el pastel en cuatro partes iguales.* **2.** Conjunto de partes (→ 1) de un todo. *Una parte del salón no tiene ventanas al exterior. Pasaré en la playa parte de mis vacaciones. La mayor parte de sus compañeros de trabajo son abogados. Destina una parte considerable de su sueldo a pagar la hipoteca.* **3.** Parte (→ 1) que corresponde a alguien en un reparto. *Con mi parte de la herencia voy a abrir un negocio.* **4.** Cada una de las divisiones principales de una obra científica o literaria. *La primera parte de la novela tiene seis capítulos.* **5.** Obra entera relacionada con otra u otras con las que forma un todo. *Solo he leído una de las partes de la trilogía.* **6.** Cada una de las personas o grupos que negocian, luchan o discuten entre sí. Se usa espec. en derecho. *El contrato debe ir firmado por las partes y los testigos. En cualquier enfrentamiento, la razón completa no la tiene ninguna de las partes.* **7.** Sitio o lugar. *Lo he buscado por todas partes. Estará en cualquier parte.* **8.** Cada uno de los aspectos en que se puede considerar una persona o cosa. *Por una parte es un piso bonito, pero por otra está muy lejos.* ○ pl. **9.** Órganos genitales. *Le dio un puntapié en sus partes.* Frec. *~s pudendas. No tiene vergüenza, anda enseñando sus partes pudendas.* ■ **~ alícuota.** f. *tecn.* Parte (→ 1) proporcional. *Cada ministerio es respon-*

sable de la parte alícuota del déficit presupuestario. ⇒ ALÍCUOTA. ■ ~ **decimal,** o **fraccionaria.** f. *Mat.* En un número decimal: Parte (→ 1) situada después de la coma y que corresponde a un número con valor absoluto menor que la unidad. *La parte decimal de 9,2 es 2.* ■ ~ **de la oración.** f. *Gram.* Categoría gramatical. *El verbo es una parte de la oración.* ■ ~ **entera.** f. *Mat.* En un número decimal: Parte (→ 1) situada antes de la coma y que corresponde a un número entero. *La parte entera de 22,5 es 22.* □ **dar** ~ (a alguien) (en algo). loc. v. Dejar(lo) participar (en ello). *Vamos a darle parte* EN *el negocio.* ■ **de** (un tiempo, como años o meses) **a esta** ~. loc. adv. Desde el tiempo que se expresa hasta el momento en que se habla. *De unos años a esta parte, ha descendido la natalidad.* ■ **de** ~ **a** ~. loc. adv. De un lado o extremo al otro. *Le atravesó el corazón de parte a parte con el puñal.* Frec. fig. con *equivocarse. Te has equivocado de parte a parte: solo lo hizo por tu bien.* ■ **de** ~ (de alguien). loc. adv. En nombre o por encargo (de esa persona). *Cuando vayas a recoger el paquete, di que vas de nuestra parte. Traigo un mensaje de parte del jefe de departamento.* ■ **de** ~ (de alguien o de algo). loc. adv. A favor (de él o de ello). Frec. con v. como *estar* o *ponerse. La justicia no estuvo de parte* DE *Narciso y fue condenado por un crimen que no había cometido. Si te pones* DE *su parte en este asunto, no cuentes con mi ayuda. Me pongo de parte* DE *la verdad.* ■ **en** ~. loc. adv. No enteramente. *En parte, tiene razón en lo que dice.* ■ **la** ~ **del león.** f. La parte (→ 3) mayor o más beneficiosa. *En las ventas a plazos la parte del león corresponde al sector automovilístico.* ■ **llevar la peor** (o **mejor**) ~. loc. v. Resultar perjudicado (o beneficiado). *Como es el hijo del jefe, en este asunto lleva la mejor parte.* ■ **no ir a ninguna** ~ una cosa. loc. v. No tener importancia. *Hoy en día un euro no va a ninguna parte. No te preocupes, que sus amenazas no van a ninguna parte.* ■ ~ **por** ~. loc. adv. Completamente o sin omitir nada. *Vamos a analizar el texto parte por parte.* ■ **poner,** o **hacer,** alguien **de su** ~. loc v. Aplicar los medios que están a su alcance para el logro de un fin. *Tienes que poner algo de tu parte si quieres curarte. No hace nada de su parte para salir del apuro.* ■ **por otra** ~. loc. adv. Además. *No quiero ir al cine esta tarde; por otra parte, tampoco tengo dinero para la entrada.* ■ **por** ~. loc. adv. Seguido de un complemento con *de* y un nombre, se usa para expresar relación de parentesco. *Son hermanos por parte de padre.* ■ **por** ~ (de alguien). loc. adv. En lo que se refiere (a esa persona). *Por mi parte, no hay ningún problema en que venga.* ■ **por** ~**s.** loc. adv. Separando los puntos o las circunstancias de la materia que se trata. *No me lo explique todo a la vez, vayamos por partes.* ■ **salva sea la** ~. loc. s. coloq., eufem. Parte (→ 1) del cuerpo que no se quiere mencionar directamente, espec. las nalgas. *Me dio una patada en salva sea la parte.* ■ **tomar,** o **ser,** o **tener** ~ (en algo). loc. v. Participar o interesarse activamente (en ello). *No voy a tomar parte* EN *esta discusión. Juró que no había tenido parte* EN *la muerte de su hermano.* ▶ **1:** AÑICOS, FRACCIÓN, FRAGMENTO, PEDAZO, PORCIÓN, SECCIÓN, TRIZA, TROZO. **3:** PARTICIÓN. **4:** FRAGMENTO.

parte[2]**.** m. Comunicación o noticia, frec. oficiales, que se dan sobre algo o alguien. *Después del telediario dan el parte meteorológico. El parte médico del paciente era favorable.* Tb. el escrito en que aparece. *Lee a los periodistas el parte de defunción. El guardia de seguridad lo anotó en el parte de incidencias.* ■ **dar** (**el**) ~ (de algo). loc. v. Comunicar(lo) de manera oficial. *No ha dado parte* DE *las ausencias injustificadas de su subordinado.* Tb. fig., con intención humoríst. *En cuanto se entere de que se han divorciado, correrá a dar el parte a sus vecinos.* ■ **dar** ~ (de algo). loc. v. Denunciar(lo) a una autoridad. *Dio parte* DEL *asesinato a la policía. ¿En qué fecha vino a la comisaría a dar parte?*

parteluz. m. *Arq.* Columna delgada que divide en dos, verticalmente, el hueco de una ventana o una puerta. *En el parteluz del arco del Pórtico de la Gloria hay una estatua del apóstol Santiago.*

partenaire. (pal. fr.; pronunc. "partenér"). m. y f. Persona que interviene como compañero o pareja de otra en algo, espec. en un espectáculo. *El mago hizo desaparecer a su* partenaire *con un truco muy brillante. Su nuevo* partenaire *en el programa es un presentador muy conocido.* ¶ [Equivalentes recomendados: *compañero, pareja, socio*].

partenogénesis. f. *Biol.* Modo de reproducción de algunos animales y plantas en que no intervienen las células sexuales masculinas. *Muchos insectos, como los pulgones, se reproducen por partenogénesis.*

partero, ra. m. y f. Persona que asiste a una parturienta, con o sin titulación para ello. *La partera llegó después de que ella hubiera roto aguas.* ▶ *COMADRÓN.

parterre. m. Jardín o parte de jardín con césped y flores dispuestos de manera ornamental, y a veces paseos. *El palacio tiene parterre de estilo francés. La plaza ha sido ajardinada con hermosos parterres.*

partición. f. **1.** Hecho de dividir o repartir. *El fin de la guerra trajo consigo una partición del territorio. El matrimonio ha hecho partición de bienes.* **2.** Parte que resulta de haber dividido o repartido algo. *Le corresponde una partición de la herencia que incluye la casa de sus padres.* ▶ **2:** PARTE.

participación. f. **1.** Hecho o efecto de participar en algo o de algo. *Contamos con tu participación* EN *el homenaje. Este año las elecciones tendrán una amplia participación.* **2.** Comunicación o noticia que se dan de algo. *La participación del enlace matrimonial de los jóvenes fue una gran alegría.* Tb. el documento en que aparecen. *He olvidado la participación en casa y no sé llegar a la iglesia.* **3.** Parte que se juega en un décimo de lotería. *¿Vendes participaciones* EN *el sorteo de Navidad?* Tb. el billete en que consta. *He perdido dos participaciones* DE *lotería para el próximo sábado.* **4.** Parte que se posee en el capital de un negocio o de una empresa. *Tiene varias participaciones* EN *la empresa.*

participante. adj. Que participa en algo o de algo. *Los países participantes fueron cinco.* Dicho de pers., tb. m. y f. *En este juego intervienen solo tres participantes.*

participar. intr. **1.** Estar o encontrarse alguien entre los que hacen algo. *Participarán veinte equipos* EN *la competición.* **2.** Recibir una parte de algo. *Participa* DE *los beneficios.* **3.** Compartir o tener algo en común con otro. *No puede participar* DE *la alegría general.* **4.** *Econ.* Tener parte en una sociedad o negocio, o ser socio de ellos. *Participa* EN *la sociedad con un capital de cinco millones de euros.* ○ tr. **5.** Comunicar (algo) a alguien, o hacérse(lo) saber. *Le envía una carta participándole su próxima su boda.*

partícipe. adj. Que participa en algo o de algo. *Los ministros partícipes* EN *esta reforma son de tendencia progresista. El cuadro es partícipe* DE *las características de la época. Me hizo partícipe* DE *su secreto.*

Dicho de pers., tb. m. y f. *La represalia puede afectar a los partícipes en el acuerdo.*

participio. m. *Gram.* Forma no personal del verbo, capaz de variar de género y número, que en español termina en *-ado* o *-ido*, que funciona sintácticamente como un adjetivo o que forma parte de determinadas construcciones verbales. *En la perífrasis "llevo leídos tres capítulos", "leídos" es un participio.* Tb. ~ *pasivo. El participio pasivo de "ir" es "ido".*

partícula. f. **1.** Parte pequeña de materia. *A contraluz, se veían diminutas partículas* DE *polvo.* **2.** *Ling.* Elemento invariable que sirve para unir palabras u oraciones. *"Pero" es una partícula adversativa.* ■ ~ **alfa.** f. *Fís.* Núcleo de helio, espec. el procedente de algunas sustancias radiactivas. *La fusión nuclear produce partículas alfa.* ■ ~ **elemental.** f. *Fís.* Partícula (→ 1) no susceptible de ser descompuesta en otras menores. *Electrones, protones y neutrones son partículas elementales.*

particular. adj. **1.** Propio y privativo de algo o alguien. *Es una decisión muy particular, que solo tú puedes tomar. Ha alegado razones particulares para negarse a aceptar el cargo.* **2.** Especial o poco corriente en su línea. *Tienes unos gustos muy particulares. El fenómeno solo tiene lugar en circunstancias particulares.* **3.** Que se refiere solo a una parte de un conjunto. Se usa en contraposición a *universal* o *general. Es preferible primar los intereses generales sobre los particulares.* **4.** Que no es de propiedad o uso públicos. *Procure no utilizar el vehículo particular para ir al trabajo.* **5.** Dicho de acto: Que es privado y es llevado a cabo por una persona que tiene una representación oficial o pública. *El presidente viajó a Portugal en visita particular.* ● m. y f. **6.** Persona que no tiene título o cargo oficial que la distingan. *Este piso lo vende un particular.* ○ m. **7.** Asunto o materia. *Sobre ese particular, no tengo más que añadir.* ■ **en** ~. loc. adv. **1.** De manera concreta o singular. *No recuerdo ese caso en particular. ¿Buscan a alguien en particular?* **2.** Especialmente. *Su padre, y en particular su madre, eran las personas que más quería.* ■ **sin otro** ~. loc. adv. Sin nada más que decir o añadir. Se usa en fórmulas de despedida de cartas formales. *Sin otro particular, reciba un cordial saludo.* ▶ **2:** *ESPECIAL.

particularidad. f. Circunstancia particular, propia o especial. *Analicemos el asunto sin entrar en particularidades. Tiene la particularidad de ser el único soltero del grupo.*

particularismo. m. **1.** Preferencia del interés particular sobre el general. *Prevaleció el bien común por encima de particularismos.* **2.** Tendencia de un grupo o de un individuo a mantener sus características particulares. *Será difícil llegar a un consenso por los particularismos de algunas regiones.*

particularista. adj. Del particularismo o que lo manifiesta. *Intereses particularistas. Visión particularista.*

particularizar. tr. **1.** Dar (a alguien o algo) la particularidad que los distingue. *El vinagre tiene un olor especial que lo particulariza.* **2.** Hacer alguien distinción particular (de algo). *Me molesta que hable en general, sin particularizar los nombres de aquellos a quienes critica.* ○ intr. prnl. **3.** Distinguirse o singularizarse. *La agencia se particulariza* POR *los viajes de aventura.*

particularmente. adv. **1.** De manera particular. *Yo, particularmente, sugeriría que la reunión se celebrara el jueves.* **2.** Sobre todo o especialmente. *Le gusta toda la música clásica, particularmente la ópera. Fue una decisión particularmente desagradable.*

partida. f. **1.** Hecho de partir o marchar. *Su partida nos entristece.* **2.** Anotación de determinados hechos o circunstancias de la vida de una persona en un registro civil o religioso. Tb. el documento en que consta. *Necesitas el DNI para que te tramiten tu partida* DE *nacimiento. Tengo que presentar dos copias de mi partida* DE *bautismo.* **3.** En una cuenta: Cantidad parcial. *La partida de educación de los Presupuestos Generales del Estado se ha incrementado.* **4.** Cantidad de un género de comercio que se entrega o se envía de una vez. *Mañana recibiremos una nueva partida de relojes.* **5.** Grupo de civiles armados, espec. el organizado para delinquir. *Una partida de bandoleros atemorizaba a la región.* Tb. fig. para designar despectivamente a un grupo. *Esos no son más que una partida de indeseables.* **6.** Número de jugadas previamente establecidas en un juego para que uno de los jugadores resulte ganador. *Una partida de ajedrez. Jugamos a los dados y perdí la partida.* ■ ~ **de caza.** f. Excursión de varias personas para cazar. *Fueron invitados a una partida de caza en la finca.*

partidario, ria. adj. **1.** Que está a favor de una persona o una idea, o las apoya. *Todavía quedan sectores partidarios* DE *la pena capital.* Tb. m. y f. *Que levanten la mano los partidarios* DE *Carmen.* **2.** Que defiende exageradamente o con parcialidad a alguien o algo. *El concejal fue acusado de partidario a la hora de adjudicar el proyecto.* Tb. m. y f.

partidismo. m. Adhesión exagerada o parcial a alguien o algo. *Es evidente el partidismo de ese periódico.*

partidista. adj. Que manifiesta partidismo. *El libro refleja una visión partidista de la Historia. Un juez partidista.* Dicho de pers., tb. m. y f. *No puedes desconfiar de la objetividad de la institución por la existencia de unos cuantos partidistas.*

partido[1]. m. **1.** Organización política constituida por personas de una misma ideología. *La dictadura suprimió los partidos.* Frec. ~ *político. Su partido político no tiene representación parlamentaria.* **2.** Conjunto de personas que siguen o defienden una misma opinión o causa. *En los toros existían varios partidos: de Manolete, de Joselito...* **3.** Provecho o ventaja. Frec. con *sacar. Sacó partido de las posibilidades de victoria que se le presentaron.* **4.** Encuentro deportivo entre dos equipos o dos jugadores. *Un partido de tenis.* **5.** Territorio que comprende varios pueblos de una provincia, sometido a la jurisdicción de un juez de primera instancia. Tb. ~ *judicial.* **6.** Persona casadera, considerada deseable por su posición social o económica. *Es médico, tiene dinero, vamos, ¡todo un partido!* Frec. con los adj. *buen* o *mal* o equivalentes. *No era mal partido el chico aquel.* ■ ~ **bisagra.** m. Partido (→ 1) minoritario que funciona entre otros dos mayores asegurando con su apoyo la función del que gobierna. *El partido vencedor tendrá que contar con la ayuda de algún partido bisagra.* ■ **tomar** ~. loc. v. Decidirse. *No tomó partido* POR *ninguno de los dos. No voy a tomar partido; decid vosotras qué hay que hacer.* ▶ **4:** ENCUENTRO.

partido[2], da. part. **1.** → **partir.** ● adj. **2.** Dicho de cosa, frec. de horario o jornada laboral: Que se divide en dos o más partes. *Como tengo horario partido, voy a comer a casa. Las hojas pueden ser dentadas o partidas.*

partir. tr. **1.** Dividir (algo) en dos o más partes. *Partió la tiza* EN *tres trozos. La carretera parte el pueblo* EN *dos. Hay que partir la leña* EN *trozos menudos.*

Tb. en constr. prnl. media. *El río se parte* EN *dos cerca de su desembocadura.* **2.** *Mat.* Dividir (una cantidad) por otra. *Tres partido* POR *tres es igual a uno.* **3.** Repartir o distribuir (algo) entre varios. *Partió sus propiedades* ENTRE *sus hijos.* **4.** Romper (algo), deshaciendo sus componentes. *Parte las avellanas con una piedra.* Tb. en constr. prnl. media. *La lápida se ha partido. Me caí y me partí una pierna.* **5.** coloq. Perjudicar (a alguien). *Tener que devolverle ahora el dinero, me parte.* ○ intr. **6.** Salir de un lugar o ponerse en marcha. DE *aquí partieron muchas expediciones* HACIA *América. Partiremos* DEL *pueblo por la mañana. Llegó la hora de partir.* **7.** Seguido de un complemento introducido por *de:* Tomar lo expresado por él como base para un razonamiento. *Has llegado a esa conclusión partiendo de unos supuestos falsos. Tenemos que partir de las mismas premisas.* ○ intr. prnl. **8.** coloq. Reírse mucho. *Cuenta unas cosas para partirse.* Frec. *~se de risa. Nos partimos de risa con sus chistes.* ■ **a ~ de.** loc. prepos. **1.** Desde. *A partir del lunes, cierran por las tardes.* **2.** Seguido de un nombre, expresa que lo designado por él es la base o punto de partida. *A partir de este esquema, desarrollaremos el plan de trabajo. A partir de la capital, la carretera es recta.* ▶ **2:** DIVIDIR. **3:** *REPARTIR.

partisano, na. adj. Guerrillero. *Habían sido camaradas en las fuerzas partisanas.* Dicho de pers, tb. m. y f. *Los partisanos lucharon contra el ejército de ocupación.*

partitivo, va. adj. *Gram.* Que expresa parte de un todo. *Complemento partitivo.* Dicho de adjetivo numeral, tb. m. *"Onceavo" es un partitivo.*

partitura. f. Texto de una composición musical correspondiente a cada uno de los instrumentos o voces que la ejecutan. *Se sabe de memoria la partitura.*

parto. m. **1.** Hecho de parir. *El parto presenta algunas complicaciones al ser madre primeriza.* **2.** Producción u obra de alguien o algo. A veces con intención despect. *La nueva canción del verano es uno de sus últimos partos.* ■ **el ~ de los montes.** loc. s. coloq. Cosa que no cumple las expectativas creadas con respecto a los esfuerzos invertidos. *El rodaje de la película fue el parto de los montes.* ▶ **1:** ALUMBRAMIENTO.

parturienta. adj. Dicho de mujer: Que está de parto o recién parida. *Mujeres parturientas.* Tb. f. *La parturienta tiene contracciones cada vez más frecuentes.*

parusía. f. *Rel.* Advenimiento glorioso de Jesucristo al fin de los tiempos. *En el cuadro aparece un trono vacío que simboliza la "parusía" o segunda venida de Cristo.*

parva. → **parvo.**

parvedad. f. Cualidad de parvo. *La parvedad de sus recursos.*

parvo, va. adj. **1.** cult. Pequeño en tamaño, importancia o cantidad. *Posee un parvo bagaje cultural.* ● f. **2.** Mies tendida en la era para trillarla o ya trillada. *Separan la parva del grano.*

parvulario. m. **1.** Centro de enseñanza preescolar o para párvulos. *Inscribió a su hija en un parvulario.* **2.** Conjunto de los párvulos. *Medio parvulario está enfermo de gripe.*

párvulo, la. adj. **1.** Dicho de niño: Que recibe enseñanza preescolar. Tb. m. y f. *El recreo de los párvulos es a las diez.* **2.** cult. De muy corta edad. Tb. m. y f. *La párvula solo tenía unos meses.* **3.** Inocente o que es fácil de engañar. *Si no hubieras sido tan párvula, no te hubieran robado.* Tb. m. y f. ▶ **3:** *INGENUO.

pasa. → **paso**[2].

pasable. adj. Que puede pasar o tiene lo justo para ser aceptable. *Habla bien inglés y su francés es pasable.*

pasacalle. m. Marcha popular de compás muy vivo. *El pasacalle desfilará por todo el centro de la ciudad.*

pasada. f. **1.** Hecho de pasar de un lado a otro. *El avión dio varias pasadas sobre la ciudad para fotografiarla. Unas pasaditas con la varita mágica... ¡y apareció el conejo!* **2.** Hecho de repasar o de pasar ligeramente. *Voy a darle una pasada al vestido, que está un poco arrugado. Quisiera darle una pasada al trabajo antes de entregarlo. Este suelo necesita una pasada.* **3.** Hecho de pasar o aplicar un producto de una vez. *Deje secar el barniz todo un día, antes de la segunda pasada.* **4.** coloq. Hecho que perjudica a alguien, gralm. de manera intencionada. *Fue una pasada esperar al último minuto para despedirlo.* Frec. en la constr. *jugar una mala ~. Los nervios le han jugado una mala pasada. Su amigo le jugó una mala pasada quitándole la novia.* ■ **de ~.** loc. adv. De paso. *Vi las fotos de pasada. Si vas a la cocina, de pasada me traes un tenedor.*

pasadizo. m. Paso estrecho. *La puerta de entrada está en el pasadizo que une las dos calles. Para llegar al valle, hay que conducir al ganado por un pasadizo.* Frec. designa un paso secreto de algunos edificios. *Los presos escaparon por un pasadizo subterráneo.*

pasado, da. part. **1.** → **pasar.** ● adj. **2.** Dicho de tiempo: Que es inmediatamente anterior al momento presente. *Nació el pasado mes de mayo. Empezó el lunes pasado.* ● m. **3.** Tiempo anterior al presente. *En el pasado, tuvimos una pelea.* **4.** Cosas que sucedieron en el pasado (→ 3). *Quiere rehacer su vida y olvidar su pasado.*

pasador. m. **1.** Barra de metal sujeta a una puerta, ventana o tapa, que se corre hasta hacerla entrar en una hembrilla, y que sirve como sistema de cierre. *El cerrojo tiene un sistema de seguridad por el que bloquea el pasador.* Tb. ese sistema de cierre. *El ferretero asegura que el pasador de resbalón es el más eficaz.* **2.** Barrita que pasa por los anillos o los agujeros de algunos objetos y sirve de eje para el movimiento de sus piezas. *Las varillas del abanico van unidas entre sí con un pasador.* **3.** Aguja grande que usan las mujeres para recogerse el pelo. *Me he puesto un pasador para que no me moleste el pelo en la cara.* **4.** Prendedor con el que se sujeta la corbata a la camisa. *Lleva una corbata azul con un pasador de plata.*

pasaje. m. **1.** Hecho de pasar o ir de una parte a otra. *El pasaje* A *la otra orilla será complicado por la fuerte corriente.* **2.** Sitio o lugar por donde se pasa. *Atravesamos un peligroso pasaje entre las montañas.* **3.** Billete para un viaje en avión o en barco. *Compramos los pasajes para volar a Irlanda por la mitad de precio.* En Am. designa el billete para un viaje en cualquier medio de transporte. *Los productos que mostraron incrementos fueron: pasaje de autobús, pasaje de metro, taxis* [C]. **4.** Totalidad de los viajeros de un barco o un avión. *El pasaje del vuelo suspendido tuvo que hacer noche en un hotel. El trasbordador tiene exceso de pasaje.* **5.** Fragmento de una obra literaria o musical. *Me pidió que leyera un pasaje de la Biblia. La grabación incluye algunos de los más bellos pasajes líricos.* **6.** Paso entre dos calles, algunas veces cubierto. *De la plaza sale un pequeño pasaje en donde está su casa.*

pasajero, ra. adj. **1.** Que pasa rápido o dura poco. *Su reacción fue debida a un enfado pasajero.* ● m. y f.

2. Persona que utiliza un medio de transporte, no siendo el conductor. *En el avión volaban cincuenta pasajeros. Un pasajero del autobús fue multado por viajar sin billete. El turismo dispone de airbag en el asiento del pasajero.* ▶ **1:** EFÍMERO, TEMPORAL, TRANSITORIO. || **frecAm: 1:** TEMPORARIO.

pasamanería. f. Conjunto de géneros como galones, cordones, flecos o borlas, que sirven para guarnecer o adornar vestidos y otras cosas. *Las cortinas de la sala son de terciopelo con pasamanería de época.*

pasamano. m. Pasamanos. *Sujétate al pasamano para no caerte.*

pasamanos. m. Listón que se coloca sobre las barandillas. *Bajó la escalerilla apoyándose en el pasamanos.* Tb. la barandilla misma. *Hay que subir la escalera con precaución, pues un tramo del pasamanos se ha desprendido.* ▶ PASAMANO.

pasamontañas. m. Gorro que cubre la cabeza hasta el cuello, salvo la cara, o salvo los ojos y la nariz, y que sirve para protegerse del frío. *Ponte un pasamontañas y una buena bufanda si vas a pasear por la nieve.*

pasante. m. y f. Abogado que trabaja como auxiliar de otro abogado para adquirir experiencia en la profesión. *Una pasante del bufete fue la encargada de llevar los trámites.*

pasantía. f. Actividad de pasante. *Como no quería hacer la pasantía se puso a estudiar un máster.*

pasaportar. tr. **1.** coloq. Despedir (a alguien) o echar(lo) de forma definitiva o duradera del lugar donde desarrolla su actividad. *Como no trabajes mejor te van a pasaportar.* **2.** coloq. Matar (a una persona o a un animal). *Pasaportó al toro de una estocada.*

pasaporte. m. Documento que acredita la identidad y la nacionalidad de una persona, y que se exige para viajar a determinados países. *Su pasaporte está expedido en Honduras.* ■ **dar (el) ~** (a alguien). loc. v. **1.** coloq. Despedir(lo) o echar(lo) de forma definitiva o duradera del lugar donde desarrolla su actividad. *Cuando te den pasaporte en tu trabajo, ¿de qué vas a vivir?* **2.** coloq. Matar(lo). *El matón amenazó con darle el pasaporte.*

pasapurés. m. Utensilio de cocina para colar y reducir a puré ciertos alimentos. *Cuando hayas frito la salsa de tomate, pásala por el pasapurés.*

pasar. tr. **1.** Hacer que (alguien o algo) vayan de un lugar o situación a otros. *Al llegar, me pasaron* A *la sala de espera. Pasa las cuentas* A *este cuaderno. Tenemos que pasar toda esta ropa* AL *armario grande. He pasado este documento* A *la red. Cuando llegó a la edad reglamentaria, lo pasaron* A *la reserva.* **2.** Atravesar o cruzar (algo). *Pasaron el río por donde cubría menos. Cuando pasemos el túnel, estaremos en otra provincia.* **3.** Hacer alguien que (algo) llegue a otra persona. *Pásame la sal. Le pasaron una nota en mitad de la reunión.* **4.** Introducir o sacar de forma fraudulenta (géneros u objetos sometidos a control). *Lo pillaron pasando marihuana en su maleta. Intentaba pasar los cuadros robados por la frontera.* **5.** Estar (durante un tiempo determinado) en un lugar o en una situación. *Pasan los veranos en la playa. Ha pasado la noche a la intemperie. Pasó años sin hablarme.* Tb. prnl. *Se pasa el día yendo y viniendo.* **6.** Experimentar (una sensación o una emoción). *Vas a pasar calor con ese jersey. Hemos pasado mucho miedo. No te imaginas la vergüenza que pasé.* **7.** Ir más allá (de un determinado límite). *Consiguió pasar la frontera. El avión pasa la barrera del sonido. Ha pasado usted el límite de velocidad.* Tb. prnl. *Me he pasado la parada.* **8.** Superar o aventajar (a alguien o algo) en la cantidad que se indica. *Me pasa casi 20 cm de alto.* **9.** Tolerar o consentir (algo o a alguien). *Os he pasado muchas faenas. No le paso ni una más por muy hijo del jefe que sea. Nadie pasa a ese idiota.* **10.** Llevar (algo) por encima de otra cosa, de modo que la vaya tocando. *Tenía el tic de pasarse la mano por el pelo. Una vez barnizado, hay que pasarle la lijadora. Le pasó un paño para quitarle el polvo.* **11.** Hacer que (algo) pase (→ 1) a través de otra cosa. *Pasa la salsa* POR *el chino. A ver si puedes pasar este hilo* POR *el ojo de la aguja.* **12.** Tragar (un alimento o una bebida). *Después de la operación solo podía pasar líquidos.* **13.** Proyectar (una película). *Esta película no la han pasado nunca en televisión. En un cine pasan "Viridiana" en versión original.* **14.** *Dep.* Entregar un jugador (la pelota) a otro de su mismo equipo. *Le pasó el balón al delantero de un cabezazo.* Tb. usado en constr. intr. *Juan pasa a Luis y este tira a gol.* ○ intr. **15.** Ir de un lugar a otro. *Pase* AL *salón. El fuego pasó* DESDE *el segundo piso* HASTA *el tejado. El rumor ha pasado* DE *unos* A *otros. Pasemos* A *otro asunto.* **16.** Ir al estado o situación que se expresan. *Tenemos que pasar* A *la acción. En muy poco tiempo han pasado* DEL *amor* AL *odio.* Tb. prnl. *Se ha pasado* A *la oposición.* **17.** Empezar a realizar la acción que se expresa. *Pasemos* A *tratar el siguiente punto. Paso ahora* A *proyectar unas diapositivas.* **18.** Mantenerse en unas condiciones aceptables. *La blusa puede pasar, pero la falda está para tirarla. No sé cómo pasan con tan poco dinero. No podría pasar sin teléfono.* Tb. prnl. *Podemos pasarnos sin él perfectamente. Por ahora nos pasaremos a pan y agua.* **19.** Transcurrir el tiempo. *De eso han pasado ya muchos años.* Tb. prnl. *Se nos pasan las horas sin sentir.* **20.** Acabar o llegar a su fin algo. *¿Le ha pasado ya el dolor de cabeza?* Tb. prnl. *Ya hablaremos cuando se te pase el enfado.* **21.** Ser tenido en un determinado concepto o consideración. *Prefiero pasar* POR *pesado antes que callarme. Pasa* POR *ser una persona sensata.* **22.** Ir a un lugar para hacer algo que requiere poco tiempo. *¿Te va bien que pase hoy* POR *tu casa para recoger el paraguas? Tengo que pasar* POR *la oficina para firmar unos papeles. Pasaba* POR *aquí y he entrado a saludarte.* **23.** Ir por un lugar, atravesándolo o recorriéndolo. *La nueva carretera no pasará* POR *el pueblo. La procesión pasa* POR *la calle principal.* **24.** Ir más allá de un determinado límite o de lo razonable. *La vías están cortadas y el tren no pasa* DE *Manresa. No pueden pasar: es una zona privada. No pasó* DE *soldado raso.* Tb. prnl. *Te has pasado: no deberías haberle dicho eso. Me he pasado* DE *parada. Gana quien se acerca más a veintiuno sin pasarse.* **25.** Tolerar o consentir lo que se expresa. *Han tenido que pasar* POR *todas sus exigencias. Si ha pasado* POR *eso, pasa* POR *todo.* **26.** Ocurrir o suceder algo. *No te preocupes: no pasa nada. ¿Te pasa algo?, tienes mala cara. Eso te pasa por ir despistado. No nos había pasado nunca que nos registraran el equipaje.* **27.** En algunos juegos: No jugar alguien cuando es su turno. *En esta mano paso. Si no tienes triunfo, tendrás que pasar.* **28.** coloq. No tener interés en lo que se expresa, o renunciar a ello. *Paso* DE *hacer nada, estoy harto. Pasa* DE *decirle nada. Pasaban* DE *todo el mundo. Esta tarde pasamos* DE *las clases y nos vamos al cine. Si hay coles, yo paso.* ○ intr. prnl. **29.** Ponerse algo, espec. un alimento en un estado que no es el óptimo para su utilización o consumo. *No te comas la sandía porque está pasada. El pescado está empezando a pasarse.*

Hoy se ha pasado el arroz. El perfume está casi pasado. **30.** Tener alguien en exceso la cualidad expresada. *Eso es pasarse* DE *bueno. Se pasa* DE *amable; llega a resultar empalagoso.* **31.** No detenerse una pieza o un mecanismo donde deberían por haberse gastado. *El grifo se ha pasado y no deja de gotear. El tornillo se pasó* DE *rosca.* **32.** coloq. Olvidársele algo a alguien. *Se me pasó echar la carta al buzón. Que no se te pase llamarlo.* ■ **lo pasado, pasado.** expr. Se usa para exhortar a alguien a olvidar o perdonar los motivos de queja o enfado que pueda tener. *Lo pasado, pasado, y tan amigos.* ■ **~ de largo.** loc. v. Pasar (→ 15) sin detenerse. *Seguro que pasan de largo por delante de mi casa. El haz de luz iluminó la entrada y pasó de largo.* ■ **~ por alto** (algo o a alguien). loc. v. No tener(los) en cuenta. *No podemos pasar por alto una oferta así. Me ha pasado por alto al leer la lista.* ■ **~(se)lo.** loc. v. Seguida de adverbios como *bien* o *mal:* Estar en una situación de la manera indicada por ellos. *Lo pasamos genial. Sufría viendo lo mal que lo pasaba. ¿Qué tal os lo estáis pasando?* ■ **~se de listo.** loc. v. coloq. Equivocarse por exceso de malicia. *Se cree muy astuto, pero se pasa de listo.* ▶ **26:** *SUCEDER.

pasarela. f. **1.** Plataforma móvil por la que se accede a un barco. *Los pasajeros saludan desde la pasarela a los familiares que esperan en el muelle.* **2.** Puente para los peatones, situado gralm. sobre una carretera o una vía de ferrocarril. *Unos gamberros tiraban piedras desde una pasarela de la autovía.* **3.** Pasillo estrecho y algo elevado destinado a los desfiles de moda. *Las modelos en traje de baño desfilaron sobre la pasarela.*

pasatiempo. m. Diversión o entretenimiento que sirven para pasar un rato agradable. *La lectura es su pasatiempo preferido.*

pascal. m. *Fís.* Unidad de presión del Sistema Internacional que equivale a la presión uniforme que ejerce la fuerza de un *newton* sobre la superficie plana de un metro cuadrado (Símb. *Pa*). *Para el experimento se sometió el gas a una presión de 15 pascales.*

pascua. (En mayúsc. en acep. 1-4). f. **1.** En la Iglesia católica: Fiesta solemne de la Resurrección de Cristo. *El Corpus se celebra en jueves, transcurridos sesenta días después del domingo de Pascua.* Tb. *Pascua Florida.* **2.** En la Iglesia católica: Fiesta de las solemnidades del nacimiento de Cristo, la adoración de los Magos y la venida del Espíritu Santo. Frec. *Pascua de Navidad, Pascua de Epifanía* o *Pascua de Pentecostés. La romería del Rocío se celebra en la Pascua de Pentecostés.* **3.** Fiesta de los hebreos en memoria de la libertad del cautiverio de Egipto. *Es costumbre sacrificar un cordero la víspera de la Pascua judía.* ○ pl. **4.** Tiempo desde la Natividad de Cristo hasta el día de Reyes inclusive. *En Pascuas nos reunimos la familia para pasar juntos las fiestas.* ■ **como unas ~s.** loc. adv. coloq. En estado de gran alegría. *Se puso como unas pascuas al enterarse de que había aprobado.* ■ **de Pascuas a Ramos.** loc. adv. coloq. De tarde en tarde. *Nos vemos solo de Pascuas a Ramos.* ■ **hacer la ~** (a alguien). loc. v. coloq. Fastidiar(lo) o perjudicar(lo). *Como llegues tarde nos haces la pascua.* ■ **santas ~s.** expr. coloq. Se usa para expresar que hay que conformarse con lo dicho o hecho. *Me vio, me saludó; yo le di la mano y santas pascuas.*

pascual. adj. De la Pascua. *Ciclo pascual.*

pase. m. **1.** Hecho de pasar. *El tanto del último minuto le ha valido su pase* A *la final. El primer pase de la película es a las cuatro. El desfile comienza con un pase de lencería.* **2.** Permiso que da una autoridad para disfrutar de un privilegio. *Sin pase no se puede entrar en el edificio.* Tb. el documento en que consta. *Tengo tres pases gratis para ver el espectáculo.* **3.** Permiso por escrito para que puedan pasar o circular mercancías y personas. *El pase de fronteras es válido para un año.* **4.** Movimiento que hace el hipnotizador o el mago con las manos para someter a un cuerpo a su influencia. *Al tercer pase, usted despertará y no recordará nada de lo ocurrido.* **5.** *Dep.* En el fútbol y otros deportes de equipo: Entrega o lanzamiento de la pelota de un jugador a otro de su mismo equipo. *El delantero ha desperdiciado un pase de gol.* **6.** *Taurom.* Cada una de las veces que el torero hace pasar al toro embistiendo, después de haberlo citado con la muleta. *El torero ligó dos buenos pases de pecho.* ■ **~ de pernocta.** m. Pase (→ 2) que se da a los soldados para que puedan ir a dormir a sus casas. *Varios reclutas disfrutaron sus pases de pernocta durante el fin de semana.* □ **tener** algo o alguien **un ~.** loc. v. coloq. Ser aceptable o tolerable. *Que te enfades conmigo tiene un pase, pero no consiento que me chilles. Como profesor tiene un pase; los hay peores.*

paseante. m. y f. Persona que pasea o se pasea. *Los únicos paseantes que se veían buscaban la sombra para aliviar el calor.*

pasear. intr. **1.** Andar por placer o ejercicio. *Han salido a pasear al parque.* Frec. prnl. *Le gusta pasearse por la orilla del mar.* **2.** Ir en un medio de locomoción por placer o ejercicio. *Paseamos en barco por el río.* Frec. prnl. *Se pasea a caballo por la finca.* ○ tr. **3.** Llevar (algo o a alguien) a andar por placer o ejercicio. *La encuentro todas las tardes paseando al niño.* **4.** Llevar (algo o a alguien) de un lado a otro. *Pasea la mirada por la cara de los presentes.* **5.** Andar (por algún sitio) para distraerse o como ejercicio. *Pasea el andén esperando que llegue el cercanías.*

paseíllo. m. *Taurom.* Desfile de las cuadrillas por el ruedo antes de comenzar la corrida. Frec. con *hacer. Los toreros y sus subalternos recibieron una ovación tras hacer el paseíllo.*

paseo. m. **1.** Hecho de pasear o pasearse. *Me voy de paseo por el parque. Llevé al perro a dar un paseo.* **2.** Lugar público para pasear. *El Ayuntamiento está haciendo obras en el paseo marítimo.* **3.** Distancia corta que puede recorrerse a pie. *Falta solo un par de kilómetros para llegar, ¡no es más que un paseo!* ■ **a ~.** expr. coloq. Se usa para expresar desagrado o rechazo. Frec. con v. como *mandar* o *irse* y en constr. imperativas. *Con tantos problemas, me dan ganas de mandarlo todo a paseo. ¡Vete a paseo, tía, que no te aguanto!* ▶ **1:** VUELTA.

paseriforme. adj. **1.** *Zool.* Del grupo de las paseriformes (→ 2). *Ave paseriforme.* ● f. **2.** Ave de pequeño tamaño que se caracteriza por tener tres dedos rígidos hacia delante y uno hacia atrás para poder agarrarse con facilidad a las ramas, como el gorrión y la golondrina.

pasiego, ga. adj. De Pas (valle de Cantabria). *Campesinos pasiegos.* Dicho de pers., tb. m. y f. *Una pasiega se subió al autobús que iba a Santander.*

pasillo. m. **1.** Pieza de paso, larga y estrecha, de un edificio. *El dormitorio está al final del pasillo.* **2.** Espacio alargado que recuerda a un pasillo (→ 1) y que sirve de paso. *Cuando la reconocieron, le abrieron un pasillo entre la multitud. El interventor discutía con una viajera en el pasillo del tren.* **3.** Corredor aéreo.

Frec. ~ *aéreo. La ruta Sevilla-Valencia dispondrá de un nuevo pasillo aéreo.* ▶ **1, 3:** CORREDOR.

pasión. f. **1.** (Frec. en mayúsc.). *Rel.* Padecimiento de Jesucristo desde que fue apresado hasta morir en la cruz. *En la Semana Santa, es tradicional representar algunas de las escenas de la Pasión.* **2.** *Rel.* Descripción y relato de la Pasión (→ 1) en los Evangelios. *El predicador leyó un fragmento de la pasión según San Mateo.* **3.** Deseo sexual intenso. *Se acabó la pasión entre tú y yo.* **4.** Sentimiento poderoso que oscurece el juicio. *Será pasión de madre, pero mi niño es el más listo.* **5.** Inclinación o preferencia muy intensas por alguien o algo. *La literatura es su pasión. Tiene pasión por su hijita.*

pasional. adj. **1.** De la pasión, espec. sexual o emocional, o que la implica. *La película está inspirada en un célebre crimen pasional. Admiraba la poesía pasional de Neruda.* **2.** Que se deja llevar por la pasión, espec. sexual o emocional. *Él era muy frío y ella muy pasional. El bailaor se definía como temperamental y pasional.*

pasionaria. f. Planta tropical trepadora, con flores aromáticas de color blanco, púrpura y azul cuyos largos filamentos recuerdan una corona de espinas. *La tapia estaba cubierta de hiedra y pasionaria.* Tb. la flor.

pasividad. f. Cualidad de pasivo o inactivo. *La pasividad de su carácter le granjeó muchas críticas.* Tb. la actitud correspondiente. *Se produjeron disturbios graves ante la pasividad de la policía.*

pasivo, va. adj. **1.** Dicho de persona: Que no toma la iniciativa o permanece al margen de la acción. *Es una persona pasiva y sin iniciativa.* **2.** Que implica falta de acción o de actuación. *El tabaquismo pasivo es causa de muchas enfermedades. En la elaboración del proyecto tuvo un papel pasivo. Exigían a la traductora que tuviera al menos un conocimiento pasivo de dos lenguas.* **3.** *Gram.* Dicho de oración: Que tiene el verbo en pasiva (→ 5). *Las oraciones pasivas no siempre tienen agente.* ● m. **4.** *Econ.* Valor monetario total de las deudas y compromisos que gravan a una empresa, institución o individuo. *La empresa se declaró en quiebra porque dobló su pasivo en pocos meses.* ○ f. **5.** *Gram.* Voz pasiva (→ **voz**). *Un verbo transitivo puede ponerse en pasiva.* ■ **pasiva refleja.** f. *Gram.* Construcción pasiva (→ 3) cuyo verbo, en forma activa, aparece precedido del pronombre *se* y sin complemento agente. *En la oración "El museo se inauguró hace cincuenta años" hay una pasiva refleja.*

pasma. f. jerg. Cuerpo de policía. *Si llega la pasma, te aviso para que te des el piro.*

pasmado, da. part. **1.** → **pasmar.** ● adj. **2.** Tonto o lelo. *Este chico es un poco pasmado.* Tb. m. y f. *No te dejes engañar por ese pasmado.*

pasmar. tr. **1.** Asombrar mucho o causar una gran sorpresa (a alguien). *Vas a pasmar a tu familia como digas que te quieres ir a vivir sola. Me pasmó su actitud hacia mí.* Tb. en constr. prnl. media. *La abuela se pasma cuando ve lo que hace su nieta.* **2.** Causar enfriamiento o pasmo (a alguien o a una parte del cuerpo). *Ese aire tan frío le pasmó el vientre.* Tb. en constr. prnl. media. *Con el aire acondicionado tan fuerte, nos vamos a pasmar.* ▶ **1:** *ASOMBRAR.

pasmarote. m. coloq. Persona lela o pasmada. *No te quedes ahí como un pasmarote y ven a ayudarme.*

pasmo. m. **1.** Asombro y sorpresa extremados. *Dijo que dimitía ante la consternación y el pasmo generales.* **2.** Enfriamiento que causa dolor de huesos y otras molestias. *Yendo tan poco abrigado vas a coger un pasmo.* **3.** Paralización general de los músculos. *Muévete, que parece que te ha dado un pasmo.* ▶ **1:** *ASOMBRO.

pasmoso, sa. adj. Que causa pasmo o asombro. *Me echó de su casa con una frialdad pasmosa.* ▶ *ASOMBROSO.

paso[1]. m. **1.** Movimiento sucesivo de cada pie al andar. *Dio unos pasos y se sentó cerca de mí.* **2.** Distancia recorrida en cada paso (→ 1). *El banco está exactamente a cinco pasos del portal.* **3.** Huella que queda impresa al andar. *En la arena se ven todavía sus pasos.* **4.** Manera de andar. *Esta modelo anda con paso elegante. Caminaba con paso rápido.* **5.** Movimiento regular con que camina un animal con patas, espec. una caballería, levantando sus extremidades una a una y sin dar lugar a salto o suspensión. *Paso, trote y galope son los tres modos de marcha característicos de las caballerías.* **6.** Cada una de las variaciones que se realizan en un baile. *Me gustaría aprender los pasos de las sevillanas. He aprendido un nuevo paso de baile.* **7.** Hecho de pasar. *Está cortado el paso en la autopista. El paso* A *la otra orilla se realizó sin mucho esfuerzo. El paso* A *la vejez será traumático para alguien como él. El paso* DE *subordinado* A *director ha representado un punto de inflexión en su vida. Su paso* POR *el conservatorio fue decisivo para su carrera. Con el paso del tiempo he ido perdiendo la ilusión.* **8.** Lugar o sitio por donde se pasa de una parte a otra. *Se habilitó un paso para atravesar la frontera.* **9.** Diligencia o trámite para solicitar algo. *El primer paso para participar en el campeonato es inscribirte en el patronato de deportes.* Frec. en pl. *Todos los pasos que dio para solicitar la custodia de su hija fueron infructuosos.* **10.** Efigie o grupo escultórico que representa un suceso de la Pasión de Cristo y que se saca en procesión en Semana Santa. *En la procesión de hoy salen los pasos de la oración en el huerto y la santa cena. Los pasos de la Semana Santa castellana suelen ser sobrios.* **11.** Pieza dramática muy breve. *"Las Aceitunas", de Lope de Rueda, es un ejemplo de paso.* **12.** Cada uno de los avances que realiza un aparato contador. *En ese locutorio telefónico el paso cuesta ocho céntimos.* **13.** *Geogr.* Estrecho de mar. *Paso de Calais.* **14.** *Mec.* Distancia entre dos resaltes sucesivos en la hélice de un tornillo. *El paso de rosca del tornillo coincide con el avance de este al dar una vuelta completa.* ○ pl. **15.** En baloncesto y balonmano: Falta en que incurre un jugador por dar más de tres pasos (→ 1) sin botar la pelota. *Le han pitado pasos.* ■ ~ **a nivel.** m. Lugar donde un ferrocarril se cruza con otro camino del mismo nivel. *En ese punto hay un paso a nivel sin barreras.* ■ ~ **de cebra.** m. Zona de la calzada señalada con franjas blancas paralelas por donde los peatones tienen preferencia para cruzar. *Pocos conductores respetan los pasos de cebra.* ■ ~ **del Ecuador.** m. **1.** Fiesta que suele celebrarse en los barcos al pasar el Ecuador. *El capitán invitó a todos los pasajeros al paso del Ecuador.* **2.** Celebración, hecha por los estudiantes, de la mitad de su carrera. *Los de Derecho han organizado una rifa para su viaje de paso del Ecuador.* ■ ~ **libre.** m. Paso (→ 7) exento de obstáculos, peligros o enemigos. *Le dejaron el paso libre para seguir su viaje.* ■ **mal ~.** m. Acción desacertada. *Participar en esa reunión fue un mal paso para su partido.* □ **abrir ~.** loc. v. Facilitar el tránsito de una parte a otra. *¡Abran paso, que llevamos un herido!* Tb. prnl. *Se abrió paso entre las zarzas hasta llegar al descam-*

pado. Tb. fig. *Su ambición le ha hecho abrirse paso en el mundo de los negocios.* ■ **a buen ~.** loc. adv. Deprisa o rápidamente. *Salimos a buen paso hacia la estación.* ■ **a cada ~.** loc. adv. Repetida o frecuentemente. *Ese amigo te critica a cada paso.* ■ **a dos ~s.** → **a pocos pasos.** ■ **a ese ~.** loc. adv. Así o de ese modo. *A ese paso, no llegamos nunca.* ■ **al ~.** loc. adv. **1.** Al pasar por una parte yendo a otra. *Iba en el autobús y lo vi al paso cuando salía de su casa.* **2.** Andando, sin correr ni forzar el paso (→ 4, 5). *Caminaba al paso, pero a veces daba una carrerita. La mula iba al paso y otras veces al trote.* ■ **al ~ que.** loc. conjunt. Mientras. *Comía al paso que veía la televisión. Al paso que aumentaban los beneficios, iba escalando puestos en la empresa.* ■ **andar en malos ~s.** loc. v. Frecuentar malas compañías o comportarse de modo que pueden seguirse malas consecuencias. *Creo que este muchacho anda en malos pasos.* ■ **a ~ de carga.** loc. adv. coloq. A paso (→ 4) muy rápido. *Venían a paso de carga.* ■ **a ~ de tortuga.** loc. adv. coloq. A paso (→ 4) muy lento. *Andas a paso de tortuga.* ■ **a pocos,** o **dos,** o **unos, ~s,** o **a un ~.** loc. adv. A poca distancia. *Mi colegio está a pocos pasos de aquí. El supermercado se encuentra a dos pasos. Me pilla a un paso de casa.* ■ **apretar el ~.** loc. v. Andar o ir deprisa. *Si queremos llegar antes de que empiece la película, tendremos que apretar el paso.* ■ **ceder el ~.** loc. v. Dejar, por cortesía o por respeto a las normas, que otra persona pase antes. *Debes ceder el paso a las señoras. Tendrás que ceder el paso a los coches que vienen por la derecha.* ■ **cerrar el ~.** loc. v. Obstaculizarlo o cortarlo. *Una valla cerraba el paso.* Tb. fig. *Las maquinaciones del secretario le cerraron el paso* A *la jefatura.* ■ **dar** una persona o cosa **~** (a otra). loc. v. Ser seguidas (de esta). *La proyección de la película dará paso a una tertulia.* ■ **dar ~** (a un lugar). loc. v. Permitir el acceso (a él). *Aquella puerta da paso al salón.* ■ **dar un ~,** o **un ~ adelante.** loc. v. Realizar un progreso perceptible en lo que se hace o se intenta. *Con las negociaciones se dio un paso adelante en el proceso de paz.* ■ **dar un ~ al frente.** loc. v. Actuar de una manera inequívocamente decidida en una situación. *Déjate de dudas y da un paso al frente.* ■ **dar un ~ atrás.** loc. v. Experimentar un retroceso en lo que se hace o se intenta. *Con su actitud hemos dado un paso atrás en las negociaciones.* ■ **de ~.** loc. adv. **1.** Sin permanencia fija o provisionalmente. *Ha venido hoy, pero solo está de paso.* **2.** Aprovechando la ocasión. *Cuando vayas a comprar, de paso me traes un kilo de zanahorias.* **3.** Ligeramente o sin profundizar. *Trataremos el tema de paso. Me lo contó de paso.* ■ **~ a ~.** loc. adv. Poco a poco o por grados. *Se fue recuperando de su enfermedad paso a paso.* ■ **~ por ~.** loc. adv. Lentamente y con detalle. *El profesor fue explicando la resolución del problema paso por paso.* ■ **por sus ~s contados.** loc. adv. Por su orden regular. *Ten paciencia, que todo se hará por sus pasos contados.* ■ **salir al ~** (a alguien). loc. v. Encontrar(lo), de improviso o deliberadamente, deteniéndo(lo) en su marcha. *Un ladrón le salió al paso en el parque para robarle.* ■ **salir al ~** (de algo). loc. v. Negar su veracidad o fundamento. *El portavoz salió al paso de tales afirmaciones.* ■ **salir del ~.** loc. v. coloq. Desentenderse de cualquier manera de un asunto, compromiso o dificultad. *Cuando le preguntaron por su nuevo disco, salió del paso con vaguedades.* ■ **seguir los ~s** (a alguien). loc. v. Seguir(lo) o perseguir(lo). *La policía le sigue los pasos.* ■ **seguir los ~s** (de alguien). loc. v. Imitar(lo) en sus acciones. *Ese cantante está siguiendo los pasos* DE *su padre.* ■ **volver** alguien **sobre sus ~s.** loc. v. **1.** Desandar lo andado o retroceder. *Me detuve, volví sobre mis pasos y apagué la luz.* **2.** Rectificar lo dicho o hecho. *Su decisión suponía volver sobre sus pasos y empezar de nuevo.*

paso², **sa.** adj. Dicho de fruta: Que ha sido desecada. *Higo paso. Ciruela pasa.* Dicho de uva, tb. f. *Añada un puñado de nueces y pasas a la masa del bizcocho.* ■ **como una pasa.** loc. adv. coloq. Con arrugas o con signos de envejecimiento o deterioro. *Después de tantos años se ha quedado como una pasa. Te has sentado encima de la blusa y la has dejado como una pasa.*

pasodoble. m. Composición musical española con ritmo vivo, utilizada frec. en desfiles militares y corridas de toros. *La orquesta toca un pasodoble.* Tb. el baile. *Bailando un pasodoble es el mejor.*

pasota. m. y f. **1.** coloq. Persona que se muestra indiferente o sin interés ante las cosas, sobre todo las relacionadas con la vida social. *Pasotas desencantados de la política. Es un pasota que no se preocupa de educar a sus hijos.* Tb. adj. *Me he vuelto muy pasota.* ● adj. **2.** coloq. Propio de un pasota (→ 1). *Actitud pasota.*

paspartú. m. Recuadro de cartón, tela u otro material que se pone entre un dibujo, grabado o fotografía y su marco. *He encargado que enmarquen el grabado y que le pongan un paspartú blanco.*

pasquín. m. Escrito anónimo de contenido satírico, gralm. de crítica al Gobierno, que se coloca en un lugar público. *Los pasquines de las paredes traen unas coplas contra el alcalde.*

pasta. f. **1.** Masa de consistencia blanda, hecha de sustancias mezcladas. *Pasta de cemento. Pasta de papel. Pasta de hojaldre. Pasta de almendra.* **2.** Masa de harina mezclada con agua, que se corta en formas variadas para obtener macarrones, fideos y otros alimentos semejantes. *Voy a preparar pasta para espaguetis.* Tb. el conjunto de alimentos elaborados con esta masa. *Comemos pasta una vez por semana.* **3.** Dulce elaborado con masa de harina y otros ingredientes, cocido al horno y frec. recubierto de chocolate o mermelada. *Tomaremos té con pastas.* **4.** *Encuad.* Encuadernación hecha de cartón forrado con piel o pergamino. *El diccionario está encuadernado en pasta.* Tb. designa, de manera general, cualquier tapa de un libro. *No escribas en las pastas del libro de Geografía.* **5.** coloq. Dinero. *Como no tengo pasta, no me puedo ir de vacaciones. ¿Cuánta pasta llevas en el bolsillo?* **6.** coloq. Carácter o modo de ser de una persona. *Es un amigo de una pasta especial.* Frec. con el adj. *buena. Demuestra que eres de buena pasta y conseguirás que te admitan en la pandilla.* ■ **~ de dientes.** f. Pasta (→ 1) que sirve para limpiar los dientes. *Utiliza pasta de dientes con sabor a menta.* ⇒ DENTÍFRICO. ■ **una ~ gansa.** f. coloq. Mucho dinero. *Se gastó una pasta gansa en la compra del ordenador. Gana una pasta gansa.*

pastar. tr. **1.** Pacer el ganado (hierba). *Estas vacas pastan la hierba más tierna de los campos.* ○ intr. **2.** Pacer el ganado. *Las ovejas pastaban plácidamente en el prado.* ▶ *PACER.

pastel. m. **1.** Dulce pequeño, elaborado con masa de harina y huevo, recubierto de otros ingredientes. *Deme media docena de pasteles de nata.* **2.** Tarta. *Preparó un pastel de manzana para celebrar el cumpleaños de su hijo.* **3.** Guiso de carne, pescado u otros ingredientes, que se cuece en el horno y que tiene una consistencia sólida. *Pastel de atún. Pastel de puerros.*

4. Lápiz compuesto de una materia colorante y agua de goma. *Compró un par de carboncillos y un estuche con 15 pasteles.* **5.** Dibujo realizado con pastel (→ 4). *Varios pasteles de ese pintor se exponen en el museo de la ciudad.* Tb. la técnica correspondiente. *En su etapa impresionista, se dedicó más al pastel que al óleo.* **6.** coloq. Trama secreta con fines malintencionados. *Quisieron tenderme una trampa, pero descubrí el pastel. Ya lleva mucho tiempo oliéndose el pastel.* **7.** coloq. Beneficios económicos o de poder. *Trabajaron todos y se repartieron el pastel solo unos pocos.* ● adj. (pl. gralm. invar.) **8.** Dicho de color: Suave. *Un pantalón verde pastel. Un cuadro en tonos pastel. La ropita de recién nacida suele ser en rosas pasteles.*

pasteleo. m. coloq. Acuerdo entre dos partes con miras interesadas. *El diputado ha denunciado el pasteleo entre un partido y el otro.*

pastelería. f. **1.** Establecimiento donde se elaboran o venden pasteles y otros dulces. *Voy a la pastelería a comprar pastas.* **2.** Oficio o actividad de pastelero. *Ha hecho un curso de pastelería.* **3.** Conjunto de pasteles. *Me gusta ese restaurante porque la pastelería es muy buena.*

pastelero, ra. adj. **1.** De la pastelería. *Manga pastelera.* ● m. y f. **2.** Persona que tiene por oficio elaborar o vender pasteles. *La pastelera de la esquina está a punto de jubilarse.* **3.** coloq. Persona acomodadiza. *Decían que era un pastelero, capaz de pactar con cualquiera.*

pasterización. f. Pasteurización. *Para la pasterización de la leche, esta se calienta a unos 75°.*

pasterizar. tr. Pasteurizar. *Hay que pasterizar la cerveza para eliminar los gérmenes.*

pasteurización. f. Hecho de pasteurizar. *La fábrica dispone de una planta de pasteurización.* ▶ PASTERIZACIÓN.

pasteurizar. tr. Someter (un alimento líquido) a una temperatura inferior a la de su punto de ebullición, enfriándo(lo) después rápidamente, para destruir los gérmenes y prolongar su conservación. *No consuma productos lácteos que no hayan sido pasteurizados.* ▶ PASTERIZAR.

pastiche. m. despect. Imitación consistente en tomar varios elementos de algo y combinarlos de forma que parezca una creación independiente. *Su libro no es más que un pastiche de géneros y estilos.*

pastilla. f. **1.** Pieza pequeña de sustancia medicinal. *El médico le ha recetado un jarabe y unas pastillas. Cómprame unas pastillas para la tos.* **2.** Pieza pequeña y compacta de determinadas sustancias. *Pastilla de jabón. Pastilla de caldo.* **3.** Caramelo, espec. el de forma cuadrangular. *Pastilla de café con leche.* ■ **a toda ~.** loc. adv. coloq. A toda velocidad. *Salió a toda pastilla para no perder el tren.*

pastillero. m. Estuche pequeño para guardar pastillas. *Metió las píldoras en el pastillero.*

pastizal. m. Terreno de pasto abundante. *Tras los árboles crece un pastizal utilizado por el ganado.*

pasto. m. **1.** Hierba que el ganado pace en el mismo lugar donde aquella se cría. *El pasto está muy alto.* **2.** Sitio en que pasta el ganado. *Han empezado ya a roturar los pastos.* **3.** Objeto o materia que se destruye o consume por efecto de una acción. *El edificio fue pasto* DE *las llamas.* Tb. fig. *Con tantos escándalos ha sido pasto* DE *las revistas del corazón.* **4.** Hecho o cosa que sirve para fomentar algo. *Sus últimas juergas han dado pasto a las críticas.* **5.** Am. Hierba (conjunto de hierbas de un terreno). *No olvide dejar pasto y agua para renos y camellos* [C]. *Lo vi regando el pasto en la casa de una tía mía* [C]. *Corta el pasto del jardín una vez por semana* [C]. ■ **a todo ~.** loc. adv. coloq. En abundancia o sin restricciones. *Comieron y bebieron a todo pasto.* ▶ **5:** *HIERBA.

pastón. (Frec. con art.). m. coloq. Gran cantidad de dinero. *Se ha comprado un coche que le ha costado un pastón.*

pastor, ra. m. y f. **1.** Persona que guarda, guía y apacienta el ganado, espec. ovejas. *Todas las tardes pasa un pastor con su rebaño. Su abuelo era pastor de cabras.* **2.** Sacerdote protestante. *Un pastor metodista predica en una cadena de televisión.* Tb. *~ protestante.* ○ m. **3.** Eclesiástico con fieles a su cargo. *El Papa es el supremo pastor de la Iglesia católica.*

pastoral. adj. **1.** Del pastor, espec. del eclesiástico que guía a sus fieles o del pastor protestante. *El Papa realizó su primera visita pastoral a ese país. La Iglesia anglicana ha incrementado su actividad pastoral.* ● f. **2.** Carta pastoral (→ **carta**). *El obispo ha escrito una pastoral a su diócesis.* **3.** Composición musical que evoca la vida de los pastores. *La orquesta interpretó una pastoral.*

pastorear. tr. **1.** Llevar (el ganado) al campo y cuidar(lo) mientras pace. *El zagal pastoreaba su rebaño de cabras.* **2.** Cuidar un eclesiástico (de sus fieles). *Había pastoreado con rectitud y honradez a los fieles de su diócesis.*

pastorela. f. *Lit.* Composición poética provenzal que trata del encuentro amoroso entre una pastora y un caballero. *Las serranillas surgieron por imitación de las pastorelas provenzales.*

pastoreo. m. Hecho de pastorear el ganado. *Han tenido que abandonar sus zonas de pastoreo debido a la sequía.*

pastoril. adj. **1.** De los pastores. *El cordel es un tipo de vía pastoril para el ganado trashumante. La novela idealizaba el sosiego de la vida pastoril.* **2.** Dicho de obra o género literarios: Que son propios de los ss. XVI y XVII españoles y giran en torno a las aventuras y desventuras amorosas de pastores idealizados. *El primer libro publicado de Cervantes fue "La Galatea", una novela pastoril.*

pastoso, sa. adj. **1.** Dicho de cosa: Que tiene consistencia blanda y suave, como la pasta. *Tu crema hidratante es muy pastosa.* **2.** Dicho de voz o sonido: Que no tiene resonancias metálicas y es agradable al oído. *La soprano tiene un timbre atractivo, cálido y pastoso.*

pata[1]**.** f. **1.** En los animales: Extremidad que sirve para moverse. *Mi perro se ha roto una pata. ¿Cuántas patas tiene un cangrejo? Observa cómo mueve las patas un ciempiés.* **2.** En un mueble u otro objeto: Parte en la que se apoyan. *La mesa tiene una pata rota. Pincha una de las patas del compás y haz girar la otra.* **3.** coloq. Pierna de una persona. *¡Qué patas más gordas tienes!* ■ **~ de gallo.** f. Arruga que se forma en el ángulo externo del ojo y que suele tener surcos divergentes. *Me he comprado una crema para las patas de gallo.* ■ **~ de palo.** f. Pieza de madera, convenientemente adaptada, con que se suple la pierna que le falta a una persona. *El pirata del cuento tenía una pata de palo.* ■ **~ negra.** m. Jamón de pata negra (→ **jamón**). *Le han regalado un pata negra exquisito.* ■ **mala ~.** f. coloq. Mala suerte. *Tuviste mala pata en el examen.* □ **a cuatro ~s.** loc. adv. coloq. A gatas.

El bebé llegó a cuatro patas hasta el balcón. ■ **a la ~ coja.** loc. adv. Dando saltos sobre un pie mientras se mantiene el otro en el aire. *Unos niños jugaban a correr a la pata coja.* ■ **a la ~ la llana.** loc. adv. coloq. Llanamente o sin afectación. *Le gusta hablar a la pata la llana.* ■ **a ~.** loc. adv. coloq. A pie. *Tendremos que ir a pata si no me dejan el coche.* ■ **de ~ de banco.** loc. adj. coloq. Dicho de ocurrencia o argumento: Disparatado o incongruente. Gralm. con *salida. Pretender que lo apoyemos después de lo que nos hizo fue una salida de pata de banco.* ■ **de ~ negra.** loc. adj. coloq. De gran calidad. *Era un curso para directivos de pata negra.* ■ **echar** alguien **las ~s por alto.** loc. v. coloq. Dejar de reprimirse, reaccionando violentamente contra alguien o algo. *Como me sigan calentando la cabeza, voy a echar las patas por alto y soltar cuatro frescas.* ■ **estirar la ~.** loc. v. coloq. Morir. *La película termina cuando el malo estira la pata.* ■ **meter la ~.** loc. v. coloq. Decir o hacer algo inoportuno o poco adecuado. *Metiste la pata con ese comentario sobre su indumentaria.* ■ **~s arriba.** loc. adv. **1.** coloq. Al revés, o vuelto lo de abajo hacia arriba. *Puso las sillas patas arriba para limpiar el bar. La pobre mujer se cayó y quedó patas arriba.* **2.** coloq. En desorden. *Tengo la casa patas arriba.* ■ **poner** (a alguien) **de ~s, o patitas, en la calle.** loc. v. coloq. Echar(lo) o despedir(lo). *Enfréntate con el gerente y te pondrán de patas en la calle. Armó bronca en la discoteca y lo pusieron de patitas en la calle.*

pata[2]. → **pato**[2].

patada. f. **1.** Golpe dado con el pie, o con la pata de un animal. *Me dio una patada en la rodilla y me ha salido un cardenal. La mula le pegó tal patada que le rompió una costilla.* **2.** coloq. Paso o gestión para un fin. *Tuve que dar muchas patadas para conseguir un buen trabajo.* ■ **a ~s.** loc. adv. **1.** coloq. En abundancia. *Tiene amigos a patadas.* **2.** coloq. Con desconsideración. *Trata a sus abuelos a patadas.* ■ **darle** (a alguien) **cien ~s** algo o alguien**.** loc. v. coloq. Causar gran disgusto o desagrado (a esa persona). *Me dio cien patadas que me criticase. No soporto a ese tío: me da cien patadas.* ■ **dar** (a alguien) **la ~.** loc. v. coloq. Echar(lo) o despedir(lo) del trabajo o de otro lugar. *Después de veinte años trabajando para la empresa, le dieron la patada. Los hijos le dieron la patada y se quedaron con la casa.* ■ **en dos ~s.** loc. adv. coloq. Con facilidad o rápidamente. *He acabado la redacción en dos patadas.*

patalear. intr. **1.** Mover las piernas o las patas, agitándolas rápidamente. *El asesino la cogió de la cintura mientras ella pataleaba para soltarse. El cerdo pataleaba cuando lo pusieron en manos del matarife.* **2.** Dar patadas en el suelo por enfado o rabia. *Mi primito lloraba y pataleaba para conseguir un juguete.*

pataleo. m. **1.** Hecho o efecto de patalear. *Entre arañazos y pataleos consiguió deshacerse de sus captores.* **2.** coloq. Protesta o queja por algo, aunque ese algo sea inevitable. *Aunque ya no pueda cambiar las cosas, tengo derecho al pataleo.* **3.** Ruido que se hace al patalear o al protestar. *El pataleo del público abroncando a los actores se oye en toda la sala.*

pataleta. f. coloq. Enfado o rabieta. *Se ha cogido una pataleta porque la han mandado a la cama.*

patán. m. **1.** coloq., despect. Aldeano o rústico. *Se fugó con un patán que no sabía leer ni escribir.* **2.** coloq., despect. Hombre grosero y maleducado. *En el banquete había un patán que sorbía la sopa y eructaba.*

patata. f. **1.** Tubérculo comestible, redondeado, con piel de color terroso e interior amarillento y harinoso. *Fría las patatas con el aceite muy caliente.* Tb. su planta. *Las patatas se han secado por no regarlas.* **2.** coloq. Cosa de mala calidad. *Tienes que comprarte un ordenador nuevo y tirar esa patata.* ■ **~ caliente.** f. coloq. Problema de difícil solución. *La patata caliente del desempleo.* □ **ni ~.** loc. s. coloq. Ninguna cosa. *No entiendo ni patata de este libro.* ▶ **frecAm: 1:** PAPA.

patatal. m. Terreno plantado de patatas. *Hay que regar el patatal.*

patatar. m. Patatal. *Riñó con el vecino porque su burro había entrado en el patatar.*

patatero, ra. adj. **1.** De la patata. *Cultivos patateros.* ● m. y f. **2.** Persona que cultiva o vende patatas. *El patatero instalaba su puesto al principio del mercadillo.*

patatín. que si ~ que si patatán, o **que ~ que patatán.** expr. coloq. Se usa para resumir unas palabras dichas por otro, consideradas poco importantes. *Me dijo que la perdonara, que me quería, que no lo volvería a hacer, que si patatín que si patatán...*

patatús. m. coloq. Desmayo o síncope. *Cuando se enteró de que la casa se había incendiado le dio un patatús.* Frec. con sentido enfático. *Como no apruebe, me da un patatús.*

paté. m. Pasta comestible para untar, elaborada gralm. con carne o hígado condimentados con especias. *En la charcutería, compra algo de fiambre y paté. El surtido tiene patés de atún y salmón.*

patear. tr. **1.** coloq. Dar golpes (a algo o a alguien) con los pies. *El caballo ha pateado al perro. Un hincha furioso se puso a patear al árbitro.* **2.** Golpear el público con los pies en el suelo para mostrar su rechazo (a un discurso o un espectáculo). *El público pateó la representación.* **3.** coloq. Recorrer (un lugar) a pie. *Me he pateado toda la ciudad para encontrar una farmacia abierta.* ○ intr. **4.** coloq. Patalear o mover los pies o las patas agitándolos rápidamente. *El niño se puso a patear para que le dieran de comer.* **5.** coloq. Andar mucho, haciendo diligencias. *Se pasó la noche pateando en busca de su hija.*

patena. f. Platillo donde se pone la hostia en la misa. *El monaguillo sostiene la patena mientras el sacerdote da la comunión.* ■ **limpio como una ~.** loc. adj. Muy limpio. *Han dejado la casa limpia como una patena.* Tb. fig. *Tengo la conciencia limpia como una patena.*

patentar. tr. Obtener la patente (de algo) y sus derechos derivados. *Hemos patentado un nuevo tejido que no se mancha.*

patente. adj. **1.** Claro o evidente. *Ha quedado patente tu ignorancia en este asunto.* ● f. **2.** Documento en que oficialmente se reconoce una invención y los derechos que de ella derivan. *Una firma española ha comprado una patente extranjera para fabricar un tipo de paracaídas.* Tb. *~ de invención. Ha conseguido la patente de invención de un nuevo motor.* **3.** Testimonio que acredita una cualidad o un mérito. *Desde que respondió acertadamente, se aseguró de por vida su patente* DE *sabio.* **4.** Am. Matrícula (placa de un vehículo). *Los custodios lo interrogaron y le tomaron la patente del auto* [C]. ■ **~ de corso.** f. coloq. Autorización para realizar algo que los demás tienen prohibido. *Los ciclistas no tienen patente de corso para saltarse los semáforos en rojo.* ▶ **1:** *EVIDENTE. **4:** *MATRÍCULA.

patentizar. tr. Hacer patente o manifiesto (algo). *El nuevo enfrentamiento patentiza la rivalidad que existe entre ellos.*

pateo. m. coloq. Hecho de patear, espec. en señal de rechazo. *La obra era tan mala que no recuerdo haber oído nunca tantos silbidos y pateos.*

páter. m. Sacerdote, espec. de un regimiento militar. *El páter daba la extremaunción a los soldados moribundos.* ■ ~ **familias.** → **paterfamilias.**

patera. f. Embarcación pequeña, de fondo plano y sin quilla. *En la patera viajan veinte inmigrantes ilegales.*

paterfamilias. (Tb. **páter familias**). m. histór. En la antigua Roma: Jefe o cabeza de familia. *Bajo la autoridad del paterfamilias se encontraban incluso los esclavos y los animales de carga y tiro.*

paternal. adj. **1.** Del padre. *El niño necesita una figura paternal.* **2.** Que muestra el afecto o la solicitud características de un padre. *Es un hombre bondadoso y muy paternal.*

paternalismo. m. despect. Tendencia a aplicar las formas autoritarias y de protección propias del padre de familia tradicional a las relaciones sociales, laborales o de otro tipo. *Me molesta que la empresa nos trate con paternalismo.*

paternalista. adj. **1.** despect. Que se comporta con paternalismo. *Es un tipo paternalista y autoritario.* Dicho de pers., tb. m. y f. *Cuando un paternalista se enfada, suele enseñar su cara más cruel.* **2.** despect. Que manifiesta o implica paternalismo. *Adoptó una actitud paternalista para disculpar la conducta de su empleado.*

paternidad. m. Condición de padre. *Su reciente paternidad le ha hecho madurar.*

paterno, na. adj. **1.** Del padre o de los padres. *Han tenido que vender la casa paterna. Se casa sin el consentimiento paterno.* **2.** Dicho de pariente: Por parte de padre. *Mi abuela paterna era cubana.*

paternóster. m. Padrenuestro. *Rezaron un paternóster por el alma del difunto.*

patético, ca. adj. Que conmueve profundamente o causa un gran dolor o tristeza. *En una patética escena, la madre moribunda se despedía de sus hijos.*

patetismo. m. Cualidad de patético. *El secuestrado ha enviado una petición de socorro cargada de patetismo.*

patibulario, ria. adj. **1.** Del patíbulo. *Horcas patibularias.* **2.** Que produce horror, como los criminales. *Un individuo patibulario es el encargado de cobrar el impuesto mafioso. Unos tipos de aspecto patibulario la siguieron hasta el portal.*

patíbulo. m. Tablado utilizado para la ejecución de los condenados a muerte. *Condujeron al reo al patíbulo.*

paticojo, ja. adj. coloq. Cojo. *Es paticojo y calvo. ¡Tira de una vez ese perchero viejo y paticojo!* Dicho de pers., tb. m. y f.

paticorto, ta. adj. Que tiene las patas o las piernas más cortas de lo normal. *Aunque mide uno ochenta, es algo paticorto.*

patidifuso, sa. adj. coloq. Asombrado hasta el punto de no poder reaccionar. *El alarde de conocimientos de la niña nos dejó patidifusos.*

patilla. f. **1.** Porción de pelo, más marcado en los hombres, que crece a ambos lados de la cara por delante de las orejas. *Tengo que afeitarme las patillas.* **2.** Parte de las gafas con que estas se apoyan en la oreja. *Se le ha roto una patilla de las gafas.* **3.** Am. Sandía (planta, o fruto). *Siembran sus parcelas con cultivos de patilla* [C]. *El melón, junto con la patilla, es una de las frutas más ricas en agua* [C]. ▶ **3:** SANDÍA.

patín. m. **1.** Aparato que consiste en una plancha que se adapta a la suela del calzado, y que lleva una especie de cuchilla o dos pares de ruedas, según sirva para deslizarse sobre hielo o sobre un pavimento. *Tengo unos patines de ruedas para patinar en el parque. Los nórdicos utilizan patines para deslizarse en los lagos helados.* **2.** Patinete. *Sube un poco el manillar del patín, que te queda bajo.*

pátina. f. **1.** Capa de óxido verdoso que se forma sobre algunos metales, espec. bronce, debido a la acción de la humedad. *El cuenco está recubierto de una pátina verde.* **2.** Capa que se forma sobre las pinturas al óleo y otros objetos antiguos con el paso del tiempo. *Las fotografías antiguas tienen una pátina amarillenta.* Tb. fig. *Sus lecturas variadas han dejado en él una pátina de conocimientos.* **3.** Sustancia parecida al barniz, con que se recubren artificialmente algunos objetos para que adquieran aspecto de antiguos. *Esa pieza parecería antigua si le dieras un poco de pátina.*

patinador, ra. m. y f. Persona que practica el patinaje. *La patinadora sobre hielo realizó un trompo.*

patinaje. m. **1.** Hecho de patinar. *Las nuevas carreteras no deben tener zonas con riesgo de patinaje.* **2.** Deporte que consiste en patinar o deslizarse con patines. *Es una estrella del patinaje artístico.*

patinar. intr. **1.** Deslizarse con patines. *Vayamos a patinar a la pista de hielo.* **2.** Deslizarse o resbalar. *El coche patinó y dio varias vueltas de campana.* **3.** coloq. Equivocarse o cometer un error. *Patinas conmigo al pensar que con unas lagrimitas lo vas a arreglar todo.*

patinazo. m. **1.** Hecho de patinar o resbalar. *El suelo se ha helado y hay riesgo de patinazos. El coche dio un patinazo y se estrelló contra la mediana.* **2.** coloq. Hecho de patinar o equivocarse. *En cuanto mencioné el asunto, me di cuenta del patinazo.* ▶ **1:** RESBALÓN.

patinete. m. Juguete que consiste en una plataforma alargada sobre ruedas provista de un manillar, que sirve para deslizarse poniendo un pie sobre la plataforma e impulsándose con el otro. *Dos niños montan en patinete por el parque.* ▶ PATÍN.

patio. m. En una casa u otro edificio: Espacio delimitado por paredes, pero sin techo o cubierta. *Mi casa y la suya se comunican a través de un patio.* ■ ~ **de butacas.** m. En los teatros: Planta baja, donde se encuentran las butacas. *Las entradas más caras para la función son las del patio de butacas.* ⇒ PLATEA.

patita. → **pata**[1].

patitieso, sa. adj. **1.** coloq. Que se queda sin movimiento en las piernas o en los pies. *Allí estaba el cadáver patitieso del pobre perro.* **2.** coloq. Asombrado o sorprendido. *Me quedé patitiesa cuando se metió monja.*

patizambo, ba. adj. Que tiene las piernas torcidas hacia fuera y las rodillas juntas. *Era tuerta y patizamba.* Dicho de pers., tb. m. y f. *Un patizambo desgarbado se ocupa de la tienda.*

pato[1]. **pagar el** ~ alguien. loc. v. coloq. Cargar con culpas ajenas o no merecidas. *Siempre me toca a mí pagar el pato* POR *las travesuras de mi hermana. El portero pagó el pato* DEL *fracaso de su equipo.*

pato[2], ta. m. **1.** Ave acuática de pico aplanado y patas cortas, con dedos unidos entre sí por una membrana, de la cual existen varias especies, algunas de ellas domésticas. *En el delta podremos observar multitud de patos.* Tb. designa específicamente al macho. *El pato de esa especie tiene vivos colores, mientras que la hembra es parduzca.* **2.** coloq. Persona torpe o patosa. *Tuve que bailar con un pato que me pisoteó varias veces.* Tb. ~ *mareado. ¡Menudo pato mareado!; te caes constantemente.* ○ f. **3.** Hembra del pato (→ 1). *La pata ha tenido patitos.*

patochada. f. coloq. Hecho o dicho disparatados o inoportunos. *No tengas en cuenta la patochada que acabo de decir. Se las da de gracioso y solo hace patochadas.*

patogénesis. f. *Med.* Patogenia. *Una de las características de la patogénesis del sida es la disminución de linfocitos.*

patogenia. f. *Med.* Origen y desarrollo de las enfermedades. *El artículo se centra en la etiología de la úlcera de estómago y su patogenia.*

patógeno, na. adj. *Med.* Que origina y desarrolla una enfermedad. *En la suciedad se alojan muchos gérmenes patógenos.*

patología. f. **1.** Parte de la medicina que estudia las enfermedades. *Se va a realizar una fuerte inversión en patología cardiovascular.* **2.** Conjunto de síntomas de una enfermedad. *La investigadora ha descrito la patología de la diabetes.*

patológico, ca. adj. **1.** De la patología. *Sesiones clínicas patológicas.* **2.** Que denota enfermedad o que la implica. *Tiene un miedo patológico a las arañas.*

patólogo, ga. m. y f. Especialista en patología. *Los patólogos estudian el origen de la epidemia.*

patoso, sa. adj. **1.** Torpe o inhábil. *Era un poco patosa andando con tacones.* Tb. m. y f. *No dejes a su alcance nada frágil, que es un patoso.* **2.** Que pretende ser chistoso y agudo sin conseguirlo. *No conozco a nadie que sea tan patoso contando anécdotas.* Tb. m. y f. *Nadie te invita porque eres un patoso y un bocazas.* ▶ **1:** *TORPE.

patota. f. Am. coloq. Pandilla (grupo de personas asociadas, o de amigos). *Vimos a Humberto con toda su patota de amigos* [C]. *Una patota alcoholizada atacó al dueño del local a puñaladas y a garrotazos* [C].

patraña. f. Mentira o noticia de pura invención. *Peca de inocente si se ha creído esa patraña.* ▶ *MENTIRA.

patria. f. **1.** Tierra natal o adoptiva, ordenada como nación, a la que se pertenece o se siente pertenecer. *Considera que tiene dos patrias: Colombia, donde nació, y España, donde se ha criado.* Tb. esa nación. *El acto militar es un homenaje a la patria.* **2.** Lugar, ciudad o país en que se ha nacido. *Rosario, patria del Che Guevara, está en el noreste de Argentina.* Frec. ~ *chica. El candidato dio un mitin en su patria chica. Cádiz es la patria chica de Manuel de Falla.* ■ ~ **celestial.** f. cult. Cielo o gloria. *El alma purificada encontrará su camino a la patria celestial.* ▶ **2:** TIERRA.

patriarca. m. **1.** Persona de edad que por su autoridad y sabiduría ejerce autoridad y gran influencia en una familia o colectividad. *Han entrevistado al patriarca de la comunidad gitana.* **2.** histór. Personaje del Antiguo Testamento que fue cabeza de una numerosa descendencia. *Abraham fue el patriarca de los judíos.* **3.** *Rel.* Obispo de algunas sedes importantes, como las de Alejandría, Jerusalén y Constantinopla. *San Cirilo, patriarca de Alejandría.* **4.** *Rel.* Jefe de algunas Iglesias ortodoxas separadas de la católica romana. *El patriarca ruso y el Papa firmaron una declaración conjunta.*

patriarcado. m. **1.** *Rel.* Dignidad de patriarca. *El patriarcado de Moscú se separó del de Constantinopla en el siglo* XVI. **2.** *Rel.* Territorio bajo la jurisdicción de un patriarca. *La carta estaba dirigida a los residentes en el patriarcado de Constantinopla.* **3.** *Sociol.* Organización social en que la autoridad es ejercida por el padre. *El libro analiza la crisis del patriarcado.*

patriarcal. adj. **1.** Del patriarca o del patriarcado. *Muchos pueblos antiguos tenían regímenes patriarcales.* **2.** Dicho de autoridad o gobierno: Que se ejerce con sencillez y benevolencia. *El dueño de la finca ejercía una autoridad patriarcal sobre sus empleados.*

patriciado. m. **1.** Dignidad o condición de patricio. *El patriciado que aspiraba a conseguir pasaba por casarse con una gran dama.* **2.** Conjunto de patricios. *El patriciado romano se opuso a la ley. El patriciado criollo.*

patricio, cia. adj. **1.** histór. En la antigua Roma, dicho de persona: Que descendía de las primeras familias fundadoras de Roma y pertenecía a la clase social privilegiada. *El mosaico representa a varios ciudadanos patricios.* Tb. m. y f. *Los patricios se oponían a los plebeyos.* **2.** De clase social alta. *Pertenecía a una de las familias patricias más reconocidas.* Tb. m. y f. *El monumento se erigió en memoria de un ilustre patricio de la ciudad.* **3.** De los patricios (→ 1, 2), o propio de los patricios. *Están excavando una villa patricia. La joven tiene un aire patricio.*

patrimonial. adj. **1.** Del patrimonio. *El cuadro pertenece al fondo patrimonial del museo.* **2.** *Ling.* Dicho de palabra: Que está en la lengua desde los orígenes de esta y ha sufrido una evolución fonética normal. *"Menester" es voz patrimonial, y "ministerio", un cultismo.*

patrimonio. m. **1.** Conjunto de bienes que se heredan. *El patrimonio de sus padres incluye varias tierras en la comarca.* **2.** Conjunto de bienes de una colectividad. *El patrimonio cultural de un país. Las pirámides de Egipto son patrimonio de la humanidad.* **3.** Conjunto de bienes susceptibles de estimación económica. *La empresa posee un patrimonio valorado en millones de euros.* **4.** Conjunto de características que se heredan. *La mitosis garantiza la transmisión del patrimonio genético de generación en generación.*

patrio, tria. adj. De la patria. *El himno inflamó a los soldados de orgullo patrio. El ejército defendía el territorio patrio.*

patriota. m. y f. Persona que tiene amor a su patria. *Muchos patriotas se rebelaron contra los franceses el 2 de mayo.* Tb. adj. *Grupos patriotas.*

patrioterismo. m. despect. Actitud o comportamiento patrioteros. *Ese periódico contiene artículos de un patrioterismo detestable.*

patriotero, ra. adj. **1.** despect. Dicho de persona: Que alardea de patriotismo. *El movimiento estaba liderado por un político patriotero.* Tb. m. y f. *Los patrioteros suelen olvidar las páginas más negras de la Historia.* **2.** despect. Dicho de algo: Que manifiesta o implica alarde de patriotismo. *Ha escrito unos versos de lo más patrioteros.*

patriótico, ca. adj. Del patriota, de la patria o del patriotismo. *Las radios retransmitían himnos patrióticos.*

patriotismo. m. Amor a la patria. *Su patriotismo los llevó a defender a su país hasta la muerte.*

patrístico, ca. adj. **1.** De la patrística (→ 2). *Escritos patrísticos.* ● f. **2.** Ciencia que estudia la obra, la vida y la doctrina de los antiguos doctores de la Iglesia. *La Patrística garantiza la transmisión del mensaje evangélico.*

patrocinador, ra. adj. Que patrocina, espec. con dinero. *Una cadena de televisión es patrocinadora del documental.* Tb. m. y f. Si *el equipo no consigue un patrocinador, no podrá competir el año que viene.*

patrocinar. tr. **1.** Defender o favorecer (algo o a alguien). *Era natural que acabara patrocinando los mismos planteamientos que su amigo. El candidato fue patrocinado por el presidente saliente.* **2.** Apoyar con dinero o financiar (a alguien o algo), frec. con fines publicitarios. *Una marca de ropa deportiva patrocinará al cantante. La fundación patrocina proyectos culturales.* ▶ **2:** ESPONSORIZAR, FINANCIAR.

patrocinio. m. Hecho de patrocinar. *La Real Academia de Bellas Artes de Madrid está bajo el patrocinio de San Fernando. Los campeonatos se celebrarán con el patrocinio de varios bancos.*

patrón, na. m. y f. **1.** Patrono (personaje sagrado protector). *San José es el santo patrón de los carpinteros.* **2.** Patrono (persona que contrata empleados). *El patrón de la fábrica tiene fama de explotador.* Frec. se usa como tratamiento. *Lo que usted mande, patrón.* **3.** Fundador de una institución benéfica. *El patrón del orfanato ha sido beatificado.* **4.** Defensor o protector. *La prensa lo considera el patrón de los marginados. La alta burguesía se convirtió en patrona de las artes. Esa actriz madura es la patrona de las nuevas generaciones de artistas.* **5.** Dueño de una pensión o una casa de huéspedes. *Tengo que pagar a la patrona el mes de agosto.* **6.** (A veces como f. se usa **patrón**). Persona legalmente capacitada para mandar una embarcación de pequeño o mediano tamaño. *El patrón de un barco nos invitó a cenar. Ella tiene a gala ser patrón de yate.* ○ m. **7.** Modelo o punto de referencia. *Sigue los patrones de comportamiento que aprendió en la niñez.* **8.** Cosa que sirve de muestra para sacar otra igual. *El sastre guardaba los patrones, los hilos y las tijeras en un baúl.* ■ **patrón oro.** m. *Econ.* Sistema de tipos de cambio fijos en el que cada país establece la cantidad de oro a que equivale su moneda. *El comercio internacional se ha regido durante muchos años por el patrón oro.* □ **cortado por el mismo patrón.** loc. adj. Dicho de dos o más personas o cosas: Muy semejantes. *Los dos hermanos son cortados por el mismo patrón: son unos tacaños. Todas las salas de espera parecen cortadas por el mismo patrón.* ▶ **1, 2:** *PATRONO.

patronal. adj. **1.** Del patrón o del patrono. *Mañana empiezan las fiestas patronales. Protestan por el cierre patronal.* ○ f. **2.** Conjunto de los patronos que contratan empleados. *La patronal ha mantenido una reunión con los sindicatos.*

patronato. m. **1.** Consejo que ejerce funciones rectoras, asesoras o de vigilancia en una fundación, espec. de carácter benéfico o cultural. *El patronato aprobó ampliar las ayudas a las madres solteras. Forma parte del patronato del museo.* Tb. la propia fundación. *El patronato tiene por objetivo la promoción de nuestra cultura en el extranjero. La exposición está financiada por el patronato Juan de la Cierva.* **2.** Condición de patrón o protector. *Se declaró el patronato de la Virgen del Carmen sobre la comarca. La escuela de pintura experimentó un gran desarrollo gracias al patronato de la nobleza.* **3.** Patronal o conjunto de patronos. *El patronato se reunirá con una delegación de trabajadores.* ▶ **2:** PATRONAZGO.

patronazgo. m. Patronato (condición de patrón o protector). *La fundación agradece al monarca su patronazgo. San Millán comparte con el apóstol el patronazgo de España.* ▶ PATRONATO.

patronímico. adj. Dicho de apellido: Que se ha formado sobre el nombre del padre. *Un libro sobre la historia de los apellidos patronímicos.* Frec. m. *"Fernández" es el patronímico de "Fernando".*

patrono, na. m. y f. **1.** Personaje sagrado que se escoge como protector de un grupo de personas o de un lugar. *Veneran al santo patrono de su lugar. La Virgen del Consuelo es la patrona de mi pueblo.* **2.** Persona que contrata empleados. *Los patronos y los sindicatos se reunirán con el Gobierno.* **3.** Miembro de un patronato. *Los patronos del hospital asistieron a la procesión.* ▶ **1, 2:** PATRÓN. ‖ **frecAm: 2:** EMPLEADOR.

patrulla. f. **1.** Grupo de personas, espec. soldados o gente armada, que realizan labores de vigilancia y de mantenimiento de la seguridad y el orden. *La patrulla de soldados iba en busca de los guerrilleros. Los vecinos han acordado constituir una patrulla de tres personas que vigile el barrio.* Tb. designa el grupo de buques o aviones con la misma labor. *Una patrulla de cazas despega de la base.* ○ m. (en Am., frec. f.). **2.** Coche de la policía para vigilancia pública. *Un patrulla persigue al vehículo robado haciendo sonar su sirena. El policía permanecía en la patrulla, con la puerta abierta* [C]. Frec. en aposición siguiendo a *coche. El guardia avisa a un coche patrulla.*

patrullaje. m. Hecho de patrullar. *Enviarán a unos soldados en misión de patrullaje.*

patrullar. intr. **1.** Ir en patrulla por un lugar. *Un coche de la policía patrullaba por las calles próximas al teatro.* ○ tr. **2.** Recorrer (un lugar) una patrulla para vigilar(lo) o mantener la seguridad y el orden. *Patrullaron la zona sin encontrar al ladrón.*

patrullero, ra. adj. Que patrulla o está destinado a patrullar. *Unidades patrulleras de la Marina de guerra.* Dicho de embarcación, tb. m. o f. *Presenciamos la botadura del patrullero de la Armada española. Una patrullera localizó una patera cercana a la costa.*

patuco. m. **1.** Calzado de punto, gralm. con forma de bota, que usan los bebés. *El niño lleva unos patucos con cintas de raso.* **2.** Especie de bota de punto para abrigarse los pies. *Mi abuela me ha hecho unos patucos para que no pase frío al dormir.*

patulea. f. despect. Grupo de personas. *Una patulea de admiradores rodean al cantante.*

paúl. adj. De la congregación de misioneros fundada en Francia, en el siglo XVII, por San Vicente de Paúl. *Padres paúles.* Dicho de religioso, tb. m. *Entramos en una iglesia de los paúles.*

paulatino, na. adj. Que se produce o sucede lentamente. *Habrá un aumento paulatino de las temperaturas.*

pauperismo. m. cult. Situación persistente de pobreza. *La casa era un antro de pauperismo.* Frec. en sociología para designar esta situación cuando afecta a una capa social. *Su ideario pasaba por combatir el pauperismo con reformas sociales.*

paupérrimo, ma. → **pobre.**

pausa. f. **1.** Breve interrupción de una acción o de una actividad. *Vamos a hacer una pausa. Para que se te entienda mejor al hablar, marca más las pausas.* **2.** Lentitud o demora. *Tenemos que tratar el asunto con más pausa.* **3.** *Mús.* Silencio (interrupción del sonido, o signo que la representa). *El compás se cierra con una pausa de negra.* ▶ **3:** SILENCIO.

pausado, da. adj. Lento o sosegado. *Habla con voz pausada.*

pauta. f. **1.** Modelo, norma o regla. *El asesino mata siguiendo unas pautas de conducta.* **2.** Instrumento con que se trazan líneas para evitar torcerse al escribir. *Si quieres escribir la carta a mano, utiliza una pauta.* Tb. ese conjunto de líneas. *Aprendí a escribir en cuadernos con pauta.*

pautar. (conjug. CAUSAR). tr. Dar (algo) como pauta o norma. *La Constitución pautaba la convocatoria de un referéndum en casos excepcionales.*

pava. → **pavo.**

pavana. f. Antigua danza española, grave, seria y de movimientos pausados. *Los cortesanos comenzaron a bailar una pavana.* Tb. la música.

pavesa. f. Partícula ligera que salta de una materia inflamada y se convierte en ceniza. *Quemó el papel hasta reducirlo a pavesas.* ■ **hecho una ~.** loc. adj. Muy delgado y débil. *Está hecha una pavesa, ¿estás seguro de que no está enferma?*

pavimentación. f. Hecho o efecto de pavimentar. *Ya está en marcha el plan de pavimentación de las calles del barrio.*

pavimentar. tr. Cubrir el suelo (de un lugar) con pavimento. *Han pavimentado algunos de los caminos de tierra del parque.* ▶ SOLAR.

pavimento. m. Suelo o superficie artificial que se hace para que el piso esté sólido y llano. *Las losas del pavimento están muy desgastadas.* Tb. el material con que se hace. *El camión transporta pavimentos cerámicos.*

pavisoso, sa. adj. Soso o sin gracia. *Para la tienda necesitas a alguien más despierto que ese muchacho pavisoso.* Dicho de pers., tb. m. y f. *Si lo quieres enamorar, deja de comportarte como una pavisosa.* ▶ *SOSO.

pavo, va. m. **1.** Ave de corral, más grande que la gallina, con cuello largo y sin plumas del que cuelgan, al igual que de la cabeza, unas carnosidades rojas. *En Estados Unidos es costumbre tomar un pavo asado el Día de Acción de Gracias.* Tb. designa específicamente al macho. *De los huevos salieron dos hembras y un pavito.* ○ f. **2.** Hembra del pavo (→ 1). *La pava ha puesto hoy un huevo.* ○ m. y f. **3.** coloq. Persona sosa o ingenua. *El pavo ha comprado el coche donde se lo vendían más caro.* Tb. adj. *Eres un poco pavo; aún no te has dado cuenta de lo que me gustas.* ■ **pavo real.** m. Ave originaria de Asia, algo mayor que un faisán, cuyo macho, de vistoso plumaje verde azulado, tiene una larga cola que puede desplegar en abanico. *En el parque de la ciudad había pavos reales y jaulas con pájaros exóticos.* □ **pelar la pava** dos novios o enamorados. loc. v. coloq. Mantener una conversación. *Los enamorados pasaban la tarde pelando la pava en un café de la plaza.* Tb.: *Al pasar, vi a María pelando la pava* CON *tu primo.* ■ **subírsele el pavo** (a alguien). loc. v. coloq. Ruborizarse o ponerse rojo. *Se me subió el pavo cuando me dijo que llevaba los pantalones manchados.* ▶ **Am: 1:** CHOMPIPE, GUAJOLOTE.

pavonearse. intr. prnl. Presumir o hacer ostentación de algo. *Se pavonea* DE *su facilidad para las conquistas. Las damas del palco se pavoneaban con sus joyas.*

pavoneo. m. Hecho de pavonearse. *Ya estoy cansada de aguantarle tanto pavoneo respecto a lo bien que cocina.*

pavor. m. Terror o miedo extremo. *La muerte le da pavor.* ▶ *MIEDO.

pavoroso, sa. adj. Que produce pavor. *La ciudad sufrió un pavoroso terremoto. La fotógrafa ha recogido pavorosas imágenes de la guerra.*

payada. f. Am. Canto del payador. *Durante la jornada el público puede presenciar contrapuntos, milongas y payadas* [C].

payador, ra. adj. Am. Dicho de persona: Que canta improvisando sobre temas variados, gralm. en contrapunto con otro, y acompañándose con una guitarra. Se usa referido a los países del sur de Sudamérica. *Mujeres payadoras* [C]. Más frec. m. y f. *Un payador mediocre complacía los pedidos de la gente* [C]. *¿Te acuerdas de que era una payadora?* [C].

payasada. f. Hecho o dicho propios de un payaso. *Zompo divertía a los niños con sus payasadas. ¡No digas payasadas, por favor!*

payaso, sa. m. y f. **1.** Artista de circo, gralm. vestido de forma extravagante, que hace reír con sus actos, gestos o chistes. *Los niños vieron a los payasos en el circo.* **2.** Persona propensa a hacer reír a los demás. Frec. despect. *La gente lo adora, pero a mí me parece un payaso.* Tb. adj. *¡No seas payaso y bájate de ahí!* ▶ **1:** AUGUSTO, CLOWN.

payés, sa. m. y f. Campesino catalán o balear. *Los payeses protestan contra las importaciones de productos agrícolas.*

payo, ya. adj. Que no es gitano. *Costumbres payas.* Dicho de pers., tb. m. y f. *La convivencia entre payos y gitanos debe fomentarse desde la escuela.*

paz. f. **1.** Situación en la que no existe lucha armada en un país o entre países. *Entre ambas guerras hubo un período de paz.* **2.** Ausencia de conflicto o enfrentamiento entre personas. *Vuelve a reinar la paz en el seno del partido.* **3.** Tratado o convenio político que pone fin a una guerra. *En 1945 se firmó la paz.* **4.** Estado de quien se encuentra tranquilo y sin preocupaciones. *En la vejez encontró la paz que buscaba.* **5.** Ausencia de ruido o ajetreo. *Nada perturbaba la paz del bosque.* ■ **dar la ~** (a alguien). loc. v. En la misa: Saludar(lo), gralm. con un apretón de manos, en señal de paz (→ 2). *Hermanos, podéis daros la paz.* ■ **dejar** (a alguien) **en ~.** loc. v. No molestar(lo). *¡Déjame en paz, pesado!* ■ **descansar en ~.** loc. v. eufem. Morir. *El moribundo solo deseaba descansar en paz.* Frec. en la expr. *que en ~ descanse*, para referirse piadosamente a un difunto. *El abuelo, que en paz descanse, me enseñó a conocer las constelaciones.* ■ **descanse en ~.** expr. Se usa para desear piadosamente que alguien que ha muerto salve su alma. *Acaba de morir su padre; descanse en paz.* ■ **en ~.** loc. adv. **1.** En el juego o en apuestas: Sin haber perdido ni ganado. Gralm. con *estar* o *quedar*. *Estaba en paz, así que se retiró de la partida.* **2.** Con la cuenta o deuda saldadas. *Te pago la última factura y quedamos en paz.* Tb. fig. *Te ha llamado tonto, y tú a él, bobo; así que estáis en paz.* ■ **hacer las paces** (con alguien). loc. v. Reconciliarse o poner fin a un enfrentamiento (con él). *Haz las paces* CON *ella.* Tb.: *Estábamos enfada-*

dos, pero hemos hecho las paces. ▪ **(haya) ~.** expr. Se usa para intervenir en una discusión o riña con el fin de cortarla. *Haya paz, señores, no vamos a enfadarnos por tan poca cosa.* ▪ **y en ~,** o (y) **aquí ~ y después gloria.** expr. Se usa para expresar que se da por terminado un asunto o discusión. *¡Tú te vienes con nosotros, y en paz! ¡Venga, coge el cheque y aquí paz y después gloria!*

pazguato, ta. adj. Simple, o que se pasma o escandaliza con facilidad. *No me seas pazguato. Una sociedad pazguata y provinciana.* Dicho de pers., tb. m. y f. *El tipo era un pazguato y nunca llegó a nada.*

pazo. m. Casa solariega gallega, espec. la edificada en el campo. *Veranean en un pazo en un pueblo de Lugo.*

PC. (sigla; pronunc. "pe-ce"). m. Ordenador personal. *El disco duro del PC está estropeado.*

pche. interj. Se usa para expresar indiferencia, desaliento o reserva. *–¿Cómo te va? –Pche..., así, así.*

pchs. interj. Pche. *–¿Ha subido a tender con lo que llueve? –¡Pchs! Manías que le dan.*

P. D. abrev. Posdata. *P. D.: Olvidaba decirte que me voy a Oaxaca.*

Pdte., Pdta. abrev. Presidente, presidenta. *Gas Nacional. Pdte. Orlando Trujillo.*

pe. f. Letra *p.* ▪ **de ~ a pa.** loc. adv. coloq. Enteramente, de principio a fin. *Se sabía las letras de sus canciones de pe a pa.*

peaje. m. **1.** Derecho que se paga por transitar por un lugar, espec. por una carretera. *Una autopista de peaje.* Tb. el precio correspondiente. *Los automovilistas protestan por la subida del peaje.* Frec. fig. *Hacerse una foto con un niño es peaje obligado para el político en campaña.* **2.** Lugar donde se paga el peaje (→ 1). *Hay grandes atascos en los peajes de la frontera.*

peana. f. Base, pie o apoyo sobre los que se coloca un objeto, espec. una figura. *En el salón había lujosos maceteros con peanas de mármol.*

peatón, na. m. y f. Persona que va a pie por una vía pública. *El peatón cruzó por el paso de cebra.* ▶ VIANDANTE.

peatonal. adj. De los peatones, o reservado para peatones. *Calle peatonal. Se retirarán los obstáculos que dificulten el tránsito peatonal.*

peatonalización. f. Hecho de peatonalizar. *El pleno municipal aprobó la peatonalización de la plaza.*

peatonalizar. tr. Hacer peatonal (una vía pública o una parte de una población), impidiendo el tránsito de vehículos. *El alcalde ha prometido peatonalizar varias calles del centro.*

pebetero. m. **1.** Recipiente en el que arde una llama ceremonial. *Se encenderá el pebetero con la llama olímpica.* **2.** Recipiente para quemar perfumes, espec. el que tiene una cubierta agujereada. *Había humeantes pebeteros de incienso a las puertas del templo.*

peca. f. Mancha pequeña y pardusca que aparece en la piel, espec. en la cara. *Es una niña pelirroja y con pecas.*

pecado. m. **1.** En religión: Acto, pensamiento u omisión conscientes que van contra la ley divina o los preceptos religiosos. *El que roba está cometiendo un pecado.* Tb. el estado de quien comete esos actos. *Arremete contra las parejas que no se casan y viven en pecado.* **2.** Acto contrario a lo que es o se considera justo o correcto. Frec. con intención enfática. *Tirar toda esta comida es un pecado.* ▪ **~ capital.** m. *Rel.* Cada uno de los siete pecados (→ 1) considerados fuente u origen de otros. *La soberbia es un pecado capital.* ▪ **~ mortal.** m. *Rel.* Pecado (→ 1) muy grave que convierte a quien lo comete en enemigo de Dios y merecedor de condena eterna. *Los que mueren en pecado mortal van al Infierno.* ▪ **~ nefando.** m. *Rel.* Pecado (→ 1) de sodomía. *En su homilía, el cura condenó el pecado nefando.* ▪ **~ original.** m. *Rel.* Pecado (→ 1) con el que nacen las personas por descender de Adán y Eva. *El pecado original se lava con el bautismo.* ▪ **~ venial.** m. *Rel.* Pecado (→ 1) leve, que no aparta totalmente de Dios a quien lo comete.

pecador, ra. adj. Que peca o está sujeto al pecado. Dicho de pers. tb. m. y f. *El sacerdote exclamó desde el púlpito: –¡Arrepentíos, pecadores!*

pecaminoso, sa. adj. **1.** Del pecado o del pecador. *El confesor le ha preguntado si tiene pensamientos pecaminosos.* **2.** Que parece contaminado por el pecado. *Sentía una curiosidad pecaminosa.*

pecar. intr. **1.** Cometer un pecado. *Padre, me arrepiento de haber pecado.* **2.** Cometer una falta o equivocación. *¿En qué he pecado para que te enfades así?, dime.* **3.** Excederse en algo. *Peca* DE *modesto.*

pecarí. m. Mamífero americano parecido al jabalí, de pelo pardo, sin cola y con colmillos poco desarrollados. *El pecarí hembra. Los pecaríes abundan en la selva de Barro Colorado.*

pecblenda. f. *Mineral.* Mineral de uranio, en cuya composición entran varios metales raros, entre ellos el radio. *En sus experimentos con la pecblenda, los esposos Curie descubrieron el radio.* ▶ PECHBLENDA.

peccata minuta. (loc. lat.; pronunc. "pekáta-minúta"). loc. s. Cosa de poca importancia, espec. un defecto. Gralm. con *ser. El trabajo está bien, salvo por pequeños fallos que son peccata minuta.*

pecera. f. Recipiente de cristal, gralm. en forma de vasija o de globo, para tener peces vivos. *En el salón había una pecera con peces de colores.*

pechar. intr. **1.** Asumir o afrontar la carga, responsabilidad o consecuencia de algo. *Ella tuvo que pechar* CON *los niños y la casa.* ○ tr. **2.** histór. Pagar (algo) como pecho o tributo. *Los aldeanos debían pechar al rey cuatrocientos sueldos.*

pechblenda. f. *Mineral.* Pecblenda. *De la pechblenda se extrae uranio.*

pechera. f. **1.** En una prenda de vestir: Parte que cubre el pecho. *Lleva un bolígrafo en el bolsillo de la pechera.* **2.** coloq. Pecho, espec. el de mujer. *Había mujeres tomando el sol con la pechera al aire.*

pechina. f. *Arq.* Triángulo curvilíneo invertido que forma el anillo de una cúpula con los arcos sobre los que descansa. *La cúpula sobre pechinas de la basílica de Santa Sofía.*

pecho[1]. m. **1.** En una persona: Parte del cuerpo comprendida entre el cuello y el vientre, y que contiene el corazón y los pulmones. *Relájese, afloje los músculos de las piernas, del pecho...* **2.** Parte exterior delantera del pecho (→ 1). *Paró la pelota con el pecho.* **3.** En un animal: Parte anterior del tronco, comprendida entre el cuello y las patas delanteras. *Pecho de vaca.* **4.** Aparato respiratorio de una persona. *Una infección de pecho.* **5.** Mama de una mujer. *Se palpó el pecho izquierdo.* **6.** Conjunto de ambos pechos (→ 5). *Es delgada y con poco pecho.* **7.** Interior de la persona, donde se considera que están los sentimientos. *Lleva una pena en el pecho.* ▪ **a ~ descubierto.** loc. adv. **1.** Sin armas y sin buscar refugio. *Un grupo de manifestantes se enfrentó a la policía a pecho des-*

cubierto. **2.** Con sinceridad. *Me habló de sus problemas a pecho descubierto.* ■ **dar el ~** (a un bebé). loc. v. Dar(le) de mamar. *Es mejor para el recién nacido darle el pecho que alimentarlo con biberón.* ■ **entre ~ y espalda.** loc. adv. En el estómago. Frec. con v. como *meterse* o *echarse. Se metió un chuletón entre pecho y espalda.* Tb. fig. *Se metieron entre pecho y espalda una película de tres horas.* ■ **partirse el ~** (por alguien o algo). loc. v. Esforzarse o luchar mucho (por él o ello). *Se partía el pecho* POR *los trabajadores y el sindicato.* ■ **tomar** (algo) **a ~.** loc. v. **1.** Sentirse excesivamente herido u ofendido (por ello). Frec. con un pron. expresivo de interés. *Se tomó tan a pecho mis críticas que dejó de hablarme.* **2.** Mostrar mucho interés y empeño (en ello). Frec. con un pron. expresivo de interés. *No te tomas el trabajo a pecho.* ■ **tomar el ~.** loc. v. Mamar. *¿A qué hora toma el pecho el niño?* ▶ **1:** TÓRAX. **5:** *MAMA. **6:** BUSTO.

pecho[2]**.** m. histór. Tributo que se pagaba al rey o al señor feudal. *Entre los privilegios de la nobleza estaba la exención de pechos.*

pechuga. f. **1.** Pecho de ave. Tb. cada una de las dos partes en que se divide. *Filetes de pechuga de pollo.* **2.** coloq. Pechos de mujer. *La chica llevaba mucho escote y media pechuga al aire.* **3.** coloq. Pecho de hombre. *El ricachón llevaba una cadena de oro sobre la pechuga.*

pechugón, na. adj. coloq. De pecho abultado. *Una moza pechugona.* Dicho de mujer, tb. f.

peciolado, da. adj. *Bot.* Dicho de hoja: Que tiene pecíolo.

pecíolo o **peciolo.** m. *Bot.* Rabillo que une la hoja con el tallo de la planta. ▶ PEDÚNCULO, PEZÓN, RABILLO, RABO.

pécora. f. coloq. Mujer astuta y malintencionada. Tb. *mala ~. Lo que quiere esa mala pécora es tu dinero.*

pecoso, sa. adj. Que tiene pecas. *Tenía la piel muy blanca y el rostro pecoso.*

pectina. f. *Bioquím.* Sustancia presente en las plantas y utilizada industrialmente para dar consistencia gelatinosa a alimentos y otros productos. *Ingredientes para hacer la mermelada: naranjas, azúcar y pectina.*

pectoral. adj. **1.** Del pecho. *La región pectoral.* Dicho de músculo, tb. m. *Ejercicios para fortalecer los pectorales.* **2.** Beneficioso para el pecho o aparato respiratorio. *Un remedio pectoral que alivia la tos.* ● m. **3.** Cruz que llevan sobre el pecho los obispos y otros prelados. ▶ **1:** TORÁCICO.

pecuario, ria. adj. Del ganado. *Se conservan vías pecuarias utilizadas desde antiguo por los ganaderos trashumantes.*

peculiar. adj. Propio o característico de la persona o cosa de que se habla. *Las costumbres peculiares* DE *la comunidad árabe. Sabía imitar el peculiar acento gallego.* ▶ *CARACTERÍSTICO.

peculiaridad. f. **1.** Cualidad de peculiar. *La fiesta de las Fallas destaca por su peculiaridad.* **2.** Detalle o rasgo peculiares. *Entre las peculiaridades del nuevo modelo de automóvil destaca el sistema de frenado.*

peculio. m. Dinero o recursos económicos particulares de una persona o familia. *Los caprichos me los pago yo de mi peculio.*

pecuniario, ria. adj. Del dinero. *El tribunal le impuso una sanción pecuniaria.*

pedagogía. f. Ciencia que se ocupa de la educación y la enseñanza. *Está licenciado en Psicología y Pedagogía. Pedagogía aplicada a la enseñanza de lenguas extranjeras.*

pedagógico, ca. adj. **1.** De la pedagogía. *Teorías pedagógicas.* **2.** Que sirve o es adecuado para educar o enseñar. *Además de conocimientos, hacen falta dotes pedagógicas para ser profesor. Juegos pedagógicos.* ▶ **2:** *EDUCATIVO.

pedagogo, ga. m. y f. **1.** Especialista o titulado en pedagogía. *El ministerio consultará a docentes y pedagogos para elaborar la nueva ley de enseñanza.* **2.** Persona dotada para la enseñanza. *El orador dio muestras de ser un gran pedagogo.*

pedal. m. **1.** Palanca que, al pisarla, pone en marcha un mecanismo. *Los pedales de la bicicleta. Pisa el pedal del embrague para cambiar de marcha.* **2.** En algunos instrumentos musicales: Tecla grande o palanca que se accionan con los pies y sirven para modificar o producir ciertos sonidos. *Los pedales de un piano.*

pedalada. f. Impulso dado con cada golpe de pedal en una bicicleta u otro vehículo semejante. *Los escaladores subían el puerto con potentes pedaladas.*

pedalear. intr. Mover el pedal o los pedales, espec. en una bicicleta u otro vehículo semejante. *Pedaleaban fatigosamente para llegar a la cima.*

pedaleo. m. Hecho de pedalear. *Están bajando la cuesta con fuerte pedaleo.*

pedanía. f. Población rural pequeña, dependiente de un municipio y regida por un concejal de este que ejerce como alcalde en ella. *La ciudad cuenta con tres pedanías, cada una con su alcalde pedáneo.*

pedante. adj. despect. Dicho de persona: Que presume de saber mucho. *Lo entrevistó un pedante locutor de radio.* Tb. m. y f. *Hay tertulias plagadas de pedantes e intelectualoides.*

pedantería. f. **1.** despect. Cualidad de pedante. *Es de una pedantería insoportable.* **2.** despect. Hecho o dicho pedantes. *Dio un discurso lleno de pedanterías.*

pedantesco, ca. adj. despect. Propio de la persona pedante. *Hablaba de una manera pedantesca, como sentando cátedra.*

pedazo. m. **1.** Parte que se ha separado de algo roto o partido. *El cristal se hizo pedazos. Me comí un pedazo* DE *tarta.* **2.** Parte constitutiva de algo. *Conquistaron un pedazo* DEL *continente africano.* **3.** coloq. Seguido de la preposición *de* y un nombre, se usa para enfatizar el significado de este. *¡Vaya pedazo de edificio! ¡Menudo pedazo de imbécil!* ■ **~ de pan.** m. coloq. Persona muy buena o noble. Frec. con *ser. Este crío es un pedazo de pan.* □ **a ~s,** o **en ~s.** loc. adv. Por partes o en trozos rotos. Gralm. hablando de desmoronamiento o estallido. *El techo se iba cayendo a pedazos. El coche voló en pedazos.* ■ **caerse** alguien **a ~s,** o **estar** alguien **hecho ~s.** loc. v. coloq. Estar muy cansado. *En el último kilómetro de carrera estaba ya hecho pedazos.* ▶ **1, 2:** *PARTE.

pederasta. m. cult. Hombre que comete pederastia. *Ha sido acusado de pederasta.*

pederastia. f. cult. Abuso sexual cometido por un hombre adulto con niños.

pedernal. m. Mineral variedad de cuarzo, de gran dureza, color gris oscuro y bordes traslúcidos al fracturarse. *Con una piedra de pedernal afilaban los cuchillos.* Tb. un trozo de ese mineral. *Al chocar un pedernal con otro, saltan chispas.* Frec. fig. para designar algo de gran dureza. *La mente de aquel cafre era un pedernal. Tiene el corazón de pedernal.* ▶ SÍLEX.

pedestal. m. **1.** Base sólida que sostiene una columna, una escultura u otro objeto grande. *En el despacho hay un globo terráqueo en un pedestal.* **2.** Fundamento que sirve de apoyo a algo. *El sufragio universal, pedestal de la democracia.* ■ **en un ~.** loc. adv. En gran estima o consideración. Frec. con v. como *poner* o *tener*. *Siempre ha tenido a su marido en un pedestal.*

pedestre. adj. **1.** Que se hace a pie. *Una carrera pedestre.* **2.** Vulgar, de poca calidad o poco refinado. *Llevaba una vida de lo más pedestre. La versión cinematográfica de la novela es bastante pedestre.*

pediatra. m. y f. Especialista en pediatría. *Si observa una pérdida repentina de peso, lleve a su hijo al pediatra.*

pediatría. f. Rama de la medicina que se ocupa de la salud de los niños. *Congreso de pediatría y puericultura.*

pediátrico, ca. adj. De la pediatría. *Se dará asistencia pediátrica a toda la población infantil. Hospital pediátrico.*

pedicuro, ra. m. y f. Persona que tiene por oficio el cuidado de los pies y el tratamiento de problemas como la aparición de callos o uñeros. *Trabajos de manicura y pedicuro.* ▶ CALLISTA.

pedida. f. Petición de mano. *La pedida de su hermana será en mayo.*

pedido. m. Encargo de productos a un vendedor o fabricante. *Hemos hecho un pedido de tornillos.*

pedigrí. m. Genealogía de un animal de raza. *Un caballo de carreras de ilustre pedigrí.* Tb. el documento en que consta. Frec. fig. *Fue elegido candidato a pesar de carecer de pedigrí político.*

pedigüeño, ña. adj. Que suele pedir con frecuencia y a veces de forma inoportuna. Dicho de pers., tb. m. y f. *Su fama y su dinero atrajeron a un batallón de pedigüeños.*

pedir. (conjug. PEDIR). tr. **1.** Expresar a alguien la necesidad o el deseo (de algo) para que lo satisfaga. *Les ha pedido que tengan cuidado. Entró en el bar y pidió un café.* Tb. usado en constr. intr. *Por pedir que no quede.* **2.** Pedir (→ 1) (limosna). *Se dedica a pedir limosna por las calles.* Frec. usado en constr. intr. *Hay un mendigo pidiendo a la puerta de la iglesia.* **3.** Fijar el vendedor (una cantidad) como precio de algo. *¿Cuánto pide* POR *el tractor?* **4.** Necesitar una cosa (algo que la mejoraría o complementaría). *La casa está pidiendo una reforma.* **5.** Querer o desear (algo). *Solo pido que me dejen en paz.* **6.** Exponer alguien a los padres o parientes (de una mujer) el deseo de que (la) concedan por esposa para sí o para otro. *Mañana pedirán a mi hermana.* ▶ **4:** REQUERIR.

pedo. m. **1.** malson. Ventosidad expulsada por el ano. **2.** jerg. Borrachera (estado de la persona borracha). *Se agarró un pedo y al día siguiente tenía resaca.* Tb. un estado semejante producido por consumo de droga. *El yonqui lleva un pedo enorme.* ● adj. (pl. gralm. invar.). **3.** jerg. Que tiene un pedo (→ 2). *Estaba tan pedo que no me acordaba de dónde había dejado el coche.*

pedofilia. f. cult. Paidofilia. *Algunos jóvenes de un colegio habían sido víctimas de pedofilia.*

pedófilo, la. adj. cult. Paidófilo. *Inclinaciones pedófilas. Criminal pedófilo.* Dicho de pers., tb. m. y f.

pedorrear. intr. malson. Expulsar pedos repetidamente.

pedorreo. m. malson. Hecho o efecto de pedorrear.

pedorrero, ra. adj. **1.** malson. Que expulsa pedos repetidamente. Dicho de pers., tb. m. y f. ● f. **2.** malson. Expulsión repetida de pedos.

pedorreta. f. coloq. Sonido que se hace con la boca imitando el de un pedo, gralm. con intención de burla. *Puso la mano en forma de trompetilla y me lanzó una pedorreta.*

pedorro, rra. adj. malson. Que expulsa pedos con frecuencia. Dicho de pers., tb. m. y f. Se usa como insulto.

pedrada. f. Golpe dado con una piedra arrojada. *Se liaron a pedradas entre ellos.* Tb. la señal o herida así producidas. *Tiene una pedrada en la cabeza.*

pedrea. f. **1.** Combate a pedradas. *Hacíamos pedreas con chavales de otros barrios.* **2.** Granizada (hecho de granizar). *Varias pedreas seguidas arruinaron la cosecha.* **3.** coloq. Conjunto de los premios menores de la lotería. *Son muchos los agraciados con la pedrea del sorteo de Navidad.* ▶ **2:** GRANIZADA.

pedregal. m. Terreno cubierto de piedras sueltas. *Aquellas tierras eran desiertos pedregales sin vegetación.*

pedregoso, sa. adj. Que está cubierto de piedras. *Era difícil caminar por aquel camino pedregoso.*

pedrera. f. Cantera (lugar de donde se extrae piedra). *Tras rodear una pedrera abandonada, llegamos al arroyo.* ▶ CANTERA.

pedrería. f. Conjunto de piedras preciosas. *La reina lucía una diadema con pedrería.*

pedrisco. m. Granizo grueso que cae fuerte y abundantemente. *Si cae pedrisco antes de la vendimia, estropeará toda la uva.* ▶ GRANIZO.

Pedro. como ~ por su casa. loc. adv. coloq. Con entera libertad y sin ningún reparo. *Los traficantes entraban en el país como Pedro por su casa.*

pedrusco. m. Piedra grande, gralm. sin labrar. *Me tiró un pedrusco y casi me descalabra.* Frec., coloq., designa una piedra preciosa llamativa. *Le ha regalado un anillo de compromiso con un pedrusco impresionante.*

pedunculado, da. adj. *Biol.* Que tiene pedúnculo. *Frutos pedunculados.*

pedúnculo. m. **1.** *Bot.* Tallo estrecho y alargado que une una flor, hoja o fruto a un tallo o a una rama. **2.** *Zool.* En algunos animales sedentarios: Órgano estrecho y alargado que permite la fijación a una superficie. *Los percebes localizados en grietas tienden a desarrollar pedúnculos.* ▶ **1:** *PECÍOLO.

peer. (conjug. LEER). intr. coloq. Expulsar pedos. Frec. prnl.

pega. f. **1.** coloq. Dificultad o inconveniente, espec. los que surgen de modo imprevisto. *Me encanta el plan; la única pega es la falta de dinero.* Frec. con v. como *poner* o *encontrar*. *No haces más que poner pegas a todo.* **2.** Hecho de pegar o adherir algo. *Algunas vallas se han reservado para la pega de carteles publicitarios.* ■ **de ~.** loc. adj. coloq. Falso o de mentira. *El puñal era de pega. Un detective de pega.*

pegada. f. En deporte: Capacidad para golpear o tirar con fuerza. *El delantero demostró tener una gran pegada. Un boxeador de poca pegada.*

pegadizo, za. adj. Dicho espec. de música: Que se graba en la memoria con facilidad. *¿Recuerdas aquellos ritmos tan pegadizos de los años setenta? Buscamos una frase pegadiza para anunciar el detergente.*

pegajoso, sa. adj. **1.** Dicho de sustancia o de cosa: Que se pega con facilidad. *El barniz es un líquido pegajoso.* Tb. fig. *Un bochorno húmedo y pegajoso inundaba la ciudad.* **2.** coloq. Dicho de persona: Empalagosa o excesivamente cariñosa. *Últimamente está de lo más pegajoso con ella.*

pegamento. m. Sustancia, gralm. semilíquida, que sirve para pegar. *Aplique el pegamento en las dos superficies que quiere pegar y presione una con otra.*

pegar. tr. **1.** Unir alguien (dos o más cosas) mediante una sustancia útil para ello. *Pega estas hojas.* Tb.: *Pega esta hoja* CON *esa. Pegue una foto* A/EN *la solicitud.* **2.** Unir una sustancia (dos o más cosas) de forma que sea difícil separar(las). *Una cola especial para pegar piezas de madera.* Tb. usado en constr. intr. *Necesito algo que pegue bien para encolar la silla.* **3.** Unir alguien (dos o más cosas) con hilo, cuerda o algo que (las) sujete. *Pegó el anuncio* AL *tablón con una chincheta. Hay que pegar el botón.* **4.** Aproximar (cosas o personas) entre sí, haciendo que queden muy cerca o se toquen. *Han improvisado un escenario pegando todas las mesas. Pega ese cuadro* A *la esquina. Pégate* A *él todo lo que puedas.* **5.** Dar (un golpe o una paliza). *Me pegó un bofetón. Le han pegado un botellazo. Te van a pegar una paliza.* **6.** coloq. Seguido de un nombre: Realizar (la acción designada por él). *Pegan gritos y saltos para llamar la atención.* **7.** coloq. Transmitir (algo, espec. un vicio o una enfermedad) por el trato o el contacto. *Ellos me pegaron las ganas de viajar. Le han pegado los piojos en el colegio.* ○ intr. **8.** Quedar una cosa unida a algo de forma que sea difícil separarla. *Estas ventosas no pegan.* **9.** Estar muy cerca o al lado de alguien o algo. *La farmacia está pegando* A *la plaza. Uno de los baños pega* CON *el dormitorio principal.* **10.** Chocar con fuerza contra algo. *La bala pegó* EN *el techo. Una de las ruedas ha pegado* CONTRA *el bordillo.* **11.** Golpear a alguien. *Mi hermano me pegó.* Tb.: *Se pegaron a la salida del bar.* **12.** Formar un conjunto armónico. *Estos muebles no pegan.* Tb.: *La corbata no pega* CON *el traje. Esa camisa no le pega* AL *traje.* **13.** Rimar. *Un estribillo en el que no pega ningún verso.* **14.** Dar la luz o el sol en algo. *La luz de los focos le pega* EN *los ojos. El sol pega* EN *la ventana.* **15.** Tener algo un efecto fuerte o tener alguien o algo un fuerte impacto o éxito. *¡Cómo pega esta cerveza! Hoy el levante pega fuerte. Esta canción pegó mucho el verano pasado.* **16.** coloq. Realizar con algo la acción adecuada. *¿Tú le pegas* A *esto del mus? Este chico le pega bien* A *la muleta.* ○ intr. prnl. **17.** Quedar unidas dos o más cosas de forma que sea difícil separarlas. *Aguarde hasta que se peguen las piezas.* Tb.: *La camisa se le pega* A *la espalda.* **18.** Quedar un guiso o un alimento unido al recipiente en que se cuece o prepara. *Se me va a pegar el arroz. Se ha pegado la leche.* **19.** Transmitirse algo, espec. un vicio o enfermedad por el trato o contacto. *Se me ha pegado su acento. La hepatitis se pega por la sangre.* **20.** Unirse a alguien sin ser llamado. *Se nos pegó uno de los guías que rondan por la medina.* ■ **pegársela** (a alguien). loc. v. **1.** coloq. Engañar(lo). *Ese a mí no me la pega; seguro que es un infiltrado.* **2.** coloq. Engañar (al cónyuge o pareja habitual) teniendo relaciones sexuales con otra persona. *Se la pega* CON *una vecina.* ■ **pegársela** alguien. loc. v. coloq. Sufrir una caída o un accidente violento. *No corras tanto, que nos la pegamos.* ▶ **1:** ADHERIR. **4:** *ACERCAR. **5:** ASESTAR, DESCARGAR, PROPINAR. **11:** *GOLPEAR. **12:** COMBINAR. **17:** ADHERIRSE. **18:** AGARRARSE.

pegatina. f. Adhesivo pequeño que lleva impreso un texto, fotografía o dibujo, gralm. propagandísticos. *Tenía la maleta llena de pegatinas de todos sus viajes.*

pego. dar el ~. loc. v. coloq. Engañar una cosa o una persona por su apariencia. *El traje era de segunda mano, pero daba muy bien el pego. El pobre es un bruto pero, si no abre la boca, da el pego.*

pegón, na. adj. coloq. Que tiene inclinación a pegar o golpear a otros. *Es un crío muy pegón.* Tb. m. y f.

pegote. m. **1.** coloq. Porción de una sustancia espesa y pegajosa. *Había pegotes de barro en el parabrisas.* **2.** coloq. Añadido inútil, inadecuado o que afea el conjunto, espec. en una obra literaria o artística. *La escena del beso era un pegote. ¿Cómo han dejado poner ese rótulo luminoso, ese pegote, en un edificio tan bonito?*

peinado. m. **1.** Forma de llevar arreglado el pelo. *Se lleva el peinado afro.* **2.** Hecho de peinar o peinarse. *Date un peinado antes de salir. La lana es sometida a un proceso de cardado y peinado.*

peinador, ra. m. y f. **1.** Persona peina o tiene por oficio peinar. *Fue a la peinadora a ponerse guapa.* ○ m. **2.** Prenda o trozo de tela que se sujeta al cuello para proteger la ropa de quien se peina, se corta el pelo o se afeita. ▶ **1:** PELUQUERO.

peinar. (conjug. PEINAR). tr. **1.** Desenredar y arreglar el pelo (de alguien) con un peine u otro utensilio. *Estaba peinando a sus muñecas. Péinate antes de salir.* **2.** Desenredar y arreglar (el pelo) de alguien con un peine u otro utensilio. *Le están peinando la melena.* **3.** Desenredar y alisar el pelo o la lana (de un animal). *Los mozos de cuadra peinaban a las yeguas.* **4.** Tocar ligeramente (algo). *Rodríguez peina la pelota con la cabeza y marca.* **5.** Recorrer y registrar minuciosamente (una zona o territorio) para encontrar algo o a alguien. *Peinaron el monte en busca de los secuestradores.* ○ tr. prnl. **6.** Hacerse peinar (→ 1) por alguien. *Me peino en la peluquería del barrio.*

peine. m. **1.** Utensilio consistente en una fila de púas paralelas unidas por un lado, que sirve para arreglar y alisar el pelo. *Me desenredo con cepillo y luego me peino con un peine.* **2.** En algunas armas de fuego: Compartimento extraíble donde se alojan los proyectiles. **3.** *Teatro* Enrejado con poleas, situado en la parte superior del escenario y del que cuelgan los decorados. ▶ **Am: 1:** PEINILLA.

peineta. f. Utensilio semejante a un peine curvo, que usan las mujeres para sujetar o adornar su peinado. *La fallera mayor llevaba en el moño una vistosa peineta.*

peinilla. f. **1.** Am. Machete (arma blanca). *Los guardias los obligaron a dispersarse arremetiendo con las peinillas* [C]. **2.** Am. Peine (utensilio para el pelo). *Se repasó el peinado con la peinilla humedecida* [C]. ▶ **1:** MACHETE. **2:** PEINE.

p. ej. abrev. Por ejemplo. *Varios hospitales, p. ej., Clínico, Ramón y Cajal.*

pejiguera. f. coloq. Cosa poco provechosa y que trae problemas o produce molestias. *Todas aquellas fiestas y compromisos sociales eran para él una pejiguera.*

pekinés, sa. (Tb. **pequinés**). adj. De Pekín (capital de China). *Aeropuerto pekinés.* Dicho de pers., tb. m. y f. *La plaza de Tiananmen es centro de reunión de pekineses y turistas.*

pela. f. **1.** coloq. Peseta (unidad monetaria). *Le costó seis mil pelas.* ○ pl. **2.** coloq. Dinero (conjunto de monedas, o fortuna). *Se enfadaron por un tema de pelas.*

peladilla. f. Almendra recubierta con un baño blanco y duro de azúcar. *En Navidad, tomamos turrones, peladillas y mazapanes.*

pelado[1]. m. Hecho o efecto de pelar. *Le han hecho un pelado al cero. Después de cortar el árbol hay que proceder al pelado del tronco.*

pelado[2], da. part. **1.** → **pelar.** ● adj. **2.** Dicho de cosa: Que carece de lo que normalmente la cubre, rodea o adorna. *Un monte pelado. Un hueso pelado.* **3.** Am. Dicho de persona: Calva. *Hoy en día, hay pelucas que dan ganas de ser pelado* [C]. Tb. m. y f. *Se quitaron los sombreros y los pelados aprovecharon para secarse el sudor de las calvas con sus pañuelos* [C]. **4.** frecAm. Dicho de persona: Pobre o de categoría social baja. *¡Qué pelados están que ni conocen el automóvil!* [C]. *Cada día se llena más la ciudad de gente pelada* [C]. Tb. m. y f. *Y había muchos pelados, mucha gente... vulgar* [C]. **5.** coloq. Que está sin dinero. *Volvimos pelados del viaje.* ▶ **3:** *CALVO. **4:** *POBRE.

pelador, ra. adj. Que pela o sirve para pelar algo, espec. la piel de un fruto. Dicho de pers., tb. m. y f. Dicho de utensilio o aparato, tb. m. *Utiliza un pelador o un cuchillo para pelar las patatas.* Dicho de máquina, tb. f. *Peladora automática de verduras.*

peladura. f. Piel o cáscara de un fruto tras pelarlo. *Para darle sabor, rayaré unas peladuras de limón. Peladuras de almendras.*

pelagatos. m. y f. coloq. Persona insignificante o mediocre. *No te dejes humillar así por un pelagatos cualquiera.*

pelagianismo. m. *Rel.* Doctrina de Pelagio (monje británico, s. V), considerada una herejía por la Iglesia católica, y que niega la transmisión del pecado original y la necesidad de la gracia divina para salvarse. *Gnosticismo, arrianismo y pelagianismo son herejías de los primeros tiempos del cristianismo.* Tb. el movimiento o secta seguidores de esa doctrina.

pelágico, ca. adj. **1.** *Biol.* Dicho de zona marina: De alta mar. *Los organismos marinos presentan diferencias según vivan en la región litoral, pelágica o abisal.* Tb. dicho de lo relacionado con esa zona. *Ecosistemas pelágicos.* **2.** *Biol.* Dicho de animal, vegetal u organismo: Que vive en zonas pelágicas (→ 1). *Peces pelágicos.*

pelagra. f. *Med.* Enfermedad caracterizada por trastornos digestivos, erupciones cutáneas y alteraciones nerviosas, producida por la falta de un componente de la vitamina B.

pelaje. m. **1.** Pelo que cubre la piel de un animal. *Un caballo alazán es el que tiene el pelaje de color canela.* **2.** despect. Clase o categoría de persona. *Al acto acudieron artistas de diverso pelaje.*

pelambre. f. Pelo o vello abundante y enredado. *Se alisó la rubia pelambre. Tiene tal pelambre en pecho y espalda que resulta repulsivo.*

pelambrera. f. Pelo o vello abundante y gralm. revuelto. *Al correr, agitaba su larga pelambrera. Tiene una tupida pelambrera bajo las axilas.*

pelanas. m. y f. coloq. Persona insignificante, inútil o despreciable. *Tienes un jefe que es un pelanas.*

pelandusca. f. coloq. Prostituta.

pelar. tr. **1.** Cortar o arrancar el pelo (a una persona o animal). *Lo han pelado al cero.* **2.** Quitar la piel, las plumas o el caparazón (a un animal). *Pela las gambas antes de comerlas.* **3.** Quitar la piel, la cáscara o la corteza (a algo, espec. a un fruto). *Voy a pelar patatas para hacer una tortilla.* **4.** coloq. Dejar sin dinero o bienes (a alguien), espec. en el juego o mediante engaño. *Lo pelaron jugando al póquer.* ○ intr. prnl. **5.** Perder alguien o algo piel o pelo. *Los brazos del sofá están pelados por el roce.* ■ **duro de ~.** loc. adj. **1.** coloq. Dicho de persona: Difícil de convencer o derrotar. *Le ha tocado un rival duro de pelar.* **2.** coloq. Dicho de cosa: Que tiene muchas dificultades. *Un problema duro de pelar.* ■ **que pela.** loc. adj. coloq. Se usa para enfatizar la intensidad del frío. *Hace un frío que pela.* ■ **que se las pela.** loc. adv. coloq. Con intensidad o rapidez. *El coche corre que se las pela.*

peldaño. m. Plataforma horizontal, gralm. rectangular, donde se apoya el pie al recorrer una escalera. *Resbaló en el último peldaño.* ▶ ESCALÓN.

pelea. f. Hecho de pelear o pelearse. *Hubo una pelea a puñetazos en el bar. Han tenido una pelea de novios.* ▶ ALTERCADO, BRONCA, LUCHA, PENDENCIA, PUGNA, REYERTA, RIÑA.

pelear. intr. **1.** Luchar. *Peleará* CON *el campeón* POR *el título de los pesados.* Tb. fig. *Hace años que pelea* CONTRA *el cáncer.* **2.** Tener dos o más personas un enfrentamiento verbal o físico. *No peleéis, que hay para todos.* Tb. prnl. *Se han peleado por una tontería.* **3.** Esforzarse mucho. *Toda la vida peleando y mira cómo me lo agradecen.* ○ intr. prnl. **4.** Enemistarse. *Cuando se pelean, pasan meses sin hablarse.* ▶ **2:** *REÑIR.

pelechar. intr. Echar un animal pelo o pluma, o cambiar de pelo o de pluma. *Con tanto calor, los canarios empiezan a pelechar.*

pelele. m. **1.** Muñeco de paja o de trapo, con forma de figura humana, propio de fiestas populares como el carnaval. **2.** despect. Persona simple y fácilmente manipulable. *Era un pelele incapaz de plantar cara a sus hermanas.* **3.** Prenda de punto de una sola pieza, que se pone a los niños pequeños para dormir.

peleón, na. adj. **1.** Inclinado o dispuesto a pelear. *El crío es peleón y se mete en todas las trifulcas. Un equipo poco técnico pero muy peleón.* **2.** coloq. Dicho de vino: De mala calidad. *Tomamos un jumilla bastante peleón.* ▶ **1:** PENDENCIERO.

peletería. f. **1.** Técnica de tratar pieles de animales para confeccionar con ellas prendas de abrigo, forros o adornos. *Somos especialistas en peletería fina y sintética.* Tb. la actividad comercial correspondiente. *El sector de la alta peletería reporta considerables ingresos.* **2.** Establecimiento en que se confeccionan o venden artículos de peletería (→ 1). *Robaron varios abrigos de visón en una peletería.*

peletero, ra. adj. **1.** De la peletería. *La industria peletera.* ● m. y f. **2.** Persona que tiene por oficio confeccionar o vender artículos de peletería. *La piel de la chinchilla es muy apreciada por los peleteros.*

peliagudo, da. adj. Difícil o complicado. *La peliaguda cuestión de la eutanasia. La ascensión a la cima era una empresa peliaguda.*

pelícano. m. Ave marina de gran tamaño, de pico ancho y muy largo y con una especie de bolsa en su mandíbula inferior donde almacena los peces que captura. *El pelícano hembra.*

película. f. **1.** Obra cinematográfica. *Ponen una película de dibujos animados.* Frec. fig. para designar un relato muy fantasioso o increíble. *¡Anda ya, no me cuentes películas!* **2.** Cinta de material plástico sensible a la luz, preparada para la impresión de fotografías o de imágenes cinematográficas. *Abrió la cámara de fotos y se veló la película. El montador de cine empalma los trozos de película.* **3.** Piel o membrana muy delgadas. *El ojo está recubierto por una película llamada "esclerótica".* **4.** Capa muy delgada que se forma sobre algo o que lo cubre. *Había una película de grasa sobre la sopa.* ■ **allá ~s.** expr. coloq. Se usa para expresar que alguien se desentiende de algo o le resulta indiferente. *Si se enfadan, que se enfaden; allá películas.* ■ **de ~.** loc. adj. **1.** coloq. Excelente, espec. por su belleza o su lujo. *La casa está en un paraje de película.* Tb. loc. adv. *Lo pasamos de película en el zoo.* **2.** coloq. Poco habitual o fuera de lo común. *Te ocurren cosas de película.* ▶ **1:** CINTA, FILM, FILME.

peliculero, ra. adj. **1.** coloq. De la película cinematográfica. *La escena recordaba a la típica imagen peliculera de la hoguera y la manta.* **2.** coloq. Fantasioso o que se deja llevar por la imaginación. *No te fíes de lo que te cuente, que es muy peliculero.* ● m. y f. **3.** coloq. Artista de cine. *Es una de esas revistas que cuentan la vida de famosillos y peliculeros.*

peliculón. m. **1.** coloq. Película de cine muy buena. *No es un peliculón, pero pasamos un rato divertido viéndola.* **2.** coloq. Película de cine larga y aburrida. *No sé cómo puedes tragarte esos peliculones de cine mudo.*

peligrar. intr. Estar en peligro. *Los rehenes sentían que peligraban. Peligran muchos puestos de trabajo.*

peligro. m. **1.** Posibilidad de que algo malo ocurra. *Pusieron en peligro el éxito de la operación. El paciente está fuera de peligro.* **2.** Persona o cosa que tiene o crea peligro (→ 1). *Cuando está enfadado es un peligro. La carretera tan mojada era un peligro.* ■ **correr ~.** loc. v. Estar en peligro (→ 1). *Su vida no corre peligro.* ▶ **1:** RIESGO.

peligrosidad. f. Cualidad de peligroso. *Vimos números de circo de gran peligrosidad.*

peligroso, sa. adj. **1.** Dicho de persona o cosa: Que tiene o crea peligro. *¿No será peligroso cruzar el río por aquí? Es un delantero muy peligroso con el balón en el área.* **2.** Dicho de persona: Propensa a hacer daño o a cometer delitos. *Un loco peligroso.* ▶ **1:** ARRIESGADO. ‖ **Am: 1:** RIESGOSO.

pelillo. m. dim. → **pelo.** ■ **~s a la mar.** expr. coloq. Se usa para expresar el deseo o el hecho de olvidar problemas o discusiones y reanudar el trato amistoso. *Anda, pídele perdón y pelillos a la mar.*

pelirrojo, ja. adj. De pelo rojo o rojizo. *Es pelirroja y con la piel muy blanca.* Tb. m. y f.

pella. f. **1.** Conjunto de tallitos blancos y comestibles de la coliflor y otras verduras. *Pellas de col.* **2.** Porción prieta y redondeada de una masa. *Cogió una pella de carne picada.* ○ pl. **3.** coloq. Falta de asistencia a clase no justificada. *Está todo el día de pellas.* Gralm. con *hacer. Su madre lo pilló haciendo pellas.*

pellejo. m. **1.** Piel de un animal, espec. cuando está separada del cuerpo. *Llevaba el morral lleno de pellejos de zorro.* **2.** Piel de algunas frutas u hortalizas. *El pellejo de la uva.* **3.** coloq. Piel de una persona. *El pobre mendigo era todo huesos y pellejo.* **4.** coloq. Vida. *Consiguió salvar el pellejo. Los trapecistas se juegan el pellejo.* **5.** coloq. Situación en que se encuentra alguien. Frec. en constr. como *estar,* o *ponerse,* alguien *en el ~* de otra persona. *Yo no sé qué haría si estuviera en su pellejo.* **6.** Odre. *Un pellejo de vino.*

pelliza. f. **1.** Prenda de abrigo, a modo de chaqueta, hecha o forrada de piel. *Entró una elegante dama ataviada con sombrero y pelliza de marta.* Frec. designa la rústica, de piel con su lana o su pelo. *El belén tenía pastores con su pelliza y su zurrón.* **2.** Chaqueta de abrigo con el cuello y las bocamangas reforzadas de piel o de otra tela. *Llegó un escuadrón de cosacos, envueltos en sus pellizas.* ▶ ZAMARRA.

pellizcar. tr. **1.** Agarrar con dos dedos un trozo de carne (de alguien o de una parte de su cuerpo), gralm. apretando y haciendo daño. *Pellízcame para asegurarme de que no estoy soñando. Alguien le pellizcó el trasero.* **2.** Apretar o quitar un trozo pequeño (de una cosa) agarrándolo con los dedos. *Si pellizca el plástico y queda una marca, se trata de PVC. ¡Deja ya de pellizcar el pan!*

pellizco. m. **1.** Hecho o efecto de pellizcar. *Me dio un pellizco en un moflete. Se le notaba el pellizco en el brazo.* **2.** Trozo pequeño de una cosa, espec. el que se toma o se quita agarrándolo con los dedos. *Echa un pellizco más de sal a la ensalada.* **3.** coloq. Cantidad de dinero o de beneficios, espec. la que se obtiene en un sorteo o un reparto. *Le ha tocado un buen pellizco en la lotería.*

pelma. m. y f. **1.** coloq. Persona molesta e inoportuna. *Su compañero de viaje era un pelma insoportable.* Tb. adj. *¡Qué tía más pelma!* **2.** coloq. Persona lenta al hacer algo. Tb. adj. *¡No seas pelma y acaba de vestirte ya!*

pelmazo, za. m. y f. coloq. Pelma. *Ha vuelto el pelmazo ese que nos quiere vender una enciclopedia.* Tb. adj. *Déjame ya, no seas pelmaza.*

pelo. m. **1.** Filamento muy delgado de los que crecen en la piel de las personas y de algunos animales. *Se le cayó un pelo del bigote en la sopa. Hay pelos del gato por todas partes.* Frec. en sent. colectivo. *Tiene pelo en las axilas.* **2.** Conjunto de los pelos (→ 1) que crecen en la parte superior y posterior de la cabeza humana. *Ha ido a la peluquería a cortarse el pelo. Es un chico de pelo rubio y rizado.* **3.** Filamento, gralm. corto y suave, de los que cubren algunos frutos o crecen en las hojas y tallos de algunas plantas. *Los pelos de la ortiga producen picores.* Frec. en sent. colectivo. *El pelo aterciopelado del melocotón.* **4.** Porción de pelo (→ 1) o de un material semejante, espec. cada una de las empleadas en la fabricación de objetos como brochas o cepillos. *Limpia el pincel después de usarlo para que no se estropeen los pelos.* **5.** Hilo fino que sobresale de la superficie de un tejido. *Este jersey suelta muchos pelos.* Frec. en sent. colectivo. *El pelo de la angorina me produce sarpullidos.* **6.** En una piedra, vidrio o metal: Raya o grieta, espec. las que restan valor al material o pueden favorecer su fractura. *Un cristal defectuoso, con varios pelos y burbujas.* ■ **~ de la dehesa.** m. coloq. Carácter rústico o tosco propio de personas de zonas rurales o de bajo nivel social. *Va vestido como un dandi, pero, en cuanto empieza a hablar, se le nota el pelo de la dehesa.* ■ **~s y señales.** m. pl. coloq. Pormenores o detalles de algo, espec. los que se facilitan en una información. *Dio pelos y señales de su paradero.* Frec. en la constr. *con ~s y señales. Lo describió con pelos y señales.* □ **al ~.** loc. adv. coloq. De manera oportuna o acorde con lo que se desea o conviene. Gralm. con *venir* o *ir. Con lo que me duele la cabeza, una aspirina me vendría al pelo.* ■ **a ~.** loc. adv. **1.** Sin poner al caballo silla de montar ni arreos. *Cabalgaba a pelo.* **2.** coloq. Sin ropa. *Se bañan a pelo en lagos de agua congelada.* **3.** coloq. Sin protección, ayuda o asistencia de ningún tipo. *La infantería luchaba a pelo y tuvo muchas bajas. A falta de medicamentos, pasaban las enfermedades a pelo. Con un diccionario podría traducirlo, pero así, a pelo...* **4.** coloq. A propósito o con ocasión oportuna. Gralm. con *venir. Si viene a pelo, haré mi propuesta.* ■ **caérsele el** ~ (a alguien). loc. v. coloq. Recibir (esa persona) un castigo, sanción o reprimenda, gralm. al descubrirse que ha hecho algo mal. *Como se entere papá, se te va a caer el pelo.* ■ **dar para el** ~ (a alguien). loc. v. coloq. Dar(le) una paliza. *Como sigas haciendo el tonto, te voy a dar para el pelo.* Tb. fig. *Jugamos al baloncesto con los mayores y nos dieron para el pelo.* ■ **de medio** ~. loc. adj. coloq. Dicho de persona o de cosa: De poca categoría, espec. si pretende aparentar una categoría mayor. *Comía en pensiones y restaurantes de medio pelo. Apareció un conde de medio pelo dándose aires.* ■ **de** ~ **en pecho.** loc. adj. coloq. Dicho de persona, espec. de hombre: Fuerte y decidida. *Aquella dura expedición era para hombres de pelo en pecho.* ■ **hasta los** ~**s.** loc. adv. coloq. En situación de hartazgo. *¡Me tienes hasta los pelos, pesado! Acabé hasta los pelos* DE *ella y* DE *sus quejas.* ■ **lucirle el** ~ (a alguien). loc. v. coloq. Ir(le) las cosas de la manera que se indica. *¡Qué bien te luce el pelo, chaval!* Frec. en la constr. *así me,* o *te,* o *le,* etc., *luce el* ~, en sent. irónico para expresar crítica. *Nunca quiso arriesgarse y así le luce el pelo.* ■ **(ni) un** ~. loc. s. coloq. Nada. Gralm. con intención enfática y en constr. negativas. *No entiendo ni un pelo* DE *lo que dice. No digas que no lo sabías, que tú no tienes un pelo* DE *tonto.* Tb. loc. adv. *No me gusta un pelo cómo me mira.* ■ **no tener** ~**s en la lengua.** loc. v. coloq. Ser capaz de decir sin reparos y abiertamente lo que se piensa. *No tenía pelos en la lengua en las reuniones de vecinos.* ■ **ponérsele los** ~**s de punta** (a alguien). loc. v. **1.** coloq. Erizárse(le) el pelo (→ 1) o el vello por frío, miedo u otra causa. *Soplaba un viento gélido y los pelos se nos pusieron de punta.* **2.** coloq. Sentir (esa persona) mucho miedo o angustia, frec. hasta el punto de que se (le) erice el pelo (→ 1). *Se me ponen los pelos de punta cuando recuerdo el accidente.* ■ **por los** ~**s.** loc. adv. **1.** coloq. Superando por muy poco margen el límite para conseguir lo que se expresa. *Había estudiado poco y aprobé por los pelos. Llegué al tren por los pelos.* **2.** coloq. De manera forzada o sin venir a cuento. Gralm. con *coger* o *traer,* hablando de introducir temas o argumentos en lo que se dice. *Pondré un ejemplo que, aunque traído por los pelos, ilustra bien lo que quiero decir.* ■ **soltarse** alguien **el** ~. loc. v. coloq. Empezar a hablar o actuar sin preocuparse por lo que piensen los demás. *En cuanto se toma dos copas, se suelta el pelo.* ■ **tirarse de los** ~**s.** loc. v. coloq. Sentir gran enfado o arrepentimiento. *Me tiraba de los pelos pensando en la ocasión que desperdicié.* ■ **tocar un** ~ **de la ropa** (a alguien). loc. v. coloq. Causar(le) el menor daño. Gralm. en constr. negativas, o hipotéticas para expresar amenaza. *¡Como le toques un pelo de la ropa a mi prima, te enteras!* ■ **tomar el** ~ (a alguien). loc. v. coloq. Burlarse (de él), gralm. con bromas o engaños. *Los de la compañía del gas me tomaron el pelo.* ■ **un** ~, o **un pelín.** loc. adv. **1.** coloq. Muy poco. *Faltó un pelo para que se cayera. Llegas un pelín tarde.* □ loc. s. **2.** coloq. Un poco. *Está riquísimo, pero le falta un pelín* DE *sal.* **3.** → **ni un pelo.** ■ **ver el** ~ (a alguien). loc. v. coloq. Ver (a esa persona). Se usa para expresar que se nota mucho la ausencia de esa persona. *Rara vez le vemos el pelo por el barrio.* Frec. en constr. negativas. *Se marchó enfadado y no volvimos a verle el pelo.* ▶ **1, 2:** CABELLO. **3:** *VELLO.

pelón, na. adj. **1.** Que no tiene pelo o tiene muy poco. *Un bebé pelón.* **2.** Que lleva el pelo muy corto o al rape. *En la barbería del cuartel lo dejaron pelón.*

pelota[1]. f. **1.** Bola, gralm. pequeña y de un material elástico que le permite botar, que se usa en diversos juegos y deportes. *Cogimos raquetas y pelotas y fuimos a jugar al tenis. Una pelota hinchable de playa.* **2.** Balón de juegos y deportes. *El delantero chutó y envió la pelota al fondo de la red.* **3.** Juego que se practica con una pelota (→ 1). *Bajaron a la calle a jugar a la pelota.* **4.** Cuerpo o masa de forma esférica, espec. los hechos de materia blanda y fácilmente moldeable. *Se tiraban pelotas de nieve. En la papelera había varias pelotas de papel.* **5.** Aparato gimnástico que consiste en una pelota (→ 1) de mediano tamaño y poco peso, que se usa para hacer ejercicios de gimnasia rítmica. *Realizaron un ejercicio con cintas, aros y pelotas.* **6.** malson. Testículo. Más frec. en pl. ○ m. y f. **7.** coloq. Persona que adula a los demás para conseguir algo. *Estos pelotas siempre le ríen las gracias al jefe.* ■ ~ **vasca.** f. *Dep.* Conjunto de modalidades deportivas que se practican en un frontón, lanzando una pelota (→ 1) contra una de las paredes con la mano, con una pala o con una cesta. □ **devolver la** ~ (a alguien). loc. v. coloq. Responder a sus actos o argumentos con otros equiparables. *Cuando descubrió la infidelidad de su novio, se propuso devolverle la pelota.* ■ **estar la** ~ **en el tejado.** loc. v. coloq. Estar pendiente de decidirse o resolverse el asunto de que se trata. *Hasta que terminen las negociaciones, la pelota está en el tejado.* ■ **hacer la** ~ (a alguien). loc. v. coloq. Adular(lo) para conseguir algo. *No me hagas la pelota, que no te voy a dejar más dinero.* ■ **pasar,** o **echar, la** ~ (a alguien). loc. v. coloq. Desentenderse de una responsabilidad, culpa o problema, traspasándoselos (a esa persona). *Aquel era un asunto espinoso en el que cada ministerio pasaba la pelota al otro.* ■ **tener** ~**s.** loc. v. malson. Tener valor o coraje. ▶ **2:** *BALÓN. **4:** BOLA.

pelota[2]. **en** ~**(s).** loc. adv. coloq. Sin ropa. *Tomaban el sol en pelotas.*

pelotari. m. y f. Jugador de pelota vasca.

pelotazo. m. **1.** Golpe dado con una pelota. *Rompieron la luna de un pelotazo.* **2.** coloq. Copa (bebida alcohólica). Frec. con v. como *echar* o *tomar. ¿Nos tomamos un pelotazo?*

pelotear. intr. Jugar con una pelota golpeándola o pasándosela repetidamente por diversión o como entrenamiento. *Los tenistas pelotearon antes de comenzar el partido.*

peloteo. m. **1.** Hecho de pelotear. *La tenista se lesionó durante el peloteo.* **2.** coloq. Hecho de hacer la pelota. *Había mucho peloteo en torno al catedrático.*

pelotera. f. coloq. Pelea o discusión fuertes. *Tuvo una pelotera con su marido.*

pelotero. m. Am. Beisbolista. *Era uno de esos peloteros admirado hasta por sus rivales* [C].

pelotilla. hacer la ~ (a alguien). loc. v. coloq. Hacer(le) la pelota. *Se pasa la vida haciendo la pelotilla al jefe.*

pelotillero, ra. adj. coloq. Que hace la pelota. *Es el típico alumno pelotillero.* Tb. m. y f.

pelotón. m. **1.** Bola formada con pelos o hilos apretados y enredados. *Para alisar la madera, tome un*

trozo de esparto, forme un pelotón y úselo como una lija. **2.** Aglomeración de personas. *Había un pelotón de gente a la puerta del cine.* **3.** En ciclismo: Conjunto numeroso de corredores que marchan en grupo. *Iba en cabeza tirando del pelotón.* **4.** En el Ejército: Unidad de soldados que forma parte de una sección y suele estar a las órdenes de un sargento o de un cabo. *Pelotón de ejecución.*

pelotudez. f. Am. coloq. Tontería (hecho o dicho tontos). *No tengo ganas de escuchar pelotudeces* [C].

pelotudo, da. adj. Am. coloq. Tonto (de corto entendimiento, o propio de la persona así). *Exigencias pelotudas* [C]. Frec. se usa como insulto. *No es más que un viejo pelotudo* [C]. Dicho de pers., tb. m. y f. *Esta pelotuda qué habla* [C].

peluca. f. Cabellera postiza. *Se disfrazó con una peluca.*

peluche. m. **1.** Tejido de fibras, con pelo largo y suave por uno de sus lados. *El niño se durmió con su osito de peluche.* **2.** Muñeco hecho de peluche (→ 1). *Una tienda de peluches.*

peludo, da. adj. Que tiene mucho pelo. *Una criatura peluda. Tiene la espalda peluda.*

peluquería. f. **1.** Establecimiento donde trabaja el peluquero. *Voy a la peluquería a teñirme el pelo.* **2.** Oficio o actividad del peluquero. *Escuela de peluquería.*

peluquero, ra. m. y f. Persona que tiene por oficio cortar y arreglar el pelo. ▶ PEINADOR.

peluquín. m. **1.** Peluca pequeña que solo cubre parte de la cabeza. *Llevaba peluquín para disimular la incipiente calva.* **2.** histór. Peluca con bucles y coleta, utilizada a finales del s. XVIII y principios del XIX.

pelusa. f. **1.** Acumulación de polvo y suciedad que se forma en zonas como los rincones o debajo de los muebles. *Pasé el aspirador para quitar las pelusas.* **2.** Pelo muy fino, suave y corto que sale en una parte del cuerpo o que recubre un fruto. *La pelusa del melocotón.* Frec. *pelusilla. Al bebé le salió una pelusilla rubia.* **3.** Pelo menudo que se desprende de algunos tejidos con el uso. *Los jerseys de angorina sueltan mucha pelusa.* **4.** coloq. Envidia o celos, espec. los propios de los niños. *Tiene pelusa de su hermana pequeña.* ▶ **2:** *VELLO.

pelviano, na. adj. *Anat.* De la pelvis. *Región pelviana.*

pelvis. f. Cavidad ósea del cuerpo de los mamíferos, situada en la parte inferior del tronco, entre la columna vertebral y las extremidades inferiores. *Fractura de pelvis.*

pena. f. **1.** Sentimiento intenso, gralm. de tristeza, compasión o decepción, que conmueve el ánimo. *Al partir, sintió una pena muy grande.* Frec. con *dar. Me da pena no poder ir a la fiesta. ¿No te da pena* DE *él?* **2.** Cosa que produce pena (→ 1). *Me contó sus penas sollozando. La pena es no haberse enterado antes de la oferta.* **3.** Dificultad o esfuerzo grandes. Gralm. en pl. *Después de pasar muchas penas, consiguió triunfar.* **4.** Castigo impuesto por la autoridad competente, frec. un juez o un tribunal, a quien ha cometido una falta o un delito. *El juez dictó pena de prisión para el acusado.* **5.** Am. Vergüenza. *¿No les da pena ser amigos de un jipi piojoso?* [C]. *Casi no cojo bus, qué pena por el retardo* [C]. ■ **~ capital.** f. *Der.* Pena (→ 4) de muerte. *Le fue conmutada la pena capital por cadena perpetua.* □ **a duras ~s.** loc. adv. Con gran esfuerzo o dificultad. *A duras penas se mantenía en pie. El sueldo me llega a duras penas a final de mes.* ■ **de ~.** loc. adj. coloq. Muy malo. *No es mal museo, pero tiene una iluminación de pena.* Tb. loc. adv. *Habla inglés de pena.* ■ **hecho una ~.** loc. adj. coloq. Que se halla en muy mal estado. Frec. con *estar, dejar* o *quedar. La depresión la dejó hecha una pena. Tras el accidente el coche quedó hecho una pena.* ■ **merecer,** o **valer,** algo o alguien **la ~.** loc. v. Ser interesante o merecer el trabajo que cuesta. *No vale la pena que vengáis, ya nos arreglamos.* ■ **sin ~ ni gloria.** loc. adv. Sin destacar, o de manera discreta. *Pasó por la universidad sin pena ni gloria.* ▶ **4:** *CASTIGO.

penacho. m. **1.** En algunas aves: Conjunto de plumas erguidas que coronan la cabeza. *Lo más llamativo de la abubilla es su penacho.* **2.** Adorno de plumas que se pone sobre la cabeza de una persona o un animal, o sobre un casco o un sombrero. *La guardia real vestía uniforme de gala y casco con penacho. Un jefe indio con su penacho de plumas.* **3.** Cosa cuya forma recuerda la de un penacho (→ 1, 2). *Del incendio se desprendían grandes penachos de humo. Un penacho de cabellos canosos.*

penado, da. part. **1.** → **penar.** ● m. y f. **2.** Persona condenada a cumplir una pena, espec. si es de privación de libertad.

penal. adj. **1.** De las penas impuestas por las faltas o delitos cometidos. *Para optar al puesto, es requisito carecer de antecedentes penales.* **2.** *Der.* Del derecho penal (→ **derecho**), o relacionado con él. *Código Penal.* ● m. **3.** Establecimiento penitenciario para el cumplimiento de penas graves de privación de libertad. *Estuvo recluido en un penal, condenado por asesinato.* ▶ **3:** *CÁRCEL.

penalidad. f. Sufrimiento o dificultad grandes. *Jamás perdía la entereza en la penalidad.* Frec. en pl. *Pasaron muchas penalidades durante la expedición.*

penalista. adj. Dicho de jurista o abogado: Especialista en derecho penal. Tb. m. y f. *Lo defendió un penalista de renombre.*

penalización. f. Hecho o efecto de penalizar. *La demora en el pago será objeto de penalización. El jinete terminó el recorrido con dos penalizaciones.*

penalizar. tr. Imponer una pena o sanción (a alguien o algo). *El árbitro penalizó al jugador* CON *la expulsión. La ley penaliza el tráfico de drogas.* ▶ *CASTIGAR.

penalti. m. En fútbol y otros deportes: Sanción máxima con que se castiga la falta cometida por un equipo en su propia área, y que consiste en un lanzamiento directo a la portería con el portero como única defensa. *El árbitro pitó penalti. Ha fallado el penalti.* Tb. esa falta. *Le hicieron penalti.* ■ **de ~.** loc. adv. coloq. Estando la novia embarazada. Se usa con *casarse. Se rumorea que se han casado de penalti.*

penar. tr. **1.** Imponer una pena o castigo (a alguien o algo). *La justicia penará a quienes infrinjan la ley. Infracciones que la ley pena* CON *una multa.* ○ intr. **2.** cult. Sufrir pena o tristeza intensas. *Penó mucho por su moribundo esposo.* ▶ **1:** *CASTIGAR.

penates. m. pl. En la mitología grecorromana: Dioses domésticos, protectores de la familia y encargados de velar por que no falte comida. *En cada casa romana había altares dedicados a sus lares, manes y penates.*

penca. f. Parte blanquecina y dura de las hojas de algunas plantas, espec. las hortalizas, que comprende el nervio central y su prolongación hasta el tallo. *Pencas de acelga.*

penco. m. **1.** Caballo flaco y débil. *El carro, tirado por cuatro pencos, avanzaba a duras penas.* **2.** Persona tosca o poco inteligente. *Al volante se volvía un verdadero penco.* Se usa como insulto. *¿Ese penco dices que es tu actriz favorita?*

pendejada. f. frecAm. coloq. Tontería (hecho o dicho tontos, o cosa de poca importancia). *Todo esto me pareció una soberana pendejada, un disparate indigno de mi madre* [C]. *Habían ido a no sé cuántos almacenes y no habían encontrado la pendejada que querían* [C].

pendejo, ja. m. y f. (Frec. se usa el m. referido a mujer). **1.** coloq. Pendón (persona de vida irregular). *¡Menudo pendejo estás tú hecha!* **2.** Am. coloq. Persona tonta o estúpida. *Siempre habrá vivos arriba y pendejos abajo* [C]. *Se necesita ser pendejo, pensé, para hacer estas preguntas* [C]. Frec. se usa como insulto. *¡De modo que ustedes ni cuenta se dieron, pendejos!* [C]. ○ m. **3.** Am. coloq. Niño o joven. *Una vez, de pendejo, jugaba en un equipo de japoneses* [C]. *Te estoy hablando como si todavía fuera un pendejo, como si esa parte mía no hubiera crecido* [C].

pendencia. f. Riña o enfrentamiento de palabra o de obra. *Buscaba pendencia por las tabernas.* ▶ *PELEA.

pendenciero, ra. adj. Dicho de persona: Inclinada a riñas o pendencias. *Hinchas fanáticos y pendencieros.* Tb. m. y f. *Tenía fama de ser un pendenciero.* ▶ PELEÓN.

pender. intr. **1.** Estar algo colgado de un sitio o suspendido sobre algo. *Una bandera pendía* DE *la fachada. La espada enemiga pendía* SOBRE *su cabeza.* Tb. fig. *Una borrasca que pende* SOBRE *el Cantábrico. El olor a jazmín pendía en el aire de la noche.* **2.** Amenazar de cerca un mal, peligro o sospecha a alguien o algo. *La amenaza de desahucio pende* SOBRE *ellos. Una orden de demolición pendía* SOBRE *el edificio.* **3.** cult. Depender de algo. *El porvenir del niño pende en gran medida* DE *su entorno.*

pendiente. adj. **1.** Que pende o cuelga de algo. *En la despensa había ristras de ajos pendientes* DE *ganchos.* **2.** Que está por resolverse o terminarse, o a falta de que se realice algo. *Tú y yo tenemos un asunto pendiente. Asignatura pendiente. El capital pendiente* DE *amortizar asciende aún a la mitad del préstamo. La ley está pendiente* DE *aprobación.* **3.** Que tiene la atención fija en alguien o algo. *Estad pendientes por si aparece. El anfitrión estuvo pendiente* DE *cada detalle.* **4.** Dicho espec. de terreno: Que tiene inclinación. *Una ladera muy pendiente.* ● m. **5.** Joya o adorno que se llevan colgados de la oreja o de otra parte del cuerpo. *Lleva unos pendientes de nácar. Va con un pendiente en la nariz.* ○ f. **6.** Inclinación del terreno. *El puerto tenía mucha pendiente.* **7.** Terreno inclinado. *Subimos por una pendiente hasta llegar a su calle.* ▶ **3:** *ATENTO. **5:** ARETE. **6:** DECLIVE. **7:** CUESTA, SUBIDA. || **Am: 5:** ARETE, ARO.

pendón[1]**.** m. **1.** Insignia de una cofradía o de una parroquia en procesiones y romerías. *Un cofrade con el pendón abría la marcha.* **2.** histór. Bandera más larga que ancha, que constituía la insignia de una unidad u orden militar, de una región o de una familia noble. *El pendón de los tercios españoles. El pendón de los Windsor.*

pendón[2]**, na.** m. y f. (Frec. se usa el m. referido a mujer). **1.** coloq. Persona de vida irregular y desordenada. *La noche entera de juerga; estás hecha una pendona.* Tb. adj. *¿Dónde te metes, pendón?; llevo llamándote toda la semana.* **2.** coloq. Persona de vida libertina en asuntos de sexo. *¿Su marido?, un pendón, como la mayoría. ¡Esa es otro pendón de aquí te espero!* Tb. adj. *¡Cómo puedes ser tan pendona!* ○ m. **3.** Prostituta.

pendonear. intr. coloq. Salir o ir de un sitio a otro por ocio o diversión. *Dile que te ayude, en vez de irse a pendonear por ahí.*

pendoneo. m. coloq. Hecho de pendonear. *Se pasa el día de pendoneo con las amigas.*

pendular. adj. Del péndulo. *Movimientos pendulares.*

péndulo. m. **1.** *Fís.* Cuerpo pesado que, suspendido de un punto por un hilo tenso o una varilla, puede oscilar de un lado a otro de forma repetitiva y constante. **2.** Pieza de un reloj constituida por un péndulo (→ 1) y que, con las oscilaciones, regula su funcionamiento. *Nos quedábamos hipnotizados mirando el péndulo del reloj de pared.*

pene. m. Órgano genital masculino que sirve para copular y como conducto para la expulsión de orina. ▶ MIEMBRO, VERGA.

penene. m. y f. coloq. Profesor no numerario que ejerce en un centro de enseñanza del Estado. *Los penenes se declararon en huelga para exigir estabilidad laboral.*

penetrable. adj. **1.** Dicho espec. de cuerpo o lugar: Que se puede penetrar o permite pasar a su interior. *Llegaron a una zona selvática difícilmente penetrable.* **2.** cult. Que se puede penetrar o llegar a comprender. *Hay trastornos mentales que la psiquiatría ha hecho penetrables.*

penetración. f. **1.** Hecho de penetrar. *Las comunicaciones internacionales favorecen la penetración de extranjerismos en el idioma. Las tropas tratan de impedir la penetración del enemigo.* **2.** Capacidad de comprender o de penetrar el significado de las cosas. *Es un columnista dotado de gran penetración para los temas políticos.*

penetrante. adj. **1.** Que penetra. *Me miró fijamente con sus ojos penetrantes. Nos llegó un penetrante olor a gasolina. No conozco a nadie tan lúcido y penetrante.* **2.** Que manifiesta o implica penetración intelectual. *Hizo un penetrante análisis de la situación política.*

penetrar. intr. **1.** Pasar dentro de un cuerpo o de un lugar. *Un espía ha penetrado* EN *la organización. Abre las ventanas para que penetre el aire.* Tb. fig. *No permitía a nadie penetrar* EN *su intimidad.* ○ tr. **2.** Pasar dentro (de un cuerpo o de un lugar). *El clavo penetrará fácilmente la madera.* **3.** Pasar algo a través (de un cuerpo). *La humedad ha penetrado las paredes.* **4.** Realizar un hombre el acto sexual (con otra persona). **5.** Hacerse notar intensamente una sensación o un sentimiento (en alguien o en una parte de su cuerpo). *El frío penetraba los huesos. Los gritos nos penetraban los oídos. Estaba penetrado de tristeza.* **6.** cult. Comprender (algo), o percibir(lo) por medio de la inteligencia. *Ojalá consiguiéramos penetrar las razones de su comportamiento.*

penibético, ca. adj. De la cordillera Penibética. *Valles penibéticos.*

penicilina. f. Antibiótico que se extrae de un moho y se emplea para combatir algunas enfermedades causadas por bacterias. *La penicilina puede ser eficaz en el tratamiento de neumonías.*

penillanura. f. *Geogr.* Terreno casi llano, con leves ondulaciones, que es resultado de la erosión de una zona montañosa. *El río desciende hasta la penillanura, donde forma cañones y barrancos.*

península. f. Territorio rodeado de agua por todas partes menos por una, relativamente estrecha, que lo une a otro territorio de mayor extensión. *La Península Ibérica.*

peninsular. adj. **1.** De la península. *Además del territorio peninsular, Italia está constituida por islas como Sicilia.* Dicho de pers., tb. m. y f. **2.** De la Península Ibérica. Se usa en contraposición a lo relacionado con el territorio español situado fuera de la Península, y con Hispanoamérica. *Habrá precipitaciones en el tercio norte peninsular y en las Baleares. En Hispanoamérica se mantienen vivos términos que ya no son usuales en el español peninsular.* Dicho de pers., tb. m. y f. *Probamos un plato canario poco conocido por los peninsulares.*

penique. m. Moneda equivalente a la centésima parte de una libra esterlina del Reino Unido, o de la libra de otros países, como Irlanda. *Dio unos peniques al músico.*

penitencia. f. **1.** *Rel.* Sacramento por el cual el sacerdote perdona los pecados mediante la confesión. *Para celebrar el sacramento de la penitencia es necesario el arrepentimiento del pecador.* **2.** Pena que impone el confesor por los pecados confesados. *Como penitencia, rezarás tres avemarías.* Tb. fig. *¡Qué penitencia tener que aguantarte!* **3.** Práctica o acto de mortificación que alguien se impone para que le sean perdonados sus pecados. *El ayuno es una forma de hacer penitencia.*

penitencial. adj. De la penitencia. *Después del vía crucis tendrá lugar una celebración penitencial.*

penitenciaría. f. Establecimiento carcelario para el cumplimiento de penas de privación de libertad. *El juez ordenó el ingreso del detenido en una penitenciaría.* ▶ *CÁRCEL.

penitenciario, ria. adj. De la penitenciaría. *El régimen penitenciario pretende garantizar la convivencia pacífica de los presos.*

penitente. adj. **1.** Que hace o cumple penitencia. *Alma penitente.* Dicho de pers. tb. m. y f. *El viernes santo, los penitentes recorren el pueblo flagelándose.* ● m. y f. **2.** En una procesión: Persona que va vestida con túnica en señal de penitencia. *En Semana Santa sale de penitente con una cofradía.* **3.** Persona que se confiesa sacramentalmente con un sacerdote. *Tras la confesión de los pecados, el sacerdote da la absolución al penitente.*

penoso, sa. adj. **1.** Que produce un sentimiento de pena. *Se oían penosos lamentos tras la pared. Fue un partido penoso.* **2.** Que supone mucho esfuerzo o muchas penalidades. *El público animaba a los corredores durante la penosa ascensión al puerto.*

pensado, da. part. → **pensar.** ■ **mal ~.** → **malpensado.**

pensador, ra. m. y f. Persona que se dedica a hacer reflexiones y estudios profundos sobre temas importantes. *Ortega y Gasset fue uno de los grandes pensadores del siglo* XX.

pensamiento. m. **1.** Facultad o capacidad de pensar. *Se le nubló el pensamiento.* **2.** Hecho o efecto de pensar. *El pensamiento de que podía pasaros algo me angustiaba. Déjame adivinar tu pensamiento. Todo lo que lee son obras de reflexión y pensamiento.* **3.** Frase breve y de tono serio, que refleja una idea importante de carácter moral o doctrinal. *"Pienso, luego existo" es el pensamiento más conocido de Descartes. El libro es una recopilación de pensamientos de personajes famosos.* **4.** Conjunto de ideas de una persona, colectividad o época. *El pensamiento de Kant supuso un hito en la historia de la Filosofía. El pensamiento racionalista del* XVII. **5.** Planta de jardín, de pequeño tamaño, con flores de tres colores y pétalos grandes y redondeados. *En el parterre había pensamientos y margaritas.* Tb. la flor. *Le regaló un ramito de pensamientos.* ■ **pasarle** algo (a alguien) **por el ~.** loc. v. Ocurrírse(le). *¿Qué le pasaba por el pensamiento en aquel instante?* Tb. prnl. *Jamás se me pasó por el pensamiento hacerte daño.*

pensante. adj. Que piensa. *El presidente convocó a las cabezas pensantes del partido para analizar la situación.*

pensar. (conjug. ACERTAR). tr. **1.** Formar o tener en la mente (una idea). *Siempre está pensando nuevas travesuras.* **2.** Opinar (algo) acerca de una cosa. *Pienso que tiene razón. ¿Qué piensas tú* DE *todo esto?* **3.** Formar en la mente un juicio u opinión (sobre algo). *Piénsalo y mañana me das una respuesta.* **4.** Tener intención (de hacer algo). *Pensamos ir a visitarte, pero se nos hizo tarde.* ○ intr. **5.** Formar en la mente un juicio u opinión sobre algo. *No pienses más* EN *ello.* ■ **cuando menos se piense.** loc. adv. Inesperadamente o en cualquier momento. *Puede presentarse por aquí cuando menos se piense.* ■ **dar** algo **qué pensar** (a alguien). loc. v. Hacer que (esa persona) se preocupe o sospeche. *Eso que ha dicho me da qué pensar.* ■ **ni ~lo.** expr. Se usa para negar algo con rotundidad. *¿Ir a la playa con este frío?; ¡ni pensarlo!* ■ **~ mal** (de alguien o algo). loc. v. Tener sospechas (de esa persona o cosa). *No quiero pensar mal, pero me parece que oculta algo. Piensa mal* DE *todo el mundo.* ▶ **2:** *CREER.

pensativo, va. adj. Que está absorto en sus pensamientos o meditando con intensidad. *Al oír la noticia, se quedó pensativo.*

pensil o **pénsil.** m. cult. Jardín muy hermoso y agradable.

pensión. f. **1.** Cantidad de dinero que alguien cobra periódicamente, de forma temporal o vitalicia, por razón de su situación y no como pago de un trabajo. *Su ex marido le pasa una pensión.* Designa espec. la que paga la Seguridad Social por jubilación, viudedad, orfandad o incapacidad. *La pensión de un jubilado es mayor cuanto más haya cotizado. Una pensión por invalidez.* **2.** Establecimiento hotelero pequeño, de categoría inferior a la de un hotel, donde se da alojamiento y comida, frec. a clientes que realizan estancias largas. *En sus años de estudiante vivió en una pensión.* **3.** Ayuda económica para la realización de estudios, investigación científica o trabajos artísticos. ■ **~ completa.** f. Régimen de alojamiento hotelero que incluye habitación y todas las comidas. *La oferta es para siete noches en hotel de tres estrellas con pensión completa.* ■ **media ~.** f. **1.** Régimen de alojamiento hotelero que incluye habitación, desayuno y una comida. **2.** Régimen de escolarización o inscripción en un centro educativo que incluye la enseñanza y la comida de mediodía. *El colegio dispone de un amplio comedor para alumnos en media pensión.*

pensionado[1]. m. Internado (establecimiento educativo). *Estudia en un pensionado.* ▶ INTERNADO.

pensionado[2], da. part. **1.** → **pensionar.** ● adj. **2.** Que ha sido pensionado (→ 1). Tb. m. y f. *Los pensionados en el extranjero eran numerosos entonces.*

pensionar. tr. Conceder una pensión (a alguien). *Fue pensionado por el Ayuntamiento para cursar estudios en París. El Gobierno ha decidido pensionar a los exiliados.*

pensionista. m. y f. **1.** Persona que recibe una pensión, espec. de jubilación. *Centro de reunión de pensionistas y personas de la tercera edad.* **2.** Persona que vive en una pensión o en un internado.

pentacampeón, na. adj. *Dep.* Dicho de persona o de equipo: Que ha sido campeón cinco veces. *Equipo pentacampeón.* Tb. m. y f. *La pentacampeona mundial de salto de altura se ha lesionado.*

pentagonal. adj. **1.** Del pentágono. *Los pilares del puente tienen forma pentagonal.* **2.** Que tiene forma de pentágono. *Un patio pentagonal.*

pentágono. m. *Mat.* Polígono de cinco ángulos y cinco lados.

pentagrama. m. Conjunto de cinco líneas horizontales, paralelas y equidistantes, y de los cuatro espacios comprendidos entre ellas, que sirve de soporte a la escritura musical. *En clave de sol, el sol se escribe sobre la segunda línea del pentagrama.*

pentámetro. m. *Lit.* Verso pentámetro (→ **verso**). *La elegía está compuesta en hexámetros y pentámetros.*

pentasílabo, ba. adj. *Lit.* Dicho de verso: De cinco sílabas. Tb. m. *La seguidilla tiene pentasílabos en los versos pares.*

pentatlón. m. *Dep.* Prueba combinada de cinco disciplinas atléticas que debe realizar un mismo atleta. *El pentatlón moderno está compuesto por natación, esgrima, tiro, hípica y carrera.*

penúltimo, ma. adj. Inmediatamente anterior al último o a lo último. *Llegó en penúltimo lugar.* Tb. sustantivado. *Su última obra está bien, pero me gustó más la penúltima.*

penumbra. f. Iluminación muy débil, que casi llega a oscuridad. *La sala estaba en penumbra y apenas distinguía su silueta.* Tb. la zona con esta iluminación. *Entró en la penumbra del zaguán.*

penumbroso, sa. adj. Que está en penumbra. *Avanzamos por un largo y penumbroso pasillo.*

penuria. f. Situación de pobreza o de escasez de lo más necesario. *En la posguerra, el país vivía en la penuria.* Frec. en pl. con significado sing. *En los comienzos, pasamos muchas penurias.* ▶ *POBREZA.

peña. f. **1.** Roca grande, espec. si está aislada. *Se encaramó a una peña para otear el paisaje.* **2.** Monte rocoso. *El río discurre entre escarpadas peñas.* **3.** Grupo de personas formado para participar en actividades de tipo recreativo o relacionadas con una afición común. *Cada peña desfila con su charanga. Una peña quinielística.* **4.** coloq. Grupo de amigos o camaradas. *Hoy salgo con la peña del barrio.* ▶ **1:** *ROCA.

peñascal. m. Lugar cubierto de peñascos. *La finca era un peñascal incultivable.* ▶ CANCHAL.

peñasco. m. Peña grande. *La ermita está enclavada en lo alto de un peñasco.* ▶ *ROCA.

peñascoso, sa. adj. Que tiene muchos peñascos. *Terreno peñascoso.*

peñón. m. Monte rocoso o peñascoso. *El castillo se alzaba en lo alto de un peñón.*

peón. m. **1.** Jornalero, espec. del campo o de la construcción, que realiza trabajos básicos no especializados. *Trabajaba de peón en una mina. Peón de albañil.* **2.** En el ajedrez: Pieza de menor valor, de las que hay ocho negras y ocho blancas. *Sacrificó un peón para salvar a la reina.* **3.** Persona que actúa subordinada a intereses ajenos. *La oposición le acusó de ser un mero peón del imperialismo.* **4.** Peonza. **5.** *Taurom.* Torero subalterno que ayuda al matador durante una corrida de toros. *El matador entró al ruedo con su cuadrilla de peones.* Tb. ~ *de brega.* **6.** histór. Soldado de infantería. ■ ~ **caminero.** m. Peón (→ 1) que trabaja en la conservación y reparación de caminos y carreteras. *Fue contratado como peón caminero en las obras de la autopista.* ⇒ CAMINERO. ▶ **1:** *JORNALERO.

peonada. f. **1.** Trabajo que un peón realiza en un día. *Para la cosecha, contratan jornaleros que cobran por peonadas.* **2.** Cuadrilla o conjunto de peones. *Las peonadas regresaban del olivar en los camiones.*

peonía. f. Planta de flores grandes y vistosas, gralm. rojas o rosáceas, propia terrenos húmedos y laderas montañosas, y muy cultivada en jardinería. *En la sierra hay una zona de matorral donde abunda el romero, la peonía y la jara.* Tb. la flor.

peonza. f. Juguete de madera, de forma cónica y con una punta de hierro en el vértice, al cual se enrolla una cuerda para lanzarlo y hacerlo girar. *Los muchachos bailaban la peonza en el patio.* ▶ PEÓN, TROMPA, TROMPO.

peor. adj. (Comparativo de *malo;* el segundo término de la comparación, cuando se expresa, va introducido por *de* o *que;* tb. superlativo relativo, gralm. precedido de art. det. y seguido de un compl. introducido por *de*). **1.** Más malo. *Los resultados fueron peores de lo esperado. No hay peor cosa que ponerse nervioso. Nos ha tocado el peor sitio. Esta solución es la peor de todas.* ● adv. (Comparativo de *mal;* el segundo término de la comparación, cuando se expresa, va introducido por *de* o *que*). **2.** Más mal, o de manera más mala o inadecuada. *Toca el piano peor que tú. Se encuentra cada vez peor.* ■ ~ **que** ~, o **tanto** ~. expr. Se usa para expresar que lo que se acaba de enunciar empeora lo expresado anteriormente. *La operación entraña riesgos, y si el paciente es diabético, peor que peor.* ■ **ponerse** alguien **en lo** ~. loc. v. Suponer que sucede algo malo o perjudicial. *Cuando le vio la cara, se puso en lo peor.*

pepa. f. Am. Pepita (semilla). *Se ralla la manzana finamente (sin cáscara, pepas, ni corazón)* [C]. ▶ *PEPITA.

Pepa. viva la ~. expr. coloq. Se usa como comentario o reacción ante una situación de excesiva despreocupación o desbarajuste. *Yo siempre limpiando, y vosotros, ¡viva la Pepa!*

pepinazo. m. **1.** coloq. Disparo hecho con un cañón o con otra arma pesada. Tb. el ruido y el daño así producidos. *Se oían los pepinazos de mortero.* **2.** coloq. En algunos deportes, espec. en el fútbol: Cañonazo. *El zaguero galés le arreó un tremendo pepinazo al balón.*

pepinillo. m. Pepino de pequeño tamaño conservado en vinagre. *Aceitunas, pepinillos y otros aperitivos.*

pepino. m. **1.** Fruto de forma cilíndrica, piel verde e interior blanquecino, jugoso y con muchas pepitas, que se come frec. en ensalada. *Compra tomates y pepinos para la ensalada.* Tb. su planta. ● adj. **2.** coloq. Dicho de melón: Poco maduro e insípido. *Este melón está pepino.* ■ **un** ~, o **tres** ~**s.** loc. adv. coloq. Muy poco o nada. *No entiende un pepino de español.* Frec. con los v. *importar* o *valer* y en constr. negativas con el mismo significado. *Me importa tres pepinos lo que digan.*

pepita. f. **1.** Semilla pequeña de algunos frutos, como el melón, el tomate o la uva. *Iba comiendo granos de* *uva y escupiendo las pepitas.* **2.** Trozo pequeño y pulido de metal puro. *Una pepita de oro.* ▶ **1:** PIPA. ‖ **Am: 1:** PEPA.

pepito. m. **1.** Bocadillo con un filete de carne. *Un pepito de ternera.* **2.** Bollo alargado relleno de crema o chocolate. *Para merendar, compro un pepito en la pastelería.*

pepitoria. f. Guiso de carne de ave, cuya salsa lleva yema de huevo. Frec. en la constr. *en ~. De segundo, comimos gallina* EN *pepitoria.*

peplo. m. histór. Vestidura exterior, amplia y sin mangas, que se ajustaba en los hombros formando pliegues que caían sueltos, usada por las mujeres de la Grecia antigua.

pepona. f. Muñeca grande, gralm. de cartón. *Todas las niñas soñaban con tener su pepona.*

pepsina. f. *Bioquím.* Enzima del jugo gástrico que interviene en la descomposición de las proteínas alimentarias. *La pepsina es fundamental para una correcta digestión de las proteínas.*

peptídico, ca. adj. *Bioquím.* De los péptidos. *Los enlaces peptídicos dan lugar a las proteínas. Síntesis peptídica.*

péptido. m. *Bioquím.* Molécula formada por una cadena de dos o más aminoácidos. *Los péptidos aparecen en la síntesis de proteínas.*

pequeñez. f. **1.** Cualidad de pequeño. *El piso resultaba incómodo por su pequeñez. En estas situaciones uno percibe su propia pequeñez.* **2.** Cosa sin importancia. *No te enfades por semejante pequeñez.*

pequeño, ña. adj. (compar. **menor;** sup. **pequeñísimo, mínimo**). **1.** Dicho de persona o cosa: De poco tamaño o altura, en comparación con otras de su misma clase. *Los hombres de la tribu son pequeños y robustos. Un pequeño edificio.* **2.** Dicho de persona: De poca importancia o categoría. *Pequeños narcotraficantes.* **3.** Dicho de cosa: De poca cantidad, intensidad o duración. *La gente se reunía en pequeños grupos. Hubo pequeñas dificultades. Se tomó unas pequeñas vacaciones.* **4.** Dicho de persona o animal: De poca edad. *Aún eres pequeño para ir solo. Separaron al gato de su madre cuando era muy pequeño.* Dicho de pers., tb. m. y f. *El abuelo se quedó cuidando de los pequeños.* **5.** Dicho de persona: De edad inferior, en comparación con otra. *Mis hermanas pequeñas.* Tb. m. y f. *El mayor se lleva muy mal con el pequeño.* ■ **en pequeño.** loc. adv. En un tamaño reducido. *Sus clases eran un parlamento en pequeño.*

pequeñoburgués, sa. (Tb. **pequeño burgués**). adj. **1.** despect. Dicho de persona: De mentalidad estrecha, conformista y sin grandes inquietudes. *El cine comercial trata de satisfacer al público pequeñoburgués.* Tb. m. y f. *Le espantaba la idea de sentar la cabeza y volverse un pequeño burgués.* **2.** despect. Dicho de cosa: Propia de la persona pequeñoburguesa (→ 1). *Aunque era obrero, tenía una mentalidad pequeñoburguesa y hasta reaccionaria.*

pequinés, sa. adj. **1.** → **pekinés.** ● m. **2.** Perro pequinés (→ **perro**). *La señora convive con su pequinés en un diminuto piso.*

pera. f. **1.** Fruto del peral, de forma casi cónica y piel gralm. verde o amarillenta, del cual existen diversas variedades, por ej.: *~ de agua.* **2.** Objeto de goma cuya forma recuerda la de una pera (→ 1), y que sirve para impulsar líquido o aire. *Utiliza una pera para ponerle una lavativa.* **3.** Interruptor de luz o llamador de timbre cuya forma recuerda la de una pera (→ 1). *Cogió la pera de la luz y encendió.* **4.** Am. Barbilla (parte de la cara). *Alza una ceja y se acaricia la pera* [C]. *Comprendo cuál es su atractivo: el hoyito en la pera* [C]. ● adj. **5.** despect. Dicho de persona: Que tiene una elegancia o un refinamiento afectados. *Un bar de niños peras.* ■ **~ en dulce.** f. Persona o cosa de excelentes cualidades. *Aquel trabajo tan bien pagado era una pera en dulce.* Frec. *perita en dulce. Nuestro profesor es una perita en dulce.* □ **la ~.** loc. s. coloq. Cosa o persona asombrosas por sus buenas o malas cualidades. *La ropa de esta tienda me parece bonita, barata, elegante..., vamos, ¡la pera!* Frec. con *ser. Los chicos sois la pera: todo el día hablando de fútbol.* ▪ **pedir ~s al olmo.** loc. v. coloq. Pretender algo imposible. *¿Que trabaje ese?; no le pidas peras al olmo.* ▪ **poner las ~s a(l) cuarto** (a alguien). loc. v. coloq. Echar(le) una fuerte reprimenda. *Les puso las peras al cuarto por llegar tarde.* ▶ **4:** *BARBILLA.

peral. m. Árbol frutal de hojas ovaladas y flores blancas, cuyo fruto es la pera. *En la huerta hay manzanos y perales.* Tb. su madera. *Instalamos suelos laminados de haya, roble o peral.*

peraltar. tr. *Ingen.* y *Arq.* Dar peralte (a algo). *Es conveniente peraltar las curvas para evitar que los coches se salgan de la carretera. Peraltar un arco.*

peralte. m. **1.** *Ingen.* En una carretera, vía o pista: Elevación del lado exterior de una curva. *Las pistas de los velódromos tienen mucho peralte.* **2.** *Arq.* En un arco o una bóveda: Parte de la altura que excede al semicírculo. *Los arcos de la nave central son apuntados y con acusado peralte.*

perborato. m. Compuesto químico de boro, que se usa como blanqueador y desinfectante. *Cepíllate los dientes con perborato.*

perca. f. Pez de agua dulce, comestible, de cuerpo alargado, verdoso y con bandas oscuras en los costados.

percal. m. **1.** Tela de algodón corriente. *Una bata de percal.* **2.** *Taurom.* Capote (pieza de tela para la lidia). *El maestro se lució con el percal.* ■ **conocer el ~.** loc. v. coloq. Conocer la cosa o a la persona de que se habla lo suficientemente bien como para saber a qué atenerse. Frec. con un pron. expresivo de interés. *Llevo en esto muchos años y ya me conozco el percal.* ▶ **2:** *CAPOTE.

percance. m. Accidente o contratiempo imprevistos, gralm. de poca importancia. *Culminaron la singladura sin más percances.*

per cápita. (loc. lat.). loc. adj. Por cabeza o por cada individuo. Se usa espec. en economía. *Se hará un análisis comparativo de los ingresos per cápita de los españoles.* Tb. loc. adv. *Somos uno de los países que más agua consume per cápita.*

percatarse. intr. prnl. Darse cuenta de algo. *Se escabulló sin que nadie se percatara. No me percaté* DE *sus intenciones.*

percebe. m. **1.** Crustáceo marino con un caparazón compuesto de cinco piezas y con una prolongación negra y carnosa que le permite fijarse a las rocas, muy apreciado como marisco comestible. *Nos pusieron varias raciones de gambas y percebes.* **2.** coloq. Persona torpe o ignorante. *Es un percebe, por más que se lo explicaba, no se enteraba.* Se usa como insulto. *¡Así no se hace, pedazo de percebe!*

percentil. m. *Mat.* Valor que divide un conjunto ordenado de datos estadísticos de forma que un porcentaje de tales datos sea inferior a dicho valor.

El bebé está por encima del percentil de peso para su edad.

percepción. f. Hecho o efecto de percibir. *El espejismo es una alteración de la percepción visual. Las familias numerosas tienen derecho a la percepción de ayudas económicas.*

perceptible. adj. Que se puede percibir, espec. a través de los sentidos o del entendimiento. *No todos los sonidos son perceptibles por el oído humano. El guión tiene incoherencias apenas perceptibles.*

perceptivo, va. adj. De la percepción mental o sensorial. *El alcoholismo puede producir alucinaciones y trastornos perceptivos.*

perceptor, ra. adj. Que percibe, espec. una cantidad de dinero como retribución o premio. *Alumnos perceptores de becas.* Tb. m. y f. *Habrá mejoras fiscales para los perceptores de rentas bajas.*

percha. f. **1.** Utensilio provisto de un soporte para colgar una prenda de ropa y de un gancho en la parte superior para suspenderlo de un gancho o una barra. *Pon el traje en una percha si no quieres que se te arrugue.* **2.** Perchero. *A la entrada había una percha de pie con un sombrero y un abrigo.* **3.** Colgador o gancho que, sujetos a la pared, a un perchero o a una barra, sirven para colgar cosas de él, espec. prendas de ropa. *No queda una sola percha libre en todo el perchero.* **4.** Barra horizontal que sirve de soporte para las aves. *El loro dormía en su percha.* **5.** coloq. Tipo o figura de una persona, espec. si es bueno y elegante. *Con la percha que tienes, cualquier traje te sienta bien.* ▶ **Am: 1:** GANCHO.

perchero. m. Objeto o mueble provistos de colgadores o ganchos, que va sujeto a la pared o apoyado sobre el suelo y sirve para dejar cosas colgadas, espec. prendas de ropa. *El perchero del aula estaba repleto de abrigos. En el recibidor hay un paragüero y uno de esos percheros en forma de árbol.* ▶ PERCHA.

percherón, na. adj. Dicho de caballo o de yegua: De una raza francesa, fuerte y corpulenta, apropiada para labores de tiro. Tb. m. y f. *El carromato iba tirado por percherones.*

percibir. tr. **1.** Conocer (algo) a través de los sentidos. *El perro percibió el chasquido y aguzó las orejas. Era casi de noche y apenas percibía las siluetas.* **2.** Conocer (algo) o tomar conciencia (de ello) por medio de la inteligencia. *Percibo cierta ironía en sus palabras.* **3.** Recibir (algo, espec. dinero), gralm. como retribución o premio. *Consigne en la declaración las rentas que percibió. El único acertante percibirá cien millones.* ▶ **1, 2:** APRECIAR, CAPTAR, NOTAR.

percusión. f. **1.** Hecho o efecto de percutir. *El taladro actúa por percusión.* **2.** *Mús.* Conjunto de los instrumentos de percusión (→ **instrumento**). *Cantó con acompañamiento de guitarra y percusión.* Tb. el conjunto de sus instrumentistas. *En los últimos compases solo intervienen los trompetistas y la percusión.*

percusionista. m. y f. Músico que toca instrumentos de percusión. *Un grupo de percusionistas cubanos.*

percutáneo, a. adj. *Med.* Que se realiza o actúa a través de la piel. *La punción pulmonar percutánea puede presentar graves complicaciones. Drenaje percutáneo.*

percutir. tr. **1.** Golpear (algo), espec. de manera repetida o rítmica. *Al tocar las teclas del piano, unos macillos percuten las cuerdas y las hacen sonar.* ○ intr. **2.** Golpear en algo, espec. de manera repetida o rítmica. *La lluvia percutía monótona* EN *los cristales.* ▶ *GOLPEAR.

percutor. m. En una máquina o aparato: Pieza que golpea. Designa espec. la que provoca la detonación en un arma de fuego. *Se escuchó el martilleo del percutor y, en seguida, el golpe seco del gatillo.*

perdedor, ra. adj. Que pierde, espec. en un enfrentamiento o en una competición. *Los equipos perdedores se disputarán el tercer y cuarto puesto.* Dicho de pers., tb. m. y f. *Disfruto cuando juego, pero soy mala perdedora.*

perder. (conjug. ENTENDER). tr. **1.** Dejar de tener (algo o a alguien) por no saber dónde están. *He perdido el paraguas. Perdió al niño en el mercado.* **2.** Dejar de tener (algo que se poseía). *Ha perdido mucho dinero en el casino. Perdimos la ilusión. Le han perdido el respeto.* **3.** No conseguir (algo que se espera o está en juego). *Perdió el premio al fallar la última pregunta.* **4.** Dejar de aprovechar (algo). *No pierdas el tiempo. Perdió su oportunidad.* **5.** Tener algo, espec. un recipiente, una fisura por donde se sale (el contenido). *La rueda pierde aire. El coche perdía aceite.* Tb. usado en constr. intr. *Esta tubería pierde por algún sitio.* **6.** Sufrir la muerte o la separación (de alguien). *Perdió a su hijo en un accidente. Siento que te estoy perdiendo.* **7.** Salir derrotado (en un enfrentamiento o en una competición). *Perdieron las elecciones.* Tb. usado en constr. intr. *Ha perdido frente al campeón. Hay que saber perder.* **8.** Causar la ruina material o moral (a alguien). *Tus enemigos tratan de perderte. ¡Guarda esa navaja, que te pierdes!* ○ intr. **9.** Desteñirse un tejido o bajar de color cuando se lava. *Este jersey pierde.* **10.** Empeorar alguien de aspecto o de salud. *Tu padre ha perdido mucho en el último año.* ○ tr. prnl. **11.** Dejar de percibir (algo) con los sentidos. *Me he perdido lo último que ha dicho. Te perdiste una paella estupenda.* ○ intr. prnl. **12.** Equivocarse de camino o no encontrar la salida. *Me debí de perder, porque aquella carretera no me sonaba. Se perdieron en el bosque.* Tb. fig. *En esos temas no entro porque me pierdo.* **13.** Dejar de seguir el hilo del discurso. *–¿Me entiendes? –Pues, no; me he perdido.* **14.** Dejar de verse u oírse algo. *El barco se perdió en la lejanía. Sus gritos se perdían en el fragor de las olas.* **15.** Dejar de usarse algo. *Viejas costumbres que se han perdido.* **16.** Estropearse o arruinarse algo. *Se perderá la cosecha.* **17.** Sentir gran pasión por alguien o algo. *Se pierden* POR *jugar al ajedrez. Se pierde* POR *ella.* **18.** Entregarse al vicio o la perversión. *Se perdió por las malas compañías.* ■ **habérsele perdido** algo (a alguien en algún lugar). loc. v. Tener (alguien) motivo para estar (en ese lugar). Frec. en constr. negativas o interrogativas. *A mí no se me ha perdido nada en esa reunión. ¿Qué se te ha perdido aquí?* ■ **tener buen** (o **mal**) ~. loc. v. Aceptar bien (o mal) la derrota. *No me gusta jugar a las cartas con él porque tiene muy mal perder.* ▶ **1:** EXTRAVIAR. **12:** EXTRAVIARSE.

perdición. f. **1.** Ruina o daño grave, espec. de tipo moral. *Una pésima política comercial llevó a la empresa a la perdición.* **2.** Persona o cosa que causa perdición (→ 1). *Las mujeres han sido su perdición.* Tb. fig. *Estos pasteles son mi perdición.* **3.** Vicio o perversión. *Una casa de perdición.*

pérdida. f. **1.** Hecho de perder o perderse. *La granizada provocó la pérdida de la cosecha. Tantos trámites suponen una enorme pérdida de tiempo. Sufrió graves heridas con abundante pérdida de sangre. Su muerte es una pérdida irreparable.* **2.** Cosa o cantidad perdidas. Frec. en pl. y referido a dinero o bienes materiales. *Este mes las ventas han bajado y hemos tenido pérdidas. El incendio ocasionó cuantiosas pérdidas.* ■ **no tener ~** un lugar. loc. v. coloq. Ser fácil de encontrar. *¿La plaza Mayor?, no tiene pérdida: siga todo recto.*

perdidamente. adv. Total o exageradamente. Frec. antepuesto a *enamorado. Está perdidamente enamorado de ella.*

perdido, da. part. **1.** → **perder.** ● adj. **2.** Muy sucio o manchado. *Llevas la camisa perdida* DE *chocolate.* Frec. con v. como *poner. Me puse perdido cruzando el barrizal.* **3.** Pospuesto a un adjetivo, frec. peyorativo, se usa para enfatizar su significado. *Está histérica perdida. Es idiota perdido.* ● m. y f. **4.** Persona viciosa y de moral reprobable. *Que salga con muchos hombres no significa que sea una perdida.*

perdigón. m. **1.** Bolita de plomo que se utiliza como munición de caza. *Una escopeta de perdigones. Cazar con perdigón.* **2.** Pollo de la perdiz.

perdigonada. f. Disparo de perdigones. *Mató la pieza de una perdigonada certera.* Tb. la herida que produce. *Bajo el ala del pájaro se veía la perdigonada que lo había abatido.*

perdiguero. m. Perro perdiguero (→ **perro**). *No hay como un perdiguero para olfatear el rastro en las cacerías.*

perdiz. f. Ave del tamaño de una paloma, de cuerpo grueso, cabeza pequeña y plumaje pardo grisáceo con manchas rojas, muy apreciada como pieza de caza por su carne. *La perdiz macho.* ■ **marear la ~.** loc. v. coloq. Perder el tiempo con rodeos o demoras que retrasan la solución de un problema. *Los del gas pasaron meses mareando la perdiz hasta que vinieron a tapar la zanja.*

perdón. m. **1.** Hecho de perdonar. *Pido perdón si te he ofendido. Obtuvo el perdón del juez.* ● expr. **2.** Se usa como expresión de cortesía para pedir a alguien que perdone. *Perdón, no ha sido mi intención molestarle.* **3.** Se usa para interrumpir el discurso de otra persona y tomar la palabra. *–Es una oferta estupenda... –Perdón, ya le he dicho que no estoy interesada.* **4.** Se usa en forma interrogativa para expresar que algo no se ha entendido y pedir su repetición o aclaración. *–¿Sabe usted si ha llegado ya el doctor? –¿Perdón, cómo ha dicho?* ▶ **1:** DISCULPA, EXCUSA.

perdonar. tr. **1.** Dejar de cobrar (una deuda) o de castigar(una ofensa o un delito). *Esta jugarreta no te la perdono.* Tb. usado en constr. intr. *Debemos aprender a perdonar.* **2.** Dejar de cobrar una deuda (a alguien), o de castigar(lo) por una ofensa o un delito. *¿Me perdonas* POR *lo que dije?* Tb. usado en constr. intr. Frec., en imperativo, como expresión de cortesía para disculparse con alguien o llamar su atención. *No era mi intención ofenderte, perdona. ¡Perdone, se le ha caído el pañuelo!* **3.** Liberar a alguien (de una obligación o un castigo). *Me han perdonado el castigo.* **4.** Renunciar (a algo). *¿Tú perdonarías una ocasión así?* Más frec. en constr. negativas. *No perdona una fiesta.* ▶ **1:** CONDONAR.

perdonavidas. m. y f. coloq. Persona con actitud arrogante y que presume de valiente. *El portero de la discoteca nos miró de arriba abajo con aire de perdonavidas.*

perdulario, ria. adj. Entregado al vicio y de moral reprobable. *Fue un estafador de vida perdularia.* Dicho de pers., tb. m. y f. *La casa era refugio de mendigas y perdularias.*

perdurabilidad. f. Cualidad de perdurable. *Se pretende una mayor perdurabilidad de las leyes.*

perdurable. adj. Que dura siempre o mucho tiempo. *Los árabes dejaron una huella perdurable en España.*

perdurar. intr. Continuar existiendo, gralm. durante mucho tiempo. *En todos los pueblos perduran viejas costumbres. Soñaba con perdurar en la memoria de los suyos.*

perecedero, ra. adj. Que ha de perecer, o que dura o existe durante un tiempo limitado. *La carne y el pescado son productos perecederos.*

perecer. (conjug. AGRADECER). intr. **1.** cult. Morir, espec. de manera violenta. *Varias personas perecieron en el accidente.* **2.** cult. Acabarse o dejar de existir algo. *Su recuerdo nunca perecerá.*

peregrinación. f. Hecho de peregrinar. *La peregrinación* A *La Meca es obligada para un buen musulmán. Obtener el visado supuso una penosa peregrinación de ventanilla en ventanilla.* ▶ PEREGRINAJE.

peregrinaje. m. Peregrinación. *El santuario de Fátima es un centro de peregrinaje para los católicos.*

peregrinar. intr. **1.** Ir a un lugar sagrado recorriendo un camino por devoción. *Peregrinó* A *Santiago de Compostela.* **2.** Recorrer sucesivos lugares o andar de un sitio a otro. *Peregrinó* POR *medio mundo. Había vagabundos peregrinando* POR *las calles.*

peregrino, na. adj. **1.** Que peregrina a un lugar sagrado. *Gente peregrina.* Más frec. m. y f. *A lo largo del camino de Santiago hay albergues para peregrinos.* **2.** Extraño por infrecuente o absurdo. *Se le ocurren ideas de lo más peregrino.* ▶ **2:** *RARO.

perejil. m. Planta herbácea aromática, de hojas muy recortadas y gralm. rizadas, que se utiliza como condimento. *Se fríen las gambas con ajo y perejil muy picado.*

perengano, na. (Frec. en mayúsc.). m. y f. Se usa en sustitución del nombre propio de una persona cuando este se ignora o no se quiere decir, después de aludir a otras personas con términos semejantes como *Fulano, Mengano* o *Zutano. Que si Fulano está enfermo, que si a Perengano le duele aquí...; ¡qué panorama!*

perenne. adj. **1.** Que no cesa, o que dura indefinidamente. *Viven en un estado de perenne intranquilidad.* **2.** *Bot.* Dicho de planta u hoja: Que vive más de dos años. *El tomillo es una planta perenne. El olivo es un árbol de hoja perenne.*

perennifolio, lia. adj. *Bot.* Que tiene hojas durante todo el año. *Arbustos perennifolios.*

perentoriedad. f. Cualidad de perentorio. *Era obvia la perentoriedad de una ley de protección al menor.*

perentorio, ria. adj. **1.** Que urge o apremia. *Resolvió los asuntos más perentorios antes de marcharse.* **2.** Concluyente o definitivo. *Le dieron un plazo perentorio para presentar los documentos exigidos.* ▶ **1:** *URGENTE.

perestroika. f. histór. Cambio político promovido en la antigua Unión Soviética a fines de los años ochenta, y caracterizado por un espíritu aperturista y de mayor transigencia ideológica. *Gorbachov fue el líder soviético que impulsó la perestroika.*

pereza. f. **1.** Falta de ganas de hacer cosas, espec. si suponen un esfuerzo. *Me da pereza coger el coche ahora.* **2.** Lentitud, frec. anormal, en el funcionamiento o movimiento de una cosa. *Un medicamento para combatir la pereza intestinal.* ▶ **1:** *VAGANCIA.

perezoso, sa. adj. **1.** Dicho de persona: Que tiene o siente pereza. *Soy muy perezosa para escribir, prefiero el teléfono.* Tb. m. y f. *Son una pandilla de perezosos.* **2.** Dicho de cosa: Que funciona o se mueve con lentitud, frec. en un grado anormal. *Ojo perezoso.* ● m. **3.** Mamífero sudamericano de movimientos muy lentos, con uñas largas y fuertes adaptadas para trepar por los árboles. *El perezoso hembra.* ▶ **1:** *VAGO.

perfección. f. **1.** Cualidad de perfecto. *El tenor dio muestras de una técnica vocal que roza la perfección.* **2.** Perfeccionamiento. *Hacía permanentes esfuerzos de pulimento y perfección de su estilo narrativo.* **3.** Cosa o cualidad perfectas. *El salto del esquiador austriaco fue la perfección. Es un dechado de perfecciones.* ■ **a la ~.** loc. adv. Perfectamente. *Retrató a la perfección la sociedad de su época.*

perfeccionamiento. m. Hecho de perfeccionar o perfeccionarse. *Cursos de perfeccionamiento de inglés.* ▶ PERFECCIÓN.

perfeccionar. tr. Hacer mejor o más perfecto (algo o a alguien). *Ha perfeccionado su golpe de revés.* Tb. en constr. prnl. media. *El ordenador se ha perfeccionado mucho.*

perfeccionismo. m. Cualidad o actitud de perfeccionista. *Su perfeccionismo le hace detenerse en cada detalle.*

perfeccionista. adj. Que busca la perfección en lo que hace y tiende a mejorarlo indefinidamente. *Si quieres terminar a tiempo, no seas tan perfeccionista.* Tb. m. y f. *Como buen investigador, es un perfeccionista.*

perfectamente. adv. **1.** De manera perfecta. *Respondió perfectamente a todas las preguntas. Usted está perfectamente sano.* **2.** De acuerdo o conforme. Se usa para expresar asentimiento o conformidad. *–¿Qué tal a las siete? –Perfectamente.*

perfectibilidad. f. cult. Cualidad de perfectible. *Los ilustrados creían en la perfectibilidad del ser humano.*

perfectible. adj. cult. Que se puede perfeccionar. *Toda obra humana es perfectible.*

perfectivo, va. adj. *Gram.* Dicho de aspecto: Que presenta la acción verbal como acabada. *El pretérito indefinido es un tiempo de aspecto perfectivo.*

perfecto, ta. adj. **1.** Que tiene las mejores cualidades posibles, o carece de errores o defectos. *El examen estaba perfecto. Tengo un taladro perfecto* PARA *perforar metal. Nadie es perfecto.* **2.** Seguido de un nombre calificador, se usa para enfatizar el significado expresado por este. *Es un perfecto caballero. Te has portado como una perfecta idiota.* ● m. **3.** *Gram.* Pretérito perfecto (→ **pretérito**). *"He llegado" es el perfecto del verbo "llegar".* ● adv. **4.** Perfectamente. Se usa para expresar asentimiento o conformidad. *–¿Quedamos mañana? –Perfecto.* ▶ **1, 2:** COMPLETO.

perfidia. f. cult. Traición o deslealtad. *Pagará cara su perfidia.*

pérfido, da. adj. cult. Traidor o desleal. *Actuaba movido por los consejos de su pérfido valido.* Tb. m. y f. *Era un pérfido y un desalmado.*

perfil. m. **1.** Mitad lateral del cuerpo o del rostro de una persona. *De frente no es llamativa, pero tiene un perfil muy atractivo.* **2.** Contorno de la figura de algo o alguien. *Conduce un coche deportivo con perfil aerodinámico. En el horizonte se destacaba el abrupto perfil del Pirineo.* **3.** Conjunto de rasgos que caracterizan a una persona o cosa. *Perfil del candidato: titulado superior, con conocimiento de idiomas y experiencia en puesto similar. Describió el perfil de la organización.* **4.** Adorno que se pone en el borde o extremo de algo. *Los platos están decorados con perfiles dorados.* **5.** *tecn.* Dibujo que representa el corte vertical de un cuerpo. *Aquí podemos ver la planta y un perfil del edificio.* ■ **de ~.** loc. adv. De lado. *¿Me pongo de frente o de perfil?* Tb. loc. adj. *Adoptó una pose de perfil ante la cámara.* ▶ **2:** CONTORNO, SILUETA.

perfilador, ra. adj. Que perfila o sirve para perfilar. *Entendieron la Constitución como una ley perfiladora de un modelo de sociedad.* Dicho de lápiz cosmético, tb. m. *Antes de darme el carmín, utilizo el perfilador de labios.*

perfilar. tr. **1.** Trazar o marcar el perfil (de algo). *Pintaba manchas de color que posteriormente perfilaba. La maquilladora le perfiló los labios.* **2.** Precisar o rematar con esmero (algo). *Tenemos la idea de la película, pero falta perfilar el guión. Un equipo de expertos perfiló la política del partido.*

perforación. f. Hecho o efecto de perforar. *Ingresó en el hospital con una perforación de estómago.*

perforador, ra. adj. Que perfora o sirve para perforar. *La torre perforadora de una plataforma petrolífera.* Dicho de máquina o herramienta, tb. f. *Una perforadora neumática.*

perforar. tr. Hacer un agujero (en algo) atravesándo(lo) total o parcialmente. *Perforan el suelo en busca de aguas subterráneas. La bala le perforó el corazón.* ▶ *AGUJEREAR.

perfumador. m. Recipiente o utensilio que sirve para pulverizar perfumes o colonias. *Siempre llevo un pintalabios y un perfumador en el bolso.*

perfumar. tr. **1.** Echar o aplicar perfume (a alguien o algo). *Perfuman los templos quemando incienso. Antes de salir, se perfuma detrás de las orejas.* **2.** Dar buen olor (a alguien o algo). *Mete jabón en el armario para perfumar la ropa.* Tb. usado en constr. intr. *La crema corporal tonifica la piel y perfuma.* ▶ **2:** AROMATIZAR.

perfume. m. **1.** Sustancia gralm. líquida y concentrada, elaborada para dar buen olor. *Prefiero la colonia al perfume porque es más suave.* **2.** Olor muy bueno o agradable. *Hasta nosotros llegaba el perfume de los jazmines.* Frec. en sent. irónico. *¡Vaya perfume* A *pies!* ▶ **2:** AROMA.

perfumería. f. **1.** Establecimiento en que se venden perfumes. *Compra un frasco de colonia en la perfumería.* **2.** Arte o técnica de fabricar perfumes. *La industria de la perfumería.* **3.** Conjunto de productos de perfumería (→ 2). *En unos grandes almacenes puedes comprar desde ropa hasta perfumería.*

perfumista. m. y f. Persona que tiene por oficio fabricar o vender perfumes.

pergamino. m. **1.** Piel de res que, alisada y tratada adecuadamente, sirve para escribir en ella o como material de encuadernación. *Un manuscrito en pergamino.* **2.** Documento escrito en pergamino (→ 1). *En el archivo se conservan códices y pergaminos de gran valor.*

pergeñar. tr. Preparar o realizar (algo) con habilidad. *Pergeñó un plan alternativo por si le fallaba el primero. Algunos pintores pergeñan tu retrato en cuatro trazos.* ▶ *TRAMAR.

pérgola. f. Estructura de columnas y vigas que se pone en los jardines como sostén de plantas trepadoras, frec. para proporcionar sombra a los senderos. *Paseamos bajo las frondosas pérgolas del jardín botánico.*

periantio. m. *Bot.* Perianto.

perianto. m. *Bot.* Envoltura de algunas flores, formada por los pétalos y los sépalos, y que protege los órganos de reproducción. *Flores de perianto escamoso.* ▶ PERIANTIO.

pericardio. m. *Anat.* Saco membranoso que envuelve el corazón.

pericarpio. m. *Bot.* Parte exterior de un fruto, que envuelve las semillas. *Cuando se tritura el pericarpio del trigo se obtiene el salvado.*

pericia. f. Habilidad o destreza en una actividad, espec. las adquiridas con la experiencia o la práctica. *Toma las curvas con gran pericia. La pericia de su abogado le evitó una condena mayor.*

pericial. adj. Del perito. Se usa espec. en derecho. *El informe pericial determinará el valor de los daños.*

periclitar. intr. cult. Declinar o decaer. *Tras décadas de esplendor, el imperio empezó a periclitar. Defendía ideas de antaño ya periclitadas.*

perico. m. **1.** Loro (ave). *Le han regalado un perico verde que habla.* **2.** jerg. Cocaína. *Con el perico que se metía, andaba todo el día colgado.* ■ **Perico el de los palotes.** loc. s. coloq. Una persona cualquiera. *Me da igual que lo hiciera él o Perico el de los palotes.* ▶ **1:** LORO.

periferia. f. Zona exterior de algo y que rodea al núcleo. Frec. designa la que constituye las afueras de una población. *El metro acorta la distancia entre la periferia y el centro de la ciudad.*

periférico, ca. adj. **1.** De la periferia. *Barrios periféricos.* ● m. **2.** *Inform.* Aparato o dispositivo conectados a la unidad central de un ordenador. *El teclado y el ratón son periféricos de entrada de datos.*

perifollo. m. **1.** Planta herbácea de hojas aromáticas semejantes a las del perejil, que se utiliza como condimento. **2.** coloq. Adorno excesivo o de mal gusto, espec. en la indumentaria. Frec. en pl. *Con tanto colgante y tantos perifollos va hecha un adefesio.*

perífrasis. f. Expresión por medio de varias palabras de algo que podría expresarse con menos o con una sola. *A veces se alude al sexo con la perífrasis "los placeres de la carne".* ■ **~ verbal.** f. *Gram.* Construcción formada por un verbo en forma personal y otro en infinitivo, gerundio o participio, que funcionan como uno solo. *"Voy a contestar" o "debe de ser la hora" son perífrasis verbales.* ▶ CIRCUNLOCUCIÓN.

perifrástico, ca. adj. **1.** De la perífrasis. Se usa espec. en gramática y teoría de la literatura. *Una construcción perifrástica.* **2.** Abundante en perífrasis. *Un discurso perifrástico.*

perigeo. m. *Fís.* Punto de la órbita de la Luna o de un satélite artificial que está más próximo a la Tierra. *La distancia de la Luna a la Tierra varía constantemente entre dos extremos: su perigeo y su apogeo.*

perihelio. m. *Fís.* Punto de la órbita de un planeta o de un cometa que está más próximo al Sol. *El cometa Halley pasó por el perihelio en 1986.*

perilla. f. Porción de pelo que se deja crecer en la punta de la barbilla. *Se dejó perilla y tenía aire de intelectual.* ■ **de ~(s).** loc. adv. coloq. Muy bien o muy a propósito. *Unas vacaciones me vendrían de perilla.*

perillán. m. coloq. Hombre pícaro o astuto. *El vendedor era un liante y un perillán.* Frec. se usa para referirse a un muchacho cariñosamente. Tb. adj. *¡Ay, perillán, qué callado te lo tenías!*

perímetro. m. **1.** Contorno de una superficie. *La policía acordonó el perímetro del estadio.* **2.** *Mat.* Línea que delimita el contorno de una figura geométrica o de un cuerpo. Tb. su medida. *Hallar el perímetro de un rectángulo con 7 cm de base y 3 cm de altura. El perímetro craneal del hombre prehistórico era menor que el del hombre actual.*

perinatal. adj. *Med.* Del período que precede y sigue inmediatamente al nacimiento. Gralm. designa el comprendido entre la semana 28 de gestación y el séptimo día de vida del recién nacido. *El riesgo de mortalidad perinatal aumenta con el consumo de tabaco de la madre. Infección perinatal.* Tb. dicho de ese período.

perindola. f. Perinola.

periné. m. *Anat.* Espacio que hay entre el ano y los órganos genitales. ▶ PERINEO.

perineo. m. *Anat.* Periné.

perinola. f. Peonza pequeña que baila al hacer girar con los dedos un manguito que lleva en su parte superior. ▶ PERINDOLA.

periodicidad. f. Cualidad de periódico. *Se repiten brotes de violencia con cierta periodicidad. Una revista de periodicidad mensual.*

periódico, ca. adj. **1.** Que ocurre o se produce a intervalos regulares de tiempo. *Conviene realizar visitas periódicas al dentista.* **2.** Dicho de publicación: Que aparece a intervalos regulares de tiempo. *En el quiosco venden diarios y otras publicaciones periódicas.* Tb. m. *Periódico mensual del sindicato agrario.* **3.** *Mat.* Dicho de fracción decimal: Que tiene período. *El cociente de dividir 1 entre 3 es un número decimal periódico: 0,333...* ● m. **4.** Publicación informativa que aparece diariamente. *Todos los días lee el periódico para enterarse de las noticias.* ▶ **4:** DIARIO, ROTATIVO.

periodismo. m. Oficio o actividad de informar a través de un medio de comunicación. *Soñaba con ser reportero y dedicarse al periodismo de investigación.*

periodista. m. y f. Persona titulada en periodismo, o que ejerce esta actividad como oficio. *Es periodista de formación, pero nunca ha ejercido. En la rueda de prensa había periodistas nacionales y extranjeros.*

periodístico, ca. adj. Del periódico o del periodista. *La noticia mereció grandes titulares periodísticos. Ejerció la profesión periodística y la de escritor.*

periodización. f. Hecho o efecto de periodizar. *El libro hace una periodización discutible de la historia del cine.*

periodizar. tr. Dividir (algo, como una etapa o proceso históricos) en períodos. *La amplitud de la época prehistórica hace aconsejable periodizarla para su estudio.*

período o **periodo.** m. **1.** Espacio de tiempo determinado por la duración de algo o caracterizado por algo. *Tienes que pasar un período de prueba de dos meses. Añora aquel período tan feliz de su vida.* Frec. designa una división cronológica. *En el Barroco se abandona el equilibrio típico del período renacentista.* **2.** Menstruación. *Le duele la tripa cuando está con el período.* **3.** *Geol.* Unidad de tiempo geológico, subdivisión de una era y que se divide a su vez en épocas. *En el período cuaternario se produce la aparición de la especie humana.* **4.** *Fís.* Tiempo que tarda algo en recorrer todas las fases de un fenómeno periódico y volver al estado o posición del principio. *El período de un planeta es mayor cuanto mayor es la distancia de su órbita al Sol. El período de un péndulo.* **5.** *Mat.* En el cociente de una división inexacta: Cifra o grupo de cifras decimales que se repiten indefinidamente. *En la expresión numérica 3,5212121..., el período es 21.* **6.** *Gram.* Conjunto de oraciones unidas sintácticamente. *En el período condicional "Si quieres, puedes", "puedes" es la oración principal.*

periostio. m. *Anat.* Membrana fibrosa que recubre los huesos y permite su nutrición y regeneración.

peripatético, ca. adj. **1.** *Fil.* De la escuela de Aristóteles (filósofo griego, s. IV a. C.). *Doctrina peripatética.* **2.** *Fil.* Seguidor de la escuela de Aristóteles. *Filósofos peripatéticos.* Tb. m. y f.

peripecia. f. Suceso imprevisto que provoca un cambio repentino de situación. *Vivimos mil peripecias en el viaje.* En literatura, designa cada uno de esos sucesos o cambios de situación en el desarrollo de una obra literaria. *La novela cuenta las peripecias de una pareja de enamorados.*

periplo. m. **1.** Viaje o recorrido en que se visitan varios lugares, gralm. con regreso al punto de partida. *Termina el largo periplo europeo del presidente sirio. Hicimos un periplo por los bares del casco viejo.* **2.** Viaje largo por mar alrededor del mundo o de un lugar. Frec. referido a época antigua. *El periplo de Juan Sebastián Elcano.*

peripuesto, ta. adj. coloq. Dicho de persona: Arreglada y vestida con mucho esmero o afectación. *Todos los invitados iban trajeados y peripuestos.* Frec. despect. *Era un jovencito peripuesto e impertinente.*

periquete. m. coloq. Espacio de tiempo muy corto. *No tardaremos ni un periquete.* Frec. en la constr. *en un ~. Vuelvo en un periquete.*

periquito¹. m. Ave del grupo de los papagayos, de pequeño tamaño, vistosos colores y cola alargada. *Tenía en casa un periquito y una cotorra.*

periquito², ta. adj. coloq. Del Real Club Deportivo Español de Barcelona. *El equipo periquito se enfrenta de nuevo al Barcelona.* Dicho de jugador o de seguidor, tb. m. y f. *Están agotadas las entradas para el partido entre periquitos y merengues.*

periscopio. m. Instrumento óptico formado por un tubo vertical provisto de prismas o espejos que permiten la observación de zonas inaccesibles a la visión directa. Designa espec. el que permite ver por encima de la superficie del agua desde el interior de un submarino. *El submarino fue descubierto al izar el periscopio.*

perisodáctilo. adj. **1.** *Zool.* Del grupo de los perisodáctilos (→ 2). *Mamífero perisodáctilo.* • m. **2.** Mamífero que tiene las extremidades terminadas en pezuñas y un número impar de dedos, con el dedo central más desarrollado, como el rinoceronte y el caballo.

perista. m. y f. jerg. Persona que se dedica a comprar y vender objetos robados.

peristáltico, ca. adj. *Fisiol.* Dicho de movimiento: Que, mediante contracción, hace avanzar el material contenido en algunos órganos tubulares, como el intestino.

peristilo. m. **1.** *Arq.* Patio o espacio interiores de un edificio rodeados de columnas. *En el centro de la casa romana había un peristilo.* Tb. el conjunto de esas columnas. *El peristilo del patio de los Leones.* **2.** *Arq.* Galería de columnas que rodea un edificio o parte de él. *Un peristilo bordea el templete.*

peritación. f. Hecho de peritar. *Se realizará una peritación de los daños ocasionados por la gotera.* ▶ PERITAJE.

peritaje. m. **1.** Peritación. *Para determinar la indemnización, se tendrá en cuenta el informe de peritaje.* **2.** Carrera o estudios de perito. *Estudió peritaje industrial.*

peritar. tr. Evaluar (algo) en calidad de perito. *La aseguradora enviará a alguien que perite los daños del vehículo.*

perito, ta. (A veces como n. f. se usa **perito**). adj. **1.** Experto o entendido en algo. *Consulta el asunto con gente perita* EN *la materia.* Tb. m. y f. *El juez pidió un informe de un perito* EN *balística.* • m. y f. **2.** Ingeniero técnico. *La madre era perito forestal.*

peritoneo. m. *Anat.* Membrana que reviste la cavidad abdominal y forma pliegues que envuelven las vísceras situadas en dicha cavidad.

peritonitis. f. *Med.* Inflamación del peritoneo.

perjudicar. tr. Causar perjuicio (a alguien o a algo). *Un empate nos perjudicaría. Las bajas temperaturas perjudicaron la cosecha.*

perjudicial. adj. Que perjudica. *Fumar es perjudicial* PARA *la salud.* ▶ DAÑINO, DAÑOSO, PERNICIOSO.

perjuicio. m. Daño o deterioro morales o materiales causados a alguien o algo. *Las medidas adoptadas van en perjuicio de los asalariados. La plaga causó graves perjuicios al cereal.* ■ **sin ~ de.** loc. prepos. Dejando a salvo, o dejando abierta la posibilidad de. *El Gobierno fijará los horarios comerciales, sin perjuicio de otras medidas reguladoras.* ▶ AGRAVIO, DAÑO.

perjurar. tr. **1.** Decir (algo) jurándo(lo) o insistiendo en que es cierto. Frec. en la constr. *jurar y ~. Juraba y perjuraba que no lo conocía.* ○ intr. **2.** Jurar en falso. Se usa espec. en derecho. *Tuvieron que elegir entre confesar su culpa o perjurar.*

perjurio. m. **1.** Juramento en falso. Se usa espec. en derecho. *El acusado quedó libre al comprobarse que el único testigo había cometido perjurio.* **2.** Hecho de romper un juramento. *No prometas lo que no vas a cumplir, que antes o después se descubre el perjurio.*

perjuro, ra. adj. Que comete perjurio. Se usa espec. en derecho. *Acusó al testigo de perjuro y lo retó a un careo.* Tb. m. y f.

perla. f. **1.** Bola de nácar que se forma en el interior de algunos moluscos, como la madreperla o la ostra, y que es muy apreciada en joyería. *La novia lucía unos pendientes de perlas.* Tb. la bola semejante conseguida artificialmente. Tb. fig. *Perlas de sudor empapaban su frente.* **2.** Persona o cosa de grandes cualidades. *Este chico es una perla. Esta isla es la perla del archipiélago.* Frec. en sent. irónico para designar un error o un disparate. *¿No esperarás aprobar si has puesto semejantes perlas en el examen?* ■ **de ~s.** loc. adv. coloq. Muy bien o muy a propósito. *Te sienta de perlas el traje. Ese dinero nos va a venir de perlas.* ▶ **2:** *JOYA.

perlado, da. part. **1.** → **perlar.** • adj. **2.** Del color o brillo de la perla. *Una bruma gris perlada. El agua perlada del arroyo.* **3.** Adornado con perlas. *Un corpiño perlado.*

perlar. tr. cult. Cubrir (algo) de gotas. *Las lágrimas perlaban su rostro.Tenía la frente perlada* DE *sudor.* Tb. en constr. prnl. media. *Las rosas se perlaban con el rocío de la mañana.*

perlé. m. Fibra de algodón brillante, que se usa para hacer bordados y prendas de punto y ganchillo. *Un jersey de perlé.*

permanecer. (conjug. AGRADECER). intr. Mantenerse en un estado, lugar o situación determinados. *El enfermo permanece en coma. El público permaneció en sus asientos. Permanezcan en silencio.*

permanencia. f. Hecho de permanecer. *Lucharán por la permanencia en primera división. Ya son posibles largas permanencias en el espacio.*

permanente. adj. **1.** Que permanece. *El accidente le dejó secuelas físicas permanentes. El sospechoso estaba sometido a vigilancia permanente.* ● f. **2.** Rizado artificial del cabello que se mantiene durante largo tiempo. *Se ha hechzo la permanente en la peluquería.*

permanganato. m. Compuesto químico de manganeso, que se usa como blanqueador y desinfectante. *La ropa quedará más blanca si usas un detergente con permanganato.*

permeabilidad. f. Cualidad de permeable. *La permeabilidad del suelo favorecerá que el agua de lluvia se absorba.* Tb. fig. *La permeabilidad de un país* A *la cultura extranjera.*

permeable. adj. Dicho de objeto o material: Que puede ser penetrado o traspasado por un líquido u otro fluido. *Los terrenos permeables favorecen la formación de aguas subterráneas.* Tb. fig. *Gente permeable* A *ideas ajenas.*

permear. tr. Penetrar o traspasar (un cuerpo permeable). *Distribuya el barniz de modo que llegue a permear toda la superficie del mueble.* Frec. fig. *La corrupción permeaba todas las capas de la sociedad romana. Un sinfín de muletillas acaba permeando el lenguaje de la calle.*

pérmico. adj. **1.** (Como m. se usa en mayúsc.). *Geol.* Dicho de división geológica: Que es la última de la era paleozoica, posterior al Carbonífero. Tb. m. *Los trilobites se extinguieron en el Pérmico.* **2.** *Geol.* Del Pérmico (→ 1). *Fósiles pérmicos.*

permisible. adj. Que puede ser permitido. *Su insolencia va más allá de lo permisible.*

permisión. f. cult. Hecho de permitir o tolerar algo. *Dijo el predicador: –Nada ocurre sin la permisión de Dios.*

permisividad. f. Actitud permisiva. *Hay que educar con permisividad, pero sin confundir esta con la negligencia.*

permisivo, va. adj. Que permite o consiente. *Son unos padres muy permisivos. Una sociedad permisiva y liberal.*

permiso. m. **1.** Autorización o consentimiento que se dan para hacer algo. *Antes de entrar, llama y pide permiso. No tengo permiso* PARA *hablar en su nombre.* Tb. el documento en que consta. *Llevo el permiso de conducir en la cartera.* **2.** Tiempo durante el que alguien tiene autorización para dejar de acudir a su trabajo o faltar a sus obligaciones. *Disfruta de un permiso de dos días. El permiso de maternidad es de dieciséis semanas.* Tb. esa autorización. *Pidió un mes de permiso sin sueldo.* ● interj. **3.** Se usa como fórmula de cortesía para pedir autorización para hacer algo, o disculparse por lo que se va a hacer. *Permiso, ¿se puede?* Tb. *con ~. Con permiso, señora; ahora mismo la atiendo.* ▶ **1:** *AUTORIZACIÓN.

permitir. tr. **1.** Dejar que se haga (algo) quien tiene autoridad. *El juez no permitió la entrada al público.* **2.** Hacer algo posible (una cosa). *El mal tiempo no permitirá celebrar la fiesta.* ○ tr. prnl. **3.** Tomarse la libertad (de hacer algo). *Se permitió decir una estupidez. Se han permitido el lujo de prolongar las negociaciones.* ▶ **1:** *AUTORIZAR.

permuta. f. Hecho de permutar. Se usa espec. en derecho y administración. *Han autorizado la permuta de terrenos municipales* POR *privados para construir viviendas. Son frecuentes las permutas de plazas entre profesores de instituto.* ▶ PERMUTACIÓN.

permutabilidad. f. Cualidad de permutable. *La permutabilidad de dos sinónimos no se cumple en todos los contextos.*

permutable. adj. Que se puede permutar. *Serán permutables los puestos de trabajo de funcionarios con igual categoría y especialización.*

permutación. f. **1.** Hecho de permutar. *El abogado solicitó la permutación de la pena de muerte* POR *la de cadena perpetua.* **2.** *Mat.* Cada una de las ordenaciones posibles de los elementos de un conjunto finito. *Calcular las posibles permutaciones que se pueden dar entre los números 1, 2 y 3.* ▶ **1:** PERMUTA.

permutar. tr. Intercambiar (dos cosas). *Permutaron sus casas para el veraneo.* Tb.: *Permuto plaza de garaje* POR *trastero.*

pernera. f. Parte de un pantalón o de un calzón que cubre la pierna. *Se remangó las perneras del pantalón.* ▶ PIERNA.

pernicioso, sa. adj. Muy perjudicial o dañino. *Ejercía una perniciosa influencia en los muchachos. Plagas perniciosas arruinaron la cosecha.* ▶ *PERJUDICIAL.

pernil. m. Anca y muslo de un animal, espec. del cerdo. *De segundo, pernil de cerdo al horno.*

pernio. m. Gozne. *Si la puerta chirría, hay que engrasar los pernios.*

perno. m. Pieza metálica, cilíndrica y alargada, con cabeza redonda en un extremo y sujeta por el otro mediante una tuerca o un remache, que sirve para asegurar piezas de gran volumen. *Placas metálicas sujetas con pernos al casco del buque.*

pernoctación. f. Hecho de pernoctar. *Buena parte de las pernoctaciones en hoteles corresponde a turistas extranjeros.*

pernoctar. intr. Pasar la noche en un lugar, espec. fuera del propio domicilio. *Iremos en coche a Berlín, pero pernoctaremos en París.*

pero. (Se pronucia siempre átona). conj. **1.** Une dos oraciones o elementos de oración indicando que la idea expresada en segundo lugar se opone a la otra, sin ser incompatibles. *Quiso decírselo, pero no se atrevió. Iba a llorar, pero se contuvo. Hace lo que le mandan, pero a regañadientes. La he tratado, pero no tanto. Nos saludó, pero de lejos. Es callado, pero no tímido.* **2.** Se usa al principio de una frase sin ningún significado. *Pero ¿se puede saber adónde vais a estas horas? Pero qué sorpresa verte por aquí.* ● m. **3.** Defecto o fallo. *No han encontrado ni un pero en su trabajo.* **4.** Objeción o pega. *Pone peros a todo lo que digo.* ■ **~ que muy.** loc. adv. coloq. Se usa, antepuesto a un adjetivo o a un adverbio, para intensificar su significado. *Habló pero que muy bien. Es muy pero que muy alto. Está pero que muy mal rematado.* Tb. *~ que mucho*, seguido de adverbio. *Así el esquema resulta pero que mucho más claro.*

perogrullada. f. coloq. Afirmación de Perogrullo. *Puede parecer una perogrullada, pero repito que mi intimidad es mía.*

perogrullesco, ca. adj. coloq. De Perogrullo. *Me ha dicho algo perogrullesco: que tiene marido porque se ha casado.*

Perogrullo. **de ~.** loc. adj. coloq. Tan obvio que resulta una tontería o una simpleza decirlo. *Para aprobar hay que estudiar y, aunque sea de Perogrullo, hay que recordarlo.*

perol. m. Recipiente metálico de cocina, gralm. de forma redondeada y con dos asas, que se usa para cocer. *A la hora del almuerzo nos agrupamos en torno a un perol con patatas.* ▶ PEROLA.

perola. f. Perol, espec. el más pequeño que el normal. ▶ PEROL.

peroné. m. *Anat.* Hueso largo y delgado de la pierna, situado detrás de la tibia y que va de la rodilla al tobillo. *La entrada del defensa le produjo una fractura de peroné.*

peronismo. m. Movimiento político de carácter populista, surgido en Argentina en 1946, tras el acceso a la presidencia del país del general Juan Domingo Perón (1895-1974). *Menem llevó al peronismo a una nueva victoria electoral.* Tb. la doctrina correspondiente. *Tiene una ideología conservadora teñida de peronismo.* ▶ JUSTICIALISMO.

peronista. adj. **1.** Del peronismo. *La ideología peronista.* **2.** Partidario del peronismo. *Militantes peronistas.* Dicho de pers., tb. m. y f. *Los peronistas volvieron al poder.* ▶ JUSTICIALISTA.

peroración. f. Hecho o efecto de perorar. *Los aplausos interrumpieron al orador en su peroración.*

perorar. intr. Pronunciar un discurso. *El presidente peroraba con tono enérgico y decidido.* Frec. humoríst. *Ahora solo falta que se nos ponga a perorar sobre la amistad.*

perorata. f. Discurso o razonamiento largos y pesados. *Nos soltó una perorata sobre los valores perdidos.*

perpendicular. adj. Dicho de línea o de plano: Que forma ángulo recto con otra línea u otro plano. *Giramos por un callejón perpendicular* A *la calle Mayor. Uno de los tabiques de la buhardilla no es perpendicular* AL *suelo.* Tb. f. referido a línea. *Trazando una perpendicular desde la hipotenusa al vértice de los catetos, obtenemos dos triángulos.*

perpendicularidad. f. Cualidad de perpendicular. *Comprueba con una escuadra la perpendicularidad de los dos ejes de coordenadas.*

perpetración. f. Hecho de perpetrar. *Detenidas varias personas relacionadas con la perpetración del atentado.* ▶ COMISIÓN.

perpetrar. tr. Cometer (un delito). *Fueron detenidos por perpetrar un robo a mano armada.* Tb. fig. *El anterior equipo municipal perpetró un desaguisado urbanístico.* ▶ COMETER.

perpetuación. f. Hecho de perpetuar o perpetuarse. *Mediante la educación, intentaban evitar la perpetuación de costumbres bárbaras.*

perpetuar. (conjug. ACTUAR). tr. Hacer perpetuo (algo o a alguien). *Es inútil perpetuar esta relación. El uso de la fuerza lo perpetuó* EN *el poder.* Tb. en constr. prnl. media. *La situación se perpetuará si no le ponemos remedio ya. Se perpetuó* EN *el cargo.*

perpetuidad. f. Cualidad de perpetuo. *Lo más duro de la cadena perpetua es precisamente la perpetuidad de la condena.* ■ **a ~.** loc. adv. Para siempre. *Fue desterrado a perpetuidad.*

perpetuo, tua. adj. **1.** Que dura para siempre. *Soñaban con crear una máquina de movimiento perpetuo, no dependiente de una fuente de energía.* Frec. con intención enfática. *Me saca de quicio su perpetuo mal humor.* **2.** Dicho de cargo: Que se desempeña hasta la jubilación o hasta el fallecimiento. *Fue nombrado secretario perpetuo de la institución.* ▶ **2:** VITALICIO.

perplejidad. f. Cualidad de perplejo. *Me miró incrédulo, con los ojos llenos de perplejidad.* Tb. la actitud correspondiente. *La noticia causó perplejidad entre los ciudadanos.* ▶ *ASOMBRO.

perplejo, ja. adj. Confuso o lleno de dudas, frec. por efecto del asombro. *Su repentina decisión nos ha dejado perplejos.* ▶ *ATÓNITO.

perra. → **perro.**

perrera. → **perrero.**

perrería. f. coloq. Hecho malintencionado que causa algún perjuicio. *Nos ha hecho muchas perrerías y ya no queremos saber nada de él.*

perrero, ra. m. y f. **1.** Persona encargada de recoger los perros abandonados o vagabundos. *Llamamos a los perreros para que se llevaran al podenco vagabundo.* **2.** *Caza* Persona encargada del cuidado de los perros. ○ f. **3.** Lugar en el que se guardan o encierran los perros. *Llevaron al galgo abandonado a la perrera municipal.*

perro, rra. m. **1.** Mamífero doméstico empleado por el hombre como animal de compañía y en diversos trabajos para los que puede ser adiestrado, y del que existen diversas razas. *Paseaba con su perro por el parque.* Tb. designa específicamente al macho. *En casa tenemos un perro y una perrita.* ○ f. **2.** Hembra del perro (→ 1). *La perra ha parido cinco cachorros.* **3.** Antigua moneda española equivalente a diez céntimos de peseta. Frec., coloq., en constr. como *no tener una perra* (*gorda*), o *no valer* algo *una perra* (*gorda*), con intención enfática. *Estamos a final de mes y no tengo ni una perra.* **4.** coloq. Enfado repentino y violento, gralm. acompañado de llanto. Frec. con *coger. El niño cogió una perra enorme porque no quise comprarle un helado.* **5.** coloq. Idea fija u obstinación. Frec. con *coger. ¡Qué perra has cogido con ir a veranear a la playa!* ○ f. pl. **6.** coloq. Dinero (conjunto de monedas, o fortuna). *Si vive en esa urbanización, debe de tener muchas perras.* ○ m. y f. **7.** coloq. Persona despreciable. *¡Menudo perro, sería capaz de vender a su madre!* ● adj. **8.** coloq. Dicho de cosa: Muy mala. *Lleva una vida perra, pero no se queja nunca. ¡Perro destino el suyo!* ■ **perro alano.** m. Perro (→ 1) de caza español, de cuerpo robusto y orejas recortadas, que se emplea en jauría para cazar jabalíes. *Los vaqueros se servían de perros alanos para manejar el ganado.* ⇒ ALANO. ■ **perro caliente.** m. Bocadillo de pan blando y forma cilíndrica, relleno con una salchicha cocida y gralm. condimentado con mostaza o salsa de tomate. Más frec. *perrito caliente. A la salida del cine nos tomamos unos perritos calientes.* ■ **perro caniche.** m. Perro (→ 1) de compañía, de pequeño tamaño, pelo abundante y rizado y orejas caídas. ⇒ CANICHE. ■ **perro chihuahua.** m. Perro (→ 1) muy pequeño, de cabeza redondeada, ojos saltones y orejas grandes y en punta. *La actriz llevaba un perro chihuahua en el brazo.* ⇒ CHIHUAHUA. ■ **perro dálmata.** m. Perro (→ 1) de pelo corto y blanco, con manchas redondas gralm. negras. ⇒ DÁLMATA.

■ **perro danés.** m. Perro (→ 1) alto y fuerte, de cabeza rectangular y pelo corto. *Un enorme perro danés de pelo atigrado guardaba la casa.* ⇒ DANÉS. ■ **perro de aguas.** m. Perro (→ 1) de pelo largo y rizado, con buenas aptitudes para nadar y atrapar presas y objetos en el agua. *El perro de aguas se emplea en el pastoreo de cabras y ovejas.* ■ **perro de muestra.** m. *Caza* Perro (→ 1) capaz de pararse en el momento de ver u olfatear la pieza para señalársela al cazador. *El perro de muestra mantiene su postura para indicar donde está la presa.* ■ **perro de presa.** m. Perro (→ 1) con instinto natural para aferrar con fuerza a su presa, y que se emplea para caza, guarda y defensa. *El ataque de un perro de presa, con sus poderosas mandíbulas, puede ser mortal.* ■ **perro de Terranova.** m. Perro (→ 1) corpulento y de cabeza grande, con pelo largo y suave, buen nadador y muy empleado en tareas de salvamento marítimo. *El espeso pelaje del perro de Terranova lo protege del frío.* ■ **perro dogo.** m. Perro (→ 1) de cuerpo grueso y fuerte, cabeza redonda, hocico corto y pelo gralm. corto y suave. *Llevaba atado un perro dogo que le llegaba por la cintura.* ⇒ DOGO. ■ **perro faldero.** m. Perro (→ 1) de pequeño tamaño que se utiliza como animal de compañía. *Entre las razas preferidas de perros falderos están los chihuahuas y los caniches.* Frec. *perrito faldero.* Frec. despect. para designar a una persona que va siempre con otra o procura darle siempre la razón y atenerse a su voluntad. *Lo acusan de ser el perrito faldero del presidente y de no tener criterio propio.* ■ **perro galgo.** m. Perro (→ 1) de cuerpo esbelto, cabeza pequeña y hocico puntiagudo, muy veloz. *En el canódromo, los galgos corren detrás de una liebre.* ⇒ GALGO. ■ **perro lebrel.** m. Perro (→ 1) de cuerpo largo y esbelto, lomo recto y patas largas, muy apto para la caza y las carreras. *El llamado "galgo español" es un perro lebrel de tamaño considerable.* ⇒ LEBREL. ■ **perro mastín.** m. Perro (→ 1) muy corpulento, de cabeza grande, orejas caídas y pelaje espeso. *En "Las meninas" aparece un perro mastín adormilado.* ⇒ MASTÍN. ■ **perro pachón.** m. Perro (→ 1) de caza, de cabeza redonda y boca grande con hocico cuadrado, a veces partido. ⇒ PACHÓN. ■ **perro pequinés.** m. Perro (→ 1) pequeño, de nariz chata, ojos saltones, patas cortas y pelo largo y lacio. *Tenía como animal de compañía un perro pequinés.* ⇒ PEQUINÉS. ■ **perro perdiguero.** m. Perro (→ 1) de caza, de cuerpo musculoso, orejas grandes y colgantes, y pelo corto y fino. ⇒ PERDIGUERO. ■ **perro podenco.** m. Perro (→ 1) de caza, de cuerpo y cabeza alargados, y orejas triangulares y en punta. *Para el rastreo de las piezas tenían un perro podenco de finísimo olfato.* ⇒ PODENCO. ■ **perro policía.** m. Perro (→ 1) adiestrado para ayudar a la policía, espec. en tareas de vigilancia, rastreo y salvamento. *Encontraron la droga gracias a un perro policía.* ■ **perro sabueso.** m. Perro (→ 1) de caza, de orejas largas y caídas y con olfato muy fino. *Para la cacería llevan una jauría de perros sabuesos.* ⇒ SABUESO. ■ **perro viejo.** m. coloq. Persona con mucha experiencia. *Sigue mi consejo, que soy perro viejo y sé lo que me digo.* ■ **perra chica.** f. Antigua moneda española equivalente a cinco céntimos de peseta. □ **a otro perro con ese hueso.** expr. coloq. Se usa para expresar rechazo ante algo que resulta increíble. *–¿Que vas a dejar de fumar?; ¡a otro perro con ese hueso!* ■ **atar los perros con longaniza.** loc. v. coloq. Disfrutar de muchas riquezas o comodidades. Gralm. en sent. irónico. *Los de mi pueblo se creen que en la ciudad atamos los perros con longaniza.* ■ **como a un perro.** loc. adv. coloq. Con desconsideración o crueldad. Frec. con v. como *tratar. Ser tu jefe no le da derecho a tratarte como a un perro.* ■ **como el perro y el gato.** loc. adv. coloq. Con continuas peleas. *Parece mentira que seáis hermanos y estéis siempre como el perro y el gato.* ■ **de perros.** loc. adj. coloq. Muy malo o desagradable. *Hace un día de perros. Está de un humor de perros.* ■ **echar,** o **soltar, los perros** (a alguien). loc. v. coloq. Regañar(lo) con severidad. *Ha estado mal lo que hicimos, pero tampoco es para echarnos los perros.*

perruno, na. adj. De perro. *"Toby" me cubrió de besos perrunos. Mi amigo es de una fidelidad perruna.*

persa. adj. **1.** De Irán. *Las modernas costumbres persas.* Dicho de pers., tb. m. y f. *La guerra de Irak contra los persas.* **2.** histór. De Persia, hoy Irán. *La civilización persa.* Dicho de pers., tb. m. y f. *Los antiguos persas eran grandes comerciantes.* **3.** Del persa (→ 4, 5). *Gramática persa.* ● m. **4.** histór. Lengua hablada en Persia. *Se conservan textos en persa con escritura cuneiforme.* **5.** Lengua hablada en Irán y otros países, como Afganistán y Tayiquistán. *Muchos hablantes escriben el persa con caracteres árabes.* ▶ **1:** IRANÍ.

persecución. f. Hecho de perseguir. *Tras una larga persecución, la policía cogió al asesino. A lo largo de la historia ha habido terribles persecuciones raciales y religiosas.*

persecutorio, ria. adj. De la persecución. *Se crearán leyes persecutorias* CONTRA *este delito. La víctima del robo emprendió una carrera persecutoria* DEL *ladrón.*

perseguidor, ra. adj. Que persigue. *El escapado saca veinte segundos al grupo perseguidor.* Dicho de pers., tb. m. y f. *Se escondió en un callejón para librarse de sus perseguidores. El héroe del cómic se convierte en el mayor perseguidor del crimen.*

perseguir. (conjug. PEDIR). tr. **1.** Seguir (algo o a alguien que huye o que se aleja) para alcanzar(lo). *El perro persiguió a la liebre durante una hora. El niño cruza la calle persiguiendo la pelota.* **2.** Seguir continuamente (a alguien). *Me persigue para que le preste dinero.* Tb. fig. *Los malos resultados persiguen al equipo esta temporada.* **3.** Tratar de destruir o causar el mayor daño posible (a alguien o algo). *Los nazis persiguieron a los judíos.* **4.** Tratar de conseguir o de alcanzar (algo). *El tenista persiguió el triunfo durante todo el partido. Perseguimos la mejora de la educación primaria.* **5.** Proceder judicialmente (contra una falta o delito, o contra quien los comete). *La justicia perseguirá y castigará a los responsables del atentado. Perseguir el fraude fiscal.* ▶ **1, 2:** *ACOSAR.

perseverancia. f. Hecho de perseverar. *Salió adelante con esfuerzo y perseverancia. La perseverancia del dolor indica que el enfermo no está curado.*

perseverante. adj. Que persevera. *Para aprobar una oposición, hay que ser muy perseverante. Se mantuvo perseverante* EN *su lucha hasta el final.*

perseverar. intr. **1.** Mantenerse constante en una actitud, una opinión o en una acción. *Debes perseverar si quieres sacar mejores notas.* **2.** Permanecer una cosa por largo tiempo o de manera permanente en determinado estado o circunstancia. *Si la tos persevera, dele este jarabe cada dos horas. Un cuerpo persevera* EN *su estado de reposo si no hay una fuerza que lo impida.*

persiana. f. Cierre que se coloca en ventanas, balcones o puertas exteriores para regular la entrada de luz. *Sube las persianas antes de irte.* ■ **~ veneciana.** f.

Persiana de tiras regulables ensartadas por cordones. *En lugar de visillos, he puesto persianas venecianas.*

persignarse. intr. prnl. Hacer una persona la señal de la cruz por tres veces, una sobre la frente, otra sobre la boca y otra sobre el pecho, gralm. santiguándose después. *Mojó los dedos en agua bendita y se persignó.* ▶ SIGNARSE.

persistencia. f. Hecho de persistir. *Su persistencia es asombrosa: hoy ha llamado ya diez veces.*

persistente. adj. **1.** Que persiste. *Es muy persistente, se ha empeñado en lograrlo y lo hará. Se queja de un persistente dolor en el hombro.* **2.** *Bot.* Dicho de un órgano: Que perdura una vez finalizada su función biológica. *El acebo y la adelfa tienen hojas persistentes.*

persistir. intr. **1.** Mantenerse firme en algo, espec. en una idea o una actitud. *No te rindas: si persistes lo lograrás. Persiste* EN *llevarla a todas las exposiciones y ya está harta.* **2.** Durar o permanecer. *A pesar del medicamento, los dolores persistieron durante toda la noche. El recuerdo de la guerra persiste en su memoria.*

persona. f. **1.** Individuo de la especie humana. *En aquel país viven más de ciento veinte millones de personas.* **2.** Hombre o mujer cuyo nombre se ignora o no se menciona. *Había varias personas esperando para entrar.* **3.** coloq. Persona (→ 1) sensata o formal. *No pienso hablar con él hasta que no se comporte como una persona.* Tb. adj. *Da gusto hablar con ella porque es muy persona.* **4.** *Der.* Persona (→ 1), entidad u organización capaz de tener derechos y deberes. **5.** *Gram.* Accidente gramatical que indica la diferencia entre los individuos que intervienen en el discurso. *En español hay tres personas gramaticales.* **6.** *Rel.* En el cristianismo: el Padre, el Hijo o el Espíritu Santo, consideradas tres personas distintas con una misma esencia. *El Espíritu Santo es la tercera persona de la Santísima Trinidad.* ■ ~ **física.** f. *Der.* Persona (→ 1) capaz de tener derechos y obligaciones. *El propietario de ese grupo de empresas es una persona física: José Luis González. Impuesto sobre la Renta de las Personas Físicas.* ■ ~ **jurídica.** f. *Der.* Entidad u organización capaz de tener derechos y obligaciones. *El titular del contrato puede ser un particular o una persona jurídica.* ■ **primera** ~. f. *Gram.* Persona (→ 5) que señala al hablante. *"Nosotras" y "yo" son pronombres de primera persona.* ■ **segunda** ~. f. *Gram.* Persona (→ 5) que señala al oyente. *Las formas "ven" y "venid" pertenecen a la segunda persona.* ■ **tercera** ~. f. **1.** *Gram.* Persona (→ 5) que señala a lo que no es el hablante ni el oyente. *"Tuvo" y "tuvieron" son formas de tercera persona.* **2.** Persona (→ 1) distinta a las directamente interesadas o involucradas en un asunto. *Todo iba bien entre nosotros hasta que se metió una tercera persona. Espero que me lo digas tú y no enterarme por terceras personas.* ⇒ TERCERO. □ **en** ~. loc. adv. Sin interposición ni mediación de alguien o de algo. *En vez de mandarle un fax, se lo diré en persona.* Tb. loc. adj. *El director en persona nos ha felicitado.* ▶ **1:** HOMBRE, HUMANO, INDIVIDUO, MORTAL, SUJETO. **2:** INDIVIDUO.

personaje. m. **1.** Persona importante. *Es un personaje en el mundo del fútbol.* **2.** En una obra de ficción: Ser que interviene en la acción. *En la obra de teatro había solo dos personajes. En estos dibujos animados, los personajes son animales.*

personal. adj. **1.** De la persona. *Aseo personal. Tiene dificultades en las relaciones personales.* **2.** Particular o propio de determinada persona. *No quiere hablar de sus asuntos personales.* ● m. **3.** Conjunto de personas que trabaja en un mismo centro o en una misma actividad. *El personal de la fábrica hará huelga.* **4.** coloq. Gente. *Las fiestas siempre alegran al personal.* ○ f. **5.** *Dep.* En baloncesto: Falta que comete un jugador al tocar o empujar a otro del equipo contrario. *El pívot lleva tres personales.* Tb. *falta ~. Le han pitado falta personal.*

personalidad. f. **1.** Conjunto de características o cualidades propias de una persona. *No os parecéis: vuestras personalidades son muy distintas.* **2.** Personalidad (→ 1) destacada u original. *Es una actriz con personalidad.* **3.** Persona importante o que destaca en un campo. *Asistieron todas las personalidades del mundo de la cultura.* **4.** *Der.* Capacidad para ser titular de derechos y obligaciones. *Las federaciones deportivas poseen personalidad jurídica: tienen derechos y obligaciones.*

personalismo. m. **1.** Adhesión a una persona o a las tendencias que ella representa, espec. en política. *En este partido prima el personalismo.* **2.** Tendencia a subordinar el bien común a intereses personales. *El reparto debe ser equitativo, sin personalismos.*

personalista. adj. **1.** Del personalismo. *Regímenes políticos personalistas. Es una sociedad en la que prima el individualismo personalista.* **2.** Que practica el personalismo. *Durante años, sufrimos un Gobierno corrupto y personalista.* Dicho de pers., tb. m. y f. *Con un personalista de ese calibre en el poder, nunca habrá justicia.*

personalizar. tr. Dar (a algo) carácter personal o convertir(lo) en propio o particular de determinada persona. *Ahora las empresas personalizan la publicidad, poniendo en ella el nombre de quien la recibe. El informático me personalizó el programa y lo adaptó a mis necesidades.*

personalmente. adv. **1.** De manera personal. *El problema me afecta personalmente.* **2.** Desde el punto de vista personal. *Personalmente, prefiero la carne al pescado.* **3.** En persona. *Tras años de cartearnos, nos conocimos personalmente.*

persona non grata. (loc. lat.; pronunc. "persóna-nón-gráta"; frec. sin art.). f. Persona rechazable, espec. la que recibe esta consideración por parte de un Gobierno. *Un funcionario de la embajada ha sido declarado persona non grata y deberá abandonar el país.*

personarse. intr. prnl. **1.** Presentarse personalmente en un lugar. *Persónese* EN *la comisaría más próxima.* **2.** *Der.* Comparecer como parte interesada en un juicio o pleito. *Se personó* EN *el juicio como acusación particular.*

personero, ra. m. y f. Am. Representante oficial. *Las investigaciones involucran a funcionarios públicos y a otros personeros del Estado* [C].

personificación. f. Hecho o efecto de personificar. *En los dibujos animados es frecuente la personificación de los animales. Es la personificación de la bondad.* ▶ PROSOPOPEYA.

personificar. tr. **1.** Atribuir cualidades o acciones humanas (a animales o cosas). *El autor del libro personifica a los animales, que hablan y piensan como humanos.* **2.** Representar una persona (algo, espec. una idea o una actitud). *Se ha hecho a sí mismo y personifica como nadie el sueño americano. Sancho Panza personifica el materialismo.*

perspectiva. f. **1.** Punto de vista. *Hay que analizar el problema* DESDE *otra perspectiva.* **2.** Distancia que permite observar o analizar algo. *En la sala no hay perspectiva para contemplar el cuadro.* Frec. fig. *Todavía nos falta perspectiva para juzgar este período histórico.* **3.** Posibilidad o probabilidad de que algo suceda. *La perspectiva de quedarme sola en casa no me atrae.* Frec. en pl. *El negocio tiene perspectivas de éxito.* **4.** Obra realizada utilizando la perspectiva (→ 6). *Ha dibujado una perspectiva preciosa de las casas de la playa.* **5.** Vista o apariencia de algo que se contempla desde la lejanía. *Desde mi ventana tengo una buena perspectiva de la ciudad.* **6.** (A veces en mayúsc.). *tecn.* Técnica de representar en una superficie plana los objetos de modo que se logre dar la sensación de volumen y profundidad. *Antes de pintar al óleo, estudió mucha perspectiva.* ■ **en ~.** loc. adv. A la vista, o en proyecto. Frec. con v. como *tener.* *–¿Tienes algún viaje en perspectiva? –No, por ahora no.*

perspectivismo. m. Doctrina filosófica según la cual la realidad solo puede ser percibida e interpretada desde perspectivas o puntos de vista concretos que no dan una visión global. *El perspectivismo de Ortega.* Tb. la tendencia, apoyada en esa doctrina, a considerar o presentar las cosas desde distintas perspectivas. *En literatura, la técnica del perspectivismo consiste en contar la historia desde el punto de vista de cada personaje.*

perspicacia. f. Cualidad de perspicaz. *Gracias a su perspicacia, el inspector ha descubierto al asesino.* ▶ *INTELIGENCIA.

perspicaz. adj. **1.** Que percibe o comprende con facilidad las cosas aunque no sean evidentes. *Es uno de nuestros filósofos más perspicaces.* **2.** De la persona perspicaz (→ 1). *Tenía una intuición perspicaz para la física.* ▶ **1:** *INTELIGENTE.

persuadir. tr. **1.** Convencer (a alguien) para que crea o haga algo. *La he persuadido* PARA *que venga. Me persuadió* DE *que aquella no era una buena idea.* ○ intr. prnl. **2.** Convencerse o llegar a creer una cosa. *Se persuadió* DE *que lo mejor para aprobar era estudiar en serio. Fui allí persuadido* DE *que me necesitaban.*

persuasión. f. Hecho de persuadir o persuadirse. *La persuasión puede ser más efectiva que las amenazas.*

persuasivo, va. adj. Que persuade o es capaz de persuadir. *Es un político muy persuasivo: seguro que gana. Sus palabras son muy persuasivas, pero yo no me fío de él.* ▶ PERSUASORIO.

persuasorio, ria. adj. Persuasivo. *Se tomarán medidas persuasorias contra la violencia callejera.*

perteneciente. adj. Que pertenece. *Se exponen cuadros pertenecientes* A *coleccionistas particulares. Han desaparecido diez personas pertenecientes* A *una secta.*

pertenecer. (conjug. AGRADECER). intr. **1.** Ser una cosa propiedad de alguien. *Estos libros pertenecen* A *mi hermano.* **2.** Formar parte de algo. *Pertenece* A *una asociación ecologista. El barrio está próximo a la ciudad, pero no pertenece* A *ella.* **3.** Tener una cosa las características propias de otra. *La iglesia pertenece* AL *estilo gótico.* ▶ **3:** CORRESPONDER.

pertenencia. f. **1.** Hecho de pertenecer. *Lo condenaron por pertenencia a banda armada. Se llevó cosas que no eran de su pertenencia.* **2.** Cosa que pertenece a alguien. Frec. en pl. *Entraron en su casa y le robaron todas sus pertenencias.*

pértiga. f. Vara larga y cilíndrica. Frec. en deporte referido a la empleada en una modalidad de salto de altura. *El campeón de salto con pértiga superó los 5,50 metros.*

pertiguista. m. y f. Atleta que practica el salto con pértiga. *El pertiguista Sergei Bubka fue el primero en superar los seis metros de altura.*

pertinacia. f. Cualidad de pertinaz. *Dio muestras de una pertinacia casi irracional. La pertinacia de la lluvia nos hizo desistir del paseo.* Tb. la actitud correspondiente. *A pesar de nuestros argumentos, mantuvo su decisión con pertinacia.* ▶ *TERQUEDAD.

pertinaz. adj. **1.** Dicho de persona: Obstinada o terca en su actitud o en sus opiniones. *Sed pertinaces, que no os desanimen los inconvenientes. El jurado, pertinaz, rechazaba una tras otra todas las alegaciones.* **2.** Dicho de cosa: Muy duradera o persistente. *La pertinaz escasez de cereales ha diezmado la población.* ▶ **1:** *TERCO.

pertinencia. f. Cualidad de pertinente. *Discutimos sobre la pertinencia de enviar una carta de protesta.*

pertinente. adj. **1.** Adecuado u oportuno. *Sus palabras no fueron muy pertinentes en aquella situación. El jurado podrá consultar a especialistas si lo considera pertinente.* **2.** Correspondiente o perteneciente. *Cada título extranjero irá seguido de su pertinente traducción. Toda la información pertinente* AL *pago de las letras figura en el sobre adjunto.*

pertrechar. tr. Abastecer de pertrechos (algo o a alguien). *Pertrecharon a sus tropas con el equipamiento más moderno. Ya me he pertrechado para el viaje.*

pertrechos. m. pl. **1.** Conjunto de armas, municiones y demás instrumentos necesarios para el uso de los soldados en las operaciones militares. *El Ejército necesita abastecerse de uniformes y pertrechos de guerra.* **2.** Conjunto de utensilios o instrumentos necesarios para una actividad. *Tengo preparados mis pertrechos de pesca.* ▶ **2:** *TRASTOS.

perturbación. f. Hecho o efecto de perturbar. *Su afán de reformas supuso una perturbación del ambiente de trabajo. Aquí estudiarás tranquilo y sin perturbaciones.*

perturbado, da. part. **1.** → **perturbar.** ● adj. **2.** Dicho de persona: Que tiene alteradas sus facultades mentales. *Desde el accidente está totalmente perturbado.* Tb. m. y f. *Un perturbado atacó a dos mujeres con un cuchillo.* ▶ **2:** *LOCO.

perturbador, ra. adj. Que perturba. *Su presencia en el aula es un elemento perturbador. Una perturbadora pesadilla le impidió seguir durmiendo.* Dicho de pers., tb. m. y f. *En la manifestación había varios perturbadores armando jaleo.*

perturbar. tr. **1.** Alterar el estado o el funcionamiento normales (de algo). *Su presencia perturbaba la paz de nuestra casa. A don Quijote, la lectura le perturbó el juicio.* Tb. en constr. prnl. media. *En esas circunstancias, las facultades mentales pueden llegar a perturbarse.* **2.** Inquietar o hacer perder el sosiego (a alguien). *Me perturba mucho pensar en ese problema.* Tb. en constr. prnl. media. *Tranquilo, no te perturbes por nada.*

peruano, na. adj. Del Perú. *El escritor peruano dará una conferencia.* Dicho de pers., tb. m. y f. *Dos peruanos nos guiaron por la selva.*

perversidad. f. Cualidad de perverso. *Dio detalles de la perversidad con que la trataron los secuestradores.*

Destacó la perversidad de las guerras internas para la economía de los países africanos.

perversión. f. Hecho o efecto de pervertir o pervertirse. *Fue acusado de perversión de menores. El traductor debe evitar cualquier perversión del texto original.*

perverso, sa. adj. **1.** Muy malo o que causa daño de manera intencionada. *Recibió críticas perversas y nada objetivas.* Dicho de pers., tb. m. y f. *Solo un demente o un perverso puede torturar así a otra persona.* **2.** Que altera de manera perjudicial el orden o el estado normal de las cosas. *La caída del euro tendrá un efecto perverso en nuestra economía.*

pervertido, da. part. **1.** → **pervertir.** ● adj. **2.** Dicho de persona: De costumbres o inclinaciones sexuales que se consideran socialmente negativas o inmorales. *Durante siglos se consideró a los homosexuales personas pervertidas.* Tb. m. y f. *Un pervertido se dedicaba a espiar a las parejas.*

pervertidor, ra. adj. Que pervierte. *Dijeron que la televisión era perjudicial y pervertidora.* Dicho de pers., tb. m. y f. *Lo acusaron de ser un pervertidor de menores.*

pervertir. (conjug. SENTIR). tr. **1.** Hacer (a alguien o algo) malos o viciosos, gralm. mediante malos ejemplos o enseñanzas. *Las malas compañías lo han pervertido.* Tb. en constr. prnl. media. *Viviendo en un ambiente de drogas y delincuencia, acabará por pervertirse.* **2.** Alterar (algo) de manera negativa. *Estás pervirtiendo el sentido de lo que dice el libro.* ▶ **1:** MALEAR.

pervivencia. f. Hecho de pervivir. *Estudian la pervivencia de costumbres ancestrales en nuestros días.*

pervivir. intr. Seguir viviendo o existiendo a pesar del tiempo o las dificultades. *Su recuerdo pervive en nuestra memoria.*

pesa. f. **1.** Pieza de metal de peso conocido, que se emplea como término de comparación para determinar el peso de algo. *La pesa se coloca en un plato de la balanza, y el género, en la otra.* **2.** Pieza de peso suficiente que en ciertos mecanismos sirve como contrapeso o para dar movimiento. *Reloj de pared con péndulo y cuatro pesas.* **3.** Pieza muy pesada que se usa en halterofilia o para hacer ejercicios de levantamiento de peso. Frec., en pl., designa el aparato formado por una barra con una de esas piezas en cada extremo. *Levantador de pesas.*

pesadamente. adv. **1.** De manera pesada. *Se acerca andando pesadamente.* **2.** Haciéndose sentir todo el peso. *Al ser golpeado, su cuerpo cae pesadamente al suelo.*

pesadez. f. Cualidad de pesado. *¡Qué pesadez de ruido! La pesadez de la maleta le impide levantarla. Siento pesadez en las piernas.*

pesadilla. f. **1.** Sueño angustioso o que produce terror. *Ha tenido una pesadilla y se ha despertado temblando.* **2.** Preocupación grande y continua. *Me abrumaba la pesadilla de no llegar a fin de mes.* Tb. la persona o cosa que la causan. *Esto de los exámenes es una pesadilla.*

pesado, da. part. **1.** → **pesar.** ● adj. **2.** Que pesa mucho o tiene un peso elevado. *No puedo mover esta caja: es muy pesada.* **3.** Dicho de parte del cuerpo: Que produce una sensación anormal de peso en ella. *Noto la cabeza pesada.* **4.** Lento o que actúa o se produce a menos velocidad de la normal. *–¡Qué pesado eres!; siempre te estoy esperando. El oso tiene un andar pesado.* **5.** Dicho del sueño: Profundo. *No se despertará: tiene el sueño pesado.* **6.** Dicho del tiempo atmosférico: Bochornoso. *Era uno de esos días pesados de julio.* **7.** Que produce desagrado, cansancio o aburrimiento, espec. por ser demasiado largo o muy repetitivo. *La clase se ha hecho pesada con tanta cifra. Estás muy pesado con tu nuevo coche.* ▶ **7:** *ABURRIDO.

pesadumbre. f. Disgusto o pesar. *Al verlo marchar me ha invadido una terrible pesadumbre.*

pesaje. m. Hecho de pesar o determinar el peso de alguien o algo. *Básculas para el pesaje de mercancías.*

pésame. m. Expresión de condolencia que se dirige a una persona por la muerte de alguien próximo a ella. *Han enviado un telegrama de pésame a la viuda. Tras el funeral, los compañeros se acercaron a darle el pésame.*

pesar. intr. **1.** Tener peso o gravedad. *Los cuerpos pesan.* **2.** Tener mucho peso. *Esta caja pesa: ayúdame.* **3.** Tener una persona o cosa entidad o importancia. *Los comentarios de este periodista pesan mucho.* **4.** Hacer sentir a alguien arrepentimiento o dolor. *Me pesa haberte dejado sola esta tarde.* **5.** Hacer fuerza en el ánimo. *Las responsabilidades pesan.* ○ tr. **6.** Tener algo o alguien (determinado peso). *El filete pesa trescientos gramos.* **7.** Determinar el peso (de alguien o algo) mediante un instrumento apropiado. *El frutero pesa las manzanas en la báscula.* **8.** Examinar o considerar con atención (algo). *Hay que pesar las consecuencias que puede tener esto.* ● m. **9.** Sentimiento o dolor. *Siente un gran pesar por la muerte de su amigo.* ■ **a ~ de,** o **pese a.** loc. prepos. Sin tener en cuenta la oposición o la resistencia de. *Lo hizo a pesar de su familia. Ha logrado salir adelante pese a las críticas. A pesar de que le tiene un gran cariño, ha tenido que despedirlo.* ■ **a ~ de los ~es.** loc. adv. A pesar de todo (→ **a pesar de**). *A pesar de los pesares, no creo que hayáis tirado el dinero comprando esta casa.* ■ **mal que me,** o **te,** o **le,** etc., **pese.** loc. adv. A pesar de que no sea de su agrado. *Mal que le pese, tendrá que poner sus papeles al día. Saldré con mis amigos mal que te pese.* ■ **pese a.** → **a pesar de.** ■ **pese a quien pese.** loc. adv. Por encima de todo, o a pesar de todo (→ **a pesar de**). *Se ha propuesto adelgazar y lo conseguirá pese a quien pese.*

pesaroso, sa. adj. Que siente pesar. *Parece muy pesarosa por lo que ha hecho.*

pesca. f. **1.** Hecho o efecto de pescar peces u otros animales. *Este barco se dedica a la pesca del atún.* Tb. la actividad correspondiente. *En estos pueblos costeros, todo el mundo vive de la pesca.* **2.** Conjunto de animales que se pescan o se pueden pescar. *La flota faena en una zona abundante en pesca.*

pescadería. f. Establecimiento en que se vende pescado. *Ve a la pescadería y pide merluza en rodajas.*

pescadero, ra. m. y f. Persona que tiene por oficio vender pescado, espec. al por menor. *El pescadero del mercado me reservará una lubina.*

pescadilla. f. Merluza que no ha adquirido aún su desarrollo normal. *El enfermo cenará pescadilla u otra cosa ligera.*

pescado. m. **1.** Pez u otro animal acuático que se pesca para su consumo. Frec. con sent. colectivo. *Las barcas llegan llenas de pescado fresco. ¿Vas a pedir carne o pescado?* **2.** Am. Pez. *Todos los aretes se elaboran en plata, con colgantes de flores, pájaros o pescados* [C]. ■ **~ azul.** m. Pescado (→ 1) que contiene abundante grasa. *La sardina es un pescado azul.* ■ **~ blanco.** m. Pescado (→ 1) que contiene poca grasa. *Le recomiendan tomar pescado blanco.*

pescador, ra. adj. **1.** Que pesca. *Los cormoranes son pájaros pescadores.* ● m. y f. **2.** Persona que pesca o que tiene por oficio pescar. *La orilla del río está llena de pescadores domingueros con sus cañas. Los pescadores pueden pasar meses en alta mar.*

pescante. m. **1.** En un carruaje: Asiento exterior desde donde el cochero gobierna las caballerías. *Subido al pescante, arrea a los caballos con el látigo.* **2.** Pieza saliente sujeta a una pared y que sirve para sostener algo. *Las esculturas del altar descansan sobre sendos pescantes.* **3.** *Mar.* En un barco: Armazón o aparato que sirven para sostener o colgar anclas o botes, o para mover grandes pesos. *Izan el bote hasta los pescantes.*

pescar. tr. **1.** Sacar del agua (peces u otros animales acuáticos). *He pescado muchas truchas.* Tb. usado en constr. intr. *Se ha pasado el fin de semana pescando.* **2.** Sacar del agua (algo). *Solo he pescado un trozo de plástico.* **3.** coloq. Coger o tomar (algo). *He visto que repartían caramelos y he ido a ver si pescaba alguno.* **4.** coloq. Coger o empezar a tener (algo, como una enfermedad, una borrachera o un enfado). *Ha pescado un buen resfriado.* **5.** coloq. Coger o entender (algo). *¿No pescas lo que te estoy diciendo?* **6.** coloq. Coger o sorprender (a alguien) desprevenido o cuando no se lo espera. *La he pescado diciéndome una mentira.* **7.** coloq. Lograr o conseguir (algo, espec. algo muy deseado o pretendido). *Por fin ha pescado un novio, ¡ya era hora!*

pescozón. m. Golpe dado con la mano en el pescuezo o en la cabeza. *Le dio un pescozón y le gritó: –¡Tú te callas!*

pescuezo. m. **1.** Cuello de un animal. *Coge el conejo por el pescuezo y lo levanta.* **2.** coloq. Cuello de una persona. Frec. designa solo su parte posterior. *Me saluda con una palmadita en el pescuezo.* ■ **retorcer el ~** (a alguien). loc. v. coloq. Matar(lo), espec. ahorcándo(lo) o estrangulándo(lo). *El asesino se lanza sobre el vigilante y le retuerce el pescuezo. Me dan ganas de retorcerte el pescuezo.*

pese. **~ a.** → **pesar.**

pesebre. m. **1.** Pila o cajón donde se pone el alimento para que coma el ganado. *Llena el pesebre de alfalfa.* Tb. el lugar donde está esa pila. *Mete a las vacas en el pesebre.* **2.** Nacimiento (representación del nacimiento de Jesucristo). *Poco antes de Navidad, ponemos el pesebre en el salón.* ▶ **2:** *NACIMIENTO.

peseta. f. **1.** Unidad monetaria de España anterior al euro. *Bajó la cotización de la peseta.* Tb. la moneda de ese valor. *En el monedero llevaba duros y monedas de cien, pero no pesetas.* ○ pl. **2.** coloq. Dinero (conjunto de monedas, o fortuna). *Se casó con uno que tenía muchas pesetas.* ■ **mirar la ~.** loc. v. coloq. Tratar de gastar lo menos posible. *Vivió siempre mirando la peseta y nunca se permitió un capricho.*

pesetero, ra. adj. coloq., despect. Dicho de persona: Que es muy aficionada al dinero y busca siempre cómo ganar o ahorrar más. *Es muy pesetera; no creo que te haga descuento.* Tb. m. y f. *El pesetero ese aceptará cualquier trabajo si está bien pagado.*

pesimismo. m. Actitud o tendencia de la persona pesimista. *Afrontar los problemas con pesimismo solo ayuda a complicarlos.* Tb. la cualidad correspondiente. *Lo más llamativo de su carácter es su pesimismo.*

pesimista. adj. Que ve o tiende a ver las cosas en su aspecto más negativo o desfavorable. *No soy pesimista, pero reconozco las dificultades. Es pesimista respecto a la solución del conflicto.* Tb. m. y f. *Prefiero la ilusión de los optimistas al desánimo de los pesimistas.* ▶ NEGATIVO.

pésimo, ma. → **malo.**

peso. m. **1.** Fuerza con que la Tierra atrae a un cuerpo. *Los cuerpos físicos tienen peso.* **2.** Medida del peso (→ 1). *Ha perdido cinco kilos de peso.* **3.** Cosa pesada o que tiene un peso (→ 2) elevado. *Le duele la espalda y no debe levantar pesos.* **4.** Balanza u otro instrumento que sirven para medir pesos (→ 2). *Comprueba si has engordado en el peso de la farmacia. Un peso de cocina.* **5.** Entidad o importancia de alguien o algo. *Su opinión no tiene ningún peso. Tiene razones de peso para actuar así.* **6.** Carga o responsabilidad que alguien tiene a su cuidado. *Lleva todo el peso del trabajo.* **7.** Preocupación o dolor moral. *Me he quitado un gran peso de encima al resolver este asunto.* **8.** Unidad monetaria de diversos países americanos. *Peso colombiano. Peso mexicano.* **9.** *Dep.* En algunos deportes como el boxeo: Categoría de los deportistas según su peso (→ 2). *Quedó segundo en el campeonato mundial de peso pesado.* **10.** *Dep.* En atletismo: Bola metálica que se emplea para lanzamientos. *El ganador lanzó el peso a 21 metros de distancia.* ■ **~ atómico.** m. *Fís.* y *Quím.* Peso (→ 2) de un átomo de un elemento químico, consistente en la relación entre la masa de un isótopo de ese átomo y 1/12 de la masa de cierto isótopo de carbono. *El peso atómico del oxígeno es 16.* ■ **~ específico.** m. **1.** *Fís.* Peso (→ 2) de un cuerpo o sustancia por unidad de volumen. *En la tabla se indica el peso específico de diversos metales y maderas.* **2.** Especial valor o importancia de alguien o algo dentro de un ámbito o grupo. *No todos los miembros de la coalición tienen el mismo peso específico.* ■ **~ gallo.** m. *Dep.* En boxeo: Categoría cuyo peso (→ 2) límite es inferior a 53 kg 524 g. *Es campeón del peso gallo.* Tb. el boxeador que pertenece a esta categoría. ■ **~ ligero.** m. *Dep.* En boxeo: Categoría cuyo peso (→ 2) límite es inferior a 61 kg 235 g. *Su pupilo pertenece al peso ligero.* Tb. el boxeador que pertenece a esta categoría. ■ **~ mosca.** m. *Dep.* En boxeo: Categoría cuyo peso (→ 2) límite es inferior a 50 kg 802 g. *El combate de hoy es de la categoría de peso mosca.* Tb. el boxeador que pertenece a esta categoría. ■ **~ pesado.** m. **1.** *Dep.* En boxeo: Categoría cuyo peso (→ 2) límite es superior a 79 kg 378 g. Tb. el boxeador que pertenece a esta categoría. *Hoy se celebra el campeonato de Europa de los pesos pesados.* **2.** Persona de gran relieve e influencia en un determinado ámbito o actividad. *Su padre es un peso pesado de la política.* ■ **~ pluma.** m. *Dep.* En boxeo: Categoría cuyo peso (→ 2) límite es inferior a 57 kg 152 g. *Es campeón del peso pluma.* Tb. el boxeador que pertenece a esta categoría. ■ **~ wélter.** m. *Dep.* En boxeo: Categoría cuyo peso (→ 2) límite es inferior a 66 kg 678 g. *En el gimnasio tenemos dos boxeadores del peso wélter.* Tb. el boxeador que pertenece a esta categoría. ⇒ WÉLTER. □ **a ~ de oro.** loc. adv. A precio muy elevado. *Las trufas las pagan a peso de oro.* ■ **caer(se)** algo **por,** o **de, su** (**propio**) **~.** loc. v. Ser claro o evidente. *Cae por su propio peso que el ordenador no hace nada por su cuenta. Por supuesto que es así, se cae por su propio peso.*

pespuntar. tr. Pespuntear. *Pespuntar el dobladillo de un traje.*

pespunte. m. Labor de costura que se hace dando puntadas cortas e iguales, y uniendo cada puntada con el final de la anterior. *Lleva una camisa negra con pespuntes blancos en las mangas.*

pespuntear. tr. Coser o adornar (algo) con pespuntes. *Antes de pespuntear el borde de la tela, conviene hilvanarlo.* ▶ PESPUNTAR.

pesquero, ra. adj. **1.** De pesca o de la pesca. *Puerto pesquero. Industria pesquera.* ● m. **2.** Barco pesquero (→ 1). *El pesquero faena en aguas de Portugal.*

pesquis. m. coloq. Perspicacia o capacidad de entendimiento. *Hace falta un poco de pesquis para darse cuenta de lo que se está cociendo.*

pesquisa. f. Investigación o acción que se lleva a cabo para intentar averiguar algo. *Las pesquisas de la policía han conducido al sospechoso.*

pestaña. f. **1.** Pelo de los que nacen en los bordes de los párpados y sirven de defensa a los ojos. *Tiene las pestañas largas y rizadas.* **2.** Parte saliente y estrecha en el borde de una cosa. *Necesito carpetas con pestaña para el archivador.* ■ **~ vibrátil.** f. *Biol.* Cilio. *Algunos protozoos presentan pestañas vibrátiles que rodean su cuerpo.* □ **jugarse** alguien **(hasta) las ~s.** loc. v. coloq. Apostar todo el dinero o todos los bienes que tiene. *Ganó una vez y decidió jugarse hasta las pestañas.* ■ **mover (una) ~.** loc. v. coloq. Se usa en construcciones negativas como *no mover ~*, o *sin mover ~*, para enfatizar la atención con que se mira algo, o la serenidad o firmeza con que se afronta o hace algo. *Cuando se sienta a ver la televisión, no mueve pestaña. No ha movido una pestaña cuando la he amenazado con despedirla.* ■ **quemarse** alguien **las ~s.** loc. v. coloq. Estudiar o leer mucho, espec. de noche. *Después de un mes de quemarme las pestañas, solo me han puesto un aprobado.*

pestañear. intr. **1.** Mover los párpados. *Cuando se nos mete algo en el ojo, pestañeamos.* **2.** Se usa en construcciones negativas como *no ~*, o *sin ~*, para enfatizar la atención con que se mira algo, o la serenidad o firmeza con que se afronta o hace algo. *Ha aceptado la oferta sin pestañear. La obra es tan interesante que nadie pestañea.*

pestañeo. m. Hecho de pestañear. *Me dijo que sí con un leve pestañeo.*

peste. f. **1.** Enfermedad contagiosa y grave, que afecta a personas o a algunos animales, y que causa grandes epidemias. *En la Edad Media, las pestes diezmaban la población. Peste porcina.* Tb. fig. *La droga es una peste.* **2.** Mal olor. *¡Qué peste hay aquí!; anda, abre la ventana.* **3.** Persona o cosa que causan gran daño o malestar. *¡Ay, qué peste de mujer, no la soporto!* **4.** Excesiva abundancia de algo, espec. de algo negativo o perjudicial. *Una peste de politicastros copaban el poder.* ○ pl. **5.** Palabras de enfado o de crítica negativa. *En cuanto te has ido, se ha puesto a hablar pestes de ti. Está tan indignada que echa pestes contra todo.* ■ **~ bubónica.** f. Peste (→ 1) muy grave, frec. mortal, caracterizada por fiebre alta, hemorragias y la aparición de tumores por todo el cuerpo. *En el siglo XIV una peste bubónica mató a millones de europeos.* ▶ **1, 2:** PESTILENCIA.

pesticida. adj. Que sirve para combatir plagas. *Líquido pesticida.* Dicho de producto, tb. m. *Un pesticida contra la plaga de langosta.* ▶ PLAGUICIDA.

pestífero, ra. adj. **1.** Que tiene muy mal olor. *Del estercolero llega un aire pestífero.* **2.** Que puede causar peste u otro daño grave. *Agua pestífera.* ▶ **1:** PESTILENTE.

pestilencia. f. Peste (olor, o enfermedad). *De la alcantarilla sube una pestilencia insoportable. Una grave pestilencia redujo la población a la mitad.* ▶ PESTE.

pestilente. adj. Que huele muy mal. *A ver si te llevas ya esa pestilente bolsa de basura.* ▶ PESTÍFERO.

pestillo. m. **1.** Barra metálica y gralm. cilíndrica que se corre como un cerrojo para cerrar puertas o ventanas. *Antes de acostarse, echa el pestillo de la puerta.* **2.** En una cerradura: Pieza que sale por la acción de una llave o el impulso de un muelle y entra en el agujero del marco de una puerta o ventana para cerrarlas. *El pestillo se ha atascado y no puedo abrir la puerta.*

pestiño. m. **1.** Pastel hecho con una masa frita y bañado con miel. *Me ha invitado a café con pestiños.* **2.** coloq. Persona o cosa pesadas o aburridas. *Esta película es un pestiño.*

pestorejo. m. Parte posterior del cuello, espec. cuando es gruesa y abultada. *Siempre me da una palmada en el pestorejo.* Tb. el cuello. *Comimos pestorejo e hígado de cerdo.*

petaca. f. **1.** Botella de bolsillo, ancha y plana, que se usa para llevar bebidas alcohólicas. *Saca la petaca del abrigo y da un trago.* **2.** Estuche de bolsillo que se usa para llevar cigarros o tabaco picado. *Abre la petaca para liarse un cigarrillo.*

pétalo. m. Pieza de las que constituyen la corola de una flor. *A las rosas marchitas se les caen los pétalos.* ▶ HOJA.

petanca. f. Juego que consiste en lanzar bolas pesadas tratando de que se aproximen lo más posible a una bola pequeña lanzada en primer lugar. *Siempre están jugando a la petanca en el parque.*

petardo, da. m. **1.** Tubo relleno de explosivo que provoca una detonación cuando se le prende fuego. *Durante las fiestas, siempre tiran petardos.* **2.** coloq. Porro. *Dos chicos se fuman un petardo sentados en el césped.* **3.** coloq. Cosa pesada o aburrida. *La película me parece un petardo.* ○ m. y f. **4.** coloq. Persona pesada o aburrida. *Tu amiga es una petarda, no hay quien la soporte.* Tb. adj. *No seas tan petardo, déjame ya.* **5.** coloq. Persona poco competente. *Como fotógrafo es un petardo.* Tb. adj.

petate. m. Conjunto formado por la ropa de la cama y de vestir de un soldado, un marinero o un preso. *Soldado, coja su petate y póngase en esta litera.* Tb. la bolsa usada para llevar esa ropa como equipaje. *Cuando sale de permiso trae el petate lleno de ropa sucia.* ■ **liar** alguien **el ~.** loc. v. coloq. Abandonar un lugar de estancia, espec. el de residencia o el de trabajo. *Si no me va bien aquí, lío el petate y a otra cosa.*

petenera. f. Cante popular andaluz parecido a la malagueña, con coplas de cuatro versos octosílabos. ■ **salir** alguien **por ~s.** loc. v. coloq. Hacer o decir algo inoportuno o que no viene al caso. *Cuando le hacen una pregunta importante, siempre sale por peteneras.*

petición. f. **1.** Hecho o efecto de pedir, espec. la realización o entrega de algo, o a una mujer en matrimonio. *Su petición no ha sido atendida.* **2.** Escrito en el que se hace una petición (→ 1). *He enviado la petición por correo.* ■ **~ de mano.** f. Ceremonia en la que se realiza la petición (→ 1) de una mujer con fines matrimoniales. *La petición de mano será en casa de la novia.* ⇒ PEDIDA.

peticionario, ria. adj. Que pide o solicita de manera oficial algo. Gralm. en lenguaje administrativo. *La empresa peticionaria del permiso presentará un proyecto de obra.* Dicho de pers., tb. m. y f. *El peticionario debe presentarse en administración.*

petimetre, tra. m. y f. histór. Persona preocupada en exceso por su aspecto y por seguir la moda. *El petimetre, repeinado y con ropas extravagantes, despreciaba a la gente corriente.*

petirrojo. m. Pájaro del tamaño de un gorrión, con el cuerpo parduzco y blanco, y la frente, el pecho y la garganta de color rojo anaranjado. *El petirrojo hembra. Un petirrojo canta escondido bajo un arbusto del jardín.*

petiso, sa. adj. **1.** Am. coloq. Dicho de persona o animal: Bajo (que mide menos de lo normal). *Un señor petiso y calvo se adelantó* [C]. Tb. m. y f. *La petisa se tapa la cara* [C]. ● m. **2.** Am. Caballo pequeño. *Llevaba muy serio de la rienda un petiso* [C]. ▶ **Am: 2:** PETIZO.

petisú. m. Pastelillo redondo o alargado, hecho de masa al horno, relleno después de crema y gralm. cubierto de chocolate u otra pasta dulce. *Un petisú de café.*

petitorio, ria. adj. De la petición. *Se instalarán mesas petitorias para recoger sus donativos.*

petizo, za. adj. **1.** Am. coloq. Petiso (bajo o que mide menos de lo normal). *Era un hamburgués rechoncho y petizo, de andar oscilante* [C]. Tb. m. y f. *Fueron dos petizos más bien gorditos las estrellas del Mundial* [C]. ● m. **2.** Am. Petiso (caballo pequeño). *Se logran petizos de polo cruzados con pura sangre de carrera* [C]. ▶ **Am: 2:** PETISO.

peto. m. **1.** Prenda, o parte de una prenda de vestir, que cubre el pecho. *Pantalón con peto.* **2.** Prenda de vestir, espec. un pantalón, que tiene peto (→ 1). *Lleva una blusa blanca y un peto de pana.* **3.** Protección acolchada que se pone en el pecho para la práctica de algunos deportes, como la esgrima. **4.** *Taurom.* Protección que cubre el pecho y el costado derecho del caballo del picador. *En la embestida, el toro ha atravesado el peto de la caballería.*

petrarquismo. m. Corriente literaria generada a partir de la influencia e imitación de la obra de Petrarca (poeta italiano, 1304-1374). *Garcilaso de la Vega es el máximo representante del petrarquismo español.*

petrarquista. adj. Que admira a Petrarca o imita su estilo poético. *Poeta petrarquista.* Dicho de pers., tb. m. y f. *El libro reúne la poesía de varios petrarquistas italianos.*

pétreo, a. adj. **1.** De piedra. *Columnas pétreas.* **2.** De características semejantes a las de la piedra, espec. su dureza. *Su rostro pétreo no deja entrever ninguna emoción.*

petrificación. f. Hecho de petrificar o petrificarse. *Los huesos sepultados pueden sufrir un proceso de petrificación hasta convertirse en fósiles.*

petrificar. tr. **1.** Convertir en piedra (una cosa) o endurecer(la) de manera que parezca piedra. *El contacto con el aire ha petrificado el pan.* Tb. en constr. prnl. media. *Los fósiles que ahora vemos se petrificaron hace miles de años.* **2.** Dejar (a alguien) paralizado a causa del asombro o del terror. *El público, petrificado, vio cómo el avión empezaba a arder.*

petrodólar. m. *Econ.* Unidad monetaria cuyo valor se mide en dólares estadounidenses y que se emplea para cuantificar las reservas de divisas de los países productores y exportadores de petróleo, acumuladas por la venta de esta materia prima. *La subida del precio del petróleo ha hecho ganar a los saudíes muchos petrodólares.*

petroglifo. m. *Arqueol.* Grabado sobre roca, espec. el realizado por hombres prehistóricos. *Es difícil establecer qué función tenían los petroglifos.*

petrografía. f. *Geol.* Parte de la geología que se ocupa del estudio y descripción de las rocas. *Manual de Mineralogía y Petrografía.* ▶ LITOLOGÍA.

petrográfico, ca. adj. *Geol.* De la petrografía, o de su objeto de estudio. *Clasificación petrográfica de las rocas ígneas.*

petrolear. tr. Pulverizar o bañar con petróleo o con un derivado del petróleo (algo). *Conviene limpiar y petrolear el motor del coche.*

petróleo. m. Líquido natural inflamable, viscoso y de color oscuro, compuesto por una mezcla de hidrocarburos, que se extrae de yacimientos subterráneos y se emplea como fuente de energía y para la obtención de productos con usos industriales. *La gasolina y el gasóleo se obtienen del petróleo.*

petrolero, ra. adj. **1.** Del petróleo o de su comercio. *Industria petrolera.* Dicho de empresa, tb. f. *Las grandes petroleras buscan nuevos yacimientos.* ● m. y f. **2.** Persona que se dedica al comercio del petróleo. ○ m. **3.** Barco de carga destinado al transporte de petróleo. *El hundimiento del petrolero provocó un desastre natural.*

petrolífero, ra. adj. Que contiene o produce petróleo. *Yacimiento petrolífero. Plataforma petrolífera.*

petrología. f. *Geol.* Parte de la geología que se ocupa del estudio de las rocas.

petroquímico, ca. adj. **1.** De la petroquímica (→ 2), o de su objeto de estudio. *Investigación petroquímica. Productos petroquímicos.* ● f. **2.** Parte de la química que se ocupa de la utilización del petróleo y del gas natural como materias primas para la obtención de productos derivados. Tb. la industria correspondiente. *En el área de la petroquímica, se ha conseguido elaborar productos como plásticos y fibras sintéticas.*

petulancia. f. Cualidad de petulante. *Su petulancia lo hace odioso.* ▶ *ORGULLO.

petulante. adj. Presumido y despreciativo con los demás por creerse superior a ellos. *No puedes esperar humildad de alguien tan petulante.* Dicho de pers., tb. m. y f. *No soporto a esos petulantes que alardean de sus virtudes.* ▶ *ORGULLOSO.

petunia. f. Flor muy olorosa, de diversos colores, con corola en forma de embudo, que se cultiva como ornamental. *Del jardín llega el aroma de las petunias.* Tb. su planta. *Han plantado petunias en el parque.*

peyorativo, va. adj. Dicho de palabra o expresión, o de modo de expresión: Que indican una idea o juicio desfavorables de aquello sobre lo que se trata. *Habló en tono peyorativo de sus compañeros de trabajo.*

peyote. m. **1.** Cacto propio de Méjico y del sur de los Estados Unidos de América, con tallos en forma de globo, sin espinas y con flores blancas o rosadas, y que contiene una sustancia narcótica. *Los indios mexicanos comían peyote para ponerse en contacto con los dioses.* **2.** Droga de efectos alucinógenos y narcóticos obtenida del peyote (→ 1). *El peyote es ilegal en muchos países.*

pez[1]. m. Animal vertebrado acuático, que respira por branquias, gralm. cubierto de escamas, con extremidades en forma de aleta y que se reproduce por huevos. *Un acuario con peces. Un pez como el tibu-*

rón puede devorar a una persona. ■ ~ **espada.** m. Pez marino comestible, de cuerpo cilíndrico, piel oscura y sin escamas, y cabeza grande con una prolongación en forma de espada. *Un filete de pez espada a la plancha.* ⇒ EMPERADOR. ■ ~ **gordo.** m. coloq. Persona importante o influyente. *En la reunión están los peces gordos de las finanzas.* ■ ~ **martillo.** m. Pez marino parecido al tiburón, que tiene en la cabeza dos prolongaciones laterales en cuyos extremos están los ojos y que le dan aspecto de martillo. ■ ~ **sierra.** m. Pez de aguas cálidas, de color gris amarillento, con un hocico largo y en forma de sierra que le sirve para escarbar en busca de alimento y para golpear a los bancos de peces. □ **como ~ en el agua.** loc. adv. coloq. Con comodidad o soltura. *Se mueve como pez en el agua en el mundillo del arte.* ■ **estar** alguien ~ (en una materia). loc. v. coloq. Saber muy poco o nada (de ella). *De pop sé mucho, pero* EN *música clásica estoy pez.* ■ **reírse de los peces de colores.** loc. v. coloq. No dar importancia a un hecho o una situación, o no tomarlos en serio. *Mientras unos pasan hambre, otros disfrutan y se ríen de los peces de colores.* Frec. en sent. irónico para enfatizar la importancia de algo, no tenida en cuenta antes. *Y decía que a él su jefe no le tosía, me río yo de los peces de colores.* ▶ **Am: 1:** PESCADO.

pez². f. Sustancia resinosa de color oscuro, que se obtiene de la destilación de la trementina y se emplea para impermeabilizar superficies. *Los artesanos revestían el cuero de las botas de vino con pez.*

pezón. m. **1.** En los mamíferos: Parte central y más saliente de la mama, por donde los hijos chupan la leche. *Antes de amamantar al niño, hay que limpiar bien los pezones.* **2.** En una planta: Pecíolo. ▶ **2:** *PECÍOLO.

pezuña. f. Extremo de la pata de algunos animales, formado por una o dos uñas que recubren los dedos. *El caballo y la cabra tienen pezuñas.*

pH. (sigla; pronunc. "pe-ache"). m. *Quím.* Potencial de hidrógeno, o índice del grado de acidez o de alcalinidad de una disolución. *Una disolución con un pH entre 0 y 7 es ácida; si tiene un pH de 7 a 14, es básica.*

pi. f. **1.** Letra del alfabeto griego (Π, π), que corresponde al sonido de *p*. **2.** *Mat.* Símbolo igual que la pi (→ 1), que representa el número resultante de la relación entre la longitud de una circunferencia y su diámetro. *El valor de pi es aproximadamente 3,1416.* Tb. ese número. *El perímetro de la circunferencia es 2 por pi por el radio.*

piadoso, sa. adj. **1.** Que siente piedad por el mal o el sufrimiento ajenos. *Era exigente con los más capaces y piadoso con los torpes.* **2.** Devoto o muy religioso. *Los más piadosos elevan una plegaria al Cielo.*

piafar. intr. Levantar un caballo una y otra mano de manera alternativa, dejándolas caer con fuerza. *El caballo se ha puesto a piafar y he creído que me iba a caer al suelo.*

piamadre. f. *Anat.* Membrana fina que recubre el cerebro y la médula espinal en los vertebrados. *La piamadre es la capa más interna de las tres que cubren la médula espinal.* ▶ PIAMÁTER.

piamáter. f. *Anat.* Piamadre. *La piamáter contiene los vasos sanguíneos que riegan el cerebro.*

piamontés, sa. adj. Del Piamonte (región de Italia). *Gastronomía piamontesa.* Dicho de pers., tb. m. y f. *Viene a visitarme un piamontés amigo mío.*

pianista. m. y f. Músico que toca el piano. *El gran pianista ruso dará un concierto en el auditorio.*

pianístico, ca. adj. De piano. *Recital pianístico. La obra pianística de Chopin.*

piano¹. m. Instrumento musical de teclado y cuerdas, que suenan al ser percutidas por unos pequeños macillos accionados por las teclas. *Música para piano y orquesta.*

piano². adv. *Mús.* Con suavidad o poca intensidad de sonido. *Este fragmento hay que tocarlo piano.* Tb. m., referido al pasaje ejecutado así. *El segundo movimiento de la sonata acaba con un piano estremecedor.*

pianoforte. m. Instrumento musical de teclado y cuerdas percutidas, precedente del piano actual, utilizado en los ss. XVIII y XIX. *Concierto para violín y pianoforte.*

pianola. f. Piano que se puede hacer sonar mecánicamente, sin necesidad de tocar las teclas, mediante pedales o por medio de corriente eléctrica, y que lee las partituras grabadas en unos rollos de papel.

piar. (conjug. ENVIAR). intr. Emitir un ave, espec. un pollo, su voz característica. *Cada día, al amanecer, pían los pájaros.*

piara. f. Manada de animales, espec. de cerdos. *Una piara come bellotas bajo las encinas.*

piastra. f. Moneda fraccionaria de distintos países, como Egipto, Líbano o Siria. *Una libra egipcia tiene 100 piastras.*

PIB. (sigla; pronunc. "pib"). m. *Econ.* Producto interior bruto, o valor total de los bienes producidos y de los servicios prestados dentro de un país en un año. *El PIB creció un 2,6% en el tercer trimestre.*

pibe, ba. m. y f. frecAm. coloq. Niño o adolescente. *Cuando era piba, una tía me llevaba siempre al parque* [C]. Frec. con intención afectiva y como apelativo. *Feliz cumpleaños, pibe* [C].

pica. f. **1.** Palo de la baraja francesa cuyas cartas tienen representadas una o varias figuras en forma de punta de lanza. Más frec. en pl. *El rey de picas.* **2.** *Taurom.* Vara larga que termina en una punta de acero y que emplea el picador para picar al toro desde el caballo. **3.** histór. Lanza larga empleada por los soldados de infantería. ■ **poner una ~ en Flandes.** loc. v. coloq. Lograr algo muy difícil. *Conseguir un óscar sin ser americano es poner una pica en Flandes.*

picadero. m. **1.** Lugar en el que se adiestran caballos y donde se aprende a montar. *Va a un picadero a clases de equitación.* **2.** coloq. Casa o lugar que se utiliza para mantener relaciones sexuales ocasionales. *Aquel apartamento de soltero era un picadero.*

picadillo. m. **1.** Lomo de cerdo picado y adobado que se emplea para hacer embutidos. *Para hacer el chorizo, se prepara el picadillo y se embute en la tripa.* **2.** Plato preparado con diversos ingredientes, espec. carne y tocino, picados y especiados. *De primero hay gazpacho, y de segundo, picadillo.* **3.** Condimento preparado con uno o más ingredientes picados. *Haga un picadillo de ajo, perejil y jamón y échelo en la salsa.* ■ **hacer** ~ (a alguien). loc. v. coloq. Destruir(lo), o dejarlo en muy mal estado físico o moral. *Suspender después de tanto esfuerzo me hizo picadillo.* Frec. en constr. hipotéticas para expresar amenaza. *Si te pillo robando, te hago picadillo.*

picado¹. m. **1.** Hecho o efecto de picar. *Esta máquina realiza el picado de la carne para la fabricación de embutidos. Es un buen jugador de billar y sus picados son famosos.* **2.** Conjunto de ingredientes picados, espec. carne aderezada con especias. *Con el picado de cerdo se hace el salchichón. Prepara un picado* *de ajo y perejil.* **3.** *Cine* y *TV.* Toma realizada con la cámara inclinada de arriba hacia abajo. *La película termina con un precioso picado.* **4.** *Mús.* Modo de ejecutar una serie de notas interrumpiendo momentáneamente el sonido entre ellas. *El picado, al contrario que el ligado, produce la sensación de entrecortar el sonido.* Tb. la composición o fragmento que debe ejecutarse de ese modo. ■ **en ~.** loc. adv. Hacia abajo y a gran velocidad. *El piloto deja caer el avión en picado y luego lo endereza.* Tb. fig. *Las acciones han caído en picado.*

picado[2]**, da.** part. **1.** → **picar.** ● adj. **2.** Dicho de una persona o de una parte del cuerpo, espec. la cara: Que tiene pequeños hoyos o cicatrices en la piel. Frec. ~ *de viruela(s). Tiene la cara picada de viruelas.*

picador, ra. adj. **1.** Que pica o sirve para picar. *Insecto picador. Máquina picadora.* Dicho de máquina o aparato, tb. f. *Una picadora de carne. Con la picadora trituramos el forraje para alimentar al ganado.* ● m. **2.** Torero que va a caballo y se ocupa de picar los toros en una corrida. *El picador dejó un puyazo en todo lo alto.* **3.** Hombre que tiene por oficio arrancar el mineral de una mina con un pico u otro utensilio. *Dos picadores han quedado atrapados en una galería de la mina.* ▶ **2:** VARILARGUERO.

picadura. f. **1.** Hecho de picar o morder un animal. *La picadura de algunas serpientes puede ser mortal.* Tb. la señal que deja. *Estoy cubierto de picaduras de mosquitos.* **2.** Efecto de picar o triturar. *Corte bien menudo el ajo y eche la picadura a la sartén.* **3.** Tabaco picado. *Antiguamente se fumaba mucho la picadura.* **4.** Caries. *Tengo una picadura en una muela.* **5.** Grieta producida en una superficie por el uso o por la acción de un agente. *La cañería está llena de picaduras.* ▶ **1:** PICOTAZO.

picajoso, sa. adj. coloq. Que se pica u ofende fácilmente. *¡Qué picajosa, cómo se ha puesto por una broma!* Tb. m. y f. *Cuidado con lo que le dices, que es un picajoso de cuidado.*

picana. f. Instrumento de tortura con el que se aplican descargas eléctricas en cualquier parte del cuerpo de la víctima. *Los presos políticos eran torturados con picana.* Tb. ~ *eléctrica.* Tb. la tortura realizada con ese instrumento. *Las fuerzas represivas emplearon métodos como la picana.*

picante. adj. **1.** Dicho de alimento o de sabor: Que pica o produce picor en la boca. *Esta comida está muy picante: me arde la boca.* **2.** Que tiene cierto carácter mordaz u obsceno que resulta gracioso. *Siempre cuenta chistes picantes.* ● m. **3.** Sustancia o ingrediente picantes (→ 1). *La comida tiene mucho picante.* **4.** Cualidad de picante (→ 1, 2). *La salsa aporta al guiso un toque de picante.*

picantería. f. Am. Establecimiento público de carácter popular donde se sirven bebidas y comidas. *Yo como en la picantería de la otra esquina* [C].

picapedrero. m. Hombre que tiene por oficio picar o extraer piedra en una cantera. *En la cantera, se oye a los picapedreros golpear con sus picos.* ▶ CANTERO.

picapica. f. (Tb. m.). Polvos de picapica (→ **polvo**). *Los chicos compran petardos, bombas fétidas y picapica.*

picapleitos. m. y f. coloq. o despect. Abogado (persona legalmente capacitada para defender a otra). *Todos estos picapleitos no buscan más que meter a la gente en juicios.*

picaporte. m. **1.** Manivela que sirve para accionar el picaporte (→ 2). *Tire del picaporte para cerrar la puerta.* **2.** Mecanismo de cierre de una puerta o ventana, con un pestillo u otra pieza que, al cerrar de golpe, encajan en una ranura hecha para ello en el marco. *Además de picaporte, la puerta tiene cerradura con llave.* ▶ **1:** MANIJA.

picar. tr. **1.** Herir o golpear un ave con el pico (algo o a alguien). *El loro me picó en un dedo.* **2.** Herir ciertos animales (a alguien) con los dientes, el aguijón u otro órgano punzante. *Lo ha picado una serpiente. Me picó una avispa.* Tb. usado en constr. intr. *Estas arañas no pican.* **3.** Tomar un ave (la comida) con el pico. *El jilguero pica el alpiste.* **4.** Tomar una persona (comida) en pequeñas cantidades. *Vamos a picar unos aperitivos.* Frec. usado en constr. intr. *Si quieres adelgazar, no piques entre horas.* **5.** Morder un pez (el anzuelo). *Ha picado el anzuelo un pez enorme.* Tb. fig., referido a pers. *Le dijeron que ganaría millones y la pobre picó el anzuelo.* **6.** Cortar (algo) en trozos muy pequeños. *Pícame una cebolla para la salsa.* **7.** En un medio de transporte público: Agujerear el revisor (el billete del viajero). *El revisor ya nos ha picado los billetes.* **8.** Golpear (una cosa) con un pico u otro instrumento para dar(le) una determinada forma o para arrancar(le) fragmentos. *Los canteros pican la piedra para hacer adoquines. Hay que picar la pared antes de alicatarla.* **9.** Herir el picador (al toro) en el morrillo con la garrocha, procurando detener(lo) cuando acomete al caballo. *El presidente cambió el tercio sin apenas picar al toro.* **10.** Clavar las espuelas (al caballo) para que vaya más deprisa. *Pica a Huracán y sale al galope.* **11.** Excitar o estimular (algo). *Trata de picar su curiosidad.* **12.** coloq. Estimular (a alguien) para que haga algo. *Me picó y nos lo apostamos todo a una mano.* **13.** coloq. Provocar o enfadar (a alguien) con palabras o acciones. *Te ha llamado gorda solo para picarte.* **14.** En el billar: Golpear (la bola) en la parte inferior, imprimiéndo(le) un movimiento añadido de rotación que provoca un cambio en su trayectoria natural. *Se da una maña especial para picar la bola.* **15.** *Mús.* Ejecutar (una nota) recortando su duración, de modo que quede claramente separada de la siguiente por un breve silencio. *Ejecuta el pasaje picando las notas para darle un cierto carácter juguetón.* ○ intr. **16.** Herir o golpear un ave con el pico en un lugar. *El pájaro pica* EN *los cristales.* **17.** Morder un pez en el anzuelo. *El pez picó* EN *el anzuelo. He recogido los aparejos porque los peces no pican.* Tb. fig., referido a pers. *El muy inocente ha picado* EN *el anzuelo.* **18.** Tomar un ave comida con el pico. *Las gallinas picaban* EN *el trigo.* **19.** Hacer experimentar picor a alguien una parte de su cuerpo. *Me pican los ojos.* **20.** Irritar el paladar ciertas cosas excitantes, como la pimienta o la guindilla. *Estos pimientos pican mucho.* **21.** Calentar mucho el sol. *Hoy sí que pica el sol.* **22.** Acudir a un engaño o caer en él. *Le tendieron una trampa y picó.* **23.** Volar un ave o un avión rápida y verticalmente hacia tierra. *El piloto pierde el control y la nave pica durante unos segundos.* ○ intr. impers. **24.** Presentársele picor a alguien en una parte del cuerpo. *Me pica en la rodilla.* ○ intr. prnl. **25.** Agujerearse un metal u otra materia. *Las cañerías se han picado. Toda la ropa blanca está picada.* **26.** Cariarse un diente. *Se te van a picar todos los dientes como no te los laves.* **27.** Estropearse un alimento. *El vino se ha picado. Mete la fruta en la nevera para que no se pique.* **28.** coloq. Enfadarse u ofenderse a causa de las palabras o acciones de otro. *Se pica fácil-*

mente; no se le puede hablar de nada. **29.** coloq. Sentir alguien el deseo de igualar o superar a otro. *Al ver las notas de su hermano, se ha picado y ha empezado a estudiar. Juan y Antonio se picaron y empezaron a correr cada vez más. Juan se picó* CON *Antonio y empezó a correr cada vez más.* **30.** Agitarse el mar formando olas pequeñas con el impulso del viento. *El mar se está picando.* **31.** coloq. Pincharse o inyectarse droga. *Creo que se pica.* ■ ~ alguien **alto.** loc. v. coloq. Pretender algo que está por encima de las propias posibilidades. *No se conforma con su puesto: este chico pica alto.* ▶ **4, 16:** PICOTEAR.

picardía. f. **1.** Cualidad de pícaro. *No te fíes, que, aunque es un niño, tiene mucha picardía. Los bailarines se contonean con picardía.* **2.** Hecho o dicho propios de una persona pícara. *Siempre responde con alguna picardía. Se sabe todos los trucos y picardías del mundo.*

picardías. m. Camisón corto, con tirantes y frec. de tela transparente. *Duerme con un picardías de encaje.*

picaresco, ca. adj. **1.** De los pícaros. *La vida picaresca.* **2.** Dicho de obra o género literarios: Propio de los ss. XVI y XVII españoles y protagonizado por un pícaro que narra su vida, gralm. en primera persona. *El "Guzmán de Alfarache" es una novela picaresca.* Tb. f., referido al género. *La picaresca nace en España con el "Lazarillo".* ● f. **3.** Forma de vida o comportamiento propios de un pícaro. *Comprueba el cambio, que por aquí hay mucha tendencia a la picaresca.* **4.** Conjunto de pícaros. *Por aquellos barrios deambula toda la picaresca de la ciudad.*

pícaro, ra. adj. **1.** Dicho de persona: Astuta y hábil para engañar a los demás. *El tendero es muy pícaro y siempre sisa en el peso.* Frec. con intención afectiva. *¡Ay, pícara, tú lo que quieres es engatusarme!* Tb. m. y f. *Es un pícaro de cuidado.* **2.** Dicho de persona: Astuta, de baja condición social y que vive engañando a los demás. Tb. m. y f. *En las ciudades abundaban los pícaros y los mendigos.* Se usa espec. para referirse a los protagonistas de la novela picaresca. *Las novelas picarescas cuentan la vida de un pícaro, como Lázaro de Tormes.* **3.** Malicioso. *Me hizo un guiño pícaro sin que nadie lo viera.* **4.** Que manifiesta o implica cierto carácter obsceno. *En el Teatro Larra ponen una obra bastante pícara.* ▶ **1:** BRIBÓN, GRANUJA, TUNANTE, TUNO.

picatoste. m. Trozo pequeño de pan frito. *Chocolate con picatostes.*

picazón. f. **1.** Picor (sensación que impulsa a rascarse). *Me he quemado con el sol y siento picazón por todo el cuerpo.* **2.** Desazón o malestar. *Sentía una terrible picazón: ¿me habría llamado en mi ausencia?* ▶ **1:** *PICOR.

picha. f. malson. Pene.

pichi. m. Vestido sin mangas y escotado que se pone encima de una blusa u otra prenda semejante. *Lleva un pichi a rayas con una camiseta blanca.*

pichón, na. m. **1.** Pollo de la paloma. *La paloma alimenta a sus dos pichones.* ○ m. y f. **2.** coloq. Persona (hombre o mujer). Frec. con intención afectiva y como apelativo. *Ven aquí, pichón, que te voy a comer a besos.*

Picio. **más feo que ~.** loc. adj. coloq. Dicho de persona: Exageradamente fea. *No me extraña que asustes a los niños, ¡si eres más feo que Picio!*

pícnico, ca. adj. cult. Dicho de persona: Baja, corpulenta y con tendencia a la obesidad. Se usa espec. en psicología. *Individuos pícnicos.* Tb. el tipo de constitución correspondiente. *Es de constitución pícnica.*

pico. m. **1.** En las aves: Parte saliente de la cabeza, compuesta por dos piezas duras gralm. terminadas en punta, que les sirve para tomar el alimento. *El canario coge los granos de alpiste con el pico.* **2.** Parte puntiaguda que sobresale o constituye una esquina en la superficie o en el límite de una cosa. *Ten cuidado, no te des con el pico de la mesa.* **3.** Herramienta formada por un mango de madera y una pieza de hierro o acero con uno o los dos extremos afilados, que se emplea para cavar y extraer piedra o minerales. *En la cantera, los hombres trabajan con picos.* **4.** Cima puntiaguda de una montaña. *Un teleférico sube hasta el pico del monte.* Tb. esa montaña. *El pico Aneto es el más alto de los Pirineos.* **5.** Parte pequeña de una cantidad en que esta excede a un número redondo. Frec. en la constr. *y ~*, pospuesta a la expresión de una cantidad determinada, para designar esa parte cuando no se quiere o no se puede precisar. *He llegado a las seis y pico. Debe de tener cincuenta y pico años.* **6.** (Frec. con art.). Cantidad grande de dinero. *Esos zapatos te habrán costado un buen pico. El carné de conducir le ha salido por un pico.* **7.** Pájaro carpintero. *Un pico martillea el tronco del pino.* **8.** coloq. Boca de una persona (parte del cuerpo, u órgano de la palabra). *No ha abierto el pico en toda la tarde. ¡Cierra el pico de una vez!* Frec. *~ de oro*, tb. para designar a la persona que tiene facilidad de palabra. *La gente hace corro para escuchar a ese pico de oro.* ■ **de ~s pardos.** loc. adv. coloq. De juerga. *Vino a verme un amigo y nos fuimos de picos pardos.* ▶ **4:** *CIMA.

picón. m. **1.** Carbón menudo que se emplea para los braseros. *El picón del brasero aún daba calor a la mañana siguiente.* **2.** Pez de agua dulce parecido al barbo, de cabeza alargada y hocico puntiagudo.

picor. m. **1.** Sensación desagradable que se siente en una parte del cuerpo y que frec. impulsa a rascarse. *El roce de las ortigas produce un intenso picor.* **2.** Ardor o escozor que se sienten en el paladar al comer determinados alimentos. *He tenido que beber agua para que se me pasara el picor de la pimienta.* ▶ **1:** COMEZÓN, DESAZÓN, PICAZÓN, PRURITO.

picota. f. **1.** Cereza grande de color rojo oscuro o negro y de carne algo áspera. *De postre hay picotas y albaricoques.* **2.** Columna que se construía a la entrada de algunas poblaciones para exponer en ella a los presos o las cabezas de los ajusticiados. **3.** Parte superior de una torre o de una montaña que tiene forma puntiaguda. *Vamos de excursión hasta la picota del monte.* ■ **en la ~.** loc. adv. En situación de recibir críticas o ser cuestionado. *Los últimos escándalos ponen en la picota al ministro. Con el creciente fracaso escolar, el sistema educativo está en la picota.*

picotazo. m. Picadura de un animal, espec. de un ave, un reptil o un insecto. *¡Toda la noche sufriendo los picotazos de los mosquitos!* Tb. la señal que deja. *Tengo picotazos por todo el cuerpo.* ▶ PICADURA.

picotear. tr. **1.** Golpear un ave con el pico (algo) repetidamente. *Los gorriones picotean el suelo en busca de alimento.* Tb. usado en constr. intr. *Unas palomas picotean en la acera.* **2.** Picar (comida) en pequeñas cantidades. *Podemos picotear un poco de lomo y queso.* Tb. usado en constr. intr. *Se ha pasado la tarde yendo a la cocina y picoteando.* ▶ PICAR.

pictografía. f. Escritura que representa las ideas por medio de símbolos. *Se han hallado cuevas con pictografías del Paleolítico.* Tb. el sistema de escritura correspondiente. *El origen de la escritura jeroglífica está en la pictografía.*

pictográfico, ca. adj. De la pictografía. *Signos pictográficos.*

pictograma. m. Signo de una escritura pictográfica. *La escritura azteca no empleaba letras, sino pictogramas e ideogramas.*

pictórico, ca. adj. De la pintura. *En la exposición hay muestras de la obra pictórica y escultórica del artista.*

picudo, da. adj. Que tiene uno o más picos o partes que sobresalen. *Para el disfraz de bruja necesitas un sombrero negro y picudo. A lo lejos se ve la sierra, picuda y en sombras.*

pidgin. (pronunc. "pídyin"; pl. gralm. invar.). m. Lengua formada con elementos de dos o más lenguas, espec. si la que sirve de base es el inglés, y usada para entenderse entre hablantes de diferente origen lingüístico. *Muchos pidgin surgieron como lenguas de contacto entre colonos y nativos.*

pídola. f. Juego que consiste en saltar con las piernas abiertas por encima de uno de los participantes que se coloca encorvado, apoyando las manos en su espalda.

pie. m. **1.** En el cuerpo humano: Extremidad de cualquiera de los dos miembros inferiores, que sirve para andar. *Me ha salido un callo en un pie.* Tb. la parte correspondiente de una prenda o de un calzado. *La media tiene un agujero en el pie.* **2.** En un animal: Parte análoga al pie (→ 1). *El caballo tiene los cuatro pies blancos.* **3.** Base o parte en que se apoya algo. *El pie de la lámpara es de metal. La copa tiene el pie roto.* **4.** Tallo o tronco de las plantas. *El pie de los olivos suele ser retorcido.* **5.** En algunas cosas, espec. en una cama o un templo: Parte opuesta a la cabecera. Frec. en pl. con significado sing. *Te dejo una manta a los pies de la cama por si tienes frío. Los pies de la iglesia.* **6.** Parte final de un escrito. *El pie de una carta. El pie del testamento.* **7.** Espacio en blanco que queda en la parte inferior del papel, después de terminado. *El número de página va al pie.* **8.** Nombre o título de una persona o corporación a la que se dirige un escrito y que se pone al pie (→ 7) de este. *Díctame con cuidado el pie de la instancia.* **9.** Explicación o comentario breve que se pone debajo de las ilustraciones de prensa. *Lee el pie de foto, a ver quién es el retratado.* **10.** Ocasión o motivo para algo. *Su conducta ha dado pie a muchos comentarios.* **11.** Unidad de longitud de diversos países y regiones, y que corresponde aproximadamente al largo del pie (→ 1). *En Gran Bretaña, la talla de una persona se mide en pies y pulgadas. En Castilla, un pie equivale a 28 cm.* **12.** *Lit.* En poesías que atienden a la cantidad silábica, como la grecolatina: Parte compuesta por dos o más sílabas en que se divide el verso para su medida. *Una sílaba larga seguida de dos breves forma un pie dáctilo.* **13.** En teatro: Palabra o palabras con que termina lo que dice un actor y que sirve para indicar a otro que le toca hablar. *Cuando ella te dé el pie entras, pero no antes.* **14.** *Zool.* Porción musculosa del cuerpo de los moluscos, con función fundamentalmente locomotora, de forma distinta según las especies. *El pie del caracol deja un rastro de baba.* ■ **~ ambulacral.** m. *Zool.* Cada uno de los apéndices que salen por pequeños orificios del esqueleto de los equinodermos, que intervienen en la función respiratoria y en muchos casos actúan como órganos de locomoción. ■ **~ cavo.** m. *Anat.* Pie (→ 1) que tiene el arco de la planta muy acusado. *En la edad infantil, los pies cavos ocasionan pocas molestias.* ■ **~ de atleta.** m. *Med.* Infección por hongos en los pies (→ 1), espec. entre los dedos. *Tengo pie de atleta por llevar zapatillas sin calcetín.* ■ **~ de imprenta.** m. Expresión de la imprenta, lugar y año de la impresión, que suele ponerse al principio o al fin de los libros y otras publicaciones. *En el pie de imprenta figura Buenos Aires como lugar de impresión.* ■ **~ de león.** m. Planta de hojas hendidas en cinco lóbulos dentados y flores pequeñas y verdosas. *La planta típica de las altas montañas es el pie de león o "edelweiss".* ■ **~ derecho.** m. Madero que se pone verticalmente, espec. para que cargue sobre él algo. *Los soportales se alzan sobre columnas o pies derechos.* ■ **~ plano.** m. *Anat.* Pie (→ 1) que tiene el arco de la planta casi plano. *Se libró de la mili por tener los pies planos.* ■ **~ quebrado.** m. *Lit.* Verso corto, de cinco sílabas a lo más, y de cuatro generalmente, que alterna con otros más largos en ciertas combinaciones métricas. *Estrofas de pie quebrado.* □ **a cuatro ~s.** loc. adv. A gatas. *Se puso a cuatro pies para jugar con el niño.* ■ **a los ~s** (de alguien). loc. adv. A su entera disposición, o a su servicio. *La anciana criada se había pasado la vida a los pies* DE *su patrón.* Se usa como fórmula de cortesía dirigida a una mujer para expresarle respeto o sumisión. *Quedo a sus pies, señora.* ■ **a los ~s de los caballos.** loc. adv. coloq. En situación de gran desprestigio o descrédito. *Me habló de su jefe y lo puso a los pies de los caballos.* ■ **al ~ de.** loc. prepos. Junto a, o al lado de. *Hizo un hoyo al pie del árbol.* ■ **al ~ de la letra.** loc. adv. Literalmente. *La frase está copiada al pie de la letra. Sigue al pie de la letra mis instrucciones.* ■ **al ~ del cañón.** loc. adv. coloq. Sin desatender ni por un momento un deber o una ocupación. *El negocio marcha porque ella está siempre al pie del cañón.* ■ **a ~.** loc. adv. Andando o dando pasos. *Hago parte del camino a pie, y parte, en autobús.* ■ **a ~ de fábrica.** loc. adv. En el sitio donde se fabrica aquello a lo que se hace referencia. Se usa frec. hablando del valor primitivo que tiene una cosa. *El precio se fija a pie de fábrica y el transporte corre a cuenta del comprador.* ■ **a ~ de obra.** loc. adv. En el sitio donde se construye una casa u otra obra. Se usa frec. hablando del valor que tienen los materiales empleados. *Si el precio de los materiales se fija a pie de obra, lógicamente será superior.* ■ **a ~ firme.** loc. adv. Sin apartarse ni moverse del sitio que se ocupa. *Esperó a pie firme durante horas.* Tb. fig. *El jefe le ha echado la bronca, pero él ha aguantado a pie firme el chaparrón.* ■ **a ~ juntillas, o a ~s juntillas.** loc. adv. Sin discusión. *Sigue el reglamento a pie juntillas. Se cree a pies juntillas todo lo que le dices.* ■ **buscarle tres,** o **cinco, ~s al gato.** loc. v. coloq. Enredarse en complicaciones inútiles y peligrosas. *Acepta la explicación que te dan y deja de buscarle tres pies al gato.* ■ **caer** alguien **de ~(s).** loc. v. Tener suerte. *Acaba de llegar y lo ascienden; eso es caer de pie.* ■ **cojear** una persona **del mismo ~** (que otra). loc. v. coloq. Tener el mismo defecto (que ella). *La madre era un poco fresca y la hija cojea del mismo pie.* Tb.: *Aquí todos cojean del mismo pie.* ■ **comer por los ~s** (a alguien). loc. v. Ocasionar(le) gastos excesivos. *En las vacaciones, los extras te comen por los pies.* ■ **con buen** (o **mal**) **~.** loc. adv. Con (o sin) suerte, o con (o sin) acierto. *Parece que hemos empezado con buen pie. He estrenado el año con mal pie.* ■ **con el ~ derecho** (o **izquierdo**). loc. adv. Con buena (o mala) fortuna. *Hoy me he levantado con el pie izquierdo: no doy una.* ■ **con los ~s.** loc. adv. Mal o sin utilizar la inteligencia. *Esto está hecho con los pies.* ■ **con los ~s por delante.** loc. adv. coloq. Después de muerto. *Insiste en que de allí no lo sacan si no es con los pies por delante.* ■ **con ~(s) de plomo.** loc. adv. coloq. Despacio o con prudencia. *La situación es muy comprometida, hay que andar con pies de plomo.* ■ **con un,** o **el, ~ en el estribo.** loc. adv. **1.** A punto de hacer un viaje. *Me pillas con el pie en el estribo; salgo dentro de una hora.* **2.** cult. Cerca de la muerte. *El pobre anciano está ya con un pie en el estribo.* ■ **con un ~ en el hoyo,** o **en el sepulcro,** o **en la sepultura.** loc. adv. coloq. Cerca de la muerte. *Está con un pie en el hoyo.* ■ **dar** una persona **el ~** (a otra) **y tomarse** esta **la mano.** loc. v. coloq. Ofrecer(le) algo (a una persona) y abusar esta del ofrecimiento. *Este es de los que les das el pie y se toman la mano.* ■ **de a ~.** loc. adj. **1.** Dicho espec. de soldado o de guarda: Que no va a caballo para su cometido. *La tropa estaba formada por jinetes y soldados de a pie.* **2.** Dicho de persona: Normal y corriente. *Lo que le preocupa a la gente de a pie es llegar a fin de mes.* ■ **de ~(s),** o **en ~.** loc. adv. Sosteniéndose sobre los pies (→ 1). *No te conviene estar tanto tiempo de pie. El niño ya se mantiene en pie.* ■ **de ~ de banco.** loc. adj. coloq. Dicho de ocurrencia o argumento: Disparatado o incongruente. *Eso de españolizar Europa me parece una salida de pie de banco.* ■ **de (los) ~s a (la) cabeza.** loc. adv. Enteramente. *Iba de luto de pies a cabeza. Lo ha examinado de los pies a la cabeza.* ■ **echar ~ a tierra.** loc. v. Bajarse de una caballería o de un vehículo. *El rejoneador echa pie a tierra para culminar su faena.* ■ **echarse a los ~ s** (de alguien). loc. v. cult. Manifestarle acatamiento y sumisión. *No soportaba la idea de echarse a los pies del rey para conseguir su perdón.* ■ **en ~.** loc. adv. **1.** → **de pie. 2.** Fuera de la cama. Gralm. aludiendo al hecho de levantarse por la mañana, de estar restablecido de una enfermedad, o de no hacer cama por ella. *Está en pie desde las seis de la mañana.* **3.** Sin destruirse, eliminarse ni acabarse. *No ha quedado ni un edificio en pie. Mi promesa sigue en pie.* ■ **en ~ de guerra.** loc. adv. En disposición para entrar en guerra. *El ejército está en pie de guerra.* Tb. loc. adj. *Soldados en pie de guerra patrullan las calles.* Tb. fig. *La conferencia de Pekín ha puesto a las mujeres en pie de guerra.* ■ **hacer ~** alguien. loc. v. Afirmarse o ir con seguridad en un proyecto o intento. *El asunto se complica y siento que no hacemos pie.* ■ **hacer ~** una persona que está dentro del agua. loc. v. Tocar el fondo manteniendo la cabeza fuera del agua. *No me gusta adentrarme donde no hago pie.* ■ **írsele los ~s** (a alguien). loc. v. Sentir deseos de bailar o de seguir el ritmo de la música. *Cuando oigo esta canción se me van los pies.* ■ **nacer** alguien **de ~(s).** loc. v. coloq. Tener buena suerte. *No te pasará nada: tú has nacido de pie.* ■ **no dar** alguien **~ con bola.** loc. v. Hacer mal las cosas por ignorancia o aturdimiento. *Llevo una mañana que no doy pie con bola.* ■ **no tener** algo **(ni) ~s ni cabeza.** loc. v. coloq. No tener sentido. *Eso que dices no tiene pies ni cabeza.* ■ **no tenerse en ~.** loc. v. Estar muy cansado o muy débil. *A las once de la noche ya no me tengo en pie.* ■ **parar los ~s** (a alguien). loc. v. coloq. Impedir(le) que siga haciendo algo que se considera inconveniente o desconsiderado. *Tienes que pararle los pies a ese abusón.* ■ **perder ~.** loc. v. Dejar de hacer pie (→ **hacer pie**). *Había un hoyo en el fondo y perdí pie.* Tb. fig. *La pregunta del periodista lo desconcertó y empezó a perder pie.* ■ **~ a tierra.** loc. adv. **1.** De pie, después de haber desmontado del caballo. *El rejoneador continuó su faena pie a tierra.* □ expr. **2.** Se usa para ordenar a alguien que baje de la caballería o del vehículo en que va. *El sargento gritó: –¡Pie a tierra!* ■ **~s, para qué os quiero.** expr. Se usa para expresar la resolución de huir de un peligro. *Cuando vi que asomaba la policía, ¡pies, para qué os quiero!* ■ **poner los ~s** (en un lugar). loc. v. Ir (a ese lugar). *Si vuelve a poner los pies en mi casa, no respondo. Hace años que no pone los pies en una iglesia.* ■ **poner ~s en polvorosa.** loc. v. coloq. Huir o escapar. *El ladrón, al ver que llegaba alguien, puso pies en polvorosa.* ■ **por ~s.** loc. adv. Corriendo o alejándose rápidamente de un lugar. *Si la marea empieza a subir, tenemos que salir de aquí por pies.* ■ **por su ~.** loc. adv. Andando y valiéndose por sí mismo. *Ha entrado en la clínica por su pie.* ■ **saber de qué ~ cojea** (alguien). loc. v. coloq. Conocer a fondo sus defectos. *Déjate de excusas; sabemos muy bien de qué pie cojea cada uno.* ■ **sacar** alguien **los ~s de las alforjas,** o **del plato,** o **del tiesto.** loc. v. coloq. Excederse al hacer o decir cosas a las que antes no se atrevía. *Este niño empieza a sacar los pies de las alforjas. Contestar así a un superior es sacar los pies del plato.* ■ **ser (los) ~s y (las) manos** (de alguien). loc. v. Servir(le) en todos sus asuntos. *Su agente literario era sus pies y sus manos.* ■ **vestirse** alguien **por los ~s.** loc. v. coloq. Ser un hombre. Con intención enfática. *Dijo que él se vestía por los pies y que no le mangoneaba nadie.*

piedad. f. **1.** Misericordia o compasión por el mal o el sufrimiento ajenos. *Trata sin piedad a sus subordinados.* **2.** Devoción religiosa. *Durante los oficios de Semana Santa, se respira un ambiente de piedad y recogimiento.* **3.** *Arte* Representación de la escena en que la Virgen sostiene el cadáver de Jesucristo descendido de la cruz. *En el museo hay una Piedad de Rubens.* ▶ **1:** *COMPASIÓN.

piedra. f. **1.** Materia mineral dura, compacta y que no tiene aspecto metálico. *El granito es una piedra de gran resistencia. Puente de piedra.* Tb. cada trozo aislado de esa materia. *Unos gamberros tiraban piedras a las ventanas.* **2.** Trozo de piedra (→ 1) labrado, espec. el que se usa en construcción. *Las piedras de la fachada necesitan una restauración.* **3.** Pieza u objeto hechos de piedra (→ 1). *En el molino tradicional, dos piedras en forma de disco trituran el grano. Piedra de afilar.* **4.** Trozo de una aleación de hierro que se usa para producir la chispa en un encendedor. *El mechero se ha quedado sin piedra.* **5.** Granizo grueso. *La piedra caída ha destrozado los sembrados.* **6.** Cálculo (acumulación de sales en el riñón u otro órgano). *Tiene piedras en la vesícula.* ■ **~ angular.** f. Base o fundamento principal de algo. *La justicia es la piedra angular de un sistema democrático.* ■ **~ de toque.** f. Cosa que sirve para probar la calidad o validez de algo. *La complicadísima partitura se ha convertido en una piedra de toque para cualquier orquesta.* ■ **~ filosofal.** f. Materia con que los alquimistas pretendían hacer oro artificialmente. *En la Edad Media los alquimistas buscaban la piedra filosofal.* Tb. fig. para designar una panacea o solución para cualquier mal. *Nadie ha encontrado la piedra filosofal para acabar con las guerras.* ■ **~ pómez.** f. Piedra (→ 1) volcánica, esponjosa y frágil, que se usa para pulir y desgastar. *Las callosidades de los pies se pulen con piedra pómez.* ⇒ PÓMEZ. ■ **~ preciosa.** f. Piedra (→ 1) fina y rara, transparente o translúcida y que, tallada, se emplea en joyería. *Los diamantes son piedras preciosas.* ■ **primera ~.** f. **1.** Piedra (→ 2) con que se empieza la construcción de un edificio notable y que se coloca en un acto ceremonial. Gralm. con *poner* o *colocar*. *En*

1987 el Rey puso la primera piedra del nuevo edificio del Senado. **2.** Primer paso que se da como base para poder llevar a cabo un proyecto o una pretensión. Gralm. con *poner* o *colocar. El encuentro de los dos mandatarios pone la primera piedra para el restablecimiento de relaciones diplomáticas.* □ **de ~.** loc. adj. coloq. Sorprendido o paralizado e incapaz de reaccionar. *Se quedó de piedra cuando recibió la noticia.* ■ **menos da una ~.** expr. coloq. Se usa para aconsejar o expresar conformidad con lo poco que se ha conseguido o se puede conseguir. *Al menos pescamos una trucha, menos da una piedra.* ■ **~ sobre ~.** loc. s. Construcción sin destruir. Se usa en constr. negativas con *dejar* o *quedar. Tras el ataque, no quedó piedra sobre piedra.* ■ **tirar** alguien **la ~ y esconder la mano.** loc. v. Hacer daño ocultándose o no responsabilizándose de ello. *Él está detrás del complot, pero es de los que tiran la piedra y esconden la mano.* ■ **tirar** alguien **~s contra su tejado.** loc. v. coloq. Perjudicarse a sí mismo. *Atacar a tu equipo es tirar piedras contra tu tejado.* ▶ **6:** CÁLCULO.

piel. f. **1.** Tejido externo que cubre el cuerpo de las personas y de los animales vertebrados. *Crema hidratante para pieles secas.* **2.** Piel (→ 1) de animal curtida. *Lleva unos zapatos de piel.* **3.** Piel (→ 1) de animal curtida de forma que conserva su pelo natural, frec. usada para la confección de prendas de abrigo. *Un abrigo de piel de nutria.* **4.** Tejido que cubre la parte carnosa de algunos frutos. *Se come las ciruelas con piel.* **5.** coloq. Vida. *Traicionaría a su mejor amigo con tal de salvar la piel.* ■ **~ de gallina.** f. Carne de gallina (→ **carne**). *La película tiene escenas que ponen la piel de gallina.* ■ **~ de naranja.** f. Aspecto granuloso que toma la piel (→ 1), debido a la celulitis. *La nueva crema reduce el efecto de piel de naranja.* Tb. la celulitis. *Existen tratamientos para combatir la celulitis o piel de naranja.* ■ **~ roja.** m. y f. Indio indígena de América del Norte. *Los pieles rojas defendían su territorio frente al hombre blanco.* □ **dejar(se)** alguien **la ~** (en algo). loc. v. coloq. Esforzarse al máximo (en ello). *Se deja la piel* EN *los estudios. Cuando entrena se deja la piel.* ■ **ser** alguien **(de) la ~ del diablo.** loc. v. coloq. Ser muy revoltoso o travieso. *Ese niño es de la piel del diablo.*

piélago. m. cult. Mar (extensión de agua, o gran cantidad de cosas o personas). *Un piélago sin olas. Un piélago de ideas.*

pienso[1]. m. Alimento para el ganado, espec. el seco. *Elaboran piensos para conejos con alto contenido en alfalfa.* Frec., coloq., designa la comida para las personas. *No nos vendría mal un poco de pienso para reponer fuerzas.*

pienso[2]. ni por ~. loc. adv. coloq. Se usa para negar enfáticamente, o como refuerzo de una negación. *¿Monja yo?, ¡ni por pienso! No pretendía ni por pienso compararme contigo.*

pierna. f. **1.** En el cuerpo humano: Extremidad inferior. *Sus largas piernas le permitían dar grandes zancadas.* Tb. la parte correspondiente de una prenda de vestir (→ **pernera**). *Se subió la pierna del pantalón.* **2.** Parte de la pierna (→ 1) que va desde la rodilla hasta el pie. *Los futbolistas llevan espinilleras para protegerse las piernas.* **3.** En un animal cuadrúpedo o en un ave: Muslo. Designa espec. el cortado para ser destinado al consumo. *Asamos una pierna de cabrito.* ■ **a ~ suelta.** loc. adv. Profunda y despreocupadamente. *He dormido a pierna suelta.* ■ **estirar** alguien **las ~s.** loc. v. Desentumecerlas, gralm. dando un paseo, después de un tiempo de reposo. *Fue al parque a estirar las piernas un rato.* ■ **hacer ~s.** loc. v. Hacer ejercicio andando. *Vamos a hacer piernas por el parque.* ■ **salir por ~s.** loc. v. coloq. Huir. *El ladrón cogió las joyas y salió por piernas.* ▶ **3:** MUSLO.

piernas. m. coloq. Persona sin autoridad ni importancia. *Toda su vida ha sido un piernas.*

pierrot. (pl. **pierrots**). m. Persona disfrazada de Pierrot (personaje de la pantomima francesa), con un traje amplio y blanco con grandes botones. *Payasos y pierrots hacían las delicias de los niños.*

pietismo. m. Movimiento religioso protestante surgido en Alemania en el siglo XVII, que defendía una religiosidad basada fundamentalmente en la piedad, frente al intelectualismo y el formalismo dominantes en las Iglesias luterana y calvinista. *Estuvo muy influido por el pietismo.*

pietista. adj. **1.** Del pietismo. *Misticismo pietista.* **2.** Seguidor del pietismo. *Un protestante pietista.* Tb. m. y f. *Los pietistas proponían una vuelta a la pureza religiosa inicial.*

pieza. f. **1.** Parte diferenciada o componente de algo, espec. de una máquina. *Hay que cambiar una pieza de la lavadora. Falta una pieza del rompecabezas.* **2.** Objeto o unidad de los que componen un conjunto o pertenecen a una misma especie. *De postre tomé dos piezas de fruta. En el ajedrez, la pieza de menor valor es el peón. Una vajilla de veinte piezas.* **3.** Trozo de tela u otro material que se utiliza para remendar una prenda de vestir. *Se me rasgó el pantalón y tuve que ponerle una pieza.* **4.** Porción de tejido que se fabrica de una vez. *Por la diferencia de tono, parece que la tela de las mangas y la del cuerpo eran de piezas distintas.* **5.** Animal que se caza o se pesca. *Entre truchas y salmones pescaron una docena de piezas.* **6.** Obra teatral. *Vimos una pieza de Lope de Rueda.* **7.** Composición musical independiente. *Tocaron una pieza para flauta y contrabajo.* **8.** Objeto valioso o sobresaliente, frec. por su interés artístico. *Se han subastado piezas muy cotizadas.* **9.** Habitación (espacio de una vivienda limitado por tabiques). *Todas las piezas de la casa dan al exterior.* **10.** Porción de terreno de cultivo. *Tiene una pequeña pieza donde cultiva hortalizas.* **11.** coloq. Persona pícara o traviesa. Frec. en constr. como *buena ~. ¡Buena pieza estás tú hecho!* ■ **~ de artillería.** f. Arma de fuego de gran calibre. *El cañón y el mortero son piezas de artillería.* □ **de una ~.** loc. adj. coloq. Sorprendido o asombrado. Frec. con los v. *dejar* y *quedarse. Al ver la nota del examen se quedó de una pieza.* ▶ **9:** *HABITACIÓN.

piezoelectricidad. f. *Fís.* Propiedad que tienen ciertos cristales de producir electricidad cuando son sometidos a presión u otra acción mecánica, y, a la inversa, de producir un efecto mecánico cuando son sometidos a la acción de un campo eléctrico. *La piezoelectricidad del cuarzo se aprovecha en la fabricación de relojes.* Tb. el conjunto de fenómenos eléctricos que se manifiestan en esos cristales sometidos a esas condiciones.

piezoeléctrico, ca. adj. *Fís.* **1.** De la piezoelectricidad. *Fenómenos piezoeléctricos.* **2.** *Fís.* Que tiene piezoelectricidad. *Cuarzo piezoeléctrico.*

pífano. m. **1.** Flautín de tono muy agudo, usado en las bandas militares. *Los soldados desfilan al son de pífanos y tambores.* **2.** Músico que toca el pífano (→ 1). *El pífano de los cuerpos de infantería solía ser un muchacho.*

pifia. f. coloq. Error o hecho desacertado. *Menuda pifia he hecho: he echado azúcar en vez de sal a la comida.*

pifiar. (conjug. ANUNCIAR). intr. **1.** coloq. Cometer una pifia. *Concéntrate y procura no pifiar otra vez.* ○ tr. **2.** coloq. Errar (algo). *El delantero pifió el remate.* ■ **~la.** loc. v. coloq. Cometer un error o equivocarse. *En el partido de clasificación la pifiamos.*

pigmentación. f. Hecho o efecto de pigmentar o pigmentarse. *El camaleón varía la pigmentación de la piel para camuflarse.*

pigmentar. tr. **1.** Dar color (a algo). *Al grabado se le puede dar un acabado en color pigmentando la piedra.* **2.** Producir coloración prolongada (en un ser vivo o en una parte de su organismo, espec. en la piel). *Los botánicos distinguen entre tallos pigmentados y sin pigmentar.* Tb. en constr. prnl. media. *La piel se pigmenta con las radiaciones solares.* ▶ **1:** *COLOREAR.

pigmento. m. **1.** Materia colorante que se utiliza en pintura. *Los pigmentos de las obras antiguas pueden deteriorarse con el tiempo.* Tb. el color correspondiente. *De los pigmentos utilizados en el cuadro destacan el azul ultramar y el vermellón.* **2.** Sustancia colorante que se encuentra en muchas células animales y vegetales. Se usa espec. en biología. *La hemoglobina es un pigmento contenido en los glóbulos rojos. Las hojas verdes de las plantas deben su color a un pigmento: la clorofila.*

pigmeo, a. adj. **1.** Dicho de individuo: De los pueblos que viven en zonas de África ecuatorial y Asia y que se caracterizan espec. por su baja estatura. Tb. dicho de esos pueblos. *Pueblos pigmeos.* Dicho de pers., tb. m. y f. *Los pigmeos son excelentes cazadores.* **2.** De poca estatura. *Chimpancé pigmeo.* Frec. despect. y fig. *Él era el gran cerebro y, a su lado, todos los demás éramos pigmeos.* Dicho de pers., tb. m. y f. *¿Y con lo grandullón que eres te da miedo ese pigmeo?*

pignoración. f. Hecho de pignorar. *Empeñó un collar y, con el dinero de la pignoración, saldó algunas deudas.*

pignorar. tr. Empeñar o dejar en prenda (algo). *La gente pignoraba lo que tenía para poder comer.* Se usa espec. en derecho. ▶ EMPEÑAR.

pijada. f. **1.** coloq., despect. Cosa insignificante. *Con cualquier pijada que le compres se quedará tan contento.* **2.** coloq., despect. Dicho o hecho tontos, impertinentes o molestos. *No me vengas con esas pijadas.*

pijama. m. Prenda de dormir, gralm. compuesta de pantalón y chaqueta. *Pijama de seda.* ▶ **Am:** PIYAMA.

pijo, ja. adj. **1.** coloq., despect. Que viste, habla y actúa de manera afectada y característica de una clase social acomodada. *¡Pero quién se creerá que es ese niño pijo!* Dicho de pers., tb. m. y f. *Desde que sale con ese pijo, no se habla con los de a pie.* **2.** coloq., despect. Propio de la persona pija (→ 1). *Barrio pijo. Ropa pija.* ● m. **3.** malson. Pene. ○ f. **4.** malson. Pijo (→ 3).

pijotería. f. **1.** coloq., despect. Cosa insignificante. *No vamos a enfadarnos por una pijotería.* **2.** coloq., despect. Dicho o hecho tontos o molestos. *Déjate de pijoterías y ponte serio.*

pijotero, ra. adj. coloq., despect. Que causa hastío o molestia, frec. por poner pegas a todo. *Es muy pijotera a la hora de comprar ropa.* Dicho de pers., tb. m. y f. *Eres un pijotero insoportable.*

pila¹. f. **1.** Conjunto de cosas puestas una sobre otra. *Vaciaron la estantería y dejaron varias pilas de libros en el suelo.* **2.** coloq. Montón (gran cantidad de personas o cosas). *El televisor tiene una pila de años.*

pila². f. **1.** Pieza cóncava y profunda donde cae o se echa agua para diversos usos. *Metió los cacharros en la pila del fregadero.* **2.** Pila (→ 1) con un pedestal, que se utiliza en las iglesias para bautizar. Tb. ~ *bautismal. La pila bautismal es de alabastro.* **3.** Dispositivo, gralm. pequeño, que genera corriente eléctrica a partir de la transformación de energía química. *Tienes que comprar pilas para el mando a distancia.*

pilar. m. **1.** Elemento arquitectónico vertical, macizo y frec. de sección cuadrangular, que sirve como soporte de estructuras u otros elementos. *El puente descansa sobre pilares de hormigón.* **2.** Persona o cosa que sirven de apoyo o proporcionan estabilidad a alguien o algo. *El capitán es el pilar del equipo. El cine fue uno de los pilares de su formación.*

pilastra. f. *Arq.* Pilar de sección cuadrangular, espec. el que está adosado a una pared. *Pilastras de mármol.*

pilcha. f. Am. coloq. Prenda de vestir. *Te queda muy bien..., linda pilcha* [C]. Frec. en pl. *Vaya a buscar sus pilchas, porque se viene a la capital conmigo* [C].

píldora. f. **1.** Pequeña porción de medicamento, de forma esférica u ovalada, que se toma por la boca. *Píldoras para la tos.* **2.** Píldora (→ 1) anticonceptiva para la mujer. Frec. *la* ~. *Ha empezado a tomar la píldora.* ■ **dorar la** ~ (a alguien). loc. v. coloq. Suavizar con palabras halagadoras o tranquilizadoras la mala noticia que se (le) da o la contrariedad que se (le) causa. *Dime las cosas como son y deja de dorarme la píldora.* ■ **tragarse** alguien **la** ~. loc. v. coloq. Creerse una mentira o un bulo. *Cuéntaselo a otro, yo no me trago la píldora.*

pileta. f. **1.** Pila gralm. pequeña para echar o contener agua. *Un hilo de agua caía sobre la pileta.* **2.** Am. Piscina. *Servirá de escenario la pileta olímpica del Campo de Marte* [C].

pilila. f. infant. o coloq. Pene. *Si tiene pilila, es un niño.*

pillaje. m. Saqueo o robo, espec. los realizados en una situación de desorden público, o los llevados a cabo por soldados en un territorio invadido. *Tras el terremoto, se cometieron numerosos actos de pillaje.*

pillar. tr. **1.** coloq. Coger o agarrar (algo o a alguien). *Como eche a correr, no lo pillas.* **2.** Coger o atropellar (a alguien) un vehículo o el que lo conduce. *No cruces sin mirar, que te va pillar un coche.* **3.** coloq. Aprisionar (algo o a alguien) provocándo(les) daño. *Le ha pillado un dedo al cerrar la ventana.* **4.** coloq. Coger o encontrar (a alguien) en un lugar o situación determinados, de modo imprevisto. *Nos va pillar la tormenta en campo abierto. Como te pille fisgando en sus cosas, se va a enfadar.* **5.** coloq. Coger o empezar a tener (una enfermedad, o un estado anímico o físico determinados). *Vas a pillar una pulmonía. Menuda rabieta ha pillado.* ○ intr. **6.** coloq. Estar algo a una distancia determinada o de una manera determinada respecto de alguien o algo que se toman como referencia. *El teatro nos pilla lejos de casa.* ■ **aquí te pillo (y) aquí te mato.** expr. coloq. Se usa para expresar el deseo o el hecho de aprovechar de modo inmediato una ocasión favorable. *Piensa lo que vas a hacer: nada de aquí te pillo, aquí te mato.* ▶ **2:** *ATROPELLAR.

pillastre. m. coloq. Pillo. *Un pillastre le robó la bolsa. Mi sobrino es un pillastre, se las sabe todas.*

pillería. f. **1.** Cualidad de pillo. *Tiene la pillería de un ladronzuelo.* **2.** Conjunto de pillos. *Toda la pillería de la ciudad se daba cita en torno a la estación.*

pillo, lla. adj. **1.** coloq. Dicho de persona: Pícara y hábil para engañar a los demás. Tb. m. y f. *Chulos,* *pillos y ladronzuelos merodean por las tabernas del puerto.* Frec. se usa para referirse a una pers., espec. a un niño, cariñosamente; tb. *pillín. Es un pillín, consigue lo que quiere de sus abuelos.* **2.** coloq. Dicho de persona: Astuta o sagaz. *Él, que es tan pillo, en seguida vio por dónde venían los tiros.* Tb. m. y f.

pilón. m. Pila de piedra construida en una fuente y que sirve gralm. como abrevadero o lavadero. *Las mujeres van a lavar al pilón.*

pilonga. f. Castaña pilonga (→ **castaña**). *Lleva un cucurucho con cacahuetes, nueces y pilongas.*

píloro. m. *Anat.* Abertura del estómago que lo comunica con el intestino. *Tras la digestión, el alimento pasa por el píloro y va al intestino delgado.*

piloso, sa. adj. **1.** *Anat.* Del pelo. *En la raíz del pelo está la papila pilosa.* **2.** cult. Que tiene pelo. *Conviene hacer los tatuajes en zonas no pilosas de la piel.* Se usa espec. en anatomía.

pilotaje. m. Hecho de pilotar. *Tiene experiencia en pilotaje de aviones comerciales.*

pilotar. tr. Dirigir o conducir (un vehículo). *El comandante que pilotaba la nave intentó un aterrizaje de urgencia. Pilota un coche de carreras.*

pilote. m. Madero gralm. cilíndrico y terminado en una punta de hierro, que se hinca en el suelo para consolidar los cimientos de una construcción. *Una casa de madera construida sobre unos pilotes.*

piloto. m. y f. **1.** Persona que dirige un barco. *El capitán ordenó al piloto poner rumbo a tierra.* **2.** Persona que dirige un vehículo aéreo. *Es piloto de una compañía aérea de transportes.* **3.** Persona que conduce un vehículo de carreras. *Piloto de* rally. *Los pilotos japoneses dominan el campeonato de motociclismo.* **4.** Persona que dirige u orienta un proceso. *Estaba llamado a ser el piloto de la transición democrática.* ○ m. **5.** En un aparato o una instalación: Señal luminosa que indica que están en funcionamiento o en un estado determinado. *Cuando quede poca gasolina en el depósito, se encenderá un piloto en el cuadro de mandos. El piloto se apaga cuando la plancha alcanza la temperatura deseada.* **6.** En un automóvil: Luz roja situada en su parte posterior y que sirve para indicar su posición. *Del golpe se le rompió el piloto derecho.* **7.** Se usa en aposición para expresar el carácter experimental o la condición de modelo de lo designado por el nombre al que sigue. *Ha visitado el piso piloto.* ■ **~ automático.** m. Dispositivo instalado en un barco o en un vehículo aéreo y que es capaz de dirigirlos automáticamente. *El comandante puso el piloto automático y salió de la cabina.*

pilpil. al ~. loc. adj. Dicho espec. de bacalao: Hervido con una salsa típica del País Vasco, hecha de aceite, guindilla y ajos. *De segundo tomó bacalao al pilpil.*

piltra. f. coloq. Cama (mueble). *Estoy muy cansado: me voy a la piltra.*

piltrafa. f. **1.** Trozo de carne menudo, que casi no tiene más que el pellejo. *Se dora la cebolla y se añaden las piltrafas de carne.* **2.** Persona de muy poca consistencia física o moral. *Salí del examen hecho una piltrafa. Su marido es una piltrafa.* **3.** coloq. Desecho, o cosa inservible o de muy poco valor. *No sé cómo conseguimos llegar con aquella piltrafa de coche. Tienes esos zapatos hechos una piltrafa.*

pimentero. m. **1.** Recipiente destinado a contener la pimienta molida para servirse de ella en la mesa. *En la mesa había un salero y un pimentero.* **2.** Arbusto trepador, de origen tropical, cuyo fruto es la pimienta.

pimentón. m. Condimento que se obtiene moliendo pimientos rojos secos. *Un sofrito de ajo y pimentón.* ▶ PÁPRIKA.

pimienta. f. Fruto del pimentero, redondo, de pequeño tamaño, picante y muy aromático, que se utiliza, molido o entero, como condimento. *La salsa del solomillo lleva unas pimientas. Estaba comiendo salchichón y mordí un grano de pimienta.* ■ **~ blanca.** f. Pimienta de color casi blanco por estar desprovista de su corteza. ■ **negra.** f. Pimienta de color casi negro por conservar su corteza.

pimiento. m. Fruto comestible de forma cónica, gralm. de color verde o rojo, hueco en su interior y con muchas semillas, del cual existen diversas variedades, por ej.: *~ morrón. Hizo una ensalada con pimientos y cebolla. Hemos comido pimientos rellenos.* Tb. su planta. *Ha plantado unos pimientos.* ■ **un ~.** loc. adv. coloq. Muy poco o nada. *Me importa un pimiento lo que pienses.* Frec. con intención enfática. Frec. con los v. *importar* o *valer* y en constr. negativas con el mismo significado. *¡Ese cacharro no vale un pimiento!* ▶ **frecAm:** AJÍ.

pimpante. adj. coloq. Resplandeciente de satisfacción, vigor o vitalidad. *Iba tan pimpante con su bicicleta nueva. Lleva peineta y una pimpante flor en el moño.*

pimpinela. f. Planta de tallos erguidos, gralm. silvestre, cuya especie más conocida tiene pequeñas flores de color rojo púrpura agrupadas en espiga.

pimplar. tr. **1.** coloq. Beber (una bebida alcohólica), gralm. con exceso. Frec. con un pron. expresivo de interés. *Nos pimplamos varias botellas de vino.* Tb. intr. *En la boda pimplaron como cosacos.* ○ intr. prnl. **2.** coloq. Emborracharse. *Siempre se pimpla en las fiestas del pueblo.*

pimpollo. m. **1.** Árbol nuevo, gralm. un pino. *El incendio ha arrasado miles de pinos y pimpollos. Pimpollos de olivo.* **2.** Vástago o tallo nuevo de una planta. *Al moral le han brotado pimpollos.* **3.** Capullo de rosa. *Los pimpollos están a punto de abrirse.* **4.** coloq. Persona joven y sana. *Con ese peinado está hecha un pimpollo.* Se usa para dirigirse a una persona cariñosamente. *Ven conmigo, pimpollo.*

pin. m. Pequeña insignia, gralm. metálica, que se lleva prendida en la ropa. *Lleva un pin con el escudo de su equipo de fútbol.*

pinacoteca. f. Galería o museo de pinturas. *El Museo del Prado es una de las grandes pinacotecas del mundo.*

pináculo. m. **1.** *Arq.* Remate piramidal o cónico de una construcción. *En los ángulos de la capilla sobresalen los contrafuertes coronados por pináculos.* **2.** cult. Parte superior y más alta de un edificio. *Un técnico subió al pináculo de la torre para medir la inclinación causada por el terremoto.* **3.** cult. Punto más alto o sublime de algo inmaterial. *Elevó la pintura clásica al pináculo de la gloria.*

pinada. f. Pinar. *El merendero está en una pinada.*

pinar. m. Terreno poblado de pinos. *Fuimos a buscar setas al pinar.* ▶ PINADA.

pincel. m. **1.** Utensilio compuesto por un mango alargado y terminado por uno de sus extremos en un manojo de pelos o cerdas, que se usa espec. para pintar. *Moja el pincel en agua para limpiarlo de acuarela. Extienda la cola con un pincel.* Frec., gralm. en pl., designa la actividad de pintar. *Pasó la vida entregado al arte y los pinceles.* **2.** cult. Pintor, espec. de obras artísticas. *Goya y Velázquez están entre los grandes pinceles de la Historia.* ■ **como un ~.** loc. adv. coloq. Con aspecto muy aseado y arreglado. *Con su traje nuevo va como un pincel.*

pincelada. f. **1.** Trazo dado con un pincel sobre una superficie. *Acabó el retrato con unas pinceladas de color púrpura. Vista la pintura de cerca, se apreciaban perfectamente las pinceladas.* **2.** Toque o expresión condensada de una idea o de una característica. *Dio a su discurso unas pinceladas de humor.* ■ **dar la última ~,** o **las últimas ~s,** (a algo). loc. v. Hacer las últimas operaciones para dar(lo) por acabado. *Releyó y dio las últimas pinceladas al escrito antes de entregarlo.*

pincha. → **pinche.**

pinchadiscos. m. y f. Persona encargada de seleccionar y poner discos en una discoteca o en un programa de radio o televisión. *La pinchadiscos pinchaba música de los setenta.* ▶ DISC-JOCKEY.

pinchar. tr. **1.** Clavar algo punzante (en alguien o algo). *Los niños se divierten pinchando los globos.* Tb. en constr. prnl. media. *Se ha pinchado una rueda de la bicicleta.* **2.** coloq. Poner una inyección (a alguien). *La enfermera no me ha hecho daño al pincharme.* **3.** Enfadar (a alguien), o causar(le) un sentimiento de disgusto o molestia. *Pincha a su hermano pequeño escondiéndole los juguetes.* **4.** coloq. Incitar o estimular (a alguien) a hacer algo. *Lo pincha para que se matricule en la Universidad.* **5.** coloq. Manipular (una línea telefónica) para espiar las conversaciones que se realicen a través de ella. *La policía ha pinchado el teléfono de un narcotraficante.* **6.** coloq. Poner (un disco) en un equipo reproductor de sonido. *Hay una cabina para pinchar discos.* Tb. intr. *Pincha en una discoteca muy conocida.* **7.** *Taurom.* Clavar el estoque (al toro) superficialmente. Más frec. en constr. intr. *Entró a matar y pinchó.* ○ intr. **8.** Sufrir alguien un pinchazo en una rueda del coche que ocupa. *Pinchamos al salir de la curva.* **9.** coloq. Fracasar. *El proyecto ha pinchado por la mala gestión.* ○ intr. prnl. **10.** jerg. Inyectarse droga. *No se pincha desde hace un año.*

pinchaúvas. m. coloq. Hombre despreciable o de poca valía. *Es un pobre pinchaúvas.*

pinchazo. m. **1.** Hecho de pinchar o pincharse. *Lo peor de las inyecciones es el pinchazo. Un pinchazo de una rueda le hizo perder la carrera.* **2.** Dolor agudo y pasajero. *El jugador sintió un pinchazo en la pierna.* ▶ **2:** *PUNZADA.

pinche, cha. m. y f. (Frec. como f. se usa **pinche**). Persona que presta servicios auxiliares en la cocina. *Un cocinero y un pinche se encargan de la cocina del restaurante. La pinche pela y trocea las patatas. Es pincha en una casa de comidas.*

pincho. m. **1.** Punta u objeto puntiagudo que pinchan. *Las verjas de la cárcel están rematadas con una alambrada con pinchos.* **2.** Porción de comida que se toma como aperitivo y que a veces se sirve atravesada con un palillo. *Nos pusieron unos pinchos con las cervezas. Un pincho de tortilla.* ■ **~ moruno.** m. Comida constituida por trozos de carne ensartados en una varilla y asados. *Pedimos unos pinchos morunos.*

pindonga. f. coloq. o despect. Mujer muy dada a callejear y a salir para divertirse. Frec. se usa como insulto. *¿De dónde vendrá esa pindonga a estas horas de la madrugada?*

pindonguear. intr. coloq. Salir o ir de un sitio a otro por ocio o diversión. *Nos pasamos el fin de semana pindongueando por la ciudad.*

pindongueo. m. coloq. Hecho de pindonguear. *Era un poco tarambana y muy dado al pindongueo.*

pingajo. m. **1.** despect. Harapo o jirón. *Por cortina tenían una tela raída de la que colgaban unos pingajos.* **2.** despect. Persona o cosa estropeadas o en mal estado. *Después del examen estaba hecha un pingajo. A ver si tiras ya ese pingajo de pantalón.*

pingar. intr. **1.** Pender o colgar. *Te pinga un poco la falda.* **2.** Gotear alguien o algo empapados. Gralm. en constr. como *ir,* o *ponerse, pingando. Nos sorprendió la lluvia y llegamos a casa pingando. He bañado al niño y me he puesto pingando.*

pingo. m. **1.** coloq. Harapo o jirón. Frec., despect., designa un prenda de vestir fea, de mala calidad o que sienta mal. *¿Te vas a poner ese pingo?* Frec. en pl. *Va siempre con unos pingos que da pena verla.* **2.** despect. Mujer de vida licenciosa. *Esa es un pingo.* **3.** coloq. Persona de vida desordenada y muy dada a salir para divertirse. Tb. adj. *¡Ya era hora de volver a casa, pingo!* ■ **de ~.** loc. adv. coloq. De diversión fuera de casa. Frec. con v. como *estar* o *irse. Llamé a tu casa y me dijeron que te habías ido de pingo.*

pingorota. f. coloq. Parte más alta y sobresaliente de una montaña o de algo elevado. *Parece que no vamos a llegar nunca a la pingorota del monte.*

ping-pong. (pronunc. "pin-pón"; marca reg.). m. Tenis de mesa. *Los chinos son unos maestros del* ping-pong. ▶ TENIS. ¶ [Equivalente recomendado: *tenis de mesa.* Adaptación recomendada: *pimpón*].

pingüe. adj. cult. Abundante o cuantioso. *Esperan obtener pingües beneficios de la inversión. Pingüe ganancia.*

pingüino. m. Ave marina propia de las zonas polares del hemisferio sur, de gran tamaño, figura casi erguida, plumaje blanco y negro, incapaz de volar y buena nadadora. *El pingüino hembra. El pingüino se mueve torpemente en tierra.*

pinito. m. **1.** coloq. Cada uno de los primeros pasos de un niño. *Todos esperan el primer pinito del crío.* Más frec. en pl. *El bebé ha empezado a hacer sus pinitos.* ○ pl. **2.** coloq. Primeros pasos que se dan en una actividad. Tb. *primeros ~s. Hizo sus primeros pinitos como actor con un grupo de teatro universitario.*

pinnípedo. adj. **1.** *Zool.* Del grupo de los pinnípedos (→ 2). *Animal pinnípedo.* • m. **2.** *Zool.* Mamífero acuático carnívoro, con cuerpo en forma de pez, las patas anteriores provistas de membranas entre los dedos, y las posteriores en forma de aleta, como la foca.

pino. m. **1.** Árbol siempre verde, de tronco recto y resinoso y hojas en forma de aguja, cuyo fruto es la piña, y del cual existen diversas especies, por ej.: *~ albar, ~ carrasco, ~ piñonero.* Tb. su madera. *Muebles de pino.* **2.** Ejercicio gimnástico que consiste en poner el cuerpo vertical con los pies hacia arriba y apoyando las manos en el suelo. Gralm. en la constr. *hacer el ~. Está aprendiendo a hacer el pino.* ■ **el quinto ~.** loc. s. coloq. Un lugar muy lejano. *Si no vivieses en el quinto pino, iría más veces a visitarte.*

pinrel. m. coloq. Pie de una persona. *Le huelen los pinreles.*

pinsapo. m. Abeto de corteza grisácea y piñas derechas y alargadas, propio de las sierras del sur de España. *Un bosque de pinsapos.*

pinta[1]. f. **1.** Mancha o dibujo pequeños y gralm. redondeados. *La piel del leopardo tiene pintas negras. Lleva una blusa crema con pintas marrones. El suelo era de mármol blanco con pintas.* **2.** Aspecto o apariencia de alguien o algo. *Esas naranjas tienen buena pinta. Se me acercó un hombre con mala pinta.* Frec., despect., en pl. con significado sing. *No puedo salir con estas pintas.* **3.** En un juego de cartas: Carta que se descubre al comienzo y que determina el palo de triunfo. *En el último juego la pinta fue el as de oros.* ○ m. y f. **4.** coloq. Persona sinvergüenza o que actúa sin respeto a lo establecido o sin consideración hacia los demás. *De joven era un pinta, un golfo sin remedio.* ▶ **2:** *APARIENCIA.

pinta[2]. f. Unidad de capacidad del sistema anglosajón, que en Gran Bretaña equivale a 0,568 litros.

pintada. f. **1.** Hecho de realizar una pintada (→ 2). *La crisis económica provocó manifestaciones y pintadas.* **2.** Letrero que se pinta en las paredes de las calles, gralm. con un contenido político o social. *En el muro de la estación hay una pintada contra el racismo.*

pintado, da. part. **1.** → **pintar.** ● adj. **2.** De varios colores. *Hay una variedad de malva de flor pintada. Una gallina pintada.* ● f. **3.** Ave africana mayor que la gallina, con plumaje negro moteado de blanco, cresta ósea y carne muy apreciada. *La pintada macho.* ■ **el más pintado.** loc. s. coloq. El más hábil o experimentado. *Este problema no lo resuelve ni el más pintado. Consigue engañar al más pintado.* ■ **que ni ~.** loc. adj. coloq. Adecuado o muy a propósito. *Este libro me viene que ni pintado. Los guantes te quedan que ni pintados.*

pintalabios. m. Cosmético, gralm. en forma de barra, que se usa para pintarse los labios. *Lleva un pintalabios en el bolso.* ▶ CARMÍN.

pintamonas. m. y f. coloq., despect. Pintor de poco talento o habilidad. *Ya no es aquel pintamonas jovencito: ahora expone en galerías de renombre.*

pintar. tr. **1.** Representar (algo) en una superficie con líneas y colores. *Después de asfaltar, pintaron las rayas de la carretera. Ha pintado un retrato al óleo sobre lienzo.* Tb. usado en constr. intr. *Desde niño le atrajo el arte y pronto empezó a pintar.* **2.** Representar algo (en una superficie) con líneas y colores. *El niño ha pintado la pared de monigotes.* **3.** Cubrir con color la superficie (de algo). *Pintaremos el techo de un color pastel.* **4.** Describir (algo o a alguien) por medio de la palabra. *El conferenciante ha pintado una situación muy sombría.* **5.** Maquillar (a alguien o alguna parte de su rostro). *Una maquilladora pintará a la novia. Antes de salir se pintó los labios. Iba elegante, pero demasiado pintada.* ○ intr. **6.** Dibujar o dejar marca un lápiz u otro utensilio para escribir. *El rotulador no pinta.* **7.** Empezar a mostrarse algo de determinada manera o con determinado aspecto. *Este año las vacaciones no pintan bien.* **8.** En un juego de cartas: Ser triunfo un palo de la baraja. *Pintan bastos.* **9.** coloq. Ser importante, significativo o útil en un lugar o situación. *Es el que menos pinta en la empresa.* Frec. en constr. negativas. *Me voy, que aquí no pinto nada.* ■ **~se** alguien **solo** (para algo). loc. v. coloq. Ser muy apto o hábil (para ello). *PARA organizar fiestas se pinta sola.* ▶ **5:** MAQUILLAR.

pintarrajar. tr. coloq. Pintarrajear (algo o a alguien). Frec. en part. *Pintarrajó una caricatura en dos minutos. Muros pintarrajados. Iban pintarrajadas como payasos.*

pintarrajear. tr. **1.** coloq. Pintar (algo) sin arte, frec. con manchas de color o garabatos. *Pintarrajearon sobre la carretera los nombres de los ciclistas a los que querían animar. Un alumno pintarrajeó la pizarra.* **2.** coloq. Pintar o maquillar mal o excesivamente (a alguien). *Apareció toda emperifollada y pintarrajeada para la ocasión.*

pintarrajo. m. coloq., despect. Pintura o dibujo mal hechos. *El niño llenó la hoja de pintarrajos.*

pintarroja. f. Lija (pez). *Pescado fresco del día: besugos, lenguados, pintarrojas...* ▶ LIJA.

pintaúñas. m. Cosmético que se usa para colorear las uñas y darles brillo. *Se ha dado un pintaúñas rojo.* ▶ ESMALTE.

pintiparado, da. adj. Adecuado u oportuno para un fin determinado. *Esta falda me viene pintiparada PARA la fiesta.*

Pinto. entre ~ y Valdemoro. loc. adv. coloq. En una situación de indecisión o de indeterminación entre dos cosas. Frec. con *estar*. *Me atraían las dos carreras y estuve entre Pinto y Valdemoro hasta que me decidí.*

pintor, ra. m. y f. **1.** Persona que pinta o tiene por oficio pintar paredes u otras superficies. *Dos pintores pintan la fachada del edificio.* **2.** Persona que se dedica a la pintura como arte. *Picasso fue un pintor muy vanguardista.*

pintoresco, ca. adj. **1.** Que interesa o llama la atención por su peculiaridad o carácter típico. *En la sierra hay pueblecitos muy pintorescos.* **2.** Chocante o extraño. *Tiene una forma de vestir un tanto pintoresca.*

pintura. f. **1.** Hecho de pintar algo. *Antes de proceder a la pintura de la chapa, se da una capa de antioxidante. El periodista hace una pintura detallada de la situación.* **2.** Arte o técnica de pintar o representar algo con líneas y colores. *La pintura y la escultura son dos de las Bellas Artes. Dalí fue un genio de la pintura.* **3.** Obra de pintura (→ 2). *Subastan dos pinturas de Murillo.* Frec. en sent. colectivo. *Visitamos una exposición de pintura barroca.* **4.** Sustancia con un color determinado que se utiliza para pintar. *Compramos pintura blanca para el salón. En lugar de óleos, emplea pinturas de agua como la acuarela.* ■ **no poder ver** (algo o a alguien) **ni en ~.** loc. v. coloq. Sentir gran rechazo (hacia ellos). *No puede ver un hospital ni en pintura.*

pinturero, ra. adj. **1.** coloq. Dicho de persona: Que presume de ser apuesta y elegante. *Era el mozo más pinturero del pueblo.* **2.** coloq. Propio de la persona pinturera (→ 1). *Ojos pintureros. Gracia pinturera.*

pinza. f. **1.** Instrumento cuyos extremos se aproximan para hacer presión sobre algo y sujetarlo. *Tendió la sábana y puso una pinza en cada extremo.* **2.** Pliegue que se cose en una tela para darle una forma determinada. *Un pantalón con pinzas.* **3.** *Zool.* En las patas de algunos artrópodos, como el cangrejo: Extremo articulado y formado por dos piezas, que les sirve como órgano prensor. *El alacrán utiliza las pinzas para capturar a sus presas.* ○ pl. **4.** Instrumento formado por dos piezas unidas por un extremo y que se utiliza para coger o sujetar cosas pequeñas. *Coge los cubitos de hielo con unas pinzas de metal. Pinzas de depilar.* ▶ **3:** TENAZA. ‖ **Am: 1:** GANCHO.

pinzamiento. m. *Med.* Compresión de un órgano, de un nervio o de un músculo entre dos superficies. *Dolores de espalda producidos por un pinzamiento.*

pinzar. tr. **1.** Sujetar (algo) con pinzas. *La comadrona corta y pinza el cordón umbilical.* **2.** Comprimir o pellizcar (algo) con los dedos o con otra cosa que actúa como una pinza. *Cuando las vértebras pinzan un nervio, se produce un dolor muy agudo.*

pinzón. m. Pájaro cantor de plumaje pardo rojizo y cabeza gris azulada. *El pinzón hembra.*

piña. f. **1.** Fruto del pino y otros árboles, de forma cónica y compuesto por piezas duras unidas entre sí como las escamas de un pez, bajo las cuales están los piñones. **2.** Fruto tropical de gran tamaño y forma ovalada, rematado por una penacho de hojas duras, cuya carne es amarillenta, jugosa y dulce. *Hay piña en almíbar de postre.* Tb. su planta. **3.** Conjunto de personas o de cosas juntas o unidas estrechamente. *Una piña de fans espera al cantante a la entrada del teatro. El equipo es una piña.* ▶ **2:** ANANÁ, ANANÁS.

piñata. f. Recipiente de barro, lleno gralm. de dulces y que, en ciertas fiestas, se cuelga para jugar a romperlo con un palo llevando los ojos vendados. *En su cumpleaños había dos piñatas: una de caramelos y otra de agua.*

piño. m. coloq. Diente (pieza de la mandíbula). Frec. en pl. *Se cayó de bruces y se rompió los piños.*

piñón[1]. m. **1.** Semilla del pino. *Una piña repleta de piñones.* **2.** Parte interna comestible de la semilla del pino piñonero, pequeña, alargada y de color blanquecino. *Un guiso de carne con piñones y pasas.* ■ **estar a partir un ~** dos personas. loc. v. coloq. Tener una relación muy estrecha y armoniosa. *Profesora y alumnos están a partir un piñón.* Tb.: *Está a partir un piñón* CON *su hermano.*

piñón[2]. m. Rueda pequeña y dentada que forma parte de un engranaje. *Pon la cadena de la bicicleta en un piñón más grande para subir la cuesta.* ■ **ser** alguien **de ~ fijo.** loc. v. coloq. Mantenerse de manera invariable y frec. obstinada en sus ideas, actitudes o comportamiento. *–¿Y seguís yendo todas las tardes a aquel café? –Sí, ya sabes que somos de piñón fijo.*

pío[1]. interj. Se usa para imitar la voz característica del pollo de un ave. Frec. m. *¿No oyes el pío, pío de los pajarillos?* ■ **ni ~.** loc. s. coloq. Nada. Gralm. en constr. negativas con *decir. Nos advirtió que no dijésemos ni pío de aquello. Aguantó la bronca sin decir ni pío.*

pío[2], a. adj. cult. Devoto o piadoso. *Era un hombre santo y pío.*

piojo. m. Insecto sin alas y de pequeño tamaño, que vive parásito en el hombre y en otros animales alimentándose de su sangre. *Hay una epidemia de piojos en el colegio.*

piojoso, sa. adj. **1.** Que tiene piojos. *Al mendigo lo acompañaba un perro piojoso que no dejaba de rascarse.* Dicho de pers., tb. m. y f. *Los piojosos eran sometidos a un proceso de desinfección.* **2.** despect. Miserable o sucio. *Vivía en una pensión piojosa.* Dicho de pers., tb. m. y f. Frec. se usa como insulto. *El barrio se ha llenado de vagabundos y piojosos.*

piola[1]. f. Am. Cuerda delgada. *Espérese que amarre con piola las cajas* [C]. *Tenía la valija marrón, asegurada con una piola anudada* [C].

piola[2]. adj. **1.** Am. coloq. Estupendo. *Acepté porque me parecía piola la idea* [C]. *La gente de este país es realmente piola* [C]. **2.** Am. coloq. Dicho de persona: Lista o astuta. *El general, además de ser el más fuerte, es el más piola* [C]. Tb. m. y f. *El pelado aquel que no se haga el piola porque lo voy a rajar* [C].

piolet. (pronunc. "piolé" o "piolét"; pl. **piolets**). m. Bastón de alpinista, parecido a un pico, con el extremo del mango puntiagudo, que sirve para asegurarse sobre la nieve o el hielo. *Los alpinistas iban preparados con piolets.*

piolín. m. Am. Cordel. *Tire del piolín y suéltelo y quedará trazada una línea que le servirá de guía al pintar* [C]. *Un paquete envuelto en papel y atado con piolines* [C].

pionero, ra. m. y f. **1.** Persona que inicia la exploración de nuevas tierras. *Vimos un documental sobre los pioneros del Polo Norte.* **2.** Persona que abre nuevos caminos en una actividad o disciplina. *Ramón y Cajal fue un pionero en el estudio del sistema nervioso.*

piorrea. f. *Med.* Flujo de pus, espec. en las encías. Tb. la enfermedad caracterizada por ese flujo. *La falta de higiene favorece la piorrea.*

pipa[1]. f. **1.** Utensilio para fumar, formado por un tubo con boquilla terminado en un recipiente cóncavo, donde se coloca el tabaco picado u otra sustancia. *Le gusta el olor del tabaco en pipa.* **2.** Cantidad de tabaco u otra sustancia que se fuma de una vez en una pipa (→ 1). *Después de cenar se fuma un par de pipas.* ● adv. **3.** coloq. Muy bien. *Nos lo pasamos pipa en la excursión.* ▶ **1:** CACHIMBA.

pipa[2]. f. Semilla pequeña de algunos frutos. *Pipas de melón.* Frec. designa la semilla de girasol, que se come como golosina. *Trajimos pipas y nos sentamos a ver la película de la tele.* ▶ *PEPITA.

pipermín. m. Licor de menta. *Tomamos un pipermín con hielo.*

pipero, ra. m. y f. Persona que vende pipas y otras golosinas en la calle. *Al salir del colegio le compran chucherías a la pipera de la esquina.*

pipeta. f. Tubo de cristal ensanchado en su parte media, gralm. graduado y que se usa para trasladar pequeñas cantidades de líquido de un recipiente a otro. *Sobre las mesas del laboratorio hay pipetas y tubos de ensayo.*

pipi. m. coloq. o infant. Piojo. *Tienes que lavarte la cabeza para que no te salgan pipis.*

pipí. m. infant. Orina. *Tengo pipí, mamá. ¿Te has hecho pipí?*

pipiolo, la. m. y f. **1.** coloq. Persona novata o inexperta. *Yo era una pipiola en esos asuntos y metí la pata a la primera.* **2.** coloq. Niño o joven. *¿Que ya tienes novia?, ¡pero si eres un pipiolo!*

pique. m. **1.** Resentimiento o disgusto provocados por una discusión o por algo que ofende o molesta. *Tiene un pique contigo que no te puede ni ver.* **2.** Empeño en hacer algo por amor propio o por rivalidad. *Mantienen un pique por ver quién saca mejores notas.* ■ **irse a ~** una embarcación. loc. v. Hundirse. *El barco torpedeado se fue a pique en pocos minutos.* ■ **irse a ~** algo, espec. un intento. loc. v. coloq. Fracasar o no llegar al final deseado. *El negocio se ha ido a pique. El proyecto puede irse a pique si no hay presupuesto.* ▶ **1:** *ENFADO.

piqué. m. Tejido de algodón con dibujos en relieve. *El vestido tiene un cuello blanco de piqué.*

piqueta. f. Herramienta de albañilería formada por un mango de madera y una pieza de metal que en un extremo tiene forma plana, como el martillo, y en el otro, forma puntiaguda, como el pico. *Derribaron el tabique a golpe de piqueta.*

piquete. m. **1.** Grupo de personas que, pacífica o violentamente, intentan imponer o que se mantenga una huelga. *Un piquete impide la entrada en la fábrica.* **2.** Grupo pequeño de soldados encargado de realizar un servicio extraordinario. *Un piquete de ejecución.*

pira. f. **1.** Hoguera donde se queman los cuerpos de los difuntos o las víctimas de los sacrificios. *Levantan una pira funeraria sobre la que colocan el cadáver. La tribu cazaba animales y los quemaba en piras como ofrenda a los dioses.* **2.** Hoguera. *En la noche de San Juan, hacen una pira en torno a la que se reúne todo el pueblo.*

pirado, da. part. **1.** → **pirarse.** ● adj. **2.** coloq. Loco o chiflado. *Estás un poco pirado.* Tb. m. y f. *La oficina es una jaula de pirados.*

piragua. f. Embarcación larga, estrecha y ligera, que navega a remos y a veces a vela. *Descendieron en piragua por los rápidos del río.*

piragüismo. m. Deporte que consiste en navegar en piragua, canoa o kayak. *El equipo de piragüismo consiguió dos oros en las últimas olimpiadas.*

piragüista. m. y f. Deportista que practica el piragüismo. *En las modalidades de kayak, el piragüista rema con una pala de doble hoja.*

piramidal. adj. **1.** De la pirámide. *El abeto tiene forma piramidal.* **2.** Que tiene forma de pirámide. *La iglesia está rematada por una cúpula piramidal.* Tb. fig. *La organización de la empresa tiene una estructura piramidal.*

pirámide. f. **1.** Cuerpo geométrico cuya base es un polígono y cuyas caras laterales son triángulos que se juntan en un mismo vértice. *Calcula el área de una pirámide hexagonal regular.* **2.** Construcción arquitectónica con forma de pirámide (→ 1). *Los antiguos egipcios construían pirámides para enterrar a los faraones. Las pirámides aztecas están dedicadas a las divinidades.* **3.** Representación gráfica cuya forma recuerda la de la pirámide (→ 1). *En la pirámide de población se aprecia un descenso de nacimientos en los últimos años.*

piraña. f. Pez propio de ríos sudamericanos, de pequeño tamaño y dientes muy afilados, de gran voracidad. *En este río abundan las pirañas.*

pirarse. intr. prnl. coloq. Irse o marcharse. *En cuanto fue mayor de edad, se piró de su casa.* ■ **pirárselas.** loc. v. coloq. Irse o marcharse. *Si viene tu padre, yo me las piro.*

pirata. m. y f. **1.** Persona que se dedica al abordaje de barcos en el mar para robar. *Drake fue un famoso pirata del siglo* XVI. **2.** Persona que se apropia o aprovecha ilícitamente de algo ajeno. *El mercado informático está lleno de piratas que comercian con copias ilegales.* ● adj. **3.** Del pirata (→ 1). *En el barco ondeaba la bandera pirata. Buque pirata.* **4.** Clandestino, o que no tiene la licencia legal exigida. *La radio pirata de la resistencia emitía consignas contra el régimen. Edición pirata.* ■ **~ aéreo/a.** m. y f. Persona que, bajo amenazas, obliga a la tripulación de un avión a modificar su rumbo. *La policía ha negociado con los piratas aéreos la salida de los rehenes.* ▶ **1:** CORSARIO.

piratear. intr. **1.** Ejercer la piratería. *Bucaneros y corsarios pirateaban en el Caribe. Si la ley no reconociera el derecho de autor, muchos piratearían sin miramientos.* ○ tr. **2.** Apropiarse o aprovecharse ilícitamente (de algo ajeno). *El arquitecto acusó al gabinete de haberle pirateado el proyecto.* Frec. referido a la reproducción ilegal de productos como libros, discos o programas informáticos. *Piratea juegos de ordenador y los vende a mitad de precio.*

pirateo. m. Hecho de piratear. *El barco apresado se dedicaba al pirateo. Fueron detenidos por pirateo de cintas de vídeo.*

piratería. f. **1.** Actividad de pirata. *En la Edad Media la piratería se extendió por el Mediterráneo. La piratería musical daña los derechos de los autores.* **2.** Acto de apropiación o aprovechamiento ilícitos de algo ajeno. *La publicación con su nombre del estudio hecho por un alumno fue una piratería.*

pirca. f. Am. Construcción de piedra hecha para cercar o limitar un terreno. *Estamos construyendo pircas en vez de tener a los animales en potreros* [C].

pirenaico, ca. adj. De los montes Pirineos. *Fauna pirenaica. Ríos pirenaicos.* Dicho de pers., tb. m. y f.

piripi. adj. coloq. Borracho. *Se ha puesto piripi con solo dos vinos.*

pirita. f. Mineral de hierro, brillante y de color amarillo oro. *En Huelva hay yacimientos de pirita.*

piro. darse el ~. loc. v. coloq. Pirarse o marcharse. *No le gustaba la fiesta y se dio el piro en seguida.*

pirograbado. m. **1.** Técnica para grabar o tallar superficialmente la madera o el cuero por medio de un metal incandescente. *Estudia pirograbado en la escuela de artes gráficas.* **2.** Talla o grabado realizados mediante el pirograbado (→ 1). *Tiene en su casa varias litografías y pirograbados.*

pirólisis. f. *Quím.* Descomposición de una materia o un compuesto químico por acción del calor. *De la pirólisis del carbón se obtienen distintos alquitranes.*

pirómano, na. adj. Que padece una tendencia patológica a provocar incendios. Tb. m. y f. *La policía ha detenido al pirómano.*

piropear. tr. Dirigir piropos (a algo o alguien). *El entrenador piropeó el trabajo que habían realizado sus muchachos. Piropean a las chicas que pasan.*

piropeo. m. Hecho de piropear. *El piropeo no consiste en decir obscenidades.*

piropo. m. Expresión de alabanza o elogio que se dirigen a alguien o algo. Designa espec. la que ensalza la belleza de una mujer. *Cada vez que le dicen un piropo se pone colorada. El jurado ha dedicado todo tipo de piropos a la obra ganadora.* ▶ REQUIEBRO.

pirotecnia. f. **1.** Técnica de fabricación y utilización de materiales explosivos y fuegos artificiales. *En pirotecnia se utiliza mucho la pólvora.* **2.** Material explosivo o para fuegos artificiales. *Han descubierto un arsenal de pirotecnia militar.* **3.** Fábrica de material explosivo y fuegos artificiales. *Las pirotecnias deben estar fuera de las ciudades por razones de seguridad.*

pirotécnico, ca. adj. **1.** De la pirotecnia. *Fábrica pirotécnica. En los fuegos artificiales se consumieron 1000 kilos de material pirotécnico.* ● m. y f. **2.** Especialista en pirotecnia. *El espectáculo está preparado por un pirotécnico valenciano.*

piroxeno. m. *Geol.* Mineral silíceo muy duro, brillante, de colores que van del amarillo o el verde al negro, y que es constituyente de diversas rocas. *El jade es una variedad de piroxeno.*

pirrarse. intr. prnl. coloq. Desear con intensidad algo. *Se pirra* POR *los bombones.*

pírrico, ca. adj. **1.** Dicho de triunfo o victoria: Obtenido con más daños del vencedor que del vencido. *Victoria pírrica aquella, que supuso tan poco y costó tantas bajas.* **2.** Muy pequeño o de poco valor, espec.

en proporción al esfuerzo realizado. *Los pírricos resultados obtenidos en las elecciones dejan al partido fuera del Parlamento. La indemnización le pareció pírrica.*

pirueta. f. **1.** Voltereta. *Saltó sobre el trampolín, dio una pirueta y cayó al agua.* **2.** Giro ágil que se da alrededor del propio eje vertical, gralm. al danzar o hacer acrobacias. *El patinador hizo cinco piruetas sin cambiar de pie.* Frec. fig. para designar lo que se hace o dice con habilidad para salir de un apuro. *Respondió haciendo una pirueta para evitar decir lo que pensaba.* ▶ **Am: 2:** MAROMA.

pirulí. m. Caramelo, gralm. de forma cónica, con un palito en su base que sirve de mango. *Compramos chocolatinas y pirulís.*

pis[1]**.** m. coloq. Orina. *Tengo ganas de hacer pis.*

pis[2]**. en un ~ pas. → pispás.**

pisada. f. **1.** Hecho de pisar. *En el bosque escuchamos unas pisadas extrañas. Una mala pisada puede provocar un esguince.* **2.** Huella o marca que se deja al pisar. *Vimos las pisadas de los animales sobre la nieve. Los chiquillos han dejado el salón lleno de pisadas de barro.* ■ **seguir las ~s** (de alguien). loc. v. Imitar(lo) o seguir su ejemplo. *Muchos discípulos siguieron las pisadas del maestro.*

pisapapeles. m. Objeto pesado que se coloca sobre los papeles para que no se muevan. *En la mesa del despacho tenía un montón de facturas con un pisapapeles encima.*

pisar. tr. **1.** Poner el pie (sobre algo o alguien). *No pises el suelo, que está mojado. El metro iba tan lleno que pisé a una mujer sin querer.* **2.** Oprimir o apretar con los pies (algo). *Pisan la uva para hacer el vino. Cuando vio que se iba a cerrar el semáforo, pisó el acelerador.* **3.** Entrar o estar (en un lugar). *No piso la biblioteca desde el curso pasado.* **4.** Cubrir parcialmente una cosa (a otra). *El sillón pisa la alfombra.* **5.** Apretar con los dedos (una tecla o una cuerda de un instrumento). *Al pisar todas las cuerdas de la guitarra con el dedo índice, este actúa como una cejilla.* **6.** coloq. Humillar o maltratar (a alguien). *No dejes que te pise.* **7.** coloq. Anticiparse a otra persona en la consecución (de algo). *Quiere acabar cuanto antes su tesis doctoral para que nadie le pise el tema.* ○ intr. **8.** Poner sucesivamente los pies en el suelo al andar. *Pisa con cuidado en el hielo, no vayas a resbalar.* ■ **~ fuerte.** loc. v. coloq. Actuar con seguridad y soltura. *Esa chica pisa fuerte y llegará lejos.*

pisaverde. m. coloq. o despect. Hombre presumido y que solo se ocupa de arreglarse y buscar galanteos. *Se dejaba encandilar por cualquier pisaverde que se le acercara.*

piscícola. adj. De la piscicultura, o de los peces. *Explotación piscícola.*

piscicultor, ra. m. y f. Persona que se dedica a la piscicultura.

piscicultura. f. Cría de peces y mariscos. *Quieren impulsar la piscicultura.* Tb. la técnica correspondiente.

piscifactoría. f. Establecimiento donde se practica la piscicultura. *Una piscifactoría abastece el mercado de truchas y salmones.*

pisciforme. adj. *tecn.* De forma de pez. *Los renacuajos tienen cuerpo pisciforme.*

piscina. f. Estanque destinado al baño, a la natación o a otros deportes acuáticos. *El concurso de trampolín tendrá lugar en la piscina olímpica.* Tb. el conjunto de instalaciones en torno a ese estanque. *En la piscina hay tumbonas a disposición de los clientes.* ▶ **Am:** ALBERCA, PILETA.

piscis. m. y f. Persona nacida bajo el signo de Piscis. *Dicen que los piscis son sensibles y alegres.* Tb. adj. *Mujer piscis.*

piscívoro, ra. adj. *Zool.* Que se alimenta de peces. *Los pelícanos son aves piscívoras.*

pisco. m. Aguardiente de uva fabricado originariamente en la ciudad de Pisco (Perú). *En la tienda de licores vimos unas exóticas botellas de pisco. Nos sirvió un traguito de pisco* [C].

piscolabis. m. coloq. Comida ligera que se suele tomar como aperitivo o entre horas. *En el descanso del partido nos tomamos un piscolabis.*

piso. m. **1.** Suelo sobre el que se anda, espec. si es artificial. *Ha llovido y el piso está resbaladizo. El piso del pabellón de deportes es de parqué.* Tb., frecAm., designa cualquier superficie sobre la que se pisa. *Estaba parado en el piso de la estancia* [C]. *Tiéndase en el piso y coloque las manos detrás de la cabeza* [C]. **2.** Cada una de las divisiones horizontales y superpuestas a distintas alturas que constituyen un edificio. *Desde el último piso del hotel las vistas son excelentes. Vive en un cuarto piso.* **3.** Vivienda en un edificio de varios pisos (→ 2). *Han decorado el salón de su piso con mucho estilo.* **4.** Cada una de las partes horizontales y superpuestas que, en su conjunto, forman una unidad. *La tarta de comunión tenía tres pisos.* **5.** En un calzado: Suela. *El piso de las botas es antideslizante.* ■ **~ franco.** m. Vivienda clandestina en que se realizan actividades ilegales. *Los terroristas tenían un piso franco en el centro de la ciudad.* ▶ **1:** SUELO. **2:** PLANTA. **3:** APARTAMENTO, DEPARTAMENTO. **5:** SUELA.

pisotear. tr. **1.** Pisar repetidamente (algo) causando daño o destrozo. *Tiró al suelo las fotos y las pisoteó con rabia. El perro entró en el huerto y pisoteó las tomateras.* **2.** Humillar o maltratar (a alguien). *Nadie tiene derecho a pisotear a otro.* **3.** Tratar sin respeto y con violencia (algo). *Ha pisoteado los derechos humanos.*

pisoteo. m. Hecho de pisotear. *El pisoteo de las libertades era constante.*

pisotón. m. Pisada fuerte, espec. sobre el pie de otra persona. *Alguien me dio un pisotón en el autobús.*

pispajo. m. coloq. o despect. Persona pequeña o que no alcanza el desarrollo normal. Frec. se usa para referirse a un niño cariñosamente. *Ya desde que era un pispajo que no sabía leer le gustaban los libros.*

pispás. en un ~. (Tb. **en un pis pas**). loc. adv. coloq. En un instante o con mucha rapidez. *Se comió el bocadillo en un pispás.*

pista. f. **1.** Huella o rastro que dejan un animal o una persona en el lugar por donde han pasado. *El cazador seguía la pista del jabalí. La lluvia borró la pista de los fugitivos.* **2.** Conjunto de indicios o datos que pueden conducir a averiguar algo. *Su declaración refuerza la pista que hace sospechar del mayordomo.* Tb. cada uno de esos indicios o datos. *–¿A que no sabes quién ha venido? –Dame una pista.* **3.** Terreno acotado y acondicionado para carreras o para determinadas competiciones deportivas. *El estadio cuenta con una pista de tartán para atletismo. El coche que iba en cabeza se salió de la pista.* **4.** Faja de terreno llano y acondicionado para el despegue y aterrizaje de aviones. *La avioneta sacó el tren de aterrizaje cuando se aproximaba a la pista.* **5.** En una discoteca o un local de diversión: Espacio destinado al baile. *Salimos a la pista a bailar.* **6.** En un circo u otro recinto de espectáculos: Espacio frec. circular donde actúan los artistas. *En la pista central del circo hay un número de acróbatas.* **7.** Autopista. *La velocidad debe limitarse en cualquier carretera, incluidas las pistas.* **8.** *tecn.* Banda de una cinta magnetofónica, película o disco óptico o magnético donde se registra información de manera independiente. *Al grabar en la cinta de vídeo, la señal de audio se registrará en las pistas 1 y 2.* ■ **seguir la ~** (a alguien). loc. v. Vigilar(lo) o estar pendiente de sus movimientos o evolución. *El club sigue la pista a varios jóvenes valores.* ▶ **3:** CALLE. ‖ **Am: 3:** ANDARIVEL.

pistacho. m. Fruto pequeño y ovalado, con cáscara dura y semilla comestible de color verdoso. *Compramos pistachos y almendras.* Tb. la semilla. *Una vez pelados los pistachos, se echan sobre el bizcocho.*

pistilo. m. *Bot.* Órgano femenino de una flor, en cuya base se encuentra el ovario. *La fecundación se produce al pasar el polen del estambre de una flor al pistilo de otra.*

pisto. m. Plato elaborado con diversos alimentos picados, revueltos y fritos, espec. tomate, cebolla y pimiento. *Les aconsejo el pisto manchego.* ■ **darse ~.** loc. v. coloq. Darse importancia. *Empezó a hablar de sus contactos para darse pisto.*

pistola. f. **1.** Arma de fuego de corto alcance, frec. provista de un cargador en la culata, y que se puede usar con una sola mano. *El policía desenfundó su pistola y le dio el alto.* **2.** Utensilio que sirve para proyectar pintura pulverizada u otro líquido. *Pintó las paredes con pistola.* **3.** Barra de pan. *Trae dos pistolas y una hogaza.*

pistolera. f. Funda o estuche donde se guarda la pistola. *El vaquero llevaba dos pistoleras colgadas del cinto.*

pistolero. m. Delincuente que utiliza la pistola para cometer robos, atracos o atentados personales, frec. como mercenario. *El asesinato lo ha cometido un pistolero a sueldo.*

pistoletazo. m. Disparo hecho con una pistola. *El* sheriff *acaba con el forajido de un pistoletazo.* Tb. el ruido y la herida así producidos. *Un pistoletazo será la señal de salida para los corredores. El pistoletazo es muy grave.*

pistón. m. **1.** Émbolo (pieza). *La función del pistón en una bomba hidráulica es comprimir el fluido.* **2.** En algunos instrumentos musicales de viento: Pieza móvil en forma de émbolo, que regula el paso del aire. *Los pistones de la trompeta son de níquel.* **3.** En un arma de fuego o en un cartucho: Parte donde está colocado el fulminante. *Al accionar el percutor de la pistola, este golpea el pistón y se produce el disparo.* ▶ **1:** ÉMBOLO.

pistonudo, da. adj. coloq. Estupendo o formidable. *Nos hizo una cena pistonuda. Es un tipo pistonudo.*

pita[1]. f. **1.** Planta propia de zonas cálidas, de hojas carnosas, alargadas y puntiagudas, flores amarillas que crecen sobre un tallo central de gran altura, y de la que se extrae una fibra muy empleada en la industria textil. *Con el jugo de la pita se fabrica el tequila.* **2.** Hilo que se hace con las hojas de la pita (→ 1). *Con pita se fabrican cuerdas, canastos, asientos de sillas, esteras...* ▶ **1:** AGAVE. ‖ **Am: 1:** MAGUEY.

pita[2]. f. coloq. Gallina (ave de corral). *Las pitas han puesto hoy tres huevos.* Se usa repetido y gralm. en pl. para llamar a las gallinas. *–Pitas, pitas, pitas... –decía el granjero mientras esparcía el maíz.*

pita[3]. f. Pitada (hecho de pitar). *Una estruendosa pita despidió al árbitro del encuentro.* ▶ *PITADA.

pitada. f. **1.** Hecho de pitar y silbar, gralm. un grupo numeroso de personas, para expresar desaprobación. *Los agricultores han recibido a la ministra con una sonora pitada.* **2.** Pitido. *El profesor de gimnasia dio un par de pitadas y los alumnos dejaron de correr.* ▶ **1:** PITA, SILBA.

pitagórico, ca. adj. **1.** *Fil.* De Pitágoras o del pitagorismo. *Teorías pitagóricas.* **2.** *Fil.* Seguidor de Pitágoras o del pitagorismo. Tb. m. y f. *Los pitagóricos creían que el alma es inmortal.*

pitagorismo. m. *Fil.* Doctrina y escuela filosóficas de Pitágoras (filósofo y matemático griego, s. VI a. C.). *En el pitagorismo, los números tienen un carácter místico.*

pitahaya. f. Am. Planta del grupo de los cactos, de fruto comestible parecido al higo chumbo. *Buenas perspectivas para el cultivo de la pitahaya* [C]. Tb. su fruto. *Elijo un yogur de mango y tomo de la bandeja una pitahaya* [C]. ▶ **Am:** PITAYA.

pitanza. f. coloq. Comida o alimento cotidiano. *Cada cual veía cómo procurarse su pitanza.*

pitañoso, sa. adj. Legañoso. *Se ha levantado con ojos pitañosos.*

pitar. intr. **1.** Tocar el pito. *El jefe de estación pitó y el tren se puso en marcha.* **2.** Sonar un pito. *Este silbato no pita.* **3.** Zumbar algo, o hacer ruido o sonido continuado. *Me pitan los oídos. Cuando la cafetera pite, apaga el fuego.* **4.** coloq. Dar algo el rendimiento esperado. *Esta lavadora no pita.* **5.** coloq. Tener una situación importante o destacada. *Esa es la música que más pita ahora.* ○ tr. **6.** Silbar un grupo de personas para manifestar desagrado o descontento (hacia alguien o algo). *Los espectadores pitaron la obra de teatro.* **7.** *Dep.* Arbitrar (un partido). *No ha pitado ningún partido de primera división.* **8.** *Dep.* En un partido: Señalar el árbitro (una falta u otra incidencia). *El arbitro ha pitado la séptima personal de equipo.* ■ **pitando.** adv. coloq. Muy deprisa. Frec. en constr. como *ir,* o *salir, pitando. Solo me quedo un momento, que me tengo que ir pitando al trabajo.* ▶ **6:** SILBAR.

pitaya. f. Am. Pitahaya (planta, o fruto). *Señaló unas matas de pitaya* [C]. *Estaban sentadas comiéndose unas pitayas* [C]. ▶ **Am:** PITAHAYA.

pitazo. m. **1.** frecAm. Pitido. *Solo resta esperar el pitazo inicial para que la pelota eche a rodar* [C]. *La máquina entró en la estación dando pitazos* [C]. **2.** Am. coloq. Soplo (hecho de soplar una información). Gralm. en la constr. *dar el ~. Uno de los traficantes le dio el pitazo de que los andaban buscando* [C].

pitecántropo. m. *Antropol.* Mamífero primate fósil, considerado por algunos como un eslabón entre los simios y la especie humana. *Los restos del pitecántropo fueron hallados en la isla de Java.* ▶ ANTROPOPITECO.

pítico, ca. adj. histór. Pitio. *Fiestas píticas.*

pitido. m. Hecho o efecto de pitar. *Con el pitido del árbitro terminó el partido. Los pitidos de la alarma han alertado a los vecinos.* ▶ PITADA. ‖ **Am:** PITAZO.

pitillera. f. Estuche que sirve para guardar pitillos. *Sacó su pitillera de plata para ofrecerme un cigarrillo.*

pitillo. m. Cigarrillo. *Apaga el pitillo, que aquí no se puede fumar.*

pitiminí. **de ~.** loc. adj. De poca importancia o solidez. Frec. despect. para calificar el carácter excesivamente delicado de algo o alguien. *Siempre tan cursi, con esa vocecita de pitiminí.*

pitio, tia. adj. **1.** histór. De Apolo (dios griego). *Oráculo pitio.* **2.** histór. Dicho de juegos o fiestas: Celebrados en honor de Apolo. *Los juegos pitios se celebraban en Delfos.* ● f. **3.** histór. Sacerdotisa del oráculo de Apolo en Delfos.

pito. m. **1.** Silbato. *Del cuello del árbitro cuelga un pito metálico.* **2.** Bocina o claxon. *Como yo no arrancaba, el conductor que venía detrás empezó a tocar el pito.* **3.** coloq. Sonido muy agudo. Frec., coloq., referido a la voz humana. *¡Hija mía, qué pito tienes, cualquiera no te oye!* **4.** En una ficha de dominó: Mitad cuyo valor es un punto. *Echo el pito seis.* **5.** coloq. Cigarrillo. *Se fumó un pito mientras esperaba.* **6.** coloq. Pene. ■ **entre ~s y flautas.** loc. adv. coloq. Debido a diversos motivos, o por atender a distintas cosas. *Todos los días pienso en llamarte y, entre pitos y flautas, al final nunca lo hago.* ■ **por ~s o por flautas.** loc. adv. coloq. Por un motivo o por otro. *Por pitos o por flautas, siempre soy yo quien sale perdiendo.* ■ **tomar** (a alguien) **por el ~ del sereno.** loc. v. coloq. No respetar(lo) o tener(lo) en muy poca consideración. *Si no impones un poco de disciplina, los alumnos te tomarán por el pito del sereno.* ■ **un ~, o tres ~s.** loc. adv. coloq. Muy poco o nada. Frec. con *importar* o *valer* y en constr. negativas con el mismo significado. *Ese libro que lees no vale un pito. Me importa tres pitos si vienes o no.* ▶ **2:** *BOCINA.

pitón[1]. m. Punta del cuerno de un toro. En tauromaquia, tb. el cuerno. *El cuarto de la tarde presenta buena hechura y dos peligrosos pitones.*

pitón[2]. m. (Tb. f.). Serpiente de gran tamaño y fuerza, no venenosa, propia de zonas cálidas de Asia y África. *El pitón puede vivir en los árboles. Una pitón engullía un cerdito.* Tb. *serpiente ~.*

pitonazo. m. Golpe producido por el pitón del toro. *El banderillero sufrió un pitonazo en el muslo.*Tb. la herida así producida. *El pitonazo se ha infectado.*

pitonisa. f. **1.** histór. Sacerdotisa de Apolo, que daba los oráculos en el templo de Delfos. *El rey de Atenas acudió a la pitonisa para solicitarle un consejo.* **2.** Mujer adivina o con capacidad para predecir el futuro. *Una pitonisa le ha leído el futuro.* ▶ **2:** *ADIVINA.

pitorrearse. intr. prnl. coloq. Burlarse o reírse de algo o alguien. *Todos se pitorreaban* DEL *cacharro de coche que tenía. ¡No te pitorrees* DE *mí!*

pitorreo. m. coloq. Hecho de pitorrearse. *Menudo pitorreo hubo en clase por mi corte de pelo.*

pitorro. m. En un botijo u otra vasija: Parte con forma de tubo cónico que sirve para moderar la salida del líquido. *Inclinó el botijo y bebió del chorro de agua que salía por el pitorro.*

pitote. m. coloq. Alboroto o barullo, frec. a causa de una pelea. Frec. con v. como *armar* o *armarse*. *Se armó tal pitote que casi acaban en la comisaría. Hay atasco y se ha organizado un buen pitote.*

pituco, ca. adj. Am. coloq. o despect. Que muestra características de una clase social acomodada. *Barrio pituco* [C]. Dicho de pers., tb. m. y f. *Es una chica modesta, de barrio, no como esta pituca* [C].

pituitaria. f. **1.** *Anat.* Membrana pituitaria (→ **membrana**). *El interior de las fosas nasales está tapizado por la pituitaria.* **2.** *Anat.* Glándula pituitaria (→ **glándula**). *La pituitaria regula la secreción de hormonas de otras glándulas.*

pituso, sa. adj. coloq. Dicho de niño: Pequeño o gracioso. Frec. con intención afectiva y como apelativo. *No llores más, pitusa, que papá te va a curar la herida.* Tb. m. y f. *El pituso no paraba de reír en su cochecito.*

pívot. (pl. **pívots**). m. y f. *Dep.* En baloncesto: Jugador cuya misión principal consiste en estar cerca del tablero para recoger rebotes y anotar puntos. *El pívot coge el rebote y pasa el balón al base.*

pivotante. adj. **1.** Que tiene características de pivote, o funciona como pivote. *La puerta tiene bisagra pivotante y sistema de bloqueo de apertura.* **2.** *Bot.* Dicho de raíz: Que se hunde verticalmente, como una prolongación del tronco. *La remolacha y la zanahoria tienen raíces pivotantes.*

pivotar. intr. Moverse o apoyarse sobre un pivote o sobre algo que actúa como pivote. *La compuerta se abre al pivotar* SOBRE *un eje horizontal que pasa por su centro.* Frec. fig. *El funcionamiento de la empresa pivota* SOBRE *su presidente.*

pivote. m. Extremo cilíndrico o puntiagudo de una pieza, donde se apoya o inserta otra de forma que una de ellas pueda girar u oscilar respecto a la otra. *El remolque se engancha al vehículo mediante un pivote que permite el giro articulado.* Frec. fig. *La centrocampista es el pivote sobre el que se organiza el juego del equipo.*

píxel. (pl. **píxeles**). m. *Inform.* y *Fís.* Fracción homogénea más pequeña de las que componen una imagen grabada, y que se define por su brillo y su color. *Cuanto mayor es el número de píxeles de una imagen, mayor es su calidad.*

piyama. f. (Tb. m.). Am. Pijama. *¿Vas a ponerle la piyama a esos niños?* [C]. *Solo tenía puesto el pantalón del piyama* [C].

pizarra. f. **1.** Roca de color negro azulado, opaca y que se divide con facilidad en hojas planas y delgadas. *En la zona abundan las calizas y las pizarras. Suelo de pizarra.* **2.** Trozo de pizarra (→ 1), espec. el cortado y preparado para la construcción de suelos y tejados. *El viento ha removido las pizarras del tejado.* **3.** Trozo de pizarra (→ 1), pulimentado, de forma rectangular y que se usa para escribir en él con tiza, pizarrín u otro material semejante. *En el mercadillo, el frutero hace las cuentas en una pizarra.* **4.** Superficie o tablero de un material apropiado que se utiliza para escribir y poder borrar en ellos con facilidad, espec. en las aulas. *¿Algún voluntario quiere salir a la pizarra?* ▶ **4:** ENCERADO, TABLERO. ‖ **Am: 4:** PIZARRÓN.

pizarrín. m. Barrita gralm. cilíndrica de pizarra u otro material, que se usa para escribir en las pizarras. *Presionas tanto el pizarrín que se te va a partir.*

pizarrón. m. Am. Pizarra (tablero). *El profesor copiaba en el pizarrón una lista de verbos* [C]. ▶ *PIZARRA.

pizarroso, sa. adj. **1.** Abundante en pizarra. *Terrenos pizarrosos.* **2.** De la pizarra, o de características semejantes a las suyas, espec. su color. *Un gris pizarroso.*

pizca. f. coloq. Porción muy pequeña de algo. *Echa una pizca* DE *orégano a la salsa.* ■ **ni ~.** loc. s. coloq. Nada. *No tengo ni pizca* DE *ganas de salir a la calle.* Tb. loc. adv. *No me gusta ni pizca lo que insinúas.*

pizpireto, ta. adj. coloq. Alegre y vivaz. *El bar está atendido por una muchacha pizpireta. Ojos pizpiretos.*

pizza. (pal. it.; pronunc. "pídsa"). f. Especie de torta hecha con harina de trigo, con tomate, queso y otros ingredientes por encima y cocida al horno. *Cenamos* pizza *de jamón con champiñones.*

pizzería. (pronunc. "pidsería"). f. Establecimiento en que se elaboran, venden o consumen *pizzas. Muchas pizzerías sirven a domicilio.*

pizzicato. (pal. it.; pronunc. "pidsikáto"). m. *Mús.* Modo de tocar un instrumento de arco pellizcando las cuerdas con los dedos. *El cantante cortaba las sílabas imitando el* pizzicato *de las cuerdas.* Tb. la composición o fragmento que deben ejecutarse de ese modo. *Violines y violonchelos ejecutan un* pizzicato *de varios compases.*

pl. abrev. Plaza. *Pl. de la Constitución, 14.*

placa. f. **1.** Lámina poco gruesa de metal u otra materia rígida. *Las paredes del horno son unas placas metálicas.* **2.** Placa (→ 1) con una inscripción o con algún símbolo y gralm. con una finalidad informativa o conmemorativa. *Una placa en la puerta pone: "P. Cano. Abogada". Cuando se jubiló, sus compañeros le regalaron una placa de plata.* **3.** frecAm. Placa (→ 2) en que consta la matrícula de un vehículo. *La vi bajar de un auto lujoso, con placa diplomática* [C]. **4.** Insignia o distintivo que llevan los agentes de policía para acreditar que lo son. *El agente muestra su placa y pide la documentación.* **5.** Insignia de una condecoración. *Luce en el pecho la placa de la orden de Carlos III.* Tb. esa condecoración. *Le han concedido la placa de caballero de la Legión de Honor.* **6.** Parte superior de una cocina, donde están los fuegos. *Una cocina eléctrica con placa vitrocerámica.* **7.** Lámina o capa que se forma o está superpuesta en algo. *Una buena limpieza elimina la placa de sarro de los dientes.* **8.** En fotografía: Placa (→ 1) cubierta por una sustancia sensible a la luz y en la que se obtienen determinados tipos de reproducciones fotográficas. Tb. la reproducción así obtenida. *Le van a hacer una placa de tórax para ver si hay infección.* **9.** *Geol.* Cada uno de los bloques en que se divide la litosfera, que flotan sobre el manto y cuyas zonas de choque forman los cinturones de actividad volcánica, sísmica o tectónica. *Los choques de placas pueden dar lugar a terremotos. La placa del Pacífico.* ▶ **3:** *MATRÍCULA.

placaje. m. *Dep.* Hecho de placar. *Un duro placaje de la defensa rival lo ha obligado a abandonar el partido.*

placar. tr. *Dep.* En *rugby* y fútbol americano: Sujetar con las manos (al jugador contrario que lleva el balón) impidiendo que avance y forzándolo a soltar el balón. *Varios defensas intentan placar al delantero que se escapa hacia la línea de ensayo.*

placebo. m. *Med.* Sustancia sin propiedades terapéuticas, pero que puede tener efectos curativos si el paciente está convencido de su eficacia. *El médico probó a darle un placebo.* Frec. en aposición. *Producto placebo.*

pláceme. m. cult. Felicitación. *Reciba mi pláceme más sincero por tan feliz acontecimiento.*

placenta. f. Órgano de forma redondeada y aplastada que se desarrolla en el útero de la madre durante la gestación, envuelve el feto y permite su nutrición a través del cordón umbilical. *La placenta se expulsa al exterior después del parto.*

placentario, ria. adj. **1.** *tecn.* De la placenta. *Determinadas alteraciones placentarias pueden impedir la normal nutrición del feto.* **2.** *Zool.* Del grupo de los placentarios (→ 3). *El hombre es un mamífero placentario.* ● m. **3.** *Zool.* Mamífero que se desarrolla en el útero de la madre, con formación de placenta. *Los placentarios son animales muy desarrollados.*

placentero, ra. adj. Que agrada o produce placer. *Sensaciones placenteras.* ▶ AGRADABLE.

placer. (conjug. AGRADECER; existen tb., cult., en pret. perf. simple, pret. imperf. de subjuntivo y fut. de subjuntivo, las formas arcaicas *plugo, pluguiera* o *pluguiese* y *pluguiere*). intr. **1.** cult. Agradar o causar placer (→ 2) a alguien. *Cada uno puede hacer lo que le plazca.* ● m. **2.** Sensación agradable producida por la realización de algo que se desea o necesita o por la existencia de algo que se considera bueno. *No he tenido el placer de oírla cantar.* **3.** Diversión o entretenimiento. *Viaje de placer.* ■ **a ~.** loc. adv. Con total satisfacción y sin ningún impedimento. *Comió a placer.* ▶ **2:** DELEITACIÓN, DELEITE, GOZO, GUSTO, SATISFACCIÓN.

plácet. m. **1.** cult. Aprobación u opinión favorable. *Cuenta con el plácet del director.* **2.** cult. Aprobación dada por el gobierno de un país a la designación de una persona como representante en él de otro país. *El Gobierno otorgó el plácet al nuevo embajador argentino.*

placidez. f. Cualidad de plácido. *La placidez de las vacaciones da paso al ajetreo del trabajo.*

plácido, da. adj. **1.** Quieto o sosegado. *Contempla las plácidas aguas del lago.* **2.** Agradable y placentero. *Pasamos una plácida velada en el puerto.*

plafón. m. **1.** Lámpara plana que se coloca pegada al techo de modo que las bombillas quedan ocultas. *He comprado dos plafones para cada habitación.* **2.** Adorno en el techo de una habitación, en el que está el soporte para suspender una lámpara. *Han puesto plafones de escayola en las habitaciones.*

plaga. f. **1.** Calamidad grande que sobreviene a un pueblo o comunidad. *La décima plaga que Dios envió a Egipto consistió en la muerte de todos los primogénitos.* **2.** Daño grave o enfermedad que afecta a numerosas personas. *El desempleo es una plaga de la sociedad moderna.* **3.** Aparición masiva de seres vivos de la misma especie muy dañinos para poblaciones animales o vegetales. *Una plaga de filoxera ha destruido los viñedos.* **4.** Abundancia excesiva de algo gralm. nocivo, molesto o no conveniente. *La plaga de domingueros colapsa la carretera.*

plagar. tr. Llenar o cubrir (algo) de una cosa gralm. nociva o no conveniente. *Las noticias sobre la crisis plagan los informativos.* Tb. en constr. prnl. media. *Muchos pueblos costeros se han plagado de urbanizaciones.*

plagiar. (conjug. ANUNCIAR). tr. **1.** Copiar dando como propio (algo ajeno, espec. una obra). *Lo denunciaron por plagiar varios párrafos de un libro.* Tb. referido al autor de esa obra. *¿A quién se le ocurre plagiar a Calderón con tanto descaro?* **2.** Am. Secuestrar (a alguien). *Una mujer fue detenida por plagiar a un bebé* [C]. ▶ **1:** FUSILAR. **2:** *SECUESTRAR.

plagiario, ria. adj. **1.** Que plagia o copia. *A Alejandro Dumas lo acusaron de escritor plagiario.* Dicho de pers., tb. m. y f. *Imita a los maestros que admira, pero no es una plagiaria.* ● m. y f. **2.** Am. Persona que plagia o secuestra a alguien. *Los plagiarios de su hija le pedían dos millones de lempiras* [C]. ▶ **2:** *SECUESTRADOR.

plagio. m. **1.** Hecho de plagiar o copiar. *Una simple comparación de los dos cuadros ponía en evidencia el plagio.* **2.** Am. Hecho de plagiar o secuestrar. *Semanas antes de su plagio, había escapado a un atentado* [C]. ▶ **2:** *SECUESTRO.

plagioclasa. f. *Geol.* Mineral del grupo de los feldespatos, de brillo nacarado y que contiene calcio y sodio. *Las rocas ígneas presentan distintas proporciones de plagioclasa.*

plaguicida. adj. Que sirve para combatir las plagas de las plantas. *Producto plaguicida.* Dicho de producto, tb. m. *Utilizaron un plaguicida biodegradable.* ▶ PESTICIDA.

plan. m. **1.** Proyecto o idea, gralm. orientados a conseguir un propósito. *Trazaron un plan para sorprender al ladrón. –¿Qué plan tenéis? –Iremos al cine y luego a cenar.* **2.** Programa elaborado para la ejecución de un proyecto, frec. de una actuación pública. *El plan hidrológico nacional establece la construcción de varias presas.* **3.** Régimen de vida, espec. alimenticio, prescrito por un médico. *El médico le puso un plan para bajar el colesterol.* Frec. designa cualquier régimen alimenticio, espec. de adelgazamiento. Frec. en la constr. *estar,* o *ponerse, a ~. Cuando se pesó, decidió ponerse a plan.* **4.** coloq. Actitud o disposición. *Charlaron en plan distendido. Se puso en un plan que no había quien lo aguantara.* **5.** coloq. Relación amorosa frívola y pasajera. *Lo conoció durante el fin de semana y ya tiene plan con él.* **6.** coloq. Persona con la que se tiene un plan (→ 5). *No es mi novia, es solo un plan.* ■ **a todo ~.** loc. adv. coloq. A lo grande. *Ha montado su casa a todo plan.* ■ **no ser ~** algo. loc. v. coloq. No ser conveniente, adecuado o satisfactorio. *¡No voy a vivir siempre de mis padres, no es plan!* ▶ **3:** *RÉGIMEN.

plana. → **plano.**

plancha. f. **1.** Utensilio gralm. eléctrico, formado por una placa metálica de forma triangular y lisa por su parte inferior, y con un asa en la parte superior, que se calienta y se utiliza para quitar las arrugas a la ropa. *Para planchar tejidos de algodón, ponga la plancha a temperatura muy alta.* **2.** Hecho de planchar. *Alternaba los días de lavado, costura y plancha.* **3.** Conjunto de ropa planchada o por planchar. *Tengo una montaña de plancha esperando.* **4.** Lámina de una materia rígida, gralm. metal o madera, lisa y delgada. *El casco del barco está hecho con planchas de acero.* **5.** Placa metálica que se utiliza para asar o tostar alimentos. *Para asar las gambas, eche unas gotas de aceite sobre la plancha.* Frec. en la constr. *a la ~. Sepia a la plancha.* **6.** Postura horizontal del cuerpo en el aire o en el agua. *En el ejercicio de anillas, el gimnasta hizo dos planchas perfectas. Se tiró en plancha hacia el balón y marcó de cabeza.* **7.** En imprenta: Reproducción preparada para la impresión. *Colocaron las planchas y comenzó la impresión del libro.* **8.** coloq. Desacierto o error que deja a quien los comete en una situación ridícula o desairada. *¡Qué plancha!, íbamos hablando mal de un profesor y estaba justo al lado.*

planchado. m. Hecho de planchar. *Tiene un taller de planchado.*

planchador, ra. adj. **1.** Que plancha. Dicho de máquina, tb. f. *En la tintorería había una lavadora para limpieza en seco y una planchadora industrial.* ● m. y f. **2.** Persona que plancha o que tiene por oficio planchar. *¿Quién quiere ser hoy el planchador? Al servicio de la casa pertenecían un cocinero y una planchadora.*

planchar. tr. **1.** Quitar arrugas (a la ropa) mediante la plancha u otro procedimiento. *Tengo que planchar unos pantalones. Las prensas planchaban gran cantidad de ropa en poco tiempo.* Tb. usado en constr. intr. *Me he pasado la mañana planchando.* **2.** Alisar o estirar (algo). *No tiene el pelo liso, se lo plancha. Metió la hoja de arce en un libro para plancharla.* **3.** Sorprender o desconcertar (a alguien). Se usa en las constr. *dejar planchado* a alguien o *quedarse* alguien *planchado. Los dejó planchados al anunciar su boda.*

planchazo. m. coloq. Plancha (desacierto o error). *¡Menudo planchazo, confundir al director con el conserje!*

plancton. m. *Biol.* Conjunto de organismos vegetales y animales, gralm. minúsculos, que flotan y se desplazan pasivamente en aguas saladas o dulces. *Algunas especies de tiburones se alimentan de peces pequeños y plancton.*

planctónico, ca. adj. *Biol.* Del plancton. *Organismos planctónicos.*

planeación. f. Am. Planificación o planeamiento. *En el primero se aborda la planeación de la casa, el trazo y la cimentación* [C]. *La planeación familiar es un asunto político, no privado* [C]. ▶ *PLANIFICACIÓN.

planeador. m. Aeronave sin motor, que despega remolcada por un avión y se mantiene y desplaza en el aire aprovechando las corrientes atmosféricas. *El piloto realizó una perfecta maniobra y el planeador se posó como una pluma.*

planeadora. f. Embarcación de pequeño tamaño, con motor fuera borda y muy rápida. *Transbordaron el hachís a una planeadora para llevarlo hasta la costa.*

planeamiento. m. Hecho de planear algo. *Los responsables del planeamiento urbanístico prometen más zonas verdes.* ▶ *PLANIFICACIÓN.

planear¹. tr. Trazar o elaborar el plan (de algo). *Han planeado el atraco minuciosamente. Planean irse de excursión al monte.*

planear². intr. **1.** Volar un vehículo aéreo sin motor, aprovechando las corrientes atmosféricas. *El avión se quedó sin combustible y consiguió llegar a tierra planeando.* **2.** Volar un ave con las alas extendidas e inmóviles. *Un halcón planea acechando su presa.*

planeo. m. Hecho de planear al volar. *Este avión tiene gran capacidad de planeo. Las alas del buitre le permiten el planeo con poco esfuerzo.*

planeta. m. Cuerpo sólido celeste, sin luz propia, que gira alrededor de una estrella de la que recibe la luz que refleja. *Mercurio es el planeta más cercano al Sol.*

planetario. adj. **1.** De los planetas. *Órbita planetaria.* ● m. **2.** Aparato que representa los planetas del sistema solar y reproduce sus movimientos. *En el planetario observamos el cinturón de asteroides del sistema solar.* **3.** Edificio donde está el planetario (→ 2). *Desde lejos se divisaba la bóveda del planetario.*

planicie. f. Terreno llano, gralm. de gran extensión. *Avanzamos por la seca planicie manchega.*

planificación. f. Hecho o efecto de planificar. *Alumnos y profesores colaboran en la planificación de actividades culturales.* ▶ PLANEAMIENTO. ‖ **Am:** PLANEACIÓN.

planificador, ra. adj. **1.** Que planifica. *Organismo planificador.* Dicho de pers., tb. m. y f. *Los planificadores del proyecto deben tener en cuenta la escasez de recursos.* **2.** De la planificación. *Tareas planificadoras.*

planificar. tr. Organizar (algo) siguiendo un plan. *Planifique sus vacaciones con tiempo. En los regímenes comunistas impera una economía planificada por el Estado.*

planilla. f. **1.** Am. Formulario. *Yo mismo llené la planilla: Extranjero, Sexo masculino, 33 años* [C]. **2.** Am. En unas elecciones: Lista de candidatos. *Formaba parte de la planilla electoral como vicepresidente* [C].

planisferio. m. Mapa en el que se representa la esfera celeste o la terrestre en un plano. *El profesor desplegó un planisferio y fue señalando países y preguntando sus capitales.*

plano, na. adj. **1.** Llano o liso. *Un terreno plano.* **2.** Dicho de superficie: Que puede contener una recta imaginaria en cualquier dirección. *Los mapas representan la Tierra como una superficie plana. Mi televisión tiene pantalla plana.* ● m. **3.** Representación gráfica, en dos dimensiones y a determinada escala, de un terreno, una población, una construcción o un objeto. *Necesito un plano de la ciudad. El arquitecto prepara los planos del edificio. Los planos de la máquina están terminados.* **4.** Posición o punto de vista desde el que se puede considerar algo. *Ese crítico se mueve en un plano subjetivo.* **5.** *Mat.* Superficie plana (→ 2). *Dibuja las secciones que puede producir un plano al cortar una esfera.* **6.** *Cine* y *TV* Parte de una película rodada en una sola toma. *En el último plano de la película los dos protagonistas se besan.* ○ f. **7.** Cada una de las dos caras de una hoja de papel. *Dibujó un tren en una plana del folio y una casa en la otra.* **8.** Página impresa, espec. la de una publicación periódica. *La noticia aparece en la primera plana de la revista.* **9.** Llanura, o porción extensa de terreno llano. *Caminaron por una inmensa plana, entre altísimas hierbas.* ■ **plana mayor.** f. Conjunto de las personas de más autoridad en una organización o empresa. *La plana mayor del Gobierno se reunió en consejo.* ■ **plano general.** m. *Cine* y *TV* Plano (→ 6) que muestra un paisaje o un amplio escenario. *La película comenzaba con el plano general de la llanura.* ■ **plano inclinado.** m. *Mec.* Superficie plana que forma ángulo agudo con la horizontal, usada para facilitar la elevación o el descenso de cuerpos. *La carga y descarga de toneles se realiza mediante un plano inclinado.* ■ **plano medio.** m. *Cine* y *TV* Plano (→ 6) que recoge la figura de un personaje de cintura para arriba. *El presentador del telediario aparecía en un plano medio.* ■ **primer plano.** m. *Cine* y *TV* Plano (→ 6) que centra la atención en el rostro y los hombros de un personaje o en un objeto aislado. *Hay un primer plano del protagonista llorando. El primer plano de las garras del águila era impresionante.* □ **a toda ~.** loc. adv. En un periódico o revista: Ocupando todas las columnas de una página o una parte considerable de ella. *La noticia se publica a toda plana en el diario local.* ■ **corregir,** o **enmendar, la plana** (a alguien). loc. v. Hacer notar algún defecto en lo que ha hecho o dicho. *No es que quiera enmendarte la plana, pero esa redacción no está muy pulida.* ■ **de plano.** loc. adv. **1.** Por completo o totalmente. *Los focos del teatro le daban de plano. Rechazó de plano tu propuesta.* **2.** Con lo ancho de un instrumento cortante o con la mano abierta. *Le golpeó de plano con la espada. Le dio con la mano, pero no de plano sino de canto.* ▶ **1:** *LLANO.

planta. f. **1.** Vegetal (ser orgánico). *La patata es una planta originaria de América.* Frec. se usa para designar el vegetal con raíces, tallo y hojas, y de pequeño tamaño, por contraposición a *árbol*. *Paseamos entre árboles frondosos y vistosas plantas.* **2.** Parte inferior del pie. *Tenía las plantas de los pies sucias de andar descalzo.* Tb. la parte correspondiente de un calzado. *Fabricamos zapatos de piel con planta anatómica.* **3.** Piso (cada una de las divisiones horizontales y superpuestas de un edificio). *Subimos en ascensor a la quinta planta. El garaje tiene tres plantas subterráneas.* **4.** Instalación industrial. *En las afueras hay una planta de productos químicos.* **5.** Aspecto o presencia de alguien. *Es una jugadora alta y de buena planta.* **6.** Plan diseñado para la realización de una obra o un proyecto. *Elaborada la planta de la nueva enciclopedia, se empezó a redactar.* **7.** *tecn.* Dibujo que representa un cuerpo en un plano horizontal. *Cómo representar una figura en perspectiva partiendo de la planta y el alzado.* **8.** En arquitectura: Plano de la sección horizontal de un edificio, espec. al nivel de sus cimientos. *Un arquitecto delineó la planta y el alzado del chalé.* Tb. la figura que forma esa sección. *El taller es una nave de planta cuadrangular.* ■ **~ baja.** f. Planta (→ 3) que está al nivel del suelo. *En la planta baja está la portería.* □ **de (nueva) ~.** loc. adv. De nueva construcción desde los cimientos, sin partir de nada anterior. *Derribaron el antiguo gimnasio e hicieron otro de nueva planta.* Tb. fig. *Tras el diccionario general, se elaboró uno de nueva planta para estudiantes.* ▶ **1:** VEGETAL. **3:** PISO.

plantación. f. **1.** Hecho de plantar una planta, esqueje o semilla. *Ya entrada la primavera, se procedió a la plantación de pinos.* **2.** Terreno gralm. extenso donde se cultivan plantas de una misma clase. *En China hay grandes plantaciones de arroz.*

plantado, da. part. → **plantar.** ■ **bien ~.** loc. adj. Que tiene buena planta o presencia. *Pese a su edad era una mujer bien plantada.*

plantador, ra. adj. Que planta. Dicho de pers., tb. m. y f. *Trabajó como plantador de algodón.*

plantar. tr. **1.** Meter en la tierra de un lugar (una planta, esqueje o semilla) para que se desarrollen. *Aquí plantaremos los tomates.* **2.** Poblar de plantas (un terreno). *Van a plantar las laderas* DE *vides.* **3.** Clavar o introducir (algo) en el suelo. *Han plantado unas estacas para delimitar el terreno.* **4.** Colocar (algo) en el lugar en que debe ser usado. *Plantamos la tienda de campaña cerca del río.* **5.** coloq. Dar a alguien (algo molesto o que implica brusquedad) o hacer que (lo) reciba. *Le plantó un guantazo en la cara. Siempre que me ve, me planta dos besos.* **6.** coloq. Poner (a alguien) en un lugar contra su voluntad. *El casero lo ha plantado* EN *la calle.* **7.** coloq. Abandonar o dejar (a alguien). *Después de cinco años de noviazgo lo plantó.* **8.** coloq. Decir (algo) a alguien de manera brusca o inesperada. *Se lo ha plantado todo a sus amigos.* ○ intr. prnl. **9.** Ponerse alguien en un lugar sin moverse. *El portero se plantó delante de la puerta y no nos dejó pasar.* **10.** Adoptar alguien la actitud firme de no seguir haciendo o soportando algo. *Se ha plantado y dice que no trabaja más.* **11.** Detenerse obstinadamente un animal. *Cuando la mula se planta, no hay quién la mueva.* **12.** En algunos juegos de cartas: No querer más cartas de las que se tienen. *Me planté con un seis.* **13.** coloq. Llegar a un lugar en un tiempo determinado, que se considera corto. *Nos plantamos* EN *Barcelona en cinco horas.*

plante. m. Protesta colectiva que consiste en el abandono de las tareas habituales por parte de un grupo de personas que trabajan en común o viven bajo una misma autoridad, para rechazar o exigir algo. *El plante de los transportistas por la subida del gasóleo afectará a las exportaciones.*

planteamiento. m. Hecho o efecto de plantear. *En la sesión de investidura tiene lugar el planteamiento del programa de gobierno del candidato. El planteamiento del problema es correcto, pero te has equivocado en las operaciones.* ▶ **frecAm:** PLANTEO.

plantear. tr. **1.** Exponer (algo, como un problema, duda o asunto dificultoso). *Planteó a sus padres la posibilidad de cambiarse de universidad. Si nadie plantea objeciones, se aprobará la propuesta.* **2.** Enfocar la solución (de un problema). *En el examen de matemáticas nos dan un punto por plantear bien el problema, aunque el resultado sea erróneo.* **3.** Causar o suponer (algo, como un problema o una dificultad). *El hecho de que la documentación esté en varias lenguas plantea serios inconvenientes al investigador.*

plantel. m. Conjunto de personas que comparten una actividad o tienen otra característica común. *Contamos con un plantel de excelentes especialistas.*

planteo. m. frecAm. Planteamiento. *Ese planteo carece de futuro* [C].

plantificar. tr. **1.** coloq. Poner (algo o a alguien) en un lugar, espec. si no es adecuado. *Han plantificado una estatua* EN *el centro de la plaza.* **2.** coloq. Dar a alguien (algo molesto o que implica brusquedad) o hacer que (lo) reciba. *Sin decir una palabra, le plantificó una bofetada.* **3.** coloq. Poner a alguien en un lugar contra su voluntad. *Lo han plantificado* EN *la calle por no pagar el alquiler.* ○ intr. prnl. **4.** coloq. Llegar a un lugar en un tiempo determinado, que se considera corto. *Cojo un taxi y me plantifico* EN *tu casa en media hora.*

plantígrado, da. adj. *Zool.* Dicho de mamífero: Que camina apoyando completamente la planta del pie y las manos. *El tejón es un animal plantígrado.* Tb. m. *El oso es un plantígrado.*

plantilla. f. **1.** Pieza suelta de material flexible con que se cubre interiormente la planta del calzado. *Lleva unas plantillas especiales para pies delicados.* **2.** Tabla o plancha con la forma y tamaño de una pieza o un dibujo y que sirve de guía para cortarlos o realizarlos. *Utilizó una plantilla para dibujar el mapa de España.* **3.** Relación de los trabajadores fijos de una empresa o un organismo. *La empresa reducirá la plantilla mediante prejubilaciones.* **4.** En deporte: Conjunto de los jugadores de un equipo. *Están convocados para el partido quince de los veinte jugadores de la plantilla.*

plantillazo. m. En el fútbol: Acción antirreglamentaria que consiste en colocar la suela de la bota, gralm. en alto, ante otro jugador, con riesgo de lesionarlo. *Le sacaron tarjeta amarilla por un plantillazo.*

plantío. m. Lugar plantado recientemente de árboles o plantas. *Las últimas lluvias han hecho mucho daño en los plantíos.*

planto. m. cult. Composición literaria en que se lamenta la muerte de una persona u otro acontecimiento desgraciado. *Una de las cumbres del "Libro de buen amor" es el planto por la muerte de Trotaconventos.*

plantón. m. **1.** Planta joven que ha de ser trasplantada. *Compró en un vivero plantones de cítricos para la huerta.* **2.** Rama de árbol plantada para que arraigue. **3.** coloq. Hecho de no acudir alguien a una cita con otra persona, o de hacerle esperar mucho por acudir con mucho retraso. *Sé puntual, que no me gustan los plantones.* Frec. en la constr. *dar* (*un*) ~. *Quedé con él para ir al cine y me dio plantón.* ■ **de ~.** loc. adv. coloq. Permaneciendo parado y gralm. de pie en un sitio durante mucho tiempo, frec. esperando. Frec. con *estar* o *tener*. *El detective se apoyó en la pared y allí estuvo de plantón hasta que salió el sospechoso. Dijo que ya acababa y me tuvo media hora de plantón.*

plañidero, ra. adj. **1.** cult. Lloroso y lastimero. *Una anciana pedía limosna con voz plañidera.* ● f. **2.** Mujer a quien se pagaba para que fuera a llorar a un entierro. *Gimen como plañideras.*

plañido. m. cult. Hecho o efecto de plañir. *Los plañidos de la madre ante su hijo moribundo rasgaban el silencio.*

plañir. (conjug. MULLIR). intr. cult. Llorar y gemir con sollozos o lamentos. *La viuda plañía sumida en el más profundo desconsuelo.*

plaqueta. f. **1.** Pieza de cerámica, pequeña y de forma rectangular, que se usa para revestir paredes y suelos. *La cocina y el baño llevan el suelo de plaqueta.* **2.** *Biol.* Célula de la sangre de los vertebrados, carente de núcleo y que interviene en la coagulación. *Las plaquetas intervienen en la cicatrización de las heridas.* ▶ **2:** TROMBOCITO.

plaquetario, ria. adj. *Biol.* De las plaquetas. *Recuento plaquetario.*

plasma. m. **1.** *Biol.* Parte líquida de la sangre o de la linfa, que contiene en suspensión sus células componentes. *El plasma sanguíneo está formado en un 90% por agua.* **2.** *Fís.* Materia gaseosa fuertemente ionizada, presente en las estrellas y muy abundante en el universo. *La superficie del Sol está formada por una nube de plasma.* Tb. el estado de la materia correspondiente, que se produce a muy altas temperaturas. *Si un gas se calienta a altísimas temperaturas, la estructura atómica se rompe y la materia entra en su cuarto estado: el plasma.*

plasmación. f. Hecho de plasmar o plasmarse. *Sus cuadros son una plasmación de sus ideas más obsesivas.*

plasmar. tr. **1.** Dar una determinada forma plástica (a algo). *El tallista plasma la realidad con todo detalle.* **2.** Dar forma concreta (a algo abstracto, como un proyecto o una idea), frec. por medio de palabras o representaciones. *En su discurso plasmó una idea utópica de la cultura.* Tb. en constr. prnl. media. *Las obsesiones del artista se plasman en su obra.*

plasmático, ca. adj. *Biol.* y *Fís.* Del plasma. *El análisis confirma los bajos niveles plasmáticos.*

plasta. f. **1.** coloq. Cosa blanda, espesa y pegajosa. *El rancho de la cárcel era una plasta de arroz incomible.* **2.** coloq. Cosa aplastada. *El coche quedó convertido en una plasta de hierros.* **3.** coloq. Excremento. *Pisé una plasta de vaca.* ● adj. **4.** coloq. Dicho de persona: Muy pesada. *¡Qué mujer más plasta!* Tb. m. y f. *Eres un plasta.*

plástica. → **plástico.**

plasticidad. f. Cualidad de plástico. *La plasticidad del yeso lo hace adecuado para vendajes. Utiliza un lenguaje de gran plasticidad.*

plástico, ca. adj. **1.** Capaz de ser modelado. *La plastilina es un material muy plástico.* **2.** Dicho de material: Sintético, compuesto pralm. de derivados de resinas y de la celulosa, y fácil de moldear mediante presión o calor. *El forro del libro es de un material plástico lavable.* Tb. m. *Vaso de plástico. Fábrica de plásticos.* **3.** Dicho espec. de estilo o lenguaje: De una concisión y fuerza expresiva que realzan las ideas. *Escribe con un estilo plástico y colorista.* **4.** De la plástica (→ 6). *Museo de artes plásticas.* **5.** Dicho de cirugía: Que tiene por objeto la reconstrucción o embellecimiento de una parte externa del cuerpo. *Le hicieron una operación de cirugía plástica para reconstruirle el rostro.* Tb. dicho del cirujano especialista en esa cirugía. *La operó un cirujano plástico.* ● f. **6.** Conjunto de artes que plasman o representan cosas dándoles una forma estética. *Piccasso es una de las grandes figuras de la plástica moderna. Es profesor de Plástica.*

plastificación. f. Plastificado. *Ofrecemos servicios de plastificación de documentos.*

plastificado. m. Hecho de plastificar. *¿Cuánto cobran por el plastificado de un carné?* ▶ PLASTIFICACIÓN.

plastificar. tr. Recubrir (algo) con una lámina de plástico. *He plastificado el carné para que no se deteriore.*

plastilina. (Marca reg.). f. Sustancia blanda, de diversos colores, que se utiliza para modelar. *Los niños hacían muñecos con plastilina.*

plata. f. **1.** Elemento químico del grupo de los metales, de color blanco grisáceo, brillante y muy usado en joyería (Símb. *Ag*). *Lleva una sortija de plata.* **2.** Cosa o conjunto de cosas de plata (→ 1). *Limpia la plata y la vajilla.* **3.** Medalla de plata (→ **medalla**). *El equipo olímpico de fútbol consiguió la plata.* **4.** Am. Dinero (conjunto de monedas y billetes, o conjunto de bienes o riquezas). *El banco le deja suficiente plata* [C]. *Me empleé en una casa para ganarle unos pesos a una familia de plata* [C]. ○ m. **5.** Color blanco grisáceo y brillante como el de la plata (→ 1). Tb adj. *Un gris plata.* ■ **como la ~.** loc. adv. coloq. Con una limpieza reluciente. *Tiene la casa como la plata.* ■ **de ~.** Dicho de período de tiempo, espec. de edad: De gran esplendor, aunque inferior al de la edad de oro, espec. en el ámbito cultural. *A principios del siglo* XX*, la literatura española vivió su edad de plata.* ■ **en ~.** loc. adv. coloq. Claramente y sin rodeos. Frec. con *hablar* o *decir*. *Tu hermano es un imbécil, hablando en plata.* ▶ **4:** *DINERO.

plataforma. f. **1.** Superficie horizontal y elevada sobre el suelo, donde se colocan personas o cosas. *Las autoridades presenciaron el desfile desde una plataforma.* **2.** Instalación fijada en el mar y que sirve de base para la exploración del subsuelo marino en busca de yacimientos petrolíferos, y para la extracción del petróleo. Tb. ~ *petrolífera*. *El hundimiento de una plataforma petrolífera causó un desastre ecológico.* **3.** Asociación constituida para servir de cauce a un movimiento reivindicativo. *Partidos, sindicatos y asociaciones se integraron en la plataforma contra la guerra.* **4.** Conjunto de reivindicaciones o exigencias que presenta un grupo político o una asociación de otro tipo. *Al reanudarse las negociaciones, cada parte presentó una nueva plataforma negociadora.* **5.** En un vagón, tranvía u otro vehículo semejante: Parte anterior o posterior, inmediata a la puerta y sin asientos. *Dos viajeros conversaban en la plataforma del tren.* ■ **~ continental.** f. *Geol.* Zona submarina cercana a la costa y con cierta pendiente, que alcanza hasta 200 m de profundidad. *Los mejores caladeros de pesca se encuentran en la plataforma continental.*

platanal. m. Platanar. *Las lluvias arrasaron los platanales.*

platanar. m. Terreno poblado de plataneros. *En el platanar, los plátanos ya estaban maduros.* ▶ PLATANAL, PLATANERA.

platanero, ra. adj. **1.** Del plátano. *Explotación platanera.* ● m. **2.** Planta tropical con aspecto de árbol, con grandes hojas que recuerdan las de una palmera, cuyo fruto es el plátano. *Plantaron plataneros y árboles frutales.* ○ f. **3.** Platanero (→ 2). *El cultivo de la platanera requiere clima cálido.* **4.** Platanar. *El paisaje está salpicado de palmerales y plataneras.* ○ m. y f. **5.** Persona que se dedica al cultivo de plataneros (→ 2), o al comercio de su fruto. *Los plataneros canarios reclaman más ayudas oficiales.* ▶ **2, 3:** BANANERO, BANANO, PLÁTANO.

plátano. m. **1.** Fruto del platanero, de forma alargada y algo curva, piel gruesa y amarilla cuando madura, y carne blanquecina. *Resbaló con una cáscara de plátano.* Tb. su planta. (→ **platanero**). **2.** Árbol grande, con hojas que recuerdan una mano extendida y frutos redondos y vellosos, muy usual en parques y paseos. *Me senté a leer a la sombra de un plátano.* ■ **falso ~.** m. Árbol frondoso de la familia de los arces, con hojas semejantes a las del plátano (→ 2). ▶ **1:** BANANA, BANANO. ‖ **Am: 1:** CAMBUR.

platea. f. En un teatro o un cine: Patio de butacas. *Sacó dos localidades de platea.*

plateado[1]. m. Hecho o efecto de platear. *Es frecuente el dorado y plateado de metales.*

plateado[2], da. part. **1.** → **platear.** ● adj. **2.** Dicho de color: Blanco grisáceo, como el de la plata. *Se compró un deportivo de color gris plateado.* Tb. m. **3.** De color plateado (→ 2). *Vestía traje oscuro con corbata plateada.*

platear. tr. Cubrir con un baño de plata (algo). *Quería platear la cadena del reloj. No es plata de ley, sino latón plateado.*

platelminto. adj. **1.** *Zool.* Del grupo de los platelmintos (→ 2). *Gusano platelminto.* ● m. **2.** *Zool.* Gusano gralm. parásito y de cuerpo aplanado, sin aparato circulatorio ni respiratorio. *La tenia es un platelminto.*

plateresco, ca. adj. **1.** Dicho de estilo artístico o arquitectónico: Que se desarrolló en España en el s. XVI y se caracteriza por una ornamentación que recuerda las filigranas de los plateros, y por la combinación de elementos clásicos y ojivales. *El retablo es de estilo plateresco.* Tb. m. *La fachada de la Universidad de Salamanca es una joya del plateresco.* **2.** Del plateresco (→ 1). *Fachada plateresca.*

platería. f. **1.** Arte u oficio de platero. *La cruz parroquial es una magnífica obra de platería.* **2.** Taller donde trabaja el platero. *Trabaja de aprendiz en una platería.* **3.** Establecimiento en que se venden objetos de plata, oro o joyas. *Compramos la pulsera en una platería.*

platero, ra. m. y f. **1.** Persona que tiene por oficio labrar la plata. *El cáliz es obra de un platero renacentista.* **2.** Persona que tiene por oficio la venta de objetos de plata, oro o joyas. *Compró los anillos de boda a un platero.*

plática. f. **1.** frecAm. Conversación o charla. *Los que iban llegando se unían a nuestra animada plática. Solo quiere contar todos los pormenores en una plática larga y tendida* [C]. **2.** Sermón gralm. breve de contenido religioso o moral. *El sacerdote dirigió a los familiares del fallecido una plática sobre el consuelo de la fe.* ▶ **1:** *CONVERSACIÓN.

platicar. intr. **1.** frecAm. Conversar o charlar dos personas. *Luis y Manuel platican* SOBRE *política.* Tb.: *Platicaba animadamente* CON *una vecina. No me atrevo a platicar* DE *esto* CON *él* [C]. ○ tr. **2.** Am. Contar (un hecho o una historia). *Tráete otro leño y les sigo platicando lo que quieran* [C]. *Además, si él no se de-*

cide, ¿a quién le platicará sus cosas? [C]. ▶ **1:** *CONVERSAR. **2:** *CONTAR.

platija. f. Pez marino semejante al lenguado, pero de color pardo y con manchas amarillas en la cara superior, y de carne menos apreciada. *En las rías se capturan gran cantidad de platijas.*

platillo. m. **1.** Plato pequeño o pieza similar empleados para diferentes usos. *El violinista tocaba una pieza y pasaba el platillo para que le echaran monedas.* **2.** Pieza en forma de plato o de disco que tiene una balanza, frec. en número de dos, y en la que se ponen las pesas o lo que se va a pesar. *En un platillo de la balanza puso una pesa de kilo y en el otro fue echando la fruta.* **3.** Cada uno de los dos discos metálicos, ligeramente cónicos en el centro, que componen un instrumento musical de percusión. *El músico tomó un platillo en cada mano y los hizo entrechocar con fuerza.* Frec., en pl., designa ese instrumento. *El batería hacía sonar los platillos a golpe de pedal.* **4.** Am. Plato (comida preparada). *Estoy preparando tortas de Navidad, mi platillo favorito* [C]. ■ ~ **volador.** m. Am. Platillo volante (→ **platillo volante**). *Un restaurante con la forma de un platillo volador* [C]. ■ ~ **volante.** m. Objeto volador de procedencia desconocida, supuestamente extraterrestre, cuya forma recuerda la de un plato. *En la película, unos marcianos llegan a la Tierra en un platillo volante.*

platina. f. Parte de un microscopio donde se coloca lo que se quiere observar. *Coloque la preparación sobre la platina.*

platino. m. **1.** Elemento químico del grupo de los metales, de color plateado, muy pesado, resistente a los ácidos y muy empleado en joyería, electrónica y diversos campos científicos (Símb. *Pt*). *Le regalaron una pulsera de oro y platino.* **2.** *Mec.* En un motor de explosión: Pieza de las que establecen contacto eléctrico en el sistema de encendido. Frec. en pl. *Los platinos hacen saltar la chispa en las bujías.*

plato. m. **1.** Recipiente bajo y gralm. redondo, con una concavidad en medio, que se utiliza para servir alimentos o comerlos en él. *Sirvieron la cena en platos de porcelana.* Tb. su contenido. *Se comió un plato de macarrones.* Tb. designa otros objetos cuya forma recuerda la de ese recipiente. *El agua caía sobre el plato de la ducha.* **2.** Comida preparada para ser consumida. *La paella es un plato típico valenciano. El menú consta de dos platos y postre.* **3.** En una balanza: Platillo. *Fue echando patatas en el plato de la balanza hasta llegar al kilo.* **4.** En un tocadiscos: Pieza de forma circular sobre la que se coloca el disco. *El disco había dejado de sonar, pero seguía girando sobre el plato.* **5.** En una bicicleta: Rueda dentada unida a los pedales y que, a través de la cadena, transmite el impulso de estos a los piñones de la rueda trasera. *En la pendiente, accionó el cambio para circular con plato pequeño y piñón grande.* **6.** *Dep.* Disco de arcilla que se usa como blanco móvil en pruebas de tiro. *El último tirador acertó a doce platos.* ■ ~ **combinado.** m. Plato (→ 2) compuesto por varios alimentos y que se consume como comida completa. *Mi plato combinado tenía dos huevos, un filete y pimientos.* ■ ~ **de segunda mesa.** m. coloq. Persona o cosa que son objeto de menosprecio o desconsideración por pertenecer o haber pertenecido a otro. *Rechazó a un divorciado porque no quería ser plato de segunda mesa.* ■ ~ **fuerte.** m. Asunto o hecho principales o muy importantes. *El festival de rock será el plato fuerte de los actos festivos.* ■ ~ **hondo,** o **sopero.** m. Plato (→ 1) con la concavidad muy honda. *Para la sopa, pon platos hondos.* ■ ~ **llano.** m. Plato (→ 1) con la concavidad poco honda. *El pescado lo sirvieron en platos llanos.* □ **no haber roto** alguien **un** ~. loc. v. coloq. No haber cometido nunca un error o una acción censurable. *Tiene cara de no haber roto un plato, pero es un demonio.* ■ **pagar** alguien **los ~s rotos.** loc. v. coloq. Ser castigado o verse afectado injustamente por algo que no ha hecho o de lo que no es el único culpable. *Cada vez que hay huelga de transportes, le toca al usuario pagar los platos rotos.* ■ **ser** algo ~ **de gusto.** loc. v. coloq. Ser agradable. Gralm. en constr. negativas. *No es plato de gusto comunicar el fallecimiento de alguien.* ▶ **3:** PLATILLO. **4:** GIRADISCOS. || **Am: 2:** PLATILLO.

plató. m. En cine o televisión: Escenario acondicionado para el rodaje de películas o la realización de programas. *En el plató se grababa un programa de música.* ▶ SET.

platón. m. Am. Recipiente grande, poco profundo, que se usa espec. para presentar los alimentos en la mesa. *En un platón de loza se pone una capa de tortilla* [C]. *Pasaban los platones con canapés* [C]. Tb. el que tiene otros usos domésticos, como el aseo o el lavado de ropa. *Súbeme dos platones de agua hirviendo* [C].

platónico, ca. adj. **1.** De Platón (filósofo griego, s. V a. C.) o del platonismo. *"El Banquete" es un diálogo platónico. Explique la concepción platónica del Bien.* **2.** Seguidor de Platón o del platonismo. Tb. m. y f. *Los platónicos conciben la realidad como reflejo del mundo de las ideas.* **3.** Idealista o desinteresado. *Tiene la platónica idea de que es posible acabar con el hambre en el mundo.* Dicho de pers., tb. m. y f. *De joven era un platónico, pero la vida te vuelve realista.*

platonismo. m. Doctrina y escuela filosóficas de Platón (filósofo griego, s. V a. C.). *Aristóteles fue discípulo de Platón, pero superó el platonismo para crear su propio sistema filosófico.*

plausibilidad. f. Cualidad de plausible. *Filósofos posteriores pusieron en cuestión la plausibilidad de sus argumentos.*

plausible. adj. **1.** Digno de aplauso. *El actor hizo una interpretación muy plausible.* **2.** Admisible, o digno de ser tenido en consideración. *La hipótesis más plausible sobre su desaparición apunta hacia el secuestro.*

playa. f. **1.** Terreno plano y arenoso en la orilla del mar o de otra extensión grande de agua. *La arena de la playa ardía bajo los rayos del sol.* **2.** Porción de mar contigua a la playa (→ 1). *Buceaban en la playa buscando cangrejos.*

playero, ra. adj. **1.** De la playa. *Pasamos una estupenda jornada playera.* ● f. **2.** Zapatilla de lona con suela de goma y cordones, que se usa espec. en verano o para hacer deporte. *Vestía pantalón vaquero, camiseta blanca y playeras azules.* ▶ **2:** BAMBA.

plaza. f. **1.** Lugar amplio y espacioso de una población, en el que suelen confluir varias calles. *Los niños jugaban en la plaza.* Frec. se usa como parte del nombre de ese lugar. *Lo que más le gustó de Salamanca fue la Plaza Mayor. Vivo en la Plaza del Descubrimiento, n.º 3.* **2.** Sitio destinado a ser ocupado por una persona o una cosa. *No quedan plazas libres en el próximo vuelo. Se alquila plaza de garaje.* **3.** Empleo o puesto de trabajo. *El Ministerio oferta 40 plazas de bombero.* **4.** Mercado (lugar en que se venden productos alimenticios). *Vamos a la plaza a hacer la compra.* **5.** Construcción circular y gralm. provista de gradas, donde se celebran corridas de toros. *El público de la plaza pedía la oreja con insistencia.* Frec. ~ *de toros. En las fiestas del pueblo montan una plaza de toros portátil.* **6.** *Com.* y *Mil.* Población, espec. si es centro de operaciones. *Bilbao es una plaza importante en el comercio marítimo.* **7.** histór. Población o lugar fortificados. *El ejército se hizo fuerte en la plaza de Zaragoza.* Tb. ~ *fuerte. Las tropas invasoras se adueñaron de las principales plazas fuertes.* ■ ~ **de armas.** f. Zona de una fortificación o de una instalación militar donde forman y hacen ejercicio las tropas. *La jura de bandera tuvo lugar en la plaza de armas del cuartel.* ▶ **3:** *TRABAJO. **4:** MERCADO. **5:** COSO.

plazo. m. **1.** Período de tiempo determinado para la realización de algo. *El plazo para entregar el trabajo acaba mañana.* **2.** Pago parcial de los varios en que se acuerda dividir el pago total de algo. *La matrícula se puede abonar en dos plazos. Pagó el último plazo del ordenador.* Frec. en la constr. *a ~s,* hablando de compra o venta. *Compró el frigorífico a plazos.* ■ **a corto ~.** loc. adv. Dentro de un período de tiempo próximo o breve. *Los efectos del tratamiento se notan a corto plazo.* Tb. loc. adj. *Las soluciones a corto plazo no siempre son definitivas.* ■ **a largo ~.** loc. adv. Dentro de un período de tiempo lejano o largo. *La inversión solo será rentable a largo plazo.* Tb. loc. adj. *Los proyectos a largo plazo requieren constancia.* ■ **a medio ~.** loc. adv. Dentro de un período de tiempo ni próximo ni lejano. *No espero resultados de inmediato, pero sí a medio plazo.* Tb. loc. adj. *La planificación a medio plazo puede corregirse conforme avance la obra.* ■ **a ~ fijo.** loc. adv. En economía: Sin poder retirar un depósito bancario hasta que se haya cumplido el plazo (→ 1) establecido. *El dinero de la herencia lo metió en el banco a plazo fijo.* Tb. loc. adj. *Depósito a plazo fijo.*

plazoleta. f. Plaza pequeña que suele haber en jardines y paseos. *Siga andando por la alameda y, al llegar a la próxima plazoleta, gire a la izquierda.*

pleamar. f. Nivel más alto que alcanza la marea. *Cuando llega la pleamar, los buscadores de percebes se retiran de los acantilados.* Tb. el tiempo en que se mantiene ese nivel. *El pesquero zarpó durante la primera hora de la pleamar.*

plebe. f. **1.** Clase social más baja. *Durante siglos, el acceso a la educación estuvo vetado para la plebe.* **2.** histór. En la antigua Roma: Clase social que carecía de los privilegios de los patricios. *Los gladiadores eran jaleados por la plebe.*

plebeyo, ya. adj. **1.** De la plebe. *Entre la población plebeya predominaban los artesanos y los pequeños agricultores.* Dicho de pers., tb. m. y f. *Los ciudadanos romanos libres se dividían en patricios y plebeyos.* **2.** De características atribuidas a la plebe, espec. su vulgaridad o falta de delicadeza. Frec. despect. *Era un hombre de modales plebeyos.*

plebiscitario, ria. adj. Del plebiscito. *Se ha querido dar a las elecciones un carácter plebiscitario.*

plebiscito. m. Consulta que los poderes públicos hacen al pueblo para que este apruebe o rechace mediante el voto directo una determinada propuesta sobre soberanía u otro asunto de especial importancia. *La República italiana se estableció por plebiscito.*

plectro. m. *Mús.* Palillo o púa para tocar instrumentos de cuerda. *El uso del plectro permite al guitarrista una mayor precisión en el punteo.*

plegable. adj. Que se puede plegar. *Silla plegable.*

plegado. m. Hecho o efecto de plegar una cosa. *Una vez impresos, una máquina realiza el plegado de los folletos. En la talla admiran las vestiduras, con finos plegados.*

plegamiento. m. *Geol.* Deformación en forma de ondulación de la corteza terrestre, producida por el movimiento conjunto de rocas sometidas a una presión lateral. *Los movimientos orogénicos dan lugar a la formación de plegamientos y fallas. Plegamiento anticlinal.* ▶ PLIEGUE.

plegar. (conjug. ACERTAR). tr. **1.** Doblar (una cosa) haciendo pliegues (en ella). *Coge un papel y pliégalo dos veces por la mitad.* Tb. en constr. pron. media. *La capota del coche se pliega automáticamente al apretar un botón.* ○ intr. prnl. **2.** Ceder o someterse a alguien o algo. *Se plegó* A *la voluntad de la mayoría.*

plegaria. f. Ruego o súplica, espec. los dirigidos a la divinidad. *Se lo pedía al Señor, convencido de que su plegaria sería atendida.*

pleistoceno, na. adj. **1.** (Como m. se usa en mayúsc.). *Geol.* Dicho de división geológica: Que es la primera o más antigua del período cuaternario. Tb. m. *Han encontrado fósiles humanos del Pleistoceno.* **2.** *Geol.* Del Pleistoceno (→ 1). *Arenales pleistocenos.*

pleitear. tr. Litigar o contender judicialmente (sobre algo). Más frec. usado en constr. intr. *La segunda esposa y los hijos pleitearon por la herencia. Si empresa y trabajador no llegan a un acuerdo amistoso, tendrán que pleitear.* ▶ LITIGAR.

pleitesía. f. cult. Muestra reverente de sumisión. Frec. con *rendir. Los caballeros se iban arrodillando para rendir pleitesía al nuevo rey.*

pleito. m. **1.** Disputa judicial entre dos o más partes. *Ganó un pleito por el uso del agua de riego.* **2.** Disputa o enfrentamiento. *Eso son pleitos de familia, ya se arreglarán.*

plenario, ria. adj. **1.** Completo, o que cuenta o se realiza con la presencia de todas las partes o miembros. *El acto contó con la asistencia plenaria del cuerpo diplomático.* Referido espec. a reunión de una corporación. *Habrá sesión plenaria de accionistas.* ● m. **2.** Pleno (reunión). *La ley será discutida en el plenario del Senado.* ▶ **2:** PLENO.

plenilunio. m. cult. Luna llena. *Me gustan las noches de plenilunio.*

plenipotenciario, ria. adj. Dicho de enviado o representante diplomático: Que tiene plenos poderes para cumplir una misión. *La comisión estará constituida por un representante plenipotenciario de cada uno de los Estados miembros.* Tb. m. y f. *La embajadora actuó como plenipotenciaria del Presidente.*

plenitud. f. **1.** Cualidad o estado de pleno o completo. *El Estado debe garantizar los derechos ciudadanos en toda su plenitud. Está en plenitud de facultades.* **2.** Apogeo o momento culminante de algo. *Una persona con cuarenta años está en la plenitud de la vida.*

pleno, na. adj. **1.** Completo o absoluto. *Hubo coincidencia plena en nuestros planteamientos. Los sindicatos reclaman el pleno empleo.* **2.** Antepuesto a un nombre que expresa tiempo o lugar, se usa para enfatizar que se hace referencia precisamente al tiempo o lugar expresados. *Eran las doce de la mañana, pleno día.* Frec. precedido de *en. Se ha puesto de parto en plena calle.* **3.** cult. Lleno (que tiene gran cantidad de algo). *Sonríe plena* DE *satisfacción.* ● m. **4.** Reunión o junta general de una corporación. *La moción se ha aprobado en el pleno del Ayuntamiento celebrado* *ayer.* **5.** En un juego de azar: Acierto de todos los resultados. *Le faltan dos aciertos para el pleno en la quiniela.* ■ **en pleno.** loc. adv. Con todos los miembros que integran la colectividad de que se habla. *Dimite en pleno el Gobierno.* Tb. loc. adj. *El equipo en pleno ha sido el artífice del triunfo.* ▶ **1:** *COMPLETO. **4:** PLENARIO.

pleonasmo. m. *Lit.* Figura retórica que consiste en emplear palabras innecesarias para la comprensión, pero que aportan expresividad. *La expresión "volar por el aire" es un pleonasmo.*

pleonástico, ca. adj. *Lit.* Del pleonasmo o que lo contiene. *"Bajar abajo" es una expresión pleonástica.*

plesiosaurio. m. *Zool.* Réptil marino fósil, de forma semejante a un enorme lagarto, que vivió en la era mesozoica. *La mandíbula hallada pertenece a un plesiosaurio.*

pletina. f. **1.** Dispositivo de un casete que permite grabar y reproducir cintas magnetofónicas. *Rebobinó la cinta que tenía en la pletina.* **2.** Pieza metálica rectangular y de poco espesor. *El soporte se sujeta a la pared mediante una pletina con cuatro tornillos.*

plétora. f. **1.** Gran abundancia de algo. *Se sentía abrumado por aquella plétora de dudas. Una plétora de agentes rodeó al sospechoso.* **2.** *Med.* Exceso de sangre o de otros líquidos orgánicos en el cuerpo o en una parte de él. *La radiografía muestra signos de plétora pulmonar.*

pletórico, ca. adj. Que tiene gran abundancia de algo. *Empezó la carrera pletórico* DE *fuerzas.* Frec. referido a un sentimiento de alegría o felicidad. *Está pletórica* DE *alegría por el premio. Había conocido a la mujer de su vida y se sentía pletórico.*

pleura. f. *Anat.* Membrana que recubre la cavidad torácica y la superficie de los pulmones. *La pleura facilita los movimientos de inspiración y espiración.*

pleural. adj. *Anat.* De la pleura. *La neumonía le ha causado un derrame pleural.*

pleuresía. f. *Med.* Inflamación de la pleura. *La pleuresía provoca dificultades respiratorias.* ▶ PLEURITIS.

pleuritis. f. *Med.* Pleuresía. *Según el médico, padece pleuritis.*

plexiglás. (Marca reg.). m. Resina sintética y resistente, fácil de moldear y de aspecto parecido al del vidrio. *Las ventanas del avión eran de plexiglás.*

plexo. m. *Anat.* Red formada por nervios o vasos sanguíneos o linfáticos entrelazados. *Plexo cervical. Plexo solar.*

pléyade. f. cult. Grupo de personas que sobresalen en una actividad, espec. en el campo de las letras, y que coinciden en una misma época. *Una pléyade de poetas dio lugar a la llamada "edad de plata" de la poesía española. La película reúne a una pléyade de actores.*

plica. f. Sobre cerrado y sellado que contiene información que no debe hacerse pública hasta una fecha u ocasión determinadas. *Las novelas concursantes se presentarán con pseudónimo y acompañadas de plica con los datos del autor.*

pliego. m. **1.** Hoja grande de papel de forma cuadrangular, plegada por el medio una o varias veces. Se usa espec. en artes gráficas. Tb. el conjunto de páginas de un libro o folleto, obtenidas de una de esas hojas. *El libro estaba formado por cinco pliegos de 32 páginas cada uno.* **2.** Hoja de papel, gralm. grande, que se vende sin doblar. *Compra en la papelería un pliego de papel de regalo.* **3.** Documento o escrito en que consta algo, como las condiciones de un contrato o la relación de cargos existentes contra alguien. *Según el pliego* DE *condiciones, deberá entregarse una fianza en el momento de la firma.* ■ **~ de cordel.** m. histór. Pliego (→ 1) que contiene impresas obras literarias de carácter popular, como romances o novelas cortas, y que se ponía a la venta suelto, colgado de un cordel en tiendas, puestos o portales. *Los romances de ciego se vendían en pliegos de cordel.*

pliegue. m. **1.** Doblez en una tela o en algo flexible. *Juegan a esconderse entre los pliegues de las cortinas.* Frec. designa el que se hace artificialmente en una prenda. *Vestido para embarazada, con pliegue central en el delantero.* **2.** *Geol.* Plegamiento. *Los pliegues son más habituales en rocas sedimentarias. Pliegue sinclinal.*

plim o **plin. a mí,** o **ti,** etc., **~.** expr. coloq. Se usa para expresar que a aquello de lo que se habla no importa o resulta indiferente. *Si se enfada, que se enfade; a mí, plin.*

plinto. m. **1.** Aparato gimnástico de madera con la superficie almohadillada utilizado para realizar pruebas de salto. *En el examen de gimnasia tendrá que saltar el plinto.* **2.** *Arq.* Parte inferior y cuadrangular de la pieza que sirve de base a una columna o a una estatua. *Las columnas del templo presentan fuste acanalado sobre basa sin plinto.*

plioceno, na. adj. **1.** (Como m. se usa en mayúsc.). *Geol.* Dicho de división geológica: Que es la última o más reciente del Neógeno. Tb. m. *Los mares y los océanos terminaron de formarse en el Plioceno.* **2.** *Geol.* Del Plioceno (→ 1). *Homínidos pliocenos.*

plisado. m. Hecho o efecto de plisar. *El diseñador muestra su gusto por los plisados.*

plisar. tr. Hacer pliegues (en una tela o en algo flexible). *Hemos aprendido a fruncir y plisar telas.* Frec. en part. *Lleva una falda plisada.*

plomada. f. **1.** Instrumento formado por una pesa metálica sujeta al extremo de una cuerda, que sirve para señalar la línea vertical al ser tensada la cuerda por la fuerza de la gravedad. *El albañil cuelga la plomada de un listón.* **2.** Conjunto de plomos que se ponen en una red de pesca.

plomería. f. Am. Fontanería. *Los seleccionados pueden recibir cursos de albañilería, plomería o barbería* [C].

plomero. m. Am. Fontanero. *Una cuadrilla de albañiles, carpinteros y plomeros* [C]. *¡El auténtico plomero es el médico, que destapa las cañerías del cuerpo!* [C].

plomizo, za. adj. **1.** Semejante al plomo. Frec. referido a color. *El coche es de color gris plomizo.* **2.** De color plomizo (→ 1). *Unos nubarrones plomizos anuncian tormenta.*

plomo. m. **1.** Elemento químico del grupo de los metales, pesado, maleable y de color gris azulado (Símb. *Pb*). *Muchos conductos de fontanería son de plomo.* **2.** Pieza o pedazo de plomo (→ 1) que se pone en algunas cosas para darles peso. *Los pescadores usan redes lastradas con plomo.* **3.** Bala o proyectil de armas de fuego. Frec. en sent. colectivo. *El plomo de la metralleta ha alcanzado a un agente en el brazo.* **4.** coloq. Persona o cosa pesadas o molestas. *Amparo habla por los codos, es un plomo. Ese libro es un plomo.* ○ m. pl. **5.** Cortacircuitos o fusible de una instalación eléctrica. *Había tantas cosas encendidas que se fundieron los plomos.* ■ **a ~.** loc. adv. **1.** Verticalmente.

Frec. con *caer*. *Es mediodía y los rayos del sol caen a plomo. El acantilado cae a plomo sobre el mar.* **2.** Con todo el peso del cuerpo. Frec. con *caer*. *Resbaló en el tejado y cayó a plomo sobre un montón de paja.*

pluma. f. **1.** Cada una de las piezas que cubren el cuerpo de las aves. *El papagayo tiene plumas de diversos colores.* Frec. en sent. colectivo. *Los pájaros están mudando la pluma.* **2.** Utensilio que sirve para escribir con tinta. *Tiene sobre la mesa un juego de bolígrafo y pluma.* **3.** Pluma (→ 1) natural o artificial que se usa como adorno. *La cantante lleva un traje con plumas.* **4.** Mástil de una grúa. *La pluma del camión de bomberos llegó hasta el piso en llamas.* **5.** cult. Escritor, espec. de obras literarias. *El novelista es una pluma reconocida internacionalmente.* **6.** coloq. Afeminamiento en el modo de hablar o actuar de un hombre. *¿Cómo te puede gustar ese hombre, con la pluma que tiene?* ■ ~ **estilográfica.** f. Pluma (→ 2) que incorpora un depósito recargable o un cartucho para la tinta. *Sacó su pluma estilográfica del bolsillo para firmar.* ⇒ ESTILOGRÁFICA. ‖ Am: LAPICERA. ■ ~ **fuente.** f. Am. Pluma estilográfica (→ **pluma estilográfica**). *Empezó a firmar con su eterna pluma fuente de tinta verde* [C]. □ **a vuela ~.** → **vuelapluma.**

plumaje. m. Conjunto de plumas de un ave. *El plumaje del periquito es muy vistoso.*

plumazo. de un ~. loc. adv. coloq. De forma resuelta, rápida y tajante. *Esto lo arreglo yo de un plumazo. Los golpistas acabaron de un plumazo con todas las libertades.*

plúmbeo, a. adj. **1.** cult. De plomo. *El cielo se puso de un gris plúmbeo.* **2.** Muy aburrido o pesado. *La conferencia era plúmbea y muchos no aguantaron hasta el final.* ▶ **2:** *ABURRIDO.

plumero. m. Utensilio que sirve para quitar el polvo, formado por un manojo de plumas sujetas a un mango. *Pasa el plumero al mueble del salón.* ■ **vérsele** (a alguien) **el ~.** loc. v. coloq. Entreverse sus intenciones o sus pensamientos. *Si sigues coqueteando así, se te va a ver el plumero.*

plumier. m. Caja o estuche que sirve para guardar lápices y otros utensilios de escritura. *Lleva en la mochila los cuadernos, los libros y el plumier.*

plumífero, ra. adj. **1.** cult. Que tiene plumas. *El ñandú es un ave plumífera no voladora.* Dicho de ave, tb. m. *En su cuaderno de campo, describe el canto de todos los plumíferos que ha encontrado.* ● m. **2.** Prenda de abrigo impermeable y rellena de plumas de ave o de otro material aislante. *Llévate el plumífero, que hará frío en la sierra.*

plumilla. f. Parte o pieza de una pluma de escribir, que se inserta o está fija en uno de sus extremos y que, al mojarse de tinta, permite escribir o dibujar. *Moja la plumilla en el tintero y empieza a dibujar. Un retrato a plumilla.* ▶ PLUMÍN.

plumín. m. Plumilla. Designa espec. la que se inserta en un portaplumas o está fija en una pluma estilográfica. *Le han regalado una estilográfica con plumín de oro.* ▶ PLUMILLA.

plumón. m. Conjunto de plumas muy delgadas y suaves que cubren el cuerpo de las crías de ave, o que presentan las aves adultas debajo del plumaje exterior. *El relleno del edredón es de plumón de oca.*

plural. adj. **1.** Múltiple o que se presenta en más de un aspecto. *La participación de distintos especialistas proporcionará una visión plural del problema.* ● m. **2.** *Gram.* Número plural (→ **número**). *"Amamos" está en plural.* Tb. la palabra con la forma correspondiente a ese número. *El plural de "coz" es "coces".* ■ ~ **de modestia.** m. *Gram.* Plural (→ 2) del pronombre personal de primera persona que se usa en vez del singular cuando alguien quiere quitarse importancia. *En el sintagma "Ganamos el trofeo", dicho por la única persona que lo ganó, el plural de "Ganamos" es un plural de modestia.* ■ ~ **mayestático.** m. *Gram.* Plural (→ 2) que emplea una autoridad para hablar de sí misma en primera persona. *"Nos rezamos", dicho por el Papa, es un plural mayestático.*

pluralidad. f. **1.** Condición de plural o múltiple. *El estudio sociológico refleja la pluralidad de la sociedad en que vivimos.* **2.** Conjunto numeroso de personas o cosas, gralm. de características diferentes. *Habrá una mesa redonda en la que se expresen una pluralidad de opiniones.*

pluralismo. m. Sistema basado en el reconocimiento de la pluralidad de ideas o posiciones, espec. en materia política, cultural o religiosa. *El pluralismo político es consustancial a la democracia. Pluralismo informativo.*

pluralista. adj. **1.** Del pluralismo. *Defienden un modelo educativo pluralista y participativo.* **2.** Partidario o defensor del pluralismo. *Los sectores más pluralistas del partido defienden la incorporación de candidatos independientes.* Dicho de pers., tb. m. y f.

pluralizar. intr. Atribuir a varias personas o cosas algo que es peculiar de una. *Eso lo pensarás tú, no pluralices y no hables por mí.*

pluri-. elem. compos. Significa pluralidad. *Pluriconfesional, plurisignificación, pluriemplear.*

plurianual. adj. Que afecta o se refiere a varios años. *El Gobierno ha aprobado un plan plurianual de empleo.*

pluricelular. adj. *Biol.* Dicho organismo: Constituido por muchas células. *Entre los animales pluricelulares más simples están las esponjas marinas.*

pluridimensional. adj. Que tiene varias dimensiones o aspectos. *El conferenciante abordó el tema desde un enfoque pluridimensional.*

pluridisciplinar. adj. Multidisciplinar. *La atención al drogodependiente debe ser pluridisciplinar, con intervención de médicos, trabajadores sociales, educadores...*

pluriempleado, da. m. y f. Persona en situación de pluriempleo. *Eres un pluriempleado.* Tb. adj. *Es un padre pluriempleado y ve poco a sus hijos.*

pluriempleo. m. Situación de la persona empleada en dos o más trabajos al mismo tiempo. *Con estos sueldos, no queda más remedio que recurrir al pluriempleo.*

plurilingüe. adj. **1.** Que habla varias lenguas. *Los diplomáticos suelen ser plurilingües.* **2.** Que tiene varias lenguas, o desarrolla su actividad en varias lenguas. *Bélgica es un país plurilingüe.* **3.** Expresado en varias lenguas. *El Papa dirigió a sus fieles un mensaje plurilingüe.*

plurilingüismo. m. Condición de plurilingüe. *En estos tiempos de la globalización, cada vez es más necesario el plurilingüismo.*

plurimembre. adj. Que consta de varios miembros o elementos. *El órgano de dirección es plurimembre.*

plurinacional. adj. De múltiples naciones. *La antigua Yugoslavia era un Estado plurinacional y federal, integrado por varias repúblicas.*

pluripartidismo. m. Sistema político basado en la coexistencia de varios partidos. *La democracia trajo consigo la libertad de expresión y el pluripartidismo.*

pluripartidista. adj. Del pluripartidismo o que tiene pluripartidismo. *En las democracias más asentadas hay una larga tradición pluripartidista.*

plurivalente. adj. Polivalente (que vale para varios fines). *El piso, sin tabiques, está concebido como un espacio plurivalente donde comer, dormir y trabajar.* ▶ POLIVALENTE.

plus. m. Gratificación o sobresueldo que se pagan de manera suplementaria u ocasional. *Es especialista de cine y cobra un plus por peligrosidad.*

pluscuamperfecto. m. *Gram.* Pretérito pluscuamperfecto (→ **pretérito**). *Pluscuamperfecto de subjuntivo del verbo "amar".*

plusmarquista. m. y f. Deportista que consigue la mejor marca en una especialidad atlética. *El atleta ucraniano es el último plusmarquista mundial de salto con pértiga.*

plusvalía. f. *Econ.* Incremento del valor de una cosa por causas externas a ella. *Vendió la casa y obtuvo una plusvalía del 10%.*

plutocracia. f. **1.** cult. Preponderancia de los ricos en el gobierno del Estado. *Un gobierno íntegro evitará cualquier atisbo de plutocracia.* Tb. el gobierno caracterizado por esa preponderancia, y el Estado así gobernado. *Tantos sobornos a políticos hacen pensar si no viviremos en una plutocracia.* **2.** cult. Grupo social constituido por los plutócratas. *La plutocracia en general vería con malos ojos un gobierno de izquierdas.*

plutócrata. m. y f. cult. Persona muy influyente, espec. en política, debido a su riqueza. *La justicia debe ser igual para el mendigo y para el plutócrata.*

plutocrático, ca. m. y f. cult. De la plutocracia. *Es impensable que un régimen plutocrático vaya en contra de los mercados.*

plutónico, ca. adj. *Geol.* Dicho de roca: Originada a partir de magma cristalizado a grandes profundidades. *El granito es una roca plutónica de textura granular.*

plutonio. m. Elemento químico metálico, radiactivo, obtenido artificialmente y que se usa como combustible nuclear (Símb. *Pu*). *Las organizaciones pacifistas rechazan la fabricación de plutonio con fines militares.*

pluvial. adj. De la lluvia. *La gráfica representa el régimen pluvial de los últimos meses. Agua pluvial.*

pluviometría. f. *Meteor.* Medida de las precipitaciones caídas en un lugar durante un tiempo determinado. *La pluviometría media anual en la región es de 400 litros por m*^{2}. Tb. el estudio científico de la distribución de esas precipitaciones.

pluviométrico, ca. adj. *Meteor.* Del pluviómetro o de la pluviometría. *Las variaciones térmicas y pluviométricas de los últimos años hacen pensar en un cambio climático.*

pluviómetro. m. *Meteor.* Instrumento que sirve para medir la cantidad de lluvia que cae en un lugar durante un tiempo determinado. *Durante la tormenta, los pluviómetros registraron valores superiores a los 150 mm por hora.*

pluviosidad. f. *Meteor.* Cantidad de lluvia que cae en un lugar durante un tiempo determinado. *El país está en una zona de clima templado y con escasa pluviosidad.*

pluvioso, sa. adj. cult. Lluvioso. *El clima de la comarca era desapacible y pluvioso.*

p. m. abrev. Post merídiem. *La reunión tendrá lugar a las 4.30 p. m.*

p.º abrev. Paseo. *P.º del Mar, 23.*

poblacho. m. despect. Pueblo de poca entidad y de aspecto humilde o destartalado. *Vive en un poblacho perdido en medio de la sierra.*

población. f. **1.** Conjunto de personas que habitan en un determinado lugar. *La población del municipio es de treinta mil habitantes. La población mundial crece a ritmo acelerado.* **2.** Conjunto de seres vivos que habitan en un determinado lugar. *La población de buitres negros se ha reducido en esa comarca.* **3.** Lugar edificado y organizado administrativamente en que habita una colectividad. *El ciclón arrasó varias poblaciones costeras.* ■ **~ activa.** f. Suma de la población (→ 1) de un país que está empleada, más la que busca trabajo. *La tasa de paro sobre población activa subió en el primer trimestre.* ▶ **3:** LOCALIDAD, POBLADO.

poblado, da. part. **1.** → **poblar.** ● m. **2.** Población (lugar edificado). *Es habitual que haya rivalidad entre poblados vecinos. Un poblado de indígenas.* **3.** Lugar poblado (→ 1). *En poblado no se pueden superar los 50 km/h.* ▶ **2:** POBLACIÓN.

poblador, ra. adj. Que puebla un lugar. *Aquellas tribus pobladoras del desierto se dedican al pastoreo.* Dicho de pers., tb. m. y f. *Se cree que los primeros pobladores de América llegaron de Asia.*

poblamiento. m. **1.** Hecho de poblar. *Los colonos emprendieron el poblamiento de tierras vírgenes.* **2.** *Geogr.* Forma de distribuirse la población en un proceso de poblamiento (→ 1) de un lugar. *En algunas zonas rurales predomina un poblamiento disperso, sin núcleos de viviendas.*

poblano, na. adj. Am. Campesino. *Nada más sugestivo que entrar en las iglesias ecuatorianas poblanas* [C]. Dicho de pers., tb. m. y f. *Los perros se pusieron a aullar y los poblanos comenzaron a caminar con prisa por la calle* [C].

poblar. (conjug. CONTAR). tr. **1.** Habitar un grupo de personas o seres vivos (un lugar). *Gentes de diferente procedencia han poblado la ciudad.* **2.** Ocupar (un lugar) con personas u otros seres vivos para que vivan en él. *Han poblado el bosque* DE *castaños.* Tb. en constr. prnl. media. *En primavera el río se puebla* DE *salmones.* ▶ **1:** HABITAR.

pobre. adj. (sup. **pobrísimo**; sup. cult., **paupérrimo**). **1.** Que tiene poco dinero o carece de lo necesario para vivir. *Aumentan las diferencias entre los países pobres y los ricos. Eran muy pobres y vivían en una chabola.* Dicho de pers., tb. m. y f. *También los pobres tienen derecho a la educación.* **2.** Que tiene una cantidad escasa o insuficiente de algo. *Tiene un vocabulario muy pobre. El examen está pobre* DE *contenido. Sigue una dieta pobre* EN *proteínas.* **3.** Infeliz o desgraciado. Se usa para expresar compasión hacia la pers. o animal a que se refiere. *¡Pobre perrito; se ha hecho daño! La pobre chica no deja de llorar.* **4.** Humilde o de poco valor o categoría. *Viste con ropas pobres. Las casas más pobres han quedado muy dañadas por el temporal.* ● m. y f. **5.** Mendigo. *En la acera hay una pobre pidiendo.* ■ **~ de mí.** expr. Se usa para expresar autocompasión o defensa de la propia inocencia, frec. como reacción ante algo que se dice. *¿Cómo iba yo, pobre de mí, a hacer una cosa así?* ■ ~ **de ti,** o **de él,** etc. expr. Se usa para expresar amenaza hacia la persona aludida. *¡Pobre de ti si llegas tarde a casa!* ▶ **1:** INDIGENTE, MISERABLE, NECESITADO. ‖ **frecAm: 1:** PELADO.

pobrete, ta. adj. coloq. Pobre. *La cría no deja de llorar, pobreta.* Frec. despect. Dicho de pers., tb. m. y f. *Con esas pintas, cualquiera que te vea pensará que eres un pobrete.*

pobretería. f. **1.** Conjunto de pobres. *Toda la pobretería de la ciudad iba a la puerta de la catedral a pedir limosna.* **2.** Escasez o miseria. *Fueron años de hambre y pobretería.* **3.** Tacañería o preocupación excesiva por el dinero. *No aguanto la pobretería ni la mezquindad.*

pobretón, na. adj. despect. Pobre. *La zona acoge un turismo pobretón.* Dicho de pers., tb. m. y f. *Las calles se han llenado de pobretones.*

pobreza. f. Cualidad o condición de pobre. *Pasaron de la riqueza a la pobreza más extrema. La obra se ha realizado con una gran pobreza de medios.* ▶ ESCASEZ, INDIGENCIA, MISERIA, PENURIA.

pobrísimo, ma. → **pobre.**

pocero. m. **1.** Hombre que se dedica a la construcción de pozos o a trabajar en ellos. *Un pocero reparará la bomba del pozo.* **2.** Hombre que se dedica a la limpieza de pozos, cloacas o fosas sépticas. *El ayuntamiento tiene un servicio de poceros.*

pocho, cha. adj. **1.** Dicho alimento, espec. de fruta: Podrido o que empieza a pudrirse. *Si hay alguna manzana pocha, retírala.* **2.** coloq. Dicho de persona: Enferma o que tiene algún trastorno de salud. *Se le nota en la cara que está un poco pocha.*

pocholo, la. adj. coloq. Bonito o atractivo. *¡Qué peluche tan pocholo!* Se usa para dirigirse a una persona cariñosamente. *Ven con tu tita, pochola.*

pocilga. f. **1.** Establo para ganado porcino. *Una cerda amamanta a sus lechones en la pocilga.* **2.** coloq. Lugar muy sucio. *Esta cocina es una pocilga: da asco comer aquí.* ▶ **1:** COCHIQUERA, PORQUERIZA.

pocillo. m. frecAm. Taza o vasija pequeñas de loza. *Me sirvieron un pocillo de chocolate. La comida consistía en una tortilla con arroz y frijoles y un pocillo con café* [C]. *Agregar un pocillo de agua y cocinar a fuego mediano hasta completar la cocción* [C]. ▶ JÍCARA.

pócima. f. **1.** Bebida medicinal, frec. elaborada con hierbas o materias vegetales. *La curandera le preparó una pócima para el dolor de estómago. No hay ungüento ni pócima mágica que cure el mal de amores.* **2.** coloq. Bebida desagradable. *Aquel cóctel era una pócima imbebible.* ▶ **1:** ELIXIR, POCIÓN.

poción. f. Líquido que se bebe. Designa espec. el preparado con propiedades medicinales o mágicas. *La farmacéutica preparó una poción sedante. El druida dio a los guerreros una poción mágica.* ▶ *PÓCIMA.

poco, ca. adj. **1.** Que se presenta en pequeña cantidad o en grado bajo. *Tiene pocas esperanzas de ganar. Acudió poco público. El río lleva poca agua. Ha comprado una sortija de poco valor.* Tb. sustantivado. *No había muchos relojes, y los pocos que había no me gustaban.* **2.** Que no es suficiente para lo que es justo o previsible. *Gana poco dinero* PARA *lo que trabaja. Había poca gente* PARA *ser lunes.* ● pron. **3.** Una cantidad pequeña de personas o cosas. *Prefería que fuera una celebración íntima e invitó a pocos. Los pocos que fueron a la conferencia se aburrieron. Unos pocos decidieron ir en barco.* A veces en sing. con sent. pl. *Poco de lo que dice tiene sentido. Tengo poco que añadir.* **4.** Una cantidad insuficiente de personas o cosas para lo que es justo o previsible. *Come poco* PARA *lo gordo que está. Asistieron pocos* PARA *ser un acto tan importante.* **5.** Una cantidad pequeña de tiempo o de dinero. Se usa en la forma m. sing. *Tardamos poco en llegar. Dentro de poco será la vendimia. Hasta hace poco no había oído hablar de ella. Me dijo que le había costado poco.* **6.** Una cantidad insuficiente de tiempo o de dinero para lo que es justo o previsible. Se usa en la forma m. sing. *Gasta poco* PARA *lo que gana.* ● m. (No tiene pl.; frec. con el art. *un*). **7.** Cantidad pequeña de algo. *¿Quieres un poco* DE *agua? Guarda ese poco* DE *tarta para mañana.* A veces se omite el compl. *¿Llevas dinero?, déjame un poco. Falta un poco para que empiece la película.* ● adv. **8.** En cantidad o intensidad bajas. *Esa cuerda es poco resistente. Es poco receptivo a las nuevas ideas. Es un río poco profundo. Se esfuerza poco.* **9.** En cantidad o intensidad insuficientes para lo que es justo o previsible. *Se cuida poco* PARA *lo que debería. Engorda poco* PARA *lo que come.* ■ **de poco.** loc. adj. De poca (→ 1) importancia. *Tuve un accidente, pero fue cosa de poco.* ■ **poco a poco.** loc. adv. **1.** Despacio. *Fue caminando poco a poco hasta el muelle.* **2.** De corta en corta cantidad. *Si no bebes poco a poco te vas a atragantar.* ■ **poco más o menos.** loc. adv. Aproximadamente o casi con exactitud. *Habría unas cien personas poco más o menos. Esta bolsa pesará poco más o menos dos kilos.* ■ **por poco.** loc. adv. Se usa para expresar que estuvo a punto de ocurrir algo que finalmente no sucedió. *No vi el bordillo y por poco me caigo.* ■ **tener en poco** (a alguien). loc. v. Menospreciar(lo). *Lo tienes en poco si crees que no será capaz de arreglárselas solo.* ■ **un poco.** loc. adv. Se usa para indicar que la acción, la circunstancia o la cualidad expresadas se presentan en un grado o intensidad bajos. *Está un poco resentido. Llegué un poco más lejos. Se entristeció un poco con la noticia.*

poda. f. Hecho de podar. *La poda de árboles se suele realizar en otoño e invierno. El censor hizo tal poda en el libro que lo dejó irreconocible.* Tb. el tiempo en que se realiza. *Durante la poda trabaja como jornalero.*

podadera. f. Herramienta con mango de madera y hoja curva, que se utiliza para podar. *Para las ramas altas, emplee una podadera de mango largo.*

podador, ra. adj. Que poda o sirve para podar. *Tijeras podadoras.* Dicho de pers., tb. m. y f. *Un podador trabaja en el jardín.*

podar. tr. **1.** Cortar o quitar (a un árbol u otra planta) las ramas superfluas, para que crezcan con más vigor. *Los operarios municipales podaron los árboles de la avenida.* Tb. referido a las ramas. *Poda las ramas que sobresalen del seto.* Tb. usado en constr. intr. *Tijeras de podar.* **2.** Eliminar (de algo) partes o aspectos considerados innecesarios o negativos. *El redactor podó el artículo* DE *información superflua.*

podenco. m. Perro podenco (→ **perro**). *Los podencos son perros muy veloces.*

poder. (conjug. PODER). aux. **1.** Seguido de un infinitivo, expresa que no hay obstáculos que impidan que se realice la acción designada por él. *¿Cómo puedes andar con esos tacones? Intenté avisarte pero no pude. Nadie se explica cómo pudo romperse. No soy capaz de abrir este tarro, mira a ver si tú puedes. Pu-*

do no haber aceptado. *Aquí puedes comer por poco dinero. El dique no pudo contener el agua. No podemos aparcar porque hay un vado. El envase puede ser de plástico o de cristal.* **2.** Seguido de un infinitivo, expresa probabilidad o posibilidad. *Su experiencia como conductor podría resultarnos útil. Podrías tener razón. Pueden no haberse enterado todavía.* **3.** Seguido de *ser* y una oración introducida por *que*, presenta lo designado como un hecho posible o no seguro. *¿Y no puede ser que se le haya olvidado? Podría ser que estuvieras equivocado.* Frec., usado en la forma *puede*, se omite, por sobrentendido, el v. *ser*. *–¿Vendrás a cenar? –Puede. Puede que estés equivocado. Puede que se ponga a nevar. Puede que por querer arreglarlo lo estropee aún más.* ○ tr. **4.** coloq. Ser capaz de vencer (a alguien). *Es un equipo al que todavía no ha podido nadie. Como era el mayor, podía a todos los de su clase.* Tb. fig. *En los exámenes siempre me pueden los nervios. Nos pudo el hambre y tuvimos que parar a comer.* ○ intr. **5.** Seguido de un complemento introducido por *con* que designa una persona o cosa que suponen alguna dificultad: Lograr dominar lo expresado por él. *No sé cómo se las arregla para poder con la casa y el trabajo. No pudo con una carrera tan difícil y la dejó en segundo curso. Vas muy cargado, ¿puedes con todo?* **6.** Seguido de un complemento introducido por *con* que designa una persona o cosa que producen rechazo: Aguantar o soportar lo expresado por él. Se usa con el v. en forma negativa. *No puedo con su obsesión por el orden. No trago a ese idiota, no puedo con él. No puede con los hospitales, lo deprimen.* ● m. **7.** Facultad para mandar o para imponerse. *En una democracia, el poder emana del pueblo y es ejercido por sus representantes. No es bueno que el poder se concentre en una sola persona.* **8.** Capacidad o condiciones de una cosa o de una persona para lograr algo. *Compró una lejía con gran poder desinfectante. Ha demostrado facilidad de palabra y poder de convicción. El hada del cuento tenía poderes mágicos.* **9.** Fuerza o vitalidad. *El ciclista hizo toda una demostración de poder y facultades físicas.* **10.** Posesión actual de algo. Gralm. en la constr. *en ~* de alguien. *La documentación obra en poder del abogado. Tenía en su poder dos valiosos manuscritos. La verdad absoluta no está en poder de nadie.* **11.** Gobierno de un Estado. *Solo dos candidatos tienen posibilidades reales de llegar al poder. El partido conservador se mantuvo en el poder dos legislaturas.* **12.** Cada uno de los grandes aspectos que se consideran como constitutivos del poder (→ 11). *La Constitución consagra la división de poderes del Estado. En la recepción había representantes del poder ejecutivo, legislativo y judicial.* Tb. el conjunto de personas y organismos encargados de ellos. *Corresponde al poder judicial velar por la constitucionalidad de las leyes.* **13.** Autorización legal que una persona da a otra para que la represente o actúe en su nombre. Tb. el documento en que consta. *Deberá presentarse el interesado o su representante acreditado mediante poder notarial.* Frec. en pl. con significado sing. *Otorgó plenos poderes a sus abogados para que negociaran la venta de la empresa.* ■ **~ fáctico.** m. Institución que, sin ser parte de los órganos de gobierno, puede influir en la política de un país gracias a su capacidad de presión o a su autoridad. Frec. en pl. *El libro analiza el papel de los poderes fácticos –banca, Iglesia, ejército, prensa– en la transición.* □ **a,** o **hasta, más no ~.** loc. adv. En un grado o intensidad muy altos. *Llovía a más no poder. Es feo hasta más no poder.* ■ **de ~ a ~.** loc. adv. Empleando cada uno de los que se enfrentan todas sus fuerzas o capacidad, sin dar por sentada la superioridad del otro. *Los dos tenistas se enfrentaron de poder a poder.* ■ **hacer** alguien **un ~.** loc. v. coloq. Esforzarse en hacer algo que afirma o considera no poder hacer. Gralm. en constr. imperativas para incitar a ello. *¿Que no puedes?, ¡pues haz un poder!* ■ **los ~es públicos.** loc. s. Los organismos que gobiernan un Estado. *Los ecologistas exigen a los poderes públicos medidas de protección medioambiental.* ■ **no ~ más.** loc. v. Haber llegado al límite de la capacidad o la resistencia. *Estoy harto, no puedo más. Si no puedes más, cambia de trabajo.* ■ **no ~** alguien **por menos,** o **no ~ menos.** loc. v. No poder (→ 1) evitar lo que se expresa a continuación. Se usa en las constr. *no ~* alguien *por menos de* o *que*, o *no poder* alguien *menos que*, seguidas de infinitivo. *No pude por menos de escuchar lo que decían. No podía por menos que reconocerle su valía. Cuando te cuenta una de sus historias, no puedes menos que reírte.* ■ **no ~** algo **por menos,** o **no ~ menos.** loc. v. Ser inevitable que suceda lo que se expresa a continuación. Se usa en las constr. *no ~* algo *por menos de* o *que*, o *no poder* algo *menos que*, seguidas de infinitivo. *Lo que vio no pudo por menos de asombrarlo. Su actuación no podrá por menos que conmoverlos. He observado en ella algunos detalles que no pueden menos que inquietarme.* ■ **por ~,** o **por ~es.** loc. adv. Con intervención de un apoderado. *Se casó por poderes con un hombre que tardaría años en conocer.* ■ **¿se puede?** expr. Se usa para pedir permiso para entrar en un lugar en el que hay alguien. *–¿Se puede? –Adelante.*

poderío. m. **1.** Poder o dominio. *Los reinos cristianos hicieron frente al poderío árabe. Las grandes potencias extienden su poderío económico.* **2.** Fuerza o vigor grandes. *Una bailaora de raza y poderío.*

poderoso, sa. adj. **1.** Que tiene poder. *El valido era el hombre más poderoso después del rey. Desea un estado fuerte y poderoso.* Dicho de pers., tb. m. y f. *Defendió a los débiles frente a los poderosos.* **2.** Dicho de persona: Muy rica. Dicho de pers., tb. m. y f. *Ese tren de vida solo está al alcance de los poderosos.* **3.** Grande o de peso. *La publicidad ejerce una influencia poderosa en el comprador. Tengo poderosas razones para actuar así.* ▶ **1:** FUERTE.

podio. m. **1.** Plataforma elevada a la que sube alguien para ocupar una posición preferente, frec. para recibir un premio deportivo o presidir un acto. *El presidente dio el discurso desde un podio. Dos atletas españoles subirán al podio.* **2.** *Arq.* Pedestal alargado sobre el que descansan varias columnas. *El templo se alza sobre un podio con columnas corintias.* ▶ **1:** PÓDIUM.

pódium. (pl. **pódiums**). m. Podio (plataforma). *El ganador del bronce sube el primero al pódium.* ▶ PODIO.

podología. f. *Med.* Rama de la medicina que se ocupa de las enfermedades y deformaciones de los pies. *Estudia podología en la Escuela Universitaria.*

podólogo, ga. m. y f. *Med.* Especialista en podología. *Muchas personas con juanetes tardan en acudir al podólogo.* ▶ *CALLISTA.

podómetro. m. Aparato parecido a un reloj de bolsillo, que sirve para contar el número de pasos que da quien lo lleva y la distancia que recorre. *Cuando sale a pasear, lleva el podómetro en la cintura.*

podredumbre. f. **1.** Putrefacción. *El vertedero despide un olor a podredumbre.* Tb. fig. *La podre-*

dumbre del régimen era alarmante. **2.** Cosa podrida. *Aleja esa podredumbre de mi vista.*

podrir. (conjug. PODRIR; se usa solo en infin. y part.). tr. **1.** Pudrir (algo). *La lluvia ha podrido las vigas del tejado.* ○ intr. prnl. **2.** Pudrirse. *El plátano está a punto de podrirse. Retiró la fruta podrida. Se van a podrir* DE *envidia cuando te vean.* ▶ *DESCOMPONER.

poema. m. Obra poética, gralm. en verso. *Un poema épico. Leí una antología de poemas de Antonio Machado.* ■ **~ en prosa.** m. Obra poética en que no se utiliza el verso. *Lo último que ha publicado es un largo poema en prosa.* ■ **~ sinfónico.** m. *Mús.* Composición musical para orquesta, de forma libre y tema gralm. inspirado en una obra literaria. *Los músicos interpretarán un poema sinfónico de Strauss.* ■ **(todo) un ~.** loc. s. coloq. Una cosa que llama la atención por ser muy ridícula o exagerada. *Su cara era un poema. El peinado que llevas es todo un poema.* ▶ POESÍA.

poemario. m. Conjunto o colección de poemas. *Su último poemario apareció en dos volúmenes.*

poemático, ca. adj. Del poema, o de características semejantes a las suyas. *Ritmo poemático. Este texto es una narración poemática.*

poesía. f. **1.** Género literario, pralm. en verso, cuya expresividad se basa en el ritmo y armonía de las palabras, y en la creación de imágenes mediante el uso figurado del lenguaje. *Me gusta más la poesía que la novela.* **2.** Poema. *Se han publicado sus poesías de juventud.* Frec. en sent. colectivo. *La poesía de la generación del 27.* **3.** Belleza o cualidades propias de la poesía (→ 1). *Sus discursos están llenos de poesía.* **4.** histór. Arte de componer obras literarias en prosa o en verso, cuyo fin es la creación de belleza. *Los alumnos romanos estudiaban poesía y oratoria.* Tb. cada uno de los géneros literarios que incluyen estas obras. *Poesía épica, lírica o dramática.*

poeta, tisa. m. y f. (A veces como f. se usa **poeta**). **1.** Autor de obras poéticas. *El poeta ha recibido el premio Nobel de Literatura. La poetisa escribía con un seudónimo masculino.* **2.** Persona con facultades para hacer poesías. *Luis, que es poeta, siempre hace alguna rima graciosa.*

poetastro. m. despect. Poeta (autor). *No era más que un poetastro que deambulaba por los cafés.*

poético, ca. adj. **1.** De poesía o de la poesía. *Una obra poética. El lenguaje poético utiliza recursos como la metáfora.* **2.** Que tiene o expresa cualidades propias de la poesía, como la belleza. *Regalarle una rosa fue un gesto muy poético.* ● f. **3.** Estudio de los principios y reglas de la poesía como género literario. *Estudios de poética. Aristóteles dedicó un libro a la poética.* Tb. los principios y reglas de la poesía de una determinada época, escuela o autor. *Habló un especialista en la poética de José Hierro.*

poetisa. → **poeta.**

poetizar. tr. Dar carácter poético (a algo). *El autor poetiza mitos y leyendas del pasado. En su ensueño, poetiza la vida y olvida su lado oscuro.*

pogromo. m. Persecución y matanza de miembros de un pueblo o raza, espec. del pueblo judío. *En el siglo* XV *hubo pogromos en las juderías.*

polaco, ca. adj. **1.** De Polonia. *Súbditos polacos.* Dicho de pers., tb. m. y f. *Se casó con una polaca.* **2.** Del polaco (→ 3). *Gramática polaca.* ● m. **3.** Lengua hablada en Polonia. *El polaco es una lengua eslava.*

polaina. f. Prenda, gralm. de paño o cuero, que cubre la pierna hasta la rodilla. *El cazador lleva polainas de ante.*

polar. adj. Del polo de un cuerpo esférico, espec. del terrestre. *Zona polar.*

polaridad. f. **1.** *Fís.* Propiedad de un cuerpo, de un sistema o un aparato de tener polos o puntos opuestos. *Polaridad eléctrica.* **2.** Cualidad de lo que posee dos propiedades opuestas o contrarias. *El parlamento se caracteriza por la polaridad de las fuerzas políticas.*

polarización. f. Hecho de polarizar o polarizarse. *La polarización de la luz.*

polarizar. tr. **1.** *Fís.* Modificar (rayos luminosos) por medio de refracción o reflexión, de tal manera que queden incapaces de refractarse o reflejarse de nuevo en ciertas direcciones. *Hay lentes que polarizan la luz.* **2.** Concentrar alguien (la atención o el interés) en algo. *Polarizó su actividad* HACIA *la enseñanza.* **3.** Atraer alguien o algo (la atención o el interés). *Su presencia en el palco polarizó la atención del público.*

polca. f. Baile de origen centroeuropeo, de ritmo rápido, que se ejecuta gralm. por parejas y dando pasos cortos. *La pareja abre el baile con una polca.* Tb. su música. *En el salón tocaban una polca.*

pólder. (pl. **pólderes**). m. Terreno pantanoso ganado al mar y desecado que se dedica al cultivo. *Unos largos diques protegen los pólderes de las mareas.*

polea. f. **1.** Mecanismo que consiste en una rueda giratoria de borde acanalado, por el que se desliza una cuerda o cadena, y que sirve para mover o levantar cosas pesadas. *Suben el piano con una polea.* **2.** *tecn.* Rueda metálica que gira sobre un eje y transmite el movimiento mediante una cinta o correa. *Hay que cambiar la polea de transmisión del motor.* ▶ **1:** GARRUCHA, ROLDANA.

polémico, ca. adj. **1.** De polémica (→ 3). *Se ha creado un clima tenso.* **2.** Que produce polémica (→ 3). *Fue una decisión polémica.* ● f. **3.** Debate o discusión entre dos o más personas con opiniones enfrentadas. *Las medidas fiscales han levantado mucha polémica. Los dos sostienen una fuerte polémica en la prensa.* ▶ **3:** CONTROVERSIA.

polemista. m. y f. Persona que sostiene polémicas, espec. un escritor. *Un polemista nato.*

polemizar. intr. Sostener una polémica. *No vale la pena polemizar* SOBRE *ese asunto.*

polen. m. Conjunto de granos diminutos presentes en los órganos reproductores de las flores y portadores de las células masculinas. *En primavera hay altas concentraciones de polen.*

poleo. m. Planta olorosa de flores azuladas o violáceas, empleada para hacer infusiones para el estómago. Tb. la infusión. *Tómate el poleo antes de que se te enfríe.*

polera. f. Am. Camiseta (prenda de vestir exterior). *Vestía un* short *oscuro, una polera y sandalias de playa* [C]. ▶ CAMISETA.

poliamida. f. *Quím.* Compuesto natural o sintético, formado por otros compuestos derivados del amoniaco, que se emplea en la industria textil y como plástico. *De las poliamidas, el nailon es la más utilizada.*

poliandria. f. Estado de la mujer casada con dos o más hombres a la vez. *En algunas sociedades la poliandria es frecuente.*

polichinela. m. despect. Hombre de poca personalidad y que se deja manejar por otros. *Los golpistas han puesto como presidente a un polichinela.*

policía. f. **1.** (Frec. en mayúsc.). Cuerpo de personas a las órdenes de una autoridad política, encargado de mantener el orden público y la seguridad de los ciudadanos. *La policía busca al sospechoso.* ○ m. y f. **2.** Miembro de la Policía (→ 1). *Un policía municipal regula el tráfico.* ■ ~ **judicial.** f. Cuerpo de personas a las órdenes de los juzgados y tribunales, encargado de investigar delitos públicos y perseguir a delincuentes. ■ ~ **secreta.** f. Policía (→ 1) cuyos miembros no llevan uniforme a fin de pasar inadvertidos. *Agentes de la policía secreta.* ▶ **Am: 2:** CARABINERO.

policíaco, ca o **policiaco, ca.** adj. **1.** Dicho de novela o película: Que tiene como tema la investigación de un delito, espec. por parte de un detective privado o un policía. *Hoy emiten una serie policiaca.* **2.** Policial. *Investigación policiaca.*

policial. adj. Del cuerpo de Policía. *Vigilancia policial. La operación policial era secreta.* ▶ POLICÍACO.

policlínica. f. Establecimiento sanitario en que se prestan servicios de distintas especialidades médicas y quirúrgicas. *Al herido se le trasladó a la policlínica.*

policromar. tr. Aplicar diversos colores (a algo). *El retablo es de madera policromada.*

policromía. f. Cualidad de policromo. *La policromía de las pinturas de Altamira.*

policromo, ma o **polícromo, ma.** adj. De varios colores. *Mármoles policromos.*

polideportivo, va. adj. Dicho de conjunto de instalaciones: Destinado a la práctica de varios deportes. *Pabellón polideportivo.* Frec. m. *El polideportivo municipal tiene piscina y canchas de baloncesto.*

poliédrico, ca. adj. **1.** *Mat.* Del poliedro. *Los cristales de nieve tienen estructura poliédrica.* **2.** *Mat.* Que tiene forma de poliedro. *Los diamantes son poliédricos.* Tb. fig. *Tiene una personalidad poliédrica.*

poliedro. m. *Mat.* Cuerpo limitado por superficies planas. *El cubo es un poliedro de seis caras.*

poliéster. m. Sustancia sintética, resistente a la humedad y a los productos químicos, con la que se fabrican pralm. fibras y revestimientos. *Tejidos de poliéster.*

polietileno. m. *Quím.* Material plástico moldeable, utilizado en la fabricación de envases, envoltorios, tuberías y revestimiento de cables. *Bolsas de basura de polietileno.*

polifacético, ca. adj. **1.** Dicho de persona: Que realiza múltiples actividades. *Un artista polifacético.* **2.** Dicho de cosa: Que tiene varias facetas o aspectos. *Personalidad polifacética.*

polifonía. f. *Mús.* Música en que se combinan varias voces o partes simultáneas, con líneas melódicas distintas, formando un todo armónico. *Ciclo de polifonía barroca.*

polifónico, ca. adj. *Mús.* De la polifonía. *La coral polifónica ofrecerá un concierto.*

poligamia. f. Estado o condición de polígamo. *La poligamia es delito.* Tb. el sistema familiar que lo permite. *El Corán admite la poligamia.*

polígamo, ma. adj. **1.** Dicho de persona, espec. de hombre: Que está casada o mantiene relación de pareja con varias personas al mismo tiempo. *Hay sociedades que permiten al hombre ser polígamo.* Tb. m. y f. **2.** *Zool.* Dicho de animal: Que se aparea con varios individuos del otro sexo. *El gallo es un animal polígamo.*

políglota o **poliglota.** adj. **1.** Que domina varias lenguas. *Los diplomáticos suelen ser políglotas.* Tb. m. y f. **2.** Escrito en varias lenguas. *Biblia políglota.* Dicho de Biblia, tb. f. *La políglota de Alcalá se publicó a principios del siglo* XVI.

polígloto, ta o **poligloto, ta.** adj. cult. Políglota. *Un estudiante polígloto. Se precisa traductora políglota.* Dicho de pers., tb. m. y f.

poligonal. adj. **1.** *Mat.* Del polígono. *Ha comprado losetas de forma poligonal.* **2.** Que tiene forma de polígono. *El edificio tiene planta poligonal.*

polígono. m. **1.** *Mat.* Superficie plana limitada por líneas rectas. *Un pentágono es un polígono de cinco lados.* **2.** Terreno delimitado que constituye una unidad urbanística y tiene un fin específico. *Polígono industrial.* ■ ~ **de tiro.** m. Campo utilizado por el ejército para prácticas. *Los ecologistas se oponen al polígono de tiro.*

polígrafo, fa. m. y f. Autor que escribe sobre diferentes materias. *El polígrafo es poeta, crítico e historiador.*

polilla. f. Mariposa nocturna de pequeño tamaño, gralm. grisácea, cuya larva es muy dañina, espec. para los tejidos, y de la que existen varias especies. *Las polillas me han hecho un agujero en la camisa.*

polimerasa. f. *Biol.* Enzima que cataliza la formación de algunos polímeros, espec. el ADN y el ARN.

polimerización. f. *Quím.* Reacción en la que varias moléculas se combinan para formar un polímero. *Los ácidos nucleicos se forman por polimerización.*

polímero. m. *Quím.* Compuesto, natural o sintético, cuya molécula está formada por la combinación de varias moléculas idénticas. *Las proteínas son polímeros formados por aminoácidos.*

polimetría. f. *Lit.* Empleo de versos de diferente medida en una composición poética. *La polimetría se encuentra en algunos poemas primitivos.*

polimorfismo. m. *Quím.* y *Biol.* Cualidad de polimorfo. *El polimorfismo de la planta hace difícil su identificación.*

polimorfo, fa. adj. **1.** *Biol.* Dicho de especie: Que presenta individuos de forma o aspecto distintos. *En las especies polimorfas hay diferencias de tamaño y forma en los frutos.* **2.** *Quím.* Que puede adoptar distintas formas sin alterar su naturaleza. *Una sustancia polimorfa tiene distintas cristalizaciones sin variar de composición.*

polinesio, sia. adj. De Polinesia (grupo de islas y archipiélagos en el Pacífico). *Islas polinesias.* Dicho de pers., tb. m. y f. *Costumbres de los polinesios.*

polinización. f. *Bot.* Hecho de polinizar. *A veces la polinización se realiza por el viento.*

polinizar. tr. *Bot.* Transportar el polen de los estambres al pistilo (de una flor). *Las abejas polinizan las flores.*

polinomio. m. *Mat.* Expresión algebraica compuesta por dos o más términos formados por números o símbolos y unidos por los signos más o menos. *Un polinomio de dos términos es un binomio.*

polio. f. Poliomielitis. *Le pusieron la vacuna contra la polio.*

poliomielítico, ca. adj. Que padece poliomielitis. *Niño poliomielítico.* Dicho de pers., tb. m. y f. *Un nuevo tratamiento para los poliomielíticos.*

poliomielitis. f. Enfermedad producida por una lesión de la médula espinal que provoca deterioro grave y parálisis en algunos músculos. *Lleva muletas porque tuvo poliomelitis de pequeño.* ▶ POLIO.

pólipo. m. **1.** *Zool.* Forma en que se presentan algunos animales del tipo de la medusa o el coral, y que se caracteriza por tener aspecto de tubo, fijarse al fondo del agua, y llevar en un extremo la boca, rodeada de tentáculos. *Las colonias de pólipos forman corales.* **2.** *Med.* Tumor que se desarrolla en las mucosas de algunas cavidades y que tiene una parte alargada por la que se une al tejido. *Le van a operar unos pólipos de la nariz.*

polis. f. histór. En la antigua Grecia: Estado autónomo constituido por una ciudad y el terreno que la rodea. *Atenas era una polis.*

polisacárido. m. *Quím.* Hidrato de carbono formado por varias moléculas de azúcares simples. *La celulosa y el almidón son polisacáridos.*

polisemia. f. *Ling.* Pluralidad de significados de una palabra o de una expresión. *"Dar clase" es un caso de polisemia.*

polisémico, ca. adj. *Ling.* Dicho de palabra: Que tiene varios significados. *La palabra "sobre" es polisémica.*

polisílabo, ba. adj. *Gram.* Dicho de palabra: De varias sílabas. Tb. m. *"Esperpento" es un polisílabo.*

polisíndeton. m. *Gram.* y *Lit.* Empleo repetido de conjunciones, gralm. con fines expresivos. *En "Hubo merienda, y carreras de sacos, y hasta una piñata" hay polisíndeton.*

polisón. m. histór. Armazón o almohadilla que las mujeres se sujetaban a la cintura para que la falda abultase por detrás. *Las damas del siglo* XIX *usaban vestidos largos con polisón.*

politécnico, ca. adj. Dicho espec. de centro de enseñanza: Que abarca muchas ciencias o técnicas, pralm. con un enfoque práctico. *Universidad Politécnica.*

politeísmo. m. Creencia en varios dioses. *Politeísmo romano.*

politeísta. adj. **1.** Del politeísmo. *Religiones politeístas.* **2.** Que profesa el politeísmo. *Los antiguos griegos eran politeístas.* Dicho de pers., tb. m. y f. *Los politeístas fueron perseguidos.*

política. → **político.**

politicastro, tra. m. y f. despect. Político. *¡Estamos hartos de politicastros!*

político, ca. adj. **1.** De la política (→ 4). *Arruinó su carrera política.* **2.** Que interviene en política (→ 4), o se dedica a ella. Dicho de pers., tb. m. y f. *Políticos profesionales.* **3.** Dicho de pariente de una persona: Que lo es por ser pariente directo de la persona con la que aquella está casada. *Mis padres políticos son los padres de mi mujer.* ● f. **4.** Actividad relacionada con el gobierno del Estado, la sociedad y los asuntos públicos. *Ejerció la política durante varios años.* Tb. la disciplina científica correspondiente. *Escribió tratados de política.* Frec. en pl. designa los estudios universitarios correspondientes. *Cursó Políticas en una universidad extranjera.* **5.** Manera de ejercer la política (→ 4). *Muchos critican su política fiscal.* **6.** Principios o directrices que guían la actuación de una persona o entidad. *Mi política es no meterme con nadie.*

politiquear. intr. despect. Intervenir en política. *Una cosa es gobernar y otra muy distinta politiquear.*

politiqueo. m. despect. Hecho de politiquear. *Anda siempre metido en politiqueos.*

politización. f. Hecho o efecto de politizar o politizarse. *En su artículo denuncia la politización de la justicia.*

politizar. tr. **1.** Dar carácter político (a algo). *Algunos han intentado politizar el acto.* Tb. en constr. prnl. media. *El acto se ha politizado.* **2.** Inculcar interés o conciencia políticos (en alguien). *El objetivo era politizar a los obreros.* Tb. en constr. prnl. media. *Muchos artistas se politizaron.*

politología. f. Ciencia que estudia la política. *Experto en politología.*

politólogo, ga. m. y f. Especialista en politología. *El politólogo analiza el programa del gobierno.*

politraumatismo. m. *Med.* Conjunto de lesiones producidas simultáneamente por causas externas. *El accidentado presentaba politraumatismo grave.*

poliuretano. m. Resina sintética de baja densidad, obtenida por condensación de poliésteres y muy utilizada en la industria. *Aislamiento térmico de poliuretano.*

polivalencia. f. Cualidad de polivalente. *La polivalencia del mueble se basa en la movilidad de sus componentes.*

polivalente. adj. **1.** Que vale o sirve para varios fines. *La aspirina es un medicamento polivalente.* **2.** *Med.* Dicho espec. de vacuna: Que actúa contra varios microbios. *Una vacuna polivalente protege de los tres tipos de meningitis.* **3.** *Quím.* Dicho de elemento: Que tiene varias valencias. *El carbono es un elemento polivalente.* ▶ **1:** PLURIVALENTE.

polivinilo. m. *Quím.* Resina moldeable por el calor, obtenida por polimerización de derivados del vinilo y muy utilizada en la industria. *Venden la fruta en bandejas de polivinilo.*

póliza. f. **1.** Documento justificativo de un contrato de seguros, de una operación de bolsa o de otra transacción comercial. *Firmó la póliza del seguro de la casa.* **2.** Trozo de papel con figuras o signos grabados que acredita haber pagado el impuesto que grava la emisión de ciertos documentos oficiales. *El impreso de matrícula debe llevar una póliza.*

polizón. m. Persona que viaja en una embarcación o en una nave aérea de manera clandestina. *Viajó de polizón en un trasatlántico.*

polizonte. m. coloq., despect. Miembro de la Policía. *Nos seguían dos polizontes.*

polla. f. **1.** Gallina joven, espec. cuando aún no pone huevos. *En el corral había un gallo y varias gallinas y pollitas.* **2.** malson. Pene. **3.** Am. Apuesta. *Organiza una polla con sus amigos, otra con sus compañeros de trabajo* [C]. ■ **~ de agua.** f. Ave de plumaje negruzco en la parte superior, patas largas y verdes, y pico rojo y amarillo. *Entre los juncos del pantano vimos una polla de agua.*

pollada. f. Conjunto de pollos de un ave, espec. de la gallina, nacidos de una sola vez. *La hembra vigila el nido para proteger la pollada.*

pollera. → **pollero.**

pollería. f. Establecimiento donde se venden pollos, gallinas y otras aves comestibles, así como sus huevos. *En la pollería compramos un pavo.*

pollero, ra. m. y f. **1.** Persona que tiene por oficio criar o vender pollos y otras aves, así como sus huevos. *Dile al pollero que te ponga tres pechugas en fi-*

letes. ○ f. **2.** Am. Falda (prenda de vestir). *Vestía medias de seda y pollera muy corta* [C]. ▶ **2:** *FALDA.

pollino, na. m. **1.** Burro (mamífero). *Entró en el pueblo a lomos de un pollino.* Tb. designa específicamente al macho. *Mi pollino es el padre de la burra "Mila".* ○ f. **2.** Hembra del pollino (→ 1). *En la pollina blanca llevo los cántaros a la fuente.* ▶ **1:** *BURRO.

pollo[1]. m. **1.** Cría de un ave. *Los pollos del águila.* **2.** Pollo (→ 1) joven de gallina, espec. el criado para el consumo. *Mataron unos pollos para el banquete.* Frec. su carne. *Arroz con pollo.* **3.** coloq. Hombre joven. *Pasó un pollo engominado.* **4.** coloq. Jaleo o escándalo. Frec. con v. como *montar. Casi se pegan, ¡menudo pollo se montó! Mi novia me montó un pollo por llegar tarde.*

pollo[2]. m. coloq. Escupitajo o esputo. *Bajó la ventanilla del coche y echó un pollo.*

polo[1]. m. **1.** Cada uno de los dos extremos del eje de rotación de un cuerpo esférico, espec. de la Tierra. *La Tierra es achatada por los polos.* **2.** Zona situada alrededor de cada polo (→ 1) de la Tierra. *Expedición al polo.* **3.** (Marca reg.). Helado de forma alargada, fabricado con agua congelada y aromatizada, y provisto de un palito en la base para poder sujetarlo. *Tenemos polos de naranja y de limón.* **4.** Cada uno de los extremos del circuito de una pila, batería o máquina eléctrica. *Para cargar la batería del coche, pone una pinza en cada uno de los polos.* **5.** *Fís.* Cada uno de los dos puntos opuestos de un cuerpo, donde se concentra mayor cantidad de energía. *Los polos de un imán.* ■ **~ antártico,** o **austral.** → **Polo Sur.** ■ **~ ártico,** o **boreal.** → **Polo Norte.** ■ **~ de desarrollo,** o **industrial.** m. Zona delimitada oficialmente, en la que se pretende impulsar la actividad y el desarrollo industrial de manera planificada. *El polo industrial dará empleo a gente de la zona.* ■ **~ magnético.** m. Cada uno de los dos puntos de las regiones polares de la Tierra, hacia los que se orienta una brújula. *La posición de los polos magnéticos es variable.* ■ **~ negativo.** m. Polo (→ 4) de menor potencial, por el que sale la corriente. *El polo negativo de la pila debe estar en contacto con la patilla plana del aparato.* ■ **Polo Norte,** o **~ ártico,** o **~ boreal.** m. Polo (→ 1, 2) situado en el norte de la Tierra. *Los exploradores alcanzaron el Polo Norte.* ■ **~ positivo.** m. Polo (→ 4) de mayor potencial, por el que entra la corriente. *El polo positivo de la pila debe estar en contacto con la patilla del aparato que sobresale.* ■ **Polo Sur,** o **~ antártico,** o **~ austral.** m. Polo (→ 1, 2) situado en el sur de la Tierra. *Se descubrió un agujero en la capa de ozono sobre el Polo Sur.* ▶ **Am: 3:** PALETA.

polo[2]. m. **1.** Deporte que se practica a caballo entre dos equipos y que consiste en meter una bola de madera en la meta contraria, golpeando aquella con un mazo de mango alargado. *Equipo olímpico de polo.* **2.** Prenda de punto, gralm. de algodón, con cuello como el de una camisa y botonadura hasta el pecho. *Baja a la playa en polo y bermudas.* ▶ **2:** NIQUI.

pololear. intr. Am. Tener una persona una relación amorosa con otra. *Claudio pololeaba* CON *Pilar* [C]. Tb.: *Pololeamos dos años antes de casarnos* [C].

pololo[1]. m. Pantalón bombacho femenino, que se usaba para hacer deporte o que forma parte de algunos trajes regionales. Frec. en pl. con significado sing. *El uniforme de gimnasia de las niñas incluía pololos.*

pololo[2], la. m. y f. Am. Novio (persona que mantiene relaciones amorosas con otra). *Su primer pololo lo tuvo a los dieciséis años* [C]. ▶ *NOVIO.

polonesa. f. *Mús.* Composición musical con ritmo de marcha, inspirada en un baile nacional polaco. *Interpretó al piano una polonesa de Chopin.* Tb. el baile. *La polonesa se bailaba en la corte.*

poltrona. f. Asiento para una persona, mayor y más cómodo que una silla, gralm. mullido y que tiene brazos y respaldo. *Me senté a leer en la vieja poltrona.* ▶ BUTACA.

polución. f. **1.** Contaminación intensa del medio ambiente, espec. del agua o del aire. *El tráfico ocasiona altos niveles de polución.* **2.** Expulsión involuntaria de semen. *En la adolescencia son frecuentes las poluciones nocturnas.*

polucionar. tr. Contaminar (el medio ambiente, espec. el agua o el aire). *Los vertidos de la fábrica polucionan el río.* ▶ CONTAMINAR.

polvareda. f. **1.** Cantidad grande de polvo que se levanta de la tierra por el viento u otra causa. *El rebaño levanta una densa polvareda a su paso.* **2.** Escándalo o alboroto que causa entre la gente un hecho o un comentario. *Sus declaraciones levantaron mucha polvareda.*

polvera. f. Recipiente pequeño, gralm. aplanado y circular, que contiene polvos de maquillaje y una borla para aplicarlos. *La tapa de la polvera llevaba dentro un espejito.*

polvo. m. **1.** Conjunto de fragmentos sólidos minúsculos que se levantan en el aire y se depositan sobre las cosas. *Traía las botas llenas de polvo.* **2.** Conjunto de fragmentos sólidos que resultan de moler una materia sólida. *Canela* EN *polvo.* Frec. en pl. *Para cuidar la piel del bebé usa polvos* DE *talco.* **3.** malson. Coito. Frec. en la constr. *echar un ~.* **4.** jerg. Heroína (droga). *Un camello le pasaba el polvo.* ○ pl. **5.** Cosmético en polvo (→ 2) de distintos colores, usado como maquillaje. *Se puso polvos en la cara para disimular los brillos.* ■ **~s (de) picapica.** m. pl. Sustancia en polvo (→ 2) usada como artículo de broma, que produce picor en la piel y hace estornudar. *Le eché polvos picapica en la cama.* ⇒ PICAPICA. □ **hacer ~** (a alguien). loc. v. **1.** coloq. Dejar(lo) destrozado, física o moralmente. *La gripe te hace polvo.* **2.** coloq. Causar(le) un gran trastorno o contratiempo. *A mí el nuevo horario me hace polvo.* ■ **hacer ~** (algo). loc. v. coloq. Romper(lo) o destruir(lo). *Tenemos todos los muebles hechos polvo.* ■ **morder el ~.** loc. v. Salir derrotado o humillado. *El equipo visitante mordió el polvo.*

pólvora. f. Explosivo sólido, gralm. en grano, que se emplea en las armas de fuego, en voladuras y en los fuegos artificiales. *Tras el disparo quedó en el aire olor a pólvora.*

polvoriento, ta. adj. Lleno o cubierto de polvo. *En el estante hay libros polvorientos.*

polvorilla. m. y f. coloq. Persona inquieta y vivaz, que suele tener impulsos repentinos. *Su hermano es más serio, pero ella es una polvorilla.*

polvorín. m. **1.** Lugar donde se guardan los explosivos. *El soldado está de guardia en el polvorín.* **2.** Situación o lugar en los que puede estallar un conflicto en cualquier momento. *El país es un polvorín debido a la tensión racial.*

polvorón. m. Pastelillo de harina, manteca y azúcar, que se desmenuza fácilmente, resulta pastoso al paladar y se consume espec. en Navidad. *Tomamos polvorones y brindamos con cava.*

pomada. f. Preparación farmacéutica, de uso externo, en que se presentan algunos medicamentos, compuesta por una sustancia grasa y otros ingredientes. *Aplique la pomada sobre la quemadura.*

pomelo. m. Fruto comestible semejante a la naranja pero de mayor tamaño, color amarillo o anaranjado, y sabor algo amargo. *Zumo de pomelo.* Tb. su árbol. *Los pomelos ya tienen fruto.* ▶ **frecAm:** TORONJA.

pómez. f. Piedra pómez (→ **piedra**). *El sendero avanza sobre depósitos de pómez.*

pomo. m. **1.** Pieza más o menos esférica, que sirve de tirador en puertas, ventanas o cajones. *Para abrir la puerta, se gira el pomo hacia la derecha.* **2.** Frasco pequeño gralm. destinado a contener perfumes. *Sobre el tocador había pomos de esencias.* **3.** Extremo de la guarnición de la espada situado encima del puño. *El soldado apoyaba su mano en el pomo de la espada.*

pompa[1]. f. Lujo y solemnidad, espec. los que acompañan a un acto o ceremonia. *El cortejo real desfila con gran pompa.* ■ **~s fúnebres.** f. pl. Ceremonias que acompañan al entierro de un difunto. *Una empresa de pompas fúnebres.*

pompa[2]. f. Burbuja que se forma al introducir aire en agua mezclada con jabón. *Un aro para hacer pompas.* Tb. *~ de jabón. Hacíamos pompas de jabón y jugábamos a romperlas.*

pompeyano, na. adj. **1.** histór. De Pompeya (antigua ciudad de Italia). *Pintura mural pompeyana.* Dicho de pers., tb. m. y f. *Los pompeyanos sufrieron la erupción del Vesubio.* **2.** Dicho estilo: Que imita el arte pompeyano (→ 1). *El palacio tiene un salón de estilo pompeyano.*

pompis. m. coloq., eufem. Nalgas (parte del cuerpo humano). *El bebé tiene el pompis escocido.*

pompón. m. Bola de lana o de otro material que sirve de adorno, espec. en prendas de vestir. *El gorro de lana lleva un pompón.*

pomposidad. f. Cualidad de pomposo. *La pomposidad de sus discursos resulta insoportable.*

pomposo, sa. adj. **1.** Dicho de cosa: Que tiene mucha pompa o lujo. *La decoración de los salones era pomposa.* **2.** Dicho de lenguaje, estilo o escrito: Demasiado solemne y adornado. *Emitían pomposos comunicados vacíos de contenido.* **3.** Dicho de persona: Que se expresa de forma pomposa (→ 2). *Es un orador pomposo.*

pómulo. m. Hueso de la mejilla. *Tenía pómulos prominentes.* Tb. la parte del rostro correspondiente. *El payaso se pintó los pómulos con colorete.* ▶ MALAR.

ponche. m. Bebida alcohólica que se hace mezclando ron u otro licor con agua o leche, azúcar y otros ingredientes. *En el cóctel sirvieron ponche.*

ponchera. f. Am. Palangana. *Le tenía preparada una ponchera con agua y vinagre para que metiera los pies* [C].

poncho. m. Prenda de abrigo típica de algunas zonas de América, que consiste en una manta gralm. de lana con una abertura en el centro para meter la cabeza. *Este invierno se pondrán de moda los ponchos.*

ponderación. f. **1.** Cualidad de ponderado o moderado. *Le admiro por su ponderación y su equilibrio.* **2.** Hecho de ponderar. *Es necesaria una ponderación pausada.* ▶ **1:** *MODERACIÓN. **2:** *ALABANZA.

ponderado, da. part. **1.** → **ponderar.** ● adj. **2.** Dicho espec. de persona: Moderado y prudente. *Es una persona muy ponderada.* ▶ **2:** *MODERADO.

ponderar. tr. **1.** Considerar o examinar (algo) con cuidado. *Ponderó con calma las ofertas.* **2.** Alabar (algo) o resaltar sus cualidades, gralm. de forma exagerada. *El nuevo ministro ponderó los logros de su antecesor.* ▶ **2:** *ALABAR.

ponderativo, va. adj. Que pondera o alaba algo, gralm. de forma exagerada. *El director habló en términos ponderativos de nuestro trabajo.*

ponedero. m. Espacio preparado para que un ave, espec. una gallina, ponga huevos. *Cada gallina reposaba en su ponedero.*

ponedor, ra. adj. Dicho de ave, espec. de gallina: Que pone huevos. *En el corral picotean un gallo y seis gallinas ponedoras.*

ponencia. f. Informe o estudio sobre un tema, que se presenta ante una asamblea o en un congreso profesional. *En el simposio leyó una ponencia sobre bioética.*

ponente. m. y f. Persona que presenta una ponencia. *Los ponentes del congreso son especialistas de prestigio.*

poner. (conjug. PONER). tr. **1.** Hacer que (alguien o algo) estén en un lugar. *No olvides poner la leche* EN *la nevera. Ponte* EN *esa silla libre. Se puso alcohol* EN *la herida. Le pusieron el termómetro para ver la fiebre. Me pusieron* ENTRE *el embajador y su esposa. Ponlo encima de la mesa. Ponte* A *la sombra. Han puesto mucho empeño* EN *ganar. Siempre pone paz* EN *las peleas.* Tb. en constr. prnl. media. *Me puse* EN *Sevilla en una hora.* **2.** Hacer que (alguien o algo) pasen al estado o situación que se expresan. *Pon la espalda recta. Me pones en un aprieto. Estas cosas lo ponen de mal humor. Puso a su disposición todo lo que necesitaban. La puso en evidencia delante de todos. Pusieron la casa a su gusto. No puede ponerse de rodillas.* Tb. en constr. prnl. media. *Se puso pálida y se desmayó. En cuanto llegó, se puso a nuestra disposición. Se puso perdida de pintura. Se puso como una fiera porque nadie le hacía caso. El asunto se pone complicado. Espera a que el semáforo se ponga en verde para cruzar.* **3.** Instalar (algo, espec. un aparato), o hacer que esté en el lugar y las condiciones adecuados para que cumpla su función. *Todavía no nos han puesto el teléfono. La habitación ya está lista; solo nos queda poner las cortinas.* **4.** Hacer lo necesario para que (un aparato) empiece a funcionar. *Pon la televisión, que empieza la película. Puso el calentador y se dio una ducha. Cuando puse la lavadora, se fue la luz.* **5.** Disponer (algo) para un fin. *Ve poniendo la mesa. Póngame un rioja. Pon el agua a calentar.* **6.** Suponer (algo), o plantear(lo) como posibilidad. *Pon que nadie puede llevarte, ¿cómo piensas ir? Pongamos que hablo con él, ¿qué le digo? Habrá unos noventa invitados, pongamos cien para no quedarnos cortos.* **7.** Escribir (algo) en un lugar o utilizando un medio. *Tiene que poner los dos apellidos y el nombre. Ponga su DNI en la casilla en blanco. Me puso una dedicatoria larguísima. Se me olvidó poner mi clave para entrar en el ordenador. Hay que poner estos datos a mano.* **8.** Utilizar (un medio de comunicación). *Le hemos puesto un telegrama para darle la noticia. Ponme un fax con todos los datos. Puso una videoconferencia a Buenos Aires.* **9.** Establecer o instalar (un negocio). *Puso un quiosco de helados. Han puesto una piscifactoría río arriba.* **10.** coloq. Ofrecer al público (un espectáculo, una película o un programa). *Esa cadena pone muchos documentales. En el cine de mi barrio ponen una de terror. En el Teatro* de la Ópera ponen "Rigoletto". **11.** Dar (un nombre o un mote). *¡Mira que ponerle Josefina a una gata! ¿Qué nombre le vais a poner al niño? A la urbanización le pusieron "El Pinar" por la abundancia de pinos.* **12.** Contribuir (con algo) para un fin. *Pusimos dinero para hacerle un regalo. Unos pusieron el vino, y otros, la comida.* **13.** coloq. Tener una cosa (algo) escrito. *La etiqueta pone que hay que lavarlo en seco.* **14.** Hacer que (algo, como un castigo o una obligación) recaiga en alguien. *Me han puesto una multa. Ponían muchos deberes a los alumnos. La Universidad ha puesto nuevas tasas.* **15.** Hacer que (algo, como una prenda de vestir o un adorno) cubra una parte del cuerpo o esté sobre ella. *Pusieron al niño gorro y bufanda. Como llovía, me puse las botas de agua. No tengo nada que ponerme. Se puso un broche en la solapa y unos pendientes a juego.* **16.** Hacer posible que (una persona) hable por teléfono con otra. *¿Puede ponerme con el encargado? La llamé, pero no quiso ponerse.* **17.** Apostar (una cantidad de dinero). *Lo puso todo al mismo número.* **18.** Expulsar un animal (un huevo) de su organismo. *Las tortugas marinas ponen sus huevos en la playa en que nacieron.* Tb. usado en constr. intr. *Las gallinas llevan un tiempo sin poner.* **19.** Seguido de *a* y un infinitivo, o *de* y un nombre que designa empleo, tarea o función: Dedicar (a alguien) a lo expresado por ellos. *Como no quería estudiar, lo pusieron a despachar en una tienda. Ha sido una sorpresa que la pongan a ella de directora. El entrenador lo puso de defensa. No voy a ponerme yo de mediador entre ellos.* **20.** Seguido de un adverbio o un complemento introducido por *como* o, a veces, *de*: Hablar (de alguien o algo) de la manera expresada. *La crítica ha puesto muy bien su nuevo disco. Los entendidos lo ponen como a un genio de la danza. Me puso de egoísta y mentiroso.* **21.** Seguido de un complemento introducido por *como, por* o *de*: Tener (algo o a alguien) en calidad de lo expresado por él. *Te pongo por testigo de que no me comprometo a nada. Puso como fiador a su padre. Me puso como ejemplo un caso parecido. ¿Qué le vas a poner de título?* **22.** Seguido de *a* y un infinitivo, o de *en* y un nombre que designa una actividad: Hacer que (una persona o cosa) empiecen a realizar lo expresado por ellos. *Hasta que no te pongas a hacerlo, no sabrás con qué problemas vas a encontrarte. No tengo ganas de ponerme a dar explicaciones. Le costó poner en marcha el coche.* Tb. en constr. prnl. media. *La alarma se ha puesto a sonar. Al salir a la calle, el niño se puso a tiritar.* ○ tr. prnl. **23.** coloq. Decir (algo que se ha expresado oralmente). Se usa para citar las palabras textuales. *No la soporto cuando se pone: "Me aburro, no sé qué hacer".* ○ tr. impers. **24.** Haber (algo) escrito en un sitio. *Lo ponía bien claro: "Perros no". ¿Qué pone aquí? En ese cartel pone que no se puede tocar la fruta.* ○ intr. prnl. **25.** Ocultarse un astro en el horizonte. *Acamparemos antes de que se ponga el sol.* **26.** coloq. Seguido de *con* y un nombre que implica una actividad: Pasar a ocuparse de ella. *¡Qué pereza ponerme ahora con la comida de mañana! Cuando se pone con el periódico, se le van las horas sin enterarse. Cuando acabes de merendar, te pones con los deberes.* **27.** coloq. Seguido de un complemento introducido por *en*: Llegar algo al precio expresado por él. *En la subasta, el cuadro se puso en cien mil euros. ¿En cuánto se nos pone el billete con las tasas?* ■ **no ponérsele** (a alguien) **nada por delante.** loc. v. coloq. Actuar (esa persona) sin tener en cuenta las dificultades u obstáculos. *Cuando era joven no se le ponía nada por delante.* ■ **~ a parir** (a alguien). loc. v. coloq. Criticar(lo) duramente. *Siempre que hablaba de él era para ponerlo a parir. ¡Ahora me sales con que tenía razón!, si me pusiste a parir cuando te lo dije.* ■ **~ en claro** (algo). loc. v. Hacer que no haya dudas (acerca de ello). *Te interesa poner en claro tu postura cuanto antes.* ■ **~ pingando** (a alguien). loc. v. coloq. Criticar(lo) duramente. *No la tragaba y aprovechaba cualquier ocasión para ponerla pingando.* ■ **~se colorado,** o **rojo.** loc. v. Ruborizarse, o ponérsele (→ 2) a alguien la cara roja de vergüenza. *Si sigues elogiándome, voy a ponerme colorada.* ■ **~se de largo.** loc. v. Presentarse una joven en sociedad mediante una fiesta en la que viste galas de mujer. *A los dieciocho se puso de largo.*

póney. (pl. **poneis**). m. Poni. *En el circo hay un número de poneis.*

poni. m. Caballo de una raza que se caracteriza por su poca alzada o altura. *A los niños les hacía ilusión montar en un poni.* ► PÓNEY.

poniente. (Referido a punto cardinal, se usa en mayúsc.). m. Oeste (punto cardinal, o viento). *El balcón mira a Poniente.* ► *OESTE.

pontevedrés, sa. adj. De Pontevedra. *Las rías pontevedresas.* Dicho de pers., tb. m. y f. *Los pontevedreses sufrieron la marea negra.*

pontificado. m. Cargo o dignidad de pontífice. *Accedió al pontificado en 1978.* Tb. el tiempo que dura. *Durante su pontificado se celebró un concilio.*

pontificar. intr. Dar opiniones personales presentándolas como verdades indiscutibles. *En la tertulia todos pontificaban* SOBRE *cualquier tema.*

pontífice. (Frec. en mayúsc.). m. Papa. *Los peregrinos acuden a conocer al Pontífice.* Tb. *sumo ~. El Sumo Pontífice transmitió un mensaje de paz.*

pontificio, cia. adj. Del pontífice. *Bula pontificia.*

pontón. m. **1.** Embarcación poco profunda y de fondo plano que sirve para cruzar ríos, construir puentes o excavar o limpiar el fondo de las aguas. *Llevan el cargamento en pontones hasta la otra orilla.* **2.** Puente formado por maderos o por una sola tabla. *Cruzamos el río por un pontón.*

ponzoña. f. Sustancia que puede dañar gravemente la salud de un ser vivo o causar su muerte. *La ponzoña de esta araña es mortal.* Tb. fig. *La ponzoña de la envidia.* ► *VENENO.

ponzoñoso, sa. adj. Que tiene ponzoña. *El humo ponzoñoso de la incineradora cubre el cielo.* Tb. fig. *Manipula a los demás con insinuaciones ponzoñosas.* ► *VENENOSO.

pop. m. **1.** Género de música moderna, derivado de la música popular anglosajona y basado pralm. en una melodía pegadiza y un ritmo marcado, que se interpreta con instrumentos eléctricos y batería. *Los Beatles eran los reyes del pop.* ● adj. **2.** Del pop (→ 1). *Música pop.*

popa. f. Parte posterior de una embarcación. *El barco mide treinta metros de proa a popa.*

pope. m. Sacerdote de la iglesia ortodoxa. *Unos popes griegos visitaron al Papa.*

popelín. m. Tela fina y tupida, gralm. algodón y con algo de brillo. *El señor llevaba una camisa de popelín.*

populachero, ra. adj. **1.** despect. Del populacho. *En el chiringuito hay ambiente populachero.* **2.** despect. Que trata de ganarse el aprecio del populacho. *Político populachero.*

populacho. m. **1.** despect. Gente de la de clase social más baja. *Las comedias simplonas divertían al populacho.* **2.** despect. Gente descontrolada de la clase social más baja. *El marqués fue linchado por el populacho.*

popular. adj. **1.** Del pueblo o de la clase social más baja. *Tradiciones populares. Revuelta popular.* **2.** Conocido y apreciado por mucha gente. *Es una popular estrella de la canción.* **3.** Que está al alcance de la gente con menos recursos económicos. *Piden que el cine y el teatro tengan precios populares.* ▶ **2:** *FAMOSO.

popularidad. f. Cualidad de popular, o conocido y apreciado por mucha gente. *El actor goza de gran popularidad en toda Europa.*

popularismo. m. Tendencia o afición a lo popular, o perteneciente al pueblo, espec. en el modo de vida o en las manifestaciones artísticas. *El popularismo de García Lorca aflora en parte de su obra.*

popularista. adj. Del popularismo o inclinado a lo popular. *Es una comedia popularista que refleja el alma aldeana.*

popularización. f. Hecho de popularizar o popularizarse. *En aquellos años se produjo la popularización de la minifalda.*

popularizar. tr. Convertir (algo o a alguien) en populares, o conocidos y apreciados por mucha gente. *El programa contribuye a popularizar la música clasica.* Tb. en constr. prnl. media. *El patinete se ha popularizado de nuevo.*

populismo. m. despect. Tendencia a defender los intereses del pueblo o la clase social más baja. Se usa espec. en política. *El mandato del dictador se caracterizó por el populismo.*

populista. adj. **1.** despect. Del populismo. Se usa espec. en política. *Su discurso tiene un barniz populista que atrae a las masas.* **2.** despect. Partidario del populismo. Se usa espec. en política. *Gobierno populista.* Tb. m. y f. *Los populistas se aliaron para llegar al poder.*

populoso, sa. adj. Dicho de lugar: Muy poblado. *Vive en un populoso barrio del centro.*

popurrí. m. **1.** Composición musical formada por fragmentos de varias obras distintas. *Interpretó un popurrí de sus viejos éxitos.* **2.** Mezcla de varias cosas distintas. *La fiesta era un popurrí de gente variopinta.*

poquedad. f. **1.** cult. Timidez o falta de decisión al actuar. *Su poquedad le impedía afrontar nuevos proyectos.* **2.** cult. Escasez o falta de la cantidad suficiente. *Disimula su poquedad intelectual con palabras altisonantes.*

póquer. m. Juego de cartas con baraja francesa, en el que cada jugador recibe cinco de ellas, se hacen apuestas y se trata de conseguir, o de hacer creer que se ha conseguido, la jugada de mayor valor. *Una partida de póquer.* Tb. una de las jugadas de este juego. *Con tres reyes y un comodín haces póquer de reyes.*

por. (Se pronuncia siempre átona). prep. **1.** Introduce el complemento agente de una oración pasiva. *Fue traicionado por un amigo.* **2.** Indica el lugar a través del cual se pasa para ir a otro punto. *Fuimos a León por Benavente. ¿No hemos pasado ya por este pueblo?* **3.** Indica lugar o tiempo de forma aproximada. *Esa calle debe de estar por Atocha. Sería por octubre cuando vino a vernos.* **4.** Indica la parte de un todo sobre la que se ejerce una acción. *Lo sujeté por una mano. Cogió la cazuela por las dos asas.* **5.** Introduce un complemento que expresa causa o motivo. *Esto te pasa por indulgente. Las plantas se secaron por falta de agua. Os castigarán por haber roto el cristal. Pregúntale por qué lo ha dicho. ¿Por qué te enfadas?* A veces, coloquialmente, se usa solo. *–No va a venir. –¿Por?* **6.** Introduce un complemento que expresa el medio o el modo de ejecutar la acción verbal. *Pásalo por el pasapurés. Os llamaremos por teléfono. Se comunican por señas. No lo conseguirás por la fuerza. Se casaron por lo civil.* **7.** A cambio de. *Lo compré por poco dinero. Me ofrecieron un teléfono nuevo por el mío viejo.* **8.** A favor de, o en defensa de. *Dio su vida por la causa. Se manifestaron por la paz y contra la violencia.* **9.** Introduce un complemento que expresa la consideración, el concepto o el estado en los que se encuentra alguien o algo. *Lo tienen por tonto. Las dan por muertas. La tomó por esposa. Dio por concluida la reunión.* **10.** Indica distribución o reparto. *Tocamos a dos pasteles por persona.* Frec. referido a la velocidad desarrollada. *Solo va a 50 kilómetros por hora.* **11.** Introduce un complemento que expresa la cantidad respecto a la cual se establece una proporción. *Un veinte por ciento.* **12.** Introduce el número que designa el multiplicador. *Tres por cuatro, doce. Multiplicaron esa cantidad por cinco.* **13.** En busca de. *Lo mandó por pan. Ve por mi abrigo.* **14.** Para, o con el fin de. *Entré con sigilo por no despertarlo. Me escondí por que no me vieran.* **15.** Seguido de un infinitivo, indica que la acción denotada por él no se ha realizado todavía. *La factura está por pagar.* **16.** Precedida de un verbo, frec. en infinitivo, y seguida del infinitivo de ese mismo verbo, expresa que la acción designada es inútil o innecesaria. *No se trata de hacer por hacer, sino de presentar una propuesta bien elaborada. No sabemos nada: esto es hablar por hablar. Estoy comiendo por comer, porque no tengo hambre.* **17.** Seguido de un adjetivo o un adverbio y la conjunción *que,* expresa que el hecho que se expone en primer lugar no puede impedir que se cumpla lo que se dice a continuación. *Por mal que lo haga en esta prueba, se clasificará. Por listo que sea, no aprobará sin estudiar. Por competente que sea, van a despedirla.* Frec. en las constr. *~ más que* o *~ mucho que. Por más que se esfuerza, no lo consigue. Por mucho que corra, no lo alcanzará.* ■ **~ si.** loc. conjunt. En previsión de que. *Lo he comprado por si lo necesitamos. Es mejor que lleves unos zapatos cómodos, por si tuvieras que andar mucho. Llevaron el paraguas por si acaso llovía.*

porcelana. f. **1.** Material de cerámica fino, brillante y gralm. translúcido, que se elabora con una arcilla blanca y es originario de China. *Se rompió el jarrón de porcelana.* **2.** Objeto de porcelana (→ 1). *El museo posee una colección de porcelanas chinas.* ▶ **1:** CHINA.

porcentaje. m. Tanto por ciento. *Un alto porcentaje de la población se vacunó.* ▶ TANTO.

porcentual. adj. Calculado o expresado en tantos por ciento. *Los tipos de interés aumentaron dos puntos porcentuales.*

porche. m. Espacio cubierto, bordeado de columnas o arcos y situado gralm. ante la entrada principal de un edificio. *En las noches de verano cenamos en el porche.*

porcino, na. adj. Del cerdo. *Ganado porcino. Peste porcina.*

porción. f. **1.** Parte de un todo, gralm. separada o desprendida de este. *Una isla es una porción de tierra* *rodeada de agua.* **2.** Cada una de las partes en que se divide o reparte algo. *Corte la tarta en seis porciones.* **3.** coloq. Número considerable e indeterminado de personas o cosas. *Trajo una porción de regalos.* ▶ **1, 2:** *PARTE.

pordiosear. intr. **1.** Mendigar o pedir limosna. *Se vio abocado a pordiosear.* **2.** Pedir algo con insistencia y humildad. *Los investigadores estaban hartos de pordiosear ante las instituciones.* ▶ MENDIGAR.

pordiosero, ra. m. y f. Mendigo. *Había muchos pordioseros por las calles.*

porfía. f. Hecho de porfiar. *Entablaron una dura porfía.* ▶ *OBSTINACIÓN.

porfiado, da. part. **1.** → **porfiar.** ● adj. **2.** Terco u obstinado. *No seas tan porfiado.* Dicho de pers., tb. m. y f. *Es un porfiado y un cabezota.* ▶ **2:** *TERCO.

porfiar. (conjug. ENVIAR). intr. Persistir obstinadamente en hacer o decir algo. *No porfíes, que no tienes razón.*

pórfido. m. *Mineral.* Roca dura y gralm. de color oscuro, que contiene cristales de feldespato y cuarzo, y se utiliza en escultura y construcción. *Las columnas eran de pórfido.*

pormenor. m. Circunstancia o detalle de pequeña importancia. *Se preocupa hasta del más mínimo pormenor.* Gralm. en pl. *Explicaron los pormenores del proyecto.*

pormenorizar. tr. Describir o enumerar (algo) minuciosamente o con pormenores. *Nos dieron una hoja en la que pormenorizaban el itinerario.*

porno. (pl. invar.). adj. **1.** coloq. Pornográfico. *No dejan entrar a menores porque es un cine porno.* ● m. **2.** coloq. Pornografía. *En algunos canales echan porno por la noche.*

pornografía. f. **1.** Modo de presentar el sexo abiertamente y con crudeza, para producir excitación. *La pornografía es uno de los ingredientes de su cine.* **2.** Textos o material audiovisual que utilizan la pornografía (→ 1). *Prohibieron la venta de pornografía en los quioscos.*

pornográfico, ca. adj. De la pornografía. *Una revista pornográfica.*

poro[1]. m. **1.** Orificio muy pequeño de la piel, o de la superficie de los vegetales. *Esta crema para la cara limpia los poros.* **2.** Espacio muy pequeño que hay entre las partículas que forman la materia sólida. *El barniz va penetrando en los poros de la madera.*

poro[2]. m. Am. Puerro. *Al caldo se añaden apio, poro, nabo y cebolla* [C].

porosidad. f. Cualidad de poroso. *La porosidad del ladrillo permite que el agua penetre en él.*

poroso, sa. adj. Que tiene poros. *El barro de los botijos es poroso.*

poroto. m. Am. Judía (planta, fruto, o semilla). *En el área andina hay cultivos de algodón, calabazas, ají, porotos...* [C]. *¿Usted sabe cómo se hace para comer porotos entre cinco, con una sola cuchara?* [C]. ■ **~ verde.** m. Am. Judía verde. *Se cortan los porotos verdes en tiras* [C]. □ **anotarse,** o **apuntarse, un ~.** loc. v. Am. coloq. Tener un acierto o un éxito. *Las feministas pensaron que se habían apuntado un poroto* [C]. ▶ *JUDÍA.

porque. (Tb. **por que;** se pronuncia siempre átona). conj. **1.** Introduce una proposición que expresa la causa o el motivo de lo expuesto en la oración principal. *No ha venido porque está enfermo.* **2.** Para que. *Lo hace porque no sigas quejándote. Lo he escondido porque no lo vea.*

porqué. m. (Frec. con art.). Causa o motivo. *No entiendo el porqué de su actitud.*

porquería. f. **1.** Suciedad o basura. *Las calles estaban llenas de porquería.* **2.** Cosa inútil o de poco valor. *¡Vaya porquería de coche!* **3.** Cosa que produce asco. *¡Deja de hacer porquerías con la comida!* **4.** Alimento de escaso valor nutritivo. *Solo come caramelos y porquerías.* **5.** Hecho o dicho groseros o indecentes. *Le decía porquerías al oído.*

porquerizo, za. m. y f. **1.** Porquero. *El porquerizo lleva a los cerdos al encinar.* ○ **2.** f. Pocilga (establo). *Sacó a los cerdos para limpiar la porqueriza.* ▶ **2:** *POCILGA.

porquero, ra. m. y f. Persona que se encarga de cuidar cerdos. *El porquero conduce a los animales a la pocilga.* ▶ PORQUERIZO.

porra. f. **1.** Instrumento en forma de palo, gralm. más grueso por la punta que por la empuñadura, usado como arma para golpear. *El policía lleva una porra en la cintura.* **2.** Trozo de masa frita similar al churro pero más grueso. *Desayunó un chocolate con porras.* **3.** Sorteo en el que cada participante apuesta por un número o resultado distintos y en el que el ganador se lleva todo el dinero apostado. *En el trabajo hicieron una porra del resultado de la final del campeonato.* **4.** Am. coloq. Hinchada. *Es uno de los dirigentes históricos de la porra del América* [C]. **5.** Am. coloq. Conjunto de gritos y cánticos de una porra (→ 4). *Se confundían los vítores y las porras para el equipo vencedor* [C]. ■ **a la ~.** expr. coloq. Se usa para expresar rechazo o enfado. *Me voy en autobús; a la porra el coche.* Frec. en constr. imperativas con v. como *mandar* o *irse. El día que me harte lo mando todo a la porra.* ■ **~(s).** interj. Se usa para expresar disgusto o enfado. *¡Porras, que me caigo!*

porrada. f. coloq. Porrón (cantidad grande). *La conozco hace una porrada de años.*

porrazo. m. **1.** Golpe fuerte que se da con una porra u otro instrumento. *La policía se lió a porrazos con los manifestantes.* **2.** coloq. Golpe fuerte que se recibe al caer o chocar. *Resbaló y se dio un buen porrazo.*

porrero, ra. m. y f. coloq. Persona que fuma porros habitualmente. *En el banco del parque había dos porreros.*

porreta. en **~(s).** loc. adv. coloq. Sin ropa. *El niño andaba en porretas por la casa.*

porrillo. a **~.** loc. adv. coloq. En abundancia. *Había gente a porrillo en la sala de espera.*

porro. m. coloq. Cigarrillo de marihuana o hachís, mezclados gralm. con tabaco. *No fumo porros.*

porrón. m. **1.** Vasija de vidrio de cuello estrecho, provista de un pitorro largo de forma cónica, que sirve para beber vino a chorro. *El porrón pasaba de mano en mano.* **2.** coloq. Gran cantidad de algo. *La abuela tiene un porrón de años.*

porta-. elem. compos. Significa 'llevar, contener o sostener'. *Portafirmas, portapapeles, portamonedas.*

portaaviones. m. Buque de guerra preparado para el transporte de aviones y dotado de instalaciones para su despegue y aterrizaje. *Un portaaviones de EE.UU. se dirige al Mediterráneo.*

portabebés. m. Cesto con asas, gralm. de plástico y acolchado en su interior, que sirve para transportar a un bebé. *Cuando van de visita, llevan al niño en el portabebés.*

portabrocas. m. En una taladradora: Dispositivo mecánico que se puede abrir y cerrar para colocar e intercambiar las brocas. *Ajuste bien la broca en el portabrocas para evitar accidentes.*

portación. f. Am. Hecho o efecto de portar o llevar algo encima, espec. un arma. *Se les acusa de portación de armas blancas y de fuego* [C].

portada. f. **1.** En un diario, revista o publicación similar: Primera página. *La noticia apareció en portada en todos los diarios.* **2.** Puerta principal ornamentada de un edificio monumental. *Las esculturas rodean la portada del edificio.* Tb. su fachada. *La iglesia tiene una portada sencilla.* **3.** *Graf.* Página del comienzo de un libro, donde constan pralm. el título de la obra, el nombre del autor y el de la editorial. *Examinó la portada del libro buscando el nombre del autor.*

portadilla. f. *Graf.* Anteportada. *Escribió su nombre en la portadilla del libro.*

portador, ra. adj. **1.** Que lleva o trae consigo algo, espec. enfermedades. *Los virus son agentes portadores de enfermedades.* Dicho de pers., tb. m. y f. *Se mataba al portador de malas noticias.* ● m. **2.** *Com.* Persona que posee un título o documento, por ej. un cheque, emitido a nombre de quienquiera que lo tenga en su poder. *Cheque al portador.*

portaequipajes. m. En un vehículo: Estructura metálica en forma de rejilla que se coloca en el techo para llevar el equipaje y otros bultos. *Subimos las mochilas al portaequipajes del autobús.* ▶ BACA. ‖ **Am:** PARRILLA.

portafolio. m. frecAm. Portafolios. *Sacó del portafolio dos o tres documentos* [C].

portafolios. m. Cartera de mano, gralm. plana y rectangular, para llevar papeles. *Llevaba un portafolios de piel bajo el brazo.* ▶ **frecAm:** PORTAFOLIO.

portal. m. **1.** En una casa de vecinos: Zona de paso inmediata a la puerta de entrada. *Atravesó el portal y cogió el ascensor.* **2.** Nacimiento (representación). *Las montañas del portal son de corcho.* Tb. ~ *de Belén. El 22 de diciembre ponemos el portal de Belén.* ▶ **2:** *NACIMIENTO.

portalámparas. m. Pieza donde se encaja o enrosca el casquillo de una bombilla. *Sujete el portalámparas y gire la bombilla hacia la derecha.*

portalón. m. **1.** Puerta grande que comunica una zona descubierta de un recinto con el exterior. *Tras el portalón del palacio hay un inmenso jardín.* **2.** Abertura similar a una puerta que hay en el costado de un buque para la entrada y salida de personas o cosas. *Tendieron una pasarela entre el portalón y el muelle.*

portamaletas. m. frecAm. Maletero de un vehículo automóvil. *El ayudante del bus guarda el equipaje en el portamaletas* [C]. ▶ *MALETERO.

portaminas. m. Instrumento de escritura, gralm. de metal o plástico, que contiene minas recambiables y se utiliza como lápiz. *Subrayaba los apuntes con el portaminas.*

portante. **coger,** o **tomar, el ~.** loc. v. coloq. Irse o marcharse. *Tengo ganas de coger el portante y desaparecer.*

portaobjetos. m. Lámina de cristal donde se coloca algo para examinarlo a través de un microscopio. *Se ponen las células en el portaobjetos y se tiñen.*

portar. tr. **1.** Llevar (algo) consigo, o de un lugar a otro. *Sus amigos portaron el féretro a hombros hasta el cementerio.* ○ intr. prnl. **2.** Actuar o comportarse de una determinada manera. *Se portó como una campeona.* **3.** Actuar o comportarse bien. *A ver si se portan y nos dan una gratificación.* ▶ **1:** *LLEVAR. **2, 3:** COMPORTARSE.

portarretratos. m. Marco para retratos fotográficos, gralm. con un soporte para sostenerlo en pie. *En la mesa tengo un portarretratos con la foto de mi hija.*

portarrollos. m. Utensilio que sirve para sostener un rollo de papel, espec. el de papel higiénico. *El portarrollos del baño hace juego con los toalleros.*

portátil. adj. Que puede llevarse fácilmente de un lugar a otro. *Un ordenador portátil.*

portavocía. f. Cargo de portavoz. *Le ofrecen la portavocía de su grupo parlamentario.*

portavoz. m. y f. Persona encargada de hablar en nombre de un grupo. *La portavoz de los estudiantes saldrá en televisión.* ▶ VOCERO.

portazgo. m. histór. Derechos que se pagan por pasar por un sitio determinado de un camino. *La recaudación de los portazgos se dedica a la conservación de las carreteras.*

portazo. m. **1.** Golpe que da una puerta al cerrarse con fuerza. *Hubo una ráfaga de viento y se oyó un portazo.* **2.** Hecho de cerrar una puerta con fuerza al salir, para mostrar enfado a alguien. *Se ha marchado dando un portazo y sin decir ni adiós.*

porte. m. **1.** Hecho de transportar algo de un lugar a otro. *La empresa realiza portes internacionales.* **2.** Cantidad que se paga por un porte (→ 1). *El porte correrá por cuenta del cliente.* **3.** Aspecto exterior de una persona. *El anciano es corpulento, de porte majestuoso.* **4.** Tamaño o dimensiones de algo. *En el parque hay árboles de gran porte.*

porteador, ra. m. y f. Persona que portea. *Contratarán a varios porteadores para la expedición.*

portear. tr. Llevar o transportar (algo, espec. mercancías o equipajes) de un lugar a otro. *En el andén los mozos de estación porteaban bultos.*

portento. m. **1.** Persona o cosa admirables por alguna cualidad. *Como poeta, no es ningún portento.* **2.** Suceso que causa admiración por su extrañeza o por salirse de lo normal. *No eran capaces de explicar el portento de que cayeran ranas del cielo.*

portentoso, sa. adj. Que causa admiración por su extrañeza o por salirse de lo normal. *Tiene una memoria portentosa.*

porteño, ña. adj. De Buenos Aires (capital de Argentina). *Barrios porteños.* Dicho de pers., tb. m. y f. *Unos porteños me invitaron a su casa.*

portería. f. **1.** En un edificio: Cuarto del portero. *Pregunte en la portería sobre el alquiler del piso.* Tb. vivienda del portero. *La portería está en el sótano.* **2.** En algunos deportes de pelota: Marco rectangular formado por dos postes y un larguero, por donde se debe meter la pelota para conseguir tantos. *El balón rebotó contra la portería.* ▶ **2:** META, PUERTA.

portero, ra. m. y f. **1.** Persona que tiene por oficio vigilar la puerta de un edificio o de un recinto y controlar las entradas y salidas. *Trabaja de portero en una discoteca.* **2.** En algunos deportes de pelota: Jugador encargado de defender la portería. *El portero paró el penalti.* ■ **portero automático.** m. Mecanismo eléctrico que permite, desde el interior de un edificio, abrir la puerta principal y comunicar con el exterior. *El cartero llama al portero automático.* ▶ **2:** ARQUERO, CANCERBERO, GUARDAMETA, META. ‖ **Am: 2:** GUARDAVALLA.

portezuela. f. Puerta de un vehículo, espec. la de un coche o carruaje. *Me abrió la portezuela y entré en el coche.*

porticado, da. adj. Que tiene pórtico. *En el centro del pueblo hay una plaza porticada.*

pórtico. m. **1.** Espacio cubierto y con columnas que hay a la entrada de templos o edificios monumentales. *El Pórtico de la Gloria, de la catedral de Santiago.* **2.** Galería con arcos o columnas que están a lo largo del muro de una fachada o de un patio. *La gente se refugia bajo el pórtico del ayuntamiento.*

portilla. f. **1.** Puerta o cerramiento toscos, gralm. de palos y alambre, que se hacen en una cerca. *Una portilla cierra el paso a la parcela.* **2.** *Mar.* Abertura pequeña y cerrada por un cristal, que hay en el costado de un buque y sirve para dar luz y ventilación. *Las portillas de babor.*

portillo. m. Abertura practicada en una muralla, una tapia o una cerca. *Por un portillo se escaparon las cabras.*

portón. m. Puerta grande que sirve de entrada a una casa. *Como el portón está abierto, se ve el patio.*

portorriqueño, ña. adj. Puertorriqueño. *Ciudad portorriqueña.* Dicho de pers., tb. m. y f.

portuario, ria. adj. De puerto de mar o del puerto de mar. *Vigo es una ciudad portuaria.*

portugués, sa. adj. **1.** De Portugal. *Río portugués.* Dicho de pers., tb. m. y f. *Tengo unos portugueses como vecinos.* **2.** Del portugués (→ 3). *Pronunciación portuguesa.* ● m. **3.** Lengua hablada en Portugal, Brasil y otros países de su cultura. *En Angola se habla el portugués.*

portuguesismo. m. Palabra o uso propios de la lengua portuguesa empleados en otra. *La palabra "mermelada" es un portuguesismo.*

porvenir. m. **1.** Situación futura. *El porvenir de la empresa era incierto.* **2.** Tiempo futuro. *No sabemos lo que ocurrirá en el porvenir.* ▶ **2:** *FUTURO.

pos. en ~ de. loc. prepos. Detrás de. *El animal corría en pos de su presa.*

pos-. (Tb. **post-**). pref. Significa 'después de' (*posromanticismo*) o 'detrás de' (*postpalatal*).

posada. f. **1.** Establecimiento que ofrece comida y alojamiento económicos a viajeros y gente de paso. *Han abierto un restaurante en la antigua posada del pueblo.* **2.** Alojamiento u hospedaje. *Los peregrinos pedían posada para esa noche.* ▶ **1:** VENTA.

posaderas. f. pl. coloq., eufem. Nalgas (parte del cuerpo humano). *Le arreó una patada en las posaderas.*

posadero, ra. m. y f. Persona que tiene una posada o se encarga de ella. *La posadera sirve al caminante un jarro de vino.*

posar¹. tr. **1.** Poner (algo) suavemente o con cuidado en un sitio. *Posó la mano* SOBRE *el hombro del muchacho.* ○ intr. prnl. **2.** Ponerse un animal, o un vehículo aéreo o espacial, en un sitio después de haber volado. *Las moscas se posaban* EN *la carne.* **3.** Depositarse partículas en suspensión sobre el fondo de un líquido o en una superficie. *Bébetelo antes de que se pose el azúcar.*

posar². intr. Permanecer en determinada postura para servir de modelo a un fotógrafo, un pintor o un escultor. *Todos han posado para la foto de familia.*

posavasos. m. Pieza pequeña de plástico, papel u otro material que se coloca bajo los vasos con bebida para que no dejen huella en la mesa. *El camarero me puso la cerveza sobre un posavasos.*

posbélico, ca. adj. cult. Posterior a la guerra. *En la etapa posbélica hubo hambre y enfermedades.*

posdata. (Tb. **postdata**). f. Texto que se añade al final de una carta después de la firma. *Al pie de la carta figura una posdata.*

pose. f. **1.** Postura poco natural, espec. la que se adopta al posar para un artista. *Fue retratada en diversas poses.* **2.** Actitud afectada o poco natural en el modo de hablar o comportarse. *Su refinamiento no es más que una pose.*

poseedor, ra. adj. Que posee o tiene en su poder algo. *Para asistir al curso hay que ser poseedor* DE *un título.* Dicho de pers., tb. m. y f. *Aumentan los poseedores* DE *una segunda vivienda.*

poseer. (conjug. LEER). tr. **1.** Tener una persona (algo) en su poder. *Posee tierras heredadas de sus abuelos.* **2.** Tener una persona o cosa (algo) en su interior o formando parte de ellas. *Posee cualidades innatas para la música.* **3.** Tener algo una influencia poderosa (sobre alguien). *La poseía el ansia de venganza.* **4.** Tener un espíritu maligno dominada o sometida a su voluntad (a una persona). *Decían que la había poseído un demonio.* **5.** cult. Practicar el acto sexual (con alguien, espec. con una mujer). *Nunca llegó a poseerla.*

poseído, da. part. **1.** → **poseer. 2.** Que ha sido poseído (→ 1) por algún espíritu. Tb. m. y f. *El poseído puso los ojos en blanco.* ▶ **2:** *POSESO.

posesión. f. **1.** Hecho de poseer. *Siempre se cree en posesión de la verdad.* **2.** Cosa que se posee, espec. una finca o un terreno. *Aquel huerto era su posesión más preciada.* **3.** Territorio situado fuera de las fronteras de una nación, pero que le pertenece por convenio, ocupación o conquista. Más frec. en pl. *Posesiones de ultramar.* ■ **tomar ~** (de algo). loc. v. Pasar a poseer(lo) u ocupar(lo) de manera oficial. *El ejército invasor tomó posesión* DE *la capital. Los nuevos profesores ya han tomado posesión* DE *sus plazas.*

posesionarse. intr. prnl. cult. Tomar posesión de algo. *Se posesionó* DE *su cargo como juez de primera instancia.*

posesivo, va. adj. **1.** De la posesión o hecho de poseer. *Tenía la ambición posesiva del coleccionista.* **2.** Dicho de persona: Que en su relación con los otros es dominante o quiere poseerlos. *Un amante posesivo.* **3.** *Gram.* Dicho de adjetivo o pronombre: Que expresa posesión y señala al poseedor de lo designado por el nombre al que se refiere. *En "mi maleta", "mi" es un adjetivo posesivo.* Tb. m. *El posesivo "nuestro".*

poseso, sa. adj. Que está poseído por un espíritu. Tb. m. y f. y, entonces, frec. en constr. comparativas con intención enfática. *Gritaban como unos posesos.* ▶ ENDEMONIADO, POSEÍDO.

posgrado. (Tb. **postgrado**). m. Ciclo de estudios universitarios de especialización posterior a la graduación o licenciatura. *Se ha matriculado en un curso de posgrado.*

posgraduado, da. (Tb. **postgraduado**). adj. Que estudia cursos de posgrado. Frec. m. y f. *Becas para posgraduados.*

posguerra. f. Período de tiempo que sigue al fin de una guerra y en el que se sufren las consecuencias de esta. *La posguerra fue muy dura.*

posibilidad. f. **1.** Cualidad de posible. *Hay muchas posibilidades* DE *que llueva.* **2.** Capacidad de alguien para hacer algo. *El enfermo tiene posibilidades* DE *recuperación.* ○ pl. **3.** Medios disponibles, espec. económicos. *La gente que tenía más posibilidades vivía mejor.*

posibilismo. m. Tendencia a aprovechar todas las posibilidades existentes para conseguir un objetivo determinado. *Su posibilismo lo mantuvo cerca del poder al cambiar la situación.*

posibilista. adj. **1.** Del posibilismo. *Enfoque posibilista.* **2.** Partidario del posibilismo o que lo practica. *El sector posibilista del partido se hizo con el mando.* Dicho de pers., tb. m. y f. *Los posibilistas han hecho posible el pacto.*

posibilitar. tr. Hacer posible (algo). *Las medidas adoptadas posibilitaron un aumento de la producción.*

posible. adj. **1.** Que puede existir o suceder. *Es posible que haya tormenta.* **2.** Que puede realizarse. *No es posible terminar este trabajo a tiempo.* ● m. pl. **3.** coloq. Bienes o recursos económicos. *Las familias sin posibles no pueden hacer tanto gasto.* Frec. en la constr. *de ~s. Se casó con un hombre de posibles.* ■ **hacer** (**todo**) **lo ~** (por, o para, algo). loc. v. Poner todos los medios necesarios para conseguir(lo). *Hizo lo posible* POR *ayudarme.*

posiblemente. adv. Tal vez, o quizá. *Aquel fue posiblemente el mejor año de mi vida.*

posición. f. **1.** Manera en que está puesto algo o alguien. *Siempre duerme en la misma posición.* **2.** Lugar que ocupa algo o alguien. *Ahora el sol está en su posición más alta.* Tb. fig. *Me hallo en una posición difícil.* **3.** Manera de pensar o actuar respecto a algo. *Mi posición* SOBRE *el tema es contraria a la tuya.* **4.** Categoría o condición sociales o económicas de una persona. *Era de buena posición y vivía con lujo.* **5.** En una guerra: Lugar en que se sitúan las tropas o las instalaciones militares. *Adelantaron posiciones para el inminente asedio.* ▶ **3:** POSTURA.

posicional. adj. De la posición. *Entre las células hay intercambio de información posicional.*

posicionamiento. m. Hecho de posicionarse. *Todos criticaron su posicionamiento.*

posicionarse. intr. prnl. Tomar una posición respecto a algo. *Hay dos opiniones encontradas, pero él no quiere posicionarse.*

posindustrial. (Tb. **postindustrial**). adj. Del período en que la gran industria es desplazada como sector económico predominante por la tecnología avanzada y los servicios. *El concepto de "obrero" ha cambiado en la sociedad postindustrial.*

positivado. m. Hecho de positivar. *Seleccionó los mejores negativos para su positivado.*

positivar. tr. Obtener el positivo (de una imagen fotográfica). *Se metió en el cuarto oscuro para positivar los negativos.*

positivismo. m. *Fil.* Doctrina que basa el conocimiento en la comprobación experimental de los hechos y que rechaza cualquier concepto absoluto o universal. *Los seguidores del positivismo creen en la realidad científicamente demostrada.*

positivista. adj. **1.** *Fil.* Del positivismo. *Ideas positivistas.* **2.** *Fil.* Seguidor del positivismo. *Filósofos positivistas.* Dicho de pers., tb. m. y f. *Los positivistas impulsaron el desarrollo de la ciencia.*

positivo, va. adj. **1.** Seguro o que no ofrece duda. *Hay indicios positivos de culpabilidad.* **2.** Que indica existencia o presencia de algo. *La prueba de alcoholemia dio un resultado positivo.* **3.** Afirmativo o que expresa afirmación. *Dieron una contestación positiva a la propuesta.* **4.** Dicho de cosa: Que es útil o beneficiosa. *Tiene una actitud positiva en el trabajo.* **5.** Dicho de persona: Que busca el aspecto positivo (→ 4) de las cosas. *Trata de ser más positivo en tus juicios.* **6.** Dicho de copia o imagen fotográficas: Que tiene los claros y oscuros tal y como se ven en la realidad. Frec. m. *Sacaremos varios positivos de cada foto.* **7.** *Mat.* Dicho de cantidad: Mayor que cero. *El resultado de la suma da una cantidad positiva.* **8.** *Fís.* Dicho de electricidad: Propia del protón. *El vidrio adquiere electricidad positiva al frotarlo con un paño de lana.* Dicho tb. de la carga eléctrica del protón. *Un cuerpo con falta de electrones lleva carga positiva.* **9.** *Gram.* Dicho de grado del adjetivo o del adverbio: Que expresa su significado sin punto de vista comparativo. *"Bien" es un adverbio en grado positivo.* Tb. dicho del adjetivo o adverbio en ese grado. *"Pésimo" es el superlativo del adjetivo positivo "malo".*

positrón. m. *Fís.* Partícula elemental con carga eléctrica igual a la del electrón, pero positiva. *La emisión de positrones tiene aplicaciones médicas.*

posmodernidad. (Tb. **postmodernidad**). f. Movimiento cultural de fines del s. XX, caracterizado por la oposición al racionalismo, la atención a las formas, el individualismo y la ausencia de compromiso social. *Algunos artistas se adhieren a la posmodernidad.*

posmodernismo. (Tb. **postmodernismo**). m. Movimiento artístico y cultural de la segunda mitad del s. XX que tiene sus orígenes en la arquitectura y se opone al funcionalismo y al racionalismo modernos. *El posmodernismo pone en duda las bases de la cultura occidental.*

posmodernista. (Tb. **postmodernista**). adj. **1.** Del posmodernismo. *Arte posmodernista.* **2.** Partidario o cultivador del posmodernismo. *Arquitectos posmodernistas.* Dicho de pers., tb. m. y f.

posmoderno, na. (Tb. **postmoderno**). adj. **1.** De la posmodernidad. *Corrientes posmodernas.* **2.** Partidario o cultivador de la posmodernidad. *Filósofo posmoderno.* Dicho de pers., tb. m. y f.

poso. m. Materia sólida que se deposita en el fondo de un líquido en el que estaba en suspensión. *Posos de café.* Tb. fig. *De sus enseñanzas aún nos queda algún poso.*

posología. f. *Med.* Dosificación indicada para un medicamento. *En el prospecto del fármaco debe figurar la posología.*

posoperatorio, ria. (Tb. **postoperatorio**). adj. *Med.* Posterior a una operación quirúrgica. *Infección posoperatoria.* Dicho de período o proceso, tb. m. *Le administraron calmantes durante el posoperatorio.*

posparto. m. Tiempo inmediatamente posterior al parto. *Todavía hay mujeres en el mundo que mueren en el posparto.* Frec. en aposición. *Le diagnosticaron una depresión posparto.* ▶ PUERPERIO.

posponer. (conjug. PONER). tr. **1.** Poner (una cosa o a una persona) detrás o después de otra. *En esta oración el adverbio va pospuesto* AL *verbo.* **2.** Dejar (algo) para más adelante. *Tuvieron que posponer su visita.* **3.** Poner alguien (una cosa o a una persona) detrás de otra en su estimación. *Pospone sus sentimientos personales* AL *deber.* ▶ **2:** *RETRASAR.

posposición. f. Hecho de posponer. *Solicitó la posposición del pleno.*

pospretérito. m. *Gram.* Condicional simple.

posromanticismo. (Tb. **postromanticismo**). m. *Lit.* y *Arte* Movimiento artístico posterior al romanticismo, que conserva algunas de las características de este. *El posromanticismo se prolongó hasta el siglo* XX. *En la música del postromanticismo destaca la obra de Mahler.*

posromántico, ca. (Tb. **postromántico**). adj. *Lit.* y *Arte* Del posromanticismo. *Los paisajes posrománticos son salvajes y exóticos. Las creaciones de la etapa postromántica se caracterizan por su grandiosidad.*

post-. → **pos-.**

posta. f. **1.** Bala pequeña de plomo, mayor que un perdigón. *La policía utilizó escopetas de postas en el asalto.* **2.** histór. Conjunto de caballos situados en los caminos cada cierta distancia, para reemplazar a los de los viajeros, las diligencias o los correos. *Las caballerías llegaron muy fatigadas a la posta.* ■ **a ~.** → **aposta.**

postal. adj. **1.** De correos. *El destinatario pagará los gastos postales. Los envíos postales se han retrasado.* ● f. **2.** Tarjeta postal (→ **tarjeta**). *Me ha llegado una postal desde Roma.*

postdata. → **posdata.**

poste. m. **1.** Madero o pieza alargada de metal que se coloca en posición vertical y sirve de apoyo a algo. *Poste de telégrafos.* **2.** En algunos deportes de pelota: Palo vertical de los que sostienen la portería. *El balón dio en el poste.*

postear. tr. Poner postes (a algo). *Unos trabajadores se han ocupado de postear la galería de la mina.*

póster. (pl. **pósteres**). m. Cartel grande que se coloca en la pared como adorno. *En su habitación ha puesto un póster de su ídolo.* ▶ *CARTEL.

postergación. f. Hecho de postergar. *Han anunciado la postergación de las elecciones. Esos países vivieron años de postergación.*

postergar. tr. **1.** Dejar (algo) para más adelante. *Es una decisión que no debemos postergar.* **2.** Dejar (algo o a alguien) en posición inferior a la que les corresponde. *El partido lo postergó en beneficio de otro candidato.* ▶ **1:** *RETRASAR.

posteridad. f. Conjunto de personas que vivirán después de determinado momento o de determinada persona. *El artista legó una gran obra a la posteridad.*

posterior. adj. **1.** Que ocurre o va después. *En posteriores encuentros siguieron negociando. Son hechos posteriores* A *la guerra.* **2.** Que está atrás o detrás. *Tiene una herida en la parte posterior del cráneo.* **3.** *Fon.* Dicho de sonido o de fonema vocálicos: Que se articula en la parte posterior (→ 2) de la boca. *La "o" y la "u" son vocales posteriores.*

posterioridad. f. Cualidad de posterior. *En "salieron cuando había amanecido", la subordinada temporal indica posterioridad. La posición de la lengua determina la anterioridad o posterioridad del sonido vocálico.* Frec. en la constr. *con ~. Supo con posterioridad que todo había sido un engaño. Los hechos sucedieron con posterioridad* A *esa fecha.*

posteriormente. adv. **1.** Después, o con posterioridad. *Posteriormente, el atracador fue detenido por la policía. El personaje del barbero reaparece posteriormente en el libro.* **2.** En la parte posterior o trasera. *La bala incidió en su cuerpo posteriormente y de manera casi vertical.*

postgrado. → **posgrado.**

postgraduado. → **posgraduado.**

postigo. m. Tablero sujeto al marco de una ventana o de una puerta, que cubre la parte acristalada por dentro o por fuera. *Cierro los postigos para que no entre el sol.* ▶ CUARTERÓN.

postilla. f. Costra (superficie sobre una herida). *En el corte se le formó una postilla con pus.* ▶ COSTRA.

postín. **darse ~.** loc. v. coloq. Darse importancia o presumir. *¡Se da un postín con eso de que conoce a unos marqueses...!* ■ **de ~.** loc. adj. coloq. Distinguido o importante. *Nos invitó a un restaurante de postín. Presume de relacionarse con gente de postín.*

postinero, ra. adj. **1.** *coloq.* Dicho de persona: Que se da postín. *Se comporta como un aristócrata postinero.* **2.** *coloq.* Propio de la persona postinera (→ 1). *Gesto postinero.*

postindustrial. → **posindustrial.**

postizo, za. adj. **1.** Que no es natural sino falso, y que está agregado o sobrepuesto. *Lleva dientes postizos. Pestañas postizas.* ● m. **2.** Añadido de pelo postizo (→ 1). *La peluquera me puso postizos para hacerme el peinado.*

post merídiem. (loc. lat.). loc. adv. Después del mediodía. *La abreviatura "p. m." que sigue a la expresión de una hora significa "post merídiem".*

postmodernidad..., postmoderno, na. → **posmodernidad..., posmoderno.**

post mórtem. (loc. lat.; pronunc. "pos-mórtem"). loc. adj. Posterior a la muerte. *En el análisis post mórtem se encontraron restos de veneno.*

postoperatorio, ria. → **posoperatorio.**

postor. m. Persona que ofrece un precio en una subasta. *Dos cuadros quedaron sin dueño por falta de postores.* Frec. en la constr. *al mejor ~. Las joyas se venderán al mejor postor.*

postración. f. **1.** Efecto de postrar o debilitar a alguien, espec. una enfermedad. *Existen técnicas para movilizar enfermos en estado de postración.* **2.** Abatimiento o falta de ánimo. *Le costó salir de la postración en que cayó tras la muerte de su hermano.*

postrar. tr. **1.** Debilitar (a alguien) o causar su abatimiento. *La enfermedad la postró* EN *cama. Un accidente lo dejó postrado* EN *una silla de ruedas.* ○ intr. prnl. **2.** Arrodillarse en señal de respeto, veneración o humildad. *Se postró* ANTE *la cruz.*

postre. m. Alimento, gralm. dulce, que se sirve al final de una comida. *De postre tomaron fruta y pasteles.* ■ **a la ~.** loc. adv. Al final. *A la postre, no sirvió de nada tanto esfuerzo.*

postrero, ra. (apóc. **postrer:** se usa ante n. m. sing.). adj. cult. Último o que está en último lugar. *Se arrepintió de su vida en el postrer momento. En estos, mis días postreros, solo deseo un poco de paz.*

postrimerías. f. pl. cult. Período final o último de algo. *Regresó a su patria ya en las postrimerías de su vida. En las postrimerías de la dictadura hubo menos represión.*

postrimero, ra. adj. cult. Postrero. *El enfermo exhaló el postrimero hálito. Declaró ante el notario su voluntad postrimera.*

postromanticismo. → **posromanticismo.**

postromántico, ca. → **posromántico.**

postulación. f. Hecho de postular. *Su postulación del respeto a los derechos humanos le granjeó una gran reputación.*

postulado. m. Afirmación que se admite como verdadera sin demostración, y que sirve de base para razonamientos posteriores. *Un postulado del capitalismo es que la libre competencia genera riqueza. El experimento parte del postulado de que las conductas se aprenden.*

postulante. m. y f. **1.** Persona que postula o pide dinero para una causa benéfica. *Las postulantes recorrían las calles con una hucha.* **2.** frecAm. Que postula o se presenta como candidato. *Se presenta como un postulante de su partido para las elecciones* [C]. *La selección de los temas fue hecha entre cincuenta postulantes que presentaron sus obras* [C]. Tb. fig., referido a cosa. *Buenos Aires quedó entre las cinco mejores postulantes* A *los Juegos Olímpicos* [C]. ▶ **2:** CANDIDATO.

postular. tr. **1.** Pedir o exigir (algo). *Algunos partidos postulan el adelanto de las elecciones.* **2.** frecAm. Proponer (a alguien) como candidato a un cargo. *Procedamos a la votación para postular* A *la dirección a quien convenga a la comunidad* [C]. *La alcaldesa se postuló* A *la reelección* [C]. Tb. fig., referido a cosa. *La idea de postular a Buenos Aires como sede olímpica surgió en 1991* [C]. ○ intr. **3.** Pedir por la calle en una colecta. *Postulan para una organización de ayuda a discapacitados.* **4.** Am. Presentarse alguien candidato a algo, como un cargo o un premio. *Un congresista no necesita renunciar a su cargo para postular* A *la alcaldía* [C]. Tb. fig., referido a cosa. *El film "Interiores" postuló* A *cinco óscares de Hollywood* [C].

póstumo, ma. adj. **1.** Dicho de hijo: Que nace después de la muerte del padre. *El pequeño de los hermanos es hijo póstumo.* **2.** Dicho de obra: Que se publica después de la muerte del autor. *Las memorias del escritor serán su obra póstuma.* **3.** Dicho de acto, espec. de homenaje: Que se realiza después de la muerte de la persona a quien va dirigido. *Se celebró un homenaje póstumo al cantante.*

postura. f. **1.** Modo en que está puesto alguien o una parte de su cuerpo. *Una mala postura al sentarse perjudica la espalda. Cambió las piernas de postura.* **2.** Posición (manera de pensar o actuar). *El político tiene una postura tolerante. Me gusta su postura ante la vida.* **3.** En un juego: Cantidad apostada de una vez. *Con los descartes, subieron las posturas.* ▶ **2:** POSICIÓN.

postural. adj. De la postura de alguien o de una parte de su cuerpo. *Los cambios posturales benefician al paciente. Sus dolores se deben a malos hábitos posturales.*

posventa. f. Período posterior a la venta de un producto, en el que el vendedor o el fabricante garantizan ciertos servicios, espec. la reparación. *Nuestro departamento de posventa ofrece atención inmediata a nuestros clientes.* Frec. en aposición. *Servicios posventa.*

potabilidad. f. Cualidad de potable. Referido a un líquido, espec. al agua. *El agua no reúne las condiciones de potabilidad requeridas.*

potabilizador, ra. adj. Que potabiliza o sirve para potabilizar. *La planta potabilizadora abastece a cuatro mil personas. El explorador lleva pastillas potabilizadoras.* Dicho máquina o instalación, tb. f. *Una avería en la potabilizadora dejó sin agua al pueblo.*

potabilizar. tr. Hacer potable (el agua). *Se han abierto instalaciones que potabilizan el agua salada.*

potable. adj. **1.** Que se puede beber sin peligro para la salud. *Vimos una fuente de agua potable y paramos para refrescarnos.* **2.** coloq. Pasable o aceptable. *¿Conoces algún hotel mínimamente potable por aquí?*

potaje. m. **1.** Guiso caldoso de legumbres y verduras. *¡Qué rico estaba el potaje de garbanzos!* **2.** despect. Mezcla confusa o desordenada de cosas. *La coalición de partidos era un potaje infumable.*

potasa. f. *Quím.* Hidróxido de potasio. *Explotan las partes de la mina ricas en potasa.* Tb. ~ *cáustica. La potasa cáustica se emplea en productos para blanquear.*

potásico, ca. adj. *Quím.* De potasio o del potasio. *En el vivero utilizan abonos potásicos. El médico le recomendó añadir cloruro potásico a su dieta.*

potasio. m. Elemento químico del grupo de los metales, blando y de color blanco plateado, empleado en la fabricación de abonos, jabones y explosivos (Símb. *K*). *Puede ingerir potasio comiendo frutas y verduras. El exceso de potasio en el organismo resulta tóxico.*

pote. m. **1.** Vasija de barro, usada para beber o para guardar alimentos. *Pusieron la miel en un pote de barro. Desayunábamos leche en un pote.* **2.** Potaje típico de Galicia y Asturias. *Comimos pote gallego.* **3.** Olla de cocina, gralm. de hierro, con tres pies, dos asas pequeñas y una grande y semicircular. *Pusimos un pote al fuego para calentar el agua.* **4.** Am. Bote (recipiente pequeño). *El pupitre estaba lleno de potes de maquillaje* [C]. ■ **darse ~.** loc. v. coloq. Darse importancia o presumir. *Se lo inventó todo para darse pote.* ▶ **4:** BOTE.

potencia. f. **1.** Capacidad de una cosa para hacer algo o causar un efecto. *El científico usa un microscopio de gran potencia. Necesito un ordenador con más potencia.* **2.** Fuerza o vigor. *Tiene gran potencia muscular. El boxeador es temido por la potencia de su gancho.* **3.** Capacidad de realizar el acto sexual o de engendrar hijos. Más frec. ~ *sexual. Dicen que los afrodisíacos aumentan la potencia sexual.* **4.** Nación o Estado poderosos e influyentes, espec. en política. *En la cumbre se reúnen los mandatarios de las mayores potencias.* **5.** *Fís.* Cantidad de trabajo realizado en una unidad de tiempo. *La unidad de potencia en el Sistema Internacional es el vatio. La potencia del coche se mide en caballos.* **6.** *Mat.* Producto resultante de multiplicar una cantidad por sí misma una o más veces. *9 es potencia de 3.* **7.** *Fil.* Capacidad de una cosa de llegar a ser o existir. *El concepto aristotélico de potencia se opone al de acto.* ■ **elevar** (una cantidad) **a una ~.** loc. v. *Mat.* Multiplicar(la) por sí misma una o más veces. *2 elevado a la tercera potencia es* $2^3 = 2 \times 2 \times 2$. Tb. fig. *Su pintura es la elegancia elevada a la máxima potencia.* ■ **en ~.** loc. adj. Que puede llegar a ser lo que se expresa. *Es un suicida en potencia.*

potenciación. f. Hecho de potenciar. *El plan tiene como objetivo la potenciación del turismo. Me mandaron ejercicios para la potenciación muscular.*

potenciador, ra. adj. Que potencia o sirve para potenciar. *Los alimentos preparados llevan sustan-*

cias potenciadoras del sabor. Dicho de sustancia o producto, tb. m. *Este medicamento es un potenciador del sedante.*

potencial. adj. **1.** Que puede existir. *El polvorín es un peligro potencial. La publicidad se dirige a los potenciales compradores.* ● m. **2.** Fuerza o poder. *Alemania es un país de gran potencial económico. Eres inteligente, pero no aprovechas tu potencial.* **3.** *Fís.* Fuerza electromotriz que existe entre dos puntos de un circuito. *La unidad del potencial en el Sistema Internacional es el voltio.* Tb. ~ *eléctrico. La diferencia de potencial eléctrico es positiva o negativa.* **4.** *Gram.* Condicional (tiempo). *En "si quisieras, lo harías", el segundo verbo está en potencial.* ■ ~ **compuesto.** m. *Gram.* Condicional compuesto. ■ ~ **simple.** m. *Gram.* Condicional simple. *Potencial compuesto de "haber": "habría habido".* ▶ **3:** *VOLTAJE. **4:** CONDICIONAL.

potencialidad. f. Cualidad de potencial. *Las medidas de seguridad reducen la potencialidad de un accidente.*

potenciar. (conjug. ANUNCIAR). tr. Dar potencia (a algo) o aumentar la que tiene. *Desde este Gobierno potenciaremos el empleo. Utilizan métodos para potenciar el aprendizaje. Los ejercicios potencian los músculos. El motor del nuevo modelo ha sido potenciado.*

potenciómetro. m. *Fís.* Instrumento que mide las diferencias de potencial eléctrico. *El potenciómetro compara la fuerza electromotriz que se mide con otra de valor conocido.*

potentado, da. m. y f. Persona rica. *Su patrocinador era un potentado del mundo de las finanzas.* ▶ *RICO.

potente. adj. **1.** Que tiene potencia. *Tomó un calmante muy potente. El corredor tiene potentes músculos. En el concierto había potentes altavoces. Es el coche más potente del mercado.* **2.** Poderoso o influyente. *Es uno de los países más potentes.*

potestad. f. Poder o capacidad para mandar o hacer algo. *El presidente del Gobierno tiene potestad para convocar elecciones. Fijar la condena es potestad del tribunal.* ■ **patria ~.** f. *Der.* Conjunto de facultades y deberes que tienen los padres respecto de los hijos menores de edad, salvo que estos estén casados. *El juez privó al padre de la patria potestad.*

potestativo, va. adj. Que no es obligatorio. *El profesor dijo que la asistencia a su clase era potestativa.*

potingue. m. **1.** despect. Bebida de aspecto y sabor desagradables. *No había quien tragara aquel potingue.* **2.** despect. Producto cosmético, espec. una crema. *Se llena la cara de potingues.*

potito. (Marca reg.). m. Alimento infantil consistente en un puré de diversos ingredientes, envasado para su consumo. *A mi niña le encantan los potitos de frutas.*

poto. m. Am. coloq. Nalgas (parte del cuerpo humano). *Ya quisiera Francisco tener un poto tan lindo como el tuyo* [C].

Potosí. valer un ~. loc. v. Valer mucho. *Esa mujer vale un Potosí.*

potra[1]. → **potro.**

potra[2]. f. coloq. Buena suerte. *¡Mira que tienes potra, chaval!*

po[illegible]anco, ca. m. y f. Caballo que no tiene más de [illegible]ños. *La potranca pastaba al lado de la yegua.*

potrero. m. **1.** frecAm. Lugar destinado a la cría de caballos. *Veo en el potrero de enfrente al pobre percherón de la pata quebrada* [C]. **2.** Am. Terreno cercado destinado a labores agrícolas y ganaderas. *Miraba las vacas inexpresivas rumiando en los potreros* [C]. **3.** Am. Terreno sin cultivar ni edificar. *Nosotros jugábamos todos los días en el potrero cerca de su casa* [C]. *Cuando niño recogía chatarra por los potreros* [C].

potro, tra. m. **1.** Cría del caballo desde que nace hasta que muda los dientes de leche, gralm. a los cuatro años y medio. *El potro pequeño se esconde detrás de su madre.* Tb. designa específicamente al macho. *El potro se convirtió en un hermoso caballo.* **2.** Aparato gimnástico formado por un bloque en forma de prisma rectangular, sostenido por cuatro patas. *Para saltar el potro utilizamos un trampolín.* Tb. la especialidad gimnástica correspondiente. *El español se proclamó campeón de potro.* **3.** histór. Aparato de tortura donde se ataba al procesado y gralm. se le estiraban los miembros. *Los alguaciles llevaron al reo hasta el potro.* ○ f. **4.** Hembra del potro (→ 1). *La potra tiene el mismo pelaje que la yegua.*

poyete. m. Poyo. *La casa del campesino tiene un poyete de piedra en la fachada.*

poyo. m. Banco de piedra o de obra, que gralm. se construye adosado a una pared. *Me esperaba sentado en el poyo que hay junto a la entrada.* ▶ POYETE.

poza. f. **1.** Zona de un río en la que el cauce es más hondo y las aguas más profundas. *Fuimos a bañarnos a una poza.* **2.** Hoyo en el que hay agua estancada. *Con las lluvias, el páramo se llenaba de pozas.* ▶ **1:** POZO.

pozo. m. **1.** Hoyo excavado en la tierra para sacar agua. *Cogemos el agua del pozo con un cubo.* **2.** Hoyo profundo, espec. el que permite bajar a una mina o extraer petróleo. *Descendieron por el pozo hasta el interior de la mina. En la llanura han abierto pozos petrolíferos.* **3.** Poza (zona de un río). *El peligro del río son sus pozos y remolinos.* **4.** Persona o cosa llenas de algo, espec. una cualidad. *La abuela era un pozo de sabiduría. ¡Eres un pozo de sorpresas!* ■ ~ **negro.** m. Pozo (→ 2) excavado junto a una vivienda para servir como depósito de aguas residuales. *El mal olor de las tuberías proviene del pozo negro.* ■ ~ **sin fondo.** m. Persona o cosa que no parecen tener límites, espec. por las cantidades de dinero que precisan. *¡Esta casa es un pozo sin fondo! No le des más caprichos al niño, que es un pozo sin fondo.* ▶ **3:** POZA.

práctica. → **práctico.**

practicable. adj. **1.** Que se puede practicar o poner en práctica. *Hay que buscar una solución practicable.* **2.** Dicho de sitio o camino: Que permite pasar o transitar. *El camino está asfaltado y es practicable. Para los minusválidos no hay accesos practicables.*

prácticamente. adv. **1.** Casi. *Vino prácticamente todo el mundo. La comida está prácticamente lista.* **2.** En realidad, o en la práctica. *Todos queremos ayudar, pero nadie tiene tiempo prácticamente.* **3.** De manera práctica. *Mira qué prácticamente lo he ordenado todo.*

practicante, ta. (La forma **practicanta** solo se usa como f. coloq. en la acep. 2, alternando con la más frec. **practicante**). adj. **1.** Dicho de persona: Que practica una actividad, profesión o religión. *En su familia son católicos practicantes. Cada día hay más practicantes de actividades al aire libre.* Tb. m. y f. *El número de practicantes del ciclismo crece día a día.*

Los practicantes son una parte de los creyentes. ● m. y f. **2.** Persona legalmente capacitada para realizar operaciones de cirugía menor, como hacer curas o administrar medicinas. *Un practicante viene a poner las inyecciones a la abuela.*

practicar. tr. **1.** Realizar continuadamente (una actividad). *No practica ningún deporte.* **2.** Hacer o realizar (algo). *Practicaron varias detenciones. Practicó la autopsia al cadáver. Practicó un orificio.* **3.** Llevar a la práctica de forma habitual las normas y preceptos (de una religión). *La Constitución permite practicar cualquier religión.* Tb. usado en constr. intr. *Es creyente, pero no practica.* **4.** Realizar prácticas o ejercicios para adquirir destreza (en algo). *Tiene que practicar su golpe de revés.* Tb. usado en constr. intr. *Le he dejado el coche para que practique.*

práctico, ca. adj. **1.** De la práctica (→ 5). *Hoy empiezo las clases prácticas de conducción. En medicina se necesitan conocimientos teóricos y prácticos.* **2.** Dicho de persona: Que actúa ajustándose a cada situación y buscando un fin útil. *Sé práctico y no te entretengas en minucias.* **3.** Dicho de cosa: Que es útil o provechosa. *La navaja multiuso es muy práctica en las acampadas.* **4.** De la acción o de la realidad concreta. *Acumulamos conocimientos teóricos que no tienen aplicación práctica.* ● f. **5.** Realización continuada de una actividad. *El plan promueve la práctica del deporte.* **6.** Experiencia o destreza en la realización de una actividad. *Tiene mucha práctica cosiendo. No tengo práctica* EN *el campo de las ventas.* **7.** Ejercicio para adquirir destreza en algo de lo que se tiene un conocimiento teórico. *Después de la clase de Anatomía tenemos práctica.* Frec. en pl. *Vamos al campo a hacer prácticas de tiro.* **8.** Costumbre o modo de actuar. *El sacrificio de animales es práctica habitual en estas tribus.* **9.** Aplicación real de una teoría, idea o doctrina. *En algunos países se pusieron en práctica las ideas marxistas. El libro se titula "Teoría y práctica de la psiquiatría".* ○ m. **10.** *Mar.* En un puerto: Persona encargada de dirigir las maniobras de entrada y salida de las embarcaciones. *El práctico se acerca al buque con su barco.* ■ **en la práctica.** loc. adv. En realidad. *En la práctica, nadie cumple las normas.* ■ **llevar** (algo) **a la práctica,** o **poner** (algo) **en práctica.** loc. v. Realizar(lo). *Todavía no ha llevado a la práctica lo que nos prometió. La policía puso en práctica una operación de búsqueda.* ▶ **4:** PRAGMÁTICO. **9:** PRAXIS.

pradera. f. **1.** Extensión de terreno llano y con hierba. *En una ancha pradera pastaban las vacas.* **2.** *Geogr.* Ecosistema propio de zonas con lluvias moderadas y variables, constituido por grandes extensiones de tierras muy fértiles y cubiertas de hierba. *Las pampas sudamericanas son una variedad de pradera que suele dedicarse a la agricultura.*

pradería. f. Conjunto de prados. *Desde el monte se ve el valle, salpicado de praderías.*

prado. m. Terreno donde se siembra o se deja crecer la hierba para pasto del ganado. *En un verde prado pacen las ovejas. Un campesino siega el prado con una guadaña.*

pragmático, ca. adj. **1.** Que tiene preferencia por lo práctico o útil. *Es un político pragmático. Con su actitud pragmática, resolvió enseguida el problema.* Dicho de pers., tb. m. y f. *El ministro es uno de los pragmáticos más radicales.* **2.** Práctico (de la acción o realidad concreta). *El plan teórico falla en su aplicación, en los aspectos pragmáticos.* **3.** De la pragmática (→ 4). *Análisis del texto desde el punto de vista pragmático.* ● f. **4.** *Ling.* Parte de la lingüística que estudia el lenguaje en su relación con los usuarios y las circunstancias de la comunicación. *Estudios de pragmática.* ▶ **2:** PRÁCTICO.

pragmatismo. m. **1.** Actitud o tendencia de quien tiene preferencia por lo práctico o útil. *Su gestión de la empresa se caracterizó por el pragmatismo.* **2.** *Fil.* Doctrina filosófica que valora las ideas por su eficacia y por sus consecuencias prácticas para la vida. *Para el pragmatismo, el efecto de una idea es más importante que su origen.*

pragmatista. adj. **1.** Del pragmatismo. *La filosofía pragmatista nace en EE. UU. en el* XIX. *El electorado castigó a un Gobierno demasiado pragmatista.* **2.** Seguidor del pragmatismo. *Los pensadores pragmatistas se enfrentan a los idealistas.* Dicho de pers., tb. m. y f. *Los pragmatistas no especulan sobre cuestiones sin aplicación práctica.*

praguense. adj. De Praga (capital de la República Checa). *La filarmónica praguense interpretará obras de Mozart.* Dicho de pers., tb. m. y f. *Los praguenses festejan el nuevo año.*

praliné. m. Crema de chocolate y almendras o avellanas. *Me regaló una caja de bombones de praliné.*

praxis. f. Práctica (aplicación de una teoría). *Era un teoría política brillante, pero la praxis fracasó.* Los *estudiantes deben leer "Teoría y praxis de fisioterapia".* ▶ PRÁCTICA.

pre-. pref. Significa 'antes de' (*preoperatorio*) o 'delante de' (*predorsal*).

preacuerdo. m. Acuerdo entre varias partes que debe ser confirmado más tarde. *Los sindicatos llegan a un preacuerdo con el Gobierno.*

preámbulo. m. **1.** Introducción de un texto escrito o de un discurso. *El autor explica cómo escribió la obra en el preámbulo.* **2.** Rodeo o explicación innecesaria que se dan antes de entrar en el tema que se va a tratar, o antes de decir algo claramente. *Sin más preámbulos, paso a leer la lista de ganadores.*

preaviso. m. Aviso anterior a la realización de un acto. *El trabajador no recibió preaviso de despido.*

prebenda. f. Renta o beneficio económico unidos a un cargo eclesiástico. *Con su prebenda, el arcipreste podía vivir.*

preboste. m. **1.** Persona que tiene mucho poder o influencia en determinado ámbito. *Los prebostes de la banca internacional manejan las finanzas.* **2.** Persona que preside o gobierna un grupo o una comunidad. *El preboste y otros jefes de la isla firmaron la paz.*

precalentamiento. m. Conjunto de ejercicios que hace un deportista como preparación al esfuerzo físico que va a realizar. *Los jugadores hacen un breve precalentamiento.*

precámbrico, ca. adj. **1.** (Como m. se usa en mayúsc.). *Geol.* Dicho de era: Que es la primera de la historia de la Tierra. *Estas rocas de la edad precámbrica se formaron a gran profundidad.* Tb. m. *El Precámbrico abarca desde el origen de la Tierra hasta unos 570 millones de años antes del tiempo actual.* **2.** *Geol.* Del Precámbrico (→ 1). *Los fósiles demuestran que hubo formas de vida precámbricas.*

precariedad. f. Cualidad de precario. *La precariedad del empleo es característica de nuestro tiempo. No puede hacer frente al pago por la precariedad de sus medios.*

precario, ria. adj. **1.** Inseguro o poco estable. *Su estado de salud es aún precario. El ecosistema se mantiene en un equilibrio precario.* **2.** Que resulta escaso o insuficiente. *Tiene un sueldo precario que apenas le da para vivir.*

precarización. f. Hecho de precarizar. *La crisis trajo consigo la precarización del empleo.*

precarizar. tr. Convertir (algo, espec. el empleo) en precario o inseguro. *La reforma precariza el mercado de trabajo.*

precaución. f. Cuidado que tiene alguien para evitar o prevenir un daño o dificultad que piensa que pueden ocurrir. *Ten precaución al manejar la sierra eléctrica. Conduzca con precaución.*

precautorio, ria. adj. Que sirve de precaución. *Tomaremos medidas precautorias antes del temporal.*

precaver. tr. **1.** Creer que puede ocurrir (un peligro o un daño) y tratar de evitar(los). *Hay que precaver los accidentes domésticos.* O intr. prnl. **2.** Tomar precauciones contra alguien o algo. *Los barcos navegaban muy próximos para precaverse* CONTRA *los piratas.*

precavido, da. part. **1.** → **precaver.** ● adj. **2.** Que actúa con precaución. *Sea precavido y no abra la puerta a nadie. La gente más precavida hizo acopio de víveres.*

precedente. adj. **1.** Que precede. *Continuó con la labor de años precedentes. En el capítulo precedente ya hemos hecho referencia a este suceso.* ● m. **2.** Hecho o caso anteriores al que se considera y que son equivalentes a él o le sirven de referencia. *Un acontecimiento sin precedentes. No hay precedente alguno* DE *esta enfermedad. Por esta vez y sin que sirva de precedente, puedes salir antes.*

preceder. tr. Ir una persona o cosa antes o delante (de otra). *El libro narra los hechos que precedieron a la guerra. El coche fúnebre precede a la comitiva.* Tb. usado en constr. intr. *En el capítulo que precede ya mencionamos este tema.* ▶ ANTECEDER.

preceptista. m. y f. Persona que da o enseña preceptos literarios. *Para los preceptistas, el teatro debía ajustarse a las normas de Aristóteles.*

preceptivo, va. adj. **1.** Impuesto mediante precepto u orden para su cumplimiento. *Necesita la licencia municipal preceptiva. Es preceptivo el uso del cinturón de seguridad.* ● f. **2.** Conjunto de preceptos o normas de una ciencia o un arte. *La preceptiva clásica dice que la tragedia termina en desgracia.*

precepto. m. **1.** Orden o mandato que se deben cumplir de manera obligatoria. *La ley contradice algunos preceptos constitucionales. Cumplen con los preceptos de la Iglesia.* **2.** Regla o norma que se deben seguir en un arte o en una disciplina científica. *Un precepto de Horacio dice que la obra debe aprovechar deleitando.* ▶ **2:** *REGLA.

preceptor, ra. m. y f. Persona encargada de la educación de un niño en una casa. *El príncipe fue educado por un preceptor.*

preceptuar. (conjug. ACTUAR). tr. Imponer (algo) como precepto. *La ley preceptúa que los mayores de edad tienen derecho al voto.*

preces. f. pl. *Rel.* Oraciones dirigidas a Dios, a la Virgen o a los santos. *En la iglesia se elevaron preces por el alma del difunto.*

precesión. f. *Fís.* Movimiento gradual de retroceso de los puntos equinocciales o de intersección del ecuador con la eclíptica, que produce cada año una ligera anticipación de los equinoccios. *El comienzo de las estaciones varía de año en año por la precesión.* Frec. ~ *de los equinoccios. La precesión de los equinoccios tiene una periodicidad de 26 000 años.*

preciado, da. part. **1.** → **preciarse.** ● adj. **2.** Valioso o estimado. *En la bodega del buque se encontraron preciados tesoros. La merluza es un pescado muy preciado.*

preciarse. (conjug. ANUNCIAR). intr. prnl. Sentir orgullo o satisfacción por algo. *Todo juez que se precie debe ser imparcial. Se precia* DE *ser un buen amigo suyo.*

precintar. tr. Poner precinto (a algo). *Precintan los contenedores antes de embarcarlos. La policía precintó el local.*

precinto. m. **1.** Cierre sellado que se pone a algo, como un paquete o una puerta, para garantizar que sea abierto solo por quien corresponda. *La botella lleva un precinto de plástico. La puerta tenía un precinto policial.* **2.** Hecho de precintar. *El juez ordenó el precinto del local.*

precio. m. **1.** Cantidad de dinero que cuesta la compra de algo. *¿Qué precio tiene este bolso?* **2.** Esfuerzo o sufrimiento que cuesta conseguir algo o que se pagan por algo. *La fama tiene un precio muy alto. Ya pagarás el precio de la vida que llevas.* ■ **a ~ de coste.** loc. adv. Sin ganancias para el vendedor. *Por cierre del local, vendemos todo a precio de coste.* ■ **no tener ~.** loc. v. Valer mucho. *Como ayudante no tiene precio. Su labor no tiene precio.*

preciosidad. f. Persona o cosa preciosas o muy bonitas. *El paisaje es una preciosidad. ¡Qué preciosidad de niño!* Se usa para dirigirse a una persona cariñosamente. *Le dijo a su nieta: –Ven aquí, preciosidad.*

preciosismo. m. Gran pulcritud y esmero. *La pianista interpretó la pieza con magistral preciosismo.* A veces despect. *Su sobria poesía contrastaba con el preciosismo al uso.*

preciosista. adj. **1.** Del preciosismo. *La sonata de Mozart era transparente y preciosista. El torero tiene un estilo preciosista e inspirado.* **2.** Partidario del preciosismo o que lo practica. *El poeta preciosista escoge con mimo cada palabra.* Dicho de pers., tb. m. y f. *El preciosista pintaba con pincelada fina.*

precioso, sa. adj. **1.** Muy bello o hermoso. *Tienen una niña preciosa. La sortija que llevas es preciosa.* Se usa para dirigirse a una persona cariñosamente. *Anda, precioso, dale un beso a la abuela.* **2.** De mucho valor. *La vida es demasiado preciosa para malgastarla.*

precipicio. m. Desnivel del terreno muy profundo y de paredes verticales. *El coche cayó por un precipicio.* Tb. fig. *Su gestión colocó a la empresa al borde del precipicio.*

precipitación. f. **1.** Hecho de precipitar o precipitarse. *Salió con precipitación de la sala. La precipitación de los materiales es más rápida en las aguas saladas que en las dulces.* **2.** *Meteor.* Agua procedente de la atmósfera que cae en forma sólida o líquida. *En el período de octubre a junio, las precipitaciones han sido de 1600 litros por metro cuadrado.* Tb. el hecho de caer. *Habrá precipitaciones de nieve en la sierra.*

precipitado, da. part. **1.** → **precipitar.** ● adj. **2.** Dicho de persona: Que actúa con prisa o precipitación. *Medítalo, no seas precipitado.* **3.** Dicho de cosa:

Hecha con prisa o precipitación. *Has tomado una decisión precipitada. En la precipitada huida olvidaron sus cosas.* • m. **4.** *Quím.* Materia sólida que, por efecto de una reacción, se separa del líquido en que está disuelta y se deposita en el fondo. *Los cianuros solubles dan con el nitrato de plata un precipitado blanco de cianuro de plata.*

precipitar. tr. **1.** Arrojar (algo o a alguien) desde un lugar alto. *Precipitaron a los amotinados* POR *la borda.* Tb. en constr. prnl. media. *Se precipitó* AL *vacío desde un andamio. Tropezó y se precipitó* POR *las escaleras.* **2.** Hacer que (un hecho) se produzca antes o más deprisa. *Las revueltas callejeras precipitaron el pronunciamiento militar.* Tb. en constr. prnl. media. *Los acontecimientos se precipitaron.* **3.** *Quím.* Hacer que (la materia sólida de una disolución) se deposite en el fondo. *Se añade amoniaco a la mezcla de opio y agua para precipitar la morfina.* ○ intr. prnl. **4.** Actuar con prisa y sin reflexionar. *No te precipites en tus decisiones.*

precisamente. adv. **1.** Exactamente. Gralm. con intención enfática. *Precisamente a ti te estaba buscando. ¿Tenemos que irnos precisamente ahora? Precisamente los que menos trabajan son los que más se quejan.* Se usa frec. para expresar asentimiento o confirmación. *–¿Es este el libro del que tanto me hablaste? –Precisamente; este es.* **2.** De manera precisa o exacta. *No podría indicar precisamente dónde me encuentro.*

precisar. tr. **1.** Fijar o determinar (algo) de manera precisa o exacta. *¿Podría precisar la fecha en que ocurrió? No precisó los motivos de su dimisión.* **2.** Necesitar (algo o a alguien). *Precisamos personal cualificado.* **3.** Se usa en constr. como *verse* alguien *precisado a* algo, para expresar que esa persona se siente obligada a hacer algo. *Se vieron precisados* A *aumentar la plantilla.* ○ intr. **4.** Necesitar algo o a alguien. *No precisa* DE *nada más.*

precisión. f. Cualidad de preciso. *Se expresa con precisión. Los trazos del dibujo tienen gran precisión.* ■ **de ~.** loc. adj. Dicho de aparato o instrumento: Construido especialmente para que funcione con precisión o exactitud. *En el laboratorio hay una balanza de precisión.*

preciso, sa. adj. **1.** Dicho de cosa: Que se ve o aparece de manera clara o exacta. *Las fronteras están marcadas con líneas precisas. En la foto, los contornos no son precisos.* **2.** Dicho de persona o cosa: Que actúa o funciona de manera exacta. *Es uno de los tiradores más precisos. El sismógrafo es un aparato muy preciso.* **3.** Dicho de cosa: Realizada de forma exacta. *Empató con un preciso disparo. Trabaja con movimientos rápidos y precisos.* **4.** Dicho de cosa: Concreta o que se conoce con certeza. *En días precisos del año aumenta el tráfico. No sé la hora precisa de la reunión.* **5.** Necesario o indispensable. *Tomaremos las medidas precisas para evitar el fuego. Los bomberos llegaron en el momento preciso.* Frec. en la constr. *ser ~. Es preciso dialogar. Ya no es precisa vuestra presencia. Es preciso que nos apresuremos.*

preclaro, ra. adj. cult. Ilustre o célebre. *Ortega y Gasset fue un preclaro pensador español.*

preclásico, ca. adj. Anterior a la época clásica. *El latín preclásico. La escultura griega preclásica se caracteriza por su sobriedad.*

precocidad. f. Cualidad de precoz. *Me asombra la precocidad de este niño. El fruto madura con menor precocidad en climas fríos.*

precocinado, da. adj. Dicho de comida: Que se vende ya cocinada y necesita poco tiempo de preparación. *Con el microondas se descongelan alimentos precocinados.* Tb. m. *Se alimenta de bocadillos y precocinados.*

precolombino, na. adj. Anterior al descubrimiento de América por Cristóbal Colón. *América precolombina. El museo posee una gran colección de arte precolombino.*

preconcebir. (conjug. PEDIR). tr. Concebir anticipadamente (una idea o un proyecto). Frec. en part. *No existía un plan preconcebido. No te dejes llevar por ideas preconcebidas.*

preconizar. tr. Proponer o recomendar (algo). *Un sector del partido preconiza un cambio de rumbo.*

preconstitucional. adj. Anterior a la Constitución de un Estado. *La reforma derogó muchas leyes preconstitucionales.*

precontrato. m. Contrato preliminar por el que dos o más personas se comprometen a firmar, en un plazo concreto, un contrato que por el momento no quieren o no pueden acordar. *Firmaron un precontrato de venta del negocio. El jugador tiene un precontrato con el club.*

precoz. adj. **1.** Dicho de cosa: Que ocurre antes de lo normal. *Este año tuvimos una primavera muy precoz. El país tiene un alto porcentaje de embarazos precoces.* **2.** Dicho de persona: Que desarrolla sus cualidades o capacidades antes de lo normal. *Es una niña precoz. Como poeta fue bastante precoz.* **3.** Propio de la persona precoz (→ 2). *Su precoz dominio del piano era asombroso.* **4.** Que se realiza en las primeras fases de una enfermedad. *Cada día es más frecuente el diagnóstico precoz de cáncer.*

precursor, ra. adj. Dicho de persona o cosa: Que es anterior a otra y que anticipa su llegada. *Inglaterra fue el país precursor* DE *la revolución industrial. Se encontraron fósiles de los homínidos precursores* DEL *hombre.* Dicho de pers., tb. m. y f. *Gandhi fue un precursor* DEL *movimiento pacifista. La precursora* DE *la minifalda fue una inglesa.*

predador, ra. adj. Dicho de animal: Que mata a otros de distinta especie para comérselos. *El león es uno de los grandes mamíferos predadores africanos.* Tb. m. *Los depredadores evitan que algunas especies crezcan en exceso.* ▶ *DEPREDADOR.

predecesor, ra. m. y f. Persona que ha precedido a otra, espec. en un cargo o empleo. *Mi predecesora en el cargo me facilitó mucho el trabajo.*

predecible. adj. Que se puede predecir. *La derrota del equipo era un hecho predecible.*

predecir. (conjug. PREDECIR). tr. Anunciar (un hecho futuro) por conocimiento, conjetura o intuición. *El hombre del tiempo predijo lluvias. Lo predije: ganamos el campeonato.* ▶ ADIVINAR, AUGURAR, AUSPICIAR, PRESAGIAR, PROFETIZAR, PRONOSTICAR, VATICINAR.

predestinación. f. **1.** Hecho de predestinar para un fin. *Era un caso claro de predestinación* A *la literatura. Fue maestro más por predestinación que por auténtica vocación.* **2.** *Rel.* Hecho de predestinar. *Creía en la predestinación. Algunos cristianos creen en la predestinación y otros en el libre albedrío.*

predestinado, da. part. **1.** → **predestinar. 2.** Que ha sido predestinado (→ 1). Tb. m. y f. *Se creía un predestinado por Dios. Es uno de los predestinados* AL *éxito.*

predestinar. tr. **1.** Destinar anticipadamente (algo o a alguien) para un fin. *El ambiente familiar la predestinaba* AL *mundo del arte. Lo habían predestinado* PARA *ser abogado. Era un proyecto predestinado* AL *fracaso. Estábamos predestinados* PARA *triunfar.* **2.** *Rel.* Destinar Dios (a alguien) desde la eternidad a la salvación o la condenación. *No creía que el hombre estuviera predestinado.*

predeterminación. f. Hecho o efecto de predeterminar. *Hay que evitar que exista predeterminación en el fallo del jurado.*

predeterminar. tr. Determinar (algo) de antemano. *Un acuerdo predetermina los turnos de la presidencia. A la hora predeterminada, el horno se enciende.*

prédica. f. Discurso en que se dan recomendaciones de carácter moral. *La prédica de monseñor llamaba a la austeridad y a la modestia.*

predicación. f. Hecho o efecto de predicar. *Una de las funciones del sacerdote es la predicación de la doctrina religiosa. El núcleo de la predicación es el verbo.*

predicado. m. **1.** *Gram.* En la oración: Parte cuyo núcleo es un verbo que concuerda en número y persona con el núcleo del sujeto. *En las siguientes oraciones, cuál es el sujeto y cuál el predicado.* **2.** *Fil.* En una proposición: Término en el que se predica algo del sujeto. *En la proposición "los osos comen miel", el predicado es "comen miel".* ■ **~ nominal.** m. *Gram.* Predicado (→ 1) formado por el verbo y por el atributo. *En la oración "Juan es alto", "es alto" es el predicado nominal.* ■ **~ verbal.** m. *Gram.* Predicado (→ 1) cuyo núcleo es un verbo no copulativo que puede ir solo o acompañado de complementos. *Señala el sujeto y el predicado verbal de esta oración.*

predicador, ra. adj. Que predica sermones, una doctrina religiosa o una idea. *Un cura predicador hablaba por la radio.* Dicho de pers., tb. m. y f. *El predicador dedicó el sermón a la caridad.*

predicamento. m. Estimación o consideración. *En el acto se dieron cita intelectuales de gran predicamento.*

predicar. tr. **1.** Publicar o dar a conocer (algo, espec. el Evangelio). *Los apóstoles predicaban el Evangelio.* **2.** Pronunciar (un sermón). Más frec. usado en constr. intr. *El fallecido sacerdote había predicado siempre en la misma parroquia.* **3.** *Fil.* y *Gram.* Decir (algo) de un sujeto. *Se llama predicado lo que se predica* DEL *sujeto.* ▶ **2:** SERMONEAR.

predicativo, va. adj. *Gram.* Dicho de oración: Que se construye con un verbo predicativo (→ **verbo**). *"La yegua corre" es una oración predicativa.*

predicción. f. Hecho o efecto de predecir. *Oí en la radio la predicción del tiempo. Ninguna de sus predicciones sobre el nuevo año se cumplió. El mago era experto en la predicción del futuro.* ▶ ADIVINACIÓN, AGÜERO, AUSPICIO, PROFECÍA, PRONÓSTICO, VATICINIO.

predilección. f. Inclinación o gusto especiales que se tienen por alguien o algo. *El niño muestra predilección* POR *la música. Tiene predilección* POR *los colores llamativos. Wagner está entre mis predilecciones musicales.*

predilecto, ta. adj. Preferido de manera especial. *Compró caramelos para su nieto predilecto. La niña abrazaba su juguete predilecto.*

predio. m. cult. Finca, espec. rústica. *El paisano vivía de cultivar su predio.* Frec. en derecho. *Se les acusó de edificación en predio ajeno.*

predisponer. (conjug. PONER). tr. Preparar o disponer anticipadamente (algo o a alguien) para un fin. *Intenta predisponerlos* PARA *que colaboren. El silencio y la oscuridad predisponen* AL *sueño.*

predisposición. f. Hecho o efecto de predisponer. *Tiene predisposición* A *caer enfermo.*

predominante. adj. Que predomina. *El verde era el color predominante en el paisaje. En la moda, la simplificación es la tendencia predominante.*

predominar. intr. Ser una cosa más importante o abundante que otra u otras. *Durante el fin de semana predominarán los chubascos. En sus cuadros predominan los colores pastel. Predominó el interés general* SOBRE *el particular.*

predominio. m. Hecho de predominar. *Hay en su pintura un predominio del azul* SOBRE *los demás colores.*

preeminencia. f. Cualidad de preeminente. *El diseñador conserva su preeminencia en el mundo de la moda. La ciudad donde estaba la corte gozaba de mayor preeminencia.*

preeminente. adj. Que destaca o sobresale. *Cervantes ocupa un lugar preeminente en la historia de la literatura. Llegó a tener una posición preeminente en la sociedad.*

preescolar. adj. **1.** Dicho de enseñanza o ciclo educativo: Anterior a la enseñanza primaria. *En la enseñanza preescolar se aprende a través del juego.* **2.** De la enseñanza o ciclo educativo preescolares (→ 1). *El centro educativo está destinado a alumnos en edad preescolar.*

preestablecido, da. adj. Establecido de antemano, gralm. por ley o reglamento. *Había un turno preestablecido para ser presidente de la comunidad de vecinos.*

preestreno. m. Exhibición especial de un espectáculo antes de su estreno oficial. *Al preestreno de la película acudió la prensa.*

preexistente. adj. Que existe con anterioridad. *Estas rocas se forman por la transformación de minerales preexistentes. La guerra supuso el fin del orden mundial preexistente.*

prefabricado, da. adj. Dicho de una construcción o de un objeto: Formado por partes fabricadas previamente para su montaje posterior. *Casas prefabricadas.* Tb. dicho de cada parte. *La cubierta del edificio se realizó con planchas prefabricadas.*

prefacio. m. Prólogo o introducción de un libro. *Antes de empezar la obra, leyó el prefacio. En el prefacio* A *su biografía explica los motivos que lo impulsaron a escribir.*

prefecto. m. **1.** *Rel.* Eclesiástico que dirige una congregación o comunidad. *Fue nombrado prefecto de la Congregación Mariana.* **2.** En Francia: Gobernador de un departamento. *Dimitió como prefecto de la Alta Córcega.* **3.** histór. En la antigua Roma: Jefe militar o civil. *El emperador lo nombró prefecto de Egipto.*

prefectura. f. **1.** Cargo o dignidad de prefecto. *Fue propuesto para la prefectura de Bayona. La Santa Sede designó al padre Jáuregui para la prefectura.* **2.** Territorio bajo la jurisdicción de un prefecto. *Hubo inundaciones en las prefecturas del norte de Francia. El Imperio romano quedó dividido en cuatro prefecturas.* **3.** Edificio donde están las oficinas del prefecto. *Jean trabaja como contable en la prefectura de Marsella.*

preferencia. f. **1.** Hecho o efecto de preferir. *Confesó su preferencia* POR *las novelas de misterio. Esa ciudad no está en mi lista de preferencias.* **2.** Ventaja o consideración más favorable de una persona o cosa frente a otra. *El vehículo de la derecha tiene preferencia* SOBRE *usted. Para este puesto tendrán preferencia los que sepan contabilidad.*

preferencial. adj. De la preferencia o ventaja. *Los clientes habituales reciben trato preferencial.*

preferente. adj. Que tiene preferencia o ventaja. *El retrato ocupa un lugar preferente en la casa. Cedimos al invitado el puesto preferente de la mesa.*

preferible. adj. Digno de ser preferido. *Es preferible reír* A *llorar. Es preferible que no subáis a la montaña sin equipo.*

preferir. (conjug. SENTIR). tr. Tener alguien (una cosa o a una persona) por mejor que otra. *¿Prefieres el café solo o con leche? Prefiero el coche* AL *avión. Preferiría no tener que hacerlo. Prefiero hablar contigo que con él.*

prefigurar. tr. Representar anticipadamente (algo) o tener características que (lo) anuncian. *Numerosas revueltas callejeras prefiguraron la revolución.*

prefijación. f. *Ling.* Procedimiento de formación de palabras que consiste en añadir un prefijo a una palabra o a una raíz. *La palabra "autobiografía" está formada por prefijación.*

prefijar. tr. Fijar anticipadamente (algo). *Debemos prefijar el ámbito social de nuestra encuesta. Su viaje no tenía un itinerario prefijado.*

prefijo, ja. adj. **1.** *Ling.* Dicho de afijo: Antepuesto a la raíz de la palabra. *Elementos prefijos.* Más frec. m. *El prefijo "post-" significa 'después de', como en "postgrado".* ● m. **2.** Serie de cifras que se marca antes de un número de teléfono y que gralm. indica una zona geográfica. *El prefijo del Reino Unido es el 44. Marque primero el prefijo provincial.*

pregón. m. Anuncio de una noticia de interés general que se hace en voz alta y por las calles. *El alcalde convocaba a los vecinos por medio de pregones. La novelista leerá el pregón de las fiestas.*

pregonar. tr. **1.** Dar a conocer (algo) por medio de un pregón. *El vendedor ambulante pregonaba su mercancía con un megáfono.* **2.** Hacer público (algo), o divulgar(lo) entre la gente. *Es un secreto, así que no vayas pregonándolo por ahí.*

pregonero, ra. adj. **1.** Que pregona. Frec. m. y f. *El pregonero, un humorista, deseó felices fiestas a los vecinos.* ● m. y f. **2.** Funcionario municipal encargado de dar pregones. *Con un toque de corneta, el pregonero convocaba a los vecinos.*

preguerra. f. Período inmediatamente anterior a una guerra. *En la preguerra, la situación política era muy confusa.*

pregunta. f. Hecho o efecto de preguntar. *¿Puedo hacerle una pregunta? El examen consta de cinco preguntas.* ■ **a la cuarta ~.** loc. adv. coloq. Sin dinero o con muy poco. *A finales de mes siempre estoy a la cuarta pregunta.* ▶ INTERROGACIÓN, INTERROGANTE.

preguntar. tr. **1.** Pedir a alguien que diga lo que sabe (sobre algo) o aclare (una duda). *Pregúntale todas tus dudas.* **2.** Pedir información (a alguien). *A mí no me preguntes: no sé nada.* ○ tr. prnl. **3.** Pensar (algo) como dudoso. *Me pregunto cómo ha conseguido hacerlo.* ▶ **2, 3:** INTERROGAR.

preguntón, na. adj. coloq. Que pregunta mucho o con insistencia. *¡No seas preguntón!, no te puedo contar más.* Tb. m. y f. *Mi vecino es un cotilla y un preguntón.*

prehistoria. f. **1.** (Tb. en mayúsc.). Período de la vida de la humanidad anterior a cualquier documento escrito. *La prehistoria se divide en Edad de Piedra y Edad de los Metales.* **2.** Estudio científico de la prehistoria (→ 1). *La prehistoria describe la vida del hombre primitivo.* **3.** Período anterior al desarrollo completo de algo. *La alquimia constituye la prehistoria de la química.*

prehistórico, ca. adj. **1.** De la prehistoria, o de su objeto de estudio. *Arte prehistórico. Encontraron restos humanos prehistóricos.* **2.** Muy viejo o anticuado. *Viajamos en un autocar prehistórico.*

preindustrial. adj. Anterior al desarrollo de la industria. *Época preindustrial. Economía preindustrial. En la ciudad preindustrial, la contaminación era escasa.*

preinscribir. (part. **preinscrito** o, Am., **preinscripto**). tr. Solicitar la admisión (de alguien) en una entidad o en el ejercicio de una actividad antes de presentar la solicitud formal. *Han preinscrito a más de doscientos atletas para las Olimpiadas. Se ha preinscrito en varias Universidades.*

preinscripción. f. Hecho o efecto de preinscribir o preinscribirse. *El plazo de preinscripción se abre en junio. Presenten la preinscripción al hacer la matrícula.*

prejubilación. f. Hecho o efecto de prejubilar o prejubilarse. *La empresa le facilitó la prejubilación a los sesenta años.*

prejubilar. tr. **1.** Disponer que (alguien) cese en su trabajo antes de la edad estipulada por la ley. *La empresa ha prejubilado a los empleados de más edad.* ○ intr. prnl. **2.** Cesar alguien en su trabajo antes de la edad estipulada por la ley. *Se prejubiló a los sesenta y dos años.*

prejuicio. m. Idea u opinión, gralm. desfavorables, que se tienen de manera anticipada sobre algo que no se conoce bien. *A menudo tenemos prejuicios sobre los extranjeros. La educación puede eliminar los prejuicios raciales.*

prejuzgar. tr. Juzgar (algo o a alguien) antes del tiempo oportuno o sin tener un conocimiento exacto o ajustado (de ellos). *En sus conclusiones prejuzga hechos que desconoce.*

prelación. f. cult. Preferencia que tienen una persona o cosa sobre otras. *La redacción establece el orden de prelación de las noticias. Enumeraré algunos autores conocidos sin orden de prelación.*

prelado. m. Eclesiástico de rango superior, como un abad, un obispo o un arzobispo. *El Papa recibió en audiencia a los prelados de la Conferencia Episcopal.*

prelatura. f. Cargo o dignidad de prelado. *El padre Casas obtuvo la prelatura cuando era un joven sacerdote.*

preliminar. adj. Que precede a algo y le sirve de introducción. *El libro tiene un estudio preliminar. El forense presentó un informe preliminar. Quedaron eliminados en la fase preliminar del torneo.* Tb. m. y, entonces, gralm. pl. *En los preliminares del diccionario se explica cómo usarlo.*

preludiar. (conjug. ANUNCIAR). tr. Ser el preludio (de algo). *El tibio sol del amanecer preludiaba otro día primaveral.*

preludio. m. **1.** Cosa que sirve de principio o introducción de otra. *Una leve claridad surgió como preludio del amanecer. Los bombardeos eran solo el preludio de una larga guerra.* **2.** *Mús.* Composición musical breve, de carácter instrumental, que sirve de introducción otra más larga, como una ópera o una suite. *Se apagan las luces y comienza el preludio de "Carmen".*

premamá. adj. Dicho de ropa o accesorio: Destinado a la mujer embarazada. *Los pantalones premamá tienen cintura extensible.*

prematrimonial. adj. Anterior al matrimonio. *Mantenían relaciones prematrimoniales. La pareja firmó un acuerdo prematrimonial.*

prematuro, ra. adj. **1.** Que se hace o que ocurre antes de tiempo. *Su muerte fue prematura. Es prematuro hablar de culpabilidad antes del juicio.* **2.** Dicho de niño: Que nace antes del final de la gestación. *Cada vez es mayor la supervivencia de niños prematuros.* Tb. m. y f. *A los prematuros los ponen en una incubadora.*

premeditación. f. Hecho de premeditar. *El criminal actuó con premeditación y alevosía.*

premeditar. tr. Pensar detenidamente (algo) antes de hacer(lo). *El soldado no premedita el acto heroico. Habló sin premeditar sus palabras.*

premenstrual. adj. *Med.* Anterior al período menstrual. *Dolores premenstruales. Un 30% de las mujeres padece el síndrome premenstrual.*

premiación. f. Am. Hecho o efecto de premiar. *La premiación de los ganadores se efectuó ayer* [C].

premiar. (conjug. ANUNCIAR). tr. **1.** Dar un premio (a alguien). *Lo premiaron por su arrojo en el combate. Premiarán al ganador del concurso con un crucero.* **2.** Dar un premio a alguien (por algo, espec. un mérito o servicio). *Quisieron premiar su dedicación al trabajo.*

premio. m. **1.** Cosa que se da a alguien como recompensa por algún mérito o servicio. *Dieron un premio a los bomberos por su labor. Los aplausos del público son el mejor premio.* **2.** Cosa que se da a alguien por ganar en un concurso o competición. *El escritor ganó el premio de novela. El primer clasificado recibe una copa como premio.* **3.** Cosa que se da al ganador de un sorteo o lotería. *El premio de la rifa es un jamón de bellota. Le ha tocado el primer premio de la lotería.* ■ **~ extraordinario.** m. Máxima calificación que se concede en una graduación académica. *Se licenció en Derecho con premio extraordinario.* ■ **~ gordo.** m. Premio (→ 3) máximo de la lotería. *El premio gordo de Navidad se repartió en Badajoz.*

premiosidad. f. cult. Cualidad de premioso. *Su premiosidad para moverse nos exasperaba y retrasaba la marcha.*

premioso, sa. adj. **1.** cult. Dicho de persona: Lenta o torpe al actuar o expresarse. *El alcohol nos volvía premiosos y desmañados. El torero estuvo premioso con los aceros.* **2.** cult. Dicho de lenguaje o estilo: Que carece de soltura o espontaneidad. *Sus detalladas explicaciones hacen premioso el estilo.*

premisa. f. **1.** Principio que sirve de base a una hipótesis o a un razonamiento. *Partimos de la premisa de que es un buen producto, por lo que se venderá bien.* **2.** *Fil.* Cada una de las dos proposiciones de un silogismo que permiten inferir la conclusión. *De dos premisas verdaderas no puede resultar una conclusión falsa.*

premolar. m. *Anat.* Diente premolar (→ **diente**). *Los premolares de los humanos tienen dos puntas.*

premonición. f. Presentimiento o sensación de que algo va a ocurrir. *Tuvo la premonición de que algo especial sucedería ese día.*

premonitorio, ria. adj. Que anuncia o presagia algo. *Los nubarrones parecían señales premonitorias de la desgracia. Sus palabras fueron premonitorias; sucedió tal y como dijo.*

premunir. tr. Am. Proveer (a alguien o algo) de una cosa necesaria. *Para mariscadas familiares recomiendan premunirse* DE *una bandeja de acero inoxidable* [C]. ▶ *PROVEER.

premura. f. cult. Prisa o rapidez con que se hace algo. *La situación nos obliga a actuar con premura. No se hizo un buen trabajo por la premura de terminar.*

prenatal. adj. Anterior al nacimiento. *Las técnicas de diagnóstico prenatal avanzan día a día.*

prenda. f. **1.** Artículo que se usa para vestirse o cubrirse el cuerpo. *Vendemos chándales y otras prendas deportivas.* Tb. *~ de vestir. La camisa es una prenda de vestir.* **2.** Cosa que sirve de garantía para el cumplimiento de una obligación. Frec. en la constr. *en ~. Si te llevas el coche, debes dejarme algo en prenda.* **3.** Cualidad o virtud que posee una persona. *Sus mejores prendas son la serenidad y el buen talante.* **4.** Persona a la que se quiere mucho. Se usa para dirigirse a una persona cariñosamente. *Ven aquí, prenda.* ○ pl. **5.** Juego en que quien pierde tiene que entregar algo y hacer lo que se le mande para recuperarlo. *Para jugar a las prendas nos sentábamos en círculo.* ■ **no dolerle ~s** (a alguien). loc. v. No importar(le) reconocer algo. *Sé qué soy un desastre y no me duelen prendas.* ■ **soltar ~.** loc. v. coloq. Hablar sobre lo que se quería mantener en secreto. Gralm. en constr. negativas. *Le preguntamos por su nuevo novio, pero ella no soltó prenda.*

prendar. tr. **1.** cult. Enamorar (a alguien). *La prendó con sus encantos.* ○ intr. prnl. **2.** cult. Enamorarse de alguien o algo. *Ya en el colegio se había prendado* DE *ella.*

prendedor. m. Broche o alfiler que sirve de adorno o para sujetar una prenda. *En la solapa solía llevar un prendedor de oro. Vestía una túnica recogida con prendedores.*

prender. tr. **1.** Sujetar o enganchar (algo), espec. con un broche, alfiler u otro instrumento parecido. *Prende el póster* CON *unas chinchetas. Lleva un broche prendido* EN *la solapa.* **2.** Sujetar o agarrar (algo o a alguien). *La perra prende a los cachorros por el cuello.* **3.** Hacer prisionero o detener (a alguien). *Lo prendieron al tratar de infiltrarse en territorio enemigo.* **4.** Encender (fuego, luz o algo que puede arder). *Prendieron fuego a la casa. Voy a prender la cocina, que hace frío.* **5.** Am. Encender (un dispositivo o un aparato eléctricos). *Cualquier niño al levantarse lo primero que hace es prender el televisor* [C]. *El chofer prendió el motor* [C]. ○ intr. **6.** Arraigar una planta en la tierra. *La hierbabuena prende fácilmente.* **7.** Empezar a surtir efecto algo en una persona o cosa. *Ha prendido* EN *ella la pasión por el deporte.* **8.** Encenderse algo que puede arder. *Este leño no prende. Hubo un chispazo y las cortinas prendieron con rapidez.* ▶ **3:** *APRESAR. **5:** ENCENDER. **6:** *ARRAIGAR.

prendimiento. m. Detención o captura. Designa espec. el de Jesucristo. *El cuadro refleja el prendimiento de Jesús en el huerto de Getsemaní.*

prensa. f. **1.** Máquina que sirve para apretar o comprimir algo mediante la aproximación de dos superficies. *Una prensa aplasta las olivas para que salga el aceite.* **2.** Conjunto de publicaciones periódicas. *La prensa ha dedicado páginas y páginas a la noticia.* **3.** Conjunto de personas que se dedican al periodismo. *En el acto hubo varios miembros de la prensa.* ■ **~ amarilla.** f. Prensa (→ 2) sensacionalista. *La prensa amarilla hizo una campaña contra el político.* □ **en ~.** loc. adv. En fase de impresión. *La obra está ya en prensa y saldrá en pocos días.* ■ **tener buena** (o **mala**) **~.** loc. v. Tener buena (o mala) fama. *Tiene muy mala prensa entre sus compañeros de profesión.*

prensado. m. Hecho de prensar. *El prensado de la uva. El linóleo se obtiene mediante el prensado de corcho, resina vegetal y aceite de linaza.*

prensar. tr. Apretar o comprimir (algo) con una prensa o mediante otro procedimiento. *Prensan la pasta de papel para hacer las láminas. Los camiones de la limpieza prensan la basura.*

prensil. adj. *Zool.* Dicho de órgano: Que sirve para agarrar o sujetar. *El tití tiene cola prensil. La trompa del elefante es un órgano prensil.* ▶ PRENSOR.

prensor, ra. adj. **1.** *Zool.* Prensil. *Los crustáceos tienen pinzas prensoras.* **2.** *Zool.* Del grupo de las prensoras (→ 3). *El periquito es un ave prensora.* ● f. **3.** *Zool.* Ave de mandíbulas robustas, que tiene la superior curvada desde su base, y patas con dos dedos dirigidos hacia atrás. *Los loros y guacamayos son del grupo de las prensoras.*

preñado, da. part. **1.** → **preñar.** ● adj. **2.** Dicho de hembra: Que ha sido fecundada y lleva una criatura en el vientre. *Las yeguas preñadas estaban en la cuadra.* Tb., coloq., referido a mujer. *Se casó preñada. Estaba preñada* DE *su primer novio.* **3.** cult. Lleno o henchido. *Negros nubarrones preñados* DE *lluvia se cernían sobre la ciudad.* ▶ **2:** *EMBARAZADA.

preñar. tr. **1.** Fecundar (a una hembra). *La única misión del semental es preñar a las hembras.* Tb., coloq., referido a mujer. *En la corte se dudaba de que el príncipe fuera capaz de preñar a una mujer.* **2.** cult. Llenar o henchir (algo). *El aroma a jazmín preña el aire de la noche.* ▶ **1:** EMBARAZAR.

preñez. f. Estado de la hembra preñada. *La preñez de la perra dura dos meses.* Tb., coloq., referido a mujer. *Al regreso de la luna de miel, la preñez era ya ostensible.* ▶ EMBARAZO.

preocupación. f. **1.** Hecho de preocupar o preocuparse. *La preocupación* POR *la enfermedad de mi hijo no me deja dormir. En su rostro se reflejaba la preocupación.* **2.** Cosa que preocupa o causa inquietud. *Necesitamos olvidarnos un rato de las preocupaciones.*

preocupante. adj. Que preocupa o causa inquietud. *Su tardanza resultaba preocupante. Las cifras del paro son preocupantes.*

preocupar. tr. **1.** Producir inquietud o temor (en alguien) de manera persistente. *Tu estado de salud nos preocupa. Me preocupa que no quiera estudiar. Nos preocupa nuestro hijo.* ○ intr. prnl. **2.** Sentir inquietud o temor por alguien o algo. *No te preocupes* POR *mí: estoy bien. Se preocupa* POR *todo.* **3.** Poner interés en alguien o algo. *Tú preocúpate* DE *que todo salga como lo habíamos planeado.*

preolímpico, ca. adj. Dicho de torneo o prueba: Que sirve de selección para una competición olímpica. *Regata preolímpica. Las tenistas se clasificaron en el torneo preolímpico.* Tb. m. *Cuba y Puerto Rico se enfrentarán en el preolímpico de baloncesto.*

preoperatorio, ria. adj. *Med.* Anterior a una intervención quirúrgica. *Diagnóstico preoperatorio. Están haciendo pruebas preoperatorias al paciente.* Dicho de período, tb. m. *Durante el preoperatorio no podrá ingerir alimentos.*

preparación. f. **1.** Hecho o efecto de preparar o prepararse. *Tiene una buena preparación y conseguirá el trabajo. Un técnico se encarga de la preparación física de los jugadores.* **2.** *Biol.* Porción de tejido u otra materia orgánica dispuesta para su observación en el microscopio. *El técnico de laboratorio tiñe las preparaciones de tejido nervioso.*

preparado. m. *Med.* Medicamento elaborado con diversos ingredientes. *El médico le prescribió un preparado contra la tos.*

preparador, ra. m. y f. Persona que prepara, espec. a un deportista o un equipo. *El club tiene un preparador físico. Ha contratado a un preparador para las oposiciones.* ▶ *ENTRENADOR.

preparar. tr. **1.** Hacer las operaciones necesarias para que (algo) se produzca o exista. *Está preparando su ingreso en la Universidad. Prepara unos cócteles excelentes.* **2.** Hacer que (alguien o algo) estén en la disposición o en las condiciones adecuadas para algo. *Hay que preparar a la familia* PARA *lo peor. La escuela prepara a futuros cocineros.* ▶ **2:** APERCIBIR, APRESTAR, DISPONER. ‖ **Am: 2:** ALISTAR.

preparativo. m. Cosa que se hace para preparar algo o para hacer que se produzca adecuadamente. *Los preparativos* DE *la fiesta nos llevaron mucho tiempo.* Gralm. en pl. *Los novios hacen los preparativos* PARA *la boda.*

preparatorio, ria. adj. Que sirve para preparar o prepararse. *Hace un curso preparatorio* PARA *el acceso a la Universidad. Se celebra una reunión preparatoria* DEL *proceso de paz.*

preponderancia. f. Cualidad de preponderante. *La región mantiene su preponderancia económica* SOBRE *el resto del país. En las encuestas se ve la preponderancia del partido republicano* SOBRE *los otros.*

preponderante. adj. Que tiene mayor importancia, fuerza o abundancia. *El presidente tuvo un papel preponderante* EN *las negociaciones. El musical fue uno de los géneros preponderantes* EN *Hollywood.*

preponderar. intr. Ser el más importante, influyente o abundante. *Preponderarán las precipitaciones* EN *la mitad norte del país.*

preposición. f. *Gram.* Palabra invariable que sirve para introducir un nombre o una expresión con valor de nombre que tienen función de complemento. *El verbo "versar" se construye con la preposición "sobre".*

preposicional. adj. **1.** *Gram.* De la preposición. *Verbos con régimen preposicional.* **2.** *Gram.* Que tiene valor preposicional (→ 1). *"A base de" es una locución preposicional.*

prepositivo, va. adj. *Gram.* **1.** De la preposición. *Función prepositiva.* **2.** *Gram.* Que tiene valor prepositivo (→ 1). *Explica la diferencia entre las locuciones prepositivas y las locuciones adverbiales.*

prepotencia. f. Condición de prepotente. *Los trabajadores despedidos denuncian la prepotencia de la empresa.*

prepotente. adj. despect. Que abusa de su poder. *El prepotente alcalde trató de impedir la manifesta-*

ción. Tb. m. y f. *Es un prepotente que tiene atemorizados a sus compañeros.*

prepucio. m. *Anat.* Piel móvil que recubre el extremo del pene. *La circuncisión es la extirpación de parte del prepucio.*

prerrafaelismo. m. *Arte* Movimiento artístico británico de la segunda mitad del s. XIX, inspirado en los pintores italianos anteriores a Rafael de Urbino (pintor italiano, 1483-1520). *Los partidarios del prerrafaelismo admiraban a Fra Angelico.*

prerrafaelista. adj. **1.** *Arte* Dicho de pintor o pintura: Anterior a Rafael de Urbino (pintor italiano, 1483-1520). *Pintores prerrafaelistas.* Dicho de pers., tb. m. y f. *Giotto era uno de los prerrafaelistas más admirados.* **2.** *Arte* y *Lit.* Del prerrafaelismo. *Estética prerrafaelista.* **3.** *Arte* y *Lit.* Partidario o cultivador del prerrafaelismo. *Hermandad prerrafaelista. Poeta prerrafaelista.* Tb. m. y f. *El pintor Rossetti era un prerrafaelista famoso.*

prerrogativa. f. **1.** Derecho o privilegio concedido a alguien por su cargo o condición. *El fuero jurídico especial es una de las prerrogativas de los parlamentarios.* **2.** Derecho o privilegio que corresponde exclusivamente a uno de los poderes del Estado. *Antiguamente, la concesión de indultos era prerrogativa de la Corona.*

prerrománico, ca. adj. **1.** *Arte* Dicho de arte: Que se desarrolla en Europa occidental a partir del s. VI y es anterior al románico. *El arte prerrománico se caracteriza por la variedad de estilos e influencias.* Tb. m. *La iglesia es una joya del prerrománico asturiano.* **2.** *Arte* Del arte prerrománico (→ 1). *Los templos prerrománicos tienen planta irregular.*

prerromano, na. adj. Anterior a la dominación y civilización romanas. *El galo es una lengua prerromana.*

prerromanticismo. m. *Lit.* Tendencia anterior al Romanticismo y que tiene algunas de sus características, como la preferencia por los ambientes lúgubres y los temas sentimentales. *Álvarez Cienfuegos es uno de los mayores representantes del prerromanticismo.*

prerromántico, ca. adj. **1.** *Lit.* Del prerromanticismo. *Poesía prerromántica.* **2.** *Lit.* Partidario o cultivador del prerromanticismo. *Escritores prerrománticos.* Tb. m. y f. *José Cadalso es el prerromántico español más destacado.*

presa. f. **1.** Animal que es o puede ser cazado. *El guepardo corre veloz tras su presa.* Tb. fig. *El carterista observa a su presa antes de robarla.* **2.** Construcción hecha en un río o canal para retener el agua o desviarla de su cauce. *Construyeron una presa para obtener energía eléctrica.* Tb. el lugar donde queda retenida el agua. *Fuimos a nadar a la presa.* **3.** Hecho de prender, espec. agarrando o sujetando. Frec. en la constr. *hacer ~ en* algo o alguien. *El halcón hace presa en un ave y la lleva a su nido.* Tb. fig. *Los nervios hicieron presa en ella.* **4.** cult. Persona que está dominada por un sentimiento. Frec. en aposición. *La gente, presa* DEL *pánico, salió huyendo.* ▶ **frecAm: 2:** REPRESA.

presagiar. (conjug. ANUNCIAR). tr. **1.** Ser una cosa presagio o indicio (de algo futuro). *Esas nubes negras presagian tormenta.* **2.** Anunciar o prever una persona (algo futuro). *Presagió grandes catástrofes.* ▶ **1:** AUGURAR. **2:** *PREDECIR.

presagio. m. Señal o indicio de algo futuro. *Amaneció un día radiante, sin presagios de tormenta. Creo que este encuentro es un presagio de buena suerte.* ▶ AUGURIO, AUSPICIO.

presbicia. f. *Med.* Vista cansada. *A partir de una edad es normal tener presbicia.*

presbiteriano, na. adj. **1.** *Rel.* Seguidor de una doctrina protestante que no reconoce la autoridad del obispo sobre los sacerdotes. *Un protestante presbiteriano.* Tb. m. y f. *Una congregación de presbiterianos.* **2.** *Rel.* De los presbiterianos (→ 1). *La Iglesia presbiteriana de Escocia.*

presbiterio. m. En una iglesia: Área del altar mayor. *Una reja separa el presbiterio de la nave central.*

presbítero. m. *Rel.* En la Iglesia católica: Clérigo ordenado para decir misa. *El obispo reunirá a los presbíteros de la diócesis.* ▶ SACERDOTE.

prescindir. intr. **1.** Privarse de alguien o algo, o renunciar a ellos. *Va a prescindir* DEL *chófer. No podemos prescindir* DE *tu sueldo.* **2.** Omitir algo, o no tenerlo en cuenta. *Prescindiré* DE *los detalles para centrarme en lo esencial.*

prescribir. (part. **prescrito** o, Am., **prescripto**). tr. **1.** Ordenar o mandar (algo). *La discoteca cierra a las seis, según prescribe la normativa. El Corán prescribe el ayuno durante el Ramadán.* **2.** Ordenar el médico (un medicamento u otro remedio). *Su médico le ha prescrito un relajante muscular.* ○ intr. **3.** Dejar de existir un derecho, una obligación o una responsabilidad por el transcurso del tiempo, espec. de los plazos legales. *La multa prescribe en tres meses. No entrará en prisión porque el delito ya ha prescrito.* ▶ **2:** RECETAR.

prescripción. f. Hecho o efecto de prescribir. *El incumplimiento de estas prescripciones será sancionado. Toma somníferos por prescripción médica. La prescripción de un delito.*

presea. f. **1.** cult. Objeto precioso, como una joya o una alhaja. *En la catedral se exponen coronas y otras preseas regaladas a la Virgen.* **2.** Am. Medalla. *Acaba de obtener la presea de oro en los Juegos Nacionales* [C].

preselección. f. Selección anterior a la definitiva. *Han hecho una preselección de aspirantes al puesto.*

preseleccionar. tr. Elegir (algo o a alguien) en una preselección. *El entrenador preselecciona a 24 jugadores, de los que acudirán al torneo 18.*

presencia. f. **1.** Hecho de estar alguien o algo presentes. *Sería una sorpresa su presencia en la fiesta. Se ha detectado la presencia de toxinas en el agua.* **2.** Apariencia o aspecto externos. *Para el puesto se requiere buena presencia. Toros bravos y de excelente presencia.* ■ **~ de ánimo.** f. Serenidad o tranquilidad. *Qué difícil mantener la presencia de ánimo durante el funeral.*

presencial. adj. De la presencia, o que la implica. *La academia ofrece cursos en régimen presencial o a distancia. Un testigo presencial de los hechos.*

presenciar. (conjug. ANUNCIAR). tr. Ver (un hecho o acontecimiento), gralm. estando presente allá donde sucede. *Nadie ha presenciado el accidente. Millones de espectadores presenciarán la final por televisión.*

presentable. adj. Que está en condiciones de presentarse o ser presentado, espec. por tener un aspecto aceptable. *Voy a cambiarme, que no estoy presentable. Hay que dejarlo todo presentable para la inspección.*

presentación. f. **1.** Hecho de presentar o presentarse. *Quiero ir a la presentación de su novela. He-*

chas las presentaciones, nos sentamos a cenar. **2.** Modo de presentar o presentarse. *Debes cuidar la presentación de los trabajos. El medicamento se comercializa en dos presentaciones: comprimidos y jarabe.*

presentador, ra. m. y f. **1.** Persona que presenta algo o a alguien para darlos a conocer. *El presentador del libro será un ilustre científico.* **2.** Persona que, profesional u ocasionalmente, presenta un espectáculo o un programa televisivo o radiofónico. *Es humorista y presentador de televisión.*

presentar. tr. **1.** Poner (algo o a alguien) ante una persona para que (los) conozca, valore o considere. *Elegirá uno entre los proyectos que le han presentado. Hay que presentar el carné a la entrada.* **2.** Poner (a alguien), diciendo su nombre, ante otra persona, para que la conozca. *Te voy a presentar a un buen amigo. No se conocían, los presenté yo.* **3.** cult. Dar (algo) a alguien voluntariamente. *Presentan ofrendas a la Virgen.* **4.** Dar (quejas, disculpas o muestras de respeto). *Voy a presentar una queja a su superior. Si la he ofendido, le presento excusas. Se acercó a la viuda para presentarle sus respetos.* **5.** Dejar ver o dejar observar (algo que se tiene). *El enfermo presenta mejor aspecto. Se han rendido sin presentar resistencia.* **6.** Proponer (a alguien) para una dignidad o un cargo. *Le presentarán dos candidatos para el cargo. Se presentan tres chicas para el puesto.* **7.** Colocar provisionalmente (algo) para ver el efecto que hace. *Le han presentado varias pinturas sobre la pared para que elija.* **8.** Dar a conocer públicamente (algo o a alguien). *Esta tarde presenta su última novela.* **9.** Exponer al público (un programa de radio o televisión informativo o de entretenimiento, o un espectáculo). *Presenta el informativo del mediodía.* ○ intr. prnl. **10.** Ponerse algo a la vista o a la consideración. *Iremos resolviendo los problemas que se presenten. Se lo diré en cuanto se presente la ocasión.* **11.** Ofrecerse uno mismo de una determinada manera para algo. *El soldado se ha presentado voluntario para la misión.* **12.** Ir alguien a un lugar o a un acto en que se le espera. *Tengo que presentarme* EN *el despacho del director.* **13.** Acudir ante alguien. *Preséntese* AL *coronel inmediatamente.* **14.** Aparecer en un lugar, espec. de forma inesperada o a horas intempestivas. *Se presentó en mi casa a las tantas de la noche.* **15.** Producirse algo, espec. de modo repentino o inesperado. *Cuando menos te lo esperas, se presenta una tormenta.*

presente. adj. **1.** Que está en el mismo sitio que alguien, en el sitio de que se trata o en el sitio donde sucede el hecho de que se trata. *Se dirigirá al público presente* EN *el auditorio. Quiero estar presente* EN *tu boda. El alcoholímetro mide el alcohol presente* EN *el aire espirado.* Dicho de pers., tb. m. y f. *¿Alguno de los presentes quiere añadir algo?* **2.** Dicho de tiempo: Actual o de ahora. *En el momento presente, las cosas le van bien.* Tb. m. *Hay que vivir el presente.* **3.** cult. Precedido de artículo: Este. *El objetivo del presente capítulo es exponer el tema.* ● m. **4.** cult. Regalo u obsequio. *Los invitados han hecho entrega de sus presentes a la pareja.* **5.** *Gram.* Tiempo verbal que indica que la acción ocurre en el momento en que se habla. *"Amo" es el presente de indicativo del verbo "amar".* ■ **la ~.** loc. s. Esta carta o misiva. *Espero que al recibo de la presente os encontréis bien.* ■ **mejorando lo ~.** expr. Se usa cuando se alaba a alguien en presencia de otra persona, para que esta no se sienta ofendida o menospreciada. *Mi mujer es una gran cocinera, mejorando lo presente.*

presentimiento. m. Hecho o efecto de presentir. *El presentimiento de la muerte lo aterroriza. Tengo el presentimiento de que nos va a tocar la lotería.* ▶ BARRUNTO, CORAZONADA, PÁLPITO.

presentir. (conjug. SENTIR). tr. **1.** Tener la sensación de que (algo) va a suceder. *Presiento que tendremos problemas. Los caballos están nerviosos: presienten peligro.* **2.** Intuir vagamente que (algo) ha sucedido. *Presiente que ha aprobado.* ▶ **1:** BARRUNTAR.

preservación. f. Hecho de preservar. *Colabora en la preservación de la naturaleza.*

preservar. tr. Proteger (algo o a alguien) de un daño o peligro. *Se ha preservado el casco viejo* DE *la especulación inmobiliaria. Hay que preservar a los jóvenes* DE *las drogas. Preservemos el equilibrio ecológico.* ▶ *PROTEGER.

preservativo. m. Funda fina y elástica con que se cubre el pene durante el coito para evitar la fecundación o el contagio de enfermedades. *Defienden el uso del preservativo para evitar el sida.* ▶ CONDÓN, PROFILÁCTICO.

presidencia. f. **1.** Cargo o dignidad de presidente. *Es candidato a la presidencia del Gobierno.* Tb. el tiempo que dura. *Durante su presidencia ha descendido el desempleo.* **2.** Lugar que ocupa el presidente o en el que está su oficina. *En la presidencia de la mesa se sienta el abuelo. El Consejo de Ministros se celebrará en la Presidencia del Gobierno.* **3.** Hecho de presidir. *No reúne condiciones para la presidencia del club.* **4.** Persona o conjunto de personas que ejercen la presidencia (→ 1). *En caso de empate, decide la presidencia.*

presidencial. adj. De la presidencia o del presidente. *Habrá elecciones presidenciales. Palco presidencial.*

presidencialismo. m. *Polít.* Sistema político en que el presidente de la República es también jefe del Gobierno. *Muchos en México son partidarios de reformar el presidencialismo.*

presidencialista. adj. **1.** *Polít.* Del presidencialismo. *Régimen presidencialista.* **2.** *Polít.* Partidario del presidencialismo. *Político presidencialista.* Tb. m. y f. *Los presidencialistas piden cambios constitucionales.*

presidente, ta. m. y f. (A veces como f. se usa **presidente**). **1.** Persona que preside. *El socio de más edad será el presidente de la reunión. La presidenta del Gobierno nombrará nuevos ministros.* **2.** En una república: Jefe del Estado. *A la cumbre asisten el Presidente y el Primer Ministro franceses.* ○ f. **3.** coloq. Mujer del presidente (→ 1, 2). *Estaría bueno que hasta la presidenta criticara la gestión de su excelentísimo marido.*

presidiario, ria. m. y f. Persona que cumple condena en presidio. *Dos presidiarios se han fugado de la cárcel.* ▶ *PRESO.

presidio. m. **1.** Establecimiento penitenciario para el cumplimiento de penas de privación de libertad por delitos graves. *El asesino cumplirá condena en presidio.* **2.** *Der.* Pena de privación de libertad, con distintos grados de rigor. *Ha sido condenado a cinco años de presidio.* ▶ **1:** *CÁRCEL.

presidir. tr. **1.** Ocupar alguien el puesto más importante o de mayor autoridad (en una empresa, un organismo u otra colectividad, o en un acto). *Adolfo Suárez preside el primer gobierno de la transición. El Príncipe presidirá la cena.* **2.** Ocupar algo el puesto más importante o destacado (en un lugar). *Su re-*

trato preside la sala. Tb. fig. *El rigor ha presidido su trayectoria profesional.*

presilla. f. Cordón o tira de tela pequeños, que van cosidos en forma de anilla al borde de una prenda y sirven para abrochar un botón, sujetar un cinturón u otros fines semejantes. *Lleva camiseta con cuello cerrado por un botón y presilla. La charretera del uniforme va sujeta al hombro por una presilla.*

presión. f. **1.** Hecho de apretar o comprimir. *Le agarra la mano y ejerce una ligera presión* SOBRE *ella. Haciendo presión, logra cerrar la maleta.* **2.** Fuerza ejercida por un cuerpo sobre otro. *En el interior de la Tierra se registran grandes presiones. La presión atmosférica es mayor al nivel del mar. Tiene usted la presión arterial muy alta. La unidad de presión en el Sistema Internacional es el pascal.* **3.** Fuerza moral o influencia ejercida sobre una persona para que actúe de determinada manera. *No se casará, pese a las presiones de su familia. La presión social ha logrado parar la ejecución.* ■ **~ fiscal.** f. *Econ.* Relación entre los ingresos fiscales de un país y el valor de los bienes y servicios que produce. *Reduciremos la presión fiscal bajando los impuestos directos.* □ **a ~.** loc. adj. **1.** Sometido a gran presión (→ 2). *La policía frena a los manifestantes con chorros de agua a presión. Cerveza a presión.* **2.** Que funciona por medio de agua o vapor sometidos a gran presión (→ 2). *Cafetera a presión. Manguera a presión.*

presionar. tr. Ejercer presión (sobre alguien o algo). *Han presionado al testigo para que mienta. Presione el botón de encendido del aparato.* ▶ APRETAR, COMPRIMIR, CONSTREÑIR, OPRIMIR.

preso, sa. adj. **1.** Dicho de persona: Privada de libertad. *Lo llevan preso a comisaría.* Referido espec. a la persona privada de libertad por estar en la cárcel y, en ese caso, tb. m. y f. *Está presa por un delito que no ha cometido. Los presos solicitan mejoras en la cárcel.* **2.** Dominado por un sentimiento o un estado de ánimo. *Vive preso* DEL *terror. Lloraba presa* DE *los nervios.* ▶ **1:** CONVICTO, PRESIDIARIO, RECLUSO.

presocrático, ca. adj. **1.** Dicho de filósofo griego: Anterior a Sócrates (filósofo griego, s. V a. C.). Tb. m. y f. *Entre los presocráticos, citemos a Heráclito y Parménides.* **2.** De los filósofos presocráticos (→ 1). *Lecciones de filosofía presocrática.*

prestación. f. **1.** Hecho de prestar ayuda, un servicio u otra cosa semejante. *Se dedicarán fondos a la prestación de ayuda humanitaria. Tasa por la prestación del servicio de alcantarillado.* **2.** Servicio, renta u otra cosa semejante que, por ley o convenio, es obligatorio dar. *Los objetores debían realizar una prestación social sustitutoria del servicio militar. El parado de más de un año recibe una prestación por desempleo.* **3.** Servicio que proporciona algo, espec. una máquina o un instrumento. Frec. en pl. *El coche tiene un motor de excelentes prestaciones.*

prestado. de ~. loc. adv. **1.** Con cosas prestadas. *Te está tan grande el vestido que parece que vas de prestado.* **2.** De modo precario o con poca estabilidad. *Desde que rechazó la jubilación anticipada, siente que está de prestado en la empresa.*

prestador, ra. adj. Que presta. *Reclame a la empresa prestadora del servicio.* Dicho de pers., tb. m. y f. *El prestador exige al prestatario un interés del 10%.*

prestamista. m. y f. Persona que presta dinero cobrando un interés, espec. si se dedica a ello. *Debe dinero a un prestamista.*

préstamo. m. **1.** Hecho de prestar algo a alguien temporalmente. *El banco nos ha hecho un préstamo para comprar la casa. El préstamo de libros es por la tarde.* **2.** Cosa que se presta a alguien temporalmente, espec. una suma de dinero. *Le devolveré el préstamo en el plazo acordado.* **3.** *Ling.* Elemento, gralm. léxico, que una lengua toma de otra. *La palabra "chalet" es un préstamo del francés.*

prestancia. f. Aspecto de distinción o elegancia. *Tiene prestancia en el vestir. La rehabilitación de la fachada dará prestancia al hotel.*

prestar. tr. **1.** Dar (algo) a alguien para que (lo) utilice temporalmente y (lo) devuelva. *¿Me prestas ese libro? Me ha prestado dinero con intereses.* **2.** Dar u ofrecer (algo inmaterial). *Presta su colaboración a una ONG. El banco presta sus servicios de lunes a viernes. Preste atención.* **3.** Dar o comunicar (una cualidad). *Los arreglos prestan a la canción un aire más moderno.* ○ intr. prnl. **4.** Ofrecerse o acceder a algo. *Se ha prestado* A *llevarnos a casa. Hay quien se presta* AL *soborno.* **5.** Dar motivo u ocasión para algo. *Su actitud se presta* A *malentendidos.*

prestatario, ria. adj. Que toma dinero en préstamo. Tb. m. y f. *El prestatario se compromete a devolver el dinero al banco.*

presteza. f. cult. Rapidez o celeridad. *Los bomberos han actuado con presteza.*

prestidigitación. f. Arte y técnica de hacer trucos de magia con la habilidad de las manos para distracción del público. *El espectáculo incluye un número de prestidigitación.*

prestidigitador, ra. m. y f. Persona que practica la prestidigitación, espec. si lo hace como profesión. *Qué asombro cuando el prestidigitador saca un conejo de su chistera.* Tb. fig. *El poeta es un prestidigitador de la palabra.*

prestigiar. (conjug. ANUNCIAR). tr. Dar prestigio (a alguien o algo). *Su valentía lo prestigia como soldado. La participación de grandes ciclistas prestigia la carrera.*

prestigio. m. Opinión favorable que la gente tiene de alguien o de algo. *Ha ganado prestigio con sus triunfos. Una revista de prestigio internacional.*

prestigioso, sa. adj. Que tiene prestigio. *Es un prestigioso economista. Trabaja para una de las marcas más prestigiosas.*

presto[1]. m. *Mús.* Tempo muy rápido. *El presto es más rápido que el alegro.* Tb. la composición o fragmento que deben ejecutarse con ese tempo. *Entre lo mejor de la sinfonía está el vigoroso presto final.*

presto[2], ta. adj. **1.** cult. Preparado o dispuesto. *Se muestra presta* A *negociar. Si hay que ayudar, estamos prestos.* **2.** cult. Rápido o ligero. *Los perros acuden prestos a la llamada del pastor. Correos asegura un presto reparto de la correspondencia.* ● adv. **3.** cult. Rápidamente o con gran prontitud. *Está amaneciendo, partamos presto.*

presumible. adj. Que se puede presumir o suponer. *Es presumible que surjan dificultades.*

presumido, da. part. **1.** → **presumir.** ● adj. **2.** Que presume, mostrándose orgulloso o cuidando su aspecto. *Qué chica más presumida, siempre mirándose al espejo. ¿Tú, campeón?; no seas tan presumido.* Tb. m. y f. *Me irrita esa presumida.* ▶ **2:** *ORGULLOSO.

presumir. tr. **1.** Sospechar o suponer (algo). *Presumo que no vamos a encontrar alojamiento.* ○ intr.

2. Mostrarse alguien excesivamente orgulloso de sí mismo o de sus cosas. *Presume* DE *ser el salvador de la empresa. Se ha comprado un cochazo solo para presumir.* **3.** Cuidar alguien mucho su aspecto exterior para parecer atractivo. *Le encanta presumir como a cualquier chica de su edad.* ▶ **2:** ALARDEAR, GLORIARSE, JACTARSE, VANAGLORIARSE.

presunción. f. **1.** Hecho o efecto de presumir. *Todo acusado tiene derecho a la presunción de inocencia hasta que sea juzgado. No hay constatación del hecho, solo presunciones. Podrá parecer presunción que me considere inteligente.* **2.** Cualidad de presumido. *No soporto su presunción y esos aires que se da.* ▶ **2:** *ORGULLO.

presunto, ta. adj. Supuesto. *Ha negado sus presuntos contactos con la banda.* Se usa espec. en derecho para referirse al sospechoso de un delito antes de ser juzgado. *El presunto asesino ingresará en prisión.*

presuntuoso, sa. adj. **1.** Presumido o excesivamente orgulloso de sí mismo o de sus cosas. *Es un chico presuntuoso que cree saberlo todo.* Tb. m. y f. *No soporto a los presuntuosos.* **2.** Que pretende pasar por muy elegante o lujoso. *La casa es bonita, pero la decoración resulta presuntuosa.* ▶ **1:** *ORGULLOSO.

presuponer. (conjug. PONER). tr. **1.** Dar por cierto (algo) de manera anticipada. *Presupongamos que te dan el premio; ¿cómo reaccionarías?* **2.** Implicar o significar (algo). *No toda innovación presupone una ruptura.*

presuposición. f. Hecho o efecto de presuponer o dar por cierto algo de manera anticipada. *El científico parte de la presuposición de que existen leyes que rigen el mundo.*

presupuestal. adj. Am. Presupuestario. *Hay enormes problemas presupuestales para afrontar los gastos* [C].

presupuestar. tr. **1.** Hacer un presupuesto (de algo). *Han presupuestado el proyecto* EN *6000 millones.* **2.** Incluir (una cantidad) en el presupuesto. *El Gobierno va a presupuestar más dinero para Sanidad.*

presupuestario, ria. adj. Del presupuesto económico, espec. de un Estado. *El recorte presupuestario afectará a todos los ministerios.* ▶ **Am:** PRESUPUESTAL.

presupuesto. m. **1.** Cálculo anticipado del coste de algo, espec. una obra o un servicio, o de los gastos e ingresos previstos para un período de tiempo. *Voy a pedir presupuesto para la reforma del piso. La junta de accionistas ha aprobado el presupuesto anual.* **2.** Cantidad de dinero calculada para cubrir los gastos generales de la vida cotidiana o de algo concreto. *Lo compraría, pero no me llega el presupuesto. Tenemos 500 euros de presupuesto para libros.* **3.** Supuesto o suposición. *Partimos del presupuesto de que la economía mejorará el próximo año.*

presurizar. tr. Mantener la presión atmosférica normal (en un lugar cerrado, espec. en un avión o nave espacial), independientemente de la presión exterior. *El avión con cabina presurizada puede volar a mayor altura.*

presuroso, sa. adj. Rápido o apresurado. *La gente se dirige presurosa a su trabajo. Hacen un presuroso repaso antes del examen.*

pretemporada. f. Período preparatorio que precede al comienzo de una temporada oficial deportiva. *Durante la pretemporada, el equipo participa en torneos veraniegos.*

pretenciosidad. f. Cualidad de pretencioso. *Me gusta su falta de pretenciosidad en el vestir.*

pretencioso, sa. adj. Que pretende pasar por mejor de lo que es en realidad. *Unos tan modestos y otros tan pretenciosos. El libro resulta pretencioso y decepciona.*

pretender. tr. **1.** Tener el deseo o la intención de conseguir (algo). *Pretende ser astronauta. No he pretendido hacer daño a nadie.* **2.** Cortejar alguien, espec. un hombre, (a otra persona, espec. a una mujer) con idea de establecer una relación formal. *Muchos la han pretendido, pero sigue soltera.* ▶ **1:** *QUERER.

pretendido, da. part. **1.** → **pretender.** ● adj. **2.** Supuesto o fingido. *El pretendido primo era en realidad su amante.*

pretendiente, ta. (La forma **pretendienta** solo se usa como n. f., alternando con la más frec. **pretendiente**). adj. **1.** Que pretende una cosa. Tb. m. y f. *El puesto de cajera tiene varias pretendientes. Los pretendientes* A *la corona.* **2.** Dicho de persona, espec. de hombre: Que pretende o corteja a otra, espec. a una mujer. *El príncipe pretendiente.* Tb. m. y f. *Los pretendientes de la joven se disputan su compañía. Al viudo le han salido pretendientas.*

pretensión. f. **1.** Hecho de pretender algo. *El premio nace con la pretensión de promocionar a jóvenes artistas.* Frec. en pl. con significado sing. *Tiene pretensiones* AL *trono.* **2.** Aspiración excesiva con respecto a las posibilidades reales. Gralm. en pl. *Lleva una vida sencilla y sin pretensiones.*

preterir. (conjug. PEDIR; solo se usa en las formas cuya desinencia empieza por *i*). tr. cult. Hacer caso omiso (de algo o alguien). *Su obra poética ha sido injustamente preterida.*

pretérito, ta. adj. **1.** cult. Pasado o anterior al presente. *Ve su infancia como un paraíso pretérito.* Dicho de tiempo, tb. m. *Ya anciano, le asaltan recuerdos del pretérito.* ● m. **2.** *Gram.* Tiempo verbal que indica que la acción ocurre en un momento anterior al momento en que se habla. *"Amé" y "amaba" son formas del pretérito.* **3.** frecAm. *Gram.* Tiempo que presenta una acción pasada como acabada. *"Pasaron" es pretérito.* **4.** frecAm. *Gram.* Pretérito imperfecto (→ **pretérito imperfecto**) de subjuntivo. ■ **pretérito anterior.** m. *Gram.* Tiempo que presenta una acción pasada inmediatamente anterior a otra también pasada. *"Hubieron entrado" es pretérito anterior.* ⇒ frecAm: ANTEPRETÉRITO. ■ **pretérito imperfecto.** m. *Gram.* Tiempo que presenta una acción pasada como no acabada. *El pretérito imperfecto de indicativo del verbo "correr" es "corría".* ⇒ IMPERFECTO. ■ **pretérito indefinido,** o **pretérito perfecto simple.** m. *Gram.* Tiempo que presenta una acción pasada como acabada. *El pretérito indefinido es un tiempo simple.* ⇒ INDEFINIDO. ■ **pretérito perfecto,** o **pretérito perfecto compuesto.** m. *Gram.* Tiempo que presenta una acción pasada como acabada, pero vinculada al momento en que se habla. *El pretérito perfecto de "comer" es "he comido".* ⇒ PERFECTO. ‖ frecAm: ANTEPRESENTE. ■ **pretérito pluscuamperfecto.** m. *Gram.* Tiempo que presenta una acción pasada anterior a otra también pasada. *"Había cantado" es pretérito pluscuamperfecto.* ⇒ PLUSCUAMPERFECTO.

pretextar. tr. Emplear (algo) como pretexto. *Ha abandonado la reunión pretextando un dolor de cabeza.*

pretexto. m. Razón falsa que se alega para hacer o dejar de hacer algo. *Cualquier pretexto es bueno para irse de vacaciones.*

pretil. m. Valla o muro que se pone en los puentes y otros lugares semejantes para evitar caídas. *El coche ha chocado contra el pretil del viaducto. No te asomes al pretil de la azotea.*

pretor. m. histór. En la antigua Roma: Magistrado que administraba justicia y, a veces, ejercía el gobierno de una provincia. *Sertorio es nombrado pretor de la Hispania Ulterior.*

pretoriano, na. adj. **1.** histór. Del pretor. *El Senado pone fin a la arbitrariedad pretoriana.* **2.** histór. Dicho de soldado o de guardia: Encargado de la defensa del emperador romano. *La guardia pretoriana había traicionado al emperador.* Tb. m., referido a soldado. *César llega protegido por los pretorianos.* **3.** cult. Dicho de guardia: Encargada de proteger a un político, un gobernante u otro personaje destacado. Frec. en sent. irónico. *El palacio del dictador está custodiado por su guardia pretoriana.*

preuniversitario, ria. adj. Preparatorio para el ingreso en la universidad. *Enseñanza preuniversitaria.*

prevalecer. (conjug. AGRADECER). intr. Dominar o imponerse una persona o cosa sobre otras. *Al final prevale la sensatez. Que su opinión no prevalezca* SOBRE *la tuya.*

prevaleciente. adj. Que prevalece. *Los tonos claros son la moda prevaleciente este año.*

prevalencia. f. **1.** Hecho de prevalecer. *No se discute la prevalencia de la Constitución* SOBRE *cualquier otra ley.* **2.** *Med.* Proporción de personas que sufren una enfermedad. *Se espera que este año la prevalencia de la gripe disminuya.*

prevalerse. (conjug. VALER). intr. prnl. Valerse o servirse de algo para obtener una ventaja o un beneficio. *Se ha prevalido* DE *su amistad con el jefe para conseguir el ascenso.*

prevaricación. f. *Der.* Hecho de prevaricar. *El juez ha sido inhabilitado por prevaricación.*

prevaricador, ra. adj. *Der.* Que prevarica. *Un funcionario prevaricador.* Dicho de pers., tb. m. y f. *El tribunal condenará a los prevaricadores.*

prevaricar. intr. *Der.* Cometer una autoridad o empleado público el delito de tomar una resolución injusta o ilegal a sabiendas de que lo es. *Acusan al alcalde de prevaricar al adjudicar contratas a familiares.*

prevención. f. **1.** Hecho de prevenir o prevenirse. *La prevención es el método más eficaz de combatir enfermedades.* **2.** Desconfianza o disposición desfavorable hacia algo o alguien. *Tiene prevención* A *viajar en barco. No entiendo tu prevención* HACIA *los extranjeros.*

prevenido, da. part. **1.** → **prevenir.** ● adj. **2.** Dicho de persona: Que tiende a tomar precauciones o a estar preparada para cualquier necesidad. *Como mujer prevenida, siempre lleva unas medias de repuesto en el bolso.*

prevenir. (conjug. VENIR). tr. **1.** Prever y tratar de evitar (un daño o un peligro). *Hay que prevenir los accidentes laborales.* **2.** Prever (un acontecimiento futuro) y tomar medidas o precauciones. *Previniendo la posibilidad de un despido, ha empezado a buscar otro empleo.* **3.** Informar con anticipación (a alguien) de algo. *Te prevengo* DE *los peligros que corres.* **4.** Informar con anticipación a alguien (de algo). *Os prevengo que el examen no será fácil.* **5.** Hacer que (una persona) juzgue anticipadamente algo o a alguien, gralm. de forma negativa. *Su exagerada simpatía me previene* CONTRA *él.* ○ intr. prnl. **6.** Tomar medidas de precaución ante alguien o algo. *Se aconseja la vacunación para prevenirse* DE/CONTRA *la gripe.*

preventivo, va. adj. Que previene o sirve para prevenir algo, espec. un daño o un peligro. *Sigue un tratamiento preventivo de la calvicie.*

prever. (conjug. VER). tr. **1.** Ver o conocer (algo) con anticipación. *Por aquel entonces, pocos preveían las posibilidades de la informática. Preveo que tendremos problemas.* **2.** Considerar (un acontecimiento futuro) y tomar medidas o precauciones. *Los organizadores no han previsto la posibilidad de que llueva.* **3.** Preparar (algo) con anticipación. *El Gobierno ha previsto un plan de evacuación.* ► **1:** ANTICIPAR.

previamente. adv. Antes, o con anterioridad. *Añada el tomate, previamente pelado.*

previo, via. adj. Que va delante o es anterior en el tiempo. *La construcción de la presa requiere un estudio previo.*

previsibilidad. f. Cualidad de previsible. *La película aburre por su previsibilidad.*

previsible. adj. Que se puede prever. *En el informe se indican los resultados previsibles del proyecto.*

previsión. f. Hecho o efecto de prever. *El éxito de la obra supera todas las previsiones.*

previsor, ra. adj. Que prevé un acontecimiento futuro y toma medidas o precauciones. *Como es tan previsor, siempre lleva un paraguas en el coche.*

prez. f. (Tb., menos frec., m.). cult. Honor o prestigio que se deriva de una acción gloriosa. *Su heroico comportamiento le ha valido la prez y la fortuna.*

priapismo. m. *Med.* Erección prolongada y dolorosa del pene, sin apetito sexual.

prieto, ta. adj. **1.** Ajustado o apretado. *Los zapatos me quedan prietos. Asegúrate de que los tornillos estén bien prietos.* **2.** Duro o denso. *Una mujer de carnes prietas.* **3.** Am. Dicho de persona: De piel oscura o negra. *Eres más prieto que el cabo Ramón, un negrito tinto de la Tercera Estación* [C]. Tb. m. y f. *El ritmo de cueros para los prietos, el piano y el bajo para blanquitos* [C]. **4.** Am. Dicho de cosa: Morena (de color oscuro o más oscuro que otras de su misma clase). *Les preparaban una compota acaramelada con azúcar prieta* [C]. *Era un hombre de piel prieta y cabellos duros y negros de indio* [C]. ► **4:** MORENO.

prima. → **primo.**

primacía. f. Condición de primero o superior. *Da primacía a lo espiritual* SOBRE *lo material. Ambos se disputan la primacía* EN *el* ranking.

primada. f. coloq. Acción propia de un primo o persona ingenua. *No hagáis la primada de pagar sin regatear.*

primado[1]. m. cult. Primacía. *Defiende el primado de lo general* SOBRE *lo particular. Permanece inmutable el primado de la cátedra de Pedro.*

primado[2], da. adj. **1.** Dicho de obispo o arzobispo: Que es el primero o más importante de un país o región. *Asiste al acto el arzobispo primado de Toledo.* Tb. m. *El Papa recibirá hoy al primado polaco.* **2.** Del obispo primado (→ 1). *Catedral primada.*

prima donna. (pronunc. "príma-dóna"). f. Cantante que interpreta el papel de protagonista femenina en una ópera. *La soprano actúa hoy en Milán como prima donna.*

primar. intr. **1.** Prevalecer o tener primacía. *Los intereses generales deben primar* SOBRE *los particulares. El color prima* EN *sus cuadros.* ○ tr. **2.** Dar primacía (a algo). *Nuestro entrenador prima el juego defensivo.*

primario, ria. adj. **1.** Primero en orden o grado. *La escolarización obligatoria empieza con la enseñanza primaria. Médicos de atención primaria.* **2.** Principal o esencial. *Con el sueldo solo cubre sus necesidades primarias. El rojo, el azul y el amarillo se consideran colores primarios.* **3.** Primitivo o elemental. *Sus reacciones son bastante primarias. Los protozoos tienen una estructura orgánica muy primaria.*

primate. adj. **1.** *Zool.* Del grupo de los primates (→ 2). *Mamífero primate.* ● m. **2.** *Zool.* Mamífero de cerebro desarrollado y con las extremidades terminadas en cinco dedos, de los cuales el pulgar es oponible, como el hombre y los simios.

primavera[1]**.** f. **1.** Estación del año que sigue al invierno y que en el hemisferio norte dura del 21 de marzo al 21 de junio. *En primavera el clima es templado.* **2.** Año de edad. Más frec. en pl. y referido a personas jóvenes. *Tiene diecisiete primaveras.* **3.** cult. Época de mayor vigor o desarrollo. *Ha fallecido cuando estaba en la primavera de su vida.* **4.** Planta pequeña de hojas alargadas, que se extienden en círculo sobre la tierra y en cuyo centro crecen flores amarillas, rojas o violáceas, gralm. en forma de sombrilla. *Vamos a sembrar tulipanes y primaveras.* ▶ **2:** *AÑO. **4:** PRÍMULA.

primavera[2]**.** adj. coloq. Dicho de persona: Simple o fácil de engañar. *Hay que ser un poco primavera para creerse eso.* Tb. m. y f. *Ya te han timado, eres un primavera.*

primaveral. adj. De la primavera. *Hace un día primaveral.*

primer. → **primero.**

primera. → **primero.**

primeramente. adv. En primer lugar o antes de todo. *Describa primeramente el lugar y luego los hechos.*

primerizo, za. adj. **1.** Que es principiante en algo o lo hace por primera vez. *Un autor primerizo.* Tb. m. y f. *Los veteranos intentan calmar a los primerizos.* **2.** Dicho de hembra: Que pare por primera vez. *Una madre primeriza.* Tb. f. *Una comadrona aconseja a las primerizas.* ▶ **2:** PRIMÍPARA.

primero, ra. (APÉND. NUM.). adj. (apóc. **primer:** se usa ante n. m. sing.). **1.** Que precede en orden a los demás elementos de una serie. *Solo he leído el primer capítulo. Los primeros homínidos surgen hace millones de años.* Tb. sustantivado. *Ha sido el primero* EN *llegar.* **2.** Principal o más importante. *La seguridad es nuestra primera preocupación. Él es el primer responsable.* ● f. **3.** En el motor de un vehículo: Marcha que desarrolla la menor velocidad y la máxima potencia. *Si la cuesta es empinada, meta la primera.* ● adv. **4.** En primer lugar o antes de todo. *Primero acaba la carne y después te daré el helado.* **5.** Antes o preferentemente. *Primero pasaría hambre que pedirle un favor.* ■ **a primeros.** loc. adv. En los primeros (→ 1) días de un determinado período de tiempo, espec. de un mes o un año. *El sueldo lo ingresan a primeros. Saldré de viaje a primeros* DE *semana.* ■ **de primera.** loc. adj. coloq. Excelente o muy bueno. *Es un trabajador de primera.* Tb. loc. adv. *Me encuentro de primera.*

primicia. f. **1.** Primera noticia de un hecho. *Una revista publica la primicia* DE *la boda.* **2.** Fruto primero de algo. Frec. en pl. *Los gastrónomos esperan con impaciencia las primicias de la huerta.*

primigenio, nia. adj. Primitivo u originario. *Con la reforma el palacio recuperará su aspecto primigenio.*

primípara. adj. Dicho de hembra: Primeriza (que pare por primera vez). *Una vaca primípara.* Tb. f. *El dolor en el parto suele ser mayor en las primíparas.* ▶ PRIMERIZA.

primitiva. → **primitivo.**

primitivismo. m. Condición de primitivo. *Sorprende el primitivismo de algunas tribus.*

primitivo, va. adj. **1.** De los orígenes o primeros tiempos. *La institución debe recuperar sus primitivos valores.* **2.** Dicho de pueblo o individuo: De cultura o civilización poco desarrolladas. *Quedan pueblos primitivos que desconocen la escritura.* Dicho de pers., tb. m. y f. *Es frecuente entre los primitivos que la mujer dé a luz en solitario.* **3.** De los pueblos primitivos (→ 2). *Ritos primitivos.* **4.** Elemental o rudimentario. *La palanca es una máquina muy primitiva.* **5.** *Arte* Dicho de artista o de obra artística: De época anterior a la que se considera clásica. *Se exponen pinturas de los primitivos flamencos.* Dicho de pers., tb. m. y f. *Los primitivos del Renacimiento.* **6.** *Gram.* Dicho de palabra: Que no se deriva de otra. *"Carne" es palabra primitiva, y "carnicería", derivada.* ● f. **7.** Lotería primitiva (→ **lotería**). *Se ha hecho millonario jugando a la primitiva.*

primo, ma. m. y f. **1.** Hijo del tío o de la tía, respecto de una persona. *El niño está con sus primos.* Tb. ~ *hermano,* o ~ *carnal. Somos primos hermanos. Vive con una prima carnal suya.* **2.** coloq. Persona ingenua que se deja engañar o explotar fácilmente. *A ver si encuentro a un primo que corra con los gastos.* Tb. adj. *Mira que eres prima: ya te han vuelto a timar.* ○ f. **3.** Cantidad extra de dinero que se da a alguien como recompensa o estímulo. *Los futbolistas tienen una prima por ganar la final.* **4.** Cantidad que el asegurado paga periódicamente al asegurador. *Este año suben la prima del seguro.* **5.** *Rel.* Hora canónica que se reza después de laudes. **6.** *Mús.* En algunos instrumentos de cuerda: Cuerda más delgada y de sonido más agudo. *Va pulsando las cuerdas de su guitarra, desde el bordón a la prima.* ■ **~ segundo/da.** m. y f. Hijo de un primo (→ 1) del padre o de la madre, respecto de una persona. *Es mi prima segunda, pero la quiero como a una hermana.* □ **hacer el primo.** loc. v. coloq. Dejarse engañar fácilmente o actuar de forma ingenua. *Estoy harta de hacer el primo y de que me toreen.* ■ **ser** algo o alguien **primo hermano** (de otro). loc. v. Ser muy parecido (a él). *El repollo es primo hermano* DE *la col.* Tb.: *Un abogado y un procurador no son lo mismo, pero son primos hermanos.*

primogénito, ta. adj. Dicho de hijo: Primero o de más edad. *Su hija primogénita estudia Derecho.* Tb. m. y f. *El primogénito del monarca hereda la corona.*

primogenitura. f. Condición de primogénito. *Ha hecho valer los privilegios de su primogenitura.* Tb. el derecho derivado de ella. *Esaú dio su primogenitura a cambio de un plato de lentejas.*

primor. m. **1.** Esmero o sumo cuidado con que se hace algo. *Talla la madera con primor de artesano.* **2.** Cosa de gran belleza o hecha con primor (→ 1). Se usa con intención enfática. *Este bordado es un primor. La chica baila que es un primor.* **3.** Persona de excelentes cualidades. Se usa con intención enfática. *Tu niña es un primor.*

primordial. adj. Principal o esencial. *El motivo primordial de mi visita es pedirle consejo.*

primoroso, sa. adj. **1.** Dicho de cosa: Hecha con primor. *Tiene una caligrafía primorosa.* **2.** Dicho de persona: Que hace las cosas con primor. *Es un primoroso dibujante.*

prímula. f. Primavera (planta). *Planta en el jardín prímulas y violetas.* ▶ PRIMAVERA.

princesa. → **príncipe.**

principado. m. **1.** Título o dignidad de príncipe. *El heredero del trono español recibe el principado de Asturias.* **2.** Territorio vinculado a un principado (→ 1) o sometido a la autoridad de un príncipe. *El Principado de Asturias es una comunidad autónoma. Visitaremos el Principado de Mónaco.*

principal. adj. **1.** De mayor importancia. *Los padres duermen en el dormitorio principal. Nuestro principal objetivo es aprender.* **2.** Dicho de piso: Situado sobre el bajo o el entresuelo. Tb. m. *Vive en un principal en la zona centro.* **3.** *Gram.* Dicho de oración o proposición: Que forma parte de una oración compuesta, en la que está complementada por otra. *En "aparca donde puedas", hay una oración principal y una subordinada.* ● m. **4.** *Econ.* Capital de un préstamo. *Cada cuota del préstamo consta de principal e intereses.*

principalmente. adv. De modo principal o más importante. *Le preocupa principalmente la salud.*

príncipe, princesa. m. y f. **1.** Hijo del rey, heredero de la corona. *El príncipe Felipe visitará la base naval.* Tb. *~ heredero. El primogénito es el príncipe heredero.* Tb. designa, en algunas monarquías, a cualquier hijo del rey. *Junto a los reyes aparecen sus hijos, los príncipes Juan e Isabel.* **2.** Miembro de una familia real o imperial. *La boda de la princesa rusa congregará a la realeza europea.* **3.** En algunos estados: Monarca o soberano. *El príncipe de Mónaco.* **4.** En algunos países: Persona de la alta nobleza. *El príncipe de Éboli ejerció gran influencia en la corte de Felipe II.* **5.** cult. Persona, animal o cosa que tienen superioridad en algo o en una colectividad. *Usted es un príncipe de la escena; yo, un cómico humilde. Cervantes, príncipe de los ingenios.* ○ f. **6.** Mujer de un príncipe (→ 1-4). *La princesa Diana de Inglaterra murió en un accidente. La princesa de Mónaco. La princesa de Éboli.* ■ **príncipe azul.** m. Hombre ideal soñado por una mujer. *No se ha casado por esperar a su príncipe azul.* ■ **~ de Asturias.** m. y f. Príncipe (→ 1) heredero de la corona española. *Preside el acto Su Alteza Real el Príncipe de Asturias.* ■ **~ de Gales.** m. y f. Príncipe (→ 1) heredero de la corona británica. *En representación de la reina de Inglaterra asistirá el Príncipe de Gales.* ■ **príncipe de Gales.** m. Tejido de cuadros, gralm. sobre fondo gris. *Viste un traje de príncipe de Gales.* ■ **príncipe de las tinieblas.** m. Satanás, príncipe (→ 5) de los diablos o ángeles rebelados contra Dios. *Fausto firma un pacto con el príncipe de las tinieblas.* □ **como un príncipe.** loc. adv. Con gran lujo o magnificencia. *Con lo que gana, vive como un príncipe.*

principesco, ca. adj. Del príncipe o la princesa, o propio de ellos. *Pinta cuadros para diversas cortes principescas. Vive en una principesca mansión.*

principiante, ta. (La forma **principianta** solo se usa como n. f., alternando con la más frec. **principiante**). adj. Que empieza a aprender o a ejercer un oficio o actividad. *Médicos principiantes.* Frec. m. y f. *Este ejercicio es difícil para una principiante. Tiene los temores lógicos de una principianta. Curso de español para principiantes.*

principiar. (conjug. ANUNCIAR). tr. **1.** Empezar o comenzar (algo). *En cuanto acaba un proyecto, principia otro.* ○ intr. **2.** Empezar o comenzar algo. *Pronto principiarán las obras. El libro principia* CON *una breve introducción.* ▶ *EMPEZAR.

principio. m. **1.** Momento en que empieza algo. *El trueno señala el principio de la tormenta.* Frec. en pl. *Un edificio de principios de siglo.* **2.** Punto o lugar en que empieza algo. *El principio de la calle es empinado.* **3.** Cosa de la que procede otra. *Para los cristianos, Dios es principio de todas las cosas.* **4.** Idea sobre la que se basa un razonamiento o una doctrina. *El autor parte del principio de que el universo es limitado.* **5.** Noción básica o fundamental de un arte o ciencia. Gralm. en pl. *Principios fundamentales de la pintura.* **6.** Norma o idea fundamental que rige el pensamiento o la conducta. Gralm. en pl. *Es un hombre de principios. Eso va contra mis principios.* ■ **~ activo.** m. *Quím.* Componente responsable de las propiedades farmacológicas o tóxicas de una sustancia. *El ácido acetilsalicílico es el principio activo de la aspirina.* □ **al ~.** loc. adv. En los primeros momentos. *Al principio cuesta adaptarse.* ■ **a ~s.** loc. adv. En los primeros días, meses o años del período de tiempo que se indica. *Volveré a principios de mes. La acción se sitúa a principios de siglo.* ■ **de(l) ~ a(l) fin.** loc. adv. Absolutamente o por completo. *Me sé la lección de principio a fin.* ■ **desde un ~.** loc. adv. Desde el primer momento. *Desde un principio nos ha caído bien.* ■ **en ~.** loc. adv. De forma general. Se usa espec. para referirse a algo que se acepta provisionalmente, sin que haya entera conformidad en la forma o los detalles. *En principio, estoy de acuerdo, pero tenemos que hablar más sobre ello.*

pringado, da. part. **1.** → **pringar.** ● m. y f. **2.** coloq. Persona que se deja engañar fácilmente o permite que abusen de ella. *El pringado de Juan se ha chupado lo peor del trabajo.*

pringar. tr. **1.** Manchar (algo o a alguien) con pringue u otra sustancia grasienta o pegajosa. *Se ha pringado el traje* DE *grasa. No me pringues con la papilla.* **2.** Untar (el pan) con pringue u otra sustancia grasienta. *Pringa pan* EN *la salsa del estofado.* ○ intr. **3.** coloq. Trabajar, espec. si es mucho o muy duro. *El sábado me toca pringar en la tienda.* ○ intr. prnl. **4.** coloq. Implicarse o comprometerse en un asunto turbio o ilegal. *Se ha pringado hasta las cejas en la estafa.* ■ **~la.** loc. v. **1.** coloq. Estropear las cosas por torpeza o desacierto. *Iba todo genial y ahora vienes tú y la pringas.* **2.** coloq. Morir. *Muchos la pringaron en la guerra.*

pringoso, sa. adj. Grasiento o pegajoso. *Tengo las manos pringosas del pollo.*

pringue. m. o f. **1.** Grasa que suelta el tocino u otro alimento semejante al ponerlo al fuego. *Unta el pan en la pringue.* **2.** Suciedad grasienta y pegajosa. *Retira los vasos y limpia el pringue de la mesa.*

prion o **prión.** m. *Biol.* Proteína que produce alteraciones neuronales degenerativas y contagiosas en diversas especies animales. *Se cree que un prión causa la enfermedad de las vacas locas.*

prior, ra. m. y f. Superior de un convento, a veces a las órdenes de un abad. *Será nombrado prior del convento de San Agustín.*

prioridad. f. Preferencia de una persona o cosa frente a otras. *En un cruce tiene prioridad el vehículo que viene por la derecha. El presupuesto municipal dará prioridad a la vivienda.*

prioritario, ria. adj. Que tiene prioridad. *Es objetivo prioritario de la empresa lograr superávit.*

priorizar. tr. Dar prioridad (a algo). *Hay que priorizar el gasto sanitario.*

prisa. f. **1.** Rapidez al hacer algo. *La prisa no es buena para el trabajo.* **2.** Necesidad de hacer algo rápidamente. *Me voy, que tengo prisa.* ■ **a ~.** → **aprisa.** ■ **a toda ~.** loc. adv. Con gran rapidez. *Ha salido a toda prisa para llegar.* ■ **correr ~** algo. loc. v. Ser urgente. *Esta tarea corre mucha prisa.* ■ **darse ~** alguien. loc. v. Hacer las cosas con rapidez. *Si nos damos prisa, terminaremos antes de la cena.* ■ **de ~.** → **deprisa.** ■ **meter ~** (a alguien). loc. v. Pedir(le) que haga las cosas con rapidez. *No le metas prisa, que lo pones nervioso.* ▶ **frecAm: 1:** APURO.

prisión. f. **1.** Cárcel. *Está recluido en la prisión provincial.* **2.** *Der.* Pena de privación de libertad, inferior a la reclusión y superior al arresto. *Ha sido condenado a diez años de prisión.* ■ **~ mayor.** f. *Der.* Prisión (→ 2) que dura desde seis años y un día hasta doce años. *La pena podrá aumentarse hasta prisión mayor.* ■ **~ menor.** f. *Der.* Prisión (→ 2) que dura desde seis meses y un día hasta seis años. ■ **~ preventiva.** f. *Der.* Prisión (→ 2) que sufre el procesado antes del juicio. *El juez confirma la prisión preventiva para el detenido.*

prisionero, ra. m. y f. **1.** Persona que cae en poder del enemigo en la guerra. *Una convención protege los derechos de los prisioneros de guerra.* **2.** Persona privada de libertad, gralm. por causas que no son delito. *Los asaltantes del banco tienen a dos clientes como prisioneros.* Tb. fig. *Es prisionera* DE *sus sentimientos.*

prisma. m. **1.** Cuerpo geométrico que tiene por bases dos polígonos planos, paralelos e iguales, y por caras laterales tantos paralelogramos como lados tiene cada base. *Una piedra labrada en forma de prisma rectangular.* **2.** cult. Punto de vista. *Analicemos el asunto desde otro prisma.* **3.** *Fís.* Prisma (→ 1) transparente, gralm. triangular y de cristal, que se usa para producir reflexión, refracción y descomposición de la luz. *En las cámaras fotográficas la luz pasa a través de un prisma.*

prismático, ca. adj. **1.** Del prisma: *El yunque tiene forma prismática.* **2.** Que tiene forma de prisma. *Una torre prismática.* ● m. pl. **3.** Instrumento óptico formado por dos tubos provistos de lentes prismáticas (→ 2), que sirve para observar de cerca y con los dos ojos lo que está alejado. *El guarda otea el horizonte con los prismáticos.* ▶ **3:** ANTEOJOS, BINÓCULO, GEMELOS. || **Am: 2:** LARGAVISTA.

prístino, na. adj. cult. Primitivo u original. *La isla conserva su prístina belleza.*

privacidad. f. Ámbito de la vida privada. *Exijo que se respete mi privacidad.*

privación. f. **1.** Hecho de privar a alguien de algo. *Ha sido condenado a una pena de privación* DE *libertad.* **2.** Carencia de lo necesario o de lo deseado, debida a las circunstancias o a la renuncia voluntaria. Frec. en pl. *En las guerras se pasan muchas privaciones.*

privado¹. m. Hombre de confianza de un rey o alto personaje, que ejerce una gran influencia en sus decisiones. *El conde-duque de Olivares, privado de Felipe IV.* ▶ FAVORITO.

privado², da. part. **1.** → **privar.** ● adj. **2.** Particular o personal. *No te entrometas en mis asuntos privados.* **3.** Particular o no público. *Una fiesta privada. Un colegio privado.* ■ **en privado.** loc. adv. A solas o sin testigos. *Quiero hablar contigo en privado.*

privanza. f. Hecho de ser el privado de un rey o un alto personaje. *En 1621 comienza la privanza del conde-duque de Olivares.*

privar. tr. **1.** Dejar (a una persona o cosa) sin algo que tenía o podría haber tenido. *El rey lo privará* DE *sus privilegios. Un compromiso me ha privado* DE *asistir.* ○ intr. **2.** coloq. Gustar mucho. *Me privan los pasteles.* **3.** coloq. Tener general aceptación. *Hoy lo que priva es el libre mercado.* **4.** jerg. Beber, o consumir bebidas alcohólicas. *Se pasan el día privando en el bar.* ○ intr. prnl. **5.** Renunciar voluntariamente a algo. *En vacaciones no me privo* DE *nada.*

privativo, va. adj. **1.** Que causa o implica privación. *Pena privativa* DE *libertad.* **2.** Propio o característico de alguien o algo, y no de otros. *La facultad de hablar es privativa del ser humano.*

privatización. f. Hecho de privatizar. *El Gobierno aprueba la privatización de empresas públicas deficitarias.*

privatizador, ra. adj. Que privatiza o tiende a privatizar. *Se quieren aplicar medidas privatizadoras.*

privatizar. tr. Hacer que (una empresa o servicio públicos) pasen a ser privados. *La compañía telefónica será privatizada.*

privilegiado, da. part. **1.** → **privilegiar.** ● adj. **2.** Que tiene algún privilegio. *Una minoría privilegiada dirige el país.* Dicho de pers., tb. m. y f. *Si solo trabaja cinco horas al día, es un privilegiado.* **3.** Sobresaliente o extraordinario. *Tiene una memoria privilegiada.*

privilegiar. (conjug. ANUNCIAR). tr. Conceder privilegio o privilegios (a alguien o algo). *Un sistema impositivo que privilegia a los más ricos. Privilegiaremos las relaciones con los países vecinos.*

privilegio. m. **1.** Dispensa de una obligación o del cumplimiento de una norma, concedida a alguien o algo. *Los diplomáticos gozan de ciertos privilegios.* Tb. el documento en que consta. *Se conserva en el archivo el privilegio real otorgado a la ciudad.* **2.** Ventaja especial y exclusiva de que disfruta alguien o algo. *Tenemos el privilegio de contar con su presencia.*

pro. prep. A favor de, o en apoyo de. Se usa seguido de un n. sin artículo. *Asociación pro derechos humanos.* ■ **de ~.** loc. adj. cult. Dicho de persona: De valía o de utilidad para la sociedad. *Se ha convertido en un hombre de pro.* ■ **el ~ y el contra.** loc. s. Las ventajas y los inconvenientes. Frec. *los ~s y los contras. Antes de decidir, valora los pros y los contras.* ■ **en ~ de.** loc. prepos. En favor de. *Hazlo en pro del buen entendimiento.*

proa. f. **1.** Parte delantera de una embarcación. *Uno va al timón y otro en la proa del bote.* **2.** Parte delantera de un vehículo, espec. de un avión. *La cabina del piloto está en la proa del avión.*

probabilidad. f. Cualidad de probable. *La probabilidad de éxito es mínima.*

probable. adj. **1.** Que es bastante posible que ocurra o que sea cierto. *Es probable que llueva.* **2.** Que se puede probar o demostrar. *La acusación debe basarse en hechos probables.*

probablemente. adv. De manera probable. *Probablemente me quedaré en casa. –¿Crees que llamará? –Probablemente.*

probador, ra. adj. **1.** Que prueba, espec. para examinar cualidades. *Es piloto probador en una escudería de Fórmula 1.* Dicho de pers., frec. m. y f. *Un probador de coches.* ● m. **2.** En una tienda de ropa o taller de costura: Lugar en que los clientes se prueban las prendas de vestir. *Señorita, ¿puedo llevarme estos pantalones al probador?*

probar. (conjug. CONTAR). tr. **1.** Hacer uso (de algo o de alguien) para conocer sus cualidades o ver si cumplen bien la función a que están destinados. *Puede probar el coche antes de comprarlo. El entrenador ha probado a varios jugadores de la cantera.* **2.** Poner (una prenda de vestir o un calzado) a una persona para ver cómo le queda. *Pruébale las sandalias al niño. Me voy a probar el bañador del año pasado.* **3.** Demostrar (algo) con razones, hechos o testigos. *El acusado ha probado su inocencia. Tanta vacilación prueba que no ha estudiado.* **4.** Tomar una pequeña cantidad (de comida o bebida), gralm. para examinar su sabor. *Prueba la sopa, a ver si tiene sal.* **5.** Comer o beber (algo). Se usa gralm. en constr. negativas. *No prueba el alcohol.* ○ intr. **6.** Intentar algo, o hacer lo posible para conseguirlo. *Ha probado* A *levantarse, pero no puede. No te rindas, prueba de nuevo.*

probatorio, ria. adj. Que sirve para probar o demostrar algo. *Ha aportado documentos probatorios de su inocencia.*

probeta. f. Tubo de cristal, cerrado por uno de sus extremos, que se emplea en el laboratorio como recipiente, frec. para mediciones. *Vierta el líquido en una probeta graduada.*

probidad. f. cult. Cualidad de probo. *La probidad del juez está fuera de duda.*

problema. m. **1.** Dificultad que hay que superar. *Nos enfrentamos al grave problema del paro.* Frec. en pl. *Ha tenido muchos problemas para aprobar.* **2.** Cuestión que se trata de aclarar o explicar. *En sus obras se plantea el problema de la existencia de Dios.* **3.** En matemáticas y otras ciencias: Planteamiento de una situación sobre la que se formulan una o más preguntas a las que hay que responder aplicando métodos científicos. *Me he equivocado en uno de los problemas de física.*

problemático, ca. adj. **1.** Que presenta o causa problemas. *La pareja tiene una relación problemática. Es un niño problemático.* ● f. **2.** Conjunto de problemas de algo, espec. de una actividad. *Debatirán sobre la problemática de la inmigración.*

probo, ba. adj. cult. Honrado o íntegro. *Es un probo funcionario.*

probóscide. f. *Zool.* Aparato bucal en forma de trompa o pico, que está dispuesto para la succión y es propio de algunos insectos. *La hembra del mosquito pica y succiona sangre con su probóscide.*

proboscidio. adj. **1.** *Zool.* Del grupo de los proboscidios (→ 2). *Animal proboscidio.* ● m. **2.** *Zool.* Mamífero de gran tamaño y con una larga trompa prensil, como el elefante.

procacidad. f. **1.** Cualidad de procaz. *La procacidad de sus gestos encrespa al público.* **2.** Hecho o dicho procaz. *No quiero oír esas procacidades en mi casa.*

procarionte. adj. *Biol.* Dicho de organismo: Que tiene las células sin núcleo diferenciado. *Las bacterias son organismos procariontes.* Tb. referido a la célula. *La célula procarionte tiene el ADN extendido en el citoplasma.* Dicho de organismo, tb. m. *Los seres vivos se dividen en eucariontes y procariontes.* ▶ PROCARIOTA.

procariota. adj. *Biol.* Procarionte. *Organismos procariotas. Células procariotas.* Dicho de organismo, tb. m. *Los procariotas son organismos más simples que los eucariotas.*

procaz. adj. Descarado o desvergonzado, espec. en el aspecto sexual. *Tiene fama de ser muy procaz en el escenario. Chistes procaces.*

procedencia. f. **1.** Origen o punto de partida. *Desconfíe del correo electrónico de procedencia desconocida.* **2.** Cualidad de procedente o conforme con la norma o la razón. Se usa frec. en derecho. *El juez ha negado la procedencia del despido.*

procedente. adj. Que procede. *Las lenguas procedentes* DEL *latín se denominan románicas. Un vuelo procedente* DE *Argentina. No es procedente su reclamación.*

proceder. intr. **1.** Tener origen una persona o cosa en otra. *El aceite procede* DE *las aceitunas. Procede* DE *una familia adinerada.* **2.** Venir de un lugar. *El vuelo procede* DE *Cuba.* **3.** Comportarse o actuar. *Procedamos correctamente.* **4.** Pasar a hacer o realizar algo, una vez hechos los trámites o preparativos. *Una vez asada la carne, proceda* A *deshuesarla.* **5.** Ser una cosa conforme con la norma o la razón. *Durante la función, procede guardar silencio.* Se usa frec. en derecho. *En este caso no procede sanción alguna.* **6.** *Der.* Iniciar un procedimiento judicial contra alguien. *Si no me paga, procederé* CONTRA *él.* ● m. **7.** Modo de proceder (→ 3). *Desapruebo su proceder.* ▶ **3:** *COMPORTARSE.

procedimental. adj. Del procedimiento. Se usa espec. en derecho. *Los conflictos se dirimirán por los cauces procedimentales establecidos.*

procedimiento. m. **1.** Modo de actuar o de realizar algo. *Entiendo sus razones, pero discrepo de sus procedimientos.* **2.** *Der.* Actuación por trámites judiciales o administrativos. *El procedimiento abreviado permite acortar la duración del juicio.*

proceloso, sa. adj. cult. Tempestuoso o tormentoso. *Un barco surca las procelosas aguas.* Tb. fig. *El proceloso mundo de las finanzas.*

prócer. m. cult. Persona eminente o ilustre. *Bolívar, prócer del independentismo americano.*

procesado, da. part. **1.** → **procesar. 2.** Que ha sido procesado (→ 1) judicialmente. Tb. m. y f. *El procesado defiende su inocencia.* ▶ **2:** ENCARTADO, ENCAUSADO.

procesador. m. *Inform.* Dispositivo integrado en la unidad central de un ordenador, que sirve para procesar la información. *El ordenador está equipado con un potente procesador.* ■ **~ de textos.** m. *Inform.* Programa de tratamiento de textos. *Ha escrito la tesis con un procesador de textos.*

procesal. adj. *Der.* Del proceso, o del procedimiento civil o penal. *Es catedrática de Derecho Procesal. Irregularidad procesal.*

procesamiento. m. Hecho de procesar. *El juez ha dictado el procesamiento de los inculpados. Procesamiento informático de la información.*

procesar. tr. **1.** *Der.* Someter (a alguien) a un proceso judicial. *Ha sido procesado el cabecilla de la banda.* **2.** *Inform.* Someter (datos o información) a una serie de operaciones programadas. *A medida que llegan los datos, el ordenador los procesa y elabora* *una estadística.* **3.** *tecn.* Someter (algo) a un proceso de transformación física, química o biológica. *En esta nave procesan los alimentos antes del envasado.* ► **1:** ENCARTAR, ENCAUSAR, ENJUICIAR.

procesión. f. **1.** Acto religioso en que muchas personas marchan de un lugar a otro de forma solemne y ordenada. *Las procesiones de Semana Santa conmemoran la pasión de Cristo.* **2.** Sucesión de personas o cosas que marchan de un lugar a otro en hilera. *Una procesión de vehículos llena la carretera de salida.* ■ **la ~ va por dentro.** expr. coloq. Se usa para indicar que la aparente serenidad de una persona no responde a su verdadero estado de ánimo y oculta pena, preocupación o sentimientos semejantes. *–Lo veo muy animado. –No creas, la procesión va por dentro.*

procesionaria. f. Oruga muy dañina que se desplaza en largas filas y fabrica nidos de seda en las ramas de los pinos y otros árboles. *Tiene alergia a la procesionaria del pino.*

proceso. m. **1.** Conjunto de fases sucesivas que constituyen un hecho, fenómeno u operación. *La segunda etapa en el proceso de elaboración de la cerveza es la fermentación. Se estanca el proceso de paz en la zona.* **2.** *Der.* Conjunto de actuaciones de un tribunal judicial en un asunto. *Comienza el proceso contra el jefe mafioso.* ► **2:** CAUSA.

proclama. f. Discurso breve, de carácter político o militar, espec. el dirigido por un superior a sus inferiores. *El líder ha pronunciado una vibrante proclama independentista.*

proclamación. f. Hecho de proclamar. *La proclamación como rey de Alfonso XII.*

proclamar. tr. **1.** Decir (algo) públicamente. *El acusado ha proclamado su inocencia.* **2.** Declarar pública y solemnemente el principio (de algo). *Tras el exilio del Rey, el Parlamento proclama la república.* **3.** Declarar (a alguien), pública y solemnemente, rey, presidente, campeón u otro cargo o título semejantes. *Ha sido proclamado candidato por su partido. Se proclamó a sí mismo emperador.* **4.** Dejar ver claramente (algo). *Su comportamiento proclama nerviosismo.*

proclive. adj. Inclinado o propenso a algo. *Hay personas proclives* A *la depresión.*

proclividad. f. Inclinación o propensión. *Tiene proclividad* A *apropiarse de lo ajeno.* ► *INCLINACIÓN.

procónsul. m. histór. En la antigua Roma: Gobernador de una provincia.

procreación. f. Hecho de procrear. *Una función del sexo es la procreación.*

procrear. tr. Engendrar una persona o animal (individuos de su misma especie). *Quiere casarse y procrear hijos.* Tb. usado en constr. intr. *La perra ya está en edad de procrear.* ► ENGENDRAR.

procurador, ra. m. y f. Persona habilitada legalmente para representar a otras ante un tribunal. *Puede presentar la demanda en el juzgado a través de un procurador.*

procurar. tr. **1.** Hacer lo posible para lograr o realizar (algo). *Procura ser puntual. Con esfuerzo, se ha ido procurando una buena posición.* **2.** Dar o proporcionar (algo) a alguien. *Nos han procurado lo necesario para el viaje.* ► **1:** *INTENTAR.

prodigalidad. f. Cualidad de pródigo. *La prodigalidad del anfitrión nos abruma. Volverá a nevar, pero no con tanta prodigalidad.*

prodigar. tr. **1.** Dar (algo) en abundancia. *Prodiga sus atenciones con nosotros. Las tierras nos prodigan sus frutos.* ○ intr. prnl. **2.** Dejarse ver con frecuencia. *El presidente no se prodiga ante las cámaras.*

prodigio. m. **1.** Hecho que excede los límites de lo natural. *Se obrará el prodigio y el Sol se oscurecerá.* **2.** Persona o cosa que causa admiración por sus extraordinarias cualidades. *Mozart sería un prodigio desde niño. El canal de Suez es un prodigio de la ingeniería.*

prodigioso, sa. adj. Que constituye un prodigio. *Tiene una memoria prodigiosa.*

pródigo, ga. adj. **1.** Que tiene o produce algo en gran cantidad. *Ha sido un mes pródigo* EN *estrenos cinematográficos.* **2.** Muy generoso. *Es tacaño consigo mismo, pero pródigo con los demás.* **3.** Que desperdicia o malgasta sus bienes. *El pródigo muchacho dilapida la herencia familiar.* Dicho de pers., tb. m. y f. *No soy un pródigo, pero no me llega el dinero.*

producción. f. **1.** Hecho de producir. *Nos dedicamos a la producción y venta de muebles.* **2.** Cosa o conjunto de cosas producidas. *La discográfica promociona internacionalmente sus producciones.*

producir. (conjug. CONDUCIR). tr. **1.** Hacer que (algo) suceda o exista. *Una pieza defectuosa puede producir un accidente.* Tb. en constr. prnl. media. *Se ha producido un terremoto.* **2.** Dar (algo) como fruto o beneficio. *La huerta produce excelentes tomates.* Tb. fig. *El poeta produjo sus mejores obras en su juventud.* Tb. usado en constr. intr. *Estas viñas apenas producen.* **3.** Crear o fabricar (cosas útiles o de valor económico). *La empresa produce motores de automóvil.* **4.** Facilitar los recursos económicos y materiales necesarios para la realización (de una película, un programa de televisión u otra cosa semejante) y dirigir su presupuesto. *Dirige y produce sus propias películas.* ► **3:** *HACER.

productividad. f. **1.** Cualidad de productivo. *El riego aumentará la productividad de la tierra.* **2.** *Econ.* Relación entre lo que se produce y los medios que se emplean, como mano de obra, materiales, energía, etc. *Al subir los sueldos, ha mejorado la productividad.*

productivo, va. adj. **1.** Que produce. *La vega granadina es muy productiva.* **2.** Útil o provechoso. *No fue una reunión muy productiva.*

producto. m. **1.** Cosa producida. *Los problemas sociales son producto de la crisis económica. Le encantan los productos de la huerta. Nuestros productos se venden en toda Europa.* **2.** *Mat.* Cantidad que resulta de una multiplicación. *El producto de 3 por 5 es 15.* ■ **~ nacional bruto.** m. *Econ.* Valor de todos los bienes producidos y los servicios suministrados por un país en un período de tiempo. *El país invierte el 3% de su producto nacional bruto en el presupuesto militar.*

productor, ra. adj. Que produce. *La Rioja es zona productora de vinos.* Dicho de pers., tb. m. y f. *Al estreno asistirá el productor de la película.* Tb. f., referido a empresa. *La productora ha recortado el presupuesto del programa.*

proemio. m. Prólogo de una obra, escrito o discurso. *La obra lleva un proemio del editor.*

proeza. f. Hazaña o acción de gran mérito. *El poema narra las proezas de un caballero medieval.*

Prof., Prof.ª abrev. Profesor, profesora. *Dirige la tesis la Prof.ª Ana Nieto.*

profanación. f. Hecho de profanar. *La profanación del cementerio ha indignado a los vecinos.*

profanador, ra. adj. Que profana. Dicho de pers., tb. m. y f. *Un profanador de tumbas.*

profanar. tr. Tratar sin el debido respeto (algo sagrado o respetable). *Robar en la iglesia es profanarla. Profana con insultos la memoria del padre.*

profano, na. adj. **1.** Que no es sagrado ni sirve para usos sagrados. *Compone música profana y religiosa.* **2.** Que carece de conocimientos en una materia. *Las notas ayudan al lector profano a entender el libro.* Tb. m. y f. *No lo sé, soy un profano* EN *el tema.*

profe, fa. m. y f. (Frec. como f. se usa **profe**) coloq. Profesor. *El profe me ha echado de clase. Si no lo entiendes, pregunta a la profe. Vamos al teatro con mi profa.*

profecía. f. Predicción de acontecimientos futuros, espec. por inspiración divina. *Las profecías de Isaías están en el Antiguo Testamento. No se han cumplido tus profecías.* ▶ *PREDICCIÓN.

proferir. (conjug. SENTIR). tr. Emitir (palabras o sonidos, gralm. bruscos). *En cuanto nos ve, empieza a proferir insultos.*

profesar tr. **1.** Tener (un sentimiento o actitud) hacia alguien o algo. *Profesa admiración* POR/HACIA *su maestro.* **2.** Seguir (una idea o doctrina). *Aunque no profeso tus ideales, puedo entenderte.* **3.** cult. Enseñar (una ciencia o un arte). *Profesaba latín en la Universidad.* **4.** cult. Ejercer (una profesión o un oficio). *Ha profesado la medicina antes de consagrarse a la escritura.* ○ intr. **5.** Hacer los votos en una orden religiosa. *Profesará* EN *un convento franciscano.*

profesión. f. **1.** Actividad habitual y retribuida de una persona, para cuyo ejercicio gralm. ha recibido formación. *Es camarero de profesión.* **2.** Hecho de profesar. *Nunca haría profesión de fe liberal. Ha hecho profesión* EN *las clarisas.* ▶ **1:** *TRABAJO.

profesional. adj. **1.** De la profesión. *No mezcles los asuntos profesionales con los personales.* **2.** Que realiza una actividad como profesión. *Quiere ser futbolista profesional.* Tb. m. y f (→ **profesionista**). *Asesórese con un profesional* DEL *derecho.* **3.** Que ejerce su profesión con competencia y dedicación. *Un electricista que deja los cables así es poco profesional.* Tb. m. y f. *Claro que garantizo mi trabajo: soy un profesional.* **4.** Propio de profesionales (→ 2, 3) y no de aficionados. *Juega en la liga de baloncesto profesional. El fontanero ha hecho un trabajo muy profesional.* **5.** Que practica algo habitualmente, espec. si obtiene por ello algún beneficio. *El robo es obra de un ladrón profesional.* Tb. m. y f. *Tu amigo es un profesional* DEL *engaño.*

profesionalidad. f. Condición de profesional. *Al eliminarse el servicio militar, se instauró la total profesionalidad de las Fuerzas Armadas.*

profesionalismo. m. Utilización de una actividad como medio para obtener un beneficio económico. *El creciente profesionalismo del deporte lo aleja de sus valores primigenios.*

profesionalización. f. Hecho de profesionalizar o profesionalizarse. *Discuten si es conveniente la profesionalización de la política.*

profesionalizar. tr. Dar carácter profesional (a alguien o algo). *El Gobierno va a profesionalizar el ejército.* Tb. en constr. prnl. media. *El fútbol sala se ha profesionalizado.*

profesionista. m. y f. Am. Profesional (persona que realiza una actividad como profesión). *Había estudiantes y amas de casa, obreros y profesionistas* [C]. ▶ PROFESIONAL.

profeso, sa. adj. Que ha profesado en una orden religiosa. *Un monje profeso acompaña al abad.* Tb. m. y f. *El convento cuenta con veinte profesos.*

profesor, ra. m. y f. Persona que enseña una ciencia, arte o técnica. *Es profesor* DE *matemáticas.* Frec. se usa como tratamiento. *En el encabezamiento de la carta figuraba el destinatario: "Profesor D. Fernando Escoto". Profesor, ¿puedo hacerle una pregunta?* ■ **~ agregado/da.** m. y f. Profesor de categoría inmediatamente inferior a la de catedrático. *Trabaja de profesor agregado en el Departamento de Bioquímica.* ⇒ AGREGADO. ■ **~ asociado/da.** m. y f. Persona ajena a la universidad, contratada temporalmente por esta para que ejerza como profesor. *Estuvo un año en Harvard como profesor asociado.*

profesorado. m. **1.** Conjunto de profesores. *En el claustro se reúne todo el profesorado.* **2.** Actividad de profesor. *Ejerce el profesorado en un instituto.*

profeta, tisa. m. y f. Persona que predice acontecimientos futuros, espec. por inspiración divina. *El islamismo tiene como profeta a Mahoma.*

profético, ca. adj. De la profecía o del profeta. *Sus reflexiones tuvieron carácter profético. Habla con un tono profético que atemoriza.*

profetisa. → **profeta.**

profetizar. tr. Predecir (acontecimientos futuros), espec. por inspiración divina. *Daniel profetizó la llegada del Mesías. Muchos profetizaron el estallido de la guerra.* ▶ *PREDECIR.

profiláctico, ca. adj. **1.** *Med.* Que puede proteger o preservar de la enfermedad. *El cirujano toma medidas profilácticas para evitar infecciones.* ● m. **2.** *Med.* Preservativo. *Para la prevención del sida se recomienda el empleo de profilácticos.*

profilaxis. f. *Med.* Prevención de la enfermedad. *Una adecuada profilaxis es imprescindible en el quirófano.*

profiterol. m. Pastelillo relleno de crema u otra masa dulce, gralm. cubierto de chocolate caliente. *El día de su cumpleaños trajo una bandeja de profiteroles.*

prófugo, ga. adj. Que anda huyendo de la justicia o de otra autoridad. *El mafioso, prófugo de la justicia, se ha refugiado en Brasil.* Tb. m. y f. *La policía persiguió a los prófugos por todo el país.*

profundidad. f. **1.** Cualidad de profundo. *La profundidad del lago dificulta las tareas de rescate. Me admira la profundidad de su pensamiento.* **2.** Dimensión de un cuerpo, perpendicular a su plano frontal o a su superficie. *¿Qué profundidad tiene el mueble? La piscina tiene una profundidad de tres metros.* **3.** Lugar o parte más profundos. Frec. en pl. *En las profundidades marinas habita la fauna abisal.* ■ **en ~.** loc. adv. De forma completa y profunda, no superficial. *El ensayo analiza en profundidad el problema del desempleo.* Tb. loc. adj. *Esta casa necesita una limpieza en profundidad.* ▶ HONDURA.

profundización. f. Hecho de profundizar. *La coyuntura política contribuyó a la profundización de la crisis económica.* ▶ AHONDAMIENTO.

profundizar. tr. **1.** Hacer más profundo (algo). *He profundizado el pozo, pero sigue sin manar agua.* ○ intr. **2.** Penetrar profundamente en algo, material o inmaterial. *Profundizó* EN *la tierra húmeda con la pala. Pocos autores han profundizado* EN *el tema. El trabajo es un poco superficial, deberías profundizar más.* ▶ **2:** AHONDAR.

profundo, da. adj. **1.** Que tiene el fondo muy distante del borde, de la superficie o de la entrada. *Murió ahogado en un lago de aguas profundas.* **2.** Que tiene mucho fondo o gran dimensión de profundidad. *El túnel es profundo y oscuro.* **3.** Que está a mucha distancia de la superficie. *El exceso de sol causa estragos en las capas profundas de la piel.* **4.** Dicho de cosa: Que penetra mucho o va hasta muy adentro. *Se hizo una herida profunda. Tiene un profundo conocimiento del tema.* **5.** Muy intenso. *Siento profunda admiración por él. Cayó en un sueño profundo.* **6.** Dicho de persona: Que penetra intelectualmente mucho en las cosas. *Es un profundo analista de la realidad de su país.* **7.** Difícil de comprender. *El concepto de alma es demasiado profundo para un niño tan pequeño.* ▶ HONDO.

profusión. f. cult. Cualidad de profuso. *El periódico informa del hecho con gran profusión de datos.*

profuso, sa. adj. cult. Abundante o numeroso. *Un árbol de profuso ramaje. Dio profusas explicaciones.*

progenie. f. **1.** cult. Descendencia o conjunto de hijos. *Se ha presentado con toda su progenie.* **2.** cult. Familia o linaje. *Es hombre de ilustre progenie.*

progenitor, ra. m. y f. cult. Padre o madre. *Ha heredado el carácter de su progenitor.* Tb. en m. pl., designando a ambos. *Debo parte de mi éxito al esfuerzo de mis progenitores.*

prognatismo. m. *Anat.* Prominencia de las mandíbulas. *Su rostro se caracteriza por un leve prognatismo.*

programa. m. **1.** Conjunto ordenado de actividades o proyectos que se piensan realizar. *El punto clave del programa del partido es la reforma fiscal. Este acto informal no estaba previsto en el programa.* Tb. el impreso en que figura. *¿Tienes el programa de las fiestas?* **2.** Conjunto ordenado de las materias que componen un curso o de los temas que componen una asignatura. *El programa de la asignatura incluye el arte del siglo* XX. Tb. el impreso en que figura. *Puedes recoger el programa del curso en secretaría.* **3.** Impreso explicativo de un espectáculo teatral o de otro tipo. *He leído en el programa el reparto de la obra.* Tb. *~ de mano. El argumento de la ópera figura en el programa de mano.* **4.** Cada una de las partes dotadas de unidad propia, que constituyen una emisión de radio o de televisión. *Presenta un programa de radio. Me gusta ver los programas de deportes.* **5.** Conjunto de instrucciones que permite a un ordenador u otro aparato realizar una determinada función de forma automática. *Para lavar ropa delicada, pon un programa corto. ¿Qué programa utilizas para el tratamiento de textos?*

programación. f. **1.** Hecho o efecto de programar. *Aprende programación en una academia de informática. Varios clásicos figuran en la programación del cineclub.* **2.** Conjunto de los programas de radio o televisión. *La programación de la cadena incluye muchos documentales.*

programador, ra. adj. **1.** Que programa. Frec. m. y f.. *Trabajaba como programador en una empresa de informática. La audiencia pide a los programadores más espacios educativos.* ● m. **2.** Aparato que ejecuta un programa automáticamente. *El césped se secó porque se había estropeado el programador del riego.*

programar. tr. **1.** Hacer el programa (de algo). *Han programado el viaje minuciosamente. En la reunión programaremos el próximo curso.* **2.** Hacer que (algo) forme parte de un programa o de una programación. *El centro cultural programará conciertos de música clásica. Han programado una buena película para esta noche.* **3.** Preparar (una máquina) por anticipado para que ejecute un determinado programa en el momento adecuado. *La película es a las diez; ¿has programado el vídeo?* **4.** Elaborar (un programa informático). *Programó una aplicación para el banco.* ○ intr. **5.** Elaborar programas informáticos. *Aprendió a programar* EN *Basic.*

programático, ca. adj. Del programa o conjunto de actividades o proyectos que se piensan realizar. *Los partidos de la coalición han llegado a un acuerdo programático.*

progresar. intr. **1.** Mejorar, perfeccionarse o desarrollarse. *El país ha progresado mucho. Si el paciente no progresa, habrá que operar.* **2.** Avanzar o ir hacia delante. *El extremo progresaba por la banda con el balón controlado.*

progresión. f. **1.** Hecho de progresar. *Una lesión ha truncado la progresión del tenista. Preocupa la progresión de la epidemia. La progresión de las tropas era lenta.* **2.** *Mat.* Sucesión de números o términos algebraicos que responde a una constante. ■ **~ aritmética.** f. *Mat.* Progresión (→ 2) en que cada número es igual a la suma del anterior más una cantidad constante. *La serie 3, 5, 7, 9... constituye una progresión aritmética.* ■ **~ geométrica.** f. *Mat.* Progresión (→ 2) en que cada número es igual al anterior multiplicado por una cantidad constante. *La serie 3, 6, 12, 24... constituye una progresión geométrica.*

progresismo. m. Movimiento progresista. *La libertad de prensa era una de las aspiraciones del progresismo.* Tb. la doctrina o la actitud correspondientes. *Las últimas reformas tienen tintes de progresismo.*

progresista. adj. **1.** Partidario del progreso político y social, y del desarrollo de las libertades públicas. *Un partido progresista.* Dicho de pers., tb. m. y f. *Los progresistas piden la liberación de los presos políticos.* **2.** Propio de la persona progresista (→ 1). *Mentalidad progresista. Ley progresista.*

progresivo, va. adj. Que progresa de forma gradual. *El progresivo envejecimiento de la sociedad es preocupante.*

progreso. m. **1.** Mejora, perfeccionamiento o desarrollo. *La invención de la luz eléctrica fue básica para el progreso de la humanidad.* **2.** Avance hacia adelante. *El progreso de las tropas era lento pero inexorable.*

prohibición. f. Hecho o efecto de prohibir. *Está de acuerdo con la prohibición de la publicidad del tabaco. El vehículo se saltó la prohibición.*

prohibir. (conjug. PROHIBIR). tr. Ordenar que no se use o no se haga (algo). *El médico le ha prohibido el alcohol. Está prohibido pisar el césped.*

prohibitivo, va. adj. **1.** Dicho de precio: Exageradamente alto. *El precio de la vivienda es prohibitivo.* **2.** Dicho de cosa: De precio prohibitivo (→ 1). *Comer caviar iraní es un lujo prohibitivo.* **3.** Que prohíbe. *La ley contiene medidas prohibitivas.*

prohijar. (conjug. PROHIJAR). tr. **1.** Adoptar (a alguien) como hijo. *La familia ha prohijado a un niño rumano.* **2.** Adoptar como propia (una cosa ajena, espec. opiniones o ideas). *En poco tiempo prohijó las ideas de su nuevo amigo.*

prohombre. m. Hombre ilustre y que goza de especial consideración. *El auditorio escucha al prohombre de las letras.*

prójima. f. coloq. o jerg. Mujer, respecto del marido. *Le gusta ir con la prójima del brazo.*

prójimo. m. Respecto de una persona: Otra, considerada desde el punto de vista de la solidaridad humana. *En la guerra sufrían no solo sus paisanos, sino todos sus prójimos.* Frec. en sent. colectivo. *Hay que ayudar al prójimo.* ▶ SEMEJANTE.

prole. f. Conjunto de hijos de alguien. *Llevan a su prole al parque de atracciones. La gallina atraviesa el corral seguida de su prole.*

prolegómeno. m. Cosa que sirve de introducción o preparación a otra. Más frec. en pl. *Déjate de prolegómenos y ve al grano. Los prolegómenos* DEL *partido.*

proletariado. m. Clase social constituida por los proletarios. *El proletariado adquirió conciencia de clase.*

proletario, ria. adj. De la clase obrera. *Movimiento proletario. Barrio proletario.* Dicho de pers., tb. m. y f. *Los sindicatos querían defender a los proletarios.*

proliferación. f. Hecho de proliferar. *La proliferación de incendios forestales es alarmante.*

proliferante. adj. Que prolifera. *Un virus proliferante.*

proliferar. intr. **1.** Multiplicarse abundantemente algo. *A finales del siglo* XX *comienzan a proliferar los teléfonos móviles.* **2.** Reproducirse algo vivo. *El virus prolifera en ambientes cálidos y húmedos.*

prolífico, ca. adj. **1.** Dicho de persona, espec. de autor o artista: Muy productivo. *El prolífico escritor ha publicado tres libros este año.* **2.** Capaz de reproducirse abundantemente. *Los conejos son muy prolíficos.*

prolijidad. f. Cualidad de prolijo. *El periódico narra el hecho con prolijidad. La prolijidad del conferenciante resulta cargante.*

prolijo, ja. adj. **1.** Largo o minucioso, gralm. en exceso. *Una descripción prolija.* **2.** Cuidadoso o esmerado, gralm. en exceso. *Su ropa está adornada con prolijos encajes.* **3.** Pesado, por ser prolijo (→ 1). *Numerosos países, que resultaría prolijo citar, respaldaron la medida.* **4.** Am. Pulcro. *Los dos son pianistas, la muchacha prolija y el muchacho desaliñado* [C]. *Los niños de la escuela primaria visten prolijos uniformes* [C].

prologar. tr. Escribir el prólogo (de una obra). *Una periodista ha prologado el libro.*

prólogo. m. **1.** Escrito que precede y sirve de introducción al texto de una obra. *Me he saltado el prólogo del libro.* **2.** Parte primera de una cosa, que precede y sirve de introducción al resto. *Como prólogo de la conferencia, se proyectará un documental. Hoy se disputa el prólogo de la carrera ciclista.*

prologuista. m. y f. Autor del prólogo de una obra. *Un catedrático es el editor y prologuista de la antología.*

prolongación. f. **1.** Hecho de prolongar. *La prolongación de los horarios comerciales generó empleo.* **2.** Parte prolongada de una cosa. *Mi casa está en la prolongación de esta calle.*

prolongado, da. part. **1.** → **prolongar.** ● adj. **2.** Largo, en el espacio o en el tiempo. *La nutria tiene el cuerpo prolongado. No es bueno tomar el sol de forma prolongada.*

prolongar. tr. Hacer (algo) más largo en el espacio o en el tiempo. *Han prolongado la carretera. Prolongaron la conversación hasta la medianoche.* Tb. en constr. prnl. media. *La velada se prolongó hasta la madrugada.*

promediar. (conjug. ANUNCIAR). tr. **1.** Calcular el promedio (de algo). *La calificación final se obtiene promediando las puntuaciones de los ejercicios.* ○ intr. Llegar a su mitad un espacio de tiempo. *Llegará antes de promediar el mes de julio.*

promedio. m. Cantidad igual o más próxima a la media aritmética de un conjunto de cantidades. *El promedio, o término medio, de 12, 8 y 7 es 9. Los ciclistas cubrieron el recorrido a un promedio de 40 km/h.*

promesa. f. **1.** Hecho o efecto de prometer. *Me ha hecho una promesa: va a dejar de fumar. No cumple sus promesas. Un muchacho le hizo promesa de matrimonio.* **2.** Persona o cosa que promete o muestra cualidades positivas. *Es una joven promesa de la canción.*

prometedor, ra. adj. Que promete o muestra cualidades positivas. *Es un jugador prometedor. La noche se presenta prometedora.*

prometer. tr. **1.** Contraer de palabra la obligación de dar o hacer (algo). *Me prometió un regalo. Ha prometido venir mañana. Se prometió a sí misma que no volvería a hacerlo.* **2.** Asegurar la certeza (de lo que se dice). *Ya estamos muy cerca, te lo prometo. Podrá parecer mentira, pero prometo que no sabía nada.* **3.** Dar muestras o indicios (de algo, gralm. positivo). *La película promete ser interesante.* **4.** Prometer (→ 1) solemnemente el buen cumplimiento de los deberes (de un cargo). *Los diputados prometen su cargo en la asamblea.* ○ intr. **5.** Mostrar alguien o algo cualidades positivas que podrían asegurar un éxito futuro. *Esta chica promete como bailarina.* ○ intr. prnl. **6.** Darse dos personas promesa de matrimonio. *Ana y José Luis se han prometido.* Tb.: *Rosa se ha prometido* CON *Carlos.* ■ **prometérselas (muy) felices.** loc. v. coloq. Tener esperanzas de que las cosas salgan bien, sin demasiado fundamento. *Se las prometía muy felices, pero su alegría no duró mucho.*

prometido, da. part. **1.** → **prometer.** ● m. y f. **2.** Respecto de una persona: Otra con la que ha hecho mutua promesa de matrimonio. *Vendrá con su prometida a la cena.*

prominencia. f. **1.** Cualidad de prominente. *Sus pómulos presentan gran prominencia. Ocupa un lugar de prominencia en la vida política.* **2.** Parte que se eleva o sobresale. *Alcanzó a ver el mar desde una prominencia del terreno.*

prominente. adj. **1.** Que se eleva o sobresale respecto a lo que está alrededor. *El tabernero es un hombre de barriga prominente.* **2.** Destacado o célebre. *Un prominente abogado defiende al acusado.*

promiscuidad. f. **1.** Relación sexual poco estable con distintas personas. *La promiscuidad puede ser un factor de riesgo en el contagio del sida.* **2.** Cualidad de promiscuo. *Se escandalizan por su promiscuidad.*

promiscuo, cua. adj. **1.** Dicho de persona: Que mantiene relaciones sexuales poco estables con distintas personas. *Fue muy promiscuo en su juventud.* **2.** Dicho de cosa: Propia de la persona promiscua

(→ 1). *Es una mujer de costumbres promiscuas.* **3.** Mezclado de forma confusa y desordenada. *Los promiscuos olores de una taberna. Una multitud promiscua abarrota las calles del Rastro.*

promisorio, ria. adj. Que promete, o que encierra promesa. *América fue la tierra promisoria para muchos emigrantes.*

promoción. f. **1.** Hecho de promover. *Se ha hecho oficial su promoción de capitán a comandante. La reforma persigue la promoción de la enseñanza pública.* **2.** Conjunto de personas que han obtenido un grado, título o empleo al mismo tiempo. *Somos de la misma promoción.* **3.** Mejora de las condiciones de vida, culturales o sociales. *La promoción de la mujer.* **4.** Conjunto de actividades comerciales destinadas a dar a conocer un producto o incrementar sus ventas. *Han comenzado la promoción de su nuevo disco.* **5.** *Dep.* Torneo en que se determina la permanencia, el ascenso o el descenso de categoría. *Disputan la promoción dos equipos de primera y dos de segunda.*

promocional. adj. De la promoción, espec. la de un producto. *El grupo hará una gira promocional. Oferta promocional.*

promocionar. tr. Hacer que (algo o alguien) sean más conocidos y valorados, gralm. a través de la publicidad. *Estamos promocionando este jamón, pruébelo. El ayuntamiento promociona el deporte en las escuelas.*

promontorio. m. Elevación del terreno, espec. si penetra en el mar. *El faro se alza sobre un promontorio rocoso.*

promotor, ra. adj. Que promueve. *La sociedad promotora del proyecto es una cooperativa.* Dicho de pers., tb. m. y f. *Un promotor madrileño organiza la velada boxística.*

promover. (conjug. MOVER). tr. **1.** Impulsar el desarrollo o la realización (de algo). *El Gobierno promoverá el uso de energías alternativas. No promueven la investigación.* **2.** Ascender (a alguien) a un empleo o categoría superiores. *Ha sido promovida A jefa de ventas.*

promulgación. f. Hecho de promulgar. *Se anuncia la promulgación de una nueva ley de extranjería.*

promulgar. tr. Publicar oficialmente (una ley, norma o disposición) para que comience a cumplirse. *El presidente promulgará hoy el texto de la reforma constitucional.*

pronaos. m. *Arq.* En los templos griegos y romanos antiguos: Pórtico situado delante del santuario.

pronombre. m. *Gram.* Parte de la oración que, sin ser nombre, puede desempeñar las funciones propias de este. *En la oración "ella está enferma", el sujeto es el pronombre "ella".* ■ ~ **personal.** m. *Gram.* Pronombre que hace referencia a la persona gramatical. *"Yo", "se" y "ti"son pronombres personales.*

pronominal. adj. **1.** *Gram.* Del pronombre. *Función pronominal.* **2.** *Gram.* Que tiene valor pronominal (→ 1). *Locución pronominal.*

pronosticar. tr. Predecir (algo futuro) a partir de indicios. *Han pronosticado mal tiempo para el fin de semana.* ▶ *PREDECIR.

pronóstico. m. **1.** Hecho o efecto de pronosticar. *No sabría emitir un pronóstico sobre el resultado del partido. Se cumplieron todos sus pronósticos.* **2.** *Med.* Juicio que hace el médico sobre la evolución de una enfermedad, a partir de los síntomas. *Está ingresado en el hospital con pronóstico grave.* ■ ~ **reservado.** m. *Med.* Pronóstico (→ 2) que se reserva el médico ante la posibilidad de que surjan complicaciones. *El torero tiene una cornada de pronóstico reservado.* ▶ **1:** *PREDICCIÓN.

prontitud. f. Rapidez o celeridad. *Los bomberos han acudido con prontitud.* ▶ *RAPIDEZ.

pronto, ta. adj. **1.** cult. Rápido, o que ocurre en un plazo breve de tiempo. Se usa más frec. antepuesto al n. *Le deseamos una pronta recuperación. La intervención pronta de los bomberos salvó a muchas personas.* **2.** cult. Preparado o dispuesto para hacer algo rápidamente. *Luis, siempre pronto A ayudar, nos echó una mano. Tenía la escopeta cargada, pronta PARA disparar.* ● adv. **3.** Antes del tiempo oportuno, debido o acostumbrado. *Ha llegado usted pronto; todavía no hemos abierto. Procura venir pronto: hay que hacer muchas cosas. Es pronto PARA hacer un análisis.* A veces precedido de prep. *Destacó entre sus compañeros desde muy pronto.* **4.** En un plazo breve de tiempo. *Pronto llegará el invierno.* **5.** A una hora temprana del día o de la noche. *Tuvimos que levantarnos pronto para coger el tren. Anoche llegó pronto, no serían todavía las nueve.* ● m. **6.** coloq. Impulso repentino que hace a alguien actuar de forma inesperada o apasionada. *Tuvo uno de sus prontos y se marchó de la reunión dando un portazo.* ■ **al ~.** loc. adv. En el primer momento. *Así, al pronto, su cara no me suena.* ■ **de ~.** loc. adv. De repente. *De pronto, me di cuenta de todo.* ■ **por lo ~,** o **por de ~.** loc. adv. Para empezar, o por ahora. *Ya verás cómo todo mejora; por lo pronto, ya has encontrado trabajo.*

prontuario. m. Exposición breve y resumida de las reglas de una ciencia o arte. *Prontuario de ortografía.*

pronunciación. f. **1.** Hecho de pronunciar o emitir sonidos. *La fonética describe la posición de los órganos bucales durante la pronunciación del sonido.* **2.** Manera de pronunciar o emitir los sonidos. *Tiene un buen nivel de inglés, pero debe mejorar su pronunciación.*

pronunciado, da. part. **1.** → **pronunciar.** ● adj. **2.** Marcado o muy perceptible. *Tiene una pronunciada cojera.*

pronunciamiento. m. **1.** Alzamiento militar contra el gobierno. *El pronunciamiento militar ha sido controlado.* **2.** *Der.* Declaración o resolución de un juez o un tribunal. *Los acusados esperan el pronunciamiento del tribunal.*

pronunciar. (conjug. ANUNCIAR). tr. **1.** Emitir y articular (uno o más sonidos del lenguaje). *Al niño le cuesta pronunciar la jota.* **2.** Decir (una palabra o una frase). *Pronunció tu nombre en sueños.* **3.** Emitir oralmente (un discurso) ante un público. *Ha pronunciado una conferencia en la universidad.* **4.** Publicar o dar a conocer (una sentencia). *El juez pronunciará sentencia esta tarde.* **5.** Hacer más marcado o pronunciado (algo). *La camisa blanca pronunciaba su bronceado.* Tb. en constr. prnl. media. *Ese defecto se le ha pronunciado con la edad.* ○ intr. prnl. **6.** Expresar alguien su opinión sobre algo. *El Gobierno no se ha pronunciado SOBRE el tema. Se pronunció a favor de los acusados.* **7.** Emprender un pronunciamiento militar. *El ejército se pronunció contra el poder civil.*

propagación. f. Hecho de propagar o propagarse. *No pudieron evitar la propagación de la noticia de su separación. La función sexual permite la propagación de la especie.*

propagador, ra. adj. Que propaga. *Un sistema propagador del calor.* Dicho de pers., tb. m. y f. *Los misioneros eran los principales propagadores de la fe.*

propaganda. f. **1.** Hecho de dar a conocer algo con el fin de atraer seguidores o compradores. *Hizo propaganda de su libro en la radio.* **2.** Conjunto de medios o materiales empleados para hacer propaganda (→ 1), o de los mensajes que se difunden. *Reparte propaganda en la calle. No leas ese artículo, es pura propaganda.*

propagandista. adj. Que hace propaganda, espec. política. *Una organización propagandista del ideario nazi.* Dicho de pers., tb. m. y f. *Fue un eficaz propagandista del régimen.*

propagandístico, ca. adj. De la propaganda. *Dio un discurso demagógico y propagandístico. Utilizan los medios de comunicación con fines propagandísticos.*

propagar. tr. **1.** Multiplicar por reproducción (un ser vivo). *La función del semental es propagar la especie.* Tb. en constr. prnl. media. *Las malas hierbas se propagaban, invadiendo el jardín.* **2.** Hacer que (algo) llegue a lugares distintos de aquel en que se produce. *El viento contribuyó a propagar el incendio.* Tb. en constr. prnl. media. *La epidemia se propagó por todo el mundo.* **3.** Hacer que (algo) sea conocido y seguido por muchas personas en diversos lugares. *El apóstol propagó la nueva fe.* Tb. en constr. prnl. media. *Pronto las ideas de Lutero se propagaron por toda Europa.*

propalar. tr. Divulgar (algo oculto, secreto o desconocido). *Han propalado rumores para perjudicarme.*

propano. m. Gas derivado del petróleo, que se emplea como combustible. *En mi casa tenemos una caldera de propano.* Frec. en aposición, siguiendo a *gas*. *Hubo un escape de gas propano.*

proparoxítono, na. adj. *Fon.* Esdrújulo. *"Cántaro" es una palabra proparoxítona.*

propasarse. intr. prnl. **1.** Excederse de lo razonable en lo que se hace o se dice. *Se está propasando con la bebida.* **2.** Faltar al respeto a alguien, espec. en el aspecto sexual. *Su amigo intentó propasarse. Lo han despedido por propasarse* CON *una compañera.*

propedéutico, ca. adj. **1.** De la propedéutica (→ 2). *El articulista habla del carácter propedéutico de la enseñanza primaria.* ● f. **2.** Enseñanza preparatoria para el estudio de una disciplina. *El profesor enseña psicopatología como propedéutica de la psiquiatría.*

propender. intr. Tener tendencia o inclinación a algo. *Debo cuidarme porque propendo* A *engordar. El paciente propende* A *la depresión.* ▶ *INCLINARSE.

propensión. f. Tendencia o inclinación. *Tiene propensión* A *despilfarrar. Algunos hablantes muestran propensión* AL *leísmo.* ▶ *INCLINACIÓN.

propenso, sa. adj. Que propende o tiene tendencia a algo. *El fumador es propenso* A *las enfermedades respiratorias. No soy propenso* A *dar consejos.*

propiamente. adj. De manera exacta o en sentido estricto. *La obra no es un estudio histórico propiamente dicho. El viaje no es propiamente de negocios.*

propiciador, ra. adj. Que propicia. *La tribu celebraba cultos propiciadores de la fertilidad.* Dicho de pers., tb. m. y f. *El ministro ha sido el propiciador del acuerdo.*

propiciar. (conjug. ANUNCIAR). tr. Favorecer la ejecución o la existencia (de algo). *Un gran centro propició el gol del empate. El ambiente distendido ha propiciado el entendimiento.*

propiciatorio, ria. adj. Que sirve para propiciar algo o hacer propicio a alguien. *Su propuesta fue propiciatoria del consenso. Ha sido la víctima propiciatoria de los ambiciosos.*

propicio, cia. adj. **1.** Dicho de cosa: Favorable o apropiada. *Era el momento propicio* PARA *comprar una casa. Es el lugar propicio* PARA *unas vacaciones.* **2.** Dicho de persona: Que es favorable o tiene buena disposición hacia algo o alguien. *Es poco propicio* A *la frivolidad. Están propicios* A *colaborar. ¡Que los dioses te sean propicios!*

propiedad. f. **1.** Derecho de poseer algo y poder disponer libremente de ello dentro de los límites legales. *Adquirió la propiedad de la finca.* **2.** Cosa, espec. un inmueble, sobre la que se tiene derecho de propiedad (→ 1). *El museo es propiedad* DEL *Estado. Vende una de sus propiedades en el campo.* **3.** Cualidad propia o característica de algo. *El opio es una planta de propiedades narcóticas.* **4.** Cualidad de propio. *Hay que utilizar el vocabulario con más propiedad.* ■ **en ~.** loc. adv. Como propietario. *Adquirió la casa en propiedad. Tiene plaza de profesor en propiedad.*

propietario, ria. adj. Que tiene derecho de propiedad sobre una cosa. *La familia propietaria no vende el terreno.* Frec. m. y f. *La policía busca al propietario del coche.* ▶ *DUEÑO.

propileo. m. *Arq.* En los templos antiguos: Pórtico con columnas.

propina. f. **1.** Cantidad extra que, como muestra de satisfacción, se da sobre el precio convenido por un servicio. *Dejé un euro de propina en el bar.* **2.** Gratificación pequeña por un servicio o favor. *Si bajas por el pan, te doy cincuenta céntimos de propina.* ■ **de ~.** loc. adv. coloq. Además o por añadidura. *Invitaron a hermanos, primos, sobrinos y, de propina, al cura.*

propinar. tr. Dar (un golpe). *Su novia le ha propinado una bofetada. Entre todos le propinaron una paliza.* ▶ *PEGAR.

propio, pia. adj. **1.** Que pertenece o corresponde a la misma persona que habla o a la persona o cosa de las que se habla. Se usa pospuesto al n. *Ya tiene casa propia. Lo hizo en interés propio. El taller no tiene entrada propia. El personaje principal de la novela parece tener vida propia.* Se usa tb. antepuesto al n. y precedido de poses. o art. det. con intención enfática. *No quiere ni a sus propios hijos. Fueron los propios amigos los que lo delataron. Coció la carne en su propio jugo. La insultó en su propia cara.* **2.** Antepuesto a un nombre y precedido de artículo, se usa para enfatizar la identidad de la persona o cosa designadas. *Los propios implicados admitieron su participación en el robo. La carta tenía el remite de la propia embajada.* **3.** Característico de alguien o algo. *Estas preguntas son propias* DE *un niño. No es propio* DE *ti comportarte de ese modo. No es propio* DE *un restaurante de lujo servir este vino.* **4.** En uso sustantivado, precedido de *lo:* Conveniente o adecuado. *Lo propio sería ir de etiqueta.* **5.** Precedido de artículo: Mismo, o exactamente igual. *Al propio tiempo dispararon las salvas.* Tb. sustantivado, precedido de *lo*. *Ellos pasaron sin pagar, y yo hice lo propio.* **6.** Dicho del sentido de una palabra: Principal o fundamental *El sentido propio de "tapón" es* *'pieza para tapar un recipiente'*, *y el figurado, 'persona baja'*. **7.** coloq. Reproducido o representado con mucha exactitud o realismo. Se usa precedido gralm. del adv. *muy* y con v. como *estar* o *quedar*. *El abuelo ha quedado muy propio en el retrato.* ▶ **3:** *CARACTERÍSTICO.

proponente. adj. Que propone algo o a alguien. *Para optar al puesto, debe enviarse un historial del candidato y de la persona proponente.* Tb. m. y f. *El proponente de la medida expuso sus argumentos.*

proponer. (conjug. PONER). tr. **1.** Exponer (algo) a alguien para que lo acepte. *Me propuso que fuéramos a comer. Nos han propuesto negociar. Te propongo un trato.* **2.** Presentar (a alguien) para un cargo, un empleo u otra cosa semejante. *El partido propuso su candidato a la presidencia. Ha sido propuesto* PARA *el Premio Nobel.* ○ tr. prnl. **3.** Aspirar a conseguir (algo). *¿Qué se propone el artista con su obra? Se convirtió en actriz sin proponérselo.* **4.** Decidir o determinar (algo). *Se propuso aprobar las oposiciones.*

proporción. f. **1.** Relación de correspondencia o conformidad entre las partes y el todo o entre varias cosas. *La torre no guarda proporción con el resto del edificio.* **2.** Dimensión o tamaño. Gralm. en pl. con significado sing. *El estadio tiene proporciones gigantescas.* Tb. fig. *Un escándalo de grandes proporciones.* **3.** *Mat.* Igualdad de dos razones o cocientes numéricos. *La regla de tres permite determinar una cantidad desconocida por medio de una proporción.*

proporcionado, da. part. **1.** → **proporcionar.** ● adj. **2.** Dicho de persona o de cosa: Constituida por partes que guardan proporción entre sí. *Una chica bajita pero de cuerpo proporcionado.* **3.** Dicho de cosa: Que guarda proporción con otra. *Una pena proporcionada* AL *delito. Piernas y brazos han de ser proporcionados.*

proporcional. adj. **1.** De la proporción. *Llamamos media proporcional a la raíz enésima del producto de* n *números.* **2.** Que tiene proporción o se ajusta a ella. *El dinero se repartirá de forma proporcional entre todos.* **3.** Dicho de cantidad o magnitud: Que mantiene una proporción o razón constante con otra. *El incremento del sueldo será proporcional* AL *aumento del coste de la vida.*

proporcionalidad. f. Condición de proporcional. *La proporcionalidad del sistema fiscal garantiza que pague más quien más tiene.*

proporcionar. tr. **1.** Poner a disposición de alguien (algo, espec. lo que necesita o le conviene). *Me ha proporcionado el dinero que necesitaba. Le proporcioné una coartada. La lectura proporciona placer.* **2.** Hacer que algo adquiera (una cualidad). *Sus metáforas proporcionan belleza al texto.* **3.** Hacer que (algo) tenga proporción o se ajuste a ella. *Debes proporcionar las partes del retrato. La ley pretende proporcionar penas y delitos.*

proposición. f. **1.** Hecho o efecto de proponer. *No tomaron en cuenta su proposición. Me hizo proposición de matrimonio. Una proposición de ley surge por iniciativa de las Cámaras.* **2.** *Gram.* Oración, o unidad lingüística con estructura de oración, que se une a otras para formar una oración compuesta. *La oración compuesta "Si puedo, iré" está formada por dos proposiciones.* **3.** *Fil.* Expresión de un juicio. *"Los perros son mamíferos" es una proposición afirmativa.*

proposicional. adj. *Fil.* De la proposición. *Lógica proposicional.*

propósito. m. Hecho o efecto de proponerse algo. *Tiene el propósito de cambiar de empleo. Correrá con el propósito de establecer un récord. Arrepentido, hizo propósito de enmienda.* ■ **a ~.** loc. adv. **1.** Con intención determinada o de manera voluntaria. *¡No mientas: lo has hecho a propósito! Lo ha dicho a propósito para molestarme.* **2.** Indica que lo que se va a decir ha sido sugerido por lo que se acaba de mencionar. *Mañana iré al cine; a propósito, ¿qué película me recomiendas?* □ loc. adj. **3.** Adecuado u oportuno. *Este es un recipiente a propósito para el aceite.* Tb. loc. adv. *El dinero les viene muy a propósito para pagar el piso.* ■ **a ~ de.** loc. prepos. Acerca de. *Discuten a propósito de la herencia.*

propuesta. f. Proposición, espec. la presentada oficialmente ante un superior o una autoridad. *Uno de los bandos hizo una propuesta de paz. La propuesta ha sido rechazada.*

propugnar. tr. Defender o apoyar (una idea o un proyecto). *Propugnan la paz y el amor libre. En el escrito se propugna la reforma de la Constitución.*

propulsar. tr. Impulsar (algo o a alguien) para que avancen. *Los motores de reacción propulsan la nave.* Tb. fig. *La aparición del ordenador personal propulsó el desarrollo de la informática.* ▶ *IMPULSAR.

propulsión. f. Hecho de propulsar. *Se ha mejorado el sistema de propulsión del misil.* ■ **~ a chorro.** f. Propulsión de un vehículo o un proyectil producida por un motor de reacción al expulsar hacia atrás un fluido a gran velocidad. *Un reactor emplea propulsión a chorro.*

propulsor, ra. adj. Que propulsa. *El buque tiene una potencia propulsora de 8000 caballos de vapor. Sistema propulsor.* Dicho de máquina o aparato, tb. m. *El vehículo va equipado con un propulsor de 150 caballos.* Dicho de pers., tb. m. y f. *Un catedrático fue el propulsor del proyecto.*

prorrata. f. Parte que le toca a una persona en un reparto proporcional. *El cooperativista recibe una prorrata ajustada a su aportación.* ■ **a ~.** loc. adv. Mediante reparto proporcional. *Ante la gran demanda de acciones, su adjudicación se hará a prorrata.*

prorratear. tr. Repartir (algo) de forma proporcional. *Prorratean las ganancias entre los socios.*

prorrateo. m. Hecho de prorratear. *En las nóminas mensuales se hace el prorrateo de las cotizaciones sociales de la paga extra.*

prórroga. f. **1.** Hecho de prorrogar. *La prórroga de la tregua abre perspectivas en el proceso de paz.* **2.** Tiempo durante el cual se prorroga algo. *Hay una prórroga de tres días para presentar instancias.* **3.** *Dep.* Prórroga (→ 2) de un encuentro para deshacer un empate. *Marcaron el gol de la victoria en la prórroga.*

prorrogar. tr. Alargar (algo) más allá del tiempo fijado. *Han prorrogado el plazo de inscripción.*

prorrumpir. intr. Realizar, de repente y con fuerza, una acción que pone de manifiesto un sentimiento o estado de ánimo. *Al recibir la noticia, prorrumpe* EN *sollozos. El público prorrumpe* EN *carcajadas con cada chiste.* ▶ ROMPER.

prosa. f. **1.** Forma que toma naturalmente el lenguaje, no sometida a reglas de medida, rima o ritmo. *Solo escribe obras en prosa.* Tb. el conjunto de obras escritas de esta forma. *Cela es una gran figura de la prosa española del siglo* XX. **2.** coloq. Exceso de palabras inútiles o intrascendentes. *Con tanta prosa aburres al más pintado.*

prosaico, ca. adj. Vulgar o trivial. *Es un hombre de gustos prosaicos. Una vida prosaica.*

prosaísmo. m. Cualidad de prosaico. *Nada alteraba el prosaísmo de su existencia. Su poesía adolece de cierto prosaísmo.*

prosapia. f. Ascendencia o linaje, espec. los nobles. *Solo estaban invitadas personas de ilustre prosapia.*

proscenio. m. *Teatro* Parte del escenario más cercana al público, situada entre el borde y los bastidores. *Los actores se acercan al proscenio para saludar.*

proscribir. (part. **proscrito** o, Am., **proscripto**). tr. **1.** Prohibir o excluir (algo). *Durante años se proscribió el uso público del catalán.* **2.** Expulsar (a alguien) de su tierra, gralm. por causas políticas. *El régimen proscribe a los disidentes.* Tb. fig. *La sociedad proscribe a los drogadictos.*

proscripción. f. Hecho de proscribir. *Se decidió la proscripción del consumo de alcohol en la calle.*

proscrito, ta. part. **1.** → **proscribir. 2.** cult. Que ha sido proscrito (→ 1) de su tierra. Tb. m. y f. *Los dos proscritos atraviesan la frontera.*

prosecución. f. **1.** Hecho de proseguir. *La prosecución de las obras tendrá lugar cuando cese el mal tiempo.* **2.** Seguimiento o persecución. *Centra tus esfuerzos en la prosecución de un único objetivo.*

proseguir. (conjug. PEDIR). tr. **1.** Seguir o continuar (lo que se ha empezado). *Prosiga su discurso sin hacer caso de los abucheos.* ○ intr. **2.** Seguir o continuar. *El paciente prosigue con el tratamiento. La sesión prosiguió sin incidentes.* ▶ *SEGUIR.

proselitismo. m. Empeño en ganar prosélitos. *El proselitismo es un rasgo característico de las sectas.* Tb. la actividad de ganarlos. *Los misioneros hacían proselitismo entre los indígenas.*

proselitista. adj. Que tiene empeño en ganar prosélitos. *Una organización proselitista.* Dicho de pers., tb. m. y f. *Respeto sus ideas, pero me parecen unos proselitistas.*

prosélito, ta. m. y f. Partidario ganado para una religión o doctrina. *Los nuevos prosélitos contribuyen a extender la doctrina.*

prosificar. tr. Poner en prosa (una composición poética). *Lee la "Odisea" en una versión prosificada.*

prosista. m. y f. Escritor de obras en prosa. *Es prosista, además de poeta.*

prosístico, ca. adj. De la prosa. *La obra prosística de Borges.*

prosodia. f. *Fon.* Estudio de los rasgos fónicos, espec. de acentuación y entonación, que afectan a unidades superiores al fonema. *Un buen orador debe conocer las reglas de la prosodia.* Tb. conjunto de esos rasgos. *Su prosodia denota un origen gallego.*

prosódico, ca. adj. *Fon.* De la prosodia. *Rasgo prosódico.*

prosopopeya. f. **1.** *Lit.* Figura retórica que consiste en atribuir a los animales o a las cosas acciones o cualidades propias del hombre. *"La ciudad nos abre sus puertas" es una prosopopeya.* **2.** Solemnidad o gravedad, gralm. afectadas. *Hizo un brindis con mucha prosopopeya.* ▶ **1:** PERSONIFICACIÓN.

prospección. f. **1.** Exploración del subsuelo de un terreno encaminada a descubrir yacimientos. *Las prospecciones revelan la existencia de una mina de plata.* **2.** Exploración de posibilidades futuras basada en datos del presente. *Antes de comercializar el producto, se hace una prospección de mercados.*

prospectar. tr. Realizar la prospección (de un terreno o de lo que contiene). *Se va a prospectar esta zona de la isla. Han prospectado depósitos minerales en la zona.*

prospectivo, va. adj. **1.** Que se refiere al futuro. *Se hizo un estudio prospectivo del impacto de la energía nuclear.* ● f. **2.** Estudio de las posibilidades o condiciones futuras en una determinada materia. *Una prospectiva del mercado de trabajo.*

prospecto. m. **1.** Papel o folleto explicativo que acompaña a ciertos productos, espec. a los farmacéuticos. *Según el prospecto, hay que tomar cuatro pastillas al día.* **2.** Papel o folleto informativo o publicitario. *En el prospecto del museo se informa sobre el contenido de las salas.*

prosperar. intr. **1.** Mejorar económicamente. *El negocio ha prosperado mucho. Desde que abrimos la tienda, hemos prosperado.* **2.** Tener éxito o desarrollo favorable algo. *Nuestra reclamación no ha prosperado.*

prosperidad. f. Condición de próspero. *La prosperidad de la región se debe al turismo. Os deseamos paz y prosperidad.* ▶ BONANZA.

próspero, ra. adj. **1.** Dicho de persona o cosa: Que tiene éxito económico. *El cine es una industria próspera en Estados Unidos. Fenicia era tierra de prósperos comerciantes.* **2.** Dicho de cosa: Favorable o propicia. *Os deseamos un próspero año nuevo. La vendimia se presenta próspera.*

próstata. f. *Anat.* En los machos de los mamíferos: Glándula unida al cuello de la vejiga y a la uretra, que segrega un líquido blanquecino y viscoso que forma parte del semen. *Padece de la próstata. Cáncer de próstata.*

prosternarse. intr. prnl. Arrodillarse en señal de respeto. *Se prosternó ante la imagen.* ▶ *ARRODILLARSE.

prostibulario, ria. adj. Del prostíbulo. *Ambiente prostibulario.*

prostíbulo. m. Local donde se ejerce la prostitución. *Muchos perdían la virginidad en los prostíbulos.* ▶ BURDEL, MANCEBÍA.

prostitución. f. **1.** Hecho de prostituir o prostituirse. *Ha sido acusado de prostitución de menores.* **2.** Actividad de quien mantiene relaciones sexuales con otras personas a cambio de dinero. *Ejercen la prostitución en la calle o en burdeles.*

prostituir. (conjug. CONSTRUIR). tr. **1.** Hacer que (alguien) mantenga relaciones sexuales con otras personas a cambio de dinero. *Prostituyen a chicas muy jóvenes. Las mafias las obligan a prostituirse.* **2.** Deshonrar o degradar (algo o a alguien) para obtener un beneficio. *Se prostituyó como artista en pro del éxito comercial.*

prostituto, ta. m. y f. Persona que ejerce la prostitución. *Las prostitutas pasean en busca de clientes.* ▶ BUSCONA.

protagonismo. m. Condición de protagonista. *No me gusta su afán de protagonismo.*

protagonista. m. y f. **1.** Personaje principal de una obra de ficción. *Una conocida actriz encarna a la protagonista. El protagonista de la novela es un niño.* **2.** Persona o cosa que desempeña un papel principal en algo, espec. en un hecho o acontecimiento. *Su simpatía la convirtió en la protagonista del acto.*

protagonizar. tr. Ser protagonista (de algo). *Me identifico con el personaje que protagoniza la novela.*

La serie está protagonizada por actores españoles. El pueblo llano protagonizó la revuelta.

prótasis. f. *Gram.* En una construcción condicional: Oración subordinada que expresa la condición. *En la oración "Si llegas tarde, llámame", la prótasis es "Si llegas tarde".*

protección. f. **1.** Hecho de proteger. *La protección del medio ambiente depende de todos. Cuenta con la protección del director.* **2.** Cosa que protege. *No tomes el sol sin protección.*

proteccionismo. m. *Econ.* Política de protección de la producción nacional contra la competencia de productos extranjeros. *El proteccionismo grava con altos aranceles los artículos de importación.* Tb. la doctrina en que se basa. *El gobierno es adepto al proteccionismo.*

proteccionista. adj. **1.** *Econ.* Del proteccionismo. *Medidas proteccionistas. Legislación proteccionista.* **2.** *Econ.* Partidario del proteccionismo. Dicho de pers., tb. m. y f. *Los proteccionistas rechazan la globalización de la economía.*

protector, ra. adj. Que protege. *Para tomar el sol, date crema protectora.* Dicho de pers., tb. m. y f. *El catedrático fue su maestro y protector.* Dicho de cosa, espec. de utensilio, tb. m. *El boxeador lleva un protector bucal. Si vas a la playa, usa protector solar.*

protectorado. m. histór. Soberanía limitada que, espec. en materia de relaciones exteriores, ejerce un Estado sobre un territorio que no está plenamente integrado en sus dominios y tiene gobierno propio. *El Reino Unido estableció un protectorado en la India.* Frec. el territorio en que se ejerce esa soberanía. *El general fue destinado al protectorado de Marruecos.*

proteger. tr. **1.** Impedir que (alguien o algo) sufra daño o peligro. *Su hermano lo protege cuando se meten con él. El casco protege la cabeza. Se protegió* DEL *frío con una manta.* **2.** Favorecer o apoyar (algo o a alguien). *El monarca protegía las artes y las letras.* ▶ **1:** DEFENDER, PRESERVAR.

protegido, da. part. **1.** → **proteger.** ● m. y f. **2.** Persona que tiene la protección o el favor de otra. *Por ahí viene el protegido del jefe.*

proteico[1], ca. adj. cult. Que cambia fácilmente de forma o de ideas. *La música de este proteico compositor es difícilmente encasillable.*

proteico[2], ca. adj. *Quím.* Proteínico. *Un complejo proteico desencadena la coagulación sanguínea.*

proteína. f. Compuesto orgánico formado por aminoácidos, que es constituyente esencial de la materia viva. *La carne y los huevos tienen muchas proteínas.*

proteínico, ca. adj. De las proteínas. *Es importante comer carne por su aporte proteínico.* ▶ PROTEICO.

protervo, va. adj. cult. Perverso (muy malo). *Unos cortesanos protervos conspiraban contra el rey. Una mente proterva.*

protésico, ca. adj. **1.** De la prótesis. *Aparatos protésicos.* ● m. y f. **2.** Persona que prepara y ajusta las piezas de una prótesis dental. *El dentista encarga la dentadura postiza al protésico.* Tb. *~ dental.*

prótesis. f. **1.** Pieza o aparato empleados para sustituir un órgano o un miembro del cuerpo. *Lleva una prótesis en la pierna. Este diente no es mío, es una prótesis.* **2.** Procedimiento mediante el cual se coloca o implanta una prótesis (→ 1). *Es un cirujano especializado en prótesis de cadera.*

protesta. f. Hecho o efecto de protestar o expresar disconformidad. *La subida de la gasolina ha provocado protestas. Los estudiantes harán una sentada en protesta* CONTRA *la ley.*

protestante. adj. **1.** Del protestantismo o de los protestantes (→ 2). *Iglesia protestante.* **2.** Que profesa el protestantismo. *Un cristiano protestante.* Dicho de pers., tb. m. y f. *La justificación por la fe es el principio básico de los protestantes.* ▶ **1:** EVANGÉLICO.

protestantismo. m. Religión cristiana surgida de la reforma del teólogo alemán Martín Lutero (1483-1546), que no reconoce la autoridad del Papa de Roma. *El protestantismo triunfó en Alemania y otros territorios centroeuropeos.*

protestar. intr. **1.** Expresar queja o disconformidad, gralm. con vehemencia. *Los manifestantes protestan* CONTRA *el gobierno. Protestan* DEL *precio del agua. El defensa fue amonestado por protestar.* ○ tr. **2.** *Com.* Hacer una diligencia ante notario para que conste que (una letra de cambio) no ha sido pagada o aceptada. *Amenaza con protestar la letra si no pagamos inmediatamente.*

protestón, na. adj. Que protesta mucho y muy a menudo. *Un vecino protestón.* Dicho de pers., tb. m. y f. *Deja ya de quejarte, que eres un protestón.*

protocolario, ria. adj. Del protocolo o conjunto de reglas ceremoniales. *Acto protocolario. Saludo protocolario.*

protocolo. m. **1.** Conjunto de reglas establecidas para ceremonias y actos oficiales o solemnes. *Se saltó el protocolo al no ir vestido de etiqueta.* **2.** Acta o conjunto de actas de una conferencia internacional, un acuerdo diplomático u otra cosa semejante. *Los dos países firmarán un protocolo de cooperación militar.* **3.** Conjunto de escrituras y otros documentos originales que un notario autoriza y guarda con ciertas formalidades. *La documentación de la compraventa está en el Archivo General de Protocolos.* **4.** *tecn.* Plan escrito y detallado de una actuación médica, de un ensayo clínico o de un experimento científico. *Existen protocolos de actuación en caso de epidemia.*

protohistoria. f. Período de la vida de la humanidad inmediatamente posterior a la prehistoria y anterior a la aparición de la escritura. *Los vestigios arqueológicos arrojan luz sobre la protohistoria de América.*

protohistórico, ca. adj. De la protohistoria. *Período protohistórico. Poblado protohistórico.*

protomártir. m. y f. Primer mártir. *San Esteban es el protomártir del cristianismo.*

protón. m. *Fís.* Partícula elemental con carga eléctrica positiva, que forma parte del núcleo del átomo. *El número de protones de un átomo se denomina número atómico.*

prototípico, ca. adj. Del prototipo, o que tiene carácter de prototipo. *El niño dibuja la casa con sus rasgos prototípicos. Un personaje prototípico de las películas del oeste es el vaquero.*

prototipo. m. **1.** Primer ejemplar de una cosa, que sirve como modelo para hacer o fabricar otras iguales. *Presentan un nuevo prototipo de utilitario.* **2.** Persona o cosa ideal en su clase y que puede servir de modelo. *Es el prototipo del padre de familia.*

protozoo. adj. **1.** *Zool.* Del grupo de los protozoos (→ 2). *Animal protozoo.* ● m. **2.** *Zool.* Animal, gralm. microscópico, cuyo cuerpo está formado por una sola célula o por una colonia de células iguales entre sí, como la ameba.

protráctil. adj. Dicho de la lengua de algunos animales, espec. reptiles: Que puede proyectarse mucho fuera de la boca. *El camaleón emplea su lengua protráctil para cazar insectos.*

protuberancia. f. Abultamiento o elevación en una superficie, gralm. de forma redondeada. *La pequeña protuberancia en la frente es producto del golpe.*

protuberante. adj. Que sobresale o lo hace más de lo normal. *Unos ojos protuberantes.*

provecho. m. Resultado o efecto favorables que una cosa tiene para algo o para alguien. *El equipo no saca provecho* DE *su buen juego. Utilizan la información en su provecho.* ■ **buen ~.** expr. Se usa como fórmula de cortesía para desearle a alguien que la comida le siente bien o que otra cosa que va a disfrutar sea buena para su salud o bienestar. *–Hasta luego, me voy a comer. –Buen provecho.* ■ **de ~.** loc. adj. Dicho de persona: Útil y cumplidora de sus obligaciones. *Su hermano es un tarambana, pero él es un hombre de provecho.*

provechoso, sa. adj. Que causa provecho. *Aprender inglés es muy provechoso. Las lluvias han sido provechosas para el campo.*

provecto, ta. adj. **1.** cult. Dicho de la edad: Avanzada. *Se retiró a un monasterio al llegar a la edad provecta.* **2.** cult. Dicho de persona: De edad avanzada. *El anciano pasea junto a otros provectos caballeros.*

proveedor, ra. adj. Que provee o facilita las cosas necesarias. *Empresas proveedoras.* Dicho de pers., tb. m. y f. *Deben mucho dinero a los proveedores.* ▶ PROVISOR.

proveer. (conjug. LEER; part. **provisto** y **proveído**). tr. **1.** Proporcionar (a alguien o algo) una cosa necesaria. *El ministerio proveerá* DE *libros a las bibliotecas. Cruzan la frontera provistos* DE *pasaporte falso. El ejército se proveyó* DE *ropa y mantas. Nuestra empresa se provee íntegramente en el mercado español.* **2.** Preparar (lo necesario) para algo. *Proveyó los víveres para la excursión.* **3.** Cubrir (un empleo o cargo). *Ha salido la lista de vacantes que se proveerán en el concurso de traslados.* ▶ **1:** ABASTECER, APROVISIONAR, EQUIPAR, SUMINISTRAR, SURTIR. ‖ **Am: 1:** PREMUNIR.

proveniencia. f. Hecho de provenir. *La policía investiga la proveniencia del dinero.*

proveniente. adj. Que proviene. *Las arcas reales se nutrían de metales preciosos provenientes* DE *América.*

provenir. (conjug. VENIR). intr. Proceder una persona o cosa de otra o de un lugar. *Su familia proviene* DE *Asturias. La carta proviene* DEL *extranjero. En castellano hay muchas palabras que provienen* DEL *árabe.*

provenzal. adj. **1.** De Provenza (región del sur de Francia). *Aviñón es una ciudad provenzal. Trovadores provenzales.* Dicho de pers., tb. m. y f. *Los provenzales tienen un acento particular.* ● m. **2.** Lengua de oc. *El provenzal era la lengua de los trovadores.*

proverbial. adj. **1.** Del proverbio, o que lo incluye. *En las fábulas podemos encontrar bastantes frases proverbiales.* **2.** Dicho de cosa: Conocida desde siempre o por todo el mundo. *Acudió a la cita con su proverbial puntualidad. La proverbial belleza de las islas del Egeo.*

proverbio. m. Frase breve, gralm. de carácter popular, que encierra un contenido moral. *Un proverbio chino dice que cuando el dinero habla, la verdad calla.* ▶ *DICHO.

providencia. f. **1.** Cuidado que Dios tiene de la creación y de sus criaturas. *El atemorizado soldado confió su vida a la providencia.* Frec., en mayúsc., designa al mismo Dios. *Agradece a la Providencia haber salido ileso del accidente.* Tb. *divina ~. Así lo quiso la divina Providencia.* **2.** cult. Medida que se toma para evitar o conseguir algo. *Como primera providencia, el comisario ordena interrogar a los testigos.* **3.** *Der.* Resolución judicial sobre cuestiones de trámite, que no requiere ser fundamentada. *El juez dicta una providencia autorizando la intervención de su teléfono.*

providencial. adj. **1.** De la providencia divina. *Veían al profeta como un ser providencial.* **2.** Dicho espec. de un hecho casual: Muy oportuno y provechoso. *La providencial aparición de su padre lo salvó de morir ahogado. Las últimas lluvias han sido providenciales.*

providencialismo. m. Doctrina según la cual todo sucede por disposición de la divina Providencia. *Si no podía explicar algo racionalmente, recurría al providencialismo.* Tb. la actitud que se deriva de esta doctrina.

providencialista. adj. Seguidor del providencialismo. Tb. m. y f. *Los providencialistas entienden la historia como realización del plan divino.*

providente. adj. cult. Dispuesto para proveer de lo necesario. *Creen en un Dios bueno y providente.*

provincia. f. **1.** División administrativa de las que componen un estado u otro territorio. *El territorio argentino está dividido en provincias. Dos provincias forman Extremadura: Cáceres y Badajoz.* **2.** División territorial de una orden religiosa, que contiene determinado número de conventos. *Fue misionero en las provincias franciscanas del Nuevo Mundo.* **3.** histór. En la antigua Roma: Territorio conquistado fuera de Italia y administrado por un gobernador. *Hispania constaba de tres provincias: Bética, Lusitania y Tarraconense.* ▶ **1:** DEPARTAMENTO.

provincial. adj. **1.** De la provincia. *Llamada provincial. Es campeón provincial de ajedrez.* ● m. y f. **2.** Religioso que gobierna una provincia. *Fue provincial de los agustinos en México.*

provincialismo. m. Predilección por las cosas de la provincia en que se ha nacido. Frec. despect. *Critica el provincialismo de sus conciudadanos.*

provincianismo. m. Condición de provinciano. *Lo hastía el provincianismo de su ciudad.*

provinciano, na. adj. **1.** De cualquier parte del territorio nacional que no sea la capital. Dicho de pers., tb. m. y f. *Como otros provincianos, se trasladó a la capital en busca de trabajo.* **2.** Excesivamente apegado a la mentalidad y las costumbres locales, con exclusión de las demás. *La vida cultural del país es algo provinciana.* Dicho de pers., tb. m. y f. *Habrá nacido en la capital, pero es un provinciano.*

provisión. f. **1.** Hecho de proveer. *Una empresa de papelería se encarga de la provisión del material de oficina. Lo acusaron de amiguismo en la provisión de cargos.* **2.** Conjunto de cosas, espec. alimentos, que se tienen guardadas o reservadas para cuando se necesiten. *Escasea la provisión de sangre en los hospitales.* Frec. en pl. *Hay que racionar la comida porque ape-*

nas quedan provisiones. ▶ **1:** ABASTECIMIENTO, ABASTO, APROVISIONAMIENTO, SUMINISTRO.

provisional. adj. Temporal, o que puede cambiar. *Ocupa el cargo de manera provisional.* ▶ PROVISORIO.

provisionalidad. f. **1.** Cualidad de provisional. *La provisionalidad del gobierno interino le impide tomar decisiones importantes.* **2.** Situación provisional. *En los campos de refugiados se vive en medio de la incertidumbre y la provisionalidad.*

provisor, ra. m. y f. **1.** Proveedor. *Buscan provisores de fondos para su campaña.* ○ m. **2.** *Rel.* Juez diocesano, nombrado por el obispo, con autoridad para ocuparse de causas eclesiásticas. *El asunto está en manos del provisor del obispado.*

provisorio, ria. adj. Provisional. *Gobierno provisorio.*

provocación. f. Hecho de provocar o incitar. *No hagas caso de sus provocaciones.*

provocador, ra. adj. **1.** Que provoca. *Blande la navaja en actitud provocadora. El tabaco es una sustancia provocadora de dependencia.* Dicho de pers., tb. m. y f. *Él dice que es un artista, no un simple provocador.* **2.** Dicho de persona: Que provoca desórdenes o actos de rebelión. Tb. m. y f. *Un grupo de provocadores reventó la manifestación.*

provocar. tr. **1.** Incitar (a alguien) para que se enoje o sienta deseo sexual. *Nos hemos pegado porque lleva todo el día provocándome. Se pone ropa ajustada para provocar al sexo contrario.* Tb. usado en constr. intr. *Lo único que busca es provocar.* **2.** Ser causa o motivo (de algo). *El aguacero ha provocado inundaciones. La medida provocó indignación.*

provocativo, va. adj. Que provoca o incita. *Un vestido provocativo. Como no quería pelea, ignoró sus comentarios provocativos.*

proxeneta. m. y f. cult. Persona que obtiene beneficio económico de la prostitución de otra. *Han sido detenidos dos proxenetas acusados de trata de blancas.*

proxenetismo. m. cult. Actividad u oficio de proxeneta. *Los mafiosos también ejercían el proxenetismo.*

próximamente. adv. En un futuro próximo o dentro de poco tiempo. *La película podrá verse próximamente en nuestras pantallas.*

proximidad. f. **1.** Cualidad de próximo o cercano. *La proximidad del mar es uno de los atractivos de la ciudad. La novia está nerviosa ante la proximidad de su boda.* **2.** Lugar próximo o cercano. Más frec. en pl. *Estamos en las proximidades de Barcelona.* ▶ **2:** *INMEDIACIONES.

próximo, ma. adj. **1.** Cercano en el espacio. *Nació en un pueblo próximo* A *Madrid.* Tb. fig. *Se siente próximo* A *las ideas democristianas.* **2.** Cercano en el tiempo futuro. *El fin de la dictadura estaba próximo.* **3.** Inmediatamente posterior en el espacio o en el tiempo. *Me bajo en la próxima parada. Nos vamos a la playa el martes próximo.*

proyección. f. **1.** Hecho o efecto de proyectar. *Si les ha gustado la proyección, quédense al coloquio. Nos mandó hacer la proyección ortogonal de un cubo.* **2.** Alcance o importancia. *Es un jugador de proyección internacional.* **3.** *Psicol.* En psicoanálisis: Atribución a otro de sentimientos o impulsos propios. *Evite la proyección de sus frustraciones sobre los demás.*

proyectar. tr. **1.** Pensar en la ejecución (de algo), gralm. trazando un plan para ello. *Proyecta marcharse a otro país. Proyectamos una excursión por la sierra.* **2.** Hacer el proyecto de ingeniería o arquitectura (de una obra). *Un conocido arquitecto proyectará el edificio del museo.* **3.** Lanzar (algo) con fuerza hacia delante o a distancia. *La catapulta proyectaba piedras sobre la fortaleza. El Sol proyecta luz y calor.* **4.** Hacer visible sobre una superficie (la figura o la sombra de un cuerpo). *En el eclipse solar, la Luna proyecta su sombra* SOBRE *la Tierra.* Tb. en constr. prnl. media. *Una sombra se proyectó* EN *la pared.* **5.** Reflejar sobre una pantalla la imagen amplificada (de diapositivas, películas u objetos opacos). *Proyectan diapositivas* EN/SOBRE *una pantalla. Hoy proyectan dos películas en el cineclub.* **6.** *Mat.* Trazar rectas desde todos los puntos (de un cuerpo) hasta un plano, según determinadas reglas, para obtener su representación en este.

proyectil. m. Cuerpo que se lanza con fuerza a distancia, espec. con un arma de fuego. *El soldado introduce el proyectil en el cañón.*

proyectista. m. y f. Persona que hace proyectos de arquitectura o ingeniería. *Los proyectistas del avión supersónico han trabajado durante años en su diseño.*

proyecto. m. **1.** Propósito o intención de hacer algo. *El matrimonio no figura entre mis proyectos inmediatos. Tiene el proyecto de dar la vuelta al mundo.* **2.** Esquema o plan de algo que se piensa hacer. *La idea es interesante; desarróllela y presénteme un proyecto.* **3.** Conjunto de planos, cálculos y dibujos previos a la ejecución de una obra de arquitectura o ingeniería. *Han encargado el proyecto de la casa a un arquitecto.* ■ **~ de ley.** m. Ley elaborada por el Gobierno y presentada al Parlamento para su aprobación. *Las Cámaras dieron el visto bueno al proyecto de ley.*

proyector. m. **1.** Aparato que sirve para proyectar imágenes ópticas fijas o en movimiento. *El rollo de la película se ha atascado en el proyector. Un proyector de diapositivas.* **2.** Aparato con que se obtiene un haz luminoso de gran potencia que puede orientarse en una dirección determinada. *Unos proyectores iluminan la muralla.*

prudencia. f. Cualidad de prudente. *Con lluvia, conduzca con prudencia. Admiro la prudencia de sus decisiones.* ▶ *SENSATEZ.

prudencial. adj. **1.** De la prudencia. *Harán una supervisión prudencial de las entidades financieras para evitar fraudes.* **2.** Que no es exagerado ni escaso. *Una distancia prudencial. Espera un tiempo prudencial antes de volver a llamar.*

prudente. adj. **1.** Dicho de persona: Que actúa con precaución para evitar peligros o daños. *Si vas a la montaña con mal tiempo, sé prudente.* **2.** Dicho de persona: Que piensa y actúa con buen juicio. *Sabrá escoger bien a su pareja, porque es una chica prudente.* **3.** Dicho de cosa: Propia de la persona prudente (→ 1, 2). *Abrió la puerta con prudente lentitud. Te llamaré a una hora prudente. Hace comentarios muy prudentes.* ▶ **2, 3:** *SENSATO.

prueba. f. **1.** Hecho de probar. *He hecho la prueba y el tornillo encaja bien. Le han hecho una prueba para incluirlo en el equipo. El examen consta de una prueba oral y otra escrita. Pruebas nucleares.* Frec. en constr. como *poner* o *tener a ~*. *Van a poner a prueba a los aspirantes. Nos permiten tener la lavadora a prueba durante quince días.* **2.** Cosa que prueba o demuestra algo. *Sus palabras son la prueba de que digo la verdad.* Frec. en la constr. *en ~* de algo. *En prueba de mi cariño, le hice un regalo.* Se usa espec. en derecho. *El abogado ha presentado pruebas de la inocencia de su defendido.* **3.** Ensayo o análisis médico con fines diagnósticos. *Le han hecho radiografías y otras pruebas.* **4.** Acto deportivo en que compiten varios participantes entre sí. *Ha quedado cuarto en la prueba de salto con pértiga.* **5.** *Mat.* Operación que sirve para comprobar la exactitud de otra. *La prueba de la división es: producto de cociente y divisor, más el resto, igual a dividendo.* **6.** *Gráf.* Muestra de un texto impreso en que se corrigen las posibles erratas antes de la impresión definitiva. *Trabaja en una imprenta como corrector de pruebas.* ■ **~ de fuego.** f. Prueba (→ 1) más difícil y decisiva. *Este torneo va a ser su prueba de fuego.* □ **a ~** (de algo). loc. adj. Capaz de resistir(lo). *El montañero lleva un reloj a prueba* DE *golpes.* Tb. loc. adv. *Es una casa hecha a prueba* DE *bombas.*

pruno. m. Ciruelo, espec. el silvestre o el ornamental. ▶ CIRUELO.

pruriginoso, sa. adj. *Med.* De la naturaleza del prurigo, o que produce picor. *Una erupción pruriginosa.*

prurigo. m. *Med.* Enfermedad de la piel caracterizada por la aparición de granos y un intenso picor.

prurito. m. **1.** *Med.* Picor (sensación que impulsa a rascarse). *La sarna produce un prurito intenso.* **2.** cult. Deseo intenso y persistente de algo. *En la obra se manifiesta el prurito de originalidad de su autor. Muchos tienen el prurito de ir a la moda.* ▶ **1:** *PICOR.

prusiano, na. adj. De Prusia (antiguo Estado del norte de Alemania). *El ejército prusiano.* Dicho de pers., tb. m. y f. *Los prusianos lucharon contra Napoleón.*

P. S. abrev. Post scríptum, "posdata". *P. S.: No te olvides de mandarme los originales.*

pseudo-. → **seudo-.**

pseudocientífico, ca..., pseudópodo. → ***seudocientífico..., seudópodo.***

psico-. (Tb. **sico-**). elem. compos. Significa 'actividad mental'. *Psicofisiología, sicosocial.*

psicoactivo, va. adj. *Med.* Dicho de sustancia: Que actúa sobre el sistema nervioso, alterando las funciones mentales. *La cocaína es una droga psicoactiva.*

psicoanálisis. (Tb. **sicoanálisis**). m. Método de investigación y tratamiento de las enfermedades mentales y los trastornos emocionales, basado en el estudio de los procesos psíquicos inconscientes. *Freud fue el fundador del psicoanálisis. Para el sicoanálisis, los impulsos reprimidos permanecen en el subconsciente.*

psicoanalista. (Tb. **sicoanalista**). m. y f. Especialista en psicoanálisis. *El paciente cuenta al psicoanalista los conflictos de su niñez.*

psicoanalítico, ca. (Tb. **sicoanalítico**). adj. Del psicoanálisis. *El método psicoanalítico da un papel primordial a los impulsos sexuales. Estudio sicoanalítico.*

psicoanalizar. (Tb. **sicoanalizar**). tr. Someter (a alguien) a psicoanálisis. *Ha psicoanalizado a muchos pacientes.*

psicodélico, ca. adj. **1.** Dicho de estado mental: Alterado y de extrema sensibilidad sensorial, espec. por efecto de una droga. *Buscan estados psicodélicos por medio de las drogas.* **2.** Del estado psicodélico (→ 1). *Tuvo una experiencia psicodélica con peyote.* **3.** Que causa estado psicodélico (→ 1). *Los alucinógenos son drogas psicodélicas.* **4.** Raro o extravagante, espec. si recuerda las percepciones sensoriales de un estado psicodélico (→ 1). *El pinchadiscos lleva una camisa muy psicodélica.*

psicodrama. m. *Psicol.* Técnica propia de la terapia de grupo, que consiste en la representación teatral de situaciones relacionadas con los conflictos psíquicos de los pacientes. *El psicodrama facilita la exteriorización de los problemas.*

psicofármaco. m. *Med.* Medicamento que ejerce sus efectos sobre la actividad mental. *Toma tranquilizantes, antidepresivos y otros psicofármacos.*

psicofísico, ca. adj. *Psicol.* De las manifestaciones físicas relacionadas con la actividad psíquica. *El alcohol altera las facultades psicofísicas del conductor.*

psicofonía. f. En parapsicología: Grabación de voces o sonidos atribuidos a espíritus. *Obtienen psicofonías con un magnetófono.* Tb. dichas voces o sonidos. *Dicen que en la casa se oyen psicofonías.*

psicolingüístico, ca. adj. **1.** *Ling.* De la psicolingüística (→ 2). *Teorías psicolingüísticas.* ● f. **2.** *Ling.* Estudio de las relaciones entre el comportamiento lingüístico y los procesos psicológicos en que se sustenta. *La psicolingüística señala la importancia del lenguaje en nuestro modo de razonar.*

psicología. (Tb. **sicología**). f. **1.** Ciencia que estudia la actividad y los procesos psíquicos. *Estudia psicología en la Universidad.* **2.** Manera de pensar y comportarse de una persona o una colectividad. *El maestro experimentado conoce bien la psicología de los niños. El clima influye en la sicología de los pueblos.*

psicológico, ca. (Tb. **sicológico**). adj. **1.** De la mente. *Sus sensaciones eran más psicológicas que corporales. Tiene problemas sicológicos.* **2.** De la psicología. *El modelo psicológico conductista.*

psicologismo. (Tb. **sicologismo**). m. Tendencia a dar prioridad a la psicología o al aspecto psicológico. *Sus obras de crítica literaria siguen el camino del psicologismo.*

psicólogo, ga. (Tb. **sicólogo**). m. y f. **1.** Especialista o titulado en psicología. *Está deprimido y necesitaría la ayuda de un psicólogo.* **2.** Persona especialmente dotada para conocer la psicología de los demás. *Es buena sicóloga: rara vez se equivoca con una persona.*

psicomotor, tora (o **triz**). adj. *Psicol.* De la psicomotricidad. *La desnutrición afecta al desarrollo psicomotor del niño. Funciones psicomotoras. Facultades psicomotrices.*

psicomotricidad. f. *Psicol.* Coordinación de los movimientos del cuerpo con la actividad mental. *Para orientarse en el espacio, el niño necesita ejercitar su psicomotricidad. Ejercicios de psicomotricidad.* Tb. el conjunto de técnicas que estimulan dicha coordinación. *El centro de artes escénicas imparte cursos de expresión corporal y psicomotricidad.*

psicomotriz. → **psicomotor.**

psicópata. (Tb. **sicópata**). m. y f. Persona que padece una psicopatía. *El protagonista de la película es un psicópata asesino.*

psicopatía. (Tb. **sicopatía**). f. *Med.* Enfermedad mental, espec. la caracterizada por un comportamiento antisocial. *Presenta síntomas de psicopatía.*

psicopático, ca. (Tb. **sicopático**). adj. **1.** *Med.* De la psicopatía. *Rasgos psicopáticos de la personalidad.* **2.** *Med.* Que padece psicopatía. *Enfermo psicopático.*

psicopatología. (Tb. **sicopatología**). f. *Med.* Estudio de las causas y naturaleza de las enfermedades mentales. *Es psiquiatra y titular de la cátedra de Psicopatología.*

psicopatológico, ca. (Tb. **sicopatológico**). adj. *Med.* De la psicopatología. *El diagnóstico psicopatológico del paciente era de esquizofrenia.*

psicopedagogía. f. Rama de la psicología que aplica los conocimientos o principios psicológicos a la pedagogía. *Es licenciada en Psicopedagogía y orientadora en un centro de enseñanza.*

psicopedagógico, ca. adj. De la psicopedagogía. *Gabinete psicopedagógico.*

psicopedagogo, ga. m. y f. Especialista en psicopedagogía. *El psicopedagogo ayuda a los niños con dificultades de aprendizaje.*

psicosis. (Tb. **sicosis**). f. *Med.* Enfermedad mental, espec. la caracterizada por alteración de la personalidad, trastornos del pensamiento y pérdida de contacto con la realidad. *La psiquiatría trata fundamentalmente las psicosis y las neurosis.* ■ ~ **maníaco-depresiva.** f. Psicosis caracterizada por la alternancia de excitación y depresión del ánimo.

psicosomático, ca. adj. *Med.* Que afecta al cuerpo y tiene su origen en la mente, o viceversa. *Sus problemas de piel son psicosomáticos. Una enfermedad psicosomática.*

psicotécnico, ca. adj. De la rama de la psicología que tiene por objeto determinar las aptitudes de los individuos, con fines de orientación y selección. *El proceso de selección de los aspirantes incluye un test psicotécnico.*

psicoterapeuta. (Tb. **sicoterapeuta**). m. y f. *Med.* Especialista en psicoterapia. *Va a un psicoterapeuta porque tiene problemas de ansiedad.*

psicoterapéutico, ca. (Tb. **sicoterapéutico**). adj. *Med.* De la psicoterapia. *Método psicoterapéutico.*

psicoterapia. (Tb. **sicoterapia**). f. *Med.* Tratamiento de las enfermedades, espec. las nerviosas o mentales, por medio de técnicas psicológicas. *El ejercicio y la psicoterapia aliviaron su depresión.*

psicótico, ca. (Tb. **sicótico**). adj. **1.** *Med.* De la psicosis. *El paciente presenta un trastorno psicótico de tipo paranoide.* **2.** *Med.* Que padece psicosis. *Los enfermos psicóticos pueden necesitar medicación.* Tb. m. y f. *Los psicóticos reciben tratamiento psiquiátrico.*

psicotrópico, ca. adj. Dicho de sustancia: Que actúa sobre el sistema nervioso, alterando la actividad mental, el comportamiento y la personalidad. *El LSD es una droga psicotrópica.* Tb. m. *Deliraba bajo los efectos de un potente psicotrópico.*

psique. f. Mente o alma humana. *Las experiencias traumáticas alteran el equilibrio de la psique.* ▶ PSIQUIS.

psiquiatra. (Tb. **siquiatra**). m. y f. Especialista en psiquiatría. *Los psiquiatras le han diagnosticado esquizofrenia.*

psiquiatría. (Tb. **siquiatría**). f. Rama de la medicina que estudia las enfermedades mentales. *Quiere estudiar medicina y especializarse en psiquiatría.*

psiquiátrico, ca. (Tb. **siquiátrico**). adj. **1.** De la psiquiatría. *Está en tratamiento psiquiátrico.* ● m. **2.** Hospital para enfermos mentales. *El psicópata ha sido internado en un psiquiátrico.*

psíquico, ca. (Tb. **síquico**). adj. Del alma o de la mente. *Padece una enfermedad de origen psíquico. El exceso de trabajo le ocasionó problemas físicos y síquicos.*

psiquis. f. Psique. *Cuerpo y psiquis.*

psiquismo. m. Conjunto de caracteres y funciones de orden psíquico. *Se ha centrado en el estudio del psiquismo infantil.*

psoriasis. f. *Med.* Enfermedad de la piel, gralm. crónica, que se caracteriza por la presencia de manchas rojizas y escamas. *La psoriasis no es contagiosa.*

pteridofito, ta. adj. **1.** *Bot.* Del grupo de las pteridofitas (→ 2). *Planta pteridofita.* ● f. **2.** *Bot.* Planta que carece de flores y cuyo aparato vegetativo posee vasos conductores, como el helecho.

pterodáctilo. m. *Zool.* Reptil fósil volador, con alas membranosas semejantes a las del murciélago, característico del Jurásico. *Vieron una reproducción de pterodáctilo en el Museo de la Ciencia.*

ptolemaico, ca. adj. De Ptolomeo (astrónomo y matemático griego, s. II). *El sistema astronómico ptolemaico es geocéntrico.*

púa. f. **1.** Cuerpo delgado y rígido que acaba en punta. *El pelo se le enreda en las púas del peine. Se le clavaron en el pie púas de un erizo de mar.* **2.** Pieza plana de marfil, carey o plástico, gralm. triangular, usada para tocar ciertos instrumentos de cuerda. *La guitarra eléctrica se suele tocar con púa.*

púber. adj. Que está en la pubertad. *La anorexia afecta normalmente a niñas púberes o adolescentes.* Tb. m. y f. ▶ PUBESCENTE.

pubertad. f. Período de la vida de una persona en el que empiezan a manifestarse los caracteres sexuales propios de la edad adulta. *En la mujer, la pubertad se manifiesta con la primera menstruación. La aparición de vello es propia de la pubertad masculina.*

pubescente. adj. **1.** Púber. *La novela narra los cambios en la vida de un muchacho pubescente.* **2.** *Bot.* Que tiene vello. *La ortiga es una planta de hojas pubescentes.*

pubiano, na. adj. Del pubis. *Región pubiana. Vello pubiano.*

púbico, ca. adj. Del pubis. *El vello púbico aparece con la pubertad. Región púbica.*

pubis. m. **1.** Parte inferior del vientre, cubierta de vello en los humanos adultos. *Para la operación habrá que afeitarle el pubis y las ingles.* **2.** *Anat.* En los mamíferos: Hueso inferior y delantero de la pelvis, que se une al ilion y al isquion. *Se retiró del deporte por una lesión de pubis.*

publicación. f. **1.** Hecho de publicar. *La publicación de su siguiente novela se demoró varios años.* **2.** Obra o escrito publicados por medio de la imprenta u otro procedimiento semejante. *En la biblioteca encontrarás libros, diarios, revistas y otras publicaciones.*

publicar. tr. **1.** Dar a conocer (algo) de manera pública. *El tribunal ha publicado la sentencia. Sé discreto y no andes por ahí publicando lo que te he dicho.* **2.** Difundir por medio de la imprenta u otro procedimiento semejante (un escrito o una obra gráfica).

Como novelista, ha publicado dos obras. Una revista del corazón publicó las fotos de la boda.

publicidad. f. **1.** Cualidad de público o conocido por todos. *Se dedica al arte por vocación, no porque ansíe publicidad o fama.* **2.** Divulgación de noticias o de anuncios para atraer el interés del público. *Han hecho mucha publicidad del nuevo producto.* Tb. la actividad comercial correspondiente. *Van a encargar el anuncio a una agencia de publicidad.* **3.** Conjunto de medios o de soportes empleados para la publicidad (→ 2). *Echan montones de publicidad en los buzones.*

publicista. m. y f. Persona que se dedica a la publicidad como actividad profesional. *El logotipo de la empresa lo ha ideado un publicista.* ▶ PUBLICITARIO.

publicitario, ria. adj. **1.** De la publicidad. *Harán una campaña publicitaria para el lanzamiento del disco.* ● m. y f. **2.** Persona que se dedica a la publicidad como actividad profesional. *Unos publicitarios se ocupan de la campaña.* ▶ **2:** PUBLICISTA.

público, ca. adj. **1.** Dicho de cosa: Sabida o conocida por todos. *Los medios de comunicación han hecho pública la noticia del secuestro.* **2.** Que pertenece al Estado. *Las universidades públicas son más baratas que las privadas.* **3.** Que se hace a la vista de todos. *El sospechoso ha hecho una confesión pública.* **4.** Accesible a todos. *Pasea a menudo por el parque público.* **5.** Destinado al público (→ 7). *Hay un carril para los vehículos de servicio público.* **6.** Dicho de persona: Que tiene presencia y gralm. influencia en la vida pública (→ 1). *Personaje público.* ● m. **7.** Conjunto de personas que forman una colectividad. *El museo cierra la entrada al público a la siete.* **8.** Conjunto de personas que asiste a un espectáculo o a un acto. *La obra no agradó al público.* **9.** Conjunto de personas que tienen una afición común. *Cada escritor tiene su público.* ■ **en público.** loc. adv. Públicamente o a la vista de todos. *Cuando habla en público lo pasa fatal.*

publirreportaje. m. Reportaje publicitario, gralm. de larga duración. *Han puesto un publirreportaje sobre el nuevo parque acuático.*

pucelano, na. adj. coloq. Vallisoletano. *Equipo pucelano.* Dicho de pers., tb. m. y f. *Es un pucelano orgulloso de sus orígenes.*

pucherazo. m. Fraude electoral que consiste en alterar el resultado del escrutinio de votos. *En las elecciones ha habido pucherazo.*

puches. m. o f. pl. Gachas. *En casa de mis abuelos comíamos puches.*

pucho. m. Am. Colilla. *Barría el aserrín lleno de puchos y suciedades* [C]. Tb. el cigarrillo mismo. *Verónica enciende el pucho a la Humphrey Bogart* [C].

pudibundez. f. cult. Cualidad de pudibundo. *Su pudibundez hace que sea una persona retraída.*

pudibundo, da. adj. cult. Muy pudoroso. *Es tímido y pudibundo y se avergüenza por todo.*

púdico, ca. adj. Pudoroso. *No le gusta compartir habitación porque es muy púdico. En la foto se ve a una mujer con un púdico bañador.* ▶ *DECENTE.

pudiente. adj. Poderoso o rico. *Pertenece a una familia pudiente.* Dicho de pers., tb. m. y f. *Los pudientes de la ciudad viven en casas de lujo.* ▶ *RICO.

pudin o **pudín.** m. **1.** Pastel a base de harina, leche y frutos, espec. secos, que se prepara en un molde y tiene consistencia de bizcocho. *De postre he pedido pudin de pasas.* **2.** Plato no dulce, de consistencia semejante al pudin (→ 1). *Saca del horno el pudín de carne.* ▶ BUDÍN.

pudor. m. Sentimiento de vergüenza, espec. en lo relacionado con el sexo. *Siente pudor al ducharse con sus compañeros en el gimnasio. Habla de sus miserias sin ningún pudor.*

pudoroso, sa. adj. **1.** Dicho de persona: Que tiene pudor. *Es muy pudorosa y va tapada hasta los tobillos.* **2.** Dicho de cosa: Que manifiesta o implica pudor. *En lo relacionado con su vida privada, mantiene una actitud pudorosa.* ▶ *DECENTE.

pudridero. m. **1.** Cámara destinada a los cadáveres antes de enterrarlos en el panteón. *En el monasterio se visitan los panteones y el antiguo pudridero.* **2.** Lugar en que se pone algo para que se pudra. Frec. fig. *Estoy deseando cambiar de casa y salir de este pudridero.*

pudrir. (conjug. PUDRIR). tr. **1.** Hacer que (una materia orgánica) se altere y descomponga. *La lluvia ha podrido el tronco del árbol caído.* ○ intr. prnl. **2.** Descomponerse una materia orgánica. *La carne se ha podrido. Retira la fruta podrida.* **3.** coloq. Seguido de un complemento introducido por *de:* Tener lo expresado por él en gran cantidad. *Está podrido* DE *dinero.* ▶ **1, 2:** *DESCOMPONER.

pueblerino, na. adj. De pueblo o del pueblo. *El novillero ha empezado toreando en corridas pueblerinas.* Dicho de pers., tb. m. y f. *Varios pueblerinos juegan a las cartas en el bar.* Frec. despect. *Es un pueblerino y no sabe comportarse en sociedad.*

pueblo. m. **1.** Población de menor categoría que la ciudad, frec. de pequeño tamaño, y cuyos habitantes tienen a menudo actividades agrícolas o ganaderas. *En este pueblo hacen un queso excelente. Veranean en un pueblo costero.* **2.** Conjunto de habitantes de un territorio, unidos por vínculos políticos o culturales. *El pueblo andaluz. El pueblo nicaragüense.* Designa espec. los habitantes de un territorio político, por oposición a sus gobernantes. *El pueblo dio la mayoría a un partido de izquierdas.* **3.** Conjunto de personas que tienen un origen étnico común. *El pueblo judío.* **4.** Clase social constituida por la gente más humilde. *En la Revolución francesa, el pueblo se alzó en armas contra la monarquía.*

puente. m. **1.** Construcción sobre un río, una vía o un obstáculo para poder pasarlos por encima. *Cruzamos el río por un puente de tablas. Los coches pasan por debajo del puente para peatones.* **2.** Día laborable, o par de días laborables, entre dos festivos, que se toman como vacaciones. *El martes es fiesta, así que el lunes es puente.* Tb. la serie completa de esos días, incluyendo los festivos. *Se va a la playa en el puente de la Constitución.* **3.** Prótesis dental que consiste en dos o más dientes artificiales que se sujetan en otros naturales. *El dentista me ha tomado un molde para un puente.* **4.** Pieza central de la montura de las gafas, que une los dos cristales y se apoya sobre la nariz. *Se me clava el puente de las gafas en la nariz.* **5.** En un instrumento de cuerda: Tablilla que hace que las cuerdas estén elevadas respecto de la caja. *El puente del violín es de madera de plátano.* **6.** Curva o arco de la parte interior de la planta del pie. *Las personas con pies planos apenas tienen puente.* **7.** Conexión entre dos cables para poner en funcionamiento un circuito eléctrico. *Hicieron un puente en el coche para robarlo.* **8.** Ejercicio gimnástico que consiste en arquear el cuerpo hacia atrás de modo que se apoye sobre pies y manos. *Para el examen de gimnasia hay que saber hacer el puente.* **9.** Cubierta de una nave. *El barco dispone de ascensores y escaleras que comunican entre sí todos los puentes.* **10.** Cubierta de una embarcación desde donde el oficial de guardia comunica las órdenes. *El capitán ordenó desde el puente las maniobras de atraque.* ■ ~ **aéreo.** m. Comunicación frecuente y continua que, por medio de aviones, se establece entre dos puntos para el transporte de pasajeros y mercancías. *Tomó el puente aéreo entre Madrid y Barcelona.* ■ ~ **colgante.** m. Puente (→ 1) cuya plataforma está suspendida por cables o por cadenas. *En el desfiladero hay un puente colgante que se tambaleaba al pasar.*

puentear. tr. **1.** Colocar un puente (en un circuito eléctrico). *Alguien ha puenteado los cables y se ha llevado la moto.* **2.** Saltarse (algo o a alguien) eludiendo el orden jerárquico. *El soldado puenteó al sargento y se dirigió directamente al capitán.*

puerco, ca. m. **1.** Cerdo (animal). *Unos puercos hozan la tierra.* Tb. designa específicamente al macho. *Ha comprado un puerco para que sirva de semental en su granja.* ○ f. **2.** Hembra del puerco (→ 1). *La puerca amamanta a sus crías.* ○ m. y f. **3.** despect. Persona sucia o poco aseada. *Si no fuese un puerco se ducharía más a menudo.* Tb. adj. *Vas demasiado puerco para una fiesta.* **4.** despect. Persona moralmente ruin o de mala intención. *Es una puerca; le gustaría vernos a todos en la calle.* ● adj. **5.** Dicho de cosa: Sucia. *No sé cómo es capaz de ponerse una ropa tan puerca.* ■ **puerco espín.** m. Mamífero roedor con el cuerpo cubierto de largas púas blancas y negras, del que existen varias especies, por ej.: ~ *común*, ~ *africano*. *Los puerco espines roen huesos para desgastar sus incisivos.* ▶ **1:** *CERDO. **5:** SUCIO.

puericultor, ra. m. y f. Especialista en puericultura. *Los niños son atendidos por puericultores y enfermeras.*

puericultura. f. Conjunto de conocimientos y técnicas destinadas a conseguir el sano desarrollo de los niños pequeños. *Revista de puericultura y pediatría.*

pueril. adj. **1.** Del niño. *El chiquillo, con su cuerpecito pueril, apenas alcanza a la silla.* **2.** Propio de los niños. Frec. despect. *Su conducta es pueril e inmadura.* **3.** Trivial o de poca importancia. *No estés preocupado por ese asunto pueril.* ▶ **1, 2:** INFANTIL.

puerilidad. f. **1.** Cualidad de pueril. *Sus observaciones son de una puerilidad exasperante.* **2.** Hecho o dicho pueriles. *Ha sido una puerilidad pensar que iba a convencerlo.*

puerperal. adj. *Med.* Del puerperio. *Hemorragia puerperal.*

puerperio. m. *Med.* Tiempo inmediatamente posterior al parto. *El médico la previno sobre las posibles complicaciones del parto y el puerperio.* ▶ POSPARTO.

puerro. m. Hortaliza de bulbos comestibles, cilíndricos y alargados, formados por capas superpuestas. *Voy a plantar puerros en la huerta.* Tb. el bulbo. *Prepara un puré de puerros y patatas.* ▶ **Am:** PORO.

puerta. f. **1.** Hueco o abertura en una pared, una cerca o una verja, desde el suelo hasta una altura adecuada que permita el paso. *Pasa, no te quedes en la puerta.* Tb. designa otros huecos o aberturas que permiten el paso. *La puerta de la tienda de campaña es muy estrecha.* **2.** Armazón que se coloca en una puerta (→ 1) para poder abrirla o cerrarla. *La puerta de casa es de madera. Abra la puerta, por favor.* Tb. la armazón similar que sirve pralm. para abrir o cerrar ciertas cosas o para acceder a su interior. *Las puertas de un armario. Cierra bien la puerta del lavavajillas.* **3.** Entrada o medio de acceso para conseguir algo. *La universidad es una de las puertas hacia el mundo laboral.* **4.** *Dep.* Portería. *El delantero lanzó un magnífico tiro a puerta.* ■ ~ **falsa.** f. Puerta (→ 1) de una casa que no está en la fachada principal y que da a un lugar poco transitado. *Logró escapar saliendo por una puerta falsa.* □ **a las ~s,** o **en ~s.** loc. adv. Muy cerca. *La actriz está a las puertas* DE *la gloria. Tiene una boda en puertas.* ■ **a ~ cerrada.** loc. adv. En privado, sin presencia de público, o en secreto. *El consejo de socios se reúne a puerta cerrada.* ■ **cerrar la**(s) **~**(s) (a algo). loc. v. Hacer(lo) imposible o dificultar(lo) mucho. *Pide a los Estados que no cierren las puertas a la paz. Nunca cierres la puerta a nuevas oportunidades.* ■ **coger la ~.** loc. v. coloq. Irse de un lugar. *Le aburría tanto la fiesta que cogió la puerta y desapareció.* ■ **dar** (a alguien) **con la ~ en las narices.** loc. v. coloq. Desairar(lo) o negar(le) bruscamente lo que pide. *Fui a pedirte un favor y me diste con la puerta en las narices.* ■ **de ~s abiertas.** loc. adj. Dicho espec. de día: Que se caracteriza por que en él se autoriza al público a visitar determinadas instalaciones cuyo acceso normalmente le está vedado. *Hoy es jornada de puertas abiertas en el Senado.* ■ **de ~s (para) adentro.** loc. adv. En la intimidad o en privado. *Parecen una pareja feliz, pero de puertas para adentro se llevan fatal.* ■ **de ~s (para) afuera.** loc. adv. De cara al exterior. *Su vida es un éxito de puertas para afuera.* ■ **llamar a la**(s) **~**(s) (de alguien). loc. v. Pedir(le) un favor. *Es muy orgulloso, pero acabará llamando a mi puerta.* ■ **por la ~ grande.** loc. adv. Triunfalmente. *Tras su éxito en el teatro, ha entrado por la puerta grande en el mundo del cine.* En el lenguaje de la tauromaquia, se usa hablando del modo de premiar a un torero, haciéndole salir por la puerta principal. *El matador ha salido a hombros por la puerta grande.*

puerto. m. **1.** Lugar de la costa o de la orilla de un río navegable, protegido de los vientos, que se utiliza para que las embarcaciones realicen las operaciones que les son propias. *La tormenta ha mantenido a los pesqueros amarrados en el puerto.* **2.** Paso entre montañas. *Hay que poner cadenas al coche para pasar el puerto. Los ciclistas suben el puerto con dificultad.* ■ ~ **franco.** m. Zona de un puerto (→ 1) habilitada para descargar o almacenar mercancías libres de impuestos. *La ciudad prosperó en los tiempos en que tenía puerto franco.* □ **tomar ~** un barco. loc. v. Llegar a puerto. *El buque tomará puerto alrededor del mediodía.*

puertorriqueño, ña. adj. De Puerto Rico. *Playas puertorriqueñas.* Dicho de pers., tb. m. y f. *En el grupo de salsa hay varios puertorriqueños.* ▶ PORTORRIQUEÑO. ‖ **Am:** BORICUA.

pues. (Se pronuncia siempre átona). conj. **1.** Introduce una oración que expresa causa. *Hicieron lo que les pedían, pues era su obligación.* **2.** Introduce una oración que expresa consecuencia. *–No tengo ganas de ir. –Pues no vayas.* **3.** Introduce la continuación del asunto que se estaba tratando después de una pausa o interrupción. *Pues, tal como os decía, es mejor buscar otra solución.* **4.** Se usa, sin ningún significado, para introducir una respuesta. *–¿Puedes ayudarnos? –Pues no faltaba más.*

puesta. f. **1.** Hecho o efecto de poner o ponerse. *Trabajan desde el amanecer hasta la puesta del sol.*

La mosca suele hacer la puesta de sus huevos en el estiércol. Han adaptado el texto para su puesta en escena. El coche necesita una puesta a punto. ■ **~ de largo.** f. Fiesta en la que una joven, vestida ya como adulta, se presenta en sociedad. *Nos ha enseñado las fotos de su puesta de largo.* ■ **~ en marcha.** f. Mecanismo de arranque de un automóvil. *Se ha estropeado la puesta en marcha.*

puesto, ta. part. **1.** → **poner.** ● adj. **2.** Dicho de persona: Bien vestido o arreglado. *Fue a la boda muy puesta.* **3.** Dicho de persona: Conocedor de la materia de que se trata. *Está muy puesta en fauna mediterránea.* ● m. **4.** Lugar que ocupan una persona o cosa. *Ha quedado en el primer puesto en el maratón. Comprar una casa está en el primer puesto de sus prioridades.* **5.** Establecimiento comercial, gralm. de pequeñas dimensiones, situado en la calle, en un mercado o en una feria. *Tiene un puesto de helados en la plaza. He ganado un oso de peluche en el puesto de tiro.* **6.** Empleo o trabajo. *Su puesto es el de director de* marketing. Frec. ~ *de trabajo. Con la quiebra de la empresa se han perdido muchos puestos de trabajo.* **7.** Lugar determinado para la realización de una actividad. *Se ha habilitado un puesto de socorro para el concierto.* **8.** Destacamento permanente de fuerzas armadas, espec. de guardia civil. *Nos han dicho dónde está el puesto más cercano para poner la denuncia.* **9.** Lugar donde se oculta el cazador para disparar a la caza. *Los puestos están junto a la laguna de los patos.* ■ **puesto que.** loc. conjunt. Porque. *Deberías ir, puesto que lo has prometido.* ▶ **4:** LUGAR. **6:** *TRABAJO.

puf[1]**.** interj. Se usa para expresar molestia o repugnancia. *¡Puf, qué pereza volver a empezar!*

puf[2]**.** m. Asiento blando, gralm. de forma cilíndrica, sin patas ni respaldo. *Junto al sofá hay un puf de cuero.*

pufo. m. **1.** coloq. Deuda cuyo pago se elude. *Va dejando pufos en todos los bares.* **2.** coloq. Estafa o engaño. *Ha sido víctima de un pufo.*

púgil. m. **1.** Luchador que emplea los puños. *Al sonar la campana los dos púgiles comienzan a boxear.* **2.** histór. Gladiador que competía con los puños. *La estatua representa a dos púgiles romanos cara a cara.* ▶ **1:** *BOXEADOR.

pugilato. m. **1.** Pelea a puñetazos. Designa espec. la que se disputaba como juego en la antigua Grecia. *El pugilato está en el origen del deporte del boxeo.* **2.** Disputa o contienda. *Los periódicos destacan el pugilato que mantienen los dos presidentes de clubs de fútbol.*

pugilismo. m. Boxeo. *El campeón del mundo abandona el pugilismo profesional.*

pugilista. m. Luchador profesional, espec. de boxeo. *El pugilista ha anunciado su vuelta al cuadrilátero.* ▶ *BOXEADOR.

pugilístico, ca. adj. Del pugilismo. *Su carrera pugilística acabó al demostrarse que hizo tongo.* ▶ BOXÍSTICO.

pugna. f. Enfrentamiento o lucha, espec. cuando es inmaterial. *Los dos pueblos mantienen una pugna* POR *los derechos sobre el río. Siempre ha habido una pugna entre reformadores e inmovilistas.* ▶ *PELEA.

pugnar. intr. Luchar, espec. si es de forma inmaterial. *En la obra, dos jóvenes pugnan* POR *el amor de una dama. Varias cadenas pugnan entre sí en la carrera de audiencias.* ▶ *LUCHAR.

puja[1]**.** f. Hecho de pujar para conseguir algo. *Los más jóvenes no tienen escrúpulos en su puja* POR *el poder.*

puja[2]**.** f. **1.** Hecho de pujar en una subasta. *Tras una reñida puja, el manuscrito se lo ha llevado un coleccionista.* **2.** Cantidad que ofrece un licitador. *La última puja* POR *el cuadro fue de seiscientos mil euros.*

pujante. adj. Que tiene pujanza. *Trabaja en una pujante empresa automovilística. En el reparto destacan dos pujantes actrices jóvenes.*

pujanza. f. Fuerza o vigor. *La alfarería fue una industria de gran pujanza en la zona. La lengua española ha demostrado su pujanza en el mundo.*

pujar[1]**.** intr. **1.** Luchar por conseguir algo. *Los dos equipos pujan* POR *su primer campeonato de liga.* **2.** frecAm. Empujar o hacer fuerza. *"Puja, puja...", le decía la comadrona a la parturienta. El paciente no puede levantar cosas pesadas ni pujar* [C].

pujar[2]**.** intr. **1.** Ofrecer una cantidad de dinero en una subasta. *Un museo puja* POR *la colección de jarrones chinos.* ○ tr. **2.** Ofrecer una cantidad de dinero (por algo) en una subasta. *Unos desconocidos pujan el cuadro por teléfono.*

pujo. m. **1.** Gana de romper a llorar o a reír. *No pudo sofocar un pujo de llanto.* **2.** coloq. Aspiración o deseo de conseguir algo. Gralm. en pl. *Tiene pujos de aristócrata y todos le parecemos vulgares.*

pularda. f. Gallina joven que aún no ha puesto huevos, cebada para su consumo. *Para la cena de Navidad preparará pularda rellena.*

pulcrísimo, ma. → **pulcro.**

pulcritud. f. Cualidad de pulcro. *Destaca por la pulcritud de su indumentaria. La soprano cantó el aria con pulcritud.*

pulcro, cra. adj. (sup. **pulcrísimo;** sup. cult., **pulquérrimo**) **1.** Limpio o aseado. *Siempre lleva a sus hijos muy pulcros.* **2.** Delicado o esmerado. *Unas pulcras miniaturas ilustran el viejo códice.* ▶ **Am: 1:** PROLIJO.

pulga. f. Insecto de pequeño tamaño, sin alas y con patas adaptadas para el salto, que se alimenta de la sangre del hombre y otros animales. *El perro ha cogido pulgas.* ■ **~ de agua.** f. Pequeño crustáceo que vive en aguas estancadas y nada como a saltos. *Da a sus peces pulgas de agua como alimento.* □ **sacudirse** alguien **las ~s.** loc. v. coloq. Eludir las responsabilidades o intentar librarse de trabajos o situaciones incómodas. *Es especialista en sacudirse las pulgas cuando se trata de arrimar el hombro.* ■ **tener** alguien **malas ~s.** loc. v. coloq. Tener mal genio. *No te metas con él, que tiene muy malas pulgas.*

pulgada. f. Unidad de longitud que equivale a la duodécima parte del pie, es decir, entre 2,3 y 2,54 cm. *Televisor de 25 pulgadas. Los ingleses miden la estatura en pies y pulgadas.*

pulgar. m. Dedo pulgar (→ **dedo**). *Coge el bolígrafo con el pulgar y el índice.*

pulgón. m. Insecto de pequeño tamaño, que vive parásito de las plantas. *Los rosales tienen pulgones.*

pulgoso, sa. adj. Que tiene pulgas. *No te acerques a ese perro pulgoso.*

pulido[1]**.** m. Hecho de pulir una superficie. *El pulido de un espejo. El pulido de las uñas.*

pulido[2]**, da.** part. **1.** → **pulir.** ● adj. **2.** Pulcro y cuidado. *Utiliza siempre un lenguaje pulido y claro.*

pulidor, ra. adj. Que pule. *Piedra pulidora.* Dicho de máquina o aparato, tb. m. o f. *Un operario trabaja el vidrio con una pulidora.* Dicho de pers., tb. m. y f. *El pulidor deja a punto los muebles para después pintarlos.*

pulimentar. tr. Pulir (algo) o alisar y dejar brillante su superficie. *Tras cortar el mármol hay que pulimentarlo. Han encontrado en la cueva hachas pulimentadas del Neolítico.* ▶ PULIR.

pulimento. m. Hecho o efecto de pulir, espec. una superficie. *Talla y pulimento de la madera.* Tb. designa algunos productos que se utilizan para pulir. *Después de lavar el coche, aplique cera o pulimento.*

pulir. tr. **1.** Alisar y dejar brillante la superficie (de algo). *Hay que pulir el parqué de toda la casa.* **2.** Perfeccionar o corregir (algo). *Lo principal ya está redactado; ahora solo queda pulirlo.* **3.** Educar (a alguien) para que sea más correcto y elegante. *Han mandado al niño a un colegio muy fino para que lo pulan.* **4.** coloq. Gastar o derrochar (dinero). *Pule en una noche lo que ha ganado en un mes.* ▶ **1:** PULIMENTAR.

pulla. f. Expresión o comentario agudos con intención de criticar o atacar a alguien. *Le lanzan pullas sobre sus fracasos amorosos.*

pulmón. m. **1.** Órgano, o cada uno de los dos órganos, de la respiración de las personas y de los vertebrados que viven o pueden vivir fuera del agua. *Me han hecho una radiografía de los pulmones. Los renacuajos respiran por branquias, y las ranas adultas, por pulmones.* **2.** *Zool.* Órgano de la respiración de los moluscos terrestres, que consiste en una cavidad que comunica con el exterior por un orificio por el que penetra el aire. *El caracol respira por medio de un pulmón.* ■ **~ de acero.** m. Cámara destinada a provocar los movimientos respiratorios del enfermo tendido en su interior, mediante alternativas de la presión del aire reguladas automáticamente. *Desde que enfermó de poliomielitis, necesitó un pulmón de acero para vivir.* □ **a pleno ~,** o **a todo ~.** loc. adv. Con toda la fuerza de los pulmones. *Detuvo la marcha y respiró a pleno pulmón. Grita a todo pulmón.* ▶ **1:** BOFE.

pulmonar. adj. Del pulmón. *Los reptiles tienen respiración pulmonar. Se ha especializado en enfermedades pulmonares.*

pulmonía. f. Inflamación del pulmón o de una parte de él. *Como no te abrigues, vas a coger una pulmonía.* ▶ NEUMONÍA.

pulóver. m. frecAm. Jersey. *El hombre se quitó el saco, el pantalón, el pulóver, la camisa...* [C].

pulpa. f. **1.** Parte carnosa y blanda de los frutos. *Pele el mango y corte su pulpa en daditos.* **2.** Tejido blando, con numerosos nervios y vasos sanguíneos, contenido en el interior de los dientes de los vertebrados. *La caries ha afectado no solo al esmalte, sino también a la pulpa.* Tb. *~ dentaria.*

pulpejo. m. Parte blanda y carnosa de un miembro pequeño del cuerpo humano, espec. la parte de la palma de la mano de donde nace el pulgar, y la de la punta de los dedos. *Amasa una bolita de pan entre los pulpejos de sus dedos índice y pulgar.*

pulpería. f. Am. Establecimiento donde se venden distintos productos, gralm. comestibles, y a veces se sirven bebidas alcohólicas. *Hay que ir a la pulpería y traer los artículos de primera necesidad* [C]. *Iría a la pulpería a tomar algunas copitas de ron* [C].

pulpero, ra. m. y f. Am. Propietario o dependiente de una pulpería. *Del crédito con el pulpero depende el respeto del vecindario* [C].

púlpito. m. En una iglesia: Plataforma pequeña y elevada desde donde el sacerdote o el predicador se dirige a sus fieles. *El sacerdote leía la parábola del hijo pródigo desde el púlpito.*

pulpo. m. **1.** Molusco marino comestible, con cuerpo en forma de saco y ocho tentáculos provistos de ventosas. *Tráiganos una ración de pulpo con patatas y pimentón.* **2.** Cinta elástica resistente, con varios brazos rematados en ganchos, que se utiliza para afianzar o asegurar bultos sobre la baca de un vehículo. *Ha puesto las bicicletas en la baca y las ha sujetado con pulpos.*

pulque. m. Bebida alcohólica originaria de México, obtenida por fermentación del jugo del maguey. *Nos trajeron de Querétaro unas botellas de pulque y de mezcal.*

pulquérrimo, ma. → **pulcro.**

pulsación. f. **1.** Hecho de pulsar. *Con la pulsación de este botón, entra en funcionamiento la alarma.* **2.** Presión o toque que se da en las teclas de los teclados de algunas máquinas. *La mecanógrafa teclea a una velocidad de 250 pulsaciones por minuto.* **3.** Cada uno de los latidos que produce la sangre en las arterias. *Tras una carrera, aumenta el número de pulsaciones.*

pulsador. m. Botón que se pulsa para hacer funcionar un mecanismo o un aparato. *La carrera comienza cuando apriete el pulsador del cronómetro.*

pulsar[1]. tr. **1.** Presionar con la punta de los dedos (algo, espec. una tecla, un botón o las cuerdas de un instrumento). *Se para en la puerta y pulsa el timbre. Pulsa la tecla de retorno de carro. El guitarrista pulsa las cuerdas a gran velocidad.* **2.** Tantear (algo, como una opinión) para poder actuar en consecuencia. *La encuesta pretende pulsar el sentir popular.*

pulsar[2]. m. *Fís.* Estrella de neutrones que emite radiaciones muy intensas a intervalos cortos y regulares. *Se cree que en la Vía Láctea hay miles de pulsares.*

pulsátil. adj. Rítmico y regular. *A lo lejos se ven las luces pulsátiles de un anuncio de neón.*

pulsera. f. **1.** Pieza en forma de aro o cadena que se pone alrededor de la muñeca como adorno. *Una pulsera de plata. Lleva varias pulseritas de cuentas.* **2.** Correa o cadena de un reloj, que sirve para sujetar este a la muñeca. *La pulsera de mi reloj es de acero inoxidable.*

pulsión. f. *Psicol.* Energía psíquica de tipo instintivo que orienta el comportamiento hacia un fin y se descarga al conseguirlo. *Las pulsiones agresivas del paciente van dirigidas contra sí mismo.*

pulso. m. **1.** Latido intermitente de las arterias que se percibe espec. en la muñeca. *Después de correr se toma el pulso en el cuello. Con los nervios se me acelera el pulso.* **2.** Parte de la muñeca donde se siente el pulso (→ 1). *Se echa colonia en el cuello y en el pulso.* **3.** Seguridad en la mano para ejecutar una acción que requiere precisión. *Para ser buen dibujante se requiere buen pulso.* **4.** Cuidado o tiento para tratar algo. *Se ha llegado a un acuerdo gracias al buen pulso negociador de los gobernantes.* **5.** Enfrentamiento entre dos partes equilibradas. *Los dos países mantienen un pulso por el control del territorio.* ■ **a ~.** loc. adv. Sin apoyar el brazo, para levantar o sostener algo. *Han* *levantado el sofá a pulso.* Tb. fig. *Se ha ganado a pulso la fama de antipática.* ■ **echar un ~** dos personas. loc. v. Cogerse por una de las manos y, apoyando los codos firmemente, tratar cada uno de abatir el brazo contrario. *Para decidir quién paga la cena, echarán un pulso.* Tb.: *Echó un pulso* CON *él y ganó.* ■ **tomar el ~** (a algo, como una opinión). loc. v. Tantear(lo) para poder actuar en consecuencia. *Antes de invertir en el cuadro, quiero tomar el pulso al mercado del arte.*

pulular. intr. Abundar o bullir en un lugar personas, animales o cosas. *En el parque pulula gente de todas las edades. Un gran número de insectos pulula sobre la charca.*

pulverización. f. Hecho o efecto de pulverizar. *Existen varios sistemas de pulverización de cosechas.*

pulverizador, ra. adj. **1.** Que pulveriza o sirve para pulverizar. *Utilizan un cañón pulverizador para esparcir el insecticida.* ● m. **2.** Aparato que sirve para pulverizar líquidos. *El frasco de laca viene con un pulverizador.* ▶ **2:** ATOMIZADOR, VAPORIZADOR.

pulverizar. tr. **1.** Convertir en polvo (algo). *El fuego pulverizó las vigas de madera del chalé.* Tb. en constr. prnl. media. *Algunas rocas se pulverizan por la acción del viento y el agua.* **2.** Esparcir un líquido en partículas muy pequeñas (sobre una superficie). *Con un producto de limpieza pulveriza el mueble.* **3.** Esparcir (un líquido) en partículas muy pequeñas sobre una superficie. *Pulverizó agua en las hojas de la petunia.* **4.** Destruir por completo (algo o a alguien). Se usa frec. con intención enfática. *El bombardeo aéreo ha pulverizado el ejército de tierra. Ha pulverizado el récord de los cien metros espalda.* ▶ **2:** VAPORIZAR. **3:** ATOMIZAR, VAPORIZAR.

pum. interj. coloq. Se usa para imitar un golpe, una explosión o un ruido. *Subíamos a la buhardilla y ¡pum!, se dio contra una viga.* ■ **ni ~.** loc. adv. coloq. En absoluto, o de ningún modo. *No me ha gustado ni pum que viniera a despertarme.*

puma. m. Felino americano de gran tamaño, de color rojizo o pardo, que vive en serranías y llanuras. *El puma hembra. Un puma se abalanza sobre el coyote.*

pumba. interj. coloq. Se usa para imitar el ruido de una caída o un golpe. *El nene va corriendo y ¡pumba!, se cae al suelo.*

puna. f. **1.** Planicie elevada, cercana a la cordillera de los Andes. *Llamas y alpacas pastan en la puna.* **2.** Am. Soroche o mal de montaña. *Cuidado con la puna causada por la altitud* [C]. ▶ **Am: 2:** SOROCHE.

punción. f. *Med.* Operación que consiste en introducir en un tejido o un órgano un instrumento punzante. *Recomiendan a la embarazada que se haga una punción amniótica.*

pundonor. m. Sentimiento que impulsa a una persona a cuidar su fama y a superarse. *A pesar de las dificultades, la función salió adelante gracias al pundonor de sus actores.*

pundonoroso, sa. adj. **1.** Que tiene pundonor. *El toro no ha estado a la altura del pundonoroso torero.* **2.** Que manifiesta o implica pundonor. *Ha tenido un gesto pundonoroso al terminar la prueba que ya tenía perdida.*

punible. adj. cult. Que merece castigo. *Si ha cometido o no actos punibles, se demostrará en el juicio.*

púnico, ca. adj. Cartaginés. *Guerras púnicas. Comerciantes púnicos.* Dicho de pers., tb. m. y f. *Los púnicos se enfrentaron a los romanos.*

punitivo, va. adj. cult. Del castigo. *Las leyes señalan medidas punitivas para los que cometan ese delito.*

punk. (pl. **punks** o invar.). m. **1.** Movimiento juvenil de protesta, que se manifiesta espec. en el ámbito musical, y cuyos seguidores adoptan atuendos y comportamientos no convencionales. *El punk surgió en Gran Bretaña a fines de los 70.* ● adj. **2.** Del punk (→ 1). *Las letras de las canciones punk están cargadas de protesta social.* **3.** Seguidor del *punk* (→ 1). *Tiene un amigo punk.* Tb. m. y f. *En el concierto, los punks saltaban y se empujaban enloquecidamente.*

punta. f. **1.** Extremo de algo. *El zapato me aprieta por la punta. Agarra la punta de la cuerda. La estrella de David tiene seis puntas.* **2.** Extremo agudo de un arma o de otro instrumento que pueda herir. *Le clavó la punta de la navaja. Sobre la tapia hay cristales con las puntas hacia arriba.* **3.** Extremo agudo de un lápiz o de otro instrumento similar. *Dame un lápiz con la punta afilada.* **4.** Clavo pequeño. *Compra una caja de puntas en la ferretería.* **5.** Asta del toro. *El tercero de la tarde es un toro de puntas finas.* **6.** Cada uno de las ramificaciones del asta del ciervo. *El cazador está orgulloso de la cornamenta porque tiene muchas puntas.* **7.** Colilla de un cigarrillo. *El suelo del bar está lleno de puntas de cigarrillos.* **8.** Cantidad pequeña de algo. *Échale a la bechamel una punta de nuez moscada.* **9.** Lengua de tierra, gralm. baja y de pequeña extensión, que penetra en el mar. *Estaca de Bares es la punta más septentrional de España.* ● adj. **10.** Puntero. *Son líderes en tecnología punta.* ■ **~ de diamante.** f. Diamante pequeño que, engastado en una pieza de acero, sirve para cortar el vidrio. *Los ladrones han cortado el cristal con una punta de diamante.* □ **a ~ (de) pala.** loc. adv. coloq. En gran cantidad, o en abundancia. *Tiene millones a punta pala.* ■ **de ~.** loc. adv. **1.** Con la punta (→ 1) tiesa. *Por más que se peina, siempre lleva el pelo de punta.* **2.** Por la parte de la punta (→ 2). *Las tijeras se han caído de punta.* □ loc. adj. **3.** frecAm. Puntero. *La empresa tiene tecnología de punta* [C]. ■ **de ~ a cabo,** o **de ~ a ~.** loc. adv. **1.** Del principio al fin. *Vimos el reportaje de punta a cabo.* **2.** De un extremo a otro. *Se han propuesto recorrer América de punta a punta.* ■ **de ~ en blanco.** loc. adv. Bien vestido y arreglado. *Fue a la boda de punta en blanco.* ■ **estar de ~** (con alguien). loc. v. coloq. Estar irritado (con él). *Está de punta con su vecino por una gotera.* ■ **hasta la ~ de los pelos,** o **del pelo.** loc. adv. En estado de hartura o fastidio. *Si ha roto con su novia es porque estaba de ella hasta la punta de los pelos.* ■ **la ~ del iceberg.** loc. s. La parte conocida de un asunto del que se desconoce casi todo. *Lo que ha trascendido es solo la punta del iceberg de una gran estafa.* ■ **por la otra ~.** loc. adv. coloq. Se usa para negar algo irónicamente. *Es muy generoso por la otra punta.* ■ **sacar ~** (a algo). loc. v. Atribuir(le) un significado que no tiene, o un sentido malicioso. *Es un poco suspicaz y le saca punta al más mínimo comentario.* ■ **tener en la ~ de la lengua** (algo). loc. v. Estar a punto de acordarse (de ello). *No recuerdo ahora el nombre, pero lo tengo en la punta de la lengua.* ■ **tocar** (a alguien) **la ~ de un pelo,** o **de un cabello.** loc. v. coloq. Atacar(lo) u ofender(lo) lo más mínimo. *Como le toquen al niño la punta de un pelo, los mato.*

puntada. f. **1.** Hecho de meter y sacar una aguja u otro instrumento semejante sobre la materia que se cose. *Debe dar puntadas regulares, para que no se note la costura.* **2.** Porción de hilo que ocupa una puntada (→ 1). *Si lo coses por detrás, no se ven las puntadas.*

3. Puntazo. *El torero solo recibió una puntada.* **4.** coloq. Cosa que se dice como al descuido para provocar que se hable de algo. *Le gusta soltar puntadas en nuestras charlas, pero no le hacemos caso.* **5.** Am. Punzada (dolor intenso). *Con un terrible dolor de cabeza y una puntada en el estómago, llegué al mostrador* [C]. ■ **no dar** alguien ~ **sin hilo.** loc. v. Actuar de forma calculada de modo que todo revierta en su provecho. *Es de esos tipos ambiciosos que no dan puntada sin hilo.* ▶ **5:** *PUNZADA.

puntaje. m. Am. Puntuación (número de puntos). *No tendrá buen rendimiento y por lo tanto obtendrá un puntaje bajo* [C]. ▶ PUNTUACIÓN.

puntal. m. **1.** Madero que se fija en el suelo para sostener un edificio que amenaza ruina o parte de él. *La fachada de la vieja casa está reforzada con puntales.* **2.** Apoyo o base. *Su madre es el puntal de su familia. La tolerancia entre los pueblos es uno de los puntales de la paz.*

puntapié. m. Golpe dado con la punta del pie. *Ha abierto la puerta a puntapiés. Apartó de un puntapié la lata que había en la acera.* ■ **a ~s.** loc. adv. coloq. Con desconsideración o violencia. *Le falta al respeto y la trata a puntapiés delante de la gente.*

puntazo. m. **1.** Herida hecha con la punta de un arma blanca o de otro instrumento punzante. *El policía ha recibido un puntazo de navaja en el muslo.* **2.** Herida leve producida por el cuerno de una res. *En el encierro, un novillo le dio un puntazo en la pierna.* ▶ PUNTADA.

punteado. m. Hecho o efecto de puntear. *En encuadernación se utiliza la técnica del punteado.*

puntear. tr. **1.** Marcar o señalar con puntos (una superficie). *Rellene con color azul la zona punteada.* **2.** Dibujar o hacer puntos (en algo). *El general punteó el mapa para señalar las zonas enemigas.* **3.** Hacer sonar (un instrumento de cuerda), espec. una guitarra, pulsando las cuerdas por separado. *El intérprete comenzó a puntear su guitarra.* **4.** Cotejar los datos (de una lista o cuenta) marcando con un punto cada revisión. *El oficinista puntea la lista de las mercancías adquiridas.*

punteo. m. Hecho de puntear un instrumento de cuerda. *La melodía incluye un punteo de guitarra.*

puntera. → **puntero.**

puntería. f. Destreza del tirador para dar en el blanco. *Tiene buena puntería y suele cobrar muchas piezas.* Tb. fig. *Tengo bastante puntería para acertar cómo son las personas.*

puntero, ra. adj. **1.** Avanzado. Se usa frec. referido a aquello que va o está por delante de los demás de su misma clase. *La informática es un sector puntero. Han contratado a dos futbolistas punteros.* ● m. **2.** Vara o palo largos rematados en punta que sirven para señalar. *El profesor muestra en el mapa dónde está Lugo con el puntero.* ○ f. **3.** Parte del zapato, del calcetín o de la media que cubre la punta del pie. *De darle patadas a las piedras tiene las punteras rotas.* ▶ **1:** AVANZADO.

puntiagudo, da. adj. Que acaba en punta aguda. *Un cuchillo puntiagudo. Tiene las orejas puntiagudas.*

puntilla. f. **1.** Encaje estrecho que forma ondas o picos y que se usa para adornar algunas prendas. *Se ha comprado unas toallas rematadas con puntillas.* **2.** Puñal pequeño y corto que se utiliza para rematar a las reses, espec. en una corrida de toros. *Descabellan al toro moribundo con la puntilla. El matador se acerca al toro para darle la puntilla.* ■ **dar la ~** (a alguien o algo). loc. v. Causar(les) la ruina definitiva. *La apertura de unos grandes almacenes ha dado la puntilla a los pequeños negocios.* ■ **de ~s.** loc. adv. **1.** Pisando con las puntas de los pies y levantando los talones. *Las bailarinas ejecutan varios pasos de puntillas.* **2.** Sin hacer ruido. *He entrado de puntillas para no despertar al niño.*

puntillero. m. *Taurom.* Torero que remata al toro con la puntilla. *El puntillero ha rematado al toro desde el burladero.*

puntillismo. m. *Arte* Escuela pictórica derivada del impresionismo, que se caracteriza por la pincelada corta y desunida. *El puntillismo se desarrolla a finales del siglo* XIX.

puntillo. m. **1.** Amor propio o pundonor. *El puntillo hace que se avergüence de su pobreza.* **2.** *Mús.* Signo que consiste en un punto que se coloca a la derecha de una nota y que aumenta en la mitad su duración y valor. *Una corchea con puntillo.*

puntilloso, sa. adj. **1.** Minucioso o concienzudo. *Cuando trabaja es muy puntilloso con todos los detalles.* **2.** Quisquilloso o suspicaz. *Es muy puntillosa y enseguida piensa que le están tomando el pelo.*

punto. m. **1.** Señal de pequeño tamaño, gralm. circular, que destaca en una superficie por contraste de color o relieve. *Le han salido en la cara unos puntitos rojos. Lleva una blusa azul con puntos blancos.* **2.** Signo ortográfico (.) que señala el final de una oración, o que aparece detrás de una abreviatura. *Entre esa frase y la siguiente tendrías que poner un punto, y no una coma.* **3.** Punto (→ 1) que forma parte de las letras minúsculas i y jota, y de algunos signos ortográficos, como los de interrogación y exclamación. *Algunos niños escriben el punto de la i como un círculo.* **4.** Lugar concreto. *Nos reuniremos en un punto céntrico de la ciudad. El Noreste es un punto entre el Norte y el Este.* **5.** Instante o momento. *En ese punto apareció su prima por la puerta.* **6.** Estado o situación de algo. *La relación entre ellos está en un punto crítico.* **7.** Estado perfecto que llega a tomar un alimento al prepararlo. *Este arroz está en su punto.* **8.** Apartado o tema. *El profesor ha dividido la lección en cinco puntos.* **9.** Extremo o grado. *La situación ha llegado a un punto insostenible. Perdió peso hasta el punto de tener que ir al médico.* **10.** Unidad de valoración dentro de una escala. *Si sacas menos de cinco puntos en el examen, suspenderás. Ha marcado varias canastas de dos puntos.* **11.** Puntada que se da en una obra de costura. *Hay que darle un par de puntos al dobladillo, que está descosido.* **12.** Lazada o nudo de los que forman algunos tejidos. *Se me han soltado varios puntos de la bufanda.* **13.** Tejido o labor que se hace con lazadas o nudos de hilo. *Lleva un vestido de punto. Suele sentarse en la mecedora a hacer punto.* **14.** Roto que se hace en una media al soltarse algún punto (→ 12). *Se enganchó con un clavo y se hizo un punto en la media.* **15.** Puntada que da un cirujano en los bordes de una herida uniéndolos para que esta cierre. *Le dieron cuatro puntos en la ceja. A la semana de la operación le quitarán los puntos.* **16.** Extremo del pico de la pluma estilográfica. *Si la pluma se cae al suelo, se puede doblar el punto.* **17.** *Fís.* Grado de temperatura necesario para que se produzcan determinados fenómenos. *El punto de congelación del agua está en 0 °C.* **18.** *Mat.* Lugar del espacio al que se le puede asignar una posición pero que carece de dimensiones. *La intersección de dos rectas es un punto.* ■ **~ cardinal.** m. Cada uno de los cuatro puntos

(→ 4) que dividen el horizonte en otras tantas partes iguales y que sirven para orientarse. *Norte, Sur, Este y Oeste son los puntos cardinales.* ■ ~ **de apoyo.** m. *Mec.* Lugar fijo sobre el que se apoya una palanca u otra máquina, para que la potencia pueda vencer la resistencia. *Existen tres tipos de palanca en función de dónde se sitúe el punto de apoyo.* Tb. fig., para designar la persona o cosa que sirve de apoyo a alguien. *La familia es su principal punto de apoyo en la vida.* ■ ~ **débil,** o **flaco.** m. Aspecto más vulnerable de alguien o algo. *El orgullo es su punto débil.* ■ ~ **de mira.** m. **1.** Pieza de las armas de fuego que sirve para asegurar la puntería. *Utiliza el punto de mira para apuntar al objetivo y dispara.* ⇒ MIRA. **2.** Centro de atención e interés. *El famoso está en el punto de mira de la prensa rosa.* ■ ~ **de nieve.** m. Grado de firmeza de la clara de huevo batida en que esta se espesa. *Incorpore a la masa las claras batidas a punto de nieve.* ■ ~ **de partida.** m. Base a partir de la cual se trata o se deduce algo. *La novela toma como punto de partida el nacimiento de la protagonista.* ■ ~ **de vista.** m. Forma de considerar algo. *Desde mi punto de vista, no ha sido una decisión acertada. Abordemos el problema desde varios puntos de vista.* ⇒ ÁNGULO, ÓPTICA, PERSPECTIVA, VISIÓN. ■ ~ **final.** m. **1.** Punto (→ 2) con el que acaba un escrito o una división importante del texto. *Tras el punto final del relato aparece la palabra "Fin".* **2.** Cosa con que se da por terminado algo. *Los fuegos artificiales serán el punto final de las fiestas.* ■ ~ **flaco.** → **punto débil.** ■ ~ **fuerte.** m. Aspecto en el que se destaca. *Las matemáticas son su punto fuerte.* ■ ~ **muerto.** m. **1.** Posición de la caja de cambios de un motor en que el movimiento generado por él no se transmite al mecanismo que actúa sobre las ruedas. *En los semáforos pone el coche en punto muerto.* **2.** Estado de un asunto en el que no hay avances o novedades. *Las negociaciones están en un punto muerto.* ■ ~ **negro.** m. **1.** Poro de la piel, espec. de la cara, que acumula grasa y suciedad. *Utilice un tónico para prevenir la aparición de puntos negros.* **2.** Lugar de una carretera en que se producen numerosos accidentes. *En la comarcal hay un punto negro: un cruce sin visibilidad.* **3.** Aspecto negativo de algo o alguien. *Su gestión en la empresa presenta varios puntos negros.* ■ ~ **y aparte.** m. Punto (→ 2) que se pone cuando termina un párrafo y el texto continúa en otro renglón. *El punto y aparte separa contenidos o ideas diferentes.* ■ ~ **y coma.** m. Signo ortográfico (;) que indica una pausa mayor que la coma, pero menor que la del punto (→ 2). *Entre esta frase y la siguiente es preferible un punto y coma a una coma.* ■ ~ **(y) seguido.** m. Punto (→ 2) que se coloca cuando acaba un período y sigue otro inmediatamente después en la misma línea. *Escribió un largo párrafo con un solo punto y seguido.* ■ **~s suspensivos.** m. pl. Signo ortográfico (...) que indica una interrupción de la oración o un final impreciso. *La lista termina con puntos suspensivos.* ■ **dos ~s.** m. pl. Signo ortográfico (:) que indica que la oración que sigue es la continuación lógica de la que precede. *En el enunciado "no necesitaba comer: aún era pronto", los dos puntos indican una relación causa-efecto.* Se usa tb. tras las fórmulas de saludo de cartas y documentos. *El jefe dicta a su secretaria: "Estimado amigo, dos puntos...".* □ **a ~.** loc. adv. **1.** En el momento adecuado u oportuno. *Has llegado a punto para ver el partido por la tele.* **2.** En buenas condiciones. *Puso el coche a punto para el viaje.* Tb. loc. adj. *La moto necesita una puesta a punto.* ■ **a ~ de.** loc. prepos. Introduce un infinitivo para expresar situación inminente. *El barco se encuentra a punto de partir.* ■ **a ~ de caramelo.** loc. adv. coloq. En las mejores condiciones. *Le he hablado de ti a mi jefe y ahora lo tienes a punto de caramelo para que te contrate.* ■ **al ~.** loc. adv. cult. Inmediatamente. *Tocó la campanilla y al punto apareció el mayordomo.* ■ **con ~s y comas.** loc. adv. Sin olvidar detalle alguno. *El testigo ha relatado la secuencia del asesinato con puntos y comas.* ■ **en ~.** loc. adv. Exactamente. Referido a horas o fracciones de hora. *Son las doce en punto. Le gusta llegar en punto, ni antes ni después.* ■ **ganar** (o **perder**) **~s.** loc. v. Ganar (o perder) prestigio o reconocimiento. *Su espíritu emprendedor le ha hecho ganar puntos en la empresa.* ■ **hasta cierto ~.** loc. adv. De alguna manera. *Es culpable hasta cierto punto. Hasta cierto punto, tienes razón.* ■ **poner los ~s sobre las íes.** loc. v. Precisar algo para eliminar interpretaciones o comportamientos incorrectos. *El entrenador ha hablado con el jugador díscolo y le ha puesto los puntos sobre las íes.* ■ ~ **en boca.** expr. Se usa para mandar a alguien que guarde silencio. *Sobre lo que has escuchado en la reunión, punto en boca.* ■ ~ **por ~.** loc. adv. Sin omitir detalles. *Me ha contado todo lo que pasó punto por punto.* ■ ~ **redondo.** expr. coloq. Se usa para expresar de manera tajante que no hay nada más que hablar o discutir. *Si es su voluntad, punto redondo.*

puntuable. adj. Que puede puntuar en una prueba o ser puntuado. *Compite en una carrera ciclista puntuable para el campeonato de España.*

puntuación. f. **1.** Hecho de puntuar. *La novela incluye un largo monólogo sin signos de puntuación.* **2.** Conjunto de los signos ortográficos que se utilizan para puntuar. *Tendrías que revisar la puntuación del texto.* **3.** Número de puntos que se dan o se obtienen en una prueba. *La puntuación más alta fue para el gimnasta veterano.* ▶ **Am: 3:** PUNTAJE.

puntual. adj. **1.** Que llega o hace las cosas en el tiempo previsto. *Es muy puntual y nunca hay que esperarla. El tren suele ser puntual.* **2.** Cierto o exacto. *Le pidió un informe puntual de los hechos.* **3.** Concreto o específico. *Hasta ahora solo han conseguido algún que otro éxito puntual, pero nada definitivo.*

puntualidad. f. Cualidad de puntual en el tiempo. *Paga con puntualidad sus recibos. El artículo habla de la puntualidad del transporte aéreo.*

puntualización. f. Hecho o efecto de puntualizar. *Para evitar malentendidos, tuvo que hacer algunas puntualizaciones.*

puntualizar. tr. Aclarar (algo) de modo preciso. *Ha puntualizado que los hechos ocurrieron el viernes y no el sábado.* Tb. usado en constr. intr. *Me gustaría puntualizar sobre este tema.*

puntuar. (conjug. ACTUAR). tr. **1.** Poner (en un texto) los signos ortográficos necesarios para su correcta comprensión e interpretación. *Han interpretado mal tu escrito porque lo has puntuado incorrectamente.* **2.** Calificar con puntos (algo o a alguien). *La juez puntuó el ejercicio de la patinadora con la máxima nota.* ○ intr. **3.** Entrar una prueba o un ejercicio en el cómputo de los puntos. *La clásica de San Sebastián puntúa para el campeonato del mundo de ciclismo.* **4.** Ganar u obtener puntos, espec. en una competición deportiva. *El equipo aún no ha puntuado fuera de casa.*

punzada. f. **1.** Dolor agudo y pasajero que suele repetirse de vez en cuando. *Unas punzadas en el vientre la obligaron a sentarse.* **2.** Sentimiento triste o doloroso que dura poco tiempo. *Sintió una punzada de* *celos al ver a su antigua novia con otro.* ▶ **1:** PINCHAZO. ‖ **Am: 1:** PUNTADA.

punzante. adj. Que punza. *Los cortes que presenta el cadáver están hechos con un instrumento punzante.* Tb. fig. *A lo largo de la cena ha hecho varios comentarios punzantes.*

punzar. tr. **1.** Pinchar (algo o alguien) con un objeto puntiagudo. *El cirujano punzará el tumor para sacar el líquido.* **2.** Pinchar o zaherir (a alguien). *Me punzaba el remordimiento de lo que había hecho.*

punzón. m. Instrumento rematado en punta que sirve para hacer agujeros. *Con un punzón se hacen los agujeros en el cuero.*

puñado. m. **1.** Cantidad de algo que cabe en un puño. *Un puñado de tierra.* **2.** Cantidad pequeña de personas o cosas. *En el concierto solo había un puñado de personas.* ■ **a ~s.** loc. adv. En gran número. *Tipejos como él los hay puñados.*

puñal. m. Arma blanca de acero, de 20 a 30 cm de largo, que solo hiere con la punta. *En la obra de teatro, el villano asesina al caballero con un puñal.*

puñalada. f. **1.** Herida hecha con un puñal u otra arma semejante. *La víctima ha aparecido con tres puñaladas en la espalda.* **2.** coloq. Pesadumbre grande causada de repente. *El abandono de su esposa fue una puñalada que no pudo superar.* ■ **~ trapera.** f. Traición o mala jugada. *Dejar la obra el día del estreno ha sido una puñalada trapera.*

puñeta. f. **1.** Encaje en el puño de algunas prendas. *El juez vestía una toga con puñetas.* **2.** coloq. Cosa que incomoda o molesta. *Estas malditas instrucciones son la puñeta; ¡no hay quien las entienda!* ■ **a hacer ~s.** expr. coloq. Se usa para despedir a alguien o desechar algo despectivamente o con enojo. *¿Que no te gusta?, pues a hacer puñetas con ello. Como me harten mucho, los mando a hacer puñetas. ¡Vete a hacer puñetas de una vez, pesado!* ■ **hacer la ~** (a alguien). loc. v. coloq. Fastidiar(lo) o incordiar(lo). *Mi jefe no deja de hacerme la puñeta.* ■ **~(s).** interj. Se usa para expresar sorpresa o enfado. *¡Puñeta, tú aquí! ¡Pero, puñetas!, ¿cómo han podido hacerme algo así?*

puñetazo. m. Golpe dado con el puño de la mano. *En la pelea uno de los chicos recibió un puñetazo en el estómago.* ▶ **Am:** COMBO.

puñetería. f. **1.** coloq. Cosa que incomoda o molesta. *Es una puñetería tener que trabajar también por la tarde.* **2.** coloq. Cosa sin importancia. *Déjate de puñeterías y vamos al grano.*

puñetero, ra. adj. coloq. Molesto o fastidioso. *Es muy puñetero tener que madrugar tanto.* Se usa a menudo, gralm. antepuesto a un nombre, para expresar la molestia o el rechazo que causa lo designado por este. *Menudo golpe me he dado con la puñetera puerta.* Dicho de pers., tb. m. y f. *El puñetero quería que le prestara dinero otra vez.*

puño. m. **1.** Mano cerrada. *Apretaba los puños con gesto de rabia contenida.* Tb. lo que cabe en ella. *Para la paella, echa dos vasos de agua por cada puño de arroz.* **2.** Parte de la manga de algunas prendas de vestir que rodea la muñeca. *Llevaba sucios el cuello y los puños de la camisa.* **3.** Parte de algunos utensilios, armas blancas o herramientas por donde se agarran. *El puño de una espada. El puño de un bastón.* ■ **como un ~, o como ~s.** loc. adj. Muy grande. *Estará loco, pero dice verdades como puños.* ■ **en un ~.** loc. adv. En estado de intimidación u opresión. *Todos saben que te tiene en un puño y que abusa de ti.* ■ **de su ~ y letra.** loc. adv. De mano de la persona que escribe. *Escribió el testamento de su puño y letra.*

pupa. f. **1.** Herida que sale en la piel, espec. en los labios. *A causa de la gripe le han salido pupas en las comisuras de los labios.* **2.** infant. Daño o herida. *¿Dónde te has hecho pupa, cariño?* **3.** *Zool.* En la metamorfosis de algunos insectos: Individuo que se encuentra en el estado siguiente al de larva, y anterior al de adulto. *La pupa de las mariposas se llama crisálida.* ▶ **1:** CALENTURA. **3.** *CRISÁLIDA.

pupila. f. Abertura circular o en forma de rendija, situada en el centro del iris del ojo, por donde penetra la luz. *Nuestras pupilas necesitan un tiempo para adaptarse a la oscuridad.* ▶ NIÑA.

pupilo, la. m. y f. **1.** Huérfano que está bajo la tutela de un tutor. *El tutor obligaba a su pupilo a seguir una disciplina muy estricta.* Tb. designa a determinadas personas que están confiadas al cuidado de otras. *El entrenador de boxeo cuida de que sus pupilos trabajen la guardia.* ○ f. **2.** Prostituta que ejerce en un prostíbulo. *La dueña del burdel hizo llamar a todas sus pupilas.*

pupitre. m. Mueble parecido a una mesa pequeña con tapa en forma de plano inclinado, que se usa espec. en centros de enseñanza. *Levantó la tapa del pupitre y sacó el libro de Matemáticas.*

purasangre. m. Caballo descendiente de una raza que es producto del cruce de la árabe con las del norte de Europa. *El purasangre es uno de los mejores caballos para carreras hípicas.* Frec. en aposición. *Caballo purasangre.*

puré. m. Comida elaborada con patatas, legumbres, verduras y otros ingredientes, cocidos y triturados. *Puré de patatas.* ■ **hacer ~** (algo o a alguien). loc. v. coloq. Destrozar(lo) completamente. *Tanto trabajar con ordenador te hace puré la vista.*

pureza. f. Cualidad de puro. *Le recomendaron la sierra por la pureza del aire. Se han incautado de un alijo de cocaína de gran pureza. El antiguo libro destaca la humildad, la pureza y la discreción como virtudes de la doncella.*

purga. f. **1.** Medicina que se toma para evacuar el vientre. *De niño le daban una purga de sabor nauseabundo.* **2.** Expulsión o eliminación de alguien por motivos políticos. *Nada más llegar al poder, el dictador hizo una purga entre sus oponentes.* Tb. fig. *Tras la purga del vestuario, el entrenador formó un nuevo equipo.* **3.** Hecho de purgar. *La purga del radiador se hará antes del invierno.* ■ **la ~ de Benito.** loc. s. coloq. Cosa a la que se atribuyen efectos muy rápidos. *Ten paciencia, esto no es la purga de Benito.*

purgación. f. **1.** Hecho o efecto de purgar o purgarse. *Rece un padrenuestro por la purgación de sus pecados.* **2.** Flujo mucoso de la uretra y la vagina provocado por una enfermedad de transmisión sexual. Frec. en pl. con significado sing. *Agarró unas purgaciones y tuvieron que ponerle penicilina.*

purgante. adj. Dicho espec. de medicina: Que purga o hace evacuar el vientre. *Determinados frutos son purgantes.* Dicho de medicina, tb. m. *Los médicos de otras épocas solían recetar muchos purgantes.*

purgar. tr. **1.** Expulsar o eliminar (a alguien) por motivos políticos. *Tras la guerra purgaron a varios funcionarios.* **2.** Dar a (alguien) un medicamento para que evacue el vientre. *La enfermera lo purgará antes de la prueba.* **3.** Sufrir una pena o un castigo (por una culpa o una falta). *El asesino purgará sus crímenes con diez años de cárcel. Mucho tendrá que rezar hasta que purgue todos sus pecados.* **4.** Sacar aire u otro fluido del circuito (de un aparato) para que este funcione bien. *Cuando venga el fontanero, dile que purgue los radiadores.* **5.** Sacar (aire u otro fluido) del circuito de un aparato para que este funcione bien. *Hay que purgar el aire de las tuberías para que estas no soporten demasiada presión.* **6.** Limpiar o depurar (algo) eliminando lo inadecuado o superfluo. *El censor purgaba los textos libertinos.*

purgativo, va. adj. De la purgación de los pecados. *Según San Juan, de la vía purgativa, se pasa a la iluminativa y después a la unitiva.*

purgatorio. m. **1.** *Rel.* Estado de quienes, tras haber muerto en gracia de Dios, necesitan aún purificarse para alcanzar la gloria. *El sacerdote dice misa por las almas del purgatorio.* **2.** Lugar de penalidades y sufrimientos. *Con las obras, su casa se ha convertido en un purgatorio.* Tb. aquello que causa esas penalidades y sufrimientos. *Estoy acostumbrado al purgatorio de las pruebas, las medicinas y los reconocimientos.*

puridad. en ~. loc. adv. cult. En realidad. *Nadie sabe, en puridad, si hay algo más después de la muerte.*

purificación. f. Hecho de purificar o purificarse. *Las plantas, al desprender oxígeno, contribuyen a la purificación del aire. En algunas culturas, la purificación del espíritu se alcanza entregando la vida.*

purificador, ra. adj. Que purifica. *Los indios se bañan en las orillas del Ganges como rito purificador.* Dicho de aparato o de sustancia, tb. m. *Recomendaba tomar zumo de limón por ser un buen purificador del intestino.*

purificar. tr. **1.** Eliminar las impurezas o los elementos extraños (de algo). *Los parques purifican el aire de la ciudad.* Tb. en constr. prnl. media. *La sangre llega al corazón y se purifica.* **2.** Eliminar todas las imperfecciones morales (de alguien o de algo no material). *Quería purificar su espíritu con la meditación. El peregrino ayunó y rezó para purificarse.* Tb. en constr. prnl. media. *El alma se purifica con la oración.*

purísimo, ma. adj. sup. → **puro.** ■ **la Purísima.** loc. s. *Rel.* La Virgen María. *Rezaba a la Purísima todas las noches.*

purismo. m. **1.** Tendencia a preservar la lengua de los extranjerismos y neologismos innecesarios. *El purismo lingüístico lleva a una fosilización de la lengua.* **2.** Tendencia a ajustarse estrictamente a algo, como una doctrina, un arte o una costumbre. *El edificio es un reflejo del purismo neoclásico.*

purista. adj. **1.** Del purismo. *La escuela purista flamenca prefiere no mezclar el flamenco con otras músicas.* **2.** Partidario del purismo. *Gramáticos puristas.* Dicho de pers., tb. m. y f. *Los puristas solo valoran los primeros discos del grupo. Un purista considera que cualquier cambio en la lengua debe ser censurado.*

puritanismo. m. **1.** Actitud puritana. *Como reacción al puritanismo de la sociedad, se produjo una época de desmadre.* **2.** histór. Doctrina de los puritanos. *El puritanismo se desarrolló en Inglaterra y América durante el siglo* XVII.

puritano, na. adj. **1.** De moral rígida o extremadamente rigurosa, espec. en el aspecto sexual. *Ha tenido una educación muy puritana.* Dicho de pers., tb. m. y f. *Es una puritana que se escandaliza por ver a unos novios besándose.* **2.** histór. De un movimiento religioso, surgido en Inglaterra en el s. XVI, que propugnaba purificar la Iglesia anglicana. *Colonos puritanos.* Dicho de pers., tb. m. y f. *Los puritanos y los hugonotes centraban sus reformas en ideas tomadas de Calvino.*

puro, ra. adj. **1.** Que no tiene mezcla. *La copa es de oro puro. Tiene un caballo de pura raza árabe.* **2.** Que carece de defectos o imperfecciones morales. *Es un ser puro e inocente. Cuando murió, era un niño de alma pura.* **3.** Casto o ajeno a la sensualidad. *Era como una hermana y solo tuvo pensamientos puros hacia ella.* **4.** Gralm. antepuesto al nombre, se usa para enfatizar el significado de este. *Lo que has dicho es una pura mentira.* **5.** Dicho del lenguaje o del estilo: Correcto y exento de voces y construcciones extrañas. *Utiliza un español muy puro.* ● m. **6.** Cigarro puro (→ **cigarro**). *Después de la cena se fuma un puro.* **7.** coloq. Castigo o sanción. *El profesor les ha metido un puro por fumar en el laboratorio.* ▶ **4:** MERO, SIMPLE.

púrpura. f. **1.** Sustancia colorante de color rojo oscuro, tirando a violeta, espec. la que se extraía de un molusco. Tb. ese molusco. **2.** Tela o vestimenta teñidas con púrpura (→ 1), características del atuendo de determinadas dignidades, como la de emperador, rey o cardenal. *El césar iba ataviado con una túnica de púrpura.* **3.** cult. Cargo o dignidad que tienen como atributo la púrpura (→ 2). *El Papa elevó al obispo a la púrpura cardenalicia.* ● adj. **4.** Dicho de color: Rojo oscuro que tira a violeta, como el de la púrpura (→ 1). *Probamos un vino tinto de color púrpura y sabor afrutado.* Tb. m. *El crepúsculo teñía el cielo de un púrpura intenso.* **5.** De color púrpura (→ 4). *Compró una preciosa blusa púrpura.*

purpúreo, a. adj. cult. Púrpura. *Las flores son rosadas, casi purpúreas. En el salón del trono había cortinajes de color purpúreo.*

purpurina. f. Polvo fino de bronce o de metal blanco que se añade a una pintura para dorarla o platearla. Tb. la pintura preparada con este polvo. *Pintó con purpurina dorada la boca del jarrón.*

purrela. f. coloq. Cosa de mala calidad o de poco valor. *Se queja de que lo que le han regalado es pura purrela.*

purulento, ta. adj. Que tiene pus. *Su cuerpo estaba lleno de llagas purulentas.*

pus. m. Líquido amarillento y espeso compuesto de restos de glóbulos blancos y células muertas, que segregan las heridas o los tejidos infectados. *Tiene en la cara varios granos con pus.* ▶ MATERIA.

pusilánime. adj. Que no tiene valor o coraje para soportar las desgracias o para afrontar un reto importante. *Es tan pusilánime que nunca fue capaz de enfrentarse a su madre.* Dicho de pers., tb. m. y f.

pusilanimidad. f. Cualidad de pusilánime. *Se acusa a los sindicatos de pusilanimidad a la hora de defender a los trabajadores.*

pústula. f. Vejiga inflamatoria de la piel, que está llena de pus. *Estaba enfermo, con fiebre, y lleno de pústulas.* ▶ BUBA.

puta. → **puto.**

putada. f. malson. Faena (hecho perjudicial).

putañero. adj. malson. Putero. Tb. m.

putativo, va. adj. Dicho de determinado familiar, espec. el padre: Que tiene consideración de tal sin serlo. *Al morir su madre, la tía se convirtió en su madre putativa.*

puteada. f. Am. malson. Hecho de putear o decir palabras groseras e insultos.

putear. tr. **1.** malson. Fastidiar o molestar (a alguien). **2.** Am. malson. Decir palabras groseras e insultos (a alguien). Tb. usado en constr. intr. ○ intr. **3.** malson. Tener un hombre relaciones sexuales con prostitutas. **4.** malson. Dedicarse una mujer a la prostitución, o comportarse con la relajación sexual de la que se dedica a ello.

puterío. m. **1.** malson. Prostitución (actividad). **2.** malson. Conjunto de personas que ejercen la prostitución.

putero. adj. malson. Dicho de hombre: Que suele mantener relaciones sexuales con prostitutas. Tb. m.

puto, ta. adj. **1.** malson. Antepuesto a un nombre, se usa como calificativo despectivo. ● m. **2.** malson. Homosexual masculino. ○ f. **3.** malson. Prostituta. Se usa frec. como insulto.

putón. m. **1.** malson., despect. Mujer de costumbres sexuales muy libres. **2.** malson., despect. Prostituta.

putrefacción. f. Hecho o efecto de pudrir o pudrirse. *Hallaron el cadáver en avanzado estado de putrefacción.* ▶ PODREDUMBRE.

putrefacto, ta. adj. Podrido o corrompido. *Los buitres se alimentaban de los restos putrefactos de una res.* Tb. fig. *La falta de escrúpulos es una muestra más de una sociedad putrefacta.*

pútrido, da. adj. Podrido o corrompido. *Cayó a las aguas pútridas de una alcantarilla.*

puya. f. **1.** Punta de acero que se halla en uno de los extremos de la garrocha. *La puya tiene un tope para impedir que se hunda demasiado.* **2.** Garrocha (vara para picar al toro). *El picador sostiene la puya con el brazo.* ▶ **2:** GARROCHA.

puyazo. m. Herida que se hace con la puya. *El toro quedó resentido de un tremendo puyazo.* Tb. fig. *En su discurso, lanzó varios puyazos contra la oposición.*

puzle. m. Rompecabezas (juego). *He comprado un puzle de cinco mil piezas.* Tb. fig. *En el último capítulo, el autor proporciona todas las claves del puzle.* ▶ ROMPECABEZAS.

P. V. P. abrev. Precio de venta al público. *P. V. P.: 30 euros.*

pyme. (Tb. **PYME**). f. Empresa que cuenta con un número de trabajadores y volumen de facturación reducidos. *Dirige una pyme y tiene a su cargo a doce empleados.*

pza. abrev. Plaza. *Viven en Pza. de España, 12.*

q

q. f. Letra del abecedario español cuyo nombre es *cu*, que se pronuncia como *k* y que cuando va delante de *e* o *i* se escribe acompañada de una *u* que no se pronuncia. *Aquí, querer, quórum, quadrívium, Qatar, Iraq.*

quadrívium. m. histór. Cuadrivio. *La música se estudiaba en las universidades medievales como parte del quadrívium.*

quark. (pronunc. "kuárk"; pl. **quarks**). m. *Fís.* Partícula elemental, componente de otras partículas subatómicas como el protón o el neutrón, y constituyente fundamental de la materia. *La existencia de los quarks fue postulada por Murray Gell-Mann.*

quásar. (Tb. **cuásar**; pronunc. "kuásar"; pl. **quásares** o **cuásares**). m. *Fís.* Cuerpo celeste con apariencia de estrella, que emite gran cantidad de luz y radiaciones. *Los quásares descubiertos están a miles de millones de años luz de la Tierra.*

que. (Se pronuncia siempre átono). pron. relat. **1.** Introduce una proposición que funciona como adjetivo de un nombre de persona o cosa que actúa como antecedente. *Tiene deudas que no puede pagar. Pedro, que nunca había venido a mi casa, se presentó sin avisar.* A veces precedido de prep. *El amigo de que te hablé. El asunto sobre el que se discutió.* Precedido de *lo,* se usa siguiendo a una oración que funciona como antecedente. *Cree que puede hacerlo todo sola, lo que es un grave error.* **2.** Precedido de artículo, introduce una proposición que funciona como sustantivo. Se usa sin antecedente. *Los que se fueron de excursión volverán mañana. Lo que me propones no me gusta. El premio será para el que lo merezca.* **3.** En que. Se usa con un antecedente que expresa medida temporal. *El día que vengas te devuelvo el dinero.* ● conj. **4.** Introduce una proposición sustantiva. *No me gusta que actúes así. Dijo que volvería. No hay ninguna posibilidad de que huya. Me conformo con que me pidas perdón.* **5.** Introduce una proposición que expresa el término de una comparación. Se usa en correlación con *más, menos, mayor, menor,* etc. *Daniel es menos decidido que Luis. Canta igual de mal que su hermano. Me gusta mucho más viajar en autobús que en metro.* **6.** cult. Seguida de *no,* introduce una noción contrapuesta a otra expresada antes. *Es servicial, que no servil.* **7.** Porque. *Vete, que te están esperando.* **8.** Introduce dos alternativas que conducen a la misma conclusión. Se usa repetida en la constr. *que... que. Que quiera, que no quiera, tendrá que ir.* **9.** Introduce una proposición que expresa resultado o consecuencia. Se usa en correlación con *tal, tan* o *tanto. Corría tanto que no pudimos alcanzarlo. Estaba tan nervioso que se equivocaba constantemente. Dijo tales barbaridades que se sintió avergonzado.* **10.** Para que. *Déjame el libro, que le eche un vistazo.* **11.** Introduce una oración independiente que expresa un deseo o un lamento. *¡Que disfrutéis! ¡Que nos veamos obligados a aguantar semejante situación!* **12.** Introduce un inciso que expresa una opinión o un deseo del que habla. *Si llegáis tarde, que espero que no, os guardaremos la cena.* **13.** Precedida y seguida de la 3ª persona singular de presente de indicativo del mismo verbo, se usa para indicar que la acción expresada por dicho verbo se realiza constantemente. *Está todo el día barre que barre.* ■ **a ~.** loc. conjunt. Introduce una oración que expresa un reto. *¡A que no me ganas al ajedrez! ¿A que puedo aguantar debajo del agua más que tú?* ■ **el ~ más y el ~ menos.** loc. s. Todos sin excepción. *El que más y el que menos ha aportado algo. La que más y la que menos tenía alguna duda.*

qué. pron. interrog. **1.** Pregunta por la naturaleza de algo o por la condición de alguien. *¿Qué estáis leyendo? ¿Qué es un "estrambote"? ¿De qué hablaste con ellos? No supe qué responder. ¿Qué es Juan?* Tb. exclam. *–¿Sabes que lo han premiado? –¡Qué me dices!* **2.** Pregunta por la cantidad o el precio. *¿Qué te costó el coche? ¿Qué tardas en volver del trabajo a casa? ¿Qué vas a poner, dos o tres terrones de azúcar?* ● adj. interrog. **3.** Pregunta por la identidad o la naturaleza de una persona o cosa, o por la clase a que pertenece lo designado por el nombre que sigue. *¿A qué amigo te refieres? Me preguntó en qué ciudad vivía. No me dijo qué tren cogería. ¿Qué vino sueles beber?* Tb. exclam. *¡Qué voz tiene!* ○ adj. exclam. **4.** Enfatiza la cantidad. *¡Qué frío hace aquí! ¡Qué hipocresía!* Frec. en la constr. *~ de. ¡Qué de gente! ¡Qué de vestidos tienes!* ● adv. exclam. **5.** Enfatiza una cualidad o una circunstancia. *¡Qué maleducado es! ¡Qué bien conduce! ¡Qué tarde es!* ■ **~ tal.** loc. adv. Cómo. *¿Qué tal te encuentras? Me preguntó qué tal lo había pasado.* Se usa tb. como fórmula de saludo. *Cuando nos encontramos me dijo: –Hola, ¿qué tal?* ■ **¿y ~ ?** expr. Se usa para expresar que lo que acaba de decirse no importa. *Sí, ya sabemos que subirán los precios, ¿y qué?*

quebequense. adj. Quebequés. *Paisaje quebequense.* Dicho de pers., tb. m. y f. *Muchos quebequenses estaban a favor de la secesión.*

quebequés, sa. adj. De Quebec (ciudad del Canadá, y su provincia). *Puerto quebequés.* Dicho de pers., tb. m. y f. *La mayor parte de los quebequeses hablan francés.* ▶ QUEBEQUENSE.

quebrada. f. **1.** Abertura o paso estrechos entre montañas. *Las tropas franquearon la quebrada de Despeñaperros.* **2.** Am. Arroyo que corre por una hendidura de la tierra. *Al otro día bajaría crecida la quebrada mayor que recorre la región* [C].

quebradero. m. coloq. Preocupación o inquietud. Frec. en pl. *Déjame de historias, que bastantes quebraderos tengo ya.* Tb. *~ de cabeza. Los hijos dan muchos quebraderos de cabeza.*

quebradizo, za. adj. **1.** Que se quiebra o rompe fácilmente. *Los barquillos están hechos de una pasta quebradiza. Las ramas del árbol son delgadas y quebradizas.* **2.** Dicho de salud: Delicada o endeble. *Tiene una salud quebradiza.*

quebrado, da. part. **1.** → **quebrar.** ● adj. **2.** Dicho de línea: Que está compuesta de varias rectas. *El borde forma una línea quebrada.* **3.** Dicho de terreno:

Que es desigual o que tiene altos y bajos. *El terreno es árido y quebrado.* ● m. **4.** Número quebrado (→ **número**). *Hacer la división de los siguientes quebrados: 2/3 entre 2/7.*

quebradura. f. Hendidura o grieta. *Las quebraduras del muro.*

quebrantador, ra. adj. Que quebranta o sirve para quebrantar. Dicho de pers., tb. m. y f. *Los quebrantadores de esta normativa serán sancionados.*

quebrantahuesos. m. Ave rapaz de gran tamaño, semejante al buitre, con el cuerpo pardo oscuro y la cabeza clara con una mancha negra desde el ojo hasta debajo del pico, que habita en zonas montañosas y se alimenta de carroña y de huesos que rompe arrojándolos contra las rocas. *El quebrantahuesos hembra.*

quebrantamiento. m. Hecho de quebrantar o quebrantarse, espec. una ley o una obligación. *El quebrantamiento de esta norma será penalizado.* ▶ *AGRIETAMIENTO.

quebrantar. tr. **1.** Hacer quebraduras o grietas (en una cosa) de manera que se rompa más fácilmente. *Quebrantó la pared a golpes de martillo.* Tb. en constr. prnl. media. *Las vigas del techo se están quebrantando.* **2.** Machacar (una cosa sólida) reduciéndo(la) a fragmentos, pero sin triturar(la). *Han quebrantado la piedra para asfaltar la carretera.* **3.** Disminuir las fuerzas, el brío o la resistencia (de alguien o algo). *La enfermedad lo ha quebrantado.* **4.** Causar algo como una enfermedad o un disgusto una disminución (de la salud o la vitalidad de una persona). *El estrés ha quebrantado su salud.* Tb. en constr. prnl. media. *Su salud se quebrantó por las muchas penalidades sufridas.* **5.** Violar (una ley, una palabra o promesa, o una obligación). *Si vuelve a quebrantar la condicional, irá a prisión sin fianza.* **6.** Forzar o romper (un cierre). *Han quebrantado la cerradura y se lo han llevado todo.* ▶ **1:** *AGRIETAR. **5:** *INFRINGIR.

quebranto. m. **1.** Hecho o efecto de quebrantar o quebrantarse, espec. la salud o las fuerzas de alguien. *El cansancio acumulado causó el quebranto de su salud. El quebranto de esta ley está a la orden del día.* **2.** Pérdida grande o perjuicio. *La caída del dólar ha supuesto un quebranto económico para la compañía.* **3.** Dolor o pena muy grande. *El libro narra las alegrías y quebrantos de la violinista.*

quebrar. (conjug. ACERTAR). tr. **1.** Romper (una cosa) con violencia. *El balonazo ha quebrado la luna del escaparate.* **2.** Interrumpir o impedir la continuación (de una cosa). *Aquel enfrentamiento quebró su brillante trayectoria profesional.* ○ intr. **3.** Arruinarse o fracasar una empresa, un negocio o su propietario. *La fábrica de galletas ha quebrado.* ○ intr. prnl. **4.** Interrumpirse la continuidad de una cordillera, una cuesta o un terreno. *Al llegar al pico, la montaña se quiebra y se abre a nuestros pies un gran precipicio.*

quechua. adj. **1.** De un pueblo indígena americano que en el momento de la colonización habitaba la región andina del norte y oeste del Cuzco (provincia del Perú). *Costumbres quechuas.* Dicho de pers., tb. m. y f. *Los aimaras de Bolivia fueron conquistados por los quechuas.* **2.** Del quechua (→ 3). *Vocabulario quechua.* ● m. **3.** Lengua hablada por los quechuas (→ 1). *Algunas palabras del quechua llegaron a España con los colonizadores.* ▶ QUICHUA.

quedar. intr. **1.** Seguir en determinado estado o situación. *Tu proyecto ha quedado como estaba: nadie lo ha tocado. Quedan muchos productos sin etiquetar.* Tb. prnl. *No te quedes callado, di algo. Quédese tumbado hasta que se le pase el mareo.* **2.** Pasar a determinado estado o situación que se expresan, o acabar en ellos, como resultado de algo. *La ciudad quedó destrozada a consecuencia de las bombas. La puerta no ha quedado bien cerrada. Tras el accidente, quedó paralítico. –¿Cómo quedó la partida? –En tablas.* Tb. prnl. *Se quedó sordo de un oído. Me he quedado sin palabras por la emoción. Sus padres empezaron a llamarla Dori y con ese nombre se quedó.* **3.** Pasar a determinado estado o situación que se sobrentienden, o acabar en ellos, como resultado de algo. *Han quedado huellas de pisadas en el barro. La reunión quedó para mañana. Miles de octavillas quedaron por la calle después de la manifestación. La conversación quedó aquí y no volvimos a hablar del asunto.* **4.** Existir todavía parte de determinada cosa. *Queda solo un litro de leche. Nos queda todavía una hora de viaje. No le quedaron ganas de volver a intentarlo.* **5.** Ponerse de acuerdo una persona con otra en algo. *Quedé* CON *el médico* EN *aplazar la cita para el martes.* Tb.: *Hemos quedado* EN *repartirnos el premio.* **6.** Concertar una cita una persona con otra. *He quedado* CON *ella a la salida del trabajo.* Tb.: *Cuando vengas por aquí, me llamas y quedamos.* **7.** Pasar a tener alguien determinada fama como resultado de su comportamiento o de las circunstancias. *Ha quedado* POR *mentiroso. Al no presentarse a la cita, ha quedado como un informal.* **8.** Estar situado algo. *¿Queda lejos de aquí la estación de tren? Ese barrio queda al otro lado de la autopista.* ○ tr. prnl. **9.** Adquirir (una cosa), o pasar a poseer(la). *–¿Le gustan estos zapatos, señora? –Sí; me los quedo.* ○ intr. prnl. **10.** Seguir estando en un lugar. *Hoy me quedaré* EN *casa y no saldré con los amigos. Tenía pensado quedarse unos días* EN *Sevilla. No te quedes* EN *la puerta, entra.* Tb., cult., intr. *Parte de su corazón quedó* EN *Buenos Aires.* **11.** eufem. Morir. *El pobre Luis se quedó en la carretera. Se quedó en la operación.* **12.** Seguido de un complemento introducido por *con:* Adquirir la cosa designada por él, o pasar a poseerla. *–¿Le gustan estos zapatos, señora? –Sí; me quedo con ellos. Nos quedamos con el piso, si nos hace una buena oferta.* **13.** coloq. Seguido de un complemento introducido por *con:* Engañar a la persona designada por él, o burlarse de ella. *–Me dijo que era campeón de España de kárate. –¿No se estaría quedando contigo?* ■ **¿en qué quedamos?** expr. coloq. Se usa para expresar el deseo de que termine una indecisión o de que se aclare algo contradictorio. *¿En qué quedamos?, ¿quieres que te deje el coche o no?* ■ **no ~** algo (por una persona o cosa). loc. v. No ser (esa persona o cosa) la causa de que eso no se lleve a cabo. *–No me llega para el billete de tren. –*POR *dinero que no quede, que yo te lo presto. –Tenemos que mover el sofá. –Pues* POR *mí que no quede, estoy dispuesto a ayudar. Las monjas no consiguieron reunir el dinero suficiente, pero* POR *ellas no quedó.* ■ **~se** alguien **corto.** loc. v. coloq. Hacer o conseguir alguien menos de lo que puede o de lo que debe. *Nos hemos quedado cortos: no había suficientes pasteles para todos. –Lo menos pesas 80 kilos. –Te has quedado corto, peso 86.*

quedo, da. adj. **1.** cult. Silencioso o que casi no hace ruido. *Habla con voz queda. Avanza con pasos quedos.* **2.** cult. Quieto. *Permanece quedo, sin hacer el menor movimiento. Las quedas aguas del lago.* ● adv. **3.** cult. En voz baja o sin hacer ruido. *Habla muy quedo.*

quehacer. m. Ocupación o tarea que ha de hacerse. *Su quehacer como periodista le permite dedicarse* *también a la literatura.* Frec. en pl. *Tenía demasiados quehaceres y apenas tiempo libre.* ▶ *TAREA.

queimada. f. Bebida alcohólica caliente, típica de Galicia, que se prepara quemando aguardiente de orujo mezclado con limón y azúcar. *Al final de la fiesta prepararán una queimada.*

queísmo. m. *Gram.* Empleo indebido de la conjunción *que* en lugar de la secuencia *de que. En la oración "me alegro que vengas", hay un caso de queísmo.*

queja. f. Hecho o efecto de quejarse. *Desde el pasillo se pueden oír sus quejas de dolor. Ha habido muchas quejas de los vecinos por los ruidos de la obra.*

quejarse. intr. prnl. **1.** Expresar alguien el dolor o la pena que siente emitiendo determinados sonidos o palabras. *Se quejaba sin parar y tuvieron que darle un calmante.* **2.** Manifestar una persona disconformidad o disgusto con alguien o algo. *Me quejaré* DE *usted al encargado. No puedes quejarte: tienes un horario muy cómodo.*

quejica. adj. coloq. Que se queja mucho, y frec. sin causa suficiente. *¡Qué quejica, si no tienes más que un rasguño!* Dicho de pers., tb. m. y f. *Es un quejica y protesta por todo.*

quejicoso, sa. adj. coloq. Quejica. *La niña estaba muy quejicosa porque tenía sueño.*

quejido. m. Hecho o efecto de quejarse o expresar dolor o pena. *Podía oír sus quejidos a través de la puerta.*

quejigo. m. Variedad de roble, de tronco grueso y copa redondeada, con hojas dentadas, vellosas y claras por el envés, cuyos frutos son bellotas y cuya madera se emplea como leña y para la fabricación de vigas. *Un bosque de encinas, alcornoques y quejigos.*

quejoso, sa. adj. Que tiene queja de alguien o algo. *Está quejosa* DE *sus vecinos. Anda siempre quejoso* DEL *poco caso que le hacen.*

quejumbroso, sa. adj. **1.** Dicho de cosa: Propia de la queja, o que manifiesta queja. *Tiene un tono de voz quejumbroso.* **2.** Dicho de persona: Que se queja con poco motivo o por costumbre. *Ella tan quejumbrosa siempre, nunca está conforme.*

quelonio. adj. **1.** *Zool.* Del grupo de los quelonios (→ 2). *Reptiles quelonios.* ● m. **2.** *Zool.* Reptil con cuatro patas cortas y fuertes, mandíbulas duras y sin dientes, y el cuerpo protegido por un caparazón que le cubre el pecho y la espalda, como la tortuga y el galápago.

quema. m. Hecho de quemar o destruir algo el fuego o con fuego. *No han podido salvar nada de la quema. La quema de unos rastrojos originó el incendio.*

quemadero. m. Lugar en el que se queman cosas. *El humo sale del quemadero de basuras.*

quemador, ra. adj. **1.** Que quema o sirve para quemar. *Dispositivo quemador.* ● m. **2.** En un aparato como una cocina o una caldera: Dispositivo en que se quema el combustible. *Para encender el calentador de gas, acerque una cerilla al quemador. La cocina tiene cuatro quemadores.* ▶ **2:** FUEGO, HORNILLO.

quemadura. f. **1.** Herida causada en un tejido orgánico por la acción del fuego o de algo que quema. *Si se expone al sol en exceso, puede sufrir quemaduras.* Tb. la marca así producida. *Estas manchas que tengo en el brazo son quemaduras de aceite.* **2.** Daño causado en una cosa por la acción de algo que quema. *Lleva una camisa llena de quemaduras de cigarro.*

quemante. adj. Que quema. *Una herida quemante.*

quemar. tr. **1.** Destruir el fuego (algo o a alguien). *El fuego ha quemado todo el bosque.* Tb. en constr. prnl. media. *Cuando puse la sartén sobre el fuego, se quemó el mango.* **2.** Destruir alguien mediante fuego (algo o a alguien). *He quemado las hojas secas del jardín.* **3.** Destruir o dañar (algo) por la acción de una fuente de energía o de un agente corrosivo. *La lejía ha quemado el jersey. Me ha quemado el pelo con el tinte.* Tb. en constr. prnl. media. *La sábana se quemó porque la plancha estaba demasiado caliente.* **4.** Secar el excesivo calor o frío (una planta). *La helada ha quemado las plantas.* Tb. en constr. prnl. media. *Con este sol van a quemarse todas las petunias.* **5.** Causar (en una persona o en una parte de su cuerpo) una sensación de ardor. *Mordí un trozo de guindilla que me quemó la lengua.* Tb. usado en constr. intr. *El guiso lleva tanta pimienta que quema.* **6.** Producir el sol heridas (a una persona o una parte de su cuerpo). *El sol de la sierra le ha quemado la cara.* Tb. en constr. prnl. media. *Me he quemado por tomar el sol sin crema protectora.* **7.** coloq. Malgastar o derrochar (algo, espec. el dinero). *Ha quemado la fortuna familiar.* **8.** coloq. Impacientar o causar disgusto (a alguien). *Ya me empieza a quemar que me des tantas largas.* ○ intr. **9.** Estar muy caliente o desprender mucho calor una cosa. *Esta sopa quema. Hoy sí que quema el sol.* ○ intr. prnl. **10.** coloq. Estar muy cerca de acertar algo o de hallar lo que se está buscando. Gralm. en constr. como *que te quemas. –¿Es un actor famoso? –¡Huy, que te quemas!; no es actor, pero casi lo adivinas.* **11.** coloq. Dejar de estar alguien en las condiciones adecuadas para ejercer una actividad o desempeñar un cargo, gralm. por haberse excedido en ellos. *Tras años en la alta competición, el ciclista se quemó y decidió retirarse. El político se ha quedado en un segundo plano para no quemarse como futuro candidato.* ▶ **1:** ABRASAR, CALCINAR. **2-6, 9:** ABRASAR.

quemarropa. a ~. (Tb. **a quema ropa**). loc. adv. **1.** Desde muy cerca. Se usa hablando de disparos con arma de fuego. *Disparó a su víctima a quemarropa.* Tb. loc. adj. *No fue un francotirador; eran disparos a quemarropa.* **2.** De manera directa y algo brusca. *Apenas nos presentaron, me soltó a quemarropa: –¿Está usted casada?*

quemazón. f. **1.** Sensación de ardor o escozor. *Había estado fregando y notaba quemazón en las manos.* **2.** Desazón anímica o intranquilidad. *Al quedarse solo, lo invadió una angustiosa quemazón.* **3.** Hecho de quemarse o disgustarse alguien.

quena. f. Flauta originaria de Sudamérica, gralm. de caña, con cinco o seis agujeros en la parte anterior y uno en la posterior, y sin boquilla. *El grupo folclórico peruano se acompaña con quenas y guitarras.*

queo. dar el ~. loc. v. coloq. Avisar de algo, espec. de la llegada de alguien que puede sorprender o pillar a otros desprevenidos. *Un ladrón se quedó en la puerta para dar el queo si venía la policía.*

quepis. m. Gorra cilíndrica con visera horizontal que forma parte de algunos uniformes. *Los gendarmes franceses llevan quepis.*

queratina. f. *Bioquím.* Proteína que se genera en la capa superficial de la piel de los vertebrados y que constituye derivados de esta de cierta dureza, como el pelo, las uñas o las plumas. *Los tintes pueden alterar la estructura de la queratina del cabello.*

querella. f. **1.** cult. Discordia o pelea. *Decidieron hacer las paces y olvidar viejas querellas.* **2.** *Der.* Acusación de un delito que se presenta contra alguien por escrito ante un juez o tribunal. *El cantante presentó una querella criminal por difamación contra un periodista.*

querellante. adj. *Der.* Que se querella. *La abogada de la parte querellante solicita prisión incondicional.* Dicho de pers., tb. m. y f. *Los querellantes confían en conseguir la indemnización.*

querellarse. intr. prnl. *Der.* Presentar querella o acusación contra alguien. *Se querelló* CONTRA *su socia por estafa.*

querencia. f. **1.** Inclinación o tendencia del hombre y de algunos animales a volver a determinado lugar, espec. a aquel en que se han criado o al que tienen costumbre de ir. *Nunca ha perdido la querencia* AL *terruño.* Tb. ese lugar. *Las vacas extraviadas intentaron volver a su querencia.* **2.** Inclinación o tendencia de alguien hacia algo. *Muestra cierta querencia* POR *la holgazanería.* **3.** Hecho o efecto de querer o apreciar a alguien. *Le tengo querencia, no lo puedo evitar.* **4.** *Taurom.* Tendencia del toro a dirigirse a un lugar determinado de la plaza. *El toro tiene querencia* A *las tablas.*

querencioso, sa. adj. **1.** Dicho de animal: Que tiene mucha querencia. *Un toro querencioso.* **2.** Dicho de lugar: Que es objeto de querencia de un animal. *Una zona de la finca querenciosa para los conejos.*

querendón, na. adj. frecAm. coloq. Cariñoso (que siente cariño). *Doña Cristina es una mujer rolliza, querendona, de sonrisa fácil* [C]. *Los burros son querendones y saben dónde hay hembras para sus arrieros* [C].

querer. (conjug. QUERER). tr. **1.** Tener voluntad o intención de conseguir (algo) o de realizar (un hecho). *Quería saber la verdad. Quiero unos zapatos nuevos. Quiere que lo haga yo. ¿Queréis que os ayude? ¿Y aún quieres que no le dé importancia?* No *sé qué quieres insinuar.* **2.** Amar o tener cariño (a alguien o algo). *Juan la quiere, pero no se lo ha dicho. Se quieren como hermanos. Quiero mucho a mi tierra.* **3.** cult. Exigir una cosa (algo), o hacer(lo) necesario o conveniente. *Este asunto quiere mucho tacto. Entenderlo quiere un poco de paciencia por tu parte.* **4.** Seguido de un infinitivo: Estar a punto de producirse lo expresado por él. *Está abriendo; parece que quiere salir el sol.* **5.** En un juego de cartas: Aceptar (un envite o apuesta). *Quiero tus mil y ahí van mil más.* Tb. usado en constr. intr. *–Órdago. –Quiero.* ● m. **6.** Amor, espec. de tipo sexual. *Las diferencias que existan entre ellos no tienen que ver con el querer. Me habló de su querer por ella.* ■ **como quiera.** → **comoquiera.** ■ **donde quiera.** → **dondequiera.** ■ **¿qué más quieres?** expr. coloq. Se usa para expresar que lo que otro ha conseguido es suficiente, o incluso excesivo. *Acabas de estar un mes de vacaciones, ¿qué más quieres?* ■ **que quiera, que no quiera.** expr. Se usa para expresar que algo se llevará a cabo sin tener en cuenta la voluntad de la persona interesada. *Que quieras, que no quieras, me iré de viaje. Que quieran, que no quieran, mañana comeremos lentejas.* ■ **qué quieres,** o **qué quieres que** (**le**) **haga.** expr. coloq. Se usa para expresar excusa o justificación ante lo dicho anteriormente. *–¿Qué haces fregando los platos? –¡Qué quieres!, alguien tiene que hacerlo. –He vuelto a perder las llaves. –¿Y qué quieres que yo le haga? Y qué quieres que haga si no tienes dinero, eso es cosa tuya.* ■ ~ alguien **bien** (a otra persona). loc. v. Amar(la). *Lucía te quiere bien. Ana y Javier se quieren bien.* ■ ~ **decir.** loc. v. Significar. *No comprendo lo que quiere decir este símbolo. El inglés "man" quiere decir 'hombre'.* ■ **sin ~.** loc. adv. Sin intención o involuntariamente. *–Me acabas de quemar la camisa con el cigarrillo. –Perdona, ha sido sin querer. Apoyé sin querer la mano en la pared pintada y me ensucié.* ▶ **1:** ANSIAR, APETECER, ASPIRAR, DESEAR, PRETENDER. **2:** AMAR, APRECIAR, ESTIMAR. **6:** AMOR.

querido, da. part. **1.** → **querer.** ● adj. **2.** Se usa en fórmulas de cortesía para dirigirse afectuosamente al destinatario de una carta. *"Querido sobrino –empezó a escribir en la postal–, espero que te encuentres bien".* ● m. y f. **3.** coloq. Amante (persona con quien se mantienen relaciones sexuales ilícitas). *Ella tiene un querido. Lo han visto por la calle con su querida.*

querindongo, ga. m. y f. despect. Querido. *Está casada, pero tiene un querindongo.*

quermes. (Tb. **kermes**; pl. invar.). m. Insecto parecido a la cochinilla, que vive parásito en la coscoja y cuya hembra forma en este árbol unas agallas de las que se obtiene un pigmento rojo empleado como tinte. *En la España musulmana se obtenía colorante gracias al quermes.*

quermés. → **kermés.**

queroseno. (Tb. **keroseno**). m. Producto líquido derivado del petróleo, que se emplea como combustible y en la fabricación de insecticidas. *Una estufa de queroseno calentaba la sala.*

querubín. m. **1.** *Rel.* Espíritu celeste que integra el segundo de los nueve coros en que se jerarquizan los ángeles. *Al lado de la Virgen aparecen dos querubines.* **2.** Persona, espec. niño, de gran belleza. *Tiene apenas seis meses y es un querubín.*

quesada. f. Quesadilla.

quesadilla. f. **1.** Pastel compuesto de queso y masa. *Han sacado para merendar una ensaimada y quesadillas.* **2.** Am. Torta de maíz rellena de queso u otros ingredientes y que se come caliente. *Traía un envoltorito de quesadillas de sesos* [C]. ▶ QUESADA.

quesera. → **quesero.**

quesería. f. Establecimiento en que se hace o se vende queso. *Hay queso de cabra tierno en la quesería.*

quesero, ra. adj. **1.** Del queso. *Industria quesera.* **2.** Dicho de persona: Aficionada al queso. *En casa somos todos muy queseros.* Tb. m. y f. ● m. y f. **3.** Persona que tiene por oficio hacer o vender queso. *El quesero nos ofreció un queso de oveja muy suave.* ○ f. **4.** Establecimiento o lugar en que se fabrican quesos. *En una quesera nos invitaron a probar varios quesos.* **5.** Plato con una cubierta gralm. de cristal, en el que se saca el queso a la mesa. *Puso en la mesa el frutero y la quesera.* **6.** Recipiente destinado a guardar o conservar quesos. *Conservan los quesos en aceite, en una gran quesera de barro.*

quesito. m. **1.** dim. → **queso.** **2.** Cada una de las porciones en que se presenta dividido un queso cremoso, envueltas de forma independiente y envasadas juntas gralm. en cajitas. *De merienda, pan con chocolate y quesitos.*

queso. m. **1.** Producto alimenticio obtenido de la maduración de la cuajada de la leche. *Echa a los macarrones queso rallado.* Tb. cada pieza elaborada de ese producto, frec. de forma redonda. *En la despensa hay un salchichón y medio queso.* **2.** coloq., humoríst. Pie de una persona. *A ver si te lavas un poco, que te huelen los quesos.* ■ ~ **de bola.** m. Queso (→ 1) típico de Holanda, de color amarillento, que se presenta en piezas de forma esférica y con corteza gralm. roja.

□ **dársela** (a alguien) **con ~.** loc. v. coloq. Engañar(lo) o burlarse (de él). *Se cree muy lista, pero se la dan con queso.*

quetzal. m. **1.** Ave trepadora de las selvas tropicales centroamericanas, con el plumaje del pecho rojo, el de la parte superior del cuerpo verde, y una especie de casco de plumas también verdes en la cabeza. *Cuenta la leyenda que un quetzal volaba sobre la cabeza del jefe indio.* **2.** Unidad monetaria de Guatemala. *Al llegar a Guatemala, cambió dólares en quetzales.*

quevedos. m. pl. Lentes redondas, sin patillas, montadas sobre un armazón que se sujeta en la nariz. *Según el retrato, el poeta llevaba bigote y quevedos.*

quia. interj. Se usa para expresar incredulidad o negación respecto de lo que se acaba de oír. *–Dicen que este invierno habrá nevadas. –¡Quia, eso dicen todos los años!*

quiasmo. m. *Lit.* Figura retórica que consiste en ordenar de manera inversa los miembros de dos secuencias bimembres encadenadas, de modo que el primer miembro se corresponda con el cuarto, y el segundo, con el tercero. *En la estructura del poema abundan quiasmos y paralelismos.*

quiche. f. (Tb. m.). Pastel salado elaborado con una base de masa sobre la que se pone una mezcla de huevos, leche y otros ingredientes, y que se cuece al horno. *De segundo tomamos una quiche de espinacas. Desmolde el quiche y adórnelo con trocitos de pimiento.*

quiché. adj. De un grupo étnico indígena, de origen maya, que habita en el oeste de Guatemala. *Cultura quiché. Indios quichés.* Dicho de pers., tb. m. y f. *Los habitantes de esta zona son descendientes de los quichés.*

quichua. adj. Quechua. *Indios quichuas.* Dicho de pers., tb. m. y f. *Los quichuas se extendieron a medida que avanzaba el Imperio inca.* Dicho de lengua, tb. m. *El quichua se habla en Perú, Ecuador y Bolivia.*

quicio. m. Parte de una puerta o ventana donde están fijados los goznes o bisagras que sujetan la hoja y permiten su giro. *Apoyó la mano en el quicio de la puerta para cerrarme el paso.* ■ **fuera de ~.** loc. adv. En un estado carente de orden o equilibrio. *El mundo está fuera de quicio.* ■ **sacar de ~** (a alguien). loc. v. Exasperar(lo) o hacer(le) perder la moderación o el equilibrio. *Su impuntualidad me saca de quicio.* ■ **sacar de ~** (algo). loc. v. Exagerar(lo) o dar(le) una interpretación forzada. *No le des más vueltas, tampoco hay que sacar de quicio lo ocurrido. Lo he dicho sin mala intención, no saques las cosas de quicio.*

Quico. ponerse como el ~. loc. v. coloq. Hartarse de comer. *La cena estaba deliciosa y nos pusimos como el Quico. Me he puesto como el Quico* DE *croquetas.*

quid. (Gralm. con art.). m. Esencia o punto fundamental de algo. *No faltan ideas, falta presupuesto; ese es el quid de la cuestión.* ► *ESENCIA.

quídam. (pl. invar.). m. **1.** coloq. o despect. Persona (hombre o mujer). Se usa para designar a una persona cuyo nombre se ignora. *Apareció por allí un quídam que quería venderme un reloj.* **2.** despect. Persona de poca importancia o valía. *Quien afirma esto no es ningún quídam, sino un eminente investigador.*

quid pro quo. (loc. lat.; pronunc. "kíd-pro-kuó"; frec. con art.). m. **1.** cult. Error que consiste en tomar a una persona o cosa por otra. *Aquella interpretación de mis palabras procedía de un lamentable quid pro quo.* ● expr. **2.** Se usa para expresar que una cosa se sustituye o cambia por otra equivalente. *Cogió la mercancía y entregó el dinero diciendo: –Aquí tiene, quid pro quo.*

quiebra. f. **1.** Hecho de quebrar o arruinarse un negocio o su propietario. *Su gestión llevará la fábrica a la quiebra.* **2.** Pérdida o deterioro de algo. *Los disgustos han producido la quiebra de su salud.* **3.** Rotura de una superficie dura o rígida. *El golpe produjo la quiebra del cristal blindado.* ► **1:** BANCARROTA. ‖ **Am:** QUIEBRE.

quiebre. m. Am. Hecho de quebrar. *El quiebre del jarrón se mantuvo dentro de la niña como una travesura* [C]. *La expulsión de las órdenes religiosas completó el quiebre del poder eclesiástico* [C]. *Algunos puntos del proyecto podrían generar quiebres de empresas* [C]. *El único amor invulnerable –y hasta ese tiene sus quiebres– es el de los padres* [C].

quiebro. m. **1.** Movimiento ágil que se hace con el cuerpo doblándolo por la cintura, frec. para esquivar un golpe o un obstáculo. *Hizo un quiebro para evitar el carrito que venía rodando hacia ella. El bailaor encandila con sus movimientos y quiebros de cintura.* Tb. fig. *Si la pregunta le resultaba incómoda, hacía un quiebro y hablaba de otra cosa.* **2.** coloq. Inflexión o alteración repentinas del tono de voz. *Con un quiebro de voz añadió: –Lo siento.* **3.** *Taurom.* Suerte que consiste en un rápido quiebro (→ 1) del torero para esquivar al toro cuando este embiste. *Con las banderillas, es capaz de toda una exhibición de quiebros.*

quien. (Se pronuncia siempre átono, salvo en la loc. *no ser ~*). pron. relat. **1.** El que. Se usa sin antecedente. *Es el Gobierno quien debe tomar una decisión. No fue una sorpresa para quienes la conocían.* **2.** La persona que. *No resulta fácil para quien tiene que dar la orden.* **3.** Nadie que. Se usa precedido de negación. *No hay quien estudie con este jaleo.* **4.** El cual. Se usa con antecedente. *Se lo dijeron a su jefe, quien se lo comunicó al director.* ■ **no ser ~.** loc. v. No tener capacidad para hacer algo. *No es quien* PARA *opinar.*

quién. pron. interrog. Qué persona. *¿A quién quieres invitar? Anunciaron quiénes eran los ganadores del concurso.* Tb. exclam. *¡Quién iba a imaginárselo! ¡Quién pudiera marcharse!*

quienquiera. (Se pronuncia siempre átono; pl. **quienesquiera**). pron. indef. cult. Cualquier persona. *Quienquiera puede practicar ese deporte. Esa solución se le puede ocurrir a quienquiera.* Frec. seguido de una oración introducida por *que. Quienquiera que lo haya hecho merece un castigo. Avisa a quienesquiera que puedan ayudarnos.*

quietismo. m. **1.** Condición de quieto o inmóvil. *El lugar elegido para el monumento aumenta la sensación de quietismo.* **2.** Inacción o desidia que lleva a no actuar. *El quietismo de la sociedad.* **3.** *Rel.* Doctrina mística heterodoxa según la cual la perfección del alma consiste en el abandono de la voluntad para unirse con Dios, en la contemplación pasiva y en la indiferencia hacia lo que pueda sucederle en ese estado. *Nuestros místicos del* XVII *hacen suyas algunas ideas del quietismo y del iluminismo.*

quietista. adj. **1.** *Rel.* Del quietismo. *Las ideas quietistas se extendieron por Francia e Italia.* **2.** *Rel.* Partidario o seguidor del quietismo. *Místico quietista.* Dicho de pers., tb. m. y f. *La jerarquía eclesiástica condenó a los quietistas.*

quieto, ta. adj. **1.** Que no hace ningún movimiento. *¡Estate quieta ya, que me pones nervioso!* Tb. fig. *Siempre estudiando, su curiosidad nunca está quieta.* **2.** cult. Sosegado o calmado. *Se conocieron en una quieta tarde de agosto.* ► **2:** *TRANQUILO.

quietud. f. **1.** Ausencia de movimientos. *Permaneció allí horas, con la quietud de una estatua.* **2.** cult. Sosiego o calma. *Entre los muros del claustro, se respira paz y quietud.*

quif. → **kif.**

quijada. f. Mandíbula de los vertebrados que tienen dientes. *Le acarició las quijadas al potro.*

quijotada. f. Acción propia de un quijote. *Su dimisión por solidaridad con los despedidos puede calificarse de quijotada.* Frec. despect. *Lo que tú llamas "acto de generosidad" es una quijotada.*

quijote. m. **1.** Hombre que actúa anteponiendo sus ideales a su interés y en defensa de causas que considera justas. *Es uno de esos quijotes que un día lo dejan todo por los demás.* Tb. adj. *No seas tan quijote.* **2.** histór. Pieza de la armadura que cubre el muslo.

quijotesco, ca. adj. **1.** De don Quijote de la Mancha (personaje literario de Miguel de Cervantes, 1547-1616). *La agencia ofrece una ruta quijotesca por La Mancha.* **2.** Propio de un quijote. *Mantiene una lucha quijotesca en defensa de los marginados.*

quijotismo. m. Condición de quijote. *Su compromiso con los desfavorecidos es una muestra más de su quijotismo.*

quilate. m. **1.** Unidad de peso para perlas y piedras preciosas, que equivale a 205 mg. *Un diamante de diez quilates.* **2.** Veinticuatroava parte de oro puro contenido en una aleación o en una cantidad de oro. Se usa como unidad de medida del grado de pureza de una aleación. *Una sortija de oro de 18 quilates.* ○ pl. **3.** Grado de perfección o valor de una cosa no material. *Tiene un corazón de muchos quilates.*

quilla. f. **1.** En un barco: Pieza de madera o metal que va de popa a proa por su parte inferior y en la que se asienta su armazón. *Las aguas son tan poco profundas que la quilla roza el fondo.* **2.** *Zool.* En un ave: Parte saliente del esternón. *El tamaño de la quilla depende de la capacidad voladora de cada especie.*

quilo[1]. m. *Fisiol.* Líquido lechoso y graso que resulta de la absorción de las grasas del quimo en el intestino delgado. *El quilo está formado por el quimo, el jugo intestinal, la bilis y el jugo pancreático.*

quilo[2]. → **kilo.**

quilo-. → **kilo-.**

quilogramo. → **kilogramo.**

quilombo. m. Am. coloq. Lío (situación confusa). *Se armó un quilombo bárbaro* [C].

quilométrico, ca. → **kilométrico.**

quilómetro. → **kilómetro.**

quimbambas. (A veces en mayúsc.). f. pl. coloq. Sitio lejano o impreciso. *Se ha ido a vivir a las Quimbambas.* Frec. en la constr. *en las ~. Me equivoqué de carretera y terminé en las quimbambas.*

quimera. f. **1.** Cosa o idea concebidas por la imaginación como posibles o verdaderas, sin serlo. *Atrás quedó aquella quimera de que la poesía podía cambiar el mundo.* **2.** En la mitología grecorromana: Monstruo con cabeza de león, cuerpo de cabra y cola de dragón, que vomitaba llamas. *En el mosaico se representan esfinges, grifos y quimeras.*

quimérico, ca. adj. Imaginario e irreal o carente de relación con la realidad. *Narra un encuentro quimérico con Al Capone. Es un proyecto quimérico.*

químico, ca. adj. **1.** De la química (→ 2), o de su objeto de estudio. *Símbolo químico. Laboratorio químico. Análisis químico de la sangre.* ● f. **2.** Ciencia que estudia la composición, las transformaciones y las combinaciones de las sustancias. *En clase de Química hemos hecho ejercicios de formulación.* Frec. en pl. designa los estudios universitarios correspondientes. *Se ha licenciado en Químicas por una universidad extranjera.* ○ m. y f. **3.** Especialista o titulado en química (→ 2). *Es química y trabaja en un laboratorio farmacéutico.* ■ **química inorgánica.** f. *Quím.* Rama de la química (→ 2) que estudia las sustancias inorgánicas. *En la asignatura de Química Inorgánica estudiaremos los compuestos que no contienen carbono.* ■ **química orgánica.** f. *Quím.* Rama de la química (→ 2) que estudia las sustancias orgánicas. *Un manual de química orgánica.*

quimioterapia. f. *Med.* Tratamiento de las enfermedades, espec. del cáncer, por medio de productos químicos. *Las sesiones de quimioterapia le producían náuseas y caída del pelo.*

quimo. m. *Fisiol.* Pasta consistente y agria que resulta de la digestión de los alimentos en el estómago. *El quimo pasa por el píloro del estómago al intestino delgado.*

quimono. (Tb. **kimono**). m. **1.** Túnica típica japonesa, de mangas anchas y largas, abierta por delante y que se ciñe, cruzándola, mediante un cinturón. *Las* geishas *iban ataviadas con el tradicional quimono.* **2.** Conjunto de ropa deportiva para practicar artes marciales, formado por un pantalón amplio y una chaqueta de mangas anchas que se ciñe como un quimono (→ 1). *Los dos yudocas se agarraban de los quimonos y de los cinturones.*

quina. f. Licor o preparado líquido elaborados con una sustancia extraída de la corteza del quino. *De aperitivo, una copita de quina.* Tb. esa sustancia y la corteza. *La quina resultó ser muy eficaz contra la fiebre y el paludismo.* ■ **tragar ~.** loc. v. coloq. Soportar algo que molesta o causa disgusto, sin exteriorizar lo que se siente. *Todo el viaje metiéndose conmigo, y yo allí, tragando quina.*

quinado, da. adj. Dicho de vino o de otro producto: Que se prepara con quina. *Un licor quinado.*

quincalla. f. Conjunto de objetos de escaso valor y gralm. metálicos, como tijeras, dedales o imitaciones de joyas. *Hay lámparas, pucheros viejos y todo tipo de quincalla.* Frec. despect. *Todo lo que llevaba encima en joyas era quincalla.* ▶ QUINCALLERÍA.

quincallería. f. **1.** Quincalla. *Tiene los cajones llenos de quincallería.* Frec. despect. *A ver si tiras toda esta quincallería.* **2.** Establecimiento en que se fabrica o se vende quincalla. *En el barrio hay una antigua quincallería.* **3.** Comercio de quincalla. *Se dedicaba a la quincallería.*

quincallero, ra. m. y f. Persona que tiene por oficio fabricar o vender quincalla. *Los quincalleros iban de pueblo en pueblo vendiendo su mercancía.*

quince. (APÉND. NUM.). adj. **1.** Catorce más uno. *Tengo quince días de vacaciones.* Tb. sustantivado. *Ninguno de los quince batió el récord.* Tb. pron. *Vinieron él y quince más.* **2.** Decimoquinto. *Página quince.* Tb. sustantivado. *–¿Qué día vuelves? –El quince de abril.* ● m. **3.** Número que sigue al catorce. *En la lotería, al quince lo llaman "la niña bonita".* Frec. *número ~. El número quince se representa como 15.*

quinceañero, ra. adj. Dicho de persona: Que tiene alrededor de quince años. *Tiene un hijo quinceañero y* *otro algo mayor.* Tb. m. y f. *Miles de quinceañeros asistieron al concierto.*

quincena. f. Tiempo de quince días. *Los resultados tardarán una quincena. En la segunda quincena de julio me voy de vacaciones.*

quincenal. adj. **1.** Que sucede cada quince días. *El pago de los intereses será quincenal.* **2.** Que dura quince días. *El curso dura tres meses y consta de seis seminarios quincenales.*

quincuagésimo, ma. (APÉND. NUM.). adj. Que ocupa en una serie el lugar número cincuenta. *Hoy celebra su quincuagésimo cumpleaños. Capítulo quincuagésimo.* Tb. sustantivado. *El quincuagésimo en el orden de llegada era un corredor español.* Seguido de los ordinales *primero* a *noveno,* se usa como ordinal para los números cincuenta y uno a cincuenta y nueve. *Es la quincuagésima segunda de la lista.*

quiniela. f. **1.** Apuesta en la que el apostante pronostica los resultados de una competición deportiva, espec. de fútbol. *Acertó una quiniela de catorce resultados.* **2.** Boleto o papeleta en que se escribe una quiniela (→ 1). *¿Me ayudas a rellenar la quiniela?*

quinielista. m. y f. Persona que juega a las quinielas. *Solo dos quinielistas acertaron todos los resultados.*

quinielístico, ca. adj. De la quiniela. *Es difícil un pronóstico quinielístico para este domingo.*

quinientos, tas. (APÉND. NUM.). adj. **1.** Cuatrocientos noventa y nueve más uno. *Se inscribieron en la carrera más de quinientas personas.* Tb. sustantivado. *–¿Tenemos hojas? –Sí, las quinientas del paquete.* Tb. pron. *A la última oposición se presentaron quinientos.* **2.** Que ocupa en una serie el lugar número quinientos (→ 3). *El local está en el kilómetro quinientos de la autopista.* ● m. **3.** Número que sigue al cuatrocientos noventa y nueve. *El quinientos se representa como 500. Lleva un quinientos pintado en la camiseta.* Frec. *número quinientos.*

quinina. f. Sustancia blanca y amarga que se extrae de la corteza del quino y se emplea como medicamento contra la fiebre y para combatir enfermedades como la malaria o el paludismo. *El paciente fue tratado con quinina.*

quino. m. Árbol originario de Sudamérica, de hojas ovaladas y flores blancas o purpúreas, cuya corteza se utiliza en medicina, y del que existen varias especies.

quinqué. m. Lámpara de mesa alimentada con petróleo y provista de un tubo y una pequeña pantalla de cristal que protegen la llama. *Solo la luz de un quinqué alumbraba la habitación.*

quinquenal. adj. **1.** Que dura cinco años. *El contrato tenía una validez quinquenal, de 2005 a 2010.* **2.** Que sucede cada cinco años. *La elección de presidente era quinquenal.*

quinquenio. m. Tiempo de cinco años. *El plan de expansión se desarrollará en el próximo quinquenio.*

quinqui. m. y f. Persona que pertenece a un grupo social marginado por su forma de vida, gralm. itinerante y dedicada a la quincallería. Frec. despect. para designar a alguien que realiza pequeños robos o actos delictivos. *Ten cuidado, que ese barrio está lleno de quinquis.*

quinta. → **quinto.**

quintacolumnista. m. y f. Persona que pertenece a la quinta columna de un país en guerra. *Los espías tuvieron la colaboración de un quintacolumnista.*

quintaesencia. (Tb. **quinta esencia**). f. **1.** cult. Cosa o persona en que se concentra lo esencial o lo más puro o fino de algo, espec. de una cualidad. *Esos zapatos son la quintaesencia* DE *la elegancia. Esa mujer es la quinta esencia* DE *la amabilidad.* **2.** cult. Última esencia o extracto de algo. *Dejó macerar en alcohol flores y hojas de albahaca para obtener su quintaesencia.*

quintaesenciar. (conjug. ANUNCIAR). tr. Refinar (algo) en alto grado, o reducir(lo) a su quintaesencia. *Las pinturas de la iglesia parecen quintaesenciar el espíritu medieval. Aquella frase expresaba, quintaesenciado, todo su pensamiento.*

quintal. m. Unidad tradicional de peso que en Castilla equivale a 46 kg. *Compraron dos arrobas de aceite y tres quintales de avena.* ■ **~ métrico.** m. Unidad de peso que equivale a 100 kg. *¿Cuánto costaba el quintal métrico de lana?*

quinteto. m. **1.** Conjunto de cinco personas o cosas. *El entrenador ha decidido sacar al quinteto titular.* **2.** *Mús.* Conjunto de cinco instrumentos o de cinco voces. *Actuará un quinteto de viento.* **3.** *Mús.* Composición para ser interpretada por un quinteto (→ 2). *Interpretarán un quinteto para cuerda.* **4.** *Lit.* Estrofa de cinco versos de arte mayor combinados del mismo modo que los de la quintilla. *El poema está compuesto en quintetos.*

quintilla. f. *Lit.* Estrofa de cinco versos octosílabos con dos rimas consonantes, combinados de modo que no vayan juntos tres versos con la misma rima y que los dos últimos no formen pareado. *La letra del fandango está escrita en quintillas.*

quintillizo, za. adj. Dicho de persona: Que es una de las cinco nacidas de un mismo parto. *Los niños quintillizos nacidos ayer se encuentran en buen estado.* Tb. m. y f. *Los quintillizos nacerán con muy poco peso.*

Quintín. la de San ~. loc. s. coloq. Una pelea o escándalo muy grandes. Frec. con v. como *armar* o *armarse. Una señora se ha intentado colar y se ha armado la de San Quintín.*

quinto, ta. (APÉND. NUM.). adj. **1.** Que sigue inmediatamente en orden a lo cuarto. *La quinta ventanilla es la de reclamaciones. Capítulo quinto.* Tb. sustantivado. *Él vive en el segundo piso y yo, en el quinto.* **2.** Dicho de parte: Que es una de las cinco iguales en que puede dividirse un todo. *Una quinta parte de los beneficios se destinará a la inversión.* Tb. m. *Un quinto* DE *la población no sabía leer.* ● m. **3.** Hombre sorteado o llamado para hacer el servicio militar, y que aún no ha terminado la instrucción. *El tren iba lleno de quintos que salían de permiso.* ○ f. **4.** En el motor de un vehículo: Marcha que desarrolla la máxima velocidad y la menor potencia. *Por la autopista íbamos en quinta.* **5.** Conjunto de personas nacidas en el mismo año. Gralm. en la constr. *ser* alguien *de la quinta* de otra pers. *Tu hermano debe de ser de mi quinta.* **6.** Reemplazo anual para el servicio militar. *Aún mantiene el contacto con algunos compañeros de quinta.* **7.** Casa de recreo situada en el campo. *En la quinta de sus abuelos había caballos.* **8.** *Mús.* Intervalo o distancia de tono que hay entre una nota y la quinta (→ 1) nota anterior o posterior a ella en la escala. *De do a sol hay una quinta.* ■ **entrar** un hombre **en quintas.** loc. v. Cumplir la edad establecida para ser llamado a hacer el servicio militar. *Cuando el hijo mayor entró en quintas, el padre se quedó solo para todo el trabajo.*

quíntuple. adj. **1.** Cinco veces mayor. *Necesito una cantidad quíntuple* DE *la que me ofreces.* **2.** Compuesto de cinco de los elementos designados por el nombre al que acompaña. *Puso una quíntuple condición para aceptar.*

quintuplicar. tr. **1.** Multiplicar por cinco o hacer cinco veces mayor (algo). *El club ha quintuplicado el número de asociados.* Tb. en constr. prnl. media. *En la reventa se quintuplicó el precio de las entradas.* **2.** Ser algo cinco veces mayor (que otra cosa). *El presupuesto de su departamento quintuplica el nuestro.*

quíntuplo, pla. adj. cult. Quíntuple (cinco veces mayor). *La producción de petróleo es hoy quíntupla que la de entonces.* Dicho de cantidad, tb. m. *Treinta es el quíntuplo* DE *seis.*

quinua. f. Am. Planta americana cuyas semillas, que recuerdan las de un cereal, son comestibles, y de la que existen varias especies. *Donde no se daba maíz ni trigo, los indios tenían sus chacras de papa y quinua* [C]. Tb. la semilla. *Las habas desecadas o la quinua lavada son recursos de alta demanda en el exterior* [C].

quiosco. (Tb. **kiosco**). m. **1.** Construcción pequeña instalada en la calle o en otro lugar público y donde se venden periódicos u otros artículos, como flores, bebidas o helados. *Compró una revista en el quiosco de la esquina. Kiosco de bebidas.* **2.** Templete gralm. redondo u octogonal y abierto por todos sus lados, que se instala en parques o jardines para celebrar conciertos. *A las doce tocará la banda en el quiosco del parque.*

quiosquero, ra. (Tb. **kiosquero**). m. y f. Persona que tiene por oficio atender un quiosco, espec. de prensa. *Antes de que amanezca, el quiosquero ya ha abierto su puesto.*

quiquiriquí. interj. Se usa para imitar la voz característica del gallo. *El rey del corral nos despertó con su saludo: –¡Quiquiriquí!* Tb. m. *A las cinco de la mañana se ha oído un sonoro quiquiriquí.*

quirguiz. adj. Kirguís. *El pueblo quirguiz era tradicionalmente ganadero y nómada.* Dicho de pers., tb. m. y f. *Los quirguices son la etnia mayoritaria de Kirguistán.*

quirie. → **kirie.**

quirófano. m. Sala acondicionada para realizar en ella operaciones quirúrgicas. *Un camillero llevó al paciente al quirófano.*

quiromancia o **quiromancía.** f. Adivinación de lo relacionado con una persona mediante la interpretación de las líneas de sus manos. *Practica el tarot y la quiromancia.*

quiromántico, ca. adj. **1.** De la quiromancia. *El arte quiromántico.* ● m. y f. **2.** Persona que practica la quiromancia. *Un quiromántico le ha adivinado el porvenir.*

quiromasaje. m. Masaje terapéutico dado con las manos. *Para los dolores musculares recomienda unas sesiones de quiromasaje.*

quiromasajista. m. y f. Especialista en quiromasaje. *Fui a una quiromasajista por una contractura muscular.*

quiropráctico, ca. m. y f. **1.** *Med.* Especialista en quiropráctica (→ 2). *El quiropráctico le aplica calor y luego le da una masaje.* ○ f. **2.** *Med.* Tratamiento de algunas dolencias de huesos y músculos mediante la manipulación de la zona afectada. *La quiropráctica resulta muy eficaz para algunas lesiones de columna.*

quiróptero. adj. **1.** *Zool.* Del grupo de los quirópteros (→ 2). *Los mamíferos quirópteros son los únicos mamíferos que vuelan.* ● m. **2.** *Zool.* Mamífero volador, nocturno y gralm. insectívoro, cuyas alas están formadas por membranas que se extienden entre los lados del cuerpo y las extremidades anteriores, y que llegan a englobar los miembros posteriores y la cola, como el murciélago.

quirquincho. m. Am. Mamífero americano parecido al armadillo, que habita en zonas arenosas y pastizales, y con cuyo caparazón se hacen los charangos. *La fauna incluye osos hormigueros, perezosos y quirquinchos* [C].

quirúrgico, ca. adj. De la cirugía. *En el quirófano está preparado todo el material quirúrgico. Intervención quirúrgica.*

quisicosa. f. coloq. Cosa extraña, enigmática o de difícil comprensión. *Se entretiene leyendo sobre las quisicosas del mundo animal.*

quisque. cada, o **todo, ~.** loc. s. coloq. Cada cual, o cualquier persona. *Cada quisque es libre de hacer lo que más le guste. Lo que quisiera para mí se lo deseo a todo quisque.*

quisqui. cada, o **todo, ~.** loc. s. coloq. Cada quisque, o todo quisque. *Aquí cada quisqui se hace su cama. En esta casa, todo quisqui se cree con derecho a protestar.*

quisquilla. f. Camarón. *El arroz lleva almejas y quisquillas.*

quisquilloso, sa. adj. **1.** Dicho de persona: Que tiende a sentirse ofendido o molesto por causas pequeñas. *Lo dije de broma, pero, como es tan quisquillosa, se lo tomó como un desprecio.* Tb. m. y f. *Es un quisquilloso, enseguida se pica.* **2.** Dicho de persona: Que se fija mucho en los detalles y pequeñeces. *El jefe es muy quisquilloso y tiene que quedar todo perfecto.* Tb. m. y f. ▶ **1:** *SUSCEPTIBLE.

quiste. m. **1.** *Med.* Bolsa de tejido, llena de materia gralm. líquida, que se desarrolla anormalmente en diferentes partes del cuerpo. *Le ha salido un quiste de grasa en la espalda. Tiene quistes en los ovarios.* **2.** *Biol.* Envoltura resistente e impermeable que rodea a un animal o vegetal de pequeño tamaño, a veces microscópico, aislándolo del medio. *Algunos seres microscópicos forman quistes para sobrevivir a las condiciones ambientales.* Tb. el cuerpo formado por esta envoltura y el animal o vegetal encerrado en ella. ▶ **1:** LOBANILLO.

quístico, ca. adj. *Med.* Del quiste. *El médico apreció una malformación quística.*

quisto, ta. bien ~. → **bienquisto.**

quitaesmalte. m. Producto gralm. líquido y compuesto de acetona, que se usa para quitar el esmalte de las uñas. *Antes de pintarse de nuevo las uñas, se las limpia con quitaesmalte.*

quitamanchas. m. Producto natural o preparado que sirve para quitar las manchas, espec. de la ropa. *He probado con varios quitamanchas y la mancha no se va.*

quitamiedos. m. Baranda o barrera que se colocan en lugares elevados donde hay peligro de caer, y que sirven para evitar la caída y el vértigo. *En las curvas del puerto hay quitamiedos metálicos.*

quitanieves. f. Máquina para quitar la nieve de los caminos y carreteras, gralm. consistente en un vehículo provisto de grandes palas metálicas. *Han permane-*

cido aislados hasta que llegaron las quitanieves. Frec. en aposición. *Máquina quitanieves.*

quitar. tr. **1.** Tomar (una cosa) separándo(la) del lugar en que estaba. *Quita todas esas porquerías* DE *la mesa. Quitó el tapón a la botella. Quítale la etiqueta del precio. Dentro de una semana le quitaremos la escayola. Se quitó la chaqueta y la corbata.* **2.** Dejar a alguien (sin algo que tenía). *Con tantas historias de fantasmas me quitaron el sueño. Le han quitado las pocas ganas que tenía de hacer el viaje. La profesora les quitó los deberes. Me has quitado las ganas de comer.* **3.** Robar (algo). *Me quitaron la cartera y ni me enteré. Le sacaron una navaja y le quitaron todo lo que llevaba.* **4.** Apartar (a alguien) de algo. *Si lo quitas* DE *fumar, se pone histérico. Se ha quitado* DE *beber y es otra persona. Prefiero no decírselo y quitarme* DE *problemas.* **5.** Suprimir (algo). *Han quitado autobuses de esta línea. Van a quitar el programa.* **6.** Prohibir (algo) a alguien. *El médico me ha quitado el pan y los dulces.* **7.** Impedir (algo). *Una cosa no quita la otra: puedes estudiar primero y luego salir un rato. Sé que lo tengo difícil, pero eso no quita que lo intente.* ○ intr. prnl. **8.** Apartarse alguien de un lugar. *Quítate* DE *ahí, que no veo la pantalla.* ■ **de quita y pon.** loc. adj. Dicho de pieza o de parte de un objeto: Que se puede quitar (→ 1) y poner. *La mesa tiene una tabla de quita y pon que instalamos cuando vienen invitados.* ■ **quita** (allá). expr. coloq. Se usa para expresar rechazo de lo dicho anteriormente. *–¿Te acerco a tu casa? –¡Quita, quita!, en autobús voy muy bien. ¿Casarme?, ¡quite usted allá, hombre!, soltero estoy mucho mejor.* ■ **quita y pon.** loc. s. m. Juego de dos cosas, espec. prendas de vestir, destinadas al mismo uso y que se utilizan alternativamente. *No llevo apenas ropa en la maleta, solo quita y pon.* ■ **~ de encima** (algo o a alguien). loc. v. Hacer que dejen de estorbar (esa persona o cosa). *A ver si puedes quitarme de encima a ese pesado. ¡Menudo peso me has quitado de encima! Cuando te quites de encima ese trabajo, te sentirás mejor.* ▶ **5:** ELIMINAR, SACAR, SUPRIMIR.

quitasol. m. Sombrilla. *El domingo la playa se llena de gente y de quitasoles.*

quite. m. *Taurom.* Suerte que consiste en atraer el torero la atención del toro, gralm. con el capote, para librar a otra persona de su embestida. *El quite de un subalterno sacó de un apuro al banderillero.* ■ **estar** alguien **al ~.** loc. v. Estar preparado para acudir en defensa o ayuda de alguien. *Parece que se las arregla bien solo, pero estate tú al quite por si acaso.* ■ **ir,** o **acudir,** alguien **al ~.** loc. v. Acudir o intervenir en defensa o ayuda de alguien. *Ella acudió al quite y me dio la razón.*

quiteño, ña. adj. De Quito (capital del Ecuador). *Barrios quiteños. Ganó el premio una escritora quiteña.* Dicho de pers., tb. m. y f. *En el grupo de ecuatorianos eran mayoría los quiteños.*

quitina. f. *Bioquím.* Sustancia de color blanco, insoluble en agua y en otros líquidos orgánicos, que se encuentra en las membranas celulares de muchos hongos y bacterias, y en el caparazón o cubierta exterior de los artrópodos, a los que da su dureza especial. *Los escarabajos presentan un esqueleto de quitina que mudan con regularidad.*

quivi. m. Kiwi. *La tarta tiene rodajas de piña y quivi.*

quizá. adv. Se usa para expresar la posibilidad de que ocurra o sea cierto lo que se dice. *–¿Crees que lloverá? –Quizá. Quizá me equivoqué al juzgarlo. Tiene mala cara, quizá esté enferma.* ■ **~ y sin ~.** loc. adv. Se usa para dar por seguro o por cierto algo. *El libro es, quizá y sin quizá, lo mejor que se ha escrito sobre el tema.*

quizás. adv. Quizá. *Quizás podamos solucionar el problema de otro modo. –¿Vendrás a comer? –Quizás, no lo sé.*

quórum. (pronunc. "kuórum"; pl. **quórums** o invar.; frec. sin art.). m. Número de miembros de una asamblea o cuerpo deliberante, que es necesario que estén presentes para que se puedan tomar determinados acuerdos. *No se celebró la votación porque no había quórum.*

r

r. f. Letra del abecedario español cuyo nombre es *erre*, y que se pronuncia unas veces con un sonido suave (*caro, cabra, morder*) y otras con un sonido fuerte (*rufián, carro, honra*). En la pronunciación suave, a veces se llama *ere*.

R. abrev. **1.** Respuesta. *P: ¿Cuándo se exilió? R: En otoño de ese año.* **2.** Reverendo. *R. P. Luiz Aza.*

rabadilla. f. **1.** Extremo inferior de la columna vertebral, formado por la última pieza del hueso sacro y por todas las del cóccix. *Se me clava la rabadilla en el asiento.* **2.** En un ave: Extremidad móvil donde están situadas las plumas de la cola. *El pavo real despliega en abanico las plumas que tiene en la rabadilla.* ▶ **2:** OBISPILLO.

rabanero, ra. m. y f. **1.** Persona que vende rábanos. ○ f. **2.** coloq. Verdulera (mujer descarada). *Es una rabanera, siempre hablando a voces.*

rabanillo. m. Rábano silvestre. El rabanillo crece en los sembrados y al borde de los caminos. ▶ RÁBANO.

rábano. m. Hortaliza de raíz comestible, algo picante, de forma redondeada o alargada y color gralm. rojo, y de la que existen varias especies, por ej.: ~ *silvestre* (→ **rabanillo**). *Tiene rábanos plantados en el huerto.* Tb. la raíz. *Una ensalada de rábanos.* ■ **tomar el ~ por las hojas.** loc. v. coloq. Equivocarse completamente en la interpretación o ejecución de algo. *No he querido decir eso, no tomes el rábano por las hojas.* ■ **un ~.** loc. adv. coloq. Muy poco o nada. Se usa con intención enfática. Gralm. con *importar. Sus caprichos me importan un rábano.*

rabel. m. Instrumento musical pastoril, parecido al laúd, compuesto de tres cuerdas de sonido agudo que se tocan con un arco. *Concierto de música medieval con instrumentos de época, como la vihuela o el rabel.*

rabí. (pl. **rabíes** o **rabís**). m. Rabino. *El rabí imparte su doctrina en la sinagoga.*

rabia. f. **1.** Enfermedad mortal causada por un virus, que se transmite a los humanos por mordedura de ciertos animales, espec. perros. *Sacrificarán al perro enfermo de rabia.* **2.** Sentimiento de enojo o disgusto grandes, que a veces hace perder los nervios o actuar violentamente. *Lleno de rabia, le devuelve el puñetazo.* Frec. en la constr. *dar* algo ~ a alguien. *Me daría mucha rabia que lloviera el día de la boda.* **3.** coloq. Odio o antipatía. *Me tiene rabia porque he sacado mejores notas que ella.* ▶ **1:** HIDROFOBIA. ‖ **Am: 2:** BRONCA.

rabiar. (conjug. ANUNCIAR). intr. **1.** Sentir rabia o enojo. *Eso no es verdad, lo dices para hacerme rabiar. Rabian* DE *envidia.* **2.** coloq. Tener un deseo intenso de algo. *Rabia* POR *comprarse un buen coche.* **3.** coloq. Padecer intensamente una sensación física determinada. *Rabia* DE *dolor.* **4.** coloq. Picar mucho un alimento. *Estos pimientos rabian.* ■ **a ~.** loc. adv. coloq. Mucho o extremadamente. *El público ha aplaudido a rabiar. Es tonto a rabiar.*

rabicorto, ta. adj. Dicho de animal: Que tiene el rabo corto. *Un pájaro rabicorto.*

rabieta. f. coloq. Manifestación fuerte y pasajera de rabia o enojo, espec. si está motivada por algo de poca importancia. *¡Menudas rabietas agarra este niño!*

rabilargo, ga. adj. **1.** Dicho de animal: Que tiene el rabo largo. *Un chucho rabilargo.* ● m. **2.** Ave propia de la Península Ibérica y el sudeste de Asia, cuya forma recuerda la de la urraca, con la cabeza negra y las alas y cola azules. *Una pareja de rabilargos cruza el cielo de la dehesa.*

rabillo. m. **1.** Rabo (ramita de una hoja, una flor o un fruto). *Retuerce el rabillo del tomate hasta desprenderlo.* **2.** Ángulo exterior del ojo. Gralm. ~ *del ojo. Mientras habla, vigila la puerta con el rabillo del ojo.* ▶ **1:** *PECÍOLO.

rabino. m. **1.** Maestro o doctor de la ley judía. *Un rabino los inicia en el conocimiento de la cábala.* **2.** Jefe espiritual de una comunidad judía. *El presidente israelí se reunirá con los rabinos de las congregaciones ortodoxas.* ▶ RABÍ.

rabioso, sa. adj. **1.** Que padece la enfermedad de la rabia. *La ha mordido un perro rabioso.* **2.** Que siente rabia o enojo. *Está rabiosa porque no le dejo mi disco nuevo.* **3.** Lleno de furia o violencia. *La fiera herida se revuelve rabiosa.* **4.** Muy grande o extremado. *Me he despertado con un hambre rabiosa.*

rabo. m. **1.** Cola (extremidad posterior de algunos animales). *Deja de tirar del rabo al perro.* **2.** Ramita que sostiene una hoja, una flor o un fruto. *Coge el clavel por el rabo y lo mete en el ojal.* **3.** Parte saliente y alargada de una cosa, que a veces cuelga a semejanza del rabo (→ 1) de un animal. *Algunas letras, como la i griega, las hace con largos rabos.* **4.** malson. Pene. ■ **con el ~ entre las piernas.** loc. adv. coloq. Quedando avergonzado o abochornado. *Tendrá que reconocer su error y marcharse con el rabo entre las piernas.* ▶ **1:** COLA. **2:** *PECÍOLO.

rabón, na. adj. Dicho de animal: Que tiene el rabo más corto que los de su clase, o que no lo tiene. *Los osos son animales rabones. Un perro rabón.*

racanear. intr. **1.** coloq. Actuar con racanería o tacañería. *No racanees con la comida.* **2.** coloq. Hacer el rácano o el vago. *Se pasa el día durmiendo o racaneando por la casa.*

racanería. f. coloq. Cualidad de rácano o tacaño. *Los bajos sueldos demuestran la racanería de la empresa.*

rácano, na. adj. **1.** coloq. Tacaño o avaro. *No seas rácana e invita a tus amigos.* Dicho de pers., tb. m. y f. *Es un rácano, ni un aperitivo nos ha puesto.* **2.** coloq. Dicho de persona: Vaga u holgazana. *Si será rácano que no hace ni la cama.* Tb. m. y f. *Aquí a los rácanos los ponemos de patitas en la calle.*

racha. f. **1.** Ráfaga de viento. *Habrá vientos del Sureste moderados con rachas fuertes.* **2.** Período breve de fortuna. *Con una buena racha en el juego, podría ganar mucho dinero. Atraviesa una mala racha.*

racheado, da. adj. Dicho de viento: Que sopla a rachas o ráfagas. *La zona suele verse azotada por vientos racheados.*

racial. adj. De la raza. *Discriminación racial.*

racimo. m. **1.** Conjunto de flores o frutos sostenidos por un eje común, con rabillos de longitud variable. *El madroño tiene flores en racimo. Un racimo de plátanos.* Frec. designa el de uvas. *Se cortan los racimos en la viña y se llevan al lagar.* **2.** Conjunto de cosas dispuestas de tal forma que recuerdan un racimo (→ 1). *Hay racimos de casas desperdigados por el valle.*

raciocinio. m. **1.** Facultad de razonar. *Las pasiones ofuscan el raciocinio.* **2.** Hecho o efecto de razonar. *En sus ensayos se combinan expresión estética y raciocinio científico.* ▶ **1:** *INTELIGENCIA.

ración. f. **1.** Porción de comida asignada como alimento a una persona o a un animal. *No te eches más patatas, que ya te he puesto tu ración.* **2.** Porción de un determinado alimento que se sirve en bares, restaurantes o locales semejantes. *¡Por favor, unas cervezas y una ración de boquerones!* **3.** coloq. Cantidad de algo que se considera suficiente para alguien. *Nadie se ha librado de su ración de golpes.*

racional. adj. **1.** De la razón. *Como científico, aspira a la comprensión racional de los fenómenos.* **2.** Conforme a la razón. *Hay que hacer un uso racional del automóvil.* **3.** Dotado de razón. *El hombre es un ser racional.* **4.** *Mat.* Dicho de expresión algebraica: Que no contiene raíces o radicales irracionales.

racionalidad. f. Cualidad de racional. *Lo que distingue a la especie humana es la racionalidad.*

racionalismo. m. **1.** Actitud en que la razón prima sobre las emociones u otras facultades humanas. *Su racionalismo le impide aceptar la existencia de hechos sobrenaturales.* **2.** *Fil.* Sistema filosófico que considera la razón como única fuente de conocimiento. *Según el racionalismo moderno, el entendimiento posee ideas que no proceden de los sentidos.*

racionalista. adj. **1.** Del racionalismo. *Kant intenta sintetizar posturas empiristas y racionalistas.* **2.** Seguidor del racionalismo. *Descartes es el primer filósofo racionalista de la era moderna.* Dicho de pers., tb. m. y f.

racionalización. f. Hecho o efecto de racionalizar. *Se va a elaborar un plan de racionalización y contención del gasto.*

racionalizar. tr. **1.** Reducir (algo) a normas o conceptos racionales. *Ante un drama personal, ayuda racionalizar la situación.* **2.** Hacer racional (algo). *En época de sequía es necesario racionalizar el consumo de agua.* **3.** Organizar (una actividad productiva) de manera que aumente el rendimiento o se reduzca el coste con el mínimo esfuerzo. *Racionalizar el funcionamiento de la empresa supondría eliminar cargos directivos.*

racionamiento. m. Hecho de racionar. *Ya en la posguerra, se impone un racionamiento de productos básicos. Cartilla de racionamiento.*

racionar. tr. **1.** Someter (algo que escasea) a una distribución ordenada por raciones. *Podía pasar mucho tiempo hasta que los rescatasen: racionarían la comida.* **2.** Limitar el consumo (de algo) para evitar consecuencias negativas. *Te voy a racionar el dulce para que no engordes.*

racismo. m. Tendencia a exaltar la raza o el grupo étnico propios, considerando como inferiores los demás. *Apenas hay racismo entre la población local.* Tb. la doctrina basada en esa tendencia. *Teóricos nazis del racismo.*

racista. adj. **1.** Del racismo. *Son intolerables los comentarios racistas.* **2.** Partidario del racismo. *Un político racista.* Dicho de pers., tb. m. y f. *Los de ultraderecha son unos racistas.*

racor. m. *Mec.* Pieza de metal u otra materia, gralm. con dos roscas internas en sentido inverso, que sirve para unir tubos u otras piezas. *El racor de conexión de la manguera.*

rada. f. Bahía o ensenada donde las naves pueden estar ancladas al abrigo de los vientos. *En las radas de la isla fondean las embarcaciones.*

radar. m. **1.** Sistema que permite localizar objetos emitiendo ondas electromagnéticas y detectando el reflejo de estas en dichos objetos. *Las señales de radar indican la posición del avión.* **2.** Aparato que utiliza el radar (→ 1). *Se controlará la velocidad de los vehículos por medio de radares.*

radiación. f. **1.** Hecho o efecto de radiar. *Las radiaciones son de duración variable según el enfermo y el tipo de tumor.* **2.** Emisión de rayos, ondas o partículas atómicas. *Es necesario proteger la piel de las radiaciones solares. Radiación nuclear.* **3.** *Fís.* Forma de propagarse la energía o las partículas. *El calor puede transmitirse por radiación.*

radiactividad. f. Propiedad de los cuerpos cuyos átomos se desintegran espontáneamente emitiendo radiaciones. *La radiactividad fue descubierta por Becquerel y los Curie. Los residuos nucleares registran altos niveles de radiactividad.* ▶ RADIOACTIVIDAD.

radiactivo, va. adj. Dicho de cuerpo: Que tiene radiactividad. *El uranio es un elemento radiactivo.* ▶ RADIOACTIVO.

radiado[1], da. adj. **1.** Dispuesto como los radios de una circunferencia o con arranque en el centro. *El país cuenta con una red radiada de carreteras.* **2.** *Zool.* Del grupo de los radiados (→ 3). *Animal radiado.* ● m. **3.** *Zool.* Animal invertebrado que tiene las partes interiores y exteriores dispuestas a manera de radios, alrededor de un punto o eje central, como la estrella de mar o la medusa. ▶ **1:** RADIAL.

radiado[2], da. part. → **radiar.**

radiador. m. **1.** Aparato de calefacción que consta de una serie de conductos o cuerpos huecos por cuyo interior circula un fluido caliente. *La casa tiene radiadores en todas las habitaciones.* **2.** Aparato de refrigeración de un motor de explosión, que consiste en una serie de tubos por los que circula agua. *El coche tiene una avería en el radiador.*

radial[1]. adj. **1.** Dispuesto como los radios de una circunferencia o con arranque en el centro. *La capital constituye el centro de la red radial de ferrocarriles. Se accede a la glorieta por las bocacalles radiales.* **2.** *Mat.* Del radio. *Longitud radial.* ▶ **1:** RADIADO.

radial[2]. adj. Am. De la radio (sistema, emisión, o aparato). *Ejerció como reportero radial* [C].

radián. m. *Mat.* Unidad de medida de ángulos planos del Sistema Internacional, que equivale a un ángulo cuyo arco tiene igual longitud que el radio (Símb. *rad*). *Un ángulo de* $\pi/2$ *radianes.*

radiante. adj. **1.** Muy brillante o resplandeciente. *Hace un sol radiante.* **2.** Dicho de persona: Que manifiesta gozo, alegría u otro sentimiento semejante de forma patente. *El radiante padre de la criatura agradece las felicitaciones. Está radiante* DE *satisfacción.* **3.** *Fís.* Que radia o produce radiación. *Las superficies radiantes están protegidas con aislantes térmicos.*

radiar. (conjug. ANUNCIAR). tr. **1.** Transmitir (algo, espec. sonidos) por medio de ondas hercianas. *El debate parlamentario será radiado a toda la nación.* **2.** *Fís.* Emitir (rayos, ondas o partículas atómicas). *La antena del satélite puede radiar varios haces de ondas simultáneamente. Las estrellas radian energía luminosa.* **3.** *Med.* Tratar (algo o a alguien) con radiaciones. *Algunos pacientes con cáncer son radiados.*

radicación. f. **1.** Hecho de radicar. *Se quiere fomentar la radicación de nuevas industrias en el municipio.* **2.** *Mat.* Extracción de raíces. *En clase estamos haciendo problemas de radicación.*

radical. adj. **1.** Fundamental o esencial. *Su problema radical es llegar a fin de mes con su sueldo. La forma radical de energía es el calor.* **2.** Total o completo. *Con los adelantos tecnológicos, la vida ha experimentado un cambio radical.* **3.** Tajante o que no admite término medio. *Tiene una postura radical respecto al aborto.* **4.** Partidario de reformas políticas extremas, espec. en sentido democrático. *Pertenece al ala radical del Gobierno. Un partido radical.* Dicho de pers., tb. m. y f. *La policía se ha enfrentado a grupos de radicales.* **5.** *tecn.* De la raíz. *Este árbol tiene una enfermedad radical. En el verbo "dormir", la "o" es la vocal radical.* **6.** *Bot.* Dicho de una parte de una planta: Que nace inmediatamente de la raíz. *La col tiene un cogollo de hojas radicales comestibles.* ● m. **7.** *Quím.* Agrupamiento de átomos que interviene como una unidad en un compuesto químico y pasa inalterado de unas combinaciones a otras. *El bromuro resulta de la combinación del bromo con un radical.* **8.** *Mat.* Signo (√) con que se indica la operación de extraer raíces.

radicalidad. f. Cualidad de radical. *No comparto la radicalidad de tus juicios.*

radicalismo. m. **1.** Cualidad de radical o extremo. *Para llegar a un acuerdo es necesario moderar el radicalismo de ciertas posturas.* **2.** Actitud radical o extrema. *Los radicalismos del candidato le han hecho perder votos.* **3.** Conjunto de ideas políticas de los radicales. *Es un defensor del radicalismo democrático.*

radicalizar. tr. Hacer que (alguien o algo) adopten un carácter radical. *Los trabajadores radicalizarán sus protestas.* Tb. en constr. prnl. media. *La huelga podría radicalizarse si no se atienden las reivindicaciones.*

radicando. m. *Mat.* Número del que se extrae una raíz. *En la operación de extracción de la raíz cuadrada de 36, el radicando es 36.*

radicar. intr. **1.** Estar situado o establecido en un lugar. *La sede de la ONU radica* EN *Nueva York. El pueblo tartesio radicaba* AL *sur de la Península Ibérica.* **2.** Tener una cosa su raíz u origen en otra. *El éxito de la actriz radica* EN *su belleza.* ○ intr. prnl. **3.** Establecerse una persona en un lugar. *Se ha marchado del pueblo para radicarse* EN *la ciudad.* ▶ **2:** ESTRIBAR.

radicular. adj. *tecn.* De la raíz. Frec. en botánica. *El espesor del suelo es determinante para el desarrollo radicular de la planta.*

radio[1]. m. **1.** *Mat.* Segmento lineal que une el centro del círculo con un punto dado de la circunferencia. *Si multiplicamos 2 por 3,1416 y por el valor del radio, obtenemos el perímetro de la circunferencia.* **2.** Pieza alargada y recta que une la parte central de una rueda con la llanta. *Se ha roto un radio de la bicicleta.* **3.** *Anat.* Hueso un poco más corto que el cúbito, con el cual forma el antebrazo. *Presenta fractura de radio en el brazo izquierdo.* ■ **~ de acción.** m. **1.** Área en que algo o alguien puede ejercer su actividad o su influencia. *La ola de frío extiende su radio de acción hasta el golfo de México.* **2.** Distancia máxima que puede cubrir un vehículo regresando al punto de partida sin repostar. *Los nuevos tanques de combustible ampliaban el radio de acción del bimotor a 6000 km.*

radio[2]. m. Elemento químico radiactivo del grupo de los metales, procedente del uranio por desintegración, que se emplea en física nuclear y en medicina (Símb. *Ra*). *El radio obtenido procedía de un mineral denominado pecblenda.*

radio[3]. f. **1.** Sistema de transmisión a distancia del sonido mediante ondas hercianas. *Los policías se comunican por radio.* **2.** Emisión por radio (→ 1) de mensajes sonoros destinados al público. *He escuchado la noticia en un programa de radio.* Tb. la actividad correspondiente. *Se está convirtiendo en una estrella de la radio.* Tb. la emisora donde se realiza. *Me han entrevistado en una radio local.* **3.** Aparato que capta y transforma las ondas portadoras de sonidos u otras señales emitidas por un radiotransmisor. *Sube el volumen de la radio, que no oigo. No funciona la radio del barco.* ○ m. **4.** Radiotelegrama. *El enemigo ha interceptado un radio en clave.* **5.** Am. Radio (→ 1-3). *Son inventos exclusivamente humanos, como el radio o la televisión* [C]. *Tienen acceso a la televisión, el radio, los periódicos y otros medios de comunicación masiva* [C]. *Otro aspecto es el abiertamente pro Castro y sus programas en el radio local* [C]. *Ni habían desempaquetado el radio, porque como no había electricidad, era inútil sacarlo* [C]. ○ m. y f. **6.** Radiotelegrafista. *El radio del barco envía un mensaje de socorro.* ■ **~ macuto.** f. coloq. Emisora imaginaria de donde parten rumores y bulos. *Según radio macuto, lo de su ascenso es cosa segura.* ▶ **2:** RADIODIFUSIÓN. **3:** RADIORRECEPTOR, TRANSISTOR. **5:** RADIODIFUSIÓN, RADIORRECEPTOR, TRANSISTOR.

radio-. elem. compos. Significa 'radiación' (*radiocirugía*) o 'radiactividad' (*radioisótopo*).

radioactividad. f. Radiactividad. *Cerca de la central hay zonas de alta radioactividad.*

radioactivo, va. adj. Radiactivo. *Materiales radioactivos.*

radioaficionado, da. m. y f. Persona autorizada para emitir y recibir mensajes radiados privados, usando bandas de frecuencia administrativamente establecidas. *Un radioaficionado ha captado el mensaje de socorro de un buque.*

radioastronomía. f. Parte de la astronomía que estudia la radiación emitida por los cuerpos celestes. *La radioastronomía ha ayudado a conocer la estructura espiral de la Vía Láctea.*

radiocasete. m. Aparato electrónico integrado por una radio y un pequeño magnetófono. *Graba música de la radio con un radiocasete.* ▶ CASETE.

radiocomunicación. f. *Radio* Comunicación a distancia por medio de ondas hercianas. *La telefonía móvil es una forma de radiocomunicación.*

radiodiagnóstico. m. *Med.* Diagnóstico que utiliza radiaciones electromagnéticas, como los rayos X o los isótopos radiactivos. *Entre los procedimientos de radiodiagnóstico está la resonancia magnética.*

radiodifusión. f. Radio (emisión por radio de mensajes destinados al público). *La Universidad a distancia cuenta con un servicio de radiodifusión.* Tb. la actividad correspondiente. *Es el locutor con más audiencia de la radiodifusión nacional.* ▶ RADIO.

radioelectricidad. f. *Radio* Técnica de la producción, propagación y recepción de las ondas hercianas. *En telecomunicación, la transmisión de señales se hace por hilo, radioelectricidad, medios ópticos...*

radioeléctrico, ca. adj. *Radio* De la radioelectricidad. *Ondas radioeléctricas.*

radioemisora. f. frecAm. Emisora de radio. *La presidenta hizo las declaraciones a la radioemisora estatal* [C].

radioescucha. m. y f. Persona que escucha una emisión de radio o de radiotelefonía. *El programa es seguido cada mañana por miles de radioescuchas.*

radiofonía. f. Transmisión a distancia del sonido por medio de ondas hercianas. *La sala está dotada de un sistema de radiofonía.*

radiofónico, ca. adj. **1.** De la radiofonía. *Aparato radiofónico. Emisora radiofónica.* **2.** Que se difunde por radiofonía. *Mensaje radiofónico. Programa radiofónico.*

radiofrecuencia. f. *Radio* Frecuencia de las ondas electromagnéticas empleadas en la radiocomunicación. *Los amplificadores de radiofrecuencia aumentan el nivel de señal en sistemas de radio o televisión.*

radiografía. f. Procedimiento para fotografiar el interior de un cuerpo por medio de rayos X, gralm. con fines médicos. *Se le ha detectado un cáncer de intestino mediante radiografía.* Tb. la fotografía así obtenida. *En la radiografía del pulmón se ven unas manchas.* Tb. fig. *La obra de Galdós es una excelente radiografía social de la época.*

radiografiar. (conjug. ENVIAR). tr. Obtener una radiografía (de alguien o algo). *Los arqueólogos quieren radiografiar la momia encontrada.* Tb. fig. *En la pieza teatral queda radiografiada la burguesía provinciana.*

radiográfico, ca. adj. De la radiografía. *Las imágenes radiográficas confirman la lesión de rodilla.*

radioisótopo. m. *Fís.* y *Quím.* Isótopo radiactivo. *Los radioisótopos se utilizan en el diagnóstico y tratamiento médicos.*

radiología. f. Parte de la medicina que estudia las radiaciones, espec. los rayos X, en sus aplicaciones al diagnóstico y tratamiento de las enfermedades. *Diríjase al especialista en radiología.*

radiológico, ca. adj. De la radiología. *En el examen radiológico se le ha detectado un cuerpo extraño en el estómago.*

radiólogo, ga. m. y f. Especialista en radiología. *El traumatólogo lo ha remitido al radiólogo para una radiografía.*

radiómetro. m. *Fís.* Instrumento que sirve para medir la intensidad de las radiaciones.

radionovela. f. Serial radiofónico. *Su voz se ha hecho famosa tras protagonizar la radionovela.* ▶ **Am:** RADIOTEATRO.

radiorreceptor. m. Radio (aparato). *El equipo consta de un radiorreceptor y dos altavoces.* ▶ *RADIO.

radioscopia. f. Examen del interior de un cuerpo opaco, espec. del cuerpo humano, por medio de la imagen que proyecta en una pantalla al ser atravesado por rayos X. *Diagnósticos médicos mediante radioscopia.*

radiosonda. f. *Meteor.* Aparato eléctrico, transportado por un globo y dotado de una pequeña emisora de radio, que transmite a la superficie terrestre datos meteorológicos. *La radiosonda mide la presión, humedad y temperatura atmosféricas.*

radiotaxi. m. Taxi dotado de un aparato de radio emisor y receptor conectado a una central que da instrucciones al taxista para realizar los servicios. *He ido al aeropuerto en un radiotaxi.* Tb. el servicio de dichos taxis. *Si se te hace tarde, pide un taxi en el radiotaxi.*

radioteatro. m. Am. Serial radiofónico. *Recuerdo la banda musical que emitieron al comienzo de un radioteatro de la noche* [C]. ▶ RADIONOVELA.

radiotelefonía. f. *Radio* Sistema de comunicación telefónica por medio de ondas hercianas. *La radiotelefonía es la alternativa a la telefonía con hilos.*

radioteléfono. m. Teléfono sin hilos, en el que la comunicación se establece por ondas hercianas. *La ambulancia recibe el aviso del accidente a través de su radioteléfono.*

radiotelegrafía. f. *Radio* Sistema de comunicación telegráfica por medio de ondas hercianas. *Los buques de guerra contaban con aparatos de radiotelegrafía.*

radiotelegráfico, ca. adj. *Radio* De la radiotelegrafía. *Mensaje radiotelegráfico.*

radiotelegrafista. m. y f. Persona que se encarga de la instalación, conservación y servicio de aparatos de radiotelegrafía. *Ha navegado mucho como radiotelegrafista de la Marina.* ▶ RADIO.

radiotelegrama. m. Mensaje transmitido por radiotelegrafía. *El barco ha recibido por radiotelegrama orden de cambiar de rumbo.* ▶ RADIO.

radiotelescopio. m. *Fís.* Instrumento que sirve para detectar las ondas radioeléctricas emitidas por objetos celestes. *Estas estrellas no observables con telescopios ópticos sí se detectan con un radiotelescopio.*

radioterapia. f. *Med.* Tratamiento de enfermedades por medio de radiaciones, espec. de rayos X. *Contra algunos tipos de cáncer es eficaz la radioterapia.*

radiotransmisor. m. Aparato empleado para producir y enviar ondas portadoras de sonidos u otras señales. *El policía decide pedir ayuda a la central a través de su radiotransmisor.*

radioyente. m. y f. Persona que escucha lo que se transmite por radio, espec. una emisión de radiodifusión. *Animamos a nuestros radioyentes a que nos llamen y participen en el concurso.*

radón. m. *Quím.* Elemento del grupo de los gases nobles, radiactivo, que se origina en la desintegración del radio y se usa en radioterapia (Símb. *Rn*). *El radón es un gas altamente tóxico.*

raer. (conjug. CAER, salvo la 1ª pers. del presente de indicativo –*raigo* o *rayo*– y el presente de subjuntivo –*raiga* o *raya*...–). tr. **1.** Raspar (algo, espec. una superficie) con un instrumento áspero o cortante. *Una vez tapados los agujeros con yeso, se alisa este rayéndolo con una lija.* **2.** Eliminar enteramente (algo) de un sitio. *Procura raer* DE *la mente todo recuerdo de la tragedia.*

ráfaga. f. **1.** Golpe de viento fuerte y de corta duración. *Cierra la ventana, no vaya a entrar una ráfaga y* *se vuelen los papeles.* **2.** Golpe de luz intenso y de corta duración. *Un coche nos da ráfagas con los faros para que le cedamos el paso.* **3.** Sucesión rápida de proyectiles disparados por un arma automática. *Han caído acribillados por una ráfaga de ametralladora.*

rafia. f. Fibra muy resistente y flexible que se obtiene de las hojas de una palmera propia de África y América. *La planta cuelga de un macetero de rafia.* Tb. la palmera. *Hojas de rafia.*

ragú. (pl. **ragús**). m. Guiso de carne con patatas y verduras. *Tomaremos un ragú de venado.*

raicilla. f. *Bot.* Ramificación de las que salen del cuerpo principal de una raíz. *En el cepellón del tiesto asoman muchas raicillas.*

raído, da. part. **1.** → **raer.** ● adj. **2.** Dicho de prenda o tela: Que está muy gastada por el uso, sin llegar a estar rota. *Lleva unos pantalones viejos y raídos.*

raigambre. f. **1.** Conjunto de raíces de una planta. *El vendaval ha dejado el árbol con su raigambre al aire.* **2.** Conjunto de antecedentes que dan firmeza y estabilidad a alguien o a algo, o que los ligan a un lugar. *La fiesta de los toros tiene honda raigambre en España. Una familia de raigambre sureña.*

raigón. m. Raíz de un diente. *Tiene el raigón de la muela infectado.*

raíl o **rail.** m. Carril de la vía férrea. *Las ruedas del tren chirrían en los raíles.* ▶ VÍA.

raíz. f. **1.** Órgano vegetal que, introducido en la tierra o en otro cuerpo, absorbe el agua y los nutrientes necesarios para la planta y le sirve de sostén. *Hay raíces carnosas y comestibles, como las de la zanahoria o el nabo.* **2.** Parte donde se halla el punto de fijación o arranque de una cosa. *Al infectarse la raíz de un pelo, puede salir un forúnculo. En la raíz de la uña hay una manchita blanquecina.* Tb. fig. *Es americano; allí nació y allí están sus raíces.* **3.** Parte del diente que está engastada en los alvéolos. *El dentista le ha aplicado anestesia en la raíz del diente.* **4.** Causa u origen de algo. *La pobreza es la raíz de muchos problemas.* **5.** *Gram.* Parte de una palabra obtenida después de quitar las desinencias, los prefijos y los sufijos. *En las palabras "amar", "amable" y "amante" la raíz es "am-".* **6.** *Mat.* Cantidad que se ha de multiplicar por sí misma una o más veces para obtener un número determinado. *Nos han enseñado a extraer raíces de un número.* **7.** *Mat.* Valor de los que puede tener la incógnita de una ecuación. *La raíz o solución de esa ecuación es 80.* ■ **~ cuadrada.** f. Cantidad que se ha de multiplicar por sí misma una vez para obtener un número determinado. *La raíz cuadrada de 16 es 4.* ■ **~ cúbica.** f. Cantidad que se ha de multiplicar por sí misma dos veces para obtener un número determinado. *La raíz cúbica de 27 es 3.* □ **a ~ de.** loc. prepos. **1.** Inmediatamente después de. *A raíz de la muerte de su mujer, se sumió en una depresión.* **2.** A causa de. *Muchos se han arruinado a raíz de la crisis económica.* ■ **de ~.** loc. adv. Enteramente y desde la misma raíz (→ 1, 2, 4). Frec. con v. como *arrancar* o *cortar. Arrancan las cepas de raíz. Es necesario acabar con la violencia de raíz.* ■ **echar raíces.** loc. v. Fijarse o establecerse en un lugar. *Harto de la carrera diplomática, desea echar raíces* EN *algún sitio.*

raja. f. **1.** Hendidura alargada y estrecha. *Se ha hecho una raja en el dedo pelando patatas. La mesa tiene una raja.* **2.** Pedazo de un alimento, espec. de un fruto, cortado uniformemente a lo largo o a lo ancho. *De postre tomaré una raja de sandía. Córtame una raja de queso finita.* ▶ **1:** *ABERTURA.

rajá. (pl. **rajás**). m. histór. Soberano de las Indias orientales. *En el siglo* X, *un sultán arrebata esta zona al rajá hindú.* ■ **vivir como un ~.** loc. v. coloq. Vivir con mucho lujo y opulencia. *Si me tocara la lotería viviría como un rajá.*

rajadura. f. Hecho o, más frec., efecto de rajar o rajarse. *El techo tiene goteras y rajaduras por todas partes.*

rajar. tr. **1.** Hacer una raja o hendidura (a alguien o algo). *Me han rajado las ruedas del coche.* Tb. en constr. prnl. media. *La mesa se ha rajado por el calor.* **2.** coloq. Herir (a alguien) con arma blanca. *Dame todo lo que llevas o te rajo.* ○ intr. **3.** coloq. Hablar mucho. *Se lía a rajar y se olvida de todo.* ○ intr. prnl. **4.** coloq. Volverse atrás o acobardarse. *Siempre dice que va a ayudar y al final se raja.* **5.** Am. coloq. Irse o moverse a un lugar. *Que se anime el viejo y se raje a Venezuela* [C].

rajatabla. a ~. (Tb. **a raja tabla**). loc. adv. De manera estricta o rigurosa. *En el cuartel hay que acatar las normas a rajatabla.*

ralea. f. despect. Género o clase, espec. de personas. *Son una banda de delincuentes de la peor ralea.*

ralentí. m. **1.** Número mínimo de revoluciones por minuto a que debe funcionar un motor para mantenerse en marcha. *Si el ralentí está bajo, el coche se calará con facilidad.* Frec. en las constr. *al ~* o *en ~. El chófer estaciona y espera con el motor al ralentí. Navega con el motor de la lancha en ralentí.* **2.** *Cine* Cámara lenta. *El director utiliza el ralentí en la escena del tiroteo.* Frec. en las constr. *al ~* o *en ~. Veamos las imágenes repetidas al ralentí.* Tb. fig. *¡Cómo no iban a perder, si han jugado al ralentí!*

ralentización. f. Hecho de ralentizar. *En verano hay una ralentización de los trámites administrativos.*

ralentizar. tr. Imprimir lentitud (a algo, espec. a una operación o un proceso). *La enemistad entre los líderes ralentiza el proceso de paz.* ▶ ENLENTECER, LENTIFICAR.

rallador. m. Utensilio de cocina consistente en una chapa metálica con agujeros salientes que sirve para desmenuzar pan, queso u otros alimentos. *Ralla una zanahoria con el rallador.*

ralladura. f. Pedazo pequeño que resulta de rallar algo, espec. un alimento. *Ralladuras de limón.* Frec. en sent. colectivo. *Para el roscón necesitamos ralladura de naranja.*

rallar. tr. Desmenuzar (algo, espec. un alimento) frotándo(lo) contra el rallador u otro instrumento semejante. *Rallaré pan para empanar los filetes.*

rally. (pal. ingl.; pronunc. "ráli"). m. Competición de resistencia, de automóviles o de motocicletas, celebrada fuera de pista y gralm. por etapas. *El* rally *de Montecarlo pone a prueba la pericia de los pilotos.* ¶ [Adaptación recomendada: *rali*, pl. *ralis*].

ralo, la. adj. Dicho espec. de pelo o vegetación: Poco espeso o poblado. *Al jovenzuelo le asoma un bigotillo ralo. Algunos árboles ralos salpican el páramo.*

rama[1]**.** f. **1.** Parte que nace del tronco de un árbol o del tallo principal de una planta, en la que suelen brotar hojas, flores y frutos. *De las ramas del manzano cuelgan sus frutos aún verdes.* **2.** División de las que nacen o se derivan de una parte común. *El cristianismo se escindió en tres ramas: la católica, la protestante y la ortodoxa.* **3.** Parte de una ciencia, arte o disciplina. *Dentro de los estudios empresariales, le interesa la rama de comercio exterior.* **4.** Serie de personas con un ascendiente común. *Está emparentada con la rama andaluza de los Sotomayor.* ■ **andarse, o irse, por las ~s.** loc. v. coloq. Detenerse en lo que tiene menos importancia, o dejar a un lado lo principal. *No te andes por las ramas y dime el precio. Cuando le preguntan la edad, se va por las ramas.* ► **1:** BRAZO, RAMO.

rama². **en ~.** loc. adv. Sin manufacturar o sin la última manufactura. *La canela se vende en polvo o en rama.* Tb. loc. adj. *Algodón en rama.*

ramada. f. Am. Cobertizo hecho con ramas de árboles. *Construyeron una ramada para albergarse* [C]. Tb. designa aquel en que se venden comidas y bebidas, y se canta y se baila, con motivo de determinadas fiestas. *En las fondas y ramadas del 18 de setiembre pasado en Chile no se tocaron muchos tangos* [C].

ramadán. m. Noveno mes del año lunar de los musulmanes, en el cual estos hacen ayuno. *Es obligación del musulmán orar, ir una vez a la Meca y ayunar en ramadán.*

ramaje. m. Conjunto de ramas de una planta. *El acebo tiene un tupido ramaje.*

ramal. m. **1.** Parte que arranca o se desvía de la línea principal de algo, espec. de una vía de comunicación. *Un ramal de la línea 2 del metro va al aeropuerto. El ramal de una cordillera. El ramal de una acequia.* **2.** Tramo de escalera de los que confluyen en un mismo rellano. *Del vestíbulo del palacio arranca una escalera con dos ramales.* **3.** Cabo de los que componen una cuerda u otra cosa semejante. *Bordea el friso una orla en forma de trenza de dos ramales.*

ramalazo. m. **1.** Acceso corto y repentino de locura, dolor u otros estados. *No es que esté mal de la cabeza, pero de vez en cuando le dan ramalazos. Cuando le sale el ramalazo de conquistador, se pone muy pesado con las chicas.* **2.** coloq. Afeminamiento. *No sé si es homosexual, pero se le nota mucho ramalazo.*

rambla. f. **1.** Cauce natural del agua de lluvia cuando cae en abundancia. *Una rambla seca desciende desde lo alto de la ladera.* **2.** Calle ancha y con árboles, gralm. con andén central, característica de Cataluña y otras zonas de Levante. *Podemos ir paseando por la rambla hasta la playa.* Frec. se usa como parte del nombre de esa calle. *Nos alojamos en un hotel en la Rambla de Cataluña.*

ramera. f. despect. Prostituta. *Chulos y rameras merodean de noche por el parque.*

ramificación. f. Hecho o efecto de ramificar o ramificarse. *El árbol presenta varios troncos con ramificación desde la base. Aún puede tener ramificaciones inesperadas ese asunto.*

ramificar. intr. Dividirse en ramas. *Para evitar que la planta ramifique, hay que eliminar el brote terminal.* Frec. prnl. *La red de carreteras se ramifica por todo el país. El cáncer se ha ramificado por varios órganos.*

ramillete. m. **1.** Ramo pequeño de flores o hierbas. *Le regalaré un ramillete de margaritas.* **2.** Grupo pequeño de personas o cosas selectas. *El disco contiene un espléndido ramillete de canciones.*

ramo. m. **1.** Conjunto de flores, ramas o hierbas, cortadas y unidas por su base. *Se ha presentado con un ramo de rosas.* **2.** Rama (parte de una planta). *Un ramo de olivo simboliza la paz.* **3.** Rama de una actividad, espec. económica o profesional. *Trabaja en el ramo de la hostelería.* ► **2:** *RAMA.

ramón. m. Ramaje que resulta de la poda de los árboles. *Utilizan el ramón de olivo como leña para el horno.*

ramonear. intr. Pacer un animal las hojas, las puntas de las ramas u otras partes tiernas de la planta. *Las cabras ramonean entre los matorrales.*

ramoso, sa. adj. Que tiene muchas ramas. *El abeto es un árbol de copa cónica, compacta y ramosa.*

rampa. f. **1.** Plano inclinado entre dos superficies de distinta altura, dispuesto para subir y bajar por él. *Colocarán una rampa para que los artistas suban al escenario.* **2.** Terreno en pendiente. *Los escaladores se escapan del pelotón en las primeras rampas del puerto.*

rampante. adj. **1.** *Heráld.* Dicho de animal, espec. de león: Que está de pie y con las garras tendidas en ademán de agarrar. *En el escudo de España figura un león rampante.* **2.** Ascendente o creciente. *Se agudiza la crisis, con una inflación y un desempleo rampantes.* **3.** *Arq.* Dicho de arco o bóveda: Que tiene los puntos de arranque a diferente altura. *La escalera recibe luz del patio por una serie de arcos rampantes.*

ramplón, na. adj. Vulgar o mediocre. *El eslogan del anuncio es de lo más ramplón. Es un poeta muy ramplón.*

ramplonería. f. **1.** Cualidad de ramplón. *Hay programas de televisión donde reina la ramplonería.* **2.** Hecho o dicho ramplones. *Solo sabe escribir ramplonerías.*

rana. f. **1.** Anfibio sin cola, de ojos saltones, piel gralm. verdosa y fuertes patas traseras que le permiten saltar y nadar con agilidad, del que existen varias especies. *Vamos a la charca a cazar ranas.* **2.** Juego que consiste en introducir desde cierta distancia monedas o chapas por la boca abierta de una rana (→ 1) de metal situada sobre una mesita, o por otras ranuras dispuestas a su alrededor. *En la terraza del quiosco, unos hombres prueban su puntería jugando a la rana.* ■ **cuando las ~s críen pelo(s).** loc. adv. coloq. Nunca. *A este paso, lo conseguirás cuando las ranas críen pelo.* ■ **salir ~.** loc. v. coloq. Defraudar, o dar mal resultado. *El nuevo empleado les ha salido rana. Hasta la mejor máquina del mercado te puede salir rana.*

ranchero, ra. adj. **1.** Del rancho o granja. *Criado en la pampa, conoce bien las costumbres de la vida ranchera.* ● m. y f. **2.** Persona que posee y dirige un rancho. *El ranchero abreva las vacas.* **3.** Persona que guisa y atiende el rancho. *El ranchero ha preparado estofado para los soldados.* ○ f. **4.** Canción popular de diversos países de Hispanoamérica, espec. México. *Un mariachi interpretará corridos y rancheras.* Tb. su baile.

rancho. m. **1.** Granja de gran extensión, donde se crían caballos, vacas y otros tipos de ganado, típica de países americanos. *Los colonos construían sus ranchos en zonas de pasto.* **2.** Comida que se hace para muchos en común, espec. soldados o presos. *Cada recluta tiene su escudilla para el rancho.* **3.** Am. Vivienda pobre de barrio marginal. *Vivían hacinadas en ranchos de barro y paja* [C].

rancio, cia. adj. **1.** Dicho de vino o alimento: Que con el tiempo ha adquirido un olor o un sabor más fuertes. *Nos han ofrecido un queso rancio, típico de la comarca. Tira ese tocino, que está ya muy rancio.* **2.** Dicho de cosa: Antigua. *Pertenece a una familia de rancia estirpe.* **3.** despect. Anticuado o pasado de moda. *La comedia rezuma un rancio machismo.*

rango. m. **1.** Categoría o nivel. *Al acto acudirán embajadores y otros diplomáticos de alto rango. Una norma con rango de ley.* **2.** Categoría elevada, espec.

social o profesional. *Entre los colaboradores hay algunos nombres de rango.*

ranking. (pal. ingl.; pronunc. "ránkin"). m. Clasificación o lista de elementos ordenados de mayor a menor de acuerdo con un valor o mérito específicos. *El álbum encabeza el* ranking *de los discos más vendidos. Nuestro tenista se enfrentará al número uno del* ranking. ¶ [Equivalentes recomendados: *lista, tabla clasificatoria, clasificación, escalafón*. Adaptación recomendada: *ranquin*, pl. *ránquines*].

ranúnculo. m. Planta venenosa de flores amarillas, común en terrenos húmedos, de la que existen varias especies. *En algunos tramos, el río presenta una vegetación flotante de ranúnculos.*

ranura. f. Hendidura estrecha y alargada abierta en un cuerpo sólido con distintos fines, frec. para que algo encaje o se deslice en ella. *Se ha quedado atascada una moneda en la ranura de la expendedora. Puede ampliar la memoria del ordenador si este dispone de ranuras de expansión.* ▶ *ABERTURA.

rapado. m. coloq. Corte de pelo muy corto. *Ha pasado de la melena al rapado total.*

rapapolvo. m. coloq. Reprensión severa. *El menor error le cuesta un rapapolvo del jefe.* Frec. con *dar* o *echar*. *Mi madre me ha echado un rapapolvo por llegar tarde.*

rapar. tr. **1.** Cortar (el pelo) al rape. *Me quiero rapar el pelo antes de ir al campamento.* **2.** Cortar el pelo (a alguien o algo) al rape. *El barbero rapa al niño con la máquina. Le han rapado la cabeza para despiojarlo.* **3.** Afeitar (la barba). *Ha llegado muy aseado y con la barba rapada.*

rapaz[1]. f. Ave rapaz (→ **ave**). *Algunas rapaces cazan ratones para alimentar a sus crías.*

rapaz[2], za. m. y f. Muchacho, espec. el de corta edad. *Casó muy joven con una rapaza de un pueblo vecino.*

rape[1]. **al ~.** loc. adv. Al límite o a la raíz. Gralm. con *cortar* o *pelar*. *Nos pelaban al rape para que no cogiéramos piojos.* Tb. loc. adj. *Cientos de prisioneros, famélicos y con el pelo al rape, se hacinan en barracones.*

rape[2]. m. Pez marino comestible, de cabeza muy grande y aplanada, con varios filamentos largos y móviles en la parte superior, que suele mantenerse enterrado en el fondo del mar. *He echado gambas y trocitos de rape a la paella.*

rapé. m. Tabaco en polvo que se toma aspirado por la nariz. *Imagino a aquellos cortesanos bailando minués y aspirando rapé.*

rápidamente. adv. De manera rápida. *Se ha dado cuenta del error y rápidamente ha rectificado.*

rapidez. f. Cualidad de rápido. *Para conducir es muy importante la rapidez de reflejos.* ▶ LIGEREZA, PRONTITUD, VELOCIDAD.

rápido, da. adj. **1.** Que actúa, se hace o se produce en un tiempo corto. *Es una corredora muy rápida. Has sido muy rápido respondiendo. Deja que eche un vistazo rápido al periódico.* ● m. **2.** Parte de un río donde la corriente fluye con gran ímpetu debido al estrechamiento o a la inclinación del cauce. *El descenso en canoa por los rápidos es peligroso.* **3.** Tren rápido (→ **tren**). *A las diez sale el rápido para Gijón.* ● adv. **4.** Rápidamente. *Se ha marchado rápido para no encontrarse con él.* ▶ **1:** LIGERO, VELOZ.

rapiña. f. Robo o saqueo, espec. los ejecutados con violencia. *La ciudad sufre la rapiña del ejército invasor.*

rapiñar. tr. Robar o hurtar (algo). *Decenas de piezas han sido rapiñadas del yacimiento arqueológico. Mis compañeros me rapiñan los folios.*

raposo, sa. m. **1.** Zorro (mamífero). *Un raposo ha entrado en el corral y se ha llevado una gallina.* También designa específicamente al macho. ○ f. **2.** Zorra (mamífero). *Un gorro de piel de raposa.* También designa específicamente a la hembra. *La raposa amamanta a sus crías en la madriguera.* ○ m. y f. **3.** Persona astuta. *¡Esa raposa ha vuelto a engañarme!* ▶ **1:** ZORRO. **2:** ZORRA. **3:** *ASTUTO.

rapsoda. m. y f. **1.** cult. Recitador de versos. *Conozco el poema de habérselo oído a un rapsoda.* **2.** cult. Poeta (autor). *La antología incluye poemas de los mejores rapsodas del siglo.* ○ m. **3.** histór. En la antigua Grecia: Recitador ambulante de poemas épicos. *Los rapsodas erraban por los pueblos cantando los poemas homéricos.*

rapsodia. f. *Mús.* Composición musical de carácter instrumental basada en aires populares o en fragmentos de otras obras. *La orquesta interpretará la "Rapsodia española" de Ravel.*

raptar. tr. **1.** Secuestrar (a una persona). *Han raptado a un empresario para pedir un rescate.* **2.** Llevarse un hombre (a una mujer) violentamente o con engaño. *Paris raptó a Helena y la llevó a Troya.* ▶ **1:** *SECUESTRAR.

rapto. m. **1.** Hecho de raptar. *Es sospechoso del rapto de un niño.* **2.** Impulso repentino o arrebato. *En un rapto de ira, casi la mata.* ▶ **1:** *SECUESTRO. **2:** *ATAQUE.

raptor, ra. adj. Dicho de persona: Que rapta a otra. Más frec. m. y f. *La policía ha rescatado a la niña y detenido a sus raptores.* ▶ *SECUESTRADOR.

raqueta. f. **1.** Instrumento formado por un mango y una superficie oval, gralm. un bastidor con una red de cuerdas tensadas, que se emplea para golpear la pelota en el tenis y otros deportes semejantes. *El tenista ha cambiado de raqueta a mitad de partido. Una raqueta de* ping-pong. **2.** Utensilio semejante a una raqueta (→ 1) de tenis, que se pone en los pies para caminar por la nieve sin hundirse en ella. *Se recomienda llevar raquetas en expediciones de alta montaña.* **3.** En una carretera u otra vía: Desvío lateral semicircular que permite cambiar de dirección o de sentido. *Puedes dar la vuelta en la próxima raqueta.*

raquetazo. m. Golpe fuerte dado con una raqueta. *Gana sus partidos a base de raquetazos desde el fondo de la pista.*

raquídeo, a. adj. *Anat.* Del raquis o columna vertebral. *Nervio raquídeo.*

raquis. m. **1.** *Anat.* Columna vertebral. *El raquis está compuesto por 24 vértebras.* **2.** *Biol.* Eje de una espiga o una pluma. *El raquis une el grano del cereal con el tallo.* ▶ **1:** *COLUMNA.

raquítico, ca. adj. **1.** Débil o enfermizo. *Como no te alimentes mejor, te vas a quedar raquítica.* **2.** coloq. Dicho de cosa: Muy pequeña o escasa. *El aumento de sueldo va a ser raquítico.*

raquitismo. m. Enfermedad normalmente infantil, debida a la carencia de vitamina D y caracterizada por deformación de los huesos y debilidad general. *¡Cuántos niños malnutridos y con raquitismo!*

rara avis. (loc. lat.). f. Persona o cosa que constituye un caso singular o excepcional. *La mujer que estudia una ingeniería ya no es una rara avis. El programa cultural es una rara avis en la programación televisiva.*

raramente. adv. **1.** Con escasa frecuencia. *Tiene un carácter muy afable; raramente se enfada.* **2.** De manera rara o extraña. *Se ha comportado raramente en la fiesta.*

rareza. f. **1.** Cualidad de raro. *La rareza del diamante ha aumentado su precio en la subasta.* **2.** Cosa rara. *Hoy en día la máquina de escribir es ya una rareza. La prudencia es una rareza en él, pues siempre toma decisiones apresuradas.* **3.** Hecho propio de la persona rara o extravagante. *No soporto sus rarezas; duerme siempre con la luz encendida.*

rarificar. tr. *Fís.* Hacer menos denso (un cuerpo gaseoso). Tb. en constr. prnl. media. *A medida que se asciende en el Altiplano, el oxígeno disminuye y el aire se rarifica.* ▶ ENRARECER.

raro, ra. adj. **1.** Que es poco común o se sale de lo normal. *Le han detectado una rara enfermedad. Es raro que tarde tanto. Raro es el día que no llueve.* **2.** Escaso o poco abundante. *Raras veces se equivoca. Una especie animal rara.* **3.** Extravagante o singular. *Es una chica muy rara. Tiene un carácter muy raro, así que no lo provoques.* ▶ **1:** DESUSADO, EXTRAÑO, INSÓLITO, PEREGRINO. **3:** PEREGRINO.

ras. **a ~,** o **al ~.** loc. adv. Al mismo nivel. *Del tendedero cuelgan unas sábanas que casi llegan a ras* DE *suelo. Corta las ramas al ras* DEL *tronco. La hierba estaba segada al ras.*

rasante. adj. **1.** Que rasa o pasa rozando. *El fulgor rasante del sol se extingue tras las colinas.* ● f. **2.** En una calle o camino: Inclinación o paralelismo respecto del plano horizontal. *Está prohibido adelantar en un cambio de rasante.*

rasar. tr. **1.** Igualar con un rasero u otra cosa semejante la superficie (de una medida completa de algo). *El camarero rasa las cañas de cerveza con una paleta para quitarles la espuma sobrante.* **2.** Pasar rozando (algo) ligeramente. *La bala ha rasado la pared.*

rasca. f. coloq. Frío intenso. *Menuda rasca hace esta mañana.*

rascacielos. m. Edificio de gran altura y muchos pisos. *En Nueva York abundan los rascacielos.*

rascador. m. Instrumento que sirve para rascar. *Cuando se baña, utiliza un rascador para la espalda.*

rascar. tr. **1.** Frotar la piel (de alguien o de una parte de su cuerpo) con algo agudo o áspero, espec. las uñas. *Ráscame aquí atrás, que yo no alcanzo. Me rasco la rodilla porque me pica.* **2.** Frotar la superficie (de una cosa) con algo agudo o áspero, espec. las uñas. *Rasca el boleto para ver si has ganado el premio. Rascó una cerilla.* **3.** Quitar (algo) de una superficie raspándo(lo) con un instrumento adecuado. *Rasca las manchas de pintura con una cuchilla.* **4.** Tocar de manera estridente (un instrumento de cuerda). *Pasa muchas horas rascando el violonchelo.*

rasero. m. **1.** Utensilio, gralm. con forma de palo cilíndrico, que sirve para rasar o igualar. *El albañil vierte el cemento en el cajón y luego lo iguala con el rasero.* **2.** Criterio de valoración. *Las grandes potencias aplican un doble rasero en su política internacional.* Frec. en la constr. *el mismo ~. Se medirá a todos los participantes por el mismo rasero.*

rasgado. m. Hecho o efecto de rasgar o rasgarse. *Se dobla bien el papel para facilitar el rasgado.*

rasgadura. f. Hecho o, más frec., efecto de rasgar. *De tanto lavarlo, el vestido tiene una rasgadura.*

rasgar. tr. Romper (algo poco consistente, espec. papel o tela) tirando con fuerza o empleando un instrumento cortante. *Alguien ha rasgado las páginas del libro con mala intención. Rasga el sobre con un cuchillo.* Tb. en constr. prnl. media. *Me he agachado y se me han rasgado los pantalones.*

rasgo. m. **1.** Trazo, a veces de adorno, que se hace al escribir. *Tiene una escritura de rasgos finos y ligeramente inclinados.* **2.** Acción que muestra una cualidad positiva. *Dedicar el premio a todo su equipo ha sido un rasgo de humildad.* **3.** Línea de las que forman el rostro de una persona. Frec. en pl. *Es una mujer de tez pálida y rasgos orientales.* **4.** Propiedad o nota distintivas. *La profusión de adjetivos es un rasgo característico del lenguaje descriptivo.* ■ **a grandes ~s.** loc. adv. De manera general y sin entrar en pormenores. *Nos ha explicado a grandes rasgos en qué consistirá nuestro trabajo.*

rasgón. m. Rotura producida al rasgar o rasgarse algo, espec. una tela o una prenda. *Voy a devolver el vestido a la tienda porque tiene un rasgón.*

rasguear. tr. Tocar (la guitarra u otro instrumento semejante) rozando varias cuerdas a la vez con las puntas de los dedos. *Un chico toca la batería, otro canta y otro rasguea la guitarra eléctrica.*

rasgueo. m. Hecho o efecto de rasguear. *De noche se oye un rasgueo de guitarras que llega de la taberna.*

rasguño. m. Arañazo pequeño producido por corte o por roce. *Se ha caído del caballo, pero no se ha hecho nada: apenas unos rasguños. La bala ha dejado un rasguño en la pared.*

rasilla. f. *Constr.* Ladrillo delgado y hueco, empleado para solar, techar o hacer construcciones ligeras. *Un tabique de rasilla.*

raso^{1}**.** m. Tejido ligero de seda, de haz lisa y brillante. *La novia lleva un vestido de raso blanco. Las sábanas de raso resbalaban tanto que terminé destapado.*

raso^{2}**, sa.** adj. **1.** Liso o plano. *Han llegado hasta la cumbre rasa del monte.* **2.** Dicho de campo: Llano, sin árboles ni edificios. *Una vez en campo raso, el viento sopla fuerte.* **3.** Dicho de cielo o de tiempo atmosférico: Despejado o libre de nubes. *Anoche el cielo estaba raso y hoy luce el sol. Es un día de verano, raso y sin viento.* **4.** Dicho de persona: Que carece de título o categoría que la distinga entre las de su clase. *Se ha enrolado en el ejército como soldado raso.* **5.** Dicho de medida: Llena pero sin rebasar el borde. *El pastel lleva tres cucharadas rasas de azúcar.* **6.** Que se realiza o pasa a poca altura del suelo. *Ha metido el gol con un disparo raso y ajustado al poste. Vuelo raso.* ■ **al raso.** loc. adv. A la intemperie, sin techo ni otro cobijo. *Unos dormimos en la tienda de campaña, y otros al raso.*

raspa. f. **1.** Espina de pescado, espec. la central. *Ha dejado la raspa del lenguado limpia. La trucha tiene muchas raspas.* **2.** Filamento de la cascarilla del grano de trigo o de otra gramínea. *La raspa del trigo.* ○ m. y f. **3.** coloq. Persona antipática o poco amable. *Es un raspa que gruñe por cualquier cosa.* Tb. adj. *Anda, no seas raspa y dale un besito a tu tía.*

raspado. m. **1.** Hecho o efecto de raspar. *Antes de pintar debes hacer un raspado de la pared. Hay un raspado en el papel.* **2.** *Med.* Operación que consiste en raspar una parte del organismo, espec. el interior del útero. *Le han hecho un raspado después del aborto.* ▶ **2:** LEGRADO.

raspadura. f. **1.** Hecho o efecto de raspar. *Han debido de hacerle la raspadura a tu coche con algo pun-*

zante. En el escrito hay tachones y raspaduras. **2.** Partícula que suelta algo al rasparlo. *Empleaban las raspaduras del cuerno del rinoceronte con fines medicinales.* Frec. en sent. colectivo. *Echa a la tarta la raspadura y el zumo de cuatro limones.*

raspar. tr. **1.** Frotar ligeramente la superficie (de algo) con un objeto agudo o áspero, quitándo(le) una parte superficial. *Antes de comer las zanahorias conviene rasparlas.* **2.** Frotar ligeramente (algo) con un objeto agudo o áspero para quitar(lo) de una superficie. *Raspa los borrones de tinta con una cuchilla de afeitar.* **3.** Causar sensación de aspereza (en alguien o en una parte de su cuerpo). *La toalla raspa la cara porque no la he lavado con suavizante. El coñac le raspa la garganta.* Tb. usado en constr. intr. *Estas sábanas raspan.*

raspón. m. Lesión o erosión superficial causada por un roce violento. *Al meter el coche en el garaje, le hice un raspón en el lateral.* ▶ RASPONAZO.

rasponazo. m. Raspón. *Tengo un rasponazo en el codo que me hice contra la pared.*

rasposo, sa. adj. Áspero, espec. al tacto o al paladar. *El sol te dejará la piel rasposa. Este aguardiente es fuerte y rasposo. Tiene una voz rasposa y grave.*

rasqueta. f. Utensilio compuesto gralm. por un mango y una chapa de cantos afilados, que sirve para raspar ciertas superficies. *Los restos de comida adheridos a la vitrocerámica se pueden quitar con una rasqueta.*

rastra. a ~s. loc. adv. **1.** Arrastrando o arrastrándose. *La maleta pesa tanto que tengo que llevarla a rastras. Pasan a rastras por un agujero al pie de la alambrada.* **2.** De mala gana o a la fuerza. *Voy a la boda a rastras porque no me apetece nada.*

rastreador, ra. adj. Que rastrea. *Un perro rastreador.* Dicho de pers., tb. m. y f. *El rastreador de la expedición ha encontrado huellas de tigres.*

rastrear. tr. **1.** Seguir el rastro (de alguien o algo). *Los perros rastrean las huellas del sospechoso. La etimología rastrea el origen de las palabras.* **2.** Examinar cuidadosamente (algo, espec. un lugar) en busca de un rastro. *La policía rastrea la zona. Rastreando documentación, ha dado con el dato que buscaba.* **3.** Arrastrar (por el fondo del agua) un utensilio que permita pescar o sacar lo que está sumergido. *El juez ordena rastrear el fondo del río para recuperar el cadáver.*

rastreo. m. Hecho de rastrear. *Los vecinos inician el rastreo del bosque en busca del niño perdido.*

rastrero, ra. adj. **1.** Vil o despreciable. *Traicionar a un amigo es propio de gente rastrera. Utiliza los medios más rastreros para medrar en la empresa.* **2.** Que va casi tocando el suelo. *Las gallináceas tienen un vuelo rastrero y pesado.* **3.** *Bot.* Dicho de tallo: Que crece a ras de suelo. *La calabacera crece con tallos rastreros y largos.* Tb. dicho de la planta con ese tipo de tallo. *La fresa es una planta rastrera.*

rastrillar. tr. **1.** Recoger (algo, espec. hierba, hojas o mies) con el rastrillo. *Un jardinero rastrilla las hojas secas caídas en el césped.* **2.** Limpiar de hierba y hojas con el rastrillo (un jardín, un parque, o sus calles). *Está rastrillando los caminos del jardín.* **3.** Allanar (la tierra) con el rastrillo u otro utensilio semejante. *Los areneros de la plaza rastrillan la arena del ruedo.*

rastrillo. m. **1.** Instrumento consistente en un mango largo cruzado en uno de sus extremos por un travesaño con púas, que sirve para recoger hierba, hojas u otras cosas semejantes. *Haz un montón con las hojas secas del jardín utilizando el rastrillo. El niño juega en la playa con el cubo, la pala y el rastrillo.* **2.** Mercadillo de artículos diversos, a veces con fines benéficos. *Compro la fruta los domingos en un puesto del rastrillo. La recaudación obtenida en el rastrillo irá a parar a personas necesitadas.* **3.** Verja o puerta de hierro que defiende la entrada de una fortaleza o de una cárcel. *Varios guardias vigilan el rastrillo de acceso a la penitenciaría.* ▶ **1:** RASTRO.

rastro. m. **1.** Vestigio o huella. *El fugitivo ha desaparecido sin dejar rastro. El animal va dejando un rastro de sangre. Al poco de tomar la pastilla, no queda ni rastro del dolor de cabeza.* **2.** Mercado callejero donde se compran y venden artículos diversos, nuevos o usados. *Me he comprado una cazadora de segunda mano en el rastro.* **3.** Rastrillo (instrumento). *El labrador guarda el rastro y la horca en el granero.* ▶ **3:** RASTRILLO.

rastrojera. f. Tierra de rastrojo. *Van a quemar la rastrojera porque está infestada de bichos.*

rastrojo. m. **1.** Residuo de las cañas de mies que queda en la tierra después de segar. *La quema incontrolada de rastrojos y malezas puede causar un incendio.* **2.** Campo del que se ha segado la mies y que aún no se ha vuelto a labrar. *El cazador avanza por el rastrojo en busca de la pieza.*

rasurar. tr. Afeitar (a alguien o una parte de su cuerpo). *Se rasura la cara todas la mañanas. El barbero lo rasura con cuidado.* ▶ AFEITAR.

rata. f. **1.** Mamífero roedor mayor que el ratón, de cola larga, hocico puntiagudo y pelaje gris o pardo, muy fecundo y voraz. *La rata macho. Miles de ratas viven en las cloacas de la ciudad.* Tb. designa específicamente a la hembra. *Normalmente la rata puede parir hasta seis veces al año.* **2.** coloq. Persona despreciable. *Solo una rata como tú sería capaz de semejante traición.* ○ m. y f. **3.** coloq. Persona tacaña. *Eres un rata; ya podías invitarnos alguna vez.* Tb. adj. *No seas tan rata y échame un poco más de vino.* ■ **~ almizclada.** f. Mamífero roedor semejante a la rata (→ 1), que tiene costumbres acuáticas y posee unas glándulas que segregan una sustancia de fuerte olor a almizcle. ■ **~ de agua.** f. Mamífero roedor semejante a la rata (→ 1), pero de cola más corta y costumbres acuáticas. □ **más pobre que las ~s,** o **que una ~.** loc. adj. coloq. Muy pobre. Frec. con *ser*. *Viven en una chabola porque son más pobres que las ratas.*

ratear. tr. Robar, espec. con habilidad, (cosas de poco valor). *Ha rateado un par de naranjas en la frutería.*

ratería. f. Robo de cosas de poco valor. *La familia se dedica a la ratería y a la mendicidad para poder vivir. Lo han detenido por algunas raterías.*

ratero, ra. m. y f. Ladrón que roba con habilidad cosas de poco valor. *Un ratero me ha robado el bolso sin enterarme.* ▶ LADRÓN.

raticida. m. Producto que sirve para matar ratas y ratones. *Utilizan un raticida para exterminar las ratas del almacén.* ▶ MATARRATAS.

ratificación. f. Hecho de ratificar. *Los ministros de asuntos exteriores se reunirán para la ratificación del acuerdo.*

ratificar. tr. **1.** Confirmar la validez o certeza (de algo). *El Senado ratifica la ley. Ha ratificado sus declaraciones ante la prensa. Las masivas movilizaciones ratifican el malestar de la sociedad.* ○ intr. prnl. **2.** Confirmar alguien lo dicho con anterioridad. *El médico se ratifica* EN *su primer diagnóstico.*

ratio. f. *tecn.* Razón (cociente o relación). *Cuanto menor sea la ratio de alumnos por aula, mayor será la calidad de la enseñanza. La ratio hombre/mujer en nuestra facultad es de 2 a 1.* ▶ RAZÓN.

rato. m. Porción indeterminada de tiempo, gralm. corta. *Voy a descansar un rato. –¿Lleváis mucho tiempo esperando? –No, solo un rato.* ■ **~ perdido.** m. Rato libre entre ocupaciones obligatorias. *Ordenaré mi armario cuando tenga un rato perdido.* Frec. en pl., y normalmente en la constr. *a ~s perdidos. Escribe una novela a ratos perdidos. Aprovecho los ratos perdidos para pasear o ir al cine.* ■ **buen** (o **mal**) **~.** m. Rato de placer (o disgusto). *El niño les ha dado un mal rato cuando se ha perdido.* Frec. con *pasar. He pasado un buen rato escuchando los cuentos del abuelo.* □ **a cada ~.** loc. adv. Con gran frecuencia o cada poco tiempo. *Sé lo que hay que hacer; no hace falta que me lo repitas a cada rato.* ■ **al ~**, o **al poco ~.** loc. adv. Poco después. *Me dice que quiere venir y al rato cambia de opinión.* ■ **a ~s.** loc. adv. **1.** De manera intermitente. *A ratos nos divertíamos y a ratos nos aburríamos.* **2.** A veces. *No siempre es simpática, solo a ratos.* ■ **hasta otro ~.** expr. coloq. Se usa como fórmula de despedida. *Yo ya me voy; ¡hasta otro rato, chicos!* ■ **para ~.** loc. adv. coloq. Para mucho tiempo. *Con esta tarea tengo todavía para rato, así que no me esperéis. Ya va para rato que pasó el autobús, el próximo debe de estar al llegar.* ■ **pasar el ~.** loc. v. Ocupar el tiempo en algo entretenido. *Entre cada salida, los bomberos pasan el rato leyendo o charlando.* ■ **un ~**, o **un ~ largo.** loc. adv. coloq. Mucho. *Sabe un rato de fontanería. El examen ha sido un rato difícil. De otras cosas no, pero de eso entiendo un rato largo.*

ratón, na. m. **1.** Mamífero roedor pequeño, de pelaje gralm. gris, hocico puntiagudo y cola larga, muy fecundo, que habita en las casas y del cual existen varias especies. *El gato corre detrás del ratón. Los ratones han roído el queso que había en la despensa.* Tb. designa específicamente al macho. **2.** *Inform.* Aparato móvil de pequeño tamaño que se conecta a un ordenador y permite desplazar el cursor por la pantalla para dar órdenes. *Desplace el icono arrastrándolo con el ratón.* ○ f. **3.** Hembra del ratón (→ 1). ■ **ratón de biblioteca.** m. coloq., humoríst. Persona erudita o estudiosa que siempre está entre libros. *Las durísimas oposiciones a juez han hecho de él un ratón de biblioteca.* A veces despect. *Es un ratón de biblioteca que no sabe realmente lo que es vivir.* ▶ **Am: 1:** LAUCHA.

ratonero, ra. adj. **1.** Del ratón o de ratón. *Tiene el pelo gris, ratonero.* ● f. **2.** Trampa para cazar ratones. *Pondré una ratonera en la despensa con un cebo de queso.* **3.** Madriguera de ratones. *Hemos localizado una ratonera con crías en la despensa.* **4.** Trampa en que alguien cae o está atrapado. *El desfiladero puede ser una ratonera para el convoy militar. La vida en el arrabal es dura y todos los muchachos quieren escapar de esa ratonera.* ▶ **1:** RATONIL.

ratonil. adj. Ratonero. *Tiene un rostro de rasgos ratoniles.*

raudal. m. **1.** Cantidad grande de algo que fluye con fuerza. *Al descorrer las cortinas, un raudal de luz invade la sala. Un raudal de ideas se acumula en su mente.* **2.** Caudal abundante de agua que corre violentamente. *El raudal se ha llevado por delante un árbol próximo al cauce.* ■ **a ~es.** loc. adv. De manera abundante. *Llueve a raudales. En los momentos finales del partido ha habido emoción a raudales. El bailarín despliega talento y pasión a raudales.*

raudo, da. adj. cult. Rápido o veloz. *Un caminante cruza raudo ante nosotros.*

ravioli. m. Pasta alimenticia de harina en forma de cuadrados pequeños, rellenos gralm. de carne o verdura. *Me gustan los raviolis de carne con mucho queso.*

raya[1]**.** f. **1.** Línea o señal alargada y estrecha que se hace o se forma sobre un cuerpo. *Una gitana me ha leído las rayas de la mano. El código morse utiliza una combinación de rayas y puntos. El tenista no debe pisar la raya blanca al sacar. Una camiseta de rayas rojas y blancas.* **2.** Límite de un territorio o de un terreno. *Las tropas estaban destacadas en la raya de Francia. En la raya del vergel comienza de forma abrupta el desierto.* **3.** Límite o término que se le pone a algo. *El periodista se mantiene en la raya de la prudencia; sin dejar ver sus tendencias políticas.* Frec. en la constr. *pasarse de la ~. No te pases de la raya con la bebida, que tienes que conducir. Su compañero intentó ligar con ella y se pasó de la raya.* **4.** Señal alargada que queda en la cabeza después de echar con el peine parte del cabello a un lado y parte al otro. *¿Quiere que lo peine con la raya en medio o a un lado?* **5.** Pliegue vertical que se marca al planchar una prenda de vestir, espec. los pantalones. *La raya del pantalón se interpreta como un signo de elegancia.* **6.** Signo ortográfico (—) más largo que el guion, que se usa para separar oraciones incidentales o para indicar la intervención de una persona en el diálogo. *En un diálogo, lo que dice cada uno suele ir precedido de una raya.* **7.** jerg. Dosis de una droga en polvo. *Una raya de cocaína.* ■ **tres en ~.** f. pl. Juego que consiste en colocar tres fichas sobre una de las rayas (→ 1) trazadas en un cuadrado cruzado por cuatro líneas que convergen en el centro. □ **a ~.** loc. adv. Dentro de los justos límites. Frec. con v. como *poner* o *tener. El nuevo profesor pondrá a raya a los alumnos más revoltosos. Para mantener a raya esos kilos, debes hacer ejercicio.* ■ **mil ~s.** → **milrayas.** ▶ **1:** LÍNEA.

raya[2]**.** f. Pez marino de cuerpo romboidal y aplanado, y cola larga y delgada con espinas. *El cuerpo de la raya ondula al desplazarse.*

rayado[1]**.** m. Hecho o efecto de rayar o trazar líneas alargadas y estrechas en algo. *Realiza un meticuloso rayado del papel para escribir la carta. El rayado de las hojas de mi cuaderno es muy grueso.*

rayado[2]**, da.** part. **1.** → **rayar.** ● adj. **2.** Que tiene rayas. *Le gusta usar cuadernos rayados. Lleva una blusa rayada.*

rayano, na. adj. **1.** Que raya en algo o se asemeja a ello. *Los soldados luchan con un pundonor rayano* EN *el heroísmo. Su testimonio está lleno de falsedades rayanas* CON *el delito.* **2.** Que raya o linda con algo. *Tienen una finca rayana* CON *la nuestra.*

rayar. tr. **1.** Hacer rayas o líneas alargadas y estrechas (en algo). *Raya el interior del círculo con rotulador rojo.* **2.** Estropear o deteriorar (algo) con rayas o incisiones alargadas. *He rayado el parqué al arrastrar la silla.* ○ intr. **3.** Limitar o lindar con algo. *Mi pueblo raya* CON *la provincia de Toledo.* **4.** Ser una cosa semejante o casi igual a otra. *Su miedo a viajar en avión raya* EN *lo patológico. A veces el genio raya* CON *la locura.* **5.** Alcanzar determinado nivel en las acciones o en el rendimiento. Gralm. en la constr. *~ a... altura. El torero no ha rayado a su altura por culpa de la lluvia. Como estadista, siempre rayó a gran altura.* **6.** Comenzar a aparecer la luz del alba o del día. *Raya el día y trinan los pajarillos.*

rayo. m. **1.** Línea de las que parten del punto en que se produce una forma de energía y señalan la dirección en que esta se propaga. *Rayos de luz.* **2.** Línea de luz que procede de un cuerpo luminoso, espec. del Sol. *Al descorrer las cortinas, los rayos de sol iluminan la estancia. Un rayo de luna. El rayo de una lámpara.* **3.** Chispa eléctrica de gran intensidad producida por descarga entre dos nubes o entre una nube y la tierra. *Durante la tormenta ha caído un rayo en el campanario de la iglesia.* **4.** Persona o cosa que actúa con rapidez y eficacia. *Esta traductora es un rayo; ha terminado el texto en solo dos horas.* ○ pl. **5.** Radiación. *Los rayos cósmicos proceden del espacio interestelar. Rayos ultravioleta. Rayos infrarrojos.* ■ **~ láser.** m. Haz de luz coherente, muy poderoso y de un solo color. *El cirujano destruye las células cancerosas con un rayo láser.* ⇒ LÁSER. ■ **~s gamma.** m. pl. *Fís.* Rayos (→ 5) muy penetrantes, emitidos por elementos radiactivos en las transiciones nucleares o en la aniquilación de partículas. *Los rayos gamma tienen menor longitud de onda que los rayos X.* ■ **~s X.** m. pl. Rayos (→ 5) muy penetrantes que atraviesan ciertos cuerpos, originan impresiones fotográficas y se utilizan en medicina como medio de investigación y de tratamiento. *Los rayos X se producen por la emisión de electrones. El centro de salud carece de equipo de rayos X.* □ **a ~s.** loc. adv. Muy mal. Frec. con v. como *oler* o *saber*. *Aquí dentro huele a rayos. La leche cortada sabe a rayos.* ▶ **3:** EXHALACIÓN.

rayón. m. Fibra textil obtenida artificialmente de la celulosa y que tiene propiedades parecidas a las de la seda. *El tejido de esta falda tiene rayón, o seda artificial.* Tb. el tejido fabricado con ella. *Un traje azul de rayón.*

rayuela. f. Juego infantil consistente en recorrer unas casillas pintadas en el suelo mientras se empuja un tejo con un pie y se mantiene el otro en el aire, evitando pisar las rayas de las casillas. *Juegan a la rayuela en el patio del colegio.* ▶ TEJO, TRUQUE.

raza. f. **1.** Cada uno de los grandes grupos humanos caracterizados por el color de la piel o por otros rasgos hereditarios. *Un atleta de raza negra ha ganado la carrera.* **2.** *Biol.* Categoría taxonómica en que se clasifican los seres vivos, que se usa a veces como subdivisión de la especie y se caracteriza por la uniformidad de ciertos rasgos genéticos secundarios. Se usa espec. en zoología. *El galgo es una raza de perro muy veloz.* ■ **~ humana.** f. Humanidad o género humano. *La raza humana siempre ha sentido curiosidad por saber si hay vida fuera del planeta.* □ **de ~.** loc. adj. Dicho de animal: Que pertenece a una raza (→ 2) pura o sin mezcla. *Mi padre me ha regalado un perro de raza.*

razia. f. Incursión en territorio enemigo con el fin de obtener un botín o causar destrucción. *Los habitantes temían las razias de las tribus guerreras del territorio limítrofe.*

razón. f. **1.** Facultad de razonar o de pensar. *La razón distingue al hombre de los animales. Frena tus impulsos y haz lo que te dicte la razón.* **2.** Acierto en las acciones o en el pensamiento. *Te castiga con razón, porque te has portado muy mal. Habla con la seguridad de quien sabe que le asiste la razón.* **3.** Causa o motivo. *No entiendo la razón de su enfado. Tengo razones para pensar que nos están engañando.* **4.** Argumento que se utiliza en apoyo o demostración de algo. *Las razones del abogado defensor no han convencido al jurado.* **5.** Aviso o información. *El cartel dice: "Se vende piso. Razón en portería".* Frec. con v. como *dar* o *mandar*. *Nos dieron razón de tu llegada con poca antelación.* **6.** *Mat.* Cociente de dos números o cantidades comparables entre sí. *La razón de dividir 36 entre 6 es 6.* **7.** *Mat.* Número constante que, sumado o multiplicado, permite la formación de términos sucesivos en una progresión. *En la progresión aritmética 2, 4, 6, 8, la razón es 2.* ■ **~ de Estado.** f. Razón (→ 3) de interés y utilidad para el Estado, que a veces se invoca para hacer algo contrario a la ley. *El presidente aduce razones de Estado para justificar los casos de espionaje.* ■ **~ social.** f. *Com.* Nombre con que figura registrada legalmente una sociedad mercantil. *La empresa ha cambiado su domicilio y su razón social.* □ **a ~ de.** loc. prepos. En la proporción de. Se usa seguido de una expresión de cantidad. *Se lee siete libros a la semana a razón de uno* POR *día. Tocamos a razón de tres pasteles* POR *persona. El bebé engorda a razón de 200 gramos semanales.* ■ **atender a razones.** loc. v. Quedar convencido por los argumentos que se presentan. *Está aferrada a su idea y no atiende a razones.* ■ **dar la ~** (a alguien). loc. v. Conceder(le) que está en lo cierto o que su opinión es acertada. *Es tan terco que es mejor darle la razón y no discutir con él.* ■ **en ~ de, o en ~ a.** loc. prepos. **1.** Debido a. *El muchacho no irá a la cárcel en razón de su corta edad.* **2.** En lo relativo a. *Es un coche único, tanto en razón de su precio como de sus prestaciones.* ■ **entrar en ~.** loc. v. Darse cuenta de lo que es razonable. *Menos mal que ha entrado en razón y no ha salido con la fiebre que tiene.* ■ **perder la ~.** loc. v. Volverse loco. *Perdió la razón a raíz de la muerte de su hijo.* ■ **tener,** o **llevar, ~.** loc. v. Estar en lo cierto o tener una opinión acertada. *Tienes razón; se llega antes por la otra carretera. Tu hijo lleva razón: deberías dejar de fumar.* ▶ **1:** *INTELIGENCIA. **6:** RATIO.

razonable. adj. **1.** Dicho de persona: Que atiende a razones o argumentos. *El profesor es razonable y entenderá el motivo por el que llegas tarde.* **2.** Dicho de cosa: Conforme a la razón o al modo acertado de pensar o actuar. *Su decisión me parece razonable.* **3.** Proporcionado o no exagerado. *El hotel está a una distancia razonable de la playa. Un precio razonable.*

razonado, da. part. **1.** → **razonar.** ● adj. **2.** Basado en razones o argumentos. *Respuesta razonada.*

razonador, ra. adj. Inclinado a razonar. *Como todo buen filósofo, es un hombre culto y razonador.* Tb. m. y f. *Es un razonador meticuloso.*

razonamiento. m. Hecho o efecto de razonar. *Lo ideal es que el alumno base su aprendizaje tanto en la memoria como en el razonamiento. Tus razonamientos no justifican una actitud tan irresponsable.*

razonar. intr. **1.** Ordenar y relacionar ideas para llegar a una conclusión. *Antes de decidirte, razona un poco.* **2.** Exponer razones o argumentos. *Razonas con lógica, pero no me convences.* ○ tr. **3.** Exponer razones para demostrar o explicar (algo). *Para convencernos de tus teorías, tendrás que razonarlas. ¿Cuál de estos usos es incorrecto?; razona tus respuestas.*

Rdo., Rda. abrev. Reverendo, reverenda. *El Rdo. P. Sanz es doctor en teología.*

re. m. *Mús.* Segunda nota de la escala de do mayor.

re-. pref. **1.** Significa 'repetición'. *Revaluar, reexplicación.* **2.** coloq. Denota 'intensidad o intensificación'. Se usa con intención enfática. *Relisto, remacho.*

reabrir. (part. **reabierto**). tr. Volver a abrir (lo que estaba cerrado). *Los comerciantes no se atreven a reabrir sus negocios por temor a nuevos disturbios. La policía decide reabrir el caso.* Tb. en contr. prnl. media. *Se le ha reabierto la herida.*

reabsorber. tr. **1.** Volver a absorber (algo). *La planta ha reabsorbido el agua que quedaba en la maceta.* **2.** *Med.* Hacer desaparecer el organismo (una sustancia) del lugar donde se había producido. *El sodio es en parte reabsorbido por el riñón.* Frec. en constr. prnl. media. *Si el derrame no se reabsorbe espontáneamente, tal vez haya que operar.*

reabsorción. f. Hecho de reabsorber o reabsorberse. *En la vesícula se produce una reabsorción parcial de las sales biliares.*

reacción. f. **1.** Acción de respuesta a otra acción o a un estímulo. *La flor del girasol presenta una reacción a la luz conocida como fototropismo. Mi primera reacción ante sus críticas fue echarme a llorar. La prensa recoge hoy las reacciones de los dirigentes políticos al atentado.* **2.** Efecto secundario inmediato de un medicamento o terapia. *La vacuna le ha hecho reacción y le ha salido un sarpullido.* **3.** Respuesta del organismo para contrarrestar los efectos de un agente patógeno. *El cuerpo tiene reacciones inmunológicas ante los virus.* **4.** Actitud tradicionalista y opuesta a las innovaciones, espec. en política. *En las guerras carlistas queda patente la oposición entre liberalismo y reacción.* Tb. conjunto de partidarios de dicha actitud. *El golpe de Estado fue promovido por la reacción.* **5.** *Quím.* Interacción entre sustancias que da origen a transformaciones. *El agua es producto de la reacción del hidrógeno con el oxígeno del aire. La oxidación y la combustión son reacciones químicas.* **6.** *Fís.* Fuerza igual y opuesta con que un cuerpo responde a la acción de otro sobre él. *La superficie horizontal en que se apoya un sólido ejerce una fuerza de reacción opuesta a la de la gravedad. Newton enunció el principio de acción y reacción.*

reaccionar. intr. **1.** Tener determinada reacción ante algo. *El conductor ha reaccionado bien y ha logrado evitar el accidente. Reaccionan airados* ANTE *esa injusticia. Los ácidos reaccionan* CON *las bases dando sales.* **2.** Recobrar la actividad o la vitalidad perdidas. *La Bolsa reacciona finalmente, tras una semana de poco negocio. Como el accidentado no reaccionaba, le hicieron la respiración boca a boca.*

reaccionario, ria. adj. **1.** De la reacción o actitud tradicionalista. *Ideología reaccionaria.* **2.** Partidario de la reacción. *Los sectores sociales más reaccionarios se oponían a la ley del divorcio.* Dicho de pers., tb. m. y f. *Los reaccionarios no aceptan la libertad de culto.*

reacio, cia. adj. Que es contrario a algo o se resiste a ello. *Es reacio* A *las fiestas. Soy reacia* A *pedir prestado dinero.*

reactancia. f. *Fís.* Oposición al paso de la corriente que ofrecen algunos elementos de un circuito eléctrico de corriente alterna. *La reactancia se mide en ohmios.*

reactivación. f. Hecho de reactivar. *La reactivación de la economía requiere una mayor flexibilidad en los precios.*

reactivar. tr. Volver a activar (algo). *Ha reactivado su negocio con nuevos departamentos.*

reactivo, va. adj. **1.** Que tiene o produce reacción. *El oxígeno es un elemento muy reactivo.* Tb. m. *El nacimiento del hijo ha supuesto un reactivo para el matrimonio.* ● m. **2.** *Quím.* Sustancia empleada para producir una reacción, gralm. con objeto de descubrir la presencia de otra sustancia. *Los reactivos sirven para realizar pruebas de detección de enfermedades.*

reactor. m. **1.** Motor de reacción. *Durante el vuelo, ha fallado uno de los reactores del avión.* **2.** Avión propulsado con motor de reacción. *Un reactor ha cruzado el cielo, dejando una estela blanca a su paso.* **3.** Instalación destinada a la producción y control de reacciones nucleares de fisión o de fusión en cadena. *Se han parado dos reactores de la central nuclear.* Tb. ~ *nuclear. En un reactor nuclear puede obtenerse el calor necesario para producir energía eléctrica.* ▶ **2:** JET.

readmisión. f. Hecho de readmitir. *Ayer se produjo la readmisión de los alumnos expulsados.*

readmitir. tr. Volver a admitir (a alguien que había quedado fuera o había sido expulsado). *La empresa tiene que readmitir al trabajador injustamente despedido.*

reafirmar. tr. **1.** Afirmar (algo) de nuevo, o volver(lo) a decir. *Reafirma su disposición a negociar.* **2.** Dar más firmeza o estabilidad (a algo). *Reafirman el andamio para evitar accidentes.* ○ intr. prnl. **3.** Afirmarse de nuevo en lo dicho o pensado antes. *Me reafirmo* EN *mis opiniones.*

reagrupación. f. Reagrupamiento. *Se han aprobado medidas para la reagrupación familiar de inmigrantes.*

reagrupamiento. m. Hecho de reagrupar. *Ha habido un reagrupamiento de las fuerzas guerrilleras.* ▶ REAGRUPACIÓN.

reagrupar. tr. Agrupar de nuevo o de modo diferente (personas, animales o cosas). *Los alumnos serán reagrupados de acuerdo con su nivel.*

reajustar. tr. **1.** Volver a ajustar (algo). *Reajustaré algunas piezas del televisor para ver si vuelve la imagen. El hombre que vive en sociedad reajusta su conducta a cada situación.* **2.** Aumentar o disminuir (precios, salarios o puestos de trabajo) por motivos coyunturales. *El Gobierno reajustará el precio de los carburantes.* ▶ **2:** REGULAR.

reajuste. m. Hecho de reajustar algo, espec. precios, salarios o puestos de trabajo. *La venta de la empresa trajo consigo un fuerte reajuste de plantilla. Reajuste salarial.*

real[1]. adj. Que tiene existencia verdadera y efectiva. *La película está basada en un hecho real. No se sabe si el rey Arturo fue un personaje real o legendario.*

real[2]. adj. **1.** Del rey o de la realeza. *Miembros de la familia real asisten al acto. Palacio real.* ● m. **2.** histór. Antigua moneda española equivalente a la cuarta parte de una peseta. *Mi abuelo ganaba dos reales al día durante el servicio militar.* **3.** histór. Antigua moneda española. *Felipe V pagó a su artesano 22 000 reales de vellón. Reales de plata.* ■ **un ~,** o **dos ~s.** loc. s. coloq. Muy poco o ningún dinero. Frec. con intención enfática. *¡Cómpratelo, hombre, que eso cuesta dos reales!* Frec. con los v. *tener* o *valer* y en constr. negativas con el mismo significado. *Te han timado: esto no vale un real.* ▶ **1:** REGIO.

real[3]. m. Recinto donde se celebra una feria. *Miles de sevillanos y de turistas pasean por el real de la feria.* ■ **sentar,** o **asentar,** alguien **sus ~es.** loc. v. Asentarse o establecerse en un lugar. *Después de vivir fuera de España, ha asentado sus reales* EN *Valladolid.*

realce. m. **1.** Hecho o efecto de realzar. *El nuevo sujetador garantiza a un tiempo comodidad y realce del busto. La presencia de los reyes ha dado realce al evento.* **2.** Adorno o labor que sobresale de la superficie. *Bordado de realce.*

realengo, ga. adj. histór. Dicho de pueblo o territorio: Que pertenecía a la corona y no a la nobleza o a la Iglesia. *Villa realenga.* Tb. m. *El monarca anuló el carácter de realengo de estas tierra.*

realeza. f. **1.** Dignidad de rey. *La reina apareció luciendo todos sus atributos de realeza.* **2.** Conjunto de los reyes y sus familias. *Por su cargo de embajador ha conocido a muchos miembros de la realeza.*

realidad. f. **1.** Cualidad de real o existente. *El acusado es inocente hasta que se demuestre la realidad de los hechos que se le imputan.* **2.** Cosa real o verdadera, espec. un hecho. *Que pasé hambre es una realidad innegable. Las pruebas de ADN son ya una realidad casi cotidiana en el ámbito judicial.* **3.** Conjunto de cosas y hechos reales. *Percibimos la realidad a través de los sentidos. Trabajando para una ONG ha conocido de cerca la realidad del Tercer Mundo.* ■ **~ virtual.** f. *Inform.* Representación de escenas o imágenes producida por un sistema informático, que da la sensación de su existencia real. *Un programa de realidad virtual permite al cliente visitar su vivienda antes de que se haya construido.* □ **en ~.** loc. adv. Realmente. *En realidad, ¿para qué quiero yo otro coche, si con uno tengo bastante?* ▶ **2:** VERDAD.

realimentación. f. *tecn.* Retorno de parte de la salida de un circuito o sistema a su propia entrada. Frec. en electrónica. *La realimentación interna del circuito mantiene una tensión mínima.*

realismo. m. **1.** Cualidad de realista o práctico. *El entrenador declara con realismo que las posibilidades de triunfo son escasas.* **2.** Tendencia artística o literaria a representar la realidad tal como es. *Sus retratos son de un realismo estremecedor. Galdós es uno de los grandes narradores del realismo.* **3.** *Fil.* Sistema que propugna que la realidad existe independientemente del sujeto que la percibe. *El realismo se opone al nominalismo.* ■ **~ mágico.** m. *Lit.* Movimiento literario hispanoamericano surgido a mediados del s. XX, caracterizado por la introducción de elementos fantásticos en una narrativa de tono realista. *"Cien años de soledad", de Gabriel García Márquez, es una de las cumbres del realismo mágico.*

realista. adj. **1.** Que actúa ajustándose a la realidad y gralm. con sentido práctico. *Seamos realistas: si invertimos todo el dinero, corremos el riesgo de arruinarnos.* **2.** Del realismo artístico o filosófico. *Estilo realista. Pensamiento realista.* **3.** Seguidor del realismo artístico o filosófico. *Un pintor realista.* Tb. m. y f. *Los realistas buscan un reflejo objetivo del mundo circundante.*

realización. f. Hecho o efecto de realizar o realizarse. *La realización del trabajo subirá la nota final. Necesitamos un patrocinador para la realización del proyecto. El productor de la película asume también las tareas de realización.*

realizador, ra. m. y f. **1.** Persona que realiza algo. *El realizador del proyecto es acogido con un fuerte aplauso.* **2.** Persona que dirige la ejecución de una película o un programa de televisión. *Trabaja como realizadora de programas musicales en una cadena de televisión.*

realizar. tr. **1.** Hacer (algo). *Vamos a realizar un ejercicio de expresión corporal. La modista realiza primorosos vestidos. Cada miembro del equipo realiza una tarea.* **2.** Hacer real y efectivo (algo que solo era una posibilidad). *La idea es magnífica; solo nos falta ayuda financiera para realizarla.* Tb. en constr. prnl. media. *Sé que mis sueños se realizarán.* **3.** Dirigir la ejecución (de una película o un programa de televisión). *Realizará una película de suspense con un afamado productor.* **4.** *Com.* Convertir en dinero (un bien de cualquier tipo) mediante venta. *Realizar una propiedad.* ○ intr. prnl. **5.** Cumplir alguien plenamente sus aspiraciones o posibilidades. *Trabajar en lo que gusta ayuda a realizarse profesionalmente.* ▶ **1:** *HACER.

realmente. adv. De manera real o verdadera. *Realmente, no tenía intención de contártelo porque sabía que te enfadarías.* Frec. con intención enfática. *Estoy realmente cansado.*

realojamiento. m. Realojo. *El realojamiento de las familias del poblado chabolista será inmediato.*

realojar. tr. Alojar en un lugar distinto (a alguien, espec. a población marginal o en situación de emergencia). *El Ayuntamiento realojará en hoteles a los vecinos del inmueble que amenaza ruina.*

realojo. m. Hecho de realojar. *Mañana se procederá al realojo provisional de los afectados por el incendio.* ▶ REALOJAMIENTO.

realquilado, da. part. **1.** → **realquilar.** ● adj. **2.** Dicho de persona: Que vive de alquiler en un lugar alquilado por otra persona. *En este piso hay tres estudiantes realquilados.* Frec. m. y f. *Los realquilados se niegan a pagar la mensualidad.*

realquilar. tr. Alquilar (un piso, local o habitación) su arrendatario a otra persona. *Realquila habitaciones a estudiantes para poder pagar el alquiler de la casa.*

realzar. tr. **1.** Destacar o resaltar (algo). *Ese vestido realza tu figura. Ha hecho una semblanza elogiosa del director, realzando sus logros.* **2.** Dar mayor grandeza o distinción (a alguien o algo). *Un hermoso centro de flores realza la mesa. El príncipe realza con su presencia el acto inaugural.* **3.** Levantar o elevar (algo). *Realzan la mesa presidencial con una tarima.*

reanimación. f. Hecho o efecto de reanimar o reanimarse. *Se nota una reanimación de la economía.* Frec. en medicina. *La ambulancia va dotada de un equipo de reanimación.*

reanimar. tr. **1.** Devolver el vigor o las fuerzas (a alguien o algo). *Tomar una sopa caliente por la noche me reanima. La bajada de los tipos de interés ha reanimado la Bolsa.* Tb. en constr. prnl. media. *Cuando se produce una bajada de tensión, es conveniente tomar azúcar para reanimarse.* **2.** Dar valor o ánimos (a alguien). *Sus palabras de apoyo han reanimado a los afectados por la catástrofe.* Tb. en constr. prnl. media. *Tardará en reanimarse después de esta desgracia.* **3.** Hacer que (alguien) recupere el conocimiento o la normalidad de sus constantes vitales. *Intentan reanimar al niño accidentado.* Tb. en constr. prnl. media. *Cuando le practicaron el masaje cardíaco, el enfermo se reanimó.*

reanudación. f. Hecho de reanudar o reanudarse. *En septiembre tendrá lugar la reanudación de las clases.*

reanudar. tr. Continuar (algo que se había interrumpido). *Los parlamentarios reanudan la sesión. El partido de tenis se reanudará cuando deje de llover.*

reaparecer. (conjug. AGRADECER). intr. Volver a aparecer. *La cantante reaparece en los escenarios tras una larga ausencia. Su vocación por la pintura reapareció en los últimos años de su vida.*

reaparición. f. Hecho de reaparecer. *Después de hacer varias películas, el actor vuelve a triunfar en su reaparición teatral.*

rearmar. tr. Dotar de más o de nuevo armamento (a un ejército o a un país). *Rearman al ejército ante la amenaza de guerra. El país se ha rearmado para afrontar el ataque.*

rearme. m. Hecho de rearmar o rearmarse. *Si estalla el conflicto, podría desencadenarse un rearme generalizado en la zona.* Tb. fig. *Es necesario un rearme moral de la sociedad frente a la violencia.*

reaseguro. m. Contrato por el que un asegurador toma a su cargo total o parcialmente un riesgo ya cubierto por otro asegurador, sin alterar lo convenido entre este y el asegurado. *Es agente comercial en una compañía de seguros y reaseguros.*

reasumir. tr. Volver a asumir o tomar (algo, espec. un cargo o una responsabilidad). *Recuperado de sus heridas, reasume el mando del batallón.*

reasunción. f. Hecho de reasumir. *El golpe de Estado culmina con la reasunción de poderes por parte de los militares.*

reata. f. **1.** Cuerda o correa con que se atan varias caballerías para que vayan una detrás de otra. *El amo ordena al mozo de cuadra que ponga la reata al tiro.* **2.** Hilera de caballerías que van atadas una detrás de otra. *Una reata de mulas lleva todo el cargamento de la expedición.* Tb. fig. *Reatas de esclavos desembarcan del barco corsario.*

reavivar. tr. Avivar de nuevo o con más intensidad (una cosa). *Reaviva el fuego de la chimenea, que hace mucho frío. El éxito de la selección nacional ha reavivado el interés por el baloncesto.* Tb. en constr. prnl. media. *La polémica se está reavivando con los comentarios del periodista.*

rebaba. f. Porción de materia sobrante que sobresale irregularmente en el borde o en la superficie de un objeto. *Después de colocar los ladrillos, retira la rebaba de argamasa con una espátula.*

rebaja. f. **1.** Hecho o efecto de rebajar algo, espec. un precio. *Como se lleva usted tanto género, le haré una buena rebaja. Se espera una nueva rebaja de los tipos de interés.* ○ pl. **2.** Venta de productos a precios más bajos durante un período determinado. *Siempre espera a las rebajas para comprarse el calzado.*

rebajado, da. part. **1.** → **rebajar.** ● adj. **2.** *Arq.* Dicho de arco o bóveda: Que tiene una altura menor que la mitad de su anchura. *En el palacio destacan los grandes ventanales de arco rebajado.*

rebajamiento. m. Hecho de rebajar o rebajarse, espec. en el sentido moral. *Es capaz del más abyecto rebajamiento con tal de mantener el puesto.*

rebajar. tr. **1.** Reducir la altura o el nivel (de algo). *Hemos rebajado el techo de la casa para construir un altillo. El velocista ha rebajado el récord en más de un segundo. Si quieres encontrar empleo, tendrás que rebajar tus aspiraciones económicas.* **2.** Reducir el precio (de algo). *En fin de temporada rebajan la ropa un 25%.* **3.** Reducir (el precio o el valor de algo). *Rebajamos los precios a la mitad. La devaluación consiste en rebajar el valor de una moneda.* **4.** Restar o descontar (una cantidad) de un precio o de una medida. *Rebajamos un veinte por ciento del precio original. Con la dieta, he logrado rebajar varios kilos.* **5.** Reducir la intensidad o la fuerza (de algo). *Voy a rebajar el* whisky *con un poco de agua. El dibujante rebaja los tonos de los contornos con el difumino.* **6.** Humillar (a alguien), o herir su dignidad. *Es una grave afrenta rebajar al vencido. No pienso rebajarme y pedirle perdón a alguien tan arrogante.* **7.** Dispensar (a un soldado) de un servicio. *Volvió del frente con una fuerte depresión y fue rebajado* DE *todo servicio.*

rebaje. m. Rebajo. *Está terminantemente prohibido estacionar en rebajes de bordillo. Si la pieza no encaja bien, se pueden practicar ligeros rebajes en los extremos.*

rebajo. m. Parte del canto o del borde de una cosa, donde se ha reducido el espesor por medio de un corte. *El marco de la ventana tiene un rebajo donde encaja la hoja.* Tb. dicho corte. *Ha hecho un rebajo a la tapa de la caja.* ▶ REBAJE.

rebanada. f. Porción delgada de una cosa, espec. de pan, cortada de un extremo a otro, gralm. a lo ancho. *Mete las rebanadas de pan de molde en el tostador. Pela los plátanos y córtalos en rebanadas.*

rebanar. tr. **1.** Cortar (algo) en rebanadas. *Rebana unas patatas para echarlas al guiso.* **2.** Cortar (algo) de parte a parte. *El asesino le ha rebanado el cuello a su víctima.*

rebañar. tr. **1.** Apurar los restos de comida (de un recipiente). *Su madre no le deja rebañar el cuenco donde ha hecho la mayonesa.* **2.** Apurar (los restos de comida) de un recipiente. *Le gusta rebañar con pan la salsa que queda en el plato.* **3.** Juntar y recoger (una cosa) sin dejar nada (de ella). *Rebañó las monedas que había en el bolso.* ▶ ARREBAÑAR.

rebaño. m. **1.** Grupo numeroso de ganado, espec. del lanar. *En la pradera pasta un rebaño de ovejas. Un rebaño de cabras.* **2.** Conjunto de fieles respecto de su guía espiritual. *El cura sube al púlpito para dirigirse a su rebaño.* **3.** despect. Grupo numeroso de personas, espec. si actúan por iniciativa ajena o se dejan dirigir. *Rebaños de turistas pululan por los alrededores del museo. Un rebaño de fans sigue a su ídolo a todas partes.* ▶ **1:** HATAJO, HATO.

rebasar. tr. **1.** Pasar o exceder (un límite o una señal). *Lo han multado por rebasar la velocidad máxima permitida. La pelota rebasa claramente la línea de gol.* **2.** Dejar atrás (algo o a alguien) en una carrera o en una progresión. *El corredor ha rebasado a todos sus rivales en la última vuelta. Al rebasar esta localidad, continuaremos la marcha por la vereda del río.* ▶ SUPERAR.

rebatir. tr. Refutar (algo). *El fiscal ha rebatido punto por punto la argumentación del abogado defensor.* ▶ REFUTAR.

rebato. m. Llamada a los vecinos de una población, gralm. por medio de señal sonora, para advertirles de la inminencia de un peligro. Frec. en la constr. *tocar a ~. Las campanas tocan a rebato por el incendio del pinar.* Tb. fig. *El director toca a rebato y todos sus ciclistas se ponen al frente del pelotón.*

rebeca. f. Chaqueta femenina de punto, ligera, sin cuello y con botonadura gralm. desde la garganta. *Llévate un suéter o una rebeca, que por la noche refresca.*

rebeco. m. Mamífero rumiante salvaje, semejante a una cabra grande, que habita en zonas montañosas y tiene cuernos rectos con la punta curvada hacia atrás a manera de gancho. *Encaramado a unas peñas hay un grupo de rebecos. El rebeco hembra.* ▶ GAMUZA.

rebelarse. intr. prnl. **1.** Sublevarse contra una autoridad o contra la persona que manda. *El pueblo se ha rebelado* CONTRA *el dictador. El adolescente se rebela* CONTRA *sus padres.* **2.** Oponerse radicalmente a algo. *La juventud contestataria se rebela* CONTRA *el* *poder establecido. Se rebelaba* CONTRA *el destino que desde niña le habían impuesto.* ▶ **2:** *SUBLEVARSE.

rebelde. adj. **1.** Que se rebela. *Las tropas gubernamentales se enfrentan a las fuerzas rebeldes. Es un niño travieso y muy rebelde; nunca me obedece.* Tb. m. y f. *Los rebeldes han tomado el palacio presidencial.* **2.** Dicho de cosa: Difícil de dominar o controlar. *Tiene un pelo muy rebelde.* **3.** Dicho de enfermedad o síntoma: Resistente al tratamiento o a los medicamentos. *Padece un insomnio rebelde y persistente. Tos rebelde.* **4.** *Der.* Que no ha acudido al llamamiento formal de un juez. *Ha sido declarado rebelde por un juzgado.* Tb. m. y f. ▶ **1:** INSURGENTE, INSURRECTO.

rebeldía. f. **1.** Cualidad de rebelde, espec. contra una autoridad. *El inconformismo y la rebeldía son característicos de los más jóvenes.* **2.** Acción propia de una persona rebelde. *Llevó una vida de aventurero, llena de heroicidades y rebeldías.* **3.** *Der.* Situación de la persona que no ha acudido al llamamiento formal de un juez. Frec. en la constr. *en ~. Han declarado al acusado en rebeldía por no presentarse el día del juicio.*

rebelión. f. Hecho de rebelarse, espec. contra una autoridad. *El monarca sofocó la rebelión de los nobles. En sus escritos propugna una rebelión contra la hipocresía y los prejuicios.*

rebenque. m. Am. Látigo de jinete. *Se golpeaba las botas con el rebenque* [C].

reblandecer. (conjug. AGRADECER). tr. Ablandar (algo). *La lluvia reblandece la nieve.* Tb. en constr. prnl. media. *El pan se ha reblandecido.* ▶ ABLANDAR.

reblandecimiento. m. **1.** Hecho de reblandecer o reblandecerse. *La humedad provoca el reblandecimiento de la cola.* **2.** *Med.* Disminución de la consistencia natural de los tejidos orgánicos. *La falta de calcio produce reblandecimiento de los huesos.*

rebobinado. m. Hecho de rebobinar. *El rebobinado de la cámara fotográfica es automático.*

rebobinar. tr. Hacer que (un hilo, una cinta o una película) se enrolle de nuevo en su carrete original, gralm. desenrollándose de otro. *Rebobina el vídeo, que quiero volver a ver esa escena.*

rebollo. m. Variedad de roble, de tamaño medio, abundante en España, cuyo fruto es una bellota amarga.

reborde. m. Saliente estrecho a lo largo del borde de una cosa. *Los platos de la vajilla tienen los rebordes estampados. Tiene una mano apoyada en el reborde del sillón.*

rebosadero. m. Orificio que da salida a un líquido impidiendo que rebose. *Creo que el rebosadero de la bañera está atascado.*

rebosante. adj. Que rebosa. *Lleva bajo el brazo una caja de cartón rebosante* DE *papeles. Está rebosante* DE *felicidad.*

rebosar. intr. **1.** Derramarse un líquido por encima de los bordes del recipiente que lo contiene. *El agua del cubo rebosa.* Tb. fig. *Los papeles rebosan del cajón.* **2.** Estar un recipiente lleno hasta el límite de su capacidad. *Llenaba los vasos hasta que casi rebosaban. El cazo rebosa* DE *leche.* Tb. fig. *El cine rebosa* DE *gente.* Frec. en la constr. *a ~. Sirvió las copas a rebosar. El estadio está a rebosar.* **3.** Experimentar un sentimiento o estado de ánimo con gran intensidad. *El padre del recién nacido rebosa* DE *satisfacción.* ○ tr. **4.** Tener (algo) en abundancia. *Estas tierras rebosan riqueza.* **5.** Experimentar (un sentimiento o estado de ánimo) con gran intensidad. *A esa edad los niños rebosan alegría.*

rebotado, da. part. **1.** → **rebotar.** ● adj. **2.** coloq. Dicho de sacerdote o religioso: Que ha abandonado la vida eclesiástica. *El profesor es un cura rebotado.* **3.** coloq. Dicho de persona: Que llega a una actividad o profesión después de haber fracasado en otra. *En nuestra facultad hay muchos estudiantes rebotados de otras carreras.*

rebotar. intr. **1.** Botar otra vez o repetidas veces una cosa, espec. una pelota u otro cuerpo elástico, tras chocar contra algo. *Hay gente jugando en el frontón, porque se oye la bola rebotar* CONTRA *la pared. La botella de plástico cae ladera abajo rebotando* EN *las piedras.* **2.** Cambiar una cosa de dirección por haber chocado con un obstáculo. *El disparo rebota* EN *un defensa y despista al portero. Cuando el rayo rebota* CONTRA *la superficie, hablamos de reflexión de la luz.* ○ tr. **3.** Hacer una cosa que (algo o alguien) salgan despedidos en dirección contraria. *La puerta blindada ha rebotado los disparos. El satélite de comunicaciones rebota la señal enviada desde la Tierra.* **4.** coloq. Enfadar o irritar (a alguien). *Lo que más me rebota es que tomes decisiones sin contar conmigo.* Tb. en constr. prnl. media. *El profe se ha rebotado con nosotros porque siempre llegamos tarde.*

rebote. m. **1.** Hecho o efecto de rebotar, espec. un cuerpo elástico. *Después de varios rebotes la pelota se ha colado en la portería. La bala se fragmentó debido a los rebotes.* **2.** coloq. Enfado o disgusto. *Se ha pillado un rebote contigo porque cree que te has chivado.* **3.** *Dep.* En baloncesto: Pelota que rebota en el tablero o en el aro sin convertirse en canasta. *El jugador más alto atrapa todos los rebotes.* Tb. la jugada correspondiente. *Una de las misiones del pívot es acudir al rebote.* ■ **de ~.** loc. adv. **1.** De manera accidental o casual. *No me ha llamado nadie para contármelo: me he enterado de rebote.* **2.** De resultas o como consecuencia. *La separación ha afectado mucho a los hijos y, de rebote, a toda la familia. Era toxicómano y, de rebote* DE *su adicción, contrajo varias enfermedades.*

rebotica. f. Habitación trasera de una botica o farmacia, que le sirve de desahogo. *El farmacéutico tiene el almacén de medicamentos en la rebotica.*

rebozar. tr. **1.** Bañar (un alimento) en harina, huevo batido u otra sustancia, gralm. para freír(lo) después. *Reboza las pescadillas* EN *harina. Rebozo los filetes* CON *huevo y luego los empano.* **2.** Manchar (algo o a alguien) con una sustancia que se pega. *Los niños se han rebozado* DE *barro en el parque. Rebozó la toalla mojada por toda la arena.*

rebozo. sin ~. loc. adv. **1.** De manera franca o sincera. *Afirma sin rebozo que lo único que le importa es el dinero.* **2.** Abiertamente o sin disimulo. *Mira a las chicas de arriba abajo y sin rebozo alguno.*

rebrotar. intr. Volver a brotar. *Han rebrotado las hojas de la planta. Con su nuevo trabajo, rebrotaron sus ilusiones.*

rebrote. m. **1.** Hecho de rebrotar. *Los ciudadanos temen el rebrote de la violencia. Después del incendio se produce el lento rebrote de árboles y plantas.* **2.** Retoño (brote de una planta). *A la sombra de los pinos crecen algunos rebrotes de roble.* ▶ **2:** RETOÑO.

rebufo. m. Zona de menor resistencia al avance, que deja en su estela un cuerpo en movimiento, espec. un vehículo. *El ciclista se mete en el rebufo* DEL *auto-*

bús. Frec. en la constr. *a* ~, o *al* ~. *El motociclista enfila la recta final en cabeza seguido por su rival a rebufo*. Tb. fig. *Muchas empresas nacieron al rebufo* DEL boom *tecnológico*.

rebujo. m. Revoltijo arrugado y apretado de papel, tela u otro material. *La policía ha encontrado un rebujo de ropas manchadas de sangre en la casa del sospechoso*.

rebullir. (conjug. MULLIR). intr. Moverse ligeramente o empezar a moverse alguien o algo que estaban quietos. *El enfermo comienza a rebullir en la cama y finalmente abre los ojos. Algo le rebulle por dentro*. Frec. prnl. *Se rebulle incómodo en la silla. La cocina es tan pequeña que no puedes rebullirte*.

rebusca. f. Hecho de rebuscar. *La rebusca en archivos ha dado como resultado un interesante corpus de documentación*.

rebuscado, da. part. **1.** → **rebuscar.** ● adj. **2.** Que muestra rebuscamiento. *Una idea rebuscada. Una expresión rebuscada*.

rebuscamiento. m. Complicación y falta de naturalidad. *Sus textos se caracterizan por la pomposidad y el rebuscamiento*.

rebuscar. tr. Buscar con cuidado o detenimiento (algo). *Rebuscaba las llaves en el bolso*. Tb. usado en constr. intr. *Rebusca en los bolsillos, a ver si encuentras una moneda. Un mendigo rebusca entre la basura*. ■ **rebuscárselas.** loc. v. Am. coloq. Ingeniarse para sobrevivir y encontrar los medios de subsistencia necesarios. *Se las rebuscan con trabajos apenas dignos que nunca los sacarán de pobres* [C].

rebusque. m. Am. coloq. Hecho o efecto de rebuscárselas. *La producción de artesanías o las microempresas hacen parte del rebusque de la sobrevivencia* [C].

rebuznar. intr. Emitir el burro su voz característica. *El pollino no para de rebuznar porque tiene algo clavado en la pata*.

rebuzno. m. Voz característica del burro. *Se oyen los rebuznos del asno en el establo*.

recabar. tr. **1.** Conseguir (algo) con peticiones o súplicas. *El autor recaba información de muchas fuentes para redactar la biografía. La campaña ha recabado ayuda humanitaria por valor de miles de euros*. **2.** Pedir o reclamar (algo inmaterial). *Ante las dudas, el juez recabará la opinión de un perito*.

recadero, ra. m. y f. Persona que lleva o hace recados, o que realiza esta actividad como oficio. *Mi hermana mayor me tiene de recadera. Su primer trabajo fue de recadero en un despacho*.

recado. m. **1.** Mensaje o respuesta que de palabra se da o se envía a otro. *Me ha dado el recado de que no vengas*. **2.** Encargo o gestión. *Tengo que hacer varios recados en el centro*. **3.** frecAm. Conjunto de objetos necesarios para una actividad. *Tomó recado de escribir y se puso a redactar la carta. Su madre lo había obligado a llevar el petate, que era un recado de dormir muy práctico* [C]. **4.** Am. Aderezo líquido y espeso usado para condimentar carnes. *Preparar la sazón, majando los ajos y picando la cebolla, ají, orégano, verdecito y el recado* [C]. ▶ **frecAm: 2:** MANDADO.

recaer. (conjug. CAER). intr. **1.** Volver a caer, espec. en un vicio, error o cosa semejante. *En su último partido, el equipo ha recaído* EN *los mismos errores. El país corre peligro de recaer* EN *otra dictadura*. **2.** Volver a caer enfermo de la misma dolencia el que estaba convaleciente o ya recuperado. *El enfermo recayó y hubo que llevarlo otra vez al hospital. Si no te abrigas bien, vas a recaer* EN *la gripe*. **3.** Ir a parar una cosa sobre alguien o algo. *La responsabilidad de seleccionar jugadores recae* EN *el entrenador. Todas las sospechas recaen* SOBRE *él. El premio gordo ha recaído* EN *el número 04118*.

recaída. f. Hecho de recaer, espec. en una enfermedad. *El paciente ha tenido varias recaídas. El riesgo de recaída* EN *la depresión aminora con el cambio de vida. Dejó de fumar hace años, y sin una sola recaída*.

recalar. intr. **1.** Aparecer alguien por un lugar. *Muchos famosos han recalado* EN *la fiesta*. **2.** Detenerse una embarcación en un punto a la vista de la costa. *Como destino final del crucero, recalaremos en el puerto de Málaga*. Tb. fig. *El estadista continuará su visita oficial por Europa después de recalar en Madrid*.

recalcar. tr. Decir (algo) con insistencia o con pronunciación lenta y enfática. *La locutora recalca mucho las palabras cuando da una noticia importante. El presidente recalcó la necesidad de un cambio en el partido*.

recalcitrante. adj. Obstinado. *Ni el pesimista más recalcitrante esperaba que ocurriera este desastre. El partido nazi era de un racismo recalcitrante*.

recalentamiento. m. Hecho de recalentar o recalentarse. *Algunos achacan el cambio climático al recalentamiento de la atmósfera. La tendencia inflacionista ha producido un recalentamiento de la economía*.

recalentar. (conjug. ACERTAR). tr. **1.** Volver a calentar (algo). *Como has llegado tarde, ahora tendré que recalentar la comida*. **2.** Calentar demasiado (algo). *El sol recalienta el techo de la cabaña*. Tb. en constr. prnl. media. *Subiendo el puerto, el motor del camión se ha recalentado*.

recalentón. m. Calentamiento rápido y fuerte. *El motor del coche ha tenido un recalentón con tanto calor*.

recalificación. f. Hecho de recalificar. *Al prohibirse la recalificación de los bosques quemados disminuyen los incendios*.

recalificar. tr. Cambiar la calificación urbanística (de un terreno), espec. para hacer(lo) urbanizable. *Recalificarán parte del suelo rústico. En el plan urbanístico, se ha recalificado el lugar como zona verde*.

recamar. tr. Bordar (algo) con realce o labor que sobresale de la superficie. *La reina luce un vestido recamado en oro*.

recámara. f. **1.** En un arma de fuego: Parte del cañón, en el extremo opuesto a la boca, donde se coloca el proyectil. *Lleva el arma preparada con una bala en la recámara*. **2.** histór. Habitación situada detrás de la cámara y destinada gralm. a guardar vestidos y joyas. *Contigua a la estancia real, hay una recámara con paredes forradas de terciopelo*. **3.** coloq. Conjunto de intenciones ocultas. *Con la recámara que tiene, yo no me fiaría de él*. **4.** Am. Dormitorio (habitación). *Exhausta, se encierra en su recámara, a descansar* [C]. *Aceptó recibir a la hija de Carolina, le daría la recámara de los huéspedes* [C]. ▶ **4:** *DORMITORIO.

recambiar. (conjug. ANUNCIAR). tr. Sustituir (una cosa que ya no sirve, espec. una pieza) por otra de su misma clase. *Hay que recambiar el cartucho de tinta de la impresora*.

recambio. m. **1.** Hecho de recambiar. *Procederemos al recambio de las piezas cuando estén realmente estropeadas*. **2.** Cosa o persona destinada a sustituir a otra que ya no sirve. *Va a ser difícil encontrar un recambio para esta pieza, porque ya no se fabrica. No existe un buen recambio para un jugador tan bueno.* ■ **de ~.** loc. adj. Dicho de cosa o persona: Destinada a sustituir a otra que ya no sirve. *Siempre se debe circular con rueda de recambio. Todos ven en él al hombre de recambio para la jefatura del partido.* ▶ **Am: 2:** REFACCIÓN.

recapacitar. intr. **1.** Volver a considerar con detenimiento algo, espec. los propios actos. *Sus advertencias me han hecho recapacitar. Espero que recapacites* SOBRE/EN *lo que te ha ocurrido y te des cuenta de tu error.* ○ tr. **2.** Volver a considerar con detenimiento (algo, espec. los propios actos). *Tienes que recapacitar qué estás haciendo mal.*

recapitulación. f. Hecho o efecto de recapitular. *La obra es una recapitulación de las distintas corrientes artísticas.*

recapitular. tr. Recordar de manera resumida y ordenada (algo expresado o pensado con extensión). *El científico recapitula todas sus teorías en su último libro. Recapituló mentalmente lo que le quedaba por hacer.*

recarga. f. Hecho de recargar algo. *La batería tiene un tiempo de recarga de dos horas. La central nuclear detiene su funcionamiento para la recarga de combustible.*

recargable. adj. Que se puede recargar o volver a cargar. *Un bolígrafo recargable. Un mechero recargable.*

recargamiento. m. Acumulación excesiva de elementos, espec. decorativos. Frec. en arte o literatura. *Su prosa adolece de cierto recargamiento.*

recargar. tr. **1.** Volver a cargar (algo). *Voy a recargar la batería del teléfono móvil. Nuestro organismo necesita reposo para recargar fuerzas.* **2.** Cargar (algo o a alguien) demasiado. *El traductor no quiso recargar el texto con notas a pie de página. No te recargues de trabajo, que luego empiezas a agobiarte.* **3.** Adornar (algo o a alguien) en exceso. *No me gusta recargar los muebles, solo algún retrato familiar o alguna figurilla. Ir elegante no significa ir recargada.* **4.** Aumentar la cuota o el precio (de algo que se debe pagar). *Nos van a recargar los recibos de la luz por retrasarnos en el pago.*

recargo. m. Hecho o efecto de recargar, espec. algo que se debe pagar. *Tengo que pagar el impuesto con recargo porque se me pasó el plazo de pago. Nos cobran un recargo por llevar las bicicletas en el tren.*

recatado, da. part. **1.** → **recatar.** ● adj. **2.** Dicho espec. de mujer: Que muestra recato. *Viste como una viuda recatada. Es un hombre comedido y recatado. Aspecto recatado. Actitud recatada.* ▶ **2:** *DECENTE.

recatar. tr. **1.** cult. Encubrir u ocultar (algo). *No recata sus intenciones. La oscuridad recata la pobreza del lugar.* ○ intr. prnl. **2.** Mostrar recato o cautela. *No se ha recatado* DE *criticar el proyecto. No se recata* EN *decir lo que piensa.*

recato. m. **1.** Cautela o reserva. *Hay que tener cierto recato a la hora de realizar una afirmación tan arriesgada.* **2.** Decencia y pudor. *Viste con mucho recato.*

recauchutado. m. Hecho de recauchutar. *Según el mecánico, con el recauchutado las ruedas quedan como nuevas.*

recauchutar. tr. Cubrir (un neumático desgastado) con una nueva capa de caucho. *Me están recauchutando las ruedas en el taller.*

recaudación. f. **1.** Hecho de recaudar. *El Ayuntamiento se encarga de la recaudación de los impuestos locales.* **2.** Cantidad recaudada. *La comedia ha batido el récord de recaudación de una obra teatral.*

recaudador, ra. adj. Que recauda, espec. impuestos. *La Agencia Tributaria es el organismo recaudador del impuesto de la renta. Funcionario recaudador.* Dicho de pers., tb. m. y f. *El pueblo se amotinó contra los recaudadores de tributos.*

recaudar. (conjug. CAUSAR). tr. **1.** Cobrar (impuestos). *El Estado recauda tributos para financiar su presupuesto.* **2.** Recoger (dinero) por medio de colecta, pagos o donativos. *Con lo que se recaude de la fiesta nos iremos de viaje de fin de curso.*

recaudatorio, ria. adj. De la recaudación. *En octubre comienza el período recaudatorio de la contribución urbana. Se calcula que el volumen recaudatorio del impuesto superará el millón de euros.*

recaudo. a buen ~. loc. adv. En sitio seguro. *No te preocupes, que los documentos están a buen recaudo.*

recelar. tr. **1.** Temer o sospechar (algo). *De pronto el animal se detiene y yergue las orejas, como recelando un peligro. Recela que no le darán el puesto.* A veces con un pron. expresivo de interés. *Yo ya me recelaba que algo iba a pasar.* ○ intr. **2.** Desconfiar o sospechar de alguien o de algo. *Recelan* DE *él porque ha estado en la cárcel. Recelo* DE *sus buenas intenciones.*

recelo. m. Efecto de recelar. *Su recelo lo ha llevado a rechazar la oferta. Siente recelo de la gente excesivamente obsequiosa.*

receloso, sa. adj. Que tiene o implica recelo. *Los desengaños la han vuelto recelosa con los hombres. El perro se acerca receloso a la cesta de comida. Actitud recelosa.*

recensión. f. Comentario o reseña de una obra escrita. *En la prensa han aparecido varias recensiones del libro.*

recental. adj. Dicho de cordero o ternero: Que mama o que no ha pastado todavía. *El cordero recental no tiene más de cuatro meses.* Tb. m. *He comprado paletillas de recental en la carnicería.*

recentísimo. → **reciente.**

recepción. f. **1.** Hecho de recibir. *El plazo de recepción de solicitudes finaliza hoy. Su propuesta de desarme tuvo una buena recepción en Moscú. Muchos acudirán al acto de recepción como académico del escritor. La retransmisión del partido se ha cortado por un problema en la recepción de la señal.* **2.** En un edificio, espec. un hotel: Mostrador situado gralm. a la entrada, donde se recibe y se atiende al público. *En la recepción del hotel nos darán un plano de la ciudad. A su llegada al palacio de exposiciones, los congresistas deben dirigirse a la recepción.* **3.** Fiesta celebrada por una autoridad o personaje importante, gralm. para recibir a otro. *Los reyes ofrecen una recepción al primer ministro.*

recepcionista. m. y f. Persona que recibe y atiende al público en la recepción de un hotel u otro edificio. *En el hotel, ha ascendido de conserje a recepcionista. Trabaja de recepcionista en una empresa.*

receptáculo. m. Cavidad que contiene o puede contener algo. *Coloque el cartucho de la impresora en su receptáculo. La vejiga es el receptáculo donde se retiene la orina hasta el momento de la micción.*

receptividad. f. Cualidad de receptivo. *Los jóvenes muestran gran receptividad a las nuevas modas.*

receptivo, va. adj. Capaz de recibir, espec. una idea o un estímulo. *El humorista necesita de un público receptivo.*

receptor, ra. adj. **1.** Que recibe. *Antena receptora.* **2.** Dicho de aparato: Que sirve para recibir señales, espec. de telecomunicaciones. *Se recomienda no colocar objetos encima del aparato receptor.* Tb. m. *El capitán del barco sintoniza su receptor.* ● m. y f. **3.** *Ling.* Persona que recibe un mensaje en un acto de comunicación. *En un acto de comunicación son necesarios un emisor y un receptor.*

recesión. f. *Econ.* Disminución, gralm. pasajera, de la actividad económica. *El presidente no logra sacar al país de la recesión.* Tb. ~ *económica. La recesión económica ha sembrado la desconfianza entre los inversores.*

recesivo, va. adj. **1.** *Econ.* De la recesión. *Durante el ciclo recesivo ha aumentado vertiginosamente el desempleo.* **2.** *Biol.* Dicho de carácter hereditario: Que no se manifiesta genéticamente en el individuo que lo posee pero que puede aparecer en su descendencia. *La hemofilia es un carácter recesivo en la mujer.*

receso. m. **1.** cult. Pausa o interrupción. *La defensa solicitará al juez un receso.* **2.** frecAm. En instituciones públicas: Suspensión temporal de actividades. *El presidente legislaba a discreción en los períodos de receso parlamentario* [C].

receta. f. **1.** Prescripción médica. *Le prepararán la receta en cualquier farmacia.* Tb. la nota en que se hace. *Algunos medicamentos solo se venden con receta.* **2.** Explicación en que se detalla el modo de preparar algo, espec. un plato de cocina, y los ingredientes necesarios para ello. *Me tienes que dar la receta de este guiso. Un libro de recetas de cocina.* **3.** Procedimiento adecuado para hacer o conseguir algo. *Nadie tiene la receta de la felicidad. Su receta para mantener la línea es hacer ejercicio.*

recetar. tr. Prescribir el médico (un medicamento u otro remedio). *Mi médico me ha recetado un jarabe para la tos. Le han recetado reposo absoluto.* ▶ PRESCRIBIR.

recetario. m. Conjunto de recetas, espec. de cocina. *Puedes aprender a guisar con recetarios y libros de cocina.*

rechazable. adj. Que puede o debe ser rechazado. *Su modo de actuar es legal, pero moralmente rechazable.*

rechazar. tr. **1.** Forzar a retroceder (a algo o a alguien). *El portero rechaza el balón con los puños. El ejército invasor fue rechazado a las puertas de la ciudad.* **2.** Resistir (un ataque). *Las líneas de vanguardia rechazan la ofensiva enemiga.* **3.** No aceptar o no admitir (algo, espec. una propuesta o una petición). *El Tribunal Superior de Justicia rechaza el recurso de apelación. El Gobierno rechazará las propuestas de la oposición. La empresa ha rechazado su solicitud de empleo.* **4.** Contradecir o negar (lo que alguien afirma). *La ministra ha rechazado tajantemente los rumores sobre su dimisión.* **5.** Mostrar oposición o desprecio (hacia alguien). *Sus compañeros de clase la rechazan. La sociedad rechaza al alcohólico.* **6.** *Med.* No asimilar el organismo (un órgano o tejido trasplantado) por incompatibilidad inmunológica. *Su cuerpo ha rechazado el corazón trasplantado.*

rechazo. m. Hecho de rechazar. *Se convoca una manifestación de rechazo al atentado. Los médicos confían en que no experimente rechazo al riñón trasplantado.*

rechifla. f. coloq. Burla o mofa. *La metedura de pata ha provocado la rechifla de sus compañeros de clase.*

rechinar. intr. **1.** Hacer una cosa un sonido, gralm. desagradable, al rozar con otra. *La puerta rechina al abrirse. A veces mientras duerme le rechinan los dientes.* **2.** Resultar desagradable o poco armonioso, espec. dentro de un conjunto. *Algunos diálogos de la novela me rechinan un poco.* ▶ **1:** CHILLAR, CHIRRIAR.

rechistar. intr. Hablar o decir algo, espec. para replicar o protestar. Frec. en constr. negativas. *Todos obedecen al capitán sin rechistar.*

rechoncho, cha. adj. Grueso y de poca altura. *No es gorda, solo un poco rechoncha. Es un bebé rechoncho.* ▶ CHAPARRO.

rechupete. de ~. loc. adv. coloq. Muy bien o estupendamente. *Aquí se vive de rechupete.* Tb. loc. adj. *El asado estaba de rechupete.*

recibí. m. Fórmula que, situada delante de la firma en ciertos documentos, expresa que se ha recibido lo que en ellos se indica. *La factura lleva el recibí.* Tb. el documento donde aparece. *El capataz paga a los jornaleros y estos firman un recibí.*

recibidor. m. Vestíbulo de una vivienda. *He dejado el paraguas en el paragüero del recibidor.* ▶ *VESTÍBULO.

recibimiento. m. Hecho de recibir, espec. a alguien que llega. *El cantante está emocionado por el recibimiento. La película ha tenido un frío recibimiento en el festival.*

recibir. tr. **1.** Pasar a tener alguien o algo (una cosa que se le da, que se le envía o que le llega). *Recibirás un buen dinero por este trabajo. Recibí ayer tu carta. El sector agrícola recibe subvenciones de la Unión Europea. La antena recibe las señales. El río recibe agua de multitud de afluentes.* **2.** Ser alguien o algo el objeto (de una acción). *Ha recibido un golpe en la mandíbula. El enfermo no puede recibir visitas. La obra está recibiendo críticas y halagos.* **3.** Manifestar un sentimiento o reacción determinados (ante alguien que llega o algo que se presenta). *El público recibe a los concursantes con una ovación. Su propuesta ha sido mal recibida.* **4.** Aceptar la visita (de alguien). *El director nos recibirá el martes. Si no puede recibirme ahora, volveré más tarde.* Tb. usado en constr. intr. *El médico no recibe los lunes.* **5.** Admitir (a alguien) en una agrupación o colectividad. *Hoy se celebra el acto en que la escritora será recibida como miembro de la Academia.* **6.** Ir a encontrarse (con alguien que llega). *La afición va a recibir al equipo en el aeropuerto.* **7.** Hacer frente o esperar (al que acomete). *Recibe al toro de rodillas.* **8.** *Taurom.* Ejecutar la suerte de matar, citando (al toro) y esperando su embestida sin moverse hasta el momento de dar la estocada. Gralm. usado en constr. intr. *El diestro mató a su segundo toro recibiendo.* **9.** *Arq.* Sostener o sustentar un cuerpo (a otro). *La cúpula es recibida por los arcos torales, que transmiten el peso a las columnas.* ○ intr. prnl. **10.** frecAm. Completar sus estudios una persona y obtener el título o grado correspondientes. *Mi muchacha se recibió* DE *maestra* [C]. *Me recibí* DE *subteniente* [C]. *Estudié letras, pero no me recibí* [C].

recibo. m. **1.** Hecho de recibir. *Espero que al recibo de esta carta os encontréis bien.* **2.** Documento firmado o sellado, donde se declara haber recibido algo, espec. en concepto de pago. *Firmé un recibo al mensajero cuando me entregó el paquete. Para cambiar el producto, debe presentar el recibo de compra.* ■ **acusar ~.** loc. v. Avisar, gralm. por escrito, que se ha recibido algo, espec. una carta. *Hace días que le envié la* *carta, pero él no ha acusado recibo. La productora acusará recibo* DE *todas las cintas que le sean enviadas.* (→ **acuse**). ■ **de ~.** loc. adj. Aceptable o admisible. *Su incompetencia no es de recibo.*

reciclado. m. Reciclaje. *Recoge cartón para su posterior reciclado.*

reciclaje. m. Hecho de reciclar. *Reciclaje de papel. La Comunidad ofrecerá un curso de reciclaje para administrativos.* ▶ RECICLADO.

reciclar. tr. **1.** Someter (algo usado, espec. un material) a un proceso que permita su reutilización. *En la planta integral se podrá reciclar papel, vidrio, plástico y residuos orgánicos.* **2.** Dar nueva formación (a alguien, espec. a un profesional o un técnico) para que ponga al día sus conocimientos o para que desempeñe otra actividad. *Los médicos necesitan reciclarse casi de forma continua.*

reciedumbre. f. Cualidad de recio. *Tiene el valor y la reciedumbre de los buenos soldados. La piedra utilizada en la construcción confiere reciedumbre al edificio.*

recién. adv. Antepuesto a un participio: Muy recientemente. *La habitación está ocupada por unos recién casados. Recién terminada la carrera, encontró trabajo.* Tb., Am., con v. conjugado. *El espectáculo recién comienza* [C].

reciente. adj. (sup. **recentísimo;** sup. coloq., **recientísimo**). Que acaba de hacerse o de suceder. *En la tahona huele a pan reciente. Está muy contenta con su reciente maternidad.*

recientemente. adv. Muy poco tiempo antes del momento en que se encuentra el que habla. *El escándalo se ha destapado recientemente.*

recientísimo. → **reciente.**

recinto. m. Espacio cerrado, comprendido dentro de unos límites. *El salón del automóvil se celebra en el recinto ferial. La entrada al recinto del hipódromo es gratuita.*

recio, cia. adj. **1.** Fuerte y vigoroso. *El leñador es un hombre alto y recio. El marinero tira de la soga con sus recias manos.* **2.** Fuerte y sólido. *Esta casa tiene unas paredes muy recias.* **3.** Grueso o gordo. *Envuelve las cosas frágiles con papel recio de embalar.* **4.** Intenso o violento. *Sopla un viento recio y frío.*

recipiendario, ria. m. y f. cult. Persona que ingresa de manera solemne como miembro en una corporación. *El académico será el encargado de dar la bienvenida al recipiendario.*

recipiente. m. Utensilio hueco destinado a contener algo. *Conserva el queso en aceite en un recipiente de barro. Un recipiente con agua.*

reciprocidad. f. Cualidad de recíproco. *Principio de reciprocidad. Relaciones de reciprocidad.*

recíproco, ca. adj. **1.** Dicho de acción o sentimiento: Dirigido a alguien y, a su vez, recibido de este en igual medida. *Sentimos una admiración recíproca.* **2.** *Gram.* Dicho de verbo u oración: Que expresa una acción recíproca (→ 1). *"Nos telefoneamos" es una oración recíproca.* ▶ **1:** MUTUO.

recitación. f. Hecho de recitar. *La recitación de mantras es parte del culto hinduista. El examen de Historia consiste en la recitación de la lista de los reyes godos.*

recitado. m. **1.** Hecho o efecto de recitar. *Los actores reciben clases de recitado. El recitado de memoria te ayudará a aprender la lección.* **2.** *Mús.* Composición musical intermedia entre el canto y la declamación, que se usa en las poesías narrativas y en los diálogos.

recitador, ra. adj. Dicho de persona: Que recita. *Un cantante recitador.* Tb. m. y f. *Es un buen actor y un excelente recitador.*

recital. m. **1.** Concierto compuesto de varias obras interpretadas por un solo artista en un mismo instrumento. *El concertista dará un recital de piano.* **2.** Recitación de poemas ante un público, gralm. a cargo de una sola persona. *La actriz da un recital de poesía.*

recitar. tr. Decir (algo, espec. versos) en voz alta y de memoria. *Ha recitado unos versos de Antonio Machado. Los niños recitan la tabla de multiplicar.*

reclamación. f. Hecho o efecto de reclamar. *Se ha presentado una reclamación al Defensor del Pueblo. Libro de reclamaciones.*

reclamante. adj. Que reclama. *El Comité de Apelación contestará mañana al club reclamante.* Dicho de pers., tb. m. y f. *Se reintegrará el dinero al reclamante.*

reclamar. tr. **1.** Exigir (algo) con derecho. *Reclame la maleta que ha perdido a la compañía aérea. Se me ha discriminado y reclamo una explicación.* **2.** Pedir (algo) con insistencia. *Los niños reclaman la atención de la madre.* **3.** Llamar (a alguien) con insistencia. *Reclaman a un cliente en caja.* **4.** *Der.* Exigir un tribunal la comparecencia (de alguien que ha huido). *Es un mafioso reclamado por la justicia de varios países.* O intr. **5.** Manifestar oposición o protesta ante algo. *Hoy concluye el plazo para reclamar por errores en el censo. Si la beca es denegada, puede reclamar* CONTRA *tal decisión en la secretaría.*

reclamo. m. **1.** Ave amaestrada que se emplea en la caza para que con su canto atraiga a otras de su especie. *Cazando las perdices con reclamo cobramos muchas piezas.* **2.** Voz con que un ave llama a otras de su especie. *La perdiz deja oír su reclamo.* **3.** Instrumento que imita la voz de las aves y que se utiliza en la caza para atraerlas. *Sopla por el reclamo para atraer a los patos.* **4.** Cosa que sirve para despertar atracción o interés por algo, gralm. con fines publicitarios. *Como reclamo para vender el coche, se regala un mes de combustible gratis. La presencia del goleador será un reclamo para los aficionados.* ■ **acudir** alguien **al ~.** loc. v. Venir atraído por algo. *Las moscas se acercan al reclamo* DE *la carne. El comprador acude al reclamo* DE *las rebajas.*

reclinar. tr. Inclinar (algo, espec. el cuerpo o una parte de él, o a alguien), apoyándo(los) sobre otra cosa. *Reclina la cabeza* SOBRE *el cojín. Cansado, reclinó el cuerpo* CONTRA *la pared. Para contemplar las estrellas, se reclina* EN *la tumbona.*

reclinatorio. m. Mueble que se utiliza para arrodillarse y rezar. *Se han dispuesto dos reclinatorios para los novios delante del altar.*

recluir. (conjug. CONSTRUIR). tr. Encerrar (a alguien). *Van a recluir al reo en un centro penitenciario. No te recluyas en casa: tienes que divertirte.* ▶ ENCERRAR.

reclusión. f. **1.** Hecho de recluir. *El juez ordena su reclusión en un centro psiquiátrico.* **2.** *Der.* Pena de privación de libertad por un tiempo muy largo. *El juez lo ha condenado a treinta años de reclusión por asesinato.*

recluso, sa. adj. Encarcelado. *La población reclusa se queja del hacinamiento en las cárceles.* Más frec. m. y f. *Los reclusos del penal están en huelga de hambre.* ▶ *PRESO.

recluta. m. y f. Persona alistada como soldado, que no ha completado el primer período de instrucción militar. *Un pelotón de reclutas hace instrucción en el cuartel.*

reclutamiento. m. Hecho de reclutar. *El ejército pide el reclutamiento de más tropas. El departamento de personal ha comenzado el reclutamiento de nuevos empleados.*

reclutar. tr. **1.** Alistar (personas) en el ejército. *Muchos jóvenes son reclutados para ir al frente.* **2.** Reunir (personas) para un propósito determinado. *Han reclutado a un equipo entero para el departamento de informática.*

recobrar. tr. **1.** Volver a tener (algo perdido, prestado o depositado). *El enfermo recobra la salud. Me va a costar mucho recobrar el dinero que le he dejado. Voy a la casa de empeño para recobrar mi reloj.* ○ intr. prnl. **2.** Volver alguien a un estado de normalidad después de haber pasado por una situación difícil o haber sufrido un daño. *El enfermo se va recobrando. Aún no se ha recobrado* DEL *susto.* ▶ **1:** RECUPERAR. **2:** RECUPERARSE.

recocer. (conjug. MOVER). tr. **1.** Volver a cocer (algo). *Habrá que recocer los garbanzos, porque se han quedado duros.* **2.** Cocer (algo) mucho o en exceso. *Nos han servido unas lentejas recocidas y sin caldo. Con esas botas te vas a recocer los pies.*

recochineo. m. coloq. Burla molesta, hecha con complacencia. *No aguanto el recochineo con el que me habla.*

recodo. m. Ángulo o curva que forma algo, como una calle o un camino, cuando cambia de dirección. *En el recodo de la carretera hay un coche parado.*

recogedor, ra. adj. **1.** Que recoge, espec. cosas caídas o dispersas. Dicho de pers., tb. m. y f. *Hoy hay huelga de recogedores de basuras.* ● m. **2.** Cogedor. *Barre con el cepillo y después empuja la suciedad dentro del recogedor.*

recogepelotas. m. y f. En un campo de deportes: Persona encargada de recoger las pelotas que quedan por el suelo o que salen fuera del terreno de juego. *Participa como recogepelotas en el torneo de tenis. Hay un recogepelotas detrás de cada portería.*

recoger. tr. **1.** Volver a coger (algo). *Ya tiene arregladas sus gafas: puede venir a recogerlas. No olviden recoger sus pertenencias al desembarcar.* **2.** Coger (algo que se ha caído). *Me recogió la servilleta del suelo.* **3.** Juntar o reunir (personas o cosas dispersas). *Tienen un depósito para recoger el agua de la lluvia. Están recogiendo fondos para la campaña electoral. El autobús escolar recoge todas las mañanas a los niños.* **4.** Arrancar de la planta (los frutos), o del lugar en que están (las plantas), juntándo(los). *Contratan jornaleros para recoger las aceitunas. Aún no han recogido el trigo.* **5.** Hacer que (algo) ocupe menos, sujetándo(lo) o plegándo(lo). *Me he recogido el pelo en un moño. Recógete la falda, que te la vas a pisar.* **6.** Guardar (algo) en su sitio, cuando deja de usarse. *Id recogiendo el puzle. Recoge las herramientas cuando acabes.* Tb. usado en constr. intr. *Venga, recoge, que nos vamos.* **7.** Disponer ordenadamente las cosas (de un lugar). *Antes de echarme la siesta, recogeré la cocina.* **8.** Acoger (a una persona o un animal que necesitan protección), o dar(les) asilo. *Ha recogido a varios perros abandonados. La recogieron unos parientes cuando se quemó su casa.* **9.** Hacerse cargo alguien (de una persona o cosa), gralm. llevándose(las) consigo. *Ha ido a recoger a la niña al colegio. Mañana recogeré los resultados de los análisis. El portero no ha pasado todavía a recoger la basura. Ha venido un mensajero a recoger el paquete.* ○ intr. prnl. **10.** Retirarse a casa, espec. para descansar. *Suele recogerse temprano.*

recogida. f. Hecho de recoger o recogerse. *El ayuntamiento tiene un servicio de recogida de muebles y trastos viejos. Vuelven al pueblo para la recogida de la cosecha. Vamos de recogida, que mañana hay que madrugar.*

recogido[1]. m. Hecho o efecto de recoger algo, espec. una tela, un papel o pelo, de modo que ocupe menos espacio. *La falda lleva un recogido por delante. Se ha hecho un recogido en el pelo.*

recogido[2], da. part. **1.** → **recoger.** ● adj. **2.** Que ocupa poco espacio. *Frente a los pueblos manchegos, amplios y extendidos, los castellanos son recogidos.* **3.** Dicho de lugar: Que, aunque pequeño, resulta acogedor o agradable. *Es una sala muy recogidita.* **4.** Que manifiesta o implica recogimiento. *Una vida recogida.*

recogimiento. m. Hecho o efecto de recogerse o retirarse, espec. para meditar o rezar. *En la ermita había silencio y recogimiento.*

recolección. f. **1.** Hecho de recolectar. *El biógrafo se dedica en esta fase a la recolección de datos. Los emplean como jornaleros para la recolección de la fresa.* **2.** Época en que se recolectan los frutos. *Durante la recolección de la uva, se trabaja de sol a sol.*

recolectar. tr. **1.** Juntar (cosas dispersas). *Recolectamos fondos para el viaje de fin de curso.* **2.** Recoger (los frutos). *Recolectan las mejores naranjas para exportarlas. El hombre primitivo cazaba y recolectaba frutos.*

recolector, ra. adj. Que recolecta. *Una máquina recolectora de algodón.* Dicho de pers., tb. m. y f. *Con las primeras lluvias, salen al campo los recolectores de setas.* Dicho de máquina, tb. f. *La empresa vende cosechadoras y recolectoras a las explotaciones agrícolas.*

recoleto, ta. adj. Dicho de lugar: Tranquilo y poco transitado. *Fueron de vacaciones a un recoleto hotel en medio de la montaña. Se sienta a leer en un banco de la recoleta plaza.*

recomendación. f. Hecho o efecto de recomendar. *Se ha puesto enfermo por no hacer caso de mis recomendaciones. En esa empresa no entras si no es con recomendación.*

recomendado, da. part. **1.** → **recomendar.** **2.** Que ha sido recomendado (→ 1) para recibir un trato de favor. *Entre las aspirantes recomendadas está una prima del jefe.* Dicho de pers., tb. m. y f. *Ese puesto será para el recomendado.*

recomendar. (conjug. ACERTAR). tr. **1.** Aconsejar (algo) a alguien. *Te recomiendo que compres pronto el billete, por si te quedas sin plaza. La policía de tráfico recomienda prudencia al volante.* **2.** Hablar a alguien elogiosamente (de otra persona) para que (le) dé ayuda o trato de favor, espec. en el trabajo. *El jefe va a contratar a ese chico porque se lo ha recomendado el director.* ▶ **1:** ACONSEJAR.

recomenzar. (conjug. ACERTAR). tr. **1.** Volver a comenzar (algo). *El equipo de rescate recomenzará la búsqueda de los montañeros al amanecer.* ○ intr. **2.** Volver a comenzar algo. *Las obras en el edificio recomenzarán mañana.* ▶ REINICIAR.

recompensa. f. Premio por un servicio, un mérito o una virtud. *Se ofrece una fuerte recompensa* POR *la* *captura del prófugo. El actor recibe el aplauso como recompensa.*

recompensar. tr. **1.** Premiar (un servicio, un mérito o una virtud). *La empresa recompensa su dedicación con un ascenso.* **2.** Premiar (a alguien) por un servicio, un mérito o una virtud. *Aquel que aporte datos sobre el paradero del criminal será recompensado. La madre recompensa al niño con un beso* POR *su obediencia.*

recomponer. (conjug. PONER). tr. **1.** Componer de nuevo (algo desbaratado o descompuesto). *Ha tardado horas en recomponer el puzle.* Tb. en constr. prnl. media. *El mapa de Europa se recompuso después de la Primera Guerra Mundial.* **2.** Arreglar o reparar (algo roto o estropeado). *El técnico trata de recomponer el sistema de calefacción.* Tb. fig. *Los Gobiernos de Londres y Dublín intentan recomponer sus relaciones.* ▶ **2:** *ARREGLAR.

reconcentrar. tr. **1.** Concentrar intensamente (personas o cosas) en un punto. *Reconcentró toda su ira* EN *sus enemigos. La población marginal se reconcentra* EN *poblados chabolistas de la periferia.* Tb. en constr. prnl. media. *El humo se reconcentra y el aire se hace irrespirable.* ○ intr. prnl. **2.** Abstraerse o concentrarse en algo. *Se reconcentra* EN *la lectura.*

reconciliación. f. Hecho de reconciliar o reconciliarse. *La familia se alegra de la reconciliación de la pareja.*

reconciliador, ra. adj. Que reconcilia. *En un gesto reconciliador, el rival le tiende la mano.*

reconciliar. (conjug. ANUNCIAR). tr. **1.** Hacer que (personas enfrentadas) vuelvan a tener buenas relaciones. *El padre no consigue reconciliar a los hijos, que han discutido por la herencia.* Tb.: *El objetivo del plan es reconciliar a los israelíes* CON *los palestinos.* **2.** Poner de acuerdo (cosas opuestas). *Solo si reconciliamos las dos posturas, se podrá alcanzar la paz.* ○ intr. prnl. **3.** Volver a tener dos o más personas buenas relaciones. *Al día siguiente de haber reñido, los novios se reconciliaron.* Tb.: *Se ha reconciliado* CON *su mujer.*

reconcomer. tr. **1.** Causar una cosa fuerte ansiedad moral (a alguien). *La envidia la reconcome.* ○ intr. prnl. **2.** Sentir fuerte ansiedad moral sin manifestarlo. *Al verla con otro, se reconcome de celos.*

recóndito, ta. adj. Muy escondido u oculto. *El arma está guardada en un recóndito cajón. Confiesa a su amiga sus más recónditos sentimientos.*

reconducir. (conjug. CONDUCIR). tr. Corregir la dirección u orientación (de algo, espec. de un asunto, una situación o un proceso). *Si no reconducimos la negociación, estallará el conflicto. Se construyeron acequias para reconducir el agua hacia los huertos.*

reconfortante. adj. Que reconforta. *Un baño reconfortante. Es reconfortante ver que los jóvenes se preocupan de cuidar el medio ambiente.*

reconfortar. tr. Confortar eficazmente (a alguien). *La sopa caliente te reconfortará. Sus palabras me reconfortaron en aquellos momentos de tristeza.*

reconocer. (conjug. AGRADECER). tr. **1.** Identificar (algo o a alguien) o distinguir(los) entre otros. *La maleta está tan rota que no la reconozco. Te reconocí en cuanto entraste por la puerta.* **2.** Admitir o aceptar (algo) como cierto. *No quiere reconocer que se ha equivocado.* **3.** Admitir o aceptar (algo) como legítimo. *La ley te reconoce ese derecho. Tiene la firma reconocida en el banco. Los gobiernos europeos reconocen el nuevo estado.* **4.** Admitir o aceptar que (alguien o algo) tienen determinada cualidad o condición. *Me reconozco indigno de tal honor. Te reconozco* POR *jefe. Lo reconocieron como rey y señor. No reconozco como mía esa letra.* **5.** Declarar legalmente una persona que (otra) tiene determinado parentesco con ella y aceptar los derechos y deberes derivados de ello. *Tuvo varios hijos fuera del matrimonio, pero nunca los reconoció.* **6.** Mostrar agradecimiento (por un beneficio recibido). *Es de bien nacidos reconocer los favores.* **7.** Examinar con cuidado (algo, espec. un lugar) para obtener información. *Manda una patrulla para reconocer el terreno.* **8.** Examinar (a alguien) para averiguar su estado de salud. *El médico me ha reconocido y me ha recetado unas pastillas.*

reconocible. adj. Que puede ser reconocido. *La foto está tan borrosa que los rostros son difícilmente reconocibles. Oigo una voz reconocible.*

reconocido, da. part. **1.** → **reconocer.** ● adj. **2.** Que reconoce un beneficio recibido. *Te estaré muy reconocida si me corriges el trabajo.*

reconocimiento. m. **1.** Hecho de reconocer. *La sentencia del tribunal supone el reconocimiento de un derecho. El avión hace un vuelo de reconocimiento. El nuevo jugador ha superado el reconocimiento médico.* **2.** Gratitud. *Ha expresado a todo el mundo su reconocimiento por el apoyo recibido.*

reconquista. f. Hecho de reconquistar. *Sin la reconquista de la confianza perdida, el presidente no renovará su mandato.* Frec., en mayúsc., designa el llevado a cabo en territorio español por los reinos cristianos y que culminó con la toma de Granada en 1492. *La invasión árabe de la Península terminó con la Reconquista a finales del siglo* XV.

reconquistador, ra. adj. Que reconquista. *Ejército reconquistador.* Dicho de pers., tb. m. y f. *Jaime I fue el reconquistador del territorio valenciano.*

reconquistar. tr. Volver a conquistar (algo perdido). *El ejército de liberación ha reconquistado la capital. El equipo quiere reconquistar el título de liga esta temporada.*

reconsiderar. tr. Volver a considerar o reflexionar (algo). *Reconsidere la oferta con calma.*

reconstitución. f. Hecho de reconstituir. *Este cosmético favorece la reconstitución de los tejidos dañados por el sol.*

reconstituir. (conjug. CONSTRUIR). tr. **1.** Rehacer o volver a constituir (algo deshecho o destruido). *Tras la guerra civil, hubo que reconstituir el país.* **2.** *Med.* Devolver (a algo, espec. a una sustancia o al organismo) sus condiciones normales. *El medicamento permite al organismo reconstituir el sistema inmune.*

reconstituyente. adj. Que devuelve al organismo su vigor perdido o sus condiciones normales. *Hoy por la mañana he tomado un desayuno muy reconstituyente.* Dicho de medicamento u otro remedio, tb. m. *Toma un reconstituyente para recuperarse de la anemia.*

reconstrucción. f. Hecho o efecto de reconstruir. *La reconstrucción del edificio siniestrado llevará meses. La policía trabaja en la reconstrucción de los hechos.*

reconstructivo, va. adj. De la reconstrucción. *Cirugía reconstructiva.*

reconstruir. (conjug. CONSTRUIR). tr. **1.** Volver a construir (algo destruido). *Están reconstruyendo los edificios hundidos en el terremoto.* **2.** Rehacer o recomponer (algo roto o deshecho). *Reconstruye la va-*

sija de barro con un pegamento fuerte. **3.** Reproducir en el presente (algo pasado o que ya no existe, espec. un hecho). *Gracias a la descripción del testigo, se ha podido reconstruir la agresión.*

recontar. (conjug. CONTAR). tr. **1.** Contar el número (de personas, animales o cosas) para asegurarse de su exactitud. *Tras recontar los votos, el favorito se proclama ganador del concurso. El pastor recuenta sus ovejas.* **2.** Volver a contar (un hecho o una historia). *No me hagas que recuente la anécdota: la he referido ya muchas veces.*

reconvención. f. Hecho o efecto de reconvenir. *Mueve la cabeza de un lado a otro en un gesto de reconvención. Ha tenido que escuchar las reconvenciones de su madre por haber reñido con su hermana.* ▶ *REPRENSIÓN.

reconvenir. (conjug. VENIR). tr. Censurar o reprender (a alguien). *El jefe lo reconviene por su impuntualidad.* ▶ *REÑIR.

reconversión. f. Hecho de reconvertir. *El gobierno destinará fondos para la reconversión de la minería.*

reconvertir. (conjug. SENTIR). tr. Convertir (algo, espec. una industria o un sector económico) en otra cosa, modificando su función o su actividad. *El Gobierno reconvertirá el sector naval. Reconvierten parte del hotel* EN *oficinas.*

recopilación. f. Hecho o efecto de recopilar. *Su nuevo álbum es una recopilación de grandes éxitos. Recopilación de datos.*

recopilador, ra. m. y f. Persona que recopila. *El recopilador de los poemas es una persona muy allegada al autor.*

recopilar. tr. Juntar o reunir (cosas de la misma índole, espec. escritos). *La antología recopila los mejores cuentos de ciencia ficción. Está recopilando información para un trabajo de historia.*

recopilatorio, ria. adj. Que sirve para recopilar. *Ha salido un libro recopilatorio de todas sus poesías.* Tb. m. *Su discográfica ha publicado un recopilatorio de grandes éxitos.*

recórcholis. interj. coloq. Se usa para expresar sorpresa o enfado. *¡Recórcholis, no sabía que te hubieras ido a vivir a Francia! ¡Ya estoy harta de tus comentarios, recórcholis!*

récord. (pl. **récords**). m. Marca (mejor resultado en un deporte). *El velocista ha rebajado el récord en seis centésimas.* Frec. con *batir*. *En el campeonato de atletismo, se han batido dos récords del mundo.* Frec. fig. y en aposición. *Mi récord de sueño está en quince horas seguidas durmiendo. Ha acabado los estudios en un tiempo récord.* ▶ MARCA.

recordable. adj. **1.** Que se puede recordar. *Ha pasado tanto tiempo que algunos detalles de lo ocurrido son difícilmente recordables.* **2.** Digno de ser recordado. *La interpretación de la actriz es lo único recordable de la película.*

recordar. (conjug. CONTAR). **1.** tr. Pasar a tener en la mente (algo vivido o percibido con anterioridad). *Recuerdo que cuando eras pequeña, te daba miedo la oscuridad. Recuerdo su cara, pero no su nombre.* Tb. usado en constr. intr. *Fuiste tú el que te empeñaste en venir, ¿recuerdas?* **2.** Tener en la mente o en consideración (algo o a alguien). *Recuerda que mañana tienes que madrugar. Os recordaré siempre con cariño.* **3.** Hacer que alguien recuerde (→ 1, 2) (algo). *Recuérdame que llame a Luis mañana. –Aquí tuviste el accidente. –No me lo recuerdes, que me pongo malo.* **4.** Parecerse una persona o cosa (a otra). *Sus ojos recuerdan dos luceros. María me recuerda mucho a su madre.*

recordatorio, ria. adj. **1.** Que sirve para recordar. *Su nombre figura en una placa recordatoria en el edificio donde nació.* ● m. **2.** Aviso, señal u otro medio para recordar algo. *La cicatriz de la frente es un amargo recordatorio de la guerra.* **3.** Tarjeta o impreso breve en que con fines religiosos se recuerda el fallecimiento, la primera comunión o los votos de alguien. *La aseguradora se encarga de contratar el funeral e imprimir los recordatorios.*

recorrer. tr. **1.** Ir por toda la extensión (de un lugar). *El viajero recorre la comarca a pie. Recorrí la casa buscando las llaves.* **2.** Ir a lo largo (de una distancia). *Habíamos recorrido apenas unos kilómetros, cuando el coche se averió. El tren tarda unas cinco horas en recorrer el trayecto.* **3.** Pasar la mirada de una parte a otra (de algo). *Recorre la lista de aprobados para ver si su nombre está incluido. Recorría el salón con la mirada.* ▶ **2:** *ANDAR.

recorrido. m. **1.** Hecho de recorrer. *Tras un recorrido por el piso, asegura que está interesado en comprarlo.* **2.** Espacio o distancia que ha recorrido, recorre o recorrerá una persona o cosa. *Los corredores tendrán que completar un recorrido de doscientos kilómetros.*

recortable. adj. **1.** Que se puede recortar. *El periódico publica una colección de fichas recortables sobre bricolaje.* ● m. **2.** Papel o cartulina con figuras recortables (→ 1), que sirve como juego o pasatiempo. *El recortable incluye una muñeca con sus vestidos y complementos. El cuento trae recortables de los personajes.*

recortado, da. part. **1.** → **recortar.** ● adj. **2.** Dicho de cosa, espec. de borde: Que tiene muchos entrantes y salientes. *Cataluña tiene zonas de costa muy recortada. Las hojas de esta planta son duras y recortadas.*

recortar. tr. **1.** Cortar lo que sobra o sobresale (de algo). *El jardinero recorta el seto. La peluquera le ha recortado el flequillo hasta igualarlo.* **2.** Cortar con cuidado (una figura o una pieza) del papel o materia semejante en que se hallan. *Recorta la noticia del periódico. El vendedor de lotería recorta un décimo y se lo entrega.* **3.** Hacer más corto o pequeño (algo material o inmaterial). *El productor le ha pedido que recorte el guión. Hay que recortar gastos para poder ahorrar.* ○ intr. prnl. **4.** Mostrar una cosa nítidamente su perfil sobre otra. *Una figura masculina se recorta* EN *el umbral. Los picos de la montaña se recortan* CONTRA/SOBRE *el cielo.*

recorte. m. **1.** Hecho de recortar o recortarse. *En época de crisis hay recorte presupuestario.* **2.** Porción que sobra al recortar algo. Frec. en pl. *En un rincón de la carpintería se acumulan los recortes de madera.* **3.** Figura o pieza recortada de un papel o materia semejante. *Colecciona recortes de prensa de su actor favorito.* **4.** *Taurom.* Regate para evitar la cogida del toro. *El torero hizo un recorte y clavó las banderillas.*

recoser. tr. Coser (algo roto o descosido) sin mucho esmero. *Recose el bajo del vestido. Una muñeca vieja y recosida.*

recostar. (conjug. CONTAR). tr. Inclinar (algo, espec. la parte superior del cuerpo, o a alguien), apoyándo(los) sobre una cosa. *Recuesta la cabeza* EN/SOBRE *el cojín y se queda dormida. Están sentados en el suelo, con la espalda recostada* CONTRA *el muro. Recuéstate* EN *el sillón y descansa.*

recoveco. m. **1.** Vuelta o cambio de dirección de algo lineal, como un río o una calle. Frec. en pl. *El* *monitor de piragüismo conoce bien el cañón y sus recovecos.* **2.** Sitio escondido o rincón. *El perro guarda sus huesos en un recoveco del jardín.* Frec. en pl. *Los bucaneros fondean en los recovecos de la costa.* Tb. fig. *El psiquiatra explora los recovecos de la mente.*

recreación. f. **1.** Hecho de recrear. *La película muestra una recreación de un circo romano.* **2.** Diversión o entretenimiento. *El centro cívico programa actividades de ocio y recreación.*

recrear. tr. **1.** Crear o producir de nuevo (algo). *La novela recrea el ambiente de los suburbios.* **2.** Proporcionar deleite o esparcimiento (a alguien o a sus sentidos). *La belleza del paisaje recrea la vista.* Tb. en constr. prnl. media. *Los amigos se reunían a menudo para conversar o recrearse.* ○ intr. prnl. **3.** Disfrutar o gozar con algo. *Se recrea pensando en tiempos pasados. Paladeaba el guiso, recreándose* EN/CON *su sabor.*

recreativo, va. adj. Que recrea o divierte, o sirve para ello. *El ayuntamiento subvenciona actividades culturales y recreativas. Pasan la tarde jugando al billar y al futbolín en los salones recreativos.*

recreo. m. **1.** Hecho de recrearse o divertirse. *Una buena lectura es ideal para el recreo del espíritu. Harán un viaje de recreo por el Mediterráneo.* **2.** En un colegio: Tiempo en que se interrumpen las clases y que se dedica al recreo (→ 1). *Los niños juegan y se toman el bocadillo durante el recreo.* **3.** Lugar adecuado para el recreo (→ 1, 2). *En el colegio hay un recreo cubierto.*

recriminación. f. Hecho o efecto de recriminar. *Entre ellos ha habido palabras de recriminación. Las recriminaciones del maestro nos hacen reflexionar.* ▶ *REPRENSIÓN.

recriminador, ra. adj. Que recrimina. *Me ha lanzado una mirada recriminadora cuando me ha visto.* Dicho de pers., tb. m. y f.

recriminar. tr. **1.** Reprender o censurar (a alguien). *Sus amigas la recriminan por no ir a las fiestas que organizan.* **2.** Censurar (algo, espec. un comportamiento o una actitud) a alguien. *Todos le recriminan su falta de solidaridad.*

recriminatorio, ria. adj. Que recrimina. *El jefe de la oposición se dirige al Gobierno en tono recriminatorio.*

recrudecer. (conjug. AGRADECER). intr. Incrementarse algo negativo o perjudicial. *La violencia en las calles ha vuelto a recrudecer.* Frec. prnl. *La batalla sigue abierta y tiende a recrudecerse. La epidemia se ha recrudecido en todo el país.*

recrudecimiento. m. Hecho de recrudecer o recrudecerse. *Se ha producido un recrudecimiento de la tensión entre los dos países.*

recta. → **recto.**

rectal. adj. *Anat.* Del recto. *Le han detectado un tumor mediante un tacto rectal. El supositorio se administra por vía rectal.*

rectangular. adj. **1.** Del rectángulo. *La pantalla de cine tiene forma rectangular.* **2.** Que tiene forma de rectángulo. *El templo griego es un edificio de planta rectangular.* **3.** *Mat.* Del ángulo recto. *Coordenadas rectangulares.* **4.** *Mat.* Que contiene uno o más rectángulos. *Pirámide rectangular. Prisma rectangular.* **5.** *Mat.* Que tiene uno o más ángulos rectos. *Polígono rectangular.*

rectángulo. adj. **1.** *Mat.* Dicho de figura o cuerpo geométricos: Que tiene uno o más ángulos rectos. *El triángulo rectángulo tiene dos ángulos agudos y uno recto. Paralelepípedo rectángulo.* ● m. **2.** Cuadrilátero que tiene los cuatro ángulos rectos y los lados contiguos desiguales. *Un folio tiene forma de rectángulo.*

rectificación. f. Hecho o efecto de rectificar. *El injuriado exige una rectificación pública. Se han introducido rectificaciones en el programa electoral. Tras la rectificación del motor, el vehículo ha mejorado su rendimiento.*

rectificador, ra. adj. **1.** Que rectifica. *Ante la mala gestión de la empresa, es urgente la toma de medidas rectificadoras. Una máquina rectificadora.* Dicho de máquina, tb. f. ● m. **2.** *Fís.* Aparato que transforma la corriente alterna en continua. *Un rectificador de corriente.*

rectificar. tr. **1.** Corregir (algo erróneo, inexacto o imperfecto). *Han rectificado los datos sobre los resultados de las votaciones. Rectifica con una regla las líneas que estén torcidas. Añade agua o sal para rectificar el punto de sazón del guiso.* **2.** Corregir (lo dicho por uno mismo o por otro). *El presidente ha rectificado sus polémicas declaraciones. El jefe de redacción rectifica las palabras de su reportero.* Tb. usado en constr. intr. *Asegúrese de su respuesta, porque no está permitido rectificar.* **3.** Corregir lo dicho (por alguien). *Me ha interrumpido para rectificarme.* **4.** Corregir (la propia conducta o actitud). *Si no rectifica su actitud hacia la asignatura, suspenderá.* Tb. usado en constr. intr. *Has obrado mal, pero estás a tiempo de rectificar.* **5.** *Mec.* Ajustar mecánicamente (una pieza) para que sus medidas sean exactas. *El mecanismo consta de cincuenta piezas rectificadas y ensambladas con extrema precisión.* ▶ **1:** *CORREGIR. **4:** ENMENDARSE.

rectilíneo, a. adj. Que tiene forma de línea recta. *El Ensanche barcelonés es un barrio de calles rectilíneas. Una trayectoria rectilínea.*

rectitud. f. Cualidad de recto, espec. en lo moral o en la conducta. *Un inspector fiscal debe trabajar con rectitud y honradez. Nadie duda de la rectitud de sus intenciones. El golfista golpea la bola con rectitud y precisión.*

recto, ta. adj. **1.** Que no se inclina o desvía, ni hace curvas o ángulos. *El horizonte del mar es una línea recta. Aléjate un poco y dime si el cuadro está recto o torcido. La flecha describe una trayectoria recta hacia la diana. El barrio es una zona de anchas y rectas avenidas.* **2.** Dicho de prenda de vestir o de una parte de ella: Que de la parte superior a la inferior ni se ensancha ni se estrecha. *El traje de chaqueta tiene una falda recta. Pantalón recto. Manga recta.* **3.** Dicho de persona: Severa, consigo y con los demás, en el cumplimiento de normas morales y de conducta. *El director del colegio tiene fama de hombre recto.* **4.** Dicho de cosa: Justa o correcta, espec. en lo moral. *Como defensor del pueblo, se caracteriza por su recto proceder. La recta razón establece dónde está el término medio de las cosas.* **5.** Dicho de sentido: Literal y no figurado. *En sentido recto, "parásito" es un organismo que vive a costa de otro de distinta especie.* **6.** *Mat.* Dicho de cilindro o de cono: De base perpendicular al eje. *El cilindro típico es recto y de base circular.* ● adv. **7.** En línea recta (→ 1). *Para ir a la calle Mayor, siga recto y gire en el segundo semáforo.* ● m. **8.** *Anat.* Última porción del intestino, que termina en el ano. *El supositorio se introduce en el recto.* ○ f. **9.** *Mat.* Línea más corta que puede trazarse entre dos puntos. *El radio es una recta que une el centro del círculo con un punto de la circunferencia.* **10.** Tramo recto (→ 1) de una carretera, camino o cosa semejante. *Toma las curvas con prudencia, pero en las rectas se embala.* ■ **recta final.** f. *Dep.* Tramo recto (→ 1) inmediatamente anterior a la meta. *El piloto español ha adelantado al alemán en la recta final.* Tb. fig. *Ya está en la recta final de su embarazo.*

rector, ra. adj. **1.** Que rige o dirige. *El consejo rector de la cooperativa de viviendas decide cambiar de constructora. La competencia es uno de los principios rectores de la economía de mercado.* Dicho de pers., tb. m. y f. *El rector del certamen de piano es un conocido crítico musical.* ● m. y f. **2.** Persona responsable de dirigir una institución o comunidad, espec. una universidad. *El decano de la facultad de Medicina se presenta como candidato a rector. El obispo lo ha nombrado rector del seminario.* ○ m. **3.** Párroco o cura. *La boda es oficiada por el rector de la parroquia.*

rectorado. m. **1.** Cargo de rector, espec. universitario. *Asumió el rectorado durante la reforma universitaria.* **2.** Oficina del rector, espec. del universitario. *Los estudiantes llevan a cabo una concentración ante el rectorado.*

rectoral. adj. Del rector. *El nuevo equipo rectoral tomará posesión en el paraninfo universitario. El párroco vive en la casa rectoral.*

rectoría. f. **1.** Cargo de rector. *Ha renunciado a la rectoría de la universidad.* **2.** Casa, y frec. también oficina, del rector o párroco. *Trabaja de sirvienta en la rectoría de su parroquia.*

recua. f. **1.** Conjunto de animales de carga, que sirve para transportar mercancías. *La expedición lleva el cargamento en una recua de mulas.* **2.** coloq. Conjunto numeroso de personas o, menos frec., de cosas que van en grupo o en fila. *Esta noche viene mi hermano a cenar con toda su recua de amigos. Unos soldados van delante de la recua de prisioneros.* ▶ **Am: 1:** ARREO.

recuadrar. tr. Encerrar (algo) en un recuadro. *Las esquelas mortuorias están recuadradas en negro. El programa permite recuadrar textos.*

recuadro. m. **1.** Cuadrado o rectángulo que delimita una superficie. *Marca el primer párrafo del texto con un recuadro.* **2.** En un periódico: Noticia o texto que se encierra en un recuadro (→ 1) para hacer que resalte. *Hay películas interesantes este fin de semana (véase el recuadro en la sección de Cartelera).*

recubrimiento. m. **1.** Hecho de recubrir. *El niquelado consiste en el recubrimiento de un metal con un baño de níquel.* **2.** Cosa que recubre o sirve para recubrir. *El cable lleva un recubrimiento tubular de polietileno.*

recubrir. (part. **recubierto**). tr. Cubrir (algo) por completo. *Recubra el pastel de chocolate caliente. Las altas cumbres están recubiertas de nieves perpetuas.*

recuelo. m. Café preparado con los posos de otro que se ha cocido anteriormente. *Para desayunar solo tenían recuelo y pan duro.* Tb. *café de ~.*

recuento. m. Hecho de recontar el número de personas, animales o cosas. *Aún no han terminado el recuento de los votos. El pastor hace recuento de las ovejas que tiene.*

recuerdo. m. **1.** Hecho de recordar. *El recuerdo de tiempos pasados me entristece.* **2.** Cosa recordada. *Tengo muchos recuerdos de esa época, aunque algo confusos.* **3.** Cosa que recuerda algo o a alguien. *Son muchos los recuerdos que quedan en Córdoba de la época árabe.* **4.** Objeto que se adquiere, se regala o se conserva para recordar algo o a alguien. *Te he comprado un recuerdo de Oporto. Este anillo es un recuerdo de la abuela. No quiero desprenderme de ese mueble, es un recuerdo de familia.* ○ pl. **5.** Saludo afectuoso que se envía a un ausente, por escrito o por medio de otra persona. *Da recuerdos a tu tío.* ▶ **1, 2:** MEMORIA.

recular. intr. Retroceder. *Un coche recula porque se ha metido en un callejón sin salida. El perro recula asustado ante los zarpazos del gato.* Tb. fig. *Tuvo que recular y reconocer que se había equivocado.*

recuperable. adj. **1.** Que se puede recuperar. *Si el comprador se echa atrás, el dinero de la señal no es recuperable. Hay un contenedor de reciclaje para vidrio recuperable.* **2.** Que se debe recuperar o compensar trabajando. *El tiempo no trabajado durante la semana es recuperable a lo largo del mes.*

recuperación. f. Hecho de recuperar o recuperarse. *Los exámenes de recuperación son en septiembre. Su recuperación después del accidente ha sido asombrosa. La recuperación económica llegó con la reactivación de la industria.*

recuperar. tr. **1.** Volver a tener (a alguien perdido, o algo perdido, prestado o depositado). *Pagarán el rescate a los secuestradores para recuperar a su hijo. La compañía aérea suele recuperar las maletas extraviadas. He recuperado el libro que había prestado. Los accionistas quieren recuperar su dinero.* **2.** Volver a poner en servicio (algo que se daba por inservible). *En el taller venden mobiliario de segunda mano que ellos mismos recuperan.* **3.** Trabajar un tiempo adicional para compensar (el tiempo perdido o la tarea no realizada). *Aquí si faltas un día, lo recuperas haciendo horas. Los sábados recuperaremos las clases perdidas.* **4.** Aprobar (una materia o un examen) después de haber suspendido en una convocatoria anterior. *Este verano no voy de vacaciones porque tengo que recuperar tres asignaturas.* ○ intr. prnl. **5.** Volver algo o alguien a un estado de normalidad después de haber pasado por una situación difícil o haber sufrido un daño. *La economía se ha recuperado gracias a las medidas del Gobierno. Se ha recuperado* DE *su lesión en menos tiempo de lo esperado.* ▶ **1:** RECOBRAR. **5:** RECOBRARSE.

recurrencia. f. Cualidad de recurrente. *La recurrencia de una pesadilla. La recurrencia de las estaciones.*

recurrente. adj. **1.** Que recurre. Se usa espec. en derecho. *El tribunal de casación notificará su decisión a la parte recurrente.* Dicho de pers., tb. m. y f. *Los recurrentes alegan quebrantamiento de forma en el procedimiento.* **2.** Que vuelve a ocurrir o a aparecer, espec. después de un intervalo. *El pronunciamiento militar es un hecho recurrente en la historia de Hispanoamérica. Fiebre recurrente.*

recurrible. adj. *Der.* Dicho de resolución o sentencia: Susceptible de recurso. *El despido colectivo es recurrible ante los juzgados de lo social.*

recurrir. intr. **1.** Acudir a alguien o algo en caso de necesidad, buscando ayuda o remedio en ellos. *Tengo que recurrir* A *mis padres para que me presten dinero. Recurre* A *los analgésicos cada vez que tiene dolor.* **2.** *Der.* Presentar recurso contra una resolución o sentencia. *Se ha pasado el plazo para recurrir. La defensa recurrirá* CONTRA *las medidas cautelares impuestas por el juez.* ○ tr. **3.** *Der.* Presentar recurso (contra una resolución o sentencia). *La aseguradora ayuda a sus clientes a recurrir las multas de tráfico.* ▶ **1:** ACUDIR.

recurso. m. **1.** Hecho de recurrir a alguien o algo en caso de necesidad. *Hay que evitar a toda costa el recurso a la violencia.* **2.** Medio al que se recurre o se puede recurrir. *El taxi es el único recurso para volver de madrugada a este barrio. El guardia tiene orden de utilizar el arma solo como último recurso.* Tb. aquello que está disponible en caso de necesidad. *Debemos explotar racionalmente los recursos naturales del planeta.* **3.** *Der.* Reclamación contra una resolución o sentencia, que se presenta ante la autoridad que las dictó o ante otra superior. *El abogado presentará un recurso contra la prisión provisional de su defendido.* ○ pl. **4.** Bienes o medios de subsistencia. *Viven en una situación de pobreza extrema, sin apenas recursos.* **5.** Capacidad para actuar con eficacia. *Es un delantero lleno de recursos.* ■ **~ de alzada.** m. *Der.* Recurso (→ 3) presentado contra una resolución o acto administrativos. *La asociación de vecinos interpone recurso de alzada contra la decisión municipal.* ⇒ ALZADA. ■ **~ de amparo.** m. *Der.* Recurso (→ 3) presentado ante un alto tribunal, cuando los derechos asegurados por la Constitución no son respetados por otros tribunales o autoridades. *El Defensor del Pueblo está legitimado para interponer el recurso de amparo.* ■ **~ de apelación.** m. *Der.* Recurso (→ 3) presentado para que una resolución sea revocada por un tribunal o autoridad superior al que la dictó. *El fiscal ha entablado un recurso de apelación ante el Tribunal Superior de Justicia contra la sentencia de la Audiencia Provincial.* ⇒ APELACIÓN. ■ **~ de casación.** m. *Der.* Recurso (→ 3) presentado ante el Tribunal Supremo contra sentencias o fallos definitivos. *El recurso de casación se interpone si se considera infringido un precepto legal.* ■ **~ de reposición.** m. *Der.* Recurso (→ 3) presentado para pedir a los jueces que reformen sus resoluciones, cuando estas no son sentencias. *Los comerciantes han interpuesto un recurso de reposición contra el Ayuntamiento.*

recusación. f. Hecho o efecto de recusar. *El acusado pide la recusación del juez.*

recusar. tr. **1.** No aceptar o no admitir (algo o a alguien). *Las teorías de Galileo fueron recusadas durante siglos por la Iglesia. Los dos equipos han recusado al árbitro designado.* **2.** *Der.* Rechazar de manera legítima (a un juez, perito, testigo u otra persona que ha de intervenir en un juicio o procedimiento). *Varios miembros del jurado han sido recusados por la defensa.*

red. f. **1.** Utensilio hecho con hilos, cuerdas o alambres entrelazados en forma de malla. *Hay que poner una red a la higuera para que los pájaros no coman la fruta.* Tb. designa el tejido que tiene esta forma. *La modelo luce un jersey de red.* **2.** Designa diversos objetos constituidos básicamente por un tejido de mallas. *El tenista no llegó a tiempo a la red y perdió el tanto. Están remendando las redes de pesca. Lleva rulos y una red por encima. Una red para cazar mariposas.* **3.** Organización clandestina de personas, unidas para una actividad ilegal o delictiva. *Han desarticulado una red de tráfico de armas.* **4.** Conjunto organizado de sucursales, agencias o personas de un mismo negocio o empresa. *La red de supermercados tiene ya trescientas tiendas. El periódico tiene una red de colaboradores.* **5.** Conjunto organizado de tuberías, hilos o vías de comunicación. *La red ferroviaria se extiende por todo el país. Red de agua potable.* Se usa frec. para designar específicamente el conjunto organizado de instalaciones destinadas a proporcionar electricidad. *Ha habido una subida de tensión en la red.* **6.** *Inform.* Conjunto de ordenadores conectados entre sí para poder intercambiar información. *Con la red interna de la oficina, accedo a los ficheros de otros usuarios.* ■ **caer** alguien **en la ~,** o **en las redes,** (de alguien o algo). loc. v. Estar bajo su influjo. *Cayó en las redes del sobrino y le dejó todo en el testamento.* Frec. referido a la relación amorosa. *Ha caído en las redes del amor. Le ha echado el ojo y no parará hasta que caiga en sus redes.*

redacción. f. **1.** Hecho de redactar. *El concurso exige la redacción de una memoria del proyecto. El artículo falla en la redacción.* **2.** Conjunto de redactores de una publicación periódica. *El comunicado está dirigido a la redacción del periódico.* **3.** Lugar u oficina donde trabaja la redacción (→ 2). *Hay una actividad frenética en la redacción.* **4.** Ejercicio escolar que consiste en redactar un escrito sobre un tema dado. *Mi redacción trata sobre los animales del desierto.*

redactar. tr. Poner por escrito (algo), o dar(le) forma escrita. *Su trabajo consiste en redactar noticias. Aprenda a redactar correctamente unas actas.* Tb. usado en constr. intr. *Redacta muy bien.*

redactor, ra. m. y f. Persona que redacta o tiene por oficio redactar. *No aparece el nombre del redactor del proyecto. Hay dos redactores para las noticias locales.*

redada. f. **1.** Operación policial que consiste en detener a varias personas de una vez. *La policía ha hecho una redada en el barrio.* **2.** Hecho de lanzar y recoger la red. *El barco fondea y los marineros se ocupan de la primera redada del día.*

redaños. m. pl. coloq. Ánimo o valor. *Hace falta tener redaños para presentarse aquí después de lo que le han hecho. No le faltan redaños para hacerle frente.*

redecilla. f. **1.** Utensilio hecho con tejido de malla, más pequeño que la red. *Metió naftalina dentro de una redecilla y la colgó en el armario.* Tb. el tejido. *Las naranjas vienen en una bolsa de redecilla.* **2.** Prenda de redecilla (→ 1) con forma de bolsa, que se emplea para recoger el pelo. *Se ha puesto una redecilla para no despeinarse.* **3.** *Zool.* Segunda cavidad de las cuatro que forman el estómago de los rumiantes. *Cuando el alimento es tragado por el rumiante por segunda vez, pasa a la redecilla.*

rededor. **en ~.** loc. adv. cult. Alrededor. *Miró en rededor sorprendido. Los fieles se dispusieron en rededor* DE *la imagen sagrada.*

redefinir. tr. Definir (algo) de nuevo, o de modo diferente. *Tenemos que redefinir nuestros objetivos.*

redención. f. Hecho de redimir o redimirse. *Algunas órdenes religiosas se dedicaban a la redención de cautivos. Rezaba por la redención de su alma.* Frec., en mayúsc., designa la llevada a cabo por Jesucristo. *La Redención nos liberó del poder del demonio.*

redentor, ra. adj. Que redime. *Sangre redentora.* Dicho de pers., tb. m. y f. *Los nombres de aquellos redentores de esclavos no han pasado a la historia.* ■ **el Redentor.** loc. s. *Rel.* Jesucristo. *Para los cristianos, el Redentor sufrió para salvar a los hombres.*

redentorista. adj. De la congregación religiosa del Santísimo Redentor, fundada por San Alfonso María de Ligorio (1696-1787). *Monasterio redentorista. Un padre redentorista oficia la ceremonia.* Dicho de pers., tb. m. y f. *Un redentorista ha leído el fragmento de la epístola.*

redescubrimiento. m. Hecho de redescubrir. *El viaje a su ciudad natal supuso el redescubrimiento de los lugares de su infancia. La exposición contribuirá al redescubrimiento del pintor.*

redescubrir. (part. **redescubierto**). tr. Volver a descubrir o conocer (algo o a alguien). *Después de varios años de soledad ha redescubierto el amor. En las vacaciones he redescubierto a Góngora.*

redicho, cha. adj. Que habla con una corrección que no resulta natural y escogiendo palabras afectadas. *Estoy harta de escuchar a ese abogado redicho.* Tb. m. y f. *Eres una redicha y una cursi.*

rediez. interj. coloq., eufem. Rediós. *¡Rediez!, he olvidado la cartera.*

redil. m. Lugar cercado donde se recoge al ganado. *Por la noche, el pastor mete a las ovejas en el redil.*

redimir. tr. **1.** histór. Rescatar (a un esclavo o a un prisionero) pagando un precio. *Los frailes redimían a los cristianos cautivos de los turcos.* **2.** Hacer que termine (una obligación, un dolor u otra situación molesta). *Los presos redimen su condena trabajando en los talleres de la prisión.* **3.** cult. Librar (a alguien) de una obligación o castigo. *Lo ha redimido* DEL *castigo por su buen comportamiento.* **4.** Librar (una posesión) de la hipoteca o de una carga. *Ha redimido la casa* DE *la hipoteca.* **5.** *Der.* Volver a comprar (algo que se ha vendido). *Redimió la casa: la compró por el mismo dinero que le dieron.*

redingote. m. histór. Capote de poco vuelo y con mangas ajustadas. *El caballero llevaba redingote.*

rediós. interj. coloq. Se usa para expresar enfado o sorpresa. *¡Rediós!, ¿es que en esta casa no funciona nada?*

redistribución. f. Hecho de redistribuir. *Se ha hecho una redistribución de los papeles de la obra entre los actores.*

redistribuir. (conjug. CONSTRUIR). tr. Volver a distribuir (algo), espec. si se hace de manera diferente a como se ha hecho antes. *El capataz va a redistribuir el trabajo para mejorar el rendimiento.*

rédito. m. Interés o beneficio que produce un capital. *El rédito obtenido de una inversión.* Tb. fig. *La oposición intenta sacar un rédito electoral de este asunto.*

redituar. (conjug. ACTUAR). tr. frecAm. Producir (beneficio económico). *Mandaban a vender lo que les sobraba, lo que les redituaba muy buenas ganancias* [C]. *El agua embotellada redituó una fortuna para algunas familias* [C].

redivivo, va. adj. Resucitado. Se usa pospuesto a un nombre de persona para enfatizar una relación de semejanza entre dicha persona y otra con la es comparada. *Se cree un Gandhi redivivo.*

redoblar. tr. **1.** Hacer doble (algo, como una cantidad). *Redoblo la apuesta.* **2.** Aumentar (algo) considerablemente. *Tenemos que redoblar los esfuerzos.* Tb. en constr. prnl. media. *El sonido de los truenos se redobla conforme se acerca la tormenta. El entusiasmo se redobla al aparecer el cantante.* **3.** Tocar redobles (en el tambor). *Un músico apareció redoblando el tambor.* ○ intr. **4.** Tocar redobles en el tambor. *El titiritero redobla para anunciar al protagonista del guiñol.*

redoble. m. Toque vivo y continuo que se produce golpeando rápidamente el tambor con los palillos. *Tras un redoble de tambor comienza la actuación.*

redoma. f. Recipiente de cristal de fondo ancho, que se estrecha hacia la boca. *La botica guarda varias redomas antiguas.*

redomado, da. adj. Acompañando a un nombre calificador que expresa cualidad negativa, se usa para enfatizar el significado expresado por este. *Es un caradura redomado. Era un redomado mentiroso.*

redonda. → **redondo.**

redondeado, da. part. **1.** → **redondear.** ● adj. **2.** Aproximadamente circular o esférico. *La Tierra tiene forma redondeada. La plaza es ovalada y no redondeada. Frutos redondeados.*

redondear. tr. **1.** Dar forma redonda (a algo). *En esa escultura hay muchas aristas: tiene que redondearla un poco.* Tb. en constr. prnl. media. *Con el tiempo, el dibujo de los neumáticos se redondea.* **2.** Terminar (una cosa) de manera satisfactoria. *Esta tarde me quedo en la oficina para redondear el trabajo.* **3.** Eliminar (pequeñas diferencias numéricas) entre dos cantidades, para tener solo en cuenta unidades de orden superior. *–Aquí tienes, 388 clavos. –Dame 400 para redondear.*

redondel. m. **1.** coloq. Circunferencia o círculo. *El niño dibujó un redondel de un solo trazo. Los más pequeños juegan en un redondel de arena.* **2.** *Taurom.* Ruedo. *El banderillero salta al redondel.*

redondeo. m. Hecho de redondear o redondearse. *Redondeo al alza de los precios. Hay que proceder al redondeo de las esquinas de la mesa.*

redondez. f. Cualidad de redondo. *La redondez de la perla. Aunque nunca fue gorda, tiene cierta tendencia a la redondez.*

redondilla. f. *Lit.* Estrofa de cuatro versos octosílabos, que riman 1° con 4° y 2° con 3°. *Lope de Vega utiliza a menudo la redondilla.*

redondo, da. adj. **1.** Circular o esférico. *La plaza tiene forma redonda. Las balas de cañón son redondas.* **2.** Redondeado, o aproximadamente circular o esférico. *La punta del zapato es redonda. La Tierra es redonda.* **3.** Perfecto o completo. *El trabajo te ha quedado redondo. Es un negocio redondo.* ● f. **4.** *Gráf.* Letra redonda (→ **letra**). *El nombre del autor debe ir en redonda, y el título, en cursiva.* **5.** *Mús.* Nota cuyo valor llena un compás de cuatro por cuatro. ○ m. **6.** Pieza de la carne de una res, que corresponde a la parte inferior del lomo y que se corta de forma casi cilíndrica para su consumo. *Hemos comido redondo de ternera al horno.* ■ **a la redonda.** loc. adv. En torno, o alrededor. *Es la única casa habitada en diez kilómetros a la redonda.* ■ **en redondo.** loc. adv. **1.** En círculo, o dando una vuelta completa. *Como no había nadie conocido, giró en redondo y se volvió a ir.* **2.** De manera clara y tajante. *Se ha negado en redondo a colaborar.*

reducción. f. **1.** Hecho de reducir o reducirse. *Hierva la salsa para conseguir su reducción. Una reducción de las tarifas.* **2.** histór. En la América hispana: Pueblo de indígenas convertidos al cristianismo, al cuidado de misioneros. *Las reducciones pretendían preservar a los indios del contacto con los españoles.*

reducible. adj. Que se puede reducir. *El problema no es reducible* A *esos términos tan simples. Es una sustancia dura y reducible* A *cristales.* ▶ REDUCTIBLE.

reducido, da. part. **1.** → **reducir.** ● adj. **2.** Pequeño o limitado. *Este apartamento es un poco reducido para tres. Un número reducido de personas.*

reducir. (conjug. CONDUCIR). tr. **1.** Hacer menor (algo). *Tenemos que reducir gastos. Reduzca la velo-*

cidad. Quiere reducir peso. **2.** Resumir o hacer más breve (algo, como un discurso o una narración). *Le han pedido que reduzca su intervención a veinte minutos.* **3.** Convertir una cosa en otra de menos calidad. *La excavadora reducirá la casa* A *escombros. El bosque quedó reducido* A *cenizas.* **4.** Hacer que (una cosa) pase a ser otra más pequeña o de menor importancia. *Redujo* A *cuatro el número de invitados. Había reducido su vida* AL *trabajo.* Tb. en constr. prnl. media. *Mi trato con ella se reduce* A *unas palabras en el ascensor. Todo el lío se reduce* A *un malentendido entre ellos.* **5.** Someter a obediencia por la fuerza (a alguien que se resiste). *El vigilante redujo al atracador. Han tenido que reducirlo a golpes.* **6.** Seguido de un complemento introducido por *a* que designa situación o la implica: Obligar (a alguien) a permanecer en ella. *Temía que el accidente lo redujera a ir en una silla de ruedas. Me he visto reducido al papel de mero espectador. No podrán reducirlo al silencio.* **7.** *Coc.* Hervir (un líquido) para concentrar(lo). *Reduzca la salsa poniéndola unos minutos al fuego.* **8.** *Mat.* Expresar (el valor de una cantidad) en unidades diferentes a las que se tienen. *Al reducir un kilómetro a metros, se obtienen mil metros.* **9.** *Quím.* Disminuir el contenido de oxígeno (de una sustancia). *El carbón se utiliza para reducir óxidos o carbonatos.* **10.** En un vehículo: Cambiar (una marcha) a otra más corta. *Reduce la marcha al entrar en la curva.* Tb. usado en constr. intr. *Vamos a bajar el puerto: reduce. Quería reducir* A *segunda y metió la cuarta.* ▶ **1:** *DISMINUIR. **2:** RESUMIR.

reductible. adj. Que se puede reducir. *Algunas experiencias son difícilmente reductibles* AL *lenguaje racional.* ▶ REDUCIBLE.

reducto. m. *Mil.* Construcción de guerra, cerrada, y gralm. con un parapeto. *Los soldados se refugiaron en un reducto que tenía ocho cañones.* Frec. fig. *El reducto de sus partidarios no se rinde. Escribe desde el reducto de su casa de campo.*

reductor, ra. adj. Que reduce o sirve para reducir. *Han instalado en la autopista unas paredes reductoras del ruido. Una dieta reductora de peso.* Dicho de sustancia o agente, tb. m. *El carbón es un buen reductor.*

redundancia. f. **1.** Repetición, gralm. excesiva, de una palabra o de un concepto. *No quiero caer en la redundancia, pero es importante que quede claro.* Frec. en la constr. *valga la ~. Los tres trillizos acudieron en trío, valga la redundancia.* **2.** *tecn.* Repetición de la información contenida en un mensaje, que permite que este se comprenda, en el caso de que parte de él se pierda. *El lenguaje de la publicidad contiene un alto nivel de redundancia.*

redundante. adj. Que tiene redundancia. *–Voy a subir arriba. –Eso que dices me suena redundante.*

redundar. intr. Dar como resultado una cosa. *El ahorro de energía redunda* EN *beneficio de todos. La falta de sueño redundará* EN *un peor rendimiento.* ▶ REVERTIR.

reduplicación. f. Hecho o efecto de reduplicar. *Hemos tenido que hacer horas extra por la reduplicación de los pedidos.*

reduplicar. tr. **1.** Duplicar o aumentar (una cosa) al doble de lo que era antes. *Han reduplicado los precios.* Tb. en constr. prnl. media. *Los aplausos se reduplicaron cuando la actriz salió a saludar.* **2.** Repetir (una cosa). *La publicidad suele reduplicar las palabras para darles mayor énfasis.*

reedición. f. Hecho o efecto de reeditar. *Mañana saldrá a la venta una reedición de "Fortunata y Jacinta".*

reedificar. tr. Construir de nuevo (una edificio). *Van a reedificar el monasterio en ruinas.*

reeditar. tr. Volver a editar. *La novela se ha agotado y la van a reeditar. Han reeditado el primer disco de Chavela Vargas.*

reeducación. f. Hecho de reeducar. *Técnicas de reeducación postural.*

reeducar. tr. Volver a educar (a alguien o algo). *Existen programas destinados a reeducar a los reclusos.*

reelección. f. Hecho de reelegir. *Su reelección como vicepresidenta ha sorprendido a todos. Es candidato a la reelección.*

reelecto, ta. → **reelegir.**

reelegir. (conjug. PEDIR; part. **reelegido** o, Am., **reelecto**). tr. Volver a elegir (a alguien). *Los miembros del consejo lo han reelegido como director. Aspira a ser reelecto en las próximas elecciones* [C].

reembarcar. tr. **1.** Volver a embarcar (algo o a alguien). *El capitán reembarcó las mercancías que habían bajado a tierra por error.* ○ intr. **2.** Volver a embarcar alguien. *Los pasajeros reembarcan y prosiguen su viaje.* Tb. prnl. *Después de un permiso, los marineros se han reembarcado en el buque.*

reembolsable. adj. Que se puede o se debe reembolsar. *Le han concedido una ayuda no reembolsable para sacar adelante su empresa.*

reembolsar. (Tb. **rembolsar**). tr. **1.** Devolver a alguien (una cantidad que ha desembolsado). *Si devuelves el libro, te rembolsarán lo que te costó.* ○ tr. prnl. **2.** Recuperar alguien (una cantidad que ha desembolsado). *El dueño se ha reembolsado el coste de la reparación gracias a su seguro.*

reembolso. (Tb. **rembolso**). m. **1.** Hecho de reembolsar o reembolsarse. *Para cualquier rembolso es imprescindible el recibo.* **2.** Cantidad de dinero que se paga al recibir un objeto enviado por correo o por una agencia de transportes. *Me debe el reembolso del paquete que le recogí.* Frec. en la constr. *contra ~. Se puede pagar contra reembolso.*

reemplazar. (Tb. **remplazar**). tr. **1.** Sustituir (una cosa o a una persona) por otra. *Han reemplazado la fuente* POR/CON *una escultura moderna. Van a reemplazar a Jaime.* **2.** Pasar una persona o cosa a ocupar el lugar o la función (de otra). *Han hecho un nuevo carné que reemplaza al viejo. A las ocho lo reemplaza otro vigilante.*

reemplazo. (Tb. **remplazo**). m. **1.** Hecho de reemplazar. *El reemplazo de los autobuses de gasóleo* POR/CON *otros eléctricos se hará en verano.* **2.** Renovación parcial periódica de los soldados del ejército que prestan servicio activo. *No hizo el servicio militar, porque era excedente de reemplazo.* Tb. el conjunto de dichos soldados correspondientes a un mismo año. *Parte del reemplazo se ha incorporado ya a sus unidades.*

reemprender. tr. Continuar (una acción que se había interrumpido). *Después de un descanso, reemprenderemos la marcha.*

reencarnación. f. Hecho de reencarnar o reencarnarse. *Está convencido de haber vivido varias reencarnaciones.*

reencarnar. intr. Volver a encarnar o a tomar forma corpórea un ser o un espíritu. *El protagonista muere y reencarna* EN *otra persona. Tienen la creencia de* *que al morir reencarnarán.* Frec. prnl. *El dios se reencarna* EN *diferentes animales.*

reencontrar. (Tb. **rencontrar**; conjug. CONTAR). tr. **1.** Volver a encontrar (algo o a alguien). *Ha reencontrado a los amigos de la niñez.* ○ intr. prnl. **2.** Volver a encontrarse con alguien o algo. *Tiene la esperanza de reencontrarse* CON *alguna compañera del colegio. Volvió a su tierra para reencontrarse* CON *sus raíces.*

reencuentro. (Tb. **rencuentro**). m. Hecho de reencontrar o reencontrarse. *El rencuentro* CON *su familia ha sido muy emotivo.*

reenganchar. tr. Volver a alistar (a alguien) como soldado una vez que ha terminado el servicio militar. *Le toca licenciarse, pero lo han reenganchado.* Tb. fig. *Al terminar la licenciatura, se reenganchó y estudió otra carrera.*

reenganche. m. Hecho de reenganchar o reengancharse. *Ha solicitado su reenganche en la Marina.* Tb. fig. *El reenganche del futbolista en el equipo se producirá en otoño.*

reenviar. (conjug. ENVIAR). tr. Volver a enviar (algo o a alguien que se reciben o llegan). *Ha reenviado el mensaje de correo electrónico a todos sus amigos.*

reenvío. m. Hecho de reenviar. *Protestan por el reenvío de los refugiados a su país de origen.*

reescribir. (part. **reescrito**). tr. **1.** Volver a escribir (algo) haciendo cambios o correcciones. *Ha reescrito el cuento tres veces.* **2.** Volver a escribir (sobre algo) para dar(le) una nueva interpretación. *Los nuevos fósiles ayudarán a reescribir la historia de los dinosaurios.*

reestrenar. tr. Volver a estrenar (un espectáculo, una obra dramática o una película). *Esta temporada reestrenan "El barbero de Sevilla".*

reestreno. m. Hecho de reestrenar. *Al reestreno de la película han acudido el director y los protagonistas.*

reestructuración. f. Hecho o efecto de reestructurar. *Es necesaria una reestructuración del transporte público. Reestructuración de los planes de estudios.*

reestructurar. tr. Estructurar de nuevo o de forma diferente (algo). *El entrenador quiere reestructurar el equipo.*

reexpedir. (conjug. PEDIR). tr. Expedir (algo antes recibido). *Cuando reciba la carta se la reexpediré de inmediato.*

reexportar. tr. Exportar (algo que se ha importado antes). *La empresa reexporta frutas tropicales.*

refacción. f. **1.** cult. Comida pequeña que se toma para reparar las fuerzas. *Los excursionistas tomaron una refacción y siguieron camino.* **2.** frecAm. Hecho de refaccionar. *En su casa se realizaban refacciones dirigidas por decoradores* [C]. *Talleres de refacción de armas* [C]. Tb. fig. *La refacción del país tras la guerra necesitará mucho esfuerzo.* [C]. **3.** Am. Recambio (cosa que sustituye a otra). *Estimulan el pillaje en nuestras calles comprando refacciones robadas* [C]. ▶ **3:** RECAMBIO.

refaccionar. tr. Am. Restaurar o reparar (algo, espec. un edificio). *En esa época refaccionaron el Penal* [C].

refajo. m. Falda interior de tela gruesa que se usaba como prenda de abrigo. *Las mujeres llevaban refajo.*

refectorio. m. En un convento: Habitación que se emplea como comedor común. *El incendio se originó en el refectorio.*

referencia. f. **1.** Hecho o efecto de referir o referirse. *Este es el libro al que ha hecho referencia.* **2.** Remisión o indicación que se da al lector en un escrito para que acuda a otro lugar del mismo texto o a otro texto. *A pie de página viene una referencia a otra obra del mismo autor.* **3.** Informe que se da sobre el trabajo y las cualidades de alguien. Frec. en pl. *Me han dado unas referencias excelentes de ella.* ■ **con ~ a.** loc. prepos. Acerca de. *Con referencia a su petición, le informamos de que ha sido aceptada.* ■ **por ~(s).** loc. adv. De manera indirecta. *Sabemos por referencias que el manuscrito contenía poemas del siglo* XVI.

referendo. m. Referéndum. Frec. en pl. *La ley será sometida a referendo en abril. Ha habido referendos en varios Estados.*

referéndum. (pl. invar.). m. Procedimiento jurídico por el que se somete a votación popular una ley o un acto administrativo para su ratificación. *La constitución fue aprobada por referéndum. En algunos países se han celebrado referéndum sobre la política de inmigración.* ▶ REFERENDO.

referente. adj. **1.** Que se refiere o alude a alguien o a algo, o tiene relación con él. *Trató de diferentes asuntos referentes* A *la calidad de la enseñanza.* ● m. **2.** Término de referencia. *La ciudad se ha convertido en el referente de la arquitectura vanguardista.* **3.** *Ling.* Ser u objeto de la realidad a los que se refiere el signo. *El referente de "esta mesa" es la mesa que yo tengo ahora a mi lado.*

referir. (conjug. SENTIR). tr. **1.** Contar (un hecho) de palabra o por escrito. *Un vecino ha referido a los periodistas lo sucedido.* ○ intr. prnl. **2.** Poner, de palabra o por escrito, una persona o cosa en relación con otra, que no se menciona directamente. *El profesor se refería* A *nosotros cuando dijo que algunos no habíamos estudiado.* **3.** Relacionarse una cosa dicha o escrita con una persona u otra cosa, que no se mencionan directamente. *El pasaje donde figura lo de las manos esposadas se refiere* A *la censura.* **4.** Tener que ver una persona o cosa con otra. *Es muy estricto en lo que se refiere a la moral.* **5.** Hablar de alguien o algo. *La noticia se refiere* A *la caída de la bolsa.* ▶ **1:** *CONTAR. **2, 3, 5:** ALUDIR.

refilón. de ~. loc. adv. **1.** De lado. *Me miraba de refilón.* **2.** De pasada. *Ha mencionado el asunto de refilón.*

refinado[1]**.** m. Hecho de refinar o purificar una cosa. *El refinado del petróleo. Durante el refinado, el azúcar pierde parte de sus vitaminas.*

refinado[2]**, da.** part. **1.** → **refinar.** ● adj. **2.** Exquisito o que sobresale por su calidad o perfección. *Tiene unos gustos refinados.*

refinamiento. m. Cualidad de refinado o fino. *Destaca por el refinamiento de sus modales.*

refinar. tr. **1.** Hacer más fino (algo) eliminando impurezas y elementos inservibles. *En la almazara refinan el aceite.* **2.** Perfeccionar (algo o a alguien), gralm. haciendo que ganen en pureza, estilo o elegancia. *Ha refinado su técnica pictórica.* Tb. en constr. prnl. media. *Desde que se fue a vivir a la ciudad se ha refinado.*

refinería. f. Instalación industrial donde se refina un producto. *Una refinería de azúcar.* Frec., sin especificación, designa la de petróleo. *Trabaja en una refinería.*

refino. m. Hecho de refinar o purificar una cosa, espec. petróleo. *Con el refino del crudo se obtiene la gasolina.*

refitolero, ra. adj. **1.** coloq. Entrometido. *¡Qué niño más refitolero!: todo lo quiere saber.* **2.** Que se comporta con afectación y sin naturalidad. *Siempre ha sido algo refitolero y pomposo.* **3.** Dicho de persona: Muy arreglada y acicalada. *Iba muy refitolera al bautizo.* **4.** Dicho de persona: Que cuida del refectorio. Tb. m. *El refitolero entró en la sala con una bandeja de fritos.*

reflectante. adj. Que reflecta. *El ciclista lleva una camiseta con tiras reflectantes.* Dicho de dispositivo o pieza, tb. m. *El coche no lleva reflectantes.*

reflectar. tr. *Fís.* Reflejar una superficie (algo como la luz, el calor o el sonido), o hacer que cambie su dirección. *El vidrio y el agua reflectan los rayos de luz.*

reflector, ra. adj. **1.** Que refleja las ondas o las radiaciones. *La nieve es reflectora de los rayos del sol.* ● m. **2.** Aparato que lanza la luz de un foco en una dirección determinada. *Cuatro reflectores iluminan el edificio.*

reflejar. tr. **1.** Hacer una superficie cambiar de dirección (las ondas o las radiaciones que llegan hasta ella). *La lupa refleja el rayo desviándolo de su trayectoria.* Tb. en constr. prnl. media. *La luz se refleja* EN *el agua.* **2.** Formarse en una superficie lisa y brillante (la imagen de alguien o algo). *El cristal del escaparate refleja a la gente que pasa.* Tb. en constr. prnl. media. *Vio su rostro reflejarse* EN *el espejo.* **3.** Mostrar o manifestar (algo). *Las estadísticas reflejan el aumento de la natalidad.* Tb. en constr. prnl. media. *En su cara se refleja el cansancio.*

reflejo, ja. adj. **1.** *Fisiol.* Dicho de algo, espec. un movimiento: Que se produce de manera involuntaria como respuesta a un estímulo. *Cuando el médico le golpeó la rodilla, su pierna hizo un movimiento reflejo. Ha sido un acto reflejo.* Frec. m. *Cuando la vejiga está llena, un reflejo nervioso nos indica la necesidad de orinar.* **2.** Que se refleja o ha sido reflejado. *En la pared se podía ver la luz refleja del sol. Utilice una lámpara de luz refleja y no de luz directa.* ● m. **3.** Luz reflejada en un objeto. *El reflejo del sol en el parabrisas no le dejaba conducir.* **4.** Imagen de una persona o cosa reflejada en una superficie. *El agua estaba tan quieta que podía ver su reflejo en ella.* **5.** Cosa que refleja o manifiesta otra. *Tu cansancio es el reflejo de lo mucho que trabajas. Su novela es un reflejo de la sociedad de su época.* ○ m. pl. **6.** Capacidad para reaccionar de manera rápida y eficaz ante algo. *Tiene muy buenos reflejos y pudo evitar el accidente.*

réflex. adj. Dicho de cámara fotográfica: Que tiene un espejo entre el visor y el objetivo, que permite ver la misma imagen que aparece después en la fotografía. *En una cámara réflex no se produce el error de encuadre que se daba en las máquinas antiguas.* Tb. f. *Le han regalado una réflex.*

reflexión. f. **1.** Hecho o efecto de reflexionar. *Es necesaria una reflexión* SOBRE *el problema del racismo. En el libro aparecen numerosas reflexiones del poeta.* **2.** Razonamiento o consejo que se comunica a alguien para persuadirle o convencerle de algo. *Mi hermano me hizo una reflexión muy acertada* SOBRE *mi decisión de estudiar Medicina. Les hicimos unas reflexiones* SOBRE *las consecuencias de publicar la noticia.* **3.** *Fís.* Hecho o efecto de reflejar o reflejarse. *El dibujo ilustra la reflexión de un rayo láser en un cristal.* ▶ **1:** MEDITACIÓN.

reflexionar. intr. **1.** Pensar a fondo o detenidamente sobre algo. *Ha reflexionado* SOBRE *los acontecimientos de los últimos días. Antes de tomar la decisión, necesito reflexionar.* ○ tr. **2.** Pensar a fondo o detenidamente (sobre algo). *Reflexiona la respuesta antes de contestar.* ▶ MEDITAR.

reflexivo, va. adj. **1.** Dicho de persona: Que suele actuar y hablar con reflexión, o pensando detenidamente las cosas. *Es una persona reflexiva y escogerá lo más conveniente.* **2.** Dicho de cosa: Que reflecta. *Los operarios de las pistas del aeropuerto visten ropas de materiales reflexivos.* **3.** *Gram.* Dicho de verbo u oración: Que expresa una acción en la que el sujeto y el objeto designan la misma persona o cosa. *"Me peino" es una construcción reflexiva.* **4.** *Gram.* Dicho de pronombre: Que designa la misma persona o cosa que el sujeto de un verbo reflexivo (→ 3). *En "Juan se lava", "se" es un pronombre reflexivo.*

reflexología. f. *Med.* Estudio de las técnicas de masaje aplicadas a determinados puntos de las manos o los pies con fines terapéuticos. *Ha hecho un curso de reflexología podal.*

reflexoterapia. f. *Med.* Tratamiento de las enfermedades por medio de masajes en determinados puntos de las manos y de los pies. *La reflexoterapia puede aliviar las migrañas.*

reflorecer. (conjug. AGRADECER). intr. Volver a florecer o echar flores. *Este arbusto florece en marzo y puede reflorecer en otoño.* Tb. fig. *Después de varios años de silencio, la zarzuela refloreció.*

reflotamiento. m. Hecho de reflotar. *Si no es posible el reflotamiento de la empresa, iremos a la quiebra. El mal tiempo ha impedido el reflotamiento del pesquero.*

reflotar. tr. **1.** Volver a poner a flote (una embarcación sumergida o encallada). *Han reflotado la barca hundida.* **2.** Hacer que (una empresa con dificultades económicas) vuelva a ser rentable. *Pidió un crédito y logró reflotar el negocio.*

refluir. (conjug. CONSTRUIR). intr. **1.** Volver hacia atrás un líquido. *Parte de la sangre que expulsaba con cada latido refluía al corazón. Las aguas refluyen mar adentro después de chocar contra las rocas.* **2.** Pasar a tener algo un efecto sobre una persona o cosa. *Las bajas temperaturas han refluido* SOBRE *el turismo.*

reflujo. m. Movimiento de descenso de la marea. *El reflujo deja al descubierto la playa.*

refocilar. tr. Divertir una cosa (a alguien, que gralm. se regodea en ella groseramente o con malicia). *La derrota del equipo visitante refocila a los hinchas del equipo local.* Tb. en constr. prnl. media. *No sabes lo que se han refocilado con su metedura de pata. Una pareja se refocilaba en la playa.*

reforestación. f. Hecho o efecto de reforestar. *La reforestación del monte se ha hecho con especies autóctonas.*

reforestar. tr. Repoblar (un terreno) con plantas forestales. *Para salvar la especie, es necesario reforestar su antiguo hábitat.*

reforma. f. **1.** Hecho o efecto de reformar. *El proyecto tiene como objetivo la reforma de las enseñanzas medias. Ha hecho reformas en el piso.* **2.** (Frec. en mayúsc.). histór. Movimiento religioso europeo del siglo XVI que dio lugar a la formación de las iglesias protestantes. *Martín Lutero fue el propulsor de la Reforma.*

reformado, da. part. **1.** → **reformar.** ● adj. **2.** Que sigue la Reforma protestante. *Entre las iglesias reformadas destaca la luterana.* Dicho de pers., tb. m. y f.

Los reformados se enfrentaron a la Iglesia católica al defender la libre interpretación de la Biblia. **3.** Dicho de religioso: Que pertenece a una orden reformada (→ 1). *Carmelitas reformados.* Tb. m. y f. *Los reformados del Císter.*

reformador, ra. adj. Que reforma o sirve para reformar. *Medidas reformadoras.* Dicho de pers., tb. m. y f. *Fue el reformador del sistema penitenciario.*

reformar. tr. **1.** Modificar o cambiar (algo), gralm. con la intención de mejorar(lo). *Van a reformar la sala de conciertos.* **2.** Corregir o cambiar (a alguien) haciendo que abandone hábitos o comportamientos censurables. *La novia lo ha reformado y ya no es tan juerguista. Para salir de la cárcel tendrá que demostrar que se ha reformado.*

reformatorio, ria. adj. **1.** frecAm. Que reforma o sirve para reformar. *Se mezclaban en este reglamento el viejo modelo de purgatorio y el nuevo de institución reformatoria* [C]. ● m. **2.** Establecimiento donde se ingresa, con la intención de reformarlos, a los menores de edad que han cometido algún delito. *Se ha fugado de varios reformatorios.* ▶ **2:** CORRECCIONAL.

reformismo. m. Tendencia o doctrina que defiende la aplicación de reformas o mejoras progresivas en una situación política, social o religiosa. *Jovellanos era un partidario del reformismo. El consejo de ministros se caracteriza por un reformismo moderado.*

reformista. adj. **1.** Del reformismo. *Es un político de ideas reformistas.* **2.** Partidario del reformismo. *Los diputados reformistas.* Tb. m. y f. *Los reformistas se han impuesto a los conservadores.*

reforzamiento. m. Refuerzo (hecho de reforzar o reforzarse). *El robo ha provocado un reforzamiento de las medidas de seguridad. Es necesario un reforzamiento de la estructura de la casa.* ▶ REFUERZO.

reforzar. (conjug. CONTAR). tr. Hacer más fuerte (algo o a alguien). *Un vaso de zumo reforzará la acción del medicamento. Ha reforzado la lona con unos parches de cuero. La victoria nos ha reforzado.* Tb. en constr. prnl. media. *Las lluvias se han reforzado en los últimos días.*

refracción. f. *Fís.* Hecho o efecto de refractar o refractarse. *La refracción de la luz.*

refractar. tr. *Fís.* Hacer un cuerpo que (un rayo o una onda) cambien de dirección, como resultado del cambio de velocidad que estos experimentan al pasar de un medio a otro. *El cristal refracta los rayos de luz que pasan a través de él.* Tb. en constr. prnl. media. *Las ondas generadas por un terremoto se refractan en las distintas capas del terreno.*

refractario, ria. adj. **1.** Opuesto o contrario a algo. *La sociedad era refractaria* A *las ideas innovadoras.* **2.** Dicho de material o de cuerpo: Que resiste altas temperaturas sin cambiar de estado ni descomponerse. *Los bomberos llevan trajes de material refractario. El pescado debe asarse en una fuente refractaria. Un horno hecho con ladrillos y arena refractaria.*

refrán. m. Dicho tradicional gracioso u oportuno, que expresa una afirmación, una advertencia o un consejo, y que a veces contiene alguna rima. *"No por mucho madrugar amanece más temprano" es un refrán muy conocido.* ▶ *DICHO.

refranero. m. Colección de refranes. *Han publicado un refranero del siglo* XVII. Tb. el conjunto de los refranes. *En el refranero español abundan las referencias a los animales.*

refregar. (conjug. ACERTAR). tr. **1.** Frotar (algo o a alguien) muchas veces o con insistencia. *Refregó el sofá* CON *un quitamanchas. No te refriegues los ojos, que te van a escocer. El perro se refriega* CONTRA *un tronco.* **2.** coloq. Decir a alguien (algo que le ofende o molesta) muchas veces o con insistencia. *Continuamente me refriega que su sueldo es el doble que el mío.*

refreír. (conjug. SONREÍR; part. **refreído** o **refrito**. Los parts. *refreído* y *refrito* se utilizan en la conjugación. *He refreído/refrito las croquetas.* Como adj. se usa casi exclusivamente *refrito: Patatas refritas*). tr. **1.** Volver a freír (una cosa). *Se nota que han refrito estos calamares.* **2.** Freír mucho o muy bien (una cosa). *Refríe la cebolla hasta que esté tierna.* **3.** Freír en exceso. *Has refreído los filetes y se han quemado.*

refrenar. tr. **1.** Contener (a alguien o algo, como un sentimiento o un impulso) o impedir que se manifieste. *Refrenó sus ansias de salir huyendo. Me he refrenado para no decirle lo que pensaba de él.* **2.** Sujetar (al caballo) con el freno y dominar(lo). *Refrena al caballo para que no salga al galope.* ▶ **1:** *REPRIMIR.

refrendar. tr. **1.** Hacer válido (un documento) la persona que está capacitada para ello. *El Gobierno aprobó el presupuesto, pero el Parlamento no lo refrendó.* **2.** Confirmar que (algo) es válido o verdadero. *El electorado ha refrendado la victoria del partido gobernante. El catedrático refrendó las palabras de su discípulo.*

refrendo. m. **1.** Hecho de refrendar. *La ley se someterá al refrendo de las Cortes.* **2.** Firma con la que se refrenda un documento. *El texto lleva el refrendo de la ministra.*

refrescante. adj. Que refresca o hace disminuir el calor o la temperatura. *Empinó el botijo y bebió un refrescante trago de agua. ¿No le apetece darse un refrescante baño en el mar? Los limones tienen un aroma refrescante.*

refrescar. tr. **1.** Hacer disminuir la sensación de calor (en alguien o algo). *Refrescó el patio regándolo con un cubo de agua. Nos refrescamos con una limonada bien fría.* Tb. en constr. prnl. media. *Pondré el vino en la nevera para que se refresque.* **2.** Recordar o hacer recordar (algo que se tenía olvidado). Frec. en la constr. ~ *la memoria. Voy a refrescar lo que estudié el año pasado. Si no te acuerdas de lo que me dijiste, yo te refrescaré la memoria.* ○ intr. **3.** Hacerse más fresco el tiempo. *En septiembre refrescan las mañanas.* Tb. en constr. impers. *Me voy a poner un jersey, porque ha refrescado.* **4.** Quitarse alguien el calor espec. tomando una bebida fría. *Entramos en un bar a refrescar un poco*

refresco. m. **1.** Bebida refrescante, gralm. sin alcohol, que se sirve fría. *Se tomó un refresco de limón. Una lata de refresco.* **2.** Bebida y comida ligera que se sirven en una reunión. *Después de la conferencia nos dieron un refresco a base de vino y canapés.* ■ **de ~.** loc. adj. Que releva a alguien en una actividad, para que pueda descansar. *Pronto llegará el vigilante de refresco. La diligencia paró en la posada para tomar caballos de refresco.*

refriega. f. **1.** Batalla de poca importancia o en la que interviene poca gente. *Lo mataron en una de las primeras refriegas de la Guerra Civil.* **2.** Pelea o riña. *Se ha producido una refriega entre borrachos.*

refrigeración. f. **1.** Hecho o efecto de refrigerar. *La refrigeración de la estancia se realiza mediante varios ventiladores. El pescado está en una cámara de* *refrigeración.* **2.** Sistema o dispositivo de refrigeración (→ 1). *Se ha averiado la refrigeración del local.*

refrigerador, ra. adj. **1.** Que refrigera o sirve para refrigerar. *El agua tiene propiedades refrigeradoras.* Dicho de máquina o aparato, tb. m. o f. *En un coche, el refrigerador sirve para que no se caliente el motor.* ● m. (en Am., tb. f.). **2.** Nevera (electrodoméstico). *Mete la mantequilla en el refrigerador. Sacó del congelador de la refrigeradora dos cubos de hielo* [C]. ▶ **2:** *NEVERA.

refrigerante. adj. Que refrigera. *Líquido refrigerante.* Dicho de sustancia, tb. m. *Compruebe que el nivel de refrigerante de su coche es el adecuado.*

refrigerar. tr. Enfriar (algo) por medios artificiales. *Un sistema de aire acondicionado refrigera la sala. Una vez cocinados los alimentos, los refrigeramos para que lleguen a las tiendas en buen estado.*

refrigerio. m. Comida ligera que se toma para reponer fuerzas. *En el descanso, se ofreció a los asistentes un refrigerio.*

refrito, ta. part. **1.** → **refreír.** ● m. **2.** Salsa o condimento elaborados con ajo, cebolla y otros ingredientes fritos en aceite, que se añade a algunos guisos. *Se prepara un refrito con cebolla y pimiento.* **3.** coloq. Obra, espec. escrita, elaborada con fragmentos de otras anteriores. *Ha publicado un refrito de sus artículos de prensa. El reportaje televisivo era un refrito de noticias emitidas en los días anteriores.*

refuerzo. m. **1.** Hecho de reforzar o reforzarse. *El refuerzo de las prendas de cuero se hará a mano. El enfermo empezó a mejorar tras un refuerzo de su alimentación.* **2.** Pieza que sirve para reforzar o hacer más fuerte una cosa. *Hay que poner un refuerzo a los pantalones para que no se rompan.* **3.** Persona o conjunto de personas que sirven de apoyo o de ayuda. *Necesitamos algún refuerzo más para formar un buen equipo de trabajo. El policía ha pedido refuerzos por radio. Los refuerzos llegaron cuando el ejército estaba a punto de rendirse.* ▶ **1:** REFORZAMIENTO.

refugiado, da. part. **1.** → **refugiar.** ● m. y f. **2.** Persona que busca refugio fuera de su país para escapar de una persecución política o de una guerra. *Cuando se desencadenó la guerra, los países vecinos acogieron a miles de refugiados.*

refugiar. (conjug. ANUNCIAR). tr. **1.** Proteger una persona o un lugar (a alguien) de algún peligro. *Un pastor lo refugió en su casa. La escuela del pueblo ha refugiado a varias familias durante el huracán.* ○ intr. prnl. **2.** Buscar protección en alguien o algo. *Se han refugiado* DE *la lluvia bajo un roble. Los habitantes de la ciudad se refugian* DE *las bombas en los sótanos.* Tb. fig. *En los últimos años de su vida se refugió* EN *la escritura.* ▶ **1:** COBIJAR, GUARECER. **2:** COBIJARSE, GUARECERSE.

refugio. m. **1.** Protección frente a un peligro o amenaza. *Vino corriendo a mí en busca de refugio.* Tb. fig. *Halló refugio en la soledad.* **2.** Lugar adecuado para refugiarse. *Esta roca es un buen refugio contra la lluvia.* **3.** Casa de montaña que sirve para que los montañeros y excursionistas se refugien. *Se nos hizo de noche y nos quedamos en un refugio.* ■ **~ atómico,** o **nuclear.** m. Espacio habitable protegido contra los efectos de las explosiones nucleares. *Los protagonistas se salvan porque logran llegar a un refugio atómico.* ▶ **2:** COBIJO.

refulgente. adj. cult. Que refulge. *El reflejo del sol arranca del mar destellos refulgentes. Una custodia de oro refulgente guarda la hostia consagrada.*

refulgir. intr. cult. Resplandecer o despedir rayos de luz una cosa. *Las joyas de las damas refulgen en los palcos de la ópera. La nieve refulgía con el sol.*

refundación. f. Hecho de transformar radicalmente una institución o una sociedad para adaptarlas a los nuevos tiempos o a otros fines. *El líder fue el artífice de la refundación del partido en los años 70.*

refundición. f. **1.** Hecho de refundir. *Las joyas proceden de la refundición de un antiguo tesoro. Harán una refundición de todas las normas anteriores en un solo código.* **2.** Obra que resulta al refundirse otra. *Este no es el texto original, sino una refundición.*

refundir. tr. **1.** Volver a fundir o derretir (un metal). *El horno es capaz de refundir el hierro.* **2.** Dar nueva forma (a una obra escrita). *Ha refundido la obra que escribió hace diez años para modernizarla.* **3.** Unir (varias cosas) en una sola. *Ha refundido todos sus estudios sobre las neuronas* EN *uno. La ley refunde los textos legales que trataban de esta cuestión.*

refunfuñar. intr. Expresar enfado o desagrado hablando entre dientes o emitiendo sonidos confusos. *¡Ya estás refunfuñando otra vez!, ¿es que nada te parece bien?* ▶ RENEGAR.

refunfuño. m. Hecho o efecto de refunfuñar. *Ese refunfuño tuyo no viene a cuento. Puedes oír sus refunfuños desde la otra habitación.*

refunfuñón, na. adj. Que refunfuña mucho. *Su casera es muy refunfuñona.* Tb. m. y f. *Es un refunfuñón que se pasa el día protestando por todo.*

refutación. f. Hecho o efecto de refutar. *Expuso su teoría y dijo que escucharía las refutaciones que le quisiéramos hacer. Ahora falta la verificación o la refutación de la hipótesis.*

refutar. tr. Contradecir o negar con argumentos (algo dicho). *El físico intentaba refutar las afirmaciones de su colega. Demostró la falsedad de la teoría refutándola.* ▶ REBATIR.

regadera. f. **1.** Recipiente portátil empleado para regar, compuesto por un depósito del que sale un tubo terminado en una boca más ancha y con agujeros por los que sale el agua. *El jardinero llena la regadera con agua.* **2.** Am. Ducha (instalación o aparato). *Se metió a la regadera y dejó que el agua fría cayera sobre su cabeza* [C]. *Estaba yo debajo de la regadera cuando se abrió la puerta del baño* [C]. ■ **como una ~.** loc. adv. coloq. Con la mente trastornada. Frec. con *estar. Estás como una regadera: ¡bañarse en el mar con este frío!* ▶ **2:** DUCHA.

regadío. m. Terreno dedicado a cultivos que requieren riego en abundancia. *En los regadíos de la costa se cultivan frutas tropicales.* ● **de ~.** loc. adj. Dicho de terreno: Que se puede regar. *Estas son tierras de regadío.* Dicho tb. del cultivo propio de ese terreno. *Planta de regadío.*

regalado, da. part. **1.** → **regalar.** ● adj. **2.** Agradable o placentero. *Lleva una vida regalada.* **3.** coloq. Muy barato. *¡Señora, estos manteles están regalados! Han vendido la casa a un precio regalado.*

regalar. tr. **1.** Dar (algo) sin recibir nada a cambio, a menudo como muestra de afecto o de consideración. *Me regaló unos zapatos por mi cumpleaños.* Tb. fig. para enfatizar una venta barata. *¡Mañana, en nuestro supermercado, regalamos los productos de limpieza!* **2.** Tratar bien o con atención (a alguien). *En la cena, el pianista regaló a los invitados* CON *un concierto. Se regaló* CON *una visita al museo.* ▶ **1:** OBSEQUIAR.

regalía. f. **1.** Cantidad fija o parte de los beneficios que se paga al propietario de un derecho a cambio de poder utilizarlo. *El industrial que explotaba una mina debía pagar una regalía al propietario del terreno.* **2.** Derecho o privilegio que corresponde al rey en exclusiva. *La venta de tabaco era una regalía de la Corona.*

regalismo. m. histór. Movimiento político que defendía las regalías o privilegios del rey en asuntos religiosos. *En los siglos* XVII *y* XVIII*, el regalismo luchaba por la supremacía del poder real sobre el de la Iglesia.* Tb. la doctrina en la que se apoya.

regalista. adj. **1.** histór. Del regalismo. *Posiciones regalistas.* **2.** histór. Partidario del regalismo. *Muchos aristócratas eran regalistas.* Dicho de pers., tb. m. y f. *Fue un regalista exaltado.*

regaliz. m. **1.** Pastilla o barrita hechas con el jugo del tallo subterráneo del regaliz (→ 2), que se toma como golosina. *Barras de regaliz. Caramelos de regaliz.* **2.** Planta de largos tallos subterráneos de sabor dulce, de los que se extrae un jugo con propiedades medicinales. Tb. el tallo subterráneo. *Con el regaliz se preparan jarabes. De niño le gustaba chupar regaliz.* ▶ **2:** OROZUZ, PALODUZ.

regalo. m. **1.** Cosa que se regala a alguien. *Le trajo muchos regalos del viaje.* **2.** Cosa que resulta agradable o produce placer. *Los platos del restaurante son un regalo para paladares exquisitos.* **3.** Conjunto de comodidades que rodean a una persona. *Está acostumbrado a vivir con mucho regalo. Fue criado con regalo.* ▶ **1:** OBSEQUIO.

regalón, na. adj. frecAm. coloq. Dicho de persona o animal: Que es tratado con mimo o a quien gusta ser mimado. *Como todo hijo es un poco regalón, le gusta que lo atendamos* [C]. *Se agachaba a tomar en brazos a la gatita regalona* [C]. Tb. m. y f. *Su pequeño hijo de seis años es el regalón de la familia* [C].

regalonear. tr. Am. coloq. Mimar (a una persona o a un animal). *Mi vieja hacía empanadas y pastel de choclo para regalonearme* [C].

regante. adj. Que riega. *Poblaciones regantes.* Referido espec. a persona, sobre todo a agricultor, y en ese caso, tb. m. y f. *Cada regante dispone de una cantidad limitada de agua.*

regañadientes. a ~. loc. adv. Con queja o fastidio. *Tomó el jarabe a regañadientes.*

regañar. tr. **1.** Reñir o llamar la atención (a alguien) por algo que ha hecho. *Los regañaron porque volvieron muy tarde.* ○ intr. **2.** Discutir o pelearse dos personas. *Han vuelto a regañar.* Tb.: *Acabará regañando* CON *sus vecinos.* ▶ *REÑIR.

regañina. f. Hecho de regañar o reñir a alguien. *De pequeño recibía muchas regañinas por ser desordenado.* Tb. las palabras con que se regaña. *Me echó una regañina que se oyó en todo el edificio.* ▶ *REPRENSIÓN.

regar. (conjug. ACERTAR). tr. **1.** Echar agua (sobre las plantas) para alimentar(las). *Riegan las patatas con el agua de una acequia. Riega los geranios.* **2.** Echar agua (sobre una superficie) para limpiar(la) o refrescar(la). *Los barrenderos riegan las calles. Al atardecer regaban el patio.* **3.** Atravesar un río (un territorio). *El río Miño riega una amplia zona de las provincias de Lugo y Orense.* **4.** Derramar o extender algo (sobre una cosa o en un lugar). *Hay que regar el pescado* CON *vino antes de meterlo al horno. Han regado las calles* DE *propaganda electoral.*

regata. f. Competición deportiva en la que un grupo de embarcaciones de la misma clase, a vela, motor o remo, debe recorrer un itinerario en el menor tiempo posible. *En la regata participan veinte catamaranes.*

regate. m. Movimiento rápido del cuerpo para esquivar algo o a alguien. *Tuve que hacer un regate para no chocar con un hombre que venía corriendo.* Frec. en el fútbol y otros deportes. *El jugador hizo un regate al defensa y siguió adelante. No le salió el regate y le robaron el balón.* Tb. fig. *Es conocida su habilidad en el regate verbal.*

regatear[1]. tr. **1.** Discutir un vendedor y un comprador (el precio de algo). *Regatearon el precio hasta ponerse de acuerdo.* Frec. usado en constr. intr. *Siempre que va a un anticuario regatea hasta que consigue una rebaja.* **2.** Escamotear o evitar (algo, espec. un esfuerzo). *No regatearon esfuerzos para que la fiesta resultara un éxito. No se trata de regatear sus méritos, pero tampoco fue para tanto.* ○ intr. **3.** Hacer regates, espec. en un deporte. *Cruzó el campo regateando y metió un gol. El maletilla se tiró a la plaza y regateó con el toro.* ▶ **3:** DRIBLAR.

regatear[2]. intr. Disputar una regata. *El sol y el viento son espléndidos para regatear.*

regateo. m. Hecho de regatear algo, como un precio o un esfuerzo, o de hacer regates. *El regateo con el vendedor de alfombras duró casi una hora. Hay que darle lo que le corresponde sin regateos ni excusas. El regateo de Márquez en el último minuto fue lo que salvó el partido.*

regatista. m. y f. Persona que participa en regatas. *Ha sido rescatado un regatista cuyo barco naufragó. La regatista ha sido medalla de oro.*

regato. m. **1.** Arroyo pequeño. *Han arrojado escombros al cauce del regato.* **2.** Cauce pequeño de agua, de origen natural o creado artificialmente para riego. *Han aparecido varios regatos tras el deshielo.*

regatón. m. Pieza metálica que se pone en la parte inferior de lanzas, bastones y otros utensilios, gralm. para reforzarlos. *Al entrar el rey, los guardias daban un golpe en el suelo con el regatón de sus lanzas. La montañera le puso un protector de goma al regatón del piolet.*

regazo. m. Hueco que forma la falda en la parte del cuerpo que va desde la cintura hasta las rodillas. *Lleva un montón de manzanas en el regazo.* Tb. la parte del cuerpo correspondiente de la mujer que está sentada. *Ven, siéntate en mi regazo.*

regencia. f. **1.** Gobierno de un Estado por un regente. *La regencia del general Espartero.* Tb. el tiempo que dura ese gobierno. *Durante la regencia, los cambios de ministros fueron muy abundantes.* **2.** Cargo de regente. *Mientras Juana la Loca estuvo recluida, su padre ejerció la regencia.*

regeneración. f. Hecho de regenerar o regenerarse. *Tras el hundimiento de los valores, hubo una regeneración. El deporte ha conseguido la regeneración de ese chico. La campaña pretende lograr la regeneración de la playa contaminada. Después de la fractura, comienza la regeneración progresiva del hueso.*

regeneracionismo. m. Movimiento ideológico surgido en España a fines del siglo XIX, que defendía la renovación de la vida política para solucionar los problemas del país. *Varios escritores de la Generación del 98 compartían las ideas del regeneracionismo.*

regeneracionista. adj. **1.** Del regeneracionismo. *El movimiento regeneracionista surge tras la pérdida* *de las colonias en 1898. Uno de los ideales regeneracionistas era la modernización de España.* **2.** Partidario del regeneracionismo. *Entre los intelectuales regeneracionistas destacó Joaquín Costa.* Dicho de pers., tb. m. y f. *Los regeneracionistas pensaban que la educación era imprescindible para transformar la sociedad.*

regenerador, ra. adj. Que regenera. *Han hecho un proyecto regenerador del casco antiguo de la ciudad. Investigamos sobre un tratamiento regenerador del cabello.* Dicho de pers., tb. m. y f. *Fue el regenerador de la literatura de su país, que llevaba un siglo en decadencia.* Dicho de sustancia, tb. m. *Esta esencia es un potente regenerador cutáneo.*

regenerar. tr. **1.** Volver a poner (algo deteriorado) en el estado que antes tenía. *La zona está muy deteriorada por la contaminación y no podremos regenerarla.* Tb. en constr. prnl. media. *La economía del país se ha regenerado. La costa tardará años en regenerarse tras el vertido de fuel.* **2.** Volver a generar (un órgano). *La vitamina E ayuda a regenerar la piel. La estrella de mar es capaz de regenerar un brazo si lo pierde.* **3.** Hacer que (alguien) vuelva a tener buenos hábitos o buen comportamiento. *En la asociación han regenerado a varios delincuentes dándoles un trabajo.* Tb. en constr. prnl. media. *El atracador se regeneró y ahora es una persona honrada.*

regenerativo, va. adj. **1.** De la regeneración. *El poder regenerativo de las células.* **2.** Que regenera. *Este tratamiento se completa con unos ejercicios regenerativos.*

regenta. → **regente.**

regentar. tr. **1.** Ejercer (un empleo o cargo) de manera temporal. *El secretario regentará la presidencia de la empresa durante la ausencia del presidente.* **2.** Dirigir (un negocio) o estar al frente (de él). *Regenta una administración de lotería.*

regente, ta. (La forma **regenta** solo se usa como n. f. en la acep. 4). adj. **1.** Que rige o gobierna. *Pertenece a la dinastía regente en el país asiático.* ● m. y f. **2.** Persona designada para gobernar durante la minoría de edad, la ausencia o la incapacidad del rey. *Mientras Isabel II fue menor de edad, hubo dos regentes. La regente acudió al enlace.* ○ m. **3.** histór. Magistrado que presidía una audiencia territorial. *Zumalacárregui fue regente de la Audiencia de Burgos.* ○ f. **4.** histór. Mujer del regente (→ 3). *En la novela de Clarín, se cuenta la historia de la regenta de Vetusta.*

reggae. (pal. ingl.; pronunc. "régue" o "régui"). m. Música popular de origen jamaicano, con ritmo sencillo y repetitivo. *Mañana actuará un grupo de* reggae. *Bob Marley fue una figura del* reggae.

regicida. m. y f. Que comete o intenta cometer regicidio. *Desconfía de ellos por considerarlos un pueblo regicida y violento.* Dicho de pers., tb. m. y f. *Los regicidas han sido apresados al salir de palacio.*

regicidio. m. Muerte dada a un rey. *El regicidio de Luis XVI tuvo lugar durante la Revolución Francesa.*

regidor, ra. adj. **1.** Que rige o gobierna. *Un código regidor de las costumbres.* Dicho de pers., tb. m. y f. *Cree en un ser superior que sería el regidor de nuestros destinos.* **2.** Alcalde. *El regidor del pueblo pronunciará un discurso desde el balcón de la alcaldía.* **3.** Concejal. *El partido en el gobierno tiene diez regidores en el Ayuntamiento.* **4.** *Cine, Teatro* y *TV* Persona responsable de la organización de los movimientos y efectos escénicos dispuestos por el director. *El regidor hizo una señal para indicar el comienzo del telediario.*

regiduría. f. **1.** Hecho de regir o gobernar. *Confió la regiduría de su hacienda a un abogado.* **2.** Cargo de regidor en un municipio. *Ha dimitido de su regiduría.*

régimen. (pl. **regímenes**). m. **1.** Sistema político por el que se rige una nación. *La independencia de la justicia es uno de los pilares de los regímenes democráticos. Ese país tiene un régimen dictatorial.* **2.** Conjunto de normas por las que se regula una actividad o una institución. *Su régimen de vida es muy sencillo. Algunas voces se han alzado en contra del régimen de prisiones. El juez ha disuelto el régimen matrimonial de bienes gananciales.* **3.** Conjunto de normas que regulan la cantidad, el tipo y la distribución de los alimentos que debe tomar una persona, gralm. por motivos de salud. *Le han puesto un régimen bajo en grasas.* **4.** Conjunto de características regulares o habituales en el desarrollo de algo. *La fuerte sequía ha alterado el régimen de lluvias de la región.* **5.** *Gram.* Relación de dependencia gramatical que existe entre dos palabras. *Régimen verbal.* **6.** *Gram.* Palabra que depende gramaticalmente de otra. *La preposición "en" es el régimen del verbo "residir".* ▶ **3:** DIETA, PLAN.

regimiento. m. **1.** En el Ejército: Unidad de soldados compuesta de varios grupos o batallones, y que está a las órdenes de un coronel. *Es oficial en un regimiento de Artillería.* **2.** coloq. Grupo numeroso de personas. *Aquí hay comida para un regimiento.* **3.** Hecho de regir o gobernar. *El rey le confió el regimiento de los territorios descubiertos.*

regio, gia. adj. **1.** Real (del rey o de la realeza). *La comitiva regia saldrá de palacio a las once.* **2.** Dicho de cosa: Grande y magnífico. *Deja unas propinas regias. Cenaron en un restaurante muy regio.* **3.** Am. Estupendo. Con intención enfática. *La película es más que divertida, es regia* [C]. *Allá hay clínicas regias* [C]. ● adv. **4.** Am. Estupendo o muy bien. Con intención enfática. *Un toque de vino blanco le viene regio a la comida* [C]. ▶ **1:** REAL.

región. f. **1.** Porción de territorio que tiene características geográficas, históricas o políticas comunes. *Lloverá en la región cantábrica. Orellana es una provincia ecuatoriana de la región amazónica. Este vino es originario de la región de Jerez.* **2.** Parte determinada del cuerpo, gralm. de las que se establecen para su estudio. *Región lumbar. Región abdominal.* **3.** Parte del territorio nacional de las que se establecen con fines militares. *Región militar. Región aérea.*

regional. adj. De la región. *El libro trae muchos platos típicos regionales.*

regionalismo. m. **1.** Sentimiento de apego a la propia región y a lo relacionado con ella. *El regionalismo de este pintor aragonés se refleja en sus óleos.* **2.** Aspiración o movimiento políticos que defienden que el gobierno de un Estado se debe llevar a cabo teniendo en cuenta las características propias de cada región. *El regionalismo tiene cada vez más votantes.* Tb. la doctrina en que se apoyan. *El programa de su partido se apoya en un regionalismo no separatista.* **3.** Vocablo, giro o modo de hablar propios de una región o porción de territorio. *Este diccionario no contiene arcaísmos ni regionalismos.*

regionalista. adj. **1.** Del regionalismo. *Sentimiento regionalista.* **2.** Partidario del regionalismo. *Un presidente autonómico regionalista.* Tb. m. y f. *Pertenece al partido de los regionalistas.*

regionalización. f. Hecho de regionalizar. *El proceso de regionalización del territorio es imparable.*

regionalizar. tr. Organizar con criterios descentralizadores (algo). *Ya no tienes que ir a la capital a buscar el documento, porque han regionalizado los trámites.*

regir. (conjug. PEDIR). tr. **1.** Dirigir o gobernar (algo). *Un consejo de administración rige la compañía.* **2.** *Gram.* Exigir una palabra la presencia (de otra dotada de unos rasgos gramaticales determinados). *La palabra "ojalá" rige un verbo en subjuntivo. La preposición latina "ab" rige un nombre en ablativo.* ○ intr. **3.** Funcionar bien un mecanismo o un organismo. *Perdió la cabeza y su mente no regía.* **4.** Estar vigente una ley o una norma. *Cuando se cometió el delito no regía aún esa ley.*

registrador, ra. adj. **1.** Que registra o sirve para registrar. *Es un mecanismo registrador de la velocidad alcanzada por el coche.* Dicho de aparato, tb. m. *El avión lleva un registrador de voces.* ● f. **2.** En un establecimiento comercial: Máquina donde se guarda el dinero, y que suma y registra automáticamente el importe de las ventas. *Tecleó el importe en la registradora.* Tb. *caja,* o *máquina, ~a. Hay una cola de clientes detrás de la máquina registradora. Los atracadores obligaron al dependiente a abrir la caja registradora.* ○ m. y f. **3.** Persona que tiene a su cargo algún registro público, espec. el de la propiedad. *Han denunciado al registrador por un delito de falsificación de documentos.* ▶ **2:** CAJA.

registral. adj. Del registro o libro en que se registran datos. *Los padres fueron al ayuntamiento para hacer la inscripción registral del niño. Los datos registrales deben confirmar que el piso pertenece al vendedor.*

registrar. tr. **1.** Examinar (algo o a alguien) con cuidado y atención para buscar algo que puede estar oculto. *Dos policías han registrado la casa de arriba abajo.* **2.** Inscribir (algo o a alguien) en un registro. *Se ha registrado en la recepción del hotel.* **3.** Grabar (imágenes o sonidos). *La caja negra del avión registra las conversaciones en la cabina.* **4.** Marcar un aparato (un valor o una medida) automáticamente. *El termómetro ha registrado temperaturas superiores a las de ayer.* ○ intr. prnl. **5.** Producirse o suceder algo que puede observarse o medirse. *Se han registrado lluvias abundantes en el sur.* ■ **a mí que me registren.** expr. coloq. Se usa para expresar que se es inocente o que no se es responsable de algo. *–Alguien se ha comido la tarta que quedaba. –¡A mí que me registren!* ▶ **3:** GRABAR. ‖ **Am** o **frecAm: 1:** ALLANAR, CATEAR, ESCULCAR.

registro. m. **1.** Hecho o efecto de registrar. *Durante el registro de la casa encontraron las joyas. El registro de marcas se hace en esta oficina. Está prohibido el registro de imágenes en el interior del museo.* **2.** Libro que se emplea para apuntar nombres o datos que deben ser guardados. *En el registro pone que nació en Salamanca. Todas las empresas que se han creado aparecen en el registro.* **3.** Oficina en la que se inscribe algo o a alguien en un registro (→ 2). *Ha llevado el borrador de su novela al registro para que no se la plagien.* **4.** Abertura para examinar algo que está subterráneo o empotrado, como la conducción de un fluido. *Un inspector está revisando el registro del gas. La tapa del registro del agua tiene un candado.* **5.** *Ling.* Modo de expresarse que varía en función de la situación comunicativa. *Después de la conferencia, el orador se dirigió a nosotros en un registro coloquial.* **6.** *Mús.* Extensión de la escala musical que corresponde a la tesitura de una voz humana o de un instrumento. *Su voz tiene un registro tan amplio que puede cantar piezas de barítono y de bajo. Registro de soprano.* **7.** *Inform.* Conjunto de datos relacionados entre sí que constituyen una unidad de información en una base de datos. *El archivo contiene varios registros con los datos personales de cada cliente.* ■ **~ civil.** m. Registro (→ 2) en el que se anotan los datos relativos a nacimientos, matrimonios, muertes y otros estados de los ciudadanos. *La fecha de su boda consta en el registro civil.* Tb. la oficina donde se encuentra este registro. *Hoy está cerrado el registro civil.* ■ **~ de la propiedad.** m. Registro (→ 2) en el que se anotan los datos de todos los bienes inmuebles que hay en un lugar y el nombre de sus propietarios. *Han inscrito su piso nuevo en el registro de la propiedad.* Tb. la oficina donde se encuentra este registro. □ **salir** alguien **por un ~.** loc. v. Cambiar inesperadamente de actitud o de opinión. *Cada día salía por algún registro imprevisible. ¿Y ahora me salís por ese registro?* ▶ **Am: 1:** ALLANAMIENTO, CATEO.

regla. f. **1.** Instrumento de forma alargada y gralm. plana que sirve para trazar líneas rectas y para medir la distancia entre dos puntos. *Utilicen la regla para medir el lado del cuadrado.* **2.** Principio que establece lo que hay que hacer o cómo debe ser algo. *Una de las reglas del hotel prohíbe fumar en los ascensores. La han suspendido por no saberse las reglas de ortografía.* **3.** Procedimiento o fórmula aritmética para solucionar una operación. *Halla el 10% de 236 con una regla de tres.* **4.** Manera habitual en que se hace o se produce una cosa. *Hoy ha llegado temprano, pero la regla es que aparezca a las tantas.* **5.** Menstruación. *La regla se produce cada veintiocho días aproximadamente. Tiene reglas dolorosas.* **6.** Conjunto de reglas (→ 2) que siguen los miembros de una orden religiosa. *La regla de los carmelitas fue aprobada por Inocencio IV.* ■ **~ de tres.** f. Regla (→ 3) que sirve para hallar una cantidad desconocida cuando se conocen dos cantidades que están entre sí en cierta proporción y una tercera cantidad que se encuentra en la misma relación de proporción con la cantidad desconocida. *Calcula con una regla de tres cuánto recorre un coche con 25 l si gasta 7 l cada 100 km.* ■ **las cuatro ~s.** f. pl. Las cuatro operaciones matemáticas de sumar, restar, multiplicar y dividir. *En mis tiempos no aprendíamos más que las cuatro reglas.* □ **en ~.** loc. adj. **1.** De acuerdo con la ley. *No viajaba con su pasaporte en regla.* □ loc. adv. **2.** Como es debido. *Se levantó y se aseó en regla.* Tb. loc. adj. *Se ha hecho un chequeo en regla para saber si su corazón está bien.* ■ **¿por qué ~ de tres?** expr. Se usa para expresar sorpresa por la falta de justificación de algo. *¿Y por qué regla de tres me toca siempre a mí cocinar?* ■ **por ~ general.** loc. adv. Normalmente o casi siempre. *Por regla general este bar está vacío, pero hoy hay mucha gente.* ▶ **2:** CANON, NORMA, PRECEPTO.

reglaje. m. *Mec.* Reajuste que se hace de las piezas de un mecanismo para mantenerlo a punto o en la posición correcta. *He llevado el coche al taller para que me hagan el reglaje de las ruedas.*

reglamentación. f. **1.** Hecho de reglamentar. *Es urgente la reglamentación de las importaciones.* **2.** Conjunto de reglas o normas. *La reglamentación del torneo de golf está en este cuadernillo.*

reglamentar. tr. Hacer que (algo) esté sujeto a reglamento. *Elaborarán un código para reglamentar la experimentación con tejidos humanos.*

reglamentario, ria. adj. **1.** Del reglamento. *En estos casos se aplica la norma reglamentaria 3.1., relativa a los plazos de inscripción.* **2.** Exigido por el reglamento. *No lleva el uniforme reglamentario. Cualquier trámite se hará por el conducto reglamentario.*

reglamentista. adj. Dicho de persona: Que cumple o hace cumplir los reglamentos de forma rigurosa. *Es un gerente muy reglamentista y no consiente la falta de puntualidad en el trabajo.*

reglamento. m. Conjunto de reglas o normas establecidas por la autoridad correspondiente para la ejecución de una ley o para regular una actividad o una corporación. *El reglamento del baloncesto señala que debe pitarse falta. La compañía tiene un reglamento interno.*

reglar. tr. Hacer que (algo) esté sujeto a regla o norma. *Las autoridades locales reglarán la venta ambulante.* ▶ *REGULAR.

regleta. f. Soporte aislante sobre el que se disponen uno o más componentes de un circuito eléctrico. *He instalado en el techo una regleta de tres focos. Si quieres enchufar todos los aparatos, compra una regleta con varias tomas.*

regocijar. tr. Causar algo regocijo (a alguien). *Era un malvado y le regocijaba ver sufrir a los demás.* Tb. en constr. prnl. media. *Se regocija* EN *tomarnos el pelo. El falsificador se regocijaba* CON *el éxito de su obra. Te regocijas* DE *mi mala suerte.*

regocijo. m. Alegría intensa o júbilo. *El aumento de sueldo ha causado regocijo entre los empleados.*

regodearse. intr. prnl. Deleitarse o complacerse intensamente en algo, frec. de forma maliciosa o grosera. *Se regodea pensando en los regalos que le harán. Unos tipos se regodearon* CON *el porrazo que me pegué. Te regodeas* EN *estar ahí tirado sin hacer nada.*

regodeo. m. Hecho de regodearse. *Me molesta su regodeo* EN *los fallos de los demás. Mostraba cierto regodeo al hablar de sus calificaciones escolares.*

regoldar. (conjug. CONTAR). intr. coloq. Eructar. *Tras la comilona, se puso a regoldar.*

regordete, ta. adj. coloq. Dicho de persona o de parte de su cuerpo: Pequeña y gruesa. *Tiene la cara regordeta. Juan es ese amigo mío rubio y un poco regordete.*

regresar. intr. **1.** Volver al lugar del que se partió, o en donde se estaba antes. *Regresó* A *casa. Ya han regresado* DE *Francia. Saldremos a cenar y no regresaremos hasta las doce.* En Am., tb. prnl. *Se había regresado* A *Puebla en busca de la ayuda de su padre* [C]. *Si me llevan a la fuerza, por mi fuerza me regreso* [C]. ○ tr. **2.** Am. Devolver (algo) a alguien. *Me mandó una tarjeta para que le regresara el anillo que me había regalado* [C]. *María sonríe y Sandra le regresa la sonrisa* [C]. ▶ **2:** *DEVOLVER. ‖ **Am: 1:** DEVOLVERSE.

regresión. f. **1.** Hecho de volver hacia atrás. *La regresión económica afectó a las capas sociales más bajas. El tumor está en proceso de regresión. La regresión de esa especie está relacionada con la contaminación de su hábitat.* **2.** *Psicol.* Regresión (→ 1) de un individuo a estados psicológicos o a formas de conducta propios de etapas anteriores, a causa de tensiones o conflictos no resueltos. *El enfermo muestra una regresión a la infancia. Han sometido al sujeto a una regresión hipnótica.*

regresivo, va. adj. **1.** De la regresión. *El desarrollo industrial atraviesa una etapa regresiva.* **2.** Que manifiesta o implica regresión. *En los últimos años el índice de natalidad era regresivo.*

regreso. m. Hecho de regresar. *Hablaremos al regreso. En el billete pone que la ida es el día 15, y el regreso, el 20.*

regüeldo. m. coloq. Hecho o efecto de regoldar. *Soltó un regüeldo.*

reguera. f. Canal pequeño para conducir el agua de riego. *Una reguera lleva el agua del arroyo a la huerta.* ▶ REGUERO.

reguero. m. **1.** Hilo o chorro fino de algún líquido. *De la montaña baja un reguero de agua entre las rocas. Un reguero de mosto salía de la tinaja.* Tb. el hilo o la señal que deja algo que se va vertiendo o cayendo. *Dejó un reguero de pólvora para hacer estallar la dinamita. Hay un reguero de migas desde la cocina hasta el salón.* Tb. fig. *El asesino ha dejado tras de sí un reguero de cadáveres.* **2.** Reguera. *Corre un reguero por el prado.* ■ **como un ~ de pólvora.** loc. adv. Muy rápidamente. *El rumor correrá como un reguero de pólvora.*

regulación. f. Hecho de regular. *Habrá una regulación de la producción. La reunión trató de la regulación del sector del aceite. La empresa ha hecho una regulación de empleo.*

regulador, ra. adj. **1.** Que regula o sirve para regular. *Se hará una ley reguladora de la programación televisiva. Válvula reguladora.* ● m. **2.** Mecanismo que sirve para regular o ajustar el funcionamiento de algo, espec. de una máquina. *No funciona el regulador de temperatura. Unos ingenieros han diseñado un regulador de potencia para el motor. El preparado farmacéutico es un regulador del apetito.*

regular[1]**.** adj. **1.** Uniforme, o que no tiene cambios grandes ni bruscos. *El niño está teniendo un crecimiento regular. Tiene una respiración regular.* **2.** Que tiene proporciones armoniosas. *Tiene un rostro agraciado, de facciones regulares.* **3.** Medio, o inferior a medio. *Ha hecho un examen regular. Le sirve una cantidad regular de comida. Se halla a una distancia regular de su casa.* **4.** Que se ajusta a una regla o a un sistema establecido. *Los vuelos regulares no sufrirán retrasos. El participio regular de "freír" es "freído", y el irregular, "frito".* **5.** Que pertenece a una orden religiosa. *La carta va dirigida al clero regular y al secular.* Dicho de pers., tb. m. y f. *Los regulares de la Compañía de Jesús.* **6.** *Mat.* Dicho de polígono: Cuyos lados y ángulos son iguales. *Dibuja un triángulo regular.* **7.** *Mat.* Dicho de poliedro: Cuyas caras y ángulos son iguales. *El cubo es un poliedro regular.* ● m. pl. **8.** Unidades de la fuerza militar española destinadas en el norte de África. *Fue cabo de regulares.* ● adv. **9.** No muy bien. *La sopa me ha salido regular.* ■ **por lo ~.** loc. adv. Por lo general, o normalmente. *Para ser actriz se requiere por lo regular una buena forma física.*

regular[2]**.** tr. **1.** Establecer las reglas (de algo). *La nueva ley regulará las importaciones de productos agrarios.* **2.** Establecer la medida, proporción o intensidad adecuadas (de algo). *Antes de subirte a la bici, regula la altura del sillín. Este medicamento regula el colesterol. El termostato sirve para regular la temperatura.* **3.** *Econ.* Reajustar (precios, salarios o puestos de trabajo) por razones coyunturales. *La subida del petróleo ha obligado a regular los precios de la gasolina. La dirección se propone regular la plantilla de empleados.* ▶ **1:** REGLAR, REGULARIZAR. **3:** REAJUSTAR.

regularidad. f. Calidad de regular. *Los trenes llegan con regularidad, cada 15 minutos. Los minerales muestran formas de gran regularidad y belleza.*

regularizar. tr. Regular (algo) o hacer(lo) regular. *La ley regularizará la situación de muchos emigrantes. Horas después de la avería, regularizaron el abastecimiento de agua.* Tb. en constr. prnl. media. *Su ciclo menstrual se ha regularizado.* ▶ *REGULAR.

regulativo, va. adj. Que regula. *La conciencia ejerce una función regulativa sobre la conducta.*

regurgitar. tr. *Biol.* Expulsar por la boca, sin sacudida ni esfuerzo de vómito, (sustancias contenidas en el estómago o en el esófago). *Algunas aves regurgitan el alimento para dárselo a sus polluelos.* Tb. usado en constr. intr. *El zorro regurgita para alimentar a sus crías.* Tb. fig. *La alcantarilla regurgita un agua negruzca procedente de las cloacas.*

regusto. m. **1.** Sabor que queda después de tomar una comida o una bebida. *El vino que cató tenía un regusto a regaliz.* **2.** Sensación imprecisa que queda tras una experiencia, o que se produce al recordar esta. *De los años de la guerra le quedó un regusto amargo. Recordar aquello le dejaba siempre un regusto de melancolía.* **3.** Impresión de semejanza que evoca algo. *Es una novela actual, pero tiene cierto regusto a los años 40. A la tasca le queda un regusto castizo.*

rehabilitación. f. Hecho de rehabilitar. *El banco financia la rehabilitación del edificio. Trabaja ayudando a los presos en su rehabilitación. Se celebrará un acto para la rehabilitación de su memoria.* Frec. en medicina para designar el conjunto de métodos para recuperar una función perdida o disminuida a causa de una enfermedad o una lesión. *Después de la operación deberá someterse a rehabilitación. Con la rehabilitación ha recuperado la movilidad de los dedos.*

rehabilitador, ra. adj. Que rehabilita o sirve para rehabilitar. *Tras la hospitalización necesita un tratamiento rehabilitador.* Dicho de pers., tb. m. y f. *El rehabilitador se encarga de que el enfermo recupere sus capacidades. Un arquitecto barcelonés fue el rehabilitador del mercado antiguo.*

rehabilitar. tr. Volver a habilitar (algo o a alguien) o restituir(los) a su antiguo estado. *Han rehabilitado una casa del siglo* XVIII. *Lo han rehabilitado como director de la compañía. Rehabilitó el buen nombre de la familia con su actitud heroica.*

rehacer. (conjug. HACER). tr. **1.** Volver a hacer (algo). *Rehízo el poema varias veces. Me he olvidado de coger las llaves y tengo que rehacer el camino. Quiero que me rehagas las trenzas.* **2.** Reparar (algo deteriorado o que ha sufrido un daño). *Ha tenido que rehacer su casa después del huracán. Después del divorcio, rehará su vida poco a poco.* ○ intr. prnl. **3.** Recuperarse. *Aún no se ha rehecho* DE *la paliza. Está intentando rehacerse* DEL *desengaño sufrido.* **4.** Serenarse o mostrar tranquilidad. *Apenas he tenido tiempo de rehacerme tras la sorpresa.*

rehala. f. Jauría (conjunto de perros). *Cuando llama a su rehala, los perros obedecen.* ▶ JAURÍA.

rehén. m. Persona retenida por otra para obligar a un tercero a cumplir determinadas condiciones. *Los atracadores han tomado a los empleados del banco como rehenes.*

rehilamiento. m. *Fon.* Vibración que se produce en el punto de articulación de algunas consonantes. *Los rioplatenses pronuncian "ayer" con rehilamiento.*

rehilar. (conjug. DESCAFEINAR). tr. *Fon.* Pronunciar (una consonante) con rehilamiento. *La "ll" de "caballo" está rehilada en la pronunciación porteña.* Tb. usado en constr. intr. *Los uruguayos rehílan.*

rehilete. m. *Taurom.* Banderilla (palo delgado). *El banderillero solo clavó un rehilete al toro.* ▶ BANDERILLA.

rehogar. tr. Freír ligeramente (un alimento) para que se impregne de la grasa y de los ingredientes con que se condimenta. *Rehogó las verduras con un poco de aceite y ajo.*

rehuir. (conjug. HUIR). tr. Evitar o esquivar (algo o a alguien). *Desde que discutimos, me rehúye. No puede rehuir sus obligaciones. Se sentía culpable y por eso me rehuía la mirada.*

rehusar. (conjug. REHUSAR). tr. Rechazar o no aceptar (algo). *Ha rehusado mi ayuda. El detenido rehúsa colaborar con la policía.*

reidor, ra. adj. Que ríe mucho o con frecuencia. *Es una persona reidora y vitalista.*

reimplantación. f. Hecho de reimplantar. *La reimplantación del régimen democrático en el país tardará unos años. La reimplantación del dedo amputado fue un éxito.*

reimplantar. tr. **1.** Volver a implantar o establecer (algo, como una ley, una costumbre o una institución). *El país ha reimplantado la pena de muerte. Los vecinos han logrado reimplantar la procesión de San Justo.* **2.** *Med.* Volver a colocar en su lugar (un órgano seccionado o arrancado con violencia). *Al motorista herido le han reimplantado las manos en el hospital.*

reimportar. tr. Importar a un país (algo que antes se había exportado de él). *Han reimportado los productos sin pagar aduanas.*

reimpresión. f. Hecho o efecto de reimprimir. *La reimpresión de esta obra se hizo en 1960. Ha salido a la venta la tercera reimpresión de la novela.*

reimprimir. (part. **reimpreso** o **reimprimido.** Los parts. *reimprimido* y *reimpreso* se utilizan en la conjugación: *Han reimprimido/reimpreso el libro.* Como adj. solo se usa *reimpreso: Libros reimpresos*). tr. Volver a imprimir, sin hacer modificaciones, (una obra o un escrito). *Reimprimieron la obra en 1550.*

reina. → **rey.**

reinado. m. **1.** Período de tiempo en que gobierna un rey o una reina. *El reinado de Carlos I comienza en 1516.* **2.** Tiempo en el que predomina o está en auge algo o alguien. *El reinado de la minifalda. El reinado de un cantante.*

reinante. adj. Que reina. *La dinastía reinante se remonta al siglo* XVIII. *No pudo callar más su secreto ante la expectación reinante.*

reinar. (conjug. PEINAR). intr. **1.** Regir o gobernar un rey o monarca un Estado. *El rey Felipe V reinó desde 1700.* **2.** Existir una cosa de manera generalizada. *Entre los familiares reina la preocupación por su estado. En la casa reina el desorden.* **3.** Dominar o tener predominio una persona o cosa. *La gimnasta reinó durante muchos años en las competiciones europeas.*

reincidencia. f. Hecho de reincidir. *La reincidencia hace que la falta sea más grave.*

reincidente. adj. Que reincide. *Es un preso reincidente.* Dicho de pers., tb. m. y f. *A los reincidentes se les podrá retirar el carné de conducir.*

reincidir. intr. Volver a caer o incurrir en un error, falta o delito. *Hay peligro de que reincida* EN *el consumo de drogas. Le dieron la libertad condicional porque no era probable que reincidiera. Si reincide tras la sanción, lo pueden inhabilitar.*

reincorporación. f. Hecho de reincorporar o reincorporarse. *Tras una baja, la ley garantiza la reincorporación* AL *trabajo del afectado. Su reincorporación* AL *equipo dependerá del estado de la lesión.*

reincorporar. tr. Volver a incorporar (algo o a alguien) a una actividad, un puesto o una institución. *La van a reincorporar* A *su antiguo cargo. Ha estado de baja, pero ya se ha reincorporado. Han reincorporado los bienes* A *la entidad que los donó.*

reineta. f. Manzana algo aplanada, de sabor ácido. *Póngame un kilo de reinetas.* Tb. *manzana ~. He comprado manzanas reinetas.*

reingresar. intr. **1.** Volver a ingresar en un lugar. *Ha reingresado* EN *el hospital porque volvía a tener molestias. Reingresó* EN *prisión tras su segundo atraco.* ○ tr. **2.** Volver a ingresar (una cantidad de dinero). *El condenado tendrá que reingresar lo defraudado.*

reingreso. m. Hecho de reingresar. *Su reingreso* EN *el club fue una buena noticia para los socios. Venga mañana a las ocho para el reingreso* EN *la clínica.*

reiniciar. (conjug. ANUNCIAR). tr. Volver a comenzar (algo). *Reiniciarán las clases en octubre. Tras un descanso para comer, reiniciamos la marcha.* ▶ RECOMENZAR.

reinicio. m. Hecho de reiniciar. *El reinicio de las negociaciones será posible si se cumple el acuerdo de paz.*

reino. m. **1.** Territorio o Estado en el que reina un rey. *Se ha firmado un convenio entre el reino de España y el de Dinamarca. Fernando "el Católico" era el heredero del reino de Aragón y de Navarra.* **2.** Región que antiguamente fue reino (→ 1) y que ahora forma parte de un Estado. *El Príncipe inauguró el museo en Zamora y continuó su viaje por otras ciudades del Reino de León.* **3.** Campo en el que algo o alguien dominan o predominan. *Muchos hospitales se han convertido en el reino de los virus. La televisión acabaría siendo el reino de los buscavidas.* **4.** Cada uno de los tres grandes grupos en que se consideran distribuidos los seres y elementos de la naturaleza. *Reino animal, reino vegetal, reino mineral.* **5.** *Biol.* Categoría taxonómica más alta en que se clasifican los seres vivos y que se subdivide en filos. *Los hongos, las plantas y los animales constituyen tres de los cinco reinos.* ■ **~ de Dios, o de los cielos.** m. *Rel.* Estado de justicia, paz y felicidad espiritual anunciado por los profetas y predicado por Jesucristo. *El sermón hablaba de cómo puede encontrar el buen cristiano el reino de Dios.* ■ **~ de los cielos.** m. *Rel.* Cielo. *Las almas de los justos están en el reino de los cielos.* ▶ **1:** CORONA.

reinserción. f. Hecho de reinsertar o reinsertarse. *La reinserción social de los presos.*

reinsertar. tr. Volver a insertar o integrar en la sociedad (a alguien que estaba condenado o marginado). *El terrorista se reinsertó y no volvió a las armas.*

reinstalación. f. Hecho de reinstalar. *La reinstalación de las casetas de la feria durará tres días. Se hizo un campamento para la reinstalación de los refugiados.*

reinstalar. tr. Volver a instalar (algo o a alguien). *Habrá que reinstalar el quiosco de prensa después de la remodelación del parque. Los inquilinos se han reinstalado en la casa tras las obras.*

reintegración. f. Hecho de reintegrar. *La conferencia trata sobre la reintegración de las poblaciones desarraigadas por la guerra. El tratamiento permite la reintegración laboral del enfermo.*

reintegrar. tr. **1.** Volver a integrar o incorporar (algo o a alguien) a un grupo o una actividad. *El programa de ayuda reintegró al drogadicto* A *la sociedad. Me reintegré* A *las clases después de la enfermedad. Ha dejado de cometer delitos y se ha reintegrado.* **2.** Devolver (una cantidad de dinero) a alguien. *El arrendador le reintegrará la fianza cuando devuelva las llaves del piso.* ○ intr. prnl. **3.** Recuperar alguien una cantidad que ha desembolsado. *En caso justificado, usted podrá reintegrarse* DEL *importe de la localidad.*

reintegro. m. **1.** Hecho de reintegrar o reintegrarse. *Hasta pasado un año, no se tendrá derecho al reintegro del capital prestado.* **2.** En la lotería: Premio igual a la cantidad jugada. *En un décimo me ha tocado el reintegro.*

reinversión. f. *Econ.* Aplicación de los beneficios de una actividad productiva al aumento de su capital. *Un plan de reinversión de dividendos.*

reír. (conjug. SONREÍR). intr. **1.** Expresar alegría intensa con movimientos del rostro, sacudidas del cuerpo y emitiendo sonidos inarticulados. *No podía parar de reír.* Tb. prnl. *Se ha reído mucho con el chiste que le conté.* ○ intr. prnl. **2.** Burlarse de alguien o algo por considerarlos graciosos o ridículos. *Se ríen* DE *su manera de andar.* **3.** Despreciar algo o a alguien, o no hacerles caso. *Se ríe* DE *las normas y hace lo que quiere.* ○ tr. **4.** Reírse (→ 1) (por algo). *Le ríen todas las gracias al niño.*

reiteración. f. Hecho de reiterar o reiterarse. *La reiteración de esta falta se castigará con la retirada del carné de conducir. El texto está lleno de reiteraciones.*

reiterado, da. part. **1.** → **reiterar.** ● adj. **2.** Que se hace o sucede repetidamente. *Las reiteradas visitas del médico me intranquilizaron.*

reiterar. tr. **1.** Volver a hacer o decir (algo). *En el discurso reiteró su mensaje de paz.* ○ intr. prnl. **2.** Volver a decir algo, insistiendo en ello. *Me reitero* EN *lo que dije ayer.*

reiterativo, va. adj. **1.** Que se reitera o repite. *No quisiera parecer reiterativo, pero tengo que insistir en esto.* **2.** Que denota reiteración. *Al final el libro es un poco pesado y reiterativo.*

reivindicación. f. Hecho o efecto de reivindicar. *Nuestras reivindicaciones fueron atendidas. La reivindicación del secuestro por un grupo desconocido ha desconcertado a la policía.*

reivindicador, ra. adj. Que reivindica. *La Generación del 27 fue reivindicadora de la figura de Góngora.* Dicho de pers., tb. m. y f. *Los reivindicadores del atentado han mandado una carta a la prensa.*

reivindicar. tr. **1.** Reclamar (algo a lo que se cree tener derecho). *Reivindican la igualdad salarial. La población reivindica la devolución de las obras de arte robadas en la guerra.* **2.** Argumentar en favor (de algo o alguien). *El autor reivindica la figura del padre en la crianza de los hijos.* **3.** Declarar o manifestar alguien que es el autor o el responsable (de un acto, gralm. criminal). *Los terroristas han reivindicado el asesinato del policía.*

reivindicativo, va. adj. Que reivindica. *Se ha convocado una huelga reivindicativa de mejoras salariales. El periódico recibió una llamada reivindicativa del atentado de ayer. Pancartas reivindicativas.*

reivindicatorio, ria. adj. **1.** Que sirve para reivindicar. *Los estudiantes harán una sentada reivindi-*

catoria en el Rectorado. **2.** Que manifiesta reivindicación. *El sindicato mantiene su actitud reivindicatoria.*

reja[1]. f. En un arado: Pieza, gralm. de acero, que sirve para romper y remover la tierra. *La reja se rompió cuando araba, al chocar contra una piedra.*

reja[2]. f. Conjunto de barrotes o barras cruzados o entrelazados que se pone en puertas, ventanas y otros lugares para impedir el acceso, como adorno o para separar un sitio de otro. *Tras la reja de la ventana hay macetas de geranios. Una reja de hierro separa la iglesia del convento.* ■ **entre ~s.** loc. adv. En la cárcel. *Lo cogieron falsificando documentos y lo metieron entre rejas.*

rejalgar. m. Mineral de color rojizo, compuesto de arsénico y azufre, que se emplea en pirotecnia. *El rejalgar proporciona una luz blanca y brillante a los fuegos artificiales.*

rejería. f. Conjunto de rejas o barrotes. *Destaca el altar mayor, con su rejería del siglo XVII.*

rejilla. f. **1.** Objeto formado por un conjunto de láminas o tiras de metal, entrecruzadas o dispuestas de modo que queden huecos entre ellas, que sirve para tapar parcialmente una abertura. *Compruebe que la rejilla de la cocina no esté obstruida. Antes de abrir la puerta, miró por la rejilla. La rejilla delantera del coche es plateada.* **2.** Rejilla (→ 1) que se emplea para disponer en ella los alimentos que se van a cocinar. *Hay que limpiar la rejilla del horno. La olla exprés debe llenarse de agua hasta la rejilla en donde están las verduras.* **3.** Tejido hecho con tallos de plantas entrelazados que se emplea pralm. en la fabricación de muebles. *Me he comprado unas sillas con asiento de rejilla. Zapatos de rejilla.* **4.** *Radio* y *TV* Cuadro de programación de una cadena. *El programa está en el mejor lugar de la rejilla, en la hora de máxima audiencia. Esos documentales desaparecieron de la rejilla por falta de audiencia.* ▶ **4:** PARRILLA.

rejón. m. Asta de madera con una cuchilla de acero en la punta que se emplea en el toreo a caballo. *El rejoneador se dispone a matar con el rejón de muerte.*

rejonazo. m. Golpe dado al toro con el rejón. *Tumbó al toro de un rejonazo.* Tb. la herida así producida. Tb. fig. *Aguanté el rejonazo y no me di por aludida.*

rejoneador, ra. m. y f. Persona que rejonea o tiene por oficio rejonear. *El rejoneador colombiano toreará esta temporada en Madrid.*

rejonear. tr. Torear (al toro) a caballo. *Rejoneará toros de una ganadería extremeña.* Tb. usado en constr. intr. *Rejoncó con sencillez y buena técnica.*

rejoneo. m. Hecho de rejonear. *El rejoneo del andaluz fue vistoso y bien ejecutado.*

rejuvenecedor, ra. adj. Que rejuvenece. *El traje que llevas es muy rejuvenecedor.*

rejuvenecer. (conjug. AGRADECER). tr. **1.** Dar (a alguien o algo) el aspecto o el vigor propios de la juventud. *Creía que aquella crema rejuvenecía su cutis. Mi nieto me rejuvenece.* Tb. usado en constr. intr. *Tomar un baño caliente rejuvenece.* **2.** Incorporar personas jóvenes (a un grupo formado por otras de mayor edad). *Se ha propuesto rejuvenecer la plantilla de la empresa.* **3.** Hacer moderno o actual (algo anticuado o viejo). *Rejuveneceremos la casa dándole una mano de pintura.* ○ intr. **4.** Adquirir de nuevo el aspecto o el vigor propios de la juventud. *Con este trabajo en la guardería ha rejuvenecido.* Tb. prnl. *Su rostro se rejuvenece al sonreír.*

rejuvenecimiento. m. Hecho de rejuvenecer o rejuvenecerse. *La aplicación de este tónico contribuye al rejuvenecimiento de la piel.*

relación. f. **1.** Conexión o unión entre dos cosas. *Hay una relación entre el estado físico del conductor y el riesgo de accidente. Relación gramatical.* **2.** Hecho de tener alguien comunicación o trato con otra persona. Tb. referido a entidades o a grupos de personas o animales. *Nos une una relación de amistad. Me cae bien, pero no tenemos apenas relación.* Frec. en pl. *No está en buenas relaciones con su familia. Los dos países mantienen buenas relaciones diplomáticas.* **3.** Trato de carácter amoroso o sexual. *Mantiene una relación con un argentino, con el que se ve en secreto.* Frec. en pl. *Tuvo sus primeras relaciones cuando era muy joven.* **4.** Narración o relato que se hace de algo. *Leímos la relación de un viaje del siglo XVI.* **5.** Lista de nombres o elementos. *Haga una relación de todas las cosas que desea vender.* **6.** *Mat.* Resultado de comparar dos cantidades expresadas en números. *El área de los triángulos está en una relación 5/15.* **7.** Conocidos o amigos, espec. si son influyentes. *Ha acudido a todas las relaciones que tiene.* ■ **relaciones públicas.** f. pl. **1.** Actividad profesional que tiene como objetivo crear una buena imagen pública de una persona, empresa o institución. *Hará falta un gran trabajo de relaciones públicas para lavar su imagen.* □ m. y f. **2.** Persona que se dedica a las relaciones públicas (→ 1). *Aquel es el relaciones públicas de la discoteca.* □ **con ~ a,** o **en ~ con.** loc. prepos. **1.** Con respecto a, o en lo que se refiere a. *Pregúntele en relación con lo que sucedió anoche. Alguien ha lanzado un rumor con relación a su familia.* **2.** En correspondencia con, o conforme a. *Los libros están dispuestos con relación a un orden.*

relacional. adj. *tecn.* De la relación entre personas o cosas. *El paciente presenta problemas relacionales y le cuesta comunicarse. Es una base de datos relacional, en que cada fichero puede ponerse en relación con otros.*

relacionar. tr. **1.** Poner en relación (dos personas o cosas). *El profesor relacionó ese período y el aumento de la natalidad.* Tb.: *El periódico relaciona al sospechoso* CON *una banda de narcotraficantes.* ○ intr. prnl. **2.** Estar en relación dos personas o cosas. *La sequía y la pobreza se relacionan directamente.* Tb.: *No se relaciona* CON *sus antiguos compañeros.*

relacionista. ~ **público/ca.** m. y f. Am. Persona que se dedica a las relaciones públicas. *Vanesa tiene 25 años y un empleo como relacionista pública* [C].

relajación. f. **1.** Hecho o efecto de relajar o relajarse. *Haremos unos ejercicios para conseguir la relajación de los músculos. Desde su tribuna ha denunciado la relajación de las costumbres.* **2.** *tecn.* Pérdida de tensiones que sufre un material sometido a una deformación constante. *El arquitecto dijo que la estructura metálica del puente había experimentado una relajación.* ▶ **1:** RELAJAMIENTO.

relajado, da. part. **1.** → **relajar.** ● adj. **2.** Que no produce tensión o no supone esfuerzo. *Desde que cambió de trabajo, lleva una vida muy relajada.* ▶ **2:** *TRANQUILO.

relajamiento. m. Relajación (hecho o efecto de relajar o relajarse). *He salido como nueva después de una sesión de relajamiento. Estás muy tenso; necesitas un poco de diversión y relajamiento. Fue una época de gran relajamiento moral. Relajamiento de la censura.* ▶ RELAJACIÓN.

relajante. adj. Que relaja. *Escuchar el sonido de las olas es relajante. Masaje relajante.* Dicho de medicamento, tb. m. *Necesito un relajante muscular para la espalda.*

relajar. tr. **1.** Hacer que (algo, espec. un músculo) se afloje o deje de estar en tensión. *Túmbate en el suelo y relaja todo el cuerpo.* Tb. en constr. prnl. media. *Cuando acabó el examen, se me relajó el cuello.* **2.** Hacer que alguien deje de estar en tensión psicológica. *La música me relaja.* Tb. en constr. prnl. media. *Se relaja paseando.* **3.** Hacer que (una ley o norma) sea menos severa o rigurosa. *La presencia de los visitantes extranjeros ha relajado el protocolo.* Tb. en constr. prnl. media. *La norma se ha relajado y ahora se puede ir sin corbata.* O intr. prnl. **4.** Pasar a tener unas costumbres o reglas morales menos rigurosas o severas. *Se fue relajando y ha terminado alcoholizado.*

relajo. m. **1.** Hecho de relajar o relajarse. *Con el relajo veraniego, nada funciona como es debido. Se nota que el restaurante ha cambiado de dueño por el relajo de los camareros.* **2.** Am. Broma (cosa hecha o dicha para reírse). *Terminó riéndose y aceptando el relajo* [C]. **3.** coloq. Desorden o barullo. *Con el relajo que hay, no sé cómo se entienden.* **4.** coloq. Alboroto o jaleo. *Tras las borracheras con sus amigos siempre armaba relajo en la puerta de su casa* [C]. ▶ **2:** *BROMA.

relamer. tr. **1.** Lamer (algo) o pasar(le) la lengua repetidamente. *El niño relamía el cucurucho de helado.* O intr. prnl. **2.** Lamerse los labios o pasarse la lengua por ellos por la satisfacción que produce una comida rica. *Me relamí con los postres.* **3.** Disfrutar mucho con algo. *Se relame solo de pensar en su triunfo.*

relamido, da. part. **1.** → **relamer.** ● adj. **2.** Afectadamente pulcro o pulido. *El inspector es un tipo muy relamido. Su forma de hablar es algo relamida.*

relámpago. m. **1.** Resplandor intenso e instantáneo que se produce en las nubes por una descarga eléctrica. *He visto un relámpago: va a haber tormenta.* **2.** En aposición, indica la rapidez o brevedad de lo expresado por el nombre al que sigue. *Solo tendrá tiempo para hacer una visita relámpago. Guerra relámpago.* ■ **como un ~.** loc. adv. Muy rápidamente. *El coche pasó por aquí como un relámpago.*

relampagueante. adj. **1.** Que relampaguea. *Las relampagueantes espadas se entrechocaron. El cielo está tormentoso y relampagueante.* **2.** Muy rápido. *El ciclista se puso a la cabeza en un descenso relampagueante.*

relampaguear. intr. impers. **1.** Haber relámpagos. *Ha empezado a relampaguear.* O intr. **2.** Brillar mucho y de manera intermitente una cosa. *Las llamas relampaguean reflejadas en el cristal.* Frec. referido a los ojos. *Sus ojos relampaguearon cuando le llevaron la contraria.*

relampagueo. m. Hecho de relampaguear. *A lo lejos se veía el relampagueo de las bombas cayendo sobre la ciudad. El relampagueo no me asusta; a lo que tengo miedo es a los truenos.*

relanzar. tr. Volver a lanzar o impulsar (algo o a alguien). *Han relanzado el antiguo proyecto urbanístico. El éxito de la película sirvió para relanzar al humorista.*

relatar. tr. Referir o contar (algo). *El profesor ha relatado a los alumnos el mito de Teseo y el Minotauro. El libro relata la historia de su familia.* ▶ *CONTAR.

relatividad. f. **1.** Cualidad de relativo. *La relatividad de los datos no permitía sacar una conclusión.* **2.** *Fís.* Teoría formulada por Albert Einstein (físico alemán, 1879-1955), basada en que la luz se propaga en el vacío con velocidad independiente del movimiento del cuerpo que la emite, y que describe las relaciones entre masa, energía, espacio y tiempo. *El siguiente capítulo trata sobre Einstein y la relatividad.* Tb. *teoría de la ~. La teoría de la relatividad amplía algunas leyes de Newton.*

relativismo. m. *Fil.* Doctrina según la cual el conocimiento humano es relativo. *Sócrates estaba en contra del relativismo de los sofistas.*

relativista. adj. **1.** De la teoría de la relatividad. *Según el punto de vista relativista, el espacio-tiempo es curvo.* **2.** Del relativismo. *Ética relativista.* **3.** Seguidor del relativismo o de la teoría de la relatividad. *Filósofos relativistas.* Tb. m. y f. *Para los relativistas no hay verdades universales.*

relativizar. tr. Hacer (algo) relativo, o considerar algún aspecto que (lo) haga menos importante o menos grave. *El informe relativizó la importancia de los daños. Aprende a relativizar los fracasos.*

relativo, va. adj. **1.** Que tiene relación con alguien o algo, o que se refiere a ellos. *La información relativa* A *los presupuestos está en el sobre. Se niega a contestar a las preguntas relativas* A *quién le facilitó el dinero.* **2.** Que existe en tanto se considera en relación con otra cosa. *El saber humano es relativo. La edad media de la población ha crecido tanto en términos relativos como absolutos.* **3.** Incompleto o limitado. *Ha conseguido una fama relativa.* **4.** Discutible o susceptible de ser puesto en duda. *–Dice que es el mejor escalador de la zona. –Eso es muy relativo, hay muchos que son buenos.* **5.** *Gram.* Dicho de adjetivo, pronombre o adverbio: Que introduce una oración subordinada en la que, además, desempeña su función de adjetivo, pronombre o adverbio. *"Cuyo" es un adjetivo relativo. Pronombres relativos.* Tb. m. *En "el pueblo donde nací", el adverbio "donde" es un relativo.* ■ **de relativo.** loc. adj. *Gram.* Dicho de oración o proposición: Subordinada introducida por un adjetivo, pronombre o adverbio relativos (→ 5). *En "la camisa que llevas", "que llevas" es una oración de relativo.*

relato. m. **1.** Hecho de relatar. *En medio del relato de lo que le había sucedido, se detuvo para pedir agua.* **2.** Obra literaria que consiste en un relato (→ 1). *Ha publicado un libro de relatos. Lee relatos de misterio.* ▶ **1:** NARRACIÓN.

relator, ra. adj. **1.** Que relata o narra algo. Dicho de pers., tb. m. y f. *El relator cuenta que Carlos V se detuvo en ese pueblo en 1520.* ● m. y f. **2.** Persona que en un congreso o asamblea hace una relación de los asuntos tratados, de las deliberaciones y de los acuerdos adoptados. *La comisión ha nombrado un relator para que asista a las reuniones.* **3.** *Der.* Abogado que tiene por oficio hacer relación de los expedientes en un tribunal. *El relator leyó ante el tribunal un resumen de los autos.*

relax. (pl. invar.). m. Relajación física o psíquica. *Tienes que dedicar más tiempo al relax. Después del masaje siento un gran relax.*

relé. m. *Electrón.* Aparato que produce una modificación en un circuito cuando se cumplen determinadas condiciones en ese circuito o en otro distinto. *El relé evitará los cortocircuitos que se producen por sobrecarga de potencia.*

releer. (conjug. LEER). tr. Volver a leer (algo). *Releyó el documento por tercera vez. Cogió el libro para releer algunos poemas.*

relegar. tr. Apartar (algo o a alguien) a un lugar considerado inferior. *Lo han relegado* AL *despacho del sótano. Las derrotas han relegado al equipo* AL *último puesto de la clasificación.* Tb. fig. *El tiempo relegó* AL *olvido a este compositor.*

relente. m. Humedad que se nota en la atmósfera en las noches despejadas. *Se abrigó para protegerse del relente.*

relevancia. f. Cualidad de relevante. *Sus objeciones han perdido relevancia. El ensayista ha adquirido gran relevancia social.*

relevante. adj. **1.** Sobresaliente o destacado. *Es el poeta más relevante de la actualidad.* **2.** Significativo, o que tiene significado importante. *Su presencia en el lugar del crimen es relevante para la resolución del caso.* ► **1:** *DESTACADO.

relevar. tr. **1.** Sustituir o reemplazar (a alguien) en un servicio. *A las cinco de la mañana relevará al soldado de guardia. Mientras estuvo enfermo, su mujer no consintió en que nadie la relevara en el hospital.* **2.** Librar (a alguien) de una obligación o un trabajo. *Lo relevó* DE *la obligación de presentarse en el juzgado. La han relevado* DEL *juramento prestado.* **3.** Destituir o quitar (a alguien) de un cargo. *El presidente ha relevado* DE *sus cargos a tres ministros.*

relevista. m. y f. *Dep.* Deportista que participa en una prueba de relevos. *La relevista ya está en su puesto dispuesta a recoger el testigo.*

relevo. m. **1.** Hecho de relevar a alguien. *El relevo del director ha retrasado el trabajo. El enfermero hizo el relevo a medianoche. El relevo no será hasta el amanecer.* **2.** Persona o grupo de personas que relevan a otra. *El relevo llegará a las seis. Para que se produzca el relevo, el nadador debe tocar la pared de la piscina.* ○ pl. **3.** *Dep.* Carrera en que los miembros de un equipo se relevan unos a otros a lo largo del recorrido. *En los relevos ganó México.*

relicario. m. **1.** Lugar en el que se guardan reliquias de un santo. *El relicario está tras el altar mayor.* **2.** Estuche para guardar reliquias. *Las reliquias de la santa están un relicario de plata. En el cuello lucía un relicario en el que guardaba un mechón de pelo.*

relieve. m. **1.** Cosa que resalta sobre una superficie. *El exterior del cerebro está lleno de relieves y surcos.* **2.** Obra artística cuyas figuras resaltan por encima del plano. *El zócalo está adornado con relieves.* **3.** Conjunto de formas que sobresalen y de formas hundidas en la superficie de la Tierra. *Una cadena montañosa en el norte caracteriza el relieve de la isla. Con la ayuda de un mapa estudiaremos el relieve de América.* **4.** Importancia de alguien o algo. *Su obra ha alcanzado relieve internacional. Es un artista de mucho relieve. Se quejó del poco relieve que dieron al acto.* ■ **alto ~.** → **altorrelieve.** ■ **bajo ~.** → **bajorrelieve.** □ **poner de ~** (algo). loc. v. Destacar(lo) o subrayar(lo). *El entrevistador ha puesto de relieve los méritos del invitado. Estos accidentes ponen de relieve la necesidad de tomar precauciones.*

religión. f. **1.** Conjunto de creencias acerca de la divinidad, y de normas y prácticas, como la oración y el sacrificio, que las acompañan. *Religión cristiana. Religión musulmana.* **2.** cult. Veneración a ciertos valores. *Siente la religión del trabajo.*

religiosamente. adv. **1.** De manera religiosa. *Decidió retirarse de la vida pública y vivir religiosamente.* **2.** Con puntualidad o exactitud. *Cada mes paga religiosamente el alquiler. Apunta religiosamente todos sus gastos.*

religiosidad. f. **1.** Cualidad de religioso. *Es un hombre de profunda religiosidad. La religiosidad de este pueblo se refleja en sus procesiones.* **2.** Puntualidad o exactitud. *Cumple sus obligaciones con religiosidad.*

religioso, sa. adj. **1.** De la religión. *Discutieron por sus creencias religiosas.* **2.** Dicho de persona: Que tiene una religión y la practica habitualmente. *Son muy religiosos y no incumplirán el ayuno.* **3.** Que ha profesado en una orden o congregación. Tb. m. y f. *Dos religiosas cuidan al enfermo.* **4.** Dicho de cosa: Que tiene características consideradas propias de la religión o de lo sagrado. *El público siguió con religioso silencio el monólogo del actor.* ► **1:** ESPIRITUAL.

relimpio, pia. adj. coloq. Muy limpio. *La cocina ha quedado relimpia. ¡Pero qué relimpio es este chico!*

relinchar. intr. Dar relinchos el caballo. *La yegua huyó relinchando.*

relincho. m. Voz característica del caballo. *Se oyó a lo lejos el relincho de un caballo.*

reliquia. f. **1.** Resto del cuerpo de un santo, u objeto relacionado con él, que se veneran por considerarse sagrados. *En esta iglesia se veneran las reliquias de una santa.* **2.** Cosa que se guarda como recuerdo, espec. por haber pertenecido a una persona querida. *Este libro es una reliquia para mí, porque perteneció a mi bisabuelo.* **3.** Vestigio de algo pasado. *La zona es rica en reliquias arqueológicas. Los bosques de helechos son reliquias de otros tiempos.* **4.** coloq. Cosa o persona muy viejas. *A ver cuándo te decides a tirar esa reliquia y comprar un sofá nuevo.*

rellano. m. **1.** Parte llana en que termina cada tramo de una escalera. *Me encontré con un vecino en el rellano.* **2.** Llano horizontal que interrumpe la pendiente de un terreno. *Descansamos en un rellano a mitad de la cuesta.*

rellenar. tr. **1.** Llenar (algo) de nuevo o llenar(lo) por completo. *Hay que rellenar el azucarero. Voy a rellenar esta cesta* CON/DE *bombones.* Tb. en constr. prnl. media. *El pantano se ha rellenado* CON *las últimas lluvias.* **2.** Introducir un material en el interior (de algo). *Han rellenado las paredes* CON *algún aislante.* **3.** Llenar (un alimento) con otro o con algún condimento. *Rellenaré el pavo* CON/DE *castañas.* **4.** Llenar con datos los espacios en blanco (de un impreso o documento). *Rellene este formulario y entréguelo en secretaría.* ► **4:** CUMPLIMENTAR.

relleno[1]. m. **1.** Hecho de rellenar o rellenarse. *El relleno de los baches con grava solucionará el problema de momento. Un camión cisterna se ocupará del relleno de los depósitos.* **2.** Cosa o materia con que se rellena algo. *El edredón tiene un relleno de plumas. Un sujetador con relleno.* Designa espec. el conjunto de ingredientes con el que se rellena un alimento. *Ya he preparado el relleno de la tarta.* **3.** Parte innecesaria o superflua que se añade para alargar algo. Frec. en la constr. *de ~. Hubo varias actuaciones de relleno. Antes de la película pusieron un reportaje de relleno.*

relleno[2], na. adj. Que llena total o parcialmente el interior de algo. *Quiero pasteles rellenos* DE *crema. Un cojín relleno* CON *borra.*

reloj. m. Máquina, instrumento o aparato que sirven para medir el tiempo y marcar las horas. *Por mi reloj son las doce y cinco. Se oía el tictac del reloj de pared.* ■ **~ de agua.** m. Reloj (→ 1) compuesto de dos cápsulas de vidrio que contienen agua, la cual cae gota a gota de una a otra. *En la antigua Grecia se empleaban los relojes de agua.* ■ **~ de arena.** m. Reloj

(→ 1) compuesto de dos cápsulas de vidrio unidas por el cuello y que contienen arena, la cual se va dejando caer de una a otra para medir el tiempo. *Dio la vuelta al reloj de arena y tuve que contestar en ese tiempo.* ■ ~ **de cuco.** m. Reloj (→ 1) de pared con un mecanismo que hace aparecer la figura de un cuclillo cuyo canto da las horas. *Los niños se reunían para oír las campanadas del reloj de cuco.* ■ ~ **de pulsera.** m. Reloj (→ 1) que se lleva en la muñeca sujeto por una correa o una cadena. *Consultó la hora en su reloj de pulsera.* ■ ~ **de sol,** o ~ **solar.** m. Reloj (→ 1) compuesto por una superficie plana expuesta al sol y una barrita cuya sombra señala la hora. *En el jardín del palacio se conserva un antiguo reloj de sol.* ■ ~ **despertador.** m. Reloj (→ 1) que, a una hora que se fija previamente, activa una alarma para despertar a quien duerme. *He puesto el reloj despertador a las siete.* ⇒ DESPERTADOR. □ **como un ~.** loc. adj. **1.** Muy puntual. *Llega siempre a la hora: es como un reloj.* □ loc. adv. **2.** Con mucha regularidad. *Mi cuerpo funciona como un reloj.* ■ **contra ~.** loc. adv. **1.** Con mucha rapidez o con mucha prisa y en poco tiempo. *Hicimos el trabajo contra reloj.* □ loc. adj. (Tb. **contrarreloj**). **2.** Dicho de carrera ciclista o de etapa: Que se realiza saliendo los corredores o los equipos de uno en uno y a intervalos regulares. *Carrera contra reloj. Etapa contrarreloj.* Tb. f. *El líder ha ganado la contrarreloj.*

relojería. f. **1.** Oficio o actividad del relojero. *Toda la familia se dedica a la relojería.* **2.** Local donde se hacen, se reparan o se venden relojes. *Llevé el reloj a la relojería porque una manecilla estaba suelta. La relojería de la esquina tiene muchos relojes de esa marca.*

relojero, ra. adj. **1.** Del reloj. *Industria relojera.* ● m. y f. **2.** Persona que tiene por oficio hacer, arreglar o vender relojes. *Pídele a la relojera que te cambie la pila del reloj.*

reluciente. adj. Que reluce. *El suelo ha quedado reluciente después de fregarlo.* ▶ *BRILLANTE.

relucir. (conjug. LUCIR). intr. Brillar o resplandecer. *A lo lejos relucían las farolas del pueblo. Después de la lluvia, las calles relucen.* ■ **sacar a ~** (algo o a alguien). loc. v. Mencionar(los) o comentar algo (sobre ellos) de forma inesperada, casual o inoportuna. *No sé por qué sacaste a relucir aquello estando mis padres delante. No le gusta que saquen a relucir a su familia.* ■ **salir a ~** algo o alguien. loc. v. Aparecer en una conversación de forma inesperada, casual o inoportuna. *Estábamos charlando y salió a relucir lo del piso que te has comprado. Si saliste a relucir, fue porque nos acordamos del viaje que hicimos juntos.* ▶ *BRILLAR.

reluctancia. f. **1.** cult. Renuencia. *Su reluctancia a colaborar era clara.* **2.** *Fís.* Resistencia que ofrece un circuito al flujo magnético. *El cambio de velocidad del motor se produce al variar la reluctancia del circuito.*

relumbrar. intr. Brillar con intensidad. *Las hogueras relumbran en la noche. Las cazuelas de cobre están tan limpias que relumbran.*

relumbre. m. Brillo o destello intensos. *El atardecer avanzaba y se iban apagando los relumbres del sol.* Frec. fig. *Viene de una familia de mucho relumbre.*

relumbrón. m. Rayo de luz intenso y pasajero. *Se pudo ver el relumbrón de un relámpago.* Tb. fig. *No está interesada por el relumbrón social. En la gala, faltó el relumbrón de pasados estrenos.* ■ **de ~.** loc. adj. Que tiene buena apariencia, pero no tiene tanto valor como parece. *Salieron muchos famosos de relumbrón, pero ningún personaje interesante. El discurso estaba lleno de frases de relumbrón.*

remachado. m. Hecho de remachar. *Dando unos golpes al clavo, se consigue el remachado.*

remachador, ra. adj. **1.** Que remacha o sirve para remachar. *Pistola remachadora industrial.* Dicho de máquina, tb. f. *La remachadora fija piezas metálicas a maletas, bolsos y cinturones.* ● m. y f. **2.** Persona que tiene por oficio remachar o sujetar con remaches. *Un remachador sufrió un accidente con la maquinaria.*

remachar. tr. **1.** Golpear la cabeza o la punta (de un clavo ya clavado) para que esté más firme o no sobresalga. *Voy a remachar ese clavo de la silla.* **2.** Sujetar (algo) con remaches. *Los operarios remachan unas planchas de acero.* **3.** Recalcar (algo que se dice o se ha dicho). *Para terminar, remachó que el objetivo era vencer a toda costa. Remachó esta afirmación con un tono de voz más alto.* **4.** Rematar (algo, como una jugada). *Remachó el pase con un gol de cabeza.*

remache. m. **1.** Hecho de remachar. *Haz el remache con cuidado para no estropear la madera. Como remache de sus palabras aseguró que nadie la iba a avasallar.* **2.** Clavo o clavija cuya punta, una vez pasada por el taladro de la pieza que se va a asegurar, se remacha hasta formar otra cabeza. *Compró una silla de cuero con remaches dorados. Botas con remaches metálicos.*

remanente. m. Parte que queda o se reserva de algo. *Este año habrá un remanente de cien mil toneladas de aceite. Finalizada la campaña de vacunación, se guardará un remanente de la vacuna.*

remangar. tr. **1.** Levantar o recoger hacia arriba las mangas (de una prenda de vestir). *El tatuaje solo se le ve cuando remanga la camisa.* Frec. con un pron. expresivo de interés. *Remángate el jersey.* **2.** Levantar o recoger hacia arriba (una prenda de vestir o parte de ella). *Remanga el vestido porque te lo vas a pisar.* Frec. con un pron. expresivo de interés. *La novia se remangaba el traje para subir la escalera. Me remangué los pantalones y metí los pies en el agua.* ○ intr. prnl. **3.** coloq. Estar dispuesto a emprender una acción con energía. *Se remanga y no hay quien la frene.*

remanguillé. a la ~. loc. adv. coloq. Sin poner cuidado, o de manera inadecuada. *En cuanto no estoy yo en la oficina, todo se hace a la remanguillé. Se han marchado a la remanguillé, sin despedirse de nadie.* Tb. loc. adj. *Un adiós a la remanguillé.*

remansarse. intr. prnl. Hacerse más lenta una corriente de agua, o quedarse quieta o casi quieta. *Para bañarse buscaron un sitio donde el río se remansara.*

remanso. m. **1.** Lugar en que una corriente de agua se remansa. *Este remanso es bueno para la pesca de la trucha.* **2.** Lugar en que se disfruta tranquilamente de algo. *Su casa es un remanso de paz.*

remar. intr. Mover el remo de una embarcación para hacer que esta avance en el agua. *El piragüista rema con todas sus fuerzas.* ▶ BOGAR.

remarcar. tr. Resaltar o destacar (algo). *Remarcó la importancia del paisaje en la obra del pintor. El maquillaje remarca su belleza.* ▶ *DESTACAR.

rematadamente. adv. Total o absolutamente. *Lo ha hecho rematadamente mal. Está rematadamente loca.*

rematado, da. part. **1.** → **rematar.** ● adj. **2.** Total o absoluto. *Es un tonto rematado.*

rematador, ra. adj. **1.** Que remata. *Delanteros rematadores.* ● m. y f. **2.** En fútbol y otros deportes: Jugador que remata una jugada. *Al equipo le falta un par de rematadores.*

rematar. tr. **1.** Terminar o acabar (algo), espec. poniendo cuidado para que quede perfecto. *Nunca remata las frases. Le ha costado rematar su tesis.* **2.** Terminar con la vida (de una persona o un animal que están a punto de morir). *El caballo estaba malherido y tuvo que rematarlo.* **3.** En costura: Asegurar (lo que se ha cosido) dando una puntada más sobre la última o haciendo un nudo en la hebra. *Remata el festón y corta el hilo.* **4.** En fútbol y otros deportes: Terminar un jugador una serie de jugadas lanzando (el balón o la pelota) hacia la meta contraria. *Remató el balón con la cabeza.* Frec. usado en constr. intr. *El delantero remata por la izquierda y marca un tanto.* ○ intr. **5.** Terminar algo de determinada manera. *Las torres del castillo rematan* EN *punta.* ▶ **1:** *ACABAR.

remate. m. **1.** Hecho o efecto de rematar. *Su remate se estrelló contra el larguero. Has dejado el remate de este botón algo suelto.* **2.** Final o conclusión de algo. *El remate de la noche de fiesta fueron unos churros en la chocolatería. Como remate del discurso, citó unos versos en latín.* **3.** Parte de un edificio que se pone, gralm. como adorno, para coronarlo. *Algunas casas tienen templetes y galerías como remates.* **4.** frecAm. Subasta. *Fue el único concurrente cuando la aduana sacó a remate el cargamento* [C]. ■ **de ~.** loc. adv. Rematadamente. Se usa pospuesto a un adj. despectivo. *Dice esos disparates porque está loca de remate.*

rembolsar. → **reembolsar.**

rembolso. → **reembolso.**

remecer. tr. **1.** frecAm. Mover reiteradamente (algo o a alguien) de un lado a otro. *No despertó hasta que yo lo remecí dos horas más tarde* [C]. *Un violento oleaje remecía el buque.* Tb. fig. *Tanta solidaridad con la nación chilpa consiguió remecer a la opinión pública* [C]. ○ intr. prnl. **2.** Am. Moverse reiteradamente algo de un lado a otro. *Con el primer golpe vigoroso, orientado al corazón del tronco, el árbol se remeció* [C]. ▶ **1:** SACUDIR.

remedar. tr. **1.** Imitar (algo o a alguien). *El estilo de este pintor remeda el de Picasso.* **2.** Imitar (a alguien o sus gestos), gralm. con intención de burlarse (de ellos). *El humorista remeda a un presentador de televisión.*

remediar. (conjug. ANUNCIAR). tr. **1.** Hacer que desaparezca (un daño) o hacer que sea menos grave. *Solo un fontanero puede remediar el desastre que hay en la cocina. Este jarabe remediará la tos del niño.* **2.** Evitar que suceda (algo que se considera negativo). *Aunque traté de avisar al conductor, no pude remediar el accidente. Si nadie lo remedia, volveremos a tenerlo de presidente.* **3.** Corregir o cambiar (algo). *Me saca de mis casillas; no lo puedo remediar.*

remedio. m. **1.** Cosa que ayuda a eliminar un daño o que hace que sea menos grave. *Mi remedio para el cansancio es tomar un poco de aire fresco.* Designa espec. aquella que sirve para curar o paliar algo como una enfermedad. *¿Tiene algún remedio para el dolor de oídos?* **2.** Hecho de remediar. *El remedio de este asunto llevará tiempo.* ■ **no haber más ~** (que hacer algo). loc. v. Ser absolutamente necesario o no haber otra alternativa. *No hay más remedio que operar. Ya sé que no querías ir, pero no hubo más remedio.* ■ **no tener más ~** alguien (que hacer algo), o **no quedar** (a alguien) **más ~** (que hacerlo). loc. v. Estar obligado (a ello) o no tener otra alternativa. *Vinieron de visita y no tuve más remedio que atenderlos. –No sé cómo eres capaz de vivir solo. –No tengo más remedio. No nos queda más remedio que aguantarnos.* ■ **no tener ~** alguien. loc. v. coloq. Ser incorregible. *No tienes remedio: ni una sola vez llegas puntual.* ■ **poner ~** (a algo negativo). loc. v. Hacer(lo) desaparecer o hacer que sea menos grave. *Acudió al médico para poner remedio a sus jaquecas. Si no le ponen remedio a la situación, el problema irá a más.* ■ **qué ~.** expr. Se usa para expresar resignación o impotencia ante algo que no se puede evitar o que no tiene solución. *–No entiendo cómo soportas a esos vecinos. –¡Qué remedio!* ■ **ser peor el ~ que la enfermedad.** expr. Se usa para expresar que la solución que se propone para un problema es más perjudicial que el problema mismo. *Quiso ayudarme, pero fue peor el remedio que la enfermedad.* ■ **sin ~.** loc. adv. De manera inevitable. *El tiempo se nos escapa sin remedio.*

remedo. m. Imitación, espec. imperfecta o ridícula. *La obra es un simple remedo de otra de Lope de Vega. Ese payaso es un burdo remedo de Charlot.*

remembranza. f. cult. Recuerdo (hecho de recordar, o cosa recordada). *Se distrajo en la remembranza de aventuras pasadas. En su libro relata remembranzas de aquel viaje.*

rememoración. m. cult. Hecho o efecto de rememorar. *La rememoración de los días de la guerra le producía tristeza.*

rememorar. tr. cult. Recordar o traer a la memoria (algo). *Al ver las fotos, rememoró su infancia. El autor del libro rememora muchas anécdotas.*

rememorativo, va. adj. Que rememora o es capaz de hacer rememorar. *Se publicó un artículo rememorativo sobre Cajal.*

remendado. m. Hecho o efecto de remendar. *En la clase de labor nos enseñaban a hacer zurcidos y remendados.*

remendar. (conjug. ACERTAR). tr. **1.** Reforzar con remiendo (algo viejo o gastado, espec. un tejido). *Remendó la sábana con un trozo de tela.* Tb. usado en constr. intr. *Se pasaba la vida remendando.* **2.** Arreglar de manera superficial o transitoria (algo o a alguien). *En el hospital lo remendaron y lo mandaron a casa.*

remendón, na. adj. Dicho de zapatero y, alguna vez, de sastre: Que tiene por oficio remendar o poner remiendos. Frec. *zapatero ~. Llevó las botas al zapatero remendón para que les pusiera medias suelas.* Tb. m. *En el barrio hay un remendón que deja los zapatos como nuevos.*

remero, ra. adj. **1.** *Zool.* Dicho de pluma de ave: Que es grande y larga, y se encuentra en el extremo del ala. *Plumas remeras.* Tb. f. *La urraca tiene las remeras blancas y negras.* ● m. y f. **2.** Persona que rema. *Las remeras ya están en las piraguas, preparadas para la salida. Para mover el barco se necesitaban al menos cien remeros.*

remesa. f. Conjunto de cosas que se envía o se recibe a la vez. *Mañana llegará otra remesa de material deportivo.*

remeter. tr. Empujar (una cosa o sus extremos) para meter(los) en un lugar y que queden sujetos. *Remete los bordes de la manta por debajo del colchón. Remetió el cabello debajo del gorro de ducha. Remétete la camiseta.*

remezón. m. **1.** Am. Hecho o efecto de remecer o remecerse. *Debimos despertarlo a remezones de la zanja donde dormía una borrachera* [C]. Tb. fig. *La noticia de la muerte de su amigo le dio un remezón* [C]. **2.** Am. Temblor de tierra. *El violento remezón sigue teniendo fuertes réplicas* [C]. ▶ **1:** SACUDIDA.

remiendo. m. **1.** Trozo de tela u otro material que se cose sobre algo roto o desgastado. *He puesto un remiendo a los pantalones. La sábana está llena de remiendos.* **2.** Arreglo o reparación, gralm. provisional o que se hace con urgencia. *No compres otra aspiradora; yo te hago un remiendo en la vieja.* **3.** Cosa provisional o transitoria que se añade a otra para arreglarla o mejorarla. *Era un bonito palacio de estilo neoclásico, pero lo han estropeado con tantos remiendos.*

remilgado, da. adj. Excesivamente delicado o escrupuloso. *Nunca fue una señorita remilgada. Su modo de actuar resulta remilgado.* ▶ MELINDROSO.

remilgo. m. Gesto o comportamiento que muestran delicadeza o escrúpulos excesivos. Frec. en pl. *Come y no hagas tantos remilgos. No se anda con remilgos a la hora de decir lo que piensa.* ▶ *MELINDRE.

reminiscencia. f. **1.** Recuerdo vago o impreciso. *El olor a chocolate le trajo reminiscencias de la niñez.* **2.** En una obra de arte: Rasgo que hace recordar algo o que muestra la influencia de esa cosa. *Estos cuentos tienen alguna reminiscencia de "Las mil y una noches". Su última ópera muestra reminiscencias orientales.*

remirar. tr. Volver a mirar (algo) con cuidado y atención. *He estado remirando el artículo que leí ayer y ahora me gusta más. Miró y remiró en su mesa, pero no encontró la pluma.*

remisión. f. **1.** Hecho de remitir o remitirse. *Es necesaria la remisión de dos copias de su solicitud. Se ha producido una remisión de la fiebre. El reo podrá beneficiarse de una remisión de condena. Rezaron por la remisión de los pecados.* **2.** En un escrito: Indicación que remite al lector a un lugar de ese mismo escrito o de otro distinto. *En la parte inferior de la página, hay una remisión a otra obra.* ■ **sin ~.** loc. adv. Sin remedio. *Si no las auxilian, morirán sin remisión.*

remiso, sa. adj. Poco decidido o determinado. *Se ha mostrado remiso* A *aceptar la propuesta. Pretenden animar a los votantes más remisos.* ▶ RENUENTE.

remite. m. En un sobre o un paquete que se envían: Nota en la que consta el nombre y la dirección de la persona que los envía. *No olvide poner el remite al dorso.*

remitente. adj. Que remite o hace un envío. *La empresa remitente se hace cargo de los gastos de envío.* Dicho de pers., tb. m. y f. *No conozco a la remitente de esta carta. Si el destinatario no vive ya en esa dirección, devolverán el paquete al remitente.*

remitir. tr. **1.** Enviar (algo) a una persona o a un lugar. *Remití una carta a mi hermano. Si remite diez etiquetas a esta dirección, le regalaremos una camiseta.* **2.** En un escrito: Indicar el lugar del mismo texto, o de otro, en el que se encuentra algo relativo al asunto de que se trata. *En el primer capítulo menciona la guerra y remite al capítulo seis.* **3.** Perdonar (una pena) o eximir (de una obligación). *El documento prueba que le han remitido la deuda.* ○ intr. **4.** Perder intensidad una cosa. *El dolor remitirá poco a poco.* ○ intr. prnl. **5.** Atenerse a algo o apoyarse en ello. *En lo relativo al uniforme, me remito* AL *reglamento. Sobre este asunto, nos remitimos* A *lo que dijimos ayer.*

remo. m. **1.** Instrumento en forma de pala larga y estrecha, que sirve para mover una embarcación haciendo fuerza en el agua. *Barca de remos.* **2.** Deporte que consiste en recorrer una determinada distancia sobre el agua en una embarcación impulsada por remos (→ 1). *Es campeón olímpico de remo.* **3.** En un cuadrúpedo: Brazo o pata. *Al caballo, extenuado, le fallaban los remos.* Tb., humoríst., pierna de una persona. *Se me han quedado flojos los remos de tanto levantarme y agacharme.* ■ **a ~.** loc. adv. Remando o utilizando los remos (→ 1) para desplazarse. *Como no había viento, tuvimos que volver a remo.*

remoción. f. Hecho de remover o removerse. *El consejo ha propuesto la remoción del magistrado. La remoción de los sedimentos del río perjudicará el ecosistema.*

remodelación. f. Hecho de remodelar. *La remodelación del local se ha hecho en dos meses. Reclaman la remodelación del sistema electoral.*

remodelar. tr. Reformar (algo) modificando su estructura o alguno de sus elementos. *Han remodelado el museo para añadir nuevas salas. La compañía aérea remodelará los horarios.*

remojar. tr. **1.** Mojar por completo (una cosa) sumergiéndo(la) en un líquido. *Remoja las rebanadas de pan en leche.* Tb. en constr. prnl. media. *Pon los garbanzos en un cacharro con agua para que se remojen durante toda la noche.* **2.** coloq. Celebrar (un acontecimiento) bebiendo. *–Nos tienes que invitar por el nacimiento de tu hijo. –Claro que sí, esto hay que remojarlo.* ▶ **1:** *EMPAPAR.

remojo. m. Hecho de remojar o remojarse. *He dejado las camisas a remojo porque estaban muy sucias. Ponga las berenjenas en remojo con sal para que suelten el amargor.*

remojón. m. Hecho de mojarse por completo. *¿Nos damos un remojón en el río?*

remolacha. f. Hortaliza de raíz comestible, grande, carnosa y de color gralm. rojizo, de la que se extrae azúcar, y de la que existen diversas variedades, por ej.: *~ azucarera, ~ forrajera. En la zona se cultiva la remolacha y la alfalfa.* Tb. la raíz. *Le sirvieron una ensalada de remolacha.*

remolcador, ra. adj. Dicho espec. de embarcación: Que sirve para remolcar. *Es capitán de un barco remolcador. Vehículo remolcador.* Dicho de embarcación, tb. m. *Dos remolcadores llevaron el barco hasta el puerto.*

remolcar. tr. Llevar un vehículo (a otro) tirando (de él). *Una grúa ha remolcado el coche averiado.*

remolino. m. **1.** Movimiento rápido y giratorio de un fluido, espec. de aire o agua. *Un papel cayó al suelo y el viento lo elevó en remolinos.* Tb. la masa de fluido. *Un remolino levantaba por los aires las hojas secas. En esta playa hay muchos remolinos.* **2.** Conjunto de pelos que crece desordenadamente, y que es difícil de peinar o alisar. *Tiene un remolino junto a la oreja y el pelo se le queda de punta.* **3.** Conjunto numeroso y desordenado de personas o cosas en movimiento. *Se formó un gran remolino a la entrada de los almacenes el primer día de las rebajas.* ▶ **1:** TORBELLINO.

remolón, na. adj. Que intenta evitar el trabajo o una obligación. *Los alumnos más remolones no han entregado los trabajos. No te hagas el remolón y ayúdame.* Tb. m. y f. *Es una remolona.*

remolonear. intr. coloq. Tratar de evitar un trabajo o esfuerzo, gralm. por pereza. *Deja de remolonear y ponte a hacer los deberes. Los camareros remolonean en la barra.*

remolque. m. **1.** Hecho de remolcar. *El remolque del pesquero averiado se hizo de madrugada.* **2.** Vehículo que se remolca. *El remolque que llevamos nos hace avanzar más despacio.* ■ **a ~.** loc. adv. **1.** Siendo remolcado por un vehículo. *La grúa llevó el coche a remolque hasta un taller.* **2.** De mala gana, o siendo obligado o arrastrado por otra persona. *Aunque a remolque, conseguimos que fuera a la fiesta.* ► **Am: 2:** ACOPLADO.

remontar. tr. **1.** Subir (una pendiente o cuesta). *El caballo remontó la colina al trote.* **2.** Subir navegando o nadando (una corriente de agua) hacia su nacimiento. *Remontamos el río en cuatro horas.* **3.** Superar (un obstáculo, una dificultad o una situación difícil). *Ha conseguido remontar su enfermedad.* **4.** Subir o elevar un ave (el vuelo). *El buitre remonta el vuelo y se aleja.* ○ intr. prnl. **5.** Subir o elevarse en el aire. *El globo se remontó aprovechando una corriente de aire.* **6.** Retroceder en el tiempo o volver hacia atrás con el recuerdo. *El historiador se ha remontado* HASTA/A *la Edad Media.* **7.** Tener algo su origen en un determinado momento del pasado. *Esta costumbre se remonta* A *época romana.*

remonte. m. **1.** Hecho de remontar o remontarse. *El remonte del puerto fue difícil para los ciclistas. Los piragüistas se preparan para el remonte del río. El equipo ha tenido un remonte espectacular desde la última derrota. Hay un remonte en la producción de aceite.* **2.** Aparato utilizado para remontar o subir una pista de esquí. *Esta estación tiene cuatro remontes, entre telesquís y telesillas.*

remoquete. m. coloq. Apodo. *Era conocido con el remoquete de "el Pinreles".*

rémora. f. **1.** Pez marino que tiene en la parte superior de la cabeza una ventosa con la que se adhiere a otros peces mayores para alimentarse de sus parásitos. *Pudimos ver un tiburón con unas cuantas rémoras.* **2.** coloq. Cosa o persona que retrasan o impiden que se realice algo. *Con esta rémora del papeleo, el trabajo va muy despacio. No quiero ser una rémora para mi equipo.*

remorder. (conjug. MOVER). tr. Inquietar interiormente algo (a alguien). *La culpa te remuerde. Pensaba que no me importaría, pero ahora me remuerde la conciencia.*

remordimiento. m. Inquietud interior causada por una mala acción. *Tiene remordimiento de conciencia por haber mentido. No podemos perdonarlo si ni siquiera siente remordimientos.*

remotamente. adv. **1.** De manera remota. *Se parece remotamente a un actor argentino.* Frec. en la constr. *ni ~* para enfatizar una negación. *No podíamos pensar ni remotamente que se produciría un accidente. Dice que son como dos gotas de agua, pero yo no los encuentro ni remotamente parecidos.* **2.** En un lugar o tiempo remotos. *Ya remotamente, el hombre se servía de la fuerza de los animales.*

remoto, ta. adj. **1.** Distante o lejano en el tiempo o en el espacio. *Le gusta viajar a lugares remotos. El hombre convive con el perro desde tiempos remotos.* **2.** Que no es probable que suceda. *La posibilidad de que se produzca un incendio es remota.* **3.** Dicho de pensamiento: Confuso o impreciso. *Solo conservo una imagen remota de él. No tenemos ni la más remota idea de lo que nos espera.* ► **1:** *LEJANO.

remover. (conjug. MOVER). tr. **1.** Mover (algo) de modo que sus elementos se mezclen o cambien de lugar. *Echó azúcar en el café y lo removió con una cucharita. El arado remueve la tierra.* **2.** Hacer que aparezca o salga a la luz de nuevo (un asunto). *No remuevas más lo de la herencia. El periodista removió el pasado del magnate y descubrió el escándalo.* **3.** Destituir (a alguien), o apartar(lo) de su cargo. *Una acusación así conseguiría remover a cualquier juez* DE *su cargo.* **4.** Eliminar (algo negativo). *Aplicando la sustancia y frotando con un cepillo removerá las manchas.* ► **3:** *DESTITUIR.

remozamiento. m. Hecho de remozar o remozarse. *Un conocido arquitecto será el encargado del remozamiento del edificio.*

remozar. tr. **1.** Dar (a alguien o algo) un aspecto más nuevo, joven o moderno. *Remozaron el centro cultural, poniendo suelos y mobiliario nuevos.* ○ intr. prnl. **2.** Tomar alguien o algo un aspecto más nuevo, joven o moderno. *La cantante se ha remozado.*

remplazar. → **reemplazar.**

remplazo. → **reemplazo.**

remuneración. f. **1.** Hecho de remunerar. *La remuneración por sus servicios está sujeta a una tabla de tarifas. Lo haría aunque no hubiera remuneración.* **2.** Cosa que se da o sirve para remunerar. *Recibe una remuneración por cuidar del ganado.* ► **2:** *SUELDO.

remunerador, ra. adj. Que remunera. *Han aplicado precios remuneradores para el fuel. Una siesta remuneradora.*

remunerar. tr. Retribuir (un trabajo o un servicio realizados, o a la persona que los realiza). *No le han remunerado las horas extras. Hicieron un encargo para él y los remuneró generosamente. Remuneré al señor que encontró mi cartera.* ► *PAGAR.

remunerativo, va. adj. Dicho de cosa: Que remunera. *El negocio parece poco remunerativo.*

renacentista. adj. **1.** Del Renacimiento. *Período renacentista. Arte renacentista. Era un noble renacentista que ayudó a muchos artistas.* **2.** Cultivador del Renacimiento. Tb. m. y f. *Su poesía está inspirada en la de los renacentistas italianos del siglo* XV.

renacer. (conjug. AGRADECER). intr. Volver a nacer. *En el mito, el héroe muere para renacer después.* Tb. fig. *El temor a una nueva guerra renació entre la población. Es necesario que renazca la confianza.*

renacimiento. m. **1.** Hecho de renacer. *En esa época hubo un renacimiento de las antiguas tradiciones.* **2.** (Frec. en mayúsc.). Movimiento cultural y artístico europeo de los ss. XV y XVI caracterizado por la recuperación y el estudio de la Antigüedad clásica griega y romana. *Leonardo fue uno de los grandes maestros del Renacimiento.*

renacuajo. m. **1.** Larva de la rana que se caracteriza por respirar por branquias y tener cola. *Unos niños se entretenían buscando renacuajos en la charca.* Tb. la larva de otros anfibios. *Conozcamos algunas características de los renacuajos de la salamandra.* **2.** Niño pequeño. *Tengo que cuidar al renacuajo.* Se usa frec. para dirigirse a un niño cariñosamente. *¡Cállate ya, renacuajo!, que aún no tienes edad para opinar.*

renal. adj. Del riñón. *El médico es especialista en trasplantes renales. Insuficiencia renal crónica.*

renano, na. adj. **1.** Dicho de territorio: Que está situado a orillas del Rin (río de Europa central). *Hubo grandes inundaciones en la región renana.* **2.** Del territorio renano (→ 1). *El artista renano visitará España.*

rencilla. f. Riña de dos o más personas, que da lugar a un rencor o enemistad entre ellas. *Siempre está buscando rencillas con el vecindario. Una rencilla fue la causa de la separación de padre e hija.* Tb. ese rencor o enemistad. Frec. en pl. *Había viejas rencillas entre las dos familias y no se hablaban.*

renco, ca. adj. Cojo. *Devolvieron al tercer toro de la corrida por renco.* Dicho de pers., tb. m. y f.

rencontrar. → **reencontrar.**

rencor. m. Sentimiento persistente de antipatía y oposición hacia una persona, acompañado de deseos de venganza, por considerarla la causante de un daño o perjuicio. *Ha acumulado un profundo rencor contra él. Me sorprendió el rencor de sus palabras.* ▶ RESENTIMIENTO.

rencoroso, sa. adj. Que tiene o guarda rencor. *Si le juegas una mala pasada, te la guardará para siempre: es muy rencorosa.* Tb. m. y f. *Es un rencoroso.*

rencuentro. → **reencuentro.**

rendibú. m. Agasajo o halago con intención de adular. *No me gusta que me hagan el rendibú.*

rendición. f. Hecho de rendir o rendirse. *El ejército imperial consiguió la rendición del enemigo. Suspiró y alzó los hombros, en un gesto de rendición.*

rendido, da. part. **1.** → **rendir.** • adj. **2.** Que muestra sumisión o acatamiento. *Soy su más rendido admirador. Critican la actitud rendida de su partido ante el Gobierno.*

rendija. f. Abertura larga y estrecha que queda entre dos cosas muy cercanas o que atraviesa un cuerpo sólido. *Entreabrió la tapadera y miró el interior de la caja por la rendija. Deja una rendija en la persiana para que entre la luz. La mesa de madera tiene una rendija por la que se ve el suelo.* ▶ *ABERTURA.

rendimiento. m. **1.** Producto o utilidad que rinden o dan alguien o algo. *El entrenador no está satisfecho del rendimiento del equipo. Un abono adecuado aumentaría el rendimiento de la tierra. Las máquinas funcionan a pleno rendimiento.* **2.** Proporción entre el producto o el resultado obtenidos y los medios utilizados. *Este carburante es el de rendimiento más bajo.* **3.** cult. Sumisión, acatamiento o subordinación. *Daba muestras de un excesivo rendimiento ante la autoridad.*

rendir. (conjug. PEDIR). tr. **1.** Vencer (a alguien) u obligar(lo) a que se entregue. *El marqués de Spínola rindió a Breda.* **2.** Someter (algo o a alguien) al dominio o a la voluntad de otro. *Ante tales halagos no tengo más remedio que rendirme.* **3.** Dar alguien o algo (producto o utilidad). *Aunque trabaje varias horas, rinde poco.* Tb. usado en constr. intr. *Voy a vender el negocio, porque no rinde.* **4.** Cansar o fatigar (a alguien). *La caminata diaria rinde a los niños. He vuelto a casa rendido.* **5.** Seguido de un nombre: Dar u ofrecer (la cosa expresada por él). *La ciudad rinde homenaje a su alcaldesa.*

renegado, da. part. **1.** → **renegar. 2.** Que ha renegado (→ 1) de su fe o de sus creencias. Tb. m. y f. *A lo largo de la historia se ha perseguido a los renegados.* ▶ **2:** APÓSTATA.

renegar. (conjug. ACERTAR). intr. **1.** Abandonar alguien su religión o sus creencias religiosas. *Acusaron al judío de renegar* DE *su fe.* Tb. fig. *No tienes por qué renegar* DE *tus ideas.* **2.** Decir blasfemias o expresiones que manifiestan enfado. *El conductor del otro coche renegaba y nos echaba la culpa del accidente.* **3.** Refunfuñar. *No has dejado de renegar durante todo el día.* ▶ **1:** ABJURAR, APOSTATAR.

renegrido, da. adj. Que tira a negro. *Su moreno no es dorado sino renegrido. Era una mujer delgada y renegrida. El techo de la cocina está renegrido.*

renglón. m. **1.** Serie de palabras o de caracteres escritos o impresos en línea recta. *Este párrafo tiene más de veinte renglones.* **2.** Cada una de las líneas horizontales que aparecen en algunos papeles y que sirven para escribir sin torcerse. *Pon la fecha y, en el siguiente renglón, empieza a escribir.* ○ pl. **3.** Escrito de corta extensión. *Le he puesto unos renglones a mi madre para decirle que estoy bien.* ■ **a ~ seguido.** loc. adv. A continuación, o inmediatamente después. *Dijo que estaba muy cansada, pero, a renglón seguido, se arregló para salir.* ▶ **1:** LÍNEA.

rengo, ga. adj. Cojo. *Un pájaro rengo. Una silla renga. Volvió maltrecho, lleno de cardenales y rengo.* Dicho de pers., y entonces más frec. en Am., tb. m. y f. *Es un rengo, tiene uno de los zapatos con una plataforma* [C].

renguear. intr. frecAm. Renquear o cojear. *Renguea por un accidente que tuvo de niño. Entró rengueando un poco* [C]. ▶ *COJEAR.

renguera. f. Am. Cojera. *El tipo era flaco y con una renguera en la pierna derecha* [C].

reniego. m. Maldición o dicho injurioso que expresa enfado. *El capitán soltó un reniego contra los novatos.*

reno. m. Mamífero rumiante propio de los países fríos del hemisferio norte, parecido al ciervo pero con la parte inferior de los cuernos dirigida hacia delante, y que se emplea como animal de tiro para los trineos. *El reno hembra. Unos renos arrastran el trineo de Papá Noel.*

renombrado, da. adj. Que tiene renombre. *Es un médico muy renombrado.* ▶ *FAMOSO.

renombre. m. Fama o celebridad. *Adquirió mucho renombre cuando descubrió la vacuna. Es un músico de renombre.*

renovación. f. Hecho de renovar o renovarse. *Es necesaria una renovación anual del filtro. Mañana me encargaré de la renovación del pasaporte. Abogan por una renovación de métodos.*

renovador, ra. adj. Que renueva. *El arquitecto ha presentado un proyecto muy renovador. Conecte el aparato renovador de aire cuando cierre las ventanillas.* Dicho de pers., tb. m. y f. *Fue el gran renovador de la pintura de su tiempo.*

renovar. (conjug. CONTAR). tr. **1.** Sustituir (una cosa) por otra nueva de la misma clase. *Hay que renovar el agua del florero.* Tb. en constr. prnl. media. *El turismo se renueva cada año.* **2.** Dar nuevo impulso (a algo). *Renueva sus tentativas.* **3.** Volver a hacer (algo). *No le hicieron caso, pero él renovó sus peticiones.* Tb. en constr. prnl. media. *Se renueva la tradición de las procesiones.* **4.** Modificar o cambiar (algo o a alguien) para dar(les) nuevo carácter o apariencia. *Han renovado completamente el edificio.*

renqueante. adj. Que renquea. *Viajábamos a cincuenta por hora en una furgoneta renqueante. Un asno viejo y renqueante.*

renquear. intr. **1.** Cojear, o andar inclinando el cuerpo a un lado y a otro sin apoyar firmemente los pies. *Desde que tuvo la ciática camina renqueando.* Tb. fig. para dar idea de funcionamiento defectuoso de un aparato, espec. de un vehículo viejo o averiado. *Un coche entró en el pueblo renqueando.* **2.** Tener dificultades en la actividad o la materia de que se trata. *Te vemos renquear* EN *álgebra.* ▶ **1:** *COJEAR.

renqueo. m. Hecho de renquear. *Reconocí al cartero desde lejos por su renqueo.*

renta. f. **1.** Utilidad o beneficio que rinde algo. *El impuesto se aplicará sobre la renta que produzcan las acciones.* **2.** Cantidad de dinero que se paga por el arrendamiento o alquiler de algo. *El día 15 tengo que pagar la renta del piso. El ganadero le pasa una renta anual al propietario de los pastos.* Tb. el arrendamiento o alquiler. *Ha aumentado el número de viviendas en renta.* **3.** Conjunto de ingresos de una persona o una empresa en un período de tiempo, gralm. un año. *Aún no hemos hecho la declaración de la renta.* **4.** Ingresos de una persona que no proceden del trabajo, en un período de tiempo. *Le quedó una renta modesta por viudedad.* Frec. en pl. *No le haría falta trabajar; con las rentas tiene suficiente para vivir.* ■ **~ nacional.** f. Conjunto de los ingresos anuales de un país, derivados de su participación en el proceso productivo. *Ha aumentado la renta nacional y se ha elevado el nivel de vida. El 2% de la renta nacional se dedica a la investigación.* ■ **~ per cápita.** f. Valor que resulta de dividir la renta nacional (→ **~ nacional**) de un país entre el número de sus habitantes. *La renta per cápita apenas llega a los 300 dólares.* □ **vivir de las ~s.** loc. v. Disfrutar de lo conseguido anteriormente, sin esforzarse en conseguir más. *Si crees que en este trabajo vas a vivir de las rentas, estás muy equivocado.*

rentabilidad. f. Cualidad de rentable. *La agencia ha evaluado la rentabilidad de la campaña publicitaria.*

rentabilizar. tr. Hacer que (algo) sea rentable o productivo. *La empresa quiere rentabilizar la inversión que hizo en informática. Ha rentabilizado al máximo su curso de idiomas.*

rentable. adj. Que produce una renta o un beneficio suficientes. *Las viñas no eran rentables.* Tb. fig. *Ese jugador es más rentable como lateral izquierdo.*

rentar. tr. **1.** Producir algo (una renta o beneficio). *El negocio renta el dinero suficiente para mantener a toda la familia.* ○ intr. **2.** Producir algo una renta o beneficio. *El dinero que tiene guardado en casa no le renta.* Tb. fig. *Les renta más ir en coche que coger el autobús.*

rentista. m. y f. **1.** Persona que percibe renta de una propiedad. *El cambio en la ley favorece a los pequeños rentistas.* **2.** Persona que vive de sus rentas. *Los rentistas están desprestigiados en una sociedad que valora el esfuerzo y el trabajo.*

renuencia. f. cult. Cualidad de renuente. *En el interrogatorio mostró renuencia a dar los nombres de sus cómplices. Actuaba con renuencia, como si no pusiera interés.*

renuente. adj. cult. Que muestra oposición o resistencia. *Ha estado renuente* A *darnos más datos sobre el proyecto. Tuvo que emplear su oratoria para convencer al público renuente.* ▶ REMISO.

renuevo. m. **1.** Tallo tierno que nace en una planta que se ha podado o cortado. *El tilo ha echado renuevos.* **2.** Hecho de renovar o renovarse. *El movimiento vanguardista tenía voluntad de renuevo.* ▶ **1:** VÁSTAGO.

renuncia. f. **1.** Hecho de renunciar o abandonar voluntariamente una cosa o el derecho a ella. *Les comunicaré mi renuncia* A *la herencia. Fue una vida de sufrimientos y renuncias.* **2.** Documento que contiene una renuncia (→ 1). *Le ha entregado la renuncia a su jefe.* ▶ **1:** RENUNCIACIÓN, RENUNCIAMIENTO.

renunciable. adj. Que se puede renunciar, dejar o rechazar. *Se trata de un derecho no renunciable ni transferible.*

renunciación. f. Renunciamiento. *Cuando se fue a las misiones, optó por una vía de renunciación y entrega.*

renunciamiento. m. Hecho de renunciar, o abandonar voluntariamente una cosa o el derecho a ella. *En un acto de renunciamiento, apartó de sí los placeres mundanos.* ▶ *RENUNCIA.

renunciar. (conjug. ANUNCIAR). intr. **1.** Dejar o abandonar voluntariamente algo o a alguien, o el derecho a ellos. *El rey renunció* AL *trono. Tan enamorado estabas, ¿y ahora vas a renunciar* A *ella? He renunciado* AL *sueño de hacerme millonario. El anterior director renunció.* ○ tr. **2.** Dejar o abandonar voluntariamente (algo) o el derecho (a ello). *El ministro ha renunciado su cargo.*

renuncio. m. Mentira o contradicción. *Una a una respondió a las preguntas, sin vacilaciones ni renuncios. No le han pillado nunca en ningún renuncio.*

reñido, da. part. **1.** → **reñir.** ● adj. **2.** Dicho de cosa, espec. de oposición, de elección o de concurso: Que se desarrolla con gran competencia entre los participantes. *Las oposiciones han sido muy reñidas. La final se presenta reñida. La etapa de hoy estuvo muy reñida.* **3.** Dicho de cosa: Incompatible con otra. Frec. con *estar. El deporte no está reñido* CON *el estudio.*

reñir. (conjug. CEÑIR). tr. **1.** Expresar (a alguien) enfado o disgusto por algo que ha hecho. *Si no llego a tiempo para la comida, me reñirán.* ○ intr. **2.** Pelear de palabra o de obra dos personas. *Mis hermanas riñen continuamente.* Tb.: *Riñó* CON *su compañero de clase y llegó con un ojo morado.* **3.** Enemistarse dos personas o romper la relación que las unía. *Luis y su novia han reñido y ya no salen juntos.* Tb.: *Ha reñido* CON *sus padres.* ▶ **1:** AMONESTAR, RECONVENIR, REGAÑAR, REPRENDER. **2:** PELEAR, REGAÑAR.

reo, a. (La forma **rea** se usa como f. alternando con **reo**). m. y f. **1.** Persona acusada de cometer un delito, o condenada por ello. *El reo pasará el resto de su vida en la cárcel. La policía condujo a la rea hasta el juzgado.* **2.** Persona que, por haber cometido una culpa, merece un castigo. *Era rea* DE *excomunión.*

reoca. la ~. loc. s. coloq. Cosa o persona asombrosas por sus buenas o malas cualidades. *Qué golpes tiene, ¡este chico es la reoca!* Frec. con *ser. Hombre, si en lugar del reintegro nos toca el gordo, ya sería la reoca.*

reojo. de ~. loc. adv. Con una ojeada disimulada, o hacia un lado y sin volver la cabeza. *Vigilaba sus gestos de reojo. La vi pasar de reojo, pero seguí con mi trabajo.* Frec. con *mirar. Le miró de reojo el escote.*

reorganización. f. Hecho de reorganizar. *La reorganización de la sección de perfumería no se hará hasta después de las rebajas.*

reorganizar. tr. Organizar (algo) de nuevo, o de modo diferente. *Van a reorganizar los turnos de trabajo.*

reostato o **reóstato.** m. *Fís.* Instrumento que sirve para variar la resistencia de un circuito eléctrico. *La potencia del calefactor se regula mediante un reostato electrónico.*

repajolero, ra. adj. coloq. Pajolero. *No tienes ni repajolera idea de lo que dices. Qué ocurrencias tiene, el repajolero muchacho.*

repanchigarse. intr. prnl. coloq. Repantigarse. *No te repanchigues, que es malo para la espalda. Me esperaba repanchigado en el sofá.*

repanchingarse. intr. prnl. coloq. Repantigarse. *Cuando está cansado, se repanchinga en el sillón. Después de comer, se queda un rato repanchingado en su silla.*

repanocha. la ~. loc. s. coloq. Persona o cosa que han alcanzado el máximo grado en algún aspecto. Gralm. con *ser*. *Ese primo tuyo es la repanocha: no para de contar chistes. Se ha comprado un vídeo que es la repanocha.* Frec. con carácter exclamativo para expresar rechazo o calificar lo que resulta insoportable. *¡Es la repanocha!: siempre me está haciendo faenas.*

repantigarse. intr. prnl. coloq. Extenderse en el asiento, estirando las piernas e inclinando el cuerpo hacia atrás para apoyarlo. *Se repantiga en una butaca y pasa la tarde leyendo. Está repantigado viendo la televisión.*

repantingarse. intr. prnl. coloq. Repantigarse. *Cuando no lo ve nadie, se repantinga en la silla y da una cabezada. Estoy harta de veros repantingados sin hacer nada.*

reparable. adj. Que se puede reparar. *Para nuestro servicio técnico toda avería es reparable. Aún es reparable la ofensa que cometió.*

reparación. f. Hecho de reparar. *La reparación del calentador es urgente. La reparación de la avería te va a costar un ojo de la cara. No sé qué reparación puede tener el daño que le ha hecho.*

reparador, ra. adj. Que repara. *Un buen masaje contribuye a lograr un descanso reparador. La crema tiene efectos reparadores sobre la piel.*

reparar. tr. **1.** Arreglar (algo que está roto o estropeado). *Tengo que llevar el coche a que lo reparen.* **2.** Corregir alguien (un daño o perjuicio que ha causado) o poner(le) remedio. *Reparará las pérdidas que nos causó su mala administración.* **3.** Recuperar (las fuerzas perdidas). *A dos kilómetros hay un bar, allí repararemos fuerzas.* ○ intr. **4.** Notar algo, o darse cuenta de ello. *No había reparado hasta ahora* EN *la nueva decoración de la oficina.* **5.** Pararse a pensar algo o a reflexionar sobre ello. *Cuando acepté el trabajo no reparé* EN *que tendría menos tiempo libre.* ▶ **1:** *ARREGLAR.

reparo. m. **1.** Dificultad o inconveniente. *No tengas reparo en pedirme todo lo que necesites. Aceptó sin reparos nuestra petición. No puso ningún reparo a mi plan.* **2.** Advertencia u observación que se hacen sobre algo, espec. para señalar en ello un fallo o defecto. *Le enseñé mi proyecto e hizo unos cuantos reparos.*

repartición. f. Hecho de repartir o repartirse. *El nuevo Gobierno se encargó de la repartición de las tierras expropiadas.* ▶ REPARTO.

repartidor, ra. adj. **1.** Que reparte o sirve para repartir. *Camión repartidor.* ● m. y f. **2.** Persona que reparte o tiene por oficio repartir. *El repartidor del supermercado aún no ha traído el pedido.*

repartimiento. m. **1.** histór. En zonas de España, tras la Reconquista: Reparto de casas y tierras de las poblaciones reconquistadas entre quienes habían tomado parte en su conquista. *Con los repartimientos se repoblaron muchas zonas con gentes de toda España.* **2.** histór. Reparto de un número determinado de indios entre los colonizadores españoles con el fin de que trabajaran para ellos. *El rey concedió repartimientos y encomiendas.*

repartir. tr. **1.** Dividir (un conjunto de personas o cosas) entre otras. *Lo mejor es repartir a los comensales* EN *dos mesas. Repartió sus propiedades* ENTRE *sus tres hijos. Como no llevaron comida, repartimos la mía.* **2.** Dar (una serie de cosas) a distintas personas o entregar(la) en diferentes lugares. *Repartió las cartas a los jugadores. Voy a repartiros los sobres con las notas. Reparte propaganda* POR *los buzones.* **3.** Extender (una sustancia) de manera uniforme sobre una superficie. *Reparte la mermelada* POR *toda la tostada.* **4.** Adjudicar (un papel) a un actor. *Aún no han repartido los papeles secundarios.* ▶ **1:** DISTRIBUIR, DIVIDIR. **2:** DISTRIBUIR. **3:** *EXTENDER.

reparto. m. **1.** Hecho de repartir o repartirse. *Para que no os peleéis, yo haré el reparto. El reparto del butano será los jueves. El reparto de la riqueza del mundo es muy desigual.* **2.** Relación de los personajes de una obra de teatro, cine o televisión, y de los actores que los representan. *Al entrar en la sala, nos dieron un folleto con el reparto de la obra.* Tb. el conjunto de esos actores (→ **elenco**). *Todo el reparto acudió al estreno.* ▶ **1:** REPARTICIÓN.

repasador. m. Am. Paño de cocina. *Lava con delicadeza los recipientes que ha usado y los seca con el repasador* [C].

repasar. tr. **1.** Volver a pasar una cosa (sobre otra). *Repasa esas letras* CON *tinta.* **2.** Volver a mirar o examinar (algo). *He estado repasando viejas revistas de moda.* **3.** Examinar (algo ya terminado) para corregir los errores. *Antes de entregar el trabajo, repásalo.* **4.** Examinar (la ropa) y remendar(la) si es necesario. *Ha estado repasando las sábanas.* **5.** Volver a leer o estudiar (lo estudiado) para recordar(lo). *Voy a repasar las tres lecciones.* Tb. en constr. intr. *La semana antes del examen repasaré un poco.* **6.** Volver a explicar (una lección o una materia). *Necesita un profesor que le repase las matemáticas.*

repaso. m. **1.** Hecho de repasar. *El cuento está bien, pero dale un repaso para corregir la ortografía. El magacín incluye un repaso de la actualidad. Mañana el profesor hará un repaso de las ecuaciones.* **2.** coloq. Reprimenda. Frec. en la constr. *dar un ~* a alguien. *Le han dado un buen repaso por llegar tarde al trabajo.* **3.** coloq. Demostración de superioridad en conocimientos o en habilidad. Frec. en la constr. *dar un ~* a alguien. *El Celta les dio un repaso a los italianos.*

repatear. intr. coloq. Fastidiar o desagradar mucho. *Ese amigo tuyo me repatea. A todos nos repateó que nos interrumpiese cuando estábamos hablando.*

repatriación. f. Hecho de repatriar o repatriarse. *La repatriación de capitales invertidos en el extranjero es uno de los objetivos del Gobierno. Unos familiares viajarán al país para la repatriación del cadáver.*

repatriado, da. part. **1.** → **repatriar. 2.** Que se ha repatriado o ha sido repatriado (→ 1). Tb. m. y f. *Los repatriados tendrán que rehacer la vida que dejaron atrás al exiliarse.*

repatriar. (conjug. ANUNCIAR o ENVIAR). tr. Devolver (algo o a alguien) a su patria. *La empresa decidió repatriar fondos de sus inversiones en el extranjero. Las autoridades repatriaron a numerosos inmigrantes ilegales. Varias familias españolas que residían en la zona se han repatriado por miedo a la guerra.*

repechaje. m. Am. *Dep.* Oportunidad de clasificarse que se da a los equipos o participantes de una competición que han quedado en los últimos puestos. *Los celestes se asegurarán al menos jugar el repechaje ante Australia* [C]. *Remo: Rondas de repechaje, en ambas ramas* [C]. ▶ REPESCA.

repecho. m. Cuesta corta y con bastante pendiente. *Al llegar a lo alto del repecho, me paré a descansar.*

repeinado, da. part. **1.** → **repeinar.** ● adj. **2.** Dicho de persona: Que se peina con esmero o va siempre muy peinada. *Su amigo es un tipo muy repeinado que siempre apesta a colonia.*

repeinar. (conjug. PEINAR). tr. Peinar (a una persona o su pelo) con esmero o de manera excesiva. *Ya estás repeinando a la niña: ¡si estaba muy bien antes! Se repeina el flequillo durante horas hasta que queda perfecto.*

repelencia. f. **1.** Hecho de repeler. *Ya sabes la repelencia que me produce ese tío.* **2.** Cualidad de repelente. *Su repelencia me saca de quicio.*

repelente. adj. **1.** Que repele. *No vuelvo a comer en un restaurante tan repelente. Se va a casar con un hombre repelente. Este compuesto es repelente de todo tipo de parásitos.* Dicho de producto, tb. m. *Se roció con un repelente de mosquitos.* **2.** coloq. Dicho de persona, espec. de niño: Que resulta impertinente porque se comporta como si lo supiera todo. *¡Qué niña más repelente!; no hay quien la aguante.*

repeler. tr. **1.** Rechazar alguien (algo) o lanzar(lo) lejos de sí. *Una loción que repele los insectos.* **2.** Rechazar o no admitir (algo). *Todos repelen la oferta.* **3.** No admitir una cosa que (otra) pase a formar parte de su masa o su composición. *Tras la aplicación del producto, los muebles repelen el polvo.* ○ intr. **4.** Causar repugnancia o rechazo. *Me repele esa actitud tan egoísta.*

repelús. m. Temor indefinido o repugnancia que inspira algo. *No toques esa araña, que me da repelús. He sentido un repelús cuando os he oído hablar del diablo.* ▶ REPELUZNO.

repeluzno. m. **1.** Escalofrío repentino y pasajero. *Un repeluzno recorrió su cuerpo al pensar en salir con esa nevada.* **2.** Repelús. *Me da repeluzno cuando veo esos bichos.*

repensar. (conjug. ACERTAR). tr. **1.** Pensar de nuevo o detenidamente (sobre algo). *Recordó sus palabras y se detuvo con intención de repensarlas.* ○ intr. **2.** Pensar de nuevo o detenidamente sobre algo. *Esa noticia lo obliga a repensar acerca de lo sucedido.*

repente. m. Impulso repentino que mueve a hacer cosas inesperadas. *Le ha dado un repente y nos ha dejado con la palabra en la boca.* ■ **de ~.** loc. adv. De forma repentina. *De repente se nubló y empezó a llover.*

repentino, na. adj. Rápido e inesperado. *Se produjo un cambio repentino en la moda. Su repentina aparición los sorprendió.*

repentización. f. Hecho de repentizar. *Es admirable la capacidad de repentización del guitarrista.*

repentizar. tr. Hacer (algo, como un discurso, un poema o una composición musical) sin preparación previa. *La alumna de solfeo ha tenido que repentizar una partitura. Repentizó unas coplas muy divertidas.* Tb. usado en constr. intr. *Demuestra facilidad para repentizar sobre un escenario.*

repera. **la ~.** loc. s. coloq. Cosa o persona asombrosa por sus buenas o malas cualidades. *Me parece la repera que tengas que hacerle su trabajo.* Gralm. con *ser. Eres la repera: es la tercera vez que me das plantón. Los nuevos grandes almacenes tienen de todo..., son la repera.*

repercusión. f. Hecho o efecto de repercutir en alguien o algo. *Todavía no se conocen las repercusiones del accidente. Sus declaraciones han tenido gran repercusión entre la población.*

repercutir. intr. **1.** Tener algo efecto en una persona o cosa. *La demanda del producto repercute* EN/SOBRE *el precio.* **2.** Producir eco un sonido al chocar o rebotar en una superficie. *Su voz repercutía en los muros de la casa desierta.* ▶ **1:** INCIDIR.

repertorio. m. **1.** Conjunto de las obras que una compañía, una orquesta o un intérprete tienen preparadas para su representación o ejecución. *"Ojos verdes" forma parte del repertorio de la cantante.* **2.** Conjunto o colección de cosas de la misma clase. *Tiene un repertorio inagotable de trajes de fiesta.* **3.** Libro o registro en que se recogen de forma abreviada y ordenada datos o informaciones de interés. *En ese repertorio se mencionan todas las ediciones del autor.*

repesca. f. Hecho de repescar. *El profesor hará una repesca para los que han suspendido el parcial.* ▶ **Am:** REPECHAJE.

repescar. tr. Admitir nuevamente (al que ha sido eliminado en un examen o una competición). *Al final repescarán a los mejor clasificados.* Tb. fig. *El nuevo alcalde quiere repescar al anterior concejal de Asuntos Sociales.*

repetición. f. **1.** Hecho o efecto de repetir o repetirse. *En el programa pondrán la repetición de los goles del partido. Asistimos a una repetición de los hechos que desencadenaron la guerra.* **2.** *Lit.* Figura retórica que consiste en repetir palabras o conceptos. *En el fragmento "anduvo, anduvo, anduvo", de Rubén Darío, hay una repetición.* ■ **de ~.** loc. adj. **1.** Dicho de arma de fuego: Que utiliza un cargador con varios cartuchos que pueden dispararse sucesivamente. *En la vitrina guarda un antiguo fusil de repetición.* **2.** Dicho de mecanismo: Que, una vez puesto en marcha, repite su acción automáticamente. *Si abres la tapa del reloj de bolsillo, podrás ver el mecanismo de repetición.*

repetidor, ra. adj. **1.** Que repite o sirve para repetir. *Antena repetidora. Satélite repetidor.* Dicho de pers., tb. m. y f. *No te conformes con ser un mero repetidor de sus ideas.* **2.** Dicho de alumno: Que repite, o vuelve a estudiar, un curso o una asignatura. *En la clase hay varios alumnos repetidores.* Tb. m. y f. *Los repetidores ya me escucharon explicar esta lección.* ● m. **3.** *Electrón.* Aparato electrónico que recibe una señal electromagnética y la vuelve a transmitir amplificada. *La avioneta chocó contra un repetidor de televisión. Han instalado un repetidor telefónico cerca del pueblo.*

repetir. (conjug. PEDIR). tr. **1.** Volver a hacer o a decir (algo). *No me lo repitas, ya lo he oído.* ○ intr. **2.** En una comida: Volver a servirse de un plato que ya se ha tomado. *Come demasiado, siempre repite.* **3.** Volver a la boca el sabor de algo que se ha comido o bebido antes. *No quiero tomar pepino, porque luego me repite.* ○ intr. prnl. **4.** Volver a suceder algo o suceder con frecuencia. *Los robos en la playa se repiten cada verano.* **5.** Repetir (→ 1) alguien con frecuencia una cosa. *Este novelista se repite un poco con el tema de la posguerra. Te repites: esa batallita ya me la has contado.*

repetitivo, va. adj. Que se repite, o que contiene repetición. *Es una buena profesora, pero un poco repetitiva. Me gustaría que mi trabajo no fuera tan repetitivo.*

repicar. intr. **1.** Sonar repetidamente y con cierto compás una campana. *Las campanas de la iglesia repican a lo lejos.* Tb. referido a otras cosas que producen un sonido parecido. *Avisó de su llegada repicando en la puerta con los nudillos. La lluvia repica en los cristales.* ○ tr. **2.** Hacer sonar (una campana) repetidamente y con cierto compás. *Casi no tiene fuerza para repicar la enorme campana.* Tb. usado en constr. intr. *El sacristán subió al campanario para repicar antes de la misa.* ▶ REPIQUETEAR.

repintar. tr. **1.** Volver a pintar (algo). *Ha repintado la vieja alacena.* ○ intr. prnl. **2.** Pintarse o maquillarse mucho o muy mal. *Está más fea cuando se repinta. Llegó al restaurante repintada y cubierta de joyas.*

repipi. adj. coloq. Dicho espec. de niño: Que se comporta de forma afectada y pedante. *Su hija me parece un poco repipi.* Tb. m. y f. *Este niño es un repipi insoportable.*

repique. m. Hecho o efecto de repicar. *Un repique de campanas anunciaba que había fuego en el pueblo.*

repiquetear. intr. **1.** Repicar o sonar algo, espec. una campana, con viveza y repetidamente. *Una campanilla repiqueteó anunciando el recreo. Al fondo de la sala repiqueteaba un teletipo.* Tb. fig. *Sus palabras de amenaza siguen repiqueteando en mi cabeza.* ○ tr. **2.** Repicar o hacer sonar (algo, espec. una campana) con viveza y repetidamente. *Hay que repiquetear las campanas cada mañana para anunciar la misa. Se quedó pensativo repiqueteando los dedos sobre la mesa.* ▶ REPICAR.

repiqueteo. m. Hecho de repiquetear. *Oía el repiqueteo de las palomitas en la sartén. Poco a poco fue cesando el repiqueteo de los goterones del canalón.*

repisa. f. **1.** Estante o tabla colocadas horizontalmente contra una pared, y que se emplean para servir de soporte a algún objeto. *Las cremas están en la repisa del cuarto de baño. Te dejo el libro sobre la repisa de la chimenea.* **2.** Elemento arquitectónico que tiene más longitud que vuelo, y que sirve como soporte de un objeto. *Las jambas de las ventanas tienen esculturas sostenidas por repisas.*

replantación. f. Hecho de replantar. *Tras el incendio, todo el pueblo participó en la replantación del bosque.*

replantar. tr. Volver a plantar (algo). *Cuando las plantas estén más grandes, las replantaremos en macetas.*

replanteamiento. m. Hecho de replantear. *Es necesario hacer un replanteamiento de nuestra estrategia.*

replantear. tr. Volver a plantear (un problema o un asunto). *Le replanteé a mi jefe mi ascenso. Necesita un tiempo para replantearse qué hacer.*

replegar. (conjug. ACERTAR). intr. prnl. **1.** Retirarse las tropas de un ejército de manera ordenada. *El ejército se replegó hacia las montañas.* En deportes de equipo, frec. fig. *La presión de los jugadores sevillanos ha obligado a replegarse al equipo contrario.* **2.** Tomar alguien una actitud de aislamiento. *Tras una mala experiencia, se replegó en sí mismo.* ○ tr. **3.** Plegar o doblar (algo) sobre sí mismo. *Primero pon la tienda de campaña extendida en el suelo y luego repliégala con cuidado. El insecto se quedó inmóvil, replegando las patas y las antenas.* **4.** Retirar (las tropas de un ejército) de manera ordenada. *Para no dejarse sorprender, el general replegó sus líneas.* En deportes de equipo, frec. fig. *Después del segundo gol, el entrenador replegó a sus hombres.*

repletar. tr. Am. Llenar por completo (algo, espec. un lugar). *La muchedumbre repletaba el estadio* [C]. Tb. en constr. prnl. media. *La basílica de la Merced se repletó con sus amigos* [C].

repleto, ta. adj. Muy lleno o totalmente lleno. *Tengo la cartera repleta de monedas. El autobús iba repleto.*

réplica. f. **1.** Hecho o efecto de replicar. *Lo ha dicho en un tono que no admite réplica.* **2.** Copia exacta de algo, espec. una obra de arte. *Los turistas podrán visitar la réplica de las cuevas de Altamira.* **3.** Temblor de tierra secundario, normalmente más atenuado, que sigue a un terremoto. *Tras el terremoto, el sismógrafo ha registrado más de ochenta réplicas.*

replicar. tr. **1.** Contestar (algo) a alguien, espec. oponiéndose a lo dicho por él. *Me replicó que me metiera en mis asuntos.* Tb. usado en constr. intr. *No me repliques.* **2.** Contestar (algo) a lo que alguien ha dicho, espec. oponiéndose a ello. *Replicó* A *mi generosa invitación que estaba muy cansado.* Tb. usado en constr. intr. *No voy a replicar* A *eso.* ▶ *CONTESTAR.

repliegue. m. **1.** Hecho de replegar o replegarse. *Los rebeldes recibieron una orden de repliegue y se atrincheraron en el bosque. Ha adoptado una actitud de repliegue sobre sí mismo.* **2.** Pliegue irregular o muy pronunciado. *La piel del elefante tiene gruesos repliegues. El mapa señala los repliegues del terreno.* Tb. fig. *Pudo rescatar aquel recuerdo de entre los repliegues de la memoria.*

repoblación. f. Hecho de repoblar. *Se está llevando a cabo una campaña de repoblación de los municipios abandonados. Repoblación forestal.*

repoblador, ra. adj. Que repuebla. *A esta zona llegaron grupos repobladores de diversos países de Europa.* Dicho de pers., tb. m. y f. *Tras la Reconquista, los reyes trajeron repobladores cristianos.*

repoblar. (conjug. CONTAR). tr. **1.** Volver a poblar (un lugar que ha quedado despoblado o con poca población). *Campesinos catalanes repoblaron estas islas. Quieren repoblar el río con truchas.* **2.** Volver a plantar árboles u otras especies vegetales (en un lugar que tiene poca vegetación). *Han repoblado el monte* DE *robles.*

repollo. m. Col de hojas gruesas y anchas, de color verde claro, unidas muy estrechamente entre sí. *La casa olía a repollo hervido.*

repolludo, da. adj. coloq. Dicho de persona: Gruesa y baja. *Una actriz repolluda hacía el papel de Sancha.*

reponer. (conjug. PONER). tr. **1.** Reemplazar o sustituir por otra cosa (algo que falta o que se ha quitado de su sitio). *Ya han repuesto los objetos desparecidos.* **2.** Responder o contestar (algo) a alguien. Se usa en pret. perf. simple de indicativo o en pret. imperf. de subjuntivo. *La invité a cenar y me repuso que estaba muy ocupada.* **3.** Volver a representar (una obra de teatro) o proyectar (una película). *Todos los años reponen "Don Juan Tenorio".* **4.** Volver a poner (algo o a alguien) en el lugar, puesto o estado que tenían antes. *Al poco tiempo lo repusieron* EN *su puesto.* ○ intr. prnl. **5.** Restablecerse alguien o algo o volver al estado de normalidad. *La empresa se repone* DE *las pérdidas. El enfermo ya se ha repuesto.*

reportaje. m. Trabajo periodístico de carácter informativo, que se difunde en la prensa, radio, cine o televisión. *Ayer emitieron un reportaje sobre el nazismo.*

reportar. tr. **1.** Dar o producir (algo) a alguien. *El hotel le reporta cuantiosos beneficios. Este asunto no me reporta más que disgustos. Su trabajo le ha reportado varios premios internacionales.* **2.** frecAm. Comunicar o hacer saber (algo) a alguien. *Cada autoridad deberá reportar al Ministerio la información relacionada con el cobro de las tasas* [C]. ○ intr. prnl. **3.** Reprimir alguien sus sentimientos para evitar que se manifiesten con violencia o de forma inadecuada. *Repórtate, mujer, que no te vea llorando toda esta gente.* ▶ **3:** *REPRIMIRSE.

reporte. m. Am. Informe o noticia. *Los reportes del colegio en cuanto a su ausentismo ya han sido varios* [C]. *A media mañana de ayer no se tenían reportes de daños materiales y humanos* [C].

reportear. tr. **1.** Am. Recoger un informador el reporte (de un acontecimiento) para un medio de comunicación. *El semanario envió un corresponsal para reportear el enfrentamiento* [C]. **2.** Am. Entrevistar (a alguien). *Hablé por radio y me reportearon de distintos medios* [C]. ▶ **1:** CUBRIR. **2:** ENTREVISTAR.

reporterismo. m. Oficio o actividad de reportero. *Se dedica al reporterismo gráfico y a la fotografía artística.*

reportero, ra. m. y f. Periodista que se dedica a recoger noticias o elaborar reportajes. *Una reportera ha enviado noticias desde la zona del conflicto. Reportero gráfico.*

reposacabezas. m. En el asiento de un vehículo: Parte superior que sirve para apoyar la cabeza. *Puedes regular la altura del reposacabezas.*

reposado, da. part. **1.** → **reposar.** ● adj. **2.** Sosegado o tranquilo. *Lleva una vida muy reposada. Tienes que hablar de manera más reposada.*

reposapiés. m. Plataforma pequeña que sirve para apoyar los pies. *El médico le recomendó usar un reposapiés cuando trabaje con el ordenador.* También la pieza de algunos vehículos que tiene la misma función. *Cuando llevo un pasajero, despliego los reposapiés de la moto.*

reposar. intr. **1.** Descansar interrumpiendo el trabajo o el esfuerzo. *A media mañana paramos un rato, reposamos y luego seguimos.* **2.** Descansar durmiendo un poco. *Te cierro las cortinas para que reposes un rato.* **3.** Permanecer una cosa quieta y sin que nadie la mueva ni la modifique. *Deja reposar la masa durante una hora antes de darle forma.* **4.** cult. Estar enterrado en un lugar. *Sus restos reposan* EN *la catedral.* ○ tr. **5.** Reposar (→ 1) (después de una comida). *Reposa un poco la comida antes de salir a la calle.*

reposición. f. Hecho o efecto de reponer o reponerse. *La reposición de la película fue un éxito. El parque se echará a perder sin la debida reposición de los árboles dañados.*

reposo. m. **1.** Hecho de reposar o reposarse. *La fractura de la pelvis exige reposo absoluto. Deje la salsa en reposo antes de guardarla en el congelador. Visitamos el panteón, lugar de reposo de sus restos mortales.* **2.** *Fís.* Inmovilidad de un cuerpo respecto de un sistema de referencia. *Una bola que está en reposo modifica su estado y se pone en movimiento cuando es golpeada por otra.*

repostar. tr. Reponer (combustible o provisiones). *Tenemos que repostar combustible antes de zarpar. Antes de seguir el viaje, repostamos comida y bebida en una tienda.* Tb. usado en constr. intr. *Hicimos cuatrocientos kilómetros sin repostar.*

repostería. f. **1.** Establecimiento en que se venden dulces y pastas, y a veces también embutidos y bebidas. *Han abierto una repostería en el barrio.* **2.** Oficio o actividad de repostero. *Su familia se dedica a la repostería desde hace tres generaciones.* **3.** Conjunto de productos de repostería (→ 2). *La repostería típica de esta zona se elabora con frutos secos.*

repostero, ra. m. y f. **1.** Persona que tiene por oficio hacer y vender dulces y pastas. *El repostero hizo una tarta de cumpleaños.* ○ m. **2.** Paño o tapiz cuadrado o rectangular, con emblemas heráldicos. *Sobre la chimenea del palacio colgaba un repostero con el escudo de la familia.*

reprender. tr. Reñir o llamar la atención (a alguien) por algo que ha hecho. *Reprendió a su hijo* POR *su mala conducta.* ▶ *REÑIR.

reprensible. adj. Digno de reprensión. *No ha encontrado nada reprensible en su actitud.*

reprensión. f. **1.** Hecho de reprender. *Ha sufrido la reprensión y la censura de la sociedad.* **2.** Expresión o palabras con que se reprende. *Mejor le iría si fuera capaz de escuchar las reprensiones de quien le quiere bien.* ▶ AMONESTACIÓN, RECONVENCIÓN, RECRIMINACIÓN, REGAÑINA, REPRIMENDA.

represa. f. **1.** frecAm. Construcción, gralm. de cemento armado, para contener o regular el curso del agua. *La mayor parte de las represas hidroeléctricas son de uso múltiple* [C]. **2.** Lugar donde el agua u otro líquido están detenidos o almacenados, de manera natural o artificial. *En la represa del río habitan algunos patos. La fábrica tiene una represa artificial donde echa los residuos tóxicos.* ▶ **1:** PRESA.

represalia. f. **1.** Castigo o venganza con que se responde a alguien por algo que ha hecho. *Los han despedido como represalia por no cumplir los servicios mínimos.* Frec. en pl. *Si volvéis a incumplir el acuerdo, tomaremos represalias.* **2.** Medida hostil que toma un Estado contra otro para responder a un acto perjudicial de este con aquel. Frec. en pl. *El Gobierno adoptará represalias si no dejan de boicotear los productos de su país.* ▶ **Am: 1:** RETALIACIÓN.

represaliado, da. part. **1.** → **represaliar. 2.** Que ha sido represaliado (→ 1). Tb. m. y f. *Los represaliados eran confinados en campos de trabajo.*

represaliar. (conjug. ANUNCIAR). tr. Tomar represalias (contra alguien). *Los sindicatos reclaman que no se represalie a los trabajadores por ir a la huelga.*

represar. tr. **1.** Detener (una corriente de agua) o hacer que se estanque. *Han represado algunos tramos del arroyo.* **2.** Reprimir o frenar (algo). *No es capaz de represar la violencia de sus reacciones.* ○ intr. prnl. **3.** Detenerse o estancarse una corriente de agua. *Al llegar al valle, el agua se represa y forma un estanque.* ▶ **2:** *REPRIMIR.

representable. adj. Que se puede representar o hacer perceptible. *Se trata de una teoría representable en forma de esquema.*

representación. f. **1.** Hecho de representar o representarse. *Me gustó mucho la representación de "La vida es sueño". Irás en representación de la familia.* **2.** Cosa que representa otra. *Este signo es la representación de la suma.* **3.** Idea que se forma en la mente. *Su obra refleja una determinada representación del mundo.* **4.** Conjunto de personas que representan a otras, a una entidad o a una corporación, o hacen algo en su nombre. *Una representación de los agricultores llevará la carta al presidente.*

representante. adj. **1.** Que representa a una persona o cosa. *Ha llamado el abogado representante de los ganaderos. Mañana decidirán el logotipo representante de la firma.* Dicho de pers., tb. m. y f. *Los representantes de los tres partidos se han reunido para llegar a un acuerdo.* ● m. y f. **2.** Persona que se dedica a impulsar y concertar la venta de productos de una casa comercial. *El dueño del supermercado está hablando con el representante de una empresa de lácteos.* **3.** Persona que gestiona los contratos y otros asuntos profesionales de los artistas. *El representante de la actriz anunció que esta empezará un rodaje en febrero.*

representar. tr. **1.** Hacer presente en la mente (algo) con palabras, signos o figuras. *Representamos los sonidos mediante las letras.* Tb. en constr. prnl. media. *Cada vez que veo estas flores se me representan pompones de lana.* **2.** Hacer presente (algo) en la mente una cosa. *El rojo representa la sangre.* **3.** Ejecutar (una obra de teatro). *La compañía de teatro "El guiñol" representa esta tarde "La Celestina".* **4.** Hacer un actor (un papel) en una obra de teatro. *Va a representar a don Luis en la obra "Don Juan Tenorio".* **5.** Sustituir (a una persona o entidad) o hacer algo en nombre (de ellas). *El delegado representará a los estudiantes en la reunión.* **6.** Aparentar una persona (una edad determinada) o tener el aspecto que corresponde (a esa edad). *Tiene cuarenta años, pero representa veinticinco.* **7.** Significar (mucho o poco) una persona o cosa para alguien. *Tú representas mucho para mí. Esa cantidad no representa nada para él.* ▶ **3, 4:** *INTERPRETAR. **7:** SIGNIFICAR.

representatividad. f. Cualidad de representativo. *Se duda de la representatividad de un presidente que ha ganado por tan poco margen. Las rapaces no tienen gran representatividad en ese ecosistema.*

representativo, va. adj. **1.** Que representa o sirve para representar. *Un rasgo representativo del autor es su concisión.* **2.** Que reúne las características o los méritos suficientes para representar algo. *Presidirá el acto una figura representativa de las letras.* ▶ **1:** *CARACTERÍSTICO.

represión. f. **1.** Hecho o efecto de reprimir o reprimirse. *La represión durante la dictadura hizo que el escritor se exiliase. Hacienda va a dedicar más esfuerzos en la represión del fraude fiscal.* **2.** *Psicol.* En el psicoanálisis: Proceso por el cual un impulso o una idea inaceptables se relegan al inconsciente. *La actividad psíquica es resultado de las contradicciones causadas por la represión de los impulsos sexuales.*

represivo, va. adj. Que reprime o sirve para reprimir. *La novela revela una sociedad muy represiva. Ha recibido una educación represiva y autoritaria.*

represor, ra. adj. Que reprime. *Medidas represoras.* Dicho de pers., tb. m. y f. *Cuando llegó la democracia, muchos represores decían estar arrepentidos.*

reprimenda. f. Reprensión. *Me gané una reprimenda del sargento por llevar el uniforme sucio.* Tb. las palabras con que se reprende. *Tus compañeros han oído la reprimenda desde sus pupitres.* ▶ *REPRENSIÓN.

reprimido, da. part. **1.** → **reprimir.** ● adj. **2.** Dicho de persona: Que impide que se manifiesten sus sentimientos o deseos, espec. los sexuales. *Es un hombre taciturno y reprimido, que no se relaciona con sus compañeros.* Tb. m. y f. *Es un reprimido incapaz de acercarse a la mujer que le gusta.*

reprimir. tr. **1.** Refrenar (un sentimiento o un impulso), o impedir que se manifiesten. *Reprimí mis deseos de huir y me quedé.* **2.** Detener o castigar (un movimiento político o social) frec. con el uso de la fuerza. *La dictadura reprimía toda protesta.* ○ intr. prnl. **3.** Contenerse una persona, o impedir que sus sentimientos o impulsos se manifiesten. *Dilo, no te reprimas.* ▶ **1:** COHIBIR, CONTENER, INHIBIR, REFRENAR, REPRESAR, REPRIMIR. **2:** *CONTENER. **3:** COHIBIRSE, CONTENERSE, INHIBIRSE, REFRENARSE, REPORTARSE.

reprobable. adj. Digno de reprobación. *Encuentro reprobables los métodos que utilizó para enriquecerse.*

reprobación. f. Hecho de reprobar. *Miles de ciudadanos han mostrado su reprobación por el atentado.*

reprobar. (conjug. CONTAR). tr. **1.** Censurar o no aprobar (algo). *El 60% de los entrevistados reprueba el uso de la violencia.* **2.** Am. Suspender (un examen, una asignatura o a un alumno). *Pensé que el maestro de física me reprobaría al no contestarle con rapidez* [C]. *Sofía pensó que su hija había reprobado alguna materia* [C]. Tb. usado en constr. intr. *Mientras él estudiaba y reprobaba, otros nunca estudiaban y aprobaban* [C]. ▶ **1:** DESAPROBAR. **2:** *SUSPENDER.

reprobatorio, ria. adj. Que muestra reprobación. *Hemos sentido las miradas reprobatorias de los que nos rodeaban. Con tono reprobatorio nos dijo que no lo volviéramos a hacer.*

réprobo, ba. adj. **1.** *Rel.* Condenado a las penas eternas. *Humanidad réproba.* Tb. m. y f. *Dios apartará a los réprobos en el Día del Juicio.* **2.** *Rel.* Condenado por apartarse del dogma de la religión cristiana. *En el siglo* XVI *se consideraba réprobos a los erasmistas y los luteranos.* Tb. m. y f. *Los réprobos fueron perseguidos por la Inquisición.* Tb. fig. *A causa de sus ideas rebeldes había sido considerado un réprobo por la sociedad biempensante.*

reprochable. adj. Digno de reproche. *No encuentro nada reprochable en su conducta.*

reprochar. tr. Censurar (algo) a alguien o echár(selo) en cara. *Siempre me reprocha mi falta de puntualidad. Nos reprocha que no acudiéramos cuando nos necesitaba.* ▶ **Am:** ENROSTRAR.

reproche. m. **1.** Hecho de reprochar. *Le hace continuos reproches porque no se siente querida.* **2.** Expresión con que se reprocha. *Tuve que oír sus reproches sin decir ni una palabra.*

reproducción. f. **1.** Hecho de reproducir o reproducirse. *La reproducción de esta fotografía antigua solo llevará unos minutos. El científico anotó algunos datos sobre la reproducción de las ballenas.* **2.** Cosa que reproduce o copia otra. *He comprado una reproducción de "Las meninas". Esta no es la sortija original, es una reproducción. Necesitaríamos 500 reproducciones del folleto.*

reproducir. (conjug. CONDUCIR). tr. **1.** Hacer una o varias copias (de algo). *Han reproducido la escultura original.* **2.** Ser una cosa copia (de otra). *Este cuadro reproduce uno del museo.* **3.** Volver a producir (algo dicho o hecho antes). *No me estoy inventando nada: solo reproduzco sus palabras.* ○ intr. prnl. **4.** Producir un ser vivo otros de su misma especie o con los mismos rasgos biológicos. *El ave se reproduce por huevos.*

reproductivo, va. adj. De la reproducción. *El esquema ilustra el ciclo reproductivo del helecho. Estu-*

diaremos la disposición de los órganos reproductivos en la hembra.

reproductor, ra. adj. **1.** Que reproduce o sirve para reproducir. *Han comercializado un nuevo sistema reproductor de sonido. La clase trató del aparato reproductor de los mamíferos.* Dicho de máquina o aparato, tb. m. *Regálale un reproductor de discos compactos.* ● m. y f. **2.** Animal destinado a la reproducción. *El ganadero comprará una pareja de reproductores para mejorar su granja.*

reprografía. f. Reproducción de documentos por medio de diversas técnicas, como la fotocopia o el microfilme. *Podéis hacer las fotocopias en el servicio de reprografía.*

reptar. intr. Arrastrarse un animal sobre el vientre, moviendo el cuerpo de un lado a otro, para desplazarse. *El cocodrilo reptó hasta la orilla y se sumergió.* Tb. fig. *Un herido salió reptando del coche antes de que se incendiara.*

reptil. m. Vertebrado que se reproduce por huevos, de temperatura variable y respiración pulmonar, y que, por no tener patas o tenerlas muy cortas, se desplaza reptando, como la culebra, la lagartija y la tortuga. *Podrá ver algunos caimanes y otros reptiles.*

república. f. Forma de gobierno en que el jefe del Estado es un presidente elegido por los ciudadanos. *En España se proclamó la república por segunda vez en 1931.* Tb. el Estado así gobernado. *Argentina y Bolivia son repúblicas sudamericanas.* ■ **~ de las letras,** o **~ literaria.** f. cult. Conjunto de los escritores o intelectuales. *Es uno de los novelistas más heterodoxos en nuestra república de las letras.*

republicanismo. m. **1.** Condición de republicano. *Suele hacer gala de su republicanismo.* **2.** *Polít.* Doctrina política que defiende la república como forma de gobierno para el Estado. *Escribió numerosos discursos y ensayos en defensa del republicanismo.* Tb. el sentimiento de apego a la república apoyado en esa doctrina. *Las últimas encuestas revelan un auge del republicanismo.*

republicano, na. adj. **1.** De la república como forma de gobierno. *Francia tiene un sistema de gobierno republicano.* **2.** Partidario de la república como forma de gobierno. *En la tertulia había políticos republicanos y monárquicos.* Tb. m. y f. *Muchos republicanos españoles tuvieron que exiliarse.*

repudiable. adj. Dicho de cosa: Digna de ser repudiada. *Nadie podría ser indulgente con actos tan repudiables.*

repudiar. (conjug. ANUNCIAR). tr. **1.** Rechazar o no aceptar (algo). *Repudia la guerra.* **2.** Rechazar un hombre (a su esposa) por cauces legales, de modo que se rompa el matrimonio. *El rey repudió a su primera mujer porque era estéril.*

repudio. m. Hecho de repudiar. *Todos los estudiantes mostraron su repudio de la violencia en la manifestación. Tras el repudio, la mujer volvió a casa de sus padres.*

repuesto, ta. part. **1.** → **reponer.** ● m. **2.** Cosa, espec. pieza, que se guarda para sustituir a otra de la misma clase cuando esta se gasta o se estropea. *Lleve en el coche un repuesto de bombillas. Necesito un repuesto para la pluma.* ■ **de repuesto.** loc. adj. Dicho de cosa: Reservada para sustituir a otra de la misma clase cuando esta se gasta o se estropea. *La bombona de repuesto también está vacía. En el bolso llevo unas medias de repuesto por si se me rompen.*

repugnancia. f. Asco (sensación de desagrado, o sentimiento de rechazo). *El aspecto viscoso de las babosas me produce repugnancia. Al saber que la había traicionado, sintió una gran repugnancia hacia él.* ▶ ASCO.

repugnante. adj. Que produce repugnancia. *¿Qué hace aquí este trapo repugnante? Me pareció repugnante que mintiera así. No te acerques a ese viejo repugnante y rijoso.*

repugnar. intr. Producir alguien o algo repugnancia a una persona. *Le repugnan las cucarachas. Me repugna la manera en que habéis hablado de ella. Aquel hombre nos repugnaba.*

repujado[1]**.** m. Hecho o efecto de repujar. *El repujado del cuero puede hacerse con piel coloreada o natural.*

repujado[2]**, da.** part. **1.** → **repujar.** ● m. **2.** Objeto de metal o cuero repujados. *En esa tienda venden cerámicas y repujados.*

repujar. tr. Trabajar (el cuero o la chapa) haciendo relieves (en ellos). *En Andalucía vi a un artesano que repujaba la plata.*

repulgo. m. **1.** Borde labrado que se hace en la masa de algunos platos. *Pon el relleno en la empanada y ciérrala haciéndole un repulgo.* **2.** Escrúpulo o melindre. *Se escandalizaba con repulgos de beata.*

repulsa. f. Rechazo de algo que se condena como malo. *En una pancarta expresan su repulsa de la guerra. Manifestemos nuestra repulsa a los terroristas. El crimen provocaría la repulsa popular.*

repulsión. f. **1.** Repugnancia o asco. *Cuando está enfermo, siente repulsión hacia la comida.* **2.** Repugnancia o sentimiento de rechazo o desprecio. *Nos producen repulsión los que se benefician del negocio de la droga.* **3.** Hecho de repeler o lanzar lejos de sí. *Los fenómenos de atracción y de repulsión de un imán se conocen como magnetismo.*

repulsivo, va. adj. Que produce repulsión o repugnancia. *Este pescado podrido es repulsivo. Le parece repulsivo que haya gente que abandone a los animales.*

repuntar. intr. *Econ.* Experimentar un alza o un crecimiento algo. *Los precios del petróleo estaban muy bajos y ahora han repuntado. La economía estaba repuntando, pero con la guerra se hundió de nuevo. Los tipos bursátiles repuntaron del 7,24 al 7,52.*

repunte. m. *Econ.* Hecho de repuntar. *El repunte de los tipos de interés es consecuencia del aumento de la inflación. Se ha producido un repunte de los precios que perjudica al consumidor.*

reputación. f. **1.** Opinión o consideración que los demás tienen de alguien o algo. *Tiene reputación* DE *jugador y* DE *vago, pero él no es nada de eso. Desde aquel escándalo de las nóminas, la empresa tiene mala reputación. Era una familia con buena reputación. Ese barrio tiene muy mala reputación.* **2.** Buena reputación (→ 1) de alguien o algo. *Se ha ganado una reputación y una clientela a base de mucho trabajo.*

reputado, da. part. **1.** → **reputar.** ● adj. **2.** Que tiene buena reputación profesional. *Este edificio lo construyó un reputado arquitecto. Es una cardióloga muy reputada.*

reputar. tr. Juzgar o considerar (algo o a alguien) de determinada manera. *La ley reputa ilegal la circulación de medicamentos no autorizados. Sus compañeras lo reputan* DE *machista. Su actitud se puede reputar* COMO *extraña. Reputa* POR *bueno todo cuanto haces.*

requebrar. (conjug. ACERTAR). tr. Halagar (a una mujer) con piropos o palabras que destaquen sus atractivos. *Cada vez que pasa por su puerta, él la requiebra. Disfruta requebrando a todas las mujeres con las que se encuentra.*

requemar. tr. **1.** Quemar o tostar en exceso (algo). *Has requemado las tostadas.* Tb. en constr. prnl. media. *Se me han requemado los filetes.* **2.** Quemar o curtir en exceso algo, espec. el sol (a alguien o una parte del cuerpo). *El aire de la montaña le ha requemado la piel.* Tb. en constr. prnl. media. *Se ha requemado de tanto tomar el sol.*

requerimiento. m. Hecho o efecto de requerir. *La ministra se ha presentado a requerimiento de la oposición. El requerimiento del juez obliga a los testigos a presentarse en el juzgado.*

requerir. (conjug. SENTIR). tr. **1.** Necesitar alguien o algo (una cosa), o manifestar necesidad (de ella). *La jardinería requiere paciencia.* **2.** Pedir (a alguien) que haga algo. *El Ayuntamiento requerirá la ayuda de los ciudadanos.* **3.** Exigir (algo) con autoridad. *Para entrar requieren autorización escrita.* ▶ **1:** PEDIR.

requesón. m. Cuajada que se saca de los residuos de la leche después de hecho el queso. *De postre, requesón con miel.* ▶ **Am:** RICOTA.

requeté. m. **1.** histór. Organización militar formada por voluntarios del partido carlista o tradicionalista, que participó en las guerras civiles españolas en defensa de la tradición religiosa y monárquica. *Su bisabuelo fue voluntario del requeté.* **2.** histór. Persona que forma parte del requeté (→ 1). *Salían de Pamplona camiones llenos de requetés que iban a luchar al frente. Un requeté con su boina roja.*

requete-. pref. coloq. Denota 'intensidad o intensificación'. Se usa con intención enfática. *Requetebueno, requetesabido, requetelejos. Me hizo jurar y requetejurar que no diría nada.*

requetebién. adv. coloq. Muy bien. *La paella te ha salido requetebién.*

requiebro. m. **1.** Hecho de requebrar. *Es un galán a la antigua, diestro en el requiebro.* **2.** Palabra o expresión con que se requiebra a alguien. *Siempre encontraba algún pretexto para decir un par de requiebros a las damas.* ▶ **2:** PIROPO.

réquiem. m. Composición musical que se canta con el texto litúrgico de la misa de difuntos, o con parte de él. *El famoso réquiem de Mozart fue la última obra que escribió.*

requilorio. m. coloq. Detalle o rodeo innecesarios con que se pierde tiempo. *Déjate de requilorios y ve al grano.*

requisa. f. Hecho de requisar. *El Ayuntamiento ha anunciado la requisa de algunos locales abandonados.*

requisar. tr. Quitar el gobierno o la autoridad (algo) a su propietario, espec. con fines militares o de seguridad pública. *Han requisado 300 camiones.*

requisito. m. Condición necesaria para algo. *El único requisito* PARA *poder entrar es ser mayor de 18 años. La han contratado aunque no reúne los requisitos.*

requisitorio, ria. adj. **1.** *Der.* Dicho de carta o despacho oficiales: Que contiene un requerimiento de un juez. *Le ha llegado una carta requisitoria del juzgado.* ● f. **2.** *Der.* Requerimiento hecho por un juez. *El tribunal ha publicado una requisitoria de busca y captura contra el preso fugado.*

res. f. **1.** Animal cuadrúpedo, espec. el doméstico criado para la explotación, como la oveja o la vaca, o el salvaje que se caza, como el ciervo o el jabalí. *Habría unas cien reses bravas en la dehesa. Sacrificaron un cordero, trocearon la res y la repartieron. Apretó el gatillo y la res cayó herida.* **2.** frecAm. Res (→ 1) vacuna. *Quienes han tenido el placer de degustarlo afirman que su carne sabe a pollo, res, cerdo y pescado* [C]. *Ingredientes: 1/4 de carne molida de res, 1/4 de carne molida de puerco* [C]. ▶ **1:** CABEZA.

resabiar. (conjug. ANUNCIAR). tr. **1.** Hacer que (una persona o un animal) cojan un vicio o mala costumbre. *Las capeas resabian a las vaquillas. El exceso de mimo resabia a los bebés.* Tb. en constr. prnl. media. *El toro se ha resabiado al torearlo en el campo.* ○ intr. prnl. **2.** Volverse desconfiada y maliciosa una persona. *La gente no admite cualquier cosa, está ya muy resabiada.*

resabido, da. adj. Que presume de sabio o entendido. *Su hermano es un poco resabido.*

resabio. m. Vicio o mala costumbre que se adquieren. *Un toro ya toreado es peligroso porque tiene muchos resabios. Al viejo político le quedan resabios de autoritarismo.*

resaca. f. **1.** Movimiento de retroceso de las olas después de haber llegado a la orilla. *Si te bañas ahora, ten cuidado con la resaca.* **2.** Malestar físico que padece al despertarse una persona que ha bebido en exceso la noche anterior. *Se emborracharon tras recibir el premio y hoy tienen todos resaca.* **3.** Situación o estado de asimilación y reflexión que siguen a un suceso importante. *Después de la resaca de la derrota, ha llegado el momento de pensar en el futuro. Todos los ciudadanos vivían la resaca del cambio de régimen.*

resalado, da. adj. coloq. Que tiene mucha sal o gracia. *Mira qué niño más resalado. ¡Ole tu gracia, resalada!*

resaltar. tr. **1.** Destacar o poner de relieve (algo). *El artículo resalta los momentos más importantes de la carrera del cantante.* ○ intr. **2.** Destacarse o sobresalir alguien o algo. *El vestido rojo destaca entre los uniformes grises.* ▶ **1:** *DESTACAR.

resalte. m. Parte que resalta o sobresale. *Los excursionistas se cobijaron de la lluvia bajo un resalte de la roca. Casi tropiezo con un resalte de la acera.*

resarcimiento. m. Hecho de resarcir. *El juez lo ha condenado al resarcimiento de los daños y perjuicios. Se acordó un resarcimiento de los perjudicados.* ▶ *COMPENSACIÓN.

resarcir. tr. **1.** Dar una compensación (a alguien) por un daño o perjuicio. *Han tenido que resarcirlo* DE *los gastos ocasionados por la inundación. Se resarció con creces* DE *las ofensas recibidas.* **2.** Dar una compensación a alguien (por un daño o perjuicio). *Le resarcirán los gastos ocasionados por la inundación.* ▶ *COMPENSAR.

resbaladizo, za. adj. **1.** Que resbala o hace resbalar fácilmente. *Los cacharros están resbaladizos porque aún no los he enjuagado. La nieve helada es muy resbaladiza y te puedes caer. La piel resbaladiza de las truchas le da grima.* **2.** Dicho de cosa: Que puede propiciar que se incurra en un desliz o un error. *La legalización de las drogas es un asunto resbaladizo.* ▶ **1: frecAm:** RESBALOSO.

resbalar. intr. **1.** Deslizarse alguien o algo sobre una superficie en la que no se tiene suficiente adherencia. *El coche resbaló* EN *la curva helada.* Tb. prnl. *Me he resbalado* EN *el suelo recién fregado.* **2.** coloq. Cometer alguien un error o una equivocación. *Resbalé cuando tomé a su marido por su padre.* ■ **resbalarle** (a alguien) una cosa. loc. v. coloq. Ser(le) indiferente o no importar(le). *No te molestes en darle consejos, porque le resbala todo lo que le dicen.*

resbalón. m. **1.** Hecho de resbalar o resbalarse. *Dio un resbalón* EN *el hielo y cayó de espaldas. No podía permitirse ni un resbalón más con su jefe.* **2.** Pestillo de una cerradura, que queda encajado por la presión de un resorte. *El ladrón introdujo una tarjeta de crédito entre el marco de la puerta y la cerradura hasta que cedió el resbalón.* ▶ **1:** PATINAZO.

resbaloso, sa. adj. frecAm. Resbaladizo (que resbala o hace resbalar fácilmente). *Estaba harta de esa colcha tan resbalosa que todas las mañanas aparecía en el suelo. El piso estaba resbaloso* [C]. ▶ RESBALADIZO.

rescatar. tr. **1.** Recuperar (algo o a alguien que están en manos de otra persona) pagando un precio o empleando la fuerza. *El ejército ha rescatado a los rehenes.* **2.** Sacar (a alguien) de una situación difícil. *Han rescatado a los náufragos.* **3.** Recuperar (algo que se había olvidado, estropeado o perdido). *Rescataremos la música popular de hace un siglo.*

rescate. m. **1.** Hecho de rescatar. *El rescate de los alpinistas continuará al amanecer.* **2.** Cantidad de dinero que se pide para rescatar o liberar a alguien. *Los secuestradores han pedido un rescate.* **3.** Juego en el que participan dos equipos, cuyos miembros tratan de atraparse los unos a los otros, pudiendo ser luego rescatados. *Hemos jugado al rescate y a policías y ladrones durante el recreo.*

rescindir. tr. *Der.* Anular o dejar sin efecto (un contrato u otra obligación legal). *La empresa ha rescindido el contrato con la constructora.*

rescisión. f. *Der.* Hecho de rescindir. *El texto dice que el incumplimiento del contrato es motivo de rescisión.*

rescoldo. m. **1.** Conjunto de brasas que permanecen debajo de la ceniza. *Ya no hay llamas, pero el rescoldo aún calienta la habitación.* **2.** Resto de algo pasado, espec. un sentimiento. *Apenas queda un rescoldo de aquel amor.*

resecar. tr. Secar mucho (algo o a alguien) o hacer que pierdan humedad. *El sol y el aire resecan el pelo. La calefacción reseca el ambiente.* Tb. en constr. prnl. media. *Se han resecado los restos de comida y ahora cuesta más limpiar los platos. Eche cera a sus muebles para evitar que se resequen y se agrieten.*

resección. f. *Med.* Extirpación total o parcial de un órgano. *El médico recomienda la resección quirúrgica de la mama.*

reseco, ca. adj. **1.** Muy seco o que carece de agua o de otro líquido. *La tierra está reseca por falta de lluvia. Dame un vaso de agua: tengo la garganta reseca. Se comió un par de croquetas resecas.* **2.** Muy flaco o delgado. *Con tanto trabajo y tantas preocupaciones te estás quedando reseco.*

resentido, da. part. **1.** → **resentirse.** ● adj. **2.** Dicho de persona: Que siente o manifiesta resentimiento. *Nunca ha sido una mujer resentida.* Tb. m. y f. *Es un resentido y no soporta que a los demás les salgan bien las cosas.*

resentimiento. m. Sentimiento persistente y contenido de hostilidad hacia alguien, por considerarse maltratado por él. *Le guarda resentimiento porque la despidió sin motivo. La obra refleja el resentimiento del autor hacia la sociedad en que le tocó vivir.* ▶ RENCOR.

resentirse. (conjug. SENTIR). intr. prnl. **1.** Sentir alguien dolor o molestia en alguna parte del cuerpo. *Aún se resiente* DE *la fractura.* **2.** Hacer sentir a alguien dolor o molestia una parte del cuerpo por una enfermedad, una lesión o un esfuerzo pasados. *Los pies se resienten* DE *la caminata.* **3.** Sentir alguien disgusto hacia una persona o cosa que le han causado algún mal o perjuicio. *Se resiente todavía* DEL *desprecio que le hicieron.* **4.** Decaer algo en su rendimiento como consecuencia de alguna circunstancia negativa. *El coche se resiente* DEL *exceso de carga.*

reseña. f. Hecho o efecto de reseñar. *El periódico local hará una reseña del partido del domingo. Han publicado mi reseña de la novela. No quiero terminar este discurso sin hacer una reseña de mis colaboradores.*

reseñable. adj. Digno de ser reseñado. *Es un suceso reseñable. Entre los libros reseñables de la próxima semana podrían figurar estas memorias.*

reseñar. tr. **1.** Narrar o contar (algo que ha sucedido), espec. por escrito. *El reportero ha reseñado el accidente de tren.* **2.** Dar noticia breve (de una obra literaria o científica publicadas), gralm. con una crítica acerca de la misma. *El escritor ha reseñado la novela de su colega y amigo.* **3.** Hacer mención o relación (de algo) de forma detallada. *El documento reseña los bienes del difunto. La ley toca algunos aspectos que cabe reseñar.*

reserva. f. **1.** Hecho de reservar o reservarse. *Ya he hecho la reserva de los billetes. Antes de empezar la ascensión, hicieron reserva de víveres.* **2.** Precaución o actitud cuidadosa. *Actúa con reserva porque aún no tiene confianza. Permítanme la reserva de ocultar su nombre.* **3.** Parte del ejército formada por militares que no están en el servicio activo, pero que pueden ser movilizados en caso de necesidad. *El general ha pasado a la reserva.* **4.** En algunos países: Territorio sujeto a un régimen especial en que vive confinada una comunidad indígena. *Estos collares los compré en una reserva india de Estados Unidos.* **5.** Lugar acotado y protegido jurídicamente para la protección de su fauna y su flora. *En la reserva biológica de Doñana viven especies amenazadas. Existen reservas marinas para preservar los arrecifes de coral.* **6.** Conjunto de recursos disponibles. *Tenemos reserva de agua para tres días. En caso de crisis, el país cuenta con reservas suficientes.* **7.** Sustancias que se acumulan en las células de los seres vivos, y que el organismo emplea para nutrirse en caso necesario. *Usted tiene bajas sus reservas de hierro. Si la alimentación es insuficiente, el cuerpo sobrevive quemando las reservas.* ○ m. **8.** Vino o licor que tiene una crianza mínima de tres años en envase de roble o en botella. *Para beber pedimos un reserva de la región. Si le gusta el coñac, pruebe este reserva.* ○ m. y f. **9.** *Dep.* Jugador que no está en la alineación titular de su equipo, y que sustituye a otro si es necesario. *La titular tuvo un esguince y salió a jugar la reserva. Un reserva calienta en la banda.* ■ **sin** ~(s). loc. adv. **1.** Abierta y sinceramente. *Dime sin reservas lo que piensas sobre este asunto.* **2.** Completa e incondicionalmente. *Admira sin reserva a ese artista. Desde el principio nos ha apoyado sin reservas.*

reservadamente. adv. De manera reservada o secreta. *La inspectora informará reservadamente de los avances de la investigación.*

reservado, da. part. **1.** → **reservar.** ● adj. **2.** Dicho de persona: Reacia a mostrar sus pensamientos o sentimientos. *Es muy reservada: nunca nos cuenta sus cosas.* **3.** Dicho de cosa: Oculta o secreta. *Este asunto tiene carácter reservado; le ruego que no lo comente con nadie. Información reservada.* ● m. **4.** En un lugar o establecimiento públicos: Parte o estancia que se destina solo a personas o a usos determinados. *El cliente me espera en un reservado del café "Roma".*

reservar. tr. **1.** Guardar (algo) para el futuro. *Las botellas las reserva para la fiesta.* **2.** Destinar (algo) a alguien o señalar que (esa cosa) corresponde o pertenece a esa persona. *Os hemos reservado una mesa en el restaurante.* **3.** Callar en el momento (la propia opinión o algo que se sabe). Gralm. con un pron. expresivo de interés. *Me reservo lo que pienso de ella.* ○ intr. prnl. **4.** No hacer una cosa en el momento para hacerla en otro más oportuno. *No voy a bañarme ahora; me reservo para cuando la playa quede desierta.*

reservista. adj. Dicho de militar: Que pertenece a la reserva o parte del ejército que no está en el servicio activo. *Han movilizado a los soldados reservistas.* Tb. m. y f. *El ejército llamó a los reservistas para luchar contra la guerrilla.*

reservorio. m. **1.** *Bot.* y *Zool.* En una célula, en un órgano o en un organismo: Depósito o lugar en que se almacenan sustancias nutritivas o de desecho. *La vesícula es un reservorio de la bilis producida por el hígado.* **2.** *Biol.* Población de seres vivos que aloja de manera crónica el agente de una enfermedad, que puede propagarse como epidemia en otros seres vivos. *El cerdo es reservorio de la triquina.*

resfriado. m. Enfriamiento o catarro. *He pillado un buen resfriado: me paso el día sonándome.* ▶ *CATARRO.

resfriarse. (conjug. ENVIAR). intr. prnl. Coger un resfriado. *Todos los años por estas fechas me resfrío.* ▶ *ACATARRARSE.

resfrío. m. frecAm. Resfriado. *Me lloran los ojos porque he pescado un resfrío* [C]. ▶ *CATARRO.

resguardar. tr. Proteger (algo o a alguien) de otra persona o cosa que resultan perjudiciales. *Me he resguardado* DE *la lluvia en un portal. Las persianas resguardan los muebles* DEL *sol. Estaba lloviendo y el ganado se resguardaba bajo las encinas.*

resguardo. m. Documento que acredita haber realizado determinada gestión, pago o entrega. *Dejó la ropa en el tinte y le dieron un resguardo para ir a recogerla.*

residencia. f. **1.** Hecho de residir o vivir de manera habitual en un lugar. *Han influido mucho en él sus frecuentes residencias* EN *el extranjero. Se exigen dos años de residencia* EN *el país.* **2.** Lugar en que se reside o se vive de manera habitual. *Ha cambiado de residencia por motivos de trabajo.* Tb. la casa en que se reside, espec. la grande y lujosa. *Unos hermosos jardines rodean su residencia.* **3** Casa en que residen, de acuerdo con una reglamentación, personas que tienen alguna característica común, como la edad o la ocupación. *Sus padres viven en una residencia de ancianos. Pasa las vacaciones en una residencia para empleados de su empresa.* **4.** Establecimiento público donde se alojan viajeros o huéspedes estables. *Han reservado una habitación doble en una residencia muy barata.* **5.** Domicilio de una corporación. *Dirija la solicitud a la Federación de Atletismo con residencia sita en la calle Real.* ▶ **2:** *VIVIENDA.

residencial. adj. Dicho de barrio o zona: Que está destinado pralm. a viviendas, gralm. de clase acomodada. *Vive en un barrio residencial en las afueras de la ciudad.*

residente. adj. **1.** Que reside o vive de manera habitual en un determinado lugar. *De las cien mil personas residentes* EN *la ciudad, casi la mitad es extranjera.* Dicho de pers., tb. m. y f. *Los residentes se quejan de que los turistas no cuidan el medio ambiente.* ● m. y f. **2.** Médico residente (→ **médico**). *Este año habrá dos residentes más en cardiología.* ▶ **2:** *MIR.

residir. intr. **1.** Estar establecido o vivir de manera habitual en un lugar. *Reside* EN *Londres desde hace dos años.* **2.** Estar o encontrarse algo en una persona o en una cosa. *El problema del niño reside* EN *su falta de atención.* ▶ **1:** *HABITAR.

residual. adj. Que constituye un residuo. *Apenas quedan signos de extremismos residuales. La contaminación se ha agravado por el aumento de los gases residuales.*

residuo. m. **1.** Parte o porción que quedan de un todo. *En la botella queda un residuo de aceite. Aún persistía el odio entre las dos localidades, residuo de la guerra civil.* **2.** Material, gralm. inservible, que queda después de haber hecho algo. Gralm. en pl. *La fábrica genera residuos tóxicos. Una empresa ha desarrollado un plan de gestión de los residuos urbanos. Los residuos del mosto se depositan en el fondo del lagar.* **3.** *Mat.* Resto de la sustracción y de la división. *Al final han quedado 5 unidades como residuo de la división.* ▶ *RESTO.

resignación. f. Hecho de resignarse. *Su resignación* CON *la desgracia que le sobrevino nos ha admirado a todos.* Tb. la cualidad correspondiente. *Ha dado muestras de una gran resignación y capacidad de sacrificio.*

resignadamente. adv. Con resignación. *Ha tenido que aceptar resignadamente su enfermedad.*

resignarse. intr. prnl. Conformarse con algo negativo o aceptarlo sin luchar contra ello. *Ya me he resignado* A *no irme de vacaciones este año. Se resignó* CON *su mala suerte. No me resigno: seguiré intentándolo.*

resina. f. Sustancia sólida o de consistencia pastosa que es segregada por diversas plantas, espec. por el pino. *Observe los restos orgánicos que aparecen en algunas resinas fósiles.* Tb. la sustancia similar que se obtiene por síntesis química. *El poliéster es una resina plástica.*

resinero, ra. adj. **1.** De la resina. *Sector resinero.* ● m. y f. **2.** Persona que tiene por oficio extraer o vender resina. *El resinero fue al monte para ver cuánta resina tenían los cubos colgados en los pinos.*

resinoso, sa. adj. **1.** Que tiene o segrega resina. *Se untó aceite que contenía sustancias resinosas y aromáticas. Planta resinosa.* **2.** De la resina o de características similares a las de la resina. *Es un vino de gusto resinoso.*

resistencia. f. **1.** Hecho de resistir o resistirse. *Los nativos opusieron una resistencia heroica* A *los conquistadores. No comprendo tu resistencia* A *ir al médico.* **2.** Capacidad de resistir. *Para el maratón se necesita más resistencia que velocidad.* **3.** Conjunto organizado de personas que se opone a los invasores de un territorio o a una dictadura. *Perteneció a la resistencia polaca durante la Segunda Guerra Mundial.* **4.** *Fís.* Fuerza que se opone a la acción de otra. *Cuan-*

do un cuerpo se desplaza, vence la resistencia del aire. **5.** *Fís.* Elemento o pieza que se ponen en un circuito eléctrico para hacer más difícil el paso de la corriente o para transformar esta en calor. *La resistencia de la plancha está estropeada.* **6.** *Fís.* Dificultad que opone un cuerpo al paso de una corriente o del calor. *La resistencia de un conductor será mayor o menor dependiendo del material de que esté hecho. La unidad de resistencia es el ohmio.* ■ ~ **pasiva.** f. Resistencia (→ 1) u oposición que consisten en negarse a obedecer una norma o una autoridad, o en no cooperar con alguien que tiene el poder. *La población se ha limitado a ofrecer una resistencia pasiva durante toda la ocupación.* ▶ **2:** FUERZA.

resistente. adj. **1.** Que resiste. *Lleva unas botas de cuero muy resistentes. Para viajar a Alaska hay que ser muy resistente. Las latas son más resistentes* A *los golpes que los tarros de vidrio.* **2.** Que pertenece a la resistencia contra unos invasores o una dictadura. *Muchas personas resistentes fueron traicionadas por delatores.* Tb. m. y f. *El régimen nazi tomaba duras represalias contra los resistentes.* ▶ **1:** FUERTE.

resistir. tr. **1.** Sufrir la acción o la fuerza (de algo) sin ser vencido (por ello). *He resistido tres operaciones.* Tb. usado en constr. intr. *El viaje es muy largo: no sé si el coche resistirá.* **2.** Aguantar o soportar (algo o a alguien que resultan molestos). *Tu prima será muy simpática, pero yo no la resisto.* ○ intr. **3.** Oponer fuerza o resistencia a la acción o a la fuerza de algo. *Quieren que abandone, pero él resiste en su puesto.* ○ intr. prnl. **4.** Oponerse con fuerza a algo. *Los vecinos se resistían* A *ser desalojados.* **5.** Resultar una cosa difícil de hacer o de conseguir para alguien. *No hay receta que se le resista: es un excelente cocinero.* ▶ **1, 3:** AGUANTAR. **2:** *TOLERAR.

resma. f. Conjunto de quinientos pliegos u hojas grandes de papel. *La imprenta hizo un pedido de mil resmas de papel.*

resol. m. Reflejo de la luz del Sol. *Ha echado las cortinas para protegerse del resol de la tarde.*

resoli o **resolí.** m. Licor compuesto de aguardiente, canela, azúcar y otros ingredientes aromáticos. *Ha ido de viaje a Cuenca y me ha traído una botella de resolí.*

resollar. (conjug. CONTAR). intr. **1.** Respirar con fuerza y haciendo ruido. *Venía muy cargado, sudaba y resollaba del esfuerzo. Al ponerle la montura, el caballo resolló, como si protestara.* **2.** Respirar una persona o un animal. *Mientras les echaba la bronca, nadie fue capaz ni de resollar.*

resoluble. adj. Que se puede resolver. *A menudo se enfrenta a conflictos difícilmente resolubles.*

resolución. f. **1.** Hecho o efecto de resolver o resolverse. *Después de pensar sobre el asunto, ha tomado la resolución de marcharse. Tiene que hallar el valor de x para la resolución de las ecuaciones. El marido no puede acercarse a su domicilio por resolución judicial.* **2.** Ánimo o decisión. *Se enfrenta con resolución a las dificultades.* **3.** *Fís.* Capacidad de algunos aparatos o instrumentos de separar o distinguir algo, espec. imágenes. *Este microscopio electrónico consigue fotografías de gran resolución. La pantalla del nuevo ordenador será de alta resolución.*

resolutivo, va. adj. **1.** De la resolución. *Para su designación se ha tenido en cuenta su gran capacidad resolutiva.* **2.** Que intenta resolver, o es capaz de resolver, cualquier asunto con rapidez y eficacia. *No podemos perder tiempo, por eso necesitamos personas resolutivas y solventes.*

resoluto, ta. adj. Que obra con resolución o decisión. *Se acercó muy resoluta a decirle lo que pensaba.*

resolutorio, ria. adj. **1.** De la resolución. *El nuevo órgano tiene capacidad resolutoria. El científico ha estudiado el proceso resolutorio de los problemas en los chimpancés.* **2.** Que resuelve. *Estamos pendientes de la decisión del órgano resolutorio. Se ha publicado un acuerdo resolutorio de los recursos pendientes.*

resolver. (conjug. MOVER; part. **resuelto**). tr. **1.** Solucionar (un problema, una duda o una dificultad). *El profesor ha resuelto las dudas al final de la clase. Esta lluvia tan escasa no resolverá el problema de la sequía.* **2.** Decidir (algo), o formar la idea o el propósito firme (de hacerlo). *Perdía grandes sumas de dinero, así que resolvió no jugar al póquer nunca más.* Tb. usado en constr. intr. *No sé qué hacer con este caso y lo he traído para que resuelvas tú.* ○ intr. prnl. **3.** Decidirse a hacer algo. *Se resolvió* A *estudiar Filosofía a pesar de la oposición de su padre.* ▶ **1:** *SOLUCIONAR. **2:** *DECIDIR.

resonador, ra. adj. Dicho de cosa: Que resuena o sirve para resonar. *La flauta tiene un conducto resonador. Cavidades resonadoras de la voz.* Dicho de algunas cosas, espec. aparatos o dispositivos, tb. m. *Una caracola funciona como un resonador que amplifica los sonidos.*

resonancia. f. **1.** Hecho o efecto de resonar. *La resonancia del eco fue apagándose. La orquesta ha tocado bien, pero el auditorio estaba vacío y se producían resonancias.* **2.** Divulgación o fama que adquieren alguien o algo. *La noticia de su muerte ha tenido gran resonancia.* **3.** *Mús.* Sonido elemental de los que acompañan al principal en una nota y comunican timbre particular a cada voz o instrumento. *El ecualizador puede corregir una resonancia indeseada.* **4.** *Fís.* Fenómeno que se produce al coincidir la frecuencia propia de un sistema mecánico o eléctrico con la frecuencia de una excitación externa. *Una copa de cristal vibrará por resonancia al recibir un pequeño golpe con los dedos.* ■ ~ **magnética.** f. *Med.* Método de diagnóstico con el que se obtienen imágenes internas de un organismo, basado en el fenómeno por el cual los átomos de una sustancia absorben energía al ser sometidos a campos magnéticos de frecuencias específicas. *Con la resonancia magnética podremos ver si hay alguna zona del cerebro dañada.*

resonante. adj. **1.** Que ha alcanzado mucha resonancia o fama. *La boda real ha sido un acontecimiento muy resonante.* Se usa frec. con intención enfática para reforzar el significado del nombre al que acompaña. *El torero ha obtenido un resonante triunfo.* **2.** Que resuena. *En ese momento se oyó el sonido resonante de un gong.*

resonar. (conjug. CONTAR). intr. **1.** Prolongarse un sonido por repercusión o por reflejo de este en una superficie. *Su voz resonará en la sala vacía.* **2.** Producir algo sonido por repercusión o por reflejo de este en una superficie. *El viento resuena entre las ramas de los árboles. Por el túnel del metro resuenan los pasos de un viajero solitario.*

resoplar. intr. Respirar o soltar el aliento con fuerza y haciendo ruido, espec. como muestra de cansancio o enfado. *Subía la cuesta resoplando. Cada vez que le mando algo se va resoplando y maldiciendo.* Tb. fig. *El tren resopla al subir la cuesta.*

resoplido. m. Hecho o efecto de resoplar. *El caballo ha salido de la cuadra dando resoplidos. Se oyeron los resoplidos del tren al frenar.*

resorte. m. **1.** Muelle (pieza elástica). *El resorte de la puerta está roto y ya no se cierra sola.* **2.** Medio de que se dispone para lograr algo. *Ha movido todos los resortes que tiene para llegar a ese puesto.* ▶ **1:** MUELLE.

respaldar. tr. Apoyar o amparar (algo o a alguien). *Se siente respaldado por el jefe. Todos los compañeros respaldamos su proyecto. Los resultados de la encuesta respaldan nuestra tesis.*

respaldo. m. **1.** Parte de un asiento en que se apoya la espalda. *Puso la chaqueta en el respaldo y se sentó.* **2.** Apoyo o amparo. *Para abrir su empresa cuenta con el respaldo de dos importantes compañías.*

respectar. intr. Tocar o atañer una cosa a otra o a alguien. Gralm. en las constr. *por lo que respecta a* o *en lo que respecta a. Mañana se tomará una decisión en lo que respecta a las vacaciones. Por lo que a mí respecta tienes libertad para hacer lo que quieras.* ▶ CONCERNIR.

respectivo, va. adj. Que se corresponde con cada una de las personas o cosas de un conjunto mencionado. *Los medallistas olímpicos han escuchado los himnos de sus países respectivos. Pedro y Luis bailaron con sus respectivas esposas. Entreguen su respectivo certificado médico a la enfermera.*

respecto. al ~. loc. adv. Acerca de lo que se acaba de mencionar. *–¿Qué me dice de su participación en el escándalo? –No diré nada al respecto.* ■ **(con) ~ a,** o **(con) ~ de.** loc. prepos. Acerca de. *Tenemos que hablar respecto a tus planes para este verano. Con respecto al aumento de sueldo, por ahora no es posible. No me ha dicho nada respecto del nuevo proyecto.*

respetabilidad. f. Cualidad de respetable. *No consiente que nadie dude de la respetabilidad de su familia.*

respetable. adj. Digno de respeto. *Es uno de los hombres más honrados y respetables que conozco. Sus ideas me parecen muy respetables, pero no las comparto.* Frec. con intención enfática para calificar algo grande o importante. *Se ha caído desde una altura respetable. Va por ahí con dos matones de respetable tamaño.* ■ **el ~.** loc. s. coloq. El público de un espectáculo. *Al respetable no le ha gustado la faena del torero. Las interpretaciones han sido muy celebradas por el respetable.*

respetar. tr. **1.** Tener respeto o consideración (a alguien o algo). *Oye, que la calle no es tuya; respeta a los demás conductores.* **2.** Aceptar o cumplir (algo, espec. una ley o una norma). *Respete el reglamento de la institución. Tenemos que respetar la voluntad del enfermo.*

respeto. m. **1.** Sentimiento que se tiene hacia alguien o algo y que hace que se les trate con atención y cuidado, y que se les reconozca un mérito o valor especial. *Sus canas inspiran respeto. Siente un gran respeto por las costumbres de su pueblo.* **2.** Miedo o recelo. *Yo al quirófano le tengo mucho respeto.* **3.** Hecho de respetar o aceptar algo, como una ley o una norma. *El respeto del ayuno durante el ramadán forma parte de las normas de los musulmanes.* ○ pl. **4.** Manifestación de respeto (→ 1) que se hace a alguien. Frec. en fórmulas de cortesía y con v. como *presentar. Los oficiales presentaron sus respetos al rey durante la ceremonia. Transmítale mis respetos a su esposa.* ■ **campar** alguien **por sus respetos.** loc. v. Actuar a su antojo, sin obedecer a nada ni a nadie, ni tenerles respeto (→ 1). *Aquí los delincuentes no tienen ningún control y campan por sus respetos.* ■ **de ~.** loc. adj. Que se tiene como repuesto en caso de emergencia. *Primero iba el coche en donde viajaban las autoridades y luego el coche de respeto.* ▶ **2:** *MIEDO.

respetuosamente. adv. Con respeto. *Se alejó respetuosamente para que la familia pudiera hablar tranquila. Han entrado en la iglesia con las cabezas respetuosamente descubiertas.*

respetuoso, sa. adj. **1.** Que se comporta con respeto o tiene la actitud propia de quien siente respeto hacia algo o alguien. *No os ha llamado antes porque es muy respetuoso y no quería molestaros.* **2.** Que denota o implica respeto. *Debemos tener un comportamiento respetuoso con todas las creencias.*

respingar. intr. **1.** Dar respingos el cuerpo de alguien. *Respingó y se echó hacia atrás del susto.* **2.** Levantarse el borde de una prenda de vestir por estar mal cosida o mal colocada. *Ajústate la chaqueta; parece que te respinga un poco por ese lado.*

respingo. m. Sacudida violenta del cuerpo o de la cabeza, que se produce a causa de un susto o de una sorpresa. *Me acerqué por detrás y le tapé los ojos; dio un respingo y preguntó: "¿Quién eres?".*

respingón, na. adj. Dicho espec. de nariz: Levantada hacia arriba. *No es de nariz recta, como su madre, sino respingona. Tiene el culo un poco respingón.*

respirable. adj. Que se puede respirar o absorber hacia el interior del aparato respiratorio. *Con tanto humo, este aire ya no es respirable.*

respiración. f. **1.** Hecho de respirar o absorber aire. *Cierra la boca y contén la respiración. La respiración de los peces se realiza a través de las branquias.* **2.** Entrada y salida del aire de un lugar cerrado. *El cuarto de atrás tiene solo un ventanuco de respiración.* ■ **~ artificial.** f. Conjunto de técnicas que se aplican en el cuerpo de una persona que está sin respiración (→ 1) para que la recupere. *Lo han sacado del agua medio ahogado y han tenido que hacerle la respiración artificial.* □ **sin ~.** loc. adv. **1.** En estado de gran asombro o sorpresa. *Cuando lo vio se quedó sin respiración. La noticia de su muerte nos ha dejado sin respiración.* **2.** Con gran dificultad para respirar debido a la fatiga. *He venido corriendo y he llegado a la clase sin respiración.* ▶ **1:** ALIENTO, RESUELLO.

respiradero. m. Abertura por donde entra y sale el aire. *Cerca del techo hay un respiradero con una rejilla. Sale vapor por los respiraderos del metro.*

respirador, ra. adj. **1.** Que sirve para respirar. *El equipo de buceo incluye gafas y tubo respirador.* ● m. **2.** Aparato de respiración asistida. *El bebé ha nacido con problemas y necesita un respirador artificial.*

respirar. intr. **1.** Absorber un ser vivo el aire para tomar algunas de sus sustancias y expulsarlo modificado. *Los anfibios respiran a través de la piel.* **2.** Descansar o sentir alivio después de una situación difícil o angustiosa, o de un período de mucho trabajo o actividad. *Después del ajetreo de las fiestas podremos respirar un poco.* **3.** Tener algo que está encerrado comunicación con el aire externo. *No tapes la comida con un plástico; deja que respire.* **4.** Tener una sensación agradable debido al descenso de la temperatura después de haber pasado mucho calor. *Al caer la tarde ya puedes respirar.* ○ tr. **5.** Absorber o aspirar (algo, espec. aire). *Aquí vas a respirar el aire de la sierra.* ■ **no dejar ~** (a alguien). loc. v. No dejar(lo) tranquilo o molestar(lo) continuamente. *Me llama cada dos por tres, no me deja respirar.* ■ **no poder (ni) ~.** loc. v. Tener mucho trabajo. *Estamos haciendo inventario y estoy que no puedo respirar.* ■ **sin ~.** loc. adv. Sin interrupción, o sin descanso. *Llevo más de seis horas trabajando en esto sin respirar.*

respiratorio, ria. adj. De la respiración. *El asmático tiene dificultades respiratorias. Vías respiratorias. Sistema respiratorio.*

respiro. m. **1.** Descanso breve en el trabajo. *He empezado a trabajar a las siete y a las diez me he tomado un respiro.* **2.** Alivio o disminución del dolor o de la preocupación. *¡Qué respiro cuándo me he enterado de que no te había pasado nada! Es un respiro poder quitarse los zapatos después de tantas horas de pie. La herencia supuso un pequeño respiro económico.*

resplandecer. (conjug. AGRADECER). intr. **1.** Brillar o despedir luz, propia o reflejada. *Las casas recién pintadas resplandecen al sol.* **2.** Reflejar la cara de alguien mucha alegría o satisfacción. *Cuando le dieron la noticia, su cara resplandecía.* **3.** Destacar o sobresalir alguien o algo entre otros. *Resplandece entre todos los escritores de su siglo.* ▶ **1:** *BRILLAR.

resplandeciente. adj. Que resplandece. *El cielo está resplandeciente. Ha salido de la sala del examen con la cara resplandeciente.* ▶ *BRILLANTE.

resplandor. m. **1.** Luz muy clara y potente que despide un cuerpo. *Por detrás de las montañas se veía el resplandor del amanecer. El resplandor de un* flash *nos deslumbró.* **2.** Brillo que despide o refleja un cuerpo. *Del atraco apenas recuerda el resplandor de una navaja en la noche. La sala solo está iluminada por el resplandor de una vela.* Tb. fig. *El resplandor de su cara revela su satisfacción.* ▶ **2:** BRILLO.

responder. tr. **1.** Contestar (algo) a una pregunta o a una llamada. *Han respondido "no"* A *mi propuesta.* Tb. usado en constr. intr. *Tardó varios días en responder* A *mi carta.* **2.** Contestar (a alguien) para atender a una pregunta o a una llamada. *–He solicitado un cambio de destino. –Y ¿te han respondido ya?* **3.** Contestar algo para resolver (una pregunta). *Un médico responderá las preguntas de los oyentes.* **4.** Contestar algo para atender (a una llamada). *El secretario se encarga de responder las llamadas.* ○ intr. **5.** Reaccionar a algo o mostrar el efecto que esa cosa persigue. *El cuerpo ha respondido* A *la medicación.* **6.** Corresponder alguien con una acción a una persona o a algo hecho por ella. *A esta faena pienso responder con otra.* **7.** Hacerse cargo alguien de los propios actos o de los de otro, garantizando o asumiendo sus consecuencias. *Yo respondo* DE *la capacidad de este hombre.* ▶ **1-4:** CONTESTAR.

respondón, na. adj. coloq. Que replica de manera irrespetuosa. *Los hijos le han salido respondones y maleducados.* Tb. m. y f. *Eres una respondona.*

responsabilidad. f. **1.** Obligación moral de alguien de responder de algo o de alguien, o de hacerse cargo de sus consecuencias. *Tú has traído a los gatitos a casa; ocuparte de ellos es tu responsabilidad.* **2.** Obligación de alguien de reparar legalmente la falta o el delito cometidos por él o por otro. *La responsabilidad del accidente es de la empresa.* **3.** Cualidad de responsable. *No le pienso confiar mi casa: es una persona sin ninguna responsabilidad.*

responsabilizar. tr. Hacer (a alguien) responsable de alguien o algo. *Los periódicos responsabilizan al director* DEL *fracaso de la campaña. La policía responsabiliza* DE *estos ataques a tres jóvenes. El fabricante no se responsabiliza* DE *los daños causados por mala utilización del producto. Nunca se ha responsabilizado* DE *su familia.*

responsable. adj. **1.** Que conoce sus obligaciones y procura cumplirlas, y que pone cuidado y atención en lo que dice o hace. *Es una mujer responsable que lo hará bien. Parece muy responsable y honrado.* **2.** Que tiene la responsabilidad u obligación de ocuparse de algo o alguien, o de responder por una falta o un delito. *Soy responsable de estos niños mientras no esté su madre. La empresa responsable del mantenimiento es de Zaragoza.* Tb. m. y f. *Es el responsable del cuidado de los animales. Ha reconocido ser la responsable de más de diez robos.* ● m. y f. **3.** Persona que tiene a su cargo la dirección de algo. *El informe está firmado por la responsable del departamento.*

responso. m. Conjunto de preces y versículos que se dicen por los difuntos. *El sacerdote rezará un responso por el alma del difunto.*

respuesta. f. Hecho o efecto de responder. *Su respuesta a mi ruego fue un "no" rotundo. Escribí a Luis pero aún no he tenido respuesta. Mañana le darán una respuesta al comprador del piso. En respuesta a lo mal que nos han tratado, no tendríamos que dejar propina.*

resquebrajadura. f. Grieta o hendidura en algo. *El temblor de tierra ha producido resquebrajaduras en la fachada.*

resquebrajamiento. m. Hecho de resquebrajar o resquebrajarse. *El calor produce el resquebrajamiento del barro.* Más frec. fig. *La desconfianza entre sus miembros llevó al resquebrajamiento del equipo.* ▶ *AGRIETAMIENTO.

resquebrajar. tr. Agrietar o producir hendiduras (en algo). *El sol y la lluvia han resquebrajado las baldosas de la terraza.* Tb. en constr. prnl. media. *La pintura de la pared se ha resquebrajado.* Tb. fig. *Sus ilusiones se han resquebrajado debido a las numerosas dificultades.* ▶ *AGRIETAR.

resquemor. m. Sentimiento de inquietud o disgusto. *Me ha quedado cierto resquemor por no haberme atrevido a preguntarle qué le pasaba. Que no los visitara generó resquemores.*

resquicio. m. **1.** Abertura pequeña, espec. la que queda entre el quicio y la puerta. *Por el resquicio de la puerta se cuela una franja de luz. No cierres del todo la ventana; deja un resquicio.* **2.** Oportunidad u ocasión para algo. *En cuanto le dejas un resquicio, se pone a hablar de su divorcio.* **3.** Resto que queda de un todo. *Conserva un resquicio de romanticismo. Aún se aferran a un resquicio de esperanza.* ▶ **1:** *ABERTURA.

resta. f. Operación aritmética de restar. *A los cuatro años ya sabía hacer sumas y restas. La resta de 100 menos 25 es 75.* Tb. fig. *La aparición de un nuevo candidato ha supuesto una resta de votos para el partido.* ▶ SUSTRACCIÓN.

restablecer. (conjug. AGRADECER). tr. **1.** Volver a establecer (algo). *La policía municipal ha restablecido la circulación. Han restablecido la costumbre de ir a merendar a la playa.* ○ intr. prnl. **2.** Recuperarse de una enfermedad. *No puede volver al trabajo hasta que se restablezca* DE *la bronquitis.*

restablecimiento. m. Hecho de restablecer o restablecerse. *El restablecimiento del niño será rápido. Restablecimiento de las comunicaciones.*

restallar. intr. **1.** Producir un ruido seco una cosa, espec. un látigo. *El látigo restalla en el aire.* ○ tr. **2.** Hacer que (una cosa, espec. un látigo) restalle (→ 1). *El domador restalla el látigo. Cogió la correa y la restalló junto a mí.*

restallido. m. Hecho o efecto de restallar. *El restallido del látigo ha asustado a los leones.*

restante. adj. Referido a un nombre en plural, o a ciertos nombres colectivos o de materia en singular: Que resta o queda. *Los días restantes los dedicaré a descansar. El conductor ha salido ileso, pero los restantes ocupantes del coche han quedado malheridos. Compré primero el pan y con el dinero restante me compré un bollo. Con el cemento restante acabaremos la pared.* Tb. sustantivado. *Echa esta grava en el camino, y la restante en el arcén.*

restañar. tr. Detener la salida (de la sangre) de una herida. *Restaña la sangre con un algodón empapado en agua oxigenada.*

restar. tr. **1.** Calcular la diferencia entre dos cantidades quitándole (una) a la otra. *Si restas 20 a 60, el resultado es 40.* **2.** Quitar (una cosa) de otra. *La lluvia ha restado belleza al espectáculo.* **3.** *Dep.* En algunos juegos de pelota: Devolver (el saque del contrario). *Gómez no restó el saque del italiano y perdió el tanto.* ○ intr. **4.** Quedar aún una parte de algo. *El tiempo que nos reste lo dedicaremos a descansar.*

restauración. f. **1.** Hecho de restaurar. *Ya han comenzado las obras de restauración de la catedral.* **2.** Restablecimiento en un país del régimen político que existía, espec. la monarquía, y que había sido sustituido por otro. *Después de la caída de la monarquía se produjo la restauración de la república.* Frec., en mayúsc., designa el régimen político correspondiente. *La Restauración borbónica.* Tb. el período histórico que comienza con el restablecimiento de ese régimen. *La Restauración española abarca desde 1875 hasta la dictadura de Primo de Rivera.* **3.** Oficio o actividad de explotar un restaurante. *Se dedica a la restauración. El curso de gastronomía estará dirigido a profesionales de la restauración.*

restaurador, ra. adj. **1.** Que restaura o sirve para restaurar. *Se ha producido un movimiento restaurador de los derechos civiles.* Dicho de pers., tb. m. y f. *Fue el gran restaurador de la música popular española.* ● m. y f. **2.** Persona que tiene por oficio la restauración de objetos artísticos o valiosos. *Varios restauradores arreglarán los daños sufridos por el lienzo.* **3.** Persona que tiene o dirige un restaurante. *Empezó con una tasca y hoy es uno de los restauradores más conocidos.*

restaurante. m. Establecimiento público donde se sirven comidas mediante pago y se consumen en el mismo local. *Han abierto un restaurante italiano en tu barrio.* ▶ RESTORÁN.

restaurar. (conjug. CAUSAR). tr. **1.** Reparar o arreglar (algo que está estropeado o roto, espec. una obra de arte). *Están restaurando los frescos de la capilla. Hay que apartar estos códices para que los restauren.* **2.** Restablecer (algo) o volver a poner(lo) en el estado que tenía. *Ha restaurado la paz en el territorio. Los habitantes de la ciudad han restaurado la celebración de esta fiesta.*

restitución. f. Hecho de restituir. *El infractor tendrá que abonar una suma por la restitución de su vehículo. Exigen la restitución a sus puestos de trabajo de los mineros despedidos.*

restituir. (conjug. CONSTRUIR). tr. **1.** Devolver (una cosa) a alguien o algo que (la) tenían antes. *Le rogamos que restituya los libros* A *la biblioteca.* **2.** Volver a poner (algo o a alguien) en el estado o lugar en que estaban. *Han restituido el cuadro* A *su color original.* ▶ **1:** *DEVOLVER.

resto. m. **1.** Parte que queda de un todo. *Hoy me llevo tres y mañana vendré a recoger el resto de los libros. Juan y Soledad se fueron de excursión y el resto nos quedamos en casa.* **2.** *Mat.* Resultado de la operación de restar. *Si restas 85 a 100, el resto es 15.* **3.** Cantidad que queda del dividendo cuando este no es exactamente divisible por el divisor. *Al dividir 26 entre 8, el resto será 2.* **4.** *Dep.* En algunos juegos de pelota: Hecho de restar o devolver el saque del contrario. *Saca el jugador argentino, y el italiano se prepara para el resto.* ○ pl. **5.** Partes de algo, espec. de comida, y gralm. inservibles, que sobran. *Recoge los platos y echa los restos en esta bolsa. Al acabar la obra, quedaron restos de cal y cemento en el suelo.* **6.** Cuerpo muerto de una persona, o parte de él. *Han encontrado los restos de uno de los desaparecidos.* Tb. *~s mortales. Sus restos mortales serán enterrados en el cementerio local.* ■ **echar el ~.** loc. v. Hacer todo el esfuerzo posible. *Le he prometido que de ahora en adelante echaré el resto.* ▶ **1-3:** RESIDUO. **2:** DIFERENCIA. **5:** RESIDUOS. ‖ **Am: 1:** REZAGO.

restorán. m. Restaurante. *Comimos en un restorán de las afueras.*

restregar. (conjug. ACERTAR). tr. Frotar mucho y con fuerza (algo o a alguien). *He restregado el suelo* CON *un trapo, pero la mancha no se quita. No te restriegues los ojos, que se te van a irritar. El oso se restregaba* CONTRA *un árbol para rascarse.* ▶ ESTREGAR.

restregón. m. **1.** Hecho de restregar. *Dio restregones a la caldera de cobre hasta dejarla reluciente.* **2.** Señal que queda en algo que se ha restregado. *La mesa de la cocina está llena de restregones de tanto fregarla.*

restricción. f. **1.** Hecho de restringir. *Las petroleras han acordado la restricción de los precios de la gasolina. La restricción del tráfico en el centro de la ciudad se hará progresivamente.* **2.** Limitación o reducción en el suministro de algunos productos de consumo, gralm. por escasez de estos. *Durante la guerra, había restricción de harina y de sal. Sufriremos restricciones de agua a causa de la sequía.*

restrictivo, va. adj. **1.** Que restringe o sirve para restringir. *La dirección ha adoptado medidas restrictivas para frenar los gastos.* **2.** Que denota restricción. *Vuestro punto de vista es muy restrictivo.*

restringir. tr. Reducir (algo) a unos límites menores. *Acabarán por restringir las llamadas de teléfono. Han restringido* A *cinco el número de permisos anuales que podemos pedir.*

resucitar. intr. **1.** Volver un muerto a la vida. *Cristo resucitó de entre los muertos.* ○ tr. **2.** Renovar o restablecer (algo desaparecido, olvidado o caído en desuso). *El grupo de teatro ha resucitado la vida cultural de este pueblo.* **3.** Hacer que (un muerto) vuelva a la vida. *Ningún médico puede resucitarla.* ▶ REVIVIR.

resudar. intr. **1.** Salir líquido por los poros o grietas pequeñas de un cuerpo. *Esta pared resuda por la humedad. Mete el queso en la nevera, que si no resuda.* **2.** Sudar. *Tenía mucha fiebre y resudaba debajo de las sábanas.* ▶ *SUDAR.

resuello. m. Aliento o respiración, espec. si son intensos. *Déjame que recobre el resuello después de esta carrera. Sentía el resuello del perro que iba en la parte de atrás de la furgoneta.* ■ **meterle** (a alguien) **el ~ en el cuerpo.** fr. coloq. Intimidar(lo). *Nos hablaron tanto de los fantasmas que consiguieron meternos el resuello en el cuerpo.* ▶ *RESPIRACIÓN.

resuelto, ta. part. **1.** → **resolver.** ● adj. **2.** Dicho de persona: Que actúa con resolución o ánimo. *Es muy resuelto y no le echa para atrás ninguna tarea. Se dirigió muy resuelta hacia la pizarra para resolver el problema.* **3.** Propio de la persona resuelta. *Se ha acercado a nosotras con paso resuelto.*

resulta. de ~s. loc. adv. A consecuencia, o como resultado. *De resultas* DEL *accidente tiene una lesión en la espalda. Me entretuve hablando con Raúl y, de resultas, perdí el tren.*

resultado. m. Efecto o consecuencia de algo. *Este libro es resultado de años de trabajo. Mi último televisor no ha dado buen resultado.* Tb. la cosa que se produce como consecuencia de otra. *Al dividir ese número entre veinte, obtenemos un resultado cercano al número buscado. Ayer cayó una nevada enorme; como resultado, las carreteras están cortadas. Los resultados de los exámenes aparecerán en el tablón.*

resultante. adj. **1.** Dicho de cosa: Que resulta o se produce a causa de otra. *Todos aportamos alguna idea y el documento resultante fue remitido a la dirección.* Tb. f. *Esa conducta es la resultante de años de represión.* ● f. **2.** *Fís.* Suma geométrica de dos o más vectores. *Un cuerpo estaría en equilibrio si se anula la resultante de todas las fuerzas ejercidas sobre él.*

resultar. intr. **1.** Seguido de un adjetivo: Llegar a ser una persona o cosa lo expresado por él. *A veces resulta simpático.* **2.** Ocurrir o producirse una cosa a causa de otra. DEL *entusiasmo de todos ha resultado una obra magnífica.* **3.** Seguido de un adjetivo: Descubrirse o comprobarse que una persona o cosa son lo expresado por él. *El chico resulta demasiado lento para este trabajo.* **4.** Seguido de un nombre: Comprobarse que una cosa termina siendo lo que el nombre indica. *Su proyecto ha resultado una estafa.* **5.** Seguido de un adverbio como *bien* o *mal:* Comprobarse que una cosa termina en la forma que el adverbio indica. *La boda resultó bastante bien.*

resultón, na. adj. coloq. Que gusta por su aspecto. *Me he comprado un par de zapatos muy resultones en las rebajas. No es que sea una belleza, pero la encuentro resultona.*

resumen. m. **1.** Hecho de resumir. *El resumen de textos requiere capacidad de síntesis.* **2.** Exposición resumida de algo, que se hace por escrito o de palabra. *Entrégueme el resumen de este texto. A las tres les ofreceremos un resumen de las noticias del día.* ■ **en ~.** loc. adv. Resumiendo, o a modo de conclusión. Se usa para indicar que lo que sigue es una explicación resumida o una conclusión de lo anterior. *Lo que ha dicho, en resumen, es que la empresa está perdiendo dinero. En resumen, todavía queda mucho por hacer. –Estoy algo cansado. –En resumen, que no quieres venir conmigo.*

resumidamente. adv. Brevemente, o en pocas palabras. *Le conté resumidamente lo que había pasado ayer.*

resumir. tr. Reducir o hacer más breve (algo, espec. un discurso o un texto), atendiendo solo a lo esencial. *Resumiré en cinco minutos todo lo que he dicho.* ▶ REDUCIR.

resurgimiento. m. Hecho de resurgir. *Después de la crisis ha habido un resurgimiento de la economía.*

resurgir. intr. **1.** Volver a surgir o aparecer. *El sol ha resurgido por detrás de las nubes.* **2.** Volver a tener fuerza o vitalidad. *La afición al ciclismo está resurgiendo.*

resurrección. f. Hecho de resucitar. *La creencia en la resurrección de los muertos existe en varias religiones. El cuadro muestra la resurrección de Lázaro por Jesucristo.*

retablo. m. Obra arquitectónica, hecha gralm. de piedra o de madera, situada detrás del altar, y decorada normalmente con pinturas o esculturas. *El retablo del altar mayor es de estilo gótico.* Tb. la serie de esas pinturas o esculturas. *En el altar mayor de la catedral hay un retablo pintado por un artista flamenco.*

retacear. tr. Am. Escatimar (algo). *Se utilizarán recipientes más profundos, sin retacear aceite* [C]. *El presidente reclamó que no se retaceen fondos destinados a la asistencia social* [C]. ▶ ESCATIMAR.

retaco, ca. adj. coloq. o despect. Dicho de persona: De baja estatura y gralm. rechoncha. *Es una chica un poco retaca.* Tb. m. y f. *Vino a verme un retaco que quería venderme una suscripción.* Frec. se usa para referirse, humorística o cariñosamente, a un niño. *Conozco esos montes desde que era un retaco. ¡Tú, retaco, a ver si pasas el balón de una vez!*

retador, ra. adj. **1.** Dicho de persona: Que reta. *El tipejo se acercaba retador hacia mí.* **2.** Que denota reto o desafío. *Me ha lanzado una mirada retadora.*

retaguardia. f. **1.** Parte del ejército que se encuentra más alejada del enemigo, o que avanza o se mantiene en último lugar. *Comunique a la retaguardia que vamos a comenzar la marcha.* **2.** En una guerra: Zona en la que no se combate. *Trasladarán a los heridos a la retaguardia.* **3.** Parte final o trasera de algo. *La retaguardia de la sierra es sombría y fría. Comenzó la carrera en la retaguardia del pelotón y fue ganando puestos poco a poco.* ■ **a (la) ~,** o **en ~.** loc. adv. Detrás. *El atleta se ha situado a retaguardia* DE *los otros corredores. Encabezan el desfile los soldados y después, en retaguardia, van los caballos.* Frec. fig. *El país va a la retaguardia* DE *los demás en investigación.*

retahíla. f. Serie de muchas cosas, espec. palabras, que van o están una detrás de otra. *Me ha lanzado una retahíla de insultos. Para pedir la beca ha tenido que rellenar una retahíla de impresos.*

retal. m. Pedazo o trozo de una cosa, espec. tela. *Después de hacer el traje le ha sobrado un retal. He comprado varios retales de cretona para hacer unas fundas.*

retaliación. f. Am. Represalia (castigo). *La matanza pudo haber sido en retaliación por los atracos* [C]. ▶ REPRESALIA.

retama. f. Arbusto común en la Península Ibérica, de ramas finas y flexibles, con flores en racimos, pequeñas y amarillas, y del que existen varias especies, por ej.: *~ blanca, ~ de escobas, ~ negra. En esta ladera abundan las retamas y las jaras.*

retar. tr. **1.** Incitar una persona (a otra) a enfrentarse con ella en una lucha o competición, o a hacer algo difícil o desagradable. *Lo ha retado* A *un duelo con pistolas. La reto* A *que haga públicas sus acusaciones.* **2.** Am. coloq. Reprender (a alguien). *Mi mamá me retó; no quise ser atrevida y callé* [C]. ▶ **1:** DESAFIAR.

retardado, da. part. **1.** → **retardar.** ● adj. **2.** Am. Dicho de persona: Retrasada o que tiene un desarrollo mental inferior al normal. *Son niños que tienen problemas de aprendizaje, no niños retardados* [C]. Tb. m. y f. y, entonces, frec. ~ *mental. Fue internado en un asilo para retardados mentales* [C]. A veces se usa como insulto. *Tenemos a un retardado mental como adversario* [C]. ▶ **2:** RETRASADO.

retardar. tr. **1.** Hacer que (algo) llegue o suceda más tarde del tiempo debido o acordado. *Diversos problemas burocráticos han retardado su puesta en libertad.* Tb. en constr. prnl. media. *La sentencia puede retardarse meses.* **2.** Hacer que (algo) vaya más lento. *El medicamento retarda el progreso de la enfermedad.* Tb. en constr. prnl. media. *Una deficiencia de vitaminas hace que se retarde el crecimiento.* ▶ **1:** *RETRASAR.

retardo. m. Hecho o efecto de retardar o retardarse. *El sonido llega a veces con retardo.*

retazo. m. **1.** Parte aislada o separada de una cosa. *Solo oigo retazos de su conversación. Ha ido escribiendo el libro a retazos. Por la ventana se ve un retazo de cielo.* **2.** Retal o pedazo de una tela. *Una colcha hecha de retazos.*

retemblar. (conjug. ACERTAR). intr. Temblar repetidamente o con intensidad. *Las paredes han retemblado con la explosión.*

retén. m. **1.** Conjunto de personas que permanecen en un puesto para controlar o vigilar. *Quieren organizar un retén de vecinos para evitar más atracos. Un retén de bomberos.* **2.** Conjunto de soldados destinados a reforzar la vigilancia de un puesto. *Hay retenes militares en varios puntos de la ciudad.* **3.** Cantidad de una cosa o conjunto de cosas reservadas para un fin. *Se dispondrá de un retén de maquinaria para la extinción de posibles incendios.* **4.** Am. Puesto de control o vigilancia. *Se ha enviado su retrato a todas las comisarías, retenes, puestos fronterizos* [C]. *Los subversivos instalaron un retén en la vía* [C]. **5.** Am. Establecimiento donde se recluye a menores o a presos preventivos. *Heridos dos menores durante un motín en un retén* [C]. *El detenido permanece en un retén policial sin posibilidad de libertad provisional bajo fianza* [C].

retención. f. **1.** Hecho de retener. *El aislante permite una mayor retención del calor. Se ha producido un atraco a mano armada con retención de rehenes.* **2.** Detención o marcha lenta del tráfico de vehículos, por aglomeración o por obstáculos en la carretera. *Hay retenciones en todos los accesos a la ciudad.* **3.** Cantidad de dinero descontada de un pago, espec. de un sueldo, en concepto de impuesto fiscal. *Los asalariados reclaman una bajada de las retenciones.* **4.** *Med.* Acumulación en el organismo de materias que debieran ser expulsadas. *Presenta hinchazón en las piernas producida por la retención de líquidos.*

retener. (conjug. TENER). tr. **1.** Impedir que (alguien o algo) salgan de algún lugar, se muevan o avancen. *Un accidente ha retenido el tráfico en la A-7.* **2.** Conservar (algo) dentro de sí o para sí, de modo que no se escape o no pase a otro. *Las cazuelas de barro retienen mejor el calor.* **3.** Guardar (algo) en la memoria. *Me cuesta mucho retener las fechas.* **4.** Descontar (una cantidad) de un pago, espec. de un sueldo o factura, en concepto de impuesto fiscal. *La empresa le retiene el 14% DE su salario bruto.* **5.** Contener o reprimir (un sentimiento o impulso, o la forma de expresarlos). *No puede retener las lágrimas.* **6.** *Der.* Detener la policía (a alguien) momentáneamente para una averiguación urgente. *La policía ha retenido a varios manifestantes y les ha requerido la documentación.*

retentiva. f. Capacidad para retener o guardar en la memoria algo. *Será muy útil para el alumno hacer ejercicios que desarrollen su retentiva.*

reticencia. f. **1.** Reserva o desconfianza. *El proyecto de reforma suscita reticencias en algunos sectores. Tiene cierta reticencia A conceder entrevistas.* **2.** Hecho de dar a entender algo, espec. con malicia. *Háblame claramente, sin reticencias.*

reticente. adj. **1.** Que tiene o expresa reticencia. *Se ha mostrado reticente ante nuestra propuesta. –Ya hablaremos –dijo reticente.* **2.** Propio de la persona reticente (→ 1). *Mantiene una postura reticente A acceder a estas demandas. Nos escucha callado, con una sonrisa reticente.*

retícula. f. *tecn.* Conjunto de líneas que se cruzan unas sobre otras. *Recorre el ábside una franja de ladrillos que configuran una retícula de rombos. Observa en el plano la compleja retícula urbana.*

reticular. adj. *tecn.* Que tiene forma de retícula. *Desde lo alto de la torre, se aprecia la estructura reticular de la ciudad. El edificio tiene un forjado reticular.*

retículo. m. **1.** *tecn.* Tejido en forma de red. *Algunas células poseen un retículo que produce proteínas.* **2.** *tecn.* Conjunto de dos o más líneas entrecruzadas, que se coloca en el foco de un instrumento óptico para hacer mediciones y precisar el punto al que se dirige la visión. *El retículo se ajusta al foco mediante un anillo que se enrosca.*

retina. f. Membrana interna del ojo que, al captar la luz, emite al cerebro impulsos nerviosos que se transforman en imágenes. *El desprendimiento de retina puede causar ceguera parcial.*

retinol. m. *Bioquím.* y *Med.* Vitamina A. *El retinol es básico para la protección de la piel.*

retintín. m. coloq. Tono irónico o burlón. *–¿Qué?, ¿de juerga? –nos dijo con cierto retintín.*

retinto, ta. adj. Dicho de animal: De color castaño muy oscuro. *El primer toro, de siete años, es retinto y flaco.*

retirada. f. Hecho de retirar o retirarse. *Tras su retirada del baloncesto, se hizo médico deportivo. El enemigo ha emprendido la retirada.*

retirado, da. part. **1.** → **retirar.** ● adj. **2.** Dicho de lugar: Distante o apartado. *La ermita está bastante retirada DEL pueblo. Viven en un lugar muy retirado.* **3.** Dicho de vida: Alejada del trato con los demás. *Lleva una vida sencilla y retirada.* ▶ **2:** *LEJANO.

retirar. tr. **1.** Apartar o separar (una cosa o a una persona) de otra. *Retira un poco esas bolsas para que podamos sentarnos. ¡Retírate DE la tele, que te vas a estropear la vista!* **2.** Quitar (algo o a alguien) del lugar en que estaban. *Retira los platos DE la mesa. La policía les ordenó retirarse DE allí.* **3.** Hacer que (alguien) deje de ejercer una actividad o una profesión. *Las lesiones lo retiraron DEL atletismo. Como me toque la lotería, me retiro. Se retiró pronto DEL motociclismo.* Tb. en constr. prnl. media, espec. referido a funcionarios o militares. *¿A qué edad se retiran los militares en tu país?* **4.** Desdecirse (de lo expresado) o dejar de mantener(lo). *Si te ofendió mi comentario, lo retiro.* **5.** Negar (algo) a alguien o privarlo (de ello). *Me ha retirado la palabra.* ○ intr. prnl. **6.** Irse a un lugar distante o apartado, gralm. para alejarse del trato con los demás. *Se hizo monje y se retiró A un monasterio. La población civil se retiró A las montañas.* **7.** Irse a dormir o a casa. *Yo me retiro, que mañana madrugo.* **8.** Abandonar el campo de batalla un ejército. *Las tropas aliadas tuvieron que retirarse.* **9.** Abandonar una competición. *Se retiró DEL torneo por problemas musculares.*

retiro. m. **1.** Hecho de retirarse a un lugar distante o apartado, gralm. para alejarse del trato con los demás. *La vida del ermitaño supone un retiro forzoso.* Tb. el lugar donde se vive retirado. *Manda las crónicas al periódico desde su retiro en un pueblo almeriense.* **2.** Hecho de retirarse de una actividad o profesión. *Le quedan pocos años para el retiro.* **3.** Pensión que cobra una persona que se ha retirado de su profesión. *Le ha quedado un buen retiro.* **4.** Ejercicio piadoso que consiste en practicar ciertas devociones apartándose por uno o más días, en todo o en parte, de las ocupaciones ordinarias. *Ha estado todo el mes haciendo un retiro.* Tb. *~ espiritual. Los retiros espirituales fortalecen su fe.*

reto. m. **1.** Hecho de retar o incitar a alguien a que luche o compita. *Le han propuesto un partido a cinco sets y ha aceptado el reto.* **2.** Objetivo difícil de llevar a cabo y que constituye un estímulo para quien lo afronta. *El ministro tiene ante sí el reto de reformar la Sanidad. Para mí, terminar la carrera es todo un reto.* **3.** Am. coloq. Hecho de retar o reprender. *El oficial le dio un reto por tirar cohetes en lugares públicos* [C]. ▶ **1, 2:** DESAFÍO.

retocar. tr. Hacer pequeños cambios o modificaciones (en algo) para perfeccionar(lo). *Han retocado algunos artículos de la ley. La maquilladora le retoca los ojos.*

retomar. tr. Volver a tomar (algo que se había interrumpido o perdido). *Retomaron la conversación donde la habían dejado. Ha retomado su vieja costumbre de salir a pasear.*

retoñar. intr. **1.** Echar retoños una planta. *El moral está empezando a retoñar.* **2.** Volver a tener fuerza o vitalidad. *Entrado el siglo XVIII, retoña en Europa el gusto por lo clásico.*

retoño. m. **1.** Brote o tallo nuevo de una planta. *Pode los retoños que salgan en el tronco.* **2.** coloq. Hijo, espec. de corta edad. *Lleva a sus retoños a jugar al parque.* ▶ **1:** REBROTE.

retoque. m. Hecho o efecto de retocar. *Se dedica al retoque de fotografías. Te haré un último retoque en el peinado.*

retorcer. (conjug. MOVER). tr. **1.** Dar vueltas (a algo) sobre sí mismo para que tome forma helicoidal. *Aclara la ropa y escúrrela bien sin retorcerla.* Tb. fig. *Me retorció el brazo.* Tb. en constr. prnl. media. *Al coser, este hilo se retuerce constantemente.* **2.** Dar (a lo expresado) un sentido distinto del que tiene, gralm. de forma maliciosa. *Ha retorcido mis palabras en su provecho.* ○ intr. prnl. **3.** Doblar el cuerpo o hacer giros y contorsiones, gralm. a causa de un dolor agudo o de una risa incontenible. *Cayó al suelo retorciéndose* DE *dolor.*

retorcido, da. part. **1.** → **retorcer.** ● adj. **2.** Dicho de persona: Que tiene malicia o intenciones ocultas, en su conducta o en su manera de interpretar las cosas. *Hay que ser retorcido para cometer un crimen así. No seas retorcida, no lo ha dicho para ofenderte.* **3.** Dicho de lenguaje o modo de expresarse: Confuso y difícil de entender. *El escritor tiene un estilo oscuro y retorcido.* ▶ **2:** SINUOSO, TORCIDO, TORTUOSO. ‖ **Am: 2:** CHUECO.

retorcimiento. m. Hecho de retorcer o retorcerse. *El dolor le provoca un retorcimiento de todo su cuerpo.*

retórico, ca. adj. **1.** De la retórica (→ 3, 4). *Aristóteles fijó gran parte de la teoría retórica. No ha gustado la artificiosidad retórica de su discurso.* **2.** Experto en retórica (→ 3). Tb. m. y f. *Demóstenes fue uno de los grandes retóricos de la antigua Grecia.* ● f. **3.** Arte de hablar o escribir de manera eficaz y convincente. *Para Cicerón, la retórica exigía amplios conocimientos de artes y ciencias.* **4.** despect. Modo de expresarse poco natural y que tiene escaso contenido. *Los políticos ya están empleando su retórica preelectoral.*

retornable. adj. Que se puede retornar o devolver. *Este envase no es retornable.*

retornar. tr. **1.** Devolver o volver (algo o a alguien) al lugar o situación en que estaban. *Han retornado al niño* A *su hogar.* ○ intr. **2.** Volver alguien o algo al lugar o situación en que estaban. *Muchos exiliados han retornado con el cambio de régimen. Cuando acabó la huelga, todo retornó* A *la normalidad.*

retorno. m. Hecho de retornar. *A su retorno, la ciudad había cambiado. El viaje de retorno lo hizo por otra ruta.*

retorta. f. *Quím.* Vasija de laboratorio que tiene el cuello largo y curvado hacia abajo. *Se calienta el interior de la retorta para destilar el zinc.*

retortero. al ~. loc. adv. coloq. De acá para allá, o sin descanso. Frec. con v. como *andar, traer* o *tener. Anduvo todo el día al retortero, de una ventanilla a otra. Los niños me tienen todo el día al retortero.*

retortijón. m. Dolor breve y agudo en el vientre. *Algo me sentó mal y tenía retortijones.*

retozar. intr. **1.** Saltar y moverse alegremente, espec. jugueteando. *Un cabritillo retoza ladera abajo. Los cachorros retozaban con los niños en el jardín.* **2.** Realizar juegos amorosos dos personas. *Una pareja retoza en la playa.*

retozo. m. Hecho de retozar. *Observa complacido el retozo de la niña y el perro. El parque es lugar de retozo para los novios.*

retozón, na. adj. Que retoza. *Un corderillo retozón se separa del rebaño.*

retracción. f. **1.** Hecho de retraer o retraerse. *Las uñas del gato pueden experimentar un movimiento de retracción.* **2.** *Med.* Reducción de volumen. *Durante el parto se produce la retracción del útero.*

retractación. f. Hecho de retractarse. *El tribunal lo obligó a una retractación pública.*

retractarse. intr. prnl. Retirar lo que se ha dicho. *No se retracta* DE *nada de lo que ha dicho.* ▶ DESDECIRSE.

retráctil. adj. Dicho de mecanismo o pieza, o de parte del cuerpo: Que puede moverse hacia atrás y quedar oculto o replegado. *Los felinos poseen uñas retráctiles. Este aeroplano dispone de tren de aterrizaje retráctil.*

retraer. (conjug. TRAER). tr. **1.** Hacer que (algo o alguien) vayan hacia atrás en el espacio o en el tiempo. *El viaje al pueblo los retrajo* A *la infancia.* Tb. en constr. prnl. media. *Al presionar el vientre, se retrae la pared abdominal.* **2.** Apartar (a alguien) de su propósito. *El mal tiempo no ha retraído al público, y el estadio se ha llenado. Los empresarios se retraen* DE *hacer nuevos contratos.* ○ intr. prnl. **3.** Alejarse del trato con los demás, frec. por timidez. *En las fiestas se retrae y habla muy poco.*

retraído, da. part. **1.** → **retraer.** ● adj. **2.** Tímido y poco comunicativo. *Es una alumna retraída y solitaria. Tiene un carácter muy retraído.*

retraimiento. m. **1.** Hecho o efecto de retraer o retraerse. *Una educación muy severa puede provocar* *retraimiento en los niños.* **2.** Cualidad de retraído. *Su retraimiento es un obstáculo para hacer amigos.*

retranca. f. coloq. Intención disimulada u oculta. *–A este paso te dan el Nobel, hijo mío –dijo con retranca.*

retransmisión. f. Hecho o efecto de retransmitir. *La cadena pública hará la retransmisión de las olimpiadas. Vimos la retransmisión del debate.*

retransmitir. tr. **1.** Volver a transmitir (algo). *La sonda espacial capta imágenes que retransmite a la Tierra.* **2.** Transmitir una emisora de radio o televisión (algo transmitido a ella desde otro lugar). *Van a retransmitir la entrega de los premios Nobel.*

retrasado, da. part. **1.** → **retrasar.** ● adj. **2.** Dicho de persona: Que tiene un desarrollo mental inferior al normal. *Va a un colegio para niños retrasados.* Tb. m. y f. y, entonces, frec. ~ *mental. Los retrasados mentales necesitan más ayuda del Estado.* A veces se usa como insulto. *¡Mira este retrasado dónde ha ido a aparcar!* ▶ **Am: 2:** RETARDADO.

retrasar. tr. **1.** Hacer que (algo) llegue o suceda más tarde del tiempo debido o acordado. *La niebla retrasará el vuelo. Hemos retrasado la boda.* **2.** Atrasar (un reloj). *A las tres deben retrasar sus relojes una hora.* ○ intr. prnl. **3.** Quedarse atrás en el espacio, en una acción o en un proceso. *Se retrasó para hablar con los que iban en la cola de la fila. Se ha retrasado en los estudios.* **4.** Llegar o presentarse más tarde del tiempo debido o acordado. *Su vuelo se ha retrasado. Sé puntual y no te retrases.* ▶ **1:** APARCAR, APLAZAR, ATRASAR, DEMORAR, DIFERIR, DILATAR, POSPONER, POSTERGAR, RETARDAR. **2:** ATRASAR. **3:** ATRASARSE. || **frecAm: 4:** DEMORAR.

retraso. m. Hecho o efecto de retrasar o retrasarse. *Perdón por el retraso. El tren llegó con una hora de retraso.* ▶ ATRASO, DEMORA.

retratar. tr. **1.** Hacer un retrato pictórico o fotográfico (de alguien). *Goya retrató a los reyes. Un fotógrafo retrata a los novios.* **2.** Hacer un retrato o descripción detallada (de alguien o algo). *En sus novelas, Cervantes retrata la sociedad de su época.*

retratista. m. y f. Persona que hace retratos pictóricos o fotográficos. *Velázquez fue un gran retratista. El fotógrafo se gana la vida como retratista.*

retrato. m. **1.** Representación de una persona, espec. de su rostro, en un dibujo, pintura o fotografía. *Goya hizo varios retratos del rey. La foto premiada es el retrato de un niño.* **2.** Descripción detallada de una persona o cosa. *La película es un retrato del Londres victoriano.* ■ ~ **robot.** m. **1.** Retrato (→ 1) de una persona, compuesto a partir de la descripción de alguien que la ha visto. *Han difundido el retrato robot del secuestrador.* **2.** Conjunto de rasgos o características de un tipo de personas. *¿Podría darnos un retrato robot del lector de su periódico?* □ **ser el vivo** ~ (de alguien). loc. v. Parecerse mucho (a él) en el físico. *Elvira era el vivo retrato* DE *su abuela.*

retreparse. intr. prnl. Sentarse en un asiento recostándose. *Se ha retrepado en el sofá y se ha dormido.*

retreta. f. Toque militar con el que por la noche se ordena a la tropa que se recoja en el cuartel. *Los soldados de permiso volvían el domingo antes de la retreta.*

retrete. m. **1.** Habitación donde se encuentran las instalaciones diseñadas para evacuar excrementos. *–¿Dónde está el retrete? –Al fondo del pasillo.* **2.** Instalación con forma de recipiente diseñada para evacuar excrementos. *El baño tiene ducha, lavabo y retrete.* ▶ **1:** EVACUATORIO, LAVABO, LETRINA, SERVICIO, URINARIO, VÁTER. **2:** VÁTER.

retribución. f. **1.** Hecho de retribuir. *Cada mes el tesorero retira dinero para la retribución de los empleados.* **2.** Cantidad de dinero con que se retribuye. *Los funcionarios reclaman una subida de sus retribuciones.* ▶ **2:** *SUELDO.

retribuir. (conjug. CONSTRUIR). tr. Pagar o recompensar con dinero (un trabajo o un servicio realizados, o a la persona que los realiza). *Su trabajo fue retribuido generosamente. La Administración ha de retribuir al funcionario de acuerdo con su categoría.* ▶ *PAGAR.

retributivo, va. adj. De la retribución. *La empresa ha cambiado su política retributiva. Los trabajadores piden un aumento retributivo.*

retro-. pref. Significa 'hacia atrás'. *Retroacción, retroproyector.*

retroactividad. f. Cualidad de retroactivo. *La retroactividad de la norma hace que esta sea aplicable a los contratos vigentes.*

retroactivo, va. adj. Que actúa o se aplica sobre algo que ya ha pasado. *La subida de las pensiones tendrá carácter retroactivo.*

retroceder. intr. Ir hacia atrás. *Un árbol caído en el camino nos hizo retroceder.* Tb. fig. *Nunca retrocede ante nada.* ▶ RECULAR.

retroceso. m. **1.** Hecho o efecto de retroceder. *La victoria evita el retroceso del equipo en la clasificación. El dólar experimentó un retroceso en el mercado de valores.* **2.** Golpe que da hacia atrás un arma de fuego al dispararla. *Si la pistola está bien agarrada, el retroceso apenas se nota.* **3.** Empeoramiento de un enfermo. *El paciente ha experimentado un serio retroceso.*

retrógrado, da. adj. **1.** despect. Dicho de persona: Partidaria de instituciones políticas o sociales propias de tiempos pasados, o contraria a innovaciones o cambios. *Algunos senadores retrógrados se oponen a la ley.* Tb. m. y f. *Un puñado de retrógrados trató de sabotear la exposición de desnudos.* **2.** despect. Dicho de cosa: Propia de la persona retrógrada (→ 1). *Es un hombre de ideas retrógradas.*

retropropulsión. f. *Aer.* Propulsión que hace frenar o retroceder a una nave, y que se produce mediante la expulsión de un fluido, espec. un gas, en el sentido de la marcha. *La nave tiene un sistema de retropropulsión para frenar la entrada en la órbita lunar.*

retroproyector. m. Proyector que reproduce la imagen ampliada de una transparencia en una pantalla colocada detrás de la persona que lo maneja. *La profesora usa un retroproyector para mostrar los mapas a sus alumnos.*

retrospección. f. Mirada o examen retrospectivos. *La novela es una larga retrospección de la protagonista.*

retrospectivo, va. adj. **1.** Que se refiere a un tiempo pasado. *El ensayo es una mirada retrospectiva a las costumbres de antaño.* **2.** Dicho de exposición o muestra: Que presenta cronológicamente la obra de un artista o grupo para mostrar su trayectoria. *En el museo hay una exposición retrospectiva de Miró.* Tb. f. *Se inauguró la retrospectiva de cine neorrealista italiano.*

retrotraer. (conjug. TRAER). tr. **1.** Llevar (algo o a alguien) a un tiempo pasado. *Para entender el proble-*

ma, hay que retrotraerlo AL *siglo pasado.* ○ intr. prnl. **2.** Retroceder alguien en el tiempo, frec. para relatar algo. *Se retrotrajo* A *su infancia y contó varias anécdotas.*

retrovirus. m. *Biol.* y *Med.* Virus con ácido ribonucleico que puede ser el agente causante de enfermedades como la leucemia o el sida. *Retrovirus humanos. Hay fármacos que retardan la acción del retrovirus del sida.*

retrovisor. m. En un vehículo: Espejo que permite al conductor ver lo que está detrás. *Antes de adelantar al camión, miró por el retrovisor.*

retruécano. m. *Lit.* Figura retórica que consiste en construir dos frases distintas con los mismos términos pero invertidos, para realzar el contraste entre ambas. *En "dice lo que sabe, pero no sabe lo que dice", hay un retruécano.*

retumbante. adj. Que retumba. *Su voz ronca y retumbante asusta a los niños.*

retumbar. intr. Resonar con fuerza o hacer mucho ruido. *Las detonaciones de la mina retumban en el valle. La música de la feria retumba por todo el barrio.*

reuma o **reúma.** m. (Tb., frecAm., f.). Reumatismo. *Padezco de reuma. El reúma lo tiene muy dolorido. Bebe la sangre para curarse de la reuma* [C].

reumático, ca. adj. **1.** Que padece reumatismo. *Al balneario acuden enfermos reumáticos.* Tb. m. y f. *Muchos reumáticos necesitan ayuda en su vida diaria.* **2.** Del reumatismo. *Dolores reumáticos. Afecciones reumáticas.*

reumatismo. m. Enfermedad que se caracteriza por inflamación y dolor en las articulaciones y en los músculos. *Las personas con reumatismo tienen poca movilidad.* ▶ REUMA.

reumatología. f. *Med.* Rama de la medicina que se ocupa de las afecciones reumáticas. *El especialista en reumatología trata a los enfermos de artrosis.*

reunificación. f. Hecho de reunificar o reunificarse. *Los fans esperan una reunificación del grupo. La reunificación de Alemania tuvo lugar en 1990.*

reunificar. tr. Volver a unificar (algo). *El líder conservador ha reunificado el partido.* Tb. en constr. prnl. media. *El país se reunificó después de la guerra.*

reunión. f. **1.** Hecho o efecto de reunir o reunirse. *Tras varias reuniones, llegaron a un acuerdo. Tuvo que irse de la reunión.* **2.** Conjunto de personas reunidas. *Una persona de la reunión se levantó para hablar.*

reunir. tr. **1.** Volver a unir (a dos o más personas o cosas que estaban separadas). *He tardado horas en reunir y clasificar los papeles.* Tb. en constr. prnl. media. *A la salida del túnel se reúnen los dos ramales de la autopista.* **2.** Juntar (a varias personas) en un mismo lugar con un fin común. *El acto pretende reunir a la flor y nata del mundo teatral.* Tb. en constr. prnl. media. *Los dirigentes se reunirán en un país neutral.* **3.** Juntar (varias cosas), espec. para un fin, como una colección o una recopilación. *Han logrado reunir mil firmas.* ▶ **2, 3:** *JUNTAR.

reutilización. f. Hecho de reutilizar. *La reutilización del agua supondrá un gran ahorro.*

reutilizar. tr. Volver a utilizar (algo) con la función que tenía o con otra nueva. *En lugar de tirar las bolsas, reutilícelas. Reutilizamos los frascos para hacer conservas.*

Rev. abrev. Reverendo.

reválida. f. **1.** Hecho de revalidar. *La victoria electoral supone una reválida de su política.* **2.** Examen que tiene por objeto ratificar la validez de ciertos estudios, una vez acabados. *Aprobó la reválida a la primera.*

revalidar. tr. Confirmar la validez o el valor (de algo). *Los hallazgos arqueológicos revalidaron su teoría.*

revalorización. f. Hecho o efecto de revalorizar o revalorizarse. *Todos los años hay una revalorización automática de las pensiones.*

revalorizar. tr. Aumentar el valor (de algo) o hacer que lo recupere. *La cotización de la empresa en Bolsa la revalorizó.* Tb. en constr. prnl. media. *La casa se ha revalorizado con la reforma.* ▶ VALORIZAR.

revaluación. f. *Econ.* Hecho o efecto de revaluar. *Se ha producido una revaluación del dólar.*

revaluar. (conjug. ACTUAR). tr. *Econ.* Aumentar el valor (de una moneda). *El Banco Central decidió intervenir en el mercado de divisas para revaluar el euro.*

revancha. f. **1.** Venganza por un daño, una ofensa o una derrota que se han sufrido. *Sentía odio y deseos de revancha contra los que me insultaron.* Frec. en la constr. *tomarse la* ~. *Cuando se liberó de sus captores, juró tomarse la revancha.* **2.** En algunos juegos: Oportunidad que tiene alguien de recuperar lo perdido o de volver a enfrentarse a quien lo ha derrotado. *Perdió un dineral al póquer, y aun así quería la revancha.* Gralm. en la constr. *dar,* o *pedir, la* ~. *Me ganó a los dardos, pero le pedí la revancha.*

revanchismo. m. Actitud de revancha o venganza. *La oposición acusa al Gobierno de actuar con revanchismo.*

revanchista. adj. Que busca la revancha. *Hay un ánimo revanchista en sus acusaciones contra el presidente.*

revelación. f. Hecho o efecto de revelar o revelarse. *La revelación de las fuentes es contraria a la ética periodística. La revista publica explosivas revelaciones sobre su vida privada. Una joven directora fue la revelación del festival de cine.*

revelado. m. Hecho de revelar una película fotográfica. *Los fallos de color pueden deberse a un revelado defectuoso.*

revelador, ra. adj. **1.** Que revela. *El descenso de la natalidad es revelador* DE *un cambio en la sociedad. Su repentino interés por mí es muy revelador. Líquido revelador. Se publicó un revelador documento sobre la corrupción.* Dicho de pers., tb. m. y f. *El revelador de la trama del crimen es un periodista.* ● m. **2.** Líquido que sirve para revelar una película fotográfica. *Sumerja la película en el revelador.*

revelar. tr. **1.** Descubrir o manifestar (algo oculto o desconocido). *La prensa reveló la existencia de un complot financiero. El entrenador no ha revelado quién jugará el domingo.* **2.** Dar muestras claras (de algo). *Su rostro revela fatiga.* **3.** Hacer visible la imagen impresa (en una película o placa fotográfica) mediante un proceso químico. *Aquí revelan dos carretes al precio de uno.* **4.** Manifestar Dios a los hombres (algo cuyo conocimiento no es accesible por la razón). *El Corán contiene lo que Dios reveló a Mahoma.* ○ intr. prnl. **5.** Mostrarse de una manera determinada. *El petróleo se reveló imprescindible para la vida diaria. En este libro, Zorrilla se revela como un magnífico prosista.*

revendedor, ra. m. y f. Persona que revende. *A las subastas de pisos acuden muchos revendedores.*

revender. tr. Volver a vender (algo), gralm. al poco tiempo de haber(lo) comprado y con intención de sacar ganancia. *Se dedica a comprar terrenos para revenderlos. Un hombre revendía entradas a la puerta del estadio.*

revenirse. (conjug. VENIR). intr. prnl. Ponerse blando y correoso algo por la humedad o el calor. *El pan se ha revenido por dejarlo en la bolsa.*

reventa. m. y f. **1.** Revendedor de entradas para espectáculos públicos. *Los reventas merodean alrededor del estadio.* ○ f. **2.** Hecho de revender. *Ganaron muchos millones con la reventa del solar. La reventa de entradas para los toros es habitual.* **3.** Conjunto de reventas (→ 1). *La reventa hacía cola ante la taquilla.*

reventador, ra. m. y f. coloq. Persona que acude a un espectáculo o acto público para mostrar su desagrado y hacer que fracase, gralm. con protestas ruidosas. *Entre el público, cuatro reventadores no paraban de abuchear. Los reventadores de la manifestación destrozaron lunas y escaparates.*

reventar. (conjug. ACERTAR). intr. **1.** Abrirse o estallar algo por no poder soportar la presión interior. *No llenes tanto la bolsa, que va a reventar.* Frec. prnl. *Con este frío se revientan las tuberías.* **2.** Deshacerse con fuerza una ola al chocar con algo. *Las olas reventaban* CONTRA *el costado del barco.* **3.** Sentir grandes deseos de algo. *Reviento* DE *ganas de decírselo. Revienta* POR *salir de allí.* **4.** coloq. Morir violentamente, espec. por agotamiento o indigestión. *Solo pensaba en huir; era eso o reventar en alguna trinchera.* Frec. con intención enfática. *Para de comer, que vas a reventar.* Tb. fig. *Si no lo digo, reviento. ¡Ojalá reviente, el muy cerdo!* **5.** Estallar o manifestarse alguien o algo con violencia. *Había mucha tensión, así que decidí marcharme antes de que aquello reventara.* **6.** Sentir y manifestar algo con intensidad. *Cuando me dieron la noticia, reventaba* DE *alegría.* ○ tr. **7.** Hacer que (algo) se abra o estalle ejerciendo presión o aplastándo(lo). *Hay que reventarte ese grano.* **8.** Hacer que (una persona o un animal) mueran, espec. de agotamiento. *En su viaje por la estepa reventó varios caballos.* **9.** Cansar mucho (a alguien). *El preparador físico nos revienta en los entrenamientos. Llegamos al albergue reventados.* Tb. en constr. prnl. media. *Se revienta trabajando para nada.* **10.** coloq. Molestar o enfadar algo (a alguien). *Me revienta que no me hagan caso. Nos revientan los pelotas.* **11.** coloq. Hacer que fracase (el espectáculo o acto público al que se acude) mostrando desagrado, gralm. con protestas ruidosas. *Sus detractores asistieron para reventar la conferencia. Unos ecologistas reventaron la inauguración encadenándose a la entrada de la central nuclear.* ▶ **1:** ESTALLAR.

reventón, na. adj. **1.** Que parece que va a reventar. *Tiene las venas de las manos marcadas y reventonas. Unos ojos reventones afean su cara. Fue a la fiesta con un clavel reventón en la solapa.* ● m. **2.** Hecho o efecto de reventar o reventarse, espec. abriéndose o estallando. *El vertido tóxico se produjo por un reventón accidental de las tuberías. En el taller repararon el reventón de la rueda.*

reverberación. f. **1.** Hecho o efecto de reverberar. *La reverberación del sol los ha cegado un instante. La luz incide en el agua produciendo reverberaciones.* **2.** *Fís.* Persistencia de un sonido después de dejar de ser emitido. *El local no es apto para conciertos por la excesiva reverberación.* ▶ **1:** REVERBERO.

reverberar. intr. Reflejarse la luz o el sonido en una superficie. *La luna reverbera* EN *el río. Nuestras voces reverberan al entrar en la gruta.*

reverbero. m. Hecho o efecto de reverberar. *El reverbero de la luna formaba una mancha blanca en el lago.* ▶ REVERBERACIÓN.

reverdecer. (conjug. AGRADECER). intr. **1.** Recobrar verdor la vegetación mustia o seca. *El bosque reverdece con las primeras lluvias.* **2.** Tomar algo nuevo vigor o fuerza. *Su carrera como actriz ha reverdecido con esta película.* ○ tr. **3.** Hacer que (la vegetación mustia o seca) recobre verdor. *La primavera reverdece los prados.* **4.** Hacer que (algo) tome nuevo vigor o fuerza. *Sus composiciones han reverdecido el panorama musical.*

reverdecimiento. m. Hecho de reverdecer. *Notamos el reverdecimiento de su pasión.*

reverencia. f. **1.** Inclinación del cuerpo hacia delante en señal de respeto. *Los cortesanos hacían reverencias al rey.* **2.** Veneración o gran respeto hacia alguien o algo. *Siente auténtica reverencia* HACIA/POR *su maestro. Nos inspira reverencia porque es un hombre bueno y generoso.* **3.** Se usa como tratamiento que corresponde a religiosos de determinada dignidad. *Como guste Vuestra Reverencia.*

reverencial. adj. Que manifiesta o implica reverencia o respeto. *Se puso de rodillas ante su señor, con actitud reverencial.*

reverenciar. (conjug. ANUNCIAR). tr. Venerar (algo o a alguien). *Reverenciaba a su padre. Los peregrinos van a la ermita a reverenciar al santo.* ▶ VENERAR.

reverencioso, sa. adj. Que hace muchas reverencias o inclinaciones. *Un mayordomo reverencioso abrió la puerta.*

reverendísimo, ma. adj. Se usa como tratamiento que corresponde a un cardenal, un arzobispo u otra alta dignidad eclesiástica. *Presidió el acto su Eminencia Reverendísima don Pedro Pérez, Arzobispo de Toledo.*

reverendo, da. adj. Se usa como tratamiento que corresponde a un religioso. Frec. antepuesto a *padre* o *madre*. *Gracias, reverendo padre. La reverenda madre superiora salió a recibirlos.*

reverente. adj. Que siente o muestra reverencia o respeto. *Ora en actitud reverente.*

reversa. f. Am. En un vehículo: Marcha atrás. *El vehículo se precipitó en reversa contra el menor* [C]. *Las máquinas engranaron la reversa; el barco dio como un sacudón al frenarse* [C].

reversibilidad. f. Cualidad de reversible. *El grado de reversibilidad de las lesiones es variable. El químico confirma la reversibilidad de algunas reacciones.*

reversible. adj. **1.** Que puede revertir o volver a un estado o condición anteriores. *La situación es mala, pero reversible.* **2.** Dicho de prenda de vestir o de una de sus partes: Que puede usarse del derecho o del revés. *Lleva una chaqueta de piel reversible.* **3.** *tecn.* Que puede ir o actuar en un sentido o en el contrario. *Hay procesos químicos reversibles. Los acumuladores son pilas reversibles.*

reversión. f. **1.** Hecho de revertir o volver a un estado o condición anteriores. *Es difícil lograr la reversión del envejecimiento humano.* **2.** *Der.* Hecho de revertir algo al anterior propietario o a uno nuevo. *Han solicitado la reversión de los bienes expropiados.*

reverso. m. En una cosa con dos caras: Cara opuesta a la frontal o principal, espec. la opuesta al anverso en una moneda o en una medalla. *Examiné el anverso y el reverso de la moneda. Anotó su teléfono en el reverso de la tarjeta.* ■ **el ~ de la medalla.** loc. s. Persona o cosa que son totalmente contrarias u opuestas a otra. *Un hijo le salió muy estudioso; el otro era el reverso de la medalla.* ▶ *CRUZ.

revertir. (conjug. SENTIR). intr. **1.** Volver algo a un estado o condición anteriores. *Si se coge a tiempo, la enfermedad podría revertir.* **2.** Dar algo una cosa como resultado. *El esfuerzo que ha hecho revierte* EN *su propio beneficio.* **3.** *Der.* Volver una cosa a su antiguo propietario, o pasar a manos de uno nuevo. *Los puestos del mercado revertirán* AL *municipio a los veinte años.* ▶ **2:** REDUNDAR.

revés. m. **1.** En una cosa plana: Lado contrario al derecho o principal. *En el revés de la tela se ven las costuras. Miró la tarjeta por el derecho y por el revés.* **2.** Golpe que se da a alguien con el dorso de la mano. *Le dio tal revés que lo tumbó.* **3.** En tenis: Golpe dado a la pelota cuando viene por el lado contrario al de la mano que empuña la raqueta. *Lanzó un revés cruzado desde el fondo de la pista.* **4.** Contratiempo o suceso perjudicial. *El escándalo fue un revés en su carrera política.* ■ **al ~.** loc. adv. Al contrario. *Llevas el jersey al revés. Hace las cosas al revés que todo el mundo. –¿Estás triste? –¡Al revés!, estoy contento.*

revestimiento. m. **1.** Hecho de revestir o cubrir. *El revestimiento de las tuberías se hará con material aislante.* **2.** Capa o cubierta con que se reviste o se cubre algo. *Colocaron un revestimiento de tela asfáltica en la azotea.*

revestir. (conjug. PEDIR). tr. **1.** Cubrir por completo la superficie (de una cosa), gralm. para proteger(la), aislar(la) o decorar(la). *Revistieron el interior de los cajones con fieltro.* **2.** Dar (a alguien o algo) cierta cualidad o apariencia. *Tal actitud reviste al hombre* DE *toda su dignidad. Sobrestima la máquina, revistiéndola* DE *una capacidad decisoria que no tiene. El torero se reviste* DE *valor para afrontar la faena.* Tb. en constr. prnl. media. *El acto de ayer se revistió* DE *gran solemnidad.* **3.** Presentar algo (determinado aspecto o cualidad). *La lesión no reviste gravedad.* **4.** Vestir (a un sacerdote) una ropa sobre otra, para decir misa y celebrar otros sacramentos. *Revistieron al obispo antes de la misa. El párroco se reviste en la sacristía.*

revirar. tr. Am. Replicar (algo). Frec. intr. *–A una mujer no se le pregunta la edad –reviró orgullosa* [C]. *Reviró que la expropiación de los ingenios no aumentó la deuda pública* [C]. ▶ *CONTESTAR.

revisar. tr. Someter (algo) a un examen cuidadoso y atento, espec. para corregir(lo) o reparar(lo). *Un policía de aduanas revisa nuestro equipaje. Tiene que revisar los planteamientos del trabajo.*

revisión. f. Hecho o efecto de revisar. *Ha pasado sin problemas la revisión médica. El texto presentado al Parlamento es la revisión del proyecto de ley.*

revisionismo. m. *Polít.* Tendencia a someter a revisión doctrinas o prácticas para actualizarlas. *Dentro del partido había un sector opuesto al revisionismo.*

revisionista. adj. **1.** *Polít.* Del revisionismo. *Política revisionista.* **2.** *Polít.* Partidario del revisionismo. *El ala revisionista del partido propone un cambio drástico de política.* Dicho de pers., tb. m. y f. *Los revisionistas querían modificar los principios que estableció el fundador.*

revisor, ra. adj. **1.** Que revisa. *Se creó una comisión revisora de cuentas.* Dicho de pers., tb. m. y f. *Un revisor comprueba que no haya errores en el texto.* ● m. y f. **2.** En un transporte público, espec. en un tren o un autobús: Persona que tiene por oficio comprobar que cada viajero tiene su billete. *El revisor del tren me pilló sin billete y me multó.*

revista. f. **1.** Publicación periódica, de información general o sobre tema específico, que gralm. aparece cada semana o cada mes. *Lee varias revistas políticas. Compró una revista de modas.* **2.** Inspección que hace una persona con autoridad de otras que están bajo su mando, espec. de soldados en formación, o de cosas que están a su cargo. *Tras la revista, las tropas desfilaron ante el general. Los niños están listos para la revista materna antes de desayunar. En palacio, vajilla y cubertería pasan una exhaustiva revista.* **3.** Espectáculo teatral de carácter frívolo, en el que alternan escenas dialogadas con números musicales y de baile. *En el Molino Rojo se estrena una nueva revista.* Tb. el género teatral correspondiente. *Josephine Baker fue una de las grandes* vedettes *de revista francesas.* Tb. ~ *musical.* **4.** *Period.* Examen o resumen de acontecimientos, noticias u opiniones recientes, gralm. relacionados con un mismo asunto. *En nuestra revista de prensa destaca un titular que se repite en todos los diarios: "Tregua en Irlanda". Consulte nuestra revista de espectáculos en la página 50.* ■ **pasar ~.** loc. v. **1.** Inspeccionar una persona con autoridad (a alguien bajo su mando o algo que está a su cargo). *El sargento pasa revista a sus soldados. Antes de comenzar el trabajo, el jefe de planta pasa revista a los dependientes y a sus uniformes.* **2.** Pasar una autoridad o personaje (ante las tropas que le rinden honores). *El monarca pasó revista a las tropas.* **3.** Repasar o examinar con cuidado (una cosa o una serie de cosas). *En el debate, los partidos de la oposición pasaron revista a la labor del Gobierno.*

revistero. m. Mueble para colocar revistas y periódicos. *En él salón hay un revistero con números atrasados de la prensa del corazón.*

revitalización. f. Hecho de revitalizar. *Su generación contribuyó a la revitalización cultural del país.*

revitalizar. tr. Dar mayor fuerza o vitalidad (a algo). *Esta loción revitaliza el cabello. El nuevo museo revitalizará esta zona del casco antiguo.*

revivir. intr. **1.** Resucitar o volver a la vida. *Hoy se congelan cadáveres con la esperanza de que puedan revivir en el futuro.* **2.** Recuperar la vitalidad o el vigor alguien o algo que parecían muertos. *En primavera revive la vegetación del bosque. El conflicto entre las dos naciones revive periódicamente.* ○ tr. **3.** Recordar o evocar con viveza (algo). *En el juicio ha tenido que revivir su secuestro.* ▶ RESUCITAR.

revocable. adj. Que se puede revocar, espec. anulándolo. *El poder notarial es revocable.*

revocación. f. Hecho de revocar o anular. *El Tribunal Supremo dictaminó la revocación del fallo de la Audiencia Provincial.*

revocar. tr. **1.** Anular o dejar sin efecto (algo, espec. una mandato o resolución). *La Audiencia Provincial ha revocado la sentencia.* **2.** Hacer que (algo, espec. el humo) retroceda. *El viento revoca el humo de la chimenea.* **3.** *Constr.* Dar una nueva capa de pintura, yeso u otro material semejante (a un muro o una pared, espec. por su parte exterior). *Han pedido un presupuesto para revocar la fachada.* ▶ **3:** *ENLUCIR.

revoco. m. *Constr.* Hecho o efecto de revocar. *El albañil prepara el yeso para el revoco de la pared. Con el tiempo, el revoco de la fachada se fue deteriorando.* ▶ *ENLUCIDO.

revolcar. (conjug. CONTAR). tr. **1.** Echar o tirar (a alguien) sobre algún lugar, espec. haciendo que dé vueltas y se restriegue. *El toro enganchó al diestro y lo revolcó* POR *el suelo. El perro se revuelca* POR/EN *el barro.* **2.** malson. Practicar juegos amorosos (con alguien) o tener relaciones sexuales (con él). **3.** coloq. Vencer o derrotar (a alguien). *En la final os vamos a revolcar.*

revolcón. m. Hecho de revolcar o revolcarse. *El equipo brasileño sufrió un revolcón ante Suecia. Se ha caído de la moto, pero todo ha quedado en un revolcón.*

revolotear. intr. Volar haciendo giros en poco espacio. *Las moscas revolotean sobre la comida. El viento hace revolotear las hojas caídas.* Tb. fig. *Lleva siempre a unos cuantos periodistas revoloteando a su alrededor.*

revoloteo. m. Hecho de revolotear. *Observa el revoloteo de las palomas.*

revoltijo. m. Conjunto o mezcla de cosas desordenadas. *En el rincón había un revoltijo de ropa. Tiene en la cabeza un revoltijo de ideas.* ▶ REVOLTILLO.

revoltillo. m. Revoltijo. *Las prendas rebajadas formaban un inmenso revoltillo.*

revoltoso, sa. adj. **1.** Dicho espec. de niño: Travieso o inquieto. *Los alumnos de cuarto son muy revoltosos.* **2.** Que toma parte en una revuelta o disturbio. *El grupo de generales revoltosos fue juzgado por sedición.* Tb. m. y f. *Unos cuantos revoltosos rompieron lunas y papeleras.* ▶ **1:** TRAVIESO.

revolución. f. **1.** Cambio violento en las instituciones políticas de una nación, espec. el que se consigue por la fuerza. *La Revolución rusa acabó con el zarismo. El Gobierno fue derrocado por la revolución campesina.* **2.** Cambio rápido y profundo. *La invención del teléfono supuso una revolución. La revolución industrial.* **3.** coloq. Alboroto o desorden. *Cuando se juntan los chavales arman una revolución.* **4.** *Mec.* Vuelta o giro completos de una pieza sobre su eje. *Este motor al ralentí funciona a unas 900 revoluciones.* **5.** *Fís.* Movimiento que realiza un astro en el curso de su órbita completa. *Caronte gira alrededor de Plutón con un período de revolución de 6,4 días.*

revolucionar. tr. Provocar una revolución (en algo). *Los Beatles revolucionaron la música del siglo* XX. *¡Estos niños me revolucionan toda la casa!*

revolucionario, ria. adj. **1.** De la revolución o cambio. *Tras la agitación revolucionaria, la calma volvió al país. La máquina de vapor fue un invento revolucionario.* **2.** Que toma parte en una revolución o es partidario de ella. *Los estudiantes más revolucionarios tomaron la calle. Capote fue un escritor revolucionario.* Tb. m. y f. *El ejército no puede derrotar a los revolucionarios. Goya fue un revolucionario de la pintura.*

revolver. (conjug. MOVER; part. **revuelto**). tr. **1.** Mover (una cosa o un conjunto de cosas) de un lado a otro, de arriba abajo o en círculo, gralm. para que se mezclen. *Revuelve bien la ensalada. Revolvía el consomé con la cuchara para enfriarlo. La presentadora revolvió las postales y extrajo una del montón.* **2.** Desordenar (algo) o alterar su disposición. *No me revuelvas los papeles. El viento le revolvía el pelo.* Tb. usado en constr. intr. *Podéis jugar en el salón, pero no revolváis.* **3.** Registrar o examinar (algo) removiendo y desordenando su contenido. *Revolvía el monedero en busca del dinero exacto. El ladrón revolvió todos los cajones.* **4.** Agitar o alborotar (a alguien). *No revuelvas a los críos, que ahora están muy tranquilos.* **5.** Alterar o indisponer (el estómago). *Ese olor me revuelve el estómago: me da ganas de vomitar.* Tb. en constr. prnl. media. *Se me ha revuelto el estómago con ese olor.* ○ intr. prnl. **6.** Moverse de un lado a otro, gralm. en un sitio estrecho. *Cada vez que te revuelves me dejas sin manta.* Frec. en constr. negativas con intención enfática. *En aquel retrete no se podía uno revolver.* **7.** Volverse o darse la vuelta, espec. para enfrentarse o atacar a alguien. *Al sentir el estoque, el toro se revolvió y empitonó al torero. El jugador zancadilleado se revuelve dispuesto a devolver la patada.* **8.** Enfrentarse a alguien o algo. *Sus antiguos aliados en el claustro se revolvieron* CONTRA *él. La población se revolvió* CONTRA *las persecuciones políticas.* **9.** Ponerse borrascoso el clima. *Si se revuelve más el tiempo, habrá que quedarse en casa.*

revólver. m. Arma de fuego de corto alcance, que se puede usar con una sola mano y lleva un cilindro giratorio donde se ponen las balas. *El pistolero saca el revólver y dispara.*

revoque. m. *Constr.* Hecho o efecto de revocar con pintura, yeso u otro material. *Al muro le hace falta un revoque. La fachada tiene parches en el revoque.*

revuelo. m. Agitación o perturbación de la calma, espec. por voces. *Sus declaraciones causaron gran revuelo. Armaron mucho revuelo cuando oyeron la noticia.*

revuelto, ta. part. **1.** → **revolver.** ● adj. **2.** Dicho de líquido: Turbio por haberse levantado el sedimento del fondo. *Las aguas del río bajan muy revueltas.* ● m. **3.** Plato de cocina consistente en una mezcla de huevo batido con algún otro ingrediente, que se cuaja sin darle una forma definida. *Tomaré revuelto* DE *espárragos. Prefiero el revuelto de gambas.* ○ f. **4.** Movimiento colectivo de protesta con alteración del orden público. *Los líderes de la revuelta estudiantil querían negociar con el Gobierno.* **5.** Cambio brusco de dirección. *Lo encontré en una revuelta del camino. Esa carretera tiene muchas vueltas y revueltas.*

revulsivo, va. adj. Dicho de cosa: Que causa sufrimiento, pero que al final resulta beneficiosa por la reacción que provoca. *Aquel truculento drama tenía un efecto revulsivo en el público.* Frec. m. *La derrota fue un revulsivo para el equipo.*

rey, reina. m. y f. **1.** Jefe de Estado de una monarquía. *El príncipe fue proclamado rey al morir su padre.* **2.** Consorte de un rey o una reina (→ 1). *Al acto acudió el monarca acompañado de la reina.* **3.** Persona, animal o cosa que más destacan en un lugar, en una actividad o entre los de su clase. *El león es el rey de los felinos. Se convirtió en el rey del ciclismo. La pequeña es la reina de la casa.* Se usa para dirigirse a una persona cariñosamente. *¡Ven a mis brazos, reina!* ○ m. **4.** En una baraja: Carta que tiene representada la figura de un rey (→ 1). *En la baraja española, los reyes llevan el número 12.* **5.** En ajedrez: Pieza principal, cuya pérdida supone el final de la partida. *Consiguió salvar un jaque al rey y acabó ganando.* **6.** (Frec. con art. y en mayúsc.). En el cristianismo: Cada uno de los tres sabios que fueron desde Oriente, guiados por una estrella, a adorar al Niño Jesús. *Los Reyes llevaban regalos al Niño.* Tb. *Rey Mago. Mi Rey Ma-*

go favorito es Baltasar. ○ m. pl. **7.** (Frec. en mayúsc.). Festividad que conmemora la adoración del Niño Jesús por los Reyes (→ 6). *En Reyes recibí muchos regalos.* Tb. *Día de Reyes. Todos los años comemos roscón el Día de Reyes.* Tb. los regalos que es costumbre hacer en esa festividad. *El 6 de enero, los niños se levantaron prontísimo para ver sus reyes.* ○ f. **8.** En ajedrez: Pieza de mayor importancia después del rey (→ 5). *Me amenazó la reina con un caballo.* **9.** Abeja reina (→ **abeja**). *La reina es la hembra fértil de la colmena.* ▶ **1:** MONARCA. **6:** MAGO. **8:** DAMA.

reyerta. f. Pelea o riña violentas entre dos o más personas. *Dos bandas rivales se enfrentan en una reyerta con navajas.* ▶ *PELEA.

reyezuelo. m. Pájaro pequeño, de alas cortas y plumaje vistoso en la parte superior de la cabeza, que habita en los bosques y del que existen varias especies. *El reyezuelo hembra. El reyezuelo se alimenta de insectos.*

rezagarse. intr. prnl. Quedarse atrás. *Me rezagué y perdí de vista al grupo.*

rezago. m. **1.** Am. Atraso (falta de desarrollo). *Las autoridades deberán esforzarse por subsanar el rezago de nuestra nación* [C]. *Se constata la situación de rezago experimentada por la población rural* [C]. **2.** Am. Resto (parte que queda). *Relacionó el alboroto con los últimos rezagos de la boda* [C]. *Aún se encuentran rezagos de magia y religión coexistiendo con la perspectiva científica* [C]. ▶ **1:** ATRASO. **2:** *RESTO.

rezar. tr. **1.** Dirigir mentalmente o de palabra (una oración) a una divinidad o una persona sagrada. *Rezó un padrenuestro.* **2.** Decir un cartel o un escrito (algo). *Un cartel en la entrada reza que la finca es propiedad privada.* ○ intr. **3.** Dirigirse mentalmente o de palabra a una divinidad o una persona sagrada. *Rezaron* POR *el alma del difunto.* **4.** Tocar o pertenecer algo a alguien. *Eso no reza con nosotros.*

rezo. m. **1.** Hecho de rezar a una divinidad o una persona sagrada. *En la iglesia solo se escucha el murmullo del rezo de los fieles.* **2.** Conjunto de palabras con que se reza a una divinidad o una persona sagrada. *Su madre le enseñó todos los rezos que conocía.*

rezongar. intr. Refunfuñar o hablar entre dientes en señal de enfado o desagrado. *La madre lo riñó y él se fue rezongando.*

rezongón, na. adj. Que rezonga mucho o con frecuencia. *¡No seas tan rezongón y haz lo que te mando!*

rezumar. tr. **1.** Dejar pasar un cuerpo (un líquido) a través de sus poros. *Las paredes rezuman humedad.* Tb. usado en constr. intr. *El botijo rezuma.* **2.** Manifestar o dejar ver (una cualidad o un sentimiento). *Sus relatos rezuman imaginación.* ○ intr. **3.** Salir al exterior un líquido a través de los poros de un cuerpo. *Limpió el agua que rezumaba de la cañería. El sudor le rezuma por la frente.*

Rh. (pronunc. "erre-ache"). m. *Fisiol.* Factor Rh (→ **factor**). *Su sangre tiene Rh positivo.*

ría. f. **1.** Zona de una cuenca fluvial en la que ha penetrado el mar. *El pueblo se encuentra en la orilla de una ría navegable.* **2.** *Dep.* Obstáculo que consiste en una balsa de agua colocada gralm. tras una valla. *El jinete español fue penalizado en la ría.*

riachuelo. m. Río pequeño y poco caudaloso. *El ganado abreva en un riachuelo.*

riada. f. Aumento repentino del caudal de un río, que frec. provoca una inundación. *La riada arrasó los huertos de la orilla.*

ribazo. m. Porción de terreno con elevación y declive. *Desde lo alto del ribazo se puede ver el mar.*

ribeiro. m. Vino originario de la comarca gallega del Ribeiro. *Acompañaron el pulpo con un ribeiro blanco.*

ribera. f. **1.** Orilla del mar, de un río o de un lago. *Amarramos los botes en la ribera del río.* **2.** Franja de terreno que está junto a un río o cerca de él. *Soria está en la ribera del Duero. Por la ribera del río se extienden los chopos.*

ribereño, ña. adj. De la ribera u orilla. *La población ribereña fue evacuada por la riada. En la vegetación ribereña de la Península abundan los sauces.*

ribete. m. **1.** Cinta estrecha con que se adorna o refuerza el borde de algo, como una pieza de tela o de cuero. *Lleva una túnica blanca con ribetes azules. La mochila de lona tiene ribetes de cuero.* ○ pl. **2.** Señales o indicios de algo. *Su acalorado monólogo tenía ribetes de comicidad.*

ribetear. tr. Poner ribetes (a algo). *Voy a ribetear la falda con un bies. Venden sombreros de paja ribeteados con tela.*

riboflavina. f. *Bioquím.* y *Med.* Vitamina B_2. *La riboflavina está presente en la leche y las verduras.*

ribosoma. m. *Biol.* En una célula: Componente del citoplasma en el que tiene lugar parte de la síntesis de las proteínas. *Los ribosomas solo se ven con el microscopio electrónico.*

ricacho, cha. m. y f. despect. Persona rica o adinerada. *Los ricachos del pueblo se han hecho un palacio.* Frec. *ricachón. Llegaron unos ricachones en un coche de lujo.* Tb. adj. *Se casó con un comerciante ricachón.*

ricamente. adv. **1.** Con lujo o con abundancia. *Los vestidos de las damas estaban ricamente adornados.* **2.** coloq. A gusto o cómodamente. *¡Con lo ricamente que se está sin hacer nada!* Gralm. en la constr. *tan ~. Cuando llueve, me quedaría en la cama tan ricamente.*

ricino. m. Planta originaria de África, de hojas grandes, flores naranjas y fruto esférico con espinas, de cuyas semillas se obtiene un aceite usado como laxante. *Antiguamente, se daba a los niños aceite de ricino.*

rico, ca. adj. **1.** Que tiene mucho dinero o muchos bienes. *Se casó con una mujer muy rica. Vive en un barrio de gente rica.* Dicho de pers., tb. m. y f. *Aquel sistema de impuestos favorecía a los ricos.* **2.** Que tiene abundancia de algo. *Chile tiene ricas minas de cobre. El kiwi es rico* EN *vitamina C.* **3.** De mucho valor o muy lujoso. *Las damas vestían con ricas telas.* **4.** Dicho de terreno: Fértil. *La tierra es rica y buena para el cultivo.* **5.** Sabroso o que tiene buen sabor. *La paella estaba muy rica.* **6.** coloq. Bonito o encantador. *Tienen un bebé muy rico.* Se usa para dirigirse a un niño cariñosamente. *Dale un beso a la abuela, rico.* Frec. en sent. irónico. *¡Oye, rico, no tengas tanta cara! Rico, a ver si te vas con la pelota a otra parte.* ■ **nuevo/va ~.** m. y f. despect. Persona que se ha hecho rica (→ 1) de repente y hace ostentación de su dinero, frec. dejando ver su tosquedad o incultura. *Un nuevo rico se construyó esta mansión en medio del pueblo.* ▶ **1:** ACAUDALADO, ADINERADO, CAPITALISTA, MILLONARIO, OPULENTO, POTENTADO, PUDIENTE. **4:** *FÉRTIL.

ricota. f. Am. Requesón. *Mezclar en un bol la ricota con la mitad del queso rallado* [C].

rictus. m. Gesto en el que se contraen los labios, dando a la boca un aspecto parecido al de una sonrisa, y que suele indicar un determinado estado de ánimo. *Torció la boca en un rictus despreciativo. Al sentir el golpe, un rictus de dolor se dibujó en su rostro.*

ricura. f. coloq. Persona o cosa ricas o bonitas. *El bebé es una ricura. ¡Qué ricura de vestido!* Se usa para dirigirse a una persona, espec. un niño, cariñosamente. *¡Sube, ricura, que te llevo a hombros!* Frec. en sent. irónico. *¡Mira, ricura, hoy te toca fregar a ti!*

ridiculez. f. Cosa ridícula. *Es una ridiculez no querer salir con este día tan bueno. ¡No digas ridiculeces!*

ridiculización. f. Hecho de ridiculizar. *Los humoristas son expertos en la ridiculización de situaciones cotidianas.*

ridiculizar. tr. Hacer que (algo o alguien) aparezcan ante los demás como ridículos o dignos de risa o burla. *Un chiste del periódico ridiculiza al ministro. El imitador ridiculiza los gestos de los famosos.*

ridículo, la. adj. **1.** Que provoca risa o burla, gralm. por su rareza o extravagancia. *Lleva un peluquín ridículo. Estás ridículo con ese traje amarillo.* **2.** Absurdo, o que carece de sentido. *Es ridículo que te enfades por una tontería.* **3.** Que es muy pequeño o escaso. *Trabajan de sol a sol por un salario ridículo.* ● m. **4.** Situación ridícula (→ 1) en que se ve una persona. *No habla en público por miedo al ridículo.* Frec. en la constr. *en ~*, y con v. como *poner, dejar* o *quedar*. *La has dejado en ridículo delante de todos.* ■ **hacer el ridículo.** loc. v. Comportarse de manera ridícula (→ 1). *He hecho el ridículo al decir lo que todos sabían ya.*

riego. m. Hecho de regar. *La huerta tiene riego por goteo. El riego de las calles se hará de madrugada.* ■ **~ sanguíneo.** m. Flujo de sangre que nutre los órganos u otras partes del cuerpo. *Montar en bicicleta favorece el riego sanguíneo.*

riel. m. **1.** Barra de metal utilizada como soporte de algo que se desliza, como unas cortinas o una puerta. *Ponga los ganchos de la cortina en el riel. La puerta corredera se ha salido del riel.* **2.** Carril de una vía férrea. *Los rieles del tren suben hasta lo alto de la ciudad.*

rielar. intr. **1.** cult. Vibrar o temblar. *Veía rielar su imagen en las aguas del estanque.* **2.** cult. Brillar con luz temblorosa. *La luna riela en la superficie del lago.*

rienda. f. **1.** Cada una de las dos correas o cuerdas que van unidas al freno de una caballería y que sujeta el jinete para dirigir al animal. Frec. en pl. *Tiró de las riendas para frenar al caballo.* ○ pl. **2.** Mando o dirección de algo. Frec. con *tomar* o *llevar*. *Un nuevo entrenador tomará las riendas del equipo. El pueblo la eligió para llevar las riendas de la nación.* ■ **a ~ suelta.** loc. adv. Sin control o sujeción. *El potro se ha escapado y corre a rienda suelta.* Tb. fig. *Los chicos reían a rienda suelta.* ■ **dar ~ suelta** (a alguien o algo). loc. v. Dejar de poner(les) freno. *Necesitaba dar rienda suelta a mis sentimientos. Al jugar, los niños dan rienda suelta a su imaginación.*

riesgo. m. **1.** Posibilidad de que ocurra algo malo. *El riesgo* DE *accidente aumenta con la velocidad. Le gustan los deportes de riesgo.* **2.** *Com.* Cada uno de los daños que cubre un contrato de seguro. *En la póliza debe figurar la lista de riesgos.* ■ **correr ~.** loc. v. Estar expuesto a algún riesgo (→ 1). *Su puesto de trabajo no corre riesgo. La vida de los heridos corre riesgo.* ▶ **1:** PELIGRO.

riesgoso, sa. adj. Am. Dicho de cosa: Arriesgada. *Fue una aventura riesgosa* [C]. *Es riesgoso andar removiendo el pasado* [C]. ▶ *PELIGROSO.

rifa. f. Sorteo de una cosa entre varias personas, gralm. con papeletas o boletos numerados. *Los asistentes a la fiesta participan en la rifa de un televisor.* ▶ TÓMBOLA.

rifar. tr. **1.** Efectuar la rifa (de algo). *La peña rifará un jamón entre todos los que compren lotería.* ○ tr. prnl. **2.** coloq. Disputarse varias personas (algo o a alguien). *Quedaban pocos sitios libres y la gente se los rifaba. Es un chaval muy salado y las chicas se lo rifan.*

rifeño, ña. adj. Del Rif (región del norte de Marruecos). *Pueblos rifeños.* Dicho de pers., tb. m. y f. *Los rifeños derrotaron a los españoles.*

rifirrafe. m. coloq. Pelea o discusión de poca importancia. *Se armó un rifirrafe en el bar. Los diputados tuvieron un pequeño rifirrafe.*

rifle. m. Fusil de cañón largo, que tiene en su interior estrías en espiral que aumentan su precisión. *El cazador lleva un rifle con mira telescópica. Rifle de repetición.*

rigidez. f. Cualidad de rígido. *Notaba rigidez en el cuello. El juez interpretó la ley con suma rigidez.*

rígido, da. adj. **1.** Que no se puede doblar o torcer. *Conviene que el envase sea rígido. No estés tan rígido, relájate.* **2.** Severo o inflexible. *Es demasiado rígida con los alumnos. En el cuartel las normas de disciplina son muy rígidas.*

rigodón. m. histór. Baile de origen provenzal y ritmo alegre, que estuvo de moda en los ss. XVII y XVIII. *Los cortesanos de pelucas empolvadas bailaban el rigodón.* Tb. su música. *Suenan las notas de un rigodón.*

rigor. m. **1.** Severidad o dureza. *Fue castigado con rigor.* **2.** Precisión o exactitud. *El estudio científico tiene gran rigor.* **3.** Dureza de las condiciones climáticas. Frec. en pl. *La población se protege de los rigores del verano.* ■ **de ~.** loc. adj. Que es indispensable o habitual por la costumbre. *Se harán las investigaciones policiales de rigor. En algunos actos es de rigor la corbata.* ■ **en ~.** loc. adv. En realidad o estrictamente. *En rigor, la ley no está vigente hasta su aprobación.*

rigorismo. m. Exceso de rigor o severidad, pralm. en asuntos morales o de disciplina. *El tribunal, con su rigorismo, condenó a muchos inocentes.*

rigorista. adj. Extremadamente riguroso o severo, pralm. en asuntos morales o de disciplina. *Algunos religiosos hacían una interpretación rigorista de la doctrina.* Dicho de pers., tb. m. y f. *Fue un rigorista, un hombre demasiado exigente consigo mismo.*

rígor mortis. (loc. lat.). m. Rigidez que aparece en un cadáver poco después de la muerte. *No se pueden mover los miembros del muerto por el rígor mortis.*

rigurosidad. f. Cualidad de riguroso. *En el colegio aplicaban los castigos con rigurosidad. Falta rigurosidad en la información periodística. Las noches son frías, de una tremenda rigurosidad.*

riguroso, sa. adj. **1.** Excesivamente severo o duro. *El juez fue muy riguroso en la aplicación de la ley. La sanción al futbolista fue demasiado rigurosa.* **2.** Preciso o exacto. *El periodista debe ser riguroso. Se publica un riguroso estudio médico sobre la diabetes.* **3.** Dicho espec. de clima: Duro o difícil de soportar. *Pocas plantas aguantan el riguroso invierno ártico.* **4.** Estricto o que no admite excepción. *Llevan el* *asunto en el más riguroso secreto. Debéis permanecer en riguroso silencio.*

rijoso, sa. adj. Dicho de persona o animal: Que siente o muestra fuerte deseo sexual. *Unos potros rijosos andaban tras la yegua.* Frec. despect. *Varios sujetos rijosos babean al ver a las bailarinas.*

rima. f. **1.** *Lit.* Identidad de sonidos vocálicos y consonánticos, o solamente vocálicos, en la terminación de la palabra final de varios versos o unidades rítmicas. *La rima es uno de los recursos para dar ritmo al poema. En el verso "Oh, María, luz del día" hay rima interna.* **2.** *Lit.* Poema lírico. Gralm. en pl. *Rimas de Bécquer. En un cajón guardaba algunas rimas de juventud.*

rimar. intr. **1.** *Lit.* Tener un verso o una palabra rima con otros. *La palabra "sol" rima* CON *"crisol".* Tb.: *Las palabras "sol" y "crisol" riman. Los versos pares riman en asonante.* **2.** cult. Componer versos o poemas. *El poeta rima con facilidad.* ○ tr. **3.** Hacer que (varios versos o palabras) rimen (→ 1). *Los autores de los romances rimaban los versos pares.*

rimbombante. adj. despect. Dicho de cosa: Ostentosa o llamativa. *Los vestidos de gala de las damas eran lujosos y algo rimbombantes.*

rímel. (Marca reg.: *rimmel*). m. Cosmético que se usa para oscurecer y endurecer las pestañas. *Se pintó la raya del ojo y se puso un poco de rímel.*

rimero. m. Conjunto de cosas puestas unas sobre otras. *En la mesa había varios rimeros de impresos para revisar.*

rincón. m. **1.** Ángulo formado en el encuentro de dos paredes o de dos superficies, considerado por su parte interior. Tb., más frec., el espacio correspondiente. *Siempre se acumula pelusa en los rincones. Dejó el paraguas en un rincón de la entrada.* **2.** Lugar retirado o escondido. *Se conoce hasta el último rincón del bosque. La policía lo ha buscado por todos los rincones del país.* ▶ **1:** ÁNGULO.

rinconada. f. Ángulo formado en el encuentro de dos calles, dos edificios o dos montes, considerado en su parte interior. Tb., más frec., el espacio correspondiente. *El mendigo se resguardaba del frío en una rinconada.*

rinconera. f. Mueble de forma gralm. triangular diseñado para ser colocado en un rincón. *Guarda las llaves en el cajón de la rinconera de la sala.*

ring. (pal. ingl.; pronunc. "rin"). m. *Dep.* En boxeo y otros deportes de lucha: Cuadrilátero. *El púgil cayó noqueado sobre la lona del* ring. ▶ CUADRILÁTERO.

ringorrango. m. Adorno extravagante o innecesario. Frec. en pl. *Era una sala recargada, llena de dorados y ringorrangos. Escribe con una caligrafía inglesa de vistosos ringorrangos.*

rinitis. f. *Med.* Inflamación de la mucosa de las fosas nasales. *El polen de las gramíneas causa muchas rinitis alérgicas.*

rinoceronte. m. Mamífero de gran tamaño y piel gruesa, que tiene uno o dos cuernos curvados en la zona de la nariz y es propio de África y Asia. *El rinoceronte hembra. Los furtivos cazan rinocerontes para obtener sus cuernos.*

rinoplastia. f. *Med.* Operación de cirugía plástica de la nariz. *Se sometió a una rinoplastia porque no le gustaba su nariz.*

riña. f. Hecho de reñir o pelear. *Recibió un navajazo en una riña callejera. Ha tenido una riña* CON *su novia.* ▶ *PELEA.

riñón. m. **1.** En los vertebrados: Órgano que se encarga de regular los líquidos del organismo y de excretar orina, y que, en el hombre, es rojo oscuro, con forma de haba, y está situado detrás del abdomen. *El paciente se sometió a un transplante de riñón. Riñones de cordero al jerez.* ○ pl. **2.** Parte baja de la espalda a la altura de la cadera. *Levanté demasiado peso y me duelen los riñones.* ■ **~ artificial.** m. *Med.* Aparato que sirve para depurar la sangre cuando el riñón (→ 1) funciona mal. *El riñón artificial no sustituye completamente a un riñón.* □ **el ~ bien cubierto.** loc. s. coloq. Dinero en abundancia. *El marido, al morir, le dejó el riñón bien cubierto.* ■ **un ~.** loc. s. coloq. Un precio muy alto. Frec. con v. como *costar* o *valer. Nos costó un riñón reformar la cocina. El viaje a Australia les sale por un riñón.*

riñonada. f. Parte baja de la espalda a la altura de la cadera. *Las chuletas de riñonada tienen menos grasa que las de palo. Se llevó las manos a la riñonada con gesto de dolor.*

riñonera. f. Bolso pequeño que se sujeta con una correa a la altura de los riñones. *Los turistas llevaban riñoneras para evitar los robos.*

río. m. **1.** Corriente continua y natural de agua que, por un curso fijo, va a parar al mar, a un lago o a otra corriente de agua. *El río Jarama desemboca en el Tajo.* **2.** Flujo abundante de algo. *Un río* DE *lava descendía por la ladera del volcán. Tras las lluvias, bajaba por la calle un río* DE *barro.* ■ **~ revuelto.** m. Situación de confusión o desorden. *En el río revuelto de la guerra, algunos hicieron fortuna.* □ **de perdidos al ~.** expr. Se usa para expresar que se propone una solución extrema para una situación desesperada. *–De perdidos al río –me dije, y decidí apostarme lo poco que me quedaba.*

rioja. m. Vino originario de la región española de La Rioja. *Pidieron un rioja para acompañar la comida.*

riojano, na. adj. De La Rioja (comunidad autónoma, región y provincia españolas). *Vinos riojanos. Hicimos un viaje por tierras riojanas.* Dicho de pers., tb. m. y f. *Los riojanos nos llevaron de tapas por el pueblo.*

rioplatense. adj. De la región del Río de la Plata (estuario entre Argentina y Uruguay). *Pampa rioplatense. Argentina ganó el torneo rioplatense.* Dicho de pers., tb. m. y f. *Los rioplatenses utilizan el "vos".*

ripio. m. **1.** Palabra o conjunto de palabras superfluas, utilizadas para completar un verso o conseguir una rima. *Los ripios abundan en las canciones populares.* **2.** *Constr.* Material de relleno formado por fragmentos de ladrillos, piedras y otros materiales de obra desechados. *Una rampa de ripio y cemento conduce al garaje de la casa.* **3.** Am. *Constr.* Piedra pequeña que se usa para pavimentar. *Solitarios caminos de ripio cruzaban la árida región* [C]. *Las calles necesitan más ripio y alumbrado* [C]. ■ **no perder ~.** loc. v. coloq. Estar muy atento a lo que se dice. *El niño no pierde ripio de nuestra conversación.* ▶ **3:** GRAVA.

riqueza. f. **1.** Cualidad o condición de rico o dueño de mucho dinero o muchos bienes. *La riqueza del sultán era famosa en todo el mundo.* **2.** Cualidad de rico o abundante en algo. *Sus novelas tienen gran riqueza de vocabulario.* **3.** Cualidad de rico o lujoso. *Nos sentimos maravillados ante la riqueza del palacio.*

risa. f. **1.** Hecho de reír o expresar alegría con gestos y sonidos. *No podía contener la risa.* Tb. ese sonido. *Se oían risas y música en casa de los vecinos.* **2.** Cosa que causa risa (→ 1). *Las historias que cuenta son* *una risa.* ■ ~ **sardónica.** f. **1.** *Méd.* Contracción de los músculos de la cara que da a la persona un aspecto de estar riéndose. **2.** Risa (→ 1) falsa o fingida que no expresa alegría. *Nos recibió con una risa sardónica que nos hizo temer una trampa.* □ **morirse de ~.** loc. v. **1.** coloq. Permanecer inactiva una persona. Frec. en part. *Estuvimos una hora muertos de risa, esperándote.* **2.** coloq. Permanecer abandonada u olvidada una cosa. Frec. en part. *Con la ilusión que te hacían, tienes los patines muertos de risa.* ■ **tomar a ~** (algo). loc. v. coloq. No dar(le) importancia. *No os toméis a risa el problema de las drogas.*

risco. m. Peñasco alto y escarpado. *La cabra montés salta entre los riscos.*

risible. adj. Que es digno de risa. *A pesar de sus extrañas ropas, no tenía aspecto risible.*

risión. f. **1.** vulg. Burla o irrisión. *Su indumentaria provoca la risión del público.* **2.** vulg. Persona o cosa que causan risión (→ 1). *Con nuestro error, nos convertimos en la risión de todo el mundo.*

risotada. f. Risa fuerte y ruidosa. *Cada chiste del humorista provoca grandes risotadas.*

ristra. f. **1.** Conjunto de ajos o cebollas unidos por una trenza hecha con sus tallos. *Una ristra de ajos colgaba de un clavo en la cocina.* **2.** Conjunto de cosas colocadas una detrás de otra. *Me regaló una ristra de chorizos de su pueblo. Ristras de números cubrían la pizarra.*

ristre. m. histór. En una armadura: Hierro situado a la altura del pecho, que permite sujetar la lanza. *Los caballeros afianzaron sus lanzas en los ristres.* ■ **en ~.** loc. adv. Teniendo determinado utensilio, gralm. en la mano, en disposición de utilizarlo. *Los periodistas se acercaban micrófono en ristre.*

risueño, ña. adj. **1.** Dicho de persona: Que ríe con facilidad o tiene carácter alegre. *Me gusta hacerle mimos al niño porque es muy risueño. Se levantó risueña y de buen humor.* **2.** Dicho de cosa: Que produce alegría o agrado. *A lo lejos se oyó la risueña musiquilla del tiovivo.* **3.** Favorable o próspero. *Al país no le espera un futuro muy risueño.*

rítmico, ca. adj. Del ritmo. *Analizan en clase el esquema rítmico del poema. La sección rítmica del grupo consta de bajo y batería.*

ritmo. m. **1.** Disposición de una sucesión de sonidos en un intervalo de tiempo, según su distribución, duración y acentuación. *El batería perdía el ritmo. Las parejas bailan al ritmo de un tango.* **2.** En el lenguaje: Combinación o sucesión armoniosas de palabras, frases y pausas, espec. cuando se tiene en cuenta la acentuación o cantidad de las sílabas. *El ritmo y la rima dan musicalidad al poema. La prosa de Miró es esmerada en su ritmo.* **3.** Regularidad con que ocurre o se repite algo. *Sufría una alteración en el ritmo cardíaco. Los pescadores conocen el ritmo de las mareas.*

rito. m. **1.** Ceremonia o acto, espec. religiosos, que siguen unas reglas establecidas. *Los feligreses asisten a los ritos de la Semana Santa. Para entrar en la secta hay un rito de iniciación.* **2.** Conjunto de reglas establecidas, espec. para el culto y las ceremonias de una religión o iglesia. *Se casaron según el rito ortodoxo.* **3.** Costumbre o práctica muy firmes o arraigadas. *Se recupera el rito de la siesta. La matanza es un rito ancestral en España.* ▶ **2:** RITUAL.

ritual. adj. **1.** Del rito, o que tiene carácter de rito. *En el antiguo Egipto hacían sacrificios rituales. Se estableció un calendario ritual. Cada año prepara la ritual cena de Nochebuena.* ● m. **2.** Rito (conjunto de reglas). *Para beber la sidra hay que seguir un ritual.* ▶ **2:** RITO.

ritualismo. m. Tendencia exagerada a seguir los ritos o reglas establecidas. *Jesús criticaba el ritualismo de los fariseos. Las reuniones de la directiva estaban marcadas por el ritualismo.*

rival. adj. Dicho de persona o grupo de personas: Que compiten contra alguien para superarlo o para conseguir algo. *El público abucheó al equipo rival. Se produjo una pelea entre bandas rivales.* Tb. m. y f. *Tumbó a su rival en el primer asalto.* Tb. fig. *La televisión se convirtió en rival de la radio.* ▶ CONTENDIENTE, CONTRARIO, ENEMIGO.

rivalidad. f. **1.** Condición de rival. *La rivalidad de los dos hermanos era evidente.* **2.** Enfrentamiento producido por rivalidad (→ 1). *Estallaron las rivalidades entre las dos comunidades étnicas.*

rivalizar. intr. Competir una persona o cosa con otra. *Rivaliza* CON *sus compañeros* POR *un puesto en el equipo. La Alhambra rivaliza* EN *belleza* CON *otros palacios del mundo.* ▶ COMPETIR.

rivera. f. Arroyo o riachuelo. *Una rivera regaba las huertas del lugar.*

rizado[1]**.** m. Hecho o efecto de rizar o rizarse, espec. el pelo. *Con rulos, el rizado sale más natural.*

rizado[2]**, da.** part. **1.** → **rizar.** ● adj. **2.** Dicho de pelo: Que tiene rizos. *El sospechoso es un individuo moreno, de cabello rizado.* ▶ **2:** RIZOSO.

rizador, ra. adj. **1.** Que riza o sirve para rizar. ● m. **2.** Aparato o utensilio que sirven para rizar. *Rizador de pestañas. El rizador de pelo tiene termostato. Lleva puestos en la cabeza los rizadores.*

rizar. tr. **1.** Formar rizos (en el pelo). *Te puedo rizar el pelo u ondulártelo un poco. Me he rizado la melena.* Tb. en constr. prnl. media. *Me lavé la cabeza y se me volvió a rizar el pelo.* **2.** Formar el viento olas pequeñas (en el mar). *Una suave brisa rizaba el océano.* Tb. en constr. prnl. media. *El mar se riza con el viento de levante.*

rizo. m. **1.** Mechón de pelo con forma de círculo o de espiral. *Le caía un rizo en mitad de la frente.* **2.** Círculo completo que describe un avión en el aire moviéndose en sentido vertical. *El piloto hizo un rizo y un descenso en barrena.* ■ **rizar el ~.** loc. v. **1.** Hacer algo de máxima dificultad para demostrar habilidad o destreza. *El trapecista rizó el rizo con un triple mortal.* **2.** Complicar algo más de lo necesario. *Te empeñas en rizar el rizo y el problema es mucho más sencillo.*

rizófito, ta o **rizofito, ta.** adj. **1.** *Bot.* Del grupo de las rizofitas (→ 2). *Plantas rizofitas.* ● f. **2.** *Bot.* Planta que tiene raíz.

rizoma. m. *Bot.* Tallo subterráneo que crece en sentido horizontal. *A veces los rizomas perviven cuando el resto de la planta muere.*

rizópodo. adj. **1.** *Zool.* Del grupo de los rizópodos (→ 2). *La ameba es un protozoo rizópodo.* ● m. **2.** *Zool.* Protozoo capaz de producir unas prolongaciones de su citoplasma que le permiten moverse y atrapar alimento.

rizoso, sa. adj. Rizado. *Tenía una larga melena de rizosos cabellos.*

RNA. (sigla; pronunc. "erre-ene-a"). m. *Biol.* Ácido ribonucleico. *El RNA interviene en la transformación de los nutrientes de la célula.*

róbalo o **robalo.** m. Lubina. *Comimos róbalo con patatas.*

robar. tr. **1.** Quitar (algo) a alguien contra su voluntad y gralm. con violencia o engaño. *Le robaron la cartera en el autobús.* Tb. fig. *Si no patentas tu invento, te pueden robar la idea. La competencia bajará los precios para robarnos clientes.* Tb. usado en constr. intr. *Lo metieron en la cárcel por robar.* **2.** Quitar algo (a alguien) contra su voluntad y gralm. con violencia o engaño. *Nos robaron a punta de navaja.* **3.** Llevarse algo (de un lugar) ilícitamente, gralm. con violencia. *Han robado el banco.* Tb. usado en constr. intr. *Ayer robaron en la joyería.* **4.** En algunos juegos: Tomar (una carta o ficha) del montón sobrante. *En el dominó entre dos, el jugador que no puede colocar roba ficha.* Tb. usado en constr. intr. *Si no te quedan cartas de este palo, tienes que robar.* ▶ **1:** HURTAR. **2, 3:** DESVALIJAR, SAQUEAR.

robinsón. m. Hombre que vive en soledad y consigue cubrir todas sus necesidades por sí mismo y sin ayuda de nadie. *Vive en una cabaña hecho un robinsón.*

roble. m. **1.** Árbol de gran tamaño, tronco robusto y madera muy resistente, cuyo fruto es la bellota amarga y del que existen varias especies, por ej.: *~ albar, ~ negral. En la ladera de la montaña había robles y pinos.* Tb. su madera. *La estantería es de roble.* **2.** Persona o cosa muy fuertes y resistentes. *Eres un roble; nunca caes enfermo.*

robledal. m. Terreno poblado de robles. *El sendero se adentra por un extenso robledal.* ▶ ROBLEDO.

robledo. m. Robledal. *El río discurre por robledos y dehesas.*

robo. m. Hecho de robar. *El número de robos en la zona ha aumentado. Participó en un robo a mano armada.* ▶ HURTO.

robot. (pl. **robots**). m. **1.** Máquina programada para realizar automáticamente operaciones y movimientos diversos, gralm. propios de las personas. *Un robot ayuda a los protagonistas a escapar del planeta. En la cadena de montaje hay robots para pintar y soldar. El robot de cocina ralla, pica y amasa.* **2.** Persona que se comporta como una máquina o que se deja dirigir por otra. *El matón era un robot al servicio de su jefe.* ▶ AUTÓMATA.

robótica. f. Técnica que se ocupa del diseño, construcción y empleo de robots. *Robótica espacial. La robótica permite la fabricación en cadena de muchos productos.*

robotizar. tr. **1.** Introducir o poner en uso robots (en algo, espec. en un proceso industrial). *Han robotizado la cadena de montaje.* **2.** Hacer que (alguien) se comporte como una máquina, sin usar su inteligencia o dejándose dirigir. *La gente se dirige robotizada al trabajo cada mañana.*

robustecer. (conjug. AGRADECER). tr. Hacer robusto (algo o a alguien). *El ejercicio robustece los músculos.* Tb. en constr. prnl. media. *Con las subvenciones estatales se robusteció el tejido industrial del país.*

robustecimiento. m. Hecho de robustecer o robustecerse. *Aquella experiencia supuso un robustecimiento de su amistad.*

robustez. f. Cualidad de robusto. *Tiene la robustez de una atleta. Para sustentar la cúpula se precisan vigas de gran robustez.*

robusto, ta. adj. Fuerte o vigoroso. *El trabajo es duro y se necesita gente robusta. Colgaron el columpio de la rama más robusta.*

roca. f. **1.** Piedra dura y sólida. *Ascendían a la montaña por una pared de roca lisa.* **2.** Trozo aislado de roca (→ 1), gralm. de gran tamaño. *Treparon a lo alto de una roca para otear el horizonte. Buscamos percebes entre las rocas.* **3.** Persona o cosa duras y resistentes. *El defensa central es una roca.* **4.** *Geol.* Sustancia formada por uno o varios minerales, que forma parte de la masa terrestre. *El basalto es una roca volcánica.* ▶ **2:** PEÑA, PEÑASCO.

rocalla. f. **1.** Conjunto de fragmentos de roca que se desprenden por erosión o al labrarla. *Un sendero de rocalla atraviesa el jardín.* **2.** *Arte* Decoración que imita contornos de piedras y conchas, característica del estilo Luis XV. *La exuberante rocalla adornaba muebles y paredes en el siglo* XVIII.

rocambolesco, ca. adj. Que tiene muchos acontecimientos o sucesos extraordinarios o increíbles. *Nos reímos de las rocambolescas historias que nos cuenta. En una huida rocambolesca despistó a la policía.*

roce. m. **1.** Hecho de rozar o tocar ligeramente. *Las piezas se van desgastando con el roce. Notó el roce de una mano en la espalda.* **2.** Señal o marca que quedan en una superficie por efecto del roce (→ 1) con otra. *Se me ha hecho un roce en el abrigo. El otro coche me hizo un roce al aparcar.* **3.** Trato o comunicación entre personas. *Los conozco, pero tengo poco roce con ellos.* **4.** Discusión o enfrentamiento leves. *Hemos tenido algunos roces, pero nos llevamos bien.*

rociada. f. Hecho o efecto de rociar. *Una fina rociada de insecticida protegerá sus plantas. La rociada de perdigones abatió al animal.*

rociar. (conjug. ENVIAR). tr. **1.** Esparcir agua u otro líquido (sobre alguien o algo). *Rociaron el coche* DE *gasolina y le prendieron fuego. El ganador roció al público* CON *champán.* **2.** Arrojar un conjunto de cosas, gralm. pequeñas, de modo que caigan diseminadas (sobre alguien o algo). *El bombardeo roció* DE *metralla los edificios.*

rociero, ra. adj. De la romería de la Virgen del Rocío, en Huelva. *Misa rociera. Música rociera.* Dicho de pers., tb. m. y f. *Los rocieros atravesaron Doñana para acompañar a su Virgen.*

rocín. m. Caballo de mal aspecto y poca altura. *El labriego se alejó a lomos de un flaco rocín.*

rocío. m. Conjunto de pequeñas gotas de agua, formadas por la condensación de vapor de la atmósfera en las noches frías, que se deposita sobre la tierra y las plantas. *Al amanecer, el rocío cubría el césped del jardín.*

rock. (pal. ingl.). m. **1.** *Rock and roll.* **2.** Género de música derivado del *rock and roll.* Rock *duro.* ● adj. **3.** Del *rock and roll* o derivado de este género de música. *Grupo* rock. *Estética* rock. **4.** Del *rock* (→ 2). *Hoy se estrena un musical* rock *en el teatro Apolo.*

rock and roll. (pal. ingl.; pronunc. "rók-an-ról"). m. Género de música moderna de origen estadounidense, de ritmo muy marcado e interpretado a menudo con instrumentos eléctricos y batería. *Elvis Presley fue el rey del* rock and roll. Tb. el baile que se ejecuta con esa música. *Bailaron un* rock and roll *dando saltos y volteretas espectaculares.* ▶ ROCK.

rococó. m. *Arte* Estilo derivado del barroco, que se desarrolla en Europa durante el s. XVIII y se caracteriza por la ornamentación abundante y refinada. *Francia fue el centro de difusión del rococó.* Tb. adj. *Estilo rococó.*

rocoso, sa. adj. Dicho de lugar: Lleno de rocas. *Trepamos por una ladera rocosa y escarpada.*

rodaballo. m. Pez marino comestible, de cuerpo aplanado, color parduzco y ojos en el lado izquierdo. *De segundo tomamos rodaballo al horno.*

rodada. f. Señal que deja en el suelo la rueda de un vehículo. *Supo que había venido un coche por las rodadas del camino.*

rodado, da. part. **1. → rodar.** ● adj. **2.** Dicho de tráfico o tránsito: De vehículos de ruedas. *A consecuencia de la nieve, ha quedado suspendido el tráfico rodado.* **3.** Dicho de transporte: Que se realiza con vehículos de ruedas. *Se incrementarán las medidas de seguridad en el transporte rodado.* ■ **venir** algo **~.** loc. v. Ocurrir como consecuencia de una sucesión de acontecimientos casuales. *No hizo nada por trabajar aquí; las cosas vinieron rodadas.*

rodador, ra. m. y f. *Dep.* Ciclista especializado en correr por terreno llano. *Los rodadores imprimieron un fuerte ritmo a la escapada.*

rodadura. f. Hecho de rodar dando vueltas o mediante ruedas. *El desgaste del neumático depende de la velocidad de rodadura. La calzada debe ofrecer una superficie de rodadura uniforme. El avión atraviesa la pista de rodadura hasta llegar a la de despegue.*

rodaja. f. Trozo circular o redondeado y de forma plana, espec. de un alimento. *De segundo tenemos rodaja de merluza o salmón con patatas. Corte la berenjena en rodajas alargadas.*

rodaje. m. **1.** Hecho de rodar una película. *En el rodaje de la película intervendrán cientos de extras.* **2.** Hecho de rodar un automóvil para un buen funcionamiento. *¿Le has hecho ya el rodaje al coche?* **3.** Situación en que se encuentra un motor, particularmente el de un automóvil, hasta que no ha funcionado el tiempo previsto por el fabricante. *Se recomienda no rebasar esta velocidad mientras el motor esté en rodaje.* **4.** Adquisición de práctica en un trabajo o actividad. *Aún le falta rodaje como profesor.* Tb. el tiempo que dura. *Su rodaje en el puesto fue largo y dificultoso.*

rodal. m. Lugar o espacio pequeños, gralm. circulares, que se distinguen de lo que los rodea. *Dos rodales rojos se le encendían en los carrillos. Las olas rompían dejando rodales de espuma en la playa.*

rodamiento. m. *Mec.* Pieza formada por dos cilindros concéntricos entre los que hay un conjunto de bolas o rodillos que pueden girar libremente. *Los tornos de alfarería modernos llevan un rodamiento de bolas en su eje.*

rodante. adj. Que rueda, espec. si se mueve mediante ruedas. *Entró una enfermera con una mesa rodante llena de frasquitos. El circo rodante ha llegado a la ciudad. Pasó media hora en el gimnasio corriendo en la cinta rodante.*

rodapié. m. Tira estrecha de madera u otro material, con que se protege la parte inferior de una pared, un mueble o un balcón. *El suelo y los rodapiés de la sala son de madera. La barra del bar tenía un rodapié metálico.* ▶ *FRISO.

rodar. (conjug. CONTAR). intr. **1.** Dar vueltas algo alrededor de su eje, cambiando o sin cambiar de lugar. *El balón rodó mansamente hacia la portería. La ruleta rodaba y la bola giraba en su interior.* **2.** Caer dando vueltas o resbalando, gralm. por una pendiente. *La cantimplora se soltó y rodó ladera abajo. Los dos rodaron abrazados* POR *el suelo.* **3.** Moverse mediante ruedas un vehículo o sus ocupantes. *Una moto rodaba a gran velocidad. Los ciclistas rodaban a más de sesenta kilómetros por hora.* **4.** Ir alguien o algo de un sitio a otro, sin quedar fijos en ninguna parte. *Rodó* POR *muchos trabajos. El manuscrito había rodado de mano en mano desde el siglo* XVII. **5.** Marchar o funcionar de determinada manera. *Las cosas no les ruedan nada bien.* **6.** coloq. Estar alguien dispuesto para servir a otro y hacer cuanto mande o pida, por difícil que sea. *Quiere mucho a sus amigos y rueda* POR *ellos.* ○ tr. **7.** Hacer que algo ruede (→ 1, 2). *Unos críos jugaban a rodar los neumáticos. Agitó los dados y los rodó sobre la mesa.* **8.** Conducir (un automóvil) durante la distancia inicial prescrita por el fabricante y siguiendo sus indicaciones, para lograr su buen funcionamiento. *Conviene rodar el vehículo en ciudad y en carretera.* **9.** Filmar (una película cinematográfica o una parte de ella). *La película fue rodada íntegramente en Jaén. Rodaron varias escenas en exteriores.* ▶ **9:** FILMAR.

rodear. tr. **1.** Poner a una persona o cosa alrededor (de otra). *Rodeó la tarta* CON/DE *nata. Les gusta rodearse* DE *amigos.* **2.** Estar alrededor (de alguien o algo). *Una tapia rodea la casa. No soporta el ambiente que lo rodea.* **3.** Colocarse alrededor (de alguien o algo). *Rodeadlos y que no escapen. La policía decidió rodear el edificio.* ○ intr. **4.** Ir por un camino más largo que el normal. *Al volver a casa, rodeamos para no encontrarnos con ellos en la plaza.* ▶ **2, 3:** CIRCUNVALAR.

rodela. f. histór. Escudo pequeño y redondo para proteger el pecho al luchar con la espada.

rodeo. m. **1.** Hecho de rodear. *Dimos un rodeo para evitar la zona de mayor tráfico.* **2.** Camino más largo que el normal. *Me llevó por un rodeo que atravesaba el bosque.* **3.** Manera indirecta o poco habitual de hacer algo, espec. de expresarse, gralm. para evitar dificultades. Frec. en pl. *Déjate de rodeos y dinos claramente lo que piensas.* **4.** Espectáculo propio de países americanos, que consiste en capturar y montar potros salvajes o reses bravas y realizar otros ejercicios de doma con ellos. *La prueba del rodeo la gana el que aguanta más sobre el potro.* ▶ **3:** CIRCUNLOQUIO.

rodete. m. **1.** Rosca de tela u otro material, que se pone en la cabeza para llevar un peso sobre ella. *La muchacha traía el pan caliente en una tabla sobre el rodete.* **2.** Moño con forma de rosca que se hace gralm. con el pelo trenzado. *Las falleras llevan el pelo recogido en rodetes.*

rodilla. f. **1.** En el cuerpo humano: Zona donde se une el muslo con la parte inferior de la pierna y que comprende la articulación del fémur con la tibia. *El pantalón le llega a la rodilla. Le temblaban las rodillas de miedo.* **2.** Parte delantera, saliente y redondeada, de la rodilla (→ 1). *Se hizo una herida en la rodilla.* **3.** En un animal de cuatro patas: Articulación que une el brazo, o parte superior de las patas delanteras, con la caña o parte inferior. *El domador hizo que el elefante doblara las rodillas.* ■ **de ~s.** loc. adv. **1.** Con las rodillas (→ 1, 2) dobladas y apoyadas en una superficie, gralm. en señal de respeto o como castigo. *Fregaba las escaleras de rodillas. Se pusieron de rodillas para rezar. La castigaron de rodillas y cara a la pared.* **2.** De manera suplicante. *Dame una oportunidad, te lo pido de rodillas.* ■ **doblar, o hincar, la ~.** loc. v. **1.** Apoyar una rodilla (→ 2) en tierra. *Al llegar ante el rey, hincó la rodilla.* **2.** Humillarse o rebajarse. *Un auténtico campeón no obliga a su rival a doblar la rodilla.*

rodillazo. m. Golpe dado con la rodilla. *Lo tumbaron de un rodillazo en el vientre.*

rodillera. f. **1.** Pieza que cubre o protege la rodilla. *El médico le ha dicho que debe usar una rodillera. Los porteros de* hockey *llevan rodilleras.* **2.** Pieza de tela o cuero que se pone al pantalón en la parte que cubre la rodilla. *Mamá me cosió unas rodilleras en los vaqueros.* **3.** Bolsa que se forma en el pantalón a la altura de la rodilla. *De estar tanto tiempo sentado, le salen rodilleras en el pantalón.*

rodillo. m. **1.** Instrumento cilíndrico y giratorio. *La pintura se aplica con una brocha o un rodillo. Un pesado rodillo sirve para igualar el terreno plantado. El pastelero estira la masa con un rodillo de madera.* **2.** Pieza cilíndrica y giratoria que forma parte de una máquina o aparato. *El rodillo de la apisonadora allana el asfalto. Limpie los rodillos y cabezas magnéticas del radiocasete.*

rododendro. m. Árbol o arbusto siempre verdes, de hojas con aspecto de cuero, flores en racimo y fruto en forma de cápsula, algunas de cuyas especies se cultivan como ornamentales. *Un ficus y un rododendro decoran el salón.*

rodrigón. m. Palo que se clava al pie de una planta para sostenerla o mantenerla derecha. *Plantaron los limoneros y les pusieron rodrigones.* ▶ TUTOR.

rodríguez. (pl. invar.). m. coloq. Hombre que se queda trabajando en la ciudad mientras su familia está fuera, gralm. de vacaciones. *En agosto se ven muchos rodríguez haciendo la compra.* Frec. en constr. como *estar*, o *quedarse*, *de* ~. *Cuando te quedas de rodríguez, tu casa es una leonera.*

roedor, ra. adj. **1.** Del grupo de los roedores (→ 2). *Animal roedor.* ● m. **2.** Mamífero que posee en cada mandíbula un par de dientes largos y fuertes, que crecen de forma continua y sirven para roer, como el ratón, la ardilla y el castor.

roentgen. (pal. al.; pronunc. "rénguen"). m. *Fís.* y *Med.* Unidad que mide la exposición a la radiación y que equivale a la capacidad de una emisión radiactiva para ionizar un centímetro cúbico de aire bajo determinadas circunstancias (Símb. *R*). *En* roentgen *se mide la radiación X y la radiación gamma. Calcular la energía absorbida por un material expuesto a un* roentgen.

roer. (conjug. ROER). tr. **1.** Cortar trozos pequeños (de algo) con los dientes desgastándo(lo). *Los ratones han roído el cable.* **2.** Quitar poco a poco con los dientes la carne pegada (a un hueso). *El perro roe los huesos.* **3.** Deteriorar o destruir (algo) poco a poco. *Los útiles de jardinería están roídos por la humedad.* **4.** Producir intranquilidad o sufrimiento constante (a alguien). *Los celos lo roían por dentro.* ▶ **4:** CORROER.

rogar. (conjug. CONTAR). tr. Pedir (algo) como gracia o favor. *Le ruego que me perdone; no era mi intención ofenderla. Los organizadores rogaron puntualidad a los invitados.* Tb. usado en constr. intr. *Tuvimos que rogar para que nos concediera una entrevista.* ▶ IMPLORAR, SUPLICAR.

rogativa. f. Oración pública dirigida a Dios, a la Virgen o a los santos para pedir remedio a una necesidad urgente. Frec. en pl. *El pueblo hizo rogativas para que terminase la sequía.*

rojez. f. **1.** Cualidad de rojo. *La rojez de sus ojos indica que no ha dormido.* **2.** Mancha de color rojo en la piel. *Esta loción elimina las rojeces propias del acné.*

rojizo, za. adj. Que tira a rojo. *En otoño, los bosques adquieren tonos rojizos y amarillentos.* ▶ BERMEJO.

rojo, ja. adj. **1.** Dicho de color: Semejante al de la sangre o al de un tomate maduro. *Lleva una camiseta de color rojo.* Tb. m. *La fruta era de un rojo claro, casi naranja.* **2.** De color rojo (→ 1). *Me regaló rosas rojas.* **3.** coloq. De izquierdas, espec. comunista. *Es muy roja y odia a los conservadores.* Dicho de pers., tb. m. y f. *Los rojos se reunían de manera clandestina.* Frec. despect. ■ **al rojo (vivo).** loc. adv. **1.** De color rojo (→ 1) por efecto de la alta temperatura. *Las resistencias de la estufa se ponen al rojo.* **2.** En estado de gran exaltación o emoción. *El debate se puso al rojo vivo. La eliminatoria está al rojo vivo.* ▶ **1, 2:** COLORADO, ENCARNADO.

rol. m. Papel (función de alguien o algo). *La mujer lucha por desprenderse del rol de ama de casa.* ▶ PAPEL.

rolar. intr. *Mar.* Cambiar de dirección el viento. *En la costa habrá vientos flojos del Suroeste rolando* AL *Este.*

roldana. f. Rueda giratoria que tiene un borde acanalado por el que se desliza una cuerda, y que sirve para mover o levantar pesos. *Sacan el agua del pozo con una roldana y una cuerda.* ▶ *POLEA.

rollista. adj. coloq. Dicho de persona: Que resulta pesada o aburrida, espec. porque habla demasiado. *El vecino de al lado es un tío rollista.* Tb. m. y f. *Según él todos los políticos son unos rollistas.*

rollizo, za. adj. Robusto y gordo. *El bebé era rollizo y coloradote. Un gato rollizo descansa sobre la alfombra.*

rollo. m. **1.** Cilindro o rosca que forma una materia al rodar o dar vueltas. *Haga un rollo con la masa y luego dele forma de barra de pan. Compra un rollo de cable y otro de cuerda. En los anaqueles se apilan rollos de tela.* **2.** Película fotográfica envuelta en forma de rollo (→ 1). *Por el revelado de dos rollos regalamos un marco de cristal.* **3.** Instrumento cilíndrico de madera, metal u otra materia dura usado espec. en cocina y repostería. *Estira la masa con el rollo.* **4.** Columna de piedra, gralm. rematada por una cruz, que antiguamente era insignia de jurisdicción y que en muchos casos servía de picota. *En una plaza del pueblo se conserva el rollo medieval.* **5.** coloq. Persona o cosa que resultan pesadas o aburridas. *¡Qué rollo de tío, no para de hablar! Esta fiesta es un rollo.* Frec. designa una charla o discurso. *Nos soltó un rollo sobre los valores tradicionales.* **6.** coloq. Relación amorosa, espec. pasajera. *Ha tenido varios rollos, pero novia, lo que se dice novia, ninguna. Durante años tuvo un rollo con un compañero de trabajo.* **7.** coloq. Actitud o manera de ser. *No me gusta nada el rollo de tus amigas.* **8.** coloq. Asunto o cuestión. *Vi que se pegaban, pero no sabía de qué iba el rollo. Le gusta el rollo ese de la informática.* **9.** coloq. Sensación o impresión. Frec. con los adj. *bueno* o *malo*. *Lo mismo se amuerma que le entra el buen rollo y se pone a bailar. Las películas violentas me dan mal rollo.* **10.** jerg. Mundo de la droga o de la marginación. *Conoce el habla del rollo.* ■ **ir** alguien **a su ~.** loc. v. coloq. Ir a lo suyo u ocuparse de sus propios asuntos. *Íbamos a nuestro rollo, sin meternos con nadie.*

rolo. m. Am. Rulo (cilindro para rizar el pelo). *Una mujer se pone rolos en el pelo* [C]. *La casa se llenaba de mujeres con rolos y en chancletas* [C]. ▶ RULO.

romana. f. Balanza compuesta de dos brazos, uno corto para colocar lo que se quiere pesar, y otro largo con una escala graduada de pesos, sobre el que se desliza un peso fijo hasta conseguir el equilibrio con el otro brazo. *El vendedor de sandías utiliza una vieja romana.*

romance. adj. **1.** Dicho de lengua moderna: Derivada del latín. *El francés y el portugués son lenguas romances.* Tb. m. *Las primeras palabras en romance aparecen en las glosas silenses y emilianenses.* ● m. **2.** *Lit.* Composición poética formada por un número ilimitado de versos, gralm. de ocho sílabas, de los cuales riman los pares en asonante y quedan libres los impares. *Los romances más antiguos proceden de la tradición oral.* Tb. esa combinación métrica. *En el Romanticismo se vuelve a emplear el romance.* **3.** Relación amorosa. *Tuvo un romance con una conocida cantante.* ▶ **1:** ROMÁNICO.

romancero. m. *Lit.* Conjunto o colección de romances. *El "romancero nuevo" agrupa los romances creados por autores conocidos. Ha editado un romancero.*

romanche. m. Lengua de origen latino hablada en el norte de Italia y en Suiza. *En el cantón de los Grisones se habla romanche.*

romaní. m. Lengua de los gitanos. *La palabra "chungo" viene del romaní.* ▶ CALÓ.

románico, ca. adj. **1.** Dicho de estilo arquitectónico: Que predomina en Europa del s. XI al XIII y se caracteriza por el empleo de arcos de medio punto y bóvedas de cañón. *En la plaza se levanta una catedral de estilo románico.* Tb. m. *El románico se caracteriza por la sobriedad.* **2.** De estilo románico (→ 1). *En Burgos se halla el monasterio románico de Santo Domingo de Silos.* **3.** Dicho de lengua: Derivada del latín. *El gallego, el catalán y el castellano son lenguas románicas.* **4.** De las lenguas románicas (→ 3). *La filología románica estudia las lenguas romances.* ▶ **3:** ROMANCE.

romanista. m. y f. Especialista en lenguas románicas y en su literatura. *El romanista dio una conferencia sobre la poesía rumana.*

romanización. f. Hecho de romanizar o romanizarse. *La romanización de la Península Ibérica.*

romanizar. tr. Difundir la civilización romana o la lengua latina (por un territorio o entre un grupo de gente). *No lograron romanizar la Europa que se extendía al este del Rin.* Tb. en constr. prnl. media. *La Bética y la Tarraconense fueron las primeras regiones que se romanizaron.*

romano, na. adj. **1.** De Roma. *Paseamos por las calles romanas.* Dicho de pers., tb. m. y f. *Los romanos son acogedores y amables.* **2.** De Roma como sede del Papa y de la Iglesia católica. *En el siglo XVI los reformistas se rebelan contra la autoridad romana.* **3.** histór. De la antigua Roma o de su imperio. *Aníbal derrotó al ejército romano. Una calzada romana cruza el valle.* Dicho de pers., tb. m. y f. *Los romanos más ricos tenían esclavos.* ■ **a la romana.** loc. adj. *Coc.* Rebozado y frito después. *Calamares a la romana.* Tb. loc. adv. *¿Hacemos la merluza a la plancha o a la romana?*

romanticismo. m. **1.** (Frec. en mayúsc.). Movimiento artístico y cultural de la primera mitad del s. XIX, caracterizado por un fuerte individualismo, por la defensa de la libertad y por la oposición a las reglas y preceptos clásicos. *Bécquer fue uno de los grandes poetas del romanticismo español.* Tb. el período histórico correspondiente. *Durante el Romanticismo surgen los movimientos nacionalistas.* **2.** Cualidad de romántico o sentimental. *Su romanticismo le hace creer en el amor eterno.*

romántico, ca. adj. **1.** Del Romanticismo. *En la música romántica destacan Liszt y Chopin.* **2.** Partidario o cultivador del Romanticismo. *Lord Byron es el arquetipo del poeta y héroe romántico.* Tb. m. y f. *Entre los románticos hubo más poetas que novelistas.* **3.** Sentimental y soñador. *Venecia es una ciudad ideal para gente romántica.* Tb. m. y f. *Su novio es un romántico y le escribe cartas de amor.* **4.** Propio de la persona romántica (→ 3). *El chico le susurraba palabras románticas.*

romanza. f. *Mús.* Composición musical de carácter vocal, sencilla y melodiosa. *El tenor cantó varias romanzas de ópera y zarzuela.*

rómbico, ca. adj. Que tiene forma de rombo. *Las vidrieras estaban formadas por piezas rómbicas.*

rombo. m. Polígono de cuatro lados iguales y cuatro ángulos, dos de los cuales, opuestos, son mayores que los otros dos. *El personaje de Arlequín lleva un traje de rombos.*

romboedro. m. *Mat.* Cuerpo de seis caras que tienen forma de rombo. *Algunos minerales cristalizan formando romboedros.*

romboidal. adj. *Mat.* Que tiene forma de romboide. *Los pilares de la casa tienen sección romboidal.*

romboide. m. *Mat.* Polígono de cuatro ángulos y cuatro lados, en el que los lados y ángulos opuestos son iguales, y los contiguos son desiguales. *Dibuja en la lámina un romboide con dos ángulos de 30°.*

romeral. m. Terreno poblado de romero. *Para subir a la montaña atravesamos un romeral.*

romería. f. **1.** Peregrinación a un santuario o lugar sagrado. *Una vez al año todo el pueblo sube en romería hasta la ermita.* **2.** Fiesta popular que se celebra en el campo junto a una ermita o santuario con motivo de la festividad religiosa del lugar. *En la romería se bailarán jotas y habrá merienda.*

romero[1]. m. Arbusto aromático de flores azuladas, que se emplea en perfumería y cocina y tiene propiedades medicinales. *Condimenta la carne con romero. Me dio friegas con alcohol de romero.*

romero[2], ra. m. y f. Persona que participa en una romería. *En el camino hay posadas para los romeros. Los romeros llegan a la ermita.*

romo, ma. adj. Que carece de punta o filo. *Untó la mantequilla con un cuchillo romo.* ▶ OBTUSO.

rompecabezas. m. **1.** Juego que consiste en ir encajando piezas hasta componer una imagen o un dibujo. *Hizo un rompecabezas de mil piezas.* **2.** Problema de difícil solución. *El conjunto de informes es un rompecabezas.* ▶ **1:** PUZLE.

rompecorazones. m. y f. coloq., humoríst. Persona que enamora a otras con facilidad. *¡Estás hecho un rompecorazones, chaval!*

rompedor, ra. adj. Muy avanzado e innovador. *El diseñador tiene un estilo rompedor. James Joyce fue un escritor rompedor.*

rompehielos. m. Buque diseñado para abrirse camino en las aguas heladas. *Un rompehielos precede al barco para que este pueda navegar.*

rompehuelgas. m. y f. frecAm. despect. Esquirol. *¡El que rompa esta acción está traicionando a la clase obrera, es un rompehuelgas!* [C].

rompeolas. m. Muro construido a la entrada de un puerto o una ensenada para protegerlos del oleaje. *Nos fuimos a pescar al rompeolas.* ▶ *DIQUE.

romper. (part. **roto**). tr. **1.** Dividir con más o menos violencia (algo) en trozos o partes, deshaciendo su unión. *El vendaval rompió algunas tejas. Vais a romper el escaparate de un balonazo.* Tb. fig. *El velero rompe las aguas del lago.* Tb. en constr. prnl. media. *El jarrón se ha roto* EN *mil pedazos. No te apoyes en esa rama, que puede romperse. Se le rompió un brazo esquiando.* **2.** Estropear (algo), o hacer que pase a estar en malas condiciones. *Si llenas tanto la lavadora, terminarás rompiéndola.* Tb. en constr. prnl. media. *Se nos ha roto la cerradura.* **3.** Abrir espacio (en algo que constituye una barrera) para poder atravesar(lo). *Los manifestantes consiguieron romper el cordón policial.* **4.** Deshacer (una formación) las personas que la componen. *Los jugadores no romperán la fila hasta que termine el himno.* **5.** Interrumpir la continuidad (de algo no material). *Nada rompía la monotonía de aquellas tardes. Uno de los bandos rompió las negociaciones.* **6.** Interrumpir o abandonar alguien (la relación o el trato) con otro. *Inglaterra rompió relaciones diplomáticas* CON *Alemania.* Tb. usado en constr. intr. *Ha roto* CON *su socio. Decidió romper, tras años de noviazgo.* **7.** Dejar de cumplir (lo acordado o establecido). *Nadie se atreve a romper el pacto de silencio. La guerrilla rompió la tregua.* ○ intr. **8.** Deshacerse en espuma las olas, gralm. al chocar contra algo. *El mar rompe con furia* CONTRA *el acantilado.* **9.** Empezar, o comenzar a existir, el día. *Salieron al romper el día.* **10.** Seguido de *a* y un infinitivo: Empezar a hacer lo expresado por él de manera brusca o repentina. *Al saber la noticia, han roto a llorar. Rompió a hablar, tras un largo silencio.* **11.** Seguido de *en* y un nombre que designa una acción: Comenzar alguien bruscamente lo designado. *Al recibir la noticia, rompí en sollozos. El público rompe en aplausos cada vez que aparece en escena.* **12.** Salir o brotar con brusquedad. *Hay peligro de que el agua rompa* POR *el muro de contención. Tanta tensión contenida tenía que romper* POR *algún lado.* **13.** Abrirse una flor. *Las rosas están a punto de romper.* ■ **de rompe y rasga.** loc. adj. coloq. Dicho de persona: De espíritu decidido y enérgico. *Ha demostrado ser una mujer de rompe y rasga.* ▶ **2:** *ESTROPEAR. **11:** PRORRUMPIR.

rompiente. m. Lugar donde rompen las olas o el agua. *Para que la ola no te tumbe, aléjate del rompiente.*

rompimiento. m. Hecho de romper o romperse. *Aquello significó el rompimiento del pacto. Su teatro supone un rompimiento* CON *las formas de su época.*

ron. m. Licor obtenido de una mezcla fermentada de zumo de caña de azúcar y melazas. *Entró en la taberna y pidió un vaso de ron.*

roncar. intr. Emitir alguien un sonido ronco al respirar mientras duerme. *Su compañero de habitación ronca. La perra se quedó dormida y comenzó a roncar.*

roncha. f. Bulto pequeño y rojizo que sale en la piel. *Comió algo en mal estado y se llenó de ronchas. La picadura le dejó una roncha en la piel.* ■ **levantar ~s.** loc. v. Causar mucho disgusto o molestia. *Sus declaraciones levantaron ronchas entre los políticos.* ▶ RONCHÓN.

ronchón. m. Roncha. *Le picó una araña y le salió un ronchón.*

ronco, ca. adj. **1.** Dicho de persona: Que padece ronquera. *Está ronca de tanto chillar.* **2.** Dicho de voz o sonido: Áspero y grave. *El anciano tenía una voz ronca y profunda.*

ronda. f. **1.** Hecho de rondar un lugar, espec. para vigilarlo, o a una mujer para ganarse su amor. *En su ronda habitual, el vigilante de la obra no notó nada extraño. Todos los sábados hacían la ronda* POR *los bares de moda. Al atardecer, los mozos casaderos se aseaban para ir de ronda.* **2.** Grupo de personas que andan rondando, espec. policías o soldados. *Camuflados entre las sombras, esquivaron una nutrida ronda de policías militares.* **3.** Reunión nocturna de mozos para tocar y cantar por las calles. *Con el pueblo en fiestas, cada calle organizaba su ronda.* **4.** Serie de cosas que se desarrollan sucesiva y ordenadamente durante un tiempo limitado. *La próxima ronda de conversaciones entre ambos países tendrá lugar en Ginebra. Tras la declaración, el presidente contestó una ronda de preguntas.* **5.** Fase de una competición deportiva. *El equipo sueco cayó eliminado en la primera ronda.* **6.** En un juego: Turno en el que participan todos los jugadores. *Si caes en esta casilla, te quedas sin tirar dos rondas.* **7.** Invitación a comer o a beber que a su costa hace uno de los participantes en una reunión. *¿A quién le toca pagar esta ronda?* **8.** Cada una de las calles o avenidas cuyo conjunto rodea una ciudad o su casco antiguo. *El tráfico en las rondas es fluido.* Frec. se usa como parte del nombre de esas calles o avenidas. *Cerca de la Ronda de Toledo se halla el conocido Rastro madrileño.* **9.** Vuelta (carrera ciclista). *El ciclista navarro volvió a ganar la ronda catalana.* ▶ **9:** VUELTA.

rondalla. f. *Mús.* Conjunto musical de instrumentos de cuerda, que suele interpretar música popular. *En la rondalla del colegio aprendió a tocar la jota aragonesa.*

rondar. tr. **1.** Andar de noche (por un lugar) para vigilar(lo). *Decenas de coches patrulla rondan la ciudad. Grupos de vecinos rondaban el barrio para prevenir los atracos.* **2.** Andar de noche paseando (las calles). *Los mozos rondan las calles tocando guitarras.* **3.** Moverse alrededor o cerca (de algo). *Los mosquitos rondaban la bombilla. Un individuo sospechoso fue visto rondando las inmediaciones del edificio.* Tb. fig. *Hay prácticas publicitarias que rondan los límites de lo legal.* **4.** Andar alrededor (de alguien) o seguir(lo) continuamente para conseguir algo. *Al enterarse de que sabía de informática, sus vecinos no paraban de rondarla. Muchos equipos rondan a la joven promesa del fútbol.* **5.** Acudir (a la calle o lugar donde vive una mujer) para procurar ganarse el amor de esta. *Muchos jóvenes rondaron la casa de la bella muchacha.* **6.** Cortejar (a una mujer) para procurar ganarse su amor. *No había mayor trauma para una moza que llegar a cierta edad sin que nadie la rondara.* **7.** Comenzar a manifestarse (en alguien) una cosa, espec. una sensación o enfermedad. *Me ronda el sueño. Si notamos que la gripe nos está rondando, debemos tomar un antigripal.* ○ intr. **8.** Andar de noche por un lugar o población para vigilarlo. *Los vigilantes rondan constantemente* POR *el polígono.* **9.** Andar de noche paseando por las calles. *Los mozos rondan* POR *las calles tocando guitarras.* **10.** Moverse cerca de algo o por un lugar. *Los chiquillos rondan a todas horas* POR *la tienda de chucherías. Hay un grupo de delincuentes rondando* POR *el barrio.*

rondeña. f. Cante flamenco parecido al fandango y típico de Ronda. *La cantaora dedicó la rondeña a su hija.* Tb. la música propia de este cante. *El guitarrista eligió una rondeña de su repertorio.*

rondó. m. *Mús.* Composición musical de carácter instrumental cuyo tema principal se repite varias veces, alternando con otros temas secundarios. *La sonata termina con un rondó.*

rondón. de ~. loc. adv. coloq. Sin llamar o sin tener permiso. Frec. con v. como *entrar* o *colarse. Se colaron de rondón cuando se fue el vigilante.*

ronquera. f. Enfermedad de la laringe que hace que la voz se vuelva áspera y poco sonora. *Está acatarrado y tiene una buena ronquera.*

ronquido. m. Hecho o efecto de roncar. *Le despertaron los ronquidos de su compañero.*

ronronear. intr. Emitir un gato un sonido ronco y prolongado en señal de contento. *Al acariciarle la barriga, la gata ronronea.*

ronroneo. m. Hecho o efecto de ronronear. *Cuando llego, el gato me recibe con mimosos ronroneos.*

ronzal. m. Cuerda que se ata al cuello o a la cabeza de una caballería para sujetarla o para conducirla mientras se camina. *El hombre tiraba del ronzal, pero la mula se negaba a seguir.*

roña. f. **1.** Suciedad que ha quedado fuertemente pegada. *Lávate bien, que llevas roña detrás de las orejas. Hay un cerco de roña en la bañera.* **2.** Orín (óxido rojizo). *Era un amasijo de hierros llenos de roña.* ○ m. y f. **3.** coloq. Persona roñosa o tacaña. *Le pedí dinero pero, como es un roña, se negó.* Tb. adj. *No seas roña y paga otra ronda.* ▶ **2:** ORÍN.

roñica. m. y f. coloq. Persona roñosa o tacaña. *Es un roñica: no nos invitó ni a unas aceitunas.* Tb. adj. *Lo pasaba mal si tenía que pagar, porque era muy roñica.*

roñosería. f. coloq. Tacañería. *Por tu roñosería vivimos de forma miserable. Es una roñosería que te niegues a coger un taxi.*

roñoso, sa. adj. **1.** Lleno de roña o suciedad. *El mendigo mostraba las piernas roñosas.* **2.** Oxidado o cubierto de orín. *El caserón tenía una verja roñosa.* **3.** coloq. Tacaño. *Con los años se ha vuelto muy roñoso y desconfiado.* Dicho de pers., tb. m. y f. *No le pedí el dinero a él porque sé que es un roñoso.*

ropa. f. Conjunto de prendas de vestir o de artículos de uso doméstico confeccionados con tela u otro material similar. *Nos vestimos con ropa de invierno. En el trabajo se pone la ropa de faena. Hay que comprar mantas, sábanas y demás ropa de cama.* A veces en pl. con significado sing. *La modelo lucía ropas de vistosos colores.* ■ **~ blanca.** f. Ropa de uso doméstico, como la de cama y mesa. *Los manteles están en el armario de la ropa blanca.* ■ **~ interior,** o **blanca.** f. Ropa que se usa debajo de otras sin que sea visible exteriormente. *Se duchó y se puso ropa interior limpia. Para el viaje llevó pantalones, camisas y ropa blanca.* ■ **~ vieja.** f. Guiso hecho con la carne sobrante de un caldo o de un cocido. *Con pollo y morcillo hizo ropa vieja.* □ **a quema ~.** → **quemarropa.** ■ **haber ~ tendida.** loc. v. coloq. Estar presentes una o varias personas ante las cuales no conviene hablar abiertamente o sin discreción. *Por teléfono no te lo puedo contar, que hay ropa tendida.* ■ **nadar y guardar la ~.** loc. v. coloq. Actuar con cautela en algo para no sufrir perjuicios en caso de que eso fracase. *Él no se arriesga; intenta nadar y guardar la ropa.*

ropaje. m. Ropa de vestir, espec. la lujosa o solemne. *El caballero del cuadro lleva un oscuro ropaje de la época.* Frec. en pl. con significado sing. *El monarca se despojó de sus pesados ropajes.*

ropavejero, ra. m. y f. Persona que vende ropa usada. *Al mercadillo acudían ropavejeros y chamarileros.*

ropero. m. Armario o habitación donde se guarda ropa. *Mete las camisas y los jerséis en el ropero del dormitorio. Trabaja de encargada del ropero de una discoteca.* Frec. en aposición *Armario ropero.*

roque. adj. coloq. Dormido. Gralm. con *estar* o *quedarse. Se quedó roque viendo la tele.*

roquedal. m. Lugar en el que abundan las rocas. *En el árido roquedal hay muchos lagartos.*

roquedo. m. Peñasco o roca. *El águila real anida entre los roquedos de Cazorla.* Frec. en sent. colectivo. *El pueblecito se halla enclavado en un roquedo.*

roquefort. m. Queso de oveja de olor y sabor fuertes, con manchas verdosas producidas por un moho, y que es originario de la población francesa de Roquefort. *Tomó roquefort untado en una tostada.*

roquero[1], ra. adj. **1.** De las rocas. *Lagartija roquera.* **2.** Edificado sobre roca. *Atienza tiene un castillo roquero.*

roquero[2], ra. adj. **1.** Del *rock. Su nuevo disco tiene un sonido muy roquero.* **2.** Que interpreta música *rock. Se organiza un concurso de bandas roqueras.* Dicho de pers., tb. m. y f. *El disco recopila éxitos de los viejos roqueros.* **3.** Aficionado a la música *rock. Las pandillas roqueras acuden al festival cada año.* Dicho de pers., tb. m. y f. *Los roqueros conducían grandes motocicletas.*

rorcual. m. Ballena de gran tamaño, con aleta dorsal cerca de la cola y pliegues en la garganta, de la que existen varias especies, por ej.: *~ común, ~ aliblanco. La ballena azul, el mayor de los animales, es un rorcual.*

rorro. m. coloq. Bebé. *No había forma de dormir al rorro.*

ros. m. *Mil.* Gorro de fieltro, cilíndrico y con visera y más alto por delante que por detrás. *Los soldados de caballería llevaban casaca, sable y ros.*

rosa. f. **1.** Flor del rosal, de aroma agradable y diferentes colores, que se cultiva como ornamental y de la que existen diversas variedades, por ej.: *~ de té, ~ de pitiminí. Me regaló un ramo de rosas rojas.* **2.** Objeto cuya forma recuerda la de la rosa (→ 1). *Compré una tarta adornada con rosas de chocolate.* ● adj. **3.** Dicho de color: Rojo muy pálido. Tb. m. *Se pintó los labios de un rosa brillante.* **4.** De color rosa (→ 3). *Jersey rosa.* ■ **~ de los vientos.** f. Círculo que tiene marcados alrededor los 32 rumbos en que se divide la vuelta del horizonte. *Con la rosa de los vientos, el rumbo de navegación se hizo más preciso.* □ **como una ~.** loc. adv. coloq. En perfecto estado. *Me he recuperado y ahora estoy como una rosa.*

rosáceo, a. adj. Rosado. *Le salieron unas manchas rosáceas en la piel. Cuando lavo, mis manos se ponen de color rosáceo.*

rosado, da. adj. **1.** Dicho de color: Que tira a rosa. *Sus mejillas tienen un suave color rosado.* **2.** De color rosado (→ 1). *Nubes rosadas surcaban el cielo.* ● m. **3.** Vino rosado (→ **vino**). *El rosado va bien con el pescado y el marisco.* ▶ **1, 2:** ROSÁCEO.

rosal. m. Arbusto de tallos espinosos, gralm. cultivado, cuya flor es la rosa y del que existen diversas variedades, por ej.: *~ silvestre, ~ amarillo. Han florecido los rosales del parque.*

rosaleda. f. Lugar plantado de rosales. *En el centro del parque hay una hermosa rosaleda.*

rosario. m. **1.** *Rel.* Rezo dividido en quince partes, en cada una de las cuales se recitan un padrenuestro, diez avemarías y un gloria, para conmemorar los quince misterios principales de la vida de la Virgen y Jesucristo. *En la iglesia solo se oía el murmullo de los fieles rezando el rosario.* Tb. la ceremonia en que se reza. *El rosario se celebraba todos los días al atardecer.* **2.** Objeto formado por una serie de cuentas ensartadas y separadas de diez en diez, que sirve para contar las partes del rosario (→ 1) a la vez que se reza. *Sus manos pasaban las cuentas de un rosario de nácar.* **3.** Serie de cosas. *La familia ha pasado por un rosario* DE *desgracias.* ■ **como el ~ de la aurora.** loc. adv. coloq. Con la dispersión de los asistentes, frec. por falta de acuerdo entre ellos. Gralm. con v. como *acabar. La reunión familiar acabó como el rosario de la aurora.*

rosbif. (pl. **rosbifs**). m. Asado de carne de vaca. *Tomamos una cena fría a base de rosbif y ensaladas.*

rosca. f. **1.** Espiral que tienen algunos objetos, como un tornillo, y que permite que encajen en otros que también la tienen, como una tuerca. *Este tapón no ajusta en la rosca de la botella. El envase tiene cierre de rosca.* **2.** Cosa circular u ovalada con un agujero en el centro. *Trajo de su pueblo roscas de pan candeal. Las pescadillas tenían forma de rosca.* ■ **hacer la ~** (a alguien). loc. v. coloq. Adular(lo) para conseguir algo. *No me hagas la rosca, que no te voy a dejar salir.* ■ **no comerse,** o **no jalarse, una ~.** loc. v. coloq. No tener éxito, espec. en asuntos amorosos. *No presumas de conquistas, que tú no te comes una rosca.* ■ **pasarse de ~** un tornillo. loc. v. No encajar en la tuerca por haberse desgastado la rosca (→ 1). *No puedo apretar los tornillos de la silla porque se han pasado de rosca.* ■ **pasarse** alguien **de ~.** loc. v. coloq. Excederse o sobrepasar los límites de lo razonable o de lo debido en lo que hace o dice. *No debí ser tan severo; me he pasado de rosca.*

rosco. m. **1.** Pan o bollo circulares u ovalados con un agujero en el centro. *En Navidad compramos roscos de vino.* **2.** coloq. Cero (puntuación mínima). *Le pusieron un rosco en Matemáticas.* ■ **no comerse,** o **no jalarse un ~.** loc. v. coloq. No tener éxito, espec. en asuntos amorosos. *Se pasan el día hablando de sexo, pero no se comen un rosco.*

roscón. m. Bollo grande, circular u ovalado, con un agujero en el centro. *El 6 de enero comeremos roscón de Reyes.*

rosetón. m. **1.** *Arq.* Ventana circular calada, con adornos y gralm. con vidriera. *La fachada de la catedral tiene en lo alto un gran rosetón.* **2.** *Arq.* Adorno circular que se coloca en el techo. *Las lámparas del teatro cuelgan de unos rosetones de escayola.*

rositas. de ~. loc. adv. coloq. Sin coste o sin esfuerzo. *No te creas que un título se consigue así, de rositas.*

rosquilla. f. Dulce de forma circular u ovalada con un agujero en el centro. *Tomamos rosquillas de anís espolvoreadas con azúcar.*

rostro. m. **1.** cult. Cara o parte delantera de la cabeza de una persona. *La lluvia le azotaba el rostro.* **2.** cult. Expresión o aspecto del rostro (→ 1) que reflejan el estado físico o anímico de la persona. *Se le mudó el rostro al vernos aparecer.*

rotación. f. **1.** Hecho o efecto de rotar. *En la cuarta rotación, el equipo español irá a la barra de equilibrio.* **2.** *Fís.* Movimiento de un astro sobre sí mismo. *La Tierra tarda un día en hacer la rotación completa.* Tb. *movimiento de ~.* ■ **~ de cultivos.** f. *Agric.* Sistema de siembras alternativas o simultáneas para evitar que el terreno se agote o pierda fertilidad. *Con la rotación de cultivos, han conseguido mejores cosechas.*

rotar. intr. **1.** Girar un cuerpo alrededor de su eje. *Sobre el fuego rotaba lentamente una vara con un pollo ensartado.* **2.** Alternarse o seguir un turno. *Los médicos van rotando para cubrir el servicio de guardia del hospital.*

rotativo, va. adj. **1.** Que rota sobre un eje. *Mecanismo rotativo.* ● f. **2.** Máquina que sirve para imprimir periódicos o revistas a gran velocidad. *De madrugada, las rotativas del diario funcionan a pleno rendimiento.* ○ m. **3.** Periódico (publicación diaria). *La noticia aparece en los principales rotativos.* ▶ **1:** ROTATORIO. **3:** *PERIÓDICO.

rotatorio, ria. adj. **1.** Que rota sobre un eje. *El depósito rotatorio impide que fragüe el hormigón.* **2.** Que rota o sigue un turno. *La presidencia de la Unión Europea será rotatoria.* ▶ **1:** ROTATIVO.

roto, ta. part. **1.** → **romper.** ● adj. **2.** coloq. Agotado o muy cansado. *Estoy roto de tanto caminar.* ● m. **3.** Agujero o abertura que se produce en algo al romperse, espec. en una prenda de ropa o en una tela. *Tienes un roto en el pantalón.*

rotonda. f. **1.** Plaza circular, espec. la diseñada para permitir desvíos y cambios de sentido en el tráfico de automóviles. *Al llegar a la rotonda, desvíate a la derecha.* **2.** Edificio o sala de planta circular. *El vestíbulo del hotel es una amplia rotonda con cúpula acristalada.*

rotor. m. *Fís.* y *Mec.* Parte giratoria de una máquina, espec. la de una turbina o un motor. *Un rotor hace girar las aspas de la batidora. El molino de viento tiene un rotor de tres palas.*

rótula. f. *Anat.* Hueso redondeado de la rodilla, que se encuentra en la articulación de la tibia y el fémur. *El futbolista está de baja por una lesión en la rótula.*

rotulación. f. Hecho de rotular. *Se hará una nueva rotulación en las autopistas.*

rotulado. m. Hecho de rotular. *El rotulado a pulso requiere gran destreza.*

rotulador. m. Instrumento de escritura o dibujo parecido al bolígrafo, pero con punta de fieltro y de trazo más grueso. *Tenía los apuntes marcados con rotulador fosforescente.*

rotular. tr. Poner rótulo (a algo). *El Ayuntamiento planea volver a rotular algunas calles.*

rótulo. m. **1.** Letrero o conjunto de palabras escritas en un lugar visible para indicar o dar a conocer algo. *Se encendieron los rótulos luminosos de los cines. Debajo de cada cuadro hay un rótulo con el título.* **2.** Título de un texto o escrito. *Cada capítulo va encabezado por un rótulo en letras mayúsculas.* ▶ **1:** LETRERO. **2:** *TÍTULO.

rotundidad. f. Cualidad de rotundo. *Negó con rotundidad las acusaciones. La rotundidad de su voz impresiona al auditorio.*

rotundo, da. adj. **1.** Que no admite duda o discusión. *Expresó su rotundo rechazo a la violencia.* **2.** Dicho de lenguaje o de voz: Lleno de fuerza y claridad. *Recitaba sus poemas con voz rotunda.*

rotura. f. Hecho o efecto de romper o romperse, espec. algo material. *Se produjo una rotura en la cañería. Le diagnosticaron rotura de clavícula.*

roturación. f. Hecho de roturar. *La legislación frenó la roturación de pastos.*

roturar. tr. Arar o labrar (la tierra) por primera vez para poner(la) en cultivo. *Roturaban el terreno para cultivar café.*

roya. f. Enfermedad de las plantas, espec. de los cereales, provocada por un hongo parásito que suele dejar manchas rojizas o amarillentas en las hojas. *Los cultivos de caña de azúcar se vieron afectados por la roya.* Tb. ese hongo. *Las royas producen graves pérdidas en las cosechas.*

roza. f. Surco o canal abiertos en una pared para instalar cables o tuberías. *El albañil hizo una roza para llevar el cable hasta la lámpara.*

rozadura. f. **1.** Herida superficial producida en la piel al rozar con otra cosa. *Los zapatos nuevos me han hecho una rozadura.* **2.** Marca o pequeño desperfecto producidos en la superficie de una cosa al rozar con otra. *La carrocería está bien, solo tiene alguna rozadura.*

rozagante. adj. De aspecto saludable y vigoroso. *De las vacaciones volvemos felices y rozagantes.*

rozamiento. m. **1.** Hecho de rozar o tocar ligeramente. *El rozamiento de las zapatas de freno produce cortes en el neumático.* **2.** *Fís.* Fuerza que se opone al movimiento de un cuerpo en contacto con otro. *El diseño aerodinámico reduce al máximo el rozamiento.*

rozar. tr. **1.** Tocar ligeramente (algo o a alguien) al pasar. *La rueda ha rozado el bordillo.* **2.** Estar muy cerca (de algo). *La inflación roza el 4%.* **3.** Producir un ligero daño o desgaste (en alguien o algo) al rozar(los) (→ 1). *¿Te rozan los zapatos?* Tb. en constr. prnl. media. *Se le han rozado los codos de la chaqueta.* **4.** Limpiar (la tierra) de matas y malas hierbas antes de labrar(la). *Tenemos que rozar la huerta.* **5.** *Constr.* Hacer una roza (en una pared, techo o suelo). *El tabique era tan delgado que era imposible rozarlo.* ○ intr. **6.** Tocar ligeramente algo o a alguien al pasar. *La puerta no cierra bien porque roza* CON/EN *el suelo.* ○ intr. prnl. **7.** Tener dos personas trato o confianza. *Los vecinos apenas se rozan.*

r. p. m. abrev. Revoluciones por minuto. *El disco duro del ordenador gira a 7200 r. p. m.*

Rte. abrev. Remitente. *Rte. Juan Ruiz. Apdo. 24, Pozuelo de Alarcón.*

rúa. f. Calle de una población. *Paseamos por las angostas rúas de la judería.* Frec. se usa como parte del nombre de esa calle. *La Rúa Nueva va a parar a la Plaza Mayor.* ▶ CALLE.

ruandés, sa. adj. De Ruanda (país de África central). *Población ruandesa.* Dicho de pers., tb. m. y f. *Muchos ruandeses huyeron a Zaire.*

ruano, na. adj. Dicho de caballo o de yegua: Que tiene el pelo mezclado de blanco, negro y rojizo. *Montaba una preciosa yegua ruana.*

rubeola o **rubéola.** f. Enfermedad contagiosa causada por un virus, que se caracteriza por la aparición de manchas rojizas en la piel, parecidas a las del sarampión. *Vacunamos a la niña contra la rubeola.*

rubí. (pl. **rubíes** o **rubís**). m. Piedra preciosa de color rojo, brillo intenso y gran dureza, muy utilizada en joyería. *Lleva una sortija de oro con rubíes.*

rubiales. m. y f. coloq. Persona rubia. *Pasó una rubiales muy guapa y nos quedamos mirándola.* Tb. adj. *De pequeño era rubiales y muy travieso.*

Rubicón. pasar el ~. loc. v. cult. Dar un paso decisivo y arriesgado. *Cuando abandonó su casa pensó: –He pasado el Rubicón.*

rubicundo, da. adj. Dicho espec. de persona o de rostro: Rojizo o que tira a rojo. *Del avión descendían turistas de rostros rubicundos.*

rubio, bia. adj. **1.** Dicho espec. de pelo: De color dorado o amarillento. *Sus rubios cabellos resplandecían al sol. Prefiere la cerveza rubia a la negra.* Tb. m., referido a color. *Tiene el pelo de un rubio claro.* **2.** Dicho de persona o animal: De pelo rubio (→ 1). *Es un chico alto y rubio. Al gato rubio lo llamaron Sultán.* Dicho de pers., tb. m. y f. *La rubia más famosa del mundo era Marilyn Monroe.* ■ **rubio platino.** m. Color rubio (→ 1) muy claro. *Se ha teñido el pelo de rubio platino.* Tb. adj. *Le gusta exhibir su melena color rubio platino.* ▶ **Am: 2:** CATIRE, GÜERO.

rublo. m. Unidad monetaria de Rusia y de algunos otros países de la antigua Unión Soviética. *El euro se revalorizó frente al rublo. Rublo bielorruso.*

rubor. m. **1.** Enrojecimiento del rostro producido por la vergüenza. *Cuando lo elogian, el rubor enciende sus mejillas.* **2.** Vergüenza (turbación del ánimo). *No siente el menor rubor al reconocer que nos traicionó a todos.* ▶ **2:** *VERGÜENZA.

ruborizar. tr. Causar rubor (a alguien). *La película tiene escenas capaces de ruborizar a más de un espectador.* Tb. en constr. prnl. media. *No me eches tantos piropos, que me ruborizo.*

ruboroso, sa. adj. Que tiene o muestra rubor. *La muchacha, ruborosa, baja los ojos.*

rúbrica. f. Trazo o conjunto de trazos que acompañan al nombre en la firma de una persona. *Mi rúbrica consiste en una simple línea bajo el nombre.*

rubricar. tr. Poner rúbrica (a una firma). Tb. usado en constr. intr. *Firmó, rubricó y entregó su examen.*

rucio, cia. adj. Dicho de animal: Que tiene el pelo de color pardo claro o blanquecino. *Un burro rucio.* Dicho de caballo o asno, tb. m. y f. *Sancho Panza tenía un viejo rucio.*

ruco, ca. adj. Am. coloq. Dicho de persona: Vieja. *Derrotaba a cualquiera, joven o ruco, rápido o mañoso* [C]. Tb. m. y f. *Son adolescentes y ya no les gusta mucho estar con los rucos* [C].

rudeza. f. Cualidad de rudo. *Su buen aspecto contrasta con la rudeza de sus modales. Disculpen la rudeza de mi amigo; no quiso ofenderlos.*

rudimentario, ria. adj. **1.** De los rudimentos. *Tengo nociones rudimentarias de contabilidad.* **2.** Sencillo o poco perfeccionado. *Con unos maderos hicieron una barca muy rudimentaria.*

rudimentos. m. pl. Conocimientos o principios básicos de algo, espec. de una disciplina científica o artística. *Los estudiantes de primero aprendían los rudimentos de la anatomía. Su padre le enseñó los rudimentos de la fotografía.*

rudo, da. adj. **1.** Tosco o poco educado. *Era un hombre de modales rudos. Los señores no solían tratar con gente ruda.* **2.** Duro o violento. *La muerte de su esposo fue un rudo golpe para ella.*

rúe. f. coloq., humoríst. Calle (zona urbana). *Se olvidó las llaves y tuvo que dormir en la rúe.*

rueca. f. Instrumento que sirve para hilar, compuesto por una vara delgada con una pieza en su extremo superior donde se coloca la materia textil, y un huso giratorio donde se va enrollando el hilo. *La vieja campesina hilaba el lino en una rueca.*

rueda. f. **1.** Pieza mecánica circular, más o menos aplanada, que gira alrededor de un eje y sirve gralm. para transmitir movimiento, espec. a un vehículo u otra máquina. *El nuevo todoterreno lleva tracción a las cuatro ruedas. Compró una nevera con ruedas.*

2. Conjunto de personas o cosas dispuestas en círculo. *Hacían una rueda en el centro de la clase y la profesora cantaba con ellos.* **3.** Rodaja circular de fruta, pescado u otro alimento. *Pon unas ruedas de limón alrededor de la fuente.* **4.** Despliegue en abanico que hace el pavo con las plumas de la cola. *El pavo real hacía la rueda a una hembra para cortejarla.* ■ **~ de la fortuna.** f. Inconstancia de las cosas humanas en lo próspero y en lo adverso. *La rueda de la fortuna quiso que nos volviéramos a encontrar.* ■ **~ de molino.** f. Rueda (→ 1) de piedra, de gran tamaño, que en los molinos sirve para moler el grano u otras cosas. ⇒ MUELA. ■ **~ dentada.** f. Rueda (→ 1) provista de dientes a lo largo de su perímetro para funcionar en un engranaje. *Un engranaje es un sistema de ruedas dentadas que encajan y permiten transmitir el movimiento.* ■ **~ de prensa.** f. Reunión concertada por una o varias personas con periodistas para hacer una declaración pública y contestar a sus preguntas. *Al término del consejo de ministros, el presidente dará una rueda de prensa.* □ **chupar ~.** loc. v. **1.** coloq. En ciclismo: Colocarse un ciclista detrás de otro para reducir la resistencia del aire y hacer menos esfuerzo. *Solo el ciclista cántabro subía las rampas con soltura, los demás chupaban rueda.* **2.** coloq. Aprovecharse del esfuerzo de otro. *Esta empresa produce los programas informáticos más innovadores y el resto no hace más que chupar su rueda.* ■ **comulgar con ~s de molino.** loc. v. coloq. Creer algo inverosímil. *Todos aceptaron la versión oficial, pero a él no le iban a hacer comulgar con ruedas de molino.* ■ **sobre ~s.** loc. adv. coloq. Muy bien. Frec. con v. como *ir* o *marchar*. *Todo iba sobre ruedas hasta que llegó la crisis.*

ruedo. m. En una plaza de toros: Círculo de arena donde se desarrolla la corrida. *El cuarto de la tarde salió al ruedo.* Tb. fig. *Es un recién llegado al ruedo de la política.* ▶ ALBERO, ARENA, REDONDEL.

ruego. m. Hecho o efecto de rogar. *Se negó a entrar a pesar de mis ruegos.* ▶ IMPLORACIÓN, SÚPLICA.

rufián. m. **1.** Hombre despreciable. *Su socio era un rufián que se fugó con todo el dinero.* **2.** Hombre que vive a costa de una o más prostitutas. *Por aquel antro circulaban prostitutas y rufianes.*

rugby. (pal. ingl.; pronunc. "rújbi"). m. Deporte en el que dos equipos de quince jugadores tratan de llevar un balón ovalado más allá de la línea de meta contraria, utilizando las manos y los pies. *Juega en el equipo de* rugby *de la universidad.* ¶ [Adaptación recomendada: *rugbi*].

rugido. m. Hecho o efecto de rugir. *El león dio un rugido. Los rugidos del jefe se oían desde la escalera.*

rugir. intr. **1.** Emitir el león, el tigre u otro animal salvaje similar su voz característica. *El tigre ruge en su jaula.* **2.** Dar una persona voces o gritos de enojo. *Cuando le llevas la contraria, se pone a rugir como un loco.* **3.** Emitir algo un sonido fuerte y ronco. *Los motores rugen; la carrera está a punto de comenzar. El mar rugía embravecido.* **4.** Hacer ruido las tripas. *Llevaba todo el día sin probar bocado y ya le rugían las tripas.*

rugosidad. f. **1.** Cualidad de rugoso. *La rugosidad del papel dificulta la escritura.* **2.** Arruga o pliegue irregular. *La piel del elefante es gris y con muchas rugosidades.*

rugoso, sa. adj. Que tiene arrugas o pliegues irregulares. *El anciano tenía la piel rugosa. Acaricié el rugoso tronco del árbol.*

ruibarbo. m. Planta herbácea, de hojas grandes y flores amarillas o verdes en espiga, cuya raíz se usa como purgante. *Vi en la granja remolachas y ruibarbos.* Tb. la raíz. *Le aconsejó que tomara infusiones de ruibarbo.*

ruido. m. **1.** Sonido, o conjunto de sonidos confusos o poco armónicos. *Se oía el ruido del tráfico.* Frec. con *armar* o *hacer*. *El motor hace un ruido infernal. Los vecinos arman mucho ruido.* **2.** Repercusión pública de un hecho. Frec. con *armar* o *hacer*. *Sus declaraciones han armado mucho ruido.* **3.** *Ling.* Elemento que perturba un proceso de comunicación. *Sus palabras eran un ruido en medio del debate.* ■ **~ de sables.** m. Malestar entre los miembros de las fuerzas armadas, que hace sospechar una rebelión. *Con los atentados aumentó el ruido de sables.* □ **mucho ~ y pocas nueces.** expr. coloq. Se usa para expresar que algo aparentemente importante es en realidad insignificante. *Después del escándalo, todo ha quedado igual; mucho ruido y pocas nueces.* ■ **ser más el ~ que las nueces.** loc. v. coloq. Ser el asunto de que se trata menos importante de lo que parece. *Se insultaron y amenazaron, pero fue más el ruido que las nueces.*

ruidoso, sa. adj. Que produce mucho ruido. *Esta lavadora es muy ruidosa. El alcalde apareció en la prensa por sus ruidosas declaraciones.*

ruin. adj. **1.** Despreciable o digno de desprecio. *Hubo gente ruin que intentó sacar provecho de la catástrofe. Considero que la envidia es un sentimiento ruin.* **2.** Tacaño. *No seas ruin y dale una propina al chico.* ▶ **1:** *DESPRECIABLE.

ruina. f. **1.** Pérdida económica muy grave que lleva a la pobreza. *Un mal negocio causó la ruina del financiero.* Tb. el estado de pobreza que produce. *La empresa estaba en la ruina.* **2.** Hecho de destruirse una cosa, espec. una edificación. *La ruina del palacio se debió al abandono.* **3.** Persona o cosa que se encuentran en un estado de decadencia o deterioro graves. *Daba pena verlo, porque era una ruina.* Tb. la causa de este estado. *Aquel matrimonio fue su ruina.* ○ pl. **4.** Restos de uno o más edificios destruidos. *En Atenas visitaron las ruinas de la Acrópolis.* Frec. en la constr. *en ~s*. *Media ciudad se hallaba en ruinas.*

ruindad. f. **1.** Cualidad de ruin. *Su ruindad y bajeza se hicieron patentes una vez más.* **2.** Hecho ruin o despreciable. *Sería una ruindad abandonar al pobre animal.*

ruinoso, sa. adj. **1.** Que amenaza ruina. *Vivían en un ruinoso edificio del casco viejo.* **2.** Que produce ruina o pérdida económica grave. *El negocio fue ruinoso.*

ruiseñor. m. Pájaro pequeño de color pardo rojizo por el dorso y blanco grisáceo por el vientre, muy conocido por su canto armonioso. *El ruiseñor hembra. Desde el jardín llegan los trinos del ruiseñor.*

rular. intr. coloq. Rodar o funcionar. *Espero que rule todo bien y no haya problemas.*

ruleta. f. Juego de azar que consiste en lanzar una bolita sobre una rueda giratoria dividida en casillas numeradas, y apostar sobre la casilla en que caerá la bolita. *Lo perdió todo jugando a la ruleta.* Tb. la rueda giratoria. *La bolita giraba caprichosa sobre la ruleta.* ■ **~ rusa.** f. Juego temerario que consiste en dispararse en la propia sien por turnos con un revólver cargado con una sola bala. *Murió cuando jugaba a la ruleta rusa.*

ruletero, ra. m. y f. Am. Conductor de un automóvil de alquiler que no tiene parada fija. *Ya se realizan reuniones con líderes de ruleteros para evitar la infiltración de asaltantes* [C]. *El reglamento del transporte normará el servicio exclusivo de turismos y el de colectivos y ruleteros* [C].

rulo. m. **1.** Cilindro pequeño, hueco y perforado, en el que se enrolla un mechón de pelo para rizarlo. *Abrió una señora en bata y con los rulos puestos.* **2.** Pieza o instrumento cilíndricos que sirven espec. para allanar o machacar. *Se siembra el césped y luego se pasa el rulo.* ▶ **Am: 1:** ROLO.

rumano, na. adj. **1.** De Rumanía. *Gobierno rumano.* Dicho de pers., tb. m. y f. *Muchos rumanos emigran en busca de trabajo.* **2.** Del rumano (→ 3). *Gramática rumana.* ● m. **3.** Lengua hablada en Rumanía y en algunos países cercanos, como Moldavia. *Habla rumano a la perfección.*

rumba. f. Baile popular afrocubano, ejecutado a un ritmo vivo y con un pronunciado movimiento de caderas. *En la fiesta se bailan rumbas y mambos.* Tb. su música. *El pinchadiscos puso una rumba cubana.*

rumbero, ra. adj. **1.** De la rumba. *La canción tiene ritmo rumbero.* **2.** Aficionado a la rumba, o experto en cantar o bailar rumbas. *Músicos rumberos.* Tb. m. y f. *Movía las caderas con la energía de un rumbero.*

rumbo[1]. m. **1.** Dirección o camino que siguen una embarcación o un avión. *Con el timón se puede hacer variar el rumbo del barco. El avión cambió de rumbo.* Frec. en la constr. ~ *a. El buque zarpará mañana rumbo a Brasil.* **2.** Dirección u orientación que toman alguien o algo en un proceso o asunto. *El accidente alteró el rumbo de los acontecimientos. Su vida cambió de rumbo cuando tuvo a su hija.* **3.** Dirección considerada o trazada en el plano del horizonte, pralm. cada una de las comprendidas en la rosa de los vientos. *El camino gira a la derecha y toma rumbo N-NE.* ▶ **1, 2:** DERROTERO.

rumbo[2]. m. Pompa o esplendidez en el gasto. *Celebraron una boda de rumbo.*

rumboso, sa. adj. Muy generoso o espléndido. *Los buenos clientes dejaban rumbosas propinas. Os invito a comer fuera, que hoy me siento rumboso.* ▶ *GENEROSO.

rumiante. adj. **1.** Del grupo de los rumiantes (→ 2). *Animal rumiante.* ● m. **2.** Mamífero que se alimenta de vegetales que traga y digiere parcialmente, para después devolverlos a la boca y terminar de masticarlos, como la vaca y la jirafa.

rumiar. (conjug. ANUNCIAR). tr. **1.** Masticar un animal por segunda vez (el alimento que ha tragado previamente). *Las vacas rumian tumbadas en el prado.* **2.** Pensar (algo) despacio y detenidamente. *Tengo que rumiar el asunto antes de darte una respuesta.*

rumor. m. **1.** Ruido sordo y continuado. *Sólo se oía el rumor de las olas.* **2.** Noticia falsa o sin confirmar que circula entre la gente. *Corre el rumor de que se van a casar. No hagas caso de los rumores.* ▶ **2:** BULO, HABLADURÍA, HABLILLA, VOZ.

rumorar. tr. Am. Rumorear (algo). *Tú rumoras ahorita que se va a caer el dólar a siete bolívares* [C]. Tb. usado en constr. intr. *Cuando el pueblo rumora hay que creerle* [C]. Gralm. en constr. prnl. pasiva. *Se rumora que está preso* [C]. ▶ RUMOREAR.

rumorear. tr. Difundir (un rumor o noticia falsa o sin confirmar) entre la gente. *La prensa rumorea que el torero ha decidido retirarse.* Gralm. en constr. prnl. pasiva. *En la empresa se rumorea que van a despedirlo.* ▶ **Am:** RUMORAR.

rumoroso, sa. adj. cult. Que produce un rumor o ruido sordo y continuado. *Los pastores sesteaban junto al rumoroso arroyo.*

runa. f. *tecn.* Signo o carácter de los empleados en la escritura por los antiguos escandinavos. *Los vikingos grababan runas en las armas.*

runrún. m. coloq. Ruido sordo y continuo. *Se durmió con el runrún del tráfico. Del otro lado del tabique llegaba un runrún de voces.*

runrunear. intr. Producir un ruido sordo y continuo. *Dejó el motor en marcha, runruneando suavemente.*

runruneo. m. Hecho o efecto de runrunear. *En la oficina solo se oía el runruneo del aire acondicionado.*

rupestre. adj. Dicho espec. de pintura prehistórica: Que está hecha sobre roca. *En las pinturas rupestres aparecen a menudo animales y cazadores.* Tb. dicho del arte correspondiente. *Una buena muestra del arte rupestre se encuentra en las cuevas de Altamira.*

rupia. f. Unidad monetaria de la India, Pakistán y otros países, pralm. asiáticos. *Di al cajero un billete de veinte rupias. Se ha devaluado la rupia indonesia.*

ruptura. f. Hecho de romper o romperse, espec. algo inmaterial. *El incidente provocó la ruptura de relaciones entre ambos países. Su pintura supone una ruptura* CON *las tendencias de la época.*

rural. adj. Del campo. *Las poblaciones rurales dependían de la agricultura. Alquilaron una casa rural.* ▶ RÚSTICO.

ruralismo. m. Cualidad de rural. *El bajo desarrollo industrial y un fuerte ruralismo caracterizan al país.*

ruso, sa. adj. **1.** De Rusia. *Nicolás II fue el último zar ruso. Estepa rusa. Presidente ruso.* Dicho de pers., tb. m. y f. *Los rusos soportan crudos inviernos.* **2.** Del ruso (→ 3). *Gramática rusa.* ● m. **3.** Lengua hablada en Rusia y otros países de la antigua Unión Soviética. *Tradujo el texto del ruso al español.*

rusticidad. f. Cualidad de rústico. *Los instrumentos prehistóricos se caracterizan por su rusticidad.*

rústico, ca. adj. **1.** Del campo. *El Ayuntamiento recalificó suelo rústico para urbanizarlo.* **2.** Tosco o poco refinado. *Cruzamos el río por un rústico puente de madera.* ■ **en rústica.** loc. adv. Con cubierta flexible de papel, cartulina o plástico. Se usa hablando de encuadernación. *El libro saldrá en rústica.* ▶ **1:** RURAL.

ruta. f. **1.** Camino o dirección que se siguen para llegar a un lugar. *Existen muchas rutas para cruzar los Pirineos.* **2.** Serie de lugares por los que deben pasar o en los que deben detenerse alguien o algo a lo largo de un recorrido. *El autobús 127 ha modificado su ruta. El camionero tiene fijada una ruta para el reparto.*

rutilante. adj. cult. Que rutila. *El firmamento aparecía salpicado de rutilantes estrellas.* Tb. fig. *Le aguarda un futuro rutilante como escritora.*

rutilar. intr. cult. Brillar con fuerza. *La luz del faro rutila en la distancia.* Tb. fig. *La joven rutilaba con su belleza magnética.*

rutilo. m. *Mineral.* Mineral de óxido de titanio, de color amarillo, rojizo o pardo y brillo metálico. *En la sierra hay un yacimiento de rutilo.*

rutina. f. Costumbre de hacer las cosas de determinada manera y sin pensar. *Por pura rutina, íbamos siempre al mismo bar. Para no caer en la rutina, haga pequeños cambios en su trabajo.*

rutinario, ria. adj. **1.** Que se hace por rutina. *Cada mañana hace una revisión rutinaria de su mesa.* **2.** Que actúa por rutina. *Es una persona rutinaria y le perturban las novedades.*

Rvdmo., Rvdma. abrev. Reverendísimo, reverendísima. *El Emmo. y Rvdmo. Sr. Cardenal Arzobispo de Madrid celebrará el funeral.*

Rvdo., Rvda. abrev. Reverendo, reverenda.

S

s[1]**.** f. Letra del abecedario español cuyo nombre es *ese.*

s[2]**.** (pl. **ss.**). abrev. **1.** Siglo. *La enfermedad apareció en el s.* XVIII. **2.** Siguiente. *Pág. 12 y ss.*

S. abrev. San. *Parroquia de S. Sebastián.*

S. A. abrev. **1.** Sociedad Anónima. *En el primer piso están las oficinas de la compañía Telemat S. A.* **2.** (pl. **SS. AA.**). Su Alteza. *S. A. el Príncipe de Asturias.*

sábado. m. Día de la semana que sigue al viernes. *Viene a verme los sábados.*

sábalo. m. Pez marino comestible, de unos 70 cm de longitud, de color verde azulado, y que remonta los ríos para desovar. *En Galicia tomamos sábalo a la plancha.*

sabana. f. Llanura con escasa vegetación arbórea, y abundantes plantas herbáceas, propia de zonas tropicales y subtropicales. *En las sabanas de Kenia y Tanzania abundan los antílopes y las cebras.*

sábana. f. Pieza rectangular de tela, que sirve para cubrir el colchón de la cama y para colocarla por encima del cuerpo y por debajo de las mantas. *He dormido sin la sábana de arriba para no pasar calor.* ■ **~ santa.** (Frec. en mayúsc.) f. *Rel.* Sábana (→ 1) donde envolvieron a Cristo para ponerlo en el sepulcro. *Parece que la Sábana Santa refleja las heridas que sufrió Cristo al morir.* □ **pegársele las ~s** (a alguien). loc. v. coloq. Levantarse más tarde de lo debido o acostumbrado. *Se le han pegado las sábanas y va a llegar tarde al trabajo.*

sabandija. f. **1.** Animal perjudicial o molesto, espec. reptil pequeño o insecto. *En la cabaña entran bichos y sabandijas.* **2.** coloq. Persona despreciable. *Esa sabandija lo que quiere es que me arruine.* Se usa como insulto. *No te aprovecharás de nosotros, sabandija.*

sabañón. m. Enrojecimiento o ulceración de la piel, espec. de las manos, de los pies y de las orejas, que causa ardor y picazón, y que se produce por el frío excesivo. *Tenía los dedos con sabañones de tanto lavar con agua fría.*

sabático, ca. adj. **1.** Del sábado. *El judaísmo prescribe el descanso sabático.* ● m. **2.** Año sabático (→ **año**). *Quiere pedirse un sabático para acabar la tesis.* ▶ **1:** SABATINO.

sabatino, na. adj. Del sábado. *Recuerdo aquellas reuniones sabatinas en el viejo café.* ▶ SABÁTICO.

sabedor, ra. adj. cult. Conocedor o consciente de algo. *Siguió cortejándola, aun sabedor de que no era correspondido.*

sabelotodo. m. y f. coloq., despect. Persona que presume de sabia o entendida sin serlo. *Ya está este sabelotodo con sus afirmaciones categóricas.* Frec. en aposición. *Ganó aquel concursante sabelotodo.*

saber[1]**.** (conjug. SABER). tr. **1.** Tener conocimiento o noticia (de algo). *No supo qué contestar. Me dijo que sabía un atajo. Nadie sabe lo que ha sufrido. ¿Sabes que se ha jubilado?* **2.** Estar instruido (en algo). *Sabe mucha mecánica. No sé música.* **3.** Seguido de un infinitivo: Tener habilidad o capacidad (para hacer lo expresado por él). *¿Sabrá guardar un secreto? No sabe conducir.* ○ intr. **4.** Seguido de un complemento introducido por *de:* Tener noticias o información de la persona o cosa designadas. *No sabemos de ella desde hace tiempo. He sabido de su nombramiento por los periódicos. Sé de algunos que se alegrarán con la noticia.* **5.** coloq. Ser astuto. *Ese sabe mucho, pero a veces se pasa de listo. Este niño sabe más que los mayores.* ● m. **6.** Conjunto de conocimientos acumulados por una persona. *Todos admiramos el saber de este profesor. Nos transmitió su saber y su experiencia.* **7.** Conjunto estructurado de conocimientos que pertenecen a la sociedad en general. *Con sus descubrimientos, revolucionó el saber de su época. Organizaremos centros culturales para difundir el saber.* ■ **a ~.** expr. **1.** Se usa para expresar que se va a explicar o a precisar lo expuesto antes. *Cuatro son los puntos cardinales, a saber: Norte, Sur, Este y Oeste.* **2.** Se usa con intención enfática para expresar que se pone en duda algo expuesto antes. *–Dice que ha viajado por todo el mundo. –A saber.* ■ **no ~** alguien **dónde meterse.** loc. v. coloq. Se usa para enfatizar el temor o la vergüenza ante una situación o una persona. *Cuando se equivocó, no sabía dónde meterse.* ■ **no ~** alguien **lo que tiene.** loc. v. coloq. No ser consciente del valor o las cualidades de alguien o algo que se tienen. *No sabe lo que tiene con esa mujer tan paciente.* ■ **~** alguien **por dónde se anda,** o **lo que se pesca.** loc. v. coloq. Tener habilidad o capacidad para actuar en una determinada situación. *Deja que hablen ellos, que saben por dónde se andan. Ese es un infeliz que no sabe lo que se pesca.* ■ **no sé cuántos.** loc. s. Se usa en vez del nombre de una persona o cosa cuando no se sabe o no interesa precisarlo. *Presumía de estar emparentado con el marqués de no sé cuántos. Se alojaron en el hotel no sé cuántos.* ■ **un no sé qué.** loc. s. Una cosa que no se acierta a explicar. *Tiene un no sé qué muy interesante.* ■ **no sé qué te diga.** expr. coloq. Se usa para expresar reparo u oposición a algo expresado anteriormente. *Me parece simpático, pero compartir piso con él... no sé qué te diga. –¿Te apetece ir? –No sé qué te diga.* ■ **sabérselas todas.** expr. coloq. Tener gran habilidad para desenvolverse con éxito en cualquier circunstancia. *Es muy difícil engañarlo; se las sabe todas.* ■ **(y) qué sé yo.** expr. coloq. **1.** Se usa para expresar enfáticamente que el que habla se desentiende de una cuestión. *–¿Vendrá a comer? –Y qué sé yo.* **2.** Se usa para cerrar de manera imprecisa una enumeración. *Le han regalado un balón, una bicicleta, libros, qué sé yo.* ▶ **2:** ENTENDER. **6, 7:** SABIDURÍA.

saber[2]**.** (conjug. SABER). intr. **1.** Tener una cosa, espec. un alimento, determinado sabor, o producir su sabor determinada sensación. *La salsa sabrá demasiado* A *ajo. Este flan me sabe* A *vainilla. Comimos una sandía que sabía muy bien. El besugo sabe salado.* **2.** Seguido de un adverbio como *bien* o *mal,* o una expresión equivalente: Producir algo en el ánimo el efecto expresado. *Nos supo muy mal que no vinieras. Este fin de semana me sabe* A *gloria.* ■ ~ algo **a poco.** loc. v. Resultar insuficiente por considerar que la satisfacción obtenida podría ser aún mayor. *El notable le ha sabido a poco.*

sabido, da. part. **1.** → **saber.** ● adj. **2.** Habitual o conocido. *Se despidió de mí con la tan sabida frase: "Que te vaya bien".* **3.** Que sabe o entiende mucho. *Su amigo es muy sabido* EN *este tema.*

sabiduría. f. **1.** Cualidad de sabio. *Admiro su sabiduría y su prudencia.* **2.** Conocimiento profundo o elevado de algo, espec. de una materia de estudio. *Se requieren varios años de estudio para adquirir esa sabiduría.* **3.** Conjunto estructurado de conocimientos que pertenecen a la sociedad en general. *La enciclopedia aspira a reunir toda la sabiduría.* ▶ **2, 3:** SABER.

sabiendas. **a ~.** loc. adv. **1.** Con conocimiento seguro de algo. *Me he presentado en su casa a sabiendas* DE *que seguramente no estaba.* **2.** De forma deliberada. *He dejado la puerta abierta a sabiendas.*

sabihondo. → **sabiondo.**

sabiondo, da. (Tb. **sabihondo**). adj. despect. Que presume de sabio sin serlo. *Un niño sabihondo.* Tb. m. y f. *Ya viene esa sabionda diciéndonos cómo hay que hacer las cosas.*

sabina. f. Árbol del grupo del ciprés, de madera rojiza y olorosa, y del que existen varias especies, por ej.: *~ albar, ~ rastrera. La ladera está cubierta de sabinas y enebros.*

sabino, na. adj. histór. De un pueblo de la Italia antigua que habitaba entre el Tíber y los Apeninos. *Costumbres sabinas.* Dicho de pers., tb. m. y f. *El rapto de las sabinas fue un episodio importante en la creación del Imperio romano.*

sabio, bia. adj. **1.** Que posee profundos conocimientos. *Te recomiendo que busques el consejo de alguien más sabio.* Tb. m. y f. *El sabio enunció una teoría que revolucionó la física tradicional.* **2.** Dicho de persona: Prudente o sensata. *Es una mujer sabia, que tomará la decisión más adecuada.* Tb. m. y f. **3.** Dicho de cosa: Que contiene sabiduría. *Un sabio proverbio dice: "No hay mal ni bien que cien años dure". Recibió sabias enseñanzas de su maestra.* **4.** Dicho de un animal amaestrado: Capaz de ejecutar órdenes complicadas. *¡Pasen y vean nuestro espectáculo de pulgas amaestradas y perros sabios!*

sablazo. m. **1.** Golpe o corte producidos con un sable. *Se defendió repartiendo sablazos a diestro y siniestro.* **2.** coloq. Acto de sacar dinero a alguien, gralm. con habilidad o insistencia, sin intención de devolverlo. *Malvive dando sablazos a los amigos.*

sable. m. Arma blanca semejante a la espada, pero algo corva y gralm. de un solo corte. *Se pone el uniforme de gala, con el sable en el cinto.*

sablear. tr. coloq. Dar sablazos (a alguien), o sacar(le) el dinero sin intención de devolvérselo. *Cada vez que me descuido, me sablea.*

sablista. m. y f. coloq. Persona que tiene por hábito sablear. *Es una víctima fácil de estafadores y sablistas.*

sabor. m. **1.** Cualidad por la cual algunas cosas, espec. alimentos, producen una determinada sensación en el órgano del gusto. *No me gusta el sabor del queso.* Tb. la sensación. *Este vino deja un sabor afrutado en el paladar.* **2.** Cualidad de algo que produce una determinada impresión en el ánimo. *La noticia nos ha dejado un sabor amargo.* **3.** Propiedad de una cosa de parecerse a algo o de evocarlo. *Diseña vestidos de sabor clásico.* ■ **buen** (o **mal**) **~ de boca.** m. Sensación agradable (o desagradable). *El viaje nos dejó un buen sabor de boca.*

saborear. tr. **1.** Comer o beber (algo) detenidamente para percibir su sabor. *Le gusta saborear el café.* **2.** Disfrutar alguien (de algo grato) recreándose en el placer que le produce. *Ahora puedes saborear tu triunfo.* ▶ PALADEAR.

saboreo. m. Hecho de saborear. *Disfruta con el saboreo de un buen vino.*

saborizante. adj. Que da sabor, espec. a un alimento, al que se añade. *Condimento saborizante.* Dicho de sustancia, tb. m. *Hay que regular la composición de los colorantes y los saborizantes.*

sabotaje. m. Hecho de sabotear. *El sabotaje de la línea ha provocado un accidente ferroviario.*

saboteador, ra. adj. Que sabotea. Dicho de pers., tb. m. y f. *Los saboteadores han cortado el suministro eléctrico de la emisora.*

sabotear. tr. **1.** Realizar actos que produzcan el daño o el deterioro (de algo, espec. de instalaciones o servicios) o que impidan su correcto funcionamiento. *Sabotean el alternador para cortar la corriente eléctrica. Han saboteado el oleoducto.* **2.** Obstruir o dificultar el desarrollo o evolución (de algo, como un proyecto). *Intentan sabotear el proceso de paz.*

sabroso, sa. adj. **1.** De sabor agradable. *Es una carne muy sabrosa.* **2.** Interesante o sustancioso. *Traigo novedades muy sabrosas.* **3.** Entretenido o ameno. *El libro está lleno de sabrosas anécdotas.* **4.** coloq. Ligeramente salado. *Echa más agua: la sopa está algo sabrosa.* **5.** frecAm. coloq. Dicho de música o de baile: Rítmico o melodioso. *Improvisa cualquier ritmo, desde el más sublime bolero hasta la más sabrosa rumba* [C]. ● adv. **6.** Am. coloq. De manera sabrosa (→ 3). *A esta hora los hombres conversaban sabroso en los cafés* [C].

sabueso. m. **1.** Perro sabueso (→ **perro**). *El equipo de rescate utiliza sabuesos para rastrear la zona.* **2.** Persona que tiene especial capacidad para investigar y descubrir cosas. *Es un caso para un sabueso como el detective García.*

saca[1]**.** f. Hecho de sacar o poner fuera de un lugar. *Se prohibió la saca de géneros sin licencia. La saca de presos de las cárceles a veces terminaba en ejecuciones sumarias.*

saca[2]**.** f. Saco grande de tela fuerte, más largo que ancho. *Han robado varias sacas con miles de euros. En la saca de correos hay quinientas cartas.*

sacacorchos. m. Instrumento que consiste gralm. en una espiral metálica con un mango o una palanca, y que sirve para sacar los tapones de corcho de una botella o un frasco. *Pásame el sacacorchos, que voy a abrir una botella de vino.* ▶ DESCORCHADOR.

sacacuartos. m. **1.** coloq. Cosa que induce a gastar dinero fácilmente. *Esto de la lotería no es más que un sacacuartos.* ○ m. y f. **2.** coloq. Persona hábil para obtener dinero de otras. *Yo no me fiaría de esos sacacuartos que quitan el mal de ojo.*

sacaleches. m. Aparato que sirve para extraer la leche del pecho de una mujer. *Si a la madre se le hincha mucho el pecho, puede utilizar un sacaleches.*

sacamantecas. m. y f. coloq. Criminal que abre el cuerpo a sus víctimas para sacarles las vísceras. *Nunca se detuvo a aquel sanguinario sacamantecas.* ■ **el ~.**

loc. s. coloq. Ser imaginario con que se asusta a los niños. *De pequeña dormía con la luz encendida, porque tenía miedo del sacamantecas.*

sacamuelas. m. y f. histór. Persona que tenía por oficio sacar muelas. Frec. se usa actualmente para designar, de manera despect., al dentista. *Ni loco vuelvo a dejar que me toque la boca ese sacamuelas.*

sacaperras. m. coloq. Sacacuartos (cosa que induce a gastar dinero). *Que si rifas, que si sorteos..., esto es un sacaperras constante.*

sacapuntas. m. Instrumento que sirve para afilar un lápiz. *En el estuche lleva los lápices, una goma y un sacapuntas.* ▶ AFILALÁPICES.

sacar. tr. **1.** Poner (algo o a alguien) fuera de un lugar. *Saca los filetes* DEL *congelador. Han tenido que sacar al niño* DEL *colegio. El avión acaba de sacar el tren de aterrizaje. Espero que no tengan que sacarme la muela.* **2.** Quitar o apartar (algo o a alguien) de la situación o condición en que se encuentran. *Su amigo la ha sacado* DE *muchos apuros. Este dinero no me sacará* DE *pobre. Unos gritos la sacaron* DE *su ensimismamiento.* **3.** Resolver (algo, como un cálculo o un pasatiempo). *Se ha equivocado al sacar la cuenta. Saca los crucigramas enseguida.* **4.** Conseguir con habilidad o fuerza que alguien diga o dé (algo). *No han podido sacarle quiénes eran sus cómplices. Por las malas no les sacarás nada. Es capaz de sacar dinero a todo el mundo.* **5.** Conseguir u obtener (algo). *No sacas nada poniéndote así. He sacado un sobresaliente. No sabemos* DE *dónde ha sacado esa idea tan absurda.* **6.** Extraer (una cosa) de otra, de la que forma parte. *Se puede sacar aceite* DE *las almendras. He sacado la definición* DE *un diccionario de derecho.* **7.** Adquirir o comprar (algo, como una entrada o un billete). *Sacó dos entradas para el partido. ¿Me sacas tú el billete de avión?* **8.** Aventajar una persona a otra (en la medida que se expresa). *Su hijo le saca diez centímetros al mío. Solo me saca un mes. El ganador sacó un minuto a los demás ciclistas.* **9.** Alargar o ensanchar (una prenda de vestir o una parte de ella) modificando las costuras. *Tengo que sacar los pantalones de ancho. Le sacó el bajo a la falda.* **10.** Hacer (algo, como una fotografía, una grabación o una copia). *Me sacaron una foto delante del Big Ben. Te voy a sacar una copia del disco que tanto te gusta.* **11.** Exceptuar o excluir (algo o a alguien). *Sacando la primera media hora, la película es aburridísima. Si sacamos a unos pocos, la gente no lo entenderá.* **12.** Mostrar o manifestar (algo). *Cuando saca el carácter, es para echarse a temblar.* **13.** Quitar (una mancha) o hacer(la) desaparecer. *No es fácil sacar las manchas de tinta.* **14.** Introducir (algo) en la conversación o en el discurso. *¿A qué viene ahora sacar en un artículo eso que pasó hace tantos años? Si hablas con ella, no saques el tema de la religión.* **15.** Inventar o crear (algo). *Han sacado la moda de los pelos de punta. Han sacado una muñeca que llora y babea. A todo el mundo le saca motes.* **16.** Poner en juego (la pelota) o dar(le) el impulso inicial. *El jugador saca la pelota desde la banda izquierda.* Tb. usado en constr. intr. *Esa tenista saca muy bien.* **17.** Pedir una persona (a otra) que baile con ella. *Me quedé sin bailar porque nadie me sacaba.* Tb. *~ a bailar. La sacaron a bailar un merengue.* **18.** coloq. Llegar al conocimiento o identificación (de algo) por indicios. *No sabía que era tu hermano, pero lo saqué por la pinta. En esta foto, solo te saco por los ojos.* **19.** coloq. Elegir (a alguien) para el cargo o puesto que se indica. *Lo sacaron alcalde por mayoría. Seguro que te sacan delegado de clase.* ■ **~ adelante.** loc. v. Hacer que (alguien o algo) prosperen o se desarrollen de manera adecuada. *Para sacar adelante todo este trabajo tendré que hacer horas extras. Sacó a sus hijos adelante con mucho esfuerzo.* ■ **~ en claro,** o **en limpio,** (algo). loc. v. Obtener una idea clara (de ello). *No he logrado sacar nada en claro de su explicación. ¿Tú has sacado algo en limpio de este informe?* ▶ **6:** EXTRAER. **11:** *EXCLUIR. **13:** *QUITAR.

sacárido. m. *Bioquím.* Hidrato de carbono. *El consumo de sacáridos durante el ejercicio físico es alto.*

sacarina. f. Sustancia blanca que se utiliza como sustituto del azúcar. *Tomo el café con sacarina porque soy diabética.*

sacarosa. f. *Quím.* Azúcar común. *La sacarosa se utiliza como azúcar de mesa.*

sacerdocio. m. **1.** Dignidad de sacerdote. *Accedió al sacerdocio después de varios años de seminarista.* **2.** Actividad propia de sacerdote. *Ha dedicado toda su vida al sacerdocio.* Tb. fig. *La enseñanza es un sacerdocio que le absorbe todo el tiempo.*

sacerdotal. adj. Del sacerdote. *Su vocación sacerdotal surgió siendo muy joven.*

sacerdote, tisa. m. y f. **1.** Persona consagrada a celebrar y ofrecer sacrificios. *Los sacerdotes del templo hindú estan orando. Han hallado la tumba de una sacerdotisa de la tribu.* **2.** En la religión cristiana: Persona que ha recibido las órdenes sagradas que le permiten celebrar culto. *Ha sido ordenada sacerdotisa anglicana.* ○ m. **3.** En la religión católica: Hombre que ha recibido las órdenes sagradas que le permiten celebrar misa. *El obispo ha convocado a varios sacerdotes.* ▶ **3:** PRESBÍTERO.

saciar. (conjug. ANUNCIAR). tr. **1.** Satisfacer por completo (la sed o el hambre). *Sació su sed con una cerveza.* Tb. fig. *Nada sacia sus ansias de poder.* **2.** Satisfacer por completo la sed o el hambre (de alguien). *Sacia a los niños* DE *dulces. Se sacia* DE *pan y luego no come. Bebieron hasta saciarse.*

saciedad. f. Cualidad de saciado o satisfecho por completo. *Los alimentos ricos en fibra aumentan la sensación de saciedad.* ■ **hasta la ~.** loc. adv. Muchas veces o hasta no poder más. *Es un tema tratado hasta la saciedad. Ha repetido hasta la saciedad que no quiere verte más.*

saco. m. **1.** Receptáculo de tela, papel u otro material flexible, de forma gralm. rectangular, y abierto por uno de los lados. *Mete los escombros en un saco de plástico.* Tb. lo contenido en él. *En el restaurante gastan varios sacos de patatas al día.* **2.** Cosa o persona que incluye en sí otras muchas cosas. *Esa mujer es un saco de vanidades.* **3.** *Biol.* Órgano o cavidad en forma de saco (→ 1). *Saco lagrimal. Saco vitelino.* **4.** Am. Chaqueta. *Se quitó el saco y la corbata, y se arremangó la camisa* [C]. *Tendido en la cama, con el saco del pijama entreabierto, parecía más pequeño* [C]. ■ **~ de dormir.** m. Receptáculo almohadillado o forrado que se usa para dormir dentro de él. *Los excursionistas llevan sus sacos de dormir.* □ **echar** (algo) **en ~ roto.** loc. v. coloq. Olvidar(lo) o no tener(lo) en cuenta. *Sería conveniente que no echaras en saco roto sus consejos.* ■ **meter** (varias cosas o personas) **en el mismo ~.** loc. v. coloq. Dar(les) la misma consideración o tratamiento siendo diferentes. *No nos metas en el mismo saco que a esos indeseables.*

sacralidad. f. cult. Cualidad de sacro o sagrado. *Las guerras violan la sacralidad de la vida humana.*

sacralización. f. Hecho de sacralizar. *La tendencia a la sacralización del monarca se da ya en las primeras civilizaciones.*

sacralizar. tr. Atribuir carácter sagrado (a alguien o algo). *Muchos pueblos han sacralizado la naturaleza. La sociedad del siglo* XIX *sacralizó la idea de progreso.*

sacramentado, da. part. **1.** → **sacramentar.** ● adj. **2.** *Rel.* Dicho de Jesucristo: Que está en la eucaristía. *Al comulgar recibimos a Jesús sacramentado.*

sacramental. adj. **1.** Del sacramento o de los sacramentos. *Gracia sacramental.* **2.** Dicho espec. de palabra o fórmula: Acostumbrada o asentada por la costumbre para un acto o ceremonia. *En la boda, el sacerdote pronuncia la fórmula sacramental: "Unidos en la prosperidad y en la desgracia".* ● m. pl. **3.** *Rel.* Remedios que sirven para sanar el alma y limpiarla de los pecados veniales, y de las penas debidas por estos y por los mortales. *Los sacramentales, como el agua bendita o las indulgencias, solo tienen efecto si se reciben con devoción.*

sacramentar. tr. Administrar (a un enfermo) los últimos sacramentos. *Un sacerdote acude a sacramentar al moribundo.*

sacramento. m. *Rel.* Signo sensible instituido por Cristo por el que las personas reciben un efecto interior y espiritual de santificación o gracia. *De los siete sacramentos, el primero es el bautismo.* ■ **Santísimo Sacramento.** m. *Rel.* Cristo sacramentado en la hostia. *Un sacerdote se encarga de llevar el Santísimo Sacramento hasta el enfermo.* ■ **últimos ~s.** m. pl. *Rel.* Sacramentos de la penitencia, eucaristía y extremaunción que se administran a un enfermo en peligro de muerte. *Falleció a medianoche, habiendo recibido los últimos sacramentos.*

sacratísimo. → **sagrado.**

sacrificar. tr. **1.** Ofrecer a una divinidad como muestra de reconocimiento (alguien o algo a los que gralm. se mata o destruye). *Sacrificaron un cordero a los dioses.* **2.** Matar (una res u otro animal en cautividad) espec. para su consumo. *Han sacrificado dos gallinas para la fiesta. El veterinario ha tenido que sacrificar al caballo.* **3.** Exponer (a una persona o cosa) a daño o destrucción en provecho de otra que se considera más importante. *Lo han sacrificado todo* POR *su hijo. No estoy dispuesta a sacrificar mis vacaciones.* ○ intr. prnl. **4.** Renunciar a una cosa en favor de alguien o algo. *No le importa sacrificarse* POR *él.* **5.** Someterse con resignación y voluntariamente a algo molesto o desagradable. *Aunque no me cae bien, me sacrificaré* A *llevarla en mi coche.*

sacrificial. adj. *Rel.* Del sacrificio. *El cordero iba a ser la víctima sacrificial en la ceremonia.*

sacrificio. m. Hecho de sacrificar o sacrificarse. *En algunas tribus se realizaban sacrificios humanos. Su sacrificio* POR *los pobres es digno de alabanza. Para ella es un sacrificio tener que ir a trabajar.*

sacrilegio. m. *Rel.* Profanación de algo sagrado. *Cometió el sacrilegio de pisar una hostia consagrada.* Tb. fig. *Piensa que gastarse el dinero en caprichos es un sacrilegio.*

sacrílego, ga. adj. **1.** Que comete sacrilegio. *Un ladrón sacrílego robó varias imágenes de la iglesia.* Tb. m. y f. *Los sacrílegos que profanen un templo serán ajusticiados.* **2.** Que manifiesta o implica sacrilegio. *Llevaron a cabo actos sacrílegos, como profanar tumbas.*

sacristán, na. m. y f. Persona encargada de ayudar al sacerdote, y de cuidar y limpiar la iglesia y la sacristía. *Antes de la misa, el sacristán abre las puertas de la iglesia.*

sacristía. f. Parte de una iglesia donde se revisten los sacerdotes y se guardan los objetos de culto. *El párroco se quita la casulla en la sacristía después de la misa.*

sacro, cra. adj. **1.** Sagrado. *Unos ídolos custodiaban el recinto sacro. Música sacra.* **2.** *Anat.* De la región donde está situado el sacro (→ 3). *Vértebras sacras.* ● m. **3.** *Anat.* Hueso sacro (→ **hueso**). *Parece que tiene fractura de sacro o de coxis.*

sacrosanto. cult. adj. Que reúne las cualidades de sagrado y santo. Frec. en sent. irónico. *Los políticos no dejan de hablar de la sacrosanta unidad de Europa.*

sacudida. f. Hecho o efecto de sacudir, espec. provocando movimientos violentos o conmoción. *Muchos ciudadanos sintieron las primeras sacudidas del terremoto.* ▶ SACUDIMIENTO. ‖ **Am:** REMEZÓN.

sacudidor. m. Utensilio que sirve para sacudir o quitar el polvo. *Cuelga la alfombra en el patio para golpearla con el sacudidor.*

sacudir. tr. **1.** Mover violentamente (algo o a alguien) en una dirección y en la contraria. *Un terremoto sacudió el norte de California. Tuvo que sacudirlo con energía para despertarlo.* **2.** Golpear (una cosa) o agitar(la) en el aire para quitar(le) ciertas sustancias adheridas, espec. el polvo. *Sacude la toalla, que está llena de arena.* **3.** Conmocionar o alterar (a alguien). *La noticia del accidente sacudió a todos los amigos.* **4.** coloq. Golpear o dar golpes (a alguien). *Como no te portes bien, te voy a sacudir.* **5.** coloq. Dar (dinero). *A ver si me sacudes lo que me debes.* ○ tr. prnl. **6.** Librarse (de alguien o algo que resultan molestos). *Ayúdame a sacudirme a ese pesado. Sacúdete la pereza y empieza a estudiar.* ▶ **frecAm: 1, 3:** REMECER.

sacudón. m. Am. coloq. Sacudida rápida y brusca. *Me despertó a sacudones para contármelo* [C]. *Levantó el pie del freno ante el violento sacudón que dio el vehículo* [C]. *El sacudón del terremoto* [C].

sádico, ca. adj. Que manifiesta sadismo. *Un asesino sádico.* Dicho de pers., tb. m. y f. *Su comportamiento es el de un sádico y un pervertido.*

sadismo. m. **1.** Perversión sexual del que provoca su propia excitación cometiendo actos de crueldad en otra persona. *En el juicio se ha demostrado el sadismo del asesino.* **2.** Complacencia en el sufrimiento ajeno. *Le han gastado una novatada que revela cierto sadismo.*

sadomasoquismo. m. Tendencia sexual de quien goza causando y recibiendo humillación y dolor. *La película tiene escenas de sadomasoquismo.*

sadomasoquista. adj. Que manifiesta sadomasoquismo. *Se niega a realizar prácticas sadomasoquistas.* Dicho de pers., tb. m. y f. *En la revista se anuncian sadomasoquistas.*

saduceo, a. adj. histór. De la secta judía que negaba la inmortalidad del alma y la resurrección del cuerpo. *Doctrina saducea.* Dicho de pers., tb. m. y f. *Los saduceos solían mantener una buena relación con el poder romano.*

saeta. f. **1.** Flecha (arma arrojadiza). *Los soldados lanzaban saetas desde el castillo.* **2.** Aguja del reloj. *Las saetas del reloj del campanario señalan las cinco.*

3. Copla de tono desgarrado que se canta en ciertas solemnidades religiosas, espec. en las procesiones. *Una espontánea ha cantado una saeta a la Macarena.* ▶ **1:** FLECHA. **2:** *AGUJA.

saetera. f. Abertura en los muros de una fortificación para disparar saetas. *La muralla cuenta con estrechas saeteras a diferentes alturas.*

saetero. m. histór. Hombre que luchaba con arco y saetas. *Los saeteros se dispusieron en fila para arrojar sus flechas al enemigo.*

safari. m. **1.** Expedición de caza mayor por ciertas regiones de África. *El libro trata sobre los aventureros del siglo* XIX *y sus safaris en África.* **2.** Excursión que se efectúa pralm. por África para ver o fotografiar animales salvajes. *Este verano me voy a Kenia de safari.* Tb. ~ *fotográfico.*

saga. f. **1.** Leyenda poética, de carácter heroico y mitológico, perteneciente a la literatura medieval escandinava. *El manuscrito contiene una saga sobre las gestas de un rey noruego.* **2.** Historia, gralm. novelada, que recoge las vicisitudes de varias generaciones de una familia. *Ha escrito una saga sobre la familia de hacendados.*

sagacidad. f. Cualidad de sagaz. *Es un empresario de gran sagacidad para los negocios.* ▶ *INTELIGENCIA.

sagaz. adj. Perspicaz y astuto. *Los lectores sagaces se darán cuenta enseguida de quién es el asesino.* ▶ *INTELIGENTE.

sagitario. m. y f. Persona nacida bajo el signo de Sagitario. *Es una sagitario nacida en diciembre.* Tb. adj. *Hombre sagitario.*

sagrado, da. adj. (sup. **sacratísimo**). **1.** Digno de veneración por su carácter divino o por estar relacionado con la divinidad. *Imágenes sagradas. Libros sagrados. La vaca es un animal sagrado.* **2.** Dedicado al culto divino. *El cáliz es uno de los vasos sagrados.* **3.** Que merece el máximo respeto. *Para él la familia es sagrada.* ● m. **4.** Lugar sagrado (→ 1). *Los suicidas no podían ser enterrados en sagrado.* ■ **acogerse a ~.** loc. v. Refugiarse en un lugar sagrado (→ 1) para evitar la persecución de la justicia. *El huido entró en la iglesia con la intención de acogerse a sagrado.* ▶ **1, 2:** SANTO.

sagrario. m. Lugar donde se guardan las hostias consagradas. *El ladrón pretendía robar un rico sagrario de oro.*

sah. m. histór. Monarca de Persia, hoy Irán. *Una revolución popular produjo la caída del último sah de Persia.*

saharaui. (pronunc. "sajaráui" o "saaráui"). adj. Del Sahara español (antigua colonia española). *Pueblo saharaui.* Dicho de pers., tb. m. y f. *Algunos saharauis reclaman la autodeterminación.*

sahariano, na. (pronunc. "sajariáno" o "saariáno"). adj. **1.** Del Sahara (desierto africano). *Clima sahariano.* Dicho de pers., tb. m. y f. *Muchos saharianos son nómadas.* ● f. **2.** Chaqueta de tejido ligero, cerrada por delante y con un cinturón, propia de climas cálidos. *El hombre va vestido con una sahariana beis y vaqueros.*

sahumar. (conjug. AUNAR). tr. Dar humo aromático (a una cosa), espec. para purificar(la) o perfumar(la). *Han sahumado la sala con incienso.*

sahumerio. m. **1.** Hecho de sahumar. *Sobre el altar hay un incensario listo para el sahumerio del templo.* **2.** Materia quemada para sahumar. *La habitación huele a sahumerio de plantas aromáticas.*

sainete. m. **1.** histór. Pieza teatral cómica en un acto, gralm. de carácter popular, que se representaba al finalizar una función o en el intermedio. *El sainete deriva del entremés.* **2.** Pieza teatral, frec. cómica, de ambiente y personajes populares, en uno o más actos, que se representa como función independiente. *La compañía está ensayando el sainete de Arniches "La venganza de la Petra".* **3.** coloq. Situación o acontecimiento grotescos o ridículos. *El debate sobre un asunto tan serio se ha convertido en un sainete.*

sainetero, ra. m. y f. Escritor de sainetes. *De aquel suceso cómico dieron cuenta cronistas y saineteros.* ▶ SAINETISTA.

sainetesco, ca. adj. Del sainete. *Es un hombre ridículo y sainetesco.*

sainetista. m. y f. Sainetero. *Don Ramón de la Cruz destacó como sainetista.*

sajar. tr. **1.** Realizar (a alguien) un corte en la carne como método curativo. *La van a anestesiar para sajarla.* **2.** Realizar un corte (en un grano o en un quiste) para abrir(los) y que salga el pus. *El cirujano tendrá que sajarme el quiste.*

sajón, na. adj. **1.** histór. De un pueblo germánico que habitaba en la desembocadura del Elba, y parte del cual se estableció en Inglaterra en el s. V. *Invasores sajones.* Dicho de pers., tb. m. y f. *La leyenda narra los enfrentamientos entre el rey Arturo y los sajones.* **2.** De Sajonia (región alemana). *Ciudad sajona.* Dicho de pers., tb. m. y f. *Entre los congresistas alemanes había sajones y bávaros.* **3.** De lengua y cultura inglesas. *Tiene como modelo las universidades sajonas de Estados Unidos y Canadá.* Dicho de pers., tb. m. y f. ▶ **3:** ANGLOSAJÓN.

sake. m. Bebida alcohólica japonesa que se obtiene a partir de la fermentación del arroz. *En el restaurante japonés tomamos pescado crudo y sake.*

sal. f. **1.** Sustancia blanca, soluble en agua, y abundante en el mar, que se emplea para sazonar los alimentos. *Echa una pizca más de sal a la ensalada.* Tb. ~ *común,* o *de cocina. No olvidéis comprar un paquete de sal de cocina.* **2.** coloq. Gracia o desenvoltura. *Hay que ver qué sal tiene para contar chistes.* **3.** *Quím.* Compuesto resultante de la sustitución de los átomos de hidrógeno de un ácido por radicales básicos. *El nitrato de plata es una sal.* ○ pl. **4.** Sustancia que contiene gralm. amoniaco, que sirve para reanimar a alguien desmayado. *El caballero abría un frasco de sales para que la dama volviera en sí.* **5.** Sustancia perfumada, gralm. en forma de cristales pequeños, que se disuelve en el agua para el baño. *Me voy a dar un baño relajante con sales.* Tb. ~*es de baño. He comprado sales de baño con olor a jazmín.* ■ ~ **gema.** f. Sal (→ 1) procedente de una mina. *La sal gema se emplea en la producción de cloro.*

sala. f. **1.** Habitación principal de una casa, que se utiliza pralm. para estar o para recibir visitas. *Pase usted a la sala mientras aviso a mi mujer.* Tb. ~ *de estar. Tenemos la televisión en la sala de estar.* **2.** En un edificio público: Habitación de grandes dimensiones destinada a un uso específico. *El profesor invitado dará una charla en la sala de conferencias.* Tb. el local con el mismo uso. *Han abierto una nueva sala de exposiciones.* **3.** *Der.* Local donde se constituye un tribunal de justicia para celebrar audiencia y despachar los asuntos a él sometidos. *El juicio se ha celebrado en la sala de lo penal.* Tb. el tribunal. *La sala de lo contencioso-administrativo dictará sentencia mañana.* ■ ~ **de fiestas.** f. Local donde se puede bailar y consumir bebidas, y donde gralm. se ofrecen espectáculos. *Fueron a una sala de fiestas a celebrar su aniversario.* ■ ~ **X.** f. Cine donde se proyectan películas pornográficas. *Han cerrado la única sala X que había en la ciudad.* ▶ **1:** SALÓN.

salacot. m. Sombrero ligero, en forma de casquete esférico y rígido, propio de países cálidos. *Los integrantes del safari llevan pantalón corto, camisa beis y salacot.*

saladero. m. Lugar donde se salan alimentos, pralm. carnes y pescados. *Los jamones permanecen unos meses en el saladero hasta que se curan.*

salado[1]. m. Hecho de salar. *Aquí se realiza el salado de los bacalaos.*

salado[2], da. part. **1.** → **salar.** ● adj. **2.** Que contiene sal. *El agua del mar es salada.* **3.** Dicho de alimento: Que contiene más sal de la necesaria. *La tortilla está salada.* **4.** coloq. Que tiene sal o gracia. *Es una niña muy salada.* **5.** Am. coloq. Dicho de persona: Que tiene o transmite mala suerte. *Andas con una mujer salada* [C]. Tb. m. y f. *Se llevó consigo el mal agüero, por consiguiente el salado era él* [C].

salamandra. f. **1.** Anfibio que recuerda en su forma a una lagartija, de color negro con manchas amarillas, y cuya piel segrega una sustancia tóxica. *Hemos visto una salamandra cerca de la charca.* **2.** Estufa de combustión lenta. *Fue a buscar carbón para alimentar la salamandra.*

salamanquesa. f. Reptil parecido a la lagartija pero más grande, de color verde grisáceo, con almohadillas en los dedos que le sirven para aferrarse a las paredes de los edificios. *Por la noche, aparece una salamanquesa en la pared de la terraza.*

salami. m. Embutido parecido al salchichón pero más grueso, elaborado con carne picada de vaca y de cerdo. *Prepara unos bocadillos de jamón y de salami.*

salar[1]. tr. **1.** Poner en sal (un alimento, espec. carne o pescado) para que se conserve. *Salan los jamones para curarlos.* **2.** Sazonar con sal (un alimento). *Sala los filetes antes de freírlos.*

salar[2]. m. Am. Lugar donde hay salitre. *Jamás le habían gustado ni el desierto florido, ni los salares del norte* [C].

salarial. adj. Del salario. *Los sindicatos piden un incremento salarial.*

salario. m. Remuneración regular, espec. la que reciben los trabajadores por cuenta ajena. *Los salarios de los funcionarios subirán un uno por ciento.* ■ ~ **mínimo.** m. Salario (→ 1) mínimo que debe percibir un trabajador, y que fija el Gobierno. *Los trabajadores que reciben el salario mínimo han perdido poder adquisitivo este año.* ▶ *SUELDO.

salaz. adj. cult. Lujurioso o lascivo. *El moralista tachó de salaz e indecente a la cupletista. Dirigió a la joven una mirada salaz.*

salazón. f. **1.** Hecho de salar o poner en sal un alimento para su conservación. *La salazón y el ahumado de carnes y pescados son prácticas muy antiguas.* **2.** Carne o pescado en salazón (→ 1). Frec. en pl. *El consumo de salazones ha aumentado mucho.*

salchicha. f. Embutido, en tripa delgada, de carne de cerdo picada, que se sazona con sal, pimienta y otras especias. *Comeremos salchichas con patatas fritas.*

salchichón. m. Embutido de carne magra de cerdo y tocino, prensado y curado, que se consume crudo. *Corta unas rodajas de salchichón para preparar unos bocadillos.*

saldar. tr. Liquidar (una cuenta). *Gracias a este aumento de sueldo, saldaré mis deudas.* Tb. fig. y, entonces, frec. en constr. prnl. pasiva. *Se presentó en su casa para saldar unos asuntos pendientes. La operación policial se ha saldado con la detención de varias personas.* ▶ *LIQUIDAR.

saldo. m. **1.** Resultado final, positivo o negativo, de una cuenta o un balance. *Tengo que consultar el saldo de mi cuenta. El balance de enero arroja un saldo negativo.* Tb. fig. *El saldo del enfrentamiento fue de varios heridos.* **2.** Venta de mercancías a bajo precio para terminar con las existencias. Frec. en pl. con significado. sing. *En el centro comercial los saldos empiezan mañana.* **3.** Mercancía de saldo (→ 2). *Compra saldos y los vende después como mercancía de primera.*

saledizo, za. adj. **1.** Saliente o que sobresale. *La casa tiene varios balcones saledizos.* ● m. **2.** *Arq.* Elemento que sobresale de la pared maestra o de la fachada. *Se refugian de la lluvia bajo el saledizo del portal.*

salero. m. **1.** Recipiente en que se guarda o se sirve la sal. *Pásame el salero.* **2.** coloq. Gracia o desenvoltura. *Baila con mucho salero.*

saleroso, sa. adj. coloq. Que tiene salero o gracia. *Ole tus andares salerosos, niña.*

salesa. adj. De la orden de la Visitación de Nuestra Señora, fundada por San Francisco de Sales y Santa Juana Francisca Fremiot de Chantal. *Hermana salesa.* Dicho de religiosa, tb. f. *Convento de salesas.*

salesiano, na. adj. De la congregación de San Francisco de Sales, fundada por San Juan Bosco. *Padre salesiano. Ingresó en el noviciado salesiano.* Dicho de pers., tb. m. y f. *Va a un colegio de salesianos.*

salida. f. **1.** Hecho de salir. *Ese tren tiene prevista su salida para las cuatro. La salida del corredor ha sido nula. Se levanta a la salida del sol. Se anuncia la salida al mercado de una nueva colonia. No ve salida a su situación.* **2.** Lugar por donde se sale fuera de un sitio. *El público se dirige a la salida del cine.* **3.** Lugar o punto desde donde se sale para ir a otro. *Los pilotos se van colocando en la línea de salida.* **4.** Solución o recurso. *La única salida que tengo es pedirle el dinero a mis padres.* **5.** Posibilidad de venderse un producto. *Ese producto no tiene salida en el mercado.* **6.** coloq. Ocurrencia o idea ingeniosa. *Tiene unas salidas de partirse de risa.* ○ pl. **7.** Posibilidades favorables de futuro en el terreno laboral. *La informática tiene muchas salidas actualmente.* ■ ~ **de tono.** f. Despropósito o inconveniencia. *La oposición considera una salida de tono las declaraciones del ministro.* □ **dar la ~.** loc. v. Hacer una señal convenida para indicar a los participantes el comienzo de una competición de velocidad. *Cuando dan la salida, todos los pilotos pisan a fondo el acelerador.*

salido, da. part. **1.** → **salir.** ● adj. **2.** Saliente o que sobresale. *Tienes la clavícula demasiado salida.* **3.** Dicho de hembra de animal: Que está en celo. *La gata está salida.* **4.** coloq. Dicho de una persona o de un animal macho: Que tiene una fuerte tendencia a experimentar apetito sexual. *Tu amigo está salido: no hace más que pensar en el sexo.* Dicho de pers., tb. m. y f. *Es un salido que intenta propasarse con todas.*

saliente. adj. **1.** Que sale. *El ministro saliente ha felicitado a su sucesor. Tiene una cara angulosa, con pómulos salientes.* ● m. **2.** Parte que sobresale de algo. *Se sentó en un saliente de la roca para contemplar el mar.*

salina. → **salino.**

salinero, ra. adj. De la salina. *Explotaciones salineras. Torrevieja es un centro salinero.*

salinidad. f. **1.** Cualidad de salino o que contiene sal. *La característica principal de este terreno es su salinidad.* **2.** Proporción de sales contenidas espec. en el agua. *La salinidad del agua potable es baja.*

salino, na. adj. **1.** Que contiene sal. *Las lentillas se conservan en una solución salina. Estas bacterias no pueden vivir en un medio tan salino.* **2.** De sal o de la sal. *Tienes que elevar la concentración salina de tu acuario.* ○ f. **3.** Lugar en que se obtiene sal, espec. mediante evaporación del agua en que está disuelta. *A lo largo del litoral abundan las salinas.*

salir. (conjug. SALIR). intr. **1.** Pasar de dentro afuera de un lugar delimitado o cerrado. *Ha salido* DE *su despacho para saludarme. Salieron* AL *balcón a ver el desfile. Cierra la puerta al salir.* Tb. fig. *Que no salga* DE *aquí lo que voy a deciros.* Tb. prnl. *Me he salido* DE *la reunión.* **2.** Partir o marcharse de un lugar. *Saldremos* DE *San Sebastián después de comer. El tren sale a las seis. Acaba de salir y no sé cuándo volverá.* **3.** Dejar de estar en una situación o estado determinados. *Con esa explicación no salgo* DE *dudas. No sé cómo saldremos* DE *esta. Ha salido* DEL *coma.* **4.** Aparecer o dejarse ver. *El presidente ha salido* EN *televisión. Está saliendo el sol. La mancha ha vuelto a salir.* **5.** Aparecer o publicarse. *La revista sale cada quince días. La noticia ha salido* EN *el periódico.* **6.** Nacer o brotar algo. *Ya ha salido el trigo. Me está saliendo sangre* DE *la nariz. Le ha salido un lunar* EN *la espalda.* **7.** Surgir o presentarse algo. *Le ha salido un trabajo en una editorial. Si sale una oportunidad, hay que aprovecharla.* **8.** Desaparecer o quitarse una mancha. *Las manchas de grasa no salen fácilmente.* **9.** Sobresalir una cosa, o estar más alta o más afuera que otra. *El voladizo de la puerta de entrada sale demasiado.* **10.** Seguido de un adjetivo, un adverbio o una expresión equivalente: Resultar de la manera expresada. *Este niño ha salido muy travieso. La reunión no ha salido como esperábamos. Seguro que sale vencedor. La impresora no salió buena.* **11.** Resultar algo de la manera correcta o adecuada. *No le sale la división. El retrato no acaba de salirme.* **12.** Proceder una persona o cosa de otra, o tener su origen en ella. *Debería salir* DE *ti darle las gracias. La piedra de la casa ha salido* DE *una cantera cercana.* DE *esa bodega salen muy buenos vinos.* **13.** En ciertos juegos: Ser una persona la primera que juega. *Sales tú porque has sacado la carta más alta.* **14.** Decir o hacer algo inesperado o intempestivo. *Un mes preparando el viaje y al final sale* CON *que no quiere ir. ¿Ahora me sales* CON *esas?* **15.** Costar o valer una cosa lo que se indica. *La tela sale* A *veinte euros el metro. Esta bici te habrá salido* POR *un pico. ¿*A *cómo sale el kilo de filetes?* **16.** Seguido de un complemento introducido por *a*: Tocar o corresponder a alguien, en un reparto o un pago, la parte o la cantidad designada por él. *Hemos salido a seis euros cada uno. Con dos docenas de pasteles saldremos a dos por barba.* **17.** Pasar de un lugar menos visible a otro que está a la vista, gralm. de un público, para desarrollar una actividad. *Al final de la obra, todos los actores salen* AL *escenario. Nadie se decidía a salir* A *bailar. Salió* A *pronunciar su discurso entre aplausos.* **18.** Seguido de un complemento introducido con *por*: Defender a la persona designada por él. *Cuando ve en dificultades a un amigo, siempre sale por él.* **19.** Frecuentar una persona el trato o la compañía de otra, frec. por motivos amorosos. *Me ha dicho que sale* CON *un chico.* Tb.: *Llevan un año saliendo.* **20.** Aparecer en determinadas obras, como un libro o una película. EN *esa novela sale el Amazonas. No quiso salir* EN *la fotografía. Salió de extra* EN *una película.* **21.** Parecerse una persona a otra mayor de su familia directa. EN *su afición a la música ha salido a su madre.* **22.** Resultar elegida una persona o cosa por votación. *¿Quién ha salido delegado? Ya verás como sale que hagamos huelga.* **23.** Resultar seleccionada una persona o cosa por suerte. *Aún no ha salido el premio gordo. Echamos a cara o cruz quién pagaba, y salí yo.* **24.** Ir a parar a un lugar. *Esta calle sale* A *la plaza de la catedral. El pasadizo sale* AL *río.* ○ intr. prnl. **25.** Apartarse o separarse. *Es un caso que se sale* DE *lo normal. Estamos deseando salir* DE *la rutina.* **26.** Derramarse el contenido de un recipiente por una causa accidental. *La bolsa estaba rota y se ha salido el arroz. El depósito debe de tener una grieta porque se está saliendo la gasolina. Apaga el fuego, que se está saliendo la leche.* **27.** Tener un recipiente una rendija o rotura por donde se derrama su contenido. *Esta bolsa de agua caliente se sale.* ■ **a lo que salga.** loc. adv. coloq. Sin importar lo que resulte. *Me presentaré al examen a lo que salga.* ■ **~ adelante.** loc. v. Superar una dificultad o un problema. *Después de la guerra, les costó mucho salir adelante.* ■ **~se** alguien **con la suya.** loc. v. Hacer lo que quiere enfrentándose a los demás. *Siempre busca la manera de salirse con la suya. Me salí con la mía y no fuimos al zoo.* ▶ **4:** NACER. **6:** BROTAR, NACER.

salitre. m. **1.** Sustancia salina, espec. la que aflora en tierras y paredes. *El salitre ha corroído el casco del barco.* **2.** Nitro. *El salitre se utiliza en la fabricación de pólvora y cerillas.*

saliva. f. Líquido algo viscoso que mantiene húmeda la boca y reblandece los alimentos para facilitar su digestión. *Al ver la comida, el animal empieza a segregar saliva.* ■ **gastar ~.** loc. v. coloq. Hablar inútilmente. *No voy a gastar más saliva contigo porque al final harás lo que te dé la gana.* ■ **tragar ~.** loc. v. coloq. Soportar en silencio algo que se considera molesto o desagradable. *He tenido que tragar saliva y aceptar que me diera órdenes.*

salivación. f. **1.** Acción de salivar. *El hambre facilita el acto reflejo de la salivación.* **2.** Secreción excesiva y continua de saliva. *La salivación y los vómitos son síntomas característicos del embarazo.*

salival. adj. De la saliva. *Glándulas salivales.*

salivar. intr. Producir saliva. *El perro está salivando porque ha olido la comida.*

salivazo. m. Saliva que se escupe de una vez. *El jugador tuvo que aguantar los salivazos de un hincha fanático.*

salmantino, na. adj. De Salamanca. *Universidad salmantina.* Dicho de pers., tb. m. y f. *Mi padre es un salmantino de La Alberca.*

salmo. m. Composición o cántico que contiene alabanzas a Dios. Frec. designa cualquiera de los compuestos por David, y que figuran en la Biblia. *El sacerdote citó el salmo 54, a propósito de la traición de un amigo.*

salmodia. f. **1.** Parte de la liturgia en que se cantan los salmos. *Tras el himno vino la salmodia, que contenía dos salmos.* También el canto que acompaña a los salmos. *El coro de monjas entona una salmodia.* **2.** coloq. Canto monótono y poco variado. *Las mujeres de la tribu repiten la salmodia de un cántico fúnebre.*

salmodiar. (conjug. ANUNCIAR). tr. **1.** Canturrear (algo) con cadencia monótona. *Salmodiaban la tabla de multiplicar para memorizarla. Se pasa el día salmodiando viejas canciones.* ○ intr. **2.** Cantar salmodias. *Se oye a los fieles salmodiar en el interior de la iglesia.*

salmón. m. **1.** Pez marino comestible de carne rojiza o rosada, de hasta metro y medio de longitud, que remonta los ríos para desovar, y del que existen varias especies. *El salmón noruego es muy apreciado.* **2.** Color rojizo o rosado como el de la carne del salmón (→ 1). Tb. adj. *Vestía una blusa rosa salmón.*

salmonela. f. **1.** *Biol.* Bacteria que contamina los alimentos, produciendo trastornos intestinales. *La salmonela había contaminado el huevo empleado para la tortilla.* **2.** f. *Med.* Salmonelosis. *Tienen diarrea, vómitos muy fuertes y otros síntomas de la salmonela.*

salmonelosis. f. *Med.* Enfermedad producida por la salmonela. *Fue ingresada con salmonelosis por haber tomado mahonesa en mal estado.* ▶ SALMONELA.

salmonete. m. Pez marino comestible de carne rosada y pequeño tamaño, con dos barbillas en la mandíbula inferior, y que abunda en el Mediterráneo. *Cuidado al comer los salmonetes, que tienen muchas espinas.*

salmorejo. m. **1.** Comida que recuerda al gazpacho y que se prepara con pan, huevo, tomate, pimiento, ajo, sal y agua. *De primero he pedido salmorejo.* **2.** Salsa compuesta de agua, vinagre, aceite, sal y pimienta. *Han preparado pollo en salmorejo.*

salmuera. f. Agua cargada de sal, que se usa frec. para conservar alimentos. *Atún en salmuera. No hay quién se tome esta sopa: ¡parece salmuera!*

salobre. adj. Que contiene sal. *Estos peces viven en las aguas salobres del manglar.*

salomónico, ca. adj. **1.** De Salomón (rey de Israel y de Judá, s. X a. C.). *En la Biblia se recoge el célebre juicio salomónico.* **2.** Propio de Salomón. *El juez ha tomado una decisión salomónica.*

salón. m. **1.** Habitación principal de una vivienda en la que se suele recibir a las visitas, y que gralm. sirve como comedor o cuarto de estar. *El salón de su casa está decorado con cuadros antiguos y muebles clásicos.* Tb. su mobiliario. *Este salón de roble no está al alcance de todos los bolsillos.* **2.** Habitación de grandes dimensiones destinada a actos a los que pueden acudir numerosos asistentes. *El libro se presentará en el salón de actos del Ateneo. Hoy se decide la distribución de escaños en el salón de sesiones.* **3.** Instalación donde se exponen productos de una determinada industria con fines comerciales. *Las creaciones más vanguardistas se verán en el próximo Salón de la moda española.* Tb. la exposición. *No se pierde ningún año el salón del automóvil.* **4.** Establecimiento en que se prestan determinados servicios. *El videojuego está haciendo furor en los salones de juego. La han peinado y le han hecho la manicura en el salón de belleza.* ■ **de ~.** loc. adj. **1.** Dicho de toreo: Que se realiza sin toro. *Era el mejor practicando el toreo de salón, pero nunca pasó de ahí.* **2.** despect. Insustancial o poco serio. *Nos entretuvo con una huera charla de salón.* ▶ **1:** SALA.

salpicadero. m. En un vehículo automóvil: Tablero situado delante del asiento del conductor donde se encuentran algunos mandos y aparatos indicadores. *Al echar el freno de mano se enciende una luz en el salpicadero.*

salpicadura. f. Hecho o efecto de salpicar. *Vierte despacio la lejía para evitar salpicaduras. En el mantel hay salpicaduras de salsa. Las salpicaduras del escándalo han alcanzado al ministro.* ▶ SALPICÓN.

salpicar. tr. **1.** Saltar un líquido (sobre algo) esparcido en gotas menudas por choque o movimiento brusco. *La lluvia salpica los cristales.* **2.** Mojar o manchar (algo o a alguien) con un líquido que salpica (→ 5). *Súbete a la acera para que los coches no te salpiquen.* **3.** Esparcir o extender una cosa (sobre otra). *Salpica la sopa* CON *perejil picado.* Tb. fig. *Siempre salpica sus discursos* DE *anéctodas curiosas.* **4.** Repercutir de forma indirecta (en alguien), o tener algún efecto (sobre él), algo negativo o que supone una pérdida de prestigio. *El escándalo financiero ha salpicado a varios directivos.* ○ intr. **5.** Saltar un líquido esparcido en gotas menudas por choque o movimiento brusco. *Ponte un mandil para freír, porque el aceite salpica.*

salpicón. m. **1.** Guiso de carne, pescado o marisco desmenuzado, con pimienta, sal, aceite, vinagre y cebolla. *El menú ofrece ensalada de pasta y salpicón de pescado.* **2.** Salpicadura. *Hay salpicones de sangre por la pared.*

salpimentar. (conjug. ACERTAR). tr. **1.** Condimentar con sal y pimienta (un alimento). *Hay que salpimentar los filetes antes de freírlos.* **2.** Hacer ameno (algo, espec. un relato o un discurso) con toques de humor o picardía. *Sabe salpimentar las historias que cuenta.*

salpullido. m. frecAm. Sarpullido. *Los productos faciales curan barros, espinillas y salpullidos* [C].

salsa. f. **1.** Composición de varias sustancias, líquida o pastosa, que se obtiene al mezclar y triturar varios alimentos, y que sirve para acompañar y dar sabor a las comidas. *Traba la salsa añadiéndole un poco de yema cocida. Le encanta mojar pan en las salsas.* **2.** Cosa que anima o alegra. *Estos buenos momentos son la salsa de la vida.* **3.** Baile de origen afrocubano, de ritmo muy movido. *Estuvimos bailando salsa en una discoteca.* Tb. su música. *Me he comprado un disco de salsa.* ■ **~ bearnesa.** f. Salsa (→ 1) que se hace al baño María mezclando mantequilla, huevos y vino blanco. *El asador ofrece salsa bearnesa para acompañar las chuletas.* ■ **~ boloñesa.** f. Salsa (→ 1) elaborada con carne picada, tomate y especias, y que se añade espec. a la pasta. ⇒ BOLOÑESA. *Hemos comido macarrones con salsa boloñesa.* ■ **~ mahonesa,** o **mayonesa.** f. Salsa (→ 1) que se elabora batiendo aceite y huevo. *La salsa mayonesa se te ha cortado.* ⇒ MAHONESA, MAYONESA. ■ **~ rosa.** f. Salsa (→ 1) elaborada con mayonesa y tomate frito. *En la boda servirán langostinos con salsa rosa.* ■ **~ tártara.** f. Salsa (→ 1) elaborada con mayonesa y diferentes ingredientes como pepinillos, cebolla y alcaparras. *Pídeme un filete con salsa tártara.* ■ **~ verde.** f. Salsa (→ 1) elaborada con perejil para acompañar espec. pescados. *Hace una merluza en salsa verde deliciosa.* □ **en su** (**propia**) **~.** loc. adv. coloq. En un ambiente y circunstancias cómodos, en que pueden desarrollarse las características propias de algo o alguien. *Cuando va a su casa del pueblo, se encuentra en su salsa.*

salsera. f. Recipiente en que se sirven las salsas. *Acércame la salsera con la mayonesa, por favor.*

saltador, ra. adj. **1.** Que salta. *Insecto saltador.* ● m. y f. **2.** Deportista que practica algún tipo de salto. *Los mejores saltadores de longitud saltan más de ocho metros. La saltadora toma impulso y se lanza a la piscina.* ○ m. **3.** Cuerda, gralm. provista de mangos en sus extremos, que se usa para jugar a la comba. *Las niñas juegan en el parque con un saltador.* ► **3:** COMBA.

saltamontes. m. Insecto frec. verde o gris, de cabeza gruesa y ojos prominentes, con las patas posteriores largas y adaptadas para saltar, del que existen varias especies. *El saltamontes salta de planta en planta sin dejarse atrapar.* ► **Am:** CHAPULÍN.

saltar. intr. **1.** Alzarse o levantarse con un impulso rápido, separándose del punto de apoyo para caer en el mismo sitio o en otro. *Para encestar el balón tienes que saltar.* **2.** Arrojarse o lanzarse desde un lugar a otro que está más bajo. *Ha saltado desde el trampolín. No me atrevería a saltar en paracaídas.* **3.** Abalanzarse sobre alguien o algo. *El policía saltó sobre el atracador.* **4.** Pasar de un lugar o una situación a otros omitiendo pasos intermedios. *Al ganar el torneo, saltó a la fama. Ha saltado al primer puesto de los libros más vendidos.* **5.** Salir un deportista al terreno de juego. *Los jugadores saltan al campo entre los aplausos de la afición.* **6.** Salir despedida una cosa del lugar en que estaba. *Ha saltado el corcho de la botella de champán. No te acerques a la chimenea, que saltan chispas.* **7.** Surgir algo de forma repentina. *En la reunión saltó una propuesta sorprendente.* **8.** Liberarse el dispositivo de un aparato que controla el funcionamiento de este. *Ha saltado la alarma de incendios. Si enchufas muchos aparatos, saltará el automático.* **9.** Reaccionar alguien con viveza o sin poder contenerse ante algo que se ha dicho o hecho. *No pudo soportar tanta humillación y saltó.* ○ tr. **10.** Pasar de un lado a otro (de algo) saltando (→ 1). *Ha intentado saltar la zanja y se ha caído de bruces.* **11.** Saltar (→ 1) hacia arriba o hacia delante para llegar (a una altura o una distancia). *Salta 5,90 m en la prueba de salto con pértiga.* **12.** Pasar a otra situación omitiendo (estados o grados intermedios). *Ha saltado cinco casillas y me ha comido una ficha. El Atlético ha saltado tres puestos con su victoria de ayer.* ○ tr. prnl. **13.** Omitir (algo), voluntariamente o por inadvertencia. *Se salta los capítulos del libro que no le interesan. Me he saltado un renglón al copiar el ejercicio.* **14.** coloq. No tener en cuenta (algo, espec. una norma), o no hacer caso (de ello). *La han multado por saltarse un semáforo. La empresa se ha saltado la normativa sobre seguridad.* ■ **a la que salta.** loc. adv. coloq. En disposición de aprovechar cualquier oportunidad que se presente. *Anda siempre a la que salta.*

saltarín, na. adj. **1.** Que salta mucho. *La bolita saltarina de la ruleta ha ido a caer en el trece.* **2.** Vivo e inquieto. *Es una jovencita saltarina y pizpireta.*

salteador, ra. m. y f. Persona que roba en despoblados y caminos. *Ningún viajero estaba a salvo de la banda de salteadores.* Tb. *~ de caminos. La caravana fue asaltada por unos salteadores de caminos.*

saltear. tr. **1.** Sofreír (un alimento) a fuego vivo. *Saltea los guisantes en aceite de oliva.* **2.** Hacer (algo) de manera discontinua o desordenada. *Te voy a hacer preguntas salteadas.*

salterio. m. Instrumento musical de cuerda, que consiste en una caja prismática de madera, más estrecha por la parte superior, y sobre la que se extienden hileras de cuerdas metálicas que se tocan con un macillo, con uñas de marfil o con las de las manos. *En la exposición hay una mandolina y un salterio renacentistas.*

saltimbanqui. m. y f. coloq. Acróbata que realiza saltos u otros ejercicios gimnásticos o de equilibrio en espectáculos públicos, gralm. al aire libre. *Las calles del pueblo se llenaron de payasos y saltimbanquis.*

salto. m. **1.** Hecho o efecto de saltar. *Se sube de un salto a la parte trasera del todoterreno. El campeón ha dado un salto de más de ocho metros de longitud. El salto económico de ese país lo ha colocado entre los más poderosos del mundo.* **2.** Caída de un caudal importante de agua donde hay un desnivel repentino. Tb. *~ de agua. La energía que genera un salto de agua depende de la altura y del caudal.* **3.** Palpitación violenta. *Cuando lo vi por primera vez, me dio un salto el corazón.* **4.** En atletismo: Prueba que consiste en saltar una altura o una longitud. *Salto de longitud. Salto con pértiga.* **5.** En natación: Prueba que consiste en saltar desde un trampolín. *El español ha quedado segundo en salto.* ■ **~ de cama.** m. Bata ligera de mujer para el momento de levantarse de la cama. *Me he comprado un camisón y un salto de cama a juego.* ■ **~ mortal.** m. Salto (→ 1) que consiste en tirarse de cabeza dando una vuelta en el aire para caer de pie. *Los acróbatas hacen piruetas y saltos mortales.* ■ **triple ~.** m. Salto (→ 4) de longitud en el cual el atleta apoya alternativamente los pies dos veces antes de caer con ambos juntos. *El atleta coge velocidad antes de hacer el triple salto.* □ **a ~ de mata.** loc. adv. coloq. Aprovechando las ocasiones que depara la casualidad. *Vive a salto de mata, trabajando en lo que le sale.* ■ **dar** alguien **~s de alegría.** loc. v. Manifestar mucha alegría o contento. *Al enterarse de que había sido padre, daba saltos de alegría.*

saltón, na. adj. Que sobresale más de lo normal. *Tiene los ojos negros y saltones.*

salubre. adj. Saludable o sano. *Las condiciones de estas chabolas no son salubres.* ► *SANO.

salubridad. f. Cualidad de salubre. *El agua de la fuente no ofrece las garantías mínimas de salubridad.*

salud. f. **1.** Estado de un ser vivo en que ejerce normalmente todas sus funciones. *Algunos hábitos como fumar son perjudiciales para la salud.* Tb. fig. *El conflicto pesquero podría afectar a la salud de las relaciones diplomáticas.* **2.** Condiciones físicas o psíquicas en que se encuentra un organismo en un momento determinado. *Goza de una salud estupenda. Debido a sus problemas de salud mental, ha tenido que ser ingresado en un psiquiátrico.* Tb. fig. *La participación de los electores demuestra la buena salud de la democracia.* ● interj. **3.** coloq. Se usa para brindar. *¡Salud!; ¡por nosotros!* Tb. *a tu, su,* etc., *~.* ■ **curarse en ~.** loc. v. Precaverse de un daño de manera anticipada. *Es mejor que nos curemos en salud y nos adelantemos a posibles imprevistos.*

saludable. adj. **1.** Bueno para la salud o que sirve para restablecerla. *Beber un vaso de agua en ayunas es una costumbre saludable. No me parece saludable que cargues a tu hijo con tantas responsabilidades.* **2.** Que manifiesta o implica buena salud. *Es un bebé saludable.* ► *SANO.

saludar. tr. **1.** Dirigir (a una persona) palabras corteses al encontrar(la) o al despedirse (de ella). *Saluda a sus compañeros todas las mañanas. Los ponentes se saludan al entrar en la sala de conferencias. No saludó a nadie cuando se marchó.* **2.** Mostrar respeto (a alguien o algo) mediante gestos formularios. *El teniente saluda a su capitán cuadrándose ante él. Saludan al rey con salvas.* Tb. usado en constr. intr. *Ha salido a saludar al escenario tres veces.* **3.** Enviar saludos (a alguien). *Le ha pedido al presentador del programa que le deje saludar a su familia.*

saludo. m. **1.** Hecho de saludar. *Tras los saludos de rigor, pasan todos a la sala.* **2.** Palabra, gesto o fórmula para saludar. *Su saludo consistió en un movimiento de cabeza.* **3.** Manifestación de afecto o cortesía que se envía por carta o por medio de otra persona. *Sin otro particular, reciba un saludo afectuoso. Hasta pronto y saludos a tu padre.*

salutación. f. cult. Hecho o efecto de saludar. *Ha pronunciado un breve discurso de salutación. Tras las salutaciones de rigor, todos se sientan.*

salutífero, ra. adj. cult. Saludable. *Defiende las propiedades salutíferas del agua de mar.*

salva. f. Disparo o serie de disparos sin bala, gralm. de artillería, que se hacen como saludo o para rendir honores. *Han recibido al presidente con veinte salvas de honor.* ■ **~ de aplausos.** f. Aplauso entusiasta y masivo. *La ópera ha sido premiada con una salva de aplausos.*

salvación. f. Hecho de salvar o salvarse. *El enfermo no tiene salvación. El sacerdote pide una oración por la salvación de su alma.*

salvado. m. Cáscara triturada del grano de los cereales y separada de la harina. *Para evitar el estreñimiento toma salvado. Este pienso tiene mucho salvado.*

salvador, ra. adj. Que salva. *Nadie ha sido capaz de tenderle una mano salvadora para sacarla de la depresión.* Dicho de pers., tb. m. y f. *No creo ser un salvador, sino una persona que disfruta ayudando a los demás.* Frec., en mayúsc., designa a Jesucristo. *El Salvador redimió los pecados de los hombres.*

salvadoreño, ña. adj. **1.** De El Salvador. *Sierra salvadoreña.* Dicho de pers., tb. m. y f. *El terremoto provocó la muerte de cientos de salvadoreños.* **2.** De San Salvador (capital de El Salvador). *Universidad salvadoreña.* Dicho de pers., tb. m. y f. *Se ha casado con un salvadoreño.* ► **2:** SANSALVADOREÑO.

salvaguarda. f. Salvaguardia. *La organización se encarga de la salvaguarda de los derechos de los consumidores.*

salvaguardar. tr. Defender o proteger (algo o a alguien). *La nueva ley pretende salvaguardar la libertad de expresión.*

salvaguardia. f. Hecho de salvaguardar. *Se le ha entregado un premio por su contribución a la salvaguardia de la democracia.* ► SALVAGUARDA.

salvajada. f. Hecho o dicho propios de un salvaje. *El atentado ha sido una salvajada. Empezó a decir salvajadas sobre nuestra familia.*

salvaje. adj. **1.** Dicho de planta: Silvestre o no cultivada. *En esa árida llanura solo crecen algunas hierbas salvajes.* Tb. dicho de la flor o el fruto. *Rosa salvaje. Fresa salvaje.* **2.** Dicho de animal: No doméstico. *En la montaña hay manadas de caballos salvajes.* **3.** Dicho de terreno: No cultivado o no colonizado. *Desembarcaron en una isla salvaje.* **4.** Primitivo o no civilizado. *Una tribu salvaje. Costumbres salvajes.* Dicho de pers., tb. m. y f. *Los salvajes ofrecían sacrificios humanos a sus dioses.* **5.** Dicho de cosa: No controlada o que se aparta de lo establecido. *Los estudiantes llevan a cabo una huelga salvaje. Los liberales defendían un capitalismo salvaje.* **6.** Cruel o inhumano. *Me han impuesto un castigo salvaje.* Dicho de pers., tb. m. y f. *El asesinato tiene que ser obra de un salvaje.* **7.** Falto de educación o ajeno a las normas sociales. *Unos niños salvajes han destrozado las mesas de la clase.* Dicho de pers., tb. m. y f. *Esta carta llena de faltas solo la ha podido escribir un salvaje.* ► **4, 7:** SELVÁTICO.

salvajismo. m. **1.** Cualidad de salvaje. *En sus relatos de aventuras refleja el salvajismo de la naturaleza virgen.* **2.** Carácter salvaje. *No puede justificarse el salvajismo de estos comportamientos.*

salvamanteles. m. Pieza que se coloca en la mesa debajo de las fuentes y otros recipientes, para proteger el mantel. *Pon la paellera encima de un salvamanteles.*

salvamento. m. Hecho de salvar o poner a salvo a alguien. *Los equipos de salvamento rescataron a los heridos.*

salvar. tr. **1.** Poner (algo o a alguien) a salvo de un peligro, o de la muerte o la destrucción. *Para salvar su negocio* DE *la quiebra tendrá que reducir la plantilla. En la inundación, solo han salvado algunas de sus pertenencias. Los médicos no pueden hacer nada para salvarlo.* Tb. en constr. prnl. media. *Se ha salvado de milagro* DE *ir a la cárcel. Afortunadamente, se salvarán todos los manuscritos de la biblioteca.* **2.** *Rel.* Hacer que (alguien) quede libre de pecado para alcanzar la gloria eterna. *Jesucristo vino al mundo para salvar a los hombres. El sacerdote afirma que para salvarse es necesario creer en Dios.* **3.** Exceptuar o excluir (algo o a alguien). *No se lleva bien con nadie, salvando a un par de amigos. Si salvamos los primeros capítulos, la novela es aburridísima.* **4.** Vencer o superar (un obstáculo) evitándo(lo). *Salvó el arroyo de un salto. Habrá que salvar la montaña construyendo un túnel. El caballo no ha completado la prueba al no salvar los dos últimos obstáculos.* **5.** Recorrer (una distancia, espec. si presenta cierta dificultad). *El velocista es capaz de salvar los quinientos metros en pocos segundos.* ■ **sálvese quien,** o **el que, pueda.** expr. Se usa para expresar que, ante un peligro o amenaza, cada cual debe actuar por su cuenta y pensar en ponerse a salvo. *Cuando la barca empezó a hacer agua, gritó: "Sálvese el que pueda". Chicos, sálvese quien pueda, que aquí van a poner en la calle a mucha gente.*

salvavidas. m. **1.** Flotador con forma de anillo que se coloca alrededor del cuerpo para mantenerse a flote. *Arrojaron un salvavidas al pasajero que había caído por la borda.* **2.** Se usa en aposición para expresar que lo designado por el nombre al que sigue sirve para el salvamento de personas que están en el agua. *Bote salvavidas. No hay suficientes chalecos salvavidas para todos los del barco.*

salve. f. **1.** *Rel.* Oración dedicada a la Virgen, y que comienza con las palabras "Dios te salve María". *Los novios rezan una salve en la basílica.* Tb. la composición musical creada sobre esa oración. *Un coro interpretará la salve rociera.* ● interj. **2.** cult. o humoríst. Se usa como saludo. *¡Salve, valientes guerreros!*

salvedad. f. Excepción o restricción. *A estas quejas hay que hacer algunas salvedades. Con la salvedad de esta patinadora, las demás estarán listas para el campeonato.*

salvia. f. Planta aromática de flores gralm. azuladas, que se usa en infusiones y como condimento, y de la que existen varias especies. *La salvia se utiliza para combatir el exceso de transpiración. Añade a la ensalada unas hojitas de salvia picada.*

salvífico, ca. adj. cult. Que produce la salvación. *El poder salvífico de una oración. Soñaba con hacer llegar su mensaje salvífico a todos los lugares del mundo.*

salvo, va. adj. **1.** Libre de un peligro. Se usa en la constr. *sano y ~.* (→ **sano**). *Los montañeros han sido localizados sanos y salvos.* ● prep. **2.** Excepto, o a excepción de. *Salvo la tuya, he metido todas las male-*

tas en el coche. No hay nadie en la sala, salvo nosotros. ● adv. **3.** Indica que la circunstancia expresada a continuación se excluye o se exceptúa de lo enunciado. *Resulta inexplicable, salvo si tenemos en cuenta lo que dijo ayer. Bajarán las temperaturas, salvo en la zona de Levante.* ■ **a salvo.** loc. adv. **1.** Sin daño o fuera de peligro. *Dentro de la cueva estaremos a salvo. Su reputación quedará a salvo.* **2.** Al margen o a un lado. *Dejando a salvo un ligero influjo francés, es una obra muy española.* ■ **a salvo de.** loc. prepos. Estando protegido o libre de. *Nadie está a salvo de sus críticas. Permanece escondido y a salvo de ser detenido.* ■ **salvo que.** loc. conj. A menos que. *Lo haremos así, salvo que suceda algo imprevisto.*

salvoconducto. m. **1.** Documento expedido por una autoridad, que permite a una persona transitar libremente por el territorio en que dicha autoridad es reconocida. *Se concedió a la Cruz Roja un salvoconducto para la zona del conflicto.* **2.** Libertad para actuar. *Cree tener salvoconducto para trabajar menos que los demás.*

samaritano, na. adj. **1.** histór. De Samaria (región de la antigua Palestina). *Mujeres samaritanas.* Dicho de pers., tb. m. y f. *Los samaritanos tenían continuos enfrentamientos con los habitantes de Judea y Galilea.* **2.** Dicho de persona: Que ayuda a otra desinteresadamente. *Fraile samaritano.* Tb. m. y f. *Un samaritano nos acogió en su casa cuando nos perdimos.*

samba. f. Baile popular brasileño, de influencia africana y de ritmo rápido y alegre. *Durante el carnaval de Río de Janeiro se baila mucho la samba.* Tb. su música. *En el bar se oía una samba de fondo.*

sambenito. m. Cosa que se aplica a alguien para desacreditarlo. *Me he quedado con el sambenito de juerguista porque me gusta mucho salir.*

samoano, na. adj. De Samoa (archipiélago de Oceanía). *Indígena samoana.* Dicho de pers., tb. m. y f. *La antropóloga estudia las costumbres de los samoanos.*

samovar. m. Utensilio de origen ruso, con un tubo interior donde se ponen carbones, que se emplea para preparar té. *El anticuario vende un samovar de plata con vasos de té a juego.*

samoyedo, da. adj. De un pueblo del norte de Rusia que habita las costas del mar Blanco y el norte de Siberia. *Costumbres samoyedas.* Dicho de pers., tb. m. y f. *Los lapones y los samoyedos viven de la caza, la pesca y de sus rebaños de renos.*

samurái. (Tb. **samuray**; pl. **samuráis**). m. histór. En el antiguo sistema feudal japonés: Guerrero al servicio de un señor y perteneciente a una clase inferior de la nobleza. *La exposición incluye varias espadas de samuráis.*

san. → **santo.**

sanación. f. Curación, espec. por medio de prácticas esotéricas o de terapias alternativas. *El curandero afirma tener poderes de sanación.*

sanador, ra. adj. Que sana o cura. *Un remedio sanador.* Dicho de pers., tb. m. y f. *La sanadora le puso las manos en el vientre y el dolor desapareció.*

sanar. tr. **1.** Curar (a una persona o una parte de su cuerpo enfermas o lesionadas), o hacer que recuperen la salud. *Los médicos le han recomendado la fisioterapia para sanar su brazo.* ○ intr. **2.** Recobrar la salud una persona o una parte de su cuerpo enfermas o lesionadas. *Sanó milagrosamente cuando todos pensaban que moriría. Un tobillo fracturado tarda en sanar.* ▶ CURAR.

sanatorio. m. Establecimiento preparado para la estancia de enfermos que necesitan tratamiento médico, quirúrgico o climatológico. *Sanatorio psiquiátrico. Para recuperarse de su afección respiratoria le recomiendan un sanatorio en la sierra.*

sanción. f. **1.** Pena que se establece para quien infringe una ley. *El juez decidirá si deben imponerse sanciones a la sociedad por fraude.* **2.** Aprobación de algo. *La sanción final de la obra la tiene el público.* **3.** Acto solemne por el que el jefe del Estado o la autoridad competente confirma una ley o un estatuto. *Es necesaria la sanción del Rey a la Constitución.* **4.** Castigo o pena. *Al jugador le impusieron la sanción de dos partidos sin jugar.* ▶ **4:** *CASTIGO.

sancionable. adj. Que puede o debe ser sancionado o castigado. *No pagar las cotizaciones de la Seguridad Social es una falta sancionable.*

sancionador, ra. adj. Que sanciona o castiga. *Se ha abierto un expediente sancionador al establecimiento por vender productos caducados.*

sancionar. tr. **1.** Confirmar o ratificar (una ley o disposición) mediante sanción del jefe del Estado o de la autoridad competente. *El Rey sancionó la Constitución.* **2.** Confirmar la validez (de algo). *La junta de accionistas ha sancionado las decisiones de la dirección.* **3.** Aplicar una sanción o castigo (a alguien o algo). *Han sancionado al banco por algunas operaciones irregulares. El árbitro sanciona al delantero.* ▶ **3:** *CASTIGAR.

sancionatorio, ria. adj. De la sanción o pena impuesta por la ley. *Se adoptarán medidas sancionatorias contra aquellos que estacionen en lugares prohibidos.*

sancochar. tr. **1.** Cocinar mal y sin cuidado (un alimento). *Saca esa carne de la olla, que la vas a sancochar.* **2.** Am. Cocer ligeramente (un alimento). *Luego sancochar las berenjenas en agua hirviendo* [C].

sancocho. m. frecAm. Guiso caldoso, gralm. de carne. *Había un sancocho de tres carnes hirviendo en el fogón* [C].

sanctasanctórum. (pl. **sanctasanctórums**). m. **1.** Parte interior y más sagrada del Tabernáculo y del templo de Jerusalén. *Los judíos guardaban el Arca de la Alianza en el sanctasanctórum.* **2.** Parte más reservada y misteriosa de un lugar. *No la molestéis, que se ha encerrado a estudiar en su sanctasanctórum.*

sandalia. f. **1.** Calzado compuesto por una suela que se asegura al pie con correas o cintas. *Los penitentes, con sayo de arpillera y sandalias de cuero, arrastraban una cruz.* **2.** Zapato ligero y abierto, usado gralm. en verano. *Ponle las sandalias al niño para ir a la playa. Lleva sandalias de tacón a juego con el traje de noche.*

sándalo. m. Árbol parecido al nogal, propio de la India y de varias islas de Oceanía, de madera amarillenta y aromática, de la cual se extrae un aceite utilizado en perfumería. Tb. la madera y el aceite. *Un cofre de sándalo. El perfumista añadió unas gotitas de sándalo a la preparación.*

sandez. f. Tontería o necedad. *No le hagas caso, no dice más que sandeces.* ▶ *TONTERÍA.

sandía. f. Fruto redondeado de gran tamaño, corteza verde y carne roja, dulce y muy acuoso, con pepitas negras incrustadas. *Me gusta más la sandía que el melón.* Tb. su planta. *No se te olvide regar las sandías.* ▶ **Am:** PATILLA.

sandinismo. m. Movimiento revolucionario nicaragüense de carácter populista, basado en las ideas de

César Augusto Sandino (guerrillero y político, 1895-1934). *El sandinismo acabó con la dictadura de Somoza.*

sandinista. adj. **1.** Del sandinismo. *Revolución sandinista.* **2.** adj. Partidario del sandinismo. Dicho de pers., tb. m. y f. *Los sandinistas contaron con un gran respaldo popular.*

sandio, dia. adj. cult. Tonto o simple. Dicho de pers., tb. m. y f. *Siempre hay algún sandio que se empeña en llevarle la contraria.*

sandunguero, ra. adj. coloq. Que tiene gracia o salero. *¡Vivan los hombres sandungueros!*

sándwich. (pl. **sándwiches**). m. Bocadillo hecho con dos o más rebanadas de pan de molde entre las cuales se coloca algún alimento, y que se come crudo o a la plancha. *Podemos preparar unos sándwiches para el viaje.* ▶ EMPAREDADO.

saneado, da. part. **1.** → **sanear.** ● adj. **2.** Dicho de bienes o rentas: Que producen buenos beneficios. *Posee una fortuna bastante saneada.* **3.** Dicho de beneficios o ingresos: Que son especialmente satisfactorios. *De su negocio obtienen saneados beneficios.*

saneamiento. m. Hecho de sanear. *El Ayuntamiento ha empezado las obras de saneamiento del cauce del río. Urge el saneamiento de la economía.*

sanear. tr. **1.** Dar condiciones de salubridad (a un lugar), espec. quitándo(le) la humedad. *Existe un proyecto para sanear terrenos pantanosos.* **2.** Poner (algo, espec. la economía) en las condiciones adecuadas para funcionar debidamente y producir beneficios. *Hay que sanear la economía del país. Ha saneado la empresa con medidas drásticas.*

sanedrín. m. **1.** histór. Consejo supremo de los judíos, en el que se trataban y decidían los asuntos de estado y de religión. *El sanedrín condenó al preso por blasfemia.* **2.** Junta o reunión de personas influyentes. *El sanedrín de los banqueros decidirá la subida de los intereses.*

sanfermines. m. pl. Fiestas que se celebran en Pamplona en honor de San Fermín. *No falta ningún año a los sanfermines.*

sangrado. m. Hecho o efecto de sangrar. *Existe un sangrado menstrual y un sangrado patológico. Copia el texto respetando el sangrado.*

sangrante. adj. **1.** Que sangra o echa sangre. *El enfermo tiene una úlcera sangrante.* **2.** Que produce dolor o indignación. *Es sangrante que te traten así.* ▶ **1:** *SANGRIENTO.

sangrar. intr. **1.** Echar sangre. *Está sangrando por la nariz. La úlcera sangra abundantemente.* ○ tr. **2.** Abrir o punzar una vena (a alguien) para extraer la sangre o determinada cantidad de sangre. *Antiguamente sangraban a los enfermos como método curativo. En la matanza, sangran al cerdo para hacer las morcillas.* **3.** coloq. Aprovecharse (de alguien) sacándo(le) su dinero. *Al pobre abuelo lo sangran todos los nietos.* **4.** *Graf.* Empezar (un renglón) más adentro que los otros. *Sangra el primer renglón del párrafo.*

sangre. f. **1.** Líquido rojo que circula por los vasos sanguíneos del cuerpo de las personas y de algunos animales, que distribuye el oxígeno, los nutrientes y otras sustancias a las células del organismo, y que está compuesto de una parte líquida o plasma y de células en suspensión. *De la herida mana sangre. La sangre del atún herido atrae a los tiburones.* **2.** Familia o parentesco. *Siempre velaré por los de mi sangre.* **3.** Condición o carácter de una persona. *Lo dice de forma apasionada, como corresponde a su sangre andaluza.* ■ **~ azul.** f. Origen o procedencia noble. *Dice que desciende de una familia de sangre azul.* ■ **~ de horchata.** f. coloq. Carácter excesivamente tranquilo y calmado. *Tienes la sangre de horchata; no sé cómo no te pones nerviosa.* ■ **~ fría.** f. Serenidad o dominio de sí mismo. *Hay que tener sangre fría para aguantar una situación tan tensa. El detenido ha confesado con gran sangre fría ser el autor de las violaciones.* ■ **mala ~.** f. coloq. Carácter malintencionado o vengativo. *Hay que tener mala sangre para burlarse así de las desgracias ajenas.* □ **a ~ fría.** loc. adv. De manera premeditada y calculada, sin dejarse llevar por un arrebato momentáneo. *Ha asesinado a sus víctimas a sangre fría.* ■ **a ~ y fuego.** loc. adv. Con todo rigor y sin perdonar nada ni a nadie. *Los paramilitares entraron a sangre y fuego en la aldea indígena.* ■ **chupar la ~** (a alguien). loc. v. coloq. Abusar (de esa persona), espec. de su dinero. *No pienso pedir un crédito para que un banco me chupe la sangre el resto de mi vida.* ■ **correr ~.** loc. v. Haber heridos o muertos como consecuencia de una pelea. *Tuvimos que separarlos antes de que corriera la sangre.* ■ **de ~ caliente.** loc. adj. Dicho de animal: Que tiene una temperatura corporal que no depende de la ambiental. *Los mamíferos son animales de sangre caliente.* ■ **de ~ fría.** loc. adj. Dicho de animal: Que tiene una temperatura corporal que depende de la ambiental. *Los reptiles son animales de sangre fría.* ■ **encender la ~** (a alguien). → **hervir la sangre** (a alguien). ■ **hacer ~.** loc. v. Causar una herida leve de la que sale sangre (→ 1). *El barbero le ha hecho sangre con la cuchilla.* ■ **hacerse** alguien **~.** loc. v. Sufrir una herida leve de la que sale sangre (→ 1). *Me he hecho sangre con una zarza.* ■ **hacerse** alguien **mala ~.** loc. v. coloq. Atormentarse o disgustarse. *No te hagas mala sangre, no merece la pena.* ■ **helar la ~.** loc. v. coloq. Paralizar de miedo o de espanto. *Se escuchaban unos gritos que helaban la sangre.* ■ **hervir,** o **encender,** o **quemar, la ~** (a alguien). loc. v. coloq. Irritar(lo) o poner(lo) de mal humor. *Tanta pasividad me enciende la sangre. Nos quema la sangre contemplar la injusticia.* ■ **lavar** alguien **con ~** (una ofensa). loc. v. Herir o matar al autor (de ella) para recuperar el honor perdido. *Juraron lavar con sangre el agravio sufrido.* ■ **llegar la ~ al río.** loc. v. coloq. Tener una disputa o una situación difícil consecuencias graves. *Se amenazaron e insultaron, pero la sangre no llegó al río.* ■ **llevar** (una cosa) **en la ~.** loc. v. Ser esa cosa innata o hereditaria. *La bailaora lleva el ritmo en la sangre.* ■ **quemar la ~.** → **hervir la sangre.** ■ **subírsele** (a alguien) **la ~ a la cabeza.** loc. v. coloq. Perder esa persona la serenidad o montar en cólera. *Se le ha subido la sangre a la cabeza y ha empezado a dar gritos a todos.* ■ **sudar ~.** loc. v. coloq. Realizar un esfuerzo duro que conlleva sufrimiento. *He sudado sangre para sacarme el carné de conducir.* ■ **tener ~ en las venas.** loc. v. coloq. Ser activo y tener mucha energía. *Muévete un poco, chica, que parece que no tienes sangre en las venas.*

sangría. f. **1.** Hecho o efecto de sangrar o extraer sangre. *Antiguamente los médicos practicaban sangrías a los enfermos.* **2.** Pérdida paulatina y sustanciosa de algo, espec. de dinero. *Tanto viaje en avión es una sangría para su cuenta corriente.* **3.** Bebida refrescante elaborada con vino tinto, azúcar y trozos de fruta. *He bebido demasiada sangría.* **4.** *Graf.* Hecho o efecto de sangrar un renglón. *Deja sangría en el primer renglón del párrafo.*

sangriento, ta. adj. **1.** Que echa sangre. *Una herida sangrienta.* **2.** Teñido o manchado de sangre. *Han* *encontrado una chaqueta sangrienta en casa del sospechoso.* **3.** Sanguinario. *El sangriento Nerón ordenó quemar Roma.* **4.** Que causa derramamiento de sangre. *Una batalla sangrienta. Fue una de las más sangrientas dictaduras de América.* ▶ **1:** SANGRANTE. SANGUINOLENTO. **2:** SANGUINOLENTO.

sanguijuela. f. **1.** Gusano de agua dulce, con ventosas en los extremos para succionar la sangre de los animales que parasita, que se utilizaba antiguamente en medicina para sangrar a los enfermos. *Al salir de la charca, ve que varias sanguijuelas se han adherido a su cuerpo.* **2.** despect. Persona que se aprovecha de otra, desposeyéndola de sus propiedades. *Esa sanguijuela me ha dejado sin blanca.*

sanguina. → **sanguino.**

sanguinario, ria. adj. **1.** Que goza con el derramamiento de sangre. *Un asesino sanguinario.* Tb. m. y f. **2.** Propio de la persona sanguinaria. *No podíamos creer que fuera el autor de crímenes tan sanguinarios.* ▶ SANGRIENTO.

sanguíneo, a. adj. **1.** De la sangre. *La presión sanguínea del enfermo es normal.* **2.** Que contiene sangre o es abundante en ella. *Al aplicar calor, se dilatan los vasos sanguíneos.* **3.** Dicho de persona: Cuya complexión da lugar a un carácter irritable. *Es un tipo fuertote y sanguíneo.*

sanguino, na. adj. **1.** Dicho de una variedad de naranja: Cuya pulpa es de color rojizo. *Deme un kilo de naranjas sanguinas, por favor.* Tb. f. *Las sanguinas suelen tener mucho zumo.* ● f. **2.** Lápiz rojo oscuro fabricado con hematites, en forma de barrita. *Tiene algunos desnudos hechos con sanguina.* **3.** Dibujo realizado con sanguina (→ 2). *Guarda unas sanguinas de la primera época del pintor.*

sanguinolento, ta. adj. Sangriento (que echa sangre, o manchado de sangre). *No soporto comer un filete sanguinolento. Si tiene secreciones sanguinolentas, acuda a su médico. Retiró las sábanas sanguinolentas donde yació el herido.* ▶ *SANGRIENTO.

sanidad. f. Conjunto de servicios gubernativos ordenados para preservar la salud de los habitantes de una nación, una región o un municipio. *Se ha aprobado un nuevo sistema de financiación de la sanidad pública.*

sanitario, ria. adj. **1.** De la sanidad. *Personal sanitario. Centro sanitario.* **2.** Dicho de aparato o instalación: Que están destinados a la higiene y el aseo personal. *Las instalaciones sanitarias del polideportivo no suelen estar limpias.* Dicho de aparato, tb. m. *Vamos a cambiar los sanitarios del cuarto de baño.* ● m. y f. **3.** Persona que trabaja en la sanidad pública. *Los sanitarios de este hospital están en huelga.*

sanjuanero, ra. adj. De San Juan (capital de Puerto Rico). *Playas sanjuaneras.* Dicho de pers., tb. m. y f. *Los sanjuaneros celebran ahora sus fiestas.*

sanmarinense. adj. De San Marino (país de Europa). *Territorio sanmarinense.* Dicho de pers., tb. m. y f. *Los sanmarinenses hablan italiano.*

sano, na. adj. **1.** Dicho de persona o animal: Que tiene buena salud. *Solo desean que el bebé nazca sano.* Dicho tb. de órgano para expresar buen estado. *Necesitan operarla para saber si el hígado está sano.* **2.** Bueno para la salud. *Disfrutemos del aire sano de la sierra. Procuro llevar una alimentación sana.* **3.** Que no tiene vicios o malas costumbres. *La campaña "Por una juventud sana" pretende inculcar valores morales a los jóvenes.* **4.** Noble o carente de malicia. *Es una persona sana, que peca a veces de ingenua.* **5.** Dicho de vegetal o de parte de él: Que no está podrido o en mal estado. *Pon los melocotones sanos en el frutero y tira los podridos a la basura. Casi todas las ramas del árbol están sanas.* **6.** Dicho de cosa: No rota o estropeada. *Cuando friega ella, no deja un plato sano.* ■ **cortar** (algo) **por lo sano.** loc. v. coloq. Poner(le) fin de forma expeditiva para evitar problemas futuros. *Es preferible que hables y cortes por lo sano estos rumores.* ■ **~ y salvo/va.** loc. adj. Dicho de persona: Que no ha sufrido ningún daño. *Los niños perdidos han llegado sanos y salvos.* ▶ **1:** SALUDABLE. **2:** SALUBRE, SALUDABLE.

sansalvadoreño, ña. adj. De San Salvador (capital de El Salvador). *Calles sansalvadoreñas.* Dicho de pers., tb. m. y f. *Cuando estuve en Centroamérica, hice amistad con una sansalvadoreña.* ▶ SALVADOREÑO.

sánscrito, ta. adj. **1.** Se usa para referirse a la antigua lengua de los brahmanes. *Lengua sánscrita.* Tb. m. *La palabra "karma" viene del sánscrito.* **2.** Del sánscrito. *Gramática sánscrita.*

sanseacabó. (Tb. **san se acabó**). interj. Se usa para dar por terminado algo. *Si no quieres que vaya, no voy y sanseacabó.*

sansón. m. Hombre muy forzudo. *En el circo hay un sansón capaz de levantar pesos enormes.*

santabárbara. f. *Mar.* Lugar de una embarcación en donde se guarda la pólvora y las municiones. *El barco saltó por los aires tras incendiarse la santabárbara.*

santacruceño, ña. adj. De Santa Cruz de Tenerife. *Sociedad santacruceña.* Dicho de pers., tb. m. y f. *Un santacruceño me ha invitado a los carnavales.* ▶ SANTACRUCERO.

santacrucero, ra. adj. De Santa Cruz de Tenerife. *Ayuntamiento santacrucero.* Dicho de pers., tb. m. y f. *Los santacruceros están acostumbrados al calor.* ▶ SANTACRUCEÑO.

santanderino, na. adj. De Santander. *Costa santanderina.* Dicho de pers., tb. m. y f. *A la manifestación han acudido cientos de santanderinos.*

santateresa. f. Mantis. *La hembra de la santateresa devora a veces al macho después de aparearse.*

santería. f. *Rel.* Sistema de cultos propio de Cuba, que tiene como elemento esencial la adoración de deidades surgidas del sincretismo entre creencias africanas y la religión católica. *En la santería se cree en la existencia de un espíritu mediador entre los dioses y los hombres.*

santero, ra. m. y f. **1.** *Rel.* Sacerdote de la santería. *El santero entra en trance. La santera ofrece flores y alimentos a Yemayá, señora del mar.* Tb. la persona que cree en ella o la practica. *Los santeros y los cristianos conviven en Cuba.* **2.** Persona que cuida de un santuario. *La santera nos ha contado la historia de la ermita.*

santiaguino, na. adj. De Santiago de Chile (capital de Chile). *Barrio santiaguino.* Dicho de pers., tb. m. y f. *Los santiaguinos solicitan medidas para luchar contra la polución.*

santiamén. **en un ~.** loc. adv. Enseguida o en poco tiempo. *Ya verás cómo preparo la cena en un santiamén.*

santidad. f. **1.** Cualidad de santo. *Había elegido la vida monástica para alcanzar la santidad.* **2.** (En mayúsc.). Se usa como tratamiento que corresponde al Papa. Frec. precedido de posesivo. *Su Santidad viajará a España. Quería expresarle a Vuestra Santidad mi gratitud.*

santificación. f. Hecho de santificar. *La santificación del beato ha congregado en Roma a miles de fieles. La santificación de las fiestas es uno de los diez mandamientos.*

santificar. tr. **1.** Hacer santo (a alguien) para que reciba culto. *Van a santificar a varios mártires.* **2.** Dedicar (algo) a Dios. *El catecismo ordena santificar las fiestas.*

santiguarse. (conjug. AVERIGUAR). intr. prnl. **1.** Hacerse alguien la señal de la cruz desde la frente al pecho y desde el hombro izquierdo al derecho invocando a las tres personas de la Santísima Trinidad. *Se santigua al entrar en la iglesia.* **2.** coloq. Mostrar una persona escándalo o sorpresa, frec. haciéndose la señal de la cruz. *Se santiguan y murmuran a su paso.*

santísimo, ma. adj. sup. → **santo.** ■ **el Santísimo.** loc. s. *Rel.* Cristo en la Eucaristía. *El Santísimo recorrerá las calles de la ciudad bajo palio.*

santo, ta. adj. **1.** Dicho de persona: Cuya vida ejemplar ha sido reconocida oficialmente por la Iglesia católica, por lo que es merecedora de recibir culto. Tb. m. y f. *A esa santa se le atribuyen muchos milagros.* Se usa tb., frec. en mayúsc., como tratamiento antepuesto a un nombre propio, adoptando la forma *san* si se trata de nombre propio masculino, salvo Tomás, Tomé, Toribio y Domingo. *San Antón es el patrón de los animales. Ha comprado unas estampas de Santa Eulalia y Santo Tomás de Aquino.* **2.** Dicho de persona: Que destaca por sus virtudes, espec. por su bondad y paciencia. Tb. m. y f. *Eres una santa, mamá; a veces no sé cómo nos soportas.* **3.** Sagrado. *Los templos son lugares santos.* **4.** Antepuesto a un nombre, se usa para enfatizar el significado expresado por este. *Llevo esperándote toda la santa mañana. Siempre ha hecho su santa voluntad.* **5.** (En mayúsc.). Dicho de semana: Que sigue al Domingo de Ramos y que conmemora los últimos días de la vida de Jesucristo. *Tengo vacaciones en Semana Santa.* Dicho tb. de los días de esa semana que van de lunes a sábado. *Saldremos de viaje el Jueves Santo.* ● m. y f. **6.** Imagen de un santo (→ 1). *Sacarán a la santa en procesión.* ○ m. **7.** Respecto de una persona: Día en que se celebra la festividad del santo (→ 1) cuyo nombre coincide con el de ella. *El 19 de marzo, día de San José, es el santo de los Pepes y Pepitas.* **8.** coloq. Dibujo o imagen que ilustra una publicación. *No leía el libro, solo miraba los santos.* ○ f. **9.** humoríst. Esposa. *Voy a ir al cine con mi santa.* ■ **santo y seña.** m. Contraseña, espec. la exigida por un vigilante en un puesto militar. *El centinela pide al soldado el santo y seña.* □ **¿a santo de qué?** loc. adv. coloq. ¿Con qué motivo? *¿A santo de qué te niegas a ir? No sé a santo de qué viene tanta amabilidad.* ■ **comerse** alguien **los santos.** loc. v. coloq. Ser muy beato. *Desconfía de los que se comen los santos y son incapaces de mostrar piedad.* ■ **desnudar a un santo para vestir a otro.** loc. v. coloq. Arreglar una situación estropeando otra. *Aumentar las pensiones y bajar el salario mínimo: ¡eso sí que es desnudar a un santo para vestir a otro!* ■ **el santo de cara** (o **de espaldas**). loc. s. coloq. Buena (o mala) suerte. *El delantero tiene el santo de espaldas y ha vuelto a fallar el disparo.* ■ **írsele** (a alguien) **el santo al cielo.** loc. v. coloq. Distraerse olvidando lo que iba a decir o hacer. *Me puse a leer y se me fue el santo al cielo.* ■ **llegar y besar el santo.** loc. v. coloq. Conseguir inmediatamente algo que se pretendía. *En cuanto entramos, nos atendieron; fue llegar y besar el santo.* ■ **por todos los santos.** expr. Se usa para expresar protesta o sorpresa ante algo inadecuado. *No te quedes ahí parado, por todos los santos.* ■ **quedarse** alguien, espec. una mujer **para vestir santos.** loc. v. coloq. Quedarse soltero. *Como no se espabile, se va a quedar para vestir santos.* ■ **ser** alguien **santo de la devoción** (de otra persona). loc. v. coloq. Caer(le) bien o agradar(le). *No me hagas hablar sobre él, que ya sabes que no es santo de mi devoción.*

santón. m. **1.** Hombre que profesa una religión no cristiana y que lleva una vida austera y penitente. *Un santón indio imparte sus enseñanzas a la sombra de un árbol.* **2.** coloq., despect. Hombre hipócrita que aparenta santidad. *Es un santón de misa diaria, pero no duda en aprovecharse de los demás.* **3.** coloq. Hombre muy influyente o autorizado en una determinada colectividad. *Pertenece al grupo de santones del partido.*

santoral. m. Lista de los santos cuya festividad se conmemora en cada uno de los días del año. *Según el santoral, hoy es el día de Santa Cecilia. La Iglesia ha incorporado dos nuevos santos al santoral.*

santuario. m. Templo en que se venera una imagen o una reliquia de un santo. *Los fieles acuden al santuario de la Virgen de la Encina.* Tb. fig. *El vertido podría afectar al santuario de las Galápagos.*

santurrón, na. adj. coloq. o despect. Que manifiesta una devoción exagerada o fingida. *Es una familia muy santurrona, de misa y rosario diarios.* Dicho de pers., tb. m. y f. *Ya salió el santurrón con que vamos a ir al infierno.*

santurronería. f. coloq. o despect. Cualidad de santurrón. *No soporta la santurronería de aquella sociedad provinciana.*

saña. f. Furor rencoroso o cruel. *Lo han apaleado con saña.*

sañudo, da. adj. Que tiene o muestra saña. *Ha sido objeto de una sañuda persecución por parte de sus enemigos.*

sapiencia. f. cult. Sabiduría. *Dio una lección magistral en la que demostró toda su sapiencia.*

sapiencial. adj. cult. De la sapiencia. *Explicación sapiencial.*

sapo. m. **1.** Anfibio sin cola, de ojos saltones, cuerpo rechoncho y robusto, extremidades cortas y piel de aspecto verrugoso, del que existen varias especies, por ej.: *~ de espuelas, ~ partero. Paseando de noche por el campo estuvo a punto de pisar un sapo.* **2.** coloq. Persona fea o grotesca. *Con lo guapa que es ella, no sé cómo se ha enamorado de ese sapo.* ■ **~s y culebras.** m. coloq. Insultos o maldiciones. *Echó sapos y culebras al darse cuenta de que le habían robado.* ▶ **1:** ESCUERZO.

saprofito, ta. adj. *Biol.* Dicho de planta o de microorganismo: Que se alimentan de materias orgánicas en descomposición. *La mayoría de los hongos son saprofitos. En el intestino existen bacterias saprofitas beneficiosas para el organismo.*

saque. m. **1.** En deporte: Hecho de sacar una pelota. *Le corresponde hacer el saque de honor en el partido de fútbol.* **2.** coloq. Capacidad para comer o beber mucho. *A pesar de ser tan delgada tiene buen saque.* ■ **~ de esquina.** f. En algunos deportes, espec. en fútbol: Saque (→ 1) que el atacante realiza desde una esquina cuando el bando defensor toca el balón en último lugar y lo saca del campo. *El jugador remata de cabeza un saque de esquina.* ⇒ CÓRNER.

saqueador, ra. adj. Que saquea. Dicho de pers., tb. m. y f. *La policía detuvo a los saqueadores del convento.*

saquear. tr. **1.** Apoderarse violentamente los soldados de lo que encuentran (en un lugar). *Los soldados saquearon la ciudad.* **2.** Robar o desvalijar (un lugar o a una persona). *Han saqueado el almacén.* ▶ **2:** *ROBAR.

saqueo. m. Hecho de saquear. *La población se ha lanzado al saqueo de las tiendas. Solo algunos objetos han sobrevivido al saqueo del palacio.*

S. A. R. (pl. **SS. AA. RR.**). abrev. Su Alteza Real. *S. A. R. la Infanta asistirá al acto de presentación del libro.*

sarampión. m. Enfermedad febril, contagiosa y frec. epidémica, propia de la infancia, que se caracteriza por la aparición de pequeñas manchas rojizas y síntomas catarrales. *Uno tras otro, todos los hermanos han caído en cama con sarampión.*

sarao. m. Reunión o fiesta de sociedad. *Desde que te has hecho famoso te invitan a todos los saraos.*

sarasa. m. coloq., despect. Hombre afeminado u homosexual. *Unos sarasas pasean cogidos de la mano.* Tb. adj. *Su amigo es un poco sarasa.*

sarcasmo. m. Burla o ironía mordaz y cruel. *Me hizo blanco de sus sarcasmos.* ▶ *IRONÍA.

sarcástico, ca. adj. Que manifiesta o implica sarcasmo. *Risa sarcástica. Hoy estás muy sarcástico en tus comentarios.* ▶ *IRÓNICO.

sarcófago. m. Obra de piedra, que se construye levantada del suelo, en que se da sepultura a un cadáver. *Sacaron a la momia del sarcófago.* ▶ SEPULCRO.

sarcoma. m. *Med.* Tumor maligno caracterizado por la reproducción de tejido conjuntivo. *Le han diagnosticado sarcoma óseo.*

sardana. f. Baile popular catalán que se baila en corro y con las manos agarradas. *Con motivo de las fiestas, habrá sardanas en la plaza mayor.* Tb. su música. *Todos bailan al son de una sardana.*

sardina. f. Pez marino comestible de forma alargada, color negro azulado por encima y plateado en costados y vientre, que suele prepararse asado o en conserva. *Haremos una barbacoa de sardinas.* ■ **~ arenque.** f. Arenque. *Abre una gran lata de sardinas arenques.* □ **como ~s (en lata).** loc. adv. coloq. Con mucha estrechez por haber muchas personas y faltar espacio. *Por la mañana en el metro vamos como sardinas en lata.*

sardinada. f. Comida de sardinas a la parrilla. *Nos vamos a la playa a hacer una sardinada.*

sardinero, ra. adj. **1.** De pesca de sardina. *Barco sardinero. Flota sardinera.* ● m. y f. **2.** Persona que vende sardinas. *La sardinera despacha las sardinas por kilos.*

sardo, da. adj. **1.** De Cerdeña (isla de Italia). *Ciudades sardas.* Dicho de pers., tb. m. y f. *En Cagliari, unos sardos nos alojaron en su casa.* **2.** Del sardo (→ 3). *Acento sardo.* ● m. **3.** Lengua hablada en Cerdeña. *Apenas la entiendo, porque solo habla sardo.*

sardónico, ca. adj. Sarcástico. *Siempre es sardónico con los periodistas que lo entrevistan.* ▶ *IRÓNICO.

sarga. f. Tela cuyo tejido forma líneas diagonales. *Viste pantalón de sarga y blusa de algodón.*

sargazo. m. Alga marina, algunas de cuyas especies forman grandes masas flotantes gracias a vesículas a modo de flotadores. *La abundancia de sargazos en torno a las Bermudas llegaba a frenar el avance de los barcos.*

sargenta. f. coloq. o despect. Mujer con características consideradas propias de un sargento, espec. la condición física hombruna o el carácter autoritario. *Es una sargenta y nadie se atreve a llevarle la contraria.*

sargento. m. Suboficial del ejército cuyo empleo es superior al de cabo e inferior al de brigada. *Es sargento de la Guardia Civil. Ha ascendido de sargento a sargento primero.*

sargentona. f. coloq. o despect. Mujer con características consideradas propias de un sargento, espec. la condición física hombruna o el carácter autoritario. *Se ha casado con una sargentona que no le deja ni salir a jugar la partida.*

sari. m. Prenda de vestir femenina, típica de la India, que consiste en una túnica hasta los pies que se enrolla en el cuerpo. *Las campesinas indias llevan saris de algodón de vivos colores.*

sarmentoso, sa. adj. **1.** Del sarmiento, o de características similares a las suyas. *Es un viejo delgado, huesudo y de manos sarmentosas.* **2.** Dicho de planta: De ramas flexibles y nudosas, capaces de apoyarse sobre aquellas cosas que tiene cerca. *El bejuco es una planta sarmentosa y trepadora.*

sarmiento. m. Vástago de la vid, largo, delgado, flexible y nudoso, de donde brotan las hojas y los racimos. *Echa unos sarmientos secos en la chimenea para avivar el fuego.*

sarna. f. Enfermedad contagiosa de la piel, que sufren algunos animales y el hombre, provocada por un ácaro que excava túneles bajo la piel, y que se caracteriza por enrojecimiento, tumefacción y picor intenso. *No te acerques a ese gato, que tiene sarna.* ■ **más viejo/ja que la ~.** loc. adj. coloq. Muy viejo o antiguo. *Ese tipo es más viejo que la sarna. Ese argumento que tú defiendes es más viejo que la sarna.*

sarnoso, sa. adj. Que padece sarna. *El perro que ha recogido en la carretera está sarnoso.* Dicho de pers., tb. m. y f. *En aquella época se marginaba a los sarnosos, leprosos y tiñosos.*

sarpullido. m. Erupción pasajera de la piel, formada por muchos granitos o ronchas. *Le ha salido un sarpullido porque tiene alergia a los frutos secos.* ▶ **frecAm:** SALPULLIDO.

sarraceno, na. adj. **1.** histór. De la Arabia Feliz (antigua región de Arabia, hoy Yemen). *Tribu sarracena. Tierras sarracenas.* Dicho de pers., tb. m. y f. *Los sarracenos pronto se convierten al Islam.* **2.** Que profesa la religión de Mahoma. Tb. m. y f. *Los sarracenos se enfrentan a los cristianos en las Cruzadas.* ▶ **2:** *MUSULMÁN.

sarro. m. Sustancia amarillenta y de naturaleza calcárea que se adhiere al esmalte de los dientes. *Tiene que hacerse una limpieza dental para eliminar el sarro.*

sarta. f. **1.** Serie de cosas metidas por orden en un hilo o una cuerda. *Lleva al cuello una sarta de perlas.* **2.** Serie de cosas no materiales de la misma naturaleza. *Lo que te contó no es más que una sarta de mentiras.*

sartén. f. (En Am., tb. m.). Recipiente de cocina, de forma circular, poco hondo y con mango largo, que sirve espec. para freír. *Pon aceite en la sartén para freír los huevos. Se cuece a fuego lento, moviendo el sartén para que no se pegue* [C]. ■ **tener** alguien **la ~ por el mango.** loc. v. coloq. Dominar una situación al tener el poder de imponer su voluntad a los demás. *Aquí el que tiene la sartén por el mango es el jefe.*

sartenada. f. Conjunto de alimentos que se cocinan de una vez en una sartén. *Retira del fuego una sartenada de pescaditos.*

sartenazo. m. coloq. Golpe dado con una sartén. Tb. designa un golpe fuerte. *Le asestó un sartenazo con un palo.*

sasánida. adj. **1.** histór. De una dinastía que reinó en Persia del s. III al VII. *Reyes sasánidas.* Dicho de pers., tb. m. y f. *Los árabes derrotan a los sasánidas y les imponen su religión.* **2.** De los sasánidas (→ 1). *Imperio sasánida.*

sastre, tra. m. y f. Persona que tiene por oficio cortar y confeccionar prendas de vestir, pralm. de hombre. *El sastre me toma las medidas para hacerme dos trajes. La sastra da unas puntadas al vestido de la actriz.*

sastrería. f. **1.** Oficio o actividad del sastre. *Padre e hijos se dedican a la sastrería.* **2.** Establecimiento donde trabaja el sastre. *La sastrería está en la calle de la Paz.*

satánico, ca. adj. Diabólico. *Posesión satánica. Suelta una carcajada satánica.* Frec. con intención enfática. *Fuerza satánica. La envidia le ha provocado un odio satánico.*

satanismo. m. Perversidad o maldad satánicas. *Una venganza tan despiadada solo puede haber sido fruto del satanismo.*

satanizar. tr. Atribuir (a alguien o algo) carácter satánico. *Acusan a los políticos de satanizar al adversario.*

satélite. m. **1.** Cuerpo celeste sin luz propia, que gira alrededor de un planeta. *La Luna es el satélite de la Tierra.* **2.** Aparato que se coloca en órbita alrededor de un astro, gralm. para recoger información y retransmitirla. *El satélite toma imágenes de Marte. Televisión por satélite.* Tb. *~ artificial. En 1957 la Unión Soviética puso en órbita el primer satélite artificial.* **3.** Estado dominado política y económicamente por otro más poderoso. *Hungría es un antiguo satélite soviético.* Frec. en aposición. *Actúa como país satélite del imperio.* **4.** Persona o cosa que depende de otra. *Se ha convertido en un satélite de su hermano.* Frec. en aposición. *El atentado fue obra de un comando satélite de la banda terrorista.*

satelital. adj. Am. De satélite artificial. *El avión no pudo ser localizado ni a través de fotografías satelitales* [C].

satén. m. Tejido de seda o algodón, parecido al raso. *Luce un traje de noche de satén negro.*

satinar. tr. Dar (a algo, espec. al papel o a la tela) la tersura y el brillo del satén. *La revista está impresa en papel satinado.*

sátira. f. **1.** Escrito o dicho en que se critica de manera mordaz algo o a alguien. *Ha publicado una sátira contra la prensa rosa.* Tb. la propia crítica. *En los cuadros de juventud se trasluce una sátira de la sociedad de su época.* **2.** *Lit.* Composición poética en que se censura o se pone en ridículo algo o a alguien, espec. las costumbres públicas o los defectos de las personas. *Los romanos cultivaron la sátira.*

satírico, ca. adj. **1.** De la sátira. *Comentario satírico. Dirige una revista satírica.* **2.** Dicho de persona: Que cultiva la sátira. *En el periódico aparece una viñeta de un dibujante satírico.* Tb. m. y f.

satirizar. tr. Criticar o censurar (algo o a alguien) de forma irónica o burlesca. *El periodista satiriza a la ministra en su artículo.*

sátiro. m. **1.** En la mitología grecorromana: Divinidad campestre con patas y cuernos de macho cabrío y cuerpo de hombre. *Nosotros representaremos los papeles de sátiro y de centauro.* **2.** cult. Hombre lascivo. *Los movimientos de la joven alimentan la lujuria del sátiro.* ▶ **1:** FAUNO.

satisfacción. f. **1.** Hecho o efecto de satisfacer. *Sus hijos le han dado muchas satisfacciones.* **2.** Gusto o placer. *Recogió el premio con una gran sonrisa de satisfacción.* ▶ **2:** *PLACER.

satisfacer. (conjug. HACER, salvo el imperativo: *satisfaz* o *satisface*). tr. **1.** Proporcionar (lo que se desea o necesita) para que desaparezca el deseo o necesidad. *Su marido satisface todos sus caprichos. Sus explicaciones no han satisfecho mi curiosidad.* **2.** Producir agrado o placer (a alguien). *Su trabajo no la satisface del todo. Está satisfecho de haber aprobado.* **3.** Pagar (algo que se debe). *Si no satisface la cuota, se le dará de baja.* **4.** Dar respuesta o solución (a una pregunta o una duda). *No ha podido satisfacer mis preguntas.* **5.** Cumplir (ciertos requisitos o exigencias). *Lo han rechazado para el puesto porque no satisface todas las condiciones.* **6.** *Mat.* Cumplir un valor (las condiciones expresadas en un problema). *La solución de la ecuación no satisface la condición inicial f(o) = 0.* ○ intr. **7.** Producir agrado o placer. *A mi padre no le han satisfecho mis explicaciones. A la directora no le satisfacen sus modales.* ▶ **7:** *AGRADAR.

satisfactorio, ria. adj. Que satisface lo que se desea o necesita. *Los resultados de la empresa son satisfactorios.*

satisfecho, cha. part. **1.** → **satisfacer.** ● adj. **2.** Que manifiesta o implica satisfacción o placer. *Contempla su obra con expresión satisfecha.*

sátrapa. m. **1.** histór. Gobernador de una provincia de la antigua Persia. *En sus cuadros representa a los sátrapas orientales.* **2.** despect. Hombre poderoso que gobierna de forma despótica o abusa de su poder. *La región lleva años sometida a los caprichos de un sátrapa.* Tb. adj. *Es paternalista y un poco sátrapa.*

saturación. f. Hecho o efecto de saturar o saturarse. *La saturación del espacio aéreo ha provocado retrasos en los vuelos. La disolución de sal está próxima a la saturación.*

saturado, da. part. **1.** → **saturar.** ● adj. **2.** *Quím.* Dicho de un compuesto: Que posee enlaces covalentes de tipo sencillo. *Los ácidos grasos pueden ser saturados o insaturados. El gas natural es una mezcla de hidrocarburos saturados gaseosos.*

saturar. tr. **1.** Llenar (algo o a alguien) por completo de una cosa. Frec. con sentido enfático. Tb. fig. *La epidemia ha saturado* DE *pacientes los hospitales. Tanto trabajo me satura.* Tb. en constr. prnl. media. *El mercado se ha saturado de ese tipo de productos.* **2.** *Quím.* y *Fís.* Añadir (a un disolvente) una sustancia hasta que no admita más. *Satura el agua* DE *sal.* Tb. en constr. prnl. media. *El electrodo negativo se satura* DE *iones.*

saturnal. adj. **1.** Del dios Saturno. *Fuerza saturnal.* ● f. **2.** histór. Fiesta en honor del dios Saturno. Más frec. en pl. *En Roma se celebraban saturnales.* **3.** cult. Orgía (fiesta en que se cometen excesos). *Organizaba saturnales en su chalet de la playa.*

sauce. m. Árbol de gran altura, ramas largas, colgantes y flexibles, que suele crecer en lugares húmedos, y del que existen varias especies, por ej.: *~ de Babilonia, ~ llorón. Junto al estanque con nenúfares, hay un viejo sauce.*

saúco. m. Arbusto de flores blancas dispuestas en ramillete y fruto negruzco en forma de baya. *Las flores del saúco tomadas en infusión alivian los síntomas catarrales.*

saudade. f. cult. Nostalgia o sentimiento de añoranza. *La canción habla de la saudade que invade a los marineros gallegos lejos de su hogar.*

saudí. adj. De Arabia Saudí o Saudita. *La Meca es una ciudad saudí.* Dicho de pers., tb. m. y f. *Los saudíes hablan árabe.*

sauna. f. **1.** Baño de vapor, que produce una rápida y abundante sudoración, y que se toma con fines higiénicos y terapéuticos. *Tomo una sauna a la semana para eliminar toxinas.* **2.** Lugar en que se puede tomar una sauna (→ 1). *La sauna del balneario está decorada con motivos romanos.*

saurio. adj. **1.** *Zool.* Del grupo de los saurios (→ 2). *La lagartija es un reptil saurio.* ● m. **2.** *Zool.* Reptil que gralm. tiene cuatro patas cortas, mandíbulas con dientes, cuerpo y cola largos y piel escamosa, como el lagarto o el camaleón.

savia. f. **1.** Líquido que circula por los vasos de algunas plantas, y del cual se nutren sus células. *En primavera la actividad de la savia es mayor. La savia de muchas plantas se emplea para hacer bebidas.* **2.** Fuerza o energía que da vitalidad. *Esta generación de bailarines es la savia nueva que necesita la danza española.*

saxo. m. **1.** Saxofón. *Está aprendiendo a tocar el saxo.* ○ m. y f. **2.** Saxofonista. *El saxo y el pianista van desacompasados.*

saxofón. m. Instrumento musical de viento, de metal, con boquilla de madera y varias llaves. *Toca el saxofón en una banda militar.* ▶ SAXO, SAXÓFONO.

saxofonista. m. y f. Músico que toca el saxofón. *En el concierto de jazz participó un famoso saxofonista.* ▶ SAXO.

saxófono. m. Saxofón. *Su instrumento favorito es el saxófono.*

saya. f. **1.** Falda (prenda de vestir). En Esp. suele designar la de algunos trajes tradicionales. *El traje típico de mi región lleva saya roja y larga. Desliza la saya de poliéster por encima de la cabeza hasta la cintura* [C]. **2.** histór. Vestidura masculina similar a la túnica. *El peregrino llevaba una cruz de hierro sobre la saya.* ▶ **1:** *FALDA.

sayal. m. **1.** Tela basta de lana. *El penitente lleva una túnica de sayal negro.* **2.** Prenda de sayal (→ 1). *El fraile vestía un sayal oscuro.*

sayo. m. **1.** histór. Prenda de vestir larga, holgada y sin botones. *El monje llevaba un sayo pardo.* **2.** coloq. Vestido sin gracia o con poca forma. *Esos sayos que te pones no te favorecen nada.*

sayón. m. histór. Verdugo que ejecutaba las penas a que eran condenados los reos. *El paso representa a Jesús azotado por dos sayones.*

sazón. f. Estado de perfección o madurez de algo que se desarrolla o cambia. *La cosecha está en sazón: hay que recogerla. El vino no saldrá bueno porque la uva no alcanzó su sazón.* ■ **a la ~.** loc. adv. cult. En aquel tiempo o por aquella época. *Casado a la sazón con su primera esposa, viajó a Roma para recibir el premio.*

sazonar. tr. Añadir (a la comida) condimentos para dar(le) buen sabor. *Sazona los filetes de pescado con eneldo.* ▶ *CONDIMENTAR.

scooter. (pal. ingl.; pronunc. "escúter"). m. Motocicleta de poca cilindrada, con ruedas pequeñas, una plataforma para apoyar los pies y una plancha protectora delantera. *Se ha comprado un* scooter *para no coger atascos en la ciudad.* ¶ [Adaptación recomendada: *escúter*, pl. *escúteres*].

se[1]. (Se pronuncia siempre átono. En las acep. 1 y 2, se escribe unido al v. cuando va detrás de él: *Corrió a esconderse; Están arreglándose; Póngase en pie*). pron. pers. m. y f. **1.** Designa, en función de complemento directo o indirecto sin preposición, a la misma persona o personas designadas con los pronombres *él, ella, ellos, ellas,* o con un nombre. *Eva se peina. Él se afeitó la barba. Ellas se pintaron los labios. Mis padres se suscribieron a una revista.* **2.** Designa, en función de complemento directo o indirecto sin preposición, a la persona o personas que reciben el tratamiento de *usted*. *Ustedes se lavan. ¿Se sentarán ustedes en esas sillas libres? No se levante, don Luis.* **3.** Indica el sentido pasivo de la oración de la que forma parte. Se usa con el v. solo en 3ª pers. sing. o pl. en concordancia con el sujeto. *Se sorteó una entrada para el concierto. Se prohibió entrar a los menores de edad. Se rumorea que lo despedirán. Se esperan lluvias en el norte de la Península. Se recogieron firmas por parte de los organizadores.* **4.** Indica el carácter impersonal de la oración de la que forma parte. Se usa con el v. solo en 3ª pers. sing. y no tiene sujeto. *Se come bien en ese restaurante. Se trasladó en autocar a todos los invitados.*

se[2]. (Se pronuncia siempre átono. Se escribe unido al v., junto con los pron. *lo, la, los, las,* cuando va detrás de él: *Dedícasela; Tienes que leérselos; Estoy escribiéndosela*). pron. pers. Se usa en función de complemento indirecto, en vez de *le* o *les,* cuando va seguido de las formas de complemento directo *lo, la, los, las*. *¿Y las entradas?, ¿ya se las has enviado a los chicos? Dáselo mañana el regalo.*

S. E. abrev. Su Excelencia. *S. E. el Presidente de la República.*

sebáceo, a. adj. Del sebo de la piel. *Tienen que extirparle un quiste sebáceo. Glándulas sebáceas.*

sebiche. (Tb. **seviche**). m. frecAm. Cebiche. *Habían comido sebiche fresco y pescado frito con papas* [C].

sebo. m. **1.** Grasa sólida que se saca de los animales herbívoros y que sirve para hacer velas o jabones. **2.** Materia grasa producida por determinadas glándulas. *El acné se produce cuando las glándulas sebáceas segregan una cantidad excesiva de sebo.*

seborrea. f. Aumento anormal de la secreción de las glándulas sebáceas de la piel. *La seborrea puede estar causada por depresión o estrés.*

seborreico, ca. adj. **1.** De la seborrea. *Las verrugas seborreicas se presentan en partes expuestas a la luz.* **2.** Que padece seborrea. *Es un tratamiento adecuado para pieles seborreicas.*

seboso, sa. adj. **1.** Que tiene abundante sebo. Dicho de pers., frec. despect. *No aguanto a ese gordo seboso.* **2.** Untado de sebo o grasa. *Juegan a las cartas con unos viejos naipes sebosos.*

secadero. m. Lugar dispuesto para secar natural o artificialmente determinados productos. *El bacalao se lava en agua dulce y se lleva a los secaderos. Secadero de tabaco.*

secado. f. Hecho o efecto de secar o secarse. *La lavadora tiene secado automático. El aire frío es bueno para el secado de jamones.*

secador, ra. adj. **1.** Que seca o sirve para secar. *El efecto secador del calor.* ● m. **2.** Aparato que sirve para secar, espec. el pelo. *Sécate la cabeza con secador, que te vas a enfriar.* ○ f. **3.** Máquina que sirve para secar, espec. la ropa. *Después de lavar las sábanas, las meto en la secadora.*

secamanos. m. Aparato eléctrico que sirve para secar las manos por medio de un chorro de aire caliente. *En los aseos de hoteles y restaurantes suele haber secamanos.*

secano. m. Tierra de cultivo que no se riega y solo recibe el agua de la lluvia. *En esa finca hay varias hectáreas de secano.* ● **de ~.** loc. adj. Dicho de terreno: Que no necesita riego. *Heredó unas tierras de secano.* Dicho tb. del cultivo propio de ese terreno. *Cereal de secano.*

secante[1]. adj. **1.** Que seca o elimina el líquido o la humedad. *Polvos secantes. De la linaza se extrae un aceite secante para la fabricación de pinturas.* ● m. **2.** Papel secante (→ **papel**). *Enjuga la tinta con un secante para que el escrito no se emborrone.*

secante[2]. adj. *Mat.* Dicho de línea o superficie: Que corta a otra línea o superficie. *Cuando el plano secante es perpendicular al eje, la sección es una circunferencia.* Tb. f. *Traza una secante* A *las dos rectas paralelas.*

secar. tr. **1.** Hacer que (alguien o algo) pierdan el agua u otro líquido, o la humedad. *Ve secando los cubiertos. Se sopla las uñas para secar el esmalte. Coja esta toalla para secarse. Este sol va a secar las lechugas recién plantadas.* **2.** Quitar (el líquido) de una superficie. *Dame una bayeta para secar la leche derramada. Se secó las lágrimas con la mano.* ○ intr. **3.** Perder algo el agua u otro líquido, o la humedad. *La ropa secará enseguida con este calor. Hay que dejar secar la primera capa de pintura.* Más frec. prnl. y, entonces, tb. referido a pers. *La tinta de la pluma se ha secado. No dejes el pan fuera de la bolsa, que se seca. Salió del agua y se tumbó en la toalla para secarse.* ○ intr. prnl. **4.** Evaporarse un líquido. *Han caído unas pocas gotas, que secarán enseguida.* **5.** Quedarse sin agua algo, como un río o una laguna. *El arroyo se seca en verano. Cuando hicieron el pozo artesiano, se secó la fuente.* **6.** Morirse una planta. *Riega los pimientos, que se van a secar.* **7.** Cerrarse o cicatrizar una herida. *Deja la herida al aire para que se te seque.* **8.** coloq. Adelgazar. *Se ha secado tanto que está irreconocible.*

secarral. m. Terreno muy seco. *En verano, la zona es un secarral.*

sección. f. **1.** Hecho o efecto de cortar un cuerpo en partes. *Realizaremos una sección transversal de la médula para examinarla.* **2.** Parte resultante de dividir un todo. *La tercera sección va del undécimo verso al final del poema.* **3.** Parte en que se divide una empresa o una organización. *Es encargado en la sección de perfumería. Trabaja en la sección tercera de la sala de lo penal de la Audiencia Nacional.* **4.** En los medios de comunicación: Espacio reservado para tratar un tema determinado. *Hay un artículo sobre esa operación financiera en la sección de economía del periódico.* **5.** *Mat.* Figura que resulta de la intersección de una superficie o un cuerpo con otra superficie. *Halle el área de la sección de este cono.* **6.** *Mat.* Dibujo del perfil o figura que resultaría al cortar un cuerpo por un plano, para conocer su estructura o disposición interior. *En esta sección vertical del edificio pueden observarse las distintas plantas.* **7.** *Mil.* En el Ejército: Pequeña unidad homogénea, que forma parte de una compañía o de un escuadrón. *La unidad de operaciones estará compuesta por tres secciones a las órdenes de un jefe común.* ▶ **2:** *PARTE.

seccionar. tr. Dividir (algo) en secciones o partes. *En la última cogida, el toro le seccionó la femoral.*

secesión. f. Separación de parte de la población y del territorio de una nación. *Los partidarios de la secesión del sur del país quieren crear un nuevo partido.*

secesionismo. m. Tendencia a la secesión. *El secesionismo de la región tiene una base económica y política.*

secesionista. adj. **1.** De la secesión o del secesionismo. *Tesis secesionistas.* **2.** Partidario de la secesión. *Líder secesionista. Regiones secesionistas.* Dicho de pers., tb. m. y f. *Las medidas propuestas no satisfacen a los secesionistas.*

seco, ca. adj. **1.** Que carece de agua u otro líquido. *Recoge la ropa seca del tendedero. No entréis en casa hasta que estéis bien secos.* **2.** Dicho de fruto: Que tiene cáscara dura y no tiene jugo. *Las avellanas y las nueces son mis frutos secos preferidos.* **3.** Dicho de alimento: Deshidratado para su mejor conservación. *Suele comprar higos secos y pasas por Navidad.* **4.** Dicho de alimento: Que no tiene caldo o jugo. *Los filetes están secos. El guiso ha quedado seco.* **5.** Dicho de río, lago o algo similar: Falto de agua. *El río está seco casi todos los veranos. Habría que ahondar el pozo, porque está seco.* **6.** Dicho de un lugar o de su clima: Caracterizado por la escasez de lluvias. *El camello soporta bien los climas secos. Egipto es un país seco.* **7.** Dicho de tiempo: Escaso o falto de lluvia. *El meteorólogo anunció la llegada de tiempo seco.* **8.** Dicho de planta o de una parte de ella: Muerta. *El olmo tiene algunas ramas secas. Las plantas resistieron sin agua, salvo dos, que están secas.* **9.** Dicho de cabello o piel: Falto de grasa o de hidratación. *Uso un champú para cabello seco. Las pieles secas necesitan una buena crema hidratante.* **10.** Dicho de persona o animal: Muy delgado. *Siendo los padres tan delgados, no te extrañe que los hijos sean así de secos.* **11.** Dicho de persona: De trato áspero o desabrido. *No creas que le caes mal; es que es un poco seca.* **12.** Dicho de persona: Falta de ideas o improductiva. *No se me ocurre nada que escribir: estoy seco.* **13.** Dicho de bebida alcohólica: Que no tiene sabor dulce. *A esta comida le va un buen vino seco.* **14.** Dicho de aguardiente: Puro o sin mezcla. *Añada la ralladura de un limón y una tacita de aguardiente seco.* **15.** Dicho de sonido: Ronco o áspero. *De entre el público surgió una tos seca.* **16.** Dicho de golpe: Fuerte, rápido y que no resuena. *Dio un golpe seco en la mesa.* **17.** coloq. Que tiene mucha sed. *Estoy seca; necesito beber agua.* **18.** coloq. Muerto en el acto. *Le dieron un paliza y lo dejaron seco.* **19.** coloq. Muy sorprendido. *Me quedé seco con su respuesta.* **20.** coloq. Falto de dinero. *Después de tanta fiesta y tanto viaje, me he quedado seco.* ■ **a secas.** loc. adv. Sin ninguna otra cosa. *Los periodistas deben limitarse a dar la información a secas. Aunque mi nombre es Ana Isabel, todos me llaman Ana a secas.* ■ **en seco.** loc. adv. **1.** De repente y de forma total. *Frenó en seco.* **2.** Fuera del agua o en un lugar húmedo. *La nave varó en seco.*

secoya. f. Secuoya. *En el parque estadounidense vimos unos magníficos ejemplares de secoyas.*

secreción. f. *Biol.* Hecho o efecto de secretar o segregar. *La sal favorece la secreción del jugo gástrico. Las lágrimas son secreciones de la glándula lagrimal.*

secretar. tr. *Biol.* Segregar (una sustancia). *Las glándulas suprarrenales secretan adrenalina.* ▶ SEGREGAR.

secretaría. f. **1.** Cargo o destino de secretario. *Ocupa la secretaría del partido.* **2.** Oficina del secretario. *El secretario está reunido con el jefe de personal en la secretaría.* **3.** Sección de una empresa, un organismo o una institución que se ocupa de tareas administrativas. *Solicite el formulario en secretaría.* ▶ **2:** SECRETARIADO.

secretariado. m. **1.** Profesión de secretario. *Estudio Secretariado Internacional en una academia.* **2.** Secretaría (oficina). *En el secretariado de ese organismo trabajan cuatro personas.* **3.** Conjunto de secretarios. *La portavoz del secretariado ha anunciado acciones de protesta.* ▶ **2:** SECRETARÍA.

secretario, ria. m. y f. **1.** Persona encargada de las tareas administrativas de un organismo o una institución, y que lleva a cabo labores tales como extender actas, dar fe de los acuerdos y custodiar los documentos de ese organismo o institución. *El secretario informa de la agenda del día al presidente.* **2.** Persona encargada de redactar la correspondencia de otra para la que trabaja, y de atender los asuntos administrativos de un despacho. *Trabaja como secretaria en un bufete de abogados.* **3.** Máximo dirigente de algunas instituciones, partidos políticos y sindicatos. *Ha sido elegido secretario general del partido.* **4.** En algunos países: Ministro de gobierno. *El secretario de estado estadounidense ha mandado una nota al presidente del país.*

secretear. intr. coloq. Hablar dos personas en voz baja para que los demás no se enteren. *Se han salido de la sala para secretear a gusto.* Tb.: *Se pasa horas secreteando* CON *su amiga.*

secreteo. m. Hecho de secretear. *Me molesta tanto secreteo entre ellas.*

secreter. m. Mueble con tablero para escribir y con cajones para guardar papeles. *En el secreter tiene una pluma y papel de cartas.* ▶ ESCRITORIO.

secretismo. m. Actitud tendente a tener secretos o actuar en secreto. *Critican el secretismo que caracterizó su gestión.*

secretista. adj. Que tiende a tener secretos o a actuar en secreto. *No sé a qué viene ser tan secretista: ¿acaso tienes algo que ocultar?*

secreto, ta. adj. **1.** Oculto o escondido. *El castillo tiene varios pasadizos secretos.* **2.** Dicho de cosa: Que se hace manteniéndola oculta al conocimiento de otras personas. *El representante se elegirá mediante voto secreto.* **3.** Dicho de servicio: Que se ocupa de las actividades de espionaje y contraespionaje de un Estado. *El servicio secreto sigue sus pasos desde hace semanas.* Tb. dicho del agente de ese servicio. *Como agente secreto utiliza identidades falsas.* ● m. **4.** Reserva o silencio que se mantiene sobre algo secreto (→ 1, 2). *Esta cuestión está siendo tratada con el más absoluto secreto.* **5.** Asunto muy reservado o que no se puede divulgar. *El presidente le confía todos los secretos de la empresa a su mano derecha. No cuentes a nadie lo que te he dicho porque es un secreto.* **6.** Conocimiento secreto (→ 1, 2). *No ha querido contarme el secreto de su plato de calamares.* **7.** Cosa imposible de comprender. *La informática es un secreto para él.* **8.** Obligación de no divulgar a terceros hechos confidenciales conocidos en el ejercicio de la profesión. *Según el secreto bancario, los bancos deben guardar absoluta discreción sobre sus clientes.* Tb. ~ *profesional. El periodista se acoge al secreto profesional para no revelar la fuente de la noticia.* ■ **secreto a voces.** m. Asunto que se pretende ocultar cuando ya todo el mundo está enterado. *Su noviazgo es un secreto a voces.* ■ **secreto de Estado.** m. Asunto político o diplomático cuya divulgación es perjudicial para el Estado. *Esta información sobre la lucha antiterrorista es secreto de Estado.* □ **en secreto.** loc. adv. Sin difundir el conocimiento de algo. *Mantuvieron en secreto el nombre de la ganadora.*

secretor, ra. adj. *Biol.* Que secreta. *La glándula lagrimal es un órgano secretor.* ▶ SECRETORIO.

secretorio, ria. adj. *Biol.* Secretor. *Funciones secretorias.*

secta. f. **1.** Conjunto de seguidores de una parcialidad religiosa o ideológica. *Algunas sectas gnósticas creían en la reencarnación.* **2.** Conjunto de seguidores de una doctrina religiosa, que suele agruparse en torno a un líder carismático y mantenerse aislado de influencias externas. *Los miembros de la secta se encerraron en el templo y se prendieron fuego.*

sectario, ria. adj. **1.** De la secta. *Movimiento sectario.* **2.** Que sigue una secta, gralm. mostrando fanatismo e intransigencia. *Gurú sectario.* Dicho de pers., tb. m. y f. Frec. fig. *Los sectarios no admiten la validez de las ideas de los demás.*

sectarismo. m. Condición o actitud de sectario. *El sectarismo y la sinrazón lo llevaron a cometer actos atroces.*

sector. m. **1.** Parte de un lugar. *El sector norte de la ciudad tiene buenas infraestructuras.* **2.** Parte de un conjunto. *Todos los sectores sociales podrán acceder a la universidad.* **3.** Conjunto de empresas o negocios que tienen una actividad económica y productiva común. *Trabaja en el sector del automóvil.* **4.** *Mat.* Porción de círculo comprendida entre dos radios y el arco que determinan. Tb. ~ *circular.* ■ **~ esférico.** m. *Mat.* Porción de esfera comprendida entre un casquete y la superficie cónica formada por los radios que terminan en su borde. ■ **~ primario.** m. *Econ.* Sector (→ 3) que abarca las actividades productivas de la agricultura, ganadería, pesca y minería. *El turismo ha favorecido la transferencia de trabajadores del sector primario al terciario.* ■ **~ secundario.** m. *Econ.* Sector (→ 3) que abarca las actividades productivas que someten las materias primas a procesos industriales de transformación. *La siderurgia se incluye en el sector secundario.* ■ **~ terciario.** m. *Econ.* Sector (→ 3) que abarca las actividades relacionadas con los servicios que se prestan a los ciudadanos. *El turismo y la enseñanza pertenecen al sector terciario.*

sectorial. adj. Del sector de un conjunto con características peculiares. *El estudio incluye una clasificación sectorial de las actividades económicas.*

secuaz. m. y f. Seguidor de una persona, un partido o una doctrina. Frec. despect. *Detuvieron al bandido y a sus secuaces.*

secuela. f. **1.** Consecuencia o resultado, espec. negativos, de algo. *Como secuela de la destrucción del bosque, hay nuevas especies amenazadas.* **2.** Lesión que queda tras la curación de una enfermedad o un traumatismo, y que es consecuencia de ellos. *La meningitis le ha dejado secuelas incurables. Tras la guerra, sufre secuelas psicológicas.*

secuencia. f. **1.** Serie o sucesión de elementos relacionados entre sí. *La clave para acceder a Internet está compuesta de una secuencia de números y letras.*

2. *Cine* Sucesión de planos que forma un conjunto con unidad temática o estructural. *En la última secuencia de la película, el protagonista vuelve a casa.*

secuencial. adj. De la secuencia o sucesión de elementos relacionados entre sí. *Siga las instrucciones, en orden secuencial.*

secuenciar. (conjug. ANUNCIAR). tr. Establecer la secuencia o sucesión de elementos (de algo). *Para favorecer el aprendizaje, secuenciaremos los contenidos. Los científicos están secuenciando el genoma humano.*

secuestrador, ra. adj. Que secuestra, espec. a personas o medios de transporte. Dicho de pers., tb. m. y f. *Los secuestradores del avión se han entregado.* ▶ RAPTOR. || **Am:** PLAGIARIO.

secuestrar. tr. **1.** Retener indebidamente (a una persona) para exigir dinero por su rescate. *Un grupo terrorista ha secuestrado al industrial.* **2.** Apoderarse a la fuerza (de un medio de transporte) reteniendo a la tripulación y a los pasajeros para exigir un rescate o la concesión de alguna reivindicación. *Los guerrilleros han secuestrado un avión para exigir la liberación de uno de los suyos.* **3.** Embargar judicialmente (algo, espec. una publicación). *El juez ha ordenado secuestrar el periódico.* ▶ **1:** RAPTAR. || **Am: 1:** PLAGIAR.

secuestro. m. Hecho de secuestrar. *En el secuestro de su hija han participado dos personas.* ▶ RAPTO. || **Am:** PLAGIO.

secular. adj. **1.** Que dura un siglo o desde hace siglos. *La romería es una de las tradiciones seculares del pueblo.* **2.** Seglar. *El delito es competencia de la justicia secular, y no de la eclesiástica.* **3.** Dicho del clero o de un sacerdote: Que vive en la sociedad y no en clausura. *Ha aumentado el número de miembros del clero secular.*

secularización. f. Hecho de secularizar o secularizarse. *En la Baja Edad Media se produce una secularización de la cultura.*

secularizar. tr. **1.** Hacer seglar (lo que era eclesiástico). *Se dictaron leyes que secularizaban los bienes eclesiásticos.* Tb. en constr. prnl. media. *En la Baja Edad Media la cultura se seculariza.* **2.** Devolver al estado laico (a un sacerdote católico) con dispensa de sus votos la autoridad competente. *El obispo ha secularizado a varios sacerdotes.*

secundar. tr. Apoyar (algo o a alguien) ayudándo(los). *El ochenta por ciento de los trabajadores ha secundado la huelga. No estoy dispuesto a secundar sus planes.*

secundario, ria. adj. **1.** Accesorio (de importancia menor). *Para mí el dinero es secundario.* **2.** Que deriva o es consecuencia de lo principal. *El medicamento no tiene efectos secundarios.* **3.** De segundo grado. *La medida afecta a los institutos de enseñanza secundaria.* ▶ **1:** ACCESORIO.

secuoya. f. Árbol americano del grupo del pino, de gran altura, copa estrecha y vida larga, y del que existen varias especies. *La secuoya gigante es una especie frecuente en California.* ▶ SECOYA.

sed. f. **1.** Deseo y necesidad de beber. *Voy a beber algo, que tengo mucha sed.* **2.** Necesidad de agua o de humedad que tienen algunas cosas. *La llovizna apenas ha satisfecho la sed del campo reseco.* **3.** Deseo intenso de algo. *Nada puede apagar su sed de venganza.*

seda. f. **1.** Sustancia viscosa en forma de hilo segregada por las orugas, con la que forman sus capullos. *Crían las larvas de mariposa para obtener la seda.* **2.** Hilo de seda (→ 1). *Haz los bordados con seda.* **3.** Tejido de seda (→ 1). *Lleva un pañuelo de seda al cuello.* Tb. ~ *natural.* **4.** Sustancia viscosa en forma de hilo segregada por las arañas para tejer sus redes. *La seda de la araña es muy resistente.* ■ **~ artificial.** f. Fibra textil obtenida artificialmente de la celulosa. *La falda es de algodón y seda artificial.* ⇒ RAYÓN. ■ **~ salvaje.** f. Seda (→ 3) que se caracteriza por tener algunos hilos más gruesos que el resto. *El traje de noche está confeccionado en seda salvaje.* □ **como una, o la, ~.** loc. adv. **1.** coloq. Sin ningún problema o dificultad. *No te preocupes, que la fiesta está yendo como la seda.* **2.** coloq. Con una actitud agradable y que no plantea problemas. *La bronca te ha venido bien: te ha dejado como una seda.*

sedación. f. Hecho de sedar. *Las técnicas de relajación del yoga van dirigidas a producir un efecto de sedación.*

sedal. m. Hilo fino y muy resistente del que cuelga el anzuelo de una caña de pescar. *El tirón del sedal indica que ha picado un pez.*

sedante. adj. Que seda. *La valeriana es una hierba sedante. Música sedante.* Frec. m., referido a medicamento. *El enfermo está adormilado por los efectos del sedante.* ▶ SEDATIVO.

sedar. tr. Apaciguar o calmar (algo o a alguien). *Esta infusión de plantas ayuda a sedar el sistema nervioso.*

sedativo, va. adj. *Med.* Sedante. *La corteza del sauce, tomada en infusión, es sedativa.*

sede. f. **1.** Lugar donde tiene su domicilio una entidad o un organismo. *La sede de la Comisión Europea se encuentra en Bruselas. Atenas fue sede de los Juegos Olímpicos en 2004.* **2.** Capital de una diócesis o archidiócesis. *Astorga es una importante sede episcopal. Sede arzobispal.* **3.** Territorio bajo la jurisdicción de un obispo o arzobispo. *El país se dividió en siete sedes episcopales.* Tb. el cargo o dignidad de prelado. ■ **~ apostólica.** (En mayúsc.) f. Cargo o dignidad de Papa. *Alcanzó la Sede apostólica en agosto de 1978.*

sedentario, ria. adj. **1.** Dicho de actividad o modo de vida: Que exigen poco movimiento. *Desde que lleva una vida sedentaria, ha engordado unos kilos.* **2.** Dicho de grupo o individuo: Que están asentados en un lugar y viven en él de forma permanente. *Los cazadores nómadas se convirtieron en agricultores sedentarios. Algunas cigüeñas se han hecho sedentarias al disponer de alimento en abundancia.*

sedentarismo. m. Condición de sedentario. *El estrés puede estar provocado por un exceso de sedentarismo.*

sedentarización. f. Hecho de convertir o convertirse en sedentario. *La sedentarización del hombre, antes nómada, se produce durante el Neolítico.*

sedente. adj. Que está sentado. *La estatua representa a una mujer sedente con un niño en las rodillas.*

sedería. f. **1.** Establecimiento donde se fabrican o venden artículos de seda. *Es propietaria de una sedería.* **2.** Artículo o prenda de seda. Frec. en pl. *Aquí se venden sederías y artículos cuero.*

sedero, ra. adj. **1.** De la seda. *Industria sedera.* ● m. y f. **2.** Persona que fabrica o vende seda. *Los sederos valencianos confeccionaban telas de gran calidad.*

sedicente. adj. Dicho de persona: Que se da a sí misma, de manera impropia, el nombre o título que se menciona, o que se hace conocer con ellos. *La re-*

vista recoge opiniones de sedicentes expertos en arte y literatura.

sedición. f. Levantamiento colectivo y violento contra la autoridad, el orden público o la disciplina militar. *Los acusados pueden ser encarcelados por un delito de sedición contra el Gobierno.*

sedicioso, sa. adj. **1.** De la sedición. *Han calificado sus palabras de sediciosas y antipatrióticas.* **2.** Dicho de persona: Que promueve una sedición o toma parte en ella. *Militar sedicioso.* Tb. m. y f. *Los sediciosos fueron fusilados.*

sediento, ta. adj. Que tiene sed. *Sirven cervezas a los sedientos turistas. La tierra está sedienta con este calor. Esta atrocidad solo puede ser obra de un asesino sediento de sangre.*

sedimentación. f. Hecho de sedimentar o sedimentarse. *Las dunas se forman por la sedimentación de partículas de arena transportadas por el viento.*

sedimentar. tr. **1.** Depositar (algo) como sedimento un líquido. *El río va sedimentando materiales a lo largo de su cauce.* ○ intr. **2.** Formar sedimento las materias suspendidas en algo, frec. en un líquido. *Los materiales arrastrados por el río van sedimentando en sus orillas.* Tb. prnl. *Las sales del agua se sedimentan en el fondo del vaso.* Tb. fig. *Con el tiempo, sus conocimientos se han ido sedimentando.*

sedimentario, ria. adj. **1.** *Geol.* Del sedimento o de la sedimentación. *Los deltas son depósitos sedimentarios.* **2.** *Geol.* Dicho de roca: Que se forma por sedimentación. *La arenisca es una roca sedimentaria.*

sedimento. m. **1.** Materia que, habiendo estado suspensa en un líquido, se posa en el fondo por su mayor peso. *En las cubas aparecen sedimentos del vino.* **2.** Huella o marca que deja en una cosa algo no material. *En el arte local se puede apreciar el sedimento de la civilización romana.*

sedoso, sa. adj. Que tiene características consideradas propias de la seda, espec. la suavidad. *Me cuido el cabello para que esté bonito y sedoso.*

seducción. f. Hecho de seducir. *La seducción no se basa exclusivamente en el atractivo físico.* Tb. la capacidad correspondiente. *Las bases de su éxito son su seducción y su inteligencia.*

seducir. (conjug. CONDUCIR). tr. **1.** Persuadir (a alguien) con mentiras o halagos para algo, frec. malo. *Lo sedujo para cometer el crimen.* **2.** Atraer (a una persona) con el propósito de mantener relaciones sexuales (con ella). *Hace años que intenta seducirla.* **3.** Cautivar (a alguien), o ejercer una atracción irresistible (sobre él). *Sedujo a todos con su simpatía. No me seduce nada la idea de trabajar con él.* ▶ **3:** *ATRAER.

seductor, ra. adj. Que seduce, espec. ejerciendo atracción. *Una mirada seductora.* Dicho de pers., tb. m. y f. *Tiene fama de ser un seductor irresistible.*

sefardí. adj. **1.** Dicho de judío: Que desciende de los judíos españoles expulsados en el s. XV, o que sigue sus prácticas religiosas. *Muchos judíos sefardíes se refugiaron en Portugal al ser expulsados.* Tb. m. y f. *Los sefardíes no quisieron abrazar el cristianismo.* **2.** De los sefardíes (→ 1). *Costumbre sefardí.* ● m. **3.** Variedad de la lengua española hablada por los sefardíes (→ 1). *Pueden apreciarse diferencias entre el sefardí de Europa y el de Asia Menor.* ▶ **1, 2:** JUDEOESPAÑOL, SEFARDITA. **3:** JUDEOESPAÑOL, LADINO.

sefardita. adj. Sefardí. *Se ha casado con un judío sefardita. Folclore sefardita.* Dicho de pers., tb. m. y f. *Los sefarditas conservan prácticas de cuando vivían en la Península.*

segador, ra. adj. **1.** Que siega o sirve para segar. *Hoz segadora.* Dicho de máquina, tb. f. *Corta el césped con una segadora eléctrica.* ● m. y f. **2.** Persona que siega o que tiene por oficio segar. *Quedan pocos segadores que utilicen la hoz.*

segar. (conjug. ACERTAR). tr. **1.** Cortar (mies o hierba). *Siega la hierba con la guadaña.* Tb. usado en constr. intr. *Ha salido a segar muy temprano.* **2.** Cortar la mies o la hierba (de un campo). *Con esa máquina siegan varias hectáreas de prados.* **3.** cult. Cortar (algo, espec. la vida) de forma violenta. *Un grave accidente le segó la vida.*

seglar. adj. No eclesiástico. *Colegio seglar. Misioneras seglares.* Dicho de pers., tb. m. y f. *Han organizado un curso de teología para seglares.* ▶ SECULAR.

segmentación. f. Hecho o efecto de segmentar. *La reforma laboral ha producido una segmentación del mercado en trabajadores fijos y temporales.*

segmentado, da. part. **1.** → **segmentar.** ● adj. **2.** *Zool.* Dicho de animal: Que tiene el cuerpo formado por partes o segmentos dispuestos en serie lineal. *La lombriz es un gusano segmentado.*

segmentar. tr. Cortar o dividir (algo) en segmentos. *Segmentaremos el texto para analizarlo. Segmentan el mercado para diseñar una estrategia de venta.*

segmentario, ria. adj. *tecn.* Del segmento o de la segmentación. *Los gusanos tienen una estructura segmentaria.*

segmento. m. **1.** Parte o porción cortada o separada de un todo. *Pertenece a un segmento de población con pocos recursos. Solo sobreviviremos si captamos nuevos segmentos de mercado.* **2.** *Mat.* Parte de una recta comprendida entre dos puntos. *El segmento AB de la recta r es igual al lado mayor de este rectángulo.* **3.** *Zool.* Parte dispuesta en serie lineal, de que está formado el cuerpo de algunos animales, como los insectos y las lombrices de tierra. *Los insectos, a diferencia de los gusanos, presentan segmentos muy especializados.* Tb. la parte dispuesta de modo similar que corresponde a determinados órganos. *El segmento inferior de la columna vertebral es el coxis.* **4.** *Ling.* Signo o conjunto de signos que pueden aislarse en el habla mediante un análisis. *Las palabras son segmentos.*

segoviano, na. adj. De Segovia. *Sierra segoviana.* Dicho de pers., tb. m. y f. *Miles de segovianos acudirán al concierto.*

segregación. f. Hecho o efecto de segregar o separar. *Se aprobó la segregación del barrio y su conversión en municipio. Quieren un país sin segregación racial.*

segregacionismo. m. Doctrina que defiende la separación o marginación discriminatoria de un determinado grupo de personas espec. por razones raciales. *Mandela es un líder en la lucha contra el segregacionismo sudafricano.*

segregacionista. adj. **1.** Del segregacionismo. *La comunidad internacional ha condenado su política segregacionista.* **2.** Partidario del segregacionismo. *Régimen segregacionista.* Dicho de pers., tb. m. y f. *Los segregacionistas de Sudáfrica discriminaban a la población negra.*

segregar. tr. **1.** Separar o apartar (una cosa o a una persona) de otra. *De este conjunto de plantas, cabe segregar algunas muy características del bosque de* *coníferas.* **2.** Marginar (a una persona o a un grupo). *Sus compañeros lo segregaron.* **3.** *Biol.* Expulsar una glándula o un órgano (sustancias producidas por ellos). *La glándula tiroides segrega una hormona llamada tiroxina. El páncreas segrega insulina.* ▶ **3:** SECRETAR.

segueta. f. Sierra de marquetería. *Utiliza la segueta para cortar la madera con forma curva.*

seguida. → **seguido.**

seguidamente. adv. A continuación. *Seguidamente, daremos paso a nuestro informativo.*

seguidilla. f. **1.** *Lit.* Estrofa de cuatro versos, heptasílabos el 1° y el 3°, y pentasílabos los demás, que riman en asonante el 2° con el 4° y son libres el 1° y el 3°. *"Nanas de la cebolla" está compuesto de doce seguidillas.* **2.** Canción popular española de carácter vivo y ritmo rápido. *El bolero tiene raíces en la seguidilla.* Tb. su música y el baile que se ejecuta con ella. *El grupo regional bailó unas seguidillas y unas jotas manchegas.* ■ ~ **gitana.** f. Copla andaluza, de tono triste, que se compone gralm. de cuatro versos, el 1°, el 2° y el 4° de seis sílabas, y el 3° de once. *El cantaor se arrancó con unas seguidillas gitanas y una saeta.* Tb. su música y el baile que se ejecuta con ella.

seguido, da. part. **1.** → **seguir.** ● adj. **2.** Que no tiene interrupción en el tiempo o en el espacio. *Lleva estudiando cuatro horas seguidas.* ● adv. **3.** En línea recta. *Si vas todo seguido, llegarás a la calle principal.* **4.** frecAm. Frecuentemente. *Si se utiliza muy seguido, este medicamento puede provocar úlcera. Carmen va muy seguido a verme a la clínica* [C]. ■ **en seguida.** → **enseguida.**

seguidor, ra. adj. Que sigue, o va detrás de alguien o algo. Dicho de pers., tb. m. y f. *Los seguidores del equipo abarrotan el estadio.*

seguimiento. m. Hecho de seguir o seguirse. *La policía lo ha detenido después de varias semanas de seguimiento. Hay que hacer un seguimiento de su enfermedad. El transbordador espacial ha perdido el contacto con la estación de seguimiento.*

seguir. (conjug. PEDIR). tr. **1.** Ir después o detrás (de alguien o algo). *No lo soporto: me sigue a todas partes. Los días que siguieron a la operación los pasó en la UVI. A su primera novela la siguieron varios libros de cuentos. Los equipos que siguen* A *los cuatro primeros clasificados jugarán el torneo. Fueron muchos los que siguieron su teoría.* Tb. usado en constr. intr. *Después de conocerse la noticia, siguieron unos momentos de desconcierto.* **2.** Ir detrás (de alguien) o en su busca, frec. con intención hostil. *La policía lo sigue desde hace días. Siguen al lobo a su guarida.* **3.** Realizar (una actividad, espec. estudios) de forma continuada. *Sigue un curso de inglés por correspondencia.* **4.** Mantener la vista fija en el movimiento (de alguien o algo). *Seguimos con los ojos el tren hasta perderlo de vista.* Tb. referido al propio movimiento. *Seguía las evoluciones de la cometa en el aire. Está siguiendo el vuelo del águila con unos prismáticos.* **5.** Estar atento a la marcha o el desarrollo (de algo). *Le gusta seguir la actualidad internacional.* Tb. referido a la propia marcha o desarrollo. *Sigue cada año el desarrollo de los mundiales de fútbol.* **6.** Atenerse (a algo establecido), o actuar de acuerdo (con ello). *Para su elaboración siguen la fórmula tradicional. No ha seguido mi consejo. Siguiendo su costumbre, nos saludó a todos.* **7.** Ir (por una dirección). *Seguimos esa calle hasta llegar a una plaza. En caso de incendio, siga la flecha.* **8.** Imitar (a alguien que se toma como modelo). *Lo admira y lo sigue en todo.* **9.** No dejar de realizar (lo que se ha empezado). *Los policías siguieron su ronda.* ○ intr. **10.** Seguido de un complemento que expresa una situación o un lugar: No dejar de estar en ellos. *Sigue en la esquina esperándote. Sigue de baja. Sigo sin entenderlo. No podemos seguir así. La ley ha seguido vigente muchos años.* **11.** Seguido de un complemento que expresa un hecho: No dejar de producirse o tener lugar. *¿Seguirá viviendo en el mismo sitio? Si sigues gritándome, me voy. Sus discos siguen vendiéndose. ¿Aún sigue* CON *esa manía?* **12.** No dejar de producirse o tener lugar algo. *La semana que viene seguirán los chubascos. Siguen las pruebas de selección en la facultad.* ○ intr. prnl. **13.** Ser una cosa consecuencia de otra. *Del párrafo anterior se sigue que no piensan en subir los sueldos.* ▶ **9-12:** CONTINUAR, PROSEGUIR.

según. prep. **1.** Conforme a, o de acuerdo con. *Se comportó según lo previsto. Actúa según sus principios. Según tu opinión, ¿cómo debemos proceder?* **2.** Con arreglo a la opinión de. *Según Juan, tu actitud es inadmisible.* **3.** Con arreglo a la información de. *Según el periódico, ha llovido en Asturias.* **4.** En proporción a. *Te pagaremos según lo que trabajes.* ● conj. **5.** Dependiendo de como o de que. *Según se encuentre mañana, le darán o no el alta. Según haga calor o frío, iremos de excursión o nos quedaremos en casa.* A veces se usa solo, sobrentendiéndose lo que sigue. *–¿Vendrás con nosotros al cine? –Según. Iré o me quedaré, según.* **6.** Tal como. *Lo haré según dicten las normas. Todo está según lo dejaste. Actuaron según les habían ordenado. Según gritabas, parecía que te estuvieran matando.* **7.** A medida que. *Según nos alejábamos, perdíamos de vista el pueblo.*

segundero. m. Manecilla que señala los segundos en un reloj. *Quiero un reloj de pulsera que tenga segundero y calendario.*

segundo, da. (APÉND. NUM.). adj. **1.** Que sigue inmediatamente en orden a lo primero. *De este disco me gusta la segunda canción. Felipe Segundo, Rey de España.* Tb. sustantivado. *El segundo ha llegado a dos minutos del primer clasificado. Vivo en el tercero y ella en el segundo. El carnicero ofrece carne de primera y de segunda.* ● m. y f. **2.** Persona que en una institución sigue en jerarquía a quien la dirige o preside. *El presidente de la empresa consulta generalmente al segundo antes de tomar una decisión.* ○ m. **3.** Unidad de tiempo del Sistema Internacional, que equivale a una de las sesenta partes iguales en que se divide el minuto (Símb. *s*). *Faltan unos segundos para que comience el partido.* **4.** Período muy breve de tiempo. *Espera un segundo, por favor, que ya termino.* **5.** *Mat.* Cada una de las 60 partes iguales en que se divide un minuto de circunferencia. *La medida de los ángulos en grados, minutos y segundos procede de los egipcios.* ○ f. **6.** En el motor de un vehículo: Marcha que desarrolla mayor velocidad que la primera y menor potencia que la tercera. *Mientras hacía prácticas, solo se atrevía a meter la segunda.* ○ f. pl. **7.** Segunda intención (→ **intención**). *¿Eso que me has dicho iba con segundas?* ● adv. **8.** En segundo (→ 1) lugar. *Primero, no llores, y segundo, cuéntame lo que te pasa.*

segundón, na. adj. **1.** Dicho de hijo, espec. del que ha nacido en segundo lugar: Que no es el primogénito. Tb. m. y f. *El mayor heredó la finca, y el segundón se tuvo que conformar con el resto.* **2.** Dicho de persona: Que ocupa un puesto o lugar no destacado y a la sombra de otra. *Es una artista segundona; solo interpreta pequeños papeles.* Tb. m. y f. *Está condenado a ser el segundón del presidente.*

seguramente. adv. De manera probable o casi segura. *Seguramente no vendré mañana.*

seguridad. f. **1.** Cualidad de seguro. *La seguridad con que respondió me hizo pensar que no estaba mintiendo.* **2.** Garantía que se da de que algo sucederá o se hará de un modo determinado. Más frec. en pl. *El portavoz del Gobierno dio toda clase de seguridades de que se respetarían los acuerdos.* ■ **~ social.** f. Organización estatal que se ocupa de atender determinadas necesidades sociales de los ciudadanos, como atención médica o pensiones de jubilación. *El Gobierno decide sobre el gasto de la Seguridad Social. Me voy a operar de la rodilla por la seguridad social.* □ **de ~.** loc. adj. **1.** Dicho de un cuerpo u organismo: Que se encargan de velar por la seguridad (→ 1) de los ciudadanos. *Ha habido un tiroteo entre los atracadores y las fuerzas de seguridad.* Tb. dicho del miembro de este cuerpo u organismo. *Los vecinos han contratado a unos agentes de seguridad para que vigilen la urbanización.* **2.** Dicho de dispositivo: Que evita que suceda un hecho que podría suponer un daño o perjuicio, o palía sus consecuencias negativas. *Cinturón de seguridad. La pulsera tiene un cierre de seguridad para que no se pierda.*

seguro, ra. adj. **1.** Libre de peligro o riesgo. *No temas, aquí estarás seguro.* **2.** Firme o sujeto. *La estantería no está segura: habrá que fijarla a la pared.* **3.** Que no falla. *Es un método muy seguro.* **4.** Dicho de cosa: Cierta o que no ofrece duda. *La fecha de llegada no es segura.* **5.** Dicho de persona: Que no siente duda. *Es así, estoy segura. Está muy seguro* DE *ello.* ● m. **6.** Lugar libre de peligro. *Cuando las fichas están en seguro no te las pueden comer.* **7.** Mecanismo que impide el funcionamiento no deseado de un aparato, utensilio, máquina o arma, o que aumenta la firmeza de un cierre. *La pistola tiene quitado el seguro. Cierra la puerta del coche y echa el seguro.* **8.** Contrato por el que alguien se obliga mediante el cobro de una prima a indemnizar el daño producido a otra persona, o a satisfacerle un capital, una renta u otras prestaciones convenidas. *La casa tiene seguro de incendios. Se ha hecho un seguro de vida. Los de la empresa tenemos un seguro médico.* **9.** coloq. Seguridad social. *Tiene que firmarte la baja el médico del seguro.*● adv. **10.** De manera segura o que no ofrece duda. *–¿Lo traes tú? –Seguro; no te preocupes.* Frec. en predicciones o suposiciones, expresando cierta reserva. *Seguro que llueve.* Tb. *a buen seguro*, o *de seguro*. *Su denuncia te causará, a buen seguro, muchos problemas. De seguro que avisará a la policía.* ■ **sobre seguro.** loc. adv. Sin aventurarse a ningún riesgo. *En este asunto tan delicado quiero actuar sobre seguro. Le gusta ir sobre seguro.* ▶ **2:** *FIRME.

seis. (APÉND. NUM.). adj. **1.** Cinco más uno. *Seis libros.* Tb. sustantivado. *–¿Cuál de estos libros necesitas? –Los seis.* Tb. pron. *Esperaba a varios amigos y vinieron seis.* **2.** Sexto (que sigue a lo quinto). *Párrafo seis.* Tb. sustantivado. *–¿A qué piso va? –Al seis.* ● m. **3.** Número que sigue al cinco. *El seis se representa como 6. Nuestro número de teléfono tiene muchos seises.* Frec. *número ~*. *Lleva un número seis pintado en la camiseta.* **4.** Elemento de una serie que tiene el número seis (→ 3). *Perdí al dominó cuando solo me quedaba un seis.*

seiscientos, tas. (APÉND. NUM.). adj. **1.** Quinientos noventa y nueve más uno. *Solo le pagan seiscientos euros al mes.* Tb. sustantivado. *Respondieron a los seiscientos que solicitaron información.* Tb. pron. *En este curso hay plazas para seiscientos.* **2.** Que ocupa en una serie el lugar número seiscientos (→ 1). *Lleva el dorsal seiscientos.* ● m. **3.** Número que sigue al quinientos noventa y nueve. *En cifras, seiscientos se escribe 600.* Frec. *número seiscientos. Resultó premiado el número seiscientos.*

seise. m. Cada uno de los niños de coro, seis por lo común, que bailan y cantan en algunas catedrales en determinadas festividades del año. *El día de la Inmaculada tiene lugar la tradicional danza de los seises en la catedral de Sevilla.*

seísmo. m. Terremoto. *El seísmo ha provocado el derrumbamiento de varios edificios.*

selacio. adj. **1.** *Zool.* Del grupo de los selacios (→ 2). *Pez selacio.* ● m. **2.** *Zool.* Pez marino de esqueleto cartilaginoso, boca semicircular con dientes triangulares y afilados, mandíbula inferior móvil, y varias aberturas branquiales, como la raya y el tiburón.

selección. f. **1.** Hecho de elegir de entre varias personas o cosas las que se consideran mejores o más adecuadas. *Ha superado las pruebas de selección para trabajar como traductora.* **2.** Elección de los mejores animales o plantas reproductores para mejorar una raza o una especie. Tb. *~ artificial. Esta lana de gran calidad se ha obtenido gracias a una cuidadosa selección artificial de las ovejas.* **3.** *Dep.* Equipo que se forma con jugadores o atletas de distintos clubes para disputar un encuentro o participar en una competición, gralm. de carácter internacional. *La selección española de waterpolo ha ganado el oro.* ■ **~ natural.** f. *Biol.* Fenómeno, debido a la acción continuada del tiempo y del medio, por el que se produce la desaparición más o menos completa de ciertas especies animales o vegetales, y su sustitución por otras de condiciones superiores. *Darwin estableció la selección natural como factor determinante de la evolución de las especies.* ▶ **Am: 3:** SELECCIONADO.

seleccionado. m. Am. Selección (equipo de jugadores). *El seleccionado de Paraguay derrotó al de Australia por 2 a 0* [C]. ▶ SELECCIÓN.

seleccionador, ra. adj. **1.** Que selecciona. *El comité seleccionador se ocupa de que las películas del festival sean de calidad.* Dicho de pers., tb. m. o f. *Los seleccionadores elegirán a la persona más capaz.* Dicho de dispositivo o aparato, tb. m. o f. *Ajuste el seleccionador de canales. La seleccionadora separa las semillas de la paja y otras impurezas.* ● m. y f. **2.** *Dep.* Persona que se encarga de seleccionar y preparar a los jugadores o atletas de una selección. *El seleccionador concederá una rueda de prensa para dar a conocer la alineación.* ▶ **1:** SELECTOR.

seleccionar. tr. Elegir por selección (a las personas o cosas que se consideran mejores o más adecuadas para un fin determinado). *Han seleccionado su libro de poemas como finalista.*

selectividad. f. **1.** Cualidad de selectivo. *La selectividad de este club llega a extremos ridículos.* **2.** Conjunto de pruebas que se hacen en España para poder acceder a la universidad. *He sacado una buena nota en selectividad.*

selectivo, va. adj. Que implica selección. *Tiene memoria selectiva: solo recuerda lo que le interesa.*

selecto, ta. adj. Que es o se considera de lo mejor en su especie. *El bufete cuenta con una clientela selecta. En nuestro restaurante disfrutará de una selecta y variada carta.* ▶ ESCOGIDO.

selector, ra. adj. Que selecciona. *Utilice el mando selector para localizar las emisoras.* Dicho de dispositivo o de aparato, tb. m. *La lavadora dispone de selector de temperatura.* ▶ SELECCIONADOR.

selenio. m. *Quím.* Elemento con algunas características semejantes al azufre, que se utiliza en la fabricación de equipos electrónicos (Símb. *Se*). *El selenio se utiliza para conseguir el color rojo en la industria del vidrio y la cerámica. Toma un suplemento nutritivo con selenio.*

selenita. m. y f. Habitante de la Luna. *En la película, los selenitas invadían la Tierra.*

sellar. tr. **1.** Poner un sello postal o una marca impresa (a algo). *Tienen que sellarte el documento para que tenga validez legal.* **2.** Cerrar herméticamente (algo). *Hay que sellar las ventanas con silicona.* **3.** Precintar (algo). *La policía ha sellado el piso donde se ha cometido el crimen.* **4.** Concluir (algo), o poner(le) fin. *Sellan el trato con un apretón de manos.*

sello. m. **1.** Trozo pequeño de papel, con un dibujo impreso, que se pega en las cartas y paquetes que se mandan por el servicio de correos, para indicar que se han pagado los gastos de envío. *Si la carta es para México, póngale un sello de 0,77 euros. Tiene una colección de sellos y monedas antiguas.* Tb. *~ postal.* **2.** Utensilio que lleva grabados en relieve dibujos, letras o signos para estamparlos o imprimirlos, pralm. sobre papel. *En la oficina tienen un sello para las facturas en el que pone "Pagado". Le regalaron un sello con su ex libris.* **3.** Marca estampada o impresa con un sello (→ 2). *El sello que aparece al final del documento es ilegible.* **4.** Anillo que lleva, en su parte ancha, las iniciales o el escudo de una persona. *El aristócrata lleva un sello de oro.* **5.** Firma o empresa, espec. de discos o películas. *El sello discográfico aumentó sus ventas.* **6.** Rasgo distintivo o carácter peculiar de algo o alguien. *Es innegable que la novela lleva el sello de un gran escritor.* **7.** histór. Disco de metal, cera o lacre, que estampado con un sello (→ 2), se unía, pendiente de hilos, cintas o correas, a ciertos documentos de importancia. *La carta llevaba el sello real.* **8.** Am. Cruz (reverso de una moneda). *Tal situación representa la cara y el sello de una misma moneda* [C]. *Martín había sugerido cara o sello para lo del hotel más caro o más barato* [C]. ▶ **5:** *EMPRESA. **6:** FIRMA. **8:** *CRUZ. ‖ **Am: 1:** ESTAMPILLA.

selva. f. **1.** Bosque con abundante vegetación propio de zonas ecuatoriales. *Subimos en canoa por el Amazonas y nos adentramos en la selva.* Tb. fig. *Los peatones luchan por sobrevivir en la selva de asfalto.* **2.** Cosa confusa o enmarañada. *Es difícil saber quién es buen escritor en esta selva de premios y publicaciones.* ▶ **1:** JUNGLA.

selvático, ca. adj. **1.** De la selva. *El hombre desconocía la flora y fauna selváticas.* **2.** cult. Salvaje (no civilizado, o falto de educación). *De la cueva sale un hombre de aspecto selvático.* ▶ **2:** SALVAJE.

sema. m. *Ling.* Unidad mínima de significado. *"Naranja", "pera" y "fresa" tienen el sema común "fruta".*

semáforo. m. Aparato eléctrico de señales luminosas que sirve para regular la circulación. *Cruza la calle cuando el semáforo esté en verde.* Tb. designa otros aparatos o sistemas de señales ópticas. *El barco se comunicó con el otro gracias al semáforo de banderas.*

semana. f. **1.** Período de siete días consecutivos. *El miércoles me dijeron que volviera dentro de dos semanas.* **2.** Período de siete días que transcurre de lunes a domingo. *Para mí, el sábado es el mejor día de la semana.* ■ **~ litúrgica.** f. *Rel.* Período de siete días que transcurre de domingo a sábado. *El primer día de la semana litúrgica está dedicado al culto a Dios.* □ **entre ~.** loc. adv. En cualquier día de la semana (→ 2), menos el sábado y el domingo. *Los fines de semana estoy fuera, pero podemos vernos entre semana.*

semanal. adj. **1.** Que sucede cada semana. *Tiene dos días de descanso semanal. Los domingos, el periódico incorpora un suplemento semanal.* **2.** Que dura una semana. *Se firman contratos mensuales y hasta semanales.*

semanario. m. Publicación periódica semanal. *En la sala de espera había varios semanarios y revistas.*

semántico, ca. adj. **1.** De la semántica (→ 2), o de su objeto de estudio. *Analiza el texto desde el punto de vista sintáctico y semántico. Los prejuicios pueden ser causa del cambio semántico de una palabra.* ● f. **2.** Rama de la lingüística que estudia el significado de los signos lingüísticos. *En clase de Semántica estudiamos la sinonimia.*

semblante. m. **1.** Expresión del rostro de una persona, que refleja su estado físico o anímico. *Habló de su infancia con semblante melancólico.* **2.** Apariencia o aspecto que presenta algo. *El semblante gris del cielo anunciaba tormenta.* **3.** cult. Cara o parte delantera de la cabeza de una persona. *La alegría inunda su semblante.* ▶ **1, 2:** CARA.

semblanza. f. Bosquejo de la biografía, o de los rasgos físicos y morales de una persona. *El periódico trae una semblanza del escritor fallecido.*

sembrado, da. part. **1.** → **sembrar.** ● adj. **2.** Dicho de persona: Ingeniosa u ocurrente. Gralm. en la constr. *estar ~. Está sembrada, no para de contar chistes graciosos.* ● m. **3.** Terreno sembrado (→ 1). *Ha puesto un espantapájaros en el sembrado.*

sembrador, ra. adj. **1.** Que siembra o sirve para sembrar. Dicho de pers., tb. m. y f. *Los sembradores iban echando semillas en los surcos. El maestro es un sembrador de ilusiones.* ● f. **2.** Máquina agrícola, gralm. arrastrada por animales o por un tractor, que sirve para sembrar grano o semillas. *Se exponen modernas sembradoras y cosechadoras.*

sembrar. (conjug. ACERTAR). tr. **1.** Esparcir o poner en la tierra la semilla (de una planta) para que germine. *Sembró pimientos y tomates para hacer un semillero.* Tb. referido a la semilla o a la tierra. *Hizo un surco para sembrar las semillas de zanahoria. Han sembrado el terreno* DE *remolacha.* **2.** Hacer lo necesario para que (algo) surja y produzca fruto o resultado. *Sembró en sus alumnos el interés por la botánica.* **3.** Dar motivo (para algo). *Con su decisión, ha sembrado la discordia entre sus colaboradores.* **4.** Esparcir (algo) en un lugar en gran cantidad. *Sembraron la calle* DE *octavillas. Era un valle sembrado de caseríos.* **5.** Esparcir algo (en un lugar) en gran cantidad. *Ha sembrado la cocina* DE *cacharros sucios.*

semejante. adj. **1.** Que tiene características o cualidades en común con otra persona o cosa. *Mis dos hermanos son muy semejantes. Tu anorak es semejante* AL *mío.* **2.** De estas o esas características o clase. *Con semejantes gritos no es extraño que se asustara.* Frec. despect. *Es preferible no tratar con semejantes individuos.* **3.** *Mat.* Dicho de figura: Igual a otra en la forma, pero no en el tamaño. *Son triángulos semejantes.* ● m. **4.** Prójimo. *Me inculcaron el respeto a nuestros semejantes.* ▶ **1:** PARECIDO, SIMILAR.

semejanza. f. Cualidad de semejante. *La semejanza del retrato con el modelo es sorprendente.* Tb. aquello en que dos personas o cosas son semejantes.

Las dos son altas y rubias, pero ahí terminan las semejanzas entre ellas. ▶ PARECIDO, SIMILITUD.

semejar. copul. cult. Parecer una persona o cosa otra. *El desierto semejaba un mar de arena.*

semen. m. Líquido blanquecino y viscoso constituido por los espermatozoides y las sustancias segregadas por las glándulas genitales masculinas. *Al analizar el semen, se comprobó que era estéril.* ▶ ESPERMA.

semental. adj. Dicho de animal macho: Que se destina a la reproducción. *En la granja hay dos cerdos sementales.* Tb. m. *Un semental montaba a la yegua.* ▶ **frecAm:** PADROTE.

sementera. f. **1.** Hecho de sembrar una planta. *La sementera del centeno se hace en otoño.* Tb. el tiempo en que se siembra. *Las fiestas de mi pueblo suelen coincidir con la sementera.* **2.** Terreno sembrado. *Tiene una sementera de trigo.* ▶ **1:** SIEMBRA.

semestral. adj. **1.** Que sucede cada seis meses. *El Consejo celebra reuniones semestrales.* **2.** Que dura seis meses. *Se reconocerán seis créditos por cada asignatura semestral.*

semestre. m. Tiempo de seis meses. *En el primer semestre del año la vivienda subió un 7%.*

semi-. elem. compos. Significa 'medio' (*semidiámetro, semiperíodo, semilunar*) o 'casi, parcialmente' (*semidesnudo, semidesnatada, semicautividad, semipenumbra*).

semiabierto, ta. adj. Abierto parcialmente. *La luz se colaba entre las cortinas semiabiertas.*

semianalfabeto, ta. adj. Casi analfabeto. *El 10% de la población es semianalfabeta.* Dicho de pers., tb. m. y f. *Era un semianalfabeto, pero sabía de la vida más que nadie.*

semiautomático, ca. adj. Dicho de mecanismo, aparato o proceso: Parcialmente automático. *Las puertas están dotadas de un sistema semiautomático de apertura. Pistola semiautomática.*

semicilíndrico, ca. adj. **1.** Del semicilindro. *Hicieron un túnel de forma semicilíndrica.* **2.** Que tiene forma de semicilindro. *La iglesia tiene un ábside semicilíndrico.*

semicilindro. m. *Mat.* Cada una de las dos mitades de un cilindro separadas por un plano que pasa por su eje. *La bóveda de cañón tiene forma de semicilindro.* Tb. el objeto que tiene esa forma. *La trampa era un semicilindro de alambre con una portezuela.*

semicircular. adj. **1.** Del semicírculo. *Es característica del teatro romano la gradería de forma semicircular.* **2.** Que tiene forma de semicírculo. *Una serie de columnas unidas por arcos semicirculares recorren la nave.*

semicírculo. m. *Mat.* Cada una de las dos mitades de un círculo separadas por un diámetro. *Calcula el área de un semicírculo de radio 3.* Tb. el objeto o la figura que tienen esa forma. *Los jugadores formaron un semicírculo para escuchar al entrenador.*

semicircunferencia. f. *Mat.* Cada una de las dos mitades de una circunferencia separadas por un diámetro. *Dibuja una recta tangente a la semicircunferencia.* Tb. el objeto que tiene esa forma. *El arco de medio punto es una semicircunferencia.*

semiconductor, ra. adj. *Fís.* Dicho de cuerpo o material: Que tiene una capacidad para conducir la electricidad, intermedia entre la de los buenos conductores y la de los aislantes. *El silicio es un material semiconductor.* Tb. m. *Los nuevos semiconductores permitirán fabricar chips más potentes.*

semiconserva. f. Alimento envasado en un recipiente cerrado, y preparado de determinada manera, gralm. con sal, aceite u otros aditivos, para que se conserve durante un tiempo limitado. *Aumenta la producción de conservas y semiconservas de pescado.*

semiconsonante. adj. *Fon.* Dicho de sonido: Vocálico, cerrado y que inicia un diptongo. Más frec. f. *En "nieve", la "i" es semiconsonante.*

semicorchea. f. *Mús.* Nota cuyo valor es la mitad de una corchea.

semicultismo. m. *Ling.* Palabra que no ha realizado por completo su evolución fonética normal, debido a la influencia del latín o de la lengua culta. *Dentro del léxico español, hay cultismos y semicultismos.*

semidesértico, ca. adj. Casi desértico. *Lejos de la capital, encontramos zonas semidesérticas.*

semidiós, sa. m. y f. En la mitología grecorromana: Ser nacido de un dios o una diosa y de un ser humano. *En el mosaico aparecen faunos y otros semidioses.* Frec. fig. para designar a una pers. considerada como alguien superior. *El poeta era un semidiós para sus seguidores.* ▶ HÉROE.

semidormido, da. adj. Casi dormido. *Me senté a esperar, cansada y semidormida.*

semieje. m. *Mat.* Cada una de las dos mitades de un eje separadas por el centro. *En una elipse se pueden distinguir dos semiejes mayores y dos menores.*

semiesfera. f. *Mat.* Cada una de las dos mitades de una esfera dividida por un plano que pasa por su centro. *Una inmensa cúpula con forma de semiesfera corona la catedral.* Tb. el objeto que tiene esa forma. *La lámpara era una semiesfera de cristal con un pie de madera.* ▶ HEMISFERIO.

semiesférico, ca. adj. **1.** De la semiesfera. *Eligió una copa de forma semiesférica.* **2.** Que tiene forma de semiesfera. *El agua hervía en calderas semiesféricas.* ▶ HEMISFÉRICO.

semifinal. f. Penúltima prueba o enfrentamiento de una competición o de un concurso, en los que se gana por eliminación del contrario y no por puntos. *Los vencedores de ambas semifinales jugarán la gran final el domingo.*

semifinalista. adj. Que compite en una semifinal. *Quedó semifinalista en varios torneos antes de ganar uno.* Tb. m. y f. *Las cuatro semifinalistas sueñan con llegar a la final.*

semifusa. f. *Mús.* Nota cuyo valor es la mitad de una fusa.

semiinconsciencia. f. Cualidad de semiinconsciente. *El herido estaba en estado de semiinconsciencia.*

semiinconsciente. adj. Casi inconsciente. *El golpe la dejó semiinconsciente.*

semilla. f. **1.** Parte del fruto de una planta que contiene el embrión de una futura planta. *Guarda las semillas de la sandía para plantarlas.* **2.** Cosa que es causa u origen de algo. *Los celos son siempre semilla de conflictos.* ▶ SIMIENTE.

semillero. m. **1.** Lugar donde se siembran semillas para que germine la planta y pueda trasplantarse después. *Estas semillas pueden permanecer en el semillero hasta tres años.* **2.** Cosa que es causa o punto de origen de algo. *El trabajo se había convertido en un semillero de problemas.*

semimetal. m. *Quím.* Elemento químico que tiene propiedades intermedias entre las de los metales y las de los no metales. *El estaño es un semimetal.*

seminal. adj. **1.** *Fisiol.* Del semen. *Secreciones seminales.* **2.** *Biol.* De la semilla. *Coge un grano de maíz y separa la cubierta seminal.* Frec. fig. *Ya en su primera obra aparecen ideas seminales que desarrollará posteriormente.*

seminario. m. **1.** Centro eclesiástico destinado a formar a quienes se preparan para el sacerdocio. *Ingresó en el seminario a los quince años y se ordenó a los veinticuatro.* Tb. ~ *conciliar.* **2.** Curso o conjunto de sesiones docentes, frec. universitarios, en que los alumnos, dirigidos por un profesor, realizan actividades de investigación o especialización en una materia. *Asistía a un seminario de traducción literaria.* **3.** Clase o lugar donde se celebra un seminario (→ 2). *El profesor atenderá consultas en el seminario de nueve a diez.*

seminarista. m. Alumno de un seminario eclesiástico. *El cura contaba anécdotas de cuando era seminarista.*

semiología. f. **1.** *tecn.* Estudio de los signos y los sistemas de signos. *Para Saussure, el estudio de la lengua debe ser parte de la Semiología.* **2.** *Med.* Estudio de los signos o síntomas de las enfermedades. *Semiología de la depresión.* ▶ **1:** SEMIÓTICA.

semiológico, ca. adj. *tecn.* De la semiología, o de su objeto de estudio. *Hemos hecho un análisis semiológico de un texto publicitario. Códigos semiológicos.*

semiólogo, ga. m. y f. *tecn.* Especialista en semiología. *Habló de la publicidad desde su perspectiva de semiólogo.*

semiótico, ca. adj. **1.** *tecn.* De la semiótica (→ 2). *Estudios semióticos sobre el lenguaje televisivo.* • f. **2.** *tecn.* Semiología (estudio de los signos). *Analiza una representación teatral desde el punto de vista de la Semiótica.* ▶ **2:** SEMIOLOGÍA.

semipermeable. adj. **1.** Parcialmente permeable. *La prenda está confeccionada con un tejido semipermeable.* **2.** *Fís.* Dicho espec. de membrana: Que separa dos partes líquidas o gaseosas y deja pasar a su través algunos de sus componentes, pero no otros. *El dibujo muestra cómo pasan los elementos nutritivos a través de la membrana semipermeable de la célula.*

semiplano. m. *Mat.* Cada una de las porciones de un plano divido por cualquiera de sus rectas. *Completa las líneas en el semiplano superior por simetría con el semiplano inferior.*

semiprecioso, sa. adj. En joyería, dicho de piedra o mineral: De calidad y valor elevados, pero sin alcanzar los de las piedras preciosas. *Nos mostró un collar de piedras semipreciosas.*

semirrecta. f. *Mat.* Cada una de las porciones en que queda dividida una recta por cualquiera de sus puntos. *Dibuja dos semirrectas con un origen común.*

semisalvaje. adj. Casi salvaje. *Los náufragos han vivido meses en condiciones semisalvajes.*

semisótano. m. Planta o local de un edificio situados parcialmente bajo el nivel de la calle. *El taller está en un semisótano. Su piso era un semisótano oscuro y mal ventilado.*

semisuma. f. *Mat.* Mitad de una suma. *La nota final será la semisuma de las puntuaciones de los dos ejercicios.*

semita. adj. **1.** Dicho de individuo: De uno de los pueblos que constituyen un grupo étnico originario de Asia occidental y que tienen lenguas emparentadas, como los árabes y los hebreos. *Hombre semita.* Tb. dicho de esos pueblos. *Asirios y demás pueblos semitas se entendían en arameo.* Dicho de pers., tb. m. y . f. *Los nazis defendían la superioridad de los arios sobre los semitas.* **2.** De los semitas (→ 1). *La clase de hebreo es en el Departamento de Lenguas Semitas.* ▶ **2:** SEMÍTICO.

semítico, ca. adj. De los semitas. *Tribus nómadas semíticas se establecieron en Palestina.* ▶ SEMITA.

semitismo. m. Mundo o civilización semitas. *Le atraían el semitismo y las culturas árabes.*

semitono. m. *Mús.* Intervalo más pequeño existente entre dos notas contiguas de la escala, y que equivale a la mitad de un tono. *Ese do es sostenido, cántalo un semitono más alto.*

semitransparente. adj. Casi transparente. *Vestía una blusa semitransparente.*

semivacío, a. adj. Casi vacío. *Solo queda una caja de galletas semivacía.*

semivocal. adj. *Fon.* Dicho de sonido: Vocálico, cerrado y que termina un diptongo. Más frec. f. *"Seis" tiene una "i" semivocal.*

sémola. f. Pasta alimenticia en forma de granos pequeños, hecha de harina de arroz, trigo u otros cereales. *Cenamos sopa de sémola.*

sempiterno, na. adj. cult. Eterno o que durará siempre. *Cree en una vida sempiterna después de la muerte.* Frec. con intención enfática. *Era el marido perfecto, el sempiterno enamorado. Allí estaba ella, con su sonrisa sempiterna.*

senado. (Frec. en mayúsc.). m. **1.** En un sistema parlamentario bicameral: Cuerpo colegislativo que constituye la segunda cámara y que está formado por personas elegidas mediante sufragio o designadas en virtud de su cargo o cualificación. *El Senado o Cámara alta deberá ratificar la ley aprobada por el Congreso.* **2.** Edificio donde se celebran las sesiones del Senado (→ 1, 3). *Hicimos una visita guiada por el Senado. César murió asesinado en las escaleras del Senado de Roma.* **3.** En la antigua Roma: Asamblea de patricios que formaba el Consejo supremo. *El Senado nombró a Augusto pontífice máximo de la religión del imperio.* **4.** cult. Reunión de personas respetables o venerables. *Imponía dirigirse a aquel senado de hombres doctos.*

senador, ra. m. y f. Persona que es miembro del Senado. *Los nuevos diputados y senadores retiraron sus actas. Cicerón fue escritor, orador y senador romano.*

senatorial. adj. Del Senado o de los senadores. *El día de la Constitución se puede visitar el edificio senatorial. La ley no saldrá adelante si no obtiene la aprobación senatorial.*

sencillamente. adv. De manera sencilla. *El buen profesor explica clara y sencillamente.* Se usa frec. antepuesto a un adj. para enfatizar el significado de este. *Vimos una película sencillamente genial.*

sencillez. f. Cualidad de sencillo. *Da gusto cómo te explica todo y la sencillez de sus razonamientos. Viste con sencillez y elegancia.* ▶ SIMPLICIDAD.

sencillo, lla. adj. **1.** Que no ofrece dificultad. *El examen fue bastante sencillo. Parecía sencillo montar el armario, pero nos costó mucho. ¿Qué haces para* *aprobar?; muy sencillo: estudiar.* **2.** Que no tiene artificios ni complicación. *Sabía expresar pensamientos complejos con el estilo más claro y sencillo.* **3.** Que carece de ostentación o adornos. *Celebraron una boda sencilla.* **4.** No compuesto, o formado por un solo elemento. *El balcón puede llevar acristalamiento doble o sencillo.* **5.** Dicho de persona: Que actúa con naturalidad y tratando a los demás de igual a igual. *A pesar de sus títulos, es una mujer sencilla.* **6.** Dicho de disco: De corta duración, gralm. con una o dos grabaciones en cada cara. Tb. m. *Después del elepé, han sacado dos sencillos al mercado.* ▶ **1:** ELEMENTAL, SIMPLE. **2:** ELEMENTAL. **4:** SIMPLE.

senda. f. Camino estrecho, espec. el abierto por el tránsito de personas o de ganado. *Descubrimos una senda que llegaba hasta un campo de tréboles.* Frec. fig. *El nuevo ministro seguirá la senda marcada por su antecesor.* ▶ SENDERO.

senderismo. m. Actividad deportiva que consiste en recorrer a pie sendas o caminos por el campo. *La zona es idónea para practicar senderismo y montañismo.*

senderista. adj. Que practica el senderismo. Dicho de pers., tb. m. y f. *En la sierra norte se han señalizado diversas rutas para senderistas.*

sendero. m. Senda. *Nos desviamos por un sendero que iba hacia el río. El conflicto se resolvió por los senderos del diálogo.*

sendos, das. adj. pl. Uno cada uno o uno para cada uno. Se usa siempre antepuesto al n. *Todas las asistentes recibieron sendos ramos de flores. Los cuatro asientos libres los ocuparon sendos caballeros.*

séneca. m. cult. Hombre de mucha sabiduría. *Aquel profesor era un séneca.*

senectud. f. cult. Vejez (período de la vida de una persona). *Incluso en su senectud conservó su brillantez intelectual.*

senegalés, sa. adj. De Senegal. *El público vibrará con los ritmos del grupo senegalés.* Dicho de pers., tb. m. y f. *Los senegaleses se independizaron de Francia.*

senequismo. m. **1.** Doctrina filosófica y moral de Séneca (filósofo español, s. I). *El control racional de las pasiones está en la base del senequismo.* **2.** Actitud o forma de vida acordes con las enseñanzas del senequismo (→ 1). *Señalaban la sobriedad y el senequismo como rasgos del carácter español.*

senequista. adj. **1.** Del senequismo. *En sus obras late un trasfondo senequista.* **2.** Partidario o seguidor del senequismo. *Filósofo senequista.* Tb. m. y f. *Gracián fue en gran medida un senequista.*

senil. adj. De la persona vieja, espec. de aquella en la que se aprecia la degeneración de sus facultades físicas y psíquicas. *El abuelo tiene demencia senil.*

senilidad. f. Estado o condición de la persona senil. *Aquellos fallos de memoria eran síntoma de senilidad.* Tb. el período de la vida humana correspondiente. *Determinadas alteraciones psíquicas suelen aparecer en la senilidad.*

sénior. adj. Se usa pospuesto a un nombre propio de persona para indicar que esta es mayor que otra emparentada con ella, gralm. su hijo, y del mismo nombre. Se usa en contraposición a *júnior*. *P. López sénior cedió la titularidad de la bodega a su hijo, P. López júnior.*

seno. m. **1.** Concavidad o hueco. *Apiló los platos sucios en los senos del fregadero.* **2.** Mama de una mujer. *Si los senos de la madre segregan suficiente leche, se recomienda la lactancia.* **3.** Parte del cuerpo donde la madre concibe al hijo y lo lleva antes del nacimiento. *Llevaba en su seno dos mellizos.* **4.** Parte interna de algo. *La lava parecía brotar del seno de la tierra. Nació en el seno de una sociedad clasista.* **5.** Lugar o cosa que acogen algo o a alguien, proporcionándoles protección o consuelo. *Cada Navidad regresaba al seno familiar.* **6.** *Mat.* Razón o cociente entre el cateto opuesto a un ángulo y la hipotenusa del triángulo rectángulo correspondiente (Símb. *sen*). *Calcula el seno y el coseno de los ángulos agudos de este triángulo.* **7.** *Anat.* Cavidad existente en algunos huesos, o formada por la reunión de varios huesos. *Seno maxilar.* ▶ **2:** *MAMA.

sensación. f. **1.** Impresión producida por algo y que se percibe por medio de los sentidos. *Al rozarlas, las ortigas producen una sensación de picor.* **2.** Percepción mental o presentimiento de un hecho. *Una sensación de fracaso se apoderó de él. Tenía la sensación de estar en otro mundo. Siempre tuve la sensación de que los problemas se arreglarían.* **3.** Impresión fuerte, frec. de sorpresa, producida por algo o alguien en un grupo de personas. *La noticia de la boda real causó sensación. Hay actrices que producen sensación allí donde van.*

sensacional. adj. **1.** Que causa sensación o sorpresa. *El primer trasplante de corazón fue un acontecimiento sensacional.* **2.** coloq. Muy bueno. *Se me ocurre una manera sensacional de pasar la tarde. Es una madre sensacional.*

sensacionalismo. m. Tendencia a presentar noticias o sucesos de una manera espectacular que produzca sensación o impacto. *Un programa informativo no debería caer en el sensacionalismo.*

sensacionalista. adj. **1.** Del sensacionalismo. *Titulares sensacionalistas.* **2.** Inclinado al sensacionalismo o que lo practica. *Un semanario sensacionalista publicó truculentas fotografías del accidente.*

sensatez. f. Cualidad de sensato. *Leed bien las preguntas y contestad con sensatez.* ▶ CABEZA, JUICIO, PRUDENCIA.

sensato, ta. adj. **1.** Dicho de persona: Que piensa o actúa de manera prudente y reflexiva. *Es sensata y hará lo más conveniente.* Tb. m. y f. *Los sensatos saben elegir a sus amigos.* **2.** Propio de la persona sensata (→ 1). *Hizo una propuesta sensata. No es sensato beber antes de conducir.* ▶ JUICIOSO, PRUDENTE.

sensibilidad. f. Cualidad de sensible. Referido a ser vivo, órgano, pers. o aparato. *Recuerde que el exceso de ruido afecta a la sensibilidad auditiva. Era un erudito sin sensibilidad artística. Nadie con sensibilidad es indiferente al problema del hambre. Utilizaron un microscopio óptico de gran sensibilidad.*

sensibilización. f. Hecho o efecto de sensibilizar o sensibilizarse. *La asociación realiza campañas de sensibilización social en contra del tabaco.*

sensibilizar. tr. Hacer (a alguien o algo) sensibles o más sensibles con respecto a una cosa. *Trabajar en una ONG lo sensibilizó con los problemas del Tercer Mundo.* Tb. en constr. prnl. media. *La opinión pública se ha sensibilizado mucho con los problemas medioambientales.*

sensible. adj. **1.** Dicho de ser vivo o de órgano: Capaz de experimentar sensaciones por medio de los sentidos. *La temperatura afecta a animales y plantas, como seres sensibles que son.* **2.** Dicho de cosa: Que puede ser modificada o afectada por la acción de un agente externo. *Tenía una piel muy sensible* A *los rayos solares. El fotógrafo ha utilizado una película muy sensible.* **3.** Dicho espec. de persona: Capaz de apreciar algo o de reaccionar emocionalmente ante ello. *Es muy sensible* A *los elogios. Su arte estaba hecho para espíritus sensibles.* **4.** Dicho de persona: Que tiende a emocionarse o a acusar las impresiones profundamente. *Era tan sensible que cualquier escena violenta la hacía llorar.* **5.** Que puede ser conocido por medio de los sentidos. *Sus teorías filosóficas parten del conocimiento de la realidad sensible.* **6.** Perceptible o evidente. *Experimentó una sensible mejoría en su enfermedad.* **7.** Dicho de aparato o instrumento: Capaz de registrar o medir fenómenos de muy poca intensidad o diferencias muy pequeñas. *Han instalado en el aeropuerto detectores de metales muy sensibles.* ● f. **8.** *Mús.* Nota que corresponde al séptimo grado de la escala. *El si es la sensible en la escala de do mayor.* ▶ **4:** *SENTIMENTAL.

sensiblería. f. despect. Cualidad de sensiblero. *La sensiblería se perdona más en las mujeres. Me encantan los novelones cargados de sensiblería.*

sensiblero, ra. adj. despect. Dicho de persona o cosa: Sentimental de manera exagerada o fingida. *Fue tachado de autor superficial y sensiblero. Me empalagan esas películas tan sensibleras.*

sensitivo, va. adj. **1.** De las sensaciones o de los sentidos. *Sufría un deterioro de la capacidad sensitiva. La córnea está cubierta de terminaciones sensitivas del nervio.* **2.** Que tiene sensibilidad. *¿Qué alma sensitiva no apreciaría aquella música?* **3.** Capaz de excitar la sensibilidad. *Cantaba con una voz cálida y sensitiva.* ● f. **4.** Variedad de mimosa, originaria de América Central, de flores color púrpura y fruto en vaina, cuyas hojas se retraen al tocarlas.

sensomotor, tora (o **triz**). adj. *Fisiol.* y *Psicol.* Sensorial y motor a la vez. *En los dos primeros años de vida, se desarrollan las capacidades sensomotoras.*

sensor. m. Dispositivo que detecta determinados estímulos y los transforma en señales que transmite como información a otro dispositivo o sistema. *La alarma se activará si los sensores detectan humo.*

sensorial. adj. De la sensibilidad o de los órganos de los sentidos. *¿Cómo son los órganos sensoriales encargados de la visión en los peces? Se sabe que durante el sueño hay un cese de la actividad sensorial.*

sensu stricto. (loc. lat.; pronunc. "sénsu-estrícto"). loc. adv. En sentido estricto. *No es, sensu stricto, un filósofo, sino un pensador.*

sensual. adj. **1.** De las sensaciones que se experimentan a través de los sentidos. *Disfrutaba de los placeres sensuales.* **2.** Que incita o satisface los placeres sensuales (→ 1), espec. los relacionados con el sexo. *Tenía una boca muy sensual.* **3.** Dicho de persona: Inclinada a los placeres sensuales (→ 1), espec. a los relacionados con el sexo. *El autor, hombre sensual y vividor, cuenta su azarosa vida.*

sensualidad. f. Cualidad de sensual. *Me atraía la sensualidad de su mirada. Era hombre de una sensualidad desenfrenada.* ▶ SENSUALISMO.

sensualismo. m. **1.** Sensualidad. *Bailaron una danza de marcado sensualismo.* **2.** *Fil.* Doctrina según la cual el origen de todo conocimiento está en los sentidos, y no en la razón. *Al sensualismo de Locke seguirán las doctrinas empiristas del* XVIII.

sensualista. adj. **1.** Del sensualismo. *Tesis sensualista.* **2.** *Fil.* Partidario o seguidor del sensualismo. *Filósofo sensualista.* Dicho de pers., tb. m. y f. *Idealistas y sensualistas defienden presupuestos contrarios.*

sentada. f. **1.** Hecho o efecto de permanecer sentado. *¡Vaya sentada!, te has pasado toda la tarde viendo la tele.* **2.** Hecho de permanecer sentados en el suelo un grupo de personas durante un período largo de tiempo con fines reivindicativos o de protesta. *Las cámaras de televisión grabaron la sentada de los profesores ante el Ministerio de Educación.* ■ **de una ~.** loc. adv. De una vez o sin interrupción. *Si te comes ese trozo de tarta de una sentada tendrás dolores de tripa.*

sentado, da. part. **1.** → **sentar.** ● adj. **2.** Dicho de persona: Sensata o juiciosa. *Es un chico muy sentado.* **3.** *Biol.* Dicho de órgano u organismo: Que carece de pedúnculo. *El nopal tiene hojas sentadas, y por fruto el higo chumbo.*

sentar. (conjug. ACERTAR). tr. **1.** Colocar (a alguien) en un lugar de forma que quede apoyado sobre las nalgas. *Sentó a su hijo en el columpio. No te sientes en esa silla, que está llena de polvo.* **2.** Apoyar (algo) sobre una cosa. *Sienta la mano en la mesa, que te voy a curar la herida.* ○ intr. **3.** Producir algo un efecto determinado sobre la salud, el aspecto o el ánimo de alguien. Frec. con los adv. *bien* y *mal*. *¿Qué tal te ha sentado la fabada? Esa corbata no te sienta nada bien. Me sentó fatal que no vinieras a mi cumpleaños.*

sentencia. f. **1.** Resolución de un juez o de un tribunal que pone fin a un juicio. *La sentencia declaró inocente al acusado.* **2.** Decisión o dictamen sobre una discusión o disputa, dados por alguien que actúa como árbitro en ellas. *El Gobierno debía cambiar: esta fue la sentencia emitida por los electores.* **3.** Frase breve y condensada que encierra una enseñanza o una idea de carácter doctrinal o moral. *Salpica sus relatos con refranes y sentencias.* ▶ **3:** *DICHO.

sentenciador, ra. adj. Que sentencia o tiene competencia para sentenciar. *No cabe recurso contra la resolución del tribunal sentenciador.* Dicho de pers., tb. m. y f. *El sentenciador deberá tener en cuenta si existen atenuantes.*

sentenciar. (conjug. ANUNCIAR). tr. **1.** Establecer un juez o un tribunal (algo) como sentencia. *El juez sentenció que era inocente.* **2.** Condenar un juez o un tribunal (a alguien) a una pena o castigo mediante sentencia. *Lo han sentenciado* A *dos años cárcel.* **3.** Aseverar o afirmar (algo) con tono sentencioso o grave. *–Tendremos problemas –sentenció.* **4.** Decidir o resolver el resultado (de una competición deportiva). *Aquella volea sentenciaría el partido.*

sentencioso, sa. adj. **1.** De la sentencia moral o doctrinal, o que tiene carácter de ese tipo de sentencia. *Escribió un poema de tono crítico y sentencioso. Editó una colección de proverbios y otras expresiones sentenciosas.* **2.** Dicho de persona: Que se expresa por medio de sentencias, o afectando gravedad como si lo que dice fueran sentencias. *A mi pregunta, contestó sentencioso: –Nadie está en posesión de la verdad absoluta.*

sentido[1]. m. **1.** Capacidad para percibir estímulos externos o internos, mediante determinados órganos. *Los sentidos corporales clásicos son vista, oído, olfato, gusto y tacto. Tiene afectado el sentido del equilibrio.* **2.** Conciencia o noción de la propia existencia. *Al caer, se golpeó la cabeza y perdió el sentido.* **3.** Capacidad que se posee para algo. *Tiene muy poco sentido de la orientación. Te falta sentido del ritmo.* **4.** Modo particular de entender algo. *Su sentido reli-*

gioso le hace ser un poco extremista. Tiene un increíble sentido del deber. **5.** Razón de ser o justificación. *Tu conducta carece de sentido. No encuentra sentido a su vida.* **6.** Significado de algo, espec. de una palabra o de un grupo de palabras. *La palabra "ala" tiene varios sentidos. Creo que no he entendido el sentido de ese artículo.* **7.** Cada una de las dos orientaciones opuestas de una misma dirección. *Nos hemos pasado el desvío, así que cambia de sentido cuando puedas.* ■ **~ común.** m. Capacidad de entender o juzgar de forma razonable. *Para este trabajo se necesita mucho sentido común.* ■ **sexto ~.** m. Capacidad de percibir de manera intuitiva lo que a los demás les pasa inadvertido. *Tiene un sexto sentido para los negocios.* □ **costar un ~.** loc. v. Costar muy caro. *¡Qué anillo tan bonito! Te habrá costado un sentido.* ■ **de ~ común.** loc. adj. Lógico o conforme al sentido común (→ **sentido común**). *Lo que propones es de sentido común.* ■ **los cinco ~s.** loc. s. La máxima atención o prudencia. *Todo lo hace con los cinco sentidos.* Frec. con *poner*. *Cuando conduce pone los cinco sentidos.* ▶ **6:** *SIGNIFICADO.

sentido[2]**, da.** part. **1.** → **sentir.** ● adj. **2.** Dicho de cosa: Que contiene o expresa sentimiento. *Nos dirigió unas sentidas palabras. Felicitó a su hija de manera sentida.* **3.** Dicho de persona: Que se ofende o disgusta con facilidad. *Qué sentida eres, no se te puede decir nada.*

sentimental. adj. **1.** Del sentimiento o de los sentimientos. *Aquella pulsera tenía para ella un valor sentimental.* **2.** Dicho de persona: Propensa a los sentimientos tiernos y afectuosos, o a dejarse afectar por ellos. Tb. m. y f. *Cuando habla de ella se emociona; es un sentimental.* **3.** Que implica o despierta sentimientos tiernos o afectuosos. *Me ha puesto una dedicatoria muy sentimental.* **4.** Amoroso o de pareja. *Tuvo varias relaciones sentimentales antes de echarse novia formal.* ▶ **2:** SENSIBLE, TIERNO.

sentimentalidad. f. Cualidad de sentimental. Referido a una pers., o a algo que implica o despierta sentimientos tiernos. *El poeta da rienda suelta a toda su sentimentalidad y fantasía.* ▶ SENTIMENTALISMO.

sentimentalismo. m. Cualidad de sentimental. Referido a una pers., o a algo que implica o despierta sentimientos tiernos; frec. despect. *La novela rosa cae con frecuencia en el sentimentalismo fácil.* ▶ SENTIMENTALIDAD.

sentimiento. m. **1.** Hecho o efecto de sentir. *Era un hombre de sentimientos nobles. Habla de su infancia con un sentimiento de nostalgia. En el funeral, dijo al viudo: –Lo acompaño en el sentimiento.* **2.** Estado afectivo del ánimo. *Se ha dejado llevar por sus sentimientos. Le cuesta hablar de sus sentimientos.*

sentina. f. **1.** *Mar.* Cavidad inferior de una embarcación, en la que se reúnen las aguas procedentes de la limpieza de las bodegas o que entran por los costados y cubiertas, y de donde son expulsadas mediante bombas. *El barco fue multado por verter al mar restos de la limpieza de las sentinas.* **2.** Lugar lleno de inmundicias y mal olor. *Aquel poblado de chabolas era una sentina.* Tb. fig. *Decía haber conocido las sentinas de la política.*

sentir. (conjug. SENTIR). tr. **1.** Experimentar (una sensación o un estado de ánimo). *Cuando sientas hambre, comemos. Siento frío, cierra la ventana. Al asomarse al balcón, sintió vértigo. Cuando se marchó, sentí una profunda tristeza.* **2.** Oír (algo), o percibir(lo) con el sentido del oído. *He sentido pasos en el piso de arriba.* **3.** Lamentar (algo), o sufrir (por ello). *Le dijo que sentía mucho lo ocurrido. Siento no haberme esforzado más.* **4.** Presentir (algo), o tener la sensación de que va a suceder. *Siento que el curso que viene va a ser más difícil que este. Las hormigas sienten cuándo va a cambiar el tiempo.* **5.** Seguido de un adjetivo o un adverbio: Tomar conciencia de que (alguien) se encuentra en el estado o la circunstancia expresados por ellos. *Desde aquella discusión la siento recelosa conmigo. Lo siento cada día más distante. Se sentía abandonado por sus amigos. Me siento un poco débil. Ayer por la tarde empezó a sentirse mal.* ● m. **6.** Opinión. *No compartía el sentir de los demás respecto a ese asunto. En nuestro sentir, han obrado mal.* **7.** cult. Sentimiento. *En la poesía expresa su pensar y su sentir.* ■ **sin ~** (algo). loc. v. Sin darse cuenta (de ello). *El tiempo se me pasó sin sentirlo.* Tb. usado en constr. intr. *Se nos fue la tarde sin sentir.*

seña. f. **1.** Gesto o ademán con que se da a entender algo. *El policía hizo una seña con la mano para que detuviéramos el coche. En el tute no se permitían señas. Los mudos hablan por señas.* **2.** Señal que se utiliza para recordar algo. *Dejó una seña en el libro para acordarse de por dónde iba.* **3.** Convención entre dos o más personas para comunicarse. *La seña era esperar la última campanada de las doce de la noche.* **4.** Rasgo distintivo o peculiar de una persona o cosa. *Si no me das más señas, no sabré qué papel estás buscando.* Referido a los rasgos de una pers., frec. *~s personales. Están dando por televisión las señas personales del atracador.* ○ pl. **5.** Dirección (datos del lugar de residencia). *Dame tus señas para poder escribirte.* ■ **por más ~s.** loc. adv. Se usa acompañando a la mención de un dato que se añade para llevar al conocimiento de alguien o algo. *Su novio es un chico alto, francés por más señas. Te pregunto sobre Luis López, por más señas le llaman "el Chirri".* ▶ **5:** DIRECCIÓN.

señal. f. **1.** Cosa que, natural o convencionalmente, representa o indica algo. *La señal de tráfico indicaba que no se podía girar a la derecha. El guardia hizo señales al conductor para que se detuviera. Al dar la señal comienza la carrera.* **2.** Rasgo físico que sirve para distinguir a una persona o cosa. *Nació con una señal en el hombro.* **3.** Huella que deja una cosa. *Como tantos boxeadores, tenía señales de golpes en la cara. Aquellos agujeros en la fachada eran señales de disparos.* **4.** Indicio (cosa por la que se infiere otra). *Cuando le duele la rodilla es señal de que va a llover.* **5.** Cantidad de dinero que se paga anticipadamente por la compra de algo. *Si no dejamos una señal, pueden vender el piso a otra persona.* **6.** Sonido que emiten determinados aparatos para avisar sobre su funcionamiento. *El teléfono no daba señal.* ■ **~ de la cruz.** f. Cruz formada con los dedos o con el movimiento de la mano, y que representa aquella en que murió Jesucristo. *El sacerdote hizo la señal de la cruz al llegar al altar.* □ **en ~ de.** loc. prepos. Como prueba o muestra de. *Los comerciantes cerraron en señal de protesta por el nuevo impuesto. La bandera ondea a media asta en señal de luto.* ▶ **3:** HUELLA, MARCA. **4:** *INDICIO.

señalado, da. part. **1.** → **señalar.** ● adj. **2.** Notable o destacado. *Es una persona señalada en el mundo de las finanzas. Hoy es un día señalado.* ▶ **2:** *DESTACADO.

señalamiento. m. Hecho de señalar, espec. para determinar o fijar algo. *El señalamiento del juicio se hizo para el 15 de julio. Según el señalamiento de la Audiencia Provincial el acusado será juzgado el 15 de diciembre.*

señalar. tr. **1.** Poner señal (en una cosa) para reconocer(la) o para distinguir(la) de otras. *Señala con una cruz la respuesta correcta.* **2.** Llamar la atención (sobre alguien o algo) haciendo una señal o gesto (hacia ellos), gralm. con la mano. *No lo señales con el dedo, que es de mala educación. Un policía señalaba el lugar donde encontraron el cadáver.* **3.** Apuntar algo, como una aguja de un aparato, (hacia una señal o marca). *Las campanas sonarán cuando las agujas del reloj señalen las doce.* **4.** Hacer notar (algo). *El doctor señaló la importancia de una alimentación rica en fibra.* **5.** Determinar o fijar (algo). *Aún no han señalado la fecha de la boda.* **6.** Dejar señales o marcas de heridas (en una persona o en una parte de su cuerpo). *Un perro lo mordió en el brazo y se lo dejó señalado. Le habían señalado la cara con una navaja.* ○ intr. prnl. **7.** Distinguirse o hacerse notar una persona. *No le preocupaba señalarse.* ▶ **2:** APUNTAR, INDICAR. **5:** *FIJAR.

señalización. f. Hecho o efecto de señalizar. *Han terminado de asfaltar la carretera y solo falta la señalización.*

señalizador, ra. adj. Dicho espec. de cartel o indicador: Que sirve de guía a los usuarios de una vía de comunicación. *Antes de cada salida de la autovía hay un panel señalizador.* Tb. m. *Un señalizador indicaba los kilómetros que faltaban hasta el puerto.*

señalizar. tr. Colocar señales (en una vía de comunicación) para que sirvan de guía a los usuarios. *Señalizar mejor los cruces evitaría muchos accidentes.*

señera. f. Bandera de Cataluña, de Valencia o de las Islas Baleares. *En el Ayuntamiento gerundense ondeaba la señera.*

señero, ra. adj. cult. Único o sin par. *La ciudad cuenta con un monumento señero: la Catedral. El museo dedicará una exposición a Picasso, pintor señero del arte moderno.*

señor, ra. m. y f. **1.** Persona que es dueña de una cosa o tiene propiedad sobre ella. *Tendrá que esperar porque el señor del cortijo aún no ha llegado.* **2.** Persona respetable y de posición. *Viste como una señora, elegante y sin adornos superfluos.* **3.** Persona de cierta edad o que ya no es joven. *El niño le ha dado un balonazo a un señor que pasaba. En la cafetería había varias parejas y algunas señoras merendando.* **4.** Persona a la que sirve un criado. *La criada avisó a su señora.* Frec. se usa como tratamiento. *El señor dirá cuándo quiere que se sirva la cena.* **5.** Persona que posee cierto título nobiliario. *Históricamente, el título de señor daba autoridad jurisdiccional a todo el que lo poseía. Al acto acudió la Señora de Meirás.* **6.** Se usa como tratamiento que corresponde a una persona de la realeza. *El Ministro se dirigió al Rey: –Señor, es un honor contar con vuestra presencia.* **7.** Se usa como tratamiento de cortesía aplicado a una persona cuyo nombre se desconoce o no se quiere mencionar. *Dígame, señora, ¿en qué puedo ayudarla?* **8.** Se usa como tratamiento, antepuesto al apellido de un hombre o de una mujer casada o viuda, o al cargo de una persona. *Señor Fernández, acuda a recepción, por favor. La señora Pérez ha llamado para pedir hora. La señora ministra lo recibirá enseguida. Señores diputados, les ruego que guarden silencio.* Frec. antepuesto a *don* o *doña* y al nombre y apellido de una persona. *La carta va dirigida al señor don Jaime Rubiera. Señora doña Luisa Gómez, pase por favor.* Tb., en lenguaje popular, antepuesto solo al nombre de pila. *Ha venido la señora Antonia, tu vecina.* ○ m. **9.** histór. Persona que poseía un estado o lugar, gralm. con dominio y jurisdicción. *En la Edad Media los siervos estaban obligados a pagar un impuesto por vivir en las tierras del señor.* ○ f. **10.** Esposa. *He visto a Luis y a su señora en el cine.* ● adj. **11.** Se usa, antepuesto a algunos nombres, para enfatizar el significado de estos. *Se han comprado una señora casa. Lleva un señor traje.* **12.** Elegante o de buen gusto. *Su madre fue siempre muy señora.* ■ **el Señor.** loc. s. **1.** Dios. *El Señor expulsa a Adán y Eva del Paraíso.* **2.** Jesucristo. *El pan y el vino se transforman en el cuerpo y sangre del Señor.* ■ **muy ~ mío.** loc. s. Se usa como fórmula de cortesía para dirigirse formalmente al destinatario de una carta, frec. comercial. *Muy señor mío: Me dirijo a usted para solicitar su ayuda. Muy señores nuestros: Somos estudiantes y quisiéramos opinar sobre su revista.* ■ **Nuestra Señora.** loc. s. La Virgen María. *En el retablo hay una imagen de Nuestra Señora.* ▶ **1:** *DUEÑO.

señorear. tr. **1.** Dominar una persona (algo), o tener(lo) bajo su dominio o mando. *Los indígenas fueron expulsados de la tierra que habían señoreado sus antepasados. Un siglo antes, su familia había señoreado aquellas tierras.* **2.** Estar una cosa en una situación superior o a mayor altura que (otra). *La iglesia señoreaba el pueblo.* ○ intr. prnl. **3.** Seguido de un complemento introducido por *de:* Disponer alguien de lo designado por él como si fuera su dueño. *Se señorea de la televisión y solo podemos ver lo que él quiere.* Tb. fig. *La niebla se señoreó de la ciudad.*

señoría. f. Se usa como tratamiento que corresponde a determinadas personas, como jueces y parlamentarios, por su cargo o dignidad. Frec. precedido de los posesivos *su* o *vuestra*. *El abogado preguntó a su señoría si podía acercarse al estrado. La Presidenta del Congreso, dirigiéndose al diputado, dijo: –Su señoría tiene la palabra.*

señorial. adj. **1.** Del señorío o del señor. *Se conserva una torre del siglo* XV*, símbolo del poder señorial de la época.* **2.** Majestuoso o elegante. *El salón era impresionante, señorial. La condesa, distante y señorial, correspondía a los saludos con una sonrisa.*

señoril. adj. Del señor, o de características atribuidas al señor, espec. la distinción o elegancia. *Tenía un porte elegante y señoril.*

señorío. m. **1.** Dominio o mando sobre algo. *El hombre ha incrementado su señorío sobre el entorno natural.* **2.** Territorio perteneciente a un señor. *Isabel la Católica dejó como heredera de todos sus reinos y señoríos a su hija doña Juana. Cádiz perteneció al señorío de Medina Sidonia.* **3.** Dignidad de señor. *Estos condados se unieron bajo el señorío de Vifredo el Velloso.* **4.** Distinción y elegancia en la forma de vestir y de actuar. *Es una persona con mucha clase y señorío.* **5.** Conjunto de señores o personas de distinción. *A la boda acudió todo el señorío de la provincia.*

señoritingo, ga. m. y f. despect. Señorito. *Dile al señoritingo ese que menos mandar y más trabajar.*

señoritismo. m. despect. Actitud social propia de un señorito ocioso. *Se ahogaba en aquella sociedad dominada por la corrupción y el señoritismo.*

señorito, ta. m. y f. **1.** Hijo de un señor o de una persona importante. *El mayordomo cedió el paso al señor y al señorito.* **2.** Persona, espec. si es joven, a la que sirve un criado. *Su señorito es muy exigente con las comidas.* Frec. se usa como tratamiento. *¿Quiere la señorita que le prepare el baño?* **3.** coloq. o despect. Persona joven de clase alta que lleva una vida acomodada y gralm. no trabaja. Gralm. referido a hombre.

La única ocupación del señorito es viajar por todo el mundo. ○ f. **4.** Se usa como tratamiento de cortesía aplicado a una mujer soltera. *Vino una señorita preguntando por ti. Señorita, puede pasar a la consulta.* **5.** Se usa como tratamiento de cortesía aplicado a mujeres que desempeñan determinados trabajos, espec. a las maestras. *La señorita no puede venir a clase porque está enferma. Señorita, por favor, ¿puede atenderme?, no encuentro mi talla.*

señorón, na. m. y f. Persona distinguida o importante, o que se comporta como si lo fuera. Frec. despect. *Acompañaba a la señorona un fornido guardaespaldas.*

señuelo. m. **1.** Cosa que sirve para atraer o para inducir a algo con engaño. *Ponían ofertas como señuelo para que entraran clientes.* **2.** En caza: Ave u objeto que se utiliza para atraer a otras aves. *Utilizan señuelos para cazar codornices.*

sépalo. m. *Bot.* Cada una de las piezas, gralm. verdosas, que constituyen el cáliz de una flor. *Cogió una flor y separó los sépalos y los pétalos.*

separable. adj. Que se puede separar. *Un juguete con piezas pequeñas separables puede ser peligroso. El ejercicio de la libertad no es separable* DEL *respeto a las leyes.*

separación. f. **1.** Hecho o efecto de separar o separarse. *El interlineado es la separación entre las líneas consecutivas de un texto. No llores, será una separación muy breve. Construyeron un tabique de separación.* **2.** Interrupción de la vida conyugal, por conformidad de las partes o por fallo judicial, sin que quede anulado el vínculo matrimonial. *Su marido había presentado una demanda de separación.* ■ **~ de bienes.** f. *Der.* Régimen económico en virtud del cual cada cónyuge conserva y administra sus bienes sin intervención del otro. *Antes de casarse hicieron separación de bienes.*

separadamente. adv. Por separado. *El lingüista no puede concebir separadamente la semántica y la sintaxis.*

separado, da. part. **1.** → **separar. 2.** Que se ha separado (→ 1) de su cónyuge. Tb. m. y f. *Al mes de empezar a salir con él se enteró de que era un separado y con dos hijos.* ■ **por separado.** loc. adv. De manera independiente, o considerando individualmente las personas o cosas de que se trata. *En algunos proyectos trabajan juntos, y en otros, por separado. Vendió su equipo de música por separado.*

separador, ra. adj. Que separa o sirve para separar. *El río era la línea separadora entre los dos municipios.* Dicho de objeto o dispositivo, tb. m. *Clasificaba los documentos en una carpeta con separadores.*

separar. tr. **1.** Establecer distancia (entre una persona o cosa) y otra a la que estaban unidas o próximas. *Separa la silla* DE *la estufa, que se puede quemar. El pastor separó las ovejas* DE *las cabras. Nunca se separa* DE *su madre.* Tb. en constr. prnl. media. *La etiqueta del precio se ha separado* DE *la lata.* **2.** Considerar separadamente (cosas que estaban unidas). *Debes separar esos dos conceptos para no confundirlos.* **3.** Hacer que (dos o más personas o animales) dejen de pelear. *La profesora intentó separar a dos alumnos que estaban pegándose.* **4.** Hacer que (una persona) abandone un cargo o empleo. *Han separado al teniente* DE *su cargo por insubordinación. Se separó voluntariamente* DE *la dirección.* ○ intr. prnl. **5.** Interrumpir dos cónyuges su vida en común, por decisión propia o por sentencia judicial, sin que quede anulado el vínculo matrimonial. *Desde que se separaron no han vuelto a dirigirse la palabra.* Tb.: *Se ha separado* DE *su mujer después de diez años de matrimonio.* **6.** Hacerse autónoma una comunidad política respecto de otra a la que pertenecía. *La república de Bosnia se separó* DE *la antigua Yugoslavia.* **7.** Dejar de pertenecer a un grupo, actividad o asociación. *Se ha separado* DE *su partido político.* ▶ **4:** *DESTITUIR.

separata. f. Impreso independiente que contiene un artículo de una revista o un capítulo de un libro. *Sobre su mesa se apilan fascículos, libros y separatas.*

separatismo. m. Doctrina política que defiende la separación de un territorio respecto de la nación a la que pertenece. *Se sentía nacionalista, pero sin aceptar el separatismo.* Tb. la tendencia o movimiento políticos que se apoyan en esa doctrina. *El partido conservador defiende ideas opuestas a las de los separatismos.*

separatista. adj. **1.** Del separatismo. *Ideología separatista.* **2.** Partidario o seguidor del separatismo. *Partido separatista.* Dicho de pers., tb. m. y f. *Los separatistas han convocado una manifestación a favor de la independencia.*

sepelio. m. cult. Entierro (hecho de enterrar un cadáver). *Antes del sepelio, se celebrará una misa de cuerpo presente.*

sepia. f. **1.** Jibia (molusco). *Nos pusieron unas tapas de calamares y sepia.* ○ m. **2.** Color rojizo claro como el de la tinta de la sepia (→ 1). *En el cuadro predominan los sepias y marrones.* Tb. adj. *Conservaba una antigua fotografía de color sepia.* ▶ **1:** *JIBIA.

septembrino, na. adj. cult. Del mes de septiembre. *Diversos intelectuales participaron en los sucesos septembrinos de 1828 contra Bolívar. Fiestas septembrinas.*

septenio. m. Tiempo de siete años. *El presidente francés era elegido por un septenio.*

septentrión. m. (Referido a punto cardinal, se usa en mayúsc.). cult. Norte (punto cardinal, lugar, o viento). *La brújula señalaba el Septentrión. El clima en el septentrión peninsular es más frío que en el mediodía.*

septentrional. adj. cult. Del septentrión. *La zona septentrional de la isla es más fría.*

septeto. m. **1.** *Mús.* Conjunto de siete instrumentos o de siete voces. *Actuará un septeto de música celta.* **2.** *Mús.* Composición para ser interpretada por un septeto (→ 1). *Interpretaron el septeto opus 20 de Haydn.*

septicemia. f. *Med.* Infección generalizada grave del organismo, producida por el paso a la sangre de gérmenes patógenos. *Ha fallecido a causa de una septicemia.*

séptico, ca. adj. *Med.* De la infección, o que contiene gérmenes infecciosos. *Tras localizar el foco séptico, pudieron combatir mejor la infección.*

septiembre. (Tb. **setiembre**). m. Noveno mes del año. *En el hemisferio norte, el otoño empieza en septiembre.*

septillizo, za. adj. Dicho de persona: Que es una de las siete nacidas de un mismo parto. Tb. m. y f. *Una mujer dio a luz a septillizos en el hospital comarcal.*

séptimo, ma. (Tb. **sétimo**; APÉND. NUM.). adj. **1.** Que sigue inmediatamente en orden a lo sexto. *He sacado mi séptimo sobresaliente.* Tb. sustantivado. *Fue el séptimo de su promoción.* **2.** Dicho de parte: Que es una de las siete iguales en que puede dividirse un todo.

Una séptima parte de la clase son chicos, y el resto, chicas. Tb. m. *A cada socio le correspondió un séptimo* DE *los beneficios.* ● f. **3.** *Mús.* Intervalo o distancia de tono que hay entre una nota y la séptima (→ 1) nota anterior o posterior a ella en la escala. *De "do" a "si" hay una séptima.*

septuagenario, ria. adj. Dicho de persona: Que tiene entre setenta y setenta y nueve años. Tb. m. y f. *Mis abuelos son ya unos septuagenarios.*

septuagésimo, ma. (APÉND. NUM.). adj. Que sigue inmediatamente en orden a lo sexagésimo noveno. *Se celebra el septuagésimo aniversario de la independencia del país.* Tb. sustantivado. *En la carrera de maratón entró el septuagésimo.* Seguido de los ordinales *primero* a *noveno*, se usa como ordinal para los números setenta y uno a setenta y nueve. *Se aprobó el convenio en la septuagésima quinta reunión de la Conferencia.*

septuplicar. tr. Multiplicar por siete o hacer siete veces mayor (algo). *La empresa ha septuplicado sus beneficios en los últimos cinco años.* Tb. en constr. prnl. media. *En una década se septuplicó el número de enfermos por sida.*

séptuplo, pla. adj. Siete veces mayor. *Cantidad séptupla.* Dicho de cantidad, tb. m. *El séptuplo de 3 es 21.*

sepulcral. adj. Del sepulcro. *En la lápida sepulcral se lee el nombre del difunto.* Frec. fig. para enfatizar la intensidad de un silencio. *Un silencio sepulcral inundó la sala.*

sepulcro. m. Construcción, gralm. de piedra, levantada sobre el suelo para sepultar uno o más cadáveres. *En la capilla mayor destaca el sepulcro en mármol del marqués.* ■ **Santo Sepulcro.** m. Lugar en que estuvo sepultado Jesucristo. *Cuentan los evangelistas que, al tercer día de la sepultura, el Santo Sepulcro apareció vacío.* ▶ SARCÓFAGO.

sepultar. tr. **1.** Enterrar (un cadáver), o poner(lo) en una sepultura. *Lo sepultaron en el panteón familiar.* **2.** Ocultar (algo o a alguien) cubriéndo(los) por completo. *La nieve ha sepultado el camino. Un alud sepultó a los montañeros.* ▶ ENTERRAR.

sepulto, ta. adj. cult. Que está sepultado. *El relato habla de personas ya sepultas. Bajo las aguas del pantano hay un pueblo sepulto.*

sepultura. f. **1.** Hecho de sepultar. *En la sepultura del difunto solo estuvo presente la familia.* **2.** Hoyo, excavado en el suelo, en que se entierra un cadáver. *Han cavado una sepultura para enterrar al fallecido.* **3.** Lugar, levantado sobre el suelo, en que se entierra un cadáver. *En su sepultura había un epitafio grabado.* ■ **dar ~** (a alguien). loc. v. Enterrar(lo), o poner(lo) en una sepultura (→ 1, 2). *Le dieron sepultura ayer por la tarde.*

sepulturero, ra. m. y f. Persona que tiene por oficio abrir sepulturas y sepultar a los muertos. *Dos sepultureros están cavando la fosa.* ▶ ENTERRADOR.

sequedad. f. Cualidad de seco. *De tanto hablar, sentía una gran sequedad de garganta. Me recibió con sequedad y mal talante.*

sequía. f. Ausencia o insuficiencia de lluvias durante una temporada larga. *Habrá restricciones de agua a causa de la sequía.*

séquito. m. Conjunto de personas que acompañan y siguen a otra relevante de la que son subordinados o a la que se debe respeto. *El Papa y su séquito fueron recibidos por las autoridades al pie del avión.*

ser. (conjug. SER). copul. **1.** Constituye el predicado de una oración junto con un adjetivo o un nombre, o una expresión equivalente, que expresan una característica o cualidad que se conciben como permanentes en lo designado en el sujeto. *Es de Ponferrada. No tiene ningún privilegio por ser del Comité. Lo conozco, es de mi barrio. Es viuda. La cocina es de gas.* **2.** Constituye el predicado de una oración junto con un nombre, un adverbio o una expresión con valor de adverbio, que expresan tiempo. Se usa sin sujeto. *Ya es otoño. Son las tres en punto. Es mediodía. Es demasiado pronto para salir. En verano, a las 10 es de noche.* **3.** Seguido del participio de un verbo transitivo, forma la construcción pasiva, que presenta la persona o cosa designadas en el sujeto como objetos de la acción expresada por ese participio. *Fue nombrado secretario. Han sido expulsadas de la clase.* ○ intr. **4.** Suceder o tener lugar. *El incendio es allí arriba. Perdona: ha sido sin querer. La caída fue por su culpa. ¿Dónde ha sido el accidente? La cita es a las 9. Eso será si tengo ganas.* **5.** Existir. *¡Allí fue la debacle: todos empezaron a pegarse!* **6.** Valer o costar. *Son 30 euros. ¿A cómo son las manzanas? La tela es a 20 euros el metro.* ● m. **7.** Cosa existente, espec. la dotada de vida. *Las plantas son seres orgánicos.* **8.** Ser (→ 7) humano o persona. *Es un ser admirable.* **9.** Esencia o naturaleza. *En los leones el instinto de cazar es parte de su ser.* ■ **como dos y dos son cuatro.** loc. adv. Con seguridad absoluta. *Si sigues subiéndote a esa escalera, acabarás cayéndote como dos y dos son cuatro.* ■ **érase (una vez).** expr. Se usa para empezar los cuentos infantiles. *Érase una vez una princesita muy gorda...* A veces en la constr. *érase que se era.* ■ **es decir,** u **o sea,** o **esto es,** o **es a saber.** expr. Se usa para introducir una explicación o aclaración a algo expuesto. *Viajaremos al Cono Sur, es decir, a Argentina, Uruguay y Chile. Vendrán todos a comer, o sea que seremos cinco.* ■ **no ~ para menos.** loc. v. Haber razones suficientes para justificar lo expuesto. *Lo mandó a la porra, pero es que no era para menos.* ■ **no somos nadie.** expr. Se usa para enfatizar la fragilidad de la condición humana. *–Me han puesto en la calle. –No somos nadie.* ■ **o sea.** → **es decir.** ■ **sea lo que fuere,** o **sea lo que sea.** expr. Se usa para indicar que lo que se expresa a continuación se considera lo principal con respecto a lo accesorio que se ha expresado antes. *Entiendo tus reservas, pero sea lo que sea tenemos que decidirnos.* ■ **~ de lo que no hay.** loc. v. coloq. Ser poco corriente. *Tenemos unos abuelos que son de lo que no hay.* ■ **un sí es no es.** loc. adv. Algo o un poco. *Tiene un sabor un sí es no es amargo. Pronuncia con un deje un sí es no es andaluz.* ▶ **7:** ENTE, ENTIDAD. **8:** *PERSONA.

seráfico, ca. adj. *Rel.* De los serafines. *Cuentan que en la cueva tuvo lugar una aparición seráfica.* Frec. fig. para calificar el carácter angelical de alguien o algo. *Era de una bondad seráfica.*

serafín. m. *Rel.* Espíritu celeste que integra el primero de los nueve coros en que se jerarquizan los ángeles. *En las bóvedas están representados querubines, serafines y arcángeles.*

serbal. m. Árbol de tronco recto y liso, copa abierta, hojas dentadas, flores color crema y fruto pequeño en forma de pera, abundante en los montes de España. *Desde allí divisamos un paisaje de arroyos, hayas y serbales.*

serbio, bia. (Tb. **servio**). adj. **1.** De Serbia. *Belgrado es la capital serbia.* Dicho de pers., tb. m. y f. *Serbios y montenegrinos crearon la nueva República*

Federal de Yugoslavia. **2.** Del serbio (→ 3). *Gramática serbia.* ● m. **3.** Lengua hablada en Serbia. *Su interés por las culturas eslavas lo llevó a aprender serbio.*

serbocroata. adj. **1.** De Serbia y Croacia. *Los enfrentamientos serbocroatas condujeron a la independencia de Croacia.* Dicho de pers., tb. m. y f. *El Nobel recayó en un serbocroata.* **2.** Del serbocroata (→ 3). *Gramática serbocroata.* ● m. **3.** Lengua hablada en Serbia, Croacia y otras regiones de la antigua Yugoslavia. *La palabra "vampiro" viene del serbocroata.*

serenar. tr. Tranquilizar o calmar (algo o a alguien). *Intentó serenar al niño, que lloraba desconsoladamente.* Tb. en constr. prnl. media. *La tarde se ha serenado. Pon un poco de música, a ver si te serenas.* ▶ *CALMAR.

serenata. f. Música interpretada en la calle durante la noche y que se dirige a una persona para homenajearla o con fines amorosos. *Contrató a unos tunos para que dieran una serenata a su novia.*

serenidad. f. Cualidad de sereno. *En los momentos críticos, dio muestras de gran serenidad. Nada alteraba la serenidad de su rostro.* ▶ *CALMA.

serenísimo, ma. adj. **1.** sup. → **sereno**². **2.** Se usa, frec. pospuesto a *alteza* o antepuesto a *señor* o *príncipe,* como tratamiento que corresponde a reyes o príncipes. *Preside el acto Su Alteza Serenísima la princesa de Mónaco. Retrato del serenísimo príncipe don Baltasar Carlos.* **3.** Se usa como calificativo o apelativo referido a algunas repúblicas. *La Serenísima República de San Marino. El veneciano Tintoretto realizó pinturas para diversos palacios de la Serenísima República.*

sereno¹. m. **1.** Hombre encargado de rondar por las calles de noche para velar por la seguridad del vecindario. *Había olvidado las llaves y llamó al sereno para que le abriese el portal.* **2.** Humedad que hay en la atmósfera durante la noche. *Paseaba y notaba cómo el sereno despejaba su mente.* ■ **al ~.** loc. adv. A la intemperie de la noche. *Dormimos al sereno en la falda de la montaña.*

sereno², na. adj. **1.** Apacible y tranquilo o libre de turbaciones. *Es un chico sereno y equilibrado. Su serena mirada me hacía sentirme bien. La conversación transcurrió en un ambiente sereno.* **2.** Dicho de tiempo atmosférico: Despejado o claro. *La mañana estaba serena e invitaba a pasear.* **3.** Dicho de persona: Que no está bajo los efectos del alcohol. *Después de una noche de juerga, ninguno estaba sereno.* ▶ **1:** *TRANQUILO. **3:** SOBRIO.

seriación. f. Hecho de seriar. *En el archivo se encargaban de la catalogación y seriación de los documentos.*

serial. adj. **1.** De la serie. *Dispusieron las fotografías de modo que se apreciara bien el carácter serial de la colección.* ● m. **2.** Obra radiofónica o televisiva, gralm. una novela, que se emite en capítulos sucesivos. *Después de comer, se sentaba a ver el serial de la tele.*

seriar. (conjug. ANUNCIAR). tr. Formar series para ordenar (algo). *Hay que seriar los objetos encontrados en la excavación arqueológica.*

serie. f. **1.** Conjunto de cosas que se suceden unas a otras y que están relacionadas entre sí. *Dijo de carrerilla la serie de los meses del año. Un romance es una serie indefinida de versos octosílabos. Admiraba la serie de grabados de Goya sobre la guerra.* **2.** Conjunto de varias cosas o personas. *Plantearon una serie de reivindicaciones de todo tipo. El consejo asesor está compuesto por una serie de profesionales de distintas áreas.* **3.** Conjunto de billetes, sellos u otros valores que forman parte de una misma emisión. *Poseía varias series de sellos de gran valor filatélico. La emisión para el sorteo de Navidad constará de 40 series de 100 000 billetes cada una.* **4.** Obra radiofónica o televisiva que se emite en capítulos, frec. dotados de cierta independencia argumental. *Millones de telespectadores seguían la serie todos los martes.* ■ **en ~.** loc. adj. **1.** Dicho de fabricación: Que se realiza por medios mecánicos y aplicando un sistema de trabajo que permite obtener gran cantidad de objetos idénticos. *El automóvil se popularizó gracias a la fabricación en serie.* Tb. loc. adv. *Estas piezas se elaboran en serie en una cadena de montaje.* **2.** *Fís.* Dicho de conexión de varios componentes de un circuito eléctrico: Que se realiza de modo que por todos ellos pase la misma corriente. *Montaje en serie de dos condensadores.* Tb. loc. adv. *Podemos conectar las pilas del circuito en serie o en paralelo.* ■ **fuera de ~.** loc. adj. Extraordinario o sobresaliente en su línea. *Compró un chalet fuera de serie.* Dicho de pers., tb. m. y f. *Es una fuera de serie en su especialidad.*

seriedad. f. Cualidad de serio. *Intentaba aparentar seriedad delante de los niños. Confía en él: trabaja con mucha seriedad. A nadie se le oculta la seriedad del problema.*

serigrafía. f. **1.** *tecn.* Procedimiento de impresión y estampación en el que el motivo se dibuja en una malla muy fina, gralm. de seda o metálica, que se coloca sobre el tejido o superficie que se quiere imprimir, y sobre la que se aplica la tinta o pintura para que se filtre a través de ella. *Cursos de serigrafía y técnicas artesanales de estampación.* **2.** *tecn.* Dibujo o estampación realizados mediante la serigrafía (→ 1). *La galería exhibirá grabados y serigrafías del artista.*

serigráfico, ca. adj. De la serigrafía. *Impresión serigráfica.*

serio, ria. adj. **1.** Dicho de persona: Que no ríe, o no manifiesta alegría en sus gestos o comportamiento. *Parece serio, pero tiene un gran sentido del humor. Tuve que ponerme serio para que me atendieran.* **2.** Dicho de persona: Que actúa con responsabilidad y tomando en consideración aquello que importa. *Lleva el coche a ese taller: son serios y rápidos.* **3.** Propio de la persona seria (→ 1, 2). *Su gesto serio me hizo pensar que algo grave había ocurrido. No me parece serio que te citen a las diez y te reciban a las once.* **4.** Importante o de consideración. *Padece una seria enfermedad. Vamos a mi despacho, que tenemos que hablar de cosas serias.* ■ **en serio.** loc. adv. De manera responsable, o sin burla. *Te dije que lo haría y te lo dije en serio. Tómate en serio tus estudios.*

sermón. m. **1.** Discurso de carácter religioso y doctrinal pronunciado por un sacerdote ante los fieles, gralm. desde el púlpito. *En la misa de ayer, el sermón trató del respeto a la familia.* **2.** despect. Discurso gralm. largo e insistente con que se reprende, advierte o aconseja a alguien. *Menudo sermón me ha echado mi padre sobre las malas compañías.*

sermoneador, ra. adj. Que sermonea o reprende. Dicho de pers., tb. m. y f. *Aquel maestro parecía más un sermoneador.*

sermonear. tr. **1.** despect. Reprender o aconsejar (a alguien) echándo(le) un sermón. *Deja de sermonearme.* ○ intr. **2.** Pronunciar un sermón un sacerdote. *El cura sermoneaba desde el púlpito.* ▶ **2:** PREDICAR.

sermoneo. m. coloq. Hecho de sermonear. *Ahórrate el sermoneo, que ya sé yo lo que tengo que hacer.*

serón. m. Cesto grande, más largo que ancho, gralm. de esparto y sin asas, que se coloca a una caballería para transportar carga en él. *Conducía una recua de borricos con serones cargados de víveres.*

seronegativo, va. adj. *Med.* Dicho de persona: Que presenta un diagnóstico negativo según el cual su sangre no contiene anticuerpos específicos causados por la presencia de un virus, espec. el del sida. Tb. m. y f. *Algunas de las pruebas para hallar una vacuna se realizarán con seronegativos voluntarios.*

seropositivo, va. adj. *Med.* Dicho de persona: Que presenta un diagnóstico positivo según el cual su sangre está infectada por un virus, espec. el del sida, y contiene anticuerpos específicos. *El bebé, de madre seropositiva, nació infectado.* Tb. m. y f. *El número de seropositivos ha crecido de manera alarmante.*

serosidad. f. **1.** *Fisiol.* Líquido que segregan determinadas membranas del organismo. *El herido presentaba una acumulación de serosidades en las cavidades del cerebro.* **2.** *Fisiol.* Líquido que se acumula en las ampollas formadas por lesiones en la piel. *Desinfecte la ampolla y reviéntela con una aguja esterilizada para que salga la serosidad.*

seroso, sa. adj. **1.** *Anat.* y *Fisiol.* Del suero o la serosidad, o de características semejantes a las suyas. *Las pleuras son sacos serosos. Al reventarse la ampolla, brotó un líquido seroso.* ● f. **2.** *Anat.* Membrana serosa (→ **membrana**). *El peritoneo es una serosa que cubre por dentro la cavidad abdominal.*

serpear. intr. cult. Serpentear. *El camino se adentra en el monte y serpea entre las rocas.*

serpentear. intr. Moverse o extenderse formando curvas en una dirección y en la contraria como las serpientes. *El río serpenteaba entre alisos.* ▶ CULEBREAR.

serpenteo. m. Hecho de serpentear. *Cansados del serpenteo del camino, atajamos campo a través.*

serpentín. m. *tecn.* Tubo largo en forma de espiral o en zigzag y que, en un alambique u otro aparato, sirve para facilitar el enfriamiento o calentamiento de un fluido. *El vapor del alcohol calentado pasa por el serpentín del alambique, donde se condensa.*

serpentina. f. Tira de papel enrollada, que se desenrolla al lanzarla sujetándola por un extremo, y que suele lanzarse por diversión en actos festivos. *El confeti y las serpentinas cubrían el suelo después del cumpleaños.*

serpiente. f. Reptil de cuerpo cilíndrico y muy largo, cabeza aplanada y piel coloreada y escamosa, del cual existen varias especies, por ej.: ~ *de cascabel* (→ **crótalo**), ~ *pitón* (→ **pitón**). *La serpiente macho.* ■ **la ~.** loc. s. *Rel.* Se usa para designar o representar al diablo. *La serpiente tentó a Eva.* ▶ CULEBRA.

serrado, da. part. **1.** → **serrar.** ● adj. **2.** Que tiene dientes pequeños como los de una sierra. *Hojas serradas.* ▶ ASERRADO.

serrallo. m. Harén. *El faraón tenía un serrallo de más de cincuenta mujeres. Entró disfrazado en el serrallo para reunirse con su amante.*

serranía. f. Terreno atravesado por montañas y sierras. *Recorreremos los pueblos más pintorescos de la serranía.*

serranilla. f. *Lit.* Composición poética, gralm. de arte menor, en que se narra el encuentro de un caballero con una pastora. *Las serranillas del Marqués de Santillana.*

serrano, na. adj. De la sierra. *Vive en una aldea serrana. Soplaba un viento serrano.* Dicho de pers., tb. m. y f. *Este frío solo lo aguanta un serrano.*

serrar. (conjug. ACERTAR). tr. Cortar con la sierra (algo, espec. madera). *Serró varias tablas para hacer una estantería.* ▶ ASERRAR.

serrería. f. Taller mecánico en el que se sierra madera. *En la serrería, una máquina iba cortando los troncos en tablones.*

serrín. m. Conjunto de partículas que se desprenden de la madera al serrarla. *Hacían muñecas de tela rellenas con serrín.*

serrucho. m. Sierra de hoja ancha y gralm. con un solo mango. *Corte la tabla por la mitad con un serrucho.*

serventesio. m. *Lit.* Estrofa de cuatro versos de arte mayor, que riman en consonante 1º con 3º y 2º con 4º. *El poema empieza con un serventesio.*

servible. adj. Que puede servir para algo. *Lo único que quedó sano y servible fue una jarra de metal.*

servicial. adj. Dicho de persona: Dispuesta a prestar servicios o ayuda a otros. *Se levantó servicial a traerme agua.*

servicio. m. **1.** Hecho de servir o servirse. *Consagró su vida al servicio de unos ideales. El servicio de la tenista sueca fue muy potente.* **2.** Realización o prestación por parte de alguien o algo del trabajo o función que les son propios. *Hoy no hay servicio de recogida de basuras. Estas zapatillas me han hecho muy buen servicio. El ascensor está fuera de servicio por avería. Entro de servicio el viernes a las tres.* **3.** Conjunto de personas que sirven como sirvientes o atendiendo al público. *En la casa había una entrada para los señores y otra para el servicio. El director del hotel reunió al servicio.* **4.** Trabajo o actividad de sirviente. Tb. ~ *doméstico. Muchos inmigrantes encuentran trabajo en el servicio doméstico.* **5.** Organización y personal destinados a cuidar intereses o satisfacer necesidades del público o de una entidad. *El telegrama lo trajo un empleado del servicio de correos. En la universidad funciona un servicio de orientación laboral. Servicio médico.* **6.** Conjunto de utensilios que se usan para un fin, espec. para servir en la mesa. *Me regalaron un servicio de té de porcelana.* **7.** Conjunto de utensilios que se ponen en la mesa para cada comensal. *En el restaurante habían preparado una mesa con seis servicios.* **8.** Retrete (habitación). *Señorita, por favor, ¿dónde está el servicio?* Frec. en pl. con significado sing. *Antes de sentarse a comer, entró en los servicios a lavarse las manos.* **9.** Celebración de culto religioso. *Durante el servicio, celebrado en la catedral, sonó música de órgano.* ◯ pl. **10.** *Econ.* Conjunto de actividades económicas relacionadas con los servicios (→ 2) que se prestan a los ciudadanos, y no con la producción de bienes. *El 60% de la población se ocupa en los servicios, y el 8%, en el sector primario.* Frec. en aposición siguiendo a *sector. Se crean cada vez más empresas del sector servicios.* ■ **~ de inteligencia.** m. Organización secreta de un Estado, que se ocupa de dirigir y organizar el espionaje. *El servicio de inteligencia italiano alertó de que se preparaba un gran atentado.* ⇒ INTELIGENCIA. ■ **~ discrecional.** m. Servicio (→ 2) público de transporte, regulable en función de las necesidades de los usuarios y de la empresa que lo presta. *La empresa dispone de autobuses de línea y de servicio discrecional.* ■ **~ militar.** m. Servicio (→ 2) que presta una persona al Estado cumpliendo la obligación de ser soldado durante un tiempo determinado. *Los pacifistas abogan por la desaparición del servicio militar.* Frec. con *hacer. Hizo el servicio militar en la Marina.* ⇒ Am: CONSCRIPCIÓN. ■ **~s mínimos.** m. pl. Conjunto de servicios (→ 2) y actividades cuyo mantenimiento impone la Administración en caso de huelga por considerarlos esenciales para la comunidad. *Durante la huelga, el Gobierno estableció unos servicios mínimos del 60% en hora punta.* ■ **flaco ~.** m. coloq. Perjuicio que se causa al hacer algo que pretende ser una ayuda o beneficio. Frec. con *hacer. El periodista que mezcla la información con sus opiniones, hace un flaco servicio a la profesión.* □ **al ~** (de alguien). loc. adv. A disposición (de esa persona). Gralm. con *estar. Si necesita usted algo, estoy a su servicio.* ■ **de ~.** loc. adj. Dicho de acceso o instalación: Destinado al uso de sirvientes y proveedores. *A la cocina y las dependencias de los criados se accede por la escalera de servicio.* ▶ **7:** CUBIERTO. **8:** *RETRETE.

servidor, ra. m. y f. **1.** Persona que sirve como criado. *Ha llegado el señor, acompañado de su fiel servidor. Muchos esclavos trabajaban como servidores domésticos.* **2.** Persona que presta un servicio, espec. como miembro o empleado de una institución u organismo. *Los jueces y demás servidores de la justicia deben actuar con independencia.* **3.** Con un verbo en tercera persona: Lo usa, por cortesía, una persona de nivel popular para referirse a sí misma. *Servidora no piensa lo mismo que usted. Cuando preguntó quién era Ernesto, él contestó: –¡Servidor!* Tb. *un ~*, y entonces se utiliza como sustituto de *yo. Si necesita ayuda, puede usted contar con una servidora.* **4.** Se usa en fórmulas de despedida de cartas formales. *Antes de firmar, añadió: "Sin otro particular, se despide atentamente su seguro servidor".* ▶ **1:** *CRIADO.

servidumbre. f. **1.** Conjunto de personas que sirven en una casa. *En la parte trasera del palacio están las habitaciones de la servidumbre.* **2.** Condición de siervo. *La revolución liberó a muchos de la servidumbre.* **3.** Obligación penosa e inexcusable. *Aliarse con los poderosos conlleva beneficios, pero también servidumbres.*

servil. adj. **1.** Dicho de persona: Que actúa con exagerada sumisión o humildad frente a alguien. *Se rodeó de colaboradores serviles que nunca le llevaban la contraria.* **2.** Propio de la persona servil (→ 1). *Con sus superiores adopta siempre una actitud servil.* **3.** De los siervos. *Los que se rebelaron contra sus señores fueron reducidos y devueltos a su condición servil.*

servilismo. m. Actitud o cualidad de servil. *El apoyo a las propuestas de la gran potencia fue un acto de servilismo.*

servilleta. f. Pieza de tela o papel que se usa para limpiarse las manos o la boca en las comidas. *Desdobló la servilleta y se la puso sobre las piernas.*

servilletero. m. **1.** Utensilio en forma de aro en el que se recoge enrollada una servilleta. *Su servilletero tenía grabada su inicial.* **2.** Utensilio que sirve para poner servilletas de papel. *Sobre la barra del bar hay palilleros y servilleteros.*

servio, via. → **serbio.**

servir. (conjug. PEDIR). tr. **1.** Atender (a un cliente) o proporcionar(le) lo que pide. *La fruta de esta tienda no es tan buena, pero nos sirven rápido.* Tb. usado en constr. intr. *Conozco una cafetería donde sirven muy bien.* **2.** Proporcionar a un cliente (lo que pide). *Mañana le serviremos el pedido.* Tb. usado en constr. intr. *Servimos a domicilio.* **3.** Poner en el plato o vaso de alguien (la comida o bebida que va a tomar). *Serviremos un rioja a los invitados antes de la cena. Sírvete tú mismo la carne que quieras.* Tb. usado en constr. intr. *Empezó a servir cuando todos estuvimos sentados.* **4.** Atender (la mesa) llevando (a ella) los alimentos y bebidas que se necesitan. *Hoy me toca a mí servir la mesa.* **5.** Trabajar como criado o sirviente (para alguien). *Servía a una anciana marquesa.* **6.** Hacer algo en favor o beneficio (de alguien) o ayudar(lo). *Quería ser misionero para servir a los más necesitados.* **7.** Realizar una tarea en beneficio o favor (de algo). *Como alcalde, sirve a los intereses de su ciudad. Se alistó en el ejército para servir a la patria.* ○ intr. **8.** Ser adecuada una persona o cosa para otra. *Este destornillador no me sirve, es demasiado pequeño. –Necesito que alguien me ayude. –¿Te sirvo yo? La reunión sirvió* PARA *ponernos de acuerdo. Sirve* PARA *el puesto: es inteligente y organizado.* **9.** Actuar o funcionar como lo expresado. *Sus palabras me sirvieron* DE *alivio. La chaqueta le sirve* DE *almohada. Tú me servirás* DE *guía.* **10.** Trabajar como criado o sirviente. *Entró a servir en un cortijo sevillano.* **11.** En determinados deportes, espec. en tenis: Sacar. *Al tenista mallorquín le toca servir.* ○ tr. prnl. **12.** cult. Seguido de un infinitivo: Tener a bien o dignarse (hacer lo expresado por él). *Sírvase aceptar este regalo como muestra de nuestro agradecimiento.* ○ intr. prnl. **13.** Utilizar algo o a alguien. *Se ha servido* DE *él para conseguir un ascenso en la empresa. ¿Os habéis servido* DE *alguna estratagema para convencerlo?* ■ **ir servido** alguien. loc. v. coloq. Se usa para expresar irónicamente que esa persona está muy equivocada. *Si crees que te voy a dejar el coche, vas servida.* ■ **para ~lo.** expr. Se usa como fórmula de cortesía para presentarse alguien. *Estaba deseando conocerla, soy Pedro González, para servirla.*

servo. m. *Mec.* Servomecanismo. *Aparato dotado con servo de dirección.*

servodirección. f. *Mec.* Dirección asistida. *El coche dispone de servodirección y sistema antibloqueo de frenos.*

servofreno. m. *Mec.* Mecanismo auxiliar que amplifica la acción de los frenos y permite que el esfuerzo del conductor para frenar sea reducido. *En este modelo, la dirección asistida y el servofreno son opcionales.* Tb. el freno dotado de ese mecanismo.

servomecanismo. m. *Mec.* Mecanismo que se regula automáticamente, al ser capaz de detectar un error o una diferencia entre su funcionamiento y el esperado, y de actuar para compensarlos. *Han fabricado robots dotados de servomecanismos.* ▶ SERVO.

sésamo. m. Planta herbácea, cuyo fruto contiene numerosas semillas comestibles y de las que se extrae aceite. *Cultivan trigo, sésamo y mijo.* Tb. la semilla. *Compramos unas tortas elaboradas con miel y sésamo.* ▶ AJONJOLÍ.

seseante. adj. **1.** Que sesea. *En Andalucía, hay zonas predominantemente seseantes, y otras, ceceantes.* Dicho de pers., tb. m. y f. *Le cuesta entender a los seseantes.* **2.** Del seseo. *La pronunciación seseante es un rasgo dialectal.*

sesear. intr. Pronunciar la *z* o la *c*, ante *e* o *i*, como *s. Llevaba tanto tiempo en Sevilla que ya seseaba.*

sesenta. (APÉND NUM.). adj. **1.** Cincuenta y nueve más uno. *Se jubiló al cumplir sesenta años.* Tb. sustantivado. *Vinieron al banquete los sesenta que había invitado.* Tb. pron. *–¿Cuántos discos tiene la colec-*

ción? –Sesenta. **2.** Sexagésimo. *Ocupa el puesto sesenta de los aprobados en la oposición.* ● m. **3.** Número que sigue al cincuenta y nueve. *El sesenta se escribe 60.* Frec. *número ~.* ■ **los (años) ~.** loc. s. La séptima década del siglo, espec. del XX. *Los Beatles surgieron en los sesenta.*

sesentón. adj. coloq. Dicho de persona: Que ha cumplido la edad de sesenta años y no llega a los setenta. Tb. m. y f. *Ya soy una sesentona, pero me siento joven.*

seseo. m. Hecho de sesear. *Supuse que era andaluz por su seseo.*

sesera. f. **1.** coloq. Cráneo. *Se había quedado calvo y presumía de una sesera reluciente.* **2.** coloq. Seso (masa contenida en el cráneo). *El carnicero abrió la cabeza del animal y le sacó la sesera.* **3.** coloq. Juicio o inteligencia. *Será guapa, pero tiene muy poca sesera.*

sesgado, da. part. **1.** → **sesgar.** ● adj. **2.** Oblicuo. *La luz caía, sesgada, desde los ventanales hasta la mesa del altar.* **3.** Dicho de información: Tendenciosa. *El reportaje ofrece una información sesgada.* ▶ **3:** TENDENCIOSO.

sesgar. tr. **1.** Cortar o partir (algo) de forma oblicua o en diagonal. *El niño sesgaba la cartulina en vez de cortar por la línea marcada.* **2.** Torcer o desviar (algo). *Pretende sesgar mis propósitos.*

sesgo. m. **1.** Rumbo o dirección que toma un asunto. *El sesgo de la economía está cambiando y vamos hacia una crisis. Los acontecimientos tomaron un sesgo inesperado.* **2.** Cualidad de sesgado. *Hizo un análisis de marcado sesgo partidista.* ■ **al ~.** loc. adv. De manera oblicua o en diagonal. *Las gotas de lluvia caían al sesgo sobre el cristal.*

sesión. f. **1.** Reunión de los miembros de una junta o corporación. *El Parlamento celebrará una sesión extraordinaria.* **2.** Espacio de tiempo dedicado a una actividad. *La maquillarán antes de la sesión fotográfica. Te recomiendo unas sesiones de masajes para relajarte.* **3.** Representación o proyección del programa completo de un espectáculo, espec. de cine o de teatro. *Fuimos al cine a la sesión de las seis. Sesión de noche.* ■ **~ continua.** f. Sesión (→ 3) cinematográfica en que se proyecta repetidamente el mismo programa y los espectadores pueden permanecer sin límite de tiempo. *Fue a una sesión continua y vio la película dos veces.*

sesionar. intr. frecAm. Celebrar sesión. *La junta sesionará lunes y jueves* [C].

seso. m. **1.** Masa de tejido nervioso contenida en el cráneo. Frec. en pl. *Los riñones, sesos e hígado de algunos animales se comen.* **2.** Prudencia o sensatez. *¡Qué poco seso tiene esta muchacha!* ■ **devanarse,** o **calentarse,** alguien **los ~s.** loc. v. coloq. Pensar o meditar mucho. *Se devanaba los sesos intentando hallar la solución del problema. Deja el asunto, no te calientes más los sesos.* ■ **sorber el ~** (a alguien). loc. v. coloq. Ejercer (sobre él) una atracción o influencia irresistible, hasta hacer(le) perder el juicio. Se usa con intención enfática. *Los juegos de ordenador le han sorbido el seso. Esa niña le tiene sorbido el seso.*

sestear. intr. **1.** Dormir la siesta. *Le gustaba sestear en una butaca, frente al fuego de la chimenea.* **2.** Agruparse el ganado en un lugar sombrío para descansar y librarse del calor. *El rebaño de ovejas sesteaba a la sombra de unos castaños.*

sesteo. m. Hecho de sestear. *Un ruido la sacó de su plácido sesteo.*

sestercio. m. histór. Antigua moneda romana. *Cada legionario recibió 75 sestercios.*

sesudo, da. adj. Sensato o prudente. *El experimento lo coordinan prestigiosos y sesudos profesores.*

set. (pl. **sets**). m. **1.** Conjunto de elementos del mismo tipo o que tienen un fin común. *Por la compra de dos cuadernos, regalo de un set de tres bolígrafos. El set de limpieza de calzado incluye cepillos, un paño y betún.* **2.** En algunos deportes, como el tenis o el voleibol: Parte de un partido, con tanteo independiente. *El equipo de voleibol ha ganado por tres sets a dos.* **3.** En cine o televisión: Plató. *La actriz salió de su camerino y se dirigió al set para rodar.* ▶ **3:** PLATÓ.

seta. f. Hongo con forma de sombrilla sostenida por un pie. *Son muy apreciadas en gastronomía setas como la oronja y el champiñón.* ▶ HONGO.

setecientos, tas. (APÉND. NUM.). adj. **1.** Seiscientos noventa y nueve más uno. *Setecientos corredores participaron en el maratón popular.* Tb. sustantivado. *Los setecientos que aprobaron se convertirán en funcionarios del Estado.* Tb. pron. *–¿Cuántos trabajadores hay en esta fábrica? –Setecientos.* **2.** Que ocupa en una serie el lugar número setecientos (→ 3). *Según el carné, soy el afiliado setecientos.* ● m. **3.** Número que sigue al seiscientos noventa y nueve. *El setecientos se representa como 700.* Frec. *número setecientos.*

setenta. (APÉND. NUM.). adj. **1.** Sesenta y nueve más uno. *La estantería tiene 70 cm de fondo.* Tb. sustantivado. *Vinieron los setenta que habíamos invitado.* Tb. pron. *–¿Cuántos años cumple? –Setenta.* **2.** Septuagésimo. *Llegó a meta en el puesto setenta.* ● m. **3.** Número que sigue al sesenta y nueve. *El setenta se escribe 70.* Tb. *número setenta.* ■ **los (años) ~.** loc. s. La octava década del siglo, espec. del XX. *A finales de los setenta se atisba una recuperación económica. En los años setenta surgió una gran generación de poetas.*

setentón, na. adj. coloq. Dicho de persona: Que ha cumplido la edad de setenta años y no llega a los ochenta. Tb. m. y f. *Aunque es ya un setentón, sigue trabajando.*

setiembre. → **septiembre.**

sétimo, ma. → **séptimo.**

seto. m. Cercado hecho con matas o arbustos, o con palos entretejidos. *Se desgarró la falda al saltar un seto del jardín.*

seudo-. (Tb. **pseudo-**). elem. compos. Significa 'falso'. *Seudopoeta, seudoperiodismo, pseudodemocrático.*

seudocientífico, ca. (Tb. **pseudocientífico**). adj. Falsamente científico. *Hay teorías seudocientíficas sobre la salud muy peligrosas.*

seudónimo, ma. (Tb. **pseudónimo**). adj. **1.** Dicho de persona, espec. de autor: Que emplea seudónimo (→ 2). *Se desconoce la identidad del autor seudónimo que firma el relato.* ● m. **2.** Nombre que utiliza una persona, frec. un autor, en lugar del suyo verdadero. *"Pablo Neruda" era el pseudónimo de Ricardo Eliecer Neftalí Reyes.*

seudópodo. (Tb. **pseudópodo**). m. *Biol.* Prolongación transitoria del citoplasma de determinadas células que les permite desplazarse y capturar alimentos. *Los glóbulos blancos y las amebas poseen seudópodos.*

s. e. u o. abrev. Salvo error u omisión. *Los precios son válidos (s. e. u o.) hasta el fin de existencias.*

severidad. f. Cualidad de severo. *Habla a sus subordinados con una severidad que impone. El juez aplicó la ley con severidad e impuso la máxima condena.*

severo, ra. adj. **1.** Dicho espec. de persona: Dura y poco indulgente en el trato, o en la valoración de errores y debilidades. *Es muy severa con los que no piensan como ella.* **2.** Dicho espec. de persona: Estricta o rigurosa en el cumplimiento de una ley o una regla. *Juez severo. Tribunal severo.* **3.** Propio de la persona severa (→ 1, 2). *Se han adoptado severas medidas contra el fraude. La condena puede calificarse de severa.* **4.** Serio o sobrio. *El Ayuntamiento es un edificio neoclásico de severa fachada. Vestía un traje severo de oficinista.*

seviche. → **sebiche.**

sevicia. f. **1.** cult. Crueldad excesiva. *Los prisioneros eran golpeados con sevicia por los guardianes.* **2.** cult. Acto de trato cruel, espec. el que se realiza con alguien sobre quien se tiene autoridad o poder. *La ley castiga las torturas y toda sevicia corporal.*

sevillano, na. adj. **1.** De Sevilla. *Velázquez fue un pintor sevillano.* Dicho de pers., tb. m. y f. *Sevillanos y visitantes abarrotan el recinto de la Feria de Abril.* ● f. pl. **2.** Cante popular propio de Sevilla y su comarca, bailable, muy vivo y con letra de seguidilla. *Pasamos horas cantando fandangos y sevillanas.* Tb. la música y el baile que se ejecuta con él. *¡Toca unas sevillanas, a ver si se anima la fiesta! Le encantaba bailar sevillanas con su traje de faralaes.* ▶ **1:** HISPALENSE.

sexagenario, ria. adj. Dicho de persona: Que tiene entre sesenta y sesenta y nueve años. *Me presentó a su padre, un hombre sexagenario muy activo.* Tb. m. y f. *Entre su público hay desde veinteañeros a sexagenarios.*

sexagesimal. adj. *Mat.* Dicho de sistema de numeración: Que toma como base el número 60. *La unidad de medida de ángulos en el sistema sexagesimal es el grado.* Tb. dicho de las unidades de ese sistema. *Grado sexagesimal.*

sexagésimo, ma. (APÉND. NUM.). adj. cult. Que sigue inmediatamente en orden a lo quincuagésimo noveno. *Se celebra el sexagésimo aniversario de la proclamación de la Constitución.* Tb. sustantivado. *Llegó a meta la sexagésima.* Seguido de los ordinales *primero* a *noveno*, se usa como ordinal para los números sesenta y uno a sesenta y nueve. *Sexagésima tercera reunión del comité.*

sex-appeal. (pal. ingl.; pronunc. "sexapíl"). m. Atractivo físico y sexual. *No es guapa pero tiene mucho* sex-appeal. ¶ [Adaptación recomendada: *sexapil*].

sexenal. adj. **1.** Que sucede cada seis años. *Una comisión elaborará informes sexenales sobre la marcha de las obras.* **2.** Que dura seis años. *Se ha aprobado un plan sexenal de desarrollo industrial.*

sexenio. m. Tiempo de seis años. *Inició su reinado con un sexenio marcado por el absolutismo.*

sexismo. m. Discriminación de las personas en función de su sexo. *El sexismo y el machismo de la sociedad se reflejan en el lenguaje.*

sexista. adj. **1.** Del sexismo. *Ese anuncio de perfume responde a concepciones sexistas.* **2.** Partidario del sexismo o que lo practica. *Formemos ciudadanos tolerantes, respetuosos y no sexistas.* Tb. m. y f. *Aquel sentimiento de superioridad era propio de un racista o de un sexista.*

sexo. m. **1.** Condición orgánica de un ser vivo por la cual este es masculino o femenino. *Los avances tecnológicos permiten conocer el sexo del feto.* **2.** Conjunto de seres que tienen un mismo sexo (→ 1). *En nuestra sociedad, el poder ha sido ejercido tradicionalmente por el sexo masculino.* **3.** Órganos genitales externos. *Tomaban el sol desnudos, sin cubrir siquiera su sexo.* **4.** Actividad sexual. *Practicar el sexo sin precauciones puede dar lugar a embarazos no deseados. La película tiene escenas de sexo.* ■ ~ **débil**, o **bello** ~. m. Sexo (→ 2) femenino. *El sexo débil ha ido accediendo a ámbitos antes reservados a los varones.* ■ ~ **fuerte**, o **feo.** m. Sexo (→ 2) masculino. *Si los hombres tuvieran que parir, veríamos si es tan fuerte el sexo fuerte.* ▶ **4:** SEXUALIDAD.

sexología. f. Estudio de la sexualidad y de lo relacionado con ella. *Expertos en sexología hablarán de la incidencia del estrés en las relaciones sexuales.*

sexólogo, ga. m. y f. Especialista en sexología. *Un sexólogo les ayudó a resolver sus problemas de pareja.*

sexta. → **sexto.**

sextante. m. *Mar.* y *Aer.* Instrumento óptico consistente en un sector de círculo graduado de 60° y un juego de lentes y espejos, que sirve para medir la altura de un astro desde una embarcación o desde un avión y calcular así la posición de estos. *La navegación en alta mar se hacía con ayuda de la brújula y el sextante.*

sexteto. m. **1.** *Mús.* Conjunto de seis instrumentos o de seis voces. *Ha compuesto un concierto para flauta y sexteto de cuerda.* **2.** *Mús.* Composición para ser interpretada por un sexteto (→ 1). *Interpretaron el sexteto opus 70 de Tchaikovsky.* **3.** *Lit.* Estrofa de seis versos de arte mayor, que suelen rimar en consonante. *El poema está compuesto en sextetos de versos alejandrinos.*

sextilla. f. *Lit.* Estrofa de seis versos de arte menor, que pueden rimar de distintas maneras. *Jorge Manrique cultivó un tipo de sextilla llamada "copla de pie quebrado".*

sextillizo, za. adj. Dicho de persona: Que es una de las seis nacidas de un mismo parto. *Uno de los bebés sextillizos permanece bajo vigilancia médica.* Tb. m. y f. *Los padres de los sextillizos reclaman ayudas sociales.*

sextina. f. **1.** *Lit.* Composición poética formada por seis estrofas de seis versos endecasílabos y una última de tres, y en la que las seis palabras con que acaban los versos de la primera estrofa se repiten como final de los versos de las otras estrofas, salvo la última, pero en distinto orden y según un esquema establecido. *Compuso magistrales sonetos y sextinas.* **2.** *Lit.* Estrofa de seis versos de una sextina (→ 1).

sexto, ta. (APÉND. NUM.). adj. **1.** Que sigue inmediatamente en orden a lo quinto. *Jugaron el sexto partido de la temporada.* Tb. sustantivado. *El público aplaudió al sexto de la tarde por su bravura.* **2.** Dicho de parte: Que es una de las seis iguales en que puede dividirse un todo. *Un sexto de la población del país es bilingüe.* ● f. **3.** *Mús.* Intervalo o distancia de tono que hay entre una nota y la sexta (→ 1) nota anterior o posterior a ella en la escala. *De "do" a "la" hay una sexta.* **4.** *Rel.* Hora canónica que se reza después de la tercia.

sextuplicar. tr. Multiplicar por seis o hacer seis veces mayor (algo). *Los sindicatos quieren sextuplicar el número de contratos indefinidos.* Tb. en constr. prnl. media. *El precio de la vivienda se ha sextuplicado en los últimos cinco años.*

séxtuplo, pla. adj. Seis veces mayor. *Le devolvió el préstamo con un interés séxtuplo.* Dicho de cantidad, tb. m. *Treinta es el séxtuplo de cinco.*

sexuado, da. adj. Que tiene sexo u órganos sexuales. *Los caracoles son sexuados y hermafroditas. Entre las esculturas había figuras sexuadas y asexuadas.*

sexual. adj. Del sexo. *Es muy importante la educación sexual de los adolescentes. Enfermedades de transmisión sexual.*

sexualidad. f. **1.** Conjunto de características físicas, fisiológicas y psicológicas propias de cada sexo. *Era transexual y sentía un profundo rechazo hacia su propia sexualidad.* **2.** Comportamiento relacionado con el sexo y la satisfacción de las necesidades sexuales. *No es cierto que la sexualidad desaparezca en la vejez.* ▶ **2:** SEXO.

sexy. (pal. ingl.; pronunc. "séxi"). adj. **1.** Dicho de persona: Que tiene atractivo sexual. *Es guapo y alto, pero nada* sexy. **2.** Que resalta el atractivo sexual de alguien. *Vestía una blusa ajustada muy* sexy. ● m. **3.** Atractivo físico y sexual. *Tiene* sexy *y lo explota.* ¶ [Adaptación recomendada: *sexi,* pl. *sexis*].

sheriff. (pal. ingl.; pronunc. "sérif" o "shérif"). m. En los Estados Unidos de América y ciertas regiones o condados británicos: Representante de la justicia, encargado de mantener el orden y hacer cumplir la ley. *El* sheriff *formó una patrulla para perseguir a los forajidos.* ¶ [Equivalente recomendado: *comisario*].

sherpa. (pal. ingl.; pronunc. "sérpa"). adj. **1.** De un pueblo de Nepal que habita en el Himalaya y es conocido por su pericia en montañismo. *Territorios* sherpas. Dicho de pers., tb. m. y f. *Los* sherpas *practican una variante del budismo.* ● m. **2.** Guía o porteador *sherpas* (→ 1). *Un* sherpa *nos guió hasta las cimas del Himalaya.* ¶ [Adaptación recomendada: *serpa,* pl. *serpas*].

si[1]**.** (Se pronuncia siempre átona). conj. **1.** Introduce una proposición que expresa una condición o suposición de las que depende la realización de un hecho expuesto en la oración principal. *Si llueve, se mojará la ropa tendida. Acabarías el trabajo a tiempo si empezaras a hacerlo ahora. Si no ha venido, por algo será.* A veces en la constr. ~ *acaso. Si acaso llegas antes que yo, ve preparándolo todo.* (→ **acaso**). **2.** Introduce una proposición que expresa pregunta, desconocimiento o duda. *Pregúntale si lo conoce. Es un misterio si lo logró o no. No sé si saltar.* **3.** Introduce una oración independiente enfatizándola. *¡Si ya decía yo que iba a acabar mal! Si será perezoso, que todavía no se ha levantado. –Es un pesado. –¡Si lo sabré yo!* **4.** Introduce una oración independiente que expresa un deseo cuya realización se considera poco probable. *¡Si me tocara la lotería! ¡Si nos dieran por lo menos unos días de vacaciones!* **5.** cult. Aunque o incluso si (→ 1). *Está tan convencido de que ha hecho bien que si todo el mundo le dijera lo contrario, seguiría creyéndolo.* ■ ~ **no.** loc. conjunt. En caso contrario. *Come despacio, si no, te vas a atragantar. No conocía la nueva normativa, si no, no lo hubiera hecho así.*

si[2]**.** m. (pl. *sis*). *Mús.* Séptima nota de la escala de do mayor. *Siempre desafina en el si del tercer compás.*

sí[1]**.** (Cuando va precedido de la prep. *con,* forma con ella una sola palabra: *consigo*). pron. pers. Designa, en función de complemento con preposición, a la misma persona designada con los pronombres *él, ella, ellos, ellas, usted, ustedes. La apartó de sí con mal humor. Se odiaron a sí mismos por haber olvidado el pasaporte. No podrá usted lograrlo por sí solo. Ustedes solo piensan en sí mismos. Se enfadó consigo mismo.* ■ **dar** alguien **de ~.** → **dar.** ■ **decir** alguien **para ~.** → **decir.** ■ **fuera de ~.** → **fuera.** ■ **no caber** alguien **en ~.** → **caber.** ■ **volver** alguien **en ~.** → **volver.**

sí[2]**.** adv. **1.** Se usa como respuesta afirmativa a una pregunta. *–¿Vendrás el sábado? –Sí.* **2.** Se usa para enfatizar o reforzar una afirmación. *Aquel sí fue un partido emocionante. –¿Te gustó la obra? –Sí me gustó, y mucho.* Tb. ~ *que. Aquel sí que fue un partido emocionante.* ● m. (Frec. con art.; pl. **síes**). **3.** Respuesta afirmativa. *Los síes ganaron a los noes en la votación. –¿Me acompañarás? –Me encantaría ir. –¿Eso es un sí?* **4.** Consentimiento o permiso. *Por fin consiguió el ansiado sí de sus padres para viajar a Nepal.* ■ **dar el ~.** loc. v. Responder afirmativamente a una petición, espec. de matrimonio. *A las pocas semanas de que diera el sí, se casaron.* ■ **porque ~.** loc. adv. Por capricho o sin causa o motivo justificados. *–¿Por qué lo insultas? –Porque sí, porque me da la gana. Cuando le preguntaron que por qué mentía, contestó que lo hacía porque sí.* ■ **pues ~ que.** loc. adv. Se usa con intención irónica para expresar negación. *¿Que no puede venir el fontanero?, ¡pues sí que estamos arreglados!*

siamés, sa. adj. **1.** De Siam, hoy Tailandia. *Danzas siamesas.* Dicho de pers., tb. m. y f. *Los siameses establecieron su capital en Bangkok.* **2.** Gemelo que ha nacido unido a su hermano por alguna parte del cuerpo. Más frec. en pl. *Hermanas siamesas.* Tb. m. y f. *Han nacido dos siameses unidos por la cabeza.* ● m. **3.** Gato siamés (→ **gato**). *Tenía un siamés como animal de compañía.* **4.** Lengua hablada por los siameses (→ 1). *El libro ha sido traducido al siamés.*

sibarita. adj. Dicho de persona: Que busca los placeres de la vida en el lujo y el refinamiento. Tb. m. y f. *Como buen sibarita, frecuenta los restaurantes más selectos.*

sibarítico, ca. adj. Del sibarita, o propio del sibarita. *La alta sociedad se entregaba a los placeres más sibaríticos.*

sibaritismo. m. Condición de sibarita. *¡Qué contraste entre la miseria de estos desharrapados y el sibaritismo de las clases altas!*

siberiano, na. adj. De Siberia (región de Asia). *Atravesaron las gélidas estepas siberianas en dirección al Polo Norte.* Dicho de pers., tb. m. y f. *Los siberianos han tenido que adaptar su vida a la dureza del medio.*

sibila. f. En la Antigüedad grecorromana: Mujer sabia y dotada de espíritu profético. *La sibila desveló al héroe el futuro de su pueblo.*

sibilante. adj. *Fon.* Dicho de sonido fricativo: Caracterizado por una especie de silbido. *El sonido "s" es sibilante.* Tb. dicho de la articulación correspondiente. Tb. f., referido a consonante. *En la pronunciación de las sibilantes hay zonas que cecean.*

sibilino, na. adj. Misterioso o de significado oscuro u oculto. *Ignoro con qué sibilinas intenciones se acercó a nosotros.*

sic. adv. Se usa en textos escritos, gralm. entre paréntesis, siguiendo a una palabra o frase que pueden parecer erróneas, para indicar que estas son una cita textual. *El anuncio decía: "Se bende (sic) piso".*

sicalíptico, ca. adj. Erótico o pícaro. *La censura prohibía aquellas publicaciones lascivas y sicalípticas.*

sicario. m. cult. Asesino a sueldo. *El asesino ha resultado ser un sicario contratado por un personaje famoso.*

siciliano, na. adj. **1.** De Sicilia (isla de Italia, en el Mediterráneo). *Costa siciliana.* Dicho de pers., tb. m.

y f. *Es hijo de un napolitano y una siciliana.* ● m. **2.** Dialecto italiano hablado en Sicilia. *Tan pronto oíamos italiano como sardo o siciliano.*

sico-. → **psico-.**

sicoanálisis. → **psicoanálisis.**

sicofante. m. cult. Calumniador o delator. *Nadie puede dar crédito a esos sicofantes.*

sicología..., sicólogo. → **psicología..., psicólogo.**

sicomoro o **sicómoro.** m. Árbol originario de Egipto, con hojas ásperas parecidas a las de la morera, fruto pequeño y amarillento semejante a un higo, y madera incorruptible. *En el valle del Nilo abundan los tamarindos, palmeras y sicomoros.* Tb. la madera. *La tapa de la guitarra es de cedro, y los aros, de sicomoro.*

sicópata..., sicótico. → **psicópata..., psicótico.**

sida. (Tb. **SIDA**). m. Enfermedad infecciosa causada por un virus, transmitida por vía sexual o sanguínea, y que se caracteriza por la desaparición de las reacciones inmunitarias del organismo. *El sida o síndrome de inmunodeficiencia adquirida es una de las enfermedades más mortíferas del siglo* XX. *En los análisis de sangre han detectado la presencia del virus del SIDA.*

sidecar. m. Habitáculo con un asiento, adosado a un costado de una motocicleta y apoyado sobre una rueda. *Llegaron en moto; su novia sentada en el sidecar.* Tb. la motocicleta provista de ese habitáculo. *Por fin cambiaron el sidecar por un coche.*

sideral. adj. De las estrellas o los astros. *Soñaba con ser astronauta y surcar los espacios siderales.* Frec. fig. para enfatizar las dimensiones de algo. *Una distancia sideral separa nuestra sociedad de la que conocieron nuestros abuelos.* ▶ SIDÉREO.

sidéreo, a. adj. *Fís.* Sideral.

siderurgia. f. Conjunto de técnicas y operaciones que permiten la extracción del hierro y la elaboración industrial de sus derivados. *El desarrollo de la siderurgia hizo posible la obtención de materiales como el acero.* Tb. la actividad industrial correspondiente. *La siderurgia es una sector muy consolidado en el norte de España.*

siderúrgico, ca. adj. De la siderurgia. *El alto horno vino a sustituir a la fragua en los procesos siderúrgicos.* Dicho de fábrica o empresa, tb. f. *Trabaja en una siderúrgica que produce setecientas mil toneladas de acero al año.*

sidoso, sa. adj. Que padece sida. *Niños sidosos.* Dicho de pers., tb. m. y f. *El número de sidosos en África ha aumentado de manera alarmante.* Frec. despect. *Decía que éramos todos unos drogatas y unos sidosos en potencia.*

sidra. f. Bebida alcohólica, de color ámbar, que se obtiene por la fermentación del zumo de manzana. *El camarero escanció una botella de sidra.*

sidrería. f. Establecimiento en que se vende o sirve sidra. *Tomamos sidra y unas tapas de cabrales en una sidrería.*

sidrero, ra. adj. **1.** De la sidra. *Industria sidrera.* ● m. y f. **2.** Persona que se dedica a la fabricación o venta de sidra. *Para elaborar la sidra, el sidrero suele mezclar distintos tipos de manzanas.*

siega. f. Hecho de segar. *La siega se hace en verano.* Tb. el tiempo en que se siega. *Durante la siega las tormentas veraniegas refrescaban las calles del pueblo.*

siembra. f. Hecho de sembrar. *La siembra del trigo se hace en otoño. La intervención del fiscal fue una siembra de sospechas sobre la honradez del acusado.* Tb. el tiempo en que se siembra. *Por la siembra son las fiestas en su pueblo.* ▶ SEMENTERA.

siemens. (al.; pronunc. "siémens" o "símens"). m. *Fís.* Unidad de conductancia del Sistema Internacional que equivale a la de un conductor que tiene una resistencia eléctrica de un ohmio (Símb. *S*). *La resistencia eléctrica se mide en ohmios, y su inversa, la conductancia, en siemens.*

siempre. adv. **1.** En todo tiempo o todas las veces. *Siempre está de buen humor.* A veces precedido de prep. *Es un amigo de siempre.* **2.** En todo caso o por lo menos. *Aunque nos equivoquemos, siempre tendremos la posibilidad de rectificar.* **3.** Am. coloq. Se usa antepuesto a una oración para enfatizar su significado. *Que siempre sí parece que se desposa la niña* [C]. *Aseguran que siempre no se realizará el programa de "La criada bien criada"* [C]. ■ **para,** o **por, ~.** loc. adv. Por tiempo indefinido. *No puede quedarse aquí para siempre.* Tb. *para,* o *por, ~ jamás,* con intención enfática. *Se ha marchado para siempre jamás.* ■ **~ que.** loc. conjunt. **1.** Con la condición de que. *Irá con vosotros siempre que estéis de vuelta para la cena.* **2.** Todas las veces que. *Siempre que voy a verla, está ocupada.* ■ **~ y cuando.** loc. conjunt. Con la condición de que. *Le concederán el crédito siempre y cuando alguien lo avale.*

siempreviva. f. Planta de hojas duras y perennes y flores que mantienen un aspecto casi vivo, sin alterar su forma y color, después de cortadas, de la cual existen varias especies, por ej.: *~ amarilla, ~ mayor, ~ menor.* Tb. cada flor. *Guardaba entre las páginas de un libro una siempreviva disecada.*

sien. f. Cada una de las dos partes laterales de la cabeza comprendidas entre la frente, la oreja y la mejilla. *El atracador se acercó al cajero y le puso la pistola en la sien.*

siena. adj. **1.** Dicho de color: Castaño amarillento. *Hizo un retrato a carboncillo sobre papel de color siena.* Tb. m. *En la fachada predominan los ocres, castaños oscuros y sienas.* **2.** De color siena (→ 1). *Destaca en la sala una mesa siena de madera noble.*

sierpe. f. cult. Serpiente, espec. la de gran tamaño. *La sierpe acechaba a su víctima dispuesta a lanzar su veneno.*

sierra. f. **1.** Herramienta consistente en una hoja de acero dentada y gralm. sujeta a una empuñadura o un soporte, que sirve para cortar materiales duros, espec. madera. *El carpintero cortó el tablón con una sierra. Talaban los árboles con una sierra mecánica.* **2.** Cordillera montañosa de poca extensión. *Practica el alpinismo en los montes más escarpados de la sierra.*

sierraleonés, sa. adj. De Sierra Leona (país de África). *La capital sierraleonesa es Freetown.* Dicho de pers., tb. m. y f. *Tras el golpe militar de 1997, miles de sierraleoneses huyen del país.*

siervo, va. m. y f. **1.** Persona completamente sometida a alguien o algo, o entregada a su servicio. *Hombre de fuerte personalidad, nunca fue siervo de nadie. Declaró que sería el primer siervo de la libertad.* **2.** histór. Esclavo de un señor. *En Roma, los siervos podían comprar su libertad y convertirse en libertos.* En el feudalismo, designa a la pers. sometida a un señor feudal, obligada a trabajar para él gralm. como campesino, pero que conservaba ciertas libertades.

Gran parte de la población, entre siervos y villanos, cultivaba la tierra. ■ **siervo de la gleba.** m. histór. En el feudalismo: Siervo (→ 2) adscrito a una tierra, de la que no se desligaba aunque esta cambiara de dueño. *Los siervos de la gleba debían entregar parte de la cosecha al señor del feudo.*

siesta. f. **1.** Hecho de dormir un rato después de la comida del mediodía. *La siesta es un hábito saludable si no se prolonga mucho.* Frec. con *dormir* o *echarse. Madruga mucho, pero luego se echa una buena siesta.* **2.** Tiempo que sigue al mediodía, en que aprieta más el calor. *Se pasa las siestas devorando novelones a la sombra de un árbol.*

siete. (APÉND. NUM.). adj. **1.** Seis más uno. *Han conseguido siete medallas: tres oros y cuatro platas.* Tb. sustantivado. *Tiene siete caballos, los siete de raza.* Tb. pron. *La profesora empezó a contarnos: faltaban siete.* **2.** Séptimo (que sigue a lo sexto). *Capítulo siete.* Tb. sustantivado. *–¿En qué puesto has quedado? –En el siete.* ● m. **3.** Número que sigue al seis. *En la camiseta lleva grabado un siete.* Frec. *número ~.* **4.** Elemento de una serie que tiene el número siete (→ 3). *En el juego de la escoba, el siete de oros vale un punto.* **5.** coloq. Rasgón en forma de ángulo. *Me enganché y me hice un siete en el pantalón.* ■ **las ~ y media.** loc. s. Juego de cartas en que gana quien sume siete (→ 1) puntos y medio, o quien más se acerque a esa cantidad sin sobrepasarla. *Pasaban las tardes jugando a la brisca o a las siete y media.*

sietemesino, na. adj. Nacido a los siete meses de haber sido engendrado. *Eran hermanos gemelos y sietemesinos.* Tb. m. y f. *Nace un sietemesino que pesa menos de un kilo.*

sífilis. f. Enfermedad infecciosa crónica, que se transmite por contagio sexual o por herencia. *Muchas prostitutas acababan siendo víctimas de la sífilis o mal francés.*

sifilítico, ca. adj. **1.** De la sífilis. *Infección sifilítica.* **2.** Que padece sífilis. *El escritor murió pobre y sifilítico.* Dicho de pers., tb. m. y f. *Los sifilíticos, como los leprosos, eran mal vistos por la sociedad.*

sifón. m. **1.** Tubo encorvado que sirve para sacar líquido de un recipiente, haciéndolo pasar por un punto superior a su nivel. *Trasvasaron el fluido de un tanque a otro por medio de un sifón.* **2.** Botella, gralm. de cristal, cerrada herméticamente y con un tapón provisto de una llave que, al abrirla, deja salir el agua carbónica contenida a presión. *Compra dos botellas de vino y un sifón.* **3.** Agua carbónica contenida en un sifón (→ 2). *¿Me pone un vermú con sifón, por favor?* **4.** Tubo en forma de "S" que conecta la salida del retrete y otros sanitarios al desagüe y que, al quedar siempre detenida en él una cantidad de agua, impide la salida de gases y olores al exterior. *Para cambiar el sifón, afloje la tuerca que lo une a la tubería.*

sig. (pl. **sigs.**). abrev. Siguiente. *En la pág. 225 y sigs. hay una bibliografía especializada.*

sigilo. m. **1.** Silencio cauteloso. *Ha entrado en la casa con tanto sigilo que nadie se ha enterado.* **2.** Secreto que se guarda de algo. *Mantuvieron la noticia en el mayor sigilo hasta que pudo hacerse oficial.* ■ **~ profesional.** m. Secreto profesional. *El médico fue denunciado por violar el sigilo profesional.*

sigiloso, sa. adj. Que actúa con sigilo. *El ladrón llegó sigiloso hasta los aposentos privados.*

sigla. f. **1.** Letra inicial de cada una de las palabras que constituyen una denominación compleja. *Frecuentemente aludimos a la Unión Europea mediante sus siglas: la UE.* **2.** Palabra formada por el conjunto de las siglas (→ 1) de una denominación. *"ONU" es la sigla de "Organización de las Naciones Unidas".*

siglo. m. **1.** Período de cien años. *La construcción de la catedral duró dos siglos.* **2.** Cada uno de los períodos de cien años en que se divide una era, espec. la cristiana. *En el siglo* XX *hubo dos guerras mundiales. Aristóteles vivió en el siglo* IV *antes de Cristo.* **3.** coloq. Mucho tiempo. Gralm. en la constr. *un ~*, o en pl. con significado sing. *Le escribí y tardó un siglo en contestarme. Hace siglos que no te veo.* **4.** *Rel.* Vida en la sociedad civil. Se usa en contraposición a la vida religiosa o monástica. *Dejó el siglo y tomó el hábito de la Orden de San Francisco.* ■ **por los ~s de los ~s.** loc. adv. Siempre o eternamente. *Escúchanos, Señor, Tú que vives y reinas por los siglos de los siglos.* Frec. con intención enfática. *Si no le pides perdón, va a estar enfadado por los siglos de los siglos.*

sigma. f. Letra del alfabeto griego (Σ, σ o ς), que corresponde al sonido de *s*.

signar. tr. **1.** cult. Firmar (un documento). *El presidente de la comisión deberá signar las actas de las sesiones.* **2.** *Rel.* Hacer la señal de la cruz (sobre alguien o algo). *El sacerdote lo ha signado en la frente con ceniza.* ○ intr. prnl. **3.** *Rel.* Persignarse. *Se signó delante del crucifijo.*

signatario, ria. adj. cult. Que signa o firma. *Los países signatarios del tratado adecuarán su legislación a lo acordado en él.* Dicho de pers., tb. m. y f. *Los signatarios del acuerdo fueron el ministro del ramo y los dirigentes sindicales.*

signatura. f. Código de números y letras que se asigna a un libro o a un documento y que indica su colocación en una biblioteca o un archivo. *Cada libro de la biblioteca lleva adherida en el lomo una etiqueta con su signatura. Para pedir un libro, rellene una ficha con el nombre del autor, título y signatura (ver catálogo).*

significación. f. **1.** Significado de algo, espec. de una palabra o frase. *El diccionario sirve para conocer la significación de las palabras.* **2.** Hecho o efecto de significarse. *El partido agrupaba a personas de significación centrista.* **3.** Importancia o relevancia. *Aquellos sucesos tuvieron gran significación en el origen de la revuelta.* ► **1:** *SIGNIFICADO.

significado, da. part. **1.** → **significar.** ● adj. **2.** Conocido o importante. *Se aloja en el hotel un significado magnate del petróleo.* ● m. **3.** Concepto o idea representados por algo, espec. por una palabra o frase. *No entiendo el significado de esta frase. Desconocía el significado de las señales de tráfico.* **4.** *Ling.* Contenido del signo lingüístico. *El signo lingüístico está formado por el significado y el significante.* ► **3:** SENTIDO, SIGNIFICACIÓN.

significante. adj. **1.** Que significa. *En la comunicación humana, los gestos son elementos significantes.* ● m. **2.** *Ling.* Secuencia de fonemas que constituye la parte material del signo lingüístico y sirve de soporte al significado. *El significante "sierra" tiene varios significados.*

significar. tr. **1.** Tener algo, espec. una palabra o frase como significado (otra cosa). *La luz roja del semáforo significa obligación de detenerse. La palabra "seno" significa en una de sus acepciones 'concavidad o hueco'.* **2.** Seguido de un adverbio: Tener (la importancia expresada por él). *Su apoyo significó mucho para mí. No sabes cuánto significa para él tu compa-*

ñía. **3.** cult. Manifestar o expresar (algo). *El alcalde significó en su discurso que el municipio había crecido económicamente bajo su mandato.* ○ intr. prnl. **4.** Hacerse notar o distinguirse una persona por expresar públicamente sus ideas o pensamientos. *No le gustaba significarse.* ▶ **2:** REPRESENTAR.

significatividad. f. Cualidad de significativo. *Una palabra adquiere toda su significatividad en la cadena hablada. Criticaron el estudio por la escasa significatividad de los datos en que se basa.*

significativo, va. adj. **1.** Que significa o da a entender algo. *Una imagen puede ser más significativa que muchas palabras. Fue significativo que no viniera a la fiesta.* **2.** Que tiene significación o importancia, espec. por representar algo. *La antología recoge lo más significativo de su obra.*

signo. m. **1.** Objeto, fenómeno o acción material que, por naturaleza o convención, representa o sustituye a otro. *La media luna es el signo de los musulmanes y la cruz el de los cristianos. Un icono es un signo que mantiene una relación de semejanza con el objeto representado.* **2.** Indicio o vestigio de algo. *Su lujosa casa era signo de una vida acomodada.* **3.** Figura que se emplea en un texto escrito y que no es ni número ni letra. *La coma es un signo de puntuación.* **4.** Cada una de las doce partes en que está dividido el Zodiaco. *Ha nacido bajo el signo de Piscis.* **5.** *Mat.* Figura que se utiliza en los cálculos para indicar la naturaleza de las cantidades y las operaciones que se han de ejecutar con ellas. *El signo de la suma es "+" y el de la multiplicación "×".* **6.** *Ling.* Unidad formada por un significante y un significado. Tb. ~ *lingüístico. Las palabras son signos lingüísticos.*

siguiente. adj. Que sigue o va inmediatamente después. *Esperaré el siguiente autobús, que este viene muy lleno. El parte deberá entregarse en el plazo de los cinco días siguientes* AL *accidente.* Tb. sustantivado. *Que pase el siguiente, por favor. Esta semana no puedo, iré la siguiente.* Frec. se usa para anunciar un enunciado que se expresa a continuación. *Analiza sintácticamente las siguientes oraciones. El trabajo tratará los siguientes puntos: a) Biografía. b) Contexto histórico. c) Obra.*

sij. adj. **1.** Del sijismo. *Templo sij.* **2.** Que profesa el sijismo. *El atentado es obra de un extremista sij.* Tb. m. y f.

sijismo. m. Religión monoteísta fundada en la India en el s. XVI por Nanak (maestro espiritual hindú), que combina elementos del hinduismo y del islamismo y rechaza radicalmente el sistema de castas. *Los seguidores del hinduismo y del sijismo han mantenido violentos enfrentamientos a lo largo de la historia.*

sílaba. f. Sonido o conjunto de sonidos articulados que se pronuncian en una sola emisión de voz. *Palabras que empiezan por la sílaba "pa"; por ejemplo, "padre".* ■ ~ **libre,** o **abierta.** f. *Fon.* Sílaba que termina en vocal. *"Sala" consta de dos sílabas abiertas.* ■ ~ **trabada,** o **cerrada.** f. *Fon.* Sílaba que termina en consonante. *La palabra "carbón" está formada por dos sílabas cerradas.*

silabario. m. **1.** Libro o cartel con sílabas sueltas o palabras divididas en sílabas, que sirve para enseñar a leer. *Me contó mi abuelo que su primer libro de lectura fue un silabario.* **2.** Conjunto de los signos silábicos de un sistema de escritura. *Los signos de un sistema jeroglífico representan objetos o ideas; los de un alfabeto o un silabario, sonidos.*

silabear. tr. Pronunciar (una palabra) separando sus sílabas. *Me pidió que silabeara la palabra "desoxirribonucleico".* Tb. usado en constr. intr. *Como era extranjero, no sabe silabear en castellano.*

silabeo. m. Hecho de silabear. *El objetivo de los ejercicios es corregir el silabeo y habituar al alumno a captar las palabras de un solo golpe de vista.*

silábico, ca. adj. De la sílaba. *Al realizar el cómputo silábico de un verso, si este acaba en palabra aguda, se cuenta una sílaba más.*

silba. f. Hecho de silbar el público en señal de desagrado o desaprobación. *El torero salió de la plaza en medio de una estruendosa silba.* ▶ *PITADA.

silbador, ra. adj. Que silba. *Soplaba un viento gélido y silbador.* Dicho de pers. o de ave, tb. m. y f. *En las Canarias conservan la tradición de los silbadores, que se comunicaban a grandes distancias mediante el silbo.*

silbante. adj. Que silba. *El ruido de las explosiones y las balas silbantes se confundían en el fragor de la batalla. Tiene una respiración silbante y ahogada.*

silbar. intr. **1.** Emitir una persona un sonido agudo al hacer pasar con fuerza el aire por una abertura estrecha de la boca o al soplar en un cuerpo hueco. *Silba y su perro acude inmediatamente. El entrenador silbó con el silbato y sus jugadores aceleraron el ritmo de la carrera.* **2.** Emitir un animal, espec. una serpiente un sonido agudo parecido al silbido humano. *Me ha parecido oír silbar a una serpiente.* **3.** Producir algo un sonido agudo. *Las balas silbaban sobre las cabezas de los soldados. El viento silba entre las copas de los árboles.* ○ tr. **4.** Entonar (una canción) silbando (→ 1). *Iba silbando una melodía pegadiza.* **5.** Manifestar el público desagrado o desaprobación (ante alguien o algo) silbando (→ 1). *El público silbó su discurso. Silbaron y abuchearon al actor protagonista.* ▶ **5:** PITAR.

silbato. m. Instrumento pequeño y hueco que produce un sonido agudo al soplar por él. *El profesor de gimnasia tocó el silbato para que empezara la carrera.* ▶ PITO.

silbido. m. Hecho o efecto de silbar o emitir un sonido agudo. *Cuando escuches mi silbido bajas. Los truenos y el silbido del viento atemorizaban al niño.* ▶ SILBO.

silbo. m. Silbido. *Si viene alguien, avísame con un silbo.*

silenciador. m. Dispositivo que se acopla al tubo de escape de un automóvil, o al cañón de algunas armas de fuego, para amortiguar el ruido. *Las motos sin silenciador producen mucha contaminación acústica.*

silenciar. (conjug. ANUNCIAR). tr. **1.** Guardar silencio (sobre algo). *El periódico silenció la noticia para no provocar alarma social.* **2.** Hacer callar (a alguien o algo). *Tratan de silenciar a los que discrepan.*

silencio. m. **1.** Ausencia de ruido o sonido. *El silencio de la iglesia sobrecogía. Paseamos en el silencio de la noche.* **2.** Hecho de permanecer sin hablar. *Después de un largo silencio, empezaron a conversar. Escucha en silencio los consejos de su padre.* **3.** Hecho de omitir algo o no hablar de ello. *En su crónica hay un silencio llamativo en torno al sucesor. El silencio de la ley sobre estos actos hizo que quedaran impunes. Ha soportado su enfermedad en silencio.* **4.** *Mús.* Interrupción del sonido durante un tiempo determinado e indicado por la notación. *Antes del do final hay que hacer un silencio de negra.* Tb. el signo que la representa. *Escribe en el segundo compás un silencio de corchea.* ● interj. **5.** Se usa para pedir o imponer silencio (→ 1, 2). *–¡Silencio! –dijo el profesor.* ■ ~ **administrativo.** m. *Der.* Falta de respuesta, dentro del plazo establecido, de la Administración a una solicitud o recurso, indicativa de que estos han sido estimados o desestimados. *Los interesados podrán entender desestimadas sus pretensiones por silencio administrativo.* ▶ **4:** PAUSA.

silencioso, sa. adj. **1.** Dicho espec. de lugar: En que hay silencio. *Atravesamos un bosque solitario y silencioso. La mañana estaba silenciosa.* **2.** Dicho de persona: Que calla o acostumbra a callar. *Ha estado toda la cena silencioso.* **3.** Dicho de persona o cosa: Que no hace ruido. *El ladrón entró silencioso. Tiene un coche potente, pero silencioso.*

silente. adj. cult. Silencioso. *Entre las dunas silentes del desierto, sintió la soledad más absoluta.*

silepsis. f. *Lit.* Figura retórica que consiste en el uso de una palabra en dos sentidos a la vez. *La silepsis refleja la condensación típica del conceptismo.*

sílex. m. Pedernal. *Han hallado hachas de sílex en las excavaciones del poblado prehistórico.*

sílfide. f. **1.** En la mitología germánica: Genio del aire, femenino y lleno de gracia. *La historia transcurre en un bosque encantado, habitado por elfos, sílfides y ondinas.* **2.** coloq. Mujer muy hermosa y esbelta. *Aquella sílfide desfilando por la pasarela atraía todas las miradas.*

silicato. m. *Quím.* Sal de un ácido del silicio. *El cuarzo es un silicato.*

sílice. f. *Quím.* Mineral compuesto por silicio y oxígeno. *En el granito hay un 80% de sílice.*

silíceo, a. adj. *Quím.* De sílice, o que contiene sílice. *El ópalo es un mineral silíceo.*

silícico, ca. adj. *Quím.* De la sílice. *La arena silícica de origen volcánico se utiliza mucho para preparar tierras de jardinería.*

silicio. m. *Quím.* Elemento muy abundante en la corteza terrestre en forma de sílice o de silicatos, empleado en la industria electrónica por sus propiedades semiconductoras (Símb. *Si*). *Los datos se almacenan en los chips de silicio de la memoria del ordenador.*

silicona. f. Sustancia sintética compuesta de oxígeno y silicio, resistente a la humedad y a las altas temperaturas, y muy usada en la industria y en la fabricación de prótesis. *Le han hecho un implante de mama de silicona. Selló las juntas de las ventanas con silicona.*

silicosis. f. *Med.* Enfermedad respiratoria crónica, producida por la inhalación de polvo de sílice. *La silicosis es frecuente entre mineros y obreros de fundiciones.*

silla. f. **1.** Asiento con respaldo y gralm. con cuatro patas, para una sola persona. *Hay seis sillas de madera alrededor de la mesa.* **2.** Aparejo para montar a caballo, formado por una armazón cubierta gralm. de cuero y con un relleno, que se coloca sobre el lomo del animal y sirve de asiento al jinete. *El mozo de la cuadra puso la silla al caballo antes de la carrera.* Tb. *~ de montar.* **3.** Asiento semejante a una silla (→ 1) baja, provisto de ruedas y de un asidero para empujarlo, y destinado a transportar a un niño pequeño sentado o tumbado. *El niño iba en su sillita, protegido del sol por la sombrilla.* Tb. *~ de niño.* ■ ~ **de la reina.** f. Asiento formado entre dos personas entrelazando sus manos, para llevar a otra. Más frec. *sillita de la reina* y en la constr. *llevar* a alguien *a la ~,* o *sillita, de la reina. La niña no quería andar, así que tuvimos que llevarla a la sillita de la reina.* ■ ~ **de ruedas.** f. Silla (→ 1) provista de ruedas laterales, frec. plegable, acondicionada para el desplazamiento de una persona impedida. *En la entrada de urgencias del hospital había varias sillas de ruedas.* ■ ~ **eléctrica.** f. Silla (→ 1) que se utiliza para ejecutar a los condenados a muerte mediante una descarga eléctrica. *Detractores de la pena de muerte lanzaban gritos contra la ejecución en la silla eléctrica.* ■ ~ **gestatoria.** f. Silla (→ 1) portátil que usa el Papa en actos solemnes. *El Santo Padre entró en la plaza llevado en la silla gestatoria.*

sillar. m. Piedra labrada, gralm. de forma rectangular, que se usa en construcción. *El acueducto de Segovia está construido con 20 400 sillares.*

sillería[1]. f. **1.** Conjunto de sillas. *Venta de muebles y sillería para oficinas.* **2.** Conjunto de sillas o de sillas y sillones de una misma clase, con que se amuebla una habitación. *El mobiliario de la sala es de maderas nobles, con sillería tapizada en seda.* **3.** Conjunto de asientos unidos unos a otros, espec. los del coro de una iglesia. *En el coro de la catedral destaca el facistol y la sillería de madera tallada.* **4.** Establecimiento en que se hacen o venden sillas.

sillería[2]. f. Construcción hecha con sillares. *El muro era de mampostería, con una faja superior de sillería.* Tb. el conjunto de esos sillares. *Están restaurando la sillería de la fachada.*

sillero, ra. m. y f. Persona que tiene por oficio hacer o vender sillas. *He encargado las sillas de enea a un sillero artesano.*

silletazo. m. Golpe dado con una silla. *Casi lo descalabra de un silletazo.*

sillín. m. Asiento pequeño y gralm. individual de una bicicleta u otros vehículos. *A ratos, el ciclista se levantaba del sillín para imprimir más fuerza a su pedaleo.*

sillón. m. Asiento para una persona, gralm. mayor y más cómodo que una silla, con respaldo y brazos. *Se sentó en el sillón de orejas y se quedó dormido.*

silo. m. Lugar seco y con buenas condiciones de conservación, donde se almacenan cereales u otros productos agrícolas. *El grano se transportaba en sacos desde la era hasta el silo.*

silogismo. m. *Fil.* Razonamiento que consta de tres proposiciones, dos de las cuales son premisas de las que se deduce la tercera como conclusión. *El argumento "los seres humanos son mortales, María es un ser humano, luego María es mortal" es un silogismo.*

silogístico, ca. adj. *Fil.* Del silogismo. *Argumento silogístico.*

silueta. f. **1.** Dibujo que representa el contorno de un objeto. *Dibujó la silueta del mapa de España con ayuda de una plantilla.* **2.** Forma que presenta a la vista un objeto que se proyecta sobre un fondo más claro. *Amanecía, y a lo lejos divisamos la silueta de la catedral.* **3.** Perfil (contorno de una figura). *La muchacha tiene una silueta perfecta.* ▶ **3:** *PERFIL.

siluetear. tr. **1.** Dibujar la silueta (de alguien o algo). *El niño siluetea un árbol en el cuaderno de dibujo.* **2.** Marcar la silueta o la forma (de alguien o algo). *Aquel vestido ajustado le silueteaba el cuerpo.* Tb. en constr. prnl. media. *A través de las cortinas se silueteaban las figuras de varias personas.*

silúrico, ca. adj. **1.** (Como m. se usa en mayúsc.). *Geol.* Dicho de división geológica: Que es la tercera de la era paleozoica, posterior al Ordovícico. Tb. m. *Los primeros insectos terrestres aparecen en el Silúrico.* **2.** *Geol.* Del Silúrico (→ 1). *Fósiles silúricos.*

siluro. m. Pez de agua dulce parecido a la anguila, de color verde oscuro y con una boca muy grande rodeada de barbillas. *Es buena época para pescar carpas y siluros.*

silva. f. *Lit.* Combinación métrica en la que alternan libremente versos heptasílabos y endecasílabos. *La silva permite al poeta mayor libertad que las formas estróficas.* Tb. la composición poética escrita en esa combinación. *El tema de la silva era el encuentro amoroso entre una diosa y un mortal.*

silvano. m. En la mitología grecorromana: Semidiós de los bosques. *El dios Baco reunió un ejercito de ninfas, faunos y silvanos.*

silvestre. adj. **1.** Dicho de planta: Que se cría naturalmente, sin ser cultivada, en bosques o campos. *En la falda de la montaña crecen arbustos silvestres.* Tb. dicho de la flor o el fruto. *Vino con un ramillete de azucenas silvestres.* **2.** Agreste o no cultivado. *La cabaña está rodeada de prados silvestres.* **3.** Dicho de animal: No domesticado. *Se han aprobado medidas para la protección de aves silvestres.* ▶ **1:** BRAVÍO.

silvícola. adj. Que habita en la selva. *La progresiva desertificación pone en peligro de extinción a diversas especies silvícolas. En el Amazonas aún quedan tribus silvícolas.*

silvicultor, ra. m. y f. Persona que se dedica a la silvicultura. *Agricultores, ganaderos y silvicultores se reúnen para intentar dar respuesta a problemas del medio rural.*

silvicultura. f. Cultivo de los bosques y montes. *Las principales actividades de la comarca son la ganadería y la silvicultura.* Tb. la técnica correspondiente. *Los técnicos en silvicultura estudian nuevas medidas para evitar incendios forestales.*

sima. f. Cavidad grande y muy profunda en la tierra. *Los abruptos picos del macizo contrastan con la profundidad de sus simas.*

simbionte. m. *Biol.* Organismo asociado en simbiosis. *Las algas y hongos que forman los líquenes son simbiontes.* Tb. adj. *Organismos simbiontes.*

simbiosis. f. *Biol.* Asociación de organismos vivos de diferentes especies, que conlleva un beneficio mutuo. *Estudian la evolución de las bacterias que viven en simbiosis con los insectos.* Tb. fig. *Bomberos y voluntarios actuaron en perfecta simbiosis frente al fuego. Su ensayo es un ejemplo de simbiosis entre investigación y literatura.*

simbiótico, ca. adj. *Biol.* De la simbiosis. *La distinción entre organismos simbióticos y parásitos se basa en el modo de vida de estos. Ambas culturas conviven y mantienen una relación casi simbiótica.*

simbólico, ca. adj. **1.** Del símbolo, o expresado mediante símbolos. *En el texto, la palabra "fuego" tiene un significado simbólico. Los poetas místicos suelen utilizar un lenguaje simbólico.* **2.** Dicho de persona o cosa: Que constituye un símbolo. *En la obra aparece un personaje simbólico que representa la esperanza.*

simbolismo. m. **1.** Sistema de símbolos. *Todas esas figuras de los capiteles románicos forman parte de un complejo simbolismo religioso.* **2.** Movimiento artístico, espec. poético y pictórico, surgido en Francia a finales del s. XIX, y que se caracteriza por intentar sugerir o evocar los objetos por medio de símbolos e imágenes, en vez de nombrarlos o presentarlos directamente. *Baudelaire inaugura con el simbolismo un movimiento de poesía pura.*

simbolista. adj. **1.** Del simbolismo artístico. *En Machado y Juan Ramón hay una clara influencia simbolista.* **2.** Partidario o cultivador del simbolismo. *Rubén Darío había leído a poetas simbolistas como Verlaine o Rimbaud.* Dicho de pers., tb. m. y f. *Compró un libro de arte sobre los simbolistas franceses.*

simbolización. f. Hecho o efecto de simbolizar. *Ya en las pinturas rupestres hay abstracción y simbolización.*

simbolizar. tr. Ser una cosa símbolo o representación (de otra). *En algunas culturas el búho simboliza la sabiduría.*

símbolo. m. **1.** Ser o cosa perceptible que representan de manera convencional algo gralm. abstracto, a veces por presentar rasgos que se asocian con ello. *Prohibieron el uso de símbolos nazis. En algunas culturas orientales, el blanco es símbolo de duelo. El personaje de don Juan se ha tomado como símbolo del seductor.* **2.** Expresión de carácter científico o técnico, constituida por una letra, un signo o un conjunto de ellos, y que representa de manera convencional un elemento o un concepto. *El símbolo del potasio es "K".* **3.** *Lit.* Figura retórica que consiste en utilizar las asociaciones inconscientes que sugieren las palabras para producir emociones conscientes. *En su poesía, el agua es símbolo de la vida.*

simbología. f. **1.** Estudio de los símbolos. *Un experto en simbología ha conseguido descifrar la inscripción.* **2.** Conjunto o sistema de símbolos. *La serpiente es un elemento recurrente en la simbología celta.*

simetría. f. Correspondencia en forma, tamaño y posición de las partes o elementos de algo respecto de un punto, un eje o un plano. *Las rimas del cuarteto guardan perfecta simetría. La simetría del cuerpo humano no es total: tenemos dos pulmones, pero un corazón.* Tb. fig. *Descubrimos que había una gran simetría entre nuestras dos vidas.*

simétrico, ca. adj. Que tiene simetría. *Dobló una hoja de arce por su eje principal y vio que era casi simétrica.*

simiente. f. Semilla. *Han puesto un espantapájaros en el sembrado para que los pájaros no se coman las simientes. Las desigualdades sociales fueron la simiente de la revolución proletaria.*

simiesco, ca. adj. Del simio, o de características semejantes a las suyas. *El portero tenía un físico simiesco. Hacía muecas simiescas para divertir al niño.*

símil. m. cult. Expresión en la que se comparan de forma explícita dos cosas o personas para dar una idea más viva de una de ellas. *Empleando un símil, se podría decir que un corrupto es como una manzana podrida. El símil se convierte en metáfora cuando uno de los términos comparados no está expreso.*

similar. adj. Semejante (que tiene características en común con otra persona o cosa). *Emplearon una táctica de juego similar* A *la de partidos anteriores. Tienen ideas similares respecto a cómo educar a sus hijos.* ▶ SEMEJANTE.

similitud. f. Cualidad de similar. *Pese a la similitud de sus planteamientos, llegaron a conclusiones muy distintas.* Tb. aquello en que dos personas o cosas son similares. *Señala las similitudes y diferencias entre el arte clásico y el renacentista.* ▶ *SEMEJANZA.

simio. m. *Zool.* Mamífero con el cuerpo cubierto de pelo, salvo en la cara, y con cuatro extremidades con dedos adaptados para coger o sujetar las cosas, como el chimpancé o el tití. ▶ MONO.

simón. m. Coche de caballos de alquiler, con un punto fijo de parada en una plaza o una calle. *Subió a un simón y pidió al cochero que lo llevase a la calle Mayor.*

simonía. f. *Rel.* Compra o venta deliberadas de cosas espirituales, como los sacramentos, o de cosas temporales unidas a las espirituales, como beneficios o cargos eclesiásticos. *La simonía está condenada por la Iglesia.*

simpatía. f. **1.** Inclinación afectiva y gralm. espontánea que hace sentir atracción hacia alguien o algo. *Es huraño y grosero y nadie le tiene simpatía. Sus ideas fueron acogidas con simpatía en círculos universitarios.* **2.** Cualidad de una persona que le hace resultar atractiva o agradable a los demás. *No es guapo, pero tiene mucha simpatía.* **3.** *Med.* Relación de actividad fisiológica y patológica entre órganos que no tienen conexión directa. *El dolor en un órgano sano se puede producir por simpatía con otro enfermo.* **4.** *Fís.* Relación entre dos cuerpos o sistemas por la que la acción de uno induce el mismo comportamiento en el otro. *No hay riesgo de que estos extintores exploten en cadena o por simpatía. Al tocar una cuerda de la guitarra, las otras pueden vibrar por simpatía.*

simpático, ca. adj. **1.** Que inspira simpatía. *Conocí a su novio, un chico simpático y formal.* **2.** *Anat.* Dicho de una parte del sistema nervioso neurovegetativo: Constituido por dos cordones nerviosos a los lados de la columna vertebral. *El sistema nervioso simpático es el responsable de la dilatación de la pupila.* Tb. m. *El simpático y el parasimpático forman parte del sistema nervioso periférico.*

simpaticón, na. adj. coloq. Dicho de persona: Que inspira fácilmente una simpatía superficial. *Es simpaticón y a todos cae bien.*

simpatizante. adj. Que simpatiza con alguien o algo, espec. con un grupo o partido. *Apoyan el acto los sindicatos mayoritarios y otras organizaciones simpatizantes.* Dicho de pers., tb. m. y f. *Cientos de militantes y simpatizantes del partido celebraron la victoria electoral.*

simpatizar. intr. Sentir simpatía por alguien o algo. *No simpatiza* CON *nadie. Nunca simpatizó* CON *sus ideas.* Tb.: *Se conocieron en una fiesta y simpatizaron en seguida.*

simple. adj. (sup. **simplísimo;** sup. cult., **simplicísimo**). **1.** No compuesto, o formado por un solo elemento. *El clarinete tiene una lengüeta simple; el oboe, doble. En la conjugación verbal hay formas simples y compuestas.* **2.** Sencillo, o sin dificultades o complicaciones. *El encargo era simple: sellar las cartas y echarlas al buzón. Vestía de forma simplicísima.* **3.** Antepuesto al nombre, se usa para enfatizar el significado de este. *Juega al baloncesto por simple placer.* **4.** Tonto o inocente. *El pobre es bastante simple y no se entera.* Dicho de pers., tb. m. y f. *Eran todos unos simples.* **5.** *Ling.* Dicho de una palabra: Que no está compuesta de otras palabras. *"Árbol" es una palabra simple.* ► **1, 2:** SENCILLO. **3:** *PURO. **4:** *TONTO.

simplemente. adv. De manera simple. *Hablando, las cosas podrían resolverse más simplemente. Simplemente quiero que me escuches. Somos simplemente amigos.* Se usa frec. antepuesto a un adj. para enfatizar el significado de este. *¡Perfecto, es simplemente perfecto!*

simpleza. f. **1.** Cualidad de simple o inocente. *¡Qué ingenuidad, qué simpleza la suya!* **2.** Hecho o dicho simples o inocentes. *Ante gente tan importante, sentía que sus respuestas solo eran simplezas.* **3.** Cosa de poca importancia. *Mis problemas son simplezas comparados con los tuyos.* ► **1, 2:** *TONTERÍA. **3:** *NIMIEDAD.

simplicidad. f. Cualidad de simple o sencillo. *El encanto de la casa está en la simplicidad de su decoración.* ► SENCILLEZ.

simplicísimo, ma. → **simple.**

simplificación. f. Hecho o efecto de simplificar. *Eso es una simplificación de los hechos. Para solucionar el problema había que hacer una simplificación de los quebrados de la ecuación.*

simplificador, ra. adj. Que simplifica. *Un análisis tan simplificador falsea la realidad.*

simplificar. tr. **1.** Hacer (una cosa) más simple o sencilla. *Estás simplificando el problema. Simplificó la receta porque le faltaban ingredientes.* **2.** *Mat.* Reducir (una expresión, una fracción o una ecuación) a su forma más simple. *Para simplificar una fracción se divide el numerador y el denominador por un mismo número.*

simplísimo, ma. → **simple.**

simplismo. m. Cualidad de simplista. *Pensar que solo con buena voluntad se arreglará el problema es de un simplismo infantil.*

simplista. adj. Que simplifica o tiende a simplificar en exceso. Frec. despect. *Abordaron el tema de una forma simplista y sin conocimiento de causa. No seas tan simplista, no todo se reduce a una cuestión de dinero.* Dicho de pers., tb. m. y f. *Puede que yo sea un simplista, pero tú lo complicas todo demasiado.*

simplón, na. adj. coloq. Simple o ingenuo. *La historia que cuenta la novela es bastante simplona y aburrida.* Frec. despect. *¡Qué simplón es el pobre!* Dicho de pers., tb. m. y f. *¡Un soso y un simplón, eso eres tú!*

simposio. m. Conferencia o reunión de especialistas de un ámbito científico para tratar de un tema de su especialidad. *II Simposio Internacional sobre Medio Ambiente.*

simulación. f. Hecho de simular. *Las aspirantes a piloto hacen prácticas de simulación de vuelo.*

simulacro. m. Cosa que es reproducción ficticia de otra, o solo una apariencia de lo que pretende ser. *Se recomienda hacer simulacros de incendio para que todos sepan cómo reaccionar si se da el caso.* Frec. despect. *Lo que se vio el otro día en la plaza fue un simulacro de corrida de toros.*

simulador, ra. adj. **1.** Que simula. Dicho de pers., tb. m. y f. *Nunca sabíamos cómo se sentía, era un gran simulador.* • m. **2.** Aparato que reproduce artificialmente el funcionamiento real de un sistema, y que se usa gralm. para entrenar a quienes deben manejar ese sistema. *En la autoescuela había un simulador de conducción.*

simular. tr. Fingir (algo). *Simuló un gran enfado para llamar la atención.* ► *FINGIR.

simultaneidad. f. Cualidad de simultáneo. *Admirable la compenetración y simultaneidad de movimientos de los dos acróbatas.*

simultáneo, a. adj. Dicho de cosa: Que se hace u ocurre al mismo tiempo que otra. *La noticia del secuestro apareció de forma simultánea en varias televisiones.*

sin. prep. **1.** Indica privación o carencia. *Lo hizo sin ayuda.* **2.** Seguido de un infinitivo o de una oración introducida por *que*, equivale a negación de lo que sigue. *Ha escuchado las acusaciones sin inmutarse. Sin conocer mejor el asunto, no puedo opinar. Salieron* *sin que nos diéramos cuenta.* **3.** cult. Precedido de *no,* equivale a una afirmación. *Se marchó, no sin antes decir lo que pensaba.*

sinagoga. f. Templo o edificio destinados al culto judío. *Las iglesias, mezquitas y sinagogas reflejan la diversidad religiosa de la ciudad.*

sinalefa. f. *Fon.* y *Lit.* Unión en una sola sílaba de la vocal o vocales finales de una palabra y la vocal o vocales iniciales de la siguiente. *En el verso "Recuerde el alma dormida", hay sinalefa entre las dos primeras palabras.*

sinapsis. f. *Fisiol.* Contacto entre las terminaciones de las células nerviosas. *Una neurona puede establecer conexiones solo con otra neurona, o tener sinapsis múltiples.* Tb. la región donde se produce ese contacto. *Entre las prolongaciones de dos neuronas media un espacio que llamamos sinapsis.*

sináptico, ca. adj. *Fisiol.* De la sinapsis. *Membrana sináptica. Receptores sinápticos.*

sincerarse. intr. prnl. Hablar sinceramente con alguien, espec. contándole algo que se mantenía oculto. *Se sinceró* CON *sus padres y se lo confesó todo.*

sinceridad. f. Cualidad de sincero. *Desprecia el cinismo y habla con sinceridad aunque haga daño.*

sincero, ra. f. **1.** Dicho de persona: Que dice o expresa lo que realmente piensa o siente, sin fingimiento. *Es sincera cuando dice que no quiere tener hijos.* **2.** Propio de la persona sincera (→ 1). *Me pidió perdón y sus palabras parecían sinceras. Te doy mi más sincera enhorabuena por tu ascenso.* ▶ **1:** FRANCO, VERAZ. **2:** FRANCO.

sinclinal. adj. *Geol.* Dicho de plegamiento: Que tiene forma de "V". *Pliegue sinclinal.* Más frec. m. *Un sinclinal tiene los materiales más modernos en el centro y los más antiguos, en los flancos.*

síncopa. f. **1.** *Ling.* Supresión de uno o más sonidos dentro de una palabra. *En "Navidad" hay una síncopa por "Natividad".* **2.** *Mús.* Desplazamiento del acento rítmico normal, producido al prolongarse una nota de una parte o tiempo débiles del compás a otros fuertes. *Las síncopas son características del* jazz. Tb. esa nota.

sincopado, da. adj. *Mús.* Caracterizado por la síncopa. *Notas sincopadas. Ritmo sincopado.*

síncope. m. *Med.* Pérdida repentina del conocimiento debida a una parada momentánea de la acción del corazón. *La hipertensión arterial puede provocar un síncope. Casi me da un síncope del susto.* ▶ *DESMAYO.

sincrético, ca. adj. Del sincretismo. *Se extendió una religiosidad sincrética de cristianismo e indigenismo.*

sincretismo. m. Conciliación de elementos diferentes, espec. doctrinas o ideas. *Se produjo un sincretismo enriquecedor de razas y culturas.*

sincronía. f. **1.** Cualidad de sincrónico. *La sincronía de los hechos hizo pensar que guardaban alguna relación.* **2.** *Ling.* Método de estudio sincrónico. *El significado de una palabra puede estudiarse desde el punto de vista de la sincronía o de la diacronía.*

sincrónico, ca. adj. **1.** cult. Dicho de cosa, espec. de fenómeno o proceso: Que se desarrolla o actúa al mismo tiempo que otra. *El movimiento del satélite es sincrónico* CON *la rotación de la Tierra. Hubo vanguardias artísticas casi sincrónicas.* **2.** *Ling.* Dicho espec. de estudio de una lengua o de algún aspecto de esta: Que se centra en un momento dado, sin atender a la evolución. *Estudio sincrónico y diacrónico del consonantismo del español.*

sincronismo. m. cult. Cualidad de sincrónico. *En una película, es fundamental el sincronismo del sonido* CON *la imagen.*

sincronización. f. Hecho o efecto de sincronizar. *La sincronización de movimientos de los dos patinadores era perfecta.*

sincronizar. tr. Hacer sincrónicas (dos cosas, espec. dos procesos o mecanismos). *Es conveniente sincronizar descanso y horas nocturnas. Sincronicemos nuestros cronómetros.* Tb.: *Antes de separarnos, sincronicé mi reloj* CON *el suyo.*

sindicación. f. Hecho de sindicar o sindicarse. *La ley garantiza el derecho de sindicación de los trabajadores.*

sindical. adj. Del sindicato. *Los representantes sindicales han anunciado movilizaciones en defensa del empleo.*

sindicalismo. m. Sistema de organización obrera por medio de sindicatos. Tb. el movimiento social que se apoya en ese sistema. *El sindicalismo lucha por conquistar nuevos derechos.*

sindicalista. adj. **1.** Del sindicalismo. *Movimiento sindicalista.* ● m. y f. **2.** Miembro de un sindicato. *Los sindicalistas reclaman mayores medidas de seguridad en el trabajo.*

sindicar. tr. **1.** Agrupar en sindicato (a personas de una misma profesión o con intereses comunes). *Quieren sindicar a los trabajadores de esa fábrica textil.* **2.** Am. Acusar (a alguien) de algo. *Las investigaciones los sindican* DE *actos reñidos con la ley* [C]. ○ intr. prnl. **3.** Entrar a formar parte de un sindicato afiliándose a él. *No se ha sindicado.* ▶ **2:** *ACUSAR.

sindicato. m. Asociación de trabajadores cuyo fin es la defensa de los intereses profesionales, económicos y sociales de sus miembros. *Está afiliado a un sindicato agrícola.* Designa espec. la de carácter obrero y que defiende intereses de clase. *Los sindicatos han convocado una huelga en protesta por el despido libre.* ■ **~ amarillo.** m. Organización de tipo sindical cuyo objetivo es minar la acción reivindicativa de los sindicatos obreros y defender así los intereses patronales. Frec. despect. *Varios empresarios del sector acordaron fundar un sindicato amarillo.*

síndico. m. **1.** Persona elegida por una comunidad o corporación para defender sus intereses. *Ha sido propuesto como nuevo síndico de la Bolsa de Barcelona.* **2.** *Der.* En un concurso de acreedores o en una quiebra: Persona encargada de liquidar el activo y el pasivo del deudor. *El síndico designado por el juez preparará un informe con la lista de los acreedores.*

síndrome. m. **1.** *Med.* Conjunto de síntomas característicos de una enfermedad o un estado determinado. *El paciente presenta un síndrome infeccioso, con fiebre y vómitos. Irritabilidad, cansancio, dolor de cabeza, etc., constituyen el síndrome premenstrual.* **2.** Conjunto de signos o fenómenos reveladores de una situación gralm. negativa. *La ciudadanía padece un síndrome de inseguridad.* ■ **~ de abstinencia.** m. Conjunto de trastornos que presenta una persona adicta a una droga cuando deja de tomarla de manera brusca. *En tratamientos contra la dependencia de heroína, la metadona evita el síndrome de abstinencia.* ■ **~ de Down.** (pronunc. "síndrome-de-dáun"). m. *Med.* Enfermedad producida por una alteración cromosómica y caracterizada por un grado variable de retraso mental y diferentes anomalías físicas, espec. el aspecto del rostro, que recuerda el de los mongoles. *Se debe avanzar en la integración laboral de personas con síndrome de Down.* ⇒ MONGOLISMO. ■ ~ **de Estocolmo.** m. Reacción de comprensión de una persona secuestrada hacia sus secuestradores. *El liberado, con síndrome de Estocolmo, elogió la humanidad de sus captores.* ■ ~ **de inmunodeficiencia adquirida.** m. *Med.* Sida. *Se desarrollan nuevos fármacos para luchar contra el síndrome de inmunodeficiencia adquirida.*

sinécdoque. f. *Lit.* Figura retórica que consiste en designar el todo por la parte o la parte por el todo. *Abundan en el lenguaje periodístico sinécdoques como la de llamar "cuero" al balón de fútbol.*

sinecura. f. cult. Empleo o cargo retribuido que ocasiona poco o ningún trabajo. *Algunos adeptos al régimen eran premiados con sinecuras.*

sine díe. (loc. lat.; pronunc. "sine-díe"). loc. adv. Sin plazo o fecha fijos. Se usa gralm. hablando de aplazamiento. *El juez aplazó sine díe la comparecencia del testigo.* Tb. loc. adj. *Han anunciado la suspensión sine díe de las negociaciones.*

sine qua non. (loc. lat.; pronunc. "sine-kua-nón"). loc. adj. Dicho de condición: Indispensable o exigida para algo. *Su firma es condición sine qua non para que el contrato tenga validez.*

sinéresis. f. *Fon.* y *Lit.* Reducción a una sola sílaba, dentro de una palabra, de vocales que normalmente se pronuncian en sílabas distintas. *Para medir los versos, hay que tener en cuenta licencias métricas como la sinéresis.*

sinergia. f. **1.** cult. Acción conjunta de dos o más elementos, cuyo efecto es superior a la suma de los efectos individuales. *La mercadotecnia aprovecha la sinergia de publicidad y televisión para atraer al comprador. Cuando un equipo está bien coordinado, se crean sinergias muy beneficiosas.* **2.** *Biol.* o *Fisiol.* Participación coordinada de varios órganos para realizar una función. *Para realizar determinados movimientos de presión, es necesaria una sinergia muscular del tríceps y el pectoral.*

sinérgico, ca. adj. cult. De la sinergia. *Con la fusión de empresas se pretende conseguir un efecto sinérgico. Los tres medicamentos combinados actúan de forma sinérgica.*

sinestesia. f. *Lit.* Figura retórica que consiste en unir dos sensaciones o elementos asociados a distintos ámbitos sensoriales. *El poeta describe sus alucinaciones mediante sinestesias como "visiones gélidas".*

sinfín. m. Infinidad. *Ha comprado un sinfín* DE *regalos para sus sobrinos.*

sinfonía. f. **1.** Composición musical para orquesta, de larga duración y estructurada en varios movimientos, gralm. cuatro. *El concierto se cerró con la Sexta Sinfonía.* **2.** cult. Conjunto armonioso de cosas, espec. de sonidos o colores. *Solo el rojo del escudo quiebra la sinfonía de ocres de la fachada. El documental era una sinfonía de imágenes.*

sinfónico, ca. adj. **1.** De la sinfonía. *La producción sinfónica de Mozart supone una de las cumbres del género.* **2.** Dicho de orquesta: Formada por un amplio número de músicos que tocan instrumentos de viento, cuerda y percusión. *El concierto corrió a cargo de la Orquesta Sinfónica de Viena.* Tb. f. *Esta noche actúa la Sinfónica de Berlín.* ▶ **2:** FILARMÓNICA.

sinfonismo. m. Conjunto de sinfonías con una característica común. *Su obra está muy influida por el sinfonismo alemán.* Tb. el género musical constituido por las sinfonías. *Para muchos, la Novena Sinfonía de Beethoven es la cumbre del sinfonismo.*

sinfonista. m. y f. Compositor de sinfonías. *Beethoven figura entre los grandes sinfonistas de la Historia.*

singalés, sa. adj. Cingalés. *Una sangrienta guerra civil enfrentó a la mayoría singalesa y a la minoría tamil.* Dicho de pers., tb. m. y f. *Los singaleses son mayoritariamente budistas.* Dicho de lengua, tb. m. *El singalés es una lengua indoeuropea.*

singladura. f. **1.** *Mar.* Distancia recorrida por una embarcación en 24 horas. *Las singladuras del crucero eran de entre 30 y 50 millas.* Frec. fig. para dar idea de recorrido o proceso que se emprende. *En su nueva singladura, el periódico adoptará un innovador formato.* **2.** *Mar.* Intervalo de 24 horas de navegación. *El barco estuvo pescando en el Mediterráneo durante seis singladuras.*

singular. adj. **1.** Único y diferente del resto. *Cada pueblo tiene su idiosincrasia, su carácter singular.* **2.** Extraordinario o poco común. *Vimos una colección de sellos de singular valor. Tiene una afición singular por los relatos de terror.* ● m. **3.** *Gram.* Número singular (→ **número**). *El sustantivo "crisis" tiene la misma forma en singular y en plural.* Tb. la palabra con la forma correspondiente a ese número. *El singular de "regímenes" es "régimen".* ▶ **2:** *ESPECIAL.

singularidad. f. **1.** Cualidad de singular. *La crítica destaca la singularidad y diversidad de su obra.* **2.** Cosa o rasgo singulares. *El maestro debe tener en cuenta las singularidades de cada alumno.*

singularizar. tr. Distinguir por alguna circunstancia propia o especial (a una persona o cosa) entre otras. *No había nada en él que lo singularizara.* Tb. en constr. prnl. media. *Sus esculturas se singularizan por los materiales que emplea.*

singularmente. adv. De manera especial o más destacada. *La información meteorológica anuncia lluvias, singularmente en el noroeste peninsular.*

sinhueso. → **hueso.**

siniestrado, da. adj. Dicho de persona o cosa: Que ha sufrido un siniestro o daño. *El conductor de la moto siniestrada daba parte de su accidente a la Guardia Civil.* Dicho de pers., tb. m. y f. *El terremoto ha causado miles de siniestrados.*

siniestralidad. f. Frecuencia o índice de siniestros. *La mejora de la red de carreteras contribuirá a un descenso de la siniestralidad.*

siniestro, tra. adj. **1.** Malintencionado o malvado. *La bruja del cuento es un personaje siniestro. Temimos que cumpliera su siniestra amenaza.* **2.** Funesto o que hace temer una desgracia. *Nos atracaron en una calle oscura y siniestra.* **3.** cult. Que está a la izquierda. *Miró al lado diestro y al siniestro.* Dicho de mano, tb. f. *Golpea la pelota igual con la diestra que con la siniestra.* ● m. **4.** Suceso catastrófico, como un incendio, naufragio o choque, que ocasiona muertes o daños o pérdidas importantes. *El siniestro ha destruido varias plantas del edificio.* **5.** *tecn.* Daño sufrido por alguien o algo y susceptible de ser indemnizado por una compañía aseguradora. *Un perito hará una evaluación del siniestro.* ▶ **4:** *CATÁSTROFE.

sinnúmero. m. Cantidad incalculable de personas o cosas. *Se ha vendido un sinnúmero* DE *ejemplares* *de la novela. Al concierto asistieron un sinnúmero* DE *jóvenes.*

sino[1]. m. Destino (fuerza que determina los sucesos, o encadenamiento de estos). *Ha tenido un sino trágico. Su sino era morir joven.* ▶ *DESTINO.

sino[2]. (Se pronuncia siempre átona). conj. **1.** Une oraciones o elementos de oración indicando contraposición entre la idea afirmativa expresada en segundo lugar y la idea negativa expresada en primer lugar. *No he venido a discutir, sino a arreglar las cosas. La idea no es mía, sino suya.* **2.** Precedida de negación, se usa para indicar enfáticamente que solo sucede o se considera lo expresado a continuación. *No podemos hacer nada sino esperar. Nadie sino él puede ayudarnos. No hace sino quejarse de todo.* **3.** Se usa, en correlación con *no solo*, para expresar enfáticamente la suma de dos hechos. *No solo es un compañero, sino también un amigo.*

sinodal. adj. *Rel.* Del sínodo. *La participación de los laicos se realizará de acuerdo con las disposiciones sinodales.*

sínodo. m. *Rel.* Reunión o junta de eclesiásticos, espec. de obispos. *El sínodo episcopal giró en torno al tema de la vida religiosa.*

sinonimia. f. **1.** *Ling.* Condición de sinónimo. *En las palabras más usuales es frecuente la sinonimia.* **2.** *Ling.* y *Lit.* Uso o existencia de sinónimos. *La sinonimia permite evitar repeticiones de palabras.*

sinonímico, ca. adj. *Ling.* De la sinonimia. *Entre "pito" y "silbato" existe una relación sinonímica.*

sinónimo, ma. adj. *Ling.* Dicho de palabra o expresión: Que tiene el mismo significado que otra. *"Mandar al cuerno" y "mandar a paseo" son expresiones sinónimas.* Tb. m. *"Septentrión" es un sinónimo de "norte".*

sinopsis. f. Exposición sintética o esquemática de una materia o asunto. *Antes de leer la ponencia, hizo una sinopsis a modo de presentación. En la carátula de la película hay una sinopsis del argumento.*

sinóptico, ca. adj. **1.** Que expone una materia o asunto en forma de sinopsis, gralm. mediante epígrafes y llaves u otros signos gráficos, de modo que el conjunto sea abarcable de una vez con la vista. Dicho espec. de cuadro. *Hizo un cuadro sinóptico de las guerras del siglo* XVII. **2.** *Rel.* Dicho de Evangelio: Que es uno de los tres (de San Lucas, San Marcos y San Mateo) que presentan tales coincidencias que permiten una lectura comparada de los hechos relatados. *Esta parábola aparece recogida en los tres Evangelios sinópticos.* Dicho tb. de los evangelistas autores de esos Evangelios.

sinovia. f. *Anat.* Líquido viscoso que lubrifica las articulaciones de los huesos. *La sinovia facilita el deslizamiento de las superficies de los huesos en contacto.*

sinovial. adj. *Anat.* De la sinovia. *Este tipo de artritis produce una inflamación crónica de las membranas sinoviales.*

sinrazón. f. Acción o cosa contrarias a lo razonable o debido. *Un secuestro es siempre una sinrazón injustificable. No dejaba de decir disparates y sinrazones.*

sinsabor. m. Disgusto o desazón anímica. *Acabó por romper con aquella relación que tantos sinsabores le había causado.*

sinsentido. m. Cosa absurda o sin lógica. *La guerra es un sinsentido.*

sinsonte. m. frecAm. Pájaro americano de canto melodioso y plumaje pardo, con las extremidades de las alas y la cola blancas, así como el pecho y el vientre. *Oí ávidamente el trino del sinsonte* [C].

sinsubstancia. → **sinsustancia.**

sinsustancia. (Tb. **sinsustancia**). m. y f. coloq. Persona insustancial o frívola. *El tipo es un sinsustancia.*

sintáctico, ca. adj. De la sintaxis. *Análisis sintáctico.*

sintagma. m. *Gram.* Conjunto formado por un núcleo y unos elementos estructurados en torno a él, y que funciona como una unidad normalmente dentro de una oración. *El esquema básico de oración combina un sintagma nominal y otro verbal.* ■ ~ **adjetival,** o ~ **adjetivo.** m. *Gram.* Sintagma cuyo núcleo es un adjetivo. *El atributo de las oraciones copulativas puede ser un sintagma adjetivo.* ■ ~ **adverbial.** m. *Gram.* Sintagma cuyo núcleo es un adverbio. *En "Vive lejos de aquí", "lejos de aquí" es un sintagma adverbial.* ■ ~ **nominal.** m. *Gram.* Sintagma cuyo núcleo es un nombre. *Un sintagma nominal puede ser sujeto de la oración.* ■ ~ **preposicional.** m. *Gram.* Grupo de palabras encabezado por una preposición. *"Por la noche" es un sintagma preposicional.* ■ ~ **verbal.** m. *Gram.* Sintagma cuyo núcleo es un verbo. *El predicado verbal es un sintagma verbal.* ▶ GRUPO.

sintagmático, ca. adj. **1.** *Ling.* Del sintagma. *Grupo sintagmático.* **2.** *Ling.* Dicho de relación: Que se establece entre dos o más unidades presentes en la oración. *Entre el sustantivo sujeto y el verbo núcleo del predicado existe una relación sintagmática.*

sintasol. (Marca reg.). m. Material plástico utilizado gralm. para el revestimiento de suelos. *El suelo de la cocina es de sintasol, imitando baldosas.*

sintaxis. f. **1.** *Gram.* Estudio de las relaciones que se establecen entre los elementos de una oración, y de las funciones que desempeñan. *El temario de lengua incluye temas de morfología y sintaxis.* Tb. el conjunto de reglas para combinar elementos en la formación de oraciones. *Una falta de concordancia es una ruptura de la sintaxis.* **2.** *Inform.* Conjunto de reglas que definen las secuencias correctas de los elementos de un lenguaje de programación. *El ordenador no ejecutará la orden si esta no está escrita de acuerdo con la sintaxis del lenguaje.*

síntesis. f. **1.** Composición de un todo por la reunión de sus partes. *El* jazz *es una síntesis de ritmos y melodías afroamericanos.* **2.** Resumen o compendio. *El periodista ha hecho una síntesis de la conferencia. Aquella frase era la síntesis de toda una filosofía de vida.* **3.** *Quím.* Proceso por el que se obtiene un compuesto a partir de sus componentes. *Se ha conseguido la síntesis en laboratorio de una nueva vitamina.*

sintético, ca. adj. **1.** De la síntesis. *Hizo un relato sintético de lo ocurrido.* **2.** Que procede componiendo o pasando de las partes al todo. *Tiene un tipo de razonamiento más analítico que sintético.* **3.** Dicho espec. de producto: Obtenido por procedimientos industriales, gralm. por síntesis química. *La pista de tenis es de material sintético. Petróleo sintético.*

sintetizador, ra. adj. **1.** Que sintetiza. *Negociaron un texto sintetizador de todas las propuestas.* ● m. **2.** Instrumento musical electrónico, provisto de un teclado y un tablero de control, capaz de producir, por sintetización de señales eléctricas, sonidos propios de otros instrumentos, o efectos sonoros especiales. *Mientras tocaba la melodía en el teclado, el sintetizador hacía un acompañamiento de percusión.*

sintetizar. tr. Hacer la síntesis (de algo). *El autor sintetiza en el libro los diez últimos años de la historia de España.*

sintoísmo. m. Religión tradicional japonesa, de carácter politeísta. *Según los postulados del sintoísmo, el Emperador era un ser divino.*

sintoísta. adj. **1.** Del sintoísmo. *Culto sintoísta.* **2.** Que profesa el sintoísmo. *Buena parte de la población japonesa es sintoísta.* Tb. m. y f. *En las jornadas por la paz participaron católicos, musulmanes, budistas, sintoístas...*

síntoma. m. **1.** Fenómeno revelador de una enfermedad. *La fiebre y los dolores en las articulaciones pueden ser síntomas de gripe.* **2.** Señal o indicio de algo que sucede o va a suceder. *La bajada del paro es síntoma de la buena marcha económica de un país.*

sintomático, ca. adj. **1.** Del síntoma. *El medicamento proporciona un alivio sintomático en procesos catarrales.* **2.** Que constituye un síntoma. *La anemia suele ser una manifestación sintomática de infecciones u otras enfermedades. Es sintomático que nadie se haya presentado para cubrir el puesto.*

sintomatología. f. *Med.* Conjunto de síntomas de una enfermedad. *La niña presenta la típica sintomatología del sarampión.*

sintomatológico, ca. adj. *Med.* De la sintomatología. *Presentaba un cuadro sintomatológico que hizo aconsejable su hospitalización.*

sintonía. f. **1.** Melodía u otra señal sonora que suenan al comienzo de un programa de radio o televisión, y que sirven para identificarlos. *Se despertaba con la sintonía de un informativo de radio.* **2.** Entendimiento o coincidencia de puntos de vista. *Siempre ha habido buena sintonía* ENTRE *ellos. Su pensamiento está en sintonía* CON *las ideas más tradicionales.* **3.** *Radio y TV* Situación en que la frecuencia de un aparato receptor se ajusta a la de una emisora. *Para lograr una sintonía correcta de su aparato, utilice el botón de ajuste automático.* Tb. la frecuencia en que emite una emisora. *Escuche nuestro programa en la mejor sintonía de la radio española.*

sintonización. f. Hecho o efecto de sintonizar. *La sintonización de esa cadena de televisión no es buena. La sintonización* ENTRE *el entrevistador y el entrevistado fue perfecta.*

sintonizador. m. Dispositivo de un aparato receptor que permite sintonizar una emisora. *Una banda roja en la pantalla indicará que el sintonizador del televisor está buscando canales.*

sintonizar. tr. **1.** Hacer que estén en sintonía un aparato receptor (con una emisora). *Sintonizó una emisora musical.* Tb. referido a la señal de esa emisora. *Sintonice nuestra señal en su televisor.* ○ intr. **2.** Estar en sintonía o acuerdo. *Ha sintonizado rápidamente* CON *sus nuevos compañeros de trabajo.*

sinuosidad. f. **1.** Cualidad de sinuoso. *Las calles rectas de la urbanización contrastan con la sinuosidad de la costa. Había en ella una mezcla de hipocresía y sinuosidad que despertaba recelo.* **2.** Ondulación o curva. *Las sinuosidades de la carretera dificultan la conducción.*

sinuoso, sa. adj. **1.** Que tiene ondulaciones o curvas. *Colocaron una escultura de gran tamaño y contorno sinuoso. Bailaba la danza del vientre con delicados y sinuosos movimientos.* Tb. fig. *La biografía describe su sinuosa evolución profesional.* **2.** Que oculta sus fines o propósitos. *Recurre a los más sinuosos procedimientos en su provecho. Desconfiaba de aquel hombre sinuoso e interesado.* ▶ **2:** *RETORCIDO.

sinusitis. f. *Med.* Inflamación de los senos de la cara. *Un resfriado mal curado puede dar lugar a una sinusitis.*

sinusoidal. adj. *Mat.* De la sinusoide. *La diferencia de potencial varía según una función sinusoidal.*

sinusoide. f. *Mat.* Curva que representa gráficamente la función del seno o del coseno de un ángulo.

sinvergonzón, na. adj. coloq. Sinvergüenza. *¡Menuda panda de políticos sinvergonzones!* Frec. con intención afectiva. Tb. m. y f. *¡Estás hecho un sinvergonzón, pillín!*

sinvergonzonería. f. **1.** coloq. Cualidad de sinvergüenza. *Es sorprendente el cinismo y la sinvergonzonería de algunos.* **2.** coloq. Hecho o dicho propios de un sinvergüenza. *En sus tiempos, eso de besarse con un chico era una sinvergonzonería.*

sinvergüenza. adj. **1.** Dicho de persona: Que comete actos ilegales o inmorales en beneficio propio. *Es tan sinvergüenza que pegaría hasta a su madre.* Frec. con intención afectiva. *¡No hagas trampas, listillo sinvergüenza!* Tb. m. y f. *Un sinvergüenza me robó la cartera.* **2.** Dicho de persona: Que se comporta con falta de vergüenza, respeto o pudor. *¡Qué sinvergüenza, ir tan descocada!* Frec. con intención afectiva. *Deja de mirar a la muchacha, sinvergüenza.* Tb. m. y f. *Me molesta que consideren a los nudistas unos sinvergüenzas.* ▶ **2:** DESVERGONZADO.

sinvivir. m. Estado de angustia o intranquilidad constantes. *Los celos lo tienen en un sinvivir.*

sionismo. m. Movimiento político judío que aspira a recobrar Palestina como patria. *Líderes del sionismo.*

sionista. adj. **1.** Del sionismo. *Ideología sionista.* **2.** Partidario del sionismo. *Es judío, pero no sionista ni nacionalista.* Dicho de pers., tb. m. y f. *Los sionistas se opusieron a las negociaciones con los palestinos.*

sioux. (pal. fr.; pronunc. "síux" o "síus"). adj. De un pueblo indio americano, originario de las llanuras del norte de los Estados Unidos de América. *Guerrero* sioux. *Poblado* sioux. Dicho de pers., tb. m. y f. *Los* sioux *lucharon contra los colonizadores para conservar sus tierras.* ¶ [Adaptación recomendada: *siux*, pl. invar.].

siquiatra..., síquico, ca. → **psiquiatra..., psíquico.**

siquiera. adv. **1.** Al menos, o por lo menos. Se usa para establecer el límite mínimo aceptable de algo. *Necesito siquiera una hora para pensarlo. Siéntate un rato siquiera. Siquiera intenta entender mi postura.* A veces en la constr. *tan* ~ con intención enfática. *¡Si tan siquiera me permitieran hablar con él!* **2.** Tan solo, o ni tan solo. *No había siquiera una señal en ese tramo de curvas. No dijo hola siquiera. Ni le contestó siquiera.* Tb. *tan* ~ con intención enfática. *Ni tan siquiera se me había pasado eso por la imaginación. Ni tan siquiera a ti te hará caso.* (→ **ni**). ● conj. **3.** cult. Aunque. Seguido del v. *ser* en subjuntivo. *Ponte las gafas, siquiera sea para ver por dónde pisas. Necesitaba que le prestara atención, siquiera fuese solo diez minutos.*

sirena. f. **1.** Aparato o mecanismo sonoro que se oye a mucha distancia, y que se usa en barcos, automóviles especiales y determinadas instalaciones para producir una señal de aviso. *El buque hace sonar su sirena cuando se acerca al puerto.* **2.** En la mitología grecorromana: Ninfa marina con cabeza y torso de mujer, y el resto del cuerpo de pez o de ave, que atrae a los navegantes con la dulzura de su canto para hacerlos naufragar. *Ulises se hizo encadenar a un mástil para no ser vencido por el canto de las sirenas.*

siringa. f. cult. Instrumento musical de viento formado por varios tubos de caña de distintas longitudes, sujetos uno al lado de otro y cuyos sonidos forman la escala musical. *Se representa al dios Pan con un cayado de pastor y tocando la siringa.*

sirio, ria. adj. De Siria. *La capital siria es Damasco.* Dicho de pers., tb. m. y f. *Los sirios apoyaron la postura de los palestinos.*

siroco. m. Viento sudeste, cálido y seco, de origen sahariano y que sopla en el sur de Europa. *Ha soplado un sofocante siroco en las playas andaluzas.*

sirope. m. Líquido espeso y azucarado que se emplea en la elaboración de dulces y refrescos. *Echa sirope de fresa sobre las tortitas con nata.*

sirviente, ta. (A veces como f. se usa **sirviente**). m. y f. Persona que sirve como criado. *Trabajaba de sirviente en casa de unos marqueses. Una sirvienta lleva la comida a la mesa. El mayordomo reunió a las sirvientes.* ▶ *CRIADO.

sisa. f. **1.** En una prenda de vestir: Corte curvo hecho en la parte de la axila. *El vestido me queda bien de largo, pero me tira la sisa.* **2.** Cantidad que se sisa, espec. en la compra diaria. *Tenía una cocinera que, solo con las sisas, se sacaba un sobresueldo.*

sisar. tr. Quedarse con una pequeña parte del dinero (de otro) al manejarlo. *Descubrió que lo sisaban.* Tb. referido a la cantidad que se sisa. *Le había sisado un euro de las vueltas de la compra.*

sisear. intr. **1.** Emitir repetidamente el sonido *s* o *ch*, espec. para manifestar desaprobación o desagrado, o para mandar callar. *De vez en cuando, en la biblioteca, alguien siseaba para pedir silencio.* ○ tr. **2.** Sisear (→ 1) (algo o a alguien). *Se ha pasado la película siseando a los que hablaban.*

siseo. m. Hecho o efecto de sisear. *Con un enérgico siseo el profesor hizo callar a los alumnos.*

sísmico, ca. adj. Del sismo o terremoto. *Vive en una zona de alto riesgo sísmico. Un movimiento sísmico ha sacudido el norte del país.*

sismo. m. Terremoto. *La magnitud del sismo provocó el pánico entre la población.*

sismógrafo. m. Instrumento que sirve para registrar las vibraciones de la tierra y la dirección y amplitud de las ondas sísmicas durante un terremoto. *Hay movimientos sísmicos tan pequeños que solo son detectados por sismógrafos muy sensibles.*

sismología. f. Estudio científico de los terremotos. *La sismología permite hoy determinar el epicentro de un terremoto.*

sismológico, ca. adj. De la sismología. *Según el Instituto Sismológico Nacional, el primer temblor ocurrió a las tres de la madrugada.*

sismólogo, ga. m. y f. Especialista en sismología. *Los sismólogos advierten que puede haber réplicas posteriores al terremoto.*

sisón. m. Ave de la familia de la avutarda, de patas largas y plumaje pardo moteado, muy común en España. *En la zona hay importantes poblaciones de avutardas, sisones y aguiluchos. El sisón hembra.*

sistema. m. **1.** Conjunto de reglas o principios de una materia o ámbito, enlazados entre sí de manera racional. *El país se dotó de un sistema político democrático. El sistema económico comunista limita la propiedad privada.* **2.** Conjunto organizado de elementos, gralm. de la misma especie, que desempeñan la misma función o contribuyen a un mismo fin. *La lengua es un sistema de signos. Existen sistemas planetarios muy alejados del Sistema Solar.* **3.** Mecanismo o dispositivo, gralm. complejos, que realizan una función. *Falló el sistema de alarma. Levantan grandes pesos utilizando un sistema de palancas.* **4.** Conjunto de ideas o teorías estructurado como un todo coherente. *Kant creó el primer gran sistema filosófico moderno. El existencialismo es una corriente de pensamiento, no un sistema.* **5.** Método para hacer algo. *Tiene un sistema de estudio muy eficaz. El equipo ha mejorado su sistema defensivo.* **6.** *Biol.* Conjunto de órganos que intervienen en una función vegetativa determinada. *El cerebro es el órgano fundamental del sistema nervioso. Sistema linfático.* ■ **~ de ecuaciones.** m. *Mat.* Conjunto de dos o más ecuaciones que tienen una solución común. *Resuelve el siguiente sistema de ecuaciones.* ■ **~ experto.** m. *Inform.* Sistema (→ 2) que integra una base de conocimientos sobre una materia y diversos programas y herramientas, y que es capaz de dar respuestas como lo haría un experto en esa materia. *Han diseñado un sistema experto para el pronóstico meteorológico.* ■ **~ operativo.** m. *Inform.* Programa o conjunto de programas fundamentales que controlan el funcionamiento de un ordenador y permiten la ejecución de los demás programas. *El sistema operativo permitirá organizar los ficheros en directorios jerárquicos.* ■ **~ periódico.** m. *Quím.* Sistema (→ 2) que ordena los elementos químicos según su número atómico y los agrupa en función de sus propiedades químicas. *Dentro del sistema periódico, el radón pertenece al grupo de los gases nobles.* □ **por ~.** loc. adv. De manera sistemática y frec. sin obedecer a una razón o justificación. *Me lleva la contraria por sistema.*

sistemático, ca. adj. **1.** Que sigue un sistema o se ajusta a él. *El libro hace un estudio sistemático de los géneros narrativos.* **2.** Dicho de persona: Que procede de manera metódica o reiterativa, sin apartarse de sus principios o normas. *El director, hombre sistemático, llega todas las mañanas a las ocho.* **3.** Reiterado con insistencia. *Muchos accidentes se deben al incumplimiento sistemático de las normas de seguridad. Es sistemático: en cuanto enciendo un cigarro, llega el autobús.* ● f. **4.** *Biol.* Estudio de la clasificación de las especies. *La sistemática establece hipótesis sobre la génesis de géneros y especies.*

sistematización. f. Hecho o efecto de sistematizar. *El profesor hizo una sistematización de las corrientes literarias del siglo* XX.

sistematizar. tr. Organizar (algo) conforme a un sistema. *Falta ordenar y sistematizar los resultados del experimento.*

sístole. f. *Fisiol.* Movimiento de contracción del corazón. *En la sístole, la sangre sale del corazón hacia las arterias; en la diástole, a la inversa.*

sistólico, ca. adj. *Fisiol.* De la sístole. *En enfermos cardíacos, es muy importante la valoración de la función sistólica del ventrículo izquierdo.*

sitiador, ra. adj. Que sitia un lugar. *Las fuerzas sitiadoras han impedido el abastecimiento de la población.* Dicho de pers., tb. m. y f. *Llegaron refuerzos que obligaron a los sitiadores a levantar el cerco.*

sitial. m. Asiento de ceremonia, espec. el destinado en actos solemnes a personas con un cargo o dignidad importantes. *El cuadro representa a Cleopatra sentada en un sitial dorado.* Tb. fig. *Su obra lo colocó en el sitial de la fama.*

sitiar. (conjug. ANUNCIAR). tr. Cercar (un lugar, espec. una fortaleza) para apoderarse de él. *El ejército enemigo sitia la ciudad.* ► *CERCAR.

sitio[1]. m. Lugar (espacio que está o puede estar ocupado). *En la estantería no queda sitio para más libros. Vimos dos sitios libres y nos sentamos. La mesa ocupa mucho sitio. El pueblo está en un sitio precioso.* Tb. fig. *La universidad no es sitio para mí. Un alto cargo debe saber estar en su sitio.* ■ **~ real,** o **real ~.** m. Palacio o casa de recreo utilizados por los reyes como residencia temporal o de vacaciones. *En los Reales Sitios pueden apreciarse extraordinarios cuadros y tapices. Visite el Monasterio de El Escorial, sitio real muy próximo a Madrid.* □ **dejar** (a alguien) **en el ~.** loc. v. coloq. Matar(lo) en el acto. *Lo dejó en el sitio de un disparo. El infarto casi la deja en el sitio.* ■ **hacer ~.** loc. v. Dejar espacio libre para que quepa algo o alguien. *Haced sitio, que viene más gente. Quiero hacer sitio en la mesa para un ordenador.* ■ **poner** (a alguien) **en su ~.** loc. v. coloq. Hacer(le) ver cuál es su verdadera posición o categoría para que no se dé importancia o se permita determinadas libertades. *Cualquiera que sepa un poco puede poner a ese charlatán en su sitio.* ■ **quedarse** alguien **en el ~.** loc. v. coloq. Morir en el acto. *Lo atropelló un coche y se quedó en el sitio.* ► *LUGAR.

sitio[2]. m. Hecho o efecto de sitiar. *Muchos murieron de hambre durante el sitio de la ciudad. El ejército enemigo pondrá sitio a la villa. El general ordena levantar el sitio.* ► *CERCO.

sito, ta. adj. Situado en el lugar que se indica. Se usa en lenguaje administrativo. *Los interesados deberán dirigirse al Ayuntamiento, sito* EN *la calle Mayor, n.º 10.*

situación. f. **1.** Lugar que ocupa una persona o cosa. *La situación del pueblo, próximo a la costa, favorece el turismo. El piloto comunicó los datos de su situación por radio.* **2.** Conjunto de circunstancias en las que se encuentra alguien o algo. *La situación del enfermo mejora. La discusión creó una situación tensa.* **3.** Posición social o económica. *Su buena situación le permite una vida acomodada.*

situacional. adj. **1.** De la situación. *Diversos factores situacionales podrían provocar una crisis. Tiene problemas de adaptación situacional.* **2.** Transitorio y ligado a una determinada situación. *Esta disfunción orgánica puede ser permanente o situacional.*

situar. (conjug. ACTUAR). tr. **1.** Poner (algo o a alguien) en un sitio o situación determinados. *El árbitro situó la barrera de jugadores a la distancia adecuada. La crisis sitúa a la empresa al borde de la quiebra. Ha logrado situarse y gana mucho dinero.* ○ intr. prnl. **2.** Estar alguien o algo en una determinada situación. *Como pintor se sitúa entre los más vanguardistas. La ermita se situaba al pie del monte.* ► **1:** EMPLAZAR. **2:** EMPLAZARSE.

siútico, ca. adj. Am. coloq. despect. Dicho de persona: Que presume de fina o elegante e imita los modales y costumbres de las personas distinguidas. *Lo que quería era lo que sus congelados familiares siúticos más despreciaban* [C]. Tb. m. y f. *En pocas palabras, soy una siútica de antología* [C].

S. L. abrev. Sociedad Limitada. *Trabaja para la empresa Ugarte S. L.*

slip. (pal. ingl.; pronunc. "eslíp"). m. Prenda interior masculina, ajustada, que cubre el cuerpo desde debajo de la cintura hasta las ingles. *Debajo del pantalón de deporte se le nota el* slip. Tb. la prenda de baño de forma semejante. ► *CALZONCILLO. ¶ [Adaptación recomendada: *eslip,* pl. *eslips*].

S. M. (pl. **SS. MM.**). abrev. Su Majestad. *S. M. el Rey.*

s. n. abrev. Sin número. *La nave industrial está en la c/ Cobertizo s. n.*

so[1]. prep. cult. (Se pronuncia siempre átona). Bajo. Solo se usa con n. como *pena* y *pretexto. So pretexto de encontrarse enfermo, no fue a trabajar. So pena de excomunión.*

so[2]. adv. Se usa antepuesto a un adjetivo o a un nombre empleado como adjetivo para intensificar su significado con intención despectiva. *¡Deja hablar a los demás, so listo! No sigas lanzando indirectas, ¡so bruja!*

so[3]. interj. Se usa para mandar a las caballerías que se detengan. *–¡So, caballo! –gritó el jinete a su montura.*

soba. f. coloq. Paliza (serie de golpes, o derrota). *¡Como no te estés quieto, te voy a dar una buena soba! Nos dieron una soba espectacular al parchís.*

sobaco. m. Axila. *En seguida le salen en la camisa marcas del sudor de los sobacos.*

sobado, da. part. **1.** → **sobar.** ● adj. **2.** Muy usado o tratado. *El amor es un tema muy sobado dentro de todas las artes.* ● m. **3.** Bollo elaborado con abundante aceite o manteca, propio de Cantabria. *Desayunamos unos sobados pasiegos.*

sobaquera. f. Pieza que refuerza una prenda de vestir por la parte que corresponde al sobaco. *Le ha cosido coderas y sobaqueras a la desgastada camisa.*

sobaquina. f. Sudor de los sobacos, de olor característico y desagradable. Tb. ese olor. *El autobús iba abarrotado y se notaba un tufo a sobaquina insoportable.*

sobar. tr. **1.** Tocar repetidamente (algo) pasando la mano. *No sobes la fruta, que la vas a estropear.* **2.** Trabajar (algo) con las manos oprimiéndo(lo) repetidamente para que se ablande o suavice. *Tenía que sobar bien la arcilla antes de modelarla.* **3.** coloq. Tocar repetidamente (a una persona o una parte de su cuerpo) con la mano, gralm. con intención erótica. *El tipo había intentado sobarla en varias ocasiones.* **4.** Estropear o deteriorar (algo) por usar(lo) o manosear(lo) mucho. *No te pruebes tanto el vestido porque lo vas a sobar.* ○ intr. **5.** coloq. Dormir. *Me voy a sobar, que estoy muerto de sueño.* ► **1:** MANOSEAR, TOQUETEAR.

soberanía. f. **1.** Cualidad de soberano. *Ante el avance del nazismo, varios países sintieron amenazada su soberanía.* **2.** Autoridad suprema del poder público. *En una democracia, la soberanía la ejercen los representantes del pueblo.*

soberano, na. adj. **1.** Que posee la autoridad suprema e independiente. *Los independentistas aspiran a tener un gobierno soberano.* Dicho de pers., tb. m. y f.; frec. referido a monarca. *El soberano marroquí se reunió con sus ministros.* **2.** Muy grande, elevado o extraordinario. *Recibió una soberana reprimenda. Ha dado muestras de un talento soberano.*

soberbia. f. Condición de la persona que se cree superior a los demás y actúa de manera arrogante y despreciativa. *Perdió porque su soberbia le hizo infravalorar a su rival.*

soberbio, bia. adj. **1.** Dicho de persona: Que tiene soberbia. *Es tan orgullosa y soberbia que no hay quien la aguante.* **2.** Magnífico o extraordinario. Frec. con intención enfática. *Se va a comprar un soberbio coche deportivo. Tuvo una actuación soberbia, digna de aplauso.* ▶ **2:** *ESTUPENDO.

sobetear. tr. coloq. Sobar (a una persona o una parte de su cuerpo). *No aguanta que la sobeteen.*

sobeteo. m. coloq. Hecho o efecto de sobetear. *Una cosa es una caricia, y otra, ese sobeteo constante.*

sobo. m. Hecho o efecto de sobar, espec. a una persona o una parte de su cuerpo. *Los turistas pasaban la mano por el pie de la estatua, ya desgastado de tanto sobo.*

sobón, na. adj. coloq. o despect. Dicho de persona: Aficionada a sobar o toquetear a otras. *Es un viejo verde y sobón.* Tb. m. y f. *¡Quite la mano de ahí, que es usted un sobón!*

sobornar. tr. Dar regalos o dinero (a alguien) para conseguir (de él) algo ilegal. *Intentó sobornar a un policía.* ▶ COMPRAR, CORROMPER. ‖ **Am:** COIMEAR.

soborno. m. Hecho de sobornar. *Ha denunciado varios intentos de soborno.* ▶ CORRUPCIÓN. ‖ **Am:** COIMA.

sobra. f. **1.** Hecho de sobrar o haber una cosa en más cantidad de lo necesario. *La sobra en la producción de plátanos abaratará los precios.* ○ pl. **2.** Conjunto de las cosas que sobran o quedan después de haber usado lo necesario. *Recoge la mesa y tira las sobras de los platos a la basura.* ■ **de ~.** loc. adv. Con exceso, o más de lo necesario. *Sabes de sobra a quién me refiero.* Tb. loc. adj. *Llevo dinero de sobra. Hay sitio de sobra para todos.*

sobradamente. adv. De sobra. *Ha demostrado sobradamente su valía.*

sobrado[1]**.** m. Desván. *Guardaba unos sacos de trigo en el sobrado.*

sobrado[2]**, da.** part. **1.** → **sobrar.** ● adj. **2.** Que sobra o hay más de lo necesario. *Tenemos reservas sobradas para todo el viaje. Tengo razones sobradas para protestar.* **3.** Seguido de *de* y un nombre: Que tiene de sobra lo designado por ese nombre. *El ciclista iba sobrado de fuerzas. No anda muy sobrado de dinero.* **4.** Rico y abundante de bienes. *Con ese sueldo y tantos hijos, no creo que anden muy sobrados.*

sobrante. adj. Que sobra. *Acabó el armario y con la madera sobrante hizo una banqueta.* Tb. m., referido a conjunto de cosas o cantidad. *El país acumula un sobrante de petróleo en previsión de nuevas crisis.* ▶ EXCEDENTE.

sobrar. intr. **1.** Haber una cosa en más cantidad de lo necesario. *En su casa sobran muebles y falta espacio.* **2.** Quedar parte de algo después de haber usado lo necesario. *Ha sobrado mucha comida.* **3.** Estar de más una persona o una cosa, o ser innecesarias. *Sobran las explicaciones. Sentí que sobraba y me fui.*

sobrasada. f. Embutido elaborado con carne de cerdo muy picada, pimentón y sal. *Untó sobrasada en una rebanada de pan.*

sobre[1]**.** prep. **1.** Encima de. *Deja la ropa sobre cama. Cuando protestó se echaron sobre él.* **2.** Por encima de. *Mil metros sobre el nivel del mar.* **3.** Acerca de. *Nunca hablamos sobre política. Discutimos sobre lo que debíamos hacer. Escribe sobre ecología.* **4.** Además de. *Le dio dos mil pesetas sobre lo pactado.* **5.** Indica aproximación en una cantidad o en el tiempo. *Esto viene a costar sobre las mil pesetas. Acabaré sobre las diez.* **6.** A, u orientándose a. *Tiene dos balcones sobre la calle.* **7.** Introduce un complemento que designa la persona sujeta a un dominio o una influencia. *Manda sobre toda la división. Ejerce fascinación sobre él.* **8.** Hacia, o en dirección a. *Los agricultores iniciaron una marcha sobre la capital en defensa de sus reivindicaciones. El ejército marchaba sobre la ciudad.*

sobre[2]**.** m. Cubierta gralm. de papel plegado a modo de bolsa, que se usa para meter en ella una carta, papeles u otra cosa, frec. para enviarlos por correo. *Cerró el sobre y escribió el remite por detrás. Guardaba recortes de periódicos en sobres tamaño folio.*

sobre-. pref. **1.** Significa 'superposición' o 'lugar superior'. *Sobrefalda, sobrecosido, sobreceja.* **2.** Significa 'intensidad excesiva o superior a un límite normal'. *Sobreesfuerzo, sobrealzar, sobreprotegido.*

sobreabundancia. f. Hecho de sobreabundar. *En los países ricos hay sobreabundancia de alimentos.*

sobreabundar. intr. Abundar mucho. *En una sociedad tan competitiva, sobreabundan enfermedades asociadas con el estrés.*

sobreactuar. (conjug. ACTUAR). intr. Interpretar un actor un papel exagerando los rasgos del personaje que encarna. *Sobreactúa en todas sus películas.*

sobrealimentación. f. Hecho o efecto de sobrealimentar. *La sobrealimentación puede producir obesidad.*

sobrealimentar. tr. Dar (a alguien) más alimento del que necesita para su nutrición. *Están sobrealimentando al niño.*

sobreañadir. tr. Añadir a una cosa (algo que supone un complemento o un exceso). *El escalador tuvo que hacer frente a la dificultad sobreañadida de un temporal.*

sobrecalentamiento. m. Calentamiento excesivo de algo, espec. de un aparato o dispositivo. *El mal funcionamiento del ventilador puede dar lugar a un sobrecalentamiento del motor.*

sobrecarga. f. Hecho o efecto de sobrecargar. *Se han fundido los fusibles por una sobrecarga. Multaron al propietario del camión por sobrecarga. Sufre una sobrecarga muscular en los abductores.*

sobrecargar. tr. Cargar en exceso (algo o a alguien). *No debes sobrecargar el lavavajillas de platos. Las líneas telefónicas están sobrecargadas. Nos sobrecarga de trabajo.*

sobrecargo. m. **1.** En un barco mercante: Oficial responsable del cargamento. *El sobrecargo informó al capitán de que los contenedores ya estaban a bordo.* **2.** En un avión: Miembro de la tripulación encargado de supervisar diversas funciones auxiliares. *El sobrecargo pidió a los pasajeros por megafonía que se abrocharan los cinturones.*

sobrecogedor, ra. adj. Que sobrecoge. *Las fotografías muestran escenas de guerra sobrecogedoras.*

sobrecoger. tr. Causar impresión o susto (a alguien). *La grandiosidad del edificio sobrecoge al visitante. Aquellos golpes en la puerta de su casa la sobrecogieron.* Tb. en constr. prnl. media. *Al ver las imágenes del terremoto, nos sobrecogimos.*

sobrecogimiento. m. Hecho o efecto de sobrecoger o sobrecogerse. *Escuchaba las noticias de la guerra con sobrecogimiento.*

sobrecubierta. f. Segunda cubierta que se pone a algo para resguardarlo mejor. Designa espec. la de papel que llevan algunos libros. *En la sobrecubierta del libro hay un esbozo del argumento.*

sobredimensionar. tr. **1.** Dar (a algo) dimensiones excesivas. *Sobredimensionaron la plantilla y ahora tienen que despedir a varios trabajadores.* **2.** Dar (a algo) más importancia de la que en realidad tiene. *No debemos sobredimensionar el problema.*

sobredosis. f. Dosis excesiva de algo, espec. de una droga o un medicamento. *Ingresó grave por una sobredosis de cocaína. Haría falta una sobredosis de buena voluntad para llegar a un acuerdo.*

sobreentender. → **sobrentender.**

sobreentendido. → **sobrentendido.**

sobreexcitación. (Tb. **sobrexcitación**). f. Hecho de sobreexcitar o sobreexcitarse. *El cansancio acumulado lo condujo a un estado de sobreexcitación nerviosa.*

sobreexcitar. (Tb. **sobrexcitar**). tr. Aumentar la excitación o las propiedades vitales (de una persona o de una parte de su organismo). *Estaba muy cansada y cualquier cosa la sobreexcitaba.*

sobreexplotación. f. Hecho de sobreexplotar. *La sobreexplotación pesquera ha diezmado los caladeros de la zona.*

sobreexplotar. tr. Explotar (un recurso natural) en exceso. *Han sobreexplotado los recursos naturales de la región.*

sobrehilado. m. Hecho o efecto de sobrehilar. *El sobrehilado puedes hacerlo a mano o a máquina.*

sobrehilar. (conjug. DESCAFEINAR). tr. Dar puntadas sobre el borde (de una tela cortada) para que no se deshilache. *Utiliza unas tijeras especiales que no deshilachan la tela, y así no tiene que sobrehilarla.*

sobrehumano, na. adj. Que excede a lo humano. Frec. con intención enfática. *Han padecido sufrimientos sobrehumanos. Hizo un esfuerzo sobrehumano para lograr su objetivo.*

sobreimpresión. f. Hecho o efecto de sobreimprimir. *En el cartel aparecía la fachada del teatro y, en sobreimpresión, el rostro del protagonista.*

sobreimprimir. (part. **sobreimprimido** o **sobreimpreso.** Ambos part. se utilizan en la conjugación: *Han sobreimprimido/sobreimpreso el logotipo.* Como adj. la forma preferida es *sobreimpreso: Me entregó una copia sobreimpresa*). tr. Imprimir (un texto o una imagen) sobre otra imagen. *Los títulos de crédito están sobreimpresos al final de la película.*

sobrellevar. tr. Soportar (un problema o una desgracia) o cargar (con ellos). *Le resulta muy difícil sobrellevar la separación de sus padres.*

sobremanera. (Tb. **sobre manera**). adv. En extremo o mucho. *En las facciones, se parecía sobremanera a su abuelo.*

sobremesa. f. Tiempo inmediatamente posterior a una comida y que se dedica gralm. a la conversación. *En la sobremesa charlaron de cómo había ido el día.* ■ **de ~.** loc. adj. Dicho de objeto: Adecuado para ser colocado sobre una mesa u otro mueble semejante. *Junto al teléfono tengo un calendario de sobremesa.*

sobrenadar. intr. Mantenerse encima de un líquido sin hundirse. *En el mar sobrenadaban unas manchas de petróleo.*

sobrenatural. adj. Que sobrepasa los límites de lo natural. *Los ateos niegan la existencia de un dios u otra realidad sobrenatural.*

sobrenombre. m. **1.** Nombre calificador que se añade al de una persona. *El historiador se refiere al rey con su nombre y sobrenombre: Enrique* IV *el Impotente.* **2.** Nombre, frec. calificador, que se da a una persona en sustitución del suyo. *Al príncipe le habían puesto el sobrenombre de "el Gatopardo".* ▶ APELATIVO, APODO, MOTE, REMOQUETE.

sobrentender. (Tb. **sobreentender;** conjug. ENTENDER). tr. Entender (algo que no está expreso, pero que no puede menos de suponerse según lo que antecede o la materia que se trata). *No lo dijo explícitamente, pero puedes sobrentenderlo.* Frec. en constr. prnl. pasiva. *Aunque no se dice, se sobrentiende que se refiere a ellos.*

sobrentendido. (Tb. **sobreentendido**). m. Idea que no se expresa, pero que se sobrentiende. *El diálogo estaba lleno de sobrentendidos, con lo que el oyente común se enteraba de poco.*

sobrepasar. tr. **1.** Rebasar (un límite). *Los beneficios de la empresa han sobrepasado los cien millones de euros.* **2.** Superar o aventajar (a alguien o algo). *El primer clasificado sobrepasa* EN *diez puntos al segundo.*

sobrepelliz. f. Vestimenta blanca, corta y de mangas muy amplias, que se ponen sobre la sotana los sacerdotes y otras personas cuando ayudan en funciones de iglesia. *Un monaguillo con su sotana roja y su sobrepelliz ayudaba en misa.*

sobrepeso. m. Exceso de peso. *En el aeropuerto, tuve que pagar una tasa por sobrepeso del equipaje. Las personas con sobrepeso tienen más riesgo de padecer enfermedades cardiovasculares.*

sobreponer. (conjug. PONER). tr. **1.** Poner (una cosa) encima de otra. *Tienes que sobreponer un papel transparente sobre el dibujo para calcarlo.* O intr. prnl. **2.** Dominar una persona los sentimientos de desánimo o pena causados por una adversidad o desgracia. *Sobreponiéndose* A *la pena que sentía, nos contó lo que había pasado.* Tb. referido a esa adversidad o desgracia. *Aún no se ha sobrepuesto* A *la muerte de su hijo.* ▶ **1:** SUPERPONER.

sobreprecio. m. Recargo sobre el precio ordinario. *Los elementos opcionales del vehículo pueden suponer un sobreprecio considerable.*

sobrepresión. f. Presión superior a la adecuada. Se usa espec. en física. *Un dispositivo de seguridad bloquea la caldera en caso de sobrepresión.* Tb. el exceso de presión. *Si la canalización admite una presión de 16 bares, con la nueva tubería podrá absorber una sobrepresión de 6 bares.*

sobreproducción. f. *Econ.* Superproducción (producción excesiva). *La sobreproducción en el sector del aceite provocó una caída de precios.* ▶ SUPERPRODUCCIÓN.

sobrepujar. tr. Exceder o superar (a una cosa o persona) en algo. *Su paciencia sobrepujaba incluso a su bondad. No se ha inventado la máquina que sobrepuje al hombre* EN *inteligencia.*

sobrero, ra. adj. *Taurom.* Dicho de toro: Que se tiene de reserva por si alguno de los destinados a una corrida no resulta apto. Tb. m. *El quinto toro cojeaba y fue sustituido por un sobrero.*

sobresaliente. adj. **1.** Que sobresale. *El edificio es asimétrico, con un lateral más sobresaliente que el otro. Es una persona sobresaliente en su trabajo.* ● m. **2.** Calificación académica máxima. *Siempre estudio para sacar sobresaliente.* ▶ **1:** *DESTACADO.

sobresalir. (conjug. SALIR). intr. **1.** Ser una persona o cosa superiores en tamaño respecto a las que están alrededor. *Como es tan alto, su cabeza siempre sobresale* ENTRE *las de los otros.* **2.** Ser una persona o cosa superiores en importancia respecto a las que están alrededor. *En el teatro español del siglo pasado sobresalió García Lorca.* **3.** Estar una cosa más alta o más afuera que otra. *El alero sobresale demasiado.* ▶ **1, 2:** DESCOLLAR, DESPUNTAR, DESTACAR.

sobresaltar. tr. Causar sobresalto (a alguien). *El ruido estruendoso de la moto lo sobresaltó.* Tb. en constr. prnl. media. *Se sobresaltaron al ver una sombra en el túnel oscuro.*

sobresalto. m. Sensación producida por un acontecimiento repentino o imprevisto. *El apagón en el edificio les produjo un sobresalto.*

sobresdrújulo, la. adj. *Fon.* Dicho de palabra: Que lleva el acento de intensidad en una sílaba anterior a la antepenúltima. *La palabra "dígamelo" es sobresdrújula.* Tb. m. *Acentuación de sobresdrújulos.*

sobreseer. (conjug. LEER). tr. *Der.* Suspender la instrucción (de un sumario) o dejar sin curso ulterior (un procedimiento). *El juez sobreseyó el caso por falta de pruebas.*

sobreseimiento. m. *Der.* Acción de sobreseer. *La Audiencia Nacional revocó el sobreseimiento provisional del caso.*

sobrestimar. tr. Estimar (algo o a alguien) por encima de su valor. *Sobrestimas su poder. Me sobrestimas, yo no me siento capaz de hacerlo.*

sobresueldo. m. Retribución que se añade al sueldo fijo. *Cobraba sobresueldos por hacerles recados personales a los jefes.*

sobretasa. f. Recargo sobre la tasa ordinaria. *Si la tasa no se paga en el plazo previsto, deberá abonarse una sobretasa del 10%.*

sobrevalorar. tr. Dar (a alguien o algo) mayor valor del que tiene. *Han sobrevalorado su talento.* ▶ SUPERVALORAR.

sobrevenir. (conjug. VENIR). intr. Suceder una cosa de manera imprevista. *Le sobrevino la muerte mientras dormía.*

sobreviviente. adj. Dicho de persona: Que sobrevive. *Varias familias sobrevivientes fueron alojadas por particulares.* Tb. m. y f. *Los equipos de rescate buscan sobrevivientes.* ▶ SUPERVIVIENTE.

sobrevivir. intr. **1.** Vivir después de la muerte de alguien o después de algo. *Solo le sobrevivió un año a su marido. No sobrevivió a la operación.* **2.** Vivir con escasos medios o en condiciones adversas. *No tenía trabajo y sobrevivía con el dinero que le enviaban sus padres.* ▶ **1:** SUPERVIVIR.

sobrevolar. (conjug. CONTAR). tr. Volar (sobre un lugar). *Los aviones sobrevolaban la ciudad lanzando bombas.*

sobrexcitación. → **sobreexcitación.**

sobrexcitar. → **sobreexcitar.**

sobriedad. f. Cualidad de sobrio. *El salón está decorado con sobriedad. Estaba alcoholizado y no tenía un momento de sobriedad.*

sobrino, na. m. y f. Respecto de una persona: Hijo de su hermano o de su hermana. *No tengo hijos, pero sí unos sobrinos que adoro.* Tb. ~ *carnal. Las hijas de mi hermana son mis sobrinas carnales.*

sobrio, bria. adj. **1.** Dicho de persona: Moderada, espec. en relación con la comida y la bebida. *Es una persona sobria y discreta.* **2.** Dicho de cosa: Que carece de elementos, espec. de adornos, excesivos o superfluos. *Destaca la sobria fachada neoclásica de la catedral. Su estilo narrativo es sobrio y directo.* **3.** Dicho de persona: Que no está borracha. *El test de alcoholemia permite saber si un conductor está ebrio o sobrio.* ▶ **3:** SERENO.

socaire. m. Abrigo o defensa que proporciona una cosa en el lado opuesto a aquel de donde sopla el viento. *El viento nos azotó la cara al salir del socaire de las rocas.* ■ **al ~** (de algo). loc. adv. Amparándose (en ello) o sirviéndose de su protección. *Nos refugiamos de las balas al socaire* DE *un muro. Al socaire* DE *su amistad con el alcalde, hacía negocios sucios.*

socarrar. tr. Tostar o quemar ligera o superficialmente (algo). *Socarró el pollo en la llama de la cocina.* Tb. en constr. prnl. media, referido a comida guisada. *El arroz se ha socarrado.*

socarrón, na. adj. Que se burla de alguien o algo de manera disimulada. *Es tan socarrona que nunca sé si tomarla en serio.* Tb. m. y f. *Las frases de doble sentido son una especialidad de los socarrones.*

socarronería. f. Cualidad de socarrón. *No todo el mundo percibe su socarronería cuando defiende ciertas posturas.*

socavar. tr. **1.** Excavar (algo) por debajo. *Están socavando la colina para construir un túnel.* **2.** Debilitar (algo o a alguien), espec. en el aspecto moral. *Las diferencias personales entre los miembros socavaron la unidad del grupo. Tanto reproche iba socavándola y haciendo que perdiera la confianza en sí misma.*

socavón. m. Hundimiento del suelo causado por una oquedad o espacio vacío que se ha producido bajo la superficie. *La rotura de una tubería de agua ha producido un socavón en la calzada.*

sociabilidad. f. Cualidad de sociable. *El contacto de unos niños con otros favorece su sociabilidad.*

sociable. adj. Capaz de vivir en sociedad, o inclinado a relacionarse socialmente. *Es una chica sociable y simpática. Los delfines son animales inteligentes y muy sociables.*

social. adj. **1.** De la sociedad, o de las personas que conviven en ella. *La presión social obligó al Gobierno a retirar el proyecto de ley. Tiene don de gentes y se le dan muy bien las relaciones sociales.* **2.** Destinado a cubrir las necesidades básicas de la sociedad. *En los próximos presupuestos del Estado se incrementará el gasto social sanitario. Los sindicatos reclamaban un salario social para las personas sin ingresos.* **3.** De una sociedad o compañía, o de los socios que la forman. *El capital social de la empresa se ha triplicado. El bufete de abogados tiene su domicilio social en la calle Mayor.* **4.** Que vive en sociedad o en agrupación. *Los humanos somos seres sociales. Las cebras son animales sociales que viven en manada.*

socialdemocracia. f. *Polít.* Socialismo de carácter democrático, moderado y reformista, que renuncia a la propiedad exclusivamente estatal de los medios de producción. *En la socialdemocracia alemana se desarrolló mucho el estado de bienestar.* Tb. el movimiento político que lo defiende. *Helmut Schmidt fue el gran líder de la socialdemocracia alemana.* ▶ SOCIALISMO.

socialdemócrata. adj. **1.** *Polít.* De la socialdemocracia. *Tesis socialdemócratas.* **2.** *Polít.* Partidario de la socialdemocracia. *Un político socialdemócrata.* Tb. m. y f. *Los socialdemócratas ganaron las elecciones.*

socialismo. m. **1.** Sistema de organización social, político y económico, en que se antepone el interés colectivo al particular y en que los grandes medios de producción pertenecen al Estado. *La Revolución rusa propició la instauración del socialismo en la Unión Soviética.* Tb. la doctrina en la que se apoya este sistema. *Marx y Engels son dos grandes teóricos del socialismo.* **2.** Socialdemocracia. *El socialismo accedió al poder en la España democrática posterior a Franco.*

socialista. adj. **1.** Del socialismo. *Política socialista. Ideas socialistas.* **2.** Partidario del socialismo. *Una diputada socialista.* Tb. m. y f. *Los socialistas no aprobaban las medidas económicas del Gobierno.*

socialización. f. Hecho de socializar. *Se llevó a cabo una política de socialización del suelo urbano. Las organizaciones humanitarias defienden la socialización de los emigrantes.*

socializador, ra. adj. Que socializa. *El juego cumple una función socializadora en los niños.*

socializar. tr. **1.** Hacer que (algo de propiedad privada, espec. un servicio o un medio de producción) pase a estar bajo control del Estado. *El Gobierno socializó los medios de transporte.* **2.** Hacer que (un individuo) se integre socialmente o se adapte a las normas de la sociedad. *Se han adoptado medidas para socializar a la población marginada.*

sociedad. f. **1.** Conjunto de las personas que conviven de manera organizada y se relacionan entre sí. *Antiguamente la sociedad española era sobre todo rural.* Frec., con art., designa a todos los seres humanos considerados como tal conjunto. *Es injusto que haya individuos marginados por la sociedad.* **2.** Modo de vivir ciertos animales en grupos organizados. *Las abejas viven en sociedad.* **3.** Agrupación de personas unidas por un interés común. *Pertenece a una sociedad cultural que organiza viajes a Italia y Grecia.* **4.** Agrupación comercial de carácter legal, que cuenta con un capital inicial formado con las aportaciones de sus miembros. *Los beneficios de la sociedad se repartirán entre los accionistas.* ■ ~ **anónima.** f. *Com.* Sociedad (→ 4) cuyo capital está dividido en acciones y cuyos socios no responden personalmente por las deudas contraídas. ■ ~ **cooperativa.** f. Sociedad (→ 4) constituida entre productores, vendedores o consumidores para obtener ventajas y utilidades comunes. *Los viticultores fundaron una sociedad cooperativa para negociar el precio de la uva.* ⇒ COOPERATIVA. ■ ~ **de consumo.** f. Sociedad (→ 1) en la que se estimula la compra y el consumo de bienes no estrictamente necesarios. *La publicidad se ha desarrollado especialmente en las sociedades de consumo.* ■ ~ **(de responsabilidad) limitada.** f. *Com.* Sociedad (→ 4) formada por un número reducido de socios, y en la que se responde de las deudas solo hasta el límite del capital aportado por esos socios. *Han registrado el negocio familiar como sociedad limitada.* ■ **buena,** o **alta,** ~. f. Conjunto de personas de clase acomodada cuyas costumbres y comportamiento se suelen considerar elegantes y refinados. *La diseñadora se ha especializado en trajes de novia para chicas de la buena sociedad. Se habían conocido en una fiesta de la alta sociedad.* □ **presentar en** ~ (a una muchacha). loc. v. Incorporar(la) simbólicamente a la vida social en una fiesta. *Presentarán en sociedad a sus dos hijas menores.* Tb. fig. *La nueva revista será presentada en sociedad el 10 de marzo.* ▶ **3:** ASOCIACIÓN, CÍRCULO, CLUB, COFRADÍA, HERMANDAD. **4:** *EMPRESA.

societario, ria. adj. De las sociedades empresariales u obreras. *La nueva ley es más dura con los delitos societarios. El movimiento societario obrero dio lugar a la formación de los sindicatos.*

socio, cia. m. y f. **1.** Persona que está asociada con otra u otras para un fin o una actividad comunes, gralm. de carácter comercial. *Antes de aceptar su oferta lo tengo que consultar con mi socia. Los beneficios de la compañía se repartirán entre los socios accionistas.* **2.** Miembro de una sociedad o agrupación. *Los socios del club de esquí pagan una cuota anual.* ■ ~ **capitalista.** m. y f. *Com.* En una empresa o en un negocio: Socio (→ 1) que aporta capital. *Buscaron un socio capitalista para reflotar la empresa y evitar la quiebra.* ⇒ CAPITALISTA.

sociocultural. adj. De la cultura en su relación con la sociedad. *Nuestra idea del matrimonio depende de factores socioculturales.*

sociolingüístico, ca. adj. **1.** De la sociolingüística (→ 2). *Está realizando un estudio sociolingüístico sobre el habla de los jóvenes.* ● f. **2.** Rama de la lingüística que estudia las relaciones entre lengua y sociedad. *La sociolingüística explora los registros idiomáticos de las distintas clases sociales.*

sociología. f. Ciencia que estudia la estructura y el funcionamiento de las sociedades humanas. *Expertos en sociología debaten sobre los problemas sociales ligados a la emigración.*

sociológico, ca. adj. De la sociología. *Un estudio sociológico revelaba que la mayor preocupación del ciudadano era el paro.*

sociólogo, ga. m. y f. Especialista o titulado en sociología. *El sociólogo estudia la influencia de los medios de comunicación en la sociedad.*

socorrer. tr. Ayudar (a alguien que está en situación de peligro o de necesidad). *La lancha de salvamento apenas llegó a tiempo de socorrer a los náufragos. Ha dedicado parte de su fortuna a socorrer a los más pobres.* ▶ *AYUDAR.

socorrido, da. part. **1.** → **socorrer.** ● adj. **2.** Dicho de cosa: Que sirve para resolver fácilmente una dificultad, por lo que se recurre a ella con frecuencia. *Cuando no sabes qué regalar, lo más socorrido es comprar flores o bombones.*

socorrismo. m. Conjunto de técnicas para socorrer a personas que han sufrido un accidente o se encuentran en peligro. *Para trabajar de vigilante se necesita tener conocimientos de socorrismo.* Tb. la actividad correspondiente. *Practica el socorrismo como voluntaria de la Cruz Roja.*

socorrista. m. y f. Especialista en socorrismo. *Trabaja de socorrista en la piscina de una urbanización.*

socorro. m. **1.** Hecho de socorrer. *Gracias al socorro de un hombre que pasaba por allí lograron salvarse. Nadie ha oído la llamada de socorro.* Frec. en constr. exclamativas para pedir ayuda inmediata. *Se asomó a la ventana y gritó: –¡Socorro!* **2.** Cosa con que se socorre. *El socorro, consistente en mantas y víveres, llegará en un convoy.* ▶ **1:** *AYUDA.

socrático, ca. adj. **1.** De Sócrates (filósofo griego, s. V a. C.), o de su doctrina. *Las ideas socráticas fueron recogidas por Platón en sus "Diálogos".* **2.** Seguidor de la doctrina o del método socráticos (→ 1). *Filósofo socrático.* Tb. m. y f. *Los socráticos se enfrentaron a los sofistas.*

soda. f. Agua gasificada que suele mezclarse con bebidas alcohólicas para rebajarlas. *Tomaré un vermut con soda.*

sódico, ca. adj. *Quím.* Del sodio. *La fórmula del cloruro sódico es NaCl.*

sodio. m. Elemento químico del grupo de los metales, de color blanco brillante, muy abundante en la naturaleza formando sales (Símb. *Na*). *Una dieta baja en sodio ayuda a combatir la tensión arterial alta.*

sodomía. f. Práctica del coito anal.

sodomita. adj. **1.** Que practica la sodomía. Tb. m. *En la Edad Media castigaban a los sodomitas con la hoguera.* **2.** histór. De Sodoma (antigua ciudad de Palestina). Dicho de pers., tb. m. y f. *Dice la Biblia que los sodomitas fueron destruidos por sus pecados.*

sodomítico, ca. adj. De la sodomía.

sodomizar. tr. Someter (a alguien) a sodomía.

soez. adj. Grosero o vulgar. *¿Cómo puede atraerte una persona tan soez? No se editará ningún mensaje que contenga palabras soeces.*

sofá. m. Asiento mullido para dos o más personas, que tiene respaldo y brazos. *Se sentaron en el sofá del salón para ver la película.* ■ **~ cama.** (pl. **sofás cama**). m. Sofá que se puede convertir en cama. *Voy a comprar un sofá cama para la habitación de invitados.*

sofisma. m. Argumento falso, pero que parece válido o verdadero. Se usa espec. en filosofía. *El argumento "los genios son unos incomprendidos, yo soy un incomprendido, luego yo soy un genio" es un sofisma.*

sofista. adj. **1.** despect. Que utiliza sofismas. Más frec. m. y f. *El conferenciante me ha parecido un sofista.* ● m. **2.** histór. En la Grecia del s. V a. C.: Maestro de retórica y de filosofía que enseñaba el arte de hablar en público y de defender una tesis mediante cualquier tipo de argumento. *Los sofistas enseñaban a los políticos a defender sus posturas aunque fuesen rechazables.*

sofisticación. f. Hecho o efecto de sofisticar. *La cultura encierra cierta sofisticación.*

sofisticado, da. part. **1.** → **sofisticar.** ● adj. **2.** Afectadamente refinado. *En la intimidad, no tiene nada que ver con la mujer sofisticada que aparece en las revistas. Los platos del menú eran de lo más sofisticado.* **3.** Dicho de sistema o de mecanismo: Técnicamente complejo o avanzado. *Los sistemas de comunicación de los aviones son muy sofisticados.*

sofisticar. tr. Adulterar o falsificar (una cosa). *Solo utiliza materias sin sofisticar.*

sofístico, ca. adj. **1.** Del sofisma, o con características atribuidas a él, espec. la falsa apariencia. *Tu razonamiento es sofístico: no estás contando ni la mitad de lo que pasa en realidad.* ● f. **2.** *Fil.* Movimiento filosófico y cultural de los sofistas de la antigua Grecia.

soflama. f. Discurso vehemente con que se pretende excitar los ánimos de los oyentes. *Ha pronunciado una soflama a favor de la guerra.* ▶ ARENGA.

sofocación. f. Hecho o efecto de sofocar o sofocarse. *Un equipo de voluntarios ha cooperado con los bomberos en la sofocación del incendio. Efectos secundarios: náuseas y sofocaciones.* ▶ SOFOCO.

sofocante. adj. Que sofoca o ahoga. *Hace un calor sofocante.* Tb. fig. *El ambiente provinciano le resulta sofocante.*

sofocar. tr. **1.** Producir algo (a alguien) sensación de ahogo. *Me sofoca el humo del cigarro.* **2.** Hacer enrojecer (a alguien) por vergüenza o excitación. *Ha logrado sofocarla con sus pullas.* Tb. en constr. prnl. media. *Se sofoca mucho cuando discute.* **3.** Extinguir (un fuego o una rebelión). *Los vecinos han logrado sofocar las llamas del incendio. La policía ha sofocado la revuelta.* ▶ **3:** EXTINGUIR.

sofoco. m. **1.** Efecto de sofocar a alguien o de sofocarse. *Corrió con todas sus fuerzas y llegó a la estación con un sofoco enorme. Cada vez que salía una escena picante, le entraba el sofoco.* **2.** Sensación repentina de calor, gralm. con enrojecimiento de la piel y sudor. *De repente me ha entrado un sofoco, pero ya he abierto una ventana.* **3.** coloq. Disgusto o sensación de inquietud o desasosiego. *¡Ay, qué sofoco!, no sabía dónde te habías metido.* ▶ **1:** SOFOCACIÓN. **2:** ACALORAMIENTO, SOFOCACIÓN.

sofocón. m. coloq. Sofoco, espec. el producido por un disgusto o por vergüenza. *Menudo sofocón nos hemos llevado con tu suspenso.*

sofoquina. f. coloq. Sofoco, espec. el producido por un disgusto o por vergüenza. *Qué sofoquina me ha entrado al ver que me habían robado la cartera.*

sofreír. (conjug. SONREÍR; part. **sofreído** o **sofrito.** Ambos part. se utilizan en la conjugación: *He sofreído/sofrito el pimiento y la cebolla.* Como adj. solo se usa *sofrito: Tomate sofrito*). tr. Freír ligeramente (un alimento). *Sofríe los ajos.*

sofrito, ta. part. **1.** → **sofreír.** ● m. **2.** Preparado de varios ingredientes sofritos (→ 1), espec. ajo, cebolla o tomate, que suele añadirse a un guiso para condimentarlo. *Haz un sofrito de cebolla y añade después las verduras.*

sofrología. f. *Med.* Práctica psicoterapéutica que emplea técnicas como el hipnotismo o la relajación para tratar trastornos físicos o psíquicos. *Lo someterán a unas sesiones de sofrología para aliviarle los dolores.*

software. (pal. ingl.; pronunc. "sófwer"). m. *Inform.* Conjunto de programas que permiten que un ordenador realice determinadas operaciones. *Instaló en el ordenador el* software *para que funcionara la impresora. Su compañía se dedica a la creación de* software *para empresas.* ¶ [Equivalentes recomendados: *programas* o *aplicaciones* (*informáticas*), *soporte lógico*].

soga. f. Cuerda gruesa de esparto. *Para subir los muebles utilizan sogas y una polea.* ■ **con la ~ al cuello.** loc. adv. coloq. En situación de aprieto o dificultad. *La ruina del negocio me ha dejado con la soga al cuello.* ■ **mentar la ~ en casa del ahorcado.** loc. v. Hablar ante alguien de algo que puede despertarle recuerdos dolorosos o molestos. *Hablarle de drogas ahora que está rehabilitada es mentar la soga en casa del ahorcado.*

soja. f. Planta asiática, de fruto en vaina, que contiene unas semillas comestibles y muy nutritivas, semejantes a pequeñas judías, de las cuales se extrae aceite y harina. *Los brotes de soja son habituales en la comida china.* Tb. la semilla. *Aceite de soja. Salsa de soja.* ▶ **Am:** SOYA.

sojuzgar. tr. Dominar o someter (algo o a alguien) por la fuerza. *Los invasores sojuzgaron a la población.* ▶ *SOMETER.

sol[1]. m. **1.** (Frec. en mayúsc.; gralm. con art.). Estrella que se halla en el centro del sistema planetario al que pertenece la Tierra. *La distancia media del Sol a la Tierra es de 150 millones de kilómetros. El Sol sale por el Este.* **2.** Luz o calor del Sol (→ 1). *Aquí no le da el sol a la planta. Voy a tomar el sol un rato. El sol entra por la ventana y caldea la habitación.* **3.** coloq.

Persona o cosa encantadoras o muy buenas. *¡Qué sol de niña, me la comería a besos!* Frec. en la constr. *ser un ~. Muchas gracias por acordarte de mi cumpleaños, ¡eres un sol!* Se usa para dirigirse a una persona cariñosamente. *Anita, sol, acércame la jarra del agua.* **4.** Antigua unidad monetaria del Perú. ■ **~ de justicia.** m. Sol (→ 2) muy fuerte y que da mucho calor. *Vino andando bajo un sol de justicia. Son solo las diez, pero hace un sol de justicia.* □ **de ~ a ~.** loc. adv. Desde que sale el Sol (→ 1) hasta que se pone. *En la siega se trabajaba de sol a sol.* Frec. con intención enfática. *No trabajo de sol a sol para que tú tires mi dinero en caprichos.* ■ **el ~ que más calienta.** loc. s. coloq. La persona de quien se puede sacar más ventaja o beneficio. Frec. en la constr. *arrimarse,* o *estar, al ~ que más calienta. Para ti no existe la amistad; simplemente te arrimas al sol que más calienta.* ■ **ni a ~ ni a sombra.** loc. adv. En ningún momento ni lugar. Se usa en constr. negativas, gralm. con *dejar. El niño no se despega de su madre ni a sol ni a sombra.*

sol[2]**.** m. *Mús.* Quinta nota de la escala de do mayor.

solado. m. **1.** Hecho de solar un lugar. *Nos llevará tres días el solado de esta habitación.* **2.** Revestimiento con que se recubre un suelo. *El solado de la casa es de losetas de barro.*

solamente. adv. Quitando cualquier otra cosa, persona, modo, lugar o tiempo. *Solamente quiero un café. En la barra solamente hay un camarero. Puede entrar en el país solamente si trae visado. Las entradas se venden solamente en taquilla.*

solana. f. Lugar donde el sol da de lleno. *Hay un lagarto tumbado en la solana. Subiremos garganta arriba por el lado de la solana hasta llegar a la ermita.*

solanera. f. **1.** Lugar expuesto sin resguardo al Sol. *El diestro empezó la faena en la solanera. En una solanera frente a la casa, las mujeres limpiaban las almendras.* **2.** Sol fuerte o excesivo. *Al llegar a casa me eché la siesta, cansado del camino y de la solanera.*

solano. m. Viento que sopla de donde nace el Sol. *Habrá solano en toda la Comunidad Valenciana.*

solapa. f. **1.** En una prenda de vestir: Parte situada a la altura del pecho, que va doblada hacia fuera sobre la misma prenda. *El abrigo tiene las solapas anchas. Lleva un clavel en la solapa.* **2.** En un libro: Prolongación lateral de la cubierta, que se dobla hacia adentro y puede contener texto impreso. *En la solapa hay una foto del autor y su biografía.* **3.** En algunos objetos: Parte saliente que se pliega sobre otra, cubriéndola total o parcialmente, y que gralm. sirve de cierre. *Las señas del remitente van escritas en la solapa del sobre. Soltó las gomas de la carpeta, separó las tres solapas y sacó los documentos.*

solapado, da. part. **1.** → **solapar.** ● adj. **2.** Dicho de persona: Que oculta con mala intención sus pensamientos o sus intenciones. *Ten cuidado, es un tipo astuto y solapado.* **3.** Dicho de cosa: Que no se manifiesta abiertamente. *La enfermedad se desarrolla de forma solapada.*

solapar. tr. Ocultar (algo) con mala intención. *El negocio es una tapadera para solapar sus actividades ilegales.*

solar[1]**.** m. Terreno sobre el que se ha edificado o se va a edificar. *En el solar se va a construir un edificio de oficinas. La casa está en un solar pedregoso.* ▶ **Am:** BALDÍO, LOTE.

solar[2]**.** adj. **1.** Del Sol. *La Tierra está en el sistema solar. En el tejado se han instalado paneles para aprovechar la energía solar.* **2.** Que protege de las radiaciones del Sol. *Échate crema solar en los hombros, que te vas a quemar.* **3.** Que funciona con la luz o los rayos del Sol. *Microscopio solar.*

solar[3]**.** (conjug. CONTAR). tr. Cubrir el suelo (de un lugar) con un material, como losas o baldosas. *Los albañiles suelan el patio con baldosas. La entrada está solada con lanchas de granito.* ▶ PAVIMENTAR.

solariego, ga. adj. De linaje noble. *Hidalgo solariego. Mansión solariega.*

solárium. (pl. **soláriums**). m. Terraza o lugar preparados para tomar el sol. *El hotel cuenta con gimnasio, piscina y solárium.*

solaz. m. cult. Placer o esparcimiento. *Para solaz del público allí presente, el humorista empezó a imitar a varios políticos.*

solazar. tr. cult. Dar solaz (a alguien). *Nos solazaba charlar y descansar a la orilla del río.* Tb. en constr. prnl. media. *Se solazan paseando a la orilla del mar.*

soldada. f. Sueldo o paga, espec. los de un soldado. *En la Reconquista era frecuente pagar las soldadas en tierras. No había oro suficiente para las soldadas de la tripulación.*

soldadesco, ca. adj. **1.** De los soldados. *Canciones soldadescas.* Frec. despect. ● f. **2.** despect. Conjunto de soldados. *La soldadesca que estaba de permiso en la ciudad provocó altercados.*

soldado. m. y f. **1.** Persona que pertenece al ejército. *El duque de Alba fue uno de los grandes soldados españoles.* **2.** Militar de la clase de tropa cuyo empleo tiene el grado inferior. *Soldado de primera. Quinientos soldados y varios oficiales y suboficiales viajarán al país en guerra. Las soldados se entrenaban en el desierto.*

soldador, ra. adj. **1.** Que suelda o sirve para soldar. *Máquina soldadora.* Dicho de máquina o aparato, tb. m. o f. *Ha unido las piezas con un poco de estaño y un soldador eléctrico.* ● m. y f. **2.** Persona que tiene por oficio soldar. *Necesitamos soldadores para la cadena de montaje.*

soldadura. f. **1.** Hecho o efecto de soldar o soldarse. *La soldadura autógena se hace con el mismo metal de las piezas que se han de soldar. La tubería no tiene soldaduras. En la radiografía se aprecia la soldadura de los huesos.* **2.** Material empleado para soldar. *Para unir los bordes de las dos piezas utilizamos soldadura de plomo.*

soldar. (conjug. CONTAR). tr. Unir o pegar (dos piezas de metal) fundiendo una parte (de ellas) u otro material parecido. *Suelda las piezas con bronce. En el taller soldarán el eje partido por la mitad.* Tb.: *Soldó la tubería* CON *el bote sifónico.* Tb. en constr. prnl. media, referido a cosas no metálicas. *Cuando el niño nace, los huesos del cráneo aún no se han soldado. La fractura no se soldó bien.*

soleá. (pl. **soleares**). f. Cante popular andaluz de carácter melancólico, en coplas de tres o cuatro versos. *La cantaora se ha arrancado por soleares.* Tb. el baile y la música que se ejecutan con él.

solear. tr. Exponer (algo) al sol. *Hay que solear las mantas para quitarles el olor a humedad.* Tb. en constr. prnl. media. *Dejó la ropa recién lavada soleándose en la hierba.* ▶ **frecAm:** ASOLEAR.

solecismo. m. *Gram.* Error de sintaxis. *El maestro ha señalado los solecismos del texto.*

soledad. f. **1.** Condición de solo o carente de compañía. *El ermitaño vive en completa soledad.* **2.** Condición de solitario o desierto. *Aprovechaban la soledad del parque para cometer sus fechorías.*

solemne. adj. **1.** Que se hace o se celebra públicamente y con suntuosidad. *El Parlamento inauguró la legislatura en sesión solemne presidida por el Rey.* **2.** Que se hace públicamente, en firme y con todos los requisitos necesarios. *La testigo hace juramento solemne de decir toda la verdad.* **3.** Que es grave o serio y causa respeto. *Se puso muy solemne para anunciar el nombre del ganador. El interior de la catedral es solemne y severo.* **4.** De mucha entidad o importancia. *La novia había elegido un vestido con mucha cola para aquel día solemne.* **5.** Antepuesto a algunos nombres, se usa para enfatizar el significado de estos. *Lo que has dicho es una solemne tontería. Esa medida es un solemne disparate.*

solemnidad. f. **1.** Cualidad de solemne. *La inauguración ha tenido la solemnidad propia de un acto oficial. La solemnidad de la juez infunde respeto.* **2.** Acto o ceremonia solemnes. *Lleva el traje oscuro que se pone para asistir a las grandes solemnidades.* **3.** Cada una de las formalidades o requisitos que se deben cumplir en un acto solemne. *Se fueron sucediendo todas las solemnidades de la toma de posesión de los ministros.* ■ **de ~.** loc. adv. Pospuesto a un adjetivo, frec. peyorativo, se usa para enfatizar el significado de este. *La víctima, pobre de solemnidad, vivía de las limosnas. La película es mala de solemnidad.*

solemnizar. tr. **1.** Hacer solemne (algo). *Los Reyes han solemnizado el acto con su presencia.* **2.** Celebrar (algo) de manera solemne. *Solemnizaron el aniversario de la independencia organizando numerosos festejos.*

solenoide. m. *Fís.* Bobina cilíndrica de hilo conductor, enrollado de manera que la corriente eléctrica produzca un campo magnético uniforme. *Los solenoides se utilizan para hacer electroimanes.*

soler. (conjug. MOVER; no se usa en fut., condic. ni imperativo). aux. Seguido de un infinitivo, expresa que lo significado por este es habitual o frecuente. *En invierno suele anochecer temprano. Suelo comer a las tres, pero hoy me he retrasado. No suele nevar en esta época del año. No solíamos coincidir en nuestras opiniones. Han cerrado la cafetería a la que solía ir. Suelen ser muy valientes.* A veces el infinitivo está sobrentendido. *No se comportan como solían.*

solera. f. Carácter tradicional y prestigioso de una cosa. *Lleva un apellido con mucha solera en el mundo del cine.* Frec. en la constr. *de ~*. *En el casco antiguo están las tascas de solera.*

soletilla. f. Bizcocho de soletilla (→ **bizcocho**). *De merienda tenemos chocolate a la taza y soletillas.*

solfa. f. **1.** Técnica de leer y entonar los signos musicales. *El profesor de música nos está enseñando solfa.* **2.** Conjunto de signos musicales. *Si estudias la solfa podrás leer música.* ■ **poner en ~** (algo o a alguien). loc. v. coloq. Ridiculizar(los) o hacer burla (de ellos). *En su comedia, la autora pone en solfa a los empresarios codiciosos.*

solfear. tr. Cantar (algo) marcando el compás y pronunciando el nombre de las notas. *En clase de música hemos solfeado una partitura.*

solfeo. m. Hecho de solfear. *Han dedicado toda la clase al solfeo de una partitura.* Tb. su arte o técnica. *Estoy aprendiendo solfeo y el año que viene empiezo a estudiar piano.*

solicitante. adj. Que solicita o pide algo. *Al final del documento figura la firma de la persona solicitante.* Tb. m. y f. *Los solicitantes deben presentar una fotocopia del carné de identidad.*

solicitar. tr. **1.** Pedir (algo) rellenando una solicitud o instancia. *Hay que solicitar un permiso de obra al Ayuntamiento. Ha solicitado una beca para estudiar en Francia.* **2.** cult. Pedir respetuosamente (algo) a alguien. *El abogado solicitó la absolución de su defendido. Por favor señoras, solicito un momento su atención.* **3.** Intentar conseguir la amistad, la compañía o la ayuda (de alguien). *Lo solicitan de todos los departamentos. Está muy solicitada.* **4.** *Fís.* Atraer una fuerza (a un cuerpo). *Las fuerzas centrífugas solicitan a un cuerpo que realiza un movimiento no rectilíneo.*

solícito, ta. adj. **1.** Diligente y cuidadoso, espec. en atender a alguien. *El personal del hotel es extremadamente solícito.* **2.** Propio de la persona solícita (→ 1). *Un policía se nos ha acercado en actitud solícita.*

solicitud. f. **1.** Hecho de solicitar o pedir. *El plazo de solicitud de subvenciones termina el 31 de marzo.* **2.** Carta o documento en que se pide algo de manera oficial. *Rellene la solicitud con letras mayúsculas. Pueden entregar sus solicitudes en la conserjería.* **3.** Cualidad de solícito. *Es sorprendente la solicitud con que se ocupa de un negocio que no es suyo.*

solidaridad. f. Condición de solidario. *Todos han expresado su solidaridad* CON *el poeta perseguido.*

solidario, ria. adj. **1.** Dicho de persona: Que se adhiere a una causa o una acción, o a la persona que las defiende. *Soy solidaria* CON *los despedidos, por eso he ido a la manifestación.* **2.** Propio de la persona solidaria (→ 1). *Esperaba una actitud más solidaria por su parte.* **3.** *Der.* Dicho de obligación o responsabilidad: Que es común a varias personas y debe ser asumida por entero por cada una de ellas. *Los padres tienen responsabilidad solidaria de las infracciones de sus hijos menores.* Tb. referido a la persona que las contrae. *Todos los vecinos son responsables solidarios de las deudas de la comunidad.*

solidarizarse. intr. prnl. Hacerse alguien solidario con una persona o cosa. *Se solidariza* CON *los represaliados. Nos solidarizaremos* CON *las peticiones de los estudiantes.*

solideo. m. Casquete de seda u otra tela ligera, que usan algunos eclesiásticos para cubrirse la coronilla. *El Papa lleva su habitual solideo blanco.*

solidez. f. Cualidad de sólido. *Los muros de piedra dan solidez al edificio. La crisis económica hizo que la moneda perdiera solidez. Sus tesis carecen de solidez.*

solidificación. f. Hecho de solidificar o solidificarse. *Las rocas ígneas se forman por solidificación del magma.*

solidificar. tr. **1.** Hacer sólido (un fluido). *Solidifique el agua sometiéndola a una temperatura de 0 °C.* ○ intr. **2.** Hacerse sólido un fluido. *Hay que pegar la porcelana antes de que el pegamento solidifique.* Más frec. prnl. *Los mares de la Luna están formados por lava que se solidificó.*

sólido, da. adj. **1.** Dicho de un cuerpo: Que, debido a la gran cohesión de sus moléculas, mantiene forma y volumen constantes. *Compuestos sólidos, líquidos y gaseosos.* Tb. m. *Algunos sólidos se convierten en líquidos al calentarlos.* Tb. dicho del estado en que se encuentra ese cuerpo. *El hielo es agua en estado sólido.* **2.** Fuerte o resistente. *Para poner todos mis libros necesito una mesa más sólida.* **3.** Firme o estable.

Quieren construir las viviendas en un terreno poco sólido. **4.** Establecido con razones fundamentales y verdaderas. *El argumento no me parece sólido. Su teoría se apoya en sólidas bases científicas.* ● m. **5.** *Mat.* Cuerpo (objeto de tres dimensiones). *El cono es un sólido de revolución.* ▶ **5:** CUERPO.

soliloquio. m. Monólogo (discurso para uno mismo, o fragmento literario). *El niño mantenía un soliloquio en voz baja mientras jugaba con sus muñecos. A través del soliloquio del protagonista, el público conoce la trama de la obra.* ▶ MONÓLOGO.

solio. m. Trono, espec. el del papa. *El emperador saluda a sus súbditos desde el solio.* Tb. ~ *pontificio* para designar la dignidad de papa. *Benedicto XVI llegó al solio pontificio en 2005.* ▶ TRONO.

solipsismo. m. *Fil.* Doctrina según la cual para el individuo no existe más realidad que su propio yo, que es lo único que puede ser conocido. *El solipsismo metodológico es característico de la concepción cartesiana de la mente.* Tb. fig. *El mundo moderno a veces condena al hombre al solipsismo y al aislamiento.*

solista. adj. *Mús.* Que ejecuta un solo. *Abandona el grupo y triunfarás como cantante solista. Instrumento solista.* Dicho de pers., tb. m. y f. *La solista canta un aria de Verdi.*

solitario, ria. adj. **1.** Dicho de persona: Que ama la soledad. *Es un tipo más bien solitario, por eso se fue a vivir en mitad del campo.* **2.** Dicho de persona: Que está sola o sin compañía. *A veces lo veo caminando solitario por la ciudad.* **3.** Dicho de cosa: Que está aislada, sin formar conjunto con otras. *Hay una casa solitaria en medio de la llanura.* **4.** Dicho de lugar: Desierto o poco frecuentado. *Al volver del colegio tienen que atravesar un pinar muy solitario. De madrugada las calles están solitarias.* ● m. **5.** Juego, gralm. de cartas, que ejecuta una sola persona. *El convaleciente se entretenía haciendo solitarios.* **6.** Diamante grande que se engasta solo en una joya. *Su novio le ha regalado una sortija de oro con un solitario.* Tb. la joya. *Olvidé el solitario en el lavabo.* ○ f. **7.** Tenia. *Come tanto que parece que tiene dentro una solitaria.* ▶ **frecAm: 2, 3:** ÍNGRIMO.

soliviantar. tr. **1.** Alterar el ánimo (de alguien) induciéndo(lo) a adoptar una actitud rebelde u hostil. *El anuncio de la subida de precios ha soliviantado a los ganaderos. Sus agresivas palabras soliviantaron al público de la sala.* Tb. en constr. prnl. media. *Los estudiantes se han soliviantado al ver aparecer a la policía.* **2.** Inquietar o alterar (a alguien). *Me solivianta la calma con que se toma todo. La solivianta vernos sin hacer nada.*

sollozante. adj. Que solloza. *Casi sollozante se echó en nuestros brazos.*

sollozar. intr. Llorar con movimientos convulsivos y respirando de manera entrecortada. *Sollozaba al explicar al periodista que había perdido su casa en el terremoto.*

sollozo. m. Hecho de sollozar. *Al verme aparecer, ha ahogado un sollozo.* Frec. en pl. *Entre sollozos nos ha contado cómo había sido el accidente. Los sollozos cesaron.*

solo¹. (Tb. **sólo,** cuando existe riesgo de ambigüedad con **solo²**). adv. Solamente. *Solo lo conozco de vista.* ■ **solo que.** loc. conjunt. Pero. *Es el mismo reloj, solo que sin cronómetro. Me gustaría acompañaros, solo que no puedo.*

solo², la. adj. **1.** Que no forma pareja o conjunto con otros de su clase. *El edificio tiene una sola planta. Tengo un solo pantalón y dos camisas. Los monoteístas creen en un solo Dios.* **2.** Dicho de cosa: Que no va acompañada de otras. *No tomes la leche sola, ponle un poco de azúcar.* **3.** Dicho de persona: Que no tiene o no lleva compañía. *Ayer estaba solo en casa. Me fui de viaje sola. Si sigues siendo tan arisco, te vas a quedar muy solo.* ● m. **4.** *Mús.* Composición, o parte de ella, que canta o toca una persona sola (→ 3). *El tenor interpretó uno de sus famosos solos. En mitad de la canción hay un solo de guitarra.* ■ **a solas.** loc. adv. Sin compañía. *Se encerró en su habitación para estar a solas. Esperé a quedarme a solas con él para confiarle mi secreto.* ■ **quedarse** alguien **~.** loc. v. coloq. No tener rival. *Planchar no se le da bien, pero cocinando se queda solo.*

solomillo. m. Parte de la carne de una res, que se extiende entre las costillas y el lomo. *El solomillo es la pieza más apreciada de la ternera. El carnicero tiene en oferta el solomillo de cerdo.* Tb. el filete o la ración de esa carne cocinados. *De segundo, he pedido un solomillo poco hecho.*

solsticio. m. *Fís.* Cada uno de los dos momentos anuales en que el Sol se encuentra a mayor distancia del Ecuador, y en que la diferencia entre la duración del día y de la noche es mayor. *El solsticio de invierno se produce el 21 o el 22 de diciembre.*

soltar. (conjug. CONTAR). tr. **1.** Hacer que (algo o alguien que estaban sujetos o atados) dejen de estarlo. *Suelta las cortinas y córrelas para que no entre el sol. Aquí está prohibido soltar al perro. Me cogió de la mano y no me quería soltar. Suéltate el pelo.* **2.** Dejar de sujetar (algo que se tenía en las manos). *El policía le ha dicho que suelte el arma.* **3.** Dejar ir (a alguien que estaba retenido o preso), o poner(lo) en libertad. *Hoy nos sueltan antes en el colegio. Han soltado al sospechoso por falta de pruebas.* **4.** Dejar que salga (algo que estaba detenido o estancado). *Han soltado el agua del estanque para limpiarlo. La fábrica soltó al río miles de litros de sustancias tóxicas.* **5.** Dejar que surja (la expresión de un sentimiento, espec. si estaba contenida). *Ha soltado un suspiro de resignación. En cuanto me vio con aquellas pintas, soltó una risotada.* **6.** Desprender o despedir una persona o cosa (algo) de sí. *Este jersey suelta pelusa. La cebolla suelta mucha agua al freírla.* **7.** Provocar algo, espec. un alimento, la evacuación (del vientre). *Las ciruelas ayudan a soltar el vientre.* Tb. en constr. prnl. media. *Anoche tomé mucho picante y se me ha soltado el vientre.* **8.** coloq. Decir (algo), frec. en un momento inoportuno o de manera brusca. *Procura no soltar una inconveniencia. Le pedí que guardara el secreto, y va y lo suelta todo.* **9.** coloq. Dar (un golpe). *Le soltó un puñetazo que casi lo tumba.* ○ intr. prnl. **10.** Empezar a hacer algo con desenvoltura. *Tiene solo cuatro años, pero ya se ha soltado* A *leer. Me solté* A *hablar en portugués cuando llevaba varios meses en Lisboa. La niña se está soltando* EN *matemáticas. Hace poco que empezó a aprender mecanografía y ya se está soltando.* ▶ **1:** DESATAR. **6:** *DESPEDIR.

soltería. f. Estado o condición de soltero. *Le preguntaron el porqué de su soltería y dijo que él era muy independiente. Tras una prolongada etapa de soltería, se casó con una mujer mayor que él.* ▶ CELIBATO.

soltero, ra. adj. Que no se ha casado. *Está soltero, pero tiene novia.* Tb. m. y f. *Los solteros tenéis más gastos que los casados.* ▶ CÉLIBE.

solterón, na. adj. Que está soltero y tiene una edad mayor de la que se considera normal para casarse.

Tengo varios amigos solterones. Tb. m. y f. *Mi tío es un solterón y no creo que se case nunca.* Frec. despect. *Un grupo de solteronas cotilleaba en la mesa del fondo.*

soltura. f. Agilidad o facilidad para hacer algo. *La niña ya monta en bici con mucha soltura. Gracias a su estancia en Dublín, adquirió soltura en inglés.*

solubilidad. f. *Quím.* Cualidad de soluble. *Una de las ventajas del nuevo fármaco es su gran solubilidad* EN *agua.*

soluble. adj. **1.** Dicho de sustancia: Que se puede disolver. *La sal común es muy soluble* EN *agua. Según la receta, el bizcocho lleva una cucharada de café soluble.* **2.** Que se puede resolver o solucionar. *Ahora que lo he hablado contigo, el problema me parece soluble.*

solución. f. **1.** Hecho de solucionar. *La solución del problema de la escasez de agua requiere la colaboración de todos.* **2.** Respuesta a un problema o a una cuestión difícil. *No sé la solución* A *esa adivinanza. Las soluciones de los pasatiempos están en la última página. Llorar no es solución, hay que seguir luchando.* **3.** *Quím.* Disolución (mezcla que resulta de disolver, o hecho de disolver). *Una solución acuosa.* ■ **~ de continuidad.** f. Interrupción, o falta de continuidad. *El bosque rodea la población casi sin solución de continuidad.* ▶ **3:** DISOLUCIÓN.

solucionar. tr. Hacer que (algo, como un problema, una duda o una dificultad) deje de existir. *Todavía no hemos conseguido solucionar el problema de las goteras.* ▶ RESOLVER, SOLVENTAR.

soluto. m. *Quím.* En una disolución: Sustancia o cuerpo disueltos. *En la disolución formada por agua y sal, la sal es el soluto y el agua el disolvente.*

solvencia. f. Cualidad de solvente. *Antes de cerrar la venta de la propiedad, asegúrese de la solvencia del comprador. No estamos muy seguras de la solvencia del informe.*

solventar. tr. Solucionar (un problema, una duda o una dificultad). *Han contratado más personal para solventar el problema del trabajo atrasado.* ▶ *SOLUCIONAR.

solvente. adj. **1.** Capaz de pagar sus deudas. *El banco solo concede créditos a los clientes solventes. No firmamos el contrato porque la empresa no parece solvente.* **2.** Digno de crédito o confianza. *Fuentes solventes aseguran que el decreto está a punto de firmarse.* **3.** Capaz de cumplir eficazmente una obligación o un cargo. *Puse el asunto en manos de una abogada solvente.*

somalí. adj. De Somalia. *La república somalí ocupa la franja oriental del llamado "cuerno de África".* Dicho de pers., tb. m. y f. *Muchos somalíes viven en el medio rural.*

somanta. f. coloq. Paliza (serie de golpes). *Un energúmeno le dio al pobre perro una somanta de palos. Si no dejas de enredar, te vas a llevar una somanta.*

somatén. m. histór. Grupo de gente armada que no pertenece al ejército, organizado para colaborar en tareas de seguridad o defensa. *En la Cataluña del siglo* XIX *se formaban somatenes para luchar contra los criminales.*

somático, ca. adj. *Biol.* Del cuerpo, o de la parte material de un ser animado. *La depresión presenta síntomas tanto psíquicos como somáticos.*

somatizar. tr. Transformar (un problema psíquico) en enfermedad o síntomas orgánicos o somáticos. *Ha somatizado la ansiedad y sufre taquicardia y problemas estomacales.* Tb. usado en constr. intr. *Tiene tendencia a somatizar.* Tb. en constr. prnl. media. *Estas perturbaciones, según la personalidad del sujeto, pueden llegar a somatizarse como enfermedades.*

sombra. f. **1.** Proyección oscura que despide un cuerpo opaco al interceptar los rayos de un foco de luz. *La sombra de la casa oscurece el jardín. El nogal da mucha sombra.* Tb. el lugar en que se refleja. *Prefiero estar a la sombra: el sol me molesta. Este lado del edificio está siempre en sombra.* **2.** Oscuridad o falta de luz. Gralm. en pl. *La habitación está en sombras. Las sombras de la noche invaden el parque.* Tb. fig. *El caso de la mujer desaparecida está lleno de sombras.* **3.** Persona que sigue a otra a todas partes. *El guardaespaldas se ha convertido en la sombra de la actriz.* Frec. en la constr. *ser la ~* de alguien. *Es la sombra de su marido: siempre va con él.* **4.** Situación de clandestinidad o de anonimato. *El ex presidente sigue controlando el Gobierno desde la sombra.* Frec. en la constr. *en la ~. Durante la guerra, la resistencia se reunía y actuaba en la sombra.* **5.** Indicio o atisbo mínimos de algo. *En su rostro se dibuja una sombra* DE *duda.* Frec. en constr. negativas con intención enfática. *Con este detergente no quedará sombra* DE *suciedad.* **6.** Forma que se percibe de manera vaga. *Nos ha parecido ver una sombra moverse detrás del arbusto.* **7.** Cosmético, gralm. en polvo y en distintos colores, que se usa para maquillar los párpados. *Me he puesto rímel y un poco de sombra azul.* Tb. *~ de ojos. El estuche contiene colorete y sombra de ojos.* **8.** En un dibujo o una pintura: Tono más oscuro con que se representa una sombra (→ 1), y que sirve para dar apariencia de volumen. *El retratista da relieve al rostro trazando sombras con el difumino.* **9.** *tecn.* Lugar al que no llegan las señales transmitidas por un aparato o una emisora. *La radio no capta emisoras porque estamos en una zona de sombra.* ■ **~s chinescas.** f. pl. Espectáculo que consiste en hacer sombras (→ 1) con figuras que se mueven detrás de una superficie blanca y translúcida sobre la que se proyecta una luz orientada hacia los espectadores. *Con un flexo y una sábana haremos un teatro de sombras chinescas.* ■ **mala ~.** f. **1.** coloq. Mala suerte. *Mira que tengo mala sombra, ¡otra vez se me ha pinchado la rueda!* **2.** coloq. Mala intención o antipatía. *Hace falta tener mala sombra para tratar a un niño así. Yo a esa tienda no voy, que el tendero tiene muy mala sombra.* □ **a la ~.** loc. adv. coloq. En la cárcel. *El juez lo ha puesto una temporada a la sombra.* ■ **a la ~** (de alguien o algo). loc. adv. Bajo su protección. *Se convirtió en un famoso investigador a la sombra* DE *su maestro.* ■ **hacer ~** una persona o cosa (a otra). loc. v. Impedir que (esta) destaque o sobresalga por tener aquella más méritos o mejores cualidades. *El hermano tiene tanta fama que le hace sombra.* ■ **no ser** alguien o algo **ni ~ de lo que era.** loc. v. Haber decaído o empeorado mucho. *Este restaurante no es ni sombra de lo que era. Qué estropeado está; ya no es ni sombra de lo que era.*

sombrajo. m. Cobertura sencilla, hecha de ramas, mimbres o esteras, que sirve para dar sombra. *La terraza del chiringuito tiene un sombrajo para protegerse del sol.*

sombreado. m. Hecho o efecto de sombrear o poner sombras. *Necesito un pastel más oscuro para el sombreado del bodegón.*

sombrear. tr. **1.** Dar sombra (a algo). *Cuatro grandes sauces sombrean el jardín.* **2.** Poner sombras (a una pintura o dibujo) o marcar (algo) con sombras o tonos más oscuros. *Voy a sombrear el retrato para que tenga más volumen. Sombrear los párpados. Los países que participan están sombreados en el mapa.*

sombrerera. → **sombrerero.**

sombrerería. f. **1.** Establecimiento donde trabaja el sombrerero. *Las gorras del uniforme se hacen en una sombrerería. Vio el bombín en el escaparate de una sombrerería.* **2.** Oficio o actividad de sombrerero. *Trabaja de aprendiz en un taller de sombrerería.*

sombrerero, ra. m. y f. **1.** Persona que tiene por oficio hacer o vender sombreros. *El sombrerero le muestra varios modelos de boina.* ○ f. **2.** Caja para guardar sombreros. *Sacó la chistera de una elegante sombrerera de terciopelo.*

sombrerillo. m. *Bot.* Parte superior de una seta, que suele tener forma de sombrilla y en cuya cara inferior hay numerosas láminas donde se forman las esporas. *El champiñón tiene un sombrerillo blanco y abombado, con láminas de color marrón.* ▶ SOMBRERO.

sombrero. m. **1.** Prenda de vestir que sirve para cubrir la cabeza y que gralm. tiene copa y ala. *Las mujeres lucen originales sombreros en las carreras.* **2.** *Bot.* Sombrerillo. *Vi unas setas de sombrero rojizo, pero no las cogí por si eran venenosas.* ■ **~ chambergo.** m. histór. Sombrero (→ 1) de copa acampanada y ala ancha, levantada por un lado y sujeta a la copa por un broche, frec. adornado con plumas y cintas. *El espadachín se quitó la capa y el sombrero chambergo.* ■ **~ cordobés.** m. Sombrero (→ 1) de fieltro, de ala ancha y plana, y copa baja y cilíndrica. *El cantaor se ha puesto un traje negro y el sombrero cordobés.* ■ **~ de copa.** m. Sombrero (→ 1) de ala estrecha y copa alta, cilíndrica y plana por arriba, gralm. forrado de felpa negra. *Los testigos del duelo llevaban levita y sombrero de copa.* ⇒ CHISTERA. ■ **~ de teja.** m. Sombrero (→ 1) usado por eclesiásticos, con los lados del ala levantados en forma de teja. *Antiguamente, los sacerdotes llevaban sotana, manteo y sombrero de teja.* ⇒ TEJA. ■ **~ de tres picos.** m. histór. Sombrero (→ 1) de base triangular, con el ala levantada por los tres lados formando tres picos. *En el retrato de Goya, Carlos III aparece con un sombrero de tres picos.* ■ **~ flexible.** m. Sombrero (→ 1) de fieltro que no tiene almidón u otra sustancia que le dé rigidez. *El detective de la película sale con gabardina y sombrero flexible.* ■ **~ hongo.** m. Sombrero (→ 1) de ala estrecha y copa baja, rígida y semiesférica. *Un bastón y un sombrero hongo caracterizan a Charlot.* ⇒ BOMBÍN, HONGO. □ **quitarse el ~** (ante alguien o algo). Sentir gran admiración (por ellos). *Me quito el sombrero* ANTE *los trapecistas y el modo en que arriesgan sus vidas.*

sombrilla. f. Utensilio plegable, semejante a un paraguas pero normalmente de mayor tamaño y tela más gruesa, que sirve para protegerse del sol. *Si vas a la playa, no olvides la sombrilla.* ▶ PARASOL, QUITASOL.

sombrío, a. adj. **1.** Dicho de lugar: Que tiene poca luz solar. *Nos condujo a nuestra habitación a través de corredores sombríos.* **2.** Triste o melancólico. *Desde que le han dado la noticia está muy sombría. ¿A qué viene ese gesto tan sombrío?, vamos, ¡anímese!* ▶ **1:** OSCURO.

somero, ra. adj. Dicho de cosa: Superficial o poco profunda. *La garceta puede anidar entre los juncos que crecen en aguas someras. En el parte para la aseguradora, hizo una somera descripción del accidente.*

someter. tr. **1.** Conquistar (algo o a alguien) o dominar(los) por la fuerza. *Los invasores sometieron a los aborígenes.* **2.** Subordinar (una cosa o a una persona) a otra, o hacer(las) depender de ella. *Estoy harto de someterme a todos tus caprichos.* **3.** Hacer que (alguien o algo) reciban o soporten los efectos de una acción. *Los periodistas han sometido a la entrevistada a un verdadero interrogatorio. Tendrán que someterlo a varias pruebas.* **4.** Exponer o presentar (algo) a alguien para que dé su opinión o juicio (sobre ello). *Sometieron el nuevo plan a la comisión de científicos.* ▶ **1:** AVASALLAR, DOBLEGAR, DOMINAR, SOJUZGAR, SUBYUGAR.

sometimiento. m. Hecho o efecto de someter o someterse. *Exige a sus subordinados un sometimiento absoluto. El sometimiento del proyecto de ley al voto del Senado tendrá lugar mañana.*

somier. m. Soporte de tela metálica, láminas de madera u otro material más o menos elástico, sobre el que se coloca el colchón de la cama. *El somier está tan viejo que los muelles chirrían.*

somnífero, ra. adj. Que produce sueño. *Han anestesiado al tigre disparándole un dardo somnífero. Sustancia somnífera.* Más frec. m., referido a medicamento. *El médico le ha recetado un somnífero.* ▶ SOPORÍFERO.

somnolencia. f. Pesadez y torpeza motivadas por el sueño. *Cuando empiece a sentir somnolencia, detenga el vehículo y descanse.* ▶ MODORRA, SOÑOLENCIA, SOPOR.

somnoliento, ta. adj. Que tiene sueño o somnolencia. *A estas horas de la noche la niña ya empieza a estar somnolienta.* ▶ MODORRO, SOÑOLIENTO.

somorgujo. m. Somormujo. *El somorgujo suele construir un nido flotante entre plantas acuáticas.*

somormujo. m. Ave acuática de pico recto y puntiagudo, con una especie de penacho de plumas detrás de cada ojo, buena buceadora, que habita en lagos y lagunas, y de la que existen varias especies, por ej.: ~ *cuellirrojo*, ~ *lavanco*. *El somormujo hembra. El somormujo hace nidos flotantes pegados a las cañas.* ▶ SOMORGUJO.

son. m. Sonido agradable, espec. el musical. *A lo lejos se oyen los sones de un acordeón.* ■ **al ~** (de un instrumento). loc. adv. Con acompañamiento (de ese instrumento). *Una mujer baila al son* DE *la guitarra. El chico toca la armónica y los niños bailan a su son.* ■ **bailar** alguien **al ~ que le toca** (otra persona). loc. v. coloq. Acomodar su conducta a la situación o las circunstancias impuestas (por esa otra persona). *Ese baila al son que le toca su jefe.* ■ **en ~ de.** loc. prepos. Con ánimo o voluntad de. Frec. con n. como *guerra* o *paz*. *El enviado del enemigo ha venido en son de paz. No te lo digo en son de revancha, pero ayer estuviste muy antipática conmigo.*

sonado, da. part. **1.** → **sonar.** ● adj. **2.** Que se divulga o se hace público con mucho ruido y admiración. *La entrega del premio ha sido un acontecimiento muy sonado.* **3.** Dicho de boxeador: Que ha perdido las facultades mentales a causa de los golpes recibidos en los combates. *Cuando se retiró del boxeo estaba medio sonado.* **4.** coloq. Chiflado o que tiene algo trastornada la razón. *No le hagas ni caso porque está sonada y no sabe lo que dice.*

sonaja. f. Par de chapas metálicas que, atravesadas por un alambre, se colocan en algunos juguetes e instrumentos musicales para hacerlas sonar cuando se agitan. *La pandereta tiene sonajas en el aro.*

sonajero. m. Juguete para entretener a los bebés, compuesto de un mango y un extremo con sonajas, cascabeles u otra cosa semejante. *Se pone a agitar el sonajero delante del niño para que deje de llorar.*

sonambulismo. m. Estado de sonámbulo. *De pequeña padeció algún episodio de sonambulismo.*

sonámbulo, la. adj. Dicho de persona: Que mientras duerme puede realizar algunos actos coordinados, como levantarse, caminar o hablar. *Es sonámbula y esta noche me la encontré abriendo la puerta de la calle.* Tb. m. y f. *Los sonámbulos no suelen recordar lo que hicieron mientras estaban dormidos.*

sonante. adj. Que suena. *Agitó una bolsa llena de sonantes monedas.*

sonar. (conjug. CONTAR). intr. **1.** Hacer o producir algo un sonido. *No ha sonado el despertador.* **2.** Tener una cosa apariencia de otra. *El negocio que nos proponen suena A timo.* **3.** coloq. Resultar a alguien vagamente conocidas una persona o cosa. *Me suena mucho tu cara, ¿nos conocemos? No le suena mi apellido a pesar de que fuimos compañeros.* **4.** Tener una letra valor fónico o un sonido determinado. *La letra "h" no suena, excepto cuando aparece después de "c". La letra "g" suena como la "j" cuando va delante de "e" o "i".* ○ tr. **5.** Limpiar de mocos (la nariz) de una persona haciendo que los expulse con una espiración fuerte. *Sonó la nariz al niño con un pañuelo de papel. Suénate la nariz y respirarás mejor.* **6.** Limpiar (de mocos) la nariz de una persona haciendo que (los) expulse con una espiración fuerte. *No para de sonarse los mocos.* ○ intr. prnl. **7.** Limpiarse los mocos de la nariz expulsándolos con una espiración fuerte. *Se sonó enérgicamente.* ■ **(así) como suena.** loc. adv. coloq. Se usa para confirmar algo que se ha dicho anteriormente y que puede resultar increíble a la persona con quien se habla. *–¿Que te llamó ladrón? –Como suena, ladrón y mentiroso. Al día siguiente se encontró el coche destrozado, así como suena: destrozado.*

sónar. m. *Mar.* Aparato que sirve para detectar la presencia y la posición de objetos sumergidos, mediante la reflexión en ellos de ondas acústicas emitidas por dicho aparato. *El sónar indica que nos acercamos a algo grande, tal vez un submarino.*

sonata. f. *Mús.* Composición musical para uno o más instrumentos, que suele constar de tres o cuatro movimientos. *Sonatas para piano de Beethoven.*

sonatina. f. *Mús.* Sonata corta y de fácil ejecución. *Sentado al piano ensaya una sonatina de Listz.*

sonda. f. **1.** Cuerda con un peso de plomo, que sirve para medir la profundidad de las aguas y explorar el fondo. *Desde el barco se lanzará una sonda para saber si hay rocas o bancos de arena.* **2.** Máquina consistente en una gran barra de hierro de extremos cortantes que sirve para perforar el terreno o las rocas. *Perforan el suelo con sondas para buscar petróleo.* **3.** Aparato empleado para explorar o investigar zonas de difícil acceso. *La sonda espacial envió a la Tierra datos sobre Marte.* **4.** *Med.* Instrumento largo y delgado que se introduce en el organismo para fines tales como introducir o extraer sustancias, o explorar cavidades y conductos. *El enfermo permanece en coma y es alimentado mediante sonda.*

sondar. tr. **1.** Sondear (algo o a alguien). *El capitán ha ordenado sondar las aguas para el fondeo. Todas esas preguntas te las ha hecho para sondarte. Sondaron el terreno en busca de agua subterránea.* **2.** *Med.* Introducir una sonda en el cuerpo (de alguien) por un conducto natural o accidental. *Tendrán que sondarlo para alimentarlo.* ▶ **1:** SONDEAR.

sondear. tr. **1.** Echar al agua una sonda para averiguar la profundidad o la calidad del fondo (de una masa de agua). *Están sondeando la ría para medir su profundidad.* **2.** Tratar de averiguar (algo). *Deberías sondear la opinión de tus socios sobre este proyecto.* **3.** Tratar de averiguar la opinión o los pensamientos (de alguien). *Me sondeaba para enterarse de cuáles eran mis intenciones.* **4.** Explorar (el subsuelo) perforándo(lo) con una sonda. *Los ingenieros sugieren sondear el terreno para ver si hay petróleo.* ▶ SONDAR.

sondeo. m. Hecho o efecto de sondear. *Los técnicos hacen un sondeo de la bahía. Me hizo un sondeo para tratar de sacarme la información. Un sondeo encargado por el periódico concede a los conservadores una ventaja de cinco puntos.*

sonetista. m. y f. Autor de sonetos. *Garcilaso es uno de los grandes sonetistas del Renacimiento.*

soneto. m. Composición poética de carácter lírico, formada por catorce versos, gralm. de once sílabas, distribuidos en dos cuartetos y dos tercetos. *La antología incluye el soneto "Amor constante más allá de la muerte".*

sónico, ca. adj. *Fís.* Del sonido. *Vibraciones sónicas. Detector sónico.*

sonido. m. **1.** Sensación producida en el órgano del oído por el movimiento vibratorio de los cuerpos, transmitido por un medio elástico, como el aire. *¡Qué agradable es el sonido de las olas!* **2.** *Fís.* Vibración mecánica transmitida por un medio elástico y que produce el sonido (→ 1). *El sonido se propaga en el aire.* **3.** *Ling.* Sonido (→ 1) del lenguaje considerado en cuanto a sus características acústicas o articulatorias. *El sonido de la "s" es distinto según las regiones.*

soniquete. m. **1.** Sonsonete. *En el patio se oye el soniquete de una máquina de coser.* **2.** Tonillo irónico o burlón. *–¡Y tú más! –dijo con un soniquete infantil en la voz.* ▶ **2:** TONILLO.

sonómetro. m. Instrumento que sirve para medir y comparar sonidos. *Se comprueba con un sonómetro si el ruido de la discoteca es mayor del permitido.*

sonoridad. f. Cualidad de sonoro. *La sonoridad de su risa. La sonoridad del nuevo auditorio es buena. Las consonantes "b", "d" y "g" se caracterizan por su sonoridad.*

sonorización. f. *tecn.* Hecho o efecto de sonorizar o sonorizarse. *Se están realizando los trabajos de sonorización del local para el concierto. Estudiamos la sonorización de las consonantes sordas.*

sonorizar. tr. **1.** Instalar equipos de sonido (en un lugar) para obtener una buena audición. *Han sonorizado el salón de actos del colegio.* **2.** *Cine* Incorporar el sonido a las imágenes ya filmadas (de una película). *El director sonoriza su película en unos estudios de sonido.* **3.** *Fon.* Convertir (una consonante sorda) en sonora. *La voz latina "apis" ('abeja') sonorizó la "p" en su evolución.* Tb. usado en constr. intr. *En la formación del español, las consonantes sordas sonorizan.* Tb. en constr. prnl. media. *La "t" de "petram" se sonoriza y da "piedra".*

sonoro, ra. adj. **1.** Del sonido. *El arte se vale de recursos plásticos, lingüísticos o sonoros. Con el oscilógrafo se visualizan las oscilaciones sonoras.* **2.** Que suena o puede sonar. *La comunicación de mensajes puede hacerse mediante un instrumento sonoro.* **3.** Que suena bien o con fuerza. *Recitan los sonoros versos de Góngora. Ha recibido una sonora ovación del público.* **4.** Dicho de cine o película: Que tiene una banda sonora (→ **banda**) donde se registra el sonido. *Antes del cine sonoro, la música de la película se ejecutaba en la sala.* **5.** Dicho de lugar: Que permite una buena audición en su interior. *Bóveda sonora.* **6.** *Fon.* Dicho de sonido: Que se articula con vibración de las cuerdas vocales. *El sonido representado por la letra "r" es sonoro.*

sonreír. (conjug. SONREÍR). intr. **1.** Reír levemente y sin ruido. *Ha sonreído al verme entrar.* Tb. prnl. *Se sonreía recordando la conversación. Cuando le conté el chiste se sonrió, pero no llegó a reírse abiertamente.* **2.** Mostrarse una cosa favorable a alguien. *Recuerda los tiempos en que eras joven y la vida te sonreía.*

sonriente. adj. Que sonríe. *Ha salido sonriente del examen.*

sonrisa. f. Hecho de sonreír. *Me ha mirado con una sonrisa de agradecimiento.*

sonrojar. tr. Hacer que (a alguien) se le ponga la cara roja, espec. haciendo o diciendo algo que (le) produce vergüenza. *Los comentarios que hacéis sobre mí me sonrojan.* Tb. en constr. prnl. media. *Cuando el presidente la elogió, se sonrojó.*

sonrojo. m. Hecho o efecto de sonrojar o sonrojarse. *Nos produce sonrojo oíros discutir delante de todo el mundo.*

sonrosar. tr. Dar (a algo) color rosado. *El sol de la montaña sonrosó su piel.* Tb. en constr. prnl. media. *Sus mejillas se han sonrosado con el sol.*

sonsacar. tr. **1.** Conseguir, con habilidad o disimulo, que alguien diga (algo que sabe y mantiene en secreto). *Traté de sonsacarle sus planes, pero no me dijo una palabra.* **2.** Conseguir, con habilidad o disimulo, que (alguien) diga algo que sabe y mantiene en secreto. *No intentes sonsacarme.*

sonso, sa. adj. frecAm. Zonzo. *La chica no es sonsa, así que seguro que se va a dar cuenta* [C]. Tb. m. y f. *No te hagas el sonso* [C]. ▶ *TONTO.

sonsonete. m. Sonido continuado y monótono. *Se oye de fondo el sonsonete de los números de la lotería cantados por los niños.* ▶ SONIQUETE.

soñador, ra. adj. Que sueña o imagina que son ciertas cosas que no lo son. *De joven fue muy soñadora e idealista.* Tb. m. y f. *Los soñadores crean las utopías.*

soñar. (conjug. CONTAR). intr. **1.** Tener alguien mientras duerme la percepción o la vivencia de imágenes o sucesos que no son reales. *Esta noche he soñado* CON *vosotros. Estaba soñando y he creído que llamaban a la puerta de verdad.* **2.** Imaginar que son ciertas y reales cosas que no lo son. *Tú sueñas si crees que te va a echar una mano.* **3.** Seguido de un complemento introducido por *con:* Desear intensamente lo expresado por él. *Sueño* CON *llegar a ser escritor. Sueña* CON *que le toque la lotería.* ○ tr. **4.** Soñar (→ 1) (con algo). *He soñado que era violinista y daba un concierto en Berlín.* **5.** Soñar (→ 2) (con algo). *A veces voy por la calle y sueño que me encuentro con ella.* ■ **ni ~lo.** expr. coloq. Se usa para negar algo con intención enfática. *–¿Me prestas algo de dinero? –¡Ni soñarlo!*

soñolencia. f. Somnolencia. *Después de comer le ha invadido una gran soñolencia.*

soñoliento, ta. adj. Somnoliento. *De madrugada, aún soñolienta, se encamina al trabajo.*

sopa. f. **1.** Plato compuesto de pasta, verduras, arroz u otros ingredientes sólidos, y el caldo en que se han cocido. *De primero tomaré sopa. La sopa de pescado incluye rape.* Tb. los ingredientes sólidos, espec. la pasta. *Cuando hierva el caldo, añade la sopa y déjalo cocer dos minutos.* **2.** Pedazo de pan, bollo u otro alimento semejante empapado en un líquido. *Hace sopas en la salsa del estofado.* ○ pl. **3.** Plato compuesto de rebanadas de pan y un líquido que las empapa. *Las sopas de ajo se preparan con agua y con ajos fritos en aceite. Sopas de leche.* ■ **~ boba.** f. histór. Comida que se daba a los pobres en los conventos. *Los mendigos hacían cola para la sopa boba.* Se usa tb. para expresar vida ociosa y a expensas de otra persona. *Tienes que empezar a trabajar y dejar de vivir de la sopa boba.* Frec. en constr. como *comer la ~ boba* o *estar a la ~ boba. El hijo mayor aún está comiendo la sopa boba en casa de sus padres.* ■ **~ juliana.** f. Sopa (→ 1) de verduras cortadas en tiritas. □ **como una ~,** o **hecho una ~.** loc. adj. coloq. Muy mojado. *Llegó a casa hecha una sopa. Si no llevas el paraguas, te pondrás como una sopa.* ■ **dar** una persona o cosa **~s con honda** (a otra). loc. v. Tener gran superioridad (sobre ella). *Ha entrenado tanto que da sopas con honda a las demás corredoras.* ■ **hasta en la ~.** loc. adv. coloq. En todas partes. Frec. con intención enfática. *La tele es un rollo: hay programas de cotilleo hasta en la sopa.*

sopapo. m. coloq. Golpe dado con la mano en la cara. *Si no me dejas en paz, te doy un sopapo.*

sopero, ra. adj. **1.** Que se usa para tomar sopa. *La cubertería tiene seis cucharas soperas y seis de postre. Plato sopero.* **2.** coloq. Dicho de persona: Aficionada a la sopa. *A él le he preparado un consomé, porque sé que es muy sopero.* ● f. **3.** Recipiente hondo, gralm. con tapa y asas, que se usa para servir la sopa en la mesa. *Una sopera de porcelana.*

sopesar. tr. **1.** Examinar con atención los pros y los contras (de algo). *Sopesaré su oferta y le daré una respuesta cuanto antes.* **2.** Examinar con atención (los pros y los contras de algo). *Tengo que sopesar los pros y los contras de su oferta. Antes de comprar el coche, sopesa las ventajas y los inconvenientes que tiene.* **3.** Levantar (una cosa) para tantear o calcular su peso. *Sopesó la mochila y dijo: –Por lo menos son ochos kilos.*

sopetón. de ~. loc. adv. coloq. De repente o de improviso. *Estábamos hablando de otras cosas y de sopetón me preguntó: –¿Tú estás casado?.*

sopicaldo. m. Sopa, espec. muy clara. Frec. despect. *¡Vaya sopicaldo que nos has preparado!*

soplado. m. Hecho o efecto de soplar, espec. la pasta de vidrio para darle forma. *El soplado del vidrio se hace introduciendo aire en la masa caliente. En la fragua el utensilio de soplado es el fuelle.*

soplador, ra. m. y f. Persona que tiene por oficio el soplado del vidrio. *Los sopladores dan forma al vidrio soplando por una caña larga de hierro.*

soplagaitas. m. y f. coloq. Tonto o imbécil. *Cómo pudiste asociarte con esa soplagaitas.* Se usa como insulto. *Como me vuelvas a empujar, me vas a oír, soplagaitas.*

soplamocos. m. coloq. Golpe dado con la mano en la cara, espec. en las narices. *Mira, renacuajo, si no te apartas, te sacudo un soplamocos.*

soplapollas. m. y f. malson. Tonto o imbécil. Se usa como insulto.

soplar. intr. **1.** Expulsar con fuerza aire por la boca, juntando los labios y dejando una pequeña abertura en el centro. *Sopló para quitar el polvo del libro.*

2. Haber viento. *Sopla mucho viento. Si sopla el levante, el barco no podrá zarpar.* **3.** Hacer que un fuelle u otro instrumento adecuado expulsen el aire que tienen dentro. *Sopla un poco en las brasas con el fuelle para avivar el fuego.* **4.** coloq. Beber alcohol en cantidad abundante. *Deja ya de soplar, o volverás a casa arrastrándote.* ○ tr. **5.** Apartar (algo) soplando (→ 1). *Sopló los restos de goma de borrar.* **6.** Hinchar (algo, espec. la pasta de vidrio) soplando (→ 1). *Antes de que se enfríe el vidrio, lo soplan para darle forma.* **7.** coloq. Decir a alguien de forma disimulada (algo que debe decir y no recuerda o no sabe). *Me sopló la solución del problema.* Tb. usado en constr. intr. *Como te pillen soplando, te echan del examen.* **8.** coloq. Quitar (algo) a alguien aprovechando un descuido suyo, o hacer que deje de tener(lo). *Dejé mis cosas en el vestuario y me han soplado el reloj. Le han soplado la torre y el alfil.* **9.** coloq. Decir (algo) a alguien como denuncia o para delatar a otra persona. *Le ha soplado a mi padre que fumo a escondidas.*

soplete. m. Instrumento provisto de un tubo por el que sale un gas que produce una llama, y que se emplea para fundir o calentar metal. *Cortan la chapa con soplete. El fontanero trae una caja de herramientas y un soplete.*

soplido. m. Hecho o efecto de soplar o soltar aire con fuerza por la boca. *Intenta que la llama prenda dando pequeños soplidos. De un soplido esparció toda la ceniza.*

soplillo. m. Utensilio circular, gralm. de esparto y con mango, que se usa para avivar el fuego. *Hay un soplillo colgado de un clavo encima de la chimenea.*

soplo. m. **1.** Hecho de soplar el viento, o alguien o algo expulsando aire. *Con un soplo aparta las migas de la mesa. Un soplo de viento le arrebató el sombrero.* **2.** Instante o cantidad muy pequeña de tiempo. *Fue poner los pasteles en la mesa y desaparecer en un soplo.* **3.** coloq. Hecho de soplar una información a alguien. *El soplo de uno de los compinches ha llevado a la policía hasta la mercancía robada.* **4.** *Med.* Ruido que se aprecia al auscultar el corazón, y que puede ser normal o señal de una enfermedad. *El cardiólogo le ha detectado un soplo en el corazón.*

soplón, na. adj. coloq., despect. Que sopla o dice algo a alguien como denuncia o para delatar. *Puedes fiarte de él, porque no es nada soplón.* Frec. m. y f. *En la banda sospechan que es un soplón de la policía.*

soponcio. m. coloq. Desmayo o indisposición, debidos gralm. a una impresión fuerte. *Hacía tanto calor que a uno de los excursionistas le dio un soponcio.* Frec. con intención enfática. *Cuando he visto la factura me ha dado un soponcio.*

sopor. m. Somnolencia o adormecimiento. *Entre el cansancio y el calor que hacía, me empezó a entrar un sopor terrible.* ▶ *SOMNOLENCIA.

soporífero, ra. adj. Que produce sopor o sueño. *A las tres de la tarde el calor era soporífero.* Frec. fig. *Es un discurso largo y soporífero.* Dicho de medicamento, tb. m. *Se tomó un soporífero y durmió diez horas.* ▶ SOMNÍFERO.

soportable. adj. Que se puede soportar o aguantar. *Cuando el dolor deja de ser soportable, toma un analgésico. El viaje se me ha hecho más soportable gracias a la lectura.*

soportal. m. **1.** Espacio cubierto que precede a la entrada principal de un edificio. *El novio la espera sentado en el soportal.* ○ pl. **2.** En una calle o una plaza: Espacio cubierto delante de las puertas de las casas y los locales, formado por arcos o columnas que sostienen la parte delantera de los edificios. *Los turistas pasean bajo los soportales de la plaza Mayor.*

soportar. tr. **1.** Sostener o tener alguien o algo sobre sí (el peso de algo). *El perchero no ha podido soportar el peso de tantos abrigos.* Tb. fig. *Él solo soporta la carga de toda la familia.* **2.** Tolerar o llevar con paciencia (algo o a alguien desagradables). *Tienes que soportar unos días más la escayola. A esa chica no hay quien la soporte. No soporto que grite tanto.* ▶ **1:** *SOSTENER. **2:** *TOLERAR.

soporte. m. **1.** Cosa que soporta o sostiene el peso de otra. *El telescopio se ha caído de su soporte.* Tb. fig. *Desde que murió su padre, ella es el soporte de sus hermanos. Los voluntarios son el verdadero soporte de esta organización.* **2.** *tecn.* Material empleado para registrar información. *El diccionario se publica en soporte de papel y de disco compacto.* ▶ **1:** SOSTÉN.

soprano. m. y f. *Mús.* Persona cuya voz tiene el registro más agudo de las humanas. *La soprano canta un aria dificilísima.* Tb. m., designando la voz. *El soprano es una voz propia de mujeres y niños.* Frec. en aposición, referido a un instrumento. *Saxo soprano.* ▶ TIPLE.

sor. f. Hermana (religiosa). Se usa como tratamiento, antepuesto al nombre de pila. *La mexicana sor Juana Inés de la Cruz fue contemporánea de Góngora. –Sor Anunciación, ha llegado el correo. –Gracias, hermana.* ▶ *HERMANA.

sorber. tr. **1.** Beber (algo) aspirando. *Sorbe el café a tragos pequeños para no quemarse.* Tb. usado en constr. intr. *Tiene la manía de sorber.* **2.** Atraer hacia dentro (algo, frec. la mucosidad nasal) con fuerza. *Sorbía con avidez el aire del mar. Deja de sorber los mocos y suénate.*

sorbete. m. Refresco hecho gralm. de zumo de frutas, agua o leche, y azúcar, al que se da cierto grado de congelación. *Sorbete de limón.*

sorbo. m. **1.** Hecho de sorber o beber aspirando. *Dio un pequeño sorbo para probar el zumo.* **2.** Cantidad de líquido que se sorbe de una vez. *Bebe un par de sorbos de coñac.* **3.** Cantidad pequeña de líquido. *Bébete ese sorbo de leche que queda en el vaso.* ■ **a ~s.** loc. adv. Poco a poco. *Toma el consomé a sorbos para apreciar el sabor. Disfruta la felicidad a sorbos.*

sordera. f. Privación o disminución de la facultad de oír. *Como tiene un poco de sordera, ha decidido ponerse un audífono. Sufre sordera en el oído izquierdo.*

sordidez. f. Cualidad de sórdido. *Todavía recuerda la sordidez de la posguerra. Han tratado de ocultar la sordidez de su pasado.*

sórdido, da. adj. **1.** Muy pobre o miserable. *Los sórdidos arrabales contrastan con el lujo de los barrios céntricos.* **2.** Vil o indecente. *Ha salido en televisión contando los detalles más sórdidos de su vida.*

sordina. f. Pieza que se ajusta a algunos instrumentos musicales para disminuir la intensidad y variar el timbre del sonido. *El trompetista toca la balada con sordina.*

sordo, da. adj. **1.** Dicho de persona o de animal: Que no oye, o que no oye bien. *La niña nació sorda. Estoy un poco sordo. El perro se ha quedado sordo.* Dicho de pers., tb. m. y f. *En clase hay dos sordos.* **2.** Dicho de persona: Que no hace caso a las peticiones o consejos de los demás. *Por más que insistimos él siguió sordo* A *nuestras súplicas.* **3.** Dicho de ruido o sonido: Que suena poco o de forma apagada. *Un ruido sordo. Un golpe sordo.* **4.** *Fon.* Dicho de sonido: Que se articula sin vibración de las cuerdas vocales. *La "p" es una consonante sorda.*

sordomudez. f. Condición de sordomudo. *La sordomudez se origina a causa de una sordera de nacimiento.*

sordomudo, da. adj. Dicho de persona: Que carece de la facultad de hablar debido a una sordera de nacimiento. *Es sordomudo, pero en el colegio le están enseñando a pronunciar los sonidos.* Tb. m. y f. *Los sordomudos se comunican mediante el lenguaje de los signos.*

sorgo. m. Cereal semejante al maíz pero de tallos más delgados, empleado en la alimentación humana y animal. *El sorgo se cultiva como planta forrajera. Campos de sorgo.* Tb. el grano. *En la India se hacen panes y tortas de sorgo.*

soriano, na. adj. De Soria. *Campos sorianos.* Dicho de pers., tb. m. y f. *Los sorianos son vecinos de los burgaleses.*

sorna. f. Ironía o tono burlón con que se dice algo. *–Te has arreglado para la ocasión, ¿no? –dijo con sorna al verme entrar en zapatillas.* ▶ *IRONÍA.

soroche. m. Am. Mal de montaña causado por la altura. *Encontraron guardias de asalto desmayados, víctimas del soroche* [C]. ▶ **Am:** PUNA.

sorprendente. adj. Que sorprende o causa sorpresa. *Es sorprendente que haga ya tanto calor. Acabo de conocer a una mujer sorprendente.* ▶ *ASOMBROSO.

sorprender. tr. **1.** Causar sorpresa (a alguien). *Me ha sorprendido mucho tu llamada. Nos sorprende verla aquí.* Tb. en constr. prnl. media. *Se ha sorprendido al encontrar la casa vacía. Claro que la conozco, no sé de qué te sorprendes.* **2.** Coger desprevenido (a alguien). *El jugador sorprendió al portero con una vaselina.* **3.** Descubrir (a alguien en una acción o situación que desearía ocultar). *La han sorprendido robando. Lo sorprendió en la cama con otra mujer.* **4.** Descubrir (algo que alguien ocultaba o disimulaba). *He sorprendido un gesto de incredulidad en su rostro.* ▶ **1:** *ASOMBRAR.

sorpresa. f. **1.** Impresión producida por algo imprevisto o extraordinario. *Nos hemos llevado una sorpresa al verte después de tantos años. La sorpresa se refleja en su cara.* **2.** Cosa que produce sorpresa (→ 1). *En esta bolsa traigo una sorpresa para ti. La concesión del premio fue una sorpresa para todos.* ■ **por ~, o de ~.** loc. adv. De improviso o de manera inesperada. *El chaparrón nos ha cogido por sorpresa. La noticia no me pilla de sorpresa.* ▶ **1:** *ASOMBRO.

sorpresivo, va. adj. **1.** Inesperado o imprevisto. *Su dimisión sorpresiva ha obligado a convocar al comité de crisis.* **2.** Sorprendente. *La sorpresiva decisión del juez extraña a todos.* ▶ **2:** *ASOMBROSO.

sortear. tr. **1.** Someter (algo o a alguien) al resultado de un sistema de adjudicación o reparto basado en la suerte o el azar. *En la tómbola sortean un equipo de música. Ya han sorteado a los quintos.* **2.** Evitar con destreza (un obstáculo, un riesgo o una dificultad). *Hemos tenido que conducir sorteando los baches. Va sorteando las dificultades.*

sorteo. m. Hecho de sortear algo o a alguien mediante un sistema basado en la suerte. *Le han tocado muchos millones en el sorteo de la lotería de Navidad.*

sortija. f. Anillo (aro que se pone en los dedos). *Lleva una sortija con un brillante.* ▶ ANILLO.

sortilegio. m. **1.** Adivinación por medios supersticiosos o artes mágicas. *El edicto condenaba los sortilegios y las falsas revelaciones.* **2.** Hechizo o encantamiento. *Solo el beso de un príncipe podría romper el sortilegio.*

SOS. (sigla; pronunc. "ese-o-ese"). m. Llamada urgente de socorro. *El barco se ha hundido sin que el capitán haya podido mandar un SOS.*

sosa. f. Hidróxido de sodio, de color blanco, soluble en agua y muy corrosivo, que se emplea pralm. en la elaboración de jabones y en la industria química. *La gente del pueblo hacía su propio jabón mezclando sosa con grasa animal o vegetal.* Tb. *~ cáustica. La sosa cáustica es abrasiva para la piel.*

sosaina. m. y f. coloq. Persona sosa. *Eres una sosaina: no has dicho ni pío en toda la cena.* Tb. adj. *Es buen chico, pero un poquillo sosaina.*

sosegado, da. part. **1.** → **sosegar.** ● adj. **2.** Tranquilo o pacífico. *Es una persona sosegada y no la he visto nunca perder la calma. La vida en el pueblo es muy sosegada.* ▶ **2:** *TRANQUILO.

sosegar. (conjug. ACERTAR). tr. **1.** Tranquilizar o calmar (algo o a alguien). *La buena noticia ha sosegado los ánimos.* ○ intr. **2.** Tranquilizarse o calmarse. *Sosiega un poco, no tengas tanta prisa.* Frec. prnl. *Cuando me lo contó todo, se sosegó y dejó de llorar.*

sosera. f. Sosería (cualidad de soso). *El programa está bien, a pesar de la sosera del presentador.* ▶ SOSERÍA.

sosería. f. **1.** Cualidad de soso o falto de gracia. *¡Qué contraste entre el salero que tiene ella y la sosería de su novio!* **2.** Hecho o dicho sosos. *De humorista no tiene nada: no dice más que soserías.* ▶ **1:** SOSERA.

sosia. m. Sosias. *Vi por la calle a un hombre que era el sosia del presidente del Gobierno.* ▶ *DOBLE.

sosias. m. Doble (persona que se parece mucho a otra). *Dicen que todos tenemos nuestro sosias en alguna parte.* ▶ *DOBLE.

sosiego. m. Tranquilidad o calma. *Necesito un poco de sosiego para escribir la carta.*

soslayar. tr. Evitar (algo, espec. una dificultad) dejándo(lo) a un lado. *No puedes soslayar el problema. Al estudiar su obra, no debemos soslayar sus ideas políticas.*

soslayo. de ~. loc. adv. **1.** De manera oblicua, o desviándose de la línea horizontal o vertical. *No coloques la estufa de frente; ponla un poco de soslayo. Me mira de soslayo, sin girar del todo la cabeza.* **2.** De pasada o sin profundizar, espec. para evitar una dificultad. *En tu trabajo tendrás que hablar, aunque sea de soslayo, de las fuentes consultadas.*

soso, sa. adj. **1.** Dicho de alimento: Que no tiene sal, o tiene poca. *Hace la comida sosa porque el médico le ha prohibido la sal. Las patatas están sosas.* **2.** Dicho de alimento: Falto o escaso de sabor. *El arroz hervido es bastante soso.* **3.** Que no tiene gracia o viveza. *Reconozco que soy un poco sosa y en estas reuniones no hago muy buen papel. El local está soso; le falta decoración.* Dicho de pers., tb. m. y f. *No me sorprende que no venga a la fiesta: siempre ha sido una sosa.* ▶ **3:** DESABORIDO, PAVISOSO.

sospecha. f. Hecho o efecto de sospechar. *La sospecha de que me estaba estafando me hizo vigilarla de cerca. Tengo la sospecha de que no va a venir.*

sospechar. tr. **1.** Imaginar una persona (algo) basándose en conjeturas o indicios. *Al no ver tu coche, he sospechado que algo malo había ocurrido.* *No sospechaba que me fuera a costar tanto aprender alemán.* ○ intr. **2.** Desconfiar de alguien o algo. *Sospecha* DE *todo el mundo. Suelo sospechar* DE *las gangas. La desaparición de dos máquinas del almacén ha hecho que el encargado sospeche.*

sospechoso, sa. adj. Que inspira sospecha o desconfianza. *El gran parecido entre los dos proyectos es un poco sospechoso. Hay un tipo sospechoso merodeando.* Dicho de pers., tb. m. y f. *Han detenido a tres sospechosos.*

sostén. m. **1.** Hecho de sostener algo o a alguien para que no se caigan. *La plataforma sirve para el sostén de la gran masa de cemento.* **2.** Hecho de sostener o procurar a alguien lo necesario para vivir. *Quedarse sin trabajo pone en peligro el sostén de la familia.* **3.** Persona o cosa que sostienen. *Unas columnas constituyen el sostén de la gran cúpula. Ella es el sostén de toda la familia.* **4.** Sujetador (prenda interior femenina). *Al inclinarse le vi el sostén.* ▶ **1, 2:** *MANTENIMIENTO. **3:** SOPORTE. **4:** *SUJETADOR.

sostener. (conjug. TENER). tr. **1.** Mantener (algo o a alguien) para que no se caiga o se mueva. *¿Me sostienes este paquete un momento? Un trípode sostiene el telescopio.* Tb. fig. *El trabajo de miles de voluntarios sostiene la organización. No podemos sostener ese ritmo de vida.* Tb. en constr. prnl. media. *Ha puesto tierra alrededor de la planta para que se sostenga.* **2.** Defender (una idea o una opinión). *El portavoz de la compañía sostiene que los retrasos se han debido al mal tiempo.* **3.** Dar o procurar (a alguien) lo necesario para vivir. *Voy a buscar trabajo, porque no me gusta que me sostengan mis padres.* **4.** Mantener (una actividad) o realizar(la) durante cierto tiempo. *Sostuvimos una larga discusión sobre la enseñanza.* ▶ **1:** AGUANTAR, SOPORTAR, SUJETAR. **2-4:** MANTENER.

sostenible. adj. Dicho espec. de actividad o idea: Que se puede sostener. *Conviene tender a un desarrollo económico sostenible que no merme los recursos del planeta. Su teoría no parece sostenible.*

sostenido, da. part. **1.** → **sostener.** ● adj. **2.** *Mús.* Dicho de nota: Que está alterada en un semitono por encima de su sonido natural. *Do sostenido.* Tb. m. ● m. **3.** *Mús.* Signo que se coloca delante de una nota para indicar que es sostenida (→ 2). *El sostenido indica que la nota que sigue se eleva un semitono.*

sostenimiento. m. Hecho o efecto de sostener o sostenerse. *Cada uno de los cónyuges deberá contribuir al sostenimiento de los hijos.* ▶ *MANTENIMIENTO.

sota. f. **1.** En la baraja española: Carta que tiene representada la figura de un paje. *La sota lleva el número 10. La sota de oros.* **2.** coloq. Mujer insolente y desvergonzada. *Esa chica no es más que una sota consentida.*

sotabanco. m. Piso habitable situado por encima de la cornisa general de un edificio. *Vivía en el sotabanco de una casa antigua del centro.*

sotabarba. f. Papada (abultamiento carnoso). *Es un hombre obeso, de mejillas flácidas y abultada sotabarba.* ▶ PAPADA.

sotana. f. Prenda de vestir de los eclesiásticos, que llega hasta los talones y va abotonada por delante de arriba abajo. *El sacerdote viste una sotana negra.*

sótano. m. Habitación o planta situadas bajo el suelo de un edificio o por debajo del nivel de la calle. *La trampilla del suelo da a un pequeño sótano que sirve de almacén. En el sótano hay una plaza de garaje por cada apartamento.* ▶ CUEVA.

sotavento. m. *Mar.* Parte opuesta a aquella de donde viene el viento. Frec. en la constr. *a ~*. *El velero vira y se pone a sotavento.*

soterrado, da. part. **1.** → **soterrar.** ● adj. **2.** Escondido u oculto. *Un rencor soterrado. El artículo contiene una crítica soterrada al Gobierno.*

soterrar. (conjug. reg. o ACERTAR). tr. Enterrar o poner bajo tierra (algo o a alguien). *Han soterrado los cables de la luz.* Tb. fig. *Una vez más estás intentando soterrar los problemas.*

soto. m. Lugar poblado de árboles y arbustos, situado gralm. en una vega o en una ribera. *Merendaremos en el soto, junto al río.*

sotobosque. m. Vegetación de matas y arbustos que crece bajo los árboles de un bosque. *El robledal tiene un espeso sotobosque de helechos y otras especies.*

soufflé. (pal. fr.; pronunc. "suflé"). m. **1.** *Coc.* Plato de consistencia esponjosa, que se prepara al horno con claras de huevo a punto de nieve y otros ingredientes. *De postre hay* soufflé *de naranja.* Soufflé *de espinacas.* Soufflé *de queso.* ● adj. **2.** *Coc.* Dicho de alimento: Preparado de manera que queda inflado. *El buñuelo de viento es un buñuelo* soufflé. ¶ [Adaptación recomendada: *suflé*, pl. *suflés*].

souvenir. (pal. fr.; pronunc. "subenír"). m. Objeto que sirve como recuerdo de la visita a un lugar. *En el paseo marítimo hay tiendas de* souvenirs *para los turistas. Se ha llevado la servilleta del restaurante como* souvenir. ¶ [Equivalente recomendado: *recuerdo*. Adaptación recomendada: *suvenir*, pl. *suvenires*].

sóviet o **soviet.** (**soviet,** Am.; pl. **sóviets** o, Am., **soviets**). m. **1.** (Frec. en mayúsc.). En la antigua Unión Soviética: Cámara de representantes de carácter local, regional o nacional. *Gorbachov anunció su decisión ante el Sóviet Supremo. El Soviet Supremo sesiona de forma permanente* [C]. **2.** histór. En la Revolución rusa: Agrupación formada por delegados de los obreros y por soldados. *Los sóviets se hicieron cargo de las empresas capitalistas.*

soviético, ca. adj. De la antigua Unión Soviética. *La población soviética.* Dicho de pers., tb. m. y f. *En la década de 1960 se recrudece la guerra fría entre soviéticos y estadounidenses.*

soya. f. Am. Soja. *Mezclar los ingredientes y aderezar con salsa de soya* [C].

sport. (pal. ingl.; pronunc. "espór" o "espórt"). adj. Dicho de prenda de vestir o de calzado: Deportivo (cómodo e informal). *Una chaqueta sport.* Frec. *de ~*. *Ropa de* sport. La forma *de ~*, tb. loc. adv., puede referirse a la forma de vestir. *Siempre viste de* sport. ▶ DEPORTIVO. ¶ [Equivalente recomendado: *deportivo*].

spot. (pal. ingl.; pronunc. "espót"). m. Película publicitaria de corta duración. *Salía anunciando yogures en un* spot *de televisión.* ▶ *ANUNCIO. ¶ [Equivalente recomendado: *anuncio*].

spray. (pal. ingl.; pronunc. "esprái"). m. Envase que contiene un líquido mezclado con un gas a presión y que está provisto de un dispositivo que, al ser apretado, hace que el líquido salga pulverizado. *Matamoscas en* spray. Tb. el líquido que contiene. *Aplique* spray *lubricante en las piezas que chirrían.* ▶ AEROSOL. ¶ [Adaptación recomendada: *espray*, pl. *espráis*].

sprint. (pal. ingl.; pronunc. "esprínt" o "esprín"). m. *Dep.* Aceleración a fondo que realiza un corredor en un tramo de la carrera, espec. en la llegada a meta. *Los ciclistas escapados se disputan la victoria al* sprint. Tb. fig. *Esta semana entramos en el* sprint *final de la campaña electoral.* ¶ [Adaptación recomendada: *esprín,* pl. *esprines*].

Sr., Sra. (pl. m. **Sres., Srs.** y f., **Sras.**). abrev. Señor, señora. *La Sra. Barroso le explicará cuál es el procedimiento.*

Srta. abrev. Señorita. *La Srta. Méndez es la jefa de producción.*

S. S. abrev. **1.** Su Santidad. *S. S. el Papa.* **2.** Su Señoría.

statu quo. (loc. lat.; pronunc. "estátu-kuó"; pl. invar.). m. Situación o estado de cosas en un momento determinado. Frec. en política. *Las primeras elecciones democráticas cambiarán el statu quo del país.*

Sto., Sta. abrev. Santo, santa. *Se celebran las fiestas en honor de Sta. Eugenia, patrona de la ciudad.*

stricto sensu. (loc. lat.; pronunc. "estríkto-sénsu"). loc. adv. En sentido estricto. *El autor advierte que sus palabras no se deben interpretar stricto sensu.* Tb. loc. adj. *Leonardo fue un renacentista stricto sensu, interesado por todas las ramas del saber.*

striptease. (pal. ingl.; pronunc. "estríptis" o "estriptís"). m. Espectáculo en el que una persona se va desnudando poco a poco, de manera insinuante y gralm. al ritmo de música. *En la televisión sale una chica haciendo* striptease. Tb. el local en que se realiza. *Fueron a un* striptease *del centro a tomar una copa.* ¶ [Adaptación recomendada: *estriptis,* pl. invar., o *estriptís,* pl. *estriptises*].

su. → **suyo.**

suave. adj. **1.** Que resulta agradable al tacto por no presentar irregularidades o asperezas. *¡Qué suave es ese pañuelo que llevas! Tengo la piel muy suave.* **2.** Dicho de cosa: Que resulta agradable a los sentidos, espec. por su escasa intensidad o por su carencia de cambios bruscos. *Tiene un olor suave. Aquí el invierno es muy suave. El gazpacho está muy suave.* **3.** Moderado o poco intenso. *Cocer a horno suave durante media hora. La pendiente aquí es muy suave.* **4.** Dócil o apacible. *Tiene un carácter muy suave y nunca se sale de sus casillas. Después del paseo que le di, la yegua iba más suave que nunca.*

suavidad. f. Cualidad de suave. *Recuerdo la suavidad de su pelo. El clima se caracteriza por la suavidad de sus inviernos. Debes tratarlo con cariño y suavidad, como a un niño.*

suavización. f. Hecho de suavizar o suavizarse. *Han anunciado una suavización de las temperaturas para mañana. Muchos intelectuales han pedido la suavización de las sanciones al país.*

suavizante. adj. Que suaviza o sirve para suavizar. *Crema suavizante.* Dicho de producto, espec. cosmético o de limpieza, tb. m. *Una botella de suavizante para la ropa.*

suavizar. tr. Hacer o poner (algo o a alguien) suave o más suave. *Las lluvias han suavizado el frío de los días pasados. Estas pastillas suavizan la tos.* Tb. en constr. prnl. media. *Aunque ahora es áspera, la tela se suavizará después de varios lavados. Se ha suavizado su carácter en los últimos tiempos.*

suazi. adj. De Suazilandia (país de África). *El territorio suazi se halla entre Sudáfrica y Mozambique.* Dicho de pers., tb. m. y f. *El sida azota a los suazis.*

sub-. pref. **1.** Significa 'debajo de'. *Subsuelo, subcutáneo.* **2.** Significa 'inferioridad de nivel, calidad o categoría'. *Subespecie, subcultura, subdiácono, subintendente.* **3.** Significa 'acción secundaria o posterior a la principal'. *Subcontratar, subdivisión.*

suba. f. Am. Subida o aumento. *Las entidades rurales recibieron como un mazazo la suba de los precios del gasoil* [C]. ▶ SUBIDA.

subacuático, ca. adj. Que existe, se usa o se realiza bajo el agua. *El reportaje incluye imágenes del mundo subacuático. Cámara subacuática. Actividades subacuáticas.*

subalterno, na. adj. **1.** De categoría inferior o secundaria. *El director trata a las estrellas igual que al personal subalterno. Las disputas vecinales eran un asunto subalterno para la policía.* Dicho de pers., espec. de empleado subordinado, tb. m. y f. *Aunque seas jefe, no puedes hablar así a un subalterno.* **2.** En la administración, dicho de empleado: De categoría inferior, que realiza servicios que no requieren aptitudes técnicas. *Se convocan oposiciones para personal subalterno de bibliotecas.* Tb. m. y f. *Este mes entrarán a trabajar dos administrativos y un subalterno.* • m. **3.** *Taurom.* Torero que forma parte de la cuadrilla de un matador. *El diestro no sufrió una cogida gracias a que sus subalternos acudieron al quite.*

subarrendar. (conjug. ACERTAR). tr. **1.** Dar en arriendo (algo), no su dueño ni su administrador, sino otro arrendatario de ello. *Como el piso que alquiló es grande, ha subarrendado una habitación a un compañero.* **2.** Tomar en arriendo (algo), no de su dueño ni de su administrador, sino de otro arrendatario de ello. *Mi amiga ha alquilado un piso y le he subarrendado una habitación.*

subarriendo. m. Hecho o efecto de subarrendar. *El subarriendo de esta propiedad a terceras personas está prohibido en el contrato.* Tb. el contrato por el que se subarrienda algo y el precio que se paga. *No tenemos un subarriendo, solo un acuerdo verbal. El subarriendo de los pastos ha subido este año un 10%.*

subasta. f. **1.** Venta pública en la que lo vendido se adjudica a quien más dinero ofrece por ello. *Pujé por ese Botero en una subasta.* Tb. ~ *pública. La finca sale a la venta en subasta pública.* **2.** Adjudicación del contrato de una obra o un servicio a quien presenta la propuesta más ventajosa. *A la subasta podrán concurrir las empresas que cumplan estos requisitos.* Tb. ~ *pública. El Ayuntamiento saca la construcción del polideportivo a subasta pública.* ▶ **frecAm: 1:** REMATE.

subastador, ra. m. y f. Persona que subasta. *El subastador calcula que el cuadro puede alcanzar el millón de euros.* ▶ **Am:** MARTILLERO.

subastar. tr. **1.** Vender (algo) en subasta pública. *Subastaron cuadros de Miró y de Picasso.* **2.** Adjudicar el contrato (de una obra o un servicio) en subasta pública. *El Ayuntamiento subastará la explotación de los kioscos del parque.*

subastero, ra. m. y f. Persona que se dedica profesionalmente a pujar en subastas, espec. en las de los juzgados. *El subastero conocía con antelación qué pisos embargados se iban a subastar.*

subatómico, ca. adj. *Fís.* Que es menor que el átomo y forma parte de este. *Los protones y los neutrones son partículas subatómicas.*

subcampeón, na. m. y f. Persona o equipo que se clasifican en segundo lugar en una competición deportiva. *El atleta es subcampeón mundial de 1500 metros. El equipo de baloncesto se proclamó subcampeón de liga.*

subcelular. adj. *Biol.* Que tiene una estructura más sencilla que la de la célula y forma parte de esta. *Organismos subcelulares.*

subclase. f. Cada uno de los grupos en que se subdivide una clase. *Las consonantes se dividen en varias subclases dependiendo de cómo se pronuncian.* En biología designa una subcategoría taxonómica. *La clase de los Reptiles comprende varias subclases.*

subclavio, via. adj. *Anat.* Que está debajo de la clavícula. *Vena subclavia. Arteria subclavia.*

subcomisión. f. Grupo de miembros de una comisión que tienen asignada una función determinada. *Se ha creado una subcomisión para estudiar la financiación de la televisión pública.*

subconjunto. m. *Mat.* Conjunto formado por elementos que pertenecen a otro conjunto. *Los números pares forman un subconjunto del conjunto de los números enteros.*

subconsciente. adj. **1.** Que no llega a ser consciente. *Tiene un temor subconsciente a las situaciones nuevas.* ● m. **2.** Parte subconsciente (→ 1) de la mente. *Se dice que muchas de nuestras creencias y valores están en el subconsciente.*

subcontrata. f. Contrato que una empresa hace a otra para que realice una obra o un servicio, correspondientes originalmente a la primera. *La compañía telefónica realizó la instalación de su red mediante subcontratas.*

subcontratación. f. Hecho de subcontratar. *Se permite al adjudicatario la subcontratación a terceros.*

subcontratar. tr. **1.** Hacer una empresa a otra una subcontrata (de una obra o un servicio). *La compañía del gas subcontrata las inspecciones técnicas a otra empresa.* **2.** Hacer una empresa una subcontrata (a otra). *Van a subcontratar una empresa para los servicios de limpieza.*

subcontratista. adj. Que tiene la subcontrata para realizar una obra o un servicio. *Empresa subcontratista.* Dicho de pers., tb. m. y f. *La compañía tiene pendientes pagos a proveedores y subcontratistas.*

subcutáneo, a. adj. **1.** *Anat.* Que está inmediatamente debajo de la piel. *La grasa subcutánea se puede extraer mediante liposucción. Tejido subcutáneo.* **2.** *Med.* Que se pone inmediatamente debajo de la piel. *Al paciente se le administra la vacuna con inyecciones subcutáneas. Implante subcutáneo.*

subdelegación. f. **1.** Cargo o empleo de subdelegado. *Tomará posesión de la subdelegación del Gobierno en Ávila.* **2.** Oficina del subdelegado. *La Subdelegación del Gobierno está en la calle Mayor.*

subdelegado, da. m. y f. Persona que ocupa el cargo inmediatamente inferior al de delegado, o que lo sustituye en sus funciones. *La subdelegada del Gobierno participó en la Semana Cultural de Valladolid.*

subdesarrollado, da. adj. Dicho espec. de país: Que sufre subdesarrollo. *El consumo de energía es menor en los países subdesarrollados. Aumentan las diferencias entre las regiones ricas y las subdesarrolladas.*

subdesarrollo. m. Situación de un país o región que no alcanza determinados niveles económicos, sociales o culturales. *El subdesarrollo de la región no se debe a la falta de recursos naturales.*

subdirección. f. **1.** Cargo o empleo de subdirector. *Fue ascendida y ahora ocupa la subdirección del área de recursos humanos.* **2.** Oficina del subdirector. *Las becas se solicitan en la Subdirección General de Relaciones Internacionales.*

subdirector, ra. m. y f. Persona que ocupa el puesto inmediatamente inferior al de director, o que lo sustituye en sus funciones. *La directora no está, pero nos recibirá el subdirector del periódico.*

súbdito, ta. m. y f. **1.** Respecto de una autoridad, espec. un monarca: Persona que está sujeta a ella y tiene obligación de obedecerla. *El califa era aclamado por sus súbditos.* **2.** Ciudadano de un país. *Miles de súbditos británicos visitarán Ibiza este verano.*

subdividir. tr. Dividir (una parte de las que han resultado de una división anterior). *Un tabique muy fino subdivide cada sala* EN *dos.*

subdivisión. f. Hecho o efecto de subdividir. *En el temario de Historia hemos hecho una subdivisión por épocas. La esfera del reloj tiene doce rayas y cuatro subdivisiones entre raya y raya.*

subducción. f. *Geol.* Deslizamiento del borde de una placa de la corteza terrestre por debajo del borde de otra. *En las zonas de subducción hay gran actividad volcánica.*

subempleo. m. *Econ.* Empleo en que se asigna al trabajador un puesto o unas tareas por debajo de sus capacidades. *La abundancia de licenciados universitarios da lugar al subempleo en este colectivo.*

subespecie. f. *Biol.* Categoría taxonómica en que se clasifican los seres vivos, inmediatamente inferior a la especie. *La subespecie del lobo ibérico podría llegar a extinguirse.*

subestación. f. Instalación, gralm. eléctrica, que depende de otra principal y da servicio a una zona determinada. *La avería de una subestación eléctrica dejó sin luz a varios pueblos de la comarca.*

subestimar. tr. Estimar (algo o a alguien) por debajo de su valor o importancia. *No subestimes el poder del dinero.* ▶ *MENOSPRECIAR.

subfusil. m. Arma de fuego automática, individual y portátil, de cañón más corto que el del fusil y con gran velocidad de disparo. *La policía ha encontrado en su domicilio granadas y dos subfusiles.* ▶ METRALLETA.

subgénero. m. Cada uno de los grupos en que se subdivide un género. *La película pertenece al subgénero de la comedia romántica.* Frec. despect. para designar un género de baja calidad. *Se han peleado porque uno de ellos decía que el* rock *es un subgénero.* En biología designa una subcategoría taxonómica. *La encina y la coscoja son especies pertenecientes al mismo subgénero.*

subgobernador, ra. m. y f. Persona que ocupa el cargo inmediatamente inferior al de gobernador, o que lo sustituye en sus funciones. *Acaban de nombrar al nuevo subgobernador del Banco de España. Tuvo el cargo de subgobernador de la provincia.*

subgrupo. m. Cada una de las partes en que se subdivide un grupo. *La falsa oronja es un hongo del subgrupo de las setas venenosas. La monitora divide a la clase en subgrupos según el nivel.*

subida. f. **1.** Hecho o efecto de subir. *Se prevé una subida de las temperaturas. Protección Civil ha alertado a la población de la subida del río Ebro.* **2.** Lugar inclinado por el que se va de un punto a otro más alto. *Al llegar a la subida, me he bajado de la bici.* ▶ **2:** *PENDIENTE. ‖ **Am: 1:** SUBA.

subido, da. part. **1.** → **subir.** ● adj. **2.** Dicho espec. de color: Muy intenso. *Lleva un impermeable de un amarillo subido.* A veces se usa para enfatizar determinadas cualidades. *Estás de un guapo subido.*

subíndice. m. Letra o número que se colocan en la parte inferior derecha de una palabra o de un símbolo para distinguirlos de otros iguales. *En la fórmula H_2O, el subíndice "2" significa que en cada molécula de agua hay dos átomos de hidrógeno.*

subinspección. f. **1.** Cargo o empleo de subinspector. *Para llegar a la subinspección tuvo que aprobar unas oposiciones.* **2.** Oficina del subinspector. *Me ha llegado una carta para que me presente en la Subinspección de Hacienda.*

subinspector, ra. m. y f. Persona que ocupa el puesto inmediatamente inferior al de inspector, o que lo sustituye en sus funciones. *Se han convocado plazas de inspectores y subinspectores de Hacienda. Subinspector de policía.*

subir. intr. **1.** Ir de un lugar a otro superior o más alto. *Suban* AL *quinto piso.* Frec. con un pron. expresivo de interés. *Me subo* A *la azotea para tomar el sol.* **2.** Ponerse encima de un animal o de una cosa. *Subió* A *su caballo.* Frec. con un pron. expresivo de interés. *Me subí* A *una escalera para cambiar la bombilla. Se ha subido* EN *una silla.* **3.** Entrar en un vehículo. *Subid rápido* AL *coche.* Frec. con un pron. expresivo de interés. *Se han subido* EN *el tren en marcha.* **4.** Aumentar algo o ponerse más alto. *El nivel del embalse subió mucho. Ha subido el valor de tus acciones. Han subido las temperaturas. Le ha subido la fiebre.* **5.** Ponerse más alto el precio de algo. *Ha subido la gasolina otra vez.* **6.** Llegar a un punto más alto. *La carretera sube* HASTA *el pueblo.* **7.** Llegar una cuenta a una cantidad determinada. *Nuestra cuenta del supermercado sube ya* A *varios cientos de euros.* **8.** Pasar a un estado o nivel más altos o mejores. *Al principio cantaba en bares de mala muerte, pero ha ido subiendo hasta hacerse famoso. Ese compañero lo único que busca es subir a toda costa.* ○ tr. **9.** Ir desde la parte de abajo a la parte de arriba (de algo). *Subimos la escalera corriendo. Ha subido el Everest varias veces. Sube toda esta calle hasta la plaza y allí tuerce a la derecha.* **10.** Llevar (algo o a alguien) desde un lugar a otro más alto. *Sube estos paquetes* A *casa. He subido los libros* A *lo alto de la estantería. La niña quería que la subiera* A *hombros. Sube la persiana, que no veo.* **11.** Hacer que (algo) aumente de intensidad o valor. *Sube un poco la voz. Si subes la radio, me va a dar dolor de cabeza. El banco ha subido los intereses.* **12.** Poner más alto el precio (de algo). *Han vuelto a subir la luz.* **13.** Elevar o dirigir hacia arriba (algo, espec. una parte del cuerpo). *Sube la cabeza, que no te veo bien.* ▶ **1, 4, 6-8:** ASCENDER. **11:** *ELEVAR. **13:** *LEVANTAR.

súbito, ta. adj. Repentino e inesperado. *Le ha dado un ataque súbito de tos.*

sub iúdice. (loc. lat.; pronunc. "sub-yúdize"). loc. adj. *Der.* Pendiente de resolución judicial. *Un caso sub iúdice.* Más frec., loc. adv. *No hablan del asunto porque todavía está sub iúdice.*

subjefe, fa. m. y f. Persona que ocupa el puesto inmediatamente inferior al de jefe, o que lo sustituye en sus funciones. *A la reunión asistirán jefes y subjefes de policía.*

subjetividad. f. Cualidad de subjetivo. *En la percepción de los colores suele haber mucha subjetividad.*

subjetivismo. m. Actitud en que predomina lo subjetivo. *La investigación histórica debería estar exenta de subjetivismo.* Tb. la teoría en que se apoya. *El solipsismo filosófico es una forma exacerbada de subjetivismo.*

subjetivista. adj. Del subjetivismo. *El impresionismo introduce el enfoque subjetivista en la pintura de paisajes.*

subjetivo, va. adj. **1.** Que depende de la manera de pensar o sentir del individuo. *Los padres suelen tener una visión muy subjetiva de las aptitudes de su hijo.* **2.** Del sujeto, o ser que piensa o actúa. *Las ideas son realidades subjetivas.* Frec. en filosofía y psicología. *La conducta es una actividad subjetiva, natural y propia del sujeto.*

sub júdice. (loc. lat.; pronunc. "sub-yúdize"). loc. adj. *Der.* Pendiente de resolución judicial. *Un asunto sub júdice.* Más frec., loc. adv. *El caso se halla todavía sub júdice.*

subjuntivo. m. *Gram.* Modo subjuntivo (→ **modo**). *En "cuando llegues a casa", el verbo está en subjuntivo.*

sublevación. f. Hecho de sublevar o sublevarse, espec. contra la autoridad a la que se está sometido. *La medida provocará una sublevación popular.* ▶ ALZAMIENTO, INSURGENCIA, INSURRECIÓN, LEVANTAMIENTO, REBELIÓN.

sublevar. tr. **1.** Hacer que (alguien) se subleve (→ 3). *Sublevó al ejército.* **2.** Provocar indignación o enfado (en alguien). *Me subleva que se lo tome todo a risa.* ○ intr. prnl. **3.** Oponerse a la autoridad, espec. negándose a obedecerla o atacando a los representantes de esta. *El pueblo se ha sublevado contra el tirano.* ▶ **1:** LEVANTAR. **3:** ALZARSE, LEVANTARSE, REBELARSE.

sublimación. f. Hecho de sublimar o sublimarse. *La sublimación del dolor podría ser un camino hacia la sabiduría. Los alquimistas realizaban procesos de sublimación para destilar sustancias.*

sublimar. tr. **1.** Exaltar (algo o a alguien) o elevar(los) a un grado moral o estético superior. *El autor sublima los recuerdos desgraciados en un relato idílico de su infancia.* **2.** *Quím.* Transformar (una sustancia sólida) directamente en vapor. *El filamento de las lámparas halógenas sublima el wolframio que hay en el interior.* Tb. en constr. prnl. media. *Algunas sustancias sólidas se subliman por calentamiento.*

sublime. adj. Que causa admiración por sus excelentes cualidades morales, intelectuales o estéticas. *Fue una artista sublime. La música de Mozart es sublime.* Frec. con intención enfática. *Asistimos a una sublime representación de "La vida es sueño".*

subliminal. adj. **1.** *Psicol.* Que está por debajo del nivel mínimo de conciencia. *A veces la publicidad inculca ideas por vía subliminal. Percepción subliminal.* **2.** *Psicol.* Dicho de estímulo: Que por su escasa duración o intensidad no se percibe de manera consciente, pero influye en la conducta. *El anuncio incluye mensajes subliminales que incitan a comprar el producto.*

sublunar. adj. cult. Terrestre (de la Tierra). *Aristóteles habla del mundo sublunar, compuesto de tierra, fuego, agua y aire.*

submarinismo. m. Conjunto de actividades que se realizan bajo la superficie del mar, gralm. con fines deportivos, científicos o militares. *Para el curso de submarinismo hace falta un equipo completo de buceo.*

submarinista. m. y f. **1.** Persona que practica el submarinismo. *Un grupo de submarinistas busca restos arqueológicos en el mar Egeo.* **2.** Tripulante de un submarino, espec. el que pertenece a la Armada. *Tratan de rescatar a los submarinistas rusos que encallaron en aguas del Báltico.* ● adj. **3.** Del submarinismo. *La práctica submarinista está cada día más extendida en las costas españolas.*

submarino, na. adj. **1.** Que está o se efectúa bajo la superficie del mar. *Las playas de la zona son peligrosas por sus fuertes corrientes submarinas. Solemos practicar pesca submarina en las Canarias.* ● m. **2.** Embarcación, espec. la de guerra, que se puede sumergir y navegar bajo la superficie del agua. *El submarino lanzó un torpedo que hundió la fragata. Submarino nuclear.* ▶ **2:** SUMERGIBLE.

submúltiplo. m. *Mat.* Divisor (cantidad contenida en otra). *6 es múltiplo de 3 y submúltiplo de 30.* Frec. designa la unidad de medida correspondiente a esa cantidad. *El milímetro y el centímetro son submúltiplos del metro.* ▶ *DIVISOR.

submundo. m. Ambiente particular, frec. de carácter marginal o delictivo, dentro de un mundo superior. *El submundo de la droga. Se da protagonismo al submundo familiar, a las pequeñas historias de la vida cotidiana.*

subnormal. adj. Dicho de persona: Afectada de una deficiencia mental de carácter patológico. *Tiene una hija subnormal que va a un colegio especial.* Tb. m. y f. ▶ DEFICIENTE.

subnormalidad. f. Condición de subnormal. *El síndrome de Down es un tipo de subnormalidad.*

suboficial. m. y f. Militar de la escala inmediatamente superior a las clases de tropa y de marinería. *Los sargentos, brigadas y subtenientes son suboficiales.* ■ **~ mayor.** m. y f. Suboficial de mayor rango, cuyo empleo es superior al de subteniente. *Antes de alcanzar el puesto de alférez, hay que pasar por el de suboficial mayor.*

suborden. m. *Biol.* Cada uno de los grupos taxonómicos en que se subdivide un orden. *La cigarra es un insecto hemíptero del suborden de los Homópteros.*

subordinación. f. **1.** Hecho o efecto de subordinar. *Tiene una actitud de total subordinación* A *la autoridad. La globalización supone una progresiva subordinación de lo local* A *lo mundial.* **2.** *Gram.* Relación que se establece entre dos palabras u oraciones, de manera que una de ellas depende de la otra. *En "Dime qué quieres", la oración "qué quieres" está unida a "dime" por subordinación.*

subordinado, da. part. **1.** → **subordinar.** ● adj. **2.** Dicho de persona: Que está a las órdenes de otra. *Dentro del personal subordinado, cada empleado es distinto.* Frec. m. y f. *Estoy contenta con el trabajo de mis subordinados. Te trata como a una subordinada.* **3.** *Gram.* Dicho de oración o proposición: Que está unida a otra por subordinación. *En "quiero que vengas", la oración subordinada es "que vengas".*

subordinante. adj. **1.** Que subordina. *Los ciudadanos del régimen estaban sometidos a un poder subordinante absoluto.* **2.** *Gram.* Dicho espec. de conjunción: Que expresa subordinación de un elemento gramatical a otro. *La conjunción "que" es un nexo subordinante.* **3.** *Gram.* Dicho espec. de oración: Que va unida a una oración subordinada por medio de una conjunción subordinante (→ 2). *En "no me gusta que llegues tarde", "no me gusta" es la oración subordinante.*

subordinar. tr. **1.** Hacer que (una persona) esté bajo la autoridad de otra. *Los subordinó a todos.* **2.** Hacer que (una cosa) dependa de otra. *Las normas de la empresa subordinan la autoridad de los jefes de zona* A *la del jefe regional. Subordinaré mi decisión* A *los resultados de esta entrevista.* **3.** Considerar que (una cosa) es menos importante que otra y colocar(la) en un lugar secundario. *Subordinó su interés particular* AL *bienestar general.* **4.** *Gram.* Hacer que (un elemento gramatical, espec. una oración) dependa de otro. *En "creo que lloverá", "que" subordina "lloverá"* A *la oración principal.*

subproducto. m. En una operación o proceso industriales: Producto que se obtiene además del producto principal y que suele tener menor valor que este. *La parafina es un subproducto de la destilación del petróleo.* Tb. fig., gralm. despect. *La película es solo un subproducto del género bélico.*

subrayable. adj. Digno de ser subrayado o destacado. *La característica más subrayable del coche es su bajo consumo.*

subrayado. m. Hecho o efecto de subrayar. *En la biblioteca está prohibido el subrayado de los libros. Ha hecho un subrayado tan grueso que no se ven las letras.*

subrayar. tr. **1.** Señalar (algo que está escrito) haciendo una raya por debajo. *Subraya los verbos que hay en el texto. He subrayado los párrafos más importantes del libro.* **2.** Destacar (algo que se considera importante) o llamar la atención (sobre ello). *Subrayó la importancia de esta investigación para la creación de nuevos antibióticos.* Tb. fig. *Estas mechas subrayan el corte de pelo.* ▶ **2:** *DESTACAR.

subrepticio, cia. adj. Que se hace o se produce a escondidas. *Blanquea dinero gracias a operaciones subrepticias. Ha echado una ojeada subrepticia al examen del compañero.*

subrogación. f. Hecho de subrogar o subrogarse. *La subrogación de una hipoteca. Hizo una subrogación del contrato de alquiler a favor de sus hijos.*

subrogar. tr. **1.** *Der.* Sustituir (una persona o cosa) a otra. *Mi hijo me va a subrogar como titular en el contrato de alquiler.* ○ intr. prnl. **2.** *Der.* Sustituir una persona o cosa a otra en una obligación o en un derecho. *Cuando compras una casa que tiene hipoteca puedes subrogarte. La empresa que ha comprado el periódico se subroga* EN *todos los contratos laborales vigentes.*

subsahariano, na. (pronunc. "subsajariáno" o "subsaariáno"). adj. Del sur del Sahara (desierto de África). *Ha expuesto un plan de desarrollo para el África subsahariana.* Dicho de pers., tb. m. y f. *En la patera viajan magrebíes y subsaharianos.*

subsanación. f. Hecho de subsanar. *Para la subsanación de los errores de la solicitud tiene de plazo hasta el día 20.*

subsanar. tr. Remediar o corregir (un defecto, un daño, un error o un problema). *Piden a la alcaldesa que subsane las deficiencias en el asfaltado. Tras la inundación, tendrá que subsanar los daños causados a los vecinos.*

subscribir..., subscriptor, ra. → **suscribir..., suscriptor.**

subsecretaría. f. **1.** Cargo o empleo del subsecretario. *Está al frente de la Subsecretaría de Pesca.* **2.** Oficina del subsecretario. *El ministro y su equipo se reunirán en la subsecretaría.*

subsecretario, ria. m. y f. En un ministerio: Persona que ocupa el cargo inmediatamente inferior al de ministro. *La comisión de subsecretarios prepara* *los asuntos del Consejo de Ministros. El Subsecretario de Economía defiende los presupuestos.*

subsecuente. adj. Subsiguiente. *Aumentó mucho la producción, lo que trajo la subsecuente caída de los precios.*

subsidiar. (conjug. ANUNCIAR). tr. Dar un subsidio (a alguien o algo). *El Estado subsidiará los cursos de formación. Los vecinos han pedido al Ayuntamiento que les subsidie la rehabilitación de la casa. Hay muchos trabajadores subsidiados.*

subsidiaridad. f. Subsidiariedad. Frec. en política. *El Tratado de Maastricht dice que se debe respetar el principio de subsidiaridad.*

subsidiariedad. f. Cualidad de subsidiario. Frec. en política. *La distribución de competencias entre la UE y los Estados miembros sigue el principio de subsidiariedad.*

subsidiario, ria. adj. **1.** Dicho de cosa: Que sirve de apoyo o refuerzo a otra principal. *La empresa de informática es subsidiaria de una multinacional.* **2.** *Der.* Dicho de persona o cosa: Que sustituye a otra principal. *El Estado fue declarado responsable civil subsidiario del accidente y tuvo que pagar las indemnizaciones.*

subsidio. m. Dinero que durante un tiempo determinado se concede como ayuda de carácter oficial a una persona, una entidad o una actividad. *Al cumplir un año trabajado, se tiene derecho al subsidio de desempleo. Las regiones desfavorecidas reciben subsidios comunitarios.*

subsiguiente. adj. Dicho de cosa: Que sigue inmediatamente a otra. *El déficit público subió en aquel ejercicio, pero bajó en los años subsiguientes.* ▶ SUBSECUENTE.

subsistencia. f. **1.** Hecho de subsistir. *En el clima desértico es difícil la subsistencia para la mayor parte de las especies. Una pensión es su único medio de subsistencia.* ○ pl. **2.** Medios necesarios para subsistir o mantenerse con vida, espec. alimentos. *A causa de la guerra subieron los precios de las subsistencias.*

subsistente. adj. Que subsiste. *Ha pagado parte del crédito y tiene un año para saldar la deuda subsistente.*

subsistir. intr. **1.** Permanecer o seguir existiendo. *Todavía subsiste esa vieja costumbre. Subsisten algunas dudas.* **2.** Mantener la vida o seguir viviendo. *El agua es imprescindible para subsistir. Toda la familia subsiste con el salario mínimo.*

substancia..., substrato. → **sustancia..., sustrato.**

subsuelo. m. **1.** Parte profunda de la corteza terrestre, que está debajo de la parte superior o de la capa de terreno cultivable. *Hay petróleo en el subsuelo de la región.* **2.** Capa de terreno que está debajo del suelo. *El metro circula por el subsuelo de la ciudad.*

subsumir. tr. cult. Incluir (una cosa) en una clasificación más abarcadora o en un conjunto más amplio. *Esta ley queda subsumida* EN *otra más general.*

subte. m. Am. Subterráneo (tren). *Siempre viajo en subte* [C]. ▶ *METRO.

subteniente. m. y f. Suboficial del ejército cuyo empleo es inmediatamente superior al de brigada. *Es subteniente del Cuerpo General del Ejército del Aire.*

subterfugio. m. Trampa, engaño u otro recurso hábil que se emplean para conseguir algo o sortear una dificultad. *La tregua es un subterfugio para ganar tiempo.*

subterráneo, a. adj. **1.** Que está debajo de tierra. *El topo excava galerías subterráneas. Aparcamiento subterráneo. Aguas subterráneas.* ● m. **2.** Vía, paso o espacio subterráneos (→ 1). *Para cruzar la avenida es mejor que vayas por el subterráneo. En el subterráneo de la plaza hay una estación de autobuses.* **3.** Am. Metro (tren). *Cuando sea mayor me permitirán viajar en ómnibus o en subterráneo* [C]. ▶ **3:** *METRO.

subtipo. m. Cada uno de los grupos en que se subdivide un tipo. *Han conseguido aislar un nuevo subtipo del virus.* En biología designa una subcategoría taxonómica. *Los Vertebrados forman un subtipo dentro del tipo de los Cordados.*

subtitular. tr. **1.** Poner (a algo) el subtítulo que se indica. *Ha subtitulado sus memorias así: "Recuerdos de una mujer asilvestrada".* **2.** Poner subtítulos (a una película). *La película es italiana, pero la han subtitulado. Ponen una película de Lubitsch en versión original subtitulada.* ○ intr. prnl. **3.** Tener como subtítulo el nombre que se indica. *El "Manual de cocina fácil" se subtitula "Mil recetas para inexpertos".*

subtítulo. m. **1.** Título secundario que se pone a veces después del principal. *"Divinas palabras" lleva el subtítulo de "Tragicomedia de aldea".* **2.** En una película: Letrero que aparece en la parte inferior de la imagen y que contiene la traducción o, menos frec., la transcripción del texto hablado. *La película la puedes ver doblada o en inglés con subtítulos en español.*

subtropical. adj. De las zonas templadas adyacentes a los trópicos, caracterizadas por un clima cálido con lluvias estacionales. *Anticiclón subtropical. Aguas templadas y subtropicales.*

suburbano, na. adj. **1.** Del suburbio. *Muchos van a trabajar al centro desde las zonas suburbanas. Barrio suburbano.* ● m. **2.** Tren que comunica el centro de una ciudad con las zonas suburbanas (→ 1). *Normalmente tomo el suburbano para volver del trabajo.* ▶ **1:** SUBURBIAL.

suburbial. adj. Del suburbio. *El libro cuenta la historia de una familia pobre en la Barcelona suburbial.* ▶ SUBURBANA.

suburbio. m. Núcleo urbano situado en las afueras o en la periferia de una ciudad, espec. el de población pobre. *Al entrar en la ciudad se ven las humildes viviendas de los suburbios. Long Island es un rico suburbio de Nueva York.*

subvención. f. **1.** Cantidad de dinero dada por el Estado u otra entidad como ayuda. *La película ha recibido una subvención de medio millón de euros.* **2.** Hecho o efecto de subvencionar. *El plan del ministerio prevé la subvención de numerosos proyectos artísticos.*

subvencionar. tr. Dar una subvención (a alguien o algo). *La exposición está subvencionada por la Junta de Extremadura. El Estado subvenciona a los ganaderos afectados por la crisis.*

subvenir. (conjug. VENIR). intr. **1.** Ayudar a algo. *La buena alimentación y el aire libre subvendrán* A *su recuperación.* **2.** Costear o sufragar algo, espec. una necesidad. *El Estado dará un dinero para subvenir* A *las necesidades de la organización.*

subversión. f. Hecho o efecto de subvertir. *Su objetivo es la subversión del orden establecido.*

subversivo, va. adj. Que subvierte o puede subvertir, espec. el orden establecido. *Fue acusado de escribir artículos subversivos contra el Estado. El grupo terrorista prosigue sus actividades subversivas.*

subvertir. (conjug. SENTIR). tr. Trastornar o alterar (algo, espec. en el ámbito moral). *Sospecha que hay* *una conspiración para subvertir el régimen. Ha subvertido todas las normas.*

subyacente. adj. Que subyace. *El líquido corrosivo le ha quemado la piel y los tejidos subyacentes. Tratan de averiguar la causa subyacente* A *su enfermedad.*

subyacer. (conjug. YACER). intr. Estar una cosa debajo de otra. Más frec. fig. *Es difícil averiguar las intenciones que subyacen* BAJO *sus palabras.* EN *sus escritos subyace una ideología conservadora.*

subyugador, ra. adj. Subyugante. *Ver animales salvajes en libertad es un espectáculo subyugador. El protagonista ejerce un poder subyugador sobre su compañero.*

subyugante. adj. Que subyuga. *Aquella música de guitarra en medio de la noche tenía un efecto subyugante.* ▶ SUBYUGADOR.

subyugar. tr. **1.** Dominar (algo o a alguien) de manera violenta. *Las tropas invasoras subyugaron al país en pocos días.* **2.** Embelesar (a alguien). *El mago ha conseguido subyugar al auditorio con sus trucos. Sus gestos y su forma de hablar me subyugaban.* ▶ **1:** *SOMETER. **2:** *EMBELESAR.

succión. f. Hecho de succionar. *La aspiradora quita el polvo mediante un mecanismo de succión.*

succionar. tr. **1.** Chupar (la sustancia o el jugo de algo). *Las crías succionan la leche de las mamas de la madre. La leyenda dice que Drácula succionaba la sangre de sus víctimas.* **2.** Absorber, o atraer a sí (algo). *Una bomba succiona el agua y la conduce a la depuradora.*

sucedáneo, a. adj. Dicho de cosa, espec. de sustancia: Que, por tener propiedades parecidas a las de otra, puede reemplazarla. *Como las angulas son muy caras, compraremos un producto sucedáneo.* Tb. m. *No tengo café, pero puedo darte un sucedáneo.* Frec. despect. *Pide que te den zumo natural, no ese sucedáneo.*

suceder. tr. **1.** Pasar a ocupar de manera estable una persona el puesto o el cargo (de otra). *Martínez ha sucedido a Javier* EN *el cargo de secretario. Cuando se fue, su hermano lo sucedió al frente del negocio. Me han elegido para sucederla como entrenadora. Los reyes de esa dinastía se sucedieron* EN *el trono durante siglos.* **2.** Seguir una cosa (a otra), o ir a continuación (de ella) en el tiempo o en el espacio. *La calma sucedió a la tormenta. Los días que sucedieron al del accidente estuvo sedado. Los números que suceden al treinta no entrarán en el bombo. Se sucedían las semanas sin que pasara nada.* **3.** Heredar (a una persona), o pasar a ser dueño legal de sus bienes cuando muere. *Legó todas sus posesiones al Estado, porque no tenía hijos que lo sucedieran.* ○ intr. **4.** Hacerse realidad un hecho. *Nunca me había sucedido nada igual. Lleva dinero de reserva por si sucede un imprevisto. No se entera de lo que sucede a su alrededor. Podría suceder que no esté diciendo la verdad. –Han saltado los plomos. –Sucede a veces.* ▶ **3:** HEREDAR. **4:** OCURRIR, PASAR.

sucedido. m. Cosa que ha sucedido. *Siempre cuenta algún sucedido gracioso en las reuniones. No es un chiste sino un sucedido.*

sucesión. f. **1.** Hecho o efecto de suceder. *Cuando se jubile, su sucesión no será inmediata. El rey no tenía herederos y su sucesión planteó graves problemas. Los herederos tendrán que pagar los derechos de sucesión.* **2.** Conjunto de cosas en el que cada una sigue a otra en un orden determinado. *Una sucesión de acontecimientos inesperados nos conduce al desenlace de la novela.* **3.** Descendencia o conjunto de personas que descienden de alguien por línea directa. *El emperador murió sin sucesión.* **4.** *Mat.* Conjunto ordenado de números que cumplen una ley determinada. *La sucesión de los números pares se representa con "2n". La sucesión de los números naturales es infinita.*

sucesivo, va. adj. Dicho de cosa: Que sucede o sigue a otra. *Ganó el torneo en 2000, pero no participó en los años sucesivos. Debe tomar estas pastillas en los días sucesivos a la operación.* ■ **en lo sucesivo.** loc. adv. A partir de ahora o desde este momento. *En lo sucesivo me avisarás antes de hacer una fiesta.*

suceso. m. **1.** Cosa que sucede, espec. si es importante. *Está preocupada por los últimos sucesos. La novela narra tanto desgracias como sucesos felices.* **2.** Hecho delictivo o accidente desgraciado. *Anoche hubo dos sucesos en el centro: un atropello y un atraco.* Frec. designa la noticia sobre ese hecho y, en pl., la sección periodística correspondiente. *El crimen aparece en la página de sucesos.* ▶ **1:** *ACONTECIMIENTO.

sucesor, ra. adj. Dicho de persona: Que sucede a otra. *Antes de ser rey, fue príncipe sucesor.* Tb. m. y f. *Muerta la condesa, las tierras pasaron a sus sucesores. ¿Cómo ve a su sucesora* EN *el cargo?* Tb. fig. *El DVD es el sucesor del vídeo convencional.*

sucesorio, ria. adj. De la sucesión. *Es el segundo en la línea sucesoria. Ha comenzado el proceso sucesorio del secretario general del partido.*

suciedad. f. **1.** Cualidad de sucio. *Antes había limpieza en esta casa y ahora reina la suciedad. Se lamentan de la suciedad de una ciudad tan hermosa. La suciedad de sus métodos es repugnante.* **2.** Conjunto de manchas, polvo, grasa o cosas semejantes que hacen que algo esté sucio. *Barrió con la escoba la suciedad de debajo del armario. La suciedad del horno no sale ni con productos específicos.* ▶ **2:** BASURA.

sucinto, ta. adj. **1.** Breve y conciso. *El profesor ha hecho una sucinta exposición del problema. El folleto explica de forma sucinta qué es un fondo de inversión.* **2.** Dicho de prenda de vestir: Pequeña. *La muchacha lleva un sucinto biquini.*

sucio, cia. adj. **1.** Que tiene manchas, polvo, grasa o cosas semejantes que hacen que su aspecto sea poco agradable. *La toalla está sucia. Cambia el agua sucia del florero por agua limpia. Cuando juegan en el barro, los niños vuelven sucísimos a casa.* **2.** Que produce suciedad. *La madre se queja de que sus hijos sean tan sucios. ¡Qué sucio es este perro!, me lo pone todo lleno de pelos.* **3.** Dicho de cosa: Que se ensucia fácilmente. *Me gustan los vestidos blancos, pero son muy sucios.* **4.** Dicho de color: Oscurecido o falto de su claridad natural. *Las paredes de la taberna eran de un color amarillo sucio.* **5.** Contrario a la ley, la moral o la ética. *Anda metido en negocios sucios. El mafioso dio la orden y los matones hicieron el trabajo sucio.* **6.** Vil o despreciable. *No eres más que un sucio traidor. Puedes quedarte tu sucio dinero.* **7.** Obsceno o impúdico. *De su boca han salido palabras muy sucias.* ● adv. **8.** Empleando medios censurables. Frec. con *jugar. El árbitro les recuerda que no jueguen sucio. Ha jugado sucio contigo.* ▶ **1:** PUERCO.

sucre. m. Unidad monetaria de Ecuador. *Al llegar a Quito, cambió los dólares por sucres.*

súcubo. adj. Dicho de diablo: Que adoptando apariencia de mujer tiene relación sexual con un hombre. Más frec. m. *Un súcubo se le aparece al monje en su celda.*

sucucho. m. frecAm. coloq., despect. Habitación pequeña y estrecha. *La pieza donde vivía era un sucucho en una sórdida pensión* [C].

suculento, ta. adj. **1.** Dicho de alimento: Muy sabroso o sustancioso. *La cocina regional cuenta con suculentos platos.* Tb. fig. *El periódico de hoy se abre con una suculenta noticia.* **2.** *Bot.* Dicho de planta o de alguno de sus órganos: Carnoso y con mucho jugo. *La fresa es un fruto suculento, de color rojo. El nopal y otras plantas suculentas.*

sucumbir. intr. **1.** Ceder o rendirse a algo. *Sucumbirás* ANTE *sus poderosos argumentos. Todos sucumbimos* A *la belleza de la ciudad andaluza. La tentación de comprarme aquel vestido era enorme y al final he sucumbido.* **2.** cult. Morir, espec. en una circunstancia poco común. *Muchos sucumbieron en el bombardeo de la ciudad. Un bombero ha sucumbido entre las llamas.*

sucursal. adj. Dicho de establecimiento: Que está situado en distinto lugar de la central de la que depende y cumple funciones análogas a las de esta. *La empresa ha abierto un nuevo establecimiento sucursal.* Más frec. f. *El centro comercial contará con varias sucursales bancarias. La cadena de tiendas ha abierto sucursales en varias capitales de provincia.*

sud. m. (Referido a punto cardinal, se usa en mayúsc.). Am. Sur (punto cardinal, o parte de un lugar). *La dirección indicada era de Norte a Sud* [C]. *Es un árbol originario del sud de China* [C]. *Sector sud* [C]. ▶ *SUR.

sud-. elem. compos. Significa 'sur'. *Sudasiático, sudoriental.*

sudaca. adj. coloq., despect. Sudamericano. Frec. referido a hispanoamericano en general. *Tiene acento sudaca.* Dicho de pers., tb. m. y f. *En el edificio viven muchos sudacas.*

sudadera. f. Prenda deportiva semejante a un jersey, de tejido gralm. afelpado, a veces con capucha y frec. con elástico en los puños, el cuello y la cintura. *Se pone las zapatillas y una sudadera para salir a correr.* ▶ **Am:** BUZO.

sudafricano, na. adj. **1.** De Sudáfrica (país africano). *La costa sudafricana está bañada por el Atlántico y por el Índico.* Dicho de pers., tb. m. y f. *Los sudafricanos abolieron la segregación racial.* **2.** Del sur de África. *Namibia y Botsuana son países sudafricanos.* Dicho de pers., tb. m. y f.

sudamericano, na. adj. De Sudamérica o América del Sur. *El Amazonas es el gran río sudamericano. Cortázar era sudamericano.* Dicho de pers., tb. m. y f. *La lengua de la mayor parte de los sudamericanos es el español.* ▶ SURAMERICANO.

sudanés, sa. adj. De Sudán (país africano). *El territorio sudanés.* Dicho de pers., tb. m. y f. *Muchos sudaneses son musulmanes.*

sudar. intr. **1.** Despedir o expulsar sudor. *¡Qué calor!, estoy sudando a mares.* **2.** Expulsar o soltar gotas de líquido una cosa, espec. una planta. *Con el calor el queso suda. Esta pared suda.* **3.** coloq. Esforzarse mucho para conseguir algo. *No veas lo que he sudado para que cuadren estas cuentas.* ○ tr. **4.** Despedir o expulsar (algo) a través de la piel. *Cristo sudó sangre en la cruz.* **5.** Despedir o expulsar (gotas de líquido) una cosa, espec. una planta. *El tronco del pino suda una sustancia resinosa. Si tapas las castañas después de tostarlas, sudan agua.* **6.** Empapar o humedecer (una cosa) de sudor. *He corrido tanto que he sudado toda la ropa.* ▶ **1, 2:** RESUDAR, TRANSPIRAR.

sudario. m. Tela que se pone sobre el rostro de un difunto o en la que se envuelve su cadáver. *Cubren el cuerpo con un sudario blanco antes de meterlo en el ataúd.* ■ **santo ~.** (Tb. en mayúsc.). m. *Rel.* Sábana con que José de Arimatea cubrió el cuerpo de Cristo cuando lo bajó de la cruz. *En Turín se conserva una reliquia que se identifica con el Santo Sudario.*

sudeste. m. **1.** (En mayúsc.). Punto del horizonte situado entre el Sur y el Este, a igual distancia de ambos (Símb. *SE*). *La veleta señala hacia el Sudeste.* **2.** En un lugar: Parte que está hacia el Sudeste (→ 1). *Almería está en el sudeste de España. Muchos productos se fabrican en el sudeste asiático.* Frec. en aposición. *Zona sudeste.* **3.** Viento que sopla del Sudeste (→ 1). *Soplará el sudeste en toda la región.* ▶ SURESTE.

sudista. adj. histór. En la Guerra de Secesión de los Estados Unidos de América: Partidario de los Estados del sur. *El ejército sudista se rindió en abril de 1865.* Dicho de pers., tb. m. y f. *Los sudistas no querían que se aboliese la esclavitud.*

sudoeste. m. **1.** (En mayúsc.). Punto del horizonte situado entre el Sur y el Oeste, a igual distancia de ambos (Símb. *SO*). *Pongamos rumbo al Sudoeste.* **2.** En un lugar: Parte que está hacia el Sudoeste (→ 1). *Huelva está al sudoeste de España. En el sudoeste de Asia se habla árabe.* Frec. en aposición. *España está en el extremo sudoeste de Europa.* **3.** Viento que sopla del Sudoeste (→ 1). *Anuncian para hoy rachas fuertes de sudoeste.* ▶ SUROESTE.

sudor. m. **1.** Líquido claro, transparente y de olor gralm. fuerte, que segregan unas glándulas de la piel de los mamíferos. *Lleva manchas de sudor en la camisa. Tiene la frente empapada en sudor por la fiebre.* **2.** Líquido que sueltan algunas cosas, espec. una planta o algo poroso. *La jara desprende un sudor pringoso. El cántaro destila gotas de sudor.* **3.** coloq. Trabajo o esfuerzo grandes. *Logran llegar a final de mes a base de ahorro y de mucho sudor.* Frec. en pl. *Ha costado sudores convencerla. Aunque parecía fácil, el informe me ha hecho pasar muchos sudores.*

sudoración. f. Hecho de sudar o despedir sudor. *La sudoración ayuda a mantener y a reducir la temperatura corporal.*

sudoríparo, ra. adj. *Anat.* Dicho espec. de glándula: Que segrega sudor. *Las glándulas sudoríparas son glándulas exocrinas. Folículo sudoríparo.*

sudoroso, sa. adj. Que está sudando o ha sudado mucho. *Los jugadores están sudorosos al terminar el partido. Con un pañuelo limpia la frente sudorosa del enfermo.*

sueco, ca. adj. **1.** De Suecia. *Estocolmo es la capital sueca.* Dicho de pers., tb. m. y f. *Los suecos tienen una monarquía parlamentaria.* **2.** Del sueco (→ 3). *Gramática sueca.* ● m. **3.** Lengua hablada en Suecia y en una parte de Finlandia. *Más de diez millones de personas hablan sueco.* ■ **hacerse el ~.** loc. v. coloq. Fingir que no se oye, no se entiende o no se sabe algo que no interesa. *Cuando digo que la casa necesita una limpieza, se hace el sueco. Le debía dinero, pero cuando se veían se hacía la sueca.*

suegro, gra. m. y f. **1.** Respecto de una persona casada: Padre o madre de su cónyuge. *Salió al cine con su mujer y dejaron al niño con su suegra.* ○ m. pl. **2.** Suegro (→ 1) y suegra. *Esta Nochebuena cenaremos en casa de mis suegros.*

suela. f. **1.** Parte del calzado que toca el suelo. *Tiene las suelas de los zapatos desgastadas de tanto usarlos.*

Botas con suela de caucho. **2.** Cuero grueso y curtido que se emplea espec. para hacer suelas (→ 1). *El zapatero recorta un trozo de suela para reparar los zapatos.* **3.** Pedazo circular de cuero que va pegado a la punta del taco de billar. *Dale tiza a la suela antes de tirar.* ■ **media ~.** f. Pieza de cuero u otro material con que se remienda una suela (→ 1) desde la punta hasta el estrechamiento central. Frec. en pl. *Voy a llevar las sandalias a que les pongan medias suelas.* □ **de siete ~s.** loc. adj. coloq. Pospuesto a un nombre, se usa para enfatizar su significado o la cualidad por él designada. *No es que sea tonta, pero es una vaga de siete suelas. Un pícaro de siete suelas.* ■ **no llegar** una persona (a otra) **a la ~ del zapato.** loc. v. coloq. Ser aquella muy inferior (a esta). *Ninguno de sus compañeros de clase le llega a la suela del zapato.* ▶ **1:** PISO.

sueldo. m. **1.** Cantidad de dinero que se paga regularmente a alguien por su trabajo. *Cobramos el sueldo el día 25 de cada mes. El sueldo anual de un maestro era muy bajo.* **2.** histór. Antigua moneda de distintos países. *Aragón tuvo por monedas la libra y el sueldo.* ■ **a ~.** loc. adv. Con un sueldo (→ 1) u otro pago. *Trabaja a sueldo para una empresa de servicios.* Tb. loc. adj. *Es una profesional libre y no una trabajadora a sueldo. El crimen lo ha cometido un asesino a sueldo.* ▶ **1:** JORNAL, PAGA, REMUNERACIÓN, RETRIBUCIÓN, SALARIO.

suelo. m. **1.** Superficie sobre la que se anda o se pisa. *Cayó al suelo desde una altura de diez pisos. El mono se mueve por el suelo o entre los árboles. Al volver de la playa, el suelo del coche suele ir lleno de arena.* Tb. el material con que se recubre. *El palacio tiene suelos de mármol.* **2.** Zona superficial de la corteza terrestre, espec. la capaz de sostener vida vegetal. *Los restos orgánicos procedentes del ganado enriquecen el suelo. El suelo de la zona es rico en hierro. La ley prohíbe edificar en suelo rústico.* **3.** Territorio de un país u otra área geográfica. *El fugitivo fue detenido al entrar en suelo francés.* **4.** Superficie inferior de algunas cosas. *El suelo del armario está lleno de zapatos.* **5.** *Dep.* En gimnasia artística: Prueba que consiste en la ejecución de ejercicios acrobáticos y gimnásticos sin aparatos sobre una superficie de medidas reglamentarias. *El gimnasta se ha proclamado campeón en suelo y anillas.* Tb. la superficie en que se ejecuta. *La campeona rusa se dirige en este momento al suelo.* ■ **besar el ~.** loc. v. coloq. Caer boca abajo. *Tropezó con la alfombra y besó el suelo.* ■ **por los ~s.** loc. adv. En un nivel muy bajo en cuanto al valor, la estimación, el prestigio o los ánimos. *Con el dólar por los suelos, el país entró en crisis. La moral del equipo está por los suelos. La crítica ha puesto la novela por los suelos.* ▶ **1:** PISO.

suelta. f. Hecho de soltar, espec. una cosa o un animal que estaban sujetos o retenidos. *El mitin terminó con una suelta de globos. Con la suelta de alevines se pretende la repoblación de la especie.*

suelto, ta. adj. **1.** Que no está sujeto o retenido. *Trae el pelo suelto. Los caballos pastaban sueltos en el prado.* Tb. fig. *Cuando está entre amigos se encuentra más suelto.* **2.** Poco compacto o apretado. *El jersey es de punto muy suelto, casi calado. Para que la pasta quede suelta conviene hervirla con un poco de aceite.* **3.** Separado de otras personas o cosas con las que forma un conjunto. *La chaqueta no la venden suelta, hay que comprar todo el traje. No tengo toda la colección, solo algunos fascículos sueltos.* **4.** Dicho de dinero: Que está en moneda fraccionaria. *¿Llevas dinero suelto para la máquina de refrescos?* Frec. m. *Necesito suelto para el autobús.* **5.** Holgado o no ajustado. *Si la bombilla no luce no es porque esté fundida sino suelta. Esta arandela queda un poco suelta, necesitas otra menor. Me llevaré una talla mayor para que la falda me quede más suelta.* **6.** Desenvuelto en su modo de actuar. *Aunque lleva poco tiempo de dependienta, se la ve ya muy suelta para despachar.* **7.** Ágil o fluido. *Ha alcanzado popularidad entre los lectores por su estilo suelto y directo.* **8.** coloq. Que padece diarrea. *Algo me ha sentado mal y estoy un poco suelto.* ● m. **9.** Escrito inserto en un periódico, de extensión e importancia inferiores a los del artículo y gralm. sin firma. *En un suelto publicado en la sección de sucesos se informaba del robo del cuadro.*

sueño. m. **1.** Hecho de dormir. *No tomes café a estas horas, que dificulta el sueño. El sueño sirve para que el organismo se reponga del cansancio. Necesito ocho horas de sueño.* **2.** Gana de dormir. *Me muero de sueño. Tenía tanto sueño que se durmió sobre la mesa.* **3.** Hecho de soñar. *Durante el sueño me pasan unas cosas increíbles.* **4.** Cosa soñada. *Os voy a contar el sueño que he tenido esta noche.* **5.** Cosa, espec. proyecto, que se desea con fuerza pero que gralm. tiene pocas probabilidades de hacerse realidad. *Me gustaría hacer un viaje alrededor del mundo, pero no es más que un sueño.* Tb. *~ dorado. Mi sueño dorado es llegar a ser actor.* ■ **coger,** o **conciliar, el ~.** loc. v. Quedarse dormido. *Me metí en la cama a las diez, pero no cogí el sueño hasta las doce. Anoche no concilió el sueño hasta las tantas.* ■ **echar,** o **descabezar, un ~.** loc. v. coloq. Dormir un rato, frec. sin acostarse en la cama. *Por la mañana siempre echa un sueño en el autobús. Mientras espero voy a ver si descabezo un sueño en el sillón.* ■ **en ~s.** loc. adv. Soñando. *No conozco todavía el mar, pero lo he visto en sueños.* ■ **entre ~s.** loc. adv. Dormitando, o durmiendo de manera poco profunda. *Oí el teléfono entre sueños, pero no me levanté.* ■ **ni en ~s.** loc. adv. coloq. Se usa para negar enfáticamente. *–¿Puedo usar tu vestido? –¡Ni en sueños! Ni en sueños podría yo mantener una casa como esta.* ■ **quitar el ~** (a alguien). loc. v. coloq. Preocupar(le) mucho. *La enfermedad de nuestra madre nos quita el sueño. Te aseguro que ese asunto no me quitará el sueño.*

suero. m. **1.** Parte que permanece líquida al coagularse la sangre o la linfa. *El suero de la sangre del paciente se emplea para una de las pruebas del sida.* **2.** Parte que permanece líquida al coagularse la leche. *Al añadir zumo de limón a la leche hervida se obtienen requesón y suero.* **3.** Disolución de sales u otras sustancias en agua, que se inyecta con fines curativos. *El suero entraba en el cuerpo del enfermo por una aguja unida a un tubo.* ■ **~ fisiológico.** m. *Med.* Disolución medicinal de cloruro sódico en agua destilada. *Se pueden limpiar las vías respiratorias inyectando suero fisiológico por las fosas nasales.*

suerte. f. **1.** Causa que se atribuye a los sucesos que no son intencionados o previsibles. *La suerte me trajo a Sevilla. Encontrar empleo depende a veces de la suerte. Si no os ponéis de acuerdo, tira una moneda y que la suerte decida.* **2.** Con adjetivos como *buena* o *mala:* Poder imaginario que se considera como causa de que las cosas le sucedan a alguien de manera favorable o desfavorable. *Espero que tengas buena suerte en el examen. Hemos tenido mala suerte con el negocio.* **3.** Buena suerte (→ 2). *Qué suerte tiene: le ha vuelto a tocar la lotería. Este anillo me da suerte. Es un hombre de suerte. Con suerte no llueve mañana. ¡Suerte en el examen!* **4.** Destino, o situación que viene determinada por las circunstancias. *Cuando emigró, no sabía cuál sería su suerte. La suerte de estas ruinas está en manos del Ministerio de Cultura. Con su política quiere mejorar la suerte de los más pobres.* **5.** cult. Clase o tipo. *En la exposición había toda suerte de obras de artesanía. Es de esa suerte de personas que no se arredra ante nada.* **6.** cult. Especie (persona o cosa muy semejantes a otra). Frec. en la constr. *una ~ de. Le han regalado una suerte de mantón.* **7.** cult. Manera o modo. *Esta suerte de hacer las cosas es típica de la gente disciplinada.* Frec. en la constr. *de esta ~. El niño imita los sonidos que oye y, de esta suerte, va aprendiendo a hablar.* **8.** *Taurom.* Acto de los que realiza el matador de toros en la lidia. *El quite es una suerte del toreo.* **9.** *Taurom.* Tercio. *La corrida se divide en suerte de varas, suerte de banderillas y suerte de matar.* ■ **caer,** o **tocar, en ~** algo (a alguien). loc. v. Corresponder(le) esa cosa por suerte (→ 1) en un sorteo o reparto. *Le ha caído en suerte el mejor regalo de la tómbola. Siempre me tocan en suerte las peores cartas.* ■ **de ~ que.** loc. conjunt. cult. Del modo adecuado para que. *Coloque el mantel de suerte que las esquinas coincidan con las patas de la mesa.* ■ **echar (a) ~s.** loc. v. Valerse del azar o la suerte (→ 1) para decidir algo. *Nadie quería lavar los platos, así que echaron suertes.* ■ **echar** (algo) **a ~,** o **a ~s.** loc. v. Valerse del azar o la suerte (→ 1) para decidir(lo). *–¿Quién empieza? –Lo echamos a suertes. Echaremos a suerte quién cocina hoy.* ■ **por ~.** loc. adv. Afortunadamente. *Por suerte nadie se dio cuenta del error.* ■ **probar ~.** loc. v. Actuar o participar en algo de dudoso resultado con esperanzas de tener buena suerte (→ 2). *Todas las semanas prueba suerte en la lotería primitiva.* ■ **tocar en ~.** → **caer en suerte.** ▶ **1:** FORTUNA, VENTURA. **2:** FARIO, FORTUNA. **3:** FORTUNA, VENTURA. **4:** DESTINO. **8:** LANCE.

suertudo, da. adj. coloq. Que tiene buena suerte. *¡Qué suertuda eres, otra vez de vacaciones!*

suéter. (pl. **suéteres**). m. Jersey. *Se ha puesto un suéter de lana al salir de casa.*

suevo, va. adj. histór. De un pueblo germánico que invadió parte de la Península Ibérica en el s. V. *El reino suevo estaba en la actual Galicia.* Dicho de pers., tb. m. y f. *Los suevos fueron uno de los primeros pueblos bárbaros en invadir Hispania.*

sufí. (pl. **sufíes** o **sufís**). adj. **1.** Del sufismo. *Misticismo sufí. Cantos sufís.* **2.** Que profesa el sufismo. *Místico sufí.* Dicho de pers., tb. m. y f. *Para los sufíes, la purificación personal se logra mediante la oración y la meditación.*

suficiencia. f. Cualidad de suficiente. *La rápida extinción del fuego demuestra la suficiencia del sistema de alarma. Para obtener el título, los candidatos deben pasar unas pruebas de suficiencia. Me molesta ese tonillo de suficiencia que emplea al hablar.*

suficiente. adj. **1.** Bastante (que basta). *No es suficiente que estés arrepentida. ¿Compraste pasteles suficientes* PARA *todos? No tendrás dinero suficiente* PARA *comprar lo que te he encargado.* Tb. pron. *Pusieron veinte sillas, pero no tuvieron suficientes. ¿No tienes suficiente con haber quedado el tercero?* **2.** Dicho de persona: Pedante o engreído. *Es la persona más suficiente que conozco.* Tb. m. y f. *No soporto a los suficientes.* ▶ **1:** BASTANTE.

sufijación. f. *Ling.* Procedimiento de formación de palabras que consiste en añadir un sufijo a una palabra o a una raíz. *El nombre "soledad" se ha formado por sufijación.*

sufijo, ja. adj. *Ling.* Dicho de afijo: Pospuesto a la raíz de la palabra. *Elementos sufijos.* Más frec. m. *El sufijo "-ción" forma el nombre "edificación" a partir del verbo "edificar".*

sufismo. m. Doctrina mística musulmana, profesada pralm. en Persia. *El sufismo busca el acercamiento a Alá mediante la oración y la meditación.*

sufragar. tr. Costear (algo), o pagar los gastos (de ello). *El Ayuntamiento ha sufragado la estancia del artista en la ciudad. La empresa sufraga todos sus viajes.*

sufragio. m. **1.** Sistema de elección de cargos por medio de votación. *Los diputados son elegidos por sufragio.* **2.** Voto emitido en unas elecciones o en una asamblea. *A cada ciudadano corresponde un sufragio. La candidata ha obtenido el 20% de los sufragios.* **3.** Ayuda espiritual al alma de un difunto. *Se oficiará una misa en sufragio de los fallecidos.* ■ **~ universal.** m. Sufragio (→ 1) en que pueden participar todos los ciudadanos, con las excepciones que determine la ley. *El régimen democrático se basa en los partidos políticos y el sufragio universal.* ▶ **2:** VOTO.

sufragismo. m. histór. Movimiento político surgido en Inglaterra a principios del s. XX, a favor de la concesión del derecho de voto a las mujeres. *Las defensoras del sufragismo fueron a menudo detenidas por defender sus ideas.*

sufragista. adj. **1.** histór. Del sufragismo. *Movimiento sufragista.* **2.** histór. Partidario del sufragismo. *Mujeres sufragistas.* Tb. m. y f. *Las sufragistas se manifestaban en las calles de Londres.*

sufrido, da. part. **1.** → **sufrir.** ● adj. **2.** Dicho de persona: Que sufre con resignación. *Es muy sufrida y por mal que la traten nunca protesta.* **3.** Dicho de cosa, espec. de color: Que se ensucia o se estropea poco y puede mantener un buen aspecto durante bastante tiempo. *El gris es un color muy sufrido. Las baldosas son más sufridas que el parqué.*

sufridor, ra. adj. Que sufre. *Una madre sufridora.* Dicho de pers., tb. m. y f. *El pobre hombre es un sufridor nato.*

sufrimiento. m. Hecho o efecto de sufrir. *La pérdida de su hermana le ha causado mucho sufrimiento.*

sufrir. tr. **1.** Experimentar (un daño o dolor, físico o moral). *La empresa ha sufrido graves pérdidas. Ha sufrido un violento ataque de tos. Sufre los prejuicios de sus compañeros.* **2.** Tolerar o llevar con paciencia (algo o a alguien desagradables o molestos). *No puedo sufrir a esa mujer. El cantante no ha podido sufrir la presión del éxito.* ○ intr. **3.** Sentir un daño o dolor, físico o moral. *Ha sufrido mucho.* ▶ **2:** *TOLERAR.

sugerencia. f. Hecho o efecto de sugerir. *Ha hecho caso de tu sugerencia y se ha cortado el pelo.*

sugerente. adj. **1.** Que sugiere o evoca algo. *El título "Sal y arena" es muy sugerente: me hace pensar en el mar.* **2.** Que resulta atrayente o interesante. *Nos ha propuesto una sugerente excursión por la zona más escondida de la sierra.* ▶ **1:** EVOCADOR. **2:** SUGESTIVO.

sugeridor, ra. adj. cult. Sugerente. *Los decorados son sugeridores de la cruda vida medieval.*

sugerir. (conjug. SENTIR). tr. **1.** Proponer (algo) sin imponer(lo). *Le he sugerido algunos cambios. Si vamos a Machu Picchu, sugiero que hagamos la Ruta del Inca.* **2.** Traer una cosa a la memoria o a la imaginación (otra semejante o relacionada de algún modo con ella). *Los colores grisáceos del cuadro sugieren una tarde lluviosa de otoño.* ▶ **2:** EVOCAR.

sugestión. f. Hecho o efecto de sugestionar. *La publicidad tiene un gran poder de sugestión.*

sugestionar. tr. Influir (en una persona) alterando su modo normal de comportarse o pensar sin que sea consciente de ello. *Lo sugestionan mucho las películas violentas.* Tb. en constr. prnl. media. *No le dejes novelas de terror, porque se sugestiona con facilidad.*

sugestivo, va. adj. Sugerente o atrayente. *El folleto de viaje incluye imágenes del país muy sugestivas.* ▶ SUGERENTE.

suicida. adj. **1.** Que comete o intenta cometer suicidio. *Los kamikazes eran pilotos suicidas.* Tb. m. y f. *Han rescatado a la suicida que quería tirarse desde la cornisa.* **2.** Del suicidio. *Impulso suicida.* **3.** Dicho de acción: Que puede dañar o destruir al que la realiza. *Hacen carreras suicidas en la autopista. Ataque suicida.*

suicidarse. intr. prnl. Quitarse voluntariamente la vida. *Se ha suicidado pegándose un tiro.*

suicidio. m. **1.** Hecho de suicidarse. *El suicidio del poeta ha sobrecogido a sus lectores.* **2.** Acción que perjudica gravemente a quien la realiza. *Encerrarte entre estas cuatro paredes es un suicidio.*

sui géneris. (loc. lat.; pronunc. "sui-géneris"). loc. adj. Singular o particular. *La obra es una adaptación sui géneris de "La vida es sueño".*

suite. (pal. fr.; pronunc. "suít"). f. **1.** En un hotel: Conjunto de dos o más habitaciones comunicadas entre sí que se alquilan como una unidad. *La actriz ha reservado la mejor* suite *del hotel.* Suite *nupcial.* **2.** *Mús.* Composición musical de carácter instrumental formada por una serie de movimientos de ritmos diferentes, pero basados en una misma tonalidad. *La orquesta interpreta la* suite *en re mayor de Bach.* ¶ [Adaptación recomendada: *suit*, pl. *suits*].

suizo, za. adj. **1.** De Suiza. *Lagos suizos.* Dicho de pers., tb. m. y f. *Muchos suizos hablan alemán.* ● m. **2.** Bollo elaborado con harina, huevo y azúcar, de forma gralm. ovalada y cubierto de azúcar. *He comprado suizos y ensaimadas para el desayuno.* ▶ **1:** HELVÉTICO.

sujeción. f. **1.** Hecho o efecto de sujetar. *Apriete bien los tornillos para asegurar la sujeción de la pieza.* **2.** Cosa que sujeta. *Las sujeciones del sillín están oxidadas.*

sujetador. m. Prenda interior femenina que sirve para sujetar el pecho. *¿El sujetador lo quiere con o sin tirantes?* Tb. la pieza del biquini que tiene esa función. ▶ SOSTÉN. ‖ **frecAm:** AJUSTADOR, CORPIÑO.

sujetapapeles. m. Instrumento que sirve para sujetar papeles, espec. el que tiene forma de pinza. *Tenía las facturas prendidas con un sujetapapeles.*

sujetar. tr. **1.** Mantener o sostener (algo o a alguien) de manera que no puedan moverse ni caer. *Por favor, ¿me sujetas el bolso? Tuvieron que sujetar al perro para que no nos mordiera. Sujeta al niño para que no se caiga a la piscina. Las vigas sujetan el tejado.* **2.** Asegurar (algo), o hacer que quede firme y no pueda moverse ni caer. *Sujetemos el cartel con unas chinchetas. Voy a sujetarte el pelo con una goma.* ▶ **1:** *SOSTENER. **2:** *ASEGURAR.

sujeto[1]**.** m. **1.** Persona (individuo de la especie humana). *El insomnio es frecuente en sujetos que padecen estrés.* Frec. se usa para designar a un hombre cuyo nombre se ignora, y, entonces, gralm. despect. *¿Alguien conoce al sujeto ese? Un sujeto con sombrero y gabardina me ha preguntado por ti.* **2.** *Gram.* En la oración: Parte cuyo núcleo concuerda con el verbo del predicado en número y persona. *En "me gusta que me inviten", el sujeto es "que me inviten". En la oración "te llamaré" hay un sujeto implícito.* **3.** *Fil.* En una proposición: Término del que se predica algo. *En la proposición "las nubes son blancas", el sujeto es "las nubes".* **4.** *Fil.* y *Psicol.* Ser que piensa o actúa. *Las ideas y todo lo que está en la mente del sujeto son objetos.* ■ ~ **agente.** m. *Gram.* Sujeto (→ 2) de un verbo en voz activa. *Explica la diferencia entre sujeto agente y sujeto paciente.* ■ ~ **paciente.** m. *Gram.* Sujeto (→ 2) de un verbo en voz pasiva. *En "el pueblo fue conquistado", "el pueblo" es el sujeto paciente.* ■ ~ **pasivo.** m. *Der.* Persona obligada por ley al pago de un impuesto. *Es responsabilidad del sujeto pasivo presentar la declaración de la renta.* ▶ **1:** *PERSONA.

sujeto[2]**, ta.** adj. **1.** Que está sujetado. *Puso macetas en el balcón sujetas con alambre. Los cuadros están sujetos a la pared por una escarpia.* **2.** Seguido de la preposición *a* y de un nombre: Que puede sufrir lo designado por ese nombre. *El programa está sujeto* A *modificaciones de última hora.*

sulfamida. f. *Med.* Compuesto que contiene azufre, oxígeno y nitrógeno, empleado en el tratamiento de infecciones producidas por bacterias. *Algunos pacientes son alérgicos a las sulfamidas.*

sulfatación. f. Hecho o efecto de sulfatar o sulfatarse. *Ellos dos se ocuparán de la sulfatación de las viñas. Compruebe que no se ha producido la sulfatación de la batería.*

sulfatado. m. Hecho o efecto de sulfatar o sulfatarse. *El sulfatado de las plantas debe hacerse con aparatos adecuados. Evite el sulfatado de las pilas.*

sulfatar. tr. **1.** Tratar o pulverizar (una planta) con sulfatos para combatir las enfermedades. *Hay que sulfatar las patatas porque tienen escarabajos.* ○ intr. prnl. **2.** Cubrirse de sulfato de plomo una pila o una batería por una reacción química interna. *Abrí el compartimento de las baterías y comprobé que se habían sulfatado.*

sulfato. m. *Quím.* Sal del ácido sulfúrico. *El yeso es sulfato de calcio hidratado.*

sulfhídrico, ca. adj. *Quím.* Del ácido sulfhídrico (→ **ácido**). *El pozo despide emanaciones sulfhídricas.*

sulfurar. tr. **1.** coloq. Irritar o encolerizar (a alguien). *Me sulfura esa actitud.* Tb. en constr. prnl. media. *No te sulfures, que no es para tanto.* **2.** *Quím.* Combinar (una sustancia) con azufre. *Sulfurar un metal.*

sulfúreo, a. adj. cult. Sulfuroso. *Las hogueras de fuego sulfúreo del infierno. Las aguas sulfúreas del balneario son beneficiosas para afecciones respiratorias.*

sulfúrico, ca. adj. **1.** *Quím.* Del azufre. *Los Gobiernos han acordado la reducción de emisiones sulfúricas.* ● m. **2.** *Quím.* Ácido sulfúrico (→ **ácido**). *En los vertidos se han detectado restos de cianuro y sulfúrico.*

sulfuro. m. *Quím.* Sal del ácido sulfhídrico. *La galena, o sulfuro de plomo, se empleaba en la fabricación de cerámica.*

sulfuroso, sa. adj. *Quím.* Del azufre, o que lo contiene. *Las fumarolas despiden emanaciones sulfurosas. Anhídrido sulfuroso.*

sultán, na. m. **1.** En algunos países musulmanes: Monarca o soberano. *Boabdil fue proclamado sultán de Granada en 1482. El sultán de Brunei.* **2.** histór. Emperador turco. *El sultán Solimán I se enfrenta a las fuerzas de Carlos V.* ○ f. **3.** Mujer del sultán (→ 1, 2). *Muley Hacén, padre de Boabdil, estaba casado con la sultana Aixa.*

sultanato. m. **1.** Cargo o dignidad de sultán. *Solimán I sucede a su padre en el sultanato otomano.* **2.** Territorio sometido a la autoridad de un sultán. *Brunei es un rico sultanato situado en la isla de Borneo.*

suma. f. **1.** Hecho o efecto de sumar o sumarse. *Para el éxito final es fundamental la suma de esfuerzos. La suma de todos los implicados ha dado mayor peso a la reclamación.* En matemáticas, designa la operación aritmética de sumar (→ **adición**). *Para hacer sumas complejas uso la calculadora.* **2.** Conjunto de cosas. *Me ha expuesto una suma interminable* DE *problemas.* **3.** Cantidad de dinero. *Me ha pedido prestada una fuerte suma.* Tb. *~ de dinero. Maneja grandes sumas de dinero.* ■ **en ~.** loc. adv. En resumen. *Lo que ha dicho es, en suma, que debemos trabajar más duro. En suma, tenemos que actuar enseguida.* ■ **~ y sigue.** expr. Se usa para expresar repetición o continuación de algo. *Otra victoria del Atlético, y suma y sigue.*

sumando. m. *Mat.* En una suma: Cada una de las cantidades que se suman. *En la suma 10 + 5 = 15, los sumandos son 10 y 5.*

sumar. tr. **1.** Añadir (algo o alguien) a otra persona o cosa. *Si* AL *trabajo que ya tengo sumo otro encargo, me agobiaré. Cuantas más personas se sumen* A *nosotros, más fuerza tendremos.* Tb.: *Todos vamos sumando años poco a poco.* Tb. en constr. prnl. media. *Es buena profesora, porque* A *sus conocimientos se suma una gran capacidad pedagógica.* **2.** Unir o juntar (dos o más cantidades) en una sola. *El vendedor suma los precios de mis compras. ¿Cuál es el resultado de sumar 32 y 69?* **3.** Componer dos o más cantidades (un total) al sumarlas (→ 2). *Cinco y siete suman doce.*

sumarial. adj. *Der.* Del sumario. *El juez declara el secreto sumarial. Han admitido las grabaciones como pruebas sumariales.*

sumario[1]. m. **1.** Resumen del contenido de algo. *Al principio del programa dan un sumario de los reportajes que se verán después.* **2.** *Der.* Conjunto de actuaciones judiciales que se realizan para preparar un juicio. *El informe del médico consta en el sumario. El juez decide reabrir el sumario.*

sumario[2], ria. adj. **1.** Breve y resumido. *Me ha dado una explicación sumaria de todo lo ocurrido.* **2.** *Der.* Dicho espec. de juicio o procedimiento: De realización rápida, prescindiendo de algunas de las formalidades ordinarias. *Los detienen y, tras un juicio sumario, los encarcelan ese mismo día. Durante la represión eran frecuentes las ejecuciones sumarias.*

sumarísimo, ma. adj. *Der.* Dicho de juicio o procedimiento: De tramitación brevísima, debido pralm. a la urgencia del caso o a la gravedad del hecho que se juzga. *En tiempo de paz no se suelen hacer juicios sumarísimos. Consejo de guerra sumarísimo.*

sumergible. adj. **1.** Dicho de cosa: Que se puede sumergir en un líquido, espec. en agua. *Reloj sumergible.* ● m. **2.** Embarcación sumergible (→ 1). *Los geólogos utilizan sumergibles para explorar la corteza oceánica. Un sumergible de la Marina.* ▶ **2:** SUBMARINO.

sumergido, da. part. **1.** → **sumergir.** ● adj. **2.** Que está o se desarrolla bajo la superficie del agua. *Las plantas acuáticas pueden ser flotantes o sumergidas. La película trata de la vida en una ciudad sumergida.* **3.** Clandestino. *Se calcula que hay miles de puestos de trabajo sumergidos.*

sumergir. tr. **1.** Introducir (algo o a alguien) bajo la superficie de un líquido, espec. del agua. *No sumerja este reloj* EN *agua. El buceador ha vuelto a sumergirse.* Tb. en constr. prnl. media. *Tras romperse el casco contra las rocas, el yate se sumerge lentamente.* **2.** Meter por completo (a una persona o cosa) en algo, espec. en una situación. *Lee con avidez, tratando de sumergirse* EN *aquel mundo de ficción. La tarde sumerge al pueblo* EN *el silencio.* Tb. en constr. prnl. media. *Ante un problema así, el paciente a veces se sumerge* EN *una depresión. A las horas de calor, la ciudad se paraliza y se sumerge* EN *el letargo.*

sumerio, ria. adj. histór. De un pueblo antiguo que habitó Sumeria (región de la baja Mesopotamia). *El territorio sumerio estaba regado por el Tigris y el Éufrates.* Dicho de pers., tb. m. y f. *Los sumerios están considerados como la más antigua de las civilizaciones.*

sumidero. m. Agujero o conducto por donde las aguas residuales o de lluvia pasan a las alcantarillas. *Quita el tapón para que el agua sucia se vaya por el sumidero. Se ha atascado el sumidero de la piscina.* ▶ TRAGADERO.

sumiller. m. En un restaurante: Encargado de los vinos y los licores. *La cliente pregunta al sumiller qué vino les recomienda para el primer plato.*

suministrador, ra. adj. Que suministra. *La compañía suministradora de gas debe revisar las instalaciones. Máquina suministradora de gasolina.* Dicho de pers., tb. m. y f. *Una amiga es mi principal suministradora de películas.*

suministrar. tr. Proveer a alguien (de algo) o proporcionárse(lo). *El equipo de urgencias suministra calmantes a los heridos. Una empresa suministra al centro cultural el material para el concurso. La investigadora ha suministrado valiosos datos para el estudio del cerebro.* ▶ *PROVEER.

suministro. m. **1.** Hecho de suministrar. *Cortarán el suministro de gas durante dos horas.* **2.** Conjunto de cosas que se suministran. *Avisa al encargado de que faltan varios artículos en el suministro.* ▶ **1:** *PROVISIÓN.

sumir. tr. **1.** Hacer caer (a alguien) en determinado estado o situación. *El golpe de Estado ha sumido al país* EN *el caos. Su muerte nos sume* EN *la tristeza.* ○ intr. prnl. **2.** Hundirse o formar una concavidad anormal una parte del cuerpo, espec. la boca. Frec. en part. *Tiene la boca sumida porque le faltan todos los dientes.*

sumisión. f. Hecho de someter o someterse a una persona o cosa. *Su sumisión a él y a sus caprichos es completa.*

sumiso, sa. adj. **1.** Dicho de persona: Que se somete o se subordina. *Es muy sumiso y su hermana lo domina. El soldado debe mostrarse sumiso a las órdenes de sus superiores.* **2.** Dicho de cosa: Que manifiesta o implica sumisión. *Cuando la regañé, me pidió perdón con voz sumisa.*

súmmum. m. (Frec. con art.). Grado máximo al que puede llegar algo inmaterial, espec. una cualidad. *Tus primos son el súmmum* DE *la hospitalidad. Poner candelabros en la mesa les parece el súmmum* DEL *refinamiento.* ■ **el ~.** loc. s. Una cosa que no se puede superar. *Tener un día libre está bien, pero poder pasarlo en la playa es ya el súmmum.* ▶ COLMO.

sumo[1]. m. Deporte de lucha japonés en que dos adversarios de gran corpulencia se enfrentan sobre una superficie circular tratando de derribarse o de sacarse el uno al otro del círculo. *Cuanto más pesan los luchadores de sumo, mayor es su estabilidad.*

sumo[2]**, ma.** adj. **1.** Superior a todos los demás de su clase. *Para muchos, Juan Gris es el sumo representante del cubismo. El sumo sacerdote.* **2.** Muy grande. *Le cura las heridas con suma delicadeza. Ganará el partido con suma facilidad.* ■ **a lo sumo.** loc. adv. **1.** Como mucho. *Para las vacaciones llévate dos o, a lo sumo, tres libros.* **2.** Si acaso o en todo caso. *Mañana hará buen día en general; a lo sumo habrá alguna nube por la tarde.*

suntuario, ria. adj. Del lujo. *La alcaldesa ha anunciado que reducirá los gastos suntuarios. Los arqueólogos han encontrado en la tumba joyas y otros objetos suntuarios.*

suntuosidad. f. Cualidad de suntuoso. *Hemos quedado admirados de la suntuosidad del palacio.*

suntuoso, sa. adj. Dicho de cosa: Lujosa y costosa. *Los Reyes Magos llevan suntuosas túnicas y coronas de oro. Una mansión suntuosa.*

supeditación. f. Hecho o efecto de supeditar. *Antes existía una mayor supeditación de los hijos a la voluntad de los padres. Una supeditación de los deseos particulares al bien común.*

supeditar. tr. Subordinar (una cosa o a una persona) a otra, o hacer(las) depender de ella. *El sindicato supedita el fin de la huelga a la readmisión de los despedidos. Me supedito a la estrategia del equipo.*

súper[1]**.** adj. Dicho de gasolina: De alto octanaje. *El coche utiliza gasolina súper.* Tb. f. *El precio de la súper ha subido diez céntimos.*

súper[2]**.** m. coloq. Supermercado. *Voy al súper a hacer la compra.*

super-. pref. **1.** Significa 'encima de'. *Superpuesto.* **2.** Significa 'superioridad'. *Supercomputador, supermujer.* **3.** Significa 'en grado sumo'. *Superelegante, superlujo.* **4.** Significa 'en exceso'. *Supersaturar, superexplotación.*

superabundancia. f. Abundancia grande o excesiva. *No subirán los precios, porque existe una superabundancia de oferta.*

superabundante. adj. Que abunda mucho o en exceso. *En los países lluviosos el agua suele ser un recurso superabundante. Una especie superabundante puede convertirse en plaga.*

superación. f. Hecho de superar o superarse. *La gimnasta necesitará un duro entrenamiento para lograr la superación de su rival. La superación de mis propias metas me hace feliz.*

superador, ra. adj. Que supera o sirve para superar. *La calidad de la obra es mayor gracias al esfuerzo superador del artista.*

superar. tr. **1.** Ser una persona o cosa superiores (a otra) o mejores que (ella). *Es buena jugadora, pero yo la supero. Tu reloj supera* EN *calidad y precisión al mío.* **2.** Lograr alguien que deje de existir (un obstáculo o una dificultad), gralm. poniendo esfuerzo en ello. *El enfermo ha superado la fase de peligro.* **3.** Rebasar o pasar (un límite). *Por la tarde las temperaturas superarán los 40°. El avión supera la barrera del sonido.* **4.** Rebasar (algo o a alguien), o dejar(los) atrás en una carrera o progresión. *Nuestro piloto ha superado al finlandés en la recta final.* ▶ **3, 4:** REBASAR.

superávit. (pl. **superávits**). m. **1.** En economía y comercio: Exceso del haber sobre el debe o de los ingresos sobre los gastos. *La balanza comercial arroja superávit cuando el Estado hace más exportaciones que importaciones. La empresa ha cerrado el ejercicio con un superávit de diez millones.* **2.** Abundancia o exceso de algo que se considera bueno o necesario. *El superávit de universitarios puede acarrear un problema de desempleo.*

superchería. f. Engaño o fraude. *Un curandero le ha estado sacando el dinero con supercherías.*

superciliar. adj. *Anat.* Situado encima de la ceja. *Arcos superciliares.*

superclase. m. y f. coloq. Deportista de cualidades extraordinarias. *No es un superclase, pero sí un buen jugador.*

superconductividad. f. *Fís.* Propiedad que tienen algunos materiales de perder su resistencia a la corriente eléctrica, gralm. por debajo de una temperatura específica. *Muchos metales y aleaciones muestran superconductividad a temperaturas muy bajas.*

superconductor, ra. adj. *Fís.* Dicho de material: Que tiene superconductividad. *Metal superconductor. Imán superconductor.* Tb. m. *El superconductor permite el flujo de corriente sin necesidad de aplicarle voltaje.*

superdotado, da. adj. Dicho de persona: Que tiene cualidades, espec. intelectuales, superiores a lo normal. *Los niños superdotados necesitan actividades complementarias fuera del colegio. Un deportista superdotado.* Tb. m. y f. *Físicamente es un superdotado. Su hija es una superdotada para las letras.*

superego. m. *Psicol.* En el psicoanálisis: Parte inconsciente del yo que trata de imponerse a sí mismo por referencia a las demandas de un yo ideal. *Cuando el individuo no atiende las exigencias del superego, siente culpa o vergüenza.* ▶ SUPERYÓ.

superestructura. f. **1.** *tecn.* En la teoría marxista: Conjunto de ideas e instituciones que surgen de la estructura económica de una sociedad. *Si se produce un cambio en la economía, toda la superestructura social se ve afectada.* **2.** *tecn.* En una construcción: Parte que está por encima del nivel del suelo. *La pista está cubierta por una superestructura de vidrio y acero.*

superficial. adj. **1.** De la superficie. *Los expertos analizarán la calidad de las aguas superficiales.* **2.** Que está o se queda en la superficie. *El herido presenta cortes superficiales en la cara. No somos íntimos, solo tenemos un trato superficial. Ha hecho una interpretación un poco superficial de la noticia.* **3.** Dicho de persona: Que se preocupa solo de la superficie o aspecto externo de las cosas. *Nunca he tenido una conversación seria con ella, porque es muy superficial.*

superficialidad. f. Cualidad de superficial. *El fallo del reportaje es la superficialidad con que trata el asunto. Critican su superficialidad y su falta de interés por los temas serios.*

superficie. f. **1.** Parte exterior de un cuerpo, que lo separa y distingue de aquello que lo rodea. *Dale cera a toda la superficie del armario. La nave se posa en la superficie lunar. El buceador sale a la superficie para tomar aire.* **2.** Porción de la superficie (→ 1) de algo. *La mancha de petróleo ocupa una gran superficie* DE *la bahía.* **3.** Extensión de terreno. *Las llamas invaden una superficie arbolada. La finca ocupa una superficie de 2000 m^2.* **4.** Aspecto externo de algo inmaterial. *Nos hemos quedado en la superficie del problema.* **5.** *Mat.* Extensión de un cuerpo de dos dimensiones. *La superficie de un rectángulo se calcula multiplicando la base por la altura. La unidad de superficie en el Sistema Internacional es el metro cuadrado.* Tb. la figura geométrica correspondiente. *Largo y ancho* *son las dos dimensiones de una superficie.* ■ **gran ~.** f. Establecimiento comercial de grandes dimensiones. *Varias cadenas de tiendas tienen establecimientos en esta gran superficie.* Gralm. en pl. *Las grandes superficies no podrán abrir todos los domingos del mes.*

superfluidad. f. **1.** Cualidad de superfluo. *El líder espiritual habla de la superfluidad de los bienes materiales.* **2.** Cosa superflua. *He amueblado la casa con lo necesario, evitando superfluidades.*

superfluo, flua. adj. Que sobra o no es necesario. *Le gusta la ropa sencilla, sin adornos superfluos. Ve al grano y olvídate de los detalles superfluos.*

superfosfato. m. Abono artificial constituido principalmente por fosfatos. *Los viticultores fertilizan las viñas con superfosfatos.*

superhombre. m. Hombre muy superior a los demás por sus acciones o cualidades. *El protagonista de este cómic es un superhombre que se enfrenta a las fuerzas del mal. Hace falta ser un superhombre para mover esto.*

superíndice. m. Letra o número que se colocan en la parte superior derecha de un símbolo o de una palabra, frec. para distinguir a estos de otros semejantes. *En la expresión 6^2, el superíndice "2" significa que "6" está elevado al cuadrado.*

superintendencia. f. **1.** Cargo o empleo de superintendente. *Ha sido designado para ocupar la superintendencia general de la Policía.* **2.** Oficina del superintendente. *Las instancias se presentarán en la superintendencia de banca y seguros.*

superintendente. m. y f. Persona que tiene a su cargo la dirección y el cuidado de algo, con autoridad sobre las demás personas que trabajan en ello. *El superintendente de finanzas del rey controlaba los gastos de la corte. Superintendente de la Guardia Urbana.*

superior, ra. adj. (Como adj. se usa solo **superior**, invar. en género). **1.** Que está más alto. *La ropa de señora se encuentra en la planta superior* A *esta. Pon el libro en el estante superior de la librería. En la parte superior del edificio hay una terraza.* **2.** Que es más que otro en cualidad o en cantidad. *Esta película es muy superior* A *la de ayer. Este vino es superior* EN *calidad* AL *otro. Son superiores* A *nosotros* EN *número.* **3.** Excelente o muy bueno. *Aquí sirven una paella superior.* **4.** *Biol.* Dicho de ser vivo: Que posee un organismo más complejo que el de otros, como resultado de una mayor evolución. *El desarrollo del encéfalo y la médula espinal distingue a los animales superiores de los inferiores.* ● m. **5.** Persona que tiene a otras a su cargo o que tiene mayor autoridad. *Ha ascendido y ahora es mi superior en la oficina. Ese no es modo de dirigirse a un superior. Sus superiores decidieron expedientarlo.* ○ m. y f. (Como f., se usa **superiora**). **6.** Persona que dirige una comunidad religiosa. *La hermana Ángela es la superiora del convento. Deberá hablar con el superior del monasterio.*

superioridad. f. **1.** Cualidad de superior. *Subido en el trono experimentaba una sensación de superioridad. La superioridad del equipo ruso era evidente. Demostró su superioridad intelectual.* **2.** (Gralm. con art.). Persona o conjunto de personas de superior autoridad. *Me temo que debo informar de esto a la superioridad.*

superlativo, va. adj. **1.** cult. Muy grande o extraordinario. *Una inteligencia superlativa.* **2.** *Gram.* Que expresa el grado máximo de una cualidad o de una circunstancia. *Los adjetivos "paupérrimo" y "pobrísimo" son formas superlativas de "pobre".* Frec. en las constr. *~ absoluto* y *~ relativo. En "Es el más pequeño de los dos", el adjetivo es superlativo relativo. En "es muy alto" y "es altísimo", el adjetivo es superlativo absoluto.* Dicho de adjetivo o adverbio, tb. m. *El sufijo "-ísimo" es propio de los superlativos.*

supermercado. m. Establecimiento en que se venden básicamente alimentos, bebidas y artículos de perfumería y limpieza, y donde el cliente se sirve a sí mismo y paga a la salida. *Si vas al supermercado, tráeme perejil y lavavajillas.*

supernova. f. *Fís.* Estrella cuyo brillo aumenta muchísimo de repente al sufrir una explosión en que se libera gran cantidad de energía. *La explosión de una supernova es un fenómeno poco frecuente.* Tb. dicha explosión. *La supernova puede durar varios días.*

supernumerario, ria. adj. **1.** Que excede el número establecido o habitual. *Los niños con síndrome de Down tienen un cromosoma supernumerario.* **2.** Dicho espec. de militar o de funcionario: Que está añadido al escalafón o a la plantilla sin figurar oficialmente en ellos, espec. por excedencia. *Es piloto supernumerario del Ejército del Aire. Profesor supernumerario.* Tb. m. y f. *Ha pasado a la situación de supernumerario al ser contratado por otro ministerio.*

superpoblación. f. Exceso de población. *El Gobierno chino trata de frenar la superpoblación multando a los que tengan más de un hijo.*

superpoblar. (conjug. CONTAR). tr. Poblar en exceso (un lugar). *En el país hay enormes ciudades superpobladas.*

superponer. (conjug. PONER). tr. Poner (una cosa) encima de otra. *Si superpones un papel vegetal* SOBRE *el dibujo, podrás calcarlo.* Tb.: *Para hacer el milhojas superpón varias capas alternas de hojaldre y de nata.* ▶ SOBREPONER.

superposición. f. Hecho o efecto de superponer. *El cuadro consiste en una superposición de telas de colores.*

superpotencia. f. País que tiene gran poder económico y militar. *Durante la Guerra Fría, las dos superpotencias estaban enfrentadas.*

superproducción. f. **1.** Obra cinematográfica o teatral cuyos costes de producción son muy altos. *La película más taquillera del año es una superproducción estadounidense.* **2.** *Econ.* Producción que excede las cantidades necesarias. *Una crisis de superproducción ocurre cuando no se vende todo lo que llega al mercado.* ▶ **2:** SOBREPRODUCCIÓN.

superrealismo. m. Surrealismo. *El superrealismo surge en Francia en el primer cuarto del siglo* XX.

superrealista. adj. Surrealista. *Poema superrealista. Autor superrealista.* Dicho de pers., tb. m. y f. *Juan Larrea fue un superrealista español.*

supersónico, ca. adj. Que supera la velocidad del sonido. *Velocidad supersónica. El Concorde fue el primer avión supersónico para pasajeros.*

superstición. f. Creencia irracional ajena a la religión, que consiste en atribuir a determinados hechos una consecuencia positiva o negativa. *Es una superstición creer que un espejo que se rompe trae mala suerte.*

supersticioso, sa. adj. **1.** Dicho de persona: Que tiene supersticiones. *No abras el paraguas en casa, que soy muy supersticiosa.* Tb. m. y f. *El supersticioso suele creer que hay números que le dan buena suerte.*

2. De la superstición. *Existe la idea supersticiosa de que si se cae un salero ocurrirá una desgracia.*

supervaloración. f. Hecho o efecto de supervalorar. *Tu supervaloración de la inteligencia te hace olvidar otras cualidades. La fe ciega en su hijo lo llevó a una supervaloración de su capacidad.*

supervalorar. tr. Sobrevalorar (algo o a alguien). *La crítica supervalora a ese director. No supervalores los buenos resultados del negocio; todavía hay mucho que hacer.* ▶ SOBREVALORAR.

supervisar. tr. Realizar un control o una revisión generales (de un trabajo realizado por otro). *Lleva estos planos al jefe para que los supervise. Ella se ocupará de supervisar el trabajo.*

supervisión. f. Hecho de supervisar. *El jefe del taller hace una supervisión de todas las reparaciones. El trabajo lo haréis solos, pero siempre bajo la supervisión del tutor.*

supervisor, ra. adj. **1.** Que supervisa o sirve para supervisar. *Un consejo supervisor vela por la calidad del servicio en los transportes públicos.* ● m. y f. **2.** Persona que supervisa o que tiene por oficio supervisar. *Trabaja como supervisora del control de calidad en una fábrica.*

supervivencia. f. Hecho de sobrevivir. *La supervivencia de los tres náufragos ha sido posible gracias a su buena forma física. Con tan pocos ingresos, la supervivencia es muy difícil. La tasa de supervivencia* A *las operaciones de trasplante ha subido en los últimos años.* Tb. fig. *El recorte del presupuesto pone en peligro la supervivencia del centro cultural.*

superviviente. adj. Que sobrevive. *Los soldados supervivientes regresan a su país.* Tb. fig. *Se han apuntalado los edificios supervivientes después del terremoto.* Dicho de pers., tb. m. y f. *Es un superviviente de los campos de exterminio.* ▶ SOBREVIVIENTE.

supervivir. intr. Sobrevivir. *Solo han supervivido dos cachorros de la camada.*

superyó. m. *Psicol.* Superego. *El superyó impone sus exigencias al yo o parte consciente.*

supino, na. adj. **1.** coloq. Dicho de algo negativo, espec. de ignorancia: Muy grande. *Sus palabras demuestran una ignorancia supina. Lo escuchan con cara de supino aburrimiento.* ● m. **2.** *Gram.* En determinadas lenguas: Forma no personal del verbo de función sustantiva. *En latín, el supino tiene dos formas: una activa y otra pasiva.*

suplantación. f. Hecho de suplantar. *Usó el carné de un amigo y lo detuvieron por suplantación de personalidad. La película narra la suplantación de un rico heredero por su asesino.*

suplantador, ra. adj. Que suplanta. Dicho de pers., tb. m. y f. *La policía ha desenmascarado al suplantador.* ▶ IMPOSTOR.

suplantar. tr. Ocupar alguien el lugar o el puesto (de otra persona), gralm. con procedimientos reprobables o ilícitos. *Ha intentado suplantar al titular de la tarjeta de crédito, pero lo han pillado. Suele suplantar a su gemelo en los exámenes.*

suplementario, ria. adj. Que sirve como suplemento. *Para terminar el proyecto a tiempo tendréis que hacer un esfuerzo suplementario. En la declaración de la renta se harán constar los ingresos suplementarios.* ▶ SUPLETORIO.

suplemento. m. **1.** Cosa que se añade a otra para hacerla más grande, completa o perfecta. *El médico ha dicho que necesita un suplemento de calcio en su dieta. A su salario hay que sumar un suplemento del 15% por las guardias nocturnas.* **2.** En un periódico o revista: Hoja o cuaderno independientes del número ordinario, con secciones y contenidos propios. *La noticia aparece en el suplemento de cultura. El diario publica un suplemento dominical.* **3.** *Gram.* Complemento de régimen. *El verbo "carecer" lleva suplemento introducido por "de".*

suplencia. f. Hecho de suplir o sustituir. *El vigilante está enfermo y yo estoy haciendo la suplencia. El entrenador ha dicho que no sabe quién hará la suplencia del lesionado.* Tb. el tiempo que dura. *Lo conocí durante una suplencia que hice en su empresa.*

suplente. adj. Dicho de persona: Que suple o sustituye a otra. *Es el portero suplente del equipo nacional.* Tb. m. y f. *La profesora está enferma y nos ha dado clase un suplente.*

supletorio, ria. adj. **1.** Dicho de cosa: Que suple o sirve para suplir. *Compensa la brillantez que le falta con grandes dosis supletorias de trabajo y esfuerzo. Legislación supletoria.* **2.** Suplementario. *Las traducciones son para él solo una fuente de ingresos supletoria. Hay teléfono supletorio en todas las habitaciones. Cama supletoria.* Dicho de teléfono, tb. m. *Cuando hablaba contigo, él lo escuchaba todo por el supletorio.*

súplica. f. Hecho o efecto de suplicar. *La súplica no te va a servir de nada delante del juez. Estoy cansado de oír tus súplicas.* ▶ *RUEGO.

suplicante. adj. Que suplica. *Se ha presentado en casa cabizbaja y suplicante para que la perdone.*

suplicar. tr. Rogar o pedir (algo) a alguien con humildad y tratando de provocar su compasión. *Me ha suplicado que la ayude. Las víctimas se acercan al coche suplicando agua y comida.* ▶ *ROGAR.

suplicatorio, ria. adj. **1.** Que manifiesta o implica súplica. *El condenado mira a su ejecutor con ojos suplicatorios.* ● m. **2.** *Der.* Solicitud que un juez o tribunal hace a un cuerpo legislativo, pidiendo permiso para proceder contra algún miembro de dicho cuerpo. *El Tribunal Supremo ha solicitado al Congreso un suplicatorio* CONTRA *el diputado.*

suplicio. m. **1.** Muerte o daño corporal grave que se causan a alguien como castigo. *La Inquisición sometía a los condenados a terribles suplicios.* **2.** Dolor físico o moral intenso. *Para el animal es un suplicio estar metido en esta jaula.* Frec. con intención enfática. *Estudiar en verano es un suplicio. ¡Qué suplicio!, otra vez me toca limpieza.*

suplir. tr. **1.** Reemplazar o sustituir (una cosa o a una persona) con otra. *Como no hemos traído mantel, lo supliremos* CON *unos papeles de periódico.* **2.** Reemplazar o sustituir una persona o cosa (a otra). *En este rascacielos, el cristal suple los muros de hormigón. Un compañero me suplirá durante las vacaciones.* **3.** Remediar (la carencia de algo o un defecto). *Suple su falta de experiencia* CON *simpatía.*

suponer. (conjug. PONER). tr. **1.** Considerar una persona (algo) como real o verdadero a partir de los indicios que tiene. *Lo vi parado en la calle y supuse que estaba esperando un taxi.* **2.** Imaginar que (algo que no existe) es real o considerar(lo) como si fuera real. *Supón que tu mejor amigo te traiciona, ¿qué harías? Supongamos que un tren viaja a 100 km/h; ¿cuánto tarda en recorrer 60 km?* **3.** Implicar una cosa (otra), o tener(la) como consecuencia. *El uso de alta tecnología supone un gran ahorro de tiempo.* ▶ **1:** CONJETURAR. **3:** *IMPLICAR.

suposición. f. Hecho o efecto de suponer. *No lo has visto con tus propios ojos y lo que cuentas son solo suposiciones.* ▶ CONJETURA.

supositorio. m. Porción de medicamento en forma cilíndrica u ovoide, que se introduce por el recto. *El médico le recetó unos supositorios de glicerina para el estreñimiento.*

supra-. pref. Significa 'situación o condición superior'. *Supralaríngeo, supraestatal, supraestructura.*

supranacional. adj. Que está por encima del ámbito nacional y es independiente de él. *La ONU es un organismo supranacional.*

suprarrenal. adj. *Anat.* Situado encima de los riñones. *La médula de las cápsulas suprarrenales segrega adrenalina.*

supremacía. f. Superioridad o posición de autoridad o dominio. *Las grandes potencias poseen la supremacía económica y militar. Durante siglos, la raza blanca ha ejercido su supremacía* SOBRE *la negra.* ▶ HEGEMONÍA.

supremo, ma. adj. **1.** Sumo, o superior a todos los demás de su clase. *Considera la sinceridad como la cualidad suprema que puede tener una persona. En Egipto, el Sol era la divinidad suprema. Un cuadro de suprema belleza. El jefe supremo de las Fuerzas Armadas.* **2.** Dicho de momento o instante: Decisivo. *La muerte del toro es el momento supremo de la lidia.* ● m. **3.** (En mayúsc.). Tribunal Supremo (→ **tribunal**). *Su última opción es presentar un recurso ante el Supremo.*

supresión. f. Hecho o efecto de suprimir. *La supresión del suministro ha dejado sin agua a cientos de familias.*

supresor, ra. adj. Que suprime o sirve para suprimir. *La medicación no es supresora del síndrome de abstinencia, sino un mero sedante.* Dicho de sustancia o medicamento, tb. m. *Le recetaron un supresor del apetito.*

suprimir. tr. Hacer que (algo) desaparezca o deje de existir. *Han suprimido de la programación mi serie favorita. Suprima la última cláusula del contrato.* ▶ *QUITAR.

supuesto, ta. part. **1.** → **suponer.** ● adj. **2.** Considerado real o verdadero sin la seguridad de que lo sea. *El supuesto conde ha resultado ser un impostor. No hay pruebas de la supuesta conspiración.* ● m. **3.** Suposición o hipótesis. *El comprador parte del supuesto de que lo más caro es lo mejor.* ■ **por supuesto.** loc. adv. Ciertamente o sin duda. Se usa para afirmar o confirmar algo enfáticamente. *Por supuesto que vendré a la fiesta. –¿Quieres un bombón? –¡Por supuesto!* ■ **~ que.** loc. conjunt. Puesto que o dado que. *Supuesto que el tema tiene su importancia, consultemos con un especialista.* ▶ **2:** PRESUNTO.

supuración. f. Hecho o efecto de supurar. *El médico examina la herida para ver si hay supuración.*

supurar. intr. Formar y echar pus. *La cicatriz se ha hinchado y supura.*

sur. m. **1.** (En mayúsc.). Punto cardinal situado a la espalda de un observador a cuya derecha está el Este (Símb. *S*). *La nave puso rumbo al Sur.* **2.** En un lugar: Parte que está hacia el Sur (→ 1). *Andalucía está en el sur de España.* Frec. en aposición. *El ala sur del edificio.* **3.** Viento que sopla del Sur (→ 1). *Si sopla el sur, subirán las temperaturas.* ▶ **1:** MEDIODÍA. || **Am: 1, 2:** SUD.

sur-. elem. compos. Significa 'sur'. *Surafricano, suroriental, surpirenaico.*

sura. f. Capítulo del Corán. *El Corán, libro sagrado de los musulmanes, se divide en 114 suras de extensión variable.*

suramericano, na. adj. Sudamericano. *Países suramericanos. Escritor suramericano.* Dicho de pers., tb. m. y f. *Hay muchos suramericanos afincados en España.*

surcar. tr. **1.** Hacer surcos (en algo, espec. en la tierra al ararla). *El arado surca la tierra. Un riachuelo surca el valle.* **2.** cult. Ir o avanzar (a través de un fluido) cortándo(lo) o atravesándo(lo). *Un cometa surca el firmamento. La motora surca la bahía dejando a su paso una estela blanca.*

surco. m. **1.** Hendidura alargada que se hace en la tierra con el arado o la azada. *Se hacen surcos paralelos y después se echa la semilla.* **2.** Hendidura alargada que deja una cosa al pasar sobre otra más blanda. *Al cortar el queso, el cuchillo deja un surco en la tabla.* **3.** Arruga profunda en la piel, espec. en el rostro. *Cuando se enfada, se le marca un surco en la frente.* **4.** Hendidura espiral de un disco de vinilo, por la que se desliza la aguja del tocadiscos. *Los surcos estropeados del disco hacen que salte la aguja.*

surcoreano, na. adj. De Corea del Sur. *Capital surcoreana.* Dicho de pers., tb. m. y f. *Los surcoreanos que he conocido son de Seúl.*

sureño, ña. adj. Del sur o situado en el sur. *La saga relata la vida de una familia sureña estadounidense. Ciudad sureña.* Dicho de pers., tb. m. y f. *Los sureños emigraban a las prósperas ciudades del norte.* ▶ AUSTRAL, MERIDIONAL.

sureste. (Referido a punto del horizonte, se usa en mayúsc. Símb. *SE*). m. Sudeste. *La veleta apunta al Sureste. Madagascar está al sureste de África. Ha ardido el ala sureste del palacio. Hoy sopla el sureste.*

surf. m. Deporte que consiste en desplazarse sobre la cresta de las olas manteniendo el equilibrio encima de una tabla. *Hoy hay buenas olas para practicar el surf. Una tabla de surf.*

surfista. m. y f. Persona que practica el surf. *Los surfistas se adentran en el mar con su tabla bajo el brazo.*

surgimiento. m. Hecho o efecto de surgir. *Aquella exposición anunciaba el surgimiento de un nuevo movimiento artístico.*

surgir. intr. **1.** Aparecer o manifestarse una cosa de forma inesperada. *Si me surge alguna duda, te llamaré. El amor surgió entre ellos.* **2.** Brotar o salir de un lugar agua u otro líquido. *Las termas solían construirse en lugares donde el agua surgía ya caliente del suelo.* ▶ **1:** *NACER. **2:** *MANAR.

suroeste. (Referido a punto del horizonte, se usa en mayúsc. Símb. *SO*). m. Sudoeste. *Según la brújula, nos dirigimos al Suroeste. El suroeste de Francia linda con España. Los soldados avanzan en el frente suroeste. Sopla el suroeste.*

surrealismo. m. Movimiento artístico y literario surgido en Francia en la década de 1920, cuyo objetivo es expresar lo producido por la irracionalidad y el subconsciente. *El surrealismo defiende el automatismo y la ausencia de control racional en el proceso creativo. Dalí y Miró son los máximos exponentes del surrealismo pictórico español.* ▶ SUPERREALISMO.

surrealista. adj. **1.** Del surrealismo. *En 1924 André Breton escribe el primer manifiesto surrealista.* **2.** Partidario o cultivador del surrealismo. *Pintor surrealista.* Tb. m. y f. *Los surrealistas, influidos por Freud, reflejan en sus obras el mundo de los sueños.* ▶ SUPERREALISTA.

surtido, da. part. **1.** → **surtir.** ● adj. **2.** Variado. Gralm. pospuesto a un n. en pl. *Una bandeja de pasteles surtidos.* ● m. **3.** Conjunto de cosas surtidas (→ 2). *He comprado un surtido de quesos para la cena.*

surtidor. m. **1.** Bomba que sirve para extraer de un depósito subterráneo gasolina u otro combustible para automóviles. *Aparca el camión junto al surtidor de gasoil.* **2.** Chorro de líquido, espec. agua, que brota hacia arriba. *En el centro del estanque hay un gran surtidor.*

surtir. tr. Proveer (a alguien o a algo) de una cosa. *Este fabricante surte a varias empresas. El pantano surte a todos los pueblos del contorno.* ▶ *PROVEER.

susceptibilidad. f. Cualidad de susceptible. *Mide sus palabras para no herir la susceptibilidad de nadie.*

susceptible. adj. **1.** Dicho de persona: Que se ofende con facilidad. *No seas tan susceptible, que yo no me refería a ti.* **2.** Seguido de un complemento introducido por *de:* Que puede recibir la acción o el efecto que se expresan. *Es un plan provisional y, por tanto, susceptible de mejora.* ▶ **1:** QUISQUILLOSO, SUSPICAZ.

suscitar. tr. Provocar (algo), o ser causa o motivo (de ello). *El proyecto del nuevo túnel ha suscitado una gran polémica.*

suscribir. (Tb. **subscribir**; part. **suscrito** o, Am., **suscripto**). tr. **1.** Poner (a alguien) en el compromiso de comprar una publicación periódica. *Nos ha suscrito* A *una revista de actualidad. En vez de comprar todos los días el periódico, subscríbete.* **2.** Hacer que (alguien) pague una cantidad de dinero periódica para una obra o asociación. *Ha suscrito a toda su familia* A *una asociación benéfica. Se va a subscribir* A *una ONG.* **3.** Firmar al pie (de un escrito). *Los dos partidos han suscrito el pacto. Varios artistas subscribirán el manifiesto contra la xenofobia.* **4.** Estar de acuerdo (con lo dicho por otra persona). *El presidente ha dicho que suscribe las declaraciones del ministro.*

suscripción. (Tb. **subscripción**). f. Hecho de suscribir o suscribirse, espec. a una publicación o a una asociación. *La suscripción* A *nuestra revista le permitirá tener grandes descuentos.*

suscriptor, ra. (Tb. **subscriptor**). m. y f. Persona que suscribe o se suscribe, espec. la suscrita a una publicación. *Nuestra revista ya cuenta con más de mil suscriptores. Los subscriptores del convenio colectivo se reunirán para la firma.*

susodicho, cha. adj. Dicho o mencionado con anterioridad. *Se ha presentado "Viaje a la Luna" en Barcelona; el susodicho film ha tardado un año en rodarse.* Dicho de pers., tb. m. y f. *Comunicaron a la familia de Luis Ramírez que el susodicho se había fugado.*

suspender. tr. **1.** Colgar (algo o a alguien), o mantener(los) en el aire sujetándo(los) por un punto. *Suspendieron el columpio de una rama del árbol. Una gran piñata oscila suspendida de una fina cuerda.* **2.** Detener o interrumpir (una acción) por un tiempo. *El país suspenderá las negociaciones hasta que se cumplan sus exigencias.* **3.** Negar (a un alumno) la calificación de aprobado en un examen o en una asignatura. *El profesor ha suspendido a Diego. Me han suspendido* EN *Matemáticas.* **4.** Obtener una calificación inferior al aprobado (en un examen o en una asignatura). *Ha suspendido el examen de Física. Suspendió Literatura en septiembre.* **5.** Privar temporalmente (a alguien) del empleo o el sueldo que tiene. *Te van a suspender* DE *empleo y sueldo.* ▶ **Am: 3:** APLAZAR, REPROBAR.

suspense. m. Expectación impaciente o ansiosa ante el desarrollo de una acción o suceso, espec. en una película, obra teatral o relato. *La película mantiene el suspense hasta el final. Continúa el suspense en torno al secuestro.*

suspensión. f. **1.** Hecho de suspender. *El ataque de anoche supone la suspensión de las negociaciones de paz. Amenazaron al funcionario con la suspensión de empleo y sueldo. El péndulo del Museo de Ciencias tiene su punto de suspensión en el techo del edificio.* **2.** En un vehículo: Conjunto de piezas y mecanismos que sirven para hacer más elástico el apoyo de la carrocería sobre los ejes de las ruedas. *La suspensión da estabilidad al automóvil en las curvas.* **3.** *Quím.* Mezcla formada por partículas dispersas en un fluido. *El insecticida en aerosol es una suspensión de un líquido en un gas.* ■ **~ de pagos.** f. *Com.* Situación en que se coloca ante el juez el empresario o la empresa que, aunque tiene un activo superior al pasivo, no puede temporalmente afrontar el pago de sus deudas y obligaciones. *El juzgado ha declarado en suspensión de pagos a la empresa.* □ **en ~.** loc. adv. *Quím.* Formando suspensión (→ 3) en el seno de un fluido. *Las partículas de carbono están en suspensión en el humo.* Tb. loc. adj. *El polen en suspensión molestará estos días a los alérgicos.*

suspensivo, va. adj. Que sirve para suspender algo por un tiempo. Frec. en derecho. *El recurso interpuesto ante el tribunal no tendrá efecto suspensivo del acto impugnado.*

suspenso, sa. adj. **1.** Que está suspendido. *Las negociaciones siguen suspensas. Sentía la amenaza de una espada suspensa sobre su cabeza. Habrá un examen de recuperación para los alumnos suspensos.* Dicho de persona suspendida en un examen, tb. m. y f. *Todos los suspensos vendrán a hablar conmigo después de la clase.* **2.** Dicho de persona: Parada y perpleja o asombrada. Frec. con *dejar* o *quedar. Le dio un bofetón y todos nos quedamos suspensos esperando su reacción.* ● m. **3.** Calificación que indica que se ha suspendido un examen o una asignatura. *Con tantos suspensos no podrás pasar de curso.* Tb. fig. *Merece un suspenso como padre.* ■ **en suspenso.** loc. adv. Sin cumplir o sin resolver. Frec. con *dejar* o *quedar. El juez dejó en suspenso la ejecución de la pena. Las negociaciones han quedado en suspenso.* ▶ **Am: 1:** APLAZADO.

suspensorio, ria. adj. **1.** *Anat.* y *Med.* Que sirve para suspender o mantener algo en alto. *Ligamento suspensorio. Aparato suspensorio.* ● m. **2.** Vendaje para sostener o proteger un miembro, espec. los genitales masculinos *El jugador de béisbol lleva un suspensorio.*

suspicacia. f. Cualidad de suspicaz. *Su suspicacia le hace pensar que los vecinos la espían.*

suspicaz. adj. Propenso a sospechar que las palabras o acciones de los demás llevan mala intención. *No seas tan suspicaz, porque lo que ha dicho no iba contra ti.* ▶ *SUSCEPTIBLE.

suspirar. intr. **1.** Dar suspiros. *Suspiró aliviado y dijo: "Bueno, ya pasó el peligro".* **2.** Seguido de un complemento introducido por *por:* Desear intensamente lo designado por él. *Hace meses que el niño suspira* POR *una bici de montaña.*

suspiro. m. **1.** Aspiración profunda de aire que va seguida de una fuerte espiración y acompañada a veces de un gemido, y que puede expresar pena, angustia, cansancio o alivio. *La viuda dejó escapar un suspiro. Se dejó caer en el sofá y soltó un suspiro de alivio: "¡Ay, por fin es viernes!".* **2.** coloq. Espacio de tiempo muy breve. *Preparó la comida en un suspiro. Las vacaciones han pasado en un suspiro.* ■ **último ~.** m. (Frec. con art.). **1.** cult. Espiración que se da al morir. *Cuando exhaló el último suspiro, yo estaba a su lado.* **2.** Último momento o parte final. *Marcó el único gol en el último suspiro.*

sustancia. (Tb. **substancia**). f. **1.** Materia caracterizada por un conjunto específico y estable de propiedades. *La gelatina es una substancia viscosa. Había consumido opio y otras sustancias alucinógenas.* **2.** Parte esencial o más importante de algo. *La crónica del periódico recoge la sustancia de los acuerdos alcanzados.* **3.** Valor o importancia de algo con relación a su contenido. Frec. en constr. negativas. *Hizo un discurso bonito, aunque sin demasiada sustancia.* **4.** Jugo nutritivo extraído de un alimento. *Deja hervir el hueso para que suelte toda la sustancia.* **5.** Valor nutritivo de un alimento. *La fabada es un plato de mucha sustancia.* **6.** Juicio o sensatez. *Es una mujer divertida, pero de poca sustancia.* **7.** *Fil.* Realidad que existe por sí misma. *Para Spinoza, Dios es la única substancia.* ■ **~ gris.** f. *Anat.* Sustancia (→ 1) compuesta pralm. de células nerviosas, que constituye la corteza cerebral y el eje de la médula espinal. *La sustancia gris suele asociarse con la inteligencia.* □ **en ~.** loc. adv. En suma o en resumen. *Lo dicho en la reunión fue, en sustancia, que hay que reducir costes.*

sustancial. (Tb. **substancial**). adj. **1.** De la sustancia. *Se propone una reforma sustancial de la ley. Los electrodomésticos supusieron una mejora substancial de la calidad de vida. Para algunas religiones existe una unión sustancial entre el cuerpo y el alma.* **2.** Esencial o más importante. *El argumento sustancial de la acusación es que el procesado desatendió al herido. En lo substancial estamos de acuerdo.*

sustanciar. (Tb. **substanciar;** conjug. ANUNCIAR). tr. *Der.* Conducir (un asunto o un juicio) por el procedimiento judicial adecuado hasta poner(los) en estado de sentencia. *Mientras no se sustancie el proceso judicial, no sabremos quién fue el culpable.*

sustancioso, sa. (Tb. **substancioso**). adj. **1.** Que tiene sustancia o valor con relación a su contenido. *Invirtiendo en acciones se pueden obtener ganancias sustanciosas. El artículo tiene párrafos muy substanciosos.* **2.** Que tiene sustancia o valor nutritivo. *El cocido es un plato muy sustancioso.*

sustantivación. (Tb. **substantivación**). f. *Gram.* Hecho de sustantivar. *En "me gusta más el de ayer" se ha producido una sustantivación.*

sustantivar. (Tb. **substantivar**). tr. *Gram.* Dar (a una palabra o a un grupo de palabras) el valor de sustantivo. *El artículo "lo" sustantiva al adjetivo "mejor" en "lo mejor es eso".*

sustantivo, va. (Tb. **substantivo**). adj. **1.** Esencial o fundamental. *Con la incorporación de la mujer al trabajo se produce un cambio sustantivo en la sociedad. Las experiencias del autor influyen en la obra de manera substantiva.* **2.** *Gram.* Dicho de palabra o de grupo de palabras: Que tiene función propia de sustantivo (→ 3). *Oración sustantiva. Locución substantiva.* ● m. **3.** *Gram.* Nombre (palabra que puede funcionar como sujeto). *"Libro" y "amistad" son sustantivos.* ▶ **3:** NOMBRE.

sustentación. f. Hecho o efecto de sustentar o sustentarse. *Se necesitaron vigas metálicas para la sustentación del tejado. En ese trabajo no gana suficiente para su sustentación.*

sustentador, ra. adj. Que sustenta o sirve para sustentar. *Los muros y los pilares cumplen una función sustentadora. El científico buscaba datos sustentadores de su teoría.* Dicho de pers., tb. m. y f. *Con sus donativos se ha convertido en el principal sustentador de la fundación.*

sustentar. tr. **1.** Sostener o mantener (algo o a alguien) para que no se caigan o se muevan. *Una doble columna sustenta el arco de medio punto.* Tb. fig. *El voto de la mayoría sustenta este gobierno.* Tb. en constr. prnl. media. *La figura se sustenta gracias a los cables que la unen al suelo.* **2.** Proveer (a alguien) del alimento y los cuidados necesarios para vivir, o suministrárselos. *El ave sustenta a sus polluelos.* Tb. en constr. prnl. media. *Está a régimen y se sustenta a base de ensaladas.* **3.** Sostener o defender (una idea u opinión). *Las ideas que sustenta tu partido son contrarias a las del mío.* **4.** Conservar o hacer que se conserve (algo) en determinado estado, impidiendo que cambie o desaparezca. *El trabajo del equipo de voluntarios sustenta el proyecto.*

sustento. m. **1.** Alimento necesario para vivir. *Desde hace miles de años, el hombre cultiva la tierra para obtener su sustento.* Tb. el hecho de proveerlo. *El ser humano depende de las plantas para su sustento.* **2.** Cosa que sirve para sustentar o sostener otra, evitando que se caiga o se mueva. *El único sustento del busto es una pequeña base de madera.* ▶ **1:** PAN.

sustitución. (Tb. **substitución**). f. Hecho de sustituir. *No estoy de acuerdo con la sustitución de Antonio* POR *Juan. Apagué el interruptor para hacer la sustitución de las baterías gastadas* POR *otras nuevas. La substitución de los vehículos antiguos comienza el mes próximo.*

sustituir. (Tb. **substituir;** conjug. CONSTRUIR). tr. Poner una cosa o a una persona en el lugar (de otra). *Han sustituido al conserje* POR *un guarda jurado. Sustituiré este bolso* POR *otro nuevo.*

sustitutivo, va. (Tb. **substitutivo**). adj. Dicho de cosa: Que sirve para sustituir a otra. *Investigan con sustancias sustitutivas* DE *la nicotina.* Tb. m. *La industria buscaba un sustitutivo ecológico* DE *la pasta de papel.* ▶ SUSTITUTORIO.

sustituto, ta. (Tb. **substituto**). m. y f. Persona que sustituye a otra. *Mañana nos dará clase el sustituto* DE *la profesora. El técnico está enfermo, y aún no ha llegado su sustituto.*

sustitutorio, ria. adj. Sustitutivo. *Los objetores de conciencia hacían la prestación social sustitutoria en lugar del servicio militar.*

susto. m. Impresión repentina de miedo. *¡Ay, qué susto me has dado!, no sabía que estabas ahí.* Tb. fig. *Cuando llegue la factura te vas a llevar un buen susto.* ■ **no ganar para ~s.** loc. v. coloq. Sufrir continuos sustos o sobresaltos. *No gano para sustos: primero se sale el agua de la lavadora y luego se me quema la comida.*

sustracción. (Tb. **substracción**). f. **1.** Hecho de sustraer. *La sustracción de los documentos tuvo lugar durante la noche.* **2.** *Mat.* Resta. *Para hacer una sustracción de fracciones, estas tienen que tener un denominador común.*

sustraendo. (Tb. **substraendo**). m. *Mat.* En una sustracción o resta: Cantidad que se resta. *En la resta 15 – 9 = 6, el sustraendo es 9.*

sustraer. (Tb. **substraer;** conjug. TRAER). tr. **1.** Robar fraudulentamente o sin violencia (algo). *Sustrajo varios objetos del interior del vehículo.* **2.** Apartar (a alguien) de algo, o hacer que lo evite. *Nada la sustraía* DE *su obsesión. No podemos substraernos* AL *influjo de la moda.*

sustrato. (Tb. **substrato**). m. **1.** Base profunda de algo, cuya influencia es perceptible en un estado posterior. *Para comprender la obra de Galdós estudiaremos primero su sustrato histórico. Las civilizaciones griega y romana forman el sustrato cultural de la Europa mediterránea.* **2.** *Geol.* Respecto de un terreno: Otro que está situado debajo. *El agua de lluvia pasa a través del suelo y de las rocas del sustrato.* **3.** *Ling.* Lengua extinguida de un área geográfica debido a la implantación de otra, pero que deja alguna influencia sobre esta. *El celta fue uno de los sustratos del latín en la Península Ibérica.* Tb. dicha influencia. *El vocabulario español se enriqueció con el sustrato amerindio.* **4.** *Biol.* Materia que sirve de asiento a una planta o a un animal. *Hay pinares que crecen sobre sustratos arenosos cerca de la costa. Los braquiópodos viven fijos al sustrato marino por medio de un pedúnculo.*

susurrante. adj. Que susurra. *El que estaba a mi lado me pidió con voz susurrante que guardara silencio. El agua cristalina y susurrante del arroyo.*

susurrar. intr. **1.** Hablar en voz baja. *Dos compañeros susurraban en la última fila.* **2.** Producir algo, espec. el aire o un arroyo un ruido suave y monótono. *El viento susurra entre las ramas de los chopos.* ○ tr. **3.** Decir (algo) susurrando (→ 1). *Me susurró: "Buena suerte".*

susurro. m. Hecho o efecto de susurrar. *El susurro del público se mezclaba con la música de fondo. En un susurro dijo: "Gracias". Solo se oía el susurro del arroyo.*

sutil. adj. **1.** Dicho de cosa: Muy delgado o de muy poco espesor. *El sutil hilo de la telaraña.* **2.** Dicho de cosa: Tenue o de poca intensidad. *Es un vino blanco ligero, de sutil aroma y escasa acidez. Han introducido cambios sutiles pero importantes.* **3.** Dicho de persona o cosa: Perspicaz o aguda. *El crítico ha hecho un análisis muy sutil de la obra. Es un humorista sutil.*

sutileza. f. **1.** Cualidad de sutil. *El tejido, por su sutileza, requiere un trato cuidadoso. Admiro la sutileza de sus razonamientos.* **2.** Dicho sutil o perspicaz. *El lenguaje de la escritora está lleno de sutilezas.* Frec. despect. *No me marees con tus sutilezas y dame una respuesta clara.*

sutilidad. f. cult. Sutileza. *Es llamativa la sutilidad con que el autor describe los diferentes estados de ánimo. Con sutilidades retóricas no podrá justificar un fracaso tan estrepitoso.*

sutura. f. **1.** *Med.* Unión de los bordes de una herida con hilo, grapas u otro material quirúrgico. *La enfermera prepara el instrumental para la sutura de la brecha. Le dieron diez puntos de sutura en la frente.* **2.** *Anat.* Articulación con escaso tejido conjuntivo y con superficies en contacto casi directo y carentes de movilidad, espec. la que forma una línea sinuosa en algunos huesos del cráneo. *Los huesos frontales están unidos entre sí por una sutura.*

suturar. tr. *Med.* Unir los bordes (de una herida) mediante sutura. *Durante el parto ha sufrido un desgarro y el cirujano se lo ha suturado.*

suyo, ya. (Antepuesto al n., apóc. *su*, pl. *sus*). adj. **1.** De la persona o cosa de las que se habla, o de las personas o cosas de las que se habla. Si va pospuesto al n., puede ir precedido de art., dem. o indef. *Su pedantería es insoportable. Eran unos edificios históricos y su demolición originó protestas. Los manifestantes eran seguidores suyos. No he leído ningún libro suyo.* Tb. sustantivado. *Cuando salía con una ocurrencia de las suyas nos moríamos de risa.* **2.** De la persona o personas a quienes se da tratamiento de usted. *Nos dijo usted que su mujer era inglesa, ¿no?* Tb. sustantivado. *¿Qué cree usted, que la suya es la única moto que hay en el taller?* ■ **de suyo.** loc. adv. cult. Por naturaleza. *Es de suyo colérico.* ■ **hacer** alguien **de las suyas.** → **hacer.** ■ **la suya.** loc. s. coloq. Respecto de la persona de que se habla: Ocasión favorable. Frec. con el v. *ser. Esta es la suya, no deje escapar la ocasión.* ■ **los suyos.** loc. s. Los familiares o personas vinculadas a un grupo del que forma parte la persona de la que se habla. *Los obreros siempre lo consideraron uno de los suyos.* ■ **lo suyo.** loc. s. Mucho. *Sabe lo suyo de matemáticas.* ■ **salirse** alguien **con la suya.** → **salir.** ■ **tener** algo o alguien **lo suyo.** loc. v. Tener características que lo hacen meritorio o difícil. *Aprender ruso tiene lo suyo. Ese individuo tiene lo suyo* PARA *convivir con él.*

swahili. (pal. ingl.; pronunc. "suajíli"). m. Lengua bantú hablada en varios países de África oriental. *El* swahili *es la lengua oficial de Tanzania.* ¶ [Adaptación recomendada: suajili].

t

t. f. Letra del abecedario español cuyo nombre es *te*.

taba. f. **1.** Hueso del tarso que está articulado con la tibia y el peroné. *Me he encontrado una taba de cordero en el asado.* **2.** Juego en que se tiran al aire una o varias tabas (→ 1) de animales, y en el que se gana o se pierde según la posición en la que caigan estas. *Se jugaban los cromos a la taba.* Tb. en pl. con significado sing. *Los muchachos jugaban a las tabas en el recreo.* ▶ **1:** ASTRÁGALO.

tabacalero, ra. adj. **1.** Del tabaco, o de su cultivo, fabricación o venta. *La industria tabacalera.* Dicho de fábrica o empresa, tb. f. *La tabacalera fue durante mucho tiempo un monopolio.* ● m. y f. **2.** Tabaquero (persona). ▶ **2:** TABAQUERO.

tabaco. m. **1.** Planta americana de olor fuerte, flores gralm. rojas y amarillas, cuyas hojas contienen nicotina. *En Cuba abundan las plantaciones de tabaco.* **2.** Producto elaborado con las hojas curadas del tabaco (→ 1) y que se fuma o se mastica. *Fumo tabaco en pipa. Ve al estanco y cómprame un paquete de tabaco.* **3.** Color marrón como el de las hojas curadas del tabaco (→ 1). Frec en aposición. *Una falda color tabaco.* ■ ~ **negro.** m. Tabaco (→ 2) de color oscuro y de sabor y olor fuertes. *El tabaco negro es más barato que el rubio.* ■ ~ **rubio.** m. Tabaco (→ 2) de color cobrizo y de sabor y olor suaves. *Fuma tabaco rubio de importación.*

tábano. m. Insecto parecido a la mosca pero de mayor tamaño, cuya hembra produce dolorosas picaduras. *La mula espantaba los tábanos con la cola.*

tabaquero, ra. adj. **1.** Del tabaco. *Una empresa tabaquera.* ● m. y f. **2.** Persona que se dedica al cultivo, elaboración o comercio del tabaco. *Se necesitan tabaqueros para trabajar en la plantación.* ○ f. **3.** Recipiente para guardar o llevar tabaco. *Abrió la tabaquera que tenía sobre su escritorio y me ofreció un puro.* ▶ **2:** TABACALERO.

tabaquismo. m. Intoxicación producida por el abuso de tabaco. Tb. ese abuso. *El tabaquismo produce enfermedades cardiovasculares.*

tabardo. m. Prenda de abrigo amplia, de paño grueso y semejante a un chaquetón, propia de los soldados y de la gente del campo. *El centinela lleva puesto un grueso tabardo.*

tabarra. f. coloq. Cosa que molesta por su pesadez o insistencia. *¡Menuda tabarra es ese ruido de la feria! ¡Otra vez me ha venido con la tabarra de que le compre una moto!* ■ **dar la ~.** loc. v. coloq. Molestar haciendo o diciendo algo que resulta pesado o demasiado insistente. *¡Niño, deja ya de dar la tabarra con la pandereta!*

tabasco. (Marca reg.). m. Salsa roja muy picante, hecha con una variedad de pimiento parecida a la guindilla. *El tabasco es una salsa mexicana.*

taberna. f. Establecimiento público de carácter popular en que se sirven bebidas y, a veces, comidas. *Toman el aperitivo en la taberna de la esquina.* ▶ TASCA.

tabernáculo. m. **1.** cult. Sagrario. *El sacerdote se arrodilla ante el tabernáculo del altar mayor.* **2.** histór. Tienda donde habitaban los antiguos hebreos. Frec., en mayúsc., designa la que contenía el arca de la Alianza. *Moisés colocó el altar de los holocaustos a la puerta del Tabernáculo.*

tabernario, ria. adj. Propio de la taberna o de las personas que la frecuentan. Frec. despect. para calificar el carácter grosero o vulgar de algo. *Lenguaje tabernario y soez.*

tabernero, ra. m. y f. Persona que atiende una taberna. *Pidieron otra ronda al tabernero.*

tabicar. tr. Cerrar (algo) con un tabique. *Los albañiles tabicarán la entrada de atrás.*

tabique. m. **1.** Pared delgada que sirve para separar habitaciones o espacios. *Han tirado el tabique entre los dos baños para hacer solo uno más amplio.* **2.** División plana y delgada que separa dos espacios, espec. dos cavidades. *Tabique nasal.*

tabla. f. **1.** Pieza de madera plana y poco gruesa, de caras paralelas. *Las puertas del armario están hechas con tablas de roble.* **2.** Pieza plana, ancha y poco gruesa de un material rígido. *Una tabla de mármol.* **3.** Utensilio constituido básicamente por una tabla (→ 1, 2). *Antes se lavaba la ropa en el río con una tabla de lavar. Usa la tabla de cocina para picar el ajo y el perejil. Cogieron sus tablas y se fueron a hacer surf. La tabla de planchar.* **4.** Surtido de alimentos del mismo tipo, frec. servidos en una tabla (→ 3). *Como entrante, pónganos una tabla de quesos y otra de ahumados.* **5.** Pliegue que se hace en una tela mediante dos dobleces paralelos y que deja entre ellos un trozo ancho y liso. *La falda del uniforme del colegio es de tablas.* **6.** Lista o cuadro de cosas dispuestas según un orden o relacionadas entre sí. *El equipo encabeza la tabla clasificatoria. Esta columna de la tabla indica las calorías de cada alimento. La tabla de multiplicar.* Tb. fig. *Todas las mañanas hace una tabla de gimnasia para adelgazar.* **7.** Índice de un libro. *El manual incluye una tabla de materias y otra de nombres propios.* **8.** En arte: Pintura hecha sobre una tabla (→ 1). *El museo expone varias tablas renacentistas.* ○ pl. **9.** En el ajedrez o en las damas: Situación en la que hay que dar por terminada la partida porque ninguno de los jugadores puede ganar. *La partida acabó en tablas.* Frec. fig. y en la constr. *hacer*, o *quedar* (*en*), *~s*. *De momento la negociación ha quedado en tablas.* **10.** Escenario de un teatro. *¿Cuánto hace que no subes a las tablas?* Tb. la actividad profesional correspondiente. *Dejó las tablas para dedicarse al cine.* **11.** Experiencia y soltura en actuaciones en público o en el desarrollo de una actividad. *Es una actriz con muchas tablas. Pasar por varias empresas le ha dado muchas tablas en su oficio.* **12.** *Taurom.* Valla que delimita el ruedo. *Tras la estocada, el toro busca las tablas para morir.* ■ ~ **de salvación.** f. Último recurso para salir de un apuro. *Eres mi tabla de salvación, no sé qué habría hecho sin tu ayuda.* ■ ~ **perió-**

dica. f. *Quím.* Sistema periódico. *En la tabla periódica se ordenan los elementos según su número atómico.* ■ **Tablas de la Ley.** f. pl. (Frec. con art.). *Rel.* Piedras en que se escribió el Decálogo de los mandamientos de la Ley de Dios. *Dios entregó a Moisés las Tablas de la Ley en el Sinaí.* □ **a raja ~.** → **rajatabla.** ■ **hacer ~ rasa** (de algo). loc. v. Prescindir o desentenderse (de ello). *Si cada curso haces tabla rasa* DE *lo estudiado, nunca aprenderás nada. Si no te gusta cómo queda, haz tabla rasa y empieza de nuevo.*

tablado. m. **1.** Suelo de tablas levantado sobre una armazón. *El alcalde subió al tablado para dar su discurso.* **2.** Suelo del escenario de un teatro. Tb. ese escenario. *Con dos palos y una manta improvisan un tablado para la función.*

tablao. m. Escenario dedicado a espectáculos de cante y baile flamencos. *La bailaora sube al tablao acompañada del guitarrista.* Tb. el establecimiento destinado a esos espectáculos. *El cantaor sevillano actúa en el tablao "Los Tarantos".*

tablazón. f. Conjunto de tablas que forman una construcción, espec. el de la cubierta o los costados de las embarcaciones. *La tablazón del barco crujía por la marejada.*

tablear. tr. Hacer tablas (en una tela o en una prenda). Frec. en part. *La falda tableada te hace más gorda.*

tablero. m. **1.** Tabla o conjunto de tablas unidas de modo que formen una superficie plana. *Dormir sobre un tablero es bueno para las lesiones de espalda.* **2.** Tabla o pieza ancha de un material rígido. *El tablero del mueble de la cocina es de mármol.* **3.** Superficie horizontal de una mesa. *El ordenador ha rayado el tablero del escritorio.* **4.** Superficie gralm. cuadrada, dibujada o dispuesta para jugar a determinados juegos de mesa, como el ajedrez y las damas. *El tablero de ajedrez tiene 64 casillas.* **5.** Pizarra (superficie). *La profesora corrige los problemas en el tablero.* **6.** Tablón de anuncios. *Mira en el tablero de secretaría a ver si han salido las listas de admitidos.* **7.** Superficie con los indicadores y mandos de control de un sistema o de una maquinaria. Tb. ~ *de mandos. En el tablero de mandos del coche se encendió el piloto de la gasolina.* ▶ **5:** *PIZARRA. **6:** TABLÓN.

tableta. f. **1.** Porción plana y rectangular de un alimento consistente, espec. de chocolate o de turrón. *Reparte la tableta de chocolate entre los niños.* **2.** Pastilla de medicamento, de forma plana. *Tomo unas vitaminas que vienen en tabletas.*

tabletear. intr. Producir un ruido parecido al de tablas que chocan entre sí repetidamente. *Las ametralladoras tabletean sin cesar.*

tableteo. m. Hecho o efecto de tabletear. *El tableteo del helicóptero es ensordecedor.*

tablilla. f. **1.** Tabla pequeña que contiene algún anuncio o información. *En la puerta del despacho hay una tablilla con su nombre.* **2.** histór. Tabla pequeña encerada que se usaba para escribir en ella, gralm. mediante un punzón. *Los arqueólogos encontraron tablillas sumerias de contenido legislativo.*

tabloide. m. Periódico de dimensiones menores que las habituales y con abundantes fotografías. *Un tabloide ha publicado las escandalosas fotos con grandes titulares.* Frec. en aposición para expresar esas dimensiones. *Revista de formato tabloide.*

tablón. m. **1.** Tabla ancha y gruesa. *Cruzaron el riachuelo por un tablón que lo atravesaba.* **2.** coloq. Borrachera (estado de la persona borracha). *¡Menudo tablón has cogido con tanta copita!* **3.** Panel en que se fijan avisos o noticias. Tb. ~ *de anuncios. Las fechas de los exámenes están en el tablón de anuncios.* ▶ **3:** TABLERO.

tabú. (pl. **tabúes** o **tabús**). m. **1.** Prohibición o reservas para decir o hacer algo, debidas a imposiciones religiosas o a prejuicios sociales. *En ambientes conservadores existe el tabú de hablar de sexo.* **2.** Persona o cosa sujetas a un tabú (→ 1). *En algunas religiones, el nombre de Dios es tabú.* Frec. en aposición. *Palabra tabú.*

tabulación. f. **1.** Hecho o efecto de tabular. *El programa permite hacer tabulaciones con los datos que introduces.* **2.** Hecho o efecto de fijar el comienzo de la escritura con el tabulador. *La tecla con dos flechas permite hacer tabulaciones en el texto.*

tabulador. m. Dispositivo de una máquina de escribir o de un ordenador, que permite fijar el comienzo de la escritura a diferentes distancias del margen. *Para alinear los datos en columnas, utiliza el tabulador.*

tabular¹. adj. *tecn.* Que tiene forma de tabla. *Los registros de la base de datos se presentarán en un listado tabular.*

tabular². tr. Expresar (datos) por medio de una tabla. *Los funcionarios tabularon los resultados de la encuesta.*

tábula rasa. (loc. lat.). f. cult. Mente humana en estado originario, sin cultivo ni estudios. *Uno no se enfrenta a un texto como una tábula rasa: lo valora en función de su formación y de sus gustos.* ■ **hacer ~** (de algo). loc. v. cult. Hacer tabla rasa (de ello). *Los conquistadores trataban de imponer su cultura, haciendo tábula rasa de las civilizaciones indígenas.*

taburete. m. Asiento sin respaldo y sin brazos, para una persona. *Yo me sentaré en el taburete de la cocina. Los taburetes de la barra de un bar.* ▶ BANQUETA.

tac¹. interj. Se usa para imitar determinados ruidos. Tb. m. Frec. repetido para imitar ruidos acompasados. *Estaba tan nervioso que casi oía el tac, tac, tac de su corazón.*

tac². (Tb. **TAC**). m. *Med.* Tomografía axial computarizada, o técnica radiológica que permite obtener una serie de imágenes de las secciones de un órgano o de un tejido. *El tac permite un estudio más profundo que el de las radiografías convencionales.* Tb. el conjunto de imágenes así obtenidas. *El médico dice que el TAC no refleja nada anormal.*

tacada. f. **1.** En el billar: Golpe dado con el taco a la bola. *Para hacer esta carambola se requiere una tacada alta.* **2.** En el billar: Serie de carambolas que se consiguen en un solo turno. *Ha hecho una tacada de veinte carambolas.* ■ **de una ~.** loc. adv. coloq. De una vez. *El muy glotón se comió diez pasteles de una tacada.*

tacañear. intr. Actuar con tacañería. *Aquí se come bien, pero tacañean un poco en las raciones. ¡Lo tuyo más que ahorrar es tacañear!*

tacañería. f. **1.** Cualidad de tacaño. *Se puede hacer un buen regalo sin pecar de generosidad o de tacañería.* **2.** Hecho propio de un tacaño. *Que se niegue a compartir el premio me parece una tacañería.* ▶ **1:** AVARICIA, CICATERÍA, MEZQUINDAD. **2:** CICATERÍA, MEZQUINDAD.

tacaño, ña. adj. Que escatima exageradamente en lo que gasta o en lo que da. *¡Hombre, no seas tan tacaño y échame un poco más de vino!* Tb. m. y f. *Vas* *lista si esperas que ese tacaño te preste el dinero.* ▶ AVARICIOSO, AVARIENTO, AVARO, CICATERO, MEZQUINO, MISERABLE, RUIN.

tacatá. m. Tacataca. *Dio sus primeros pasos en un tacatá.* ▶ *ANDADOR.

tacataca. m. Aparato con un asiento y ruedas en las patas, que sirve para que los niños aprendan a andar. *La niña se pasa el día recorriendo la casa con el tacataca.* ▶ *ANDADOR.

tacha. f. Falta o defecto que hacen imperfecta a una persona o a una cosa. *Es un ciudadano honrado y sin tacha.* ▶ *DEFECTO.

tachadura. f. **1.** Hecho de tachar algo escrito. *Por favor, eviten la tachadura de palabras; usen mejor la goma de borrar.* **2.** Tachón. *El profesor no corregirá exámenes con tachaduras o mala letra.*

tachar. tr. **1.** Anular (algo escrito) haciendo trazos encima. *Tachó el escrito con una gran X y lo hizo de nuevo.* **2.** Atribuir (a alguien o a algo) un defecto o una característica considerada negativa. *Lo tachan* DE *machista porque habla con desprecio de las mujeres.* ▶ **2:** *CALIFICAR.

tacho. m. **1.** Am. Recipiente gralm. de metal o de plástico, para usos diversos. *Es el mismo tipo de metal de los tachos de aceite* [C]. **2.** Am. Cubo de la basura. *Le arrebató la camisa y la arrojó al fondo del tacho* [C]. Tb. ~ *de la basura. Al final, nadie los comió y terminaron en el tacho de la basura* [C].

tachón. m. Raya o conjunto de rayas que se trazan sobre algo escrito para anularlo. *Presenten sus trabajos con buena letra y sin tachones.* ▶ TACHADURA.

tachonar. tr. **1.** Adornar (algo) clavándo(le) tachuelas. Frec. en part. *Un cofre antiguo, de bordes tachonados con clavos de oro.* **2.** Cubrir (una superficie) casi por completo. Frec. en part. y fig. *Es pelirrojo y tiene la cara tachonada* DE *pecas. Presume de una trayectoria profesional tachonada* DE *éxitos.*

tachuela. f. Clavo corto de cabeza grande. *El neumático se pinchó porque había tachuelas en la carretera. Se ha comprado una cazadora con remaches y tachuelas.*

tácito, ta. adj. Que no se dice o no se expresa formalmente, pero se sobrentiende. *Entre los candidatos hay un pacto tácito para evitar ataques personales. En la oración "Vienes corriendo", el sujeto tácito es "tú".*

taciturno, na. adj. **1.** Que habla poco. *Es una mujer discreta y taciturna.* **2.** Triste y melancólico. *Los aprobados ríen y se abrazan; los que han suspendido se marchan con semblante taciturno.*

taco. m. **1.** Trozo corto y grueso de madera o de otro material. *Pon un taco debajo de esa pata para que no cojee la mesa.* **2.** Porción de un alimento como el jamón o el queso, cortada en forma de taco (→ 1). *Corta el queso en tacos.* Frec. *taquitos. Saqué unos taquitos de jamón de aperitivo.* **3.** Conjunto de hojas de papel superpuestas en forma de bloque y frec. unidas por un lateral. *Pon un taco de papel en la fotocopiadora. La taquillera cogió el taco de entradas y arrancó una para vendérmela.* **4.** Pieza alargada, gralm. de plástico, que se empotra en la pared para introducir en ella un clavo o un tornillo y que queden firmemente fijados. *Pon las escarpias con tacos para que aguanten mejor el peso del cuadro.* **5.** coloq. Montón (gran cantidad de cosas). *Tengo un taco de cosas que hacer esta semana.* **6.** coloq. Confusión o falta de claridad, espec. en las ideas. Frec. con v. como *armar* o *hacer. Me armé un taco con el mapa y me perdí. Con tanta explicación creo que te he hecho un taco.* Tb. el conjunto de cosas que dan lugar a esa confusión. *¡Vaya taco que tienes en la mesa, a ver si la ordenas!* **7.** coloq. Situación confusa o embarullada. Frec. con v. como *armar* o *armarse. Si le llamas ladrón delante de todos, se va a armar un buen taco.* **8.** coloq. Palabrota. *El muy maleducado solo sabe insultar y decir tacos.* **9.** coloq. Año de edad de una persona. Más frec. en pl. *¡Con veinte tacos todavía eres joven, hombre!* **10.** En el billar: Vara cilíndrica de madera que se usa para golpear la bola. *Dale tiza al taco antes de jugar.* **11.** Tortilla de maíz enrollada y rellena de alimentos, típica de México. *Me gustan los tacos y las enchiladas. La niña hizo un taco de carne* [C]. **12.** Am. Tacón. *El Coronel chocó los tacos de las botas con inútil marcialidad* [C]. *Los tacos altos exageraban el atractivo de sus piernas* [C]. **13.** Am. coloq. Persona experta o hábil en alguna materia. *Mi amigo y yo éramos unos tacos en inglés* [C].

tacógrafo. m. *Mec.* Tacómetro registrador. *Los datos del tacógrafo confirman el exceso de velocidad del autocar siniestrado.*

tacómetro. m. *Mec.* Aparato que sirve para medir la velocidad de un mecanismo, gralm. expresada en revoluciones por minuto. *La ley obliga a los camiones a llevar un tacómetro.* ▶ TAQUÍMETRO.

tacón. m. **1.** Pieza más o menos alta unida a la suela del calzado por la parte que corresponde al talón. *He pisado mal y se me ha roto el tacón de la bota. La mujer lleva zapatos de tacón alto.* **2.** Tacón (→ 1) alto. *Zapatos de tacón.* **3.** Calzado de tacón (→ 2). Más frec. en pl. *Con ese vestido tienes que ponerte tacones.* ■ ~ **de aguja.** m. Tacón (→ 2) muy fino. *Es incomodísimo andar con tacones de aguja por calles adoquinadas.* ▶ **Am:** TACO.

taconazo. m. Golpe dado con el tacón. *Dio un taconazo en el suelo para llamar nuestra atención.* Tb. el ruido así producido. *Se oyó la voz de "¡firmes!" y el taconazo del soldado al cuadrarse.*

taconear. intr. **1.** Pisar produciendo ruido con los tacones. *La mujer se alejó taconeando por el pasillo.* **2.** Bailar taconeando (→ 1) rítmicamente. *El bailaor taconea, haciendo vibrar el tablao.*

taconeo. m. Hecho o efecto de taconear. *Se escondieron al oír el taconeo del vigilante que se acercaba. El público aplaude el taconeo de la bailaora.*

táctico, ca. adj. **1.** De la táctica (→ 3, 4). *La sustitución de un delantero por un defensa se debió a razones tácticas. El general ordenó un repliegue táctico en espera de refuerzos.* **2.** Especialista en táctica (→ 4). Tb. m. y f. *El táctico militar explica la maniobra a los soldados.* ● f. **3.** Método o sistema que se siguen para realizar o conseguir algo. *Si la negociación no da resultado, habrá que cambiar de táctica.* **4.** *Mil.* Conjunto de reglas por las que se rigen las operaciones militares en combate. *Una táctica de ataque equivocada hizo fracasar la operación.*

táctil. adj. **1.** Del tacto. *Órganos táctiles. Sensaciones táctiles.* **2.** Perceptible por el tacto. *La comunicación se produce también mediante señales táctiles, como las caricias.*

tacto. m. **1.** Sentido corporal que permite percibir mediante el contacto características de los objetos, como la forma, la textura o la temperatura. *A raíz de perder la vista, ha desarrollado mucho el tacto y el oído.* **2.** Cualidad de algo que se percibe por el tacto (→ 1). *La seda tiene un tacto muy suave.* **3.** Hecho de tocar o palpar. *La visión y el tacto de su rostro me convencieron de que no soñaba.* **4.** Cuidado o habilidad para proceder en asuntos delicados o en el trato personal sin provocar reacciones negativas. *Las malas noticias hay que darlas con mucho tacto.* **5.** *Med.* Exploración de una cavidad corporal con los dedos. *El médico le hizo un tacto rectal y detectó un posible tumor.*

taekwondo. (pal. coreana; pronunc. "taekuóndo"). m. Deporte de lucha de origen coreano, semejante al kárate y en el que se desarrollan espec. las técnicas de salto. *El equipo de* taekwondo *consiguió dos medallas olímpicas.* ¶ [Adaptación recomendada: *taecuondo*].

tafetán. m. Tejido gralm. de seda, delgado, muy tupido y de brillo apagado. *El gobernador lleva una banda de tafetán azul que le cruza del hombro al costado.*

tafilete. m. Cuero muy delgado, flexible y con brillo, que se usa espec. en la elaboración de calzado fino y en trabajos artesanales. *En la librería destaca un volumen encuadernado en tafilete rojo y con letras doradas.*

tagalo, la. adj. **1.** De un pueblo indígena de Filipinas que habita en el centro de la isla de Luzón. *Región tagala.* Dicho de pers., tb. m. y f. *Los tagalos son de origen malayo.* **2.** Del tagalo (→ 3). *Vocabulario tagalo.* • m. **3.** Lengua hablada en Filipinas. *El tagalo pertenece al grupo de las lenguas indonesias.*

tahitiano, na. adj. De Tahití (isla de la Polinesia Francesa, en el Pacífico). *Costas tahitianas.* Dicho de pers., tb. m. y f. *Gauguin pintaba cuadros de tahitianas.*

tahona. f. Establecimiento en que se vende o, más espec., se hace pan. *De la tahona salía un delicioso olor a pan recién hecho.* ▶ HORNO, PANADERÍA.

tahúr. m. Jugador muy aficionado a las cartas o a otros juegos de azar, o muy hábil en ellos. *Jugamos al póquer con un tahúr que nos dejó sin blanca.* A veces despect.

taichí. m. Práctica gimnástica de origen chino, caracterizada por la lentitud y coordinación de sus movimientos, y encaminada a conseguir el equilibrio interior y la liberación de tensiones. *Va a clases de taichí para relajarse.*

taifa. f. histór. Cada uno de los reinos que surgieron en la España árabe al disolverse, a principios del s. XI, el califato de Córdoba. *En la taifa de Toledo había una importante comunidad mozárabe.* Tb. *reino de* ~(*s*). *Sevilla y Granada fueron reinos de taifas.* Frec. fig. *El líder del partido quiere acabar con los reinos de taifa creados por dirigentes regionales.*

taiga. f. *Geogr.* y *Ecol.* Ecosistema propio del norte de Rusia, Siberia y Canadá, constituido por bosques de coníferas y caracterizado por los inviernos largos y fríos, que mantienen el subsuelo helado. *En la taiga rusa viven animales de gran resistencia, como el zorro blanco.*

tailandés, sa. adj. De Tailandia. *Líneas aéreas tailandesas.* Dicho de pers., tb. m. y f. *Los tailandeses son mayoritariamente budistas.*

taimado, da. adj. Astuto y hábil para disimular y engañar. *Ten cuidado con él, que es un tipo taimado y traicionero.* ▶ *ASTUTO.

taíno, na. adj. **1.** histór. De un pueblo indígena que habitaba en las Antillas. *Leyenda taína.* Dicho de pers., tb. m. y f. *Los taínos poblaban las islas del Caribe cuando Colón descubrió América.* **2.** Del taíno (→ 3). *Palabra taína.* • m. **3.** Lengua hablada por los taínos (→ 1). *La palabra "canoa" proviene del taíno.*

taita. m. **1.** Am. coloq. Padre. *¿Y mi taita quién será?* [C]. ○ pl. **2.** Am. coloq. Padre y madre. *Te quedas con la memoria de tu mamá y les ponéis los nombres de tus taitas a los muchachitos* [C].

tajada. f. **1.** Porción cortada de un alimento, espec. de carne. *Solo me han tocado dos tajadas de pollo.* **2.** coloq. Beneficio o ventaja, espec. los que se obtienen en algo que se distribuye. *No dejes pasar ese negocio, que ahí hay tajada.* Frec. con *sacar*. *El acuerdo era difícil porque todos querían sacar tajada de la negociación.* **3.** coloq. Borrachera (estado de la persona borracha). *Ayer en la boda pillé una tajada que no me tenía en pie.*

tajamar. m. **1.** Tablón curvo situado en la parte delantera de una embarcación y que va cortando el agua al navegar. *La tormenta arrastró el barco hacia el acantilado y el tajamar quedó destrozado por las rocas.* **2.** Pieza curva o en forma de ángulo, unida frontalmente a los pilares de los puentes para cortar el agua de la corriente. *Me gusta bajar al río y sentarme en un tajamar a ver pasar el agua.*

tajante. adj. Contundente o que no admite discusión o réplica. *Respondió con un "no" tajante y no me atreví a insistir. Ha sido tajante en su condena del terrorismo. La crisis cortó de manera tajante el crecimiento económico.*

tajar. tr. Cortar o dividir (algo) con un instrumento cortante. *El carnicero taja las piezas de carne con un gran cuchillo.*

tajo. m. **1.** Hecho o efecto de tajar. *Cortó el madero de un tajo con el hacha. La víctima tiene varios tajos en la cara.* **2.** coloq. Tarea que debe hacerse. *Tengo mucho tajo atrasado.* **3.** coloq. Trabajo (lugar). *Se va al tajo a las siete de la mañana.* **4.** Corte profundo y casi vertical de un terreno. *Muchos tajos se forman por la erosión de los ríos.* **5.** Sitio en el que está trabajando un grupo de trabajadores, como los segadores, los mineros o los albañiles. *La huelga de la construcción ha sido secundada en todos los tajos.*

tal. adj. **1.** De estas o esas características o clase. *Les pagan muy poco, y con sueldos tales no se puede vivir. Había sufrido un grave accidente, y un suceso tal resulta traumático.* **2.** Este o ese. *Nunca le oí tal cosa. Se comportaba agresivamente sin darse cuenta de que tal actitud le perjudicaba.* A veces *el* ~. *Se pasó horas elogiando la obra, pero la verdad es que nadie había oído hablar de la tal novela.* **3.** (Frec. con art.). Seguido de un nombre propio, señala que la persona designada por ese nombre es desconocida o poco conocida para el que habla. *El tal Felipe fue el que lo propuso. ¿Te acuerdas de un tal Antonio que solía venir por aquí?* **4.** Intensifica el significado del nombre que sigue. Se usa en correlación con una oración introducida por *que* o *como*, que expresa consecuencia o término de una comparación. *Hablaba con tal entusiasmo que nos convenció. Hay profesiones tales como la de bombero que resultan muy peligrosas. Le propinó un puñetazo tal que lo derribó. El parecido con su primo es tal que muchas veces los confunden.* • pron. **5.** Este o ese. *Habrá alumnos que no se presenten al examen final; tal es el caso de los que hayan aprobado todos los parciales.* ■ **con ~ de.** loc. prepos. Con la condición de. Se usa seguido de un infinitivo o de una oración introducida por *que*, y en este último caso puede omitirse la prep. *de*. *Iré, con tal de estar de vuelta a las 3. Saldré a cenar, con tal de que vayamos a* *un restaurante italiano. Te acompañaré, con tal que me dejes conducir a mí.* ■ ~ **cual.** loc. conjunt. **1.** Como, o de la misma manera que. *Déjalo tal cual estaba.* □ loc. adv. **2.** De la misma forma. *No hace falta que te cambies para salir, puedes ir tal cual.* ■ ~ **para cual.** loc. adj. Dicho de dos personas: Parecidas en su modo de ser u obrar. Con el v. *ser. Óscar y Alberto son tal para cual.* ■ **y ~.** expr. coloq. Se usa para cerrar una frase de manera poco precisa. *Fue una cena muy elegante, con sus mantelitos bordados y tal.*

tala[1]**.** f. Hecho de talar o cortar árboles. *Los ecologistas protestan por las talas indiscriminadas en el bosque.*

tala[2]**.** m. Am. Árbol americano parecido al olmo, cuya raíz sirve para teñir y cuyas hojas, en infusión, tienen propiedades medicinales. *La fuente se encuentra rodeada de talas frondosos* [C].

talador, ra. adj. Que tala o sirve para talar. *Máquina taladora.* Dicho de pers., tb. m. y f. *Los taladores no han dejado un solo árbol en pie.*

taladrado. m. Hecho o efecto de taladrar o hacer agujeros. *El taladrado del panel debe hacerse con cuidado para no estropear la madera.*

taladrador, ra. adj. **1.** Que taladra o sirve para taladrar. *Dispositivo taladrador.* ● f. **2.** Máquina provista de un taladro o de un instrumento semejante y que sirve para taladrar. *Haz un agujero en la pared con la taladradora para poner un taco.* ▶ **2:** TALADRO.

taladrar. tr. **1.** Hacer agujeros (en una cosa) con un taladro o un instrumento semejante. *Han taladrado la acera para meter las cañerías del gas.* Tb. fig. *Me taladraba con la mirada.* **2.** Herir un sonido agudo o penetrante (los oídos). *La sirena de una ambulancia nos taladró los tímpanos.* ▶ **1:** *AGUJEREAR.

taladro. m. **1.** Instrumento alargado, agudo y cortante, que se usa presionándolo y haciéndolo girar, y que sirve para hacer agujeros. *Pon a la taladradora un taladro de 4 mm de diámetro.* Tb. la máquina provista de ese instrumento (→ **taladradora**). *Taladro eléctrico de boca adaptable.* **2.** Agujero hecho con un taladro (→ 1). *Haz un taladro en la pared para colgar el espejo.*

tálamo. m. **1.** cult. Cama de los casados, espec. de los recién casados. *Cuenta la leyenda que un dios desposó a la doncella y se unió a ella en el tálamo nupcial.* **2.** *Anat.* Cada uno de los dos núcleos de tejido nervioso situados en el cerebro a ambos lados de la línea media, por encima del hipotálamo, que regulan la actividad de los sentidos. Tb. el conjunto de ambos núcleos. *Tiene una lesión en el tálamo que le impide ser consciente de las sensaciones.* Tb. ~ *óptico.*

talán. interj. Se usa para imitar el sonido de una campana. Tb. m. Más frec. repetido para imitar el repique de campanas. *En el pueblo resuena el talán, talán de las campanas llamando a misa.*

talanquera. f. Valla de madera que sirve gralm. de protección. *El mozo que corría el encierro apenas tuvo tiempo de resguardarse en una talanquera.*

talante. m. **1.** Estado de ánimo o disposición que muestra una persona. *Según el talante que tenga mañana, ya veré lo que hago. Siempre hace los recados de buen talante.* **2.** Carácter o inclinación personal. *Un político de talante tranquilo y progresista.* ▶ **1:** *HUMOR.

talar[1]**.** adj. Dicho de vestidura: Que llega hasta los talones. *La sotana es un traje talar.*

talar[2]**.** tr. Cortar (un árbol o una masa de árboles) por la base. *Van a talar los árboles del parque para construir un aparcamiento.*

talasocracia. f. cult. Dominio marítimo. Tb. el sistema político basado en ese dominio. *Cnossos fue la capital de la talasocracia cretense.*

talasoterapia. f. *Med.* Tratamiento de las enfermedades por medio de los baños o del aire de mar. *El balneario ofrece talasoterapia para las dolencias articulatorias.*

talayote. m. *Arqueol.* Monumento prehistórico propio de las islas Baleares, construido con grandes bloques de piedra y semejante a una torre de poca altura. *Los talayotes se empleaban para la defensa y como tumbas de grandes jefes.*

talco. m. Mineral verdoso o blanquecino, muy blando y suave al tacto, que se usa en polvo como producto higiénico o cosmético. *Los polvos de talco alivian la irritación de la piel.* Tb. ese producto. *Si pasas por la farmacia, compra talco.*

talega. f. Bolsa ancha y corta, de tela gralm. fuerte, que se usa para guardar o llevar cosas. *Lleva al hombro una talega con el monedero y las llaves. La talega del pan.* ▶ TALEGO.

talegazo. m. coloq. Costalada. *Al bajar del autobús, resbaló y se dio un talegazo.*

talego. m. **1.** Saco de tela fuerte, largo y estrecho, que se usa para guardar o llevar cosas. *Viaja con un talego de ropa a la espalda como único equipaje.* **2.** jerg. Cárcel. *Cuando salga del talego me pondré a currar.* **3.** coloq. Billete de mil pesetas. *Con un talego o dos, nos daba para todo el fin de semana.* ▶ **1:** TALEGA.

taleguilla. f. Pantalón del traje del torero. *La cornada le rasgó la taleguilla, pero no llegó a herirlo.*

talento. m. **1.** Capacidad intelectual de una persona. *Destacó en el homenajeado tanto su bondad como su talento.* Tb. la persona que tiene esa capacidad. *Dicen de Einstein que era un talento natural.* **2.** Aptitud de una persona para una actividad. *Las letras no se le dan bien, pero tiene talento para la música.* Tb. la persona que tiene esa aptitud. *La chica es todo un talento: lo mismo baila que canta.* **3.** histór. Antigua moneda griega o romana. *La parábola cuenta el uso que hicieron unos siervos de los talentos que les dio su señor.*

talentoso, sa. adj. Que tiene talento. *Es una pintora creativa y talentosa.*

talgo. m. Tren articulado, que alcanza gran velocidad y se usa espec. para el transporte de pasajeros. *El viaje en talgo es más cómodo y más caro que en un tren normal.*

talibán. (pl. **talibanes**). adj. De un grupo integrista musulmán, surgido en Afganistán a finales del s. XX y organizado como milicia. *El régimen talibán prohibía a las mujeres trabajar fuera de casa.* Dicho de pers., tb. m. y f. *Los talibanes se hicieron con el poder y convirtieron Afganistán en un Estado islámico.*

talismán. m. Objeto al que se atribuyen poderes mágicos. *Lleva como talismán un colgante con su signo del zodiaco.* Frec. fig. y en aposición para designar a la persona o cosa que traen buena suerte. *El delantero se ha convertido en el jugador talismán del equipo.*

talla. f. **1.** Hecho de tallar, espec. un material. *Para la talla de la madera se usan escoplos, buriles y otras* *herramientas.* **2.** Obra escultórica, espec. la realizada en madera. *Llevan en procesión una talla de la Virgen de los Dolores.* **3.** Estatura de una persona. *El chico mide un metro ochenta de talla.* **4.** Medida estándar que corresponde a cada tamaño de una serie de prendas de confección. *–¿Qué talla de pantalones usas? –La treinta y ocho.* **5.** Calidad moral o intelectual de una persona. *Gregorio Marañón fue un intelectual de gran talla.* ■ **dar** alguien **la ~.** loc. v. Tener o demostrar las aptitudes adecuadas. *Lo han descartado porque no da la talla para el puesto.* ▶ **1:** TALLADO. **3, 5:** ESTATURA.

tallado. m. Hecho o efecto de tallar, espec. un material. *El tallado de piedras comenzó en la Prehistoria.* ▶ TALLA.

tallador, ra. adj. **1.** Que talla o sirve para tallar. *Máquina talladora.* ● m. y f. **2.** Persona que se dedica a la talla de materiales o de esculturas. *Trabaja en joyería como tallador de diamantes.* ▶ **2:** TALLISTA.

tallar. tr. **1.** Trabajar (un material duro, espec. piedra o madera) dándo(le) forma. *Los maestros joyeros tallan las piedras preciosas.* **2.** Dar forma (a algo, espec. a una escultura) tallando (→ 1) el material del que está hecho. *Ha tallado una Virgen en alabastro. Un cofre de madera tallado por un artesano.* **3.** Medir la estatura (de una persona). *El pediatra talla al niño en cada revisión para ver lo que ha crecido.*

tallarín. m. Pasta alimenticia en forma de tira larga y estrecha. Frec. en pl. *De primero hay tallarines con tomate.*

talle. m. **1.** Cintura (parte del cuerpo, o parte de una prenda). *El hombre sujetaba a su pareja de baile por el talle. Pantalones de talle alto.* **2.** Medida tomada para una prenda de vestir, desde el cuello a la cintura. *Ese vestido mide cuarenta centímetros de talle.* **3.** Figura o apariencia corporal de una persona. *Un chico de buen talle.* ▶ **1:** CINTURA. **3:** *FIGURA.

taller. m. **1.** Lugar destinado a realizar un trabajo o una actividad de tipo manual. *Trabaja en un taller de costura. Monté en el garaje un pequeño taller de carpintería.* **2.** Lugar en el que se realizan reparaciones, espec. de automóviles. *La grúa llevó el coche accidentado a un taller.* **3.** Escuela o seminario destinados a la enseñanza práctica de una actividad gralm. artística. *La Facultad de Bellas Artes va a organizar un taller de diseño publicitario.* **4.** En arte: Conjunto de los colaboradores de un maestro. *El retablo pertenece al taller de Berruguete.*

tallista. m. y f. Persona que se dedica a la talla artística. *El tallista Gregorio Hernández fue uno de los grandes artistas del barroco.* ▶ TALLADOR.

tallo. m. **1.** Órgano de las plantas que crece en sentido contrario a la raíz y que sostiene las hojas, las flores y los frutos. *El tallo del clavel es largo y con nudos de los que nacen hojas verdes.* **2.** Brote que echa una planta después de cortada, o que crece en una semilla, en un bulbo o en un tubérculo. *Las cebollas están echando tallos de llevar tanto tiempo guardadas.*

talludo, da. adj. Dicho de persona: Que ha pasado ya la juventud. Frec. *talludito* y en sent. irónico o eufem. *Pues él terminó la carrera ya talludito, así que no sé de qué presume.*

talmúdico, ca. adj. Del Talmud (libro sagrado de la religión judía). *Los textos talmúdicos recogen enseñanzas de rabinos palestinos de los siglos* III *al* V.

talo. m. *Bot.* Cuerpo de las plantas en que las raíces, tallos y hojas no están diferenciados. *Los hongos y los líquenes tienen talo.*

talofito, ta. adj. **1.** *Bot.* Del grupo de las talofitas (→ 2). *Planta talofita.* ● f. **2.** *Bot.* Planta cuyo cuerpo vegetativo es el talo, como las algas.

talón. m. **1.** Parte posterior del pie de una persona. *Los zapatos nuevos le han hecho rozaduras en los talones.* Tb. la parte correspondiente de un calzado o de una prenda que cubre el pie. *Se me han roto las medias por el talón.* **2.** Documento, espec. un cheque, que se corta de un cuadernillo en el que queda una matriz como resguardo. *Puede pagar en efectivo, con tarjeta o con talón.* ■ **~ de Aquiles.** m. Punto vulnerable o débil de alguien o de algo. *La ortografía es su talón de Aquiles.* □ **pisar los talones** (a alguien). loc. v. **1.** Seguir(lo) de cerca. *En la recta final sus rivales le van pisando los talones.* **2.** Imitar(lo) con éxito o estar cerca de igualar sus logros. *Su padre fue un gran artista y él le pisa los talones.*

talonario. m. Cuadernillo de talones. *El cliente sacó un talonario, arrancó un cheque y lo rellenó.* ▶ CHEQUERA.

talud. m. Inclinación pronunciada de un muro o de un terreno. *En la subida al puerto, hay dos curvas separadas por un talud de 10 m de desnivel.* ■ **~ continental.** m. *Geol.* Zona submarina constituida por una pendiente muy pronunciada que se extiende desde la plataforma continental hasta los fondos oceánicos. *Especies que habitan más allá del talud continental.*

tamal. m. frecAm. Plato elaborado con una masa de harina de maíz, rellena de carne u otros ingredientes, que se envuelve gralm. en hojas de plátano o de mazorca de maíz y se cuece al vapor o en el horno. *Se envuelven en las hojas remojadas y escurridas, y se doblan como todos los tamales* [C]. ▶ **Am:** HALLACA.

tamaño, ña. adj. **1.** cult. Tan grande. Se usa delante de un n. sin art., y con intención enfática. *No sé cómo pudo cometer tamaña locura. Nunca había oído tamaño disparate. No toleraré tamañas infamias.* ● m. **2.** Cualidad de más o menos grande. *Una roca de gran tamaño tapona la entrada a la cueva. Tenemos pendientes de todas las formas y tamaños.* Frec. fig. *Soltó una mentira de tamaño descomunal.* ▶ **2:** DIMENSIÓN, MAGNITUD.

tamarindo. m. Árbol propio de los países cálidos, de gran altura, tronco grueso y flores amarillas, cuyo fruto se usa para la elaboración de bebidas y como laxante. *Hojas de tamarindo.* Tb. su fruto. *Pulpa de tamarindo.*

tambaleante. adj. Que se tambalea. *Apoyé el pie en una piedra tambaleante y me caí.* Tb. fig. *El imperio era ya una potencia tambaleante a punto de derrumbarse.*

tambalearse. intr. prnl. Moverse alguien o algo a un lado y a otro, como si se fuese a caer, por falta de equilibrio. *Estaba tan borracho que llegó tambaleándose a casa.* Tb. fig. *La confianza en la política del Gobierno se tambaleaba a medida que se intensificaba la crisis.* ▶ OSCILAR.

tambaleo. m. Hecho de tambalearse. *Medio dormido y entre tambaleos llegó hasta el teléfono, que no paraba de sonar.* Tb. fig. *Los tambaleos políticos frustraron la reforma.*

también. adv. Indica que lo expresado en la palabra o elemento de oración a los que modifica se añade a algo mencionado antes. *¿A ti también te ha pedi-*

do dinero? Tendré que ir hoy y también mañana. También él está preocupado. Si tú vas, yo también.

tambo. m. **1.** Am. Establecimiento ganadero en que se ordeñan vacas y se vende, gralm. al por mayor, su leche. **2.** Am. Tonel de metal. *Me subí en la parte de atrás con los tambos de leche* [C]. *Son de zinc los tambos que traen* [C]. *La leche procede de tambos pulcros* [C]. **3.** Am. histór. Posada (establecimiento que ofrece comida y alojamiento). *Tambos donde podían dormir y encontrar los alimentos que necesitaban* [C].

tambor. m. **1.** Instrumento musical de percusión, de forma cilíndrica, hueco, cubierto por una o por ambas bases con una piel tensa, y que se suele tocar con dos palillos. *El salto del trapecista se anuncia con un redoble de tambor. El bongó es un instrumento de percusión caribeño formado por dos tambores.* **2.** Músico que toca el tambor (→ 1). *Pedro es tambor en una banda militar.* **3.** Pieza u objeto cuya forma cilíndrica recuerda la de un tambor (→ 1). *El tambor de la lavadora gira con fuerza al centrifugar. No quedaban balas en el tambor del revólver. Un tambor de detergente en polvo.* **4.** *Arq.* Cada uno de los bloques cilíndricos superpuestos que forman el fuste de algunas columnas. *Las columnas visigóticas son de una pieza, mientras que las dóricas están formadas por tambores.* ▶ **1:** CAJA.

tamborada. f. Tamborrada. *En la villa, una estruendosa tamborada acompaña las procesiones de Semana Santa.*

tamborero, ra. m. y f. frecAm. Tamborilero. *Los bailadores recorren las calles de las ciudades y van acompañados de tamboreros* [C].

tamboril. m. Tambor pequeño que se lleva colgado del brazo y se toca con un solo palillo. *Muchas danzas populares se bailan con acompañamiento de flauta y tamboril.*

tamborilear. intr. **1.** Producir un ruido semejante al del tambor dando golpes pequeños y reiterados sobre algo, gralm. con los dedos. *A ratos deja de escribir y se queda pensativo, tamborileando con los dedos* SOBRE *la mesa. La lluvia tamborilea* EN *el tejado.* **2.** Tocar el tamboril. *Un músico tamborilea y otro toca la dulzaina.*

tamborileo. m. Hecho o efecto de tamborilear. *No soporto ese tamborileo nervioso de sus dedos. El tamborileo marcaba el ritmo del desfile.*

tamborilero, ra. m. y f. Músico que toca el tambor o el tamboril. *Actuará un grupo folclórico formado por danzantes, dulzainero y tamborilero.* ▶ **frecAm:** TAMBORERO.

tamborrada. f. Celebración popular, frec. consistente en un desfile, en que se tocan tambores produciendo gran estruendo. *Si vas a San Sebastián, no te pierdas la tamborrada.* ▶ TAMBORADA.

tamil. adj. De un pueblo que habita en el sureste de la India y en el norte de Sri Lanka. *Guerrilla tamil.* Dicho de pers., tb. m. y f. *Se atribuye el atentado a un grupo de tamiles separatistas.*

tamiz. m. Utensilio formado por un aro y una tela o rejilla muy tupidas ajustadas a uno de sus lados, que se usa para separar las partículas finas de las gruesas de algunas cosas. *Pasa el puré por el tamiz para que quede más suave.* Frec. fig. y en la constr. *pasar por el ~ de* algo. *Antes de volver al Congreso, el proyecto de ley pasará por el tamiz del Senado.* ▶ CEDAZO, CRIBA.

tamizar. tr. **1.** Pasar (algo) por un tamiz. *Una vez cocidos los tomates, tamízalos para eliminar la piel.* Frec. fig. *La luz del sol, tamizada por los visillos, ilumina suavemente el salón. En su pintura se ven rasgos de su maestro, pero tamizados por su propia técnica.* **2.** Elegir (algo) con cuidado. *Tamizó bien sus palabras para no herir la sensibilidad de nadie.* ▶ **1:** CERNER, CERNIR, CRIBAR.

támpax. (Marca reg.; pl. invar.). m. Tampón (cilindro de celulosa). *Llevo támpax en el bolso.* ▶ TAMPÓN.

tampoco. adv. Indica que lo expresado en la palabra o elemento de oración a los que modifica se suma a algo mencionado antes en forma negativa. *¿Tampoco hoy iremos al parque? No se fían tampoco de ella. –No conseguirás que te comprenda. –Tampoco lo pretendo. No ha venido por aquí, y su mujer tampoco. No ha escrito ni tampoco ha llamado.*

tampón. m. **1.** Almohadilla empapada en tinta, que se usa para entintar sellos antes de estamparlos. *El funcionario moja el sello en el tampón, pero este apenas tiene tinta.* Tb. ese sello. *Apriete bien el tampón en la instancia para que se vea el sello.* **2.** Cilindro de celulosa que se introduce en la vagina de la mujer para absorber el flujo menstrual. *Muchas jóvenes prefieren los tampones a las compresas.* ▶ **2:** TÁMPAX.

tamtan. m. Tambor originario de África, de gran tamaño, que se toca con las manos y se usa como instrumento musical y para la transmisión de mensajes. *En medio de la selva resuena el eco de los tamtanes.*

tan[1]**.** → **tanto.**

tan[2]**.** interj. Se usa, gralm. repetido, para imitar el sonido de un tambor u otro ruido producido por un golpe. Tb. m. *La procesión avanza al ritmo del tan, tan, tan de un tambor.*

tanatorio. m. Edificio acondicionado para depositar los cadáveres en las horas previas a su entierro o incineración, y poder velarlos. *La capilla ardiente se instalará en el tanatorio municipal.*

tanda. f. **1.** Conjunto de un número indeterminado de cosas del mismo tipo, que suele formar parte de una serie de conjuntos similares. *Hubo que lanzar dos tandas de penaltis para desempatar el partido. Antes de la película ponen una tanda de anuncios.* **2.** Cada uno de los grupos que se turnan en una actividad. *¡Un aplauso para la siguiente tanda de concursantes!* Tb. el turno con que se suceden. *Los bomberos trabajan día y noche, por tandas.*

tándem. (pl. **tándems**). m. **1.** Bicicleta con dos asientos y dos pares de pedales, situados uno detrás de otro. *Los novios alquilaron un tándem para irse de excursión.* **2.** Conjunto de dos personas que realizan una actividad en colaboración. *La pareja de actores forman un magnífico tándem cómico.* Tb. fig. *La campaña de turismo apuesta por el tándem ocio-cultura para atraer visitantes.*

tanga. m. (Tb. f., frecAm). Prenda de baño parecida a una braga o un calzón muy reducidos, que cubre solo la zona genital. *Toma el sol con un pequeño tanga. El número anual está dedicado a las tangas, bikinis y otros trajes de baño* [C]. Tb. la prenda interior de forma semejante. *Usa tanga porque se marca menos que las bragas.*

tángana o **tangana.** f. coloq. Alboroto o pelea. Se usa espec. en fútbol. *Tras la anulación del gol, se organizó una tangana entre los jugadores de los dos equipos.*

tangar. tr. jerg. Engañar o estafar (a alguien). *Pensé que compraba una ganga, pero veo que me han tangado.*

tangencia. f. *Mat.* Condición de tangente. *Una recta no puede tener más de un punto de tangencia con una circunferencia.*

tangencial. adj. **1.** *Mat.* Tangente, o de la tangente. *Dibuja una línea tangencial* A *la circunferencia.* **2.** Dicho de idea o asunto: Que se refieren a algo de manera parcial y no sustancial. *Ya hay una base para el acuerdo y solo falta solucionar cuestiones tangenciales.*

tangente. adj. **1.** cult. Que toca o roza otra cosa. *Los arqueólogos han encontrado un yacimiento casi tangente* A *la muralla.* **2.** *Mat.* Dicho de línea o de superficie: Que toca a otra sin cortarla. *Dibuja dos semiplanos perpendiculares y tangentes entre sí.* Dicho de línea recta, tb. f. *La tangente* A *una circunferencia en un punto será perpendicular al radio en ese punto.* ● f. **3.** *Mat.* Razón o cociente entre el cateto opuesto a un ángulo y el cateto contiguo a él del triángulo rectángulo correspondiente (Símb. *tan*). *Conociendo el seno y el coseno de un ángulo, calcule la tangente.* ■ **escapar**(**se**), **salir**(**se**), o **irse** alguien **por la ~.** loc. v. coloq. Utilizar evasivas para salir de un apuro, gralm. en una conversación. *Cuando le pregunto por los estudios, se va por la tangente y acabamos hablando de otra cosa.*

tangible. adj. **1.** Que se puede tocar. *El alma no es tangible.* **2.** Que se puede percibir de manera clara y precisa. *La decisión del Gobierno es una prueba tangible de su voluntad conciliadora.*

tango. m. Baile de origen argentino, de ritmo lento, que se ejecuta por una pareja enlazada. *Lo mismo le da un tango que un vals con tal de bailar agarrado.* Tb. su música y su letra. *Muchos tangos cuentan historias desgarradoras.*

tanguero, ra. adj. **1.** Del tango. *La canción tiene todo el fatalismo y desencanto tangueros.* ● m. y f. **2.** Tanguista. *Los tangueros usan mucho el lunfardo.*

tanguillo. m. Cante popular andaluz, típico de Cádiz, de ritmo vivo y carácter alegre. *El espectáculo flamenco culminó con bulerías y tanguillos.* Tb. el baile que se ejecuta con él.

tanguista. m. y f. **1.** Compositor o intérprete de tangos. *Gardel es tal vez el más célebre de los tanguistas.* ○ f. **2.** Mujer que actúa en un cabaré o alterna con los clientes. *La novela cuenta la historia de una tanguista de los tiempos del cancán.* ▶ **1:** TANGUERO.

tanino. m. Sustancia que se encuentra en algunos tejidos vegetales, muy usada para curtir pieles y como astringente. *Este es un vino tinto muy rico en tanino, lo que le da un aroma especial.*

tano, na. adj. Am. coloq. Italiano. *Comida tana a la argentina* [C]. Dicho de pers., tb. m. y f. *El tano cocinaba y todos comíamos callados* [C]. Dicho de lengua, tb. m. *Me acuerdo de estar sentados en la cama, y él hablando en tano y yo en castellano* [C].

tanque[1]. m. **1.** Depósito grande y gralm. cerrado para almacenar o transportar productos, espec. líquidos o gases. *El buque atracó en el puerto para llenar sus tanques de combustible. La explosión de un tanque de oxígeno ha puesto en grave riesgo a la nave espacial.* **2.** coloq. Jarra o vaso grandes de una bebida, gralm. de cerveza. *En lugar de cañas, pónganos unos tanques, que hace mucho calor.*

tanque[2]. m. **1.** Vehículo de guerra blindado que se desplaza sobre dos cintas metálicas articuladas y va armado con un cañón o con ametralladoras. *Los tanques de las tropas invasoras entraron en la ciudad.* **2.** coloq. Persona muy corpulenta. *El defensa central del equipo es un tanque que intimida.* ▶ **1:** CARRO.

tanqueta. f. Vehículo semejante al tanque, pero de mayor movilidad y velocidad. *En las calles hay tanquetas de la policía en previsión de posibles disturbios.*

tantarantán. m. coloq. Golpe dado a alguien o algo y que los hace tambalearse. *Se me ocurrió replicarle y me metió un tantarantán que casi me caigo escaleras abajo.*

tanteador, ra. adj. **1.** Que tantea. Dicho de pers., tb. m. y f. ● m. **2.** En deporte: Marcador (dispositivo). *El equipo visitante se adelantó en el tanteador gracias a un penalti.* ▶ **2:** MARCADOR.

tantear. tr. **1.** Calcular (algo) aproximadamente. *Tantea lo que te puede costar antes de decidirte a comprarlo.* **2.** Intentar averiguar con cuidado las condiciones o el estado (de algo o de alguien). *Antes de hacer una propuesta tan atrevida, conviene tantear el ambiente. El partido tanteó al diputado para saber si estaría dispuesto a asumir el cargo.* **3.** Tocar (algo) repetidamente o a tientas para obtener información mediante el tacto. *El local se quedó oscuro y tuvimos que buscar la salida tanteando las paredes.* Tb. usado en constr. intr. *Metió la mano en el cajón, tanteando en busca de alguna moneda.* **4.** En un juego: Apuntar (los tantos que se obtienen). *La pareja que gana el envite se tantea un tanto.* Tb. usado en constr. intr. *Terminadas las apuestas, los jugadores muestran sus cartas y se procede a tantear.*

tanteo. m. **1.** Hecho de tantear. *Haz un tanteo rápido del dinero que necesitas y veré si puedo prestártelo. Jugamos al dominó y yo me encargué del tanteo.* **2.** En un juego o en un deporte: Número de tantos que obtienen los participantes. *Han ganado el partido por un tanteo de 87 a 63.*

tanto, ta. (En las acep. 12 y 13, apóc. **tan**). adj. **1.** Expresa cantidad equivalente de personas o cosas, o de una cosa, en comparación con lo expresado en un segundo término tomado como referencia, que va introducido por *como* o *cuanto*. *Le hicieron tantos regalos como a su hermano. Se presentaron tantos candidatos cuantas plazas se habían convocado.* A veces se omite el término de la comparación. *No creo que pueda prestarle tanta atención.* **2.** Expresa la intensidad o la cantidad de lo designado por el nombre que sigue, por medio de la consecuencia de lo expuesto antes, la cual va introducida por *que*. *Había tanta niebla que no se veía la carretera. He comprado tanta comida que no me cabe en la nevera.* A veces se omite la consecuencia. *¡Tenía tantas ilusiones puestas en ese proyecto!* **3.** Que se presenta en una cantidad que no se quiere o no se puede precisar. Se usa en pl. *Cada tantos kilómetros pondremos una señal de aviso.* **4.** Siguiendo a la expresión de un número determinado de decenas, indica una cantidad imprecisa de unidades que se le añaden. *Treinta y tantos años. Cuarenta y tantos mil alumnos.* ● pron. **5.** Designa personas o cosas en una cantidad equivalente en comparación con un segundo término tomado como referencia, que va introducido *como* o *cuanto*. *–¿Encontraste muchos errores? –No tantos como esperaba. Tantas cuantas han llegado hasta aquí merecen ganar. No había tanto en juego como se decía.* A veces se omite el término de la comparación. *–Hemos colocado 30 sillas en el comedor. –Nunca pensé que cupieran tantas. –Habría dos mil manifestantes. –¿Tantos?* **6.** Designa personas o cosas en una cantidad que se expresa por medio de la consecuencia de lo expuesto antes, la cual va introducida por *que*. *Acudieron tantos al acto que no pudieron sentarse todos.* A veces se omite la consecuencia. *¡Queda todavía tanto por decidir!* **7.** Lo que se acaba de mencionar. Se usa en la forma m. sing. y con intención enfática. *–Ha cometido perjurio. –Yo no diría tanto.* **8.** Cantidad o número de personas o cosas que no se quiere o no se puede precisar. *Lo venden a tanto el kilo.* **9.** Siguiendo a la expresión de un número determinado de decenas, designa una cantidad imprecisa de unidades que se le añaden. Se usa en la forma pl. *–¿Cuántos soldados enviaron? –Treinta y tantos mil. –¿A cuántas amigas has invitado? –A cuarenta y tantas.* ● m. (Frec. con art.). **10.** Cantidad convenida de algo, espec. de dinero. *Tienes que poner ya el tanto que te corresponde para comprar el regalo. Hay un tanto presupuestado para obras sociales.* **11.** En algunos juegos y deportes: Unidad de cuenta de los logros parciales de un encuentro. *El resultado fue de 28 tantos a 10. Empataron a 4 tantos.* ● adv. **12.** Indica idea de equivalencia o igualdad en comparación con lo expresado en un segundo término tomado como referencia, que va introducido por *como* o *cuanto*. *¿Es tan quisquilloso como dicen? No es tanto un problema de escasez cuanto de mal reparto.* A veces se omite el término de la comparación. *No puede haber llegado tan lejos.* **13.** Indica el grado de una acción, una cualidad o una circunstancia por medio de la consecuencia de lo expuesto antes, la cual va introducida por *que*. *Es tan rico que puede permitirse ese lujo. Era tan temprano que estaba muerta de sueño. Sucedió tan de repente que no nos dimos cuenta. Le dolía tanto que tuvo que tomar un calmante.* A veces se omite la consecuencia. *¿Por qué vas tan deprisa?* ■ **tanto por ciento.** m. Cantidad proporcional que constituye una parte de un total de cien. *En esa tienda siempre hacen un tanto por ciento de descuento.* ⇒ PORCENTAJE. □ **a tantos.** loc. adv. Seguido de un nombre de mes: En un día de ese mes que no se quiere o no se puede precisar. *No te olvides de poner la fecha: "A tantos de abril de 2001".* ■ **al tanto.** loc. adv. Al corriente, o en situación de estar informado sobre algo. Se usa con v. como *estar* o *poner*. *Siempre está al tanto de las novedades. –¿Te has enterado de los últimos cambios? –Te pondré al tanto.* ■ **apuntarse un tanto.** loc. v. Tener un acierto o un éxito. *Me apunté un tanto cuando conseguí las entradas para esa ópera.* ■ **las tantas.** loc. s. Una hora avanzada del día o de la noche. *Anoche nos dieron las tantas hablando. Eran ya las tantas de la tarde cuando nos sentamos a comer.* ■ **mientras tanto, entre tanto** (tb. **entretanto**), o **en tanto.** loc. adv. En el tiempo que transcurre durante la realización de un hecho. *Y entre tanto, ¿cómo nos las arreglamos sin reloj? Deja reposar la masa y, entretanto, monta las claras a punto de nieve. Luis tenía que recoger unos papeles y Juan, en tanto, fue arrancando el coche.* ■ **otro tanto.** loc. s. Lo mismo o una cosa igual. *Entiendo que la hayas mandado a la porra, si yo fuera tú habría hecho otro tanto.* ■ **por** (**lo**) **tanto.** loc. adv. En consecuencia. *Presenció un accidente y, por lo tanto, tendrá que declarar como testigo en el juicio.* ■ **tan pronto como.** loc. conjunt. Inmediatamente después de que. *Tan pronto como lleguen, nos iremos.* ■ **tantos otros.** loc. adj. Otros muchos. *Aurora, como tantas otras compañeras de su oficina, secundó la huelga.* Tb. loc. s. *Yo, como tantos otros, hice una foto de la estatua.* ■ **un tanto.** loc. adv. Algo, o un poco. *Su actitud resulta un tanto sospechosa.* ■ **y tanto.** expr. Se usa para expresar enfáticamente conformidad o acuerdo con algo que otro ha dicho. *–¡Qué calor hace aquí! –¡Y tanto!*

tañedor, ra. adj. cult. Dicho de persona: Que tañe un instrumento musical. Tb. m. y f. *En la exposición destaca el cuadro de Caravaggio "El tañedor de laúd".*

tañer. (conjug. TAÑER). tr. cult. Tocar (un instrumento musical de cuerda o de percusión). *Los trovadores tañían la cítara. Un monaguillo tañe las campanas.*

tañido. m. Hecho o efecto de tañer. *Me ha despertado el tañido de las campanas de la catedral.*

taoísmo. m. Doctrina religiosa y filosófica fundada en China por Lao-Tsé (s. VI a. C.). *El* yin *y el* yang *son principios básicos del taoísmo.*

taoísta. adj. **1.** Del taoísmo. *Pensamiento taoísta.* **2.** Que profesa el taoísmo. Dicho de pers., tb. m. y f. *Los taoístas buscan el equilibrio mediante la contemplación.*

tapa. f. **1.** Pieza con que se cierra un objeto, espec. un recipiente y gralm. por su parte superior. *Ponle la tapa al bote de mermelada para que no se seque.* **2.** Cada una de las dos cubiertas de un libro o de un cuaderno. *El diccionario es aquel libro de tapas rojas.* **3.** Porción de alimento que se sirve para acompañar una bebida. *Nos han puesto de aperitivo unas tapas de jamón y unas aceitunas.* **4.** Capa de suela del calzado que forma la parte del tacón en contacto con el suelo. *Tengo que llevar los zapatos al zapatero para que les ponga tapas nuevas.* **5.** Parte de la carne de una res que corresponde al centro de la pata trasera. *Compra tapa de ternera para guisar.* ■ **~ de los sesos.** f. coloq. Parte superior del cráneo. □ **levantar,** o **saltar,** (a alguien) **la ~ de los sesos.** loc. v. coloq. Matar(lo) de un tiro en la cabeza. *Se suicidó saltándose la tapa de los sesos.* ▶ **3:** *APERITIVO.

tapacubos. m. Tapa gralm. metálica que se adapta a la parte exterior de la llanta de una rueda. *El impacto del coche hizo saltar los tapacubos de las ruedas delanteras.*

tapadera. f. **1.** Tapa de un recipiente. *Ponle la tapadera a la olla para que hierva antes el agua.* **2.** Persona o cosa que sirven para encubrir o disimular algo. *La empresa investigada era una tapadera. Estoy harta de ser la tapadera de tus enredos.*

tapadillo. **de ~.** loc. adv. A escondidas o con disimulo. *Fuman de tapadillo en el servicio.* Tb. loc. adj. *Es un lugar propicio para citas de tapadillo.*

tapado¹. m. **1.** Hecho de tapar. *Los servicios municipales procedieron al tapado de la zanja.* **2.** Am. Abrigo, espec. de mujer. *Les gustó el tapado de visón y el collar de esmeraldas* [C].

tapado², da. part. **1.** → **tapar.** ● m. y f. **2.** Candidato a un cargo, frec. a la presidencia de un país, cuyo nombre se mantiene oculto hasta el momento oportuno. *El presidente mexicano reveló la verdadera identidad del tapado.*

tapajuntas. m. Listón que se usa para tapar la juntura del cerco de una puerta o de una ventana con la pared. *El salón tiene los rodapiés, marcos y tapajuntas en madera lacada.*

tapar. tr. **1.** Cerrar (algo, espec. un recipiente) con una tapa o un tapón. *Tapa el bote de gel después de usarlo.* **2.** Cerrar u obstruir (algo). *La barca no naufragó gracias a que taparon con trapos y tablas la vía de agua. La grúa se llevó un coche que tapaba la sali-*

da de emergencia. **3.** Cubrir (algo o a alguien) de modo que no puedan ser vistos. *No encontraba las gafas porque me las tapaban los libros que tenía delante.* Tb. fig. *Intentó tapar su error diciendo que todo había sido una broma. El olor de su perfume era tan fuerte que tapaba todos los demás.* **4.** Cubrir (algo, como los ojos o la cabeza de alguien) de modo que esa persona no pueda ver. *Tápate los ojos, cuenta hasta diez y búscanos.* **5.** Cubrir (algo o a alguien) para proteger(los), gralm. de agentes externos. *Voy a tapar los cuadros para que no cojan polvo.* Tb. fig. *Mintió en su declaración para tapar a su cómplice.* **6.** Cubrir o abrigar (a alguien) con ropa. *Me quedé dormida en el sillón y mi madre me tapó con una manta. Tápate bien, no te vayas a constipar.*

taparrabo. m. Taparrabos (pieza de tela). *En el documental sale un grupo de pigmeos vestidos con taparrabo.* ► TAPARRABOS.

taparrabos. m. **1.** Pieza de tela que cubre solo la zona genital. *Los indios del Amazonas llevan solo un taparrabos.* **2.** coloq. Tanga (prenda de baño). *Iba a la playa con sus chanclas y su taparrabos, presumiendo de musculatura.* ► **1:** TAPARRABO.

tapear. intr. coloq. Tomar tapas en bares o establecimientos similares. *Hemos estado tapeando antes de la comida y se nos ha quitado el apetito.*

tapeo. m. coloq. Hecho de tapear. *Fuimos de tapeo por los bares del casco antiguo.*

tapete. m. **1.** Pieza de tejido u otro material que se pone encima de un mueble, espec. de una mesa, para adornarlo o protegerlo. *Sobre el mueble del recibidor, hay un tapete de ganchillo.* **2.** Am. Alfombra (pieza de tejido). *Marco Polo trajo especias, sedas, tapetes persas y piedras preciosas* [C]. ■ **sobre el ~.** loc. adv. En situación de ser discutido o analizado, frec. para tomar una resolución. *La patronal ha puesto sobre el tapete una última oferta.* ► **2:** ALFOMBRA.

tapia. f. Pared o muro que cercan un lugar. *Los ladrones entraron saltando la tapia del jardín.* ■ **más sordo que una ~.** loc. adj. coloq. Muy sordo. *Háblale alto, que está más sordo que una tapia.*

tapiado. m. Hecho de tapiar. *Se procederá al tapiado de todos los huecos exteriores de la vivienda abandonada.*

tapiar. (conjug. ANUNCIAR). tr. **1.** Cerrar (un hueco) con un muro o un tabique. *Recuerdo aquel oscuro desván, con su ventana tapiada con ladrillos.* **2.** Rodear (algo) con una tapia. *Tapiaron la finca para evitar que se escapara el ganado.*

tapicería. f. **1.** Tela u otro material que se usan para tapizar. *He cambiado la tapicería de los sillones y han quedado como nuevos.* **2.** Establecimiento en que se hacen o venden tapicerías (→ 1). *Han encargado las cortinas en una tapicería.* **3.** Arte u oficio de tapicero. *La colección constituye una joya de la tapicería europea del* XVI. *Se hacen trabajos de tapicería y carpintería.* ► **1:** TAPIZADO.

tapicero, ra. m. y f. **1.** Persona que tiene por oficio tapizar y hacer y colocar cortinajes u otros tejidos empleados en decoración. *Pide consejo al tapicero sobre la tela de las sillas.* **2.** Persona que se dedica a la elaboración de tapices. *Goya pintó cartones para tapices que serían llevados a la tela por expertos tapiceros.*

tapioca. f. Fécula blanca y granulada que se extrae de la raíz de la mandioca y que se usa en alimentación, gralm. para hacer sopa. *Sopa de tapioca.* Tb. esa sopa. *Después de los entrantes nos sirvieron una tapioca.*

tapir. m. Mamífero propio de zonas tropicales de América y Asia, de tamaño parecido al de un jabalí y con la nariz prolongada en forma de pequeña trompa. *El tapir hembra. El zoo ha traído ejemplares de tapir malayo.*

tapiz. m. Tejido gralm. grande, de lana, seda u otros materiales, que reproduce escenas o dibujos, y que se usa para cubrir paredes. *En el palacio hay tapices de Rubens con escenas mitológicas.* Tb. fig., frec. para designar una capa de plantas que cubre el suelo. *En el bosque, el musgo forma un tupido tapiz.*

tapizado. m. **1.** Hecho de tapizar. *En la fábrica se encargan del diseño, montaje y tapizado de los muebles.* **2.** Tapicería (tela). *Las sillas tienen tapizado granate y remaches dorados.* ► **2:** TAPICERÍA.

tapizar. tr. **1.** Forrar (un mueble o una pared) con tela u otro material semejante. *Hay que volver a tapizar el sofá, porque está muy estropeado. El coche tiene asientos tapizados* EN *piel.* **2.** Cubrir (una superficie). *En otoño, las hojas que caen de los árboles tapizan las calles.*

tapón. m. **1.** Pieza que sirve para cerrar una botella o una vasija, al introducirse en el orificio por donde sale el líquido. *Al descorchar la botella, el tapón salió disparado.* Tb. designa otras piezas que sirven para tapar otro tipo de orificios. *Pon el tapón del lavabo para que no se vaya el agua.* **2.** Cosa, persona o acumulación de ellas, que obstruyen un conducto o un lugar de paso. *Si tiras tantas cosas por la pila, acabará formándose un tapón en la cañería. En las puertas del estadio había un tremendo tapón de gente ansiosa por entrar. El accidente provocó un tapón en la carretera de salida de la ciudad.* **3.** Acumulación de cera en el oído, que puede dificultar la audición. *Tuve un tapón en el oído izquierdo y, hasta que no me lo sacaron, no oía nada por ese lado.* **4.** coloq. Persona de poca altura y gralm. gruesa. *Sus padres son altísimos, pero él, el pobre, es un tapón.* **5.** En el baloncesto: Acción que consiste en interceptar el balón con la mano e impedir así que entre en la canasta. *Un tapón del pívot en el último minuto evitó que perdieran el partido.*

taponamiento. m. Hecho o efecto de taponar o taponarse, espec. un conducto. *Los marinos realizaron operaciones de taponamiento de vías de agua y salvamento de buques.* Frec. en medicina. *La alergia puede provocar picor de ojos, estornudos y taponamiento nasal. Fue tratado de un taponamiento del conducto auditivo.*

taponar. tr. **1.** Cerrar (un orificio) con un tapón. *Pinchó la aguja de la jeringa en la goma que taponaba el frasco con el medicamento.* **2.** Obstruir (un conducto o un lugar de paso). *Un coágulo de sangre puede taponar una arteria. Los manifestantes taponaron las calles del centro de la capital.* Tb. fig. *La intransigencia de una de las partes tapona toda posibilidad de acuerdo.* Tb. en constr. prnl. media. *Cuando me acatarro, enseguida se me tapona la nariz.*

taponazo. m. Golpe dado con el tapón de una botella de líquido espumoso al destaparla. *No agites la botella, no sea que salte el corcho y le des un taponazo a alguien.* Tb. el ruido así producido. *Supe que celebrabais algo porque oí el taponazo del champán.*

tapujo. m. Reserva o disimulo al hablar o al actuar. Gralm. en pl. *No quiso andarse con tapujos y dejó claro que la situación era grave. Di lo que piensas sin tapujos.*

taquicardia. f. *Med.* Frecuencia excesiva del ritmo de las contracciones del corazón. *La ansiedad puede provocar taquicardia.* Frec. fig. *Los últimos minutos del encuentro fueron de taquicardia.*

taquigrafía. f. Sistema de escritura mediante signos y abreviaturas, que permite transcribir las palabras a la velocidad con que se pronuncian. *Estudió taquigrafía e idiomas cuando hizo el curso de secretariado.* ▶ ESTENOGRAFÍA.

taquigrafiar. (conjug. ENVIAR). tr. Escribir (algo) mediante taquigrafía. *Un secretario taquigrafiaba las declaraciones de los testigos.*

taquigráfico, ca. adj. **1.** De la taquigrafía. *Signos taquigráficos.* **2.** Escrito en taquigrafía. *Se levantará acta taquigráfica de las sesiones.* Frec. fig. para enfatizar el carácter sintético de algo. *La televisión ha dado la noticia de forma taquigráfica y sin entrar en detalles.*

taquígrafo, fa. m. y f. Persona que domina o practica profesionalmente la taquigrafía. *Los taquígrafos registran fielmente las intervenciones de los diputados.*

taquilla. f. **1.** Ventanilla o lugar donde se venden entradas o billetes. *Cuando llegamos al cine, ya había cola en la taquilla.* **2.** Taquillaje (recaudación). *La película ha conseguido una taquilla millonaria.* **3.** Armario individual para guardar ropa y efectos personales, que suele haber en lugares de trabajo y en centros de actividades colectivas. *Cuando voy al gimnasio, dejo la ropa de calle en mi taquilla.* ▶ **2:** TAQUILLAJE. ‖ **Am: 1:** BOLETERÍA.

taquillaje. m. **1.** Conjunto de las entradas o billetes que se venden en una taquilla. *La expectación por la corrida es tanta que el taquillaje se ha agotado en pocos minutos.* **2.** Recaudación obtenida con la venta del taquillaje (→ 1). *El espectáculo ha tenido éxito y se ha superado el taquillaje previsto.* ▶ **2:** TAQUILLA. ‖ **Am: 1:** BOLETERÍA.

taquillero, ra. adj. **1.** Dicho de artista o de espectáculo: Que proporciona buenas recaudaciones. *Las obras taquilleras no siempre son las de mayor calidad. Es un actor muy taquillero.* ● m. y f. **2.** Persona que tiene por oficio atender una taquilla de entradas o billetes. *La taquillera del cine nos reservó dos entradas.* ▶ **Am: 2:** BOLETERO.

taquillón. m. Mueble de madera, de poca altura y capacidad, que suele colocarse en los recibidores como decoración. *Sobre el taquillón de la entrada hay unas figuras de porcelana y un espejo.*

taquimecanografía. f. Conocimiento combinado de taquigrafía y mecanografía. *Su secretario domina la taquimecanografía y dos idiomas.* Tb. la actividad correspondiente.

taquimecanógrafo, fa. m. y f. Persona que domina o practica profesionalmente la taquimecanografía. *Se necesita taquimecanógrafo que alcance 100 palabras por minuto en taquigrafía y 240 pulsaciones a máquina.*

taquímetro. m. **1.** *tecn.* Instrumento que sirve para medir a la vez distancias y ángulos horizontales y verticales. *Los topógrafos utilizan taquímetros para tomar datos antes de hacer un plano.* **2.** Tacómetro. *La policía busca el taquímetro del camión accidentado.*

tara. f. **1.** Defecto físico o psíquico graves, frec. hereditarios. *Ante sus problemas de aprendizaje, los padres temían que tuviera alguna tara cerebral.* **2.** Defecto o imperfección de algo. *Me hicieron una rebaja en el precio de la falda porque tenía una tara.* **3.** Peso del envase, continente o vehículo en que se contiene una mercancía y que debe descontarse del peso total para calcular el de la mercancía. *En la puerta del camión figuraban su tara y su carga máxima.* ▶ **2:** *DEFECTO.

taracea. f. **1.** Incrustación hecha en madera con trozos pequeños de otras maderas de diferentes colores, o con materiales como el nácar o la concha. *Admiren esta hermosa arqueta de caoba con taracea de marfil.* Tb. la técnica decorativa correspondiente. **2.** Obra decorada mediante taracea (→ 1). *En la artesanía andalusí, destaca la producción de cerámicas y taraceas.*

tarado, da. adj. **1.** Tonto o de escaso juicio. Se usa como insulto. *Hace falta estar tarado para decir semejante sandez.* Tb. m. y f. *Eres un tarado.* **2.** Que padece una tara física o psíquica. *Estudia las anomalías funcionales de individuos tarados.* ▶ **1:** *TONTO.

tarahumara. adj. De un pueblo indio de la familia azteca, que habita en el Estado mexicano de Chihuahua. *Lengua tarahumara.* Dicho de pers., tb. m. y f. *Los tarahumaras son descendientes de los apaches.*

tarambana. m. y f. coloq. Persona alocada y de poco juicio. *De joven era un tarambana y solo pensaba en la juerga.* Tb. adj. *Al padre no le gusta que salga con esa chica descarada y tarambana.*

tarantela. f. Baile de origen napolitano, de ritmo muy vivo. *Las parejas bailan animadas una tarantela.* Tb. su música. *Un disco de tarantelas.*

tarántula. f. Araña grande, de cuerpo pardo y velloso, que vive entre las piedras o en agujeros profundos y cuya picadura es venenosa. *La picadura de la tarántula es muy dolorosa.*

tarará. interj. Se usa para imitar el sonido de una trompeta o un instrumento similar. Frec. alterna con *tararí.* Tb. m. *Sonó el tararí, tarará de los clarines y el toro salió al ruedo.*

tararear. tr. Cantar (una canción o una melodía) sin articular palabras. *No me sé la letra de la canción, pero te la puedo tararear.* Tb. usado en constr. intr. *Cuando conduce va siempre tarareando.*

tarareo. m. Hecho de tararear. *Sonaba una canción tan pegadiza que invitaba al tarareo.*

tararí. interj. **1.** Se usa para imitar el sonido de una trompeta o un instrumento similar. Frec. alterna con *tarará.* Tb. m. *Se oyó un tararí, tarará que anunciaba el comienzo del espectáculo.* **2.** coloq. Se usa para expresar burla o para negar o rechazar algo con rotundidad. Tb. ~ *que te vi. Le dije que le tocaba pagar a él y me contestó: –Tararí que te vi.*

tarasca. f. **1.** Figura de serpiente monstruosa, con una boca muy grande, que en algunas partes se saca en la procesión del Corpus. *Es tradicional que en la procesión salga la tarasca.* **2.** despect. Mujer temible por su carácter agresivo o insolente. *Entre las reclusas había algunas tarascas de cuidado.*

tarascada. f. **1.** Golpe o mordisco violentos. *En un descuido del domador, el animal le lanzó una tarascada.* **2.** Dicho o respuesta bruscos. *Lo pillé de mal humor y me soltó una tarascada que me dejó helado.* **3.** *Taurom.* Cornada violenta que da el toro levantando bruscamente la cabeza.

tardanza. f. Hecho o efecto de tardar. *Llegó con la reunión empezada y pidió perdón por la tardanza.*

tardar. intr. **1.** Emplear el tiempo que se indica en hacer algo. *Tardaron una semana* EN *pintar la casa.* **2.** Emplear mucho o demasiado tiempo en hacer algo. *En este restaurante se come bien, pero tardan* EN *servir. Dijo que venía en seguida, pero está tardando.* ■ **a más ~.** loc. adv. Como plazo máximo. *Me cortaré el pelo el mes que viene, a más tardar.*

tarde. adv. **1.** Después del tiempo oportuno, debido o acostumbrado. *Me han puesto una falta por llegar tarde a clase. Este año los almendros han florecido más tarde. No es tarde* PARA *rectificar.* A veces precedido de prep. *No me pondré a trabajar hasta más tarde.* **2.** A una hora avanzada del día o de la noche. *Los días laborables madruga, pero los domingos se levanta tarde.* ● f. **3.** Parte del día que transcurre entre el mediodía y el anochecer. *Por la mañana va al instituto, y por la tarde, a una academia de idiomas.* ■ **buenas ~s.** expr. Se usa como fórmula de saludo o de despedida por la tarde (→ 3). *Buenas tardes, ¿quién es el último?* ■ **de ~ en ~.** loc. adv. De vez en cuando, dejando pasar mucho tiempo de una vez a otra. *Desde que tiene ese horario tan malo, solo nos vemos de tarde en tarde.* ■ **~, mal y nunca.** loc. adv. coloq. Con retraso y de manera poco satisfactoria. *Los afectados se quejan de que las indemnizaciones llegan tarde, mal y nunca.* ■ **~ o temprano,** o **más ~ o más temprano.** loc. adv. Referido a un tiempo futuro: Alguna vez. *Tarde o temprano encontrarás un trabajo que te guste. Más tarde o más temprano lo vas a lamentar.*

tardío, a. adj. **1.** Que llega o sucede tarde o después de lo acostumbrado o esperado. *Aprendió a leer ya adulto y la lectura ha sido para él una afición tardía.* **2.** Dicho de fruto: Que madura más tarde de lo habitual. *Manzanas tardías.* **3.** Que se encuentra en la última fase de su existencia o de su evolución. *El templo es de estilo gótico tardío.*

tardo, da. adj. **1.** Lento en actuar o en producirse. *Los novillos son tardos en la embestida. El anciano avanza con andares tardos y cansinos.* **2.** Dicho de persona: Torpe en comprender. *La muchacha, ingenua y un poco tarda, no captaba la ironía.*

tardo-. elem. compos. Significa 'tardío o final' (*tardomedieval, tardofranquismo*).

tardón, na. adj. coloq. Que suele retrasarse o tarda mucho en hacer las cosas. *Es un poco tardón, pero vendrá.* Dicho de pers., tb. m. y f. *El tardón de tu hermano siempre me hace esperar.*

tarea. f. Actividad o conjunto de cosas que hay que hacer. *Los obreros se tomaban un pequeño descanso y volvían a la tarea. El hombre debe compartir con la mujer las tareas del hogar. Convencerlo fue una ardua tarea.* ▶ QUEHACER, TRABAJO.

tarifa. f. **1.** Precio fijado para una mercancía o un servicio, frec. con carácter oficial. *En enero suben las tarifas del taxi. Las llamadas son un 40% más baratas en horario de tarifa reducida.* **2.** Tabla de precios, derechos o impuestos. *La tarifa del impuesto sobre la renta presenta varios tramos.*

tarifación. f. Hecho de tarifar algo. *Los usuarios del teléfono reclaman la tarifación por segundos, y no por pasos.* ▶ TARIFICACIÓN.

tarifar. tr. **1.** Aplicar una tarifa (a algo). *La consulta del banco de datos se tarifa según el tiempo de conexión.* ○ intr. **2.** coloq. Enemistarse o reñir dos personas. Frec. en la constr. *salir tarifando. Cada vez que tocamos ese tema, salimos tarifando.* Tb.: *Empezó a faltar al trabajo y acabó tarifando* CON *su jefe.* ▶ **1:** TARIFICAR.

tarifario, ria. adj. De la tarifa. *La crisis del petróleo provocará un aumento tarifario de los combustibles.*

tarificación. f. Hecho de tarificar. *La tarificación del consumo de agua contribuye al ahorro de este bien escaso.* ▶ TARIFACIÓN.

tarificar. tr. Tarifar. *Las llamadas nacionales se tarifican a menor precio que las internacionales.*

tarima. f. **1.** Plataforma gralm. de madera, elevada a poca altura sobre el suelo. *El profesor da sus explicaciones desde la tarima.* **2.** Suelo semejante al parqué, pero de tablas mayores y más gruesas. *Pondremos baldosa en el cuarto de baño y tarima en las habitaciones.*

tarjeta. f. **1.** Pieza rectangular de un material delgado, como la cartulina, que suele llevar algo impreso o escrito. *En la biblioteca utilizan unas tarjetas blancas para hacer las fichas de los libros. Sin tarjeta de embarque no puede subir al avión.* **2.** Tarjeta (→ 1) que suele tener una fotografía o ilustración por un lado, se emplea como carta y puede enviarse por correo sin sobre. *Si voy a Canarias, os enviaré una tarjeta desde allí.* Tb. *~ postal. Envíe su respuesta por tarjeta postal a este apartado de correos.* **3.** Tarjeta (→ 1) que lleva impresos el nombre, dirección y a veces otros datos, como la actividad profesional, de una persona o una entidad. *En la tarjeta que nos dio pone que es jefe de ventas.* Tb. *~ de visita* y, entonces, frec. fig. *Hacemos tarjetas de visita al instante. Ser hijo de alguien tan trabajador es una buena tarjeta de visita.* **4.** Tarjeta (→ 1) de plástico magnetizada, emitida por un banco, unos grandes almacenes u otra entidad, y que permite pagar sin dinero en efectivo, con cargo a una cuenta, o acceder a un cajero automático. *¿Va a pagar en efectivo o con tarjeta?* Tb. *~ de crédito. Se dedicaban a la falsificación de tarjetas de crédito.* **5.** En fútbol y otros deportes: Tarjeta (→ 1) que usa el árbitro como señal de amonestación. *La violenta entrada del defensa merecía que le sacaran una tarjeta.* ■ **~ amarilla.** f. Tarjeta (→ 5) que muestra el árbitro por una falta grave. *Sacó tarjeta amarilla al portero por protestar.* ■ **~ roja.** f. Tarjeta (→ 5) que muestra el árbitro por una falta muy grave y que supone la expulsión. *La falta fue castigada con penalti y tarjeta roja al infractor.* ▶ **2:** POSTAL.

tarjetero. m. Cartera o recipiente para guardar tarjetas de visita. *En la mesa del despacho tiene un tarjetero con tarjetas de sus clientes.*

tarot. (pl. **tarots**). m. Baraja de 78 cartas con figuras especiales estampadas, que se usa como instrumento de adivinación. *La vidente sabe leer el tarot y las líneas de la mano.* Tb. la práctica adivinatoria correspondiente. *Ha hecho un curso sobre astrología, tarot y esoterismo.*

tarra. m. y f. coloq. Persona vieja. A veces despect. *¿Qué hace un tarra como tú yendo a discotecas de jovencitos?* Tb. adj. *A los que somos un poco tarras, la informática nos pilló a contrapié.*

tarraconense. adj. **1.** De Tarragona. *Costa tarraconense.* Dicho de pers., tb. m. y f. *Muchos tarraconenses viven del turismo.* **2.** histór. De Tarraco (antigua ciudad y provincia hispanorromanas). *César favoreció el renacer de la agricultura bética y tarraconense.* Dicho de pers., tb. m. y f.

tarrina. f. Recipiente pequeño destinado a conservar alimentos, gralm. en frío. *¿Quiere el helado en cucurucho o en tarrina?* Tb. su contenido. *De postre, me tomaría una tarrina de helado de vainilla.*

tarro. m. **1.** Recipiente de vidrio, porcelana u otro material semejante, gralm. cilíndrico y más alto que ancho. *Cierra bien el tarro de la mermelada.* **2.** coloq. Cabeza humana (parte del cuerpo, o mente). *¡Qué dolor de tarro me está poniendo esa música! Deja de darle vueltas al tarro, que te vas a volver loco.* ■ **comer el ~** (a alguien). loc. v. coloq. Inculcar(le) determinadas ideas para condicionar su manera de pensar o actuar. *El vendedor me ha comido el tarro y le he comprado la enciclopedia.*

tarso. m. **1.** *Anat.* En los mamíferos, reptiles y anfibios: Parte del esqueleto correspondiente a las extremidades posteriores, situada entre los huesos de la pierna y el metatarso, y constituida por varios huesos cortos. *El pie está formado por tarso, metatarso y dedos.* **2.** *Anat.* En las aves: Parte más delgada de la pata, que une los dedos con la tibia. **3.** *Anat.* En los insectos: Parte más externa de las cinco articuladas que constituyen la pata.

tarta. f. Pastel grande y gralm. redondo, elaborado sobre una base de bizcocho u otra masa y decorado con frutas u otros ingredientes. *Sopló las velas de la tarta y todos le cantamos el "cumpleaños feliz".* Frec. fig. para designar un conjunto de beneficios económicos o de poder susceptibles de reparto. *Dos empresas copan el mercado y se reparten el 80% de la tarta.* ▶ **Am:** TORTA.

tartaja. adj. coloq., despect. Tartamudo. *Era un tipo feúcho y tartaja.* Tb. m. y f.

tartajear. intr. coloq., despect. Tartamudear. *¡Cálmate y deja de tartajear, que yo no me como a nadie!*

tartaleta. f. Pastel formado por una masa gralm. de hojaldre en forma de cazoleta, cocida al horno y rellena con diversos ingredientes. *En la pastelería hacen unas tartaletas de frambuesa exquisitas.*

tartamudear. intr. Hablar con pronunciación entrecortada y repitiendo las sílabas. *En los exámenes orales, los nervios me hacen temblar y tartamudear.*

tartamudeo. m. Hecho de tartamudear. *Habla con un tartamudeo que delata su inseguridad.*

tartamudez. f. Condición de tartamudo. *Su tartamudez se debe a un problema en las cuerdas vocales.*

tartamudo, da. adj. Que tartamudea, espec. si lo hace habitualmente debido a un trastorno del habla. Tb. m. y f. *–¡Cual... cual... cualquiera sabe! –respondió el tartamudo.*

tartán[1]. m. Tejido de lana con cuadros o listas cruzadas de diferentes colores, típico de Escocia. *La abuela se sentaba en la mecedora y se tapaba con una manta de tartán.*

tartán[2]. (Marca reg.). m. Material formado por una mezcla de amianto, caucho y materias plásticas, muy resistente y deslizante, y que se emplea como revestimiento de pistas de atletismo. *El estadio cuenta con pista de tartán para competiciones atléticas.*

tartana. f. **1.** Carruaje tirado por caballos, gralm. de dos ruedas, cubierto con un toldo abovedado y provisto de asientos laterales. *El día del patrón, iba todo el pueblo en carretas y tartanas a merendar junto al río.* **2.** coloq. Cosa vieja y en mal estado, espec. un automóvil. *Mejor vamos en tren, porque con esta tartana no llegaremos muy lejos.*

tártaro[1]. m. cult. Infierno (lugar donde habitan los espíritus de los muertos). Frec., en mayúsc., referido a la Antigüedad clásica. *Según la mitología, Zeus castigó a los Titanes confinándolos en las profundidades del Tártaro.*

tártaro[2], ra. adj. De Tartaria (región de Asia). *Soldado tártaro.* Dicho de pers., tb. m. y f. *Los tártaros irrumpieron en Rusia en el siglo* XIII.

tartera. f. Recipiente que se cierra herméticamente y que se usa para llevar o conservar comida. *Cuando va a trabajar al campo, lleva la comida en una tartera.*

tartesio, sia. adj. histór. De un pueblo hispánico prerromano que habitaba en la Tartéside (antigua región del oeste de Andalucía). *Civilización tartesia.* Dicho de pers., tb. m. y f. *Los tartesios fabricaban bronce y lo vendían a los fenicios y otros pueblos.*

tarugo. m. **1.** Trozo de madera corto y grueso. *Cogió un hacha y fue cortando la leña en tarugos.* **2.** Trozo de pan grueso, irregular y a veces duro. *¡Menudos tarugos de pan con chocolate se merienda todas las tardes!* **3.** coloq. Persona torpe para comprender o razonar. Se usa como insulto. *¿Es que no sabes hacer nada bien, tarugo?* **4.** coloq. Persona baja y gorda. Frec. despect. *En la tele parece más alto, pero es un tarugo.*

tarumba. adj. coloq. Loco o aturdido. Frec. con v. como *volver* o *volverse. Me voy a volver tarumba si sigo encerrado aquí más tiempo.*

tasa. f. **1.** Efecto de tasar o poner precio. Tb. ese precio. *Los estudiantes se manifestarán contra la subida de las tasas universitarias.* **2.** Impuesto exigido por el uso o disfrute de un servicio. *El billete de avión cuesta unos 500 euros, incluidas las tasas.* **3.** Limitación o restricción en lo que se hace. Se usa en la constr. *sin ~. Como ganaba poco y gastaba sin tasa, pronto acabó en la ruina.* **4.** *tecn.* Relación entre dos magnitudes, frec. expresada en términos de porcentaje. Tb. el índice que la expresa. *La tasa de paro se obtiene relacionando el número de parados y el de la población en edad de trabajar. La tasa de natalidad en Europa es muy baja.*

tasación. f. Hecho de tasar. *Antes de ponerla en venta, encargó a un perito la tasación de la finca.* ▶ *VALORACIÓN.

tasador, ra. adj. **1.** Que tasa. *El banco actuará como entidad tasadora.* ● m. y f. **2.** Persona legalmente capacitada para tasar el precio de algo. *La ley establece los criterios y métodos que debe aplicar el tasador de inmuebles.*

tasajo. m. **1.** Cecina. *Nos pusieron vino y unas raciones de jamón y tasajo.* **2.** Porción cortada de carne, pescado o fruta. *El guiso estaba hecho a base de tasajos de cabrito y dátiles.*

tasar. tr. **1.** Fijar oficialmente el precio máximo o mínimo (de una mercancía). Tb. referido a ese precio y, entonces, frec. en part. *Las viviendas de protección oficial tienen un precio tasado, inferior al valor de mercado.* **2.** Determinar el precio o valor (de algo). *La aseguradora tasó el cuadro* EN *un seis mil euros. Antes de conceder un crédito hipotecario, el banco envía a un perito para que tase la casa.* **3.** Poner límite (a algo), frec. por prudencia o tacañería. *El dueño tasaba el dinero para la compra diaria y el servicio tenía que arreglárselas con aquel presupuesto.* ▶ **2:** *VALORAR.

tasca. f. Taberna. *Se van a tomar chatos y a picar por las tascas del casco viejo.*

tata. f. infant. o coloq. Mujer empleada en una casa como niñera o como sirvienta. *Mi tata me contaba cuentos antes de dormir.*

tatami. m. Superficie acolchada sobre la que se practican algunos deportes de lucha de origen oriental. *El yudoca hace una llave a su rival y lo derriba sobre el tatami.*

tatarabuelo, la. m. y f. Respecto de una persona: Padre o madre de su bisabuelo o de su bisabuela. *Mi abuelo no conoció a su abuelo, es decir, a mi tatarabuelo.*

tataranieto, ta. m. y f. Respecto de una persona: Hijo o hija de su bisnieto o de su bisnieta. *Si tan joven ya tiene nietos, seguro que llega a tener tataranietos.*

tatarear. tr. coloq. Tararear (una canción). *La mujer tatarea coplas mientras tiende la ropa.* Tb. usado en constr. intr. *Se oía tatarear en la habitación de al lado.*

tate. interj. Se usa para expresar que se acaba de conocer algo o de caer en la cuenta de ello. *¡Tate, entonces por eso reaccionó de esa manera!*

tatuaje. m. Hecho o efecto de tatuar. *Existen distintas técnicas de tatuaje. El ladrón llevaba un tatuaje en el brazo.*

tatuar. (conjug. ACTUAR). tr. **1.** Grabar algo sobre la piel (de una persona o de una parte de su cuerpo), introduciendo materias colorantes bajo la epidermis. *Varios marineros cogieron al novato y lo tatuaron. Le han tatuado el brazo con un corazón.* Frec. en part. Tb. fig. *Los suburbios están llenos de niños tatuados por la miseria.* **2.** Grabar (algo) sobre la piel de una persona, introduciendo materias colorantes bajo la epidermis. *Le han tatuado un dragón en la espalda.* Frec. en part. Tb. fig. *Lleva el dolor tatuado en la cara.*

taula. f. *Arqueol.* Monumento prehistórico propio de las islas Baleares, constituido por una piedra vertical que sostiene otra horizontal con la que forma una "T". *En el yacimiento menorquín hay una taula, un talayote y varias casas del antiguo poblado.*

taumaturgia. f. cult. Facultad de realizar milagros o prodigios. *Considera su sanación como un acto de taumaturgia.* Frec. fig. *El poeta nos contagia sus sentimientos gracias a la taumaturgia de las palabras.*

taumatúrgico, ca. adj. cult. De la taumaturgia. *Ritos taumatúrgicos.*

taumaturgo, ga. m. y f. cult. Persona que realiza milagros o prodigios. *Muchos santos han sido considerados taumaturgos.*

taurino, na. adj. **1.** Del toro o de las corridas de toros. *Habrá espectáculos taurinos durante las fiestas del pueblo.* **2.** Aficionado a los toros. Tb. m. y f. *Los taurinos de verdad están en contra del afeitado de los toros.*

tauro. m. y f. Persona nacida bajo el signo de Tauro. *Ángel nació en mayo y es un tauro típico.* Frec. adj. *Dicen que la mujer tauro es fuerte y paciente.*

taurómaco, ca. adj. De la tauromaquia. *Fiestas taurómacas.*

tauromaquia. f. Arte o técnica de lidiar toros. *Manolete es uno de los grandes nombres de la historia de la tauromaquia.* ▶ TOREO.

tautología. f. cult. Repetición innecesaria de un pensamiento, gralm. expresándolo de distinta manera. *La tautología "los mejores son los mejores" tiene un valor expresivo.*

tautológico, ca. adj. cult. De la tautología. *Expresión tautológica.*

taxativo, va. adj. Que no admite discusión por la firmeza o el carácter inequívoco con que se expresa. *Las afirmaciones del ministro sobre la mejora de la economía han sido taxativas. El profesor fue taxativo: –El que llegue tarde no entrará.*

taxi. m. Automóvil de alquiler con conductor, provisto de taxímetro. *Como el autobús tardaba, tuve que coger un taxi para llegar a tiempo.*

taxidermia. f. Arte o técnica de disecar animales muertos para conservarlos con apariencia de vivos. *En el pabellón de caza cuelgan cabezas de animales disecadas en los mejores talleres de taxidermia.*

taxidermista. m. y f. Persona que se dedica a la taxidermia. *Trabaja como taxidermista en el Museo de Ciencias Naturales.*

taxímetro. m. Aparato del que van provistos los taxis y que va marcando automáticamente el precio del trayecto recorrido. *Tuve que pagar lo que marcaba el taxímetro, más un suplemento por las maletas.*

taxista. m. y f. Conductor de un taxi. *Pide al taxista que te lleve por donde haya menos tráfico.*

taxón. m. *Biol.* Cada uno de los grupos o categorías de la clasificación sistemática de los seres vivos, reconocidos internacionalmente. *Las aves pertenecen al taxón de los vertebrados.*

taxonomía. f. **1.** *tecn.* Estudio científico de los principios, métodos y fines de la clasificación, espec. el que se aplica en biología para ordenar sistemáticamente los grupos de seres vivos. *La bibliografía y la taxonomía son disciplinas auxiliares de muchas ciencias.* **2.** *tecn.* Clasificación hecha de acuerdo con la taxonomía (→ 1). *En la taxonomía zoológica, los elefantes se engloban en el grupo de los mamíferos. Existen distintas taxonomías de los géneros literarios.*

taxonómico, ca. adj. *tecn.* De la taxonomía. *El orden es una categoría taxonómica de rango superior a la familia.*

taza. f. **1.** Recipiente pequeño, profundo y con asa, que se usa gralm. para beber líquidos. *En la bandeja traía una tetera y varias tazas.* Tb. su contenido. *Una taza de café después de comer sienta muy bien.* Tb. designa una pieza o receptáculo cuya forma recuerda la de ese recipiente. *De la escultura central, sale un surtidor que vierte agua en la taza de la fuente.* **2.** Parte del retrete que sirve de asiento para orinar o evacuar excrementos. Tb. ~ *de(l) váter. Acuérdate de limpiar la taza del váter con la escobilla.* ▶ **2:** INODORO.

tazón. m. Recipiente semejante a una taza grande, semiesférico y gralm. sin asa, que se usa para tomar líquidos o determinados alimentos. *Tomo el desayuno en un tazón para poder mojar bien el bollo.* Tb. su contenido. *Me he tomado un tazón de cereales y estoy llena.*

te[1]. f. Letra *t*.

te[2]. pron. pers. (Se escribe unido al v. cuando va detrás de él: *Puedes sentarte; Estoy escuchándote; Péinate; Sentate aquí a mi lado* [C]). Designa, en función de complemento directo o indirecto sin preposición, a la misma persona designada con el pronombre *tú* o, Am., *vos. No te hagas el loco. Puedes ahorrarte tus comentarios. Siéntate en esta butaca. Vos no te lo podés imaginar* [C].

té. m. **1.** Arbusto oriental de hojas en forma de punta de lanza, muy aromáticas y ricas en cafeína. *Hojas de té.* Tb. su hoja, una vez seca y tostada. *Compra un paquete de té y otro de café.* **2.** Infusión estimulante que se hace con hojas tostadas de té (→ 1). *Calienta agua para hacer té.* Tb. una taza o vaso de esta infusión. *Por favor, un té con leche.* **3.** Reunión social en la que se merienda con té (→ 2). *El té de los jueves en casa del marqués solía estar muy concurrido.* ■ **~ negro.** m. Té (→ 2) elaborado con hojas tostadas una vez secas. *El té negro me resulta demasiado fuerte para el estómago.* ■ **~ verde.** m. Té (→ 2) elaborado con hojas tostadas cuando aún están frescas. *El té verde es suave y digestivo.* □ **dar el ~.** loc. v. coloq. Molestar haciendo o diciendo algo que resulta pesado o demasiado insistente. *¡Deja de darme el té con esa historia, que me tienes harta!*

tea. f. **1.** Palo o trozo de madera impregnados en resina y que, encendidos, sirven para alumbrar. *Los vecinos recorren el monte con teas buscando al niño perdido.* **2.** coloq. Borrachera (estado de la persona borracha). *Volvió de la fiesta con una tea de aúpa.*

teatral. adj. **1.** Del teatro. *Durante el festival habrá cine y representaciones teatrales.* **2.** Afectado o exagerado. Frec. despect. *En cuanto viene alguien importante, se comporta de manera muy teatral. Es un orador bastante teatral.*

teatralidad. f. Condición o cualidad de teatral. *En sus novelas hay rasgos de teatralidad. Su reacción estaba cargada de teatralidad y falsedad.*

teatralización. f. Hecho de teatralizar. *La obra es una teatralización de un pasaje bíblico. Cuando habla en público, muestra cierta tendencia a la teatralización.*

teatralizar. tr. Dar forma o carácter teatral (a algo). *El autor teatraliza en sus comedias escenas de la vida cotidiana. Los dos partidos estaban de acuerdo y solo teatralizaban su enfrentamiento ante el Congreso.*

teatrero, ra. adj. **1.** coloq. Muy aficionado al teatro. *Es tan teatrero que no se pierde una función.* Tb. m. y f. **2.** coloq. Teatral (afectado). Frec. despect. *No te dejes impresionar por su actitud, que es teatrera a más no poder.* Dicho de pers., tb. m. y f. *Hay jugadores de fútbol que son unos teatreros.*

teatro. m. **1.** Arte de componer o representar obras dramáticas. *Es un actor de teatro, más que de cine.* **2.** Conjunto de las obras dramáticas con una característica común. *Las tragedias son lo mejor del teatro griego.* **3.** Dramática (género). *Cervantes cultivó todos los géneros, entre ellos el teatro.* **4.** Lugar destinado a la representación de obras dramáticas o de otros espectáculos escénicos. *En el teatro Apolo ponen una obra de Calderón. Los teatros romanos se construían al aire libre.* **5.** Lugar en el que se produce un acontecimiento. *Europa ha sido el teatro de grandes guerras.* **6.** coloq. Exageración o fingimiento en la forma de actuar. Frec. con los v. *echar* o *hacer*. *No creas que está tan enferma, es que le echa mucho teatro.* ■ **~ de cámara, o de ensayo.** m. Teatro (→ 2, 3) de carácter experimental, destinado a un público minoritario y que suele representarse en locales pequeños y en pocas funciones. *En la posguerra, se gestó un teatro de cámara, independiente y de crítica política.* ■ **~ épico.** m. Teatro (→ 2, 3) que busca provocar en el espectador un distanciamiento que le haga reflexionar, por medio de técnicas rompedoras y próximas a lo narrativo. *Brecht renovó la escena contemporánea con su teatro épico, de intención política y didáctica.* ▶ **3:** *DRAMÁTICA.

tebano, na. adj. histór. De Tebas (antigua ciudad de Grecia). *El rey Edipo era tebano.* Dicho de pers., tb. m. y f. *Los tebanos participaron en la guerra del Peloponeso.*

tebeo. m. Revista infantil de historietas. *Al niño le aburren los libros, pero disfruta con los tebeos.* ■ **más visto que el ~.** loc. adj. coloq. Demasiado visto o conocido. Frec. despect. y con *estar*. *Han elegido a una presentadora más vista que el tebeo. Ese chiste está más visto que el tebeo.*

teca. f. Árbol tropical de gran tamaño, propio del sur de Asia, cuya madera, resistente y elástica, se usa mucho para la fabricación de barcos y muebles. Tb. la madera. *Muebles de jardín de teca y bambú.*

techado[1]**.** m. Techo (parte superior de un edificio o construcción). *Por aquí abundan las casas con muros de piedra y techado de pizarra. Solíamos dormir al aire libre y rara vez bajo techado.* Tb. el hecho de ponerlo. *Se venden materiales para pavimentación y techado de edificios.* ▶ *TECHO.

techado[2]**, da.** part. **1.** → **techar.** ● adj. **2.** Que tiene techo. *En el colegio hay un patio techado donde nos metemos cuando llueve.*

techar. tr. Poner techo (a un edificio o un recinto). *Tras los destrozos de la tormenta, hubo que techar de nuevo el invernadero.*

techo. m. **1.** Parte superior de un edificio o una construcción, que los cubre y cierra. *En la aldea abandonada solo quedan paredes aisladas y casas sin techo.* Frec. designa la parte superior de otros recintos, como el habitáculo de un vehículo. *El choque fue tan violento que el techo del autobús se levantó.* **2.** Cara interior del techo (→ 1). *Tiene estrellitas pintadas en el techo de su habitación. Es tan alto que da con la cabeza en el techo del coche.* **3.** Casa o lugar donde vivir o albergarse. *Por no tener, no tenía ni un techo donde pasar la noche.* **4.** Límite máximo que puede alcanzar alguien o algo. *El partido ha alcanzado su techo electoral. Su ambición no tiene techo.* ▶ **1:** TECHADO, TECHUMBRE, TEJADO. **3:** *VIVIENDA. **4:** *LÍMITE.

techumbre. f. **1.** Techo o cubierta de una construcción. *Desde el hotel se divisa un paisaje de casas bajas con techumbre de teja.* Frec. designa los que tienen poca solidez. *La cabaña tenía una techumbre de ramas y paja que no aguantó el temporal.* **2.** Conjunto de la estructura y los elementos que constituyen un techo. *La restauración de la iglesia ha revelado una techumbre mudéjar bajo las bóvedas barrocas.* ▶ **1:** *TECHO.

tecla. f. **1.** En el piano y otros instrumentos musicales: Cada una de las piezas que, al presionarlas con los dedos, producen el sonido. *El órgano suena cuando se accionan sus teclas o sus pedales.* Frec. en la constr. *de ~* para calificar los instrumentos provistos de esas piezas. *El acordeón es un instrumento de viento y tecla.* **2.** En una máquina de escribir u otro aparato semejante: Cada una de las piezas que, al pulsarlas, imprimen una letra o un signo. *Al teclado de mi ordenador le falta la tecla de la "ñ".* **3.** Pieza que, al pulsarla, sirve para accionar un mecanismo. *Pulsa la tecla de la izquierda para encender el vídeo.* ■ **tocar** alguien **muchas ~s.** loc. v. coloq. Recurrir a numerosos medios o personas para conseguir o resolver algo difícil. *Ha tenido que tocar muchas teclas para librar a su hijo de la cárcel.*

teclado. m. **1.** Conjunto de las teclas de determinados instrumentos musicales, como el piano. *Los dedos del organista recorrían el teclado. Toca el piano y algún otro instrumento de teclado.* Tb. el instrumento provisto de esas teclas. *Toca el teclado en un grupo.* **2.** Conjunto de las teclas de una máquina de escribir u otro aparato semejante. *El teclado de los ordenadores portátiles me resulta incómodo.*

teclear. intr. **1.** Pulsar las teclas de un instrumento musical o de una máquina. *Está trabajando, porque se le oye teclear en el ordenador.* ○ tr. **2.** Escribir (algo) tecleando (→ 1) en una máquina. *Para entrar en la base de datos, teclee su contraseña.*

tecleo. m. Hecho de teclear. *A lo lejos se oía el tecleo de una máquina de escribir. Los teléfonos móviles permiten el tecleo de mensajes de texto.*

teclista. m. y f. **1.** Músico que toca un instrumento de teclado, frec. en un conjunto de música moderna. *Estamos buscando un teclista para el grupo.* **2.** Persona que se dedica a copiar textos en un ordenador o en una máquina de imprenta, espec. si lo hace por oficio. *El buen teclista apenas comete erratas.*

técnica. → **técnico.**

tecnicismo. m. **1.** Cualidad de técnico. *El elevado tecnicismo del informe lo hace incomprensible para un profano.* **2.** Palabra o expresión propias del lenguaje técnico. *"Quark" es un tecnicismo de física para designar un tipo de partícula subatómica.*

técnico, ca. adj. **1.** De la técnica (→ 3-6). *Sus obras evidencian poca imaginación, pero un gran dominio técnico. En el siglo* XX *se produce una revolución científica y técnica.* **2.** Propio de una técnica (→ 3). Frec. referido al lenguaje. *El médico nos habla con palabras tan técnicas que no lo entendemos.* ● f. **3.** Conjunto de reglas y procedimientos propios de una ciencia, arte, disciplina o actividad. *Fidias utilizaba la técnica de paños mojados en sus esculturas.* Tb. esa ciencia, arte, disciplina o actividad. *La horticultura es el arte o técnica de cultivar las huertas. El aguafuerte es una técnica de grabado.* **4.** Conjunto de procedimientos científicos aplicados a la producción industrial y a la explotación de los recursos naturales. *Los avances de la técnica han simplificado las tareas agrícolas.* **5.** Conocimiento y dominio de una técnica (→ 3). *Es un futbolista con grandes dotes naturales, pero escasa técnica.* **6.** Habilidad para hacer o conseguir algo. *Tiene una técnica admirable para escaquearse.* ○ m. y f. **7.** Persona que posee los conocimientos propios de una técnica (→ 3) o de la técnica (→ 4). *Tiene el título de técnico* EN *prevención de riesgos laborales. Si se estropea la lavadora, habrá que llamar a un técnico.*

tecnicolor. (Marca reg.). m. Procedimiento cinematográfico que permite reproducir los colores en la pantalla. *Una película en tecnicolor y cinemascope.*

tecnificación. f. Hecho de tecnificar. *La tecnificación del trabajo agrícola generó mano de obra excedente en el campo.*

tecnificar. tr. Dotar de medios y procedimientos técnicos modernos (a algo, frec. a una rama de producción). *Urge racionalizar y tecnificar la administración municipal para dar mejor servicio al ciudadano. Vivimos en una sociedad cada vez más tecnificada y despersonalizada.*

tecnocracia. f. **1.** cult. Gobierno en que los tecnócratas tienen un papel predominante. *El país estaba regido por una tecnocracia que favoreció el desarrollo económico.* Tb. el Estado así gobernado. **2.** Grupo constituido por los tecnócratas y técnicos que desempeñan un papel dirigente o dominante. *En la sociedad postindustrial surge un nuevo grupo: la tecnocracia.*

tecnócrata. m. y f. **1.** Técnico que ejerce un cargo público buscando la eficacia propia de su especialización por encima de consideraciones ideológicas o políticas. *El ministro, un tecnócrata, saneó las cuentas del Estado sin preocuparse del coste social.* **2.** Partidario de la tecnocracia. *Achacan al candidato que es un tecnócrata sin ideario político.* Tb. adj.

tecnocrático, ca. adj. De la tecnocracia. *Hacia su final, el franquismo inicia una etapa aperturista de Gobiernos tecnocráticos.*

tecnología. f. Estudio científico de los procedimientos y medios técnicos aplicados en la industria. *La tecnología permite fabricar dispositivos electrónicos cada vez más pequeños y rápidos.* Tb. el conjunto de esos procedimientos y medios. *Los expertos en telecomunicaciones utilizan una tecnología muy avanzada. Cuentan con los últimos avances en tecnología agraria.*

tecnológico, ca. adj. De la tecnología. *Se ha diseñado un plan para fomentar el desarrollo tecnológico en las empresas.*

tecnólogo, ga. m. y f. Especialista en tecnología. *Las aportaciones de tecnólogos e investigadores contribuyen a la modernización del sector industrial.*

tecolote. m. Am. Búho. *Con el tamaño que tiene, ningún gavilán ni ningún tecolote se metería con él* [C].

tectónico, ca. adj. **1.** *Geol.* De la tectónica (→ 2), o de su objeto de estudio. *Los accidentes tectónicos pueden modificar la posición de un yacimiento. Placa tectónica.* ● f. **2.** *Geol.* Parte de la geología que estudia la estructura de la corteza terrestre y los movimientos y deformaciones que se producen en ella. *La tectónica aporta datos para la predicción de terremotos.* Tb. esa estructura y el proceso experimentado por ella. *Los geólogos han hecho un estudio sobre la actividad del volcán y la tectónica de la región.*

tedeum. (pronunc. "tedéum"; frec. en mayúsc.; pl. **tedeums**). m. Cántico católico de acción de gracias dirigido a Dios, y que comienza con las palabras "Te Deum". *La misa por los 25 años de reinado acabó con la entonación de un Tedeum.* Tb. la composición musical creada sobre este cántico. *El "Tedeum" de Berlioz.*

tedio. m. cult. Aburrimiento o cansancio extremos, producidos por algo o alguien que no despiertan interés. *Algunas tertulias radiofónicas me producen tedio.*

tedioso, sa. adj. cult. Que produce tedio. *La conferencia era tan tediosa que me dormí.*

teflón. (Marca reg.). m. Material plástico muy resistente al calor y a la corrosión, empleado espec. para la fabricación de juntas y revestimientos de utensilios de cocina. *Las sartenes de teflón son antiadherentes.*

tegucigalpense. adj. De Tegucigalpa (capital de Honduras). *Barrio tegucigalpense.* Dicho de pers., tb. m. y f. *Estos pueblos costeros se han convertido en lugar de veraneo para los tegucigalpenses.*

tegumento. m. **1.** *Zool.* Tejido protector que recubre el cuerpo del hombre, de un animal o de alguno de sus órganos, y que puede presentar varias capas, glándulas, escamas, pelo o plumas. *El sentido del tacto se encuentra localizado por todo el tegumento externo, o piel.* **2.** *Bot.* Membrana protectora que cubre algunas partes de las plantas, espec. el óvulo o la semilla. *En la semilla está el embrión rodeado de una capa envolvente formada por el tegumento y el albumen.*

tehuelche. adj. histór. De un pueblo amerindio que habitaba en el sur de la Patagonia (región de Argentina). *Tribus tehuelches.* Dicho de pers., tb. m. y f. *Los tehuelches eran cazadores y recolectores.*

teína. f. *Quím.* Sustancia que se encuentra en las hojas del té, semejante a la cafeína del café. *La teína y la cafeína tienen efectos estimulantes.*

teísmo. m. *Rel.* y *Fil.* Creencia en la existencia de un dios personal, creador del mundo y que vela por él. *Sus dudas lo llevaron del ateísmo al teísmo, pasando por el agnosticismo.* Tb. la doctrina filosófica apoyada en esa creencia.

teísta. adj. **1.** *Rel.* y *Fil.* Del teísmo. *Los científicos rechazan una explicación teísta de la existencia.* **2.** *Rel.* y *Fil.* Que profesa el teísmo. *Judíos, cristianos y musulmanes tienen en común su condición de teístas.* Dicho de pers., tb. m. y f.

teja. f. **1.** Pieza de barro cocido, gralm. de forma acanalada y de color marrón rojizo, que se usa, montándola sobre otras, para cubrir techos y permitir que escurra el agua de lluvia. *El viento ha desprendido dos tejas del tejado.* **2.** Dulce cuya forma recuerda la de una teja (→ 1), elaborado con harina, azúcar y almendras, y cocido al horno. *Para acompañar el café sacan una bandejita con tejas y pastas.* **3.** Sombrero de teja (→ **sombrero**). *Apenas se ven ya sacerdotes con sotana y teja.* ○ m. **4.** Color marrón rojizo como el de la teja (→ 1). Tb. adj. *El torero luce un traje teja y oro.* ■ **a toca ~.** → **tocateja.**

tejadillo. m. Tejado de una sola vertiente adosado a un edificio, frec. para cubrir una puerta o ventana o servir de cobertizo. *Nos resguardamos de la lluvia bajo un tejadillo.*

tejado. m. Parte superior o cubierta de un edificio o de una construcción, gralm. recubierta de tejas. *Hay que subir a reparar el tejado. Las casas con tejado de pizarra son típicas de esta zona.* ▶ *TECHO.

tejano, na. adj. **1.** → **texano.** ● m. pl. **2.** Pantalón tejano (→ **pantalón**). *¡No puedes ir con tejanos a una fiesta de gala!*

tejar[1]**.** m. Lugar donde se fabrican tejas y ladrillos. *El pueblo contaba con varias alfarerías y tejares.*

tejar[2]**.** tr. Poner tejado (a un edificio o construcción). *Conviene tejar la casa antes de que lleguen las lluvias.*

tejedor, ra. adj. **1.** Que teje o sirve para tejer. *La araña es un animal tejedor.* Tb. m. y f. *Como novelista, es un gran tejedor de historias.* ● m. y f. **2.** Persona que teje o tiene por oficio tejer. *La abuela es buena tejedora. Entre los artesanos de la zona, hay hilanderos, tejedores de seda y tapiceros.* ○ f. **3.** Máquina para tejer, gralm. labores de punto. ○ m. **4.** Insecto de cuerpo alargado, patas delanteras cortas y traseras largas, que se mueve con rapidez sobre la superficie del agua. ▶ **3:** TELAR, TRICOTOSA. **4:** ZAPATERO.

tejemaneje. m. **1.** coloq. Actividad intensa o con movimientos continuos que se desarrolla al realizar algo. Frec. con *traerse. Se trae tal tejemaneje con los vasos que no sé si dejará alguno sano.* **2.** coloq. o despect. Actividad poco clara y llena de enredos para conseguir algo. Frec. en pl. *Deja la política harto de verse envuelto en los tejemanejes del poder.*

tejer. tr. **1.** Formar (una tela) entrecruzando los hilos de la trama y la urdimbre. *En el cuento, un estafador asegura al rey que puede tejer una tela invisible.* Frec. intr. *Antiguamente tejían con ayuda de un telar.* **2.** Formar (un objeto) entrelazando hilos o tiras de un material flexible. *He comprado un sombrero tejido* EN *paja.* **3.** Hacer (una prenda o una labor de punto). *Estoy tejiendo un jersey de lana para mi sobrino.* Tb. usado en constr. intr. *Saca algún dinero tejiendo en casa para una tienda de ropa.* **4.** Formar un animal (su tela o su capullo) con los hilos que segrega. *El gusano de seda teje un capullo, dentro del cual se transforma en mariposa.* Tb. usado en constr. intr. *Las arañas tejen continuamente para atrapar a sus presas.* **5.** Idear o elaborar (algo, como un plan o una estructura). *El autor teje una complicada intriga.* ▶ **3:** TRICOTAR.

tejido[1]**.** m. **1.** Material hecho tejiendo, espec. el realizado con hilos. *Confeccionan ropa de trabajo con un tejido de algodón muy resistente.* Tb. fig. *El Gobierno favorecerá el desarrollo del tejido industrial en la región. La decisión obedece a un complicado tejido de intereses.* **2.** *Biol.* Conjunto de células de la misma naturaleza y estructura, y que desempeñan una misma función. *El tejido óseo constituye los huesos del cuerpo. Tejido adiposo.* ▶ **1:** TELA.

tejido[2]**.** m. Hecho de tejer. *El hilado y tejido de la seda era una labor desempeñada por mujeres.*

tejo[1]**.** m. **1.** Trozo pequeño de teja o piedra, o pieza de metal, que se usan en determinados juegos, como la rayuela. *Gana quien lance el tejo y lo deje más cerca de la raya, sin pisarla.* **2.** Rayuela. *Dibujan una cuadrícula sobre el suelo y cogen una piedra para jugar al tejo.* ■ **tirar los ~s** (a alguien). loc. v. coloq. Insinuárse(le) o dar(le) a entender el interés, espec. amoroso, que se tiene (por él). *Le tira los tejos delante de su novio. Varias empresas le han tirado los tejos para intentar contratarlo.*

tejo[2]**.** m. Árbol de tronco grueso y copa ancha, hojas alargadas de color verde oscuro y semillas contenidas en una envoltura roja, muy cultivado como ornamental. *En las laderas cántabras, abunda el roble, el castaño y el tejo.* Tb. su madera.

tejón. m. Mamífero pequeño, de patas cortas, hocico alargado y pelaje largo y espeso, que vive en madrigueras profundas y se alimenta de frutos y animales pequeños. *El tejón hembra. En el bosque abundan los zorros, ginetas y tejones.*

tejuelo. m. Trozo de papel, piel u otro material que se pega en el lomo de un libro para poner su título u otro dato. *Los libros excluidos de préstamo llevan en el tejuelo las letras EP.* Tb. lo escrito en él. *Los volúmenes están colocados según el orden numérico de los tejuelos.*

tel. abrev. Teléfono. *Tel. de información y reservas: 678345653.*

tela[1]**.** f. **1.** Material con forma de lámina, hecho entrecruzando hilos alternativa y regularmente, gralm. en un telar. *La camisa está hecha en tela de lino.* **2.** Telaraña (red que forma la araña). *La araña teje su tela.* Tb. *~ de araña. Un insecto ha caído en la tela de araña.* **3.** Película que cubre algo, espec. la que se forma en la superficie de algunos líquidos o envuelve algunos órganos o frutos. Frec. *telilla. Al hervir la leche, se forma una telilla que se puede quitar con una cuchara.* **4.** coloq. Asunto o materia de que hablar. *Llevan tanto sin verse que tienen tela para rato.* Frec. en constr. como *haber,* o *tener, mucha ~ que cortar. Ya sé que os queda mucha tela que cortar, pero hoy tenemos que irnos.* **5.** coloq. Dinero (conjunto de monedas o billetes). *Quiero una moto, pero me falta la tela para comprármela.* **6.** *Arte* Lienzo o tela (→ 1) preparados para pintar. *Un óleo en tela.* Tb. la pintura realizada sobre ella. *En la exposición destacan varias telas de Dalí.* **7.** *Taurom.* Capote o muleta. *El diestro ha estado bien con la tela, pero mal con la espada.* ● adv. **8.** coloq. Mucho. *Estos zapatos me aprietan tela.* Tb. ~ *marinera. Hemos sudado tela marinera para acabar a tiempo.* ■ ~ **metálica.** f. Tejido hecho con alambre. *Han cercado el huerto y el gallinero con tela metálica.* ■ **(mucha)** ~ **que cortar.** f. coloq. Tarea o trabajo por hacer. *Para acabar con la delincuencia en el barrio, aún hay tela que cortar.* ▶ **1:** TEJIDO. **2:** TELARAÑA. **6:** LIENZO. **7:** *CAPOTE.

tela[2]. **en ~ de juicio.** loc. adv. En duda. *No consiento que pongan en tela de juicio mi honradez.*

telar. m. **1.** Máquina para tejer. *La invención del telar impulsó el desarrollo de la industria textil.* **2.** Fábrica de tejidos. Más frec. en pl. con significado sing. *Las cortinas son de unos telares catalanes.* ▶ **1:** *TEJEDORA.

telaraña. f. **1.** Red que forma la araña con los hilos que segrega. *El desván está lleno de telarañas.* Tb. fig. *Los testimonios de los testigos son una telaraña de contradicciones.* **2.** Sensación de nubosidad que impide ver claramente. Frec. en pl. *Se levanta con telarañas en los ojos.* ▶ **1:** TELA.

tele. f. coloq. Televisión. *Se pasa el día viendo la tele. Apaga la tele.*

tele-[1]. elem. compos. Significa 'a distancia' (*teletrabajo, teleoperador, teletransportar*).

tele-[2]. elem. compos. Significa 'de la televisión' (*teleconcurso, telepresentador*).

teleadicto, ta. adj. Demasiado aficionado a ver la televisión. Tb. m. y f. *Cada vez hay más teleadictos y menos lectores.*

telebanco. m. Servicio bancario prestado a distancia mediante redes de telecomunicación. *Haga sus gestiones desde casa a través de nuestro telebanco.*

telebasura. f. Televisión de muy baja calidad, gralm. por anteponer a esta la búsqueda de una máxima audiencia. *En la cadena abundan el cotilleo, la chabacanería y, en general, la telebasura.*

telecabina. f. (Tb. m.). Teleférico dotado de cabinas y con un único cable de tracción. *Desde el valle se sube en telecabina a los lagos.*

telecomedia. f. Comedia producida para ser emitida por televisión, gralm. en forma de serie. *Hoy se emite el último episodio de la telecomedia.*

telecomunicación. f. Comunicación a distancia mediante cables u ondas eléctricas o hertzianas. *El teléfono es un medio de telecomunicación.* Frec., en pl., designa la actividad comercial y los estudios universitarios correspondientes. *Estudia 5º de Telecomunicaciones.*

telediario. m. Programa informativo de televisión, de emisión diaria, sobre las noticias más destacadas del día. *Aunque no lee la prensa, está al tanto de la actualidad por los telediarios.*

teledifusión. f. Transmisión de imágenes de televisión por medio de ondas electromagnéticas. *Los satélites de comunicaciones tienen importantes aplicaciones en telefonía y teledifusión.* Tb. la actividad comercial correspondiente. *Dos empresas dominan el sector de la radiodifusión y la teledifusión.*

teledirigir. tr. **1.** Dirigir (un vehículo o un aparato) mediante un mecanismo de control a distancia. *Los avances aeronáuticos han hecho posible teledirigir una nave desde tierra.* **2.** Dirigir o controlar (algo o a alguien) de manera reservada u oculta. *Han teledirigido la campaña electoral desde el extranjero.*

teledirigido, da. adj. Dicho de vehículo o aparato: Que se dirige mediante un mando a distancia. *Jugó con su coche teledirigido hasta que se le acabaron las pilas.*

teléf. abrev. Teléfono. *Museo de Arte Romano. Teléf. 981543233.*

telefacsímil. m. Fax. *La solicitud podrá enviarse por correo certificado o por telefacsímil.*

telefax. (pl. **telefaxes**). m. Fax. *Como me urgía ver el documento, me lo enviaron por telefax. En el periódico se recibió un telefax de una agencia de noticias.*

teleférico. m. Sistema de transporte constituido por una serie de vehículos o cabinas que se desplazan suspendidos de uno o varios cables de tracción. *Montamos en el teleférico para ver desde el aire la ciudad.*

telefilme. m. Filme realizado para la televisión. *Después de las noticias emitirán un telefilme policíaco.*

telefonazo. m. coloq. Llamada telefónica, gralm. breve. Frec. con *dar. Dame un telefonazo la semana que viene y quedamos para comer.*

telefonear. intr. **1.** Llamar por teléfono. *No te avisé porque no podía telefonear desde el trabajo. Telefonéame si vas a llegar tarde.* ○ tr. **2.** Comunicar (algo) por teléfono. *El periodista telefonea la noticia a su agencia.* ▶ **1:** LLAMAR.

telefonía. f. **1.** Técnica de las comunicaciones por medio del teléfono. *Es experto en telefonía y telegrafía.* Tb. la actividad comercial correspondiente. *La telefonía es un sector en alza en la sociedad de la comunicación.* **2.** Sistema de comunicación que emplea la telefonía (→ 1). *Un técnico instalará la telefonía y los dispositivos de conexión con la red informática.*

telefónico, ca. adj. Del teléfono, o de la telefonía. *Con las llamadas internacionales se dispara la factura telefónica.*

telefonillo. m. **1.** Interfono. *Llamó por un telefonillo a su secretario para darle instrucciones.* **2.** coloq. Portero automático. *Cuando llegues al portal, llámame por el telefonillo y bajo.*

telefonista. m. y f. Persona encargada del servicio telefónico, espec. la que atiende llamadas en una centralita. *Te llamé a la oficina, pero la telefonista me dijo que ya no estabas.*

teléfono. m. **1.** Sistema de comunicación que permite transmitir a distancia palabras y sonidos, gralm. por medio de la electricidad, a través de una red de aparatos e hilos conductores. *La invención del teléfono revolucionó el mundo de las comunicaciones.* Tb. la conexión a este sistema. *Me han cortado el teléfono por no pagar las facturas.* **2.** Aparato provisto de micrófono y receptor, que sirve para comunicarse por medio del teléfono (→ 1). *Cuelga el teléfono, que llevas media hora hablando.* **3.** Número asignado a un teléfono (→ 2). *Deme el teléfono de Luis para llamarlo y felicitarle el Año Nuevo.*

telegenia. f. Cualidad de telegénico. *El éxito del programa tiene mucho que ver con la telegenia del moderador.*

telegénico, ca. adj. Que tiene cualidades para resultar atractivo en televisión. *El presentador es muy telegénico. Sonrisa telegénica.*

telegrafía. f. Técnica de las comunicaciones por medio del telégrafo. Tb. el sistema de comunicación que emplea esta técnica. *La telegrafía sin hilos transmite mensajes a través de las ondas hertzianas.* ▶ TELÉGRAFO.

telegrafiar. (conjug. ENVIAR). intr. **1.** Enviar un telegrama. *El capitán del navío telegrafió al comandante para pedir instrucciones.* ○ tr. **2.** Comunicar (algo) por telégrafo. *La expedición telegrafió su descubrimiento de inmediato.*

telegráfico, ca. adj. **1.** Del telégrafo, o de la telegrafía. *Líneas telegráficas.* **2.** Dicho de modo de expresión: Muy conciso. *Preguntado por sus preocupaciones, respondió de manera telegráfica: –Familia, salud, trabajo.* Tb. dicho de lo expresado de ese modo. *Sus apuntes son telegráficos, pero no les falta ni un solo dato importante.*

telegrafista. m. y f. Persona encargada de la instalación o el servicio de aparatos telegráficos. *El telegrafista del buque emitió señales de auxilio.*

telégrafo. m. **1.** Sistema o aparato que permiten la transmisión de mensajes a distancia, utilizando un código establecido de señales. *La caída de Troya se transmitió hasta Argos mediante un telégrafo de antorchas. Telégrafo óptico.* Designa espec. el que emplea la línea eléctrica como medio de transmisión. *Morse inventó el telégrafo y el código que lleva su nombre.* ○ pl. **2.** Servicio público del que dependen las comunicaciones por medio del telégrafo (→ 1). *Es empleada de telégrafos.* Tb. el local donde se ofrece este servicio. *Hemos quedado en la puerta de Telégrafos.* ▶ **1:** TELEGRAFÍA.

telegrama. m. Mensaje transmitido por telégrafo. *Cuando se enteró del fallecimiento, mandó un telegrama de pésame.* Tb. el papel en que se reproduce por escrito ese mensaje para entregarlo a su destinatario. *El cartero le ha traído un telegrama urgente.*

telele. m. coloq. Desmayo o indisposición pasajera, gralm. provocados por una impresión fuerte. Frec. con *dar*. *Cuando le tocó la lotería, casi le da un telele.*

telemando. m. Mando a distancia. *El vídeo está dotado de un telemando que sirve también para la televisión.* ▶ MANDO.

telemático, ca. adj. **1.** *Inform.* De la telemática (→ 2). *Basta un ordenador con conexión a Internet para acceder a los servicios telemáticos de nuestro banco.* ● f. **2.** *Inform.* Conjunto de las técnicas que combinan los medios y procedimientos informáticos y los de las telecomunicaciones. *La telemática ha permitido desarrollar nuevos sistemas de enseñanza a distancia.*

telémetro. m. *tecn.* Aparato óptico que sirve para medir la distancia a la que se halla un objeto lejano. *Las cámaras fotográficas provistas de telémetro facilitan el enfoque.*

telenovela. f. Novela, frec. de carácter sentimental, dramatizada y filmada para ser emitida por capítulos por televisión. *Por la tarde echan una telenovela de más de cien capítulos.*

teleobjetivo. m. Objetivo que permite fotografiar o filmar cosas lejanas. *Los paparazzi han utilizado cámaras con teleobjetivo para captar a la pareja en su finca.*

teleología. f. *Fil.* Estudio de los fines o de las causas finales de las cosas. Tb. cada doctrina que desarrolla ese estudio. *La teleología aristotélica.*

teleológico, ca. adj. *Fil.* De la teleología, o de su objeto de estudio. *La ley obedece a consideraciones éticas y teleológicas.*

teleósteo. adj. **1.** *Zool.* Del grupo de los teleósteos (→ 2). *Pez teleósteo.* ● m. **2.** *Zool.* Pez que tiene el esqueleto completamente osificado, gralm. con el cuerpo recubierto de escamas delgadas y provisto de aletas, como el salmón, la trucha o el rape.

telepatía. f. Transmisión de pensamientos o contenidos psíquicos entre personas, sin intervención de los sentidos o de agentes físicos conocidos. *El científico defiende la telepatía y otros fenómenos parapsicológicos. ¡Ojalá pudieras enviarme las respuestas del examen por telepatía!* Tb. la facultad de producir y experimentar esa transmisión. *Estaba pensando lo mismo que tú, será que tenemos telepatía.*

telepático, ca. adj. De la telepatía. *Parece que las experiencias telepáticas son más frecuentes entre hermanos gemelos.*

telepredicador, ra. m. y f. Persona que predica mensajes religiosos a través de la televisión, gralm. valiéndose de recursos propios del espectáculo televisivo. *Los programas de telepredicadores baten récords de audiencia en Estados Unidos.*

telequinesia. f. *tecn.* Desplazamiento de objetos producido sin causa física aparente, por una fuerza psíquica o mental. *Asegura tener poderes de telepatía y telequinesia.* Tb. la capacidad para producir ese desplazamiento. *Miró fijamente el vaso y, mediante telequinesia, hizo que se moviera.* ▶ TELEQUINESIS.

telequinesis. f. *tecn.* Telequinesia.

telerruta. f. (Frec. sin art.). Servicio oficial que informa del estado de las carreteras. *Llama a telerruta para saber si es necesario el uso de cadenas en el puerto.*

telescópico, ca. adj. **1.** Del telescopio. *El auge de la astronomía ha propiciado el desarrollo de los sistemas telescópicos.* **2.** Hecho con ayuda del telescopio. *Las últimas observaciones telescópicas aportan nuevos datos sobre el satélite.* **3.** Dicho de aparato: Formado por piezas que pueden recogerse encajando cada una en la anterior, como las de un telescopio. *El transistor está provisto de antena telescópica.*

telescopio. m. Instrumento óptico que permite ver una imagen agrandada de objetos lejanos, muy empleado para la observación de los astros. *Le han regalado un telescopio porque es muy aficionada a la astronomía.* ▶ ANTEOJO, CATALEJO.

teleserie. f. Serie de televisión. *Después de las noticias ponen una teleserie romántica.*

telesilla. m. Sistema de transporte constituido por una serie de asientos suspendidos de un cable de tracción, que se emplea para el traslado de personas a una cima o lugar elevado. *Un telesilla permite subir cómodamente hasta la cima del puerto.*

telespectador, ra. m. y f. Persona que ve la televisión. *El partido de fútbol tendrá una audiencia de siete millones de telespectadores.* ▶ TELEVIDENTE.

telesquí. m. Sistema de transporte que permite trasladar a los esquiadores con los esquís puestos hasta la parte alta de las pistas, suspendidos de un cable de tracción. *Los remontes más habituales son el telesquí y la telesilla.*

teletexto. m. Sistema de transmisión de textos escritos y de gráficos por televisión, que permite la visualización y consulta de estos en la pantalla. *Ha comprado un televisor de alta definición y dotado de teletexto. Mira los resultados de la quiniela en el teletexto.*

teletienda. f. Servicio de venta de productos por televisión. Tb. el programa publicitario en que se presentan esos productos y sus condiciones de venta. *En la teletienda han anunciado una aspiradora estupenda.*

teletipo. (Marca reg.: *Télétype*). m. **1.** Aparato telegráfico que sirve para transmitir textos por medio de un teclado mecanográfico, y recibirlos impresos. *La noticia fue enviada por teletipo a los medios de comunicación.* **2.** Mensaje transmitido por teletipo (→ 1). *En el periódico reciben constantemente teletipos de las agencias de información.* ▶ TÉLEX.

televenta. f. Venta de productos presentados en un programa de teletienda y encargados por el cliente gralm. a través del teléfono. *La gran ventaja de la televenta es la comodidad de comprar sin moverse de casa.*

televidente. m. y f. Telespectador. *Televidentes de todo el planeta siguieron en directo la llegada del hombre a la Luna.*

televisar. tr. Transmitir (algo) por televisión. *Han televisado la entrega de premios.*

televisión. f. **1.** Sistema de transmisión de imágenes a distancia, por medio de ondas hertzianas. *La televisión es un medio de comunicación de masas.* Tb. la actividad profesional correspondiente. *A la conferencia asistirán periodistas de radio y televisión.* **2.** Televisor. *He comprado una televisión con pantalla panorámica.* **3.** Emisora de televisión (→ 1). *Esta televisión incluye mucha publicidad en su programación.*

televisivo, va. adj. **1.** De la televisión. *Ha protagonizado varias películas y una serie televisiva.* **2.** Que tiene buenas condiciones para ser televisado. *El baloncesto es un deporte más televisivo que el tiro con arco.* ▶ **1:** TELEVISUAL.

televisor. m. Aparato receptor de televisión. *Los primeros televisores se veían en blanco y negro.* ▶ TELEVISIÓN.

televisual. adj. Televisivo (de la televisión). *La ley regulará el sector cinematográfico y televisual.* ▶ TELEVISIVO.

télex. (pl. invar.). m. **1.** Sistema de comunicación que permite enviar mensajes por medio de teletipos. *Ambas partes han acordado intercambiar información por correo o por télex.* Tb. ese teletipo. *En la oficina disponen de varios teléfonos y un télex.* **2.** Mensaje transmitido por télex (→ 1). *La delegada envía un télex a su organización informando de lo sucedido.* ▶ TELETIPO.

tell. m. *Arqueol.* Colina artificial formada por la superposición de ruinas de edificaciones en diferentes épocas. *La población está construida sobre un tell antiguo.*

telón. m. Pieza grande de tela que se pone en el escenario de un teatro, puede bajarse o subirse y sirve como decorado o para cubrir la escena. Designa espec. la que separa la escena de la sala. *Silencio, que están subiendo el telón.* Frec. fig. en constr. como *levantar* (o *bajar*) *el* ~, para expresar comienzo (o final) del desarrollo de una actividad. *Mañana se bajará el telón de la Feria del Libro.* ■ **~ de acero.** m. histór. Frontera política que en Europa separaba los países del bloque comunista soviético, surgido tras la Segunda Guerra Mundial, de los occidentales. *La caída del muro de Berlín tuvo repercusiones a los dos lados del telón de acero.* Tb. el conjunto de esos países comunistas. *En el antiguo telón de acero se va abriendo paso la economía de mercado.* ■ **~ de fondo.** m. Conjunto de circunstancias que, desde un segundo plano, condicionan, explican o rodean un hecho. *La película cuenta una historia amorosa con la Guerra Civil como telón de fondo.*

telonero, ra. adj. Que interviene en un espectáculo antes de la actuación principal, por ser menos importante que esta. Dicho de pers., espec. de artista o de orador, tb. m. y f. *Muchos cantantes de éxito empezaron como teloneros de otros.*

telúrico, ca. adj. cult. Del planeta Tierra. Se usa espec. en geología. *Los terremotos son movimientos telúricos.*

tema. m. **1.** Idea o hechos generales que se desarrollan en una obra literaria o artística, o cuando se habla. *El tema de la novela es la búsqueda de un tesoro.* **2.** Asunto o materia. *El deterioro del medio ambiente es un tema de actualidad.* **3.** Cada una de las unidades de contenido en que se divide un programa de estudios, una oposición o algo semejante. *El opositor desarrollará un tema del temario, elegido por sorteo.* **4.** *Mús.* Elemento, gralm. melódico, que constituye la base de una composición musical, espec. de una fuga, y que es objeto de variaciones y desarrollo. *El tema se presenta en la primera parte de la fuga y luego reaparece en distintas voces y tonos.* Frec., coloq., designa una composición de música moderna. *Un tema del último disco del grupo encabeza las listas de ventas.* **5.** *Ling.* Parte de la palabra a la que se añaden los sufijos o las desinencias. *En el adjetivo "verdoso", el tema es "verd".* ▶ **2:** *ASUNTO.

temario. m. Conjunto de temas, espec. los que se proponen en un programa de estudios o se exigen para un examen. *Nos faltan cinco temas para acabar el temario de Biología. El temario de la oposición se publica en el Boletín Oficial de la Comunidad.*

temático, ca. adj. **1.** Del tema, o de los temas. *El eje temático de su obra es la desilusión amorosa. Al final de la guía viene un índice temático.* **2.** *Ling.* Del tema de la palabra. *Vocal temática.* ● f. **3.** Conjunto de temas. *Las conferencias giraron en torno a una temática variada.*

tematización. f. Hecho o efecto de tematizar. *Cierta poesía de posguerra se caracteriza por su tono desgarrado y la tematización del desencanto.*

tematizar. tr. Tratar (algo) como tema central de lo que se dice o expresa, espec. en una obra artística o de pensamiento. *La película tematiza los aspectos más cotidianos de la vida en la aldea.*

temblar. (conjug. ACERTAR). intr. **1.** Moverse alguien o algo con sacudidas rápidas y frecuentes. *Estás temblando, ¿tienes frío? El avión vuela tan bajo que hace temblar el piso. En aquel terremoto, la tierra tembló durante varios minutos.* Tb. fig., frec. referido a algo no corpóreo. *Estaba tan nerviosa que le temblaba la voz.* **2.** Sentir alguien mucho miedo o inquietud, frec. hasta el punto de temblar (→ 1). *Tiemblo cada vez que pienso en ir al dentista.* ○ tr. **3.** coloq. Tener miedo (a alguien o algo). *Te tiemblo cada vez que me vienes con una de tus preguntitas.* ■ **temblando.** adv. coloq. En estado próximo a acabarse, vaciarse o arruinarse. Frec. con *estar*, *dejar* o *quedarse*. *Le da tal mordisco al bocadillo que lo deja temblando. He tenido varios gastos imprevistos y me he quedado temblando.* ▶ **1:** TREPIDAR.

tembleque. m. coloq. Temblor del cuerpo. *Con los nervios, tiene tal tembleque que no puede escribir.*

temblequear. intr. coloq. Temblar de manera continuada. *El chaval aguanta la regañina sin parar de temblequear.*

temblequera. f. coloq. Temblor del cuerpo. *Cuando se me acercó aquel perrazo, me entró una temblequera que casi me caigo.*

temblón, na. adj. **1.** Que tiembla mucho. *Al caminar, con aquellas piernas temblonas, parecía que iba a romperse. Le acaban de dar un susto y aún está sudorosa y temblona.* ● m. **2.** Álamo cuyas hojas penden de largos tallos y tienen por ello gran movilidad. *En las zonas ribereñas de media montaña encontramos sauces, temblones y arces.* Tb. *álamo temblón.*

temblor. m. **1.** Hecho de temblar o moverse con sacudidas. *La fiebre puede provocar escalofríos y temblores.* **2.** Movimiento sísmico de baja intensidad. *El terremoto fue precedido de algunos temblores.* Tb., frecAm., designa cualquier terremoto. *Un temblor azotó Santiago la noche del lunes* [C]. ■ ~ **de tierra.** m. Terremoto. *Un devastador temblor de tierra sacudió la ciudad de San Francisco.* ▶ **2:** *TERREMOTO.

tembloroso, sa. adj. Que tiembla. *Apreté sus manos temblorosas con intención de calmarla. Los niños, temblorosos, se escondían detrás de una puerta.*

temer. tr. **1.** Tener temor (a alguien o algo). *A un padre hay que respetarlo, no temerlo. No sé si decírselo, porque temo su reacción.* Tb. usado en constr. intr. *No temas, yo te protejo.* **2.** Creer o sospechar que (algo negativo o dañino) ha ocurrido o va a ocurrir. *Temo no llegar a tiempo a la cita.* Frec. prnl. *Me temo que este billete es falso.* ○ intr. **3.** Sentir temor por alguien o algo. *Los rehenes temían* POR *su vida.*

temerario, ria. adj. **1.** Dicho de persona: Que realiza acciones peligrosas de forma imprudente. *Un temerario espectador saltó al ruedo y se plantó ante el toro.* **2.** Propio de la persona temeraria (→ 1). *El automovilista causante del accidente fue detenido por conducción temeraria.* **3.** Dicho de cosa: Que se dice, hace o piensa sin fundamento o razón suficiente. *Suele hacer juicios temerarios sobre todo el mundo. Asegurar eso es un poco temerario.*

temeridad. f. **1.** Cualidad de temerario. *Hizo gala de un gran valor y cierta temeridad ante el toro.* **2.** Hecho o dicho temerarios. *Conducir bebido es una temeridad.*

temeroso, sa. adj. Que siente temor. *Los equipos de rescate encontraron a los supervivientes angustiados y temerosos. Está temerosa* DE *que el resultado del examen sea negativo.*

temible. adj. Digno de ser temido. *Las tormentas en esta zona son temibles. Se enfrentan a un enemigo temible*

temor. m. **1.** Sentimiento de inquietud y rechazo hacia las cosas o las personas que se consideran dañinas o peligrosas. *El temor* A *la oscuridad es frecuente en niños pequeños. Su carácter brusco provoca temor en sus alumnos.* **2.** Creencia o sospecha de que algo negativo o dañino ha ocurrido o va a ocurrir. *Las pruebas médicas han confirmado los temores de que la lesión fuera grave.* ■ ~ **de Dios.** m. *Rel.* Temor (→ 1) respetuoso a Dios y a ser castigado por Él. *El temor de Dios guía al cristiano en su conducta.* ▶ *MIEDO.

témpano. m. Pedazo de una materia dura y plana, gralm. de hielo. *En el océano Ártico flotan témpanos de hielo desprendidos de los glaciares.* Frec. fig. para designar enfáticamente algo o a alguien de gran frialdad. *Nada la conmueve: es un témpano.*

témpera. f. Temple (producto para pintar, o pintura realizada con este producto). *Sacó unos botecitos de témpera y unos pinceles para colorear el dibujo. De sus cuadros destacan las acuarelas paisajísticas y las témperas.* ▶ TEMPLE.

temperado, da. adj. *Mús.* Dicho espec. de escala: Que responde a un sistema de afinación según el cual el sostenido de una nota se iguala al bemol de la nota inmediatamente superior. Tb. dicho de ese sistema y del instrumento afinado de acuerdo con él. *Bach compuso preludios y fugas según el sistema de afinación temperado.*

temperamental. adj. **1.** Del temperamento. *Existen grandes diferencias temperamentales entre los dos hermanos.* **2.** Dicho de persona: De temperamento fuerte e impulsivo. *Te ha contestado así porque es muy temperamental.*

temperamento. m. **1.** Conjunto de rasgos innatos de la personalidad que dependen de la constitución de cada individuo y condicionan su forma de ser y de reaccionar. *Es de temperamento vivo.* **2.** Temperamento (→ 1) fuerte e impulsivo. *Fue un pensador independiente y con temperamento.*

temperar. intr. Am. Cambiar alguien de clima, espec. por razones de salud. *Había llegado desde Granada a temperar a Masatepe en busca de clima benigno* [C]. *Fue allí donde llevaron a temperar a mi madre, por unas fiebres* [C].

temperatura. f. **1.** Grado de calor de un cuerpo o de la atmósfera, cuya unidad en el Sistema Internacional es el kelvin. *El agua hierve a una temperatura de 100 °C. En el Polo Norte se dan temperaturas de –40 °C. El médico me auscultó y me tomó la temperatura.* Tb. fig. *El debate se ha enconado y ha ido subiendo de temperatura.* **2.** coloq. Calor de un organismo. *Se ha quedado pálida y sin temperatura.* Frec. ese calor cuando constituye fiebre. *Aunque tosa, si no tiene temperatura puede ir al colegio.*

tempestad. f. Tormenta grande, espec. la que se produce en el mar con vientos muy fuertes. *Se desató una tempestad que hizo zozobrar el barco.* Tb. fig. *Le estaban echando una bronca, y él aguantaba la tempestad sin rechistar. La crisis en Oriente Medio provocó una tempestad en la Bolsa.* ▶ *TORMENTA.

tempestuoso, sa. adj. De la tempestad, o de tempestad. *Aquella noche tempestuosa, un rayo partió el árbol. Cometió la imprudencia de adentrarse a nado en un mar tempestuoso.* Frec. fig. para calificar el carácter agitado o violento de algo. *La pareja mantuvo durante muchos años una relación tempestuosa. Tras una tempestuosa reunión, rompieron las negociaciones.* ▶ *TORMENTOSO.

templado, da. part. **1.** → **templar.** ● adj. **2.** Que está entre caliente y frío, tirando más a caliente. *Siempre tomo el café con leche templada. La vida es más agradable en zonas de clima templado.* **3.** Moderado o sin excesos. *Era un hombre sobrio y templado en el comer. Pregunté por provocar, pero ella me dio una respuesta muy templada.* **4.** Sereno y con control o dominio. *El diestro ha estado torero y muy templado en todos los lances. Para solucionar la crisis había que tener mente fría y nervios templados.*

templanza. f. **1.** Moderación en las acciones o en las palabras. *Sus memorias están escritas con la serenidad y la templanza que da la edad.* **2.** Virtud que consiste en moderar los apetitos y los placeres de los sentidos, espec. el consumo de comida y bebida. *La Iglesia católica enseña que contra el pecado de la gu-*

la está la virtud de la templanza. **3.** Benignidad del clima. *Disfruta con la templanza de las tardes primaverales.*

templar. (conjug. reg. o, Am., ACERTAR). tr. **1.** Hacer que (algo, espec. un líquido) pase a estar entre caliente y frío, tirando más a caliente. *Si quema el agua, témplala para bañar al niño.* **2.** Moderar o suavizar la fuerza o la intensidad (de algo). *Medió en el debate para templar los ánimos de los participantes. Intentó templar sus ansias de venganza. Después del gol, el equipo templó y serenó su juego.* **3.** Enfriar bruscamente (un material calentado a determinada temperatura) para mejorar alguna de sus propiedades, gralm. la resistencia. *El herrero calentó el hierro al rojo, lo forjó y lo sumergió en agua fría para templarlo. Espada de acero templado. El cristal templado ofrece mayor resistencia a los impactos.* Frec. fig. para dar idea de fortalecimiento moral. *La autodisciplina ayuda a templar el carácter.* **4.** Tensar o apretar debidamente (algo, como una cuerda o una pieza). *Las clavijas de la guitarra sirven para templar las cuerdas.* **5.** *Mús.* Disponer (un instrumento) para que suene con la afinación o el tono adecuados. *Los músicos templan sus instrumentos antes de empezar el concierto.* **6.** *Taurom.* Ajustar el movimiento de la capa o la muleta a la embestida (del toro). *Al primer astado de la tarde, había que templarlo y alargarle los pases.* Tb. referido al pase hecho con la capa o la muleta. *Remató la faena con una serie de naturales largos y templados.* ▶ **5:** AFINAR.

templario, ria. adj. histór. De la orden militar del Temple (ss. XII-XIV). *Caballero templario. Iglesia templaria.* Dicho de pers., tb. m. *Los templarios protegían a los peregrinos que se dirigían a los Santos Lugares.*

temple. m. **1.** Hecho o efecto de templar. *El sonido de las campanas puede variar según el temple del bronce. El torero ha conseguido una tanda de pases con un temple exquisito.* **2.** Humor o disposición de ánimo de una persona. Frec. en la constr. *estar de buen,* o *mal, ~. No le hables ahora, que está de mal temple.* **3.** Serenidad y fortaleza para afrontar las dificultades. *En aquellos meses tan duros demostró un gran temple.* **4.** Producto para pintar que se prepara con líquidos pegajosos como la cola o la yema de huevo, y es soluble en agua. *El retrato está pintado con temple sobre madera.* **5.** Pintura realizada con temple (→ 4). *Una exposición de óleos, temples y acuarelas.* ■ **al ~.** loc. adj. Dicho de pintura: Realizada con temple (→ 4). *En la entrada del museo había un enorme mural al temple.* ▶ **2:** *HUMOR. **4, 5:** TÉMPERA.

templete. m. Construcción formada por una cúpula sostenida por columnas. *Los domingos, la banda municipal toca en el templete del parque. En el templete del ayuntamiento hay alojado un reloj con carillón.*

templo. m. **1.** Edificio público destinado al culto religioso. *Las sinagogas son templos judíos.* **2.** Lugar en que se rinde culto a una actividad espiritual. *Los monasterios medievales eran verdaderos templos del saber. Quieren convertir el museo en el gran templo del arte contemporáneo.* ■ **como un ~.** loc. adj. coloq. Muy grande. Se usa con intención enfática, frec. referido a *verdad. Aunque no lo reconozcas, es una verdad como un templo.*

tempo. m. **1.** *Mús.* Ritmo o velocidad con que deben ejecutarse una composición o un fragmento. *El pasaje es de difícil interpretación por sus continuos cambios de tempo.* **2.** Ritmo con que se desarrolla una acción. *El tempo narrativo de la novela es lento y pausado.* ▶ **1:** *MOVIMIENTO.

temporada. f. **1.** Período de tiempo constituido por varios días, semanas o meses, considerados como un conjunto. *Vino a pasar una temporada y le gustó tanto el lugar que se quedó a vivir aquí.* **2.** Temporada (→ 1) caracterizada por algo, espec. por estar destinada a una actividad, frec. de manera periódica. *Ha comenzado la temporada taurina. Las rebajas suelen empezar en fin de temporada. Ya se anuncia la moda para la temporada primavera-verano.* ■ **~ alta.** f. Época del año con un nivel de actividad turística superior al normal. *Durante la temporada alta los precios hoteleros suben.* ■ **~ baja.** f. Época del año con un nivel de actividad turística inferior al normal. *El programa de viajes para la tercera edad se desarrolla en temporada baja.* ■ **~ media.** f. Época del año con un nivel de actividad turística normal. *La tarifa del vuelo en temporada media es un 10% más barata que en temporada alta.* □ **de ~.** loc. adj. Que se produce o se usa solo en una temporada (→ 1) determinada. *De postre hay flan, helado o fruta de temporada. La ropa de temporada está ya expuesta en el escaparate.*

temporal[1]**.** adj. **1.** Del tiempo, espec. del cronológico. *Habrá que tratar de los aspectos espaciales y temporales del proyecto.* **2.** Que dura solo algún tiempo. *Este trabajo es temporal, solo hasta que encuentre algo mejor.* **3.** Que pasa con el tiempo. *La belleza del cuerpo es temporal.* **4.** Secular o profano. *Criticaban la atracción de muchos cargos eclesiásticos por el poder temporal.* ● m. **5.** Tormenta grande o tempestad. *La flota pesquera permanece amarrada debido al temporal.* Tb. fig. *Prefiero no insistir y esperar a que pase el temporal.* **6.** Tiempo de lluvia persistente. *Tras varios días de temporal, el Guadiana se ha desbordado.* ■ **capear el ~.** loc. v. coloq. Salir de una situación difícil o comprometida. *Empezó a decir evasivas para capear el temporal.* ▶ **2, 3:** *PASAJERO. **5:** *TORMENTA.

temporal[2]**.** adj. **1.** *Anat.* De la sien. *En algunas cefaleas, el dolor es más intenso en la región temporal.* ● m. **2.** *Anat.* Hueso temporal (→ **hueso**). *Los temporales están situados en los laterales y la base del cráneo.*

temporalidad. f. Cualidad de temporal. *La temporalidad de los contratos se impone cada vez más en el panorama laboral. El cristiano no se angustia por la temporalidad de la vida terrena.*

temporario, ria. adj. frecAm. Temporal (que dura solo algún tiempo). *Los perros tienen dos denticiones: la temporaria y la permanente* [C]. ▶ *PASAJERO.

temporero, ra. adj. Dicho de persona: Que realiza un trabajo temporalmente. *Trabajadores eventuales o temporeros.* Referido espec. al trabajador agrícola contratado para determinada temporada. Tb. m. y f. *Miles de temporeros españoles irán a la vendimia francesa.*

temporizador. m. Dispositivo electrónico que sirve para poner en funcionamiento un aparato o un mecanismo en el momento previamente fijado. *Programa el temporizador para que se encienda la calefacción una hora antes de levantarnos.*

tempranero, ra. adj. **1.** Temprano (que se anticipa al tiempo oportuno). *En los cultivos tempraneros, a menudo hace falta cubrir las plantas durante las noches frías.* **2.** Madrugador. *¡Qué tempranero, si no ha amanecido!* ▶ **1:** TEMPRANO.

temprano, na. adj. **1.** Que se anticipa al tiempo oportuno, debido o acostumbrado. *Mostró una temprana vocación artística. Empezó a hablar a una edad muy temprana.* **2.** Dicho de fruto o cultivo: Que fructifica antes de lo habitual. *La cosecha de habas tempranas fue muy buena.* ● adv. **3.** Antes del tiempo oportuno, debido o acostumbrado. *Has llegado temprano, todavía no estoy preparada.* **4.** En las primeras horas del día o de la noche. *Me desperté muy temprano, cuando empezaba a salir el sol. En casa solemos cenar temprano, sobre las ocho.* ▶ **1:** TEMPRANERO.

ten. ~ con ~. loc. s. m. Tacto o moderación en la manera de tratar a alguien o de llevar un asunto. *En un cargo tan delicado, hay que saber mantener un ten con ten con todo el mundo.* Tb. el punto de equilibrio entre extremos que se alcanza con esa moderación. *Intentaremos llegar a un ten con ten entre lo que queremos y lo que debemos hacer.*

tenacidad. f. Cualidad de tenaz. *Para estudiar una carrera tan difícil, hace falta tenacidad.*

tenacillas. f. pl. Instrumento de peluquería, semejante a una tenaza pequeña, que sirve para rizar el pelo. *La peluquera calentó las tenacillas antes de hacerle los tirabuzones.*

tenaz. adj. **1.** Que se mantiene firme en sus propósitos. *No se da por vencida fácilmente, es una persona muy tenaz.* **2.** Que está muy pegado o fijado en algo y es difícil de quitar o de separar. *Use el nuevo detergente contra las manchas tenaces.*

tenaza. f. **1.** Instrumento gralm. metálico, formado por dos brazos articulados y que sirve para sujetar, arrancar o cortar algo. Más frec. en pl. con significado sing. *Necesito unas tenazas para sacar un clavo.* Tb. fig. *Se le puso una tenaza en la garganta que no le dejaba hablar. El Gobierno denuncia la tenaza formada contra él por la oposición y los sindicatos.* **2.** En algunos animales artrópodos: Pinza. *El cangrejo utiliza sus tenazas para atrapar a sus presas y para defenderse.* ▶ **2:** PINZA.

tenca. f. Pez comestible, de piel verdosa por encima y carne blanca, que habita en charcas y aguas cenagosas y poco profundas de Europa. *En Extremadura tomé tenca.*

tendedero. m. **1.** Lugar en que se tiende algo, espec. ropa. *Se han comprado una casa con trastero y tendedero.* **2.** Dispositivo de alambres o cuerdas para tender ropa. *Recoge la ropa del tendedero antes de que empiece a llover.*

tendencia. f. **1.** Inclinación de una persona a actuar o comportarse de determinada manera. *Su tendencia* A *decir las cosas sin pensar le acarrea más de un problema. Está en tratamiento psiquiátrico porque tiene tendencias suicidas.* **2.** Inclinación de algo a desarrollarse o evolucionar en determinada dirección. *El precio de la vivienda tiene tendencia* A *subir.* **3.** Orientación de una concepción o un movimiento, gralm. ideológicos o artísticos, en determinada dirección. *En la directiva hay representantes de las distintas tendencias del partido.* Tb. esa concepción o movimiento. *El expresionismo es una tendencia artística desarrollada en el siglo* XIX. ▶ **1:** *INCLINACIÓN.

tendencial. adj. De la tendencia. *Si se mantiene esta línea tendencial de crecimiento económico, podrá reducirse el desempleo.*

tendenciosidad. f. Cualidad de tendencioso. *El periódico ha dado muestras de tendenciosidad.*

tendencioso, sa. adj. Que manifiesta parcialidad, obedeciendo a una tendencia o idea determinadas. *El artículo ofrecía una interpretación tendenciosa de los hechos.* ▶ SESGADO.

tendente. adj. Que tiende o está orientado a algo. *Tiene un estilo narrativo tendente* A *los rodeos. Mantienen negociaciones tendentes* A *alcanzar un acuerdo.* ▶ TENDIENTE.

tender. (conjug. ENTENDER). tr. **1.** Extender (algo doblado, encogido o amontonado). *Tiende la colcha sobre la cama.* **2.** Extender o colgar (la ropa mojada) para que se seque. *Cuando acabe la lavadora, tiende la ropa.* **3.** Tumbar extendido (a alguien). *Tiéndase en la camilla para el reconocimiento médico.* **4.** Construir o colocar (algo) apoyándo(lo) en dos o más puntos. *Han tendido un puente sobre el río.* **5.** Extender una persona (una cosa o una extremidad de su cuerpo) aproximándo(las) hacia alguien o algo. *Rechazó el salero que le tendí porque es supersticioso.* **6.** Preparar (una trampa) para alguien. *Al protagonista le tienden una emboscada.* ○ intr. **7.** Dirigirse de manera natural hacia algo. *Las temperaturas tienden* A *subir.* **8.** Tener alguien o algo una característica que se aproxima a otra. *Su pelo tiende* A *rubio.* **9.** *Mat.* Aproximarse una variable o una función a un valor determinado, sin alcanzarlo. *Calcula el límite de una función cuando la variable tiende* A *infinito.* ▶ **1, 2:** *EXTENDER. **3:** TUMBAR. **7:** *INCLINARSE.

tenderete. m. **1.** Puesto de venta al aire libre. *Me he comprado unos pendientes en un tenderete de la plaza.* **2.** coloq. Conjunto de cosas esparcidas en desorden. *¡Menudo tenderete deja en la cocina cada vez que hace él la comida!*

tendero, ra. m. y f. Persona que tiene por oficio atender una tienda, espec. de comestibles. *El tendero me ha dicho que se le han terminado los yogures.*

tendido[1]. m. **1.** Hecho de tender, espec. ropa para que se seque. *En los bloques de viviendas, el patio suele estar destinado al tendido de ropa.* **2.** Conjunto de cables que forman una conducción eléctrica. *Los vecinos piden que se haga subterráneo el tendido de alta tensión.*

tendido[2], da. part. **1.** → **tender.** ● adj. **2.** Dicho de galope o carrera: Muy rápido y violento. *Si vamos a carrera tendida llegaremos a tiempo.* ● m. **3.** En una plaza de toros: Graderío descubierto cercano a la barrera. *Tengo entradas de tendido para la Feria de San Isidro.*

tendiente. adj. Tendente. *Se tomarán medidas tendientes* A *controlar la inflación.*

tendinitis. f. *Med.* Inflamación de un tendón. *Tengo una tendinitis en el hombro.*

tendinoso, sa. adj. *Anat.* Del tendón. *El golpe ha dañado el menisco y el tejido tendinoso.*

tendón. m. *Anat.* Órgano fibroso en forma de cordón, de color blanco, mediante el cual un músculo se inserta en un hueso o en otro órgano. *La torcedura le ha provocado un desgarramiento en un tendón de la rodilla.* ■ **~ de Aquiles.** m. **1.** *Anat.* Tendón del talón, que une la parte posterior de la pierna con el pie. **2.** Talón de Aquiles. *En el colegio, la educación física siempre fue su tendón de Aquiles.*

tenebrismo. m. Estilo pictórico caracterizado por la utilización de fuertes contrastes entre luz y sombra, espec. el que se desarrolló en los ss. XVI y XVII europeos. *La pintura de Zurbarán se enmarca dentro del naturalismo y el tenebrismo.*

tenebrista. adj. **1.** Del tenebrismo. *La obra "El aguador de Sevilla" pertenece a la etapa tenebrista de Velázquez.* **2.** Cultivador del tenebrismo. *Pintor tenebrista.* Tb. m. y f. *Entre los tenebristas italianos destaca Caravaggio.*

tenebrosidad. f. cult. Condición de tenebroso. *Las "pinturas negras" de Goya sobrecogen por su tenebrosidad.*

tenebroso, sa. adj. **1.** Oscuro, o cubierto de tinieblas. *Daba miedo adentrarse en aquel bosque tenebroso.* **2.** Sombrío o muy desgraciado. *A muchos niños nacidos en el Tercer Mundo les espera un futuro tenebroso.* **3.** Misterioso y perverso. *El asesino era un individuo tenebroso y despiadado. Los terroristas albergaban tenebrosas intenciones.*

tenedor, ra. m. **1.** Utensilio de mesa formado por un mango acabado en tres o cuatro púas, que sirve para pinchar los alimentos y llevarlos a la boca. *En la mesa, el tenedor se coloca a la izquierda del plato.* **2.** Signo cuya forma recuerda la del tenedor (→ 1) y que sirve para indicar, según su número, la categoría oficial de un restaurante. *Comer en un restaurante de cinco tenedores es un lujo.* ○ m. y f. **3.** Persona que tiene o posee algo, espec. una letra de cambio o un documento semejante. *La letra de cambio será pagadera a su tenedor en la fecha de su vencimiento.* ■ **~ de libros.** m. y f. Persona encargada de llevar los libros de contabilidad. *En la oficina trabajan un secretario, un tenedor de libros y un oficial de notaría.*

teneduría. f. **1.** Cargo o actividad de tenedor de libros. Tb. *~ de libros. La gestoría ofrece servicios de contabilidad, teneduría de libros y asesoría fiscal.* **2.** Oficina del tenedor de libros. *Nuestro contable tiene una teneduría en su propia casa.*

tenencia. f. **1.** Hecho de tener algo o a alguien, o de estar en posesión o en situación de disponer u ocuparse de ellos. Se usa espec. en lenguaje jurídico y administrativo. *Cumple condena por tenencia y tráfico de drogas. Esta medicación será de tenencia obligatoria en todos los centros asistenciales. Ordenanza municipal sobre tenencia de animales.* **2.** Cargo o actividad de teniente, espec. de teniente de alcalde. *Asumirá la concejalía de sanidad y la segunda tenencia de alcaldía.* **3.** Oficina del teniente, espec. del teniente de alcalde. *En la tenencia de alcaldía le facilitarán la documentación necesaria.*

tener. (conjug. TENER). tr. **1.** Expresa que lo designado en el complemento directo pertenece a lo designado en el sujeto, o está en su poder, o forma parte de él. *Esta semana tengo la moto de mi hermana. Tiene una valiosa colección de relojes antiguos. El árbol tiene raíces profundas. Estos pantalones no tienen bolsillos.* **2.** Expresa que lo designado en el complemento directo existe o se presenta en relación con la persona designada en el sujeto. *Mañana tengo dentista. Tengo novela para rato. ¿Vamos a tener reunión el jueves? Me contó que tenía familia en Cataluña.* **3.** Expresa que lo designado en el complemento directo está dentro de los límites o en el interior de lo designado en el sujeto. *La urbanización tendrá piscina y cancha de tenis. ¿Cuántos capítulos tiene el libro? Las vigas del techo tienen carcoma.* **4.** Expresa que el ser designado en el sujeto es objeto del sentimiento, la sensación o el estado designados en el complemento directo, o está afectado por ellos. *Tenía fobia a los espacios cerrados. Si tienes calor, abrimos la ventana. Tuvo un infarto hace poco. No puedo entretenerme, tengo mucha prisa.* **5.** Seguido de una expresión que indica tiempo: Haber vivido o existido (durante el tiempo expresado). *Tenía quince años cuando la conocí. Este piso tiene ya unos cuantos años. El pan tiene varios días y está como una piedra.* **6.** Sostener o mantener (algo o a alguien) firmes o derechos para que no se caigan. *A un recién nacido hay que tenerle la cabeza. Estaba tan borracho que no se tenía.* **7.** Agarrar o sujetar (algo). *Ten el martillo. Ya la tengo, puedes soltar la cuerda.* **8.** Seguido de *en* y *mucho, poco* o expresiones similares: Valorar o estimar (a una persona) en la medida expresada. *En el trabajo lo tienen en más de lo que vale. Deberías valorarte más, te tienes en muy poco.* **9.** Seguido de *por* o, a veces, *como* y un adjetivo o un nombre: Considerar (algo o a alguien) con la condición o la característica designadas por ellos. *Lo tenía por menos tonto. Lo tenían por un incompetente. Hoy tenemos al coche como algo imprescindible. Ten por seguro que no va a reconocerlo. Se tiene por un donjuán.* ○ aux. **10.** Seguido del participio concertado de un verbo transitivo: Haber realizado la acción expresada por ese participio. *Tenía publicados ya dos cuentos y una novela. Le tenía prometidas unas vacaciones. ¡Te tengo dicho que no grites! Hoy no tenía pensado salir.* **11.** Seguido de *que* y un infinitivo, expresa necesidad o determinación de hacer lo expresado por el inifinitivo. *No tienes que contestar si no quieres. Tengo que admitir que es el mejor.* ○ intr. prnl. **12.** Sostenerse o mantenerse algo firme o asentado sobre una superficie. *La silla no se tiene porque le falta una pata.* ■ **no ~** alguien **dónde caerse muerto,** o **no ~** alguien (un lugar) **donde caerse muerto.** loc. v. coloq. Estar en la pobreza más absoluta. *Ha sido muy rico, pero ahora no tiene dónde caerse muerto. No os deis tantos aires de grandeza, que no tenéis dónde caeros muertos. Ese infeliz no tiene un sitio donde caerse muerto. Su familia no tenía un triste palmo de tierra donde caerse muerta.* ■ **no ~las** alguien **todas consigo.** loc. v. coloq. Sentirse inseguro o intranquilo. *Cuando me presenté al examen, no las tenía todas conmigo. Aunque aparenta seguridad, yo creo que no las tiene todas consigo.* ■ **~ a menos** (algo). loc. v. Despreciar(lo). *Como tiene a menos realizar ciertas tareas, no mueve un dedo.* ■ **~ presente** (algo o a alguien). loc. v. Recordar(los) o tener(los) en cuenta. *Tened presente que podéis pedir ayuda siempre que la necesitéis. Ten presente a Miguel, que también quería participar. Ten muy presentes sus advertencias. ¿Tienes presente lo que te dije ayer?*

tenería. f. Taller en que se curten y trabajan pieles. *Este bolso está hecho a mano en una tenería.* Tb. la actividad correspondiente. *Aprendió el curtido de pieles en la Escuela Superior de Tenería.*

tenia. f. Gusano que vive parásito en el intestino de algunos animales y del hombre, de cuerpo en forma de cinta, constituido por numerosos anillos y planos con ventosas. *La tenia puede provocar pérdida de apetito, vómitos y otros trastornos.* ▶ SOLITARIA.

teniente. m. y f. **1.** Oficial del Ejército cuyo empleo es inmediatamente superior al de alférez. *El teniente que estaba al mando del destacamento dio la orden de atacar.* **2.** Persona que ejerce el cargo o las funciones de otra, en sustitución o representación suya. *Fue nombrado teniente de gobernador y capitán general del nuevo reino. Teniente de diputado general.* ● adj. **3.** coloq. Sordo (que no oye). *Háblame más alto, que estoy un poco teniente.* ■ **~ coronel.** m. y f. Oficial del Ejército cuyo empleo es inmediatamente superior al de comandante. ■ **~ de alcalde.** m. y f. Concejal encargado de ciertas funciones de la alcaldía. *Lo han* *nombrado concejal de Urbanismo y primer teniente de alcalde.* ■ ~ **de navío.** m. y f. Oficial de la Armada cuyo empleo es superior al de alférez de navío. ■ ~ **general.** m. y f. Oficial general del Ejército cuyo empleo es inmediatamente superior al de general de división.

tenis. m. **1.** Deporte en el que dos jugadores o dos parejas se lanzan alternativamente una pelota, por medio de raquetas, por encima de una red que divide el campo. *La pista de tenis puede ser de distintos materiales, como tierra batida o hierba.* ○ pl. **2.** Zapatillas deportivas. ■ ~ **de mesa.** m. Deporte semejante al tenis (→ 1), que se practica sobre una mesa rectangular y con palas de madera. *El tenis de mesa requiere muchos reflejos y un buen juego de muñeca.* ⇒ PING-PONG.

tenista. m. y f. Jugador de tenis. *La tenista se ha lesionado en el tercer set.*

tenístico, ca. adj. Del tenis. *Ha ganado el trofeo tenístico más importante sobre tierra batida.*

tenor[1]**.** m. Contenido literal de un escrito o de algo dicho. *Se discute si un juez debe atenerse al tenor de la ley o interpretarla.* ■ **a ~ de.** loc. prepos. De acuerdo con, o según. *A tenor de las previsiones oficiales, el paro disminuirá.*

tenor[2]**.** m. *Mús.* Persona cuya voz tiene un registro entre el de contralto y el de barítono. *El tenor debutó con una ópera de Verdi.* Tb. esa voz. *De las voces masculinas, el tenor es la que resulta más brillante.* Frec. en aposición, referido a un instrumento. *Saxo tenor.*

tenora. f. Instrumento musical de viento, semejante al oboe pero de mayor tamaño y con el pabellón de metal, muy usado en el folclore catalán para tocar sardanas. *La tenora es un instrumento esencial de la cobla.*

tenorio. m. Donjuán. *Todas las mujeres caen rendidas a los pies de ese tenorio.*

tensar. tr. Poner (algo) tenso. *Si tensas tanto los músculos no podré darte el masaje.* ▶ TENSIONAR.

tensiómetro. m. *Fís.* y *Med.* Instrumento que sirve para medir la tensión, espec. la arterial. *Un tensiómetro de muñeca.*

tensión. f. **1.** Estado de un cuerpo sometido a la acción de fuerzas opuestas. *Las cuerdas de una guitarra están en tensión.* **2.** Estado anímico de excitación o exaltación, frec. producido por una situación de presión o de exigencia. *El trabajo y los estudios le provocan una fuerte tensión. El policía vigilaba con sus cinco sentidos alerta y en tensión.* **3.** Estado de oposición u hostilidad entre personas o grupos de personas, que amenaza con provocar un conflicto o una ruptura. *Las tensiones entre judíos y palestinos ponen en peligro la paz en Oriente Próximo.* **4.** Presión de la sangre sobre las paredes de las arterias. Tb. ~ *arterial. La sal eleva la tensión o presión arterial.* Frec. con los adj. *alta* o *baja*. *La tensión alta es un factor de riesgo de enfermedades cardíacas.* **5.** En electricidad: Voltaje. Frec. en la constr. *alta,* o *baja,* ~. *Un tendido de alta tensión.* ▶ **5:** *VOLTAJE.

tensionar. tr. Tensar (algo). *El desacuerdo contribuyó a tensionar las relaciones entre los dos países. El ejercicio consiste en tensionar los músculos para relajarlos bruscamente después.* ▶ TENSAR.

tenso, sa. adj. Que está en tensión. *Pusieron una cuerda tensa en el balcón para tender la ropa. Los exámenes la ponen muy tensa.* ▶ TIRANTE.

tensor, ra. adj. **1.** Que tensa o sirve para tensar. *Algunas cremas hidratantes tiene efectos tensores sobre la piel.* Dicho de músculo, tb. m. *El tensor del paladar.* ● m. **2.** Dispositivo que sirve para tensar algo. *Los frenos de la bicicleta son unos cables que se ajustan mediante un tensor. Hace ejercicio con tensores y pesas para fortalecer los brazos.*

tentación. f. **1.** Hecho de tentar o inducir a hacer algo. *La tentación de contestarle como se merecía era demasiado fuerte y no me resistí.* Frec. con *caer*. *Cuando paso por una pastelería, no puedo evitar caer en la tentación.* En religión, designa el hecho de inducir el diablo al pecado. *La oración ayuda a seguir los designios de Dios y vencer las tentaciones.* **2.** Persona o cosa que tientan o inducen a algo, frec. por la atracción que ejercen. *Los deportivos son una tentación para un amante de la velocidad como yo.*

tentacular. adj. *Zool.* Del tentáculo. *Los moluscos cefalópodos están provistos de brazos tentaculares.* Tb. fig. *La red de carreteras en la región tiene un trazado tentacular, con centro en la capital.*

tentáculo. m. *Zool.* Apéndice móvil y blando de algunos animales invertebrados, que les sirve pralm. como órgano del tacto, para atrapar a sus presas o para desplazarse. *El calamar tiene en torno a la boca una serie de tentáculos con ventosas.*

tentadero. m. *Taurom.* Corral o lugar cercado en que se prueba la bravura de las reses mediante la tienta. *Dio sus primeros pases de muleta en un tentadero.*

tentador, ra. adj. Que tienta o hace caer en la tentación. *La proposición de salir a cenar era tentadora, pero la rechazó.* Frec. *el* ~ para designar al diablo. (→ **diablo**).

tentar. (conjug. ACERTAR). tr. **1.** Tocar o palpar (algo o a alguien), frec. para examinar(los) mediante el tacto cuando no se puede ver. *Estaba tan oscuro que iba tentando los muebles para no tropezar.* **2.** Estimular o atraer (a alguien) algo, como una posibilidad o un proyecto. *Me tienta la idea de irme de viaje.* **3.** Poner a prueba la fortaleza moral (de alguien) ofreciéndo(le) algo que no (le) conviene de modo que (le) resulte atractivo. *La tentó* CON *unos pasteles. No me tientes, que tengo mucho trabajo y no puedo salir.* **4.** *Taurom.* Probar (un becerro) para apreciar su bravura mediante la tienta. *Cuando las becerras tienen alrededor de dos años, las tientan.*

tentativa. f. Hecho de intentar algo. *La tentativa de llegar a un acuerdo resultó un fracaso. Batió el récord en la primera tentativa.* Frec. en derecho para designar el intento de cometer un delito que no llega a realizarse por causas ajenas a la voluntad del delincuente. *Fue acusado de homicidio en grado de tentativa.* ▶ INTENTO.

tentempié. m. **1.** coloq. Refrigerio. *A media mañana solemos tomar un tentempié en el bar de enfrente.* **2.** Tentetieso.

tentetieso. m. Muñeco con un contrapeso en la base que hace que, al moverlo, recobre siempre la posición vertical. *El bebé jugaba con un tentetieso con forma de payaso.* ▶ TENTEMPIÉ.

tenue. adj. **1.** Débil o de poca intensidad. *El salón, decorado en colores tenues, resulta relajante. Una tenue melodía de fondo suena en la sala de espera.* **2.** Muy delgado o fino. *Un velo de tenue seda. A veces, solo una tenue frontera separa la realidad de la ficción.*

teñido. m. Hecho de teñir o teñirse algo, gralm. al aplicarle una sustancia colorante. *Peluquería Estilo: corte y teñido de pelo al mejor precio. En la tintorería se encargan del teñido de prendas.* ▶ TINCIÓN, TINTE, TINTURA.

teñir. (conjug. CEÑIR). tr. **1.** Aplicar (a algo) una sustancia colorante para que cambie de color. *He llevado las botas al zapatero para que me las tiña. Se ha teñido el pelo* DE *rubio.* Tb. en constr. prnl. media. *El líquido de la prueba de embarazo se tiñe en contacto con la orina. Con el calor, sus mejillas se tiñeron* DE *rojo.* **2.** Dar (a algo) un carácter determinado. *La novela estaba teñida* DE *angustia y desesperación.* ▶ **1:** *COLOREAR.

teocracia. f. cult. Gobierno en que la autoridad se considera emanada de Dios y es ejercida por sus representantes. *La teocracia precedió a la monarquía en los tiempos de los antiguos hebreos.* Tb. el Estado o la sociedad así gobernados. *Cuando el partido islamista llegó al poder, convirtió el país en una teocracia.*

teocrático, ca. adj. De la teocracia. *Había conservadores que defendían la idea de un estado católico y teocrático.*

teodicea. f. *Fil.* Teología natural. *La teodicea se plantea la defensa racional de la bondad y sabiduría de Dios.* ▶ TEOLOGÍA.

teodolito. m. *tecn.* Instrumento provisto de anteojos, que sirve para medir ángulos con precisión y que se usa espec. en topografía para obtener datos con que elaborar los mapas. *El topógrafo abrió el trípode de su teodolito.*

teofanía. f. cult. Manifestación de la divinidad. *En el arte románico, la naturaleza solo interesa como teofanía.* Frec. en religión. *El Evangelio relata la teofanía durante el bautismo de Jesús.*

teogonía. f. cult. En las religiones politeístas: Sistema que explica el nacimiento de los dioses y su genealogía. *Según la teogonía helénica, Urano y Gea fueron la primera pareja de dioses.* Tb. el relato de esa genealogía. *Hesíodo escribió una teogonía de los dioses griegos.*

teologal. adj. De la teología. *Ya sacerdote, viajó a Roma para ampliar sus estudios teologales.*

teología. f. Estudio científico de las cuestiones religiosas, que se centra espec. en Dios, su naturaleza y sus atributos, y se basa en los textos sagrados y en los dogmas. *Es sacerdote y doctor en teología.* ■ **~ de la liberación.** f. Movimiento teológico cristiano que propone una nueva lectura del Evangelio, con un enfoque social que incita a luchar contra la opresión y la miseria. Tb. la doctrina en la que se apoya. *Muchos sacerdotes son partidarios de la teología de la liberación.* ■ **~ natural.** f. Teología que se basa en principios racionales, sin tener en cuenta las verdades reveladas. *La teología natural de San Agustín aborda el tema de las pruebas de la existencia de Dios.* ⇒ TEODICEA.

teológico, ca. adj. De la teología. *Las Iglesias protestantes mantienen diferencias teológicas con la Iglesia católica.*

teologizar. intr. Discurrir sobre principios o temas teológicos. *Acabamos filosofando y teologizando sobre la existencia de Dios.*

teólogo, ga. m. y f. Especialista o titulado en teología. *Los teólogos abordaron distintos problemas de la iglesia moderna.*

teorema. m. Proposición científica demostrable lógicamente, obtenida de manera deductiva a partir de axiomas o de otros teoremas ya demostrados. *Pitágoras demostró el teorema que lleva su nombre.*

teorético, ca. adj. cult. Teórico. Frec. en filosofía. *La diferencia entre ambos conceptos no es meramente teorética.*

teoría. f. **1.** Conocimiento abstracto, considerado con independencia de la práctica. *El científico debe comprobar empíricamente las hipótesis planteadas desde la teoría.* **2.** Conjunto de principios y conocimientos abstractos de una ciencia, arte o actividad. *No basta con dominar la teoría literaria para ser un buen escritor. Busca en un libro de teoría de la música qué clases de compases hay.* **3.** Hipótesis o conjunto organizado de hipótesis e ideas que dan una explicación sobre un asunto o sobre un dominio del conocimiento. *Tengo la teoría de que, cuanto más tenemos, más queremos. Copérnico defendió la teoría de que la Tierra gira alrededor del Sol. El darwinismo es una teoría sobre la evolución de las especies naturales.* ■ **en ~.** loc. adv. Desde el punto de vista de la teoría (→ 1). *Planteó el problema en teoría, pero no lo resolvió. En teoría, todo ha quedado aclarado, pero ya veremos.*

teóricamente. adv. De manera teórica, o desde el punto de vista teórico. *Explica teóricamente las leyes de Mendel. Teóricamente, acabamos en julio.*

teórico, ca. adj. **1.** De la teoría. *El curso tiene una parte teórica y otra práctica.* **2.** Dicho de persona: Que se dedica al estudio de la teoría de una ciencia, arte o actividad. Más frec. m. y f. *Un teórico de la economía.*

teorizador, ra. adj. Que teoriza. *Sus explicaciones siempre encierran una cierta voluntad teorizadora.* Dicho de pers., tb. m. y f. *Además de poeta, fue un gran teorizador de la estilística.* ▶ TEORIZANTE.

teorizante. adj. Teorizador. *Los debates se convertían en interminables discusiones teorizantes.* Dicho de pers., tb. m. y f. *Fue un teorizante de los movimientos vanguardistas.*

teorizar. intr. Tratar de un asunto de forma teórica, o elaborar teorías sobre él. *Los asistentes al congreso teorizan* SOBRE *las posibilidades de la clonación.*

teosofía. f. cult. Conjunto de doctrinas de carácter filosófico o religioso, frec. con componentes ocultistas, que defienden la posibilidad de un conocimiento de la divinidad a través de la iluminación interior y la contemplación del universo. *El desarrollo de la teosofía responde a la necesidad del hombre de buscar respuestas.*

teosófico, ca. adj. cult. De la teosofía. *Algunas teorías teosóficas tienen muchos puntos en común con el misticismo.*

teósofo, fa. m. y f. cult. Persona que profesa la teosofía. *Los teósofos popularizaron el pensamiento oriental.*

tépalo. m. *Bot.* Cada uno de los sépalos de una flor en que estos tienen el mismo color que los pétalos. *El azafrán y el jacinto tienen tépalos.*

tequila. m. Bebida alcohólica de origen mexicano, parecida a la ginebra. *Me gusta el tequila con sal y limón.*

terapeuta. m. y f. Especialista en terapéutica. *Un terapeuta dirige el programa para dejar de fumar.*

terapéutica. → **terapéutico.**

terapéuticamente. adv. **1.** Desde el punto de vista terapéutico. *Terapéuticamente, la radioterapia está indicada para combatir algunos tipos de cáncer.* **2.** Con fines terapéuticos. *La bañera de hidromasaje puede usarse terapéuticamente.*

terapéutico, ca. adj. **1.** De la terapéutica (→ 2). *Los dolores de espalda pueden aliviarse con unos masajes terapéuticos.* ● f. **2.** Parte de la medicina que se ocupa del tratamiento de las enfermedades. *Curso de actualización sobre farmacología y terapéutica.* **3.** Terapia. *En los casos de depresión, la terapéutica más eficaz combina medicación y ayuda psicológica.* ■ **terapéutica ocupacional.** f. Terapia ocupacional. *Le han recomendado una terapéutica ocupacional y fisioterapia.*

terapia. f. Tratamiento de las enfermedades. *Asistir a sesiones de terapia de grupo puede ayudar a superar los problemas de alcoholismo.* ■ **~ ocupacional.** f. Terapia orientada a rehabilitar al paciente haciendo que realice actividades y movimientos de la vida diaria. *El programa de rehabilitación de los drogadictos incluirá talleres de terapia ocupacional.* ▶ TERAPÉUTICA.

tercer. → **tercero.**

tercera. → **tercero.**

tercerilla. f. *Lit.* Estrofa de tres versos de arte menor, dos de los cuales, frec. 1° y 3°, suelen rimar en consonante. *La tercerilla es un terceto de arte menor.*

tercermundismo. m. Condición de tercermundista. *El país logró pasar del tercermundismo a la prosperidad. La prensa ha criticado el tercermundismo de las instalaciones.*

tercermundista. adj. **1.** Del Tercer Mundo. *Los problemas tercermundistas nos atañen a todos.* **2.** despect. De características propias del Tercer Mundo, espec. la baja calidad. *Las carreteras de nuestra comarca son tercermundistas.*

tercero, ra. (APÉND. NUM.). adj. (apóc. **tercer**: se usa ante n. m. sing.). **1.** Que sigue inmediatamente en orden a lo segundo. *El tercer curso. La tercera puerta. Felipe tercero.* Tb. sustantivado. *El tercero recibió la medalla de bronce.* **2.** Dicho de parte: Que es una de las tres iguales en que puede dividirse un todo. *Ha dejado a cada trillizo una tercera parte de la herencia.* ● m. **3.** Tercera persona (persona distinta de las interesadas). *Él no me dijo que se mudaba, me he enterado por un tercero.* ○ f. **4.** En el motor de un vehículo: Marcha que desarrolla mayor velocidad y menor potencia que la segunda, y mayor potencia y menor velocidad que la cuarta. *Reduce a tercera, que vas demasiado rápido.* **5.** *Mús.* Intervalo o distancia de tono que hay entre una nota y la tercera (→ 1) nota anterior o posterior a ella en la escala. *De "do" a "mi" hay una tercera.* ○ m. y f. **6.** Alcahuete (persona mediadora en una relación amorosa). *Celestina encarna el personaje de la tercera o alcahueta.* ● adv. **7.** En tercer lugar. *Primero, cálmate; segundo, piensa bien qué hacer, y tercero, actúa.* ■ **~ en discordia.** m. y f. Persona que interviene, gralm. como mediador, en una discusión o conversación entre otras dos. *Se nombrará a un árbitro que actúe como tercero en discordia.* ▶ **6:** *ALCAHUETE.

terceto. m. **1.** *Lit.* Estrofa de tres versos de arte mayor, que suelen rimar en consonante 1° con 3°. *Boscán introdujo los tercetos en la poesía castellana.* **2.** *Mús.* Trío (conjunto de instrumentos, o composición). *Toca el piano en un terceto de* jazz. *Terceto para viola, clarinete y piano.* ■ **~s encadenados.** m. pl. *Lit.* Serie de tercetos (→ 1) de versos endecasílabos, que riman en consonante 1° con 3°, 2° con 1° y 3° de la estrofa siguiente, y así sucesivamente. *El soneto clásico suele estar formado por dos cuartetos y dos tercetos encadenados. La égloga II de Garcilaso está en tercetos encadenados.* ▶ **2:** TRÍO.

terciado, da. part. **1.** → **terciar.** ● adj. **2.** Mediano (de tamaño intermedio). *Deme dos lenguados de ración, que sean terciados.* ▶ **2:** MEDIANO.

terciana. f. Fiebre intermitente que se repite cada tres días. Más frec. en pl. con significado sing. *Las tercianas, como la gripe, ya no son una enfermedad preocupante.*

terciar. (conjug. ANUNCIAR). intr. **1.** Mediar en una conversación o una discusión. *Si no tercia el moderador, llegan a las manos. Siempre acaba terciando* EN *las peleas de sus hermanos.* **2.** Intervenir en un asunto o una conversación. *Se abre el debate y cualquiera del público puede terciar. No me atrevo a terciar* EN *problemas de familia.* ○ tr. **3.** Poner (algo) atravesado diagonalmente o ladeado. *Va con uniforme militar, con el capote terciado a la espalda. Lleva un sombrero terciado sobre la frente.* ○ intr. prnl. **4.** Presentarse la oportunidad de algo. *Aunque soy profesor de español, puedo enseñar latín si se tercia.*

terciario, ria. adj. **1.** Tercero en orden o en grado. *El estudio detalla las reacciones primarias, secundarias y terciarias que puede producir la vacuna.* **2.** (Como m. se usa en mayúsc.). *Geol.* Dicho de división geológica: Que es la primera o más antigua de la era cenozoica. *Durante el período terciario se reduce la temperatura media del planeta.* Tb. m. *En el Terciario tiene lugar la extinción de los dinosaurios.* **3.** *Geol.* Del Terciario (→ 2). *Cuencas terciarias.*

tercio. (Frec. en mayúsc. en acep. 2 y 3). m. **1.** Cada una de las tres partes iguales en que puede dividirse un todo. *Las vanguardias se desarrollan durante el primer tercio del siglo* XX. *Un tercio de la audiencia optó por ver la película. Se ha comido un tercio de la tarta.* **2.** *Mil.* Batallón de infantería del ejército español. *Los tercios de la legión intervinieron para sofocar la revuelta del Rif en África.* **3.** *Mil.* histór. Regimiento de infantería española de los ss. XVI y XVII. *Los tercios de Flandes fueron derrotados por los franceses.* **4.** *Taurom.* Cada una de las tres partes en que se divide la lidia de un toro. *El matador se ha lucido en el tercio de muerte.* **5.** *Rel.* Hora canónica que se reza después de laudes. ▶ **4:** SUERTE.

terciopelo. m. Tejido gralm. de seda, con una de sus caras cubierta de vello tupido y suave. *El novio viste un traje azul marino con corbata de terciopelo.*

terco, ca. adj. Que mantiene con empeño una opinión, actitud o decisión, a pesar de los obstáculos o argumentos en contra. *¡No seas terco, hombre, y haz lo que te ha dicho el médico de una vez!* ▶ CABEZUDO, CERRIL, CONTUMAZ, EMPECINADO, OBSTINADO, PERTINAZ, PORFIADO, TESTARUDO, TOZUDO.

terebinto. m. Arbusto de tronco ramoso, hojas lustrosas, flores en racimo y fruto rojizo, de cuya corteza se obtiene una resina blanca muy olorosa. *En la ladera crece el lentisco y el terebinto.* Tb. su madera.

teresiano, na. adj. **1.** De Santa Teresa de Jesús (1515-1582). *El estilo de la prosa teresiana es llano y sin adornos.* **2.** De las teresianas (→ 3). *Cursó la enseñanza básica en un colegio teresiano.* **3.** Dicho de religiosa: De la compañía de Santa Teresa de Jesús. *Una monja teresiana.* Tb. f. *Estudia el bachillerato con las teresianas.*

tergal. (Marca reg.). m. Tejido de fibra sintética de poliéster, muy resistente. *Las sábanas de tergal no necesitan plancharse como las de algodón.*

tergiversación. f. Hecho de tergiversar. *La tergiversación de sus declaraciones por la prensa ha desatado las iras del diputado.*

tergiversador, ra. adj. Que tergiversa. *Han dado una versión tergiversadora de los hechos.* Dicho de pers., tb. m. y f. *Quien afirme que yo he asegurado tal cosa es un tergiversador.*

tergiversar. tr. Interpretar de manera errónea o forzada (algo, espec. las palabras). *Yo no he dicho eso: siempre tergiversas lo que digo.* ▶ TORCER.

termal. adj. De las termas, o de sus aguas. *La instalación termal está indicada para tratar enfermedades reumáticas. Un baño termal suele ser muy relajante.*

termas. f. pl. **1.** Baños de aguas minerales calientes. *Pasaré unos días en unas termas tomando baños terapéuticos.* **2.** histór. En la antigua Roma: Baños públicos. *Las termas de Caracalla contaban con saunas y piscinas con aguas a distintas temperaturas.* ▶ **1:** CALDAS.

termes. m. Termita. *Las vigas están deterioradas debido a la acción de los termes.*

termia. f. *Fís.* Unidad de calor equivalente a un millón de calorías, muy empleada para medir el suministro de gas (Símb. *th*). *La tonelada de carbón tiene un poder calorífico de 7000 termias.*

térmico, ca. adj. **1.** Del calor o de la temperatura. *Se prevé una subida térmica a partir del lunes. La energía solar puede ser transformada en energía térmica para distintos usos.* **2.** Que conserva la temperatura. *Las bolsas térmicas permiten transportar alimentos congelados. Tejidos térmicos.*

termidor. m. histór. Undécimo mes del calendario republicano francés, que transcurre entre el 19 de julio y el 17 de agosto del calendario occidental. *Robespierre murió guillotinado el 9 de termidor de 1794.*

terminación. f. **1.** Hecho de terminar o terminarse. *La terminación de la Guerra Fría fue en los años 90.* **2.** Parte final de algo. *La rima está determinada por la terminación del verso. Terminación verbal.*

terminal. adj. **1.** Que termina o pone fin a algo. *Las obras están ya en su fase terminal y se acabarán dentro del plazo.* **2.** Dicho de enfermedad: Que es irreversible y conduce a la muerte. *Padece un cáncer terminal.* **3.** Dicho de enfermo: Que padece una enfermedad terminal (→ 2). *Es un enfermo terminal de sida.* **4.** *Bot.* Que está en el extremo de un órgano de una planta. *Flores terminales.* ● m. **5.** *Fís.* Extremo de un conductor eléctrico preparado para facilitar su conexión. *Un enchufe es un terminal.* **6.** (Tb. f.). *Inform.* Dispositivo gralm. compuesto de teclado y pantalla, conectado a distancia a un ordenador y capaz de enviar y recibir información. *Cada empleado dispone de un terminal que le permite acceder a los datos almacenados en el ordenador central.* ○ f. **7.** Conjunto de instalaciones que constituyen uno de los extremos de una línea de transporte. *El aumento de tráfico aéreo aconseja construir una nueva terminal en el aeropuerto. La terminal de autobuses.*

terminante. adj. Concluyente, o que no admite discusión. *El director ha tomado la decisión terminante de destituirlo.*

terminar. tr. **1.** Hacer que (algo) quede completamente hecho. *Ya he terminado la lectura de pruebas. Los obreros han terminado la nueva casa.* **2.** Hacer la última parte (de una obra) poniendo cuidado en que quede perfecta. *El carpintero ha dejado las puertas muy bien terminadas.* **3.** Consumir o usar (algo) gastándo(lo) por completo. *Ya hemos terminado el jamón. He terminado este carrete de fotos.* ○ intr. **4.** Dejar algo de existir, ocurrir o hacerse. *Las vacaciones terminan mañana. ¿Cuándo terminaron los ataques de asma? Los trabajos terminaron ayer.* Tb. prnl. *Se ha terminado el plazo.* **5.** Tener una cosa su final de una determinada manera. *La torre termina* EN *punta. El partido ha terminado* EN *empate. Su matrimonio terminó mal.* **6.** Hacer que algo desaparezca o deje de existir. *Hay que terminar* CON *el hambre en el mundo. La enfermedad terminó* CON *él.* Tb. fig. *Este ritmo de vida va a terminar* CONMIGO. **7.** Romper las relaciones, espec. amorosas, que se mantienen con otra persona. *Ha terminado* CON *su novio.* Tb.: *Luis y Carmen han terminado.* **8.** Seguido de *de* y un infinitivo: Realizar por completo lo expresado por el infinitivo. *Cuando termines de trabajar, ven a buscarme.* A veces el infinitivo está sobrentendido. *Ahora estoy trabajando; cuando termine, te llamo.* **9.** Precedido de negación y seguido por *de* y un infinitivo, indica que no se consigue hacer lo expresado por el infinitivo. *No termino de entender por qué se comporta así.* ▶ **1-6, 8, 9:** *ACABAR.

término. m. **1.** Punto en que termina algo en el tiempo o en el espacio. *Al término de las conferencias se entregará un diploma de asistencia. El tren llegó al término de la vía.* **2.** Frontera o línea divisoria de un territorio. *El río constituye el término entre los dos pueblos vecinos.* **3.** Porción de territorio bajo la autoridad de un Ayuntamiento. *Estas tierras pertenecen al término de Alcorcón.* Frec. *~ municipal. La urbanización pertenece al término municipal de Pozuelo de Alarcón.* **4.** Plazo de tiempo determinado. *Tengo que presentar el trabajo en el término de una semana.* **5.** Palabra (sonido o conjunto de sonidos). *El término "almohada" procede del árabe.* **6.** Plano en que se presenta alguien o algo ante la vista. Gralm. con los adj. *primer, segundo* y *último. Una rueca ocupa el primer término en el cuadro "Las hilanderas" de Velázquez. La figura del protagonista aparece en segundo término en esa escena.* **7.** Lugar que se atribuye a algo en una enumeración. Se usa con los adj. *primer, segundo* y *último. En primer término trata de los animales invertebrados; a continuación, de los mamíferos, y en último término, del hombre.* **8.** Elemento con el que se establece una relación. *En la oración "Luis es más alto que Juan", "Juan" es el término de la comparación. Los datos varían según los términos de referencia.* ○ pl. **9.** Modo de expresarse o de comportarse. *Le habla a su jefe en términos poco respetuosos.* **10.** Condiciones con que se plantea un asunto, o que se establecen en un contrato. *Los términos del contrato son muy claros.* ■ **~ medio.** m. Promedio. *Los trabajadores de la empresa ganan como término medio mil euros al mes. Por término medio trabaja doce horas diarias.* □ **en buenos ~s.** loc. adv. En buena relación. Frec. con *estar. Las dos familias están en buenos términos después de años de enfrentamientos.* ■ **en último ~.** loc. adv. Como última solución o recurso. *En último término, el abogado puede recurrir la sentencia.* ■ **llevar** (algo) **a ~.** loc. v. Realizar(lo) o llevar(lo) a cabo. *No basta con planear las cosas, hay que saber llevarlas a término.* ■ **poner,** o **dar, ~** (a algo). loc. v. Hacer que termine o acabe. *Han puesto término a su noviazgo unos días antes de la boda.* ▶ **2:** *LINDE. **3:** CONCEJO. **5:** *PALABRA.

terminología. f. Conjunto de palabras o términos propios de un ámbito determinado. *La palabra "polinomio" pertenece a la terminología matemática.* Tb. el estudio lingüístico correspondiente. *La Facultad de Filología organiza un seminario sobre terminología.*

terminológico, ca. adj. De la terminología. *La exactitud terminológica y la precisión en los datos son exigencias de todo texto científico.*

terminólogo, ga. m. y f. Especialista en terminología. *En los organismos internacionales, el trabajo de traductores y terminólogos es fundamental.*

termita. f. Insecto parecido a la hormiga, de cuerpo blanco, que vive en colonias y roe la madera para alimentarse de ella. *Una plaga de termitas está devorando las vigas de madera.* ▶ TERMES.

termitera. f. Termitero. *Vieron termiteras en la sabana africana.*

termitero. m. Nido de termitas, gralm. construido por ellas en una viga o en el suelo. *Visitaremos los gigantescos termiteros de Australia.* Tb. fig. *Los días de mercadillo la plaza es un termitero.* ▶ TERMITERA.

termo¹. (Marca reg.: *Thermos*). m. Recipiente de paredes aislantes y provisto de cierre hermético, que sirve para mantener la temperatura de las bebidas o alimentos que se introducen en él. *El montañero lleva café caliente en un termo.* Frec. en aposición. *Botella termo.*

termo². m. Termosifón. *La casa está equipada con termo solar.*

termodinámico, ca. adj. **1.** *Fís.* De la termodinámica (→ 2). *Principios termodinámicos.* • f. **2.** *Fís.* Parte de la física que estudia las relaciones entre el calor y otras formas de energía. *Según el primer principio de la termodinámica, la energía ni se crea ni se destruye, solo se transforma.*

termoelectricidad. f. **1.** *Fís.* Energía eléctrica producida por la acción del calor. *Se produce termoelectricidad cuando los cuerpos liberan o reciben electrones al calentarse.* **2.** *Fís.* Parte de la física que estudia la termoelectricidad (→ 1). *Expertos en termoelectricidad trabajan en el diseño de nuevos sistemas de refrigeración.*

termoeléctrico, ca. adj. *Fís.* De la termoelectricidad. *Una central termoeléctrica de carbón.*

termoestable. adj. *Quím.* Que no se deforma o no se altera fácilmente por la acción del calor. *Plásticos termoestables. Resinas termoestables.*

termografía. f. *tecn.* Técnica de registro de las diferencias de temperatura que presenta la superficie de un cuerpo, basada en la captación de las radiaciones infrarrojas que emite. Frec. en medicina. *La termografía se utiliza para detectar el cáncer de mama.*

termógrafo. m. *Fís.* Instrumento que sirve para medir y registrar de forma continua las variaciones de temperatura. *El meteorólogo analiza los datos registrados por el termógrafo.*

termometría. f. *Fís.* Parte de la física que se ocupa de la medición de la temperatura. *Uno de los problemas de la termometría es la definición de escala y su graduación.*

termométrico, ca. adj. *Fís.* Del termómetro, o de la termometría. *Las escalas termométricas Celsius y Fahrenheit son las más empleadas. Mediciones termométricas.*

termómetro. m. Instrumento que sirve para medir la temperatura. *Ponte el termómetro, a ver si tienes fiebre. En verano, los termómetros de la calle marcan más de 40°.*

termonuclear. adj. **1.** *Fís.* Dicho de proceso: De la fusión de núcleos atómicos ligeros a temperaturas muy elevadas y con liberación de energía. *Reacción termonuclear.* Tb. dicho de la energía obtenida en ese proceso y de lo relacionado con ella. *La energía termonuclear genera residuos radiactivos. Central termonuclear.* **2.** Dicho de arma o artefacto: Que obtiene su energía de un proceso termonuclear (→ 1). *Bombas termonucleares.*

termoplástico, ca. adj. *Quím.* Dicho de material: Que es moldeable por el calor y recobra su estado sólido al enfriarse. Tb. m. *Para fabricar las botellas reciclables de agua mineral se utilizan termoplásticos.*

termosifón. m. Aparato que sirve para calentar agua y distribuirla mediante tuberías a distintas partes de una casa o local. *La vivienda cuenta con termosifón para el agua caliente.* ▶ TERMO.

termostato. m. Aparato o dispositivo que regulan automáticamente la temperatura y permiten mantenerla constante. *El termostato de la calefacción ayuda a usarla racionalmente y a ahorrar. El termostato de la plancha se ha estropeado.*

termoterapia. f. *Med.* Tratamiento de las enfermedades o lesiones por medio de la aplicación de calor. *La termoterapia provoca una dilatación de los vasos sanguíneos que mejora la circulación.*

terna. f. **1.** Trío (conjunto de tres personas o cosas). *Una terna de matadores. Los tres tenores forman una terna de voces deslumbrante.* **2.** Terna (→ 1) de personas propuestas para que se designe una de entre ellas para ocupar un cargo. *El Parlamento ha propuesto al jefe del Estado la terna de donde saldrá el futuro presidente.* ▶ **1:** *TRÍO.

ternario, ria. adj. Que está formado por tres elementos. *Los hidróxidos son compuestos ternarios. La obra presenta la típica estructura ternaria de presentación, nudo y desenlace.*

terne. adj. **1.** coloq. Fuerte y en buen estado de salud. *El más terne de los chicos ha llegado primero a la cima.* **2.** coloq. Perseverante u obstinado. *Por más que intentan quitarle la idea, ella sigue terne en su propósito.*

ternero, ra. m. y f. **1.** Cría de la vaca. *A partir de los cuatro meses, los terneros empezaron a pastar junto a sus madres.* ○ f. **2.** Carne de ternero (→ 1). *He preparado ternera estofada.* ▶ **1:** CHOTO.

terneza. f. **1.** Ternura. *En la carne destinada al consumo, se aprecian especialmente los aspectos nutritivos y la terneza. No ha habido en el mundo un alma de mayor terneza.* **2.** Dicho o expresión tiernos o cariñosos. Más frec. en pl. *La ha conquistado con ternezas.*

ternilla. f. Cartílago. *Se come todo el pollo, hasta las ternillas.*

ternísimo. → **tierno.**

terno. m. Conjunto de pantalón, chaqueta y chaleco de la misma tela. *Viste un elegante terno azul marino. El terno del torero es granate y oro.* En Am., tb. el conjunto formado solo de chaqueta y pantalón. *Estaba vestido con terno y chaleco* [C]. ▶ *TRAJE.

ternura. f. Cualidad de tierno. *La madre acuna con ternura a su bebé.* ▶ TERNEZA.

tero. m. frecAm. Ave americana, de tamaño medio, patas y pico largos, plumaje blanco, negro y pardo, que da chillidos muy característicos y vive en bandadas. *El tero hembra. Desde afuera venía el bullicio de las calandrias y los teros* [C].

terquedad. f. Cualidad de terco. *Ha mantenido su teoría con terquedad, a pesar de los datos en contra.* ▶ CERRILIDAD, CERRILISMO, CONTUMACIA, PERTINACIA, TESTARUDEZ, TOZUDEZ.

terracería. f. Am. Camino sin pavimentar. *Me asfixió el polvo de la terracería y por un momento quise* *toser* [C]. ■ **de ~.** loc. adj. Am. Dicho de camino u otra vía: Que no está pavimentado. *Era una ciudad de calles de terracería* [C]. *La mayoría de las pistas de aterrizaje eran de terracería* [C].

terracota. f. **1.** Arcilla cocida. *En el museo se conservan figurillas en terracota de la época micénica.* **2.** Escultura, gralm. pequeña, de terracota (→ 1). *Los arqueólogos han hallado terracotas entre los restos de una antigua ciudad griega.*

terrado. m. Terraza (cubierta de un edificio). *Si empieza a llover, sube a recoger la ropa tendida del terrado.* ▶ *TERRAZA.

terraplén. m. **1.** Desnivel del terreno con pendiente. *La moto ha patinado en la curva y ha caído por un terraplén.* **2.** Montón de tierra hecho para rellenar un hueco, para salvar un desnivel, como defensa o para otra obra. *Los soldados levantan barricadas y terraplenes para contener al enemigo.*

terrario. m. Instalación preparada para mantener en cautividad determinados animales, como reptiles o arácnidos. *En el terrario del zoo hay ejemplares de reptiles en peligro de extinción.*

terrateniente. m. y f. Persona que posee grandes extensiones de tierra, espec. cultivos. *Las plantaciones de algodón estaban en manos de los grandes terratenientes norteamericanos.* Tb. adj. *La nueva burguesía fue desplazando a las viejas clases terratenientes.*

terraza. f. **1.** Espacio abierto y elevado de una casa, gralm. protegido por una barandilla o un muro bajo. *Si te asomas a la terraza, puedes ver la iglesia del pueblo.* **2.** Cubierta plana de un edificio, dispuesta para poder andar por ella y gralm. protegida por barandillas o muros. *Subimos a la terraza del hotel, donde hay una impresionante piscina.* **3.** Espacio acotado al aire libre, junto a un bar o establecimiento similar del que depende, en el que se colocan mesas donde se sirve al público. *Tomaremos el aperitivo en una terraza del puerto.* **4.** En un terreno en pendiente: Espacio llano, que gralm. constituye con otros una serie en forma de escalones y está destinado al cultivo. *En las laderas, se suele cultivar en terrazas para aprovechar los desniveles del terreno.* ▶ **2:** AZOTEA, TERRADO. **4:** *BANCAL.

terrazo. m. Pavimento formado por piedras o trozos de mármol aglomerados con cemento, y con la superficie pulimentada. *Los suelos son de parqué en las habitaciones, y de terrazo en la cocina y el baño.*

terremoto. m. Sacudida del terreno, debida a la deformación de la corteza terrestre que provocan fuerzas internas del planeta. *El terremoto ha provocado cientos de víctimas.* Tb. fig. *Los rumores de quiebra de la multinacional han causado un terremoto en la Bolsa.* ▶ SEÍSMO, SISMO, TEMBLOR.

terrenal. adj. De la tierra o del mundo material. Se usa en contraposición a *espiritual*. *Los ascetas se apartan de los placeres terrenales. Erasmo criticó el poder terrenal de la Iglesia.* ▶ TERRENO.

terreno, na. adj. **1.** Terrenal. *Para un cristiano, la muerte solo es el fin de la vida terrena.* **2.** Terrestre (de la Tierra). *Las comunicaciones con la estación espacial se establecen a través de satélites y de una red terrena.* ● m. **3.** Superficie terrestre no ocupada por el mar. *Las montañas son accidentes del terreno.* **4.** Extensión delimitada del terreno (→ 3). *Nos hemos comprado un terreno.* **5.** Espacio delimitado y gralm. acondicionado para la práctica de un deporte. *El equipo visitante achaca su derrota al estado del terreno.* Tb. *~ de juego*. *El terreno de juego de un campo de béisbol tiene forma de diamante.* **6.** Campo o esfera de acción de una persona o una cosa. *Se acusa al Gobierno de invadir el terreno de los jueces.* **7.** *Geol.* Extensión del terreno (→ 3) caracterizada por un origen, composición o estructura determinados. *Las trufas crecen en terrenos calcáreos. La región está constituida por terrenos paleozoicos.* ■ **terreno abonado.** m. Cosa que reúne condiciones favorables para que se produzca o desarrolle algo en ella. *La falta de higiene es terreno abonado para las enfermedades.* □ **allanar,** o **preparar, el terreno.** loc. v. Hacer que se den las condiciones favorables para que ocurra o se produzca algo. *Tu mediación allanaría el terreno* PARA *que accediese a nuestra petición. Goya preparó el terreno a los pintores más innovadores del siglo* XX. ■ **ganar terreno.** loc. v. Aumentar la distancia o la ventaja. *Los japoneses han ganado terreno a los europeos en tecnología punta.* ■ **ganar terreno** algo, espec. una idea. loc. v. Imponerse o conseguir mayor aceptación. *La idea de convocar un referéndum va ganando terreno.* ■ **minar el terreno** (a alguien). loc. v. Actuar solapadamente para desbaratar(le) sus planes o para perjudicar(lo). *Sus rivales políticos le minaron de tal modo el terreno que acabaron con su carrera.* ■ **perder terreno.** loc. v. Quedarse atrás, o pasar a tener menos ventaja. *El ciclista está perdiendo terreno frente a sus perseguidores.* ■ **perder terreno** algo, espec. una idea. loc. v. Tener menos aceptación. *La tendencia conciliadora pierde terreno en las negociaciones.* ■ **preparar el terreno.** → **allanar el terreno.** ■ **reconocer el terreno.** loc. v. Estudiar las ventajas e inconvenientes que presenta un asunto, como paso previo para actuar. *La banca desea invertir en la industria local, pero antes quiere reconocer bien el terreno.* ■ **saber** alguien **el terreno que pisa.** loc. v. Conocer bien el asunto que tiene entre manos o a las personas con que trata. *Déjame negociar el precio, que yo sé el terreno que piso.* ■ **sobre el terreno.** loc. adv. **1.** En el mismo lugar en que ocurren o se desarrollan los hechos. *Inspeccionan el edificio derrumbado para comprobar los daños sobre el terreno.* **2.** A medida que ocurren o se desarrollan los hechos. *No me gusta preverlo todo, prefiero ir decidiendo sobre el terreno.* ▶ **2:** TERRESTRE. **5:** CAMPO. **6:** *ÁMBITO.

terrero, ra. adj. **1.** De tierra. *Refuerzan las riberas con sacos terreros. La aldea es un puñado de casas terreras con tejado de paja.* ● m. **2.** Montón o depósito de tierra acumulada. *Los muchachos juegan a escalar terreros.*

terrestre. adj. **1.** Del planeta Tierra. *El cohete abandona la atmósfera terrestre.* **2.** De la superficie de la Tierra, espec. la que no está ocupada por el mar. *Prefiere el transporte terrestre.* **3.** Que vive en la superficie de la Tierra no ocupada por el mar. *El elefante es el mayor de los mamíferos terrestres.* ▶ **1:** TERRENO.

terrible. adj. **1.** Que causa terror o miedo muy intenso. *Un sujeto de aspecto terrible se enfrentó a ellos.* **2.** Difícil de soportar. *Las escenas vividas en el terremoto han sido terribles.* **3.** coloq. Muy grande o extraordinario. *Tiene unas ganas terribles de ver a su familia.* ▶ **1:** ATERRADOR, ATROZ, ESPANTOSO, HORRENDO, HORRIBLE, HORRIPILANTE, HORROROSO, TERRORÍFICO, TREMEBUNDO, TREMENDO.

terrícola. adj. Que vive en el planeta Tierra. *Bacteria terrícola.* Dicho de pers., tb. m. y f. *Son los primeros pasos de un terrícola por la superficie lunar.*

terrina. f. Recipiente pequeño, frec. de barro y con forma de cono truncado invertido, destinado a la conservación de productos alimenticios. *Compra una terrina de paté.* Tb. su contenido. *De primero, tomaré la terrina de anguila.*

territorial. adj. **1.** Del territorio. *Alemania inicia su expansión territorial con la invasión de Polonia.* **2.** *Zool.* Dicho de animal: Que tiene como rasgo de comportamiento la delimitación y defensa de su territorio. *Los leones son muy territoriales.*

territorialidad. f. **1.** Hecho de pertenecer a un territorio. *El enfrentamiento entre regiones se debe a un problema de territorialidad.* **2.** *Der.* Condición de territorio nacional que tiene una sede diplomática o el lugar en que reside un diplomático en funciones. *El embajador exige que se respete la territorialidad de la embajada.* **3.** *Zool.* Condición o comportamiento del animal territorial. *Durante el celo, las aves muestran gran territorialidad.*

territorio. m. **1.** Porción delimitada de superficie terrestre, espec. aquella sobre la que se ejerce una autoridad o jurisdicción. *Parte del mar Caspio se halla en territorio ruso. Los territorios ribereños suelen ser fértiles.* **2.** *Zool.* Espacio donde vive un animal o un grupo de animales, y que es defendido de la invasión de otros de su misma especie. *Algunos mamíferos orinan para marcar su territorio.*

terrón. m. **1.** Porción pequeña de tierra compacta. *Antes de sembrar debes deshacer los terrones.* **2.** Porción pequeña y compacta de una sustancia que suele presentarse en grano o en polvo, frec. azúcar. *–¿Te echo azúcar en el café? –Dos terrones, por favor.*

terror. m. **1.** Miedo muy intenso. *El incendio sembró el terror entre el público. Me encantan las películas de terror.* **2.** (Con art.). Persona o cosa que producen terror (→ 1). *Los piratas eran el terror de los mares.* **3.** Conjunto de actos violentos orientados a provocar terror (→ 1), con fines políticos, en una población. *La comunidad indígena vive asediada por el terror paramilitar.* ► **1:** *MIEDO.

terrorífico, ca. adj. **1.** Que causa terror o miedo muy intenso. *De noche contaban historias terroríficas de fantasmas.* **2.** coloq. Muy grande o extraordinario. *Hace un frío terrorífico.* ► **1:** *TERRIBLE.

terrorismo. m. Empleo de la violencia y el terror sobre una colectividad, como forma de lucha política. *La población vive atemorizada por actos de terrorismo.*

terrorista. adj. **1.** Del terrorismo. *La oleada terrorista atenaza al país.* **2.** Que practica el terrorismo. *Lo ha secuestrado una organización terrorista.* Dicho de pers., tb. m. y f. *Los terroristas colocaron la bomba en los bajos del automóvil.*

terroso, sa. adj. **1.** De características semejantes a las de la tierra, espec. por el color o la textura. *En sus cuadros predominan los tonos pardos y los amarillos terrosos.* **2.** De tierra o que tiene tierra. *El barrio es un laberinto de calles terrosas sin asfaltar. Se lavan los champiñones y se les cortan las partes terrosas.*

terruño. m. **1.** Tierra o región de nacimiento. *El deseo de los emigrantes es volver al terruño.* **2.** coloq. Terreno, espec. el que se cultiva para vivir de él. *La familia se sustenta de lo poco que dan el terruño y unas cuantas cabras.*

terso, sa. adj. **1.** Liso y sin arrugas. *La crema mantiene la piel tersa.* **2.** Limpio y brillante. *El sol resplandecía en un cielo terso y azul.*

tersura. f. Cualidad de terso. *Conserva la tersura de su cutis.*

tertulia. f. **1.** Reunión de personas que se juntan habitualmente para conversar. *Acude los sábados a la tertulia literaria del café.* **2.** Conversación o charla. *Cuando llegué, estaban enzarzados en una tertulia muy interesante.* Frec. en la constr. *estar de ~. La portera y unos vecinos están de tertulia.*

tertuliano, na. m. y f. Persona que asiste a una tertulia o participa en ella. *En el programa radiofónico varios tertulianos comentan las noticias del día.* ► CONTERTULIO.

tesela. f. Cada una de las piezas con que se forma un mosaico. *Al mosaico le faltan varias teselas.*

tesina. f. Trabajo de investigación realizado para obtener un grado inferior al de doctor, espec. el de licenciatura. *En la tesina empezó a investigar el tema de su tesis doctoral.*

tesis. f. **1.** Opinión o idea que se mantienen con razonamientos. *El fiscal sostiene la tesis de que ha sido un asesinato.* **2.** Trabajo de investigación realizado al final de los estudios universitarios para obtener el título de doctor. *El catedrático es su director de tesis.* Tb. *~ doctoral. Su tesis doctoral versa sobre el átomo.*

tesitura. f. **1.** Actitud o estado de ánimo. *El acusado negó su culpabilidad, tesitura que mantuvo a lo largo de todo el juicio.* **2.** *Mús.* Conjunto de sonidos de la escala musical que puede abarcar una voz o un instrumento. *Es capaz de cantar a plena voz en lo más agudo de la tesitura de tenor.*

tesla. m. *Fís.* Unidad de inducción magnética del Sistema Internacional, que equivale a un *weber* por metro cuadrado (Símb. *T*). *El electroimán genera un campo magnético de 9 teslas.*

teso. m. Colina pequeña y de cima llana. *El campamento está en un teso desde el que se domina el valle.*

tesón. m. Perseverancia para mantenerse en un empeño. *Con esfuerzo y tesón aprobarás.*

tesorería. f. **1.** Cargo de tesorero. *Ocupa la tesorería del club desde 1995.* **2.** Oficina del tesorero. *Acuda a tesorería y pida un recibo.* **3.** Parte de los fondos de una empresa o entidad, disponible o fácilmente convertible en dinero metálico. *Es una empresa solvente, con una tesorería de miles de millones.*

tesorero, ra. m. y f. Persona encargada de guardar y administrar el dinero y los bienes de una empresa o una entidad. *Es el tesorero de una asociación benéfica.*

tesoro. m. **1.** Cantidad de joyas, dinero u otros objetos de valor, considerados como conjunto. *Los piratas habían enterrado el tesoro en una isla.* **2.** Persona o cosa muy valiosas. *El Partenón es uno de los tesoros de la cultura occidental. Tu novio es un tesoro.* Se usa para dirigirse a una persona cariñosamente. *¡Ven aquí, tesoro!* **3.** (Frec. en mayúsc.). Organismo del Estado encargado de la elaboración y administración del presupuesto público. *Va a invertir en bonos del Tesoro.* Tb. *~ público.* **4.** (Frec. en mayúsc.). Hacienda pública (conjunto de bienes del Estado). Tb. *~ público. Acusan al ministro de una mala gestión del tesoro público.* **5.** Diccionario que pretende registrar el léxico total de una lengua, de una época o de un autor. *El "Nuevo tesoro lexicográfico de la lengua española" contiene el léxico español de los siglos* XV *al* XX. ► **2:** *JOYA. **3, 4:** *HACIENDA.

test. (pl. invar. o **tests**). m. **1.** Prueba para evaluar los conocimientos o aptitudes de una persona y que consiste en un cuestionario en el que hay que elegir una respuesta entre varias opciones. *La oposición consta de un test de cultura general y una parte práctica.* **2.** Prueba psicológica para determinar las capacidades o características de una persona. *Según el test que le hizo el psicólogo, tiene un cociente de inteligencia muy alto.* **3.** Prueba o control para comprobar un dato. *El test de embarazo ha salido negativo.*

testa. f. cult. Cabeza humana o de animal. *Salta al ruedo un toro de testa y cornamenta imponentes.* ■ **~ coronada.** f. Monarca o soberano. *A la boda asisten varias testas coronadas de Europa.*

testado, da. part. **1.** → **testar.** ● adj. **2.** *Der.* Dicho de sucesión: Que tiene testamento. *En la sucesión testada, el testador debe disponer por escrito la distribución de sus bienes.*

testador, ra. m. y f. Persona que hace testamento. *Los hijos del testador son sus herederos naturales.*

testaferro. m. Persona que presta su nombre para que figure en un contrato o negocio, en lugar del nombre del interesado. *El estafador abrió cuentas en varios bancos a nombre de diversos testaferros.*

testamentaría. f. **1.** Ejecución de lo dispuesto en un testamento. *Los herederos se comprometen a pagar los impuestos correspondientes a la testamentaría.* Tb. el conjunto de documentos relacionados con ella. *En la testamentaría figura un inventario de todos los bienes del difunto.* **2.** *Der.* Conjunto de bienes dejados por alguien en su testamento, considerados desde su muerte hasta que pasan a manos de los herederos. *Se subastan varios cuadros procedentes de la testamentaría del pintor.*

testamentario, ria. adj. **1.** Del testamento. *Disposiciones testamentarias.* ● m. y f. **2.** Persona encargada por el testador de cumplir su última voluntad. *Dejó como testamentario a su hijo mayor.*

testamento. m. **1.** Declaración en la que una persona dispone lo que se ha de hacer después de su muerte con sus bienes y los asuntos que le conciernen. Frec. en la constr. *hacer ~. Murió sin hacer testamento.* Tb. el documento legal donde consta. *El testamento lleva la firma de un notario.* **2.** Obra realizada por un autor o artista en la etapa final de su vida y que queda para la posteridad como máxima expresión de sus ideas o de su arte. *La Sagrada Familia de Gaudí es su testamento artístico.* ■ **Antiguo,** o **Viejo, Testamento.** m. Parte de la Biblia que comprende los libros y escritos anteriores al nacimiento de Jesucristo. *La historia de Moisés se narra en el Antiguo Testamento.* ■ **Nuevo Testamento.** m. Parte de la Biblia que comprende los libros y escritos posteriores al nacimiento de Jesucristo. *Los evangelios están en el Nuevo Testamento.*

testar[1]**.** intr. Hacer testamento. *Murió sin testar. Testó a favor de su esposo.*

testar[2]**.** tr. Someter (algo) a un test o control. *Antes de comercializar el producto, hay que testarlo en el laboratorio. Producto clínicamente testado.* ▶ **Am:** TESTEAR.

testarazo. m. **1.** coloq. Cabezazo. *Ha marcado el gol con un tremendo testarazo.* **2.** coloq. Golpe fuerte. *¡Menudo testarazo se ha metido ese coche!*

testarudez. f. **1.** Cualidad de testarudo. *No soporto la testarudez de este muchacho.* **2.** Dicho o hecho propios de un testarudo. *No ir a la fiesta es una testarudez suya.* ▶ **1:** *TERQUEDAD. **2:** *OBSTINACIÓN.

testarudo, da. adj. Terco. *No seas testarudo: te digo que ahí no cabes.* Tb. m. y f. *Es una testaruda incorregible.*

testear. tr. Am. Testar (algo). *La loción fue testeada en cientos de hombres y mujeres, con resultados positivos* [C]. *Esta migración de los usuarios hacia otras compañías es testeada por las agencias de viaje* [C]. ▶ TESTAR.

testero. m. Parte frontal de algo. *Se sienta en la cama con la espalda apoyada en el testero.*

testicular. adj. De los testículos. *La testosterona es una hormona testicular.*

testículo. m. En un hombre o un animal macho: Cada una de las dos glándulas sexuales que producen espermatozoides. *Para defenderse del agresor le dio una patada en los testículos.* ▶ CRIADILLA.

testificación. f. Hecho o efecto de testificar. *Su testificación ha influido mucho en el veredicto del jurado.*

testifical. adj. Del testigo, espec. del que declara en un juicio. *El fiscal sustenta sus alegaciones con pruebas testificales.*

testificar. tr. **1.** Declarar (algo) como testigo en un juicio u otro acto judicial. *La mujer testificó que vio al sospechoso en el lugar del crimen.* Tb. usado en constr. intr. *Su marido puede negarse a testificar* CONTRA *ella.* **2.** Probar o certificar (algo), gralm. mediante documentos o testimonios. *Fuentes bien informadas testifican que la reunión tuvo lugar.* **3.** Atestiguar una cosa (algo) o dar prueba (de ello). *No existe ningún documento que testifique la venta del inmueble.* ▶ **3:** ATESTIGUAR.

testigo. m. y f. **1.** Persona que presencia algo o tiene conocimiento directo de ello. *Los corresponsales extranjeros fueron testigos de la masacre.* Tb. fig. *El palacio real ha sido testigo de grandes acontecimientos.* **2.** Persona llamada a declarar en un juicio, del cual no es parte interesada, por haber sido testigo (→ 1) de algo. *El juez llama a declarar al primer testigo.* **3.** Persona que acude a un acto, espec. de tipo legal, para dar testimonio de su celebración. *En el contrato de compraventa figura la firma de dos testigos. Firmó como testigo en la boda de su hermano.* ○ m. **4.** Cosa que sirve como señal o prueba de algo. *Al coger un libro de la biblioteca, deja un testigo con tu nombre en su lugar. Cuando queda poca gasolina, se enciende un testigo en el cuadro de mandos.* **5.** *Dep.* En una carrera de relevos: Objeto que un corredor debe entregar al que le hace el relevo, dentro de una zona delimitada para ello. *En atletismo, el testigo es una barra cilíndrica.* ■ **~ de cargo** (o **de descargo**). m. y f. *Der.* Testigo (→ 2) que declara en contra (o a favor) del acusado. ■ **~ ocular.** m. y f. *Der.* Testigo (→ 2) que ha presenciado el hecho que se juzga.

testimonial. adj. Que da testimonio de algo. *Los carteles de propaganda son documentos testimoniales de otras épocas.*

testimoniar. (conjug. ANUNCIAR). tr. Dar testimonio (de algo). *El presidente acudió al funeral para testimoniar su solidaridad con los familiares. Edificios de distintas épocas testimonian la evolución de los estilos arquitectónicos.*

testimonio. m. **1.** Declaración con que se afirma o confirma la veracidad de algo, espec. en un juicio. *El jurado escucha el testimonio de la víctima. Los supervivientes nos ofrecen un estremecedor testimonio de lo ocurrido en los campos de exterminio.* **2.** Cosa que prueba o confirma la veracidad de algo. *Los fósiles son el testimonio de la existencia de vida animal hace millones de años.* ■ **falso ~.** m. **1.** Acusación falsa.

Frec. con *levantar*. *Sus enemigos están levantando falsos testimonios* CONTRA *ella*. **2.** *Der*. Declaración falsa hecha en un proceso judicial. *Ha sido condenado a cuatro años de cárcel por falso testimonio.*

testosterona. f. *Biol.* Hormona sexual masculina que controla el desarrollo y funcionamiento de los órganos genitales y la aparición de ciertos rasgos de masculinidad. *Los testículos segregan testosterona.*

testuz. f. (Tb. m.). **1.** Frente de algunos animales. *El potro tiene una mancha blanca en la testuz.* **2.** Nuca de algunos animales, espec. del toro. *El quinto de la tarde es astifino y de testuz abultada.* ▶ **2:** NUCA.

teta. f. **1.** En las hembras de los mamíferos: Mama. *Los gatitos luchan por agarrarse a una teta de su madre.* Referido a mujer, gralm. es malson. **2.** coloq. Leche que toma un niño de la teta (→ 1) de su madre. *El niño quiere teta.* ■ **dar la ~.** loc. v. coloq. Dar de mamar. *Dio la teta a su hijo hasta los seis meses. En la foto aparece una mujer dando la teta.* ■ **quitar la ~** (a un niño o una cría). loc. v. coloq. Dejar de alimentar(los) con la leche materna. *Quitó la teta a su hijo a los seis meses.* ▶ **1:** *MAMA.

tetamen. m. malson. Conjunto de los pechos de una mujer, espec. si son muy voluminosos.

tétano. m. *Med.* Tétanos.

tétanos. m. *Med.* Enfermedad infecciosa que se contrae gralm. a través de las heridas y que produce fiebre y dolorosas contracciones musculares. *En cortes con metales oxidados se recomienda la vacunación contra el tétanos.* ▶ TÉTANO.

tetera. f. Recipiente con asa, tapadera y pitorro, apropiado para preparar y servir té o infusiones. *Pon la tetera al fuego. El camarero le trajo la manzanilla en una tetera.*

tetero. m. Am. Biberón. *Le daba el tetero al niño* [C]. *Me vine a una casita a buscar un tetero para el niño* [C].

tetilla. f. **1.** Teta de un mamífero macho, menos desarrollada que las de las hembras. *Se ha puesto un arete en el pezón de la tetilla izquierda.* **2.** Tetina. *El biberón trae una tetilla de recambio.*

tetina. f. Pieza del biberón, con forma de pezón, para que el niño chupe por ella. *Hierve la tetina y el biberón para esterilizarlos.* ▶ TETILLA.

tetona. adj. coloq. Dicho de hembra: Que tiene tetas grandes. *Es una vaca muy tetona.* Referido a mujer, gralm. es malson.

tetracampeón, na. adj. *Dep.* Que ha sido campeón cuatro veces. *Equipo tetracampeón.* Tb. m. y f. *El tetracampeón mundial de automovilismo ofrecerá una rueda de prensa.*

tetraedro. m. *Mat.* Cuerpo de cuatro caras triangulares. *El tetraedro es el poliedro con el menor número de caras posible.*

tetrágono. m. *Mat.* Polígono de cuatro ángulos y cuatro lados. *En la ilustración había un triángulo, un tetrágono y un pentágono.*

tetralogía. f. Conjunto de cuatro obras literarias o musicales de un mismo autor, que forman una unidad. *Una de las obras de Wagner es la tetralogía "El anillo del nibelungo".*

tetramorfos. (Frec. en mayúsc.). m. *Arte* Símbolo de los cuatro evangelistas, propio del románico, consistente en otras tantas figuras humanas con cabeza de animal. *En la cúpula del templo aparece el Pantocrátor, y en las cuatro pechinas, el Tetramorfos.*

tetraplejia o **tetraplejía.** f. *Med.* Parálisis de las cuatro extremidades. *Tras un accidente, una tetraplejia lo tuvo postrado en cama el resto de su vida.*

tetrapléjico, ca. adj. *Med.* Que padece tetraplejia. *Un accidente lo dejó tetrapléjico. Enfermo tetrapléjico.* Tb. m. y f. *Un tetrapléjico pide la eutanasia.*

tetrarca. m. histór. En la Roma antigua: Gobernante de una de las cuatro partes en que se dividía un reino o una provincia. *Diocleciano era uno de los cuatro tretarcas que gobernaban el Imperio romano en el año 293.*

tetrasílabo, ba. adj. *Gram.* y *Lit.* De cuatro sílabas. *Palabra tetrasílaba.*

tetrástrofo. m. *Lit.* Estrofa de cuatro versos. *Los poetas de clerecía cultivaron el tetrástrofo.*

tétrico, ca. adj. Muy triste y sombrío, espec. si produce miedo o evoca la muerte. *Pasó la noche en un calabozo tétrico. Contaron tétricas historias de crímenes.*

tetuda. adj. coloq. Tetona. Referido a mujer, gralm. es malson.

teutón, na. adj. **1.** De un pueblo germánico que habitó cerca de la desembocadura del Elba. *Ciudad teutona.* Dicho de pers., tb. m. y f. *Los teutones ocuparon lo que hoy es Holstein, en Alemania.* **2.** De Alemania. *El equipo teutón es una máquina de jugar al fútbol.* Dicho de pers., tb. m. y f. *Su novio es un teutón.* ▶ **2:** *ALEMÁN.

teutónico, ca. adj. De los teutones. *Reino teutónico. Aumenta el turismo teutónico.*

texano, na. (pronunc. "tejáno"; tb. **tejano**). adj. De Texas (estado de los Estados Unidos de América). *Houston es una ciudad texana.* Dicho de pers., tb. m. y f. *Los texanos son aficionados a los rodeos.*

textil. adj. **1.** Dicho de materia: Que puede reducirse a hilo y tejerse. *El algodón y la lana son materias textiles.* Tb. m. *Prefiere los textiles naturales a las fibras sintéticas.* **2.** De los tejidos. *Trabaja en el sector textil.*

texto. m. **1.** Enunciado o conjunto coherente de enunciados orales o escritos. *El examen consiste en analizar dos textos: una noticia periodística y un poema.* **2.** Fragmento de una obra, que se cita oralmente o por escrito. *En la presentación se leyeron textos de su última novela.* **3.** Cuerpo de una obra escrita, excluyendo lo que en ella va por separado, como portadas, notas o índices. *Al texto de esta edición de "La Celestina" se le suman numerosas notas y un apéndice bibliográfico.* **4.** Libro de texto (→ **libro**). *El texto de inglés viene acompañado de una cinta y un libro de ejercicios.*

textual. adj. **1.** Del texto. *Gramática textual. Analice la estructura textual desde el punto de vista narrativo.* **2.** Conforme de manera exacta con lo dicho o escrito. *Sus palabras textuales fueron: "¡Yo no lo hice!". En su examen ha incluido citas textuales de varios autores.*

textura. f. **1.** Disposición de las partes de una cosa, que da a esta una cualidad perceptible, espec. mediante el tacto o la vista. *Lave al bebé con una esponja de textura suave.* **2.** Colocación y ordenación de los hilos de una tela o tejido. *Estos tejidos tienen la misma textura, pero uno es de algodón y el otro de lana.*

tez. f. cult. Piel de la cara de una persona. *Se busca a un individuo rubio y de tez pálida.*

tfno. abrev. Teléfono. *Avisos: tfno. 9528501243.*

ti. pron. pers. (Cuando va precedido de la prep. *con,* forma con ella una sola palabra: *contigo*). Designa, en función de complemento con preposición, a la misma persona designada con el pronombre *tú. Lo tienes delante de ti. A ti no puedo engañarte. No se puede razonar contigo.* ■ **dar de ~.** → **dar.** ■ **volver en ~.** → **volver.**

tiamina. f. *Bioquím.* y *Med.* Vitamina B_1. *La tiamina se encuentra en la yema de los huevos y en las espinacas.*

tiara. f. **1.** Gorro alto, bordeado por tres coronas, que usa el papa como símbolo de autoridad. *Las coronas de la tiara representan la triple autoridad de papa, obispo y rey.* **2.** Diadema (joya femenina). *La novia luce una tiara de diamantes.* **3.** histór. Gorro alto que se usaba en Persia y otros lugares de Asia, gralm. como símbolo de soberanía. *En Persépolis están los conocidos toros alados, con rostro humano, tiara y barba.* ▶ **2:** DIADEMA.

tiberio. m. coloq. Alboroto o confusión. *Alguien intentaba colarse y se ha armado un buen tiberio.*

tibetano, na. adj. Del Tíbet (región asiática). *Meseta tibetana.* Dicho de pers., tb. m. y f. *Los tibetanos luchan por independizarse de China.*

tibia. f. Hueso largo situado en la parte delantera de la pierna, entre la rodilla y el pie. *La tibia se articula con el fémur por arriba.*

tibieza. f. Cualidad de tibio. *Siente la tibieza de su cuerpo. La novela ha sido acogida con tibieza por la crítica.*

tibio, bia. adj. **1.** Que está entre caliente y frío, pero tira más a frío. *El agua de la bañera está tibia. Un sol tibio asoma entre las nubes.* **2.** Que demuestra indiferencia o poco entusiasmo. *El torero recibe tibios aplausos.* ■ **poner ~** (a alguien). loc. v. coloq. Criticar(lo) o insultar(lo). *En la reunión de vecinos pusieron tibio al portero.* ■ **ponerse ~.** loc. v. **1.** coloq. Hartarse, espec. de comer o beber. *Había barra libre y se puso tibio. Me he puesto tibio* DE *pasteles.* **2.** coloq. Mancharse o ensuciarse mucho. *Los niños se pusieron tibios pintando con las acuarelas.*

tiburón. m. **1.** Pez marino muy voraz, de mediano o gran tamaño, cuerpo en forma de huso, boca grande y dientes afilados, del que existen varias especies, por ej.: *~ blanco* (→ **jaquetón**) o *~ tigre. El tiburón hembra. La mayoría de los tiburones son inofensivos.* **2.** Persona ambiciosa y sin escrúpulos. *Un grupo de tiburones conspira para minar su imagen política.* **3.** *Econ.* Persona o entidad que de forma oculta adquieren acciones de una sociedad para lograr el control sobre ella. *La empresa ya ha sufrido el ataque de varios tiburones financieros.*

tiburoneo. m. *Econ.* Actuación propia de un tiburón. *Las reformas pretenden acabar con el tiburoneo en la Bolsa.*

tic. (pl. **tics**). m. Movimiento convulsivo, que se repite con frecuencia, producido por la contracción involuntaria de uno o varios músculos. *Tiene un tic que le hace torcer la boca al hablar.*

tico, ca. adj. Am. coloq. Costarricense. *–Tú eres tica, no eres mexicana* [C]. *Se baila y se escucha cumbia, pero cumbia tica* [C]. Dicho de pers., tb. m. y f. *¿Qué pasará con los ticos en el extranjero?* [C].

tictac. interj. Se usa para imitar el sonido de un reloj. *En la sala solo se escucha el reloj de pared: tictac, tictac.* Tb. m. *Le pone nervioso el tictac del reloj.*

tiempo. m. **1.** Magnitud que permite medir la duración de las cosas y ordenar, en el pasado, presente o futuro, la sucesión de acontecimientos que se producen. *El tiempo y el espacio son percibidos de manera diferente según las culturas.* **2.** Porción de tiempo (→ 1) limitada, espec. la que viene determinada por hechos o circunstancias particulares. *Intentará acabar el maratón en un tiempo inferior a dos horas y media. La exposición trata del tiempo de los Austrias. Por aquel tiempo vivían en Jaén.* Frec. en pl. con significado sing. *Corren tiempos difíciles.* **3.** Porción de tiempo (→ 1) libre o suficiente para algo. *Hay que llegar con tiempo para coger sitio.* Frec. con v. como *dar, tener* o *tomar. Dame tiempo y lo acabaré. Si tienes tiempo, podemos vernos luego. Tómese su tiempo antes de responder.* Frec. en la constr. *no tener ~ material. No tuve tiempo material para escribirte.* **4.** Porción larga de tiempo (→ 1). *Lleva tiempo pensando en retirarse. Hace tiempo que no hablo con él.* **5.** Época del año. *Llega el tiempo de la vendimia.* **6.** Momento adecuado u oportuno. *Ha llegado el tiempo* DE *reflexionar.* Frec. en la constr. *a su (debido) ~. Conviene hacer cada cosa a su tiempo. A su debido tiempo, se anunciarán las películas candidatas al premio.* **7.** Edad, espec. la de un niño. *¿Qué tiempo tiene el bebé?* **8.** Cada una de las partes sucesivas en que se divide la ejecución de una cosa. *Un partido de baloncesto consta de cuatro tiempos de diez minutos.* **9.** Estado de la atmósfera. *Esta semana ha hecho buen tiempo. En el ascensor hablamos del tiempo.* **10.** *Gram.* Cada una de las formas verbales que expresan el momento en que sucede la acción, respecto al momento en que se sitúa el hablante o respecto a otra acción verbal. *Los tres tiempos fundamentales son el presente, el pretérito y el futuro.* **11.** *Mec.* Cada una de las fases de funcionamiento de un motor. *Los motores de explosión pueden ser de dos o de cuatro tiempos.* **12.** *Mús.* Movimiento (parte de una composición instrumental, o ritmo con que se ejecuta). *Aquí vuelve a repetirse el tema del segundo tiempo de la sonata. El principio de la obertura debe interpretarse en tiempo lento.* **13.** *Mús.* Cada una de las partes de igual duración en que se divide un compás. *Un compás de cuatro por cuatro tiene dos tiempos fuertes y dos débiles.* ■ **~ compuesto.** m. *Gram.* Tiempo (→ 10) verbal que se forma con el verbo auxiliar *haber* y el participio del verbo conjugado. *El pretérito perfecto es un tiempo compuesto.* ■ **~ muerto.** m. En algunos deportes: Tiempo (→ 2) de interrupción del juego solicitado por un entrenador para hablar con sus jugadores. *En baloncesto los tiempos muertos duran un minuto.* ■ **~ simple.** m. *Gram.* Tiempo (→ 10) verbal que se forma sin el verbo auxiliar *haber. Tiempos simples del modo indicativo.* ■ **~s de Maricastaña.** m. pl. coloq. Época muy antigua. *En el baúl había ropa de los tiempos de Maricastaña.* □ **al mismo ~, o a un ~.** loc. adv. **1.** En el mismo tiempo (→ 2). *Intentaron pasar por la puerta los dos al mismo tiempo.* **2.** De manera conjunta. *Es fuerte y sensible al mismo tiempo.* ■ **andando el ~.** loc. adv. Con el paso del tiempo (→ 2). *Andando el tiempo, se dio cuenta de que sus padres tenían razón.* ■ **a ~.** loc. adv. En el momento oportuno, o cuando todavía no es tarde. *Si no quieres venir, estás a tiempo* DE *decirlo. ¡Llegáis justo a tiempo* PARA *merendar!* ■ **dar ~ al ~.** loc. v. Dejar que pase el tiempo (→ 2) para que llegue el momento oportuno o la solución de algo. *Da tiempo al tiempo y todo se arreglará.* ■ **del ~.** loc. adv. Sin enfriar. *El vino tinto se toma del tiempo.* Tb. loc. adj. *Los niños beben agua del tiempo.* ■ **de ~ en ~.**

loc. adv. De vez en cuando. *De tiempo en tiempo viene de visita.* ■ **de un ~ a esta parte,** o **de un ~ acá.** loc. adv. Desde hace algún tiempo (→ 2). *De un tiempo a esta parte nos vemos poco.* ■ **en los buenos ~s** (de alguien o algo). loc. adv. coloq. Cuando era joven o estaba en su esplendor. *En mis buenos tiempos era capaz de recorrerme la comarca andando. Esta bodega, en sus buenos tiempos, exportaba vino a Estados Unidos.* ■ **en ~s.** loc. adv. En el pasado, o en otra época. *En tiempos, solíamos venir a este café.* ■ **faltarle ~** (a alguien) (para algo). loc. v. Ponerse inmediatamente a hacer(lo). *Le ha faltado tiempo* PARA *ir a contárselo todo al director.* ■ **ganar ~.** loc. v. Hacer de modo que el tiempo (→ 2) transcurrido aproveche para acelerar o retrasar un suceso. *Mientras te vistes yo voy sacando el coche del garaje; así ganaremos tiempo. Las numerosas enmiendas a la ley le sirvieron a la oposición para ganar tiempo.* ■ **hacer ~.** loc. v. Entretenerse o esperar hasta que llegue el momento oportuno para algo. *Como el tren no salía hasta las dos, nos fuimos a tomar un café para hacer tiempo.* ■ **matar el ~.** loc. v. Ocuparse en algo para que el tiempo (→ 2) se haga más corto. *En invierno matamos el tiempo jugando al parchís.* ■ **un ~.** loc. adv. cult. En el pasado, o en otra época. *Esta nación, un tiempo crisol de razas y culturas, es hoy un país devastado por la guerra.* ■ **y si no, al ~.** expr. Se usa para expresar de manera enfática el convencimiento de que se cumplirá lo que se ha anunciado o vaticinado. *Te digo que subirán los impuestos; y si no, al tiempo.* ▶ **12:** *MOVIMIENTO.

tienda. f. **1.** Establecimiento comercial en donde se venden al público artículos al por menor. *En esa calle hay varias tiendas de ropa y una de discos. Les encanta ir de tiendas.* **2.** Estructura de tubos o palos cubierta con lona o pieles, que sirve de alojamiento en un espacio abierto. *Los indios de Norteamérica vivían en tiendas.* Tb. *~ de campaña. Montamos la tienda de campaña en un prado.* ▶ **Am: 2:** CARPA.

tienta. f. Prueba que se hace con una vara larga y con punta para comprobar la bravura de los becerros. *El toro había demostrado su casta en la tienta.* ■ **a ~s.** loc. adv. Usando las manos en lugar de la vista para reconocer las cosas y guiarse. *Buscaba a tientas el interruptor de la luz.* Frec. fig. para dar idea de inseguridad. *Es joven e inexperto, y busca a tientas las respuestas a sus problemas.*

tiento. m. **1.** Cuidado o tacto al hacer o decir algo. *Ve con tiento, que la carretera está mojada. El entrevistador abordó el tema con tiento.* **2.** coloq. Trago. Gralm. con v. como *dar* o *echar*. *Le he dado un buen tiento a la bota.* **3.** Cante popular andaluz con letra de tres versos octosílabos. *Empezó cantando unos tientos.* Tb. el baile que se ejecuta con él. *Primero bailó un tiento y después una farruca.*

tierno, na. adj. (sup. **tiernísimo, ternísimo**). **1.** Dicho espec. de alimento: Blando y fácil de cortar o partir. *Ponga la verdura a cocer y retírela cuando esté tierna. Las chuletas estaban tiernísimas.* **2.** Dicho de organismo vivo: Que tiene poco tiempo de existencia. *En la cuna duerme un tierno bebé. Aparta los esquejes más tiernos y guárdalos en el invernadero.* **3.** Dicho de edad de una persona: Corta o temprana. *A la tierna edad de seis años ya tocaba el violín. Conserva recuerdos de su más tierna infancia.* **4.** Afectuoso o cariñoso. *Trata de calmar al niño con palabras tiernas. Es una madre tierna con sus hijos.* **5.** Que se emociona fácilmente. *Me pongo tierno en las despedidas.* **6.** Delicado o suave. *Empieza a amanecer y el cielo se tiñe de una tierna palidez.* ▶ **5:** *SENTIMENTAL.

tierra. f. **1.** (En mayúsc.; gralm. con art.). Planeta del sistema solar donde habitan los seres humanos. *La Tierra se sitúa entre Venus y Marte.* Frec. en aposición siguiendo a *planeta*. *La sonda espacial abandonó la órbita del planeta Tierra.* **2.** Superficie de la Tierra (→ 1), espec. la que no está ocupada por el mar. *Los holandeses construyeron diques para ganar tierra al mar.* **3.** Conjunto de materiales, como granos de arena y otras partículas, que constituyen el suelo natural. *Viene del campo con los zapatos llenos de tierra. Dejamos la carretera y ascendimos por un camino de tierra.* **4.** (Frec. sin art.). Suelo o piso. *Cayó a tierra desde un andamio. Una vez en tierra, el piloto detuvo el avión.* **5.** Terreno de cultivo o apropiado para él. *Pasan su vida labrando la tierra. Las tierras eran de los señores feudales.* **6.** País, región o territorio. *Extremadura es tierra de conquistadores. Al coronar el puerto de Navafría entramos en tierra segoviana.* Frec. en pl. *Viaja por tierras africanas.* **7.** Respecto de una persona: Tierra (→ 6) en que ha nacido. *La carretera pasa por Fuentevaqueros, la tierra de García Lorca.* **8.** (Frec. sin art.). *Fís.* Masa de tierra (→ 4) empleada como conductor eléctrico. *El peligro de cortocircuito se reduce conectando la instalación a tierra.* Tb. el cable o conductor conectado con esa masa. ■ **~ de nadie.** f. Territorio no ocupado que separa las primeras líneas de dos ejércitos enemigos. Más frec. fig. *Ni en tu casa ni en la mía: prefiero quedar en tierra de nadie.* ■ **~ firme.** f. Tierra (→ 2) constituida por los continentes. *La antigua Gadir, hoy Cádiz, era una isla que más tarde se unió a tierra firme.* ■ **~ rara.** f. *Quím.* Lantánido. Frec., en pl., designa el grupo correspondiente de la tabla periódica de los elementos. *El cerio es un metal perteneciente a las tierras raras.* □ **dar en ~** (con alguien o algo). loc. v. Derribar(los) o hacer(los) caer. *Las pedradas de David dieron en tierra con el gigante.* Tb. fig. *La quiebra del negocio dio en tierra con su sueño de hacerse millonario.* ■ **de la ~.** loc. adj. Dicho de producto: Propio del país o región de que se trata. *Si pasa por Chile, no pierda la ocasión de probar el vino de la tierra.* ■ **echar por ~** (algo). loc. v. Destruir(lo) o arruinar(lo). *La lluvia echa por tierra nuestros planes.* ■ **echar ~** (a, o sobre, algo). loc. v. Hacer lo posible para que (eso) se olvide y no vuelva a hablarse (de ello). *Se descubrió un caso de corrupción, pero el partido echó tierra al asunto.* ■ **en ~.** loc. adv. Sin subir al medio de transporte en que se iba a viajar. Frec. con *dejar* o *quedarse*. *Los problemas de* overbooking *dejan a muchos pasajeros en tierra.* ■ **poner ~ por medio.** loc. v. Marcharse o distanciarse, frec. para huir de algo. *Acosado por las deudas, decide poner tierra por medio.* Tb. fig. *El equipo croata puso tierra por medio con varias canastas triples.* ■ **tomar ~.** loc. v. **1.** Aterrizar un vehículo aéreo o espacial. *Un helicóptero toma tierra en la azotea del hospital.* **2.** Llegar a puerto una embarcación. *El barco toma tierra en Varadero.* **3.** Desembarcar un ocupante de un vehículo aéreo o de una embarcación. *Los pasajeros tomaron tierra y se dirigieron al control de pasaportes.* **4.** Empezar a conocer una actividad y a adquirir desenvoltura para su desarrollo. *Antes de plantearle algo al nuevo director, deja que pasen unos días para que tome tierra.* ■ **trágame, ~,** o **~, trágame.** expr. coloq. Se usa para expresar que la vergüenza sentida es tan grande que provoca deseos de desaparecer. *Cuando me dijo que ese al que yo llamaba mequetrefe era su marido, pensé "¡trágame, tierra!".* ■ **tragarse la ~** (algo o a alguien). loc. v. coloq. Desaparecer (esa cosa o persona), o dejar de haber noticias suyas. *Después de tocarle la lotería se lo tragó la tierra y no volvimos a verlo.* ▶ **7:** PATRIA.

tieso, sa. adj. **1.** Rígido, o difícil de doblar o torcer. *Almidona los cuellos y los puños para que queden tiesos.* **2.** Tenso o tirante. *Tira de la goma hasta que esté bien tiesa.* **3.** coloq. Muerto. *Cuando llegó la ambulancia, el tipo estaba ya tieso.* Frec. con v. como *dejar* o *quedarse*. *De un tiro ha dejado tieso al conejo.* **4.** coloq. Helado de frío. *Estoy tiesa; ¿encendemos la calefacción?* Frec. con *quedarse*. *Pasa, que ahí fuera te vas a quedar tieso.* **5.** coloq. Muy sorprendido o asombrado. Gralm. con v. como *dejar* o *quedarse*. *El anuncio de su separación nos dejó a todos tiesos. Se ha quedado tiesa al verme llegar.* **6.** coloq. Serio y engreído. *Se acerca un policía, un tío muy tieso, y nos dice que allí no podemos estar.* **7.** coloq. Que no tiene dinero. *No te puedo dejar nada, chico; yo también estoy tieso.*

tiesto. m. Maceta. *Planta geranios en los tiestos.* ■ **mear fuera del ~.** loc. v. coloq. Decir o hacer algo inapropiado. *Calla, que no hablamos de eso y ya estás meando fuera del tiesto.* ■ **salirse del ~.** loc. v. coloq. Excederse alguien en lo que hace o dice. *Actúa de manera un poco extravagante, pero sin salirse del tiesto.*

tifoideo, a. adj. **1.** Del tifus. *La fiebre amarilla es una enfermedad tifoidea.* ● f. **2.** Fiebre tifoidea (→ **fiebre**). *Contrajo la tifoidea en un país tropical.*

tifón. m. Huracán tropical originado al sur del mar de la China o al noroeste del Pacífico. *En 1987 el tifón "Nina" arrasó la isla de Luzón, en Filipinas.* ▶ *HURACÁN.

tifus. m. Enfermedad contagiosa grave caracterizada por fiebre alta y estados de delirio o inconsciencia. *Murió de tifus.*

tigre, gresa. m. **1.** Felino asiático de gran tamaño y pelaje amarillento con rayas negras. *Un tigre ronda el campamento.* Tb. designa específicamente al macho. *Han traído un tigre para que se aparee con una hembra.* ● f. **2.** Hembra del tigre (→ 1). *La tigresa amamanta a su cría.* **3.** coloq. Mujer seductora y provocadora. *Acodada en la barra del bar, una tigresa nos sonrió.* ■ **a ~.** loc. adv. coloq. Mal. Frec. con *oler*. *Aquí huele a tigre.*

tigrillo. m. Am. Ocelote. *Aníbal dormía encogido sobre la piel de tigrillo* [C]. *Los hombres usan bolsas de cuero de venado, de jaguar, tigrillo o marta* [C].

tijera. f. **1.** Instrumento compuesto de dos hojas de acero de un solo filo, provistas de mango circular para meter los dedos y unidas hacia el centro por un eje que permite cerrarlas y cortar lo que se coloca entre ellas. *Se corta el pelo a tijera.* Frec. en pl. con significado sing. *Tijeras de podar. Tijeras de pescadero.* **2.** Cosa compuesta de piezas articuladas como las de la tijera (→ 1). Gralm. en la constr. *de ~*. *Mesas y sillas de tijera. Escalera de tijera.* **3.** Salto o movimiento consistentes en levantar alternativamente las piernas en el aire. *Túmbese y haga la tijera varias veces.* Se usa espec. en fútbol. *Ha metido un gol de tijera.* ■ **meter la ~.** loc. v. Cortar. *Meta bien la tijera, sobre todo en el flequillo.* Tb. fig. *Tendré que meter la tijera en la redacción para que quepa en un folio.*

tijereta. f. Insecto pardusco o rojizo con un par de apéndices en forma de pinza al final del abdomen. *Debajo de la piedra había tijeretas.*

tijeretazo. m. Corte con la tijera, espec. el rápido y enérgico. *El peluquero le igualó el flequillo de varios tijeretazos.*

tijeretear. tr. Cortar (algo) con la tijera, espec. de manera descuidada. *A los presos les tijereteaban el pelo.*

tila. f. Infusión de propiedades sedantes, que se elabora con las flores del tilo. *Tómate una tila para los nervios.* Tb. el conjunto de dichas flores. *Van al campo a recoger tila.*

tílburi. m. histór. Carruaje ligero y descubierto, de dos ruedas y dos plazas, tirado por un solo caballo. *Un tílburi pasó por la plaza.*

tildar. tr. Calificar negativamente (algo o a alguien). *Han tildado su libro* DE *oportunista.* ▶ *CALIFICAR.

tilde. f. **1.** Acento gráfico. *"Azúcar" se escribe con tilde en la u.* **2.** Signo en forma de rayita, a veces ondulada, que forma parte de algunas letras, como la *ñ*, y de algunas abreviaturas. *Los escribanos abreviaban algunas palabras utilizando tildes.* ▶ **1:** ACENTO.

tiliche. m. Am. coloq. Trasto (cosa inútil). Frec. en pl. *Limpió el cuartito de atrás que servía para tiliches y lo convirtió en taller* [C].

tilín. interj. Se usa para imitar el sonido de una campanilla. *Al abrir la puerta, una campanilla hacía tilín.* Tb. m. *Se oye el tilín de un cascabel.* ■ **hacer** una persona o cosa **~** (a alguien). loc. v. coloq. Gustar(le). *El regalo no le ha hecho tilín. ¿No hay nadie que te haga tilín?*

tilo. m. Árbol ornamental de gran altura, hojas en forma de corazón, madera blanca y flores blanquecinas que se usan en infusión. *Se sentó a la sombra de los tilos.*

timador, ra. m. y f. Persona que tima. *Hay bandas de timadores que se dedican a falsificar tarjetas de crédito.*

timar. tr. **1.** Engañar (a alguien), espec. en una venta o negocio. *Timaron a muchos con billetes falsos.* Tb. fig. *Los demagogos timan a la gente con falsas promesas.* **2.** Quitar o robar (algo) a alguien mediante engaño. *Un falso agente de seguros le ha timado cien mil pesetas.* ○ intr. prnl. **3.** Dirigir miradas seductoras una persona a otra. *Su novio la descubrió timándose* CON *otro.* Tb.: *Dos desconocidos se timaban en el bar.*

timba. f. coloq. Partida de naipes u otro juego de azar. *Los sábados organiza una timba de mus.*

timbal. m. Instrumento musical de percusión, semejante a un tambor, con la caja metálica y semiesférica, y un solo parche. *En una orquesta se suelen utilizar dos timbales.*

timbalero, ra. m. y f. Músico que toca los timbales. *Los timbaleros anunciaron la salida del toro a la plaza.*

timbrado, da. adj. Dicho de voz: Que tiene un timbre agradable. *Es un tenor de voz timbrada y firme.* Tb. *bien ~*. *Ha pronunciado su discurso con voz bien timbrada.*

timbrar. tr. Poner timbre, sello o membrete (a algo). Gralm. en part. *En el archivo hay documentos timbrados con el sello de la casa real. Usa papel timbrado.*

timbrazo. m. Toque de timbre. *Al oír el timbrazo en la puerta nos sobresaltamos.*

timbre. m. **1.** Aparato para llamar o avisar, compuesto por una campanilla y un mazo que la golpea repetidamente, o por un mecanismo, gralm. eléctrico, que produce un sonido similar al de aquella. *Pulsé el timbre y esperé a que abrieran la puerta.* **2.** Sello del Estado que, estampado o pegado en un documento, acredita el pago de determinadas tasas o impuestos. *La escritura del piso debe llevar los correspondientes timbres.* **3.** *Fís.* y *Mús.* Cualidad de un sonido, independiente de su altura, intensidad o duración, y determinada por la naturaleza de la voz o del instrumento que lo produce. *La flauta emite sonidos de timbre muy dulce.* Dicho tb. de la cualidad correspondiente de esa voz o de ese instrumento. *Tiene un timbre de voz inconfundible. El timbre de la guitarra.*

tímbrico, ca. adj. Del timbre de un sonido, una voz o un instrumento. *El violinista logró dar a su interpretación una gran variedad tímbrica.*

timidez. f. Cualidad de tímido. *Venciendo su timidez, pidió la palabra.*

tímido, da. adj. Dicho de persona: Que actúa con miedo o indecisión, espec. en el trato con los demás. *No seas tímido y dame un beso. El inversor de bolsa no puede ser tímido.* Tb. m. y f. *Para los tímidos, hablar en público es un problema.* ▶ TIMORATO.

timo[1]. m. coloq. Hecho de timar. *Lo han engañado con el timo del tocomocho. ¿Doscientos por una habitación?; ¡vaya timo!*

timo[2]. m. *Anat.* En un vertebrado: Glándula de secreción interna, situada por encima del corazón, que interviene en la función inmunitaria del organismo. *El timo aumenta de tamaño hasta que el niño llega a la pubertad.*

timón. m. **1.** En una embarcación o en una aeronave: Pieza articulada que sirve para marcar o variar el rumbo. *El buque embarrancó y el timón quedó destrozado.* Tb. la rueda o palanca que mueve dicha pieza. *El capitán manda girar el timón a estribor.* **2.** Dirección o gestión de algo, espec. de un negocio. *La economía del país marcha sin timón.* **3.** Am. Volante (pieza del automóvil). *Giró el timón a la derecha, alejándose de la carretera* [C]. ▶ **3:** VOLANTE.

timonel. m. y f. Persona que gobierna el timón de una embarcación. *Son campeones de remo en la modalidad de cuatro con timonel.*

timonera. adj. *Zool.* Dicho de pluma: Que es grande, está situada en la cola y sirve para dirigir el vuelo. *Plumas timoneras.* Tb. f. *Las timoneras de la golondrina dan a su cola forma de horquilla.*

timorato, ta. adj. **1.** Dicho de persona: Que se escandaliza fácilmente de lo que no se ajusta a la moral convencional. *"La Regenta" refleja los prejuicios de una sociedad timorata.* Tb. m. y f. *Es una timorata en el vestir.* **2.** Dicho de persona: Tímida o indecisa. *El nuevo es un muchacho timorato.* Tb. m. y f. *Es un timorato, no se atreve a pedir un aumento de suelo.* ▶ **2:** TÍMIDO.

tímpano. m. **1.** *Anat.* Membrana tensa que se halla al final del conducto auditivo externo y transmite las vibraciones sonoras al interior del oído. *La detonación le ha reventado el tímpano.* **2.** *Arq.* Espacio triangular que hay entre las cornisas de un frontón. *En el tímpano hay escenas mitológicas.*

tina. f. Recipiente grande, gralm. de madera o metal, con forma de media cuba. *Cuando no había agua corriente nos bañábamos en una tina.*

tinaco. m. Am. Depósito para almacenar agua en las casas. *El agua del tinaco había sido calentada todo el día por el sol* [C].

tinaja. f. Vasija grande de barro, mucho más ancha por el centro que por la boca o el fondo, que suele servir para guardar agua, vino o aceite. *El agua potable se conserva en una tinaja.*

tincar. intr. Am. coloq. Parecerle algo a alguien probable o posible. *Me tinca que es del otro equipo* [C]. *Me tinca que no tienes ganas por pura flojera* [C].

tinción. f. *tecn.* Teñido (hecho de teñir). Se usa espec. en bioquímica y medicina. *Flemming pudo observar los cromosomas tras laboriosas tinciones de células animales.* ▶ *TEÑIDO.

tinerfeño, ña. adj. De Tenerife. *El barco arribó al puerto de la capital tinerfeña.* Dicho de pers., tb. m. y f. *Los tinerfeños se preparan para celebrar el carnaval.*

tinglado. m. **1.** Armazón o estructura hecha de forma apresurada. *Los feriantes montan sus tinglados junto a la iglesia.* **2.** despect. Situación confusa o complicada. *¡No sé cómo tienes ganas de meterte en esos tinglados!* **3.** despect. Maquinación o proyecto oculto, gralm. malintencionados. *Es el responsable de un tinglado para eliminar a los disidentes.*

tiniebla. f. **1.** Oscuridad o falta de luz. *Una linterna ilumina la tiniebla del calabozo.* Gralm. en pl. con significado sing. *De las tinieblas surge un monstruo.* ○ pl. **2.** Ignorancia o falta de conocimientos. *Aquellos indígenas vivían entre tinieblas.*

tino. m. **1.** Habilidad para acertar, espec. para dar en el blanco al tirar. *Para disparar con escopeta hace falta mucho tino.* **2.** Juicio o cordura. *Sabe conducir con tino las negociaciones.* **3.** Moderación o prudencia. *Come y bebe sin tino.*

tinta. f. **1.** Líquido coloreado que se emplea para escribir, dibujar o imprimir. *La impresora se ha quedado sin tinta.* **2.** Líquido segregado por algunos animales marinos, como el calamar, para enturbiar el agua en caso de peligro. *La sepia expulsa un chorro de tinta al ser atacada.* **3.** Color con que se tiñe o estampa algo. *El folleto viene impreso a tres tintas.* ■ **~ china.** f. Tinta (→ 1) negra empleada espec. en dibujo. *Ha hecho un retrato a tinta china del torero.* ■ **~ simpática.** f. Líquido que no deja ver lo escrito o dibujado con él hasta que se le aplica la sustancia apropiada para ello. *En el códice hay mensajes escritos con tinta simpática.* ■ **medias ~s.** f. pl. Acciones o actitudes poco concretas, que revelan indecisión o precaución. *El asunto es tan grave que no valen medias tintas.* □ **cargar,** o **recargar, las ~s.** loc. v. Exagerar la importancia o significado de algo. *Pude haberle contado también lo de los insultos, pero no quise cargar las tintas.* ■ **de buena ~.** loc. adv. coloq. De una fuente de información fiable. *Sé de buena tinta que quieren divorciarse.* ■ **sudar ~.** loc. v. coloq. Hacer un gran esfuerzo. *Hemos sudado tinta para mover el armario.*

tintar. tr. Teñir (algo). *El automóvil tiene cristales tintados.* Tb. en constr. prnl. media. *El cielo se tintó* DE *naranja.* ▶ *COLOREAR.

tinte. m. **1.** Color o sustancia con que se tiñe algo. *Se ha dado un tinte caoba en el pelo.* **2.** Aspecto o característica de algo inmaterial. *El humor de Chaplin es tierno y con un tinte de melancolía.* **3.** Tintorería (establecimiento). *Tengo que llevar el traje al tinte.* **4.** Teñido (hecho de teñir). *Tengo que hacerme el tinte, porque ya se me ven las canas.* ▶ **1:** TINTURA. **3:** TINTORERÍA. **4:** *TEÑIDO.

tintero. m. Recipiente para la tinta. *El tintero se ha volcado sobre el pupitre.* ■ **en el ~.** loc. adv. Sin mencionar. Gralm. con v. como *dejar* o *quedarse. Los temas más espinosos se quedan en el tintero.*

tintín. m. Sonido de una campanilla, un timbre o de algunos objetos de cristal o metal al chocar entre sí. *Se oyen risas y el tintín de las copas al brindar.*

tintineante. adj. Que tintinea. *Lleva la muñeca llena de tintineantes pulseras.*

tintinear. intr. Hacer tintín. *El dinero le tintinea en el bolsillo.*

tintineo. m. Hecho o efecto de tintinear. *En la cocina se oye el tintineo de las copas.*

tinto, ta. adj. **1.** Rojo oscuro. *Cultivan uvas blancas y tintas.* **2.** cult. Que está teñido de algo. *El asesino lleva las manos tintas* EN *sangre.* ● m. **3.** Vino tinto (→ **vino**). *Compramos una botella de tinto. Nos bebimos unos tintos.* **4.** Am. Café tinto (→ **café**). *Una de las bebidas clásicas es el café: un café con leche, un marroncito, un tinto...* [C].

tintorera. → **tintorero.**

tintorería. f. **1.** Establecimiento donde se limpian o tiñen prendas de ropa, telas y alfombras. *Estas cortinas habrá que llevarlas a la tintorería.* **2.** Oficio o actividad del tintorero. *Sus tíos se dedican a la tintorería.* ▶ **1:** TINTE.

tintorero, ra. m. y f. **1.** Persona que trabaja en la tintorería, o tiene por oficio teñir telas. *El tintorero no quiere hacerse cargo de una prenda dañada.* ○ f. **2.** Tiburón grande de color azulado o gris. *La tintorera es frecuente en las costas del sur de España.*

tintorro. m. coloq. o despect. Vino tinto, espec. el de mala calidad. *Saca una botella de tintorro.*

tintura. f. **1.** Teñido (hecho de teñir). *Uno de los procesos en la fabricación de tejidos es la tintura.* **2.** Tinte (color o sustancia). *Los indígenas se pintan con tinturas obtenidas de plantas.* **3.** *Med.* Disolución de una sustancia medicinal en un líquido. *Tintura de yodo.* ▶ **1:** *TEÑIDO. **2:** TINTE.

tiña. f. Enfermedad causada por un parásito en la piel del cráneo y que suele producir costras, llagas o caída del cabello. *Hay varios casos de tiña en el poblado.*

tiñoso, sa. adj. **1.** Que padece tiña. *Una muchedumbre tiñosa y desnutrida se hacina en el campo de refugiados.* Tb. m. y f. **2.** despect. Miserable o pobre. Tb. m. y f. Se usa como insulto. *Ahora se cree alguien, pero hasta hace poco solo era una tiñosa.*

tío, a. m. y f. **1.** Respecto de una persona: Hermano de su padre o de su madre. *Mi tía Luisa es la hermana mayor de mi madre.* Tb. *~ carnal. Los hermanos de mi padre son mis tíos carnales.* Tb. el cónyuge de dicho hermano. *El tío Miguel era el marido de mi tía Fabiola.* **2.** coloq. Persona (hombre o mujer). *Su padre es un tío muy joven.* Frec. con matiz afectivo y como apelativo. *¡Pero qué tío más grande eres, chaval! ¡Tía, mira por dónde vas, que casi me arrollas!* Frec. se usa para designar a una persona cuyo nombre se ignora y, entonces, gralm. despect. *Se me acercó un tío de mal aspecto y pensé que quería robarme.* **3.** Se usa, en zonas rurales, como tratamiento antepuesto al nombre de pila de una persona mayor. *¡Tío Paco, acérquese usted, hombre!* **4.** coloq. Seguido de un adjetivo, se usa para enfatizar el significado expresado por este. *¡Límpiate la boca, tío guarro!* ■ **~ abuelo/la.** m. y f. Respecto de una persona: Hermano de su abuelo o de su abuela. *Se quedó huérfana y la criaron sus tías abuelas.* ■ **~ bueno/na.** m. y f. coloq. Persona físicamente muy atractiva. *La discoteca estaba llena de tías buenas.* Frec. se usa como piropo. *Cada vez que el chico salía a la terraza, ellas le gritaban "¡Tío bueno!".* □ **cuéntaselo a tu tía.** expr. coloq. Se usa para expresar incredulidad. *¿Que sales con tres a la vez?; ¡anda, guapa, cuéntaselo a tu tía!* ■ **no hay tu tía.** expr. coloq. Se usa para expresar que algo no tiene solución o no es posible. *Le hemos insistido mucho para que venga, pero no hay tu tía.*

tiovivo. m. Atracción de feria consistente en una plataforma giratoria, gralm. cubierta, con asientos o figuras en los que se montan las personas. *En el parque hay un viejo tiovivo con trenes y caballitos.* ▶ CABALLITOS, CARRUSEL.

tipa. → **tipo.**

tiparraco, ca. m. y f. coloq. o despect. Persona despreciable. *Abre la puerta un tiparraco con cara de pocos amigos.*

tipazo. m. coloq. Tipo o figura atractivos. *Desde que va al gimnasio, se le ha puesto un tipazo impresionante.* Tb. la persona con ese tipo. *¡Esa modelo es un tipazo!*

tipejo, ja. m. y f. coloq. o despect. Persona despreciable. *¡Dile a ese tipejo que se vaya a paseo!*

tipi. m. Tienda de piel, de forma cónica, utilizada como vivienda por los indios nómadas de Norteamérica. *Los tipis podían ser montados y desmontados rápidamente.*

tipicidad. f. Cualidad de típico. *Destacamos este rasgo de comportamiento por su tipicidad.*

típico, ca. adj. **1.** Peculiar o propio de algo o alguien. *La rondalla aparece con el traje típico* DE *la región. Esa actitud machista es típica* EN *él.* **2.** Que representa un tipo. *Es la típica persona que no se fía de nadie. Con lo que llueve, este es el típico día para quedarse en casa.* ▶ **1:** *CARACTERÍSTICO.

tipificación. f. Hecho o efecto de tipificar. *La nueva ley hará una tipificación de los delitos informáticos.*

tipificar. tr. **1.** Asignar (a varias cosas semejantes) una categoría o norma común. *La ley tipifica estos hechos como infracción muy grave.* **2.** Representar alguien o algo el tipo (de la clase o categoría a que pertenece). *Ella tipifica a la mujer sagaz y emprendedora.*

tipismo. m. Cualidad de típico o peculiar, espec. de un lugar. *Los forasteros adoran las plazoletas cordobesas, cargadas de tipismo andaluz.*

tiple. m. y f. *Mús.* Soprano (persona). *La tiple cantó un aria dificilísima. Por el cabaré pasaron algunas de las mejores tiples de la época.* Tb. m., designando la voz. *El tiple es una voz propia de mujeres y niños.* ▶ SOPRANO.

tipo, pa. m. **1.** Clase o categoría que comprende personas o cosas con características comunes. *Hay un tipo de personas que se crece ante la adversidad. Los tanques son un tipo de vehículo blindado.* **2.** Modelo o ejemplar que representa a un grupo con características comunes. *Entre los pícaros, podemos considerar a Lázaro de Tormes como tipo.* Frec. en aposición. *El jefe de departamento ha creado varios exámenes tipo.* **3.** Forma exterior del cuerpo de una persona. *Ha entrado un muchacho muy arreglado y con buen tipo.* **4.** *Com.* y *Econ.* Valor o porcentaje establecido para una operación financiera o fiscal. *El Banco Central publica los tipos de cambio de las divisas. Se presta dinero a un tipo de interés cada vez más alto.* **5.** *Biol.* Filo. *La mosca pertenece al tipo de los artrópodos y a la clase de los insectos.* **6.** *Gráf.* Cada una de las piezas de una imprenta o máquina de escribir, que lleva grabada una letra o signo en relieve. *La máquina de escribir no tenía el tipo de la "ñ".* **7.** *Gráf.* Cada una de las familias o clases de letra de acuerdo con su forma. *El tipo predeterminado en este procesador de* *textos es el "Times New Roman". La cursiva es un tipo que confiere elegancia al texto.* ○ m. y f. **8.** coloq. Persona (hombre o mujer). *Me parece que es un tipo la mar de simpático. Es una tipa con agallas.* Frec. se usa para designar a una persona cuyo nombre se ignora y, entonces, gralm. despect. *Me acabo de cruzar con el tipo ese que va a dar la conferencia. Se me acercó una tipa a gritarme, porque decía que le había rozado el coche.* ■ **aguantar,** o **mantener, el tipo.** loc. v. coloq. Permanecer firme ante el peligro o las dificultades. *Los periodistas la frieron a preguntas, pero ella supo mantener el tipo.* ■ **jugarse el tipo.** loc. v. coloq. Arriesgar la vida o la integridad física. *Los pilotos de carreras se juegan el tipo en cada curva.* ■ **ser** alguien **el tipo** (de otra persona). loc. v. coloq. Tener las cualidades necesarias para gustar (a esa persona). *Ese chaval no es el tipo de tu hermana. Los morenos son mi tipo.* ▶ **1:** *CLASE. **3:** *FIGURA. **6:** LETRA.

tipografía. f. Técnica de imprimir textos o ilustraciones sobre papel, espec. mediante tipos de imprenta. *En la creación del cartel electoral trabajan expertos en tipografía.* Tb. el modo o estilo en que están impresos. *El libro presenta una tipografía muy cuidada.*

tipográfico, ca. adj. De la tipografía. *Trabaja en unos talleres tipográficos. Para publicar una enciclopedia hay que cuidar mucho el aspecto tipográfico.*

tipógrafo, fa. m. y f. Persona que tiene por oficio la tipografía. *El texto fue entregado a la imprenta con indicaciones para los tipógrafos.*

tipología. f. Estudio de tipos, espec. para clasificaciones científicas. *La tipología lingüística da como resultado una clasificación de las lenguas del mundo.* Tb. el conjunto de los tipos estudiados. *Existe una variada tipología étnica en el continente africano.*

tipológico, ca. adj. De la tipología. *La meteorología establece una clasificación tipológica de los fenómenos atmosféricos.*

tique. m. Vale o recibo. *Conserve el tique de compra para posibles devoluciones. En el guardarropa te darán un tique. –¿Quién da la vez para la pescadería? –Tiene usted que coger un tique de la máquina.* ▶ **Am:** TIQUETE.

tiquete. m. **1.** Am. Tique. *Le presté algunos tiquetes para ir a almorzar al comedor* [C]. **2.** Am. Billete (papel o tarjeta impresos para entrar en un lugar o utilizar un medio de transporte). *Le dieron su tiquete de ida y vuelta* [C]. *Ya se agotaron los tiquetes para el partido* [C]. **3.** Am. Billete (papel impreso para participar en un sorteo). *La Ley establece un impuesto sobre las boletas y tiquetes de apuestas* [C]. ▶ **2, 3:** BILLETE.

tiquismiquis. (Tb. **tiquis miquis**). m. pl. **1.** coloq. Escrúpulos o reparos de poca importancia. *No me vengas con tiquismiquis, que el trabajo está bien hecho.* ○ m. y f. **2.** coloq. Persona que tiene tiquismiquis (→ 1). *Esta niña es una tiquismiquis con la comida.* Tb. adj. *Tienen un jefe muy tiquis miquis que les exige ir con traje y corbata.*

tira. f. Pedazo alargado y estrecho de algo gralm. delgado, como tela o papel. *Corta los pimientos en tiras. El forro del abrigo lleva una tira de tela con el nombre de la marca.* ■ **la ~.** loc. adv. coloq. Mucho. *Esos dos se quieren la tira. Nuestra niña es la tira* DE *lista.* Tb. loc. s. *Éramos la tira haciendo cola. Ha venido la tira* DE *gente a la fiesta.*

tirabuzón. m. Rizo largo de cabello que cuelga en espiral. *El personaje del cuento es una niña rubia con tirabuzones.* Tb. designa otras cosas cuya forma recuerda la de ese rizo. *El gimnasta ha efectuado un doble giro con tirabuzón.*

tirachinas. m. Horquilla con mango, a cuyos extremos se atan los de una goma elástica para estirarla y disparar piedras u objetos similares. *El chaval pasa la tarde disparando con el tirachinas.* ▶ TIRADOR, TIRAGOMAS.

tirada. f. **1.** Hecho de tirar o lanzar, espec. en un juego o deporte. *Si caes en esta casilla, yo tengo tres tiradas seguidas. Hizo diana en su primera tirada.* **2.** *Gráf.* Hecho de tirar o imprimir. *En el libro no figura el año de tirada. En aquella época se hacían tiradas de panfletos políticos todos los días.* **3.** *Gráf.* Conjunto de ejemplares que se tiran o imprimen en una edición. *La tirada completa de la revista ha sido embargada judicialmente.* **4.** Distancia larga entre dos lugares. *Todavía nos queda una tirada para llegar a Badajoz.* **5.** Serie larga y continua de cosas, espec. de versos. *Se sabe de memoria largas tiradas de versos de Zorrilla.* ■ **de una ~.** loc. adv. De una sola vez y sin interrupción. *Su última novela es de las que se leen de una tirada.* ▶ **2, 3:** TIRAJE.

tiradero. m. Am. Basurero o vertedero. *Los recolectores de basura depositaron sus desperdicios en el antiguo tiradero* [C]. *Se rechaza la construcción del tiradero para desechos nucleares* [C]. ▶ *BASURERO.

tirado, da. part. **1.** → **tirar.** ● adj. **2.** coloq. Muy fácil. *El examen de lengua estaba tirado.* **3.** coloq. Muy barato. *Con esta compañía, un vuelo a Londres sale tirado.* Frec. en la constr. *~ de precio. En rebajas hay abrigos tirados de precio.* **4.** coloq. Abandonado o carente de recursos, espec. ante una situación difícil. Gralm. con v. como *dejar* o *quedarse. Quedó en ayudarme ayer, pero me ha dejado tirado. Tuve una avería y me quedé tirado en la autopista.* **5.** coloq. Dicho de persona: Despreciable o de malas costumbres. *El bar es un antro para golfos y gente tirada.* Tb. m. y f. *Se junta con los más tirados del barrio.*

tirador, ra. m. y f. **1.** Persona que tira o lanza, espec. en un juego o deporte. *Si se cae en esta casilla, el turno pasa al siguiente tirador. Es el mejor tirador de triples de la liga de baloncesto. El equipo olímpico posee grandes tiradores en la modalidad de carabina.* ○ m. **2.** Agarradero del que se tira para abrir o cerrar algo, espec. una puerta, una ventana o un cajón. *Se le han soltado los tiradores a las puertas del armario.* **3.** Pieza que sirve para accionar un mecanismo, tirando de ella. *La cama tiene un tirador sobre el cabecero para avisar al servicio. Si utilizas el tirador del juguete oirás una melodía.* **4.** Tirachinas. *Le han abierto la cabeza de una pedrada con un tirador.* ○ pl. **5.** Am. Tirantes (objeto para sujetar los pantalones o la falda). *Lo veía calcularse los tiradores antes de ponerse el saco* [C]. ▶ **5:** TIRANTES.

tirafondo. m. Tornillo para asegurar piezas metálicas, espec. en la madera. *Para sujetar la pieza, lo mejor es un tirafondo.*

tiragomas. m. Tirachinas. *Está prohibido usar el tiragomas en el patio del colegio.*

tiraje. m. *Gráf.* Tirada. *La revista tiene un tiraje de cincuenta mil ejemplares.*

tiralíneas. m. Instrumento de dibujo en forma de pinzas, cuya separación se gradúa con un tornillo, y que sirve para trazar líneas de tinta. *Antes se empleaba mucho el tiralíneas en dibujo técnico.*

tiramisú. m. Pastel hecho con bizcocho empapado en café, gralm. con algún licor, y un queso blando y suave. *De postre tomaré tiramisú.*

tiranía. f. **1.** Gobierno ejercido en un estado por un tirano. *A mediados del siglo* XVII *Cromwell impuso una sangrienta tiranía en Inglaterra.* **2.** Abuso de poder, fuerza o superioridad. *El capataz ejerce la tiranía sobre sus obreros. Trata con tiranía a los alumnos.* **3.** Dominio excesivo de una cosa, espec. un sentimiento, sobre la voluntad de alguien. *La tiranía de los celos ha acabado con su matrimonio. La gente está un poco harta de la tiranía de la moda y del culto al cuerpo.* ▶ **1, 2:** DESPOTISMO.

tiranicida. m. y f. Persona que mata a un tirano. *El grupo escultórico refleja el asesinato de Hiparco a manos de unos tiranicidas.*

tiranicidio. m. Hecho de matar a un tirano. *Juan de Mariana justificaba el tiranicidio en su obra "De rege et regis institutione".*

tiránico, ca. adj. **1.** De la tiranía. *El país vive bajo un régimen tiránico. Nadie soporta sus malos modales y su actitud tiránica.* **2.** Que ejerce la tiranía. *Logró perpetuarse en el poder, el sueño de todo gobernante tiránico. Un padre tiránico es el origen de sus traumas. Deseaba escapar de aquel amor tiránico.* ▶ **1:** DESPÓTICO.

tiranizar. tr. Ejercer la tiranía (sobre alguien o algo). *Un coronel usurpó el poder y tiranizó al país durante años. Tiene tiranizada a su familia. Padece una obsesión que tiraniza su vida.*

tirano, na. adj. **1.** Dicho de gobernante: Que accede al poder de forma ilegítima, o lo ejerce sin justicia y abusando de su autoridad. *Muchos países de África han vivido el azote de gobernantes tiranos y despóticos.* Tb. m. y f. *El viejo dictador no solo fue un tirano, sino un asesino.* **2.** Dicho de persona: Que abusa de su poder, fuerza o superioridad. *Ya podías ser menos tirano con tus empleados.* Tb. m. y f. *Su marido es un tirano.* **3.** Dicho de cosa, espec. de sentimiento: Que domina la voluntad de alguien. *Era juguete de una pasión tirana.* ▶ **1, 2:** DÉSPOTA.

tirante. adj. **1.** Tenso o estirado. *Las cuerdas tienen que estar bien tirantes para que no se venga abajo la tienda de campaña.* **2.** Dicho de relación: Distante o próxima a romperse. *Las relaciones entre ambos países son tirantes.* Tb. dicho de la persona que tiene esa relación con alguien. *Desde hace unos días la noto tirante conmigo.* **3.** Dicho de situación: Tensa o violenta. *Hubo un momento bastante tirante cuando ambos parlamentarios cruzaron acusaciones.* ● m. **4.** Tira de algunas prendas de vestir que permite que estas se sujeten de los hombros. *Los jugadores de baloncesto llevan camiseta de tirantes. Se me ha roto un tirante del sujetador.* **5.** *Arq.* y *Constr.* Pieza alargada que sirve para reforzar la unión entre otras dos o aumentar su resistencia. *Unos tirantes sostienen la techumbre. El puente colgante está sostenido por gruesos tirantes metálicos.* ○ pl. **6.** Objeto compuesto por dos tiras elásticas con cierres en los extremos, que sirve para sujetar los pantalones o la falda. *Se agarra los tirantes con los pulgares mientras habla.* ▶ **1-3:** TENSO. **4:** HOMBRERA. ‖ **Am: 6:** TIRADORES.

tirantez. f. Cualidad de tirante. *El juez de silla revisa el estado de la red y su tirantez. Noto tirantez en la piel desde que cambié de crema. Nos dimos cuenta de la tirantez entre los dos hermanos.*

tirar. tr. **1.** Dejar caer intencionadamente (algo). *Por favor, no tiren colillas al suelo.* **2.** Lanzar o arrojar (algo o a alguien) en una dirección. *Unos niños están tirando piedras* AL *río. Las olas pueden tiraros* CONTRA *las rocas. Quiere aprender a tirarse en paracaídas.* Tb. usado en constr. intr. *Tira a la portería y falla.* **3.** Derribar (algo o a alguien), o hacer(los) caer al suelo. *El vendaval ha tirado algunos árboles. Se dio la vuelta con tanto ímpetu que por poco me tira.* **4.** Desechar (algo) o deshacerse (de ello) por estar viejo o inservible. *Esta camisa está para tirarla.* **5.** Disparar (un proyectil o un tiro). *Tiran dardos envenenados con sus cerbatanas.* Tb. usado en constr. intr. *Está aprendiendo a tirar con la escopeta.* **6.** Echar o tender (algo o a alguien). *Cuando llega, se tira* EN *el sofá. Se pasa el día tirado* EN *la cama.* **7.** Dar (un pellizco, un mordisco o una coz). *No te acerques a la mula, que puede tirarte una coz.* **8.** En algunos juegos: Echar (una carta o un dado). *Tengo que tirar el rey.* Tb. usado en constr. intr. *En el parchís, si te sale un seis, vuelves a tirar.* **9.** Malgastar o derrochar (dinero o bienes). *Comprar otro televisor es tirar el dinero.* **10.** *Graf.* Imprimir (un pliego o una publicación). *Han tirado 10 000 ejemplares para la primera edición.* **11.** *Mat.* Trazar (una línea). *Tira una recta desde el centro del círculo a su perímetro.* **12.** coloq. Hacer (una fotografía). *Frente al acueducto siempre hay turistas tirando fotos.* ○ intr. **13.** Atraer algo o a alguien. *El imán tira* DEL *hierro.* **14.** Atraer la voluntad o el afecto de alguien. *Le tira el campo.* **15.** Hacer fuerza una persona o animal para llevar hacia sí o tras de sí algo o a alguien. *Cuando yo te diga, tira* DE *la cuerda. Una pareja de vacas tira* DEL *carro. Hay que tirar con fuerza para abrir el cajón.* **16.** coloq. Seguido de un complemento introducido por *de:* Sacar la cosa designada por él o tomarla en la mano para usarla. *Tiró de navaja para cortar el pan.* **17.** Producir algo la corriente de aire necesaria para la combustión. *La chimenea tira muy bien.* **18.** Quedarle a alguien demasiado corta o estrecha una prenda de vestir o parte de ella. *La chaqueta me tira de los hombros.* **19.** Tomar una dirección determinada. *¿*PARA *dónde tiramos ahora? Pasado el cruce, tire* A *la derecha.* **20.** coloq. Durar o mantenerse algo en condiciones no muy buenas. *La lavadora puede tirar unos meses, pero habrá que cambiarla.* **21.** coloq. Encontrarse alguien poco sobrado de medios o de salud. *–¿Qué tal estás? –Voy tirando.* **22.** Tender a algo. *Este tira* PARA *artista. El tiempo tira* A *empeorar.* **23.** coloq. Parecerse una persona o cosa a otra de la que desciende o proviene. *Tira* A *la familia de la madre.* ○ tr. prnl. **24.** malson. Poseer sexualmente (a alguien). ■ **a todo ~.** loc. adv. coloq. A lo sumo o como mucho. *Vivirá, a todo tirar, unos meses.* ■ **tira y afloja.** loc. s. coloq. Alternancia de una actitud firme con la disposición a hacer concesiones. *Tras un tira y afloja con el anticuario, consiguieron una rebaja.* ▶ **1:** *LANZAR.

tirilla. f. Tira de tela que remata el escote de una camisa o prenda similar, o que lo une al cuello. *Se afloja la tirilla de la guerrera.*

tirillas. m. y f. coloq. Persona delgada y débil. *Fíjate lo gordo que está; él, que de joven era un tirillas.*

tirio, ria. adj. De Tiro (antigua ciudad de Fenicia). *Civilización tiria.* Dicho de pers., tb. m. y f. ■ **tirios y troyanos.** m. pl. Personas con ideas o intereses opuestos. *La polémica medida tiene divididos a tirios y troyanos.*

tirita. (Marca reg.). f. Tira adhesiva con un trozo de gasa esterilizada en el centro, que sirve para proteger heridas pequeñas. *Limpie la herida con alcohol y colóquele una tirita.* ▶ **Am:** CURITA.

tiritar. intr. Temblar de frío, miedo o fiebre. *Encontraron al mendigo tiritando bajo la lluvia. El síndrome de abstinencia lo hace delirar y tiritar.* ■ **tiritando.** adv. coloq. En estado próximo a acabarse, vaciarse o arruinarse. Frec. con *estar*, *dejar* o *quedarse*. *Los niños han dejado la nevera tiritando. Después de pagar el seguro del coche nos quedamos tiritando.*

tiritera. f. coloq. Temblor intenso, espec. por frío o fiebre. *Llevaba tanto esperando a la intemperie que le entró la tiritera.*

tiritón, na. adj. **1.** Que tirita. *Niños casi desnudos, tiritones y llorosos, piden limosna a los turistas.* ● m. **2.** Cada uno de los estremecimientos de quien tirita. *Embutidos en las toallas, los niños no pueden contener los tiritones.* ○ f. **3.** coloq. Temblor intenso, espec. por fiebre. *Tanto le subió la fiebre que le dio una tiritona.*

tiro. m. **1.** Disparo hecho con un arma de fuego. *Ha recibido un tiro en la pierna. Los policías realizan prácticas de tiro.* Tb. la señal que deja. *Todavía se pueden ver los tiros de bala en el techo del Parlamento.* **2.** Hecho de tirar o lanzar algo, espec. la pelota. *A lo largo del partido se registraron quince tiros* A *puerta.* **3.** Deporte consistente en disparar con un arma a un blanco u objetivo. *En el club se puede practicar el tiro al blanco y al plato. Es la campeona de tiro con arco.* **4.** Conjunto de animales empleados para tirar de algo, espec. de un vehículo. *El carruaje llevaba un tiro de seis caballos. Los bueyes son empleados como animales de tiro en las tareas de labranza.* **5.** Corriente de aire necesaria para que se produzca la combustión, espec. en una chimenea. *A esta chimenea le falta tiro.* Tb. abertura graduable que la facilita. *Abre un poco el tiro, que se está apagando el fuego.* **6.** En un pantalón: Distancia entre la unión de las perneras y la cintura. *Los vaqueros me están bien de tiro, pero estrechos de cintura.* ■ **~ de gracia.** m. Tiro (→ 1) que se da a una persona o animal que están heridos para terminar de matarlos. *Remataron al caballo con un tiro de gracia para que no sufriera.* Tb. fig. *La retirada de la subvención fue el tiro de gracia que acabó con la empresa.* ■ **~ directo.** m. En fútbol y otros deportes: Sanción que consiste en el lanzamiento directo de un tiro (→ 2) a la portería contraria. *El árbitro pita un tiro directo al borde del área.* ■ **~ indirecto.** m. En fútbol y otros deportes: Sanción que consiste en el lanzamiento de un tiro (→ 2) a la portería contraria, previa cesión del balón a un compañero. *En el minuto nueve, un tiro indirecto es rematado por el delantero.* ■ **~ libre.** m. En baloncesto: Sanción que consiste en el lanzamiento de un tiro (→ 2) a canasta sin la oposición de ningún contrario. *Falló su lanzamiento desde la línea de tiros libres.* ■ **~ rasante.** m. *Mil.* Tiro (→ 1) cuya trayectoria se aproxima a la línea horizontal. *Un tiro rasante la hirió en la espalda.* □ **a ~.** loc. adv. **1.** Al alcance de un arma de fuego o arrojadiza. *Cuando tengas al venado a tiro, dispara.* **2.** Al alcance de alguien o de sus posibilidades. *Si se me pone a tiro alguna ganga, no la pienso dejar pasar.* ■ **a ~ hecho.** loc. adv. Con un propósito deliberado y específico. *He dejado encargada la falda que me gusta; así que, como voy a tiro hecho, no tardaré.* ■ **a (un) ~ de piedra.** loc. adv. Muy cerca. *La estación está a tiro de piedra* DEL *hotel.* ■ **al ~.** loc. adv. Am. coloq. Inmediatamente o al momento. *Espérame, me visto al tiro* [C]. *Al tiro se dio cuenta de todo* [C]. ■ **como un ~.** loc. adv. coloq. Muy mal. Gralm. con v. como *sentar*, *quedar* o *caer*. *Me sentó como un tiro que no me invitaran. Ese traje te queda como un tiro.* ■ **dar cuatro ~s.** → **pegar cuatro tiros.** ■ **de ~s largos.** loc. adv. coloq. Con vestimenta de gala o muy elegante. *¿Hay que ir de tiros largos a la fiesta, o podemos ir en vaqueros?* ■ **errar el ~.** loc. v. Fracasar en un intento. *Erró el tiro al intentar meter cizaña entre los dos amigos.* ■ **ir los ~s** (por alguna parte). loc. v. coloq. Estar (allí) las razones o intenciones que motivan algo. Frec. en constr. negativas o interrogativas. *–¿Le caeré mal? –No, no creo que vayan* POR *ahí los tiros. Notó cierta desconfianza, pero no sabía* POR *dónde iban los tiros.* ■ **ni a ~s.** loc. adv. coloq. De ningún modo o por ningún medio. *No consigue que el niño tome verdura ni a tiros.* ■ **pegar,** o **dar, cuatro ~s** (a alguien). loc. v. Matar(lo) con un arma de fuego. *Le pegaron cuatro tiros y lo dejaron abandonado en la cuneta.* ■ **pegarse un ~.** loc. v. Suicidarse disparándose con un arma de fuego. *El desengañado Larra decidió dejar este mundo pegándose un tiro.* ■ **salir el ~ por la culata** (a alguien). loc. v. Tener (esa persona) un resultado contrario al que pretendía o deseaba. *Querían engañarnos, pero les ha salido el tiro por la culata.*

tiroideo, a. adj. *Anat.* Del tiroides. *El déficit de hormona tiroidea en el feto puede provocar retrasos.*

tiroides. adj. *Anat.* Dicho de glándula de un animal vertebrado: Que está situada en la parte delantera e inferior del cuello, y regula el crecimiento y el metabolismo. *Una mala función de la glándula tiroides puede producir enanismo.* Tb. m. o, menos frec., f. *El tiroides se sitúa en el cuello, cerca de la nuez.*

tirolés, sa. adj. Del Tirol (región de los Alpes). *Sombrero tirolés.* Dicho de pers., tb. m. y f. *Sabe imitar el canto tradicional de los tiroleses.*

tirón. m. **1.** Hecho de tirar de algo o alguien con fuerza o brusquedad. *Cada vez que me peinas me pegas unos tirones de espanto.* **2.** Hecho de crecer con rapidez. *Desde la última vez que lo vi, el niño ha pegado un tirón. Las cotizaciones de la compañía eléctrica experimentan un fuerte tirón.* **3.** Robo consistente en arrebatar algo a alguien tirando violentamente del objeto y dándose a la fuga. *Le dieron el tirón y se llevaron el bolso.* **4.** Sacudida o movimiento brusco de un vehículo. *Hay que llevar el coche al taller porque da tirones.* **5.** Incremento repentino de la velocidad de una persona o un vehículo. *El ciclista da varios tirones y se separa del pelotón.* **6.** Contracción fuerte y dolorosa de un músculo. *Ha tenido que abandonar el terreno de juego con un tirón en la pierna.* **7.** Atracción que ejerce alguien o algo sobre otra persona. *La cantante tiene mucho tirón entre los adolescentes.* ■ **de un ~.** loc. adv. De una sola vez y sin interrupción. *Se ha leído el libro de un tirón. El bebé durmió toda la noche de un tirón.* ▶ **Am** o **frecAm: 1:** HALÓN, JALÓN.

tironear. tr. Dar tirones (a alguien o algo). *El niño la tironea* DE *la falda. Se arrancaba la ropa y se tironeaba los cabellos.*

tironero, ra. m. y f. coloq. Ladrón que roba por el procedimiento del tirón. *Unos tironeros le han robado el bolso a una señora desde una moto.*

tirotear. tr. Disparar repetidamente (contra alguien o algo) con arma de fuego. *Unos matones lo han tiroteado a la salida del restaurante. Los guerrilleros tirotearon el convoy a su paso por el desfiladero.* ▶ **Am** o **frecAm:** ABALEAR, BALEAR.

tiroteo. m. Hecho de tirotear. *Hubo un tiroteo entre la policía y los atracadores.* ▶ **Am:** BALACERA.

tirria. f. coloq. Odio u ojeriza hacia algo o alguien. Frec. con *coger* o *tener*. *Le he cogido tirria a viajar en avión. El profe de matemáticas me tiene tirria.*

tisana. f. Infusión medicinal de una o varias hierbas. *Toma tisanas de láudano para calmar la ansiedad.*

tísico, ca. adj. Que padece tisis. *A los enfermos tísicos se les recomienda el aire de la montaña.* Tb. m. y f. *Tiene la mirada ojerosa y lánguida como la de un tísico.*

tisis. f. Tuberculosis pulmonar. *Los síntomas típicos de la tisis son la tos constante, la fiebre y el enflaquecimiento.*

tisú. (pl. **tisúes** o **tisús**). m. Tela de seda entretejida con hilos de oro o plata. *La reina lleva un vestido de tisú de plata.*

tisular. adj. *Biol.* De los tejidos. *Regeneración tisular.*

titán. m. Persona que sobresale por su excepcional fortaleza. *El luchador es un titán de más de cien kilos de peso.* Tb. designa la persona que sobresale en una cualidad. *Galdós es uno de los grandes titanes de las letras españolas.*

titánico, ca. adj. **1.** De titán. *Unos brazos titánicos la abrazaron hasta dejarla sin respiración.* **2.** Propio de un titán. *El acusado emprenderá una lucha titánica por demostrar su inocencia.*

titanio. m. Elemento químico del grupo de los metales, de color blanco plateado, ligero, duro y resistente a la corrosión (Símb. *Ti*). *Las aleaciones de titanio se utilizan en la construcción de aeronaves y misiles. El Museo Guggenheim está recubierto de placas de titanio.*

títere. m. **1.** Muñeco que se mueve con hilos, varillas u otro mecanismo, o bien metiendo la mano en su interior. *Es un maestro manejando tanto títeres de hilo como de guante.* **2.** Persona u organización que se dejan manejar por otra. *La pobre chica es un títere en manos de su marido.* Frec. en aposición. *Se instauró un Gobierno títere apoyado por una gran potencia.* ○ pl. **3.** Espectáculo de teatro con títeres (→ 1), acrobacias y números circenses. *Este fin de semana llevaremos a los niños a los títeres.* ■ **~ con cabeza.** loc. s. coloq. Persona o cosa exentas de crítica o ataque. Se usa en constr. negativas con *dejar* o *quedar*. *Su columna diaria no deja títere con cabeza. ¡Como me líe a mamporros, no va a quedar títere con cabeza!* ▶ **1, 2:** MARIONETA. **3:** MARIONETAS.

titi. m. y f. **1.** coloq. Persona joven, espec. una mujer. *Ligaron con unas titis en la disco.* **2.** coloq. Se usa para dirigirse a una persona cariñosamente. *¿Qué pasa, titi?, ¿qué es de tu vida?*

tití. m. Simio de América del Sur, muy pequeño, con mechones alrededor de las orejas y una larga cola. *El tití hembra.*

titilar. intr. cult. Centellear con ligero temblor un cuerpo luminoso. *Las estrellas titilan en el firmamento.*

titiritero, ra. m. y f. **1.** Persona que maneja los títeres o hace teatro con ellos. *En el parque hay titiriteros haciendo guiñol para los niños.* **2.** Persona que realiza acrobacias o números circenses en la calle o en las ferias. *Los titiriteros hacen subir a una cabra por una escalera. Ha llegado al pueblo un grupo de titiriteros.* ▶ **2:** *ACRÓBATA.

tito, ta. m. y f. coloq. o infant. Tío (hermano del padre o de la madre). *Dale un besito a tu tita. Anda, tito, cómprame un globo.*

titubeante. adj. **1.** Que titubea. *El árbitro se muestra titubeante en el inicio del partido.* **2.** Que manifiesta titubeo. *Con voz titubeante pidió permiso para entrar.*

titubear. intr. **1.** Dudar o mostrar inseguridad, espec. al tomar una decisión. *En el examen oral conviene responder a las preguntas sin titubear. El juez no titubeó* EN *ordenar su inmediato encarcelamiento.* **2.** Oscilar por falta de estabilidad. *Tras el golpe, el jarrón titubea al borde de la mesa y cae al suelo.*

titubeo. m. Hecho de titubear. *El dueño del piso aceptó nuestra oferta sin ningún titubeo. El detector de mentiras registra hasta el menor titubeo de la voz.*

titulación. f. Hecho o efecto de titular o titularse. *La consejería de educación organiza cursos para desempleados sin titulación.*

titulado, da. part. **1.** → **titular**[2]. ● adj. **2.** Que posee un título académico o profesional. *Una importante clínica necesita personal sanitario titulado.* Tb. m. y f. *La Universidad organiza un máster para titulados.*

titular[1]. adj. **1.** Que ocupa, gralm. en propiedad o de forma permanente, un puesto o cargo para los que ha sido designado. *El conferenciante es profesor titular de la Universidad de Sevilla.* Tb. m. y f. *El presidente debe decidir quién será el titular de la cartera de Transportes.* **2.** Que tiene un título o documento que acreditan la posesión de un derecho, una inversión, etc. *Una empresa farmacéutica es la entidad titular de los derechos de fabricación de la píldora.* Tb. m. y f. *Ella figura como titular de la cartilla de ahorros.* **3.** *Dep.* Dicho de jugador: Que forma parte del equipo desde el principio del juego. Tb. dicho del equipo formado por esos jugadores. *El entrenador alineó al equipo titular.* Dicho de persona, tb. m. y f. *Al final, el suplente ha jugado mejor que el titular.* ● m. **4.** Título que encabeza una noticia o un artículo periodístico. *Se busca atraer al lector con algún titular sensacionalista.* Frec. en pl. con significado sing. *El acontecimiento aparece en titulares en varios periódicos.* ▶ **Am: 4:** ENCABEZADO.

titular[2]. tr. **1.** Poner título o nombre (a algo, espec. a una obra). *Para el artista no siempre es fácil titular una obra.* ○ intr. prnl. **2.** Tener como título o nombre el que se indica. *Escribió el guión de un cortometraje que se titulaba "El Malacara". Se ha publicado un manual titulado "Bricolaje para principiantes".* **3.** Obtener un título académico o profesional. *Se tituló* EN *Magisterio.*

titularidad. f. Condición de titular. *El portero perdió la titularidad debido a una lesión. El vendedor debe justificar documentalmente la titularidad del inmueble.*

titulitis. f. humoríst. Valoración exagerada de los títulos académicos. *El jefe de personal tiene titulitis.*

título. m. **1.** Nombre dado a una obra o a un escrito, o a una de sus partes. *La película lleva por título "El regreso". Bajo el cuadro, un rótulo decía: "Sin título". Cada capítulo de la novela lleva un sugerente título.* **2.** Categoría de una persona que pertenece a la nobleza. *Tiene el título de marqués.* Tb. el documento que la acredita. *Estaba prohibido comprar o vender títulos nobiliarios.* **3.** Nivel académico o profesional. *Al terminar la carrera obtendré el título de licenciado. Se necesita profesional con el título de técnico en instalaciones de gas.* Tb. dicho del documento que acredita ese nivel. *De una pared de la consulta cuelga el título de odontólogo.* **4.** Sobrenombre honorífico que se da a alguien. *Lope de Vega pasó a la historia con el título de "Fénix de los ingenios".* **5.** Documento jurídico en el que se establece un derecho u obligación. *Para hacer efectiva la compraventa es necesaria la transmisión del título de propiedad de la* *finca.* **6.** *Econ.* Documento financiero que acredita una inversión en deuda pública o en un valor bursátil. *El Tesoro emite títulos de deuda pública en subastas quincenales.* **7.** *Der.* Cada una de las partes principales en que está dividida una ley o reglamento. *El título* I *de la Constitución española recoge los derechos fundamentales de los ciudadanos.* ■ **~s de crédito.** m. pl. *Cine* y *TV* Lista que aparece al inicio o al final de una película o de un programa, y en la que figuran las personas que han intervenido en su realización. *Los títulos de crédito suelen incluir el reparto y el personal técnico.* □ **a ~ de.** loc. prepos. Como, o en calidad de. *Algunos acudieron al mitin a título de amigos, más que de militantes.* ▶ **1:** EPÍGRAFE, RÓTULO. ‖ **Am: 1:** ACÁPITE.

tiza. f. **1.** Arcilla blanca o coloreada que se utiliza pralm. para escribir o pintar sobre una pizarra. *La maestra lleva las manos llenas de tiza.* Tb. barrita de este material. *He comprado un paquete de tizas de colores.* **2.** En billar: Compuesto de yeso y arcilla con que se frota la punta del taco para que esta no resbale al golpear la bola. *Pónle tiza al taco antes de empezar la partida.*

tiznar. tr. **1.** Manchar (algo) con tizne o con otra sustancia, espec. oscura. *Se ha tiznado los dedos hurgando en la impresora.* **2.** Manchar (algo) el tizne u otra sustancia, espec. oscura. *El humo negro de la hoguera iba tiznando las piedras del muro.*

tizne. m. (Tb. f.). Humo que se queda pegado a un objeto, espec. a una vasija que ha estado a la lumbre. *Cuesta mucho quitarle el tizne a la sartén. Hay mucha tizne entre los ladrillos del horno.* ▶ HOLLÍN.

tizón. m. **1.** Palo a medio quemar. *Echa unos cuantos tizones al brasero.* **2.** Hongo que vive parásito en el trigo y otros cereales, produciéndoles unas manchas negruzcas. *El tizón ha arruinado la cosecha.* ■ **negro como un ~.** loc. adj. Muy negro. *Tiene el pelo negro como el tizón.*

tizona. f. cult. Espada. *En la estatua, el jinete aparece con la tizona en alto.*

TNT. (sigla; pronunc. "te-ene-te"). m. Trinitrotolueno. *El coche bomba contenía 60 kilos de TNT.*

toalla. f. Prenda, gralm. rectangular, de tela suave de algodón u otro tejido, que sirve para secarse. *El juego completo consta de una toalla de baño, dos de lavabo y dos de tocador.* ■ **tirar,** o **arrojar, la ~.** loc. v. **1.** *Dep.* En boxeo: Lanzar el cuidador o preparador de un boxeador una toalla al cuadrilátero como señal de que se desea abandonar la pelea. *El púgil estaba recibiendo muchos golpes y desde su rincón arrojaron la toalla.* **2.** Desistir o darse por vencido. *Muchos comienzan la carrera de actor y acaban tirando la toalla.*

toallero. m. Soporte para colgar toallas. *Hay toalleros de barra o de argolla.*

toba. f. Piedra caliza, porosa y ligera, formada por depósito y acumulación de la cal disuelta en el agua. *En tobas de la Provenza se han encontrado muchos fósiles.*

tobera. f. *tecn.* Conducto o abertura en forma de tubo por donde pasa a presión un fluido, gralm. gaseoso. *El coche tiene toberas de ventilación regulables.*

tobillero, ra. adj. **1.** Dicho de prenda de vestir: Que llega hasta los tobillos. *Falda tobillera. Pantalones tobilleros.* ● f. **2.** Venda, gralm. elástica, que sirve para proteger y sujetar el tobillo. *Ha sufrido un esguince; por eso lleva la tobillera.*

tobillo. m. Abultamiento lateral que forman los huesos de la pierna en la zona de unión con el pie. *La bota me ha hecho una rozadura en el tobillo.* Tb. esa zona. *Se ha torcido el tobillo bajando las escaleras.*

tobogán. m. Juego recreativo consistente en una rampa de deslizamiento, a la que se accede por una escalera, y por la que se baja sentado o tumbado. *En el parque infantil hay columpios, balancines y toboganes. La gran atracción del parque acuático es el tobogán en espiral.*

toca. f. Prenda de tela, gralm. blanca, que llevan las monjas ceñida al rostro y cubriendo la cabeza. *La priora les tenía prohibido salir a la calle sin la toca.*

tocadiscos. m. Aparato reproductor de sonido, que consta de un plato giratorio sobre el que se coloca un disco de vinilo, y un brazo móvil provisto de una aguja que capta los sonidos grabados en dicho disco. *El tocadiscos ya casi está desterrado de los hogares.* ▶ GIRADISCOS.

tocado[1]**.** m. **1.** Prenda con que se cubre la cabeza. *El clásico tocado masculino en la India es el turbante.* **2.** Peinado o adorno que lleva una mujer en la cabeza. *Las modelos han desfilado con moños, trenzas y otros tocados.*

tocado[2]**, da.** part. **1.** → **tocar.** ● adj. **2.** Dicho de fruta: Dañada o que empieza a estropearse. *No me dé esas ciruelas, que las veo muy tocadas.* **3.** coloq. Que está un poco loco o tiene el juicio algo trastornado. *Hay que estar tocado para arriesgar la vida así.* **4.** coloq. Afectado por una pequeña enfermedad o lesión. *El equipo dio la lista de los ciclistas tocados tras la dura etapa de ayer. No es que me encuentre mal, solo estoy un poco tocada.*

tocador. m. **1.** Mueble en forma de mesa y con espejo, que sirve para peinarse y maquillarse. *En el pequeño camerino solo caben una silla y un tocador.* **2.** Habitación destinada al aseo personal y el maquillaje. *El tocador está contiguo a la alcoba.* ■ **de ~.** loc. adj. Dicho gralm. de producto: Cosmético o de aseo. *La tienda vende peines, espejos y otros artículos de tocador.*

tocamiento. m. Hecho de tocar con las manos. *Lo acusan de realizar tocamientos y dar un trato vejatorio a sus empleadas.*

tocante. adj. Que toca o concierne a alguien o algo. *Hace caso omiso de los consejos tocantes* AL *amor que tanto prodigan las revistas.* ■ **(en lo) ~ a.** loc. prepos. Con referencia a, o respecto a. *En lo tocante al desempleo, son necesarios más recursos. Tocante a su pregunta, no sabría qué responder.*

tocar. tr. **1.** Llegar con una parte del cuerpo, espec. la mano, o con un objeto (a alguien o algo) sin agarrar(los). *Se ruega a los clientes que no toquen la fruta. El hada tocó a la muchacha con su varita mágica.* Tb. usado en constr. intr. *El cartel decía: "No tocar. Alto voltaje".* **2.** Estar algo cerca (de otra cosa), de modo que en algún punto estén unidos. *La silla toca la pared.* **3.** Hacer sonar (un instrumento musical o un aparato sonoro). *Toqué el timbre y esperé a que me abrieran.* Tb. usado en constr. intr. *Se puso a tocar y rompió una cuerda de la guitarra.* **4.** Interpretar con algún instrumento (una pieza musical). *La banda tocará temas andaluces.* **5.** Dar aviso u orden (de algo) mediante sonidos. *El corneta tocó retirada.* **6.** Alterar (algo) con intención de perfeccionar(lo). Frec. en constr. negativas. *El guión es bueno; no hace falta tocarlo.* **7.** Tratar o mencionar (un asunto), gralm. de manera superficial. *Ese asunto, mejor no tocarlo.*

○ intr. **8.** Estar algo cerca de otra cosa, de modo que en algún punto estén unidos. *La silla toca* CON/EN *la pared.* **9.** Corresponder una cosa a alguien por derecho, azar o reparto. *Le han tocado cien millones en la lotería.* **10.** Ser una cosa responsabilidad o tarea de alguien. *A ti te toca decidir si quieres estudiar o no.* **11.** Tener una cosa importancia o interés para alguien, o relación con alguien o algo. *En la reunión se trataron temas que tocan a todos los vecinos.* Frec. en la constr. ~ *de cerca. La subida de los impuestos nos toca a todos muy de cerca.* **12.** Tener una cosa su turno o momento fijado. *Mañana toca el examen teórico.* **13.** Dar aviso u orden de algo mediante sonidos. *Las campanas tocan* A *muerto.* Tb. fig., en la constr. *a... tocan. A las nueve, a desayunar tocan.* **14.** Llegar algo, espec. una nave, de paso a un lugar. *El avión toca* EN *varios aeropuertos asiáticos antes de terminar su vuelo en Sidney.* **15.** coloq. Ser pariente de alguien. *¿A ti te toca algo Paulino?* Frec. en la constr. ~ *de cerca. Nadie en el pueblo nos toca de cerca.* ■ **estar** alguien **tocado.** loc. v. *Dep.* Estar afectado por alguna indisposición o lesión. *El delantero está tocado del menisco.* ■ **~le** (a alguien) **bailar con la más fea.** loc. v. coloq. Corresponder(le) resolver un asunto muy difícil o desagradable. *Siempre me toca bailar con la más fea en el trabajo.*

tocarse. intr. prnl. Cubrirse o adornarse la cabeza con un tocado. Frec. en part. *Aparecen en escena bailaores tocados* DE *sombrero cordobés. Muchas mujeres acudieron a la feria tocadas* CON *la tradicional peineta.*

tocata[1]. f. *Mús.* Composición musical de estilo libre, hecha gralm. para instrumentos de teclado y con la intención de demostrar las cualidades técnicas del intérprete. *Interpretará al órgano la conocida "Tocata y fuga en re menor" de Bach.*

tocata[2]. m. coloq. Tocadiscos. *Con unas bebidas, unos discos y un tocata, se montaba un guateque.*

tocateja. a ~. (Tb. **a toca teja**). loc. adv. coloq. Al contado, o en el acto. *Fíjate si tendrán dinero, que el piso lo pagaron a tocateja.*

tocayo, ya. m. y f. Respecto de una persona: Otra que tiene su mismo nombre. *¿Tú también te llamas Vicente?, ¡choca esos cinco, tocayo!*

tocho. m. **1.** coloq. Conjunto grande de hojas de papel. *Tenemos que estudiar un tocho de apuntes. No metas ese tocho en la impresora, que se te va a atascar.* **2.** coloq. Libro grande y de muchas páginas. *Ha publicado un tocho de más de mil páginas.*

tocineta. f. Am. Panceta. *Se sofríe la cebolla, champiñones y la tocineta* [C]. *Vivía de tocineta y bacalao* [C].

tocino. m. Capa de grasa que tienen algunos animales bajo la piel, espec. el cerdo. *Al cocido le echamos una punta de jamón, tocino y chorizo.* ■ **~ de cielo.** m. Dulce hecho con yema de huevo y almíbar cocidos hasta que están cuajados. *En la bandeja de pasteles había trufas, buñuelos y tocinos de cielo.* ■ **~ entreverado.** m. Tocino con vetas de carne magra. *El tocino entreverado ahumado es lo que conocemos como "beicon".*

tocología. f. Rama de la medicina que se ocupa del embarazo, el parto y el período posterior a este. *Es especialista en ginecología y tocología.* ▶ OBSTETRICIA.

tocólogo, ga. m. y f. Especialista en tocología. *Durante el embarazo hay que hacer visitas periódicas al tocólogo.* ▶ OBSTETRA.

tocomocho. m. Timo consistente en vender un billete de lotería supuestamente premiado, por un precio inferior al de su premio. *Le dieron el timo del tocomocho a un pobre incauto.*

tocón[1]. m. Parte del tronco de un árbol que queda unida a la raíz después de talarlo. *Sentado en un tocón, el pastor vigilaba su ganado.*

tocón[2], na. adj. coloq. Aficionado a tocar a alguien con la mano, espec. a una persona por excitación sexual. *Soy muy cariñosa y muy tocona.* Frec. despect. Tb. m. y f. *En el metro, a la hora punta, te puedes encontrar con algún tocón.*

tocuyo. m. Am. Tela basta de algodón. *Rasgaré el tocuyo de esta sábana* [C].

todavía. adv. **1.** Indica que lo expuesto continúa vigente en el momento en que se habla o al que se hace referencia. *Todavía no se ha dormido. Todavía faltan tres semanas para tu cumpleaños. Todavía era de noche cuando salimos de viaje. ¿Estaréis todavía de vacaciones a mediados de septiembre? Las hojas todavía verdes de los árboles proporcionaban una agradable sombra.* **2.** A pesar de lo expuesto. *Lo hice todo yo y todavía se queja. Con el dinero que ha ganado, todavía dice que le va mal el negocio.* **3.** Al menos, o por lo menos. Se usa con intención enfática. *Todavía si fueras su madre, tendría sentido que te preocuparas por él. Que olvidaras la cita todavía tiene disculpa, pero que no lo reconozcas, es intolerable.* **4.** Precede o sigue a una palabra comparativa para indicar enfáticamente grado o intensidad superiores. *Su primera novela fue mala, pero la segunda es todavía peor. Era todavía más caro de lo que me había imaginado. Él se ha esforzado poco y tú todavía menos. Se puso más alegre todavía cuando supo que había ganado el primer premio.*

todo, da. adj. **1.** Seguido de un nombre en plural con artículo, adjetivo posesivo o demostrativo, o de un pronombre, expresa que, del conjunto de personas o cosas designadas por el nombre o el pronombre, no se excluye ninguna. *Todos los voluntarios. Ahórrate todos esos comentarios. Se vendieron todos sus cuadros. Iremos todas nosotras. Es imposible que quepan todos estos.* **2.** Seguido de un nombre en singular con artículo, adjetivo posesivo o demostrativo, o de un pronombre, expresa que, de lo designado por el nombre o el pronombre, no se excluye ninguna parte. *Se ha comido todo el pollo él solo. ¿Vas a beberte toda el agua? Leyó todo su discurso entre vítores. Recorrió todo ese país.* **3.** Delante de un nombre precedido de *un*, expresa que lo designado por él tiene las cualidades ideales de su clase. *Es toda una mujer. La lavadora es todo un invento.* **4.** Seguido de un nombre en singular sin artículo, equivale al plural de lo designado por ese nombre. *Toda desobediencia era castigada. Van a revisar concienzudamente todo examen dudoso.* ● pron. **5.** Designa un conjunto de personas o cosas que se consideran sin excluir ninguna de ellas. *Todos protestaron unánimente. Tenía muchas multas acumuladas, todas del último año.* Se usa en la forma pl. A veces en sing. con sent. neutro. *Le daba todo lo que le pedía.* **6.** Toda (→ 2) la persona o cosa. *La chica era toda huesos. La música clásica me gusta toda.* ● m. (Frec. con art.). **7.** Cosa íntegra. *Actuaban como un todo cuando había que tomar una decisión. Lógicamente el todo es mayor que las partes.* ● adv. **8.** Enteramente o por completo. *Colocaron muchas señales todo a lo largo de la carretera. Siga todo recto y, al llegar a la plaza, tuerza a la derecha.* ■ **ante todo.** loc. adv. En primer lugar.

Ante todo, quiero darle las gracias. ■ **así y todo.** loc. adv. A pesar de lo que se ha expuesto antes. *Les advirtieron que el tiempo empeoraría, y así y todo decidieron ir de escalada.* ■ **con todo.** loc. adv. Sin embargo. *Con todo, es preferible operar.* ■ **del todo.** loc. adv. Completamente. *No acabo de ver del todo claro ese asunto.* ■ **de todas todas.** loc. adv. Con seguridad absoluta. *Era el trabajo mejor presentado de todas todas.* ■ **jugarse el todo por el todo.** loc. v. Arriesgarse mucho. *En la última prueba el concursante decidió jugarse el todo por el todo.* ■ **sobre todo.** loc. adv. Principalmente. *Es importante, sobre todo, actuar con prudencia.* ■ **y todo.** loc. adv. Siguiendo a la expresión de una circunstancia, se usa para enfatizar la sorpresa o la incredulidad que provoca esa circunstancia. *Se tiró a la piscina con ropa y todo. ¡Si quisieron echarlo y todo!*

todopoderoso, sa. adj. Que todo lo puede. *Para los musulmanes el Dios todopoderoso es Alá. La todopoderosa multinacional abrirá fábricas en Asia.* ■ **el Todopoderoso.** loc. s. Dios. *Los agricultores piden al Todopoderoso que traiga lluvia.*

todoterreno. (como adj., pl. invar.; como sustantivo, pl. **todoterrenos**). adj. **1.** Dicho de vehículo: Capaz de circular por terrenos escarpados e irregulares. *En el* rally *participarán camiones y coches todoterreno.* Tb. m. *Por estas pistas forestales solo se puede ir a pie o en todoterrenos.* **2.** Dicho de persona: Capaz de realizar múltiples tareas o funciones. *Es una artista todoterreno, que cultiva la pintura, la escultura y la cerámica.* Tb. m. y f. *Es un todoterreno de la política.*

toffee. (pal. ingl.; pronunc. "tófe" o, Am., "tófi"). m. Caramelo masticable de café con leche. *Solía traer una bolsa de* toffees *para sus sobrinos.* ¶ [Adaptación recomendada: *tofe* o, Am., *tofi*].

toga. f. **1.** Vestidura larga, gralm. negra, que usan jueces, letrados y catedráticos en determinados actos. *Los catedráticos deberán acudir a la ceremonia con toga y birrete.* **2.** histór. En la antigua Roma: Prenda de vestir que se llevaba sobre la túnica, enrollada alrededor del cuerpo. *Los senadores romanos utilizaban siempre la toga en público.*

togado, da. adj. Dicho espec. de juez o letrado: Vestido con toga. *El consejo de guerra se lleva a cabo ante un juez togado militar. Augusto aparece en muchas de sus esculturas togado como pontífice.* Tb. m. y f. *El togado ordena la vuelta a prisión del reo.*

togolés, sa. adj. De Togo (país de África). *Lomé es la capital togolesa.* Dicho de pers., tb. m. y f.

toisón. (Frec. en mayúsc.). m. Orden de caballería fundada en el s. XV por el duque de Borgoña. *El rey de España era el jefe del Toisón de Oro.* Tb. la insignia de esta orden. Frec. ~ *de oro. El monarca concedió el toisón de oro al emperador de Japón.*

tojo. m. Arbusto espinoso, con flores amarillas y fruto en legumbre, propio de lugares pedregosos. *El tojo abunda en la costa atlántica de la Península Ibérica.*

toldilla. f. *Mar.* En algunos buques: Plataforma elevada sobre la cubierta superior, hasta la altura de la borda, que cubre el extremo de popa. *Un marinero hace señales con banderas desde la toldilla.*

toldo. m. Cubierta de tela, espec. de lona, que se instala gralm. para dar sombra. *Baja el toldo, que nos achicharramos.* ▶ ENTOLDADO.

toledano, na. adj. De Toledo. *La catedral toledana. Campos toledanos.* Dicho de pers., tb. m. y f. *Los toledanos están orgullosos de su ciudad.*

tolerable. adj. Que se puede tolerar. *Los examinadores bajarán la nota ante aquellos errores que no consideren tolerables. Algunos conservantes, en dosis altas, son difícilmente tolerables por el organismo.*

tolerado, da. part. **1.** → **tolerar.** ● adj. **2.** Dicho de película: Apta para niños. *Busca en la cartelera una película tolerada para ir con sus sobrinos.*

tolerancia. f. **1.** Hecho de tolerar. *El régimen se suavizó y se vivieron años de permisibilidad y tolerancia. Los homosexuales exigen tolerancia a la sociedad. El enfermo muestra tolerancia a los corticoides.* **2.** Margen o diferencia admisibles en algo, espec. en alguna característica de un material, pieza o producto. *La tolerancia de desplazamiento transversal en estas lentes es de 0,04 mm.*

tolerante. adj. Que tolera aquello con lo que no está de acuerdo, o las ideas y costumbres ajenas. *Sus padres son gente afable y tolerante. En el sur de Estados Unidos eran poco tolerantes* CON *la población negra.*

tolerar. tr. **1.** Permitir (algo que no se tiene por bueno o con lo que no se está de acuerdo). *El Gobierno no está dispuesto a tolerar más retrasos en los aeropuertos. A este crío le toleran todos sus caprichos.* **2.** Respetar (ideas o costumbres distintas de las propias). *En clase de Ética nos enseñan a tolerar las opiniones de los compañeros.* **3.** Llevar con paciencia (algo o a alguien que resultan desagradables). *Si hay algo que no tolero en una persona, es la falta de puntualidad.* **4.** Admitir o resistir un ser vivo o su organismo (algo, espec. una sustancia) sin sufrir daño o trastorno. *El paciente parece tolerar bien la radioterapia. Mi organismo no tolera el alcohol. El cactus tolera altas temperaturas y climas secos.* ▶ **3:** AGUANTAR, RESISTIR, SOPORTAR, SUFRIR.

tolteca. adj. De un pueblo indígena que dominó en México en época precolombina. *La capital del imperio tolteca era Tula.* Dicho de pers., tb. m. y f. *Los toltecas crearon originales obras escultóricas.*

tolueno. m. *Quím.* Líquido derivado del benceno, muy utilizado como disolvente y en la fabricación de explosivos. *El tolueno es básico en la producción de TNT.*

tolva. f. Caja grande en forma de pirámide o cono invertidos, con una abertura inferior estrecha que permite que pasen poco a poco materias en grano o similares para ser procesadas por una máquina o cargadas en un vehículo. *Las uvas pasan a través de una tolva a una cinta transportadora.*

tolvanera. f. Remolino de polvo. *Un golpe de viento levanta una densa tolvanera.*

toma. f. **1.** Hecho de tomar por la boca algo, espec. un alimento o medicamento. *A medida que el bebé crece, se van espaciando las tomas. Con una caja de pastillas tengo para diez días a razón de dos tomas diarias.* **2.** Hecho de tomar por la fuerza un lugar, territorio o edificio. *El 14 de julio de 1789 se produce la toma de la Bastilla.* **3.** Hecho o efecto de tomar algo o pasar a tenerlo. *La toma de posesión de un cargo. Se percibe una mayor toma de conciencia entre la población de la necesidad de reciclar.* **4.** Hecho o efecto de tomar imágenes cinematográficas o fotográficas. *El fotógrafo ha hecho tomas insólitas de conocidos monumentos. Entre toma y toma es preciso retocar el maquillaje de los actores.* **5.** Punto de un circuito o de un conducto, por donde se hace salir la corriente de fluido, espec. agua o electricidad. *Hay varias tomas de agua distribuidas por el jardín. Esta es* *la toma para la antena colectiva. Los enchufes deberían llevar toma de tierra.*

tomado, da. part. **1.** → **tomar.** ● adj. **2.** Am. Borracho (trastornado por exceso de bebida alcohólica). *A las siete de la mañana se había ido para su departamento, muy tomado* [C]. ► *BORRACHO.

tomador, ra. m. y f. *Der.* Persona que contrata un seguro. *La póliza cubre a todos los miembros de la familia del tomador.*

tomadura. ~ **de pelo.** f. coloq. Burla. *El arte conceptual le parece una tomadura de pelo.*

tomar. tr. **1.** Coger (algo o a alguien) con la mano o con otra cosa. *Tomó al bebé de la cuna y lo abrazó. Tome una carta y enséñesela al público. Los campistas toman agua de la fuente con cubos.* **2.** Introducir en el cuerpo (algo, espec. un alimento o una bebida) a través de la boca. *De cena tomaremos sopa. Toma pastillas para dormir.* Frec. con un pron. expresivo de interés. *Si tienes sed, tómate un vaso de agua.* **3.** Aceptar (algo o a alguien). *Toma mi consejo y sigue estudiando. Tomó por esposa a una de las hermanas.* A veces con un pron. expresivo de interés. *Los empresarios no se han tomado nada bien el anuncio del Gobierno.* **4.** Pasar a tener (algo, espec. una sensación o una costumbre). *Conviene tomar el hábito de ducharse diariamente. Les ha tomado asco a las lentejas. Toma fuerza la teoría de una conspiración.* **5.** Pasar a tener (algo, espec. una característica o cualidad) mediante copia o imitación. *Colombia toma su nombre* DE *Colón, descubridor del Nuevo Mundo. Su estilo, tomado en buena medida* DE *Borges, es aparentemente sencillo.* **6.** Pasar a tener (algo) mediante alquiler o préstamo. *Tomó un piso en el casco viejo. Se pueden tomar libros de la biblioteca y devolverlos en el plazo fijado.* **7.** Pasar a realizar (una acción). *Si vas sola por la noche, toma precauciones. El jurado toma la decisión de dejar el premio desierto.* **8.** Pasar a controlar por la fuerza (un lugar, territorio o edificio). *Las tropas enemigas tomaron la ciudad. La policía había tomado el aeropuerto.* **9.** Hacer uso (de algo). *Tras tomar un descanso, seguimos caminando. Estoy pensando en tomar unas vacaciones.* Frec. con un pron. expresivo de interés. *Tómese su tiempo antes de responder.* **10.** Utilizar (un medio de transporte público). *Para ir a la estación es mejor que tomes un taxi. Llegaron a la isla tomando primero un avión y después un barco.* **11.** Recoger información (sobre algo). *Coge su muñeca y le toma el pulso. Me tomaron la temperatura con un termómetro. Un policía toma sus datos.* **12.** Entender o interpretar (algo) de determinada manera. *Nadie toma en serio sus amenazas.* Frec. con un pron. expresivo de interés. *No sé si tomarme eso de "jamona" como un insulto o como un piropo.* **13.** Considerar equivocadamente que (alguien o algo) son determinada cosa o tienen determinadas características. *Don Quijote tomaba los molinos* POR *gigantes. Procura que no te tomen* POR *tonto.* **14.** Exponerse a los efectos (del sol o del aire). *Pasamos la mañana tumbados tomando el sol. Esto está muy cargado; voy a tomar el aire.* **15.** Hacer (una fotografía o filmación). *En el interior del museo está prohibido tomar fotos.* **16.** Hacer una fotografía o filmación (de algo). *Tomaron la escena de la persecución con la cámara al hombro.* **17.** Empezar a seguir (una dirección o un camino). *Siga recto y tome la segunda bocacalle a la derecha.* ○ intr. **18.** Empezar a seguir una dirección o un camino. *Al llegar a la esquina, tomó* POR/HACIA *la izquierda. Tome recto* POR *esta calle y se encontrará con la farmacia.* **19.** Am. Beber una bebida alcohólica. *Yo no me sentía borracho, ni que hubiera tomado tanto* [C]. *Chocan los vasos y toman sin decir nada más* [C]. ○ intr. prnl. **20.** Sufrir la voz falta de claridad o sonoridad, por alguna afección de garganta. *Cuando se resfría, se le toma la voz. Me pasé dos días moqueando y con la voz tomada.* ■ **toma y daca.** m. Intercambio de cosas. *De los mercadillos le gustaba el regateo, ese toma y daca de ofertas y contraofertas.* □ **toma.** interj. **1.** Se usa para expresar que lo dicho no es ninguna novedad o es evidente. *–Mira, le gusta el helado. –¡Toma, claro! ¡Como a todos los niños! –¿De dónde sacará el dinero? –¡Toma! ¡Pues de sus padres!* **2.** Se usa para resaltar la consecuencia negativa de algo. *¿No querías ir de vacaciones con tus amigos? Pues ¡toma! Ya le avisaron que era una carrera muy dura; no hizo caso, y ahora ¡toma!, siete suspensos.* ■ **~la** (con alguien o algo). loc. v. coloq. Convertir(los) en objeto de antipatía o aversión. *La prensa del corazón la tomó* CON *ella por negarse a conceder entrevistas.* ► **2:** INGERIR. **19:** BEBER.

tomatazo. m. Golpe dado con un tomate. *Los pobres cómicos salen del escenario entre abucheos y tomatazos.*

tomate. m. **1.** Fruto de la tomatera, comestible, de forma redondeada, rojizo y jugoso, con muchas semillas en su interior. *Pide una ensalada de tomate y lechuga. De primero, tenemos macarrones con salsa de tomate.* Tb. su planta (→ **tomatera**). *Los tomates han crecido mucho.* **2.** coloq. Agujero en una prenda de punto, espec. un calcetín o unas medias. *Llevaba los calcetines viejos y llenos de tomates.* **3.** coloq. Lío (situación confusa, gralm. ruidosa). *En la hora punta siempre se arma un buen tomate.* **4.** coloq. Intriga (actividad oculta). *Aquí hay tomate, no lo dudes.* ■ **como un ~.** loc. adv. coloq. Con un color rojo intenso en la piel, gralm. por vergüenza. *Se puso como un tomate cuando le dije que lo sabía todo. De tanto moquear tiene la nariz como un tomate.*

tomatera. f. Hortaliza de tallos ramosos y frágiles, cuyo fruto es el tomate. *Tiene las tomateras sujetas con tutores.* ► TOMATE.

tomavistas. m. Cámara cinematográfica pequeña y portátil. *El padrino filmaba imágenes de la boda con un tomavistas.*

tómbola. f. Sorteo público de objetos diversos mediante papeletas o boletos numerados, gralm. como negocio de feria o con fines benéficos. *Los beneficios de la tómbola anual de la parroquia van directamente al orfanato.* Tb. el puesto o el local donde se realiza. *Cerca del tiovivo, voceaba el dueño de la tómbola: "¡Jueguen, señores; siempre toca!".* ► RIFA.

tómbolo. m. *Geogr.* Porción estrecha y arenosa de tierra, que une dos islas o una isla con la costa. *Peñíscola está enclavada en un promontorio rocoso unido a la Península por un tómbolo.* ► ISTMO.

tomillar. m. Lugar poblado de tomillo. *En la Alcarria abundan los tomillares.*

tomillo. m. Planta siempre verde, muy aromática, de hojas pequeñas y flores blancas o rosáceas. *El tomillo es un excelente condimento para las carnes.*

tomismo. m. *Fil.* Doctrina filosófica y teológica, de inspiración aristotélica, creada por Santo Tomás de Aquino (teólogo italiano, 1225-1274). *La esencia del tomismo se halla expuesta en la "Summa theologicae" de Santo Tomás.*

tomista. adj. **1.** *Fil.* Del tomismo. *Doctrina tomista.* **2.** *Fil.* Seguidor del tomismo. *Filósofo tomista.* Dicho de pers., tb. m. y f.

tomo. m. Cada una de las partes de una obra escrita extensa, que tienen su propia paginación y están gralm. encuadernadas por separado. *La editorial ha publicado un diccionario enciclopédico en dos tomos.* ■ **de ~ y lomo.** loc. adj. coloq. Muy grande o extraordinario. *Eres una mentirosa de tomo y lomo.*

tomografía. f. *tecn.* Técnica de exploración, espec. radiológica, que permite obtener imágenes de un corte o plano concreto de un cuerpo. *La tomografía sísmica puede ofrecer imágenes de la estructura del manto terrestre.* Se usa espec. en medicina. *La tomografía axial computarizada es muy útil en la detección de tumores.*

ton. sin ~ ni son. loc. adv. coloq. Sin motivo o causa. *¿Por qué regañas a tu hermano así, sin ton ni son?*

tonada. f. Canción de carácter popular. *Un marinero canta una triste tonada al son de su concertina.* Tb. su música. *La banda tocó una conocida tonada valenciana.*

tonadilla. f. Canción popular española de tono ligero y gralm. alegre. *Mientras pasea va canturreando una tonadilla.*

tonadillero, ra. m. y f. Persona que canta o compone tonadillas. *En el café-teatro triunfaban cupletistas y tonadilleras.*

tonal. adj. Del tono o la tonalidad. *En la gama tonal de la foto predominan los rojos y anaranjados.* Se usa espec. en música. *En el siglo XX se produce la quiebra del concepto clásico de armonía tonal.*

tonalidad. f. **1.** Conjunto de tonos y colores. *Es un cuadro con una tonalidad ocre, pero lleno de matices.* **2.** *Mús.* Sistema de sonidos organizado de acuerdo con el predominio de un tono o una nota. *La pieza está compuesta en una tonalidad de re menor.*

tonante. adj. cult. Que truena. *Júpiter tonante.* Tb. fig. *Con voz tonante el párroco exhortaba a sus fieles al arrepentimiento.*

tonel. m. **1.** Cuba. *En la bodega conservan el vino en toneles de roble.* **2.** coloq. Persona muy gorda. *Casi me espachurra un tonel que se sentó a mi lado.*

tonelada. f. **1.** Unidad de peso que equivale a 1000 kg (Símb. *t*). *Los dinosaurios podían pesar varias toneladas.* Tb. *~ métrica. El peso de la mercancía viene expresado en toneladas métricas.* Tb. fig. *Este armario pesa una tonelada.* **2.** *Mar.* Unidad de capacidad que equivale a 2,83 m^3. Tb. *~ de arqueo.*

tonelaje. m. Capacidad de una embarcación, o de un conjunto de buques mercantes, medida en toneladas. *El puerto tiene espacio para buques de gran tonelaje.*

tonelero, ra. adj. **1.** Del tonel. *La industria tonelera está ligada a la vitivinicultura.* ● m. y f. **2.** Persona que tiene por oficio hacer toneles. *Las barricas de roble son obra de un buen tonelero.*

tóner. m. Pigmento en polvo utilizado para la reproducción de imágenes y caracteres en algunas fotocopiadoras e impresoras. *Hay que cambiar ya el cartucho del tóner de la impresora. Las impresoras por láser no llevan tóner.*

tongo. m. En una competición deportiva: Trampa que consiste en que uno de los competidores se deja ganar. *El boxeador fue acusado de tongo.* Tb. fig. *La oposición dice que ha habido tongo en el recuento de votos.*

tónica. → **tónico.**

tonicidad. f. *Fisiol.* Grado normal de tensión de un órgano, espec. de un músculo. *El ejercicio físico favorece la tonicidad muscular.*

tónico, ca. adj. **1.** Que tonifica el organismo o es reconstituyente. *Nuestras cápsulas tienen un efecto tónico y estimulante. Una copita de vino tónico te vendrá muy bien.* Dicho de sustancia o medicamento, tb. m. *Ante la súbita bajada de pulso, se administró al paciente un tónico cardíaco.* **2.** *Fon.* Dicho de vocal, sílaba o palabra: Que se pronuncia con acento. *En las palabras llanas la sílaba tónica es la penúltima. Pronombres tónicos.* ● m. **3.** Cosmético que tonifica una parte del cuerpo, como el pelo o el cutis. *Como se le cae el pelo, se da un tónico capilar. Después de desmaquillarse, aplíquese un tónico.* ● f. **4.** Característica o tendencia generales que predominan en algo. *La falta de acuerdo ha sido la tónica de las negociaciones.* **5.** Agua tónica (→ **agua**). *Suele beber ginebra con tónica.* **6.** *Mús.* Nota que corresponde al primer grado de la escala y constituye el sonido fundamental de esta. *El do es la tónica en la escala de do mayor.*

tonificación. f. Hecho de tonificar. *El ejercicio es fundamental para la tonificación de los músculos.*

tonificante. adj. Que tonifica. *Una taza de té caliente siempre resulta tonificante. En la playa sopla la tonificante brisa del Mediterráneo. La loción contiene esencias vegetales de propiedades tonificantes.* Tb. m. *Una ducha de agua tibia puede ser un perfecto tonificante muscular.*

tonificar. tr. Fortalecer o vigorizar (a alguien o una parte del cuerpo, como los músculos o los nervios). *Un rato de natación relaja y tonifica los músculos. Tómate una manzanilla; eso te tonificará.* Tb. usado en constr. intr. *Un caldo caliente tonifica.* ▶ ENTONAR.

tonillo. m. **1.** Tono irónico o burlón. *No me gusta nada el tonillo con que me saludó.* **2.** Entonación o acento propios de un lugar o un grupo de personas. *Habla con el inconfundible tonillo aragonés. El humorista imitaba el tonillo del famoso presentador.* ▶ **1:** SONIQUETE. **2:** *DEJE.

tono. m. **1.** Cualidad del sonido, que depende de su frecuencia o número de vibraciones por segundo, que permite ordenarlo de grave a agudo. *De pronto se oyó una sirena de tono muy agudo.* **2.** Manera de modular la voz o de decir algo, que denota una actitud o un estado de ánimo del que habla. *Con tono fúnebre, el portavoz reconoció el fracaso electoral de su partido.* Tb. designa el volumen de una voz o de algunos sonidos. *¡Baja el tono, que te van a oír!* **3.** Señal acústica que suena en el auricular del teléfono, y que sirve para indicar que hay línea. *Espere el tono y después marque.* **4.** Carácter o tendencia que predominan en algo, espec. en una obra artística o un acto social. *La poesía de Bécquer posee un tono melancólico. La reunión tuvo un tono reivindicativo.* **5.** Grado de color. *Para la temporada de primavera se llevarán los tonos claros.* **6.** Grado de tensión de una discusión. *La pelea fue subiendo de tono y hubo que llamar a la policía.* **7.** Grado de obscenidad de algo, espec. un chiste o una expresión. *Los chistes fueron subiendo de tono, así que acostaron a los niños. La película tiene un par de escenas subidas de tono.* **8.** *Fisiol.* Tensión normal de un tejido o un órgano, espec. un músculo. *La natación ayuda a mantener el tono muscular.* **9.** *Mús.* Intervalo o distancia que hay entre una nota y su inmediata en la escala, excepto entre el mi y el fa, y el si y el do. *Entre el do y el mi hay dos tonos.* **10.** *Ling.* En algunas lenguas: Tono (→ 1) de la sílaba o entonación de la palabra, cuya variación determina el significado del vocablo. *En chino, el significado de una palabra varía, si se cambia el tono con que se pronuncia.* ■ **a ~.** loc. adv. **1.** En armonía. *Se vistió a tono* CON *la ocasión.* Tb. loc. adj. *Se llevan los vestidos estampados con bolso y zapatos a tono.* **2.** En buen estado, o en el estado deseable. *Necesitas entrenarte más para ponerte a tono.* ■ **darse ~.** loc. v. Darse importancia o presumir vanamente. *Le gusta sacar a relucir a sus títulos para darse tono.* ■ **de buen** (o **mal**) **~.** loc. adj. Que es (o no) elegante y de buen gusto. *Se deja ver por lugares de buen tono. Sería de mal tono llegar tarde a la fiesta.* ■ **fuera de ~.** loc. adj. Inoportuno o inapropiado. *Tuvo un comportamiento fuera de tono.* ▶ **1:** ALTURA. **2:** ENTONACIÓN.

tonsura. f. **1.** *Rel.* Hecho o efecto de tonsurar. *El obispo efectuará una ceremonia de tonsura. Recibió la tonsura muy joven.* **2.** *Rel.* Porción tonsurada, gralm. circular, de la cabeza. *Los eclesiásticos suelen tapar su tonsura con el solideo.* ▶ **2:** CORONILLA.

tonsurar. tr. *Rel.* Cortar (a un hombre) el cabello de la coronilla, como símbolo de que se le confiere el grado preparatorio para recibir las órdenes sacerdotales menores. *El barbero tonsuró a los nuevos monjes.*

tontada. f. Tontería (hecho o dicho tontos, o cosa de poca importancia). *El profesor les dijo que no quería ver ni una tontada más en clase. Para de decir tontadas, que pareces una cría.* ▶ *TONTERÍA.

tontaina. m. y f. coloq. Persona tonta. *Su novio es un tontaina de mucho cuidado.* Tb. adj.

tontear. intr. **1.** Hacer o decir tonterías. *Solo estoy tonteando con las teclas, porque no sé tocar el piano.* **2.** coloq. Coquetear. *Salieron a tomar una copa y empezaron a tontear. Tontea* CON *los más guapos de clase.*

tontería. f. **1.** Cualidad de tonto. *Su inocencia raya a veces en la tontería. Estos niños lo que tienen es mucha tontería.* **2.** Hecho o dicho tontos. *Sería una tontería quedarse en casa con el día tan bueno que hace. No dice más que tonterías.* **3.** Cosa de poca importancia. *Le regalaremos alguna tontería para su cumpleaños.* ▶ **1:** ESTUPIDEZ, IDIOTEZ, IMBECILIDAD, MEMEZ, NECEDAD, SIMPLEZA. **2:** ESTUPIDEZ, IDIOTEZ, IMBECILIDAD, MAJADERÍA, MEMEZ, NECEDAD, BOBADA, BOBERÍA, SANDEZ, SIMPLEZA, TONTADA, TONTUNA. **3:** *NIMIEDAD. ‖ **Am: 2:** COJUDEZ.

tonto, ta. adj. **1.** Dicho de persona: De corto entendimiento. *Era un poco tonta y, por más que se lo explicaba, no se enteraba.* Frec. se usa como insulto. *¡Tú eres tonto, chaval!* Tb. m. y f. *Hasta un tonto sabe eso.* **2.** Propio de la persona tonta (→ 1). *Hace unos comentarios tan tontos que no merecen atención.* **3.** coloq. Dicho de persona: Que padece una deficiencia mental. *Tuvo un hijo tonto.* Tb. m. y f. *El tonto del pueblo siempre iba a recibir al coche de línea.* **4.** coloq. Que carece de sentido o de motivo. *Muchos descubrimientos se realizan de la forma más tonta. De pronto, y sin venir a cuento, le entró una risa tonta.* **5.** coloq. Dicho de persona: Pesada o molesta. Frec. con *ponerse*. *Los críos se ponen muy tontos cuando están cansados.* **6.** coloq. Presumido o vanidoso. *Es una tonta y una creída. Cuando se pone tonta no hay quien la soporte.* ■ **a lo tonto.** loc. adv. coloq. De manera imperceptible o disimulada. *Fue ahorrando y, a lo tonto, terminó comprándose una casa. A lo tonto, fue ganándose su confianza y heredó sus millones.* ■ **a tontas y a locas.** loc. adv. coloq. Sin reflexionar, o sin ningún sentido. *No es conveniente invertir en bolsa a tontas y a locas; asesórese de un experto.* ■ **hacer el tonto.** loc. v. coloq. Hacer o decir tonterías. *¡Deja ya de hacer el tonto y ponte a trabajar!* ■ **hacerse el ~.** loc. v. coloq. Fingir no darse cuenta de lo que no interesa. *¡No te hagas el tonto, que te he visto meter la mano en el monedero! Me vio, pero se hizo la tonta.* ▶ **1:** ABOBADO, ALELADO, ATONTADO, BOBO, CRETINO, ESTÚPIDO, IDIOTA, IMBÉCIL, MAJADERO, MEMO, MENTECATO, NECIO, SIMPLE, TARADO, ZOTE. **2:** ABOBADO, ESTÚPIDO, IDIOTA, IMBÉCIL, NECIO. ‖ **frecAm: 1:** SONSO, ZONZO.

tontorrón, na. adj. coloq. Tonto. *En la obra hace el papel de marido ingenuo y tontorrón.* Dicho de pers., tb. m. y f. *La tontorrona no fue capaz de acertar ni una sola de las preguntas.*

tontuna. f. Tontería (dicho o hecho tontos). *¡Déjate de tontunas y ponte a trabajar!*

top. (pl. **tops**). m. Prenda de vestir femenina, gralm. ajustada y sin mangas, que cubre el pecho y llega como mucho a la cintura. *Para hacer aeróbic se pone unas mallas y un top.*

topacio. m. Piedra fina, muy dura y de color amarillo, apreciada en joyería. *En la corona hay un enorme topacio incrustado.*

topadora. f. **1.** Am. Pala mecánica, acoplada en la parte delantera de un tractor de oruga, que se emplea en tareas de desmonte y nivelación de terrenos. *Es común utilizar para esparcir y compactar la tierra tractores tipo oruga con topadora* [C]. **2.** Am. Tractor de oruga provisto de una topadora (→ 1). *La ley ha venido a complicarles la vida a los que poseen tractores y topadoras* [C].

topar. intr. **1.** Tropezar o chocar con alguien o algo. *Da marcha atrás hasta que topes* CON *el bordillo. La ventana debe de topar* EN *algo, porque no se abre bien.* Tb. fig. *Toparon* CON *muchos problemas para comprarse una casa.* Tb. prnl. *Al dar la vuelta a la esquina nos topamos* CON *un hombre que corría. Al llegar al apartamento se toparon* CON *que no había luz.* **2.** Encontrar algo o a alguien por casualidad. *Haciendo investigaciones sobre radiactividad toparon* CON *un nuevo elemento químico.* Tb. prnl. *Me he topado* CON *él en el mercado.* **3.** Golpear un animal con cuernos algo o a alguien con la cabeza. *El toro topó* CONTRA *las tablas y las astilló.* ○ tr. **4.** Tropezar o chocar (con alguien o algo). *Al aparcar, han topado una farola con el coche.* **5.** Encontrar (algo o a alguien) por casualidad. *Paseando por el campo topó a un pastor con su rebaño.* **6.** Golpear un animal con cuernos (algo o a alguien) con la cabeza. *La vaquilla nos topaba cada vez que nos acercábamos a ella.*

tope. m. **1.** Pieza que sirve para impedir que el movimiento de un objeto o un mecanismo pase de cierto punto. *Si no quieres que el picaporte te estropee la pared, pon un tope detrás de la puerta.* **2.** Pieza situada en el extremo de un vagón o una locomotora para amortiguar choques, o en el extremo de una vía férrea para detener un tren. *Los viejos vagones tenían topes dorados y carrocería de madera.* **3.** Extremo o límite al que puede llegar algo o alguien. *Hay un tope de edad para presentarse al concurso de belleza. Aún no ha alcanzado su tope como velocista.* Frec. en aposición. *La fecha tope para entregar la solicitud es el tres de mayo.* ■ **a ~.** loc. adv. **1.** coloq. Al máximo de capacidad. *Los autobuses van a tope a esta hora. La piscina se puso a tope* DE *gente.* Tb. loc. adj. *Trajo una bandeja llena de vasos a tope* DE *cerveza.* **2.** coloq. Hasta el límite de las fuerzas o posibilidades. *Para clasificarse, el equipo deberá jugar a tope.* Frec. en lenguaje juvenil. *En la excursión nos vamos a divertir a tope.* ■ **hasta los ~s.** loc. adv. coloq. Al máximo de capacidad. *El estadio se llenó hasta los topes. Tenía varios cajones llenos hasta los topes* DE *fotografías.* ▶ **3:** *LÍMITE.

topera. f. Madriguera de un topo. *Hay varias toperas en el huerto.*

topetazo. m. Golpe dado por una persona, animal o cosa al topar. *El torero recibió un fuerte topetazo del toro. Se ha dado un topetazo con el techo de la buhardilla.*

tópico, ca. adj. **1.** Del tópico (→ 3, 4). *La pereza del funcionario es una idea tópica y, en la mayoría de los casos, injusta. La antigua retórica ofrece un catálogo de fórmulas tópicas para el discurso.* **2.** *Med.* Que se administra o se realiza externamente sobre una parte del cuerpo. *Muchas afecciones cutáneas se tratan con corticoides tópicos. Este es un medicamento de uso tópico y su ingestión puede provocar intoxicación grave.* ● m. **3.** Expresión o idea muy comunes y carentes de originalidad. *Sus canciones están llenas de tópicos sobre el amor.* **4.** *Lit.* Tema o modo de expresión con esquema fijo, que proceden gralm. de la antigua retórica y se repiten a menudo en distintas obras o autores. *El "locus amoenus" es uno de los tópicos más utilizados por Garcilaso.* ▶ **3:** CLICHÉ, CLISÉ.

topless o ***top-less.*** (pal. ingl.; pronunc. "tóplés"). m. **1.** Práctica femenina de dejar los pechos al aire. *En la piscina está permitido el* topless. Frec. designando ese modo de ir vestida, y en la constr. *en ~*. *Paseaban en* top-less *por la playa.* **2.** Local de espectáculos donde las empleadas trabajan en *topless* (→ 1). *Celebró su despedida de soltero en un* topless. ¶ [Adaptación recomendada: *toples*, pl. invar.].

top-model. (pal. ingl.; pronunc. "tóp-módel"). m. y f. Modelo de alta costura muy cotizado. Gralm. designa a mujer. *En la pasarela ha desfilado una* top-model *alemana.* ¶ [Equivalente recomendado: *supermodelo*].

topo[1]. m. **1.** Mamífero del tamaño de un ratón, de pelaje negruzco, ojos diminutos y fuertes patas con las que excava galerías subterráneas. *El topo hembra.* **2.** Persona que se infiltra en una organización y actúa al servicio de otros. *Los jefes mafiosos sospechan que hay un topo en la organización.* **3.** coloq. Persona corta de vista. *A los topos como tú no deberían darles el permiso de conducir.*

topo[2]. m. Dibujo con forma de lunar en una tela o un papel. *El payaso lleva una enorme pajarita con topos amarillos.*

topografía. f. **1.** Técnica de describir y delinear con detalle la superficie de un terreno. *Los mapas a escala 1/500 son habituales en topografía y urbanismo.* **2.** Conjunto de rasgos que configuran la superficie de un terreno. *En estas fotos se aprecia la abrupta topografía cantábrica.*

topográfico, ca. adj. De la topografía. *Antes de empezar las obras del túnel, hay que realizar un estudio topográfico de la zona. Las condiciones topográficas del embalse impiden que se use como lugar de ocio.*

topógrafo, fa. m. y f. Especialista o titulado en topografía. *El informe de los topógrafos no era favorable a la construcción del puente.* ▶ AGRIMENSOR.

topología. f. *Mat.* Parte de las matemáticas que estudia las propiedades de las figuras geométricas con independencia de cualquier alteración en su forma o tamaño. *La topología es una de las ramas más importantes de las matemáticas contemporáneas.*

topológico, ca. adj. *Mat.* De la topología. *Problema topológico.*

toponimia. f. **1.** Estudio del origen y significado de los nombres propios de lugar. *Ha publicado varios trabajos de toponimia.* **2.** Conjunto de los nombres propios de un lugar. *La influencia árabe es patente en la toponimia española.*

toponímico, ca. adj. **1.** De la toponimia. *El atlas incluye un glosario de términos geográficos y un índice toponímico.* ● m. **2.** Topónimo. *Los romanos acuñaron el toponímico "Hispania" para referirse a la Península Ibérica.*

topónimo. m. Nombre propio de lugar. *Muchas veces los topónimos incluyen nombres de santos, por ejemplo: San Luis Potosí.* ▶ TOPONÍMICO.

toque. m. **1.** Hecho o efecto de tocar con una parte del cuerpo, espec. la mano, o con un objeto. *El golfista introdujo la bola en el hoyo con un suave toque.* **2.** Sonido producido por una campana u otro instrumento para dar un aviso o una orden. *Toque de difuntos. Toque de diana.* **3.** Indicación o advertencia que recibe alguien. *Hicieron falta varios toques para que nos hicieran caso.* Tb. *~ de atención. El jefe de estudios le ha dado varios toques de atención por su impuntualidad.* **4.** Aplicación de una sustancia, espec. un medicamento. *Con unos toques de maquillaje queda fantástica.* **5.** Pincelada ligera. *Vistas de cerca, las hojas eran toques puntuales de verde.* Tb. fig. *La presencia del aristócrata confería un toque de distinción a la fiesta.* **6.** Golpe, gralm. leve. *En el atasco me di un toque con otro coche.* ■ **~ de queda.** m. Medida excepcional tomada por una autoridad gubernativa, por la que se prohíbe estar en la calle a determinadas horas, gralm. nocturnas. *Los militares tomaron la capital y decretaron el toque de queda.* Tb. la campanada o sonido con que se anuncia la hora en que debe cumplirse esa prohibición. *A las doce sonaba el toque de queda.* ■ **último ~.** m. Pequeña corrección o añadido que se hacen a algo ya acabado para perfeccionarlo. *Una pizca de pimentón es el último toque para completar unas buenas lentejas.* Frec. con *dar* y en pl. *Se están dando los últimos toques al estadio.*

toquetear. tr. **1.** Tocar repetidamente (algo) con la mano. *El frutero se queja de que los clientes toqueteen el género.* **2.** Tocar repetidamente (a alguien o una parte de su cuerpo) con la mano, gralm. por deseo sexual. *Lo detuvieron por toquetear las nalgas a una señora en el autobús. Unos granujas toqueteaban al herido en busca de su cartera.* ▶ **1:** *SOBAR.

toqueteo. m. Hecho de toquetear. *Los libros del puesto están ajados de tanto toqueteo. Rápidamente pasaron del flirteo al toqueteo.*

toquilla. f. Prenda de punto con que se cubren las mujeres los hombros o con que se tapa a un bebé. *La abuela se sentaba frente a la lumbre con su toquilla puesta. Si sacas al niño del cochecito, envuélvelo en su toquilla.*

tora. (Frec. en mayúsc.). f. Ley de los judíos. *El buen judío obedece la tora.*

torácico, ca. adj. Del tórax. *Los pulmones se hallan en la cavidad torácica.* ▶ PECTORAL.

tórax. (pl. invar.). m. **1.** En el hombre y otros vertebrados: Parte del cuerpo que ocupa el espacio entre el cuello y el abdomen. *El herido presenta una herida por arma blanca en el tórax.* Tb. la cavidad interna correspondiente. *La pleura recubre las paredes del tórax.* **2.** *Zool.* En un insecto: Parte central de las tres en que se divide su cuerpo. *Las patas y las alas de los insectos están situadas en el tórax.* ▶ **1:** PECHO.

torbellino. m. **1.** Remolino, espec. de aire. *Un torbellino ha llenado la piscina de hojas. Se levantó un torbellino de polvo. La aspas del buque van creando un torbellino de agua.* Tb. fig. *Se debate en medio de un torbellino de sentimientos contradictorios.* **2.** coloq. Persona muy inquieta o que hace las cosas atropelladamente. *El niño es un torbellino que trae de cabeza a sus padres.* ▶ **1:** REMOLINO.

torca. f. *Geol.* Depresión circular y pronunciada, producida por hundimiento de la superficie del terreno al disolverse la roca situada debajo. *La torca de Rebecos tiene una profundidad de más de mil doscientos metros.*

torcedura. f. Hecho o efecto de torcer o torcerse, espec. una parte del cuerpo. *Los zapatos bajos evitan esguinces y torceduras.*

torcer. (conjug. MOVER). tr. **1.** Cambiar la posición, dirección u orientación normales o habituales (de alguien o algo). *Alguien al pasar ha torcido el cuadro.* Tb. en constr. prnl. media. *Se te ha torcido la corbata.* **2.** Mover bruscamente (una parte del cuerpo, espec. un miembro) hacia una posición antinatural. *Se torció la muñeca jugando al tenis.* Tb. en constr. prnl. media. *Cuando se tuerce un tobillo, hay que ponerle hielo para que no se hinche.* **3.** Dar vueltas (a algo) sobre sí mismo para que tome forma helicoidal. *Tuerce un poco la punta del hilo para enhebrar la aguja.* **4.** Tergiversar (algo). *Se queja de que la prensa siempre tuerce sus declaraciones.* ○ intr. **5.** Cambiar de dirección. *Al pasar el semáforo, tuerza* A *la derecha.* ○ intr. prnl. **6.** Ir o marchar mal algo. *Si nada se tuerce, terminará la tesis el año que viene.* **7.** Desviarse del comportamiento correcto. *Aunque era un hombre honrado, se torció por las malas compañías.* ▶ **4:** TERGIVERSAR. **5:** VOLVER. || **Am: 5:** VOLTEAR.

torcido, da. part. **1.** → **torcer.** ● adj. **2.** Que no está recto o derecho. *Una manada de renos de astas torcidas cruza el campo nevado. Tiene la nariz un poco torcida. Camina con la espalda torcida.* **3.** Dicho de persona: Que tiene malicia o mala intención. *Al asustado campesino, la gente de la ciudad le pareció torcida y agresiva.* **4.** Dicho de cosa: Propia de la persona torcida (→ 3). *Tiene torcidas intenciones.* ▶ **3:** *RETORCIDO. || **Am: 2:** CHUECO.

tórculo. m. *tecn.* Prensa, espec. la que se emplea para estampar grabados en cobre, acero u otro metal. *El buen manejo del tórculo es esencial en el proceso de grabado.*

tordo, da. adj. **1.** Dicho de caballería: Que tiene el pelo mezclado de negro y blanco. *Va montado en una hermosa yegua torda.* Tb. m. y f. *El rejoneador hace el paseíllo a lomos de un tordo.* ● m. **2.** Pájaro de cuerpo robusto, pico negro, y plumaje pardo por encima, y blanquecino con motas pardas por debajo. *Un grupo de tordos está posado en los cables del tendido eléctrico.* Tb. designa específicamente al macho. *El grabado representa a un tordo junto a su hembra.* ○ f. **3.** Hembra del tordo (→ 2).

toreador. m. Torero. Frec. despect. o humoríst. *Currillo no llegó más que a toreador de vaquillas en plazas de pueblo.*

torear. tr. **1.** Luchar (con un toro) incitándo(lo) y esquivando sus embestidas de acuerdo con unas reglas. *El diestro toreó dos astados de una ganadería extremeña.* Tb. usado en constr. intr. *Hoy torearán tres novilleros muy prometedores.* **2.** Entretener (a alguien) con falsas excusas o promesas. *Lleva meses toreando al casero y sin pagarle un céntimo.* **3.** Hacer frente (a un asunto o problema) con habilidad. *Hay que torear muchas dificultades para conseguir la subvención.* ▶ **1:** LIDIAR.

toreo. m. **1.** Hecho de torear toros. *El diestro salmantino ha triunfado con un toreo elegante.* **2.** Arte o técnica del toreo (→ 1). *Existe amplia bibliografía sobre el toreo.* ▶ **1:** LIDIA. **2:** TAUROMAQUIA.

torera. → **torero.**

torería. f. **1.** Conjunto de cualidades propias del buen torero. *Remata la serie con una media verónica llena de torería.* **2.** Conjunto de los toreros. *En aquella época Belmonte estaba en lo más alto del escalafón de la torería.*

torerista. adj. *Taurom.* Que da mayor importancia al torero que al toro. *Afición torerista. El sector torerista de la plaza perdonó al diestro su torpeza con la espada.* Dicho de pers., tb. m. y f. *El ganadero criticó el culto de los toreristas a las figuras del toreo.*

torero, ra. adj. **1.** Del toreo o del torero (→ 3). *La banda interpreta aires toreros. Viene de familia torera.* **2.** Que tiene características consideradas propias de un torero (→ 3), espec. la gallardía o la valentía. *Estuvo muy torero con su segundo toro. Saluda al público con gesto torero.* A veces se usa como exclamación elogiosa. *Cruza la meta entre gritos de "Torera, torera".* ● m. y f. **3.** Persona que tiene por oficio torear toros. *De mayor quiere ser torero. En el mundo de la lidia se van abriendo paso las toreras.* ○ f. **4.** Chaquetilla ceñida, gralm. sin botones, que no pasa de la cintura. *La modelo luce un conjunto muy informal con pantalón corto y torera.* ■ **saltarse** (algo) **a la torera.** loc. v. coloq. No hacer caso (de ello). *Se saltan las normas de circulación a la torera.* ▶ **3:** DIESTRO, ESPADA, LIDIADOR, MATADOR, TOREADOR.

toril. m. Sitio donde se tienen encerrados los toros que han de lidiarse. *Recibió al toro de rodillas frente a la puerta de toriles.*

torista. adj. *Taurom.* Que da mayor importancia al toro que al torero. *Afición torista. La última semana de feria se caracteriza por su línea torista.* Dicho de pers., tb. m. y f. *El segundo de la tarde fue un toro bravo que complació a los toristas.*

tormenta. f. **1.** Perturbación atmosférica violenta, con truenos, relámpagos, viento fuerte y lluvia, nieve o granizo. *Se avecina una tormenta. Una tormenta de nieve dejó aislada la comarca.* Designa tb. otras perturbaciones caracterizadas por un fuerte viento. *Una tormenta de arena impide a los soldados seguir avanzando por el desierto.* **2.** Tensión o agitación grandes en una persona o cosa. *La caída de la bolsa provoca una tormenta financiera. El padre la reñía furibundo; fuera, sus amigas esperaban a que pasara la tormenta.* **3.** Gran cantidad de algo, que se manifiesta con ímpetu o violencia. *Ha recibido una tormenta* DE *críticas por sus mentiras.* ▶ **1:** BORRASCA, TEMPESTAD, TEMPORAL.

tormento. m. **1.** Dolor corporal o psíquico infligido a una persona como castigo o para obtener de ella una confesión o una declaración. *En la cámara de torturas se daba tormento a los reos.* **2.** Dolor fuerte, espec. de tipo moral. *La familia pasó un tormento hasta que apareció su hijo.* **3.** Persona o cosa que causan tormento (→ 2). *Este niño es un tormento. Los zapatos de tacón son un tormento.* ▶ **1:** TORTURA. **2:** CALVARIO, CRUZ, TORTURA. **3:** TORTURA.

tormentoso, sa. adj. De la tormenta. *Habrá chubascos tormentosos en las Baleares. El cielo se cubre de nubes tormentosas. Tienen una tormentosa relación sentimental.* ▶ BORRASCOSO, TEMPESTUOSO.

torna. **cambiar(se), o volverse, las ~s.** loc. v. Producirse un cambio de situación en sentido opuesto al que había. *Antes los Gobiernos ignoraban al colectivo homosexual, ahora las tornas han cambiado. Aunque nos va bien, se pueden volver las tornas cualquier día.*

tornadizo, za. adj. Que cambia o varía con facilidad, espec. de opinión o creencia. *No siempre recordamos las cosas de la misma forma: la memoria es tornadiza.* Frec. despect. *El dictador era un personaje tornadizo y caprichoso.*

tornado. m. Huracán de gran violencia, que suele manifestarse como una columna de aire semejante a un embudo. *Los tornados pueden llegar a superar los 400 km/h.* ▶ *HURACÁN.

tornar. tr. **1.** cult. Hacer que (alguien o algo) pasen a determinado estado. *La soledad había tornado hosco y huraño al abuelo.* Tb. en constr. prnl. media. *Su vida se ha tornado gris y monótona.* ○ intr. **2.** cult. Regresar o volver al lugar de donde se partió. *Los refugiados tornaron* A *sus pueblos destruidos.* **3.** cult. Seguido de *a* y un infinitivo: Volver a hacer lo expresado por ese infinitivo. *Por febrero, la cigüeña torna a surcar los cielos de Castilla.*

tornasol. m. **1.** Reflejo o cambio de color que hace la luz en algo, como en una tela. *Bajo el sol relumbran los tornasoles de las capas de la guardia real. Al atardecer hay bellos tornasoles sobre las aguas del lago.* **2.** *Quím.* Materia colorante azul violácea, que sirve para reconocer el carácter ácido o básico de una disolución. *El tornasol se vuelve rojo en contacto con un ácido.*

tornasolado, da. adj. Que tiene o hace tornasoles por efecto de la luz. *Los reflejos tornasolados del agua atraían su atención. El mago lleva una túnica de terciopelo tornasolado.*

torneado¹. m. Hecho de tornear. *Tras el torneado, las piezas de cerámica se cuecen en un horno.*

torneado², da. part. **1.** → **tornear.** ● adj. **2.** Dicho de cuerpo humano o de una de sus partes: Bien formado y de suaves curvas. *Una modelo de muslos torneados posa para los estudiantes de dibujo.*

tornear. tr. Dar forma (a algo) en el torno. *El alfarero tornea las piezas con sus manos.*

torneo. m. **1.** Competición deportiva formada por series de encuentros en que los participantes se van eliminando unos a otros. *El golfista español ha ganado el torneo internacional. El club organizará un torneo de billar a tres bandas.* **2.** histór. Combate a caballo entre dos bandos de caballeros, gralm. con ocasión de una fiesta pública. *Los clásicos torneos medievales desaparecen en el siglo* XVI.

tornero, ra. m. y f. **1.** Persona que tiene por oficio trabajar con el torno. *Trabaja de tornero en una fábrica de muebles. Se ha apuntado a un curso de tornero fresador.* ○ f. **2.** Monja encargada del torno en un convento. Frec. en aposición. *La hermana tornera se encarga de recoger los paquetes que envían los familiares.*

tornillería. f. **1.** Conjunto de tornillos. *La bomba contenía varios kilos de explosivo y abundante tornillería. La arqueta está hecha con chapa y tornillería de acero inoxidable.* **2.** Fabricación de tornillos. *Trabaja de capataz en una empresa de tornillería.* Tb. la fábrica. *El proveedor es una tornillería de Bilbao.*

tornillo. m. **1.** Pieza cilíndrica, gralm. de metal, cuya superficie tiene un relieve acanalado en espiral para enroscarla. *El mueble va montado con tornillos. Metió los tornillos en las correspondientes tuercas.* **2.** *tecn.* Instrumento que permite sujetar la pieza en que se está trabajando, por medio de dos topes, uno fijo y otro móvil. *Para colocar el bastidor correctamente, utilice un tornillo.* ■ **~ de banco.** m. *tecn.* Tornillo (→ 2) en el que el tope fijo está unido al banco de trabajo. *Sujeta la pieza en un tornillo de banco para pulirla con comodidad.* □ **apretar los ~s** (a alguien). loc. v. coloq. Adoptar una actitud severa o exigente (con él). *Le están apretando los tornillos para que rinda más.* ■ **faltarle** (a alguien) **un ~,** o **tener un ~ flojo.** loc. v. coloq. Estar loco. Tb. fig. *Aunque le falte un tornillo, es buen chico. Hay que tener un tornillo flojo para comportarse así.*

torniquete. m. **1.** Instrumento que, al presionar sobre un vaso sanguíneo, permite contener la hemorragia en operaciones o heridas de las extremidades. *El herido perdía mucha sangre, así que le aplicaron un torniquete con un pañuelo y un palo.* **2.** Aparato provisto de barras giratorias para que las personas pasen de una en una a un lugar de acceso controlado. *Los aficionados hacen cola delante de los torniquetes de entrada al estadio.* ▶ **2:** TORNO.

torno. m. **1.** Máquina para mover objetos pesados, compuesta por un cilindro que gira sobre su eje y una cuerda o un cable que se van enrollando en él. *Con la ayuda de tornos, sacaron del embalse un coche.* **2.** Máquina que, mediante una rueda o un mecanismo semejante, hace que algo dé vueltas sobre sí mismo. *El alfarero hace girar con sus pies la rueda del torno. La rosca de las tuercas se consigue con un torno.* **3.** Instrumento consistente en una barra con una pieza giratoria en su extremo, utilizado por el dentista para limpiar o limar los dientes. *El dentista pule con el torno los bordes de la corona.* **4.** Torniquete (aparato para el paso de personas). *Miles de personas pasan diariamente por los tornos del metro.* **5.** Armazón circular y giratorio que se ajusta al hueco de una pared y sirve para pasar objetos de una parte a otra. *Una hermana es la encargada del torno del convento. Hemos instalado un torno entre el salón y la cocina.* ■ **en ~.** loc. adv. Alrededor. *Cuando entras en el claustro y miras en torno, te invade la calma. Cree que todo gira en torno suyo. Hay un cordón policial en torno* DE *la casa.* ■ **en ~ a.** loc. prepos. **1.** Alrededor de. *Al acto acudieron en torno a mil personas. Estaré allí en torno a las ocho.* **2.** Acerca de. *Se ha escrito mucho en torno a la figura de Cervantes.* ▶ **4:** TORNIQUETE.

toro. m. **1.** Macho adulto de la vaca, apto para la reproducción. *En el corral juntan a las vacas con los toros.* **2.** Especie de mamíferos rumiantes, de gran tamaño, con cabeza provista de cuernos curvados hacia delante, y a la que pertenecen el toro (→ 1) y la vaca. *El toro y el búfalo son especies emparentadas entre sí.* **3.** Hombre muy fuerte y robusto. *De joven, el* *abuelo era un toro.* ○ pl. **4.** Fiesta o corrida de toros (→ 1). *Es aficionado a los toros. El domingo iremos a los toros.* ■ ~ **de lidia.** m. Toro (→ 1) bravo criado para la lidia. *Su ganadería se dedica solo a los toros de lidia.* □ **a ~ pasado.** loc. adv. Una vez pasado el momento o el hecho en cuestión, espec. si es controvertido. *Es fácil criticar a toro pasado.* ■ **coger el,** o **al, ~ por los cuernos.** loc. v. Abordar dificultades directamente y con decisión. *El jefe es de los que coge el toro por los cuernos cuando hay un problema.* ■ **mirar,** o **ver, los ~s desde la barrera.** loc. v. No intervenir ni exponerse en un hecho comprometido del que se tiene conocimiento. *La población sufre una guerra civil y los demás países se limitan a ver los toros desde la barrera.* ■ **pillar el ~** (a alguien). loc. v. coloq. Faltar(le) tiempo para acabar algo. *Procura que no te pille el toro en los exámenes.* ▶ **2:** VACA.

toronja. f. frecAm. Pomelo (fruto). *El pomelo o toronja es rico en vitamina C. Marinar en el aderezo los gajos de naranja y toronja* [C]. ▶ POMELO.

torpe. adj. **1.** Que se mueve con dificultad. *La abuela está muy torpe. El pingüino, torpe en la tierra, es en cambio un ágil nadador.* **2.** Que carece de habilidad o soltura. *Como camarero es un poco torpe. ¡Qué torpe estoy, ya se me ha vuelto a caer el café!* **3.** Poco inteligente o que tarda en comprender. *Me ha tocado preparar el examen con el más torpe de la clase.* **4.** Propio de la persona o el animal torpes. *Condujo las negociaciones de manera bastante torpe. El enfermo se incorpora con movimientos torpes y temblorosos. El polluelo intenta abandonar el nido con aleteos torpes.* ▶ **1, 2:** GANSO, PATOSO, TORPÓN. **3:** TORPÓN.

torpedear. tr. **1.** Atacar (algo, espec. una embarcación) con torpedos. *Un submarino ha torpedeado los buques y las bases militares de la costa.* **2.** Hacer fracasar (algo, espec. un proyecto). *Los acusa de torpedear sus propuestas.*

torpedeo. m. Hecho de torpedear. *El torpedeo de un pesquero ha provocado un conflicto diplomático. Su plan de remodelación de la empresa fracasó por un torpedeo interno.*

torpedero, ra. adj. Dicho de embarcación: Destinada a disparar torpedos. *Una lancha torpedera ha atacado al buque.* Tb. m. *La armada ha comprado nuevos torpederos.*

torpedo. m. **1.** Proyectil submarino autopropulsado que explota al chocar contra su objetivo, gralm. una embarcación. *Varios torpedos hundieron el portaaviones.* **2.** Pez parecido a la raya, con unos órganos en la cabeza que producen descargas eléctricas. *Los torpedos tienen el cuerpo adaptado para vivir en los fondos arenosos.* Frec. *pez ~*.

torpeza. f. **1.** Cualidad de torpe. *He vuelto a derramar la leche, ¡qué torpeza la mía! Perdimos el contrato más por nuestra torpeza que por la habilidad de la competencia.* **2.** Hecho o dicho torpes. *Es una torpeza invitar a su ex novia a la boda. Su discurso estaba plagado de torpezas.*

torpón, na. adj. Torpe. *El viejo oso se mueve tambaleante y torpón. La niña es un poco torpona en matemáticas.*

torrado, da. part. **1.** → **torrar.** ● m. **2.** Garbanzo tostado. *De aperitivo nos puso un vermú y unos platitos con almendras y torrados.*

torrar. tr. Tostar (algo) al fuego, a veces en exceso. *Torra la panceta en la barbacoa con cuidado de que no se queme. ¿Te gustan los garbanzos torrados?* Tb. fig. *Los turistas vuelven torrados de la playa.*

torre. f. **1.** Edificio más alto que ancho, independiente o unido a otra construcción, que sirve gralm. para defensa u observación. *La fortaleza tiene cuatro sólidas torres. Unas cigüeñas anidaron en la torre del campanario. Desde la torre de comunicaciones se puede ver toda la ciudad.* Tb. fig. *Torres de libros se apilan en los pasillos de la biblioteca. El defensa central es una torre.* **2.** Edificio de gran altura y menor anchura. *Han construido una moderna torre destinada a oficinas.* **3.** En ajedrez: Pieza cuya forma recuerda a la de una torre (→ 1), y que se desplaza en línea recta. *El movimiento de enroque se realiza entre el rey y la torre.* **4.** En un buque acorazado: Reducto acorazado que alberga piezas de artillería. *El buque de mayor eslora tiene cinco torres de artillería.* ■ **~ de Babel.** f. Lugar en que hay gran desorden y confusión producidos por personas que no se entienden. *Muchos temen que el Parlamento Europeo se convierta en una torre de Babel.* ⇒ BABEL. ■ **~ de control.** f. En un aeropuerto: Torre (→ 1) destinada al control y la regulación del tráfico aéreo. *Para aterrizar o despegar, el avión debe pedir permiso a la torre de control.* ■ **~ del homenaje.** f. histór. Torre (→ 1) principal de un castillo, donde se hacía el juramento de defensa de la fortaleza. *Del magnífico castillo de Peñafiel destaca su elegante torre del homenaje.* ■ **~ de marfil.** f. Aislamiento e indiferencia de alguien, espec. un artista o intelectual, ante la realidad y los problemas del momento. *Quevedo, inmerso en la vida pública de su tiempo, no era un poeta encerrado en una torre de marfil.* ■ **~ vigía.** f. Atalaya. *La torre vigía está situada en un punto estratégico desde donde se dominan las murallas.*

torrefacto, ta. adj. Dicho de café: Tostado al fuego con algo de azúcar. *Los granos de café torrefacto son muy oscuros, casi negros.*

torrencial. adj. Del torrente o parecido al torrente. *En el norte caerán lluvias torrenciales.*

torrente. m. **1.** Corriente fuerte de agua, producida gralm. por intensas lluvias o por un rápido deshielo. *El fuerte temporal puede formar torrentes que dañen gravemente las cosechas. Un torrente de agua sale de la tubería rota.* **2.** Gran cantidad de personas o cosas que coinciden en un lugar o en el tiempo. *La obra ha concitado un torrente* DE *críticas adversas. Un torrente* DE *aficionados al esquí acudirá este fin de semana a las estaciones.* **3.** Flujo de la sangre por el aparato circulatorio. Más frec. *~ sanguíneo*, o *~ circulatorio. El humor acuoso pasa a través de la pupila y es absorbido por el torrente sanguíneo. Hay que evitar que el tóxico llegue al torrente circulatorio del paciente.* ■ **~ de voz.** m. Voz fuerte y sonora. *La soprano deslumbra al público con su torrente de voz.*

torrentera. f. Cauce de un torrente de agua. *El camión ha volcado y ha ido a parar a una torrentera.*

torrentoso, sa. adj. Am. Dicho de río: De curso rápido e impetuoso. *El río se torna cada vez más torrentoso* [C].

torreón. m. En un castillo o fortaleza: Torre grande de defensa. *Los ballesteros se parapetaban tras las almenas del torreón.*

torreta. f. En un buque de guerra o un tanque: Torre acorazada. *De la torreta del tanque sale una mano ondeando una bandera blanca.*

torrezno. m. Pedazo de tocino frito o para freír. *Se desayunó unos huevos fritos con torreznos.*

tórrido, da. adj. Muy ardiente o caluroso. *El mes de julio fue tórrido. Del sur llega un aire tórrido.* Tb. fig. *Un tórrido romance.*

torrija. f. Rebanada de pan empapada en vino o leche, rebozada con huevo, frita y endulzada. *Tienes que preparar el almíbar para las torrijas.*

torsión. f. *tecn.* Hecho o efecto de torcer o torcerse una cosa en forma helicoidal. *Someten la fibra de carbono a pruebas de torsión.*

torso. m. **1.** Tronco del cuerpo humano. *Cuadrillas de peones, con el torso desnudo, trabajan al borde de la carretera.* **2.** Estatua sin cabeza, brazos, ni piernas. *El ejercicio consiste en dibujar a carboncillo un torso y un busto.*

torta. f. **1.** Porción, gralm. plana y redonda, de masa de harina, cocida a fuego lento. *De postre tenemos torta de higos. Caperucita le llevó a su abuela tortas y miel.* **2.** Masa de determinadas cosas, con forma de torta (→ 1). *El alfarero coloca sobre el torno una gran torta de barro.* **3.** coloq. Bofetada (golpe en la cara). *Le ha pegado tal torta que le ha dejado la cara señalada. Se ha liado a tortas con un vecino.* Tb. fig. *En ese teatro siempre hay tortas para conseguir una entrada.* **4.** coloq. Golpe o caída fuertes. *Se han dado una torta con el coche. Desde lo alto del acantilado hay una torta impresionante.* **5.** Am. Tarta. *Uno de ellos llegaba con una torta adornada con velitas* [C]. *Torta de bodas* [C]. ■ **costar la ~ un pan.** loc. v. coloq. Resultar muy caro o costoso. *Si esperas a última hora para comprar los regalos de Reyes, te costará la torta un pan.* ■ **ni ~.** loc. s. coloq. Nada. *No sabe ni torta de español.* Tb. loc. adv. *Sin gafas no veo ni torta.* ■ **no tener** alguien **(ni) media ~.** loc. v. coloq. Ser débil, espec. para pelear. *Tiene a todos sus compañeros de clase amedrentados, ¡y eso que no tiene ni media torta!*

tortazo. m. coloq. Torta (bofetada o golpe). *La chica le pegó un tortazo. Se ha dado un tortazo con la bici.*

tortel. m. Bollo de hojaldre u otra masa, en forma de rosca. *Desayunaremos torteles rellenos de crema.*

torticero, ra. adj. Que no se ajusta a las leyes o a la razón. *Lo acusan de hacer una lectura torticera del reglamento.*

tortícolis. f. (Tb., menos frec., m.). Dolor de los músculos del cuello, que afecta al libre movimiento de la cabeza. *Se ha levantado de la siesta con tortícolis.*

tortilla. f. **1.** Plato hecho con huevo batido, y a veces otros ingredientes, cuajado con aceite en la sartén y de forma redonda o alargada. *La tortilla de patata también se conoce como tortilla española.* **2.** Am. Torta de harina de maíz, que se toma rellena o para acompañar algunas comidas. *Se ayudaba con un pedazo de tortilla* [C]. *El consumo del maíz compite con la papa, y la tortilla con el pan* [C]. *No teníamos ollas para cocer nuestra tortilla* [C]. ■ **volverse,** o **dar la vuelta, la ~.** loc. v. coloq. Producirse un cambio de situación en sentido totalmente opuesto. *Tras la derrota en París, el equipo sevillano espera que dé la vuelta la tortilla en su estadio.*

tortillera. f. coloq., despect. Lesbiana.

tortillería. f. Lugar donde se hacen o se venden tortillas. *Vamos a cenar a una tortillería. Debido a que hubo hoy escasez de harina de maíz, numerosas tortillerías laboraron con irregularidades* [C].

tórtolo, la. f. **1.** Ave silvestre parecida a la paloma pero más esbelta, de color grisáceo, con una mancha negra y blanca en el cuello, y de la cual existen varias especies. *En Extremadura abundan las tórtolas.* Tb. designa específicamente a la hembra. *La tórtola ha puesto un par de huevos.* ○ m. **2.** Macho de la tórtola. *El tórtolo arrulla a su pareja.* ○ m. pl. **3.** coloq. Pareja de enamorados. *Unos tórtolos cogidos de la mano pasean por el parque.* Frec. *tortolitos. A la puerta del cine unos tortolitos se hacen arrumacos.*

tortuga. f. Reptil de cuatro patas, provisto de caparazón óseo, del que existen varias especies terrestres o acuáticas. *La tortuga macho. Las tortugas europeas, a diferencia de los galápagos, tienen la concha muy convexa. Una tortuga marina ha desovado en la playa.*

tortuosidad. f. Cualidad de tortuoso. *Muchos conductores evitan el litoral por la tortuosidad de su carretera.*

tortuoso, sa. adj. **1.** Que tiene muchas vueltas o curvas. *A la cima se asciende por un camino tortuoso.* Tb. fig. *El proceso de extradición está siendo lento y tortuoso.* **2.** Que actúa con malicia o intenciones ocultas. *El consejero del rey era un personaje tortuoso.* **3.** Propio de la persona tortuosa (→ 2). *En el seno del partido se fraguan tortuosas maquinaciones.* ▶ **2:** *RETORCIDO.

tortura. f. **1.** Dolor corporal o psíquico infligido a una persona como castigo o para obtener de ella una confesión o una declaración. *Amnistía Internacional denuncia casos de tortura en las cárceles de varios países. En la cámara de torturas se daba tormento a los reos.* **2.** Dolor fuerte, espec. de tipo moral. *Es difícil soportar la tortura de haber perdido a un hijo.* **3.** Persona o cosa que causan tortura (→ 2). *Los alumnos de esa clase son una tortura. Esta faja es una tortura.* ▶ *TORMENTO.

torturador, ra. adj. Que tortura. *Vive sumido en un vacío torturador.* Dicho de pers., frec. m. y f. *El Tribunal Internacional pretende perseguir y encarcelar a los torturadores.*

torturar. tr. Hacer que (alguien) sufra tortura. *En las cárceles torturaban a los disidentes políticos. Nos tortura la idea de la muerte. No te tortures más pensando en lo que podrías haber hecho.*

torunda. f. *Med.* Bola de algodón o gasa, gralm. esterilizada, para curas y operaciones. *Deben limpiarse los ojos con una torunda empapada en la solución.*

torvisco. m. Arbusto de hojas en forma de lanza, con flores blancas y fruto redondeado de color rojo, y cuya corteza se utiliza para curar heridas. *Torviscos, brezos y jaras cubren la ladera.*

torvo, va. adj. Que causa terror o espanto, espec. por su fiero aspecto. *Unas torvas facciones. El jefe de la banda es un ser torvo y peligroso.*

tory. (pal. ingl.; pronunc. "tóri"). adj. *Polít.* Del partido conservador de Gran Bretaña. *Dimiten varios diputados* tories. Dicho de pers., tb. m. y f. *Los* tories *han perdido las elecciones.* ¶ [Equivalente recomendado: *conservador*].

tos. f. Emisión repentina, ruidosa y gralm. entrecortada, del aire de los pulmones. *La alergia al polen provoca tos, estornudos e irritación de los ojos. Se oyen algunas toses en las pausas del concierto.* ■ **~ ferina.** f. *Med.* Enfermedad infecciosa de las vías respiratorias, que se da espec. en la infancia y que está caracterizada por una tos fuerte y persistente. *Ante un caso de tos ferina, el médico recomendaba el aire del* *campo.* ■ ~ **perruna.** f. Tos ronca y seca. *No sé qué haces levantado, con esa tos perruna.*

toscano, na. adj. **1.** De Toscana (región de Italia). *Campiña toscana. Lengua toscana.* Dicho de pers., tb. m. y f. *El restaurante es propiedad de unos toscanos.* ● m. **2.** Lengua hablada en Toscana, base del italiano moderno.

tosco, ca. adj. **1.** Dicho de cosa: Poco o mal trabajada. *Trae el agua de la fuente en un tosco cántaro de barro.* **2.** Dicho de persona: Que tiene poca o mala educación. *Tal vez sea tosco en sus modales, pero por lo menos es franco.* **3.** Propio de la persona tosca (→ 2). *Sus modales toscos lo delatan.* ▶ **2:** *MALEDUCADO.

toser. intr. **1.** Tener o padecer tos. *Tose porque fuma mucho.* **2.** Hacer fuerza para provocar la tos. *Tose fuerte, a ver si echas la espina. Se pone a toser para disimular la risa.* ■ **~le** (a alguien). loc. v. coloq. Enfrentarse (a él) o ser capaz de ello. *Estás de tan mal humor que cualquiera te tose.* Gralm. en constr. negativas. *Nadie se atreve a toser al sargento.*

tosquedad. f. Cualidad de tosco. *La alfarería de la zona está desvalorizada por su tosquedad. Adolece de cierta tosquedad en la expresión.*

tostada. → **tostado**[2].

tostadero. m. **1.** Lugar o instalación donde se tuesta algo. *Junto a la plantación de café, una gran nave alberga el tostadero.* **2.** Lugar donde hace demasiado calor. *Este cuarto da al sur, así que en verano es un tostadero.*

tostado[1]**.** m. Hecho o efecto de tostar. *El tostador tiene un regulador del tiempo de tostado.* ▶ TUESTE.

tostado[2]**, da.** part. **1.** → **tostar.** ● adj. **2.** Dicho de color, espec. de la gama de los marrones: De tono oscuro. *En el cuadro predominan los sienas tostados.* Tb. m. *Para la primavera se llevarán los tostados, frente a los colores pálidos del año pasado.* **3.** De color tostado (→ 2). *El jefe de los bandoleros montaba un alazán tostado.* ● f. **4.** Rebanada de pan tostado (→ 1). *Desayuna café y tostadas.* ■ **olerse la tostada.** loc. v. coloq. Tener sospechas de algo malo, espec. una trampa o un peligro. *Los que se olieron la tostada sacaron su dinero del banco antes de la quiebra.*

tostador. m. Tostadora. *Mete una rebanada en el tostador.*

tostadora. f. Aparato o instrumento que sirve para tostar algo, espec. el pan. *Esta tostadora vieja quema el pan.* ▶ TOSTADOR.

tostar. (conjug. CONTAR). tr. **1.** Poner (algo) al fuego para que se deseque y tome color sin llegar a quemarse. *Yo tuesto el pan y tú haces el café.* Tb. en constr. prnl. media. *Cuando el pollo se haya tostado por arriba, dele la vuelta.* **2.** Poner de color moreno (a alguien o una parte de su cuerpo). *El sol le ha tostado la cara.* Tb. en constr. prnl. media. *Se te han tostado los brazos.*

tostón. m. **1.** Trozo pequeño de pan frito, que gralm. tiene forma de dado y se añade a sopas, cremas o purés. *De primero hay crema de calabacín con tostones.* **2.** Cochinillo asado. *La especialidad del mesón es el tostón segoviano.* **3.** coloq. Persona o cosa que aburre o molesta. *Este profe es un tostón. El partido ha sido un tostón.* **4.** coloq. Molestia que causa una persona o cosa pesada. Gralm. en la constr. *dar el ~*. *¡Ya podía el vecino dejar de dar el tostón con la flauta!*

total. adj. **1.** Que comprende todos los elementos de algo. *La cifra total de muertos en las carreteras este año es espantosa.* **2.** Absoluto o completo. *Reina un silencio total en la sala. Tengo el total convencimiento de que esta medida es necesaria.* ● m. **3.** Resultado final, espec. de una suma u operación similar. *El saldo de la cuenta arroja un total de mil euros. Han ganado por seis a cero en el total de la eliminatoria.* ● adv. **4.** En resumen o en conclusión. *Total, que después de mucho esperar, tuvimos que volvernos a casa sin las entradas.* ▶ **1:** *GENERAL. **2:** *COMPLETO.

totalidad. f. Conjunto de todas las personas o cosas que forman un grupo, o de todas las partes que forman algo. *La totalidad de los vecinos se niega a hacer la reforma. La atmósfera envuelve la totalidad del planeta.*

totalitario, ria. adj. Del totalitarismo. *Régimen totalitario. Estado totalitario.*

totalitarismo. m. Sistema político que concentra el poder en un solo grupo o partido, sin permitir la actuación de otros y ejerciendo una fuerte intervención en todos los órdenes de la vida nacional. *La ciudadanía recupera sus derechos tras una larga etapa de totalitarismo.*

totalitarista. adj. **1.** Del totalitarismo. *Ideología totalitarista.* **2.** Partidario del totalitarismo. Dicho de pers., tb. m. y f. *Los totalitaristas se oponen a la existencia de un parlamento democrático.*

totalizador, ra. adj. Que totaliza. *El libro presenta una visión global y totalizadora de la realidad.*

totalizar. tr. Hallar el total (de algo). *Ya ha sido totalizado el número de escrutinios en todos los colegios electorales.*

tótem. (pl. **tótems**). m. Animal u objeto de la naturaleza, que en algunas sociedades se toma como símbolo protector de la tribu o del individuo, y a veces como ascendiente o progenitor. *El toro era un tótem para estos pueblos primitivos.* Tb. la figura tallada o pintada que lo representa. *Una tribu de indios construyó este gran tótem vertical.* Tb. fig. *El cineasta sueco es un tótem del cine moderno.*

totémico, ca. adj. Del tótem. *Entre los indígenas americanos son habituales las esculturas y postes totémicos. Ritos totémicos.*

totemismo. m. Sistema de creencias y de organización de una tribu basado en el tótem. *La historia de las religiones estudia fenómenos como el totemismo o el chamanismo.*

totonaco, ca. adj. De una gran tribu de México, que habita hacia la costa del golfo. *Mujeres totonacas. Lengua totonaca.* Dicho de pers., tb. m. y f.

totora. f. Am. Planta americana, de tallo largo y erguido, siempre verde, que crece en terrenos muy húmedos o pantanosos, y que se usa espec. para construir cobertizos o balsas. *La casa era de barro y techo de totora* [C]. *El agua está debajo de un manto vegetal entre el cual emergen totoras y juncales* [C].

totuma. f. **1.** Am. Fruto, parecido a la calabaza, de un árbol tropical americano. *Algunas totumas son del tamaño de una naranja* [C]. **2.** Am. Recipiente hecho con la corteza de la totuma (→ 1). *Nos echábamos agua de la alberca con una totuma* [C]. Tb. su contenido. *Le dio una totuma de leche recién ordeñada* [C].

tótum revolútum. m. cult. Conjunto o mezcla de muchas cosas desordenadas. *Su discurso ha sido un tótum revolútum de ideas y propuestas.*

tour de force. (pal. fr.; pronunc. "túr-de-fórs"). m. Trabajo o esfuerzo grandes, espec. los realizados con habilidad. *Los "Episodios nacionales" de Galdós son un auténtico* tour de force *de la novela histórica.*

toxemia. f. *Med.* Presencia de toxinas en la sangre. *El crecimiento retardado del feto puede deberse a una toxemia por infección.*

toxicidad. f. Cualidad de tóxico. *No está demostrada la toxicidad de estas setas.*

tóxico, ca. adj. **1.** Que contiene veneno o produce envenenamiento. *Está prohibido el vertido de sustancias tóxicas a la ría.* Dicho de sustancia, tb. m. (→ **veneno**). *Un escape de la central nuclear liberaría una gran cantidad de tóxicos a la atmósfera.* **2.** De una sustancia tóxica (→ 1). *La ingestión de aceite adulterado tiene efectos tóxicos para el organismo.* ▶ **1:** *VENENOSO.

toxicología. f. Estudio científico de las sustancias tóxicas y de sus efectos. *Los análisis fueron realizados en la cátedra de toxicología de Farmacia.*

toxicológico, ca. adj. De la toxicología. *Trabaja en el laboratorio de un instituto toxicológico.*

toxicólogo, ga. m. y f. Especialista en toxicología. *Entre los especialistas hay un toxicólogo y un epidemiólogo.*

toxicomanía. f. Adicción a las drogas u otras sustancias afines. *El folleto habla de la drogadicción y otras toxicomanías, como el tabaquismo o el alcoholismo.* ▶ *DROGADICCIÓN.

toxicómano, na. adj. Que padece una toxicomanía. *Pueden producirse graves trastornos en los hijos de madres toxicómanas.* Tb. m. y f. *Se ha abierto un nuevo centro de rehabilitación de toxicómanos.* ▶ *DROGADICTO.

toxina. f. Sustancia tóxica producida por un ser vivo. *El ejercicio ayuda a eliminar toxinas. Hay toxinas de origen animal, vegetal o bacteriano.*

toxoplasmosis. f. *Med.* Enfermedad producida por un protozoo parásito que, contraída durante el embarazo, puede causar malformaciones fetales o el aborto. *El médico ha prescrito a la embarazada la prueba de la toxoplasmosis.*

tozudez. f. Cualidad de tozudo. *Me crispa tu tozudez.* ▶ *TERQUEDAD.

tozudo, da. adj. Terco u obstinado. *No seas tozudo; sabes de sobra que no tienes razón. El borriquillo era tozudo.* Tb. fig. *La realidad es tozuda e implacable.* ▶ *TERCO.

traba. f. **1.** Atadura que sirve para impedir el movimiento de algo, espec. de las patas de algunos animales. *Los vaqueros sujetaban la res con trabas para marcarla.* **2.** Impedimento u obstáculo. *Si empiezas a poner trabas a todo, no vamos a llegar a un acuerdo.*

trabajado, da. part. **1.** → **trabajar.** ● adj. **2.** Dicho espec. de persona: Que muestra el efecto del paso del tiempo o del exceso de trabajo. *Con la vida tan dura que ha llevado, está ya muy trabajado.* **3.** Lleno de trabajo o conseguido con mucho trabajo. *La crítica elogió la trabajada actuación de la actriz.*

trabajador, ra. adj. **1.** Dicho espec. de persona: Que trabaja. *Mujeres trabajadoras. Defiende los intereses de la clase trabajadora.* **2.** Que se aplica mucho en el trabajo. *Es una empleada muy trabajadora.* ● m. y f. **3.** Persona que tiene un trabajo retribuido. *Los trabajadores de la fábrica están en huelga.* ▶ **2:** LABORIOSO.

trabajar. intr. **1.** Ocuparse de forma continuada en una actividad que requiere un esfuerzo físico o intelectual. *Está trabajando en su tesis doctoral.* **2.** Ejercer una actividad profesional retribuida. *Empezó a trabajar cuando acabó los estudios. Trabaja como traductora en la ONU. Está trabajando* DE *jardinero.* **3.** Funcionar una cosa, espec. una máquina. *Le di una orden al ordenador y lo dejé toda la noche trabajando. En Navidad las oficinas trabajan a pleno rendimiento.* **4.** Esforzarse para conseguir algo. *Trabajamos por la paz.* **5.** Actuar algo de modo que produzca un efecto determinado. *Las defensas del organismo trabajan para vencer la enfermedad.* ○ tr. **6.** Ocuparse de forma continuada (en algo que requiere un esfuerzo). *En el pueblo ya quedan pocos que vivan de trabajar la tierra. Este curso ha trabajado mucho las Matemáticas.* Frec. con un pron. expresivo de interés. *Se ha trabajado el ascenso.* **7.** Manipular (una materia) para dar(le) forma. *En este taller trabajan muy bien el cuero.* **8.** Ejercitar (un músculo o una parte del cuerpo). *Deberías hacer flexiones para trabajar los músculos de los brazos.* **9.** Esforzarse para influir (en alguien). Más frec. con un pron. expresivo de interés. *Consigue grandes ventas porque sabe trabajarse a los clientes.* ▶ **frecAm: 1, 2:** LABORAR.

trabajera. f. coloq. Trabajo abundante y molesto. *¡Menuda trabajera nos va a dar dejar todo esto ordenado!*

trabajo. m. **1.** Hecho de trabajar. *Durante el trabajo no suele fumar.* **2.** Actividad retribuida, espec. la que se tiene como profesión u oficio. *Le encanta su trabajo, pero gana poco.* **3.** Lugar donde se realiza el trabajo (→ 2). *Voy al trabajo en metro.* **4.** Obra que es resultado del entendimiento o de la actividad humana. *El atraco ha sido un trabajo de profesionales. Su último trabajo se publicó en varias lenguas.* **5.** Tarea que hay que hacer. *No puedo salir de copas porque tengo trabajo.* **6.** Esfuerzo o molestia. Frec. con *costar* y en la constr. *tomarse el ~. ¡Cuánto trabajo cuesta criar a un hijo! No critiques el libro si no te has tomado el trabajo de leerlo.* **7.** Dificultad o impedimento para hacer algo. *Después del accidente, se movía con mucho trabajo.* **8.** Penalidad o tormento. Frec. en pl. *Siempre recuerda los trabajos que pasaron en la guerra.* **9.** *Econ.* Actividad o esfuerzo humanos aplicados a la producción de riqueza. *Según Marx, trabajo y capital son los dos factores de producción básicos.* **10.** *Fís.* Magnitud que expresa la energía transferida de un cuerpo a otro, cuando este recorre una distancia por la acción de una fuerza ejercida por aquel. *El trabajo se mide en julios.* ■ **~s forzados,** o **forzosos.** m. pl. Pena que se impone a un condenado y que consiste en realizar tareas de especial dureza física. *Cumplió treinta meses de trabajos forzados picando piedra.* ▶ **2:** CARGO, EMPLEO, OCUPACIÓN, OFICIO, PLAZA, PROFESIÓN, PUESTO. **5:** *TAREA.

trabajoso, sa. adj. Que causa o cuesta mucho trabajo o esfuerzo. *Bordar un mantel es una tarea lenta y trabajosa.* ▶ LABORIOSO.

trabalenguas. m. Palabra o conjunto de palabras difíciles de pronunciar, espec. los que se proponen como juego. *Repite este trabalenguas: "Pablito clavó un clavito, ¿qué clavito clavó Pablito?".*

trabar. tr. **1.** Unir (cosas) para dar(les) mayor fuerza o resistencia. *Improvisaron una cerca trabando palos y ramas.* **2.** Sujetar (algo o a alguien) para impedir su movimiento. *Traba las patas a la mula para que no se escape.* **3.** Espesar o dar mayor consistencia (a una salsa o una masa). *Traba la salsa añadiendo un poco de harina.* **4.** Empezar (algo, como una relación, una disputa o una conversación). *Nada más conocernos, trabamos amistad.* ○ intr. prnl. **5.** Entorpecérsele la lengua a alguien al hablar. *Estaba tan afectado que se trababa cada vez que intentaba explicarse.*

trabazón. f. Hecho o efecto de trabar algo para darle mayor resistencia o cohesión, o para impedir su movimiento. *La estabilidad de la construcción dependerá de una correcta trabazón de los componentes.*

trabilla. f. Tira pequeña cosida solo por los extremos a una prenda y que sirve para ajustarla o como adorno. *Pasa el cinturón por las trabillas del pantalón.*

trabucar. tr. **1.** Confundir (una cosa) con otra. *He trabucado una fecha* CON *otra.* **2.** Alterar la colocación o el orden correctos (de algo). *Alguien trabucó las fichas y ahora no encuentro la que necesito.* ○ intr. prnl. **3.** Equivocarse al hablar o escribir, cambiando unas palabras, sílabas o letras por otras. *Me trabuqué y dije "estupiendo" en lugar de "estupendo".*

trabucazo. m. Disparo hecho con un trabuco. *Lo mataron de un trabucazo.* Tb. la herida así producida. *El trabucazo era profundo y no dejaba de sangrar.*

trabuco. m. histór. Arma de fuego semejante a la escopeta, pero más corta y de mayor calibre. *El bandolero disparó con el trabuco.*

traca. f. Artificio de pólvora que consta de una serie de petardos colocados a lo largo de una cuerda y que estallan sucesivamente. *Las fiestas acaban con tracas y fuegos artificiales.*

trácala. f. Am. Artimaña o engaño. *Domina a su marido con sus trácalas de hechicera* [C]. ▶ *ARTIMAÑA.

tracción. f. Hecho de tirar de algo, espec. de un vehículo, para moverlo o arrastrarlo. *Antiguamente se recurría a la tracción animal para tirar del arado.* Tb. el sistema mecánico que lo produce. *Mi coche tiene tracción delantera.*

tracería. f. *Arq.* Decoración formada por combinaciones de figuras geométricas. *El artesonado del claustro tiene tracería morisca.*

tracio, cia. adj. histór. De Tracia (región de la antigua Grecia). *Mercenario tracio.* Dicho de pers., tb. m. y f. *Los tracios participaron en la guerra de Troya.*

tracto. m. *Anat.* Estructura orgánica que realiza una función de conducción. *El tracto digestivo de los mamíferos comunica la boca con el ano.*

tractor, ra. adj. **1.** De la tracción. *El tráiler se desenganchó de la cabina tractora del camión, lo que provocó el accidente.* ● m. **2.** Vehículo de motor cuyas ruedas se adhieren fuertemente al terreno, que se usa espec. en tareas agrícolas y para arrastrar remolques. *Ha comprado un tractor nuevo para arar sus tierras.*

tractorista. m. y f. Persona que conduce un tractor. *Trabaja como tractorista en una explotación de cítricos.*

tradición. f. **1.** Transmisión de conocimientos, doctrinas, ritos o costumbres hecha de generación en generación. *Esa leyenda ha llegado a nuestros días por tradición oral.* **2.** Conjunto de conocimientos, doctrinas, relatos, ritos o costumbres de un pueblo o colectividad, transmitidos por tradición (→ 1). *Los artistas del Renacimiento revalorizaron la tradición clásica.* Tb. cada uno de esos conocimientos, etc. *Comer turrón en Navidad es una tradición española.*

tradicional. adj. **1.** De la tradición. *La televisión retransmitirá el tradicional concierto de Año Nuevo.* **2.** Que se transmite por tradición. *Es un experto en lírica tradicional.* **3.** Que se ajusta a ideas o costumbres del pasado. *Celebraron una boda muy tradicional, por la iglesia y con la novia de blanco.*

tradicionalismo. m. **1.** Sentimiento de apego a ideas o costumbres del pasado. *Su tradicionalismo lo lleva a ser un firme defensor del matrimonio y la familia.* **2.** Movimiento político que defiende la conservación o el restablecimiento de las instituciones del pasado. *El tradicionalismo carlista se oponía al avance de las ideas liberales.* Tb. la doctrina en la que se apoya.

tradicionalista. adj. **1.** Del tradicionalismo. *Ha ganado un partido democristiano con fuertes raíces tradicionalistas.* **2.** Partidario del tradicionalismo. Dicho de pers., tb. m. y f. *Los tradicionalistas defienden la restauración de la monarquía.*

traducción. f. Hecho o efecto de traducir a otro idioma. *Me han encargado la traducción de un manual de instrucciones. Se va a publicar una traducción de la última obra del premio Nobel.* ■ **~ directa.** f. Traducción (→ 1) que se realiza de un idioma extranjero al idioma del traductor. *Las traducciones directas suelen resultar más fáciles que las inversas.* ■ **~ inversa.** f. Traducción (→ 1) que se realiza del idioma del traductor a un idioma extranjero. *Aunque es española, hace traducciones inversas al alemán muy fiables.* ■ **~ simultánea.** f. Traducción (→ 1) que se realiza oralmente al mismo tiempo que habla la persona cuyas palabras se traducen. *Los asistentes a la conferencia escuchan la traducción simultánea a través de auriculares.* ▶ VERSIÓN.

traducir. (conjug. CONDUCIR). tr. **1.** Expresar en un idioma (algo que se ha expresado antes en otro). *Traduje* AL *español un libro francés. Traducirás* DEL *ruso un artículo de economía.* **2.** Explicar o interpretar (algo). *Traduce lo que pretendes decirme, porque no te entiendo.* **3.** Convertir o transformar (algo) en otra cosa. *La lotería le permitió traducir sus sueños* EN *realidades.*

traductor, ra. adj. **1.** Que traduce o sirve para traducir. *Se está invirtiendo mucho en el desarrollo de programas informáticos traductores. Sistema traductor de señales.* Dicho de máquina, tb. m. o f. *Cuando salgo al extranjero, llevo una traductora de bolsillo.* Dicho de sistema o de programa informáticos, tb. m. *Ha instalado en su ordenador un traductor multilingüe.* ● m. y f. **2.** Especialista o titulado en traducción de idiomas. *Trabajo como traductora en un organismo internacional.*

traer. (conjug. TRAER). tr. **1.** Trasladar (algo) al lugar donde se encuentra el que habla o de quien se habla. *El cartero ha traído esta carta. Los Reyes te traerán muchos regalos.* **2.** Causar o acarrear (algo). *Tu comportamiento nos traerá muchos problemas.* **3.** Contener o recoger algo, espec. una obra escrita (una cosa). *El periódico trae hoy una noticia espeluznante.* **4.** Llevar puesto o consigo (algo, espec. una prenda de vestir). *Traes un vestido muy bonito.* Frec. fig. *Traigo un frío horrible.* **5.** Tener (a una persona) en el estado o situación que se indican. *Todos estos cambios me traen inquieto. Elisa nos trae locos a todos.* ○ tr. prnl. **6.** Andar haciendo o planeando (algo que se quiere ocultar). *¿Qué negocios te traes* CON *María? ¡Menudo follón se trae* CON *la venta de la casa!* ■ ~ (a alguien) **a mal ~,** o **a maltraer.** loc. v. coloq. Molestar(lo) mucho o causar(le) continuos disgustos. *Este niño tan revoltoso trae a mal traer a todos los profe-*

sores. ■ **traérselas.** loc. v. coloq. Tener más intención, malicia o dificultad de lo que a primera vista parece. Frec. con intención enfática. *Tu hermanito se las trae. Este problema de matemáticas se las trae.*

tráfago. m. Ajetreo o actividad intensa y fatigosa. *El estrés está causado por el tráfago de la vida moderna.*

traficante. adj. Que trafica. Dicho de pers., tb. m. y f. *Han detenido a un famoso traficante de drogas.*

traficar. intr. Comerciar o negociar, espec. de forma ilícita. *Trafica* CON *joyas robadas. Traficaba* EN *armas.*

tráfico. m. **1.** Hecho de traficar. *Ha sido acusado de tráfico de estupefacientes.* **2.** Circulación de vehículos. *En el cruce había un guardia dirigiendo el tráfico.* **3.** Movimiento o circulación de mercancías o personas. *Las normas regulan la circulación de materiales peligrosos.* ■ **~ de influencias.** m. Utilización abusiva o ilegal de la posición social o política para conseguir algún beneficio. *El ministro fue acusado de tráfico de influencias por favorecer a su cuñado.*

tragaderas. f. pl. **1.** coloq. Faringe. *Se te va a hacer un nudo en las tragaderas por no masticar bien.* **2.** coloq. Facilidad para admitir algo inconveniente, poco ético o poco creíble. *Solo alguien con muchas tragaderas daría por buena esa explicación.*

tragadero. m. Sumidero. *El tragadero de la pila se ha atascado con restos de comida.*

trágala. m. coloq. Hecho por el que se obliga a alguien a soportar algo a la fuerza. *No paso por el trágala de cenar con él, simulando que nos queremos mucho.*

tragaldabas. m. y f. coloq. Tragón. *Este tragaldabas se ha comido todo el pastel.*

tragaluz. m. Ventana abierta en el techo o en la parte superior de la pared. *Por el tragaluz entra el sol en la buhardilla.*

tragamonedas. f. Am. Tragaperras. *El casino cuenta con tragamonedas, ruletas y bingo* [C]. Tb. adj. *Muchas noches terminaban jugando en las máquinas tragamonedas* [C].

tragaperras. f. Máquina de juegos de azar que funciona automáticamente introduciendo en ella monedas. *La tragaperras del bar siempre está haciendo ruido.* Tb. adj. *He perdido un dineral en la máquina tragaperras.* ▶ **Am:** TRAGAMONEDAS.

tragar. tr. **1.** Hacer que (algo que está en la boca) pase al tubo digestivo. *Mastica bien la carne antes de tragarla.* Tb. con un pron. expresivo de interés. *Tienes que tragarte una uva con cada campanada.* Tb. usado en constr. intr. *Me duele la garganta y me cuesta tragar.* **2.** Absorber una cosa (algo) o hacer que desaparezca en su interior. *La tierra estaba tan reseca que tragó toda el agua.* Frec. con un pron. expresivo de interés. *Tiraron el alijo por la borda y el mar se lo tragó.* **3.** coloq. Comer con voracidad. *¡Qué manera de tragar patatas!* Frec. con un pron. expresivo de interés. *Te has tragado toda la tarta tú solito.* Frec. usado en constr. intr. *Deja ya de tragar, que te vas a poner como un tonel.* **4.** coloq. Consumir o gastar (algo). *Este coche traga mucha gasolina.* Frec. con un pron. expresivo de interés. *El muro se tragó más piedra de la que se creía.* **5.** coloq. Soportar (algo o a alguien que desagradan o molestan). *No trago a ese tipo.* ○ tr. prnl. **6.** Tragar (→ 1) de forma involuntaria (algo). *Se ha tragado un hueso de aceituna.* **7.** coloq. Creerse (algo), o dar(lo) por cierto. *Me contó una mentira, pero no me la tragué.* **8.** coloq. Soportar o aguantar (algo desagradable o pesado). *Se tragó toda la conferencia sobre moluscos.* **9.** coloq. Chocar (contra alguien o algo). *Iba leyendo y se tragó la puerta.* **10.** coloq. Pasar de largo (ante una señal de tráfico), gralm. por inadvertencia. *Como iba muy deprisa, se tragó un semáforo en rojo.* ○ intr. **11.** coloq. Acceder a algo a disgusto o sin convicción. *Si insistes mucho, al final tragará* CON *cualquier cosa.* **12.** coloq. Acceder fácilmente una mujer a requerimientos sexuales. *Esa chica no traga.* ▶ **1:** DEGLUTIR.

tragasables. m. y f. Artista de circo que realiza números consistentes en tragar armas blancas. *Es impresionante ver cómo los tragasables se meten espadas por la boca.*

tragedia. f. **1.** Obra dramática protagonizada por personajes elevados, sujetos a un destino que los envuelve en grandes conflictos internos y los conduce fatalmente a un final funesto. *Las tragedias clásicas buscaban conmover al espectador.* Frec. en sent. colectivo. *Lo primero que leí de la tragedia griega era de Sófocles.* **2.** Obra de cualquier género literario o artístico en que predominan rasgos propios de la tragedia (→ 1). *La ópera "Rigoletto" es una tragedia.* **3.** Género literario constituido por las tragedias (→ 1). *La comedia y la tragedia son los dos grandes géneros dramáticos.* **4.** Suceso o situación muy desgraciados. *Ha ocurrido una tragedia: tu casa se ha quemado.* ■ **hacer una ~** (de algo). loc. v. coloq. Dar(le) unos tintes trágicos que no tiene. *No hagas una tragedia* DE *ese error; no pasa nada.* ▶ **4:** *CATÁSTROFE.

trágico, ca. adj. **1.** De la tragedia. *Novela trágica.* **2.** Dicho de autor: Que cultiva la tragedia. Tb. m. y f. *Esquilo fue un trágico griego.* **3.** Dicho de actor: Que representa papeles trágicos (→ 1). *Soy sobre todo una actriz trágica, pero también me gusta la comedia.* Tb. m. y f. **4.** Conmovedor o muy triste. *Murió en un trágico accidente.*

tragicomedia. f. Obra dramática con rasgos de tragedia y de comedia. *Escribió una tragicomedia ácida y esperpéntica.* Tb. fig. *Su vida es una tragicomedia, llena de éxitos profesionales y desgracias personales.*

tragicómico, ca. adj. **1.** De la tragicomedia. *Lo mejor de su obra son las piezas tragicómicas.* **2.** Que mezcla elementos trágicos y cómicos. *Una aventura tragicómica.*

trago. m. **1.** Cantidad de un líquido que se toma de una vez. Frec. con v. como *echar* o *tomar*. *Toma un trago de mi cerveza; está buenísima.* **2.** coloq. Copa (bebida alcohólica). Frec. con v. como *echar* o *tomar*. *Echó unos tragos con los amigos y volvió algo achispado.* **3.** Disgusto o situación que causan sufrimiento. *Tu accidente fue un trago para tus padres.* Frec. en la constr. *pasar un mal ~*, o *un ~ amargo*. *Pasó un mal trago cuando tuvo que dejar a sus hijos.*

tragón, na. adj. coloq. Que traga, o come con voracidad. *El bebé es tan tragón que siempre se queda con hambre.* Dicho de pers., tb. m. y f. *Este tragón se ha comido toda la tortilla él solo.*

traición. f. **1.** Hecho de faltar a la lealtad o fidelidad debidas. *Robarme la novia fue una traición que nunca te perdonaré.* **2.** Hecho de atentar contra la patria, espec. al servir al enemigo. *Fue acusado de traición y expulsado de su país.* ■ **a ~.** loc. adv. Con engaño o aprovechándose de la confianza de alguien. *Lo mataron por la espalda, a traición.*

traicionar. tr. **1.** Cometer traición (contra alguien o algo). *Traicionó a su socio quedándose con el dine-*

ro del negocio. Nunca traicionaría su confianza. **2.** Fallar o abandonar algo, como una facultad, (a alguien). *En el examen me traicionaron los nervios y por eso suspendí.* **3.** Delatar algo (a alguien), descubriendo su intención o sus pensamientos. *Quería mostrar alegría, pero su gesto lo traicionaba.*

traicionero, ra. adj. Traidor. *No seas traicionera, no me delates. Los baños después de comer pueden ser muy traicioneros.*

traidor, ra. adj. **1.** Que traiciona. Dicho de pers., tb. m. y f. *El traidor abandonó su ejército y se pasó al del contrario.* **2.** Que manifiesta o implica traición. *Judas vendió a Jesús con un beso traidor.* **3.** Que puede perjudicar a pesar de su apariencia inofensiva. *Pisé una losa traidora que estaba suelta y me caí al suelo.* ▶ TRAICIONERO.

tráiler. (pl. **tráileres**). m. **1.** Remolque de un camión. *La cabina del camión no ha sufrido daños, pero el tráiler ha quedado atravesado en la calzada.* Frec. en aposición. *Camión tráiler.* Tb. el camión provisto de ese remolque. *El conductor del tráiler se ha saltado un semáforo.* **2.** *Cine* Avance (serie de fragmentos de una película). *A juzgar por el tráiler, la película parece interesante.* ▶ **2:** AVANCE.

traílla. f. **1.** Cuerda o correa con que se lleva atado a un perro en las cacerías, para soltarlo en el momento oportuno. *El perrero agarra con fuerza las traíllas de los lebreles.* **2.** Pareja de perros atados con traílla (→ 1). *Van a cazar con una traílla de galgos adiestrados.*

trainera. f. **1.** Embarcación que se usa para pescar con redes de arrastre sardinas u otros peces que forman bancos. *Ya van volviendo a puerto las traineras.* **2.** Embarcación ligera de remo, semejante a la trainera (→ 1), que se usa en competiciones deportivas. *Hemos ganado la regata de traineras de San Sebastián.*

traje. m. **1.** Vestimenta de una persona. *En carnaval, la gente se disfraza con trajes llamativos. Trajes regionales.* Frec. seguido de *de* y de un n. que expresa la función o circunstancia de su uso, o la condición de quien lo usa. *Hizo la comunión con traje de marinero. Traje de buzo.* **2.** Conjunto masculino de pantalón, chaqueta y, a veces, chaleco, hechos de la misma tela. *El director lleva traje gris con corbata azul.* **3.** Conjunto femenino de chaqueta y falda, o pantalón, a juego y de corte recto. Tb. ~ *de chaqueta,* o *sastre. La jefa suele venir con traje de chaqueta.* **4.** Vestido femenino de una pieza. *La reina vestía de largo con un traje de seda bordado.* ■ ~ **de baño.** m. Prenda, gralm. de una pieza, que se usa para nadar o para bañarse en lugares públicos como piscinas o playas. *Las nadadoras llevan traje de baño de competición.* ⇒ *BAÑADOR. ■ ~ **de luces.** m. Traje (→ 2) que usan los toreros para torear, confeccionado en seda y con bordados de oro o plata y lentejuelas. ■ ~ **de noche.** m. Vestido femenino, gralm. largo, que se usa en fiestas y ceremonias. *Para la boda de mi amiga me compraré un traje de noche rojo.* ▶ **1:** *VESTIMENTA. **2:** TERNO. **4:** VESTIDO. ‖ **Am: 2:** FLUX.

trajear. tr. Proveer de traje (a alguien). *Solía trajearse los domingos.* Frec. en part. con *bien* o *mal. Tu amigo siempre va muy bien trajeado.*

trajín. m. Hecho de trajinar. Tb. la actividad que se desarrolla de ese modo. *Tengo tanto trajín en casa que no sé a qué hora acabaré.* ▶ AJETREO.

trajinar. intr. **1.** Ir de un lado a otro con cualquier ocupación o actividad. *Llevo todo el día trajinando.* ○ tr. **2.** Transportar o llevar (géneros) de un lugar a otro. *Utilizaban grandes cestos para trajinar las verduras al mercado.*

tralla. f. Látigo con una cuerda trenzada en su extremo, que produce chasquidos al sacudirla. *El campesino arreaba a la yegua con la tralla.* Tb. esa cuerda. ■ **dar,** o **meter** ~ (a alguien o algo). loc. v. coloq. Criticar(lo) con dureza o presionar(lo). *Mi padre lleva todo el curso dándome tralla porque no estudio.*

trallazo. m. **1.** Latigazo dado con una tralla. *De un despiadado trallazo marcó la espalda de su víctima.* Tb. el ruido y la herida así producidos. Tb. fig. *Después del relámpago, se oyó un trallazo en el cielo y rompió a llover.* **2.** En algunos deportes, espec. en el fútbol: Cañonazo. *El delantero marcó el segundo gol de un trallazo.* ▶ **2:** CAÑONAZO.

trama. f. **1.** Conjunto de hilos paralelos que se cruzan y entrelazan a lo ancho con los de la urdimbre para formar un tejido. *El lino se presta bien para el bordado, por su trama y urdimbre de hilos ni muy apretados ni muy espaciados.* Tb. la estructura formada por esos hilos con los de la urdimbre. *Eligió una tela de algodón fino y trama sencilla.* **2.** Estructura interna de algo, determinada por la forma de entrelazarse las partes que lo componen. *El sociólogo intenta desentrañar la trama de las leyes que rigen las relaciones sociales.* **3.** Disposición de los sucesos entrelazados en que se desarrolla el argumento de una obra. *La trama de la película es demasiado enrevesada.* **4.** Confabulación o plan oculto para perjudicar a alguien, frec. por medios ilícitos. *La policía descubrió una trama mafiosa encaminada a extorsionar a empresarios.*

tramar. tr. **1.** Preparar (algo, como un engaño o una traición) con astucia y gralm. de manera oculta. *La banda terrorista trama un nuevo atentado.* **2.** Preparar u organizar (algo complicado o difícil) con habilidad. *Tramaron todo un plan de actividades para las vacaciones.* ▶ **1:** MAQUINAR, URDIR. **2:** MAQUINAR, PERGEÑAR.

tramitación. f. Hecho de tramitar. *La nueva norma simplificará la tramitación de las multas de tráfico.*

tramitador, ra. m. y f. frecAm. Persona que tramita un asunto. *Trabaja como tramitador de siniestros en una compañía de seguros.*

tramitar. tr. Efectuar los trámites (de algo). *Un abogado se encarga de tramitar su divorcio.*

trámite. m. Cada uno de los pasos o gestiones necesarios y gralm. establecidos de manera oficial, para la conclusión o resolución de un asunto. *La tasación del piso es un trámite imprescindible para que el banco conceda el crédito.* Tb. el procedimiento constituido por esos pasos o gestiones. *La denuncia ha sido admitida a trámite por el tribunal.*

tramo. m. **1.** Parte que puede distinguirse en algo que tiene estructura lineal. *Se va a construir un nuevo tramo de vía férrea. El río es navegable en su tramo final.* **2.** Parte de una escalera comprendida entre dos descansillos. *Después de subir varios tramos de escalera, tuvo que pararse a descansar.* **3.** Cada una de las partes o etapas en que puede dividirse algo. *En ese tramo de edad, las niñas están más desarrolladas que los niños.*

tramontano, na. adj. **1.** Del otro lado de los montes. *Los pueblos del interior presentan peculiaridades respecto de los tramontanos.* Dicho de pers., tb. m. y f. ● f. **2.** Norte (viento), espec. el que sopla en el Mediterráneo occidental. *Se prevén nevadas y* *tramontana fuerte en el Pirineo catalán.* Tb. designa cualquier viento que desciende de las montañas. ▶ **2:** *NORTE.

tramoya. f. **1.** Máquina o conjunto de máquinas que sirven para cambiar los decorados y producir efectos especiales en el escenario de un teatro. *Se trata de un montaje ambicioso que exige una complicada tramoya.* Tb. fig. *El dictador controla toda la tramoya del Estado.* **2.** Enredo o montaje preparados con fines engañosos. *Su romance era solo una tramoya de la prensa del corazón.*

tramoyista. m. y f. Persona que diseña o maneja la tramoya en un teatro. *En la puesta en escena de la obra trabajan treinta tramoyistas.*

trampa. f. **1.** Artificio que sirve para cazar un animal, atrapándolo mediante engaño. *Los cazadores preparan una trampa para el tigre.* **2.** Plan o artificio para engañar o perjudicar a alguien. *La policía ha tendido una trampa al ladrón. Intentas engatusarme, pero no caeré en la trampa.* **3.** Incumplimiento disimulado de una regla, una norma o una ley en provecho propio. *Si haces trampas no juego contigo a las cartas.* **4.** coloq. Deuda que se tarda en pagar. *No le prestes dinero, que anda siempre lleno de trampas.* ■ **sin ~ ni cartón.** loc. adv. coloq. Sin engaño. *Lo de Velázquez sí que es puro arte, sin trampa ni cartón.*

trampantojo. m. coloq. Trampa o ilusión con que se engaña a alguien haciéndole ver lo que no es. *Con sus enredos y trampantojos logró liar al pobre comprador.* Frec. en arte para designar la pintura, o parte de ella, que crea, mediante perspectiva, la ilusión óptica de objetos reales en relieve. *En el extremo superior del cuadro, un trampantojo muestra al pintor como asomándose a la escena.*

trampear. intr. **1.** coloq. Vivir sorteando o intentando hacer más llevaderas las dificultades. *Va trampeando, unas veces con trabajo y otras en el paro.* **2.** coloq. Sobrellevar los achaques. *La salud empezó a fallarle y fue trampeando hasta el final de sus días.* ○ tr. **3.** coloq. Afrontar (algo) sorteando las dificultades con habilidad o mediante engaño. *El portavoz iba trampeando la situación y contestaba solo las preguntas poco comprometidas.*

trampero, ra. m. y f. Cazador que utiliza trampas para capturar a sus presas. *El trampero vivía de comerciar con pieles.*

trampilla. f. **1.** Puerta o ventana pequeñas, situadas en el suelo o en el techo y que dan acceso a una habitación superior o inferior. *Por esta trampilla se baja a la bodega.* **2.** Abertura con tapa articulada que se practica en algunas puertas y muebles, que permite el paso de objetos por ella. *Pasan la comida al preso a través de una trampilla.*

trampolín. m. **1.** Tablero elástico que sirve para tomar impulso al saltar o lanzarse. *El nadador se tira al agua desde el trampolín.* **2.** Persona o circunstancia que sirven a alguien para alcanzar un objetivo o para mejorar su situación. *Sus victorias militares fueron un trampolín para entrar en la política.*

tramposo, sa. adj. Que hace trampas, espec. en el juego. *Si descubren a un jugador tramposo, lo echan del casino.* Tb. m. y f. *Como es un tramposo, siempre gana a las cartas.*

tranca. f. **1.** Palo grueso y fuerte, espec. el que se usa como bastón o para defenderse. *Siempre que sale al campo lleva su boina y su tranca.* **2.** Palo o barra gruesos que sirven para asegurar el cierre de una puerta o una ventana, gralm. atravesándolos por detrás. *Cierren con tranca las ventanas; viene un temporal.* **3.** coloq. Borrachera (estado de la persona borracha). *¡Menuda tranca traen los de la fiesta!* ■ **a ~s y barrancas.** loc. adv. coloq. Con dificultad y superando muchos obstáculos. *Iba aprobando los cursos a trancas y barrancas.*

trancar. tr. Atrancar (un lugar o una puerta). *Tranca bien la puerta cuando te quedes sola.* ▶ ATRANCAR.

trancazo. m. **1.** Golpe dado con una tranca. *Su asaltante le dio un trancazo que lo dejó sin sentido.* **2.** coloq. Gripe o resfriado muy fuertes. *Está en cama con un trancazo impresionante.*

trance. m. **1.** Momento crítico o difícil. *Me vi acorralada y sin saber cómo salir del trance.* **2.** Estado de suspensión o exaltación de las facultades anímicas, frec. asociado a fenómenos místicos o paranormales. *La médium entra en trance y empieza a transmitir el mensaje del espíritu.* ■ **a todo ~.** loc. adv. De manera decidida y pese a cualquier riesgo u obstáculo. *Quería evitar a todo trance otro conflicto en la familia.* ■ **último,** o **postrer,** o **mortal, ~.** m. cult. Momento final de la vida, próximo a la muerte. *Un sacerdote lo asistió en su último trance.*

tranco. m. Paso largo que se da abriendo mucho las piernas. *Caminaba a grandes trancos.*

tranque. m. **1.** Am. Atasco de vehículos. *Dos policías se dedicaban a poner orden en la vía, donde se había formado un tranque* [C]. **2.** Am. Obstáculo con que se bloquea una vía pública, como protesta social. *Instó a sus bases a que coloquen tranques y barricadas* [C].

tranquilidad. f. Cualidad o estado de tranquilo. *Necesito tranquilidad y descanso, nada de ruidos.* ▶ *CALMA.

tranquilización. f. Hecho o efecto de tranquilizar. *Una conversación abierta con el médico puede contribuir a la tranquilización del paciente.*

tranquilizador, ra. adj. Que tranquiliza. *Es tranquilizador saber que te encuentras bien.* ▶ TRANQUILIZANTE.

tranquilizante. adj. Que tranquiliza. *Un buen baño con sales es relajante y tranquilizante.* Frec. m., referido a medicamento. *La mezcla de tranquilizantes y alcohol es peligrosa.* ▶ TRANQUILIZADOR.

tranquilizar. tr. Poner tranquilo (a alguien o algo). *Me tranquilizaron mucho sus palabras de apoyo.* Tb. en constr. prnl. media. *Mis padres se tranquilizaron al saber que estaba a salvo. Espera a que la situación se tranquilice.* ▶ *CALMAR.

tranquillo. m. coloq. Habilidad para hacer algo o para actuar, que se adquiere con la práctica o el conocimiento. Frec. en constr. como *coger el ~* a algo o a alguien. *En cuanto le cojas el tranquillo al ordenador, verás cómo es fácil de usar.*

tranquilo, la. adj. **1.** Dicho de persona: Que se toma las cosas sin alterarse, agobiarse ni preocuparse. *¿Que si es tranquilo?; puede temblar la tierra y él ni se inmuta.* **2.** Dicho de persona: Que está en un estado libre de nerviosismo o preocupación. *Tranquila, todo se solucionará.* **3.** Dicho de persona o conciencia: Libre de sentimiento de culpa o remordimientos. *Que digan lo que quieran, yo tengo la conciencia tranquila.* **4.** Dicho de cosa: Carente de agitación, ajetreo o movimiento. *Una calle tranquila. Lleva una vida tranquila en el campo.* ▶ **2:** SERENO. **4:** APACIBLE, QUIETO, RELAJADO, SERENO, SOSEGADO.

trans-. (Tb. **tras-**). pref. Significa 'a través' (*transoceánico, trascutáneo*) o 'al otro lado' (*transmontano, trasmuro)*.

transacción. f. cult. Trato o acuerdo. *La aprobación de la Constitución requirió de numerosas transacciones entre los partidos.* Frec. en economía para designar el de carácter comercial, gralm. de compraventa, y la operación correspondiente. *Los beneficios que la empresa obtiene en sus transacciones están sujetos a impuestos.*

transaccional. adj. cult. De la transacción. *Ambas instituciones pretenden alcanzar una solución transaccional constructiva.*

transalpino, na. (Tb. **trasalpino**). adj. **1.** Dicho de lugar: Que está situado al otro lado de los Alpes. Gralm. referido a lugar italiano. *Milán es una de las ciudades transalpinas más importantes.* **2.** De las regiones transalpinas (→ 1). *Paisaje transalpino.* Gralm. referido a lo italiano. *El equipo trasalpino se hizo con el campeonato.*

transandino, na. (Tb. **trasandino**). adj. **1.** Dicho de lugar: Que está situado al otro lado de los Andes. *Regiones transandinas.* **2.** De las regiones transandinas (→ 1). *Ganaderos transandinos.* **3.** Dicho espec. de tráfico o de medio de transporte: Que atraviesa los Andes. *Se construye un gasoducto transandino. Ferrocarril trasandino.*

transar. intr. **1.** frecAm. Transigir. *Siguen en huelga de hambre y no van a transar* [C]. **2.** Am. Llegar a un acuerdo. *Los muchachos eran tercos y fue difícil transar con ellos* [C].

transatlántico, ca. (Tb. **trasatlántico**). adj. **1.** Dicho de lugar: Que se encuentra situado al otro lado del Atlántico. *Territorios transatlánticos.* **2.** De las regiones transatlánticas (→ 1). *Pacto trasatlántico.* **3.** Dicho espec. de tráfico o de medio de transporte: Que atraviesa el Atlántico. *Vuelo transatlántico de Madrid a Santiago de Cuba.* **4.** Dicho de embarcación: De grandes dimensiones y destinada a hacer la travesía del Atlántico o de otro océano. *Nave trasatlántica.* Tb. m. *Se va de crucero en un transatlántico.*

transbordador, ra. (Tb. **trasbordador**). adj. **1.** Que transborda o sirve para transbordar o trasladar algo de un lugar a otro. *Plataforma transbordadora.* Dicho de vehículo, tb. m. *El transbordador espacial volvió a Tierra con todos sus tripulantes.* ● m. **2.** Embarcación de transporte que enlaza dos puntos regularmente. *Cruzamos la ría en un trasbordador.* ▶ **2:** FERRY.

transbordar. (Tb. **trasbordar**). tr. **1.** Trasladar (algo o a alguien) de un vehículo a otro. *Los pasajeros deberán ser transbordados a otro tren al llegar a la frontera.* ○ intr. **2.** Cambiar alguien de vehículo, espec. en un viaje en ferrocarril o en otro medio de transporte público. *Fui en metro hasta Sol y allí trasbordé para ir hasta Atocha.*

transbordo. (Tb. **trasbordo**). m. Hecho de transbordar. *La normativa regula la carga, descarga y transbordo de mercancías en zonas portuarias. Para ir a mi casa en metro tengo que hacer tres trasbordos.*

transcendencia..., transcender. → **trascendencia..., trascender.**

transcontinental. (Tb. **trascontinental**). adj. Que atraviesa un continente. *Se construyó el primer ferrocarril transcontinental.*

transcribir. (Tb. **trascribir;** part. **transcrito** o, Am., **transcripto**). tr. **1.** Copiar (algo escrito). *Transcribió en papel de carta varios poemas del libro y me los mandó.* **2.** Representar con signos de un sistema de escritura (algo escrito en otro sistema). *Se equivocó al trascribir el nombre de un autor ruso.* **3.** Representar mediante un sistema de escritura (algo, como palabras o elementos lingüísticos). *Iba transcribiendo lo que oía a través de los auriculares.* ▶ **2:** TRANSLITERAR.

transcripción. (Tb. **trascripción**). f. Hecho o efecto de transcribir. *Han creado un sistema de transcripción del alfabeto para invidentes. En la trascripción del discurso hay varios errores.*

transcriptor, ra. (Tb. **trascriptor**). adj. Que transcribe. *Máquina transcriptora.* Dicho de pers., tb. m. y f. *El transcriptor omitió por descuido algunas frases de la sentencia.*

transcultural. adj. Que afecta a varias culturas o a sus relaciones. *El libro es un estudio transcultural de las costumbres de diferentes pueblos.*

transcurrir. (Tb. **trascurrir**). intr. **1.** Pasar o correr el tiempo. *Transcurrieron las semanas y por fin un día me llamó.* **2.** Realizarse o desarrollarse algo que se extiende en el tiempo. *La reunión trascurrió en la más estricta intimidad. La película transcurre en un poblado africano.*

transcurso. (Tb. **trascurso**). m. Hecho o efecto de transcurrir. *Atenderemos todas las peticiones en el transcurso de los próximos días. En el trascurso de su carrera profesional cosechó muchos éxitos.*

transeúnte. adj. Que transita o pasa por un lugar. Dicho de pers., tb. m. y f. *Se saltó un semáforo y atropelló a una transeúnte.*

transexual. adj. Dicho de persona: Que se siente del sexo opuesto, viste y se comporta en consecuencia, y aspira a adquirir o ha adquirido los caracteres físicos correspondientes mediante tratamiento hormonal o intervención quirúrgica. Tb. m. y f. *La ley reconoce el derecho de los transexuales al cambio legal de nombre.*

transexualidad. f. Condición de transexual. *Se ha sentido discriminado por razón de su transexualidad.* ▶ TRANSEXUALISMO.

transexualismo. m. Transexualidad. *El transexualismo provoca en el individuo un rechazo del propio cuerpo.*

transferencia. (Tb. **trasferencia**). f. **1.** Hecho de transferir. *Tendrá lugar la trasferencia de poderes del presidente en funciones al presidente electo.* **2.** Operación bancaria por la que se transfiere una cantidad de dinero de una cuenta a otra. *Puede pagar la inscripción en el curso mediante transferencia.*

transferir. (Tb. **trasferir;** conjug. SENTIR). tr. **1.** Pasar o trasladar (algo) de un sitio a otro. *La empresa ha transferido su sede a la capital.* **2.** Ceder o traspasar (algo, como un derecho, o a alguien). *Trasferirán al jugador a otro equipo. Se compromete a no transferir sus acciones a terceros en dos años.* **3.** Traspasar (fondos bancarios) de una cuenta a otra. *La empresa transfirió el importe de los atrasos a mi cuenta.*

transfiguración. (Tb. **trasfiguración**). f. Hecho de transfigurar o transfigurarse. *En la película sorprende la transfiguración del actor* EN *mujer.*

transfigurar. (Tb. **trasfigurar**). tr. Hacer que (alguien o algo) cambie de figura o de aspecto. *La iluminación trasfiguraba la escena.* Tb. en constr. prnl. media. *Al oír la noticia, su rostro se transfiguró.*

transformación. (Tb. **trasformación**). f. **1.** Hecho de transformar o transformarse. *El país ha experi-*

mentado una profunda trasformación social. **2.** *Ling.* Cambio de una construcción sintáctica a otra. *"El paseo de la pareja" es una transformación de "la pareja pasea".*

transformador, ra. (Tb. **trasformador**). adj. **1.** Que transforma o sirve para transformar. *La educación actúa como elemento transformador de la sociedad.* Dicho de pers., tb. m. y f. *Rubén Darío fue un gran transformador de la poesía.* Dicho de aparato o dispositivo, tb. m. • m. **2.** Aparato eléctrico que sirve para transformar la tensión y la intensidad de una corriente alterna. *Una avería en el transformador del barrio, ha dejado sin luz a muchas familias.*

transformar. (Tb. **trasformar**). tr. **1.** Hacer que (alguien o algo) cambien de forma o de aspecto. *Vamos a transformar y modernizar el local.* Tb. en constr. prnl. media. *La casa se ha trasformado con la reforma.* **2.** Convertir (una cosa o a una persona) en otra. *La convivencia transformó su amistad* EN *amor.* Tb. en constr. prnl. media. *Con el paso de los años se ha trasformado* EN *una persona mejor.* **3.** Hacer que (alguien o algo) sean distintos. *La maternidad la ha transformado.* Tb. en constr. prnl. media. *Se transformó con la pérdida de su padre.*

transformativo, va. (Tb. **trasformativo**). adj. Que tiene capacidad para transformar. *La educación es un proceso formativo de la personalidad y a veces también transformativo.*

transformismo. (Tb. **trasformismo**). m. Técnica o actividad de transformista. *Asistimos a un espectáculo de mimo y transformismo.* Tb. fig. *La renovación del partido no será un mero ejercicio de transformismo.*

transformista. (Tb. **trasformista**). m. y f. Actor o payaso que, al actuar, se cambia rápidamente de traje y caracterización para interpretar distintos personajes. *En cuestión de minutos, el transformista aparece como padre, hija, criada, etc.* Tb. fig., frec. para designar a la pers. que cambia fácilmente de tendencia política o ideológica. *El nuevo ministro, un transformista consumado, ha militado ya en tres partidos.*

transfronterizo, za. adj. Que funciona o tiene efecto traspasando las fronteras. *Se necesitan acuerdos transfronterizos sobre medio ambiente.*

tránsfugo, ga. (Tb. **trásfugo**; frec. como m. se usa **tránsfuga**). m. y f. Persona que abandona una agrupación, espec. un partido político, para pasarse a otra. *La propuesta salió aprobada gracias al voto de un tránsfuga.* Frec. en aposición. *Concejal tránsfuga.*

transfuguismo. (Tb. **trasfuguismo**). m. Actitud o conducta del tránsfuga político. *Los grupos parlamentarios llegaron a un acuerdo para evitar el transfuguismo.*

transfundir. (Tb. **trasfundir**). tr. cult. Hacer pasar (sangre o plasma sanguíneo), directa o indirectamente, de un individuo a otro. Se usa espec. en medicina. *Tuvieron que transfundirle dos litros de sangre debido a la hemorragia.*

transfusión. (Tb. **trasfusión**). f. Hecho de trasfundir. Se usa espec. en medicina. *Durante la intervención quirúrgica hubo que hacerle una transfusión.* Tb. *~ de sangre.*

transgénico, ca. adj. *Biol.* Dicho de organismo vivo: Que ha sido modificado genéticamente en laboratorio para lograr nuevas propiedades. *Se han conseguido cereales transgénicos resistentes a determinadas plagas.* Tb. dicho de productos elaborados a partir de organismos así modificados. *Alimentos transgénicos.*

transgredir. (Tb. **trasgredir**). tr. Infringir (un precepto o una ley). *Con su comportamiento transgrede las más elementales normas de cortesía.* ▶ *INFRINGIR.

transgresión. (Tb. **trasgresión**). f. Hecho de transgredir. *La censura supone una transgresión del principio constitucional de libertad de expresión.*

transgresivo, va. (Tb. **trasgresivo**). adj. Que implica transgresión. *Es autor de una obra rompedora y transgresiva.*

transgresor, ra. (Tb. **trasgresor**). adj. Que comete transgresión. Dicho de pers., tb. m. y f. *Se castigará a los transgresores de la ley.*

transiberiano, na. adj. Dicho espec. de tráfico o de medio de transporte: Que atraviesa Siberia. *Ruta transiberiana.* Dicho de ferrocarril, tb. m. *Han hecho un viaje en el transiberiano.*

transición. f. **1.** Paso de un modo de ser o de estar a otro distinto. *El país vivió una turbulenta transición a la democracia.* **2.** Estado intermedio entre el principio y el final de una transición (→ 1). Frec. en las constr. *de ~* y *sin ~*. *La iglesia es una obra de transición del románico al gótico. Pasa de la risa al llanto sin transición.*

transido, da. adj. cult. Consumido o muy afectado, frec. por un dolor o una necesidad. *La viuda caminaba tras el féretro, transida* DE *dolor.*

transigencia. f. **1.** Cualidad de transigente. *Gracias a su transigencia se evitan muchas discusiones.* **2.** Hecho propio de la persona transigente. *¡Se acabaron tantas concesiones y transigencias contigo!*

transigente. adj. Que transige. *Tiene un jefe comprensivo y transigente. Es transigente* CON *la impuntualidad, pero no le gusta.*

transigir. intr. Aceptar o consentir en parte algo que no se considera justo, razonable o verdadero. *No transijo* CON *la mentira ni con la hipocresía.* ▶ *CEDER.

transistor. m. **1.** Radio portátil, provista de transistores (→ 2). *Pon el transistor, que ahora dan noticias.* **2.** Dispositivo electrónico hecho con materiales semiconductores, que sirve para rectificar y amplificar los impulsos eléctricos. *Un microprocesador está compuesto por millares de transistores integrados.* ▶ **1:** *RADIO.

transitable. adj. Dicho de lugar: Apto para transitar por él. *Entre los bultos amontonados habían dejado solo un estrecho pasillo transitable.*

transitar. intr. Ir o pasar de un punto a otro por un camino o una vía pública. *Los peatones deben transitar* POR *las aceras.*

transitario, ria. adj. *Com.* Que se ocupa de las gestiones administrativas y logísticas necesarias para el transporte de mercancías, espec. en puertos y aeropuertos. *La empresa transitaria tiene filiales en las principales ciudades del mundo.* Dicho de pers., tb. m. y f. *El transitario realizará los trámites aduaneros en representación del exportador.*

tránsito. m. **1.** Hecho de transitar. *El acuerdo permitirá el libre tránsito de ciudadanos por todo el territorio.* **2.** Actividad o movimiento de personas o vehículos que pasan por un lugar, espec. por una vía pública. *En el centro había tanto tránsito que costaba dar un paso.* **3.** Paso de un lugar a otro. *El esófago es un canal de tránsito de los alimentos hacia el estómago.* **4.** Paso de un estado o situación a otros. *El tránsito de la dictadura a la democracia estuvo plagado de* *dificultades.* **5.** cult. Fallecimiento de una persona. Frec. referido a la Virgen y en constr. como ~ *final,* o *último* ~. *El sacerdote confortó al enfermo y lo preparó para el último tránsito.*

transitoriedad. f. Cualidad de transitorio. *Tomar conciencia de la transitoriedad de las cosas ayuda a relativizarlas.*

transitorio, ria. adj. Que dura solo un tiempo o no es definitivo. *El agresor actuó en un estado de locura transitoria.* ▶ *PASAJERO.

translación. → **traslación.**

translaticio, cia. → **traslaticio.**

transliteración. f. *Ling.* Hecho o efecto de transliterar. *Normas para la transliteración de nombres árabes al español.*

transliterar. tr. *Ling.* Transcribir (algo) con signos de otro sistema de escritura. *En la bibliografía, se deben transliterar los nombres originariamente escritos en caracteres griegos.* ▶ TRANSCRIBIR.

translúcido, da. → **traslúcido.**

translucir. → **traslucir.**

transmediterráneo, a. (Tb. **trasmediterráneo**). adj. Dicho espec. de tráfico o de medio de transporte: Que atraviesa el Mediterráneo. *Comercio transmediterráneo.*

transmigración. (Tb. **trasmigración**). f. Hecho de transmigrar. *Los celtas creían en la transmigración de las almas.*

transmigrar. (Tb. **trasmigrar**). intr. Pasar un alma de un cuerpo a otro. *Según algunas religiones, el alma de los difuntos transmigra y se reencarna.*

transmisión. (Tb. **trasmisión**). f. Hecho de transmitir. *La informática facilita la transmisión de datos a distancia. Miles de espectadores siguieron la trasmisión del partido. Transmisión de la hepatitis.*

transmisor, ra. (Tb. **trasmisor**). adj. Que transmite o sirve para transmitir. *La bobina transmisora envía las señales al receptor. Un parásito transmisor de enfermedades.* Tb. m. y f. *Un profesor no debe ser un mero transmisor de conocimientos.* Dicho de aparato, espec. telefónico o telegráfico, tb. m. *La comunicación se cortó debido a un fallo en el transmisor.*

transmitir. (Tb. **trasmitir**). tr. **1.** Hacer que (algo) pase o se traslade de una cosa o de una persona a otra. *Algunos aparatos electrónicos transmiten radiaciones. La leyenda fue transmitida de generación en generación.* **2.** Hacer llegar (algo no material) a alguien. *Me dijo que te trasmitiera sus condolencias.* **3.** Difundir (algo, como un espectáculo o un acontecimiento) por radio o televisión. *Hoy transmiten el partido vía satélite.* Tb. usado en constr. intr. *Cerraron una cadena de televisión por trasmitir sin licencia.* **4.** Hacer alguien que otra persona experimente o padezca (lo mismo que él, espec. un estado de ánimo o una enfermedad). *Me gusta estar con personas que me trasmitan optimismo.* **5.** *Der.* Ceder o dejar (algo, o el derecho a ello) a otra persona. *Transmitir una herencia.* ▶ **4:** CONTAGIAR.

transmutación. (Tb. **trasmutación**). f. Hecho de transmutar o transmutarse. *Los científicos intentan explicar la transmutación de la materia.*

transmutar. (Tb. **trasmutar**). tr. Convertir (una cosa o a una persona) en otra. *Jesucristo transmutó el agua* EN *vino.* Tb. en constr. prnl. media. *En una situación de urgencia, una persona normal puede trasmutarse* EN *un héroe.*

transnacional. (Tb. **trasnacional**). adj. **1.** Que se extiende a través de varias naciones. *Comercio transnacional.* ● f. **2.** Multinacional (empresa). *Es ejecutivo de una transnacional.* ▶ **2:** MULTINACIONAL.

transoceánico, ca. (Tb. **trasoceánico**). adj. **1.** Dicho de lugar: Que está situado al otro lado de un océano. *Los esclavos eran transportados a las colonias transoceánicas.* **2.** Dicho espec. de tráfico o de medio de transporte: Que atraviesa un océano. *Vuelo transoceánico.*

transparencia. (Tb. **trasparencia**). f. **1.** Cualidad de transparente. *La transparencia de las aguas permite ver el fondo. La actuación de la empresa se ha caracterizado por la trasparencia.* **2.** Lámina transparente en la que se imprimen imágenes o textos para proyectarlos sobre una superficie. *El conferenciante utilizó transparencias para ilustrar su exposición.* **3.** *Cine* Proyección sobre una pantalla transparente de imágenes filmadas con antelación, que se usa como fondo de una escena al rodar esta. *La escena del compartimento del tren está rodada con una transparencia.*

transparentar. (Tb. **trasparentar**). tr. **1.** Permitir un cuerpo que se vea o perciba (algo) a través de él. Frec. fig. *Su airada respuesta transparentaba el disgusto que tenía.* ○ intr. **2.** Ser transparente algo. *La falda que me compré transparenta.* Frec. prnl. *La camisa se trasparenta.* ○ intr. prnl. **3.** Dejarse ver o mostrarse algo a través de otra cosa. *Se le transparentaba la alegría* EN *la cara.* ▶ **2:** CLAREAR.

transparente. (Tb. **trasparente**). adj. **1.** Dicho de cuerpo: Que deja ver nítidamente los objetos a través de él. *Aguas transparentes.* **2.** Dicho de cuerpo: Que deja pasar la luz y traslucirse los objetos. *Llevaba un vestido trasparente.* **3.** Claro o que no ofrece duda. *Realizó una gestión transparente.* ● m. **4.** *Arte* Ventana de cristales que ilumina y adorna el fondo de un altar. *Tras el altar mayor destaca el transparente.*

transpiración. (Tb. **traspiración**). f. Hecho o efecto de transpirar. *El desodorante evita el mal olor derivado de la transpiración.*

transpirar. (Tb. **traspirar**). intr. Destilar líquido a través de la piel o de los poros. *Con temperaturas tan altas, el cuerpo transpira más de lo habitual.* Referido a pers., frecAm. *Empecé a transpirar con tal intensidad que el cigarrillo se me deshizo entre los dedos* [C]. ▶ *SUDAR.

transpirenaico, ca. (Tb. **traspirenaico**). adj. **1.** Dicho de lugar: Que está situado al otro lado de los Pirineos. *País transpirenaico.* **2.** De las regiones transpirenaicas (→ 1). *Inmigrantes transpirenaicos.* **3.** Dicho espec. de tráfico o de medio de transporte: Que atraviesa los Pirineos. *Ruta traspirenaica.*

transponer. → **trasponer.**

transportador, ra. (Tb. **trasportador**). adj. **1.** Que transporta o sirve para transportar. *Carretilla transportadora.* Dicho de máquina o instalación, tb. m. o f. *Las maletas facturadas se trasladan mediante una transportadora de rodillos.* ● m. **2.** Instrumento en forma de círculo o semicírculo graduado que sirve para medir o trazar ángulos. *Para dibujo técnico necesito regla, escuadra, cartabón y trasportador.*

transportar. (Tb. **trasportar**). tr. **1.** Llevar (algo o a alguien) de un lugar a otro. *Trasporta fruta* DE *Barcelona* A *Madrid en su camión.* ○ intr. prnl. **2.** cult. Caer en un estado de éxtasis que suspende la razón o los sentidos. *Se transporta escuchando música clásica.*

transporte. (Tb. **trasporte**). m. **1.** Hecho de transportar o transportarse. *El ferrocarril facilitó el transporte de mercancías.* **2.** Sistema de medios de transporte (→ 1) de personas o cosas. *Utilice el trasporte público.* Tb. cada uno de esos medios. *En la ciudad, el transporte más rápido es la moto.* Tb., frec. en pl., designa la actividad comercial correspondiente. *Empresa de transportes.*

transportista. (Tb. **trasportista**). m. y f. Persona que tiene por oficio el transporte de mercancías de un lugar a otro. *Con la huelga de transportistas, empiezan a escasear los productos frescos.*

transposición. → **trasposición.**

transubstanciación. → **transustanciación.**

transubstanciar. → **transustanciar.**

transustanciación. (Tb. **transubstanciación**). f. cult. Hecho de transustanciar o transustanciarse. Se usa espec. en religión para designar el del pan y el vino en el cuerpo y la sangre de Jesucristo. *En el Concilio de Trento se admite el dogma de la transustanciación.*

transustanciar. (Tb. **transubstanciar;** conjug. ANUNCIAR). tr. cult. Convertir (una sustancia) en otra. Se usa espec. en religión, hablando de la conversión del pan y el vino en el cuerpo y la sangre de Jesucristo. *En la eucaristía se conmemora el momento en que Cristo transustanció el pan y el vino.* Tb. fig. *Transustanciar lo vil* EN *noble.* Tb. en constr. prnl. media. Se usa espec. en religión, hablando de la conversión del pan y el vino en el cuerpo y la sangre de Jesucristo. *El sacerdote alza el cáliz con el vino, ya transubstanciado* EN *sangre.* Tb. fig. *En cuanto sube al escenario, el actor se transustancia y el decorado cobra vida.*

transvasar. → **trasvasar.**

transvase. → **trasvase.**

transversal. (Tb. **trasversal**). adj. **1.** Dicho de cosa alargada o que tiene estructura lineal: Que atraviesa o corta a otra. *La calle trasversal* A *la avenida está cortada.* **2.** Que sigue una dirección perpendicular u oblicua respecto del eje principal. *En un corte transversal del terreno se aprecian los diferentes estratos.*

tranvía. m. Vehículo que circula sobre raíles en el interior de una ciudad o sus cercanías y que se usa para el transporte de viajeros. *Cuando estuve en Lisboa, monté en tranvía.*

tranviario, ria. adj. **1.** Del tranvía. *Servicio tranviario.* ● m. y f. **2.** Persona empleada en el servicio de tranvías. *El tranviario detuvo el vehículo en la parada.*

trapacería. f. Fraude o engaño. *Esos charlatanes son muy dados a las trapacerías.* ▶ *ENGAÑO.

trapajoso, sa. adj. **1.** Roto o desastrado. *El mendigo llevaba unas ropas sucias y trapajosas.* **2.** Dicho espec. de lengua o modo de hablar: De pronunciación confusa o defectuosa. *Al niño, con su lengua trapajosa, no se le entendía nada.* Tb. dicho de la persona que habla así.

trápala. f. **1.** coloq. Mentira o engaño. *No hagas caso de trápalas y habladurías.* ○ m. y f. **2.** coloq. Persona falsa y mentirosa. *El trápala quiso hacerme creer que estaba arrepentido.*

trapear. tr. Am. Fregar (el suelo) con trapo o estropajo. *Tres sujetos trapeaban meticulosamente el suelo de baldosas* [C]. Tb. usado en constr. intr. *Aprendí muy rápido a trapear, a lavar, a planchar* [C].

trapecio. m. **1.** Aparato para realizar ejercicios gimnásticos o acrobáticos, formado por una barra horizontal suspendida de dos cuerdas por sus extremos. *El acróbata da una voltereta en el trapecio.* **2.** *Mat.* Cuadrilátero irregular que tiene paralelos dos de sus lados. *Calcula el área de un trapecio cuyas bases miden 2 y 7 cm, y cuya altura es de 4 cm.* **3.** *Anat.* Músculo aplanado y triangular, situado en la parte posterior del cuello y superior de la espalda, que permite mover el hombro y girar la cabeza. *El estrés puede provocar una contractura del trapecio.* **4.** *Anat.* Primer hueso de la segunda fila del carpo o muñeca.

trapecista. m. y f. Artista de circo que realiza ejercicios en el trapecio. *El trapecista dio un doble salto mortal y cayó en la red.* ▶ *ACRÓBATA.

trapense. adj. De la orden de la Trapa. *Monje trapense.* Dicho de pers., tb. m. y f. *Visitamos un monasterio de trapenses.*

trapero, ra. m. y f. Persona que se dedica a la compraventa de trapos y otros objetos usados. *Amontonan los cartones para vendérselos a un trapero.*

trapezoidal. adj. **1.** *Mat.* Del trapezoide. *Los faros delanteros del coche tienen forma trapezoidal.* **2.** *Mat.* Que tiene forma de trapezoide. *Habitación trapezoidal.*

trapezoide. m. **1.** *Mat.* Cuadrilátero irregular que no tiene ningún lado paralelo a otro. *Para obtener las proyecciones de un trapezoide, hay que conocer sus lados y su diagonal.* **2.** *Anat.* Segundo hueso de la segunda fila del carpo o muñeca. *Señala en la lámina el trapecio, el trapezoide y el escafoides.*

trapichear. intr. coloq. Realizar negocios u otras actividades por medios ingeniosos y frec. ilícitos para conseguir algún fin. *Muchos drogadictos trapichean con droga para pagarse sus propias dosis.*

trapicheo. m. coloq. Hecho o actividad de trapichear. *Con sus trapicheos en el mercado negro, se sacaba una pasta.*

trapillo. de ~. loc. adv. coloq. Con vestido sencillo o de andar por casa. *No quiero que las visitas me pillen vestida de trapillo.*

trapío. m. *Taurom.* Buena planta y gallardía del toro de lidia. *El quinto de la tarde, con casta y trapío, permitió una gran faena.*

trapisonda. f. **1.** coloq. Enredo o engaño. *Si la prensa descubre sus manejos y trapisondas, puede despedirse del cargo.* **2.** coloq. Riña o discusión ruidosa. *Empezaron a discutir y al final se armó una buena trapisonda.*

trapo. m. **1.** Pedazo de tela viejo, roto o inútil. *La mendiga llevaba bolsas llenas de trapos y cartones.* **2.** Paño, espec. el que se usa en tareas de limpieza. *Pasa un trapo por esta mesa, que está llena de polvo.* **3.** *Taurom.* Capote o muleta. *El toro entraba bien al trapo por la derecha.* **4.** *Mar.* Conjunto de velas de una embarcación. *Intentaban recoger el trapo para que el viento no volcase el velero.* ○ pl. **5.** coloq. Prendas de vestir, espec. de mujer. *A esta niña le encantan los trapos.* Frec. *trapitos. Se gasta una fortuna en trapitos.* ■ **~s sucios.** m. pl. coloq. Asuntos personales que se tiende a ocultar por considerarlos una falta o una vergüenza. *Le indignan esas revistas que airean los trapos sucios de los famosos.* □ **a todo ~.** loc. adv. **1.** coloq. A gran velocidad. *Da miedo ir con él, porque conduce a todo trapo.* **2.** coloq. Con gran intensidad. *La música sonaba a todo trapo.* **3.** coloq.

Con gran lujo. *En un mes viviendo a todo trapo fundió la herencia.* ■ **como un ~.** loc. adv. coloq. En un estado físico o anímico muy bajo. *Cuando acaba la jornada, vuelve a casa como un trapo.* ■ **entrar al ~.** loc. v. coloq. Responder a las insinuaciones o provocaciones sin pensar. *No dejó de lanzarme indirectas, pero yo no entré al trapo.* ▶ **2:** PAÑO. **3:** *CAPOTE.

tráquea. f. **1.** *Anat.* En las personas y en algunos vertebrados: Conducto del aparato respiratorio que va desde la laringe a los bronquios. *Una obstrucción de la tráquea provocaría asfixia.* **2.** *Zool.* En los insectos y otros animales articulados: Cada uno de los conductos aéreos ramificados que constituyen el aparato respiratorio.

traqueal. adj. **1.** *Anat.* y *Zool.* De la tráquea. *Respiración traqueal.* **2.** *Zool.* Dicho de animal: Que respira por medio de tráqueas. *Artrópodo traqueal.*

traqueotomía. f. *Med.* Intervención quirúrgica que consiste en realizar una abertura en la tráquea para evitar la asfixia. *Al herido hay que practicarle una traqueotomía de urgencia.*

traquetear. intr. Moverse o agitarse algo de una parte a otra haciendo ruido. *El autobús es viejo y traquetea.*

traqueteo. m. Hecho o efecto de traquetear. *Me quedo dormida con el traqueteo del tren.*

tras. prep. (en uso culto, a veces ~ **de**). **1.** Después de, o a continuación de. *Tras su paso por la política, volvió a ejercer como abogado.* **2.** En busca de, o siguiendo a. Gralm. con verbos como *estar* o *andar*. *La policía está tras la pista de un sospechoso. Anda tras ella desde que la conoció. El galgo corre tras la liebre.* **3.** Detrás de. *Oculta sus ojos tras unas gafas oscuras. Esconde su timidez tras una aparente arrogancia. Dejó tras de sí una larga estela de crímenes.*

tras-. → **trans-.**

trasalpino..., trasbordo. → **transalpino..., transbordo.**

trascendencia. (Tb. **transcendencia**). f. Cualidad de trascendente. *No te preocupes, el problema no tiene mucha trascendencia.* Se usa espec. en filosofía. *Los filósofos platónicos afirman la trascendencia de la idea del Bien.*

trascendental. (Tb. **transcendental**). adj. **1.** De mucha importancia o gravedad por sus probables consecuencias. *El nacimiento de mi hijo fue un momento transcendental en mi vida.* **2.** *Fil.* Que constituye una condición innata y previa a la experiencia. *Según Kant, la mente dispone de nociones trascendentales, como la del espacio y el tiempo, que le ayudan a configurar sus percepciones.* ▶ **1:** TRASCENDENTE.

trascendente. (Tb. **transcendente**). adj. **1.** Que se distingue por su importancia. *La aprobación de la Constitución fue un hecho trascendente para el país.* **2.** *Fil.* Que sobrepasa los límites del conocimiento posible a través de la experiencia. *La idea de Dios es un concepto transcendente. Un ser trascendente.* ▶ **1:** TRASCENDENTAL.

trascender. (Tb. **transcender;** conjug. ENTENDER). intr. **1.** Empezar a ser conocido o sabido algo que estaba oculto. *La noticia trascendió* A *los medios de comunicación.* **2.** Extenderse o comunicarse los efectos de una cosa a otra, produciendo consecuencias. *Los errores del jefe trascienden* A *sus subordinados.* **3.** Estar o ir más allá de algo. *Algunos fenómenos trascienden* DEL *ámbito de la ciencia.* **4.** cult. Despedir algo un olor intenso y penetrante que se extiende a gran distancia. *En esas tardes lluviosas, el olor a tierra mojada trasciende por todas partes.*

trascontinental. → **transcontinental.**

trascoro. m. En una iglesia: Lugar que está detrás del coro. *El trascoro de la catedral está decorado con estatuas y relieves de alabastro.*

trascribir..., trascurso. → **transcribir..., transcurso.**

trasdós. m. *Arq.* Superficie exterior convexa de un arco o de una bóveda. *En la época del emirato, predominan los arcos de herradura con el trasdós y el intradós paralelos.*

trasegar. (conjug. ACERTAR). tr. **1.** Cambiar de sitio (algo, espec. un líquido). *Al final del proceso, se trasiega el vino de las cubas a las botellas.* **2.** coloq. Beber (una bebida alcohólica). *Se fueron animando y, a lo tonto, trasegaron una botella entera.*

trasero, ra. adj. **1.** Que se encuentra o viene detrás. *Saldremos por la puerta trasera del edificio. El freno actúa sobre la rueda trasera de la bicicleta.* ● m. **2.** coloq., eufem. Nalgas (parte del cuerpo humano). *¡O te vas o te echo de una patada en el trasero!* ○ f. **3.** Parte de atrás o posterior de algo. *La trasera del coche es inconfundible por el innovador diseño del maletero.*

trasferencia..., trasfigurar. → **transferencia..., transfigurar.**

trasfondo. m. Elemento que está detrás del fondo visible o de la apariencia de algo. *El conflicto entre los dos países tiene un trasfondo económico. En sus palabras se adivinaba un trasfondo de amargura.*

trasformación..., trasfusión. → **transformación..., transfusión.**

trasgo. m. Duende (espíritu fantástico). *Utilizaba un conjuro popular para espantar a brujas y trasgos.* ▶ DUENDE.

trasgredir..., trasgresor. → **transgredir..., transgresor.**

trashumancia. f. Hecho de trashumar. *En muchas zonas aún se practica la trashumancia de grandes rebaños de ovejas.*

trashumante. adj. **1.** Que trashuma. *Ganado trashumante.* **2.** De la trashumancia. *Llevó una vida trashumante y nunca tuvo una residencia fija.*

trashumar. intr. **1.** Pasar el ganado y su pastor desde las dehesas de invierno a las de verano, y viceversa. *Al llegar el invierno, los pastores y sus rebaños trashumaban hacia los pastos de Extremadura.* **2.** Cambiar una persona periódicamente de lugar. *Mucha gente se vio obligada a trashumar por la guerra y el hambre.*

trasiego. m. Hecho o efecto de trasegar. *El trasiego del vino de una cuba a otra permite separarlo de los sedimentos.* Frec. fig. para designar el paso constante de personas de un lugar a otro. *En las horas punta hay mucho trasiego de gente en el metro.*

traslación. (Tb. **translación**). f. **1.** cult. Hecho o efecto de trasladar algo de lugar, o un texto a otro idioma. *La traslación de sus restos mortales al cementerio tendrá lugar tras la misa. Un buen diccionario bilingüe ofrece más que una mera traslación de términos.* **2.** *Fís.* Movimiento de un astro a lo largo de su órbita. *La traslación de la Tierra da lugar a la sucesión de las estaciones.* Frec. en la constr. *movimiento de ~. El planeta tiene un movimiento de traslación y otro de rotación.*

trasladar. tr. **1.** Llevar (a alguien o algo) de un lugar a otro. *Voy a trasladar los libros a una habitación más amplia. Una ambulancia traslada a los heridos.* Tb. fig. *La película nos traslada a un mundo fantástico.* **2.** Cambiar (a alguien) de lugar de trabajo, gralm. para ocupar un puesto de igual categoría. *Después de dos años en provincias, me trasladaron* A *la sucursal de Madrid.* **3.** Cambiar de fecha (algo, espec. un acto). *Han trasladado la boda* AL *mes siguiente. Si la fiesta del patrón cae en domingo, se trasladará* AL *lunes.* **4.** Copiar o reproducir (un texto o escrito). *Los cantares de gesta se difundían oralmente, hasta que alguien los trasladaba en papel.* **5.** cult. Traducir (algo) de un idioma a otro. *Muchas cancioncillas árabes fueron trasladadas al castellano.* ○ intr. prnl. **6.** Ir a un lugar. *El equipo se traslada al campo para comenzar el entrenamiento.*

traslado. m. Hecho de trasladar. *El traslado de los pasajeros del aeropuerto a la ciudad se hará en autobús.*

traslaticio, cia. (Tb. **translaticio**). adj. cult. Dicho del sentido de una palabra: Que es distinto, aunque con alguna relación, del que esa palabra tiene en su acepción primitiva o en la más propia. *"Trompa" ha adquirido el significado traslaticio de 'borrachera'.*

traslúcido, da. (Tb. **translúcido**). adj. Dicho de cuerpo: Que deja pasar la luz, pero no permite ver nítidamente los objetos. *Cristal traslúcido. Papel translúcido.*

traslucir. (Tb. **translucir;** conjug. LUCIR). tr. **1.** Permitir una cosa entrever (algo) o conjeturar(lo) por algún indicio. *Sus lágrimas traslucen la amargura que siente.* ○ intr. prnl. **2.** Dejarse entrever algo, o conjeturarse por algún indicio. *La pasión con la que vive se trasluce en todo lo que hace.* **3.** Ser traslúcido un cuerpo. *El vidrio de la puerta se trasluce.*

trasluz. al ~. loc. adv. De forma que el objeto que se trasluce o trasparenta se encuentre entre la luz y el ojo. Frec. con v. que significan "mirar". *Para ver las fotos, mira la película al trasluz.*

trasmallo. m. Arte de pesca formado por tres redes de las que la central es la más tupida. *Utilizan trasmallos para la pesca de langostinos.*

trasmano. a ~. loc. adv. **1.** Fuera del alcance de la mano, o donde no se alcanza con comodidad. *Coloca los libros en el estante bajo para que no me queden a trasmano.* **2.** Fuera de los caminos habituales o frecuentados. *No sé si me pasaré por su casa, porque me pilla un poco a trasmano.*

trasmediterráneo, a..., trasnacional. → **transmediterráneo..., transnacional.**

trasnochado, da. part. **1.** → **trasnochar.** ● adj. **2.** Pasado de moda o carente de novedad. *Tiene unas ideas un poco trasnochadas sobre el matrimonio.*

trasnochador, ra. adj. Que trasnocha. *Desde que madrugo, ya no soy tan trasnochador.* Dicho de pers., tb. m. y f. *A las cinco de la mañana el bar está lleno de trasnochadores.*

trasnochar. intr. Pasar alguien la noche o parte de ella sin dormir. *Los sábados trasnocha porque sale con sus amigos.*

trasoceánico, ca. → **transoceánico.**

traspapelar. tr. Perder o extraviar (un papel o algo en papel) por colocar(lo) en un lugar distinto al que debía ocupar. *Traspapeló el expediente entre otros documentos.* Tb. en constr. prnl. media. *Grapa todas las hojas para que no se traspapele ninguna.*

trasparencia..., trasparente. → **transparencia..., transparente.**

traspasar. tr. **1.** Pasar o llevar (algo o a alguien) de un lugar o situación a otros. *Van a traspasar el archivo a la planta baja.* **2.** Pasar a la otra parte (de algo). *Traspasaremos el arroyo por aquí.* **3.** Atravesar (algo o a alguien) de parte a parte. *Le traspasó el corazón con una estaca.* Tb. fig. *El dolor me traspasó.* **4.** Ceder a favor de otro el derecho (sobre algo). *Quiere traspasar el local.*

traspaso. m. **1.** Hecho de traspasar a otro lugar o situación. *El traspaso de un jugador* A *otro equipo.* **2.** Hecho de traspasar o ceder el derecho sobre algo. *Ha ganado mucho con el traspaso del negocio.* **3.** Cantidad que se paga por el traspaso (→ 2) de un derecho. *Han pagado el traspaso de la tienda.*

traspatio. m. frecAm. Segundo patio de una casa, que suele estar detrás del principal. *La halló lavándose en una fuente, en el traspatio de la cocina* [C].

traspié. m. **1.** Resbalón o tropezón al andar. Frec. con *dar. Dio un traspié al salir de la tienda y casi se cae.* **2.** Error o fracaso. Frec. con *dar. He dado muchos traspiés en mi vida, pero no me arrepiento de nada.*

traspiración..., traspirenaico. → **transpiración..., transpirenaico.**

trasplantado, da. part. **1.** → **trasplantar.** **2.** *Med.* Que ha sufrido un trasplante. Dicho de pers., tb. m. y f. *Asociación de trasplantados y enfermos hepáticos.*

trasplantar. tr. **1.** Trasladar (una planta) del sitio en que está arraigada y plantar(la) en otro. *Voy a trasplantar el rosal a un tiesto mayor.* **2.** Trasladar (algo o a alguien) a un lugar diferente al de su origen, para que arraiguen en él. *Los avances médicos del primer mundo deberían ser trasplantados a los países menos desarrollados.* **3.** *Med.* Trasladar (un órgano procedente de un donante) a un organismo receptor, para sustituir en este el órgano correspondiente. *Van a trasplantarle un riñón de su madre.* **4.** *Med.* Trasplantar (→ 3) un órgano (a una persona). *Está en lista de espera para ser trasplantado.*

trasplante. m. Hecho de trasplantar. *Ha sido sometido a un trasplante de hígado. El trasplante es imprescindible para el desarrollo de la planta.*

trasponer. (Tb. **transponer;** conjug. PONER). tr. **1.** Cambiar (algo o a alguien) de lugar o de orden. *Tiene el vicio de transponer las palabras y enmarañar la frase.* **2.** Trasplantar o trasladar (algo) a otro ámbito. *Pretende trasponer* AL *mundo del arte conceptos de la filosofía oriental.* **3.** Pasar al otro lado (de algo, como un límite o un obstáculo). *Le daba miedo trasponer el umbral de la puerta.* ○ intr. prnl. **4.** Pasar a estar alguien medio dormido. *Me puse a ver la tele y me quedé traspuesto.*

trasportador..., trasportista. → **transportador..., transportista.**

trasposición. (Tb. **transposición**). f. Hecho de trasponer o trasponerse. *Una involuntaria transposición de fechas en el informe falsea los datos. La norma es fruto de la trasposición al Derecho español de una directiva comunitaria.*

traspunte. m. y f. *Teatro* Persona encargada de avisar a cada actor cuando tiene que salir a escena, y de apuntarle el comienzo de lo que debe decir. *Atrezo: Julián Ibáñez; traspunte: Juana Prego; apuntador: Félix Sanjuán.*

trasquilar. tr. **1.** Esquilar (un animal). *El pastor trasquilará a sus ovejas en primavera.* **2.** Cortar mal el pelo (a una persona). *He ido a una peluquería nueva y me han trasquilado.* ▶ **1:** ESQUILAR.

trasquilón. m. Corte mal hecho y desigual de un trecho de pelo. *Se ha hecho una coleta para disimular los trasquilones.* Frec. en la constr. *a trasquilones. Él mismo cogió las tijeras y se cortó el pelo a trasquilones.*

trastabillar. intr. **1.** Dar traspiés o tropezones. *Va trastabillando contra todo lo que encuentra a su paso.* **2.** Vacilar o tambalearse. *Trastabilló un poco al tropezar, pero no llegó a caerse.*

trastada. f. **1.** coloq. Faena (acción perjudicial). *Será un imbécil, pero te quiere y es incapaz de hacerte una trastada.* **2.** coloq. Travesura. *Siempre que hace una trastada, el niño se esconde.*

trastazo. m. coloq. Golpe fuerte. *Me he dado tal trastazo contra una silla, que todavía cojeo.*

traste[1]. m. **1.** En una guitarra u otro instrumento semejante: Cada uno de los salientes que recorren el mástil y lo dividen en espacios sobre los que se oprimen las cuerdas con los dedos para producir los distintos sonidos. *Sus dedos recorren los trastes de la guitarra.* **2.** Am. Utensilio casero. *Poner en un traste hondo el agua necesaria para cubrir las verduras* [C]. Frec. en pl. *Salía al patio a fregar los trastes de la comida* [C]. ■ **dar al ~** (con algo). loc. v. Destruir(lo) o echar(lo) a perder. *La lluvia ha dado al traste* CON *nuestros planes.*

traste[2]. m. frecAm. coloq. Nalgas (parte del cuerpo humano). *¡No saben limpiarse el traste y quieren derecho a voto!* [C].

trastear. intr. **1.** Revolver o llevar trastos de un sitio para otro. *Se pasa el día trasteando en el garaje.* **2.** Enredar o hacer travesuras. *Ten cuidado con el niño, que se pone a trastear y lo rompe todo.* ○ tr. **3.** coloq. Manejar con habilidad (un asunto o a una persona). *Yo tengo mi orgullo y no me gusta que me trasteen.* **4.** *Taurom.* Dar (al toro) pases de muleta, gralm. para que cambie de posición. *El diestro trasteó al toro hasta cuadrarlo y lo despachó de una estocada.* ▶ **2:** ENREDAR.

trasteo. m. Hecho de trastear algo, a alguien o a un toro. *El torero se eternizó en el trasteo y el público empezó a pitar.*

trastero, ra. adj. Dicho de habitación: Destinada a guardar los trastos que no se usan. *Cuarto trastero.* Tb. m. o f. *Guardaremos los muebles viejos en el trastero.*

trastienda. f. **1.** Habitación o espacio situados detrás de una tienda. *El frutero sale de la trastienda para atendernos.* Tb. fig. *Oficialmente, no ocurre nada, pero algo se está cociendo en la trastienda.* **2.** coloq. Conjunto de pensamientos que una persona oculta o mantiene con reserva en su forma de proceder. *Poco imaginan los que me elogian que yo también tengo mi trastienda.*

trasto. m. **1.** coloq. o despect. Cosa inútil, estropeada o que estorba. *Tienes el cuarto lleno de trastos. Yo en ese trasto de autobús no monto.* **2.** coloq. Persona, gralm. un niño, informal o traviesa. *A este trasto no hay quien lo aguante.* ○ pl. **3.** Conjunto de utensilios o herramientas propios de una actividad. *Voy a meter en el coche los trastos de pescar.* ■ **tirarse los ~s a la cabeza.** loc. v. coloq. Discutir o reñir. *Después de tirarse los trastos a la cabeza, se pidieron perdón.* ▶ **3:** APEROS, PERTRECHOS, TREBEJOS.

trastocar. tr. **1.** Trastornar o cambiar (algo). *Espero que su llegada no trastoque mis planes.* Tb. en constr. prnl. media. *Cuando nos encontramos años después, sus ideas se habían trastocado radicalmente.* ○ intr. prnl. **2.** Trastornarse o perturbarse alguien. *Se había trastocado bastante y tuvieron que internarlo.* ▶ **1:** TRASTROCAR. **2:** TRASTROCARSE.

trastornar. tr. **1.** Producir un cambio o alteración, gralm. negativos, (en algo). *El incidente ha trastornado todos mis planes.* **2.** Perturbar o alterar el funcionamiento normal de la mente o la conducta (de alguien). *La droga lo ha trastornado.* Tb. en constr. prnl. media. *Se trastornó tanto con la pérdida de su hijo que parecía loco.* **3.** Inquietar o desasosegar (a alguien). *Sus insinuaciones me han trastornado un poco.*

trastorno. m. Hecho o efecto de trastornar o trastornarse. *Sufre un trastorno psíquico. Nos ocasionó un gran trastorno que se presentara sin avisar.*

trastrocar. (conjug. CONTAR). tr. **1.** Trastocar (algo). *Las circunstancias han trastrocado los cálculos iniciales.* Tb. en constr. prnl. media. *Al quedar huérfano, su vida se trastrocó por completo.* ○ intr. prnl. **2.** Trastocarse alguien. *Se ha trastrocado y ya no sabe en qué mundo vive.* ▶ **1:** TRASTOCAR. **2:** TRASTOCARSE.

trasunto. m. cult. Imitación, representación o reflejo de algo o de alguien. *El protagonista de la novela es un trasunto del autor.*

trasvasar. (Tb. **transvasar**). tr. Pasar (un líquido) de un recipiente a otro. *Después de fermentar en envases herméticos, el cava se trasvasa a botellas. Van a trasvasar agua de la cuenca del Tajo a la del Segura.* Tb. fig. *Es necesario transvasar trabajadores de la minería a otros sectores.*

trasvase. (Tb. **transvase**). m. Hecho de trasvasar. *Para el trasvase del vino a las botellas utilizan un embudo. Los agricultores reclaman un trasvase de agua.* Tb. fig. *Transvase de la población del campo a la ciudad.*

trasversal. → **transversal.**

trata. f. Tráfico que consiste en vender seres humanos. *La "Declaración universal de los derechos humanos" prohíbe la trata de esclavos.* ■ **~ de blancas.** f. Trata de mujeres para dedicarlas a la prostitución. *Desarticulan una red de trata de blancas.*

tratable. adj. **1.** Que se puede tratar. *El asma es una patología crónica tratable.* **2.** Dicho de persona: Accesible o de trato fácil y cercano. *Por suerte, tiene un jefe comprensivo y tratable.*

tratadista. m. y f. Autor de tratados. *Como tratadista de arte, escribió varias monografías sobre las vanguardias.*

tratado. m. **1.** Obra que trata sobre una materia determinada, gralm. de manera extensa y sistemática. *Tratado de filosofía del derecho.* **2.** Acuerdo o compromiso formal entre Estados. *Por el tratado de Versalles se pone fin a la Primera Guerra Mundial.* Tb. el documento en que consta. *Firmarán el tratado todos los jefes de Gobierno.*

tratamiento. m. **1.** Hecho de tratar un asunto. *No me gusta el tratamiento que el periódico da a la noticia.* **2.** Hecho de tratar algo con una sustancia. *Tratamiento de las aguas con cloro.* **3.** Hecho de tratar a un paciente o una enfermedad. *Han descubierto un nuevo medicamento para el tratamiento del sida.* **4.** Conjunto de medios y medicamentos que se emplean para curar a un enfermo o una enfermedad. *El médico me ha puesto un tratamiento y lo sigo a rajatabla.* **5.** Título que se da a una persona por cortesía o en función de su cargo o condición. *Le corresponde el tratamiento de "excelencia".* ■ ~ **de texto**(s). m. *Inform.* Programa que permite la composición y manipulación de textos en un ordenador. *Mi PC tiene un tratamiento de textos muy bueno.*

tratante. adj. **1.** Que trata. *Crema tratante para pieles sensibles.* ● m. y f. **2.** Persona que se dedica a comprar géneros para revenderlos. *Se casó con un tratante* DE *ganado. Tratante* EN *vinos y aceites.*

tratar. tr. **1.** Manejar (algo) y usar(lo) materialmente de determinada manera. *Si no tratas bien la ropa, se te pondrá vieja enseguida.* **2.** Portarse o actuar una persona de determinada manera (respecto a otra). *Trata mejor a sus amigos que a su familia.* **3.** Analizar o discutir (un asunto) de palabra o por escrito. *No podemos tratar este tema ahora.* **4.** Someter (algo) a la acción de una sustancia. *Trata sus botas de piel* CON *grasa de caballo.* **5.** Aplicar un médico (a un paciente) los remedios adecuados para curar(lo). *Lo está tratando un cardiólogo.* **6.** Aplicar los medios adecuados para curar o aliviar (una enfermedad). *Me están tratando una infección.* **7.** Dar (a una persona) un determinado tratamiento en función de su edad, condición u otras características. *Luis me trata* DE *usted.* **8.** Calificar (a alguien) de manera despectiva. *Lo trató* DE *loco.* **9.** Relacionarse (con un individuo). *No trata a sus vecinos.* ○ intr. **10.** Procurar el logro de algo. *Trato* DE *vivir lo mejor posible. Trataré* DE *que no se note que he llorado.* **11.** Ocuparse o discutir de un asunto de palabra o por escrito. *Los dirigentes tratarán* DEL *tema en la próxima conferencia.* **12.** Tener una cosa algo como tema. *Esta película trata* DE/SOBRE *la guerra de Vietnam.* **13.** Comerciar con géneros. *Su marido trata* EN *ganado.* ○ intr. prnl. **14.** Tener relación dos o más personas. *Mi familia y la suya no se tratan.* Tb.: *No se trata* CON *él.* ▶ **10:** *INTENTAR. **12:** VERSAR.

tratativa. f. Am. Negociación para llegar a un acuerdo. Se usa espec. en política. *Hoy se reanudan las tratativas entre Perú y Chile para la eliminación de aranceles* [C].

trato. m. **1.** Hecho de manejar y usar una cosa de una manera determinada. *Con el trato que le das al ordenador, no te durará mucho.* **2.** Hecho de tratar o portarse con alguien de una determinada manera. *Recibe un trato discriminatorio en el colegio.* **3.** Hecho de tratarse dos personas. *Ya no tengo casi trato con mis compañeros de universidad.* **4.** Acuerdo o convenio entre dos partes. *Formalizaron el trato con un apretón de manos.* **5.** Compraventa de determinados productos, espec. de ganado. *Se dedica al trato de ganado.* ■ **malos ~s.** m. pl. *Der.* Delito consistente en ejercer de modo continuado violencia física o psíquica sobre el cónyuge o las personas con quienes se convive o están bajo la guarda del agresor. *Acusó a su marido de malos tratos.* ■ ~ **hecho.** expr. coloq. Se usa para dar por cerrado un convenio o acuerdo. *–Te vendo el coche por seis mil euros. –Trato hecho.*

trauma. m. **1.** Choque emocional que produce una impresión negativa y duradera en el inconsciente. *El abandono de un niño por parte de los padres puede provocarle un trauma afectivo.* Tb. esa impresión. *De los años de represión le queda un trauma que no ha podido superar.* **2.** Impresión negativa fuerte. Tb. el hecho que la provoca. *Para mí, ir al médico es un trauma.* **3.** *Med.* Traumatismo. *Trauma pélvico.*

traumático, ca. adj. **1.** Traumatizante. *La muerte de su madre fue una experiencia traumática.* **2.** *Med.* Del trauma. *El herido presenta fractura traumática de fémur. Neurosis traumática.*

traumatismo. m. *Med.* Lesión interna o externa provocada por un agente mecánico externo, gralm. por un golpe violento. *Sufre traumatismo craneal a consecuencia del accidente.* ▶ TRAUMA.

traumatizante. adj. Que traumatiza. *Su divorcio ha sido traumatizante para él.* ▶ TRAUMÁTICO.

traumatizar. tr. Causar un trauma o choque emocional (a alguien). *La pérdida de su hijo lo ha traumatizado.* Tb. en constr. prnl. media. *Se traumatizó desde que de pequeña un perro la atacó.*

traumatología. f. Rama de la medicina que se ocupa de los traumatismos y su tratamiento. *Han ingresado al paciente en la sección de traumatología.*

traumatológico, ca. adj. De la traumatología. *Le van a practicar un implante de cadera en una clínica traumatológica.*

traumatólogo, ga. m. y f. Especialista en traumatología. *Tiene que ir al traumatólogo porque tiene una rotura de menisco.*

travelín. m. *Cine* Desplazamiento de la cámara montada sobre una plataforma móvil para acercarla al objeto filmado, alejarla de él o seguirlo en sus movimientos. *La película empieza con un travelín por la habitación.* Tb. esa plataforma. *Un técnico se ocupa del travelín durante el rodaje.*

través. a ~. loc. adv. En dirección transversal. *Si bajas la cuesta a través, no te dolerán las rodillas.* ■ **a ~ de.** loc. prepos. **1.** Pasando de un lado a otro de. *No se ve nada a través del visillo. La sangre de la herida pasó a través del vendaje.* **2.** Por en medio de. *Tuvieron que abrirse paso a través de la multitud. Hay un atajo que va a través del bosque.* **3.** Por medio o mediación de. *Consiguió el trabajo a través de un amigo.* ■ **de ~.** loc. adv. De manera transversal. *Dormía tumbado de través. El viento soplaba de través. Siempre te mira de través cuando te habla.* Tb. loc. adj. *Me echa unas miradas de través que me dejan temblando.*

travesaño. m. **1.** Pieza de madera u otro material que atraviesa de una parte a otra. *Se ha desprendido un travesaño del respaldo de la silla.* **2.** En el fútbol y otros deportes: Larguero. *El balón da en el travesaño y sale fuera del campo.* ▶ **2:** LARGUERO.

travesero, ra. adj. Que se pone en dirección transversal. *Paneles laterales y traveseros sostienen la plataforma.*

travesía. f. **1.** Calle o camino transversales. *De la calle principal sale una estrecha travesía.* Frec. se usa como parte del nombre de esa calle o camino. *Vive en la Travesía del Almendro, n.º 1.* **2.** Parte de una carretera que discurre dentro de una población. *En travesías está prohibido utilizar las luces de largo alcance.* **3.** Viaje, espec. el que se realiza por mar o por aire. *Realizamos una preciosa travesía en barco hasta las islas.*

travesti o **travestí.** m. y f. Persona que, por inclinación natural o como parte de un espectáculo, se viste con ropas del sexo contrario. *No es una mujer, es un travesti; fíjate que lleva peluca y el pecho es postizo.* ▶ TRAVESTIDO.

travestido, da. part. **1.** → **travestir.** ● m. y f. **2.** Travesti. *En el espectáculo, unos travestidos actúan imitando a artistas famosas.*

travestir. (conjug. PEDIR). tr. **1.** Vestir (a una persona) con la ropa del sexo contrario. *Para su papel en* *la obra de teatro Ana se traviste* DE *hombre.* **2.** Disfrazar (algo o a alguien). *Para la fiesta se había travestido* DE *monja.* ▶ **2:** DISFRAZAR.

travestismo. m. **1.** Práctica que consiste en el uso de prendas de vestir del sexo contrario. *Interviene en un espectáculo de travestismo.* Tb. la inclinación correspondiente, frec. propia de homosexuales y transexuales. *Según el sexólogo, el travestismo se da tanto en heterosexuales como en homosexuales.* **2.** Tendencia a disfrazar la verdadera apariencia de alguien o de algo. *Se ha acusado al político de travestismo ideológico.*

travesura. f. Hecho propio de una persona traviesa. *De pequeño hice la travesura de echar sal en el café.* ▶ FECHORÍA.

travieso, sa. adj. **1.** Dicho de persona, espec. de niño: Inquieta e inclinada a realizar acciones ingeniosas y malignas o molestas, pero de poca importancia. *En el colegio lo castigan todos los días porque es muy travieso.* ● f. **2.** Cada una de las piezas de madera u otro material que atraviesan una vía férrea y sobre las que se asientan los rieles. *Los niños jugaban a caminar por las traviesas de la vía.* ▶ **1:** REVOLTOSO. || **Am: 2:** DURMIENTE.

trayecto. m. **1.** Espacio que se recorre de un punto a otro. *El trayecto de mi pueblo a la ciudad no es muy largo.* **2.** Hecho de recorrer un trayecto (→ 1). *El billete sirve solo para el trayecto de ida.*

trayectoria. f. **1.** Línea que describe en el plano o en el espacio un cuerpo en movimiento. *La trayectoria seguida por el proyectil fue una parábola.* **2.** Curso o evolución de algo o de alguien a lo largo del tiempo. *Su trayectoria está cuajada de éxitos.*

traza. f. **1.** Apariencia de alguien o algo. Frec. en pl. y con v. que significan "tener". *Este asunto no tiene trazas* DE *mejorar.* **2.** coloq. Habilidad o maña para hacer algo. Frec. con *tener* o *darse. No tengo buena traza para la cocina.* **3.** Huella o señal dejadas por algo. *Desaparece sin dejar trazas de su presencia.* **4.** Diseño o plano para la construcción de un edificio u otra obra. *En la traza de la iglesia participarán dos arquitectos.* ▶ **1:** *APARIENCIA.

trazado. m. Hecho o efecto de trazar. *Se ha propuesto un nuevo trazado para la autovía. Para el trazado de líneas paralelas, utiliza una regla y una escuadra.*

trazar. tr. **1.** Dibujar (una línea o una figura). *Trace una perpendicular a la recta OA.* **2.** Idear las líneas maestras (de un plan o un proyecto). *Ha trazado un plan para deshacerse de sus rivales.* **3.** Describir con palabras los rasgos característicos o relevantes (de algo o alguien). *En su discurso, trazó un breve resumen de los proyectos del nuevo gobierno.* **4.** Hacer el plano o el diseño (de un edificio). *Un arquitecto italiano traza la real fábrica de porcelanas.* Tb. referido al plano.

trazo. m. **1.** Hecho o efecto de trazar. *Dibuja siluetas con trazos infantiles. Se aprecian en su libro algunos trazos autobiográficos.* **2.** Parte en que se considera dividida una letra manuscrita, según el modo de formarla. *El trazo horizontal de la letra "t" es muy significativo en grafología.*

trébedes. f. pl. Aro o triángulo de hierro con tres pies, que sirve para poner al fuego una sartén u otro recipiente. *Coloca la cacerola en unas trébedes sobre la leña.*

trebejo. m. Utensilio o instrumento utilizados para una actividad. Más frec. en pl. (→ **trastos**). *Cojo los trebejos de limpieza y me pongo a trabajar.*

trébol. m. **1.** Planta herbácea, de hojas formadas gralm. por tres hojuelas redondeadas, con flores blancas o moradas, muy abundante en prados. *Dicen que encontrar un trébol de cuatro hojuelas trae suerte.* **2.** Palo de la baraja francesa cuyas cartas tienen representadas una o varias figuras en forma de hojas de trébol (→ 1). Más frec. en pl. *El dos de tréboles.*

trece. (APÉND. NUM.). adj. **1.** Doce más uno. *Trece billetes.* Tb. sustantivado. *Los trece harán una fiesta.* Tb. pron. *De todos los convocados solo se han presentado trece.* **2.** Decimotercero. *Párrafo trece.* Tb. sustantivado. *–¿A qué piso va? –Al trece.* ● m. **3.** Número que sigue al doce. *No recuerdo la matrícula, pero acaba en trece. El trece se representa como 13.* Frec. *número* ~. ■ **en sus ~.** loc. adv. Manteniendo de manera persistente la misma actitud u opinión. *Te advertimos del peligro, pero tú seguías en tus trece.*

trecho. m. Espacio o distancia entre dos lugares o dos momentos. *Todavía falta un buen trecho para llegar a mi casa.* Tb. el tramo correspondiente en un recorrido. *Desde la aldea se divisa el último trecho del río. Durante un largo trecho de su vida estuvo dedicado a la enseñanza.* ■ **a ~s,** o **de ~ en ~.** loc. adv. Con interrupciones, o de manera discontinua en el espacio o en el tiempo. *Haremos el viaje durmiendo a trechos. Resplandecía un cielo azul, manchado por nubes de trecho en trecho.*

tregua. f. **1.** Cese temporal de las hostilidades entre los enemigos enfrentados en una guerra o en un conflicto armado. *Ambos bandos acuerdan una tregua para evacuar a los heridos.* **2.** Interrupción o descanso. *En el trabajo estamos desbordados y no tenemos un momento de tregua.* Frec. en las constr. *sin ~*, o *dar ~*. *La vida es una lucha sin tregua. Los hijos exigen atención permanente y no dan tregua.*

treinta. (APÉND. NUM.). adj. **1.** Veintinueve más uno. *Treinta monedas.* Tb. sustantivado. *He visitado una treintena de países y me han gustado los treinta.* Tb. pron. *–¿Cuántos alumnos tienes? –Treinta.* **2.** Trigésimo. *Apartado treinta.* ● m. **3.** Número que sigue al veintinueve. *El treinta se representa como 30. Has escrito un treinta que parece un ochenta.* Frec. *número* ~. ■ **los (años) ~.** loc. s. La cuarta década del siglo, espec. del XX. *La crisis económica de los años treinta arruinó a muchas compañías.*

treintañero, ra. adj. coloq. Dicho de persona: Que tiene entre treinta y treinta y nueve años. Tb. m. y f. *Salía con un treintañero muy atractivo.*

treintena. f. Conjunto de treinta unidades. *Una treintena de personas resultaron heridas.*

tremebundo, da. adj. **1.** Que causa horror o espanto. *Un crimen tremebundo.* **2.** coloq. Muy grande o extraordinario. *Con su novela cosechará un éxito tremebundo.* ▶ **1:** *TERRIBLE.

tremedal. m. Terreno pantanoso, abundante en turba, cubierto de césped y que, por su escasa consistencia, retiembla al andar sobre él. *En la serranía hay varios tremedales.* Tb. fig. *No puedo seguir viviendo en este tremedal de angustia.*

tremendismo. m. **1.** Tendencia a exagerar los aspectos más tremendos o alarmantes de las cosas. *El periódico trata la noticia del secuestro con su tremendismo característico.* **2.** Corriente literaria y artística desarrollada en España durante el s. XX y caracterizada por exagerar la expresión de los aspectos más crudos de la realidad. *"La familia de Pascual Duarte", de Cela, da paso a la novela de posguerra y al tremendismo.*

tremendista. adj. **1.** Del tremendismo. *Sus declaraciones tremendistas inquietan a los presentes. Una pintura tremendista.* **2.** Seguidor del tremendismo, o que lo practica. *Escritor tremendista.* Tb. m. y f. *¡No exagere, hombre, es usted un tremendista!*

tremendo, da. adj. **1.** Que causa terror. *Me ha contado una historia tremenda que no me ha dejado conciliar el sueño.* **2.** coloq. Muy grande o extraordinario. *Se ha llevado un disgusto tremendo.* **3.** coloq. Muy travieso o incorregible. *¡Ya está enredando otra vez; es tremendo este chico!* ■ **a,** o **por, la tremenda.** loc. adv. coloq. Dando demasiada importancia a aquello de lo que se habla, o considerando sus aspectos más negativos. Gralm. con *tomar. Si te lo tomas todo a la tremenda, vas a sufrir mucho en esta vida.* ▶ **1:** *TERRIBLE.

trementina. f. Sustancia casi líquida y pegajosa, que fluye de algunos árboles como el pino o el abeto, y se emplea mucho como disolvente. *El pintor diluye las pinturas con trementina.*

tremolar. tr. **1.** cult. Enarbolar (algo, espec. una bandera) agitándo(lo) o moviéndo(lo) al viento. *El soldado tremola la bandera de su país.* ○ intr. **2.** cult. Agitarse o moverse al viento algo, espec. una bandera. *Unas sábanas tendidas tremolan en el solitario patio.*

tremolina. f. coloq. Situación confusa y ruidosa, gralm. provocada por personas que riñen. Frec. con v. como *armar* o *armarse. Perdió el equipo de casa y se armó la tremolina.*

trémolo. m. *Mús.* Repetición rápida de un sonido, que produce un efecto de temblor. *Un trémolo de violines subraya la intensidad de la escena.* Tb. fig. para dar idea de temblor. *Habla de sus sentimientos con un trémolo de emoción en la voz.*

trémulo, la. adj. cult. Tembloroso. *Su cuerpo trémulo yacía sobre la cama. Cenan a la trémula luz de las velas.*

tren. m. **1.** Conjunto formado por uno o varios vagones y una locomotora que los arrastra, y que circula sobre raíles. *Tomaré el tren de las doce. La nueva línea de metro cuenta con trenes más modernos.* Tb. el medio de transporte correspondiente. *Vive en una aldea perdida, sin tren ni teléfono.* Frec. fig. y en constr. como *perder el (último) ~* para designar una oportunidad que puede escaparse. *El país tendrá que adaptarse a los cambios si no quiere perder el tren de la modernidad.* **2.** Conjunto de máquinas, instrumentos y útiles que se emplean para realizar una operación o servicio. *El puerto cuenta con un tren de dragado para la limpieza de los muelles.* **3.** Forma de vida de una persona, en relación con los gastos y comodidades que puede permitirse. *Si no encuentro otro empleo, no podré mantener este tren.* Frec. *~ de vida. Su sueldo le permite llevar un buen tren de vida.* **4.** Ritmo con que se hace o se produce algo, espec. si es acelerado. *Si seguimos trabajando a este tren, acabaremos exhaustos.* ■ **~ correo.** m. Tren (→ 1) destinado gralm. a transportar la correspondencia pública. *El tren correo tuvo una demora de varias horas.* ■ **~ de alta,** o **gran, velocidad.** m. Tren (→ 1) que debe circular a una velocidad mínima muy elevada por vías de diseño especial. *El tren de alta velocidad es una competencia seria para el avión.* ⇒ AVE. ■ **~ de aterrizaje.** m. Sistema mecánico del que están provistos los aviones, dotado de ruedas o esquíes y que permite el correcto aterrizaje y despegue. *El accidente se produjo por un bloqueo en el tren de aterrizaje.* ■ **~ de cercanías.** m. Tren (→ 1) que une una ciudad muy poblada con localidades vecinas. *Va a trabajar a la ciudad en el tren de cercanías.* ⇒ CERCANÍAS. ■ **~ expreso.** m. Tren (→ 1) de viajeros que circula por la noche y se detiene solamente en las estaciones principales del trayecto. ⇒ EXPRÉS, EXPRESO. ■ **~ rápido.** m. Tren (→ 1) que circula de día y se detiene solamente en las estaciones principales del trayecto. ⇒ RÁPIDO. □ **a todo ~.** loc. adv. **1.** coloq. Con la máxima velocidad. *Iba a todo tren por la carretera con su coche nuevo.* **2.** coloq. Sin reparar en gastos o con gran lujo. *Ha vivido un año a todo tren y ahora tendrá que ahorrar.* ■ **(como) para parar un ~.** loc. adv. coloq. En gran abundancia. Frec. con intención enfática. *Tiene dinero como para parar un tren.* ■ **como (para parar) un ~.** loc. adv. coloq. Con un gran atractivo físico. Gralm. con *estar* y con intención enfática. *Sale con una chica que está como para parar un tren.* Tb. loc. adj. *Tiene un hermano divertidísimo y como un tren.* ▶ **1:** CONVOY, FERROCARRIL.

trena. f. coloq. Cárcel. *Ese terminará en la trena por ladrón.*

trenca. f. Prenda semejante a un abrigo corto, gralm. con capucha, y que se abrocha con tiras de cuero y piezas alargadas a modo de botones. *Se subió el cuello de la trenca y metió las manos en los bolsillos.*

trencilla. f. Tejido trenzado de seda, algodón o lana, que se usa para bordados y adornos de telas y ropas. *Viste una casaca ribeteada con trencilla.*

treno. m. cult. Canto fúnebre o lamentación por alguna calamidad o desgracia. *El cante de las minas refleja, en sus desgarrados quejidos y trenos, la fatiga de los mineros.* Frec. referido a la Antigüedad clásica. *Las odas de Píndaro comprenden diversos géneros, como himnos, encomios o trenos.*

trenza. f. **1.** Conjunto de tres cabos o tres grupos de hebras o fibras, que se entrecruzan alternativamente. *Hizo una trenza de cintas y la cosió en el borde de la rebeca.* **2.** Trenza (→ 1) de pelo. *Lleva el pelo peinado en trenzas pequeñas.* **3.** Bollo en forma de trenza (→ 1). *Cómprame una trenza en la panadería.*

trenzado. m. **1.** Hecho o efecto de trenzar. *El trenzado del esparto es una operación previa a la confección de las cestas.* **2.** En danza: Salto ligero en que se baten rápidamente los pies uno contra otro, cruzándolos. *La bailarina de* ballet *hace un trenzado en el centro del escenario.*

trenzar. tr. Hacer una o varias trenzas (con algo). *En el jardín cuelga una hamaca de algodón trenzado. Voy a la peluquería para que me trencen el pelo.*

trepa. m. y f. coloq. Arribista. *El nuevo encargado es un trepa, capaz de vender a su madre por un ascenso.*

trepador, ra. adj. **1.** Que trepa o es capaz de trepar. *La madreselva es una planta trepadora. Mamífero trepador.* **2.** coloq. Arribista. Dicho de pers., tb. m. y f. *Llegó hasta la jefatura porque era un auténtico trepador.* **3.** *Zool.* Del grupo de las trepadoras (→ 4). *Ave trepadora.* ● f. **4.** *Zool.* Ave que tiene los dedos adaptados para trepar con facilidad, como el cuclillo y el pájaro carpintero. *El quetzal es una trepadora propia de la América tropical.*

trepanación. f. *Med.* Hecho de trepanar. *En culturas muy antiguas se practicaban trepanaciones para curar dolores de cabeza.*

trepanar. tr. *Med.* Perforar (un hueso, espec. el cráneo), gralm. con fines curativos o de diagnóstico.

Para la intervención es necesario trepanar el cráneo del paciente.

trépano. m. Instrumento o herramienta que se usan para trepanar un hueso o perforar otra superficie. *Los técnicos utilizan trépanos para perforar el terreno en busca de petróleo. Paneles de mármol tallados con trépano.*

trepar. intr. **1.** Subir a un lugar alto o poco accesible valiéndose de los pies y las manos. *Trepa hasta una ventana y entra en la casa por ella.* **2.** Crecer y subir una planta agarrándose a los árboles o a otros objetos. *Las enredaderas han trepado por los muros de la casa.* **3.** coloq. Ascender o progresar en la vida, espec. en el ámbito profesional, aprovechando sin escrúpulos las oportunidades que se presentan. *Me fastidia esa gente que solo busca trepar y figurar.* ○ tr. **4.** Subir (por un lugar) a otro alto o poco accesible, valiéndose de los pies y las manos. *El recluso se escapó trepando el muro de la prisión.*

trepidación. f. Hecho de trepidar. *La trepidación de la máquina produce un ruido ensordecedor.* Tb. fig. *En la agencia de prensa se vive una constante trepidación.*

trepidante. adj. **1.** Que trepida. *Un motor trepidante.* **2.** Rápido o agitado. *Bailan un* rock *trepidante. La Historia se aceleró durante el trepidante siglo* XX.

trepidar. intr. Temblar o agitarse intensamente. *Cuando pasa el tren, los cristales trepidan. Su corazón trepidaba cuando veía a su amante.* ▶ TEMBLAR.

tres. (APÉND. NUM.). adj. **1.** Dos más uno. *Tres libros.* Tb. sustantivado. *–¿Cuál de los diccionarios necesitas? –Los tres.* Tb. pron. *Esperaba a varios amigos y vinieron tres.* **2.** Tercero (que sigue a lo segundo). *Párrafo tres.* Tb. sustantivado. *–¿A qué piso va? –Al tres.* ● m. **3.** Número que sigue al dos. *El tres se representa como 3. Has escrito un tres que parece un ocho.* Frec. *número* ~. **4.** Elemento de una serie que tiene el número tres (→ 3). *En el mus, los treses valen igual que los reyes.* ■ **ni a la de ~.** loc. adv. coloq. De ningún modo. *Un problema así no lo resuelvo yo ni a la de tres.*

trescientos, tas. (APÉND. NUM.). adj. **1.** Doscientos noventa y nueve más uno. *Trescientos días.* Tb. sustantivado. *Aprobaron los trescientos que se presentaron al examen.* Tb. pron. *Se han matriculado trescientos.* **2.** Que ocupa en una serie el lugar número trescientos (→ 3). *Soy el socio trescientos.* ● m. **3.** Número que sigue al doscientos noventa y nueve. *El trescientos se representa como 300. El último cero de ese trescientos no se ve bien.* Frec. *número trescientos.*

tresillo. m. **1.** Conjunto de un sofá y dos butacas que hacen juego. *El sofá del tresillo es de tres plazas.* **2.** Juego de cartas que se juega entre tres personas, con nueve cartas cada una, y en el que gana la que hace un mayor número de bazas. *Los tres abuelos se juntaron para echar una partida de tresillo.* **3.** *Mús.* Conjunto de tres notas de igual valor, que debe interpretarse con la duración correspondiente a dos de ellas.

treta. f. Medio sutil e ingenioso para conseguir un fin. *Conozco tus sucias tretas para adueñarte de lo que no es tuyo.* ▶ *ARTIMAÑA.

tri-. elem. compos. Significa 'tres'. *Tricentenario, triforme, trilobulado.*

tríada. f. cult. Conjunto de tres seres o cosas vinculados estrecha o especialmente entre sí. *En la mitología romana, hay una tríada arcaica compuesta por Júpiter, Marte y Quirino.*

triádico, ca. adj. cult. De la tríada. *Su teoría de los géneros literarios parte del esquema triádico clásico drama-épica-lírica.*

trial. m. *Dep.* Prueba de habilidad con motocicleta o bicicleta, realizada sobre terrenos accidentados y con obstáculos. *El trial se desarrolló por zonas boscosas de gran dificultad.* Tb. la modalidad deportiva correspondiente. *El piloto se proclamó campeón nacional de trial.*

triangulación. f. Hecho de triangular. *Hacen un juego ágil, con constantes triangulaciones y desmarques.*

triangular[1]**.** adj. **1.** Del triángulo. *La superficie triangular se halla multiplicando la base por la altura y dividiendo por dos.* **2.** Que tiene forma de triángulo. *Lleva unos pendientes triangulares.* Tb. fig. *La comedia presenta el típico conflicto amoroso triangular.*

triangular[2]**.** tr. Disponer (algo, o sus piezas) de modo que formen un triángulo. Frec. fig., en deporte, hablando de jugadas en que se describe un triángulo. *Los jugadores triangulaban los pases para zafarse de los defensas contrarios.*

triángulo. m. **1.** Polígono de tres ángulos y tres lados. *Al trazar la diagonal, el cuadrado se divide en dos triángulos.* Tb. el objeto que tiene esa forma. *Ha hecho una manta con triángulos de distintas telas.* **2.** Instrumento musical de percusión consistente en una varilla metálica doblada en forma de triángulo (→ 1), que se toca suspendiéndola de un cordón y golpeándola con otra varilla también metálica. *Al fondo de la orquesta se sitúa la percusión: timbales, platillos, triángulo...* ■ **~ acutángulo.** m. *Mat.* Triángulo (→ 1) que tiene los tres ángulos agudos. ■ **~ amoroso.** m. Relación amorosa de tres personas, gralm. un matrimonio y el amante de uno de ellos. *La película cuenta una historia de enredo en torno a un triángulo amoroso.* Tb. el conjunto de esas tres personas. ■ **~ escaleno.** m. *Mat.* Triángulo (→ 1) que tiene los tres lados desiguales. ■ **~ isósceles.** m. *Mat.* Triángulo (→ 1) que tiene iguales solamente dos ángulos y dos lados. ■ **~ obtusángulo.** m. *Mat.* Triángulo (→ 1) que tiene obtuso uno de sus ángulos. ■ **~ rectángulo.** m. *Mat.* Triángulo (→ 1) que tiene recto uno de sus ángulos.

triásico, ca. adj. **1.** (Como m. se usa en mayúsc.). *Geol.* Dicho de división geológica: Que es la primera de la era mesozoica. Tb. m. *Se han hallado fósiles de mamíferos que pertenecen al Triásico.* **2.** *Geol.* Del Triásico (→ 1). *Falla triásica.*

triatleta. m. y f. *Dep.* Deportista que compite en un triatlón. *El triatleta completó los recorridos a nado, a pie y en bicicleta en tiempos récord.*

triatlón. m. *Dep.* Prueba combinada de tres disciplinas atléticas (natación, carrera ciclista y carrera a pie), que debe realizar un mismo atleta. *La parte más dura del triatlón suelen ser los 1500 m a nado.*

tribal. adj. De la tribu. *Los problemas de África se agudizan por las guerras y enfrentamientos tribales.*

tribalismo. m. **1.** Organización social basada en la tribu. *Algunos colonizadores fomentaron el tribalismo para evitar el nacimiento de un sentimiento nacional.* **2.** Tendencia a sentirse muy ligado al grupo de gente al que se pertenece y a ignorar al resto de la sociedad. *El mundo laboral debería perder en tribalismo y ganar en solidaridad.* Frec. despect. *Ca-*

lificó de tribalismo la actitud de algunos nacionalistas radicales.

tribu. f. **1.** Agrupación social y política autónoma propia de pueblos primitivos, formada por individuos que comparten origen, cultura, costumbres y lengua. *El pueblo apache se compone de seis tribus indígenas norteamericanas.* **2.** coloq. Grupo numeroso de personas que comparten determinadas características o intereses. *Tribus urbanas.* **3.** histór. Cada una de las agrupaciones en que estaban divididos algunos pueblos antiguos. *Las doce tribus de Israel procedían de los doce hijos de Jacob.* **4.** *Biol.* Categoría taxonómica en que se clasifican los seres vivos, que se usa a veces como subdivisión de la familia, y que es superior al género. *El diente de león y la lechuga pertenecen a la misma tribu (*Lactuceae*), dentro de la familia de las compuestas.*

tribulación. f. **1.** cult. Pena o congoja. *Su muerte causó gran tribulación entre sus allegados.* **2.** cult. Adversidad o dificultad. *Durante la posguerra, afrontaron grandes privaciones y tribulaciones.*

tribuna. f. **1.** Plataforma elevada desde donde el orador se dirige a su audiencia. *El candidato sube a la tribuna para tomar la palabra.* Tb. fig. *Desde la tribuna de algunos periódicos se critica la gestión del Gobierno.* **2.** Plataforma elevada para presenciar un acto público. *Vimos el desfile desde una tribuna.* **3.** En un campo de deporte: Emplazamiento preferente, gralm. cubierto. *Solo quedan entradas de anfiteatro y de tribuna para el encuentro.* Tb. cada localidad de ese emplazamiento. *Tengo dos tribunas para ver el partido.*

tribunal. m. **1.** Lugar destinado a los jueces para administrar justicia y dictar sentencias. *La televisión emitirá desde el tribunal la lectura de la sentencia.* **2.** Persona o conjunto de personas que administran justicia y dictan una sentencia. *El tribunal absolvió al acusado.* **3.** Conjunto de personas que actúan como jueces en un examen, oposición u otro acto análogo. *El tribunal de la oposición está compuesto por tres catedráticos. Tribunal de un certamen literario.* O pl. **4.** Administración de justicia. Frec. con v. como *llevar* o *acudir*. *Sus abogados estudian llevar el caso a los tribunales.* ■ **Tribunal de Cuentas.** m. Organismo central de contabilidad que se encarga de examinar y controlar las cuentas de todas las dependencias del Estado. ■ **Tribunal Supremo.** m. *Der.* Tribunal (→ 2) más alto de la justicia ordinaria. *El Presidente del Tribunal Supremo será nombrado por el Rey a propuesta del Consejo General del Poder Judicial.* ⇒ SUPREMO.

tribuno. m. **1.** cult. Orador político, espec. el de gran elocuencia. *Todos los diputados, puestos en pie, aplaudieron al tribuno.* **2.** histór. En la antigua Roma: Magistrado que elegía el pueblo reunido en tribus, y que tenía la facultad de poner veto a las resoluciones del Senado. Tb. ~ *de la plebe.* **3.** histór. En la antigua Roma: Magistrado que era jefe de un cuerpo de tropas. Tb. ~ *militar.*

tributación. f. Hecho de tributar o pagar algo como tributo. *La ganancia así obtenida queda exenta de tributación.*

tributar. tr. **1.** Pagar (algo) al Estado como tributo. *En la compraventa el comprador tributó un 4% del precio pagado.* **2.** Ofrecer (algo) como tributo o manifestación de reconocimiento. *El público le tributó un gran aplauso por su actuación.* **3.** histór. Entregar un vasallo (algo) a su señor como tributo.

tributario, ria. adj. **1.** Del tributo. *Oficina de recaudación tributaria.* **2.** Que paga o está obligado a pagar tributos. *Empresa tributaria.* Tb. fig. *Nuestra civilización es tributaria del mundo grecolatino.* Dicho de pers., tb. m. y f.

tributo. m. **1.** Cantidad que debe entregarse al Estado para el sostenimiento de las cargas públicas. *La ordenación de los tributos debe basarse en la capacidad económica de los contribuyentes.* **2.** Manifestación que se hace como prueba de reconocimiento, agradecimiento o admiración. *El espectáculo rinde tributo al malogrado actor.* **3.** Carga u obligación que impone el uso o disfrute de algo. *Para criar a sus hijos, ha tenido que pagar el tributo de renunciar al trabajo.* **4.** histór. Contribución en dinero, especie o servicios que un vasallo debía hacer a su señor en reconocimiento del señorío. *Como tributo, el campesino pagaba parte de su cosecha.*

tricampeón, na. adj. *Dep.* Dicho de persona o de equipo: Que ha sido campeón tres veces. *La selección tricampeona fue recibida por cientos de aficionados.* Tb. m. y f. *Nueva victoria del tricampeón del mundo de Fórmula 1.*

tricefalia. f. cult. Cualidad de tricéfalo. Tb. fig. *La tricefalia de la dirección del partido pretende reflejar su diversidad interna.*

tricéfalo, la. adj. cult. Que tiene tres cabezas. *Un monstruo tricéfalo.* Tb. fig. *Presidencia tricéfala.*

tricentenario, ria. adj. **1.** Que tiene trescientos años o más. *La Real Academia Española es una institución casi tricentenaria.* ● m. **2.** Fecha en que se cumplen trescientos años de un acontecimiento. *En 1927, año que daría nombre a una generación poética, se conmemoraba el tricentenario de la muerte de Góngora.* Tb. la fiesta o actos con que se conmemora. *El tricentenario de la edición del libro se prepara con meses de antelación.*

tríceps. adj. *Anat.* Dicho de músculo: Que tiene tres porciones o cabezas en su parte superior. Referido espec. al que está situado en la parte posterior del brazo. Más frec. m. *Me está tratando un fisioterapeuta porque tengo molestias en el tríceps.*

triciclo. m. Vehículo de tres ruedas. Frec. designa el que se usa como juguete, con dos ruedas traseras y una delantera, y que se mueve mediante pedales. *Después del triciclo me compraron una bici.*

triclinio. m. histór. Lecho, gralm. capaz para tres personas, en que los antiguos griegos y romanos se reclinaban para comer. *El emperador se tendió en el triclinio.* Tb. el comedor donde se encontraba ese lecho. *La villa romana cuenta con varias estancias, como triclinio y biblioteca.*

tricolor. adj. De tres colores. *Francia tiene una bandera tricolor.*

tricornio. m. **1.** Sombrero de base casi triangular, con la parte delantera redondeada y el ala posterior doblada en forma de trapecio, característico de la Guardia Civil. *El sargento se pone el tricornio para el desfile.* **2.** coloq. Guardia civil (persona). *Una pareja de tricornios nos dio el alto.* **3.** histór. Sombrero de tres picos. *El conde llevaba peluca y un tricornio con una pluma de ave.*

tricota. f. Am. Jersey. *La nena tenía una pollera blanca y una tricota rosa* [C].

tricotar. tr. Tejer (una prenda o una labor de punto). *La abuela siempre está tricotando algún jersey.* Tb. usado en constr. intr. *Máquina de tricotar.* ▶ TEJER.

tricotosa. f. Máquina para tricotar. *Con la tricotosa, me hago una bufanda en un par de tardes.* ▶ *TEJEDORA.

tridente. m. Arpón de tres dientes. Frec. designa el que lleva en la mano Neptuno (dios romano del mar) cuando se lo representa. *La pintura muestra a Neptuno emergiendo de las aguas con su tridente.*

tridentino, na. adj. **1.** De Trento (ciudad de Italia). *Ayuntamiento tridentino.* Dicho de pers., tb. m. y f. *Un tridentino nos enseñó la ciudad.* **2.** Del concilio de Trento (s. XVI). *Teología tridentina.*

tridimensional. adj. De tres dimensiones. *La pintura permite una representación bidimensional; la escultura, tridimensional.*

tridimensionalidad. f. Cualidad de tridimensional. *Pintores, fotógrafos y cineastas intentan dar una impresión de tridimensionalidad de la imagen.*

triedro. adj. *Mat.* Dicho de ángulo: Formado por tres planos que se cortan en un punto. Más frec. m. *Los planos coordenados forman un triedro.*

trienal. adj. **1.** Que sucede cada tres años. *Para ver la evolución del sector, se realiza una encuesta trienal entre los empresarios.* Tb. f., referido a exposición o acontecimiento cultural. *Participa en la Trienal de Arte Gráfico de Nueva Delhi.* **2.** Que dura tres años. *El pleno municipal ha aprobado un plan trienal de inversiones.*

trienio. m. **1.** Tiempo de tres años. *En el último trienio, la expansión económica ha sido espectacular.* **2.** Incremento económico de un sueldo o salario, correspondiente a un trienio (→ 1) de trabajo. *Como cumplo doce años en la empresa, cobraré un trienio más.*

trifásico, ca. adj. *Fís.* Dicho de corriente eléctrica: Que está constituida por tres corrientes alternas iguales, procedentes del mismo generador y desfasadas entre sí en un tercio de período. *Para las industrias con gran consumo eléctrico, las compañías suelen suministrar corriente trifásica a altas tensiones.* Tb. dicho del sistema o aparato eléctricos que tienen ese tipo de corriente. *Un alternador trifásico equivale a tres alternadores monofásicos. Motor trifásico.*

trifoliado, da. adj. *Bot.* Dicho de planta: Que tiene hojas compuestas de tres folíolos u hojuelas. Tb. dicho de esas hojas. *El trébol tiene hojas trifoliadas.*

triforio. m. *Arq.* Galería que rodea el interior de una iglesia sobre los arcos de las naves laterales, y que suele tener ventanas de tres huecos. *Admiramos las vidrieras del triforio de la catedral.*

trifulca. f. coloq. Riña o pelea en la que se forma un gran alboroto. *Se enzarzó en una trifulca con un jugador del otro equipo y lo expulsaron.*

trigal. m. Terreno sembrado de trigo. *A la salida del pueblo hay trigales y viñedos.*

trigésimo, ma. (APÉND. NUM.). adj. Que sigue inmediatamente en orden a lo vigésimo noveno. *Organizaré una fiesta por mi trigésimo cumpleaños.* Tb. sustantivado. *Quedé la trigésima en el maratón.* Seguido de los ordinales *primero* a *noveno,* se usa como ordinal para los números treinta y uno a treinta y nueve. *Trigésima cuarta edición del festival.*

triglifo o **tríglifo.** m. *Arq.* Adorno propio del friso dórico, con forma de rectángulo saliente y surcado por tres canales. *El friso se divide en triglifos y metopas, y a veces presenta relieves escultóricos.*

trigo. m. Cereal de espigas compuestas por varias hileras de granos, de los cuales se obtiene la harina más común para hacer el pan, y del que existen varias especies, por ej.: ~ *candeal.* Tb. el grano. *Para hacer la harina, hay que moler el trigo.* ■ ~ **limpio.** m. coloq. Persona honrada o de conducta intachable. Frec. con *ser* y en constr. negativas. *Cuidado con esa compañera tuya, que no parece trigo limpio.*

trigonometría. f. *Mat.* Rama de las matemáticas que trata del cálculo de los elementos de los triángulos, y de las relaciones entre sus lados y sus ángulos. *La trigonometría tiene importantes aplicaciones en el campo de la navegación y la astronomía.*

trigonométrico, ca. adj. *Mat.* De la trigonometría. *Cálculo trigonométrico. Las razones trigonométricas básicas son el seno, el coseno y la tangente.*

trigueño, ña. adj. **1.** Dicho de color: Dorado oscuro, como el del trigo maduro. *Es un hombre moreno, de color trigueño y ojos castaños.* **2.** De color trigueño (→ 1). *Tiene el pelo trigueño.*

triguero, ra. adj. **1.** Del trigo. *La producción triguera este año ha disminuido por la escasez de lluvias.* ● m. **2.** Espárrago triguero (→ **espárrago**). *Revuelto de ajetes y trigueros.*

trile. m. Juego de apuestas fraudulento que consiste en adivinar en qué lugar de tres posibles se encuentra una pieza, gralm. una carta o una bolita, que se muestra primero y se manipula después. Frec. en pl. con significado sing. *Un timador anima a la gente a jugar a los triles.*

trilero. m. Individuo que dirige el juego del trile. *El trilero mueve tan rápido los tres cubiletes que es imposible saber dónde está la bola.*

trilingüe. adj. **1.** Que habla tres lenguas. *Se dedica a la traducción y es prácticamente trilingüe.* **2.** Que tiene tres lenguas, o desarrolla su actividad en tres lenguas. *Bélgica es constitucionalmente trilingüe.* **3.** Expresado en tres lenguas. *Diccionario trilingüe.*

trilita. f. *Quím.* Trinitrotolueno. *Ha explotado una bomba de trilita.*

trilito. m. *Arqueol.* Dolmen compuesto de tres grandes piedras, dos de las cuales, clavadas verticalmente en el suelo, sostienen la tercera en posición horizontal. *Son famosos los trilitos de Stonehenge.*

trilla. f. Hecho de trillar o triturar la mies. *En la era ya está listo el trigo para la trilla.* Tb. el tiempo o la época del año en que se realiza. *El patrón contratará más personal cuando llegue la trilla.*

trillado, da. part. **1.** → **trillar.** ● adj. **2.** Común y sabido. *Es un tema tan trillado que carece de interés.*

trillador, ra. adj. **1.** Que trilla o sirve para trillar la mies. Dicho de pers., tb. m. y f. *La maquinaria moderna facilita el trabajo de trilladores y segadores.* ● f. **2.** Máquina que sirve para trillar la mies. *Se conceden subvenciones para la compra de tractores, trilladoras y demás maquinaria agrícola.*

trillar. tr. **1.** Triturar (la mies esparcida en la era) para separar el grano de la paja. *Aún no han trillado el centeno.* Tb. usado en constr. intr. *Hoy en día trillan con máquinas.* **2.** Seguir (algo, espec. un camino) de manera continuada o habitual. *Abandonan los caminos tantas veces trillados y se adentran en el bosque.*

trillizo, za. adj. Dicho de persona: Que es una de las tres nacidas de un mismo parto. *Tengo tres hermanas trillizas.* Tb. m. y f. *Su madre ha tenido trillizos.*

trillo. m. Instrumento de agricultura para trillar la mies, gralm. constituido por un tablón con pedazos de piedra o cuchillas de acero en su cara inferior. *Trillaban la cebada con ayuda de un trillo tirado por bueyes.*

trillón. (APÉND. NUM.). m. Conjunto de un millón de billones. *Un trillón* DE *dólares.*

trilobites. m. *Zool.* Animal marino fósil, invertebrado, de cuerpo ovalado y aplanado y recorrido a lo largo por dos surcos que lo dividen en tres zonas semejantes a lóbulos. *Los trilobites son propios del Paleozoico.*

trilogía. f. Conjunto de tres obras literarias o artísticas, gralm. del mismo autor, que constituyen una unidad. *El "Lazarillo", el "Guzmán" y el "Buscón" constituyen la gran trilogía de la picaresca española. De su trilogía sobre el amor, destaca la primera película.*

trimembre. adj. De tres miembros o partes. *Me examiné ante un tribunal trimembre.*

trimestral. adj. **1.** Que sucede cada tres meses. *La asociación edita una revista de aparición trimestral.* **2.** Que dura tres meses. *El plan de estudios incluye una estancia trimestral en una universidad extranjera.*

trimestre. m. Tiempo de tres meses. *Esperan acabar la obra en el primer trimestre del año, es decir, antes de abril.*

trimotor. m. Avión provisto de tres motores. *El histórico vuelo se realizó con un trimotor con hélices construido en madera.* Tb. adj. *Aeroplano trimotor.*

trinar. intr. **1.** Emitir trinos un pájaro. *El canario trinaba en su jaula.* **2.** coloq. Rabiar o enfadarse mucho. Frec. en la constr. *estar* alguien *que trina. Como ha perdido la partida, está que trina.* ▶ **1:** GORJEAR.

trinca. f. coloq. Grupo o pandilla reducidos de amigos. *Salgo con la misma trinca desde que éramos unos jovenzuelos.*

trincar[1]. tr. **1.** Atar o sujetar fuertemente (algo). *Utilice unos alicates para trincar la tuerca.* **2.** coloq. Robar (algo) a alguien. *Me han trincado la cartera.* **3.** coloq. Apresar o detener (a alguien que ha cometido o está cometiendo un delito). *Si nos pillan pasando droga, nos trincan.*

trincar[2]. tr. coloq. Beber (una bebida alcohólica). Frec. con un pron. expresivo de interés. *Se ha trincado una botella de vino entera.*

trinchar. tr. Partir en trozos (la comida), gralm. para servir(la). *Trincha el pollo antes de que se enfríe.*

trinchera. f. **1.** Zanja defensiva que se cava gralm. cerca de las líneas enemigas y permite disparar manteniéndose a cubierto. *Los soldados empezaron a cavar trincheras y a desplegar baterías.* Tb. fig. *Cada uno desde su trinchera debe defender sus ideas.* **2.** Corte hecho en el terreno, con inclinaciones a ambos lados, para construir una vía de comunicación. *Para soterrar la vía férrea, taparán la actual trinchera con hormigón y abrirán un túnel.* **3.** Gabardina de aspecto militar. *El sospechoso era alto, con barba, y vestía trinchera oscura hasta las rodillas.*

trineo. m. Vehículo provisto de cuchillas o de esquíes en lugar de ruedas para deslizarse sobre el hielo o la nieve. *En la sierra, haremos una excursión en un trineo tirado por perros.*

trinidad. f. **1.** Conjunto de tres personas o cosas unidas con un fin o por algún aspecto común. *Braque, Picasso y Juan Gris conformaron la trinidad del cubismo.* **2.** (En mayúsc.). *Rel.* Conjunto de las tres personas divinas, unidas en una sola y única esencia. Frec. pospuesto al adj. *Santísima. Padre, Hijo y Espíritu Santo forman la Santísima Trinidad.*

trinitario, ria. adj. De la orden de la Santísima Trinidad. *Religiosa trinitaria.* Dicho de pers., tb. m. y f. *Cervantes estuvo cautivo en Argel y fue liberado por los trinitarios.*

trinitense. adj. De Trinidad y Tobago (país de América). *Una gran parte de la población trinitense es de raza negra.* Dicho de pers., tb. m. y f. *Los trinitenses hablan inglés.*

trinitrotolueno. m. *Quím.* Explosivo muy potente, en forma de sólido cristalino, de color amarillo, obtenido a partir del tolueno. *Una explosión de trinitrotolueno ha destruido toda la fábrica.* ▶ TNT, TRILITA.

trino[1]. m. **1.** Gorjeo. *El canario nos deleitaba con sus bellos trinos por las mañanas.* **2.** *Mús.* Sucesión rápida y alternada de dos notas de igual duración, entre las cuales media la distancia de un tono o de un semitono.

trino[2], na. adj. cult. Que contiene en sí tres elementos distintos, o participa de ellos. Frec., en la religión católica, referido a Dios. *Los cristianos conciben a Dios como uno y trino.*

trinomio. m. **1.** *Mat.* Expresión algebraica formada por tres términos unidos por los signos más o menos. *La expresión "$26x + 36y - 10z$" es un trinomio.* **2.** cult. Conjunto de tres personas o elementos que actúan como uno solo.

trinquete[1]. m. *Mar.* En una embarcación de vela: Mástil más próximo a la proa. *El fuerte viento ha partido el trinquete.* Tb. la vela que sostiene. *El capitán dio orden de izar el trinquete para zarpar.*

trinquete[2]. m. *Mec.* Dispositivo en forma de lengüeta o de gancho, que resbala sobre los dientes de una rueda para impedir que esta invierta su movimiento. *La rueda trasera de la bicicleta lleva unos trinquetes para que ruede libremente si se pedalea hacia atrás.*

trío. m. **1.** Conjunto de tres personas o cosas. *El trío de escaladores alcanzó la cima de la montaña.* **2.** *Mús.* Conjunto de tres instrumentos o de tres voces. *Toca el saxo en un trío de* jazz. **3.** *Mús.* Composición para ser interpretada por un trío (→ 2). *Ha compuesto un trío para dos oboes y corno inglés.* ▶ **1:** TERNA, TRIPLETA. **2, 3:** TERCETO.

triodo. m. *Fís.* Válvula electrónica de vacío compuesta de tres electrodos. *Un triodo es un dispositivo electrónico capaz de amplificar la corriente.*

trióxido. m. *Quím.* Óxido cuya molécula contiene tres átomos de oxígeno. *El trióxido de azufre, con vapor de agua, produce ácido sulfúrico.*

tripa. f. **1.** Vientre (cavidad del cuerpo, o parte externa correspondiente). *He comido demasiado y me duele la tripa. Aún tiene el hematoma en la tripa de la patada que le dieron.* **2.** coloq. Tripa (→ 1) abultada. *Como no hagas deporte, vas a echar tripa. Ya se le nota la tripa del embarazo.* **3.** Trozo de intestino. *La especialidad del restaurante es la tripa de cerdo.* **4.** Panza (parte saliente y convexa de algo). *Tiró una piedra a la tripa del botijo y lo rompió.* O pl. **5.** coloq. Intestino (conducto del aparato digestivo). *El carnicero abre el animal en canal y le saca las tripas y demás vísceras.* **6.** Relleno o partes interiores de algo. *En clase de electrónica vimos las tripas de un ordenador.* ■ **echar las ~s.** loc. v. coloq. Vomitar, gralm. de manera violenta. *Me impresionó tanto ver la sangre que casi echo las tripas.* ■ **hacer de ~s corazón.** loc. v. coloq. Esforzarse para soportar algo o a alguien que causan rechazo, o para sobreponerse ante una adversidad. *Tuve que hacer de tripas corazón para comerme aquellas lentejas. Aunque me cae fatal, haré de tripas corazón y seré amable con él.* ■ **revolver las ~s** (a alguien). loc. v. coloq. Causar(le) disgusto o repugnancia. *Cuando veo a mi ex, se me revuelven las tripas.* ■ **rompérsele** (a alguien) **una ~.** loc. v. coloq. Ocurrir(le) algo o tener algún problema (esa persona). *Alguna tripa se le habrá roto, porque ella no suele ser así.* Frec. en constr. interrogativas. *Estás muy raro conmigo, ¿qué tripa se te ha roto?* ▶ **1:** *VIENTRE. **4:** *PANZA.

tripanosoma. m. *Zool.* Microorganismo parásito provisto de un flagelo, transmitido por insectos y que causa graves enfermedades infecciosas. *El tripanosoma causa la enfermedad del sueño.*

tripartición. f. División de algo en tres partes. *Montesquieu propuso la tripartición del poder del Estado entre los órganos legislativo, ejecutivo y judicial.*

tripartito, ta. adj. **1.** Dividido en tres partes. *Suele hacerse una periodización tripartita de esta etapa histórica.* **2.** Formado o realizado entre tres partes o elementos. *Los tres partidos nacionalistas mantuvieron negociaciones tripartitas para formar gobierno.*

triple. adj. **1.** Tres veces mayor. *La longitud de la tela es triple* QUE *la del cojín. La superficie de la casa era casi triple* DE *lo que figuraba en el plano.* Dicho de cantidad, tb. m. *Nueve es el triple de tres.* Tb. con intención enfática. *Es el triple de simpático* QUE *su hermana.* **2.** Compuesto de tres de los elementos designados por el nombre al que acompaña. *La ciudad está rodeada por una triple muralla. Un paquete con envoltura triple.* ● m. **3.** En baloncesto: Canasta que vale tres puntos. *El alero metió un triple en el último minuto del partido.* ● adv. **4.** En triple (→ 1) cantidad o intensidad. *Tuve que deshacer lo hecho y rehacerlo, así que trabajé triple.* Frec. con intención enfática. *Me cuesta triple* QUE *a ti aprender inglés.* Tb. *el ~. Se cansa el triple* QUE *yo porque es más viejo.*

tripleta. f. Trío (conjunto de tres personas o cosas). *La tripleta compuesta por Aranda, Menéndez y Esquivel quedó subcampeona de Europa.* ▶ *TRÍO.

triplicado, da. part. **1.** → **triplicar.** ● m. **2.** Copia o ejemplar triple de algo, espec. de un documento. *El secretario se quedó con el original y una copia y me entregó un triplicado.* ■ **por triplicado.** loc. adv. Tres veces, o en tres ejemplares. *Las pruebas de laboratorio fueron realizadas por triplicado. Concluido el recuento de votos, el presidente y los vocales extenderán acta por triplicado.*

triplicar. tr. **1.** Multiplicar por tres o hacer triple (algo). *La directiva quiere triplicar los beneficios de la empresa este año.* Tb. con intención enfática. *Para ganar la competición triplicaré mis horas de entrenamiento si es necesario.* Tb. en constr. prnl. media. *Sus ingresos se triplicaron con el nuevo trabajo.* **2.** Ser algo triple o tres veces mayor (que otra cosa). *El tamaño de la tienda triplica el de la trastienda.*

triplo, pla. adj. cult. Triple (tres veces mayor). Dicho de cantidad, tb. m. *El número de empresas creadas este año ha sido el triplo* QUE *el pasado.*

trípode. m. **1.** Armazón de tres pies que sirve de soporte. *Colocó el telescopio en el trípode y se puso a mirar las estrellas.* **2.** Banquillo de tres pies.

tripón, na. adj. coloq. Tripudo. *El sargento es un hombre bajito y tripón.* Tb. m. y f.

tríptico. m. **1.** Obra de pintura o escultura formada por tres paneles o tableros unidos de modo que los dos laterales puedan doblarse sobre el del centro. *El Bosco pintó el tríptico "El Jardín de las Delicias".* Tb. designa el documento o folleto cuya forma recuerda la de ese tipo de obras. *La empresa repartirá trípticos con instrucciones sobre cómo proceder en caso de incendio.* **2.** Obra, gralm. literaria, que consta de tres partes. *El escritor ha recibido un premio por su tríptico en torno a la guerra.*

triptongo. m. *Fon.* Conjunto de tres vocales que forman una sola sílaba. *La vocal central de un triptongo es abierta, como en "buey" y en "cambiáis".*

tripudo, da. adj. Dicho de persona: Que tiene mucha tripa. *Daba grima ver a aquel niño tan mofletudo y tripudo.* Tb. m. y f.

tripulación. f. Conjunto de personas que prestan servicio en una embarcación o en un vehículo aéreo o espacial. *La tripulación del avión se alojará en este hotel.*

tripulante. m. y f. Persona que forma parte de una tripulación. *En la nave espacial irán nueve tripulantes.*

tripular. tr. Conducir (una embarcación o un vehículo aéreo o espacial), o prestar servicio (en ellos). *Un piloto de pruebas tripulará el nuevo modelo de avión. Para tripular un transatlántico se requiere personal muy cualificado.*

triquina. f. *Zool.* Gusano parásito cuya larva se enquista en los músculos de algunos mamíferos y causa la enfermedad de la triquinosis.

triquinosis. f. *Med.* Enfermedad provocada por la invasión de larvas de triquina, que produce dolores agudos y trastornos intestinales, y que puede ser mortal. *Contrajo triquinosis al comer carne de cerdo infectada.*

triquiñuela. f. coloq. Recurso astuto o artimaña para conseguir un fin. Frec. en pl. *Ha empleado todo tipo de trucos y triquiñuelas para salirse con la suya.*

triquitraque. m. Buscapiés. *La fiesta era toda un bullicio de cohetes, petardos y triquitraques.*

trirreme. f. histór. Embarcación con tres series de remos a cada lado. *Una trirreme griega zarpó de Creta llena de esclavos.*

tris. m. coloq. Porción pequeña de tiempo o de lugar. *Faltó un tris para que confesara en el interrogatorio.* ■ **en un ~.** loc. adv. coloq. A punto, o en situación inminente de hacer u ocurrir lo que se indica. *No llegó a insultarnos, pero estuvo en un tris. Tropecé y estuve en un tris* DE *caerme.*

triscar. intr. Retozar o saltar de un lugar a otro un animal, espec. una oveja o una cabra. *Un rebaño de cabras triscaba por el monte.* Tb. fig. para expresar una idea semejante referida a pers. *Los niños se divierten triscando en la pradera.*

trisilábico, ca. adj. *Gram.* y *Lit.* Trisílabo. *"Cabeza" es una palabra trisilábica.*

trisílabo, ba. adj. *Gram.* y *Lit.* De tres sílabas. *Es raro el uso de versos trisílabos.* ▶ TRISILÁBICO.

trisomía. f. *Biol.* y *Med.* Anomalía genética que consiste en la presencia de un cromosoma adicional en uno de los pares normales. *Las personas mongólicas padecen una trisomía del par 21.*

triste. adj. **1.** Que experimenta un estado de ánimo de tristeza. *Se puso triste cuando le dije que no podría* *ir con él.* **2.** Dicho de persona: De carácter inclinado a sentir tristeza. *Es una mujer triste a la que cuesta arrancar una sonrisa.* **3.** Dicho de cosa: Que denota o manifiesta tristeza. *Se ha marchado con el rostro triste y bañado en lágrimas.* **4.** Que produce tristeza. *Estan todos muy afectados por la triste noticia. Es triste estudiar tanto y luego verse en el paro.* **5.** Que se desarrolla con tristeza o pesar. *El entierro fue una ceremonia muy triste. Aún recuerda aquellos tristes días de la posguerra.* **6.** Funesto o desgraciado. *Su vida de éxitos encontró un triste final en la carretera.* **7.** Antepuesto a un nombre, se usa para expresar la insignificancia o la insuficiencia de lo designado por este. *Cuando se aspira al campeonato, quedar subcampeón es un triste consuelo.* ▶ **1, 3:** FÚNEBRE, LÚGUBRE.

tristeza. f. **1.** Estado de ánimo que se caracteriza por un sentimiento de dolor o desilusión que incita al llanto. *Tras la pérdida de su hijo se sumió en una profunda tristeza.* **2.** Cualidad de triste. *Me conmueve la tristeza de su mirada.* **3.** Cosa que produce tristeza (→ 1). *Su vida estuvo llena de desgracias y tristezas.*

tristón, na. adj. **1.** coloq. Dicho de persona: Que está un poco triste, o tiene cierta inclinación a la tristeza. *Te noto tristona y alicaída, ¿qué te pasa?* **2.** coloq. Dicho de cosa: Que produce tristeza. *El día está gris y tristón.*

tristura. f. cult. Tristeza (estado de ánimo, o cualidad correspondiente). *¡Qué dolor en su mirada, qué tristura en sus palabras!*

tritón. m. **1.** Anfibio parecido a la lagartija, pero más grande, con una cresta sobre el lomo y una cola estrechada por los costados, del que existen varias especies. *En el valle extremeño abundan los tritones y las salamandras.* **2.** En la mitología grecorromana: Divinidad marina con figura de hombre desde la cabeza a la cintura, y con cola de pez. *Náyades, nereidas y tritones seguían a Poseidón, dios del mar.*

trituración. f. Hecho de triturar. *La digestión empieza en la boca con la trituración de los alimentos.*

triturador, ra. adj. Que tritura o sirve para triturar. *El camión triturador de la basura. Las muelas tienen una función trituradora de los alimentos.* Dicho de máquina o aparato, tb. m. o f. *Cuando los ingredientes estén cocidos, pásalos por un triturador para hacer la crema. Destruyeron los documentos comprometedores con una trituradora de papel.*

triturar. tr. **1.** Moler o desmenuzar (algo sólido) sin llegar a reducir(lo) a polvo. *Las piedras del molino giran una contra otra para triturar el cereal que hay entre ellas.* **2.** Destruir (algo o a alguien), o causar(les) un grave daño. *La decisión de la potencia militar trituró todas las esperanzas de paz. Os vamos a triturar en el partido de vuelta.*

triunfador, ra. adj. Que triunfa. *La candidata triunfadora pronunciará un discurso de agradecimiento.* Dicho de pers., tb. m. y f. *El triunfador de la Vuelta fue un ciclista español.*

triunfal. adj. Del triunfo. *Para el actor, premiado con los principales galardones, fue una noche triunfal.*

triunfalismo. m. Tendencia a un excesivo optimismo y seguridad en sí mismo, espec. respecto de las posibilidades de éxito. *Para conseguir la victoria, hay que huir del triunfalismo y no cejar en el esfuerzo.* Tb. cada manifestación de esa tendencia. *Valoró la gestión de su partido sin caer en triunfalismos.*

triunfalista. adj. **1.** Del triunfalismo, o propio de la persona triunfalista (→ 2). *Hizo un discurso triunfalista, con una visión muy distorsionada de la realidad.* **2.** Que practica el triunfalismo. *En una cuestión tan delicada como el empleo, somos optimistas, pero no triunfalistas.* Dicho de pers., tb. m. y f. *Nunca faltan los triunfalistas que cantan victoria antes de tiempo.*

triunfalmente. adv. De manera triunfal, o con demostraciones propias de la celebración de un triunfo. *El candidato entró triunfalmente en el congreso de su partido.*

triunfante. adj. **1.** Que triunfa o se alza con la victoria. *El equipo que resulte triunfante recibirá una copa conmemorativa. La idea de una democracia triunfante* SOBRE *los regímenes totalitarios es hoy un sueño.* **2.** Que manifiesta o implica triunfo o victoria. *El campeón subió al podio y alzó los brazos en un gesto triunfante.*

triunfar. intr. **1.** Alzarse con la victoria. *Para triunfar en las elecciones, hay que ganarse la confianza del electorado. Lo creo capaz de triunfar* SOBRE *cualquier adversario.* **2.** Conseguir el éxito. *Como cantante triunfa en todo el mundo y vende miles de discos.*

triunfo. m. **1.** Hecho de triunfar. *El equipo visitante privó del triunfo a los locales en el último minuto. Tener a mi hija ha sido mi mayor triunfo en la vida.* **2.** En algunos juegos de cartas: Carta del palo de más valor. *No me salió un triunfo en toda la partida.* ■ **un ~.** loc. s. **1.** coloq. Acción que supone un gran esfuerzo o sacrificio. *Para ella aprobar todo en junio fue un triunfo.* □ loc. adv. **2.** coloq. Mucho. Frec. con *costar. Me ha costado un triunfo aprender a nadar.*

triunvirato. m. **1.** histór. En la antigua Roma: Gobierno formado por tres magistrados. *Octavio, Antonio y Lépido constituyeron el segundo triunvirato romano.* **2.** cult. Conjunto de tres personas que ejercen el poder o una influencia determinante en algo. *Se ha formado un triunvirato en el partido integrado por los líderes más radicales.*

triunviro. m. histór. Miembro de un triunvirato. *Pompeyo fue triunviro junto con César y Craso.*

trivalente. adj. **1.** Que cumple tres funciones. *Existe una vacuna trivalente que protege contra tres tipos de poliomielitis.* **2.** *Quím.* Que tiene tres valencias. *Óxido de hierro trivalente.*

trivial. adj. Que carece de importancia o no se sale de lo ordinario. *Hablaba bromeando de la pena de muerte como si se tratara de un concepto trivial. El autor describe la escena hasta en sus detalles más triviales.* ▶ *NIMIO.

trivialidad. f. **1.** Cualidad de trivial. *La trivialidad de los argumentos empleados invalida la teoría.* **2.** Hecho o dicho triviales. *Solo coincidimos en trivialidades como la afición a la cocina. No dices más que trivialidades y tonterías.* ▶ *NIMIEDAD.

trivialización. f. Hecho de trivializar. *La trivialización de los desastres ecológicos pone en peligro el futuro del planeta.*

trivializar. tr. Dar (a algo) un carácter trivial. *No se pueden trivializar problemas como la violencia callejera.*

trivio. m. histór. En la Edad Media: Conjunto de las disciplinas universitarias relacionadas con la elocuencia, constituido por la gramática, la retórica y la dialéctica. *La división de la enseñanza en ciencias y letras procede de la más antigua entre el trivio y el cuadrivio.*

trívium. m. histór. Trivio. *Los estudios del trívium pretendían formar al individuo en el dominio de la expresión oral y escrita.*

triza. f. Pedazo pequeño de algo. *Ha recogido hasta la última triza de la maqueta rota para reconstruirla.* Más frec. en pl. *Hay trizas de papel esparcidas por el suelo.* ■ **hacer ~s** (algo). loc. v. coloq. Destruir(lo) o reducir(lo) a pedazos muy pequeños. *Cuando terminó de leer la carta, la hizo trizas y se puso a llorar.* Tb. fig. *Con su negativa ha hecho trizas mis ilusiones.* ■ **hacer ~s** (a alguien). loc. v. coloq. Causar(le) un gran daño físico o moral. *Me amenazó con hacerme trizas si no le daba la cartera. Una infancia difícil puede hacer trizas a una persona.* ▶ *PARTE.

trocaico, ca. adj. *Lit.* Del troqueo o con troqueos. *Ritmo trocaico. Un poema compuesto en alejandrinos trocaicos.*

trocar. (conjug. CONTAR). tr. **1.** Cambiar (una cosa) por otra. *Trocaré unas monedas antiguas* POR *una colección de sellos.* **2.** Convertir (una cosa) en otra distinta u opuesta. *Ha trocado su alegría* EN *tristeza.* Tb. en constr. prnl. media. *Su amor se ha trocado* EN *odio.*

trocear. tr. Dividir o cortar en trozos (algo). *Trocea el chorizo y fríelo en una sartén.*

troceo. m. Hecho de trocear. *En la planta de reciclaje, se procede a la clasificación, desguace y troceo de desperdicios.*

trocha. f. **1.** Camino estrecho o que sirve de atajo para llegar a un lugar. *Tomó una trocha que bordeaba el río y llegó a la casa antes que sus amigos.* **2.** Am. Anchura de las vías férreas. *Tren de trocha angosta* [C]. *Los vagones eléctricos de superficie se deslizarán sobre una carrilera de trocha ancha* [C].

troche. a ~ y moche. loc. adv. coloq. Sin orden ni medida. *Se ha liado a bastonazos a troche y moche.* Tb. loc. adj. *Es un partido lleno de tarjetas a troche y moche.*

trofeo. m. Objeto que se entrega como señal de victoria o triunfo, espec. en una competición. *Entre sus trofeos cuenta con dos medallas de oro y una de bronce. La faena del torero ha merecido el máximo trofeo.* Tb. esa competición. *La ciudad organizará un trofeo de tenis.*

trófico, ca. adj. *Biol.* De la nutrición. *Estudio de las relaciones tróficas entre los seres marinos.*

troglodita. adj. **1.** Que habita en cavernas. Gralm. referido a época prehistórica. *Población troglodita.* Dicho de pers., tb. m. y f. *Los trogloditas se vestían con pieles de animales.* **2.** Dicho de persona: Bárbara y cruel. Tb. m. y f. *El jefe de la banda es un auténtico troglodita.*

troglodítico, ca. adj. De los trogloditas. *El hombre fue abandonando el hábitat troglodítico para construir chozas al aire libre.*

troica. → **troika.**

troika. (Tb. **troica**). f. Equipo dirigente o con labores de representación integrado por tres miembros. Se usa espec. en política, frec. referido al que dirigía la antigua Unión Soviética, o al que representa a la Unión Europea en sus relaciones exteriores en cada turno de presidencia. *Formaban la troika soviética el presidente de la República, el jefe de Gobierno y el secretario general del Partido Comunista. La troika comunitaria firmará acuerdos de cooperación con varios países americanos.*

trola. f. coloq. Mentira o engaño. *Me inventé una trola para que mis padres me dejaran volver a casa más tarde.*

trole. m. Dispositivo móvil del que van provistos algunos vehículos eléctricos, formado por una pértiga o armadura de hierro y que sirve para transmitir la corriente de un cable conductor al motor. *Del trole del tranvía saltaban chispazos.*

trolebús. m. Vehículo de transporte público semejante a un tranvía, provisto de un trole doble y que circula sin raíles.

trolero, ra. adj. coloq. Que dice trolas. *Ese amigo tuyo tan trolero se ha querido quedar conmigo.* Tb. m. y f. *Quien te haya dicho eso, es un trolero.*

tromba. f. **1.** Chaparrón repentino y violento. *La tromba que ha caído ha arrasado la cosecha.* Tb. *~ de agua. A la salida del concierto nos sorprendió una tromba de agua.* Frec. fig. para referirse a algo que se produce o sobreviene de manera brusca y violenta o cuantiosa. *Una tromba de recuerdos se agolpan en mi mente.* **2.** Columna de agua con movimiento giratorio que se levanta en el mar por efecto de un torbellino. *El barco fue azotado por una tromba marina.* Tb. *~ de agua.* ■ **en ~.** loc. adv. De manera repentina o violenta. *Los alumnos han entrado en tromba a clase después del recreo.*

trombo. m. *Med.* Coágulo de sangre que se forma en el interior de un vaso sanguíneo y permanece allí. *Si un trombo obstruye completamente una arteria, puede provocar un infarto.*

trombocito. m. *Biol.* Plaqueta (célula). *El plasma sanguíneo está formado por hematíes, leucocitos y trombocitos.* ▶ PLAQUETA.

tromboflebitis. f. *Med.* Inflamación de las venas con formación de trombos. *Las personas mayores y con varices tienen mayor riesgo de padecer tromboflebitis.*

trombón. m. **1.** Instrumento musical de viento, de metal, semejante a la trompeta pero más grande y con forma de U, y provisto de un sistema de varas o de pistones. *Se oía una melodía de saxos y trombones.* ● m. y f. **2.** Trombonista. *Trompetas y trombones se sentaban al fondo de la orquesta.*

trombonista. m. y f. Músico que toca el trombón. *Es trombonista de una orquesta de* jazz. ▶ TROMBÓN.

trombosis. f. *Med.* Formación de un trombo en el interior de un vaso sanguíneo. *Una trombosis cerebral puede causar la muerte o la parálisis del enfermo.*

trompa. f. **1.** Instrumento musical de viento, de metal, formado por un tubo de latón enroscado circularmente y que va ensanchándose desde la boquilla hasta terminar en una abertura ancha en forma de cono. *Toca la trompa y la trompeta.* **2.** Peonza, gralm. grande. *Los niños jugaban en el patio y hacían bailar la trompa.* **3.** coloq. Borrachera (estado de la persona borracha). *En la fiesta nos vamos a agarrar una trompa monumental.* **4.** En algunos animales: Prolongación muscular de la nariz, hueca y elástica, que les sirve para asir y para absorber fluidos. *El elefante estiró su trompa para alcanzar un fruto del árbol.* **5.** *Anat.* En los mamíferos: Cada uno de los dos conductos que unen los ovarios con el útero. *Entre los métodos anticonceptivos irreversibles está la ligadura de trompas.* Tb. *~ de Falopio.* **6.** *Zool.* En algunos insectos: Aparato chupador, que se dilata y contrae con facilidad. *Las mariposas succionan el néctar de las flores con su trompa.* **7.** *Arq.* Bóveda que sale del paramento de un muro. *La catedral consta de tres naves y tres ábsides con cúpulas sobre trompas.* ■ **~ de Eustaquio.** f. *Anat.*

Conducto que pone en comunicación el oído medio con la faringe. *Las trompas de Eustaquio equilibran la presión de la cavidad del tímpano y la atmosférica.* ▶ **2:** *PEONZA.

trompada. f. coloq. Trompazo. *Se lió a trompadas con el muchacho y casi lo mata.*

trompazo. m. coloq. Golpe fuerte. *Ha resbalado y se ha metido un trompazo.*

trompear. tr. **1.** Am. coloq. Dar trompadas (a alguien). *Estaba de pie y quería trompearme* [C]. ○ intr. prnl. **2.** Am. coloq. Pelear una persona con otra. *Ahora sé por qué te pusiste a trompearte* CON *el ladrón* [C]. Tb.: *Comenzaron a insultarse y trompearse* [C].

trompeta. f. **1.** Instrumento musical de viento, de metal, formado por un tubo largo que va ensanchándose desde la boquilla hasta una abertura en forma de cono. *La música de clarines y trompetas acompaña la faena del torero.* ○ m. **2.** Trompetista. *Es el primer trompeta de una orquesta de cámara.*

trompetazo. m. Sonido fuerte producido con una trompeta o con un instrumento semejante. *Cuando aprendía a tocar la trompeta, metía unos trompetazos estrepitosos.*

trompetería. f. **1.** Conjunto de varias trompetas o instrumentos semejantes. Tb. el sonido que producen. *Por todas partes se oía la trompetería de los carnavales.* **2.** Conjunto de los registros metálicos de un órgano, que imitan el sonido de una trompeta. *En la catedral se conserva un órgano barroco, con su típica trompetería exterior dispuesta en abanico.*

trompetero, ra. adj. Que se dedica a tocar la trompeta. *El altar está coronado por dos ángeles trompeteros.* Tb. m. y f. *Una banda de flautistas y trompeteros.*

trompetilla. f. Instrumento en forma de trompeta pequeña, usado por los sordos acercándoselo al oído para oír mejor. *El primer recurso verdaderamente útil para las personas con deficiencias auditivas fue la trompetilla.*

trompetista. m. y f. Músico que toca la trompeta. *Componen el grupo un teclista, un trompetista y un guitarrista.* ▶ TROMPETA.

trompicar. intr. Tropezar o dar pasos tambaleantes. *Lo empujaron y fue trompicando hasta la pared.* Tb. prnl. *Se ha trompicado* EN *un escalón y ha caído al suelo.* ▶ TROPEZAR.

trompicón. m. Hecho o efecto de trompicar. *Ha llegado a casa haciendo eses y dando trompicones.* ■ **a trompicones.** loc. adv. Con dificultades o pasando por altibajos. *Aprobó el curso a trompicones.* ▶ *TROPIEZO.

trompo. m. **1.** Peonza. *Se entretiene haciendo bailar el trompo.* **2.** Giro de un vehículo sobre sí mismo al derrapar. *Al entrar en la curva, el coche hizo un trompo y se salió de la carretera.*

trona. f. Silla de patas altas y gralm. con un tablero a modo de mesa, que se usa para dar de comer a los niños pequeños. *Sienta a la niña en su trona para darle el puré.*

tronada. f. Tormenta con muchos truenos. *Les sorprendió una tronada veraniega cuando paseaban por el campo.*

tronado, da. adj. coloq. Loco (que tiene el juicio trastornado). *El protagonista de la obra es un tipo raro y algo tronado.*

tronar. (conjug. CONTAR). intr. impers. **1.** Haber o sonar truenos. *Empieza a tronar: se avecina una tormenta.* ○ intr. **2.** Producir algo un ruido muy fuerte. *Los aviones tronaban en el cielo. Truenan los cañones.* **3.** Hablar alguien de forma enérgica o violenta, frec. contra algo u otra persona. *Tras el gol, el comentarista tronaba entusiasmado ante el micrófono. Se enfureció y empezó a tronar contra todo y contra todos.*

troncal. adj. Del tronco. *El perímetro troncal del árbol es de 2 m. En el curso hay asignaturas troncales y optativas.*

tronchante. adj. coloq. Que tiene mucha gracia o produce mucha risa. *Es un cómico tronchante. Me han contado un chiste tronchante.*

tronchar. tr. **1.** Partir o romper sin herramienta (un vegetal por el tronco, su tallo o una rama). *El viento ha tronchado el árbol.* Tb. en constr. prnl. media. *Varias ramas se han tronchado con el vendaval.* **2.** Partir o romper sin herramienta (algo con forma de tronco o tallo). *Echó todo el peso del cuerpo sobre el bastón y lo tronchó.* Tb. en constr. prnl. media. *La barra se ha tronchado por exceso de peso.* **3.** Truncar o interrumpir (algo). *Un accidente ha tronchado su vida.* ○ intr. prnl. **4.** coloq. Reírse mucho. *Cuenta unas historias para troncharse.* Tb. *~se de risa. Se troncha de risa con sus chistes.*

troncho. m. Tallo de algunas hortalizas, como la lechuga. *Se limpia la col y se cortan las hojas en tiras y el troncho en discos muy finos.*

tronco. m. **1.** Parte de un árbol o de un arbusto constituida por su tallo, fuerte y leñoso, y comprendida entre las raíces y las ramas. *Con la humedad, los troncos de los árboles se cubren de musgos.* **2.** Cuerpo de una persona o de un animal, prescindiendo de la cabeza y las extremidades. *Realizaremos un movimiento de torsión del tronco.* **3.** Conducto o canal principal del que salen o al que llegan otros menores. *La aorta es un gran tronco arterial que sale del corazón.* **4.** Ascendiente común de dos o más ramas, líneas o familias. *El francés y el español proceden del tronco lingüístico indoeuropeo. El primer califa Omeya pertenecía al mismo tronco familiar que Mahoma.* **5.** Parte principal o que constituye el eje de algo. *El tronco de la carrera de traducción está constituido por dos idiomas extranjeros.* **6.** *Mat.* Parte de un cuerpo geométrico comprendida entre su base y un plano, paralelo o no a esta, que lo corta. *Tronco de pirámide.* ■ **como un ~.** loc. adv. coloq. Con un sueño muy profundo. Frec. con *estar, quedarse* o *dormir. Después de comer me quedé como un tronco en el sofá.* ▶ **2:** CUERPO.

troncocónico, ca. adj. Que tiene forma de cono truncado. *En el yacimiento se han encontrado recipientes de arcilla cilíndricos y troncocónicos.*

tronera[1]. f. **1.** En un buque o en una muralla: Abertura para disparar los cañones, permaneciendo protegidos del fuego enemigo. *Los cañones asomaban por las troneras de la fortificación.* **2.** Ventana pequeña y estrecha. *La escasa claridad que entraba por las troneras obligaba a encender los candiles.* **3.** En una mesa de billar: Agujero o abertura por los que deben entrar las bolas. *En la primera tacada, ha metido una bola en la tronera.*

tronera[2]. m. y f. coloq. Persona juerguista. *Aquellas compañías lo habían convertido en un bala perdida, en un tronera.*

tronío. m. coloq. Ostentación o arrogancia. *Paseaba en su caballo con un tronío que parecía que iba a* *comerse el mundo.* Tb. fig. para referirse enfáticamente a la categoría o importancia de algo o de alguien. *En la catedral se han celebrado bodas de mucho tronío. La artista invitada es una cantante de copla de tronío.*

trono. m. **1.** Asiento, frec. con gradas y dosel, que ocupan en las ceremonias los monarcas y otras personas de alta dignidad. *El rey y la reina presidieron el acto desde el trono.* **2.** Dignidad de rey. *El príncipe heredará el trono a la muerte de su padre, el rey.* ▶ **1:** SOLIO. **2:** CORONA.

tropa. f. **1.** Grupo numeroso de personas. *No es raro ver en el museo a un profesor seguido de una tropa de alumnos.* Frec. despect. *Por ahí va el macarra ese y su pandilla, ¡menuda tropa!* **2.** Grupo regular y organizado de soldados. *El jefe de la tropa romana hizo clavar una inscripción en la cruz de Jesús.* **3.** En el ejército: Clase de tropa (→ **clase**). *La orden afecta a las escalas de oficiales, suboficiales, tropa y marinería.* **4.** Am. Conjunto de animales, como ganado, que se conduce de un lugar a otro. *A lo largo del recorrido no se veían más que enormes tropas de vacas y de caballos* [C]. Tb. designa cualquier conjunto de animales de una misma especie. *Vimos una ballena de las que suelen andar cerca de las costas y una tropa de delfines* [C]. ○ pl. **5.** Conjunto de cuerpos que componen un ejército o una unidad militar. *Las tropas enemigas han invadido el país.* ▶ **1:** *BATALLÓN.

tropecientos, tas. adj. pl. coloq. Muchos. *Tengo tropecientas cosas que hacer.* Se usa sustantivado para indicar un número grande e indeterminado de personas o de cosas. *Es imposible que entren los tropecientos que han venido.* Tb. pron. *–¿Y cuántos dices que estabais? –¡Qué sé yo, tropecientos!*

tropel. m. **1.** Conjunto de personas o animales que se mueven en desorden ruidoso. *Un tropel de caballos desbocados atravesó el campo.* Frec. en la constr. *en ~. Los espectadores entraban en tropel al estadio.* **2.** Conjunto de cosas mal ordenadas o descolocadas. *Tengo un tropel de papeles para archivar.*

tropelía. f. cult. Atropello o acto violento contra alguien, frec. cometido abusando del poder que se tiene. *Denuncian los fraudes y demás tropelías cometidas por el equipo directivo.*

tropezar. (conjug. ACERTAR). intr. **1.** Dar con los pies en un obstáculo al ir andando perdiendo el equilibrio. *Ha tropezado* CON *el bordillo de la acera.* **2.** Encontrar una cosa un estorbo que impide su desarrollo. *La economía tropieza* CON *la inflación y el desempleo.* **3.** Sufrir un fracaso o cometer una equivocación. *Ha tropezado* EN *el examen oral.* **4.** Encontrar algo o a alguien por casualidad. *Tropecé* CON *una pastelería al salir del metro.* Tb. prnl. *Si te tropiezas* CON *él, se lo preguntas.* **5.** Enfrentarse o reñir con alguien. *Si tropiezas* CON *ella, tienes todas las de perder.* ▶ **1:** TROMPICAR.

tropezón. m. **1.** Hecho de tropezar. *Di un tropezón* CON *la silla y casi me caigo. El equipo ha sufrido su primer tropezón en la fase final del campeonato.* **2.** Trozo pequeño de jamón u otro alimento que se añade a ciertas comidas, como las sopas. *He comido una crema de champiñón con tropezones.* ▶ **1:** *TROPIEZO.

tropical. adj. Del trópico. *Selva tropical amazónica.*

trópico. m. **1.** *Geogr.* Cada uno de los dos paralelos de la esfera terrestre, que distan del Ecuador 23° 27' al Norte y al Sur, respectivamente. *El trópico de Cáncer está en el hemisferio norte, y el de Capricornio en el hemisferio sur.* **2.** Región de la Tierra comprendida entre los trópicos (→ 1). *El territorio chileno se extiende desde los hielos polares hasta el trópico.* Frec. en pl. con significado sing. *Algunas zonas de los trópicos son inmensos desiertos.*

tropiezo. m. **1.** Hecho de tropezar, espec. si supone un fracaso. *Aún tengo la marca de aquel tropiezo* CON *una farola. Un tropiezo en los exámenes finales puede costarte el curso. En su carrera profesional son más los éxitos que los tropiezos.* **2.** Cosa en que se tropieza. *Hizo frente a toda suerte de escollos y tropiezos.* ▶ **1:** TROMPICÓN, TROPEZÓN. **2:** *OBSTÁCULO.

tropismo. m. *Biol.* Movimiento de orientación de un organismo, espec. de una planta, como respuesta a estímulos como la luz o la acción de la gravedad. *El tropismo del girasol obedece a la necesidad de la planta de buscar la luz solar.*

tropo. m. *Lit.* Figura retórica que consiste en emplear una palabra en un sentido distinto del que propiamente le corresponde, pero que tiene con este alguna conexión o semejanza. *La metáfora y la metonimia son tipos de tropos.*

troposfera. f. *Meteor.* Capa inferior de la atmósfera terrestre, que se extiende desde el suelo hasta la estratosfera y en la cual se producen los fenómenos meteorológicos. *Cuando se habla de contaminación atmosférica se alude implícitamente al límite inferior de la troposfera.*

troquel. m. **1.** Molde que se emplea para estampar relieves en piezas metálicas, y para acuñar monedas, medallas u otros objetos. *Se conservan los troqueles con que se acuñaron las monedas con el perfil del rey.* **2.** Instrumento con bordes cortantes para recortar con precisión materiales como el cuero o el cartón. *Para formar el bolso, coseremos con un cordón las dos piezas de cuero cortadas antes con troquel.*

troquelado. m. Hecho de troquelar. *De las imperfecciones de la moneda, se deduce que el troquelado fue muy rudimentario. Maquinaria para troquelado de láminas de cartón.*

troquelar. tr. **1.** Acuñar (monedas o medallas). *Ya no se troquelan reales.* **2.** Dar forma (a algo) o recortar(lo) con troquel. *Se troquelan planchas metálicas para usos industriales.* ▶ **1:** *ACUÑAR.

troqueo. m. *Lit.* En la poesía grecolatina: Pie formado por una sílaba larga y otra breve.

trotaconventos. f. coloq. Alcahueta. *Se sacaba un dinero sirviendo de trotaconventos a los señoritos.*

trotamundos. m. y f. Persona aficionada a viajar y recorrer países. *Renunció a su faceta de trotamundos y se estableció en la ciudad.*

trotar. intr. **1.** Ir una caballería al trote. *Espoleado por el jinete, el caballo empezó a trotar.* **2.** Cabalgar alguien en una caballería que va al trote. *Cuando ya sepas pasear con el caballo, aprenderás a trotar y a galopar.* **3.** coloq. Andar mucho o muy deprisa una persona o un animal. *Nos pusimos calzado cómodo y pasamos el día trotando por el campo. He venido trotando para llegar a tiempo.*

trote. m. **1.** Modo de caminar natural y acelerado de una caballería, que consiste en avanzar saltando, con apoyo alterno en cada conjunto de mano y pie contrapuestos. *Monta una yegua bien dotada para el trote y el galope.* Tb. fig. referido a otro animal o a una persona. *Para calentar los músculos, se puede empezar con un trote suave.* **2.** Trabajo o actividad intensos y fatigosos. *Menudo trote nos dimos para dejarlo* *todo limpio*. Frec. en pl. *A mi edad, ya no estoy para muchos trotes*. ■ ~ **cochinero.** m. coloq. Trote (→ 1) corto y apresurado. *Lo más que alcanzaba la mula era un trote cochinero*. □ **al ~.** loc. adv. De forma acelerada. *Tendré que terminar al trote los deberes si quiero salir con los amigos*. ■ **para,** o **de, todo ~.** loc. adj. coloq. Dicho espec. de prenda de vestir: Para uso diario y continuo. *Me he comprado una camiseta de todo trote*.

trotón, na. adj. Dicho de caballería: Que tiene por paso ordinario el trote. *Pasea por el campo con su caballo trotón*. Dicho de caballo, tb. m. *Una carrera de trotones*.

trotskismo. m. Teoría política de León Trotski (político soviético, 1879-1940), de carácter comunista y defensora de la revolución permanente internacional, frente a la idea de consolidar el comunismo en un solo país. *El trotskismo se oponía a la interpretación estalinista del comunismo*. Tb. el movimiento apoyado en esa teoría. *El trotskismo cobra nuevo auge en Francia y Gran Bretaña a raíz de la crisis de 1968*.

trotskista. adj. **1.** Del trotskismo. *Algunos se mostraron partidarios de las ideas trotskistas*. **2.** Seguidor del trotskismo. *Tras la dictadura, surgen diversos partidos de izquierda: trotskistas, leninistas...* Dicho de pers., tb. m. y f. *Los trotskistas fueron perseguidos por Stalin*.

troupe. (pal. fr.; pronunc. "trup"). f. **1.** Compañía o grupo de artistas, espec. de teatro, cine o circo, que trabajan juntos, desplazándose de un lugar a otro. *La famosa* troupe *de payasos hizo reír a los niños en multitud de países. Durante el rodaje, la* troupe *de actores se alojará en el pueblo*. **2.** Grupo de personas que van juntas o que actúan de forma similar. *El director apareció con su habitual* troupe *de asesores y asistentes*. ¶ [Equivalentes recomendados: 1: *compañía*. 2: *tropa*].

trova. f. cult. Composición poética escrita gralm. para canto. Tb. la canción compuesta sobre ese texto. Frec. referido a las compuestas o cantadas por los trovadores. *En las reuniones palaciegas, se deleitaban escuchando las trovas de los mejores poetas*.

trovador, ra. m. **1.** histór. En la Edad Media: Poeta provenzal que escribía y trovaba en lengua de oc. *El amor cortés es un tema central en las composiciones de los trovadores*. ○ m. y f. **2.** Poeta, espec. el de carácter popular. *Allí acudieron cantautores y trovadores de todo tipo*.

trovadoresco, ca. adj. De los trovadores. *La poesía trovadoresca influye en la lírica renacentista*.

trovar. intr. Componer trovas. *Del famoso trovador se decía que trovaba bien y encandilaba a las damas*.

trovero, ra. m. y f. **1.** Persona que improvisa o canta trovos. ○ m. **2.** histór. En la Edad Media: Poeta que escribía y trovaba en lengua de oíl. *La música de trovadores y troveros amenizaba las reuniones cortesanas*.

trovo. m. Composición métrica popular, gralm. de asunto amoroso. *En zonas de Andalucía se mantiene la tradición de improvisar trovos en las fiestas*.

Troya. allí, o **aquí, fue ~.** expr. coloq. Se usa para expresar el comienzo de un conflicto o jaleo grandes. *Los invitados se metieron en la discusión y allí fue Troya*. ■ **arda ~.** expr. coloq. Se usa para expresar la determinación de hacer algo sin reparar en las consecuencias. *Diré toda la verdad, y que arda Troya*. ■ **la de ~.** loc. s. coloq. Un lío o escándalo muy grandes. Frec. con v. como *armarse*. *Cuando el árbitro anuló el gol, se armó la de Troya*.

troyano, na. adj. histór. De Troya (antigua ciudad de Asia Menor). *Guerrero troyano*. Dicho de pers., tb. m. y f. *La "Ilíada" narra el enfrentamiento entre aqueos y troyanos tras el rapto de Helena*.

trozo. m. Pedazo de algo. *Dame un trozo de tarta*. ▶ *PARTE.

trucaje. m. Hecho de trucar. *Las técnicas de trucaje cinematográfico permiten conseguir efectos sorprendentes. Es un mecánico experto en trucaje de motores*.

trucar. tr. **1.** Disponer o preparar (algo) con trucos o trampas que produzcan la impresión o el efecto deseados. *Han trucado la foto para que parezca que estaba al lado del famoso cantante*. **2.** Realizar ciertos cambios (en el motor de un vehículo) para darle mayor potencia. *Una forma de trucar un motor consiste en modificar la cilindrada*. Tb. referido al vehículo. *Trucaron la moto*.

trucha. f. Pez de agua dulce, de la familia del salmón, de piel gris verdosa con pintas negras y carne muy apreciada, y del que existen varias especies. *De segundo tomamos trucha a la marinera*.

trucho, cha. adj. Am. coloq. Falso o fraudulento. *Licencias de taxi truchas* [C]. *Existen droguerías truchas y farmacias en negro* [C]. *No encuentran mejor opción que recurrir a testigos "truchos", o bien inventarlos* [C].

truchero, ra. adj. **1.** Dicho espec. de río: Abundante en truchas. *Cerca del pueblo hay un río truchero al que acuden muchos pescadores*. ● m. y f. **2.** Persona que pesca o vende truchas.

truco. m. **1.** Habilidad que se adquiere en el ejercicio de un arte, oficio o actividad. *Te enseñaré todos mis trucos de cocina*. **2.** Trampa que se utiliza para el logro de un fin. *Sus sucios trucos no le servirán para sacarme el dinero*. **3.** Artificio o procedimiento para producir un efecto especial o una ilusión, espec. en magia, cine y fotografía. *Estaba fascinada con los trucos de cartas del mago. Vimos una película de ciencia ficción con muchos trucos hechos por ordenador*. ▶ **2:** *ARTIMAÑA.

truculencia. f. Calidad de truculento. *Escribe relatos de terror de gran truculencia*.

truculento, ta. adj. Que sobrecoge o asusta por su exagerada crueldad o dramatismo. *Detenido un sospechoso por el truculento crimen de la anciana asesinada*.

trueno. m. **1.** Estruendo que acompaña a un rayo, producido en las nubes por una descarga eléctrica. *Los truenos de la tormenta han despertado al bebé*. **2.** Ruido muy fuerte, espec. el producido por un arma de fuego. *Se oyen truenos de cañones ensordecedores*.

trueque. m. **1.** Hecho de trocar o trocarse. *Trueque de la ilusión en desengaño*. **2.** Intercambio directo de bienes y servicios, sin mediar la intervención de dinero. *Economía de trueque*.

trufa. f. **1.** Hongo subterráneo de forma redondeada, color negro o grisáceo y olor agradable, muy apreciado como comestible. *Tomamos unos exquisitos medallones de bogavante relleno de albahaca y trufa*. **2.** Pasta hecha de chocolate sin refinar y mantequilla. *Me encanta la tarta de trufa*. **3.** Dulce de trufa (→ 2) de forma redondeada y rebozado en cacao en polvo o en ralladuras de chocolate. *Compra unas trufas en la pastelería.*

trufar. tr. Aderezar o rellenar con trufas (un ave u otra comida). *Trufaremos el pavo antes de asarlo en el horno.* Frec. en part. Tb. fig. *Ha contado una historia trufada* DE *mentiras.*

truhan, na o **truhán, na.** adj. Dicho de persona: Que no tiene vergüenza y vive de engaños y estafas. Tb. m. y f. *Cayó en manos de un truhán que lo despojó de cuanto tenía.*

trullo. m. coloq. Cárcel. *Lleva media vida en el trullo por tráfico de drogas.*

truncado, da. part. **1.** → **truncar.** • adj. **2.** *Mat.* Dicho de cuerpo geométrico: Que está cortado por un plano paralelo u oblicuo a la base. *Cono truncado. Cilindro truncado. En el salón hay una arqueta rectangular con la tapa en forma de pirámide truncada.*

truncamiento. m. Hecho de truncar o truncarse. *"Art." es una abreviatura de "artículo" formada por truncamiento.*

truncar. tr. **1.** Interrumpir (algo) dejándo(lo) incompleto. *Una grave enfermedad ha truncado todos sus proyectos.* Tb. en constr. prnl. media. *La bonanza económica se truncó con la crisis del petróleo.* **2.** Cortar (una parte de algo) separándo(la) del resto. *Truncó una rama del árbol para hacerse un bastón.*

truque. m. Rayuela. *En el recreo solían jugar a las chapas y al truque.*

trusa. f. **1.** Am. Braga (prenda interior). *Recogió la trusa y la falda* [C]. **2.** Am. Calzoncillo. *Le quité los pantalones, se quitó las medias y la trusa y quedó desnudo* [C]. Tb. en pl. con significado sing. *Esa noche llevaba las trusas negras que ella me regaló* [C]. **3.** Am. Bañador. *Decidimos bañarnos; los hombres en calzoncillos, ya que nadie había pensado en traer trusa* [C]. Tb. ~ *de baño. Diseñó para las concursantes las trusas de baño* [C]. Tb. en pl. con significado sing. *Me puse mis trusas de baño y crucé descalzo la avenida* [C]. ▶ **1:** *BRAGA.

trust. (pl. invar. o **trusts**). m. *Econ.* Grupo de empresas unidas para monopolizar el mercado y controlar los precios en un sector económico determinado. *La ley pretende frenar el poder de los trusts y defender la libre competencia.*

tu. → **tuyo.**

tú. pron. pers. (→ **te, ti**). Designa a la persona a quien se dirige el que habla cuando entre ellos hay algún tipo de familiaridad. *¿Fuiste tú el que llamó por teléfono? Entre tú y yo lo conseguiremos.* ■ **tratar,** o **llamar,** o **hablar, de** ~ (a alguien). loc. v. Tutear(lo). *Trátame de tú, por favor. Se ofendió porque le hablaban de tú.*

tuareg. (pl. **tuaregs**). adj. De un pueblo bereber nómada del Sahara. *Aldea tuareg.* Dicho de pers., tb. m. y f. *Los tuaregs son buenos jinetes.*

tuba. f. Instrumento musical de viento, de metal, formado por un tubo cónico de gran tamaño, enroscado en espiral y provisto de pistones. *Las tubas y los trombones hacían los bajos.*

tuberculina. f. *Med.* Preparación hecha con gérmenes tuberculosos, que se utiliza para el diagnóstico de la tuberculosis.

tubérculo. m. **1.** *Bot.* Parte abultada y redondeada de los tallos subterráneos o de las raíces de algunas plantas, como la patata, en cuyas células se acumulan sustancias de reserva para la planta. *La patata, el boniato y la batata son tubérculos comestibles.* **2.** *Med.* Masa redondeada de color blanco o amarillento, que adquiere el aspecto y la consistencia del pus y aparece en un órgano como manifestación de determinadas enfermedades. *En la tuberculosis, suelen aparecer tubérculos en los pulmones.*

tuberculosis. f. *Med.* Enfermedad infecciosa del hombre y de muchos animales, causada por el bacilo de Koch y caracterizada por la aparición de tubérculos. *Los enfermos de tuberculosis suelen expulsar sangre por la boca al expectorar.*

tuberculoso, sa. adj. **1.** De la tuberculosis. *Está aquejado de laringitis tuberculosa.* **2.** Que padece tuberculosis. *En la granja hay dos vacas tuberculosas.* Dicho de pers., tb. m. y f. *A los tuberculosos se les recomendaba aire puro y un clima soleado.*

tubería. f. **1.** Conducto formado de tubos por donde se lleva o distribuye fluidos. *La tubería del gas ha explotado por exceso de presión.* **2.** Conjunto de tubos o tuberías (→ 1). *Los fabricantes de tubería diseñan tubos adaptados a distintos usos industriales.*

tuberoso, sa. adj. *Bot.* y *Med.* Que tiene tubérculos. *La remolacha tiene una raíz tuberosa. Acné tuberoso.*

tubo. m. **1.** Pieza hueca, gralm. de forma cilíndrica y abierta por ambos extremos. *Empalmaron varios tubos para hacer la cañería. Del tubo de escape del coche sale un humo negro.* **2.** Recipiente de forma cilíndrica, gralm. de paredes flexibles, que se abre por un extremo con un tapón de rosca y está destinado a contener sustancias blandas. *Un tubo de pomada.* **3.** Recipiente cilíndrico y rígido, que se abre por un extremo con un tapón, y está destinado a contener pastillas u otras cosas pequeñas. *Llevo en el bolso un tubo de pastillas para la tos.* **4.** *Anat.* Órgano de un ser vivo, cuya forma recuerda la de un tubo (→ 1). *Tubo intestinal. Tubo digestivo.* ■ ~ **de ensayo.** m. Tubo (→ 1) de cristal, cerrado por uno de sus extremos y que se usa para los análisis químicos. *La muestra de sangre está contenida en un tubo de ensayo.* ■ ~ **catódico,** o **de rayos catódicos.** m. *Electrón.* Tubo (→ 1) de cristal en cuyo interior se produce un haz de electrones de dirección e intensidad controladas, que al incidir sobre una pantalla reproduce gráficos e imágenes. *El problema de los televisores con tubo catódico es el tamaño de su parte trasera.* ■ ~ **fluorescente.** m. Tubo (→) de iluminación, que alumbra al ponerse incandescente el gas que contiene por efecto de una corriente eléctrica. *Hay lámparas en todas las habitaciones y un tubo fluorescente en la cocina.* ⇒ FLUORESCENTE. □ **por un** ~. loc. adv. coloq. En gran cantidad. *Tiene libros por un tubo.* Tb. loc. adj.

tubular. adj. **1.** Del tubo. *Campana de forma tubular.* **2.** Que tiene forma de tubo. *Una estructura tubular protege la médula.* **3.** Hecho o formado de tubos. *La sección tubular del órgano de la iglesia estaba muy deteriorada.*

tucán. m. Ave propia de América del Sur, de mediano tamaño, plumaje negro con manchas de vivos colores y pico muy largo, grueso y arqueado.

tuco. m. Am. Salsa de tomate frito con la que se condimentan pralm. la pasta o el arroz. *Fideos con tuco* [C].

tudesco, ca. adj. De Alemania. *Bach es la gran figura musical del barroco tudesco.* Dicho de pers., tb. m. y f. *Galos y tudescos se han enfrentado numerosas veces a lo largo de la Historia.* ▶ *ALEMÁN.

tuerca. f. Pieza con un hueco labrado en espiral en el que se ajusta exactamente un tornillo. *Apretó la tuerca con una llave inglesa.* ■ **apretar las ~s** (a alguien). loc. v. coloq. Ser estricto o severo (con él). *Si no aprietas las tuercas a tu hijo para que estudie más, suspenderá.*

tuerto, ta. adj. Falto de un ojo, o que carece de vista en él. *El accidente la ha dejado tuerta del ojo derecho. Un animal tuerto.* Dicho de pers., tb. m. y f. *Se acercó un tuerto que llevaba un parche en el ojo.*

tueste. m. Hecho o efecto de tostar. *Para obtener café torrefacto, se añade azúcar en el tueste.* ▶ TOSTADO.

tuétano. m. **1.** Sustancia contenida en los huesos. *Cogió el hueso de vaca del cocido y le sacó el tuétano para untarlo en pan.* **2.** Parte interior de la raíz o del tallo de una planta. ■ **hasta los ~s.** loc. adv. coloq. Profundamente. *Es comunista hasta los tuétanos.*

tufarada. f. Olor fuerte y desagradable que se percibe de pronto. *Cada vez que abría la boca nos llegaba una tufarada de coñac.*

tufo. m. **1.** Emanación gaseosa que se desprende de las fermentaciones y combustiones imperfectas. *Las brasas de la chimenea despedían un tufo intenso. Cuando el vino fermenta, se acumula en la bodega un tufo que es tóxico.* **2.** coloq. Hedor. *Abre las ventanas, que hay un tufo insoportable en esta habitación.* **3.** Sospecha de algo oculto o que todavía no ha ocurrido. *Me da a mí el tufo de que me va a llamar.*

tugurio. m. Lugar pequeño y miserable o mal acondicionado. Gralm. referido a vivienda o establecimiento comercial. *No sé cómo pueden vivir en semejante tugurio. Con tantos bares agradables como había, fuimos a parar a un tugurio.*

tul. m. Tejido fino y transparente que forma una malla gralm. en octógonos. *Llevaba un traje de novia clásico, con velo de tul.*

tulipa. f. Pantalla de vidrio de una lámpara, con forma parecida a la de un tulipán. *Iluminaba el cuarto una tulipa transparente de color azulado.*

tulipán. m. Flor grande y muy vistosa, en forma de copa, con seis pétalos y de diversos y brillantes colores. Tb. su planta. *Holanda es la tierra de los tulipanes.*

tullido, da. part. **1.** → **tullir.** ● adj. **2.** Dicho de persona o de una parte de su cuerpo: Que ha perdido la capacidad de movimiento. *Desde que sufrió el accidente tiene una pierna tullida. Asiento reservado para personas tullidas y mutiladas.* Dicho de pers., tb. m. y f. *Los tullidos de guerra recibirán una ayuda económica.* ▶ **2:** *INVÁLIDO.

tullir. (conjug. MULLIR). tr. Hacer que (alguien o una parte de su cuerpo) pierda la capacidad de movimiento. *La enfermedad lo ha tullido.* Tb. en constr. prnl. media. *Tenía temblores y andaba medio tullida.*

tumba. f. **1.** Lugar excavado en la tierra o construido sobre ella en el que se entierra un cadáver. *Los familiares dejaron flores sobre su tumba.* **2.** coloq. Persona que guarda celosamente un secreto. Frec. en la constr. *ser una ~. Puedes contarme lo que quieras, soy una tumba.* ■ **a ~ abierta.** loc. adv. **1.** Con gran velocidad y riesgo. Frec. con v. como *bajar* o *lanzarse. El ciclista bajó el puerto a tumba abierta.* **2.** Con osadía y sin reservas. *En el libro habla de su vida a tumba abierta.*

tumbar. tr. **1.** Hacer caer o derribar (algo o a alguien). *El viento tumbó un árbol. Le ha dado un puñetazo y lo ha tumbado.* **2.** Poner (algo o a alguien) en posición horizontal. *Lo sacaron del agua y lo tumbaron para hacerle el boca a boca. Me tumbé en el sofá para descansar un poco.* **3.** coloq. Dejar sin sentido (a alguien) algo, como una bebida alcohólica o un olor. *Las dos copas de vino que me tomé me tumbaron.* **4.** Suspender (a alguien) en un examen o eliminar(lo) en una prueba. *Te han tumbado porque no estudiaste lo suficiente.* ▶ **2:** TENDER.

tumbo. m. Vaivén violento. Frec. con *dar. Va borracho y dando tumbos por la calle.* Tb. fig. *La vida le ha dado muchos tumbos.* ■ **dar ~s.** loc. v. coloq. Tener dificultades y tropiezos. *Di muchos tumbos hasta conseguir lo que tengo.*

tumbona. f. Silla con respaldo largo y con tijera, que permite inclinarlo en ángulos muy abiertos para recostarse o tumbarse. *Leía en la playa, tumbado en una tumbona bajo una sombrilla.* ▶ HAMACA.

tumefacción. f. *Med.* Hinchazón (efecto de hincharse). *Una lesión habitual entre corredores es la tumefacción del tendón de Aquiles.* ▶ HINCHAZÓN.

tumefacto, ta. adj. cult. Dicho de una parte del cuerpo: Que tiene hinchazón. Frec. en medicina. *Tengo los párpados tumefactos y doloridos.*

tumor. m. *Med.* Masa de células transformadas, con crecimiento y multiplicación anormales. ■ **~ benigno.** m. *Med.* Tumor no canceroso, formado por células muy semejantes a las normales y que no se extiende a otros tejidos u órganos. *Los miomas son un tipo de tumor benigno frecuente en la mujer.* ■ **~ maligno.** m. *Med.* Tumor canceroso y que se extiende a otros tejidos u órganos. *Tras extirparle un tumor maligno, se sometió a quimioterapia.* ▶ TUMORACIÓN.

tumoración. f. **1.** *Med.* Tumor. *Gracias a las ecografías se pueden detectar tumoraciones en el ovario.* **2.** *Med.* Hinchazón o bulto.

tumoral. adj. *Med.* Del tumor. *Células tumorales.*

túmulo. m. **1.** Sepulcro que está levantado del suelo. *En la Capilla Real destaca el túmulo del monarca.* **2.** Armazón revestida de paños fúnebres, donde se coloca el ataúd en la celebración de las honras de un difunto. *En la plaza se improvisó un túmulo para celebrar las exequias por el alcalde fallecido.* **3.** histór. Montículo artificial con que era costumbre cubrir una sepultura en algunos pueblos antiguos. *Algunos pueblos de la Edad de Bronce enterraban a sus jefes militares bajo túmulos.*

tumulto. m. **1.** Alboroto producido por una multitud. *La llegada de la artista provocó un gran tumulto en el aeropuerto. Las fuerzas antidisturbios han reprimido los tumultos callejeros.* Tb. esa multitud. **2.** Alboroto o confusión agitada. *Salió aturdido de aquel tumulto de gritos y bocinas. El tumulto de la vida diaria produce estrés.* ▶ *ALBOROTO.

tumultuario, ria. adj. Tumultuoso. *La fiesta ha acabado en una pelea tumultuaria.*

tumultuoso, sa. adj. **1.** Que causa tumulto. *Una manifestación tumultuosa.* **2.** Que está o se realiza sin orden y con agitación. *Una ciudad tumultuosa. Actuaba movido por tumultuosos sentimientos.* ▶ TUMULTUARIO.

tuna[1]**.** → **tuno.**

tuna[2]**.** f. **1.** frecAm. Chumbera. *Tunas grisáceas con flores de seda rosa crecían entre las piedras* [C]. **2.** frecAm. Higo chumbo. *Había un puesto de tunas y ella se había inclinado para escoger las mejores* [C].

tunante, ta. adj. Tuno o astuto para engañar. Frec. se usa para referirse a un niño cariñosamente.

Qué tunante el crío, cómo me ha escondido el tabaco. Tb. m. y f. *Menuda tunanta, quiso darme gato por liebre.* ▶ *PÍCARO.

tunda. f. coloq. Paliza (serie de golpes). *Como no te portes bien, te voy a dar una tunda que te vas a enterar.*

tundir[1]. tr. Azotar o dar una paliza (a alguien). *Está dispuesto a tundir a cualquiera que le haga frente.*

tundir[2]. tr. Cortar o igualar el pelo (de paños o pieles). *Trabaja en un taller donde tunden pieles de visón.*

tundra. f. *Geogr.* y *Ecol.* Ecosistema propio de las zonas árticas, caracterizado por el clima muy frío, el subsuelo casi siempre helado, la falta de vegetación arbórea y la abundancia de musgos y líquenes. *La tundra es característica de Siberia y Alaska.*

tunecino, na. adj. De Túnez (país de África, y su capital). *Moneda tunecina.* Dicho de pers., tb. m. y f. *En la colonia magrebí destacan marroquíes, argelinos y tunecinos.*

túnel. m. Paso subterráneo abierto artificialmente para establecer una vía de comunicación. *La autovía pasa por un túnel a través de las montañas.* Tb. fig. para designar una situación difícil a la que no se ve solución o salida. *La depresión lo sumió en un túnel.*

tungsteno. m. *Quím.* Wolframio. *La utilización de filamentos de tungsteno incrementó el rendimiento luminoso de las lámparas incandescentes.*

túnica. f. **1.** Prenda de vestir exterior, amplia y larga, con o sin mangas. *La cantante salió a escena con una elegante túnica turquesa. El sacerdote lleva una túnica blanca bajo la casulla.* **2.** histór. Prenda de vestir amplia, gralm. sin mangas y con caída hasta los talones, que se usaba en la Antigüedad, espec. entre griegos y romanos. *En la época de la República, los romanos solían vestir con túnica y toga.* **3.** *Biol.* Membrana que cubre o envuelve algo y gralm. le sirve de protección. *Las arterias están revestidas de una túnica externa conjuntiva. Algunas frutas tienen una túnica pegada a la cáscara que cubre su carne.*

tuno, na. adj. **1.** Que tiene picardía y habilidad para engañar. *El chaval es muy tuno, se las sabe todas.* Tb. m. y f. *Tenía carita de mosca muerta, pero resultó ser un tuno de cuidado.* ● m. **2.** Componente de una tuna (→ 3). *Un tuno bailaba tocando la pandereta.* ○ f. **3.** Conjunto musical formado por estudiantes, gralm. universitarios, que visten con un traje tradicional y suelen acompañarse con instrumentos de cuerda y panderetas. *Toco la bandurria en la tuna de mi facultad.* ▶ **1:** *PÍCARO. **3:** ESTUDIANTINA.

tuntún. al (buen) ~. loc. adv. coloq. Al azar o sin reflexión. *Elegí tres colores al tuntún.*

tupamaro, ra. adj. De la organización guerrillera uruguaya Túpac Amaru. *Guerrillero tupamaro.* Dicho de pers., tb. m. y f. *Los tupamaros optaron por la vía armada para defender sus ideas revolucionarias.*

tupé. m. Mechón de pelo que se lleva levantado sobre la frente. *No se le mueve el tupé porque se ha echado mucha laca.*

tupí. (pl. **tupíes** o **tupís**). adj. **1.** De un pueblo indio de Brasil, Paraguay y parte de la cuenca amazónica. *Costumbres tupís.* Dicho de pers., tb. m. y f. *Pueblos indígenas como los tupís practicaban el canibalismo.* ● m. **2.** Lengua hablada por los tupís (→ 1). *En el tupí todas las vocales admiten pronunciación nasalizada.*

tupido, da. adj. Formado por elementos muy juntos o apretados. *Utilizaban redes tan tupidas que podían pescar peces pequeñísimos. Una melena tupida.* Tb. fig. *El libro relata un tupido entramado de acontecimientos.* ▶ *DENSO.

tupir. tr. Hacer más tupido (algo). *Impregnaban las fibras de una sustancia que contribuía a tupir el tejido.* Tb. fig. *Han tupido una densa red de intereses.*

turba[1]. f. Carbón fósil, formado de residuos vegetales, de color pardo oscuro y poco peso. *La turba, la hulla y la antracita son carbones con distinto potencial calorífico.*

turba[2]. f. Muchedumbre de gente que va de manera desordenada o alborotada. *Una turba de curiosos se ha congregado en el lugar del suceso.*

turbación. f. Hecho o efecto de turbar o turbarse. *La noticia del infortunado accidente le causó gran turbación. Muchos factores pueden propiciar la turbación de la paz mundial.*

turbador, ra. adj. Que turba. *La modelo es de una belleza turbadora.*

turbamulta. f. Multitud confusa y desordenada. *El concierto ha atraído a toda una turbamulta de fans.*

turbante. m. Prenda propia de culturas orientales, consistente en una banda larga de tela que se enrolla alrededor de la cabeza. *El príncipe árabe llevaba chilaba y turbante.*

turbar. tr. **1.** Alterar o interrumpir de manera molesta o violenta (algo). *Sus voces turban el silencio reinante.* Tb. en constr. prnl. media. *Teme que mi sosiego se turbe con tan malas noticias.* **2.** Aturdir o dejar en un estado de confusión o desconcierto (a una persona). *Aquellas amenazas nos turbaron.* Tb. en constr. prnl. media. *Se turbó al verme llegar con su amiga del brazo.*

turbera. f. Yacimiento de turba. *El estudio de las turberas permite obtener datos arqueológicos de gran valor.*

turbidez. f. cult. Turbiedad. *La turbidez del agua de los ríos depende de la cantidad de materiales en suspensión. Bajo los efectos del alcohol, se produce un estado de turbidez mental.*

turbiedad. f. Cualidad de turbio. *Una característica de estas aguas contaminadas es su turbiedad. Andaba siempre mezclado en asuntos de cierta turbiedad.*

turbina. f. Máquina que aprovecha la fuerza o la presión de un fluido para hacer girar una rueda. *Las centrales térmicas utilizan turbinas para transformar el vapor de agua en electricidad. Los aviones de reacción llevan turbinas de gas.*

turbio, a. adj. **1.** Dicho de líquido: Falto de la claridad o transparencia naturales. *Tras la tormenta el río bajaba con aguas turbias.* **2.** Sospechoso o de legalidad dudosa. *No será elegido para el cargo debido a su turbio pasado. No quiero saber nada de tus turbios negocios.* **3.** Dicho de cosa, espec. de visión: Confusa o poco clara. *Minutos después de echarme el colirio, aún tenía la visión turbia.*

turbión. m. **1.** Lluvia intensa, repentina, de corta duración y con viento fuerte. *Nos hemos guarecido en una cabaña hasta que ha pasado el turbión.* **2.** Cantidad grande de cosas que se presentan juntas y de manera impetuosa. *Cuando vio aparecer a su antigua novia, le invadió un turbión de sentimientos.*

turbo. adj. **1.** *Mec.* Dicho de vehículo o motor: Que está dotado de turbocompresor. *Ese modelo de deportivo va equipado con motor turbo.* ● m. **2.** *Mec.* Turbocompresor. *Todos los vehículos de los participantes en la carrera llevan turbo.* Tb. fig. *Mete el turbo, que no llegamos.*

turbo-. elem. compos. Significa 'de turbina'. *Turbodiésel, turbopropulsor.*

turbocompresor. m. *Mec.* Compresor movido por una turbina, que aprovecha los gases de escape de un motor. *Gracias a dos turbocompresores, el coche deportivo superaba los 400 caballos.* ▶ TURBO.

turbodiésel. adj. *Mec.* Dicho de motor: Diésel alimentado con un turbocompresor. *El vehículo está equipado con un potente motor turbodiésel.* Tb. m., dicho de ese motor o del vehículo que lo tiene. *Se ha comprado un turbodiésel automático.*

turbogenerador. m. *Fís.* Generador de electricidad movido por una turbina. *Se va a instalar un nuevo turbogenerador en la central eléctrica.*

turborreactor. m. *Mec.* Motor de reacción en que la propulsión se consigue con una turbina de gas. *Muchos aviones están provistos de turborreactores.*

turbulencia. f. **1.** Cualidad de turbulento o agitado. *La turbulencia de las aguas del río complica las tareas de rescate de los desaparecidos.* **2.** Desorden o confusión. *El país está atravesando por un periodo de turbulencia política.* **3.** *Fís.* Movimiento brusco del aire, que se caracteriza por la formación de remolinos. *Abróchense los cinturones: el avión va a entrar en una zona de turbulencias.*

turbulento, ta. adj. **1.** Dicho de cosa: Turbia y agitada. *En el cuadro aparecía un barco a la deriva en medio de un mar turbulento.* **2.** Dicho de acción o situación: Conflictiva. *Mantienen una turbulenta relación amorosa.* **3.** Dicho de persona: Que causa disturbios o conflictos. *El cabecilla de la revuelta era un joven contestatario y turbulento.*

turco, ca. adj. **1.** De Turquía. *La final se disputará en la capital turca.* Dicho de pers., tb. m. y f. *Los turcos son vecinos de los búlgaros.* **2.** Del turco (→ 5). *Dialecto turco.* **3.** histór. De un pueblo procedente del Turquestán (Asia Central), que se estableció en Asia Menor y en la parte oriental de Europa. *El Imperio turco implantó el Islam en muchas comunidades cristianas ortodoxas.* Dicho de pers., tb. m. y f. *El Imperio bizantino termina con la caída de Constantinopla en poder de los turcos.* **4.** Am. coloq. Dicho de persona: De procedencia árabe. Tb. m. y f. *Ningún turco de aquí viene de Turquía* [C]. *Siguieron llegando los sirios (que llamábamos turcos)* [C]. ● m. **5.** Lengua hablada en Turquía. *Vivió muchos años en Estambul y allí aprendió turco.* ▶ **1:** OTOMANO.

turdetano, na. adj. histór. De un pueblo hispánico prerromano que habitaba la mayor parte de los territorios de la actual Andalucía. *Arte turdetano. Huelva y Sevilla fueron ciudades turdetanas.* Dicho de pers., tb. m. y f. *La base de la economía de los turdetanos era la agricultura.*

turgencia. f. cult. Cualidad de turgente. *Lleva un pantalón ajustado que destaca la turgencia de sus nalgas.*

turgente. adj. cult. Abultado y firme. *Senos turgentes.*

turismo. m. **1.** Hecho de viajar por placer. *El turismo sirve para conocer nuevas culturas.* Tb. la actividad correspondiente. *El gobierno quiere impulsar el desarrollo del turismo.* **2.** Conjunto de personas que hacen turismo (→ 1). *Al turismo le gusta encontrar las playas limpias.* **3.** Automóvil de turismo (→ **automóvil**). *Se ha comprado un turismo pequeño para desplazarse por la ciudad.*

turista. m. y f. Persona que hace turismo. *Todos los años, nuestras costas reciben un elevado número de turistas.* Frec. en aposición para expresar el carácter económico de una clase o modalidad de viaje. *Hemos reservado dos billetes en clase turista.*

turístico, ca. adj. Del turismo. *Andalucía es una zona muy turística.*

turmalina. f. Mineral que se encuentra en formas cristalinas transparentes o coloreadas, algunas de cuyas variedades se emplean como gemas en joyería.

túrmix. (Marca reg.). f. (Tb. m.). Batidora eléctrica. *Mete nueces, plátanos y leche en la túrmix y prepararemos un batido.*

turnarse. intr. prnl. Alternarse dos personas en una actividad o en una tarea siguiendo un orden establecido. *Nos turnaremos para conducir durante el viaje.*

turno. m. **1.** Orden que se establece para que se sucedan los elementos de una serie. *Seguiremos un turno para la limpieza del baño.* **2.** Momento u ocasión de hacer algo siguiendo un turno (→ 1). *Es tu turno, tira el dado y mueve ficha.* **3.** Conjunto de trabajadores que desempeñan su actividad al mismo tiempo, según un turno (→ 1). *El turno de noche no entró a trabajar.* ■ **de ~.** loc. adj. **1.** Dicho de persona o cosa: Que actúa por corresponderle el turno (→ 1). *Me atendió el médico de turno.* **2.** despect. Dicho de persona o cosa: Habitual o típica. Frec. en sent. irónico. *Ya está otra vez el listo de turno dando su opinión. Nos reímos mucho con el chiste de turno.*

turolense. adj. De Teruel. *Serranía turolense.* Dicho de pers., tb. m. y f. *Los turolenses son aragoneses.*

turón. m. Pequeño mamífero carnívoro de cuerpo peludo y alargado, patas cortas y cola larga, del mismo grupo que la comadreja. *El turón hembra.*

turpial. m. Am. Pájaro tropical, de tamaño mediano y plumaje negro con manchas de color amarillo anaranjado en nuca y vientre, que destaca por su canto. *Un turpial cantaba en la jaula colgada en el alero* [C].

turquesa. f. **1.** Mineral duro y opaco, de color azul verdoso, que se usa en joyería. *Me han regalado un anillo de oro con incrustaciones de turquesa.* ○ m. **2.** Color azul verdoso, como el de la turquesa (→ 1). *He puesto en mi habitación unas cortinas en turquesa.* Frec. en aposición y gralm. siguiendo a *azul*. *Lleva un vestido turquesa muy bonito. Un mar azul turquesa.*

turrón. m. Dulce navideño, elaborado gralm. con una pasta de frutos secos, azúcar y miel, y en forma de tableta. *En Nochebuena, comimos mucho turrón y bebimos cava.*

turronero, ra. adj. **1.** Del turrón. *Industria turronera.* ● m. y f. **2.** Persona que tiene por oficio hacer o vender turrón. *Los turroneros registran importantes ventas en las fiestas navideñas.*

turulato, ta. adj. coloq. Asombrado hasta el punto de no poder reaccionar. *Con tu desparpajo y tu gracia se van a quedar todos turulatos.*

tute. m. **1.** Juego de cartas en que gana quien reúne los cuatro reyes o los cuatro caballos. *Nos llevaremos la baraja para jugar al tute y a la brisca.* **2.** En el tute (→ 1): Combinación de los cuatro reyes o de los cuatro caballos. *Gané la partida porque conseguí un tute* *de reyes.* **3.** coloq. Esfuerzo grande. Gralm. con v. como *darse* o *pegarse. Esta mañana me he dado un tute* A *trabajar. ¡Menudo tute me pegué ayer subiendo y bajando escaleras!* **4.** coloq. Uso o consumo continuados o excesivos. Gralm. con v. como *dar* o *meter. Estás metiendo un buen tute a los pantalones y no te van a servir para el invierno que viene.*

tutear. tr. Utilizar el que habla el pronombre *tú* para dirigirse (a alguien) cuando entre ellos hay algún tipo de familiaridad. *Aunque soy mayor que tú, prefiero que me tutees. En la oficina todos nos tuteamos.*

tutela. f. **1.** Autoridad legal que se concede a alguien para velar por un menor o por una persona incapacitada para hacerlo. *Los tíos han solicitado la tutela de su sobrino huérfano.* **2.** Defensa de alguien o algo. *El gobierno se preocupa de la tutela de los derechos humanos.* **3.** Dirección o amparo de alguien o algo. *Acuérdate de que en esta excursión tu hermano queda bajo tu tutela.*

tutelaje. m. Hecho de tutelar o ejercer la tutela. *La función de la comisión será el tutelaje de los derechos de los trabajadores.*

tutelar[1]. tr. Ejercer la tutela (sobre alguien o algo). *En virtud de la sentencia, los abuelos maternos tutelarán al menor. Los poderes públicos tutelarán y promoverán el acceso a la cultura.*

tutelar[2]. adj. De la tutela. *Tribunal tutelar de menores. La industria cinematográfica ha solicitado el apoyo tutelar del Estado.*

tuteo. m. Hecho de tutear. *Hasta que no nos conozcamos mejor, evitaré el tuteo.*

tutiplén. a ~. loc. adv. coloq. En abundancia o en grandes cantidades. *Empezó a comprar a tutiplén, sin reparar en los precios.*

tutor, ra. m. y f. **1.** Persona que ejerce la tutela de alguien. *Fui la tutora legal de mi hermana hasta su mayoría de edad. El padre Matías es mi tutor espiritual.* **2.** En la enseñanza: Profesor encargado de la atención y orientación de los alumnos de un curso académico. *La profesora de biología es nuestra tutora.* ● m. **3.** Palo que se clava al pie de una planta para sostenerla o mantenerla derecha. *Sujetó el fino tronco al tutor con una cuerda.* ▶ **3:** RODRIGÓN.

tutoría. f. Cargo o actividad de tutor, espec. en la enseñanza. *En su hora de tutoría, el profesor de Matemáticas resuelve las dudas de los exámenes.*

tutú. (pl. **tutús**). m. Falda de varias capas de tejido vaporoso, que usan las bailarinas de danza clásica. *La bailarina de* ballet *salió al escenario con un tutú de tul blanco.*

tuya. f. Árbol del mismo grupo que el ciprés, siempre verde y de madera muy resistente, que se suele utilizar para setos y jardines.

tuyo, ya. (Antepuesto al n., apóc. *tu,* pl. *tus*). adj. De la persona a quien se habla. Si va pospuesto al n., puede ir precedido de art., dem. o indef. *¿Pedro es amigo tuyo? Tráete los zapatos tuyos. Esa manía tuya de gritar tanto es insoportable. Se viene abajo ante cualquier crítica tuya. Tus perros no ladran. Confío en tu sentido del deber.* Tb. sustantivado. *¡Otra idea de las tuyas!* ■ **la tuya.** loc. s. coloq. Respecto de la persona a quien se habla: Ocasión favorable. Frec. con el v. *ser. Ahora es la tuya, ¡aprovecha la oportunidad!* ■ **lo tuyo.** loc. s. Mucho. *¡Tú también has comido lo tuyo!* ■ **los ~s.** loc. s. Los familiares o personas vinculadas a un grupo del que forma parte la persona a quien se dirige el que habla. *¿Hace mucho que no tienes noticias de los tuyos? Si esa compañera era una de las tuyas, ¿por qué votó en contra?*

u[1]. (pl. **úes**). f. Letra del abecedario español que corresponde al sonido vocálico cerrado que se articula en la parte posterior de la boca. *La palabra "gurú" se escribe con dos úes.*

u[2]. → o.

ubérrimo, ma. adj. cult. Muy fértil. *En Murcia se hallan las ubérrimas huertas de la vega del Segura.*

ubicación. f. cult. Hecho o efecto de ubicar o ubicarse. *La sede de la empresa tendrá una nueva ubicación.*

ubicar. tr. **1.** frecAm. cult. Situar (algo o a alguien) en un lugar determinado. *El Ayuntamiento ubicará* EN *el parque un busto de la poetisa. Una ceramista hizo un horno a leña y lo ubicó* EN *el balcón de un departamento* [C]. Tb. fig. *Su compromiso revolucionario lo vuelve a ubicar* EN *la mira de los militares golpistas* [C]. ○ intr. prnl. **2.** cult. Estar situado algo en un lugar determinado. *El barrio marinero se ubica* ENTRE *la lonja y la catedral.*

ubicuidad. f. cult. Cualidad de ubicuo. *Lo mismo aparece en un hospital que en un mitin; parece tener el don de la ubicuidad.*

ubicuo, cua. adj. cult. Que está en todas partes al mismo tiempo. *Para los cristianos, Dios es ubicuo. El terror se apodera de la población ante el avance de un enemigo ubicuo.*

ubre. f. **1.** Teta de la hembra de un animal mamífero. *Para ordeñar bien a una vaca hay que saber cómo apretar las ubres.* **2.** Conjunto de las ubres (→ 1). *Es una vaca de ubre abundante y buena leche.* ▶ **1:** *MAMA.

uci. (Tb. **UCI**). f. Unidad de cuidados intensivos. *Los heridos graves han sido trasladados a la UCI del hospital comarcal.*

ucraniano, na. adj. **1.** De Ucrania (país de Europa). *Ciudad ucraniana.* Dicho de pers., tb. m. y f. *Muchos ucranianos han emigrado.* **2.** Del ucraniano (→ 3). *Vocablo ucraniano.* ● m. **3.** Lengua hablada en Ucrania. *El ucraniano es una lengua eslava.* ▶ **1:** UCRANIO.

ucranio, nia. adj. Ucraniano. *Gobierno ucranio.* Dicho de pers., tb. m. y f. *Un ucranio ha sido el vencedor de la carrera.*

Ud. (pl. **Uds.**). abrev. Usted. *El Instituto de Altos Estudios tiene el honor de invitar a Ud. al acto de inauguración.*

uf. interj. Se usa gralm. para expresar cansancio, sofoco, alivio o repugnancia. *¡Uf, qué calor! ¡Uf, me libré de una buena! ¡Uf, qué mal huele!*

ufanarse. intr. prnl. Mostrarse ufano o satisfecho de algo. *Se ufanan* DE *haber sido los primeros en viajar a la Luna. Se ufana* DE *ser el más conquistador de la clase.*

ufanía. f. Cualidad de ufano. *Dice con ufanía que se ha hecho a sí mismo.*

ufano, na. adj. **1.** Contento o satisfecho. *El entrenador se muestra muy ufano* DE *los triunfos del equipo.* **2.** Arrogante o presuntuoso. *Camina muy ufano con su traje nuevo.* **3.** Desenvuelto o decidido. *Un espontáneo salta al ruedo todo ufano y se pone a dar capotazos al toro.*

ufología. f. Estudio de los ovnis. *Revista de ufología y fenómenos paranormales.*

ugandés, sa. adj. De Uganda (país de África). *Capital ugandesa.* Dicho de pers., tb. m. y f. *Se han producido enfrentamientos entre ruandeses y ugandeses.*

uh. interj. Se usa para expresar desilusión o desdén. *–El viaje cuesta mil euros. –¡Uh, qué caro!, no puedo permitírmelo.*

ujier. m. **1.** Empleado subalterno de algunos tribunales y cuerpos del Estado. *El juez ordena a los ujieres que desalojen la sala. Un ujier trae un vaso de agua a la diputada.* **2.** histór. Persona que estaba al servicio del rey para atenderlo, espec. para controlar el acceso a sus salas. *El ujier hizo pasar al cónsul ante la reina.*

ukelele. m. Guitarra pequeña de cuatro cuerdas, típica de Hawái. *Toca el ukelele en una grupo folk.*

úlcera. f. Herida que se abre en un tejido orgánico y no cicatriza, o lo hace con dificultad. *Los enfermos postrados en cama pueden acabar teniendo úlceras en la piel.* Frec. designa las de estómago y duodeno. *Desde que tiene la úlcera, todo lo que come le sienta mal.* ▶ LLAGA.

ulceración. f. Hecho o efecto de ulcerar o ulcerarse. *El virus del sida produce a veces la ulceración de las mucosas.*

ulcerar. tr. Causar úlcera (en un órgano o tejido orgánico). *El ácido gástrico segregado en exceso puede ulcerar la mucosa del estómago.* Tb. en constr. prnl. media. *El cirujano observa que una zona del esófago se ha ulcerado.*

ulceroso, sa. adj. **1.** De la úlcera. *Lesión ulcerosa.* **2.** Que padece úlcera. *Muchos pacientes ulcerosos son personas con problemas de estrés.*

ulema. m. Doctor de la ley islámica. *Los ulemas consideran que ciertos comportamientos van contra los preceptos del Corán.*

ulterior. adj. cult. Dicho de cosa: Posterior (que ocurre o va después). *El concepto se explica en páginas ulteriores. Tratarán de llegar a un acuerdo en ulteriores reuniones.*

ultimación. f. Hecho de ultimar. *Se ha convocado un congreso para la ultimación de los detalles de la cumbre.*

últimamente. adv. En el tiempo inmediatamente anterior al momento en que se habla. *Últimamente salimos muy poco. ¡Hay que ver lo que ha llovido últimamente!*

ultimar. tr. **1.** Acabar (algo), o hacer las últimas operaciones de detalle (en ello) para terminar(lo) o perfeccionar(lo). *Aún no han ultimado los preparativos del viaje.* **2.** Am. Matar (a alguien). *No han cap-*

turado a los marinos que supuestamente ultimaron a un turista alemán [C]. ▶ **1:** *ACABAR. **2:** *MATAR.

ultimátum. (pl. **ultimátums**). m. En un conflicto o negociación: Declaración con que una de las partes comunica a otra su intención definitiva de llevar a cabo acciones hostiles, si no se cumplen las condiciones exigidas. Se usa espec. en política y diplomacia. *El general invasor ha ignorado el ultimátum de Naciones Unidas.* Tb. fig. *Su casero le ha dado un ultimátum para que pague los recibos atrasados.*

último, ma. adj. **1.** Que ocupa en una serie el lugar posterior a todos los demás elementos. *El restaurante está en el último vagón. Esta será la última semana del presidente en la Moncloa.* Tb. sustantivado. *La última de la cola se quedó sin entrada.* **2.** Que es inmediatamente anterior en el tiempo al momento que se toma como referencia. *Es una obra maestra del último cine español. El grupo guerrillero ha radicalizado su postura en los últimos años.* **3.** Más alejado o escondido. *La expedición llegó a los últimos confines de la selva. Han registrado hasta el último rincón de la casa.* **4.** Menos importante. *El dinero, en este caso, es nuestra última preocupación. Habrá aumento de sueldo para todos, desde el director hasta el último bedel.* **5.** Final o definitivo. *Es mi última oferta: o la tomas o la dejas. La decisión última corresponde exclusivamente al juez.* **6.** Más extremo. *Como último recurso, podemos mudarnos de casa. La violación es la última humillación que puede vivir un ser humano.* ■ **a la última.** loc. adv. coloq. A la última (→ 2) moda. *A los adolescentes les gusta ir a la última.* Tb. loc. adj. *La fiesta estaba llena de gente a la última.* ■ **a últimos.** loc. adv. En los días finales de un período de tiempo, espec. de un mes. *Volveremos de vacaciones a últimos de agosto.* ■ **en las últimas.** loc. adv. **1.** coloq. A punto de morir. *El pobre enfermo está ya en las últimas.* **2.** coloq. Con poca cantidad de algo, frec. de dinero. *Lo siento, no puedo dejarte un céntimo, yo también estoy en las últimas. La nevera está en las últimas.* ■ **lo último.** loc. s. coloq. Lo que no se puede superar, frec. por desagradable o indignante. *Que se explote así a los niños me parece lo último.* ■ **por último.** loc. adv. Finalmente, o en último (→ 1) lugar. *Por último, recapitularé lo dicho hasta ahora. Echa cebollas, zanahorias, puerros y, por último, una ramita de perejil.*

ultra. adj. **1.** En política: Ultraderechista. *Ideología ultra.* Dicho de pers., tb. m. y f. *De pronto, se le acercan unos ultras y le dan una paliza.* **2.** Dicho espec. de ideología: De carácter extremista o radical. *Comulga con el liberalismo más ultra.* ▶ **1:** ULTRADERECHISTA.

ultra-. pref. Significa 'más allá de' (*ultrapirenaico*) o 'extremadamente' (*ultrarrápido, ultrasecreto, ultraconservador*).

ultracorrección. f. *Ling.* Deformación de una palabra, por un equivocado afán de corrección. *Escribir "extratégico" es una ultracorrección.*

ultraderecha. f. En política: Extrema derecha. *La ultraderecha se presenta a las elecciones con un programa xenófobo.*

ultraderechista. adj. En política: De ultraderecha. *Partido ultraderechista.* Dicho de pers., tb. m. y f. *Según los sondeos, los ultraderechistas no conseguirán escaños en el parlamento.* ▶ ULTRA.

ultraísmo. m. *Lit.* Movimiento poético español e hispanoamericano, surgido en 1918, que propone una renovación radical de la estética modernista a través del uso de la metáfora, y que incorpora temas del mundo moderno tratados sin sentimentalismo. *Guillermo de Torre fue uno de los principales representantes del ultraísmo.*

ultraísta. adj. **1.** *Lit.* Del ultraísmo. *Literatura ultraísta.* **2.** *Lit.* Partidario o cultivador del ultraísmo. *Poeta ultraísta.* Dicho de pers., tb. m. y f. *Borges figura entre los ultraístas.*

ultraizquierda. f. En política: Extrema izquierda. *Jóvenes de ultraizquierda se han enfrentado a la policía.*

ultraizquierdista. adj. En política: De ultraizquierda. *Grupos ultraizquierdistas.* Dicho de pers., tb. m. y f. *Un ultraizquierdista rechazará cuanto huela a capitalismo.*

ultrajante. adj. Que ultraja u ofende. *La arrogancia del vencedor resulta ultrajante.*

ultrajar. tr. **1.** Ofender gravemente (a alguien o algo) con palabras o hechos. *La rendición ultraja la memoria de los soldados caídos. Se sienten ultrajados por las acusaciones de la prensa.* **2.** cult. Violar (a alguien, espec. a una mujer). *Lo han condenado a varios años de cárcel por ultrajar a una menor.*

ultraje. m. Hecho o efecto de ultrajar. *Durante la guerra se han cometido horribles ultrajes contra la población.*

ultraligero, ra. adj. **1.** Muy ligero. *Hoy se fabrican bicicletas ultraligeras.* **2.** Dicho de avión deportivo: De poco peso, construido gralm. con tela y tubos, y propulsado por un pequeño motor de escaso consumo. Frec. m. *Se celebrará un festival aéreo con exhibiciones de vuelo en ultraligero.*

ultramar. m. (Gralm. sin art.).Territorio o lugar situados al otro lado del mar. *La pequeña isla de Reunión es un departamento de ultramar francés.* Se usa espec. para designar las antiguas colonias europeas. *Los españoles introdujeron en Europa productos de ultramar, como el tomate y la patata.*

ultramarino, na. adj. **1.** De ultramar. *Los territorios ultramarinos se independizaron de la metrópoli.* ● m. pl. **2.** Comestibles. Se usa solo hablando de su comercio. *Tiene un puesto de ultramarinos en el mercado.*

ultramontano, na. adj. **1.** Del otro lado de los montes. *Sopla un gélido viento ultramontano.* **2.** histór. Partidario del poder del Papa. Más frec. fig., para calificar el extremado conservadurismo de alguien, espec. en religión. *Un puñado de militares ultramontanos acusan al gobierno de anticlerical.* Dicho de pers., tb. m. y f. **3.** histór. De los ultramontanos (→ 2). Más frec. fig. *Le ha costado adaptarse a las costumbres ultramontanas de una ciudad tan provinciana.*

ultranza. a ~. loc. adv. De manera decidida y sin hacer ninguna concesión. *La asociación de vecinos defenderá a ultranza los espacios verdes.* Tb. loc. adj. *Es un defensor a ultranza de la enseñanza pública.*

ultrasónico, ca. adj. Del ultrasonido. *Los fluidos son buenos conductores de las ondas ultrasónicas.*

ultrasonido. m. Onda sonora de tan alta frecuencia de vibración que no puede ser percibida por el oído humano. *La ecografía se realiza con haces de ultrasonidos. El murciélago emite ultrasonidos para detectar obstáculos y orientarse.*

ultratumba. f. Mundo más allá de la muerte. Gralm. en la constr. *de ~. Vida de ultratumba. Quería registrar en la grabadora voces de ultratumba.*

ultravioleta. (pl. gralm. invar.). adj. Dicho de radiación: Que se encuentra en la parte invisible del espectro luminoso, entre la longitud de onda del color violeta y la de los rayos X. *Luz ultravioleta. La capa de ozono absorbe gran parte de los rayos ultravioleta emitidos por el Sol.*

ulular. intr. cult. Emitir un sonido grave y prolongado, que recuerda a un aullido. *En el silencio del bosque solo se oye al búho ulular.* Tb. fig. *Era una noche de tormenta y el viento ululaba.*

umbela. f. *Bot.* Grupo de flores que nacen de un mismo punto y crecen hasta una altura similar. *Las flores del hinojo son amarillentas y se disponen en umbelas.*

umbelífero, ra. adj. **1.** *Bot.* Del grupo de las umbelíferas (→ 2). *Planta umbelífera.* ● f. **2.** *Bot.* Planta con flores en umbela, como el apio, el perejil y la zanahoria.

umbilical. adj. *Anat.* Del ombligo. *Cordón umbilical.*

umbral. m. **1.** En el hueco de una puerta: Parte inferior, contrapuesta al dintel. *Se asoma a la habitación sin llegar a traspasar el umbral de la puerta.* **2.** Entrada, espec. de una casa. *El cartero se quedó esperando en el umbral.* Tb. fig. y, entonces, frec. en pl. con significado sing. *Nos hallamos en los umbrales de una revolución tecnológica.* **3.** *tecn.* Valor a partir del cual cambian determinadas condiciones. *Hay sonidos que están más allá del umbral de percepción del oído humano. Muchas familias viven por debajo del umbral de pobreza.*

umbrío, a. adj. **1.** cult. Dicho de lugar: Que suele estar en sombra. *Los animales se refugian del rigor estival en los rincones más umbríos del bosque.* ● f. **2.** Lugar donde casi siempre da la sombra por estar orientado al Norte. *En la umbría del valle la vegetación es mucho más espesa.*

umbroso, sa. adj. **1.** cult. Umbrío. *La ermita está enclavada en un umbroso valle.* **2.** cult. Que da o produce sombra. *Paseaban bajo la umbrosa arboleda.*

un. → **uno.**

unánime. adj. **1.** Dicho de conjunto de personas: Que tienen la misma opinión o intención. *Todos los políticos han sido unánimes en su rechazo del atentado.* **2.** Propio de las personas unánimes (→ 1). *La decisión fue unánime. Hace falta un esfuerzo unánime de los trabajadores para superar la crisis.*

unanimidad. f. Cualidad de unánime. *No existe unanimidad en la forma de abordar el problema.* ■ **por ~.** loc. adv. De manera unánime. *La reforma de la portería se aprobó por unanimidad.*

unción. f. **1.** cult. Hecho o efecto de ungir. *El rito incluye la imposición de manos y la unción con aceite.* **2.** cult. Fervor o respeto extremado con que se hace o se expresa algo. *Hablan con unción del viejo profesor.* **3.** *Rel.* Extremaunción. *El sacerdote ya ha administrado al moribundo el sacramento de la unción.* Tb. *~ de los enfermos.*

uncir. tr. Atar (bueyes, mulas u otros animales de tiro) a un yugo. *Muy de mañana los campesinos uncían las yuntas.*

undécimo, ma. (APÉND. NUM.). adj. Que sigue inmediatamente en orden a lo décimo. *Ha acabado en undécima posición.* Tb. sustantivado. *El undécimo quedará fuera de la lista.*

ungir. tr. **1.** cult. Aplicar (sobre alguien o algo) una sustancia gralm. grasa, como aceite o bálsamo. *Las esclavas ungieron su cuerpo* CON *perfumes de Oriente.* Tb. fig. *Su poesía está ungida de misticismo.* **2.** *Rel.* Hacer la señal de la cruz (a alguien) con óleo sagrado para administrar(le) un sacramento o conferir(le) una dignidad. *El capellán unge* CON *los santos óleos al moribundo. Antiguamente el Papa era quien ungía a los reyes.*

ungüento. m. **1.** Sustancia con que se unge. *Los egipcios se aplicaban ungüentos y aceites aromáticos tras el baño.* **2.** Medicamento de consistencia untuosa que se aplica sobre la piel. *Los esquimales se dan un ungüento para protegerse del sol.*

ungulado, da. adj. **1.** *Zool.* Del grupo de los ungulados (→ 2). *Animal ungulado.* ● m. **2.** *Zool.* Mamífero provisto de pezuñas o cascos, como la cabra o el caballo.

únicamente. adv. Solamente. *Somos únicamente amigos. Únicamente nos queda despedirnos.*

unicameral. adj. *Polít.* Dicho de sistema o de órgano legislativo: De una sola cámara de representantes. *Parlamento unicameral.*

unicelular. adj. *Biol.* Que está formado por una sola célula. *Organismos unicelulares. Las levaduras son hongos unicelulares.*

unicidad. f. cult. Cualidad de único. *La conferencia ha versado sobre la unicidad del ser humano.*

único, ca. adj. **1.** Que existe sin que haya otro igual o de su misma clase. *La ley se ha aprobado con un único voto en contra. Es hija única.* Frec. sustantivado. *Nadie protestó, tú fuiste el único.* **2.** Extraordinario o singular. *Amalia es única haciendo tortillas. Tienes una habilidad única para meter la pata.*

unicornio. m. Animal imaginario con figura de caballo y un cuerno recto en mitad de la frente. *En el cuento, una princesa cabalga a lomos de un unicornio.*

unidad. f. **1.** Propiedad de lo que constituye un todo o no puede dividirse sin alterar su esencia. *Las modernas investigaciones han negado la unidad del átomo. Algunos filósofos afirman la unidad del hombre y rechazan la distinción entre cuerpo y alma.* **2.** Unión de las partes en un todo. *Las discusiones por la herencia han acabado con la unidad de la familia.* **3.** Cosa que tiene unidad (→ 1 y 2). *La célula es la unidad básica en los seres vivos.* **4.** Cada uno de los elementos de una serie o conjunto. *Deme un paquete de tizas de veinte unidades. Han atacado un convoy de ayuda humanitaria formado por varias unidades.* **5.** Cantidad que se toma como medida o término de comparación de las demás de su especie. *El metro es una unidad de longitud. La unidad monetaria de Rusia es el rublo.* Frec., en matemáticas, precedido de *la,* designa el número uno. *Cualquier número multiplicado por la unidad es igual a él mismo.* **6.** Sección de un organismo con una función específica. *Ha ingresado en la unidad de quemados del hospital.* **7.** *Mil.* Fracción de una fuerza militar bajo las órdenes de un jefe. *El regimiento cuenta con una unidad de asalto.* **8.** *Lit.* Cada una de las tres cualidades tradicionales de la obra dramática de tener una sola acción, desarrollarse en un solo lugar y durar menos de veinticuatro horas. *La obra respeta las tres unidades: la de acción, la de lugar y la de tiempo.* ■ **~ de cuidados intensivos,** o **de vigilancia intensiva.** f. Unidad (→ 6) de un hospital preparada para el tratamiento de enfermos muy graves que requieren vigilancia constante. *Las víctimas han sido ingresadas en la unidad de cuidados intensivos de un hospital cercano.* ⇒ UCI, UVI.

unidimensional. adj. De una sola dimensión. *La línea es unidimensional; el plano, bidimensional. Ha creado unos personajes unidimensionales y sin fondo.*

unidireccional. adj. De una sola dirección. *El exilio es en muchos casos un movimiento migratorio unidireccional, sin vuelta.*

unifamiliar. adj. Dicho de vivienda: Que constituye un solo edificio y corresponde a una sola familia. *Aquí se construirá una urbanización de chalés unifamiliares.*

unificación. f. Hecho de unificar. *Durante el siglo* XIX *se produce la unificación de Italia.*

unificador, ra. adj. **1.** Que unifica. *El castellano es un elemento unificador en América.* **2.** De la unificación. *Europa se halla en medio de un proceso unificador.*

unificar. tr. Dar unidad (a algo). *El líder deberá unificar su fragmentado partido si quiere triunfar.* Tb. en constr. prnl. media. *Alemania se unificó tras la caída del Muro.*

uniformado. m. Am. Agente de un cuerpo de seguridad pública. *Dos correctos uniformados me advirtieron sobre la prohibición de cazar* [C].

uniformador, ra. adj. Que uniforma o hace uniforme. *Los medios de comunicación de masas actúan como agente uniformador de la sociedad.*

uniformar. tr. **1.** Hacer uniforme (algo). *Se pretende uniformar la política de defensa en toda la Unión Europea.* Tb. en constr. prnl. media. *El paisaje se uniforma a medida que avanzamos hacia el desierto.* **2.** Dar uniforme (a alguien), o hacer que lo lleve. *La empresa será la encargada de uniformar a su personal.* ► **1:** UNIFORMIZAR.

uniforme. adj. **1.** Que se mantiene igual, o con parecidas características, en el tiempo o en el espacio. *Su actuación en la liga ha sido bastante uniforme. La mesa cojea porque el suelo no está uniforme.* **2.** Que se compone de elementos de la misma naturaleza o repartidos de manera semejante. *Bata los huevos con la mantequilla hasta obtener una mezcla uniforme.* ● m. **3.** Traje distintivo y obligatorio que usan los militares, ciertos profesionales y los niños de algunos colegios. *Las azafatas llevan uniforme azul. Había policías de uniforme y de paisano.*

uniformidad. f. Cualidad de uniforme. *Un tapiz rojo contrasta con la uniformidad de las paredes blancas. Es importante mantener la uniformidad de estilo al traducir un texto literario.*

uniformizar. tr. Uniformar o hacer uniforme (algo). *La televisión contribuye a uniformizar las costumbres de la población.* Tb. en constr. prnl. media. *Al cerrar la puerta, la temperatura de la casa se uniformiza.* ► UNIFORMAR.

unigénito, ta. adj. cult. Dicho de hijo: Único. *A la muerte del monarca, accede al trono su hija unigénita.* Tb. m. y f. Frec., en mayúsc., referido a Jesucristo. *Dios envió a su Hijo Unigénito para redimir al mundo de sus pecados.* Tb. m. *El Unigénito fue concebido en el vientre de María.*

unilateral. adj. **1.** Que se refiere o se limita solo a un lado o a un aspecto. *A veces el vértigo conlleva una pérdida de audición unilateral.* **2.** Que está hecho solo por una de las partes implicadas, sin que intervengan las otras. *El ejército guerrillero anuncia un alto el fuego unilateral. El gobierno no tomará medidas unilaterales.*

unilateralidad. f. Cualidad de unilateral. *Sería aconsejable mayor consenso y menos unilateralidad en política de Estado.*

unión. f. **1.** Hecho o efecto de unir o unirse. *Para una perfecta unión de las piezas es aconsejable utilizar un buen pegamento. Hay mucha unión entre los trabajadores.* Tb. el punto donde se unen dos o más cosas. *La tubería pierde agua por las uniones.* **2.** Unión (→ 1) de dos personas en matrimonio. *La unión tuvo lugar en la catedral de Sevilla.* **3.** Organización formada por la unión (→ 1) de otras o por la asociación de individuos. *Los países de la zona van a crear una unión aduanera. Pertenecemos a una unión de comerciantes del barrio.* ■ **en ~ de.** loc. prepos. Junto con. *Celebrarán su aniversario en unión de parientes y amigos.*

unionismo. m. *Polít.* Tendencia o movimiento políticos encaminados a la unión de partidos, territorios o países. *Un pastor protestante era el líder del unionismo en Irlanda del Norte.* Tb. la doctrina en la que se apoyan. *En el siglo pasado, se predicó el unionismo centroamericano desde sectores intelectuales.*

unionista. adj. **1.** *Polít.* Del unionismo. *Ideología unionista.* **2.** *Polít.* Partidario del unionismo. *Partido unionista.* Dicho de pers., tb. m. y f. *Los unionistas no han alcanzado la mayoría.*

unipersonal. adj. De una sola persona. *En las grandes ciudades ha aumentado el número de hogares unipersonales. El juzgado es un órgano judicial unipersonal, mientras que el tribunal es un órgano colegiado.*

unir. tr. **1.** Hacer que (una cosa) forme un todo con otra, o esté junto a ella sin que quede espacio entre ambas. *Hay que unir una mesa* CON/A *la otra para que quepamos todos.* Tb.: *Los dos trozos de hueso volverán a unirse gracias a la escayola.* **2.** Hacer que (una persona o cosa) esté con otra. *Dos corredores colombianos se unieron* AL *que iba en cabeza.* Tb.: *El homenaje ha unido a artistas nacionales e internacionales.* **3.** Hacer que (una cosa) tenga conexión o comunicación con otra. *Está cortada la carretera que une el pueblo* CON/A *la costa.* Tb.: *Un puente une las dos orillas.* **4.** Hacer que (una persona) tenga un vínculo o unos intereses comunes con otra. *Ella es la mujer* CON/A *la que me uniré* EN *matrimonio.* Tb.: *La enfermedad del abuelo ha unido a toda la familia.* Tb. usado en constr. intr. *Comparten piso; y eso, quieras que no, une mucho.* ○ intr. prnl. **5.** Estar o presentarse dos o más cosas a la vez. *Belleza y simpatía se unen* EN *esta joven actriz.*

unisex. adj. Dicho de cosa: Que es adecuada o está destinada tanto para hombres como para mujeres. *Pantalones unisex. Han abierto una peluquería unisex en el barrio.*

unísono, na. adj. Que tiene el mismo tono o sonido. *El espectáculo flamenco se cierra con el taconeo unísono de los bailaores.* ■ **al unísono.** loc. adv. De acuerdo y con unanimidad. *Todos los colaboradores deben actuar al unísono para lograr una mayor eficacia.*

unitario, ria. adj. **1.** De la unidad. *En la factura constan el número de aparatos servidos, el importe unitario y el coste total.* **2.** Que tiene unidad o constituye una unidad. *La novela posee una estructura unitaria. Los partidos de izquierda han presentado una candidatura unitaria.* **3.** Partidario de la unidad, espec. en política. Dicho de pers., tb. m. y f. *Los unitarios querían un solo sindicato que reuniera a todos los trabajadores.*

unitarismo. m. Tendencia o doctrina de los unitarios, espec. en política. *Uno de los principios del régimen era el unitarismo cultural y religioso.*

unitivo, va. adj. De la unión. *Para los místicos, la vía unitiva era la última etapa en el acercamiento a Dios.*

univalvo, va. adj. **1.** *Zool.* Dicho de concha: De una sola valva. *La concha del mejillón es bivalva; la de la lapa, univalva.* **2.** *Zool.* Dicho de molusco: De concha univalva (→ 1). Tb. m. *El caracol es un univalvo.*

universal. adj. **1.** Del universo. *El libro trata diversas teorías sobre la gravitación universal.* **2.** Que concierne o se aplica a todo el mundo, todos los tiempos o todas las personas. *Atlas de historia universal. Las personas con grupo sanguíneo 0 son donantes universales. En 1992 se celebró una exposición universal en Sevilla.* Frec. con intención enfática. *El "Concierto de Aranjuez" es una obra de fama universal.* **3.** Común a todos los elementos de una clase. *El instinto de supervivencia es una característica universal en el ser humano.* **4.** Dicho de máquina o herramienta: Que sirve para muchos y distintos usos, o se adapta a ellos. *Mando a distancia universal. Llave universal.* **5.** *Der.* Dicho de persona: Que recibe la totalidad de los bienes de una herencia. *Su tía lo ha nombrado heredero universal.* ● m. **6.** *Fil.* Idea o concepto generales con que se representa, por abstracción, una diversidad de realidades particulares. Más frec. en pl. *En la Edad Media se discutió sobre la existencia de los universales como objeto de conocimiento.* ▶ **2:** ECUMÉNICO.

universalidad. f. Cualidad de universal. *El secreto de este compositor está en la universalidad de su música. El sistema tributario debe caracterizarse por la universalidad y la equidad.*

universalización. f. Hecho de universalizar. *Las nuevas tecnologías permiten la universalización de la información.*

universalizar. tr. Hacer (algo o a alguien) universal. Frec. con intención enfática. *La calidad de sus vinos ha contribuido a universalizar la comarca. El éxito de la película va a universalizar a sus protagonistas.*

universidad. f. Institución de enseñanza superior, que comprende diversas facultades y otros centros, y que concede los títulos de diplomado, licenciado o doctor. *Trabaja en un centro de investigación de la universidad. Es licenciado en Medicina por la Universidad Complutense.* Tb. el conjunto de edificios o el lugar donde se halla dicha institución. *Se queda a comer en la universidad.*

universitario, ria. adj. **1.** De la universidad. *Este empleo requiere titulación universitaria. El tráfico está restringido dentro del recinto universitario.* **2.** Que estudia o ha estudiado en una universidad. Dicho de pers., tb. m. y f. *Los universitarios están de exámenes. Los empleados de este departamento son todos universitarios.*

universo. m. Conjunto de toda la materia, energía y espacio existentes. *Los científicos siguen discutiendo sobre el origen del universo.* Tb. fig., frec. con intención enfática. *Es una gran figura en el universo de la alta costura. En este capítulo estudiaremos el universo musical de Mozart.* ▶ *MUNDO.

univocidad. f. Cualidad de unívoco. *El lenguaje científico se caracteriza por su objetividad y univocidad.*

unívoco, ca. adj. Que tiene un solo sentido y carece de ambigüedad. *Para que no vuelva a haber malentendidos, intenta que tu mensaje sea unívoco. La poesía no suele admitir lecturas unívocas.*

uno, una. (APÉND. NUM.; en las acep. 1-3, apóc. **un:** se usa delante de m. sing., y delante de f. sing. cuando este empieza por *a* o *ha* tónicas. *Un niño, un arma blanca, un hacha pequeña*). art. indet. **1.** Precede a un nombre para indicar que de momento no se ha identificado o nombrado la persona o cosa a las que se refiere. *El pájaro ha anidado en un cerezo de su jardín.* ● adj. **2.** Precede a un nombre en singular para indicar que no hay más cantidad de su clase. *He mandado dos cartas y un paquete postal.* Tb. pron. *Le preguntaron tres cosas y solo supo contestar una.* **3.** Precede a un nombre para indicar que se refiere a una persona o cosa de manera indeterminada. *Escoge un vestido cualquiera.* Tb. pron. *Cada uno puede decidir sobre su destino.* **4.** Primero o que inicia una serie. *El artículo uno de la Constitución.* Tb. sustantivado. *–¿En qué artículo estás? –En el uno.* **5.** Único (sin otro de su clase). *Dios es uno.* **6.** Idéntico o lo mismo. *Tu niño y el mío creo que son de una edad.* **7.** Se usa contrapuesto a *otro*, con sentido distributivo. *El uno leía, el otro estudiaba.* **8.** Referido a un nombre en plural: Algunos. *Eso sucedió unos años después.* **9.** Antepuesto a un numeral, indica que la cantidad expresada es aproximada. *Eso valdrá unos cien euros. Dista de la ciudad unos tres kilómetros.* ● pron. **10.** Alguien cuyo nombre se ignora o no quiere decirse. *Uno lo dijo. Unos lo contaron anoche.* Se usa tb. en sing. y aplicado a la persona que habla o a una indeterminada. *No siempre está uno de humor para ir de fiesta. Lo fastidian a uno. Uno no sabe qué hacer.* ● m. **11.** Primero de los números. *El uno se escribe 1.* **12.** Persona o cosa que ocupan el primer lugar de una serie. *El uno corresponde al as.* ■ **a una.** loc. adv. A un tiempo o juntamente. *Venga, todos a una.* ■ **de ~ en ~.** loc. adv. Uno a uno. *Los fue cogiendo de uno en uno.* ■ **lo uno por lo otro.** expr. Se usa para indicar que se establece la compensación de una cosa por otra. *Tu me ayudas y yo te invito, vaya lo uno por lo otro.* ■ **más de ~.** loc. s. Algunos o muchos. *Más de uno quisiera estar en tu lugar.* ■ **no dar,** o **acertar, una.** loc. v. coloq. Estar siempre desacertado. *Esta mañana no doy una.* ■ **una de.** expr. coloq. Seguida de un nombre: Gran cantidad de lo expresado por él. *¡Había una de gente...!* ■ **una de dos.** expr. Se usa para contraponer en disyuntiva dos cosas o ideas. *Una de dos: o te callas o te vas.* ■ **una de las tuyas,** o **de las suyas,** etc. expr. Se usa para aludir a algo característico de alguien. *Habrá hecho una de las suyas. ¿Ya has hecho una de las tuyas?* ■ **una y no más.** expr. Denota la resolución o propósito firme de no volver a caer en algo que nos ha dejado escarmentados. *Me quedé cuidando al bebé, pero una y no más.* ■ **~ a ~.** loc. adv. Se usa para explicar la separación de personas y cosas. *Tienes que revisar los artículos uno a uno. Recogía las monedas una a una.* ■ **~ con otro.** loc. adv. Tomadas en conjunto varias cosas, compensando lo que excede una con lo que falta a otra. *Uno con otro se venden a euro.* ■ **~ de tantos.** loc. adj. coloq. Que no se distingue entre los de su grupo por ninguna cualidad especial. *Es un escritor de tantos.* Tb. loc. s. *Para mí es uno de tantos.* ■ **~ por ~.** loc. adv. Uno a uno. Se usa para expresar mayor separación. *Recoge todas las monedas, una por una.* ■ **~ que otro.** loc. adj. Algunos, pocos. *Una que otra vez había venido a vernos.* ■ **~s cuantos.** loc. adj. Pocos.

Hace unos cuantos días que no la veo. Tb. loc. s. *Fuera hay unos cuantos que quieren hablar contigo.* ■ **~ tras otro.** loc. adv. Sucesivamente. *Fue leyendo los trabajos uno tras otro.* ■ **~ y otro.** loc. s. Ambos. *Uno y otro me parecen excelentes personas.*

untar. tr. **1.** Extender una sustancia grasa o pegajosa (sobre algo o alguien). *Unte los bornes de la batería* CON *un poco de grasa. Cuando tomo el sol, me unto bien* DE *protector solar.* **2.** Extender (una sustancia grasa o pegajosa) sobre algo o alguien. *Unta mantequilla y miel en la tostada.* **3.** Hacer que (algo) se impregne de una sustancia. *Me gusta untar pan* EN *la salsa.* **4.** coloq. Sobornar (a alguien). *Hubo que untar a varios funcionarios para conseguir el visado de salida.*

unto. m. **1.** Materia para untar. *El curandero prepara pócimas y untos milagrosos.* **2.** Grasa de animal. *Para hacer un caldo gallego tienes que echar un poco de unto de cerdo.*

untuosidad. f. Cualidad de untuoso. *Come despacio, paladeando la untuosidad del queso. No soporto la untuosidad de esa dependienta.*

untuoso, sa. adj. **1.** Dicho de cosa: Grasa o pegajosa, o que produce una sensación similar a la de las sustancias que tienen esas características. *La carne viene acompañada con una salsa untuosa. Es un tipo con gafas, de cabello repeinado y untuoso.* **2.** despect. Excesivamente amable o atento. *Un* maître *de modales untuosos los recibe y los conduce hasta una mesa.*

untura. f. **1.** Hecho de untar algo o a alguien con una sustancia grasa o pegajosa. *Le dan unturas de linimento para calmar el dolor del cuello.* **2.** Materia con que se unta. *Los indios de la zona preparan una eficaz untura que repele los mosquitos.*

uña. f. **1.** Lámina dura y delgada que protege la parte superior de la punta de los dedos del hombre y de algunos animales. *Se lima las uñas y se las pinta de rojo. El gato saca las uñas.* **2.** Casco o pezuña de un animal. *La herradura se clava en la uña del caballo.* **3.** Punta curvada de la cola del escorpión, con la que inyecta el veneno. *Un alacrán me ha clavado su uña en el pie.* Tb. la punta con veneno de los apéndices bucales de algunos animales. *La escolopendra tiene en su parte anterior un par de pinzas terminadas en uñas venenosas.* **4.** Hendidura que se hace en algunas piezas para poder moverlas fácilmente introduciendo o apoyando el dedo en ella. *La hoja de la navaja lleva una uña para poder desplegarla.* **5.** Punta curvada de algunos instrumentos o herramientas. *He arrancado el clavo con la uña del martillo.* ■ **a ~ de caballo.** loc. adv. **1.** A caballo y muy deprisa. *Unos forajidos asaltan la caravana y huyen a uña de caballo.* **2.** coloq. Muy deprisa o con mucha urgencia. *Nos han acortado los plazos y tenemos que acabar el trabajo a uña de caballo.* ■ **comerse las ~s.** loc. v. coloq. Estar muy nervioso o impaciente. *El público se come las uñas esperando que el árbitro dé por concluido el partido.* ■ **con ~s y dientes.** loc. adv. Con mucha fuerza y empeño. *Defenderé a mi hijo con uñas y dientes. El abogado ha peleado con uñas y dientes por la inocencia del acusado.* ■ **dejarse las ~s** (en algo). loc. v. coloq. Trabajar o esforzarse mucho (en ello). *Se ha dejado las uñas* EN *ese empleo para demostrar su valía.* ■ **de ~s.** loc. adv. coloq. En actitud hostil o de enfrentamiento. *Como llevaban mucho esperando, me han recibido de uñas. Se ha puesto de uñas* CON *la familia porque no le prestan el dinero.* ■ **enseñar,** o **sacar, las ~s.** loc. v. coloq. Mostrarse agresivo o amenazador. *Parece inofensivo, pero en cuanto se enfada saca las uñas.* ■ **ser** dos personas **~ y carne.** loc. v. Estar muy unidas por tener una gran amistad. *Se conocían solo del trabajo, pero ahora son uña y carne.*

uñero. m. Herida que produce la uña cuando, al crecer mal, se introduce en la carne que la rodea. *Corte sus uñas con frecuencia para evitar los uñeros.*

uralita. (Marca reg.). f. Material de construcción, hecho de cemento y de fibras, usado frec. en cubiertas y tuberías. *Han techado el cobertizo con placas onduladas de uralita.*

uranio. m. Elemento químico del grupo de los metales, radiactivo, de color blanco plateado, muy utilizado como fuente de energía nuclear (Símb. *U*). *La bomba que se lanzó sobre Hiroshima era de uranio.*

urbanidad. f. Buena educación o comportamiento correcto, espec. en el trato con los demás. *Servirse el primero en la mesa es una falta de urbanidad.* ▶ *EDUCACIÓN.

urbanismo. m. Conjunto de los conocimientos relacionados con la organización de los edificios y espacios de una población con arreglo a las necesidades de sus habitantes. *El concejal de Urbanismo ha decidido reformar la plaza del pueblo.* ▶ URBANÍSTICA.

urbanista. adj. **1.** Urbanístico. *Reforma urbanista.* ● m. y f. **2.** Especialista en urbanismo. *El plan general de ordenación urbana ha sido realizado por varios urbanistas.*

urbanístico, ca. adj. **1.** Del urbanismo. *La propuesta urbanística del Ayuntamiento pasa por remodelar el casco viejo. El Gobierno quiere frenar la degradación urbanística del litoral.* ● f. **2.** Urbanismo. *La exposición muestra las últimas tendencias en arquitectura y urbanística.* ▶ **1:** URBANISTA.

urbanita. m. y f. humoríst. Persona que habita en la ciudad, espec. si se siente identificado con el estilo de vida que comporta. *Miles de urbanitas invaden las playas durante el verano.* Tb. adj. *No soy nada urbanita, a mí lo que me va es el campo.*

urbanizable. adj. Dicho de terreno: Que se puede urbanizar. *El alcalde ha recalificado unos terrenos para hacerlos urbanizables.*

urbanización. f. **1.** Hecho o efecto de urbanizar o urbanizarse. *Los ecologistas critican el proyecto de urbanización de la zona.* **2.** Núcleo residencial urbanizado, frec. situado en las afueras o en la periferia de una población. *Viven en una urbanización de lujo.*

urbanizador, ra. adj. Que urbaniza. *Empresa urbanizadora.* Dicho de pers., tb. m. y f. *La nueva ley del suelo beneficia a propietarios y urbanizadores.* Dicho de empresa, tb. f. *La urbanizadora entregará las viviendas a finales de año.*

urbanizar. tr. Acondicionar (un terreno) dotándo(lo) de luz, calles, alcantarillado y otros servicios. *La constructora va a urbanizar unas parcelas junto al río.*

urbano, na. adj. De la ciudad. *Transporte urbano. La población se concentra en los grandes núcleos urbanos.*

urbe. f. Ciudad, espec. la muy populosa. *La contaminación es uno de los problemas de las grandes urbes.* ▶ CIUDAD.

urbi et orbi. (loc. lat.). loc. adj. **1.** Dicho de bendición del papa: Que se extiende a todo el mundo. *El día de Navidad el Papa impartirá la bendición urbi et orbi.* □ loc. adv. **2.** A los cuatro vientos, o por todas partes. *Ha anunciado su embarazo urbi et orbi.* Tb.

loc. adj. *Ha habido llamamientos urbi et orbi para que se acuda a las urnas.*

urdidor, ra. adj. **1.** Que urde, espec. un plan o una trampa. *Arlequín es un personaje travieso y urdidor de engaños.* Dicho de pers., tb. m. y f. *Se sospecha que un familiar fue el urdidor del secuestro.* ● m. **2.** Instrumento donde se preparan los hilos para la urdimbre. *En el taller hay un urdidor, un telar y varias máquinas de coser.*

urdimbre. f. **1.** Conjunto de hilos paralelos que forman un tejido, dispuestos en sentido longitudinal, y que van cruzados y entrelazados con la trama. *Los hilos de la trama se van colocando por encima y por debajo de los de la urdimbre.* Tb. fig. *La novela tiene una complicada urdimbre.* **2.** Hecho de urdir un plan o una trampa. *El parlamentario denunció la urdimbre de una conjura para destruir su carrera política.*

urdir. tr. **1.** Preparar los hilos (de una tela) en el urdidor para pasarlos al telar. Más frec. usado en constr. intr. *En el curso de artesanía se enseña a urdir y a tejer en un telar.* **2.** Preparar o planear (algo) en secreto y de forma cautelosa. *Los prisioneros urden una estratagema para huir.* ▶ **2:** *TRAMAR.

urdu. m. Lengua hablada en Pakistán. *El urdu se escribe en caracteres árabes.*

urea. f. *Med.* y *Quím.* Sustancia nitrogenada que se presenta en la sangre y en la orina de los vertebrados terrestres, y que es producto de la descomposición de las proteínas. *La urea se sintetiza artificialmente para producir abonos y productos farmacéuticos.*

uremia. f. *Med.* Aumento anormal de urea y otras sustancias nitrogenadas en la sangre. *El mal funcionamiento del riñón puede causar uremia.*

uréter. m. *Anat.* Conducto por donde desciende la orina desde el riñón hasta la vejiga. *El médico comprueba que la función renal y el trayecto de los uréteres son normales.*

uretra. f. *Anat.* Conducto que conduce la orina desde la vejiga hasta el exterior. *La obstrucción de la uretra dificulta la micción.*

uretral. adj. *Anat.* De la uretra. *Sonda uretral. Mucosa uretral.*

urgencia. f. **1.** Cualidad de urgente. *No hubo tiempo para preparativos ante la urgencia de la misión.* **2.** Necesidad urgente. *En la zona afectada por el terremoto hay urgencia* DE *mantas y medicamentos.* **3.** Situación o caso urgentes. *Podríamos necesitar el coche para una urgencia. El hospital está saturado por las urgencias.* ○ pl. **4.** Sección de un hospital donde se atiende a heridos o enfermos graves que requieren cuidados inmediatos. *Ha tenido un amago de infarto y lo han llevado a urgencias.*

urgente. adj. Que urge o requiere una actuación rápida. *Es urgente que se llegue a un acuerdo. Si hay algo urgente, llámame. El secretario despacha todas las mañanas el correo urgente.* ▶ ACUCIANTE, APREMIANTE, PERENTORIO.

urgir. intr. **1.** Precisar algo su rápida ejecución o consecución. *Si la reparación no les urge mucho, podemos esperar a mañana. Urge reformar la ley. ¿Te urge mucho el dinero?* ○ tr. **2.** Hacer que (alguien) actúe con rapidez. *El director la urgió* A *terminar el informe.* **3.** Pedir (algo) de manera apremiante. *Las asociaciones de consumidores urgen medidas eficaces contra el fraude.* ▶ **2:** ACUCIAR, APREMIAR, INSTAR.

urinario, ria. adj. **1.** De la orina. *El medicamento está indicado para cualquier infección urinaria.* ● m. **2.** Retrete público. *El ayuntamiento instalará urinarios en todos los parques de la ciudad.* ▶ **2:** *RETRETE.

urna. f. **1.** Caja con tapa, provista gralm. de una ranura, destinada a depositar en ella las papeletas de un sorteo o de una votación. *Las urnas deben estar precintadas hasta el final de la votación.* Frec., en pl., designa una votación electoral o el conjunto de los electores. *El pueblo andaluz tiene una cita con las urnas el próximo domingo. Se ha acabado la campaña electoral; ahora deben hablar las urnas.* **2.** Caja de cristal que sirve para exhibir y proteger determinados objetos de valor. *El viejo manuscrito está expuesto en una urna en la biblioteca.* Tb. fig. *El niño no puede vivir en una urna; debe relacionarse con los de su edad.* **3.** Recipiente que sirve para guardar ciertos objetos, como las cenizas de los difuntos o el dinero. *Tras la incineración, le han entregado una urna con las cenizas de su padre.*

uro. m. *Zool.* Mamífero rumiante salvaje, parecido al toro pero de mayor tamaño, ya extinguido. *En el yacimiento arqueológico se han encontrado huesos fósiles de uro.*

urodelo. adj. **1.** *Zool.* Del grupo de los urodelos (→ 2). *Anfibio urodelo.* ● m. **2.** *Zool.* Animal anfibio con cola y cuatro patas, como el tritón y la salamandra.

urogallo. m. Ave grande y de vuelo corto, cuyo macho, de plumaje gris y pardo, emite en época de celo un sonido similar al mugido del toro. *El urogallo hembra. El descenso de la población de urogallos preocupa a los ecologistas.*

urología. f. *Med.* Rama de la medicina que se ocupa del aparato urinario. *Lo han atendido en el servicio de Urología del hospital por un problema de próstata.*

urólogo, ga. m. y f. *Med.* Especialista en urología. *Ha acudido al urólogo después de sufrir un cólico nefrítico.*

urraca. f. Ave similar al cuervo, pero más pequeña y de plumaje negro y blanco, con una larga cola. *La urraca macho. Las urracas han anidado en el parque.*

ursulina. adj. **1.** *Rel.* Dicho de religiosa: Que pertenece a una congregación agustiniana fundada por Santa Ángela de Brescia en el s. XVI, para educación de niñas y cuidado de enfermos. *Ingresó en un convento de monjas ursulinas.* Tb. f. *Ha estudiado el bachillerato con las ursulinas.* **2.** coloq. Dicho de mujer: Recatada en exceso. Tb. f. *Es una ursulina que nunca llevaba escotes.*

urticante. adj. cult. Que produce una comezón parecida a la provocada por la ortiga. Se usa espec. en biología. *Algunas orugas están provistas de pelos urticantes.*

urticaria. f. Enfermedad de la piel, caracterizada por comezón intensa y por la aparición de manchas o habones. *Algunos conservantes pueden producir urticaria en las personas alérgicas.*

uruguayo, ya. adj. De Uruguay. *Río uruguayo.* Dicho de pers., tb. m. y f. *Los uruguayos le han parecido muy hospitalarios.*

usanza. f. Costumbre o práctica habitual de una sociedad. *La matanza del cerdo varía según la usanza de cada pueblo. En las fiestas patronales, algunos de los habitantes se visten a la antigua usanza. Lleva una cinta en el pelo a la usanza de los años veinte.* ▶ *COSTUMBRE.

usar. tr. **1.** Hacer que (una cosa) sirva para algo. *Para clavar este tipo de clavos, usa un martillo grande.*

Usa pinzas de tender la ropa para cerrar los paquetes. Un humorista debe usar su ingenio y su imaginación. **2.** Llevar habitualmente o por costumbre (una prenda de vestir o un adorno). *Yo no uso corbata. ¿Usas pendientes?* **3.** Tener (algo) por costumbre. *Las personas educadas no usan decir expresiones soeces.* **4.** Gastar o deslucir (una cosa) por usarla (→ 1). Frec. en part. *Lleva un pantalón raído y una camiseta muy usada.* ○ intr. **5.** Hacer que una cosa sirva para algo. *Usó* DE *toda su astucia para hacerse con el puesto.* ▶ **1:** *UTILIZAR.

usía. pron. pers. Vuestra señoría. Se usa como tratamiento de respeto para dirigirse a determinadas personas. *Mi coronel: si usía da su permiso, yo me retiro.*

usina. f. Am. Instalación industrial, espec. la destinada a la producción de energía. *La usina generará 360 megavatios de potencia* [C].

uso. m. **1.** Hecho de usar o usarse. *Cualquier socio puede hacer uso de las instalaciones deportivas. Las botas están desgastadas por el uso. La pomada es un medicamento de uso externo.* **2.** Uso (→ 1) propio o habitual de una cosa. *Este robot de cocina tiene varios usos: bate, amasa y tritura.* **3.** Costumbre o práctica habitual en una sociedad. *La charla de sobremesa es un uso muy extendido en España. Tardó en acostumbrarse a los usos del país.* ■ **~ de razón.** m. Capacidad para entender y razonar, propia de quien ha pasado la primera niñez. *Hay cosas que no se pueden explicar a un niño hasta que no tiene uso de razón.* □ **al ~.** loc. adj. Que es lo habitual o lo acostumbrado. *Quería un traje de novia al uso, blanco y con cola. No le gustan los muebles al uso, sino que prefiere diseños más originales.* ■ **en buen** (o **mal**) **~.** loc. adv. En buenas (o malas) condiciones de seguir usándose. *En el museo hay una vieja motocicleta con aspecto de seguir en buen uso.* Tb. loc. adj. *Vendo lavadora en buen uso. Todas las piezas averiadas o en mal uso se han cambiado por otras nuevas.* ▶ **3:** *COSTUMBRE.

usted. (pl. **ustedes; → le, la, sí**[1]). pron. pers. Designa a la persona a quien se dirige el que habla cuando no tiene con ella mucha familiaridad. *Le agradezco a usted sus atenciones. Muchos de ustedes ya lo conocen. ¿Es usted alérgico a algún medicamento?* El plural *ustedes*, en Am., se usa tanto para un sing. *usted* como para un sing. *tú* o *vos*. *Mijita, usted sabe el gran amor que le tengo* [C]. *Tengo una sorpresa para ustedes, niños* [C]. *Ustedes los jóvenes no entienden los motivos del corazón* [C].

usual. adj. Común o habitual. *¿Ha observado algo poco usual en su conducta? "Lanceta" es un término usual en medicina.* ▶ *HABITUAL.

usuario, ria. adj. Que usa una cosa. Más frec. m. y f. *El virus informático ha causado gran alarma entre los usuarios de ordenadores. El Ministerio de Sanidad ha puesto nuevos servicios a disposición de los usuarios.*

usufructo. m. **1.** *Der.* Derecho a usar y disfrutar bienes ajenos con la obligación de conservarlos. *En la herencia se concede al Ayuntamiento el usufructo de los terrenos.* **2.** *Der.* Utilidades o provecho que se derivan del usufructo (→ 1). *El usufructuario deberá hacer frente a estos gastos con cargo al usufructo.*

usufructuar. (conjug. ACTUAR). tr. *Der.* Tener el usufructo (de algo). *El inmueble es usufructuado por una cadena de restaurantes.*

usufructuario, ria. adj. *Der.* Que tiene el usufructo de algo. *La entidad usufructuaria ha renunciado a sus derechos.* Dicho de pers., tb. m. y f. *La viuda es la propietaria de una parte de la finca y la usufructuaria de su totalidad.*

usura. f. Interés excesivo en un préstamo. *El préstamo con usura es un delito.* Tb. su práctica. *Algunos prestamistas viven de la usura.*

usurero, ra. m. y f. **1.** Persona que presta con usura. *En épocas de crisis surgen los prestamistas y, lo que es peor, los usureros.* **2.** Persona que obtiene ganancias excesivas en un negocio abusando de otros. *Son unos usureros: se aprovechan de tener la única tienda de comestibles del barrio.*

usurpación. f. Hecho de usurpar. *Se ha prohibido la importación de mercancías con usurpación de marca comercial. Acusa a la editorial de usurpación de sus derechos de propiedad intelectual.*

usurpador, ra. adj. Que usurpa. *La potencia usurpadora ha sido sancionada por las Naciones Unidas.* Dicho de pers., más frec. m. y f. *Quien accede al poder mediante un golpe de Estado es un usurpador.*

usurpar. tr. Apoderarse (de algo ajeno, como una propiedad, un cargo o un derecho) de manera ilegítima y a veces con violencia. *Provocó una guerra para usurpar el trono. Los firmantes se comprometen a no atacar a otros estados, ni usurpar sus territorios.*

utensilio. m. Objeto de uso gralm. manual y funcionamiento simple, utilizado espec. en un oficio o actividad. *El fontanero despliega todos sus utensilios por el baño. Utensilios de cocina.* ▶ *INSTRUMENTO.

uterino, na. adj. Del útero. *El óvulo fecundado se implanta en la pared uterina, comenzando así la gestación.*

útero. m. Órgano de las hembras de los mamíferos, situado en la zona de la pelvis, donde se desarrolla el feto hasta el momento del parto. *El óvulo pasa del ovario al útero por las trompas de Falopio. En la fecundación in vitro, el embrión se deposita en el útero de la madre.* ▶ MATRIZ.

útil. adj. **1.** Que produce provecho o sirve para un fin concreto. *La mesita plegable es útil* PARA *el campo o la playa. Su colaboración ha sido muy útil* A *la causa. Un empleado necesita sentirse útil.* **2.** Dicho de período de tiempo: Hábil (que cuenta o es apto para la realización de una actividad). *Para contabilizar las horas útiles de trabajo hay que descontar los descansos.* Se usa espec. en lenguaje jurídico y administrativo. *Dispone de treinta días útiles para presentar la reclamación.* ● m. **3.** Utensilio. *Van al río con una cesta y los útiles de pesca.* ▶ **2:** HÁBIL. **3:** *INSTRUMENTO.

utilería. f. *Cine* y *Teatro* Conjunto de objetos que se utilizan en escena. *Las escenas del tiroteo están rodadas con armas de utilería.* ▶ ATREZO.

utilero, ra. m. y f. *Cine* y *Teatro* Persona encargada de la utilería. *El utilero se ocupará de conseguir las pelucas de época.*

utilidad. f. **1.** Cualidad de útil. *Lo que valoro en un electrodoméstico es su utilidad, y no tanto su diseño.* **2.** Provecho o beneficio que se obtiene de algo. *Se organizarán conciertos en la plaza de toros para sacarle utilidad a este espacio.*

utilitario, ria. adj. **1.** Orientado prioritariamente a la utilidad. *Estas construcciones romanas tenían un carácter utilitario, no ornamental.* **2.** *Fil.* Utilitarista (del utilitarismo). *Varios filósofos ingleses sientan las bases del pensamiento utilitario.* ● m. **3.** Coche utilitario (→ **coche**). *El utilitario es ideal para moverse por la ciudad.* ▶ **2:** UTILITARISTA.

utilitarismo. m. **1.** Actitud o tendencia de valorar ante todo la utilidad de las cosas. *En el diseño moderno prima el utilitarismo.* **2.** *Fil.* Doctrina que considera la utilidad como principio de la moral. *El utilitarismo es hedonista, pues considera útil o bueno aquello que proporciona placer.*

utilitarista. adj. **1.** Del utilitarismo. *Muchas obras de la arquitectura moderna tienen un carácter utilitarista y funcional. Según la ética utilitarista, las acciones deben ser juzgadas en función de su contribución a la felicidad.* **2.** *Fil.* Seguidor del utilitarismo. Tb. m. y f. *Los utilitaristas apoyaron las ideas de la Ilustración favorecedoras del desarrollo industrial y económico.* ▶ **1:** UTILITARIO.

utilización. f. Hecho de utilizar. *El centro ha adquirido diez ordenadores para su utilización en las aulas.*

utilizar. tr. **1.** Hacer que (una cosa) sirva para algo. *Utiliza un machete para partir los cocos. La directora ha utilizado sus influencias para conseguir una subvención.* **2.** Aprovecharse (de alguien) para que haga algo sin que se dé cuenta. *Me ha utilizado para darle celos a su novia.* ▶ **1:** EMPLEAR, MANEJAR, USAR.

utillaje. m. Conjunto de útiles necesarios para un oficio o actividad. *El capataz de la fábrica reclama la renovación del utillaje.*

utopía. f. Plan o proyecto ideales que aparecen como irrealizables. *La erradicación del hambre y la pobreza es, cada vez más, una utopía.*

utópico, ca. adj. **1.** De la utopía. *El cierre del centro de la ciudad al tráfico rodado parece una propuesta utópica.* **2.** Utopista. *Durante las revueltas estudiantiles de los años sesenta proliferaron los intelectuales utópicos.* Tb. m. y f. *Es un utópico sin remedio.*

utopismo. m. cult. Tendencia a la utopía. *El utopismo de Platón lo llevó a concebir un Estado ideal gobernado por filósofos.*

utopista. adj. cult. Que idea utopías o es dado a ellas. *A la guerrilla se apuntan estudiantes utopistas y campesinos explotados.* Tb. m. y f. *Las revoluciones sociales suelen contar con el entusiasmo de los utopistas.*

uva. f. Fruto de la vid, de forma redondeada, jugoso y carnoso, que forma racimos, y del que existen diversas variedades, por ej.: ~ *moscatel* (→ **moscatel**). *Del zumo de uvas fermentado se obtiene el vino.* ■ **mala ~.** f. **1.** coloq. Mala intención. *Ese comentario está hecho con muy mala uva.* **2.** coloq. Mal humor. *Con la mala uva que tiene, no sé cómo puedes vivir con él. No te pongas de mala uva conmigo, que yo no tengo la culpa.* □ **de ~s a peras.** loc. adv. coloq. De tarde en tarde. *Solo viene por aquí de uvas a peras.*

UVA. (sigla; pronunc. "uva"). adj. Dicho de rayos: Ultravioletas A, usados espec. para poner morena la piel. *En el centro de estética tienen una cabina de rayos UVA.*

uve. f. Letra *v. Hizo la señal de victoria con los dedos índice y corazón en forma de uve.* ■ **~ doble.** f. Letra *w.* ▶ **Am:** VE.

uvi. (Tb. **UVI**). f. Unidad de vigilancia intensiva. *El enfermo permanece grave en la UVI. Atienden al herido en una UVI móvil.*

úvula. f. *Anat.* Campanilla. *El paciente presenta inflamación de la úvula.*

uvular. adj. *Anat.* De la úvula. *El médico comprueba que la región uvular está irritada.*

uzbeko, ka. adj. De Uzbekistán (país de Asia). *Ciudad uzbeka.* Dicho de pers., tb. m. y f. *Los uzbekos formaban parte de la antigua Unión Soviética.*

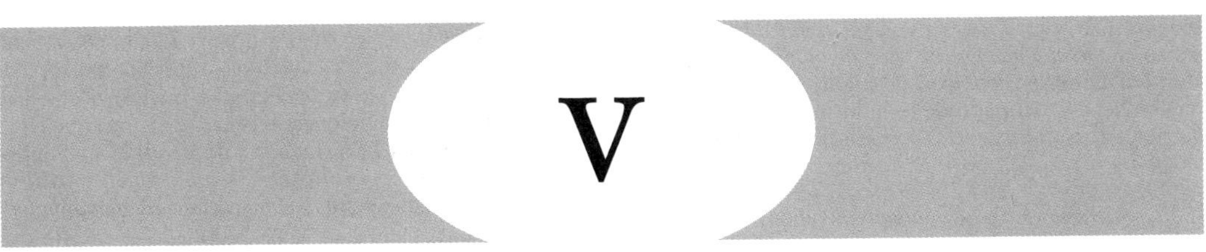

v[1]. f. Letra del abecedario español cuyo nombre es *uve*, y que se pronuncia como *b*.

v[2]. abrev. Véase. *Se afirma que la enfermedad tiene origen genético (v. Salazar y Agosti, 2004).*

vaca. f. **1.** Hembra del toro, de la que se obtiene carne y leche. *Hay que ordeñar a la vaca.* **2.** Especie de mamíferos rumiantes, de gran tamaño, con cabeza provista de cuernos curvados hacia delante, y a la que pertenecen el toro y la vaca (→ 1). *En la pampa argentina pastan grandes rebaños de vacas.* **3.** Carne de vaca (→ 2). *La vaca suele ser más jugosa que el cerdo.* ■ **~ loca.** f. Vaca (→ 1) que padece una enfermedad que ataca el cerebro, transmisible al hombre mediante el consumo de su carne. *La exportación de vacas locas extendió la enfermedad por varios países.* ■ **~s flacas.** f. pl. coloq. Período de escasez o carencias. *Más vale ahorrar ahora, no vaya a ser que lleguen las vacas flacas.* ■ **~s gordas.** f. pl. coloq. Período de abundancia o prosperidad. *Gracias a la excelente cosecha, vivimos un momento de vacas gordas.* ▶ **2:** TORO.

vacación. f. **1.** Interrupción temporal de una actividad habitual, espec. el trabajo o los estudios, por descanso. Más frec. en pl. con significado sing. *El cartel decía: "Cerrado por vacaciones". El año ha sido duro y necesito unas vacaciones cuanto antes.* **2.** Tiempo que duran las vacaciones (→ 1). Más frec. en pl. con significado sing. *Siempre pasamos las vacaciones en la playa.*

vacacional. adj. De las vacaciones. *Los escolares podrán seguir utilizando las instalaciones durante el período vacacional.*

vacacionar. intr. Am. Pasar las vacaciones en un lugar. *Siempre que tiene oportunidad va a vacacionar a los Alpes* [C].

vacacionista. m. y f. Am. Persona que vacaciona. *Este museo rodante fue muy admirado por los vacacionistas* [C]. *Los yates son las embarcaciones preferidas de los vacacionistas veraniegos* [C].

vacada. f. Conjunto de ganado vacuno, espec. el que pertenece a un ganadero. *Entre las ganaderías de toros bravos, tienen renombre varias vacadas andaluzas.*

vacancia. f. **1.** frecAm. Condición de vacante. *Los legisladores declararon anoche la vacancia del puesto de presidente de la República* [C]. **2.** Am. Plaza vacante. *Me ordenó que cancelara todas las reuniones hasta que se hubiera cubierto la vacancia* [C]. ▶ **2:** VACANTE.

vacante. adj. Que está sin ocupar. *Hay una plaza vacante en la editorial.* Dicho de plaza o de cargo, tb. f. (→ **vacancia**). *Con la última contratación quedaron cubiertas todas las vacantes.*

vaciado. m. **1.** Hecho de vaciar o vaciarse. *Mañana toca limpieza general, para lo que haremos un vaciado total de los armarios. El cirujano realizó el vaciado de la zona axilar de la paciente para prevenir que el cáncer se extienda. El escultor domina la técnica del vaciado* EN *bronce.* **2.** Objeto formado mediante la técnica de rellenar un molde con un material fundido o blando. *En la exposición figuran varios vaciados* EN *yeso de esculturas clásicas.* ▶ **1:** VACIAMIENTO.

vaciamiento. m. Vaciado (hecho de vaciar o vaciarse). *Hay fármacos que aceleran el vaciamiento gástrico.* ▶ VACIADO.

vaciar. (conjug. ENVIAR). tr. **1.** Dejar (algo) vacío o sin contenido. *Tenemos que vaciar la habitación antes de pintarla. Vacía la cabeza* DE *ideas absurdas y concéntrate en lo importante.* Tb. en constr. prnl. media. *La bombona de gas se vació cuando me estaba duchando. Sueño con el día en que las calles se vacíen* DE *coches.* **2.** Sacar de un recipiente (su contenido). *Vació las colillas del cenicero* EN *el cubo de la basura.* Tb. en constr. prnl. media. *Has tapado mal la pila y se ha vaciado el agua.* **3.** Dejar (algo) hueco. *El cocinero vació el pavo para introducir el relleno.* **4.** Formar (un objeto) echando en un molde hueco metal derretido u otra materia blanda. *Obtienen reproducciones vaciando esculturas* EN *escayola.* ○ intr. **5.** Desembocar una corriente de agua. EN *el Amazonas vacían numerosos afluentes.* ▶ **5:** *DESEMBOCAR.

vaciedad. f. **1.** Cualidad de vacío, espec. en el aspecto moral, afectivo o intelectual. *Ese estilo tan rimbombante solo esconde la vaciedad de sus pensamientos. No soporta la vaciedad de su existencia. Se queja de vaciedad de estómago.* **2.** Dicho o pensamiento vacíos o superficiales. *Sus teorías políticas abundan en tópicos y vaciedades.*

vacilación. f. **1.** Hecho o efecto de vacilar. *Su vacilación al contestar hizo sospechar que mentía. Su declaración presentaba tantas vacilaciones que el jurado no la creyó.* **2.** Estado de la persona que vacila. *El tartamudeo es a veces señal de vacilación o nerviosismo.*

vacilante. adj. **1.** Que vacila o se mueve de forma inestable. *El anciano camina vacilante apoyándose en su bastón.* **2.** Que vacila o está indeciso. *Ante tanta insistencia, la madre, todavía vacilante, acabó por acceder. Estoy vacilante entre las dos opciones.*

vacilar. intr. **1.** Moverse una persona o una cosa de forma indeterminada o inestable. *Una ráfaga de viento hizo vacilar la llama de la vela.* **2.** Titubear o estar indeciso. *Contestó con completa convicción y sin vacilar. Si le pides ayuda, no vacilará* EN *prestártela.* ○ tr. **3.** coloq. Burlarse (de alguien) o tomar(le) el pelo. *¡Deja de vacilarme, que no estoy para bromas!*

vacile. m. coloq. Hecho o efecto de vacilar a alguien. *Por seria que sea la situación, él siempre está de vacile.*

vacilón, na. adj. coloq. Que vacila a los demás. *¡No seas tan vacilón, que a mí no me la das!* Dicho de pers., tb. m. y f. *Es una vacilona, se ríe hasta de su sombra.*

vacío, a. adj. **1.** Que no tiene contenido. *Se sentó delante del plato vacío esperando a que le sirvieran la* *comida.* Tb. fig. *Tiene la cabeza llena de pájaros o, mejor dicho, vacía. Desde que enviudó, se siente vacío.* **2.** Dicho de espacio o de lugar: Que está mucho menos lleno u ocupado de lo habitual. *El pueblo estaba tan vacío que parecía deshabitado. El cine estaba vacío para ser sábado por la noche. Tengo que ir a comprar, porque tengo la despensa vacía.* **3.** Deshabitado. *Además del piso, tienen un chalé que está la mayor parte del año vacío.* **4.** Que está libre o sin ocupar. *En hora punta es difícil encontrar un taxi vacío.* **5.** Dicho de persona: Vana o superficial. *No soporto a esa gente frívola y vacía de las revistas del corazón.* ● m. **6.** Espacio vacío (→ 1). *Donde estaba el antiguo caserón, ahora solo hay un vacío.* Tb. fig. *Los primeros "piratas informáticos" actuaban impunemente aprovechando el vacío legal en la materia.* **7.** Espacio vacío (→ 1) muy profundo, espec. el que se percibe desde un precipicio o una gran altura. *Ayer soñé que me asomaba al borde de un acantilado y caía al vacío. El suicida subió al rascacielos con intención de arrojarse al vacío.* **8.** Sensación de añoranza producida por la falta de algo o de alguien querido. *Desde que se fue siento un vacío y una ansiedad enormes.* **9.** *Fís.* Espacio que no contiene materia. *En el vacío, dos cuerpos de distinto peso, soltados desde la misma altura, llegarían al suelo al mismo tiempo.* **10.** *Fís.* Ausencia total o parcial de aire. *Una ventosa se adhiere cuando, al oprimirla contra una superficie, se produce el vacío entre ambas.* Frec. *al vacío,* para referirse a la manera de envasar algo. *Algunos alimentos se envasan al vacío para conservarlos mejor.* ■ **caer** algo **en el vacío.** loc. v. No tener ninguna acogida o efecto. *La propuesta de la junta cayó en el vacío y todo siguió igual.* ■ **de vacío.** loc. adv. **1.** Sin carga. Frec. con v. como *ir* o *volver. El camionero dejó las mercancías en el destino y regresó de vacío.* **2.** Sin conseguir lo pretendido. Frec. con v. como *ir* o *volver. Fue a pedir un préstamo, pero volvió de vacío.* ■ **hacer el vacío** (a alguien). loc. v. Tratar(lo) como si no estuviese, haciendo que se sienta ignorado o aislado. *Se sintió tan ofendido que decidió hacerme el vacío y no volver a hablarme.*

vacuidad. f. cult. Cualidad de vacuo. *Muchos discursos electorales se caracterizan por su vacuidad.*

vacuna. → **vacuno.**

vacunación. f. Hecho de vacunar. *La campaña de vacunación contra la gripe empieza en otoño.*

vacunar. tr. Administrar una vacuna (a una persona o a un animal). *El veterinario vacunó a mi perro contra la rabia.* Tb. fig. *Puedes decir lo que quieras, que yo ya estoy vacunado contra las críticas.*

vacuno, na. adj. **1.** Del toro o de la vaca. *Ganado vacuno.* ● m. **2.** Ejemplar de ganado vacuno (→ 1). Tb. ese ganado. *La carne de vacuno ha bajado de precio.* ○ f. **3.** Virus o principio orgánico que se administra a una persona o a un animal para preservarlos de una enfermedad. *Pusieron al niño la vacuna de la poliomielitis.*

vacuo, cua. adj. cult. Vacío, espec. en el aspecto moral, afectivo o intelectual. *Nos encandiló a todos con promesas vacuas. Es un tipo vacuo e insustancial.*

vacuola. f. *Biol.* Cavidad del citoplasma de una célula, destinada a desempeñar distintas funciones, como el almacenamiento de sustancias de reserva o de desecho. *Los protozoos se alimentan de partículas que se digieren en las vacuolas digestivas.*

vadear. tr. Cruzar (un río u otra corriente de agua) por un vado o por otro sitio donde se haga pie. *Tuvieron que vadear el río porque el puente se había hundido.*

vademécum. (pl. vademécums). m. Libro con las nociones e informaciones básicas de una materia, gralm. dispuestas para facilitar una rápida consulta. *La farmacéutica consultó el vademécum de medicamentos para ver si se sigue fabricando ese jarabe.*

vade retro. (loc. lat.). expr. Se usa para expresar rechazo. *Cuando le preguntan si se va a casar, contesta: –¡Vade retro!*

vado. m. **1.** En un río u otra corriente de agua: Lugar de fondo firme y poco profundo por donde se puede pasar a pie, a caballo o en un vehículo. *Atravesaron el río por el único vado que encontraron.* **2.** Zona de una acera con el bordillo rebajado para facilitar el acceso de vehículos a un edificio. *Si aparcas el coche en el vado, se lo llevará la grúa.*

vagabundear. intr. Andar vagabundo. *Pasamos la tarde vagabundeando* POR *el casco antiguo.*

vagabundeo. m. Hecho de vagabundear. *Es difícil que abandone su vida de vagabundeo.*

vagabundo, da. adj. **1.** Que va de un lugar a otro, sin rumbo ni destino determinados. *La biografía refleja su pasado de artista bohemio y vagabundo.* **2.** Dicho de persona: Que anda de un lugar a otro, sin tener domicilio ni trabajo o medios de vida determinados. Tb. m. y f. *En los alrededores de la iglesia suele haber algún vagabundo pidiendo limosna.*

vagancia. f. Condición de la persona vaga. *Ha dejado los datos sin comprobar por pura vagancia.* ▶ HARAGANERÍA, HOLGAZANERÍA, PEREZA, VAGUERÍA.

vagar. intr. Andar por distintos lugares, sin detenerse espec. en ninguno y sin intención determinada. *Estuvimos vagando* POR *el barrio para hacer tiempo.* Tb. fig., para dar idea de movimiento en libertad. *Dejé vagar el pensamiento y se me pasaron las horas sin darme cuenta.* ▶ ERRAR.

vagido. m. cult. Gemido o llanto del recién nacido. *Los vagidos de los bebés del nido se oían en la sala de espera.* Tb. fig. *El castellano dio sus primeros vagidos en torno a los siglos* X *u* XI.

vagina. f. Conducto membranoso de las hembras de los mamíferos, que se extiende desde la vulva hasta el útero. *La vagina forma parte del aparato reproductor femenino.*

vaginal. adj. De la vagina. *El médico le hizo una exploración vaginal.*

vaginitis. f. *Med.* Inflamación de la vagina. *La ginecóloga le ha diagnosticado una vaginitis de origen infeccioso.*

vago[1], ga. adj. **1.** Reacio a trabajar o a esforzarse. *Es tan vaga que no hay forma de que haga los deberes.* Dicho de pers., tb. m. y f. *Si no saca mejores notas no es porque no pueda, sino porque es un vago.* **2.** Que no tiene domicilio ni trabajo u ocupación determinados. Más frec. m. y f. *La ley castigaba con la cárcel a vagos y maleantes.* **3.** Dicho de ojo: Que tiende a desarrollar su actividad con un rendimiento inferior al normal. *Tiene un ojo vago y, para que trabaje más, le han puesto un parche en el otro.* ▶ **1:** HARAGÁN, HOLGAZÁN, PEREZOSO.

vago[2], ga. adj. **1.** Impreciso o indefinido. *Tengo una idea muy vaga del proyecto y no te puedo dar detalles.* **2.** Que no se detiene en ningún lugar. *Iba abstraído, con la mirada vaga y perdida.* ● m. **3.** Nervio vago (→ **nervio**). *El vago regula las funciones gástricas.*

vagón. m. Cada uno de los vehículos de un tren arrastrados por una locomotora y destinados al transporte de pasajeros o mercancías. *Durante el viaje en tren comimos en el vagón restaurante.*

vagoneta. f. Vehículo sobre raíles, pequeño y descubierto, destinado gralm. al transporte de mercancías. *De la mina salían vagonetas cargadas de mineral. En cada vagoneta de la montaña rusa iban cuatro personas.*

vaguada. f. Zona más honda de un valle, por donde van las aguas de las corrientes naturales. *Fuimos por el sendero que recorre la ladera desde la cumbre hasta la vaguada.*

vaguear. intr. coloq. Holgazanear. *Se pasa las tardes vagueando en el sofá.*

vaguedad. f. **1.** Cualidad de vago o impreciso. *Se expresó con tal vaguedad que no sé lo que piensa realmente.* **2.** Expresión vaga o imprecisa. Frec. en pl. *Como no había estudiado, hizo un examen lleno de vaguedades.*

vaguería. f. Vagancia. *No he hecho la cama por pura vaguería.*

vaharada. f. **1.** Hecho o efecto de echar o desprender vaho. *Echó una vaharada sobre el cristal y empezó a dibujar en él con el dedo.* **2.** Golpe de olor. *Nos llegó una vaharada de un intenso perfume.*

vahído. m. Desvanecimiento o ligero desmayo. *Al no haber comido nada en las últimas horas sufrió un vahído y tuvo que sentarse.* ▶ *DESMAYO.

vaho. m. **1.** Vapor que desprende un cuerpo en determinadas condiciones de temperatura y humedad. *Los cristales de la cocina se empañaron por el vaho que soltaba la olla a presión.* ○ pl. **2.** Inhalación de vahos (→ 1) de sustancias balsámicas, que se realiza como método curativo. *El médico me ha recomendado vahos de eucalipto para aliviar la congestión.*

vaina. f. **1.** Funda para guardar un arma blanca o un instrumento cortante o punzante. *Los soldados enfundaron las espadas en sus vainas.* **2.** Cáscara alargada y tierna que encierra las semillas de algunas plantas. *Separe los guisantes de sus vainas y póngalos a cocer.* **3.** *tecn.* Envoltura resistente que protege un órgano. *La esclerosis múltiple daña las vainas de las fibras nerviosas.* **4.** Am. coloq. Molestia. *Las madres, óigame, somos a veces una verdadera vaina* [C]. *Vivir entre cerros es una vaina* [C]. **5.** Am. coloq. Cosa (asunto o tema). *Pensamos que eran vainas de borrachos* [C]. ○ m. **6.** coloq. Hombre despreciable. *Sale con un vaina que va detrás de su dinero.*

vainica. f. Labor que se hace gralm. en el borde de un dobladillo entresacando hilos de la tela, de manera que se forme un pequeño calado. *Aprendí a hacer vainica y punto de cruz en la clase de costura.*

vainilla. f. Fruto, en forma de vaina, que una vez seco se usa como especia o aromatizante. *Pon a hervir leche con un palo de vainilla para hacer el chocolate.* Tb. su planta.

vaivén. m. **1.** Movimiento alternativo de un cuerpo, primero en un sentido y luego en el contrario. *Se dormía mecida por el vaivén de la mecedora.* **2.** Cada una de las variaciones alternativas que experimenta una cosa o una situación. *Los vaivenes de la Bolsa han provocado la desconfianza de los inversores.*

vajilla. f. Conjunto de recipientes, como platos, fuentes y tazas, que se utilizan para servir o comer alimentos. *Saca la vajilla de porcelana, que hoy tenemos invitados.*

valdepeñas. m. Vino originario de la comarca española de Valdepeñas. *Paramos en Ciudad Real y tomamos una ración de queso con valdepeñas.*

vale. m. Papel que da derecho a lo que consta en él, espec. a la adquisición de determinados artículos o al disfrute de un servicio. *Los productos de limpieza suelen traer vales de descuento. Cuando trabajan con turno partido, la empresa les da vales de comida. Me firmó un vale por el dinero que me debía.*

valedero, ra. adj. Que vale o sirve, frec. por su carácter oficial. *Jugaron un partido valedero* PARA *la clasificación.*

valedor, ra. m. y f. Persona que protege o defiende algo o a alguien. *Don Quijote se siente el valedor de Dulcinea.*

valencia. f. *Quím.* Capacidad de combinación de un átomo o radical con otros para formar un compuesto. Tb. el número con que se expresa. *El hidrógeno tiene valencia 1.*

valencianismo. m. **1.** Palabra o uso propios de la lengua valenciana empleados en otra. *El término "paella" es un valencianismo.* **2.** Gusto o predilección por lo valenciano. *Hace gala de su valencianismo allá por donde va.*

valenciano, na. adj. **1.** De Valencia. *Horchata valenciana. Los Príncipes de Asturias visitarán la Comunidad Valenciana.* Dicho de pers., tb. m. y f. *Los valencianos celebran las fallas el 19 de marzo.* **2.** Del valenciano (→ 3). *Rasgos lingüísticos valencianos.* ● m. **3.** Variedad del catalán, que se usa en gran parte del antiguo reino de Valencia y se siente allí comúnmente como lengua propia. *La palabra "chuleta" proviene del valenciano.*

valentía. f. **1.** Cualidad de valiente. *Condecoraron a los soldados por su valentía en el frente.* **2.** Hecho valiente. *Enfrentarse a semejante enemigo fue una valentía por su parte.* ▶ **1:** ARROJO, BRAVURA, INTREPIDEZ, VALOR.

valentísimo, ma. → **valiente.**

valentón, na. adj. despect. Que presume de valiente. *El atracador era un tipo fornido y valentón.* Tb. m. y f. *Aléjate de esos valentones que van por todas partes buscando pelea.*

valentonada. f. Hecho o dicho propios de un valentón. *Cada tarde entretenía al tabernero contándole sus valentonadas.*

valer. (conjug. VALER). tr. **1.** Tener algo (un precio o un valor determinados). *Por aquel entonces, una entrada de cine valía quinientas pesetas.* **2.** Producir algo a alguien (otra cosa) como efecto. *Su tardanza le valió una reprimenda de sus padres.* **3.** Merecer una persona o una cosa (algo). *Tu esfuerzo bien vale que te atienda. Deja de llorar por él, que no lo vale.* **4.** Equivaler algo (a otra cosa). *Una vez despejada la incógnita de la ecuación, obtenemos que "x" vale 10. Una nota blanca vale dos negras.* **5.** Tener una persona o una cosa calidad (en la medida que se indica). *Salía con un tipo flacucho y que no valía gran cosa. Esa máquina te ha costado tan barata porque no vale un pimiento.* ○ intr. **6.** Tener una persona valía o dotes, espec. para realizar una actividad. *El que vale triunfa en la vida a pesar de las dificultades. El chico vale* PARA *estudiar. Sabe mucho, pero no vale como profesor.* **7.** Tener una cosa validez o vigencia. *El gol no ha valido porque el jugador ha rematado con la mano. Su tarjeta de crédito vale hasta el mes de diciembre.* **8.** Prevalecer una cosa. *Aquí lo que vale es lo que diga* *el jefe.* Frec. en la constr. *hacer ~. El presidente hizo valer su autoridad y anuló la votación.* **9.** Equivaler una persona o una cosa a otras, o tener su mismo valor. *Tu novia vale* POR *dos. Una sonrisa tuya vale* POR *todo el oro del mundo.* **10.** Ser útil o adecuada una cosa. *Tus consejos no me valen en esta ocasión. No tires los papeles usados, que valen* PARA *escribir en sucio.* **11.** Servir alguien o algo de protección o defensa a una persona. *Sus excusas no le valdrán conmigo si realmente fue él quien lo robó.* O intr. prnl. **12.** Servirse de algo o alguien. *Se valió* DE *sus contactos para conseguir las entradas del concierto. Movió la roca valiéndose* DE *una palanca.* **13.** Tener una persona la capacidad para cuidarse o desenvolverse por sí misma. *No te preocupes por él, que ya tiene edad para valerse.* ● m. **14.** Valía de una persona. *El premio es un reconocimiento a sus muchas virtudes y su gran valer.* ■ **vale.** interj. Se usa para expresar asentimiento o conformidad. *–¿Comemos juntos? –Vale.* ▶ **1:** COSTAR. **3:** *MERECER. **13:** *DESENVOLVERSE. **14:** VALÍA.

valeriana. f. Planta de flores rojas o blancas y raíces muy ramificadas, que se emplea en medicina como tranquilizante y relajante muscular. *Todas las noches me tomo una infusión de valeriana.*

valeroso, sa. adj. Que tiene valor para afrontar los peligros o los riesgos. *Un bombero valeroso rescató del fuego a los niños.* ▶ *VALIENTE.

valetudinario, ria. adj. cult. Que tiene la salud delicada, espec. a causa de lo avanzado de su edad. *El valetudinario monarca, con sus fuerzas mermadas, decidió abdicar.* Tb. m. y f. *No tiene sentido tener al frente del país a un valetudinario.*

valía. f. Cualidad de la persona dotada o preparada para algo. *Su padre ha demostrado gran valía como empresario.* ▶ VALER.

validación. f. Hecho de validar. *Como es extranjero, ha solicitado la validación de su título para poder ejercer en nuestro país.*

validar. tr. Hacer válida (una cosa). *El juez de pista validó el punto conseguido por la tenista.*

validez. f. Cualidad de válido. *Una fotocopia compulsada tiene la misma validez que el original.*

valido. m. histór. Hombre que, por gozar de la mayor confianza del rey, ejerce el poder o tiene gran influencia. *El duque de Lerma era el valido de Felipe III.*

válido, da. adj. **1.** Que satisface los requisitos necesarios, frec. legales u oficiales, para producir su efecto. *El árbitro dijo que la canasta era válida. El salvoconducto expedido era válido* PARA *traspasar las líneas enemigas.* **2.** Aceptable por su valor o calidad. *Llegar a viejo es un objetivo tan válido como cualquier otro.*

valiente. (sup. **valentísimo**). adj. **1.** Que tiene o muestra valor para emprender acciones arriesgadas o peligrosas. *Hay que ser muy valiente para adentrarse solo en la selva.* Tb. m. y f. *Ha sido una valiente: no dudó en tirarse a la piscina para socorrer a un bañista.* **2.** Seguido de un adjetivo o un nombre, se usa para enfatizar despectivamente el significado de estos. *¡Valiente majadería, pretende que nos tripliquen el sueldo por nuestra cara bonita! ¡Valiente matemático te has buscado, que no sabe hacer ni una resta!* ▶ **1:** BRAVO, INTRÉPIDO, VALEROSO.

valija. ~ diplomática. f. Cartera para transportar el correo diplomático en condiciones especiales de protección y confidencialidad. *Las valijas diplomáticas no pueden ser inspeccionadas en la frontera.* Tb. el procedimiento correspondiente para enviar ese correo. *El Gobierno envió documentos confidenciales a su embajador por valija diplomática.*

valimiento. m. **1.** Protección o defensa. *Las mujeres afganas solicitaron el valimiento de las Naciones Unidas.* **2.** Condición de valido. *El conde-duque de Olivares disfrutó del valimiento del rey Felipe IV.*

valioso, sa. adj. Que tiene mucho valor o merece gran estimación. *Robaron el cuadro más valioso de la galería de arte. Está considerado como un profesional muy valioso en su empresa.*

valkiria. → **valquiria.**

valla. f. **1.** Cerco de madera o de otro material que se levanta alrededor de un lugar para delimitarlo o impedir la entrada en él. *Un zorro saltó la valla del corral e hizo una carnicería.* **2.** Panel publicitario instalado gralm. en vías públicas. *La empresa de publicidad contrató numerosas vallas para lanzar su campaña.* **3.** En una carrera deportiva: Obstáculo en forma de valla (→ 1) que debe ser saltado por los participantes. Se usa en aposición en pl., pospuesto a una expresión de longitud, para designar la modalidad de carrera en que se colocan esos obstáculos. *En 110 metros vallas ganó un atleta nigeriano.* ▶ **1:** VALLADAR, VALLADO.

valladar. m. Valla (cerco). *Un enorme valladar cercaba la finca.* ▶ *VALLA.

vallado. m. Valla (cerco). *Los vecinos han plantado aligustres a lo largo de todo el vallado.* ▶ *VALLA.

vallar. tr. Cercar o cerrar (algo) con una valla. *Han vallado el solar donde jugábamos.* ▶ *CERCAR.

valle. m. **1.** Llanura entre montañas. *Las vacas pacían en el valle.* **2.** Cuenca de un río. *Las fuertes lluvias inundaron los cultivos del valle del Guadalquivir.* ■ **~ de lágrimas.** m. Lugar o situación en que se pasan grandes sufrimientos. Frec., precedido de *este*, designa el mundo. *Dejó este valle de lágrimas después de una larga enfermedad.* ▶ **2:** CUENCA.

vallisoletano, na. adj. De Valladolid. *Museo vallisoletano. Capital vallisoletana.* Dicho de pers., tb. m. y f. *Los vallisoletanos celebran sus fiestas patronales en mayo.*

vallista. m. y f. *Dep.* Corredor de carreras de vallas. *El vallista australiano ganó el oro en las últimas olimpiadas.*

valón, na. adj. **1.** De Valonia (región francófona del sur de Bélgica). *Lieja es una provincia valona.* Dicho de pers., tb. m. y f. *Los valones y los flamencos pelean tradicionalmente.* **2.** Del valón (→ 3). *Léxico valón.* ● m. **3.** Dialecto francés hablado en Valonia. *Ha escrito obras en valón y en francés.*

valor. m. **1.** Cualidad de una persona o cosa por la que se considera buena, útil o digna de interés. *La opinión de los demás tiene demasiado valor para ti.* **2.** Cualidad de una cosa, en virtud de la cual se da por poseerla cierto precio. *Ha heredado un collar de valor incalculable. Esa finca no tiene ningún valor.* Tb. ese precio. *El valor del suelo aumentó en el mes de marzo en un 2%.* **3.** Equivalencia de una cosa, espec. una moneda o una cantidad, con otra. *El euro tiene un valor aproximado de 166 pesetas. Debes explicar el valor de los signos utilizados.* **4.** Significación de una palabra o expresión. *El valor de una palabra varía según el contexto.* **5.** Validez de una cosa para producir su efecto. *Después de la guerra el dinero de la república no tenía valor. Ese documento no* *tiene valor.* **6.** Cualidad que permite emprender acciones arriesgadas o peligrosas con firmeza y decisión. *Se enfrentó a las acusaciones con valor y serenidad.* **7.** Osadía o atrevimiento. *Tuvo el valor de ocultarme la verdad durante meses.* **8.** Persona preparada o dotada para una actividad determinada. *Se presentó al concurso de nuevos valores de la canción española.* **9.** *Mat.* Cantidad o número que se atribuye a una variable. *En esta función, el valor de "y" es 10.* **10.** *Mús.* Duración de una nota musical. *El puntillo añade a una nota la mitad de su valor.* **11.** *Econ.* Título o documento que representan una cantidad de dinero. Frec. en pl. *Ha heredado una pequeña fortuna y está pensando invertirla en el mercado de valores. Valores en alza.* ■ ~ **absoluto.** m. *Mat.* Valor (→ 3) de un número sin tener en cuenta su signo. *El resultado de la ecuación, en valor absoluto, nos da el área que se pretendía hallar.* ■ ~ **añadido.** m. *Econ.* Incremento del valor (→ 2) de un producto durante las sucesivas etapas de su producción o distribución. *IVA es el impuesto sobre el valor añadido.* ■ ~ **nominal.** m. *Econ.* Cantidad por la que se emite una acción, una obligación y otros documentos mercantiles, independiente de su valor (→ 2) real. *El capital social de la sociedad está dividido en diez mil acciones con un valor nominal de diez euros cada una.* ▶ **6:** *VALENTÍA.

valoración. f. Hecho o efecto de valorar. *Un perito se ocupó de la valoración de las fincas. La crítica hizo una pésima valoración de su última película.* ▶ TASACIÓN. ‖ **Am:** AVALÚO.

valorar. tr. **1.** Establecer el precio (de algo). *La aseguradora valoró las joyas por debajo de su precio real. Robaron pinturas valoradas* EN *cien millones de pesetas.* **2.** Reconocer o apreciar el valor, mérito o cualidades (de alguien o algo). *Valoro tanto el resultado como el esfuerzo empleado. No supieron valorar la originalidad de la obra.* ▶ **1:** TASAR. **2:** *APRECIAR. ‖ **frecAm: 1:** AVALUAR, VALUAR.

valorativo, va. adj. **1.** De la valoración o que la contiene. *Emite juicios valorativos de todo sin saber de nada. "Mal" es un adverbio valorativo.* **2.** Que valora. *Nos observaba atento, valorativo.*

valorización. f. Hecho de valorizar. *La rápida valorización del terreno retrajo a algunos posibles compradores. Un experto se encarga de la valorización de los cuadros antes de la subasta.*

valorizar. tr. **1.** Aumentar el valor (de algo). *Lejos de depreciarlas, la privatización valorizó las acciones de la empresa.* **2.** Valorar (algo o a alguien). *Si antes se despreciaba la diversidad, ahora se valoriza. La escuela debe desarrollar actividades que valoricen al individuo.* ▶ **1:** REVALORIZAR. **2:** *APRECIAR.

valquiria. (Tb. **valkiria**). f. En la mitología nórdica: Divinidad femenina, hija del dios Odín, que designaba a los héroes que debían morir en el combate. *Las valquirias servían de escanciadoras en el cielo.*

vals. m. Baile de origen alemán, de ritmo ternario, que se ejecuta por parejas girando enlazadas sobre sí mismas y desplazándose al mismo tiempo. *Los reyes abrieron el baile con un vals.* Tb. su música. *La orquesta tocó un famoso vals de Strauss.*

valuación. f. frecAm. Hecho o efecto de valuar. *El Estado procederá a la tasación o valuación de la entidad como paso previo de la venta* [C].

valuar. (conjug. ACTUAR). tr. frecAm. Valorar (algo) o establecer su precio. *Bien, si puedes valuar en moneda tu felicidad, lo que vale para ti* [C]. *Los objetos vendidos fueron valuados en unos 2 millones de dólares* [C]. ▶ *VALORAR.

valva. f. *Zool.* Pieza dura y frec. articulada con otra, que forma la concha de algunos moluscos y de otros invertebrados. *Al cocer el mejillón, sus valvas se separan. La lapa es un molusco univalvo, esto es, con una sola valva.*

válvula. f. **1.** Dispositivo que regula el flujo de un líquido, de un gas o de una corriente eléctrica por un conducto, impidiendo su retroceso. *Cuando la válvula de la olla a presión empiece a girar, espere 15 minutos y retírela del fuego. Cada cilindro del motor lleva dos válvulas de entrada de la mezcla, y otras dos de salida de los gases quemados.* **2.** *Anat.* En un vaso sanguíneo o un conducto: Pliegue membranoso que impide el retroceso de los líquidos que circulan por ellos. *La sangre del ventrículo sale hacia los pulmones a través de la válvula pulmonar.* ■ ~ **de escape.** f. Cosa que sirve para evadirse o desahogarse de las tensiones o problemas. *El baile es su válvula de escape de la monotonía diaria.* ■ ~ **mitral,** o **bicúspide.** f. *Anat.* Válvula (→ 2) situada entre la aurícula y el ventrículo izquierdos del corazón. *La calcificación de la válvula mitral eleva el riesgo de infarto.* ■ ~ **tricúspide.** f. *Anat.* Válvula (→ 2) situada entre la aurícula y el ventrículo derechos del corazón. *Tenía una malformación grave de la válvula tricúspide.*

valvular. adj. De la válvula. Se usa espec. en medicina. *Lesión valvular.*

vamos. → **ir.**

vampiresa. f. Mujer fatal o que posee un atractivo irresistible que utiliza para aprovecharse de aquellos a quienes seduce, o causar su desgracia. *Aquella chica de cara inocente resultó ser una vampiresa de cuidado.*

vampírico, ca. adj. Del vampiro. *Colmillos vampíricos. Leyendas vampíricas.*

vampirismo. m. Conducta propia de un vampiro. *Escribió un relato de terror centrado en el vampirismo. Entre director y subordinados no había colaboración, sino vampirismo.*

vampirizar. tr. Aprovecharse (de una persona) o abusar (de ella). *En su antigua empresa la estuvieron vampirizando durante años.*

vampiro. m. **1.** Murciélago originario de América Central y del Sur, que se alimenta de la sangre que chupa a otros animales mientras duermen. *El vampiro hembra.* **2.** Fantasma o cadáver que supuestamente sale de la tumba por las noches para chupar la sangre de los vivos. *Cuando aparecía Drácula con sus colmillos de vampiro, todo el cine chillaba.* **3.** coloq. Persona que se aprovecha de otras. *Eres un vampiro, siempre pidiéndome los apuntes.*

vanagloria. f. Jactancia de la propia valía o actuación. *Hablaba de sus hazañas con vanagloria, sin asomo de modestia.*

vanagloriarse. (conjug. ANUNCIAR). intr. prnl. Manifestar vanagloria de algo. *Era un pobre hombre y no tenía* DE *qué vanagloriarse. Se vanagloria* DE *haber contribuido a la victoria.* ▶ *PRESUMIR.

vandálico, ca. adj. De los vándalos o del vandalismo. *Grupos vandálicos mutilaron las estatuas. El alcalde condenó los actos vandálicos cometidos.*

vandalismo. m. Tendencia a destruir cosas, como equipamientos públicos u obras de arte, propia de un vándalo. *Algunos grupos extremistas dieron muestras de vandalismo.* Tb. el comportamiento correspondiente. *En la calle había escaparates rotos y múltiples signos de vandalismo.*

vándalo, la. adj. **1.** Dicho de persona: Que actúa de forma destructiva y salvaje. *Hubo enfrentamientos entre policías y algunos jóvenes vándalos.* Tb. m. y f. *Unos vándalos destrozaron las cabinas de la plaza.* **2.** histór. De un antiguo pueblo germánico que en el s. V invadió la Península Ibérica y creó un reino en el norte de África. *Hordas vándalas.* Dicho de pers., tb. m. y f. *Los vándalos arrasaron la actual Cartagena el año 428.*

vanguardia. f. **1.** Parte de una fuerza armada que va delante del cuerpo principal. *La vanguardia consiguió frenar el ataque enemigo.* **2.** Avanzadilla de un grupo o de un movimiento ideológico o artístico. *Francia constituía entonces la vanguardia del socialismo europeo.* Tb. ese movimiento. *Consideraba el cubismo la vanguardia pictórica más importante del siglo* XX. Frec., en pl., designa el conjunto de movimientos vanguardistas surgidos a principios del s. XX (→ **vanguardismo**). *En literatura estudiaremos las vanguardias y la Generación del 27.* ■ **a (la) ~, o en ~.** loc. adv. En primera posición, o en el punto más avanzado de algo. Frec. con *ir* o *estar*. *El diseño italiano está a la vanguardia de la moda.*

vanguardismo. m. Conjunto de movimientos artísticos o literarios surgidos en Europa a principios del s. XX y caracterizados por una actitud renovadora y experimental. *París fue la capital del vanguardismo literario.* Tb. cada uno de esos movimientos. *De los vanguardismos, le atraían sobre todo el ultraísmo y el creacionismo.* ▶ VANGUARDIAS.

vanguardista. adj. **1.** Del vanguardismo. *El surrealismo es un movimiento vanguardista.* **2.** Partidario o cultivador del vanguardismo. *Poeta vanguardista.* Dicho de pers., tb. m. y f. *Entre los vanguardistas españoles destaca Piccasso.*

vanidad. f. **1.** Cualidad de vanidoso. *Su mayor defecto es la vanidad.* **2.** Cosa propia de la persona vanidosa. *Sería una vanidad considerar que el éxito del proyecto se debe a mi aportación.* **3.** Cualidad de vano. *Consciente de la vanidad de mi empeño, desistí.* **4.** Cosa vana o insustancial. *Llevó una vida de ermitaño, apartado de las vanidades del mundo.*

vanidoso, sa. adj. Dicho de persona: Que se siente y muestra orgullosa de sus cualidades o méritos, y tiene un deseo excesivo de reconocimiento y alabanza de los demás. *Es tan vanidoso que se extrañará si no lo consideras perfecto.*

vano, na. adj. **1.** Vacío o falto de contenido. *Todo son chismorreos y conversaciones vanas.* **2.** Inútil, o que no produce el fruto o efecto deseados. *Los intentos de convencerlo serán vanos.* **3.** Falto de fundamento o razón. *Conoces tus posibilidades, no alimentes vanas ilusiones.* **4.** Dicho de fruto: Que tiene la cáscara vacía, o con la semilla interior seca o podrida. *Algunas avellanas estaban vanas.* **5.** Arrogante o presuntuoso. *Recuerdo las ínfulas de aquella muchacha vana y ambiciosa.* **6.** cult. Carente de realidad o de sustancia. *Soñó que estaba en el más allá, rodeado de espectros vanos.* ● m. **7.** Parte de un muro abierta y sin apoyo para el techo. *Hay un vano para la ventana y otro mayor para el balcón.* ■ **en vano.** loc. adv. **1.** Inútilmente o sin conseguir lo que se pretende. *Trataba en vano de que el perro la obedeciera.* **2.** Sin necesidad, motivo o justificación. *Un cristiano no debe jurar en vano.* ▶ **2:** *INÚTIL.

vapor. m. **1.** Cuerpo, gralm. un fluido, transformado en estado gaseoso por la acción del calor. *Para el alumbrado público, utilizaban lámparas de vapor de mercurio.* Designa espec. el de agua. *Había tanto vapor en la sauna que apenas se veía.* **2.** Barco que navega impulsado por una máquina de vapor (→ 1) de agua. *Remontaron el río en un vapor de antes de la guerra.*

vaporización. f. Hecho de vaporizar o vaporizarse. *El agua estuvo hirviendo hasta su completa vaporización. Una vaporización de este producto sobre la piel produciría una reacción alérgica. Además del riego, es conveniente la vaporización frecuente de la planta.*

vaporizador, ra. adj. Que vaporiza o sirve para vaporizar. *Máquina vaporizadora.* Dicho de aparato o dispositivo, tb. m. *Humedece la ropa con el vaporizador de la plancha. Tenía en la coqueta un frasco de perfume con vaporizador.* ▶ *PULVERIZADOR.

vaporizar. tr. **1.** Transformar en vapor (un cuerpo o sustancia, gralm. un líquido). *Cuando hace frío, al motor le cuesta más vaporizar la gasolina.* Tb. en constr. prnl. media. *El agua se vaporiza a una temperatura de 100 °C.* **2.** Esparcir (un líquido) sobre una superficie en pequeñas gotas. *Vaporice el fertilizante por encima y por debajo de las hojas.* **3.** Esparcir un líquido (sobre una superficie) en pequeñas gotas. *Vaporizó toda la casa con un ambientador.* ▶ **2, 3:** *PULVERIZAR.

vaporoso, sa. adj. **1.** Dicho espec. de tela o prenda de vestir: Muy fina y transparente. *Apareció con un vestido vaporoso que dejaba entrever su silueta.* **2.** Ligero como el vapor, o de características similares a las suyas. *Aquella niebla vaporosa desdibujaba su perfil. Le fue creciendo una barba larga y vaporosa.*

vapulear. tr. **1.** Golpear repetidamente (a alguien o algo). *En el primer asalto, el campeón vapuleó al aspirante.* Tb. fig. *Viven en un país vapuleado por la guerra.* **2.** Criticar duramente (a alguien o algo). *Hoy admiramos al músico que vapulearon sus contemporáneos. Nos gustó mucho la película, tan vapuleada por la crítica.*

vapuleo. m. Hecho de vapulear. *Casi se queda ciego del vapuleo que le dieron. El libro constituye un vapuleo de aquel sistema educativo.*

vaquería. f. Establecimiento en que se tienen vacas y se vende su leche. *Cada mañana iban a la vaquería con un cántaro para comprar la leche.*

vaquerizo, za. m. y f. **1.** Vaquero (pastor). *Fue agricultor y vaquerizo.* ○ f. **2.** Lugar para guardar el ganado vacuno. *La vaqueriza estaba situada detrás de la casa.* ▶ **1:** VAQUERO.

vaquero, ra. adj. **1.** De los vaqueros (→ 4). *El protagonista va a una fiesta vaquera y gana el concurso de lazo.* **2.** Dicho de prenda de vestir: Que está confeccionada con una tela de algodón, resistente y gralm. de color azul. *Iban al concierto de* rock *con sus cazadoras vaqueras.* ● m. **3.** Pantalón vaquero (→ **pantalón**). Frec. en pl. con significado sing. *El chico vestía unos vaqueros ceñidos y una camisa de cuadros.* ○ m. y f. **4.** Pastor de ganado vacuno. *Al oeste americano llegaron numerosos vaqueros.* ▶ **4:** VAQUERIZO.

vaquillona. f. Am. Vaca de uno o dos años que aún no ha tenido cría. *Se le atribuye la primacía en introducir la raza Aberdeen Angus, con un toro y dos vaquillonas de Escocia* [C].

vara. f. **1.** Rama delgada y sin hojas. *Ponían a las tomateras varas de brezo para que fueran trepando.* **2.** Palo largo y delgado. *Vimos recolectores de aceituna golpeando los olivos con sus varas.* **3.** Tallo sin hojas que sostiene la flor y el fruto de algunas plantas. *Llevaba una vara de lirios en la mano.* **4.** Bastón que llevan como símbolo de autoridad los alcaldes y tenientes de alcalde. *El nuevo alcalde recibirá la vara de manos de su antecesor.* **5.** Unidad tradicional de longitud que en Castilla equivale a 835,9 mm. Tb. el trozo o cantidad de una materia, frec. de una tela, que tiene esa longitud. *Compró dos varas de tela para un vestido.* **6.** Barra, gralm. de madera o metal, que tiene la longitud de una vara (→ 5) y que se usa para medir. *Sobre el mostrador de la mercería había una cinta métrica y una vara.* **7.** *Taurom.* Vara (→ 2) terminada en una puya con que el picador hiere al toro. *El picador, vara en ristre, se disponía a recibir al toro.* Tb. el puyazo así producido. *El toro flojeó a la segunda vara.* ■ **~ alta.** f. Autoridad o influencia. *A lo mejor a él, que tiene vara alta en esos círculos, lo escuchan más.* □ **dar la ~.** loc. v. coloq. Molestar haciendo o diciendo algo que resulta pesado o demasiado insistente. *Me estuvo dando la vara toda la tarde con sus preguntas.*

varadero. m. Lugar en que se varan las embarcaciones para resguardarlas o repararlas. *En el varadero había un yate con el casco dañado.*

varapalo. m. Golpe o daño fuertes sufridos por alguien o algo en sus intereses. *Con esta derrota, el equipo sufrió el mayor varapalo de su historia. Una huelga de transportes supondría un varapalo para el sector turístico. La obra recibió un severo varapalo por parte de la crítica.*

varar. tr. **1.** Poner (una embarcación) en la playa o en seco para resguardar(la) o reparar(la). *Vararon el barco cuando bajó la marea.* ○ intr. **2.** Encallar una embarcación. *El pesquero varó en un banco de arena.* Tb. fig. *Había un delfín varado en la costa. El proyecto quedó varado por falta de financiación.* ▶ **2:** *ENCALLAR.

varear. tr. **1.** Golpear o sacudir con una vara (un árbol) para que caigan sus frutos. *Varearon el viejo nogal para recoger las nueces.* Tb. referido a los frutos. *Iban a varear olivas.* **2.** Golpear con una vara (algo). *Hay que varear las mantas antes de guardarlas. Cada equis años, se deshacían los colchones para varear la lana.*

variabilidad. f. Cualidad de variable. *La variabilidad del tiempo dificulta hacer previsiones sobre la cosecha.*

variable. adj. **1.** Que puede variar. *El adjetivo "pequeño" es variable en género y número.* **2.** Inestable o que varía con facilidad o frecuencia. *Es inmadura y de humor muy variable.* ● f. **3.** *Mat.* Magnitud que puede tener un valor cualquiera de los comprendidos en un conjunto. *La gráfica relaciona dos variables: el tiempo de vuelo (t), y la altura alcanzada (a).* Tb. el símbolo que la representa. *¿Qué valor toma la variable "x" cuando "y" es igual a 8?*

variación. f. **1.** Hecho o efecto de variar. *Este frente provocará una brusca variación de la temperatura. Seguimos en el mismo sitio, sin variación. Los resultados de la encuesta apenas presentan variaciones respecto a los anteriores.* **2.** *Mús.* Modificación de un tema o de una composición, de modo que estos conserven su identidad. Frec. en pl. *Hizo unas variaciones rítmicas de un tema clásico.* Tb. la composición musical creada a partir de ese tema y sus modificaciones. *Interpretarán las "Variaciones sobre un tema de Haydn", de Brahms.* **3.** *Mat.* Cada uno de los subconjuntos de un conjunto finito que pueden formarse con el mismo número de elementos y que difieren entre sí por algún elemento o por el orden de estos. *Crea una hoja de cálculo que permita calcular variaciones, combinaciones y permutaciones.* ■ **variaciones sobre el mismo tema.** f. pl. Insistencia sobre un mismo asunto, que no aporta novedades significativas. *Todas las propuestas eran variaciones sobre el mismo tema.* ▶ **1:** CAMBIO.

variado, da. part. **1.** → **variar.** ● adj. **2.** Dicho de cosa: Constituida por elementos distintos. *Los novios encargaron un menú variado para el banquete de boda.* **3.** Dicho de cosas: Distintas entre sí. *Pastas variadas. Colores variados.*

variante. f. **1.** Variación o diferencia existentes entre diversas clases, versiones o formas de algo. *Las dos ediciones del texto presentan variantes.* Tb. cada una de esas clases, versiones o formas. *¿Se considera el andaluz una lengua, o una variante* DEL *español? El superlativo "bonísimo" es la variante culta* DE *"buenísimo".* **2.** Desviación de un trecho de carretera. *Una variante de la carretera nacional conectará con la autovía.* **3.** En las quinielas: Resultado correspondiente al empate o la derrota del equipo local. *Acertó una quiniela con diez variantes.* ○ m. **4.** Verdura o fruto conservados en vinagre. Gralm. en pl. *Entre pepinillos y cebollitas, trajo medio kilo de variantes.*

variar. (conjug. ENVIAR). tr. **1.** Hacer que (algo) cambie o sea distinto de lo que era o de como era. *El actor ha variado su aspecto para la próxima película.* **2.** Dar variedad (a algo). *El médico le ha mandado variar la alimentación.* ○ intr. **3.** Cambiar o volverse distinto. *El color de las hojas varía en otoño.* **4.** Ser diferente. *Estas dos camisas solo varían* EN *el color.* ▶ **3:** CAMBIAR.

varicela. f. *Med.* Enfermedad infecciosa y contagiosa propia de la infancia, caracterizada por una erupción parecida a la de la viruela y que produce picor. *Pasé la varicela a los ocho años.*

varicoso, sa. adj. **1.** De las varices. *El uso de medias de compresión ayuda a prevenir la enfermedad varicosa.* **2.** Que tiene varices. *Estar tanto tiempo de pie afectaba a sus piernas varicosas.* Dicho de pers., tb. m. y f. *Entre los dependientes de comercios hay muchos varicosos.*

variedad. f. **1.** Cualidad de variado. *La programación televisiva carece de variedad.* **2.** Conjunto de cosas diversas. *El muestrario ofrece una variedad considerable* DE *telas para elegir.* **3.** Cosa que constituye una variación respecto de otra. *El navarro-aragonés es una variedad dialectal* DEL *castellano.* **4.** *Biol.* Categoría taxonómica en que se clasifican los seres vivos, que se usa a veces como subdivisión de la especie y se caracteriza por la uniformidad de ciertos rasgos genéticos secundarios. *El moscatel es una variedad de uva muy dulce.* ○ pl. **5.** Espectáculo ligero formado por números de diverso carácter. *Empezó como artista en un teatro de variedades.* ▶ **5:** VARIETÉS.

varietés. f. pl. Variedades (espectáculo). *Artista de varietés.* ▶ VARIEDADES.

varilarguero. m. *Taurom.* Picador de toros. *El miura salió al encuentro del varilarguero.* ▶ PICADOR.

varilla. f. **1.** Pieza larga y delgada de las que forman la armazón de un paraguas, un abanico u otro utensilio. *Un golpe de viento rompió dos varillas de la sombrilla. Lleva un abanico estampado, con varillas de madera.* **2.** Tira de material resistente y flexible, de las que forman la armazón de un corsé o de una prenda semejante. *Sujetador con varillas laterales de refuerzo.*

varillaje. m. Conjunto de varillas de un utensilio. *El viento destrozó el varillaje del paraguas.*

vario, ria. adj. **1.** cult. Variado (que tiene características o elementos distintos). *Remedios de naturaleza varia. Personas de varia condición.* Más frec. pospuesto al n. cuando este va en pl. *Ha publicado artículos varios sobre este tema. Son helados de sabores varios.* **2.** Seguido de un nombre en plural: Algunos o no muchos. *Tiene varios hermanos. El avión llegó con varias horas de retraso.* Tb. pron. *Varios de los ríos europeos son navegables.* ▶ **2:** DIFERENTES, DISTINTOS, DIVERSOS.

variopinto, ta. adj. **1.** Que ofrece diversidad de colores o de aspectos. *El bosque en otoño presentaba una estampa variopinta.* **2.** Dicho de grupo o conjunto: Compuesto por partes o elementos de distinta naturaleza. *Entre aquel público variopinto había desde adolescentes a jubilados.*

varita. f. Vara pequeña que utilizan los magos, hadas y prestidigitadores para hacer sus prodigios o trucos. *El mago movía su varita mientras recitaba las palabras mágicas.* Tb. *~ mágica. Un hada la tocó con su varita mágica y la convirtió en rana.*

variz. f. Dilatación permanente de una vena, causada por la acumulación de sangre en su cavidad. *La operaron de varices en la pierna derecha.*

varón. m. Persona del sexo masculino. *Tiene tres hijos: una mujer y dos varones.* ■ **santo ~.** m. Hombre de gran bondad. *Su marido es un santo varón.* Se usa para dirigirse a un hombre enfatizando su ingenuidad. *¡Santo varón!, ¿cómo has podido creerte esa historia?* ▶ HOMBRE.

varonil. adj. **1.** Del varón. *La constitución física varonil suele ser más musculosa que la femenina.* **2.** Que tiene la fuerza, el valor u otras características consideradas propias del varón. *Es un hombre muy varonil. La señora era algo varonil.* ▶ VIRIL.

varsoviano, na. adj. De Varsovia (capital de Polonia). *Río varsoviano.* Dicho de pers., tb. m. y f. *El ejército soviético liberó a los varsovianos de la ocupación alemana.*

vasallaje. m. Condición de vasallo. *El vasallaje obligaba a los vasallos a luchar al lado de su señor. Su apoyo fue una muestra de vasallaje más que de lealtad.*

vasallo, lla. m. y f. **1.** histór. En el feudalismo: Persona sometida a un señor con un vínculo de dependencia y fidelidad. *Los señores otorgaban feudos a sus vasallos.* **2.** Respecto de una persona: Otra que depende de ella y a la que está sometida. *Me gano la vida por mi cuenta y no soy un vasallo de nadie.*

vasar. m. Estante gralm. de ladrillo y yeso, que sobresale de la pared y sirve para poner vajilla u otros utensilios de cocina. *Tráeme un plato del vasar de la cocina.*

vasco, ca. adj. **1.** Del País Vasco. *Visitamos Bilbao y otras ciudades vascas. Gastronomía vasca.* Tb. del departamento francés de los Bajos Pirineos. Dicho de pers., tb. m. y f. *Los vascos son muy aficionados a la buena mesa. La medida afectará a los vascos del territorio francés.* **2.** Del vasco (→ 3). *Gramática vasca.* ● m. **3.** Euskera (lengua). *En vasco, "etxea" significa "casa".* ▶ **1:** EUSCALDUNA, VASCONGADO. **2, 3:** *EUSKERA.

vascofrancés, sa. adj. Del departamento francés de los Bajos Pirineos. *Nació en la localidad vascofrancesa de Biarritz.* Dicho de pers., tb. m. y f. *En la reunión había vizcaínos, guipuzcoanos y vascofranceses.*

vascohablante. adj. Que tiene como lengua propia el vasco o euskera. *Región vascohablante.* Tb. m. y f. *La proporción de vascohablantes era mayor en zonas rurales.* ▶ EUSCALDUNA, VASCOPARLANTE.

vascón, na. adj. histór. De un antiguo pueblo prerromano que habitaba territorios correspondientes a la actual provincia de Navarra y parte de Guipúzcoa, Logroño y Aragón. *Guerreros vascones.* Dicho de pers., tb. m. y f. *En el norte de la Península había tribus de astures, cántabros y vascones.*

vascongado, da. adj. Vasco (del País Vasco). *Vizcaya, Álava y Guipúzcoa son las tres provincias vascongadas.* Dicho de pers., tb. m. y f. *En el libro habla de los andaluces, los castellanos y los vascongados.* ▶ *VASCO.

vascoparlante. adj. Vascohablante. *Población vascoparlante.* Tb. m. y f. *Crece el número de vascoparlantes.*

vascuence. adj. **1.** Del vascuence (→ 2). *Vocabulario vascuence.* ● m. **2.** Euskera (lengua). *La novela se publicó en vascuence y en castellano.* ▶ *EUSKERA.

vascular. adj. *Biol.* De los vasos de los animales o de las plantas. *Un especialista en cirugía vascular me recomendó la operación de varices. Las espermatofitas poseen un sistema vascular muy desarrollado.*

vasectomía. f. *Med.* Operación quirúrgica consistente en seccionar los conductos de los testículos que permiten la eyaculación, gralm. con el fin de esterilizar al hombre. *No puede tener hijos porque le practicaron una vasectomía.*

vaselina. f. **1.** Sustancia blanda y grasa que se obtiene como derivado del petróleo, y que se usa en perfumería y farmacia como hidratante o lubricante. *Si se te secan los labios, ponte vaselina.* **2.** Tacto o delicadeza al actuar. *No te precipites y trata el asunto con vaselina.* **3.** En fútbol y otros deportes: Lanzamiento suave y de trayectoria curva, que hace que el balón pase por encima de un jugador contrario, gralm. del portero. *Marcó un magnífico gol de vaselina.*

vasija. f. Recipiente cóncavo, frec. de barro, que se usa para contener líquidos o alimentos. *Tenían el vino en una vasija de barro. En una vasija había chorizos en aceite.*

vaso. m. **1.** Recipiente pequeño, frec. de vidrio y gralm. de forma cilíndrica, que se utiliza para beber. *Cogió la jarra y echó agua en el vaso.* Tb. su contenido. *Me tomaría un vaso de leche.* **2.** Recipiente cóncavo capaz de contener algo. *Se ponen las verduras picadas en el vaso de la batidora y se baten.* **3.** *Anat.* y *Zool.* En las personas o los animales: Conducto por el que circulan la sangre o la linfa. *¿Cuál es la función del corazón y de los vasos sanguíneos?* **4.** *Bot.* En los vegetales: Conducto por el que circula la savia. *Todas las partes del árbol están recorridas por vasos.* ■ **~ leñoso.** m. *Bot.* Vaso (→ 4) de los que conducen la savia desde la raíz hasta las hojas. *La savia bruta es transportada por los vasos leñosos.* ■ **~s comunicantes.** m. pl. *Fís.* Conjunto de dos o más recipientes unidos entre sí por conductos que permiten el paso de líquido de unos a otros. *Si se introduce líquido en los* *vasos comunicantes, este llega al mismo nivel en todos.* □ **ahogarse** alguien **en un ~ de agua.** loc. v. coloq. Preocuparse o apurarse por una causa pequeña. *Está muy capacitada, pero se ahoga en un vaso de agua.*

vasoconstrictor, ra. adj. *Med.* Que contrae los vasos sanguíneos. *La rinitis alérgica puede tratarse con fármacos vasoconstrictores nasales.* Frec. m., referido a medicamento o sustancia. *La adrenalina es un vasoconstrictor.*

vasodilatador, ra. adj. *Med.* Que dilata los vasos sanguíneos. *La tila ejerce una acción tranquilizante y vasodilatadora.* Frec. m., referido a medicamento o sustancia. *El alcohol etílico es un vasodilatador.*

vasquismo. m. **1.** Palabra o uso propios de la lengua vasca empleados en otra. *En el léxico castellano encontramos vasquismos, catalanismos y galleguismos.* **2.** Gusto o predilección por lo vasco. *Hasta en sus preferencias gastronómicas se notaba su vasquismo.*

vástago. m. **1.** Renuevo de una planta. *A la planta le han salido nuevos vástagos.* **2.** Pieza en forma de varilla que sirve para articular o sostener otras piezas. *Cada broca termina en un vástago para ponerla en la taladradora.* **3.** cult. Hijo o descendiente de una persona. *Creó una gran empresa que heredaron sus vástagos.* ▶ **1:** RENUEVO.

vastedad. f. cult. Cualidad de vasto. *Admira por la vastedad y profundidad de sus conocimientos.*

vasto, ta. adj. cult. Amplio o extenso. *Navegó a lo largo y ancho del vasto mar. Es un hombre de vasta cultura.*

vate. m. cult. Poeta (autor). *Recopiló poemas de los más insignes vates de nuestra literatura.*

váter. m. Retrete. *La cisterna del váter pierde agua. Cierra la puerta al salir del váter.*

vaticanista. adj. **1.** De la política del Vaticano. *En un Estado laico, se rechazarían las posibles presiones vaticanistas.* **2.** Partidario de la política del Vaticano. *Cierta prensa se mostraba cada vez más vaticanista.* Dicho de pers., tb. m. y f. *Los vaticanistas defendieron la mediación de la Santa Sede.*

vaticano, na. adj. Del Vaticano (sede de la corte pontificia). *Nos impresionaron la Basílica de San Pedro y los tesoros vaticanos. La diplomacia vaticana se movilizó en defensa de la paz. Concilios vaticanos.*

vaticinador, ra. adj. Que vaticina. *No tardarían mucho en cumplirse aquellas palabras vaticinadoras.* Dicho de pers., tb. m. y f. *¿Acaso eres un vaticinador para saber lo que nos espera?*

vaticinar. tr. Pronosticar o profetizar (algo). *Me vaticinaron un futuro de éxitos laborales.* ▶ *PREDECIR.

vaticinio. m. Hecho o efecto de vaticinar. *Se cumplió el vaticinio de que Edipo mataría a su padre.* ▶ *PREDICCIÓN.

vatímetro. m. *Fís.* Aparato que sirve para medir la potencia en vatios de una corriente eléctrica. *El vatímetro indica la potencia consumida por el motor.*

vatio. m. Unidad de potencia eléctrica del Sistema Internacional, que equivale a un julio por segundo (Símb. *W*). *La lámpara necesita una bombilla de cien vatios.*

vaya. → ir.

Vd. abrev. Usted. *Ruegan a Vd. una oración por su alma.*

Vdo., Vda. abrev. Viudo, viuda. *Doña Carmen Contreras, Vda. de Vázquez.*

ve. f. Am. Uve. Tb. ~ *corta*, o *baja*. *En números romanos: equis, palito, ve corta: catorce* [C]. ■ **doble ~.** f. Am. Uve doble. *A través de los incisos ka, o, qu y doble ve se eleva la tasa del treinta y tres al treinta y cinco por ciento* [C].

vecinal. adj. De los vecinos. *En la junta vecinal se aprobaron los presupuestos de la comunidad.*

vecindad. f. **1.** Condición de vecino. *Mantenemos relaciones de buena vecindad.* **2.** Conjunto de los vecinos, espec. los de una casa. *El portero se conocía la vida de toda la vecindad. Un estallido en la calle alarmó a la vecindad.* **3.** Cercanías de un lugar. *Mañana cierran todas las tiendas de la vecindad.* ▶ **2:** VECINDARIO.

vecindario. m. Conjunto de vecinos de una población o de una parte de ella. *El vecindario se manifestó contra la construcción de la gasolinera.* ▶ VECINDAD.

vecino, na. adj. **1.** Dicho de persona: Que habita, en vivienda independiente, dentro de la misma casa, barrio o población que otras personas. *La piscina es solo para los vecinos de la urbanización.* Tb. m. y f. *Mi vecina del 4º y yo vamos al mismo instituto.* **2.** Dicho de persona: Que tiene vivienda en una población, contribuye a las cargas de esta y ha adquirido los derechos propios de sus habitantes por haber residido en ella el tiempo determinado por la ley. *Es mayor de edad, casado y vecino* DE *Villamayor.* **3.** Dicho de persona o cosa: Que está en un lugar próximo o inmediato a otra. *Estuvimos en la feria del pueblo vecino.* Dicho de pers., tb. m. y f. *Mis vecinos de mesa no paraban de hablar. Los alemanes siempre han tenido rivalidades con sus vecinos los franceses.* **4.** Semejante a algo, o coincidente con ello en alto grado. *Tenemos puntos de vista vecinos.*

vector. m. **1.** *Fís.* Magnitud en la que, además de la cantidad, hay que considerar el punto de aplicación, la dirección y el sentido. *La aceleración y la velocidad son vectores.* Tb. su representación gráfica, constituida por un segmento de recta orientado y de longitud determinada. **2.** *Biol.* Agente, frec. un ser vivo, transmisor o portador de algo. *El mosquito anofeles actúa como vector del paludismo.*

vectorial. adj. *Fís.* Del vector. *Cálculo vectorial.*

veda. f. Hecho de vedar, espec. la caza o pesca de animales. *Los cazadores furtivos no respetan la veda. Con la democracia, desapareció la veda de criticar al Gobierno.* Tb. el tiempo que dura. *En febrero empieza la veda del ciervo y el jabalí.*

vedado. m. Lugar cerrado o acotado por ley. *La Guardia Civil detuvo a dos furtivos en un vedado de caza.*

vedar. tr. **1.** Prohibir (algo), frec. por ley. *Vedaron la entrada al país de extranjeros sin visado. Se veda la caza de especies en peligro de extinción. Disfrutan de lujos vedados para la mayoría.* **2.** Impedir o dificultar (algo). *La cerrazón de los negociadores vedó toda posibilidad de acuerdo.*

vedette. (pal. fr.; pronunc. "bedét"). f. **1.** Artista principal de un espectáculo de variedades o de una revista. *La* vedette *llevaba un espectacular tocado de plumas en la cabeza. La gran* vedette *empezó en el espectáculo siendo una corista.* **2.** Persona que destaca o pretende destacar en un ámbito o actividad. *El joven tenista se ha convertido en la nueva* vedette *de las canchas.* ¶ [Adaptación recomendada: *vedet*, pl. *vedets*].

veedor. m. histór. Hombre encargado de tareas de inspección y control. *Nombraron al arquitecto veedor de las obras del palacio.*

vega. f. Terreno bajo, llano y fértil, gralm. bañado por un río. *A la romería acuden gentes de la montaña y de la vega. El pueblo está situado en la vega del Tajo.*

vegetación. f. **1.** Conjunto de las plantas o vegetales propios de un lugar, o existentes en él. *La vegetación mediterránea es rica y variada. La comarca es montañosa, con abundante fauna y vegetación.* **2.** Hecho de vegetar. *Un invierno suave y lluvioso favorece el estado de vegetación de las esparragueras.* ○ pl. **3.** *Med.* Desarrollo excesivo de las amígdalas faríngeas y nasales, y del tejido linfático de la parte posterior de fosas nasales. *Lo operaron de vegetaciones a la edad de seis años.* ► **3:** ADENOIDES.

vegetal. adj. **1.** De los vegetales (→ 2). *Pon ejemplos de organismos pertenecientes al reino vegetal. Atún en aceite vegetal.* ● m. **2.** Ser orgánico que crece y vive sin poder moverse de lugar por impulso voluntario. *Los vegetales carecen de sistema nervioso.* ► **2:** PLANTA.

vegetar. intr. **1.** Realizar un vegetal sus funciones vitales. *La vid vegeta bien en terrenos arenosos.* **2.** Vivir una persona como un vegetal, desarrollando una actividad meramente orgánica. *Durante sus últimos días perdió la consciencia y tan solo vegetaba.* **3.** Llevar una persona una existencia pasiva o inactiva. *¿Es que no te aburres de vegetar?*

vegetarianismo. m. Régimen alimenticio basado en el consumo exclusivo o casi exclusivo de productos de origen vegetal. *Su vegetarianismo no es radical, pues toma huevos y leche.*

vegetariano, na. adj. **1.** Del vegetarianismo. *Comimos en un restaurante vegetariano.* **2.** Que practica el vegetarianismo. *Dice que es vegetariana, pero come pescado.* Tb. m. y f. *Menú para vegetarianos.*

vegetativo, va. adj. *Biol.* De las funciones vitales inconscientes. *El paciente presenta trastornos vegetativos como insomnio o pérdida de apetito. ¿Qué órganos forman el aparato vegetativo de las plantas?*

veguero. m. Cigarro puro. *Después de comer, café, copa y un buen veguero.* ► *CIGARRO.

vehemencia. f. Cualidad de vehemente. *Defendió sus ideas con vehemencia.*

vehemente. adj. **1.** Dicho de persona: Que actúa dejándose llevar por la pasión o el ímpetu. *Es la más vehemente defensora de nuestros derechos.* **2.** Propio de la persona vehemente (→ 1). *Sentía vehementes deseos de abrazarlo, pero se contuvo. Hizo un alegato vehemente contra la corrupción.* ► **1:** *APASIONADO.

vehicular[1]**.** tr. Servir de vehículo (a algo). *La radio no informaba, sino que vehiculaba mensajes propagandísticos.*

vehicular[2]**.** adj. **1.** Del vehículo. *Tráfico vehicular.* **2.** Dicho de lengua: Que sirve para la comunicación entre personas de distinta lengua materna. *En muchos foros internacionales, el inglés es la lengua vehicular.*

vehículo. m. **1.** Medio de transporte para personas o cosas. *Fabrican motores para aviones y otros vehículos aéreos.* Frec. designa el automóvil. *Han prohibido el estacionamiento de vehículos en nuestra calle.* **2.** Cosa que sirve para transmitir o conducir algo. *El agua sin tratar puede ser vehículo de enfermedades.*

veinte. (APÉND. NUM.). adj. **1.** Diecinueve más uno. *Vuelva dentro de veinte días.* Tb. sustantivado. *Asistieron los veinte que invité.* Tb. pron. *–¿Cuántos años tienes? –Veinte.* **2.** Vigésimo. *Párrafo veinte.* Tb. sustantivado. *El examen es el veinte de junio.* ● m. **3.** Número que sigue al diecinueve. *El veinte se representa como 20.* Frec. *número* ~. *En la rifa salió premiado el número veinte.* ■ **los (años) ~.** loc. s. La tercera década del siglo, espec. del XX. *La historia transcurre en los locos años veinte.*

veinteañero, ra. adj. Dicho de persona: Que tiene entre veinte y treinta años. *Sale con una chica veinteañera.* Tb. m. y f. *Se doctoró siendo aún un veinteañero.*

veintena. f. Conjunto de veinte unidades. *En el camión había una veintena de cajas.*

veinticinco. (APÉND. NUM.). adj. **1.** Veinticuatro más uno. *Veinticinco metros.* Tb. sustantivado. *–¿Cuántos alumnos irán al viaje? –Los veinticinco de la clase.* Tb. pron. *–Dijo que volvería en cinco minutos y tardó veinticinco.* **2.** Que ocupa en una serie el lugar número veinticinco (→ 3). *Se reúnen el día veinticinco de cada mes.* ● m. **3.** Número que sigue al veinticuatro. *El veinticinco se escribe 25.* Frec. *número* ~. *El número veinticinco es divisible entre cinco.*

veinticuatro. (APÉND. NUM.). adj. **1.** Veintitrés más uno. *El día tiene veinticuatro horas.* Tb. sustantivado. *–¿Cuántos actores asistieron al homenaje? –Los veinticuatro premiados.* Tb. pron. *–¿Han quedado plazas libres? –Sí, veinticuatro.* **2.** Que ocupa en una serie el lugar número veinticuatro (→ 3). *Observe la figura de la página veinticuatro.* ● m. **3.** Número que sigue al veintitrés. *El veinticuatro se representa como 24.* Frec. *número* ~. *El número veinticuatro es múltiplo de seis y de cuatro.*

veintidós. (APÉND. NUM.). adj. **1.** Veintiuno más uno. *Mi hija tiene veintidós meses.* Tb. sustantivado. *La película empieza a las veintidós.* Tb. pron. *–¿Cuántos futbolistas juegan un partido? –Veintidós.* **2.** Que ocupa en una serie el lugar número veintidós (→ 3). *El sorteo se celebrará el día veintidós de diciembre.* ● m. **3.** Número que sigue al veintiuno. *El veintidós se escribe 22.* Frec. *número* ~. *El número veintidós parece dos patitos.*

veintinueve. (APÉND. NUM.). adj. **1.** Veintiocho más uno. *Le regaló veintinueve rosas.* Tb. sustantivado. *Saqué el carné de conducir a los veintinueve.* Tb. pron. *De los que invité, vinieron veintinueve.* **2.** Que ocupa en una serie el lugar número veintinueve (→ 3). *Nuestro aniversario es el día veintinueve de septiembre.* ● m. **3.** Número que sigue al veintiocho. *El veintinueve se representa como 29.* Frec. *número* ~. *El ganador llevaba el número veintinueve en su dorsal.*

veintiocho. (APÉND. NUM.). adj. **1.** Veintisiete más uno. *Febrero tiene veintiocho días.* Tb. sustantivado. *Aprobaron los veintiocho que se presentaron.* Tb. pron. *–¿Cuántos pisos tiene ese rascacielos? –Veintiocho.* **2.** Que ocupa en una serie el lugar número veintiocho (→ 3). *Voy por el capítulo veintiocho del libro.* ● m. **3.** Número que sigue al veintisiete. *El veintiocho se escribe 28.* Frec. *número* ~. *Vi sobre el portal el número veintiocho.*

veintiséis. (APÉND. NUM.). adj. **1.** Veinticinco más uno. *El vuelo salió con veintiséis minutos de retraso.* Tb. sustantivado. *Se echó novia a los veinte años y se casó a los veintiséis.* Tb. pron. *–¿Cuántos ejercicios tienes que hacer? –Veintiséis.* **2.** Que ocupa en una serie el lugar número veintiséis (→ 3). *El desvío está en el kilómetro veintiséis de la carretera.* ● m. **3.** Número que sigue al veinticinco. *El veintiséis se representa como 26.* Frec. *número* ~. *En la tarta estaba dibujado el número veintiséis.*

veintisiete. (APÉND. NUM.). adj. **1.** Veintiséis más uno. *Cumpliré veintisiete años.* Tb. sustantivado. *–¿Cuántos temas entran en el examen? –Los veintisiete.* Tb. pron. *–¿Faltan muchos días para las vacaciones? –Veintisiete.* **2.** Que ocupa en una serie el lugar número veintisiete (→ 3). *Analiza sintácticamente el verso veintisiete.* ● m. **3.** Número que sigue al veintiséis. *El veintisiete se escribe 27.* Frec. *número ~. En el letrero faltaba el dos del número veintisiete.*

veintitrés. (APÉND. NUM.). adj. **1.** Veintidós más uno. *Hay un atasco de veintitrés kilómetros.* Tb. sustantivado. *Empecé la carrera a los dieciocho años y la acabé a los veintitrés.* Tb. pron. *–¿Cuántos días dura el cursillo? –Veintitrés.* **2.** Que ocupa en una serie el lugar número veintitrés (→ 3). *Leed el texto hasta la página veintitrés.* ● m. **3.** Número que sigue al veintidós. *El veintitrés se representa como 23.* Frec. *número ~. El número veintitrés es un número primo.*

veintiún. → **veintiuno.**

veintiuno, na. (APÉND. NUM.). adj. (apóc. **veintiún**: se usa ante n. m.). **1.** Veinte más uno. *Aún me quedan veintiún días de vacaciones. En el pueblo solo había veintiuna casas.* Tb. sustantivado. *Antes la mayoría de edad no se alcanzaba a los dieciocho años, sino a los veintiuno.* Tb. pron. *–¿Cuántos euros costó? –Veintiuno.* **2.** Que ocupa en una serie el lugar número veintiuno (→ 3). *El protagonista muere en el capítulo veintiuno.* ● m. **3.** Número que sigue al veinte. *El veintiuno se representa como 21.* Frec. *número ~. En la tarta le pusieron una vela con forma de número veintiuno.*

vejación. f. Hecho de vejar. *Sufrió múltiples vejaciones durante su cautiverio.* ▶ VEJAMEN.

vejamen. m. Vejación. *Aguantó todo tipo de ofensas y vejámenes.*

vejar. tr. Maltratar o hacer sufrir (a una persona) humillándo(la). *Fue demandado por vejar a un empleado minusválido.*

vejatorio, ria. adj. Que veja o puede vejar. *Recibieron de los secuestradores un trato vejatorio.*

vejestorio. m. despect. Persona muy vieja. *Tu vecina es un vejestorio.*

vejete. m. coloq. o despect. Hombre viejo. *Su abuelo es un vejete adorable.*

vejez. f. **1.** Condición o estado de viejo. *La enfermedad y la vejez lo están consumiendo.* **2.** Período de la vida de una persona en el que se es viejo. *Quiero llegar a la vejez en buenas condiciones físicas y psíquicas.*

vejiga. f. **1.** En las personas y en muchos vertebrados: Órgano musculoso y membranoso en forma de bolsa, en el que se deposita la orina procedente de los riñones. *Había bebido mucho y necesitaba vaciar la vejiga.* Tb. *~ de la orina. La vejiga de la orina está situada en la pelvis, entre el recto y el pubis.* **2.** Ampolla (abultamiento de la piel). *Me ha salido una vejiga en el dedo por una quemadura.* **3.** Bolsa pequeña formada en una superficie y llena de aire o líquido. *Amáselo todo hasta que se formen en la masa globos o vejigas.* ■ **~ natatoria.** f. *Zool.* Saco membranoso lleno de aire que tienen determinados peces y que les permite permanecer flotando en el agua sin esfuerzo. *El pez tiene el instinto de subir a la superficie para poder llenar su vejiga natatoria.* ▶ **2:** AMPOLLA.

vela[1]. f. **1.** Hecho de velar durante la noche o el tiempo destinado al sueño. *Solía escuchar la radio durante la vela. Al término de la procesión, comenzará la vela del Santísimo en la catedral.* **2.** Pieza gralm. cilíndrica de cera u otra materia grasa consistente, con una mecha en su eje para encenderla, y que se usa para alumbrar. *Se fue la luz y tuvimos que encender una vela.* **3.** coloq. Moco que cuelga de la nariz. Más frec. en pl. *Suénate, que menudas velas te están cayendo.* ■ **a dos ~s.** loc. adv. **1.** coloq. Con muy poco o ningún dinero. Frec. con *estar, dejar* o *quedarse. No te puedo prestar porque yo también estoy a dos velas.* **2.** coloq. Sin entender nada. Frec. con *dejar* o *quedarse. Como hablaban en otra lengua, me quedé a dos velas.* ■ **dar** (a alguien) **~ en este entierro.** loc. v. coloq. Dar(le) autorización, ocasión o motivo para que intervenga en el asunto de que se trata. Gralm. en constr. negativas o interrogativas. *Cállate, que nadie te ha dado vela en este entierro. ¿Y a ti quién te ha dado vela en este entierro?* ■ **en ~.** loc. adv. Sin dormir. *He pasado la noche en vela estudiando.* ■ **poner,** o **encender, una ~ a Dios y otra al diablo.** loc. v. Querer contemporizar con unos y con otros, aunque tengan posiciones opuestas, para sacar provecho en cualquier circunstancia. *Hay que decantarse, basta ya de poner una vela a Dios y otra al diablo.* ▶ **1:** VIGILIA. **2:** CANDELA.

vela[2]. f. **1.** Pieza o conjunto de piezas de tejido fuerte que se sujetan a los palos de una embarcación para recibir el viento que impulsa la nave. *El capitán ordenó arriar las velas.* **2.** Deporte náutico que consiste en navegar con embarcaciones de vela (→ 1). *Me he apuntado a un curso de vela.* **3.** Embarcación de vela (→ 1). *En la regata participaban velas de varios países.* ■ **~ cangreja.** f. *Mar.* Vela (→ 1) de forma trapezoidal, que se extiende entre dos perchas sujetas al palo. *El bergantín llevaba a popa una vela cangreja.* ⇒ CANGREJA. ■ **~ latina.** f. *Mar.* Vela (→ 1) triangular empleada en embarcaciones pequeñas. *Tenía la galera una vela latina y múltiples remos a ambos lados.* □ **a toda ~,** o **a ~s desplegadas.** loc. adv. **1.** *Mar.* Con gran viento y la máxima velocidad de navegación. *El galeón iba rumbo al Norte a toda vela.* **2.** Con la máxima intensidad y velocidad de ejecución. *Tenemos que trabajar a toda vela si queremos acabar a tiempo.*

veladura. f. *Arte* Tinta transparente que se da para suavizar el tono de lo pintado. *El pintor emplea veladuras que dan a la escena un carácter etéreo.*

velada. f. **1.** Reunión nocturna de varias personas. *La velada se prolongó hasta la madrugada.* **2.** Sesión de una actividad artística, cultural o deportiva que se celebra por la noche. *El viernes se celebrará en el pabellón una velada de boxeo.*

velador, ra. adj. **1.** Que vela o está al cuidado o vigilancia de alguien o algo. Dicho de pers., tb. m. y f. *Ha tomado para sí el papel de velador de la moral.* ● m. **2.** Mesita de un solo pie y gralm. redonda. *Entramos en un antiguo café con veladores de mármol.* **3.** Am. Mesilla de noche. *Fue a buscar un vaso de agua al baño para dejárselo encima del velador* [C]. **4.** Am. Lámpara pequeña que suele colocarse en la mesilla de noche. *Laura guardó la carta en el sobre y apagó el velador* [C]. **5.** Am. Vigilante nocturno. *Los veladores escucharon un chirrido de goznes y vieron la luz de una palmatoria* [C]. ▶ **3:** MESILLA. **5:** *VIGILANTE.

velamen. m. Conjunto de las velas de una embarcación. *Los marineros reparaban el velamen destrozado por el viento.*

velar[1]. tr. **1.** Hacer guardia durante la noche cuidando o vigilando (algo). *El centinela que velaba el* *castillo dio la voz de alarma.* **2.** Acompañar (a un difunto) durante la noche. *Los familiares velaron el cadáver hasta el amanecer.* **3.** Atender (a un enfermo) durante la noche. *Una enfermera estuvo velándolo hasta que cedió la fiebre.* ○ intr. **4.** Estar sin dormir durante el tiempo destinado al sueño. *Veló toda la noche, presa de la preocupación.* **5.** Cuidar con esmero de alguien o de algo. *Los padres velan* POR *sus hijos. Una comisión velará* POR *el buen funcionamiento del centro.*

velar[2]. tr. **1.** Cubrir (algo), o hacer que quede oculto o disimulado. *La capucha le velaba el rostro.* **2.** Hacer que (una película fotográfica) se vele (→ 4). *No abras la cámara, que vas a velar el carrete.* **3.** Cubrir (algo o a alguien) con velo. *La novia iba velada.* ○ intr. prnl. **4.** Borrarse total o parcialmente la imagen de una película fotográfica por la acción indebida de la luz. *Se ha velado el carrete con todas las fotos de la excursión.*

velar[3]. adj. **1.** *Anat.* Del velo del paladar. *La campanilla está situada en la región velar.* **2.** *Fon.* Dicho de articulación o de sonido: Que se produce mediante el contacto o la aproximación de la parte posterior del dorso de la lengua con el velo del paladar. *El sonido de "k" es velar.* Tb. f., referido a consonante. *La "g" es una velar sonora.*

velatorio. m. **1.** Acto o reunión en que se vela a un difunto. *La viuda se desmayó durante el velatorio.* **2.** Lugar acondicionado para velatorios (→ 1). *La comitiva fúnebre saldrá desde el velatorio del hospital.* ▶ **1:** VELORIO.

velcro. (Marca reg.). m. Sistema de cierre o de sujeción compuesto por dos tiras de tejidos diferentes que, al unirse, se pegan entre sí. *Mi cartera tiene el cierre de velcro.*

veleidad. f. **1.** Cualidad de veleidoso. *Cambiaba de aficiones por pura veleidad.* **2.** Deseo o actitud antojadizos y pasajeros. *De joven tuvo veleidades literarias. Las veleidades son peligrosas en política.*

veleidoso, sa. adj. Inconstante o mudable. *No sabíamos a qué atenernos con aquel hombre tan veleidoso. La suerte es veleidosa.*

velero, ra. adj. **1.** Dicho de embarcación: Muy ligera o que navega mucho. *De las tres carabelas, La Pinta era la más velera.* ● m. **2.** Barco de vela. *Hicimos una excursión en velero hasta la isla.*

veleta. f. **1.** Aparato formado por una pieza de metal, gralm. en forma de flecha, que gira en torno a un eje vertical impulsada por el viento y que se coloca en lo alto de los edificios para señalar la dirección de este. *La veleta del caserón tiene forma de gallo.* ○ m. y f. **2.** Persona inconstante o mudable. *Si vuelves a cambiar de opinión, vas a quedar como un veleta.*

velis nolis. (loc. lat.). loc. adv. De buen grado o por la fuerza, guste o no guste. *La población debía acatar, velis nolis, las imposiciones del poder.*

vello. m. **1.** Pelo corto y suave de algunas zonas del cuerpo humano. *Del frío, se me erizaba el vello de los brazos.* **2.** Pelusa que cubre algunas plantas o frutas. *Soy alérgica al vello de los melocotones.* ▶ **2:** PELO, PELUSA.

vellocino. m. Cuero curtido de oveja o de carnero con su lana. *Jasón y los argonautas fueron en busca del vellocino de oro.*

vellón[1]. m. Conjunto de la lana de una oveja o un carnero esquilados. *Para el colchón necesitas el vellón de varias ovejas.*

vellón[2]. m. histór. Aleación de plata y cobre con que se acuñaba moneda. *Dio al escudero un real de vellón.*

vellosidad. f. Abundancia de vello. *Se bajó las mangas para ocultar la vellosidad de sus brazos.*

velloso, sa. adj. Que tiene vello. *Tenía las piernas blancas y muy vellosas. Tallo velloso.*

velludo, da. adj. Que tiene mucho vello. *Se depila todas las semanas porque es muy velluda.*

velo. m. **1.** Cortina o tela, frec. de tejido muy fino, destinadas a cubrir algo. *Se ha rasgado el velo de la cuna.* **2.** Prenda de tejido fino, gralm. gasa o tul, con que se cubren la cabeza y a veces el rostro las mujeres, espec. para entrar en una iglesia. *La novia lleva un velo de tul. Pasaron los tiempos en que había que ponerse velo para ir a misa.* **3.** Cosa gralm. delgada o vaporosa que oculta total o parcialmente la vista de otra. *Detrás de aquel espeso velo de niebla debía de estar la isla. Tenía un velo en los ojos que le empañaba la visión.* Tb. fig. *La actriz vivió envuelta en un velo de misterio.* ■ **~ del paladar.** m. *Anat.* Órgano muscular y membranoso de forma cuadrada, que separa la cavidad bucal de la faringe. *Al pronunciar un sonido nasal, el velo del paladar está caído.* □ **correr,** o **echar, un tupido ~** (sobre algo). loc. v. Omitir(lo) o dejar(lo) para el olvido, por no convenir mencionar(lo) o tener(lo) en cuenta. *En vez de investigarlo, corrieron un tupido velo* SOBRE *el asunto. No quiero volver a hablar del tema, corramos un tupido velo.* ■ **tomar** una monja **el ~.** loc. v. Profesar. *Tomó el velo con el nombre de sor Lucía.*

velocidad. f. **1.** Cualidad de veloz. *El guepardo admira por su velocidad. Demostró gran velocidad de reacción.* **2.** Relación entre una distancia y el tiempo empleado en recorrerla. *El coche circulaba a una velocidad de 100 km/h. La unidad de velocidad en el Sistema Internacional es el metro por segundo.* **3.** En un vehículo: Cada una de las posiciones de la caja de cambios que permiten variar la velocidad (→ 2). *Mi coche tiene cinco velocidades y marcha atrás. Pon la quinta velocidad.* ■ **confundir la ~ con el tocino.** loc. v. coloq. Mezclar cosas muy distintas al hablar o al actuar. *En esta materia, hay mucho ignorante que confunde la velocidad con el tocino.* ▶ **1:** *RAPIDEZ. **3:** MARCHA.

velocímetro. m. Aparato que sirve para medir la velocidad del vehículo en el que está instalado. *El velocímetro de su bici llegó a marcar 50 km/h.* ▶ CUENTAKILÓMETROS.

velocípedo. m. histór. Vehículo formado por un caballete sobre dos o tres ruedas desiguales que se mueven por pedales. *La bicicleta sustituyó al velocípedo. Los payasos salieron a la pista montados en grandes velocípedos.*

velocista. m. y f. Corredor o nadador especializados en carreras de velocidad y corto recorrido. *Los velocistas de los 100 metros lisos estaban en sus puestos de salida.*

velódromo. m. Lugar destinado para carreras de bicicletas. *Las pruebas de velocidad y persecución se celebrarán en el velódromo.*

velomotor. m. Vehículo semejante a una bicicleta, provisto de un pequeño motor propulsor. *Para conducir ciclomotores, velomotores o motocicletas de pequeña cilindrada se exige una licencia.*

velón. m. **1.** Vela grande. *Los dos monaguillos sostenían sendos velones negros.* **2.** Lámpara de aceite compuesta por un vaso con uno o varios mecheros, un eje sobre el que puede girar, subir o bajar, un asa por arriba y un pie gralm. en forma de platillo. *El aposento estaba apenas alumbrado por un velón de aceite.*

velorio. m. Velatorio (acto en que se vela a un difunto). *Detesta participar en bodas, velorios o bautizos.* ▶ VELATORIO.

veloz. adj. Rápido o ágil en el movimiento o en lo que se hace. *La liebre es un animal muy veloz. Ningún concursante era tan veloz en sus respuestas.* ▶ *RÁPIDO.

vena. f. **1.** *Anat.* Vaso sanguíneo de los que conducen la sangre que vuelve al corazón. *El cirujano coserá la arteria y la vena del riñón donado a una arteria y una vena del paciente receptor.* Tb. cualquier vaso sanguíneo. *A la enfermera le costó encontrarle una buena vena para extraerle sangre. Su sangre corre por mis venas.* **2.** Veta. *Una vena de color claro atraviesa la superficie de la mesa. Han encontrado una vena de oro en la excavación.* **3.** Inspiración poética o artística. *Fueron cientos las comedias en que afloró la vena dramática del Fénix.* **4.** Estado de ánimo pasajero en que alguien se encuentra. *Me invadió una vena melancólica al recordar aquellos años.* **5.** Inclinación a comportarse o pensar de determinada manera. *Con los nietos surgía siempre su vena más tierna. Ya salió tu vena machista.* **6.** Conducto natural subterráneo por donde circula el agua. Tb. *~ de agua. El primer paso para construir un pozo es detectar las venas de agua que circulan por la zona.* **7.** En una planta: Haz fibroso de los que sobresalen en el envés de las hojas. *Las hojas de este arbusto tienen bordes dentados y venas prominentes.* ■ **~ cava.** f. *Anat.* Cada una de las dos venas (→ 1) mayores del cuerpo que conducen la sangre hasta la aurícula derecha del corazón. *La compresión de la vena cava superior puede provocar hinchazón en cara y brazos.* ⇒ CAVA. ■ **~ yugular.** f. *Anat.* Cada una de las dos venas (→ 1) situadas a uno y otro lado del cuello. *El navajazo le seccionó la vena yugular.* ⇒ YUGULAR. □ **darle** (a alguien) **la ~.** loc. v. coloq. Tener (esa persona) un impulso que (la) hace actuar de forma inesperada o irracional. *Estábamos charlando y, de repente, le dio la vena y se fue. ¿Eso ha dicho?, ¿pero qué vena le ha dado?* ■ **estar** alguien **en ~.** loc. v. **1.** coloq. Estar inspirado para realizar una actividad, espec. si es de carácter artístico. *Nadie puede ganar a este ajedrecista si está en vena.* **2.** coloq. Estar ocurrente o ingenioso. *Cuando está en vena, te partes de risa con ella.* ▶ **7:** *NERVIO.

venablo. m. Dardo o lanza pequeña y delgada. *El cazador alcanzó al ciervo con un venablo.*

venada. f. Ataque de locura o arranque irracional. *Le dio una venada y rompió todo lo que había escrito. No iré, salvo que me entre la venada a última hora.*

venado, da. m. **1.** Ciervo. *En la montería cazaron ocho venados.* Tb. designa específicamente al macho. ○ f. **2.** Cierva. *Vieron una venada con su cría.*

venal. adj. **1.** Vendible o destinado a la venta. *Me regaló una edición no venal de su último libro.* **2.** Dicho de persona: Que se deja sobornar. *Los policías corruptos y los jueces venales serán castigados.*

venalidad. f. Cualidad de venal. *La ley sanciona la venalidad del funcionario.*

venatorio, ria. adj. cult. De la caza mayor. *La actividad venatoria en la región se dirige hacia corzos, venados y gamos.*

vencedor, ra. adj. Que vence. *El ejército vencedor no se ensañó con los vencidos.* Tb. m. y f. *La vencedora del torneo fue felicitada por su adversaria.*

vencejo. m. Pájaro de plumaje negro en el cuerpo y blanco en la garganta, alas largas y puntiagudas y cola también larga y en forma de horquilla, que se alimenta de insectos. *Golondrinas y vencejos son muy beneficiosos por la cantidad de insectos que eliminan.*

vencer. tr. **1.** Superar (a alguien) en algo, espec. en una disputa o combate o en una competición. *El boxeador venció al aspirante al título en el primer asalto.* Tb. fig. *Me venció el sueño.* Tb. usado en constr. intr. *Divide y vencerás.* **2.** Dominar (un sentimiento) por medio de la razón. *Debes vencer el miedo a la oscuridad.* **3.** Superar (una dificultad u obstáculo), luchando contra ellos. *Hemos terminado nuestra obra venciendo muchos obstáculos.* **4.** Ser superior (a alguien) en algo. *Ninguna otra mujer la vence* EN *elegancia.* **5.** Torcer o inclinar (algo). *El peso vence la carga.* Tb. en constr. prnl. media. *Se ha vencido la estantería por el peso de los libros.* ○ intr. **6.** Terminar o acabar un plazo o un espacio de tiempo. *El lunes vence el plazo de inscripción.* **7.** Perder su vigencia un contrato por vencer (→ 6) su plazo. *El contrato vence el próximo mes.* **8.** Hacerse exigible una deuda u otra obligación por haberse cumplido la condición o el plazo necesarios para ello. *La letra del piso vence a primeros de mes.* ▶ **1:** BATIR, DERROTAR, GANAR. **6:** CUMPLIR, EXPIRAR.

vencida. la ~. loc. s. La tentativa en que se consigue el fin pretendido, gralm. después de varios intentos. Frec. en constr. como *a la tercera va la ~. He suspendido dos veces, pero a la tercera va la vencida.*

vencimiento. m. Hecho de vencer o vencerse, espec. el plazo de algo, o algo sujeto a plazo. *La deuda deberá saldarse a su vencimiento.*

venda. f. Tira de gasa u otro tejido, que se usa para proteger un miembro dañado enrollando la tira a su alrededor, o para sujetar los apósitos que cubren una herida. *Lleva una venda en la muñeca por una torcedura.* Frec. fig., en constr. como *tener* alguien *una ~ en los ojos*, o *caérsele* a alguien *la ~ de los ojos*, para referirse a algo que ofusca la mente e impide ver la realidad como es. *Todos saben que su novio es un sinvergüenza, pero ella tiene una venda en los ojos.*

vendaje. m. Hecho de vendar. *Una enfermera se ocupa de poner inyecciones y hacer vendajes.* Tb. la venda o conjunto de vendas con que se realiza. *El vendaje le cubre toda la espalda.*

vendar. tr. Cubrir o envolver con una venda (algo, espec. una herida o un miembro, o a alguien). *Al perro le vendaron la pata herida. Los antiguos egipcios vendaban a los muertos para momificarlos.*

vendaval. m. Viento fuerte. *El vendaval arrancó varios árboles de la alameda.*

vendedor, ra. adj. Que vende. *Empresa vendedora.* Dicho de pers., tb. m. y f. *Empresa de cosméticos necesita vendedores a domicilio.* ▶ **frecAm:** MARCHANTE.

vender. tr. **1.** Traspasar la propiedad (de algo) a alguien a cambio de dinero. *He vendido mi casa por trescientos mil euros.* **2.** Dar (algo que no tiene valor material) a alguien a cambio de dinero o beneficios. *Haría cualquier cosa excepto vender su honor.* **3.** Traicionar (a alguien) a cambio de dinero o beneficios. *Ha vendido a sus compañeros por un ascenso.* **4.** Exponer u ofrecer al público (una mercancía) para estimular o promover su compra. *En esa tienda venden sofás.* Tb. usado en constr. intr. *Un buen escaparate vende.* ○ intr. prnl. **5.** Aceptar dinero o favores a cambio de realizar acciones indignas. *El árbitro se ha vendido.* ■ **~ caro** (algo). loc. v. Dar(lo) tras mucha resistencia. *Ha vendido cara su ayuda.* ■ **~se caro** alguien. loc. v. coloq. Dejarse ver con poca frecuencia. *Hace meses que no te veía: te vendes caro.*

vendetta. (pal. it.; pronunc. "bendéta"). f. Venganza por rencillas entre familias, clanes o grupos rivales. *Los asesinatos se debieron a una* vendetta *entre bandas mafiosas.* Tb. fig. *Las* vendettas *internas acabarán con el partido.* ¶ [Equivalente recomendado: *venganza*].

vendible. adj. Que se puede vender o está en venta. *La industria transforma estas materias primas en productos vendibles.*

vendimia. f. Hecho o efecto de vendimiar. *Cientos de jornaleros participarán en la vendimia.* Tb. el tiempo o la época del año en que se realiza. *En septiembre llega la vendimia.*

vendimiador, ra. m. y f. Persona que vendimia. *Los vendimiadores trabajaron hasta la puesta del sol.*

vendimiar. (conjug. ANUNCIAR). tr. Recoger el fruto (de la viña). *Vendimiaron cientos de viñedos.* Tb. referido al fruto. *Los jornaleros vendimian las uvas.* Frec. usado en constr. intr. *Este fin de semana voy a vendimiar.*

veneciano, na. adj. De Venecia (ciudad de Italia). *Góndolas venecianas.* Dicho de pers., tb. m. y f. *Los venecianos son maestros en el arte de trabajar el cristal.*

veneno. m. **1.** Sustancia que, introducida en un ser vivo, puede producir graves alteraciones de sus funciones vitales, o la muerte. *El arsénico es un veneno muy potente.* **2.** Cosa nociva para la salud. *Para quien tiene colesterol, las grasas son veneno.* **3.** Cosa que produce un daño moral. *Sus críticas son veneno.* **4.** Sentimiento negativo, como la ira o el rencor, hacia alguien o algo. *Es una persona resentida y llena de veneno. Insulto tras insulto, echó todo el veneno que llevaba dentro.* ▶ **1:** PONZOÑA, TÓXICO. **3:** PONZOÑA.

venenoso, sa. adj. Que tiene veneno. *Una serpiente venenosa mordió al explorador. He oído un comentario venenoso sobre ti.* ▶ PONZOÑOSO, TÓXICO.

venera. f. Concha de la vieira, formada por una valva plana y otra muy convexa. *Vimos esculpidas veneras y otros símbolos del camino de Santiago.*

venerable. adj. Digno de veneración o respeto. *El conde era un anciano venerable.*

veneración. f. Hecho o efecto de venerar. *Sentía veneración por su hermana mayor. Pervive en estas tierras una secular veneración a la Virgen.*

venerar. tr. **1.** Sentir profundo respeto (por alguien o algo). *Los discípulos veneran a este viejo profesor.* **2.** Rendir culto (a un dios, o a alguien o algo sagrados). *En Delfos, los antiguos griegos veneraban al dios Apolo.* ▶ REVERENCIAR.

venéreo, a. adj. **1.** Dicho de enfermedad: Que es contagiosa y se contrae habitualmente por vía sexual. *La sífilis es una enfermedad venérea.* **2.** cult. Del placer o acto sexuales. *Pasión venérea.*

venero. m. Manantial de agua. *Pasamos junto a un venero y llenamos las cantimploras.* Tb. fig. *Su obra constituye un venero de información sobre el tema.*

venezolano, na. adj. De Venezuela. *El bolívar es la moneda venezolana.* Dicho de pers., tb. m. y f. *Entre la tripulación había varios venezolanos y colombianos.*

vengador, ra. adj. Que venga o se venga. *Ángel vengador.* Tb. m. y f. *El vengador enmascarado rescató a la doncella.*

venganza. f. Hecho de vengar o vengarse. *Solo el deseo de venganza lo mantiene vivo. No perdono, cumpliré mi venganza.*

vengar. tr. **1.** Satisfacer o reparar (un daño o agravio). *Lo ha matado para vengar su honor ofendido.* ○ intr. prnl. **2.** Satisfacer o reparar un daño o agravio. *Juró vengarse* DE/POR *lo que le habían hecho. Solo piensa en vengarse.*

vengativo, va. adj. Dicho de persona: Inclinada o dispuesta a vengarse. *Apártate de las personas rencorosas y vengativas.* ▶ VINDICATIVO.

venia. f. Licencia o permiso para hacer algo. *El rey concedió su venia para llevar a cabo la misión.* Se usa espec. en ámbitos judiciales. *Con la venia, señoría, ¿puedo acercarme al estrado?*

venial. adj. Que se opone levemente a una ley o precepto. *No has cometido un delito, ni siquiera una falta venial.*

venida. f. Hecho de venir. *Los cristianos celebran la venida de Jesucristo a la Tierra. Fui solo, pero en la venida me acompañaron unos amigos.*

venidero, ra. adj. Que está por venir o suceder. *En los siglos venideros, la contaminación podría hacer imposible la vida en el planeta.*

venir. (conjug. VENIR). intr. **1.** Moverse en dirección al lugar en que está la persona que habla, o a uno próximo a ella. *Mi perro viene en cuanto lo llamo. Estas Navidades vendrá a pasar unos días con nosotros. He venido hasta aquí para nada. Viene una ola de frío polar que afectará a toda la Península. Por fin vino el fontanero a arreglar la fuga de agua del piso de arriba.* Tb. prnl. *Se vino a Madrid a hacer Medicina.* **2.** Llegar al lugar en que está la persona que habla, o a uno próximo a ella. *Viene a las tres. El tren vino con retraso. Están esperando que venga el juez para levantar el cadáver.* **3.** Resultarle a alguien o a algo una cosa de determinada manera, o producir en ellos determinado efecto. *A esta habitación le vendría bien una mano de pintura. Esa falda te viene que ni pintada. ¿Te vendría muy mal que nos viéramos hoy en vez del lunes? Nos vino de perlas que nos llevara en su coche. Después de la dieta de adelgazamiento, toda la ropa le viene grande.* **4.** Proceder de alguien o algo. *Este artículo viene* DE *la primera página del periódico. La palabra "hijo" viene* DEL *latín. Luis viene* DE *familia noble. Ese genio le viene* DE *su padre.* **5.** Aparecer o hacerse realidad en un tiempo. *Tras la tormenta vendrá la calma. El Neoclasicismo vino como reacción contra los excesos del Barroco. Hubo un apagón y no vino la luz en toda la noche.* **6.** Figurar o estar presente algo en el lugar esperado. *Esa palabra no viene en el diccionario. No viene el precio en la etiqueta.* **7.** Seguido de un gerundio, forma con él una perífrasis que expone en su desarrollo la acción expresada por ese gerundio. *Los robos vienen sucediéndose desde el verano pasado. Ha llegado tarde, como ya viene siendo habitual en él.* **8.** Seguido de *a* y un infinitivo, expone de manera aproximada el hecho expresado por él. *La visita guiada viene a durar unas dos horas. La distancia entre un pueblo y otro viene a ser de 25 km. Esperaba que lo ascendieran o, lo que*

viene a ser lo mismo, que le subieran el sueldo. **9.** Seguido de un complemento introducido por *con:* Exponer lo designado por él. *¡No me vengas con tonterías! Que no le vengan con más problemas porque está harto.* ■ **¿a qué viene** algo**?** loc. v. Se usa para expresar que esa cosa se considera inoportuna o injustificada. *¿A qué viene eso de gritar tanto? No sé a qué venía tanta prisa, si luego nos tiene esperando. ¿A qué venía el revuelo que se armó?* ■ **que viene.** loc. adj. Precedido de algunos nombres que expresan tiempo: Siguiente. *El año que viene tienen previsto asfaltar la plaza. Han cambiado la reunión para el lunes que viene. El curso que viene estudiaré más.* ■ **~ a menos.** → **menos.** ■ **~le** algo **grande,** o **ancho,** (a alguien). loc. v. coloq. Ser excesivo para su capacidad o sus méritos. *La presidencia de un club de fútbol tan importante le venía grande y pronto tuvo que dimitir. Le viene muy ancha la calificación de mejor película del año.* ■ **~ mal dadas.** loc. v. coloq. Presentarse desfavorablemente los asuntos o las circunstancias. *Si vienen mal dadas, habrá que cerrar la fábrica. Le vinieron mal dadas y se arruinó.*

venoso, sa. adj. **1.** De las venas. *Le administraron la medicación por vía venosa.* **2.** Que tiene venas, o las tiene muy marcadas. *Me dan grima esas manos huesudas y venosas.*

venta. f. **1.** Hecho o efecto de vender. *Se dedica a la compra y venta de pisos. Las ventas dieron grandes beneficios.* **2.** Establecimiento que, situado en un camino o un lugar despoblado, da alojamiento y comida al viajero. *Tras la larga caminata por el bosque, entramos en una venta para almorzar. Don Quijote confundió una venta con un castillo.* ■ **en ~.** loc. adj. Ofrecido o anunciado para ser vendido. *Los artículos en venta han sido sometidos a un control de calidad.* Tb. loc. adv. *He puesto mi coche en venta.* ▶ **2:** POSADA.

ventaja. f. **1.** Situación de superioridad o adelanto en que se encuentra una persona o cosa respecto de otra. *Me llevas ventaja a la hora de encontrar trabajo porque hablas idiomas.* **2.** Condición favorable de una persona o cosa respecto de otra. *Los dos saben mucho, pero ella tiene la ventaja de explicar bien. ¿Cuáles son las ventajas y desventajas de vivir en el campo?* **3.** Ganancia anticipada que una persona concede a otra para compensar la inferioridad o falta de habilidad de esta, espec. en un juego o una actividad deportiva. *¡Echemos una carrera, te doy diez metros de ventaja!*

ventajista. adj. Dicho de persona: Que intenta obtener ventaja por cualquier medio y sin miramientos. *No conozco a nadie tan ventajista como él.* Tb. m. y f. *Ascendió con malas artes, como un vulgar ventajista.*

ventajoso, sa. adj. Que tiene o proporciona ventaja. *A pesar de partir desde una posición ventajosa, llegó el último. Firmaron un acuerdo ventajoso para ambas partes.*

ventana. f. **1.** Abertura hecha en una pared, gralm. a cierta altura del suelo, para permitir la entrada de luz y aire del exterior. *Asómate a la ventana a ver si vienen.* Tb. fig. *Encontró en la literatura una ventana al mundo.* **2.** Hoja u hojas, gralm. formadas por un marco de madera o metal con cristal, con que se cierra una ventana (→ 1). *Cierra la ventana, que tengo frío. La casa tiene ventanas de aluminio.* **3.** Orificio de la nariz. Tb. ~ *nasal. La infección le produjo costras alrededor de las ventanas nasales.* **4.** *Inform.* En la pantalla de un ordenador: Espacio delimitado donde se visualiza información que puede manejarse independientemente del resto de la pantalla. *Abre la ventana de "ayuda" pulsando la tecla F1. Para ver dos documentos a la vez, puede dividirse la pantalla en dos ventanas.* ■ **tirar,** o **arrojar,** (algo) **por la ~.** loc. v. Malgastar(lo) o desaprovechar(lo). *Abandonar ahora sería tirar por la ventana mucho esfuerzo.*

ventanal. m. Ventana grande. *El sol que entra por el ventanal inunda la sala.*

ventanilla. f. **1.** Abertura pequeña en una pared de un despacho o de una oficina, a través de la cual un empleado atiende al público. *Pregunté en la ventanilla de información a qué hora cerraban.* **2.** En un vehículo: Abertura de los costados provista de cristal. *En el tren le gusta ir al lado de la ventanilla. Cierra la ventanilla, que voy a poner el aire acondicionado.*

ventanillo. m. Ventana pequeña hecha en otra mayor o en una puerta, espec. la de entrada a una casa y frec. protegida con rejilla, que permite ver al que llama sin abrir. *Al oír el timbre, miró por el ventanillo y vio al cartero.*

ventano. m. Ventana pequeña. *La claridad de la mañana se colaba por el ventano.*

ventanuco. m. Ventana muy pequeña y estrecha. *Las palomas entraban en la casa por los ventanucos del desván.*

ventarrón. m. Viento muy fuerte. *El ventarrón que se levantó anoche tiró el tendedero.*

ventear. tr. **1.** Olfatear un animal (algo) en el aire. *Los perros ventean el rastro de la caza.* ○ intr. impers. **2.** Soplar fuerte el viento. *Venteaba en el puerto.*

ventero, ra. m. y f. Persona que tiene por oficio atender una venta o posada. *La ventera nos ofreció un suculento almuerzo.*

ventilación. f. **1.** Hecho o efecto de ventilar o ventilarse. *La casa ha estado cerrada y necesita ventilación.* **2.** Instalación o sistema de ventilación (→ 1). *Se ha estropeado la ventilación y pasamos mucho calor.* **3.** Abertura en un espacio cerrado que sirve para su ventilación (→ 1). *El cuarto de baño no tiene ventilación porque es interior.*

ventilador. m. **1.** Aparato que remueve el aire y sirve para refrigerar un lugar u otra cosa. *En verano se disparan las ventas de ventiladores. Se ha roto la correa del ventilador del motor.* **2.** Abertura hacia el exterior hecha en un recinto para que se ventile sin necesidad de abrir puertas o ventanas. *Los humos de la cocina salen por el ventilador.*

ventilar. tr. **1.** Hacer que entre o que se renueve el aire (en un espacio cerrado). *Ventila la habitación antes de hacer la cama.* Tb. en constr. prnl. media. *No cierres la ventana, que se está ventilando el comedor.* **2.** Exponer (algo) a la acción del aire. *Hay que ventilar las mantas antes de guardarlas.* **3.** Resolver (un asunto). *Finalmente ventilaron la cuestión, aunque tardaron bastante en ponerse de acuerdo.* **4.** Dar a conocer (un asunto privado). *Ha ventilado sus conquistas sin ningún pudor.* ○ tr. prnl. **5.** coloq. Terminar o acabar (algo). *Se ha ventilado el helado en un santiamén.* **6.** coloq. Matar (a alguien). *Él solo se ventiló a los asaltantes.*

ventisca. f. **1.** Tormenta de viento, o de viento y nieve. *Se avecina una ventisca, es preferible no salir.* **2.** Viento muy fuerte. *Empezó a llover y a soplar una ventisca de cerca de 100 km/h.*

ventisquero. m. **1.** Lugar de una montaña muy expuesto a las ventiscas. *Escaló los picos más altos y* *cruzó los ventisqueros más peligrosos.* **2.** Lugar de una montaña donde se conserva la nieve y el hielo. *Para ver nieve en esta época, tendrías que subir a un ventisquero.*

ventolera. f. **1.** Golpe de viento fuerte y poco durable. *Se levantó una ventolera que me dobló el paraguas.* **2.** coloq. Ocurrencia o decisión inesperadas y extravagantes. *¿Crees que lo hará, o se le acabará pasando esta nueva ventolera? Le ha dado la ventolera de comprarse una moto.*

ventolina. f. *Meteor.* Viento leve y variable. *Cesó la ventolina y la mar quedó en calma. Habrá cielos despejados y ventolinas del Sur.*

ventorro. m. Venta o establecimiento pequeños en las afueras de una población o en un camino, donde se sirven comidas. *Cuando nos apriete el hambre, pararemos a comer en cualquier ventorro.* Frec. *ventorrillo. Tomaron algo en un ventorrillo y continuaron camino.*

ventosa. f. **1.** Pieza cóncava de goma u otro material elástico que, al presionarla contra una superficie lisa, queda adherida a ella por producirse el vacío entre ambas. *El perchero está sujeto a la puerta con ventosas.* **2.** En algunos animales: Órgano en forma de disco que les sirve para adherirse mediante el vacío, o para succionar. *Las ventosas de sus tentáculos permiten al calamar sujetar su presa.* **3.** *Med.* Vaso gralm. de vidrio que se aplica sobre la piel para conseguir un efecto de succión mediante el vacío. *Los abuelos aplicaban ventosas como método curativo.*

ventosear. intr. Expulsar los gases intestinales por el ano. *El muy guarro, ventosea en cualquier parte.* Tb. prnl. *Alguien se ha ventoseado.*

ventosidad. f. Gas intestinal expulsado del cuerpo. *Dejó escapar una ventosidad en mitad de la clase.*

ventoso, sa. adj. Caracterizado por vientos abundantes o fuertes. *Hemos tenido un invierno frío y ventoso.*

ventral. adj. Del vientre. *Se quejaba de un dolor en la zona ventral.*

ventresca. f. Vientre de un pescado. *Estoy preparando ventresca de bonito.*

ventricular. adj. *Anat.* Del ventrículo. *En el corazón humano hay dos cavidades ventriculares.*

ventrículo. m. **1.** *Anat.* Cavidad del corazón que recibe la sangre de una aurícula y la envía por las arterias a todo el organismo. *La arteria aorta sale del ventrículo izquierdo.* **2.** *Anat.* Cada una de las cuatro cavidades del encéfalo de los vertebrados. *En la hidrocefalia hay un exceso de líquido en los ventrículos cerebrales.*

ventrílocuo, cua. adj. Dicho de persona: Que puede hablar sin mover los labios y modificando la voz de forma que parezca proceder de otra persona o lugar. *Un payaso ventrílocuo.* Tb. m. y f. *Imita voces y ruidos como una perfecta ventrílocua.*

ventriloquia. f. Arte del ventrílocuo. *Sale al escenario con un muñeco y hace un número de ventriloquia.*

ventrudo, da. adj. Que tiene el vientre abultado. *Niños ventrudos. Vasijas ventrudas.*

ventura. f. **1.** Felicidad. *Deseó toda clase de venturas a los recién casados.* **2.** Suerte, espec. si es favorable. *Quiso la ventura traerme hasta este lugar. Ha tenido la ventura de conocer a grandes maestros.* ■ **buena ~.** → **buenaventura.** □ **a la (buena) ~.** loc. adv. Sin un objetivo determinado, o a lo que depare la suerte. *No conoce la zona y va un poco a la ventura.* ■ **por ~.** loc. adv. cult. Quizá. *¿Estaría enojada, por ventura?* ▶ **2:** *SUERTE.

venturoso, sa. adj. cult. Que implica o trae felicidad. *El nacimiento de su hijo fue un acontecimiento venturoso.*

venus. f. **1.** Mujer muy bella. *La artista es una venus.* **2.** Estatuilla prehistórica de mujer. *Han hallado una venus de piedra en las excavaciones arqueológicas.*

venusiano, na. adj. Del planeta Venus. *En la atmósfera venusiana, la proporción de nitrógeno es menor que en la terrestre.*

venusino, na. adj. cult. De Venus (diosa de la mitología grecorromana), o de características atribuidas a ella, espec. la belleza. *El poema gira en torno al mito venusino.*

ver. (conjug. VER). tr. **1.** Percibir (algo o a alguien) por los ojos. *Desde mi ventana veo a la gente que pasea. Cierra los ojos para que no veas dónde nos escondemos.* **2.** Percibir (algo) con la inteligencia. *Es muy buena en matemáticas: ve la solución de los problemas mucho antes que sus compañeros.* **3.** Reconocer o examinar (algo o a alguien) con cuidado y atención. *La han visto ya cinco médicos y ninguno ha sabido decirnos qué tiene.* **4.** Visitar (a una persona) o reunirse (con ella). *El sábado fui a ver a mi hermano a Salamanca.* Tb. prnl. *Nos veremos esta tarde. Tengo que verme esta tarde* CON *un posible comprador de la casa.* **5.** Considerar (algo) o reflexionar (sobre ello). *Me gustaría ver todas las ofertas de coches antes de decidirme a comprar uno.* **6.** Notar (algo) o darse cuenta (de ello). *¿Has visto lo que ocurre si cruzas la calle sin mirar?* **7.** Presentir o sospechar (algo). *Estoy viendo que el tiempo no va a mejorar de aquí al fin de semana.* **8.** Juzgar o estimar (algo). *El jefe no ve mal esta solución.* **9.** Ser un lugar escenario (de algo). *La universidad ha visto pasar por sus aulas generaciones de jóvenes.* **10.** *Der.* Asistir un juez a la discusión oral (de un pleito o causa que ha de sentenciar). *Aún no se conoce el juez que ha de ver la causa.* ○ intr. **11.** Tratar de realizar algo. *Veré* DE *hacer lo que me pides.* ○ intr. prnl. **12.** Encontrarse alguien en una situación o en un lugar determinados. *Se ha visto en un aprieto por gastarse un dinero que no le pertenece. Cuando se vieron en la calle respiraron aliviados.* ● m. **13.** Apariencia o aspecto de algo o de alguien. *Está de muy buen ver: no aparenta la edad que tiene.* ■ **a ~.** expr. **1.** Se usa para pedir algo que se quiere ver (→ 1) o conocer. *–He traído las fotos. –A ver, enséñamelas.* **2.** Se usa para expresar la determinación de esperar a que se haga patente la certidumbre de algo o la eventualidad de un suceso. *A ver qué pasa ahora.* ■ **a ~ si.** expr. **1.** Se usa, seguida de un verbo, para denotar curiosidad, expectación o interés. *A ver si vienen todos. A ver si llega de una vez.* **2.** Denota temor o sospecha. *No come nada: a ver si va a estar enfermo.* **3.** Expresa mandato. *A ver si te estás quieto.* ■ **a ~las venir.** loc. adv. coloq. Esperando la determinación o intención de alguien, o un suceso futuro. *El muy pillo está entre los dos bandos a verlas venir.* ■ **aquí donde me, o lo, ves, veis, ve usted,** o **ven ustedes.** expr. coloq. Se usa para denotar que alguien va a decir de sí mismo o de otra persona algo que no es de esperar. *Aquí donde lo ves, es un as de los negocios.* ■ **bien visto.** loc. adj. Que merece la aprobación de la gente. *Está muy bien visto en su empresa. No estaba bien visto que una mujer fuese al cine sola.* ■ **está visto.** expr. Se usa para dar algo por cierto y seguro. *No hay solución, está visto. Está visto que llegamos tarde.* ■ **estar muy visto** alguien o algo. loc. v. coloq. Ser excesivamente conocido o carecer de novedad. *Ese truco está muy visto. Ese tipo de cuello está muy visto.* ■ **había que ~.** expr. Se usa para ponderar algo notable. *Había que ver lo bien que cantaban.* ■ **habrase visto.** expr. Se usa para expresar reproche ante un mal proceder inesperado. *¡Qué cara más dura!, ¡habrase visto!* ■ **hasta más ~.** expr. coloq. Hasta la vista. *Me marcho, ¡hasta más ver!* ■ **hay que ~.** expr. **1.** Se usa para ponderar algo notable. *¡Hay que ver cómo ha cambiado!* **2.** Se usa, sin complemento, como exclamación ponderativa. *¡Vaya frío!, ¡hay que ver!* ■ **mal visto.** loc. adj. Que no merece la aprobación de la gente. *Estaba mal visto acudir al teatro con un atuendo tan informal.* ■ **no haberlas visto** alguien **más gordas.** loc. v. coloq. No tener noticia o conocimiento de aquello de que se trata. *Tengo que hacer un asado y en mi vida las he visto más gordas.* ■ **nunca visto.** loc. adj. Raro o extraordinario en su línea. *El apoyo publicitario ha sido lo nunca visto.* ■ **por lo visto.** loc. adv. Al parecer, según se infiere de determinados indicios. *Por lo visto, las vacaciones serán en agosto.* ■ **si te he visto, o si te vi, no me acuerdo, o ya no me acuerdo.** expr. Se usa para manifestar el despego con que los ingratos suelen pagar los favores recibidos. *Ese va a lo suyo y después, si te he visto, no me acuerdo.* ■ **~ para creer,** o **~ y creer.** expr. Se usa para manifestar incredulidad o asombro. *¡Está nevando en mayo!, ¡ver para creer!* ■ **~ venir** (a alguien). loc. v. Adivinar sus intenciones. *No sigas, que te veo venir.* ■ **veremos.** expr. **1.** Se usa para diferir la resolución de algo, sin concederlo ni negarlo. *–¿Me comprarás otro coche? –Veremos.* **2.** Se usa para manifestar la duda de que se realice o resulte algo. *–Te aseguro que vendrá. –Veremos.* ■ **~se negro** alguien. loc. v. coloq. Hallarse en gran o apuro para ejecutar algo. *Se ha visto negro para salir del atasco.* ■ **~se y desearse** alguien. loc. v. coloq. Costarle mucho ejecutar o conseguir algo. *Se vio y se deseó para convencerle.* ■ **visto bueno.** m. Fórmula que se pone al pie de algunas certificaciones y otros documentos, con que el que firma debajo da a entender hallarse ajustados a los preceptos legales y estar expedidos por persona autorizada al efecto. *Solo falta el visto bueno del jefe.* ■ **visto que.** loc. conjunt. Puesto que. *Visto que no hay otra solución, nos resignaremos.* ■ **visto y no visto.** expr. coloq. Se aplica a algo que se hace o sucede con gran rapidez. *Desapareció como por ensalmo: visto y no visto.* ■ **ya se ve.** expr. Se usa para manifestar asentimiento. Con intención irónica. *–Me encanta cómo guisas. –Ya se ve; no comes nada.*

vera. f. Orilla, espec. la de un río o un camino. *Hemos dado un paseo por la vera del Manzanares.* ■ **a la ~.** loc. adv. Al lado. *Allí está, siempre a la vera* DE *su novia. ¡Ven a mi vera, corazón! Aprovechando que te tenemos aquí, a la vera, te haremos una pregunta.*

veracidad. f. Cualidad de veraz. *Su versión de los hechos carece de veracidad.*

veraneante. adj. Que veranea. Dicho de pers., tb. m. y f. *Miles de veraneantes inundan las costas españolas.*

veranear. intr. Pasar las vacaciones de verano en un lugar distinto al de la residencia habitual. *Veranea en un pueblo de Toledo. Este año no hay dinero para veranear.*

veraneo. m. Hecho de veranear. *Que disfrutes mucho en tu veraneo.*

veraniego, ga. adj. Del verano. *¡Qué recuerdos veraniegos me traen estas fotos!*

veranillo. m. Período breve de tiempo, durante el otoño, en que hace calor. *A finales de septiembre solemos disfrutar del veranillo llamado "de San Miguel".*

verano. m. Estación más calurosa del año, que sigue a la primavera y que en el hemisferio norte dura del 21 de junio al 21 de septiembre. *En verano no hay colegio.*

veras. de ~. loc. adv. **1.** De verdad o realmente. *De veras tengo ganas de verte. Cuente conmigo, de veras.* **2.** En serio. *¿Lo dices de veras o es una broma?*

veraz. adj. **1.** Dicho de persona: Que dice la verdad. *Es un hombre honrado y veraz.* **2.** Que se ajusta a la verdad. *El informe aporta testimonios y datos veraces.* ▶ **1:** *SINCERO.

verbal. adj. **1.** De la palabra. *Las tribus de la selva desarrollaron un lenguaje no verbal: el de los tambores.* **2.** De la expresión oral. *Han llegado a un acuerdo verbal que luego pondrán por escrito.* **3.** *Gram.* Del verbo. *La forma verbal "cantar" es un infinitivo.* **4.** *Gram.* Que tiene valor verbal (→ 3). *Locución verbal. Perífrasis verbal.*

verbalismo. m. Tendencia a apoyar un razonamiento más en las palabras que en los conceptos. *Al verbalismo vacío de otros autores, opuso una literatura sobria y densa.*

verbalista. adj. Del verbalismo. *Expresó una inquietud de carácter más bien verbalista y poco sustancial.*

verbalización. f. Hecho de verbalizar. *Parte de la terapia se basa en la verbalización de la angustia.*

verbalizar. tr. Expresar (algo) por medio de palabras. *Es incapaz de verbalizar sus sentimientos.*

verbena. f. **1.** Fiesta popular al aire libre, con música y baile, que se celebra gralm. por la noche y con motivo de alguna festividad. *En las fiestas patronales, se celebra una verbena muy castiza.* Tb. fig. *La sesión del Congreso se convirtió en una verbena.* **2.** Planta herbácea de tallo erguido y ramoso, hojas ásperas y flores de varios colores en espigas largas y delgadas. *Prepare una tisana con hojas de verbena.*

verbenero, ra. adj. **1.** De la verbena, o de características atribuidas a ella, espec. su carácter bullicioso y festivo. *Me despertaron de pronto las tracas verbeneras. Aquí nadie pone orden, ¡menuda reunión verbenera!* **2.** Dicho de persona: Aficionada a las verbenas o a los actos festivos. *Es muy verbenero y no se pierde una fiesta.*

verbigracia adv. Por ejemplo. *El trabajo versará sobre un aspecto concreto, verbigracia, el estilo cervantino.*

verbi gratia. (loc. lat.) loc. adv. Por ejemplo. *El análisis tendrá en cuenta factores contextuales, verbi gratia, la coyuntura económica.*

verbo. m. **1.** cult. Expresión, oral o escrita, del pensamiento. *Es un poeta de verbo fácil.* **2.** *Gram.* Palabra susceptible de variar de persona, número, tiempo, modo y aspecto, que puede funcionar como núcleo del predicado. ■ **~ auxiliar.** m. *Gram.* Verbo (→ 2) que se emplea en la formación de los tiempos compuestos, de la voz pasiva y de las perífrasis verbales. *"Haber" y "ser" son verbos auxiliares.* ⇒ AUXILIAR. ■ **~ copulativo.** m. *Gram.* En oraciones de predicado nominal:

Verbo (→ 2) que une el sujeto con el atributo. *"Ser", "estar" o "parecer" son verbos copulativos.* ⇒ CÓPULA. ■ ~ **defectivo.** m. *Gram.* Verbo (→ 2) que no se usa en todas las formas de su conjugación. *"Soler" y "abolir" son verbos defectivos.* ⇒ DEFECTIVO. ■ ~ **deponente.** m. *Gram.* Verbo (→ 2) latino que tiene forma pasiva y significado activo. *"Loquor", que significa "hablar", es un verbo deponente.* ⇒ DEPONENTE. ■ ~ **intransitivo.** m. *Gram.* Verbo (→ 2) que no se construye con complemento directo. *"Ir" y "venir" son verbos intransitivos.* ■ ~ **irregular.** m. *Gram.* Verbo (→ 2) que presenta alguna variación en la raíz, el tema o las desinencias con respecto a la conjugación regular. *"Caber" y "dormir" son verbos irregulares.* ■ ~ **predicativo.** m. *Gram.* Verbo (→ 2) que no es copulativo. *"Cantar" es un verbo predicativo.* ■ ~ **pronominal.** m. *Gram.* Verbo (→ 2) que se construye en todas sus formas con un pronombre átono que concuerda con el sujeto y que no desempeña ninguna función sintáctica. *"Arrepentirse" es un verbo pronominal.* ■ ~ **transitivo.** m. *Gram.* Verbo (→ 2) que se construye con complemento directo. *"Dar" es un verbo transitivo.* □ **el Verbo.** loc. s. cult. Jesucristo, el Hijo de Dios.

verborrea. f. despect. Verbosidad exagerada. *¿A quién pretendes convencer con esa verborrea?*

verbosidad. f. Cualidad de verboso. *Con su verbosidad acabó aburriendo al auditorio.*

verboso, sa. adj. Que emplea una gran o excesiva cantidad de palabras. *Como orador es verboso, pero no buen comunicador. Tiene un estilo verboso y enrevesado.*

verdad. f. **1.** Conformidad de lo que se expresa con lo que se cree, se conoce o se piensa. *Nadie discute la verdad de tu afirmación.* **2.** Cosa dicha conforme a lo que se cree, se conoce o se piensa. *Lo que te he dicho es verdad, puedes comprobarlo.* **3.** Cosa real o existente. *Era verdad que estaba llorando. La verdad es que hace frío.* **4.** Idea o afirmación razonable, o que no se puede negar de forma racional. *La ley de la gravedad es una verdad científica. Es verdad que debes seguir los consejos del médico.* **5.** Pensamiento expresado de manera clara y sin rodeos y dirigido a alguien para reprenderlo. Frec. en pl. y en constr. como *decir cuatro ~es,* o *decir las ~es del barquero. Ven aquí, que te voy a decir las verdades del barquero.* ■ ~ **de Perogrullo.** f. coloq. Perogrullada. *Si hay armas nucleares, hay riesgo de guerra nuclear; eso es una verdad de Perogrullo.* □ **a decir ~.** expr. Se usa para asegurar la certeza y realidad de algo. *A decir verdad no me parece bien lo que haces.* ■ **bien es ~.** expr. Se usa contraponiendo algo a otra cosa, para indicar que no impide o estorba el asunto, o para exceptuarlo de una regla general. *Nos había ayudado, si bien es verdad interesadamente.* ■ **de ~.** loc. adj. **1.** Auténtico o verdadero. *Los deportistas de verdad viven por y para el deporte.* □ loc. adv. **2.** Realmente. *Si te vas a poner a estudiar, hazlo de verdad.* ■ **en ~.** loc. adv. Ciertamente. *En verdad pensaba que así había sido el suceso.* ■ **faltar** alguien **a la ~.** loc. v. Mentir. *Ha faltado una vez a la verdad y volverá a hacerlo.* ■ **¿verdad?** expr. Se usa para pedir al interlocutor el asentimiento ante lo expresado. *El próximo lunes es día festivo, ¿verdad?* ▶ **3:** REALIDAD.

verdaderamente. adv. **1.** De verdad, o realmente. *Verdaderamente, no sé cómo hemos llegado a esta situación.* Frec. con intención enfática. *Este guiso está verdaderamente incomible.* **2.** De manera verdadera. *Esto es un juego, no hace falta contestar siempre verdaderamente.*

verdadero, ra. adj. **1.** Que se atiene o es conforme a la verdad. *Me contaron una historia increíble, pero verdadera. La conclusión que se deduce de estas premisas es verdadera.* **2.** Real o auténtico. *Ha puesto una excusa para no explicar sus verdaderas razones. Lo llaman por su apodo, nunca por su verdadero nombre. Nos une un amor verdadero.*

verde. adj. **1.** Dicho de color: Semejante al de la hierba fresca o la esmeralda. *En otoño, las hojas de los árboles pierden su color verde.* Tb. m. *Colorea el cielo de azul y el césped de verde. Dudo entre un verde botella y un verde oliva.* **2.** De color verde (→ 1). *¿Está verde o rojo el semáforo?* **3.** Dicho de planta: Que tiene savia. Se usa en contraposición a *seco. Se han secado las hojas, pero los tallos permanecen verdes.* **4.** Dicho de leña: Recién cortada de un árbol vivo. *La leña verde no prende bien.* **5.** Dicho de fruto: Que no está maduro. *No me gustan los plátanos cuando están verdes.* **6.** Dicho de legumbre: Que se consume fresca. *Comeremos judías verdes con espinacas.* **7.** Dicho de cosa: Que está en sus comienzos, falta de elaboración o lejos de poder considerarse perfecta o acabada. *Es difícil valorar un proyecto que está aún tan verde.* **8.** Dicho de persona: Poco preparada o experimentada. *Estás un poco verde* EN *matemáticas. El nuevo pone buena voluntad, pero se le nota que está verde.* **9.** Dicho de zona o espacio urbanos: Destinado a parques o jardines y no edificable. *El barrio tendrá 2000 viviendas nuevas, equipamientos deportivos y zonas verdes.* **10.** Ecologista. *El partido verde ha conseguido siete escaños.* Dicho de pers., tb. m. y f. *Los verdes protestan por el uso de energías contaminantes.* **11.** coloq. Obsceno o indecente. *Le parece de mal gusto contar chistes verdes. Me contó una historia un poco verde.* **12.** coloq. Dicho de persona: Que tiene inclinaciones sexuales impropias de su edad o de su estado. *¡Cómo mira a las chicas ese viejo verde!* ● m. **13.** Hierba (conjunto de hierbas). *Me quedé dormida sobre el verde y cogí una insolación.* **14.** Follaje. *Las plantas han florecido y los árboles están llenos de verde.* ■ **poner ~** (a alguien). loc. v. coloq. Insultar(lo) o criticar(lo) con dureza. *Esperaron a que se fuera para ponerlo verde.* ▶ **13:** HIERBA.

verdear. intr. **1.** Mostrar o tener algo color verde. *Las esmeraldas del collar verdean alrededor de su cuello.* **2.** Tender algo a mostrar o tener color verde. *El amarillo de tu falda verdea con la luz.* **3.** Cubrirse la tierra de brotes, o las plantas de hojas. *A finales del invierno los almendros empiezan a verdear.* ▶ **3:** VERDECER.

verdecer. (conjug. AGRADECER). intr. Verdear la tierra o las plantas. *En medio de aquellos campos verdecidos se respiraba serenidad.* ▶ VERDEAR.

verdecillo. m. Pequeño pájaro cantor de plumaje grisáceo y amarillento con listas. *En otoño, los jilgueros y verdecillos se desplazan a zonas de cultivo.*

verdemar. m. Color verdoso como el del mar. *Tiene los ojos de un verdemar intenso.* Tb. adj. *Tonalidad verdemar.*

verderol. m. Verderón.

verderón. m. Pájaro cantor del tamaño del gorrión, de plumaje verdoso y gris, con manchas amarillentas en las alas y la cola. *Vende jilgueros y verderones.* ▶ VERDEROL.

verdial. m. Cante popular andaluz, que es una variedad del fandango propia de Málaga, de ritmo muy vivo. Más frec. en pl. *Visite la feria malagueña y escuche unos verdiales.* Tb. el baile que se ejecuta con él. *Un grupo folklórico bailará malagueñas y verdiales.*

verdín. m. **1.** Color verde de la hierba o de las plantas. *Vino con las rodilleras teñidas de verdín.* **2.** Capa verde de plantas como hongos, líquenes o musgos, que se forma en algunas aguas, espec. en las estancadas, y en lugares húmedos. *Las paredes de la bodega están cubiertas de verdín.*

verdinegro, gra. adj. Verde oscuro o mezclado de negro. *Se adentraron en un mar tenebroso y verdinegro.*

verdinoso, sa. adj. Verdoso. *El agua verdinosa del estanque.*

verdolaga. f. Hortaliza de tallos gruesos y jugosos, hojas carnosas comestibles y flores amarillas. *El primer plato lleva acelgas, verdolaga y berenjenas.*

verdor. m. Color verde de las plantas. *Sorprende el verdor de los campos en esta época.* ▶ VERDURA.

verdoso, sa. adj. Que tira a verde. *Las manchas verdosas y amarillentas del lagarto se confunden con la maleza.* ▶ VERDINOSO.

verdugo. m. **1.** Persona encargada de ejecutar la pena de muerte u otras penas corporales impuestas por la justicia. *Ya junto al verdugo, pidió una última voluntad.* **2.** Prenda de punto semejante a un gorro, que cubre la cabeza y el cuello y deja al descubierto la cara. *El niño lleva verdugo y bufanda de lana.*

verdugón. m. Señal alargada producida en la piel por un azote dado con una vara o algo similar. *A juzgar por los verdugones de su espalda, no fueron pocos los latigazos.*

verduguillo. m. *Taurom.* Estoque muy delgado que se usa para descabellar al toro. *Si la estocada no es definitiva, el diestro recurrirá al verduguillo.*

verdulería. f. **1.** Establecimiento en que se venden verduras. *Acércate a la verdulería y compra acelgas.* **2.** coloq. Obscenidad o indecencia. *Se parte con esos chistes verdes cargados de verdulería.*

verdulero, ra. m. y f. **1.** Persona que tiene por oficio vender verduras. *El verdulero de la esquina tiene verduras muy frescas.* ○ f. **2.** coloq. Mujer descarada y ordinaria. *¡Cállate, verdulera, que te van a oír en todo el pueblo!*

verdura. f. **1.** Hortaliza, espec. la que tiene hojas verdes. *¿Le echas zanahorias a la menestra de verduras?* **2.** Verdor. *Acostumbrado al secano, se admira ante tanta verdura.* **3.** cult. Follaje. *Se abrieron paso a machetazos entre la densa verdura.* ▶ **1:** HORTALIZA.

verdusco, ca. adj. Que tira a verde oscuro. *Un arbusto de hojas verduscas. El agua del río tiene un color verdusco.*

vereda. f. **1.** Camino estrecho para el paso de personas o ganado. *Yendo por esa vereda se llega al río.* **2.** Am. Acera. *Ordenaron a las hijas que se cruzasen de vereda cuando divisaran a Mario* [C]. **3.** Am. División administrativa de un municipio. *El docente viajaba en compañía del comisario de la vereda Santa Rita* [C]. ■ **meter,** o **hacer entrar,** (a alguien) **en ~.** loc. v. coloq. Obligar(lo) a cumplir con sus obligaciones o a actuar como es debido. *Se está volviendo un golfo y su padre es incapaz de meterlo en vereda.*

veredicto. m. **1.** Fallo pronunciado por un juez o un jurado. *El jurado ha emitido un veredicto de culpabilidad.* **2.** Dictamen o juicio emitidos de manera reflexiva o autorizada. *Doctor, ¿cuál es su veredicto?*

verga. f. **1.** Pene. **2.** *Mar.* Palo horizontal a un mástil y en el que se sujeta la vela. *Se subió a la verga más alta del palo mayor.*

vergajo. m. Látigo, espec. el hecho con una verga de toro seca y retorcida. *Los penitentes se azotan con vergajos.*

vergel. m. Huerto con gran variedad de flores y árboles frutales. *El pintor imagina el paraíso como un vergel.*

vergonzante. adj. Dicho de persona: Que siente vergüenza o humillación. Referido espec. a quien pide limosna de manera poco abierta por avergonzarse de ello. *Aquel que fuera hidalgo orgulloso se había convertido en un pobre vergonzante.*

vergonzoso, sa. adj. **1.** Que causa vergüenza o humillación. *Hemos recibido un trato vergonzoso.* **2.** Dicho de persona: Inclinada a sentir vergüenza o pudor. *Enseguida se pone colorada, es tan vergonzosa...* Tb. m. y f. *Todos bailaban, menos algunos vergonzosos que siguieron sentados.*

vergüenza. f. **1.** Turbación del ánimo causada por una falta cometida o por una humillación recibida. *Sintió tanta vergüenza por no saber la respuesta que le salieron los colores. ¡Qué vergüenza me ha hecho pasar!* **2.** Turbación del ánimo causada por timidez o encogimiento y que frec. supone un freno para actuar o expresarse. *Le da vergüenza hablar en público.* **3.** Estimación de la propia honra o dignidad. *Si tuvieras un poco de vergüenza, no te pasarías el día ganduleando.* **4.** Cosa o persona que causan vergüenza (→ 1) o deshonra. *Su acto de cobardía ha sido una vergüenza para la familia. Es una vergüenza que haya gente malviviendo en chabolas. Eres la vergüenza de tu profesión.* ○ pl. **5.** Órganos sexuales externos del ser humano. *La pintura muestra a Adán con una hoja de parra cubriendo sus vergüenzas.* ■ **~ ajena.** f. Vergüenza (→ 1) que se siente por lo que dice o hace otra persona. *Cuando empieza a soltar esos disparates, siento vergüenza ajena.* ▶ **1, 2:** RUBOR. ‖ **Am: 1, 2:** PENA.

vericueto. m. Lugar, frec. escabroso y tortuoso, por el que es difícil pasar. *La montaña es buen escondite para quien conozca bien sus vericuetos.* Tb. fig. *El libro narra una historia con muchos vericuetos.*

verídico, ca. adj. Dicho de cosa: Que se ajusta a la verdad o a la realidad. *Se ha descubierto que la noticia publicada no es verídica.*

verificable. adj. Que se puede verificar, espec. para comprobar la verdad de algo. *Si tiene una coartada verificable, quedará en libertad.*

verificación. f. Hecho de verificar o verificarse. *Un notario procederá a la verificación de los datos aportados.*

verificador, ra. adj. Que verifica o sirve para verificar. *Máquina verificadora de engranajes.* Dicho de pers., tb. m. y f. *Hizo un curso de verificador de equipos electrónicos.* Dicho de aparato o dispositivo, tb. m. *El programa cuenta con un verificador ortográfico.*

verificar. tr. **1.** Comprobar la verdad (de algo). *Verifica el resultado de las operaciones.* **2.** Realizar o efectuar (algo). *Dos agentes han verificado el embargo ordenado por el juez.* Frec. en constr. prnl. pasiva. *El traspaso de poderes se verificará antes de un mes.* ○ intr. prnl. **3.** Resultar cierto algo predicho o pronosticado. *Se han verificado los peores temores sobre su enfermedad.*

verismo. m. **1.** Realismo extremado, espec. en arte y literatura. *Sus cuadros están dotados de un verismo casi fotográfico.* **2.** Movimiento literario y operístico surgido en Italia a finales del s. XIX, influido por el naturalismo francés y otros movimientos realistas, y caracterizado por su verismo (→ 1) en la presentación de la realidad y en los aspectos escénicos. *Con óperas como "Tosca", Puccini abre el camino del verismo.*

verja. f. Cerca o puerta de rejas. *Una verja rodea el chalé.*

verme. m. *Zool.* Gusano, espec. lombriz intestinal. *Estos vermes viven parásitos en el aparato digestivo.* ▶ GUSANO.

vermífugo, ga. adj. *Med.* Que mata o expulsa los gusanos o vermes intestinales. *La infusión de anís verde es vermífuga.* Frec. m., referido a medicamento o sustancia. *Me han mandado un vermífugo para eliminar las lombrices.*

vermú. (pl. **vermús**). m. Bebida alcohólica compuesta de vino, ajenjo y otras sustancias amargas y tónicas, que suele tomarse como aperitivo. Tb. un vaso de esa bebida. *No hay como un vermú y unas tapas antes de comer.* ▶ VERMUT.

vermut. (pl. **vermuts**). m. Vermú. *Tomaré un vermut con soda.*

vernáculo, la. adj. Dicho de cosa, espec. de lengua: Propia del lugar, región o país de que se trata. *El bable es la lengua vernácula de Asturias. Costumbres vernáculas.*

veronal. m. Producto barbitúrico empleado como somnífero y tranquilizante. *En su desesperación, pensó atiborrarse de veronal y acabar con todo.*

verónica. f. **1.** Planta de tallos delgados y rastreros, hojas ovaladas y flores pequeñas y azules. *La verónica aportará colorido a su jardín.* **2.** *Taurom.* Lance que consiste en esperar el torero la acometida del toro manteniendo el capote extendido o abierto con ambas manos frente al animal. *El matador ha recibido al toro con una verónica.*

verosímil. adj. Que parece verdadero o creíble. *Es una historia verosímil.*

verosimilitud. f. Cualidad de verosímil. *Su testimonio carece de verosimilitud.*

verraco. m. Cerdo semental. *Ha comprado un verraco en la feria ganadera.*

verruga. f. Abultamiento carnoso y gralm. redondeado de la piel. *La bruja del cuento tiene una verruga en la nariz.*

verrugoso, sa. adj. Que tiene verrugas. *Unas manos verrugosas.*

versado, da. adj. Dicho de persona: Experta o preparada en una materia. *Es un lingüista versado* EN *dialectos peninsulares. Parece un político muy versado.*

versal. f. *Gráf.* Letra versal (→ **letra**). *Cada capítulo se abre con una versal grande y muy decorada.*

versalita. f. *Gráf.* Letra versalita (→ **letra**). *Escribe los siglos con números romanos en versalita.*

versallesco, ca. adj. **1.** De Versalles (sitio real de Francia), o de la corte francesa establecida allí durante el s. XVIII. *Merece la pena visitar el palacio y los jardines versallescos. Va disfrazado con una peluca versallesca.* **2.** Extremada o afectadamente cortés. *El novio tiene un comportamiento versallesco con su futuro suegro.*

versar. intr. Tratar algo, como un libro o un discurso, de una materia determinada. *La charla ha versado* SOBRE *las nuevas tecnologías. Su ensayo versa acerca de la inmortalidad.* ▶ TRATAR.

versátil. adj. **1.** Capaz de adaptarse con facilidad a diversas funciones o situaciones. *Artista versátil, lo mismo canta que actúa o escribe poemas. Presentamos una herramienta versátil que permite imprimir, escanear y transmitir textos.* **2.** Dicho de persona: Inconstante y voluble. *Es inteligente, pero versátil e inestable como nadie.*

versatilidad. f. Cualidad de versátil. *Cuanto mayor sea la versatilidad de un trabajador, más interesará a la empresa. El nuevo mando a distancia se caracteriza por su versatilidad y facilidad de manejo.*

versículo. m. **1.** División breve de las establecidas en un capítulo de determinados libros, espec. de las Sagradas Escrituras. *El sacerdote leerá unos versículos del Éxodo. Ha citado un versículo del Corán.* **2.** *Lit.* Verso de los que componen un poema escrito sin rima ni metro determinado. *Un poema de Aleixandre escrito en versículos.*

versificación. f. Hecho de versificar. *Se ha iniciado joven en el arte de la versificación. El siguiente texto es una versificación de una antigua leyenda.*

versificador, ra. adj. Que versifica. Dicho de pers., tb. m. y f. *Es buen versificador y, sin embargo, un poeta mediocre.*

versificar. intr. **1.** Hacer versos. *Tiene gran facilidad para versificar.* O tr. **2.** Poner (algo) en verso. *El autor ha versificado uno de sus cuentos.*

versión. f. **1.** Traducción. *Ha hecho una versión* AL *castellano de la "Ilíada". Me ha regalado la versión inglesa de su última novela.* **2.** Visión de un suceso transmitida al narrarlo. *No conozco su versión de los hechos. Según la versión oficial, el delincuente disparó primero.* **3.** Forma de las varias que adopta una obra artística o literaria al ser sometida a modificaciones o a interpretaciones. *La edición crítica del texto tiene en cuenta las distintas versiones conservadas. En su versión original, la película tenía algunas escenas más. Han sacado un disco con versiones de canciones famosas.*

verso. m. **1.** Palabra o sucesión de palabras sujetas a medida, ritmo y rima, o solo a ritmo, que constituyen una unidad métrica y en la escritura de poemas se disponen en una sola línea. *La lira es una estrofa de cinco versos.* **2.** Forma de expresión en versos (→ 1). *Tiene obras en prosa y en verso.* **3.** coloq. Composición poética en verso (→ 2). *¿Sabes recitar algún verso bonito?* Frec. en pl. *Ha escrito unos versos de amor.* ■ ~ **agudo,** u **oxítono.** m. *Lit.* Verso (→ 1) que termina en palabra aguda. ■ ~ **blanco.** m. *Lit.* Verso (→ 1) de un poema compuesto por versos que se ajustan a la medida y al ritmo, pero no a la rima. *Escribió una epístola en versos blancos endecasílabos.* ■ ~ **de arte mayor.** m. *Lit.* Verso (→ 1) que tiene más de ocho sílabas. *El dodecasílabo es un verso de arte mayor.* ■ ~ **de arte menor.** m. *Lit.* Verso (→ 1) que tiene ocho sílabas o menos. *El octosílabo es un verso de arte menor.* ■ ~ **esdrújulo,** o **proparoxítono.** m. *Lit.* Verso (→ 1) que termina en palabra esdrújula. ■ ~ **hexámetro.** m. *Lit.* En la poesía grecolatina: Verso (→ 1) de seis pies. *Los grandes poemas épicos se compusieron en versos hexámetros.* ⇒ HEXÁMETRO. ■ ~ **libre.** m. **1.** → **verso suelto.** **2.** *Lit.* Verso (→ 1) que no está sujeto a rima, medida ni esquema métrico determinados. *El poema está compuesto en versos libres de longitud variable.* Tb. la modalidad de poesía correspondiente. *En su lírica adoptó el verso libre.* ■ ~ **llano,** o **paroxítono.** m. *Lit.* Verso (→ 1) que termina en palabra llana. ■ ~ **oxítono.** → **verso agudo.**

■ ~ **paroxítono.** → **verso llano.** ■ ~ **pentámetro.** m. *Lit.* En la poesía grecolatina: Verso (→ 1) de cinco pies. *La combinación de un verso hexámetro y otro pentámetro es típica de la elegía.* ⇒ PENTÁMETRO. ■ ~ **proparoxítono.** → **verso esdrújulo.** ■ ~ **suelto,** o **libre.** m. *Lit.* Verso (→ 1) que queda sin rima dentro de una composición rimada. *Las rimas de la silva se distribuyen libremente, y pueden quedar algunos versos sueltos.*

versolari. m. Improvisador popular de versos en vascuence. *En las fiestas vascas hay tamborradas, campeonatos de pelota, actuaciones de versolaris...*

versta. f. Unidad de longitud rusa, que equivale a 1067 m. *Vive en un pueblo a veinte verstas de Moscú.*

vértebra. f. Hueso corto de los que forman la columna vertebral. *Se ha fracturado una vértebra lumbar en el accidente.*

vertebración. f. Hecho o efecto de vertebrar. *La lucha contra las desigualdades ha favorecido la vertebración del país. Si se logra la vertebración de todos los sectores, la organización saldrá fortalecida.*

vertebrado, da. part. **1.** → **vertebrar.** ● adj. **2.** Del grupo de los vertebrados (→ 3). *Animal vertebrado.* ● m. **3.** Animal con esqueleto provisto de columna vertebral y cráneo, y sistema central formado por médula espinal y encéfalo. *Un mamífero es un vertebrado.*

vertebrador, ra. adj. Que vertebra. *El marxismo ha sido el eje vertebrador de distintos grupos comunistas.*

vertebral. adj. De las vértebras. *Padece una lesión vertebral.*

vertebrar. tr. Dar consistencia y estructura internas (a algo), frec. cohesionando o articulando sus componentes. *Dos ideas fundamentales vertebran su sistema filosófico.*

vertedero. m. **1.** Lugar en que se vierten basuras o escombros. *Han abierto una planta de reciclado junto al vertedero.* **2.** Conducto por el que se arrojan basuras o ropa sucia. *Tira las sobras de la cena por el vertedero.* ▶ **1:** * BASURERO.

verter. (conjug. ENTENDER). tr. **1.** Echar o vaciar (un líquido o un material sólido no compacto) en un recipiente. *Vierta la harina en un cuenco.* Tb. en constr. prnl. media. *Se ha vertido la leche sobre la mesa.* **2.** Inclinar o volcar (un recipiente) para vaciar su contenido. *Vas a verter la botella sobre el mantel.* Tb. en constr. prnl. media. *Se ha vertido el azucarero.* **3.** Vaciar una corriente (sus aguas) en otra corriente o en el mar. *El Ebro vierte sus aguas* A/EN *el mar Mediterráneo.* **4.** cult. Traducir (expresar en un idioma lo que se ha expresado antes en otro). *La novela se ha vertido* A/EN *cinco idiomas.* **5.** Expresar (algo) en una exposición, frec. con mala intención. *Vierte sus doctrinas en muchos artículos.* ▶ **3:** *DESEMBOCAR.

vertical. adj. **1.** Perpendicular al horizonte. *Dibuja una línea vertical y otra horizontal. Eje vertical.* Dicho de línea, tb. f. *Traza una paralela a la vertical que separa ambos planos.* **2.** Dicho de cosa: Que está colocada con su dimensión mayor en la posición de arriba abajo, o que va en esa dirección. *Pon el folio vertical. El ascensor desarrolla un movimiento vertical.* **3.** Dicho espec. de organización o estructura: Que está jerarquizada y presenta una fuerte subordinación al estrato o nivel superior máximo. *El sistema feudal tiene una organización vertical.*

verticalidad. f. Cualidad de vertical. *La verticalidad de la torre está amenazada por la inestabilidad del terreno. El hombre intentó levantarse y recuperar la verticalidad.* Tb. fig. *La estructura de mando en el ejército se caracteriza por su verticalidad.*

vértice. m. **1.** *Mat.* Punto en que se unen los dos lados de un ángulo. *Traza una recta desde el vértice A del triángulo hasta el centro del lado opuesto.* Tb. fig. *Empezó a coser la herida por su vértice superior.* **2.** *Mat.* Punto en que se unen tres o más planos. *En cada vértice del tetraedro concurren tres triángulos equiláteros.* **3.** *Mat.* Cúspide (punta de una pirámide o cono). *La generatriz del cono es la línea que va del vértice a la circunferencia de la base.* Tb. fig. *En la pirámide que representa una dieta ideal, las grasas están en el vértice.* **4.** *Mat.* Punto de una curva en que la curvatura es máxima o mínima. *Cómo hallar el vértice de una parábola.* ▶ **3:** CÚSPIDE.

verticilo. m. *Bot.* Conjunto de tres o más hojas, flores u otros órganos que están en un mismo plano alrededor de un tallo. *Las ramas del abeto brotan del tronco en verticilos.*

vertido. m. Material de desecho que se vierte al agua o a un vertedero. Tb. el hecho de verterlo. *El vertido de sustancias contaminantes* AL *mar está penado con multa.* Frec., en pl., designa el conjunto de esos materiales procedentes de instalaciones industriales. *Los análisis han detectado vertidos químicos en el agua del río.*

vertiente. f. **1.** Terreno o superficie inclinados, por los que corre o puede correr el agua. *El tejado de la casa tiene doble vertiente. Un arroyo baja por la vertiente norte de la montaña.* **2.** Aspecto o punto de vista. *Consideremos el problema en todas sus vertientes.*

vertiginoso, sa. adj. **1.** Del vértigo. *Presenta síntomas vertiginosos asociados a una afección del oído.* **2.** Que causa vértigo. *La nueva atracción del parque llega hasta alturas vertiginosas.* Frec. con intención enfática, referido a velocidad o a algo que se produce con velocidad. *El tren alcanza una velocidad vertiginosa. Los cambios se han sucedido a un ritmo vertiginoso.*

vértigo. m. **1.** *Med.* Trastorno del sentido del equilibrio, caracterizado por una sensación de inestabilidad y de movimiento rotatorio del cuerpo o de los objetos que lo rodean. *La falta de riego sanguíneo puede producir vértigo.* **2.** Apresuramiento o intensidad excesivos en el desarrollo de una actividad. *El vértigo del trabajo le produce ansiedad.* **3.** Turbación del juicio, repentina y pasajera. *De repente, tomó conciencia de su responsabilidad y sintió vértigo.*

vesania. f. cult. Locura o demencia. *Padece una vesania paranoide. Esos crímenes son actos de vesania.*

vesánico, ca. adj. **1.** cult. De la vesania. *Han actuado con una violencia vesánica.* **2.** cult. Que padece de vesania. *El país está sometido a un tirano vesánico.* Dicho de pers., tb. m. y f. *Solo un vesánico cometería semejante crimen.*

vesical. adj. *Anat.* De la vejiga. *La cistitis es una infección vesical.*

vesícula. f. **1.** *Anat.* Órgano en forma de saco o de cavidad, gralm. lleno de líquido. *Le harán una ecografía de la próstata y las vesículas seminales.* Designa espec. el que contiene la bilis producida por el hígado; tb. ~ *biliar. Lo han operado para extirparle la vesícula. La vesícula biliar está situada en la parte inferior del hígado.* **2.** *Med.* Ampolla pequeña formada en la piel y llena de líquido. *Al contraer la varicela, el cuerpo se llena de vesículas que producen picor.*

vesicular. adj. *Anat.* o *Med.* De la vesícula, espec. de la vesícula biliar. *Los cálculos biliares pueden producir cólicos e inflamación vesicular.*

vespertino, na. adj. **1.** De la tarde. *El cine se llena de niños en la sesión vespertina.* ● m. **2.** Periódico que sale por la tarde. *Un vespertino francés adelantó la noticia.*

vestal. f. histór. En la antigua Roma: Sacerdotisa virgen consagrada al culto de la diosa Vesta. *En el templo, el fuego sagrado custodiado por las vestales se mantenía siempre encendido.*

veste. f. cult. Vestimenta de una persona. *Apareció una doncella ataviada con hermosa veste.*

vestíbulo. m. **1.** En un edificio, espec. en un hotel: Pieza, gralm. de grandes dimensiones, inmediata o próxima a la entrada. *Al fondo del vestíbulo están los ascensores.* **2.** En una vivienda: Espacio o habitación situados a la entrada, donde se recibe a las personas que llegan. *Cuando entra, deja las llaves en la consola del vestíbulo.* **3.** *Anat.* Cavidad central del oído interno, comprendida en el laberinto. *Dentro del laberinto óseo, el vestíbulo se prolonga hacia abajo en el caracol.* ▶ **1:** *HALL.* **2:** *HALL,* RECIBIDOR.

vestido. m. **1.** Vestimenta. *Los jóvenes se han quitado sus vestidos y se han zambullido en el mar. Museo del vestido.* **2.** Prenda exterior de vestir femenina de una sola pieza. *La modelo luce un vestido de seda natural.* ▶ **1:** *VESTIMENTA. **2:** TRAJE.

vestidor. m. Habitación para vestirse y desvestirse, dotada a veces de armarios para guardar la ropa. *El dormitorio principal tiene cuarto de baño y vestidor.*

vestidura. f. Vestimenta. *La casulla es una vestidura sacerdotal con la que se celebra la eucaristía.* Frec. en pl. *La recuerdo siempre con sus negras vestiduras de viuda. Iban todos con vestiduras medievales.* ■ **rasgarse las ~s.** loc. v. Escandalizarse con indignación. *Si se despenalizara el consumo de drogas, muchos se rasgarían las vestiduras.*

vestigio. m. Resto o señal que quedan de algo material o inmaterial. *Las ruinas del foro son los últimos vestigios de la villa romana.*

vestimenta. f. Prenda o conjunto de prendas exteriores de vestir con que se cubre el cuerpo. *Los miembros del grupo folclórico van ataviados con la vestimenta tradicional.* ▶ INDUMENTARIA, TRAJE, VESTIDO, VESTIDURA.

vestir. (conjug. PEDIR). tr. **1.** Cubrir (a alguien) con ropa. *¿Puedes vestir al niño, por favor? Espérame, que tardo un segundo en vestirme.* **2.** Cubrir (algo), espec. para adornar(lo). *Va a vestir los suelos* DE/CON *moqueta. Viste la mesa, que hay invitados. La hierba viste los campos.* Tb. fig. *Ha vestido* DE *progresismo sus anticuadas ideas.* **3.** Proporcionar o hacer vestidos (a alguien). *Su patrón lo alimenta y lo viste. La viste una famosa modista.* ○ intr. **4.** Llevar ropa de unas características determinadas. *Siempre viste* DE *rojo. ¿Viste* DE *uniforme o* DE *paisano?* Tb. prnl. *Se visten como los jóvenes.* **5.** Llevar ropa de un determinado gusto. Frec. con adv. como *bien* o *mal. Ella viste muy bien.* **6.** Ser algo, espec. la ropa o el material de que está hecha, elegante. *Esa chaqueta no viste. El color negro viste mucho.* ■ **de ~.** loc. adj. Dicho de ropa o calzado: Elegante o formal. *Me he comprado unos zapatos de vestir.* ■ **el mismo que viste y calza.** expr. coloq. Se usa para confirmar la identidad de la persona nombrada. *–¿Te refieres a Iván? –El mismo que viste y calza.*

vestuario. m. **1.** Conjunto de los vestidos o prendas de vestir de alguien. *Llega el calor: tengo que ir sacando el vestuario de verano.* **2.** Conjunto de los vestidos o prendas de vestir que se usan en una representación escénica o en una película. *La película ha recibido el premio al mejor el vestuario.* **3.** En algunos lugares públicos: Local destinado a vestirse o cambiarse de ropa. *Están reformando los vestuarios del gimnasio.* **4.** Conjunto de jugadores de un equipo deportivo. *El vestuario en pleno ha protestado por las decisiones arbitrales.*

veta. f. **1.** Faja o lista que se diferencia de la masa en la que se encuentra por su color o su calidad. *El mármol del baño tiene vetas oscuras.* **2.** Filón pequeño de un mineral. *Los expedicionarios encontraron una rica veta de plata.* ▶ VENA.

vetar. tr. Poner el veto (a algo o alguien). *La proposición no saldrá adelante si uno de los países miembros la veta.*

veteado, da. part. **1.** → **vetear.** ● adj. **2.** Que tiene vetas diferenciadas por el color o la calidad. *Tomamos de aperitivo unos tacos de jamón veteado.*

vetear. tr. Hacer o pintar vetas o listas (en algo). *Han decidido vetear la puerta imitando el mármol.*

veteranía. f. Cualidad de veterano. *Para los ascensos, se valorará la capacitación y la veteranía en el sector. No pilota el mejor coche, pero, con su veteranía, ha sabido imponerse.*

veterano, na. adj. Dicho de persona: Que ha estado mucho tiempo desempeñado una profesión o realizando una actividad, y está experimentada en ellas. *A pesar de su juventud, es ya un compositor veterano. Yo ya soy veterana en estas lides y no me sorprendo de nada.* Tb. m. y f. *El nuevo comandante es un veterano de la Guerra Civil.*

veterinario, ria. adj. **1.** De la veterinaria (→ 2). *Los animales de granja deben someterse a un control veterinario.* ● f. **2.** Ciencia que se ocupa de la prevención y curación de las enfermedades animales. *Ha estudiado veterinaria.* ○ m. y f. **3.** Persona legalmente capacitada para ejercer la veterinaria (→ 2). *Consulte al veterinario qué vacunas tiene que poner a su perro.*

veto. m. **1.** Hecho de impedir la aplicación o entrada en vigor de una ley o de una decisión, llevado a cabo por una persona, organización o país en ejercicio de su derecho a ello. *El ingreso de los candidatos no se producirá si no se levanta el veto interpuesto por varios países miembros. En determinados aspectos, cada Estado de la Unión tiene derecho de veto.* **2.** Hecho de vedar o prohibir. *Se ha puesto el veto a la caza de ballenas.*

vetustez. f. cult. Cualidad de vetusto. *Es un país moderno, a pesar de la vetustez de sus tradiciones.*

vetusto, ta. adj. cult. Muy viejo. *Han recorrido las callejuelas de la vetusta ciudad.*

vez. f. **1.** Momento en que se realiza una acción. *Una vez fui a visitarlo. Hay veces en que es difícil acertar.* **2.** Momento en se repite o se alterna una acción. *Esta vez no vamos a veranear en la playa. El médico le ha mandado tomarse el antibiótico tres veces al día.* **3.** Turno u orden. *¿Quién da la vez? Cuando te llegue la vez, pasas.* ■ **a la ~.** loc. adv. Al mismo tiempo. *Los novios han llegado a la vez a la iglesia.* ■ **a su ~.** loc. adv. Por su parte. *Juan friega los platos, y Concha, a su vez, los va secando. Le hice varias preguntas a mi vez.* ■ **a veces.** loc. adv. En algunas ocasiones. *A veces me mareo cuando voy en coche.*

■ **cada ~.** loc. adv. Se usa para expresar progresión en la intensidad con que se realiza una acción o se presenta una cualidad. *Se encuentra cada vez peor. Trabaja cada vez más.* ■ **cada ~ que.** loc. conjunt. Siempre que, o en todos los casos en que. *Cada vez que salgo, me llamas.* ■ **de una ~.** loc. adv. **1.** Con una sola acción. *Se ha sacado el carné de conducir motos y el de coches de una vez.* **2.** Por fin. *¡A ver si termina de llover de una vez!* □ loc. adj. **3.** Que reúne todas las cualidades deseables. *Es un hombre de una vez.* ■ **de una ~,** o **de una ~ para siempre.** loc. adv. Definitivamente. *Con esto se acaba el problema de una vez. Ha terminado con las cucarachas de una vez para siempre.* ■ **de ~ en cuando.** loc. adv. Algunas veces, o dejando transcurrir algún tiempo entre una y otra ocasión. *De vez en cuando voy a montar en bicicleta.* ■ **en ~ de.** loc. prepos. En sustitución de. *No me he dado cuenta y he comprado sal gorda en vez de sal fina. En vez de salir se quedó en casa.* ■ **hacer las veces** (de alguien o algo). loc. v. Desempeñar las funciones (de él o ello). *El abuelo hace las veces de padre. La mesa hace las veces de tabla de planchar.* ■ **otra ~.** loc. adv. Se usa para expresar la repetición de una acción. *Tienes que darme otra vez la receta de la tarta de manzana. Otra vez con ese tema; ¡qué pesado!* ■ **tal ~.** loc. adv. Quizá. *Si no llueve, tal vez vayamos al teatro esta tarde.* ■ **toda ~ que.** loc. conjunt. Puesto que. *Podemos afirmar que ha ganado las elecciones, toda vez que ha logrado ya más del cincuenta por ciento de los votos.* ■ **una ~.** loc. adv. Antepuesta a una construcción con participio, indica que la acción expresada por ese participio ha terminado poco tiempo antes de que empiece la expresada por el verbo principal. *Una vez arada la tierra, sembraron los garbanzos. El alpinista comenzará a descender, una vez alcanzada la cima.* ■ **una ~ que.** loc. conjunt. Después que. *Una vez que haya rellenado la solicitud, envíela a la dirección del anuncio.*

v. g. abrev. Verbigracia. *La póliza cubre diversos accidentes, v. g.: quemaduras, fracturas, etc.*

v. gr. abrev. Verbigracia. *El autor cultivó diversos géneros, v. gr. el relato breve.*

VHS. (sigla; pronunc. "uve-ache-ese"). m. Sistema de vídeo doméstico. *La película está grabada en VHS.*

vía. f. **1.** Camino (franja de terreno por donde se transita habitualmente). *Han cerrado la única vía de acceso a la playa. La vía más importante de la ciudad está colapsada por el tráfico.* A veces se usa como parte del nombre de algunas calles. *La Gran Vía madrileña y la Vía Layetana de Barcelona son dos calles importantes.* **2.** Conjunto formado por los raíles y traviesas de un tren o de un tranvía y el camino en que se asientan. *La vía del tren atraviesa el pueblo. La casa está junto a la vía.* **3.** Raíl. *El tren se desliza por las vías.* **4.** Conducto del cuerpo humano o de un animal. *Tiene una infección en las vías respiratorias.* **5.** Medio o procedimiento. *Defiende la vía democrática y de diálogo.* **6.** *Rel.* Entre los ascéticos: Cada una de las tres etapas de la vida que se necesitan para conseguir la perfección de la virtud. *Vía purgativa, iluminativa y unitiva.* **7.** *Dep.* En alpinismo: Itinerario de escalada. *Seguiremos la vía norte.* **8.** *Med.* Cánula que se utiliza durante un cierto tiempo para introducir líquidos en el cuerpo de un paciente. *Hay que cambiarle la vía a este enfermo, porque se ha obstruido.* ● prep. **9.** Pasando por. Se usa seguido de un n. sin art. *Iré a París vía Irún. Televisión vía satélite.* ● adv. **10.** Utilizando el conducto o el procedimiento que se expresa por medio del adjetivo que sigue. *Me han administrado unos medicamentos vía oral. La compañía ha decidido actuar vía judicial contra el estafador.* ■ **~ de agua.** f. En una embarcación: Rotura o abertura por donde entra el agua. *El bote se ha hundido porque tenía una vía de agua.* ■ **~ de comunicación.** f. Camino terrestre o ruta marítima. *En este punto coinciden varias vías de comunicación.* ■ **~ férrea.** f. Ferrocarril o medio de comunicación. *Entrarán en el país por vía férrea.* ■ **~ muerta.** f. **1.** Vía (→ 2) sin salida que se emplea para apartar vagones y locomotoras de la circulación. *En la vía muerta hay un viejo tren fuera de servicio.* **2.** Situación de paralización en un proceso. *El proyecto está en vía muerta.* ■ **~ pública.** f. Calle, plaza o camino por los que circulan personas y vehículos. *Lo han detenido por armar escándalo en la vía pública.* ■ **~ rápida.** f. Carretera de una sola calzada, sin cruces ni accesos. *Han convertido la carretera comarcal en vía rápida.* ■ **cuaderna ~.** f. *Lit.* Estrofa de cuatro versos alejandrinos de una sola rima, propia de los ss. XIII y XIV. *El "Libro de Buen Amor" está escrito en cuaderna vía.* □ **de ~ estrecha.** loc. adj. De poca importancia. *El protagonista de la novela es un matón de vía estrecha.* ■ **en ~s de.** loc. prepos. En camino o en proceso de. *El asunto está en vías de solucionarse. Un país en vías de desarrollo.* ■ **por la ~ rápida.** loc. adv. Con procedimiento expeditivo. *Decidió solventar el enfrentamiento por la vía rápida: despidiéndolos a ambos.* ■ **por ~ de.** loc. prep. A modo de. *Pongamos este caso por vía de ejemplo.* ▶ **1:** *CAMINO. **5:** CAUCE, CONDUCTO.

viabilidad. f. Cualidad de viable. *Existen dudas sobre la viabilidad del proyecto. La viabilidad del feto depende de su grado de desarrollo.*

viable[1]. adj. **1.** Que se puede realizar o llevar a cabo. *No es viable acabar las obras del estadio en un mes.* **2.** Que puede vivir. Se usa espec. en medicina, referido a feto o recién nacido. *En los primeros meses de embarazo, el feto no es viable fuera del útero.*

viable[2]. adj. Dicho de vía o camino: Apto para el tránsito. *Tras el bombardeo no ha quedado puente ni carretera viables.* Tb. fig. *Solo hay un camino viable para conseguir nuestros objetivos.*

vía crucis. (loc. lat.; pl. invar.). m. **1.** *Rel.* Camino señalado por catorce cruces, que se recorre parándose y rezando ante cada una de ellas en recuerdo del recorrido hecho por Jesucristo con la cruz hasta el monte Calvario. Tb. el rezo correspondiente. *El viernes santo se celebrará una misa seguida de un vía crucis.* **2.** *Rel.* Conjunto de las catorce cruces de un vía crucis (→ 1), o de catorce cruces o cuadros que representan los pasos de Jesucristo hasta el Calvario y que suelen colgarse en las paredes de las iglesias. *En las naves laterales cuelga un vía crucis del siglo XVII.* **3.** Penalidad o sufrimiento prolongados. *Su enfermedad fue un vía crucis.*

viaducto. m. Puente que permite el paso de un camino o de una vía férrea sobre una hondonada. *Un túnel y un viaducto facilitan la salida del valle.*

viajante. m. y f. Representante comercial que viaja de un lugar a otro negociando sus ventas. *El viajante metió los muestrarios en el coche y se encaminó al siguiente pueblo.*

viajar. intr. **1.** Trasladarse de un lugar a otro, gralm. cubriendo una distancia grande mediante un medio de locomoción. *En vacaciones viajaremos* A *Nueva York. Me da pánico viajar* EN *avión. Le gusta viajar y conocer mundo.* **2.** Ser transportado algo, espec. una mercancía. *Las maletas viajan en el último vagón.*

viaje. m. **1.** Hecho o efecto de viajar. *Organizamos un viaje de fin de curso* A *Italia. El viaje* EN *avión es más caro. He conocido a gente muy interesante en mis viajes.* **2.** Ida a un lugar, espec. para transportar algo o llevar a cabo una acción. *Ya lleva cuatro viajes para subir las bolsas de la compra. He olvidado un documento y he tenido que hacer otro viaje para llevarlo.* **3.** Carga transportada en un viaje (→ 2). *Nos ha llegado un viaje de vinos excelentes.* **4.** jerg. o coloq. Estado producido por una droga alucinógena. *Decía que tenía unos viajes increíbles cuando fumaba opio. Lo han llevado a urgencias por un mal viaje de hachís.* **5.** coloq. Ataque, gralm. inesperado, con arma blanca. *Sacó una navaja y le tiró un viaje al cuerpo.* **6.** coloq. Ataque inesperado y violento. *Le ha metido tal viaje que lo ha tumbado. La cicatriz de la frente es de un viaje que le tiró un toro.* ■ **buen ~.** expr. Se usa como fórmula de despedida dirigida a quien se va de viaje (→ 1). *Buen viaje, y hasta la vuelta.* Frec. con intención irónica para expresar indiferencia por la marcha de alguien o la pérdida de algo. *Que te deja y se va con otra, ¡pues buen viaje!* ■ **para ese,** o **este, ~ no se necesitan alforjas.** expr. coloq. Se usa para indicar que el resultado obtenido es insignificante o no se corresponde con el esfuerzo empleado. *El acuerdo propuesto supone una vuelta al pasado, y, la verdad, para ese viaje no se necesitan alforjas.*

viajero, ra. adj. Que viaja. *Desde que vive en el extranjero, se ha vuelto muy viajera.* Dicho de pers., tb. m. y f. *Solo dos viajeros se han apeado en la última estación.*

vial[1]**.** adj. De la vía o camino. *Las obras afectarán a la circulación vial.*

vial[2]**.** m. Frasco pequeño en que se presentan algunos medicamentos inyectables, y del cual se puede extraer la dosis adecuada. *El mismo antibiótico se comercializa en grageas y en viales.* Tb. el medicamento. *Se administrará medio vial cada doce horas.*

vianda. f. **1.** Comida para las personas. *En el banquete han servido ricas viandas y excelentes vinos.* **2.** Am. Tubérculo o fruto comestibles que se sirven guisados. *Ordeno un puchero santaferreño: las tres carnes más una buena guarnición de viandas: yuca, apio, plátano...* [C].

viandante. m. y f. Persona que va a pie. *De tarde en tarde, se cruza con algún viandante en el camino. A esas horas, las calles están abarrotadas de viandantes.* ▶ PEATÓN.

viario, ria. adj. De los caminos y carreteras. *La accidentabilidad es alarmante en determinados puntos de la red viaria. Nudo viario.*

viático. m. **1.** *Rel.* Sacramento de la eucaristía que se administra a un enfermo en peligro de muerte. *Ha recibido el viático y la extremaunción antes de morir.* **2.** frecAm. Provisión, en especie o en dinero, que se da a la persona que hace un viaje, para sufragar sus gastos. *Salimos el jueves, y no te preocupes por los viáticos, que el periódico cubre todos los gastos* [C].

víbora. f. **1.** Serpiente venenosa de mediano tamaño, de cuerpo gralm. recorrido por una faja parda ondulada, cabeza triangular y aplastada, y con dos dientes huecos en la mandíbula superior por donde vierte el veneno al morder. *Una víbora le ha dejado los colmillos marcados en la pierna.* **2.** coloq. Persona con malas intenciones. *Parece una bendita, pero menuda víbora.* **3.** coloq. Persona murmuradora y maldiciente. *Ese tío es una víbora: va diciendo que te han ascendido por enchufe.*

vibración. f. **1.** Hecho de vibrar. *Cuando el coche se detiene, la vibración del motor se hace más perceptible. Se notaba cierta excitación, cierta vibración en el auditorio.* **2.** Cada movimiento vibratorio o doble oscilación de un cuerpo que vibra. *El sismógrafo registra las vibraciones del terreno causadas por el terremoto.*

vibrador, ra. adj. **1.** Que vibra. *El teléfono dispone de una batería vibradora para indicar las llamadas entrantes.* Dicho de máquina, tb. f. *En vez de varear los olivos, utilizan una vibradora.* ● m. **2.** Aparato que produce vibraciones eléctricas. *El árbitro lleva en el brazo un vibrador que lo avisa de las señales del asistente.*

vibráfono. m. Instrumento musical de percusión semejante al xilófono, formado por una serie de láminas de metal vibrantes, dispuestas sobre tubos resonadores y que se percuten mediante mazas. *Toca el vibráfono en un grupo de* jazz.

vibrante. adj. **1.** Que vibra. *La longitud y tensión de una cuerda vibrante determinan su sonido. Tiene una voz vibrante.* **2.** *Fon.* Dicho de articulación o de sonido: Que se produce por la vibración de la lengua. *El sonido "r" es vibrante.* Tb. f., referido a consonante. *La "r" es una vibrante.*

vibrar. intr. **1.** Oscilar algo con movimientos pequeños y rápidos en torno a su posición de equilibrio. *La lavadora vibra cuando centrifuga.* **2.** Tener la voz un sonido trémulo o tembloroso. *Le vibraba la voz al recitar el poema.* **3.** Conmoverse o estremecerse alguien por algo. *El público ha vibrado con el espectáculo.*

vibrátil. adj. cult. Que vibra o es capaz de vibrar. *El sonido se produce al pasar el aire por la lengüeta vibrátil del instrumento.*

vibrato. m. *Mús.* Ondulación del sonido producida por una vibración ligera del tono. *Ha interpretado el pasaje final con un exagerado vibrato.*

vibratorio, ria. adj. **1.** De la vibración. *Los sismólogos han detectado movimientos vibratorios del terreno.* **2.** Que vibra. *Existen despertadores vibratorios para sordos. Las cuerdas vocales son un órgano vibratorio.*

vicaría. f. **1.** Cargo o dignidad de vicario. *Desempeña la vicaría en la diócesis de Madrid.* **2.** Territorio bajo la jurisdicción de un vicario. *Ha sido nombrado vicario general de una vicaría catalana.* **3.** Oficina del vicario. *La reunión se celebrará en la vicaría.* ■ **pasar por la ~.** loc. v. coloq. Casarse. *Después de años de noviazgo, han decidido pasar por la vicaría.*

vicario, ria. adj. **1.** Dicho de persona: Que desempeña las funciones de otra, o que la sustituye. Frec. m. y f. *El Papa es el vicario de Cristo.* ● m. y f. **2.** Persona que en las órdenes regulares sustituye a alguno de los superiores mayores en caso de ausencia. *La hermana Pilar ha sido vicaria general de la congregación.* ■ **vicario apostólico.** m. *Rel.* Prelado designado por la Santa Sede para regir con jurisdicción ordinaria territorios donde aún no está introducida la jerarquía eclesiástica. *El Vicario Apostólico de Darién se ha reunido con el Presidente de Panamá.* ■ **vicario general.** m. *Rel.* Sacerdote nombrado por el obispo, y que suele gobernar la diócesis en ausencia de este. *Es vicario general de la diócesis de Sigüenza.* ■ **vicario general castrense.** m. *Rel.* Obispo que como delegado apostólico ejerce plena jurisdicción eclesiástica en el ejército y la armada. *El vicario general castrense condena el atentado en su homilía.*

vice-. elem. compos. Significa 'que hace las veces de'. *Vicegerente, vicegobernadora.*

vicealmirante. m. y f. Oficial general de la Armada cuyo empleo es inmediatamente superior al de contraalmirante. *Han condecorado a un vicealmirante y a dos generales.*

vicecanciller. m. y f. Persona facultada para hacer las veces de canciller en ausencia de este, o para desempeñar algunas de sus funciones. *Se han reunido los vicecancilleres de varios países americanos para preparar la cumbre.*

vicecónsul. m. y f. Funcionario diplomático de categoría inmediatamente inferior a la de cónsul. *El vicecónsul organizará una cena de bienvenida para el embajador.*

viceconsulado. m. **1.** Cargo de vicecónsul. *Han premiado al político con un viceconsulado.* **2.** Edificio donde están las oficinas del vicecónsul. *Dos individuos han pedido asilo político en el viceconsulado.*

vicedecanato. m. **1.** Cargo de vicedecano. *Han pasado del vicedecanato al decanato en cuatro años.* **2.** Lugar o edificio donde están las oficinas del vicedecano. *Las solicitudes deben presentarse en el Vicedecanato de Investigación.*

vicedecano, na. m. y f. Persona facultada para hacer las veces de decano en ausencia de este, o para desempeñar algunas de sus funciones. *El vicedecano de la Facultad se presenta a las elecciones para rector.*

vicedirector, ra. m. y f. Persona facultada para hacer las veces de director en ausencia de este, o para desempeñar algunas de sus funciones. *La vicedirectora ha recibido a los padres de los alumnos.*

vicejefe, fa. m. y f. Persona facultada para hacer las veces de jefe en ausencia de este, o para desempeñar algunas de sus funciones. *Lo han nombrado vicejefe del departamento de prensa.*

vicepresidencia. f. Cargo o dignidad de vicepresidente. *La presidencia y la vicepresidencia de la empresa están ocupadas por sendas mujeres.*

vicepresidente, ta. m. y f. Persona facultada para hacer las veces de presidente en ausencia de este, o para desempeñar algunas de sus funciones. *El vicepresidente de la compañía ha recibido a los representantes sindicales. Presiden el acto la Vicepresidenta del Gobierno y la Ministra de Justicia.*

vicerrector, ra. m. y f. Persona facultada para hacer las veces de rector en ausencia de este, o para desempeñar algunas de sus funciones. *El rector ha nombrado a dos vicerrectores.*

vicesecretaría. f. Cargo de vicesecretario. *La vicesecretaría de educación ha recaído en un joven político.*

vicesecretario, ria. m. y f. Persona facultada para hacer las veces de secretario en ausencia de este, o para desempeñar algunas de sus funciones. *El vicesecretario del partido dejará el cargo en el próximo congreso.*

vicetiple. f. En una zarzuela, opereta o revista: Cantante que interviene en los números de conjunto. *Ha debutado en la zarzuela actuando como vicetiple.*

viceversa. adv. Al contrario, o recíprocamente. *Pasamos las vacaciones yendo del hotel a la playa, y viceversa. El marido prometió fidelidad a la mujer, y viceversa.*

vichy. (pal. fr.; pronunc. "bichí"). m. Tejido de algodón, con cuadros o rayas. *Están de moda las camisas de* vichy. ¶ [Adaptación recomendada: *vichí*].

viciar. (conjug. ANUNCIAR). tr. **1.** Hacer que (alguien o algo) adquiera un vicio. *Lo vas a viciar con tanto mimo.* Tb. en constr. prnl. media. *Se ha viciado con el tabaco.* **2.** Corromper o estropear (algo). *Tanto fumar ha viciado el ambiente.* Tb. en constr. prnl. media. *Ventila tu habitación, que el aire se ha viciado.*

vicio. m. **1.** Hábito de obrar mal o de manera contraria a la moral. *Ha crecido en un ambiente de degradación y vicio.* **2.** Costumbre mala o negativa. *A ver cuándo se te quita el vicio de morderte las uñas. Está dominado por el vicio de la bebida. Esto de ir de compras es un vicio.* **3.** Defecto o falta de alguien o de algo. *Sabes mucho inglés, pero tienes vicios de pronunciación. El constructor responderá de los daños ocasionados por vicios de construcción.* **4.** Deformación o curvatura que toma una superficie, gralm. por mantener una posición indebida o soportar un peso excesivo. *Los estantes de la librería han cogido vicio.* ■ **de ~.** loc. adv. **1.** Sin motivo, o como por costumbre. Gralm. con *quejar. No le ocurre nada, se queja de vicio.* **2.** coloq. Muy bien. *Lo pasamos de vicio en la fiesta.* Tb. loc. adj. *Nos han puesto una cena de vicio.*

vicioso, sa. adj. **1.** Dicho de persona: Entregada a los vicios. *Tiene fama de hombre mujeriego y vicioso.* Tb. m. y f. *Dicen que es un vicioso.* **2.** Que tiene el vicio o la costumbre de algo. Dicho de pers., tb. m. y f. *Es una viciosa del cine.* **3.** Que tiene vicio o defecto. *Adoptar posturas viciosas mientras se estudia acarrea problemas de espalda.*

vicisitud. f. **1.** Hecho que modifica el desarrollo de algo. Frec. en pl. *Ha pasado por toda clase de vicisitudes para llegar a ser lo que es.* **2.** Alternancia de vicisitudes (→ 1) positivas y negativas. Frec. en pl. *Ha acabado trabajando como periodista por las vicisitudes de la vida.* ▶ AVATAR.

víctima. f. **1.** Persona que sufre un daño o muere por causa de alguien o algo, frec. por agresión o accidente. *Entre muertos y heridos, el huracán ha dejado miles de víctimas. El agresor no ha tenido piedad con su víctima. Eres víctima de tu propia desconfianza.* **2.** Persona o animal destinados al sacrificio. *Eligieron como víctima un cordero para ofrecérselo al Señor.* ■ **hacerse** alguien **la ~.** loc. v. Quejarse, gralm. sin motivo, para obtener la compasión de los demás. *Ya sabemos que tienes mucho trabajo, pero no te hagas más la víctima.*

victimar. tr. frecAm. Matar (a alguien). *Luego victimaron a cuatro personas más* [C]. ▶ *MATAR.

victimario, ria. m. y f. Persona que causa la muerte de otra o la convierte en su víctima. *Con anterioridad al maltrato, víctima y victimario habían mantenido una buena relación.*

victimismo. m. Actitud o tendencia de considerarse o mostrarse como una víctima. *Afronta los problemas, porque el victimismo no lleva a ninguna parte.*

victimista. adj. Que tiende al victimismo. *Han justificado la derrota con argumentos victimistas.*

victimización. f. Hecho de victimizar. *También en la escuela se dan situaciones de acoso y victimización.*

victimizar. tr. Convertir en víctima (a alguien). *El recorte del gasto social viene a victimizar a los más débiles.*

victoria. f. Hecho de vencer en una disputa, combate o competición. *Su éxito es una victoria del esfuerzo sobre la dificultad.* ■ **cantar** alguien **~.** loc. v.

Mostrar alegría por una victoria, frec. cuando esta parece segura pero aún no lo es. *No cantes victoria todavía, que aún puede pasar de todo.*

victoriano, na. adj. De la reina Victoria de Inglaterra (1819-1901), o del estilo o las características propios de su época. *Vive en un viejo caserón de época victoriana. Muebles victorianos.*

victorioso, sa. adj. **1.** Que ha logrado una victoria. *Las legiones victoriosas entraron triunfalmente en la ciudad.* **2.** Dicho de acción: Que da la victoria. *El ejército romano llevó a cabo una empresa victoriosa sobre los galos.*

vicuña. f. **1.** Mamífero rumiante salvaje propio de los Andes, parecido a la llama y cuyo pelo, largo, muy fino y de color amarillento rojizo, es muy apreciado. *La vicuña macho.* **2.** Lana de vicuña (→ 1). Tb. el tejido confeccionado con esa lana. *Se abriga con un poncho de vicuña.*

vid[1]. f. Planta trepadora de tronco retorcido, ramas largas, flexibles y nudosas y hojas grandes, cuyo fruto es la uva. *Toda la ladera está plantada de vides.*

vid[2]. abrev. Véase. *Los monosílabos no se acentúan (vid. "Ortografía" de la RAE).*

vida. f. **1.** Condición de los seres orgánicos, por la que estos crecen, se reproducen y responden a los estímulos. *Las piedras no tienen vida.* **2.** Existencia de seres orgánicos. *¿Hay vida en el planeta Marte?* **3.** Período de tiempo que transcurre entre el nacimiento y la muerte de un ser orgánico. *Ha tenido una vida larga e intensa. La vida de las mariposas es breve.* **4.** Duración de las cosas. *La vida de ciertos electrodomésticos suele ser corta.* **5.** Modo de vivir de una persona. *¿Cómo te va la vida de casado? No le gusta la vida campesina. Lleva una vida tan metódica que aburre.* **6.** Conjunto de cosas necesarias para vivir. Frec. en las constr. *ganarse la ~,* o *buscarse la ~. Desde muy joven se gana la vida en la política. Lo han despedido y ahora tendrá que buscarse la vida.* **7.** Relación de los hechos y sucesos notables de una persona desde su nacimiento hasta su muerte. *El profesor nos ha hablado de la vida y la obra de Calderón de la Barca.* **8.** Expresión o viveza, espec. de los ojos. *Sus ojos quedaron vacíos, sin vida.* **9.** Vitalidad. *Los niños están llenos de vida.* **10.** Animación o actividad. *El pueblo tiene mucha vida en verano.* **11.** Cosa que contribuye al ser o conservación de otra. *El agua es la vida para las plantas. El turismo es la vida de los comerciantes de la costa.* **12.** Cosa que produce gran complacencia o que es muy importante. *Su hijo es su vida. El trabajo y la familia han sido su vida.* ■ **~ airada.** f. cult. Vida (→ 5) desordenada o licenciosa. *El lugar estaba repleto de mujeres de vida airada. Los entretenía con episodios de la vida airada de un personaje famoso.* ■ **~ y milagros.** f. coloq. Relación detallada de los hechos o sucesos pasados y presentes de una persona. *El otro día me encontré con Luis y me contó su vida y milagros.* ■ **media ~.** f. Cosa de gran gusto o de gran alivio para alguien. *El aire acondicionado es media vida en este cuchitril.* □ **a ~ o muerte.** loc. adv. Con riesgo de morir. *El cirujano lo ha operado a vida o muerte.* Tb. loc. adj. *Es una intervención quirúrgica a vida o muerte.* Tb. fig. *El partido de mañana es a vida o muerte.* ■ **consumir** alguien o algo **la ~** (a una persona). loc. v. Causar(le) molestias y pesares. Se usa con intención enfática. *Este niño me consume la vida. Ese trabajo le está consumiendo la vida.* ■ **costar** algo o alguien **la ~** (a una persona). loc. v. Ser causa de la muerte (de esa persona). *Su afán por salvar al náufrago le ha costado la vida.* Frec. se usa para ponderar la determinación a ejecutar algo, aunque sea con riesgo de morir. *Tengo que ir a ese concierto, aunque me cueste la vida.* ■ **dar** algo o alguien **la ~** (a una persona). loc. v. Aliviar(la) o causar(le) un gran placer. *Esas pastillas me han dado la vida. La música me da la vida.* ■ **dar** alguien **la ~** (por una persona o una cosa). loc. v. Sacrificarse o morir voluntariamente (por ella). *Lo quiero tanto que daría la vida por él.* ■ **dar** alguien **mala ~** (a una persona). loc. v. Tratar(la) mal. *Le da mala vida desde el día en que se casaron.* ■ **darse** alguien **buena ~,** o **la gran ~,** o **la ~ padre.** loc. v. Vivir con gran regalo y comodidad. *Mientras los demás trabajan, él está dándose la vida padre en la playa.* ■ **de mala ~.** loc. adj. **1.** Dicho de persona: De malas costumbres o de conducta viciosa. *Un hombre de mala vida. Es gente de mala vida.* **2.** Dicho de mujer: Prostituta. *Frecuentaba el trato con mujeres de mala vida.* ■ **de mi ~.** loc. adj. Pospuesto a un nombre de persona, se usa para expresar afecto, impaciencia o enfado hacia esta. *¡Lola de mi vida, cómo vienes!, ¿qué te ha pasado? Hija de mi vida, ¿quieres colgar el teléfono de una vez?* ■ **de por ~.** loc. adv. Para siempre. *Tiene que tomar la medicación de por vida.* ■ **de toda la ~.** loc. adv. coloq. Desde hace mucho tiempo. *Somos amigos de toda la vida.* ■ **en la ~,** o **en mi, tu,** etc., **~.** loc. adv. Nunca. *En la vida había oído una cosa igual. No ha ido a la ópera en su vida. En mi vida he visto nada semejante.* ■ **enterrarse** alguien **en ~.** loc. v. Retirarse del trato de la gente. *A los veinte años se enterró en vida para dedicarse a la meditación.* ■ **entre la ~ y la muerte.** loc. adv. En peligro inminente de muerte. *El enfermo está entre la vida y la muerte.* ■ **en ~.** loc. adv. Estando vivo o durante la vida (→ 3). *Van Gogh no vendió sus obras en vida.* ■ **hacer alguien por la ~.** loc. v. coloq. Comer o alimentarse. *Vamos, tómate eso, que hay que hacer por la vida.* ■ **la otra ~,** o **la ~ futura.** loc. s. La existencia del alma después de la muerte. *Cree que se encontrará con sus seres queridos en la otra vida.* ■ **pasar** alguien **a mejor ~.** loc. v. Morir. *Pasó a mejor vida a la edad de noventa y nueve años.* ■ **perder** alguien **la ~.** loc. v. Morir, particularmente de forma violenta. *Diez personas han perdido la vida este fin de semana en las carreteras.* ■ **¿qué es de tu ~?** expr. coloq. Se usa como fórmula de saludo con una persona a la que hace algún tiempo que no se ve. *¡Hombre, Juan, cuánto tiempo!, ¿qué es de tu vida?* ■ **tener** alguien **siete ~s como los gatos.** loc. v. coloq. Salir sin daño de graves riesgos y peligros de muerte. *Tiene siete vidas como los gatos: se ha caído cien veces de la bicicleta y nunca le ha pasado nada.* ■ **vender** alguien **cara su ~.** loc. v. Defenderse hasta la muerte, causando gran daño al enemigo. *El pirata, rodeado por los soldados, estaba dispuesto a vender cara su vida.* ▶ **3:** DÍAS. **7:** BIOGRAFÍA. **10:** ANIMACIÓN.

vide. expr. Se usa en textos escritos, precediendo a la indicación de un lugar o página, para indicar al lector que debe consultar algo allí. *Después de la explicación, figura entre paréntesis: "vide figura 3".*

videncia. f. Actividad del vidente. *Conozca su futuro: tarot, horóscopos, videncia.*

vidente. adj. **1.** Que posee el sentido de la vista. *Está aprendiendo a leer en braille, aunque es vidente.* Tb. m. y f. *Videntes e invidentes deben tener las mismas oportunidades.* ● m. y f. **2.** Persona que adivina el pasado, el futuro o lo que está oculto. *Una vidente le ha vaticinado una vida llena de éxitos.* **3.** Persona que tiene visiones sobrenaturales o fuera de lo común.

El vidente ha ofrecido a la policía una descripción del lugar donde está el secuestrado. ▶ **2:** *ADIVINO.

vídeo o **video.** (**video**, Am.). m. **1.** Sistema de grabación de imágenes y sonidos en una cinta magnética. *Tengo grabada en vídeo mi película favorita. Buena parte de la historia de nuestros pueblos está siendo registrada en video* [C]. **2.** Aparato que graba en cintas de vídeo (→ 1) imágenes y sonidos procedentes de la televisión o de otro aparato de sus características, y permite también reproducirlas. *Solo uso el vídeo para grabar las películas que empiezan muy tarde. Cuenta con video, aire acondicionado y una azafata a bordo* [C]. **3.** Grabación en vídeo (→ 1). *¡A ver cuándo venís a ver el vídeo de la comunión! Tuve la oportunidad de apreciar unos videos de promoción turística de México* [C]. Tb. la cinta que la contiene. *Saca el vídeo del aparato y mételo en su caja.* ▶ **2:** MAGNETOSCOPIO.

video-. elem. compos. Significa 'de la transmisión de imágenes mediante técnicas audiovisuales'. *Videocasete, videocinta, videolibro.*

videoaficionado, da. m. y f. Persona aficionada a grabar películas con cámara de vídeo. *Un videoaficionado ha grabado a los ladrones saliendo del banco.*

videocámara. f. Cámara de vídeo. *Viaja siempre con la máquina de fotos y la videocámara.*

videoclip. (pl. **videoclips**). m. Película en vídeo de corta duración, en que se registra un tema musical acompañado de imágenes, frec. con fines publicitarios. *Harán un videoclip para promocionar la última canción del grupo.* ▶ CLIP.

videoclub. (pl. **videoclubs** o **videoclubes**). m. Establecimiento en que se alquilan o venden películas de vídeo. *Han alquilado una película en el videoclub.*

videoconferencia. f. Conferencia mantenida entre personas distantes entre sí, a través de pantallas conectadas a una red de comunicación que transmite imágenes y sonidos. *Cada vez más, las reuniones internacionales se sustituyen por videoconferencias.*

videoconsola. f. Consola (aparato para videojuegos). *Los Reyes le van a traer una videoconsola.* ▶ CONSOLA.

videodisco. m. Disco óptico en el que se registran imágenes y sonidos que pueden ser reproducidos en un televisor. *Entre los materiales del curso se incluye un videodisco interactivo de apoyo.*

videojuego. m. Juego electrónico interactivo, contenido en un disco u otro soporte informático, y que se practica con una videoconsola o sobre la pantalla de un televisor o un ordenador. *Acaba de salir al mercado un videojuego sobre las olimpiadas.*

videoteca. f. **1.** Colección de cintas de vídeo. *Tengo una videoteca de más de quinientas películas.* **2.** Lugar donde se guardan ordenadas cintas de vídeo. *La videoteca y la biblioteca están en la primera planta del museo.*

videoteléfono. m. Teléfono provisto de una pantalla que permite ver al interlocutor durante la conversación. *En el despacho han instalado un videoteléfono.*

vidorra. f. coloq. Vida cómoda y placentera. *Desde que se ha jubilado, se pega una vidorra...*

vidriar. (conjug. ANUNCIAR o, raro, ENVIAR). tr. **1.** Recubrir (un objeto de cerámica) con un barniz que, fundido al horno, toma la transparencia y el brillo del vidrio. *Fabrican tinajas vidriadas y sin vidriar. Han comprado un plato de cerámica vidriado como recuerdo de su viaje.* ○ intr. prnl. **2.** Ponerse vidriosos los ojos. *De pronto se le vidriaron los ojos y rompió a llorar.*

vidriera. → **vidriero.**

vidriería. f. **1.** Arte o actividad de trabajar el vidrio. *Se han organizado cursos de cerámica y vidriería artística.* **2.** Establecimiento en que se hacen o venden obras de vidriería (→ 1). *Trabaja en una vidriería haciendo botellas y vasos.*

vidriero, ra. m. y f. **1.** Persona que tiene por oficio trabajar en vidrio o venderlo. *En las obras de la catedral colaboraron los mejores escultores y vidrieros.* ○ f. **2.** Bastidor o armazón con vidrios, con que se cierran puertas o ventanas. *Abre los postigos y deja que la luz entre por las vidrieras.* Frec. designa los formados por vidrios de colores, que componen figuras o dibujos decorativos y se emplean en arquitectura para cubrir grandes vanos. *En la fachada de la iglesia destaca un rosetón con una magnífica vidriera.* **3.** Am. Escaparate (espacio exterior de una tienda). *Fijé la mirada en la vidriera de una tienda de ropa* [C]. ▶ **3:** ESCAPARATE.

vidrio. m. **1.** Material duro, frágil y transparente o translúcido, que se obtiene a partir de algunos silicatos y que puede moldearse a altas temperaturas. *Separe las botellas de vidrio para reciclarlas.* **2.** Objeto de vidrio (→ 1). *En la acera han puesto un contenedor para vidrios.* **3.** Lámina de vidrio (→ 1), espec. la que se coloca en puertas y ventanas. *Han roto el vidrio de la ventana de un balonazo.* ■ **pagar** alguien **los ~s rotos.** loc. v. Ser castigado o verse afectado injustamente por algo que no ha hecho o de lo que no es el único culpable. *Si el sistema educativo no funciona, serán los estudiantes quienes paguen los vidrios rotos.* ▶ **1:** CRISTAL.

vidrioso, sa. adj. **1.** Del vidrio, o de características semejantes a las suyas, espec. el carácter quebradizo. *Había helado y una costra vidriosa cubría los charcos.* **2.** Dicho de ojo: Que está cubierto por una capa líquida y tiene una mirada carente de viveza. *Tiene los ojos vidriosos por la fiebre.* Tb. dicho de esa mirada. *Por su voz ronca y su mirada vidriosa, noté que estaba bebido.* **3.** Dicho de asunto: Que es delicado y requiere ser tratado con cuidado y tacto. *La inmigración ilegal se ha convertido en un tema vidrioso.* ▶ **1:** VÍTREO.

vieira. f. Molusco comestible muy común en las costas de Galicia, y cuya concha, formada por una valva plana y otra muy convexa, es la insignia de los peregrinos de Santiago. *Se sacan las vieiras de su concha, se limpian y se fríen.*

viejales. m. y f. coloq. o despect. Persona vieja. *¡Mira el viejales, qué marcha tiene!*

viejo, ja. adj. **1.** Dicho de persona o animal: Que tiene muchos años y está en el final de su ciclo vital. *Mis abuelos son ya muy viejos. El perro ha muerto de viejo.* Dicho de pers., tb. m. y f. *Casi atropello a una viejecita.* Frec. despect. *¡Ese viejo no entiende nada!* **2.** Antiguo o de tiempos pasados. *Las viejas radios eran enormes, verdaderos muebles. Le ha hecho ilusión reencontrarse con viejos compañeros del colegio.* **3.** Que no es nuevo y existe o permanece en un lugar o circunstancias desde hace mucho tiempo. *Aún sigue en pie el viejo muro del jardín. La escasez de agua es un problema viejo. Yo ya soy vieja en la empresa y he visto muchos cambios.* **4.** Estropeado o deslucido por el paso del tiempo o el uso. *La tapicería de las sillas ya está vieja.* ● m. y f. **5.** Am. coloq. Se usa para dirigirse o referirse afectuosamente a alguien, espec. al padre o a la madre, o a la pareja. *¡Con cuánto afán velaba junto a la cabecera de mi viejo!* [C]. *¿De qué te ríes, vieja? –le preguntó su esposo* [C]. *No mi viejo, yo con generales andinos no voy ni a misa* [C]. ○ f. **6.** Am. coloq. Mujer. *Hablando del coche de atrás, ¡qué buena vieja!, 27, 28 años* [C]. *Se vuelve uno más macho para las viejas* [C]. ○ m. pl. **7.** Am. coloq. Padre y madre. *Mis abuelos se sacrificaron por mis viejos; mis viejos se sacrificaron por mí* [C]. ■ **de viejo.** loc. adj. Dicho de tienda, comerciante o artesano: Que se dedica a la venta o reparación de artículos usados. *Le gusta curiosear en las tiendas de viejo. Zapatero de viejo.* Tb. dicho de esos artículos. *¡Mira qué edición he encontrado en un puesto de libros de viejo!* ▶ **1:** ANCIANO.

vienés, sa. adj. **1.** De Viena (capital de Austria). *El concierto correrá a cargo de la orquesta vienesa.* Dicho de pers., tb. m. y f. *Los vieneses son grandes aficionados a la ópera.* ● m. **2.** Café vienés (→ **café**). *Para ella un vienés y para mí un café solo, por favor.*

viento. m. **1.** Movimiento del aire atmosférico. *Se ha levantado un viento frío muy desagradable.* **2.** Cable o cuerda que se ata a algo para mantenerlo firme o moverlo con seguridad. *Para montar la tienda de campaña, engancha los vientos y sujétalos bien.* **3.** coloq. Ventosidad. *A alguien se le ha escapado un viento en el ascensor.* **4.** *Mús.* Conjunto de los instrumentos de viento (→ **instrumento**). Tb. el conjunto de sus instrumentistas. *La crítica ha elogiado al viento de la orquesta, especialmente a los flautistas.* Frec. en pl. *En los primeros compases de la sinfonía, solo intervienen los vientos.* ■ **~s alisios.** m. pl. Vientos (→ 1) regulares que soplan desde las zonas tropicales hasta la zona ecuatorial, en dirección noreste en el hemisferio norte y en dirección sudeste en el hemisferio sur. *Los vientos alisios han favorecido la ejecución de la prueba de vela.* ⇒ ALISIOS. □ **a los cuatro ~s.** loc. adv. Por todas partes y para que se entere todo el mundo. *Quiero gritar la noticia a los cuatro vientos.* ■ **beber** alguien **los ~s** (por una persona). loc. v. coloq. Estar muy enamorado (de ella). *El chico bebe los vientos por la vecina del octavo.* ■ **beber** alguien **los ~s** (por algo). loc. v. coloq. Desear(lo) con ansia y hacer cuanto es posible para conseguir(lo). *Bebe los vientos por conseguir una medalla.* ■ **como el ~.** loc. adv. Rápida o velozmente. *–Ven rápido, por favor. –Como el viento.* ■ **contra ~ y marea.** loc. adv. A pesar de los problemas y las dificultades. *Un accidente lo ha dejado inválido, pero va a trabajar contra viento y marea.* ■ **con ~ fresco.** loc. adv. coloq. Se usa para enfatizar el enfado o la brusquedad con que alguien se va o se le despide. Frec. con v. como *despedir* o *irse* y en constr. imperativas. *¡Lárgate con viento fresco, que no quiero verte más! Se fue con viento fresco dando un portazo.* ■ **correr malos ~s.** loc. v. Ser las circunstancias adversas o desfavorables. *Corren malos vientos para la economía europea.* ■ **llevarse el ~** (algo). loc. v. Ser (eso) inestable o inconsistente. *Vamos a poner el acuerdo por escrito, porque las palabras se las lleva el viento.* ■ **~ en popa.** loc. adv. Satisfactoriamente o sin problemas. *Las reformas de mi casa marchan viento en popa.*

vientre. m. **1.** Cavidad del cuerpo de los vertebrados comprendida entre el tórax y la pelvis, y en la que se contienen los órganos principales de los aparatos digestivo, reproductor y urinario. *El estómago y los intestinos están en el vientre.* **2.** Parte exterior del cuerpo que corresponde al vientre (→ 1). *Tiene una cicatriz en el vientre de cuando la operaron de apendicitis.* **3.** Panza (parte convexa y saliente). *La vasija es negra, con una franja blanca en el vientre.* **4.** *Fís.* En un cuerpo vibrante: Parte central de la porción comprendida entre dos nodos, donde la amplitud de las oscilaciones es máxima. *Calcula la distancia entre dos vientres consecutivos de la cuerda.* ■ **bajo ~.** m. Parte inferior del vientre (→ 1). *Siente un dolor agudo en el bajo vientre.* □ **hacer de(l) ~.** loc. v. eufem. Evacuar excrementos. *Llevo tres días sin hacer de vientre.* ▶ **1, 2:** ABDOMEN, BARRIGA, TRIPA. **3:** *PANZA.

viernes. m. Día de la semana que sigue al jueves. *Los viernes por la tarde va al gimnasio.*

vierteaguas. m. Superficie inclinada que se coloca como protección en puertas y ventanas para escurrir el agua de lluvia. *El chalé tiene puerta y ventanas de madera, y vierteaguas de piedra.*

vietnamita. adj. De Vietnam. *Hanoi es la capital vietnamita.* Dicho de pers., tb. m. y f. *Miles de vietnamitas y estadounidenses murieron en la guerra.*

viga. f. **1.** Madero largo y grueso que se usa para formar los techos y para asegurar y sostener las construcciones. *El campanario de la iglesia tiene las vigas de madera vistas.* **2.** Pieza larga y gralm. prismática, de hierro u otro material resistente, destinada en construcción a los mismos usos que la viga (→ 1). *Han construido un puente con vigas de hormigón armado.*

vigencia. f. Cualidad de vigente. *La actual ley del divorcio dejará de tener vigencia a principios de año.* ▶ VIGOR.

vigente. adj. Dicho espec. de ley, norma o costumbre: Que se aplica, cumple o tiene validez en el momento que se considera. *Los datos se mantendrán en la confidencialidad, de acuerdo con la legislación vigente. Vuelve a estar vigente la moda de los sesenta. Los grandes edificios de la ciudad se ajustan al estilo vigente en la época.*

vigésimo, ma. (APÉND. NUM.). adj. **1.** Que sigue inmediatamente en orden a lo decimonoveno. *Ha celebrado su vigésimo aniversario.* Tb. sustantivado. *Ha llegado a la meta la vigésima.* Seguido de los ordinales *primero* a *noveno*, se usa como ordinal para los números veintiuno a veintinueve. *Vigésima segunda edición del Diccionario.* **2.** Dicho de parte: Que es una de las veinte iguales en que puede dividirse un todo. *Una vigésima parte del precio corresponde a los impuestos.*

vigía. m. y f. Persona destinada a vigilar, espec. el campo o el mar desde una atalaya. *El vigía ha alertado de la llegada de barcos enemigos.*

vigilancia. f. **1.** Hecho de vigilar. *Siga estas pautas sobre prevención de riesgos y vigilancia de la salud. En el concierto, la vigilancia ha corrido a cargo de una empresa privada.* **2.** Servicio organizado para vigilar. *Se informó a la vigilancia del museo de la presencia de unos sospechosos. Han puesto vigilancia en los edificios públicos.*

vigilante. adj. **1.** Que vigila. *La madre, vigilante, no se aparta de la cuna.* ● m. y f. **2.** Persona encargada de vigilar, o que realiza esta actividad como oficio. *El vigilante del aparcamiento ha evitado que nos robaran el coche. Es vigilante jurada.* ▶ **1:** *ATENTO. ‖ **Am: 2:** GUACHIMÁN, VELADOR.

vigilar. tr. Observar (algo o a alguien) atenta y cuidadosamente. *Vigila a los niños, que no se caigan a la piscina. La policía vigila las carreteras. Una comisión vigilará y supervisará el proceso electoral.* Tb. usado en constr. intr. *Alguien ha entrado cuando nadie vigilaba.* ▶ CUSTODIAR, GUARDAR.

vigilia. f. **1.** Hecho de estar despierto o en vela. *Tenía una somnolencia anormal durante las horas de vigilia. Un ruido me espabiló cuando estaba ya entre la vigilia y el sueño.* **2.** Abstinencia de carne, en cumplimiento de un mandato de la Iglesia. *Los viernes de cuaresma hace vigilia.* **3.** Día en que la Iglesia manda guardar vigilia (→ 2). *El Viernes Santo es vigilia.* **4.** *Rel.* Víspera de una festividad. *Han asistido a la misa de la vigilia de Navidad.* ▶ **1:** VELA.

vigor. m. **1.** Fuerza o vitalidad de un ser vivo. *Son deportistas, fuertes y llenos de vigor.* **2.** Viveza o energía en las acciones o en las cosas. *Sacude la manta con vigor. Sus últimos artículos carecen del vigor de sus mejores obras.* **3.** Vigencia. *Las nuevas tarifas entrarán en vigor en septiembre.*

vigorizar. tr. Dar vigor o fuerza (a algo o alguien). *Este tipo de carnes son exquisitas y vigorizan el cuerpo.*

vigoroso, sa. adj. Que tiene vigor o fuerza. *Una buena alimentación contribuye a que el niño crezca sano y vigoroso.*

viguería. f. Conjunto de las vigas de un edificio o construcción. *La casa tiene viguería de madera.*

vigueta. f. Viga pequeña de hierro u hormigón. *Las bóvedas de la galería son de ladrillo, sostenidas por viguetas de hierro.*

VIH. (sigla; pronunc. "uve-i-ache"). m. *Med.* Virus de inmunodeficiencia humana, causante del sida. *El VIH puede transmitirse por vía sexual.*

vihuela. f. Instrumento musical de cuerda, que se toca con arco o pulsándolo con una púa. *Dentro del ciclo de música antigua, se ofrecerá un recital de vihuela y laúd.*

vihuelista. m. y f. Músico que toca la vihuela, o compone música para vihuela. *Se reedita la obra de uno de los mejores vihuelistas del Renacimiento.*

vikingo, ga. adj. **1.** histór. Dicho de individuo: De los pueblos escandinavos de navegantes y guerreros que entre los ss. VIII y XI realizaron incursiones por las islas del océano Atlántico y por Europa occidental. *La ciudad fue fundada por un rey vikingo.* Tb. dicho de esos pueblos. *Los pueblos vikingos rendían culto al dios Odín.* Dicho de pers., tb. m. y f. *Se fue extendiendo el terror por la piratería de los vikingos.* **2.** De los vikingos (→ 1). *Barcos vikingos.*

vil. adj. **1.** Indigno o merecedor de desprecio. *Su secretario es un vil adulador. Ha calificado la ejecución de vil asesinato.* **2.** De valor, calidad o condición muy bajos o despreciables. *El artista combina piedras preciosas con materiales viles, como el barro.* ▶ **1:** *DESPRECIABLE.

vilano. m. Apéndice de pelos o filamentos que corona el fruto de algunas plantas y que sirve para que la semilla sea transportada por el aire. *En primavera, los vilanos tiñen las calles de blanco.*

vileza. f. **1.** Cualidad de vil. *El ensañamiento con los débiles es una demostración de vileza.* **2.** Hecho o dicho viles. *El detenido ha cometido las peores vilezas.*

vilipendiar. (conjug. ANUNCIAR). tr. cult. Despreciar o tratar de modo denigrante (algo o a alguien). *Conseguid el poder y mañana os ensalzarán quienes hoy os vilipendian.*

vilipendio. m. cult. Hecho de vilipendiar. *Fue objeto de burla y vilipendio.*

villa. f. **1.** Población que históricamente poseía determinados privilegios. *El alcalde ha inaugurado las fiestas de la villa.* **2.** Casa de recreo aislada en el campo. *Tienen una villa en la sierra.*

Villadiego. coger, o **tomar, las de ~.** loc. v. coloq. Marcharse apresuradamente para huir de algo. *Cuando llegó la policía, los gamberros ya habían tomado las de Villadiego.*

villancico. m. **1.** Canción popular de tema religioso que se canta por Navidad. *En Nochebuena, todos cantan villancicos en torno al belén.* **2.** *Lit.* Composición poética de carácter popular con estribillo. *A la lírica tradicional pertenecen formas como las jarchas, cantigas o villancicos.* Tb. la composición musical formada sobre esta composición poética. *Compuso villancicos para tres o cuatro voces.*

villanía. f. **1.** Condición de villano o ruin. *Será recordado por su crueldad y villanía.* **2.** Hecho villano. *Cometió la villanía de traicionar a los suyos.*

villano, na. adj. **1.** Ruin o indigno. *Ha acabado con su enemigo de la manera más cobarde y villana. Todos podemos hacer daño, desde el ser más villano al más virtuoso.* Dicho de pers., tb. m. y f. *En los cómics, el superhéroe siempre vence a los villanos.* **2.** histór. Dicho de persona: Que pertenecía al estado llano y habitaba en una villa o aldea. *Nobles y gentes villanas participaban del festejo.* Tb. m. y f. *En el lugar convivían moros y judíos, hidalgos y villanos.*

villorrio. m. despect. Población pequeña y poco urbanizada. *Vive en un villorrio donde no hay ni alcantarillado.*

vilo. en ~. loc. adv. **1.** Manteniéndose la persona o cosa a las que se refiere suspendidas sin apoyo, o con poca estabilidad. *Me ha levantado en vilo y ha empezado a zarandearme. Una cadena mantiene el caldero en vilo sobre la lumbre.* **2.** Con inquietud y desasosiego. *Dime de una vez eso tan importante, que me tienes en vilo.*

vinagre. m. Líquido agrio producido por la fermentación ácida del vino, que se usa como condimento. *Prepara las anchoas con aceite y vinagre.*

vinagrera. f. **1.** Recipiente destinado a contener vinagre para el uso diario. *Rellena la vinagrera.* ○ pl. **2.** Conjunto de un soporte con dos recipientes para aceite y vinagre, y a veces también de otros para condimentos como sal y pimienta, que se usa en el servicio de la mesa. *Puso en la mesa unas vinagreras para que cada uno se aliñase la ensalada a su gusto.* ▶ **2:** ACEITERAS, CONVOY.

vinagreta. f. Salsa compuesta de vinagre, aceite, cebolla y otros ingredientes, que se consume fría. *He preparado una vinagreta para acompañar el marisco. Tomaré puerros a la vinagreta.*

vinajera. f. **1.** Jarra pequeña de las que se usan en la misa para contener el agua o el vino. *El sacerdote echa agua de la vinajera en el cáliz.* ○ pl. **2.** Conjunto de las dos vinajeras (→ 1) y de la bandeja donde se colocan. *Sobre el altar hay un cáliz de oro y unas vinajeras de plata.*

vinatero, ra. adj. **1.** Del vino. *La industria vinatera ha crecido mucho.* ● m. y f. **2.** Persona que se dedica a la fabricación o venta de vino. *Vinateros de distintas comarcas han presentado sus mejores caldos.*

vinazo. m. despect. Vino, espec. si es muy fuerte. *¡Qué peste a vinazo y fritanga había en la taberna!*

vincha. f. Am. Cinta elástica gruesa para sujetar el pelo sobre la frente. *Llevaba el pelo suelto, sujeto con una vincha, y aún no se había maquillado* [C].

vinculación. f. Hecho o efecto de vincular. *Los detenidos tienen vinculación* CON *la mafia.*

vinculante. adj. Que vincula o sujeta a obligación. *Cuando esté firmado, el acuerdo será vinculante.*

vincular[1]**.** tr. **1.** Unir o relacionar mediante un vínculo (una persona o cosa) con otra. *El trabajo no es lo único que me vincula* A *mis compañeros. Los expertos han vinculado la subida de precios* CON *la crisis del petróleo.* Tb.: *Somos independientes, pero nos vincula un objetivo común.* **2.** Sujetar (a alguien) a una obligación. *La nueva norma vinculará a todos los profesores contratados.*

vincular[2]**.** adj. Del vínculo. *Entre madre e hijo se da una fuerte relación vincular.*

vínculo. m. Lazo o cosa inmaterial que une a una persona o cosa con otra. *Entre los dos existe un vínculo de amistad. Se ha descubierto un vínculo entre la enfermedad y un nuevo virus.*

vindicación. f. Hecho de vindicar. *El abogado ha hecho una vindicación del buen nombre de su defendido.*

vindicar. tr. Defender, frec. por escrito, (a alguien o algo injustamente injuriados o calumniados). *El ministro ha vindicado la actuación de su país en el conflicto.*

vindicativo, va. adj. **1.** De la vindicación o que la contiene. *Ha escrito una carta vindicativa en respuesta a las críticas recibidas.* **2.** Vengativo. *No es vindicativo ni rencoroso.*

vínico, ca. adj. Del vino. *Se impulsará la comercialización del vino y productos vínicos regionales.*

vinícola. adj. De la vinicultura. *Gran parte de la población comarcal trabaja en el sector vinícola.*

vinicultor, ra. m. y f. Persona que se dedica a la vinicultura. *Los vinicultores manchegos promocionarán el vino de la región.*

vinicultura. f. Elaboración de vinos. *Aquí se practica una vinicultura tradicional.*

vinificación. f. Transformación del zumo de la uva en vino, mediante un proceso de fermentación. *El proceso de vinificación es distinto en los vinos tintos y en los blancos.*

vinilo. m. **1.** Sustancia química de consistencia parecida a la del plástico o el cuero, que se emplea en la fabricación de muebles, tejidos y otros productos. *Los discos compactos fueron sustituyendo a los de vinilo. Bolso de vinilo.* **2.** Disco fonográfico de vinilo (→ 1). *Aún conserva un tocadiscos y algunos vinilos.*

vino. m. Bebida alcohólica obtenida del zumo de las uvas exprimido y fermentado. *¿Prefieres vino o cerveza?* Tb. una copa o vaso de esta bebida. *Me he tomado dos vinos de aperitivo.* ■ ~ **blanco.** m. Vino de color dorado. *Pidieron vino blanco para acompañar el marisco.* ⇒ BLANCO. ■ ~ **clarete.** m. Vino de color más claro que el tinto. *Les recomiendo un vino clarete o un tinto joven.* ⇒ CLARETE. ■ ~ **de mesa.** m. Vino corriente destinado a acompañar las comidas. *Almorzamos con un vino de mesa que no estaba mal.* ■ ~ **de solera.** m. Vino generoso (→ **vino generoso**) que se destina a dar vigor al vino nuevo. *Elaboran el cava a partir de vinos de solera envejecidos en barricas.* ■ ~ **generoso.** m. Vino más añejo y de más graduación que el común. *El jerez es uno de los mejores vinos generosos que he probado.* ■ ~ **rosado.** m. Vino de color rosado. *Con las carnes blancas va mejor un vino rosado.* ⇒ ROSADO. ■ ~ **tinto.** m. Vino de color muy oscuro. *Regarán el banquete con vinos tintos de La Rioja.* ⇒ TINTO. □ **tener** alguien **mal** ~**.** loc. v. Comportarse agresivamente durante el estado de embriaguez. *No dejes que se emborrache, que tiene mal vino.* ▶ CALDO.

vinoso, sa. adj. Del vino, o de características semejantes a las suyas, espec. su color o apariencia. *Luce un clavel de color rojo vinoso.*

viña. f. Terreno plantado de vides. *Recorrimos la viña: las cepas estaban ya rebosantes de uva.* ▶ VIÑEDO.

viñador, ra. m. y f. Persona que cultiva una viña. *El viñador ha sulfatado las vides.*

viñedo. m. Viña. *Es dueño de varios viñedos.*

viñeta. f. **1.** Recuadro con dibujos que forma una serie con otros para componer una historieta. *Inventa una historia y dibújala en viñetas.* **2.** Dibujo o escena impresos en una publicación, gralm. de carácter humorístico y a veces acompañados de texto. *Publica una viñeta diaria en un periódico.* **3.** Dibujo o estampa que se ponen como adorno en el principio o final de un libro o un capítulo. *Hojeó un libro salpicado de orlas y viñetas.*

viola. f. **1.** Instrumento musical de cuerda y arco, parecido al violín, pero más grande y de sonido más grave. *Han interpretado un concierto para viola y orquesta.* ○ m. y f. **2.** Músico que toca la viola (→ 1). *El solo del segundo movimiento corre a cargo del viola.*

violáceo, a. adj. De color violeta, o que tira a violeta. *Lleva un vestido de seda en tonos violáceos.*

violación. f. Hecho de violar. *Toda violación del reglamento será sancionada. Fue acusado del secuestro y violación de una mujer.*

violado, da. adj. cult. De color violeta. *El anillo tiene una piedra violada.* Tb. m., referido a color.

violador, ra. adj. Que viola. *Hoy subsisten regímenes violadores de los derechos humanos.* Dicho de pers., tb. m. y f. *Se abrirá expediente disciplinario a cualquier violador de esta norma.* Referido espec. a la pers. que viola a otra. *Va a empezar el juicio contra el presunto violador.*

violar. tr. **1.** Infringir o incumplir (algo como una ley, norma, promesa o acuerdo). *La justicia caerá sobre quien viole la ley. Acusan a un médico de violar el secreto profesional. Al encabezar la rebelión, estaba violando su juramento de lealtad al rey.* **2.** Realizar el acto sexual (con alguien) en contra de su voluntad, o cuando está privado de sentido o es menor de doce años. *Algunos soldados han violado a mujeres durante la guerra.* **3.** Profanar (un lugar sagrado). *Entrar en la ermita con armas sería violar un espacio sagrado.* ▶ **1:** *INFRINGIR.

violatorio, ria. adj. frecAm. Que viola algo, espec. una ley o un derecho. *Prácticas violatorias de los derechos humanos* [C]. *Tal iniciativa es violatoria de la Constitución Nacional* [C].

violencia. f. **1.** Cualidad de violento. *Los telespectadores se quejan de la violencia de las imágenes emitidas.* **2.** Acción violenta. *¡Dejad de pelear, que no quiero violencias en mi local!*

violentar. tr. **1.** Someter (algo o a alguien) a métodos violentos para vencer su resistencia. *Han violentado las cajas de seguridad del banco.* **2.** Dar interpretación o sentido violento (a lo dicho o escrito). *Estás violentando mis palabras: yo no he dicho eso.* **3.** Poner (a alguien) en una situación violenta. *Me violenta hablar de mis problemas ante desconocidos.*

Tb. en constr. prnl. media. *Se violenta cuando se habla de política.*

violento, ta. adj. **1.** Dicho de persona: Impetuosa y que se deja llevar por la ira. *Es tan violento que siempre acaba haciendo uso de la fuerza.* **2.** Propio de la persona violenta (→ 1). *Tiene un carácter muy violento.* **3.** Que implica una fuerza o intensidad extraordinarias. *Una violenta tempestad hizo zozobrar el barco. El coche dio un giro violento.* **4.** Que implica el uso de la fuerza, física o moral. *Defiende las acciones violentas para conseguir objetivos políticos.* **5.** Que está fuera de su estado o tendencia natural. *Esa postura del brazo es muy violenta.* **6.** Dicho del sentido o interpretación que se da a lo dicho o escrito: Falso o fuera de lo natural. *Eso me parece una interpretación violenta de sus palabras.* **7.** Dicho de situación: Incómoda o embarazosa. *Si apareces en la fiesta sin haber sido invitado, se va a producir una situación violenta.* **8.** Dicho de persona: Tensa o incómoda en una situación determinada. *Me siento violenta en su presencia.*

violeta. f. **1.** Flor muy aromática y gralm. de color morado claro. *Le ha regalado un ramo de violetas.* Tb. su planta. *Las violetas han florecido.* ○ m. **2.** Color morado claro como el de la violeta (→ 1). *Los rosas y violetas te alegran la cara.* Tb. adj. *El sacerdote lleva una túnica de color violeta.*

violetera. f. Mujer que vende ramos de violetas en lugares públicos. *En sus cuadros retrata a las típicas cigarreras y violeteras de la época.*

violín. m. **1.** Instrumento musical de cuerda y arco, que se toca sujetándolo entre el hombro y la barbilla. *Toca el violín en un cuarteto de cuerda.* En pl., tb. la familia de instrumentos a la que pertenece. *Entre los violines, el sonido más grave lo tiene el violonchelo.* ● m. y f. **2.** Violinista. *En una orquesta de cámara, el primer violín suele hacer las veces de director.*

violinista. m. y f. Músico que toca el violín. *Es violinista y profesor de solfeo.* ▶ VIOLÍN.

violón. m. **1.** histór. *Mús.* Instrumento musical de cuerda y arco, precedente del contrabajo actual. *La partitura, del siglo* XVIII, *está escrita para violines, flautas y violón.* **2.** histór. Músico que tocaba el violón (→ 1). *Han contratado a dos oboes y un violón.*

violoncelista. m. y f. Violonchelista. *El cuarteto cuenta con un violoncelista y tres violinistas.*

violoncelo. m. **1.** Violonchelo (instrumento). *Toca el violoncelo.* ○ m. y f. **2.** Violonchelista. *Es violoncelo en la orquesta.* ▶ **1:** *VIOLONCHELO.

violonchelista. m. y f. Músico que toca el violonchelo. *En la Filarmónica hay una plaza vacante de violonchelista.* ▶ CHELISTA, CHELO, VIOLONCELISTA, VIOLONCELO, VIOLONCHELO.

violonchelo. m. **1.** Instrumento musical de cuerda y arco, más grande y de sonido más grave que la viola, y que se toca sentado y sujetándolo entre las piernas. *Me encantan las suites para violonchelo de Bach.* ○ m. y f. **2.** Violonchelista. *Es el violonchelo del grupo.* ▶ **1:** CHELO, VIOLONCELO.

vip. (pl. **vips**; tb. **VIP**). m. y f. Persona que recibe un trato especial por ser importante o famosa. *Este aparcamiento está reservado a los vips.* Frec. en aposición para referirse a lo relacionado con esas personas. *El artista descansa en la zona vip del aeropuerto.*

viperino, na. adj. De la víbora, o de características atribuidas a ella, espec. su carácter dañino. *Es un articulista temible, viperino. Controla esa lengua viperina.*

virada. f. Hecho de virar. Se usa espec. en náutica. *El timonel realiza una suave virada.*

viraje. m. Hecho de virar. *El piloto ha realizado un viraje para sortear las turbulencias. Sus ideas han experimentado un viraje del comunismo al fascismo.*

viral. adj. *Med.* Vírico. *Padece una infección viral grave.*

virar. intr. **1.** Cambiar de dirección un vehículo, espec. una embarcación, o quien lo pilota. *Un autobús vira a la izquierda y toma el desvío. El capitán ha virado para no chocar con un iceberg.* **2.** Evolucionar o cambiar. *La luz del amanecer va virando del naranja al celeste.* Frec. hablando de ideas o actitudes, o de la pers. que las tiene. *Al final de su vida, viró hacia posturas más radicales.* ○ tr. **3.** Hacer que (algo) vire (→ 1). *El timonel vira la nave hasta describir un círculo. En algún momento viraría la mirada y me vería.*

virgen. adj. **1.** Dicho de persona: Que no ha tenido relaciones sexuales. *Aún era virgen cuando conoció a su novio.* Dicho de pers., tb. m. y f.; más frec. referido a mujer. *Las sacerdotisas de los dioses eran elegidas entre las vírgenes del lugar.* **2.** Dicho de terreno: Que no ha sido cultivado o explorado. *Un hacendado compró cien hectáreas de terreno virgen para plantar café. En el norte, más agreste, aún quedan muchas zonas vírgenes.* **3.** Dicho de cosa: Que aún no ha sido utilizada para el uso al que está destinada. *Te he traído una cinta virgen para que me grabes la película.* **4.** Dicho espec. de sustancia o producto: Que conserva su pureza original y no ha sido sometido a mezcla o elaboración compleja. *Lleva un jersey de lana virgen. Echa a la ensalada aceite de oliva virgen.* ● f. **5.** (Frec. en mayúsc.). Imagen o representación de la Virgen (→ **la Virgen**). *Hay una Virgen de mármol en la entrada del colegio.* ■ **la Virgen.** loc. s. María, madre de Jesucristo. *Antes de cada corrida, se encomienda a la Virgen.* ■ **viva la Virgen.** → **vivalavirgen.** ▶ **1:** ENTERO.

virginal. adj. **1.** De la persona virgen. *Era impensable que la novia perdiera su condición virginal antes de la boda.* **2.** Puro o inmaculado. *La inocencia se refleja en su mirada limpia y virginal.* **3.** De la Virgen María. *En el cuadro, María arropa al Niño con el manto virginal.*

virginidad. f. Condición de virgen. *Perdió la virginidad en su noche de bodas.* ▶ DONCELLEZ.

virgo. m. y f. **1.** Persona nacida bajo el signo de Virgo. *Si nació el 10 de septiembre, es una virgo.* Tb. adj. *Hombre virgo.* ○ m. **2.** coloq. Himen. *La alcahueta Celestina se dedicaba a arreglar amoríos y remendar virgos.*

virguería. f. coloq. Cosa o acción excelentes, espec. las realizadas con gran primor o habilidad. *Le han regalado un anillo que es una virguería. Lleva solo unos meses tocando el violín, pero ya hace virguerías. Con este sueldo no puedo hacer virguerías.*

vírico, ca. adj. *Med.* De los virus. *Tiene una gastroenteritis de origen vírico.* ▶ VIRAL.

viril. adj. Varonil. *El pene es un órgano sexual viril. Sorprenden en la muchacha sus ademanes bruscos y viriles.*

virilidad. f. Cualidad de viril. *Ponen en duda su virilidad por ser amanerado.*

virilización. f. Hecho o efecto de virilizar o virilizarse. *La abundancia de vello facial en la mujer es un signo de virilización.*

virilizar. tr. Dar caracteres viriles (a alguien o algo). *Cree que la disciplina militar viriliza el carácter.* Tb.

en constr. prnl. media. *En algunos deportes, las atletas se han virilizado.*

virología. f. Parte de la microbiología que estudia los virus. *Los especialistas en virología trabajan en la creación de nuevas vacunas.*

virólogo, ga. m. y f. Especialista en virología. *El premio ha recaído en los virólogos descubridores del virus del sida.*

virreina. → **virrey.**

virreinal. adj. Del virrey o del virreinato. *Estudiaremos la arquitectura del período virreinal.*

virreinato. m. **1.** Cargo o dignidad de virrey. *Blasco Núñez de Vela tomó posesión del virreinato del Perú en 1544.* Tb. el tiempo que dura ese cargo. *El monumento se erigió durante su virreinato.* **2.** Territorio bajo la autoridad de un virrey. *Las colonias españolas de América se dividían en cuatro virreinatos.*

virrey, virreina. m. y f. **1.** histór. Persona que representaba al rey en un territorio de la corona, y lo gobernaba en su nombre. *Felipe II nombró virrey de Nápoles al duque de Alba.* ○ f. **2.** histór. Mujer del virrey (→ 1). *Llegó a la fortaleza el virrey, acompañado de la virreina.*

virtual. adj. **1.** Que reúne las condiciones necesarias para llegar a ser real o efectivo, aunque no lo es. *A falta de cinco partidos para el final de la liga, es el virtual campeón.* **2.** Que tiene existencia aparente, y no real. Frec. referido a un recurso informático que realiza la misma función que la cosa real de que se trata. *Se puede acceder a bibliotecas virtuales por medio de Internet. Centro virtual de educación a distancia.*

virtualidad. f. Cualidad de virtual. *Enseñamos al niño a diferenciar entre la virtualidad de los videojuegos y la realidad.*

virtud. f. **1.** Hábito de hacer el bien y comportarse de acuerdo con la moral. *Practicó la virtud toda su vida y, tras su muerte, fue elevado a los altares. El uno tiene la virtud de la humildad; el otro, el vicio de la soberbia.* **2.** Cualidad buena o positiva de alguien o de algo. *Destacaría entre sus virtudes la inteligencia y la generosidad. Tendrá muchos defectos, pero también la virtud de saber dialogar. El libro tiene la virtud de ser claro.* **3.** Capacidad o facultad de algo para producir un efecto. *Son conocidas las virtudes expectorantes y balsámicas del eucalipto.* ■ **~ cardinal.** f. *Rel.* Cada una de las cuatro virtudes (→ 1) que son principio de otras contenidas en ellas. *Las virtudes cardinales son prudencia, justicia, fortaleza y templanza.* ■ **~ teologal.** f. *Rel.* Cada una de las tres virtudes (→ 1) cuyo objeto inmediato es Dios. *Las virtudes teologales son fe, esperanza y caridad.* □ **en ~** (de algo). loc. adv. A consecuencia (de ello). *La ley no puede establecer diferencias en virtud* DE *la raza* O DEL *sexo.*

virtuosismo. m. Dominio excelente de la técnica de algo, espec. de un arte. *El violinista debe su virtuosismo a su talento natural y a las muchas horas de práctica.*

virtuosista. adj. Del virtuosismo, o hecho con virtuosismo. *La orquesta destaca por sus interpretaciones virtuosistas.*

virtuosístico, ca. adj. Virtuosista. *La segunda parte del concierto es más brillante y virtuosística.*

virtuoso, sa. adj. **1.** Que tiene virtudes o practica la virtud. *La madre es una mujer inteligente y virtuosa.* Dicho de pers., tb. m. y f. *El mundo no se divide solo en malvados y virtuosos.* **2.** Dicho de cosa: Propio de la persona virtuosa (→ 1). *Lleva una vida feliz y virtuosa.* **3.** Dicho de artista: Que domina de modo extraordinario la técnica de su arte. *El virtuoso saxofonista nos ha deleitado con un magnífico solo.* Tb. m. y f. *Es una virtuosa de la guitarra.* **4.** Dicho de persona: Que domina la técnica de algo. *Es un cocinero virtuoso.* Tb. m. y f. *Se ha convertido en una virtuosa de los ordenadores.*

viruela. f. *Med.* Enfermedad infecciosa, contagiosa y epidémica, caracterizada por la erupción de numerosas ampollas llenas de pus y cuyas costras dejan cicatrices al caerse. *De pequeña me vacunaron contra la viruela.* A veces en pl. con significado sing. *Una epidemia de viruelas sacudió el continente.* Tb. cada una de esas ampollas. *Es muy guapa, lástima que tenga la cara picada de viruelas.*

virulé. a la ~. loc. adv. En mal estado o de mal modo. *Le han puesto un ojo a la virulé de un puñetazo. Va desgarbado y con las ropas a la virulé.*

virulencia. f. Cualidad de virulento. *Discuten con virulencia. Se ha levantado un viento de gran virulencia.*

virulento, ta. adj. **1.** Ardoroso y cargado de saña o mordacidad. Referido espec. a discurso o forma de expresión. *Ha lanzado virulentas acusaciones contra mí.* **2.** Dicho de germen o agente infeccioso: Muy nocivo y con gran capacidad para causar una infección o una enfermedad y expandirse. *Se detectan gérmenes virulentos en el cultivo de orina. Las cepas del virus de la gripe han sido más virulentas este año.* Dicho tb. de esa infección o enfermedad. *Una virulenta epidemia de cólera ha invadido el país.*

virus. m. **1.** *Biol.* Microorganismo infeccioso capaz de reproducirse en células vivas de las que es parásito, y de causar y propagar así enfermedades. *El niño tiene una diarrea causada por un virus.* **2.** *Inform.* Programa introducido de forma accidental o intencionada en un ordenador, y que destruye o altera la información almacenada. *Un virus transmitido a través del correo electrónico ha borrado todos los archivos.*

viruta. f. Lámina delgada y gralm. enrollada en espiral, que se saca de la madera o de un metal al trabajarlos con un cepillo u otra herramienta cortante. *El suelo de la carpintería está lleno de virutas.*

vis¹. ~ cómica. (loc. lat.). f. Capacidad de una persona, espec. de un actor, para hacer reír. *Es un gran actor trágico, pero carece de vis cómica.*

vis². ~ a ~. loc. adv. **1.** Cara a cara. *Mañana nos veremos y discutiremos el asunto vis a vis.* □ m. **2.** Encuentro autorizado a solas, mantenido en una prisión entre un preso y un visitante. Designa espec. el mantenido entre un preso y su pareja. *Han cacheado al recluso después del vis a vis con su compañera.*

visa. f. frecAm. Visado. *Estados Unidos le canceló la visa al mandatario* [C].

visado. m. Hecho de visar un documento. *Ha solicitado el visado de su pasaporte para ir a trabajar a Estados Unidos.* Tb. ese documento. *En la aduana me han pedido el visado.* ▶ **frecAm:** VISA.

visaje. m. Gesto exagerado del rostro. *Hace constantes visajes por el dolor.*

visar. tr. **1.** Examinar (algo) y poner(le) el visto bueno. *Un tesorero controla y visa todos los gastos.* **2.** Dar validez la autoridad competente (a un documento, espec. un pasaporte) para determinado uso. *Deberá pasar por la embajada para visar el pasaporte.*

víscera. f. Órgano de los contenidos en las principales cavidades del cuerpo del hombre o de los animales. *En el tórax se encuentran dos vísceras fundamentales: el corazón y los pulmones.* ▶ ENTRAÑA.

visceral. adj. **1.** De las vísceras. *Describa la cavidad visceral del abdomen.* **2.** Dicho espec. de sentimiento o reacción: Muy intenso e irracional. *Siente un amor visceral que roza la locura.* **3.** Dicho de persona: Que se deja llevar por sentimientos o reacciones viscerales (→ 2). *Es tan visceral que actúa sin pensar en las consecuencias.*

visceralidad. f. Cualidad de visceral. *Sus primeras obras reflejan toda la visceralidad de la juventud.*

viscosa. → **viscoso.**

viscosidad. f. **1.** Cualidad de viscoso. *Me repele la viscosidad de las ostras.* **2.** Sustancia viscosa. *El fondo del recipiente está cubierto por una viscosidad mugrienta.* **3.** *Fís.* Propiedad de los fluidos que presentan una resistencia a fluir, debida al rozamiento entre sus moléculas. *¿Por qué disminuye la viscosidad de un líquido al aumentar la temperatura?*

viscoso, sa. adj. **1.** Pegajoso y de consistencia ligeramente pastosa. *Aquel líquido denso y viscoso era cola para madera.* ● f. **2.** Producto que se obtiene mediante el tratamiento de la celulosa y se emplea espec. para la fabricación de fibras textiles. Tb. la fibra o tejido fabricados con este producto. *La tela tiene un 40% de poliéster y un 60% de viscosa. Llevaré un vestido de viscosa muy ligero.*

visera. f. **1.** Pieza delantera y saliente de una gorra u otra prenda semejante, que sirve para proteger los ojos del sol. *La tenista lleva la visera de la gorra levantada.* Tb. la gorra provista de esa pieza. *Ponte la visera, que vas a coger una insolación.* **2.** Pieza independiente que se sujeta a la cabeza con una cinta, y tiene la misma función que la visera (→ 1). **3.** histór. Pieza móvil del yelmo de una armadura, que cubría y protegía el rostro y tenía agujeros o ranuras para permitir ver. *El caballero se bajó la visera y se lanzó al ataque.*

visibilidad. f. **1.** Condición de visible. *Los peatones en carretera deben llevar un elemento reflectante de alta visibilidad.* **2.** Distancia a la que existe posibilidad de ver o distinguir los objetos. *Hay niebla y la visibilidad no supera los 50 m.* Tb. esa posibilidad. *Retrasaron el vuelo por falta de visibilidad.*

visibilizar. tr. Hacer visible (algo). *La campaña pretende visibilizar los problemas de los discapacitados.* ▶ VISUALIZAR.

visible. adj. **1.** Que se puede ver. *Hay en la materia partículas diminutas, invisibles o visibles solo con microscopio.* **2.** Claro o evidente. *Antes del examen sus nervios eran visibles.* ▶ **2:** *EVIDENTE.

visigodo, da. adj. histór. De un pueblo germánico que fundó un reino en la Península Ibérica en el siglo V. *Recaredo fue un rey visigodo.* Dicho de pers., tb. m. y f. *Los visigodos establecieron la capital del reino en Toledo en el año 554.*

visigótico, ca. adj. De los visigodos. *Dentro del arte prerrománico merece atención la arquitectura visigótica.*

visillo. m. Cortina pequeña y gralm. muy fina y casi transparente, que se coloca en la parte interior de los cristales de una puerta o ventana. *Pondremos visillos, para que entre bien la luz.*

visión. f. **1.** Hecho o efecto de ver. *Lleva gafas para mejorar la visión. La visión del hogar después de tanto tiempo la ha emocionado. Se necesitan jóvenes con visión de futuro.* **2.** Punto de vista sobre un asunto. *Su visión del asunto es muy particular.* **3.** Creación de la fantasía o imaginación, que no tiene realidad y se toma como verdadera. *Los gigantes son visiones de Don Quijote.* ■ **quedarse** alguien **como quien ve visiones.** loc. v. coloq. Quedarse atónito o pasmado. *Cuando se ha enterado del precio del abrigo, se ha quedado como el que ve visiones.* ■ **ver** alguien **visiones.** loc. v. coloq. Dejarse llevar excesivamente por la imaginación, hasta el punto de equivocarse o creer ver lo que no existe. *–Ayer vi a Juan en la ciudad. –Tú ves visiones, porque está en el extranjero.* ▶ **1:** VISTA.

visionado. m. Hecho de visionar. *Durante el visionado de la película, la sala ha prorrumpido en aplausos.*

visionar. tr. Ver (imágenes cinematográficas o televisivas), espec. con un criterio o interés técnicos o críticos. *El jurado ha visionado nuevamente todas las películas presentadas al festival.*

visionario, ria. adj. **1.** Dicho de persona: Que tiene gran fantasía y se cree con facilidad cosas imaginarias o irreales. *Lo han calificado de líder visionario.* Tb. m. y f. *El poeta era un romántico y un visionario.* **2.** Que se adelanta a su tiempo o tiene visión de futuro. *Goya fue un artista visionario.* Dicho de pers., tb. m. y f. *Ha sido siempre una visionaria para los negocios.*

visir. m. histór. Ministro de un soberano musulmán. *El califa pidió consejo a sus visires.* ■ **gran ~.** m. histór. Primer ministro de un soberano musulmán. *El gran visir recibió a los embajadores en nombre del sultán.*

visita. f. **1.** Hecho de visitar. *Me ha hecho mucha ilusión vuestra visita. La visita a la ciudad no está incluida en el precio del viaje.* **2.** Persona o grupo de personas que visitan. *Tengo que colgar, que llega una visita.* ■ **~ de(l) médico.** f. coloq. Visita (→ 1) muy breve. *Hablamos poco: siempre hace la visita del médico.*

visitación. (Frec. en mayúsc.). f. *Rel.* Visita. Designa la que hizo la Virgen María a su prima Santa Isabel. *Un cuadro de la Visitación de la Virgen preside la entrada del monasterio.*

visitador, ra. adj. **1.** Que visita con frecuencia. Tb. m. y f. *Es aficionado al cante y un visitador habitual de los tablados.* ● m. y f. **2.** Persona que visita a los médicos para mostrarles los productos y novedades de un laboratorio farmacéutico. *La visitadora le ha dicho al pediatra que ha salido un nuevo modelo de inhalador infantil.* **3.** Persona que realiza visitas de reconocimiento o inspección. *El visitador que comanda la expedición debe informar sobre los recursos de los territorios descubiertos.*

visitante. adj. Que visita. *Nativos y turistas visitantes conviven sin problemas.* Dicho de pers., tb. m. y f. *El museo recibe en estas fechas muchos visitantes.*

visitar. tr. **1.** Ir a ver (a una persona) a su casa o a otro lugar de estancia, gralm. por cortesía. *La semana que viene iré a visitarlos.* **2.** Ir (a un lugar) para conocer(lo). *Le gustaría visitar Santiago.* **3.** Ir un médico a casa (de un enfermo) para atender(lo). *Mientras ha estado convaleciente, la doctora lo ha visitado cada semana.*

visiteo. m. coloq. o despect. Hecho de hacer o recibir muchas visitas. *Llega a cansar tanto visiteo.*

vislumbrar. tr. **1.** Ver (algo) de manera confusa por la distancia o la falta de luz. *Al amanecer, vislumbramos la cumbre.* **2.** Conocer (algo) de manera imprecisa, o conjeturar(lo) por indicios. *Meses después del accidente, ha empezado a vislumbrar la recuperación.* ▶ ATISBAR.

vislumbre. m. (Tb. f.). Hecho o efecto de vislumbrar. *El vislumbre de unas casas lejanas animó al caminante. Hay vislumbres de reconciliación entre las dos facciones.* ▶ *INDICIO.

viso. m. **1.** Apariencia de alguien o algo. *Tal acumulación de datos da un viso* DE *realidad a la novela.* Frec. en pl. con significado sing. *La tormenta no tiene visos* DE *amainar. Es un sinvergüenza con visos* DE *señorito.* **2.** Reflejo o resplandor ondulados que produce la luz en una superficie. *Pasa horas contemplando los visos del agua del mar. Las cortinas hacen visos irisados.* **3.** Forro o combinación que se ponen debajo de un vestido o una falda que se transparentan. *Por la abertura de la falda se le ve el viso.* ▶ **1:** *APARIENCIA. **3:** *COMBINACIÓN.

visón. m. **1.** Mamífero carnívoro de cuerpo alargado, patas cortas y color pardo oscuro, cuya piel es muy apreciada en peletería. *El visón hembra.* Tb. la piel. *Lleva una estola de visón.* **2.** Prenda de vestir, espec. un abrigo, hecha con piel de visón (→ 1). *En cuanto llega el frío, saca el visón del armario.*

visor. m. **1.** En un aparato fotográfico: Dispositivo óptico que permite enfocar los objetos y delimitar el campo de visión. *Para sacar una foto, mire por el visor, enfoque y dispare.* **2.** En un arma de fuego: Dispositivo óptico que ayuda a precisar la puntería. *Un rifle de caza con visor.*

víspera. f. **1.** Día inmediatamente anterior con relación a otro determinado. *La víspera del martes de carnaval habrá baile de disfraces. Unos invitados llegarán el día de la boda, y otros, la víspera.* **2.** Tiempo inmediatamente anterior a algo, espec. a un suceso. *En el museo se conservan restos desde el Paleolítico hasta la víspera de nuestro tiempo.* Frec. en pl. *En vísperas del referéndum las medidas de seguridad serán extremas. Estamos en vísperas de conseguir algo importante.* ○ pl. **3.** *Rel.* Hora canónica que se reza después de nona. *Las campanas del convento tocan a vísperas.*

vista. f. **1.** Sentido corporal que permite percibir los objetos por los ojos, mediante la acción de la luz. *Las personas ciegas están privadas del sentido de la vista.* **2.** Conjunto de ambos ojos, que constituyen los órganos de la vista (→ 1). *La van a operar de la vista porque tiene cataratas.* **3.** Visión (hecho de ver). *La vista de mi padre postrado en la cama me deprime.* **4.** Mirada (hecho de mirar). *Al verme bajó la vista.* **5.** Aptitud para descubrir o intuir lo que no es evidente. *Tiene mucha vista para los negocios.* **6.** Apariencia o aspecto. *El asado tiene buena vista.* **7.** Extensión de terreno que se contempla desde un punto. *Desde aquí hay una vista fantástica del palacio y los jardines.* Frec. en pl. *La casa tiene unas vistas impresionantes.* **8.** Representación visual de lo que se ve desde un punto. *Tiene sobre su escritorio una vista de su pueblo natal.* **9.** *Der.* Acto en que se expone un hecho ante un tribunal con presencia de ambas partes, oyendo a los defensores o interesados que a él asistan. *Han retrasado la fecha de la vista.* **10.** Parte de una cosa que no se oculta a la vista (→ 3). *La capa lleva vistas de terciopelo.* ■ **~ cansada.** f. Defecto óptico adquirido por la edad y caracterizado por la visión confusa de los objetos cercanos. *Tiene vista cansada.* ⇒ PRESBICIA. ■ **~ corta.** f. Defecto óptico caracterizado por la visión confusa de los objetos lejanos. *Padece de vista corta desde pequeño.* ⇒ MIOPÍA. ■ **~ de águila.** f. Vista (→ 3) que alcanza a mucha distancia. *Me divisó a lo lejos con su vista de águila.* ■ **~ de lince.** f. Vista (→ 3) muy aguda. *Encontró enseguida la lentilla con su vista de lince.* □ **a la ~.** loc. adv. **1.** De manera visible. *No dejes objetos de valor a la vista, que te los pueden robar. El centinela gritó: –¡Barco a la vista!* **2.** De manera evidente. *Por el tono bronceado de tu piel, a la vista está que has estado en la playa.* **3.** Al parecer o aparentemente. *A la vista todo está bien.* **4.** En perspectiva. *Tengo un negocio a la vista.* □ loc. adj. **5.** Dicho de documento bancario: Que se hace efectivo inmediatamente. *Una letra de cambio a la vista se hace efectiva en el momento de su presentación.* Tb. loc. adv. *En el comercio algunas letras se libran a la vista.* ■ **a la ~ de.** loc. prepos. En presencia de o delante de. *La disputa se produjo a la vista de todos los empleados.* ■ **a primera,** o **a simple, ~.** loc. adv. Sin fijarse mucho. *A simple vista tu examen está muy bien, pero tengo que leerlo más detenidamente.* ■ **a ~ de pájaro.** loc. adv. Mirando desde un punto muy elevado. *La gente y los coches contemplados a vista de pájaro parecen hormigas.* ■ **conocer de ~** (a alguien). loc. v. Conocer(lo) exclusivamente de manera visual, sin trato o contacto. *A ver si me presentas a tu novio, que solo lo conozco de vista.* ■ **con ~s a.** loc. prepos. Para, o con el propósito de. *Está estudiando idiomas con vistas a trabajar como guía turístico.* ■ **corto de ~.** loc. adj. **1.** Miope. *Es tan corto de vista que no ve lo que hay de aquí a un metro.* **2.** Poco perspicaz. *Ante aquel problema la empleada mostró ser bastante corta de vista.* ■ **echar** alguien **la ~ encima** (a otra persona). loc. v. coloq. Llegar a ver(la). *No pude echarle la vista encima porque, cuando llegué a su casa, había salido.* ■ **en ~ de.** loc. prepos. Como consecuencia de. *Hoy no se queda nadie a comer en casa, en vista de lo cual comeré sola.* ■ **hacer** alguien **la ~ gorda.** loc. v. coloq. Fingir que no ha visto o notado algo. *Mi padre hizo la vista gorda cuando se dio cuenta de que había fumado en el baño.* ■ **hasta la ~.** expr. Se usa como despedida. *Me marcho; hasta la vista.* ■ **nublársele la ~** (a alguien). loc. v. Empezar a ver esa persona de forma confusa. *Tenía tanta hambre que se me nubló la vista y me desmayé.* ■ **perder** alguien **de ~** (a una persona o cosa). loc. v. **1.** Dejar de ver(las). *He perdido de vista el barco cuando ha virado en el acantilado.* Tb. fig. *Tengo ganas de que acaben las clases para perder de vista a los profesores.* **2.** Dejar de observar(las) con cuidado y vigilancia. *Perdí de vista un segundo las maletas en el aeropuerto y, cuando volví a mirar, ya no estaban. En la playa, el socorrista no pierde de vista a los bañistas.* ■ **saltar** algo **a la ~.** loc. v. Ser evidente. *Fíjate en cómo se miran: salta a la vista que están enamorados.* ■ **tener ~** algo. loc. v. Tener buena apariencia. *Un traje arrugado no tiene vista.* ■ **volver** alguien **la ~ atrás.** loc. v. Recordar sucesos del pasado o reflexionar sobre ellos. *He decidido empezar una nueva vida sin volver la vista atrás.* ▶ **3:** VISIÓN. **4:** MIRADA.

vistazo. m. Mirada superficial o rápida. Gralm. con *dar* o *echar*. *Solo he echado un vistazo, pero creo que no había nadie conocido.*

visto. → **ver.**

vistosidad. f. Cualidad de vistoso. *Nos han recibido en un salón de impresionante vistosidad.*

vistoso, sa. adj. Que atrae la atención por su brillantez, colorido o magnífica apariencia. *La novia lleva un vistoso tocado de flores.*

visual. adj. **1.** De la visión o la vista. *La oculista me ha hecho algunas pruebas de agudeza visual.* • f. **2.** Línea recta imaginaria que va desde el ojo del observador hasta el objeto observado. *El ángulo entre la visual del espectador y la perpendicular de la pantalla será inferior a 40º.*

visualidad. f. Efecto agradable que produce un conjunto de objetos vistosos. *Valora el arte por su visualidad, más que por su perfección.*

visualización. f. Hecho de visualizar. *Puede ser conveniente la visualización de las bacterias mediante el microscopio. Un bloqueo del sistema impediría la visualización de archivos.*

visualizar. tr. **1.** Hacer visible, frec. por medios artificiales, (algo que no se puede ver a simple vista). *El nuevo telescopio permite visualizar los astros más lejanos.* **2.** Representar (algo) mediante imágenes. *Visualiza el crecimiento del empleo mediante un gráfico.* **3.** Formar en la mente la imagen visual (de algo). *Le ha dado muchas vueltas hasta que ha empezado a visualizar el proyecto. Escuchando su relato, es fácil visualizar la escena.* **4.** *Inform.* Hacer visible (algo) en la pantalla de un ordenador. *Visualiza la ventana de ayuda pulsando la tecla F1.* Tb. en constr. prnl. media. *Con un clic sobre el icono, el documento se visualiza.* ▶ **1:** VISIBILIZAR.

vital. adj. **1.** De la vida. *Explica el ciclo vital de una planta.* **2.** De gran importancia. *La firma del acuerdo es vital para el fin de las hostilidades.* **3.** Que tiene mucha energía o impulso para vivir o actuar. *A sus setenta años sigue tan vital como siempre.*

vitalicio, cia. adj. Dicho espec. de un cargo o de una renta: Que duran hasta el final de la vida de la persona que los ha obtenido. *Lo han nombrado presidente vitalicio de la compañía. Recibe una pensión vitalicia por su invalidez.* ▶ PERPETUO.

vitalidad. f. Energía o impulso para vivir o desarrollarse. *Rebosa vitalidad.* Tb. fig. *La cultura autóctona fue perdiendo vitalidad ante la invasora romana.* ▶ VIDA.

vitalismo. m. *Fil.* y *Biol.* Doctrina según la cual los fenómenos biológicos se explican por la acción no solo de las fuerzas de la materia, sino también de una fuerza vital irreductible a procesos físicos o químicos. *El vitalismo propuso una interpretación de la existencia opuesta a la del mecanicismo.*

vitalista. adj. **1.** Del vitalismo. *Ya en el siglo XX, las teorías vitalistas cobran nueva fuerza.* **2.** Seguidor del vitalismo. *Pensador vitalista.* Dicho de pers., tb. m. y f. *Es de destacar el pesimismo de vitalistas como Bergson.*

vitalización. f. Hecho de vitalizar. *Se busca con estas becas una vitalización de los estudios humanísticos.*

vitalizar. tr. Transmitir vitalidad (a algo). *La entrada de gente joven vitalizaría la empresa.*

vitamina. f. Sustancia orgánica de las que están presentes en los alimentos, carecen de valor energético y son necesarias para el desarrollo equilibrado de las funciones vitales. *Naranjas y limones son ricos en vitamina C.*

vitaminado, da. adj. Dicho de alimento o medicamento: Que se le han añadido vitaminas. *Bebe zumos vitaminados para prevenir el resfriado.*

vitamínico, ca. adj. **1.** De las vitaminas. *Su cansancio se debe a una carencia vitamínica.* **2.** Que tiene vitaminas. *En casos de anemia, puede ser conveniente tomar un complejo vitamínico.*

vitando, da. adj. cult. Digno de reprobación o condena. *Han cometido crímenes y otros actos vitandos.*

vitelino, na. adj. *Biol.* Del vitelo. *Conducto vitelino.*

vitelo. m. *Biol.* Conjunto de sustancias almacenadas dentro de un huevo y destinadas a la nutrición del embrión. *El huevo de las aves se compone de cáscara y yema o vitelo.*

vitícola. adj. De la viticultura. *La región tiene unas condiciones climáticas idóneas para la actividad vitícola.*

viticultor, ra. m. y f. Persona que se dedica a la viticultura. *Viticultores y olivareros reclaman subvenciones para sus cultivos.*

viticultura. f. Cultivo de la vid. *La comarca tiene en la viticultura su mayor fuente de ingresos.* Tb. la técnica correspondiente. *Sabe más que nadie de enología y viticultura.*

vitivinícola. adj. De la vitivinicultura. *Industria vitivinícola.*

vitivinicultor, ra. m. y f. Persona que se dedica a la vitivinicultura. *Muchos vitivinicultores siguen elaborando sus vinos según métodos tradicionales.*

vitivinicultura. f. Actividad de cultivar la vid y elaborar el vino. Tb. la técnica e industria correspondientes. *Trabaja en unas grandes bodegas como técnico especialista en vitivinicultura.*

vito. m. Baile andaluz muy animado y vivo. *Unos bailan el vito y otros se arrancan por sevillanas.* Tb. su música y su letra.

vitola. f. Anillo de papel que rodea a un cigarro puro. *Se fuma los puros sin quitarles la vitola.*

vítor. m. Palabra o expresión con que se aclama a alguien o se aplaude algo. Más frec. en pl. *Han sacado al matador a hombros entre vítores y aplausos.*

vitorear. tr. Dirigir vítores (a alguien o algo). *El público vitorea al vencedor.* ▶ ACLAMAR.

vitoriano, na. adj. De Vitoria. *El club vitoriano ha ganado la liga de baloncesto.* Dicho de pers., tb. m. y f. *Los vitorianos celebran sus fiestas de la Virgen Blanca.*

vitral. m. Vidriera de colores. *Están restaurando los vitrales de la catedral.*

vítreo, a. adj. **1.** Del vidrio, o de características semejantes a las suyas. *Minerales como el ópalo tienen un brillo vítreo.* **2.** Hecho de vidrio. *La luz se refleja en las figurillas vítreas del aparador.* ▶ **1:** VIDRIOSO.

vitrificación. f. Hecho o efecto de vitrificar o vitrificarse. *Durante su cocción, las vasijas sufren un proceso de vitrificación.*

vitrificar. tr. Hacer que (algo) adquiera la apariencia o la consistencia del vidrio. *Cómo esmaltar o vitrificar piezas de cerámica.* Tb. en constr. prnl. media. *Al incinerar basuras, las sustancias sólidas se vitrifican.*

vitrina. f. Escaparate, armario o caja con puertas o tapas de cristal, destinados a tener expuestos a la vista y protegidos objetos o productos. *¡Qué tartas hay en la vitrina de la pastelería! Tienen una vajilla en la vitrina del salón.*

vitriólico, ca. adj. cult. Del vitriolo, o de características semejantes a las suyas. Más frec. fig. *Se ha sentido ofendido por las observaciones del vitriólico periodista. Hace gala de un humor vitriólico.*

vitriolo. m. *Quím.* Ácido sulfúrico. *El atacante ha quemado a su víctima con vitriolo.*

vitrocerámico, ca. adj. **1.** Dicho de material: Que se forma al someter el vidrio, mezclado con otros materiales, a altas temperaturas, y se caracteriza por presentar gran estabilidad y resistencia al calor. *Esmaltes vitrocerámicos.* Tb. dicho de objeto hecho con ese tipo de material. *Panel vitrocerámico. Placa vitrocerámica.* ● f. **2.** Placa de material vitrocerámico (→ 1), empleada como elemento calefactor en cocinas y otros aparatos. *El horno puede instalarse debajo de la vitrocerámica.*

vitualla. f. Conjunto de víveres, espec. en el ejército. *Llevan suficiente agua y vitualla para el camino.* Más frec. en pl. con significado sing. *Han abastecido a las tropas de vituallas.* ▶ VÍVERES.

vituperable. adj. Digno de vituperio. *La corrupción en política es vituperable.*

vituperar. tr. Criticar o censurar con dureza (algo o a alguien). *Vituperan el arte moderno porque no lo entienden. Antes lo elogiaban y ahora lo vituperan.*

vituperio. m. Hecho o efecto de vituperar. *Viniendo de usted, me tomo ese vituperio como elogio.*

viudedad. f. **1.** Viudez. **2.** Pensión que recibe la persona viuda de un trabajador. *Se acercará al banco para regularizar la viudedad de su madre.*

viudez. f. Estado de viudo. *Su prematura viudez hizo de ella una persona triste y depresiva.* ▶ VIUDEDAD.

viudo, da. adj. Dicho de persona: Que ha perdido a su cónyuge por haber muerto este, y no ha vuelto a casarse. *Se quedó viuda al morir su marido en la guerra. Ha recibido una invitación de doña Ana Iglesias, duquesa viuda de Salazar.* Tb. m. y f. *Los viudos del pueblo quieren fundar una asociación.*

vivac. (pl. **vivacs**). m. **1.** Campamento provisional para pasar la noche al aire libre, espec. militar. *El montañero llegó al vivac después de haber explorado el terreno que iba a escalar. El vivac de la tropa está situado en un claro del bosque.* **2.** Hecho de pasar la noche al aire libre, espec. como actividad militar o deportiva. Frec. en la constr. *hacer ~. La excursión tiene previsto hacer vivac durante dos noches.*

vivacidad. f. Cualidad de vivaz. *Una mirada llena de vivacidad.*

vivalavirgen. (Tb. **viva la Virgen**). m. y f. coloq. Persona despreocupada e informal. *Yo necesito a un profesional serio, no a un vivalavirgen.*

vivales. m. y f. coloq. Persona viva o astuta que actúa en beneficio propio. *Es un vivales, ya veremos si te devuelve el dinero.* Tb. adj. *Los niños más vivales se las arreglaban para escaquearse.*

vivaquear. intr. Pasar la noche al aire libre en un campamento provisional o haciendo vivac. *Un grupo de soldados vivaqueaba en la montaña.*

vivaracho, cha. adj. Alegre y vivo. *Nos ha atendido un dependiente joven y vivaracho. Era un niño despierto y de ojos vivarachos.*

vivaz. adj. **1.** Vivo (expresivo, o rápido). *Felipe tiene una sonrisa vivaz y alegre. Su charla vivaz y alocada nos levantó dolor de cabeza.* **2.** *Bot.* Dicho de planta: Que vive más de dos años. *La dalia es una planta vivaz.* ▶ **1:** VIVO.

vivencia. f. **1.** Experiencia que se tiene de algo. *Contó sus vivencias tras volver de su viaje por el centro de África.* **2.** Hecho de vivir o experimentar algo. *La vivencia* DE *ser madre ha marcado su desarrollo personal.*

vivencial. adj. De la vivencia. *Hay aspectos vivenciales muy influyentes en la configuración de la personalidad.*

víveres. m. pl. Provisión de comestibles para alimentar a las personas. *La ciudad afectada por el terremoto espera con urgencia la llegada de víveres.* ▶ VITUALLA.

vivero. m. **1.** Terreno donde se siembran o se mantienen plantas para ser transplantadas a su lugar definitivo. *Fue a comprar al vivero varios abetos para plantarlos en su jardín.* **2.** Lugar donde se mantienen o se crían peces, crustáceos o moluscos, espec. para la alimentación humana. *El dueño del restaurante compra el marisco en un vivero.*

vivérrido, da. adj. **1.** *Zool.* Del grupo de los vivérridos (→ 2). *Animal vivérrido.* ● m. **2.** *Zool.* Mamífero carnívoro de cuerpo alargado, patas cortas y cola larga, como la gineta o la mangosta.

viveza. f. Cualidad de vivo. *Los cuadros de Miró destacan por la viveza de los colores. Los ojos de su abuela conservan la viveza de la juventud. Un recuerdo vino a su memoria con gran viveza.*

vívido, da. adj. cult. Que refleja o evoca con viveza la realidad. *El documental ofrece una vívida imagen de la selva. Conservo un vívido recuerdo de su actuación.*

vividor, ra. adj. **1.** Que vive la vida disfrutando de ella al máximo. *Es una persona vividora que derrocha optimismo.* Tb. m. y f. **2.** Que vive buscando el beneficio propio a costa de los demás. Tb. m. y f. *Se ha casado con un vividor que va detrás de su dinero.*

vivienda. f. Casa o lugar destinados a ser habitados. *El ayuntamiento propone la construcción de mil nuevas viviendas.* ▶ CASA, DOMICILIO, HOGAR, RESIDENCIA, TECHO.

viviente. adj. Que vive. *La expedición tiene como misión encontrar indicios de organismos vivientes. Su abuelo es un testimonio viviente de la generación de la posguerra.* Tb. m. y f. *Aristóteles pensaba que todos los vivientes tienen alma.*

vivificador, ra. adj. Que vivifica. *El agua vivificadora apaciguaba su sed.* ▶ VIVIFICANTE.

vivificante. adj. Vivificador. *Una luz vivificante entra por los ventanales del invernadero.*

vivificar. tr. Dar vida o energía (a algo o a alguien). *Los primeros rayos solares vivificaron su pálido rostro.*

vivíparo, ra. adj. *Zool.* Dicho de animal: Que tiene embriones que se desarrollan completamente en el vientre de la madre. *Los mamíferos son, en general, animales vivíparos.* Tb. m. *Explica el desarrollo embrionario en los ovíparos y en los vivíparos.*

vivir. intr. **1.** Tener vida o existencia. *Su difunto marido dejó de vivir hace un año.* **2.** Subsistir o tener las cosas necesarias para pasar la vida. *Vive* DE *una herencia que le dejaron sus abuelos. Su trabajo le da para vivir y para poco más.* **3.** Perdurar algo, espec. un recuerdo. *El recuerdo de aquellos años felices vive en su memoria.* **4.** Llevar la vida del modo que se indica. *Vive estupendamente desde que se cambió de trabajo.* **5.** Habitar en un lugar. *Alfonso vivía en un piso de la periferia de la ciudad. Los pingüinos viven en las zonas polares del hemisferio sur.* **6.** Desenvolverse en la vida disfrutando de ella. *Aprendió a vivir cuando dejó de ser tan rígida con ella misma.* ○ tr. **7.** Experimentar (algo). *El protagonista de la película vive situaciones extrañas y rocambolescas.* ● m. **8.** Modo de vivir (→ 1). *Se rodeó de las comodidades necesarias para* *conseguir un vivir placentero.* ■ **de mal ~.** loc. adj. De conducta social reprobable. Frec. *gentes de mal ~. En la cárcel se hizo amigo de ladrones y otras gentes de mal vivir.* ■ **viva.** expr. **1.** Se usa seguido de un nombre de persona o cosa para enaltecerlas o rendirles homenaje. *Al salir de la iglesia alguien gritó: "¡Vivan los novios!".* Tb. m. *Los soldados acabaron el desfile con sendos vivas al rey y a la patria.* □ interj. **2.** Se usa para expresar alegría o aplauso. *Mañana empiezan las vacaciones, ¡viva!* Tb. m. *El anuncio de que iríamos de excursión fue acogido con un viva clamoroso.* ■ **~ para ver.** expr. Se usa para expresar el asombro que causa algo que no se esperaba. *Me he enterado de que se ha cambiado de partido político..., ¡vivir para ver!* ▶ **5:** *HABITAR.

vivisección. f. *Biol.* Disección de un animal vivo con el fin de realizar una investigación o estudio científico. *Trabaja en un laboratorio donde practican la vivisección de ratones.*

vivo, va. adj. **1.** Que tiene vida. *No podían creer que la conductora saliera viva del accidente. Ha desaparecido su gata y nadie sabe si está viva o muerta.* Tb. fig. *Los domingos, el parque es un espacio vivo y bullicioso.* Dicho de pers., tb. m. y f. *Teme más a los vivos que a los muertos.* **2.** Intenso o fuerte. *Sentía un vivo deseo de conocer la cultura oriental. Le gusta vestir con colores vivos.* **3.** Que perdura o mantiene su vigencia. *La tradición del belén navideño sigue aún viva. El español es una lengua viva.* **4.** Expresivo o que manifiesta vitalidad. *El novelista utiliza un lenguaje muy vivo. Es una chica de ojos vivos.* **5.** Rápido o ágil. *Ningún atleta puede seguir el paso vivo del keniata. Bailamos una pieza de ritmo vivo.* **6.** Listo o despierto. *Este chaval es muy vivo.* **7.** Astuto para actuar en beneficio propio. *Era muy vivo para contestar sin comprometerse.* ● m. **8.** Tira o cordón que se pone como adorno en los bordes o en las costuras de una prenda de vestir. *La falda de nuestro traje regional lleva dos vivos de color azul.* ■ **~ y coleando.** loc. adj. Con vida. Más frec. *vivito y coleando. Llegó al hospital casi moribunda y salió vivita y coleando.* ▶ **4, 5:** VIVAZ. **6:** *INTELIGENTE.

vizcaíno, na. adj. De Vizcaya. *Varios empresarios vizcaínos han empezado a invertir capital en empresas extranjeras.* Dicho de pers., tb. m. y f. *Ayer conocimos a dos vizcaínos de Portugalete.*

vizconde, desa. m. y f. Persona con título nobiliario inmediatamente inferior al de conde. *La aristocracia se ha congregado para asistir a la boda de la marquesa con el vizconde.*

V. O. abrev. Versión Original. *Deseando amar (V. O.).*

V.º B.º abrev. Visto bueno.

vocablo. m. Palabra (sonido o conjunto de sonidos dotados de significado que constituyen una unidad indivisible del discurso, y su representación gráfica). *El vocablo "fútbol" proviene del inglés "football". ¿Cuál es el significado de este vocablo?* ▶ *PALABRA.

vocabulario. m. **1.** Conjunto de palabras de un idioma. *El vocabulario se recoge y define en los diccionarios. Vocabulario alemán.* **2.** Conjunto de palabras de un idioma propias de una región, una actividad determinada o una persona concreta. *Vocabulario andaluz. Vocabulario jurídico. Se expresa con un vocabulario muy rico.* **3.** Lista o catálogo ordenados en que se definen de forma concisa las palabras del vocabulario (→ 1, 2). *Preguntó a la bibliotecaria si tenían un vocabulario de términos de física.* ▶ **1, 2:** LÉXICO.

vocación. f. **1.** Inclinación hacia una profesión, actividad o forma de vida. *Sus padres quieren que sea abogada, pero ella no tiene vocación. Su vocación artística se manifestó desde muy niño.* **2.** Llamada que una persona siente como procedente de Dios para llevar una vida religiosa. *Cuando sintió la vocación, ingresó en la orden franciscana.*

vocacional. adj. De la vocación. *Es un viajero vocacional que ha recorrido toda Asia. Se dice que la Iglesia está atravesando una crisis vocacional.*

vocal. adj. **1.** De la voz. *Imparte clases de técnica vocal en el conservatorio.* **2.** Que se expresa mediante la voz. *Asistiremos al concierto de un cuarteto vocal muy famoso. El canto gregoriano es un tipo de música vocal.* ● m. y f. **3.** Persona que pertenece a un consejo, tribunal o junta, y que tiene derecho a opinar en ellos. *Además de juez, es vocal del Consejo General del Poder Judicial.* ○ f. **4.** Sonido del lenguaje en cuya emisión el aire expulsado de los pulmones no encuentra obstáculos. *En español hay cinco vocales.* **5.** Letra con que se representa una vocal (→ 4). *Está aprendiendo a escribir las vocales.*

vocálico, ca. adj. De la vocal o de las vocales. *En la palabra "murciélago" están todos los sonidos vocálicos del español.*

vocalismo. m. *Fon.* Sistema vocálico de una lengua. *El vocalismo del español es similar al del vascuence.*

vocalista. m. y f. Cantante de un grupo musical. *El concierto del grupo pop se suspendió por encontrarse enferma la vocalista.*

vocalización. f. Hecho de vocalizar. *El locutor del programa de radio tiene una vocalización excelente.*

vocalizar. intr. Pronunciar las palabras de una lengua de forma clara e inteligible. *Para aprender a hablar un idioma, es imprescindible que el profesor vocalice bien.*

vocativo. m. *Gram.* Caso de la declinación con que se expresa la llamada o invocación al interlocutor designado por el sustantivo. *El poema comienza con un vocativo.* Tb. *caso ~. El caso vocativo tiene la misma forma que el nominativo.*

voceador, ra. m. y f. Persona que vocea, espec. para anunciar algo. *En la feria, un par de voceadores anunciaban los premios de sus atracciones.*

vocear. intr. **1.** Dar voces o gritos. *Los niños que voceaban en el parque no nos dejaron dormir la siesta. A mí no me voceas ni tú, ni nadie.* ○ tr. **2.** Decir o manifestar (una cosa) a voces o gritos. *El entrenador desde el banquillo vocea órdenes a sus jugadores.* **3.** Anunciar (algo) a voces. *Vendedores ambulantes vocean su género en las calles próximas al mercado.* ▶ **1, 2:** *GRITAR.

voceras. → **boceras.**

vocerío. m. Griterío. *Nos ha despertado el vocerío alegre de un grupo de jóvenes.*

vocero, ra. m. y f. Persona que habla en nombre de otra. *El vocero del periódico se refirió a los cambios de la edición digital.* ▶ PORTAVOZ.

vociferante. adj. Que vocifera. *Una masa de gente airada y vociferante recorre las calles.*

vociferar. intr. Dar voces o gritos. *El público asistente al partido vociferó cuando marcaron el gol.* ▶ *GRITAR.

vocinglero, ra. adj. **1.** Dicho de persona: Que da muchas voces o habla demasiado alto. *Dígale a ese* *energúmeno vocinglero que deje de gritar o se marche.* **2.** Que habla mucho y sin sentido. *No soporto a la gente vocinglera que habla por rellenar el tiempo.*

vodca. → **vodka.**

vodevil. m. Comedia ligera cuyo argumento está basado en la intriga y el equívoco, y que suele incluir números musicales. *Sus padres han ido a ver el divertido vodevil titulado "Dos gemelos de cuidado".*

vodka. (Tb. **vodca**). m. (Tb., más raro, f.). Aguardiente que se obtiene por fermentación de maíz, centeno o cebada, y que se elabora pralm. en Rusia. *Ha comprado una botella de vodka polaco en una licorería especializada.*

vol. abrev. Volumen. *Enciclopedia Espasa, vol. XI.*

voladizo, za. adj. Dicho de elemento arquitectónico: Que sobresale de la construcción de que forma parte. Tb. m. *Los voladizos y las cornisas realzan la fachada del banco.*

volado, da. part. **1.** → **volar.** ● adj. **2.** Inquieto o sobresaltado. *Va volada porque tiene a su hijo enfermo.* Frec. con *estar. Estuvo volado toda la mañana porque tenía una reunión muy importante.* **3.** *Gráf.* Dicho de tipo: Que es de menor tamaño y se coloca en la parte superior del renglón. *La potencia se expresa con un número volado.* Frec. *voladita. La abreviatura de "doña" se escribe con una letra voladita: "D.ª".* Tb. f.

volador, ra. adj. **1.** Que vuela o se mantiene y mueve en el aire por medio de alas. *Insectos voladores.* ● m. **2.** Molusco comestible parecido al calamar pero de mayor tamaño. *Compraré un par de voladores para cocinarlos en salsa.*

voladura. f. Hecho de volar o hacer saltar algo por los aires con explosivos. *La voladura del edificio ha causado daños materiales en algunos automóviles.*

volandas. **en ~.** loc. adv. Sosteniendo a la persona a la que se refiere en el aire o de forma que no toque el suelo. *Levantó a la novia en volandas para que no se manchara los zapatos con el barro.* Tb. fig. *Los dos agentes han apresado al atracador y lo han llevado en volandas al coche de policía.*

volandero, ra. adj. **1.** Dicho de pollo de ave: Que está a punto de salir a volar. *Han caído del nido un par de crías volanderas.* **2.** Que se mueve por la acción del viento. *Vestía blusa de gasa y falda volandera.*

volantazo. m. Giro brusco que se le da al volante de un vehículo en movimiento. *El conductor ha dado un volantazo para evitar chocar contra el quitamiedos.*

volante. adj. **1.** Que vuela, o se mantiene y mueve en el aire. *La noticia del avistamiento del extraño objeto volante ha sido portada de los periódicos.* **2.** Que va o se lleva de una parte a otra sin lugar fijo. *Un ciclista español fue el primero en atravesar la meta volante. La emisora volante se ha desplazado hasta el lugar de los sucesos.* ● m. **3.** Pieza, gralm. en forma de aro, que sirve para dirigir un vehículo automóvil. *El volante de un coche es menor que el de un camión.* **4.** Tira rizada, plegada o fruncida con que se adorna una prenda de vestir o de tapicería. *Los puños de su blusa van adornados con volantes.* **5.** Hoja pequeña de papel en que se hace constar algo, espec. una recomendación o una autorización. *La enfermera nos pidió el volante del médico de cabecera.* **6.** *Dep.* Objeto semiesférico de material ligero, bordeado de plumas, que a modo de pelota sirve para jugar al bádminton. *Se ha comprado un equipo de bádminton con raquetas y volante.* ▶ **Am: 3:** TIMÓN.

volantín. m. Am. Cometa (juguete). *El Cabildo había prohibido elevar volantines en zonas habitadas* [C]. ▶ *COMETA.

volapié. m. *Taurom.* Suerte de matar en que el torero corre hacia el toro cuando este permanece quieto. *El torero dudaba si matar al toro recibiendo o con la suerte del volapié.*

volar. (conjug. CONTAR). intr. **1.** Mantenerse y moverse en el aire un animal por medio de las alas. *Hay una mosca volando en la habitación. Un halcón volaba en círculos elevándose en el cielo.* **2.** Mantenerse y moverse en el aire un vehículo o aparato. *El hidroavión de los bomberos vuela a ras del embalse para recoger agua. El misil de pruebas voló hacia su objetivo en el tiempo previsto.* **3.** Elevarse y moverse en el aire algo por acción del viento. *Hacía tanto viento en la playa que la sombrilla salió volando.* **4.** Viajar en un vehículo aéreo. *Vuela todas las semanas a Barcelona en el puente aéreo. Prefiere viajar en tren a volar.* **5.** coloq. Ir o pasar muy deprisa. *En cuanto el bebé llora, la madre vuela a ver qué le pasa.* Más frec. en constr. como *ir,* o *salir, volando. Los bomberos llegaron volando al lugar del incendio. He estado tan entretenida, que se me ha pasado volando la mañana.* **6.** Desaparecer inesperada y rápidamente una persona o cosa. *No dejes el chocolate a la vista de mis hijos porque puede volar. Te aseguro que estaba sentado aquí detrás, pero me he distraído y ha volado.* **7.** Propagarse con rapidez una noticia. *La noticia del secuestro del empresario voló gracias a los teletipos.* ○ tr. **8.** Destruir o hacer saltar por los aires (algo) por medio de explosivos. *Los artificieros de la policía han volado de forma controlada el coche bomba.*

volátil. adj. **1.** Que vuela, o se mantiene y mueve en el aire. *Aves volátiles.* **2.** Inconstante o cambiante. *El volátil clima político del país hace temer un conflicto armado.* Se usa espec. en economía. **3.** *Fís.* Dicho de sustancia: Que se transforma espontáneamente en gas. *El amoníaco es un compuesto muy volátil.*

volatilidad. f. **1.** Cualidad de volátil o cambiante. Se usa espec. en economía. *La Bolsa registró hoy ganancias y pérdidas debido a la volatilidad de los mercados financieros.* **2.** *Fís.* Cualidad de volátil. Referido a una sustancia. *La volatilidad de las gasolinas es un factor de contaminación en las ciudades.*

volatilizar. tr. *Fís.* Transformar (una sustancia sólida o líquida) en gas. *El aire es capaz de volatilizar el alcohol.* Tb. en constr. prnl. media. *Los hidrocarburos se volatilizan con gran facilidad.* Frec. fig. para dar idea de desaparición. *La nave espacial se ha volatilizado al entrar en contacto con la atmósfera.*

volatín. m. Ejercicio acrobático en el aire. *Tras varios volatines, el acróbata cayó de pie en los hombros de su compañero.*

volatinero, ra. m. y f. Acróbata, espec. el que hace volatines en el alambre. *Un grupo de volatineros y malabaristas actuará en la plaza del pueblo.* ▶ *ACRÓBATA.

volcán. m. **1.** Abertura en la tierra, gralm. en una montaña, por la que salen, en ciertas ocasiones, gases cenizas y materiales fundidos. *El volcán entró en erupción arrojando ríos de lava.* **2.** Persona o cosa muy impetuosa o ardorosa. *Subida al tablao y derrochando su arte, es un volcán.* ■ **sobre un ~.** loc. adv. En una situación en que el peligro es grande e inminente. *La muchacha vive sobre un volcán desde que su agresor salió de la cárcel.*

volcánico, ca. adj. Del volcán, o propio de un volcán. *Chimenea volcánica. El basalto es una roca volcánica. Una pasión volcánica devoraba a los dos amantes.*

volcar. (conjug. CONTAR). tr. **1.** Torcer o inclinar (una cosa) parcial o totalmente, de modo que caiga, gralm. haciendo salir su contenido. *He volcado la copa sin querer.* Tb. en constr. prnl. media. *El vaso se volcó y se derramó la leche.* **2.** Verter (algo) dando la vuelta al recipiente que (lo) contiene. *El camión vuelca su carga en la carretera.* ○ intr. **3.** Inclinarse algo, espec. un vehículo hasta quedar invertido o sobre un lado. *El coche volcó al chocar contra la mediana.* ○ intr. prnl. **4.** Dedicarse a algo o alguien con tesón o con entrega. *Este año se ha volcado* EN *los estudios y ha sacado muy buenas notas.*

volea. f. Golpe dado a una cosa en el aire antes de que caiga al suelo, espec. a una pelota antes de que bote. *Una preciosa volea del centrocampista se coló en la portería.*

volear. tr. Golpear (una cosa, espec. una pelota) de volea. Se usa frec. en deportes. Más frec. usado en constr. intr. *Tras un incansable peloteo, el tenista sube a la red y volea con decisión.*

voleibol. m. Balonvolea. *Nuestro equipo de voleibol cuenta con grandes rematadores.*

voleo. a ~. loc. adv. **1.** Al azar o de forma arbitraria. *Pulsa un botón del portero automático a voleo porque no sé en qué piso vive.* **2.** Arrojando la semilla a puñados esparciéndola al aire. Frec. con *sembrar*. *Antiguamente lo normal era arar la tierra con bueyes y sembrar a voleo.*

volframio. → **wolframio.**

volición. f. *Fil.* Acto de la voluntad. *El autor relaciona las voliciones con el ejercicio del libre albedrío.*

volitivo, va. adj. *Fil.* De la volición. *La respiración es un acto instintivo y no volitivo.*

volován. m. Pastelillo de hojaldre redondeado y hueco, que se rellena con ingredientes de diversos tipos. *De primero le recomiendo los volovanes rellenos de pisto.*

volquete. m. Vehículo provisto de una caja articulada, con un dispositivo mecánico que permite volcarla para vaciar su carga. *Junto a las obras de la autopista hay varios volquetes cargados de grava.*

volt. (pl. **volts**). m. Am. *Fís.* Voltio. *Le habían robado una batería de 12 volts de un Citroën 3 CV* [C].

voltaje. m. Fuerza electromotriz expresada en voltios. *En la antigua casa, el voltaje de la red eléctrica era de 125 voltios.* ▶ POTENCIAL, TENSIÓN.

voltear. tr. **1.** Dar una o más vueltas (a alguien o algo) de modo que giren sobre sí mismos. *Una vaquilla ha volteado a un joven en el encierro. Mandó voltear las campanas para llamar a misa.* **2.** Dar la vuelta (a alguien o algo) de modo que queden en posición invertida. *La fuerte corriente volteó la piragua.* **3.** Am. Derribar (a alguien o algo) o hacer(los) caer. *Se puso de pie volteando la silla en la prisa por retroceder* [C]. **4.** Am. Volver (una parte del cuerpo, espec. la cabeza) hacia una dirección distinta a la que tenía antes. *Voltea la cabeza para mirarla* [C]. *El Prefecto Corzo voltea los ojos hacia la ventana* [C]. **5.** Am. Doblar (una esquina). *Aceleró al voltear la esquina* [C]. ○ intr. **6.** Dar vueltas. *Las aspas del molino voltean a gran velocidad. El coche perdió el control y volteó hasta caer en la cuneta.* **7.** Am. Torcer o cambiar de dirección. *Otros voltean a la izquierda por la carretera que parte de la Panamericana* [C]. ○ intr. prnl. **8.** Am. Girar la cabeza o el cuerpo de modo que queden en dirección a lo que está detrás de ellos. *Al entrar, la gente se voltea a ver quiénes son* [C]. *Los transeúntes se volteaban a mirar a la mujer* [C]. **9.** Am. Darse la vuelta algo de modo que quede en posición invertida. *El vehículo chocó contra un barranco y se volteó, quedando con las llantas hacia arriba* [C]. ▶ **3:** *DERRIBAR. **4:** VOLVER. **5:** *DOBLAR. **7:** *TORCER. **8:** VOLVERSE.

voltereta. f. Vuelta ligera dada en el aire o apoyando las manos sobre una superficie. *El gimnasta saltó y dio tres volteretas antes de caer al suelo.* ▶ PIRUETA.

volteriano, na. adj. Que adopta o manifiesta la incredulidad o el escepticismo cínico de Voltaire (filósofo francés, 1694-1778). *Su ácida crítica de la religión revela un espíritu independiente y volteriano.* Dicho de pers., tb. m. y f.

voltímetro. m. Aparato para medir la tensión eléctrica. *La aguja del voltímetro señala el cero porque la batería estaba descargada.*

voltio. m. *Fís.* Unidad de potencial eléctrico o de fuerza electromotriz del Sistema Internacional que equivale a la diferencia de potencial que hay entre dos puntos de un hilo conductor cuando transporta una corriente de un amperio con un trabajo realizado de un vatio. (Símb. *V*). ▶ **Am:** VOLT.

volubilidad. f. Cualidad de voluble o inconstante. *Tres veces ha cambiado de preferencia, demostrando una vez más su volubilidad.*

voluble. adj. **1.** Dicho de persona: Inconstante o que cambia continuamente de opinión. *No puedo fiarme de una persona tan voluble y caprichosa.* **2.** *Bot.* Dicho de tallo: Que crece enroscándose alrededor de un objeto, que le sirve como soporte. *El guisante y algunas enredaderas tienen tallos volubles.*

volumen. m. **1.** Parte del espacio ocupado por un cuerpo de tres dimensiones. Tb. su medida. *Para calcular el volumen de un cubo hay que saber la longitud de sus aristas.* **2.** Tamaño de una persona o cosa. *El paquete tiene un volumen tal que no podrás cerrar la maleta.* Tb. fig. *Gracias a la campaña publicitaria nuestro volumen de ventas se ha multiplicado.* **3.** Cuerpo material de un libro encuadernado. *Han editado las obras completas del poeta en un volumen.* **4.** Intensidad de un sonido. *El volumen de la música de la discoteca estaba tan alto que no podíamos hablar.* Tb. la intensidad del sonido producido por un aparato. *Le preguntó al taxista si podía subir el volumen de la radio.*

volumétrico, ca. adj. **1.** De la medición del volumen. Se usa espec. en química. *Los gases sometidos a distintas condiciones de temperatura experimentan variaciones volumétricas.* **2.** De la determinación o distribución de volúmenes. Se usa espec. en arte. *Los aspectos volumétricos del proyecto se aprecian mejor en la maqueta que en el plano.*

voluminoso, sa. adj. De gran volumen o tamaño. *Un voluminoso camión cargado de fruta ha llegado al mercado. Iba sentada en el tren al lado de un voluminoso cura.*

voluntad. f. **1.** Facultad humana de tomar decisiones y actuar en consecuencia. *El lenguaje articulado y la voluntad nos diferencian de los animales.* **2.** Fuerza de voluntad (→ **fuerza**). *No tiene voluntad para rehacer su vida.* **3.** Deseo o intención de hacer algo. *No fue mi voluntad hacerle daño. Si es tu voluntad* *que no nos volvamos a ver, lo aceptaré.* ▪ **buena** (o **mala**) ~. f. Inclinación a hacer el bien (o el mal). *Han conseguido reunir todo el dinero gracias a la buena voluntad de los donantes. En una muestra de mala voluntad, mintió para implicarla en la fechoría.* Frec. en la constr. *de buena ~. Actuó de buena voluntad al ceder sus derechos sobre los bienes en litigio.* ▪ **última** ~. f. Voluntad (→ 3) expresada por una persona, gralm. en su testamento, con la intención de que se cumpla tras su muerte. *La última voluntad de su padre fue ser incinerado.* Tb. el testamento. *En su última voluntad dispuso que sus bienes pasaran a su sobrino.* □ **a** ~. loc. adv. Según se desee o decida. *Un dispositivo electrónico permite regular la altura del toldo a voluntad.* ▪ **la** ~. loc. s. Cantidad de dinero que se da y se fija voluntariamente, frec. como limosna o en pago de un servicio. *Fue tan pequeño el arreglo que el zapatero solo aceptó la voluntad.* ▶ **3:** *INTENCIÓN.

voluntariado. m. **1.** Colaboración voluntaria en una actividad de carácter social o humanitario. *Dedican parte de su tiempo al voluntariado social cuidando ancianos y enfermos.* **2.** Alistamiento voluntario para el servicio militar. *El ejército trata de estimular el voluntariado entre los jóvenes.* **3.** Conjunto de voluntarios. *Muchas obras sociales se nutren de un voluntariado joven y entusiasta. Cuando no había voluntariado suficiente, se reclutaba a los soldados de manera obligatoria.*

voluntariedad. f. Cualidad de ser voluntario un acto. *El árbitro considera que no hay voluntariedad en el golpe del defensa al delantero. Se ha negado a someterse al análisis alegando la voluntariedad de esas pruebas según la ley.*

voluntario, ria. adj. **1.** Dicho de acto: Que surge de una decisión tomada con la voluntad. *Se descubrió que no había sido un secuestro sino una desaparición voluntaria. La han condenado por homicidio voluntario.* **2.** Dicho de acto: Que no es obligatorio. *Si queréis subir la nota de la asignatura, podéis presentar un trabajo voluntario.* **3.** Dicho de persona: Que se ofrece por propia voluntad para algo. Tb. m. y f., espec. referido a soldado. *Los voluntarios hacen maniobras en los alrededores del cuartel. ¿Hay algún voluntario que quiera trabajar por la tarde?* **4.** Dicho de persona: Que colabora por propia voluntad en actividades de carácter social o humanitario, gralm. llevadas a cabo por una organización. Tb. m. y f. *Muchos voluntarios ayudan a los toxicómanos a dejar su adicción.*

voluntarioso, sa. adj. Dicho de persona: Que muestra buena disposición y voluntad a la hora de realizar algo. *Reunió un grupo de alumnos voluntariosos y con ganas de aprender.*

voluntarismo. m. **1.** Actitud que basa sus previsiones más en el deseo de que se cumplan o en la convicción de que la voluntad lo puede casi todo, que en las posibilidades reales. *Su confianza en el éxito de la empresa es toda una muestra de voluntarismo.* **2.** *Fil.* y *Psicol.* Doctrina que defiende la primacía de la voluntad sobre el entendimiento. *Explica el voluntarismo de Ockham y sus críticas al excesivo racionalismo griego.*

voluntarista. adj. **1.** Del voluntarismo. *Hizo una propuesta voluntarista y poco rigurosa. ¿En qué autores influyen las ideas voluntaristas agustinianas?* **2.** Seguidor del voluntarismo, o que lo practica. *Filósofo voluntarista.* Dicho de pers., tb. m. y f. *Puedo parecer un voluntarista ingenuo si afirmo que es posible transformar el mundo.*

voluptuosidad. f. Cualidad de voluptuoso. *Le gustaba la voluptuosidad de la escultura del parque, que representaba una odalisca.*

voluptuoso, sa. adj. **1.** Que produce placer en los sentidos. *Baila la danza del vientre al compás de una música voluptuosa.* **2.** Dicho de persona: Dada a los placeres de los sentidos. *La voluptuosa Cleopatra tuvo amores con César y con Marco Antonio.* Tb. m. y f.

voluta. f. **1.** *Arq.* Adorno en forma de caracol o espiral, propio de los capiteles jónico y compuesto. *Los elementos decorativos del capitel compuesto son las volutas y las hojas de acanto.* **2.** Figura en forma de espiral. Se usa referido al humo del tabaco. *Le gustaba fumarse un habano después de comer, y arrojar volutas de humo hacia el techo.*

volver. (conjug. MOVER; part. **vuelto**). tr. **1.** Hacer que (algo) muestre el lado contrario al que tenía antes. *Si vuelves la primera hoja del libro, verás que hay una dedicatoria. Volvieron la cabeza al oír risotadas.* **2.** Hacer que la parte interna (de algo, espec. de una prenda de vestir) aparezca a la vista, de modo que quede por dentro su parte externa, o viceversa. *Vuelve el calcetín del revés para zurcirlo.* **3.** Hacer que (algo) se sitúe en una posición o dirección distintas a las que tenía antes. *La soprano vuelve la vista al palco y agradece los aplausos.* **4.** Hacer que (algo o alguien) pase a tener otro estado. *La universidad lo ha vuelto un chico más responsable y maduro. El otoño vuelve amarillas las hojas de los árboles.* **5.** Pasar al otro lado (de una esquina). *Al volver la esquina te vi.* ○ intr. **6.** Ir al lugar de donde se partió, o en donde se estaba antes. *Tenía miedo de que lo encarcelaran si volvía* A *su país. Salió de la oficina hace media hora y aún no ha vuelto.* **7.** Retomar algún aspecto de una historia, tema o conversación. *En la rueda de prensa, el ministro volvió* AL *tema de la vivienda.* **8.** Seguido de *a* y un infinitivo, indica repetición de la acción expresada por ese infinitivo. *Desde que lo castigaron no ha vuelto a hacer trastadas. Tras la tormenta, ha vuelto a salir el Sol.* **9.** Torcer o cambiar de dirección. *Cuando llegues al último semáforo vuelve a la izquierda, y encontrarás la calle. El sendero llega hasta una cascada y después vuelve a la derecha.* ○ intr. prnl. **10.** Ir al lugar de donde se partió. *Se vuelve* A *su tierra tras varios años de emigración.* **11.** Girar la cabeza o el cuerpo en dirección a algo o alguien. *El torero se volvió* A *su mozo de espadas para pedirle la muleta.* **12.** Girar la cabeza o el cuerpo de modo que queden en dirección a lo que está detrás de ellos. *Un chillido a mi espalda hizo que me volviera sobresaltada.* **13.** Pasar alguien o algo a tener otro estado. *Se volvió triste y distante tras su divorcio. La crisálida se vuelve mariposa.* **14.** Pasar alguien o algo a ser contrario o enemigo de otra persona o cosa. *El testimonio del testigo se ha vuelto* CONTRA *el acusado, al demostrarse que cometía perjurio.* ▪ ~ **en sí.** loc. v. Recobrar el sentido o el conocimiento. *Se dio un golpe en la cabeza y, tras varios minutos inconsciente, volvió en sí. Me desmayé y cuando volví en mí todo me daba vueltas.* ▪ ~**se** una persona **atrás.** loc. v. Desdecirse o dejar de hacer lo que se había propuesto. *Los dueños se volvieron atrás y ya no querían vendernos el piso en la cantidad acordada.* ▶ **5:** *DOBLAR. **9:** *TORCER. ‖ **Am: 3:** VOLTEAR. **12:** VOLTEARSE.

vomitar. tr. **1.** Expulsar por la boca (lo contenido en el estómago). *El bebé ha vomitado la papilla.*

Tb. usado en constr. intr. *Se ha mareado en el coche y ha vomitado.* **2.** Expulsar por la boca (sangre u otra materia corporal). *Sospechó que padecía tuberculosis cuando empezó a vomitar sangre.* **3.** Expulsar una cosa (algo que contiene en su interior). *El volcán vomita lava y cenizas.* **4.** Proferir o dirigir (insultos, amenazas o palabras ofensivas). *La casera vomitaba improperios al inquilino porque no le había pagado.* **5.** coloq. Declarar o confesar (algo secreto). *¡Vomita todo lo que sepas sobre el robo!* ▶ **1:** ARROJAR, DEVOLVER.

vomitivo, va. adj. **1.** Que produce repugnancia. *Un vomitivo olor salía de la alcantarilla.* Tb. fig. *El chantaje siempre le ha parecido algo vomitivo.* **2.** Que sirve para provocar el vómito. Dicho de medicamento o sustancia, tb. m. *El veterinario le dio un vomitivo al perro porque había tomado estricnina.* ▶ **2:** EMÉTICO.

vómito. m. **1.** Hecho de vomitar algo por la boca. *El mareo me produce vómitos.* Tb. fig. **2.** Materia vomitada. *Una de sus tareas era limpiar los vómitos de los clientes borrachos.*

vomitona. f. coloq. Vómito grande. *Ha llegado borracho y ha soltado una vomitona en el pasillo.*

vomitorio. m. histór. En un teatro o circo romanos: Puerta o abertura por las que se accede a las gradas. Tb. referido a ciertas instalaciones modernas para espectáculos públicos. *Antes de que finalizase el partido mucha gente desfilaba por los vomitorios descontenta con el juego de su equipo. La estrechez de los vomitorios de la plaza de toros provoca aglomeraciones de gente a la hora de salir.*

voracidad. f. Cualidad de voraz. *El mueble está destrozado por la voracidad de las termitas.*

vorágine. f. **1.** Aglomeración confusa de cosas, sucesos o personas. *El centro de la ciudad, en hora punta, se convierte en una vorágine de coches y peatones.* **2.** Pasión desenfrenada o mezcla de sentimientos muy intensos. *Su intensa relación con su ex novia le llevó a una vorágine de amor-odio hacia ella.* **3.** cult. Remolino de gran fuerza que se forma en el agua del mar, de un río o de un lago.

voraz. adj. **1.** Que come mucho o con ansia. *Un voraz tiburón atacó al grupo de focas.* Tb. fig. *Soy una voraz lectora de novelas.* **2.** Que destruye o consume rápidamente. *Un voraz incendio ha arrasado el bosque.*

vos. pron. pers. **1.** (→ **os**). En lenguaje protocolario o solemne: Designa a la persona a quien se habla. Se usa con el v. en 2ª pers. pl. *Vos, Alteza, sois el primer visitante de este museo.* **2.** (→ **te**). Am. Designa a la persona a quien se dirige el que habla cuando entre ellos hay algún tipo de familiaridad. Se usa en combinación con diferentes formas del sistema verbal según las zonas. *¿Quién te va a creer a vos, que vas a ir preso?* [C]. *¿Y vos dónde la viste?* [C]. *¿Vos habéis visto el mar algún día?* [C]. *Bueno, vos ya sos grandecita; vos ya sabés lo que pasó* [C].

V. O. S. abrev. Versión original subtitulada. *Casablanca (V. O. S.).*

vosear. intr. Hablar con voseo. *Ha vuelto voseando de su viaje a Uruguay.*

voseo. m. Uso del pronombre *vos* en lugar de *tu*. *En Hispanoamérica hay zonas de voseo.*

vosotros, tras. pron. pers. pl. Designa a las personas a las que se dirige el que habla cuando entre ellos hay algún tipo de familiaridad. *Vosotros tres, a limpiar la habitación. ¿Hicisteis vosotros esa llamada? Confío en vosotras.*

votación. f. Hecho o efecto de votar. *El Gobierno ha enviado al Congreso una propuesta de ley para su votación.*

votante. adj. Que vota. Dicho de pers., tb. m. y f. *Los votantes acudirán a los colegios electorales durante todo el día.*

votar. intr. **1.** Dar una persona su voto. *No creo que votemos en estas elecciones. Votaré por ti como delegado de clase.* ○ tr. **2.** Aprobar (algo) al votar (→ 1). *Los sindicatos votaron que irían a la huelga.* **3.** Expresar una persona su opinión favorable (a alguien o algo) al votar (→ 1). *En las anteriores elecciones votó al partido de los verdes. En el referéndum voté que no.* **4.** Dar una persona su voto (sobre algo). *Mañana se votará la próxima ley y no está garantizada su aprobación. Como nadie se atreve a decírselo, votaremos quién tendrá que hacerlo.*

votivo, va. adj. *Rel.* Ofrecido por voto o promesa. *Los fieles se acercan al altar a encender lámparas votivas.*

voto. m. **1.** Opinión con que se expresa una preferencia entre varias opciones, espec. en unas elecciones. *El voto de los jóvenes tendrá mucho valor en los próximos comicios nacionales.* **2.** Papeleta u otra cosa con que se expresa un voto (→ 1). *Pusieron a un lado los votos favorables, y al otro, los desfavorables.* **3.** Promesa hecha a Dios o a los santos, espec. cada una de las que se hacen al entrar en religión. *Las monjas de clausura hacen voto de silencio.* Frec., en pl., designa las de pobreza, castidad y obediencia. ○ pl. **4.** cult. Deseos. *En la carta expresa sus mejores votos por el pronto restablecimiento de la madre del rey.* Frec. con *hacer*. ■ **~ de calidad.** m. *Der.* Voto (→ 1) que, por proceder de una persona de mayor autoridad, decide una votación en caso de empate. *El Consejo adoptó la decisión por mayoría simple y no hubo que recurrir al voto de calidad de su presidente.* ■ **~ de censura.** m. Voto (→ 1) que emite una asamblea, frec. una Cámara, para negar su confianza a los dirigentes. *La mayoría gubernamental impedirá que prospere el voto de censura presentado por la oposición.* ■ **~ de confianza.** m. Voto (→ 1) que emiten las Cámaras para aprobar la actuación del Gobierno o para dejarle libertad de acción. *El Gobierno solicitará al Parlamento un voto de confianza ante la grave crisis económica del país.* Frec. fig. y con *dar*. *Decidí darle un voto de confianza y dejar el problema en sus manos.* ■ **~ particular.** m. *Der.* Voto (→ 1) de uno o varios miembros de una comisión, distinto del de la mayoría, y que se presenta justificándolo explícitamente. *Uno de los magistrados del Tribunal presentó un voto particular explicando su desacuerdo con la sentencia.* ■ **~ útil.** m. Voto (→ 1) a favor de una opción que no es la preferida, pero que tiene más posibilidades que esta de derrotar a otra no deseada. *El partido mayoritario de la izquierda defiende el voto útil para derrotar a la derecha.* ▶ **1:** SUFRAGIO.

vox pópuli. (loc. lat.; frec. sin art.). f. Opinión o conocimiento generalizados. *Es vox pópuli que ese gobierno no puede durar mucho. Para cuando quiso desvelar su secreto, aquello era ya vox pópuli.*

voyeur. (pal. fr.; pronunc. "buayér"). m. y f. Persona que disfruta contemplando a escondidas escenas eróticas. *Descubrieron a un* voyeur *en el vestuario de las chicas.* ¶ [Equivalentes recomendados: *voyerista, mirón*].

voyeurismo. (pronunc. "buayerísmo"). m. Actitud o conducta propias del *voyeur*. *Los psicólogos estudian el voyeurismo como trastorno del deseo sexual.*

voz. f. **1.** Sonido que produce el aire procedente de los pulmones al pasar por la laringe haciendo vibrar las cuerdas vocales. *¿Puedes bajar la voz?, no oigo la televisión. El ladrido es la voz característica del perro.* Tb. la capacidad de producir ese sonido. *Como sigas gritando, te vas a quedar sin voz.* **2.** Carácter acústico de la voz (→ 1), determinado por la calidad, el timbre y la intensidad. *Tiene una voz potente y de barítono.* **3.** Sonido que producen algunas cosas inanimadas. *Escucha la voz del viento entre los árboles. Se oía lúgubre la voz del mar a lo lejos.* **4.** Manifestación íntima de algunas cosas que incita a pensar o actuar de determinada manera. *La voz de mi conciencia no me deja participar en negocios sucios. Sigue la voz de tu corazón. Siento la voz de la sangre.* **5.** Grito (palabra o expresión en voz muy alta). *Cuando discute siempre acaba dando voces.* Frec. en pl. y en la constr. *a ~s*. *Pide las cosas con educación y no hables a voces.* **6.** Palabra o vocablo. *Subraya en el texto las voces que pertenecen al campo de la física.* **7.** Cantante. *El grupo está formado por dos voces y tres guitarras.* **8.** Rumor. Frec. con *correr*. *Corre la voz de que te vas a casar.* **9.** Opinión o juicio. *Se han levantado voces en contra de la nueva ley educativa.* **10.** Derecho a opinar en una asamblea. *A las reuniones del Consejo asistirán asesores con voz, pero sin voto.* **11.** *Gram.* Accidente gramatical que expresa si el sujeto del verbo designa al agente o al objeto de la acción verbal. *La forma verbal "vio" está en voz activa, y la forma "fue visto", en voz pasiva.* **12.** *Mús.* Cada una de las líneas melódicas que forman una composición polifónica. *Interpretaron una fuga a cuatro voces en la que el violín llevaba la voz fundamental.* ■ **~ activa.** f. *Gram.* Voz (→ 11) en la que el sujeto designa la persona o cosa que realizan la acción expresada por el verbo. *"Juan escribe" es un ejemplo de voz activa.* ⇒ ACTIVA. ■ **~ pasiva.** f. *Gram.* Voz (→ 11) en la que el sujeto designa la persona o cosa que son objeto de la acción expresada por el verbo. *La voz pasiva se forma con el verbo "ser" y el participio del verbo conjugado.* ⇒ PASIVA. ■ **~ de mando.** f. *Mil.* Palabra o expresión que se utiliza para dar una orden. *A la voz de mando de "ar", los soldados se pusieron firmes.* □ **alzar la ~.** → **levantar la ~.** ■ **a media ~.** loc. adv. En voz (→ 1) más baja de lo normal. *Hablaban a media voz para no despertar al niño.* ■ **a ~ en cuello,** o **a ~ en grito.** loc. adv. En voz (→ 1) muy alta o gritando. *Los aficionados cantan a voz en grito el himno de su equipo.* ■ **dar una ~** (a alguien). loc. v. Llamar(lo) a gritos. *Asómate a la ventana y da una voz a tu hermano para que suba.* ■ **de viva ~.** loc. adv. De forma oral. *Podía haberle mandado un mensaje, pero prefiero quedar con él y decírselo de viva voz.* ■ **levantar,** o **alzar,** alguien **la ~** (a otra persona). loc. v. Hablar(le) a gritos y sin el respeto que merece. *Como me vuelva a levantar la voz, lo echo de clase.* ■ **llevar** alguien **la ~ cantante.** loc. v. Ser esa persona quien tiene la iniciativa o impone sus puntos de vista en una reunión o en un asunto. *Siempre ha de ser ella la que lleve la voz cantante.* ■ **pedir** alguien o algo **a voces** (una cosa). loc. v. Necesitar(la) con urgencia. *El salón está pidiendo a voces una mano de pintura.* ▶ **5:** GRITO. **6:** *PALABRA.

vozarrón. m. Voz muy potente y gralm. grave. *Con ese vozarrón podrías cantar en la ópera.*

vudú. m. **1.** *Rel.* Culto religioso extendido entre los negros antillanos y del S de los Estados Unidos de América, en el que se mezclan elementos católicos y ritos de origen africano. Frec. fig. para designar cualquier hechicería. *Sospecha que le están haciendo vudú, porque últimamente todo le sale mal.* ● adj. **2.** Del vudú (→ 1). *Rito vudú.*

vuecencia. pron. pers. Se usa como tratamiento para dirigirse a una persona con tratamiento de excelencia. *El coronel se despidió diciendo: "A las órdenes de vuecencia, mi general".*

vuelapluma. a ~. (Tb. **a vuela pluma**). loc. adv. Deprisa o sin detenerse a pensar. Gralm. con *escribir*. *Se nota que la redacción la has escrito a vuelapluma, porque está llena de incoherencias.*

vuelco. m. **1.** Hecho de volcar o volcarse. *El autobús escolar tiene una carrocería diseñada para evitar su vuelco.* **2.** Cambio radical o inversión brusca producidos en algo, espec. en una situación. *Los resultados electorales han supuesto un vuelco del panorama político nacional. Su vida sufrirá un vuelco si aprueba la oposición.* ■ **darle** (a alguien) **un ~ el corazón.** loc. v. Sentir (esa persona) un sobresalto o una impresión fuerte. *Nos dio un vuelco el corazón cuando nos enteramos de que estaba en el hospital.*

vuelo. m. **1.** Hecho de volar. *Nos gusta observar el vuelo de las rapaces en el campo. El comandante y la tripulación les desean un vuelo agradable. La película comenzaba con la imagen del vuelo de una hoja de arce.* **2.** Viaje en un vehículo aéreo. *Por cinco minutos perdimos el vuelo que nos iba a llevar a París. El vuelo procedente de Londres llegará con retraso.* **3.** Amplitud de una prenda de vestir o de un tejido desde la parte en que están ajustados o fruncidos. *La falda tenía tanto vuelo que el viento me la levantaba constantemente. Cuanto más vuelo quieras darles a las cortinas, más tela necesitarás.* **4.** Conjunto de plumas del ala de un ave que le sirven para volar. Frec. en pl. *La paloma no podía escaparse porque tenía los vuelos cortados.* ■ **~ rasante.** m. Vuelo (→ 1) cuya trayectoria se mantiene muy cerca de la superficie del terreno. *La avioneta acrobática ha pasado en vuelo rasante por debajo de un puente.* □ **al ~.** loc. adv. **1.** Mientras vuela. *Le he lanzado un hueso al perro y lo ha pillado al vuelo.* **2.** Con mucha rapidez. *Vi el sobre y reconocí su letra al vuelo. Lo llamé y se presentó en mi casa al vuelo.* Frec. con v. que significan "entender". *Aunque no lo ha dicho claramente, he captado al vuelo su intención. Parece tonto pero, en cuanto dejas caer una ironía, la coge al vuelo. Cuidado con lo que habláis delante del niño, que las caza al vuelo.* **3.** De paso o por casualidad. *Oyó un comentario al vuelo que lo dejó preocupado.* ■ **alzar el ~.** → **levantar el vuelo.** ■ **cortar los ~s** (a alguien). loc. v. Quitar(le) los medios o la libertad para hacer algo. *Su padre ha decidido cortarle los vuelos porque se pasaba las noches de juerga.* ■ **de altos** (o **cortos**) **~s.** loc. adj. De mucha (o poca) importancia o aspiraciones. *Un poeta de altos vuelos escribió el discurso de homenaje. A alguien de su prestigio no le interesa participar en proyectos de tan cortos vuelos.* ■ **en un ~.** loc. adv. Rápidamente. *Se puso manos a la obra y acabó en un vuelo.* ■ **levantar,** o **alzar, el ~.** loc. v. **1.** Echar a volar. *Al oír el estallido, las perdices se han espantado y han alzado el vuelo.* **2.** coloq. Abandonar un lugar, o desaparecer de él. *Los padres saben que los hijos, antes o después, levantan el vuelo para hacer su vida. Cuando llegó la policía, los ladrones ya habían levantado el vuelo.*

vuelta. f. **1.** Hecho de volver, espec. al lugar de donde se partió o en donde se estaba. *Hemos tenido una vuelta de vacaciones muy accidentada. Voy a hacer un recado, pero a la vuelta subo a tu casa y charlamos.* **2.** Movimiento en círculo o alrededor de algo, hasta llegar de nuevo al punto inicial. Frec. con *dar*. *Faltan dos vueltas al circuito para acabar la carrera. Cuando me mareo, todo me da vueltas.* **3.** Movimiento giratorio de algo sobre sí mismo hasta quedar en posición inversa o hasta describir un giro completo. Frec. con *dar*. *Si no le das la vuelta al filete se te quemará por un lado. Daré un par de vueltas más a la tuerca para que quede apretada.* **4.** Paseo (hecho de pasear). Frec. en la constr. *dar una* ~. *Al atardecer le gusta dar una vuelta por el parque.* **5.** Cada una de las series paralelas de puntos que se hacen al tejer una labor. *Solo me faltan cuatro vueltas para acabar el jersey.* **6.** Curva o desviación respecto de la línea recta, espec. en un camino. *La bajada del puerto tiene muchas vueltas. He tenido que dar una vuelta impresionante para llegar hasta aquí.* Tb. fig. *Con lo vergonzosa que es, no te imaginas las vueltas que ha dado para contármelo.* **7.** Carrera, gralm. ciclista, que se celebra por etapas, y en la que se va recorriendo un país o zona geográfica concretos. *El líder de la vuelta ciclista lleva el maillot amarillo.* **8.** Cada una de las veces en que se produce un hecho que se realiza en varios turnos o en varias fases. *En la segunda vuelta de las elecciones ganó la coalición de izquierdas. El equipo ha hecho una gran primera vuelta.* **9.** Repetición de una actividad, espec. la que consiste en repasar lo estudiado. Frec. con *dar*. *Ya me he leído los apuntes, pero quiero darles otra vuelta antes del examen.* **10.** Dinero que se devuelve al cobrar a quien paga con moneda o billete de valor superior al del importe. *Le dije al taxista que se quedara con la vuelta.* **11.** Devolución de algo. Se usa para advertir humorísticamente que lo prestado debe devolverse. *Te presto el bolígrafo, pero ya sabes que es con vuelta, ¿eh?* **12.** Tira de tela superpuesta o doblada en el borde de las mangas o de otras partes de una prenda de vestir. *Llevaba un traje de chaqueta cruzada y pantalón con vueltas.* **13.** Parte de una cosa opuesta a la que se tiene a la vista. *En un sobre, la dirección se escribe por el frente y el remite, por la vuelta.* ■ **~ de campana.** f. Vuelta (→ 3) que da un cuerpo rodando o girando sobre sí mismo hasta quedar de nuevo en su posición inicial. Frec. con *dar*. *El coche derrapó y dio varias vueltas de campana.* □ **a la ~.** loc. adv. Torciendo a la derecha, o a la izquierda. *Nos encontramos en el bar que está a la vuelta.* ■ **a la ~ de.** loc. prepos. Después de. Se usa seguido de una expresión de tiempo. *Si no mejora a la vuelta de una semana, habrá que aumentarle la dosis.* ■ **a la ~ de la esquina.** loc. adv. coloq. Muy próximo, o al alcance: *Los exámenes están ya a la vuelta de la esquina. Un amigo así no se encuentra a la vuelta de la esquina.* ■ **a ~ de correo.** loc. adv. De manera inmediata después de recibir una carta. *Contéstame a vuelta de correo, por favor, que estoy ansioso por tener noticias tuyas.* ■ **a ~s** (con alguien o algo). loc. adv. coloq. Ocupándose (de él o de ello) con insistencia. Frec. con *andar* o *estar*. *Lleva años a vueltas* CON *la tesis y no ve el momento de acabarla.* ■ **buscar las ~s** (a alguien). loc. v. coloq. Tratar de sorprender(lo) en un error o de descubrir sus puntos débiles para perjudicar(lo). *Me tiene envidia y siempre me está buscando las vueltas.* ■ **dar** alguien o algo **cien ~s** (a otra persona o cosa). loc. v. coloq. Ser muy superior (a ellas). *Mi hermano me da cien vueltas* EN *matemáticas. Tu coche le da cien vueltas al mío.* ■ **dar** alguien **la ~.** loc. v. Emprender el regreso. *A mitad de camino, empeoró tanto el tiempo que decidimos darnos la vuelta.* ■ **dar la ~** (a algo, espec. una prenda de vestir). loc. v. Volver(lo) del revés. *Dale la vuelta al calcetín para zurcirlo.* ■ **dar ~s** (a algo). loc. v. Pensar (en ello) insistentemente. *No dejo de darle vueltas a este problema.* ■ **de ~.** loc. adj. En deporte, dicho de partido o encuentro: Que es el segundo de los dos en que dos equipos se enfrentan en una eliminatoria. *En el partido de vuelta esperamos remontar el gol encajado en el de ida.* ■ **estar** alguien **de ~** (de algo). loc. v. coloq. Conocer(lo) bien por propia experiencia, frec. hasta el punto de haber perdido el interés o la ilusión (por ello). *Quise explicarle lo que eran las drogas, y resultó que él ya estaba de vuelta de eso.* ■ **no tener** algo **~ de hoja.** loc. v. Ser incuestionable o no admitir otra interpretación. *Si lo ha mandado el jefe, hay que hacerlo; no tiene vuelta de hoja.* ■ **poner de ~ y media** (a alguien). loc. v. coloq. Insultar(lo) o hablar mal (de él). *No le caía bien y andaba poniéndolo de vuelta y media a sus espaldas.* ▶ **4:** PASEO. **7:** RONDA. **10:** CAMBIO. ‖ **Am: 10:** VUELTO.

vuelto. m. Am. Vuelta (dinero). *Nadie puede pagar y darse el vuelto a la vez* [C]. *Recibió el vuelto del billete que había entregado* [C]. ▶ *VUELTA.

vuestro, tra. adj. **1.** De las personas entre las que se encuentra aquella a quien se habla. *Me divierte vuestra tendencia a exagerar.* Si va pospuesto al n., este puede ir precedido de art., dem. o indef. *Me han contado aventuras vuestras increíbles. Ese amigo vuestro no me cae nada bien. No aguanto otra bromita vuestra.* Tb. sustantivado. *Nunca había tenido un caso como el vuestro.* **2.** De la persona a la que alguien se dirige en lenguaje protocolario o solemne. *Nos sentimos muy honrados con vuestra visita, Majestad.* ■ **la vuestra.** loc. s. coloq. Respecto de las personas entre las que se encuentra aquella a quien se habla: Ocasión favorable. Frec. con el v. *ser*. *Aprovechad ahora, ¡esta es la vuestra!* ■ **lo vuestro.** loc. s. Mucho. *Habréis pagado lo vuestro por este apartamento.* ■ **los ~s.** loc. s. Los familiares o personas vinculadas a un grupo del que forman parte las personas a quienes se dirige el que habla. *Seguro que los vuestros ganan las próximas elecciones. Esa candidata es de las vuestras.*

vulcanizar. tr. Combinar (el caucho) con azufre para que conserve su elasticidad y aumente su resistencia. Frec. en part. *El caucho vulcanizado se utiliza para la fabricación de neumáticos y de suelas de zapato.*

vulcanología. f. *Geol.* Estudio científico de los volcanes. *Es licenciado en geología y especialista en vulcanología.*

vulcanólogo, ga. m. y f. Especialista en vulcanología. *Los vulcanólogos advierten del peligro de una nueva erupción del volcán.*

vulgar. adj. **1.** Común o general, y no especializado. *Es estomatólogo; en lenguaje vulgar, dentista.* **2.** Que es corriente o no tiene una particularidad especial. *Es un hombre de estatura media y rasgos vulgares. Vivía en una casa vulgar y llevaba una vida mediocre.* **3.** Dicho de persona: Que no tiene cultura o educación. *Era una persona tan vulgar que hablaba con la boca llena.* **4.** Propio de la persona vulgar (→ 3). *Tendrá mucho dinero, pero la delatan sus modales vulgares.* ▶ **3:** *MALEDUCADO.

vulgaridad. f. **1.** Cualidad de vulgar. *Le aburría el programa televisivo por su vulgaridad.* **2.** Cosa o dicho vulgares. *Ese vestido que llevas es una vulgaridad.*

vulgarismo. m. Palabra o expresión propias de las personas vulgares, o de escasa formación. *La forma "agüelo" por "abuelo" es un vulgarismo.*

vulgarización. f. Hecho de vulgarizar o vulgarizarse. *La difusión de conocimientos a través de la prensa contribuye a su vulgarización.*

vulgarizar. tr. **1.** Hacer vulgar (algo). *Los intereses comerciales han vulgarizado su cine.* Tb. en constr. prnl. media. *Su forma de vestir se ha vulgarizado desde que va con esa panda.* **2.** Hacer que (una materia) sea accesible para cualquier público. *Han sacado una colección de bolsillo para vulgarizar temas científicos.*

vulgo. m. **1.** Conjunto de las personas que pertenecen al pueblo. *El político se mezclaba entre el vulgo para repartir propaganda electoral.* **2.** despect. Conjunto de las personas que tienen escasa formación o una posición social baja. *El dramaturgo se defiende de las críticas diciendo que su obra no está hecha para el vulgo.* ● adv. **3.** En lenguaje vulgar o común. *La muy pedante anda quejándose de una cefalea aguda, vulgo dolor de cabeza.*

vulnerabilidad. f. Cualidad de vulnerable. *El robo de archivos secretos hizo patente la vulnerabilidad del sistema informático.*

vulnerable. adj. Que puede ser dañado o herido. *En muchos aspectos, los niños son más vulnerables que los adultos. Es muy vulnerable* A *los resfriados. El sistema de seguridad debe proteger los puntos más vulnerables del edificio.*

vulneración. f. Hecho de vulnerar. *Durante la dictadura, la vulneración de los derechos humanos fue constante.*

vulnerar. tr. **1.** Infringir (una ley o precepto). *El proyecto de ley fue rechazado porque vulneraba un artículo de la Constitución.* **2.** cult. Dañar o herir (algo o a alguien). *Estas imágenes truculentas pueden vulnerar la sensibilidad del espectador.* ► **1:** *INFRINGIR.

vulva. f. Parte del aparato genital de las hembras de los mamíferos, que rodea y constituye la abertura externa de la vagina.

w. f. Letra del abecedario español cuyo nombre es *uve doble*, y que se pronuncia unas veces como *u* (*washingtoniano*) y otras como *b* (*wolframio*).

washingtoniano, na. (pronunc. "wasintoniáno"). adj. De Washington (capital de Estados Unidos). *Políticos washingtonianos.* Dicho de pers., tb. m. y f. *Entre las atletas hay una washingtoniana y dos neoyorquinas.*

waterpolista. (pronunc. "waterpolísta" o "baterpolísta"). m. y f. Jugador de waterpolo. *En el club de natación se entrenan nadadores y waterpolistas.*

waterpolo. (pronunc. "waterpólo" o "baterpólo"). m. Deporte que se practica en una piscina entre dos equipos de siete jugadores cada uno, y que consiste en introducir el balón con la mano en la portería contraria. *El equipo de waterpolo ha ganado por una diferencia de tres goles.*

W. C. abrev. *Water closet,* "váter".

web. (pl. **webs;** pronunc. "web"; frec. en mayúsc.). f. *Inform.* Red informática mundial. *Busca en la web la información que necesitas.*

weber. (al.; pronunc. "béber"). m. *Fís.* Unidad básica de flujo magnético del Sistema Internacional (Símb. *Wb*).

wélter. (pronunc. "wélter"). m. Peso wélter (→ **peso**). *El campeón ha renovado el título de los wélters.*

western. (pal. ingl.; pronunc. "wéster"). m. **1.** Película del Oeste. *Esta noche ponen un* western *en la tele.* **2.** Género cinematográfico constituido por los *westerns* (→ 1). *Es un gran aficionado al* western. ¶ [Equivalente recomendado: 1: *película del Oeste.* Adaptación recomendada: 2: *wéstern,* pl. *wésterns*].

whiskería. (Tb. **güisquería**). f. Establecimiento donde se sirve *whisky* y otras bebidas alcohólicas. *Se tomaron la última copa en una güisquería.* Frec., eufem., designa un local de alterne. *Frecuenta barras americanas y whiskerías de carretera.*

whisky. (pal. ingl.; pronunc. "wíski" o "güíski"; tb. **güisqui**). m. Bebida alcohólica de alta graduación, obtenida por fermentación de cereales, espec. cebada o centeno. *Me gusta el* whisky *escocés.* Tb. la copa de este licor. *Camarero, un* whisky *doble, por favor.* ¶ [Adaptación recomendada: *güisqui*].

windsurf o ***wind surf.*** (pal. ingl.; pronunc. "wínsurf" o "wín-súrf"). m. Deporte náutico que consiste en deslizarse por el agua sobre una tabla provista de una vela. *Es una playa excelente para hacer* windsurf. ▶ WINDSURFING. ¶ [Equivalente recomendado: *tablavela*].

windsurfing o ***wind surfing.*** (pal. ingl.; pronunc. "winsúrfing" o "wín-súrfing"). m. Deporte náutico que consiste en deslizarse por el agua sobre una tabla provista de una vela. *En verano practica el* windsurfing, *y en invierno, el esquí.* ▶ WINDSURF. ¶ [Equivalente recomendado: *tablavela*].

windsurfista. (pronunc. "winsurfísta"). m. y f. Persona que practica el *windsurf. El windsurfista perdió el equilibrio y cayó al agua.*

wolframio. (pronunc. "bolfrámio"; tb. **volframio**). m. Elemento químico del grupo de los metales, de color gris acerado, muy duro y denso, y difícil de fundir (Símb. *W*). *El filamento de la bombilla es de wolframio.* ▶ TUNGSTENO.

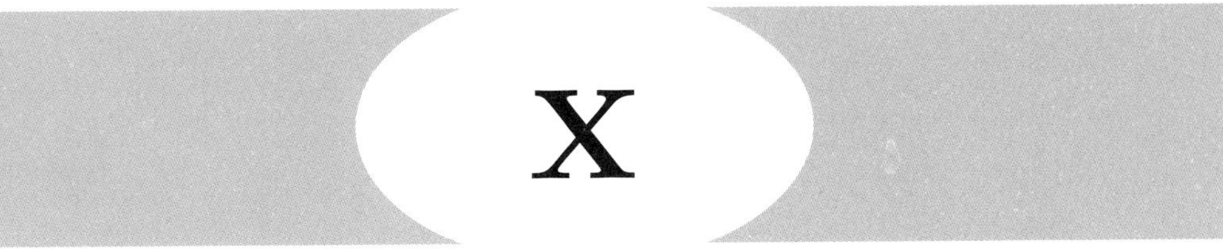

X

x. f. **1.** Letra del abecedario español cuyo nombre es *equis*, y que se pronuncia unas veces como *ks* (*examen*) y otras como *s* (*extraño*), y excepcionalmente como *j*, como en *México*, *Oaxaca* y *Texas*, y sus derivados. **2.** *Mat.* Equis (cantidad indeterminada). *Calcula el valor de x en las siguientes ecuaciones.*

xenofobia. f. cult. Odio a lo extranjero o a los extranjeros. *La asociación lucha contra el racismo y la xenofobia.*

xenófobo, ba. adj. **1.** cult. Que siente o manifiesta xenofobia. *Es un hombre violento y xenófobo.* Tb. m. y f. *Los seguidores del equipo eran unos xenófobos.* **2.** cult. Propio de la persona xenófoba (→ 1). *El artículo defiende ideas xenófobas.*

xenón. m. *Quím.* Elemento del grupo de los gases nobles, denso e incoloro, que se emplea como gas de llenado de lámparas y tubos eléctricos (Símb. *Xe*). *Los faros del coche contienen xenón.*

xerófilo, la. adj. *Bot.* Dicho de planta: Que puede vivir en un clima muy seco. *El cantueso y la mejorana son plantas xerófilas.* ▶ XERÓFITO.

xerófito, ta. adj. *Bot.* Xerófilo. *Vegetación xerófita.*

xifoides. adj. *Anat.* Dicho de apéndice: Cartilaginoso, que constituye el extremo del esternón del hombre. *El cirujano realizó una incisión a la altura del apéndice xifoides.* Tb. m. *El xifoides es una de las partes del esternón.*

xilófago, ga. adj. *Zool.* Dicho de insecto: Que se alimenta de madera. *Las termitas son xilófagas.* Tb. m. *Plaga de xilófagos.*

xilofón. m. Xilófono. *El xilofón es un instrumento musical de percusión.*

xilofonista. m. y f. Músico que toca el xilófono. *Suele actuar como pianista o como xilofonista.*

xilófono. m. Instrumento musical de percusión formado por una serie de láminas metálicas o de madera y de diferente tamaño y sonido, que se hacen sonar golpeándolas con unas mazas. *La parte aguda de la percusión la ponían los triángulos y el xilófono.* ▶ XILOFÓN.

xilografía. f. **1.** Procedimiento de impresión por medio de planchas de madera grabadas. *La xilografía es originaria de China.* **2.** Estampa realizada mediante la xilografía (→ 1). *Asistimos a una exposición de xilografías.*

y

y[1]**.** f. Letra del abecedario español cuyo nombre es *i griega* o *ye*, y que se pronuncia unas veces como *i* (*buey, y*) y otras con un sonido propio (*raya*).

y[2]**.** conj. (Se usa en la forma *e* ante una palabra que empiece por *i* o *hi* –siempre que esa *i* o *hi* no inicien diptongo–, salvo en la acep. 3, cuando va seguida de un nombre propio: *extranjeros e indígenas; matemáticas e historia; Sonia e Inés; leones y hienas; estratosfera y ionosfera; ¿Y Inés?*). **1.** Une oraciones o elementos de oración indicando básicamente suma de lo expresado por ellos. *Ha sido una intervención brillante y muy aplaudida. Disponemos del dinero y la ayuda necesarios para empezar el negocio. Lo desmontó y montó de nuevo en un santiamén. ¿Quién va a venir en mi coche y quién en el de Manuel? Contestaron rápida y astutamente. Hay agua con y sin gas. Dices una palabra más y estás despedido.* **2.** Se usa al principio de una frase exclamativa con valor enfático. *¡Y yo sin enterarme! ¡Y pensar que podría haberse evitado!* **3.** Se usa al principio de una frase interrogativa para preguntar por lo expresado. *¿Y Inés?, hace mucho que no la veo. ¿Conoces Inglaterra?, ¿y Islandia? ¿Y el resto del equipaje? ¿Y si nos tomamos un descanso?* **4.** Precedida y seguida de la misma forma verbal o del mismo nombre, intensifica su significado. *Hablan y hablan sin llegar a una solución. Recorrieron tiendas y tiendas buscando ese CD. Se pasa días y días sin ver a nadie.*

ya. adv. **1.** Con un verbo en tiempo simple, indica que, en un momento anterior, no tenía lugar el hecho que se expresa. *Juan ya va a la Universidad. Como ha contado tantas mentiras, ya no lo creen.* **2.** Con un verbo en tiempo compuesto, enfatiza la idea de anterioridad de la acción verbal. *Cuando llegó la ambulancia, ya le habían hecho los primeros auxilios. Son las diez de la mañana y ya tiene hecha la comida. Ya he leído ese libro. Cuando lleguemos, ya se habrá ido.* **3.** Con un verbo en futuro simple, refuerza la convicción de que sucederá la acción esperada. *Ya hablaremos de ese asunto. Ya nos veremos las caras.* **4.** Inmediatamente, o ahora mismo. *–Date prisa. –Ya voy. Dile que ya bajo. Lo necesito ya.* **5.** cult. Enunciado ante dos o más elementos de oración, introduce otras tantas alternativas que conducen a una misma conclusión. *Ya consigan terminarlo, ya se quede a medias, presentarán el libro en la fecha prevista. Ya con su consentimiento, ya sin él, siguieron adelante.* ● interj. **6.** Se usa para expresar que se ha comprendido lo que se acaba de oír. *–He llegado antes para sacar las entradas. –Ya.* A veces se usa con intención irónica. *–Con mi conferencia todos se quedarán boquiabiertos. –Ya. –Si te obligo a hacerlo es por tu bien. –Ya, ya; eso cuéntaselo a otro.* **7.** Se usa para expresar que acaba de recordarse algo. *¡Ah, ya!, tú eres el amigo del que tanto me habían hablado.* ■ **~ que.** loc. conjunt. **1.** Puesto que. *El descubrimiento tiene un gran interés, ya que permite datar los fósiles con más precisión.* **2.** cult. Seguida de *no:* Aunque. *Ya que no todos, al menos sí irán los amigos más cercanos.*

yacaré. m. Am. Caimán. *El yacaré y la tortuga marina son de hábitos acuáticos* [C]. *Un frigorífico paraguayo alimentó con tres toneladas de menudencias vacunas a 3000 yacarés* [C].

yacente. adj. Que yace. *En el centro del escenario hay un personaje yacente.* Se usa espec. en arte para referirse a la figura representada en esa postura. *El cuadro muestra a un Cristo yacente junto a su madre.*

yacer. (conjug. YACER). intr. **1.** cult. Estar echada o tendida una persona, espec. muerta. *Los cuerpos sin vida yacen en el campo de batalla.* **2.** cult. Estar enterrada una persona. *Los restos del monarca yacen en la cripta del palacio.* **3.** cult. Realizar el coito dos personas. *El dibujo representa a dos amantes yaciendo.*

yacija. f. Lecho o cama pobres. *El mendigo ha improvisado una yacija de periódicos y cartones.*

yacimiento. m. Lugar donde se encuentran de forma natural rocas, minerales, fósiles o restos arqueológicos. *Trabaja en la explotación de un yacimiento de cobre.*

yaguareté. m. Am. Jaguar. *De hábitos sigilosos, el yaguareté recorre la maraña selvática* [C].

yak. m. Mamífero rumiante parecido al búfalo, de cuerpo robusto y pelaje espeso y lanoso, que habita en zonas montañosas de Asia Central. *El campesino sube la montaña a lomos de un yak.*

yámbico, ca. *Lit.* adj. Del yambo o con yambos. *Ritmo yámbico.*

yambo. m. *Lit.* En la poesía grecolatina: Pie formado por una sílaba breve seguida de una larga. *El verso está escrito en yambos.*

yang. (pal. china; pronunc. "yan"). m. En la filosofía china: Principio positivo y masculino, que complementa al *yin. El* yin *y el* yang *están en la base del pensamiento taoísta.*

yanqui. adj. coloq. Estadounidense. *Odia la comida yanqui.* Dicho de pers., tb. m. y f. *Entre los turistas hay yanquis y canadienses.*

yanomami. adj. De un pueblo indio que habita en la región del alto Orinoco. *Costumbres yanomamis.* Dicho de pers., tb. m. y f. *Los yanomamis son agricultores y cazadores.*

yapa. f. Am. coloq. Añadidura. Frec. designa la que se da como propina o regalo. *La yapa se entendía como un pequeño gesto de generosidad y buena voluntad* [C]. Frec. en la constr. *de ~. Se entregaban a los placeres más guarangos y de yapa se jactaban de su alta condición moral* [C].

yarda. f. Unidad de longitud del sistema anglosajón, que equivale a 0,9144 metros. *Los ingleses miden las distancias en yardas.*

yate. m. Embarcación de recreo, de motor o de vela. *El jeque ha llegado a la isla a bordo de un lujoso yate.*

yayo, ya. m. y f. **1.** infant. Abuelo (padre o madre de su padre o madre). *Yayo, ¿me das un caramelo?* ○ m. pl. **2.** infant. Abuelo y abuela. *Los yayos me han regalado una bici.*

ye. f. Letra *y*.

yedra. → **hiedra.**

yegua. f. Hembra del caballo. *He llamado al veterinario porque la yegua está enferma.* ▶ JACA.

yeguada. f. Conjunto numeroso de caballos que viven agrupados. *Varios purasangres de su yeguada han ganado carreras hípicas.*

yeísmo. m. *Fon.* Pronunciación de la *ll,* consonante palatal lateral, como *y,* consonante palatal fricativa. *El yeísmo está muy extendido por España y por América.*

yeísta. adj. **1.** *Fon.* Del yeísmo. *Pronunciación yeísta.* **2.** *Fon.* Que practica el yeísmo. *La zona centro peninsular es yeísta.* Dicho de pers., tb. m. y f. *Los yeístas no pronuncian la "ll".*

yelmo. m. histór. Parte de la armadura que se usaba para cubrir y proteger la cabeza y la cara. *El caballero llevaba un yelmo emplumado.*

yema. f. **1.** Porción central del huevo de las aves. *Le encanta mojar pan en la yema del huevo frito.* Tb. designa la porción central del huevo de los demás vertebrados ovíparos. **2.** Parte central y carnosa de la punta del dedo, opuesta a la uña. *El portero roza el balón con las yemas de los dedos.* **3.** Dulce seco elaborado con azúcar y yema (→ 1). *Ha comprado una caja de yemas.* **4.** Brote de un vegetal con forma de botón escamoso, del que nacen hojas, ramas y flores. *A los árboles ya les han salido las primeras yemas.* ▶ **4:** BOTÓN.

yemení. adj. De Yemen. *República yemení.* Dicho de pers., tb. m. y f.

yen. m. Unidad monetaria de Japón. *Si vas a viajar a Japón, cambia los euros por yenes.*

yerba[1]**.** → **hierba.**

yerba[2]**.** f. Am. Hoja de yerba mate (→ **yerba mate**). *Esperá que voy a comprar yerba y tomamos unos mates* [C]. *Llegó con su yerba, su mate y su bombilla* [C]. ■ ~ **mate.** f. Am. Árbol de copa tupida, cuyas hojas, siempre verdes y con forma de punta de lanza, se toman en infusión. *El monocultivo de la yerba mate y las grandes lluvias han provocado una gran erosión* [C]. Tb. su hoja, deshidratada y triturada, con la que se prepara la infusión de mate. *El almacenero me vende una caja de yerba mate en saquitos* [C]. *Creemos que la yerba mate actúa en cierta forma parecida al té* [C].

yerbabuena. → **hierbabuena.**

yerbajo. → **hierbajo.**

yerbaluisa. → **hierbaluisa.**

yerbatero, ra. adj. **1.** Am. Dicho de médico o de curandero: Que cura con yerbas. *Un hombrecito me dijo que lo llevara a un médico yerbatero* [C]. Tb. m. y f. *Sus infortunios no terminaban con las oraciones, las brujerías ni las recetas de los yerbateros* [C]. **2.** Am. De la yerba mate. *El sector yerbatero espera una mayor productividad para el año que se inicia* [C].

yerbero. → **hierbero.**

yermo, ma. adj. **1.** No habitado. *La guerra ha dejado muchos pueblos derruidos y yermos.* **2.** No cultivado. *La seta de cardo crece en terrenos yermos.* Dicho de terreno, tb. m. *Es dueño de varios yermos sin ningún valor.* ▶ **2:** BALDÍO, ERIAL, INCULTO, PÁRAMO.

yerno. m. Respecto de los padres de una mujer: Marido de ella. *Vienen a comer mi hija y mi yerno.*

yero. m. Planta con fruto en vaina cuyas semillas se utilizan como pienso para animales. *En la región se cultivan la lenteja, la veza y el yero.* Tb. su semilla. *Alimentan a los cerdos con yeros y bellotas.*

yerro. m. cult. Equivocación o error. *Tiene la intención de enmendar sus yerros.*

yerto, ta. adj. cult. Tieso o rígido, espec. a causa del frío o de la muerte. *La viuda vela el cuerpo yerto y pálido del difunto.*

yesca. f. Materia muy seca preparada para que prenda con facilidad al contacto con una chispa. *Sabe hacer fuego con yesca y pedernal.*

yesería. f. **1.** Lugar donde se fabrica o vende yeso. *La constructora ha hecho un pedido a la yesería de dos toneladas de yeso.* **2.** Obra hecha de yeso. *Están restaurando las yeserías del palacio.*

yeso. m. **1.** Sulfato de calcio hidratado, muy blando y gralm. de color blanco, que se endurece rápidamente al mezclarse con agua. *La escayola que llevas en el brazo es de yeso.* **2.** Escultura vaciada en yeso (→ 1). *En la exposición hay algunos yesos muy interesantes.*

yeti. m. Ser no identificado que supuestamente habita en el Himalaya. *Unos montañeros aseguran haber visto al yeti.*

yeyé. adj. **1.** Dicho de música pop: Que se puso de moda en los años sesenta. *Los Beatles fueron los reyes de la música yeyé.* **2.** De la música yeyé (→ 1) o derivado de este tipo de música. *Toca la guitarra en un grupo yeyé.* **3.** Aficionado a la música yeyé (→ 1). *Jóvenes yeyés.* Tb. m. y f. *La discoteca estaba llena de yeyés de pelo largo.*

yeyuno. m. *Anat.* En los mamíferos: Segunda porción del intestino delgado. *El yeyuno está comprendido entre el duodeno y el íleon.*

yin. (pal. china). m. En la filosofía china: Principio negativo y femenino, que complementa al *yang. El* yin *representa el frío, mientras que el* yang *representa el calor.*

yo. pron. pers. (→ **me, mí**). **1.** Designa a la persona que habla. *–¿Quién quiere más helado? –Yo. Me dijo que no podría hacerlo yo solo. Soy yo el que tiene toda la responsabilidad.* ● m. **2.** (pl. **yoes** o, coloq., **yos;** frec. con art.) *Psicol.* Aspecto de la persona que hace elecciones y rechazos, que le permiten desarrollarse como individuo. *Cuando alguien dice "quiero esto" su yo está ejercitando su capacidad de darse cuenta de lo que quiere.* ■ ~ **que tú.** loc. s. Se usa para introducir una sugerencia referida a la persona aludida. *Yo que tú aprovecharía la oportunidad.* Tb. ~ *que* seguida de un n. o de otro pron. pers. *Yo que ellos no publicaba esa noticia. Yo que María no me arriesgaba. Yo que su madre no la había dejado ir de vacaciones.*

yodado, da. adj. Que contiene yodo. *La leche y los mejillones son alimentos yodados.*

yodo. (Tb. **iodo**). m. Elemento químico del grupo de los halógenos, que se emplea en medicina como desinfectante (Símb. *I*). *Límpiate la herida con yodo.*

yoduro. (Tb. **ioduro**). m. Compuesto químico de yodo, que se usa en medicina, en fotografía y en la fabricación de colorantes. *El yoduro de mercurio se emplea en el tratamiento de la sífilis.*

yoga. m. **1.** Doctrina filosófica hindú que persigue la perfección espiritual del hombre y su unión con la divinidad, para lo cual propone la práctica de determinados ejercicios. *El asceta se inició muy pronto en* *el yoga.* **2.** Sistema de ejercicios basado en el yoga (→ 1) y dirigido a conseguir el dominio del cuerpo y de la mente. *Hacer yoga ayuda a liberar tensiones.*

yogui. m. y f. **1.** Adepto a la doctrina del yoga. *El yogui recibe consejos de un gurú.* **2.** Persona que practica el yoga. *Los yoguis adoptan posturas muy complicadas.*

yogur. m. Producto lácteo que se obtiene de la fermentación de la leche. Tb. cada ración individual envasada de ese producto. *He comido espaguetis, y, de postre, un yogur.*

yogurtera. f. Electrodoméstico que sirve para hacer yogures. *Desde que tiene la yogurtera, no ha vuelto a comprar un yogur.*

yonqui. m. y f. jerg. Adicto a la heroína. *Es una yonqui, pero quiere desintoxicarse.*

yóquey. m. Jinete profesional de carreras de caballos. *El yóquey entrena cada mañana con su caballo.*

yoyó. m. Juguete formado por dos discos unidos por un eje en el que se enrolla una cuerda para hacerlo subir y bajar alternativamente. *Las niñas bailan el yoyó en el recreo.*

yuan. m. Unidad monetaria de la República Popular China. *Al llegar a Pekín, cambiaré los euros por yuanes.*

yuca. f. **1.** Planta tropical americana, de tallo cilíndrico, hojas largas y gruesas y flores blancas en forma de globo, que se cultiva con fines ornamentales. *En el jardín del colegio hay una yuca.* **2.** Mandioca. *Harina de yuca.*

yudo. m. Deporte de lucha de origen japonés, en el que se enfrentan dos personas sin armas, mediante llaves y movimientos realizados con habilidad. *Por la tarde va a clase de yudo.* ▶ JUDO.

yudoca. m. y f. Persona que practica el yudo. *Los yudocas entrenan sobre el tatami.*

yugo. m. **1.** Instrumento de madera mediante el cual se unen por el cuello o por la cabeza dos animales de tiro, para que tiren del arado o de un carro. *El tractor ha reemplazado al yugo y al arado.* **2.** cult. Atadura o carga pesada. *Le gustaría verse libre del yugo del trabajo.* **3.** cult. Dominio o autoridad superiores. *El país vive bajo el yugo extranjero.*

yugoeslavo, va. adj. Yugoslavo. *Belgrado era la capital yugoeslava.* Tb. m. y f.

yugoslavo, va. adj. De Yugoslavia (antiguo país de Europa). *Costas yugoslavas.* Tb. m. y f. *Los yugoslavos han ganado el mundial de baloncesto.* ▶ YUGOESLAVO.

yugular. f. *Anat.* Vena yugular (→ **vena**). *Le han cortado la yugular de un solo tajo.*

yunque. m. **1.** Pieza de hierro con forma de prisma, a veces con punta en uno de los extremos, que se usa para trabajar a martillo los metales sobre ella. *El herrero forja una herradura sobre el yunque.* **2.** *Anat.* Hueso pequeño del oído, situado entre el martillo y el estribo. *La rotura del yunque le ha provocado una pérdida de audición.*

yunta. f. Par de animales de tiro, espec. bueyes o mulas, que se emplean en los trabajos del campo. *El labrador ara la tierra con una yunta de bueyes.*

yuntero. m. Labrador que trabaja con una yunta. *De joven fue yuntero en su pueblo.*

yute. m. Fibra textil que se extrae de la corteza de una planta originaria de la India. *Sobre el suelo del salón hay una alfombra de yute.* Tb. la planta de la que se extrae.

yuxtaponer. (conjug. PONER). tr. **1.** cult. Poner (dos o más cosas) inmediatas. *La técnica de creación de mosaicos se basa en yuxtaponer pequeñas piedras coloreadas.* **2.** *Gram.* Unir (dos o más elementos) sin utilizar nexos o palabras de enlace. *"Llegué, vi, vencí" son oraciones yuxtapuestas.*

yuxtaposición. f. Hecho de yuxtaponer. *El cine es básicamente una yuxtaposición de imágenes.*

yuyo. m. **1.** Am. Mala hierba. *La construcción estaba devorada por yuyos y por cardos salvajes* [C]. **2.** Am. Hierba medicinal. *Como buen curandero de ley, sabía salvar con yuyos y con misterios* [C]. **3.** Am. Hierba tierna comestible. *Rosa, dame otro yuyo para la olla* [C]. *Se pone a hervir buche de chancho; después se le agregan el ñajú o los yuyos* [C].

Z

z. f. Letra del abecedario español cuyo nombre es *zeta* o *zeda,* y que se pronuncia con un sonido propio, salvo en América y algunas zonas de España, donde se pronuncia como *s. Zapato, azul, zinc, bizco, paz.*

zacate. m. Am. Hierba menuda que forma praderas y sirve a menudo de forraje. *Del aguacero nocturno no quedaban más rastros que el rocío en el zacate* [C]. *La comarca se trasforma en un páramo hostil, donde el zacate crece endeble* [C].

zafarrancho. m. **1.** *Mil.* Conjunto de preparativos para entrar en combate. Más frec. ~ *de combate. Los soldados se despertaron al toque de zafarrancho de combate.* **2.** coloq. Limpieza general. *Hoy toca zafarrancho de limpieza.* **3.** coloq. Lío o jaleo. *Un zorro ha entrado en el gallinero y se ha armado un buen zafarrancho.*

zafarse. intr. prnl. **1.** Librarse de algo. *Ha fingido un resfriado para zafarse* DEL *examen.* **2.** Esconderse o escaparse de algo o de alguien. *El preso se zafó* DE *la vigilancia de los guardias.* ▶ **1:** ESCABULLIRSE.

zafiedad. f. Cualidad de zafio. *No soporta la zafiedad y el mal gusto.*

zafio, fia. adj. **1.** Dicho de persona: Tosca o grosera. *Es un chico muy zafio.* **2.** Propio de la persona zafia (→ 1). *A pesar de su aspecto zafio, tiene gustos muy refinados.* ▶ **1:** *MALEDUCADO.

zafiro. m. Piedra preciosa de color azul, muy apreciada en joyería. *La reina lleva una tiara de zafiros.*

zaga. a la ~. loc. adv. cult. Atrás o detrás. *Está a la zaga de los países industrializados.* ■ **no ir,** o **no andar,** una persona o cosa **a la ~** (de otra). loc. v. cult. No ser peor (que ellas). *Ha sacado muy buenas notas, y su hermana no le va a la zaga.*

zagal, la. m. y f. **1.** Muchacho (adolescente, o joven). *Los zagales se reúnen en la plaza del pueblo.* **2.** Pastor joven que está a las órdenes de otro pastor. *El pastor y su zagal conducen el rebaño.* ▶ **1:** *MUCHACHO.

zaguán. m. Espacio cubierto de una casa, contiguo a la puerta de la calle, que sirve de entrada. *El repartidor está esperando en el zaguán.*

zaguero, ra. m. y f. **1.** En algunos deportes, espec. en fútbol: Defensa (jugador). *El zaguero ha evitado un gol clarísimo.* **2.** En el juego de pelota: Jugador que se coloca detrás. *Suele jugar de zaguero.* ▶ **1:** DEFENSA.

zaherir. (conjug. SENTIR). tr. Decir algo (a alguien) para molestar(lo) o mortificar(lo). *Lo dijo con intención clara de zaherirla.*

zahorí. m. y f. Persona que tiene la facultad de descubrir lo que está oculto bajo tierra, espec. agua o depósitos minerales. *El zahorí busca agua con un péndulo.*

zahúrda. f. cult. Pocilga. *Echó los restos de la comida en la zahurda para que los aprovecharan los cerdos.*

zaino, na. adj. **1.** Dicho de caballo o yegua: Que tiene el pelo de color castaño oscuro. *El jinete monta una yegua zaina.* **2.** Dicho de toro o vaca: Que tiene el pelo de color negro. *El quinto de la tarde es un toro zaino de quinientos kilos.*

zaireño, ña. adj. **1.** De la República Democrática del Congo. *Kinshasa es la capital zaireña.* Dicho de pers., tb. m. y f. *En mi clase hay un zaireño.* **2.** histór. Del Zaire, hoy República Democrática del Congo. *Tribus zaireñas.* Dicho de pers., tb. m. y f. *Los zaireños estuvieron bajo dominio belga.*

zalamería. f. Demostración afectada o exagerada de cariño o amabilidad. *Déjate de zalamerías, que no te voy a dejar el coche.*

zalamero, ra. adj. Dicho de persona: Que hace zalamerías. *Cuando te pones tan zalamero, es que vas a pedirme algo.* ▶ *ADULADOR.

zalema. f. Reverencia humilde en muestra de sumisión. *Durante la recepción, los invitados saludaban con zalemas.*

zamarra. f. **1.** Prenda rústica de abrigo, a modo de chaqueta, hecha de piel con su lana o su pelo. *El pastor, envuelto en su zamarra, salió a apacentar el ganado.* **2.** Prenda de abrigo a modo de chaqueta, gralm. forrada de piel y con refuerzos también de piel o de otra tela en el cuello y las bocamangas. *Los días de mucho frío, voy con gorro, guantes y zamarra.* ▶ PELLIZA.

zambiano, na. adj. De Zambia. *El río Zambeze atraviesa el territorio zambiano.* Dicho de pers., tb. m. y f.

zambo, ba. adj. **1.** Dicho de persona: Que tiene juntas las rodillas y separadas las piernas hacia fuera. *Camina un poco desgarbada porque es zamba.* **2.** frecAm. Hijo de negro e india o de negra e indio. *Por su aspecto zambo y su ropa raída, parecen negritos sanjuaneros* [C]. Frec. m. y f. *A Hitler no le gustó que negros y zambos de un país como el Perú derrotaran a rubios teutones* [C].

zambomba. f. **1.** Instrumento musical popular, formado por un cilindro cerrado por un extremo con una piel tirante, en la que va sujeto un palo que, al ser frotado con la mano, produce un sonido ronco. *En Navidad, los niños tocan la zambomba y piden el aguinaldo.* ● interj. **2.** Se usa para expresar sorpresa o asombro. *¡Zambomba, qué suerte!*

zambombazo. m. **1.** coloq. Ruido fuerte de algo que explota. *El zambombazo del petardo casi me deja sordo.* **2.** coloq. Golpe fuerte. *Se ha dado un zambombazo en la cabeza.*

zambra. f. Fiesta de los gitanos andaluces en la que se baila y se canta. *Cuando le enseñaron Granada, la invitaron a una zambra.*

zambullida. f. Hecho de zambullir o zambullirse. *¿Nos damos una zambullida en el río?*

zambullir. (conjug. MULLIR). tr. **1.** Meter (a alguien) debajo del agua con ímpetu o de golpe. *Antes de zam-*

bullirse en la piscina, se puso un gorro de baño. Lo han zambullido en el pilón para quitarle la borrachera. ○ intr. prnl. **2.** Concentrarse o meterse de lleno en una actividad o situación. *Cuando va al cine, se zambulle en la película.*

zamorano, na. adj. De Zamora. *Iglesia zamorana.* Dicho de pers., tb. m. y f. *San Pedro es el patrón de los zamoranos.*

zampabollos. m. y f. humoríst. Persona que come en exceso y con ansia. *Esa zampabollos no ha dejado nada para los demás.*

zampar. tr. coloq. Comer (algo) en exceso y con ansia. *Tengo tanta hambre que zamparía lo que me echaran.* Frec. con un pron. expresivo de interés. *Se ha zampado diez croquetas.* Tb. usado en constr. intr. *Si sigues zampando así, te va a sentar mal la comida.*

zampoña. f. Instrumento musical popular semejante a la flauta, o compuesto de muchas flautas. *El pastor toca la zampoña.*

zamuro. m. Am. Zopilote. *El zamuro hembra. Bandadas de zamuros volando en círculos obstruían la visión* [C].

zanahoria. f. Hortaliza cuya raíz, comestible, tiene forma alargada y cilíndrica y color anaranjado. *Este año no ha plantado zanahorias.* Tb. la raíz. *He preparado una ensalada de lechuga y zanahorias.*

zanca. f. humoríst. Pierna, espec. larga y delgada. *¿Cómo puedes andar tan despacio con esas zancas?*

zancada. f. Paso largo. *Camina dando grandes zancadas.* ■ **en dos ~s.** loc. adv. En un tiempo breve caminando a pie. *Ve tú primero, que te alcanzo en dos zancadas.*

zancadilla. f. **1.** Hecho de cruzar alguien su pierna con las de otra persona para que pierda el equilibrio y caiga. Frec. en la constr. *poner* o *echar la ~*. *Le puso la zancadilla y casi se cae de bruces.* **2.** Estratagema con que se intenta perjudicar a alguien. *Ha medrado en el bufete a base de zancadillas.*

zancadillear. tr. Poner la zancadilla (a alguien). *Lo han expulsado por zancadillear al delantero.*

zancajo. m. coloq. Parte posterior del pie de una persona. *La bota me está haciendo una ampolla en el zancajo.* Tb. la parte correspondiente de un calzado o de una prenda que cubre el pie. *Tiene los zancajos de los calcetines raídos.*

zanco. m. Cada uno de los dos palos altos que, con soportes para apoyar los pies, se usan en danzas y juegos de equilibrio. *En el circo hay equilibristas que andan sobre zancos.*

zancudo, da. adj. **1.** Que tiene las piernas largas y delgadas. *Salía con un chico zancudo y narigón.* **2.** Del grupo de las zancudas (→ 4). *La grulla es un ave zancuda.* ● m. **3.** Am. Mosquito. *La fiebre amarilla y el paludismo se producen por la picadura de zancudos* [C]. ○ f. **4.** Ave que tiene los tarsos muy largos y desprovistos de plumas, como el flamenco o la cigüeña.

zanganear. intr. coloq. Holgazanear. *Si sigues zanganeando, repetirás curso.*

zángano, na. m. y f. **1.** Persona holgazana. *Esa zángana no ha hecho ni la cama.* Tb. adj. *No seas zángano y haz los deberes.* ○ m. **2.** Macho de la abeja. *El zángano fecunda a la abeja reina.*

zangolotear. intr. coloq. Moverse alguien de un lado a otro sin un fin determinado. *Todas las tardes sale a zangolotear por el barrio.*

zangolotino, na. m. y f. coloq., despect. Niño zangolotino (→ **niño**). *Aunque parece pequeño, es un zangolotino.*

zanja. f. Excavación larga y estrecha en la tierra. *Llena la zanja con la pala.*

zanjar. tr. Resolver (una dificultad o un asunto problemático) con rapidez. *Los vecinos han zanjado el problema llegando a un acuerdo. No le voy a dar más vueltas a esto, lo que quiero es zanjar la cuestión.*

zanquilargo, ga. adj. coloq. Que tiene las piernas largas. *Es una chica feúcha y zanquilarga.*

zapa. f. Excavación. ■ **de ~.** loc. adj. Que se hace oculta o solapadamente. Frec. con los n. *labor* o *trabajo*. *El espía infiltrado hacía trabajo de zapa.*

zapador. m. Militar que sirve en el Cuerpo de Ingenieros y cuya misión es hacer obras de excavación. *Los zapadores excavan las trincheras.*

zapallito. m. Am. Calabacín. *Poner los champiñones y los zapallitos en fuente que vaya al horno* [C].

zapallo. m. Am. Calabaza (fruto, o planta). *Se alimentaba solamente con zapallo y zanahoria* [C]. *Se mantiene gracias a las ganancias que obtiene del cultivo de zapallo* [C]. ▶ *CALABAZA.

zapata. f. Pieza del freno que se aplica sobre la llanta de la rueda, sobre el tambor o sobre los lados del disco. *Las zapatas de la bicicleta son de goma.*

zapatazo. m. Golpe dado con un zapato. *Mató la araña de un zapatazo.*

zapateado. m. Baile español que se ejecuta golpeando el suelo con los zapatos. *En la fiesta flamenca se deleitaron con los zapateados, sevillanas y bulerías.* Tb. la música que lo acompaña.

zapatear. intr. Golpear el suelo con los pies al ritmo de la música. *La bailaora zapatea sobre el tablao.*

zapatería. f. Establecimiento donde se venden o arreglan zapatos. *Ya han puesto las rebajas en la zapatería.* Tb. la actividad comercial correspondiente.

zapatero, ra. adj. **1.** Del zapato o de los zapatos. *Industria zapatera.* **2.** Dicho de alimento: Que se pone correoso o pierde sus cualidades por haber sido cocinado hace tiempo. *Este guiso no lo han hecho hoy, que las patatas están zapateras.* ● m. y f. **3.** Persona que tiene por oficio vender, hacer o arreglar zapatos. *Voy a llevar las botas al zapatero para que les ponga tapas.* ○ m. **4.** Tejedor (insecto). *En el estanque hay zapateros y renacuajos.* **5.** Mueble donde se guarda el calzado. *Guarda las sandalias en el zapatero.* ▶ **4:** TEJEDOR.

zapateta. f. Golpe que se da en un pie o en un zapato con el otro, saltando al mismo tiempo. *Los payasos daban zapatetas y hacían cabriolas.*

zapatiesta. f. coloq. Alboroto o jaleo. *Un chaval intentó colarse y se armó la zapatiesta.*

zapatilla. f. Calzado ligero y cómodo, que se fabrica en diversos materiales y se utiliza para estar en casa o para hacer deporte. *Quítate los zapatos y ponte las zapatillas.*

zapatillazo. m. Golpe dado con una zapatilla. *Como te sigas portando tan mal, te voy a dar un zapatillazo.*

zapatismo. m. **1.** *Polít.* Movimiento revolucionario agrario, surgido a principios del s. XX en México y liderado por Emiliano Zapata (revolucionario mexicano, 1883-1919). *El profesor de historia nos ha explicado el zapatismo.* **2.** *Polít.* Movimiento surgido con el levantamiento campesino de Chiapas (Estado mexicano) en 1994, que reivindica los postulados del zapatismo (→ 1). *La candidata progresista apoya el zapatismo.*

zapatista. adj. **1.** *Polít.* Del zapatismo. *Ideas zapatistas.* **2.** *Polít.* Partidario del zapatismo. *Guerrilleros zapatistas.* Dicho de pers., tb. m. y f. *Van a la manifestación de apoyo a los zapatistas.*

zapato. m. Calzado que cubre solo el pie, hecho gralm. de piel y con suela rígida. *Lleva zapatos de tacón.*

zape. interj. Se usa para ahuyentar a los gatos. *¡Zape, que alborotas al perro!*

zapear. intr. Hacer zapeo. *Zapea un poco, a ver qué ponen en los otros canales.*

zapeo. m. Cambio reiterado de canal de televisión por medio del mando a distancia. *Me estas mareando con tanto zapeo; déjame ver la película.*

zapote. m. Am. Árbol de copa redondeada y espesa, y tronco grueso, cuyo fruto es comestible. *El huerto era inmenso, con toda clase de árboles: zapotes, arrayanes y limones* [C]. Tb. su fruto. *Hay una gran fuente con frutas como ciruelas, zapotes y manzanas* [C].

zar, zarina. m. y f. **1.** histór. Emperador de Rusia. *Nicolás II fue el último zar.* Tb. fig. *En la Bolsa lo conocen como el zar de las finanzas.* **2.** histór. Rey de Bulgaria. *Tras la muerte del zar, los soviéticos invadieron Bulgaria.*

zarabanda. f. **1.** Alboroto o jaleo. *Los curiosos se acercan, atraídos por la zarabanda.* **2.** histór. Baile popular español de los ss. XVI y XVII. *Bailaban las zarabandas al son de las castañuelas.*

zaragozano, na. adj. De Zaragoza. *Río zaragozano.* Dicho de pers., tb. m. y f. *Es hijo de una zaragozana y un madrileño.*

zarajo. m. Tripa de cordero enrollada, que se conserva colgada al humo. *Cuando estuvimos en Cuenca, probamos los zarajos.*

zarandaja. f. coloq. Cosa sin valor o de poca importancia. Más frec. en pl. *Déjate de zarandajas y habla sin rodeos.*

zarandear. tr. Mover (algo o a alguien) de un lado a otro. *Lo agarró por los hombros y lo zarandeó para despertarlo.*

zarandeo. m. Hecho de zarandear. *El bote no ha resistido el zarandeo de las olas.*

zarcillo. m. **1.** Pendiente en forma de aro. *Lleva zarcillos de plata.* **2.** *Bot.* Órgano de algunas plantas trepadoras que les sirve para agarrarse a algo o para trepar. *El guisante tiene zarcillos.*

zarco, ca. adj. cult. Azul claro. *Tiene el rostro aceitunado y los ojos zarcos.*

zarevich. m. histór. Primogénito del zar. *El zarevich murió siendo niño.*

zarigüeya. f. Mamífero trepador americano del tamaño de una rata, de hocico alargado y pelaje gris, cuya hembra tiene en el vientre una bolsa donde lleva las crías. *Las zarigüeyas viven en los árboles.*

zarina. → **zar.**

zarismo. m. histór. Forma de gobierno absoluto, propia de los zares. *La Revolución soviética acabó con el zarismo.*

zarista. adj. **1.** histór. Del zarismo. *La película recrea la Rusia zarista.* **2.** histór. Partidario del zarismo. *Aristocracia zarista.* Dicho de pers., tb. m. y f. *El Ejército Rojo derrotó a los zaristas.*

zarpa. f. Mano o pie de algunos animales, con uñas preparadas para agarrar o herir. *El león desgarra a su presa con las zarpas.*

zarpar. intr. Salir un barco del lugar donde estaba atracado o fondeado. *¿A qué hora zarpa el transbordador?*

zarpazo. m. Golpe dado con la zarpa. *La leona ha matado a la gacela de un zarpazo.*

zarrapastroso, sa. adj. coloq. Desaseado o desaliñado. *Llevas unos pantalones zarrapastrosos.* Dicho de pers., tb. m. y f. *Va siempre hecho un zarrapastroso.*

zarza. f. Arbusto silvestre espinoso, cuyo fruto es la zarzamora. *En las orillas del riachuelo crecen las zarzas.* ► ZARZAMORA.

zarzal. m. Lugar poblado de zarzas. *El conejo se ha escondido en un zarzal.*

zarzamora. f. **1.** Fruto comestible de la zarzamora (→ 2), compuesto por granos pequeños y jugosos, de color negro azulado cuando está maduro. *La tarta está cubierta de arándanos, grosellas y zarzamoras.* **2.** Zarza. *Las zarzamoras del prado están repletas de fruto.* ► **1:** MORA.

zarzaparrilla. f. **1.** Arbusto de tallos delgados y espinosos, hojas en forma de corazón y fruto pequeño y redondeado. *La zarzaparrilla es una planta trepadora.* **2.** Bebida refrescante hecha con las raíces de zarzaparrilla (→ 1). *Pidió una jarra de zarzaparrilla bien fría.*

zarzuela. f. **1.** Obra dramática musical, originaria de España, en la que se alternan fragmentos hablados y cantados. *Tengo entradas para ir a ver una zarzuela.* Tb. su letra y su música. **2.** Género constituido por las zarzuelas (→ 1). *Me gusta más la zarzuela que la ópera.* **3.** Plato compuesto fundamentalmente por pescado y marisco, y aderezado con una salsa. *El primer plato del menú es la zarzuela de mariscos.*

zarzuelero, ra. adj. De la zarzuela. *Silbaba una melodía zarzuelera.*

zas. interj. Se usa para imitar el sonido que produce un golpe. *Estábamos hablando y... zas, me dio una bofetada sin venir a cuento.*

zascandil. m. coloq. Persona inquieta y enredadora. *Es un zascandil que no deja de meterse en líos.*

zascandilear. intr. Moverse de un lado a otro como un zascandil. *Anda zascandileando por ahí sin hacer nada de provecho.*

zeda. f. Zeta.

zéjel. m. *Lit.* Composición poética medieval, gralm. de versos octosílabos, compuesta por un estribillo y por una estrofa de tres versos seguidos de un cuarto verso, que rima con el estribillo, y de la repetición de este. *El zéjel es un poema de origen árabe.*

zen. m. Escuela budista japonesa que concede gran importancia a la contemplación y a la meditación como única vía para alcanzar la iluminación espiritual. *El maestro enseña los principios del zen a sus discípulos.*

zepelín. m. Dirigible de forma alargada, utilizado en el primer tercio del s. XX. *Sobrevolaron la ciudad a bordo de un zepelín.*

zeta. f. Letra *z.* ► ZEDA.

zeugma. m. *Lit.* Figura retórica que consiste en hacer que un término, expresado una sola vez, intervenga en dos o más enunciados. *En "viste traje oscuro y camisa blanca" hay un zeugma.*

zigoto. → **cigoto.**

zigurat. (pl. **zigurats**). m. histór. Construcción religiosa en forma de pirámide escalonada, propia de la cultura mesopotámica. *En Ur existen restos de un magnífico zigurat.*

zigzag. (pl. **zigzags**). m. Línea que, en su desarrollo, forma alternativamente ángulos entrantes y salientes. *El relámpago dibujó un zigzag en el cielo.* Frec. en la constr. *en ~. El escuadrón avanza en zigzag.*

zigzagueante. adj. Que zigzaguea. *El tren sigue un itinerario zigzagueante.*

zigzaguear. intr. Moverse o extenderse formando una figura de zigzag. *La carretera zigzaguea entre las montañas.*

zigzagueo. m. Hecho de zigzaguear. *Desde la cima de la montaña se ve el zigzagueo del río.*

zimbabuense. adj. De Zimbabue. *Población zimbabuense.* Dicho de pers., tb. m. y f. *Está casado con una zimbabuense.*

zinc. → **cinc.**

zíngaro, ra. → **cíngaro.**

zipizape. m. coloq. Alboroto o jaleo causados por una riña o una discusión. *Como te descubran, se va a armar un zipizape.*

zircón..., zirconita. → ***circón..., circonita.***

zócalo. m. Franja que se pinta o se coloca en la parte inferior de una pared. *La pared está revestida con un zócalo de madera.* ▶ *FRISO.

zoco. m. En países de religión musulmana: Mercado al aire libre. Tb. el lugar donde se celebra. *Si vas a Marruecos, no dejes de visitar el zoco.*

zodiacal. adj. Del zodiaco. *Ha nacido bajo el signo zodiacal de Piscis.*

zodiaco o **zodíaco.** (Frec. en mayúsc.). m. Zona celeste que comprende los doce signos o constelaciones que el Sol recorre en su movimiento anual aparente. *Aries y Géminis son signos del Zodiaco.*

zombi. m. En las creencias populares antillanas: Persona muerta que ha sido revivida mediante brujería. *En la película, los zombis atacan a la gente.* ■ **como un ~.** loc. adv. Con el comportamiento propio de un autómata o de un sonámbulo. *Hace todo lo que le dicen como un zombi.*

zona. f. **1.** Superficie o terreno situados entre determinados límites. *Está prohibido montar en bicicleta por la zona ajardinada del parque.* **2.** Extensión de terreno determinado por ciertas características, espec. administrativas o fiscales. *Tras la guerra, la ciudad quedó dividida en cuatro zonas.* **3.** Parte de una superficie. *Limpie bien la zona antes de aplicar la pomada.* **4.** *Geogr.* Cada una de las cinco partes en que se considera dividida la Tierra por los trópicos y los círculos polares. *El clima mediterráneo es propio de las zonas templadas.* ■ **~ azul.** f. Parte del casco urbano en la que se permite el aparcamiento, mediante pago, durante un tiempo limitado. *He aparcado el coche en zona azul.*

zonal. adj. De la zona. *Plano zonal.*

zonzo, za. adj. frecAm. Dicho de persona: Tonta (de corto entendimiento). *Con razón eres tan zonzo* [C]. Tb. m. y f. *Tampoco es una zonza* [C]. ▶ *TONTO.

zoo. m. Parque zoológico. *En el zoo hemos visto osos polares.*

zoofilia. f. Bestialismo.

zoología. f. Ciencia que estudia los animales. *Es licenciada en Zoología y Botánica.*

zoológico, ca. adj. **1.** De la zoología. *Clasificación zoológica.* ● m. **2.** Parque zoológico (→ **parque**). *En el zoológico hay un acuario con tiburones y delfines.*

zoólogo, ga. m. y f. Especialista en zoología. *Es zoólogo y se dedica al estudio de los primates.*

zooplancton. m. *Biol.* Plancton animal, formado espec. por larvas y crustáceos diminutos. *Las ballenas se alimentan de zooplancton.*

zopenco, ca. adj. coloq. Dicho de persona: Torpe o de corto entendimiento. *Si no fueras tan zopenca, lo entenderías a la primera.* Tb. m. y f. *Solo un zopenco puede decir algo así.*

zopilote. m. Ave rapaz americana de gran tamaño, plumaje gralm. negro o rojizo, desprovista de plumas en la cabeza, y que se alimenta de carroña. *El zopilote hembra. Varios zopilotes devoran los restos de una vaca muerta.* ▶ **Am** o **frecAm:** GALLINAZO, ZAMURO.

zoque. adj. De un pueblo indígena mexicano que habita los Estados de Chiapas, Oaxaca y Tabasco. *Cultura zoque.* Dicho de pers., tb. m. y f. *Los zoques son agricultores y ganaderos.*

zoquete. m. **1.** Pedazo de pan grueso e irregular. *Cogió un zoquete de pan y algo de queso para ir tomándolo por el camino.* **2.** coloq. Persona poco inteligente o corta de entendimiento. *Estudia, que no quiero que digan que eres un zoquete.* Tb. adj. *Nunca pensé que fuerais tan zoquetes.*

zoroastrismo. m. Religión fundada por Zoroastro (sacerdote y reformador religioso persa, s. VI a. C.), que se basa en la existencia de dos principios divinos, uno bueno y otro malo. *Está leyendo un estudio sobre el zoroastrismo.*

zorra. → **zorro.**

zorrería. f. coloq. Hecho propio de una persona zorra. *Todo lo que tiene lo ha conseguido con zorrerías.*

zorro, rra. adj. **1.** coloq. Astuto y sagaz para conseguir un fin, espec. mediante engaños. *Cuidado con el frutero, que es muy zorro y a veces cobra de más.* Dicho de pers., tb. m. y f. *¡Vaya un zorro que estás hecho, no hay quien te engañe!* ● m. **2.** Mamífero carnívoro de mediano tamaño, color pardo rojizo, hocico alargado, orejas puntiagudas y cola larga y espesa. *Los ingleses practican la caza del zorro.* Tb. designa específicamente al macho. *El zorro cubre a la hembra.* **3.** Piel de zorro (→ 2) curtida. *Lleva puesto un abrigo de zorro.* ○ m. pl. **4.** Utensilio para limpiar el polvo consistente en unas tiras de cuero sujetas a un mango. *La muchacha está sacudiendo los muebles del desván con unos zorros.* ○ f. **5.** Zorro (→ 2). *¿Conoces la fábula de la zorra y el cuervo?* Tb. designa específicamente a la hembra. *La zorra amamanta a sus crías.* **6.** despect. Prostituta. ■ **hecho unos zorros.** loc. adj. coloq. En mal estado. *Tras la paliza quedó hecha unos zorros. Me han dejado el baño hecho unos zorros.* ▶ **2:** RAPOSO. **5:** RAPOSA.

zorzal. m. Pájaro de plumaje pardo y pico y patas fuertes, del que existen varias especies. *El zorral hembra. En la región está prohibida la caza del zorzal.*

zotal. (Marca reg.). m. Producto que se emplea como desinfectante en lugares que frecuentan muchas personas o donde hay ganado. *En el establo huele a zotal.*

zote. adj. Ignorante o torpe. Tb. m. y f. *Lo han suspendido porque es un zote.* ▶ *TONTO.

zozobra. f. Inquietud o desasosiego. *Sus padres esperan con zozobra el resultado de la intervención quirúrgica.*

zozobrar. intr. **1.** Irse a pique o hundirse una embarcación. *El navío zozobró al doblar el cabo de Hornos.* **2.** Fracasar o frustrarse algo. *La empresa ha estado a punto de zozobrar.*

zueco. m. **1.** Zapato cerrado y sin talón, gralm. con suela de madera o de corcho. *La enfermera lleva zuecos blancos.* **2.** Zapato de madera de una sola pieza. *El campesino utiliza zuecos para andar por el barro.* ▶ **2:** ALMADREÑA, MADREÑA.

zulo. m. Lugar oculto y cerrado dispuesto para esconder cosas ilegalmente o secuestrar personas. *En el zulo han encontrado armas y explosivos.*

zulú. (pl. **zulúes** o **zulús**). adj. De un pueblo de raza negra que habita en el sur de África. *Rito zulú.* Dicho de pers., tb. m. y f. *Los zulúes se enfrentaron a los británicos.*

zum. m. **1.** En una cámara fotográfica o cinematográfica: Objetivo cuyo avance o retroceso permiten alejar o acercar la imagen. *Mi cámara de fotos tiene zum.* **2.** Efecto de acercamiento o alejamiento de la imagen obtenido con el zum (→ 1). *El cámara ha cerrado el plano con un zum.*

zumaque. m. Arbusto de hojas grandes y fruto rojo en forma de grano, cuyas hojas se utilizan para curtir. *El zumaque es una planta venenosa.*

zumba. f. coloq. Burla o broma. *Siempre habla con tono de zumba.*

zumbado, da. part. **1.** → **zumbar.** ● adj. **2.** coloq. Loco o que tiene alteradas las facultades mentales. *Si escucharas las cosas que dice, pensarías que está zumbada.* Dicho de pers., tb. m. y f. *Solo a un zumbado se le ocurriría bañarse en la fuente en pleno invierno.*

zumbar. intr. **1.** Producir zumbido. *Varias abejas zumbaban alrededor de una flor.* ○ tr. **2.** coloq. Golpear o pegar (a alguien). *Como me vuelvas a contestar así, te zumbo.* Tb. fig. *El equipo local zumbó a los visitantes.* ■ **zumbando.** adv. coloq. Muy deprisa. Frec. en constr. como *ir,* o *salir, zumbando. Dijo que se le hacía tarde y salió zumbando.*

zumbido. m. Ruido seco y continuado, gralm. desagradable. *Tenía la vista nublada y un zumbido en los oídos. Se escucha el zumbido de un ventilador.*

zumbón, na. adj. coloq. Burlón o bromista. *Había un dejo zumbón en sus palabras.*

zumo. m. Líquido que se extrae de determinadas frutas o verduras. *Suelo desayunar zumo de naranja y café.* ▶ JUGO.

zurcido. m. Hecho o efecto de zurcir. *No sabe hacer un zurcido. Lleva un zurcido en los calcetines.*

zurcir. tr. Coser (un roto o una prenda de vestir rota) dando puntadas que imitan el entrecruzamiento del tejido. *Tengo que zurcir un tomate en el calcetín. Está zurciendo los calcetines.* ■ **que me,** o **te,** o **le,** etc., **zurzan.** expr. coloq. Se usa para expresar indiferencia o desprecio hacia la persona designada por el pronombre. *Si no vienes a mi cumpleaños, que te zurzan.*

zurdazo. m. Golpe dado con la mano o el pie izquierdos. *De un zurdazo, metió el balón por la escuadra.*

zurdo, da. adj. **1.** Dicho de persona: Que utiliza preferentemente la mano y el pie izquierdos. *En clase hay varios niños zurdos.* Tb. m. y f. *Nunca he jugado al tenis contra un zurdo.* **2.** Izquierdo. *Utiliza frecuentemente la mano zurda.* Dicho de mano o pierna, tb. f. *El delantero lanzó con la zurda y consiguió un gol.*

zurear. intr. Hacer arrullos una paloma. *Se escucha zurear a las palomas.*

zureo. m. Hecho de zurear. *El zureo de las palomas llega desde el palomar.*

zurra. f. coloq. Paliza (serie de golpes, o derrota). *¡Menuda zurra nos ha dado jugando al billar!*

zurrar. tr. coloq. Pegar o dar una paliza (a alguien). *Lo agarraron entre varios y lo zurraron.* Tb. fig. *La vida te ha zurrado demasiado.*

zurrapa. f. **1.** Materia sólida de un líquido que se deposita en el fondo. *En la taza solo quedan las zurrapas del té.* **2.** coloq. Mancha de excremento en la ropa interior. *Tiene zurrapas en el calzoncillo.*

zurriagazo m. Golpe dado con un látigo u otro objeto semejante. *Se lió a zurriagazos con la mula.*

zurrón. m. Bolsa grande de cuero o piel, espec. la usada por los pastores. *El pastor lleva el almuerzo en el zurrón.*

zurullo. m. coloq. Porción de excremento sólido. *La acera está llena de zurullos de perro.*

zutano, na. (Frec. en mayúsc.). m. y f. Se usa en sustitución del nombre propio de una persona cuando este se ignora o no se quiere decir, después de aludir a otras personas con términos semejantes como *Fulano, Mengano* o *Perengano. Me da igual si te están esperando Fulano, Zutano o Perengano; tú estás castigado y no sales.*

Apéndices

1. Numerales
2. Conjugación verbal
3. Ortografía

Numerales

Numerales cardinales

0	cero	30	treinta
1	uno	31, 32...	treinta y uno, treinta y dos...
2	dos		
3	tres	40	cuarenta
4	cuatro	41, 42...	cuarenta y uno, cuarenta y dos...
5	cinco		
6	seis	50	cincuenta
7	siete	60	sesenta
8	ocho	70	setenta
9	nueve	80	ochenta
10	diez	90	noventa
11	once	100	cien *o* ciento
12	doce	101, 102...	ciento uno, ciento dos...
13	trece	200	doscientos
14	catorce	201, 202...	doscientos uno, doscientos dos...
15	quince		
16	dieciséis	300	trescientos
17	diecisiete	400	cuatrocientos
18	dieciocho	500	quinientos
19	diecinueve	600	seiscientos
20	veinte	700	setecientos
21	veintiuno	800	ochocientos
22	veintidós	900	novecientos
23	veintitrés	1000	mil
24	veinticuatro	1001, 1002...	mil uno, mil dos...
25	veinticinco	1100, 1101...	mil cien, mil ciento uno...
26	veintiséis	2000	dos mil
27	veintisiete	3000	tres mil
28	veintiocho	10 000, 11 000...	diez mil, once mil...
29	veintinueve	100 000, 200 000...	cien mil, doscientos mil...

Las palabras *millón*, *millardo*, *billón*, *trillón* y *cuatrillón* no pertenecen propiamente a esta lista, que es de adjetivos o pronombres, sino que son en realidad sustantivos que solo se usan precedidos de un determinante, por ej., *los millones* o *seis billones*.

Numerales ordinales

1.º	primero
2.º	segundo
3.º	tercero
4.º	cuarto
5.º	quinto
6.º	sexto
7.º	séptimo
8.º	octavo
9.º	noveno
10.º	décimo
11.º	undécimo *o* décimo primero
12.º	duodécimo *o* décimo segundo
13.º	decimotercero *o* décimo tercero
14.º	decimocuarto *o* décimo cuarto
15.º	decimoquinto *o* décimo quinto
16.º	decimosexto *o* décimo sexto
17.º	decimoséptimo *o* décimo séptimo
18.º	decimoctavo *o* décimo octavo
19.º	decimonoveno *o* décimo noveno
20.º	vigésimo
21.º, 22.º...	vigesimoprimero *o* vigésimo primero, vigesimosegundo *o* vigésimo segundo...
30.º	trigésimo
31.º, 32.º...	trigésimo primero, trigésimo segundo...
40.º	cuadragésimo
50.º	quincuagésimo
60.º	sexagésimo
70.º	septuagésimo
80.º	octogésimo
90.º	nonagésimo
100.º	centésimo
101.º, 102.º...	centésimo primero, centésimo segundo...
200.º	ducentésimo
300.º	tricentésimo
400.º	cuadringentésimo
500.º	quingentésimo
600.º	sexcentésimo
700.º	septingentésimo
800.º	octingentésimo
900.º	noningentésimo
1000.º, 2000.º...	milésimo, dosmilésimo...
10 000.º	diezmilésimo
100 000.º	cienmilésimo
500 000.º	quinientosmilésimo
1 000 000.º	millonésimo

Conjugación verbal

ADVERTENCIAS PRELIMINARES

Se recogen en este apéndice los cuadros que sirven de modelo para la conjugación de los verbos regulares (→ I) e irregulares (→ II). En los cuadros de los tres verbos escogidos como modelo para la conjugación regular (*amar, temer, partir*), se ofrecen las formas correspondientes a todos los tiempos, tanto simples como compuestos. En el resto de los verbos, por razones de espacio, solo se enuncian las formas de los tiempos simples y las formas no personales.

Cuando aparecen dos denominaciones separadas por una barra para designar los tiempos verbales, la primera de ellas corresponde a la terminología académica, y la segunda, a la establecida por Andrés Bello en su *Gramática de la lengua castellana destinada al uso de los americanos* (1847), vigente en varios países de Hispanoamérica.

En lo que respecta a la terminología académica, debe tenerse en cuenta que el llamado *pretérito indefinido* en la *Gramática de la lengua española* de 1931 pasó a denominarse *pretérito perfecto simple* en el *Esbozo de una nueva gramática de la lengua española* (1973), y que esta última es la denominación utilizada en los cuadros de conjugación.

En el imperativo, solo se registran las formas propias, esto es, las correspondientes a la segunda persona del singular y del plural.

En la segunda persona del singular del presente de indicativo, y en la misma persona del imperativo, se ofrecen entre paréntesis, junto a las formas corrientes en el español de España y de la América no voseante, las formas del voseo rioplatense admitidas en la norma culta.

Debe tenerse en cuenta que en América, en Canarias y en parte de Andalucía, no se usa el pronombre personal *vosotros* para la segunda persona del plural. En su lugar se emplea *ustedes*, que en esas zonas sirve tanto de tratamiento de confianza como de respeto. Por lo tanto, en las áreas mencionadas, las formas verbales de la segunda persona del plural coinciden con las de la tercera persona del plural.

I. Verbos regulares

Se incluyen bajo este epígrafe, además de los tres verbos modelo de la conjugación regular (→ 1, 2 y 3), los modelos de conjugación para cada uno de los dos grupos en que se dividen, en cuanto al acento, los verbos terminados en *-iar* (→ 4 y 5) y en *-uar* (→ 6 y 7), y los verbos que presentan en su raíz los grupos vocálicos /ai/ (→ 8 y 9), /au/ (→ 10 y 11), /ei/ (→ 12 y 13) y /eu/ (→ 14 y 15).

1. AMAR

Verbo modelo de la 1.ª conjugación.

INDICATIVO

TIEMPOS SIMPLES

presente	pretérito imperfecto / copretérito	pretérito perfecto simple / pretérito	futuro simple / futuro	condicional simple / pospretérito
amo, amas (amás), ama, amamos, amáis, aman	amaba, amabas, amaba, amábamos, amabais, amaban	amé, amaste, amó, amamos, amasteis, amaron	amaré, amarás, amará, amaremos, amaréis, amarán	amaría, amarías, amaría, amaríamos, amaríais, amarían

TIEMPOS COMPUESTOS

pretérito perfecto compuesto / antepresente	pretérito pluscuamperfecto / antecopretérito	pretérito anterior / antepretérito	futuro compuesto / antefuturo	condicional compuesto / antepospretérito
he amado, has amado, ha amado, hemos amado, habéis amado, han amado	había amado, habías amado, había amado, habíamos amado, habíais amado, habían amado	hube amado, hubiste amado, hubo amado, hubimos amado, hubisteis amado, hubieron amado	habré amado, habrás amado, habrá amado, habremos amado, habréis amado, habrán amado	habría amado, habrías amado, habría amado, habríamos amado, habríais amado, habrían amado

SUBJUNTIVO

TIEMPOS SIMPLES

presente	pretérito imperfecto / pretérito	futuro simple / futuro
ame, ames, ame, amemos, améis, amen	amara *o* amase, amaras *o* amases, amara *o* amase, amáramos *o* amásemos, amarais *o* amaseis, amaran *o* amasen	amare, amares, amare, amáremos, amareis, amaren

TIEMPOS COMPUESTOS

pretérito perfecto compuesto / antepresente	pretérito pluscuamperfecto / antepretérito	futuro compuesto / antefuturo
haya amado, hayas amado, haya amado, hayamos amado, hayáis amado, hayan amado	hubiera *o* hubiese amado, hubieras *o* hubieses amado, hubiera *o* hubiese amado, hubiéramos *o* hubiésemos amado, hubierais *o* hubieseis amado, hubieran *o* hubiesen amado	hubiere amado, hubieres amado, hubiere amado, hubiéremos amado, hubiereis amado, hubieren amado

IMPERATIVO

ama (amá), amad

FORMAS NO PERSONALES

infinitivo		participio	gerundio	
SIMPLE	COMPUESTO		SIMPLE	COMPUESTO
amar	haber amado	amado	amando	habiendo amado

2. TEMER

Verbo modelo de la 2.ª conjugación.

INDICATIVO

TIEMPOS SIMPLES

presente	pretérito imperfecto / copretérito	pretérito perfecto simple / pretérito	futuro simple / futuro	condicional simple / pospretérito
temo, temes (temés), teme, tememos, teméis, temen	temía, temías, temía, temíamos, temíais, temían	temí, temiste, temió, temimos, temisteis, temieron	temeré, temerás, temerá, temeremos, temeréis, temerán	temería, temerías, temería, temeríamos, temeríais, temerían

TIEMPOS COMPUESTOS

pretérito perfecto compuesto / antepresente	pretérito pluscuamperfecto / antecopretérito	pretérito anterior / antepretérito	futuro compuesto / antefuturo	condicional compuesto / antepospretérito
he temido, has temido, ha temido, hemos temido, habéis temido, han temido	había temido, habías temido, había temido, habíamos temido, habíais temido, habían temido	hube temido, hubiste temido, hubo temido, hubimos temido, hubisteis temido, hubieron temido	habré temido, habrás temido, habrá temido, habremos temido, habréis temido, habrán temido	habría temido, habrías temido, habría temido, habríamos temido, habríais temido, habrían temido

SUBJUNTIVO

TIEMPOS SIMPLES

presente	pretérito imperfecto / pretérito	futuro simple / futuro
tema, temas, tema, temamos, temáis, teman	temiera *o* temiese, temieras *o* temieses, temiera *o* temiese, temiéramos *o* temiésemos, temierais *o* temieseis, temieran *o* temiesen	temiere, temieres, temiere, temiéremos, temiereis, temieren

TIEMPOS COMPUESTOS

pretérito perfecto compuesto / antepresente	pretérito pluscuamperfecto / antepretérito	futuro compuesto / antefuturo
haya temido, hayas temido, haya temido, hayamos temido, hayáis temido, hayan temido	hubiera *o* hubiese temido, hubieras *o* hubieses temido, hubiera *o* hubiese temido, hubiéramos *o* hubiésemos temido, hubierais *o* hubieseis temido, hubieran *o* hubiesen temido	hubiere temido, hubieres temido, hubiere temido, hubiéremos temido, hubiereis temido, hubieren temido

IMPERATIVO

teme (temé), temed

FORMAS NO PERSONALES

infinitivo		participio	gerundio	
SIMPLE	COMPUESTO		SIMPLE	COMPUESTO
temer	haber temido	temido	temiendo	habiendo temido

3. PARTIR

Verbo modelo de la 3.ª conjugación.

INDICATIVO

TIEMPOS SIMPLES

presente	pretérito imperfecto / copretérito	pretérito perfecto simple / pretérito	futuro simple / futuro	condicional simple / pospretérito
parto, partes (partís), parte, partimos, partís, parten	partía, partías, partía, partíamos, partíais, partían	partí, partiste, partió, partimos, partisteis, partieron	partiré, partirás, partirá, partiremos, partiréis, partirán	partiría, partirías, partiría, partiríamos, partiríais, partirían

TIEMPOS COMPUESTOS

pretérito perfecto compuesto / antepresente	pretérito pluscuamperfecto / antecopretérito	pretérito anterior / antepretérito	futuro compuesto / antefuturo	condicional compuesto / antepospretérito
he partido, has partido, ha partido, hemos partido, habéis partido, han partido	había partido, habías partido, había partido, habíamos partido, habíais partido, habían partido	hube partido, hubiste partido, hubo partido, hubimos partido, hubisteis partido, hubieron partido	habré partido, habrás partido, habrá partido, habremos partido, habréis partido, habrán partido	habría partido, habrías partido, habría partido, habríamos partido, habríais partido, habrían partido

SUBJUNTIVO

TIEMPOS SIMPLES

presente	pretérito imperfecto / pretérito	futuro simple / futuro
parta, partas, parta, partamos, partáis, partan	partiera *o* partiese, partieras *o* partieses, partiera *o* partiese, partiéramos *o* partiésemos, partierais *o* partieseis, partieran *o* partiesen	partiere, partieres, partiere, partiéremos, partiereis, partieren

TIEMPOS COMPUESTOS

pretérito perfecto compuesto / antepresente	pretérito pluscuamperfecto / antepretérito	futuro compuesto / antefuturo
haya partido, hayas partido, haya partido, hayamos partido, hayáis partido, hayan partido	hubiera *o* hubiese partido, hubieras *o* hubieses partido, hubiera *o* hubiese partido, hubiéramos *o* hubiésemos partido, hubierais *o* hubieseis partido, hubieran *o* hubiesen partido	hubiere partido, hubieres partido, hubiere partido, hubiéremos partido, hubiereis partido, hubieren partido

IMPERATIVO

parte (partí), partid

FORMAS NO PERSONALES

infinitivo		participio	gerundio	
SIMPLE	COMPUESTO		SIMPLE	COMPUESTO
partir	haber partido	partido	partiendo	habiendo partido

4. ANUNCIAR

La *i* que precede a la desinencia es átona en todas las formas de este verbo.

INDICATIVO

presente	pretérito imperfecto / copretérito	pretérito perfecto simple / pretérito	futuro simple / futuro	condicional simple / pospretérito
anuncio, anuncias (anunciás), anuncia, anunciamos, anunciáis, anuncian	anunciaba, anunciabas, anunciaba, anunciábamos, anunciabais, anunciaban	anuncié, anunciaste, anunció, anunciamos, anunciasteis, anunciaron	anunciaré, anunciarás, anunciará, anunciaremos, anunciaréis, anunciarán	anunciaría, anunciarías, anunciaría, anunciaríamos, anunciaríais, anunciarían

SUBJUNTIVO

presente	pretérito imperfecto / pretérito	futuro simple / futuro
anuncie, anuncies, anuncie, anunciemos, anunciéis, anuncien	anunciara *o* anunciase, anunciaras *o* anunciases, anunciara *o* anunciase, anunciáramos *o* anunciásemos, anunciarais *o* anunciaseis, anunciaran *o* anunciasen	anunciare, anunciares, anunciare, anunciáremos, anunciareis, anunciaren

IMPERATIVO

anuncia (anunciá), anunciad

FORMAS NO PERSONALES

infinitivo	participio	gerundio
anunciar	anunciado	anunciando

5. ENVIAR

La *i* que precede a la desinencia es tónica en las formas de este verbo que llevan el acento prosódico en la raíz.

INDICATIVO

presente	pretérito imperfecto / copretérito	pretérito perfecto simple / pretérito	futuro simple / futuro	condicional simple / pospretérito
envío, envías (enviás), envía, enviamos, enviáis, envían	enviaba, enviabas, enviaba, enviábamos, enviabais, enviaban	envié, enviaste, envió, enviamos, enviasteis, enviaron	enviaré, enviarás, enviará, enviaremos, enviaréis, enviarán	enviaría, enviarías, enviaría, enviaríamos, enviaríais, enviarían

SUBJUNTIVO

presente	pretérito imperfecto / pretérito	futuro simple / futuro
envíe, envíes, envíe, enviemos, enviéis, envíen	enviara *o* enviase, enviaras *o* enviases, enviara *o* enviase, enviáramos *o* enviásemos, enviarais *o* enviaseis, enviaran *o* enviasen	enviare, enviares, enviare, enviáremos, enviareis, enviaren

IMPERATIVO

envía (enviá), enviad

FORMAS NO PERSONALES

infinitivo	participio	gerundio
enviar	enviado	enviando

6. AVERIGUAR

La *u* que precede a la desinencia es átona en todas las formas de este verbo.

INDICATIVO				
presente	**pretérito imperfecto / copretérito**	**pretérito perfecto simple / pretérito**	**futuro simple / futuro**	**condicional simple / pospretérito**
averiguo, averiguas (averiguás), averigua, averiguamos, averiguáis, averiguan	averiguaba, averiguabas, averiguaba, averiguábamos, averiguabais, averiguaban	averigüé, averiguaste, averiguó, averiguamos, averiguasteis, averiguaron	averiguaré, averiguarás, averiguará, averiguaremos, averiguaréis, averiguarán	averiguaría, averiguarías, averiguaría, averiguaríamos, averiguaríais, averiguarían

SUBJUNTIVO		
presente	**pretérito imperfecto / pretérito**	**futuro simple / futuro**
averigüe, averigües, averigüe, averigüemos, averigüéis, averigüen	averiguara *o* averiguase, averiguaras *o* averiguases, averiguara *o* averiguase, averiguáramos *o* averiguásemos, averiguarais *o* averiguaseis, averiguaran *o* averiguasen	averiguare, averiguares, averiguare, averiguáremos, averiguareis, averiguaren

IMPERATIVO
averigua (averiguá), averiguad

FORMAS NO PERSONALES		
infinitivo	**participio**	**gerundio**
averiguar	averiguado	averiguando

7. ACTUAR

La *u* que precede a la desinencia es tónica en las formas de este verbo que llevan el acento prosódico en la raíz.

INDICATIVO				
presente	**pretérito imperfecto / copretérito**	**pretérito perfecto simple / pretérito**	**futuro simple / futuro**	**condicional simple / pospretérito**
actúo, actúas (actuás), actúa, actuamos, actuáis, actúan	actuaba, actuabas, actuaba, actuábamos, actuabais, actuaban	actué, actuaste, actuó, actuamos, actuasteis, actuaron	actuaré, actuarás, actuará, actuaremos, actuaréis, actuarán	actuaría, actuarías, actuaría, actuaríamos, actuaríais, actuarían

SUBJUNTIVO		
presente	**pretérito imperfecto / pretérito**	**futuro simple / futuro**
actúe, actúes, actúe, actuemos, actuéis, actúen	actuara *o* actuase, actuaras *o* actuases, actuara *o* actuase, actuáramos *o* actuásemos, actuarais *o* actuaseis, actuaran *o* actuasen	actuare, actuares, actuare, actuáremos, actuareis, actuaren

IMPERATIVO
actúa (actuá), actuad

FORMAS NO PERSONALES		
infinitivo	**participio**	**gerundio**
actuar	actuado	actuando

8. BAILAR

La *i* del grupo /ai/ es átona en todas las formas de este verbo.

INDICATIVO				
presente	**pretérito imperfecto / copretérito**	**pretérito perfecto simple / pretérito**	**futuro simple / futuro**	**condicional simple / pospretérito**
bailo, bailas (bailás), baila, bailamos, bailáis, bailan	bailaba, bailabas, bailaba, bailábamos, bailabais, bailaban	bailé, bailaste, bailó, bailamos, bailasteis, bailaron	bailaré, bailarás, bailará, bailaremos, bailaréis, bailarán	bailaría, bailarías, bailaría, bailaríamos, bailaríais, bailarían

SUBJUNTIVO		
presente	**pretérito imperfecto / pretérito**	**futuro simple / futuro**
baile, bailes, baile, bailemos, bailéis, bailen	bailara *o* bailase, bailaras *o* bailases, bailara *o* bailase, bailáramos *o* bailásemos, bailarais *o* bailaseis, bailaran *o* bailasen	bailare, bailares, bailare, bailáremos, bailareis, bailaren

IMPERATIVO
baila (bailá), bailad

FORMAS NO PERSONALES		
infinitivo	**participio**	**gerundio**
bailar	bailado	bailando

9. AISLAR

La *i* del grupo /ai/ es tónica en las formas de este verbo que llevan el acento prosódico en la raíz.

INDICATIVO				
presente	**pretérito imperfecto / copretérito**	**pretérito perfecto simple / pretérito**	**futuro simple / futuro**	**condicional simple / pospretérito**
aíslo, aíslas (aislás), aísla, aislamos, aisláis, aíslan	aislaba, aislabas, aislaba, aislábamos, aislabais, aislaban	aislé, aislaste, aisló, aislamos, aislasteis, aislaron	aislaré, aislarás, aislará, aislaremos, aislaréis, aislarán	aislaría, aislarías, aislaría, aislaríamos, aislaríais, aislarían

SUBJUNTIVO		
presente	**pretérito imperfecto / pretérito**	**futuro simple / futuro**
aísle, aísles, aísle, aislemos, aisléis, aíslen	aislara *o* aislase, aislaras *o* aislases, aislara *o* aislase, aisláramos *o* aislásemos, aislarais *o* aislaseis, aislaran *o* aislasen	aislare, aislares, aislare, aisláremos, aislareis, aislaren

IMPERATIVO
aísla (aislá), aislad

FORMAS NO PERSONALES		
infinitivo	**participio**	**gerundio**
aislar	aislado	aislando

10. CAUSAR

La *u* del grupo /au/ es átona en todas las formas de este verbo.

INDICATIVO

presente	pretérito imperfecto / copretérito	pretérito perfecto simple / pretérito	futuro simple / futuro	condicional simple / pospretérito
causo, causas (causás), causa, causamos, causáis, causan	causaba, causabas, causaba, causábamos, causabais, causaban	causé, causaste, causó, causamos, causasteis, causaron	causaré, causarás, causará, causaremos, causaréis, causarán	causaría, causarías, causaría, causaríamos, causaríais, causarían

SUBJUNTIVO

presente	pretérito imperfecto / pretérito	futuro simple / futuro
cause, causes, cause, causemos, causéis, causen	causara *o* causase, causaras *o* causases, causara *o* causase, causáramos *o* causásemos, causarais *o* causaseis, causaran *o* causasen	causare, causares, causare, causáremos, causareis, causaren

IMPERATIVO

causa (causá), causad

FORMAS NO PERSONALES

infinitivo	participio	gerundio
causar	causado	causando

11. AUNAR

La *u* del grupo /au/ es tónica en las formas de este verbo que llevan el acento prosódico en la raíz.

INDICATIVO

presente	pretérito imperfecto / copretérito	pretérito perfecto simple / pretérito	futuro simple / futuro	condicional simple / pospretérito
aúno, aúnas (aunás), aúna, aunamos, aunáis, aúnan	aunaba, aunabas, aunaba, aunábamos, aunabais, aunaban	auné, aunaste, aunó, aunamos, aunasteis, aunaron	aunaré, aunarás, aunará, aunaremos, aunaréis, aunarán	aunaría, aunarías, aunaría, aunaríamos, aunaríais, aunarían

SUBJUNTIVO

presente	pretérito imperfecto / pretérito	futuro simple / futuro
aúne, aúnes, aúne, aunemos, aunéis, aúnen	aunara *o* aunase, aunaras *o* aunases, aunara *o* aunase, aunáramos *o* aunásemos, aunarais *o* aunaseis, aunaran *o* aunasen	aunare, aunares, aunare, aunáremos, aunareis, aunaren

IMPERATIVO

aúna (auná), aunad

FORMAS NO PERSONALES

infinitivo	participio	gerundio
aunar	aunado	aunando

12. PEINAR

La *i* del grupo /ei/ es átona en todas las formas de este verbo.

INDICATIVO				
presente	**pretérito imperfecto / copretérito**	**pretérito perfecto simple / pretérito**	**futuro simple / futuro**	**condicional simple / pospretérito**
peino, peinas (peinás), peina, peinamos, peináis, peinan	peinaba, peinabas, peinaba, peinábamos, peinabais, peinaban	peiné, peinaste, peinó, peinamos, peinasteis, peinaron	peinaré, peinarás, peinará, peinaremos, peinaréis, peinarán	peinaría, peinarías, peinaría, peinaríamos, peinaríais, peinarían

SUBJUNTIVO		
presente	**pretérito imperfecto / pretérito**	**futuro simple / futuro**
peine, peines, peine, peinemos, peinéis, peinen	peinara *o* peinase, peinaras *o* peinases, peinara *o* peinase, peináramos *o* peinásemos, peinarais *o* peinaseis, peinaran *o* peinasen	peinare, peinares, peinare, peináremos, peinareis, peinaren

IMPERATIVO
peina (peiná), peinad

FORMAS NO PERSONALES		
infinitivo	**participio**	**gerundio**
peinar	peinado	peinando

13. DESCAFEINAR

La *i* del grupo /ei/ es tónica en las formas de este verbo que llevan el acento prosódico en la raíz.

INDICATIVO				
presente	**pretérito imperfecto / copretérito**	**pretérito perfecto simple / pretérito**	**futuro simple / futuro**	**condicional simple / pospretérito**
descafeíno, descafeínas (desca- feinás), descafeína, descafeinamos, descafeináis, descafeínan	descafeinaba, descafeinabas, descafeinaba, descafeinábamos, descafeinabais, descafeinaban	descafeiné, descafeinaste, descafeinó, descafeinamos, descafeinasteis, descafeinaron	descafeinaré, descafeinarás, descafeinará, descafeinaremos, descafeinaréis, descafeinarán	descafeinaría, descafeinarías, descafeinaría, descafeinaríamos, descafeinaríais, descafeinarían

SUBJUNTIVO		
presente	**pretérito imperfecto / pretérito**	**futuro simple / futuro**
descafeíne, descafeínes, descafeíne, descafeinemos, descafeinéis, descafeínen	descafeinara *o* descafeinase, descafeinaras *o* descafeinases, descafeinara *o* descafeinase, descafeináramos *o* descafeinásemos, descafeinarais *o* descafeinaseis, descafeinaran *o* descafeinasen	descafeinare, descafeinares, descafeinare, descafeináremos, descafeinareis, descafeinaren

IMPERATIVO
descafeína (descafeiná), descafeinad

FORMAS NO PERSONALES		
infinitivo	**participio**	**gerundio**
descafeinar	descafeinado	descafeinando

14. ADEUDAR

La *u* del grupo /eu/ es átona en todas las formas de este verbo.

INDICATIVO				
presente	**pretérito imperfecto / copretérito**	**pretérito perfecto simple / pretérito**	**futuro simple / futuro**	**condicional simple / pospretérito**
adeudo, adeudas (adeudás), adeuda, adeudamos, adeudáis, adeudan	adeudaba, adeudabas, adeudaba, adeudábamos, adeudabais, adeudaban	adeudé, adeudaste, adeudó, adeudamos, adeudasteis, adeudaron	adeudaré, adeudarás, adeudará, adeudaremos, adeudaréis, adeudarán	adeudaría, adeudarías, adeudaría, adeudaríamos, adeudaríais, adeudarían

SUBJUNTIVO		
presente	**pretérito imperfecto / pretérito**	**futuro simple / futuro**
adeude, adeudes, adeude, adeudemos, adeudéis, adeuden	adeudara *o* adeudase, adeudaras *o* adeudases, adeudara *o* adeudase, adeudáramos *o* adeudásemos, adeudarais *o* adeudaseis, adeudaran *o* adeudasen	adeudare, adeudares, adeudare, adeudáremos, adeudareis, adeudaren

IMPERATIVO
adeuda (adeudá), adeudad

FORMAS NO PERSONALES		
infinitivo	**participio**	**gerundio**
adeudar	adeudado	adeudando

15. REHUSAR

La *u* del grupo /eu/ es tónica en las formas de este verbo que llevan el acento prosódico en la raíz.

INDICATIVO				
presente	**pretérito imperfecto / copretérito**	**pretérito perfecto simple / pretérito**	**futuro simple / futuro**	**condicional simple / pospretérito**
rehúso, rehúsas (rehusás), rehúsa, rehusamos, rehusáis, rehúsan	rehusaba, rehusabas, rehusaba, rehusábamos, rehusabais, rehusaban	rehusé, rehusaste, rehusó, rehusamos, rehusasteis, rehusaron	rehusaré, rehusarás, rehusará, rehusaremos, rehusaréis, rehusarán	rehusaría, rehusarías, rehusaría, rehusaríamos, rehusariais, rehusarían

SUBJUNTIVO		
presente	**pretérito imperfecto / pretérito**	**futuro simple / futuro**
rehúse, rehúses, rehúse, rehusemos, rehuséis, rehúsen	rehusara *o* rehusase, rehusaras *o* rehusases, rehusara *o* rehusase, rehusáramos *o* rehusásemos, rehusarais *o* rehusaseis, rehusaran *o* rehusasen	rehusare, rehusares, rehusare, rehusáremos, rehusareis, rehusaren

IMPERATIVO
rehúsa (rehusá), rehusad

FORMAS NO PERSONALES		
infinitivo	**participio**	**gerundio**
rehusar	rehusado	rehusando

II. Verbos irregulares

Se incluyen bajo este epígrafe tanto los verbos de irregularidad propia, cuyo paradigma es único (*ir*, *ser*, etc.), como los que sirven de modelo a otros verbos irregulares (*acertar*, *agradecer*, etc.). También se incluye aquí el verbo *leer* –modelo de otros verbos como *creer* o *proveer*–, que aun siendo regular desde el punto de vista morfológico, no lo es desde el punto de vista gráfico-articulatorio, ya que el sonido vocálico /i/ de algunas desinencias, cuando queda entre vocales, se transforma en el sonido consonántico /y/; así, la raíz *le-* + la desinencia *-ió*, no da *leió*, sino *leyó*; *le* + *iera* no da *leiera*, sino *leyera*, etc.

16. ACERTAR

INDICATIVO

presente	pretérito imperfecto / copretérito	pretérito perfecto simple / pretérito	futuro simple / futuro	condicional simple / pospretérito
acierto, aciertas (acertás), acierta, acertamos, acertáis, aciertan	acertaba, acertabas, acertaba, acertábamos, acertabais, acertaban	acerté, acertaste, acertó, acertamos, acertasteis, acertaron	acertaré, acertarás, acertará, acertaremos, acertaréis, acertarán	acertaría, acertarías, acertaría, acertaríamos, acertaríais, acertarían

SUBJUNTIVO

presente	pretérito imperfecto / pretérito	futuro simple / futuro
acierte, aciertes, acierte, acertemos, acertéis, acierten	acertara *o* acertase, acertaras o acertases, acertara *o* acertase, acertáramos *o* acertásemos, acertarais *o* acertaseis, acertaran *o* acertasen	acertare, acertares, acertare, acertáremos, acertareis, acertaren

IMPERATIVO

acierta (acertá), acertad

FORMAS NO PERSONALES

infinitivo	participio	gerundio
acertar	acertado	acertando

17. ADQUIRIR

INDICATIVO

presente	pretérito imperfecto / copretérito	pretérito perfecto simple / pretérito	futuro simple / futuro	condicional simple / pospretérito
adquiero, adquieres (adquirís), adquiere, adquirimos, adquirís, adquieren	adquiría, adquirías, adquiría, adquiríamos, adquiríais, adquirían	adquirí, adquiriste, adquirió, adquirimos, adquiristeis, adquirieron	adquiriré, adquirirás, adquirirá, adquiriremos, adquiriréis, adquirirán	adquiriría, adquirirías, adquiriría, adquiriríamos, adquiriríais, adquirirían

SUBJUNTIVO

presente	pretérito imperfecto / pretérito	futuro simple / futuro
adquiera, adquieras, adquiera, adquiramos, adquiráis, adquieran	adquiriera *o* adquiriese, adquirieras *o* adquirieses, adquiriera *o* adquiriese, adquiriéramos *o* adquiriésemos, adquirierais *o* adquirieseis, adquirieran *o* adquiriesen	adquiriere, adquirieres, adquiriere, adquiriéremos, adquiriereis, adquirieren

IMPERATIVO

adquiere (adquirí), adquirid

FORMAS NO PERSONALES

infinitivo	participio	gerundio
adquirir	adquirido	adquiriendo

18. AGRADECER

INDICATIVO				
presente	**pretérito imperfecto / copretérito**	**pretérito perfecto simple / pretérito**	**futuro simple / futuro**	**condicional simple / pospretérito**
agradezco, agradeces (agradecés), agradece, agradecemos, agradecéis, agradecen	agradecía, agradecías, agradecía, agradecíamos, agradecíais, agradecían	agradecí, agradeciste, agradeció, agradecimos, agradecisteis, agradecieron	agradeceré, agradecerás, agradecerá, agradeceremos, agradeceréis, agradecerán	agradecería, agradecerías, agradecería, agradeceríamos, agradeceríais, agradecerían

SUBJUNTIVO		
presente	**pretérito imperfecto / pretérito**	**futuro simple / futuro**
agradezca, agradezcas, agradezca, agradezcamos, agradezcáis, agradezcan	agradeciera *o* agradeciese, agradecieras *o* agradecieses, agradeciera *o* agradeciese, agradeciéramos *o* agradeciésemos, agradecierais *o* agradecieseis, agradecieran *o* agradeciesen	agradeciere, agradecieres, agradeciere, agradeciéremos, agradeciereis, agradecieren

IMPERATIVO
agradece (agradecé); agradeced

FORMAS NO PERSONALES		
infinitivo	**participio**	**gerundio**
agradecer	agradecido	agradeciendo

19. ANDAR

INDICATIVO				
presente	**pretérito imperfecto / copretérito**	**pretérito perfecto simple / pretérito**	**futuro simple / futuro**	**condicional simple / pospretérito**
ando, andas (andás), anda, andamos, andáis, andan	andaba, andabas, andaba, andábamos, andabais, andaban	anduve, anduviste, anduvo, anduvimos, anduvisteis, anduvieron	andaré, andarás, andará, andaremos, andaréis, andarán	andaría, andarías, andaría, andaríamos, andaríais, andarían

SUBJUNTIVO		
presente	**pretérito imperfecto / pretérito**	**futuro simple / futuro**
ande, andes, ande, andemos, andéis, anden	anduviera *o* anduviese, anduvieras *o* anduvieses, anduviera *o* anduviese, anduviéramos *o* anduviésemos, anduvierais *o* anduvieseis, anduvieran *o* anduviesen	anduviere, anduvieres, anduviere, anduviéremos, anduviereis, anduvieren

IMPERATIVO
anda (andá), andad

FORMAS NO PERSONALES		
infinitivo	**participio**	**gerundio**
andar	andado	andando

20. ASIR

INDICATIVO				
presente	**pretérito imperfecto / copretérito**	**pretérito perfecto simple / pretérito**	**futuro simple / futuro**	**condicional simple / pospretérito**
asgo, ases (asís), ase, asimos, asís, asen	asía, asías, asía, asíamos, asíais, asían	así, asiste, asió, asimos, asisteis, asieron	asiré, asirás, asirá, asiremos, asiréis, asirán	asiría, asirías, asiría, asiríamos, asiríais, asirían

SUBJUNTIVO		
presente	**pretérito imperfecto / pretérito**	**futuro simple / futuro**
asga, asgas, asga, asgamos, asgáis, asgan	asiera *o* asiese, asieras *o* asieses, asiera *o* asiese, asiéramos *o* asiésemos, asierais *o* asieseis, asieran *o* asiesen	asiere, asieres, asiere, asiéremos, asiereis, asieren

IMPERATIVO
ase (así), asid

FORMAS NO PERSONALES		
infinitivo	**participio**	**gerundio**
asir	asido	asiendo

21. BENDECIR

INDICATIVO				
presente	**pretérito imperfecto / copretérito**	**pretérito perfecto simple / pretérito**	**futuro simple / futuro**	**condicional simple / pospretérito**
bendigo, bendices (bendecís), bendice, bendecimos, bendecís, bendicen	bendecía, bendecías, bendecía, bendecíamos, bendecíais, bendecían	bendije, bendijiste, bendijo, bendijimos, bendijisteis, bendijeron	bendeciré, bendecirás, bendecirá, bendeciremos, bendeciréis, bendecirán	bendeciría, bendecirías, bendeciría, bendeciríamos, bendeciríais, bendecirían

SUBJUNTIVO		
presente	**pretérito imperfecto / pretérito**	**futuro simple / futuro**
bendiga, bendigas, bendiga, bendigamos, bendigáis, bendigan	bendijera *o* bendijese, bendijeras *o* bendijeses, bendijera *o* bendijese, bendijéramos *o* bendijésemos, bendijerais *o* bendijeseis, bendijeran *o* bendijesen	bendijere, bendijeres, bendijere, bendijéremos, bendijereis, bendijeren

IMPERATIVO
bendice (bendecí), bendecid

FORMAS NO PERSONALES		
infinitivo	**participio**	**gerundio**
bendecir	bendecido	bendiciendo

22. CABER

INDICATIVO

presente	pretérito imperfecto / copretérito	pretérito perfecto simple / pretérito	futuro simple / futuro	condicional simple / pospretérito
quepo, cabes (cabés), cabe, cabemos, cabéis, caben	cabía, cabías, cabía, cabíamos, cabíais, cabían	cupe, cupiste, cupo, cupimos, cupisteis, cupieron	cabré, cabrás, cabrá, cabremos, cabréis, cabrán	cabría, cabrías, cabría, cabríamos, cabríais, cabrían

SUBJUNTIVO

presente	pretérito imperfecto / pretérito	futuro simple / futuro
quepa, quepas, quepa, quepamos, quepáis, quepan	cupiera *o* cupiese, cupieras *o* cupieses, cupiera *o* cupiese, cupiéramos *o* cupiésemos, cupierais *o* cupieseis, cupieran *o* cupiesen	cupiere, cupieres, cupiere, cupiéremos, cupiereis, cupieren

IMPERATIVO

No se usa

FORMAS NO PERSONALES

infinitivo	participio	gerundio
caber	cabido	cabiendo

23. CAER

INDICATIVO

presente	pretérito imperfecto / copretérito	pretérito perfecto simple / pretérito	futuro simple / futuro	condicional simple / pospretérito
caigo, caes (caés), cae, caemos, caéis, caen	caía, caías, caía, caíamos, caíais, caían	caí, caíste, cayó, caímos, caísteis, cayeron	caeré, caerás, caerá, caeremos, caeréis, caerán	caería, caerías, caería, caeríamos, caeríais, caerían

SUBJUNTIVO

presente	pretérito imperfecto / pretérito	futuro simple / futuro
caiga, caigas, caiga, caigamos, caigáis, caigan	cayera *o* cayese, cayeras *o* cayeses, cayera *o* cayese, cayéramos *o* cayésemos, cayerais *o* cayeseis, cayeran *o* cayesen	cayere, cayeres, cayere, cayéremos, cayereis, cayeren

IMPERATIVO

cae (caé), caed

FORMAS NO PERSONALES

infinitivo	participio	gerundio
caer	caído	cayendo

24. CEÑIR

INDICATIVO				
presente	**pretérito imperfecto / copretérito**	**pretérito perfecto simple / pretérito**	**futuro simple / futuro**	**condicional simple / pospretérito**
ciño, ciñes (ceñís), ciñe, ceñimos, ceñís, ciñen	ceñía, ceñías, ceñía, ceñíamos, ceñíais, ceñían	ceñí, ceñiste, ciñó, ceñimos, ceñisteis, ciñeron	ceñiré, ceñirás, ceñirá, ceñiremos, ceñiréis, ceñirán	ceñiría, ceñirías, ceñiría, ceñiríamos, ceñiríais, ceñirían

SUBJUNTIVO		
presente	**pretérito imperfecto / pretérito**	**futuro simple / futuro**
ciña, ciñas, ciña, ciñamos, ciñáis, ciñan	ciñera *o* ciñese, ciñeras *o* ciñeses, ciñera *o* ciñese, ciñéramos *o* ciñésemos, ciñerais *o* ciñeseis, ciñeran *o* ciñesen	ciñere, ciñeres, ciñere, ciñéremos, ciñereis, ciñeren

IMPERATIVO
ciñe (ceñí), ceñid

FORMAS NO PERSONALES		
infinitivo	**participio**	**gerundio**
ceñir	ceñido	ciñendo

25. CONDUCIR

INDICATIVO				
presente	**pretérito imperfecto / copretérito**	**pretérito perfecto simple / pretérito**	**futuro simple / futuro**	**condicional simple / pospretérito**
conduzco, conduces (conducís), conduce, conducimos, conducís, conducen	conducía, conducías, conducía, conducíamos, conducíais, conducían	conduje, condujiste, condujo, condujimos, condujisteis, condujeron	conduciré, conducirás, conducirá, conduciremos, conduciréis, conducirán	conduciría, conducirías, conduciría, conduciríamos, conduciríais, conducirían

SUBJUNTIVO		
presente	**pretérito imperfecto / pretérito**	**futuro simple / futuro**
conduzca, conduzcas, conduzca, conduzcamos, conduzcáis, conduzcan	condujera *o* condujese, condujeras *o* condujeses, condujera *o* condujese, condujéramos *o* condujésemos, condujerais *o* condujeseis, condujeran *o* condujesen	condujere, condujeres, condujere, condujéremos, condujereis, condujeren

IMPERATIVO
conduce (conducí), conducid

FORMAS NO PERSONALES		
infinitivo	**participio**	**gerundio**
conducir	conducido	conduciendo

26. CONSTRUIR

INDICATIVO

presente	pretérito imperfecto / copretérito	pretérito perfecto simple / pretérito	futuro simple / futuro	condicional simple / pospretérito
construyo, construyes (construís), construye, construimos, construís, construyen	construía, construías, construía, construíamos, construíais, construían	construí, construiste, construyó, construimos, construisteis, construyeron	construiré, construirás, construirá, construiremos, construiréis, construirán	construiría, construirías, construiría, construiríamos, construiríais, construirían

SUBJUNTIVO

presente	pretérito imperfecto / pretérito	futuro simple / futuro
construya, construyas, construya, construyamos, construyáis, construyan	construyera *o* construyese, construyeras *o* construyeses, construyera *o* construyese, construyéramos *o* construyésemos, construyerais *o* construyeseis, construyeran *o* construyesen	construyere, construyeres, construyere, construyéremos, construyereis, construyeren

IMPERATIVO

construye (construí), construid

FORMAS NO PERSONALES

infinitivo	participio	gerundio
construir	construido	construyendo

27. CONTAR

INDICATIVO

presente	pretérito imperfecto / copretérito	pretérito perfecto simple / pretérito	futuro simple / futuro	condicional simple / pospretérito
cuento, cuentas (contás), cuenta, contamos, contáis, cuentan	contaba, contabas, contaba, contábamos, contabais, contaban	conté, contaste, contó, contamos, contasteis, contaron	contaré, contarás, contará, contaremos, contaréis, contarán	contaría, contarías, contaría, contaríamos, contaríais, contarían

SUBJUNTIVO

presente	pretérito imperfecto / pretérito	futuro simple / futuro
cuente, cuentes, cuente, contemos, contéis, cuenten	contara *o* contase, contaras *o* contases, contara *o* contase, contáramos *o* contásemos, contarais *o* contaseis, contaran *o* contasen	contare, contares, contare, contáremos, contareis, contaren

IMPERATIVO

cuenta (contá), contad

FORMAS NO PERSONALES

infinitivo	participio	gerundio
contar	contado	contando

28. DAR

INDICATIVO				
presente	pretérito imperfecto / copretérito	pretérito perfecto simple / pretérito	futuro simple / futuro	condicional simple / pospretérito
doy, das, da, damos, dais, dan	daba, dabas, daba, dábamos, dabais, daban	di, diste, dio, dimos, disteis, dieron	daré, darás, dará, daremos, daréis, darán	daría, darías, daría, daríamos, daríais, darían

SUBJUNTIVO		
presente	pretérito imperfecto / pretérito	futuro simple / futuro
dé, des, dé, demos, deis, den	diera *o* diese, dieras *o* dieses, diera *o* diese, diéramos *o* diésemos, dierais *o* dieseis, diéramos *o* diésemos	diere, dieres, diere, diéremos, diereis, dieren

IMPERATIVO
da, dad

FORMAS NO PERSONALES		
infinitivo	participio	gerundio
dar	dado	dando

29. DECIR

INDICATIVO				
presente	pretérito imperfecto / copretérito	pretérito perfecto simple / pretérito	futuro simple / futuro	condicional simple / pospretérito
digo, dices (decís), dice, decimos, decís, dicen	decía, decías, decía, decíamos, decíais, decían	dije, dijiste, dijo, dijimos, dijisteis, dijeron	diré, dirás, dirá, diremos, diréis, dirán	diría, dirías, diría, diríamos, diríais, dirían

SUBJUNTIVO		
presente	pretérito imperfecto / pretérito	futuro simple / futuro
diga, digas, diga, digamos, digáis, digan	dijera *o* dijese, dijeras *o* dijeses, dijera *o* dijese, dijéramos *o* dijésemos, dijerais *o* dijeseis	dijere, dijeres, dijere, dijéremos, dijereis, dijeren

IMPERATIVO
di (decí), decid

FORMAS NO PERSONALES		
infinitivo	participio	gerundio
decir	dicho	diciendo

30. DISCERNIR

INDICATIVO				
presente	**pretérito imperfecto / copretérito**	**pretérito perfecto simple / pretérito**	**futuro simple / futuro**	**condicional simple / pospretérito**
discierno, disciernes (discernís), discierne, discernimos, discernís, disciernen	discernía, discernías, discernía, discerníamos, discerníais, discernían	discerní, discerniste, discernió, discernimos, discernisteis, discernieron	discerniré, discernirás, discernirá, discerniremos, discerniréis, discernirán	discerniría, discernirías, discerniría, discerniríamos, discerniríais, discernirían

SUBJUNTIVO		
presente	**pretérito imperfecto / pretérito**	**futuro simple / futuro**
discierna, disciernas, discierna, discernamos, discernáis, disciernan	discerniera *o* discerniese, discernieras *o* discernieses, discerniera *o* discerniese, discerniéramos *o* discerniésemos, discernierais *o* discernieseis, discernieran *o* discerniesen	discerniere, discernieres, discerniere, discerniéremos, discerniereis, discernieren

IMPERATIVO
discierne (discerní), discernid

FORMAS NO PERSONALES		
infinitivo	**participio**	**gerundio**
discernir	discernido	discerniendo

31. DORMIR

INDICATIVO				
presente	**pretérito imperfecto / copretérito**	**pretérito perfecto simple / pretérito**	**futuro simple / futuro**	**condicional simple / pospretérito**
duermo, duermes (dormís), duerme, dormimos, dormís, duermen	dormía, dormías, dormía, dormíamos, dormíais, dormían	dormí, dormiste, durmió, dormimos, dormisteis, durmieron	dormiré, dormirás, dormirá, dormiremos, dormiréis, dormirán	dormiría, dormirías, dormiría, dormiríamos, dormiríais, dormirían

SUBJUNTIVO		
presente	**pretérito imperfecto / pretérito**	**futuro simple / futuro**
duerma, duermas, duerma, durmamos, durmáis, duerman	durmiera *o* durmiese, durmieras *o* durmieses, durmiera *o* durmiese, durmiéramos *o* durmiésemos, durmierais *o* durmieseis, durmieran *o* durmiesen	durmiere, durmieres, durmiere, durmiéremos, durmiereis, durmieren

IMPERATIVO
duerme (dormí), dormid

FORMAS NO PERSONALES		
infinitivo	**participio**	**gerundio**
dormir	dormido	durmiendo

32. ENTENDER

INDICATIVO				
presente	pretérito imperfecto / copretérito	pretérito perfecto simple / pretérito	futuro simple / futuro	condicional simple / pospretérito
entiendo, entiendes (entendés), entiende, entendemos, entendéis, entienden	entendía, entendías, entendía, entendíamos, entendíais, entendían	entendí, entendiste, entendió, entendimos, entendisteis, entendieron	entenderé, entenderás, entenderá, entenderemos, entenderéis, entenderán	entendería, entenderías, entendería, entenderíamos, entenderíais, entenderían

SUBJUNTIVO		
presente	pretérito imperfecto / pretérito	futuro simple / futuro
entienda, entiendas, entienda, entendamos, entendáis, entiendan	entendiera *o* entendiese, entendieras *o* entendieses, entendiera *o* entendiese, entendiéramos *o* entendiesemos, entendierais *o* entendieseis, entendieran *o* entendiesen	entendiere, entendieres, entendiere, entendiéremos, entendiereis, entendieren

IMPERATIVO
entiende (entendé), entended

FORMAS NO PERSONALES		
infinitivo	participio	gerundio
entender	entendido	entendiendo

33. ERGUIR

INDICATIVO				
presente	pretérito imperfecto / copretérito	pretérito perfecto simple / pretérito	futuro simple / futuro	condicional simple / pospretérito
yergo, yergues (erguís), yergue, erguimos, erguís, yerguen	erguía, erguías, erguía, erguíamos, erguíais, erguían	erguí, erguiste, irguió, erguimos, erguisteis, irguieron	erguiré, erguirás, erguirá, erguiremos, erguiréis, erguirán	erguiría, erguirías, erguiría, erguiríamos, erguiríais, erguirían

SUBJUNTIVO		
presente	pretérito imperfecto / pretérito	futuro simple / futuro
yerga, yergas, yerga, irgamos, irgáis, yergan	irguiera *o* irguiese, irguieras *o* irguieses, irguiera *o* irguiese, irguiéramos *o* irguiésemos, irguierais *o* irguieseis, irguieran *o* irguiesen	irguiere, irguieres, irguiere, irguiéremos, irguiereis, irguieren

IMPERATIVO
yergue (erguí), erguid

FORMAS NO PERSONALES		
infinitivo	participio	gerundio
erguir	erguido	irguiendo

34. ERRAR

INDICATIVO				
presente	pretérito imperfecto / copretérito	pretérito perfecto simple / pretérito	futuro simple / futuro	condicional simple / pospretérito
yerro, yerras (errás), yerra, erramos, erráis, yerran	erraba, errabas, erraba, errábamos, errabais, erraban	erré, erraste, erró, erramos, errasteis, erraron	erraré, errarás, errará, erraremos, erraréis, errarán	erraría, errarías, erraría, erraríamos, erraríais, errarían

SUBJUNTIVO		
presente	pretérito imperfecto / pretérito	futuro simple / futuro
yerre, yerres, yerre, erremos, erréis, yerren	errara *o* errase, erraras *o* errases, errara *o* errase, erráramos *o* errásemos, errarais *o* erraseis, erraran *o* errasen	errare, errares, errare, erráremos, errareis, erraren

IMPERATIVO
yerra (errá), errad

FORMAS NO PERSONALES		
infinitivo	participio	gerundio
errar	errado	errando

35. ESTAR

INDICATIVO				
presente	pretérito imperfecto / copretérito	pretérito perfecto simple / pretérito	futuro simple / futuro	condicional simple / pospretérito
estoy, estás, está, estamos, estáis, están	estaba, estabas, estaba, estábamos, estabais, estaban	estuve, estuviste, estuvo, estuvimos, estuvisteis, estuvieron	estaré, estarás, estará, estaremos, estaréis, estarán	estaría, estarías, estaría, estaríamos, estaríais, estarían

SUBJUNTIVO		
presente	pretérito imperfecto / pretérito	futuro simple / futuro
esté, estés, esté, estemos, estéis, estén	estuviera *o* estuviese, estuvieras *o* estuvieses, estuviera *o* estuviese, estuviéramos *o* estuviésemos, estuvierais *o* estuvieseis, estuvieran *o* estuviesen	estuviere, estuvieres, estuviere, estuviéremos, estuviereis, estuvieren

IMPERATIVO
está[1], estad

FORMAS NO PERSONALES		
infinitivo	participio	gerundio
estar	estado	estando

[1] El imperativo de la segunda persona del singular solo se usa en forma pronominal (*estate*): *Estate tranquilo.*

36. HABER

INDICATIVO				
presente	pretérito imperfecto / copretérito	pretérito perfecto simple / pretérito	futuro simple / futuro	condicional simple / pospretérito
he, has, ha (*como impersonal*: hay), hemos, habéis, han	había, habías, había, habíamos, habíais, habían	hube, hubiste, hubo, hubimos, hubisteis, hubieron	habré, habrás, habrá, habremos, habréis, habrán	habría, habrías, habría, habríamos, habríais, habrían

SUBJUNTIVO		
presente	pretérito imperfecto / pretérito	futuro simple / futuro
haya, hayas, haya, hayamos, hayáis, hayan	hubiera *o* hubiese, hubieras *o* hubieses, hubiera *o* hubiese, hubiéramos *o* hubiésemos, hubierais *o* hubieseis, hubieran *o* hubiesen	hubiere, hubieres, hubiere, hubiéremos, hubiereis, hubieren

IMPERATIVO

FORMAS NO PERSONALES		
infinitivo	participio	gerundio
haber	habido	habiendo

37. HACER

INDICATIVO				
presente	pretérito imperfecto / copretérito	pretérito perfecto simple / pretérito	futuro simple / futuro	condicional simple / pospretérito
hago, haces (hacés), hace, hacemos, hacéis, hacen	hacía, hacías, hacía, hacíamos, hacíais, hacían	hice, hiciste, hizo, hicimos, hicisteis, hicieron	haré, harás, hará, haremos, haréis, harán	haría, harías, haría, haríamos, haríais, harían

SUBJUNTIVO		
presente	pretérito imperfecto / pretérito	futuro simple / futuro
haga, hagas, haga, hagamos, hagáis, hagan	hiciera *o* hiciese, hicieras *o* hicieses, hiciera *o* hiciese, hiciéramos *o* hiciésemos, hicierais *o* hicieseis, hicieran *o* hiciesen	hiciere, hicieres, hiciere, hiciéremos, hiciereis, hicieren

IMPERATIVO
haz (hacé), haced

FORMAS NO PERSONALES		
infinitivo	participio	gerundio
hacer	hecho	haciendo

38. IR

INDICATIVO				
presente	**pretérito imperfecto / copretérito**	**pretérito perfecto simple / pretérito**	**futuro simple / futuro**	**condicional simple / pospretérito**
voy, vas, va, vamos, vais, van	iba, ibas, iba, íbamos, ibais, iban	fui, fuiste, fue, fuimos, fuisteis, fueron	iré, irás, irá, iremos, iréis, irán	iría, irías, iría, iríamos, iríais, irían

SUBJUNTIVO		
presente	**pretérito imperfecto / pretérito**	**futuro simple / futuro**
vaya, vayas, vaya, vayamos, vayáis, vayan	fuera *o* fuese, fueras *o* fueses, fuera *o* fuese, fuéramos *o* fuésemos, fuerais *o* fueseis, fueran *o* fuesen	fuere, fueres, fuere, fuéremos, fuereis, fueren

IMPERATIVO
ve (*no tiene forma propia de voseo; en su lugar se usa* andá, *imperativo de* andar), id

FORMAS NO PERSONALES		
infinitivo	**participio**	**gerundio**
ir	ido	yendo

39. JUGAR

INDICATIVO				
presente	**pretérito imperfecto / copretérito**	**pretérito perfecto simple / pretérito**	**futuro simple / futuro**	**condicional simple / pospretérito**
juego, juegas (jugás), juega, jugamos, jugáis, juegan	jugaba, jugabas, jugaba, jugábamos, jugabais, jugaban	jugué, jugaste, jugó, jugamos, jugasteis, jugaron	jugaré, jugarás, jugará, jugaremos, jugaréis, jugarán	jugaría, jugarías, jugaría, jugaríamos, jugaríais, jugarían

SUBJUNTIVO		
presente	**pretérito imperfecto / pretérito**	**futuro simple / futuro**
juegue, juegues, juegue, juguemos, juguéis, jueguen	jugara *o* jugase, jugaras *o* jugases, jugara *o* jugase, jugáramos *o* jugásemos, jugarais *o* jugaseis, jugaran *o* jugasen	jugare, jugares, jugare, jugáremos, jugareis, jugaren

IMPERATIVO
juega (jugá), jugad

FORMAS NO PERSONALES		
infinitivo	**participio**	**gerundio**
jugar	jugado	jugando

40. LEER

INDICATIVO				
presente	pretérito imperfecto / copretérito	pretérito perfecto simple / pretérito	futuro simple / futuro	condicional simple / pospretérito
leo, lees (leés), lee, leemos, leéis, leen	leía, leías, leía, leíamos, leíais, leían	leí, leíste, leyó, leímos, leísteis, leyeron	leeré, leerás, leerá, leeremos, leeréis, leerán	leería, leerías, leería, leeríamos, leeríais, leerían

SUBJUNTIVO		
presente	pretérito imperfecto / pretérito	futuro simple / futuro
lea, leas, lea, leamos, leáis, lean	leyera *o* leyese, leyeras *o* leyeses, leyera *o* leyese, leyéramos *o* leyésemos, leyerais *o* leyeseis, leyeran *o* leyesen	leyere, leyeres, leyere, leyéremos, leyereis, leyeren

IMPERATIVO
lee (leé), leed

FORMAS NO PERSONALES		
infinitivo	participio	gerundio
leer	leído	leyendo

41. LUCIR

INDICATIVO				
presente	pretérito imperfecto / copretérito	pretérito perfecto simple / pretérito	futuro simple / futuro	condicional simple / pospretérito
luzco, luces (lucís), luce, lucimos, lucís, lucen	lucía, lucías, lucía, lucíamos, lucíais, lucían	lucí, luciste, lució, lucimos, lucisteis, lucieron	luciré, lucirás, lucirá, luciremos, luciréis, lucirán	luciría, lucirías, luciría, luciríamos, luciríais, lucirían

SUBJUNTIVO		
presente	pretérito imperfecto / pretérito	futuro simple / futuro
luzca, luzcas, luzca, luzcamos, luzcáis, luzcan	luciera *o* luciese, lucieras *o* lucieses, luciera *o* luciese, luciéramos *o* luciésemos, lucierais *o* lucieseis, lucieran *o* luciesen	luciere, lucieres, luciere, luciéremos, luciereis, lucieren

IMPERATIVO
luce (lucí), lucid

FORMAS NO PERSONALES		
infinitivo	participio	gerundio
lucir	lucido	luciendo

42. MOVER

INDICATIVO				
presente	**pretérito imperfecto / copretérito**	**pretérito perfecto simple / pretérito**	**futuro simple / futuro**	**condicional simple / pospretérito**
muevo, mueves (movés), mueve, movemos, movéis, mueven	movía, movías, movía, movíamos, movíais, movían	moví, moviste, movió, movimos, movisteis, movieron	moveré, moverás, moverá, moveremos, moveréis, moverán	movería, moverías, movería, moveríamos, moveríais, moverían

SUBJUNTIVO		
presente	**pretérito imperfecto / pretérito**	**futuro simple / futuro**
mueva, muevas, mueva, movamos, mováis, muevan	moviera *o* moviese, movieras *o* movieses, moviera *o* moviese, moviéramos *o* moviésemos, movierais *o* movieseis, movieran *o* moviesen	moviere, movieres, moviere, moviéremos, moviereis, movieren

IMPERATIVO
mueve (mové), moved

FORMAS NO PERSONALES		
infinitivo	**participio**	**gerundio**
mover	movido	moviendo

43. MULLIR

INDICATIVO				
presente	**pretérito imperfecto / copretérito**	**pretérito perfecto simple / pretérito**	**futuro simple / futuro**	**condicional simple / pospretérito**
mullo, mulles (mullís), mulle, mullimos, mullís, mullen	mullía, mullías, mullía, mullíamos, mullíais, mullían	mullí, mulliste, mulló, mullimos, mullisteis, mulleron	mulliré, mullirás, mullirá, mulliremos, mulliréis, mullirán	mulliría, mullirías, mulliría, mulliríamos, mulliríais, mullirían

SUBJUNTIVO		
presente	**pretérito imperfecto / pretérito**	**futuro simple / futuro**
mulla, mullas, mulla, mullamos, mulláis, mullan	mullera *o* mullese, mulleras *o* mulleses, mullera *o* mullese, mulléramos *o* mullésemos, mullerais *o* mulleseis, mulleran *o* mullesen	mullere, mulleres, mullere, mulléremos, mullereis, mulleren

IMPERATIVO
mulle (mullí), mullid

FORMAS NO PERSONALES		
infinitivo	**participio**	**gerundio**
mullir	mullido	mullendo

44. OÍR

INDICATIVO				
presente	pretérito imperfecto / copretérito	pretérito perfecto simple / pretérito	futuro simple / futuro	condicional simple / pospretérito
oigo, oyes (oís), oye, oímos, oís, oyen	oía, oías, oía, oíamos, oíais, oían	oí, oíste, oyó, oímos, oísteis, oyeron	oiré, oirás, oirá, oiremos, oiréis, oirán	oiría, oirías, oiría, oiríamos, oiríais, oirían

SUBJUNTIVO		
presente	pretérito imperfecto / pretérito	futuro simple / futuro
oiga, oigas, oiga, oigamos, oigáis, oigan	oyera *u* oyese, oyeras *u* oyeses, oyera *u* oyese, oyéramos *u* oyésemos, oyerais *u* oyeseis, oyeran *u* oyesen	oyere, oyeres, oyere, oyéremos, oyereis, oyeren

IMPERATIVO
oye (oí), oíd

FORMAS NO PERSONALES		
infinitivo	participio	gerundio
oír	oído	oyendo

45. OLER

INDICATIVO				
presente	pretérito imperfecto / copretérito	pretérito perfecto simple / pretérito	futuro simple / futuro	condicional simple / pospretérito
huelo, hueles (olés), huele, olemos, oléis, huelen	olía, olías, olía, olíamos, olíais, olían	olí, oliste, olió, olimos, olisteis, olieron	oleré, olerás, olerá, oleremos, oleréis, olerán	olería, olerías, olería, oleríamos, oleríais, olerían

SUBJUNTIVO		
presente	pretérito imperfecto / pretérito	futuro simple / futuro
huela, huelas, huela, olamos, oláis, huelan	oliera *u* oliese, olieras *u* olieses, oliera *u* oliese, oliéramos *u* oliésemos, olierais *u* olieseis, olieran *u* oliesen	oliere, olieres, oliere, oliéremos, oliereis, olieren

IMPERATIVO
huele (olé), oled

FORMAS NO PERSONALES		
infinitivo	participio	gerundio
oler	olido	oliendo

46. PEDIR

INDICATIVO

presente	pretérito imperfecto / copretérito	pretérito perfecto simple / pretérito	futuro simple / futuro	condicional simple / pospretérito
pido, pides (pedís), pide, pedimos, pedís, piden	pedía, pedías, pedía, pedíamos, pedíais, pedían	pedí, pediste, pidió, pedimos, pedisteis, pidieron	pediré, pedirás, pedirá, pediremos, pediréis, pedirán	pediría, pedirías, pediría, pediríamos, pediríais, pedirían

SUBJUNTIVO

presente	pretérito imperfecto / pretérito	futuro simple / futuro
pida, pidas, pida, pidamos, pidáis, pidan	pidiera *o* pidiese, pidieras *o* pidieses, pidiera *o* pidiese, pidiéramos *o* pidiésemos, pidierais *o* pidieseis, pidieran *o* pidiesen	pidiere, pidieres, pidiere, pidiéremos, pidiereis, pidieren

IMPERATIVO

pide (pedí), pedid

FORMAS NO PERSONALES

infinitivo	participio	gerundio
pedir	pedido	pidiendo

47. PODER

INDICATIVO

presente	pretérito imperfecto / copretérito	pretérito perfecto simple / pretérito	futuro simple / futuro	condicional simple / pospretérito
puedo, puedes (podés), puede, podemos, podéis, pueden	podía, podías, podía, podíamos, podíais, podían	pude, pudiste, pudo, pudimos, pudisteis, pudieron	podré, podrás, podrá, podremos, podréis, podrán	podría, podrías, podría, podríamos, podríais, podrían

SUBJUNTIVO

presente	pretérito imperfecto / pretérito	futuro simple / futuro
pueda, puedas, pueda, podamos, podáis, puedan	pudiera *o* pudiese, pudieras *o* pudieses, pudiera *o* pudiese, pudiéramos *o* pudiésemos, pudierais *o* pudieseis, pudieran *o* pudiesen	pudiere, pudieres, pudiere, pudiéremos, pudiereis, pudieren

IMPERATIVO

puede (podé), poded

FORMAS NO PERSONALES

infinitivo	participio	gerundio
poder	podido	pudiendo

48. PONER

INDICATIVO

presente	pretérito imperfecto / copretérito	pretérito perfecto simple / pretérito	futuro simple / futuro	condicional simple / pospretérito
pongo, pones (ponés), pone, ponemos, ponéis, ponen	ponía, ponías, ponía, poníamos, poníais, ponían	puse, pusiste, puso, pusimos, pusisteis, pusieron	pondré, pondrás, pondrá, pondremos, pondréis, pondrán	pondría, pondrías, pondría, pondríamos, pondríais, pondrían

SUBJUNTIVO

presente	pretérito imperfecto / pretérito	futuro simple / futuro
ponga, pongas, ponga, pongamos, pongáis, pongan	pusiera *o* pusiese, pusieras *o* pusieses, pusiera *o* pusiese, pusiéramos *o* pusiésemos, pusierais *o* pusieseis, pusieran *o* pusiesen	pusiere, pusieres, pusiere, pusiéremos, pusiereis, pusieren

IMPERATIVO

pon (poné), poned

FORMAS NO PERSONALES

infinitivo	participio	gerundio
poner	puesto	poniendo

49. PREDECIR

INDICATIVO

presente	pretérito imperfecto / copretérito	pretérito perfecto simple / pretérito	futuro simple / futuro	condicional simple / pospretérito
predigo, predices (predecís), predice, predecimos, predecís, predicen	predecía, predecías, predecía, predecíamos, predecíais, predecían	predije, predijiste, predijo, predijimos, predijisteis, predijeron	prediré, predirás, predirá, prediremos, prediréis, predirán	prediría, predirías, prediría, prediríamos, prediríais, predirían

SUBJUNTIVO

presente	pretérito imperfecto / pretérito	futuro simple / futuro
prediga, predigas, prediga, predigamos, predigáis, predigan	predijera *o* predijese, predijeras *o* predijeses, predijera *o* predijese, predijéramos *o* predijésemos, predijerais *o* predijeseis, predijeran *o* predijesen	predijere, predijeres, predijere, predijéremos, predijereis, predijeren

IMPERATIVO

predice (predecí), predecid

FORMAS NO PERSONALES

infinitivo	participio	gerundio
predecir	predicho	prediciendo

50. PUDRIR / PODRIR

INDICATIVO				
presente	**pretérito imperfecto / copretérito**	**pretérito perfecto simple / pretérito**	**futuro simple / futuro**	**condicional simple / pospretérito**
pudro, pudres (pudrís), pudre, pudrimos / podrimos, pudrís / podrís, pudren	pudría / podría, pudrías / podrías, pudría / podría, pudríamos / podríamos, pudríais / podríais, pudrían / podrían	pudrí / podrí, pudriste / podriste, pudrió / podrió, pudrimos / podrimos, pudristeis / podristeis, pudrieron / podrieron	pudriré / podriré, pudrirás / podrirás, pudrirá / podrirá, pudriremos / podriremos, pudriréis / podriréis, pudrirán / podrirán	pudriría / podriría, pudrirías / podrirías, pudriría / podriría, pudriríamos / podriríamos, pudriríais / podriríais, pudrirían / podrirían

SUBJUNTIVO		
presente	**pretérito imperfecto / pretérito**	**futuro simple / futuro**
pudra, pudras, pudra, pudramos, pudráis, pudran	pudriera *o* pudriese, pudrieras *o* pudrieses, pudriera *o* pudriese, pudriéramos *o* pudriésemos, pudrierais *o* pudrieseis, pudrieran *o* pudriesen	pudriere, pudrieres, pudriere, pudriéremos, pudriereis, pudrieren

IMPERATIVO
pudre (pudrí / podrí), pudrid / podrid

FORMAS NO PERSONALES		
infinitivo	**participio**	**gerundio**
pudrir / podrir	podrido	pudriendo

En la norma culta americana, en el infinitivo y en algunas formas conjugadas de este verbo, se presenta la alternancia *-u-* / *-o-* en la raíz; en esos mismos casos, la norma culta peninsular solo admite hoy las formas con *-u-*, que también suelen ser las preferidas en América.

51. QUERER

INDICATIVO				
presente	**pretérito imperfecto / copretérito**	**pretérito perfecto simple / pretérito**	**futuro simple / futuro**	**condicional simple / pospretérito**
quiero, quieres (querés), quiere, queremos, queréis, quieren	quería, querías, quería, queríamos, queríais, querían	quise, quisiste, quiso, quisimos, quisisteis, quisieron	querré, querrás, querrá, querremos, querréis, querrán	querría, querrías, querría, querríamos, querríais, querrían

SUBJUNTIVO		
presente	**pretérito imperfecto / pretérito**	**futuro simple / futuro**
quiera, quieras, quiera, queramos, queráis, quieran	quisiera *o* quisiese, quisieras *o* quisieses, quisiera *o* quisiese, quisiéramos *o* quisiésemos, quisierais *o* quisieseis, quisieran *o* quisiesen	quisiere, quisieres, quisiere, quisiéremos, quisiereis, quisieren

IMPERATIVO
quiere (queré), quered

FORMAS NO PERSONALES		
infinitivo	**participio**	**gerundio**
querer	querido	queriendo

52. ROER

INDICATIVO				
presente	pretérito imperfecto / copretérito	pretérito perfecto simple / pretérito	futuro simple / futuro	condicional simple / pospretérito
roo *o* roigo *o* royo, roes (roés), roe, roemos, roéis, roen	roía, roías, roía, roíamos, roíais, roían	roí, roíste, royó, roímos, roísteis, royeron	roeré, roerás, roerá, roeremos, roeréis, roerán	roería, roerías, roería, roeríamos, roeríais, roerían

SUBJUNTIVO		
presente	pretérito imperfecto / pretérito	futuro simple / futuro
roa *o* roiga *o* roya, roas *o* roigas *o* royas, roa *o* roiga *o* roya, roamos *o* roigamos *o* royamos, roáis *o* roigáis *o* royáis, roan *o* roigan *o* royan	royera *o* royese, royeras *o* royeses, royera *o* royese, royéramos *o* royésemos, royerais *o* royeseis, royeran *o* royesen	royere, royeres, royere, royéremos, royereis, royeren

IMPERATIVO
roe (roé), roed

FORMAS NO PERSONALES		
infinitivo	participio	gerundio
roer	roído	royendo

53. SABER

INDICATIVO				
presente	pretérito imperfecto / copretérito	pretérito perfecto simple / pretérito	futuro simple / futuro	condicional simple / pospretérito
sé, sabes (sabés), sabe, sabemos, sabéis, saben	sabía, sabías, sabía, sabíamos, sabíais, sabían	supe, supiste, supo, supimos, supisteis, supieron	sabré, sabrás, sabrá, sabremos, sabréis, sabrán	sabría, sabrías, sabría, sabríamos, sabríais, sabrían

SUBJUNTIVO		
presente	pretérito imperfecto / pretérito	futuro simple / futuro
sepa, sepas, sepa, sepamos, sepáis, sepan	supiera *o* supiese, supieras *o* supieses, supiera *o* supiese, supiéramos *o* supiésemos, supierais *o* supieseis, supieran *o* supiesen	supiere, supieres, supiere, supiéremos, supiereis, supieren

IMPERATIVO
sabe (sabé), sabed

FORMAS NO PERSONALES		
infinitivo	participio	gerundio
saber	sabido	sabiendo

54. SALIR

INDICATIVO				
presente	**pretérito imperfecto / copretérito**	**pretérito perfecto simple / pretérito**	**futuro simple / futuro**	**condicional simple / pospretérito**
salgo, sales (salís), sale, salimos, salís, salen	salía, salías, salía, salíamos, salíais, salían	salí, saliste, salió, salimos, salisteis, salieron	saldré, saldrás, saldrá, saldremos, saldréis, saldrán	saldría, saldrías, saldría, saldríamos, saldríais, saldrían

SUBJUNTIVO		
presente	**pretérito imperfecto / pretérito**	**futuro simple / futuro**
salga, salgas, salga, salgamos, salgáis, salgan	saliera *o* saliese, salieras *o* salieses, saliera *o* saliese, saliéramos *o* saliésemos, salierais *o* salieseis, salieran *o* saliesen	saliere, salieres, saliere, saliéremos, saliereis, salieren

IMPERATIVO
sal (salí), salid

FORMAS NO PERSONALES		
infinitivo	**participio**	**gerundio**
salir	salido	saliendo

55. SENTIR

INDICATIVO				
presente	**pretérito imperfecto / copretérito**	**pretérito perfecto simple / pretérito**	**futuro simple / futuro**	**condicional simple / pospretérito**
siento, sientes (sentís), siente, sentimos, sentís, sienten	sentía, sentías, sentía, sentíamos, sentíais, sentían	sentí, sentiste, sintió, sentimos, sentisteis, sintieron	sentiré, sentirás, sentirá, sentiremos, sentiréis, sentirán	sentiría, sentirías, sentiría, sentiríamos, sentiríais, sentirían

SUBJUNTIVO		
presente	**pretérito imperfecto / pretérito**	**futuro simple / futuro**
sienta, sientas, sienta, sintamos, sintáis, sientan	sintiera *o* sintiese, sintieras *o* sintieses, sintiera *o* sintiese, sintiéramos *o* sintiésemos, sintierais *o* sintieseis, sintieran *o* sintiesen	sintiere, sintieres, sintiere, sintiéremos, sintiereis, sintieren

IMPERATIVO
siente (sentí), sentid

FORMAS NO PERSONALES		
infinitivo	**participio**	**gerundio**
sentir	sentido	sintiendo

56. SER

INDICATIVO				
presente	**pretérito imperfecto / copretérito**	**pretérito perfecto simple / pretérito**	**futuro simple / futuro**	**condicional simple / pospretérito**
soy, eres (sos), es, somos, sois, son	era, eras, era, éramos, erais, eran	fui, fuiste, fue, fuimos, fuisteis, fueron	seré, serás, será, seremos, seréis, serán	sería, serías, sería, seríamos, seríais, serían

SUBJUNTIVO		
presente	**pretérito imperfecto / pretérito**	**futuro simple / futuro**
sea, seas, sea, seamos, seáis, sean	fuera *o* fuese, fueras *o* fueses, fuera *o* fuese, fuéramos *o* fuésemos, fuerais *o* fueseis, fueran *o* fuesen	fuere, fueres, fuere, fuéremos, fuereis, fueren

IMPERATIVO
sé, sed

FORMAS NO PERSONALES		
infinitivo	**participio**	**gerundio**
ser	sido	siendo

57. SONREÍR

INDICATIVO				
presente	**pretérito imperfecto / copretérito**	**pretérito perfecto simple / pretérito**	**futuro simple / futuro**	**condicional simple / pospretérito**
sonrío, sonríes (sonreís), sonríe, sonreímos, sonreís, sonríen	sonreía, sonreías, sonreía, sonreíamos, sonreíais, sonreían	sonreí, sonreíste, sonrió, sonreímos, sonreísteis, sonrieron	sonreiré, sonreirás, sonreirá, sonreiremos, sonreiréis, sonreirán	sonreiría, sonreirías, sonreiría, sonreiríamos, sonreiríais, sonreirían

SUBJUNTIVO		
presente	**pretérito imperfecto / pretérito**	**futuro simple / futuro**
sonría, sonrías, sonría, sonriamos, sonriáis, sonrían	sonriera *o* sonriese, sonrieras *o* sonrieses, sonriera *o* sonriese, sonriéramos *o* sonriésemos, sonrierais *o* sonrieseis, sonrieran *o* sonriesen	sonriere, sonrieres, sonriere, sonriéremos, sonriereis, sonrieren

IMPERATIVO
sonríe (sonreí), sonreíd

FORMAS NO PERSONALES		
infinitivo	**participio**	**gerundio**
sonreír	sonreído	sonriendo

58. TAÑER

INDICATIVO				
presente	**pretérito imperfecto / copretérito**	**pretérito perfecto simple / pretérito**	**futuro simple / futuro**	**condicional simple / pospretérito**
taño, tañes (tañés), tañe, tañemos, tañéis, tañen	tañía, tañías, tañía, tañíamos, tañíais, tañían	tañí, tañiste, tañó, tañimos, tañisteis, tañeron	tañeré, tañerás, tañerá, tañeremos, tañeréis, tañerán	tañería, tañerías, tañería, tañeríamos, tañeríais, tañerían

SUBJUNTIVO		
presente	**pretérito imperfecto / pretérito**	**futuro simple / futuro**
taña, tañas, taña, tañamos, tañáis, tañan	tañera *o* tañese, tañeras *o* tañeses, tañera *o* tañese, tañéramos *o* tañésemos, tañerais *o* tañeseis, tañeran *o* tañesen	tañere, tañeres, tañere, tañéremos, tañereis, tañeren

IMPERATIVO
tañe (tañé), tañed

FORMAS NO PERSONALES		
infinitivo	**participio**	**gerundio**
tañer	tañido	tañendo

59. TENER

INDICATIVO				
presente	**pretérito imperfecto / copretérito**	**pretérito perfecto simple / pretérito**	**futuro simple / futuro**	**condicional simple / pospretérito**
tengo, tienes (tenés), tiene, tenemos, tenéis, tienen	tenía, tenías, tenía, teníamos, teníais, tenían	tuve, tuviste, tuvo, tuvimos, tuvisteis, tuvieron	tendré, tendrás, tendrá, tendremos, tendréis, tendrán	tendría, tendrías, tendría, tendríamos, tendríais, tendrían

SUBJUNTIVO		
presente	**pretérito imperfecto / pretérito**	**futuro simple / futuro**
tenga, tengas, tenga, tengamos, tengáis, tengan	tuviera *o* tuviese, tuvieras *o* tuvieses, tuviera *o* tuviese, tuviéramos *o* tuviésemos, tuvierais *o* tuvieseis, tuvieran *o* tuviesen	tuviere, tuvieres, tuviere, tuviéremos, tuviereis, tuvieren

IMPERATIVO
ten (tené), tened

FORMAS NO PERSONALES		
infinitivo	**participio**	**gerundio**
tener	tenido	teniendo

60. TRAER

INDICATIVO				
presente	pretérito imperfecto / copretérito	pretérito perfecto simple / pretérito	futuro simple / futuro	condicional simple / pospretérito
traigo, traes (traés), trae, traemos, traéis, traen	traía, traías, traía, traíamos, traíais, traían	traje, trajiste, trajo, trajimos, trajisteis, trajeron	traeré, traerás, traerá, traeremos, traeréis, traerán	traería, traerías, traería, traeríamos, traeríais, traerían

SUBJUNTIVO		
presente	pretérito imperfecto / pretérito	futuro simple / futuro
traiga, traigas, traiga, traigamos, traigáis, traigan	trajera *o* trajese, trajeras *o* trajeses, trajera *o* trajese, trajéramos *o* trajésemos, trajerais *o* trajeseis, trajeran *o* trajesen	trajere, trajeres, trajere, trajéremos, trajereis, trajeren

IMPERATIVO
trae (traé), traed

FORMAS NO PERSONALES		
infinitivo	participio	gerundio
traer	traído	trayendo

61. VALER

INDICATIVO				
presente	pretérito imperfecto / copretérito	pretérito perfecto simple / pretérito	futuro simple / futuro	condicional simple / pospretérito
valgo, vales (valés), vale, valemos, valéis, valen	valía, valías, valía, valíamos, valíais, valían	valí, valiste, valió, valimos, valisteis, valieron	valdré, valdrás, valdrá, valdremos, valdréis, valdrán	valdría, valdrías, valdría, valdríamos, valdríais, valdrían

SUBJUNTIVO		
presente	pretérito imperfecto / pretérito	futuro simple / futuro
valga, valgas, valga, valgamos, valgáis, valgan	valiera *o* valiese, valieras *o* valieses, valiera *o* valiese, valiéramos *o* valiésemos, valierais *o* valieseis, valieran *o* valiesen	valiere, valieres, valiere, valiéremos, valiereis, valieren

IMPERATIVO
vale (valé), valed

FORMAS NO PERSONALES		
infinitivo	participio	gerundio
valer	valido	valiendo

62. VENIR

INDICATIVO				
presente	**pretérito imperfecto / copretérito**	**pretérito perfecto simple / pretérito**	**futuro simple / futuro**	**condicional simple / pospretérito**
vengo, vienes (venís), viene, venimos, venís, vienen	venía, venías, venía, veníamos, veníais, venían	vine, viniste, vino, vinimos, vinisteis, vinieron	vendré, vendrás, vendrá, vendremos, vendréis, vendrán	vendría, vendrías, vendría, vendríamos, vendríais, vendrían

SUBJUNTIVO		
presente	**pretérito imperfecto / pretérito**	**futuro simple / futuro**
venga, vengas, venga, vengamos, vengáis, vengan	viniera *o* viniese, vinieras *o* vinieses, viniera *o* viniese, viniéramos *o* viniésemos, vinierais *o* vinieseis, vinieran *o* viniesen	viniere, vinieres, viniere, viniéremos, viniereis, vinieren

IMPERATIVO
ven (vení), venid

FORMAS NO PERSONALES		
infinitivo	**participio**	**gerundio**
venir	venido	viniendo

63. VER

INDICATIVO				
presente	**pretérito imperfecto / copretérito**	**pretérito perfecto simple / pretérito**	**futuro simple / futuro**	**condicional simple / pospretérito**
veo, ves, ve, vemos, veis, ven	veía, veías, veía, veíamos, veíais, veían	vi, viste, vio, vimos, visteis, vieron	veré, verás, verá, veremos, veréis, verán	vería, verías, vería, veríamos, veríais, verían

SUBJUNTIVO		
presente	**pretérito imperfecto / pretérito**	**futuro simple / futuro**
vea, veas, vea, veamos, veáis, vean	viera *o* viese, vieras *o* vieses, viera *o* viese, viéramos *o* viésemos, vierais *o* vieseis, vieran *o* viesen	viere, vieres, viere, viéremos, viereis, vieren

IMPERATIVO
ve, ved

FORMAS NO PERSONALES		
infinitivo	**participio**	**gerundio**
ver	visto	viendo

64. YACER

INDICATIVO

presente	pretérito imperfecto / copretérito	pretérito perfecto simple / pretérito	futuro simple / futuro	condicional simple / pospretérito
yazco *o* yazgo *o* yago, yaces (yacés), yace, yacemos, yacéis, yacen	yacía, yacías, yacía, yacíamos, yacíais, yacían	yací, yaciste, yació, yacimos, yacisteis, yacieron	yaceré, yacerás, yacerá, yaceremos, yaceréis, yacerán	yacería, yacerías, yacería, yaceríamos, yaceríais, yacerían

SUBJUNTIVO

presente	pretérito imperfecto / pretérito	futuro simple / futuro
yazca *o* yazga *o* yaga, yazcas *o* yazgas *o* yagas, yazca *o* yazga *o* yaga, yazcamos *o* yazgamos *o* yagamos, yazcáis *o* yazgáis *o* yagáis, yazcan *o* yazgan *o* yagan	yaciera *o* yaciese, yacieras *o* yacieses, yaciera *o* yaciese, yaciéramos *o* yaciésemos, yacierais *o* yacieseis, yacieran *o* yaciesen	yaciere, yacieres, yaciere, yaciéremos, yaciereis, yacieren

IMPERATIVO

yace *o* yaz (yacé), yaced

FORMAS NO PERSONALES

infinitivo	participio	gerundio
yacer	yacido	yaciendo

Ortografía

1. Abecedario y uso de las letras

El abecedario del español está formado por veintinueve letras, cada una de las cuales puede adoptar la forma de minúscula o mayúscula:

a, A; b, B; c, C; ch, Ch; d, D; e, E; f, F; g, G; h, H; i, I; j, J; k, K; l, L; ll, Ll; m, M; n, N; ñ, Ñ; o, O; p, P; q, Q; r, R; s, S; t, T; u, U; v, V; w, W; x, X; y, Y; z, Z.

En propiedad, la *ch* y la *ll* son dígrafos, esto es, signos gráficos compuestos por dos letras. Estos dígrafos se han considerado tradicionalmente letras del abecedario porque cada uno de ellos representa un solo sonido. No obstante, cuando se trate de ordenar palabras alfabéticamente, la *ch* y la *ll* no deben considerarse letras independientes, sino grupos de dos letras. Por tanto, las palabras que empiezan por *ch* y *ll* o que contienen *ch* y *ll* deben alfabetizarse en los lugares correspondientes dentro de la *c* y la *l*, respectivamente.

El sistema gráfico del español es el resultado de un largo proceso de ajustes y reajustes entre la pronunciación, la tradición escrita y la etimología de las palabras. La correspondencia entre los sonidos del español y las grafías con las que estos se representan no es exacta, de forma que el español cuenta con letras que representan un solo sonido (la *t*, la *p*, etc.), pero también con letras que pueden representar sonidos diferentes (la *g*, la *r*, etc.), sonidos que pueden ser representados por varias letras distintas (el sonido /j/ puede representarse con *j* o *g*), dígrafos que representan un sonido (*ch, ll, rr, qu* y *gu*), una letra que representa un grupo de sonidos (la *x*) e incluso una letra que no representa sonido alguno (la *h*).

En el siguiente cuadro se reflejan las grafías utilizadas en la escritura del español y los sonidos que representan.

grafía	sonido
a	/a/
b	/b/
c + a, o, u	/k/
c + e, i	/z/ (/s/ en zonas de seseo)
ch	/ch/
d	/d/
e	/e/
f	/f/
g + a, o, u *gu + e, i*	/g/
g + e, i	/j/
h	No representa ningún sonido en español estándar.
i	/i/
j	/j/
k	/k/
l	/l/
ll	/ll/ (/y/ en zonas de yeísmo)
m	/m/

grafía	sonido
n	/n/
ñ	/ñ/
o	/o/
p	/p/
q, qu	/k/
r	/r/, /rr/
rr	/rr/
s	/s/ (/z/ en zonas de ceceo)
t	/t/
u	/u/
v	/b/
w	/b/, /u/
x-	/s/
x + consonante	/ks/, /gs/ o /s/
-x-	/ks/ o /gs/ (/j/ en *México, Oaxaca...*)
y	/y/, /i/
z	/z/ (/s/ en zonas de seseo)

La falta de correspondencia entre el sistema gráfico y la pronunciación del español en lo referente al uso de ciertas consonantes constituye la causa de las dificultades que se plantean a la hora de escribir las palabras que contienen estas letras. Para ayudar a fijar las grafías correctas de estas palabras, se utilizan algunas reglas que facilitan el aprendizaje ortográfico.

Una norma general que afecta a todo el léxico del español es la de que **el lexema o raíz permanece invariable en todas las palabras que lo contienen** (tanto palabras de la misma familia como variantes de género y número o formas verbales). Por ejemplo, todas las palabras que pertenecen a la familia léxica de *cabeza* se escriben manteniendo la *b* en su lexema: *cabezada, cabecear, cabecera, encabezar, encabezaban, cabizbajo, rompecabezas*, etc.

No obstante, **el lexema puede variar en determinados casos condicionados por el propio sistema gráfico.** Así, las formas verbales *protejo* y *protejamos* se escriben con *j* aunque el verbo *proteger* se escriba con *g*; de la misma manera que las palabras *cacería* y *cacen* se escriben con *c*, mientras que *cazar* se escribe con *z*.

1.1. Letras *b* y *v*

La letra *b* y la letra *v* representan el mismo sonido bilabial sonoro de *barco, bolso, ver* y *vida*, por eso la escritura de palabras con estas letras puede dar lugar a errores.

1.1.1. Reglas sobre el uso de la *b*

Se escriben con *b:*

a) Los verbos terminados en *-bir: escribir, recibir, sucumbir*. Excepciones en voces de uso actual: *hervir, servir, vivir* y sus compuestos.
b) Los verbos terminados en *-buir: contribuir, atribuir, retribuir.*
c) Los verbos *deber, beber, caber, saber* y *haber: deben, bebí, cabía, sabemos, hubiera.*
d) Las terminaciones *-aba, -abas, -ábamos, -abais, -aban* del pretérito imperfecto de indicativo de los verbos de la primera conjugación: *cantaba, bajabas, amaban.*
e) El pretérito imperfecto de indicativo de *ir: iba, ibas*, etc.
f) Las palabras que empiezan por el elemento compositivo *biblio-* ('libro') o por las sílabas *bu-, bur-* y *bus-: biblioteca, bula, burla, buscar*. Excepción: *vudú* y sus derivados.
g) Las que empiezan por el elemento compositivo *bi-, bis-, biz-* ('dos' o 'dos veces'): *bipolar, bisnieto, bizcocho.*
h) Las que contienen el elemento compositivo *bio-, -bio* ('vida'): *biografía, biosfera, anaerobio, microbio.*
i) Las palabras compuestas cuyo primer elemento es *bien* o su forma latina *bene: bienaventurado, bienvenido, beneplácito.*
j) Toda palabra en que el sonido labial sonoro precede a otra consonante o está en final de palabra: *abdicación, abnegación, absolver, obtener, obvio, amable, brazo, baobab*. Excepciones: *ovni* y algunos términos desusados.
En las palabras *obscuro, subscribir, substancia, substituir, substraer* y sus compuestos y derivados, el grupo *-bs-* se simplifica en *s: oscuro, suscribir, sustancia, sustituir, sustraer.*
k) Las palabras acabadas en *-bilidad: amabilidad, habilidad, posibilidad*. Excepciones: *movilidad, civilidad* y sus compuestos.
l) Las acabadas en *-bundo* y *-bunda: tremebundo, vagabundo, abunda.*

1.1.2. Reglas sobre el uso de la *v*

Se escriben con *v:*

a) Las palabras en las que las sílabas *ad-, sub-* y *ob-* preceden al sonido bilabial sonoro: *adviento, subvención, obvio.*
b) Las palabras que empiezan por *eva-, eve-, evi-* y *evo-: evasión, eventual, evitar, evolución*. Excepción: *ébano.*
c) Las que empiezan por el elemento compositivo *vice-, viz-* o *vi-* ('en lugar de'): *vicealmirante, vizconde, virrey.*
d) Los adjetivos llanos terminados en *-avo, -ava, -evo, -eva, -eve, -ivo, -iva: esclavo, octava, longevo, nueva, aleve, decisiva, activo*. Excepción: *mancebo.*
e) Las voces esdrújulas terminadas en *-ívoro, -ívora*, como *carnívora, herbívoro, insectívoro*. Excepción: *víbora.*
f) Los verbos acabados en *-olver: absolver, disolver, volver.*
g) Los presentes de indicativo, imperativo y subjuntivo del verbo *ir: voy, ve, vaya.*
h) El pretérito perfecto simple de indicativo y el pretérito imperfecto y futuro de subjuntivo de los verbos *estar, andar, tener* y sus compuestos: *estuvo, estuviéramos; anduve, desanduviere; tuviste, retuvo, sostuvieran, mantuviere.*

1.2. Letra *d*

La letra *d* a final de palabra se pronuncia muy débil y en ocasiones puede llegar casi a perderse. En el habla de algunas zonas de España puede llegar a pronunciarse incorrectamente como una *-z.*

1.2.1. Reglas sobre el uso de la *-d* final

Se escriben con *-d:*

a) Las formas de imperativo de segunda persona del plural: *mirad, bebed.*
b) Los sustantivos cuyo plural termina en *-des: red* (plural *redes*), *amistad* (plural *amistades*).

1.3. Letras *g* y *j*

La letra *j* siempre representa el sonido velar sordo de *jamón, jefe, jirafa, reloj.* También puede representar este sonido la letra *g* cuando va seguida de las vocales *e, i: gemelo* y *gimnasia.* Esa coincidencia es la que plantea problemas en la escritura de estas palabras.

1.3.1. Reglas sobre el uso de la *g*

Se escriben con *g:*

a) Las palabras en que el sonido velar sonoro precede a cualquier consonante, pertenezca o no a la misma sílaba: *glacial, grito, dogmático, impregnar, maligno, repugnancia.*
b) Las palabras que empiezan por *gest-: gesta, gestación, gestor.*
c) Las que empiezan por el elemento compositivo *geo-* ('tierra'): *geógrafo, geometría.*
d) Las que terminan en *-gélico, -genario, -géneo, -génico, -genio, -génito, -gesimal, -gésimo* y *-gético: angélico, sexagenario, homogéneo, fotogénico, ingenio, primogénito, sexagesimal, vigésimo, apologético.*
e) Las que terminan en *-giénico, -ginal, -ginoso: higiénico, original, ferruginoso.*
f) Las que terminan en *-gia, -gio, -gión, -gional, -gionario, -gioso* y *-gírico: magia, regia, frigia, liturgia, litigio, religión, regional, legionario, prodigioso, panegírico.* Excepciones: las voces que terminan en *-plejía* o *-plejia* (*apoplejía, paraplejia...*).
g) Las que terminan en *-gente* y *-gencia: vigente, exigente, regencia.*
h) Las que terminan en *-ígeno, -ígena, -ígero, -ígera: indígena, oxígeno, flamígero.*
i) Las que terminan en *-logía, -gogia* o *-gogía: teología, demagogia, pedagogía.*
j) Las que terminan en el elemento compositivo *-algia* ('dolor'): *lumbalgia.*
k) Los verbos terminados en *-igerar, -ger* y *-gir* (*aligerar, proteger, fingir*) y las correspondientes formas de su conjugación, excepto en el caso de los sonidos *ja, jo,* que nunca se pueden representar con *g: protege, fingía,* pero *proteja, finjo.* Existen algunas excepciones, como *tejer, crujir* y sus derivados.

1.3.2. Reglas sobre el uso de la *j*

Se escriben con *j:*

a) Las palabras derivadas de voces que tienen *j* ante las vocales *a, o, u: cajero, cajita* (de *caja*); *cojear* (de *cojo*); *rojizo* (de *rojo*). También las formas verbales de infinitivos que terminan en *-jar,* como *trabaje, trabajemos* (de *trabajar*), *empuje* (de *empujar*), y las de los pocos verbos terminados en *-jer* y en *-jir,* como *cruje* (de *crujir*), *teje* (de *tejer*).
b) Las voces de uso actual que terminan en *-aje, -eje: coraje, hereje, garaje.*
c) Las que acaban en *-jería: cerrajería, consejería, extranjería.*
d) Los verbos terminados en *-jear,* así como sus correspondientes formas verbales: *canjear, homenajear, cojear.*
e) El pretérito perfecto simple y el pretérito imperfecto y futuro de subjuntivo de los verbos *traer, decir* y sus derivados, y de los verbos terminados en *-ucir: traje* (de *traer*); *dije, dijera* (de *decir*); *predijéramos* (de *predecir*); *adujera, adujeren* (de *aducir*).

1.4. Letra *h*

La letra *h* no representa hoy sonido alguno en español estándar, razón por la cual su escritura representa una dificultad ortográfica. Solo en algunos extranjerismos, así como en algunos nombres propios extranjeros y sus derivados, la *h* se pronuncia también aspirada o con sonido cercano al de /j/: *hámster, hachís, Hawái, hawaiano,* etc.; o puede pronunciarse indistintamente con o sin aspiración: *sahariano.*

1.4.1. Reglas sobre el uso de la *h*

Se escriben con *h:*

a) Las formas de los verbos *haber, hacer, hallar, hablar, habitar: haga, hallemos, hablará.*
b) Los compuestos y derivados de los vocablos que tengan esta letra: *gentilhombre,* compuesto de *hombre; herbáceo,* derivado de *hierba.* Las palabras *oquedad, orfandad, orfanato, osamenta, osario, óseo, oval, óvalo, ovario, oscense, oler,* etc., se escriben sin *h* porque no la tienen en su origen. *Hueco, huérfano, hueso, huevo, Huesca, huelo* la llevan por comenzar con el diptongo *ue,* según la regla ortográfica siguiente.

c) Las palabras de uso actual que empiezan por las secuencias vocálicas *ia, ie, ue* y *ui: hiato, hiena, huele, huidizo.*
d) Se escribe *h* intercalada en palabras que llevan el diptongo *ue* precedido de vocal: *cacahuete, vihuela, aldehuela.*
e) Las palabras que empiezan por los elementos compositivos *hecto-* ('cien') —distinto de *ecto-* ('por fuera')—, *helio-* ('sol'), *hema-, hemato-, hemo-* ('sangre'), *hemi-* ('medio, mitad'), *hepta-* ('siete'), *hetero-* ('otro'), *hidra-, hidro-* ('agua'), *higro-* ('humedad'), *hiper-* ('superioridad' o 'exceso'), *hipo-* ('debajo de' o 'escasez de'), *holo-* ('todo'), *homeo-* ('semejante' o 'parecido'), *homo-* ('igual'): *hectómetro, heliocéntrico, hematoma, hemoglobina, hemiciclo, heptaedro, heterosexual, hidráulico, hidrógeno, higrómetro, hipérbole, hipócrita, holografía, homeopatía, homógrafo.*
f) Algunas interjecciones: *hala, bah, eh.*
g) Por regla general, las palabras que empiezan por *histo-, hosp-, hum-, horm-, herm-, hern-, holg-* y *hog-: historia, hospital, humedad, hormiga, hermano, hernia, holgado, hogar.*

1.5. Dígrafo *ll* y letra *y*

La letra *y* puede representar un sonido vocálico como el que representa la letra *i* en palabras como *muy* o *rey,* o bien un sonido consonántico palatal sonoro en palabras como *yema* o *yo.*

El dígrafo *ll* representa el sonido lateral palatal sonoro de *calle, llave* o *allí.* Sin embargo, en la mayor parte de los territorios de habla hispana, la *ll* se pronuncia con el mismo sonido palatal que representa la consonante *y.* Esta pronunciación se denomina yeísmo. Para los hablantes yeístas, palabras como *callado* y *cayado* se pronuncian de la misma manera, de ahí el problema que plantea su correcta escritura.

1.5.1. Reglas sobre el uso de la *ll*

Se escriben con *ll:*

a) Las palabras de uso general terminadas en *-illa* e *-illo: costilla, cigarrillo.*
b) La mayor parte de los verbos terminados en *-illar, -ullar* y *-ullir: acribillar, apabullar, bullir.*

1.5.2. Reglas sobre el uso de la *y*

Se escriben con *y:*

a) Las palabras que terminan con el sonido correspondiente a *i* precedido de una vocal con la que forma diptongo, o de dos con las que forma triptongo: *ay, rey, estoy, muy, buey, Uruguay,* etc. Hay algunas excepciones, como *saharaui* o *bonsái.*
b) La conjunción copulativa *y: Juan y María.* Esta conjunción toma la forma *e* ante una palabra que empiece por el sonido vocálico correspondiente a *i* (*catedrales e iglesias*), salvo si esa *i* forma diptongo (*nieve y hielo*).
c) Las palabras que tienen el sonido palatal sonoro ante vocal, y especialmente:
   1.º Cuando sigue a los prefijos *ad-, dis-* y *sub-: adyacente, disyuntivo, subyacer.*
   2.º Algunas formas de los verbos *caer, raer, creer, leer, poseer, proveer, sobreseer,* y de los verbos acabados en *-oír* y *-uir: cayeran, leyendo, oyó, concluyo, atribuyera.*
   3.º Las palabras que contienen la sílaba *-yec-: trayecto, proyección, inyectar.*
   4.º Los plurales de los nombres que terminan en *y* en singular (*rey/reyes*).
   5.º El gerundio del verbo *ir: yendo.*

1.6. Letras *m* y *n*

En posición final de sílaba ante las consonantes *p, b* y *v,* las letras *m* y *n* se pronuncian igual, por eso se confunden en su escritura: *embarcar, enviar.*

1.6.1. Reglas sobre el uso de *-m* y *-n*

a) Se escribe *m* antes de *b* y *p: ambiguo, imperio, campo.* En cambio, se escribe siempre *n* antes de *v: envío, invitar, anverso.*
b) Cuando un prefijo o el primer formante de una palabra compuesta terminados en *-n* se anteponen a una palabra que empieza por *p* o *b,* la *n* se sustituye por una *m: ciempiés* (de *cien* y *pies*), *embotellar* (de *en-* y *botella*).

1.7. Letra *p*

El grupo consonántico *ps-* aparece en posición inicial de palabra en numerosas voces cultas de origen griego. En todos los casos se admite en la escritura la reducción del grupo *ps-* a *s-*, grafía que refleja mejor la pronunciación normal de las palabras que contienen este grupo inicial, en las que la *p-* no suele articularse: *sicología, sicosis, siquiatra,* etc. No obstante, el uso culto sigue prefiriendo las grafías con *ps-*: *psicología, psicosis, psiquiatra,* etc., salvo en las palabras *seudónimo* y *seudópodo,* que se escriben normalmente sin *p-*.

1.8. Letra *r*

La letra *r*, duplicada, forma el dígrafo *rr,* que representa el sonido vibrante fuerte entre vocales: *perro, arriba.* Este sonido también se representa con una *r* simple en posición inicial de palabra o tras las consonantes *l, n* o *s: alrededor, Enrique, israelí.*

1.8.1. Reglas sobre el uso de la *rr*

Se escriben con *rr:*

a) Las palabras que tienen el sonido vibrante fuerte en posición intervocálica: *barra, cerrojo, arrullo.*
b) Las palabras compuestas o con prefijo cuyo segundo formante comienza por *r*, de manera que el sonido vibrante múltiple queda en posición intervocálica: *autorretrato, prerromano, vicerrector.*

1.9. Letra *x*

La letra *x* se pronuncia de maneras diferentes según el lugar que ocupa dentro de la palabra: como /ks/ o /gs/ en posición intervocálica o a final de palabra (*examen, relax*); como /s/ en posición inicial (*xilófono, xenofobia*), y como /ks/ o /gs/ en la pronunciación culta enfática o /s/ en la pronunciación corriente de España cuando va ante consonante (*explicar, extenso*). También puede pronunciarse como /j/ en palabras como *México, Oaxaca, texano.*

1.9.1. Reglas sobre el uso de la *x*

Se escriben con *x:*

a) Las palabras que empiezan por los elementos compositivos *xeno-* ('extranjero'), *xero-* ('seco, árido') y *xilo-* ('madera'): *xenofobia, xerocopia, xilófago.*
b) Las palabras que empiezan por la sílaba *ex-* seguida del grupo *-pr-: expresar, exprimir.* Excepciones: *esprínter* y otras palabras de la misma familia.
c) Las palabras que empiezan por la sílaba *ex-* seguida del grupo *-pl-: explanada, explicar, explotar.* Excepciones: *esplendor* y sus derivados, *espliego* y otras voces.
d) Las palabras que empiezan por los prefijos *ex-* ('fuera, más allá' o 'privación') y *extra-* ('fuera de'): *excarcelar, excomunión, extraescolar.*

1.10. Letras *s, c* y *z*

En las hablas del suroeste peninsular español, en Canarias y en toda Hispanoamérica, la letra *c* ante *e, i* y la letra *z* no representan el sonido interdental, sino que se pronuncian de la misma manera que se pronuncia la letra *s*. Este fenómeno recibe el nombre de seseo. Los hablantes seseantes, por tanto, pueden tener dificultades al escribir palabras con estas letras.

Las mismas dificultades afectan a los hablantes de zonas de ceceo, que pronuncian la letra *s* con el sonido interdental propio de la *c* ante *e, i* y de la *z* en zonas no seseantes.

A continuación se ofrecen algunas notas orientadoras para el uso correcto de estas letras.

1.10.1. Reglas sobre el uso de la *c*

Se escriben con *c:*

a) Los verbos terminados en *-cer* y *-cir* y aquellas de sus formas en las que la *c* va seguida de *e* o *i: nacer, nacen, decir, decías.* Son excepción a esta regla los verbos *coser* ('unir con hilo') y sus compuestos, *toser* y *asir.*
b) Todas las palabras terminadas en *-cimiento* (salvo *asimiento* y *desasimiento*): *acontecimiento, nacimiento.*
c) Todas las palabras terminadas en *-áceo, -ácea, -ancio, -ancia, -encio* y *-encia: cetáceo, sebácea, rancio, alternancia, silencio, adolescencia.* Excepciones: *ansia* y *hortensia.*
d) Las palabras terminadas en *-icida* ('que mata') e *-icidio* ('acción de matar'). Ejemplos: *plaguicida, homicidio.*

e) Las palabras terminadas en *-cente*, *-ciente* y *-ciencia: adolescente, suficiente, conciencia.* Excepciones: *ausente, presente* y *omnipresente*.
f) Los sustantivos terminados en *-ción* que derivan de verbos terminados en *-ar: actuación* (de *actuar*), *comunicación* (de *comunicar*), *compensación* (de *compensar*). Excepciones: los derivados de verbos terminados en *-sar* que no contienen la sílaba *-sa-: expresión* (de *expresar*), *confesión* (de *confesar*).
g) Por regla general, una palabra se escribirá con *-cc-* cuando en alguna palabra de la familia léxica aparezca el grupo *-ct-: adicción* (*adicto*), *reducción* (*reducto*), *dirección* (*director*). Hay, sin embargo, palabras que se escriben con *-cc-* a pesar de no tener en ninguna palabra de su familia léxica el grupo *-ct-: succión, cocción, confección, fricción*, etc. Otras muchas palabras de este grupo, que no tienen *-ct-* sino *-t-* en su familia léxica, se escriben con una sola *c: discreción* (*discreto*), *secreción* (*secreto*), *relación* (*relato*), etc.

1.10.2. Reglas sobre el uso de la *s*

Se escriben con *s:*

a) Los adjetivos terminados en *-oso, -osa: hermoso, silenciosa*. Excepciones: *mozo, moza* y *carroza.*
b) Los sustantivos y adjetivos terminados en *-esco, -esca: fresco, picaresca.*
c) Los sustantivos terminados en *-sión* que expresan la acción de verbos terminados en *-sar* que no contienen en su forma la sílaba *-sa-* del verbo: *expulsión* (de *expulsar*), *revisión* (de *revisar*).
d) Los sustantivos terminados en *-sión* que expresan la acción de verbos terminados en *-der, -dir, -ter, -tir* y que no contienen en su forma la *-d-* o la *-t-* del verbo: *cesión* (de *ceder*), *alusión* (de *aludir*), *comisión* (de *cometer*), *remisión* (de *remitir*). Excepciones: *atención* (de *atender*) y *deglución* (de *deglutir*).

1.10.3. Reglas sobre el uso de la *z*

Se escriben con *z:*

a) Las palabras terminadas en el sufijo *-azo, -aza*, tanto cuando forma un aumentativo como cuando significa 'golpe': *cochazo, codazo, manaza.*
b) Los adjetivos agudos terminados en *-az: audaz, eficaz.*
c) Los sustantivos terminados en *-azgo: hallazgo, noviazgo*. Excepciones: *rasgo* y *trasgo.*
d) Los sustantivos abstractos terminados en *-ez* o en *-eza* formados a partir de adjetivos: *lucidez, pobreza.*
e) Los sustantivos terminados en *-anza* y en *-zón* formados a partir de verbos: *andanza, ligazón.*
f) Se escriben con *-zc-* la primera persona del singular del presente de indicativo y todo el presente de subjuntivo de los verbos irregulares terminados en *-acer* (menos *hacer* y sus derivados), *-ecer, -ocer* (menos *cocer* y sus derivados) y *-ucir: nazco, abastezco, reconozcamos, produzca.*

2. Uso de las mayúsculas

Aunque en distintos casos pueden escribirse enteramente con mayúsculas palabras, frases e incluso textos enteros, la escritura normal utiliza las letras mayúsculas solo en posición inicial de palabra combinadas con letras minúsculas. La utilización de la mayúscula inicial depende de factores como la puntuación, la condición de nombre propio de la palabra y otras circunstancias.

El uso de las letras mayúsculas no exime de la obligatoriedad de escribir la tilde en las palabras que así lo requieran según las reglas de acentuación del español: *Ángel, MEDITERRÁNEO.*

2.1. Uso de mayúscula inicial exigido por la puntuación

Se escribe con mayúscula la primera palabra de un texto o enunciado, que sigue normalmente al punto.

Hemos terminado el trabajo por hoy. Nos vemos aquí mañana a la misma hora.

También se escribe con mayúscula la palabra que sigue a los puntos suspensivos que cierran enunciado, a los signos de interrogación o exclamación y a ciertos usos de los dos puntos:

Las invitaciones para la fiesta se mandaron con cierto retraso... ¿Podrán venir todos? Esperemos que sí.

2.2. Uso de mayúscula inicial con independencia de la puntuación

Con independencia de la puntuación, se escriben con inicial mayúscula las palabras siguientes:

2.2.1. Los nombres propios de persona, animal y cosa singularizada, apellidos y nombres de divinidades: *Beatriz, Platero, Tizona, Martínez, Dios, Alá, Júpiter.*

2.2.2. Los sobrenombres, apodos y seudónimos, y no los artículos que los preceden: *Manuel Benítez, el Cordobés; Alfonso X el Sabio; el Libertador.*

2.2.3. Los nombres propios geográficos: *América, Italia, Córdoba, el Índico, el Mediterráneo, el Orinoco, el Himalaya.* Solo cuando el nombre oficial de un lugar lleve incorporado el artículo, este se escribe con mayúscula y no se contrae con las preposiciones *a* o *de: El Salvador, La Pampa, La Habana; ¿Has ido a El Cairo?* Los nombres comunes genéricos que acompañan a los nombres propios geográficos se escriben con minúscula, salvo cuando forman parte del nombre propio: *la ciudad de Panamá, el río Ebro, la cordillera de los Andes;* pero *Ciudad Real, Picos de Europa.*

2.2.4. Los nombres de vías y espacios urbanos, y no los nombres comunes genéricos que los acompañan, como *calle, plaza, avenida, paseo,* etc.: *calle Mayor, plaza de España, avenida de la Ilustración, paseo de Recoletos.*

2.2.5. Los nombres de galaxias, constelaciones, estrellas, planetas y satélites: *la Vía Láctea, la Osa Mayor, la Estrella Polar, Venus.* Las palabras *Sol* y *Luna* solo suelen escribirse con mayúscula cuando nombran los astros en textos especializados:

Alrededor del Sol giran diferentes planetas.

En otro tipo de textos se escriben normalmente con minúscula:

El sol luce esplendoroso.
Entra mucho sol por la ventana.
Hoy hay luna llena.

La palabra *Tierra* se escribe con mayúscula solo cuando designa el planeta:

El astronauta contempló la Tierra desde la nave.

En el resto de los casos se escribe con minúscula:

El avión tomó tierra.
Esta tierra es muy fértil.
Ha vuelto a su tierra.

2.2.6. Los nombres de los signos del Zodiaco y sus denominaciones alternativas: *Aries, Géminis; Balanza* (por *Libra*), *Toro* (por *Tauro*). Se escriben con minúscula cuando se refieren a las personas nacidas bajo cada signo:

Manuel es tauro.

2.2.7. Los nombres de los puntos cardinales (*Norte, Sur, Este, Oeste*) y de los puntos del horizonte (*Noroeste, Sudeste,* etc.), cuando designan tales puntos o forman parte de un nombre propio: *rumbo al Noroeste; Corea del Norte.* Si se refieren a la orientación o la dirección correspondientes o están usados en aposición, se escriben en minúscula: *el sur de Europa, latitud norte, hemisferio sur.* En el caso de las líneas imaginarias, se recomienda el uso de la minúscula: *ecuador, eclíptica, trópico de Cáncer.*

2.2.8. Los sustantivos y adjetivos que componen el nombre de entidades, instituciones, departamentos, edificios, monumentos, establecimientos públicos, organizaciones, etc.: *el Ministerio de Hacienda, el Museo de Bellas Artes, la Real Academia de la Historia, la Universidad Nacional Autónoma de México, el Departamento de Recursos Humanos, la Torre de Pisa, el Partido Demócrata.*

2.2.9. Los nombres de los libros sagrados: *la Biblia, el Corán, el Talmud.* También los nombres de los libros de la Biblia: *Génesis, Hechos de los Apóstoles.*

2.2.10. Los sustantivos y adjetivos que forman parte del nombre de publicaciones periódicas o de colecciones: *La Vanguardia, Biblioteca de Autores Españoles.*

2.2.11. La primera palabra del título de cualquier obra de creación (libros, películas, cuadros, esculturas, obras musicales, programas de radio o televisión, etc.): *Últimas tardes con Teresa, La vida es sueño, Las cuatro estaciones, Informe semanal.*

2.2.12. Los sustantivos y adjetivos que forman parte del nombre de documentos oficiales, como leyes o decretos, cuando se cita el nombre completo: *Real Decreto 125/1983* (pero *el citado real decreto*), *Ley para la Ordenación General del Sistema Educativo* (pero *la ley de educación*).

2.2.13. Los nombres de festividades religiosas o civiles: *Pentecostés, Navidad, Día de la Constitución, Feria de Abril.*

2.2.14. Los nombres de marcas comerciales:

Me gusta tanto el Cinzano como el Martini.
Me he comprado un Seat.

Pero cuando estos nombres pasan a referirse no exclusivamente a un objeto de la marca en cuestión, sino a cualquier otro con características similares, se escriben con minúscula:

Me aficioné al martini seco en mis años de estudiante (al vermú seco, de cualquier marca).

2.2.15. Los sustantivos y adjetivos que forman el nombre de disciplinas científicas utilizados en contextos académicos:

Me he matriculado en Arquitectura.
El profesor de Cálculo Numérico es extraordinario.

Fuera de estos contextos se utiliza la minúscula:

La medicina ha experimentado grandes avances en los últimos años.

2.2.16. La primera palabra del nombre latino de las especies vegetales y animales: *Pimpinella anisum, Felis leo* (los nombres científicos latinos deben escribirse en cursiva). Se escriben también con mayúscula los nombres de los grupos taxonómicos zoológicos y botánicos superiores al género, cuando se usan en aposición: *orden Roedores, familia Leguminosas;* pero estos mismos términos se escriben con minúscula cuando se usan como adjetivos o como nombres comunes:

El castor es un mamífero roedor.
Hemos tenido una buena cosecha de leguminosas.

2.2.17. Los nombres de períodos geológicos, edades y épocas históricas, acontecimientos históricos y movimientos religiosos, políticos o culturales: *Mioceno, la Edad de los Metales, la Edad Media, la Hégira, la Segunda Guerra Mundial, la Revolución de los Claveles, el Renacimiento.*

2.2.18. Determinados nombres, cuando designan entidades o colectividades institucionales: *la Universidad, el Estado, el Ejército, la Iglesia, la Administración, el Gobierno.*

2.2.19. Los títulos, cargos y nombres de dignidad, como *rey, papa, duque, presidente, ministro,* etc., que normalmente se escriben con minúscula, pueden aparecer en determinados casos escritos con mayúscula. Así, es frecuente, aunque no obligatorio, que estas palabras se escriban con mayúscula cuando se emplean referidas a una persona concreta, sin mención expresa de su nombre propio:

El Rey inaugurará la nueva biblioteca.
El Papa visitará la India en su próximo viaje.

También se suelen escribir con mayúscula en leyes y documentos oficiales, y en el encabezamiento de cartas.

2.3. Casos en que no debe usarse la mayúscula inicial

Salvo cuando la mayúscula venga exigida por la puntuación, se escriben con minúscula las siguientes palabras:

2.3.1. Los nombres de los días de la semana, de los meses y de las estaciones del año: *lunes, abril, verano.* Solo se escriben con mayúscula cuando forman parte de fechas históricas, festividades o nombres propios: *Dos de Mayo, Primavera de Praga, Viernes Santo, Hospital Doce de Octubre.*

2.3.2. Los nombres de las notas musicales: *do, re, mi, fa, sol, la, si.*

2.3.3. Los nombres propios que se usan como nombres comunes:

Mi padre, de joven, era un donjuán.
La unidad de fuerza utilizada es el newton.
¿Te apetece un rioja?
Tienes que echarle maicena.

Pero conservan la mayúscula inicial los nombres de los autores aplicados a sus obras:

Se subastó un Picasso.

2.3.4. Los nombres de las religiones: *catolicismo, budismo, islamismo, judaísmo.*

2.3.5. Los nombres de tribus o pueblos y de lenguas, así como los gentilicios: *el pueblo inca, los mayas, el español.*

2.3.6. Los tratamientos (*usted, señor, don, fray, san, santo, sor, reverendo,* etc.), salvo que aparezcan en abreviatura, caso en que se escriben con mayúscula: *Ud., Sr., D., Fr., Sta., Rvdo.: don Pedro Díaz,* pero *D. Pedro Díaz.*

2.3.7. Los títulos y cargos como *rey, papa, duque, presidente, ministro,* etc., cuando aparecen acompañados del nombre propio de la persona que los posee, o del lugar o ámbito al que corresponden (*el rey Felipe IV, el papa Juan Pablo II, el presidente de Nicaragua, el ministro de Trabajo*), o cuando están usados en sentido genérico (*El papa, el rey, el duque están sujetos a morir, como lo está cualquier otro hombre*).

3. Acentuación

A lo largo de la cadena hablada no todas las sílabas se pronuncian con igual relieve. El **acento prosódico** o **fonético** es el mayor relieve con el que se pronuncia una sílaba con respecto a las que la rodean. La sílaba sobre la que recae el acento prosódico dentro de una palabra es la **sílaba tónica**; las sílabas pronunciadas con menor intensidad son las **sílabas átonas**. En la palabra *zaPAto*, la sílaba tónica es *pa*, las sílabas átonas son *za* y *to*.

El acento prosódico en español puede distinguir unas palabras de otras según la sílaba sobre la que recae: *HÁbito / haBIto / habiTÓ*.

La **tilde** o **acento gráfico** (´) es un signo que se coloca sobre una vocal de una palabra para indicar que la sílaba de la que forma parte debe pronunciarse tónica. La colocación de la tilde se rige por las reglas que se explican a continuación. Estas reglas afectan a todas las palabras del español, incluidos los nombres propios.

3.1. Reglas generales de acentuación

3.1.1. Acentuación de polisílabos

Según el lugar que ocupe la sílaba tónica, se pueden distinguir cuatro clases de palabras polisílabas: agudas (su sílaba tónica es la última), llanas (su sílaba tónica es la penúltima), esdrújulas (su sílaba tónica es la antepenúltima) y sobresdrújulas (su sílaba tónica es alguna sílaba anterior a la antepenúltima).

Las palabras polisílabas se acentúan de acuerdo con las siguientes reglas:

a) Las palabras **agudas** llevan tilde en la sílaba tónica cuando terminan en vocal, *-n* o *-s: consomé, jardín, además*. Sin embargo, cuando terminan en *-s* precedida por otra consonante, no llevan acento gráfico: *robots, tictacs*. Tampoco llevan tilde las palabras agudas terminadas en *-y: virrey, convoy*.

b) Las palabras **llanas** llevan acento gráfico en la sílaba tónica cuando terminan en consonante distinta de *-n* o *-s: ágil, árbol, álbum, Héctor*. No obstante, cuando terminan en *-s* precedida de consonante, sí llevan tilde: *bíceps, cómics*. Por otra parte, las palabras llanas terminadas en *-y* también llevan tilde: *póney, yóquey*.

c) Las palabras **esdrújulas** y **sobresdrújulas** siempre llevan tilde en la sílaba tónica: *teléfono, cómetelo*.

3.1.2. Acentuación de monosílabos

Las palabras de una sola sílaba no se acentúan gráficamente, salvo en los casos de tilde diacrítica (→ 3.3): *mes, ti, di, fe, fue, pan, ve*.

3.2. Reglas de acentuación de palabras con grupos de vocales

3.2.1. Palabras con diptongo

3.2.1.1. **Diptongos ortográficos.** Dos vocales contiguas que forman parte de una misma sílaba constituyen un diptongo. A efectos de acentuación gráfica, se consideran diptongos las secuencias vocálicas siguientes:

a) Vocal abierta + vocal cerrada o, en orden inverso, vocal cerrada + vocal abierta siempre que la cerrada no sea tónica: *aire, causa, peine, Ceuta, oiga, viaje, ciego, quiosco, suave, fuerte, cuota*.

b) Dos vocales cerradas distintas: *huida, ruido, ciudad, diurno*.

La *h* intercalada no impide que dos vocales formen un diptongo: *ahu - mar, ahi - ja - do*.

3.2.1.2. **Acentuación de palabras con diptongo.** Las palabras con diptongo se acentúan siguiendo las reglas generales de acentuación (→ 3.1). Así, *vio* no lleva tilde por ser monosílaba; *bebéis* la lleva por ser aguda terminada en *-s*, y *huésped*, por ser llana terminada en consonante distinta de *-n* o *-s; superfluo, vienen* y *amarais* se escriben sin tilde por ser llanas terminadas en vocal, *-n* y *-s*, respectivamente; y *periódico* y *lingüístico* se tildan por ser esdrújulas.

3.2.1.3. **Colocación de la tilde en los diptongos**

a) En los diptongos formados por una vocal abierta tónica y una cerrada átona, o viceversa, la tilde se coloca sobre la vocal abierta: *adiós, después, soñéis, inició, náutico, murciélago, Cáucaso*.

b) En los diptongos formados por dos vocales cerradas, la tilde se coloca sobre la segunda vocal: *acuífero, casuística, demiúrgico, interviú*.

3.2.2. Palabras con triptongo

3.2.2.1. **Triptongos ortográficos.** Tres vocales contiguas que forman parte de una misma sílaba constituyen un triptongo. A efectos de acentuación gráfica, se considera un triptongo cualquier grupo de tres vocales formado por una vocal abierta situada entre dos vocales cerradas, siempre que ninguna de las vocales cerradas sea tónica: *confiáis, amortiguáis, buey, despreciéis, vieira.*

3.2.2.2. Acentuación de palabras con triptongo. Las palabras con triptongo siguen las reglas generales de acentuación (→ 3.1). Así, *continuéis* y *despreciáis* llevan tilde por ser agudas terminadas en *-s,* mientras que *Uruguay,* que también es aguda, no se tilda por terminar en consonante distinta de *-n* o *-s; vieira* no lleva tilde por ser llana terminada en vocal.

3.2.2.3. Colocación de la tilde en los triptongos. La tilde se coloca siempre sobre la vocal abierta: *consensuéis, habituáis.*

3.2.3. Palabras con hiato

3.2.3.1. Hiatos ortográficos. Dos vocales contiguas que pertenecen a sílabas distintas constituyen un hiato. A efectos de acentuación gráfica, se consideran hiatos las combinaciones vocálicas siguientes:

a) Dos vocales iguales: *afrikáans, albahaca, poseer, dehesa, chiita, microondas.*
b) Dos vocales abiertas: *anchoa, ahogo, teatro, aéreo, eólico, héroe.*
c) Vocal cerrada tónica + vocal abierta átona o, en orden inverso, vocal abierta átona + vocal cerrada tónica: *alegría, acentúa, insinúe, enfríe, río, búho, raíz, baúl, transeúnte, reír, oír.*

3.2.3.2. Acentuación de las palabras con hiato

a) Las palabras con hiato formado por dos vocales iguales, o por dos vocales abiertas distintas, siguen las reglas generales de acentuación (→ 3.1). Así, *Jaén* y *traerán* llevan tilde por ser agudas terminadas en *-n; poeta* y *chiita* no la llevan por ser llanas terminadas en vocal; *línea* y *caótico* se tildan por ser esdrújulas.
b) Las palabras con hiato formado por una vocal cerrada tónica y una vocal abierta átona, o por una vocal abierta átona y una cerrada tónica, siempre llevan tilde sobre la vocal cerrada, con independencia de que lo exijan o no las reglas generales de acentuación: *María, puntúa, insinúe, dúo, tío, ríe, laúd, caída, raíz, feúcho, cafeína, oír.*

La presencia de una hache intercalada no es un inconveniente para tildar la vocal tónica del hiato si fuese preciso: *búho, ahínco, prohíbe, turbohélice.*

3.3. Tilde diacrítica

La tilde diacrítica es el acento gráfico que permite distinguir palabras con idéntica forma, pero que pertenecen a categorías gramaticales diferentes. En general, llevan tilde diacrítica las formas tónicas (las que se pronuncian con acento prosódico o de intensidad) y no la llevan las formas átonas (las que carecen de acento prosódico o de intensidad dentro de la cadena hablada).

3.3.1. Tilde diacrítica en monosílabos

TILDE DIACRÍTICA EN MONOSÍLABOS *			
de	preposición: *Quiero tarta* DE *manzana.* sustantivo ('letra'): *Ha escrito una* DE *torcida.*	***dé***	forma del verbo *dar:* DÉ *las gracias al portero.*
el	artículo: EL *árbol se ha secado.*	***él***	pronombre personal: *Lo ha hecho* ÉL.
mas	conjunción adversativa: *Intentó ir,* MAS *no pudo ser.*	***más***	adverbio, adjetivo o pronombre: *Ella es* MÁS *inteligente.* *No me des* MÁS *preocupaciones.* *No quiero* MÁS. conjunción con valor de suma o adición: *Dos* MÁS *dos son cuatro.* sustantivo ('signo matemático'): *En esta suma falta el* MÁS.

mi	adjetivo posesivo: *Esta es* MI *casa.* sustantivo ('nota musical'): *El compás empieza con un* MI.	*mí*	pronombre personal: *A* MÍ *no me eches la culpa.*
se	pronombre, con distintos valores: *¿*SE *lo has dicho?* *Ya* SE *viste él solo.* SE *saludaron en la escalera.* *No* SE *arrepiente de nada.* *El barco* SE *hundió en pocos minutos.* indicador de impersonalidad: *Aquí* SE *come muy bien.* indicador de pasiva refleja: SE *compran muebles antiguos.*	*sé*	forma del verbo *ser* o *saber:* SÉ *cariñoso con ella.* *Yo* SÉ *su teléfono.*
si	conjunción, con distintos valores: SI *lo sabes, cállate.* *Pregunta* SI *es allí.* SI *será inocente...* *¡*SI *he aprobado!* sustantivo ('nota musical'): *Afinó la cuerda en* SI.	*sí*	adverbio de afirmación: SÍ, *quiero.* pronombre personal reflexivo: *Lo atrajo hacia* SÍ. sustantivo ('aprobación o asentimiento'): *Solo admito un* SÍ *como respuesta.*
te	pronombre personal: *¿*TE *ha visto el médico?* sustantivo ('letra'): *A la* TE *le falta la raya.*	*té*	sustantivo ('planta' e 'infusión'): *Allí cultivan el* TÉ. *Tomaré un* TÉ.
tu	posesivo: *Es* TU *hijo.*	*tú*	pronombre personal: *Habéis ganado Ana y* TÚ.

* Se tratan fuera de este cuadro otras parejas de monosílabos afectadas por la tilde diacrítica, como *qué/que, cuál/cual, cuán/cuan, quién/quien,* porque forman serie con palabras polisílabas (→ 3.3.2). También se trata aparte el caso de *aún/aun,* puesto que esta palabra puede articularse como bisílaba o como monosílaba → 3.3.5) y el caso de la conjunción *o* (→ 3.3.6).

3.3.2. Interrogativos y exclamativos

Cuando las palabras *adónde, cómo, cuál, cuán, cuándo, cuánto, dónde, qué* y *quién* tienen valor interrogativo o exclamativo, llevan tilde diacrítica. Introducen enunciados directamente interrogativos o exclamativos:

¿Adónde vamos?
¡Cómo te has puesto!
¡Qué suerte ha tenido!
¿De quién ha sido la idea?

También introducen oraciones interrogativas o exclamativas indirectas:

Pregúntales dónde está el mercado.
Verá usted qué frío hace fuera.

Estas palabras se escriben sin tilde cuando funcionan como relativos o como conjunciones:

El lugar adonde vamos te gustará.
Puede participar quien lo desee.
Creo que no sabe lo que quiere.

3.3.3. Demostrativos

Los demostrativos *este, ese* y *aquel,* sus femeninos y sus plurales, pueden ser pronombres:

Eligió este.
Ese ganará.
Quiero dos de aquellas.

O pueden ser también adjetivos:

Esas actitudes nos preocupan.
El jarrón este siempre está estorbando.

En cualquiera de los dos casos, los demostrativos no deben llevar tilde según las reglas de la acentuación: todos salvo *aquel,* que es aguda terminada en *-l,* son palabras llanas terminadas en vocal o en *-s.* Solamente cuando en una oración exista riesgo de ambigüedad porque el demostrativo pueda interpretarse como pronombre o adjetivo, el demostrativo llevará obligatoriamente tilde en su uso pronominal:

¿Por qué compraron aquéllos libros usados? (*aquéllos* es el sujeto de la oración).
¿Por qué compraron aquellos libros usados? (el sujeto de esta oración no está expreso, y *aquellos* acompaña al sustantivo *libros*).

Las formas neutras de los demostrativos, es decir, las palabras *esto, eso* y *aquello,* se escriben sin tilde porque son siempre pronombres:

Eso no es cierto.
No entiendo esto.

3.3.4. *sólo/solo*

La palabra *solo* puede ser un adjetivo:

No me gusta el café solo.
Vive él solo en esa gran mansión.

Y también puede ser un adverbio:

Solo nos llovió dos días.
Contesta solo sí o no.

Se trata de una palabra llana terminada en vocal, por lo que no debe llevar tilde. Ahora bien, cuando esta palabra pueda interpretarse en un mismo enunciado como adverbio o como adjetivo, se utilizará obligatoriamente la tilde en el uso adverbial para evitar ambigüedades:

Estaré solo un mes (*solo* se interpreta como adjetivo: 'en soledad, sin compañía').
Estaré sólo un mes (*sólo* se interpreta como adverbio: 'solamente, únicamente').

3.3.5. *aún/aun*

a) Lleva tilde cuando puede sustituirse por *todavía* (tanto con significado temporal como con valor ponderativo o intensivo) sin alterar el sentido de la frase:

Aún espera que vuelva.
Ha ganado el segundo premio y aún se queja.
Ahora que he vuelto a ver la película, me parece aún más genial.

b) Se escribe sin tilde cuando se utiliza con el mismo significado de *hasta, también, incluso* (o *siquiera*, con la negación *ni*):

Aprobaron todos, aun los que no estudian nunca.
Puedes quejarte y aun negarte a venir, pero al final iremos.
Ni aun de lejos se parece a su hermano.

Cuando la palabra *aun* tiene sentido concesivo, tanto en la locución conjuntiva *aun cuando,* como si va seguida de un adverbio o de un gerundio, se escribe también sin tilde:

Aun cuando no lo pidas (= aunque no lo pidas), *te lo darán.*
Me esmeraré, pero aun así (= aunque sea así), *él no quedará satisfecho.*
Aun conociendo (= aunque conoce) *sus limitaciones, decidió intentarlo.*

3.3.6. Tilde en la conjunción *o*

Por razones de claridad, ha sido hasta ahora tradición ortográfica escribir la *o* con tilde cuando iba colocada entre números, para distinguirla del cero: *3 ó 4, 10 ó 12*. La escritura mecanográfica hace cada vez menos necesaria esta norma, pues la letra *o* y el cero son tipográficamente muy diferentes. No obstante, se recomienda seguir tildando la *o* en estos casos para evitar toda posible confusión.

La *o* no debe tildarse si va entre un número y una palabra y, naturalmente, tampoco cuando va entre dos palabras:

Había 2 o *más policías en la puerta.*
¿Quieres té o *café?*

3.4. Acentuación de palabras y expresiones compuestas

3.4.1. Palabras compuestas sin guion

Las palabras compuestas escritas sin guion se pronuncian con un único acento prosódico que recae sobre la sílaba tónica del segundo formante. Siguen las reglas de acentuación como las palabras simples, con independencia de cómo se acentúen gráficamente sus formantes por separado: *dieciSÉIS* (*diez + y + seis*) se escribe con tilde por ser palabra aguda terminada en *-s; balonCESto* (*balón + cesto*) no lleva tilde por ser palabra llana terminada en vocal; y *vendeHÚmos* (*vende + humos*) sí la lleva para marcar el hiato de vocal abierta átona y cerrada tónica.

3.4.2. Adverbios en *-mente*

Los adverbios terminados en *-mente* se pronuncian con dos sílabas tónicas: la que corresponde al adjetivo del que derivan y la del elemento compositivo *-mente: LENtaMENte*. Estas palabras conservan la tilde, si la había, del adjetivo del que derivan: *fácilmente* (de *fácil*), *rápidamente* (de *rápido*); pero *cordialmente* (de *cordial*), *bruscamente* (de *brusco*).

3.4.3. Formas verbales seguidas de pronombres átonos

Los pronombres personales átonos *me, te, lo(s), la(s), le(s), se, nos, os* que siguen a formas verbales se pronuncian y se escriben formando una sola palabra con la forma verbal: *espéranos, dámelo, caerse*. Estas palabras constituidas por una forma verbal seguida de un pronombre átono siguen las reglas de la acentuación: *estaos, deme, ayudadnos* se escriben sin tilde por ser llanas terminadas en vocal o en *-s*, mientras que *mírate* y *escúchala* llevan tilde por ser esdrújulas, y *oídme* y *salíos*, por contener un hiato de vocal cerrada tónica y vocal abierta átona.

Las formas del imperativo de segunda persona del singular propias del voseo siguen, igualmente, las reglas de acentuación, tanto sin pronombre como con pronombre átono: sin pronombre llevan tilde por ser palabras agudas terminadas en vocal: *pensá, comé, decí;* cuando van seguidas de un solo pronombre, pierden la tilde al convertirse en llanas terminadas en vocal o en *-s* (*decime, andate, avisanos*) y, si van seguidas de más de un pronombre, llevan tilde por ser esdrújulas: *decímelo, ponételo*.

3.4.4. Palabras compuestas con guion

Las palabras unidas entre sí mediante un guion conservan la acentuación gráfica que corresponde a cada uno de los términos por separado: *Martínez-Carnero, hispano-árabe, técnico-administrativo*.

3.5. Acentuación de voces y expresiones latinas

Las voces y expresiones latinas utilizadas corrientemente en español se someten a las reglas de acentuación: *tedeum* (sin tilde, por ser palabra aguda terminada en *-m*); *álter ego* (con tilde *álter* por ser palabra llana terminada en *-r*).

Sin embargo, las palabras latinas usadas en el nombre científico de las categorías taxonómicas de animales y plantas (especie, género, familia, etc.) se escriben siempre sin tilde, por tratarse de nomenclaturas de uso internacional:

El nombre científico de la encina es Quercus ilex.

3.6. Acentuación de palabras extranjeras

3.6.1. Palabras extranjeras no adaptadas

Los extranjerismos que conservan su grafía original y no han sido adaptados (razón por la cual deben escribirse en cursiva o entre comillas), así como los nombres propios originarios de otras lenguas (que se escriben en redonda), no se someten a las reglas de acentuación del español: *parking, matinée, Washington, Aribau, Düsseldorf.*

3.6.2. Palabras extranjeras adaptadas

Las palabras de origen extranjero adaptadas completamente a la pronunciación y escritura del español, incluidos los nombres propios, deben someterse a las reglas de acentuación de nuestro idioma: *interviú,* del inglés *interview; minué,* del francés *menuet; Icíar,* del vasco *Itziar.*

3.7. Acentuación de letras mayúsculas

Las letras mayúsculas, tanto si se trata de iniciales como si forman parte de palabras escritas enteramente en mayúsculas, deben llevar tilde si así les corresponde según las reglas de acentuación (→ 2): *Álvaro; ATENCIÓN.* No se acentúan, sin embargo, las mayúsculas que forman parte de las siglas o acrónimos: *OCDE, DNI.*

3.8. Acentuación de abreviaciones

Las abreviaturas se escriben con tilde si incluyen la vocal tónica que lleva tilde en la palabra que representan (→ 5.1.1.2): *núm.* por *número, C.ía* por *compañía.*

Los símbolos, sin embargo, nunca se escriben con tilde (→ 5.2.1.2): *ha* (por *hectárea*), Ex (por *Éxodo*).

Las siglas y acrónimos solo llevan tilde cuando no están escritos con todas sus letras en mayúscula (→ 5.3.1.2 y 5.4): *láser.*

4. Puntuación

4.1. Punto

El uso fundamental del punto (.) es señalar gráficamente la pausa que marca el final de un enunciado —que no sea interrogativo o exclamativo—, de un párrafo o de un texto. La palabra que sigue al punto se escribe siempre con inicial mayúscula.

El punto recibe distintos nombres, según marque el final de un enunciado, de un párrafo o de un texto:

a) Si se escribe al final de un enunciado y a continuación, en el mismo renglón, se inicia otro, se denomina **punto y seguido.**

b) Si se escribe al final de un párrafo y el enunciado siguiente inicia un párrafo nuevo, se denomina **punto y aparte.**

c) Si se escribe al final de un escrito o de una división importante del texto, se denomina **punto final.**

Por otra parte, también se escribe punto detrás de las abreviaturas (salvo tras las formadas con barra o con paréntesis): *Sra., Excmo., Ud.* (→ 5.1.1.1). Si la abreviatura incluye alguna letra volada, el punto se coloca delante de esta: *D.ª, 1.º.*

Actualmente las siglas no llevan puntos entre las letras que las componen: *ONU, APA* (→ 5.3.1.1).

4.1.1. Usos incorrectos

4.1.1.1. Nunca se escribe punto tras los títulos y subtítulos de libros, artículos, capítulos, textos, etc., cuando aparecen aislados y son el único texto del renglón:

Cien años de soledad

Tampoco llevan punto al final los nombres de autor que aparecen solos en un renglón en portadas o firmas de cartas.

4.1.1.2. A diferencia de las abreviaturas, los símbolos no llevan punto (→ 5.2.1.1): *4 cm* ('cuatro centímetros'), *100 g* ('cien gramos').

4.1.1.3. No se debe usar punto en los números escritos con cifras para separar millares, millones, etc. Para facilitar la lectura de estos números cuando constan de más de cuatro cifras, se recomienda separar estas mediante espacios por grupos de tres, contando de derecha a izquierda: *52 345, 6 462 749.*

4.1.2. Usos no lingüísticos

4.1.2.1. Se utiliza un punto para separar las horas de los minutos cuando se expresa numéricamente la hora: *8.30 h, 12.00 h.* Para ello se usan también los dos puntos (→ 4.4.3).

4.1.2.2. En los números escritos con cifras, la normativa internacional admite el uso del punto para separar la parte entera de la decimal, aunque es preferible emplear la coma (→ 4.2.3): *3.1416* o bien *3,1416.*

4.2. Coma

El signo coma (,) indica normalmente la existencia de una pausa breve dentro de un enunciado.

4.2.1. Usos lingüísticos

4.2.1.1. La coma se utiliza para delimitar incisos explicativos o comentarios. Deben utilizarse dos comas, una delante del comienzo del inciso y otra al final:

Charo, la vecina del tercero, subió a ayudarnos.
Sus hermanos, al tanto de todo, guardaron silencio.
Juan, que había pasado la noche en vela, se quedó dormido.

4.2.1.2. La coma separa los elementos de una enumeración. Cuando la enumeración es exhaustiva, el último elemento va introducido por una conjunción (*y, e, o, u, ni*), delante de la cual no debe escribirse coma:

Llegué, vi, vencí.
Es un chico muy reservado, estudioso y de buena familia.
No le gustan las manzanas, las peras ni los plátanos.
¿Quieres té, café o manzanilla?

4.2.1.3. Se aíslan entre comas los sustantivos que funcionan como vocativos, esto es, que sirven para llamar o nombrar al interlocutor:

Javier, no quiero que salgas tan tarde.
Has de saber, muchacho, que tu padre era un gran amigo mío.

4.2.1.4. Se escribe coma para separar el sujeto de los complementos verbales cuando el verbo está elidido por haber sido mencionado con anterioridad o estar sobrentendido:

Su hijo mayor es rubio; el pequeño, moreno.
Los que no tengan invitación, por aquella puerta.

4.2.1.5. Se escribe coma delante de las conjunciones o locuciones conjuntivas que unen las oraciones incluidas en una oración compuesta, en los casos siguientes:

a) Ante oraciones coordinadas adversativas introducidas por *pero, mas, aunque, sino (que):*

Hazlo si quieres, pero luego no digas que no te lo advertí.

b) Ante oraciones consecutivas introducidas por *conque, así que, de manera que,* etc.:

Prometiste acompañarla, así que ahora no te hagas el remolón.

c) Ante ciertas oraciones causales:

Ha llovido, porque está el suelo mojado.

4.2.1.6. Cuando se invierte el orden regular de las partes de un enunciado, anteponiendo al verbo elementos que suelen ir pospuestos —complementos del predicado o, en oraciones compuestas, las subordinadas adverbiales—, se escribe coma detrás del bloque anticipado:

Con un poco de paciencia, lograrás arreglarlo.
Si vas allí en otoño, no te olvides el paraguas.

4.2.1.7. Se escribe coma detrás de determinados enlaces como *esto es, es decir, a saber, pues bien, ahora bien, en primer lugar, por un/otro lado, por una/otra parte, en fin, por último, además, con todo, en tal caso, sin embargo, no obstante, por el contrario, en cambio* y otros similares, así como detrás de muchos adverbios o locuciones adverbiales que modifican a toda la oración y no solo a uno de sus elementos, como *efectivamente, generalmente, naturalmente, por regla general,* etc.:

Por lo tanto, los que no tengan invitación no podrán entrar al recinto; no obstante, podrán seguir el acto a través de pantallas instaladas en el exterior.
Naturalmente, los invitados deben vestir de etiqueta.

Si estas expresiones van en medio de la oración, se escriben entre comas:

Estas palabras son sinónimas, es decir, significan lo mismo; los antónimos, en cambio, tienen significados opuestos.

4.2.1.8. En la datación de cartas y documentos, se escribe coma entre el lugar y la fecha: *Santiago, 8 de enero de 2005;* o entre el día de la semana y el del mes: *Lunes, 23 de enero de 2002.*

4.2.1.9. En las direcciones, en España se escribe coma entre la calle y el número del portal: *Calle del Sol, 34; Avenida de la Constitución, n.º 2.*

4.2.2. Usos incorrectos

4.2.2.1. Es incorrecto escribir coma entre el sujeto y el verbo de una oración, incluso cuando el sujeto es largo o está compuesto de varios elementos separados por comas; así, no está bien puntuado el ejemplo siguiente:

Mis padres, mis tíos, mis abuelos, me felicitaron ayer.

Sí se escribe coma cuando el sujeto es una enumeración que se cierra con *etcétera* (o su abreviatura *etc.*) o cuando tras el sujeto se abre un inciso entre comas:

El novio, los parientes, los invitados, etc., esperaban ya la llegada de la novia.
Mi hermano, como tú sabes, es un magnífico deportista.

4.2.2.2. No debe escribirse coma delante de la conjunción *que* cuando esta tiene sentido consecutivo y va precedida, inmediatamente o no, de *tan(to)* o *tal:*

Tiene tanta fuerza de voluntad que logra siempre todo lo que se propone.

4.2.2.3. No se escribe coma detrás de *pero* cuando precede a una oración interrogativa o exclamativa:

Pero ¿dónde vas a estas horas?
Pero ¡qué barbaridad!

4.2.2.4. El uso de la coma tras las fórmulas de saludo en cartas y documentos es un anglicismo ortográfico que debe evitarse; en español se emplean los dos puntos (→ 4.4.1.3):

Querida amiga:
Te escribo esta carta para comunicarte...

4.2.3. Usos no lingüísticos

En las expresiones numéricas escritas con cifras, la normativa internacional establece el uso de la coma, escrita siempre en la parte inferior, para separar la parte entera de la parte decimal: π = *3,1416*. También se acepta el uso anglosajón del punto (→ 4.1.2.2): π = *3.1416*.

4.3. Punto y coma

El signo punto y coma (;) indica una pausa mayor que la marcada por la coma y menor que la señalada por el punto. La primera palabra que sigue al punto y coma se escribe con minúscula.

4.3.1. Usos lingüísticos

4.3.1.1. Para separar los elementos de una enumeración cuando se trata de expresiones complejas que incluyen comas:

Cada grupo irá por un lado diferente: el primero, por la izquierda; el segundo, por la derecha; el tercero, de frente.

4.3.1.2. Para separar oraciones sintácticamente independientes entre las que existe una estrecha relación semántica:

Todo el mundo a casa; ya no hay nada más que hacer.

4.3.1.3. Se escribe punto y coma delante de conectores de sentido adversativo, concesivo o consecutivo, como *pero, mas, aunque, sin embargo, por tanto, por consiguiente,* etc., cuando las oraciones que encabezan tienen cierta longitud:

Los jugadores se entrenaron intensamente durante todo el mes; sin embargo, los resultados no fueron los que el entrenador esperaba.

Si el período encabezado por la conjunción es corto, se usa la coma; y si tiene una extensión considerable, es mejor utilizar el punto y seguido:

Vendrá, pero tarde.
Este año han sido muy escasos los días en que ha llovido desde que se sembraron los campos. Por consiguiente, no se esperan buenas cosechas en la recolección.

4.4. Dos puntos

El signo dos puntos (:) representa una pausa mayor que la de la coma y menor que la del punto. Los dos puntos detienen el discurso para llamar la atención sobre lo que sigue.

4.4.1. Usos lingüísticos

4.4.1.1. Preceden a una enumeración de carácter explicativo:

Ayer me compré dos libros: uno de Carlos Fuentes y otro de Cortázar.

4.4.1.2. Preceden a la reproducción de citas o palabras textuales, que deben escribirse entre comillas e iniciarse con mayúscula:

Ya lo dijo Ortega y Gasset: «La claridad es la cortesía del filósofo».

4.4.1.3. Se emplean tras las fórmulas de saludo en el encabezamiento de cartas y documentos. En este caso, la palabra que sigue a los dos puntos se escribe con inicial mayúscula y en renglón aparte:

Estimado Tomás:
Cuando recibas esta carta...

4.4.1.4. Sirven para separar una ejemplificación del resto de la oración:

De vez en cuando tiene algunos comportamientos inexplicables: hoy ha venido a la oficina en zapatillas.

4.4.1.5. Se usan también para conectar oraciones relacionadas entre sí sin necesidad de emplear otro nexo. Son varias las relaciones que pueden expresar:

a) Causa-efecto:

Se ha quedado sin trabajo: no podrá ir de vacaciones este verano.

b) Conclusión, consecuencia o resumen de la oración anterior:

El arbitraje fue injusto y se cometieron demasiados errores: al final se perdió el partido.

En este caso se usa también el punto y coma (→ 4.3.1.2).

c) Verificación o explicación de la oración anterior, que suele tener un sentido más general:

La paella es un plato muy completo y nutritivo: tiene la fécula del arroz, las proteínas de sus carnes y pescados, y la fibra de sus verduras.

En este caso se usa también el punto y coma (→ 4.3.1.2).

4.4.2. Uso incorrecto

Es incorrecto escribir dos puntos entre una preposición y el sustantivo o sustantivos que esta introduce; así, no están bien puntuados los ejemplos siguientes:

En la reunión había representantes de: Bélgica, Holanda y Luxemburgo.
La obra estuvo coordinada por: Antonio Sánchez y Pedro Ortiz.

4.4.3. Uso no lingüístico

Se emplean dos puntos para separar las horas de los minutos en la expresión de la hora: *15:30 h*. Con este valor se usa también el punto (→ 4.1.2.1).

4.5. Puntos suspensivos

El signo puntos suspensivos (...) está formado por tres puntos consecutivos —y solo tres—. Se llama así porque entre sus usos principales está el de dejar en suspenso el discurso.

4.5.1. Usos lingüísticos

4.5.1.1. Para indicar la existencia en el discurso de una pausa transitoria que expresa duda, temor, vacilación o suspense:

Quería preguntarte... No sé..., bueno..., que si quieres ir conmigo a la fiesta.
Si yo te contara...

4.5.1.2. Para señalar la interrupción voluntaria de un discurso cuyo final se da por conocido o sobrentendido por el interlocutor:

A pesar de que prepararon cuidadosamente la expedición, llevaron materiales de primera y guías muy experimentados... Bueno, ya sabéis cómo acabó la cosa.
Más vale pájaro en mano..., así que dámelo ahora mismo.

4.5.1.3. Para insinuar, evitando su reproducción, expresiones o palabras malsonantes o inconvenientes:

Vete a la m... No te aguanto más.

4.5.1.4. Con intención enfática o expresiva:

Ser... o no ser... Esa es la cuestión.

4.5.1.5. Al final de enumeraciones abiertas o incompletas, con el mismo valor que la palabra *etcétera* o su abreviatura:

Puedes hacer lo que quieras: leer, ver la televisión, oír música...

Debe evitarse, por redundante, la aparición conjunta de ambos elementos.

4.5.1.6. Entre corchetes [...] o entre paréntesis (...), los puntos suspensivos indican la supresión de una palabra o un fragmento en una cita textual:

«Fui don Quijote de la Mancha y soy agora [...] *Alonso Quijano el Bueno»* (M. de Cervantes: *Quijote* II).

4.6. Signos de interrogación y exclamación

Los signos de interrogación (¿?) y de exclamación (¡!) sirven para representar en la escritura, respectivamente, la entonación interrogativa o exclamativa de un enunciado.

4.6.1. Indicaciones sobre su uso correcto

4.6.1.1. Son signos dobles, pues existe un signo de apertura y otro de cierre, que deben colocarse de forma obligatoria al comienzo y al final del enunciado correspondiente. Es incorrecto suprimir los signos de apertura (¿ ¡):

¡Qué alegría verte! ¿Cuánto hace que no venías?

4.6.1.2. Tras los signos de cierre puede colocarse cualquier signo de puntuación, salvo el punto. Cuando la interrogación o la exclamación terminan un enunciado, la oración siguiente ha de comenzar con mayúscula:

No he conseguido el trabajo. ¡Qué le vamos a hacer! Otra vez será.

4.6.1.3. Los signos de apertura (¿ ¡) se han de colocar justo donde empieza la pregunta o la exclamación, aunque no se corresponda con el inicio del enunciado; en ese caso, la interrogación o la exclamación se inician con minúscula:

Por lo demás, ¿qué aspecto tenía tu hermano?
Si encuentras trabajo, ¡qué celebración vamos a hacer!

4.6.1.4. Los vocativos, cuando ocupan el primer lugar del enunciado, se escriben fuera de la pregunta o de la exclamación; pero si van al final, se consideran incluidos en ellas:

Raquel, ¿sabes ya cuándo vendrás? / ¿Sabes ya cuándo vendrás, Raquel?

4.7. Paréntesis

Los paréntesis constituyen un signo ortográfico doble ( ) que se usa para insertar en un enunciado una información complementaria o aclaratoria.

4.7.1. Usos lingüísticos

4.7.1.1. Cuando se interrumpe el enunciado con un inciso aclaratorio o accesorio:

Las asambleas (la última duró casi cuatro horas sin ningún descanso) se celebran en el salón de actos.

Aunque también las comas y las rayas se utilizan para enmarcar incisos (→ 4.2.1.1 y 4.9.1.1), el uso de los paréntesis implica menor relación con el enunciado en que se inserta.

4.7.1.2. Para intercalar algún dato o precisión, como fechas, lugares, el desarrollo de una sigla, el nombre de un autor o de una obra citados, etc.:

Toda su familia nació en Guadalajara (México).
Representa a la ONU (Organización de las Naciones Unidas).
«Más obran quintaesencias que fárragos» (Gracián).

4.7.1.3. Para introducir opciones en un texto. En estos casos se encierra entre paréntesis el elemento que constituye la alternativa, sea este una palabra completa, sea uno de sus segmentos:

En el documento se indicará(n) el (los) día(s) solicitado(s).

En este uso, el paréntesis puede alternar con la barra (→ 4.11.3.2).

4.7.1.4. En la reproducción de citas textuales, se usan tres puntos entre paréntesis para indicar que se omite un fragmento del original:

«Pensé que él no pudo ver mi sonrisa (...) por lo negra que estaba la noche» (J. Rulfo: *Pedro Páramo*).

En estos casos es más frecuente y recomendable el uso de los corchetes (→ 4.8.1.4).

4.7.1.5. Para encerrar, en las obras teatrales, las acotaciones del autor o los apartes de los personajes:

BERNARDA. (Golpeando con el bastón en el suelo). *¡No os hagáis ilusiones de que vais a poder conmigo!*

4.8. Corchetes

Los corchetes constituyen un signo ortográfico doble [ ] que se utiliza de forma parecida a los paréntesis que incorporan información complementaria o aclaratoria.

4.8.1. Usos lingüísticos

4.8.1.1. Cuando dentro de un enunciado que va entre paréntesis es preciso introducir alguna precisión o nota aclaratoria:

Una de las últimas novelas que publicó Galdós (algunos estudiosos consideran su obra Fortunata y Jacinta *[1886-87] la mejor novela española del siglo XIX) fue* El caballero encantado *(1909).*

4.8.1.2. En libros de poesía, se coloca un corchete de apertura delante de las últimas palabras de un verso cuando no se ha transcrito en una sola línea y se termina, alineado a la derecha, en el renglón siguiente:

«Y los ritmos indóciles vinieron acercándose,
juntándose en las sombras, huyéndose y
[buscándose»
(J. A. Silva: *Obra poética*).

4.8.1.3. En la transcripción de un texto, se emplean para marcar cualquier interpolación o modificación en el texto original, como aclaraciones, adiciones, enmiendas o el desarrollo de abreviaturas:

Hay otros [templos] de esta misma época de los que no se conserva prácticamente nada.
Subió la cue[s]ta con dificultad. [En el original, cuenta*].*
Acabose de imprimir el A[nno] D[omini] de 1537.

4.8.1.4. Se usan tres puntos entre corchetes para indicar, en la transcripción de un texto, que se ha omitido un fragmento del original:

«*Pensé que él no pudo ver mi sonrisa* [...] *por lo negra que estaba la noche*» (J. Rulfo: *Pedro Páramo*).

También se usan los paréntesis con este valor (→ 4.7.1.4).

4.9. Raya

La raya es un signo de puntuación representado por un trazo horizontal (—) de mayor longitud que el correspondiente al guion (-), con el cual no debe confundirse. Dependiendo de los usos concretos, puede utilizarse bien aisladamente bien como un signo doble para encerrar partes del enunciado.

4.9.1. Usos lingüísticos

4.9.1.1. Para encerrar aclaraciones o incisos se usan dos rayas, una de apertura y otra de cierre:

Para él la fidelidad —cualidad que valoraba por encima de cualquier otra— era algo sagrado.
Lo más importante para él es su perro —un caniche feo y antipático—.

Con este fin pueden utilizarse también las comas o los paréntesis (→ 4.2.1.1 y 4.7.1.1).

4.9.1.2. En la reproducción escrita de un diálogo, la raya precede a la intervención de cada uno de los interlocutores, sin que se mencione el nombre de estos:

—¿Cuándo volverás?
—No tengo ni idea.

4.9.1.3. En textos narrativos, la raya se utiliza también para introducir o enmarcar los comentarios del narrador a las intervenciones de los personajes. En este uso deben tenerse en cuenta las siguientes indicaciones:

a) No se escribe raya de cierre si tras el comentario del narrador no sigue hablando inmediatamente el personaje:

—Espero que todo salga bien —dijo Azucena con gesto ilusionado.
A la mañana siguiente, Azucena se levantó nerviosa.

b) Se escriben dos rayas, una de apertura y otra de cierre, cuando las palabras del narrador interrumpen la intervención del personaje y esta continúa inmediatamente después:

—Lo principal es sentirse viva —añadió Pilar—. Afortunada o desafortunada, pero viva.

4.9.1.4. Las rayas se usan también para enmarcar los comentarios del transcriptor de una cita textual:

«*Es imprescindible —señaló el ministro— que se refuercen los sistemas de control sanitario en las fronteras*».

4.10. Comillas

Signo ortográfico doble del cual se usan diferentes tipos en español: las comillas angulares (« »), las inglesas (“ ”) y las simples (‘ ’).

4.10.1. Usos lingüísticos

4.10.1.1. Para enmarcar la reproducción de citas textuales.

Sus palabras fueron: «*Por favor, el pasaporte*».

4.10.1.2. Para indicar que una palabra o expresión es impropia, vulgar, procede de otra lengua o se utiliza irónicamente o con un sentido especial:

Dijo que la comida llevaba muchas «*especies*».
En el salón han puesto una «*boisserie*» *que les ha costado un dineral.*

En textos impresos en letra redonda es más frecuente y recomendable reproducir los extranjerismos sin adaptar en letra cursiva.

4.10.1.3. Cuando en un texto manuscrito se comenta un término desde el punto de vista lingüístico, este se escribe entrecomillado: *La palabra «cándido» es esdrújula.* En textos impresos en letra redonda es preferible utilizar en este caso la cursiva.

4.10.1.4. En obras de carácter lingüístico, las comillas simples se utilizan para enmarcar los significados:

La voz apicultura *está formada a partir de los términos latinos* apis *'abeja' y* cultura *'cultivo, crianza'.*

4.10.1.5. Se usan las comillas para citar el título de un artículo, un poema, un capítulo de un libro o, en general, cualquier parte dependiente dentro de una publicación; los títulos de los libros, por el contrario, se escriben en cursiva:

Su artículo «Repensar la ortografía» está publicado en la revista Arbor.

4.11. Uso de signos auxiliares

4.11.1. Guion

Este signo ortográfico auxiliar (-) no debe confundirse con la raya (—), que tiene una mayor longitud. El guion se usa tanto para unir palabras u otros signos, como para dividir palabras a final de línea cuando es necesario por razones de espacio.

4.11.1.1. Como signo de unión entre palabras u otros signos

Se utiliza, bien para unir, en determinados casos, los dos elementos que integran una palabra compuesta (*franco-alemán, histórico-crítico, bomba-trampa*), bien para expresar distintos tipos de relaciones entre palabras simples (*relación calidad-precio, dirección Norte-Sur, ferrocarril Madrid-Málaga*), caso en que funciona con valor de enlace similar al de una preposición o una conjunción. En ambos casos, cada uno de los elementos unidos por el guion conserva la acentuación gráfica que le corresponde como palabra independiente.

Los prefijos se unen directamente a la palabra base sin necesidad de guion (*antinatural, prerrevolucionario*, etc.). Solo cuando el prefijo precede a una sigla o a una palabra que comienza por mayúscula, se escribe guion intermedio: *anti-OTAN, anti-Mussolini.*

El guion también puede unir números, sean arábigos o romanos, para designar el espacio comprendido entre uno y otro: *las páginas 23-45; durante los siglos* X-XII*; 1998-1999; curso académico 71-72; temporada 1992-93.*

4.11.1.2. Como signo de división de palabras a final de línea

Cuando, por motivos de espacio, se deba dividir una palabra al final de una línea, se utilizará el guion de acuerdo con las siguientes normas:

1. El guion no debe separar letras de una misma sílaba: *te- / léfono, telé- / fono* o *teléfo- / no.* Existe una excepción a esta regla, pues en la división de las palabras compuestas de otras dos, o en aquellas integradas por una palabra y un prefijo, se dan dos posibilidades:

a) Se pueden dividir coincidiendo con el silabeo de la palabra: *ma- / linterpretar, hispa- / noamericano, de- / samparo, rein- / tegrar.*

b) Se pueden dividir separando sus componentes: *mal- / interpretar, hispano- / americano, des- / amparo, re- / integrar.* Esta división solo es posible si los dos componentes del compuesto tienen existencia independiente, o si el prefijo sigue funcionando como tal en la lengua moderna.

2. Dos o más vocales seguidas nunca se separan al final de renglón, formen diptongo, triptongo o hiato: *cau- / sa,* y no *ca- / usa; come- / ríais,* y no *comerí- /ais.* La única excepción se da si las vocales forman parte de dos componentes de una palabra prefijada o compuesta: *re- / abierto.*

3. Cuando la primera sílaba de una palabra es una vocal, no se dejará esta letra sola al final del renglón, salvo que vaya precedida por una *h: amis- / tad,* y no *a- / mistad,* pero *he- / rederos.*

4. Para dividir con guion de final de línea las palabras que contienen una *h* intercalada, se actuará como si esta letra muda no existiese, aplicando las mismas reglas que para el resto de palabras; por lo tanto, no podrán romperse sílabas ni secuencias vocálicas, salvo que se trate de palabras compuestas o prefijadas que cumplan los requisitos expuestos anteriormente: *adhe- / rente* (no *ad- / herente*), *in- / humano, des- / hielo, co- / habitación* (→ regla 1b); *al- / cohol* (no *alco- / hol*), *prohí- / ben* (no *pro- / híben*), *vihue- / la* (no *vi- / huela*) (→ regla 2); *ahu- / mar, alha- / raca* (→ regla 3). Hay una única restricción: en las palabras con hache intercalada no podrá aplicarse ninguna regla general que dé como resultado la presencia, a comienzo de renglón, de combinaciones gráficas extrañas; son, pues, inadmisibles divisiones como *desi- / nhibición, de- / shumanizar, clo- / rhidrato, ma- / hleriano,* pues, aunque se atienen a la regla de dividir las palabras por alguna de sus sílabas, dejan a principio de línea los grupos consonánticos *nh, sh, rh, hl,* ajenos al español.

5. Cuando la *x* va seguida de vocal, es indisociable de esta en la escritura, de forma que el guion de final de línea debe colocarse delante de la *x: bo- / xeo.* Si va seguida de consonante, la *x* forma sílaba con la vocal precedente: *ex- / traño, ex- / ceso.*

6. En cuanto a la división a final de renglón de grupos de consonantes, debe tenerse en cuenta lo siguiente:

a) Los dígrafos *ch, ll* y *rr* no se dividen con guion de final de línea, ya que representan, cada uno de ellos, un solo sonido: *ca- / lle, pe- / rro, pena- / cho.*

b) Cuando en una palabra aparecen dos consonantes seguidas, iguales o diferentes, generalmente la primera pertenece a la sílaba anterior y la segunda a la sílaba siguiente: *con - ten - to, per - fec - ción.* Son excepción los grupos formados por una consonante seguida de *l* o *r,* como *bl, cl, fl, gl, kl, pl, br, cr, dr, fr, gr, kr, pr, tr,* pues siempre inician sílaba y no pueden separarse: *de- / clarar, redo- / blar, su- / primir.* No obstante, cuando las secuencias *br* y *bl* surgen por la adición de un prefijo a otra palabra, sí pueden separarse, puesto que cada consonante pertenece a una sílaba distinta: *sub- / rayar, sub- / lunar.*

c) El grupo *tl* podrá separarse o no con guion de final de línea según que las consonantes que lo componen se articulen en sílabas distintas (como ocurre en la mayor parte de la España peninsular) o dentro de la misma sílaba (en Hispanoamérica y Canarias y algunas áreas españolas peninsulares): *at- / leta, atle- / ta.*

d) Cuando hay tres consonantes seguidas dentro de una palabra, se reparten entre dos sílabas, teniendo en cuenta la inseparabilidad de los grupos señalados como excepción en el apartado b, que siempre inician sílaba y no pueden separarse, y los grupos formados por las consonantes *st, ls, ns, rs, ds, bs,* que siempre cierran sílaba y tampoco deben separarse: *ist- / mo, sols- / ticio, cons- / trucción, supers- / ticioso, ads- / cripción, abs- / tenerse.* Así pues, la tercera consonante que se haya sumado a estos grupos formará parte de la sílaba anterior, en el caso de los grupos detallados en el apartado b: *con- / glomerado, des- / plazar, con- / fraternizar;* o de la posterior, en el caso de los grupos detallados en este apartado: *cons- / tante, pers- / picaz.*

e) Cuando las consonantes consecutivas son cuatro, las dos primeras pertenecen a la primera sílaba y las otras dos, a la siguiente: *cons- / treñir, abs- / tracto.*

7. Es preferible no dividir a final de línea las palabras en otras lenguas, a no ser que se conozcan las reglas vigentes para ello en los idiomas respectivos.

8. Las abreviaturas y las siglas no se dividen a final de línea. Solo los acrónimos que se han incorporado al léxico general pueden dividirse: *lá- / ser, ov- / nis.*

9. Cuando coincide con el final de línea un guion de una palabra compuesta, debe repetirse este signo al comienzo de la línea siguiente, para evitar que quien lee considere que el compuesto se escribe sin guion: *teórico- / -práctico, crédito- / -vivienda.*

4.11.2. Diéresis

Este signo auxiliar está representado por dos puntos (¨) dispuestos horizontalmente sobre la vocal a la que afectan. En español tiene los usos siguientes:

4.11.2.1. Se coloca obligatoriamente sobre la *u* (minúscula o mayúscula) para indicar que esta vocal ha de pronunciarse en las combinaciones *gue* y *gui*: *vergüenza, pingüino, LINGÜÍSTICA.*

4.11.2.2. En textos poéticos, la diéresis puede colocarse sobre la primera vocal de un diptongo para indicar que las vocales que lo componen deben pronunciarse en sílabas distintas:

«¡Oh! ¡Cuán süave resonó en mi oído
el bullicio del mundo y su rüido!»
(J. de Espronceda: *El diablo mundo*).

4.11.3. Barra

La barra es una línea diagonal que se traza de arriba abajo y de derecha a izquierda (/). Se usa en los casos siguientes:

4.11.3.1. Sustituye a una preposición en expresiones como *120 km/h* (= kilómetros por hora), *Real Decreto Legislativo 1/1995 de 24 de marzo* (= primer decreto de 1995), *salario bruto 1800 euros/mes* (= euros al mes). En este uso se escribe sin separación alguna de los signos gráficos que une.

4.11.3.2. Colocada entre dos palabras, o entre una palabra y un morfema, indica la existencia de dos o más opciones posibles. En este caso tampoco se escribe entre espacios y puede sustituirse por paréntesis (→ 4.7.1.3): *El/los día/s pasado/s; Querido/a amigo/a.*

4.11.3.3. Forma parte de algunas abreviaturas (→ 5.1.1.1): *c/* (por *calle*), *c/c* (por *cuenta corriente*).

4.11.3.4. También se emplea para separar los versos en los textos poéticos que se reproducen en línea seguida. En este caso, la barra se escribe entre espacios: «*¡Si después de las alas de los pájaros, / no sobrevive el pájaro parado! / ¡Más valdría, en verdad, / que se lo coman todo y acabemos!*» (C. Vallejo: *Poemas humanos*).

5. Abreviaciones

5.1. Abreviaturas

Las abreviaturas son representaciones gráficas reducidas de una palabra o grupo de palabras, obtenidas por eliminación de algunas de las letras o sílabas de su escritura completa y que siempre se leen sustituyéndolas por la palabra que representan.

5.1.1. Escritura

5.1.1.1. Se escribe siempre punto detrás de las abreviaturas (*tel.* por *teléfono, avda.* por *avenida*) salvo en el caso de las abreviaturas con barra (*c/* por *calle, c/c* por *cuenta corriente*). En las abreviaturas que llevan letras voladas, el punto se escribe delante de estas: *n.º, 3.ᵉʳ*.

Si una abreviatura coincide con final de enunciado, el punto de la abreviatura sirve de punto de cierre de enunciado, de modo que solo se escribirá un punto y no dos. Los otros signos de puntuación sí deben escribirse tras el punto de la abreviatura; por lo tanto, si tras una abreviatura hay puntos suspensivos, se escriben cuatro puntos:

Algunas abreviaturas con tilde son pág., teléf., admón....

5.1.1.2. Las abreviaturas mantienen la tilde en caso de incluir la vocal que la lleva en la palabra desarrollada: *pág.* por *página, C.ía* por *compañía.*

5.1.1.3. Las abreviaturas tienen variación de número. Las que están formadas por una sola letra forman su plural duplicándola: *ss.* por *siguientes, EE. UU.* por *Estados Unidos.* Las que están formadas por más letras, añaden *-s* o *-es:* de *pág., págs.* (por *páginas*); de *dpto., dptos.* (por *departamentos*); de *admón., admones.* (por *administraciones*); de *n.º, n.ºs* (por *números*). Las abreviaturas de formas verbales no varían en plural: *v.* vale como abreviatura de *véase* y de *véanse.*

5.1.1.4. Algunas abreviaturas pueden tener variación de género: *Ldo., Lda.* por *licenciado, licenciada; Sr., Sra.* por *señor, señora.*

5.1.1.5. En general, las abreviaturas se escriben con mayúscula o minúscula según corresponda a la palabra o expresión abreviadas: *Bs. As.* por *Buenos Aires*; *etc.* por *etcétera.*

5.1.1.6. Cuando la abreviatura corresponde a una expresión compleja, se separan mediante un espacio las letras que representan cada una de las palabras que la integran: *b. l. m.* por *besa la mano, SS. MM.* por *sus majestades.*

5.2. Símbolos

Los símbolos son abreviaciones de carácter científico-técnico y están constituidos por letras o por signos no alfabetizables. En general, son fijados convencionalmente por instituciones de normalización y poseen validez internacional. Los símbolos más comunes son los referidos a unidades de medida (*m, kg, lx*), elementos químicos (*Ag, C, Fe*), puntos cardinales (*N, S, SE*), operaciones y conceptos matemáticos (+, √, %) y monedas (*$, £, ¥, €, FRF, ITL*). También se utilizan símbolos para denominar abreviadamente los libros de la Biblia: *Gn* (*Génesis*), *Lv* (*Levítico*).

Los símbolos, como las abreviaturas, se leen sustituyéndolos por la palabra que representan, salvo que estén integrados en una fórmula química o matemática, en que lo normal es el deletreo: CO_2 (se lee "ce-o-dos"), $2\pi r$ (se lee "dos-pi-erre").

5.2.1. Escritura

5.2.1.1. Se escriben siempre sin punto: *cm* por *centímetro, He* por *helio.*

5.2.1.2. No llevan nunca tilde, aunque mantengan la letra que la lleva en la palabra que representan: *a* (y no *á*) por *área* y *ha* (y no *há*) por *hectárea.*

5.2.1.3. No varían de forma en plural: *25 km* por *veinticinco kilómetros*, *2 C* por *dos carbonos*.

5.2.1.4. Los símbolos se escriben con mayúscula o minúscula dependiendo de la naturaleza del símbolo. Así, los de los puntos cardinales se escriben siempre con mayúsculas: *N, SE*. Los de los elementos químicos se escriben con una sola letra mayúscula: *C, O;* o, con inicial mayúscula si están constituidos por dos letras: *Ag, Fe*. Las unidades de medida se escriben normalmente con minúscula: *g, dm, ha,* salvo las que tienen su origen en nombres propios de persona: *N* por *newton* (de *Isaac Newton*), *W* por *vatio* (de *Jacobo Watt*); o las que incorporan algunos prefijos para formar múltiplos, como *M-* (*mega-*), *G-* (*giga-*). Los símbolos de las unidades monetarias, cuando están constituidos por letras, se escriben con todos sus componentes en mayúscula: *ARP*, símbolo del peso argentino; *ECS*, símbolo del sucre ecuatoriano.

5.2.1.5. Los símbolos que acompañan a una cifra se escriben normalmente pospuestos a esta y separados de ella por un blanco de separación: *18 $, 4 km, 125 m², 4 H*. Se exceptúan el símbolo del porcentaje y el de los grados, que se escriben pegados a la cifra a la que acompañan: *25%, 12º*. Los grados de temperatura tienen una ortografía diversa, según que aparezca o no especificada la escala en que se miden; así, se escribirá *12º*, pero *12 ºC* por *doce grados Celsius*. Para las monedas, el uso en España prefiere la escritura pospuesta y con blanco de separación: *3 £, 50 $;* en cambio, en América, por influjo anglosajón, los símbolos monetarios, cuando no son letras, suelen aparecer antepuestos y sin blanco de separación: *£3, $50*.

5.3. Siglas

Se llama sigla tanto a la palabra formada por las iniciales de los términos que integran una denominación compleja (exceptuando, generalmente, preposiciones y artículos), como a cada una de esas letras iniciales. Las siglas se utilizan para referirse de forma abreviada a organismos, empresas, objetos, sistemas, asociaciones, etc. Muchas siglas acaban incorporándose como sustantivos al léxico común.

A diferencia de las abreviaturas y los símbolos, las siglas se leen sin restablecer la expresión a la que reemplazan, siguiendo el procedimiento que requiera su forma.

a) Hay siglas que se leen tal y como se escriben, las cuales reciben también el nombre de acrónimos (→ 5.4): *ONU, OTAN, láser, ovni*.

b) Hay siglas cuya forma impronunciable obliga a leerlas con deletreo: *DDT* se lee "de-de-te".

c) Hay siglas que se leen combinando ambos métodos: *CD-ROM* se lee "ce-de-rom".

5.3.1. Escritura

5.3.1.1. Las siglas se escriben hoy sin puntos ni blancos de separación: *APA, ISBN*.

5.3.1.2. Las siglas presentan normalmente en mayúscula todas las letras que las componen (*OCDE, DNI, ISO*) y, en ese caso, no llevan nunca tilde. Las siglas que se pronuncian como se escriben, esto es, los acrónimos, se escriben solo con la inicial mayúscula si se trata de nombres propios y tienen más de cuatro letras: *Unicef, Unesco*; o con todas sus letras minúsculas, si se trata de nombres comunes: *uci, ovni, sida*. Los acrónimos escritos con minúsculas sí deben someterse a las reglas de acentuación gráfica en español: *láser*.

5.3.1.3. Si los dígrafos *ch* y *ll* forman parte de una sigla, va en mayúscula el primer carácter y en minúscula el segundo: *PCCh*, sigla de *Partido Comunista de China*.

5.3.1.4. Aunque en la lengua oral tienden a tomar marca de plural, las siglas son invariables en la escritura: *las ONG;* por ello, cuando se quiere aludir a varios referentes es recomendable introducir la sigla con determinantes que indiquen pluralidad:

Representantes de algunas/varias/numerosas ONG se reunieron en Madrid.

Debe evitarse el uso, copiado del inglés, consistente en formar el plural de las siglas añadiendo al final una *s* minúscula, precedida o no de apóstrofo; así, no debe escribirse *CD's, ONGs*.

5.3.1.5. Las siglas adoptan el género de la palabra que constituye el núcleo de la expresión abreviada: *el FMI*, por *el* «Fondo» *Monetario Internacional; la OEA*, por *la* «Organización» *de Estados Americanos*. Las siglas son una excepción a la regla que obliga a utilizar la forma *el* del artículo cuando la palabra femenina que sigue comienza por *a-* tónica; así, se dice *la APA* (y no *el APA*), por «Asociación» *de Padres de Alumnos,* ya que la palabra *asociación* no comienza por *a-* tónica.

5.4. Acrónimos

Un acrónimo es, por un lado, el término formado por la unión de elementos de dos o más palabras: *docudrama,* de *documental dramático; Mercosur,* de *Mercado Común del Sur*. Por otro lado, también se llama acrónimo a la sigla que se pronuncia como una palabra: *OTAN, ovni, sida* (→ 5.3).

Es muy frecuente que estos últimos, tras una primera fase en que aparecen escritos con mayúsculas por su originaria condición de siglas (*OVNI, SIDA*), acaben por incorporarse al léxico común del idioma y se escriban con letras minúsculas (*ovni, sida*), salvo, naturalmente, la inicial cuando se trata de nombres que exigen la escritura de esta letra con mayúscula (*Unesco, Unicef*). Escritos con minúsculas, sí deben someterse a las reglas de acentuación gráfica del español: *láser, radar*.

Una vez incorporados al léxico común, los acrónimos forman el plural siguiendo las reglas generales de formación del plural en español: *ovnis, ucis, radares*.